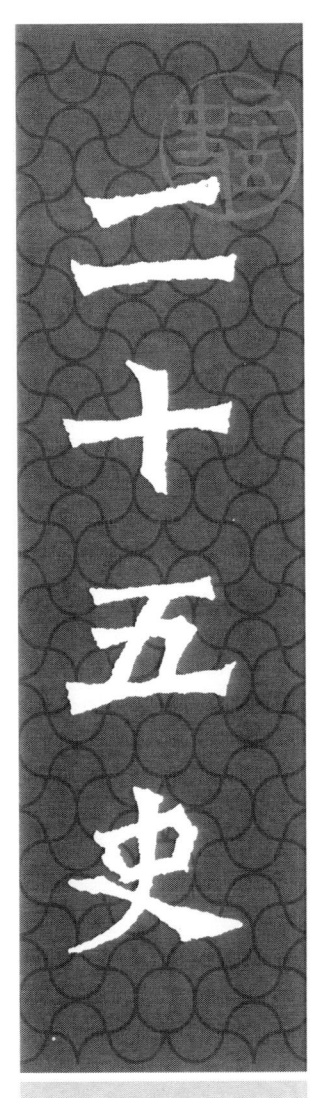

上海古籍出版社
上海書店

二十五史

後漢書
三國志
晉書

後漢書

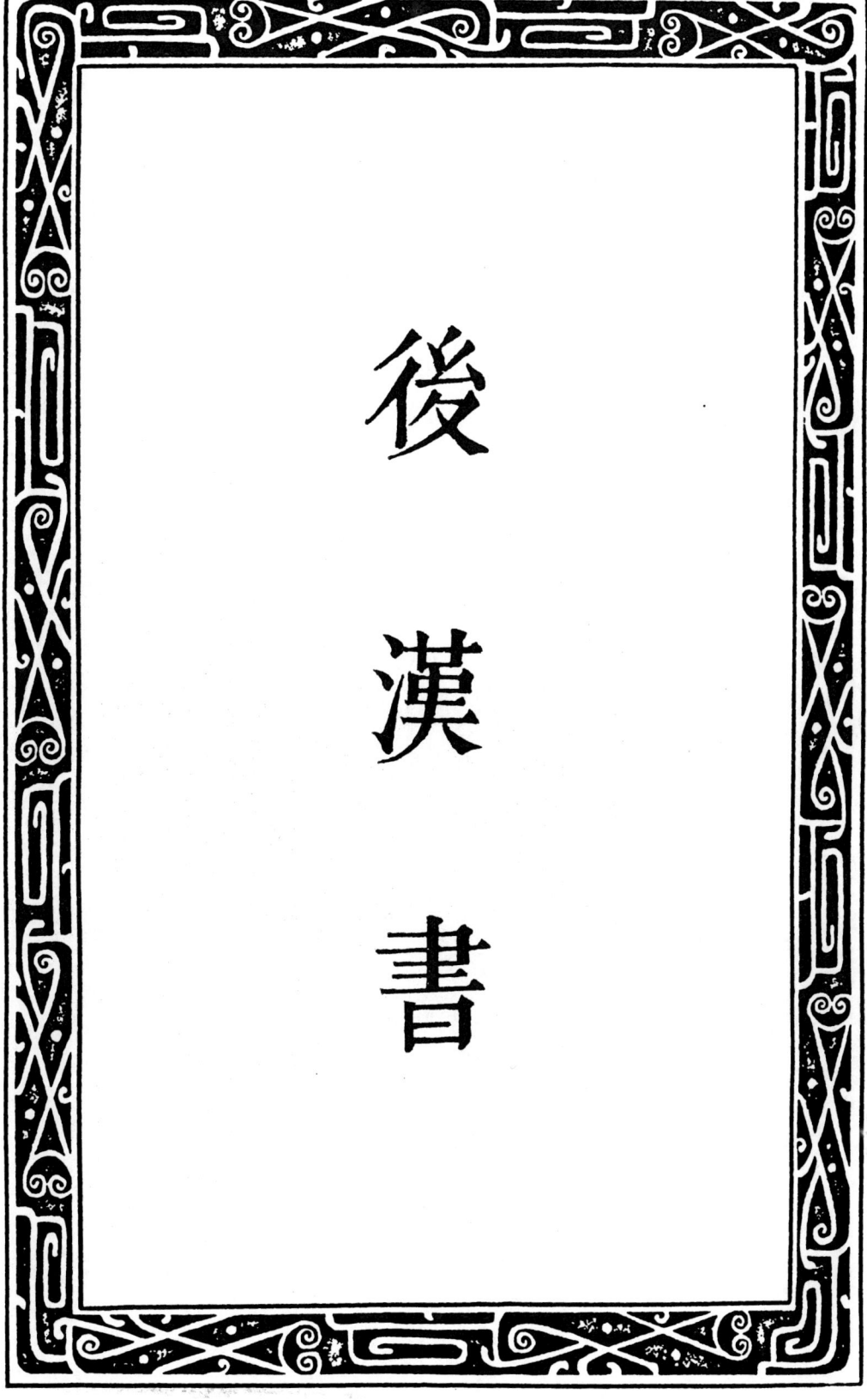

自序　　宋宣城太守范曄

吾少嬾學問晩成人年三十許政始有向耳自爾以來轉爲心化推老將至者亦當未已也往往有微解言乃不能自盡爲性不尋注書心氣惡小苦思便憒悶口機又不調利以此無談功至於所通解處皆自得之於胷懷耳文章轉進但才少思難所以每於操筆其所成篇殆無全稱者常恥作文士文患其事盡於形情急於藻義牽其旨韻移其意雖時有能者大較多不免此累政可類工巧圖繢竟無得也常謂情志所託故當以意爲主以文傳意以意爲主則其旨必見以文傳意則其詞不流然後抽其芬芳振其金石耳此中情性旨趣千條百品屈曲有成理自謂頗識其數嘗爲人言多不能賞意或異故也性別宮商識清濁斯自然也觀古今文人多不全了此處縱有會此者不必從根本中來言之皆有實證非爲空談年少中謝莊最有其分手筆差易文不拘韻故也吾思乃無定方特能濟難適輕重所稟之分猶當未盡但多公家之言少於事外遠致以此爲恨亦由無意於文名故也本未關史書政恒覺其不可解耳既造後漢轉得統緒詳觀古今著述及評論殆少可意者班氏最有高名既任情無例不可甲乙辨後贊於理近無所得唯志可推耳博贍不可及之整理未必愧也吾雜傳論皆有精意深旨既有裁味故約其詞句至於循吏以下及六夷諸序論筆勢縱放實天下之奇作其中合者往往不減過秦篇嘗共比方班氏所作非但不愧之而已欲徧作諸志前漢所有者悉令備雖事不必多且使見文得盡又欲因事就卷內發論以正一代得失意復未果贊自是吾文之傑思殆無一字空設奇變不窮同合異體乃自不知所以稱之此書行故應有賞音者紀傳例爲舉其大略耳諸細意甚多自古體大而思精未有此也恐世人不能盡之多貴古賤今所以稱情狂言耳吾於音樂聽功不及自揮但所精非雅聲爲可恨然至於一絕處亦復何異邪其中體趣言之不盡弦外之意虛響之音不知所從而來雖少許處而旨態無極亦嘗以授人士庶中未有一毫似者此永不傳矣吾書雖小小有意筆勢不快餘竟不成就每愧此名

沈約云曄自序並實故存之

後漢書目録

宋　宣　城　太　守　范　曄　撰
梁　剡　令　劉　昭　補　志
唐　章　懷　太　子　賢　注

後漢書卷一百八
列傳第六十八 宦者
鄭衆　蔡倫
孫程　曹騰
單超　侯覽
曹節　呂强
張讓
後漢書卷一百九上
列傳第六十九上 儒林
劉昆　洼丹
任安　楊政
張興　戴憑
孫期　歐陽歙
牟長　宋登
張馴　尹敏
周防　孔僖
楊倫
後漢書卷一百九下
列傳第六十九下 儒林
高詡　包咸
魏應　伏恭
任末　景鸞
薛漢　杜撫
召馴　楊仁
趙曄　衛宏
董鈞　丁恭
周澤　鍾興
甄宇　樓望
程曾　張玄
李育　何休
服虔　潁容
謝該　許慎
蔡玄
後漢書卷一百十上
列傳第七十上 文苑
杜篤　王隆
夏恭　傅毅
黃香　劉毅
李尤　蘇順
劉珍　葛龔
王逸　崔琦
邊韶
後漢書卷一百十下
列傳第七十下 文苑
張升　趙壹
劉梁　邊讓
酈炎　侯瑾
高彪　張超
禰衡
後漢書卷一百十一
列傳第七十一 獨行
譙玄　李業
劉茂　溫序
彭脩　索盧放
周嘉　范式
李善　王忳
張武　陸續
戴封　李充
繆彤　陳重
雷義　范冉 一名丹
戴就　趙苞
向栩　諒輔
劉翊　王烈
後漢書卷一百十二上
列傳第七十二上 方術
任文公　郭憲
許楊　高獲
王喬　謝夷吾
楊由　李南
李郃　段翳
廖扶　折象
樊英
後漢書卷一百十二下
列傳第七十二下 方術
唐檀　公沙穆
許曼　趙彥
樊志張　單颺
韓說　董扶
郭玉　華佗
徐登　費長房
薊子訓　劉根
左慈　計子勳
上成公　解奴辜
甘始　王眞
王和平
後漢書卷一百十三
列傳第七十三 逸民
野王二老　向長
逢萌　周黨
王霸　嚴光
井丹　梁鴻
高鳳　臺佟
韓康　矯慎
戴良　法眞
漢濱老父　陳留老父
龐公
後漢書卷一百十四
列傳第七十四 列女
鮑宣妻　王霸妻
姜詩妻　周郁妻
曹世叔妻　樂羊子妻
陳文矩妻　孝女曹娥
許升妻　袁隗妻
龐淯母　劉長卿妻
皇甫規妻　陰瑜妻
盛道妻　孝女叔先雄
董祀妻
後漢書卷一百十五
列傳第七十五
東夷
後漢書卷一百十六
列傳第七十六
南蠻　西南夷
後漢書卷一百十七
列傳第七十七
西羌
後漢書卷一百十八
列傳第七十八
西域
後漢書卷一百十九
列傳第七十九
南匈奴 前書直言匈奴傳不言南北今稱南者明其爲北生義也以南單于向化尤深故舉其順者以冠之東觀記稱匈奴南單于列傳范曄因去其單于二字
後漢書卷一百二十
列傳第八十
烏桓　鮮卑

光武起後漢乙酉歲改建武元年傳及十二帝
至獻帝建安二十五年庚申凡一百九十五年

後漢書卷一上

宋　宣　城　太　守　范　曄　撰
唐　章　懷　太　子　賢　注

光武帝紀第一上

世祖光武皇帝諱秀字文叔 禮祖有功而宗有德光武中興故廟稱世祖謚法能紹前業曰光克定禍亂曰武伏侯古今注曰秀之字曰茂伯仲叔季兄弟之次長兄伯升次仲故字文叔焉 南陽蔡陽人 南陽郡今鄧州縣也蔡陽縣故城在今隨州棗陽縣西南 高祖九世之孫也出自景帝生長沙定王發 長沙郡今潭州縣也。劉攽曰按文言出自景帝生長沙定王發文意不足蓋此生字當作子字 發生舂陵節侯買 舂陵鄉名本屬零陵泠道縣在今永州唐興縣北元帝時徙南陽仍號舂陵故城今在隨州棗陽縣東事具宗室四王傳 買生鬱林太守外 鬱林郡今鬱州縣前書曰郡守秦官秩二千石景帝更名太守 外生鉅鹿都尉回 鉅鹿郡今邢州縣也前書曰郡尉秦官也掌佐守典武職秩比二千石景帝更名都尉 回生南頓令欽 南頓縣屬汝南郡故城在今陳州項城縣西前書曰令長皆秦官也萬戶以上爲令秩千石至六百石不滿萬戶爲長秩五百石至三百石 欽生光武光武年九歲而孤養於叔父良身長七尺三寸美須眉大口隆準日角 隆高也許負云鼻頭爲準鄭玄尚書中候注云日角謂庭中骨起狀如日 性勤於稼穡 種曰稼斂曰穡 而兄伯升好俠養士常非笑光武事田業比之高祖兄仲 仲郃陽侯喜也能爲產業見前書 王莽天鳳中 王莽建國六年改爲天鳳。劉攽曰按莽號始建國年凡三字此少一始字 乃之長安受尚書略通大義 東觀記曰受尚書於中大夫廬江許子威資用乏與同舍生韓子合錢買驢令從者僦以給諸公費 莽末天下連歲災蝗寇盜鋒起 言賊鋒鋭競起字或作蜂喻多也 地皇三年 天鳳六年改爲地皇 南陽荒饑 韓詩外傳曰一穀不升曰歉二穀不升曰饑三穀不升曰饉四穀不升曰荒五穀不升曰大侵 諸家賓客多爲小盜光武避吏新野 新野縣屬南陽郡今鄧州縣續漢書曰伯升賓客劫人上避吏於新野鄧晨家 因賣穀於宛 東觀記曰時南陽旱饑而上田獨收宛縣屬南陽郡故城今鄧州南陽縣也 宛人李通等以圖讖說光武云劉氏復起李氏爲輔 圖河圖也讖符命之書讖驗也言爲王者受命之徵驗也易坤靈圖曰漢之臣李陽也 光武初不敢當然獨念兄伯升素結輕客必舉大事且王莽敗亡已兆天下方亂遂與定謀於是乃市兵弩十月與李通從弟軼等起於宛時年二十八十一月有星孛于張 前書音義曰孛星光若短蓬然張南方宿也續漢志曰張爲周

(地星孛于張東南行即翼軫之分翼軫楚地是楚地將有兵亂後一年正月光武起兵舂陵攻南陽斬阜賜等殺其士衆數萬人光武都雒陽居周地除穢布新之象)光武遂將賓客還舂陵時伯升已會衆起兵初諸家子弟恐懼皆亡逃自匿曰伯升殺我及見光武絳衣大冠(董巴輿服志曰大冠者謂武官冠之東觀記曰上時絳衣大冠將軍服也○劉攽曰注案當云武冠武官冠之少武冠二字)皆驚曰謹厚者亦復為之乃稍自安伯升於是招新市平林兵(新市縣屬江夏郡故城在今郢州富水縣東北平林地名在今隨州隨縣東北)與其帥王鳳陳牧西擊長聚(廣雅曰聚居也音慈諭反前書音義曰小於鄉曰聚)光武初騎牛殺新野尉乃得馬(前書曰尉秦官秩四百石至二百石也)進屠唐子鄉(例曰多所誅殺曰屠唐子鄉有唐子山在今唐州湖陽縣西南)又殺湖陽尉(湖陽縣屬南陽郡今唐州縣也東觀記曰劉終詐稱江夏吏誘殺之)軍中分財物不均衆恚恨欲反攻諸劉光武斂宗人所得物悉以與之衆乃悅進拔棘陽(縣名屬南陽郡在棘水之陽古謝國也故城在今唐州湖陽縣西北棘音己力反)與王莽前隊大夫甄阜(王莽置六隊郡置大夫一人職如太守南陽為前隊河內為後隊潁川為左隊弘農為右隊河東為北隊滎陽為祈隊音遂)屬正梁丘賜(王莽每隊置屬正一人職如都尉)戰於小長安(續漢書曰淯陽縣有小長安聚故城在今鄧州南陽縣南)漢軍大敗還保棘陽

更始元年正月甲子朔漢軍復與甄阜梁丘賜戰於沘水西大破之斬阜賜(沘水在今唐州沘陽縣南盧江灊縣亦有沘水與此別也沘音比)伯升又破王莽納言將軍嚴尤秩宗將軍陳茂於淯陽(前書曰納言虞官也掌出納王命所謂喉舌之官也歷秦漢不置王莽改大司農為之桓譚新論云莊尤字伯石此言嚴者避明帝諱也秩宗虞官也掌郊廟之事周謂之宗伯秦漢不置王莽改太常為秩宗後又與兵故納言秩宗皆有將軍號也淯陽縣屬南陽郡故城在今鄧州南陽縣南淯水之陽淯音育)進圍宛城二月辛巳立劉聖公為天子以伯升為大司徒光武為太常偏將軍(前書曰奉常秦官景帝更名太常應劭漢官儀曰欲令國家盛大社稷常存故稱太常老子曰偏將軍處左上將軍處右東觀記曰時無印得定武侯家丞印佩之入朝)三月光武別與諸將徇昆陽定陵郾皆下之(徇略也昆陽定陵郾皆縣名並屬潁川郡昆陽故城在今許州葉縣北郾今豫州郾城縣也定陵故城在今郾城縣西北郾音於建反)多得牛馬財物穀數十萬斛轉以饋宛下莽聞阜賜死漢帝立大懼遣大司徒王尋大司空王邑(王莽時哀章所獻金匱圖有王尋姓名王邑王商子於莽為從父兄弟也)將兵百萬其甲士四十二萬人五月到潁川復與嚴尤陳茂合(潁川郡今洛州陽翟縣也)初光武為舂陵侯家訟逋租於尤尤見而奇之(逋遲也舂陵侯敞即光武季父也東觀記曰為季父故舂陵侯詣大司馬府訟地皇元年十二月壬寅前租二萬六千斛芻稾錢若干萬時宛人朱福亦為舅訟租於尤尤止車獨與上語不視福上歸戲福曰嚴公寧視卿耶)及是時城中出降尤者言光武不取財物但會兵計策尤笑曰是美須眉者耶何為乃如是初王莽徵天下能為兵法者六十三家數百人並以為軍吏選練武衛招募猛士(說文曰募廣求之也)旌旗輜重千里不絕(周禮曰析羽為旌熊虎為旗輜車名釋名曰輜廁也謂軍糧什物雜廁載之以其累重故稱輜重重音直用反)時有長人巨無霸長一丈(王莽遣韓博上言有奇士長一丈大十圍自謂巨無霸出於蓬萊東南五城西北昭如海濱軺車不能載三馬不能勝臥則枕鼓以鐵箸食見前書)大十圍以為壘尉(鄭玄注周禮云軍壁曰壘崔瑗中壘校尉箴曰堂堂皇帝設為壘壁尉者主壘壁之事)又驅諸猛獸(猛或作獷獷猛貌也音古猛反)虎豹犀象之屬以助威武自秦漢出師之盛未嘗有也光武將數千兵徼之於陽關(聚名也酈元水經注曰潁水東南逕陽關聚聚夾潁水相對在今洛州陽翟縣西北)諸將見尋邑兵盛反走馳入昆陽皆惶怖憂念妻孥(孥子也)欲散歸諸城光武議曰今兵穀既少而外寇彊大并力禦之功庶可立如欲分散勢無俱全且宛城未拔(謂伯升圍之未拔也)不能相救昆陽即破一日之間諸部亦滅矣今不同心膽共舉功名反欲守妻子財物邪諸將怒曰劉將軍何敢如是光武笑而起會候騎還言大兵且至城北軍陳數百里不見其後諸將遽相謂曰更請劉將軍計之光武復為圖畫成敗諸將憂迫皆曰諾時城中唯有八九千人光武乃使成國上公王鳳廷尉大將軍王常留守夜自與驃騎大將軍宗佻(驃騎大將軍武帝置自霍去病始佻音太堯反)五威將軍李軼等十三騎(王莽置五威將軍其衣服依五方之色以威天下李軼初)出城南門於外收兵時莽軍到城下者且十萬光武幾不得出(幾音祈)既至郾定陵悉發諸營兵而諸將貪惜財貨欲分留守之光武曰今若破敵珍珤萬倍(珤古寶字)大功可成如為所敗首領無餘何財物之有衆乃從嚴尤說王邑曰昆陽城小而堅今假號者在宛亟進大兵(亟急也音紀力反)彼必奔走宛敗昆陽自服邑曰吾昔以虎牙將軍圍翟義坐不生得以見責讓(翟義字文仲方進少子為東郡太守王莽居攝義心惡之乃立東平王雲子信為天子義自號柱天大將軍以誅莽莽乃使孫建王邑等將兵擊義破之義亡自殺故坐不生得音才臥反見前書)今將百萬之衆遇城而不能下何謂邪(遇或為過)遂圍之數十重列營百數雲車十餘丈(雲車即樓車稱雲言其高也升之以望敵猶墨子云公輸般為雲梯之械)瞰臨城中(瞰視也音苦暫反)旗幟蔽野(廣雅曰幟幡也音織)埃塵連天鉦鼓之聲聞數百里(說文曰鉦鐃也似鈴)或為地道衝輣橦城(衝橦車也詩曰臨衝閑閑許慎曰輣樓車也輣音步耕反)積弩亂發矢下如雨城中負戶而汲王鳳等乞降不許尋邑自以為功在漏刻意氣甚逸夜有流星墜營中晝有雲如壞山當營而隕不及地尺而散吏士皆厭伏(續漢志曰雲如壞山所謂營頭之星也占曰營頭之所墜其下覆軍殺將血流千里厭音一葉反)六月己卯光武遂與營部俱進自將步騎千餘前去大軍四五里而陳尋邑亦遣兵數千合戰光武奔之斬首數十級(秦法斬首一賜爵一級故因謂斬首為級)諸部喜曰劉將軍平生見小敵怯今見大敵勇甚可怪也且復居前請助將軍光武復進尋邑兵卻諸部共乘之斬首數百千級連勝遂前時伯升拔宛已三日而光武尚未知乃偽使持書報城中云宛下兵到而陽墮其書尋邑得之不憙(憙音許記反)諸將既經累捷膽氣益壯無不一當百光武乃與敢死者三千人從城西水上衝其中堅(敢死謂果敢而死者凡軍事中軍將最尊居中以堅銳自輔故曰中堅也)尋邑陳亂乘銳崩之遂殺王尋城中亦鼓譟而出中外合埶震呼動天地莽兵大潰走者相騰踐奔殪百餘里間(殪仆也音於計反或作壹)會大雷風屋瓦皆飛雨下如注滍川盛溢(水經注曰滍水出南陽魯陽縣西堯山東北經昆陽城北東入汝滍音直理反)虎豹皆股戰士卒爭赴溺死者以萬數水為不流(數過於萬故以萬為數)王邑嚴尤陳茂輕騎乘死人度水逃去盡獲其軍實輜重車甲珍寶不可勝筭舉之連月不盡或燔燒其餘光武因復徇下潁陽(縣名屬潁川郡故城在今許州)會伯升為更始所害光武自父城馳詣宛謝(父城縣古應國也屬潁川郡故城在今許州葉縣東)(以伯升見害心不自安故謝)司徒官屬迎弔光武光武難交私語深引過而已未嘗自伐昆陽之功又不敢為伯升服喪飲食言笑如平常更始以是慙拜光武為破虜大將軍封武信侯九月庚戌三輔豪傑共誅王莽傳首詣宛(三輔謂京兆左馮翊右扶風共在長安中分領諸縣淮南子曰智過百人謂之豪白虎通云賢過萬人曰傑時城中少年朱弟張魚等攻莽於漸臺商人杜吳殺莽校尉公賓就斬莽首將軍申屠建等傳莽首詣宛)更始將北都洛陽以光武行司隸校尉(前書曰司隸校尉本周官武帝初置持節從中都官徒千二百人督大姦猾後罷其兵察三輔三河弘農秩比二千石音義云以掌徒隸而巡察故曰司隸)使前整修宮府於是置僚屬作文移(東觀記曰文書移與屬縣也)從事司察一如舊章(續漢書曰司隸置從事史十二人秩皆百石主督促文書察舉非法)時三輔吏士東迎更始見諸將過皆冠幘(漢官儀曰幘者古之卑賤不冠者之所服也方言曰覆髻謂之幘或謂之承露)而服婦人衣諸于繡镼(前書音義曰諸于大掖衣也如婦人之袿衣字書無镼字續漢書作裾音其物反揚雄方言曰襜褕其短者自關而西謂之䘿襡郭璞注云俗名裾掖此即是諸于上加繡镼如今之半臂也或續下有裾字○劉攽曰注案續漢字書無镼即無音矣何得言道明衍此字)莫不笑之或有畏而走者(續漢志曰時智者見之以為服之不中身之災也乃奔入邊郡避之是服妖也其後更始遂為赤眉所殺)及見司隸僚屬皆歡喜不自勝老吏或垂涕曰不圖今日復見漢官威儀由是識者皆屬心焉及更始至洛陽乃遣光武以破虜將軍行大司馬事十月持節北度河(漢官儀曰太尉秦官也武帝更名大司馬所以為信也以竹為之柄長八尺以旄牛尾為其眊三重衍與田邑書曰今以一節之任建三軍之威豈特寵其八尺之竹犛牛之尾哉續漢志曰更始時南方有童謠云諧不諧在赤眉得不得在河北後更始為赤眉所殺是不諧也光武由河北而興是得之也)鎮慰州郡所到部縣輒見二千石長吏三老官屬下至佐史(二千石謂郡守也長吏謂縣令長及丞尉也三老者鄉官也高祖二年舉人年五十已上有修行能率衆者置以為三老鄉一人擇鄉三老為縣三老與令長丞尉以事相教復其徭戍續漢志曰每州刺史皆有從事史假佐每郡國各置諸曹史也○劉攽曰注各置諸曹史案文多一事字)考察黜陟如州牧行部事(漢初遣丞相史分刺州武帝改置刺史察州秩六百石成帝更名牧秩二千石漢官儀曰刺史行部郡國省察政教黜陟能否斷理冤獄也)輒平遣囚徒除王莽苛政(說文曰苛小草也言政令繁細禮記曰苛政猛於虎)復漢官名吏人喜悅爭持牛酒迎勞進至邯鄲(縣名屬趙國今洺州縣也前書音義邯山名單盡也邯山至此而盡城郭字皆從邑因以名焉)故趙繆王子林(繆王景帝七代孫名元前書曰元坐殺人為大鴻臚所奏諡曰繆音謬東觀記曰林作臨字)說光武曰赤眉今在河東但決水灌之百萬之衆可使為魚(赤眉賊帥樊崇等恐其衆與王莽兵亂皆朱其眉以相別故曰赤眉續漢書曰是時上平河北過邯鄲林進見言赤眉可破上問其故對曰河水從列人北流如決河水灌之皆可令為魚上不然之列人縣故城在今洺州肥鄉縣東北)光武不答去之真定(縣名屬真定國今恒州縣也)林於是乃詐以卜者王郎為成帝子子輿(前書曰立國將軍孫建奏云不知何一男子遮丞相車前自稱漢氏劉子輿成帝下妻子也劉氏當復故郎因而稱之)十二月立郎為天子都邯鄲遂遣使者降下郡國

二年正月光武以王郎新盛乃北徇薊(縣名屬燕郡今幽州縣也本字從契從邑見說文)王郎移檄購光武十萬戶(說文曰檄以木簡為書長尺二寸謂之檄以徵召也又曰以財有所求曰購魏武奏事曰若有急即插以雞羽謂之羽檄)而故廣陽王子劉接起兵薊中以應郎(廣陽王名嘉武帝五代孫)城內擾亂轉相驚恐言邯鄲使者方到二千石以下皆出迎於是光武趣駕南轅(趣急也讀曰促)晨夜不敢入城邑舍食道傍至饒陽(縣名屬安平國在饒河之陽故城在今瀛州饒陽縣東北)官屬皆乏食光武乃自稱邯鄲使者入傳舍(傳音知戀反客館也下同)傳吏方進食從者饑爭奪之傳吏疑其偽乃椎鼓數十通(椎音直追反)紿言邯鄲將軍至(紿欺誑也音殆)官屬皆失色光武升車欲馳既而懼不免徐還坐曰請邯鄲將軍入久乃駕去傳中人遙語門者閉之門長曰天下詎可知而閉長者乎遂得南出晨夜兼行蒙犯霜雪(蒙冒也)天時寒面皆破裂至呼沱河(山海經云大戲之山虖沱之水出焉在今代州繁畤縣東流經定州深澤縣東南即光武所度處今俗謂之危度口臣賢案呼沱河舊在饒陽南至魏太祖因饒河故瀆決令北注新溝水所以今在饒陽縣北)無船適遇冰合得過(續漢書曰時冰滑馬僵乃各以囊盛沙布冰上度焉)未畢數車而陷進至下博城西(下博縣屬信都國在博水之下故曰下博故城在今冀州下博縣南)遑惑不知所之有白衣老父在道旁(老父蓋神人也今下博縣西猶有祠堂)指曰努力信都郡為長安守去此八十里(信都郡今冀州也)光武即馳赴之信都太守任光開門出迎世祖因發旁縣得四千人先擊堂陽貰縣皆降之(堂陽及貰並屬鉅鹿郡堂陽在堂水之陽今冀州縣故城在今冀州鹿城縣西南貰音時夜反)王莽和戎卒正邳彤亦舉郡降(東觀記曰王莽分鉅鹿為和戎郡卒正職如太守)又昌城人劉植宋子人耿純(昌城縣屬信都國故城在今冀州西北宋子縣屬鉅鹿郡故城在今趙州平棘縣北)各率宗親子弟據其縣邑以奉光武於是北降下曲陽(縣名屬鉅鹿郡常山郡有上曲陽故此言下)衆稍合樂附者至有數萬人復北擊中山(中山國一名中人亭故城在今定州唐縣東北張曜中山記曰城中有山故曰中山)拔盧奴(縣名屬中山國故城在今定州安喜縣水經注曰盧水黑水故池水黑曰盧不流曰奴因以為名)所過發奔命兵(前書音義曰舊時郡國皆有材官騎士若有急難權取驍勇者聞命奔赴故謂之奔命)移檄邊部共擊邯鄲郡縣還復響應南擊新市真定元氏防子皆下之(新市縣屬鉅鹿郡故城在今恒州東北元氏房子屬常山郡並今趙州縣也防與房古字通用)因入趙界時王郎大將李育屯柏人(縣名屬趙國今邢州縣故城在

縣之西北）漢兵不知而進前部偏將朱浮鄧禹爲育所破亡失輜重光武在後聞之收浮禹散卒與育戰於郭門大破之盡得其所獲育還保城攻之不下於是引兵拔廣阿（縣名屬鉅鹿郡故城在今趙州象城縣西北）會上谷太守耿況漁陽太守彭寵（上谷郡故城在今媯州懷戎縣漁陽郡在漁水之陽今幽州縣）各遣其將吳漢寇恂等將突騎來助擊王郎（突騎言能衝突軍陣）更始亦遣尚書僕射謝躬討郎（漢官儀曰尚書四員武帝置成帝加一爲五有侍曹尚書主丞相御史事二千石尚書主刺史二千石事戶曹尚書主庶人上書事主客尚書主外國四夷事成帝加三公尚書主斷獄事僕射秦官也僕主也古者重武事每官必有主射以督課之謂射爲尚書僕射○劉攽曰注有侍曹尚書案前書皆太常侍曹少一常字）光武因大饗士卒遂東圍鉅鹿王郎守將王饒堅守月餘不下郎遣將倪宏劉奉（倪五兮反）率數萬人救鉅鹿光武逆戰於南䜌（縣名屬鉅鹿郡故城在今邢州柏人縣東北左傳齊國夏伐晉取欒即其地也其後南徙故加南今俗謂之鸞城聲之轉也䜌音力全反）斬首數千級四月進圍邯鄲連戰破之五月甲辰拔其城誅王郎收文書得吏人與郎交關謗毀者數千章光武不省會諸將軍燒之曰令反側子自安（反側不安也詩國風曰展轉反側）更始遣侍御史持節立光武爲蕭王（蕭縣屬沛郡今徐州縣也續漢志曰更始使侍御史黃黨封上爲蕭王）悉令罷兵詣行在所（蔡邕獨斷曰天子以四海爲家故謂所居爲行在所）光武辭以河北未平不就徵自是始貳於更始（貳離異也）是時長安政亂四方背叛梁王劉永擅命睢陽（縣名屬梁郡今宋州也擅專也）公孫述稱王巴蜀（蜀有巴郡故總言之）李憲自立爲淮南王（淮南郡今壽州也）秦豐自號楚黎王（習鑿齒襄陽記曰秦豐黎丘人黎丘楚地故稱楚黎王黎丘故城在今襄州率道縣北）張步起琅邪（郡有琅邪山故城今海州朐山縣東北○劉攽曰案此文不足以上下注觀之郡下少一名字城下少一在字）董憲起東海（郡名今海州縣）延岑起漢中（郡名故城在今梁州南鄭縣東北）田戎起夷陵（縣名屬南郡有夷山故曰夷陵今硤州縣也故城在今縣西北）並置將帥侵略郡縣又別號諸賊銅馬大肜高湖重連鐵脛大搶尤來上江青犢五校檀鄉五幡五樓富平獲索等（諸賊或以山川土地爲名或以軍容強盛爲號銅馬賊帥東山荒禿上淮況等大肜渠帥樊重尤來渠帥樊崇五校賊帥高扈檀鄉賊帥董次仲五樓賊帥張文富平賊帥徐少獲索賊帥古師郎等並見東觀記）各領部曲（續漢志曰大將軍營有五部部一校尉部下有曲曲有軍候一人）衆合數百萬人所在寇掠光武將擊之先遣吳漢北發十郡兵幽州牧苗曾不從漢遂斬曾而發其衆秋光武擊銅馬於鄡（縣名屬鉅鹿郡故城在今冀州鹿城縣東鄡音苦堯反前書紀年曰衛歎封于鄡臣賢案下文云吳漢將突騎來會清陽又追至蒲陽並與鄡相近俗本作鄔而誤鄔音一古反云屬太原郡鄔縣音烏建反云屬襄陽郡並謬）吳漢將突騎來會清陽（縣名屬清河郡今貝州縣故城在州西北）賊數挑戰（挺身獨戰也古謂之致師見左傳挑音徒了反）光武堅營自守有出鹵掠者輒擊取之（鹵與虜同郭璞注三蒼曰掠奪取也）絕其糧道積月餘日賊食盡夜遁去追至館陶（縣名屬魏郡今魏州縣）大破之受降未盡而高湖重連從東南來與銅馬餘衆合光武復與大戰於蒲陽悉破降之封其渠帥爲列侯（前書音義曰蒲陽山蒲水所出在今定州北平縣西北本或作蒲陽渠大也尚書曰殲厥渠魁列侯徹侯者言見序列也）降者猶不自安光武知其意勑令各歸營勒兵乃自乘輕騎按行部陳降者更相語曰蕭王推赤心置人腹中安得不投死乎（投死猶言致死）由是皆服悉將降人分配諸將衆遂數十萬故關西號光武爲銅馬帝赤眉別帥與大肜青犢十餘萬衆在射犬（續漢志曰野王縣有射犬聚故城在今懷州武德縣北也）光武進擊大破之衆皆散走使吳漢岑彭襲殺謝躬於鄴青犢赤眉賊入函谷關（函谷谷名因以名關在弘農湖城縣西前書楊僕爲樓船將軍有功恥居關外武帝乃爲徙於新安故關在今洛州新安縣之東）攻更始光武乃遣鄧禹率六裨將引兵而西以乘更始赤眉之亂時更始使大司馬朱鮪舞陰王李軼等屯洛陽（舞陰縣屬南陽郡故城在今唐州泌陽縣西北）光武亦令馮異守孟津以拒之（孔安國注尚書云孟地名在洛北都道所湊古今以爲津論衡曰武王伐紂八百諸侯同於此盟故曰盟津俗名治戎津今河陽縣津也）

建武元年春正月平陵人方望（平陵昭帝陵也因以爲縣故城在今咸陽縣西北）立前孺子劉嬰爲天子（平帝崩王莽立楚孝王孫廣戚侯顯子嬰爲孺子莽篡位以嬰爲定安公）更始遣丞相李松擊斬之光武北擊尤來大搶五幡於元氏追至右北平連破之（北平縣屬中山國今易州永樂縣也臣賢案東觀記續漢書並無右字此加右誤也營州西南別有右北平郡故城非此也）又戰於順水北（酈元水經注云徐水經北平縣故城北光武追銅馬五幡破之於順水即徐水之別名也在今易州本或作慎者誤也）乘勝輕進反爲所敗賊追急短兵接（短兵謂刀劍也楚辭曰車錯轂兮短兵接）光武自投高岸遇突騎王豐下馬授光武光武撫其肩而上顧笑謂耿弇曰幾爲虜嗤弇頻射卻賊得免士卒死者數千人散兵歸保范陽（縣名在范水之陽屬涿郡故城在今易州遂城縣東南）軍中不見光武或云已沒（東觀記曰上已乘王豐小馬先到矣）諸將不知所爲吳漢曰卿曹努力（曹輩也）王兄子在南陽何憂無主（兄子謂伯升子章及興也）衆恐懼數日乃定賊雖戰勝而素懾大威（懾懼也音之涉反）客主不相知夜遂引去大軍復進至安次（縣名屬渤海郡今幽州縣也故城在縣東）與戰破之斬首三千餘級賊入漁陽乃遣吳漢率耿弇陳俊馬武等十二將軍追戰於潞東（潞縣名屬漁陽郡今幽州縣也有潞水因以爲名續漢書云潞屬上黨臣賢案潞與漁陽相接言上黨者非也）及平谷（平谷縣屬漁陽郡故城在今潞縣北）大破滅之朱鮪遣討難將軍蘇茂攻溫（今洛州縣）馮異寇恂與戰大破之斬其將賈彊於是諸將議上尊號馬武先進曰天下無主如有聖人承敝而起雖仲尼爲相孫子爲將猶恐無能有益反水不收後悔無及（言早當即尊位以定衆心今執謙退失於事機也孫子名武吳王闔閭將善用兵有兵法十三篇反音翻）大王雖執謙退柰宗廟社稷何宜且還薊即尊位乃議征伐今此誰賊而馳騖擊之乎（謹謂未有主也前書音義曰直騁曰馳亂馳曰騖）光武驚曰何將軍出是言可斬也武曰諸將盡然光武使出曉之（使曉諭諸將）乃引軍還至薊夏四月公孫述自稱天子光武從薊還過范陽命收葬吏士至中山諸將復上奏曰漢遭王莽宗廟廢絕豪傑憤怒兆人塗炭（尚書曰人墜塗炭孔安國注云若陷泥墜火無救之者）王與伯升首舉義兵更始因其資以據帝位而不能奉承大統敗亂綱紀盜賊日多羣生危蹙（蹙迫也音子六反）大王初征昆陽王莽自潰後拔邯鄲北州弭定三分天下而有其二跨州據土帶甲百萬言武力則莫之敢抗論文德則無所與辭臣聞帝王不可以久曠天命不可以謙拒惟大王以社稷爲計萬姓爲心光武又不聽行到南平棘（縣名屬常山郡今趙州縣故城在縣南）諸將復固請之光武曰寇賊未平四面受敵何遽欲正號位乎諸將且出耿純進曰天下士大夫捐親戚棄土壤從大王於矢石之間者其計固望其攀龍鱗附鳳翼以成其所志耳（楊雄法言曰攀龍鱗附鳳翼巽以揚之）今功業即定天人亦應而大王留時逆衆不正號位純恐士大夫望絕計窮則有去歸之思無爲久自苦也大衆一散難可復合時不可留衆不可逆純言甚誠切光武深感曰吾將思之行至鄗（縣名今趙州高邑縣也鄗音火各反）光武先在長安時同舍生彊華（續漢書曰彊華潁川人也彊音其兩反）自關中奉赤伏符曰劉秀發兵捕不道四夷雲集龍鬭野四七之際火爲主（四七二十八也自高祖至光武初起合二百二十八年即四七之際也漢火德故火爲主也）羣臣因復奏曰受命之符人應爲大（謂彊華奉赤伏符也）萬里合信不議同情周之白魚曷足比焉（尚書中候曰武王伐紂度孟津中流白魚躍入王舟長三尺赤文有字告以伐紂之意也）今上無天子海內殽亂符瑞之應昭然著聞宜答天神以塞羣望光武於是命有司設壇場於鄗南千秋亭五成陌（壇謂築土場謂除地秦法十里一亭南北爲阡東西爲陌其地在今趙州柏鄉縣水經注曰亭有石壇壇有圭頭碑其陰云常山相隴西狄道馮龍所造壇廟之東枕道有兩石翁仲南北相對焉○劉攽曰注壇廟之東案自上初無說廟之文明多一廟字）六月己未即皇帝位燔燎告天（天高不可達故燔柴以祭之庶高上通也爾雅云祭天曰燔柴燔音煩燎音力弔反）禋于六宗（精意以享謂之禋續漢志平帝元始中謂六宗爲易卦六子之氣水火雷風山澤也光武中興遵而不改至安帝即位初改六宗爲天地四方之宗）望於羣神（祠於洛陽之北戌亥之地山林川谷能興致雲雨者皆曰神不可徧至故望而祭之尚書曰望于山川徧于羣神）其祝文曰皇天上帝后土神祇眷顧降命屬秀黎元爲人父母（屬音之欲反）秀不敢當羣下百辟不謀同辭（詩大雅曰百辟卿士鄭玄注云百辟畿內諸侯也）咸曰王莽篡位秀發憤興兵破王尋王邑於昆陽誅王郎銅馬於河北平定天下海內蒙恩上當天地之心下爲元元所歸（元元謂黎庶也元元由言喁喁可矜憐之辭也）讖記曰劉秀發兵捕不道卯金修德爲天子（卯金劉字也春秋演孔圖曰卯金刀名爲赤帝後次代周○劉攽曰注檢前書注爲下合有一劉字）秀猶固辭至于再至于三羣下僉曰皇天大命不可稽留敢不敬承於是建元爲建武大赦天下改鄗爲高邑是月赤眉立劉盆子爲天子甲子前將軍鄧禹擊更始定國公王匡於安邑大破之（安邑縣屬河東郡今蒲州縣也）斬其將劉均秋七月辛未拜前將軍鄧禹爲大司徒丁丑以野王令王梁爲大司空（野王縣屬河內郡故城在今懷州縣據赤伏符文故從縣宰而超拜之事具梁傳）壬午以大將軍吳漢爲大司馬偏將軍景丹爲驃騎大將軍大將軍耿弇爲建威大將軍偏將軍蓋延爲虎牙大將軍偏將軍朱祐爲建義大將軍中堅將軍杜茂爲大將軍時宗室劉茂自號厭新將軍（王莽篡室言欲厭勝之）率衆降封爲中山王己亥幸懷（縣名屬河內郡故城在今懷州武陟縣西天子所行必有恩幸故稱幸）遣耿弇率彊弩將軍陳俊軍五社津（水經注曰鞏縣北有五社津一名土社津有山臨河其下有穴潛通淮浦有渚謂之鮪渚呂覽云武王伐紂至鮪水即此地）備滎陽以東使吳漢率朱祐及廷尉岑彭（前書廷尉秦官也聽獄必質於朝廷與衆共之尉平也故稱廷尉）執金吾賈復（前書曰中尉秦官武帝改爲執金吾吾禦也掌執兵革以禦非常）揚化將軍堅鐔等十一將軍（鐔音徒南反）圍朱鮪於洛陽八月壬子祭社稷癸丑祠高祖太宗世宗於懷宮進幸河陽更始廩丘王田立降（廩丘縣屬東郡故城在今濮州雷澤縣北也）九月赤眉入長安更始奔高陵辛未詔曰（漢制度曰帝之下書有四一曰策書二曰制書三曰詔書四曰誡敕策書者編簡也其制長二尺短者半之篆書起年月日稱皇帝以命諸侯王三公以罪免亦賜策而以隸書用尺一木兩行唯此爲異也制書者帝者制度之命其文曰制詔三公皆璽封尚書令印重封露布州郡也詔書者告也其文曰告某官云如故事誡敕者謂敕刺史太守其文曰有詔敕某官它皆倣此○劉攽曰注告某官云案文當更有云字）更始破敗棄城逃走妻子裸袒流冗道路（冗散也音人勇反）朕甚愍之今封更始爲淮陽王（淮陽郡故城在今陳州宛丘縣西南）吏人敢有賊害者罪同大逆甲申以前高密令卓茂爲太傅（高密縣屬高密國今密州縣故城在今縣之西南卓以平帝時爲密令故曰前）辛卯朱鮪舉城降冬十月癸丑車駕入洛陽幸南宮卻非殿遂定都焉（蔡質漢典職儀曰南宮至北宮中央作大屋複道三道行天子從中道從官夾左右十步一衛兩宮相去七里又洛陽宮閣名有卻非殿臣賢案俗本或作御北殿者誤）遣岑彭擊荊州羣賊十一月甲午幸懷劉永自稱天子十二月丙戌至自懷赤眉殺更始而隗囂據隴右（○劉攽曰案史記事有相連則用而字今赤眉自殺更始隗囂自據隴右明此而字衍文）盧芳起安定（郡名今涇州縣）破虜大將軍叔壽擊五校賊於曲梁戰殁（曲梁縣屬廣平國今洺州縣也）

二年春正月甲子朔日有食之（續漢志曰在危八度虛危齊地賊張步擁兵據青至五年乃破）大司馬吳漢率九將軍擊檀鄉賊於鄴東大破降之庚辰封功臣皆爲列侯大國四縣餘各有差下詔曰人情得足苦於放縱快須臾之欲忘慎罰之義（尚書曰明德慎罰亦克用勸孔安國注云慎刑罰亦能用勸善也）惟諸將業遠功大誠欲傳於無窮宜如臨深淵如履薄冰戰戰慄慄日慎一日（太公金匱曰黃帝居人上惴惴若臨深淵舜居人上矜矜如履薄冰禹居人上慄慄如不滿日敬勝怠則吉義勝欲則昌日慎一日壽終無殃）其顯效未酬名籍未立者大鴻臚趣上

續漢志曰大鴻臚一人中二千石掌諸王入朝及拜諸侯封者趣音促朕將差而錄之博士丁恭議曰古帝王封諸侯不過百里史記太史公曰武王成康所封數百而同姓五十地不過百里故利以建侯取法於雷易屯卦震下坎上震爲雷初九日利建侯又曰震驚百里故封諸侯地方百里以法雷也强幹弱枝所以爲治也今封諸侯四縣不合法制帝曰古之亡國皆以無道未嘗聞功臣地多而滅亡者乃遣謁者卽授印綬前書曰謁者秦官掌賓贊受事員七十人秩比六百石中興但三十人蔡質典職儀曰皆選儀容端正任奉使者前書曰諸侯王金璽盭綬列侯金印紫綬盭音戾草名也似艾可染綠因以名綬也○劉攽曰註蔡質典職儀案前後注皆云漢典職儀明脫一漢字策曰在上不驕高而不危制節謹度滿而不溢敬之戒之傳爾子孫長爲漢藩藩屏也言建諸侯所以爲國之藩蔽也詩大雅曰四國于蕃壬午更始復漢將軍鄧曄輔漢將軍于匡降皆復爵位壬子起高廟建社稷於洛陽立郊兆于城南始正火德色尚赤漢禮制度曰人君之居前有朝後有寢終則制廟以象朝後制寢以象寢光武都洛陽乃合高祖以下至平帝爲一廟藏十一帝主於其中元帝次當第八光武第九故立元帝爲祖廟後遵而不改續漢志曰立社稷於洛陽在宗廟之右皆方壇四面及中各依方色無屋有牆門而已白虎通曰天子之壇方五丈諸侯之壇半天子之壇社者土也人非土不立非穀不食故封土立社示有土也稷者五穀之長得陰陽中和之氣故祭之也續漢書曰制郊兆於洛陽城南七里爲圓壇八陛中又爲重壇天地位皆在壇上其外壇上爲五帝位青帝位在甲寅赤帝位在丙巳黃帝位在丁未白帝位在庚申黑帝位在壬亥其外爲壝重營皆紫以象紫宮營有通道以爲門日月在營內南道日在東月在西北斗在北道之西外營中營凡千五百一十四神高皇帝配食焉北郊在洛陽城北四里方壇四陛地祇位南面西上高皇后配西面皆在壇上地理羣后從食皆在壇下中嶽在未四嶽各依其方淮海俱在東河在西濟在北江在南餘山川各如其方漢初土德色尚黃至此始明火德徽幟尚赤服色於是乃正○劉攽曰注立元帝爲祖廟案以世數言之元帝乃是光武考非祖也作祖字誤是月赤眉焚西京宮室發掘園陵園謂塋域陵謂山墳寇掠關中大司徒鄧禹入長安遣府掾奉十一帝神主納於高廟漢官儀曰司徒府掾屬三十一人秩千石十一帝謂高祖至平帝神主以木爲之方尺二寸穿中央達四方天子主長尺二寸諸侯主長一尺虞主用桑練主用栗衞宏漢舊儀曰已葬收主爲木函藏廟太室中西牆壁埳中去地六尺一寸祭則立主於埳下眞定王楊臨邑侯讓謀反楊景帝七代孫讓楊弟遣前將軍耿純誅之二月己酉幸修武縣名屬河內郡本殷之甯邑韓詩外傳曰武王伐紂勒兵於甯改曰修武今懷州縣也大司空王梁免壬子以太中大夫宋弘爲大司空遣驍騎大將軍景丹率征虜將軍祭遵等二將軍擊弘農賊破之因遣祭遵圍蠻中賊張滿蠻中聚名故戎蠻子國在今汝州西南俗謂之麻城漁陽太守彭寵反攻幽州牧朱浮於薊延岑自稱武安王於漢中辛卯至自修武三月乙未大赦天下詔曰頃獄多冤人用刑深刻朕甚愍之孔子云刑罰不中則民無所措手足論語之文其與中二千石諸大夫博士議郎議省刑法遣執金吾賈復率二將軍擊更始郾王尹遵破降之遵或作尊遣驍騎將軍劉植擊密賊戰歿密縣屬河南郡今洛州縣遣虎牙大將軍蓋延率四將軍伐劉永夏四月圍永於睢陽更始將蘇茂殺淮陽太守潘蹇而附劉永甲午封叔父良

爲廣陽王兄子章爲太原王章弟興爲魯王舂陵侯嫡子祉爲城陽王城陽國故城在今沂州臨沂縣南五月庚辰封更始元氏王歆爲泗水王泗水國今兗州縣也故眞定王楊子德爲眞定王周後姬常爲周承休公武帝封周後姬嘉爲周子南君成帝封姬延爲周承休公常卽延之後承休所封故城在今汝州東北癸未詔曰民有嫁妻賣子欲歸父母者恣聽之敢拘執論如律六月戊戌立貴人郭氏爲皇后子彊爲皇太子大赦天下增郎謁者從官秩各一等前書曰郎官掌守門戶出充車騎有議郎中郎侍郎郎中秩六百石已下丙午封宗子劉終爲淄川王淄川國今淄州縣秋八月帝自將征五校丙辰幸內黃縣名屬魏郡今相州縣大破五校於羛陽降之羛陽聚名屬魏郡故城在今相州堯城縣東諸本有作弟者誤也左傳云晉荀盈如齊逆女還卒於戲陽杜預注云內黃縣北有戲陽城戲與羛同音許宜反遣游擊將軍鄧隆救朱浮與彭寵戰於潞隆軍敗績蓋延拔睢陽劉永奔譙今亳州縣破虜將軍鄧奉據淯陽反九月壬戌至自內黃驃騎大將軍景丹薨延岑大破赤眉於杜陵縣名屬京兆周之杜伯國在今萬年縣東南關中饑民相食冬十一月以廷尉岑彭爲征南大將軍率八將軍討鄧奉於堵鄉水經注曰堵水南經小堵鄉在今唐州方城縣堵音者銅馬青犢尤來餘賊共立孫登爲天子於上郡春秋保乾圖曰賊臣起名孫登巧用法多技方蓋立以應之上郡故城在今涇州上縣東南登將樂玄殺登以其衆五萬餘人降遣偏將軍馮異代鄧禹伐赤眉使太中大夫伏隆持節安輯青徐二州招張步降之十二月戊午詔曰惟宗室列侯爲王莽所廢先靈無所依歸朕甚愍之其並復故國若侯身已歿屬所上其子孫見名尚書封拜屬謂侯子孫所屬之郡縣也錄其見名上於尚書封拜之是歲蓋延等大破劉永於沛西沛今徐州縣也初王莽末天下旱蝗黃金一斤易粟一斛至是野穀旅生旅寄也不因播種而生故曰旅今字書作穭音呂古字通麻尗尤盛野蠶成繭被於山阜人收其利焉

三年春正月甲子以偏將軍馮異爲征西大將軍杜茂爲驃騎大將軍大司徒鄧禹及馮異與赤眉戰於回溪漢名也俗名回坑在今洛州永寧縣東禹異敗績征虜將軍祭遵破蠻中斬張滿辛巳立皇考南頓君已上四廟壬午大赦天下閏月乙巳大司徒鄧禹免馮異與赤眉戰於崤底大破之崤山名底阪也一名嶔岑山在今洛州永寧縣西北餘衆南向宜陽縣名屬弘農郡韓國都也故城在今洛州福昌縣東韓城是也帝自將征之己亥幸宜陽甲辰親勒六軍大陳戎馬大司馬吳漢精卒當前中軍次之驍騎武衞分陳左右赤眉望見震怖遣使乞降丙午赤眉君臣面縛面偝也謂偝而縛之奉高皇帝璽綬蔡邕獨斷曰皇帝六璽皆玉螭虎紐文曰皇帝行璽皇帝之璽皇帝信璽天子行璽天子之璽天子信璽皆以武都紫泥封之玉璽譜曰傳國璽是秦始皇初定天下所刻其玉出藍田山丞相李斯所書其文曰受命于天既壽永昌高祖至霸上秦王子嬰獻之至王莽篡位就元后求璽不與以威逼之乃出璽投地璽上螭一角缺及莽敗李松持璽詣宛上更始更始敗璽入赤眉劉盆子既敗以奉光武詔以屬城門校尉前書曰城門校尉掌京師城門屯兵秩比二千石也戊申至自宜陽己酉詔曰羣盜縱橫賊害元元盆子竊尊號亂惑天下朕奮兵討擊應時崩解十餘萬衆束手降服先帝璽綬歸之王府斯皆祖宗之靈士人之力朕曷足以享斯哉享當也其擇吉日祠高廟賜天下長子當爲父後者爵人一級二月己未祠高廟受傳國璽劉永立董憲爲海西王海西縣屬琅邪郡張步爲齊王步殺光祿大夫伏隆而反幸懷遣吳漢率二將軍擊青犢於軹西大破降之軹縣屬河內郡故城在今洛州濟源縣東南三月壬寅以大司徒司直伏湛爲大司徒續漢志曰光武卽位依武帝故事置司徒司直建武十一年省彭寵陷薊城寵自立爲燕王帝自將征鄧奉幸堵陽夏四月大破鄧奉於小長安斬之馮異與延岑戰於上林破之關中上林苑也吳漢率七將軍與劉永將蘇茂戰於廣樂大破之廣樂地闕今宋州虞城縣有長樂故城蓋避隋煬帝諱虎牙大將軍蓋延圍劉永於睢陽五月己酉車駕還宮乙卯晦日有食之續漢志曰日在柳十四度柳河南也時樊崇謀作亂其七月伏誅六月壬戌大赦天下耿弇與延岑戰於穰大破之穰縣屬南陽郡今鄧州縣秋七月征南大將軍岑彭率三將軍伐秦豐戰於黎丘大破之獲其將蔡宏庚辰詔曰吏不滿六百石下至墨綬長相有罪先請續漢志曰縣大者置令一人千石其次置長四百石小者三百石侯國之相亦如之皆掌理人故秦制男子八十以上十歲以下及婦人從坐者自非不道詔所名捕皆不得繫詔書有名而特捕者當驗問者卽就驗女徒雇山歸家前書音義曰令甲女子犯徒遣歸家每月出錢雇人於山伐木名曰雇山蓋延拔睢陽獲劉永而蘇茂周建立永子紆爲梁王冬十月壬申幸舂陵祠園廟因置酒舊宅大會故人父老光武舊宅在今隨州棗陽縣東南二里有白水焉卽張衡所謂龍飛白水也十一月乙未至自舂陵涿郡太守張豐反涿郡故城在今幽州范陽縣是歲李憲自稱天子西州大將軍隗囂奉奏時鄧禹承制命囂爲西州大將軍專制涼州朔方事建義大將軍朱祜率祭遵與延岑戰於東陽斬其將張成東陽聚名也故城在今鄧州南臨淮郡復有東陽縣非此地也

四年春正月甲申大赦天下二月壬子幸懷壬申至自懷遣右將軍鄧禹率二將軍與延岑戰於武當破之武當縣屬南陽郡有武當山今均州縣也夏四月丁巳幸鄴己巳進幸臨平臨平縣名屬鉅鹿郡故城在今定州鼓城縣東南遣大司馬吳漢擊五校賊於箕山大破之吳漢傳曰東郡箕山五月進幸元氏辛巳進幸盧奴遣征虜將軍祭遵率四將軍討張豐於涿郡斬豐六月辛亥車駕還宮七月丁亥幸譙遣捕虜將軍馬武偏將軍王霸圍劉紆於垂惠垂惠聚名在今亳州山桑縣西北一名禮城董憲將賁休以蘭陵城降憲圍之前書曰賁赫音肥今姓作賁音奔蘭陵縣屬東海郡故城在今沂州丞縣東○劉攽曰注案文當云今姓作奔音如此便足不當更云今姓作賁音奔也多一賁字倒一奔字虎牙大將軍蓋延率平狄將軍龐萌救賁休不克蘭陵爲憲所陷秋八月戊午進幸壽春今壽州縣太中大夫徐惲擅殺臨淮太守劉度惲坐誅遣揚武將軍馬成率三將軍伐李憲九月圍憲於舒縣名故城在今廬州廬江縣西冬十月甲寅車駕還宮太傅卓茂薨十一月丙申幸宛遣建義大將軍朱祜率二將軍圍秦豐於黎丘十二月丙寅進幸黎丘是歲征西大將軍馮異與公孫述將程焉戰於陳倉破之

五年春正月癸巳車駕還宮二月丙午大赦天下捕虜將軍馬武偏將軍王霸拔垂惠乙丑幸魏郡今相州也壬申封殷後孔安爲殷紹嘉公武帝封孔吉爲殷紹嘉公安卽吉之裔也彭寵爲其蒼頭所殺漁陽平秦呼人爲黔首謂奴爲蒼頭者以別於良人也大司馬吳漢率建威大將軍耿弇擊富平獲索賊於平原大破降之平原郡今德州縣也復遣耿弇率二將軍討張步三月癸未徙廣陽王良爲趙王始就國平狄將軍龐萌反殺楚郡太守孫萌而東附董憲遣征南大將軍岑彭率二將軍伐田戎於津鄉大破之南郡有津鄉故城在今荊州江陵縣東夏四月旱蝗河西大將軍竇融始遣使貢獻五月丙子詔曰久旱傷麥秋種未下朕甚憂之將殘吏未勝獄多冤結元元愁恨感動天氣乎其令中都官三輔郡國出繫囚前書音義曰中都官謂京師諸官府也國謂諸侯王國也罪非犯殊死一切勿案殊死謂斬刑殊絕也左傳曰斬其木而弗殊一切謂權時非久制也並見前書音義見徒免爲庶人務進柔良退貪酷各正厥事焉臣賢案范曄序例云帝紀略依春秋唯孛日食地震書餘悉備於志流俗本於此下多有甲申白虹見南北竟天者誤也皆削此六月建義大將軍朱祜拔黎丘獲秦豐而龐萌蘇茂圍桃城任城國有桃聚故城在今兗州任城縣北○劉攽曰正文案文多一而字說與上同帝時幸蒙縣名屬梁國故城在今宋州北因自將征之先理兵任城乃進救桃城大破萌等秋七月丁丑幸沛祠高原廟前書音義曰原再也謂已立廟更立者爲原詔修復西京園陵進幸湖陵征董憲湖陵縣屬山陽郡故城在今兗州方與縣東一名湖陸又幸蕃縣名屬魯國故城在今徐州滕縣蕃音反遂攻董憲於昌慮大破之昌慮縣屬東海郡故城在今徐州滕縣東南古郡國之濫邑左傳曰邾庶其以濫來奔卽此也八月己酉進幸郯縣名屬東海郡故城在今泗州下邳縣東北郯音談留吳漢攻劉紆董憲等車駕轉徇彭城下邳吳漢拔郯獲劉紆漢進圍董憲龐萌於朐縣名屬東海郡故城在今海州朐山縣西音其于反冬十月還幸魯使大司空祠孔子耿弇等與張步戰於臨淄大破之臨淄今青州縣帝幸臨淄進幸劇縣名故城在今青州壽光縣南故紀國城也張步斬蘇茂以降齊地平初起太學陸機洛陽記曰太學在洛陽城故開陽門外去宮八里講堂長十丈廣三丈車駕還宮幸太學賜博士弟子各有差十一月壬寅大司徒伏湛免尚書令侯霸爲大司徒十二月盧芳自稱天子於九原縣名屬五原郡故城在今勝州銀城縣西州大

將軍隗囂遣子恂入侍交阯牧鄧讓率七郡太守遣使奉貢交阯郡今交州縣也南濱大海與地志云其夷足大指開折兩足並立指則相交阯與阯同古字通應劭漢官儀曰始開北方遂交於南爲子孫基阯也七郡謂南海蒼梧鬱林合浦交阯九眞日南並屬交州見續漢書詔復濟陽二年徭役濟陽縣故城在今曹州寃句縣西南皇考南頓君初爲濟陽令以哀帝建平元年帝生於濟陽宮故復之前書音義曰復謂除其賦役也復音福是歲野穀漸少田畝益廣焉

劉攽曰章懷注書避世字代作代作業民字作人治字作理作化所引他書亦皆易之後人不知或輒改還本字又不能都換之亦有誤改代爲世者雖不甚害義聊記之以曉學者

後漢書卷一上考證

光武帝紀上光武帝紀○臣浩按班固傳固與陳宗尹敏孟異共成世祖本紀則此紀本固等所撰今考三國志注載漢晉陽秋等書所引紀中語有今書不載者是爲范史所更定也

字文叔注伏侯古今注曰秀之字曰茂○臣宗萬按後漢以光武諱改秀才爲茂材卽前漢詔舉秀才異等史官亦追改之前書武紀元封五年詔注應劭曰舊言秀才避光武諱是也

南陽蔡陽人注蔡陽縣故城在今隨州棗陽縣西南○臣召南按隨州隨字應作隋自隋文帝省隨爲隋唐初因之是以唐書新舊二志並作隋州也

與其帥王鳳陳收○臣召南按陳收應作陳牧劉元傳平林人陳牧又以牧爲大司徒封陰平王

更始元年○臣浩按張衡傳衡條上司馬遷班固所敘與典籍不合者十餘事又言更始居位人無異望光武初爲其將然後卽眞宜以更始之號建於光武之初書數上竟不聽可知今紀所載更始元年二年亦范史承用張衡之說改定者非班固等所撰本紀舊文也

訟遣祖於尤注地皇元年十二月壬寅○臣宗楷按壬寅前書作乙未

又宛人朱福○臣召南按朱福卽朱祐朱祐傳注引東觀記云祐作福避安帝諱也臣浩按劉攽刊誤于周章傳云安帝名祐此作祐字誤于朱祐傳云祐或作祜蓋安帝名祜朱仲先亦名祜故東京史臣改從福以避諱也今考范史各本及資治通鑑皆作朱祐惟綱目作朱祜

傳首詣宛注城中少年朱弟張魚○朱監本作于宋本作朱臣松齡按前書王莽傳作朱

謝躬討郎注劉攽曰注有侍曹尚書前書皆太常侍曹少一常字○前書作常侍曹尚書無太字

前將軍鄧禹擊更始定國公王匡於安邑○臣召南按定國上公乃匡之初封至此時爲比陽王久矣例以前文言舞陰王李軼後文言遣執金吾賈復擊更始郾王尹遵則此文言定國公亦范書刊削之未盡者

以前高密令卓茂爲太傅注高密縣屬高密國○何焯曰茂本傳注云今洛州密縣此云高密者衍高字而注因以誤耳又注云卓以平帝時爲密令卓字應改茂字

征西大將軍馮異與公孫述將程焉戰於陳倉破之○何焯曰焉字疑作烏

後漢書卷一下

宋　宣城太守范　曄撰

唐　章懷太子賢注

光武帝紀第一下

六年春正月丙辰改舂陵鄉爲章陵縣世世復徭役比豐沛無有所豫高祖豐沛邑人故代代復今比之也復音福辛酉詔曰往歲水旱蝗蟲爲災穀價騰躍言踴貴也人用困乏朕惟百姓無以自贍惻然愍之其命郡國有穀者給稟說文稟賜穀也音筆錦反高年鰥寡孤獨及篤癃無家屬貧不能自存者如律大戴禮曰六十無妻曰鰥五十無夫曰寡禮記曰幼而無父曰孤老而無子曰獨爾雅曰篤困也蒼頡篇曰癃病也漢律今亡二千石勉加循撫無令失職職猶常也揚武將軍馬成等拔舒獲李憲二月大司馬吳漢拔朐獲董憲龐萌山東悉平諸將還京師置酒賞賜三月公孫述遣將任滿寇南郡南郡今荊州也夏四月丙子幸長安始謁高廟遂有事十一陵有事謂祭也左傳曰有事於太廟高祖長陵惠帝安陵文帝霸陵景帝陽陵武帝茂陵昭帝平陵宣帝杜陵元帝渭陵成帝延陵哀帝義陵平帝康陵遣虎牙大將軍蓋延等七將軍從隴道伐公孫述五月己未至自長安隗囂反蓋延等因與囂戰於隴坻諸將敗績辛丑詔曰惟天水隴西安定北地並郡名天水今秦州安定今涇州北地今寧州隴西今渭州吏人爲隗囂所詿誤者說文曰詿亦誤也音古賣反又三輔遭難赤眉有犯法不道者前書音義曰律殺不辜一家三人爲不道自殊死以下皆赦除之六月辛卯詔曰夫張官置吏所以爲人也管子曰張官置吏所以奉主之法今百姓遭難戶口耗少而縣官吏職所置尚繁其令司隸州牧漢官儀曰司隸校尉部河南河內右扶風左馮翊京兆河東弘農七郡於河南洛陽故謂東京爲司隸各實所部省減吏員縣國不足置長吏可并合者并音必政反上大司徒大司空二府於是條奏并省四百餘縣吏職減損十置其一代郡太守劉興擊盧芳將賈覽於高柳戰歿高柳縣屬代郡故城在今雲州定襄縣初樂浪人王調據郡不服樂浪郡故朝鮮國也在遼東秋遣樂浪太守王遵擊之郡吏殺調降遣前將軍李通率二將軍與公孫述將戰於西城破之西城縣屬漢中今金州縣也夏蝗秋九月庚子赦樂浪謀反大逆殊死已下丙寅晦日有食之冬十月丁丑詔曰吾德薄不明寇賊爲害彊弱相陵元元失所詩云日月告凶不用其行詩小雅鄭玄注云告凶告天下凶亡之徵也行道度也不用之者謂相干犯永念厥咎內疚於心疚病也詩曰憂心孔疚其勑公卿舉賢良方正各一人武帝建元元年始詔舉賢良方正直言極諫之士也百僚並上封事無有隱諱宣帝始令羣臣得奏封事以知下情有司修職務遵法度十一月丁卯詔王莽時吏人沒入爲奴婢不應舊法者皆免爲庶人十二月壬辰大司空宋弘免癸巳詔曰頃者師旅未解用度不足故行什一之稅謂十分而稅其一也孟子曰夏五十而貢殷七十而助周百畝而徹其實皆什一也今軍士屯田糧儲差積武帝初通西域始置校尉屯田其令郡國收見田租三十稅一如舊制景帝二年令人田租三十而稅一今依景帝故云舊制隗囂遣將行巡寇扶風行姓巡名漢有行祐爲趙相見風俗通征西大將軍馮異拒破之是歲初罷郡國都尉官劉攽曰案郡國有都尉有中尉此時罷郡都尉官耳不當有國字始遣列侯就國匈奴遣使來獻使中郎將報命漢官儀曰使匈奴中郎將擁節秩比二千石匈奴傳云令中郎將韓統報命賂遺金幣

七年春正月丙申詔中都官三輔郡國出繫囚非犯殊死皆一切勿案其罪見徒免爲庶民耐罪亡命吏以文除之耐輕刑之名前書音義曰一歲刑爲罰作二歲刑已上爲耐耐音乃代反亡命謂犯耐罪而背名逃者令吏爲文簿記其姓名而除其罪恐逐逃不歸因失名籍又詔曰世以厚葬爲德薄終爲鄙至于富者奢僭貧者單財單盡也法令不能禁禮義不能止倉卒乃知其咎倉卒謂喪亂也諸厚葬者皆被發掘故乃知其咎惡也其布告天下令知忠臣孝子慈兄悌弟薄葬送終之義二月辛巳罷護漕都尉官三月丁酉詔曰今國有衆軍並多精勇宜且罷輕車騎士材官樓船士及軍假吏令還復民伍漢官儀曰高祖命天下郡國選能引關蹶張材力武猛者以爲輕車騎士材官樓船常以立秋後講肄課試各有員數平地用車騎山阻用材官水泉用樓船軍假吏謂軍中權置吏也今悉罷之公孫述立隗囂爲朔寧王癸亥晦日有食之避正殿寢兵不聽事五日詔曰吾德薄致災譴見日月譴責也音直革反左傳曰人君爲政不用善則自取謫於日月之災也戰慄恐懼夫何言哉今方念愆庶消厥咎其令有司各修職任奉遵法度惠茲元元百僚各上封事無有所諱其上書者不得言聖夏四月壬午詔曰比陰陽錯謬日月薄食百姓有過在予一人大赦天下公卿司隸州牧舉賢良方正各一人遣詣公車朕將覽試焉公車門名公車所在因以名焉漢官儀曰公車掌殿司馬門天下上事及徵召皆總領之五月戊戌前將軍李通爲大司空甲寅詔吏人遭饑亂及爲青徐賊所略爲奴婢下妻欲去留者恣聽之杜預注左傳云不以道取爲略敢拘制不還以賣人法從事言從賣人之事以結其罪是夏連雨水漢忠將軍王常爲橫野大將軍八月丁亥封前河間王邵爲河間王隗囂寇安定征西大將軍馮異征虜將軍祭遵擊却之冬盧芳所置朔方太守田颯音立雲中太守喬扈各舉郡降是歲省長水射聲二校尉官前書音義曰長水胡騎所屯射聲謂工射者夜中聞聲則射之因以爲名二校尉皆武帝置今省之

八年春正月中郎將來歙襲略陽縣名屬天水郡故城在今秦州隴城縣西北殺隗囂守將而據其城夏四月司隸校尉傅抗下獄死隗囂攻來歙不能下閏月帝自征囂河西太守竇融率五郡太守與車駕會高平五郡謂隴西金城天水酒泉張掖高平縣名屬安定後改爲高平今原州縣○劉攽曰注案高平縣名後改爲高平不成文理蓋合有一郡字隴右潰隗囂奔西城遣大司馬吳漢征南大將軍岑彭圍之進幸上邽不降上邽縣名屬隴西郡故邽戎邑今秦州縣命虎牙大將軍蓋延建威大將軍耿弇攻之潁川盜賊寇沒屬縣河東守兵亦叛○劉攽曰案文多一守字若云太守之兵又不合去太字京師騷動秋大水八月帝自上邽晨夜東馳九月乙卯車駕還宮庚申帝自征潁川盜賊皆降安丘侯張步叛歸琅邪安丘縣屬北海郡今密州縣有渠丘亭琅邪太守陳俊討獲之戊寅至自潁川冬十月丙午幸懷十一月乙丑至自懷公孫述遣兵救隗囂吳漢蓋延等還軍長安天水隴西復反歸囂十二月高句驪王遣使奉貢是歲大水左傳曰平原出水爲大水

九年春正月隗囂病死其將王元周宗復立囂子純爲王徙鴈門吏人於太原三月辛亥初置青巾左校尉官○劉攽曰案前史廢置官皆用置字置立也致字謂送詣上文光武爲司隸致僚屬招致之義可作致字今建此官宜作置蓋緣前文遂誤此字或作置無疑公孫述遣將田戎任滿據荊門虎牙水經注曰江水東歷荊門虎牙之間荊門山在南上合下開其狀似門虎牙山在北石壁色紅間有白文類牙故以名也此二山楚之西塞也在今峽州夷陵縣東南夏六月丙戌幸緱氏登轘轅緱氏縣有緱氏山轘轅山有轘轅坂並在洛陽之東南遣大司馬吳漢率四將軍擊盧芳將賈覽於高柳戰不利秋八月遣中郎將來歙監征西大將軍馮異等五將軍討隗純於天水驃騎大將軍杜茂與賈覽戰於繁畤縣名屬鴈門郡今代州縣茂軍敗績是歲省關都尉前書曰秦官也武帝置復置護羌校尉官漢官儀曰

武帝置秩比二千石持節以護西羌王莽亂遂罷時班彪議宜復其官以理冤結帝從之以牛邯為護羌校尉都於隴西令居縣

十年春正月大司馬吳漢率捕虜將軍王霸等五將軍擊賈覽於高柳匈奴遣騎救覽諸將與戰卻之修理長安高廟夏征西大將軍馮異破公孫述將趙匡於天水斬之征西大將軍馮異薨秋八月己亥幸長安祠高廟遂有事十一陵戊戌進幸汧縣名屬右扶風故城在今隴州汧源縣隗囂將高峻降冬十月中郎將來歙等大破隗純於落門前書曰天水冀縣有落門聚在今渭州隴西縣東南有落門山落門水出焉其將王元奔蜀純與周宗降隴右平先零羌寇金城隴西金城郡故城在今蘭州廣武縣之西南來歙率諸將擊羌於五谿大破之續漢志曰隴西襄武縣有五谿聚庚寅車駕還宮是歲省定襄郡定襄故城在今勝州界徙其民於西河郡名今石州離石縣泗水王歙薨淄川王終薨

十一年春二月己卯詔曰天地之性人為貴其殺奴婢不得減罪己酉幸南陽還幸章陵祠園陵城陽王祉薨庚午車駕還宮閏月征南大將軍岑彭率三將軍與公孫述將田戎任滿戰於荊門大破之獲任滿威虜將軍馮駿圍田戎於江州縣名屬巴郡今渝州巴縣岑彭遂率舟師伐公孫述平巴郡夏四月丁卯省大司徒司直官漢官儀曰武帝置丞相司直元壽二年改丞相為大司徒司直仍舊今省先零羌寇臨洮縣名屬隴西郡故城在今岷州六月中郎將來歙率揚武將軍馬成破公孫述將王元環安於下辯縣名屬武都郡今成州同谷縣舊名武街城安遣閒人刺殺中郎將來歙閒謂候閒隙也帝自將征公孫述秋七月次長安左傳例曰凡師出一宿為舍再宿為信過信為次八月岑彭破公孫述將侯丹於黃石即黃石灘也水經注曰江水自涪陵東出百里而屆于黃石在今涪州涪陵縣輔威將軍臧宮與公孫述將延岑戰於沈水大破之水經注曰沈水出廣漢縣下入涪水本或作沉水及沈水者並非王元降至自長安癸亥詔曰敢炙灼奴婢論如律免所炙灼者為庶民冬十月壬午詔除奴婢射傷人棄市律公孫述遣閒人刺殺征南大將軍岑彭馬成平武都因隴西太守馬援擊破先零羌徙致天水隴西扶風十二月大司馬吳漢率舟師伐公孫述是歲省朔方牧并并州朔方郡在今夏州朔方縣北上并音必政反初斷州牧自還奏事前書音義曰刺史每歲盡則入奏事京師今斷之哀帝改刺史曰州牧

十二年春正月大司馬吳漢與公孫述將史興戰於武陽斬之武陽縣屬犍為郡故城在今眉州隆山縣東也三月癸酉詔隴蜀民被略為奴婢自訟者及獄官未報一切免為庶民夏甘露降南行唐縣名屬常山郡今恒州縣六月黃龍見東阿今濟州縣秋七月威虜將軍馮駿拔江州獲田戎九月吳漢大破公孫述將謝豐于廣都斬之廣都今益州輔威將軍臧宮拔涪城斬公孫恢涪城今綿州縣恢述之弟大司空李通罷冬十一月戊寅吳漢臧宮與公孫述戰於成都大破之述被創夜死辛巳吳漢屠成都夷述宗族及延岑等廣雅曰夷滅也十二月辛卯揚武將軍馬成行大司空事是歲九真徼外蠻夷張遊率種人內屬九真今愛州縣封為歸漢里君省金城郡屬隴西參狼羌寇武都武都今武州也參音所今反隴西太守馬援討降之詔邊吏力不足戰則守追虜料敵不拘以逗留法說文曰逗止也前書音義曰逗曲行避敵也漢法軍行逗留畏懦者斬追虜或近或遠量敵進退不拘以軍法直取勝敵為務也逗古住字橫野大將軍王常薨遣驃騎大將軍杜茂將衆郡施刑屯北邊施讀曰弛弛解也前書音義曰謂有赦令去其鉗釱赭衣謂之施刑築亭候亭候伺候望敵之所前書曰十里一亭亭有長漢因之不改修烽燧前書音義曰邊方備警急作高土臺臺上作桔皐桔皐頭有兜零以薪草置其中常低之有寇即燃火舉之以相告曰烽又多積薪寇至即燔之望其煙曰燧晝則燔燧夜乃舉烽廣雅曰兜零籠也

十三年春正月庚申大司徒侯霸薨戊子詔曰往年已敕郡國異味不得有所獻御今猶未止非徒有豫養導擇之勞豫養謂未至獻時豫前養之導亦擇也至乃煩擾道上疲費過所其令太官勿復受續漢志曰太官令一人秩六百石掌御膳飲食明敕下以遠方口實所以薦宗廟自如舊制漢官儀曰口實膳羞之事也二月遣捕虜將軍馬武屯滹沱河以備匈奴盧芳自五原亡入匈奴丙辰詔曰長沙王興真定王得河間王邵中山王茂皆襲爵為王不應經義以其服屬既疏不當襲爵為王其以興為臨湘侯臨湘縣今潭州長沙縣得為真定侯邵為樂成侯樂成縣故城在今瀛州樂府縣西北。劉攽曰注案府當作壽茂為單父侯今宋州縣音善甫其宗室及絕國封侯者凡一百三十七人丁巳降趙王良為趙公太原王章為齊公魯王興為魯公庚午以殷紹嘉公孔安為宋公周承休公姬常為衛公省并西京十三國廣平屬鉅鹿真定屬常山河間屬信都城陽屬琅邪泗水屬廣陵淄川屬高密膠東屬北海陸安屬盧江廣陽屬上谷據此惟有九國云十三誤也三月辛未沛郡太守韓歆為大司徒丙子行大司空馬成罷夏四月大司馬吳漢自蜀還京師於是大饗將士班勞策勳班布也謂徧布勞來之其有功者以策書紀其勳也勞音力到反功臣增邑更封凡三百六十五人其外戚恩澤封者四十五人罷左右將軍官前書曰左右將軍周末官也秦漢因之至此罷建威大將軍耿弇罷益州傳送公孫述瞽師郊廟樂器葆車輿輦於是法物始備瞽無目之人也為樂師取其無所見於音聲審也郊廟之器謂彝尊之屬也樂器鐘磬之屬葆車謂上建羽葆也合聚五采羽名為葆輿者車之總名也輦者駕人以行法物謂大駕鹵簿儀式也時草創未暇今得之始備時兵革既息天下少事文書調役務從簡寡調謂發也至乃十存一焉甲寅冀州牧竇融為大司空五月匈奴寇河東秋七月廣漢徼外白馬羌豪率種人內屬廣漢今益州雒縣也徼猶塞也音吉弔反羌有百五十四種在廣漢西北者為白馬羌九月日南徼外蠻夷獻白雉白兔日南郡屬交州冬十二月甲寅詔益州民自八年以來被略為奴婢者謂公孫述時也皆一切免為庶民或依託為人下妻欲去者恣聽之敢拘留者比青徐二州以略人法從事復置金城郡前年省并隴西

十四年春正月起南宮前殿匈奴遣使奉獻使中郎將報命中郎將劉襄也夏四月辛巳封孔子後志為褒成侯平帝封孔均為褒成侯志均子也古今志曰志時為密令越巂人任貴自稱太守遣使奉計越巂郡武帝置本邛都也巂水名因越巂水而置郡故以名焉計謂人庶名籍若今計帳秋九月平城人賈丹殺盧芳將尹由來降平城縣屬鴈門郡今雲州定襄縣也是歲會稽大疫會稽今越州縣莎車國鄯善國遣使奉獻莎車鄯善並西域國名鄯音市戰反十二月癸卯詔益涼二州奴婢自八年以來自訟在所官一切免為庶民賣者無還直

十五年春正月辛丑大司徒韓歆免自殺事見侯霸傳丁未有星孛於昴汝南太守歐陽歙為大司徒建義大將軍朱祐罷丁未有星孛於營室二月徙鴈門代郡上谷三郡民置常關居庸關以東前書曰代郡有常山關上谷郡居庸縣有關時胡寇數犯邊故徙之。劉攽曰據注文及他處云常山關正文少一山字初巴蜀既平大司馬吳漢上書請封皇子不許重奏連歲三月乃詔群臣議大司空融固始侯通膠東侯復高密侯禹太常登等奏議曰古者封建諸侯以藩屏京師藩籬也屏蔽也詩大雅曰介人維藩大邦維屏毛萇注云當用公卿諸侯為藩屏也公羊傳曰京者何大也師者何衆也天子之居必以衆大之辭言之。劉攽曰注必有按今公羊云必以作有非也周封八百史記曰唐虞協和萬國遷于夏商或數千歲蓋周封八百也同姓諸姬並為建國左傳曰虞虢焦滑霍楊韓魏皆姬姓也夾輔王室尊事天子享國永長為後世法故詩云大啓爾宇為周室輔詩魯頌也宇居也周成王封周公子伯禽於魯言大開爾居以為我周家之輔高祖聖德光有天下亦務親親封立兄弟諸子不違舊章陛下德橫天地興復宗統褒德賞勳親睦九族孔安國注尚書云九族謂上至高祖下至玄孫功臣宗室咸蒙封爵多受廣地或連屬縣今皇子賴天能勝衣趨拜陛下恭謙克讓抑而未議群臣百姓莫不失望宜因盛夏吉時定號位以廣藩輔禮記月令天子孟夏迎夏於南郊還乃封諸侯行爵出祿明親親尊宗廟重社稷應古合舊厭塞衆心臣請大司空上輿地圖廣雅曰輿載也言載在地者皆圖畫之司空掌土地故令上之太常擇吉日具禮儀制曰可夏四月戊申以太牢告祠宗廟丁巳使大司空融告廟封皇子輔為右翊公英為楚公陽為東海公康為濟南公蒼為東平公延為淮陽公荊為山陽公衡為臨淮公焉為左翊公京為琅邪公癸丑追謚兄伯升為齊武公兄仲為魯哀公六月庚午復致屯騎長水射聲三校尉官七年罷。劉攽曰案文致亦當作置設同十四年改青巾左校尉為越騎校尉詔下州郡檢覈墾田頃畝墾闢也及戶口年紀又考實二千石長吏阿枉不平者冬十一月甲戌大司徒歐陽歙下獄死十二月庚午關內侯戴涉為大司徒盧芳自匈奴入居高柳是歲驃騎大將軍杜茂免虎牙大將軍蓋延薨

十六年春二月交阯女子徵側反略有城邑三月辛丑晦日有蝕之秋九月河南尹張伋及諸郡守十餘人坐度田不實皆下獄死東觀記曰刺史太守多為詐巧不務實核苟以度田為名聚人田中并度廬屋里落聚人遮道啼呼郡國大姓及兵長群盜處處並起攻劫在所害殺長吏郡縣追討到則解散去復屯結青徐幽冀四州尤甚冬十月遣使者下郡國聽群盜自相糾擿擿猶發也音宅狄反五人共斬一人者除其罪吏雖逗留迴避故縱者皆勿問聽以禽討為效其牧守令長坐界內盜賊而不收捕者又以畏懦捐城委守者皆不以為負委守謂棄其所守也但取獲賊多少為殿最殿後也謂課居後也最凡要之首也言課居先也唯蔽匿者乃罪之於是更相追捕賊並解散徙其魁帥於它郡賦田受稟使安生業自是牛馬放牧邑門不閉盧芳遣使乞降十二月甲辰封芳為代王初王莽亂後貨幣雜用布帛金粟是歲始行五銖錢武帝始為五銖錢王莽時廢今始行之

十七年春正月趙公良薨二月乙亥晦日有蝕之東觀記曰上以日食避正殿讀圖讖多御坐廡下淺露中風發疾苦眩甚左右有白大司馬史病苦如此不能動搖自彊從公出乘以車行數里病差四月二日車駕宿偃師病差數日入南陽界到葉以車騎省留數日行黎陽兵馬千餘匹遂到章陵起居平愈夏四月乙卯南巡狩皇太子及右翊公輔楚公英東海公陽濟南公康東平公蒼從幸潁川進幸葉章陵葉縣故楚葉公邑屬南郡今許州縣也葉音式涉反五月乙卯車駕還宮六月癸巳臨淮公衡薨秋七月妖巫李廣等群起據皖城縣名屬廬江郡故城在今舒州有皖水音下板反遣虎賁中郎將馬援驃騎將軍段志討之九月破皖城斬李廣等冬十月辛巳廢皇后郭氏為中山太后立貴人陰氏為皇后進右翊公輔為中山王食常山郡本恒山郡避文帝諱改為常山故城在今趙州元氏縣西其餘九國公皆即舊封進爵為王甲申幸章陵修園廟祠舊宅觀田廬置酒作樂賞賜時宗室諸母因酣悅相與語曰文叔少時謹信與人不款曲唯直柔耳今乃能如此帝聞之大笑曰吾理天下亦欲以柔道行之乃悉為春陵宗室起祠堂有鳳皇見於潁川之郟縣郟今汝州郟城縣也東觀記曰鳳高八尺五彩羣鳥並從行列蓋地數頃停十七日十二月至自章陵是歲莎車國遣使貢獻

十八年春二月蜀郡守將史歆叛遣大司馬吳漢率二將軍討之圍成都甲寅西巡狩幸長安三月壬午祠高廟遂有事十一陵歷馮翊界進幸蒲坂祠后土漢官儀曰祭地

（於河東汾陰后土宮曲入河古之祭地澤中方丘也以夏至日祭其禮儀如祭天蒲坂縣屬河東郡后土祠在今蒲州汾陰縣西北）夏四月甲戌車駕還宮癸酉詔曰今邊郡盜穀五十斛罪至於死開殘吏妄殺之路其蠲除此法同之內郡遣伏波將軍馬援率樓船將軍段志等擊交阯賊徵側等戊申幸河內戊子至自河內五月旱盧芳復亡入匈奴秋七月吳漢拔成都斬史歆等壬戌赦益州所部殊死已下冬十月庚辰幸宜城（縣屬南郡楚之鄢邑也故城在今襄州率道縣南）還祠章陵十二月乙丑車駕還宮是歲罷州牧置刺史（武帝元封五年初置部刺史掌奉詔條察州秩六百石員十三人成帝綏和元年更名牧秩二千石哀帝建平二年復爲刺史元壽二年復爲牧經王莽篡至建武元年復置牧今改置刺史）

十九年春正月庚子追尊孝宣皇帝曰中宗始祠昭帝元帝於太廟（漢官儀曰光武第雖十二於父子之次於成帝爲兄弟於哀帝爲諸父於平帝爲祖父皆不可爲之後上至元帝於光武爲父故上繼元帝而爲九代故河圖云赤九會昌謂光武也然則宣帝爲曾祖故追尊及祠之○劉攽曰注案世數宣帝於光武猶是祖此多一曾字）成帝哀帝平帝於長安春陵節侯以下四世於章陵妖巫單臣傅鎮等反據原武大中大夫臧宮圍之夏四月拔原武斬臣鎮等伏波將軍馬援破交阯斬徵側等因擊破九眞賊都陽等降之閏月戊申進趙齊魯三國公爵爲王六月戊申詔曰春秋之義立子以貴（公羊傳曰立適以長不以貴立子以貴不以長桓公何以貴母貴也母貴則子貴以母以子貴○劉攽曰注母貴則子貴案公羊本文當云母貴則子何以貴此少何以二字）東海王陽皇后之子宜承大統皇太子彊崇執謙退願備藩國父子之情重久違之其以彊爲東海王立陽爲皇太子改名莊秋九月南巡狩壬申幸南陽進幸汝南南頓縣舍置酒會賜吏人復南頓田租歲（○劉攽曰案文不見歲數明少一字近下二十年復濟陽六歲顯宗復元氏六歲則此當初復五歲增一歲則六歲與後事同矣是漏五字也）父老前叩頭言皇考居此日久陛下識知寺舍（蔡邕獨斷曰陛階也與天子言不敢指斥故云陛下風俗通曰寺司也諸官府所止皆曰寺光武常從皇考至南頓故識知官府舍字）每來輒加厚恩願賜復十年帝曰天下重器常恐不任日復一日安敢遠期十歲乎吏人又言陛下實惜之何言謙也帝大笑復增一歲進幸淮陽梁沛西南夷寇益州郡（常璩華陽國志云武帝元封二年叟夷反將軍郭昌討平之因開爲益州郡故城在今昆州晉寧縣是也）遣武威將軍劉尚討之越巂太守任貴謀叛十二月劉尚襲貴誅之是歲復致函谷關都尉（九年省今復置○劉攽曰正文致亦當作置此注中亦自作置也）修西京宮室

二十年春二月戊子車駕還宮夏四月庚辰大司徒戴涉下獄死（古今注曰坐入故太倉令奚涉罪）大司空竇融免五月辛亥大司馬吳漢薨匈奴寇上黨天水遂至扶風六月庚寅廣漢太守蔡茂爲大司徒太僕朱浮爲大司空壬辰左中郎將劉隆爲驃騎將軍行大司馬事（武帝省太尉置大司馬將軍成帝賜金印紫綬置官屬祿比丞相哀帝去將軍位在司徒上見前書）乙未徙中山王輔爲沛王秋東夷韓國人率衆詣樂浪內附（東夷有辰韓卞韓馬韓謂之三韓國也）冬十月東巡狩甲午幸魯進幸東海楚沛國十二月匈奴寇天水壬寅車駕還宮是歲省五原郡徙其吏人置河東復濟陽縣徭役六歲

二十一年春正月武威將軍劉尚破益州夷平之夏四月安定屬國胡叛屯聚青山（青山在今慶州烏嶺縣西北）遣將兵長史陳訢討平之（訢音欣）秋鮮卑寇遼東遼東太守祭肜大破之冬十月遣伏波將軍馬援出塞擊烏桓不剋匈奴寇上谷中山其冬鄯善王車師王等十六國皆遣子入侍奉獻願請都護（都護宣帝置始以鄭吉爲之秩比二千石都猶總也言總護南北道居烏壘城察西域諸國動靜以聞事見前書）帝以中國初定未遑外事乃還其侍子厚加賞賜

二十二年春閏月丙戌幸長安祠高廟遂有事十一陵二月己巳至自長安夏五月乙未晦日有蝕之秋七月司隸校尉蘇鄴下獄死九月戊辰地震裂制詔曰（○劉攽曰案史無有書制詔曰者唯下三公及它官詔有云制詔某官史亦不著曰字明此多一制字也說者云武后諱詔會改此詔作制役人因誤重之也）日者地震南陽尤甚夫地者任物至重靜而不動者也而今震裂咎在君上鬼神不順無德災殃將及吏人朕甚懼焉其令南陽勿輸今年田租芻稾遣謁者案行其死罪繫囚在戊辰以前減死罪一等徒皆弛解鉗衣絲絮（弛解脫也倉頡篇曰鉗釱也音奇炎反前書音義曰釱足鉗也音徒計反又太蓋反舊法在徒役者不得衣絲絮今赦許之）賜郡中居人壓死者棺錢人三千其口賦逋稅而廬宅尤破壞者勿收責（漢儀注曰人年十五至五十六出賦錢人百二十爲一算又七歲至十四歲出口錢人二十以供天子至武帝時又口加三錢以補車騎馬逋稅謂欠田租也）吏人死亡或在壞垣毀屋之下而家羸弱不能收拾者其以見錢穀取傭爲尋求之冬十月壬子大司空朱浮免癸丑光祿勳杜林爲大司空是歲齊王章薨青州蝗匈奴薁鞬日逐王比（薁音於六反鞬音紀言反比其名也）遣使詣漁陽請和親使中郎將李茂報命烏桓擊破匈奴匈奴北徙幕南地空（前書音義曰沙土曰幕即今磧也）詔罷諸邊郡亭候吏卒

二十三年春正月南郡蠻叛遣武威將軍劉尚討破之徙其種人於江夏（郡名故城在今安州雲夢縣東南）夏五月丁卯大司徒蔡茂薨秋八月丙戌大司空杜林薨九月辛未陳留太守玉況爲大司徒（況字文伯京兆人玉音肅）冬十月丙申太僕張純爲大司空高句驪率種人詣樂浪內屬十二月武陵蠻叛寇掠郡縣遣劉尚討之戰於沅水（武陵郡今朗州也沅水名出牂柯東北過臨沅縣至長沙入洞庭湖）尚軍敗歿是歲匈奴薁鞬日逐王比率部曲遣使詣西河內附

二十四年春正月乙亥大赦天下匈奴薁鞬日逐王比遣使欵五原塞求扞禦北虜秋七月武陵蠻寇臨沅（縣名屬武陵郡故城在今朗州武陵縣）遣謁者李嵩中山太守馬成討蠻不剋於是伏波將軍馬援率四將軍討之詔有司申明舊制阿附蕃王法（武帝時有淮南衡山之謀作左官之律設附益之法前書音義曰人道尚右言捨天子仕諸侯爲左官左僻也阿曲附益王侯者將有重法是爲舊制今更申明之）冬十月匈奴薁鞬日逐王比自立爲南單于於是分爲南北匈奴

二十五年春正月遼東徼外貊人寇右北平漁陽上谷太原（貊人穢貊國人也貊音陌）遼東太守祭肜招降之烏桓大人來朝（烏桓謂渠帥也）南單于遣使詣闕貢獻奉蕃稱臣又遣其左賢王擊破北匈奴却地千餘里三月南單于遣子入侍戊申晦日有食之伏波將軍馬援等破武陵蠻於臨沅冬十月叛蠻悉降夫餘王遣使奉獻（夫餘國在海東去玄菟千餘里）是歲烏桓大人率衆內屬詣闕朝貢

二十六年春正月詔有司增百官奉（續漢志曰大將軍三公奉月三百五十斛秩中二千石奉月百八十斛二千石月百二十斛比二千石月百斛千石月八十斛六百石月七十斛比六百石月五十五斛四百石月五十斛比四百石月四十五斛三百石月四十斛比三百石月三十七斛二百石月三十斛比二百石月二十七斛百石月十六斛斗食月十一斛佐史月八斛凡諸受奉錢穀各半奉音扶用反）其千石已上減於西京舊制六百石已下增於舊秩初作壽陵（初作陵未有名故號壽陵蓋取久長之義也漢自文帝以後皆預作陵今循舊制也）將作大匠竇融上言園陵廣袤無慮所用（前書曰將作少府秦官掌宮室景帝改爲大匠秩二千石說文曰南北曰袤東西曰廣廣雅曰無慮都凡也謂請園陵都凡制度也袤音茂）帝曰古者帝王之葬皆陶人瓦器木車茅馬（禮記塗車芻靈自古有之鄭玄注云芻靈束茅爲人馬也）使後世之人不知其處太宗識終始之義景帝能述遵孝道遭天下反覆而霸陵獨完受其福豈不美哉（謂赤眉入長安惟霸陵不掘）今所制地不過二三頃無爲山陵陂池裁令流水而已（言不起山陵裁令封土陂池不停水而已陂音普何反池音徒何反）遣中郎將段郴授南單于璽綬令入居雲中（郡名在今勝州北郴音丑林反）始置使匈奴中郎將將兵衛護之（中郎將即段郴也漢官儀曰使匈奴中郎將屯西河美稷縣也）南單于遣子入侍奉奏詣闕於是雲中五原朔方北地定襄鴈門上谷代八郡民歸於本土遣謁者分將施刑補理城郭（施與弛同解見上）發遣邊民在中國者布還諸縣皆賜以裝錢轉輸給食（東觀記曰時城郭丘墟埽地更爲上悔前徙之）

二十七年夏四月戊午大司徒玉況薨五月丁丑詔曰昔契作司徒禹作司空皆無大名其令二府去大（朱祐奏宜令三公並去大名以法經典帝從其議）又改大司馬爲太尉驃騎大將軍行大司馬劉隆即日罷（○劉攽曰案二漢稱行者皆云行某官事不如今但云行某官也明此少一事字）以太僕趙憙爲太尉大司農馮勤爲司徒益州郡徼外蠻夷率種人內屬北匈奴遣使詣武威乞和親（武威郡故城在今涼州姑臧縣西北故涼城是也）冬魯王興齊王石始就國

二十八年春正月己巳徙魯王興爲北海王以魯國益東海賜東海王彊虎賁旄頭鍾虡之樂（漢官儀曰虎賁千五百人戴鶡尾屬虎賁中郎將又云舊選羽林爲旄頭被髮先驅文帝列異傳曰秦文公時梓樹化爲牛以騎擊之騎不勝或墮地髻解被髮牛畏之入水故秦因是置旄頭騎使先驅廣雅曰木謂之虡所以懸鍾磬也說文曰虡飾爲猛獸）夏六月丁卯沛太后郭氏薨因詔郡縣捕王侯賓客坐死者數千人（時更始子鯉因沛獻王輔殺劉盆子兄恭故王侯賓客多坐死）秋八月戊寅東海王彊沛王輔楚王英濟南王康淮陽王延始就國冬十月癸酉詔死罪繫囚皆一切募下蠶室（蠶室宮刑獄名有刑者畏風須暖作窨室蓄火如蠶室因以名焉窨一禁反見前書音義）其女子宮（謂幽閉也）北匈奴遣使貢獻乞和親

二十九年春二月丁巳朔日有食之遣使者舉冤獄出繫囚庚申賜天下男子爵人二級鰥寡孤獨篤癃貧不能自存者粟人五斛夏四月乙丑詔令天下繫囚自殊死已下及徒各減本罪一等其餘贖罪輸作各有差

三十年春正月鮮卑大人內屬朝賀二月東巡狩甲子幸魯進幸濟南閏月癸丑車駕還宮有星孛於紫宮夏四月戊子徙左翊王焉爲中山王五月大水賜天下男子爵人二級鰥寡孤獨篤癃貧不能自存者粟人五斛秋七月丁酉幸魯國（○劉攽曰案它處皆不言國明此多一字）復濟陽縣是年徭役冬十一月丁酉至自魯

三十一年夏五月大水戊辰賜天下男子爵人二級鰥寡孤獨篤癃貧不能自存者粟人六斛癸酉晦日有食之是夏蝗秋九月甲辰詔令死罪繫囚皆一切募下蠶室其女子宮是歲陳留雨穀形如稗實（杜預注左傳云稗草之似穀者音蒲解反）北匈奴遣使奉獻

中元元年春正月東海王彊沛王輔楚王英濟南王康淮陽王延趙王盱皆來（盱音況于反）丁卯東巡狩二月己卯幸魯進幸太山北海王興齊王石朝于東嶽辛卯柴望岱宗登封太山甲午禪于梁父（岱宗太山也梁父太山下小山也封謂聚土爲壇墠謂除地而祭改墠爲禪神之也續漢志曰時上御輦升山即位於壇南北面尙書令奉玉牒檢皇帝以寸二分璽親封之藏玉牒已以石覆訖尙書令以五寸印封石檢畢皇帝再拜禪祭地于梁陰以高后配山川羣神從祀焉其玉牒文祕刻石文辭多不載）三月戊辰司空張純薨夏四月癸酉車駕還宮己卯大赦天下復嬴博梁父奉高（四縣屬太山郡故城在今兗州博城縣界）勿出今年田租芻稾改年爲中元行幸長安戊子祀長陵五月乙丑至自長安六月辛卯太僕馮魴爲司空乙未司徒馮勤薨是夏京師醴泉涌出（尙書中候曰俊乂在官則醴泉出也）飲之者固疾皆愈惟眇蹇者不瘳又有赤草生於水崖（赤草朱草也大戴禮曰朱草日生一葉至十五日已後日落一葉周而復始）郡國頻上甘露羣臣奏言地祇靈應而朱草萌生（孝經援神契曰德至草木即朱草生）孝宣帝每有嘉瑞輒以改元神爵五鳳甘露

黃龍列爲年紀蓋以感致神祇表彰德信是以化致升平稱爲中興今天下清寧靈物仍降陛下情存損挹推而不居豈可使祥符顯慶沒而無聞宜令太史撰集太史史官之長也前書音義曰太史公武帝置位在丞相之上以傳來世帝不納常自謙無德每郡國所上輒抑而不當故史官罕得記焉秋郡國三蝗冬十月辛未司隸校尉東萊李訢爲司徒甲申使司空告祠高廟曰高皇帝與羣臣約非劉氏不王呂太后賊害三趙謂高帝子趙幽王友趙恭王恢趙隱王如意專王呂氏賴社稷之靈祿產伏誅呂產呂祿並呂后兄弟子呂后崩各擁南北軍欲爲亂周勃陳平等誅之天命幾墜危朝更安呂太后不宜配食高廟同祧至尊薄太后母德慈仁薄太后高帝姬孝文帝之母孝文皇帝賢明臨國子孫賴福延祚至今其上薄太后尊號曰高皇后配食地祇遷呂太后廟主于園四時上祭園謂塋域也於中置寢十一月甲子晦日有食之是歲初起明堂靈臺辟雍及北郊兆域大戴禮云明堂者凡九室一室有四戶八牖三十六戶七十二牖以茅蓋上上圓下方赤綴戶也白綴牖也禮圖又曰建武三十一年作明堂上圓下方十二堂法日辰九室法九州室八牖八九七十二法一時十之王室有十二戶法陰陽之數胡伯始云古清廟蓋以茅今蓋以瓦下藉茅存古制也漢官儀曰明堂四面起土作塹上作橋塹中無水明堂去平城門二里所天子出從平城門先歷明堂乃至郊祀又曰辟雍去明堂三百步車駕臨辟雍從北門入三月九月皆於中行鄉射禮辟雍以水周其外以節觀者諸侯曰泮宮東西南有水北無下天子也漢宮閣疏曰靈臺高三丈十二門天子曰靈臺諸侯曰觀臺漢官儀北郊壇在城西北角去城一里所謂方壇四陛但有壇祠舍而已其鼓吹樂及舞人御帳皆從南郊之具地祇位南面西上高皇后配西面皆在壇上地理羣神從食壇下南郊營壝北郊埋壝○劉攽曰注去城一里所謂方壇四陛案謂當作爲上文云去城一里所句爲方壇四陛傳寫之誤以爲爲謂以所屬下句甚無謂也宣布圖讖於天下復濟陽南頓是年徭役參狼羌寇武都敗郡兵隴西太守劉盱遣軍救之及武都郡兵討叛羌皆破之

二年春正月辛未初立北郊祀后土東夷倭奴國王遣使奉獻倭在帶方東南大海中依山島爲國二月戊戌帝崩於南宮前殿年六十二伏侯古今注曰是歲在丁巳遺詔曰朕無益百姓皆如孝文皇帝制度務從約省文帝葬皆以瓦器不以金銀銅錫爲飾因其山不起墳刺史二千石長吏皆無離城郭無遣吏及因郵奏說文曰郵境上行書舍也○劉攽曰案文多一無字光武崩諸侯有奔喪之義光武從事簡約既敕刺史二千石無離城郭又不得遣吏及因郵奏事不近事情明此多一無字無疑蓋凡弔喪及赴葬皆遣吏及因郵也廉范傳肅宗崩廬江嚴麟奉章云云此則遣吏之證初帝在兵間久厭武事且知天下疲耗思樂息肩左傳曰息肩于晉自隴蜀平後非儆急未嘗復言軍旅皇太子嘗問攻戰之事帝曰昔衞靈公問陳孔子不對此非爾所及論語衞靈公問陳於孔子孔子曰俎豆之事則嘗聞之矣軍旅之事未之學也每旦視朝日側乃罷數引公卿郎將講論經理夜分乃寐分猶半也皇太子見帝勤勞不怠承間諫曰陛下有禹湯之明而失黃老養性之福黃帝老子願頤愛精神優游自寧帝曰我自樂此不爲疲也雖身濟大業兢兢如不及故能明慎政體總攬權綱量時度力舉無過事退功臣而進文吏戢弓矢而散馬牛雖道未方古斯亦止戈之武焉左傳曰於文止戈爲武也

論曰皇考南頓君初爲濟陽令以建平元年十二月甲子夜生光武於縣舍蔡邕光武碑文云光武將生皇考以令舍不顯開宮後殿居之而生有赤光照室中東觀記曰光照室中盡明如晝欽異焉使卜者王長占之長辟左右辟音頻亦反曰此兆吉不可言是歲縣界有嘉禾生一莖九穗因名光武曰秀明年方士有夏賀良者上言哀帝云漢家歷運中衰當再受命於是改號爲太初元年稱陳聖劉太平皇帝以厭勝之及王莽篡位忌惡劉氏以錢文有金刀故改爲貨泉或以貨泉字文爲白水真人後望氣者蘇伯阿爲王莽使至南陽遙望見春陵郭唶曰唶歎也音子夜反氣佳哉鬱鬱葱葱然及始起兵還春陵遠望舍南火光赫然屬天有頃不見初道士西門君惠李守等亦云劉秀當爲天子其王者受命信有符乎不然何以能乘時龍而御天哉易曰時乘六龍以御天

贊曰炎正中微大盜移國漢以火德王故曰炎正大盜謂王莽篡位也莊子曰田成子一日殺齊君而盜其國所謂智者不反爲大盜積者乎九縣飆回三精霧塞九縣九州也飆回謂亂也三精日月星也霧塞言昏昧也精或爲象人厭淫詐神思反德光武誕命靈貺自甄誕大也書曰誕膺天命甄明也靈貺謂佳氣神光之類也沈幾先物深略緯文幾者動之微也物事也沈深之幾先見於事也諡法經緯天地曰文尋邑百萬貔虎爲羣貔執夷虎屬也書曰如虎如貔言甚猛勇也長轂雷野高鋒彗雲長轂兵車雷野言其聲盛淮南子曰雷以爲車輪彗也音議銳反英威既振新都自焚王莽初封爲新都侯史記曰周武王伐紂紂衣其寶玉自焚而死莽雖被殺滅亡與紂同故假以言之虔劉庸代紛紜梁趙虔劉皆殺也左傳曰虔劉我邊垂謂公孫述稱帝於庸蜀盧芳據代郡也紛紜亂也梁謂劉永趙謂王郎也三河未澄四關重擾三河河南河北河東也未澄謂朱鮪等據洛州未歸光武也四關謂長安四塞之國重擾謂更始已定關中劉盆子入關殺更始發掘諸陵也神旌乃顧遞行天討周禮曰析羽爲旌稱神者猶言神兵神算也詩云乃眷西顧書云天討有罪也金湯失險車書共道前書曰金城湯池不可攻矣金以喻堅湯取其熱光武所擊皆失其險固也禮記曰天下車同軌書同文靈慶既啓人謀咸贊靈慶謂符讖也左傳曰天啓之也人謀謂羣下勸光武尊號也易曰人謀鬼謀百姓與能贊助也明明廟謨赳赳雄斷詩曰明明天子淮南子曰運籌於廟堂之上決勝千里之外赳赳武貌也於赫有命系隆我漢於赫歎美之詞音烏詩云有命旣集系猶繫也

劉攽曰案天子適諸侯曰巡守守音狩耳字不作狩狩田獵之名春秋天王狩於河陽彼直謂狩獵不與巡守同而此書巡守字皆作狩不可盡改又案他書亦多作巡狩字蓋世俗相傳述誤已久以彼證字咸眞以狩字爲是故相訛之以曉學者○又案光武改中元元年續漢志云改建武三十二年爲建武中元元年中元仍冠建武字今紀無建武字誤脫之宋丞相作紀年譜亦常論此

後漢書卷一下考證

光武帝紀下比豐沛注高祖豐沛邑人○臣召南按應作沛豐邑人高祖乃沛縣之豐邑人及卽位後始置豐縣與沛縣並言豐沛也

輿車駕會高平下劉攽曰注按高平縣名後改爲高平不成文理蓋合有一郡字○臣承蒼按高平本非郡名蓋高平縣後改爲平高見唐志

邵爲樂成侯注樂成縣故城在今瀛州樂府縣西北○臣召南按樂府縣當是樂壽縣之訛唐無樂府縣其深州樂壽縣初隸瀛州舊唐志曰樂壽漢樂成縣是其證也

焉爲左翊公○臣召南按左翊公當作左馮翊公脫馮字以中山簡王焉傳證之可見

進幸葉章陵注葉縣故葉公邑屬南郡今許州縣也○臣召南按南郡當作南陽郡唐葉縣本隸許州至開元後改隸汝州也

夏四月甲戌車駕還宮癸酉詔曰○諸本皆同臣松齡按癸酉移前甲戌後寫者倒誤耳下文又云戊申幸河內戊子至河內按四月甲戌安得有戊申戊子明是甲字之訛觀下戊子可見

韓國人率衆詣樂浪內附注有辰韓下韓馬韓謂之三韓國也○下韓應作弁韓

屯聚青山注青山在今慶州烏嶺縣西北○臣松齡按慶州祗有馬嶺縣無烏嶺縣

後漢書卷二

宋　宣　城　太　守　范　曄　撰

唐　章　懷　太　子　賢　注

明帝紀第二

顯宗孝明皇帝諱莊諡法曰照臨四方曰明伏侯古今注曰莊之字曰嚴光武第四子也母陰皇后帝生而豐下杜預注左傳云豐下蓋面方也東觀記云帝豐下銳上項赤色有似於堯十歲能通春秋光武奇之建武十五年封東海公十七年進爵爲王十九年立爲皇太子師事博士桓榮學通尚書中元二年二月戊戌卽皇帝位年三十尊皇后曰皇太后三月丁卯葬光武皇帝於原陵帝王紀曰原陵方三百二十步高六丈在臨平亭東南去洛陽十五里有司奏上尊廟曰世祖夏四月丙辰詔曰予末小子奉承聖業夙夜震畏不敢荒寧先帝受命中興德侔帝王協和萬邦假於上下假至也音格懷柔百神惠於鰥寡懷安也柔和也禮記曰凡山林能興雲致雨者皆曰神有天下者祭百神百神也書曰惠于鰥寡朕承大運繼體守文創基之主則尚武功以定禍亂其繼體而立者則守文德穀梁傳曰承明繼體則守文之君也不知稼穡之艱難懼有廢失聖恩遺戒顧重天下以元元爲首公卿百僚將何以輔朕不逮其賜天下男子爵人二級前書音義曰男子者謂戶內之長也商鞅爲秦制爵二十級一公士二上造三簪褭四不更五大夫六官大夫七公大夫八公乘九五大夫十左庶長十一右庶長十二左更十三中更十四右更十五少上造十六大上造十七駟車庶長十八大庶長十九關內侯二十徹侯人賜爵者有罪得贖貧者得賣與人三老孝悌力田人三級三老孝悌力田三者皆鄉官之名三老高帝置孝悌力田高后置所以勸導鄉里助成風化也文帝詔曰孝悌天下之大順也力田爲生之本也三老衆人之師也其以戶口率置員事見前書爵過公乘得移與子若同產同產子漢置賜爵自公士已上不得過公乘故過者得移授也同產母兄弟也及流人無名數欲自占者人一級無名數謂無文簿也占謂自歸首也○劉攽曰及流人無名數案他處詔書皆上有脫無名數則云及流人云云此無故不當有及字三年詔亦無可互驗鰥寡孤獨篤癃粟人十斛其施刑及郡國徒在中元元年四月己卯赦前所犯而後捕繫者悉免其刑又邊人遭亂爲內郡人妻在己卯赦前一切遣還邊恣其所樂中二千石下至黃綬漢制二百石以上銅印黃綬也貶秩贖論者悉皆復秩還贖方今上無天子下無方伯公羊傳曰上無天子下無方伯此制引以爲謙也若涉淵水而無舟楫夫萬乘至重而壯者慮輕帝謙言年尚少壯思慮輕淺故須賢人輔弼實賴有德左右小子賴恃也左右助也高密侯禹元功之首東平王蒼寬博有謀並可以受六尺之託臨大節而不撓六尺謂年十五以下大節謂大事撓屈也音女孝反其以禹爲太傅蒼爲驃騎將軍太尉憙告謚南郊趙憙也應劭風俗通曰臣子無爵謚君父之義也故率臣累其功美葬日遣太尉於南郊告天而謚之司徒訢奉安梓宮李訢也梓宮以梓木爲棺風俗通曰宮者存時所居緣生事死因以爲名司空魴將校復土馮魴也將校謂將領五校兵以主穿壙也前書音義曰復土主穿壙填墓事也言下棺訖復以土爲墳故言復土其封憙爲節鄉侯訢爲安鄉侯魴爲楊邑侯秋九月燒當羌寇隴西敗郡兵於允街允街縣名也允音鈆街音佳屬金城郡故城在今涼州昌松縣東南臨麗水一名麗水城赦隴西囚徒減罪一等勿收今年租調又所發天水三千人亦復是歲更賦更謂戍卒更相代也賦謂雇更之錢也前書音義曰更有三品有卒更有踐更有過更古正卒無常人皆當迭爲之一月一更是爲卒更貧者欲得雇更錢者次直者出錢雇之月二千是爲踐更古者天下人皆當戍邊三日亦名爲更不可人人自行三日戍當行者不可往卽還因住一歲次直者出錢三百雇之謂之過更○劉攽曰注有一月二更案文多一有字緣一月字似有故衍因任一歲案任當作住遣謁者張鴻討叛羌於允吾允吾縣名屬金城郡故城在今蘭州廣武縣西南允音鈆吾音牙鴻軍大敗戰歿冬十一月遣中郎將竇固監捕虜將軍馬武等二將軍討燒當羌十二月甲寅詔曰方春戒節

人以耕桑其勑有司務順時氣使無煩擾禮記孟春之月布德和令行慶施惠仲春無作大事以妨農事天下亡命殊死以下聽得贖論死罪入縑二十匹右趾至髡鉗城旦舂十匹前書音義曰右趾謂刖其右足次刖左足次劓次髡鉗爲城旦舂城旦者晝日伺寇虜夜暮築長城舂者婦人犯罪不任軍役之事但令舂以食徒者完城旦舂至司寇作三匹完者謂不加髡鉗而築城也次鬼薪白粲次隸臣妾次司寇作其未發覺詔書到先自告者半入贖今選舉不實邪佞未去權門請託殘吏放手放手謂貪縱爲非也百姓愁怨情無告訴有司明奏罪名並正舉者舉非其人並正舉主之罪又郡縣每因徵發輕爲姦利詭責羸弱先急下貧其務在均平無令枉刻

永平元年春正月帝率公卿已下朝於原陵如元會儀漢官儀曰古不墓祭秦始皇起寢於墓側漢因而不改諸陵寢皆以晦望二十四氣三伏社臘及四時上飯其親陵所宮人隨鼓漏理被枕具盥水陳莊具天子以正月上原陵公卿百官及諸侯王郡國計吏皆當軒下占其郡國穀價四方改易欲先帝魂魄聞之也元會儀見下夏五月太傅鄧禹薨戊寅東海王彊薨遣司空馮魴持節視喪事賜升龍旄頭鑾輅龍旂旄頭見光武紀鑾鈴也在鑣交龍爲旂唯天子用之今特賜以葬六月乙卯葬東海恭王秋七月捕虜將軍馬武等與燒當羌戰大破之募士卒隴右賜錢人三萬八月戊子徙山陽王荆爲廣陵王遣就國是歲遼東太守祭肜使鮮卑擊赤山烏桓大破之斬其渠帥赤山在遼東西北數千里越巂姑復夷叛姑復縣名州郡討平之

二年春正月辛未宗祀光武皇帝於明堂帝及公卿列侯始服冠冕衣裳玉佩絇履以行事漢官儀曰天子冠通天諸侯王冠遠遊三公諸侯冠進賢三梁卿大夫尚書二千石博士冠兩梁二千石已下至小吏冠一梁天子公卿特進諸侯祀天地明堂皆冠平冕天子十二旒三公九卿諸侯七其纓各如其綬色玄衣纁裳周禮曰王祀昊天上帝則服大裘而冕祀五帝亦如之三禮圖曰冕以三十升布染而爲之廣八寸長尺六寸前圓後方前下後高有俛伏之形故謂之冕欲人之位彌高而志彌下故以名焉董巴輿服志曰顯宗初服冕衣裳以祀天地衣裳以玄上纁下乘輿備文日月星辰十二章三公諸侯用山龍九章卿已下用華蟲七章皆五色采乘輿刺繡公卿已下皆織成陳留襄邑獻之徐廣車服注曰漢明帝案古禮備其服章天子郊廟衣皁上絳下前三幅後四幅衣畫而裳繡禮記曰古之君子必佩玉君子於玉比德焉天子佩白玉諸侯佩山玄玉大夫佩水蒼玉世子佩瑜玉周禮屨人掌王赤舄青絇鄭玄注云赤舄爲上冕服之舄也絇屨頭以青絲飾之絇音劬三禮圖曰屨複下曰舄其色各隨裳色○劉攽曰注二千石已下至小吏案上文已云二千石冠兩梁此則多一二字禮畢登靈臺使尚書令持節詔驃騎將軍三公曰今令月吉日宗祀光武皇帝於明堂以配五帝五經通義曰蒼帝靈威仰赤帝赤熛怒黃帝含樞紐白帝白招矩黑帝叶光紀牲幣及玉各依方色○劉攽曰注白招矩案禮作白招拒音矩不便作矩也禮備法物樂和八音詠祉福舞功德祉亦福也詠謂詩云降福穰穰之類景帝詔曰歌者所以發德舞者所以明功其班時令勑羣后班布也時令謂月令也四時各有令若有乖舛必致妖災故告之○劉攽曰正文案此詔方欲行禮事未有勑下語則此其字爲衍文下文自有其令天下云云事畢升靈臺望元氣吹時律觀物變元氣天氣也王者承天心理禮樂通上下四時之氣也故望之焉時律者即月令孟春律中太蔟仲春律中夾鍾之類大戴禮曰聖人截十二管察八音之清濁謂之律呂律呂不正則諸氣不和周禮保章氏以五雲之色辨吉凶水旱豐荒之祲象鄭司農注云以二至二分觀雲色青爲蟲白爲喪赤爲兵荒黑爲水黃爲豐故春秋傳曰凡分至啓閉必書雲物爲備故也杜預注云物謂氣色災變也羣僚藩輔宗室子孫衆郡奉計百蠻貢職奉計謂計吏也詩曰因時百蠻百言衆多也獨言蠻通四夷也烏桓濊貊咸來助祭單于侍子骨都侯亦皆陪位斯固聖祖功德之所致也朕以闇陋奉承大業親執圭璧恭祀天地周禮曰四圭尺有二寸以祀天又曰以蒼璧禮天以黃琮禮地以青圭禮東方以赤璋禮南方以白琥禮西方以玄璜禮北方仰惟先帝受命中興撥亂反正以寧天下撥理也公羊傳曰撥亂世反之正莫近於春秋封泰山建明堂立辟雍起靈臺恢弘大道被之八極淮南子曰九州之外有八寅八寅之外有八紘八紘之外有八極而胄子無成康之質羣臣無呂旦之謀明帝自謂無成康之時刑措不用四十餘年○劉攽曰注案文意當更有成康之質曰字然後云成康之時盥洗進爵踧踖惟慙鄭玄注論語云踧踖恭敬貌盥音管素性頑鄙臨事益懼故君子坦蕩蕩小人長戚戚坦蕩明達之貌戚戚常憂懼也其令天下自殊死已下謀反大逆皆赦除之百僚師尹其勉修厥職順行時令敬若昊天以綏兆人若順也三月臨辟雍初行大射禮儀禮曰大射之禮王將祭射宮擇士以助祭也張虎侯熊侯豹侯其制若今之射的矣謂之爲侯者天子射中之可以服諸侯也天子侯中一丈八尺畫以雲氣爲王以六耦射三侯樂以騶虞九節諸侯以四耦射二侯樂以貍首七節孤卿大夫以三耦射一侯樂以采蘋五節士以二耦射犴侯樂以采蘩三節○劉攽曰注儀禮曰大射之禮案此非儀禮本文不合著曰字秋九月沛王輔楚王英濟南王康淮陽王延東海王政來朝冬十月壬子幸辟雍初行養老禮詔曰光武皇帝建三朝之禮而未及臨饗三朝之禮謂中元元年初起明堂辟雍靈臺也眇眇小子屬當聖業尚書康王曰眇眇予末小子孔安國注云眇眇猶微微也間暮春吉辰初行大射今月元日東觀記曰十月元日復踐辟雍尊事三老兄事五更安車輭輪供綏執授侯王設醬公卿饌珍朕親袒割執爵而酳孝經援神契曰尊事三老父象也宋均注曰老人知天地之事者安車坐乘之車輭輪以蒲裹輪輭音而兗反三老就車天子親執綏授之設文綏車中把也五更老人知五行更代事者漢官儀曰三老五更皆取有首妻男女全具者續漢志曰養三老五更先吉日司徒上太傅若講師故三公人名用其德行年耆高者一人爲三老次卿一人爲五更皆服縕紵大袍單衣皂緣領袖中衣冠進賢扶玉杖五更亦如之不杖皆齊于太學講堂其日乘輿先到辟雍禮畢殿坐于東廂遣使者安車迎三老五更天子迎于門屏交拜導自阼階三老自賓階升東面三公設几杖九卿正履天子親袒割牲執醬而饋執爵而酳五更南面三公進供禮亦如之明日皆詣闕謝以其於己禮大隆也醬醢也珍謂肴羞之屬即周禮八珍之類鄭玄注儀禮云酳漱也所以潔口音胤○劉攽曰注老人知天地之事案本以知天地人三才故謂之三老則此之字當作人也祝哽在前祝噎在後老人食多哽咽故置人於前後祝之令其不哽咽也升歌鹿鳴下管新宮鹿鳴小雅篇名也新宮小雅逸篇也升登也登堂而歌所以重人聲也燕禮曰升歌鹿鳴下管新宮八佾具脩萬舞於庭佾列也謂舞者行列也左氏傳曰天子八佾諸侯六大夫四士二夫舞所以節八音而行八風故自八以下萬亦舞也詩云公庭萬舞朕固薄德何以克當易陳負乘詩刺彼已易曰負且乘致寇至負也者小人之事也乘也者君子之器也小人而乘君子之器盜思奪之矣詩曰彼己之子不稱其服也永念慙疚無忘厥心三老李躬年耆學明五更桓榮授朕尚書詩曰無德不報無言不酬詩大雅也其賜榮爵關內侯食邑五千戶三老五更皆以二千石祿養終厥身其賜天下三老酒人一石肉四十斤有司其存耆耋禮記曰六十曰耆七十曰耋釋名曰耆指也不從力役指事使人也耋鐵也皮膚變黑色如鐵也恤幼孤惠鰥寡稱朕意焉中山王焉始就國甲子西巡狩幸長安祠高廟遂有事於十一陵歷覽館邑會郡縣吏勞賜作樂十一月甲申遣使者以中牢祠蕭何霍光帝謁陵園過式其墓東觀漢記曰蕭何墓在長陵東司馬門道北百步又云霍光墓在茂陵東司馬門道南四里式敬也禮記曰行過墓必式進幸河東所過賜二千石令長已下至於掾史各有差續漢志曰郡國及縣諸曹皆置掾史癸卯車駕還宮十二月護羌校尉竇林下獄死是歲始迎氣於五郊續漢書曰迎氣五郊之兆四方之兆各依其位中央之兆在未壇皆三尺立春之日迎春於東郊祭青帝句芒車服皆青歌青陽八佾舞雲翹之舞立夏之日迎夏於南郊祭赤帝祝融車服皆赤歌朱明八佾舞雲翹之舞先立秋十八日迎黃靈於中兆祭黃帝后土車服皆黃歌朱明八佾舞雲翹育命之舞立秋之日迎秋於西郊祭白帝蓐收車服皆白歌白藏八佾舞育命之舞立冬之日迎冬於北郊祭黑帝玄冥車服皆黑歌玄冥八佾舞育命之舞少府陰就子豐殺其妻酈邑公主就坐自殺酈縣屬南陽郡酈音櫟

三年春正月癸巳詔曰朕奉郊祀登靈臺見史官正儀度儀謂渾儀以銅爲之置於靈臺王者正天文之器也度謂日月星辰之行度也史官即太史掌天文之官也夫春者歲之始也始得其正則三時有成正謂日月五星不失其次也三時謂春夏秋左傳曰務其三時比者水旱不節邊人食寡政失於上人受其咎有司其勉順時氣勸督農桑去其螟蜮以及蝥賊爾雅曰食苗心曰螟食根曰蝥蜮一名短狐今之水弩含沙射人爲災言此者欲令臣下順時行政勿侵擾也詳刑慎罰明察單辭單辭猶偏辭也夙夜匪懈以稱朕意二月甲寅太尉趙憙司徒李訢免丙辰左馮翊郭丹爲司徒己未南陽太守虞延爲太尉甲子立貴人馬氏爲皇后皇子炟音丁達反爲皇太子賜天下男子爵人二級三老孝悌力田人三級流人無名數欲占者人一級鰥寡孤獨篤癃貧不能自存者粟人五斛夏四月辛酉封皇子建爲千乘王千乘國名今青州縣故城在今淄州高苑北羨爲廣平王六月丁卯有星孛于天船北天船星名續漢志曰天船爲水彗出之爲大水是歲伊洛水溢到津城門伏侯古今注曰彗長三尺許見三十五日乃去秋八月戊辰改太樂爲太予樂尚書璇璣鈐曰有帝漢出德洽作樂名予故璇璣鈐改之漢官儀曰太予樂令一人秩六百石壬申晦日有食之詔曰朕奉承祖業無有善政日月薄蝕彗孛見天水旱不節稼穡不成人無宿儲下生愁墊儲積也墊溺也音丁念反雖夙夜勤思而智能不逮昔楚莊無災以致戒懼說苑曰楚莊王見天不見妖而地不出孽則禱于山川曰天其忘余歟此能求過于天必不逆諫矣魯哀禍大天不降譴春秋感精符曰魯哀公時政彌亂絕不日食政亂之類當致日食之變而不應者譴之何益告之不悟故哀公之篇絕無日食之異今之動變儻尚可救有司勉思厥職以匡無德古者卿士獻詩百工箴諫國語曰天子聽政公卿至于庶士獻詩師箴百工諫庶人傳語近臣盡規而後王斟酌焉其言事者靡有所諱冬十月蒸祭光武廟禮記曰冬祭曰蒸蒸衆也冬物畢成可祭者衆初奏文始五行武德之舞前書曰文始舞者本舜韶舞也高祖六年更名曰文始其舞人執羽籥五行者本周舞也秦始皇二十六年更名曰五行其舞人冠冕衣服法五行色武德者高祖四年作言行武以除亂也其舞人執干戚光武草創禮樂未備今始奏之故云初也甲子車駕從皇太后幸章陵觀舊廬十二月戊辰至自章陵是歲起北宮及諸官府京師及郡國七大水

四年春二月辛亥詔曰朕親耕藉田以祈農事禮記曰天子親耕于東郊爲藉田千畝冕而朱紘躬秉耒耜五經要義曰天子藉田以供上帝之粢盛所以先百姓而致孝敬也藉蹈也言親自蹈履于田而耕之續漢志云正月始耕既事告祠先農漢舊儀曰先農即神農炎帝也祠以太牢百官皆從皇帝親執耒耜而耕天子三推三公五孤卿十大夫十二士庶人終畝乃致藉田倉置令丞以給祭天地宗廟以爲粢盛京師冬無宿雪春不燠沐燠暖也音於六反沐潤澤也言無膏潤之氣也煩勞羣司積精禱求積精猶積誠也說文云告事求福曰禱而比再得時雨宿麥潤澤其賜公卿半奉有司勉遵時政務平刑罰秋九月戊寅千乘王建薨冬十月乙卯司徒郭丹司空馮魴免丙辰河南尹范遷爲司徒太僕伏恭爲司空十二月陵鄉侯梁松下獄死坐縣飛書誹謗

五年春二月庚戌驃騎將軍東平王蒼罷歸藩琅邪王京就國冬十月行幸鄴與趙王栩會鄴常山三老言於帝曰上生於元氏願蒙優復詔曰豐沛濟陽受命所由加恩報德適其宜也今永平之政百姓怨結而吏人求復令人愧笑重逆此縣之拳拳重難也拳拳猶勤勤也禮記曰得一善則拳拳服膺而不息其復元氏縣田租更賦六歲勞賜縣掾史及門闌走卒續漢志曰五伯鈴下侍閤門闌部署街里走卒皆有程品多少隨所典領至自鄴十一月北匈奴寇五原十二月寇雲中南單于擊却之是歲發遣邊人在內郡者賜裝錢人二萬

六年春正月沛王輔楚王英東平王蒼淮陽王延琅邪王京東海王政趙王盱北海王興齊王石來朝二月王雒山出寶鼎雒或作雒廬江太守獻之夏四月甲子詔曰昔禹收九牧之金鑄鼎以象物使人知神姦不逢惡氣夏禹之時令遠方圖畫山川奇異之物使九州之牧貢金鑄鼎以象之令人知鬼神百物之形狀而備之故人入山林川澤魑魅罔兩莫能逢之惡氣謂罔兩之類事見左傳遭德則興遷於商周周德既衰鼎乃淪亡史記曰周鼎亡入泗水中秦始皇過彭城齋戒欲出周鼎於泗水使千人沒水求之不得祥瑞之降以應有德方今政化多僻何以致茲易曰鼎象三公易曰鼎折足覆公餗豈公卿奉職得其理邪太常其以礿祭之日禮記曰夏祭曰礿音藥礿薄也夏物未成祭尚薄陳鼎於廟以備器用賜三公帛五十匹九卿二千石半之先帝詔書禁人上事言聖而閒者章奏頗多浮詞自今若有過稱虛譽尚書皆宜抑而不省示不爲諂子蚩也冬十月行幸魯祠東海恭王陵會沛王輔楚王英濟南王康東平王

蒼淮南王延琅邪王京東海王政十二月還幸陽城遣使者祠中岳壬午車駕還宮東平王蒼琅邪王京從駕來朝皇太后

七年春正月癸卯皇太后陰氏崩二月庚申葬光烈皇后秋八月戊辰北海王興薨是歲北匈奴遣使乞和親

八年春正月己卯司徒范遷薨漢官儀曰遷字子閭沛人也三月辛卯太尉虞延爲司徒衞尉趙憙行太尉事遣越騎司馬鄭衆報使北匈奴初置度遼將軍屯五原曼柏武帝拜范明友爲度遼將軍至此復置焉以中郎將吳常行度遼將軍曼柏縣在今勝州銀城縣也秋郡國十四雨水冬十月北宮成丙子臨辟雍養三老五更禮畢詔三公募郡國中都官死罪繫囚減罪一等勿笞詣度遼將軍營屯朔方五原之邊縣妻子自隨便占著邊縣占著謂附名籍父母同產欲相代者恣聽之其大逆無道殊死者一切募下蠶室亡命者令贖罪各有差凡徙者賜弓弩衣糧壬寅晦日有食之既既盡也詔曰朕以無德奉承大業而下貽人怨上動三光日食之變其災尤大春秋圖讖所爲至譴春秋感精符曰人主含天光據璣衡齊七政操八極故君明聖人道得正則日月光明五星有度日明則政理不明則政亂故常戒以自敕厲日食皆象君之進退爲盈縮當春秋撥亂日食三十六故曰至譴也○劉攽曰正文春秋圖讖所爲至譴案文爲當作謂永思厥咎在予一人羣司勉修職事極言無諱於是在位者皆上封事各言得失宣帝始令羣臣得奏封事以知下情封有正有副領尚書者先發副封所言不善屏而不奏後魏相奏去副封以防壅蔽帝覽章深自引咎乃以所上班示百官詔曰羣僚所言皆朕之過人冤不能理吏黠不能禁而輕用人力繕修宮宇出入無節喜怒過差昔應門失守關雎刺世春秋說題辭曰人主不正應門失守故歌關雎以感之宋均注曰應門聽政之處也言不以政事爲務則有宣淫之心關雎樂而不淫思得賢人與之共化修應門之政者也薛君韓詩章句曰詩人言雎鳩貞潔愼匹以聲相求隱蔽於無人之處故人君退朝入于私宮后妃御見有度應門擊柝鼓人上堂退反宴處體安志明今時大人內傾于色賢人見其萌故詠關雎說淑女正容儀以刺時飛蓬隨風微子所歎曾子曰無儀法程式飛搖而無所定謂之飛蓬飛蓬之問明主不聽此言微子未詳永覽前戒竦然兢懼徒恐薄德久而致怠耳北匈奴寇西河諸郡

九年春三月辛丑詔郡國死罪囚減罪與妻子詣五原朔方占著所在死者皆賜妻父若男同產一人復終身其妻無父兄獨有母者賜其母錢六萬又復其口算口算已見光武紀夏四月甲辰詔郡國以公田賜貧人各有差令司隸校尉部刺史歲上墨綬長吏視事三歲已上理狀尤異者各一人與計偕上偕俱也所徵之人令與計吏俱上及尤不政理者亦以聞是歲大有年穀梁傳曰五穀皆熟書大有年爲四姓小侯開立學校置五經師袁宏漢紀曰永平中崇尚儒學自皇太子諸王侯及功臣子弟莫不受經又爲外戚樊氏郭氏陰氏馬氏諸子弟立學號四姓小侯置五經師以非列侯故曰小侯禮記曰庶方小侯亦其義也

十年春二月廣陵王荆有罪自殺國除夏四月戊子詔曰昔歲五穀登衍鄭玄注周禮云五穀黍稷麻麥豆也登成也衍饒也音以戰反今茲蠶麥善收其大赦天下方盛夏長養之時蕩滌宿惡以報農功百姓勉務桑稼以備災害吏敬厥職無令愆墮閏月甲午南巡狩幸南陽祠章陵日北至又祠舊宅北至夏至也禮畢召校官弟子作雅樂奏鹿鳴校學也鹿鳴詩小雅篇名宴羣臣嘉賓之詩帝自御塤篪和之以娛嘉賓鄭玄注周禮云塤燒土爲之大如鴈子鄭衆曰有六孔世本曰暴辛公作篪以竹爲之長尺四寸有八孔還幸南頓勞饗三老官屬冬十月徵淮陽王延會平輿縣名屬汝南郡故城在今豫州汝陽縣東北輿音預徵沛王輔會睢陽十二月甲午車駕還宮

十一年春正月沛王輔楚王英濟南王康東平王蒼淮陽王延中山王焉琅邪王京東海王政來朝秋七月司隸校尉郭霸下獄死是歲漅湖出黃金廬江太守以獻漅湖名音子小反在今廬州合肥縣東南時麒麟白雉醴泉嘉禾所在出焉

十二年春正月益州徼外夷哀牢王相率內屬於是置永昌郡罷益州西部都尉西南夷傳曰罷益州西部所領六縣合爲永昌郡置哀牢博南二縣去洛陽七千里在今匡州匡川縣西夏四月遣將作謁者王吳修汴渠自滎陽至于千乘海口汴渠即莨蕩渠也汴自滎陽首受河所謂石門在滎陽山北一里過汴以東積石爲隄亦號金隄成帝陽嘉中所作也五月丙辰賜天下男子爵人二級三老孝悌力田人三級流民無名數欲占者人一級鰥寡孤獨篤癃貧無家屬不能自存者粟人三斛詔曰昔曾閔奉親竭歡致養曾參字子輿閔損字子騫並孔子弟子皆有孝行也仲尼葬子有棺無槨論語曰鯉也死有棺而無槨喪貴致哀禮存寧儉今百姓送終之制競爲奢靡生者無擔石之儲而財力盡於墳土前書音義曰擔音丁濫反言一石之儲方言作甔云罌也齊東北海岱之間謂之甔郭璞注曰所謂家無甔石之儲者也埤蒼曰大罌也字或作儋音丁甘反伏臘無糟糠而牲牢兼於一奠史記曰秦德公始爲伏祠歷忌曰伏者何也金氣伏藏之日也四氣代謝皆以相生至立秋以金代火金畏於火故庚日必伏月令孟冬之月臘先祖說文云臘冬至後祭百神始皇更臘曰嘉平奠喪祭也糜破積世之業以供終朝之費子孫饑寒絕命於此豈祖考之意哉又車服制度恣極耳目田荒不耕游食者衆游食謂浮食者有司其申明科禁宜於今者宣下郡國秋七月乙亥司空伏恭罷乙未大司農牟融爲司空冬十月司隸校尉王康下獄死是歲天下安平人無徭役歲比登稔百姓殷富粟斛三十牛羊被野

十三年春二月帝耕于藉田禮畢賜觀者食三月河南尹薛昭下獄死夏四月汴渠成辛巳行幸滎陽巡行河渠乙酉詔曰自汴渠決敗六十餘歲王景傳曰平帝時汴河決壞加項年以來雨水不時汴流東侵日月益甚水門故處皆在河中漭瀁廣溢莫測圻岸圻堮也蕩蕩極望不知綱紀今兗豫之人多被水患乃云縣官不先人急好興它役又或以爲河流入汴幽冀蒙利故曰左隄彊則右隄傷左右俱彊則下方傷宜任水埶所之使人隨高而處公家息壅塞之費百姓無陷溺之患議者不同南北異論朕不知所從久而不決今既築隄理渠絕水立門河汴分流復其舊迹陶丘之北漸就壤墳爾雅曰丘再成曰陶丘孫炎曰形如累兩盂也郭璞曰今濟陰定陶城中有陶丘也尚書曰厥土惟壤下土墳壚孔安國曰無塊曰壤墳起也故薦嘉玉絜牲以禮河神禮記曰凡祭玉曰嘉玉儀禮曰絜牲剛鬣東過洛汭歎禹之績水北曰汭洛汭洛水入河處也績功也河洛皆禹所加功故歎之今五土之宜反其正色周禮曰山林川澤丘陵墳衍原隰謂之五土也色謂其黃白青黑之類孔安國曰水所去土復其性也濱渠下田賦與貧人無令豪右得固其利濱近也豪右大家也庶繼世宗瓠子之作瓠子隄名也武帝元封二年發卒數萬人塞瓠子決河沈白馬玉璧令羣臣皆負薪塡河在今濮州濮陽縣西也因遂度河登太行進幸上黨壬寅車駕還宮冬十月壬辰晦日有食之三公免冠自劾制曰冠履勿劾災異屢見咎在朕躬憂懼遑遑未知其方將有司陳事多所隱諱使君上壅蔽下有不暢乎昔衞有忠臣靈公得守其位論語孔子曰衞靈公無道季康子曰夫如是奚其不喪孔子曰仲叔圉治賓客祝佗主宗廟王孫賈主軍旅夫如是奚其喪今何以和穆陰陽消伏災譴刺史太守詳刑理冤存恤鰥孤勉思職焉十一月楚王英謀反廢國除遷於涇縣涇縣屬丹陽郡今宣州縣故城在縣東有涇水出蕪湖因水立名所連及死徙者數十人是歲齊王石薨

十四年春三月甲戌司徒虞延免自殺夏四月丁巳鉅鹿太守南陽邢穆爲司徒穆字綏公宛人前楚王英自殺夏五月封故廣陵王荆子元壽爲廣陵侯初作壽陵

十五年春二月庚子東巡狩辛丑幸偃師詔亡命自殊死以下贖死罪縑四十匹右趾至髡鉗城旦舂十匹完城旦至司寇五匹犯罪未發覺詔書到日自告者半入贖徵沛王輔會睢陽進幸彭城癸亥帝耕于下邳三月徵琅邪王京會良成良成縣名屬東海故城在今泗州下邳縣北徵東平王蒼會陽都陽都縣名屬琅邪故城在今沂州沂水縣南又徵廣陵侯及其三弟會魯祠東海恭王陵還幸孔子宅祠仲尼及七十二弟子親御講堂孔子宅在今兗州曲阜縣故魯城中歸德門內闕里之中背洙面泗矍相圃之東北也七十二弟子顏閔之徒漢春秋曰帝時升廟立羣臣中庭北面皆再拜帝進爵而後坐命皇太子諸王說經又幸東平東平國名故城在今鄆州東辛卯進幸大梁大梁城魏惠王所築故城在今汴州至定陶祠定陶恭王陵恭王元帝子康夏四月庚子車駕還宮改信都爲樂成國臨淮爲下邳國封皇子恭爲鉅鹿王黨爲樂成王衍爲下邳王暢爲汝南王昞爲常山王長爲濟陰王濟陰郡今曹州賜天下男子爵人二級郎從官二十歲已上帛百匹十歲已上二十匹十歲已下十匹官府吏五匹書佐小史三匹令天下大酺五日前書音義曰漢律三人已上無故羣飲罰金四兩今恩詔橫賜得令聚會飲食五日酺布也言天子布恩於天下史記趙惠文王三年大酺五日○劉攽曰正文從官二十歲以上又云十歲以下案郎從官不可年十歲以下者以十七年事校之脫視事二字乙巳大赦天下其謀反大逆及諸不應宥者皆赦除之冬車騎校獵上林苑周禮校人掌王田獵之馬故曰校獵謂以木相貫穿爲闌校以遮禽獸十二月遣奉車都尉竇固駙馬都尉耿秉屯涼州前書曰奉車都尉掌乘輿車駙馬都尉掌天子之副馬駙副也並武帝置秩二千石

十六年春二月遣太僕祭肜出高闕高闕山名因以名塞在朔方北奉車都尉竇固出酒泉駙馬都尉耿秉出居延本匈奴地名也武帝因以名縣屬張掖郡在今甘州張掖縣東北騎都尉來苗出平城伐北匈奴竇固破呼衍王於天山呼衍匈奴王號天山即祁連山一名雪山今名折羅漢山在伊州北祁音時留兵屯伊吾盧城本匈奴中地名既破呼衍取其地置宜禾都尉以爲屯田今伊州納職縣伊吾故城是也耿秉來苗祭肜並無功而還夏五月淮陽王延謀反發覺癸丑司徒邢穆駙馬都尉韓光坐事下獄死所連及誅死者甚衆坐與延同謀戊午晦日有食之六月丙寅大司農西河王敏爲司徒漢官儀曰敏字叔公并州鴈城人也秋七月淮陽王延徙封阜陵王阜陵縣名屬九江郡故城在今滁州全椒縣南九月丁卯詔令郡國中都官死罪繫囚減死罪一等勿笞詣軍營屯朔方敦煌妻子自隨父母同產欲求從者恣聽之女子嫁爲人妻勿與俱謀反大逆無道不用此書是歲北匈奴寇雲中雲中太守廉范擊破之

十七年春正月甘露降於甘陵北海王睦薨二月乙巳司徒王敏薨三月癸丑汝南太守鮑昱爲司徒是歲甘露仍降樹枝內附仍頻也內附謂木連理也前書終軍曰衆枝內附是無外也芝草生殿前神雀五色翔集京師西南夷哀牢儋耳僬僥槃木白狼動黏諸種前後慕義貢獻山海經曰周僥國在三首國東爲人短小冠帶一名僬僥國語曰僬僥氏三尺短之至也楊孚異物志曰儋耳南方夷生則鏤其頰皮連耳匡分爲數支狀如雞腸纍纍下垂至肩西域諸國遣子入侍夏五月戊子公卿百官以帝威德懷遠祥物顯應乃並集朝堂奉觴上壽壽者人之所欲故卑下奉觴進酒皆言上壽制曰天生神物以應王者遠人慕化實由有德朕以虛薄何以享斯惟高祖光武聖德所被不敢有辭其敬舉觴太常擇吉日策告宗廟其賜天下男子爵人二級三老孝悌力田人三級流人無名數欲占者人一級鰥寡孤獨篤癃貧不能自存者粟人三斛郎從官視事十歲以上者帛十匹中二千石二千石下至黃綬○劉攽曰案文既云中二千石下至黃綬不須更此二千石明多此三字貶秩奉贖在去年以來皆還贖秋八月丙寅令武威張掖酒泉敦煌張掖郡故匈奴昆邪王地也漢官儀曰張國臂掖故曰張掖故城在今甘州張掖縣西北及張掖屬國繫囚右趾已下任兵者任堪也皆一切勿治其罪

詣軍營冬十一月遣奉車都尉竇固駙馬都尉耿秉騎都尉劉張出敦煌昆侖塞崑崙山名因以爲塞在今肅州酒泉縣西南山有崑崙之體故名之周穆王見西王母于此山有石室王母臺擊破白山虜於蒲類海上遂入車師西河舊事曰白山冬夏有雪故日白山匈奴謂之天山過之皆下馬拜焉去蒲類海百里之內初置西域都護戊己校尉宣帝初置鄭吉爲都護護三十六國秩比二千石元帝置戊己校尉有丞司馬各一人秩比六百石戊己中央也鎮覆四方見漢官儀亦處西域鎮撫諸國是歲改天水爲漢陽郡

十八年春三月丁亥詔曰其令天下亡命自殊死已下贖死罪縑三十匹右趾至髡鉗城旦舂十匹完城旦至司寇五匹吏人犯罪未發覺詔書到自告者半入贖夏四月己未詔曰自春已來時雨不降宿麥傷旱秋種未下政失厥中憂懼而已其賜天下男子爵人二級及流民無名數欲占者人一級○劉攽曰及流民無名數多一及字鰥寡孤獨篤癃貧不能自存者粟人三斛理冤獄錄輕繫二千石分禱五岳四瀆周禮職方氏掌天下之地揚州其山曰會稽其川曰三江荊州其山曰衡山其川曰江漢豫州其山曰華山其川曰滎洛青州其山曰沂山其川曰淮泗兗州其山曰岱山其川曰河泲雍州其山曰嶽山其川曰涇汭幽州其山曰醫無閭其川曰河泲冀州其山曰霍山其川曰漳并州其山曰恒山其川曰滹沱此謂九州名山大川也郡界有名山大川能興雲致雨者長吏各絜齋禱請冀蒙嘉澍說文曰時雨所以澍生萬物淮南子曰春雨之灌萬物也無地不澍無物不生澍音之戍反六月己未有星孛于太微焉耆龜茲攻西域都護陳睦悉沒其衆北匈奴及車師後王圍戊己校尉耿恭○劉攽曰檢詳耿恭傳恭作戊校此不合有己字也秋八月壬子帝崩於東宮前殿年四十八遺詔無起寢廟藏主於光烈皇后更衣別室禮藏主於廟既不起寢廟故藏於后之易衣別室更易也帝初作壽陵制令流水而已石槨廣一丈二尺長二丈五尺無得起墳東觀記曰陵東北作廡長三丈五步外爲小廚財足祠祀○劉攽曰註案三丈五步不成文理當作五尺萬年之後埽地而祭杅水脯糒而已說文曰杅飲器音于方言曰盌謂之盂說文曰糒乾飯也過百日唯四時設奠置吏卒數人供給灑埽勿開修道敢有所興作者以擅議宗廟法從事前書曰擅議宗廟者棄市帝遵奉建武制度無敢違者後宮之家不得封侯與政東觀記曰光武閔傷前代權臣太盛外戚與政上濁明主下危臣子后族陰郭之家不過九卿親屬榮位不能及許史王氏之半耳○劉攽曰注上濁明主案文當作上濁主明館陶公主光武女爲子求郎不許而賜錢千萬謂羣臣曰郎官上應列宿出宰百里史記曰太微宮後二十五星郎位也苟非其人則民受其殃是以難之故吏稱其官民安其業遠近肅服戶口滋殖焉

論曰明帝善刑理法令分明日晏坐朝幽枉必達內外無倖曲之私在上無矜大之色斷獄得情號居前代十二十斷其二言少刑也故後之言事者莫不先建武永平之政而鍾離意宋均之徒常以察慧爲言並見本傳夫豈弘人之度未優乎

贊曰顯宗丕承業業兢兢危心恭德政察姦勝危心言常危懼姦勝猶姦佞備章朝物省薄墳陵朝物謂朝儀文物也永懷廢典下身遵道廢典謂明堂辟雍之禮歷於漢不行下身謂進爵授級之類登臺觀雲臨雍拜老懋惟帝績增光文考懋勉也書曰惟我文考光于四海

後漢書卷二考證

明帝紀初置度遼將軍注武帝拜范明友爲度遼將軍○何焯曰前書昭紀元鳳三年以中郎將范明友爲度遼將軍此與南匈奴傳注皆誤作武帝

戊己校尉耿恭注劉攽曰檢詳耿恭傳恭作戊校此不合有己字也○臣承蒼按耿恭傳恭與關寵皆爲戊己校尉此必後人所增

後漢書卷三

宋　宣　城　太　守　范　曄　撰

唐　章　懷　太　子　賢　注

章帝紀第三

肅宗孝章皇帝諱炟顯宗第五子也謚法曰溫克令儀曰章伏侯古今注曰炟之字曰著音丁達反母賈貴人永平三年立爲皇太子少寬容好儒術顯宗器重之十八年八月壬子卽皇帝位年十九尊皇后曰皇太后壬戌葬孝明皇帝于顯節陵帝王紀曰顯節陵方三百步高八丈其地故富壽亭也西北去洛陽三十七里冬十月丁未大赦天下賜民爵人二級爲父後及孝悌力田人三級脫無名數及流人欲占者人一級爵過公乘得移與子若同產子鰥寡孤獨篤癃貧不能自存者粟人三斛詔曰朕以眇身託于王侯之上統理萬機懼失厥中兢兢業業未知所濟深惟守文之主必建師傅之官詩不云乎不愆不忘率由舊章詩大雅也鄭玄注云愆過也率循也由用也言成王之令德不過誤不遺失者循用舊典文章謂周公之禮法行太尉事節鄉侯憙三世在位爲國元老趙憙光武時爲太尉明帝時行太尉事故曰三代在位元長也詩曰方叔元老司空融融牟融典職六年勤勞不怠其以憙爲太傅融爲太尉並錄尚書事武帝初以張子孺領尚書事錄尚書事由此始三事大夫莫肯夙夜小雅之所傷也詩雨無正之文也三事三公也鄭玄注云幽王在外三公及諸侯隨而行者皆無復君臣之禮不肯晨夜省王予違汝弼汝無面從尚書益稷之文也孔安國注云我違道汝當以義輔正我無面從我股肱之正義也羣后百僚勉思厥職各貢忠誠以輔不逮申勑四方稱朕意焉十一月戊戌蜀郡太守第五倫爲司空詔征西將軍耿秉屯酒泉酒泉今肅州縣也前書音義曰城下有泉其味若酒因名酒泉焉遣酒泉太守段彭救戊己校尉耿恭甲辰晦日有食之於是避正殿寢兵不聽事五日詔有司各上封事十二月癸巳有司奏言孝明皇帝聖德淳茂劬勞日昃身御浣衣尚書曰文王自朝至于日中昃不遑暇食食無兼珍澤臻四表尚書曰光被四表遠人慕化僬僥儋耳款塞自至僬僥儋耳解見明紀克伐鬼方開道西域易曰高宗伐鬼方三年克之威靈廣被無思不服以烝庶爲憂不以天下爲樂備三雍之教躬養老之禮作登歌正雅樂博貫六蓺周禮保氏教之六蓺一曰禮二曰樂三曰射四曰馭五曰書六曰數前書蓺文志曰以禮樂春秋易詩書爲六蓺博貫謂究極深幽耳○劉攽曰注前書蓺文志曰以禮樂春秋文多一曰字不舍晝夜聰明淵塞著在圖讖河圖曰圖出代九天開明受用嗣興十代以光又括地象曰十代禮樂文雅並出謂明帝也至德所感通於神明功烈光於四海仁風行於千載而深執謙謙自稱不德無起寢廟埽地而祭除日祀之法省送終之禮春秋外傳曰日祭月祀時享禮祖禰則日祭曾高則月祀三祧則時享今此除日祀之法從時月之祭○劉攽曰注三祧則時享案自古但有二祧無三祧明三字誤遂藏主於光烈皇后更衣別室天下聞之莫不悽愴陛下至孝烝烝奉順聖德臣愚以爲更衣在中門之外處所殊別宜尊廟曰顯宗其四時禘祫於光武之堂間祀悉還更衣續漢書曰五年再殷祭三年一祫五年一禘父爲昭南向子爲穆北向禘以夏四月祫以冬十月禘之爲言諦諦審昭穆尊卑之義祫者合也冬十月五穀成故骨肉合飲食於祖廟謂之殷祭四時正祭外有五月嘗麥三伏立秋嘗粢盛酎十月嘗稻等謂之間祀卽各於更衣之殿更衣者非正處也園中有寢有便殿寢者陵上正殿便殿寢側之別殿卽更衣也○劉攽曰注立秋嘗粢盛酎案漢制立秋嘗粢粢稷也八月飲酎此文誤出一盛字少八月飲三字共進武德之舞如孝文皇帝祫祭高廟故事前書高廟奏武德文始五行之舞制曰可是歲牛疫京師及三州大旱詔勿收兗豫徐州田租芻稾其以見穀賑給貧人○劉攽曰案詔無它語不當有其字

建初元年春正月詔三州郡國方春東作恐人稍受稟往來煩劇或妨耕農稟給也稍爲少少給之不頓與○劉攽曰注案文爲當作謂其各實覈尤貧者計所貸并與之并音必政反流人欲歸本者郡縣其實稟令足還到聽過止官亭無雇舍宿長吏親躬無使貧弱遺脫小吏豪右得容姦妄前書曰百石已下有斗食佐史之秩言小吏也詔書既下勿得稽留刺史明加督察尤無狀者無狀謂其罪惡尤大無狀可言故云無狀它皆類此丙寅詔曰比年牛多疾疫墾田減少穀價頗貴人以流亡方春東作宜及時務二千石勉勸農桑弘致勞來羣公庶尹各推精誠專急人事罪非殊死須立秋案驗有司明慎選舉進柔良退貪猾順時令理冤獄五教在寬帝典所美五教謂父義母慈兄友弟恭子孝也尚書舜典曰汝作司徒敬敷五教在寬愷悌君子大雅所歎愷樂悌易也詩大雅泂酌篇曰愷悌君子民之父母布告天下使明知朕意酒泉太守段彭討擊車師大破之罷戊己校尉官二月武陵澧中蠻叛武陵郡今澧州水經曰澧水出武陵充縣西歷山之北也三月甲寅山陽東平地震己巳詔曰朕以無德奉承大業夙夜慄慄不敢荒寧孔安國注尚書曰不敢荒怠自安寧而災異仍見與政相應朕既不明涉道日寡又選舉乖實俗吏傷人官職耗亂刑罰不中可不憂與昔仲弓季氏之家臣子游武城之小宰孔子猶誨以賢才問以得人論語仲弓爲季氏宰問政子曰赦小過舉賢才子游爲武城宰孔子謂之曰汝得人焉耳乎明政無大小以得人爲本夫鄉舉里選必累功勞今刺史守相不明眞僞茂才孝廉歲以百數既非能顯而當授之政事甚無謂也每尋前世舉人貢士或起甽畝不繫閥閱說文曰甽田中之溝音工犬反史記曰明其等曰閥積其功曰閱言前代舉人務取賢才不拘門地敷奏以言則文章可採明試以功則政有異迹敷陳奏進也令各陳進其言則知其能否也尚書曰敷奏以言明試以功則政之類文質彬彬朕甚嘉之彬彬文質雜半之貌其令太傅三公中二千石二千石郡國守相舉賢良方正能直言極諫之士各一人夏五月辛卯初舉孝廉郎中寬博有謀任典城者以補長相任堪也典主也長謂縣長相謂侯相秋七月辛亥詔以上林池籞田賦與貧人籞禁苑也音語前書音義曰折竹以繩緜連之使人不得往來謂之籞八月庚寅有星孛于天市史記曰房爲天駟東北曲十二星曰旗旗中四星曰天市九月永昌哀牢夷叛冬十月武陵郡兵討叛蠻破降之十一月阜陵王延謀反貶爲阜陵侯

二年春三月辛丑詔曰比年陰陽不調饑饉屢臻深惟先帝憂人之本本謂稼穡詔書曰不傷財不害人誠欲元元去末歸本而今貴戚近親奢縱無度嫁娶送終尤爲僭侈有司廢典莫肯舉察春秋之義以貴理賤今自三公並宜明糾非法宣振威風朕在弱冠未知稼穡之艱難區區管窺豈能照一隅哉史記扁鵲曰以管窺天以隙視文其科條制度所宜施行在事者備爲之禁先京師而後諸夏公羊傳曰春秋內其國而外諸夏內諸夏而外夷狄王者欲一乎天下曷爲以外內之辭言之言自近者始也○劉攽曰注案公羊本文曷爲以內外之辭言之言自近者始也少之言二字甲辰罷伊吾盧屯兵永平十六年置永昌越巂益州三郡民夷討哀牢破平之夏四月戊子詔還坐楚淮陽事徙者四百餘家令歸本郡癸巳詔齊相省冰紈方空縠吹綸絮紈素也冰言色鮮絜如冰釋名曰縠紗也方空者紗薄如空也或曰空孔也卽今之方目紗也綸似絮而細吹者言吹噓可成亦紗也前書齊有三服官故詔齊相罷之六月燒當羌叛金城太守郝崇討之敗績羌遂寇漢陽秋八月遣行車騎將軍馬防討平之十二月戊寅有星孛于紫宮

三年春正月己酉，宗祀明堂，禮畢，登靈臺，望雲物，大赦天下。三月癸巳，立貴人竇氏爲皇后。賜爵人二級，三老孝悌力田人三級，民無名數及流民欲占者人一級，鰥寡孤獨篤癃貧不能自存者粟人五斛。夏四月己巳，罷常山呼沱石臼河漕。石臼河名也，在今定州唐縣東北。時鄧訓上言此漕難成，遂罷之。漕，水運也，音才到反。行車騎將軍馬防破燒當羌於臨洮。臨洮，縣名，屬隴西郡，卽今岷山之州。閏月，西域假司馬班超擊姑墨，大破之。姑墨，西域國名，去長安八千一百五十里。冬十二月丁酉，以馬防爲車騎將軍。武陵漊中蠻叛。漊，水名，音婁，源出今澧州崇義縣西北山。是歲，零陵獻芝草。

四年春二月庚寅，太尉牟融薨。夏四月戊子，立皇子慶爲皇太子。賜爵人二級，三老孝悌力田人三級，民無名數及流人欲自占者人一級，鰥寡孤獨篤癃貧不能自存者粟人五斛。己丑，徙鉅鹿王恭爲江陵王，汝南王暢爲梁王，常山王昞爲淮陽王。辛卯，封皇子伉音抗爲千乘王，全爲平春王。平春縣屬江夏郡。五月丙辰，車騎將軍馬防罷。甲戌，司徒鮑昱爲太尉，南陽太守桓虞爲司徒。虞字仲春，馮翊人。六月癸丑，皇太后馬氏崩。秋七月壬戌，葬明德皇太后。○劉攽曰：案陰后不稱太，則此太衍字也。冬，牛大疫。十一月壬戌，詔曰：「蓋三代導人，教學爲本。前書曰：三代之道，鄉里有教，夏曰校，殷曰庠，周曰序。○劉攽曰：夏曰敎，敎當作校。漢承暴秦，褒顯儒術，建立五經，爲置博士。其後學者精進，雖曰承師，亦別名家。言雖承一師之業，其後觸類而長，更爲章句，則別爲一家之學。孝宣皇帝以爲去聖久遠，學不厭博，故遂立大小夏侯尚書，後又立京氏易。大小夏侯謂夏侯勝、勝從兄子建也。京氏，京房也。至建武中，復置顏氏、嚴氏春秋，大小戴禮博士。嚴氏謂嚴彭祖，顏氏謂顏安樂，大小戴謂戴德、戴聖也。此皆所以扶進微學，尊廣道蓺也。中元元年詔書，五經章句煩多，議欲減省。至永平元年，長水校尉鯈樊鯈奏言，先帝大業，當以時施行。欲使諸儒共正經義，頗令學者得以自助。孔子曰：『學之不講，是吾憂也。』又曰：『博學而篤志，切問而近思，仁在其中矣。』論語文也。講猶習也。篤，厚也。志，記也。言人能博學而後識之，切問於己所未悟之事，近思己所能及之事，好學亦仁之一分，故仁在其中矣。於戲，其勉之哉！」於是下太常，將、大夫、博士、議郎、郎官博士屬太常，故云下。及諸生、諸儒會白虎觀，講議五經同異，使五官中郎將魏應承制問，續漢志曰：五官中郎將比二千石。侍中淳于恭奏，帝親稱制臨決，如孝宣甘露石渠故事，前書，甘露三年，詔諸儒講五經異同，蕭望之等平奏其議，上親稱制臨決焉。又曰施讎甘露中論五經於石渠閣。三輔故事曰：石渠閣在未央殿北，藏祕書之所。作白虎議奏。今白虎通。是時甘露降泉陵、洮陽二縣。二縣屬零陵郡。泉陵故城在今永州零陵縣北，洮陽故城在今湘源縣西北。

五年春二月庚辰朔，日有食之。詔曰：「朕新離供養，去年馬太后崩。愆咎衆著，上天降異，大變隨之。詩不云乎：『亦孔之醜。』詩小雅曰：朔日辛卯，日有食之，亦孔之醜。孔，甚也。醜，惡也。又久旱傷麥，憂心慘切。公卿已下，其舉直言極諫、能指朕過失者各一人，遣詣公車，將親覽問焉。其以巖穴爲先，勿取浮華。」前書鄒陽曰：顯巖穴之士。甲申，詔曰：「春秋書無麥苗，重之也。春秋莊公七年秋，大水，無麥苗。公羊傳曰：一災不書，待無麥然後書無苗。何休注曰：不書穀，至麥苗獨書，人食最重也。去秋雨澤不適，今時復旱，如炎如焚。炎炎，熱氣甚。韓詩曰：旱魃爲虐，如炎如焚。凶年無時，而爲備未至。朕之不德，上累三光，震慄忉忉，痛心疾首。忉音刀。詩曰：憂心忉忉。又曰：疢如疾首。前代聖君，博思咨諏，咨，謀也。諏音子余反。雖降災咎，輒有開匱反風之應。武王有疾，周公作請命之書，藏於金匱。後管蔡流言，成王疑周公，天乃大風，禾木盡偃。成王啓金匱得書，乃郊天謝過，天乃反風起禾。事見尚書。今予小子，徒慘慘而已。其令二千石理冤獄，錄輕繫；禱五嶽四瀆，及名山能興雲致雨者，冀蒙不崇朝徧雨天下之報。尚書大傳曰：五嶽皆觸石出雲，膚寸而合，不崇朝而雨天下。務加肅敬焉。」三月甲寅，詔曰：「孔子曰：『刑罰不中，則人無所措手足。』今吏多不良，擅行喜怒，或案不以罪，迫脅無辜，致令自殺者，一歲且多於斷獄，甚非爲人父母之意也。書曰：元后作人父母。有司其議糾舉之。」荆、豫諸郡兵討破武陵漊中叛蠻。夏五月辛亥，詔曰：「朕思遲直士，側席異聞，遲猶希望也，音持二反。側席謂不正坐，所以待賢良也。其先至者，各以發憤吐懣，略聞子大夫之志矣。皆欲置於左右，顧問省納。建武詔書又曰：堯試臣以職，不直以言語筆札。書舜典曰：朕其試哉。又曰：歷試諸艱。札，簡也。今外官多曠，並可以補任。」戊辰，太傅趙憙薨。冬，始行月令迎氣樂。東觀記曰：馬防上言：聖人作樂，所以宣氣致和，順陰陽也。臣愚以爲可因歲首發太簇之律，奏雅頌之音，以迎和氣。時以作樂器費多，遂獨行十月迎氣樂也。是歲，零陵獻芝草，有八黃龍見於泉陵。伏侯古今注曰：見零陵泉陵湘水中，相與戲，其二大如馬，有角，六枚大如駒，無角。西域假司馬班超擊疏勒，破之。

六年春二月辛卯，琅邪王京薨。夏五月辛酉，趙王盱薨。六月丙辰，太尉鮑昱薨。辛未晦，日有食之。秋七月癸巳，以大司農鄧彪爲太尉。

七年春正月，沛王輔、濟南王康、東平王蒼、中山王焉、東海王政、琅邪王宇來朝。夏六月甲寅，廢皇太子慶爲清河王，立皇子肇爲皇太子。己未，徙廣平王羨爲西平王。秋八月，飲酎高廟，禘祭光武皇帝、孝明皇帝。前書，高廟酎，奏武德、文始、五行之舞。音義云：正月旦作酒，八月成，名曰酎。酎者，醇也。武帝時，因八月嘗酎會諸侯廟中，出金助祭，所謂酎金也。丁孚漢儀式曰：九眞、交阯、日南者用犀角二，長九寸以上，若瑇瑁甲一；鬱林用象牙一，長三尺已上，若翠羽各二十，準以當金。甲辰，詔書云「○劉攽曰：案文少一日字。祖考來假，明哲之祀。假音格。格，至也。尚書曰：於予擊石拊石。擊拊琴瑟以詠，祖考來格。言明哲祭祀，則能致祖考之神來至。予末小子，質又菲薄，仰惟先帝烝烝之情，前修禘祭，以盡孝敬。朕得識昭穆之序，寄遠祖之思。今年大禮復舉，加以先帝之坐，言顯宗神坐，今新加之。悲傷感懷。樂以迎來，哀以送往，雖祭亡如在，而空虛不知所裁，庶或饗之。豈亡克愼肅雍之臣，辟公之相，肅，敬；雍，和；相，助也。詩大雅曰：有來雍雍，至止肅肅，相維辟公，天子穆穆。言百辟諸侯來助祭，皆有肅雍之德，無懈慢也。皆助朕之依依。依依，思慕之意。今賜公錢四十萬，卿半之，及百官執事各有差。」九月甲戌，幸偃師，東涉卷津，卷，縣名，屬河南郡也。○卷音卹權反。至河內，下詔曰：「車駕行秋稼，觀收穫，因涉郡界，皆精騎輕行，無它輜重。不得輒修橋道，遠離城郭，遣吏逢迎，刺探起居，刺謂候伺也。○探音湯勘反。出入前後，以爲煩擾。動務省約，但患不能脫粟瓢飲耳。晏子相齊，食脫粟之飯。孔子曰：顏回一瓢飲。所過欲令貧弱有利，無違詔書。」遂覽淇園。前書音義曰：淇園，衛之苑也。己酉，進幸鄴，勞饗魏郡守令已下，至于三老、門闌、走卒，賜錢各有差。勞賜常山、趙國吏人，復元氏租賦三歲。辛卯，車駕還宮。詔天下繫囚減死一等，勿笞，詣邊戍；妻子自隨，占著所在；父母同產欲相從者，恣聽之；有不到者，皆以乏軍興論。軍興而致闕乏，當死刑也。及犯殊死，一切募下蠶室；其女子宮。繫囚鬼薪、白粲已上，前書曰：鬼薪、白粲已上，皆三歲刑也。男子爲鬼薪，取薪以給宗廟；女子爲白粲，使擇米白粲粲然。皆減本罪各一等，輸司寇作。亡命贖：死罪入縑二十匹，右趾至髡鉗城旦舂十匹，完城旦至司寇三匹；吏人有罪未發覺，詔書到自告者，半入贖。冬十月癸丑，西巡狩，幸長安。丙辰，祠高廟，遂有事十一陵。遣使者祠太上皇於萬年，太上皇，高祖父也，名煓，音它官反，一名執嘉。三輔黃圖曰：高祖初都洛陽，太上皇崩，葬櫟陽北原，陵號萬年，仍令置萬年縣，在今櫟陽東北，故祭祀焉。以中牢祠蕭何、霍光。進幸槐里。岐山得銅器，形似酒罇，獻之。又獲白鹿。帝曰：「上無明天子，下無賢方伯。已見明帝紀。『人之無良，相怨一方。』詩小雅也。良，善也。言王者無有善者，各相與於一方而怨之。義見韓詩。斯器亦曷爲來哉？」公羊傳曰：孔子抱麟而泣曰：孰爲來哉！孰爲來哉！又幸長平，御池陽宮，前書音義曰：長平，坂名，在池陽南，有長平觀，去長安五十餘里。東至高陵，造舟於涇而還。造，至也，謂次比舟令相至爲橋而度也。爾雅曰：天子造舟，諸侯維舟，大夫方舟，士特舟。每所到幸，輒會郡縣吏人，勞賜作樂。十一月，詔勞賜河東守、令、掾以下。十二月丁亥，車駕還宮。是歲，京師及郡國螟。

八年春正月壬辰，東平王蒼薨。三月辛卯，葬東平憲王，賜鑾輅龍旂。夏六月，北匈奴大人率衆款塞降。冬十二月甲午，東巡狩，幸陳留、梁國、淮陽、潁陽。戊申，車駕還宮。詔曰：「五經剖判，去聖彌遠，章句遺辭，乖疑難正，恐先師微言將遂廢絕，非所以重稽古，求道眞也。其令羣儒選高才生，受學左氏、穀梁春秋、古文尚書、毛詩，以扶微學，廣異義焉。」是歲，京師及郡國螟。

元和元年春正月，中山王焉來朝。日南徼外蠻夷獻生犀、白雉。劉欣明交州記曰：犀，其毛如豕，蹄有三甲，頭如馬，有三角，鼻上角短，額上頭上角長。異物志曰：角中特有光耀，白理如綫，自本達末，則爲通天犀。閏月辛丑，濟陰王長薨。二月甲戌，詔曰：「王者八政，以食爲本，尚書洪範八政，一曰食，是爲政本。故古者急耕稼之業，致耒耜之勤，耒耜，農器也。耒其柄，耜其刃。節用儲蓄，以備凶災，是以歲雖不登而人無飢色。自牛疫已來，穀食連少，良由吏教未至，刺史、二千石不以爲負。負猶憂也。其令郡國募人無田欲徙它界就肥饒者，恣聽之。到在所，賜給公田，爲雇耕傭，賃種餉，餉，古餉字，音式上反。貰與田器，勿收租五歲，除筭三年。其後欲還本鄉者，勿禁。」夏四月己卯，分東平國，封憲王蒼子尚爲任城王。六月辛酉，沛王輔薨。秋七月丁未，詔曰：「律云『掠者唯得榜、笞、立』。蒼頡篇曰：掠，問也。廣雅曰：榜，擊也，音彭。說文曰：笞，擊也。立謂立而考訊之。又令丙，箠長短有數。令丙爲篇之次也。前書音義曰：令有先後，有令甲、令乙、令丙。又景帝京師定箠令，箠長五尺，本大一寸，其竹也，末薄半寸，其平去節，故曰長短有數也。○劉攽曰：注景帝京師定箠令，案景帝定令行於天下，不止京師，京師衍字也。景似京，師似帝，因爾誤出。自往者大獄已來，掠考多酷，鉆鑽之屬，大獄謂楚王英等事也。鉆音其廉反。說文曰：鉆，鐵也。國語曰：中刑用鑽鑿，謂慘酷其肌膚也。慘苦無極。念其痛毒，怵然動心。書曰『鞭作官刑』，豈云若此？孔安國注尚書曰：以鞭爲理官事之刑。宜及秋冬理獄，明爲其禁。」八月甲子，太尉鄧彪罷，大司農鄭弘爲太尉。癸酉，詔曰：「朕道化不德，吏政失和，元元未諭，抵罪於下。寇賊爭心不息，邊野邑屋不修。修或作充。永惟庶事，思稽厥衷，與凡百君子，共弘斯道。中心悠悠，將何以寄？其改建初九年爲元和元年。郡國中都官繫囚減死一等，勿笞，詣邊縣；妻子自隨，占著在所。其犯殊死，一切募下蠶室；其女子宮。繫囚鬼薪、白粲以上，皆減本罪一等，輸司寇作。亡命者贖，各有差。」丁酉，南巡狩，詔所經道上，郡縣無得設儲跱。儲，積也。跱，具也。言不預有蓄備。命司空自將徒支柱橋梁。柱音竹主反。有遣使奉迎，探知起居，二千石當坐。其賜鰥寡孤獨不能自存者粟，人五斛。九月乙未，東平王忠薨。辛丑，幸章陵，祠舊宅園廟，見宗室故人，賞賜各有差。冬十月己未，進幸江陵，詔廬江太守祠南嶽，又詔長沙、零陵太守祠長沙定王、舂陵節侯、鬱林府君。還，幸宛。十一月己丑，車駕還宮，賜從者各有差。十二月壬子，詔曰：「書云：『父不慈，子不祗，兄不友，弟不恭，不相及也。』祗，敬也。左傳胥臣云：康誥曰：父不慈，子不祗，兄不友，弟不恭，不相及也。今康誥之言，事同而文異。往者妖言大獄，所及廣遠，一人犯罪，禁至三屬，卽三族也，謂父族、母族及妻族。莫得垂纓仕宦王朝。如有賢才而沒齒無用，朕甚憐之，非所謂與之更始也。諸以前妖惡禁錮者，一皆蠲除之，左傳曰：以重幣錮之。杜預注曰：禁錮，勿令仕也。以明棄咎之路，但不得在宿衛而已。」

二年春正月乙酉，詔曰：「令云『人有產子者復，勿筭三歲』。今諸懷妊者，說文曰：妊，孕也。賜胎養穀人三斛，復其夫，勿筭一歲，著以爲令。」又詔三公曰：「方春生養，萬物孚甲，前書音義曰：孚，葉裹白皮也。易曰：百果甲坼也。宜助萌陽，以育時物。其令有司，罪非殊死且勿案驗及吏人條書相告不得聽受條事條也冀以息事寧人敬奉天氣立秋如故夫俗吏矯飾外貌似是而非揆之人事則悅耳論之陰陽則傷化朕甚饜之甚苦之安靜之吏悃愊無華說文云悃愊至誠也悃音苦本反愊音孚逼反日計不足月計有餘莊子曰有庚桑子者偏得老聃之道以居畏壘之山畏壘之人相與云庚桑子之始來吾洒然異之今吾日計之不足歲計之有餘庶幾其聖人乎如襄城令劉方方字伯況平原人吏人同聲謂之不煩雖未有它異斯亦殆近之矣間勅二千石各尚寬明而今富姦行賂於下貪吏枉法於上使有罪不論而無過被刑甚大逆也夫以苛爲察以刻爲明以輕爲德以重爲威四者或興則下有怨心吾詔書數下冠蓋接道而吏不加理人或失職其咎安在勉思舊令稱朕意焉二月甲寅始用四分曆續漢書曰時待詔張盛京房鮑業等以四分曆請與待詔楊岑等共課歲餘盛等所中多四分之曆始頗施行詔曰今山川鬼神應典禮者尚未咸秩咸皆也秩序也言山川之神尚未次序而祭之書曰咸秩無文其議增修羣祀以祈豐年丙辰東巡狩己未鳳皇集肥城肥城縣名屬太山郡故城在今濟州平陰縣東南乙丑帝耕於定陶詔曰三老尊年也孝悌淑行也力田勤勞也國家甚休之其賜帛人一匹勉率農功使使者祠唐堯於成陽靈臺成陽縣屬濟陰郡郭緣生述征記曰成陽縣東南有堯母慶都墓上有祠廟堯母陵俗亦名靈臺大母辛未幸太山柴告岱宗有黃鵠三十從西南來經祠壇上東北過于宮屋翺翔升降進幸奉高壬申宗祀五帝于汶上明堂前書曰濟南人公玉帶上黃帝時明堂圖中有一殿四面無壁以茅蓋通水水圜宮垣爲複道上有樓從西南入名曰崑崙以拜祀上帝於是上作明堂於汶上如帶圖焉汶水出太山朱虛縣萊蕪山癸酉告祠二祖四宗二祖謂高祖世祖四宗謂文帝爲太宗武帝爲世宗宣帝爲中宗明帝爲顯宗大會外內羣臣丙子詔曰朕巡狩岱宗柴望山川告祠明堂以章先勳其二王之後禮記曰存二王之後尊賢不過二代公羊傳曰存二王之後所以通三王也漢之二王殷周之後也先聖之胤東觀記曰孔子後褒成侯等咸來助祭東后蕃衞東后謂東方國君也諸侯爲天子蕃屏故曰蕃衞伯父伯兄仲叔季弟幼子童孫尚書呂刑文皆天子同姓諸侯有父叔兄弟子孫列者故總而言之百僚從臣宗室衆子要荒四裔要荒二服名要服去王城二千里荒服去王城二千五百里要者言可要束以文教荒者言其荒忽無常也裔遠也謂荒服之外也沙漠之北葱嶺之西西河舊事曰葱嶺山名在敦煌西其山高大多葱故以爲名焉冒耏之類字書曰耏多須貌音而言須髯多蒙冒其面或曰西域人多著冒而長故擧以爲言也〇劉攽曰注西域人多著冒而長案文當有一須字紀文言冒耏跋涉懸度草行曰跋水行曰涉左傳子太叔曰跋涉山川西域傳曰懸度者石山也谿谷不通以繩索相引而度去陽關五千八百五十里陵踐阻絕駿奔郊畤駿疾也音俊尚書駿奔走在廟郊畤祭天處也前書音義曰畤神靈之居止者咸來助祭祖宗功德延及朕躬予一人空虛多疚疚病也纂承尊明纂繼也盥洗享薦慙愧祗慄詩不云乎君子如祉亂庶遄已詩小雅遄速也已止也祉福也鄭玄注云福者福賢者謂爵祿之也如此則亂亦庶幾可疾止也歷數既從靈燿著明歷數既從謂行四分歷也靈燿著明謂日月貞明亦欲與士大夫同心自新其大赦天下諸犯罪不當得赦者皆除之復博奉高嬴無出今年田租芻稾戊寅進幸濟南縣名故城在今淄州長山縣西北三月己丑進幸魯祠東海恭王陵庚寅祠孔子於闕里及七十二弟子賜褒成侯及諸孔男女帛壬辰進幸東平祠憲王陵陵在今鄆州須昌縣東甲午遣使者祠定陶太后恭王陵太后卽元帝傅昭儀也定陶恭王康其陵在今曹州濟陰縣北乙未幸東阿北登太行山至天井關在今澤州晉城縣南今太行山上關南有天井泉三所也夏四月乙巳客星入紫宮乙卯車駕還宮庚申假于祖禰假至也音格禰父廟易曰王假有廟告祠高廟五月戊申詔曰乃者鳳皇黃龍鸞鳥比集七郡孫柔之瑞圖曰鸞鳥者赤神之精鳳皇之佐雞身赤尾色亦被五綵鳴中五音人君進退有度親疏有序則至也此類也或一郡再見及白烏神雀甘露屢臻祖宗舊事或班恩施武帝時芝草生于甘泉宮宣帝時嘉穀玄稷降于郡國神雀仍集皆大赦天下其賜天下吏爵人三級高年鰥寡孤獨帛人一匹經曰無侮鰥寡惠此煢獨加賜河南女子百戶牛酒前書音義蘇林曰男子賜爵女子賜牛酒姚察云女子謂賜爵者之妻也史記封禪書百戶牛一頭酒十石臣賢案此女子百戶若是戶頭之妻不得更稱爲戶此謂女戶頭卽今之女戶也天下稱慶恩當普洽所以男戶賜爵女子賜牛酒令天下大酺五日賜公卿已下錢帛各有差及洛陽人當酺者布戶一匹城外三戶共一匹賜博士員弟子見在太學者布人三匹令郡國上明經者口十萬以上五人不滿十萬三人改廬江爲六安國江陵復爲南郡建初四年改爲江陵國今又復之徙江陵王恭爲六安王秋七月庚子詔曰春秋於春每月書王者重三正愼三微也三正謂天地人之正所以有三者由有三微之月王者所當奉而成之禮記曰正朔三而改文質再而復三微者三正之始萬物皆微物色不同故王者取法焉十一月時陽氣始施於黃泉之下色皆赤赤者陽氣故周爲天正色尚赤十二月萬物始牙而色白白者陰氣故殷爲地正色尚白十三月萬物莩甲而出其色皆黑人得加功展業故夏爲人正色尚黑尚書大傳曰夏以十三月爲正平旦爲朔殷以十二月爲正雞鳴爲朔周以十一月爲正夜半爲朔必以三微之月爲正者當爾之時物皆尚微王者受命當扶微理弱奉成之義也律十二月立春不以報囚報猶論也立春陽氣至可以施生故不論囚月令冬至之後有順陽助生之文月令仲冬是月也日短至陰陽爭諸生蕩君子身欲寧事欲靜以待陰陽之所定也而無鞫獄斷刑之政朕咨訪儒雅稽之典籍以爲王者生殺宜順時氣其定律無以十一月十二月報囚九月壬辰詔鳳皇黃龍所見亭部無出二年租賦東觀記曰黃龍見肥城句窳亭槐樹上古今注云黃龍見洛陽元延亭部窳音庾加賜男子爵人二級先見者帛二十匹近者三匹太守三十匹令長十五匹丞尉半之詩云雖無德與汝式歌且舞詩小雅也雖無大德要有喜悅之心欲歌舞也式用也它如賜爵故事丙申徵濟南王康中山王焉會烝祭冬十一月壬辰日南至初閉關梁易曰先王以至日閉關商旅不行王弼注曰冬至陰之復夏至陽之復故爲復卽至於寂然大靜先王則天地而行者也

三年春正月乙酉詔曰蓋人君者視民如父母有憯怛之憂有忠和之教匍匐之救周禮大司徒以鄉三物教萬民一曰六德謂智仁聖義忠和詩邶風曰凡民有喪匍匐救之其嬰兒無父母親屬及有子不能養食者稟給如律丙申北巡狩濟南王康中山王焉西平王羨六安王恭樂成王黨淮陽王昞任城王尚沛王定皆從辛丑帝耕于懷二月壬寅告常山魏郡清河鉅鹿平原東平郡太守相曰朕惟巡狩之制以宣聲教考同遐邇解釋結寃也今四國無政不用其良詩小雅曰日月告凶不用其行四國無政不用其良言四方之國無政者由天子不用善人也駕言出游欲親知其劇易前祠園陵遂望祀華霍華霍山名也今在廬江灊縣西南亦名天柱山爾雅曰華山爲西嶽霍山爲南嶽東柴岱宗爲人祈福今將禮常山遂徂北土歷魏郡經平原升踐隄防詢訪耆老咸曰往者汴門未作深者成淵淺則泥塗追惟先帝勤人之德謂永平十二年修汴渠厎績遠圖復禹弘業尚書曰覃懷厎績孔安國注云厎致績功也遠圖猶長算也言能復禹爲理水之大功聖跡滂流至于海表不克堂構朕甚慙焉尚書曰若考作室既厎法厥子乃不肯堂矧肯構月令孟春善相丘陵土地所宜月令孟春之月善相丘陵阪險原隰土地所宜五穀所殖以教導人必躬親之田事既飭今肥田尚多未有墾闢其悉以賦貧民給與糧種務盡地力勿令遊手所過縣邑聽半入今年田租以勸農夫之勞乙丑勅侍御史司空曰方春所過無得有所伐殺車可以引避引避之騑馬可輟解輟解之夾轅者爲服馬服馬外爲騑馬詩云敦彼行葦牛羊勿踐履詩大雅也鄭玄注云敦敦然道旁之葦牧牛羊者無使踐履折傷之況於人乎禮人君伐一草木不時謂之不孝禮記孔子曰伐一樹殺一獸不以其時非孝也俗知順人莫知順天其明稱朕意戊辰進幸中山遣使者祠北嶽出長城史記蒙恬爲秦築長城西自臨洮東至海癸酉還幸元氏祠光武顯宗於縣舍正堂明日又祠顯宗于始生堂皆奏樂明帝生于常山元氏傳舍也三月丙子詔高邑令祠光武於卽位壇復元氏七年徭役己卯進幸趙庚辰祠房山於靈壽靈壽縣名屬常山郡今恒州縣也房山在今恒州房山縣西北俗名王母山上有王母祠辛卯車駕還宮賜從行者各有差夏四月丙寅太尉鄭弘免大司農宋由爲太尉由字叔路長安人五月丙子司空第五倫罷太僕袁安爲司空秋八月乙丑幸安邑觀鹽池許愼云河東鹽池袤五十一里廣七里周百一十六里今蒲州虞鄉縣西九月至自安邑冬十月北海王基薨燒當羌叛寇隴西是歲西域長史班超擊斬疏勒王

章和元年春三月護羌校尉傅育追擊叛羌戰歿夏四月丙子令郡國中都官繫囚減死一等詣金城戍六月戊辰司徒桓虞免癸卯司空袁安爲司徒光祿勳任隗爲司空桓虞字仲春馮翊萬年人隗字仲和南陽宛人秋七月癸卯齊王晃有罪貶爲蕪湖侯蕪湖縣名屬丹陽故城在今宣州當塗縣東南壬子淮陽王昞薨鮮卑擊破北單于斬之燒當羌寇金城護羌校尉劉盱討之斬其渠帥壬戌詔曰朕聞明君之德啓迪鴻化緝熙康乂光照六幽緝熙光明也六幽謂六合幽隱之處也訖惟人面靡不率俾仁風翔于海表威霆行乎鬼區鬼區卽鬼方然後敬恭明祀膺五福之慶獲來儀之貺尚書五福一曰壽二曰富三曰康寧四曰攸好德五曰考終命來儀謂鳳也書曰鳳皇來儀朕以不德受祖宗弘烈乃者鳳皇仍集麒麟並臻甘露宵降嘉穀滋生芝草之類歲月不絕朕夙夜祗畏上天無以彰于先功今改元和四年爲章和元年秋令是月養衰老授几杖行糜粥飲食月令仲秋之令其賜高年二人共布帛各一匹以爲醴酪死罪囚犯法在丙子赦前而後捕繫者皆減死勿笞詣金城戍八月癸酉南巡狩壬午遣使者祠昭靈后於小黃園小黃縣屬陳留郡故城在今汴州陳留縣東北漢舊儀曰昭靈后高祖母起兵時死小黃北後爲作園廟于小黃陳留風俗傳曰沛公起兵野戰喪皇妣于黃鄉天下平定乃使使者以梓宮招魂幽野於是丹蛇在水自洒濯之入于梓宮其浴處有遺髮故諡曰昭靈夫人〇劉攽曰注天下平定仍使使者案仍當作乃仍者重複之辭無用于此甲申徵任城王尚會睢陽戊子幸梁己丑遣使祠沛高原廟豐枌榆社前書音義曰枌白榆高祖里社在豐縣東北十五里原廟解見光武紀乙未幸沛祠獻王陵徵會東海王政乙未晦日有食之九月庚子幸彭城東海王政沛王定任城王尚皆從辛亥幸壽春壬子詔郡國中都官繫囚減死罪一等詣金城戍犯殊死者一切募下蠶室其女子宮繫囚鬼薪白粲已上減罪一等輸司寇作亡命者贖死罪縑二十匹右趾至髡鉗城旦舂七匹完城旦至司寇三匹吏民犯罪未發覺詔書到自告者半入贖復封阜陵侯延爲阜陵王己未幸汝陰縣名屬汝南郡今潁州縣冬十月丙子車駕還宮北匈奴屋蘭儲等率衆降是歲西域長史班超擊莎車大破之月氏國遣使獻扶拔師子扶拔似麟無角拔音步末反

二年春正月濟南王康阜陵王延中山王焉來朝壬辰帝崩於章德前殿年三十三遺詔無起寢廟一如先帝法制

論曰魏文帝稱明帝察察章帝長者以上華嶠之辭章帝素知人厭明帝苛切事從寬厚感陳寵之義除慘獄之科寵時爲尚書以吏政嚴切乃上書除慘酷之科五十餘條具本傳也深元元之愛著胎養之令元和二年令諸懷妊者賜穀人三斛奉承明德太后盡心孝道割裂名都以崇建周親周至也平徭簡賦而人賴其慶又體之以忠恕文之以禮樂故乃蕃輔克諧羣后德讓謂之長者不亦宜乎在位十三年郡國所上符瑞合於圖書者數百千所烏呼懋哉懋美也

贊曰肅宗濟濟天性愷悌於穆后德諒惟淵體於穆美也尚書曰齊聖廣淵也左右藝文斟酌律禮藝文謂諸儒講五經同異帝親稱制論決也律謂詔云立春不以報囚也禮謂修辟雍登靈臺之屬思服帝道弘此長懋儒館獻

歌戎亭虛候獻歌詔崔駰游太學時上四巡等頌氣調時豫憲平人富

後漢書卷三考證

章帝紀正雅樂○雅宋本作予王應麟困學紀聞曰東都賦本作正予樂五臣改作雅樂

飲酎高廟注九真交趾日南者用犀角二○者字似當作皆

甲辰詔書云注劉攽曰按文少一曰字○此注應在書云二字之上謂詔字下脫去曰字也

徙江陵王恭爲六安王○此句之下何焯校本增廣平王羨爲西平王八字今諸本俱無存以備考

祠房山於靈壽注房山今恒州房山縣縣西北○下縣字疑衍

後漢書卷四

宋　宣　城　太　守范　曄撰

唐　章　懷　太　子　賢注

和殤帝紀第四

孝和皇帝諱肇諡法曰不剛不柔曰和伏侯古今注曰肇之字曰始肇音兆臣賢案許慎說文肇音大可反上諱也但伏侯許慎並漢時人而帝諱不同蓋應別有所據肅宗第四子也母梁貴人爲竇皇后所譖憂卒竇后養帝以爲己子建初七年立爲皇太子章和二年二月壬辰卽皇帝位年十歲尊皇后曰皇太后太后臨朝三月丁酉改淮陽爲陳國今陳州楚郡爲彭城國今徐州西平并汝南郡西平縣故柏子國也在今豫州吳房縣西北六安復爲廬江郡卽今廬州廬江縣西故舒城是遺詔徙西平王羨爲陳王六安王恭爲彭城王癸卯葬孝章皇帝于敬陵在洛陽城東南三十九里古今注曰陵周三百步高六丈二尺庚戌皇太后詔曰先帝以明聖奉承祖宗至德要道天下淸靜庶事咸寧今皇帝以幼年煢煢在疚疚病也煢煢在憂病之中也煢或作嬛詩周頌云嬛嬛在疚朕且佐助聽政外有大國賢王並爲藩屏內有公卿大夫統理本朝恭己受成夫何憂哉孔子曰舜何爲哉恭己正南面而已尚書曰予小子垂拱仰成然守文之際必有內輔以參聽斷侍中憲朕之元兄行能兼備忠孝尤篤先帝所器親受遺詔當以舊典輔斯職焉憲固執謙讓節不可奪今供養兩宮兩宮謂帝宮太后宮宿衞左右厥事已重亦不可復勞以政事故太尉鄧彪元功之族三讓彌高元功謂高密侯禹也彪父邯中興初有功封鄧侯父卒彪讓國異母弟鳳論語孔子曰太伯三以天下讓民無得而稱焉鄭玄注云太伯周大王之長子欲讓其弟季歷大王有疾太伯因適吳越採藥大王薨而不返季歷爲喪主一讓也季歷赴之不來奔喪二讓也終喪之後遂斷髮文身三讓也彪讓封弟故以比之鄧音莫杏反海內歸仁爲羣賢首先帝褒表欲以崇化今彪聰明康彊可謂老成黃耇矣老成言老而有成德也詩大雅曰雖無老成人黃謂髮落更生黃者耇亦老也詩序曰外尊事黃耇其以彪爲太傅賜爵關內侯錄尙書事百官總己以聽古者君在諒闇百官總己之職事以聽於冢宰錄尙書事則冢宰之任也朕庶幾得專心內位於戲羣公其勉率百僚各修厥職愛養元元綏以中和稱朕意焉辛酉有司上奏孝章皇帝崇弘鴻業德化普洽垂意黎民留念稼穡文加殊俗武暢方表戒惟人面無思不服巍巍蕩蕩莫與比隆巍巍乎其有成功蕩蕩乎人無能名焉孔子美帝堯之辭見論語周頌曰於穆清廟肅雝顯相清廟文王廟也於穆嘆美之詞言助祭者儀敬且和也請上尊廟曰肅宗共進武德之舞制曰可癸亥陳王羨彭城王恭樂成王黨下邳王衍梁王暢始就國建初三年章帝不忍與諸王乖離皆留京師今遣之國夏四月丙子謁高廟丁丑謁世祖廟戊寅詔曰昔孝武皇帝致誅胡越故權收鹽鐵之利武帝使孔僅東郭咸陽乘傳舉行天下鹽鐵作官府收利私家更不得鑄鐵煮鹽以奉師旅之費自中興以來匈奴未賓永平末年復修征伐先帝卽位務休力役然猶深思遠慮安不忘危探觀舊典復收鹽鐵欲以防備不虞寧安邊境而吏多不良動失其便以違上意先帝恨之故遺戒郡國罷鹽鐵之禁縱民煮鑄入稅縣官如故事前書音義曰縣官謂天子其申勑刺史二千石奉順聖旨勉弘德化布告天下使明知朕意五月京師旱詔長樂少府桓郁侍講禁中長樂宮之少府也郁桓榮子也冬十月乙亥以侍中竇憲爲車騎將軍伐北匈奴安息國遣使獻師子扶拔扶拔解見章帝紀

永元元年春三月甲辰初令郎官詔除者得占丞尉以比秩爲眞漢官儀曰羽林郎出補三百石丞尉自占丞尉小縣丞尉三百石其次四百石比秩爲眞皆所以優之○劉攽曰案文云丞尉小縣三百石其大四百石已足不當更有丞尉字夏六月車騎將軍竇憲出雞鹿塞今在朔方窳渾縣北闕騶十三州志云窳渾縣有大道西北出雞鹿塞窳音羊主反度遼將軍鄧鴻出稒陽塞稒陽縣屬九原郡故城在今勝州銀城縣界稒音固南單于出滿夷谷滿夷谷闕與北匈奴戰于稽落山大破之追至私渠北鞮海竇憲遂登燕然山刻石勒功而還北單于遣弟右溫禺鞮王鞮音丁兮反奉奏貢獻秋七月乙未會稽山崩閏月丙子詔曰匈奴背叛爲害久遠賴祖宗之靈師克有捷醜虜破碎遂掃厥庭詩曰仍執醜虜庭謂單于所常居也役不再籍猶言不籍再舉萬里淸蕩非朕小子眇身所能克堪有司其案舊典告類薦功以章休烈類祭天也書曰類于上帝薦進也以功進告于天九月庚申以車騎將軍竇憲爲大將軍以中郎將劉尙爲車騎將軍冬十月令郡國弛刑輸作軍營其徙出塞者○劉攽曰案遷徙者不可投之塞外明此徙字是從字刑雖未竟皆免歸田里庚子阜陵王延薨是歲郡國九大水

二年春正月丁丑大赦天下二月壬午日有蝕之東觀記曰史官不覺涿郡言之己亥復置西河上郡屬國都尉官前書西河郡美稷縣上郡龜茲縣並有屬國都尉其秩比二千石十三州志曰典屬國武帝置掌納匈奴降者也哀帝省并大鴻臚故今復置之夏五月庚戌分太山爲濟北國分樂成涿郡勃海爲河間國丙辰封皇弟壽爲濟北王開爲河間王淑爲城陽王紹封故淮陽王昞子側爲常山王賜公卿以下至佐史錢布各有差己未遣副校尉閻礱討北匈奴取伊吾盧地丁卯紹封故齊王晃子無忌爲齊王北海王睦子威爲北海王車師前後王並遣子入侍車師有前王後王前王卽後王之子其庭相去五百里月氏國遣兵攻西域長史班超超擊降之六月辛卯中山王焉薨秋七月乙卯大將軍竇憲出屯涼州九月北匈奴遣使稱臣冬十月遣行中郎將班固報命南單于遣左谷蠡王師子左谷蠡匈奴王號師子其名也谷音鹿蠡音離出雞鹿塞擊北匈奴于河雲北大破之

三年春正月甲子皇帝加元服元首也謂加冠於首儀禮冠者先筮日後筮賓東觀記曰時太后詔袁安爲賓賜束帛乘馬賜諸侯王公將軍特進漢官儀曰諸侯功德優盛朝廷所敬異者賜位特進在三公下中二千石列侯宗室子孫在京師奉朝請者黃金奉朝請無員三公外戚宗室諸侯多奉朝請漢律春曰朝秋曰請將大夫郎吏從官帛將謂五官及左右郎將也大夫謂光祿太中中散諫議大夫也十三州志曰大夫皆掌顧問應對言議之言扶也言能扶持君父也賜民爵及粟帛各有差大酺五日郡國中都官繫囚死罪贖縑至司寇及亡命各有差庚辰賜京師民酺布兩戶共一匹二月大將軍竇憲遣左校尉耿夔出居延塞居延縣屬張掖郡居延澤在東北武帝使伏波將軍路博德築遮虜障於居延城圍北單于於金微山大破之獲其母閼氏閼氏匈奴后之號也閼音焉氏音支夏六月辛卯尊皇太后母比陽公主東海恭王彊女爲長公主辛丑阜陵王种薨阜陵王延之子冬十月癸未行幸長安詔曰北狄破滅名王仍降仍頻也西域諸國納質內附豈非祖宗迪哲重光之鴻烈歟迪蹈也言由祖宗蹈履明智有重光累聖之德成此大業也書曰茲四人迪哲又曰宣重光也寤寐歎息想望舊京其賜所過二千石長吏以下及三老官屬錢帛各有差鰥寡孤獨篤癃貧不能自存者粟人三斛十一月癸卯祠高廟遂有事十一陵詔曰高祖功臣蕭曹爲首有傳世不絕之義曹相國後容城侯無嗣朕望長陵東門見二臣之壟東觀記曰蕭何墓在長陵東司馬門道北百步廟記云曹參冢在長陵旁道北近蕭何冢循其遠節每有感焉忠義獲寵古今所同可遣使者以中牢祠大鴻臚求近親宜爲嗣者須景風紹封以章厥功續漢志曰大鴻臚掌封拜諸侯及其嗣春秋考異郵曰夏至四十五日景風至則封有功也十二月復置西域都護騎都尉戊己校尉官○劉攽曰案西域傳此時但置戊校尉多一己字庚辰至自長安減弛刑徒從駕者刑五月

四年春正月北匈奴右谷蠡王於除鞬自立爲單于欵塞乞降於除鞬名也鞬音九言反遣大將軍左校尉耿夔授璽綬東觀記曰賜玉具劍羽蓋車一駟中郎將持節衞護焉三月癸丑司徒袁安薨閏月丁丑太常丁鴻爲司徒夏四月丙辰大將軍竇憲還至京師六月戊戌朔日有食之丙辰郡國十三地震竇憲潛圖弒逆庚申幸北宮詔收捕憲黨射聲校尉郭璜郭況子也東觀記曰璜作瑝音同璜子侍中舉衞尉鄧疊疊弟步兵校尉磊皆下獄死使謁者僕射續漢書曰謁者僕射一人秩千石爲謁者臺率主謁者天子出奉引也收憲大將軍印綬遣憲及弟篤景就國到皆自殺是夏旱蝗秋七月己丑太尉宋由坐黨憲自殺八月辛亥司空任隗薨任光子也癸丑大司農尹睦爲太尉錄尙書事錄謂總領之也錄尙書自牟融始也丁巳賜公卿以下至佐史錢穀各有差冬十月己亥宗正劉方爲司空十二月壬辰詔今年郡國秋稼爲旱蝗所傷其什四以上勿收田租芻稾有不滿者以實除之所損十不滿四者以見損除也武陵零陵澧中蠻叛燒當羌寇金城

五年春正月乙亥宗祀五帝於明堂遂登靈臺望雲物大赦天下戊子千乘王伉薨辛卯封皇弟萬歲爲廣宗王廣宗縣名今貝州宗城縣隋煬帝諱廣故改爲宗城二月戊戌詔有司省減內外廐及涼州諸苑馬說文曰廐馬舍也漢官儀曰未央大廐長樂承華等廐令皆秩六百石又云牧師諸苑三十六所分置西北邊分養馬三十萬頭自京師離宮果園上林廣成囿悉以假貧民恣得采捕不收其稅丁未詔曰去年秋麥入少恐民食不足其上尤貧不能自給者戶口人數往者郡國上貧民以衣履釜鬵爲貲而豪右得其饒利鬵音尋方言曰甑自關而東謂之鬵貧人旣計釜鬵以爲資財懼於役重多匿實之以避科稅豪富之家乘賤買故得其饒利詔書實覈說文云覈考實事也欲有以益之而長吏不能躬親反更徵召會聚令失農作愁擾百姓若復有犯者二千石先坐甲寅太傅鄧彪薨戊午隴西地震三月戊子詔曰選舉良才爲政之本科別行能必由鄉曲周禮鄉大夫掌其鄉之政教考其德行察其道藝三年而舉賢能者於王而郡國舉吏不加簡擇故先帝明勑在所令試之以職乃得充選漢官儀曰建初八年十二月己未詔書辟士四科一曰德行高妙志節淸白二曰學通行修經中博士三曰明曉法律足以決疑能案章覆問文任御史四曰剛毅多略遭事不惑明足照姦勇足決斷才任三輔令皆存孝悌淸公之行自今以後審四科辟召及刺史二千石察舉茂才尤異孝廉吏務實校試以職有非其人不習曹事正舉者故不以實法也又德行尤異不須經職者別署狀上而宣布以來出入九年二千石曾不承奉恣心從好司隸刺史訖無糾察訖竟也今新蒙赦令且復申勑後有犯者顯明其

罰在位不以選舉爲憂督察不以發覺爲負負亦憂也非獨州郡也是以庶官多非其人下民被姦邪之傷由法不行故也庚寅遣使者分行貧民舉實流宂宂散也流散者舉案其實而給之開倉賑稟三十餘郡夏四月壬子封阜陵王种兄魴爲阜陵王种無嗣故以魴襲也六月丁酉郡國三雨雹東觀記曰大如馬子秋九月辛酉廣宗王萬歲薨無子國除匈奴單于於除鞬叛遣中郎將任尚討滅之壬午令郡縣勸民蓄蔬食以助五穀蓄積也其官有陂池令得采取勿收假稅二歲假猶租賃冬十月辛未太尉尹睦薨漢官儀曰睦字伯師鞏人十一月乙丑太僕張酺爲太尉是歲武陵郡兵破叛蠻降之護羌校尉貫友討燒當羌羌乃遁去南單于安國叛骨都侯喜斬之

六年春正月永昌徼外夷遣使譯獻犀牛大象己卯司徒丁鴻薨二月乙未遣謁者分行稟貸三河兗冀青州貧民許侯馬光自殺東觀記曰光前坐黨附竇憲歸國爲憲客奴所誣告乃自殺丁未司空劉方爲司徒太常張奮爲司空三月庚寅詔流民所過郡國皆實稟之其有販賣者勿出租稅漢循周法商賈有稅流人販賣故矜免之又欲就賤還歸者復一歲田租更賦復音福丙寅詔曰朕以眇末奉承鴻烈陰陽不和水旱違度濟河之域凶饉流亡尚書曰濟河惟兗州言東南據濟西北距河而未獲忠言至謀所以匡救之策寤寐永歎用思孔疚孔甚也疚病也詩云憂心孔疚惟官人不得於上黎民不安於下有司不念寬和而競爲苛刻覆案不急以妨民事不急謂非要甚非所以上當天心下濟元元也思得忠良之士以輔朕之不逮其令三公中二千石二千石內郡守相舉賢良方正能直言極諫之士各一人昭巖穴披幽隱遣詣公車前書音義曰公車署名也公車所在故以名焉漢官儀曰公車令一人秩六百石掌殿門諸上書詣闕下者皆集奏之凡所徵召亦總領之朕將悉聽焉帝乃親臨策問選補郎吏夏四月蜀郡徼外羌率種人遣使內附五月城陽王淑薨無子國除章帝子也六月己酉初令伏閉盡日漢官舊儀曰伏日萬鬼行故盡日閉不干它事秋七月京師旱詔中都官徒各除半刑謫其未竟五月已下皆免遣丁巳幸洛陽寺寺官舍也風俗通云寺嗣也理事之吏嗣續於其中錄囚徒舉冤獄收洛陽令下獄抵罪司隸校尉河南尹皆左降未及還宮而澍雨西域都護班超大破焉耆尉犁斬其王自是西域降服納質者五十餘國南單于安國從弟子逢侯率叛胡亡出塞九月癸丑以光祿勳鄧鴻行車騎將軍事與越騎校尉馮柱行度遼將軍朱徽○劉攽曰案文少一事字使匈奴中郎將杜崇討之冬十一月護烏桓校尉任尚率烏桓鮮卑大破逢侯闕駰十三州志曰護烏桓擁節秩比二千石武帝置以護內附烏桓既而并於匈奴中郎將中興初班彪上言宜復此官以招附東胡乃復更置焉馮柱遣兵追擊復之○劉攽曰案文少一破字詔以渤海郡屬冀州武陵漊中蠻叛郡兵討平之

七年春正月行車騎將軍鄧鴻○劉攽曰案文亦少一事字度遼將軍朱徽中郎將杜崇皆下獄死時南單于安國與崇不相平乃上書告崇崇令斷其章緣此驚叛安國卒見殺帝後知之皆徵下獄夏四月辛亥朔日有食之帝引見公卿問得失令將大夫御史謁者博士議郎郎官會廷中各言封事十三州志曰侍御史周官柱下史秩六百石掌注記言行糾諸不法員十五人出有所案則稱使者焉謁者秦官也員七十人皆選孝廉年未五十曉解儐贊者歲盡拜縣令長史及都官府丞長史博士秦官博通古今秩皆六百石孝武初置五經博士後稍增至十四員取明經一人爲祭酒主領焉議郎郎官皆秦官也宂無所掌秩六百石或四百石○劉攽曰注歲盡拜縣令長史及都官府長史案文多一史字若是王國長史則當并守丞言之明此但是令長耳下文又自有長史也詔曰元首不明化流無良政失於民讁見于天讁責也禮記曰陽事不得讁見于天日爲之食深惟庶事五致在寬是以舊典因孝廉之舉以求其人武帝元光元年董仲舒初開其議詔郡國舉孝廉各一人有司詳選郎官寬博有謀才任典城者三十人任堪也音仁林反既而悉以所選郎出補長相長縣長相侯相也十三州志云縣侯邑則令長爲相秩隨令長本秩五月辛卯改千乘國爲樂安國千乘故城在今淄州高苑縣北樂安故城在今青州博昌縣南六月丙寅沛王定薨秋七月乙巳易陽地裂易陽縣在易水之陽今易州也九月癸卯京師地震

八年春二月己丑立貴人陰氏爲皇后賜天下男子爵人二級三老孝悌力田三級民無名數及流民欲占者一級鰥寡孤獨篤癃貧不能自存者粟人五斛夏四月癸亥樂成王黨薨甲子詔賑貸并州四郡貧民五月河內陳留蝗南匈奴右溫禺犢王叛爲寇秋七月行度遼將軍龐奮○劉攽曰亦少一事字行征西將軍劉尚下亦同越騎校尉馮柱追討之斬右溫禺犢王車師後王叛擊其前王八月辛酉飲酎詔郡國中都官繫囚減死一等詣敦煌戍其犯大逆募下蠶室其女子宮自死罪已下至司寇及亡命者入贖各有差九月京師蝗吏民言事者多歸責有司詔曰蝗蟲之異殆不虛生禮記月令曰孟夏行春令則蝗蟲爲災洪範五行傳曰貪利傷人則蝗蟲損稼萬方有罪在予一人而言事者專咎自下非助我者也朕寤寐恫矜思弭憂釁尚書曰恫矜乃身孔安國注曰恫痛也矜病也言如痛病在身欲除之也矜音古頑反昔楚嚴無災而懼解見明紀成王出郊而反風成王疑周公天乃大風禾則盡偃王乃出郊祭天乃反風起禾事見尚書將何以匡朕不逮以塞災變百僚師尹勉修厥職刺史二千石詳刑辟理宽虐恤鰥寡矜孤弱思惟致災興蝗之咎庚子復置廣陽郡高帝燕國也昭帝元鳳元年爲廣陽郡宣帝本始元年更爲國也冬十月乙丑北海王威有罪自殺北海郡今青州縣十二月辛亥陳王羨薨丁巳南宮宣室殿火

九年春正月永昌徼外蠻夷及撣國重譯奉貢撣音擅東觀記作擅俗本以譚字相類或作譚者誤也說文曰譯傳四夷之語也三月庚辰隴西地震癸巳濟南王康薨西域長史王林擊車師後王斬之夏四月丁卯封樂成王黨子巡爲樂成王六月蝗旱戊辰詔今年秋稼爲蝗蟲所傷皆勿收租更芻稾若有所損失以實除之餘當收租者亦半入其山林饒利陂池漁採以贍元元勿收假稅秋七月蝗蟲飛過京師八月鮮卑寇肥如肥如縣屬遼西郡前書音義曰肥子奔燕燕封於此今平州也遼東太守祭參下獄死東觀記曰鮮卑千餘騎攻肥如城殺略吏人祭參坐沮敗下獄誅閏月辛巳皇太后竇氏崩丙申葬章德皇后燒當羌寇隴西殺長吏遣行征西將軍劉尚越騎校尉趙世等討破之九月庚申司徒劉方策免自殺甲子追尊皇妣梁貴人爲皇太后冬十月乙酉改葬恭懷梁皇后于西陵謚法曰正德美容曰恭執義揚善曰懷東觀記曰改殯承光宮儀比敬園初后葬有闕竇后崩後乃議改葬十一月癸卯光祿勳河南呂蓋爲司徒蓋字君玉宛陵人也十二月丙寅司空張奮罷壬申太僕韓稜爲司空己丑復置若盧獄官前書曰若盧獄屬少府漢舊儀曰主鞫將相大臣也

十年春三月壬戌詔曰隄防溝渠所以順助地理通利壅塞禮記月令曰季春之月修利隄防導達溝瀆開通道路無有障塞今廢慢懈弛不以爲負刺史二千石其隨宜疏導勿因緣妄發以爲煩擾將顯行其罰夏五月京師大水東觀記曰京師大雨南山水流出至東郊壞人廬舍秋七月己巳司空韓稜薨八月丙子太常太山巢堪爲司空堪字次朗太山南城人九月庚戌復置廩犧官漢官儀曰廩犧令一人秩六百石也冬十月五州雨水十二月燒當羌豪迷唐等率種人詣闕貢獻戊寅梁王暢薨

十一年春二月遣使循行郡國稟貸被災害不能自存者令得漁采山林池澤不收假稅丙午詔郡國中都官徒及篤癃老小女徒各除半刑其未竟三月者皆免歸田里夏四月丙寅大赦天下己巳復置右校尉官東觀記曰置在西河鵠澤縣秋七月辛卯詔曰吏民踰僭厚死傷生是以舊令節之制度頃者貴戚近親百僚師尹莫肯率從有司不舉怠放日甚又商賈小民或忘法禁奇巧靡貨流積公行其在位犯者當先舉正市道小民但且申明憲綱勿因科令加虐羸弱

十二年春二月旄牛徼外白狼貗薄夷率種人內屬闕駰十三州志曰旄牛縣屬蜀郡前書日旄牛所出歲貢其尾以爲節旄詔貸被災諸郡民種糧賜下貧鰥寡孤獨不能自存者及郡國流民聽入陂池漁采以助蔬食三月丙申詔曰比年不登百姓虛匱匱乏也京師去冬無宿雪以其經冬故言宿也今春無澍雨黎民流離困於道路朕痛心疾首靡知所濟瞻仰昊天何辜今人詩大雅周宣王遇旱之詩言令人何罪而天令饑饉乎三公朕之腹心而未獲承天安民之策數詔有司務擇良吏今猶不改競爲苛暴侵愁小民以求虛名委任下吏假埶行邪是以令下而姦生禁至而詐起董仲舒曰法出而姦生令下而詐起巧法析律飾文增辭禮記王制曰析言破律也貨行於言罪成乎手朕甚病焉公卿不思助明好惡將何以救其咎罰咎罰既至復令災及小民若上下同心庶或有瘳其賜天下男子爵人二級三老孝悌力田三級民無名數及流民欲占者人一級鰥寡孤獨篤癃貧不能自存者粟人三斛壬子賜博士員弟子在太學者布人三匹武帝時置博士弟子太常擇人年十八以上儀狀端正者補焉昭帝增員滿百人宣帝倍之元帝更設員千人成帝更增員三千人夏四月日南象林蠻夷反象林縣屬日南郡今驩州郡兵討破之閏月賑貸敦煌張掖五原民下貧者穀戊辰秭歸山崩秭歸縣屬南郡古之夔國今歸州也袁山松曰屈原此縣人既被流放忽然暫歸其姊亦來因名其地爲秭歸秭亦姊也東觀記曰秭歸山高四百餘丈崩塡溪水壓殺百餘人六月舞陽大水賜被水災尤貧者穀人三斛秋七月辛亥朔日有食之九月戊午太尉張酺免丙寅大司農張禹爲太尉冬十一月西域蒙奇兜勒二國遣使內附賜其王金印紫綬是歲燒當羌復叛

十三年春正月丁丑帝幸東觀覽書林閱篇籍博選術藝之士以充其官三月任城王尚薨丙午賑貸張掖居延朔方日南貧民及孤寡羸弱不能自存者秋八月詔象林民失農桑業者賑貸種糧稟賜下貧穀食己亥北宮盛饌門閣火護羌校尉周鮪擊燒當羌破之荊州雨水九月壬子詔曰荊州比歲不節今茲淫水爲害淮南子曰女媧積蘆灰以止淫水高誘注云平地出水爲淫水餘雖頗登而多不均浹深惟四民農食之本慘然懷矜其令天下半入今年田租芻稾有宜以實除者如故事貧民假種食皆勿收責冬十一月安息國遣使獻師子及條枝大爵西域傳曰安息國居和櫝城去洛陽二萬五千里條枝國臨西海出師子大雀郭義恭廣志曰大爵頸及身膺蹄都似橐駝舉頭高八九尺張翅丈餘食大麥其卵如甕即今之駝鳥也丙辰詔曰幽并涼州戶口率少邊役衆劇束修良吏進仕路狹撫接夷狄以人爲本其令緣邊郡口十萬以上歲舉孝廉一人不滿十萬二歲舉一人五萬以下三歲舉一人鮮卑寇右北平遂入漁陽漁陽太守擊破之戊辰司徒呂蓋罷十二月丁丑光祿勳魯恭爲司徒辛卯巫蠻叛寇南郡巫縣屬南郡故城在今夔州巫山縣也

十四年春二月乙卯東海王政薨繕修故西海郡平帝時金城塞外羌獻地以爲西海郡也光武建武中省金城入隴西郡至是復繕修之金城郡今蘭州縣也徙金城西部都尉以戍之三月戊辰臨辟雍饗射大赦天下夏四月遣使者督荊州兵討巫蠻破降之庚辰賑貸張掖居延敦煌五原漢陽會稽流民下貧穀各有差五月

丁未初置象林將兵長史官（續漢志曰將兵長史居在日南郡又有將兵司馬去雒陽九千六百三十里）六月辛卯廢皇后陰氏后父特進綱自殺秋七月甲寅詔復象林縣更賦田租芻稾二歲壬子常山王側薨是秋三州雨水冬十月甲申詔兗豫荊州今年水雨淫過多傷農功其令被害什四以上皆半入田租芻稾其不滿者以實除之辛卯立貴人鄧氏爲皇后丁酉司空巢堪罷十一月癸卯大司農徐防爲司空是歲初復郡國上計補郎官（上計令計吏也前書音義曰舊制使郡丞奉歲計武帝元朔中令郡國舉孝廉各一人與計偕拜爲郎中中廢今復之）

十五年春閏月乙未詔流民欲還歸本而無糧食者過所實稟之疾病加致醫藥其不欲還歸者勿强二月詔稟貸潁川汝南陳留江夏梁國敦煌貧民（前書音義曰陳留本鄭邑後爲陳所并故曰陳留今汴州縣也江夏郡高帝置沔水自江別至南郡華容爲夏水過郡入江故曰江夏）夏四月甲子晦日有食之五月戊寅南陽大風六月詔令百姓鰥寡漁采陂池勿收假稅二歲秋七月丙寅濟南王錯薨（錯音七故反）復置涿郡故鹽鐵官（續漢書曰其郡縣有鹽官鐵官者隨事廣狹置令長及丞秩次皆如縣也）九月壬午南巡狩清河王慶濟北王壽河間王開並從賜所過二千石長吏以下三老官屬及民百年者錢布各有差是秋四州雨水冬十月戊申幸章陵祠舊宅癸丑祠園廟會宗室於舊廬勞賜作樂戊午進幸雲夢臨漢水而還（雲夢今安州縣也即在雲夢澤中）十一月甲申車駕還宮賜從臣及留者公卿以下錢布各有差十二月庚子琅邪王宇薨有司奏以爲夏至則微陰起靡草死可以決小事（禮記月令曰孟夏之月靡草死麥秋至斷薄刑決小罪鄭玄注云靡草薺亭歷之屬臣賢案五月一陰爻生可以言微陰今月令云孟夏乃是純陽之月此言夏至者與月令不同）是歲初令郡國以日北至案薄刑

十六年春正月己卯詔貧民有田業而以匱乏不能自農者貸種糧二月己未詔兗豫徐冀四州比年雨多傷稼禁沽酒夏四月遣三府掾分行四州貧民無以耕者爲雇犂牛直五月壬午趙王商薨秋七月旱戊午詔曰今秋稼方穗而旱雲雨不霑疑吏行慘刻不宜恩澤妄拘無罪幽閉良善所致其一切囚徒於法疑者勿決以奉秋令（禮記月令曰孟秋之月命有司修法制繕囹圄具桎梏斷薄刑決小罪）方察煩苛之吏顯明其罰辛酉司徒魯恭免庚午光祿勳張酺爲司徒辛巳詔令天下皆半入今年田租芻稾其被災害者以實除之貧民受貸種糧及田租芻稾皆勿收責八月己酉司徒張酺薨十月辛卯司空徐防爲司徒大鴻臚陳寵爲司空十一月己丑行幸緱氏登百岯山（即柏岯山也在洛州緱氏縣南爾雅云山一成曰岯東觀記作岯兹音平鵲反流俗本或作柸者誤也）賜百官從臣布各有差北匈奴遣使稱臣貢獻十二月復置遼東西部都尉官（西部都尉安帝時以爲屬國都尉在遼東郡昌黎城也）

元興元年春正月戊午引三署郎召見禁中（漢官儀三署謂五官署也左右署也各置中郎將以司之郡國舉孝廉以補三署郎年五十以上屬五官其次分在左右署凡有中郎議郎侍郎郎中四等無員禁中者門戶有禁非侍御者不得入故謂禁中）選除七十五人補謁者長相高句驪寇郡界夏四月庚午大赦天下改元元興宗室以罪絕者悉復屬籍五月癸酉雍地裂（東觀記曰右扶風雍地裂流俗本雍下有州者誤也）秋九月遼東太守耿夔擊貊人破之冬十二月辛未帝崩于章德前殿年二十七立皇子隆爲皇太子賜天下男子爵人二級三老孝悌力田人三級民無名數及流民欲占者人一級鰥寡孤獨篤癃貧不能自存者粟人三斛自竇憲誅後帝躬親萬機每有災異輒延問公卿極言得失前後符瑞八十一所自稱德薄皆抑而不宣舊南海獻龍眼荔支十里一置五里一候（南海郡秦置今廣州縣也廣雅曰益智龍眼也交州記曰龍眼樹高五六丈似荔支而小廣州記曰子似荔支而圓七月熟荔支樹高五六丈大如桂樹實如雞子甘而多汁似安石榴有甜酢者至日禺中翕然俱赤即可食置謂驛也）奔騰阻險死者繼路時臨武長汝南唐羌縣接南海（臨武縣屬桂陽郡今郴州縣也）乃上書陳狀帝下詔曰遠國珍羞本以薦奉宗廟苟有傷害豈愛民之本其勑太官勿復受獻由是遂省焉（謝承書曰唐羌字伯游辟公府補臨武長縣接交州舊獻龍眼荔支及生鮮獻之驛馬晝夜傳送之至有遭虎狼毒害頓仆死亡不絕道經臨武羌乃上書諫曰臣聞上不以滋味爲德下不以貢膳爲功故天子食太牢爲尊不以果實爲珍伏見交阯七郡獻生龍眼等鳥驚風發南州土地惡蟲猛獸不絕於路至於觸犯死亡之害死者不可復生來者猶可救也此二物升殿未必延年益壽帝從之章報羌即棄官還家不應徵召著唐子三十餘篇）

論曰自中興以後逮於永元雖頗有弛張而俱存不擾是以齊民歲增闢土世廣偏師出塞則漠北地空都護西指則通譯四萬（西域傳曰班超定西域五十餘國皆降服西至海瀕四萬里皆重譯貢獻）豈其道遠三代術長前世將服叛去來自有數也

孝殤皇帝諱隆（諡法曰短折不成曰殤古今注曰隆之字曰盛）和帝少子也元興元年十二月辛未夜即皇帝位時誕育百餘日（誕大也詩大雅誕彌厥月先生如達鄭玄注云大矣后稷之在其母懷也終人道十月而生詩又云載生載育育長也達音它末反）尊皇后曰皇太后太后臨朝（儀見皇后紀）北匈奴遣使稱臣詣敦煌奉獻

延平元年春正月辛卯太尉張禹爲太傅司徒徐防爲太尉參錄尚書事百官總己以聽封皇兄勝爲平原王癸卯光祿勳梁鮪爲司徒（漢官儀曰鮪字伯元河東平陽人也）三月甲申葬孝和皇帝于慎陵（在洛陽東南三十里俗本作順者誤）尊廟曰穆宗丙戌清河王慶濟北王壽河間王開常山王章始就國夏四月庚申詔罷祀官不在祀典者（東觀記曰鄧太后雅性不好淫祀）鮮卑寇漁陽漁陽太守張顯追擊戰歿丙寅以虎賁中郎將鄧騭爲車騎將軍司空陳寵薨五月辛卯皇太后詔曰皇帝幼冲承統鴻業朕且權禮佐助聽政兢兢寅畏（寅敬也）不知所濟深惟至治之本道化在前刑罰在後將稽中和廣施慶惠與吏民更始其大赦天下自建武以來諸犯禁錮詔書雖解有司持重多不奉行其皆復爲平民壬辰河東垣山崩（垣縣今絳州縣也古今注曰山崩長七丈廣四丈）六月丁未太常尹勤爲司空郡國三十七雨水己未詔曰自夏以來陰雨過節煗氣不效（效猶驗也）將有厥咎寤寐憂惶未知所由昔夏后惡衣服菲飲食孔子曰吾無間然（菲薄也閒非也）今新遭大憂且歲節未和徹膳損服庶有補焉其減太官導官尚方內署諸服御珍膳靡麗難成之物（太官令周官也秩千石典天子膳御導官掌擇御米尚方掌作御刀劍諸器物內署掌內府衣物秩皆六百石並見續漢書）丁卯詔司徒大司農長樂少府曰朕以無德佐助統政夙夜經營懼失厥衷思惟治道由近及遠先內後外自建武之初以至於今八十餘年宮人歲增房御彌廣又宗室坐事沒入者猶託名公族甚可愍焉今悉免遣及掖庭宮人皆爲庶民以抒幽隔鬱滯之情（抒猶舒也抒音食汝反）諸官府郡國王侯家奴婢姓劉及疲癃羸老皆上其名務令實悉秋七月庚寅勑司隸校尉部刺史（秦有監御史監諸郡漢興省之但遣丞相史分刺諸州無有常官孝武帝初置刺史十三人秩六百石成帝更爲牧秩二千石建武十八年復爲刺史十二人各主一州其一州屬司隸校尉諸州常以八月巡行所部郡國錄囚徒考殿最初歲盡詣京都奏事中興但因計吏見續漢書）曰夫天降災戾應政而至間者郡國或有水災妨害秋稼朝廷惟咎憂惶悼懼而郡國欲獲豐穰虛飾之譽遂覆蔽災害多張墾田不揣流亡（揣音初委反）競增戶口掩匿盜賊令姦惡無懲署用非次選舉乖宜貪苛慘毒延及平民（平民謂善人也書曰延及于平人）刺史垂頭塞耳阿私下比不畏于天不愧于人（詩小雅也）假貸之恩不可數恃自今以後將糾其罰二千石長吏其各實覈所傷害爲除田租芻稾八月辛亥帝崩癸丑殯于崇德前殿年二歲

贊曰孝和沈烈率由前則王赫自中賜命彊慝（慝惡也謂誅竇憲等）抑沒祥符登顯時德（謂用鄧彪等委政也）殤世何早平原弗克（平原王勝以痼疾不得立也左傳曰弗克負荷）

劉攽曰紀書孝和葬慎陵章懷注云俗本作順陵者誤臣攽案皇后紀和熹皇后紀合葬順陵以爲皇后紀誤而靈帝父孝仁皇稱慎陵世數不遠陵名必不相襲參校前後孝和實葬順陵言慎乃更爲誤耳疑此亦非章懷之失蓋傳寫誤以順爲慎亦因以慎爲順耳

後漢書卷四考證

和帝紀追至河渠北鞮海○何焯云竇憲傳及通鑑皆作私渠比鞮海

屬國都尉官注典屬國武帝置哀帝省并大鴻臚故今復置之○何焯曰光武紀建武六年罷郡國都尉官故屬國都尉亦罷此復置之與典屬國無與

復置涿郡故鹽鐵官○何焯曰按涿郡故安縣有鐵官無鹽官則此鹽字乃安字之訛

殤帝紀朕且權禮○禮字疑有誤宋本無禮字亦不成句姑仍監本

後漢書卷五

宋　宣城太守范　曄撰

唐　章懷太子　賢注

安帝紀第五

恭宗孝安皇帝諱祜（諡法曰寬容和平曰安伏侯古今注曰祜之字曰福）肅宗孫也父清河孝王慶母左姬帝自在邸第（倉頡篇曰邸舍也說文云屬國之舍也前書音義曰第有甲乙之次第故曰第也）數有神光照室又有赤蛇盤於牀第之間年十歲好學史書（史書者周宣王太史籀所作之書也凡五十五篇可以教童幼）和帝常稱之殤帝延平元年慶始就國鄧太后特詔留帝於清河邸八月殤帝崩太后與兄車騎將軍鄧騭定策禁中其夜使騭持節以王青蓋車迎帝齋于殿中（續漢志曰皇太子皇子皆安車朱班輪青蓋金華蚤皇子爲王錫以乘之故曰王青蓋車）皇太后御崇德殿百官皆吉服（洛陽南宮有崇德殿不可以凶事臨朝故吉服也）羣臣陪位引拜帝爲長安侯（不即立爲天子而封侯者不欲從微即登皇位）皇太后詔曰先帝聖德淑茂早棄天下朕奉皇帝夙夜瞻仰日月冀望成就豈意卒然顚沛天年不遂悲痛斷心朕惟平原王素被痼疾念宗廟之重思繼嗣之統唯長安侯祜質性忠孝小心翼翼（翼翼恭敬也詩大雅曰惟此文王小心翼翼）能通詩論篤學樂古仁惠愛下年已十三有成人之志親德係後莫宜於祜（係即繼也）禮昆弟之子猶己子（禮記檀弓之文）春秋之義爲人後者爲之子不以父命辭王父命（爲人後者謂出繼於人也王父謂祖也穀梁傳曰衞靈公廢太子蒯聵立孫輒不受父之命而受王父命）其以祜爲孝和皇帝嗣奉承祖宗案禮儀奏又作策命曰惟延平元年秋八月癸丑皇太后曰咨長安侯祜孝和皇帝懿德巍巍光于四海大行皇帝不永天年（前書音義曰禮有大行人小行人主謚官也韋昭云大行者不反之辭也天子崩未有謚故稱大行也穀梁傳曰大行受大名小行受小名風俗通曰天子新崩未有謚故且稱大行皇帝義兩通）朕惟侯孝章帝世嫡皇孫謙恭慈順在孺而勤（孺幼也或作在孺丕勤）宜奉郊廟承統大業今以侯嗣孝和皇帝後其審君漢國允執其中一人有慶萬民賴之皇帝其勉之哉讀策畢太尉奉上璽綬

卽皇帝位年十三太后猶臨朝公羊傳曰猶者可止之辭也九月庚子謁高廟辛丑謁光武廟六州大水己未遣謁者分行虛實舉災害賑乏絕丙寅葬孝殤皇帝于康陵陵在愼陵塋中庚地高五丈五尺周二百八步乙酉隕石于陳留西域諸國叛攻都護任尚遣副校尉梁慬救尚擊破之慬音勤冬十月四州大水雨雹詔以宿麥不下宿舊也麥必經年而熟故稱宿賑賜貧人十二月甲子清河王薨使司空持節弔祭車騎將軍鄧騭護喪事乙酉罷魚龍曼延百戲漢官典職曰作九賓樂舍利之獸從西方來戲於庭極入前殿激水化成比目魚嗽水作霧化成黃龍長八丈出水遨戲於庭炫燿日光曼延者獸名也張衡西京賦所云巨獸百尋是爲曼延音以戰反

永初元年春正月癸酉朔大赦天下蜀郡徼外羌內屬東觀記曰徼外羌龍橋等六種慕義降附戊寅分犍爲南部爲屬國都尉稟司隸兗豫徐冀并州貧民司隸領河南河內河東弘農都於洛陽魏末因爲司州假與貧民丁卯分清河國封帝弟常保爲廣川王廣川縣屬信都國故城在今冀州棗強縣東北二月丙午以廣成游獵地廣成苑名在汝州西及被災郡國公田庚午司徒梁鮪薨三月癸酉日有食之詔公卿內外衆官郡國守相舉賢良方正有道術之士明政術達古今能直言極諫者各一人己卯永昌徼外僬僥種夷貢獻內屬甲申葬清河孝王贈龍旗虎賁夏五月甲戌長樂衞尉魯恭爲司徒前書曰衞尉秦官掌宮門衞屯兵也長樂建章甘泉宮皆隨所掌以爲官名秩中二千石也丁丑詔封北海王睦孫壽光侯普爲北海王九眞徼外夜郎蠻夷舉土內屬九眞郡名今愛州縣六月戊申爵皇太后母陰氏爲新野君丁巳河東地陷壬戌罷西域都護先零種羌叛斷隴道大爲寇掠遣車騎將軍鄧騭征西校尉任尚討之丁卯赦除諸羌相連結謀叛逆者罪秋九月庚午詔三公明申舊令禁奢侈無作浮巧之物殫財厚葬是日太尉徐防免以災異屢見也辛未司空尹勤免以水雨漂流也癸酉調揚州五郡租米五郡謂九江丹陽廬江吳郡豫章也揚州領六郡會稽最遠蓋不調也贍給東郡濟陰陳留梁國下邳山陽丁丑詔曰自今長吏被考竟未報考謂考問其狀也報謂斷決也自非父母喪無故輒去職者劇縣十歲平縣五歲以上乃得次用壬午詔太僕少府減黃門鼓吹以補羽林士漢官儀曰黃門鼓吹百四十五人羽林左監主羽林八百人右監主九百人廄馬非乘輿常所御者皆減半食乘輿天子所乘車輿也不敢斥言尊者故稱乘輿見蔡邕獨斷諸所造作非供宗廟園陵之用皆且止丙戌詔死罪以下及亡命贖各有差庚寅太傅張禹爲太尉太常周章爲司空漢官儀曰章字次叔荊州隨縣人也冬十月倭國遣使奉獻倭國去洛陽萬二千里男子黥面文身以其文左右大小別尊卑之差見本傳辛酉新城山泉水大出東觀記曰突壞人田水深三丈十一月丁亥司空周章密謀廢立策免自殺戊子勑司隸校尉冀并二州刺史民訛言相驚棄捐舊居老弱相攜窮困道路其各勑所部長吏躬親曉諭若欲歸本郡在所爲封長檄不欲勿強封謂印封之也長檄猶今長牒也欲歸者皆給以長牒爲驗彊音其兩反十二月乙卯潁川太守張敏爲司空是歲郡國十八地震四十一雨水或山水暴至二十八大風雨雹

二年春正月稟河南下邳東萊河內貧民古今注曰時州郡大饑米石二千人相食老弱相棄道路車騎大將軍鄧騭爲種羌所敗於冀西續漢書曰種羌九千餘戶在隴西臨洮谷冀縣屬天水郡也○劉攽曰正文案官無車騎大將軍者明大字衍騭後乃爲大將軍耳二月乙丑遣光祿大夫樊準呂倉分行冀兗二州稟貸流民夏四月甲寅漢陽城中火燒殺三千五百七十人五月旱丙寅皇太后幸洛陽寺及若盧獄錄囚徒賜河南尹廷尉卿及官屬以下各有差卽日降雨六月京師及郡國四十大水大風雨雹東觀記曰雹大如芋魁雞子風拔樹發屋秋七月戊辰詔曰昔在帝王承天理民莫不據璇璣玉衡以齊七政孔安國尚書注曰璇美玉也以璇爲璣以玉爲衡二者正天文之器也七政日月五星各異其政卽今之渾儀朕以不德遵奉大業而陰陽差越變異並見萬民饑流羌貊叛戾夙夜克己憂心京京詩小雅曰憂心京京爾雅曰京京憂也間令公卿郡國舉賢良方正遠求博選開不諱之路冀得至謀以鑒不逮而所對皆循尚浮言無卓爾異聞卓爾高遠之貌也論語曰如有所立卓爾其百僚及郡國吏人○劉攽曰案此不成文理當有一令字有道術明習災異陰陽之度璇璣之數者各使指變以聞二千石長吏明以詔書博衍幽隱衍猶引也朕將親覽待以不次冀獲嘉謀以承天誡閏月辛丑廣川王常保薨無子國除癸未蜀郡徼外羌舉土內屬東觀記曰徼外羌薄申等八種舉衆降九月庚子詔王主官屬墨綬下至郞謁者續漢書曰王國有中大夫秩比六百石謁者比四百石郞中二百石○劉攽曰正文二漢諸侯王未嘗有主稱蓋是國字前書多言王國此注中亦有王國文主字作國無疑也或謂主指公主案公主但有家令無郞謁者又此詔文但言國相名其非公主明矣或者傳寫見後有王主之文遂誤於此其經明任博士居鄉里有廉清孝順之稱才任理人者國相歲移名與計偕上尚書公府通調令得外補移書也調選也冬十月庚寅稟濟陰山陽玄菟貧民征西校尉任尚與先零羌戰于平襄尚軍敗績平襄縣屬天水郡故襄戎邑也十一月辛酉拜鄧騭爲大將軍徵還京師留任尚屯隴右先零羌滇零稱天子於北地滇零羌名滇音丁田反遂寇三輔東犯趙魏南入益州殺漢中太守董炳十二月辛卯稟東郡鉅鹿廣陽安定定襄沛國貧民廣漢塞外參狼羌降分廣漢北部爲屬國都尉是歲郡國十二地震

三年春正月庚子皇帝加元服元服謂加冠也士冠禮曰令月吉辰加爾元服鄭玄云元首也大赦天下賜王主貴人公卿以下金帛各有差男子爲父後及三老孝悌力田爵人二級流民欲占者人一級遣騎都尉任仁討先零羌不利羌遂破沒臨洮縣名屬隴西郡高句驪遣使貢獻三月京師大饑民相食壬辰公卿詣闕謝詔曰朕以幼沖奉承鴻業不能宣流風化而感逆陰陽至令百姓饑荒更相噉食永懷悼歎若墜淵水咎在朕躬非羣司之責而過自貶引重朝廷之不德貶謂貶損引過也重音直用反其務思變復以助不逮癸巳詔以鴻池假與貧民續漢書曰鴻池在洛陽東二十里假借也令得漁采其中壬寅司徒魯恭免夏四月丙寅大鴻臚九江夏勤爲司徒勤字伯宗壽春人也三公以國用不足奏令吏人入錢穀得爲關內侯虎賁羽林郎五大夫官府吏緹騎營士各有差續漢志曰執金吾緹騎二百人緹赤黃色營士謂五校營士也漢官儀曰屯騎越騎步兵射聲各領士七百人長水領士千三百六十七人也己巳詔上林廣城苑可墾闢者賦與貧民甲申清河王虎威薨五月丙申封樂安王寵子延平爲清河王丁酉沛王正薨癸丑京師大風六月烏桓寇代郡上谷涿郡秋七月海賊張伯路等寇略緣海九郡遣侍御史龐雄督州郡兵討破之庚子詔長吏案行在所皆令種宿麥蔬食務盡地力其貧者給種餉九月鴈門烏桓及鮮卑叛敗五原郡兵於高渠谷東觀記曰戰九原高梁谷渠梁相類必有誤也冬十月南單于叛圍中郎將耿种於美稷十一月遣行車騎將軍何熙討之○劉攽曰案文少一事字十二月辛酉郡國九地震乙亥有星孛于天苑天苑星名是歲京師及郡國四十一雨水雹續漢書曰雹大如鴈子也并涼二州大饑人相食

四年春正月元日會徹樂不陳充庭車每大朝會必陳乘輿法物車輦於庭故曰充庭車也以年饑故不陳辛卯詔以三輔比遭寇亂人庶流冗除三年逋租過更口算芻稾前書音義曰天下人皆直戍邊三日不可人人自行者自戍三日不可往便住一歲諸不行者出錢三百入官官以給戍者言過其本更之日故曰過更又曰人年十五至五十六出賦錢人百二十爲一算也稟上郡貧民各有差海賊張伯路復與勃海平原劇賊劉文河周文光等攻厭次殺縣令遣御史中丞王宗督青州刺史法雄討破之度遼將軍梁慬遼東太守耿夔討破南單于於屬國故城丙午詔減百官及州郡縣奉各有差二月丁巳稟九江貧民南匈奴寇常山乙丑初置長安雍二營都尉官漢官儀曰京兆虎牙扶風都尉以涼州近羌數犯三輔將兵衞護園陵扶風都尉居雍縣故俗人稱雍營焉西羌傳云虎牙都尉居長安乙亥詔自建初以來諸祆言它過坐徙邊者各歸本郡其沒入官爲奴婢者免爲庶人詔謁者劉珍及五經博士校定東觀五經諸子傳記百家蓺術整齊脫誤是正文字洛陽宮殿名曰南宮有東觀前書曰凡諸子百八十九家言百家舉全數也三月南單于降先零羌寇褒中褒中縣名屬漢中郡今梁州褒城縣漢中太守鄭勤戰歿徙金城郡都襄武襄武縣名屬隴西郡今渭州郡戊子杜陵園火癸巳郡國九地震夏四月六州蝗東觀記曰司隸豫兗徐青冀六州丁丑大赦天下秋七月乙酉三郡大水己卯騎都尉任仁下獄死九月甲申益州郡地震冬十月甲戌新野君陰氏薨東觀記曰新野君薨贈以玄玉赤紱賻錢三千萬布三萬匹使司空持節護喪事大將軍鄧騭罷

五年春正月庚辰朔日有食之丙戌郡國十二地震己丑太尉張禹免甲申光祿勳李脩爲太尉漢官儀曰脩字伯游潁川襄城人也二月丁卯詔省減郡國貢獻太官口食先零羌寇河東遂至河內三月詔隴西徙襄武安定徙美陽安定郡今涇州也美陽縣故城在今武功縣北北地徙池陽北地郡今寧州也池陽縣故城在今涇陽縣北也上郡徙衙上郡今綏州也衙縣故城在同州白水縣東北左傳曰秦晉戰于彭衙卽此也夫餘夷犯塞殺傷吏人閏月丁酉赦涼州河西四郡戊戌詔曰朕以不德奉郊廟承大業不能興和降善爲人所福災異蜂起寇賊縱橫夷狄猾夏猾亂也夏華夏也戎事不息百姓匱乏疲於徵發重以蝗蟲滋生害及成麥秋稼方收甚可悼也朕以不明統理失中亦未獲忠良以毗闕政傳曰顚而不扶危而不持則將焉用彼相矣公卿大夫將何以匡救濟斯艱厄承天誡哉蓋爲政之本莫若得人褒賢顯善聖制所先濟濟多士文王以寧詩大雅之詞也思得忠良正直之臣以輔不逮其令三公特進侯中二千石二千石郡守諸侯相舉賢良方正有道術達於政化能直言極諫之士各一人及至孝與衆卓異者并遣詣公車朕將親覽焉六月甲辰樂成王巡薨秋七月己巳詔三公特進九卿校尉九卿太常光祿衞尉太僕鴻臚廷尉少府宗正司農校尉謂城門屯騎越騎步兵胡騎長水等○劉攽曰注胡騎字誤當作射聲上三年注中甚明說又在後舉列將子孫明曉戰陣任將帥者九月漢陽人杜琦王信叛東觀記曰琦自稱安漢將軍與先零諸種羌攻陷上邽城十二月漢陽太守趙博遣客刺殺杜琦東觀記曰漢陽故吏杜習手刺殺之是歲九州蝗郡國八雨水

六年春正月庚申詔越巂置長利高望始昌三苑又令益州郡置萬歲苑犍爲置漢平苑犍爲郡名前書音義曰故夜郎國也故城在今眉州隆山縣西北也三月十州蝗夏四月乙丑司空張敏罷己卯大常劉愷爲司空五月旱丙寅詔令中二千石下至黃綬一切復秩還贖賜爵各有差戊辰皇太后幸雒陽寺錄囚徒理冤獄六月壬辰豫章員谿原山崩員谿閥也辛巳大赦天下遣侍御史唐喜討漢陽賊王信破斬之續漢書曰傳首詣洛陽梟於城門外冬十一月辛丑護烏桓校尉吳祉下獄死是歲先零羌滇零死子零昌復襲僞號

七年春正月庚戌皇太后率大臣命婦謁宗廟喪服傳曰命夫者其男子之爲大夫也命婦者其大夫之妻也臣賢案東觀續漢袁山松謝沈書古今注皆云六年正月甲寅謁宗廟此云七年庚戌疑紀誤也二月丙午郡國十八地震夏四月乙

未平原王勝薨丙申晦日有食之五月庚子京師大雩左傳曰龍見而雩杜預注云謂建巳之月龍星角亢見東方雩遠也遠爲百穀求膏雨周禮司巫職曰若國大旱則帥巫而舞雩鄭玄注云雩吁也嗟而求雨秋護羌校尉侯霸騎都尉馬賢破先零羌八月丙寅京師大風蝗蟲飛過洛陽詔賜民爵郡國被蝗傷稼十五以上勿收今年田租不滿者以實除之九月調零陵桂陽丹陽豫章會稽租米零陵郡名今永州縣丹陽郡名今潤州江寧縣餘並見上賑給南陽廣陵下邳彭城山陽廬江九江飢民又調濱水縣穀輸敖倉詩曰搏狩于敖鄭此也秦於此築太倉亦曰敖庾在今鄭州滎陽縣西北東觀記曰濱水縣彭城廣陽廬江九江穀九十萬斛送敖倉

元初元年春正月甲子改元元初賜民爵人二級孝悌力田人三級爵過公乘得移與子若同產同產子民脫無名數及流民欲占者人一級鰥寡孤獨篤癃貧不能自存者穀人三斛貞婦帛人一匹二月己卯日南地坼東觀記曰坼長百八十二里廣五十六里三月癸酉日有食之夏四月丁酉大赦天下京師及郡國五旱蝗詔三公特進列侯中二千石二千石郡守舉敦厚質直者各一人五月先零羌寇雍城六月丁巳河東地陷秋七月蜀郡夷寇蠶陵殺縣令蠶陵縣屬蜀郡故城在今翼州翼水縣西有蠶陵山因以爲名焉九月乙丑太尉李脩罷先陵羌寇武都漢中絶隴道辛未大司農山陽司馬苞爲太尉謝承書曰苞字仲成東郡人也冬十月戊子朔日有食之先零羌敗涼州刺史皮陽於狄道乙卯詔除三輔三歲田租更賦口算解見光武紀也十一月是歲郡國十五地震

二年春正月詔稟三輔及并涼六郡流冗貧人蜀郡青衣道夷奉獻內屬青衣道縣名在大江青衣二水之會今嘉州龍遊縣也東觀記曰青衣蠻夷唐律等歸義脩理西門豹所分漳水爲支渠以溉民田史記曰西門豹爲鄴令發人鑿十二渠引水溉田所鑿之渠在今相州鄴縣西也二月戊戌遣中謁者收葬京師客死無家屬及棺槨朽敗者皆爲設祭其有家屬尤貧無以葬者賜錢人五千辛酉詔三輔河內河東上黨趙國太原各修理舊渠通利水道以溉公私田疇前書音義曰美田曰疇三月癸亥京師大風先零羌寇益州遣中郎將尹就討之夏四月丙午立貴人閻氏爲皇后五月京師旱河南及郡國十九蝗甲戌詔曰朝廷不明庶事失中災異不息憂心惶懼被蝗以來七年于茲而州郡隱匿裁言頃畝裁與纔同古字通今羣飛蔽天爲害廣遠所言所見寧相副邪三司之職內外是監既不奏聞又無舉正天災至重欺罔爲大今方盛夏且復假貸以觀厥後假貸猶寬容也盛夏不可即加刑罰故且寬容其務消救災眚安輯黎元六月丙戌太尉司馬苞薨謝承書曰苞爲太尉常食蠱飯著布衣妻子不歷官舍會司徒楊震爲災異等所譴遣及苞乞骸骨未見聽以疾薨也洛陽新城地裂秋七月辛巳太僕太山馬英爲太尉英字文思兗州蓋縣人也八月遼東鮮卑圍無慮縣屬遼東郡慮音閭有醫無閭山因以爲名焉九月又攻夫犂營殺縣令夫犂縣名屬遼東屬國壬午晦日有食之冬十月遣中郎將任尚屯三輔詔郡國中都官繫囚減死一等勿笞詣馮翊扶風屯妻子自隨占著所在女子勿輸不輸作也亡命死辠以下贖各有差其吏人聚爲盜賊有悔者除其罪乙未右扶風仲光安定太守杜恢京兆虎牙都尉耿溥與先零羌戰於丁奚城東觀記曰至北地靈州丁奚城也光等大敗並沒左馮翊司馬鈞下獄自殺東觀記曰安定太守杜恢與鈞等并威擊羌恢乘勝深入爲虜所害鈞擁兵不救收鈞下獄也十一月庚申郡國十地震十二月武陵澧中蠻叛州郡擊破之東觀記曰蠻田山高少等攻城殺長吏州郡募五里蠻夷六亭兵追擊山等皆降賜五里六亭渠率金帛各有差己酉司徒夏勤罷庚戌司空劉愷爲司徒光祿勳袁敞爲司空

三年春正月甲戌修理太原舊溝渠溉灌官私田酈元注水經注曰晉智伯過晉水以灌晉陽後人踵其遺跡蓄以爲沼分爲二派北瀆即智氏故渠也其瀆乘高東北注入晉陽城以溉灌東南出城注於汾水今所修溝渠即謂此東平陸上言木連理東平陸縣名古厥國也屬東平國今兗州平陸縣也庠例曰凡瑞應自和帝以上政事多美近於有實故書見於某處自安帝以下王道衰缺容或虛飾故書某處上言也蒼梧鬱林合浦蠻夷反叛蒼梧郡今梧州縣也合浦郡今廉州縣也二月遣侍御史任逴督州郡兵討之逴音丁角反郡國十地震三月辛亥日有食之丙辰赦蒼梧鬱林合浦南海吏人爲賊所迫者夏四月京師旱五月武陵蠻復叛州郡討破之癸酉度遼將軍鄧遵率南匈奴擊先零羌於靈州破之靈州縣名屬北地郡故城在今慶州烏領縣西北越嶲徼外夷舉種內屬六月中郎將任尚遣兵擊破先零羌於丁奚城秋七月武陵蠻復叛州郡討平之緱氏地坼九月辛巳趙王宏薨冬十一月蒼梧鬱林合浦蠻夷降丙戌初聽大臣二千石刺史行三年喪文帝遺詔以日易月於後大臣遂以爲常至此復遵古制也癸卯郡國九地震十二月丁巳任尚遣兵擊破先零羌於北地

四年春二月乙巳朔日有食之乙卯大赦天下壬戌武庫災夏四月戊申司空袁敞薨己巳鮮卑寇遼西遼西郡兵與烏桓擊破之遼西郡故城在今平州東陽樂城是五月丁丑太常李郃爲司空六月戊辰三郡雨雹秋七月辛丑陳王鈞薨京師及郡國十雨水詔曰今年秋稼茂好垂可收穫而連雨未霽霽雨止也懼必淹傷夕惕惟憂思念厥咎夫霖雨者人怨之所致左傳曰凡雨三日以上爲霖京房別對災異曰人勞怨苦雨水絕道其武吏以威暴下文吏妄行苛刻鄉吏因公生姦爲百姓所患苦者有司顯明其罰又月令仲秋養衰老授几杖行糜粥鄭玄注云助老氣也行猶賜也方今案比之時東觀記曰方今八月案比之時謂案驗戶口次比之也郡縣多不奉行雖有糜粥糠粃相半長吏怠事莫有躬親甚違詔書養老之意其務崇仁恕賑護寡獨稱朕意焉九月護羌校尉任尚使客刺殺叛羌零昌冬十一月己卯彭城王恭薨十二月越嶲夷寇遂久殺縣令遂久縣屬越嶲郡甲子任尚及騎都尉馬賢與先零羌戰于富平上河大破之富平縣屬北地郡故城在今靈州回樂縣西南酈元水經注曰河水於此有上河之名也虔人羌率衆降虔人羌號也東觀記曰虔人種羌大豪恬狼等詣度遼將軍降隴右平是歲郡國十三地震

五年春正月越嶲夷叛二月壬戌中山王憲薨三月京師及郡國五旱詔稟遭旱貧人夏六月高句驪與穢貊寇玄菟玄菟郡名在遼東秋七月越嶲蠻夷及旄牛豪叛殺長吏旄牛縣屬蜀郡華陽國志曰在邛崍山表也丙子詔曰舊令制度各有科品漢令今亡欲令百姓務崇節約遭永初之際人離荒戹朝廷躬自菲薄去絕奢飾食不兼味衣無二綵比年雖獲豐穰尚乏儲積而小人無慮不圖久長嫁娶送終紛華靡麗至有走卒奴婢被綺縠著珠璣綺文繒縠紗也璣珠不圓者也京師尚若斯何以示四遠設張法禁懇惻分明而有司惰任訖不奉行秋節既立鷙鳥將用鷙鳥鷹鸇之類也廣雅曰鷙執也以其能服執衆鳥月令孟秋鷹乃祭鳥始用行戮言有司怠惰不遵法令將欲糾其罪順秋行誅同鷹鸇之鷙擊也且復重申以觀後效八月丙申朔日有食之鮮卑寇代郡殺長吏冬十月鮮卑寇上谷十二月丁巳中郎將任尚有辠棄市是歲郡國十四地震

六年春二月乙巳京師及郡國四十二地震或坼裂水泉涌出壬子詔三府選掾屬高第能惠利牧養者各五人光祿勳與中郎將選孝廉郎寬博有謀清白行高者五十人出補令長丞尉乙卯詔曰夫政先京師後諸夏月令仲春養幼小存諸孤季春賜貧窮賑乏絕省婦使表貞女所以順陽氣崇生長也鄭玄云婦使謂組紃之事其賜民尤貧困孤弱單獨穀人三斛貞婦有節義十斛甄表門閭旌顯厥行節謂志操義謂推讓甄明旌章也里門謂之閭旌表者若今樹闕而顯之三月庚辰始立六宗祀於洛城西北續漢志曰元初六年以尚書歐陽家說謂六宗者在天地四方之中爲上下四方之宗以元始中故事謂六宗易六子之氣日月雷公風伯山澤者非也乃更六宗祠於戌亥之地禮比大社也夏四月會稽大疫遣光祿大夫將太醫循行疾病賜棺木漢官儀大醫令一人秩六百石除田租口賦沛國勃海大風雨雹五月京師旱六月丁丑樂成王賓薨丙戌平原王得薨秋七月鮮卑寇馬城搜神記曰昔秦人築城於武周塞以備胡將成而崩者數矣有馬馳走周旋反覆父老異之因依以築城城乃不崩遂以名焉其故城今朔州也度遼將軍鄧遵率南單于擊破之九月癸巳陳王竦薨十二月戊午朔日有食之既郡國八地震是歲永昌益州蜀郡夷叛與越嶲夷殺長吏燔城邑益州刺史張喬討破降之

永寧元年春正月甲辰任城王安薨三月丁酉濟北王壽薨車師後王叛殺部司馬沈氏羌寇張掖沈氏羌號也續漢志曰羌在上郡西河者號沈氏也夏四月丙寅立皇子保爲皇太子改元永寧大赦天下賜王主三公列侯下至郎吏從官金帛又賜民爵及布粟各有差己巳詔封陳王羨子崇爲陳王濟北王子萇爲樂成王河閒王子翼爲平原王壬午琅邪王壽薨六月沈氏種羌叛寇張掖護羌校尉馬賢討沈氏羌破之秋七月乙酉朔日有食之冬十月己巳司空李郃免癸酉衞尉廬江陳褒爲司空褒字伯仁舒縣人也自三月至是月京師及郡國三十三大風雨水十二月永昌徼外撣國遣使貢獻撣音擅戊辰司徒劉愷罷遼西鮮卑降癸酉太常楊震爲司徒是歲郡國二十三地震夫餘王遣子詣闕貢獻燒當羌叛

建光元年春正月幽州刺史馮煥率二郡太守討高句驪穢貊不剋二月癸亥大赦天下賜諸園貴人謂宮人無子守園陵者也王主公卿以下錢布各有差以公卿校尉尚書子弟一人爲郎舍人三月癸巳皇太后鄧氏崩丙午葬和熹皇后丁未安樂王寵薨戊申追尊皇考清河孝王曰孝德皇皇妣左氏曰孝德皇后祖妣宋貴人曰敬隱皇后夏四月穢貊復與鮮卑寇遼東遼東太守蔡諷追擊戰歿丙辰以廣川幷清河國丁巳尊孝德皇元妃耿氏爲甘陵大貴人甘陵孝德皇后之陵因以爲縣今貝州清河縣東也甲子樂成王萇有罪廢爲臨湖侯續漢書曰坐驕慢不孝故貶臨湖縣名屬廬江郡也己巳令公卿特進侯中二千石二千石郡國守相舉有道之士各一人賜鰥寡孤獨貧不能自存者穀人三斛甲戌遼東屬國都尉龐奮承僞璽書殺玄菟太守姚光五月庚申特進鄧騭及度遼將軍鄧遵並以譖自殺乳母王聖與中黃門李閏等誣告尚書鄧訪等謀廢立宗族皆免官騭與遵皆自殺丙申貶平原王翼爲都鄉侯秋七月己卯改元建光大赦天下壬寅太尉馬英薨八月護羌校尉馬賢討燒當羌於金城不利甲子前司徒劉愷爲太尉鮮卑寇居庸關九月雲中太守成嚴擊之戰歿鮮卑圍烏桓校尉於馬城度遼將軍耿夔救之戊子幸衞尉馮石府續漢書曰賜貫寶劒玉玦雜繒布等○劉攽曰注按文多一貫字贊語注可驗是秋京師及郡國二十九雨水冬十一月己丑郡國三十五地震或坼裂詔三公已下各上封事陳得失遣光祿大夫案行賜死者錢人二千除今年田租其被災甚者勿收口賦鮮卑寇玄菟庚子復斷大臣二千石以上服三年喪癸卯詔三公特進侯卿校尉舉武猛堪將帥者各五人丙午詔京師及郡國被水雨傷稼者隨頃畝減田租甲子初置漁陽營兵伏侯古今注曰置營兵千人也冬十二月高句驪馬韓穢貊圍玄菟城夫餘王遣子與州

郡井力討破之

延光元年春二月夫餘王遣子將兵救玄菟夫餘王子尉仇台也擊高句驪馬韓穢貊破之遂遣使貢獻三月丙午改元延光大赦天下還徙者復戸邑屬籍賜民爵及三老孝悌力田人二級加賜鰥寡孤獨篤癃貧不能自存者粟人三斛貞婦帛人三匹夏四月癸未京師郡國二十一雨雹癸巳司空陳褒免五月庚戌宗正彭城劉授爲司空漢官儀曰宗正卿秩中二千石授字孟春徐州武原人也己巳改樂成國爲安平封河間王開子得爲安平王六月郡國蝗秋七月癸卯京師及郡國十三地震高句驪降虔人羌叛攻穀羅城穀羅縣屬西河郡度遼將軍耿夔討破之八月戊子陽陵園寢火景帝陵也辛卯九眞言黃龍見無功無功縣屬九眞郡己亥詔三公中二千石舉刺史二千石令長相視事一歲已上至十歲清白愛利能敕身率下防姦理煩有益於人者無拘官簿清白謂貞正也愛利謂愛人而利之也無拘官簿謂超遷之不拘常𥝩也○劉攽曰注案文受當作將作刺史舉所部郡國太守相舉墨綬隱親悉心勿取浮華墨綬謂令長之屬也隱親猶親自隱也悉盡也言令三公以下各舉所知皆隱審盡心勿取浮華不實者九月甲戌郡國二十七地震冬十月鮮卑寇鴈門定襄十一月鮮卑寇太原燒當羌豪降十二月九眞徼外蠻夷貢獻內屬是歲京師及郡國二十七雨水大風殺人詔賜壓溺死者年七歲以上錢人二千其壞敗廬舍失亡穀食粟人三斛又田被淹傷者一切勿收田租若一家皆被災害而弱小存者郡縣爲收斂之虔人羌反攻穀羅城度遼將軍耿夔討破之

二年春正月旄牛夷叛寇靈關殺縣令靈關道屬越巂郡益州刺史蜀郡西部都尉討之詔選三署郎三署解見和帝紀及吏人能通古文尙書毛詩穀梁春秋各一人丙辰河東潁川大風夏六月壬午郡國十一大風九眞言嘉禾生東觀記曰禾百五十六本七百六十八穗丙申北海王普薨秋七月丹陽山崩八月庚午初令三署郎通達經術任牧民者視事三歲以上皆得察舉九月郡國五雨水冬十月辛未太尉劉愷罷甲戌司徒楊震爲太尉光祿勳東萊劉熹爲司徒熹字季明青州長廣人也十一月甲辰校獵上林苑鮮卑敗南匈奴於曼栢是歲分蜀郡西部爲屬國都尉京師及郡國三地震

三年春二月丙子東巡狩丁丑告陳留太守祠南頓君光武皇帝于濟陽復濟陽今年田租芻稾庚寅遣使者祠唐堯於成陽古成伯國也故城在今濮州雷澤縣北述征記云成陽東南有堯冢戊子濟南上言鳳皇集臺縣丞霍收舍樹上臺縣屬濟南郡故城在今齊州平陵縣北賜臺長帛五十匹丞三十匹尉半之吏卒人三匹鳳皇所過亭郡無出今年田租賜男子爵人二級辛卯幸太山柴告岱宗太山王者告岱之處爲五嶽之宗故曰岱宗燔柴以告天齊王無忌北海王普樂安王延來朝壬辰宗祀五帝于汶上明堂癸巳告祀二祖六宗二祖高祖光武也六宗謂孝文曰太宗孝武曰代宗孝宣曰中宗孝元曰高宗孝明曰顯宗孝章曰肅宗勞賜郡縣作樂三月甲午陳王崇薨戊辰祀孔子及七十二弟子於闕里自魯相令丞尉及孔氏親屬婦女諸生悉會賜褒成侯以下帛各有差還幸東平至東郡歷魏郡河內壬戌車駕還京師幸太學是日太尉楊震免夏四月乙丑車駕入宮假于祖禰假音格格至也壬戌沛國言甘露降豐縣戊辰光祿勳馮石爲太尉五月南匈奴左日逐王叛使匈奴中郎將馬翼討破之日南徼外蠻夷內屬六月鮮卑寇玄菟庚午閬中山崩閬中縣屬巴郡臨閬中水因以爲名今隆州縣也辛未扶風言白鹿見雍辛巳遣侍御史分行靑冀二州災害督錄盜賊秋七月丁酉初復右校令左校丞官續漢志曰將作大匠屬官有左右校各有令丞中興未置今始復日南徼外蠻豪帥詣闕貢獻馮翊言甘露降潁陽衙潁陽縣故城在今雍州美原縣西南衙縣見上潁川上言木連理白鹿麒麟見陽翟鮮卑寇高柳梁王堅薨明帝孫節王暢之子也八月辛巳大鴻臚耿寶爲大將軍戊子潁川上言麒麟一白虎二見陽翟九月丁酉廢皇太子保爲濟陰王常侍江京等譖之也乙巳詔郡國中都官死辠繫囚減罪一等詔敦煌隴西及度遼營漢官儀曰度遼將軍屯五原曼栢縣也○劉攽曰正文詔敦煌案文詔當作諸其右趾以下及亡命者贖各有差辛亥濟南上言黃龍見歷城歷城縣屬濟南國今齊州縣也庚申晦日有食之冬十月行幸長安壬午新豐上言鳳皇集西界亭今新豐縣西南有鳳皇原俗傳云卽此時鳳皇所集之處也丁亥會三輔守令掾史於長安作樂閏月乙未祠高廟遂有事十一陵歷觀上林昆明池遣使者祠太上皇于萬年以中牢祠蕭何曹參霍光十一月乙丑至自長安十二月乙未琅邪言黃龍見諸縣諸縣名故城在今密州諸城縣西南是歲京師及諸郡國二十三地震三十六雨水疾風雨雹○劉攽曰案文衍一諸字史文未嘗有如此者

四年春正月壬午東郡言黃龍二麒麟一見濮陽縣名屬東郡卽古昆吾國帝顓頊之墟今濮州縣二月乙亥下邳王衍薨甲辰南巡狩三月戊午朔日有食之庚申幸宛帝不豫辛酉令大將軍耿寶行太尉事祠章陵園廟告長沙零陵太守祠定王節侯鬱林府君乙丑自宛還丁卯幸葉帝崩于乘輿年三十二祕不敢宣所在上食問起居如故庚午還宮辛未夕乃發喪尊皇后爲皇太后太后臨朝以后兄大鴻臚閻顯爲車騎將軍定策禁中立章帝孫濟北惠王壽子北鄉侯懿東觀記及續漢書並曰北鄉侯犢今作懿蓋二名甲戌濟南王香薨光武曾孫王錯之子也乙酉北鄉侯卽皇帝位夏四月丁酉太尉馮石爲太傅石字次初荊州湖陽人也馮魴之孫司徒劉熹爲太尉參錄尙書事前司空李郃爲司徒辛卯大將軍耿寶中常侍樊豐侍中謝惲周廣乳母野王君王聖坐相阿黨豐惲廣下獄死寶自殺聖徙鴈門己酉葬孝安皇帝于恭陵在今洛陽東北二十七里伏侯古今注曰陵山周二百六十丈高十五丈廟曰恭宗六月乙巳大赦天下詔先帝巡狩所幸皆半入今年田租秋七月西域長史班勇西域都護之長史也擊車師後王斬之丙午東海王肅薨冬十月丙午越巂山崩辛亥少帝薨是冬京師大疫

論曰孝安雖稱尊享御而權歸鄧氏至乃損徹膳服克念政道然令自房帷威不逮遠始失根統歸成陵敝遂復計金授官永初元年令吏人入錢穀得至關內侯也移民逃寇羌既轉盛詔隴西徙襄武安定徙美陽北地徙池陽推咎台衡以答天眚台謂三台三公象也衡平也言天下所取平伊尹爲阿衡卽其義也既云哲婦亦惟家之索矣哲智也索盡也謂鄧后專制國柄也詩曰哲夫成城哲婦傾城書曰牝雞之晨惟家之索

贊曰安德不升秕我王度秕穀不成也諭政教之穢左傳斬招之詩曰思我王度降奪儲嫡開萌邪蠱儲嫡謂太子也邪蠱謂江京等也馮石承歡楊公逢怒續漢志曰上賜衛尉馮石寶劍玉玦雜繒布等故曰承歡也楊公楊震逢怒謂樊豐等譖震云有恚恨心帝免之○劉攽曰注續漢志案前又作漢書今此作志志不記如此事作書是彼日而微遂祲天路日君道也微不明也祲陰陽相侵之氣也詩曰彼月而微此日而微言君道闇亂政化陵遲漢祚衰微自此而始故言遂祲天路也

紀書殤帝葬康陵臣欽案前書平帝已名康陵不當重複章懷注云在愼陵塋中庚地庚與康相似但少許不同然檢續漢志亦作康陵又質帝年紀康陵在恭陵上都是康字不知此字自章懷已前誤之耶或者後人傳寫一處誤之遂都改令同也然章懷注語則似作庚無疑

後漢書卷五考證

安帝紀調揚州五郡租米注揚州領六郡會稽最遠蓋不調也○日知錄曰順帝紀永建四年分會稽爲吳郡安帝時未有吳郡止五郡無可疑者注非

其百寮及郡國吏人注劉攽曰按此不成文理當有一令字○何焯曰按下云各使指變以聞則不當有令字也

皇太后率大臣命婦謁宗廟注東觀續漢袁山松謝沈書○臣承蕃按東觀下脫一記字續漢下脫一書字

大尉司馬苞薨注謝承書曰司徒楊震爲樊豐等所譖逮及苞苞乞骸骨未見聽以疾薨也○何焯曰按永寧元年十二月劉愷罷楊震始爲司徒苞之薨在其前六年甚矣謝書之失實也

太常李郃爲司徒○監本郃訛邵今改正

北海王普來朝○何焯曰按北海王普於上年薨此乃恭王翼嗣位來朝普當作翼

後漢書卷六

宋　宣城太守范　曄撰

唐　章懷太子　賢注

順冲質帝紀第六

孝順皇帝諱保諡法曰慈和徧服曰順伏侯古今注曰保之字曰守安帝之子也母李氏爲閻皇后所害永寧元年立爲皇太子延光三年安帝乳母王聖大長秋江京前書曰長秋皇后官本秦官將行也景帝更名大長秋或用中人或用士人中興常用宦者中常侍樊豐譖太子乳母王男廚監邴吉殺之太子數爲歎息王聖等懼有後禍遂與豐京共搆陷太子太子坐廢爲濟陰王明年三月安帝崩北鄉侯立濟陰王以廢黜不得上殿親臨梓宮悲號不食內外羣僚莫不哀之及北鄉侯薨車騎將軍閻顯及江京與中常侍劉安陳達等白太后祕不發喪而更徵立諸國王子乃閉宮門屯兵自守十一月丁巳京師及郡國十六地震是夜中黃門孫程等十九人十九人見孫程傳共斬江京劉安陳達等迎濟陰王於德陽殿西鍾下漢官儀曰崇賢門內德陽殿也卽皇帝位年十一近臣尙書以下從輦到南宮登雲臺召百官尙書令劉光等奏言孝安皇帝聖德明茂早棄天下陛下正統當奉宗廟而姦臣交搆遂令陛下龍潛蕃國從太子廢爲王故曰龍潛蕃國羣僚遠近莫不失望天命有常北鄉不永漢德盛明福祚孔章孔甚也章明也近臣建策左右扶翼內外同心稽合神明陛下踐祚奉遵鴻緒爲郊廟主承續祖宗無窮之烈上當天心下厭民望而卽位倉卒典章多缺請條案禮儀分別具奏制曰可乃召公卿百僚使虎賁羽林士屯南北宮諸門漢官儀曰書稱虎賁三百人言其猛怒如虎之奔赴也孝武建安三年初置期門平帝元始元年更名虎賁郎又武帝太初元年初置建章營騎後更名羽林以天有羽林之星故取名焉又取從軍死士之子孫養羽林官教以五兵號曰羽林孤兒光武中興以征伐之士勞苦者爲之故曰羽林士以閻顯兄弟聞帝立率兵入北宮尙書郭鎭與交鋒刃遂斬顯弟衞尉景戊午遣使者入省奪得璽綬乃幸嘉德殿遣侍御史持

節收閻顯及其弟城門校尉耀執金吾晏並下獄誅已未開門罷屯兵壬戌詔司隸校尉惟閻顯江京近親當伏辜誅其餘務崇寬貸壬申謁高廟癸酉謁光武廟乙亥詔益州刺史罷子午道通褒斜路（子午道平帝時王莽通之三秦記曰子午長安正南山名秦嶺谷一名樊川褒斜漢中谷名南谷名褒北谷名斜首尾七百里）己卯葬少帝以諸王禮司空劉授免（東觀記曰以阿附惡逆辟召非其人策罷）賜公卿以下錢穀各有差十二月甲申以少府河南陶敦爲司空（敦字文理京縣人也）其令郡國守相視事（○劉攽曰案他處上有部字則下有其令云云無有特出其字者明多此字）未滿歲者一切得舉孝廉吏（漢法視事滿歲乃得舉今帝新即位施恩惠雖未滿歲得令舉人）癸卯尚書奏請下有司收還

延光三年九月丁酉以皇太子爲濟陰王詔書奏可京師大疫辛亥詔公卿郡守國相舉賢良方正能直言極諫之士各一人尚書令以下從輦幸南宮者皆增秩賜布各有差

永建元年春正月甲寅詔曰先帝聖德享祚未永早棄鴻烈姦慝緣間人庶怨讟上干和氣疫癘爲災朕奉承大業未能寧濟蓋至理之本稽弘德惠蕩滌宿惡與人更始其大赦天下賜男子爵人二級爲父後三老孝悌力田人三級流民欲自占者一級鰥寡孤獨篤癃貧不能自存者粟人五斛貞婦帛人三匹坐法當從勿從亡徙當傳勿傳（徙四迸亡當傳捕者放之勿捕）宗室以罪絕皆復屬籍其與閻顯江京等交通者悉勿考勉修厥職以康我民辛未皇太后閻氏崩辛巳太傅馮石太尉劉熹司徒李郃免（馮石字次初東觀記曰馮以阿黨權貴李郃以人多疾疫免）二月甲申葬安思皇后丙戌太常桓焉爲太傅大鴻臚朱寵爲太尉參錄尚書事長樂少府九江朱倀爲司徒（朱寵字仲威京兆杜陵人朱倀字孫卿壽春人也倀音丑良反）賜百官隨輦宿衞及拜除者布各有差（○劉攽曰案文云及拜除者隨輦宿衞乃是賞功拜除者未知何謂蓋傳寫之誤當云賜百官隨輦宿衞拜除者布各有差拜除謂已遷升其官布又加賜明衍一及字也）隴西鍾羌叛護羌校尉馬賢討破之夏五月丁丑詔幽并涼州刺史使各實二千石以下至黃綬（實謂驗實之也二千石太守也黃綬丞尉也前書曰比二百石以上銅印黃綬）年老劣弱不任軍事者上名嚴勑障塞繕設屯備立秋之後簡習戎馬六月己亥封濟南王錯子顯爲濟南王秋七月庚午衞尉來歷爲車騎將軍八月鮮卑寇代郡代郡太守李超戰歿九月辛亥初令三公尚書入奏事冬十月辛巳詔減死罪以下徙邊其亡命贖各有差丁亥司空陶敦免鮮卑犯邊庚寅遣黎陽營兵出屯中山北界告幽州刺史其令緣邊郡增置步兵列屯塞下調五營弩師郡舉五人令教習戰射（調選也五營五校也謂長水步兵射聲胡騎車騎等五校尉也○劉攽曰正文案調五營弩師何爲更言舉明此舉字是與字一郡與五人教習也又注案此五校之名大誤檢百官志有屯騎越騎步兵長水射聲今此誤云胡騎車騎當改胡作屯車作越且二漢有車騎將軍及騎都尉官耳無車騎校尉也又胡騎中興長水矣所以知非章懷之誤者安紀永初三年注五校引用漢官儀甚明）壬寅廷尉張皓爲司空甲辰詔以疫癘水潦令人半輸今年田租傷害什四以上勿收責不滿者以實除之十二月辛巳賜王主貴人公卿以下布各有差二年春正月戊申樂安王鴻來朝丁卯常山王章薨二月鮮卑寇遼東玄菟甲辰詔稟貸荊豫兗冀四州流冗貧人所在安業之疾病致醫藥護烏桓校尉耿曄率南單于擊鮮卑破之三月旱遣使者錄囚徒疏勒國遣使奉獻夏六月乙酉追尊諡皇妣李氏爲恭愍皇后葬于恭北陵西域長史班勇敦煌太守張朗討焉耆尉犂危須三國破之並遣子貢獻秋七月甲戌朔日有食之壬午太尉朱寵司徒朱倀罷庚子太常劉光爲太尉錄尚書事光祿勳許敬爲司徒（劉光字仲遼即太尉劉矩之弟許敬字鴻卿平輿人）辛丑下邳王成薨

三年春正月丙子京師地震漢陽地陷裂甲午詔實覈傷害者賜年七歲以上錢人二千一家被害郡縣爲收斂乙未詔勿收漢陽今年田租口賦夏四月癸卯遣光祿大夫案行漢陽及河內魏郡陳留東郡稟貸貧人六月旱遣使者錄囚徒理輕繫甲寅濟南王顯薨秋七月丁酉茂陵園寢災帝縞素避正殿（爾雅曰縞皓也繒之精白者曰縞）辛亥使太常王龔持節告祠茂陵九月鮮卑寇漁陽冬十二月己亥太傅桓焉免（東觀記曰無清介辟召策罷）是歲車騎將軍來歷罷

四年春正月丙寅詔曰朕託王公之上涉道日寡政失厥中陰陽氣隔寇盜肆暴庶獄彌繁憂悴永歎疢如疾首詩云君子如祉亂庶遄已（解見章紀）三朝之會朔旦立春嘉與海內洗心自新其赦天下從甲寅赦令已來復秩屬籍三年正月已來還贖其閻顯江京等知識婚姻禁錮一原除之（妻父曰婚婿父曰姻一猶皆也）務崇寬和敬順時令遵典去苛以稱朕意丙子帝加元服（冠也）賜王主貴人公卿以下金帛各有差賜男子爵及流民欲占者人一級爲父後三老孝悌力田人二級鰥寡孤獨篤癃貧不能自存帛人一匹二月戊戌詔以民入山鑿石發洩藏氣勑有司檢察所當禁絕如建武永平故事夏五月壬辰詔曰海內頗有災異朝廷修政太官減膳珍玩不御而桂陽太守文礱（音力公反）不惟竭忠宣暢本朝而遠獻大珠以求幸媚今封以還之五州雨水秋八月庚子遣使實覈死亡收斂稟賜丁巳太尉劉光司空張皓免（東觀記曰以陰陽不和久託病策罷）九月復安定北地上郡歸舊土（安帝永初五年徙今復之）癸酉大鴻臚龐參爲太尉錄尚書事太常王龔爲司空冬十一月庚辰司徒許敬免（東觀記曰爲陵轢使官策罷二千石禁終身○劉攽曰注陵轢使官案文官當作者）鮮卑寇朔方十二月乙卯宗正劉崎爲司徒（崎字叔峻華陰人也）是歲分會稽爲吳郡拘彌國遣使貢獻

五年春正月疏勒王遣侍子及大宛莎車王皆奉使貢獻夏四月京師旱辛巳詔郡國貧人被災者勿收責今年過更京師及郡國十二蝗冬十月丙辰詔郡國中都官死罪繫囚皆減罪一等詣北地上郡安定戍乙亥定遠侯班始坐殺其妻陰城公主腰斬（始班超孫也尚順帝姑陰城公主東觀記曰陰城公主名賢得）同產皆棄市

六年春二月庚午河間王開薨三月辛亥復伊吾屯田（章帝建初二年罷也）復置伊吾司馬一人秋九月辛巳繕起太學護烏桓校尉耿曄遣兵擊鮮卑破之丁酉于闐王遣侍子貢獻冬十一月辛亥詔曰連年災潦冀部尤甚比蠲除實傷贍恤窮匱而百姓猶有棄業流亡不絕疑郡縣用心怠惰恩澤不宣易美損上益下書稱安民則惠（易益卦曰損上益下人說無疆惠愛也尚書曰安人則惠黎人懷之）其令冀部勿收今年田租芻稾十二月日南徼外葉調國撣國遣使貢獻（東觀記曰葉調國王遣使師會詣闕貢獻以師會爲漢歸義葉調邑君賜其君紫綬及撣國王雍由亦賜金印紫綬撣音擅）壬申客星出牽牛于闐王遣侍子詣闕貢獻

陽嘉元年春正月乙巳立皇后梁氏賜爵人二級三老孝悌力田三級爵過公乘得移與子若同產同產子民無名數及流民欲占著者人一級鰥寡孤獨篤癃貧不能自存者粟人五斛二月海賊曾旌等寇會稽殺句章鄞鄮三縣長（三縣皆屬會稽郡鄞縣今越州縣也句章故城在今鄮縣西鄞故城在鄮縣東南鄞音銀鄮音茂）攻會稽東部都尉詔緣海縣各屯兵戍丁巳皇后謁高廟光武廟詔稟甘陵貧人大小口各有差京師旱庚申勑郡國二千石各禱名山嶽瀆遣大夫謁者詣嵩高首陽山并祠河洛請雨（首陽山在洛陽東北）戊辰雩以冀部比年水潦民食不贍詔案行稟貸勸農功賑乏絕甲戌詔曰政失厥和陰陽隔并冬鮮宿雪春無澍雨分禱祈請靡神不禜（說文曰禜設緜蕞爲營以祈水旱禜音詠詩曰靡神不舉）深恐在所慢違如在之義（論語曰祭神如神在）今遣侍中王輔等持節分詣岱山東海滎陽河洛盡心祈焉（濟水因濟之一至河南溢爲滎澤故於滎陽祠焉）三月揚州六郡妖賊章河等寇四十九縣殺傷長吏庚寅帝臨辟雍饗射大赦天下改元陽嘉詔宗室絕屬籍者一切復籍稟冀州尤貧民勿收今年更租口賦夏五月戊寅阜陵王恢薨秋七月史官始作候風地動銅儀（時張衡爲太史令作之）丙辰以太學新成試明經下第者補弟子增甲乙科員各十人（前書音義曰甲科謂作簡策難問列置案上任試者意投射取而答之謂之射策上者爲甲次者爲乙若錄政化得失顯而問之謂之對策也）除郡國耆儒九十人補郎舍人九月詔郡國中都官繫囚皆減死一等亡命者贖各有差鮮卑寇遼東冬十一月甲申望都蒲陰狼殺女子九十七人（望都縣名屬中山國今定州縣也章帝改曲逆爲蒲陰亦屬中山與望都相近故城在今定州北東觀記亦作蒲本多作滿滿字者誤也東觀又云爲不祠北岳所致詔曰政失厥中狼災爲應至乃殘食孩幼博訪其故山岳尊靈國所望秩而比不奉祠淫刑放濫害加孕婦也○劉攽曰注本多作滿滿字者誤案文多一滿字）詔賜狼所殺者錢人三千辛卯初令郡國舉孝廉限年四十以上諸生通章句文史能牋奏乃得應選其有茂才異行若顏淵子奇不拘年齒（史記曰顏回魯人好學年二十九髮盡白早死新序曰子奇年十八齊君使之化阿至阿鑄其庫兵以爲耕器出倉廩以賑貧窮阿縣大化）十二月丁未東平王敞薨庚戌復置玄菟郡屯田六郡閏月丁亥令諸以詔除爲郎年四十以上課試如孝廉科者得參廉選歲舉一人戊子客星出天苑辛卯詔曰間者以來吏政不勤故災咎屢臻盜賊多有退省所由皆以選舉不實官非其人是以天心未得人情多怨書歌股肱詩刺三事（尚書益稷篇帝作歌曰元首明哉股肱良哉詩小雅曰三事大夫莫肯夙夜邦君諸侯莫肯朝夕也）今刺史二千石之選歸任三司（三司三公也即太尉司空司徒也歸猶委任也）其簡序先後精覈高下歲月之次文武之宜務存厥衷庚子恭陵百丈廡災（恭陵安帝陵也廡廊屋也說文曰堂下周屋曰廡也）是歲起西苑修飾宮殿

二年春二月甲申詔以吳郡會稽饑荒貸人種糧三月使匈奴中郎將王稠率左骨都侯等擊鮮卑破之辛酉除京師耆儒年六十以上四十八人補郎舍人及諸王國郎夏四月復置隴西南部都尉官（武帝元朔四年初置南部都尉於隴西臨洮縣中興以來廢至此復置之也）己亥京師地震五月庚子詔曰朕以不德統奉鴻業無以奉順乾坤協序陰陽災眚屢見咎徵仍臻地動之異發自京師矜矜祗畏不知所裁羣公卿士將何以匡輔不逮奉答戒異異不空設必有所應其各悉心直言厥咎靡有所諱戊午司空王龔免六月辛未太常魯國孔扶爲司空（扶字仲淵）疏勒國獻師子封牛（東觀記曰疏勒王盤遣使文時詣闕師子似虎正黃有顧髯尾端茸毛大如斗封牛其領上肉隆起若封然因以名之即今之峯牛）丁丑洛陽地陷是月旱秋七月己未太尉龐參免八月己巳大鴻臚沛國施延爲太尉（延字君子蘄縣人也）鮮卑寇代郡冬十月庚午行禮辟雍奏應鍾始復黃鍾作樂器隨月律（子爲黃鍾律長九寸聲有輕重長短度量皆出黃鍾隨月律謂月令正月律中太蔟二月律中夾鍾三月律中姑洗四月律中仲呂五月律中蕤賓六月律中林鍾七月律中夷則八月律中南呂九月律中無射十月律中應鍾十一月律中黃鍾十二月律中大呂東觀記曰元和以來音戾不調復修如舊典蔟音湊）

三年春二月己丑詔以久旱京師諸獄無輕重皆且勿考竟須得澍雨三月庚戌益州盜賊劫質令長殺列侯

夏四月丙寅，車師後部司馬率後部王加特奴等掩擊匈奴大破之獲其季母五月戊戌制詔曰昔我太宗丕顯之德假于上下儉以恤民政致康乂朕秉事不明政失厥道天地譴怒大變仍見春夏連旱寇賊彌繁元元被害朕甚愍之嘉與海內洗心更始其大赦天下自殊死以下謀反大逆諸犯不當得赦者皆赦除之賜民年八十以上米人一斛肉二十斤酒五斗九十以上加賜帛人二匹絮三斤秋七月庚戌鍾羌寇隴西漢陽冬十月護羌校尉馬續擊破之十一月壬寅司徒劉崎司空孔扶免乙巳大司農南郡黃尚爲司徒光祿勳河東王卓爲司空黃尚字伯河南郡邔人也王卓字仲遼河東解人也邔音求紀反丙午武都塞上屯羌及外羌攻破屯官驅畧人畜

四年春二月丙子初聽中官得以養子爲後世襲封爵自去冬旱至于是月謁者馬賢擊鍾羌大破之夏四月甲子太尉施延免東觀記曰以選舉貪汚策罷也戊寅執金吾梁商爲大將軍前太尉龐參爲太尉六月己未梁王匡薨秋七月己亥濟北王登薨閏月丁亥朔日有食之冬十月烏桓寇雲中十一月圍度遼將軍耿曄於蘭池續漢志曰雲中郡沙南縣有蘭池城發諸郡兵救之烏桓退走十二月甲寅京師地震

永和元年春正月夫餘王來朝乙卯詔曰朕秉政不明災眚屢臻典籍所忌震食爲重今日變方遠地搖京師東觀記曰陽嘉四年詔曰朕以不德讁見於天零陵言日食京師不覺故此言日變方遠○劉攽曰正文日變方遠案注引東觀記曰零陵言日食則是遠方也言方遠無理與注皆誤咎徵不虛必有所應羣公百僚其各上封事指陳得失靡有所諱己巳宗祀明堂登雲臺改元永和大赦天下秋七月偃師蝗冬十月丁亥承福殿火帝避御雲臺十一月丙子太尉龐參罷十二月象林蠻夷叛乙巳以前司空王龔爲太尉

二年春正月武陵蠻叛圍充縣又寇夷道充縣屬武陵郡故城在澧州崇義縣東北充音衝夷道屬南郡二月廣漢屬國都尉擊破白馬羌武陵太守李進擊叛蠻破之三月辛亥北海王翼薨乙卯司空王卓薨丁丑光祿勳郭虔爲司空虔字君賢池陽人也夏四月丙申京師地震五月日南叛蠻攻郡府秋七月九眞交阯二郡兵反八月庚子熒惑犯南斗熒惑火星也南斗北方之宿也前書音義曰犯謂七寸內光芒相及江夏盜賊殺邾長邾縣屬江夏郡故城在今復州竟陵縣東邾音朱冬十月甲申行幸長安所過鰥寡孤獨貧不能自存者賜粟人五斛庚子幸未央宮會三輔郡守都尉及官屬勞賜作樂十一月丙午祠高廟丁未遂有事十一陵丁卯京師地震十二月乙亥至自長安

三年春二月乙亥京師及金城隴西地震二郡山岸崩地陷戊子太白犯熒惑夏四月九江賊蔡伯流寇郡界及廣陵殺江都長戊戌遣光祿大夫案行金城隴西賜壓死者年七歲以上錢人二千一家皆被害爲收斂之除今年田租尤甚者勿收口賦閏月蔡伯流等率衆詣徐州刺史應志降續漢書曰志字仲節汝南南頓人也曾祖父順己酉京師地震五月吳郡丞羊珍反攻郡府太守王衡破斬之六月辛丑琅邪王遵薨九眞太守祝良交阯刺史張喬慰誘日南叛蠻降之嶺外平續漢書曰祝良字邵卿長沙臨湘人秋七月丙戌濟北王多薨八月己未司徒黃尚免九月己酉光祿勳長沙劉壽爲司徒壽字伯長臨湘人也丙戌令大將軍三公各舉故刺史二千石及見令長郎謁者四府掾屬剛毅武猛有謀謨任將帥者各二人特進卿校尉各一人冬十月燒當羌寇金城護羌校尉馬賢擊破之羌遂相招而叛十二月戊戌朔日有食之

四年春正月庚辰中常侍張逵蘧政楊定等有罪誅事見梁商傳也連及弘農太守張鳳安平相楊皓下獄死三月乙亥京師地震夏四月癸卯護羌校尉馬賢討燒當羌大破之戊午大赦天下賜民爵及粟帛各有差五月戊辰封故濟北惠王壽子安爲濟北王秋八月太原郡旱民庶流冗癸丑遣光祿大夫案行稟貸除更賦冬十月戊午校獵上林苑歷函谷關而還十一月丙寅幸廣成苑

五年春二月戊申京師地震夏四月庚子中山王弘薨南匈奴左部句龍大人吾斯車紐等叛圍美稷美稷縣屬西河郡也五月度遼將軍馬續討吾斯車紐破之使匈奴中郎將陳龜迫殺南單于己丑晦日有蝕之且凍羌寇三輔殺令長且音子余反丁丑令死罪以下及亡命贖各有差九月令扶風漢陽築隴道塢三百所置屯兵辛未太尉王龔罷且凍羌寇武都燒隴關隴山之關也今名大震關在今隴州汧源縣西也壬午太常桓焉爲太尉丁亥徙西河郡居離石離石縣名在郡南五百九里西河本都平定縣至此徙於離石上郡居夏陽朔方居五原句龍吾斯等東引烏桓西收羌胡寇上郡立車紐爲單于冬十一月辛巳遣使匈奴中郎將張耽擊破之車紐降

六年春正月丙子征西將軍馬賢與且凍羌戰於射姑山賢軍敗沒安定太守郭璜下獄死詔貸王侯國租一歲閏月鞏唐羌寇隴西遂及三輔二月丁巳有星孛於營室三月武都太守趙冲討鞏唐羌破之庚子司空郭虔免丁巳河間王政薨丙午太僕趙戒爲司空戒字志伯蜀郡成都人也夏五月庚子齊王無忌薨使匈奴中郎將張耽大破烏桓羌胡於天山東觀記曰耽將吏兵縋索相懸上通天山鞏唐羌寇北地秋七月甲午詔假民有貲者戶錢一千八月丙辰大將軍梁商薨壬戌河南尹梁冀爲大將軍九月諸種羌寇武威辛亥晦日有蝕之冬十月癸丑徙安定居扶風北地居馮翊十一月庚子以執金吾張喬行車騎將軍事將兵屯三輔

漢安元年春正月癸巳宗祀明堂大赦天下改元漢安二月丙辰詔大將軍公卿舉賢良方正能探賾索隱者各一人賾幽深也索求也秋七月始置承華廄東觀記曰時以遠近獻馬衆多園廄充滿始置承華廄令秩六百石八月南匈奴左部大人句龍吾斯與薁鞬臺耆等反叛薁音於六反鞬音居言反丁卯遣侍中杜喬光祿大夫周舉守光祿大夫郭遵馮羨欒巴張綱周栩劉班等八人分行州郡班宣風化舉實臧否九月庚寅廣陵盜賊張嬰等寇郡縣冬十月辛未太尉桓焉司徒劉壽免甲戌行車騎將軍張喬罷○劉攽曰案文少一事字十一月壬午司隸校尉趙峻爲太尉大司農胡廣爲司徒峻字伯師下邳徐人也癸卯詔大將軍三公選武猛試用有效驗任爲將校者各一人是歲廣陵賊張嬰等詣太守張綱降

二年春二月丙辰鄯善國遣使貢獻夏四月庚戌護羌校尉趙冲與漢陽太守張貢擊燒當羌於參䜌破之參䜌縣屬安定郡䜌音力全反六月乙丑熒惑犯鎭星丙寅立南匈奴守義王兜樓儲爲南單于冬十月辛丑令郡國中都官繫囚殊死以下出縑贖各有差其不能入贖者遣詣臨羌縣居作二歲甲辰減百官奉丙午禁沽酒又貸王侯國租一歲閏月趙冲擊燒當羌於河陽破之河陽縣屬天水郡故城在今秦州隴城縣西北十一月使匈奴中郎將馬寔遣人刺殺句龍吾斯十二月揚徐盜賊攻燒城寺殺略吏民是歲涼州地百八十震

建康元年春正月辛丑詔曰隴西漢陽張掖北地武威武都自去年九月已來地百八十震山谷坼裂壞敗城寺殺害民庶夷狄叛逆賦役重數內外怨曠惟咎歎息其遣光祿大夫案行宣暢恩澤惠此下民勿爲煩擾三月庚子沛王廣薨領護羌校尉衞琚追討叛羌破之琚音居南郡江夏盜賊寇掠城邑州郡討平之夏四月使匈奴中郎將馬寔擊南匈奴左部破之於是胡羌烏桓悉詣寔降辛巳立皇子炳爲皇太子改年建康大赦天下賜人爵各有差秋七月丙午淸河王延平薨八月揚徐盜賊范容周生等寇掠城邑遣御史中丞馮赦督州郡兵討之庚午帝崩於玉堂前殿時年三十遺詔無起寢廟斂以故服珠玉玩好皆不得下

論曰古之人君離幽放而反國祚者有矣莫不矯鑒前違審識情僞無忘在外之憂離遭也矯正也左傳曰晉侯在外十九年矣險阻艱難備嘗之矣人之情僞盡知之矣故能中興其業觀夫順朝之政殆不然乎何其傚僻之多與殆近也言順帝傚前之僻不能改正也

孝冲皇帝諱炳諡法曰幼少在位曰冲司馬彪曰冲幼早夭故諡曰冲伏侯古今注曰炳之字曰明順帝之子也母曰虞貴人建康元年立爲皇太子其年八月庚午卽皇帝位年二歲尊皇后曰皇太后太后臨朝丁丑以太尉趙峻爲太傅大司農李固爲太尉參錄尚書事九月丙午葬孝順皇帝於憲陵在洛陽西十五里陵高八丈四尺周三百步廟曰敬宗是日京師及太原鴈門地震三郡水涌土裂庚戌詔三公特進侯卿校尉舉賢良方正幽逸修道之士各一人百僚皆上封事己未九江太守丘騰有罪下獄死東觀記曰騰知罪法深大懷挾姦巧稽留道路下獄死揚州刺史尹耀九江太守鄧顯討賊范容等於歷陽軍敗耀顯爲賊所殁冬十月日南蠻夷攻燒城邑交阯刺史夏方招誘降之壬申常山王儀薨己卯零陵太守劉康坐殺無辜下獄死十一月九江盜賊徐鳳馬勉等稱無上將軍攻燒城邑己酉令郡國中都官繫囚減死一等徙邊謀反大逆不用此令十二月九江賊黃虎等攻合肥是歲羣盜發憲陵護羌校尉趙冲追擊叛羌於鸇陰河戰歿涼州姑臧縣東南有鸇陰縣故城因水以爲名

永嘉元年春正月戊戌帝崩於玉堂前殿年三歲淸河王蒜徵至京師

孝質皇帝諱纘諡法忠正無邪曰質古今注曰纘之字曰繼肅宗玄孫曾祖父千乘貞王伉祖父樂安夷王寵父勃海孝王鴻母陳夫人冲帝不豫大將軍梁冀徵帝到洛陽都亭及冲帝崩皇太后與冀定策禁中丙辰使冀持節以王靑蓋車迎帝入南宮丁巳封爲建平侯其日卽皇帝位年八歲己未葬孝冲皇帝於懷陵在洛陽西北十五里伏侯古今注曰高四丈六尺周百八十三步廣陵賊張嬰等復反攻殺堂邑江都長堂邑縣屬廣陵郡今揚州六合縣也九江賊徐鳳等攻殺曲陽東城長曲陽縣屬九江郡在淮曲之陽故城在今豪州定遠縣西北東城縣故城在定遠縣東南也甲申謁高廟乙酉謁光武廟二月豫章太守虞續坐贓下獄死乙酉大赦天下賜人爵及粟帛各有差還王侯所削戶邑彭城王道薨叛羌詣左馮翊梁竝降三月九江賊馬勉稱皇帝九江都尉滕撫討馬勉范容周生大破斬之東觀記曰傳勉頭及所帶玉印鹿皮冠黃衣詣洛陽詔懸夏城門外章示百姓夏四月壬申雩庚辰濟北王安薨丹陽賊陸宮等圍城燒亭寺丹陽太守江漢擊破之五月甲午詔曰朕以不德託母天下布政不明每失厥中自春涉夏大旱炎赫憂心京京爾雅曰京京憂也故得禱祈明祀○劉攽曰案文云得無理當是復字冀蒙潤澤前雖得雨而宿麥頗傷比日陰雲還復開霽寤寐永歎重懷慘結寤覺也寐臥也

詩曰寤寐永歎唯憂用老將二千石令長不崇寬和暴刻之爲乎其令中都官繫四罪非殊死考未竟者一切任出以須立秋任保也郡國有名山大澤能興雲雨者二千石長吏各絜齋請禱竭誠盡禮又兵役連年死亡流離或支骸不斂或停棺莫收朕甚愍焉昔文王葬枯骨人賴其德呂氏春秋曰周文王使人掘地得死人骸文王曰更葬之吏曰此無主文王曰有天下者天下之主今我非其主邪遂令吏以衣棺葬之天下聞之曰文王賢矣澤及枯骨又況人乎今遣使者案行若無家屬及貧無資者隨宜賜卹以慰孤魂是月下邳人謝安應募擊徐鳳等斬之丙辰詔曰孝殤皇帝雖不永休祚而即位踰年君臣禮成孝安皇帝承襲統業而前世遂令恭陵在康陵之上先後相踰失其次序非所以奉宗廟之重垂無窮之制昔定公追正順祀春秋善之魯閔公立二年而薨次僖公立僖雖閔庶兄然常爲閔臣位次當在閔下後文公即位乃進僖公神位居閔之上左傳曰躋僖公逆祀也定公八年經書從祀先公從順也順祀謂退僖神位於閔下穀梁曰從祀先公貴正也其令恭陵次康陵憲陵次恭陵以序親秩爲萬世法六月鮮卑寇代郡秋七月庚寅阜陵王代薨廬江盜賊攻尋陽又攻盱台音吁夷今楚州縣也滕撫遣司馬王章擊破之九月庚戌太傅趙峻薨冬十一月己丑南陽太守韓昭坐贓下獄死東觀記曰強賦一億五千萬檻車徵下獄丙午中郎將滕撫擊廣陵賊張嬰破之丁未中郎將趙序坐事棄市東觀記曰取錢縑三百七十五萬歷陽賊華孟自稱黑帝攻殺九江太守楊岑滕撫率諸將擊孟等大破斬之

本初元年春正月丙申詔曰昔堯命四子以欽天道四子謂羲仲羲叔和仲和叔也書曰乃命羲和欽若昊天鴻範九疇休咎有象尚書曰天乃錫禹洪範九疇孔安國注云洪大也範法也疇類也言天與禹洛出書神龜負文而出列於背有數至於九禹遂因而第之以成九類其八日庶徵有休徵咎徵之應休美也咎惡也徵驗也人君行善政則百穀用成家用平康是休徵也政有乖失則百穀用不成家用不寧是咎徵也休之與咎皆象人君之政故言休咎有象也象或作家夫瑞以和降異因逆感禁微應大前聖所重言君政純和則瑞氣降若逆時令則災異感所禁雖微其應乃大前聖所重卽謂唐堯欽若昊天箕子休咎之應頃者州郡輕慢憲防競逞殘暴造設科條陷入無罪或以喜怒驅逐長吏恩阿所私罰枉仇隙至令守闕訴訟前後不絕送故迎新人離其害怨氣傷和以致災眚書曰明德愼罰眚過也明德愼罰尚書康誥之言方春東作育微敬始其敕有司罪非殊死且勿案驗以崇在寬言東作之時須育養細微敬事之始禮記月令孟春之月無殺孩蟲胎夭飛鳥無麛無卵慶賜遂行無有不當書曰徵數五徵在寬壬子廣陵太守王喜坐討賊逗留下獄死二月庚辰詔曰九江廣陵二郡數離寇害殘夷最甚謂比年張嬰寇廣陵華孟寇九江也生者失其資業死者委尸原野昔之爲政一物不得其所若已爲之尚書一夫弗獲則曰時予之辜況我元元嬰此困毒方春戒節賑濟乏尼掩骼埋胔之時月令孟春之月行慶施惠下及兆民又曰掩骼埋胔鄭玄注曰爲死氣逆生氣也骨枯曰骼肉腐曰胔其調比郡見穀出稟窮弱收葬枯骸務加埋卹以稱朕意夏四月庚辰令郡國舉明經年五十以上七十以下詣太學自大將軍至六百石皆遣子受業歲滿課試以高第五人補郎中次五人太子舍人又千石六百石四府掾屬三署郎四姓小侯先能通經者各令隨家法四府掾屬謂大將軍府掾屬二十九人太尉府掾屬二十四人司徒府三十一人司空府二十九人漢官左右中郎將皆秦官也此二千石三署郎皆屬焉三署謂五官署左右署也儒生爲詩者謂之詩家禮者謂之禮家故言各隨家法也四姓小侯解見明紀也○劉攽曰注漢官左右中郎將一案文少一僕字其高第者上名牒當以次賞進五月庚寅徙樂安王爲勃海王海水溢戊申使謁者案行收葬樂安北海人爲水所漂沒死者又稟給貧羸庚戌太白犯熒惑六月丁巳大赦天下賜民爵及粟帛各有差閏月甲申大將軍梁冀潛行鴆弒帝崩於玉堂前殿年九歲丁亥太尉李固免戊子司徒胡廣爲太尉司空趙戒爲司徒與梁冀參錄尚書事太僕袁湯爲司空

贊曰孝順初立時髦允集爾雅曰髦俊也郭璞注云士中之俊猶毛中之髦時張皓王龔龐參張衡李郃李固黃瓊之儔也匪砥匪革終淪嬖習砥礪也革改也淪沒也言順帝初升天位又羣賢總集不能因茲自礪改革前非而終溺於私嬖近習也謂封孫程等十九人爲侯又詔中官養子襲封爵之類也保阿傳土后家世及保安也阿倚也言可依倚以取安傳姆之類也傳土謂阿母山陽君宋娥更相貨賂求增邑土也后家謂拜后父梁商爲大將軍商薨仍拜子冀爲大將軍弟不疑爲河南尹沖夭未識質弒以聰陵折在運天緒三終言陵遲夭折在於時運所以天之胤緒頻致三終也

後漢書卷六考證

順帝紀宗祀明堂登雲臺○何焯曰此靈臺也緣下避火雲臺而訛

九月庚寅○宋本無庚寅二字

後漢書卷七

宋　宣　城　太　守　范　曄　撰

唐　章　懷　太　子　賢　注

桓帝紀第七

孝桓皇帝諱志諡法曰克敬服遠曰桓志之字曰意肅宗曾孫也祖父河間孝王開父蠡吾侯翼順帝時開上書願分蠡吾縣以封翼帝許之蠡吾故城在今瀛州博野縣西蠡音禮母匽氏諱明本蠡吾侯之媵妾史記曰匽姓咎繇之後也匽音偃翼卒帝襲爵爲侯本初元年梁太后徵帝到夏門亭洛陽城北面西頭門也門外有萬壽亭將妻以女弟妻音七計反會質帝崩太后遂與兄大將軍冀定策禁中閏月庚寅使冀持節以王靑蓋車續漢志曰皇太子皇子皆安車朱班輪靑蓋金華蚤故曰王靑蓋車也迎帝入南宮其日卽皇帝位時年十五太后猶臨朝政東觀記曰太后御卻非殿秋七月乙卯葬孝質皇帝于靜陵在洛陽東南三十里陵高五丈五尺周百三十八步齊王喜薨辛巳謁高廟光武廟丙戌詔曰孝廉廉吏皆當典城牧民禁姦舉善興化之本恒必由之詔書連下分明懇惻而所在翫習遂至怠慢選舉乖錯害及元元頃雖頗繩正猶未懲改方今淮夷未殄軍師屢出本初元年廬江賊攻盱台廣陵賊張嬰等殺江都長盱台江都近淮故言淮夷時中郎將滕撫擊破之其餘衆猶未殄也百姓疲悴困於徵發庶望羣吏惠我勞民蠲滌貪穢以祈休祥其令秩滿百石十歲以上有殊才異行乃得參選臧吏子孫不得察舉杜絕邪僞請託之原令廉白守道者得信其操信音申古字通各明守所司將觀厥後九月戊戌追尊皇祖河間孝王曰孝穆皇夫人趙氏曰孝穆皇后皇考蠡吾侯曰孝崇皇冬十月甲午尊皇母匽氏爲孝崇博園貴人博本漢蠡吾縣之地也帝既追尊父爲孝崇皇其陵曰博陵置園廟焉故曰博園在今瀛州博野縣西貴人位次皇后金印紫綬

建和元年春正月辛亥朔日有食之詔三公九卿校尉各言得失戊午大赦天下賜吏更勞一歲男子爵人二級爲父後及三老孝悌力田人三級鰥寡孤獨篤癃貧不能自存者粟人五斛貞婦帛人三匹災害所傷什四以上勿收田租其不滿者以實除之二月荆揚二州人多餓死遣四府掾分行賑給沛國言黃龍見譙夏四月庚寅京師地震詔大將軍公卿校尉舉賢良方正能直言極諫者各一人又命列侯將大夫御史謁者千石六百石將謂五官左右虎賁羽林中郎將也大夫謂光祿大夫太中大夫中散大夫諫議大夫博士議郎郎官各上封事指陳得失博士掌通古今比六百石議郎比六百石郎官謂三中郎將下之屬官也有中郎侍郎郎中又詔大將軍公卿郡國舉至孝篤行之士各一人壬辰詔州郡不得迫脅驅逐長吏長吏臧滿三十萬而不糾舉者刺史二千石以縱避爲罪若有擅相假印綬者與殺人同棄市論丙午詔郡國繫四減死罪一等勿笞唯謀反大逆不用此書又詔曰比起陵塋作靜陵也彌歷時歲力役既廣徒隸尤勤頃雨澤不沾密雲復散儻或在茲易曰密雲不雨自我西郊其令徒作陵者減刑各六月是月立阜陵王代兄勃遒亭侯便爲阜陵王便光武玄孫也阜陵王恢之子以順帝陽嘉中封勃遒亭侯今取封也遒音子由反本傳作便親紀傳不同蓋有誤郡國六地裂水涌井溢續漢志曰水溢壞城寺室屋殺人時梁太后攝政兄冀枉殺李固杜喬芝草生中黃藏府漢官儀曰中黃藏府掌中幣帛金銀諸貨物也六月太尉胡廣罷大司農杜喬爲太尉秋七月勃海王鴻薨章帝曾孫也樂安夷王寵之子質帝之父也梁太后改封勃海立帝弟蠡吾侯悝爲勃海王乙未立皇后梁氏九月丁卯京師地震太尉杜喬免冬十月司徒趙戒爲太尉戒字志伯蜀郡人也司空袁湯爲司徒前太尉胡廣爲司空十一月濟陰言有五色大鳥見于己氏續漢志曰時以爲鳳凰政既衰缺梁冀專權皆羽孽也己氏縣名屬濟陰郡故城在今宋州楚邱縣也古戎州己氏之邑也戊午減天下死罪一等戍邊清河劉文反殺國相謝暠欲立淸河王蒜爲天子事覺伏誅蒜坐貶爲尉氏侯徙桂陽自殺尉氏縣屬陳留郡今汴州縣也前太尉李固杜喬皆下獄死續漢志曰順帝之末京都童謠曰直如弦死道邊曲如鉤反封侯曲如鉤謂梁冀胡廣等直如弦謂李固等陳留盜賊李堅自稱皇帝伏誅東觀記曰江舍及李堅等

二年春正月甲子皇帝加元服庚午大赦天下賜河間勃海二王黃金各百斤河間王建勃海王悝彭城諸國王各五十斤彭城王定公主大將軍三公特進侯中二千石二千石將大夫郎吏從官四姓及梁鄧小侯諸夫人以下帛各有差年八十以上賜米酒肉九十以上加帛二匹綿三斤三月戊辰帝從皇太后幸大將軍梁冀府白馬羌寇廣漢屬國殺長吏益州刺史率板楯蠻討破之板楯西南蠻之號夏四月丙子封帝弟顧爲平原王奉孝崇皇祀尊孝崇皇夫人馬氏爲孝崇園貴人嘉禾生大司農帑藏說文曰帑者金布所藏之府也帑佗朗反五月癸丑北宮掖廷中德陽殿及左掖門火車駕移幸南宮六月改清河爲甘陵立安平王得子經侯理爲甘陵王安平今定州縣也經今貝州經城縣秋七月京師大水河東言木連理冬十月長平陳景自號皇帝子署置官屬又南頓管伯亦稱眞人並圖舉兵悉伏誅

三年春三月甲申彭城王定薨夏四月丁卯晦日有食之續漢志曰在東井二十三度東井主法梁太后枉殺公卿犯天法也五月乙亥詔曰蓋聞天生烝民不能相理爲之立君使司牧之君道得於下則休祥著乎上庶事失其序則咎徵見乎象已上畧成帝詔詞間者日食毀缺陽光晦暗朕祗懼潛思匪遑啓處遑暇也啓跪也詩小雅曰王事靡盬不遑啓處傳不云乎日食脩德月食脩刑公羊傳之文也昔孝章帝愍前世禁徙故建初之元並蒙恩澤流徙者使還故郡沒入者免爲庶民先皇德政可不務乎其自永建元年迄于今歲凡諸妖惡支親從坐及吏民減死徙邊者悉歸本郡唯沒入者不從此令六月庚子詔大將軍三公特進侯其與卿校尉舉賢良方正能直言極諫之士各一人乙卯震憲陵寢屋秋七月庚申廉縣雨肉續漢志曰肉似羊脇或大如手五行傳云棄法律逐功臣時則有羊禍時則有赤眚赤祥是時梁太后攝政兄冀專權枉誅李固杜喬天下寃之廉縣屬北地郡也八月乙丑有星孛于天市前書曰旗星中四星名曰天市京師大水九月己卯地震庚寅地又震詔死罪以下及亡命者贖各有差郡國五山崩冬十月太尉趙戒免司徒袁湯爲太尉大司農河內張歆

爲司徒（歆字敬讓）十一月甲申詔曰朕攝政失中災眚連仍三光不明陰陽錯序監寐寤歎疢如疾首（監寐言雖寢而不寐也寤覺也）今京師廝舍死者相枕（廝舍賤役人之舍也）郡縣阡陌處處有之甚違周文掩胔之義其有家屬而貧無以葬者給直人三千喪主布三匹若無親屬可於官壖地葬之（壖官之餘地也前書音義曰壖城郭旁地音奴喚而緣二反）表識姓名爲設祠祭又徒在作部疾病致醫藥死亡厚埋藏民有不能自振及流移者稟穀如科州郡檢察務崇恩施以康我民

和平元年春正月甲子大赦天下改元和平己亥詔曰曩者遭家不造先帝早世（謂順帝崩詩周頌曰閔予小子遭家不造鄭玄注云造成也言成王遭武王崩家道未成）永惟太宗之重深思嗣續之福詢謀台輔稽之兆占既建明哲克定統業天人協和萬國咸寧元服已加將即委付而四方盜竊頗有未靜故假延臨政以須安謐幸賴股肱禦侮之助殘醜消蕩（謂建和二年長安陳景反南頓管伯等謀反並伏誅）民和年稔普天率土遐邇洽同遠覽復子明辟之義（尚書曰周公復子明辟復還也子謂成王也辟君也謂周公攝政已久故復還明君之政於成王今太后亦還政於帝也）近慕先姑歸授之法（先姑謂安帝閻皇后也爾雅曰婦人謂夫之父曰舅夫之母曰姑在則曰君舅君姑殁則曰先舅先姑也）及今令辰皇帝稱制羣公卿士虔恭爾位戮力一意勉同斷金（金者剛之物也言人能同心則其利可以斷之也易曰二人同心其利斷金）展也大成則所望矣（詩小雅曰允矣君子展也大成鄭玄注云允信也展誠也大成謂致太平也言誠能致太平是所望也）二月扶風妖賊裴優自稱皇帝伏誅（裴姓優名也風俗通曰裴伯益之後）甲寅皇太后梁氏崩三月車駕徙幸北宮甲午葬順烈皇后夏五月庚辰尊博園匽貴人曰孝崇皇后秋七月梓潼山崩（梓潼縣屬廣漢郡今始州縣也有梓潼水）冬十一月減天下死罪一等徙邊戍

元嘉元年春正月京師疾疫使光祿大夫將醫藥案行癸酉大赦天下改元元嘉二月九江廬江大疫甲午河閒王建薨夏四月己丑安平王得薨（河閒孝王開之子初爲樂成王後改曰安平）京師旱任城梁國饑民相食司徒張歆罷光祿勳吳雄爲司徒秋七月武陵蠻叛冬十月司空胡廣罷十一月辛巳京師地震閏月庚午任城王崇薨太常黃瓊爲司空

二年春正月西域長史王敬爲于寘國所殺（敬殺于寘王建故國人殺之）丙辰京師地震夏四月甲寅孝崇皇后匽氏崩庚午常山王豹薨五月辛卯葬孝崇皇后于博陵秋七月庚辰日有食之八月濟陰言黃龍見句陽（縣名屬濟陰郡左傳曰盟于句瀆之丘是也故城在今曹州乘氏縣北一名穀丘）金城言黃龍見允街（允街縣名屬金城郡音鉛皆）冬十月乙亥京師地震十一月司空黃瓊免十二月特進趙戒爲司空右北平太守和旻坐臧下獄死

永興元年春二月張掖言白鹿見三月丁亥幸鴻池夏五月丙申大赦天下改元永興丁酉濟南王廣薨無子國除秋七月郡國三十二蝗河水溢百姓飢窮流冗道路至有數十萬戶冀州尤甚詔在所賑給乏絕安慰居業冬十月太尉袁湯免太常胡廣爲太尉司徒吳雄罷司空趙戒免以太僕黃瓊爲司徒光祿勳房植爲司空十一月丁丑詔減天下死罪一等徙邊戍是歲武陵太守應奉招誘叛蠻降之

二年春正月甲午大赦天下二月辛丑初聽刺史二千石行三年喪服癸卯京師地震詔公卿校尉舉賢良方正能直言極諫者各一人詔曰比者星辰謬越坤靈震動災異之降必不空發勑己脩政庶望有補其輿服制度有踰侈長飾者皆宜損省（長音直亮反）郡縣務存儉約申明舊令如永平故事六月彭城泗水增長逆流（張衡對策曰水者五行之首逆流者人君之恩不能下及而致逆也）詔司隸校尉部刺史曰蝗災爲害水變仍至五穀不登人無宿儲其令所傷郡國種蕪菁以助人食京師蝗東海朐山崩（朐山名也在今海州朐山縣南）九月丁卯朔日有食之詔曰朝政失中雲漢作旱（雲漢詩大雅篇名也周宣王時大旱故作詩曰倬彼雲漢昭回于天鄭玄注云雲漢天河也倬然轉運於天時旱渴雨故宣王夜觀天河望其候焉）川靈涌水蝗螽孳蔓殘我百穀太陽虧光饑饉荐臻其不被害郡縣當爲飢餒者儲天下一家趣不糜爛則爲國寶其禁郡國不得賣酒祠祀裁足太尉胡廣免司徒黃瓊爲太尉閏月光祿勳尹頌爲司徒（頌字公孫鞏人）減天下死罪一等徙邊戍蜀郡李伯詐稱宗室當立爲太初皇帝伏誅冬十一月甲辰校獵上林苑遂至函谷關賜所過道傍年九十以上錢各有差太山琅邪賊公孫舉等反叛殺長吏

永壽元年春正月戊申大赦天下改元永壽二月司隸冀州饑人相食（司隸州即洛陽）勑州郡賑給貧弱若王侯吏民有積穀者一切貣得十分之三（貣音吐得反又音徒得反）以助稟貸其百姓吏民者以見錢雇直（雇猶酬也）王侯須新租乃償（須待也）夏四月白烏見齊國六月洛水溢壞鴻德苑（續漢志曰水溢至津城門漂流人物時梁冀專政疾害忠良威權震主後遂誅滅也）南陽大水司空房植免太常韓縯爲司空（縯音翼善反）詔太山琅邪遇賊者勿收租賦復更筭三年又詔被水死流失屍骸者令郡縣鉤求收葬及所唐突壓溺物故七歲以上賜錢人二千壞敗廬舍亡失穀食尤貧者稟人二斛巴郡益州郡山崩（益州郡名也武帝置諸本無郡字者誤也）秋七月初置太山琅邪都尉官（漢官儀曰秦郡有尉一人典兵禁捕盜賊景帝更名都尉建武七年省唯邊郡往往置都尉及屬國都尉今二郡寇賊不息故置）南匈奴左臺且渠伯德等叛寇美稷（美稷西河縣也）安定屬國都尉張奐討除之

二年春正月初聽中官得行三年服（中常侍以下）二月甲申東海王臻薨三月蜀郡屬國夷叛秋七月鮮卑寇雲中太山賊公孫舉等寇青兗徐三州遣中郎將段熲討破斬之冬十一月置太官右監丞官（漢官儀曰太官右監丞秩比六百石也）十二月京師地震

三年春正月己未大赦天下夏四月九真蠻夷叛太守兒式討之戰歿遣九真都尉魏朗擊破之復屯據日南閏月庚辰晦日有食之六月初以小黃門爲守宮令置冗從右僕射官（漢官儀曰守宮令一人黃門冗從僕射一人並秩六百石也）京師蝗秋七月河東地裂冬十一月司徒尹頌薨長沙蠻叛寇益陽（縣名屬長沙國在益水之陽今潭州縣也故城在縣東）司空韓縯爲司徒太常北海孫朗爲司空（朗字代平）

延熹元年春三月己酉初置鴻德苑令（漢官儀曰苑令一人秩六百石）夏五月己酉大會公卿以下賞賜各有差甲戌晦日有食之京師蝗六月戊寅大赦天下改元延熹丙戌分中山置博陵郡以奉孝崇皇園陵（博陵郡故城在今瀛州博野縣後徙安平）大雩秋七月己巳雲陽地裂甲子太尉黃瓊免太常胡廣爲太尉冬十月校獵廣成遂幸上林苑十二月鮮卑寇邊使匈奴中郎將張奐率南單于擊破之

二年春二月鮮卑寇鴈門己亥阜陵王便薨蜀郡夷寇蠶陵殺縣令三月復斷刺史二千石行三年喪夏京師雨水六月鮮卑寇遼東秋七月初造顯陽苑置丞丙午皇后梁氏崩乙丑葬懿獻皇后于懿陵大將軍梁冀謀爲亂八月丁丑帝御前殿詔司隸校尉張彪將兵圍冀第收大將軍印綬冀與妻皆自殺衛尉梁淑河南尹梁胤屯騎校尉梁讓越騎校尉梁忠長水校尉梁戟等及中外宗親數十人皆伏誅太尉胡廣坐免司徒韓縯司空孫朗下獄（東觀記曰並坐不衛宮止長壽亭減死一等以爵贖之）壬午立皇后鄧氏追廢懿陵爲貴人冢詔曰梁冀姦暴濁亂王室孝質皇帝聰敏早茂冀心懷忌畏私行殺毒永樂太后親尊莫二（和平元年有司奏太后所居皆以永樂爲稱置官屬太僕少府焉）冀又遏絕禁還京師（謂太后常居博園不得在洛陽）使朕離母子之愛隔顧復之恩禍害深大罪釁日滋賴宗廟之靈及中常侍單超徐璜具瑗左悺（說文曰悺憂也音工奐反今作心旁官即悺字也今相傳音綰）唐衡尚書令尹勳等激憤建策內外協同漏刻之閒桀逆梟夷（梟縣首於木也）斯誠社稷之祐臣下之力宜班慶賞以酬忠勳其封超等五人爲縣侯勳等七人爲亭侯（五縣侯謂單超新豐侯徐璜武原侯具瑗東武陽侯左悺上蔡侯唐衡汝陽侯七亭侯謂尹勳宜陽都鄉霍諝鄴都亭張敬山陽西鄉歐陽參脩武仁亭李瑋宜陽金門虞放免句呂都亭周永下邳高遷鄉）於是舊故恩私多受封爵大司農黃瓊爲太尉光祿大夫中山祝恬爲司徒（恬字伯休盧奴人）大鴻臚梁國盛允爲司空（允字伯代）初置祕書監官（漢官儀祕書監一人秩六百石）冬十月壬申行幸長安乙酉幸未央宮甲午祠高廟十一月庚子遂有事十一陵壬寅中常侍單超爲車騎將軍十二月己巳至自長安賜長安民粟人十斛園陵人五斛行所過縣三斛燒當等八種羌叛寇隴右護羌校尉段熲追擊於羅亭破之（東觀記曰追到積石山即與羅亭相近在今鄯州也）天竺國來獻

三年春正月丙申大赦天下丙午車騎將軍單超薨閏月燒當羌叛寇張掖護羌校尉段熲追擊於積石大破之（積石山在今鄯州龍支縣南即禹貢云導河積石是也）白馬令李雲坐直諫下獄死夏四月上郡言甘露降五月甲戌漢中山崩六月辛丑司徒祝恬薨七月司空盛允爲司徒太常虞放爲司空（放字子仲陳留人也）長沙蠻寇郡界九月太山琅邪賊勞丙等復叛寇掠百姓遣御史中丞趙某（史闕名也）持節督州郡討之丁亥詔無事之官權絕奉豐年如故冬十一月日南蠻賊率衆詣郡降勒姐羌圍允街（勒姐羌號也姐音子野反）段熲擊破之太山賊叔孫無忌攻殺都尉侯章十二月遣中郎將宗資討破之武陵蠻寇江陵車騎將軍馮緄討皆降散荊州刺史度尚討長沙蠻平之

四年春正月辛酉南宮嘉德殿火戊子丙署火（丙署署名也續漢志曰丙署長七人秩四百石黃綬宦者爲之主中宮別處）大疫二月壬辰武庫火司徒盛允免大司農种暠爲司徒三月省冗從右僕射官（永壽三年置）太尉黃瓊免夏四月太常劉矩爲太尉甲寅封河閒王開子博爲任城王五月辛酉有星孛于心丁卯原陵長壽門火己卯京師雨雹（東觀記曰大如雞子續漢志曰誅殺過差寵小人也）六月京兆扶風及涼州地震庚子岱山及博尤來山並頹裂（博今博城縣也太山有徂來山一名尤來）己酉大赦天下司空虞放免前太尉黃瓊爲司空犍爲屬國夷寇鈔百姓益州刺史山昱擊破之零吾羌與先零諸種並叛寇三輔秋七月京師雩減公卿以下奉貣王侯半租占賣關內侯虎賁羽林緹騎營士五大夫錢各有差九月司空黃瓊免大鴻臚劉寵爲司空冬十月天竺國來獻南陽黃武與襄城惠得昆陽樂季訞言相署皆伏誅先零沈氏羌與諸種羌寇并涼二州十一月中郎將皇甫規擊破之十二月夫餘王遣使來獻

五年春正月省太官右監丞（永壽三年置）壬午南宮丙署火三月沈氏羌寇張掖酒泉壬午濟北王次薨夏四月長沙賊起寇桂陽蒼梧（東觀記曰時攻沒蒼梧取銅虎符太守甘定刺史侯輔各奔出城桂

陽郡在桂水之陽今連州縣驚馬逸象突入宮殿乙丑恭陵東闕火安帝陵也戊辰虎賁掖門火己巳太學西門自壞五月康陵國寢火殤帝陵也長沙零陵賊起攻桂陽蒼梧南海交阯遣御史中丞盛脩督州郡討之不剋乙亥京師地震詔公卿各上封事甲申中藏府丞祿署火秋七月己未南宮承善闥火爾雅曰宮中門謂之闈廣雅曰闥謂之門鳥吾羌寇漢陽隴西金城諸郡兵討破之八月庚子詔減虎賁羽林住寺不任事者半奉勿與冬衣東觀記曰以京師水旱疫病帑藏空虛虎賁羽林不任事者住寺滅半奉據此謂簡選疲弱不勝軍事者留住寺也其公卿以下給冬衣之半艾縣賊焚燒長沙郡縣寇益陽殺令東觀記曰時賊乘刺史車屯據臨湘居太守舍賊萬人以上屯益陽殺長吏艾縣名屬豫章郡故城在今洪州建昌縣又零陵蠻亦叛寇長沙己卯罷琅邪都尉官永壽元年置冬十月武陵蠻叛寇江陵南郡太守李肅坐奔北棄市辛丑以太常馮緄爲車騎將軍討之假公卿以下奉又換王侯租以助軍糧出濯龍中藏錢還之十一月馮緄大破叛蠻於武陵京兆虎牙都尉宗謙坐臧下獄死京兆虎牙都尉也長安見西羌傳滇那羌寇武威張掖酒泉太尉劉矩免太常楊秉爲太尉

六年春二月戊午司徒种暠薨三月戊戌大赦天下衞尉潁川許栩爲司徒栩字季闕偃人夏四月辛亥康陵東署火五月鮮卑寇遼東屬國秋七月甲申平陵園寢火平陵昭帝陵也桂陽盜賊李研等寇郡界武陵蠻復叛太守陳奉與戰大破降之隴西太守孫羌討滇那羌破之八月車騎將軍馮緄免冬十月丙辰校獵廣成遂幸函谷關上林苑十一月司空劉寵免南海賊寇郡界十二月衞尉周景爲司空

七年春正月庚寅沛王榮薨三月癸亥隕石于鄠夏四月丙寅梁王成薨五月己丑京師雨雹秋七月辛卯趙王乾薨野王山上有死龍荊州刺史度尚擊零陵桂陽盜賊及蠻夷大破平之冬十月壬寅南巡狩庚申幸章陵祠舊宅遂有事于園廟賜守令以下各有差戊辰幸雲夢臨漢水還幸新野祠湖陽新野公主魯哀王壽張敬侯廟光武姊湖陽長公主新野長公主兄魯哀王舅壽張敬侯樊重並光武時立廟護羌校尉段熲擊當煎羌破之十二月辛丑車駕還宮

八年春正月遣中常侍左悺之苦縣祠老子史記曰老子者楚苦縣厲鄉曲仁里人也名耳字聃姓李氏爲周守藏史有神廟故就祠之苦縣屬陳國故城在今亳州谷陽縣也苦音戶又如字勃海王悝謀反降爲廮陶王廮陶縣屬鉅鹿郡故城在今趙州廮陶縣西南丙申晦日有食之詔公卿校尉舉賢良方正己酉南宮嘉德署黃龍見千秋萬歲殿火太僕左稱有辠自殺癸亥皇后鄧氏廢河南尹鄧萬世鄧后之叔父也虎賁中郎將鄧會下獄死鄧后之兄子護羌校尉段熲擊勒姐羌破之三月辛巳大赦天下夏四月甲寅安陵園寢火惠帝陵也丁巳壞郡國諸房祀房謂祠堂也王渙傳曰時唯密縣存故太傅卓茂廟洛陽留令王渙祠濟陰東郡濟北河水淸五月壬申罷太山都尉官永壽元年置丙戌太尉楊秉薨丙辰緱氏地裂桂陽胡蘭朱蓋等復反攻沒郡縣轉寇零陵零陵太守陳球拒之遣中郎將度尚長沙太守抗徐等擊蘭蓋大破斬之謝承書曰抗徐字伯徐丹陽人少爲郡佐史有膽智策畧三府表徐有將率之任特遷長沙太守風俗通曰衞大夫三抗之後漢有抗喜爲漢中太守蒼梧太守張敘爲賊所執又桂陽太守任胤背敵畏懦皆棄市閏月甲午南宮長秋和歡殿後鉤楯掖庭朔平署火長秋宮名漢官儀曰朔平署司馬一人六月段熲擊當煎羌於湟中大破之湟水名在今鄯州湟水縣秋七月太中大夫陳蕃爲太尉八月戊辰初令郡國有田者畝斂稅錢畝十錢也九月丁未京師地震冬十月司空周景免太常劉茂爲司空茂字叔盛彭城人也辛巳立貴人竇氏爲皇后勃海妖賊蓋登等蓋古盍反稱太上皇帝有玉印珪璧鐵券相署置皆伏誅續漢書曰時登等有玉印五皆如白石文曰皇帝信璽皇帝行璽其三無文字璧二十二珪五鐵券十一開王廟帶玉綬衣絳衣相署置也十一月壬子德陽殿西閤黃門北寺火延及廣義神虎門燒殺人廣義神虎洛陽宮西門在金商門外袁山松書曰是時連月火災諸宮寺或一日三發又夜有訛言擊鼓相驚陳蕃等上疏諫曰唯善政可以已之書奏不省使中常侍管霸之苦縣祠老子

九年春正月辛亥朔日有食之詔公卿校尉郡國舉至孝沛國戴異得黃金印無文字遂與廣陵人龍尚等共祭井作符書稱太上皇伏誅東觀記曰戴異鉏田得金印到廣陵以與龍尚己酉詔曰比歲不登人多飢窮又有水旱疾疫之困盜賊徵發南州尤甚謂長沙桂陽零陵等郡也並屬荊州災異日食譴告累至政亂在予仍獲咎徵其令大司農絕今歲調度徵求及前年所調未畢者勿復收責其災旱盜賊之郡勿收租餘郡悉半入三月癸巳京師有火光轉行人相驚譟司隸豫州飢死者什四五至有滅戶者遣三府掾賑稟之陳留太守韋毅坐臧自殺夏四月濟陰東郡濟北平原河水淸司徒許栩免五月太常胡廣爲司徒六月南匈奴及烏桓鮮卑寇緣邊九郡秋七月沈氏羌寇武威張掖詔舉武猛三公各二人卿校尉各一人太尉陳蕃免庚午祠黃老於濯龍宮遣使匈奴中郎將張奐擊南匈奴烏桓鮮卑九月光祿勳周景爲太尉南陽太守成瑨太原太守劉質並以譖棄市時小黃門趙津犯法質考殺之宦官怨恚有司承旨奏質等司空劉茂免大秦國王遣使奉獻時國王安敦獻象牙犀角玳瑁冬十二月洛城傍竹柏枯傷光祿勳汝南宣酆爲司空酆字伯應封東陽亭侯南匈奴烏桓率衆詣張奐降司隸校尉李膺等二百餘人受誣爲黨人並坐下獄書名王府河內牟脩告之事具劉淑傳

永康元年春正月先零羌寇三輔中郎將張奐破平之當煎羌寇武威護羌校尉段熲追擊於鸞鳥大破之鸞鳥縣名屬武威郡鸞音雀西羌悉平夫餘王寇玄菟太守公孫域與戰破之夏四月先零羌寇三輔五月丙申京師及上黨地裂廬江賊起寇郡界壬子晦日有食之詔公卿校尉舉賢良方正六月庚申大赦天下悉除黨錮改元永康時李膺等頗引宦官子弟宦官多懼請帝以天時當赦帝許之故除黨錮也丙寅阜陵王統薨秋八月魏郡言嘉禾生甘露降巴郡言黃龍見續漢志曰時人欲就池浴見池水濁因相戲恐此中有黃龍語遂行人聞郡欲以爲美故上言之時史以書帝紀桓帝政化衰缺而多言瑞應皆此類也先儒言瑞興非時則爲妖孽而人言生龍皆龍孽也六州大水勃海海溢詔州郡溺死者七歲以上錢人二千一家皆被害者悉爲收斂其亡失穀食稟人三斛冬十月先零羌寇三輔使匈奴中郎將張奐擊破之十一月西河言白菟見十二月壬申復廮陶王悝爲勃海王丁丑帝崩于德陽前殿年三十六戊寅尊皇后曰皇太后太后臨朝是歲復博陵河間二郡比豐沛

論曰前史稱桓帝好音樂善琴笙前史謂東觀記飾芳林而考濯龍之宮薛綜注東京賦云濯龍殿名芳林謂兩旁樹木蘭也考成也既成而祭之左傳曰考仲子之宮設華蓋以祠浮圖老子浮圖今佛也續漢志曰祀老子於濯龍宮文罽爲壇飾淳金銀器設華蓋之坐用郊天樂斯將所謂聽於神乎左傳曰史嚚曰國將興聽於人將亡聽於神及誅梁冀奮威怒天下猶企其休息而五邪嗣虐流衍四方五邪謂單超徐璜左悺唐衡具瑗也自非忠賢力爭屢折姦鋒忠賢謂李膺陳蕃竇武黃瓊朱穆劉淑劉陶等各上書極諫以折宦官等姦謀之鋒也雖願依斟流彘亦不可得已帝王紀曰夏帝相爲羿所逐乃都商丘依同姓諸侯斟灌斟尋氏史記曰周厲王好利暴虐周人相與畔而襲厲王王出奔于彘言帝寵幸宦豎令執威權頼忠臣李膺等竭力諫爭以免篡弒之禍不然則雖願如夏相依斟周厲王流彘不可得也斟灌斟尋國故城在今青州延晉地也

贊曰桓自宗支越躋天祿越謂非大也躋升也天祿謂天位也左傳子家羈曰天祿不再政移五倖刑淫三獄倖佞也淫濫也五倖卽上五邪也三獄謂李固杜喬李雲杜衆成瑨劉質也傾宮雖積皇身靡續帝王紀曰紂多發美女以充傾宮之室婦人衣綾紈者三百餘人據桓帝納三皇后又博採宮女五六千人並無子也

後漢書卷七考證

桓帝紀辛巳謁高廟光武廟○何焯曰光武廟上疑脫壬午謁三字

自號皇帝子○皇監本作黃今從宋本　臣會汾按黃帝子義亦可通猶前書言白帝子赤帝子也

和平元年春正月甲子大赦天下改元和平己亥詔曰○何焯曰若以甲子下赦則己亥歸政當在二月疑日有訛

後漢書卷八

宋　宣　城　太　守范　曄撰

唐　章　懷　太　子　賢注

靈帝紀第八

孝靈皇帝諱宏諡法曰亂而不損曰靈伏侯古今注曰宏之字曰大肅宗玄孫也曾祖河間孝王開祖淑父萇世封解瀆亭侯淑以河間王子封爲解瀆亭侯萇襲父封故言世封也解瀆亭在今定州義豐縣東北也帝襲侯爵母董夫人桓帝崩無子皇太后與父城門校尉竇武定策禁中使守光祿大夫劉儵持節將左右羽林至河間奉迎續漢志曰桓帝之初京都童謠曰城上烏尾畢逋公爲吏子爲徒一徒死百乘車車班班入河間河間姹女工數錢以錢爲室金爲堂石上慊慊春黃粱梁下有懸鼓我欲擊之丞卿怒城上烏者處高獨食不與下共謂人主多聚斂也公爲吏子爲徒者言蠻夷叛逆父既爲軍吏子弟又爲卒徒往擊之也一徒死百乘車者言前一人討胡既死矣後又遣百乘車往也車班班者言乘輿班班入河間迎靈帝也姹女數錢言帝既立其母永樂太后好聚金以爲堂室也石上慊慊者言太后雖積金錢猶慊慊常若不足使人春黃粱而食之也我欲擊之者言太后教帝使賣官受錢天下忠篤之士怨望欲擊鼓求見丞卿怒而止我也

建寧元年春正月壬午城門校尉竇武爲大將軍己亥帝到夏門亭東觀記曰到夏門外萬壽亭群臣謁見使竇武持節以王青蓋車迎入殿中庚子卽皇帝位年十二改元建寧以前太尉陳蕃爲太傅與竇武及司徒胡廣叅錄尚書事使護羌校尉段熲討先零羌二月辛酉葬孝桓皇帝于宣陵在洛陽東南三十里高十二丈周三百步廟曰威宗庚午謁高廟辛未謁世祖廟大赦天下賜民爵及帛各有差段熲大破先零羌於逢義山山在今原州高平縣逢一作途閏月甲午追尊皇祖爲孝元皇夫人夏氏爲孝元皇后考爲孝仁皇夫人董氏爲愼園貴人愼園在今瀛州樂壽縣東南俗呼爲二皇陵夏四月戊辰太尉周景薨司空宣酆免長樂衞尉王暢爲司空五月丁未朔日有食之詔公卿以下各上封事及郡國守相舉有道之士各一人又故刺史二千石淸高有遺惠爲衆所歸者皆詣公車太中大夫劉矩爲太尉六月京師雨水秋七月破羌將軍段熲復破先零羌於涇陽涇陽縣名屬安定故城在原州涼縣南也八月司空王暢免宗正劉寵爲司空九月丁亥中常侍曹節矯詔誅太傅陳蕃大將軍竇武及尚書令尹勳侍中劉瑜屯騎校尉馮述皆夷其族皇太后遷于南宮太后與竇武密謀欲誅曹節等今武等既誅故太后被遷司徒胡廣爲太傅錄尚書事司空劉寵爲司徒大鴻臚許栩爲司空冬十月甲辰晦日有食之令天下繫囚罪未決入縑贖各有差十一月太尉劉矩免太僕沛國聞人襲爲太尉姓聞人名襲字定卿風俗通曰少正卯魯之聞人其後氏焉十二月鮮卑及濊貊寇幽并二州

二年春正月丁丑大赦天下三月乙巳尊愼園董貴人

爲孝仁皇后續漢志曰置永樂宮儀如桓帝尊匽貴人之禮夏四月癸巳大風雨雹詔公卿以下各上封事五月太尉聞人襲罷司空許栩免六月司徒劉寵爲太尉太常許訓爲司徒訓字季師平輿人太僕長沙劉囂爲司空囂字重寧秋七月破羌將軍段熲大破先零羌於射虎塞外谷東羌悉平九月江夏蠻叛州郡討平之丹陽山越賊圍太守陳夤夤擊破之冬十月丁亥中常侍侯覽諷有司奏前司空虞放太僕杜密長樂少府李膺司隸校尉朱㝢潁川太守巴肅沛相荀翌河內太守魏朗山陽太守翟超皆爲鉤黨下獄鉤謂相牽引也事見劉淑李膺傳死者百餘人妻子徙邊諸附從者錮及五屬五屬謂五服內親也制詔州郡大舉鉤黨於是天下豪傑及儒學行義者一切結爲黨人續漢志曰建寧中京都長者皆以葦方笥爲裝具時有識者竊言葦笥郡國讞篋也後黨人禁錮會赦有疑者皆讞廷尉人名悉入方笥中庚子晦日有食之十一月太尉劉寵免太僕郭禧爲太尉禧字公房扶溝人也禧音僖鮮卑寇幷州是歲長樂太僕曹節爲車騎將軍百餘日罷

三年春正月河內人婦食夫河南人夫食婦三月丙寅晦日有食之夏四月太尉郭禧罷太中大夫聞人襲爲太尉秋七月司空劉囂罷八月大鴻臚橋玄爲司空九月執金吾董寵下獄死冬濟南賊起攻東平陵東平陵縣名屬濟南郡故城在今濟州東鬱林烏滸民相率內屬烏滸南方夷號也廣州記曰其俗食人以鼻飲水口中進啖如故

四年春正月甲子帝加元服大赦天下賜公卿以下各有差唯黨人不赦二月癸卯地震海水溢河水清三月辛酉朔日有食之太尉聞人襲免太僕李咸爲太尉咸字元卓汝南西平人詔公卿至六百石各上封事大疫使中謁者巡行致醫藥司徒許訓免司空橋玄爲司徒夏四月太常來豔爲司空豔字季德南陽新野人五月河東地裂雨雹山水暴出秋七月司空來豔免癸丑立貴人宋氏爲皇后執金吾宋酆女前年入掖庭爲貴人司徒橋玄免太常宗俱爲司空俱字伯儼南陽安定人前司空許栩爲司徒冬鮮卑寇幷州

熹平元年春三月壬戌太傅胡廣薨夏五月己巳大赦天下改元熹平長樂太僕侯覽有罪自殺六月京師雨水癸巳皇太后竇氏崩秋七月甲寅葬桓思皇后宦官諷司隸校尉段熲捕繫太學諸生千餘人時有人書朱雀闕云天下大亂公卿皆尸祿故捕之事見宦官傳冬十月勃海王悝被誣謀反丁亥悝及妻子皆自殺十一月會稽人許生自稱越王寇郡縣東觀記曰會稽許昭聚衆自稱大將軍立父生爲越王攻破郡縣遣揚州刺史臧旻丹陽太守陳夤討破之十二月司徒許栩罷大鴻臚袁隗爲司徒鮮卑寇幷州是歲甘陵王恢薨

二年春正月大疫使使者巡行致醫藥丁丑司空宗俱薨二月壬午大赦天下以光祿勳楊賜爲司空三月太尉李咸免夏五月以司隸校尉段熲爲太尉沛相師遷坐誣罔國王下獄死國王陳愍王寵也臣賢案陳敬王傳云國相師遷又東觀記曰陳行相師遷奏沛相魏愔前爲陳相與陳王寵交通明魏愔爲沛相此言師遷爲沛相蓋誤也六月北海地震東萊北海海水溢續漢志曰時出大魚二枚各長八九丈高二丈餘秋七月司空楊賜免太常潁川唐珍爲司空冬十二月日南徼外國重譯貢獻太尉段熲罷鮮卑寇幽幷二州癸酉晦日有食之

三年春正月夫餘國遣使貢獻二月己巳大赦天下太常陳耽爲太尉耽字漢公東海人也三月中山王暢薨無子國除夏六月封河間王利子康爲濟南王奉孝仁皇祀秋洛水溢冬十月癸丑令天下繫囚罪未決入縑贖十一月揚州刺史臧旻率丹陽太守陳夤大破許生於會稽斬之任城王博薨十二月鮮卑寇北地北地太守夏育追擊破之鮮卑又寇幷州司空唐珍罷永樂少府許訓爲司空

四年春三月詔諸儒正五經文字刻石立于太學門外封河間王建孫佗爲任城王建桓帝弟夏四月郡國七大水五月丁卯大赦天下延陵園災成帝陵也在今武陽縣西遣使者持節告祠延陵鮮卑寇幽州六月弘農三輔螟遣守宮令之鹽監穿渠爲民興利前漢地理志及續漢郡國志並無鹽今蒲州安邑縣西南有鹽城。劉攽曰注鹽城當作鹽池耳及無鹽字下當有一監字說文監字訓爲鹽池然則注家案地志求監所在則無之二漢志不謂池爲監也而據今所見則有池云令郡國遇災者減田租之半其傷害什四以上勿收責冬十月丁巳令天下繫囚罪未決入縑贖拜沖帝母虞美人爲憲園貴人順帝虞美人也憲園在洛陽東北質帝母陳夫人爲渤海孝王妃渤海孝王鴻之夫人也改平準爲中準漢官儀曰平準令一人秩六百石也使宦者爲令列於內署自是諸署悉以閹人爲丞令

五年夏四月癸亥大赦天下益州郡夷叛太守李顒討平之復崇高山名爲嵩高山前書武帝祠中嶽改嵩高爲崇高東觀記曰使中郎將堂谿典請雨因上言改之名爲嵩高山大雩使侍御史行詔獄亭部理冤枉原輕繫休囚徒五月太尉陳耽罷司空許訓爲太尉閏月永昌太守曹鸞坐訟黨人棄市訟謂申理之也其言切直帝怒檻車送槐里獄掠殺之也詔黨人門生故吏父兄子弟在位者皆免官禁錮六月壬戌太常南陽劉逸爲司空逸字大適安衆人秋七月太尉許訓罷光祿勳劉寬爲太尉冬十月壬午御殿後槐樹自拔倒豎司徒袁隗罷十一月丙戌光祿大夫楊賜爲司徒十二月甘陵王定薨試太學生年六十以上百餘人除郎中太子舍人至王家郎郡國文學吏漢官儀曰太子舍人王家郎中並秩二百石無員是歲鮮卑寇幽州沛國言黃龍見譙

六年春正月辛巳大赦天下二月南宮平城門及武庫東垣屋自壞平城門洛陽城南門也蔡邕曰平城門正陽之門與宮連郊祀法駕所從出門之最尊者武庫禁兵所藏東垣庫之外障易傳曰小人在位厥妖城門自壞夏四月大旱七州蝗鮮卑寇三邊謂東西與北邊市賈民爲宣陵孝子者數十人皆除太子舍人秋七月司空劉逸免衛尉陳球爲司空八月遣破鮮卑中郎將田晏出雲中使匈奴中郎將臧旻與南單于出鴈門護烏桓校尉夏育出高柳並伐鮮卑晏等大敗冬十月癸丑朔日有食之太尉劉寬免帝臨辟雍辛丑京師地震辛亥令天下繫囚罪未決入縑贖十一月司空陳球免十二月甲寅太常河南孟㦸爲太尉㦸字叔達音乙六反庚辰司徒楊賜免太常陳耽爲司空鮮卑寇遼西永安太僕王旻下獄死永安宮之太僕也

光和元年春正月合浦交阯烏滸蠻叛招引九眞日南民攻沒郡縣太尉孟㦸罷二月辛亥朔日有食之癸丑光祿勳陳國袁滂爲司徒滂字公喜己未地震始置鴻都門學生鴻都門名也於內置學時其中諸生皆勑州郡三公舉召能爲尺牘辭賦及工書鳥篆者相課試至千人焉三月辛丑大赦天下改元光和太常常山張顥爲太尉顥字智明搜神記曰顥爲梁相新雨後有鵲飛翔近地令人擿之墮地化爲圓石顥令椎破得一金印文曰忠孝侯印夏四月丙辰地震侍中寺雌雞化爲雄司空陳耽免太常來豔爲司空五月壬午有白衣人入德陽殿門亡去不獲東觀記曰白衣人言梁伯夏教我上殿與中黃門桓賢語因忽不見六月丁丑有黑氣墮所御溫德殿庭中東觀記曰墮所御溫明殿庭中如車蓋隆起奮迅五色有頭體長十餘丈形貌似龍秋七月壬子青虹見御坐玉堂後殿庭中洛陽宮殿名南宮有玉堂前後殿據楊賜傳云墮嘉德殿前八月有星孛于天市九月太尉張顥罷太常陳球爲太尉司空來豔薨冬十月屯騎校尉袁逢爲司空皇后宋氏廢后父執金吾酆下獄死丙子晦日有食之十一月太尉陳球免十二月丁巳光祿大夫橋玄爲太尉是歲鮮卑寇酒泉京師馬生人京房易傳曰諸侯相伐厥妖馬生人初開西邸賣官自關內侯虎賁羽林入錢各有差山陽公載記曰時賣官二千石二千萬四百石四百萬其以德次應選者半之或三分之一於西園立庫以貯之私令左右賣公卿公千萬卿五百萬

二年春大疫使常侍中謁者巡行致醫藥三月司徒袁滂免大鴻臚劉郃爲司徒郃字季承乙丑太尉橋玄罷太中大夫段熲爲太尉京兆地震司空袁逢罷太常張濟爲司空濟字元江細陽人夏四月甲戌朔日有食之辛巳中常侍王甫及太尉段熲並下獄死丁酉大赦天下諸黨人禁錮小功以下皆除之時上祿長和海上言黨人錮及五族有乖典訓帝從之東平王端薨五月衛尉劉寬爲太尉秋七月使匈奴中郎將張修有罪下獄死時張修擅斬單于呼徵更立羌渠爲單于故坐死冬十月甲申司徒劉郃永樂少府陳球衛尉陽球步兵校尉劉納謀誅宦者事泄皆下獄死巴郡板楯蠻叛遣御史中丞蕭瑗督益州刺史討之不剋十二月光祿勳楊賜爲司徒鮮卑寇幽幷二州是歲河間王利薨洛陽女子生兒兩頭四臂京房易傳曰二首下不一也厥妖人生兩頭

三年春正月癸酉大赦天下二月公府駐駕廡自壞公府三公府也駐駕停車處也廡廊屋也音無禹反續漢志云南北四十餘間壞三月梁王元薨夏四月江夏蠻叛六月詔公卿舉能通尚書毛詩左氏穀梁春秋各一人悉除議郎秋表是地震涌水出表是縣屬酒泉郡故城在今甘州張掖縣西北八月令繫囚罪未決入縑贖各有差冬閏月有星孛于狼弧狼弧二星名也鮮卑寇幽幷二州十二月己巳立貴人何氏爲皇后南陽宛人也車騎將軍何眞女是歲作畢圭靈昆苑畢圭苑有二東畢圭苑周一千五百步中有魚梁臺西畢圭苑周三千三百步並在洛陽宣平門外

四年春正月初置騄驥廐丞領受郡國調馬騄驥善馬也調謂徵發也豪右辜榷馬一匹至二百萬前書音義曰辜障也榷專也謂障餘人賣買而自取其利二月郡國上芝英草夏四月庚子大赦天下交阯刺史朱儁討交阯合浦烏滸蠻破之六月庚辰雨雹續漢書曰雹大如雞子秋七月河南言鳳皇見新城羣鳥隨之賜新城令及三老力田帛各有差九月庚寅朔日有食之太尉劉寬免衛尉許㦸爲太尉閏月辛酉北宮東掖庭永巷署災永巷宮中署名也漢官儀曰令一人宦者爲之秩六百石掌宮婢侍使○劉攽曰注侍使案使當作史即給尚書郎侍史之類司徒楊賜罷冬十月太常陳耽爲司徒鮮卑寇幽幷二州是歲帝作列肆於後宮使諸采女販賣更相盜竊爭鬬帝著商估服飲宴爲樂又於西園弄狗著進賢冠帶綬三禮圖曰進賢冠文官服之前高七寸後高三寸長八寸續漢志曰靈帝寵用便嬖子弟轉相汲引賣關內侯直五百萬令長強者貪如豺狼弱者略不類物實狗而冠也昌邑王見狗冠方山冠龔遂曰王之左右皆狗而冠又駕四驢帝躬自操轡驅馳周旋京師轉相放效續漢志曰驢者乃服重致遠上下山谷野人之所用耳何有帝王君子而驂駕之乎天意若曰國且大亂賢愚倒植凡執政者皆如驢也

五年春正月辛未大赦天下二月大疫三月司徒陳耽免夏四月旱太常袁隗爲司徒五月庚申永樂宮署災續漢志曰德陽前殿西北入門內永樂太后宮署災秋七月有星孛于太微巴郡板楯蠻詣太守曹謙降癸酉令繫囚罪未決入縑贖八月起四百尺觀於阿亭道冬十月太尉許㦸罷太常楊賜爲太尉校獵上林苑歷函谷關遂巡狩于廣成苑十二月還幸太學

六年春正月日南徼外國重譯貢獻二月復長陵縣比豐沛三月辛未大赦天下夏大旱秋金城河水溢五原

山岸崩始置圜圄署以宦者爲令冬東海東萊琅邪井中冰厚尺餘大有年

中平元年春二月鉅鹿人張角自稱黃天其部師有三十六萬皆著黃巾同日反叛續漢書曰三十六萬餘人安平甘陵人各執其王以應之安平王續甘陵王忠三月戊申以河南尹何進爲大將軍將兵屯都亭置八關都尉官都亭在洛陽八關謂函谷廣城伊闕大谷轘轅旋門小平津孟津也壬子大赦天下黨人還諸徙者時中常侍呂彊言於帝曰黨錮久積若與黃巾合謀悔之無救帝懼皆赦之唯張角不赦詔公卿出馬弩舉列將子孫及吏民有明戰陣之略者詣公車遣北中郎將盧植討張角左中郎將皇甫嵩右中郎將朱儁討潁川黃巾庚子南陽黃巾張曼成攻殺郡守褚貢夏四月太尉楊賜免太僕弘農鄧盛爲太尉盛字伯能司空張濟罷大司農張溫爲司空朱儁爲黃巾波才所敗侍中向栩張鈞坐言宦者下獄死時鈞上書曰今斬常侍懸其首於南郊以謝天下卽兵自消也帝以章示常侍故下獄也汝南黃巾敗太守趙謙於邵陵邵陵縣名屬汝南郡故城在今豫州郾城縣東廣陽黃巾殺幽州刺史郭勳及太守劉衞五月皇甫嵩朱儁復與波才等戰於長社大破之長社今許州縣也故城在長葛縣西六月南陽太守秦頡擊張曼成斬之交阯屯兵執刺史及合浦太守來達自稱柱天將軍遣交阯刺史賈琮討平之皇甫嵩朱儁大破汝南黃巾於西華西華縣屬汝南郡故城在今陳州項城縣西詔嵩討東郡朱儁討南陽盧植破黃巾圍張角於廣宗宦官誣奏植抵罪植連破張角垂當拔之小黃門左豐言於帝曰盧中郎固壘息軍以待天誅帝怒遂檻車徵植減死一等遣中郎將董卓攻張角不剋洛陽女子生兒兩頭共身續漢志曰上西門外女子生兒兩頭異肩共胸以爲不祥墮地棄之其後政在私門上下無別兩頭之象秋七月巴郡妖巫張修反寇郡縣劉艾紀曰時巴郡巫人張修療病愈者雇以五斗米號爲五斗米師河南尹徐灌下獄死八月皇甫嵩與黃巾戰於倉亭獲其帥其帥卜已也倉亭在東郡乙巳詔皇甫嵩北討張角九月安平王續有罪誅國除冬十月皇甫嵩與黃巾賊戰于廣宗獲張角弟梁角先死乃戮其屍發棺斷頭傳送馬市以皇甫嵩爲左車騎將軍十一月皇甫嵩又破黃巾于下曲陽斬張角弟寶湟中義從胡北宮伯玉與先零羌叛以金城人邊章韓遂爲軍帥攻殺護羌校尉伶徵金城太守陳懿伶姓也周有大夫伶州鳩癸巳朱儁拔宛城斬黃巾別帥孫夏詔減太官珍羞御食一肉廐馬非郊祭之用悉出給軍十二月己巳大赦天下改元中平是歲下邳王意薨無子國除郡國生異草備龍蛇鳥獸之形風俗通曰亦作人狀操持兵弩一一備具續漢志曰龍蛇鳥獸其狀毛羽頭目足翅皆具是歲黃巾賊起漢遂微弱

二年春正月大疫琅邪王據薨二月己酉南宮大災火半月乃滅續漢志曰時燒靈臺殿樂成殿延及北闕度道西燒嘉德和驩殿己亥廣陽門外屋自壞洛陽城西面南頭門也稅天下田畝十錢以修宮室黑山賊張牛角等十餘輩並起所在寇鈔司徒袁隗免三月廷尉崔烈爲司徒北宮伯玉等寇三輔遣左車騎將軍皇甫嵩討之不剋夏四月庚戌大風雨雹五月太尉鄧盛罷太僕河南張延爲太尉延字公威歆之子秋七月三輔螟左車騎將軍皇甫嵩免八月以司空張溫爲車騎將軍討北宮伯玉九月特進楊賜爲司空冬十月庚寅司空楊賜薨光祿大夫許相爲司空相字公弼平輿人許訓之子前司徒陳耽諫議大夫劉陶坐直言下獄死十一月張溫破北宮伯玉於美陽因遣盪寇將軍周慎追擊之圍榆中縣名故城在今蘭州金城縣東也又遣中郎將董卓討先零羌慎卓並不剋鮮卑寇幽并二州是歲造萬金堂於西園洛陽民生兒兩頭四臂

三年春二月江夏兵趙慈反殺南陽太守秦頡庚戌大赦天下太尉張延罷車騎將軍張溫爲太尉中常侍趙忠爲車騎將軍復修玉堂殿鑄銅人四黃鐘四其音中黃鐘也子爲黃鐘及天祿蝦蟆又鑄四出文錢天祿獸也時使掖廷令畢嵐鑄銅人列於蒼龍玄武闕外鐘懸於玉堂及雲臺殿前天祿蝦蟆吐水於平門外事具宦者傳案今鄧州南陽縣北有宗資碑旁有兩石獸鐫其膊一曰天祿一曰辟邪據此卽天祿辟邪並獸名也漢有天祿閣亦因獸以立名五月壬辰晦日有食之六月荆州刺史王敏討趙慈斬之車騎將軍趙忠罷秋八月懷陵上有雀萬數悲鳴因闘相殺懷陵沖帝陵也續漢志曰天戒若曰諸懷爵祿而尊厚者還自相害也冬十月武陵蠻叛寇郡界郡兵討破之前太尉張延爲宦人所譖下獄死十二月鮮卑寇幽并二州

四年春正月己卯大赦天下二月滎陽賊殺中牟令中牟今鄭州縣劉艾紀曰令落皓及主簿潘業臨陣不顧皆被害己亥南宮內殿罘罳自壞前書音義曰罘罳連闕曲閣也音浮思三月河南尹何苗討滎陽賊破之拜苗爲車騎將軍夏四月涼州刺史耿鄙討金城賊韓遂鄙兵大敗遂寇漢陽漢陽太守傅燮戰沒扶風人馬騰漢陽人王國並叛寇三輔太尉張溫免司徒崔烈爲太尉五月司空許相爲司徒光祿勳沛國丁宮爲司空宮字元雄六月洛陽民生男兩頭共身劉艾紀曰上西門外劉倉妻生也漁陽人張純與同郡張舉舉兵叛○劉攽曰案他處叛賊未嘗言舉兵者當由其人名舉故衍攻殺右北平太守劉政遼東太守楊終護烏桓校尉公綦稠等舉兵自稱天子寇幽冀二州○劉攽曰案袁紀自稱天子誤出一兵字秋九月丁酉令天下繫囚罪未決入縑贖冬十月零陵人觀鵠觀姓鵠名自稱平天將軍寇桂陽長沙太守孫堅擊斬之十一月太尉崔烈罷大司農曹嵩爲太尉十二月休屠各胡叛是歲賣關內侯假金印紫綬傳世入錢五百萬

五年春正月休屠各胡寇西河殺郡守邢紀丁酉大赦天下二月有星孛于紫宮黃巾餘賊郭大等起於西河白波谷寇太原河東三月休屠各胡攻殺并州刺史張懿遂與南匈奴左部胡合殺其單于夏四月汝南葛陂黃巾攻沒郡縣葛陂在今豫州新蔡縣西北太尉曹嵩罷五月永樂少府樊陵爲太尉陵字德雲湖陽人也六月丙寅大風太尉樊陵罷益州黃巾馬相攻殺刺史郗儉自稱天子又寇巴郡殺郡守趙部益州從事賈龍擊相斬之郡國七大水秋七月射聲校尉馬日磾爲太尉八月初置西園八校尉樂資山陽公載記曰小黃門蹇碩爲上軍校尉虎賁中郎將袁紹爲中軍校尉屯騎校尉鮑鴻爲下軍校尉議郎曹操爲典軍校尉趙融爲助軍左校尉馮芳爲助軍右校尉諫議大夫夏牟爲左校尉淳于瓊爲右校尉凡八校尉皆統於蹇碩司徒許相罷司空丁宮爲司徒光祿勳南陽劉弘爲司空弘字子高安衆人衞尉董重爲驃騎將軍九月南單于叛與白波賊寇河東遣中郎將孟益率騎都尉公孫瓚討漁陽賊張純等冬十月壬午御殿後槐樹自拔倒豎青徐黃巾復起寇郡縣甲子帝自稱無上將軍燿兵於平樂觀平樂觀在洛陽城西十一月涼州賊王國圍陳倉右將軍皇甫嵩救之遣下軍校尉鮑鴻討葛陂黃巾巴郡板楯蠻叛遣上軍別部司馬趙瑾討平之公孫瓚與張純戰於石門大破之時烏桓反叛與賊張純等攻薊中故瓚追擊之石門山名在今營州西南是歲改刺史新置牧

六年春二月左將軍皇甫嵩大破王國於陳倉三月幽州牧劉虞購斬漁陽賊張純下軍校尉鮑鴻下獄死夏四月丙午朔日有食之太尉馬日磾免幽州牧劉虞爲太尉丙辰帝崩于南宮嘉德殿年三十四戊午皇子辯卽皇帝位年十七尊皇后曰皇太后太后臨朝大赦天下改元爲光熹封皇弟協爲渤海王後將軍袁隗爲太傅與大將軍何進參錄尚書事上軍校尉蹇碩下獄時蹇碩謀欲立渤海王協發覺○劉攽曰正文蹇碩下獄案碩以此時誅明少一死字五月辛巳驃騎將軍董重下獄死董重皇后之弟子也六月辛亥孝仁皇后董氏崩辛酉葬孝靈皇帝于文陵在洛陽西北三十里陵高十二丈周回三百步雨水秋七月甘陵王忠薨庚寅孝仁皇后歸葬河間慎陵徙渤海王協爲陳留王司徒丁宮罷八月戊辰中常侍張讓段珪等殺大將軍何進於是虎賁中郎將袁術燒東西宮攻諸宦者庚午張讓段珪等劫少帝及陳留王幸北宮德陽殿何進部曲將吳匡與車騎將軍何苗戰於朱雀闕下苗敗斬之辛未司隸校尉袁紹勒兵收僞司隸校尉樊陵河南尹許相及諸閹人無少長皆斬之讓珪等復劫少帝陳留王走小平津小平津在今鞏縣西北續漢志曰時京都童謠曰侯非侯王非王千乘萬騎上北邙案獻帝未有爵號爲段珪等所執公卿百官皆隨其後到河上乃得還尚書盧植追讓珪等斬數人其餘投河而死獻帝春秋曰河南中部掾閔貢見天子出率騎追之北到河上天子飢渴貢宰羊進之厲聲責讓等曰君以閹宦之隸刀鋸之殘越從洿泥扶侍日月賁弄國恩階賤爲貴劫迫帝王蕩覆王室假息漏刻遊魂河津自亡新以來姦臣賊子未有如君者今不速死吾射殺汝讓等惶怖叉手再拜叩頭向天子辭曰臣等死陛下自愛遂投河死帝與陳留王協夜步逐熒光行數里得民家露車共乘之辛未還宮大赦天下改光熹爲昭寧并州牧董卓殺執金吾丁原司空劉弘免董卓自爲司空九月甲戌董卓廢帝爲弘農王自六月雨至于是月

論曰秦本紀說趙高譎二世指鹿爲馬史記曰趙高欲爲亂恐羣臣不聽乃先設驗持鹿獻胡亥曰馬也胡亥曰丞相誤也以問羣臣左右或言馬或言鹿者高皆陰法中之自此左右不敢言之也而趙忠張讓亦紿靈帝不得登高臨觀時宦官競起第宅擬則宮室帝常登永安候臺宦官恐望見之乃使趙忠等諫曰人君不當登高則百姓散離自是不敢復登臺榭見宦官傳故知亡敝者同其致矣然則靈帝之爲靈也優哉

贊曰靈帝負乘委體宦孽易曰負且乘致寇至言帝以小人而乘君子之器徵亡備兆小雅盡缺詩小雅曰小雅廢則四夷交侵中國微矣缺亦廢也麋鹿霜露遂棲宮衞史記曰伍子胥諫吳王吳王不聽子胥曰臣今見麋鹿遊於姑蘇之臺宮中生荆棘露沾衣也言帝爲政貪亂任寄不得其人尋以獻帝遷播洛陽丘墟故麋鹿棲宮衞也協韻衞音于別反劉攽曰熹平五年書十月壬午御殿後槐樹自拔倒豎中平五年又書十月壬午御殿後槐樹自拔倒豎年數日月無少異者蓋必有一誤臣攽案中平五年十月又書甲子帝稱無上將軍云云壬午到甲子凡四十五日非一月所能兼也則中平所記爲衍矣又案續漢志中平五年亦無此異

後漢書卷八考證

靈帝紀癸酉晦日有食之○晦監本訛朔從宋本改　臣會汾按上文已序冬十二月事係此語於年終當作晦字元年二月日食皆在十月晦晦而日食司天者失其御也

六月詔公卿舉能通尚書毛詩左氏穀梁春秋各一人○顧炎武曰尚書上脫古文二字

其部師有三十六萬○師當作帥萬當作方○何焯曰三十六方見皇甫嵩傳不知何自訛寫爲万復稱注引續漢書語相沿不察也

後漢書卷九

宋　宣　城　太　守　范　曄　撰

唐　章　懷　太　子　賢　注

獻帝紀第九

孝獻皇帝諱協靈帝中子也諡法曰聰明睿智曰獻協之字曰合張璠記曰靈帝以帝似己故名曰協帝王紀曰協字伯和母王美人爲何皇后所害中平六年四月少帝卽位封帝爲勃海王徙封陳留王九月甲戌卽皇帝位年九歲遷皇太后於永安宮董卓遷也洛陽宮殿名曰永安宮周迴六百九十八丈故基在洛陽故城中大赦天下改昭寧爲永漢丙子董卓殺皇太后何氏初令侍中給事黃門侍郎員各六人續漢志曰侍中比二千石無員漢官儀曰侍中左蟬右貂本秦丞相史往來殿中故謂之侍中分掌乘輿服物下至褻器虎子之屬武帝時孔安國爲侍中以其儒者特聽掌御唾壺朝廷榮之至東京時屬少府亦無員駕出則一人負傳國璽操斬蛇劒參乘與中官俱止禁中又曰給事黃門侍郎六百石無員掌侍從左右給事中使關通中外應劭曰黃門侍郎每日暮向青瑣門拜謂之夕郎輿服志曰禁門曰黃闥以中人主之故號曰黃門然則黃門郎給事於黃闥之內故曰黃門郎本旣無員於此各置六人也獻帝起居注曰自誅黃門後侍中侍郎出入禁中機事頗露由是王允乃奏侍中黃門不得出入不通賓客自此始也○劉攽曰註乘輿中官俱止禁中案文當云參乘與中官俱止禁中少一參字誤一輿字賜公卿以下至黃門侍郎家一人爲郎以補宦官所領諸署侍於殿上靈帝熹平四年改平準爲中準使宦官爲令自是諸內署令丞悉以閹人爲之故今並令士人代領之乙酉以太尉劉虞爲大司馬董卓自爲太尉加鈇鉞虎賁禮記曰諸侯賜鈇鉞然後專殺說文曰鈇莝刀也蒼頡篇曰鈇斧也加鈇鉞者與專殺也丙戌太中大夫楊彪爲司空甲午豫州牧黃琬爲司徒遣使弔祠故太傅陳蕃大將軍竇武等冬十月乙巳葬靈思皇后白波賊寇河東薛瑩書曰黃巾郭泰等起於西河白波谷時謂之白波賊董卓遣其將牛輔擊之十一月癸酉董卓爲相國十二月戊戌司徒黃琬爲太尉司空楊彪爲司徒光祿勳荀爽爲司空省扶風都尉置漢安都護扶風都尉比二千石武帝元鼎四年置中興不改至此以羌擾三輔故省之置都護令總統西方詔除光熹昭寧永漢三號還復中平六年

初平元年春正月山東州郡起兵以討董卓辛亥大赦天下癸酉董卓殺弘農王白波賊寇東郡二月乙亥太尉黃琬司徒楊彪免庚辰董卓殺城門校尉伍瓊督軍校尉周珌珌音必東觀記曰周珌豫州刺史愼之子也續漢書魏志並作毖音祕以光祿勳趙謙爲太尉謙字彥信太尉趙戒之孫蜀郡成都人也太僕王允爲司徒丁亥遷都長安董卓驅徙京師百姓悉西入關自留屯畢圭苑壬辰白虹貫日三月乙巳車駕入長安幸未央宮未央宮蕭何所造也張璠記曰將入宮日大雨晝晦翟雉飛入長安宮己酉董卓焚洛陽宮廟及人家戊午董卓殺太傅袁隗太僕袁基夷其族隗紹之叔父基袁術之母兄卓以山東兵起依紹術爲主故誅其親屬獻帝春秋曰尺口以上男女五千餘人皆下獄死夏五月司空荀爽薨六月辛丑光祿大夫种拂爲司空大鴻臚韓融少府陰脩執金吾胡母班風俗通云胡母姓本陳胡公之後也公子完奔齊遂有齊國齊宣王母弟別封母鄉遠本胡公近取母邑故曰胡母氏也將作大匠吳脩越騎校尉王瓌安集關東後將軍袁術河內太守王匡各執而殺之英雄記曰匡字公節太山人也輕財好施以任俠聞爲袁紹河內太守唯韓融獲免董卓壞五銖錢更鑄小錢光武中興除王莽貨泉更用五銖錢冬十一月庚戌鎭星熒惑太白合於尾是歲有司奏和安順桓四帝無功德不宜稱宗又恭懷敬隱恭愍三皇后並非正嫡不合稱后皆請除尊號制曰可和帝號穆宗安帝號恭宗順帝號敬宗桓帝號威宗和帝尊母梁貴人曰恭懷皇后安帝尊祖母宋貴人曰敬隱皇后順帝尊母李氏曰恭愍皇后孫堅殺荊州刺史王叡王氏譜曰叡字通耀晉太保祥伯父也吳錄曰叡素遇堅無禮堅此時欲殺叡叡曰我何罪堅曰坐無所知叡窮迫刮金飲之而死又殺南陽太守張咨

二年春正月辛丑大赦天下二月丁丑董卓自爲太師袁術遣將孫堅與董卓將胡軫戰於陽人陽人聚名屬河南郡故城在今汝州梁縣西史記秦滅東周徙其君於陽人聚卽此地也軫軍大敗董卓遂發掘洛陽諸帝陵夏四月董卓入長安六月丙戌地震秋七月司空种拂免光祿大夫濟南淳于嘉爲司空太尉趙謙罷太常馬日磾爲太尉九月蚩尤旗見于角亢天官書曰蚩尤之旗類彗而後曲象旗熒惑之精也呂氏春秋云其色黃上白下見則王者征伐四方角亢蒼龍之星冬十月壬戌董卓殺衞尉張溫十一月青州黃巾寇泰山太山太守應劭擊破之黃巾轉寇勃海公孫瓚與戰於東光復大破之東光今滄州縣是歲長沙有人死經月復活

三年春正月丁丑大赦天下袁術遣將孫堅攻劉表於襄陽堅戰歿袁紹及公孫瓚戰于界橋今貝州宗城縣東有古界城近枯漳水則界橋在此也瓚軍大敗夏四月辛巳誅董卓夷三族司徒王允錄尚書事總朝政遣使者張种撫慰山東青州黃巾擊殺兗州刺史劉岱於東平東郡太守曹操大破黃巾於壽張降之五月丁酉大赦天下丁未征西將軍皇甫嵩爲車騎將軍董卓部曲將李傕郭汜樊稠張濟等反攻京師六月戊午陷長安城太常种拂太僕魯旭大鴻臚周奐三輔決錄注曰奐字文明茂陵人城門校尉崔烈越騎校尉王頎並戰歿頎音祈吏民死者萬餘人李傕等並自爲將軍己未大赦天下李傕殺司隸校尉黃琬甲子殺司徒王允皆滅其族丙子前將軍趙謙爲司徒秋七月庚子太尉馬日磾爲太傅錄尚書事八月遣日磾及太僕趙岐持節慰撫天下車騎將軍皇甫嵩爲太尉司徒趙謙罷九月李傕自爲車騎將軍郭汜後將軍樊稠右將軍張濟鎭東將軍濟出屯弘農甲申司空淳于嘉爲司徒光祿大夫楊彪爲司空並錄尚書事冬十二月太尉皇甫嵩免光祿大夫周忠爲太尉參錄尚書事

四年春正月甲寅朔日有食之袁宏紀曰時未晡八刻太史令王立奏曰日晷過度無變也朝臣皆賀帝令候焉未晡一刻而食賈詡奏曰立司候不明疑誤上下請付理官帝曰天道遠事驗難明欲歸咎史官益重朕之不德也丁卯大赦天下三月袁術殺揚州刺史陳溫據淮南長安宣平城門外屋自壞三輔黃圖曰長安城東面北頭門也夏五月癸酉無雲而雷六月扶風大雨雹華山崩裂太尉周忠免太僕朱儁爲太尉錄尚書事下邳賊闕宣自稱天子風俗通曰闕姓也承闕黨童子之後也縱橫家有闕子著書雨水遣侍御史裴茂訊詔獄原輕繫六月辛丑天狗西北行前書音義曰有聲爲天狗無聲爲枉矢九月甲午試儒生四十餘人上第賜位郎中次太子舍人下第者罷之詔曰孔子歎學之不講論語之文也不講則所識日忘今耆儒年踰六十去離本土營求糧資不得專業結童入學白首空歸長委農野永絕榮望朕甚愍焉其依科罷者聽爲太子舍人劉艾獻帝紀曰時長安中爲之謠曰頭白皓然食不充糧裹衣褰裳當還故鄉聖王愍念悉用補郎舍是布衣被服玄黃冬十月太學行禮車駕幸永福城門臨觀其儀賜博士以下各有差辛丑京師地震有星孛于天市袁宏紀曰孛于天市將從天子移都其後上東遷之應也司空楊彪免太常趙溫爲司空公孫瓚殺大司馬劉虞十二月辛丑地震司空趙溫免乙巳衞尉張喜爲司空獻帝春秋曰喜作嘉是歲琅邪王容薨

興平元年春正月辛酉大赦天下改元興平甲子帝加元服二月壬午追尊謚皇妣王氏爲靈懷皇后甲申改葬于文昭陵丁亥帝耕于籍田三月韓遂馬騰與郭汜樊稠戰於長平觀遂騰敗績左中郎將劉範前益州刺史种劭戰歿前書音義曰長平阪名也上有觀在池陽宮南去長安五十里今涇水南原睥城是也袁宏紀曰是時馬騰以李傕等專亂以益州刺史劉焉宗室大臣遣使招引共誅傕焉遣子範將兵就騰故京州刺史种劭太常种拂之子也拂爲傕所害劭欲報讎遂爲此戰夏六月丙子分涼州河西四郡爲廱州謂金城酒泉敦煌張掖丁丑地震戊寅又震乙巳晦日有食之帝避正殿寢兵不聽事五日大蝗秋七月壬子太尉朱儁免戊午太常楊彪爲太尉錄尚書事三輔大旱自四月至于是月帝避正殿請雨遣使者洗囚徒原輕繫洗謂蕩滌也是歲穀一斛五十萬豆麥一斛二十萬人相食啖白骨委積帝使侍御史侯汶出太倉米豆爲飢人作糜粥經日而死者無降帝疑賦卹有虛乃親於御坐前量試作糜乃知非實袁宏紀曰時敕侍中劉艾取米豆五升於御前作糜得滿三盂於是詔尚書曰米豆五升得糜三盂而人委頓何也使侍中劉艾出讓有司於是尚書令以下皆詣省閤謝○劉攽曰案閤當作閣閣門也諸閤無理奏收侯汶考實詔曰未忍致汶于理可杖五十自是之後多得全濟八月馮翊羌叛寇屬縣郭汜樊稠擊破之九月桑復生椹人得以食司徒淳于嘉罷冬十月長安市門自壞以衞尉趙溫爲司徒錄尚書事十二月分安定扶風爲新平郡是歲揚州刺史劉繇與袁術將孫策戰于曲阿策字伯符孫堅子曲阿今潤州縣繇軍敗績孫策遂據江東吳志曰孫策旣破繇遂度兵據會稽策自領會稽太守太傅馬日磾薨于壽春壽春縣名屬九江郡今壽春縣也

二年春正月癸丑大赦天下二月乙亥李傕殺樊稠而與郭汜相攻三月丙寅李傕脅帝幸其營焚宮室夏四月甲午立貴人伏氏爲皇后丁酉郭汜攻李傕矢及御前山陽公載記曰時帝引弩發矢下如雨及御所止高樓殿前帷簾中也是日李傕移帝幸北塢服虔通俗文曰營居曰塢一曰庳城也山陽公載記曰時帝在南塢傕在北塢時流矢中傕左耳乃迎帝幸北塢帝不肯從彊之乃行大旱五月壬午李傕自爲大司馬六月庚午張濟自陝來和傕汜秋七月甲子車駕東歸郭汜自爲車騎將軍楊定爲後將軍楊奉爲興義將軍董承爲安集將軍並侍送乘輿張濟爲驃騎將軍還屯陝八月甲辰幸新豐冬十月戊戌郭汜使其將伍習夜燒所幸學舍逼脅乘輿楊定楊奉與郭汜戰破之壬寅幸華陰露次道南是夜有赤氣貫紫宮獻帝春秋曰赤氣廣六七尺東至寅西至戌也張濟復反與李傕郭汜合十一月庚午李傕郭汜等追乘輿戰於東澗王師敗績殺光祿勳鄧泉衞尉士孫瑞廷尉宣播大長秋苗祀獻帝春秋播作璠也步兵校尉魏桀侍中朱展射聲校尉沮儁風俗通曰沮姓也黃帝時史官沮誦之後音俱余反壬申幸曹陽露次田中曹陽澗名在今陝州西南七里俗謂之七里澗崔浩云自南山北通於河楊奉董承引白波帥胡才李樂韓暹及匈奴左賢王去卑率師奉迎與李傕等戰破之十二月庚辰車駕乃進李傕等復來追戰王師大敗殺畧宮人少府田芬大司農張義等皆戰歿進幸陝夜度河乙亥幸安邑是歲袁紹遣將麴義與公孫瓚戰於鮑丘鮑丘水名出北塞中南流經九莊嶺東俗謂之大榆河又東南經漁陽縣故城東是瓚之戰處見水經注瓚軍大敗

建安元年春正月癸酉郊祀上帝於安邑大赦天下改元建安二月韓暹攻衞將軍董承夏六月乙未幸聞喜秋七月甲子車駕至洛陽幸故中常侍趙忠宅丁丑郊祀上帝大赦天下己卯謁太廟八月辛丑幸南宮楊安殿癸卯安國將軍張楊爲大司馬韓暹爲大將軍楊奉爲車騎將軍是時宮室燒盡百官披荊棘依牆壁間州郡各擁彊兵而委輸不至羣僚飢乏尚書郎以下自出採稆稆音呂埤蒼曰穭自生也稆與穭同或飢死牆壁間或爲兵士所殺辛亥鎭東將軍曹操自領司隸校尉錄尚書事曹操殺侍中臺崇尚書馮碩等風俗通曰金天氏裔孫曰臺駘其後氏焉山陽公載記曰作壹○劉攽曰注山陽公載記曰案文多一曰字封衞將軍董承爲輔國將軍○劉攽曰案文多一爲字伏完等十三人爲列侯贈沮儁爲弘農太守庚申遷都許己巳幸曹操營九月太尉楊彪司空張

喜罷冬十一月丙戌曹操自爲司空行車騎將軍事百官總己以聽

二年春袁術自稱天子三月袁紹自爲大將軍夏五月蝗秋九月漢水溢是歲饑江淮閒民相食袁術殺陳王寵孫策遣使奉貢

三年夏四月遣謁者裴茂率中郎將段煨討李傕夷三族(獻帝起居注曰傕首到許有詔高懸之也)呂布叛冬十一月盜殺大司馬張楊十二月癸酉曹操擊呂布於徐州斬之

四年春三月袁紹攻公孫瓚于易京獲之(公孫瓚頻失利乃臨易河築京以自固故號易京其城三重周六里今內城中有土京在幽州歸義縣南爾雅曰絶高謂之京非人爲之丘)衞將軍董承爲車騎將軍夏六月袁術死是歲初置尚書左右僕射武陵女子死十四日復活(續漢志曰女子李娥年六十餘死埋於城中有行人聞冢中有聲告家人出之)

五年春正月車騎將軍董承偏將軍王服越騎校尉种輯受密詔誅曹操事洩壬午曹操殺董承等夷三族秋七月立皇太子馮爲南陽王壬午南陽王馮薨九月庚午朔日有食之詔三公舉至孝二人九卿校尉郡國守相各一人皆上封事靡有所諱曹操與袁紹戰於官度(裴松之北征記曰中牟臺下臨汴水是爲官度袁紹曹操壘尚存焉在今鄭州中牟縣北)紹敗走冬十月辛亥有星孛于大梁(大梁西之分)東海王祗薨是歲孫策死(爲許貢客所射傷)弟權襲其餘業(權字仲謀)

六年春三月丁卯朔日有食之

七年夏五月庚戌袁紹薨于寘國獻馴象(馴象謂隨人意也)是歲越巂男子化爲女子

八年冬十月己巳公卿初迎冬於北郊(斯禮久廢故曰初)總章始復備八佾舞(袁紹紀云迎氣北郊始用八佾列也謂舞者之行列往因亂廢今始備之總章樂官名古之安代樂)初置司直官督中都官(司直秩比二千石武帝元狩五年置掌佐丞相舉不法也建武十一年省今復置之)

九年秋八月戊寅曹操大破袁尚平冀州自領冀州牧冬十月有星孛于東井十二月賜三公已下金帛各有差自是三年一賜以爲常制

十年春正月曹操破袁譚於青州斬之(魏書曰操攻譚不剋乃自執桴鼓應時破之)夏四月黑山賊張燕率衆降(魏志曰燕本姓褚常山眞定人也黃巾起燕合聚少年爲羣盜萬餘人博陵人張牛角爲主牛角死燕代爲主故改姓張燕剽勇軍中號曰張飛燕衆至百萬號曰黑山賊)秋九月賜百官尤貧者金帛各有差

十一年春正月有星孛于北斗三月曹操破高幹於幷州獲之(典論曰上洛都尉王琰敗之追斬其首)秋七月武威太守張猛殺雝州刺史邯鄲商(袁宏漢紀曰雝州作涼州也)是歲立故琅邪王容子熙爲琅邪王齊北海阜陵下邳常山甘陵濟陰平原八國皆除

十二年秋八月曹操大破烏桓於柳城斬其蹋頓(蹋頓匈奴王號柳城縣名屬遼西郡今營州縣)冬十月辛卯有星孛于鶉尾(鶉尾巳之分)己巳黃巾賊殺濟南王贇(河間孝王五代孫)十一月遼東太守公孫康殺袁尚袁熙

十三年春正月司徒趙溫免夏六月罷三公官置丞相御史大夫癸巳曹操自爲丞相秋七月曹操南征劉表八月丁未光祿勳郗慮爲御史大夫(續漢書曰慮字鴻豫山陽高平人也少受學於鄭玄)壬子曹操殺太中大夫孔融夷其族是月劉表卒少子琮立琮以荊州降操冬十月癸未朔日有食之曹操以舟師伐孫權權將周瑜敗之於烏林赤壁

十四年冬十月荊州地震

十五年春二月乙巳朔日有食之

十六年秋九月庚戌曹操與韓遂馬超戰於渭南遂等大敗關西平(曹瞞傳曰時婁子伯說操曰今天寒可起沙爲城以水灌之可一夜而成公從之比明城立超遂數挑戰不利操縱虎騎夾擊大破之超遂走涼州)是歲趙王赦薨

十七年夏五月癸未誅衞尉馬騰夷三族六月庚寅晦日有食之秋七月洧水潁水溢螟八月馬超破涼州殺刺史韋康九月庚戌立皇子熙爲濟陰王懿爲山陽王邈爲濟北王敦爲東海王(山陽公載記曰時許靖在巴郡聞立諸王曰將欲歙之必姑張之將欲奪之必姑與之其孟德之謂乎)冬十二月星孛于五諸侯(五諸侯星名也)

十八年春正月庚寅復禹貢九州(獻帝春秋曰時省幽幷州以其郡國幷於冀州省司隸校尉及涼州以其郡國爲雍州省交州幷荊州益州於是有兗豫青徐荊揚冀益雍也九數雖同禹貢無益州有梁州然梁益亦一地也)夏五月丙申曹操自立爲魏公加九錫(禮含文嘉曰九錫謂一曰車馬二曰衣服三曰樂器四曰朱戶五曰納陛六曰虎賁七百人七曰鈇鉞八曰弓矢九曰秬鬯)大雨水徙趙王珪爲博陵王是歲歲星鎭星熒惑俱入太微(是年秋三星逆行入太微守帝座五十日)彭城王和薨

十九年夏四月旱五月雨水劉備破劉璋據益州冬十月曹操遣將夏侯淵討宋建于枹罕獲之(枹罕縣屬金城郡今河州縣也魏志曰淵字妙才沛國譙人也)十一月丁卯曹操殺皇后伏氏滅其族及二皇子(山陽公載記曰劉備在蜀聞之遂發喪)

二十年春正月甲子立貴人曹氏爲皇后賜天下男子爵人一級孝悌力田二級賜諸王侯公卿以下穀各有差秋七月曹操破漢中張魯降

二十一年夏四月甲午曹操自進號魏王五月己亥朔日有食之秋七月匈奴南單于來朝是歲曹操殺琅邪王熙國除(坐謀欲渡江被誅)

二十二年夏六月丞相軍師華歆爲御史大夫冬有星孛于東北是歲大疫

二十三年春正月甲子少府耿紀丞相司直韋晃起兵誅曹操不克夷三族(三輔決錄曰時有京兆金禕字德禕自以代爲漢臣乃發憤與耿紀韋晃欲挾天子以攻魏南援劉備事敗夷三族)三月有星孛于東方(杜預注左傳云平旦衆星皆沒而孛星乃見故不言所在之次)

二十四年春二月壬子晦日有食之夏五月劉備取漢中秋七月庚子劉備自稱漢中王八月漢水溢冬十一月孫權取荊州

二十五年春正月庚子魏王曹操薨(魏志曰操字孟德薨時年六十六)子丕襲位(魏志曰丕字子桓操之太子)二月丁未朔日有食之三月改元延康冬十月乙卯皇帝遜位魏王丕稱天子(獻帝春秋曰帝時召羣臣卿士告祠高廟詔太常張音持節奉策璽綬禪位于魏王乃爲壇於繁陽故城魏王登壇受皇帝璽綬)奉帝爲山陽公(山陽縣名屬河內郡故城在今懷州修武縣西北)邑一萬戶位在諸侯王上奏事不稱臣受詔不拜以天子車服郊祀天地宗廟祖臘皆如漢制都山陽之濁鹿城(濁鹿一名濁城亦名濁陽城在今懷州修武縣東北)四皇子封王者皆降爲列侯明年劉備稱帝于蜀孫權亦自王於吳於是天下遂三分矣

魏青龍二年三月庚寅山陽公薨自遜位至薨十有四年年五十四諡孝獻皇帝八月壬申以漢天子禮儀葬于禪陵(續漢書曰天子葬太僕駕四輪輈爲賓車大練爲屋幙中黃門虎賁各二十人執紼司空擇土造穿太史卜日將作作黃腸題湊便房如禮大駕御方相氏黃金四目蒙熊皮玄衣朱裳執戈揚楯立乘四馬先驅旂長三仞十有二旒曳地畫日月升龍書旐曰天子之柩謁者二人立乘六馬爲次太常跪哭日十五舉音止哭晝漏上謁者請司徒河南尹先引車轉太常曰請拜送車著白絲參紼長三十丈圍七寸六行行五十人公卿以下子弟凡三百人皆素幘委貌冠衣素裳挽校尉三百人皆赤幘不冠持幢幡皆衙枚羽林孤兒巴俞擢歌者六十人爲六列司馬八人執鐸至陵南羨門司徒跪請就下房都導東園武士奉入房執事下明器太祝進醴獻司空將校復土嬥音徒了反帝王紀曰禪陵在濁鹿城西北十里在今懷州修武縣北二十五里陵高二丈周回二百步劉澄之地記云以漢禪魏故以名焉○劉攽曰注太常跪哭日十五舉音止案漢志日字作曰在哭字上)置園邑令丞太子早卒孫康立五十一年晉太康六年薨子瑾立四年太康十年薨子秋立二十年永嘉中爲胡賊所殺國除

論曰傳稱鼎之爲器雖小而重故神之所寶不可奪移(左氏傳王孫滿曰桀有昏德鼎遷於商商紂暴虐鼎遷於周德之休明雖小重也其姦回昏亂雖大輕也故言神之所寶不可奪移)至今負而趨者此亦窮運之歸乎(言神器至重被人負而趨走者斯亦窮盡之運歸於此時乎言不可復振也莊子曰藏舟於壑藏山於澤謂之固矣然而有力者負之而趨昧者不知)天厭漢德久矣山陽其何誅焉(厭倦誅責也漢自和帝以後政教陵遲故言天厭漢德久矣禍之來也非獨山陽公之過其何所誅責乎左傳宋子魚曰天既厭商德孔子曰於予予何誅○劉攽曰注於予予何誅案今論語下予當作與)

贊曰獻生不辰身播國屯(辰時也播遷也言獻帝生不逢時身既播遷國又屯難詩曰我生不辰左傳曰震蕩播越)終我四百末作虞賓(春秋孔演圖曰劉四百歲之際褒漢王輔皇王以期有名不就宋均注曰雖褒族人爲漢王以自輔以當有應期名見攝錄者故名不就也虞賓謂舜以堯子丹朱爲賓虞書曰虞賓在位是也以喩山陽公爲魏之賓也)

後漢書卷九考證

獻帝紀董卓爲相國○何焯曰爲相國上脫一自字

置漢安都護注總統西方○監本西字訛四從宋本改

南陽王馮薨○監本脫馮字今從宋本　臣會汾按他處王薨皆書名但此句蒙上立皇子馮爲南陽王文雖無馮字亦可

斬其蹋頓○何焯曰其字應衍

改元延康○監本延字訛建按建康順帝年號也從宋本改

至今負而趨者○今應作令

丞作虞賓注虞書○監本訛作商書今改正

後漢書卷十上

宋　宣城太守范曄撰

唐　章懷太子賢注

后紀第十上

光武郭皇后　光烈陰皇后　明德馬皇后

章德竇皇后　和帝陰皇后　和熹鄧皇后

夏殷以上后妃之制其文畧矣周禮王者立后(鄭玄注禮記曰后之言後言在夫之後也)三夫人九嬪二十七世婦八十一女御以備內職焉后正位宮闈同體天王夫人坐論婦禮(鄭玄注周禮云夫人之於后猶三公之於王坐而論婦禮也)九嬪掌教四德(九嬪比九卿周禮曰九嬪掌婦學之法以教九御婦德婦言婦容婦功也)世婦主喪祭賓客(婦服也明其能服事於人也比二十七大夫周禮世婦掌祭祀賓客喪紀之事曰涖陳女宮之具凡內羞之物掌弔臨于卿大夫之喪)女御序于王之燕寢(御謂進御於王也比八十一元士周禮曰女御敘于王之燕寢以歲時獻功事也)頒官分務各有典司女史彤管記功書過(周禮云女史掌王后之禮書內令凡后之事以禮從之也鄭玄注云亦如太史之於王也彤管赤管筆也詩云詒我彤管注云古者后夫人必有女史彤管之法也)居有保阿之訓動有環佩之響(列女傳曰齊孝公孟姬華氏之女孝公遊車奔姬墮車碎孝公使駟馬立車載姬姬泣曰妾聞妃后下堂必從傅母保阿進退則鳴玉環佩今立車無軿非敢受命)進賢才以輔佐君子哀窈窕而不淫其色(詩序云關雎樂得淑女以配君子憂在進賢不淫其色哀窈窕思賢才而無傷善之心毛萇注云窈窕幽閒也)所以能述宣陰化修成內則(周禮內宰職曰

以陰禮教六宮以婦職之法教九御閨房肅雍險謁不行也肅敬也雍和也謁請也言能輔佐君子和順恭敬不行私謁詩序曰雖則王姬猶執婦道以成肅雍之德又曰而無險詖私謁之心故康王晚朝關雎作諷前書音義曰后夫人雞鳴佩玉去君所周康王后不然故詩人歎而傷之魯詩見宣后晏起姜氏請愆列女傳曰周宣姜后齊侯之女也宣王常夜臥晏起后夫人不出房姜后既出乃脫簪珥待罪於永巷使傅母通言於王曰妾不才淫心見矣至使君王失禮而晏起以見君王樂色忘德敢請罪惟君王之命王曰寡人之過夫人何辜遂勤政事成中興之名焉及周室東遷禮序凋缺幽王時西夷犬戎兵攻殺幽王于驪山之下太子宜臼立是爲平王東遷洛邑以避犬戎政遂微弱諸侯僭縱軌制無章齊桓有如夫人者六人左傳曰桓公多內寵有如夫人者六人長衛姬少衛姬鄭姬葛嬴密姬宋華子也晉獻升戎女爲元妃元妃嫡夫人也史記曰晉獻公伐驪戎得驪姬愛幸立以爲妃終於五子作亂桓公六夫人生六子桓公卒立公子昭於是公子無虧公子元公子潘公子商人公子雍等五公子皆求立公子昭奔宋是作亂也冢嗣遘屯冢大也遘遇也屯難也晉獻公受驪姬之譖殺太子申生故曰遘屯也爰逮戰國風憲逾薄適情任欲顛倒衣裳上曰衣下曰裳詩曰綠兮衣兮綠衣黃裳鄭玄曰綠衣黑今反以黃爲裏非其禮制諭妾上僭也以至破國亡身不可勝數斯固輕禮弛防先色後德者也秦并天下多自驕大官備七國史記曰始皇破六國寫放其宮室作之咸陽北坂上南臨渭水殿屋複道周閣相屬所得諸侯美人以充入之并秦爲七也爵列八品前書曰漢興因秦之稱號正嫡稱皇后妾皆稱夫人又有美人良人八子七子長使少使之號漢興因循其號而婦制莫釐釐理也高祖帷薄不脩大戴禮曰大臣坐汚穢男女無別者不曰汚穢曰帷薄不脩謂周昌入奏事高帝擁姬是不脩也孝文衽席無辨鄭玄注禮記曰衽臥席也孝文幸愼夫人每與皇后同坐是無辨也然而選納尚簡飾翫少華自武元之後世增淫費至乃掖庭三千增級十四婕妤一娙娥二容華三充衣四已上武帝置昭儀五元帝置美人六良人七七子八八子九長使十少使十一五官十二順常十三舞涓共和娛靈保林良使夜者十四此六官品秩同爲一等妖倖毀政之符外姻亂邦之迹前史載之詳矣及光武中興斲彫爲朴彫謂刻鏤也史記曰漢興破觚而爲圜斲彫而爲樸六宮稱號唯皇后貴人鄭玄注周禮曰皇后正寢一燕寢五是爲六宮也夫人已下分居焉貴人金印紫綬奉不過粟數十斛又置美人宮人采女三等並無爵秩歲時賞賜充給而已漢法常因八月筭人漢儀注曰八月初爲筭賦故曰筭人遣中大夫與掖庭丞及相工於洛陽鄉中閱視良家童女年十三以上二十以下姿色端麗合法相者載還後宮擇視可否乃用登御所以明愼聘納詳求淑哲明帝聿遵先旨宮教頗脩登建嬪后必先令德內無出閫之言閫門限也禮記曰外言不入於閫內言不出於閫也權無私溺之授可謂矯其敝矣向使因設外戚之禁編著甲令前書音義曰甲令者前帝第一令也有甲令乙令丙令改正后妃之制貽厥方來豈不休哉雖御己有度而防閑未篤故孝章以下漸用色授恩隆好合遂忘淄蠹淄黑也蠹食木蟲以諭傾敗也自古雖主幼時艱王家多釁必委成冢宰簡求忠賢未有專任婦人斷割重器唯秦芈太后始攝政事芈音亡爾反故穰侯權重於昭王家富於嬴國太后昭王母也號宣太后史記曰昭王立年少宣太后自知事以同母弟魏冉爲將軍任政封爲穰侯大后擅政始於此也漢仍其謬知患莫改東京皇統屢絕權歸女主外立者四帝謂安質桓靈臨朝者六后章帝竇太后和熹鄧太后安思閻太后順烈梁太后桓思竇太后靈思何太后也莫不定策帷帟委事父兄貪孩童以久其政抑明賢以專其威周禮幕人掌帷帟之事鄭玄注曰帟幄中坐上承塵也殤帝崩鄧太后與兄騭等迎立安帝年十三沖帝崩梁太后與兄冀迎立質帝年八歲質帝崩太后與兄冀迎立桓帝年十五桓帝崩竇太后與父武迎立靈帝年十三任重道悠利深禍速身犯霧露於雲臺之上霧露謂疾病也不可指言死故假霧露以言之靈帝時中常侍曹節矯詔遷太后於雲臺謝弼上封事曰伏惟皇太后援立明聖幽居空宮如有霧露之疾陛下當何面目以見天下家嬰縲紲於圄犴之下縲索也紲繫也囹圄獄名也鄉亭之獄曰犴音五旦反謂外戚等被誅也湮滅連踵傾輈繼路踵跡也輈車轅也賈誼曰前車覆後車誡而赴蹈不息燋爛爲期終於陵夷大運淪亡神寶陵夷猶頹替神寶帝位也詩書所歎略同一揆故考列行跡以爲皇后本紀雖成敗事異而同居正號者並列于篇其以私恩追尊非當時所奉者則隨它事附出謂安帝母左姬及祖母宋貴人之類並見清河孝王傳親屬別事各依列傳其餘無所見則係之此紀謂賈貴人虞美人之類是也以纘西京外戚云爾纘繼也

郭皇后紀

光武郭皇后諱聖通眞定槀人也槀縣名故城在今恒州槀城縣西爲郡著姓父昌讓田宅財產數百萬與異母弟國人義之仕郡功曹娶眞定恭王女號郭主恭王名普景帝七代孫生后及子況昌早卒郭主雖王家女而好禮節儉有母儀之德更始二年春光武擊王郎至眞定因納后有寵及即位以爲貴人建武元年生皇子彊帝善況小心謹愼年始十六拜黃門侍郎二年貴人立爲皇后彊爲皇太子封況緜蠻侯以后弟貴重賓客輻湊況恭謙下士頗得聲譽十四年遷城門校尉其後后以寵稍衰數懷怨懟十七年遂廢爲中山王太后進后中子右翊公輔爲中山王以常山郡益中山國徙封況大國爲陽安侯陽安縣屬汝南郡故城在今豫州朗山縣故道國城是也后從兄竟以騎都尉從征伐有功封爲新郪侯官至東海相新郪縣屬汝南郡故城在今潁州汝陰縣西北郪丘城是也音七私反竟弟匡爲發干侯發干縣屬東郡故城在今博州堂邑縣西南官至太中大夫后叔父梁早終無子其壻南陽陳茂以恩澤封南䜌侯䜌音力全反二十年中山王輔復徙封沛王后爲沛太后況遷大鴻臚帝數幸其第會公卿諸侯親家飲燕賞賜金錢縑帛豐盛莫比京師號況家爲金穴二十六年后母郭主薨帝臨喪送葬百官大會遣使者迎昌喪柩與主合葬追贈昌陽安侯印綬謚曰思侯二十八年后薨葬于北芒帝憐郭氏詔況子璜尚淯陽公主除璜爲郎顯宗即位況與帝舅陰識陰就並爲特進數授賞賜○劉攽曰案文授當作受恩寵俱渥禮待陰郭每事必均永平二年元年贈賜甚厚帝親自臨喪謚曰節侯子璜嗣元和三年肅宗北巡狩過眞定會諸郭朝見上壽引入倡飲甚歡說文曰倡樂也聲類曰俳以太牢具上郭主冢賜粟萬斛錢五十萬永元初璜爲長樂少府長樂少府掌皇太后宮秩二千石居長信宮曰長信少府長樂宮曰長樂少府子舉爲侍中兼射聲校尉及大將軍竇憲被誅舉以憲女壻謀逆故父子俱下獄死家屬徙合浦郡名今廉州縣宗族爲郎吏者悉免官新郪侯竟初爲騎將前書曰車戶騎將屬光祿秩比千石從征伐有功拜東海相永平中卒子嵩嗣嵩卒追坐楚王英事國廢建初二年章帝紹封嵩子勤爲伊亭侯勤無子國除發干侯匡官至太中大夫建武三十年卒子勳嗣勳卒子駿嗣永平十三年亦坐楚王英事失國建初三年復封駿爲觀都侯卒無子國除郭氏侯者凡三人皆絕國

論曰物之興衰情之起伏理有固然矣而崇替去來之甚者必唯寵惑乎當其接牀第承恩色雖險情贅行莫不德焉說文曰贅肬也老子曰餘食贅行河上公注曰行之無當爲贅莊子曰附贅縣肬言醜惡也及至移意愛析嬿私雖惠心妍狀愈獻醜焉愛升則天下不足容其高歡隊故九服無所逃其命斯誠志士之所沈溺君人之所抑揚未或違之者也郭后以衰離見貶恚怨成尤而猶恩加別館增寵黨戚至乎東海逡巡去就以禮使後世不見隆薄進退之隙不亦光於古乎

陰皇后紀

光烈陰皇后諱麗華謚法曰執德遵業曰烈東觀記有陰子公者生子方方生幼公公生君孟名睦即后之父也今世本睦作陸南陽新野人初光武適新野聞后美心悅之後至長安見執金吾車騎甚盛因歎曰仕宦當作執金吾娶妻當得陰麗華更始元年六月遂納后於宛當成里時年十九及光武爲司隸校尉方西之洛陽令后歸新野及鄧奉起兵后兄識爲之將后隨家屬徙淯陽止於奉舍光武即位令侍中傅俊迎后與胡陽寧平主諸宮人俱到洛陽以后爲貴人寧平縣屬淮陽故城在今亳州谷陽縣西南帝以后雅性寬仁欲崇以尊位后固辭以郭氏有子終不肯當故遂立郭皇后建武四年從征彭寵生顯宗於元氏九年有盜劫殺后母鄧氏及弟訢音欣帝甚傷之乃詔大司空曰吾微賤之時娶於陰氏因將兵征伐遂各別離幸得安全俱脫虎口莊子曰孔子見盜跖謂柳下惠曰幾不免於虎口也以貴人有母儀之美宜立爲后而固辭弗敢當列於媵妾爾雅曰媵送也孫炎曰送女曰媵朕嘉其義讓許封諸弟未及爵土而遭患逢禍母子同命愍傷于懷小雅曰將恐將懼惟予與汝將安將樂汝轉棄予谷風之詩風人之戒可不愼乎其追爵謚貴人父陸爲宣恩哀侯弟訢爲宣義恭侯以弟就嗣哀侯後及尸柩在堂使太中大夫拜授印綬如在國列侯禮魂而有靈嘉其寵榮十七年廢皇后郭氏而立貴人制詔三公曰皇后懷執怨懟數違教令不能撫循它子訓長異室宮闈之內若見鷹鸇爾雅曰宮中小門謂之闈既無關雎之德而有呂霍之風豈可託以幼孤恭承明祀今遣大司徒涉戴涉也宗正吉持節其上皇后璽綬陰貴人鄉里良家歸自微賤公羊傳曰婦人謂嫁曰歸自我不見于今三年詩豳風東山之詞也宜奉宗廟爲天下母主者詳案舊典時上尊號異常之事非國休福不得上壽稱慶后在位恭儉少嗜玩不喜笑謔性仁孝多矜慈七歲失父雖已數十年言及未嘗不流涕帝見常歎息顯宗即位尊后爲皇太后永平三年冬帝從太后幸章陵置酒舊宅會陰鄧故人諸家子孫並受賞賜七年崩在位二十四年年六十合葬原陵明帝性孝愛追慕無已十七年正月當謁原陵夜夢先帝太后如平生歡既寤悲不能寐即案歷明旦日吉遂率百官及故客上陵其日降甘露於陵樹帝令百官采取以薦會畢帝從席前伏御牀視太后鏡奩中物奩鏡匣也音廉感動悲涕令易脂澤裝具左右皆泣莫能仰視焉

馬皇后紀

明德馬皇后諱某謚法曰忠和純淑曰德諱某者史失其名下皆類此伏波將軍援之小女也少喪父母兄客卿敏惠早夭母藺夫人悲傷發疾慌惚后時年十歲幹理家事勑制僮御幹正也廣雅曰僮僕皆使者也內外諸稟事同成人初諸家莫知者後聞之咸歎異焉后嘗久疾太夫人令筮之筮者曰此女雖有患狀而當大貴兆不可言也後又呼相者使占諸女見后大驚曰我必爲此女稱臣然貴而少子若養他子者得力乃當踰於所生初援征五溪蠻卒於師虎賁中郎將梁松黃門侍郎竇固等因譖之由是家益失埶又數爲權貴所侵侮后從兄嚴不勝憂憤白太夫人絕竇氏婚求進女掖庭乃上書曰臣叔父援孤恩不報孤負也而妻子特獲恩全戴仰陛下爲天爲父人情既得不死便欲求福竊聞太子諸王妃匹未備援有三女大者十五次者十四小者十三儀狀髮膚上中以上東觀記曰明帝馬皇后美髮爲四起大髻但以髮成尚有餘繞髻三匝眉不施黛獨左眉角小缺補之如粟常稱疾而終身得意皆孝順小心婉靜有禮婉順願下相工簡其可否如有萬一援不朽於黃泉矣又援姑姊妹並爲成帝婕妤葬於延陵臣嚴幸得蒙恩更生冀因緣先姑當充後宮由是選后入太子宮時年十三奉承陰后傍接同列禮則脩備上

下安之遂見寵異常居後堂顯宗即位以后爲貴人時后前母姊女賈氏亦以選入生肅宗帝以后無子命令養之謂曰人未必當自生子但患愛養不至耳后於是盡心撫育勞悴過於所生肅宗亦孝性惇篤恩性天至母子慈愛始終無纖介之間纖介猶微細也間隙也后常以皇嗣未廣每懷憂歎薦達左右若恐不及後宮有進見者每加慰納若數所寵引輒增隆遇永平三年春有司奏立長秋宮皇后所居宮也長者久也秋者萬物成孰之初也故以名焉請立皇后不敢指言故以宮稱之帝未有所言皇太后曰馬貴人德冠後宮即其人也遂立爲皇后先是數日夢有小飛蟲無數赴著身又入皮膚中而復飛出既正位宮闈愈自謙肅身長七尺二寸方口美髮能誦易好讀春秋楚辭尤善周官董仲舒書周官周禮也仲舒書玉杯蕃露清明竹林之屬也蕃音繁常衣大練裙不加緣大練大帛也杜預注左傳曰大帛厚繒也太后兄廖上書曰今陛下躬服厚繒是也朔望諸姬主朝請漢律春曰朝秋曰請望見后袍衣疏麤反以爲綺縠就視乃笑后辭曰此繒特宜染色故用之耳六宮莫不歎息帝嘗幸苑囿離宮后輒以風邪露霧爲戒辭意款備多見詳擇帝幸濯龍中續漢志曰濯龍園名也近北宮並召諸才人下邳王已下皆在側請呼皇后帝笑曰是家志不好樂雖來無歡是以游娛之事希嘗從焉十五年帝按地圖將封皇子悉半諸國后見而言曰諸子食數縣於制不已儉乎帝曰我子豈宜與先帝子等乎歲給二千萬足矣時楚獄連年不斷囚相證引坐繫者甚衆后慮其多濫乘間言及惻然帝感悟之夜起彷偟爲思所納思后所納之言卒多有所降宥時諸將奏事及公卿較議難平者廣雅曰較明也帝數以試后后輒分解趣理各得其情每於侍執之際輒言及政事多所毗補而未嘗以家私干故寵敬日隆始終無衰及帝崩肅宗即位尊后曰皇太后諸貴人當徙居南宮太后感析別之懷各賜王赤綬加安車駟馬白越三千端白越越布雜帛二千匹黃金十斤自撰顯宗起居注削去兄防參醫藥事帝請曰黃門舅旦夕供養且一年既無褒異又不錄勤勞無乃過乎太后曰吾不欲令後世聞先帝數親后宮之家故不著也建初元年欲封爵諸舅太后不聽明年夏大旱言事者以爲不封外戚之故有司因此上奏宜依舊典漢制外戚以恩澤封侯故曰舊典也太后詔曰凡言事者皆欲媚朕以要福耳昔王氏五侯同日俱封成帝封太后弟王譚王商王立王根王逢時等同時爲關內侯其時黃霧四塞不聞澍雨之應又田蚡竇嬰寵貴橫恣傾覆之禍爲世所傳田蚡景帝王皇后同母弟武安侯也爲丞相貪驕與淮南王霸上私語後發武帝曰使武安侯在者族矣竇嬰文帝竇皇后從兄子魏其侯也爲丞相坐與灌夫罵棄市也故先帝防慎舅氏不令在樞機之位樞機近要之官也春秋運斗樞曰北斗第一天樞第二旋第三機也諸子之封裁令半楚淮陽諸國常謂我子不當與先帝子等今有司奈何欲以馬氏比陰氏乎吾爲天下母而身服大練食不求甘左右但著帛布無香薰之飾者欲身率下也以爲外親見之當傷心自勑但笑言太后素好儉前過濯龍門上見外家問起居者車如流水馬如游龍倉頭衣綠褠領袖正白褠臂衣今之臂韝以縛左右手於事便也顧視御者不及遠矣故不加譴怒但絕歲用而已冀以默愧其心而猶懈怠無憂國忘家之慮知臣莫若君況親屬乎吾豈可上負先帝之旨下虧先人之德重襲西京敗亡之禍哉固不許西京外戚呂祿呂產竇嬰上官桀安父子霍禹等皆被誅帝省詔悲歎復重請曰漢興舅氏之封侯猶皇子之爲王也太后誠存謙虛奈何令臣獨不加恩三舅乎且衞尉年尊兩校尉有大病衞尉太后兄廖兩校尉兄防兄光也如令不諱使臣長抱刻骨之恨宜及吉時不可稽留太后報曰吾反覆念之思令兩善豈徒欲獲謙讓之名而使帝受不外施之嫌哉以恩澤封爵外家爲外施也昔竇太后欲封王皇后之兄竇太后文帝后也王皇后景帝后也兄即王信封爲蓋侯丞相條侯言受高祖約無軍功非劉氏不侯條侯周亞夫也前書曰高帝與功臣約非劉氏不王非有功不侯不如約天下共擊之今馬氏無功於國豈得與陰郭中興之后等邪常觀富貴之家祿位重疊猶再實之木其根必傷文子曰再實之木根必傷掘藏之家後必殃也且人所以願封侯者欲上奉祭祀下求溫飽耳今祭祀則受四方之珍衣食則蒙御府餘資斯豈不足而必當得一縣乎吾計之孰矣勿有疑也夫至孝之行安親爲上今數遭變異穀價數倍憂惶晝夜不安坐臥而欲先營外封違慈母之拳拳乎拳拳猶勤勤也音權吾素剛急有匈中氣不可不順也若陰陽調和邊境清靜然後行子之志吾但當含飴弄孫方言曰飴餳也陳楚宋衛之間通語不能復關政矣時新平主家御者失火延及北閣後殿太后以爲己過起居不歡時當謁原陵自引守備不慎慙見陵園遂不行初太夫人葬起墳微高太后以爲言兄廖等即時減削其外親有謙素義行者輒假借溫言賞以財位如有纖介則先見嚴恪之色然後加譴其美車服不軌法度者便絕屬籍遣歸田里廣平鉅鹿樂成王車騎朴素無金銀之飾帝以白太后太后即賜錢各五百萬於是內外從化被服如一諸家惶恐倍於永平時乃置織室蠶於濯龍中前書有東織西織屬少府平帝改名織室數往觀視以爲娛樂常與帝旦夕言道政事及教授諸小王論語經書述敘平生雍和終日四年天下豐稔方垂無事帝遂封三舅廖防光爲列侯並辭讓願就關內侯太后聞之曰聖人設教各有其方知人情性莫能齊也禮記王制曰凡居人材必因天地寒煖燥溼廣谷大川異制人居其間異俗脩其教不易其俗齊其政不易其宜中國戎夷五方之人皆有性也不可推移吾少壯時但慕竹帛志不顧命言少慕古人書名竹帛不顧命之長短今雖已老而復戒之在得論語孔子曰少之時戒之在色及其老也戒之在得得貪嗇也言彌復吝惜封爵不欲濫封親戚也故日夜惕厲思自降損惕懼也厲危也居不求安食不念飽冀乘此道不負先帝所以化導兄弟共同斯志欲令瞑目之日無所復恨何意老志復不從哉萬年之日長恨矣廖等不得已受封爵而退位歸第焉太后其年寢疾不信巫祝小醫數敕絕禱祀至六月崩在位二十三年年四十餘合葬顯節陵

賈貴人南陽人建武末選入太子宮中元二年生肅宗而顯宗以爲貴人帝既爲太后所養專以馬氏爲外家故貴人不登極位賈氏親族無受寵榮者及太后崩乃策書加貴人王赤綬續漢書曰諸侯王赤綬也安車一駟永巷宮人二百永巷宮中署名也後改爲掖庭永巷宮人即宮婢也御府雜帛二萬匹大司農黃金千斤錢二千萬

竇皇后紀

章德竇皇后諱某扶風平陵人大司徒融之曾孫也祖穆父勳坐事死事在竇融傳勳尚東海恭王彊女沘陽公主后其長女也家既廢壞數呼相工問息耗薛氏韓詩章句曰耗惡也息耗猶言善惡也見后者皆言當大尊貴非臣妾容貌年六歲能書親家皆奇之建初二年后與女弟俱以選例入見長樂宮進止有序風容甚盛肅宗先聞后有才色數以訊諸姬傅訊問也傅謂傅母及見雅以爲美馬太后亦異焉因入掖庭見於北宮章德殿后性敏給傾心承接稱譽日聞明年遂立爲皇后妹爲貴人七年追爵諡后父勳爲安成思侯安成縣屬汝南郡故城在今豫州吳房縣東南后寵幸殊特專固後宮初宋貴人生皇太子慶梁貴人生和帝后既無子並疾忌之數閒於帝漸至疎嫌因誣宋貴人挾邪媚道遂自殺廢慶爲清河王語在慶傳梁貴人者梁竦之女也少失母爲伯母舞陰長公主所養長公主光武女梁松尚焉年十六建初二年亦與中姊俱選入掖庭爲貴人四年生和帝后養爲己子欲專名外家而忌梁氏八年乃作飛書以陷竦飛書若今匿名書也竦坐誅貴人姊妹以憂卒自是宮房惵息惵懼也音牒周書曰臨捕以威而氣惵懾也后愛日隆及帝崩和帝即位尊后爲皇太后皇太后臨朝尊母沘陽公主爲長公主益湯沐邑三千戶兄憲弟篤景並顯貴擅威權後遂密謀不軌永元四年發覺被誅九年太后崩未及葬而梁貴人姊嫕音一計反上書陳貴人枉歿之狀太尉張酺司徒劉方司空張奮上奏依光武黜呂太后故事中元元年黜呂后不宜配食高廟貶太后尊號不宜合葬先帝百官亦多上言者帝手詔曰竇氏雖不遵法度而太后常自減損朕奉事十年深惟大義禮臣子無貶尊上之文恩不忍離義不忍虧案前世上官太后亦無降黜上官太后昭帝后也父安與燕王謀反誅太后以年少又霍光外孫故不廢也其勿復議於是合葬敬陵在位十八年帝以貴人酷歿斂葬禮闕乃改殯於承光宮上尊謚曰恭懷皇后謚法曰敬事尊上曰恭慈仁哲行曰懷追服喪制百官縞素與姊大貴人俱葬西陵儀比敬園敬園安帝祖母宋貴人之園也

陰皇后紀

和帝陰皇后諱某光烈皇后兄執金吾識之曾孫也后少聰慧善書藝永元四年選入掖庭以先后近屬故得爲貴人有殊寵八年遂立爲皇后自和熹鄧后入宮熹音許其反愛寵稍衰數有恚恨后外祖母鄧朱出入宮掖十四年夏有言后與朱共挾巫蠱道巫師爲蠱故曰巫蠱左傳注曰蠱惑也事發覺帝遂使中常侍張慎與尚書陳褒於掖庭獄雜考案之朱及二子奉毅與后弟軼輔敞辭語相連及以爲祠祭祝詛大逆無道奉毅輔考死獄中帝使司徒魯恭持節賜后策上璽綬遷于桐宮以憂死立七年葬臨平亭部葬于亭部內之地也父特進綱自殺軼敞及朱家屬徙日南比景縣宗親內外昆弟皆免官還田里永初四年鄧太后詔赦陰氏徙者歸故郡還其資財五百餘萬

鄧皇后紀

和熹鄧皇后諱綏蔡邕曰謚法有功安人曰熹太傅禹之孫也父訓護羌校尉母陰氏光烈皇后從弟女也后年五歲太傅夫人愛之自爲翦髮夫人年高目冥誤傷后額忍痛不言左右見者怪而問之后曰非不痛也夫人哀憐爲斷髮難傷老人意故忍之耳六歲能史書史書周宣王太史籀所作大篆十五篇也前書曰教學童之書也十二通詩論語諸兄每讀經傳輒下意難問下意猶出氣也志在典籍不問居家之事母常非之曰汝不習女工以供衣服乃更務學寧當舉博士邪后重違母言晝脩婦業暮誦經典家人號曰諸生父訓異之事無大小輒與詳議永元四年當以選入會訓卒后晝夜號泣終三年不食鹽菜憔悴毀容親人不識之后嘗夢捫天捫摸也蕩蕩正青若有鍾乳狀乃仰嗽飲之以訊諸占夢言堯夢攀天而上湯夢及天而咶之咶音是斯皆聖王之前占吉不可言又相者見后驚曰此成湯之法也續漢書曰相者蘇文曰此成湯之骨法家人竊喜而不敢宣后叔父陔言常聞活千人者子孫有封兄訓爲謁者使脩石臼河歲活數千人天道可信家必蒙福初太傅禹歎曰吾將百萬之衆未嘗妄殺一人其後世必有興者七年

后復與諸家子俱選入宮后長七尺二寸姿顏姝麗姝美色也詩曰彼姝者子絕異於衆左右皆驚八年冬入掖庭爲貴人時年十六恭肅小心動有法度承事陰后夙夜戰兢接撫同列常克己以下之雖宮人隸役皆加恩借帝深嘉焉及后有疾特令后母兄弟入親醫藥不限以日數后言於帝曰宮禁至重而使外舍久在內省外舍外家上令陛下有幸私之譏下使賤妾獲不知足之謗上下交損誠不願也帝曰人皆以數入爲榮貴人反以爲憂深自抑損誠難及也每有讌會諸姬貴人競自脩整簪珥光采袿裳鮮明說文簪笄也珥瑱也以玉充耳釋名曰婦人上服曰袿而后獨着素裝服無飾其衣有與陰后同色者卽時解易若並時進見則不敢正坐離立行則僂身自卑禮記曰離坐離立無往參焉帝每有所問常逡巡後對不敢先陰后言帝知后勞心曲體歎曰脩德之勞乃如是乎後陰后漸疏每當御見輒辭以疾時帝數失皇子后憂繼嗣不廣數選進才人以博帝意陰后見后德稱日盛不知所爲遂造祝詛欲以爲害帝嘗寢病危甚陰后密言我得意不令鄧氏復有遺類后聞乃對左右流涕言曰我竭誠盡心以事皇后竟不爲所祐而當獲罪於天婦人雖無從死之義然周公身請武王之命武王有疾周公爲之請命於太王王季文王曰若爾三王有丕子之責于天以旦代某之身也越姬心誓必死之分越姬楚昭王之姬越王句踐女也昭王燕遊越姬從謂姬曰樂乎對曰樂則樂矣而不可久也王曰願與子生死若此姬曰君王樂遊妾以死不敢聞命後王病有赤雲夾日如飛鳥王問周太史史曰是害王身請移於將相王曰將相於孤猶股肱也不聽姬曰大哉君王之德妾請從王死矣昔日遊樂是以不敢聽命今君王復禮國人爲君王死何況妾乎妾願先驅狐狸於地下昔日口雖不言心許之矣妾聞信者不負其心遂自殺故曰心誓事見列女傳也不上以報帝之恩中以解宗族之禍下不令陰氏有人豕之譏高帝愛幸戚夫人帝崩呂太后斷夫人手足去眼薰耳使居鞠室中名曰人彘也卽欲飲藥宮人趙玉者固禁之因詐言屬有使來上疾已愈后信以爲然乃止明日帝果瘳十四年夏陰后以巫蠱事廢后請救不能得帝便屬意焉后愈稱篤疾深自閉絕會有司奏建長秋宮帝曰皇后之尊與朕同體承宗廟母天下豈易哉唯鄧貴人德冠後庭乃可當之至冬立爲皇后辭讓者三然後卽位手書表謝深陳德薄不足以充小君之選是時方國貢獻競求珍麗之物自后卽位悉令禁絕歲時但供紙墨而已帝每欲官爵鄧氏后輒哀請謙讓故兄騭終帝世不過虎賁中郎元興元年帝崩長子平原王有疾而諸皇子夭歿前後十數後生者輒隱祕養於人間殤帝生始百日后乃迎立之尊后爲皇太后太后臨朝和帝葬後宮人並歸園太后賜周馮貴人策曰朕與貴人託配後庭共歡等列十有餘年不獲福祐

先帝早棄天下孤心煢煢煢煢孤特之貌也詩曰煢煢在疚靡所瞻仰夙夜永懷感愴發中今當以舊典分歸外園慘結增歎燕燕之詩曷能喻焉詩邶風序曰衞莊姜送歸妾也其詩曰燕燕于飛差池其羽之子于歸遠送于野瞻望不及泣涕如雨其賜貴人王青蓋車采飾輅驂馬各一駟黃金三十斤雜帛三千匹白越四千端又賜馮貴人王赤綬以未有步搖環珮加賜各一具周禮王后首服爲副所以副首爲飾若今步搖也釋名曰皇后首副其上有垂珠步則搖也是時新遭大憂法禁未設宮中亡大珠一篋太后念欲考問必有不辜乃親閱宮人觀察顏色卽時首服又和帝幸人吉成御者共枉吉成以巫蠱事遂下掖庭考訊辭證明白太后以先帝左右待之有恩平日尚無惡言今反若此不合人情更自呼見實覈果御者所爲莫不歎服以爲聖明常以鬼神難徵淫祀無福乃詔有司罷諸祠官不合典禮者又詔赦除建武以來諸犯妖惡及馬竇家屬所被禁錮者皆復之爲平人減太官導官尚方內者服御珍膳靡麗難成之物漢官儀曰太官主膳羞也前書音義曰導官主導擇米以供祭祀尚方掌工作刀劍諸物及刻玉爲器漢官儀曰內者主帷帳並署名也自非供陵廟稻粱米不得導擇朝夕一肉飯而已舊太官湯官經用歲且二萬萬經常也太后勑止日殺省珍費自是裁數千萬及郡國所貢皆減其過半悉斥賣上林鷹犬其蜀漢釦器九帶佩刀並不復調蜀蜀郡也漢廣漢郡也二郡主作供進之器元帝時貢禹上書曰蜀廣漢主金銀器各用五百萬是也釦音口以金銀緣器也止畫工三十九種又御府尚方織室錦繡冰紈綺縠金銀珠玉犀象瑇瑁彫鏤翫弄之物皆絕不作離宮別館儲峙米糒薪炭悉令省之儲峙蓄積也糒乾飯也又詔諸園貴人其宮人有宗室同族若羸老不任使者令園監實覈上名自御北宮增喜觀閱問之恣其去留卽日免遣者五六百人及殤帝崩太后定策立安帝猶臨朝政以連遭大憂百姓苦役大憂謂和帝殤帝崩殤帝康陵方中祕藏方中陵中也冢藏之中故言祕也及諸工作事事減約十分居一詔告司隸校尉河南尹南陽太守曰每覽前代外戚賓客假借威權輕薄謥詷言怱遽也謥音七洞反詷音洞至有濁亂奉公爲人患苦咎在執法怠懈不輒行其罰故也今車騎將軍騭等雖懷敬順之志而宗門廣大姻戚不少賓客姦猾多干禁憲干犯也其明加檢勑勿相容護自是親屬犯罪無所假貸太后愍陰氏之罪廢赦其徙者歸鄉勑還資財五百餘萬永初元年爵號太夫人爲新野君萬戶供湯沐邑湯沐者取其賦稅以供湯沐之具也二年夏京師旱親幸洛陽寺錄寃獄有囚實不殺人而被考自誣羸困輿見畏吏不敢言將去舉頭若欲自訴太后察視覺之卽呼還問狀具得枉實卽時收洛陽令下獄抵罪行未還宮

澍雨大降三年秋太后體不安左右憂惶禱請祝辭願得代命太后聞之卽譴怒勑掖庭令以下但使謝過祈福不得妄生不祥之言舊事歲終當饗遣衞士舊事衞士得代歸者上親饗焉前書蓋寬饒傳曰歲盡當代上臨饗罷衞卒是也大儺逐疫禮記月令有大儺旁磔土牛以送寒氣鄭玄注云儺陰氣也此月之中日歷虛危有墳墓四星之氣爲厲鬼隨彊陰出以害人故儺却之也太后以陰陽不和軍旅數興詔饗會勿設戲作樂減逐疫侲子之半侲子逐疫之人也音振薛綜注西京賦云侲之言善也善童幼子也續漢書曰大儺選中黃門子弟年十歲以上十二以下百二十人爲侲子皆赤幘皁製執大鼗悉罷象橐駝之屬豐年復故太后自入宮掖從曹大家受經書兼天文筭數晝省王政夜則誦讀而患其謬誤懼乖典章乃博選諸儒劉珍等及博士議郎四府掾史五十餘人詣東觀讎校傳記讎對也事畢奏御賜葛布各有差又詔中官近臣於東觀受讀經傳以教授宮人左右習誦朝夕濟濟及新野君薨太后自侍疾病至乎終盡憂哀毀損事加於常贈以長公主赤綬東園祕器玉衣繡衾東園署名屬少府主作凶器故言祕也又賜布三萬匹錢三千萬騭等遂固讓錢布不受使司空持節護喪事儀比東海恭王諡曰敬君太后諒闇既終諒闇居喪之廬也或爲諒陰諒信也陰默也言居憂信默不言久旱太后比三日幸洛陽錄囚徒理出死罪三十六人耐罪八十人其餘減罪死右趾以下至司寇七年正月初入太廟齋七日賜公卿百僚各有差庚戌謁宗廟率命婦羣妾相禮儀相助也儀禮曰命夫者男子之爲大夫也命婦者大夫之妻也與皇帝交獻親薦成禮而還周禮宗廟祭之日旦王服袞冕而入立於阼后服副褘從王而入王以圭瓚酌鬱鬯以獻尸后以璋瓚酌鬱鬯以獻尸此謂交獻也卒事凡九獻焉因下詔曰凡供薦新味多非其節或鬱養強孰或穿掘萌芽味無所至而夭折生長豈所以順時育物乎傳曰非其時不食論語曰不時不食言非其時物則不食之前書召信臣曰不時之物有傷於人不宜以奉供養自今當奉祠陵廟及給御者皆須時乃上凡所省二十三種自太后臨朝水旱十載四夷外侵盜賊內起每聞人飢或達旦不寐而躬自減徹以救災阸故天下復平歲還豐穰元初五年平望侯劉毅平望縣屬北海郡今青州北海縣西北平望臺是也一名望海臺也以太后多德政欲令早有注紀上書安帝曰臣聞易載羲農而皇德著易繫辭曰古者庖羲氏之王天下仰觀象於天俯觀法於地於是始畫八卦以通神明之德以類萬物之情庖羲氏沒神農氏作斲木爲耜揉木爲耒耒耜之利以教天下伏羲神農爲三皇故言皇德也書述唐虞而帝道崇故雖聖明必書功於竹帛流音於管絃竹謂簡冊帛謂縑素黃帝以下六代樂音所以章顯功德是流音於管絃伏惟皇太后膺大聖之姿體乾坤之德易曰聖人與天地合其德齊蹤虞妃比跡任姒虞妃卽舜妻娥皇女英也任文王母姒武王母也孝悌慈仁允恭節約杜絕奢盈之源防抑逸欲之兆正位內朝流化四海易家人卦曰女正位乎內正家而天下定矣禮記曰東夷西戎南蠻北狄謂之四海及

元興延平之際國無儲副仰觀乾象參之人譽援立陛下爲天下主永安漢室綏靜四海又遭水潦東州饑荒延平元年安帝卽位六州大水永初元年稟司隸兗豫徐冀并六州貧人也垂恩元元冠蓋交路菲薄衣食躬率羣下損膳解驂以贍黎苗廣雅云苗衆也惻隱之恩猶視赤子隱痛也尚書曰若保赤子惟人其康乂也克己引愆顯揚仄陋崇晏晏之政尚書考靈耀曰文塞晏晏敷在寬之教敷布也尚書曰五教在寬興滅國繼絕世錄功臣復宗室追還徙人蠲除禁錮政非惠和不圖於心制非舊典不訪於朝弘德洋溢洋溢言多充塞宇宙洪澤豐沛漫衍八方華夏樂化戎狄混并丕功著於大漢碩惠加於生人巍巍之業可聞而不可及蕩蕩之勳可誦而不可名古之帝王左右置史禮記玉藻曰動則左史書之言則右史書之漢之舊典世有注紀夫道有夷崇治有進退若善政不述細異輒書是爲堯湯負洪水大旱之責而無咸熙假天之美咸皆也熙廣也尚書曰庶績咸熙言堯之朝政衆功皆廣假音格至也尚書曰格我烈祖格于皇天言伊尹佐湯功至于天也堯洪水九載湯大旱七年高宗成王有雊雉迅風之變而無中興康寧之功也高宗殷王也祖乙之子名武丁當祭成湯有飛雉升鼎耳而雊高宗脩德殷道中興成王疑周公乃有雷電大風之變成王改過幾刑措也上考詩書有虞二妃周室三母尚書曰釐降二女于嬀汭嬪于虞三母謂后稷母姜嫄文王母太任武王母太姒也詩大雅曰厥初生民時維姜嫄又曰太任有身生此文王又曰太姒嗣徽音則百斯男也修行佐德詩云既有烈考亦有文母是佐德也○劉攽曰注案今詩皆作右字右有音耳不當作有也思不踰閾閾門限也左傳曰婦人送迎不出門見兄弟不踰閾未有內遭家難外遇災害覽總大麓經營天物麓錄也言大錄萬機之政書曰納于大麓又曰暴殄天物也功德巍巍若茲者也宜令史官著長樂宮注聖德頌以敷宣景耀勒勳金石縣之日月易曰縣象著明莫大乎日月攄之罔極以崇陛下烝烝之孝帝從之廣雅曰攄舒也孔安國注尚書曰烝烝進進也六年太后詔徵和帝弟濟北河閒王子男女年五歲以上四十餘人又鄧氏近親子孫三十餘人並爲開邸第倉頡篇曰邸舍也教學經書躬自監試尚幼者使置師保朝夕入宮撫循詔導恩愛甚渥詔告也乃詔從兄河南尹豹越騎校尉康等曰吾所以引納羣子置之學官者實以方今承百王之敝時俗淺薄巧僞滋生五經衰缺不有化導將遂陵遲故欲褒崇聖道以匡失俗傳不云乎飽食終日無所用心難矣哉論語孔子言也言人終日飽食不措心于道義難矣哉言終無遠大也今末世貴戚食祿之家溫衣美飯乘堅驅良堅謂好車良謂善馬也墨子曰聖王爲衣服之法堅車良馬不知貴也而面牆術學不識臧否尚書曰弗學面牆也斯故禍敗所從來也永平中四姓小侯皆令入學小侯解見明紀所以矯俗厲薄反之忠孝先公既以武功書之竹帛兼以文德教化子孫先公謂鄧禹禹有子十三人各使守一藝故曰文德也故能束脩不觸羅網言能自約束脩整也誠令兒曹上述祖考休烈下念詔書本意則足

矣其勉之哉康以太后久臨朝政心懷畏懼託病不朝太后使內人問之時宮婢出入多能有所毀譽其耆宿者皆稱中大人所使者乃康家先婢亦自通中大人康聞詬之曰汝我家出爾敢爾邪婢怒還說康詐疾而言不遜太后遂免康官遣歸國絕屬籍末寧二年二月寢病漸篤乃乘輦於前殿見侍中尚書因北至太子新所繕宮還大赦天下賜諸園貴人王主羣僚錢布各有差詔曰朕以無德託母天下而薄祐不天早離大憂延平之際海內無主元元厄運危於累卵說苑曰晉靈公驕奢造九層之臺國困人貧恥功不成令日左右諫者斬也荀息求見公曰諫邪息曰不敢臣能累十二博棊加九雞子其上公曰危哉息曰復有危於此者公爲九層之臺男女不得耕織社稷一滅君何所望君曰寡人之過乃壞臺焉勤苦心不敢以萬乘爲樂上欲不欺天愧先帝下不違人負宿心誠在濟度百姓以安劉氏自謂感徹天地當蒙福祚而喪禍內外傷痛不絕頃以內外謂新野君薨及和殤二帝崩也廢病沈滯久不侍祠自力上原陵加欬逆唾血遂至不解存亡大分無可奈何公卿百官其勉盡忠恪以輔朝廷三月崩在位二十年年四十一合葬順陵

論曰鄧后稱制終身號令自出術謝前政之良身闕明辟之義前政謂周公也辟君也尚書曰朕復子明辟言周公攝位復還成王今太后不還故曰闕也至使嗣主側目斂衽於虛器器謂神器謂帝位也直生懷慙懸書於象魏象魏闕也直生杜根等上書請太后還政借之儀者殆其惑哉借猶假也殆近也言太后不還政於安帝近可惑也然而建光之後王柄有歸太后建光之中崩歸政安帝遂乃名賢戮辱便孽黨進帝寵用乳母王聖及其女伯榮出入宮掖通傳姦賂太尉楊震及鄧騭等皆被中官譖誅也衰斁之來茲焉有徵斁敗也安帝臨政衰敗逾甚故曰有徵也故知持權引謗所幸者非己焦心卹患自強者唯國言執持朝權以招衆謗者所幸不爲己身唯憂國也是以班母一說闔門辭事太后兄大將軍騭以母憂上書乞身太后不許以問班昭乃許之語見昭傳也愛姪微愆髡剔謝罪太后兄騭子鳳受遺事洩騭遂髡妻及鳳以謝天下語見騭傳將杜根逢誅未值其誠乎誠信也言未爲太后所信但蹊田之牛奪之已甚左傳申叔時曰牽牛以蹊人之田而奪之牛牽牛以蹊者信有罪矣而奪之牛罰已重矣此喻杜根上書雖曰有罪太后殺之爲過甚也

後漢書卷十上考證

皇后紀上后紀增秩十四注此六宮品秩同爲一等○臣艮裒按宮當作官彝涓等皆官名非宮名也

光烈陰皇后紀九年有盜劫殺后母鄧氏及弟訢○臣世駿按三國志注引孫盛曰按光武紀建武九年盜劫陰貴人母弟吏以不得拘質迫盜盜遂殺之即此事也章懷失注孫盛作漢晉陽秋在范史前百年所按光武紀必後漢時班固等所撰者

尊后爲皇太后○監本脫一皇字從宋本添

明德馬皇后紀歲給二千萬○此句之下一本有諸史並闕後事故不知所終十一字宋本無

章德竇皇后紀尚東海恭王彊女沘陽公主○何焯校本沘改泚

梁貴人者○此句之下一本有褒親愍侯四字宋本無

和熹鄧皇后紀使修石臼河○何焯曰使修當作罷修

后憂繼嗣不廣○此句之下一本有恒垂涕歎息五字宋本毛本南監本俱無

其賜貴人王青蓋車○王字諸本誤玉　臣宗萬按王青蓋車見安帝紀注有明文

後漢書卷十下

宋　宣　城　太　守　范　曄撰

唐　章　懷　太　子　賢注

后紀第十下

安思閻皇后　順烈梁皇后　孝崇匽皇后

懿獻梁皇后　孝桓鄧皇后　桓思竇皇后

孝仁董皇后　孝靈宋皇后　靈思何皇后

獻帝伏皇后　獻穆曹皇后

閻皇后紀

安思閻皇后諱姬謚法曰謀慮不愆曰思河南滎陽人也祖父章永平中爲尚書以二妹爲貴人章精力曉舊典久次當遷以重職顯宗爲後宮親屬竟不用出爲步兵校尉漢官儀曰比二千石掌宿衛兵屬北軍中候也章生暢暢生后后有才色元初元年以選入掖庭甚見寵愛爲貴人二年立爲皇后后專房妬忌帝幸宮人李氏生皇子保遂酖殺李氏酖毒鳥也食蝮以其羽畫酒中飲之立死三年以后父侍中暢爲長水校尉封北宜春侯北宜春縣屬汝南郡以豫章有宜春故此加北故城在今豫州汝陽縣西南也食邑五千戶四年暢卒謚曰文侯子顯嗣建光元年鄧太后崩帝始親政事顯及弟景耀晏並爲卿校典禁兵延光元年更封顯長社縣侯長社縣屬潁川郡前書音義曰其社中樹暴長故名長社今許州縣食邑萬三千五百戶追尊后母宗爲滎陽君續漢志曰婦人封君儀比公主油軿車帶綬以采組爲緄帶各如其綬色黃金辟邪加其首爲帶鐍顯景諸子年皆童齓大戴禮曰男八歲而齔女七歲而齔毀齒也音初刃反並爲黃門侍郎后寵既盛而兄弟與朝權后遂與大長秋江京中常侍樊豐等共譖皇太子保廢爲濟陰王四年春后從帝幸章陵帝道疾崩於葉縣后顯兄弟及江京樊豐等謀曰今晏駕道次晏晚也臣下不敢斥言帝崩猶言晏駕而出濟陰王在內邂逅公卿立之還爲大害乃僞云帝疾甚徙御臥車行四日驅馳還宮明日詐遣司徒劉熹詣郊廟社稷告天請命其夕乃發喪尊后曰皇太后皇太后臨朝蔡邕獨斷曰少帝即位太后即代攝政臨前殿朝羣臣太后東面少帝西面羣臣奏事上書皆爲兩通一詣太后一詣少帝以顯爲車騎將軍儀同三司太后欲久專國政貪立幼年與顯等定策禁中迎濟北惠王子北鄉侯懿惠王名壽章帝子也立爲皇帝顯忌大將軍耿寶耿弇之弟舒之孫位尊權重威行前朝乃風有司奏寶及其黨與中常侍樊豐虎賁中郎將謝惲惲弟侍中篤篤弟大將軍長史宓善文曰惲字伯周宓字仲周篤字季周侍中周廣阿母野王君王聖聖女永永壻黃門侍郎樊嚴等更相阿黨互作威福探刺禁省更爲唱和皆大不道豐惲廣皆下獄死家屬徙比景比景縣名屬日南郡前書音義曰日居於頭上景在已下故名之宓嚴減死髡鉗貶寶爲則亭侯遣就國自殺王聖母子徙鴈門於是景爲衞尉耀城門校尉晏執金吾兄弟權要威福自由少帝立二百餘日而疾篤顯兄弟及江京等皆在左右京引顯屏語曰北鄉侯病不解國嗣宜時有定前不用濟陰王今若立之後必當怨又何不早徵諸王子簡所置乎顯以爲然及少帝薨京白太后徵濟北河間王子未至而中黃門孫程合謀殺江京等立濟陰王是爲順帝顯景晏及黨與皆伏誅遷太后於離宮家屬徙比景明年太后崩在位十二年合葬恭陵帝母李氏瘞在洛陽城北帝初不知莫敢以聞及太后崩左右白之帝感悟發哀親到瘞所更以禮殯上尊謚曰恭愍皇后葬恭北陵爲策書金匱藏于世祖廟在恭陵之北因以爲名漢官儀曰置陵園令食監各一人秩皆六百石金匱緘之以金

梁皇后紀

順烈梁皇后諱妠謚法曰執德尊業曰烈聲類曰妠娶也音納大將軍商之女恭懷皇后弟之孫也后生有光景之祥少善女工好史書九歲能誦論語治韓詩韓嬰所傳詩也大義略舉常以列女圖畫置於左右以自監戒劉向撰列女傳八篇圖畫其象父商深異之竊謂諸弟曰我先人全濟河西所活者不可勝數商曾祖統更始二年補中郎將酒泉太守使安集涼州時酒河擾亂衆議以統素有威信乃推統與竇融共完全五郡雖大位不究而積德必報若慶流子孫者儻興此女乎永建三年與姑俱選入掖庭時年十三相工茅通見后驚再拜賀曰此所謂日角偃月相之極貴臣所未嘗見也太史卜兆得壽房又筮得坤之比易坤卦六五爻變而之比九五象曰顯比之吉位正中也九五居得其位下應於上故吉遂以爲貴人常特被引御從容辭於帝曰夫陽以博施爲德陰以不專爲義螽斯則百福之所由興也詩國風序曰言后妃若螽斯不妒忌則子孫衆多也詩大雅曰大姒嗣徽音則百斯男也願陛下思雲雨之均澤識貫魚之次序易曰雲行雨施品物流形剝卦曰貫魚以宮人寵無不利剝坤下艮上五陰而一陽衆陰在下騈頭相次似貫魚也使小妾得免罪謗之累由是帝加敬焉陽嘉元年春有司奏立長秋宮以乘氏侯商先帝外戚商祖姑章帝貴人生和帝也春秋之義娶先大國公羊傳曰天子娶於紀紀本子爵也先褒爲侯言王者不娶於小國也梁小貴人宜配天祚正位坤極正其內位居陰德之極也易曰女正位乎內也帝從之乃於壽安殿立貴人爲皇后壽安是德陽宮內殿名后既少聰惠深覽前世得失雖以德進不敢有驕專之心每日月見讁讁責也禮記云陽事不得讁見於天日爲之食陰事不得讁見於天月爲之食輒降服求愆建康元年帝崩后無子美人虞氏子炳立是爲沖帝尊后爲皇太后太后臨朝沖帝尋崩復立質帝猶秉朝政時揚徐劇賊寇擾州郡西羌鮮卑及日南蠻夷攻城暴掠賦斂煩數官民困竭太后夙夜勤勞推心杖賢委任太尉李固等拔用忠良務崇節儉其貪叨罪慝多見誅廢貪財曰叨慝惡也分兵討伐羣寇消夷故海內肅然宗廟以寧而兄大將軍冀鴆殺質帝專權暴濫忌害忠良數以邪說疑誤太后遂立桓帝而誅李固太后又溺於宦官多所封寵以此天下失望和平元年春歸政於帝太后寢疾遂篤乃御輦幸宣德殿見宮省官屬及諸梁兄弟詔曰朕素有心下結氣從間以來加以浮腫逆害飲食寖以沈困寖漸也比使內外勞心請禱私自忖度日夜虛劣不能復與羣公卿士共相終竟援立聖嗣恨不久育養見其終始今以皇帝將軍兄弟委付股肱其各自勉焉後二日而崩在位十九年年四十五合葬憲陵

虞美人者以良家子年十三選入掖庭續漢志曰美人父詩爲郎中詩父衡屯騎校尉又生女舞陽長公主自漢興母氏莫不尊寵順帝既未加美人爵號而沖帝早夭大將軍梁冀秉政忌惡佗族故虞氏抑而不登但稱大家而已陳夫人者家本魏郡少以聲伎入孝王宮得幸生質帝亦以梁氏故榮寵不及焉熹平四年小黃門趙祐續漢志曰小黃門六百石宦者無員掌侍左右受尚書事上在內宮關通中外及中宮以下衆事諸公主及王大妃等疾苦則使問之議郎卑整上言風俗通曰卑氏鄭大夫卑諶之後漢有卑躬爲北平太守春秋之義母以子貴公羊傳曰桓公幼而貴隱公長而卑桓何以貴母貴也母貴則子何以貴子以母貴母以子貴隆

漢盛典尊崇母氏凡在外戚莫不加寵今冲帝母虞大家質帝母陳夫人皆誕生聖皇而未有稱號夫臣子雖賤尚有追贈之典況二母見在不蒙崇顯之次無以述遵先世垂示後世也帝感其言乃拜虞大家爲憲陵貴人陳夫人爲渤海孝王妃孝王名鴻章帝子千乘貞王伉之孫鴻生質帝帝立徙渤海焉使中常侍持節授印綬遣太常以三牲告憲陵懷陵靜陵焉懷陵冲帝陵靜陵質帝陵

匽皇后紀

孝崇匽皇后諱明匽音偃爲蠡吾侯翼媵妾蠡吾侯翼河間王開子和帝孫生桓帝桓帝卽位明年追尊翼爲孝崇皇陵曰博陵以后爲博園貴人和平元年梁太后崩乃就博陵尊后爲孝崇皇后遣司徒持節奉策授璽綬齋乘輿器服備法物宮曰永樂置太僕少府以下皆如長樂宮故事漢官儀曰帝祖母稱長信宮帝母稱長樂宮故有長信少府長樂少府及職吏皆宦者爲之又置虎賁羽林衞士起宮室分鉅鹿九縣爲后湯沐邑在位三年元嘉二年崩以帝弟平原王石爲喪主石蠡吾侯翼子桓帝兄斂以東園畫梓壽器玉匣飯含之具禮儀制度比恭懷皇后東園署名屬少府掌爲棺器梓木爲棺以漆畫之稱壽器者欲其久長也猶如壽堂壽宮壽陵之類也漢舊儀曰梓棺長二丈廣四尺玉匣者脩已下爲柙至足亦縫以黃金爲縷飯含者以珠玉實口使司徒持節大長秋奉弔祠賻錢四千萬公羊傳曰貨財曰賻布四萬匹中謁者僕射典護喪事侍御史護大駕鹵簿漢官儀曰天子車駕次第謂之鹵簿有大駕法駕小駕大駕公卿奉引大將軍參乘太僕御屬車八十一乘備千乘萬騎侍御史在左駕馬詢問不法者今儀此車駕故以侍御史監護焉詔安平王得河間王建渤海王悝悝音恢長社益陽二長公主長社公主桓帝姊耿弇弟霸玄孫援尚焉益陽公主桓帝妹侍中寇榮從兄子尚焉與諸國侯三百里內者及中二千石二千石令長相皆會葬將作大匠復土繕廟合葬博陵

梁皇后紀

桓帝懿獻梁皇后諱女瑩謚法曰溫和聖善曰懿聰明叡智曰獻順烈皇后之女弟也帝初爲蠡吾侯梁太后徵欲與后爲婚未及嘉禮嘉禮婚禮會質帝崩因以立帝明年有司奏太后曰春秋迎王后于紀在塗則稱后公羊傳曰祭公來逆王后于紀傳曰祭公者何天子之三公其稱王后何王者無外其辭成矣今大將軍冀女弟膺紹聖善膺當也紹嗣也聖善謂母也言娶妻當順親也詩云母氏聖善結婚之際有命既集謂太后先有命許結親也詩云天監在下有命既集也宜備禮章時進徵幣徵成也納幣以成婚請下三公太常案禮儀奏可於是悉依孝惠皇帝納后故事聘黃金二萬斤納采鴈璧乘馬束帛一如舊典漢書舊儀聘皇后黃金萬斤呂后爲惠帝娶魯元公主女故特優其禮也儀禮曰納采用鴈鄭玄注云納其采擇之禮用鴈取順陰陽往來也周禮王者穀圭以聘女鄭玄注云士大夫以上乃以玄纁束帛天子加以穀圭諸侯加以大璋然禮稱以圭此云用璧形制雖異爲玉同也乘馬四匹馬也雜記曰納幣一束束五兩兩五尋然則每端二丈也建和元年六月始入掖庭八月立爲皇后時太后秉政而梁冀專朝故后獨得寵幸自下莫得進見后藉姊兄廕埶恣極奢靡宮幄彫麗服御珍華巧飾制度兼倍前世及皇太后崩恩愛稍衰后既無子潛懷怨忌每宮人孕育鮮得全者帝雖迫畏梁冀不敢譴怒然見御轉稀至延熹二年后以憂恚崩在位十三年葬懿陵其歲誅梁冀廢懿陵爲貴人冢焉

鄧皇后紀

桓帝鄧皇后諱猛女和熹皇后從兄子鄧香之女也母宣初適香生后改嫁梁紀紀者大將軍梁冀妻孫壽之舅也后少孤隨母爲居因冒姓梁氏冀妻見后貌美永興中進入掖庭爲采女絕幸采擇也以因采擇而立名明年封兄鄧演爲南頓侯位特進演卒子康嗣及懿獻后崩梁冀誅立后爲皇后帝惡梁氏改姓爲薄封后母宣爲長安君四年有司奏后本郎中鄧香之女不宜改易它姓於是復爲鄧氏追封贈香車騎將軍安陽侯印綬更封宣康大縣宣爲昆陽君康爲沘陽侯賞賜巨萬計巨大也大萬謂萬萬也宣卒贈葬禮皆依后母舊儀以康弟統襲封昆陽侯位侍中統從兄會襲安陽侯爲虎賁中郎將又封統弟秉爲清陽侯宗族皆列校郎將帝多內幸博採宮女至五六千人及驅役從使復兼倍於此而后恃尊驕忌與帝所幸郭貴人更相譖訴八年詔廢后送暴室以憂死漢官儀曰暴室在掖庭內丞一人主宮中婦人疾病者其皇后貴人有罪亦就此室也立七年葬於北邙從父河南尹萬世及會皆下獄死統等亦繫暴室免官爵歸本郡財物沒入縣官

竇皇后紀

桓思竇皇后諱妙章德皇后從祖弟之孫女也延熹八年鄧皇后廢后以選入掖庭爲貴人其冬立爲皇后而御見甚稀帝所寵唯采女田聖等永康元年冬帝寢疾遂以聖等九女皆爲貴人及崩無嗣后爲皇太后太后臨朝定策立解犢亭侯宏是爲靈帝太后素忌忍積怒田聖等桓帝梓宮尙在前殿遂殺田聖又欲盡誅諸貴人中常侍管霸蘇康苦諫乃止時太后父大將軍武謀誅宦官而中常侍曹節等矯詔殺武遷太后於南宮雲臺家屬徙比景竇氏雖誅帝猶以太后有援立之功建寧四年十月朔率羣臣朝于南宮親饋上壽黃門令董萌漢官儀曰黃門令秩六百石因此數爲太后訴怨帝深納之供養資奉有加於前中常侍曹節王甫疾萌附助太后誣以謗訕永樂宮靈帝母所居也訕謗毀也萌坐下獄死熹平元年太后母卒於比景后感疾而崩立七年合葬宣陵

董皇后紀

孝仁董皇后諱某河間人爲解犢亭侯萇夫人萇河間孝王開孫淑之子也生靈帝建寧元年帝卽位追尊萇爲孝仁皇陵曰愼陵以后爲愼園貴人及竇氏誅明年帝使中常侍迎貴人幷徵貴人兄寵到京師上尊號曰孝仁皇后居南宮嘉德殿嘉德殿在九龍門內宮稱永樂拜寵執金吾後坐矯稱永樂后屬請下獄死及竇太后崩始與朝政使帝賣官求貨自納金錢盈滿堂室中平五年以后兄子衞尉修侯重修今德州縣也故城在縣南修今作蓨音修爲驃騎將軍領兵千餘人初后自養皇子協數勸帝立爲太子而何皇后恨之議未及定而帝崩何太后臨朝重與太后兄大將軍進權埶相害后每欲參干政事太后輒相禁塞后忿恚詈言曰汝今輈張怙汝兄耶輈張猶彊梁也當勑驃騎斷何進頭來何太后聞以告進進與三公及弟車騎將軍苗等奏孝仁皇后使故中常侍夏惲永樂太僕封諝等交通州郡漢官儀曰永樂太僕用中人爲之辜較在所珍寶貨賂悉入西省辜較解見靈紀西省卽謂永樂宮之司蕃后故事不得留京師蕃后謂平帝母衞姬時王莽攝政恐其專權后不得留在京師故云蕃事也輿服有章膳羞有品請永樂后遷宮本國奏可何進遂舉兵圍驃騎府收重重免官自殺后憂怖疾病暴崩在位二十二年民間歸咎何氏喪還河間合葬愼陵

宋皇后紀

靈帝宋皇后諱某扶風平陵人也肅宗宋貴人之從曾孫也○劉攽曰案宋貴人安得有從曾孫姓宋者當是漏一父字建寧三年選入掖庭爲貴人明年立爲皇后父酆執金吾封不其鄉侯不其縣屬琅邪郡故城在今萊州卽墨縣西南蓋其縣之鄉也其音基決錄注酆字伯遇后無寵而居正位後宮幸姬衆共譖毀初中常侍王甫枉誅勃海王悝及妃宋氏熹平元年王甫譖悝與中常侍鄭颯交通欲迎立悝悝自殺妃死獄中也妃卽后之姑也甫恐后怨之乃與太中大夫程阿共構言皇后挾左道祝詛禮記曰執左道以亂衆殺無赦鄭玄注云左道若巫蠱也帝信之光和元年遂策收璽綬后自致暴室以憂死在位八年父及兄弟並被誅諸常侍小黃門在省闥者皆憐宋氏無辜共合錢物收葬廢后及酆父子歸宋氏舊塋皋門亭詩云迺立皋門注云王之郭門曰皋門漢官儀曰十二門皆有亭帝後夢見桓帝怒曰宋皇后有何罪過而聽用邪孽使絕其命勃海王悝既已自貶又受誅斃今宋氏及悝自訴於天上帝震怒上帝天也震動也書曰帝乃震怒也罪在難救夢殊明察帝既覺而恐以事問於羽林左監許永續漢志曰羽林左監一人秩六百石主羽林左騎右亦如之永或作訞曰此何祥其可禳乎禳謂除也永對曰宋皇后親與陛下共承宗廟母臨萬國歷年已久海內蒙化過惡無聞而虛聽讒妬之說以致無辜之罪身嬰極誅禍及家族天下臣妾咸爲怨痛勃海王悝桓帝母弟也處國奉藩未嘗有過陛下曾不證審遂伏其辜昔晉侯失刑亦夢大厲被髮屬地左傳曰晉侯夢大厲被髮及地搏膺而踊曰殺余孫不義余得請于帝矣杜預注曰厲鬼趙氏之先祖也晉侯先殺趙同趙括故怒也天道明察鬼神難誣宜并改葬以安冤魂反宋后之徙家復勃海之先封以消厥咎帝弗能用尋亦崩焉

何皇后紀

靈思何皇后諱某南陽宛人家本屠者以選入掖庭風俗通曰漢以八月筭人后家以金帛賂遺主者以求入也長七尺一寸生皇子辯養於史道人家號曰史侯道人謂道術之人也獻帝春秋曰靈帝數失子不敢正名養道人史子眇家號曰史侯拜后爲貴人甚有寵幸性彊忌後宮莫不震懾光和三年立爲皇后明年追號后父眞爲車騎將軍舞陽宣德侯因封后母興爲舞陽君時王美人任娠左傳曰邑姜方娠杜預注曰懷胎爲娠音之刃反一音身畏后乃服藥欲除之而胎安不動又數夢負日而行四年生皇子協后遂酖殺美人帝大怒欲廢后諸宦官固請得止董太后自養協號曰董侯

王美人趙國人也祖父苞五官中郎將美人豐姿色聰敏有才明能書會計會計謂總其數而筭以良家子應法相選入掖庭帝愍協早失母又思美人作追德賦令儀頌中平六年帝崩皇子辯卽位尊后爲皇太后太后臨朝后兄大將軍進欲誅宦官反爲所害舞陽君亦爲亂兵所殺幷州牧董卓被徵將兵入洛陽陵虐朝廷遂廢少帝爲弘農王而立協是爲獻帝扶弘農王下殿北面稱臣太后鯁涕羣臣含悲莫敢言董卓又議太后踧迫永樂宮至令憂死逆婦姑之禮乃遷於永安宮因進酖弒而崩在位十年董卓令帝出奉常亭舉哀華延儁洛陽記曰城內有奉常亭公卿皆白衣會不成喪也有凶事素服而朝謂之白衣會左傳曰不書葬不成喪合葬文昭陵初太后新立當謁二祖廟欲齋輒有變故如此者數竟不克時有識之士心獨怪之後遂因何氏傾沒漢祚焉明年山東義兵大起討董卓之亂卓乃置弘農王於閤上使郎中令李儒進酖曰服此藥可以辟惡王曰我無疾是欲殺我耳不肯飲彊飲之不得已乃與妻唐姬及宮人飲讌別酒行王悲歌曰天道易兮我何艱棄萬乘兮退守蕃逆臣見迫兮命不延逝將去汝兮適幽玄因令唐姬起舞姬抗袖而歌抗舉也曰皇天崩兮后土頹史記周烈王崩周人謂齊威王曰天崩地坼也身爲帝兮命夭摧死生路異兮從此乖奈我煢獨兮心中哀因泣下嗚咽坐者皆歔欷王謂姬曰卿王者妃埶不復爲吏民妻自

愛從此長辭遂飲藥而死時年十八唐姬潁川人也王薨歸鄉里父會稽太守瑁欲嫁之姬誓不許及李傕破長安遣兵鈔關東略得姬傕因欲妻之固不聽而終不自名不自名少帝之姬也袁宏紀曰爲傕所略不敢自言尚書賈詡知之魏志曰詡字文和武威姑臧人少時漢陽閻忠見而異之曰詡有良平之才以狀白獻帝帝聞感愴乃下詔迎姬置園中使侍中持節拜爲弘農王妃初平元年二月葬弘農王於故中常侍趙忠成壙中趙忠元有成壙因而葬焉諡曰懷王帝求母王美人兄斌斌將妻子詣長安賜第宅田業拜奉車都尉興平元年帝加元服有司奏立長秋宮詔曰朕稟受不弘遭値禍亂未能紹先以光故典皇母前薨未卜宅兆禮章有闕中心如結詩云心如結兮三歲之感蓋不言吉且須其後於是有司乃奏追尊王美人爲靈懷皇后改葬文昭陵儀比敬恭二陵敬章帝陵恭安帝陵使光祿大夫持節行司空事奉璽綬斌與河南尹駱業復土斌還遷執金吾封都亭侯凡言都亭者並城內亭也漢法大縣侯位視三公小縣侯位視上卿鄉亭侯視中二千石也食邑五百石病卒贈前將軍印綬謁者監護喪事長子端襲爵

伏皇后紀

獻帝伏皇后諱壽琅邪東武人東武今密州諸城縣大司徒湛之八世孫也父完沈深有大度襲爵不其侯尚桓帝女陽安公主陽安縣屬汝南郡故城在今豫州朗山縣東北爲侍中初平元年從大駕西遷長安后時入掖庭爲貴人興平二年立爲皇后完遷執金吾帝尋而東歸李傕郭汜等追敗乘輿於曹陽帝乃潛夜度河走度所在今陝州陝縣北水經曰鋼翁仲所沒處是獻帝東遷潛度所六宮皆步行出營周禮曰王后率六宮之人鄭玄注曰六宮之人夫人以下分居后之六宮者后手持縑數匹董承使符節令孫徽以刃脅奪之殺傍侍者血濺后衣濺音子見反既至安邑御服穿敝唯以棗栗爲糧建安元年拜完輔國將軍儀比三司完以政在曹操自嫌尊戚乃上印綬拜中散大夫尋遷屯騎校尉十四年卒子典嗣自帝都許守位而已宿衞兵侍莫非曹氏黨舊姻戚議郎趙彥嘗爲帝陳言時策曹操惡而殺之其餘內外多見誅戮操後以事入見殿中帝不任其憤因曰君若能相輔則厚不爾幸垂恩相捨操失色俛仰求出舊儀三公領兵朝見令虎賁執刃挾之操出顧左右汗流浹背浹徹也音子協反自後不敢復朝請董承女爲貴人操誅承而求貴人殺之帝以貴人有娠說文曰娠孕也音仁蔭反累爲請不能得后自是懷懼乃與父完書言曹操殘逼之狀令密圖之完不敢發至十九年事乃露泄操追大怒遂逼帝廢后假爲策曰皇后壽得由卑賤登顯尊極自處椒房漢官儀曰皇后稱椒房取其蕃實之義也詩云椒聊之實蕃衍盈升二紀于茲既無任姒徽音之美太任文王母太姒武王母徽美也詩云太姒嗣徽音又乏謹身養己之福左傳曰人受天地之中以生謂之命能者養之以福不能者敗以取禍而陰懷妒害苞藏禍心弗可以承天命奉祖宗今使御史大夫郗慮持節策詔其上皇后璽綬蔡邕獨斷曰皇后赤綬玉璽續漢志曰乘輿黃赤綬四綵黃赤縹紺淳黃圭長二丈九尺九寸五百首太皇太后皇太后其綬皆與乘輿同退避中宮遷于它館嗚呼傷哉自壽取之未致于理爲幸多焉又以尚書令華歆爲郗慮副魏志曰華歆字子魚平陽高唐人代荀彧爲尚書令慮字鴻豫山陽高平人勒兵入宮收后閉戶藏壁中○劉攽曰案文少一后字歆就牽后出時帝在外殿引慮於坐后被髮徒跣行泣過訣曰不能復相活邪帝曰我亦不知命在何時顧謂慮曰郗公天下寧有是邪遂將后下暴室以幽崩所生二皇子皆酖殺之后在位二十年兄弟及宗族死者百餘人母盈等十九人徙涿郡

曹皇后紀

獻穆曹皇后諱節諡法曰布德執義曰穆魏公曹操之中女也建安十八年操進三女憲節華爲夫人聘以束帛玄纁五萬匹小者待年於國留住於國以待年長十九年並拜爲貴人及伏皇后被弒明年立節爲皇后魏受禪遣使求璽綬后怒不與如此數輩后乃呼使者入親數讓之以璽綬抵軒下抵擲也軒闌校也因涕泣橫流曰天不祚爾左右皆莫能仰視后在位七年魏氏既立以后爲山陽公夫人自後四十一年魏景初元年薨合葬禪陵車服禮儀皆依漢制

論曰漢世皇后無諡皆因帝諡以爲稱雖呂氏專政上官臨制亦無殊號上官昭帝后也中興明帝始建光烈之稱其後並以德爲配至於賢愚優劣混同一貫故馬竇二后俱稱德焉其餘唯帝之庶母及蕃王承統以追尊之重特爲其號如恭懷孝崇之比是也初平中蔡邕始追正和熹之諡蔡邕集諡議曰漢世母氏無諡至于明帝始建光烈之稱是後轉因帝號加之以德上下優劣混而爲一違禮大行受大名小行受小名之制諡法有功安人曰熹帝后一體禮亦宜同大行皇太后諡宜爲和熹其安思順烈以下皆依而加焉

贊曰坤惟厚載陰正乎內易曰坤厚載物又曰女正位乎內男正位乎外詩美好逑逑匹也詩云窈窕淑女君子好逑言后妃有關雎之德爲君子好匹易稱歸妹兌下震上歸妹卦也婦人謂嫁曰歸妹爲少女之稱兌爲少陰震爲長陽少陰而承長陽悅以動之歸妹之象也以六五與九二相應五爲王侯故易言帝乙歸妹祁祁皇孋言觀貞淑祁祁衆多也孋亦儷也觀示也言諸后皆示其貞淑配皇爲儷案字書無孋字相傳音麗蕭該音離媚茲良哲承我天祿班政蘭闈宣禮椒屋班固西都賦曰後宮則掖庭椒房后妃之室蘭林蕙草披香發越蘭林殿名故言蘭闈椒屋即椒房也既云德升亦曰幸進德升謂馬鄧等也幸進謂閻何之類也身當隆極族漸河潤公羊傳曰河海潤千里也視景爭暉方山並峻乘剛多阻行地必順易屯卦象曰六二之難乘剛也又坤卦曰牝馬地類行地無疆王弼注云地之所以得無疆者以卑順行之故也咎集驕滿福協貞信慶延自己禍成誰釁

漢制皇女皆封縣公主儀服同列侯漢法大縣侯視三公其尊崇者加號長公主儀服同蕃王蔡邕曰帝女曰公主姊妹曰長公主建武十五年封武陽公主爲長公主即是帝女尊崇亦爲長非惟姊妹也輿服志曰長公主赤罽軿車與諸侯同綬也諸王女皆封鄉亭公主儀服同鄉亭侯鄉亭侯視中二千石肅宗唯特封東平憲王蒼琅邪孝王京女爲縣公主東平王傳曰封蒼女五人爲縣公主孝王女傳不見其數其後安帝桓帝妹亦封長公主同之皇女案鄧禹玄孫少府褒尚舞陰長公主耿弇曾孫侍中良尚漢陽公主岑彭玄孫魏郡守熙尚涅陽長公主來歙玄孫虎賁中郎將定尚平氏長公主並安帝妹也長社益陽公主桓帝妹也解見上其皇女封公主者所生之子襲母封爲列侯馮定獲嘉公主子襲封獲嘉侯馮奮平陽公主子襲封平陽侯此其類也皆傳國於後鄉亭之封則不傳襲其職僚品秩事在百官志沈約謝儼傳曰范曄所撰十志一皆託儼搜撰垂畢遇曄敗悉蠟以覆車宋文帝令丹陽尹徐湛之就儼尋求已不復得一代以爲恨其志今闕續漢志曰諸公主家令一人六百石丞一人三百石其餘屬吏增減無常漢官儀曰長公主傳一人私府長一人食官一人永巷長一人家令一人秩皆六百石各有員吏而鄉公主傳一人秩六百石僕一人六百石家丞一人三百石也不足別載故附于后紀末

皇女義王建武十五年封舞陽長公主適延陵鄉侯太僕梁松舞陽縣屬潁川郡松梁統之子其傳云尚光武女舞陰公主又鄧訓傳舞陰公主子梁扈有罪訓與交通此云舞陽誤也松坐誹謗誅

皇女中禮十五年封涅陽公主適顯親侯大鴻臚竇固涅陽屬南陽郡顯親縣屬漢陽郡固竇融子肅宗尊爲長公主

皇女紅夫十五年封館陶公主適駙馬都尉韓光光坐與淮陽王延謀反誅

皇女禮劉十七年封淯陽公主適陽安侯長樂少府郭璜璜郭況子也璜坐與竇憲謀反誅

皇女綬綬一作緩二十一年封酈邑公主適新陽侯世子陰豐酈縣屬南陽郡音擲亦反新陽縣屬汝南郡豐陰就子豐害主誅死

世祖五女

皇女姬永平二年封獲嘉長公主適楊邑侯將作大匠馮柱獲嘉縣屬河內郡楊邑縣屬太原郡柱馮魴子

皇女奴三年封平陽公主平陽縣屬河東郡適大鴻臚馮順順魴子也

皇女迎迎或作延三年封隆慮公主隆慮縣屬河內郡適牟平侯耿襲牟平縣屬東萊郡襲耿弇弟舒之子

皇女次三年封平氏公主平氏縣屬南陽郡所不言適不顯始終蓋史闕之也它皆倣此

皇女致三年封沁水公主沁水縣屬河內郡適高密侯鄧乾乾鄧震之子禹之孫

皇女小姬十二年封平皐公主平皐縣屬河內郡適昌安侯侍中鄧蕃昌安縣屬高密國蕃鄧襲子禹之孫也

皇女仲十七年封浚儀公主適軑侯軑志作軑音伏師古曰又音徒系反黃門侍郎王度軑縣屬江夏郡度王符子霸之孫

皇女惠十七年封武安公主適征羌侯世子黃門侍郎來稜征羌縣屬汝南郡稜褒之子歙之孫安帝尊爲長公主

皇女臣建初元年封魯陽公主魯陽縣屬南陽郡

皇女小迎元年封樂平公主樂平太清縣屬東郡章帝更名

皇女小民元年封成安公主成安縣屬潁川郡

顯宗十一女

皇女男建初四年封武德長公主

皇女王四年封平邑公主平邑縣屬代郡今魏郡昌樂東北又有平邑城適黃門侍郎馮由

皇女吉永元五年封陰安公主陰安縣屬魏郡

肅宗三女

皇女保延平元年封修武長公主修武縣屬河內郡

皇女成元年封共邑公主共縣屬河內郡

皇女利元年封臨潁公主臨潁縣屬潁川郡適即墨侯侍中賈建即墨縣屬膠東國建賈參子復之曾孫

皇女興元年封聞喜公主聞喜縣屬河東郡

和帝四女

皇女生永和三年封舞陽長公主

皇女成男三年封冠軍長公主冠軍縣屬南陽郡

皇女廣永和六年封汝陽長公主汝陽縣屬汝南郡

順帝三女

皇女華延熹元年封陽安長公主適不其侯輔國將軍伏完完伏湛五世孫

皇女堅七年封潁陰長公主潁陰縣屬潁川郡

皇女修九年封陽翟長公主

桓帝三女

皇女某光和三年封萬年公主

靈帝一女

後漢書卷十下考證

皇后紀下安思閻皇后紀家屬徙比景注景在巳下○景字上監本多一日字從如淳原注減

桓思竇皇后紀章德皇后從祖弟之孫女也○此句下監本有父諱武三字注臣會汾按下文有太后父大將軍武句此處不復須注且后父亦不當言諱也明是後人添入今從宋本刪

孝仁董皇后紀王美人者趙國人也○臣良裳按后紀

序曰同居正號者並列於篇私恩追尊者隨事附出此紀例也卷內自賈貴人以下皆應附各紀之末不應另傳此必非范氏之舊

獻穆曹皇后紀皇女奴適大鴻臚馮順注順勤子也○監本誤作馮魴子也從宋本改

皇女華適不其侯輔國將軍伏完注完伏湛五世孫○何焯曰以伏后紀及湛傳參校五世誤當作七世

後漢書卷十一

梁　剡　令劉　昭補并注

律曆志第一

律曆志　律準　候氣

古之人論數也曰物生而後有象象而後有滋滋而後有數然則天地初形人物既著則算數之事生矣記稱大橈作甲子呂氏春秋曰黃帝師大橈博物記曰容成氏造曆黃帝臣也月令章句大橈探五行之情占斗綱所建於是始作甲乙以名日謂之幹作子丑以名日謂之枝枝幹相配以成六旬隸首作數博物記曰隸首黃帝之臣一說隸首善算者也二者既立以比日表表即晷景以管萬事夫一十百千萬所同用也律度量衡曆其別用也故體有長短檢以度說苑曰以粟生之十粟爲一分十分爲一寸十寸爲一尺十尺爲一丈物有多少受以量說苑曰千二百粟爲一龠十龠爲一合十合爲一升十升爲一斗十斗爲一斛量有輕重平以權衡說苑曰十粟重一圭十圭重一銖二十四銖重一兩十六兩重一斤三十斤重一鈞四鈞重一石聲有清濁協以律呂三光運行紀以曆數然後幽隱之情精微之變可得而綜也前志曰夫推曆生律制器規圓矩方權重衡平準繩嘉量探賾索隱鉤深致遠莫不用焉度長短者不失毫氂量多少者不失圭撮權輕重者不失黍絫紀於一協於十長於百大於千廣於萬漢興北平侯張蒼首治律曆孝武正樂置協律之官至元始中博徵通知鍾律者考其意義羲和劉歆典領條奏前史班固取以爲志而元帝時郎中京房房字君明知五聲之音六律之數上使太子太傅韋玄成字少翁諫議大夫章雜試問房於樂府房對受學故小黃令焦延壽六十律相生之法以上生下皆三生二以下生上皆三生四陽下生陰陰上生陽終於中呂而十二律畢矣中呂上生執始執始下生去滅上下相生終於南事六十律畢矣夫十二律之變至於六十猶八卦之變至於六十四也宓犧作易紀陽氣之初以爲律法建日冬至之聲以黃鍾爲宮太簇爲商姑洗爲角林鍾爲徵南呂爲羽應鍾爲變宮蕤賓爲變徵月令章句曰以姑洗爲角南呂爲羽則徵濁也此聲氣之元五音之正也故各終一日其餘以次運行當日者各自爲宮而商徵以類從焉月令章句曰律率也聲之管也上古聖人本陰陽別風聲審清濁而不可以文載口傳也於是始鑄金作鍾以主十二月之聲然後以效升降之氣鍾難分別乃截竹爲管謂之律律者清濁之率法也聲之清濁以長短爲制禮運篇曰五聲六律十二管還相爲宮此之謂也鄭玄曰宮數八十一黃鍾長九寸九九八十一也三分宮去一生徵徵數五十四林鍾長六寸六九五十四也三分徵益一生商商數七十二太簇長八寸八九七十二也三分商去一生羽羽數四十八南呂長五寸三分寸之一五九四十五又三分寸之一爲四十八也三分羽益一生角角數六十四姑洗長七寸九分寸之一七九六十三又九分寸之一爲六十四也三分角去一生變宮三分變宮益一生變徵自此已後則隨月而變所謂還相爲宮以六十律分朞之日黃鍾自冬至始及冬至而復陰陽寒燠風雨之占生焉於以檢攝羣音考其高下苟非草木之聲則無不有所合虞書曰律和聲此之謂也房又曰竹聲不可以度調故作準以定數準之狀如瑟長丈而十三弦隱間九尺以應黃鍾之律九寸中央一弦下有畫分寸以爲六十律清濁之節房言律詳於歆所奏其術施行於史官候部用之文多不悉載故總其本要以續前志律術曰陽以圓爲形其性動陰以方爲節其性靜動者數三靜者數二以陽生陰倍之以陰生陽四之皆三而一陽生陰曰下生陰生陽曰上生上生不得過黃鍾之清濁下生不得及黃鍾之數實皆參天兩地圓蓋方覆六耦承奇之道也黃鍾律呂之首而生十二律者也前書曰黃帝使伶倫自大夏之西崑崙之陰取竹之嶰谷生其竅厚均者斷兩節間而吹之以爲黃鍾之管制十二篇以聽鳳之鳴其雄鳴爲六雌鳴亦六比黃鍾之音而皆可以生之是爲律本至治之世天地之氣合以生風天地之風氣正十二律乃定其相生也皆三分而損益之是故十二律之得十七萬七千一百四十七是爲黃鍾之實前書曰太極元氣函三爲一極中也元始也行於十二辰始動於子參之於丑得三又參之於寅得九又參之於卯得二十七又參之於辰得八十一又參之於巳得二百四十三又參之於午得七百二十九又參之於未得二千一百八十七又參之於申得六千五百六十一又參之於酉得萬九千六百八十三又參之於戌得五萬九千四十九又參之於亥得十七萬七千一百四十七此陰陽合德氣鍾於子化生萬物者也故孳萌於子紐牙於丑引達於寅冒茆於卯振美於辰已盛於巳咢布於午昧薆於未申堅於申留孰於酉畢入於戌該閡於亥出甲於甲奮軋於乙明炳於丙大成於丁豐楙於戊理紀於己斂更於庚悉新於辛懷任於壬陳揆於癸故陰陽之施化萬物之終始既類旅於律呂又經歷於日辰而變化之情可見矣又以二乘而三約之是爲下生林鍾之實又以四乘而三約之是爲上生太簇之實推此上下以定六十律之實以九三之數萬九千六百八十三爲法律爲寸於準爲尺不盈者十之所得爲分又不盈十之所得爲小分以其餘正其強弱

黃鍾十七萬七千一百四十七
　下生林鍾黃鍾爲宮太簇商林鍾徵
一日律九寸
　準九尺

色育十七萬六千七百七十六
　下生謙待色育爲宮未知商謙待徵
六日律八寸九分小分八徵強
　準八尺九寸萬五千九百七十三

執始十七萬四千七百六十二
　下生去滅執始爲宮時息商去滅徵
六日律八寸八分小分七大強
　準八尺八寸萬五千五百一十六

丙盛十七萬二千四百一十
　下生安度丙盛爲宮屈齊商安度徵
六日律八寸七分小分六徵弱
　準八尺七寸萬一千六百七十九

分動十七萬八十九
　下生歸嘉分動爲宮隨期商歸嘉徵
六日律八寸六分小分四強
　準八尺六寸八千一百五十二

質未十六萬七千八百
　下生否與質未爲宮形晉商否與徵
六日律八寸五分小分二強
　準八尺五寸四千九百四十五

大呂十六萬五千八百八十八
　下生夷則大呂爲宮夾鍾商夷則徵
八日律八寸四分小分三弱
　準八尺四寸五千五百八

分否十六萬三千六百五十四
　下生解形分否爲宮開時商解形徵
八日律八寸三分小分一強
　準八尺三寸二千八百五十一

凌陰十六萬一千四百五十二
　下生去南凌陰爲宮族嘉商去南徵
八日律八寸二分小分一弱
　準八尺二寸五百一十四

少出十五萬九千二百八十
　下生分積少出爲宮爭南商分積徵
六日律八寸小分九強
　準八尺萬八千一百六十

太簇十五萬七千四百六十四
　下生南呂太簇爲宮姑洗商南呂徵
一日律八寸
　準八尺

未知十五萬七千一百三十四
　下生白呂未知爲宮南授商白呂徵
六日律七寸九分小分八強
　準七尺九寸萬六千三百八十三

時息十五萬五千三百四十四
　下生結躬時息爲宮變虞商結躬徵
六日律七寸八分小分九少強
　準七尺八寸萬八千一百六十六

屈齊十五萬三千二百五十三
　下生歸期屈齊爲宮路時商歸期徵
六日律七寸七分小分九弱
　準七尺七寸萬六千九百三十九

隨期十五萬一千一百九十
　下生未卯隨期爲宮形始商未卯徵
六日律七寸六分小分八強
　準七尺六寸萬五千九百九十二

形晉十四萬九千一百五十五
　下生夷汗形晉爲宮依行商夷汗徵
六日律七寸五分小分八弱
　準七尺五寸萬五千三百二十五

夾鍾十四萬七千四百五十六
　下生無射夾鍾爲宮中呂商無射徵
六日律七寸四分小分九強
　準七尺四寸萬八千一十八

開時十四萬五千四百七十
　下生閉掩開時爲宮南中商閉掩徵
八日律七寸三分小分九徵弱
　準七尺三寸萬七千八百四十一

族嘉十四萬三千五百一十三
　下生鄰齊族嘉爲宮內負商鄰齊徵
八日律七寸二分小分九徵強
　準七尺二寸萬七千九百五十四

爭南十四萬一千五百八十二
　下生期保爭南爲宮物應商期保徵
八日律七寸一分小分九強
　準七尺一寸萬八千三百二十七

姑洗十三萬九千九百六十八
　下生應鍾姑洗爲宮蕤賓商應鍾徵
一日律七寸一分小分一微強
　準七尺一寸二千一百八十七

南授十三萬九千六百七十

下生分烏南授爲宮南事商分烏徵
六日律七寸小分九大強
準七尺萬八千九百三十
變虞十三萬八千八十四
下生遲內變虞爲宮盛變商遲內徵
六日律七寸小分一半強
準七尺三千三十
路時十三萬六千二百二十五
下生未育路時爲宮離宮商未育徵
六日律六寸九分小分二徵強
準六尺九寸四千一百二十三
形始十三萬四千三百九十二
下生遲時形始爲宮制時商遲時徵
五日律六寸八分小分三弱
準六尺八寸五千四百七十六
依行十三萬二千五百八十二
上生色育依行爲宮謙待商色育徵
七日律六寸七分小分三大強
準六尺七寸七千五十九
中呂十三萬一千七十二
上生執始中呂爲宮去滅商執始徵
八日律六寸六分小分六弱
準六尺六寸萬一千六百四十二
南中十二萬九千三百八
上生丙盛南中爲宮安度商丙盛徵
七日律六寸五分小分七徵弱
準六尺五寸萬三千六百八十五
內負十二萬七千五百六十七
上生分動內負爲宮歸嘉商分動徵
八日律六寸四分小分八強
準六尺四寸萬五千九百五十八
物應十二萬五千八百五十
上生質未物應爲宮否與商質未徵
七日律六寸三分小分九強
準六尺三寸萬八千四百七十一
蕤賓十二萬四千四百一十六
上生大呂蕤賓爲宮夷則商大呂徵
一日律六寸三分小分二徵強
準六尺三寸四千一百三十一
南事十二萬四千一百五十四
下生南事窮無商徵不爲宮
七日律六寸三分小分一弱
準六尺三寸一千五百三十一
盛變十二萬二千七百四十一
上生分否盛變爲宮解形商分否徵
七日律六寸二分小分三大強
準六尺二寸七千六十四
離宮十二萬一千八百一十九
上生凌陰離宮爲宮去南商凌陰徵
七日律六寸一分小分五徵強
準六尺一寸萬二百一十七
制時十一萬九千四百六十
上生少出制時爲宮分積商少出徵
八日律六寸小分七弱
準六尺萬三千六百二十
林鍾十一萬八千九十八
上生太簇林鍾爲宮南呂商大簇徵
一日律六寸
準六尺
謙待十一萬七千八百五十一
上生未知謙待爲宮白呂商未知徵
五日律五寸九分小分九弱
準五尺九寸萬七千二百一十三
去滅十一萬六千五百八
上生時息去滅爲宮結躬商時息徵
七日律五寸九分小分二弱
準五尺九寸三千七百八十三
安度十一萬四千九百四十
上生屈齊安度爲宮歸期商屈齊徵
六日律五寸八分小分四弱
準五尺八寸七千七百八十六
歸嘉十一萬三千三百九十三
上生隨期歸嘉爲宮未卯商隨期徵
六日律五寸七分小分六徵強
準五尺七寸萬一千九百九十九
否與十一萬一千八百六十七
上生形晉否與爲宮夷汗商形晉徵
五日律五寸六分小分八強
準五尺六寸萬六千四百二十二
夷則十一萬五百九十二
上生夾鐘夷則爲宮無射商夾鐘徵
八日律五寸六分小分二弱
準五尺六寸三千六百七十二
解形十一萬九千一百三
上生開時解形爲宮閉掩商開時徵
八日律五寸五分小分四強
準五尺五寸八千四百六十五
去南十萬七千六百三十五
上生族嘉去南爲宮鄰齊商族嘉徵
八日律五寸四分小分六大強
準五尺四寸萬三千四百六十八
分積十萬六千一百八十八
上生爭南分積爲宮期保商爭南徵
七日律五寸三分小分九半強
準五尺三寸萬八千六百八十一
南呂十萬四千九百七十六
上生姑洗南呂爲宮應鍾商姑洗徵
一日律五寸三分小分三強
準五尺三寸六千五百六十一
白呂十萬四千七百五十六
上生南授白呂爲宮分烏商南授徵
五日律五寸三分小分二強
準五尺三寸四千三百七十一
結躬十萬三千五百六十三
上生變虞結躬爲宮遲內商變虞徵
六日律五寸二分小分六少強
準五尺二寸萬二千一百一十四
歸期十萬二千一百六十九
上生路時歸期爲宮未育商路時徵
六日律五寸一分小分九徵強
準五尺一寸萬七千八百五十七
未卯十萬七百九十四
上生形始未卯爲宮遲時商形始徵
六日律五寸一分小分二徵強
準五尺一寸四千八十七
夷汗九萬九千四百三十七
上生依行夷汗爲宮色育商依行徵
七日律五寸小分五強
準五尺萬二百二十
無射九萬八千三百四
上生中呂無射爲宮執始商中呂徵
八日律四寸九分小分九強
準四尺九寸萬八千五百七十三
閉掩九萬六千九百八十
上生南中閉掩爲宮丙盛商南中徵
八日律四寸九分小分三弱
準四尺九寸五千三百三十三
鄰齊九萬五千六百七十五
上生內負鄰齊爲宮分動商內負徵
七日律四寸八分小分六徵強
準四尺八寸萬一千九百六十六
期保九萬四千三百八十八
上生物應期保爲宮質未商物應徵
八日律四寸七分小分九徵強
準四尺七寸萬八千七百七十九
應鍾九萬三千三百一十二
上生蕤賓應鍾爲宮大呂商蕤賓徵
一日律四寸七分小分四徵強
準四尺七寸八千十九
分烏九萬三千一百一十七
上生南事分烏爲宮窮次無徵不爲宮
七日律四寸七分小分三徵強
準四尺七寸六千五十九
遲內九萬二千五十六
上生盛變遲內爲宮分否商盛變徵
八日律四寸六分小分八弱
準四尺六寸萬五千一百四十二
未育九萬八百一十七
上生離宮未育爲宮凌陰商離宮徵
八日律四寸六分小分一少強
準四尺六寸二千七百五十二
遲時八萬九千五百九十五
上生制時遲時爲宮少出商制時徵
六日律四寸五分小分五強
準四尺五寸萬二百一十五

截管爲律吹以考聲列以物氣道之本也前書曰章帝時零陵文學奚景於泠道縣舜祠下得白玉琯古以玉爲琯術家以其聲微而體難知其分數不明故作準以代之準之聲明暢易達分寸又粗然弦以緩急清濁非管無以正也均其中弦令與黃鍾相得案畫以求諸律無不如數而應者矣音聲精微綜

之者解元和元年待詔候鍾律殷肜上言官無曉六十律以準調音者故待詔嚴崇具以準法教子男宣宣通習願召宣補學官主調樂器詔曰崇子學審曉律別其族協其聲者審試不得依託父學以聾爲聰聲微妙獨非莫知獨是莫曉以律錯吹能知命十二律不失一方爲能傳崇學耳太史丞弘試十二律其二中其四不中其六不知何律宣遂罷自此律家莫能爲準施弦候部莫知復見（薛瑩書曰上以太常丞鮑鄴等上樂事下車騎將軍馬防防奏言建初二年七月鄴上言王者飲食必道須四時五味故有食舉之樂所以順天地養神明求福應也移風易俗莫善於樂者天地之和不可久廢今官樂但有太蔟皆不應月律可作十二月均各應其月氣乃能感天地和氣宜應明帝始令靈臺六律候而未設其門樂經曰十二月行之所以宜氣豐物也月開斗建之門而奏歌其律誠宜施行願與待詔嚴崇及能作樂器者共作治考工給所當詔下太常太常上言作樂器直錢百四十六萬請太僕作成上奏寢今明詔下臣防臣觀問鄴及待詔知音律者皆言聖人作樂所以宣氣致和順陰陽也臣愚以爲可願上天之明待因歲首令正發太蔟之律奏雅頌之音以立太平以迎和氣其條貫甚備詔書以防言下三公）熹平六年東觀召典律者太子舍人張光等問準意光等不知歸閱舊藏乃得其器形制如房書猶不能定其弦緩急音不可書以時人知之者欲教而無從心達者體知而無師故史官能辨清濁者遂絕其可以相傳者唯大推常數及候氣而已夫五音生於陰陽分爲十二律轉生六十皆所以紀斗氣效物類也天效以景地效以響卽律也陰陽和則景至律氣應則灰除是故天子常以日冬夏至御前殿合八能之士陳八音聽樂均度晷景候鍾律權土灰放陰陽冬至陽氣應則樂均清景長極黃鍾通土灰輕而衡仰夏至陰氣應則樂均濁景短極蕤賓通土灰重而衡低（淮南子曰水勝故夏至溼火勝故冬至燥燥故炭輕溼故炭重）進退於先後五日之中八能各以候狀聞太史封上效則和否則占（易緯曰冬至人主不出宮寢兵從樂五日擊黃鍾之磬公卿大夫列士之意得則陰陽之晷如度數夏至之日如冬至之[illegible]冬至之日樹八尺之表日中視其晷晷如度者其歲美人民和順晷不如度者則其歲惡人民多譌言政令爲之不平晷進則水晷退則旱進一尺則日食退一尺則月食月食則正臣下之行日食則正人主之道）候氣之法爲室三重戶閉塗釁必周密布緹縵室中以木爲案每律各一內庳外高從其方位加律其上以葭莩灰抑其內端（葭莩出河內）案曆而候之氣至者灰動其爲氣所動者其灰散人及風所動者其灰聚殿中候用玉律十二惟二至乃候靈臺用竹律六十候日如其曆（月令章句曰古之爲鍾律者以耳齊其聲後不能則假數以正其度度數正則音亦正矣鍾以斤兩尺寸中所容受升斗之數爲法律本以寸分長短爲度故曰黃鍾之管長九寸徑三分圍九分其餘皆稍短雖大小圍數無增減以度量者可以文載口傳與衆共知然不如耳決之明也）

後漢書卷十一考證

律歷志上律度量衡歷其別用也○監本作其同用也依宋本改

上使太子太傅韋玄成字少翁○臣召南按文不當有字少翁三字

後漢書卷十二

梁　剡　令劉　昭補并注

律曆志第二

律曆中

賈逵論曆　永元論曆　延光論曆　漢安論曆　熹平論曆　論月食

自太初元年始用三統曆施行百有餘年曆稍後天朔先曆朔或在晦月見考其行日有退無進月有進無退建武八年中太僕朱浮太中大夫許淑等數上書言曆不正宜當改更時分度覺差尚微上以天下初定未遑考正至永平五年官曆署七月十六日食待詔楊岑見時月食多先曆卽縮用筭上爲日上言月當十五日食官曆不中詔書令岑普與官課起七月盡十一月弦望凡五官曆皆失岑皆中庚寅詔令岑署弦望月食官復令待詔張盛景防鮑鄴等以四分法與岑課歲餘盛等所中多岑六事十二年十一月丙子詔書令盛防代岑署弦望月食加時四分之術始頗施行是時盛防等未能分明曆元綜校分度故但用其弦望而已先是九年太史待詔董萌上言曆不正事下三公太常知曆者雜議訖十年四月無能分明據者至元和二年太初失天益遠日月宿度相覺浸多而候者皆知冬至之日日在斗二十一度未至牽牛五度而以爲牽牛中星從天四分日之三晦朔弦望差天一日宿差五度章帝知其謬錯以問史官雖知不合而不能易故召治曆編訢李梵等綜校其狀（蔡邕議云梵清河人）二月甲寅遂下詔曰朕聞古先聖王先天而天不違後天而奉天時河圖曰赤九會昌十世以光十一以興又曰九名之世帝行德封刻政朕以不德奉承大業夙夜祗畏不敢荒寧予末小子託在於數終曷以續興崇弘祖宗拯濟元元尚書琁璣鈐曰述堯世放唐文帝命驗曰堯考德顧期立象且三五步驟優劣殊軌況乎頑陋無以克堪雖欲從之末由也已每見圖書中心恧焉閒者以來政治不得陰陽不和災異不息癘疫之氣流傷於牛農本不播夫庶徵休咎五事之應咸在朕躬信有闕矣將何以補之書曰惟先假王正厥事又曰歲二月東巡狩至岱宗柴望秩于山川遂覲東后叶時月正日祖堯岱宗同律度量考在璣衡以正曆象庶乎有益春秋保乾圖曰三百年斗曆改憲史官用太初鄧平術有餘分一在三百年之域行度轉差浸以謬錯琁璣不正文象不稽冬至之日日在斗二十二度而曆以爲牽牛中星先立春一日則四分數之立春日也以折獄斷大刑於氣已迕用望平和曆時之義蓋亦遠矣今改行四分以遵於堯以順孔聖奉天之文冀百君子越有民同心敬授儻獲咸喜以明予祖之遺功於是四分施行而訢梵猶以爲元首十一月當先大欲以合耦弦望命有常日而十九歲不得七閏晦朔失實行之未期章帝復發聖思考之經讖使左中郎將賈逵問治曆者衞承李崇太尉屬梁鮪司徒掾嚴勖太子舍人徐震鉅鹿公乘蘇統及訢梵等十人以爲月當先小據春秋經書朔不書晦者朔必有明晦不朔必在其月也卽先大則一月再朔後月無朔是明不可必梵等以爲當先大無文正驗取欲諾耦十六日月朓昏晦當滅而已又晦與合同時不得異日又上知訢梵穴見勑毋拘曆已班天元始起之月當小定後年曆數遂正永元中復令史官以九道法候弦望驗無有差跌逵論集狀後之議者用得折衷故詳錄焉

逵論曰太初曆冬至日在牽牛初者牽牛中星也古黃帝夏殷周魯冬至日在建星建星卽今斗星也太初曆斗二十六度三百八十五分牽牛八度案行事史官注冬夏至日常不及太初曆五度冬至日在斗二十一度四分度之一石氏星經曰黃道規牽牛初直斗二十度去極二十五度於赤道斗二十一度也四分法與行事候注天度相應尚書考靈曜斗二十二度無餘分冬至在牽牛所起又編訢等據今日所在牽牛中星五度於斗二十一度四分一與考靈曜相近卽以明事元和二年八月詔書曰石不可離令兩候上得筭多者太史令玄等候元和二年至永元元年五歲中課日行及冬夏至斗二十一度四分一合古曆建星考靈曜日所起其星間距度皆如石氏故事他術以爲冬至日在牽牛初者自此遂黜也逵論曰以太初曆考漢元盡太初元年日朔二十三事其十七得朔四得晦二得二日新曆七得朔十四得晦二得三日以太初曆考太初元年盡更始二年二十四事十得晦以新曆十六得朔七得二日一得晦以太初曆考建武元年盡永元元年二十三事五得朔十八得晦以新曆十七得朔三日晦三得二日又以新曆上考春秋中有日朔者二十四事失不中者二十三事天道參差不齊必有餘餘又有長短不可以等齊治曆者方以七十六歲斷之則餘分稍長稍得一日故易金火相革之卦象曰君子以治曆明時又曰湯武革命順乎天應乎人言聖人必曆象日月星辰明數不可貫數千萬歲其間必改更先距求度數取合日月星辰所在而已故求度數取合日月星辰有異世之術太初曆不能下通於今新曆不能上得漢元一家曆法必在三百年之間故讖文曰三百年斗曆改憲漢興當用太初而不改下至太初元年百二歲乃改故其前有先晦一日合朔下至成哀以二日爲朔故合朔多在晦此其明效也逵論曰臣前上傅安等用黃道度日月弦望多近史官一以赤道度之不與日月同於今曆弦望至差一日以上輒奏以爲變至以爲日卻縮退行於黃道日得行度不爲變願請太史官日月宿簿及星度課與待詔星象考校奏可臣謹案前對言冬至日去極一百一十五度夏至日去極六十七度春秋分日去極九十一度洪範日月之行則有冬夏五紀論日月循黃道南至牽牛北至東井率日日行一度月行十三度十九分度七也今史官一以赤道爲度不與日月行同其斗牽牛輿鬼赤道得十五而黃道得十三度半行東壁奎婁軫角亢赤道十度黃道八度或月行多而日月相去反少謂之日卻案黃道值牽牛出赤道南二十五度其直東井輿鬼出赤道北五度赤道者爲中天去極俱九十度非日月道而以遙準度日月失其實行故也以今太史官候注考元和二年九月已來月行牽牛東井四十九事無行十一度者行婁角三十七事無行十五六度者如安言問典星待詔姚崇井畢等十二人皆曰星圖有規法日月實從黃道官無其器不知施行案甘露二年大司農中丞耿壽昌奏以圖儀度日月行考驗天運狀日月行至牽牛東井日過度月行十五度至婁角日行一度月行十三度赤道使然此前世所共知也如言黃道有驗合天日無前卻弦望不差一日比用赤道密近宜施用上中多臣校案逵論永元四年也至十五年七月甲辰詔書造太史黃道銅儀以角爲十三度亢十氐十六房五心五尾十八箕十斗二十四四分度之一牽牛七須女十一虛十危十六營室十八東壁十奎十七婁十二胃十五昴十二畢十六觜三參八東井三

十與鬼四柳十四星七張十七翼十九軫十八凡三百六十五度四分度之一冬至日在斗十九度四分度之一史官以郭日月行參弦望雖密近而不爲注日儀黃道與度轉運難以候是以少循其事遠論曰又今史官推合朔弦望月食加時率多不中在於不知月行遲疾意永平中詔書令故太史待詔張隆以四分法署弦望月食加時隆言能用易九六七八支知月行多少今案隆所署多失臣使隆逆推前手所署不應或異日不中天乃益遠至十餘度梵統以史官候注考校月行當有遲疾不必在牽牛東井婁角之間又非所謂朓側匿乃由月所在道有遠近出入所生率一月移故所疾處三度九歲九道一復凡九章百七十一歲復十一月合朔旦冬至合春秋三統九道終數可以知合朔弦望月食加時據官注天度爲分率以其術法上考建武以來月食凡三十八事差密近有益宜課試上案史官舊有九道術廢而不修熹平中故治曆郎梁國宗整上九道術詔書下太史以參舊術相應部太子舍人馮恂課校恂亦復作九道術增損其分與整術並校差爲近太史令颺上以恂術參弦望然而加時猶復先後天遠則十餘度

杜預長曆曰書稱朞三百有六旬有六日以閏月定四時成歲允釐百工庶績咸熙是以天子必置日官諸侯必置日御世修其業以考其術舉全數而言故曰六日其實五日四分日之一日日行一度而月日行十三度十九分度之七有奇日官當會集此之遲疾以考成晦朔錯綜以設閏月閏月無中氣而北斗邪指兩辰之間所以異於他月也積此以相通四時八節無違乃得成歲其微密至矣得其精微以合天道事敍而不悖故傳曰閏以正時時以作事事以厚生生民之道於是乎在然陰陽之運隨動而差差而不已遂與曆錯故仲尼丘明每於朔閏發文蓋矯正得失因以宣明曆數也桓十七年日食得朔而史闕其日單書朔僖十五年日食而史闕朔與日故傳因其得失並起時史之謬兼以明其餘日食或曆失其正也莊二十五年經書六月辛未朔日有食之鼓用牲于社周之六月夏之四月所謂正陽之月也而時曆誤實是七月之朔非六月故傳云非常也唯正月之朔慝未作日有食之於是乎有用幣于社伐鼓於朝明此非用幣伐鼓常月因變而起曆誤也文十五年經文皆同而更復發傳曰非禮明前傳欲以審正陽之月後傳發例欲以明諸侯之禮也此乃聖賢之微旨先儒所未喻也昭十七年夏六月日有食之而平子言非正陽之月以誣一朝近於指鹿爲馬故傳曰不君矣且因以明此月爲得天正也劉子駿造三統曆以修春秋春秋日食有甲乙者三十四而三統曆唯一食曆術比諸家既最疏又六千餘歲輒益一日凡歲當累日爲次而無故益之此不可行之甚者班固前代名儒而謂之最密非徒班固也自古以來諸論春秋者多述謬誤或造家術或用黃帝以來諸曆以推經傳朔日皆不得諸合日食於朔此乃天驗經傳又書其朔食可謂得天而劉賈諸儒說皆以爲月二日或三日公違聖人明文其蔽在於守一元不與天消息也余感春秋之事嘗著曆論極言曆之通理其大指曰天行不息日月星辰各運其舍皆動物也物動則不一雖行度大量可得而限累日爲月以新故相序不得不有毫毛之差此自然理也故春秋日有頻月而食者有曠年不食者理不得一而算守恆數故曆無不有差失也始失於毫毛而尚未可覺積而成多以失弦望晦朔則不得不改憲以從之書所謂欽若昊天曆象日月星辰易所謂治曆明時言當順天以求合非爲合以驗天者也推此論之春秋二百餘年其治曆變通多矣雖數術絕滅還尋經傳微旨大量可知時之違謬則經傳有驗學者固當曲循經傳月日日食以考朔晦也以推時驗而皆不然各據其學以推春秋此無異度已之跡而欲削他人之足也余爲曆論之後至咸寧中善算李修夏顯依論體爲術名乾度曆表上朝廷其術合日行四分之數而微增月行用三百歲改憲之意二元相推七十餘歲承以強弱強弱之差蓋少而適足以遠通盈縮時尚書及史官以乾度與太史曆參校古今記注乾度曆殊勝今其術具存時又并考古今十曆以驗春秋知三統曆之最疏也今具列其時得失之數又據經傳微旨證據及失閏旨考日辰朔晦以相發明爲經傳長曆諸經傳證據及失閏時文字謬誤皆甄發之雖未必其得天蓋春秋當時之曆也學者覽焉

永元十四年待詔太史霍融上言官漏刻率九日增減一刻不與天相應或時差至二刻半不如夏曆密詔書下太常令史官與融以儀校天課度遠近太史令舒承梵等對案官所施漏法令甲第六常符漏品孝宣皇帝三年十二月乙酉下建武十年二月壬午詔書施行漏刻以日長短爲數率日南北二度四分而增減一刻一氣俱十五日日去極各有多少今官漏率九日移一刻不隨日進退夏曆漏隨日南北爲長短密近於官漏分明可施行其年十一月甲寅詔曰告司徒司空漏所以節時分定昏明昏明長短起於日去極遠近日道周不可以計率分當據儀度下參晷景今官漏以計率分昏明九日增減一刻違失其實至爲疏數以耦法太史待詔霍融上言不與天相應太常史官運儀下水官漏失天者至三刻以晷景爲刻少所違失密近有驗今下晷景漏刻四十八箭立成斧官府當用者計吏到班予四十八箭文多故魁取二十四氣目所在并黃道去極晷景漏刻昏明中星刻于下昔太初曆之興也發謀於元封啓定於天鳳積百三十年是非乃審及用四分亦於建武施於元和訖於永元七十餘年然後儀式備立司候有準天事幽微若此其難也中興以來圖讖漏泄而考靈曜命曆序皆有甲寅元其所起在四分庚申元後百一十四歲朔差卻二日學士修之於草澤信向以爲得正及太初曆以後天爲疾而修之者云百四十四歲而太歲超一表百七十一歲當棄朔餘六十三中餘千一百九十七乃可常行自太初元年至永平十一年百七十一當去分而不去故令益有疏闊此二家常挾其術庶幾施行每有訟者百寮會議羣儒騁思論之有方益於多聞識之故詳錄焉

安帝延光二年中謁者亶誦言當用甲寅元河南梁豐言當復用太初尚書郎張衡周興皆能曆數難誦豐或不對或言失誤衡興參案儀注者考往校今以爲九道法最密詔書下公卿詳議太尉愷等上侍中施延等議太初過天日一度弦望失正月以晦見西方食不與天相應元和改從四分四分雖密於太初復不正皆不可用甲寅元與天相應合圖讖可施行博士黃廣大行令任僉議如九道河南尹祉太子舍人李弘等四十人議郎用甲寅元當除元命苞天地開闢獲麟中百一十四歲推閏月六直其日或朔晦弦望二十四氣宿度不相應者非一用九道爲朔月有比三大二小皆疏遠元和變曆以應保乾圖三百歲斗曆改憲之文四分曆本起圖讖最得其正不宜易愷等八十四人議宜從太初尚書令忠上奏諸從太初者皆無他效驗徒以世宗攘夷廓境享國久長爲辭或云孝章改四分災異卒甚未有善應臣伏惟聖王興起各異正朔以通三統漢祖受命因秦之紀十月爲年首閏常在歲後不稽先代違於帝典太宗遵修三階以平黃龍以至刑犴以錯五者以備洪範庶徵曰雨曰暘曰燠曰寒曰風五者來備各以其敘哀平之際同承太初而妖孽累仍痾禍非一議者不以成數相參考真求實而汎采妄說歸福太初致咎四分太初曆衆賢所立是非已定永平不審復革其弦望四分有謬不可施行元和鳳鳥不當應曆而翔集遠嘉前造則喪其休近譏後改則隱其福漏見曲論未可爲是臣輒復重難衡興以爲五紀論推步行度當時比諸術爲近然猶未稽於古及向子歆欲以合春秋橫斷年數損夏益周考之表紀差謬數百兩曆相課六千一百五十六歲而太初多一日冬至日直斗而云在牽牛迂闊不可復用昭然如此史官所共見非獨衡興前以爲九道密近今議者以爲有闕及甲寅元復多違失皆未可取正昔仲尼順假馬之名以崇君之義況天之曆數不可任疑從虛以非易是上納其言遂寢改曆事

順帝漢安二年尚書侍郎邊韶上言世微於數虧道盛於得常數虧則物衰得常則國昌孝武皇帝攄發聖思因元封七年十一月甲子朔旦冬至乃詔太史令司馬遷治曆鄧平等更建太初改元易朔行夏之正乾鑿度八十分之四十三爲日法設清臺之候驗六異課效觕密太初爲最其後劉歆研幾極深驗之春秋參以易道以河圖帝覽嬉雒書乾曜度推廣九道百七十一歲進退六十三分百四十四歲一超次與天相應少有闕謬從太初至永平十一年百七十歲進退餘分六十三治曆者不知處之推得十二度弦望不效挾廢術者得竄其說至永和二年小終之數寖過餘分稍增月不用晦朔而先見孝章皇帝以保乾圖三百年斗曆改憲就用四分以太白復樞甲子爲癸亥引天從算耦之目前更以庚申爲元既無明文託之於獲麟之歲又不與感精符單閼之歲同史官相代因成習疑少能鉤深致遠案弦望足以知之詔書下三公百官雜議太史令虞恭治曆宗訢等議建曆之本必先立元元正然後定日法法定然後度周天以定分至三者有程則曆可成也四分曆仲紀之元起於孝文皇帝後元三年歲在庚辰上四十五歲歲在乙未則漢興元年也又上二百七十五歲歲在庚申則孔子獲麟二百七十六萬歲尋之上行復得庚申歲歲相承從下尋上其執不誤此四分曆元明文圖讖所著也太初元年歲在丁丑上極其元當在庚戌而曰丙子言百四十四歲超一辰凡九百九十三超歲有空行八十二周有奇乃得丙子案歲所超於天元十一月甲子朔旦冬至日月俱超日行一度積三百六十五度四分度一而周天一匝名曰歲歲從一辰日不得空周天則歲無由超辰案百七十歲二蔀一章小餘六十三自然之數也夫數出於杪曶以成毫氂毫氂積累以成分寸兩儀既定日月始離初行生分積分成度日行一度一歲而周故爲術者各生度法或以九百四十或以八十一法有細觕以生兩科其歸一也日法者日之所行分也日垂令明行有常節日法所該通遠無已損益毫氂差以千里自此言之數無緣得有虧棄之意也今欲飾平之失斷法垂分恐傷大道以步日月行度終數不同四章更不得朔餘一雖言九道去課進退恐不足以補其闕且課曆之法晦朔變弦以月食天驗昭著莫大焉今以去六十三分之法爲曆驗章和元年以來日變二十事案五行志章和元年訖漢安二年日變二十三事古今注又長月食二十八事與四分曆更失定課相除四分尚得多而又便近孝章皇帝曆度審正圖儀晷漏與天相應不可復尚文曜鉤曰高辛受命重黎說文唐堯即位羲和立渾夏后制德昆吾列神成周改號萇弘分官運斗樞曰常占有經世史所明洪範五紀論曰民間亦有黃帝諸曆不如史官記之明也自古及今聖帝明王莫不取言於羲和常占之官定精微於晷儀正衆疑祕藏中書改行四分之原及光武皇帝數下詔書草創其端孝明皇帝課校其實孝章皇帝宣行其法君更三聖年歷數十信而徵之舉而行之其元則上統開闢其數則復古四分宜如甲寅詔書故事奏可

靈帝熹平四年五官郎中馮光沛相上計掾陳晃言曆元不正故妖民叛寇益州盜賊相續爲曆用甲寅爲元而用庚申圖緯無以庚爲元者近秦所用代周之元太史治曆郎中郭香劉固意造妄說乞與本庚申元經緯

有明受虛欺重誅乙卯詔書下三府與儒林明道者詳議務得道眞以羣臣會司徒府議（蔡邕集載三月九日百官會府公殿下東南校尉南面侍中郎將大夫千石六百石重行北面議郎博士西面戶曹令史當坐中而讀詔書公議蔡邕前坐侍中西北近公卿與光晃相難問是非焉）議郎蔡邕議以爲曆數精微去聖久遠得失更迭術術無常是以承秦曆用顓頊元用乙卯（蔡邕命論曰顓頊曆術曰天元正月己巳朔旦立春俱以日月起於天廟營室五度今月令孟春之月日在營室）百有二歲孝武皇帝始改正朔曆用太初元用丁丑行之百八十九歲孝章皇帝改從四分元用庚申今光晃各以庚申爲非甲寅爲是案曆法黃帝顓頊夏殷周魯凡六家各自有元光晃所據則殷曆元也他元雖不明於圖讖各家術皆當有效於其當時黃帝始用太初丁丑之元有六家紛錯爭訟是非太史令張壽王挾甲寅元以非漢曆雜候清臺課在下第卒以疏闊連見劾奏太初效驗無所漏失是則雖非圖讖之元而有效於前者也及用四分以來考之行度密於太初是又新元效於今者也延光元年中謁者亶誦亦非四分庚申上言當用命曆序甲寅元公卿百寮參議正處竟不施行且三光之行遲速進退不必若一術家以算追而求之取合於當時而已故有古今之術今之不能上通於古亦猶古術之不能下通於今也元命苞乾鑿度皆以爲開闢至獲麟二百七十六萬歲及命曆序積獲麟至漢起庚子蔀之二十三歲竟己酉戊子及丁卯蔀六十九歲合爲二百七十五歲漢元年歲在乙未上至獲麟則歲在庚申推此以上上極開闢則不在庚申讖雖無文其數見存而光晃以爲開闢至獲麟二百七十五萬九千八百八十六歲獲麟至漢百六十二歲轉差少一百一十四歲云當滿足則上違乾鑿度元命苞中使獲麟不得在哀公十四年下不及命曆序獲麟漢相去四蔀年數與奏記譜注不相應當今曆正月癸亥朔光晃以爲乙丑朔乙丑之與癸亥無題勒款識可與衆共別者須以弦望晦朔光魄虧滿可得而見者考其符驗而光晃曆以考靈曜二十八宿度數及冬至日所在與今史官甘石舊文錯異不可考校以今渾天圖儀檢天文亦不合於考靈曜光晃誠能自依其術更造望儀以追天度遠有驗於圖書近有效於三光可以易奪甘石窮服諸術者實宜用之難問光晃但言圖讖所言不服元和二年二月甲寅制書曰朕聞古先聖王先天而天不違後天而奉天時史官用太初鄧平術冬至之日日在斗二十二度而曆以爲牽牛中星先立春一日則四分數之立春也而以折獄斷大刑於氣已迕用望平和蓋亦遠矣今改行四分以遵於堯以順孔聖奉天之文是始用四分曆庚申元之詔也深引河洛圖讖以爲符驗非史官私意獨所興構而光晃以爲固意造妄說違反經文謬之甚者昔堯命羲和曆象日月星辰舜叶時月正日湯武革命治曆明時可謂正矣且猶遇水遭旱戒以蠻夷猾夏寇賊姦宄而光晃以爲陰陽不和姦臣盜賊皆元之咎誠非其理元和二年乃用庚申至今九十二歲而光晃言秦所用代周之元不知從秦來漢三易元不常庚申光晃區區信用所學亦妄虛無造欺語之愆至於改朔易元往者壽王之術已課不效亶誦之議不用元和詔書文備義著非羣臣議者所能變易太尉耽司徒隗司空訓以邕議劾光晃不敬正鬼薪法詔書勿治罪（臣昭曰不有君子其能國乎觀蔡邕之議可以言天機矣賢明在朝弘益遠哉公卿結正足懲淺妄之徒詔書勿治亦深盡各之致）

太初曆推月食多失四分因太初法以河平癸巳爲元施行五年永元元年天以七月後閏食術以八月其十二年正月十二日蒙公乘宗紺上書言今月十六日月當食而曆以二月至期如紺言太史令巡上紺有益官用除待詔甲辰詔書以紺法署施行五十六歲至本初元年天以十二月食曆以後年正月於是始差到熹平三年二十九年之中先曆食者十六事常山長史劉洪上作七曜術甲辰詔屬太史部郎中劉固舍人馮恂等課效後作八元術固等作月食術並已相參固術與七曜術同月食所失皆以歲在己未當食四月恂術以三月官曆以五月太史上課到時施行中者丁巳詔書報可其四年紺孫誠上書言受紺法術當復改今年十二月當食而官曆以後年正月到期如言拜誠爲舍人丙申詔書聽行誠法光和二年歲在己未三月五月皆陰太史令修部舍人張恂等推計行度以爲三月近四月遠誠以四月奏廢誠術施用恂術其三年誠兒整前後上書言去年三月不食當以四月史官廢誠正術用恂不正術整所上五屬太史太史主者終不自言三月近四月遠食當以見爲正無遠近詔書下太常其詳案注記平議術之要效驗虛實太常就耽上選侍中韓說博士蔡較穀城門候劉洪右郎中陳調於太常府覆校注記平議難問恂誠各對恂術以五千六百四十日有九百六十一食爲法而除成分空加縣法推建武以來俱得三百二十七食其十五食錯案其官素注天見食九十八與兩術相應其錯辟二千一百誠術以百三十五月二十三食爲法乘除成月從建康以上減四十一建康以來減三十五以其俱不食恂術改易舊法誠術中復減損論其長短無以相踰各引書緯自證文無義要取追天而已夫日月之術日循黃道月從九道以赤道儀日冬至去極俱一百一十五度其入宿也赤道在斗二十一而黃道在斗十九兩儀相參日月之行曲直有差以生進退故月行井牛十四度以上其在角婁十二度以上皆不應率不行以是言之則術不差不改不驗不用天道精微度數難定術法多端曆紀非一未驗無以知其是未差無以知其失失然後改之是然後用之此謂允執其中今誠術未有差錯之謬恂術未有獨中之異以無驗改未失是以檢將來爲是者也誠術百三十五月有二十三食其文在書籍學者所修施行日久官守其業經緯日月厚而未愆信於天文述而不作恂久在候部詳心善意能揆儀度定立術數推前校往亦與見食相應然協曆正紀欽若昊天宜率舊章如甲辰丙申詔書以見食爲比今宜施用誠術棄放恂術史官課之後有效驗乃行其法以審術數以順改易耽以說等議奏聞詔書可恂整誠各復上書恂言不當施誠術整言不當復棄恂術爲洪議所侵事下永安臺覆實皆不如恂誠等言劾奏謾欺詔書報恂誠各以二月奉贖罪整輸作左校二月遂用洪等施行誠術光和二年萬年公乘王漢上月食注自章和元年到今年凡九十三歲合百九十六食與官曆河平元年月錯以己巳爲元事下太史令修上言漢所作注不與見食相應者二事以同爲異者二十九事尚書召穀城門候劉洪勑曰前郎中馮光司徒掾陳晃各訟曆故議郎蔡邕共補續其志今洪其詣修與漢相參推元謂分考校月食審己巳元密近有師法洪便從漢受不能對洪上言推元漢已巳元則考靈曜旃蒙之歲乙卯元也與光晃甲寅元相經緯於以追天作曆校三光之步今爲疏闊孔子緯一事見二端者明曆興廢隨天爲節甲寅曆於孔子時效己巳顓頊秦所施用漢興草創因而不易至元封中迂闊不審更用太初應期三百改憲之節甲寅己巳讖雖有文略其年數是以學人各傳所聞至於課校罔得厥正夫甲寅元天正正月甲子朔旦冬至七曜之起始於牛初乙卯之元人正己巳朔旦立春三光聚天廟五度課兩元端閏餘差自五十分二之三朔三百四中節之餘二十九以效信難聚漢不解說但言先人有書而已以漢成注參官施行術不同二十九事不中見食二事案漢習書見己巳元謂朝不聞不知聖人獨有興廢之義史官有附天密術甲寅己巳前已施行效後格而已不用河平疏闊史官已廢之而漢以去事分爭殆非其意雖有師法與無同課又不近密其說蔀數術家所共知無所采取遣漢歸鄉里（袁山松書曰劉洪字元卓泰山蒙陰人魯王之宗室也延熹中以校尉應太史徵拜郎中遷常山長史以父憂去官後爲上計掾拜郎中檢東觀著作律曆記遷謁者穀城門候會稽東部都尉徵還未至領山陽太守卒官洪善算當世無偶作七曜術及在東觀與蔡邕共述律曆記考驗天官及造乾象術十餘年考驗日月與象相應皆傳于世博物記曰洪篤信好學觀乎六藝羣書意以爲天文數術探賾索隱鉤深致遠遂專心銳思爲曲城侯相政教淸均吏民畏而愛之爲州郡之所禮異）

後漢書卷十二考證

律歷志中自太初元年始用三統歷施行百有餘年〇

臣承葃按太初元年用太初歷史記歷書具存三統之法作於劉歆前書雖備載其說而當時未嘗用也此志內章帝詔蔡邕議具有明文無用三統歷之說

日過度月行十五度〇推尋文義過字下疑脫一字

史官以郭日月行〇臣召南按文當作史官以部日月行部郭字相近而訛耳

後漢書卷十三

梁　剡　令劉　昭補并注

律曆志第三

律曆下　曆法

昔者聖人之作曆也觀琁璣之運三光之行道之發斂景之長短斗綱之建青龍所躔參伍以變錯綜其數而制術焉天之動也一晝一夜而運過周星從天而西日違天而東日之所行與運周在天成度在曆成日居以列宿終于四七受以甲乙終于六旬日月相推日舒月速當其同謂之合朔舒先速後近一遠三謂之弦相與爲衡分天之中謂之望以速及舒光盡體伏謂之晦晦朔合離斗建移辰謂之月日之行則有冬有夏冬夏之間則有春有秋是故日行北陸謂之冬西陸謂之春南陸謂之夏東陸謂之秋日道發南去極彌遠其景彌長遠長乃極冬乃至焉日道斂北去極彌近其景彌短近短乃極夏乃至焉二至之中道齊景正春秋分焉日周于天一寒一暑四時備成萬物畢改攝提遷次青龍移辰謂之歲歲首至也月首朔也至朔同日謂之章同在日首謂之蔀蔀終六旬謂之紀歲朔又復謂之元是故日以實之月以閏之時以分之歲以周之章以明之蔀

以部之紀以記之元以原之然後雖有變化萬殊贏朒無方莫不結系于此而稟正焉極建其中道營于外琁衡追日以察斂光道生焉孔壺爲漏浮箭爲刻下漏數刻以考中星昏明生焉日有光道月有九行九行出入而交生焉朔會望衡鄰於所交虧薄生焉月有晦朔星有合見月有弦望星有留逆其歸一也步術生焉金水承陽先後日下遠則先日遲而後留留而後逆逆與日違違而後速速與日競競又先日遲速順逆晨夕生焉日月五緯各有終原而七元生焉見伏有日留行有度而率數生焉參差齊之多少均之會終生焉引而伸之觸而長之探賾索隱鉤深致遠無幽辟潛伏而不以其精者然故陰陽有分寒暑有節天地貞觀日月貞明若夫祐術開業淳燿天光重黎其上也（顓頊曰重黎）承聖帝之命若昊天典曆象三辰以授民事立閏定時以成歲功羲和其隆也（唐虞夏商曰羲和）取象金火革命創制治曆明時應天順民湯武其盛也（月令章句曰帝舜叶時月正日湯武革命治曆明時言承平者叶之）（承亂者革之）及至德之衰也無道之君亂之於上頑愚之史失之於下夏后之時羲和湎淫廢時亂日胤乃征之紂作淫虐喪其甲子武王誅之夫能貞而明之者其興也勃焉回而敗之者其亡也忽焉巍巍乎若道天地之綱紀帝王之壯事是以聖人寶焉君子勤之夫曆有聖人之德六焉以本氣者尚其體以綜數者尚其文以考類者尚其象以作事者尚其時以占往者尚其源以知來者尚其流大業載之吉凶生焉是以君子將有興焉咨焉而以從事受命而莫之違也若夫用天因地揆時施教頒諸明堂以爲民極者莫大乎月令帝王之大司備矣天下之能事畢矣過此而往羣忌苛禁君子未之或知也斗之二十一度去極至遠也日在焉而冬至羣物於是乎生故律首黃鍾曆始冬至月先建子時平夜半當漢高皇帝受命四十有五歲陽在上章陰在執除冬十有一月甲子夜半朔旦冬至日月閏積之數皆自此始立元正朔謂之漢曆又上兩元而月食五星之元並發端焉曆數之生也乃立儀表以校日景景長則日遠天度之端也日發其端周而爲歲然其景不復四周千四百六十一日而景復初是則日行之終以周除日得三百六十五四分度之一爲歲之日數日日行一度亦爲天度察日月俱發度端（卽是起含合朔）日行十九周月行二百五十四周復會于端是則月行之終也以日周除月周得一歲周天之數以日一周減之餘十二十九分之七則月行過周及日行之數也爲一歲之月以除一歲日爲一月之數月之餘分積滿其法得一月月成則其歲月大四時推移故置十二中以定月位有朔而無中者爲閏月中之始日節與中爲二十四氣以除一歲日爲一氣之日數也其分積而成日爲沒并歲氣之分如法爲一歲沒沒分于終中中終于冬至冬至之分積如其法得一日四歲而終月分成閏閏七而盡其歲十九名之曰章章首分盡四之俱終名之曰蔀以一歲日乘之爲蔀之日數也以甲子命之二十而復其初是以二十蔀爲紀紀歲青龍未終三終歲後復青龍爲元元法四千五百六十（樂叶圖徵曰天元以甲子朔旦冬至日月起於牽牛之初右行二十八宿以考王者終始或盡一其曆數或不能盡一以四千五百六十爲紀甲寅窮宋均曰紀卽元也四千五百六十者五行相代一終之大數也王者卽位或遇其統或不盡其數故一共以四千五百六十爲甲寅之終也王者起必易元故不復沿前而終言之也韓子曰四千五百六十歲爲一元元中有厄故聖人有九歲之畜以備之也）

紀法千五百二十（月令章句曰紀還復故曆）　紀月萬八千八百

蔀法七十六（月令章句曰七十六歲爲蔀首）　蔀月九百四十　章法十九　章月二百三十五（月令章句曰十九歲七閏月爲一章）　周天千四百六十一　日法四　蔀日二萬七千七百五十九

沒數二十一爲章閏　通法四百八十七　沒法七因爲章閏　日餘百六十八　中法四十二　大周三十四萬三千三百三十五　月周千一十六　月食數之生也乃記月食之既者率二十三食而復既其月食百三十五率之相除得五百一十三之二十而一食以除一歲之月得歲有再食五百一十三分之五十也分終其法因以與蔀相約得四與二十七五之會二千五十二二十而與元會　元會四萬一千四十　蔀會三千五十三　歲數五百一十三　食數千八十一　月數百二十五　食法二十二

推入蔀術曰以元法除去上元其餘以紀法除之所得數從天紀算外則所入紀也不滿紀法者入紀年數也以蔀法除之所得數從甲子蔀起算外所入紀歲名命之算上卽所求年太歲所在　推月食所入蔀會年以元會除去上元其餘以蔀會除之所得以七十二乘之滿六十除去之餘以二十除所得數從天紀算之起外所以入紀不滿二十者數從甲子蔀起算外所入蔀會也其初不滿蔀會者入蔀會年數也各以不入紀歲名命之算上卽所求年蔀

天紀歲名	地紀歲名	人紀歲名	蔀首
甲子	庚辰	庚子	庚申一
癸卯	丙申	丙辰	丙子二
壬午	壬子	壬申	壬辰三
辛酉	戊辰	戊子	戊申四
庚子	甲申	甲辰	甲子五
己卯	庚子	庚申	庚辰六
戊午	丙辰	丙子	丙申七
丁酉	壬申	壬辰	壬子八
丙子	戊子	戊申	戊辰九
乙卯	甲辰	甲子	甲申十
甲午	庚申	庚辰	庚子十一
癸酉	丙子	丙申	丙辰十二
壬子	壬辰	壬午	壬申十三
辛卯	戊申	戊辰	戊子十四
庚午	甲子	甲申	甲辰十五
乙酉	庚辰	庚子	庚申十六
戊子	丙申	丙辰	丙子十七
丁卯	壬子	壬申	壬辰十八
丙午	戊辰	戊子	戊申十九
乙酉	甲申	甲辰	甲子二十

推天正術置入蔀年減一以章月乘之滿章法得一名爲積月不滿爲閏餘十二以上其歲有閏

推天正朔日置入蔀積月以蔀日乘之滿蔀月得一名爲積日不滿爲小餘積日以六十除去之其餘爲大餘以所入蔀名命之算盡之外則前年天正十一月朔日也小餘四百四十一以上其月大求後月朔加大餘二十九小餘四百九十小餘滿蔀月得一上加大餘命之如前

一術以大周乘年周天乘減之餘滿蔀日則天正朔日也

推二十四氣術曰置入蔀年減一以月餘乘之滿中法得一名曰大餘不滿爲小餘大餘滿六十除去之其餘以蔀名命之算盡之外則前年冬至之日也

求次氣加大餘十五小餘七除命之如前小寒日也

推閏月所在以閏餘減章法餘以十二乘之滿章閏數得一滿四以上亦得一算之數從前年十一月起算盡之外閏月也或進退以中氣定之

推弦望日因其月朔大小餘之數皆加大餘七小餘三百五十九四分三小餘滿蔀月得一加大餘大餘命如法得上弦又加得望次下弦又後月朔其弦望小餘二百六十以下每以百刻乘之滿蔀月得一刻不滿其數近節氣夜漏之半者以算上爲日

推沒滅術置入蔀年減一以沒數乘之滿日法得一名爲積沒不盡爲沒餘以通法乘積沒滿沒法得一名爲大餘不盡爲小餘大餘滿六十除去之其餘以蔀名命之算盡之外前年冬至前沒日也求後沒加大餘六十九小餘四小餘滿沒法從大餘命之如前無分爲滅

一術以爲五乘冬至小餘以減通法餘滿沒法得一則天正後沒也

推合朔所在度置入蔀積月以日乘之滿大周除去之其餘滿蔀月得一名爲積度不盡爲餘分積度加斗二十一度加二百三十五分以宿次除之不滿宿則日月合朔所在星度也求後合朔加度二十九加分四百九十九分滿蔀月得一度經斗除二百三十五分

一術以閏餘乘周天以減大周餘滿蔀月得一合以斗二十一度四分一則天正合朔日月所在度推日所在度置入蔀積日之數以蔀法乘之滿蔀日除去之其餘滿蔀法得一爲積度不盡爲餘分積度加斗二十一度加十九分以宿次除之則夜半日所在宿度也

求次日加一度求次月大加三十度小加二十九度經斗除十分

一術以朔小餘減合度分卽日夜半所在其分二百三十五約之十九乘之

推月所在度置入蔀積日之數以月周乘之滿蔀日除去之其餘滿蔀法得一爲積度不盡爲餘分積度加斗二十一十分除如上法則所求之日夜半月所在宿度也

求次日加十三度二十八分求次月大加三十五度六十一分月小二十二度三十三分分滿法得一度經斗除十九分其冬下旬月在張心署之謂晝漏分後晝漏晝也

一術以蔀法除朔小餘所得以減日半度也餘以減分卽月夜半所在度也

推日明所入度分術曰置其月節氣夜漏之數以蔀法乘之二百除之得一分卽夜半到明所行分也以增夜半日所在度分爲明所在度分也

求昏日所入度以夜半到明日所行分分減蔀法其餘卽夜半到昏所行分也以加夜半所在度分爲昏日所在度也

推月明所入度分術曰置其節氣夜半之數以月周乘之以二百除之爲積分積分滿蔀法得一以增夜半度卽明月所在度也

求昏月所入度以明積分減月周其餘滿蔀法得一度

加夜半則昏月所在度也

推弦望日所入星度術曰置合朔度分之數加七度三百五十九分四分之三宿次除之即得上弦日所入宿度分也

求望下弦加除如前法小分四從大分滿蔀月從度

推弦望月所入星度術曰置月合朔度分之數加度九十八加分六百五十三半以宿次除之即上弦月所入宿度分也

求望下弦加除如前分滿蔀月從度

推月食術曰置入蔀會年數減一以食數乘之滿歲數得一名曰積食不滿爲食餘以月數乘積滿食法得一名爲積月不滿爲月餘分積月以章月除去之其餘爲入章月數當先除入章閏乃以十二除去之不滿者命以十一月算盡之外則前年十一月前食月也

求入章閏者置入章月以章閏乘之滿章月得一則入章閏數也餘分滿二百二十四以上至二百三十一爲食在閏月閏或進退以朔日定之求後食加五百二十分滿法得一月數命之如法其分盡食算上

推月食朔日術曰置食積月之數以二十九乘之爲積日又以四百九十九乘積月滿蔀月得一以并積日以六十除之其餘以所會蔀名命之算盡之外則前年天正前食月朔日也

求食日加大餘十四小餘七百一十九半小餘滿蔀月爲大餘大餘命如前則食日也

求後食朔及日皆加大餘二十七小餘六百一十五其月餘分不滿二十者又加大餘二十九小餘四百九十九其食小餘者當以漏刻課之夜漏未盡以算上爲日

一術以歲數去上元餘以爲積月以百一十二乘之滿月數去之餘滿食法得一則天正後食也

推諸加時以十二乘小餘先減如法之半得一時其餘乃以法除之所得算之數從夜半子起算盡之外則所加時也

推諸上水漏刻以百乘其小餘滿其法得一刻不滿法法什之滿法得一分積刻先減所入節氣夜漏之半其餘爲晝上水之數過晝漏去之餘爲夜上水數其刻不滿夜漏半者乃減之餘爲昨夜未晝其弦望其日五星數之生也各記於日與周天度相約而爲率以章法乘周率爲用法章月乘日率如月法爲積月月餘以月之月乘積爲朔大小餘乘爲入月日餘以日法乘周率爲日度法以率去日率餘以乘周天如日度法爲度之餘也日率相約取之得二千九百九十萬一千六百二十一億五十八萬二千三百而五星終如蔀之數與元通

木周率四千三百二十七　日率四千七百二十五　合積月十三　月餘四萬一千六百六　月法八萬二千二百一十三　大餘二十三　小餘八百四十七　虛分九十三　入月日十五　日餘萬四千六百四十七　日度法萬七千三百八　積度三十三　度餘萬三百一十四

火周率八百七十九　日率千八百七十六　合積月二十六　月餘六千六百三十四　月法萬六千七百一　大餘四十七　小餘七百五十四　虛分一百八十六　入月日十一　日餘千八百七十二　日度法三千五百一十六　積度四十九　度餘一百一十四

土周率九千九百一十六　日率九千四百一十五　合積月十二　月餘十三萬八千六百三十七　月法十七萬二千八百二十四　大餘五十四　小餘三百四十八　虛分五百九十二　入月日二十三　日餘二千一百六十三　日度法三萬六千三百八十四　積度十二　度餘二萬九千四百五十一

金周率五千八百三十　日率四千六百六十一　合積月九　月餘九萬八千四百五　月法十一萬七百七十　大餘二十五　小餘七百三十一　虛分二百九　入月日二十六　日餘二百八十一　日度法二萬三千三百二十　積度二百九十二　度餘二百八十一

水周率萬一千九百八　日率千八百八十九　合積月一　月餘二十一萬七千六百六十　月法二十二萬六千二百五十二　大餘二十九　小餘四百九十九　虛分四百四十九　入月日二十七　日餘四萬四千八百五　日度法四萬七千六百三十一　積度五十七　度餘四萬四千八百五

推五星術置上元以來盡所求年以周率乘之滿日率得一名爲積合不盡名合餘餘以周率除之不得焉退歲無所得星合其年得一合前年二合前二年金水積合奇爲晨偶爲夕其不滿周率者反減之餘爲度分

推星合月以合積月乘積合爲小積又以月餘乘積合滿其月法得一從小積爲月餘積月滿紀月去之餘爲入紀月每以章閏乘之滿章月得一爲閏不盡爲閏餘以閏減入紀月其餘以十二去之餘爲入歲月數從天正十一月起算外星合所在之月也其閏滿二百二十四以上至二百三十一星合閏月閏或進退以朔制之

推朔日以蔀日乘之入紀月滿蔀月得一爲積日不盡爲小餘積日滿六十去之餘爲大餘命以甲子算外星合月朔日

推入月日以蔀日乘月餘以其月法乘朔小餘從之以四千四百六十五約之所得滿日度法得一爲入月日不盡爲日餘以朔命入月日算外星合日也

推合度以周天乘度分滿日度法得一爲積度不盡爲度餘以斗二十一四分一命度算外星合所在度也

一術加退歲一以減上元滿八十除去之餘以沒數乘之滿日法得一爲大餘不盡爲小餘以甲子命大餘則星合歲天正冬至日也以周率小餘并度餘餘滿日度法從度即正後星合日數也命以冬至求後合月加合積月於入歲月加月餘於月餘滿其月法得一從入歲月入歲月滿十二去之有閏計爲餘命如前算外後合月也餘一加晨得夕加夕得晨

求朔日以大小餘加今所得其月餘得一月者又餘二十九小餘滿蔀月得一如大餘大餘命如前

求入月日以入月日餘加今所得餘滿日度法得一從日其前合月朔小餘不滿其虛分者空加一日日滿月先去二十九其後合月朔小餘不滿四百九十九又減一日其餘命如前

求合度以積度度餘加今所得餘滿日度法得一從度命如前經斗除如周率矣

木晨伏十六日七千二百二十分半行二度萬三千八百一十一分在日後十三度有奇而見東方見順日行五十八分度之十一五十八日行十一度微遲日行九分五十八日行九度留不行二十五日旋逆日行七分度之一八十四日進十二度復留二十五日復順五十八日行九度又五十八日行十一度在日前十三度有奇而夕伏西方除伏逆一見三百六十六日行二十八度伏復十六日七千二百二十二分半行二度萬三千八百一十一分而與日合凡一終三百九十八日有萬四千六百四十一分行星三十三度與萬三百一十四分通率日行四千七百二十五分之三百九十八

火晨伏七十一日二千六百九十四分行五十五度二千二百五十四分半在日後十六度有奇而見東方見順日行二十三分度之十四八十四日行一十二度微遲日行十二分九十二日行四十八度留不行十一日旋逆日行六十二分度之十七六十二日退十七度復留十一日復順九十二日行四十八度又百八十四日行百一十二度在日前十六度有奇而夕伏西方除伏逆一見六百三十六日行百三度伏復七十一日二千六百九十四分行五十五度二千二百五十四分半而與日合凡一終七百七十九日有千八百七十二分行星四百一十四度與九百九十三分通率日行千八百七十六分之九百九十七

土晨伏十九日千八十一分半行三度萬四千七百二十五分半在日後十五度有奇而見東方見順日行四十三分度之三八十六日行六度留不行三十三日旋逆日行十七分度之一百二日退六度復留三十三日復順八十六日行六度在日前十五度有奇而夕伏西方除伏逆見三百四十日行六度伏復十九日千八十一分半行三度萬四千七百二十五分半與日合凡一終三百七十八日有二千一百六十三分行星十二度與二萬九千四百五十一分通率日行九千四百一十五分之三百一十九

金晨伏五日退四度在日後九度而見東方見逆日行五分度之三十日退六度留不行八日順日行四十六分度之三十三四十六日行三十三度而日行一度九十分度之十五九十一日行百六度益疾日行一度二十二分九十一日行百一十三度在日後九度而晨伏東方除伏逆一見二百四十六日行二百四十六度伏四十一日二百八十一分行五十度二百八十一分而與日合一合二百九十二日百八十一分行星如之

金夕伏四十一日二百八十一分行五十度二百八十一分在日前九度而見西方見順疾日行一度九十一分度之二十二九十一日行百一十三度微遲日行一度十五分九十一日行百六度而進日行四十六分度之三十三四十六日行三十三度留不行八日旋逆日行五分度之三十日退六度在日前九度而夕伏西方除伏逆一見二百四十六日行二百四十六度伏五日退四度而後合凡三合一終五百八十四日有五百六十二分行星如之通率日行一度

水晨伏九日退七度在日後十六度而見東方見逆一日退一度留不行二日旋順日行九分度之八九日行八度而疾日行一度四分度之一二十日行二十五度在日後十六度而晨伏東方除伏逆一見三十二日行三十二度伏十六日四萬四千八百五分行三十二度四萬四千八百五分而與日合一合五十七日有四萬

四千八百五分行星如之

水夕伏十六日四萬四千八百五分行三十二度四萬四千八百五分在日前十六度而見西方見順疾日行一度四分度之一二十日行二十五度而遲日行九分度之八九日行八度留不行二日逆一日退一度在日前十六度而夕伏西方除伏逆一見三十二日行三十度伏九日退七度而復合凡再合一終百一十五日有四萬一千九百七十八分行星如之通率日行一度

步術以步法伏日度分如星合日度餘命之如前得星見日度也術分母乘之分日如度法而一分不盡如法半以上亦得一而日加所行分滿其母得一度逆順母不同以當行之母乘故分如故母如一也留者承前逆則減之伏不書度經斗除如行母四分具一其分有損益前後相放其以赤道命度進加退減之其步以黃道

日名天正十一月十二月正月二月三月四月五月六月七月八月九月十月冬至大寒雨水春分穀雨小滿夏至大暑處暑秋分霜降小雪月令章句孟春以立春為節驚蟄為中中必在其月節不必在其月據孟春之驚蟄在十六日以後立春在正月驚蟄在十五日以前立春在往年十二月

斗二十六四分退二　牛八　女十二進二　虛十進三

危十六進二　室十六進二　壁十進二

北方九十八度四分一

奎十六進二　婁十二進二　胃十四進二　昴十一進二

畢十六退二　觜二退二　參九退四

西方八十度

井三十三退三　鬼四　柳十五　星七進一

張十八進一　翼十八進一　軫十七進一

南方百一十二度

角十二　亢九退一　氐十五退二　房五退三

心五退三　尾十八進三　箕十一退三

東方七十五度

右赤道度周天三百六十五度四分一

斗二十四進一　牛七　女十一　虛十

危十六　室十八　壁十

北方九十六度四分一

奎十七　婁十二　胃十五　昴十二

畢十六　觜三　參八

西方八十三度

井三十　鬼四　柳十四　星七

張十七　翼十九　軫十八

南方百九度

角十三　亢十　氐十六　房五

心五　尾十八　箕十

東方七十七度

右黃道度三百六十五四分一

黃道去極日景之生據儀表也漏刻之生以去極遠近差乘節氣之差如遠近而差一刻以相增損昏明之生以天度乘晝漏夜漏減三百而一為定度以減天度餘為明加定度一為昏其餘四之如法為少不盡三之如法為強餘半法以上以成強強三為少少四為度其強二為少弱也又以日度餘為少強而各加焉張衡渾儀曰赤道橫帶渾天之腹去極九十一度十分之五黃道斜帶其腹出赤道表裏各二十四度故夏至去極六十七度而強冬至去極百一十五度亦強也然則黃道斜截赤道者則春分秋分之去極也今此春分去極九十少秋分去極九十一少者就夏曆景去極之法以為率也上頭橫行第一行者黃道進退之數也本當以銅儀日月度之則可知也以儀一歲乃竟而中間又有陰雨難卒成也是以作小渾盡赤道黃道乃各調賦三百六十五度四分之一從冬至所在始起令之相當值也取北極及衡各誠椓之為軸取薄竹篾穿其兩端令兩穿中間與渾半等以貫之令察之與渾相切摩也乃從減半起以為八十二度八分之五盡衡減之半焉又中分其篾拗去其半令其半之際正直與兩端減半相直令篾半之際從冬至起一度一移之視篾之半際多少黃赤道幾也其所多少則進退之數也從北極數之則元極之度也各分赤道黃道為二十四氣一氣相去十五度十六分之七每一氣者黃道進退一度焉所以然者黃道直時去南北極近其處地小而橫行與赤道且等故以篾度之於赤道多也設一氣令十六日者皆常率四日差少半也令一氣十五日不能半耳故使中道三日之中若少半也三氣一節故四十六日而差今三度也至於差三之時而五日同率者一其實節之間不能四十六日也今殘日居其策故五日同率也其率雖同先之皆強後之皆弱不可勝計取至於三而復有進退者黃道稍斜於橫行不得度故也春分秋分所以退者黃道始起更斜矣於橫行不得度故也亦每一氣一度焉三氣一節亦差三度也至三氣之後稍遠而直故橫行得度而稍進也立春立秋橫行稍退矣而度猶云進者以其所退減其所進猶有盈餘未盡故也立夏立冬橫行稍進矣而度猶以退者以其所進增其所退猶有不足未畢故也以此論之日行非有進退而以赤道量廣黃道使之然也本二十八宿相去度數以赤道為強耳故於黃道亦進退也冬至在斗二十一度少半最遠時也而此曆斗二十度俱百一十五強矣冬至宜與之同率焉夏至在井二十一度半強最近時也而此曆井二十三度俱六十七度強矣夏至宜與之同率焉

二十四氣

冬至月令章句曰冬至之為極有三意焉晝漏極短去極極遠晷景極長極者至而還之辭也

日所在斗二十度百一十分八分退二　黃道去極百一十五度

晷景丈三尺　晝漏刻四十五　夜漏刻五十五

昏中星奎六弱　旦中星亢二少強退一月令章句曰中星當中而不中日行遲也未當中而中日行疾也

小寒

日所在女二度七分進二　黃道去極百一十三強

晷景丈二尺三寸　晝漏刻四十五八分　夜漏刻五十四二分

昏中星婁六半強退一　旦中星氐七少弱退二

大寒

日所在虛五度十四分進二　黃道去極百一十一大弱

晷景丈一尺　晝漏刻四十六八分　夜漏刻五十三二分

昏中星胃十一半強退一　旦中星心半退三

立春

日所在危七度二十一分進二　黃道去極百六少弱

晷景九尺六寸　晝漏刻四十八六分　夜漏刻五十一四分

昏中星畢五少強退三　旦中星尾七半弱退三

雨水

日所在室八度二十八分退三　黃道去極百一強

晷景七尺九寸五分　晝漏刻五十八分　夜漏刻四十九二分

昏中星參六半弱退四　旦中星箕六大弱退三

驚蟄

日所在壁八度三分進一　黃道去極九十五強

晷景六尺五寸　晝漏刻五十三三分　夜漏刻四十六七分

昏中星井十七少弱退三　旦中星斗少退二

春分

日所在奎十四度十分　黃道去極八十九少強

晷景五尺二寸五分　晝漏刻五十五八分　夜漏刻四十四二分

昏中星鬼四　旦中星斗十一強退二

清明

日所在胃一度十七分退二　黃道去極八十三少弱

晷景四尺一寸五分　晝漏刻五十八三分　夜漏刻四十一七分

昏中星星四大進　旦中星斗二十一半退二

穀雨

日所在昴二度二十四分退二　黃道去極七十七大強

晷景三尺二寸　晝漏刻六十五分　夜漏刻三十九五分

昏中星張十七進二　旦中星斗二十六半

立夏

日所在畢八度三十一分退三　黃道去極七十三少弱

晷景二尺五寸二分　晝漏刻六十二四分　夜漏刻三十七六分

昏中星翼十七大進二　旦中星女十少弱一

小滿

日所在參四度六分退四　黃道去極六十九大弱

晷景尺九寸八分　晝漏刻六十三九分　夜漏刻三十六一分

昏中星角六弱　旦中星危大弱進二

芒種

日所在井十度十三分退三　黃道去極六十七少弱

晷景尺六寸八分　晝漏刻六十四九分　夜漏刻三十五一分

昏中星亢五大退一　旦中星危十四強進二

夏至月令章句曰夏至之為極有三意焉晝漏極長去極極近晷景極短

日所在井二十五度二十分退三　黃道去極六十七強

晷景尺五寸　晝漏刻六十五　夜漏刻三十五

昏中星氐十二少弱退二　旦中星室十二少弱退三

小暑

日所在柳三度二十七分　黃道去極六十七大強

晷景尺七寸　晝漏刻六十四七分　夜漏刻三十五三分

昏中星尾一大強退三　旦中星奎二大強

大暑

日所在星四度三分進二　黃道去極七十

晷景二尺　晝漏刻六十三八分　夜漏刻三十六二分

昏中星尾十五半弱退三　旦中星婁三大退一

立秋

日所在張十二度九分進一　黃道去極七十三半強

晷景二尺五寸五分　晝漏刻六十二三分　夜漏刻三十七七分

昏中星箕九大強退三　旦中星胃九大強退二

處暑

日所在翼九度十六分退二　黃道去極七十八半強

晷景三尺三寸三分　晝漏刻六十二分　夜漏刻三十九八分

昏中星斗十少退　旦中星畢三大退三

白露

日所在軫六度二十三分退一　黃道去極八十四少強

晷景四尺三寸五分　晝漏刻五十七八分　夜漏刻四十二二分

昏中星斗二十一強退一　旦中星參五半弱退四

秋分

日所在角四度三十分　黃道去極九十半強

晷景五尺五寸　晝漏刻五十五二分　夜漏刻四十四八分

昏中星牛五少　旦中星井十六少強退二

寒露

日所在亢八度五分退三　黃道去極九十六少強

晷景六尺八寸五分　晝漏刻五十二六分　夜漏刻四十七四分

昏中星女七大進一　旦中星鬼三少強

霜降

日所在氐十四度十三分退二　黃道去極百二少強

晷景八尺四寸　晝漏刻五十三分　夜漏刻四十九十分

昏中星虛六大進一　旦中星星三大強進一

立冬

日所在房四度十九分退三　黃道去極百七少強

晷景丈四寸二分　晝漏刻四十八二分　夜漏刻五十一八分

昏中星危八強進二　旦中星張十五大強進一

小雪

日所在箕一度二十六分退三　黃道去極百一十一弱

晷景丈一尺四寸　晝漏刻四十六七分　夜漏刻五十三三分
昏中星室二半強進二　旦中星翼十五大強進二

大雪

日所在斗六度一分退三　黃道去極百一十三大強
晷景丈二尺五寸六分　晝漏刻四十五五分　夜漏刻五十四五分
昏中星壁半強進一　旦中星軫十五少強進一

易緯所稱晷景長短不與相應今列之于後并至與不至各有所候以參廣異同　冬至晷長一丈三尺當至不至則旱多溫病未當至而至則多病暴逆心痛應在夏至　小寒晷長一丈一尺四分當至不至先小旱後小水丈夫多病喉痺未當至而至多病身熱來年麻不熟耳　大寒晷長一丈一尺八分當至不至先大旱後大水麥不成病厥逆未當至而至多病上氣嗌腫　立春晷長一丈一寸六分當至不至兵起麥不成民疲瘵未當至而至多病熛疾疫　雨水晷長九尺一寸六分當至不至旱麥不成多病心痛未當至而至多病癰　驚蟄晷長八尺二寸當至不至則霧稚禾不成老人多病嚏未當至而至多病癰疽脛腫　春分晷長七尺二寸四分當至不至先旱後水歲惡米不成多病耳痒　清明晷長六尺二寸八分當至不至菽豆不熟多病瘻振寒洞泄未當至而至多溫病暴死　穀雨晷長五尺三寸六分當至不至水物雜稻等不熟多病疾瘧振寒霍亂未當至而至老人多病氣腫　立夏晷長四尺三寸六分當至不至旱五穀傷牛畜疾未當至而至多病頭痛腫嗌喉痺　小滿晷長三尺四寸當至不至凶言國有大喪先水後旱多病筋急痺痛未當至而至多嗌腫　芒種晷長二尺四寸四分當至不至凶言國有狂令未當至而至多病厥眩頭痛　夏至晷長一尺四寸八分當至不至國有大殃旱陰陽並傷草木夏落有大寒未當至而至病眉腫　小暑晷長二尺四寸四分當至不至前小水後小旱有兵多病泄注腹痛未當至而至病臚腫　大暑晷長三尺四寸當至不至外兵作來年飢多病筋痺胷痛未當至而至多病歷痛惡氣　立秋晷長四尺三寸六分當至不至暴風爲災來年黍不熟未當至而至多病欬上氣咽腫　處暑晷長五尺三寸二分當至不至國多浮令兵起來年麥不熟未當至而至病脹耳熱不出行　白露晷長六尺二寸八分當至不至多病痤疽泄未當至而至多病水腹閉疝瘕　秋分晷長七尺二寸四分當至不至草木復榮多病溫悲心痛未當至而至多病胷鬲痛　寒露晷長八尺二寸當至不至來年穀不成六畜鳥獸被殃多病疝瘕胷痛未當至而至多病疾熱中　霜降晷長九尺一寸六分當至不至萬物大耗年多大風人病腰痛未當至而至多病胷脅支滿　立冬晷長一丈一寸二分當至不至地氣不藏來年立夏反寒早旱晚水萬物不成未當至而至多病臂掌痛　小雪晷長一丈一尺八分當至不至來年蠶麥不成多病腳腕痛未當至而至亦爲多肘腋痛　大雪晷長一丈二尺四分當至不至溫氣泄夏蝗蟲生大水多病少氣五疸水腫未當至而至多病癰疽痛應在芒種　月令章句曰周天三百六十五度四分度之一分爲十二次日月之所躔也地有十二分王侯之所國也每次三十度三十二分之十四日至其初爲節至其中爲中氣　自危十度至壁八度謂之豕韋之次立春雨水居之衛之分野　自壁八度至胃一度謂之降婁之次驚蟄春分居之魯之分野　自胃一度至畢六度謂之大梁之次清明穀雨居之趙之分野　自畢六度至井十度謂之實沈之次立夏小滿居之晉之分野　自井十度至柳三度謂之鶉首之次芒種夏至居之秦之分野　自柳三度至張十二度謂之鶉火之次小暑大暑居之周之分野　自張十二度至軫六度謂之鶉尾之次立秋處暑居之楚之分野　自軫六度至亢八度謂之壽星之次白露秋分居之鄭之分野　自亢八度至尾四度謂之大火之次寒露霜降居之宋之分野　自尾四度至斗六度謂之析木之次立冬小雪居之燕之分野　自斗六度至須女二度謂之星紀之次大雪冬至居之越之分野　自須女二度至危十度謂之玄枵之次小寒大寒居之齊之分野　蔡邕分星次度數與皇甫謐不同兼明氣節所在故載焉謐所列在郡國志

中星以日所在爲正日行四歲乃終置所求年二十四氣小餘四之如法爲少大餘不盡三之如法爲強弱以減節氣昏明中星而各定矣強正弱直也其強弱相減同名相去異名從之從強進少爲弱從弱退少而強從

上元太歲在庚辰以來盡熹平三年歲在甲寅積九千四百五十五歲也宋世治曆何承天曰曆數之術若心所不達雖復通人前識無救其弊是以多歷年歲猶未能有定四分於天出三百年而盈一日積世不悟徒云建曆之本必先立元假託讖緯遂關治亂此之爲弊亦以甚矣劉歆三統法尤復疏闊方於四分六千餘年又益一日揚雄心惑其說採爲太玄班固謂之最密著于漢志司馬彪曰自太初元年始用三統曆施行百有餘年曾不憶劉歆之生不逮太初二三君子爲曆乃舉乎不知而妄言者歟元和中穀城門候劉洪始悟四分於天疏闊更以五百八十九爲紀法百四十五爲斗分而造乾象法又制遲疾曆以步月行方於太初四分轉精密矣

論曰易有太極是生兩儀兩儀之分尚矣乃有皇犧皇犧之有天下也未有書計曆載弸久暨於黃帝班示文章重黎記註象應著名始終相驗準度追元乃立曆數天難諶斯是以五三迄于來今各有改作不通用故黃帝造曆元起辛卯而顓頊用乙卯虞用戊午夏用丙寅殷用甲寅周用丁巳魯用庚子漢興承秦初用乙卯至武帝元封不與天合乃會術士作太初曆元以丁丑王莽之際劉歆作三統追太初前世一元得五星會庚戌之歲以爲上元太初曆到章帝元和旋復疏闊徵能術者課校諸曆定朔稽元追漢三十五年庚辰之歲追朔一日乃與天合以爲四分曆元加六百五元一紀上得庚申有近於緯而歲不攝提以辨曆者得開其說而其元獻與緯同同則或不得於天然曆之興廢以疏密課固不主於元光和元年中議郎蔡邕郎中劉洪補續律曆志邕能著文清濁鍾律洪能爲算近敘三光今考論其業義指博通術數略舉是以集錄爲上下篇放續前志以備一家蔡邕戍邊上章曰朔方髡鉗徒臣邕稽首再拜上書皇帝陛下臣邕被受陛下尤異大恩初由宰府備數典城以叔父故衛尉質時爲尚書召拜郎中受詔詣東觀著作遂與羣儒並拜議郎沐浴恩澤承答聖問前後六年質奉機密趨走陛下遂充端右出相外藩還尹輦轂旬日之中登躡上列父子一門兼受恩寵不能輸寫心力以效絲髮之功一旦被章陷沒辜戮陛下天地之德不忍刀鋸截臣首領得就平罪父子家屬徙充邊方完全軀命喘息相隨非臣無狀所敢復望非臣罪惡所當復蒙非臣辭筆所能復陳臣初決罪雒陽詔獄生出牢戶顧念元初中故尚書郎張俊坐漏泄事當伏重刑已出穀門復聽讀鞫詔書馳救一等輸作左校俊上書謝恩遂以轉徙郡縣促遣於吏手不得頃息含辭抱悲無由上達既到徙所乘塞守烽職在候望憂怖焦灼無心復能操筆成草致章闕庭誠知聖朝不責臣謝但愚心有所不竟臣自在布衣常以爲漢書十志下盡王莽而世祖以來唯有紀傳無續志者臣所師事故太傅胡廣知臣頗識其門戶略以所有舊事與臣雖未備悉粗見首尾積累思惟二十餘年不在其位非外吏庶人所得擅述天誘其衷得備著作郎建言十志皆當撰錄遂與議郎張華等分受之所使元順難者皆以付臣先治律曆以籌算爲本天文爲驗請太師舊注考校連年往往頗有差舛當有增損乃可施行爲無窮法道至深微不敢獨議郎中劉洪密於用算故臣表上洪與共參思圖牒尋繹適有頭角會臣被罪遂放邊野臣竊自痛一爲不善使史籍所闕胡廣所校二十年之思中道廢絕不得究竟慺慺之情猶以結心不能違望臣初欲須刑竟乃因縣道具以狀聞今年七月九日匈奴始攻郡鹽池縣其時鮮卑連犯雲中五原一月之中烽火不絕不言四夷相與合謀所圖廣遠恐遂爲變不知所濟郡縣咸懼不守朝旦臣所在孤危懸命鋒鏑湮滅土灰呼吸無期誠恐所懷隨軀腐朽抱恨黃泉遂不設施謹先顛踣科條諸志臣欲刪定者一所當接續者四前志所無臣欲著者三及經典羣書所宜據撰本奏詔書所當依據分別首目并書章左臣初被考妻子迸竄亡失文書無所案請加以惶怖愁恐思念荒散十分不得識一所識者又恐謬誤觸冒死罪披散愚情願下東觀推求諸奏參以璽書以補緝遺闕昭明國體章聞之後雖肝腦流離白骨剖破無所復恨惟陛下省察謹因臨戎長霍圉封上臣頓首死罪稽首再拜以聞其所論志家未以成書如有異同今隨事注之于本志也

贊曰象因物生數本杪曶律均前起準調後發該覈衡璇檢會日月

後漢書卷十三考證

律歷志下日有光道○光監本作九依宋本改　臣召南按黃道居中日光道前書天文志云日有中道月有九行中道者黃道一曰光道光道北至東井去北極近南至牽牛去北極遠東至角西至婁去極中此光道之明文也

後漢書卷十四

梁　剡　令劉　昭補并注

禮儀志第四

禮儀上

合朔　立春　五供　上陵　冠　夕牲　耕　高禖　養老　先蠶　祓禊

夫威儀所以與君臣序六親也若君亡君之威臣亡臣之儀上替下陵此謂大亂大亂作則羣生受其殃可不慎哉故記施行威儀以爲禮儀志謝沈書曰太傅胡廣博綜舊儀立漢制度蔡邕因以爲志譙周後改定以爲禮儀志

禮威儀每月朔旦太史上其月曆有司侍郎尚書見讀其令奉行其政朔前後各二日皆牽羊酒至社下以祭日日有變割羊以祠社用救日日變執事者冠長冠衣皁單衣絳領袖緣中衣絳袴袜以行禮如故事公羊傳曰日有食之鼓用牲于社求乎陰之道也以朱絲縈社或曰脅之或曰爲闇恐人犯之故縈之也何休曰脅之與責求同義社者土地之主也月者土地之精也上繫於天而犯日故鳴鼓而攻之脅其本也朱絲縈之助陽抑陰也或曰爲闇者社者土地之主尊也爲日光盡天闇冥恐人犯歷之故縈之然此說非也先言鼓後言用牲者明先以尊者命責之後以臣子禮接之所以爲順也白虎通曰日食必救之何陰侵陽也鼓攻之以陽責陰也故春秋日食鼓用牲于社所以必用牲者社地別神也尊之不敢虛責也日食大水則鼓用牲大旱則雩祭求雨非虛言也助陽責下求陰之道也決疑要注曰凡救日食皆著赤幘以助陽也日將食天子素服避正殿內外嚴日有變伐鼓聞音侍臣著赤幘帶劍入侍三臺令史已下皆持劍立其戶前衛尉卿驅馳繞宮察巡守備周而復始日復常乃皆罷之

立春之日夜漏未盡五刻京師百官皆衣青衣郡國縣道官下至斗食令史皆服青幘立青幡施土牛耕人于門外以示兆民至立夏唯武官不立春之日下寬大書曰制詔三公方春東作敬始慎微動作從之罪非殊死且勿案驗皆須麥秋退貪殘進柔良下當用者如故事月令曰命相布德和令蔡邕曰即此詔之謂也獻帝起居注曰建安二十二年二月壬申詔書絕立春寬緩詔書不復行

正月上丁祠南郊白虎通曰春秋傳曰以正月上辛尚書曰丁巳用牲于郊牛二先甲三日辛也後甲三日丁也皆可接事昊天之日禮畢次北郊明堂高廟世祖廟謂之五供五供畢以次上陵西都舊有上陵東都之儀百官四姓親家婦女公主諸王大夫蔡邕獨斷曰凡與先后有瓜葛者外國朝者侍子郡國計吏會陵晝漏上水大鴻臚設九賓隨立寢殿前薛綜曰九賓謂王侯公卿二千石六百石下及郎吏匈奴侍子凡九等鍾鳴謁者治禮引客羣臣就位如儀乘輿自東廂下太常導出西向拜止旋升阼階拜神坐退坐東廂西向侍中尚書陛者皆神坐後公卿羣臣謁神坐太官上食太常樂奏食舉文始五行之舞前書志曰文始舞者本舜韶舞也高祖六年更名文始以示不相襲也五行舞者本周舞也秦始皇二十六年更名五行之舞也禮樂闋君臣受賜食畢郡國上計吏以次前當神軒占其郡穀價民所疾苦欲神知其動靜孝子事親盡禮敬愛之心也周徧如禮謝承書曰建寧五年正月車駕上原陵蔡邕爲司徒掾從公行到陵見其儀愾然謂同坐者曰聞古不墓祭朝廷有上陵之禮始爲可損今見威儀察其本意乃知孝明皇帝至孝惻隱不可易舊或曰本意云何昔京師在長安時其禮不可盡得聞也光武卽世始葬于此明帝嗣位踰年羣臣朝正感先帝不復聞見此禮乃帥公卿百僚就園陵而創焉尚書階西陛爲神坐天子事亡如事存之意苟先帝有瓜葛之屬男女畢會王侯大夫郡國計吏各向神坐而言庶幾先帝神魂聞之今者日月久遠後生非時人但見其禮不知其哀以明帝聖孝之心親服三年久在園陵初興此儀仰察几筵下顧羣臣悲切之心必不可堪邕見太傅胡廣曰國家禮有煩而不可省者不知先帝用心周密之至於此也廣曰然子宜載之以示學者邕退而記焉魚豢曰孝明以正月旦百官及四方來朝者上原陵朝禮是謂甚違古不墓祭之義臣昭以爲邕之言然最後親陵遣計吏賜之帶佩八月飲酎上陵禮亦如之丁孚漢儀曰酎金律文帝所加以正月旦作酒八月成名酎酒因合諸侯助祭貢金漢律金布令曰皇帝齋宿親帥羣臣承祠宗廟羣臣宜分奉請諸侯列侯各以民口數率千口奉金四兩奇不滿千口至五百口亦四兩皆會酎少府受又大鴻臚食邑九眞交阯日南者用犀角長九寸以上若瑇瑁甲一鬱林用象牙長三尺以上若翡翠各二十準以當金漢舊儀曰皇帝惟八月酎車駕夕牲牛以絳衣之皇帝暮視牲以鑑燧取水於月以火燧取火於日爲明水火左祖以水沃牛右肩手執鸞刀以切牛尾薦之而卽更衣巾侍上熟乃祀之凡齋天地七日宗廟山川五日小祠三日齋日內有汙染解齋副倅行禮先齋一日有汙穢災變齋祀如儀大喪唯天郊越紼而齋地以下皆百日後乃齋如故事魏文帝詔曰漢氏不拜日於東郊而旦夕常於殿下東面拜日煩褻似家人之事非事天交神之道也於是朝日東門之外將祭必先夕牲其儀如郊

正月甲子若丙子爲吉日可加元服儀從冠禮乘輿初

緇布進賢次爵弁次武弁次通天冠訖皆於高祖廟如禮謁冠禮曰成王冠周公使祝雍曰辭達而勿多也祝雍曰近於民遠於年遠於佞近於義嗇於時惠於財任賢使能博物記曰孝昭帝冠辭曰陛下摛顯先帝之光耀以承皇天之嘉祿欽奉仲春之吉辰普尊大道之郊域秉率百福之休靈始加昭明之元服推遠沖孺之幼志蘊積文武之就德肅勤高祖之清廟六合之內靡不蒙德永永與天無極獻帝傳曰興平元年正月甲子帝加元服司徒淳于嘉爲賓加賜玄纁駟馬貴人公主卿司隸城門五校及侍中尚書給事黃門侍郎各一人爲太子舍人也王公以下初加進賢而已獻帝起居注曰建安十八年正月壬子濟北王加冠戶外以見父母給事黃門侍郎劉曜兼侍中假貂蟬加濟北王給之

正月天郊夕牲周禮展牲干寶曰若今夕牲又郊儀先郊日未晡五刻夕牲公卿京尹衆官悉至壇東就位太祝吏牽牲入到榜稟犧令跪曰請省牲舉手曰腯太祝令繞牲舉手曰充太史令牽牲就庖豆取毛血其一奠天神坐前其一奠太祖坐前今之郊祀然也晝漏未盡十八刻初納夜漏未盡八刻初納干寶周官注曰納亨納牲將告殺謂向祭之辰也進熟獻太祝送旋皆就燎位宰祝舉火燔柴火然天子再拜興有司告事畢也明堂五郊宗廟太社稷六宗夕牲皆以晝漏十四刻初納夜漏未盡七刻初納進熟獻送神還有司告事畢六宗燔燎火大然有司告事畢

正月始耕月令曰天子親載耒耜措之參保介之御間帥三公九卿躬耕帝藉盧植注曰帝天也藉耕也晝漏上水初納執事告祠先農已享賀循藉田儀曰漢耕日以太牢祭先農於田所春秋傳曰耕藉之禮唯齋三日左傳曰鄭人藉稻杜預注曰藉稻履行之薛綜注二京賦曰爲天神借民力於此田故名曰帝藉田在國之辰地干寶周禮注曰古之王者貴爲天子富有四海而必私置藉田蓋其義有三焉一曰以奉宗廟親致其孝也二曰以訓于百姓在勤勤則不匱也三曰聞之子孫躬知稼穡之艱難無違也耕時有司請行事就耕位天子三公九卿諸侯百官以次耕鄭玄注周禮曰天子三推公五推卿諸侯九推庶人終於千畝庶人謂徒三百人也月令章句曰卑者務勞故三公五推禮自上以下降殺以兩勞事反之諸侯上當有孤卿七推大夫十二士終畝可知也盧植注禮記曰天子耕一墢九推耒周禮二耜爲耦一耦之伐廣尺深尺伐發也天子及三公坐而論道參五職事故三公以五爲數卿諸侯當究成天子之職事故以九爲數伐皆三者禮以三爲文力田種各耰莞有司告事畢史記曰漢文帝詔云農天下之本其開藉田朕躬耕以給宗廟粢盛應劭曰古者天子耕藉田千畝爲天下先藉者帝王典籍之常也而應劭風俗通又曰古者使民如借故曰藉田鄭玄曰藉之言借也王一耕之使庶人芸芓終之盧植曰藉耕也春秋傳曰鄭人藉稻故知藉爲耕也韋昭曰借民力以治之以奉宗廟且以勸率天下使務農也杜預注曰鄭人藉稻其君自出藉稻蓋履行之贊曰藉稻也本以躬親爲義不得以假借爲稱也漢舊儀曰春始東耕於藉田官祠先農先農即神農炎帝也祠以一太牢百官皆從大賜三輔二百里孝悌力田三老帛種百穀萬斛爲立藉田倉置令丞穀皆以給祭天地宗廟羣神之祀以爲粢盛皇帝躬秉耒耜而耕古爲甸師官賀循曰所種之穀黍稷穜稑早也種稙晚也干寶周禮注曰種稑稙穉稻之屬稑麥穀黍稷之屬是月令曰郡國守相皆勸民始耕如儀諸行出入皆鳴鐘皆作樂其有災眚有他故若請雨止雨皆不鳴鐘不作樂春秋釋痾曰漢家郡守行大夫禮鼎俎籩豆工歌縣何休曰漢家法限師置守相敬行其樂也

仲春之月立高禖祠于城南祀以特牲月令玄鳥至之日以太牢祠詩曰克禋克祀以弗無子毛萇傳曰弗去無子求有子古者必立郊禖焉玄鳥至之日以太牢祀于郊禖天子親往后妃帥九嬪御乃禮天子所御帶以弓韣授以弓矢于郊禖之前鄭玄注云弗之言祓也禋祀上帝于郊禖以祓無子之疾而得福也月令章句曰高尊也禖祀也吉事先見之象也蓋爲人所以祈子孫之祀玄鳥感陽而至其來主爲孚乳蕃滋故重其至日因以用事契母簡狄蓋以玄鳥至日有事高禖而生契焉故詩曰天命玄鳥降而生商高禖之命飲之以醴帶以弓衣尚使得男也騷曰簡狄在臺嚳何宜玄鳥致貽女何嘉王逸曰言簡狄侍帝嚳於臺上有飛燕墮其卵嘉而吞之因生契玄注禮記曰後王以爲禖官嘉祥而立其祠焉盧植注云玄鳥至時陰陽中萬物生故於是以三牲請子於高禖之神居明顯之處故謂之高因其求子故謂之禖以爲古者有媒氏之官因以爲神晉元康中高禖壇上石破詔問出何經典朝士莫知博士東晳答曰漢武帝晚得太子始爲立高禖之祠高禖者人之先也故立石爲主祀以太牢

明帝永平二年三月上始帥羣臣躬養三老五更于辟雍孝經援神契曰尊三老者父象也謁者奉几安車輭輪供綏執事五更寵以度接禮交容謙恭順貌宋均曰三老老人知天地人事者奉几授三老也安車坐乘之車輭輪蒲裹輪供綏三老就車天子親執綏授之五更老人知五行更代之事者度法也度以寵異之也鄭玄注禮記曰皆年老更事致仕者也名以三五者取象三辰五星天所因以照明天下者玄又一注皆老人更知三德五事者也應劭漢官儀曰三老五更三代所尊也安車輭輪送迎至家天子獨拜于屏三者道成於天地人老者久也舊也五者訓於五品更者五世長子更更相代言其能以善道改更己也三老五更皆取有首妻男女完具臣昭按桓榮五更後除兄子二人補四百石則榮非長子矣蔡邕曰五更長老之稱也行大射之禮袁山松書曰天子皮弁素積親射大侯郡縣道行鄉飲酒于學校皆祀聖師周公孔子牲以犬鄭玄注儀禮曰狗取擇人孟冬亦如之石渠論曰鄉射合衆而大射不何也韋玄成曰鄉人本無樂故於農時合衆以同其意諸侯故自有樂故不復合衆鄭玄注鄉飲酒禮曰今郡國十月行鄉飲酒禮黨正每歲邦索鬼神而祭祀則以禮屬民而飲酒于序以正齒位之禮凡鄉黨飲酒必於民聚之時欲其見化知尚賢尊長也玄冠衣皮弁服與禮異服虞喜曰漢家郡縣饗射祭祀皆假士禮而行之樂縣笙磬籩俎皆如士制於是七郊禮樂三雍之義備矣養三老五更之儀先吉日司徒上太傅若講師故三公人名用其德行年耆高者一人爲老次一人爲更也盧植禮記注曰選三公老者爲三老卿大夫中之老者爲五更亦參五之也皆服都紵大袍單衣皁緣領袖中衣冠進賢扶玉杖五更亦如之不杖皆齋于太學講堂月令章句曰三老國老也五更庶老也其日乘輿先到辟雍禮殿御坐東廂遣使者安車迎三老五更天子迎于門屏交禮道自阼階三老升自賓階至階天子揖如禮三老升東面三公設几九卿正履天子親袒割牲執醬而饋執爵而酳祝鯁在前祝饐在後禮記曰天子適饋省醴養老之珍具遂發詠焉退修之以孝養反升歌清廟孝養之詩也五更南面公進供禮亦如之譙周五經然否曰漢初或云三老答天子拜遣王莽之亂法度殘缺漢中興定禮儀羣臣欲令三老答拜城門校尉董鈞駮曰養三老所以教事父之道也若答拜是使天下答子拜也詔從鈞議譙周論之曰禮尸服上服猶以非親之故答子拜士見異國君亦答拜是皆不得視猶子也虞喜曰且據漢儀於門屏交禮交禮即答拜中興謬從鈞議後革之深得其意明日皆詣闕謝恩以見禮遇大尊顯故也前書禮樂志曰顯宗因祀光武皇帝於明堂養三老五更於辟雍威儀既盛矣德化未流洽者以其禮樂未具羣下無所誦說而庠序尚未設之故也孔子曰譬如爲山未成一簣止吾止也

是月皇后帥公卿諸侯夫人蠶丁孚漢儀曰皇后出乘鸞輅青羽蓋駕駟馬龍旂九旒大將軍妻參乘太僕妻御前鸞旗車皮軒闒戟雒陽令奉引亦千乘萬騎車府令設鹵簿駕公卿五營校尉司隸校尉河南尹妻皆乘其官車帶夫本官綬從其官屬導從皇后置虎賁羽林騎戎頭黃門鼓吹五帝車女騎夾轂執法御史在前後亦有金鉦黃鉞五將導桑于蠶宮手三盆于繭館畢還宮月令曰禁婦人無觀按谷永對稱四月壬子皇后蠶桑之日也則漢桑亦用四月祠先蠶禮以少牢漢舊儀曰春桑生而皇后親桑於苑中蠶室養蠶千薄以上祠以中牢羊豕祭蠶神曰菀窳婦人寓氏公主凡二神羣臣妾從桑還獻於繭觀皆賜從桑者樂皇后自行凡蠶絲絮織室以作祭服祭服者冕服也天地宗廟羣臣五時之服其皇帝得以作縷綖以作中絮而已置蠶官令丞諸天下官皆詣蠶室亦婦人從事故舊有東西織室作法晉后祠先蠶壇高一丈方二丈爲四出陛陛廣五尺在采桑壇之東南

是月上巳官民皆絜於東流水上曰洗濯祓除去宿垢疢爲大絜絜者言陽氣布暢萬物訖出始絜之矣謂之禊也風俗通曰周禮女巫掌歲時以祓除疾病禊者絜也春者蠢也蠢蠢搖動也尚書以殷仲春厥民析言人解析也蔡邕曰論語暮春者春服既成冠者五六人童子六七人浴乎沂風乎舞雩詠而歸自上及下古有此禮今三月上巳祓禊於水濱蓋出於此杜篤祓禊賦曰巫咸之徒秉火祈福則巫祝也一說云後漢有郭虞者三月上巳產二女二日中並不育俗以爲大忌至此月此日諱家皆於東流水上爲祈禳自潔濯謂之禊祠引流行觴遂成曲水韓詩曰鄭國之俗三月上巳之溱洧兩水之上招魂續魄秉蘭草拂除不祥漢書八月祓灞水亦斯義也後之良史亦據爲正臣昭曰郭虞之說良爲虛誕假有庶民旬內夭其二女何足驚彼風俗稱爲世忌乎杜篤乃稱王侯公主暨于富商用事伊雒帷幔玄黃本傳大將軍梁商亦歡泣於洛禊也自魏不復用三日水宴者焉

後漢書卷十五

梁　剡　令劉　昭補并注

禮儀志第五

禮儀中

立夏　請雨　拜皇太子　拜王公
桃印　黃郊　立秋　貙劉　案戶
祠星　立冬　冬至　臘　大儺
土牛　遣衛士　朝會

立夏之日夜漏未盡五刻京都百官皆衣赤至季夏衣黃郊其禮祠特祭竈

自立春至立夏盡立秋郡國上雨澤若少府郡縣各掃除社稷其旱也公卿官長以次行雩禮求雨公羊傳曰大雩旱祭也何休注曰君親之南郊以六事謝過自責曰政不善與民失職與宮室崇與婦謁盛與苞苴行與讒夫倡與使童男女各八人舞而呼雩故謂之雩春秋繁露曰大旱雩祭而請雨大水鳴鼓而攻社天地之所爲陰陽之所起也或請焉或怒焉何如也曰大旱陽滅陰也陽滅陰者尊厭卑也固其義也雖大甚拜請之而已敢有加也大水者陰滅陽也陰滅陽者卑勝尊也以賤陵貴者逆節故鳴鼓而攻之朱絲而脅之爲其不義此亦春秋之不畏強禦也變天地之位正陰陽之序直行其道而不忘其難義之至也又仲舒奏江都王云求雨之方損陽益陰願大王無收廣陵女子爲人祝者一月租賜諸巫者諸巫母大小皆相聚於郭門爲小壇以脯酒祭女獨擇寬大便處移市市使無內丈夫丈夫無得相從飲食令吏妻各往視其夫皆到即起雨注而已服虔注左傳曰大雩夏祭天名雩遠也遠爲百穀求膏雨也龍見而雩龍角亢也謂四月昏龍星體見萬物始盛待雨而大故雩祭以求雨也一說大雩者祭於帝而祈雨也一說郊祀天祈農事雩祭山川而祈雨也漢舊儀求雨太常禱天地宗廟社稷山川以賽各如其常牢禮也四月立夏旱乃求雨禱雨而已後旱復重禱而已訖立秋雖旱不得禱求雨也閉諸陽衣皁興土龍山海經曰大荒東北隅有山名曰凶犂土丘應龍處南極殺蚩尤與夸父不得復上故下數旱旱而爲應龍之狀乃得大雨郭璞曰今之土龍本此氣應自然冥感非人所能爲也董仲舒云春旱求雨令縣邑以水日令民禱社稷家人祠戶毋伐名木毋斬山林暴巫聚蛇八日於邑東門之外爲四通之壇方八尺植蒼繒八其神共工祭之以生魚八玄酒具清酒膊脯擇巫之潔清辯口利辭者以爲祝祝齋三日服蒼衣先再拜乃跪陳陳已復再拜乃起祝曰昊天生五穀以養人今五穀病旱恐不成敬進清酒膊脯再拜請雨雨幸大澍奉牲禱以甲乙日爲大蒼龍一長八丈居中央爲小龍七各長四丈於東方皆東鄉其間相去八尺小僮八人皆齋三日服青衣而舞之田嗇夫亦齋三日服青衣而立之諸里社通之於閭外之溝取五蝦蟇錯置社之中池方八尺深一尺置水蝦蟇焉具清酒膊脯祝齋三日服蒼衣拜跪陳祝如初取三歲雄雞與三歲豭豬皆燔之於四通神宇令民闔邑里南門置水其外開邑里北門具老豭豬一置之里北門之外市中亦置一豭豬聞鼓聲皆燒豬尾取死人骨埋之開山淵積薪而燔之決通道橋之壅塞不行者決瀆之幸而得雨報以豚一酒鹽黍財足以茅爲席毋斷夏求雨令縣邑以水日家人祀竈毋舉土功更大浚井暴釜於壇杵臼於術七日爲四通之壇於邑南門之外方七尺植赤繒七其神蚩尤祭之以赤雄雞七玄酒具清酒膊脯祝齋三日服赤衣拜跪陳祝如春以丙丁日爲大赤龍一長七丈居中又爲小龍六長三丈五尺於南方皆南鄉其間相去七尺壯者七人皆齋三日服赤衣而舞之司空嗇夫亦齋三日服赤衣而立之鑿社而通之閭外之溝取五蝦蟇錯置社之中池方七尺深一尺酒脯祭齋衣赤拜跪陳祝如初取三歲雄雞豭豬燔之四通神宇開陰閉陽如春也季夏禱山陵以助之令縣邑一徙市於邑南門之外五日禁男子無得行入市家人祠中霤毋舉土功聚巫市旁爲之結蓋爲四通之壇於中央植黃繒五其神后稷祭之以母㹠五玄酒具清酒膊脯令各爲祝齋三日衣黃衣皆如春祠以戊己日爲大黃龍一長五丈居中央又爲小龍四各長二丈五尺於南方皆南鄉其間相去五尺丈夫五人皆齋三日服黃衣而舞之老者亦齋三日衣黃衣而立之亦通社中於閭外之溝蝦蟇池方五尺深一尺他皆如前秋暴巫尪至九日毋舉火事煎金器家人祠門爲四通之壇於邑西門之外方九尺植白繒九其神大昊祭之桐木魚九玄酒具清酒膊脯衣白衣他如春以庚辛日爲大白龍一長九丈居中央爲小龍八各長四丈五尺於西方皆西鄉其間相去九尺鰥者九人皆齋三日服白衣而舞之司馬亦齋三日衣白衣而立之蝦蟇池方九尺深一尺他如前冬舞龍六日禱於名山以助之家人祠井毋壅水爲四通之壇於邑北門之外方六尺植黑繒六其神玄冥祭之以黑狗子六玄酒具清酒膊脯祝齋三日衣黑衣祝禮如春以壬癸日爲大黑龍一長六丈居中央又爲小龍五各長三丈於北方皆北鄉其間相去六尺老者六人皆齋三日衣黑衣而舞之尉亦齋三日服黑衣而立之蝦蟇池皆如春四時皆庚子日令吏民夫婦皆偶處凡求雨大體丈夫欲藏而居女子欲和而樂應龍有翼法言曰象龍之致雨難矣哉龍乎龍乎新論曰劉歆致雨具作土龍吹律及諸方術無不備設譚問求雨所以爲土龍何也曰龍見者輒有風雨興起以迎送之故緣其象類而爲之立土人舞僮二佾七日一變如故事周禮曰望舞帥而舞旱暵之事鄭玄曰望赤皁染羽爲之也旱暵注陽也用假色者欲其有時而去之反拘朱索社伐朱鼓漢舊儀曰成帝二年六月始命諸官止雨朱繩反縈社擊鼓攻之是後水旱常不和干寶曰朱絲縈社社太陰也朱火色也絲維屬天子伐鼓於社責羣陰也諸侯用幣於社請上公也伐鼓於朝退自攻也此聖人厭勝之法也禱賽以少牢如禮漢舊儀曰武帝元封日到七月畢賽之秋冬春不求雨古今注曰武帝元封六年五月旱女及巫丈夫不入市也

拜皇太子之儀百官會位定謁者引皇太子當御坐殿下北面司空當太子西北東面立讀策書畢中常侍持皇太子璽綬東向授太子太子再拜三稽首謁者贊皇太子臣某甲謁者稱制曰可三公升階上殿賀壽萬歲因大赦天下供賜禮畢罷

拜諸侯王公之儀百官會位定謁者引光祿勳前丁孚漢儀曰太常住蓋下東向讀文與此異也謁者引當拜前當坐伏殿下光祿勳

前一拜舉手曰制詔其以某爲某丁孚漢儀有夏勤策文曰維元初六年三月甲子制詔以大鴻臚勤爲司徒曰朕承天序惟稽古建爾于位爲漢輔往率舊職敬敷五教五教在寬左右朕躬宣力四表保乂皇家於戲實惟秉國之均旁祗厥緒時亮天工可不慎與勤而戒之讀策書畢謁者稱臣某再拜尙書郎以璽印綬付侍御史前東面立授璽印綬王公再拜頓首三下贊謁者曰某王臣某新封某公某初謝中謁者報謹謝贊者立曰謝皇帝爲公興皆冠謝起就位供賜禮畢罷臣昭曰漢立皇后國禮之大而志無其儀良未可了蔡質所記立宋皇后儀今取以備闕云尚書令臣囂僕射臣鼎尚書臣旭臣乘臣滂臣謨臣譎稽首言伏惟陛下履乾則坤動合陰陽羣臣大小咸以長秋宮未定遵舊依典章表仍聞歷時乃聽令月吉日以宋貴人爲皇后應期正位羣生兆庶莫不式舞易稱受茲介福詩云干祿百福子孫千億萬方幸甚今吉日以定臣請太傅太尉司徒司空太常條列禮儀正處上羣臣妾無得上壽如故事臣囂臣鼎臣旭臣乘臣滂臣謨臣譎愚闇不達大義誠惶誠恐頓首死罪稽首再拜以聞制曰可維建寧四年七月乙未制詔皇后之尊與帝齊體供奉天地祇承宗廟母臨天下故有莘興殷姜任母周二代之隆蓋有內德長秋宮闕中宮曠位宋貴人秉淑媛之懿體山河之儀威容昭曜德冠後庭羣寮所咨人曰宜哉卜之蓍龜卦得承乾有司奏議宜稱紱組以臨兆民今使太尉襲使持節奉璽綬宗正祖爲副立貴人爲皇后其往踐爾位敬宗禮典肅慎中饋無替朕命永終天祿皇后初即位章德殿太尉使持節奉璽綬天子臨軒百官陪位皇后北面太尉住蓋下東向宗正大長秋西向宗正讀策文畢皇后拜稱臣妾畢住位太尉襲授璽綬中常侍長樂太僕高鄉侯覽長跪受璽綬奏於殿前女史授婕妤婕妤長跪受以授昭儀昭儀受長跪以帶皇后皇后伏起拜稱臣妾訖黃門鼓吹三通鳴鼓畢羣臣以次出后即位大赦天下皇后秩比國王即位威儀赤紱玉璽

仲夏之月萬物方盛日夏至陰氣萌作恐物不楙其禮以朱索連葷菜彌牟朴蠱鍾以桃印長六寸方三寸五色書文如法以施門戶代以所尙爲飾夏后氏金行作葦茭言氣交也風俗通曰傳曰萑葦有叢呂氏春秋湯始得伊尹祓之於廟薰以萑葦周禮卿大夫之子各曰門子論語曰誰能出不由戶故用葦者欲人之子孫蕃殖不失其類有如萑葦茭者交易陰陽代興者也殷人水德以螺首慎其閉塞使如螺也周人木德以桃爲更言氣相更也漢兼用之故以五月五日朱索五色印爲門戶飾以難止惡氣桃印本漢制所以輔卯金鬼除之也日夏至禁舉大火止炭鼓鑄消石冶皆絕止至立秋如故事是日浚井改水日冬至鑽燧改火云

先立秋十八日郊黃帝是日夜漏未盡五刻京都百官皆衣黃至立秋迎氣於黃郊樂奏黃鍾之宮歌帝臨冕而執干戚舞雲翹育命所以養時訓也

立秋之日夜漏未盡五刻京都百官皆衣白施皂領緣中衣迎氣於白郊禮畢皆衣絳至立冬

立秋之日自郊禮畢始揚威武斬牲於郊東門以薦陵廟其儀乘輿御戎路白馬朱鬣躬執弩射牲牲以鹿麛月令曰天子乃厲飾執弓挾矢以獵月令章句曰親執弓以射禽所以教兆民戰事也四時閑習以救無辜以伐有罪所以強兵保民安不忘危也太宰令謁者各一人載獲車馳駟送陵廟還宮遣使者齎束帛以賜武官漢官名秩曰賜太尉將軍各六十匹執金吾諸校尉各三十匹武官倍於文官武官肄兵習戰陣之儀斬牲之禮名曰貙劉兵官皆肄孫吳兵法六十四陣名曰乘之月令孟冬天子講武習射御角力盧植注曰角力如漢家乘之引關蹶踘之屬也今月令季秋天子乃教田獵以習五戎月令章句曰寄戎事之教於田獵武事不可空設必有以誠故寄教於田獵閑肄五兵天子諸侯無事而不田爲不敬田不以禮爲暴天物周禮司馬以旗致民平列陣如戰之陣王執路鼓諸侯執賁鼓軍將執晉鼓師帥執提旅師執鼙卒長執鐃兩司馬執鐸公司馬執鐲以教坐作進退疾徐疏數之節士卒聽聲視旗隨而前却故曰師之耳目在吾旗鼓春教振旅以蒐田夏教茇舍以苗田秋教治兵以獮田冬教大閱以狩田春夏示行禮取禽供事而已秋者殺時田獵之正其禮盛獨斷曰迎狩校獵還公卿以下陳雒陽都亭前街上乘輿到公卿下拜天子下車公卿親識顏色然後還宮古語曰在車爲下唯此時施行漢書曰建安二十一年三月曹公親耕藉田有司奏四時講武於農隙漢承秦制三時不講唯十月車駕幸長安水南門會五營士爲八陣進退名曰乘之今金革未偃士民素習可無四時講武但以立秋擇吉日大朝車騎號曰治兵上合禮名下承漢制也

立春遣使者齎束帛以賜文官漢官名秩曰賜司徒司空帛四十匹九卿十五匹古今注曰建武八年立春賜公十五匹卿十匹

貙劉之禮祠先虞執事告先虞已烹鮮時有司乃逡巡射牲獲車畢有司告事畢古今注曰永平元年六月乙卯初令百官貙膢白幕皆霜風俗通稱韓子書山居谷汲者膢臘而賓木楚俗常以十二月祭飲食也又曰嘗新始殺食曰貙膢

仲秋之月縣道皆案戶比民年始七十者授之以玉杖餔之糜粥八十九十禮有加賜玉杖長尺端以鳩鳥爲飾鳩者不噎之鳥也欲老人不噎是月也祀老人星于國都南郊老人廟

季秋之月祠星于城南壇心星廟

立冬之日夜漏未盡五刻京都百官皆衣皂迎氣於黑郊禮畢皆衣絳至冬至絕事

冬至前後君子安身靜體百官絕事不聽政擇吉辰而後省事絕事之日夜漏未盡五刻京都百官皆衣絳至立春諸王時變服執事者先後其時皆一日日冬至夏至陰陽晷景長短之極微氣之所生也白虎通曰日至所以休兵不興事閉關商旅不行何此日陰陽氣微王者承天理物故率天下靜不復行役以扶助微氣成萬物也夏至陰氣始動冬至陽氣始萌易曰先王以至日閉關商旅不行夏至陰始起反大熱何陰氣始起陽氣推而上故大熱也冬至陽始起陰氣推而上故大寒也故使八能之士八人或吹黃鍾之律間竽或撞黃鍾之鍾或度晷景權水輕重水一升冬重十三兩或擊黃鍾之磬或鼓黃鍾之瑟軫間九尺二十五弦宮處于中左右爲商徵角羽或擊黃鍾之鼓先之三日太史謁之至日夏時四孟冬則四仲其氣至焉先氣至五刻太史令與八能之士郎坐于端門左塾太子具樂器夏赤冬黑列前殿之前西上鍾爲端守宮設席于器南北面東上正德席鼓南西面令晷儀東北三刻中黃門持兵引太史令八能之士入自端門就位二刻侍中尙書御史謁者皆陛一刻乘輿親御臨軒安體靜居以聽之太史令前當軒溜北面跪舉手曰八能之士以備請行事制曰可太史令稽首曰諾起立少退顧令正德曰可行事正德曰諾皆旋復位正德立命八能士曰以次行事閒音以竽八能曰諾五音各三十爲闋正德曰合五音律先唱五音並作二十五闋皆音以竽樂叶圖徵曰夫聖人之作樂不可以自娛也所以觀失之效者也故聖人不取備於一人必從八能之士故撞鍾者當知鍾擊鼓者當知鼓吹管者當知管吹竽者當知竽擊磬者當知磬鼓琴者當知琴故八士曰或調陰陽或調律曆或調五音故撞鍾者以知法度鼓琴者以知四海擊磬者以知民事鍾音調則君道得君道得則黃鍾蕤賓之律應君道不得則鍾音不調鍾音不調則黃鍾蕤賓之律不應鼓音調則臣道得臣道得則太簇之律應管音調則律曆正律曆正則夷則之律應磬音調則民道得民道得則林鍾之律應竽音調則法度得法度得則無射之律應琴音調則四海合歲氣百川一合德鬼神之道行祭祀之道得如此則姑洗之律應五樂皆得則應鍾之律應天地以和氣至則和氣應和氣不至則天地和氣不應鍾音調下臣以法賀主鼓音調主以法賀臣磬音調主以德施於百姓琴音調主以德及四海八能之士常以日冬至成天文日夏至成地理作陰樂以成天文作陽樂以成地理訖正德曰八能士各言事八能士各書板言事文曰臣某言今月若干日甲乙日冬至黃鍾之音調君道得孝道褒商臣角民徵事羽物各一板否則召太史令各板書封以皂囊送西陛跪授尙書施當軒北面稽首拜上封事尙書授侍中常侍迎受報聞以小黃門幡麾節度太史令前曰禮畢制曰可太史令前稽首曰諾太史令八能士詣太官受賜陛者以次罷日夏至禮亦如之蔡邕獨斷曰冬至陽氣始動夏至陰氣始起麋鹿角解故寢兵鼓身欲寧志欲靜故不聽事送迎五日臘者歲終大祭縱吏民宴飲非迎氣故但送不迎正月歲首亦如臘儀冬至陽氣起君道長故賀夏至陰氣起君道衰故不賀鼓以動衆鍾以止衆故夜漏盡鼓鳴則起晝漏盡鍾鳴則息

季冬之月星迴歲終陰陽以交勞農大享臘高堂隆曰帝王各以其行之盛而祖以其終而臘火生於寅盛於午終於戌故火家以午祖以戌臘秦靜曰古禮出行有祖祭歲終有蜡臘正月必祖之祀漢氏以午祖以戌臘午南方故以祖冬者歲之終物畢成故以戌臘而小數之學者因爲之說非典文也

先臘一日大儺譙周論語注曰儺卻之也謂之逐疫漢舊儀曰顓頊氏有三子生而亡去爲疫鬼一居江水是爲虎一居若水是爲罔兩蜮鬼一居人宮室區隅漚庾善驚人小兒月令章句曰日行北方之宿北方大陰恐爲所抑故命有司大儺所以扶陽抑陰也盧植禮記注曰所以逐衰而迎新其選中黃門子弟年十歲以上十二以下百二十人爲侲子皆赤幘皂製執大鼗漢舊儀曰方相帥百隸及童女以桃弧棘矢土鼓鼓且射之以赤丸五穀播灑之譙周論語注曰以葦矢射之薛綜曰侲之言善善童幼子也方相氏黃金四目蒙熊皮玄衣朱裳執戈揚盾十二獸有衣毛角中黃門行之冗從僕射將之以逐惡鬼于禁中夜漏上水朝臣會侍中尙書御史謁者虎賁羽林郎將執事皆赤幘陛衛乘輿御前殿黃門令奏曰侲子備請逐疫於是中黃門倡侲子和曰甲作食殈胇胃食虎雄伯食魅騰簡食不祥攬諸食咎伯奇食夢強梁祖明共食磔死寄生委隨食觀錯斷食巨窮奇騰根共食蠱凡使十二神追惡凶赫女軀拉女幹節解女肉抽女肺腸女不急去後者爲糧東京賦曰捐魍魅斮獝狂斬委蛇腦方良囚耕父於清冷溺女魃於神潢殘夔魖與罔象殪野仲而殲游光注曰魍魅山澤之神獝狂惡鬼委蛇大如車轂方良草澤神耕父女魃皆旱鬼惡水故囚溺於水中使不能爲害夔魖罔象木石之怪野仲游光兄弟八人恒在人間作怪害也孔子曰木石之怪夔罔兩水之怪龍罔象臣昭曰夔一足越人謂之山𤢖罔兩山精好學人聲而迷惑人龍神物也非所常見故曰怪罔象食人一名沐腫埋蓄曰猲狂無頭鬼因作方相與十二獸儛嚾呼周徧前後省三過持炬火送疫出端門東京賦曰煌火馳而星流逐赤疫於四裔注曰煌火光逐驚走煌然大光如星馳赤疫疫鬼惡者也侲子合三行從東序上西序下門外騶騎傳炬出宮司馬闕門門外五營騎士傳火棄雒水中東京賦注曰衞士千人在端門外五營千騎在衞士外爲三部更送至雒水凡三輩逐鬼投雒水中仍上天池絕其橋梁使不得度還百官官府各以木面獸能爲儺人師訖設桃梗鬱儡葦茭畢執事陛者罷山海經曰東海中有度朔山上有大桃樹蟠屈三千里其卑枝門曰東北鬼門萬鬼出入也上有二神人一曰神荼一曰鬱壘主閱領衆鬼之惡害人者執以葦索而用食虎於是黃帝法而象之毆除畢因立桃梗於門戶上畫鬱儡持葦索以御凶鬼畫虎於門當食鬼也史記曰東至於蟠木風俗通曰黃帝上古之時有神荼與鬱儡兄弟二人性能執鬼桃梗梗者更也歲終更始受介祉也蘇秦說孟嘗君曰土偶人語桃梗今子東國之桃木削子爲人虎者陽物百獸之長能擊鷙性食鬼魅者也葦戟桃杖以賜公卿將軍特侯諸侯云漢官名秩曰大將軍三公臘賜錢各三十萬牛肉二百斤粳米二百斛特侯十五萬卿十萬校尉五萬尙書丞郎各萬五千石六百石各七千侍御史謁者議郎尙書令各五千郎官蘭臺令史三千中黃門羽林虎賁士二人共三千以爲當祠門戶直各隨多少受也

是月也立土牛六頭於國都郡縣城外丑地以送大寒月令章句曰是月之會建丑丑爲牛寒將極是故出其物類形象以示送達之且以升陽也

饗遣故衞士儀百官會位定謁者持節引故衞士入自端門衞司馬執幡鉦護行行定侍御史持節慰勞以詔恩問所疾苦受其章奏所欲言畢饗賜作樂觀以角抵樂闋罷遣勸以農桑周禮曰府史以下則有胥有徒鄭玄注曰此謂民給徭役若今衞士矣蔡邕曰見客平樂饗衞士瑰偉壯觀也

每月朔歲首爲大朝受賀其儀夜漏未盡七刻鍾鳴受賀及贄公侯璧中二千石二千石羔千石六百石鴈四百石以下雉獻帝起居注曰舊典市長執鴈建安八年始令執雉百官賀正月決疑要注曰古者朝會皆執贄侯伯執圭子男執璧孤執皮帛卿執羔大夫執鴈士執雉漢魏粗依其制正旦大會諸侯執玉璧薦以鹿皮公卿以下所執如古禮古者衣皮故用皮帛爲幣玉以象德璧以稱事不以貨役禮庶羞不踰牲宴衣不踰祭服輕重之宜也二千石以上上殿稱萬歲蔡邕獨斷曰三公奉璧上殿向御座北面太常贊曰皇帝爲君興三公伏皇帝坐乃進璧古語曰御坐則起此之謂也舉觴御坐前司空奉羹大司農奉飯奏食舉之樂百官受賜宴饗大作樂蔡質漢儀曰正月旦天子幸德陽殿臨軒公卿將大夫百官各陪朝賀蠻貊胡羌朝貢畢見屬郡計吏皆陛覲庭燎宗室諸劉雜會萬人以上立西面位定公納薦太官賜食酒西入東出既定上壽計吏中庭北面立太官上食賜羣臣酒食貢事御史四人執法殿下虎賁羽林弧弓撮矢陛戟左右戎頭偪脛陪前向後左右中郎將住東西羽林虎賁將住東北五官將住中央悉坐就賜作九賓徹樂舍利從西方來戲於庭極乃畢入殿前激水化爲比目魚跳躍漱水作霧障日畢化成黃龍長八丈出水遊戲於庭炫燿日光以兩大絲繩繫兩柱中頭間相去數丈兩倡女對舞行於繩上對面道逢切肩不傾又蹋局出身藏形於斗中鍾磬並作樂畢作魚龍曼延小黃門吹三通謁者引公卿羣臣以次拜微行出罷卑官在前尊官在後德

陽殿周旋容萬人陛高二丈皆文石作壇激沼水於殿下畫屋朱梁玉階金柱刻鏤作宮掖之好厠以青翡翠一柱三帶韜以赤緹天子正旦節會朝百官於此自到偃師去宮四十三里望朱雀五闕德陽其上鬱律與天連維陽宮闕傳云德陽宮殿南北行七丈東西行三十七丈四尺其每朔唯十月旦從故事者高祖定秦之月元年歲首也蔡邕曰羣臣朝見之儀視不晚朝十月朔之故以問胡廣廣曰舊儀公卿以下每月常朝先帝以其頻故省唯六月十月朔朝後復以六月朔盛暑省之蔡邕禮樂志曰漢樂四品一曰大予樂典郊廟上陵殿諸食舉之樂郊樂易所謂先王以作樂崇德殷薦上帝周官若樂六變則天神皆降可得而禮也宗廟樂虞書所謂琴瑟以詠祖考來假詩云肅雍和鳴先祖是聽食舉樂王制謂天子食舉以樂周官王大食則令奏鍾鼓二曰周頌雅樂典辟雍饗射六宗社稷之樂辟雍饗射孝經所謂移風易俗莫善於樂禮記曰揖讓而治天下者禮樂之謂也社稷詩所謂琴瑟擊鼓以御田祖者也禮記曰夫樂施於金石越於聲音用乎宗廟社稷事乎山川鬼神此之謂也三曰黃門鼓吹天子所以宴樂羣臣詩所謂坎坎鼓我蹲蹲舞我者也其短簫鐃歌軍樂也其傳曰黃帝岐伯所作以建威揚德風勸士也蓋周官所謂王大捷則令凱樂軍大獻則令凱歌也孝章皇帝親著歌詩四章列在食舉又制雲臺十二門詩各以其月祀而奏之熹平四年正月中出雲臺十二門新詩下太予樂官習誦被聲與舊詩並行者皆當撰錄以成樂志

後漢書卷十六

梁　剡　令劉　昭補并注

禮儀志第六

禮儀下

大喪　諸侯王列侯始封貴人公主薨

不豫，太醫令丞將醫入，就進所宜藥。嘗藥監、近臣中常侍、小黃門皆先嘗藥，過量十二。公卿朝臣問起居無間。太尉告請南郊，司徒、司空告請宗廟，告五嶽、四瀆、羣祀，並禱求福。疾病，公卿復如禮。登遐，皇后詔三公典喪事。百官皆衣白單衣，白幘不冠。閉城門、宮門。近臣中黃門持兵，虎賁、羽林、郎中署皆嚴宿衞，宮府各警，北軍五校繞宮屯兵，黃門令、尚書、御史、謁者晝夜行陳。三公啓手足色膚如禮。皇后、皇太子、皇子哭踊如禮。沐浴如禮。守宮令兼東園匠將女執事，黃綿、緹繒、金縷玉柙如故事。漢舊儀曰帝崩唅以珠纏以緹繒十二重以玉為襦如鎧狀連縫之以黃金為縷腰以下以玉為札長一尺二寸半為柙下至足亦縫以黃金縷請諸衣衿斂之凡乘輿衣服已御輒藏之崩皆以斂飯唅珠玉如禮。禮稽命徵曰天子飯以珠唅以玉諸侯飯以珠唅以珠卿大夫士飯以珠唅以貝槃冰如禮。周禮凌人天子喪共夷槃冰鄭玄曰夷之言尸也實冰於夷槃中置之尸牀之下所以寒尸也漢禮器制度大槃廣八尺長一丈二尺深三尺漆赤中百官哭臨殿下。是日夜，下竹使符告郡國二千石、諸侯王。應劭曰凡與郡國守相竹使符皆以竹箭五枚長五寸鐫刻篆書第一至第五張晏曰符以代古之珪璋從簡易也此下大喪符亦猶斯比竹使符到，皆伏哭盡哀。漢舊制發兵皆以銅虎符其餘徵調竹使而已符第合會為大信見杜詩傳小斂如禮。東園匠、考工令奏東園祕器，表裏洞赤，虡文畫日、月、鳥、龜、龍、虎、連璧、偃月，牙檜梓宮如故事。大斂于兩楹之間。五官、左右虎賁、羽林五將，各將所部，執虎賁戟，屯殿端門陛左右廂，中黃門持兵陛殿上。夜漏，羣臣入。晝漏上水，大鴻臚設九賓，隨立殿下。謁者引諸侯王立殿下，西面北上；宗室諸侯、四姓小侯在後，西面北上。治禮引三公就位，殿下北面；特進次；中二千石；列侯次；二千石、六百石、博士在後；羣臣陪位者皆重行，西上。位定，大鴻臚言具，謁者以聞。皇后東向，貴人、公主、宗室婦女以次立後；皇太子、皇子在東，西向；皇子少退，在南，北面；皆伏哭。大鴻臚傳哭，羣臣皆哭。三公升自阼階，安梓宮內珪璋諸物，近臣佐如故事。嗣子哭踊如禮。周禮駔珪璋璧琮琥璜之渠眉疏璧琮以斂尸鄭司農曰駔外有捷盧也謂珪璋璧琮琥璜皆為開渠為眉瑑沙除以斂尸令汁得流去也鄭玄曰以斂尸者於大斂焉加之也渠眉玉飾之溝瑑也以組穿聯六玉溝瑑之中以斂尸珪在左璋在首琥在右璜在足璧在背琮在腹蓋取象方明神之也疏璧琮者通於天地東園匠、武士下釘衽，截去牙。喪大記曰君蓋用漆三衽三束鄭玄注曰衽小要太常上太牢奠，太官食監、中黃門、尚食次奠，執事者如禮。太常、大鴻臚傳哭如儀。三公奏尚書顧命，太子即日即天子位于柩前，請太子即皇帝位，皇后為皇太后。奏可，羣臣皆出，吉服入會如儀。太尉升自阼階，當柩御座北面稽首，讀策畢，以傳國玉璽綬東面跪授皇太子，即皇帝位。中黃門掌兵以玉具、隨侯珠、斬蛇寶劍授太尉，告令羣臣，羣臣皆伏稱萬歲。或大赦天下。遣使者詔開城門、宮門，罷屯衞兵。羣臣百官罷，入成喪服如禮。兵官戎文帝遺詔無布車及兵器應劭曰不施輕車介士三公、太常如禮。故事，百官五日一會臨，故吏二千石、刺史在京都，郡國上計掾史皆五日一會。天下吏民發喪臨三日。文帝遺詔其令天下吏民令到出臨三日釋服先葬二日，皆旦晡臨。既葬，釋服，無禁嫁娶祠祀。文帝遺詔文有飲酒食肉自當給喪事服臨者皆無踐踐徒跣也佐吏以下，布衣冠幘，絰帶無過三寸，臨庭中。文帝遺詔殿中當臨者以旦夕各十五舉音禮畢罷非旦夕臨時禁無得擅哭臨武吏布幘大冠。大司農出見錢穀，給六丈布直，以葬大紅十五日，小紅十四日，纖七日，釋服。應劭曰紅者中祥大祥以紅為領緣纖禫也凡三十六日而釋服司徒、司空部刺史、二千石、列侯在國者及關內侯、宗室長吏及因郵奏，諸侯王遣大夫一人奉奏弔臣，請驛馬露布奏可。可以木為重，高九尺，廣容八歷，裹以葦席。巾門、喪帳皆以簟。車皆去輔轓，疏布惡輪，走卒皆布褠幘。太僕四輪輈為賓車，大練為屋幕。中黃門、虎賁各二十人執紼。司空擇土造穿。太史卜日。謁者二人，中謁者僕射、中謁者副將作，油緹帳以覆坑。方石治黃腸題湊便房如禮。漢舊儀略載前漢諸帝壽陵曰天子即位明年將作大匠營陵地用地七頃方中用地一頃深十三丈堂壇高三丈墳高十二丈武帝墳高二十丈明中高一丈七尺四周二丈內梓棺柏黃腸題湊以次百官藏畢其設四通羨門容大車六馬皆藏之內方外陟車石外方立先閉劍戶戶設夜龍莫邪劍伏弩設伏火已營陵餘地為西園后陵餘地為婕妤以下次賜親屬功臣漢書音義曰題頭也湊以頭向內所以為固也便房藏中便坐也皇覽曰漢家之葬方中百步已穿築為方城其中開四門四通足放六馬然後錯渾雜物扞漆繒綺金寶米穀及埋車馬虎豹禽獸發近郡卒徒置將軍尉候以後宮貴幸者皆守園陵元帝葬乃不用車馬禽獸等物大駕，太僕御，方相氏黃金四目，蒙熊皮，玄衣朱裳，執戈揚楯，立乘四馬先驅。周禮曰方相氏大喪先柩及墓入壙以戈擊四隅敺方良鄭玄曰方相放想也可畏怖之貌壙穿地中也方良罔兩也天子之椁柏黃腸為裏表以石焉國語曰木石之怪夔罔兩旂之制，長三仞，十有二斿，曳地，畫日、月、升龍，書旐曰「天子之柩」。謁者二人立乘六馬為次。大駕甘泉鹵簿，金根容車，蘭臺法駕。喪服大行載飾如金根車。皇帝從送如禮。太常上啓奠。夜漏二十刻，太尉冠長冠，衣齋衣，乘高車，詣殿止車門外。使者到，南向立，太尉進伏拜受詔。太尉詣南郊。未盡九刻，大鴻臚設九賓，隨立羣臣入位，太尉行禮。執事皆冠長冠，衣齋衣。太祝令跪讀諡策，太尉再拜稽首。治禮告事畢。太尉奉諡策，還詣殿端門。太常上祖奠，中黃門尚衣奉衣，登容根車。東園武士載大行，司徒却行道，立車前。治禮引太尉入就位，大行車西少南，東面奉策。太史令奉哀策立後。太常跪曰「進」，皇帝進。太尉讀諡策，藏金匱。皇帝次科藏於廟。太史奉哀策葦篋詣陵。太尉旋復公位，再拜立哭。太常跪曰「哭」，太鴻臚傳哭如儀。晝漏上水，請發。司徒、河南尹先引車轉，太常跪曰「請拜送」。載車著白系參繆紼，長三十丈，大七寸，為輓，六行，行五十人。公卿以下子弟凡三百人，皆素幘委貌冠，衣素裳。校尉三人，皆赤幘不冠，絳科單衣，持幢幡。候司馬丞為行首，皆銜枚。羽林孤兒、巴俞擢歌者六十人，為六列。鐸司馬八人，執鐸先。大鴻臚設九賓，隨立陵南羨門道東，北面；諸侯王公特進道西，北面東上；中二千石、二千石、列侯宜九賓東，北面西上。皇帝白布幕素裏，夾羨道東，西向如禮。容車幄坐羨道西，南向，車當坐，南向，中黃門尚衣奉衣就幄坐。車少前，太祝進醴獻如禮。司徒跪曰「大駕請舍」，太史令自車南，北面讀哀策，掌故在後，已哀哭。太常跪曰「哭」，大鴻臚傳哭如儀。司徒跪曰「請就下房」，都導東園武士奉車入房。司徒、太史令奉諡、哀策。晉時有人嵩高山下得竹簡一枚上有兩行科斗書之臺中外傳以相示莫有知者司空張華以問博士束皙皙曰此明帝顯節陵中策文也檢校果然是以知策用此書也東園武士執事下明器。禮記曰明器神明之也孔子謂為明器者知喪道矣備物而不可用也鄭玄注既夕曰陳明器以西行南端為上筲八盛，容三升，鄭玄注既夕曰筲畚種類也其容蓋與簋同黍一，稷一，麥一，粱一，稻一，麻一，菽一，小豆一。甕三，容三升，醯一，醢一，屑一。鄭玄注既夕曰屑薑桂之屑黍飴。載以木桁，覆以疏布。甒二，容三升，醴一，酒一。載以木桁，覆以功布。瓦鐙一。彤矢四，軒輖中，亦短衛。彤矢四，骨，短衛。既夕曰猴矢一乘骨鏃短衛鄭玄曰猴猶候也候物而射之矢也四矢曰乘骨鏃短衛亦示不用也生時猴矢金鏃凡為矢五分笴長而羽其一通俗文曰細毛曰猴也彤弓一。卮八，牟八，鄭玄注既夕曰牟盛湯漿豆八，籩八，形方酒壺八，槃匜一具。鄭玄注既夕曰槃匜盥器也杖、几各一。蓋一。鍾十六，無虡。鎛四，無虡。爾雅曰大鍾謂之鏞郭璞注曰書曰笙鏞以間亦名鎛磬十六，無虡。禮記曰有鍾磬而無簨虡鄭玄曰不縣之也壎一，簫四，笙一，篪一，柷一，敔一，瑟六，琴一，竽一，筑一，坎侯一。禮記曰琴瑟張而不平竽笙備而不和干、戈各一，笮一，甲一，胄一。既夕曰役器甲冑干笮鄭玄注曰笮矢箙輓車九乘，芻靈三十六匹。鄭玄注禮記曰芻靈束茅為人馬謂之芻靈神之類瓦竈二，瓦釜二，瓦甑一，瓦鼎十二，容五升。匏勺一，容一升。瓦案九。瓦大杯十六，容三升。瓦小杯二十，容二升。瓦飯槃十。瓦酒樽二，容五斗。匏勺二，容一升。祭服衣送皆畢，東園匠曰可哭，在房中者皆哭。太常、大鴻臚請哭止如儀。司徒曰百官事畢，臣請罷，從入房者皆再拜，出就位。太常導皇帝就贈位。司徒跪曰「請進贈」，侍中奉持鴻洞。贈玉珪長尺四寸，薦以紫巾，廣袤各三寸，緹裏赤纁周緣；贈幣玄三纁二，各長尺二寸，廣充幅。皇帝進跪臨羨道房戶，西向，手下贈，投鴻洞中三。東園匠奉封入藏房中。太常跪曰「皇帝敬再拜，請哭」。大鴻臚傳哭如儀。太常跪曰「贈事畢」，皇帝促就位。續漢書曰明帝崩司徒鮑昱典喪事葬日三公入安梓宮還至羨道半逢上欲下昱前叩頭言禮天子鴻洞以贈所以重郊廟也陛下奈何冒危險不以義割哀上即還容根車游載容衣。司徒至便殿，並騶騎皆從容車玉帳下。司徒跪曰「請就幄」，導登。尚衣奉衣以次奉器衣物，藏於便殿。太祝進醴獻。凡下用漏十刻。禮畢，司空將校復土。皇帝、皇后以下皆去麤服，服大紅，還宮反廬，立主如禮。桑木主尺二寸，不書諡。虞禮畢，祔於廟，如禮。漢舊儀曰高帝崩三日小斂室中牖下作栗木主長八寸前方後圓圍一尺置牖中望外內張綿絮以鄣外以皓木大如指長三尺四枚纏以皓皮四方置牖中主居其中央七日大斂棺以黍飯羊舌祭之牖中已葬收主為木函藏廟太室中西牆壁埳中望內外不出室堂之上坐為五時衣冠履几杖竹籠為俑人無頭坐起如生時皇后主長七寸圍九寸在皇帝主右旁高皇帝主長九寸上林給栗木長安祠廟作神主東園祕器作梓棺素木長丈三尺崇廣四尺先大駕日游冠衣于諸宮諸殿，羣臣皆吉服從會如儀。皇帝近臣喪服如禮。醳大紅，服小紅，十一升都布練冠；醳小紅，服纖，醳纖，服留黃冠。常冠，近臣及二千石以下皆服留黃冠，百官衣皁。每變服，從哭詣陵會如儀。祭以特牲，不進毛血首。司徒、光祿勳備三爵如禮。古今注具載帝陵丈尺頃畝今附之後焉光武原陵山方三百二十三步高六丈六尺垣四出司馬門寢殿鍾虡皆在周垣內隄封田十二頃五十七畝八十五步帝王世紀曰在臨平亭之南西望平陰東南去雒陽十五里明帝顯節陵山方三百步高八丈無周垣爲行馬四出司馬門石殿鍾虡在行馬內寢殿園省在東園寺吏舍在殿北隄封田七十四頃五畝帝王世紀曰故富壽亭也西北去雒陽三十七里章帝敬陵山方三百步高六丈二尺無周垣爲行馬四出司馬門石殿鍾虡在行馬內寢殿園省在東園寺吏舍在殿北隄封田二十五頃五十五畝帝王世紀曰在雒陽東南去雒陽三十九里和帝愼陵山方三百八十步高十丈無周垣爲行馬四出司馬門石殿鍾虡在行馬內寢殿園省在東園寺吏舍在殿北隄封田三十一頃二十畝二百步帝王世紀曰在雒陽東南去雒陽四十一里殤帝康陵山周二百八步高五丈五尺行馬四出司馬門寢殿鍾虡在行馬中因寢殿爲廟園吏寺舍在殿北隄封田十三頃十九畝二百五十步帝王世紀曰高五丈四尺去雒陽四十八里安帝恭陵山周二百六十步高十五丈無周垣爲行馬四出司馬門石殿鍾虡在行馬內寢殿園吏舍在殿北隄封田一十四頃五十六畝帝王世紀曰高十一丈在雒陽西北去雒陽十五里順帝憲陵山方三百步高八丈四尺無周垣爲行馬四出司馬門石殿鍾虡在行馬內寢殿園省寺吏舍在殿東隄封田十八頃十九畝三十步帝王世紀曰在雒陽西北去雒陽十五里沖帝懷陵山方百八十三步高四丈六尺爲寢殿行馬四出門園寺吏舍在殿東隄封田五頃八十畝帝王世紀曰西北去雒陽十五里質帝靜陵山方百三十六步高五丈五尺爲行馬四出門寢殿鍾虡在行馬中園寺吏舍在殿北隄封田十二頃五十四畝因寢爲廟帝王世紀曰在雒陽東去雒陽三十二里桓帝宣陵帝王世紀曰山方三百步高十二丈在雒陽東南去雒陽三十里靈帝文陵帝王世紀曰山方三百步高十二丈在雒陽西北去雒陽二十里獻帝禪陵帝王世紀曰不起墳深五丈前堂方一丈八尺後堂方一丈五尺角廣六尺在河內山陽之濁城西北去濁城直行十一里斜行七里去懷陵百一十里去山陽五十里南去雒陽三百一十里蔡質漢儀曰十二陵今見在河南尹無敬也魏文帝終制略曰漢文帝之不發霸陵無求也光武之掘原陵封樹也霸陵之完功在釋之原陵之掘罪在明帝是釋之忠以利君明帝愛以害親也忠臣孝子宜思釋之之言察明帝之戒存於所以安君定親使魂靈萬載無危斯則聖賢之忠孝矣自古及今未有不亡之國亦無不掘之墓也喪亂以來漢氏諸陵無不發掘至乃燒取玉柙金鏤骸骨并盡是焚如之刑也豈不重痛哉禍由乎厚葬封樹桑霍爲我戒不亦明乎臣昭按董卓傳卓使呂布發諸帝陵及公卿以下冢墓收其珍寶卓別傳曰發成帝陵解金鏤探含璣焉呂氏春秋曰審知生聖人之要也審知死聖人之極也知生者不以物害生知死者不以物害死凡生於天地之間其必有死孝子之重其親者若親之愛其子不棄於溝壑故有葬送之義葬者藏也以生人心爲之慮則莫如無動無動莫如無利葬淺則狐狸掘之深則及水泉故必高陵之上以避二害然而忘姦宄之變豈不惑哉民之于利也犯白刃涉危難以求之忍親戚欺知交以求之今無此危無此醜而爲利甚厚固難禁也國彌大家彌富其葬彌厚珠玉金銅不可勝計姦人聞之轉以相告雖有嚴刑重罪不能止也且死者彌久生者彌疏彌疏則守之彌怠彌怠藏器如故而守之有怠其勢固必掘矣世至爲丘隴其高若山陵樹之若林藏或設闕庭都邑以此示富則可矣以此爲死者則惑矣大凡死者其視萬世猶一瞚也人之壽久者不過百中者六十以百與六十爲無窮者慮其情同不相當矣必以無窮爲慮然後爲可今有銘其墓曰此中有金寶甚厚不可掘也必爲世笑矣而爲之闕庭以自表此何異彼哉自古及今未有不亡之國也無不亡之國是無不掘之墓以耳目之所聞見則齊荆燕嘗亡矣宋中山已亡矣趙韓魏皆失其故國矣自此以上亡國不可勝數故其大墓無不掘也而猶皆爭爲之豈不悲哉今夫君之不令民父之不孝子兄之不悌弟皆鄉邑之所遺而偃耕耒之勢者也仍不事耕農而好鮮衣美食智巧窮盡則合黨連衆而謀名丘大墓上世不能禁也此有葬自表之禍也昔堯葬穀林通樹之舜葬紀市不變肆禹葬會稽不變人徒非愛其費以爲死者也先王之所惡惟死者之辱以爲儉則不發不發則不辱故必以儉而合乎山原也宋未亡而東冢掘齊未亡而莊公冢掘國存而乃若此又況滅名之後乎此愛而厚葬之故也欲愛而反害之欲安而反危之忠臣孝子亦不可以厚葬矣昔季孫以璵璠斂孔子歷級而止之爲無窮慮也

太皇太后皇太后崩司空以特牲告謚于祖廟如儀長樂太僕少府大長秋典喪事三公奉制度他皆如禮儀丁孚漢儀曰永平七年陰太后崩晏駕詔曰柩將發於殿羣臣百官陪位黃門鼓吹三通鳴鐘鼓天子舉哀女侍史官三百人皆著素參以白素引棺挽歌下殿就車黃門宦者引以出宮省太后魂車鸞路青羽蓋駟馬龍旂九旒前有方相鳳皇車大將軍妻參乘太僕妻御悉道公卿百官如天子郊鹵簿儀後和熹鄧后葬案以爲儀自此皆降損於前事也合葬羨道開通皇帝謁便房太常導至羨道去杖中常侍受至柩前謁伏哭止如儀辭太常導出中常侍授杖升車歸宮已下反虞立主如禮諸郊廟祭服皆下便房五時朝服各一襲在陵寢其餘及宴服皆封以篋笥藏宮殿後閣室

諸侯王列侯始封貴人公主薨皆令贈印璽玉柙銀縷大貴人長公主銅縷諸侯王貴人公主公將軍特進皆賜器官中二十四物使者治喪穿作柏槨百官會送如故事諸侯王公主貴人皆樟棺洞朱雲氣畫公特進樟棺黑漆中二千石以下坎侯漆丁孚漢儀曰孝靈帝葬馬貴人贈步搖赤紱葬青羽蓋駟馬柩下殿女侍史一百人著素衣挽歌引木下就車黃門宦者引出宮門朝臣中二千石將軍使者弔祭郡國二千石六百石以至黃綬皆賜常車驛牛贈祭宜自佐史以上達大斂皆以朝服君臨弔若遣使者主人免絰去杖望馬首如禮免絰去杖不敢以戚凶服當尊者前書賈山上書曰古之賢君于臣也尊其爵祿而親之疾則臨視之無數死則往弔哭之臨其小斂大斂已棺塗而後爲之服錫衰絰而三臨其喪未斂不飲酒食肉未葬不舉樂可謂盡禮矣服法服端容貌正顏色然後見之故臣下莫敢不竭力盡死以報其上功德立於世而令問不忘也晉起居注曰太尉賈充薨皇太子妃之父又太保也有司奏依漢元明二帝親臨師保故事皇太子素服爲發哀又臨其喪自王主貴人以下至佐史送車騎導從吏卒各如其官府載飾以蓋龍首魚尾華布牆纁上周交絡前後雲氣畫帷裳中二千石以上有輜左龍右虎朱鳥玄武公侯以上加倚鹿伏熊千石以下縑布蓋牆魚龍首尾而已二百石黃綬以下至于處士皆以簟席爲牆蓋其正妃夫人妻皆如之諸侯王傅相中尉內史典喪事大鴻臚奏謚天子使者贈璧帛載日命謚如禮下陵羣臣醳縗服如儀主人如禮

贊曰大禮雖簡鴻儀則容天尊地卑君莊臣恭質文通變哀敬交從元序斯立家邦迺隆

後漢書卷十六考證

禮儀志下備三爵如禮注蔡質漢儀曰十二陵今見在河南尹無敬也○按何焯校本今改令刪在字又世至爲丘隴何焯校本曰至疑之

後漢書卷十七

梁　剡　令劉　昭補并注

祭祀志第七

祭祀上　光武即位告天　郊　封禪

祭祀之道自生民以來則有之矣豺獺知祭祀而況人乎故人知之至於念想猶豺獺之自然也顧古質略而後文飾耳自古以來王公所爲羣祀至於王莽漢書郊祀志既著矣故今但列自中興以來所修用者以爲祭祀志謝沈書曰蔡邕引中興以來所脩者爲祭祀志邕之意也

建武元年光武即位于鄗爲壇營於鄗之陽春秋保乾圖曰建天子於鄗之陽名曰行皇祭告天地采用元始中郊祭故事六宗羣神皆從未以祖配天地共犢餘牲尚約黃圖載元始儀最悉曰元始四年宰衡莽奏曰帝王之義莫大承天承天之序莫重於郊祀祭天於南就陽位祀地於北主陰義圜丘象天方澤則地圜方因體南北從位燔燎升氣瘞埋就類牲欲繭栗味尚清玄器成匏勺貴誠因質天地神所饗故類乎上帝禋于六宗望秩山川班於羣神皇天后土隨王所在而事祐焉甘泉太陰河東少陽咸失厥位不合禮制聖王之制上當天心下合地意中考人事故曰禮備君子求福不回回而求福厥路不通在易泰卦乾坤合體天地交通萬物聚出其律太簇天子親郊天地先祖配天先妣配地陰陽之別以日冬至祀天夏至祀后土君不省方而使有司六宗日月星山川海星則北辰川卽河山岱宗三光宗明山皐百川衆流泲汙皐澤以類相屬各數秩至相序於是定郊祀長安南北郊罷甘泉河東祀上帝壇圓八觚徑五丈高九尺茅營去壇十步竹宮徑三百步土營徑五百步神靈壇各於其方面三丈去茅營二十步廣三十五步合祀以璧琮用辟神道以通廣各三十步竹宮內道廣三丈有闕各九十一步壇方三丈拜位壇亦如之爲周道郊營之外廣九步營六甲泉北辰子南門之外日月海東門之外河北門之外岱宗西門之外爲周道前望之外廣九步列望遂乃近前望道外徑六十二步壇方二丈五尺高三尺五寸爲周道列望之外徑九步卿望亞列望外徑四十步壇廣三丈高二尺十步爲周道一卿望之外徑九步大夫望亞卿望道外徑二十步壇廣一丈五尺高一尺五寸爲周道大夫望之外徑九步士望亞大夫望道外徑十五步壇廣一丈高一尺爲周道士望之外徑九步庶望亞士望道外徑九步壇廣五尺高五寸爲周道庶望之外徑九步凡天宗上帝宮壇營徑三里周九里營三重通八方后土壇方五丈六尺茅營去壇十步外土營方二百步限之其五零壇土茅營如上帝五神去營步數神道四通廣各十步宮內道廣各二丈有闕爲周道后土宮外徑九步營岱宗西門之外河北門之外海東門之外徑各六十步壇方二丈高二尺爲周道前望之外徑六步列望亞前望道外三十六步壇廣一丈五尺高一尺五寸爲周道一列望之外徑六步卿望亞列望道外徑二十五步壇廣一丈高一尺爲周道卿望之外徑六步大夫望亞卿望道之外徑十九步壇廣八尺高八寸爲周道大夫望之外徑六步士望亞大夫望道外徑十二步壇廣六尺高六寸爲周道士望之外徑六步凡地宗后土宮壇營方二里周八里營再重道四通常以歲之孟春正月上辛若丁親郊祭天南郊以地配望秩山川徧于羣神天地位皆南鄉同席地差在東共牢而食太宗高皇帝高后配于壇上西鄉后在北亦同席共牢而食日冬至使有司奉祭天神于南郊高皇帝配而望羣陽夏至使有司奉祭地祇于北郊高皇后配而望羣陰天地用牲二燔燎瘞埋用牲一先祖先妣用牲一天以牲左地以牲右皆用黍稷及樂其文曰皇天上帝后土神祇睠顧降命屬秀黎元爲民父母秀不敢當羣下百僚不謀同辭咸曰王莽篡弒竊位秀發憤興義兵破王邑百萬衆於昆陽誅王郎銅馬赤眉青犢賊平定天下海內蒙恩上當天心下爲元元所歸讖記曰劉秀發兵捕不道卯金修德爲天子秀猶固辭至于再至于三羣下曰皇天大命不可稽留敢不敬承

二年正月初制郊兆於雒陽城南七里依鄗采元始中故事爲圓壇八陛中又爲重壇天地位其上皆南鄉西上其外壇上爲五帝位青帝位在甲寅之地赤帝位在丙巳之地黃帝位在丁未之地白帝位在庚申之地黑帝位在壬亥之地其外爲壝重營皆紫以像紫宮有四通道以爲門日月在中營內南道日在東月在西北斗在北道之西皆別位不在羣神列中八陛陛五十八醊合四百六十四醊五帝陛郭帝七十二醊合三百六十醊中營四門門五十四神合二百一十六神外營四門門百八神合四百三十二神皆背營內鄉中營四門門封神四外營四門門封神四合三十二神凡千五百一十四神營即壝也封封土築也背中營神五星也及中宮宿五官神及五嶽之屬也背外營神二十八宿外宮星雷公先農風伯雨師四海四瀆名山大川之屬也至七年五月詔三公曰漢當郊堯其與卿大夫博士議時侍御史杜林上疏以爲漢起不因緣堯與殷周異宜而舊制以高帝配方軍師在外且可如元年郊祀故事上從之語在林傳[illegible]營河雒以爲民刻肌膚以爲刑封疆畫界以建諸侯井田什一以供國用三代之所同及至漢典因時宜趨世務省煩苛取實事不苟貪高亢之論是以去土中之京師就關內之遠都除肉刑之重律用髡鉗之輕法郡縣不置世祿之家農人三十而取一政甲易行禮簡易從民無愚智思仰漢德樂承漢祀基業特起不因緣堯堯遠於漢民不曉信言提其耳終不說諭后稷近於周民戶知之世據以興基由其祚本與漢異郊祀高帝誠從民望得萬國之歡心天下福應莫大於此民奉種祀且猶世主不失先俗羣臣僉薦鯀考績不成九載乃殛宗廟至重衆心難違不可卒改詩云不愆不忘率由舊章明當尊用祖宗之故文章也宜如舊制以解天下之惑合於易之所謂先天而天弗違後天而奉天時義方軍師在外祭可且如元年郊祭故事隴蜀平後乃增廣郊祀高帝配食位在中壇上西面北上漢舊儀曰祭天紫壇幄帷高皇帝祭天居堂下西向紺帷帳紺席鉤命決曰自外至者無主不止自內出者無匹不行天地高帝黃帝各用犢一頭青帝赤帝共用犢一頭白帝黑帝共用犢一頭凡用犢六頭漢舊儀曰祭天養牛五歲至三千斤按禮記曰天地之牛角繭栗而此云五歲本志用犢是也日月北斗共用牛一頭四營羣神共用牛四頭凡用牛五頭凡樂奏青陽朱明西皓玄冥及雲翹育命舞中營四門門用席十八枚外營四門門用席三十六枚凡用席二百一十六枚皆莞簟率一席三神日月北斗無陛郭醊既送神燎俎實於壇南巳地周禮凡以神仕者掌三辰之法以猶鬼神示之居辨其名物鄭玄曰猶圖也居謂坐也天者羣神之精日月星辰其著位也以此圖天神人鬼地祇之坐者謂布祭衆寡與其居向孝經說郊祀之禮曰燔燎掃地祭牲繭栗或象天酒旗坐星厨倉具黍稷布席極敬心也言郊之布席象五帝坐禮祭宗廟序昭穆亦有以虛危則祭天圜丘象北極祭地方澤象后妃及社稷之席皆有明法焉

建武三十年二月羣臣上言即位三十年宜封禪泰山服虔注漢書曰封者增天之高歸功於天張晏云天高不可及於泰山上立封禪而祭之冀近神靈也項威注曰封泰山告太平升中和之氣於天祭土爲封謂負土於泰山爲壇而祭也禮記曰因名山升中于天盧植注曰封泰山告太平升中和之氣於天也東觀書太尉趙熹上言曰自古帝王每世之隆未嘗不封禪陛下聖德洋溢順天行誅撥亂中興作民父母修復宗廟救萬姓命黎庶賴福海內清平功成治定羣司禮官咸以爲宜登封告成爲民報德百王所同當仁不讓宜登封岱宗正三雍之禮以明靈契望秩羣神以承天心也詔書曰即位三十年百姓怨氣滿腹吾誰欺欺天乎曾謂泰山不如林放何事汙七十二代之編錄莊子曰易姓而王封於泰山禪於梁父者七十有二代其有形兆堮勒石凡千八百餘處許慎說文序曰蒼頡之初作書蓋依類象形故謂之文其後形聲相益即謂之字字者言孳乳而浸多也著於竹帛謂之書書者如也以迄五帝三王之世改易殊體封於泰山者七十有二代靡有同焉桓公欲封管仲非之若郡縣遠遣吏上壽盛稱虛美必髡兼令屯田從此羣臣不敢復言三月上幸魯漢祀令曰天子行有所之出河沈用白馬珪璧各一衣以繒緹五尺祠用脯二束酒六升鹽一升涉渭灞涇雒佗名水如此者沈珪璧各一律在所給祠具及行沈祠佗川水先驅投石少府給珪璧不滿百里者不沈過泰山告太守以上過故承詔祭山及梁父時虎賁中郎將梁松等議記曰齊將有事泰山先有事配林蓋諸侯之禮也河嶽視公侯王者祭焉宜無即事之漸不祭配林盧植注曰配林小山林麓配泰山者也謂諸侯不郊天泰山巡省所考五嶽之宗故有事將祀之先即其漸天子則否矣泰山廟在博縣風俗通曰博縣十月祀岱宗名曰合東十二月禱泰正月解禱太守潔齋親自執事作脯廣一尺長五寸既祀訖取泰山君夫人坐前脯三十朐太守拜章醊犬驛馬傳送雒陽三十二年正月上齋夜讀河圖會昌符曰赤劉之九會命岱宗不慎克用何益於承誠善用之姦僞不萌感此文乃詔松等復案索河雒讖文言九世封禪事者松等列奏乃許焉東觀書曰羣臣奏言登封告成爲民報德百王所同陛下輒拒絕不許臣下不敢頌功述德業河雒讖書赤漢九世當巡封泰山凡三十六事傳奏左帷陛下遂以仲月令辰遵岱嶽之正禮奉圖雒之明文以和靈瑞以爲兆民上曰至泰山乃復議國家德薄災異仍至圖讖蓋如此

初孝武帝欲求神仙以扶方者言黃帝由封禪而後僊於是欲封禪封禪不常時人莫知元封元年上以方士言作封禪器以示羣儒多言不合於古於是罷諸儒不用三月上東上泰山郭璞注山海經曰泰山從山下至頂四十八里二百步乃上石立之泰山顛風俗通曰石高二丈一尺刻之曰事天以禮立身以義事父以孝成民以仁四海之內莫不爲郡縣四夷八蠻咸來貢職與天無極人民蕃息天祿永得遂東巡海上求僊人無所見而還四月封泰山風俗通曰封廣丈二尺高九尺下有玉牒書也恐所施用非是乃祕其事語在漢書郊祀志東觀書曰上至泰山有司復奏河雒圖記表章赤漢九世尤著明者前後凡三十六事與博士充等議以爲殷統未絕黎庶繼命高宗久勞猶爲中興武王因父受命之列據三代郊天因孔子甚美其功後世謂之聖王漢統中絕王莽盜位一民莫非其臣尺土靡不其有宗廟不祀十有八年陛下無十室之資奮振於匹夫除殘去賊興復祖宗集就天下海內治平夷狄慕義功德盛於高宗武王宜封禪爲百姓祈福請親定刻石紀號文太常奏儀制詔曰許昔小白欲封夷吾難之季氏欲旅仲尼非焉蓋齊諸侯季氏大夫皆無事於泰山今予末小子巡祭封禪德薄而任重一則以喜一則以懼喜於得承鴻業帝堯善及子孫之餘賞蓋應圖錄當得是當懼於過差執德不弘信道不篤爲議者所誘進後世知吾罪深矣上許梁松等奏乃求元封時封禪故事議封禪所施用有司奏當用方石再累置壇中皆方五尺厚一尺用玉牒書藏方石牒厚五寸長尺三寸廣五寸有玉檢又用石檢十枚列於石傍東西各三南北各二皆長三尺廣一尺厚七寸檢中刻三處深四寸方五寸有蓋檢用金縷五周以水銀和金以爲泥玉璽一方寸二分一枚方五寸方石四角又有距石皆再累枚長一丈厚一尺廣二尺皆在圓壇上其下用距石十八枚皆高三尺厚一尺廣二尺如小碑環壇立之去壇三步距石下皆有石跗入地四尺又用石碑高九尺廣三尺五寸厚尺二寸立壇丙地去壇三丈以上以刻書上以用石功難又欲及二月封故詔松欲因故封石空檢更加封而已欲及二月者虞書歲二月東巡狩至于岱宗柴范甯曰巡狩者巡行諸侯所守二月直卯故以東巡也祭山曰燔柴積柴加牲於其上而燔之也松上疏爭之以爲登封之禮告功皇天垂後無窮以爲萬民也承天之敬尤宜章明奉圖書之瑞尤宜顯著今因舊封竄寄玉牒故石下恐非重命之義受命中興宜當特異以明天意遂使泰山郡及魯趣石工宜取完青石無必五色時以印工不能刻玉牒欲用丹漆書之會求得能刻玉者遂書書祕刻方石中命容玉牒二月上至奉高應劭漢官馬第伯封禪儀記曰車駕正月二十八日發雒陽宮二月九日到魯遣守謁者郭堅伯將徒五百人治泰山道十日魯遣宗室諸劉及孔氏瑕丘丁氏上壽受賜告詣孔氏宅賜酒肉十一日發十二日宿奉高是日遣虎賁郎將先上山三案行還益治道徒千人十五日始齋國家居太守府舍諸王居府中諸侯在縣庭中齋諸卿校尉將軍大夫黃門郎百官及宋公衞公褒成侯東方諸侯雒中小侯齋城外汶水上太尉太常齋山虞馬第伯自云某等七十人先之山虞觀祭山壇及故明堂宮郎官等郊肆處入其幕府觀治石石二枚狀博平圓九尺此壇上石也其一石武帝時石也時用五車不能上也因置山下爲屋號五車石四維距石長丈二廣二尺厚尺半所四枚檢石長五尺廣六寸狀如封篋長檢十枚一紀號石高丈二尺廣三尺厚尺二寸名曰立石一枚刻文字紀功德是朝上山騎行往往道峻峭下騎步牽馬乍步乍騎且相半至中觀留馬去平地二十里南向極望無不覩仰望天關如從谷底仰觀抗峯其爲高也如視浮雲其峻也石壁窅窱如無道徑遙望其人端如行朽兀或爲白石或雪久之白者移過樹乃知是人也殊不可上四布僵臥石上有頃復蘇亦賴齎酒脯處處有泉水目輒爲之明復勉強相將行到天關自以已至也問道中人言尚十餘里其道旁山脅大者廣八九尺狹者五六尺仰視巖石松樹鬱鬱蒼蒼若在雲中俛視谿谷碌碌不可見丈尺遂至天門之下仰視天門窔遼如從穴中視天直上七里賴其羊腸逶迤名曰環道往往有絙索可得而登也兩從者扶挾前人相牽後人見前人履底前人見後人項如畫重累人矣所謂磨胸捏石捫天之難也初上此道行十餘步一休稍疲咽脣燋五六步一休牒牒據頓地不避濕暗前有燥地目視而兩腳不隨早食上晡後到天門郭使者得銅物銅物形狀如鍾又方柄有孔莫能識疑封禪具也得之者汝南召陵人姓楊名通東上一里餘得木甲木甲者武帝時神也東北百餘步得封所始皇立石及闕在南方漢武在其北二十餘步得北垂圓臺高九尺方圓三丈所有兩陛人不得從上從東陛上臺上有壇方一丈二尺所上有方石四維有距石四面有闕鄉壇再拜謁人多置錢物壇上亦不掃除國家上見之則詔書所謂酢梨酸棗狼籍散錢處數百幣帛具道是武帝封禪至泰山下未及上百官爲先上跪拜置梨棗錢于道以求福即此也東山名曰日觀日觀者雞一鳴時見日始欲出長三丈所秦觀者望見長安吳觀者望見會稽周觀者望見齊西北有石室壇以南有玉盤中有玉龜山南有禪泉飲之極清美利人日入下去行數環日暮時頗雨不見其道一人居其前先知蹈有人乃舉足隨之比至天門下夜人定矣遣侍御史與蘭臺令史將工先上山刻石文曰維建武三十有二年二月皇帝東巡狩至于岱宗柴風俗通曰岱者胎也宗者長也萬物之始陰陽之交觸石而出膚寸而合不崇朝而徧雨天下惟泰山乎故爲五岳之長耳望秩於山川孔安國書注曰九州名山大川五岳四瀆之屬皆一時望祭之安國又曰徧以尊卑祭之也五嶽視三公四瀆視諸侯其餘小者或靡大夫伯子男班于羣神孔安國曰羣神謂丘陵墳衍古之聖賢皆祭之矣遂覲東后從臣太尉憙行司徒事特進高密侯禹等漢賓二王之後在位孔子之後褒成侯序在東后蕃王十二咸來助祭河圖赤伏符曰劉秀發兵捕不道四夷雲集龍鬬野四七之際火爲主河圖會昌符曰赤帝九世巡省得中治平則封誠合帝道孔矩則天文靈出地祇瑞興帝劉之九會命岱宗誠善用之姦僞不萌赤漢德興九世會昌巡岱皆當天地扶九崇經之常漢大興之道在九世之王封于泰山刻石著紀禪于梁父退省考五河圖合古篇曰帝劉之秀九名之世帝行德封刻政河圖提劉予曰九世之帝方明聖持衡拒九州平天下予雒書甄曜度曰赤三德昌九世會修符合帝際勉刻封孝經鉤命決曰予誰行赤劉用帝三建孝九會修專茲竭行封岱青河雒命后經讖所傳昔在帝堯聰明密徽讓與舜庶後裔握機王莽以舅后之家三司鼎足冢宰之權勢依託周公霍光輔幼歸政之義遂以篡叛僭號自立宗廟隳壞社稷喪亡不得血食十有八年楊徐青三州首亂兵革橫行延及荊州豪傑并兼百里屯聚往往僭號北夷作寇千里無煙無雞鳴犬吠之聲皇天睠顧皇帝以匹庶受命中興年二十八載興兵起是以中次誅討十有餘年罪人則斯得黎庶得居爾田安爾宅書同文車同軌人同倫舟輿所通人迹所至靡不貢職建明堂立辟雍起靈臺設庠序同律度量衡孔安國書注曰同音律也度丈尺量斗斛衡斤兩也修五禮孔安國曰公侯伯子男朝聘之禮范甯曰吉凶賓軍嘉也五玉范甯曰五等諸侯之瑞珪璧也三帛孔安國曰諸侯世子執纁公之孤執玄附庸之君執黃范甯曰玄纁三孤所執二牲范甯曰羔鴈也卿執羔大夫執鴈一死雉也士所執贄范甯曰總謂上所執之以爲贄者也吏各修職復于舊典在位三十有二年年六十二乾乾日昃不敢荒寧涉危歷險親巡黎元恭肅神祇惠恤耆老理庶遵古聰允明恕皇帝唯慎河圖雒書正文是月辛卯柴登封泰山甲午禪于梁陰以承靈瑞以爲兆民永茲一字垂于後昆百僚從臣郡守師尹咸蒙祉福永永無極泰相李斯燔詩書樂崩禮壞建武元年已前文書散亡舊典不具不能明經文以章句細微相況八十一卷明者爲驗又其十卷皆不昭哲子貢欲去告朔之餼羊子曰賜也爾愛其羊我愛其禮後有聖人正失誤刻石記封禪儀記曰車駕十九日之山虞國家居亭百官布野此日山上雲氣成宮闕百官並見之二十一日夕牲時白氣廣一丈東南極望致濃厚時天清和無雲岱嶽之瑞以日爲應也二十二日辛卯晨燎祭天於泰山下南方羣神皆從用樂如南郊封禪儀曰晨祭也日高三丈所燔燎燎壇正上也諸王王者後二公孔子後褒成君皆助祭位事也封禪儀曰百官各以次上壇儀輦三百爲貴臣諸公王侯卿大夫百官皆步上少用輦輦者予實周禮注曰對舉曰輦事畢將升封或曰泰山雖已從食於柴祭今親升告功宜有禮祭於是使謁者以一特牲於常祠泰山處告祠泰山如親耕貙劉先祠先農先虞故事至食時御輦升山封禪儀曰國家御首輦人挽升山至中觀休須臾復上日中後到山上更衣封禪儀曰須臾羣臣畢就位早晡時即位于壇北面羣臣以次陳後西上畢位升壇封禪儀曰國家登壇上北面虎賁陛戟臺下尚書令奉玉牒檢皇帝以寸二分璽親封之訖太常命人發壇上石封禪儀曰騎三千餘人發壇上方石尚書令藏玉牒已復石覆訖尚書令以五寸印封石檢封禪儀曰以金爲繩以石三檢東方西方各三檢檢中石泥及壇土色赤白黑各依如其方色事畢皇帝再拜羣臣稱萬歲封禪儀曰稱萬歲音動山谷有氣屬天遙望不見山巔山巔人在氣中不知也命人立所刻石碑乃復道下封禪儀曰封畢有頃詔百官以次下國家隨後數百人維持行相逢推百官道延二十餘里道多迫小深谿高岸數百丈步從匍匐邪上起近炬火止亦騎驛步從觸擊大石石聲正讙但石無相應和者腸不能已口不能默夜半後到百官明旦乃訖其中老者氣劣不能行臥巖石下明日早太醫令復遣問起居國家云昨上下山欲行迫前欲休則後人所蹈道峻危險恐不能度國家不勞百官以下露臥水飲無一人踐跌無一人疾病豈非天邪泰山率多暴雨如今上直下柴祭封登清晏溫和明日上壽賜百官省事事畢發暮宿奉高三十里明日發至梁甫九十里夕牲二十五日甲午禪祭地于梁陰以高后配山川羣神從如元始中北郊故事服虔曰禪廣土地項威曰除地爲墠後改墠曰禪神之矣封禪儀曰功效如彼天應如此羣臣上壽國家不聽四月已卯大赦天下以建武三十二年爲建武中元元年復博奉高嬴勿出元年租芻稾以吉日刻玉牒書函藏金匱璽印封之乙酉使太尉行事以特告至高廟虞典曰歸格于藝祖用特太尉奉匱以告高廟藏于廟室西壁石室高主室之下袁宏曰夫天地者萬物之官府山川者雲雨之丘墟萬物生遂則官府之功大雲雨施潤則丘墟之德厚故化洽天下則功配於天地澤流一國則德合於山川是以王者經略必以天地爲本諸侯述職必以山川爲主體而象之取其陶育禮而告之歸其宗本書曰東巡狩至於岱宗柴傳曰郊祀后稷以祈農事夫巡狩觀化之常事斯農撫民之定業猶潔誠殷薦以告昊天況創制改物人神易聽者乎夫揖讓受終必有至德於天下征伐革命則有大功於萬物是故王者初基則有封禪之事蓋以其成功告於神明者也夫東方者萬物之所始山嶽者靈氣之所宅故求之物本必於其始取其所通必於所宅崇其壇場則謂之封明其代興則謂之禪然則封禪者王者開務之大禮也德不周洽不得輒議斯事功不弘濟不得髣髴斯禮雖代一有其道至高故自黃帝堯舜至三代各一得封禪未有中修其禮者也雖繼體之君時有功德此蓋率復舊業增修其前政不得仰齊造國同符改物者也夫神道貞一其用不煩天地易簡其禮尚質故藉用白茅貴其誠素器用陶匏取其易從然封禪之禮簡易可也若夫金函玉牒非天地之性也

後漢書卷十七考證

祭祀志上九州平天下子○子本或作子

後漢書卷十八

梁　剡　令劉　昭補并注

祭祀志第八

祭祀中　北郊　明堂　辟雍　靈臺　迎氣　增祀　六宗　老子

是年初營北郊明堂周禮考工記曰周人明堂度九尺之筵東西九筵南北七筵堂崇一筵五室凡室二筵鄭玄曰明堂者明政教之堂周度以筵亦王者相改周堂高九尺殷三尺則夏一尺矣相參之數也孝經援神契曰明堂上圓下方八窗四達布政之宮在國之陽晏子春秋曰明堂之制下之溫濕不能及也上之寒暑不能入也木工不鏤示民知節也呂氏春秋曰周明堂茅茨蒿柱土階三等以見儉節也禮記武帝欲治明堂奉高旁未明其制度濟南人公玉帶上黃帝時明堂圖圖中有一殿四面無壁以茅蓋通水水圜宮垣爲複道上有樓從西南入名曰昆侖以拜禮上帝於是作明堂汶水上如帝圖新論曰天稱明故命曰明堂上圓法天下方法地八窗法八風四達法四時九室法九州十二坐法十二月三十六戶法三十六兩七十二牖法七十二風東京賦曰復廟重屋八達九房薛綜注曰八達謂室有八窗也堂後有九室所以異於周制也王隆漢官篇曰是古者清廟茅屋胡廣曰古之清廟以茅蓋屋所以示儉也今之明堂茅蓋之乃加瓦其上不忘古也辟雍白虎通曰辟雍所以行禮樂宣德化也辟者象璧圓以法天也雍者壅之以水象教化流行也辟之爲言積也積天下之道德雍之爲言壅也壅天下之儀則故謂辟雍也王制曰天子辟雍諸侯泮宮外圓者欲使觀者平均也又欲言外圓內方明德當圓行當方也靈臺未用事禮含文嘉曰禮天子靈臺所以觀天人之際陰陽之會也揆星度之驗徵六氣之端應神明之變化覩因氣之所驗爲萬物獲福於無方之原捃太極之清泉以與稼穡之根倉廩實知禮節衣食足知榮辱天子得靈臺之則五車三柱明制可行不失其常水泉川流無滯寒暑之災陸澤山陵禾盡豐穰故東京賦曰左制辟雍右立靈臺薛綜注曰於上班教曰明堂大合樂射饗者辟雍司曆記候節氣者曰靈臺蔡邕明堂論曰明堂者天子太廟所以崇禮其祖以配上帝者也夏后氏曰世室殷人曰重屋周人曰明堂東曰青陽南曰明堂西曰總章北曰玄堂中曰太室易曰離也者明也南方之卦也聖人南面而聽天下嚮明而治人君之位莫正於此焉故雖有五名而主以明堂也其正中焉皆曰太廟謹承天隨時之令昭令德宗祀之禮明前功百辟之勞起尊老敬長之義顯教幼誨稚之學朝諸侯選造士於其中以制度生者乘其能而至死者論其功而祭故爲大教之宮而四學具焉官司備焉譬如北辰居其所而衆星拱之萬象翼之政教之所由生受作之所自來明一統也故言明堂事之大義之深也取其宗祀之清貌則曰清廟取其正室之貌則曰太廟取其尊崇則曰太室取其向明則曰明堂取其四門之學則曰太學取其四面周水圜如璧則曰辟雍異名而同事其實一也春秋因魯取宋之姦賂則顯之太廟以明聖王建清廟明堂之義經曰取郜大鼎于宋納于太廟傳曰非禮也君人者將昭德塞違故昭令德以示子孫是以清廟茅屋昭其儉也夫德儉而有度升降有數文物以紀之聲明以發之以照臨百官百官於是戒懼而不敢易紀律所以大明教也以周清廟論之魯太廟皆明堂也魯禘祀周公於太廟明堂猶周宗祀文王於明堂也禮記檀弓曰王齋禘於清廟明堂也孝經曰宗祀文王於明堂禮記明堂位曰太廟天子明堂又曰成王幼弱周公踐天子位以治天下朝諸侯於明堂制禮作樂頒度量而天下大服成王以周公爲有勳勞於天下命魯公世世禘祀周公於太廟以天子禮樂升歌清廟下管象舞所以異魯於天下也取周清廟之歌歌於魯太廟明魯之太廟猶周清廟也皆所以昭文王周公之德以示子孫者也易傳太初篇曰天子旦入東學晝入南學暮入西學在中央曰太學天子之所自學也禮記保傅篇曰帝入東學上親而貴仁入西學上賢而貴德入南學上齒而貴信入北學上貴而尊爵入太學承師而問道與易傳同魏文侯孝經傳曰太學者中學明堂之位也禮記古大明堂之禮曰膳夫是相禮日中出南闈見九侯反問于相日側出西闈視五國之事日闇出北闈視帝節猶爾雅曰宮中之門謂之闈王居明堂之禮又別陰陽門南門稱門西門稱闈故周官有門闈之學師氏教以三德守王門保氏教以六藝守王闈然則師氏居東門南門保氏居西門北門也知掌教國子與易傳保傅王居明堂之禮參相發明爲四學焉文王世子篇曰凡大合樂則遂養老天子至乃命有司行事興秩節祭先師先聖焉始之養也適東序釋奠於司先老遂設三老五更之席位言教學始之於養老由東方歲始也又春夏學干戈秋冬學羽籥皆於東序凡祭與養老乞言合語之禮皆小樂正詔之於東序又曰大司成論說在東序然則詔學皆在東序東序東之堂也學者詔焉故稱太學仲夏之月令祀百辟卿士之有德於民者禮記太學志曰禮士大夫學于聖人善人祭於明堂其無位者祭於太學禮記昭穆篇曰祀先賢于西學所以教諸侯之德也即所以顯行國禮之處也太學明堂之東序也皆在明堂辟雍之內月令記曰明堂者所以明天氣統萬物明堂上通於天象日辰故下十二宮象日辰也水環四周言王者動作法天地德廣及四海方此水也禮記盛德篇曰明堂九室以茅蓋屋上圓下方此水名曰辟雍王制曰天子出征執有罪反舍奠於學以訊馘告樂記曰武王伐殷薦俘馘于京太室詩魯頌云矯矯虎臣在泮獻馘京鎬京也太室辟雍之中明堂太室也與諸侯泮宮俱獻馘焉即王制所謂以訊馘告者也禮記曰祀乎明堂所以教諸侯之孝也孝經曰孝悌之至通於神明光于四海無所不通詩云自西自東自南自北無思不服言行孝者則曰明堂行悌者則曰太學故孝經合以爲一義而稱鎬京之詩以明之凡此皆明堂太室辟雍太學事通文合之義也其制度數各有所法堂方百四十四尺坤之策也屋圓屋徑二百一十六尺乾之策也太廟明堂方三十六丈通天屋徑九丈陰陽九六之變也圓蓋方載六九之道也八闥以象八卦九室以象九州十二宮以應辰三十六戶七十二牖以四戶九牖乘九室之數也戶皆外設而不閉示天下不藏也通天屋高八十一尺黃鍾九九之實也二十八柱列於四方亦七宿之象也堂高三丈亦應三統四鄉五色者象其行外廣二十四丈應一歲二十四氣四周以水象四海王者之大禮也遷呂太后于園上薄太后尊號曰高皇后當配地郊高廟語在光武紀袁宏紀曰夫越人而臧否者非偏於彼也親戚而加譽者非優於此也處偏之地殊故公私之心異也聖人知其如此故明彼此之理開公私之塗則隱諱之義著而親尊之道長矣古之人以爲先君之體猶今君之體推近以知遠則先後義鈞也而況彰其大惡以爲貶黜者乎北郊在雒陽城北四里爲方壇四陛張璠記云城北六里袁山松書曰行夏之時殷祭之日犧牲尚黑耳三十三年正月辛未郊別祀地祇位南面西上高皇后配西面北上皆在壇上地理羣神從食皆在壇下如元始中故事中嶽在未四嶽各在其方孟辰之地中營內海在東四瀆河西濟北淮東江南他山川各如其方皆在外營內四陛醊及中外營門封神如南郊地祇高后用犢各一頭五嶽共牛一頭海四瀆共牛一頭羣神共二頭奏樂亦如南郊既送神瘞俎實于壇北明帝即位永平二年正月辛未初祀五帝於明堂光武帝配孝經云宗祀文王於明堂以配上帝故鄭玄曰上帝者天之別名神無二主故異其處避后稷也五帝坐位堂上各處其方黃帝在未皆如南郊之位光武帝位在青帝之南少退西面牲各一犢奏樂如南郊卒事遂升靈臺以望雲物杜預注傳曰雲物氣色災變也素察妖祥逆爲之備

迎時氣五郊之兆自永平中以禮讖及月令有五郊迎氣服色因采元始中故事兆五郊于雒陽四方中兆在未壇皆三尺階無等立春之日迎春于東郊祭青帝句芒月令章句曰東郊去邑八里因木數也車旗服飾皆青歌青陽八佾舞雲翹之舞及因賜文官太傅司徒以下縑各有差立夏之日迎夏于南郊祭赤帝祝融月令章句曰南郊去邑七里因火數也車旗服飾皆赤歌朱明八佾舞雲翹之舞先立秋十八日迎黃靈于中兆祭黃帝后土月令章句曰南郊五里因土數也車旗服飾皆黃歌朱明八佾舞雲翹育命之舞魏氏繆襲議曰漢有雲翹育命之舞不知所出舊以祀天今可兼以雲翹祀圜丘兼以育命祀方澤立秋之日迎秋于西郊祭白帝蓐收月令章句曰西郊九里因金數也車旗服飾皆白歌西皓八佾舞育命之舞使謁者以一特牲先祭先虞于壇有事天子入圃射牲以祭宗廟名曰貙劉語在禮儀志立冬之日迎冬于北郊祭黑帝玄冥月令章句曰北郊六里因水數也車旗服飾皆黑歌玄冥八佾舞育命之舞獻帝起居注曰建安八年公卿迎氣北郊始復用八佾皇覽曰迎禮春夏秋冬之樂又順天道是故距冬至日四十六日則天子迎春於東堂距邦八里堂高八尺堂階三等青稅八乘旗旄尚青田車載矛號曰助天生唱之以角舞之以羽翟此迎春之樂也自春分數四十六日則天子迎夏於南堂距邦七里堂高七尺堂階二等赤稅七乘旗旄尚赤田車載戟號曰助天養唱之以徵舞之以鼓鞉此迎夏之樂也自夏至數四十六日則天子迎秋於西堂距邦九里堂高九尺堂階九等白稅九乘旗旄尚白田車載兵號曰助天收唱之以商舞之以干戚此迎秋之樂也自秋分數四十六日則天子迎冬於北堂距邦六里堂高六尺堂階六等黑稅六乘旗旄尚黑田車載甲鐵鍪號曰助天誅唱之以羽舞之以干戈此迎冬之樂也

章帝即位元和二年正月詔曰山川百神應祀者未盡其議增修羣祀宜享祀者東觀書詔曰經稱秩元祀咸秩無文祭法功施於民則祀之以死勤事則祀之以勞定國則祀之能禦大災則祀之以日月星辰民所瞻仰也山林川谷丘陵民所取財用也非此族也不在祀典傳曰聖王先成民而後致力於神又曰山川之神則水旱癘疫之災於是乎禜之日月星辰之神則雪霜風雨之不時於是乎禜之孝文十二年令曰比年五穀不登欲有以增諸神之祀王制曰山川神祇有不舉者爲不敬今恐山川百神應典祀者尚未盡秩其議增修羣祀宜享祀者以祈豐年以致嘉福以蕃兆民詩不云乎懷柔百神及河喬嶽有年報功不私幸望豈嫌同辭其義一焉二月上東巡狩將至泰山道使使者奉一太牢祠帝堯於濟陰成陽靈臺上至泰山修光武山南壇兆辛未柴祭天地羣神如故事壬申宗祀五帝於孝武所作汶上明堂光武帝配如雒陽明堂祀癸酉更告祠高祖太宗世宗中宗世祖顯宗於明堂各一太牢卒事遂覲東后饗賜王侯羣臣因行郡國幸魯祠東海恭王及孔子七十二弟子漢晉春秋曰闕里者仲尼之故宅也在魯城中帝升廟西面羣臣中庭北面皆再拜帝進爵而後坐東觀書曰祠禮畢命儒者論難四月還京都庚申告至祠高廟世祖各一特牛又爲靈臺十二門作詩各以其月祀而奏之和帝無所增改

安帝即位元初六年以尚書歐陽家說謂六宗者在天地四方之中爲上下四方之宗以元始中故事謂六宗易六子之氣日月雷公風伯山澤者爲非是三月庚辰初更立六宗祀於雒陽西北戌亥之地禮比太社也月令孟冬祈于天宗盧植注曰六宗之神李氏家書曰司空李郃侍祠南郊不見六宗祠奏曰案尚書肆類于上帝禋于六宗六宗者上不及天下不及地傍不及四方在六合之中助陰陽化成萬物漢初甘泉汾陰天地亦禋六宗孝成之時匡衡奏立南北郊祀復祀六宗及王莽謂六宗易六子也建武都雒陽制祀不道祭六宗由是廢不血食今宜復舊制度制曰下公卿議五官將行弘等三十一人議可祭大鴻臚龐雄等二十四人議不可當祭上從郃議由是遂祭六宗六宗之議自伏生及乎後代各有不同今並抄集以證其論云虞書曰肆類于上帝禋于六宗望于山川伏生馬融曰萬物非天不覆非地不載非春不生非夏不長非秋不收非冬不藏禋于六宗此之謂也歐陽和伯夏侯建曰六宗上不謂天下不謂地傍不謂四方在六者之間助陰陽變化者也孔安國曰精意以享謂之禋宗尊也所尊祭其祀有六埋少牢於太昭祭時也相近於坎壇祭寒暑也王宮祭日也夜明祭月也幽禜祭星也雩禜祭水旱也禋于六宗此之謂也孔叢曰宰我問六宗於夫子夫子答如安國之說臣昭以此解若果是夫子所說則後儒無復紛然文秉案劉歆曰六宗謂水火雷風山澤也賈逵曰六宗謂日宗月宗星宗岱宗海宗河宗也鄭玄曰六宗星辰司中司命風伯雨師也星五緯也辰謂日月所會十二次也司中司命文昌第五第四星也風師箕也雨師畢也晉武帝初司馬紹統表駁之曰臣以爲帝在于類則禋者非天山川屬望則海岱非宗宗猶包山則望何秩焉伏與歆逵失其義也六合之間非制典所及六宗之數非一位之名陰陽之說又非義也并五緯以爲一分文昌以爲二箕畢既屬於辰風師雨師復特爲位玄之失也安國案祭法爲宗而除其天地於上遺其四方於下取其中以爲六宗四時寒暑日月衆星并水旱所宗者八非但六也傳曰山川之神則水旱厲疫之災於是乎禜之日月星辰之神則雪霜風雨之不時於是乎禜之又曰龍見而雩如此禜者祀日月星辰山川之名雩者周人四月祭天求雨之稱也雪霜之災非夫禜之所禮雩祭之禮非正月之所祈周人之後說有虞之典故於學者未盡喻也且類于上帝即禋天也望于山川禜所及也案周禮云昊天上帝日月星辰司中司命風師雨師社稷五祀五嶽山林川澤四方百物又曰兆五帝於四郊四類四望亦如之無六宗之兆祭法云祭天祭地祭時祭寒暑日月星祭水旱祭四方及山林川谷丘陵能出雲爲風雨見怪物皆是有天下者祭百神非此族也不在祀典復無六宗之文明六宗所禋即祭法之所及周禮之所祀即虞書之所宗不宜特復立六宗之祀也春官大宗伯之職掌玉作六器以禮天地四方以蒼璧禮天以黃琮禮地以青圭禮東方以赤璋禮南方以白琥禮西方以玄璜禮北方天宗日月星辰寒暑之屬也地宗社稷五祀之屬也四方之宗者四時五帝之屬也如此則羣神咸秩而無廢百禮徧修而不瀆於理爲通幽州秀才張髦又上疏曰禋於六宗禮祖考所尊者六也何以考之周禮及禮記王制天子將出類于上帝宜于社造于禰巡狩四方覲諸侯歸格于祖禰用特堯典亦曰肆類于上帝禋于六宗望于山川徧于羣神班瑞于羣后肆覲東后叶時月正日同律度量衡巡狩一歲以周爾乃歸格于藝祖用特臣以尚書與禮王制同事一義符契相合禋于六宗正謂祀祖考宗廟也文祖之廟六宗即三昭三穆也若如十家之說既各異義上下違背且沒乎祖之禮考之禮考之祀典尊卑失序若但類于上帝不禋祖禰而行去時不告歸何以格以此推之較然可知也禮記曰夫政必本於天殽以降命命降于社之謂殽地降于祖廟之謂仁義降於山川之謂興作降于五祀之謂制度又曰祭帝於郊所以定天位也祀社於國所以列地利也祖於廟所以本仁也山川所以儐鬼神也五祀所以本事也又曰禮行於郊而百神受職焉禮行於社而百貨可極焉禮行於祖廟而孝慈服焉禮行於五祀而正法則焉故自郊社祖廟五祀義之修而禮之藏也凡此皆孔子所以祖述堯舜紀三代之教著在祀典首尾相證皆先天地大祖宗而後山川羣神耳故禮祭法曰七代之所更變者

禘郊宗祖明舜受終文祖之廟察璇璣考七政審已天命之定遂上郊廟當義合堯典則周公其人也郊祀后稷以配天宗祀文王於明堂以配上帝是以四海之內各以其職來祭者也居其位攝其事郊天地供羣神之禮巡狩天下而遂其祖宗恐非有虞之志也五嶽視三公四瀆視諸侯皆以衆先儒之說而以木旱風雨先五嶽四瀆從祖考而上帝鑄於肆類而禋祀與臣以十一家皆非也太學博士吳商以爲禋之言煙也三祭皆積柴而實牲體焉以升煙而報陽非祭宗廟之名也鄭所以不從諸儒之說者將欲據周禮禋祀皆天神也日月星辰司中司命風師雨師凡八而日月并從郊故其餘爲六宗也以書禋于六宗與周禮事相符故據以爲說也且文昌雖有大體而星名異其日不同故隨事祭之而言文昌七星不得偏祭其第四第五此爲周禮復不知文昌之體而又妄引爲司中司命箕畢二星旣不係於辰且同是隨事而祭之例又無嫌於所係者范甯注虞書曰考觀衆議各有說難鄭氏證據最詳是以附之衆六宗衆議未知孰是虞喜別論云地有五色太社象之總五爲一則成六六爲地數推案經句闕無地祭則祭地臣昭曰六宗紛紜衆釋互起竟無全通亦難偏折歷辨碩儒終未挺正康成見宗是多附焉盍各爾志宣尼所許顯其一說亦何傷乎竊以爲祭祀之敬莫大天地虞典首載彌久彌盛此宜學者各盡所求臣昭謂虞喜以祭地近得其實而分彼五色合五爲六又不通禋更成疑昧尋虞書所稱肆類于上帝是祭天天不言天而曰上帝帝是天神之極舉帝則天神斯盡日月星辰從可知也禋于六宗是實祭地地不言地而曰六宗宗是地數之中舉中足以該數社稷等祀從可知也天稱神上地表數中仰觀俯察所以爲異宗者崇之之稱斯亦盡敬之謂也禋也者埋祭之言也實瘞埋之異稱非周禋之祭也夫置字涉神必以今之示今之示即古之神所以社稷諸字莫不以神爲體虞書不同祀名斯隔周禮改音形兩異虞書改土正元祭義此焉非疑以爲可了豈六置宗更爲傍祭乎風俗通曰周禮以爲槱燎祀司中司命文昌上六星也槱者積薪燔柴也今民猶祠司命耳刻木長尺二寸爲人像行者置篋中居者別作小居齊地大尊重之汝南諸郡亦多有者皆祠以猪率以春秋之月延光三年上東巡狩至泰山柴祭及祠汶上明堂如元和三年故事順帝即位修奉常祀

桓帝即位十八年好神僊事延熹八年初使中常侍之陳國苦縣祠老子九年親祠老子於濯龍文罽爲壇飾淳金釦器設華蓋之坐用郊天樂也

後漢書卷十八考證

祭祀志中靈臺未用事注取其尊崇則曰太室取其向明則曰明堂○監本崇字下衍矣字向明二字誤作堂字俱依宋本改

又以周請廟論之○論下衍曰字

又明魯之太廟猶周清廟也○明下衍堂字之下脫太字俱依宋本改

又圜蓋方載六九之道也○六九何焯校本改九六

迎夏于南郊祭赤帝祝融注月令章句去邑七里○本亦作南郊七里　臣良裘按下祭黃帝后土注云南郊五里互見之文也

後漢書卷十九

梁　剡令劉　昭補幷注

祭祀志第九

祭祀下　宗廟　社稷　靈星　先農　迎春

光武帝建武二年正月立高廟于雒陽漢舊儀曰故孝武廟古今注曰於雒陽校官立之四時祫祀高帝爲太祖文帝爲太宗武帝爲世宗如舊餘帝四時春以正月夏以四月秋以七月冬以十月及臘一歲五祀三年正月立親廟雒陽祀父南頓君以上至舂陵節侯時寇賊未夷方務征伐祀儀未設至十九年盜賊討除戎事差息於是五官中郎將張純與太僕朱浮奏議禮爲人子事大宗降其私親禮之設施不授之與自得之異意當除今親廟四孝宣皇帝以孫後祖爲父立廟於奉明曰皇考廟獨羣臣侍祠願下有司議先帝四廟當代親廟者及皇考廟事下公卿博士議郎大司徒涉等議宜奉所代立平帝哀帝成帝元帝廟代今親廟兄弟以下使有司祠宜爲南頓君立皇考廟祭上至舂陵節侯羣臣奉祠時議有異不著上可涉等議詔曰以宗廟處所未定且祫祭高廟其成哀平且祠祭長安故高廟其南陽舂陵歲時各且因故園廟祭祀古今注曰建武十八年七月使中郎將耿遵治皇祖廟舊廬稻田園廟去太守治所遠者在所令長行太守事侍祠如淳曰宗廟在章陵南陽太守稱使者往祭不使侯王祭者諸侯不得祖天子凡臨祭宗廟皆爲侍祠惟孝宣帝有功德其上尊號曰中宗於是雒陽高廟四時加祭孝宣孝元凡五帝其西廟成哀平三帝主四時祭於故高廟東廟京兆尹侍祠冠衣車服如太常祠陵廟之禮南頓君以上至節侯皆就園廟南頓君稱皇考廟鉅鹿都尉稱皇祖考廟鬱林太守稱皇曾祖考廟節侯稱皇高祖考廟在所郡縣侍祠二十六年有詔問張純禘祫之禮不施行幾年純奏禮三年一祫五年一禘毀廟之主陳於太祖未毀廟之主皆升合食太祖五年再殷祭舊制三年一祫毀廟主合食高廟存廟主未嘗合元始五年始行禘禮父爲昭南嚮子爲穆北嚮父子不並坐而孫從王父決疑要注曰凡昭穆父南面故曰昭昭明也子北面故曰穆穆順也始祖特於北其後以次夾始祖而南昭在西穆在東相對禘之爲言諦諦諟昭穆尊卑之義以夏四月陽氣在上陰氣在下故正尊卑之義祫以冬十月五穀成熟故骨肉合飲食祖宗廟未定且合祭今宜以時定語在純傳上難復立廟遂以合祭高廟爲常後以三年冬祫五年夏禘之時但就陳祭毀廟主而已謂之殷太祖東面惠文武元帝爲昭景宣帝爲穆惠景昭三帝非殷祭時不祭漢舊儀曰宗廟三年大祫祭子孫諸帝以昭穆坐於高廟諸墮廟神皆合食設左右坐高祖南面幄繡帳望堂上西北隅帳中坐長一丈廣六尺繡絪厚一尺著之以絮四百斤曲几黃金釦器高后右坐亦幄帳卻六寸白銀釦器每牢中分之左辨上帝右辨上后俎餘委肉積於前數千斤名曰堆俎子爲昭孫爲穆昭西面曲屏風穆東面皆曲几如高祖饌陳其右各配其祖坐如祖妣之法太常導皇帝入北門羣臣皆者皆舉手班辟抑首伏大鴻臚大行令九儐傳曰起復位而皇帝上堂盥侍中以巾奉觶酒從帝進拜謁贊饗曰嗣曾孫皇帝敬再拜前上酒卻行至昭穆之坐次上酒子爲昭孫爲穆各父子相對也畢卻西面坐坐如乘輿坐贊饗奉高祖賜壽皇帝起再拜即席以太牢之左辨賜皇帝如祠其夜半入行禮平明上九卮畢羣臣皆拜因賜胙皇帝出即更衣中詔罷當從者奉承丁孚漢儀有桓帝祠恭懷皇后祝文曰孝曾孫皇帝志使有司臣太常撫夙興夜處小心畏忌不墮其身一不寧敢用絜牲一元大武柔毛剛鬣商祭明視薌萁嘉薦普淖鹹鹺豐本明粢醪用薦酎事于恭懷皇后尚饗嘏辭曰皇帝肅恭懷皇后命工祝承致多福無疆于爾孝曾孫皇帝使爾受祿于天宜稼于田眉壽萬年介爾景福俾守爾民勿替引之太常再拜太牢左辨以致皇帝光武皇帝崩明帝即位以光武帝撥亂中興更爲起廟尊號曰世祖廟蔡邕表志曰孝明立世祖廟以明再受命祖有功之義後嗣遵儉不復改立皆藏主其中聖明所制一王之法也自執事之吏下至學士莫能知其所以兩廟之意誠宜具錄本事建武乙未元和丙寅詔書下宗廟儀及齋令宜入郊祀志永爲典式東觀書曰永平三年八月丁卯公卿奏議世祖廟登歌八佾舞功名東平王蒼議以爲漢制舊典宗廟各奏其樂不皆相襲以明功德秦爲無道殘賊百姓高皇帝受命誅暴元元各得其所萬國咸熙作武德之舞孝文皇帝躬行節儉除誹謗去肉刑澤施四海孝景皇帝制昭德之舞孝武皇帝功德茂盛威震海外開地置郡傳之無窮孝宣皇帝制盛德之舞光武皇帝受命中興撥亂反正武暢方外震服百蠻戎狄奉貢宇內治平登封告成修建三雍肅穆典祀功德巍巍比隆前代以兵平亂武功盛大歌所以詠德舞所以象功世祖廟樂名宜曰大武之舞元命包曰緣天地之所雜樂爲之文典文王之時民樂其興師征伐而詩人稱其武功樞機鈐曰有帝漢出德洽作樂名予虞部禹夏湯濩周武無異不宜以名舞叶圖徵曰大樂必易詩傳曰頌言成也一章成篇宜列德故登歌清廟一章也漢書曰百官頌所登御者一章十四句依書文始五行武德昭德盛德修之舞節前後之宜六十四節爲舞曲副八佾之數十月烝祭始御用其文始五行之數如故勿進武德舞歌詩曰於穆世廟肅雍顯清俊乂翼翼秉文之成越序上帝駿奔來寧建立三雍封禪泰山章明圖讖放唐之文休矣惟德罔射協同本支百世永保厥功詔書曰驃騎將軍議可進武德之舞如故以元帝於光武爲穆故雖非宗不毀也後遂爲常明帝臨終遺詔遵儉無起寢廟藏主於世祖廟更衣孝章即位不敢違以更衣有小別上尊號曰顯宗廟間祠於更衣四時合祭於世祖廟語在章紀東觀書曰章帝初即位賜東平憲王蒼書曰朕夙夜伏思念先帝躬履九德對於八政勞謙克己終始之度比放三宗誠有其美今迎遺詔誠不起寢廟臣子悲結僉以爲雖於更衣猶宜有所宗之號以克配功德宗廟至重朕幼無知寤寐憂懼先帝每有著述典義之事未嘗不延問王以定厥中願王悉明處乃敢安之公卿議駁今皆并送及有可以持危扶顛宜勿隱思有所承公無困我太尉憙等奏禮祖有功宗有德孝明皇帝功德茂盛宜上尊號曰顯宗四時祫食於世祖廟如孝文皇帝在高廟之禮奏武德文始五行之舞蒼上言昔者孝文廟樂曰昭德之舞孝武廟樂曰盛德之舞今皆祫食於高廟昭德盛德之舞不進與高廟同樂今孝明皇帝主在世祖廟當同樂盛德之樂無所施如自立廟當作舞樂者不當與世祖廟盛德之舞同名即不改作舞樂當進武德之舞臣愚戇鄙陋廟堂之論誠非所當聞所宜言陛下體純德之妙奮至謙之意猥歸美於載列之臣故不敢隱蔽愚情披露腹心誠知愚鄙之言不可以仰四門賓于之議伏惟陛下以至德當成康之隆天下乂安刑措之時也百姓盛歌元首之德股肱貞良庶事寧康臣蒼仰聖化嘉美盛德危顯之備非所宜稱上復報曰有司奏上尊號曰顯宗藏主更衣不敢違詔祫食世祖廟樂皆如王議以正月十八日始祠仰見榱桷俯視几筵眇眇小子哀懼戰慄無所奉承愛而勞之所望於王也謝沈書曰上以公卿所奏明德皇后在世祖廟坐位駮議示蒼上言文武宣元祖祫食高廟皆以配先帝所制典法設張大雅曰昭哉來御愼其祖武又曰不愆不忘率由舊章明德皇后宜配孝明皇帝於世祖廟同席而供饌章帝臨崩遺詔無起寢廟廟如先帝故事和帝即位不敢違上尊號曰肅宗後帝承尊皆藏主于世祖廟積多無別是後顯宗但爲陵寢之號永元中和帝追尊其母梁貴人曰恭懷皇后陵以竇后配食章帝恭懷皇后別就陵寢祭之和帝崩上尊號曰穆宗殤帝生三百餘日而崩鄧太后攝政以尚嬰孫故不列于廟就陵寢祭之而已安帝以清河孝王子即位建光元年追尊其祖母宋貴人曰敬隱后陵曰敬北陵亦就陵寢祭太常領如西陵追尊父清河孝王曰孝德皇母曰孝德后清河嗣王奉祭而已安帝以讒害大臣廢太子及崩無上宗之奏後以自建武以來無毀者故遂常祭因以其陵號稱恭宗順帝即位追尊其母曰恭愍后陵曰恭北陵就陵寢祭如敬北陵順帝崩上尊號曰敬宗東觀書曰有司奏言孝順皇帝弘秉聖哲龍興統業稽乾則古欽奉鴻烈寬裕晏晏宣恩以極躬自菲薄以崇玄默遺詔貽約顧念萬國衣無製新玩好不飾塋陵損狹不起寢廟遵履前制敬敕愼終有始有卒孝經曰愛敬盡於事親而德教加於百姓詩云敬愼威儀惟民之則臣請上尊號曰敬宗廟天子世世獻奉藏主祫祭進武德之舞如祖宗故事制曰可沖質帝皆小崩梁太后攝政以殤帝故事就陵寢祭凡祠廟訖三公分祭之桓帝以河間孝王孫蠡吾侯即位亦追尊祖考王國奉祀語在章和八王傳桓帝崩上尊號曰威宗無嗣靈帝以河間孝王曾孫解犢侯即位亦追尊祖考語在章和八王傳靈帝時京都四時所祭高廟五主世祖廟七主少帝三陵追尊后三陵凡牲用十八太牢皆有副倅故高廟三主親毀之後亦但殷祭之歲奉祠決疑要注曰毀廟主藏廟外戶之外西牖之中有石函名曰宗祏函中有笥以盛主親盡則廟毀毀廟之主藏于始祖之廟一世爲祧祧猶四時祭之二世爲壇三世爲墠四世爲鬼祫乃祭之有禱亦祭之祫於世祖之廟禱則迎主出陳於壇墠而祭之事訖還藏故室迎送皆蹕禮也靈帝崩獻帝即位初平中相國董卓左中郎將蔡邕等以和帝以下功德無殊而有過差不應爲宗及餘非宗者追尊三后皆奏毀之袁山松書載邕議曰漢承亡秦滅學之後宗廟之制不用周禮每帝即位世輒立一廟不止於七不列昭穆不定迭毀元皇帝時丞相匡衡御史大夫貢禹始建大議請依典禮孝文孝武孝宣皆以功德茂盛爲宗不毀孝宣尊崇孝武廟稱世宗中正大臣夏侯勝等猶執異議不應爲宗至孝成皇帝議猶不定太僕王舜中壘校尉劉歆據不可毀上從其議古人據正重順不敢私其君若此其至也後遭王莽之亂光武皇帝受命中興廟稱世祖孝明皇帝聖德聰明政參文宣廟稱顯宗孝章皇帝至孝烝烝仁恩博大廟稱肅宗比方前世得禮之宜自此以下政事多釁權移臣下嗣帝殷勤各欲褒崇至親而已臣下懦弱莫能執夏侯之直今聖朝尊古復禮以求厥中誠合禮議元帝世在第八光武世在第九故以元帝爲考廟尊而奉之孝明遵述亦不敢毀孝和以下穆宗恭宗敬宗威宗之號皆省去五年而再殷祫食于太祖以遵先典議遂施行四時所祭高廟一祖二宗及近帝四凡七帝古不墓祭漢諸陵皆有園寢承秦所爲也說者以爲古宗廟前制廟後制寢以象人之居前有朝後有寢

也月令有先薦寢廟詩稱寢廟奕奕言相通也廟以藏主以四時祭寢有衣冠几杖象生之具以薦新物秦始出寢起於墓側漢因而弗改故陵上稱寢殿起居衣服象生人之具古寢之意也建武以來關西諸陵以轉久遠但四時特牲祠帝每幸長安謁諸陵乃太牢祠自雒陽諸陵至靈帝皆以晦望二十四氣伏臘及四時祠廟日上飯太官送用物園令食監典省其親陵所宮人隨鼓漏理被枕具盥水陳嚴具蔡邕表志曰宗廟迭毀議奏國家大體班固錄漢書乃置韋賢傳末臣以問胡廣廣以爲實宜在郊祀志去中鬼神仙道之語取賢傳宗廟事寘其中旣合孝明旨又使祀事以類相從臣昭曰國史明乎得失者也至如孝武皇帝淫祀妄祭舉天下而從焉疲耗蒼生費散國帑後王深戒來世宜懲志之所取於焉斯允不先宗廟誠如廣論悉去仙道未或易回也

建武二年立大社稷于雒陽在宗廟之右馬融周禮注曰社稷在右宗廟在左或曰王者五社大社在中門之外惟松東社八里惟柏西社九里惟栗南社七里惟梓北社六里惟槐禮郊特牲曰社祭土而主陰氣也王肅注曰五行之主也能吐生百穀者也馬昭曰列爲五官直一行之名耳自不專主陰氣陰地可以爲之主日五行之主也若社則爲五行之主何復言社稷五祀乎土自列於五祀社亦自復有祀不得同也昭又曰土地同也焉得有二書曰禹敷土又曰句龍能平九土九土九州之土地官是五行土官之名耳方壇白虎通曰春秋文義天子社廣五丈諸侯半之其色東方青南方赤西方白北方黑上冒以黃土故將封東方諸侯取青土苴以白茅各取其面以爲封社明土謹敬絜淨也祭社有樂禮記曰樂之施於金石越於聲音用於宗廟社稷獨斷曰天子太社封諸侯者取其土苞以白茅授之以立社其國故謂之受茅土漢興唯皇子封爲王者得茅土其他功臣以戶數租入爲節不受茅土不立社也無屋有牆門而已禮記曰天子太社必受霜露風雨以達天地之氣也盧植曰謂無屋二月八月及臘一歲三祠皆太牢具使有司祠禮記曰地載萬物天垂象取財於地取法於天是以尊天而親地故教民美報焉家主中霤而國主社示本也盧植曰諸主祭以土地爲本也中霤其神后土卽句龍也旣祀於社又祀中霤古今注曰建武二十一年二月乙酉徙立社稷上東門內漢舊儀使者監祠南向立不拜也孝經援神契曰社者土地之主也稷者五穀之長也月令章句曰稷秋夏乃熟歷四時備陰陽穀之貴者禮記及國語皆謂共工氏之子曰句龍爲后土官能平九土故祀以爲社烈山氏之子曰柱能植百穀蔬自夏以上祀以爲稷至殷以柱久遠而堯時棄爲后稷亦植百穀故廢柱祀棄爲稷案前志立官社以夏禹配王莽奏立官稷后稷配也大司農鄭玄說古者官有大功則配食其神故句龍配食於社棄配食於稷白虎通曰王者所以有社稷何爲天下求福報功人非土不立非穀不食土地廣博不可偏敬五穀衆多不可一一而祭故封土立社示有土也稷五穀之長故封稷而祭之也稷者得陰陽中和之氣而用尤多故稷爲長也歲再祭之何春求秋報也祭社稷以三牲重功也天子社稷皆太牢諸侯社稷皆少牢王者諸侯所以俱兩社何俱有土之君也故禮記三正曰王者二社爲天下立社曰太社自爲立社曰王社諸侯爲百姓立社曰國社自爲立社曰侯社太社爲天下報功王社爲京師報功也孔晁云周祀一社一稷漢及魏初亦一社一稷至景初中旣立帝社二社到于今是親而後諸儒論之其文衆矣郡縣置社稷太守令長侍祠牲用羊豕唯州所治有社無稷以其使官古者師行平有載社主不載稷也自漢諸儒論句龍卽是社主或云是配其議甚衆後荀或問仲長統以社所祭者何神也統答所祭者土神也侍中鄧義以爲不然而難之或令統答焉統答義曰

前見建及敢不敢對退熟惟省郊社之祭國之大事誠非學淺思薄者所宜與論重復亦以鄙君難事有先漸議則旣行可謂辭而不可得因而不可已者也有經論之義暇有異同之辭歸于建國立家通志斷類也有意則欲廣其徵以宗實備其論以求真先難而後易出異而歸同乎難曰社祭土主陰氣正所謂句龍土行之官爲社則主陰明矣不與記說有違錯也答曰今記之言社報與郊連體有本末辭有上下謂之不錯不可得言運因政必本於天殽以降命命降于社之謂殽地參於天地並於鬼神又曰祭帝於郊所以定天位也祀社於國所以列地利也郊特牲曰社所以神地之道也地載萬物天垂象取財於地取法於天是以尊天而親地家主中霤國主社示本也相此之類元尚不道配食者也主以爲句龍無乃失歟難曰信如此所言土尊故以爲首在於上宗伯之體所當列上下之敘上句當言天神地祇人鬼何反先人而後地上文如此至下何以獨不可而云社非句龍當爲地哉答曰此形成著體數自上來之次言之耳豈足據使從人鬼之例邪三科之祭各指其體今獨擿出社稷以爲但句龍有烈山氏之子恐非其本意也案記言社土而云何得之爲句龍則傳雖言祀句龍爲社亦何嫌反獨不可謂之配食乎祭法曰周人禘嚳郊稷祖文王宗武王皆以爲配食者若復可須謂之不祭天乎備讀傳者則眞土獨據記者則疑句龍未若交錯參伍致其義以相成之爲善也難曰再特于郊牛者后稷配故也社于新邑牛一羊一豕一所以用二牲者立社位祀句龍緣人事之也如此非祀地明矣以宮室新成故立社耳又曰軍行載社者當行賞罰明不自專故告祖而行賞造社而行戮二主明皆人鬼人鬼故以告之必若所云當言載地主於齋車又當言用命賞于天不用命戮于地非其謂也所以有死社稷之義者凡賜命受國造建宮室無不立社是奉言所受立不可棄捐苟免而去當死之也易句龍爲其社傳有見文今欲易神之相令記附食宜明其徵祀國大事不可不重據經依傳庶無咎悔答曰郊特牲者天至尊無物以稱專誠而社稷太牢者土於天爲卑緣人事以牢祭也社禮今亡并特之義未可得明也昭告之文皆於天地何獨人鬼此言則未敢取者也郊社之次天地之序也今使句龍載冒其名耦文於天以度言之不可謂安矣土者人所依以固而最近者也故立以爲守祀居則事之時軍則告之以行戮自順義也何爲當平於社不言用命賞于天乎帝王兩儀之參宇中之莫尊者也而盛一官之臣以爲土之貴神置之宗廟之上接之郊禘之次雖守之者有死無失何聖人制法之參差用禮之偏頗其列在先王人臣之位其於四官爵侔班同此之司徒於數居二縱令王者不同禮儀相變或有尊之則不過當若五卿之與冢宰此坐之上下行之先後耳不得同祖與社言俱坐處尊位也周禮爲禮之經而禮記爲禮之傳案經傳求索見文在於此矣鈞之兩者未知孰是去本神而不祭與貶句龍爲土配比其輕重何謂爲甚經有條例記有明義先儒未能正不可稱是鈞校典籍論本考始矯前易故不從常說不可謂非孟軻曰予豈好辯哉乃不得已也鄭司農之正此之謂也

國家亦有五祀之祭有司掌之其禮簡於社稷云五祀門戶井竈中霤也韋昭曰古者穴居故名室中爲中霤也

漢興八年有言周興而邑立后稷之祀於是高帝令天下立靈星祠三輔故事長安城東十里有靈星祠言祠后稷而謂之靈星者以后稷又配食星也舊說星謂天田星也一曰龍左角爲天田官主穀張晏曰龍星晨見而祭也祀用壬辰位祠之壬爲水辰爲龍就其類也牲用太牢縣邑令長侍祠漢舊儀曰古時歲再祠靈星春秋之太牢禮也舞者用童男十六人服虔應劭曰十六人卽古之二八也舞者象敎田初爲芟除次耕種芸耨驅爵及穫刈舂簸之形象其功也古今注曰元和三年初爲郡國立稷及祠社靈星禮器也

縣邑常以乙未日祠先農於乙地以丙戌日祠風伯於戌地以巳丑日祠雨師於丑地用羊豕

立春之日皆青幡幘迎春于東郭外令一童男冒青巾衣青衣先在東郭外野中迎春至者自野中出則迎者拜之而還弗祭三時不迎

論曰臧文仲祀爰居而孔子以爲不知漢書郊祀志著自秦以來迄于王莽典祀或有未修而爰居之類衆焉世祖中興蠲除非常修復舊祀方之前事邈殊矣嘗聞儒言三皇無文結繩以治自五帝始有書契至於三王俗化彫文詐僞漸興始有印璽以檢姦萌然而未有金玉銀銅之器也臣昭曰禹會羣臣於塗山執玉帛者萬國故已贄不同圓方異等周禮天地四方璧琮琥璋各有其玉而云未有其器斯亦何哉自上皇以來封泰山者至周七十二代封者謂封土爲壇柴祭告天代興成功也禮記所謂因名山升中于天者也易姓則改封者著一代之始明不相襲也繼世之王巡狩則修封以祭而已自秦始皇孝武帝封泰山本由好僊信方士之言造爲石檢印封之事也所聞如此雖誠天道難可度知然其大較猶有本要天道質誠約而不費者也故牲有犢器用陶匏殆將無事於檢封之間而樂難攻之石也臣昭曰玉貴五德金存不朽有告有文何敢題刻告厥成功雖可知者且唯封爲改代故曰岱宗夏康周宣由廢復興不聞改封世祖欲因孝武故封實繼祖宗之道也而梁松固爭以爲必改乃當夫旣封之後未有福而松卒被誅死雖罪由身蓋亦誣神之咎也且帝王所以能大顯于後者實在其德加於民不聞其在封矣臣昭曰功成道悉天下被化德敷世治所以登封封由德與與封所以成德昭告師天遂以相咸若此論可通非乎七十二矣言天地者莫大於易易無六宗在中之象若信爲天地四方所宗是至大也而比太社又爲失所難以爲誠矣

贊曰天地禋郊宗廟享祀咸秩無文山川具止淫乃國紊典惟皇紀肇自盛敬孰崖厥始

後漢書卷十九考證

祭祀志下語在章紀注謝沈書曰大雅曰昭哉來御愼其祖武○臣世駿按昭茲來許繩其祖武大雅文也以茲爲哉漢碑有之以許爲御以繩爲愼非有避諱不知何自

建武二年立大社稷于雒陽在宗廟之右注馬昭曰○諸本皆作馬昭何焯校本改臣昭

後漢書卷二十

梁　剡　令劉　昭補并注

天文志第十

天文上　王莽三　光武十二

易曰天垂象聖人則之庖犧氏之王天下仰則觀象於天俯則觀法於地觀象於天謂日月星辰觀法於地謂水土州分形成於下象見於上故曰天者北辰星合元垂耀建帝形運機授度張百精三階九列二十七大夫八十一元士斗衡太微攝提之屬百二十官二十八宿各布列下應十二子天地設位星辰之象備矣星經曰歲星主泰山徐州青州兗州熒惑主霍山揚州荆州交州鎭星主嵩高山豫州太白主華陰山涼州雍州益州辰星主恒山冀州幽州并州歲星主角亢氐房心尾箕熒惑主輿鬼柳七星張翼軫鎭星主東井太白主奎婁胃昴畢觜參辰星主斗牛女虛危室壁璇璣者謂北極星也玉衡者謂斗九星也玉衡第一星主徐州常以五子日候之甲子爲東海丙子爲琅邪戊子爲彭城庚子爲下邳壬子爲廣陵凡五郡第二星主益州常以五亥日候之乙亥爲漢中丁亥爲永昌己亥爲巴郡蜀郡牂牁辛亥爲廣漢癸亥爲犍爲凡七郡第三星主冀州常以五戌日候之甲戌爲魏郡勃海丙戌爲安平戊戌爲鉅鹿河間庚戌爲清河趙國壬戌爲恒山凡八郡第四星主荆州常以五卯日候之乙卯爲南陽己卯爲零陵辛卯爲桂陽癸卯爲長沙丁卯爲武陵凡五郡第五星主兗州常以五辰日候之甲辰爲東郡陳留丙辰爲濟北戊辰爲山陽泰山庚辰爲濟陰壬辰爲東平任城凡八郡第六星主揚州常以五巳日候之乙巳爲豫章辛巳爲丹陽己巳爲廬江丁巳爲吳郡會稽癸巳爲九江凡六郡第七星爲豫州常以五午日候之甲午爲潁川壬午爲梁國丙午爲汝南戊午爲沛國庚午爲魯國凡五郡第八星主幽州常以五寅日候之甲寅爲玄菟丙寅爲遼東遼西漁陽庚寅爲上谷代郡壬寅爲廣陽戊寅爲涿郡凡八郡第九星主并州常以五申日候之甲申爲五原鴈門丙申爲朔方雲中戊申爲西河庚申爲太原定襄壬申爲上黨凡八郡璇璣玉衡占色春靑黃夏赤黃秋白黃冬黑黃此是常明不如此者所向國有兵殃起凡有六十郡九州所領自有分而名焉三皇邁化協神醇朴謂五星如連珠日月如合璧化由自然民不犯慝至於書契之興五帝是作軒轅始受河圖鬭苞授規日月星辰之象故星官之書自黃帝始至高陽氏使南正重司天北正黎司地唐虞之時羲仲和仲尚書曰帝在璿璣玉衡以齊七政孔安國曰在察也璿美玉也璣衡王者正天文之器可運轉者七政日月五星各異政舜察天文齊七政也夏有昆吾湯則巫咸周之史佚萇弘宋之子韋楚之唐蔑魯之梓愼鄭之裨竈魏石中夫或云石申父齊國甘公皆掌天文之官仰占俯視以佐時政步變擿微通洞密至採禍福之原覩成敗之勢秦燔詩書以愚百姓六經典籍殘爲灰炭星官之書全而不毀故秦史書始皇之時彗孛大角大角以亡有大星與小星鬭于宮中是其廢亡之徵至漢興景武之際司馬談談子遷以世黎氏之後爲太史令遷著史記作天官書成帝時中壘校尉劉向廣洪範災條作五紀皇極之論以參往行之事孝明帝使班固敘漢書而馬續述天文志謝沈書曰蔡邕撰建武已後星驗著明以續前志譙周接繼其下者令紹漢書作天文志起王莽居攝元年迄孝獻帝建安

二十五年二百一十五載言其時星辰之變表象之應以顯天戒明王事焉臣昭以張衡天文之妙冠絕一代寫載以備其理焉靈憲曰昔在先王將步天路用之靈軌尋緒本元先準之於渾體是為正儀立度而皇極有逌建也樞運有逌稽也乃建乃稽斯經天常聖人無心因茲以生心故靈憲作興曰太素之前幽清玄靜寂漠冥默不可為象厥中惟靈厥外惟無如是者永久焉斯謂溟涬蓋乃道之根也道根既建自無生有太素始萌萌而未兆并氣同色渾沌不分故道志之言云有物渾成先天地生其氣體固未可得而形其遲速固未可得而紀也如是者又永久焉斯謂龐鴻蓋乃道之幹也道幹既育有物成體於是元氣剖判剛柔始分清濁異位天成於外地定於內天體於陽故圓以動地體於陰故平以靜動以行施靜以合化堙鬱構精時育庶類斯謂太元蓋乃道之實也在天成象在地成形天有九位地有九域天有三辰地有三形有象可效有形可度情性萬殊旁通感薄自然相生莫之能紀於是人之精者作聖實始紀綱而經緯之八極之維徑二億三萬二千三百里南北則短減千里東西則廣增千里自地至天半於八極則地之深亦如之通而度之則是渾已將覆其數用重鉤股懸天之景薄地之義皆移千里而差一寸得之過此而往者未之或知也未之或知者宇宙之謂也宇之表無極宙之端無窮天有兩儀以儛道中其可觀極星是也謂之北極在南者不著故聖人弗之名焉其世之遂九分而減二陽道左迴故天運左行有驗於物則人氣左羸形左繚也天以陽迴地以陰淳是故天致其動稟氣舒光地致其靜承施候明天以順動不失其中則四序順至寒暑不減致生有節故品物用生地以靈靜作合承天清化致養四時而後育故品物用成凡至大莫如天至厚莫若地地至質者曰地而已至多莫若水水精為漢漢用於天而無列焉思次質也地有山嶽以宣其氣精種為星星也者體生於地精成於天列居錯時各有逌屬紫宮為皇極之居太微為五帝之廷明堂之房大角有席天市有坐蒼龍連蜷於左白虎猛據於右朱雀奮翼於前靈龜圈首於後黃神軒轅於中六擾既畜而狼魚鼈罔有不具在野象物在朝象官在人象事於是備矣懸象著明莫大乎日月其徑當天周七百三十六分之一地廣二百四十二分之一日者陽精之宗積而成鳥象烏而有三趾陽之類其數奇月者陰精之宗積而成獸象兔陰之類其數耦其後有馮焉者羿請無死之藥於西王母姮娥竊之以奔月將往枚筮之於有黃有黃筮之曰吉翩翩歸妹獨將西行逢天晦芒毋驚毋恐後且大昌姮娥遂託身於月是為蟾蠩夫日譬猶火月譬猶水火則外光水則含景故月光生於日之所照魄生於日之所蔽當日則光盈就日則光盡也眾星被燿因水轉光當日之衝光常不合者蔽於地也是謂闇虛在星星微月過則食日之薄地其明也由暗視明明無所屈是以望之若火方於中天天地同明由明瞻暗暗還自奪故望之若水火當夜而揚光在晝則不明也月之於夜與日同而差微星則不然強弱之差也眾星列布其以神著有五列焉是為三十五名一居中央謂之北斗動變挺占實司王命四布於方為二十八宿日月運行歷示吉凶五緯經次用告禍福則天心於是見矣中外之官常明者百有二十四可名者三百二十為星二千五百而海人之占未存焉微星之數蓋萬一千五百二十庶物蠢蠢咸得繫命不然何以總而理諸夫三光同形有似珠玉神守精存麗其職而宣其明及其衰神歇精斁於是乎有隕星然則奔星之所墜至則石文曜麗乎天其動者七日月五星是也周旋右回天道者貴順也近天則遲遠天則速行則屈屈則留回留回則逆逆則遲迫於天也行遲者覿于東覿于東屬陽行速者覿于西覿于西屬陰日與月此配合也攝提熒惑地候見晨附于日也太白辰星見昏附于月也二陰三陽參天兩地故男女取焉方星巡鎮必因常度苟或盈縮不逾於次故有列司作使曰老子四星周伯王蓬芮各一錯乎五緯之閒其見無期其行無度寔妖經星之所然一夜吉凶宣周其祥可盡蔡邕表志曰言天體者有三家一曰周髀二曰宣夜三曰渾天宣夜之學絕無師法周髀數術具存考驗天狀多所違失故史官不用唯渾天者近得其情今史官所用候臺銅儀則其法也立八尺圓體之度而具天地之象以正黃道以察發斂以行日月以步五緯精微深妙萬世不易之道也官有其器而無本書前志亦闕而不論臣求其舊文連年不得在東觀以治律未竟未及成書案略求索竊不自量卒欲寢伏儀下思惟精意案度成數扶以文義潤以道術著成篇章罪惡無狀投畀有北灰滅兩絕世路無由宜博問群臣下及巖穴知渾天之意者使述其義以裨天文志撰建武以來星變彗孛占驗著明者擿其後

王莽地皇三年十一月有星孛于張東南行五日不見孛星者惡氣所生為亂兵星占曰其國內外用兵也其所以孛德孛德者亂之象不明之表又參然孛焉兵之類也故名之曰孛孛之為言猶有所傷害有所妨蔽或謂之彗星所以除穢而布新也宋鈞注命決曰彗五彗也蒼則王侯破天子苦兵赤則賊起強國恣黃則女害色權奪於后妃白則將軍逆二年兵大作墨則水精賊江河決賊處處起也韓揚占曰其象若竹彗樹木條長短無常其長大見久灾深短小見不久灾淺晏子春秋曰齊景公睹彗星使伯常騫禳之晏子曰不可此天教也日月之氣風雨不時彗星之出天為民之亂見之又一曰景公彗星出而泣晏子問之公曰寡人聞之彗星出其所向之國君當之今彗星出而向吾國我是以悲晏子曰君之行義回邪無德於國穿陂池則欲其深以廣也為臺榭則欲其高且大也賦歛如搶奪誅戮如仇讎自是觀之孛又將出彗星之出庸何懼乎如晏子之言孛與彗如似匪同張為周地星孛于張東南行即翼軫之分翼軫為楚是周楚地將有兵亂後一年正月光武起兵舂陵會下江新市賊張卬王常及更始之兵亦至俱攻破南陽斬莽前隊大夫甄阜屬正梁丘賜等殺其士衆數萬人更始為天子都雒陽西入長安敗死光武興於河北復都雒陽居周地除穢布新之象

四年六月漢兵起南陽至昆陽莽使司徒王尋司空王邑將諸郡兵號曰百萬衆已至者四十二萬人能通兵法者六十三家皆為將帥持其圖書器械軍出關東牽從羣象虎狼猛獸放之道路以示富強用怖山東至昆陽山作營百餘圍城數重或為衝車以撞城為雲車高十丈以瞰城中弩矢雨集城中負戶而汲求降不聽請出不得二公之兵自以必克不恤軍事不協計慮莽有覆敗之變見焉晝有雲氣如壞山墮軍上軍人皆厭所謂營頭之星也占曰營頭之所墮其下覆軍流血三千里袁山松書曰星晝行名曰營頭行振大誅也是時光武將兵數千人赴救昆陽奔擊二公兵并力猋發號呼聲動天地虎豹驚怖敗振會天大風飛屋瓦雨如注水二公兵亂敗自相賊就死者數萬人競赴溳水死者委積溳水為之不流殺司徒王尋軍皆散走歸本郡王邑還長安莽敗俱誅死營頭之變覆軍流血之應也

四年秋太白在太微中燭地如月光太白為兵太微為天廷太白贏而北入太微是大兵將入天子廷也是時莽遣二公之兵至昆陽已為光武所破莽又拜九人為將軍皆以虎為號九虎將軍至華陰皆為漢將鄧曄李松所破進攻京師倉將軍韓臣至長門十月戊申漢兵自宣平城門入二日己酉城中少年朱弟張魚等數千人起兵攻莽燒作室斧敬法闥商人杜吳殺莽漸臺之上校尉公賓就斬莽首大兵蹈藉宮廷之中仍以更始入長安赤眉賊立劉盆子為天子皆以大兵入宮廷是其應也

光武古今注曰建武六年九月丙戌月犯太微西蕃十一月辛亥月犯軒轅七年九月庚子土入鬼中漢史繩星逆行與鬼女主貴親有憂巫咸曰有土功事是歲太白經太微八年四月辛未月犯房第二星光芒不見九年四月乙卯金犯婁南星甲子月犯軒轅第二星壬寅犯心火星七月戊辰月並犯昴黃帝星占土犯鬼皇后有憂失亡其勢河圖月犯房天子有憂四足之蟲多死漢史曰其國有憂將軍死又秦嚴光傳光與帝臥足加帝腹上太史奏客星犯帝坐甚急

建武九年七月乙丑金犯軒轅大星十一月乙丑金又犯軒轅孟康曰犯七寸以內光芒相及也韋昭曰自下往觸之曰犯軒轅者後宮之官大星為皇后金犯之為失勢是時郭后已失勢見疏後廢為中山太后陰貴人立為皇后

十年三月癸卯流星如月從太微出入北斗魁第六星色白旁有小星射者十餘枚滅則有聲如雷食頃止孟康曰流星光跡相連也絕跡而去為飛也流星為貴使星大者使大星小者使小太微天子廷北斗魁主殺星從太微出抵北斗魁是天子大使將出有所伐殺古今注曰正月壬戌月犯心後星閏月庚辰火入輿鬼過軫北庚申月在斗赤如丹者也十二月己亥大流星如缶出柳西南行入軫且滅時分為十餘如遺火狀須臾有聲隱隱如雷柳為周軫為秦蜀大流星出柳入軫者是大使從周入蜀是時光武帝使大司馬吳漢發南陽卒三萬人乘船泝江而上擊蜀白帝公孫述臣昭曰述僭以白承黃而此遂號為白帝於文繁長書倒未通又命將軍馬武劉尚郭霸岑彭馮駿平武都巴郡十二年十月漢進兵擊述從弟衛尉永遂至廣都殺述女壻史興威虜將軍馮駿拔江州斬述將田戎吳漢又擊述大司馬謝豐斬首五千餘級臧宮破涪殺述弟大司空恢十一月丁丑漢護軍將軍高午刺述洞胸其夜死明日漢入屠蜀城誅述大將公孫晃延岑等所殺數萬人夷滅述妻宗族萬餘人以上是大將出伐殺之應也其小星射者及如遺火分為十餘皆小將隨從之象有聲如雷隱隱者兵將怒之徵也

十二年正月古今注曰丁丑月乘軒轅大星己未小星流百枚以上或西北或正北或東北二夜止古今注曰二月辛亥月入氐暈珥圍角亢房六月戊戌晨小流星百枚以上四面行小星者庶民之類流行者移徙之象也或西北或東北或四面行皆小民流移之徵是時西北討公孫述北征盧芳匈奴助芳侵邊漢遣將軍馬武騎都尉劉納閻興軍下曲陽臨平呼沱以備胡匈奴入河東中國未安米穀荒貴民或流散後三年吳漢馬武又徙鴈門代郡上谷關西縣吏民六萬餘口置常關居庸關以東以避胡寇是小民流移之應古今注曰其年七月丁丑月犯昴頭兩星八月辛酉水見東方翼分九月甲午火犯輿鬼十月丁卯大星流有光發東井西行歷隆十三年二月乙卯火犯輿鬼西北黃帝占曰熒惑守輿鬼大人憂一曰貴人當之巫咸曰水見翼多火災石氏曰為旱郗萌占曰流星出東井所之出大水

十五年正月丁未彗星見昴炎長三丈韓揚占曰在昴大國起兵也稍西北行入營室犯離宮韓揚占曰彗出營室東壁之間為兵起也二月乙未至東壁滅見四十九日彗星為兵入除穢昴為邊兵彗星出之為有兵至十一月定襄都尉陰承反太守隨誅之盧芳從匈奴入居高柳至十六年十月降上璽綬一曰昴星為獄事是時大司徒歐陽歙以事繫獄踰歲死營室天子之常宮離宮妃后之所居彗星入營室犯離宮是除宮室也是時郭皇后已疏至十七年十月遂廢為中山太后立陰貴人為皇后除宮之象也古今注曰十六年四月土星逆行十七年三月乙未火逆行從東門入太微到執法星東己酉南出端門十八年十二月壬戌月犯木星十九年閏月戊申火逆從氐到亢二十一年七月辛酉月入畢二十三年三月癸未月食火星郗萌曰熒惑逆行氐為失火

三十年閏月甲午水在東井二十度生白氣東南指炎長五尺為彗東北行至紫宮西藩止五月甲子不見凡見三十一日水常以夏至放於東井閏月在四月尚未當見而見是羸而進也東井為水衡水出之為大水是歲五月及明年郡國大水壞城郭傷禾稼殺人民白氣為喪有炎作彗彗所以除穢紫宮天子之宮彗加其藩除宮之象也荊州星經曰彗在東井國大人死七十日王當之五十日相當之三十日兵將當之後三年光武帝崩

三十一年七月古今注曰戊申月犯心後星戊午火在輿鬼一度入鬼中出尸星南半度十月己亥犯軒轅大星又七日間有客星炎二尺所西南行至明年二月二十二日在輿鬼東北六尺所滅凡見百一十三日輿鬼五星天府也黃帝占曰輿鬼天目也朱雀頭也中央星如粉絮鬼為變害故言一名天尸斧鉞或以病亡或以誅斬火射金天以制法其西南一星主積布帛西北一星主積金玉東北一星主積馬東南一星主積兵一曰主覷珠璣郗萌曰輿鬼者參之尸也弧射狼誤中參左肩舉尸之東井治留尸輿鬼故曰天尸鬼之為言歸也又占月五星有入輿鬼大臣誅有干鉞乘質者君貴人憂金玉用民人多疾從南入為男子從北入為女從西入為老人從東入為丁壯棺木倍價熒惑為凶衰輿鬼尸星主死亡熒惑入之為大喪軒轅為後宮七星周地客星居之為死喪其後二年光武崩

中元古今注曰元年三月甲寅月犯心後星二年八月丁巳火犯太微西南角星相去二寸十月戊子大流星從西南東北行聲如雷火犯太微西南角星為將相後太尉趙憙司徒李訢坐事免官大流星為使中郎將竇固揚虛侯馬武揚鄉侯王賞將兵征西也

後漢書卷二十考證

天文志上圖莒授規○困學紀聞曰闞苞似是人名氏
湯則巫咸○困學紀聞曰星家有甘石巫咸三家太史
公謂殷商巫咸攷之書伊陟贊于巫咸作咸乂四篇
又曰在太戊巫咸乂王家孔安國云巫氏也馬融謂
殷之巫也鄭康成謂巫官孔穎達云咸賢父子並爲
大臣必不世作巫官言巫氏是也後漢天文志乃云
湯則巫咸當以書爲正
以顯天戒明王事焉注攝提熒惑地侯見晨附于日也
太白辰星見昏附于月也○臣召南按攝提地侯熒
惑俱屬陽故日附于日非謂土木火必附日而行金
水不附日而行也
光武下古今注壬寅犯心火星○何焯校本火改大
威虜將軍馮駿○臣召南按公孫述傳作破虜將軍光
武紀又作威虜將軍馮峻
是時西北討公孫述○臣永蔣按公孫述在西南北字
疑誤

後漢書卷二十一

梁　剡　令劉　昭補并注

天文志第十一

天文中　明十二　章五　和三十三　殤一　安四十六　順二十三　質三

孝明永平元年四月丁酉流星大如斗起天市樓西南
行光照地流星爲外兵西南行爲西南夷是時益州發
兵擊姑復蠻夷大牟替滅陵斬首傳詣雒陽古今注曰閏九月辛
未火在太微左執法星所光芒相及十一月辛未土逆行乘東井北軒轅第二星二年十二月戊辰月食火星
貫帝星經日出入井爲人主一日陽爵祿事
三年六月丁卯彗星出天船北長二尺所稍北行至亢
南百三十五日去天船爲水彗出之爲大水是歲伊雒
水溢到津城門壞伊橋郡七縣三十二皆大水
四年八月辛酉客星出梗河西北指貫索七十日去梗
河爲胡兵至五年十一月北匈奴七千騎入五原塞十
二月又入雲中至原陽貫索貴人之牢其十二月陵鄉
侯梁松坐怨望懸飛書誹謗朝廷下獄死妻子家屬徙
九眞
七年正月戊子流星大如杯從織女西行光照地織女
天之眞女流星出之女主憂其月癸卯光烈皇后崩古今
注曰三月庚戌客星光氣二尺所在太微左執法南端門外凡見七十五日

八年六月壬午長星出柳張三十七度犯軒轅刺天船
陵太微氣至上階凡見五十六日去柳周地是歲多雨
水郡十四傷稼古今注曰十二月戊子客星出東方
九年正月戊申客星出牽牛長八尺歷建星至房南古今
注曰歷斗建箕房過角亢至翼芒東指滅見至五十日郗萌占曰客星舍房左右羣臣有吞
藥死者又占有奪地牽牛主吳越房心爲宋後廣陵王荊與沈涼
楚王英與顏忠各謀逆事覺皆自殺廣陵屬吳彭城古
宋地古今注曰十年七月甲寅月犯歲星十一年六月壬辰火犯土星
十三年閏月丁亥火犯輿鬼爲大喪質星爲大臣誅戮
晉灼曰鬼五星其中白者爲質其十二月楚王英與顏忠等造作妖謀
反事覺英自殺忠等皆伏誅古今注曰十一月客星出軒轅四十八日十二月戊
午月犯木星
十四年正月戊子客星出昴六十日在軒轅右角稍滅
昴主邊兵後一年漢遣奉車都尉顯親侯竇固駙馬都
尉耿秉騎都尉耿忠開陽城門候秦彭太僕祭彤將兵
擊匈奴一日軒轅右角爲貴相昴爲獄事客星守之爲
大獄是時考楚事未訖司徒虞延與楚王英黨與黃初
公孫弘等交通皆自殺或下獄伏誅
十五年十一月乙丑太白入月中爲大將戮人主亡不
出三年後三年孝明帝崩
十六年正月丁丑歲星犯房右驂北第一星不見辛巳
乃見石氏星經曰歲星守房良馬出古今注曰正月丁未月犯房房右驂爲貴臣歲
星犯之爲見誅是後司徒邢穆坐與阜陵王延交通知
逆謀自殺
四月癸未太白犯畢畢爲邊兵後北匈奴寇入雲中至
咸陽使者高弘發三郡兵追討無所得太僕祭彤坐不
進下獄
十八年六月巳未彗星出張長三尺轉在郎將南入太
微皆屬張張周地爲東都太微天子廷彗星犯之爲兵
喪其八月壬子孝明帝崩
孝章建初元年正月丁巳太白在昴西一尺八月庚寅
彗星出天市長二尺所稍行入牽牛三度積四十日稍
滅太白在昴爲邊兵彗星出天市爲外軍牽牛爲吳越
是時蠻夷陳縱等及哀牢王類反攻蕉唐城永昌太守
王尋走奔楪榆安夷長宋延爲羌所殺以武威太守傅
育領護羌校尉馬防行車騎將軍征西羌又阜陵王延
與子男魴謀反大逆無道得不誅廢爲侯
二月九日古今注曰甲申金入斗魁甲寅流星過紫宮中長數丈散
爲三滅十二月戊寅彗星出婁三度長八九尺稍入紫
宮中百六日稍滅流星過入紫宮皆大人忌後四年六

月癸丑明德皇后崩古今注曰五年二月戊辰木火俱在參三月戊寅木火在東井六年
七月丁酉夜有流星起軒轅大如李歷文昌餘氣正白句曲西如文昌久久乃滅黃帝星經曰木守東井有土
功之事一曰大水郗萌曰歲星守參后當之熒惑守大人當之
元和元年四月丁巳客星晨出東方在胃八度長三尺
歷閣道入紫宮留四十日滅閣道紫宮天子之宮也客
星犯入留久爲大喪後四年孝章皇帝崩
孝和永元元年正月辛卯有流星起參長四丈古今注曰大如
拳起參東南有光色黃白古今注曰癸亥鎮在參又流星大如桃色赤起太微東蕃石氏曰鎮
守參有土功事二月流星起天棓東北行三丈所滅色青白壬
申夜有流星起太微東蕃長三丈三月古今注曰戊子土在參丙
辰流星起天津古今注曰星大如桃起天津東至牛黃白頗有光壬戌有流星
起天將軍東北行古今注曰色黃無光參爲邊兵天棓爲兵太微
天廷天津爲水天將軍爲兵流星起之皆爲兵其六月
漢遣車騎將軍竇憲執金吾耿秉與度遼將軍鄧鴻出
朔方並進兵臨私渠北鞮海斬虜首萬餘級獲生口牛
馬羊百萬頭日逐王等八十一部降凡三十餘萬人追
單于至西海是歲七月又雨水漂人民是其應古今注曰十一
月壬申鎮星在東井石氏曰天下水其大出流殺人
二年正月乙卯金木俱在奎丙寅水又在奎巫咸曰辰守奎多水
火災亦爲旱古今注曰土在東井奎主武庫兵三星會又爲兵喪辛未
水金木在婁亦爲兵又爲匿謀郗萌曰辰守婁有兵兵起巫咸石氏云多
火災古今注曰丙寅水在奎土在東井金在婁木火在昴二月丁酉有流星大如桃
起紫宮東蕃西北行五丈稍滅古今注曰三月甲子火在亢南端門第一星南
乙亥金在東井四月丙辰有流星大如瓜起文昌東北西南行
至少微西滅有項音如雷聲已而金在軒轅大星東北
二尺所古今注曰丁丑火在氐東南星東南八月丁未有流星如鷄子起
太微西東南行四丈所消十月癸未有流星大如桃起
天津西行六丈所消十一月辛酉有流星大如拳起紫
宮西行到胃消
三年九月丁卯有流星大如鷄子起紫宮西南至北斗
柄間消星紫宮占曰有流星出紫宮天子使也色赤言兵色白言喪色黃言吉色青言憂色黑言水出
皆以所之野命東西南北紫宮天子宮文昌少微爲貴臣天津爲水
北斗主殺流星起歷紫宮文昌少微天津文昌爲天子
使出有兵誅也竇憲爲大將軍憲弟篤景等皆卿校尉
憲女弟壻郭舉爲侍中射聲校尉與衞尉鄧疊母元俱
出入宮中謀爲不軌至四年六月丙寅發覺和帝幸北
宮詔執金吾五校勒兵屯南北宮閉城門捕舉舉父長
樂少府璜及疊疊弟步兵校尉磊母元皆下獄誅憲弟
篤景等皆自殺金犯軒轅女主失勢竇氏被誅太后失
勢

五年古今注曰正月甲戌月乘歲星四月癸巳太白熒惑辰星俱在東
井巫咸曰太白守井五穀不成黃帝經曰五星及客星守井皆爲水石氏曰爲旱又曰太白入東井留一日
以上乃占大臣當之期三月若一年遠五年古今注曰木在輿鬼七月壬午歲星犯軒
轅大星九月金在南斗魁中爲木石氏曰爲旱火犯房北第一
星東井秦地爲法三星合內外有兵又爲法令及水金
入斗口中爲大將將死火犯房北第一星爲將相其六
年正月司徒丁鴻薨古今注曰六年六月丁亥金在東井閏月己丑流星大如桃起參北西至參肩南稍有光七月水大漂殺人民傷五穀許侯馬光有罪
自殺九月行車騎將軍事鄧鴻越騎校尉馮柱發左右
羽林北軍五校士及八郡跡射烏桓鮮卑合四萬騎與
度遼將軍朱徽護烏桓校尉任尚中郎將杜崇征叛胡
十二月車騎將軍鴻坐追虜失利下獄死度遼將軍徵
中郎將崇皆抵罪
七年正月丁未有流星起天津入紫宮中滅色青黃有
光二月癸酉金火俱在參巫咸占曰熒惑守參多火災海中占曰爲旱太白守參國
有反臣郗萌曰有攻戰伐國也戊寅金火俱在東井郗萌曰熒惑守井百川皆滿太白又
從舍蓋二十日流國又曰糴耀貴又將相死八月甲寅水土金俱在軫春秋緯曰
五星有入軫者皆爲兵大起巫咸占曰五星入軫者司其出日而數之期二十日皆爲兵發司始入處之率一
日期十日軍罷石氏星經曰辰星守軫歲木郗萌曰鎮星出入留舍軫六十日不下必有大喪春秋緯曰太白
入軫兵大起郗萌曰太白守軫必有死王十一月甲戌金火俱在心雒書曰太白守
心後九年大饑十二月巳卯有流星起文昌入紫宮消丙辰火
金水俱在斗流星入紫宮金火在心皆爲大喪三星合
軫爲白衣之會金火俱在參東井皆爲外兵有死將三
星俱在斗有戮將若有死相八年四月樂成王黨七月
樂成王宗皆薨將兵長史吳棽坐事徵下獄誅古今注曰永元
八年九月辛丑夜有流星大如拳起婁十月北海王威自殺十二月陳王
羨薨其九年閏月皇太后竇氏崩遼東鮮卑太守祭參
不追虜徵下獄誅九月司徒劉方坐事免官自殺隴西
羌反遣執金吾劉尚行征西將軍事越騎校尉節鄉侯
趙世發北軍五校黎陽雍營及邊胡兵三萬騎征西羌
十一年五月丙午流星大如瓜起氐西南行稍有光白
色古今注曰六月庚辰月入畢中占曰流星白爲有使客大爲大使小
亦小使疾期疾遲亦遲大如瓜爲近小行稍有光爲遲
也又正王曰邊方有受王命者也明年二月蜀郡旄牛
徼外夷白狼樓薄種王唐繒等率種人口十七萬歸義
內屬賜金印紫綬錢帛
十二年十一月癸酉夜有蒼白氣長三丈起天園東北
指軍市見積十日占曰兵起十日期歲明年十一月遼
東鮮卑二千餘騎寇右北平
十三年古今注曰正月辛未水乘輿鬼十二月癸巳犯軒轅大星十一月乙丑軒轅

第四星間有小客星色青黃軒轅爲後宮星出之爲失勢其十四年六月辛卯陰皇后廢古今注曰十四年正月乙卯月犯軒轅在太微中二月十日丁酉水入太微西門十一月丁丑有流星大如拳起北斗魁中北至閣道稍有光色赤黃須臾西北有雷聲十六年四月丁未紫宮中生白氣如粉絮戊午客星從紫宮西行至昴五月壬申滅七月庚午水在輿鬼中黃帝占曰辰星犯昴大臣誅國有憂郗萌曰多蝗蟲十月辛亥流星起鉤陳北行三丈有光色黃白氣生紫宮中爲喪客星從紫宮西行至昴爲趙輿鬼爲死喪鉤陳爲皇后流星出之爲中使後一年元興元年十月二日和帝崩殤帝即位一年又崩無嗣鄧太后遣使者迎清河孝王子即位是爲孝安皇帝是其應也清河趙地也

元興元年二月庚辰有流星起角亢五丈所四月辛亥有流星起斗東北行到須女七月己巳有流星起天市五丈所光色赤閏月辛亥水金俱在氐巫咸曰辰星守氐多水災海中占曰天下大旱所在不收荊州星占曰太白守氐國君大哭流星起斗東北行至須女須女燕地天市爲外軍水金會爲兵誅其年遼東貊人反鈔六縣發上谷漁陽右北平遼西烏桓討之

孝殤帝延平元年正月丁酉金火在婁金火合爲爍爲大人憂古今注曰七月甲申月在南斗中是歲八月辛亥孝殤帝崩

孝安永初元年正月戊寅熒惑逆行守心前星韓揚占曰多火災一日地震檢其年十八郡地震明年漢陽火八月戊申客星在東井弧星西南心爲天子明堂熒惑逆行守之爲反臣雒書曰熒惑守心逆臣起黃帝占曰逆行守心二十日大臣亂客星在東井爲大水荊州經曰客星干犯東井則大臣誅是時安帝未臨朝鄧太后攝政鄧騭爲車騎將軍弟弘悝閶皆以校尉封侯秉國勢司空周章意不平與王尊叔元茂等謀欲閉宮門捕將軍兄弟誅常侍鄭衆蔡倫劫刺尚書廢皇太后封皇帝爲遠國王事覺章自殺東井弧皆秦地是時羌反斷隴道漢遣騭將左右羽林北軍五校及諸郡兵征之是歲郡國四十一縣三百一十五雨水四瀆溢傷秋稼壞城郭殺人民是其應也

二年正月戊子太白晝見古今注曰閏月乙亥月入南斗魁中八月己亥熒惑出入太微端門

三年正月庚戌月犯心後星河圖曰亂臣在旁己亥太白入斗中古今注曰三月壬寅熒惑入輿鬼中五月丙寅太白入畢中石氏經曰太白守畢國多淫刑也十二月彗星起天菀南東北指長六七尺色蒼白太白晝見爲強臣前志曰太白晝見強國弱小國強女主昌是時鄧氏方盛月犯心後星不利子心爲宋五月丁酉沛王牙薨太白入斗中爲貴相凶臣昭案楊厚對曰以爲諸王子多在京師客有非常宜亟發遣還本國太后從之星尋滅不見以斯而言太白入之災在貴相天菀爲外軍彗星出其南爲外兵是後使羌氏討賊李貴又使烏桓擊鮮卑又使中郎將任尚護羌校尉馬賢擊羌皆降

四年古今注曰二月丙寅月犯軒轅大星六月丙子客星大如李蒼白芒氣長二尺西南指上階星癸酉太白入輿鬼指上階爲三公後太尉張敏免官太白入輿鬼爲將凶後中郎將任尚坐贓千萬檻車徵棄市韓揚占曰太白入輿鬼亂臣在內臣昭以占爲明堂任尚所能感也

五年六月辛丑太白晝見經天春秋漢含孳曰陽弱辰逆太白經天注云陽弱君柔不堪鉤命決曰天失仁太白經天元初元年三月癸酉熒惑入輿鬼二年九月辛酉熒惑入輿鬼中三年三月熒惑入輿鬼中五月丙寅太白入畢口黃帝占曰火入近期十五日遠期四十日又曰大臣當之亂國易主七月甲寅歲星入輿鬼閏月己未太白犯太微左執法十一月甲午客星見西方己亥在虛危南至胃昴郗萌曰客星入虛大人當之又曰客星守危強臣執國命在后族又且大風有危敗黃帝星經曰客星入守若出危大饑民食貴四年正月丙戌歲星留輿鬼中石氏經曰歲星入留輿鬼五十日不下民有大喪百日不下民半死黃帝星經曰守鬼十日金錢散諸侯郗萌曰五數多傷民以饑死者無數乙未太白晝見丙上四月壬戌太白入輿鬼中石氏占太白入鬼一日病在女主一日將戮死己巳辰星入輿鬼中郗萌曰以罪誅大臣一日后疾一日大人憂五月己卯辰星犯歲星六月丙申熒惑入輿鬼中戊戌犯輿鬼大星九月辛巳太白入南斗口中黃帝經曰大人當之國易政五年三月丙申鎮星犯東井鉞星五月庚午辰星犯輿鬼質星丙戌太白犯鉞星六年四月癸丑太白入輿鬼郗萌曰太白守輿鬼疾在女主六月丙戌熒惑在輿鬼中黃帝經曰熒惑犯守鬼國有大喪有女喪大將有死者荊州星占曰熒惑犯鬼忠臣戮死不出一年中丁卯鎮星在輿鬼中黃帝星經曰鎮入鬼中大臣誅海中石氏曰大人憂辛巳太白犯左執法自永初五年到永寧十年之中太白一晝見經天再入輿鬼一守畢再犯左執法入南斗犯鉞星熒惑五入輿鬼鎮星一犯東井鉞星一入輿鬼歲星辰星再入輿鬼凡五星入輿鬼中皆爲死喪熒惑太白甚犯鉞質星爲誅戮斗爲貴將執法爲近臣客星在虛危爲喪爲哭泣星占曰不一年遠期二年昴畢爲邊兵又爲獄事至建光元年三月癸巳鄧太后崩五月庚辰太后兄車騎將軍騭等七侯皆免官自殺是其應也

延光古今注曰元年四月丙午太白晝見二年八月己亥熒惑出太微端門三年二月辛未太白犯昴石氏星占太白守昴兵從門關入主人走郗萌曰不有亡國必有誅主又云入昴大赦五月癸丑太白入畢郗萌曰太白入畢馬馳人走又曰有中食九月壬寅鎮星犯左執法四年太白入輿鬼中古今注曰四月甲辰入六月壬辰太白出太微九月甲子太白入斗口中十一月客星見天市熒惑出太微爲亂臣太白犯昴畢爲近兵一曰大人當之鎮星犯左執法有誅臣太白入輿鬼中爲大喪太白出太微爲中宮有兵入斗口爲貴將相有誅者客星見天市中爲貴喪是時大將軍耿寶中常侍江京樊豐小黃門劉安與阿母王聖聖子女永等并構譖太子保并惡太子乳母男廚監邴吉三年九月丁酉廢太子爲濟陰王以北鄉侯懿代殺男吉徙其父母妻子日南四年三月丁卯安帝巡狩從南陽還道寢疾至葉崩閻后與兄衛尉顯中常侍江京等共隱匿不令羣臣知上崩遣司徒劉熹等分詣郊廟告天請命戴入北宮庚午夕發喪尊閻氏爲太后北鄉侯懿病薨京等又不欲立保白太后更徵諸王子擇所立中黃門孫程王國王康等十九人共合謀誅顯京等立保爲天子是爲孝順皇帝皆姦人強臣狂亂王室其於死亡誅戮兵起宮中是其應古今注曰永建元年二月甲午客星入太微五月甲子月入斗李氏家書曰時天有變氣李郃上書諫曰臣聞天不言縣象以示吉凶挺災變異以爲譴誡昔齊桓公遭虹貫牛斗之變納管仲之謀令齊去婦無近妃宮桓公聽用齊以大安越有尹史見月生齒齕畢大星占有兵變趙君曰天下共一畢知爲何國也下吏於獄其後公子牙謀弒君血書端門如史所言乃月十三日有客星氣象彗孛歷天市梗河招搖槍梧十六日入紫宮迫北辰十七日復過文昌泰陵至天船積水間稍微不見客星一占曰彗星歷天市者爲穀貴梗河三星備非常泰陵八星爲凶喪紫宮北辰爲至尊如占恐宮廬之內有兵喪之變千里之外有非常暴逆之憂彗星不得過歷尊宿行度從疾應非一端恐復有如王阿母子驕妾之欲居帝旁耗亂政事者誠令有之宜當抑遠僥足以財王者權柄及爵祿人天所直慎誠非阿妾所宜干豫天故挺變明以示人如不承愼爾至變成悔之靡及也

孝順永建二年二月癸未太白晝見三十九日古今注曰丁巳月犯心七月丁酉犯昴閏月乙酉太白晝見東南維四十一日八月乙巳熒惑入輿鬼太白晝見爲強臣熒惑爲凶輿鬼爲死喪質星爲誅戮是時中常侍高梵張防將作大匠翟酺尚書令高堂芝僕射張敦尚書尹就郎姜述楊鳳等及兗州刺史鮑就使匈奴中郎張國金城太守張篤敦煌太守張朗相與交通漏泄就述棄市梵防酺芝敦鳳就國皆抵罪又定遠侯班始尚陰城公主堅得鬬爭殺堅得坐要斬馬市同產皆棄市古今注曰其年九月戊寅有白氣廣三尺長十餘丈從北落師門南至斗三年二月癸未月犯心後星六月甲子太白晝見四年二月癸丑月犯心後星五年閏月庚子太白晝見六年彗星出於斗牽牛滅於虛危虛危爲齊牽牛吳越故海賊浮於會稽山賊起於濟南五年夏熒惑守氐諸侯有斬者是冬班始腰斬馬市

六年四月熒惑入太微中犯左右執法西北方六寸所十月乙卯太白晝見十二月壬申客星芒氣長二尺餘西南指色蒼白在牽牛六度客星芒氣白爲兵牽牛爲吳越後一年會稽海賊曾於等千餘人燒句章殺長吏又殺鄞鄮長取官兵拘殺吏民攻東部都尉揚州六郡逆賊章何等稱將軍犯四十九縣大劫略吏民

陽嘉元年閏月戊子臣昭案郎顗表云十七日己丑客星氣白廣二尺長五丈起天菀西南主馬牛爲外軍色白爲兵是時敦煌太守徐白使疏勒王盤等兵二萬人入于窴界虜掠斬首三百餘級烏桓校尉耿曅使烏桓親漢都尉戎末瘣等出塞鈔鮮卑斬首獲生口財物鮮卑怨恨鈔遼東代郡殺傷吏民是後西戎北狄爲寇害以馬牛起兵馬牛亦死傷於兵中至十餘年乃息臣昭案郎顗傳陽嘉元年太白與歲星合於房心二年熒惑失度盈縮往來涉歷輿鬼環繞軒轅古今注曰二年四月壬寅太白晝見五月癸巳又晝見十一月辛未又晝見十二月壬寅月犯太白三年十二月辛未太白晝見四月乙卯太白熒惑入輿鬼永和元年五月丁卯太白犯牽牛大星

永和二年五月戊申太白晝見八月庚子熒惑犯南斗斗爲吳黃帝經曰不期年國有亂有憂海中占爲多火災一日旱古今注曰九月壬午月入畢口中明年五月吳郡太守行丞事羊珍與越兵弟葉吏民吳銅等二百餘人起兵反殺吏民燒官亭民舍攻太守府太守王衡距守吏兵格殺珍等又江賊蔡伯流等數百人攻廣陵九江燒城郭殺都長

三年二月辛巳太白晝見戊子在熒惑西南光芒相犯辛丑有流星大如斗從西北東行長八九尺色赤黃有聲隆隆如雷三月壬子太白晝見六月丙午太白晝見八月古今注曰己酉熒惑入太微乙卯太白晝見閏月甲寅辰星入輿鬼己酉熒惑入太微乙卯太白晝見古今注曰十二月丁卯月犯軒轅大星太白者將軍之官又爲西州晝見陰盛與君爭明熒惑與太白相犯爲兵喪流星爲使聲隆隆怒之象也辰星入輿鬼爲大臣有死者熒惑入太微亂臣在廷中是時大將軍梁商父子秉勢故太白常晝見也其四年正月祀南郊夕牲中常侍張逵蘧政楊定內署令石光尚方令傅福等與中常侍曹騰孟賁爭權白帝言騰賁與商謀反矯詔命收騰賁自解說順帝寤解騰賁縛逵等自知事不從各奔走或自刺解貂蟬投草中逃亡皆得免其六年征西將軍馬賢擊西羌於北地謝姑山下父子爲羌所沒殺是其應也

四年七月壬午熒惑入南斗犯第三星五年四月戊午太白晝見八月己酉熒惑入太微斗爲貴相爲揚州熒惑犯入之爲兵喪其六年大將軍商薨九江丹陽賊周生馬勉等起兵攻沒郡縣梁氏又專權於天廷中

六年二月丁巳彗星見東方長六七尺色青白西南指營室及墳墓星郗萌占曰彗星出而中營室天下亂易政以五色占之吉凶丁丑彗星在奎一度長六尺癸未昏見河圖曰彗星出貫室虜兵悉出禍在強侯外夷郗鹰逆首謀也西北歷昴畢甲申在東井遂歷輿鬼柳七星張光炎及三台至軒轅中滅古今注曰五月庚寅太白晝見十一月甲午太白晝見營室者天子常宮墳墓主死彗星起而在營室墳墓不

出五年天下有大喪後四年孝順帝崩昴爲邊兵又爲趙羌周馬父子後遂爲寇又劉文刲清河相謝暠欲立王蒜爲天子暠不聽殺暠王閉門距文官兵捕誅文蒜以惡人所刲廢爲尉氏侯又徙爲犍陽都鄉侯薨國絕歷東井輿鬼爲秦皆羌所攻鈔炎及三台爲三公是時太尉杜喬及故太尉李固爲梁冀所陷入坐文書死及至注張爲周滅於軒轅中爲後宮其後懿獻后以憂死梁氏被誅是其應也

漢安古今注曰元年二月壬午歲星在太微中八月癸丑月犯南斗入魁中二年正月己亥太白晝見五月丁亥辰星犯輿鬼古今注曰丙辰月入斗中六月乙丑熒惑光芒犯鎮星七月甲申太白晝見辰星犯輿鬼爲大喪熒惑犯鎮星爲大人忌明年八月孝順帝崩孝沖古今注曰建康元年九月己亥太白晝見韓揚古日天下有喪一日有白衣之會明年正月又崩

孝質本初元年古今注曰三月丁丑月入南斗三月癸丑熒惑入輿鬼四月辛巳太白入輿鬼皆爲大喪五月庚戌太白犯熒惑爲逆謀閏月一日孝質帝爲梁冀所鴆崩

後漢書卷二十一考證

天文志中攻蕉唐城○臣召南按文當作嶲唐城嶲唐永昌郡屬縣也

二月九日甲寅流星過紫宮○臣良裘按書日倒惟甲子此兼言九日訛也上書八月庚寅慧星出天市此不應更紀二月事且上書元年正月丁巳則二月九日安得爲甲寅乎下云十二月戊寅慧星出考章帝紀在建初二年此二年九月乃二年九月之訛也

水在輿鬼中注辰星犯昴○臣永祚按正文在輿鬼而注爲犯昴必誤臣召南按犯昴當作犯鬼

後漢書卷二十二

梁　剡　令劉　昭補并注

天文志第十二

天文下桓三十八　靈二十　獻九　隕石

孝桓建和元年八月壬寅熒惑犯輿鬼質星二年二月辛卯熒惑行在輿鬼中三年五月己丑太白行入太微右掖門留十五日出端門丙申熒惑入東井八月己亥鎮星犯輿鬼中南星乙丑彗星芒長五尺見天市中東南指色黃白九月戊辰不見熒惑犯輿鬼爲死喪質星爲戮臣入太微爲亂臣鎮星犯輿鬼爲喪彗星見天市中爲質貴人至和平元年十二月甲寅梁太后崩梁冀益驕亂矣

元嘉元年二月戊子太白晝見永興二年閏月丁酉太白晝見時上幸後宮采女鄧猛明年封猛兄演爲南頓侯後四歲梁皇后崩梁冀被誅猛立爲皇后恩寵甚盛

永壽元年三月丙申鎮星逆行入太微中七十四日去左掖門七月己未辰星入太微中八十日去左掖門八月己巳熒惑入太微二十一日出端門太微天子廷也鎮星爲貴臣妃后逆行爲匿謀辰星入太微爲大水一日後宮有憂是歲雒水溢至津門南陽大水熒惑留入太微中又爲亂臣是時梁氏專政九月己酉晝有流星長二尺所色黃白癸巳熒惑犯歲星爲姦臣謀大將戮二年六月甲寅辰星入太微遂伏不見辰星爲水爲兵爲妃后八月戊午太白犯軒轅大星爲皇后其三年四月戊寅熒惑入東井口中爲大臣有誅者其七月丁丑太白犯心前星爲大臣後二年四月懿獻皇后以憂死大將軍梁冀使太倉令秦宮刺殺議郎邴尊又欲殺鄧后母宣事覺桓帝收冀及妻壽襄城君印綬皆自殺誅諸梁及孫氏宗族或從邊是其應也

延熹四年三月甲寅熒惑犯輿鬼質星五月辛酉客星在營室稍順行生芒長五尺所至心一度轉爲彗熒惑犯輿鬼質星大臣有戮死者五年十月南郡太守李肅坐蠻夷賊攻盜郡縣取財物一億以上入府取銅虎符肅背敵走不救城郭又監黎陽謁者燕喬坐贓重泉令彭良殺無辜皆棄市京兆虎牙都尉宋謙坐贓下獄死客星在營室至心作彗爲大喪後四年鄧后以憂死

六年十一月丁亥太白晝見是時鄧后家貴盛

七年七月戊辰辰星犯歲星八月庚戌熒惑犯輿鬼質星庚申歲星犯軒轅大星十月丙辰太白犯房北星丁卯辰星犯太白十二月乙丑熒惑犯軒轅第二星辰星犯歲星爲兵熒惑犯質星有戮臣歲星犯軒轅爲女主憂太白犯房北星爲後宮其八年二月太僕南鄉侯左勝以罪賜死勝弟中常侍上蔡侯悺北鄉侯黨皆自殺癸亥皇后鄧氏坐執左道廢遷于祠宮死宗親侍中沘陽侯鄧康河南尹鄧萬越騎校尉鄧弼虎賁中郎將安鄉侯鄧魯侍中監羽林左騎鄧德右騎鄧壽昆陽侯鄧統淯陽侯鄧秉議郎鄧循皆繫暴室萬魯死康等免官又荊州刺史芝交阯刺史葛祗皆爲賊所拘略桂陽太守任胤背敵走皆棄市熒惑犯輿鬼質星之應也

八年五月癸酉太白犯輿鬼質星壬午熒惑入太微右執法閏月己未太白犯心前星十月癸酉歲星犯左執法十一月戊午歲星入太微犯左執法九年正月壬辰歲星入太微中五十八日出端門六月壬戌太白行入輿鬼七月乙未熒惑行輿鬼中犯質星九月辛亥熒惑入太微西門積五十八日永康元年正月庚寅熒惑逆行入太微東門留太微中百一日出端門七月丙戌太白晝見經天太白犯心前星太白犯輿鬼質星有戮臣熒惑入大微爲賊臣太白犯心前星爲兵喪歲星入太微犯左執法將相有誅者歲星入守太微五十日占爲人主太白熒惑入輿鬼皆爲死喪又犯質星爲戮臣熒惑留太微中百一日占爲人主太白晝見經天爲兵憂在大人其九年十一月太原太守劉瓆南陽太守成瑨皆坐殺無辜荊州刺史李隗爲賊所拘尚書郎孟璫坐受金漏言皆棄市永康元年十二月丁丑桓帝崩太傅陳蕃大將軍竇武尚書令尹勳黃門令山冰等皆枉死太白犯心熒惑留守太微之應也

孝靈帝建寧元年六月太白在西方入太微犯西蕃南頭星太微天廷也太白行其中宮門當閉大將被甲兵大臣伏誅其八月太傅陳蕃大將軍竇武謀欲盡誅諸宦者其九月辛亥中常侍曹節長樂五官史朱瑀覺之矯制殺蕃武等家屬徙日南比景

熹平元年十月熒惑入南斗中占曰熒惑所守爲兵亂斗爲吳其十一月會稽賊許昭聚衆自稱大將軍昭父生爲越王攻破郡縣

二年四月有星出文昌入紫宮蛇行有首尾無身赤色有光炤垣墻八月丙寅太白犯心前星辛未白氣如一匹練衝北斗第四星占曰文昌爲上將貴相太白犯心前星爲大臣後六年司徒劉郃爲中常侍曹節所譖下獄死白氣衝北斗爲大戰明年冬揚州刺史臧旻丹陽太守陳寅攻盜賊苴康斬首數千級

光和元年四月癸丑流星犯軒轅第二星東北行入北斗魁中八月彗星出亢北入天市中長數尺稍長至五六丈赤色經歷十餘宿八十餘日乃消於天苑中流星爲貴使軒轅爲內宮北斗魁主殺流星從軒轅出抵北斗魁是天子大使將出有伐殺也至中平元年黃巾賊起上遣中郎將皇甫嵩朱儁等征之斬首十餘萬級彗除天市天帝將徙帝將易都至初平元年獻帝遷都長安

三年冬彗星出狼弧東行至于張乃去張爲周地彗星犯之爲兵亂後四年京都大發兵擊黃巾賊

五年四月熒惑在太微中守屏七月彗星出三台下東行入太微至太子幸臣二十餘日而消十月歲星熒惑太白三合於虛相去各五六寸如連珠占曰熒惑在太微爲亂臣是時中常侍趙忠張讓郭勝孫璋等並爲姦亂彗星入太微天下易主至中平六年宮車晏駕歲星熒惑太白三合於虛爲喪虛齊地明年琅邪王據薨

光和中國皇星東南角去地一二丈如炬火狀十餘日不見占曰國皇星爲內亂外內有兵喪其後黃巾賊張角燒州郡朝廷遣將討平斬首十餘萬級中平六年宮車晏駕大將軍何進令司隸校尉袁紹私募兵千餘人陰時雒陽城外竊呼并州牧董卓使將兵至京都共誅中官對戰南北宮闕下死者數千人燔燒宮室遷都西京及司徒王允與將軍呂布誅卓卓部曲將郭汜李傕旋兵攻長安公卿百官吏民戰死者且萬人天下之亂皆自內發

中平二年十月癸亥客星出南門中大如半筵五色喜怒稍小至後年六月消占曰爲兵至六年司隸校尉袁紹誅滅中官大將軍部曲將吳匡攻殺車騎將軍何苗死者數千人

三年四月熒惑逆行守心後星十月戊午月食心後星占曰爲大喪後三年而靈帝崩

五年二月彗星出奎逆行入紫宮後三出六十餘日乃消六月丁卯客星如三升椀出貫索西南行入天市至尾而消占曰彗除紫宮天下易主客星入天市爲貴人喪明年四月宮車晏駕中平中夏流星赤如火長三丈起河鼓入天市抵觸宦者星色白長二三丈後尾再屈食頃乃滅狀似枉矢占曰枉矢流發其宮射所謂矢當直而枉者操矢者邪枉人也中平六年大將軍何進謀盡誅中官於省中殺進俱兩破滅天下由此遂大壞亂

六年八月丙寅太白犯心前星戊辰犯心中大星其日未冥四刻大將軍何進於省中爲諸黃門所殺己巳車騎將軍何苗爲進部曲將吳匡所殺

孝獻初平二年九月蚩尤旗見長十餘丈色白出角亢之南占曰蚩尤旗見則主征伐四方其後丞相曹公征討天下且三十年

四年十月孛星出兩角間東北行入天市中而滅占曰彗除天市天帝將徙帝將易都是時上在長安後二年東遷明年七月至雒陽其八月曹公迎上都許

建安五年十月辛亥有星孛于大梁冀州分也時袁紹在冀州其年十一月紹軍爲曹公所破七年夏紹死後

曹公遂取冀州
九年十一月有星孛于東井輿鬼入軒轅太微十一年
正月星孛于北斗首在斗中尾貫紫宮及北辰占曰彗
星掃太微宮人主易位其後魏文帝受禪
十二年十月辛卯有星孛于鶉尾荆州分也時荆州牧
劉表據荆州時益州從事周羣以荆州牧將死而失土
明年秋表卒以小子琮自代曹公將伐荆州琮懼舉軍
詣公降
十七年十二月有星孛于五諸侯周羣以爲西方專據
土地者皆將失土是時益州牧劉璋據益州漢中太守
張魯别據漢中韓遂據凉州宋建别據枹罕明年冬曹
公遣偏將擊凉州十九年獲宋建韓遂逃于羌中病死
其年秋璋失益州二十年秋曹公攻漢中魯降
十八年秋歲星鎭星熒惑俱入太微逆行留守帝坐百
餘日占曰歲星入太微人主改
二十三年三月孛星晨見東方二十餘日夕出西方犯
歷五車東井五諸侯文昌軒轅后妃太微鋒炎指帝坐
占曰除舊布新之象也
殤帝延平元年九月乙亥隕石陳留四春秋僖公十六
年隕石于宋五傳曰隕星也董仲舒以爲從高及下之
象或以爲庶人惟星隕民困之象也
桓帝延熹七年三月癸亥隕石右扶風一鄠又隕石二
皆有聲如雷

後漢書卷二十二考證
天文志下後六年司徒劉𡾰爲中常侍曹節所譖○何
焯校本𡾰改郤
宋建别據枹罕○何焯校本宋改宗

後漢書卷二十三
梁　剡　令劉　昭補并注
五行志第十三
五行一
貌不恭　淫雨　服妖
雞禍　青眚　屋自壞
訛言　旱　謠
狼食人

五行傳說及其占應漢書五行志錄之詳矣故泰山太
守應劭給事中董巴散騎常侍譙周蜀志曰周字允南巴西西充國人也治尚書兼通諸經及圖緯州郡辟請皆不應耽古篤學誦讀典籍欣然獨笑以忘寢食蜀亡入魏徵不至並
撰建武以來災異今合而論之以續前志云
五行傳曰田獵不宿鄭玄注尚書大傳曰不宿不宿禽也角主天兵周禮四時習兵因以田獵禮志曰天子不合圍諸侯不掩羣過此則暴天物爲不宿禽角南有天庫將軍騎官漢書音義曰遊田馳騁不反宮室飲食不享鄭玄曰享獻也禮志曰天子諸侯無事則歲三田一爲乾豆二爲賓客三爲充君之庖周禮獻人冬獻狼夏獻麋春秋獻獸物此獻禮之大略也注五行傳鄭玄曰皆出注大傳也漢書音義曰無獻享之禮出入不節鄭玄曰角爲天門房有三道出入之象也奪民農時鄭玄曰房心農時之候也季冬之月命農師計耦耕事是時房心晨中春秋傳曰辰爲農祥后稷之所經緯也及
有姦謀鄭玄曰亢爲朝廷房心爲明堂謀事出政之象則木不曲直鄭玄曰君行此五者爲逆天東宮之政東宮於地爲木木性或曲或直人所用爲器也無故生不暢茂多折槁是爲木不曲直木金水火土謂之五材春秋傳曰天生五材民並用之其政逆則神怒神怒則材失性不爲民用其他變異皆屬診診亦神怒凡神怒者日月五星既見譴于天矣洪範木曰曲直孔安國曰木可以揉曲直謂木失其
性而爲災也又曰貌之不恭是謂不肅鄭玄曰肅敬也君貌不恭則是不能敬其事也洪範曰貌曰恭厥咎狂鄭玄曰君臣不敬則倨慢如狂方儲對策曰君失制度下不恭承臣恣淫慢厥罰恒雨鄭玄曰貌曰木木主春春氣生生氣失則踰其節故常雨也管子曰冬作土功發地藏則夏多暴雨秋雨霖不止淮南子曰金不收則多淫雨厥極惡孔安國曰醜陋時則
有服妖鄭玄曰服貌之飾也時則有龜孽鄭玄曰龜蟲之生於水而游於春者屬木時
則有雞禍鄭玄曰雞畜之有冠翼者也屬貌洪範傳曰妖者敗胎也少小之類言其事之自微也至孽則牙孽也至乎禍則著矣時則有下體生上之痾鄭玄曰痾病也貌氣失之病也漢書音義曰若梁孝王之時牛足反出背上也此下欲伐上之禍時則有青眚青祥鄭玄曰青木色也眚生於此祥自外來也惟金沴木鄭玄曰沴殄也凡貌言視聽思心一事失則逆人之心人心逆則怨木金水火土氣爲之傷傷則衝勝來乘沴之於是神怒人怨將爲禍亂故五行先見變異以譴告人也及妖孽禍痾眚祥皆其氣類暴作非常爲時怪者也各以物象爲之占也說云氣之相
傷謂之沴尚書大傳曰凡六沴之作歲之朝月之朝日之朝則后王受之歲之中月之中日之中則公卿受之歲之夕月之夕日之夕則庶民受之鄭玄曰自正月盡四月爲歲之朝自五月盡八月爲歲之中自九月盡十二月爲歲之夕上旬爲月之朝中旬爲月之中下旬爲月之夕平旦至食時爲日之朝隅中至日昳爲日之中晡時至黃昏爲日之夕受之受其凶咎也大傳又云其二辰以次相將其次受之鄭玄曰二辰謂日月也假令歲之朝也日月中則上公受之日月夕則下公受之歲之中也日月朝則孤卿受之日月夕則大夫受之歲之夕也日月朝則上士受之日月中則下士受之其餘差以尊卑多少則悉矣管子曰明王有四禁春無殺伐無割大陵伐大木斬大山行大火誅大臣收穀賦錢夏無遏水達名川塞大谷動土功射鳥獸秋無赦過釋罪緩刑冬無賦爵賞祿傷伐五藏故春政不禁則五穀不成夏政不禁則草木不榮秋政不禁則姦邪不勝冬政不禁則地氣不藏四者俱犯則陰陽不和風雨不時火流邑大風飄屋折樹木地草夭冬雷草木夏落而秋蟲不藏宜死者生宜蟄者鳴多螣蟇蟲也六畜不蕃民多夭死國貧法亂逆氣下生故曰臺榭相望者亡國之蕪也馳車充國者追寇之馬也翠羽朱飾者斬生之斧也五采纂組者蕃功之室也明王知其然故遠而不近能去此取彼則王道備也續漢書曰建武二年尹敏上疏曰六沴作見若是供御帝用不差神則大喜五福乃降用章于下若不供御六罰既侵六極其下明供御則天報之福不供御則禍災至欲尊六事之體則貌言視聽思心之用合六事之揆以致乎太平而消除轗軻孽害也
建武元年赤眉賊率樊崇逢安等共立劉盆子爲天子
然崇等視之如小兒百事自由初不恤錄也後正旦至
君臣欲共饗既坐酒食未下羣臣更起亂不可整時大
司農楊音案劍怒曰小兒戲尚不如此其後遂破壞崇
安等皆誅死唯音爲關內侯以壽終
光武崩山陽王荆哭不哀作飛書與東海王勸使作亂
明帝以荆同母弟大后在故隱之後徙王廣陵荆遂坐
復謀反自殺也
章帝時竇皇后兄憲以皇后甚幸於上故人人莫不畏
憲憲於是強請奪沁水長公主田公主畏憲與之憲乃
賤顧之後上幸公主田覺之問憲憲又上言借之上以
后故但譴勑之不治其罪後章帝崩竇太后攝政憲秉
機密忠直之臣與憲忤者憲多害之其後憲兄弟遂皆
被誅
桓帝時梁冀秉政兄弟貴盛自恣好驅馳過度至於歸
家猶馳驅入門百姓號之曰梁氏滅門驅馳後遂誅滅
和帝永元十年十三年十四年十五年皆淫雨傷稼古今注曰光武建武六年九月大雨連月苗稼更生鼠巢樹上十七年雒陽暴雨壞民廬舍壓殺人傷害禾稼
安帝元年四年秋郡國十淫雨傷稼方儲對策曰雨不時節妄賞賜也
永寧元年郡國三十三淫雨傷稼
建光元年京都及郡國二十九淫雨傷稼是時羌反久
未平百姓屯戍不解愁苦
延光元年郡國二十七淫雨傷稼案本傳陳忠奏以爲王侯二千石爲女使伯榮獨拜車下柄在臣妾
二年郡國五連雨傷稼
順帝永建四年司隸荆豫兖冀部淫雨傷稼
六年冀州淫雨傷稼
桓帝延熹二年夏霖雨五十餘日是時大將軍梁冀秉
政謀害上所幸鄧貴人母宣冀又擅殺議郎邴尊上欲
誅冀懼其持權日久威勢強盛恐有逆命害及吏民密
與近臣中常侍單超等圖其方略其年八月冀卒伏罪
誅滅案公沙穆傳永壽元年霖雨大水三輔以東莫不湮沒
靈帝建寧元年夏霖雨六十餘日是時大將軍竇武謀
變廢中官其年九月長樂五官吏朱瑀等共與中常侍
曹節起兵先誅武交兵闕下敗走追斬武兄弟死者數
百人案武死無兄弟有兄子
熹平元年夏霖雨七十餘日是時中常侍曹節等共誣
曰勃海王悝謀反其十月誅悝
中平六年夏霖雨八十餘日是時靈帝新棄羣臣大行
尚在梓宮大將軍何進與佐軍校尉袁紹等共謀欲誅
廢中官下文陵畢中常侍張讓等共殺進兵戰京都死
者數千
更始諸將軍過雒陽者數十輩皆幘而衣婦人衣繡擁
䯱時智者見之以爲服之不中身之災也乃奔入邊郡
避之是服妖也其後更始遂爲赤眉所殺
桓帝元嘉中京都婦女作愁眉啼粧墮馬髻折要步齲
齒笑所謂愁眉者細而曲折啼粧者薄拭目下若啼處
墮馬髻者作一邊梁冀別傳曰冀婦女又有不聊生髻折要步者足不在
體下齲齒笑者若齒痛樂不欣欣始自大將軍梁冀家
所爲京都歙然諸夏皆放效此近服妖也梁冀二世上
將婚媾王室大作威福將危社稷天誡若曰兵馬將往
收捕婦女憂愁踧眉啼泣吏卒掣頓折其要脊令髻傾
邪雖強語笑無復氣味也到延熹二年舉宗誅夷
延熹中梁冀誅後京都幘顏短耳長短上長下時中常
侍單超左悺徐璜具瑗唐衡在帝左右縱其姦慝海內
慍曰一將軍死五將軍出家有數侯子弟列布州郡賓
客雜襲騰翥上短下長與梁冀同占到其八年桓帝因
日蝕之變乃拜故司徒韓寅爲司隸校尉以次誅鉏京
都正清臣昭案本傳寅誅左悺具瑗雖尅折姦首羣閹猶盛京都未爲正清
延熹中京都長者皆著木屐婦女始嫁至作漆畫五采
爲系此服妖也到九年黨事始發傳黃門北寺臨時惶
或不能信天任命多有逃走不就考者九族拘繫及所
過歷長少婦女皆被桎梏應木屐之象也
靈帝建寧中京都長者皆以葦方笥爲粧具下士盡然
時有識者竊言葦方笥郡國讞篋也今珍用之此天下
人皆當有罪讞於理官也到光和三年癸丑赦令詔書
吏民依黨禁錮者赦除之有不見文他以類比疑者讞
於是諸有黨郡皆讞廷尉人名悉入方笥中
靈帝好胡服胡帳胡牀胡坐胡飯胡空侯胡笛胡舞京
都貴戚皆競爲之此服妖也其後董卓多擁胡兵填塞
街衢虜掠宮掖發掘園陵
靈帝於宮中西園駕四白驢躬自操轡驅馳周旋以爲
大樂於是公卿貴戚轉相放效至乘輜軿以爲騎從互
相侵奪賈與馬齊案易曰時乘六龍以御天行天者莫
若龍行地者莫如馬詩云四牡騤騤載是常服檀車煌
煌四牡彭彭夫驢乃服重致遠上下山谷野人之所用
耳何有帝王君子而驂服之乎遲鈍之畜而今貴之天
意若曰國且大亂賢愚倒植凡執政者皆如驢也其後
董卓陵虐王室多援邊人以充本朝胡夷異種跨蹈中
國
熹平中省內冠狗帶綬以爲笑樂有一狗突出走入司
徒府門或見之者莫不驚怪袁山松書曰光和四年又於西園弄狗以配人京
房易傳曰君不正臣欲篡厥妖狗冠出後靈帝寵用便
嬖子弟永樂賓客鴻都羣小傳相汲引公卿牧守比肩
是也又遣御史於西邸賣官關內侯顧五百萬者賜與
金紫詣闕上書占令長隨縣好醜豐約有賈強者貪如

豺虎弱者畧不類物實狗而冠者也司徒古之丞相壹統國政天戒若曰宰相多非其人尸祿素餐莫能據正持重阿意曲從今在位者皆如狗也故狗走入其門（應劭曰靈帝數以車騎將軍過拜寵臣內寵又贈亡人顯號加於頑凶印綬汙於腐屍昔辛有睹被髮之祥知其爲戎今假號雲集不亦宜乎）

靈帝數遊戲於西園中令後宮采女爲客舍主人身爲商賈服行至舍采女下酒食因共飲食以爲戲樂此服妖也其後天下大亂（風俗通曰時京師賓婚嘉會皆作魁櫑酒酣之後續以挽歌魁櫑喪家之樂挽歌執紼相偶和之者天戒若曰國家當急殄悴諸貴樂皆死亡也自靈帝崩後京師壞滅戶有兼屍蟲而相食魁櫑挽歌斯之效乎）

獻帝建安中男子之衣好爲長躬而下甚短女子好爲長裙而上甚短時益州從事莫嗣以爲服妖是陽無下而陰無上也天下未欲平也後還遂大亂（袁山松曰禪位於魏）

靈帝光和元年南宮侍中寺雌雞欲化雄一身毛皆似雄但頭冠尚未變詔以問議郎蔡邕邕對曰貌之不恭則有雞禍宣帝黃龍元年未央宮雌雞化爲雄不鳴無距是歲元帝初即位立王皇后至初元元年丞相史家雌雞化爲雄冠距鳴將是歲后父禁爲平陽侯女立爲皇后至哀帝晏駕后攝政王莽以后兄子爲大司馬由是爲亂臣竊推之頭元首人君之象今雞一身已變未至於頭而上知之是將有其事而不遂成之象也若應之不精政無所改頭冠或成爲患茲大是後張角作亂稱黃巾遂破壞四方疲於賦役多叛者上不改政遂致天下大亂

桓帝永興二年四月丙午光祿勳吏舍壁下夜有青氣視之得玉鉤玦各一鉤長七寸二分周五寸四分身中皆雕鏤此青祥也玉金類也七寸二分商數也五寸四分徵數也商爲臣徵爲事蓋爲人臣引決事者不肅將有禍也是時梁冀秉政專恣後四歲梁氏誅滅也

延熹五年太學門無故自壞襄楷以爲太學前疑所居（本傳楷書無前疑之言也）其門自壞文德將喪教化廢也是後天下遂至喪亂

永康元年十月壬戌南宮平城門內屋自壞金沴木木動也其十二月宮車晏駕

靈帝光和元年南宮平城門內屋武庫屋及外東垣屋前後頓壞蔡邕對曰平城門正陽之門與宮連郊祀法駕所由從出門之最尊者也武庫禁兵所藏東垣庫之外障易傳曰小人在位上下咸悖厥妖城門內崩潛潭巴曰宮瓦自墮諸侯強陵主此皆小人顯位亂法之咎也其後黃巾賊先起東方庫兵大動皇后同父兄何進爲大將軍同母弟苗爲車騎將軍兄弟並貴盛皆統兵在京都其後進欲誅廢中官爲中常侍張讓段珪等所殺兵戰宮中闕下更相誅滅天下兵大起

三年二月公府駐駕廡自壞南北三十餘間

中平二年二月癸亥廣陽城門外上屋自壞也

獻帝初平二年三月長安宣平城門外屋無故自壞至三年夏司徒王允使中郎將呂布殺太師董卓夷三族（袁山松曰李傕等攻破長安城害允等）

興平元年十月長安市門無故自壞至二年春李傕郭氾鬬長安中傕迫劫天子移置傕塢盡燒宮殿城門官府民舍放兵寇鈔公卿以下冬天子東還雒陽傕氾追上到曹陽虜掠乘輿輜重殺光祿勳鄧淵廷尉宣播少府田邠等數十人

五行傳曰好攻戰（鄭玄注曰參伐爲武府攻戰之象）輕百姓（鄭玄注曰輕之者不重民命春秋傳曰師出不正反戰不正勝也）飾城郭（鄭玄注曰昴畢間爲天街甘氏經曰天街保塞孔塗道衞保塞城郭之象也月令曰四鄙入保）侵邊境（鄭玄曰畢主邊兵）則金不從革（鄭玄注曰君行此四者爲逆天西宮之政西宮於地爲金金性從刑而革人所用爲器者也無故冶之不銷或入火飛亡或鑄之裂形是爲不從革其他變異皆屬沴也洪範曰從革作辛馬融曰金之性從人而更可銷鑠也漢書音義曰言人君言不見從則金鑠亦不從人意）謂金失其性而爲災也又曰言不從是謂不乂（鄭玄曰乂治也君言不從則是不能治其事也）厥咎僭（鄭玄曰君臣不治則僭差矣）厥罰恒暘（鄭玄曰金主秋秋氣殺殺氣失故常暘也春秋考異郵曰君行非是則言不見從言不見從則下不治下不治則僭差過制度奢侈驕泰天子僭天大夫僭人主諸侯僭上陽無以制從心之喜上憂下則常暘從之推設其跡考之天意則大旱不雨而民庶大災傷淮南子曰殺不辜則國赤地）厥極憂（鄭玄曰殺氣失故於人爲憂）時則有詩妖（鄭玄曰詩之言志也）時則有介蟲之孽（鄭玄曰蟓螽蜩蟬之類生於火而藏於秋者也屬金）時則有犬禍（鄭玄曰犬畜之以口吠守者屬言）時則有口舌之痾（鄭玄曰言氣失之病）時則有白眚白祥惟木沴金介蟲劉歆傳以爲毛蟲乂治也

安帝永初元年十一月民訛言相驚司隸并冀州民人流移時鄧太后專政婦人以順爲道故禮夫死從子之命今專主事此不從而僭也（古今注曰章帝建初五年東海魯國東平山陽濟陰陳留民訛言相驚有賊擁至京師民皆入城也）

世祖建武（古今注曰建武三年七月雒陽大旱帝至南郊求雨即日雨）五年夏旱京房傳曰欲德不用茲謂張厥災荒其旱陰雲不雨變而赤因四陰衆出過時茲謂廣其旱不生上下皆蔽茲謂隔其旱天赤三月時有雹殺飛禽上緣求妃茲謂僭其旱三月大溫亡雲君高臺府茲謂犯陰侵陽其旱萬物根死有火災庶位踰節茲謂僭其旱澤物枯爲火所傷（春秋考異郵曰國大旱寃獄結旱者陽氣移精不施君上失制奢淫僭差氣亂感天則旱徵見又云陰厭陽移君淫民惡陰精不舒陽偏不施又云陽偏民怨徵也在所以感之者上奢則求多求多則下竭下竭則憒君不仁管子曰春不收枯骨伐枯木而起去之則夏旱方儲對策曰百姓若土卒煩碎責租稅失中暴師外營經歷三時內有怨女外有曠夫王者熱推其祥揆合於天圖之事情旱災可除夫旱者過日天王無意於百姓恩德不行萬民煩擾故天應以無澤）是時天下僭逆者未盡誅軍多過時（古今注曰建武六年六月旱九年春十二年五月二十一年六月明帝永平元年五月八年冬十一年八月十五年八月十八年三月並旱）

章帝章和二年夏旱時章帝崩後竇太后兄弟用事奢僭（古今注曰建初二年夏雒陽旱四年夏元和元年春並旱案楊終傳建初元年大旱穀貴終以爲廣陵楚淮陽濟南之獄徙者數萬人吏民怨曠上疏云久旱孔叢曰建初元年大旱天子憂之侍御史孔豐乃上疏曰臣聞爲不善而災報得其應也爲善而災至遭時運也陛下即位日淺視民如傷而不幸耗旱時運之會耳非政教所致也昔成湯遭旱因自責省畋散積減御損食而大有年意者陛下未爲成湯之事焉天子納其言而從之三日雨即降轉拜黃門郎典東觀事）

和帝永元六年秋京都旱時雒陽有寃囚和帝幸雒陽寺錄囚徒理寃囚收令下獄抵罪行未還宮澍雨降（古今注曰永元二年郡國十四旱十五年丹陽郡國二十二並旱或傷稼安帝古今注曰永初元年郡國八旱分遣議郎請雨案本紀二年五月旱皇太后幸雒陽寺錄囚徒即日降雨六月京都及郡國四十大水雖去旱得水無救爲災）

永初六年夏旱（古今注曰三年郡國八旱四年五年夏並旱）

七年夏旱

元初元年夏旱

二年夏旱（三年夏旱時西羌寇亂軍屯相繼連十餘年）

六年夏旱（古今注曰建光元年郡國四旱延光元年郡國五並旱傷稼）

順帝永建三年夏旱

五年夏旱

陽嘉二年夏旱時李固對策以爲奢僭所致也（臣昭案本紀元年二月京師旱郎顗傳人君思澤不施於民祿去公室臣下專權所致也又周舉傳三年河南三輔大旱五穀傷災天子親自露坐陽德殿東廂請雨）

沖帝永嘉元年夏旱時沖帝幼崩太尉李固勸太后及兄梁冀立嗣帝擇年長有德者天下賴之則功名不朽年幼未可知如後不善悔無所及時太后及冀貪立年幼欲久自專遂立質帝八歲此不用德（古今注曰本初元年二月京師旱）

桓帝元嘉元年夏旱是時梁冀秉政妻子並受封寵踰節

延熹元年六月旱（京房占曰人君無施澤惠利於下則致旱也不救必蝗蟲害穀其救也貰逋詞行寬大惠兆民勞功吏賜鰥寡稟不足案陳蕃上疏宮女多聚不御憂悲之感以致水旱之困也）

靈帝熹平五年夏旱（蔡邕作伯夷叔齊碑曰熹平五年天下大旱禱請名山求獲答應時處士平陽蘇騰字玄成夢陟首陽有神馬之使在道明覺而思之以其夢陟狀上聞天子開三府請雨使者與郡縣戶曹掾吏登山升祠手書要曰君況我聖主以洪澤之福天尋興雲即降甘雨也）

六年夏旱

光和五年夏旱

六年夏旱是時常侍黃門僭作威福

獻帝興平元年秋長安旱是時李傕郭汜專權縱肆（獻帝起居注曰建安十九年夏四月旱）

更始時南陽有童謠曰諧不諧在赤眉得不得在河北是時更始在長安世祖爲大司馬平定河北更始大臣並僭專權故謠妖作也後更始遂爲赤眉所殺是更始之不諧在赤眉也世祖自河北興

世祖建武六年蜀童謠曰黃牛白腹五銖當復是時公孫述僭號於蜀時人竊言王莽稱黃述欲繼之故稱曰五銖漢家貨明當復也述遂誅滅王莽末天水童謠曰出吳門望緹羣見一蹇人言欲上天令天可上地上安得民時隗囂初起兵於天水後意稍廣欲爲天子遂破滅囂少病蹇吳門冀郭門名也緹羣山名也

順帝之末京都童謠曰直如弦死道邊曲如鉤反封侯案順帝即位孝質短祚大將軍梁冀貪樹疏幼以爲己功專國號令以贍其私大尉李固以爲清河王雅性聰明敦詩悅禮加又屬親立長則順置善則固而冀建白太后策免固徵蠡吾侯遂即至尊固是日幽斃于獄暴屍道路而太尉胡廣封安樂鄉侯司徒趙戒厨亭侯司空袁湯安國亭侯云

桓帝之初天下童謠曰小麥青青大麥枯誰當穫者婦與姑丈人何在西擊胡吏買馬君具車請爲諸君鼓嚨胡案元嘉中涼州諸羌一時俱反南入蜀漢東抄三輔延及并冀大爲民害命將出衆每戰常負中國益發甲卒麥多委棄但有婦女穫刈之也吏買馬君具車者言調發重及有秩者也請爲諸君鼓嚨胡者不敢公言私咽語

桓帝之初京都童謠曰城上烏尾畢逋公爲吏子爲徒一徒死百乘車車班班入河間河間姹女工數錢以錢爲室金爲堂石上慊慊舂黃粱梁下有懸鼓我欲擊之丞卿怒案此皆謂爲政貪也城上烏尾畢逋者處高利獨食不與下共謂人主多聚斂也公爲吏子爲徒者言蠻夷將畔逆父既爲軍吏其子又爲卒徒往擊之也一徒死百乘車者言前一人往討胡既死矣後又遣百乘車往（臣昭曰志家此釋豈未盡乎徒一死何用百乘其後驗竟爲靈帝作此言一徒似斥桓帝帝貴任羣閹參委機政左右前後莫非刑人有同四徒之長故言寄一徒也且又弟則廢黜身無嗣息然單獨非一而何百乘車者乃國之君解犢後欲正膺斷數纔以班班尤得以顯焉）車班班入河間者言上將崩乘輿班班入河間迎靈帝也（應劭釋此句云徵靈帝者輪班旋節）（入河間也）河間姹女工數錢（一本作妖女）以錢爲室金爲堂者靈帝既立其母永樂太后好聚金以爲堂也石上慊慊舂黃粱者言永樂雖積金錢慊慊常若不足使人舂黃粱

而食之也梁下有懸鼓我欲擊之丞卿怒者言永樂主教靈帝使賣官受錢所祿非其人天下忠篤之士怨望欲擊懸鼓以求見丞卿主鼓者亦復諂順怒而止我也

桓帝之初京都童謠曰游平賣印自有平不辟豪賢及大姓案到延熹之末鄧皇后以譴自殺乃以竇貴人代之其父名武字游平拜城門校尉及太后攝政爲大將軍與太傅陳蕃合心戮力惟德是建印綬所加咸得其人豪賢大姓皆絕望矣

桓帝之末京都童謠曰茅田一頃中有井四方纖纖不可整瞬復瞬今年尚可後年鐃風俗通作譊案易曰拔茅茹以其彙征吉茅喻羣賢也井者法也于時中常侍管霸蘇康憎疾海內英哲與長樂少府劉囂大常許詠尚書柳分袁山松書曰柳分權豪之黨爲范滂所奏者尋穆史佟佟後亦爲司隸應劭曰史佟左官諭進者也司隸唐珍等代作脣齒河內牢川詣闕上書汝頴南陽上采虛譽專作威福甘陵有南北二部三輔尤甚由是博考黃門北寺始見廢閣茅田一頃者言羣賢衆多也中有井者言雖阨窮不失其法度也四方纖纖不可整者言姦慝大熾不可整理瞬復瞬者京都飲酒相强之辭也言食肉者鄙不恤王政徒耽宴飲歡呼而已也今年尚可者言但禁錮也後年鐃者陳竇被誅天下大壞

桓帝之末京都童謠曰白蓋小車何延延河間來合諧河間來合諧案解犢亭屬饒陽河間縣也臣昭案郡國志饒陽本屬涿後屬安平靈帝既是河間王曾孫諸言自是有徵無俟明河間之爲驗居無幾何而桓帝崩使者與解犢侯皆白蓋車從河間來延延衆貌也是時御史劉儵建議立靈帝以儵爲侍中中常侍侯覽畏其親近必當間已白拜儵泰山太守因令司隸迫促殺之朝廷少長思其功効乃拔用其弟郃致位司徒此爲合諧也

靈帝之末京都童謠曰侯非侯王非王千乘萬騎上北芒案到中平六年史侯登躡至尊獻帝未有爵號爲中常侍段珪等數十人所執公卿百官皆隨其後到河上乃得來還此爲非侯非王上北芒者也英雄記曰京師謠歌咸言河臘叢進獻帝臘日生也風俗通曰烏臘烏鼠案逆臣董卓滔天虐民窮凶極惡關東舉兵欲共誅之轉相顧望莫肯先進處處停兵數十萬若烏臘蟲相隨橫取之矣

靈帝中平中京都歌曰承樂世董逃遊四郭董逃蒙天恩董逃帶金紫董逃行謝恩董逃整車騎董逃垂欲發董逃與中辭董逃出西門董逃瞻宮殿董逃望京城董逃日夜絕董逃心摧傷董逃楊孚卓傳曰卓改爲董安案董謂董卓也言雖跋扈縱其殘暴終歸逃竄至於滅族也風俗通曰卓以董逃之歌主爲已發大禁絕之死者千數靈帝之末禮樂崩壞賞刑失中毀譽無驗競飾僞服以蘯典制遠近翕然咸名後生放聲者爲時人有識者竊言昔曰世人次曰俗人今更曰時人此天促其期也其間無幾天下大壞也

獻帝踐祚之初京師童謠曰千里草何青青十日卜不得生案千里草爲董十日卜爲卓凡別字之體皆從上起左右離合無有從下發端者也今二字如此者天意若曰卓自下摩上以臣陵君也青青者暴盛之貌也不得生者亦旋破亡獻帝初童謠曰燕南垂趙北際中央不合大如礪唯有此中可避世公孫瓚以爲易地當之遂徙鎮焉乃修城積穀以待天下之變建安三年袁紹攻瓚瓚大敗盡其姊妹妻子引火自焚紹兵趣登臺斬之初瓚破黃巾殺劉虞乘勝南下侵據齊地雄威大振而不能開廓遠圖欲以堅城觀時坐聽圍戮斯亦自易地而去世也

建安初荊州童謠曰八九年間始欲衰至十三年無孑遺言自中興以來荊州無破亂及劉表爲牧又豐樂至此逮八九年當始衰者謂劉表妻當死諸將並零落也十三年無孑遺者言十三年表又當死民當移詣冀州也干寶搜神記曰是時有華容女子忽啼呼云有大喪言語過差縣以爲妖言繫獄百餘日忽於獄中哭曰劉荊州今日死華容去州數日即遣馬吏驗視表果死縣乃出之續又歌吟曰不意李立爲貴人後無幾曹公平荊州以涿郡李立字建賢爲荊州刺史

順帝陽嘉元年十月中望都蒲陰狼殺童兒九十七人時李固對策引京房易傳曰君將無道害將及人去之深山全身厥災狼食人陛下覺寤比求隱滯故狼災息東觀書曰中山相朱遂到官不出奉祠北嶽詔曰災暴緣類符驗不虛政失厥中狼災爲應至乃殘食孩幼朝廷愍悼思惟咎徵博訪其故山嶽尊靈國所望秩而遂比不奉祠怠慢廢典不務懇惻淫刑放濫害加孕婦毒流未生感和致災其詳思改救追復所失有不遵憲舉正以聞

靈帝建寧中羣狼數十頭入晉陽南城門嚙人袁山松書曰光和三年正月虎見平樂觀又見憲陵上嚙衛士蔡邕封事曰政有苛暴則虎狼食人

後漢書卷二十三考證

五行志一拜故司徒韓寅爲司隸校尉○寅當作演

冲帝永嘉元年○嘉當作熹

言自中興以來○何焯校本興改平

後漢書卷二十四

梁　剡令劉　昭補并注

五行志第十四

五行二 災火 草妖 羽蟲孽 羊禍

五行傳曰棄法律鄭玄注尚書大傳曰東井主法令也逐功臣鄭玄曰功臣制法律者也或曰嗉主尚食七星主衣裳張爲食廚翼主天倡經日帝曰臣作朕股肱耳目予欲左右有民汝翼予欲觀古人之象日月星辰山龍華蟲作繢宗彝藻火粉米黼黻絺繡以五采章施于五色作服汝明予欲聞六律五聲八音在治忽以出納五言汝聽是則食與服樂臣之所用爲大功也七星北有酒旗南有天廚翼南有器府殺太子鄭玄曰五行火生土天文以參繼東井四時以秋代夏殺太子之象也春秋傳曰夫千乘之主將廢正而立不正必殺正也以妾爲妻鄭玄曰軒轅爲后妃屬南宮其大星女主之位女御在前妾爲妻之象也則火不炎上鄭玄曰君行此四者爲逆天南宮之政南宮於地爲火火性炎上然行人所用烹飪者也無故因見作熱燔熾爲害是爲火不炎上其他變異皆屬沴春秋考異郵曰火者陽之精也人合天氣五行陰陽極陰反陽極陽生陰故應人行以災不祥在所以感之萌應轉旋從逆殊心也謂火失其性而爲災也又曰視之不明是謂不悊鄭玄曰視瞭也君視不明則是不能瞭其事也洪範曰視曰明厥咎舒讖曰君舒怠臣下有倦白黑不別賢不肖並不能憂民急氣爲之舒緩草不搖鄭玄曰君臣不瞭則舒緩矣厥罰常燠鄭玄曰視曰火火主夏夏氣長長氣失故常燠厥極疾鄭玄曰長氣失故於人爲疾時則有草妖鄭玄曰草視之物可見者莫衆於草時則有蠃蟲之孽鄭玄曰蠶螟蟲之類蟲之生於火而藏於秋者也時則有羊禍鄭玄曰羊畜之遠視者也屬視時則有赤眚赤祥惟水沴火蠃蟲劉歆傳以爲羽蟲

建武中漁陽太守彭寵被徵書至明日潞縣火災起城中飛出城外燔千餘家殺人京房易傳曰上不儉下不節盛火數起燔宮室儒說火以明爲德而主禮時寵與幽州牧朱浮有隙疑浮見浸譖故意狐疑其妻勸無應徵遂反叛攻浮卒誅滅古今注曰建武六年十二月雒陽市火二十四年正月戊子雷雨霹靂火災高廟北門明帝永平元年六月己亥桂陽見火飛來燒城寺章帝建初元年十二月北宮火燒壽安殿延及右掖門元和三年六月丙午雷雨火燒北宮朱爵西闕

和帝永元八年十二月丁巳南宮宣室殿火是時和帝幸北宮竇太后在南宮明年竇太后崩

十三年八月己亥北宮盛饌門閣火是時和帝幸鄧貴人陰后寵衰怨恨上有欲廢之意明年會得陰后挾僞道事遂廢遷于桐宮以憂死立鄧貴人爲皇后

十五年六月辛酉漢中城固南城門災此孝和皇帝將絕世之象也其後二年宮車晏駕殤帝及平原王皆早夭折和帝世絕

安帝古今注曰永初元年十二月河南郡縣火燒殺百五人二年河南郡縣又失火燒五百八十四人永初二年四月甲寅漢陽河陽城中失火火燒殺三千五百七十人先是和帝崩有皇子二人皇子勝長鄧皇后貪殤帝少欲自養長立之延平元年殤帝崩勝有厥疾不篤羣臣咸欲立之太后以前既不立勝遂更立清河王子是爲安帝司空周章等心不厭服謀欲誅鄧氏廢太后安帝而更立勝元年十一月事覺章等被誅其後涼州叛羌爲害太甚涼州諸郡寄治馮翊扶風界及太后崩鄧氏被誅

四年三月戊子杜陵園火

元初四年二月壬戌武庫火東觀書曰燒兵物百二十五種直千萬以上是時羌叛大爲寇害發天下兵以攻禦之積十餘年未已天下厭苦兵役

延光元年八月戊子陽陵園寢殿火凡災發于先陵此太子將廢之象也若曰不當廢太子以自翦則火不當害先陵之寢也明年上以讒言廢皇太子爲濟陰王後二年宮車晏駕中黃門孫程等十九人起兵殿省誅賊臣立濟陰王

四年秋七月乙丑漁陽城門樓災

順帝永建三年七月丁酉茂陵園寢災古今注曰三年五月戊辰守宮失火燒宮藏財物盡四年河南郡縣失火燒人六畜

陽嘉元年恭陵廡災及東西莫府火古今注曰十二月河南郡國火燒廬舍殺人也太尉李固以爲奢僭所致陵之初造禍及枯骨規廣治之尤飾又上欲更造宮室益臺觀故火起莫府燒材木

永和元年十月丁未承福殿火臣昭案楊厚傳是災先是爵號阿母宋娥爲山陽君后父梁商本國侯又多益商封商長子冀當繼商爵以商生在復更封冀爲襄邑侯追號后母爲開封君皆過差非禮古今注曰六年十二月雒陽酒市失火燒肆殺人

漢安元年三月甲午雒陽劉漢等百九十七家爲火所燒東觀書曰其九十家不自存詔賜錢廩穀古今注曰火或從室屋間物中不知所從起數月乃止十二月雒陽失火後四年宮車比三晏駕建和元年君位乃定

桓帝建和二年五月癸丑北宮掖庭中德陽殿火及左掖門先是梁太后兄冀挾姦枉以故太尉李固杜喬正直恐害其事令人誣奏固喬而誅滅之是後梁太后崩而梁氏誅滅

延熹四年正月辛酉南宮嘉德殿火戊子丙署火二月壬辰武庫火五月丁卯原陵長壽門火先是亳后因賤人得幸號貴人爲后上以后母宣爲長安君封其兄弟愛寵隆崇又多封無功者去年春白馬令李雲坐直諫死至此彗除心尾火連作

五年正月壬午南宮丙署火四月乙丑恭北陵東闕火戊辰虎賁掖門火五月康陵園寢火甲申中藏府承祿署火七月己未南宮承善闥內火

六年四月辛亥康陵東署火七月甲申平陵園寢火

八年二月己酉，南宮嘉德署黃龍千秋萬歲殿皆火。四月甲寅，安陵園寢火。閏月，南宮長秋和歡殿後鉤盾掖庭朔平署各火。十月壬子，德陽前殿西閤及黃門北寺火，殺人。袁山松書曰：是時連月有火災，諸宮寺或一日再三發，又夜有訛言，擊鼓相驚。陳蕃、劉智上疏諫曰：古之火皆君弱臣強極陰之變也。前始春而獄刑慘，故火不炎上。前入春節連寒，木冰，暴風折樹，又八九州郡並言隕霜殺菽。春秋晉執季孫行父，木爲之冰。夫氣弘則景星見，化錯則五星開，日月蝕災爲已然之異，爲方來之變。恐卒有變，必於三朝，唯善政可以已之。願察臣前言，不棄愚忠，則元元幸甚。書奏不省。

九年三月癸巳，京都夜有火光轉行，民相驚譟。袁山松書曰：是時宦豎專朝，鉤黨事起，上幷無嗣，陳蕃、竇武爲宦者所害，天下無復紀綱。

靈帝熹平四年五月，延陵園災。

光和四年閏月辛酉，北宮東掖庭永巷署災。陳蕃諫曰：楚女悲而西宮災，不御宮女怨之所致也。

五年五月庚申，德陽前殿西北入門內永樂太后宮署火。

中平二年二月己酉，南宮雲臺災。庚戌，樂城門災，南宮中門。延及北闕，道西燒嘉德、和歡殿。案雲臺之災自上起，榱題數百，同時並然，若就縣華鐙，其日燒盡，延及白虎、威興門，尚書、符節、蘭臺。夫雲臺者，乃周家之所造也，圖書術籍珍玩寶怪皆所藏在也。京房易傳曰：「君不思道，厥妖火燒宮。」是時黃巾作慝，變亂天常，七州二十八郡同時俱發，命將出衆，雖頗有所禽，然宛、廣宗、曲陽尚未破壞，役起負海，杼柚空懸，百姓死傷已過半矣。而靈帝曾不克己復禮，虐侈滋甚，尺一雨布，騶騎電激，官非其人，政以賄成，內嬖鴻都，並受封爵。京都爲之語曰：「今茲諸侯歲也。」天戒若曰：放賢賞淫，何以舊典爲？故焚其臺門祕府也。其後三年，靈帝暴崩，續以董卓之亂，火三日不絕，京都爲丘墟矣。魏志曰：魏明帝青龍二年，崇華殿災，詔問太史令高堂隆：此何咎？於禮寧有所禳之義乎？對曰：夫災變之發，皆所以明教誡也。惟率禮修德，可以勝之。易傳曰：上不儉，下不節，孽火燒其室。又曰：君高其臺，天火爲災。此人君苟飾宮室，不知百姓空竭，故天應之以旱，火從高殿起也。上天降監，故譴告陛下，陛下宜增崇人道，以答天意。昔太戊有桑穀生於朝，武丁有雊雉登於鼎，皆聞災恐懼，側身修德，三年之後，遠夷朝貢，故號曰中宗、高宗。此則前代之明鑒也。今案舊占，災火之發，皆以臺榭宮室爲誡。然今宮室之所以充廣者，實由宮人猥多之故。宜簡擇留其淑懿，如周之制，罷省其餘。此則祖己之所以訓高宗，高宗之所以享遠號也。詔問隆：吾聞漢武帝時，柏梁災，而起宮殿以厭之，其義云何？對曰：臣聞西京柏梁既災，越巫陳方，建章是營，以厭火祥，乃夷越之巫所爲，非聖賢之明訓也。五行志曰：柏梁災，其後有江充巫蠱衞太子事。如志之言，越巫建章無所厭也。孔子曰：災者修類應行，精祲相感，以戒人君。是以聖主覩災責躬，退而修德，以消復之。今宜罷散民役，宮室之制，務從約節，內足以待風雨，外足以講禮儀。清掃所災之處，不敢於此有所立作，萐莆、嘉禾必生此地，以報陛下虔恭之德。豈可疲民之力，竭民之財，實非所以致符瑞而懷遠人也。臣昭曰：高堂隆之言災異，其得天心乎！雖與本志所明不同，靈帝之時有焉，故載其言，廣災異也。

獻帝初平元年八月，霸橋災。其後三年，董卓見殺。臣昭案：劉焉傳興平元年天火燒其城府，輜重延及民家，館邑無餘也。

庶徵之恆燠，漢書以冬溫應之。中興以來，亦有冬溫，而記不錄云。越絕范蠡曰：春燠而不生者，王者德不完也；夏寒而不長者，臣下不奉主令也；秋暑而復榮者，百官刑不斷也；冬溫而泄者，發府庫賞無功也。此四者，邦之禁也。管子曰：臣乘君威，則陰侵陽，盛夏雪降，冬不冰也。

安帝元初三年，有瓜異本共生，八瓜同蔕，時以爲嘉瓜。或以爲瓜者外延，離本而實，女子外屬之象也。是時閻皇后初立，後閻后與外親耿寶等共譖太子，廢爲濟陰王，更外迎濟北王子犢立之，草妖也。古今注曰：和帝永元七年三月，江夏鄳民舍柱生兩枝，其一長尺五寸，分爲八枝，其一長尺六寸，分爲五枝，皆青也。

桓帝延熹九年，雒陽城局竹柏葉有傷者。占曰：天子凶。

靈帝熹平三年，右校別作中有兩樗樹，皆高四尺許，其一株宿夕暴長，長丈餘，大一圍，作胡人狀，頭目鬢鬚髮備具。京房易傳曰：「王德衰，下人將起，則有木生人狀。」臣昭以木生人狀，下人將起，京房之占，驗以證類。胡人猶未辨了。董卓之亂，實擁胡兵，傕汜之時，充斥尤甚，遂窺閒宮掖，剽虐百姓，鮮甲之徒踐藉畿封，胡之害深，亦已毒矣。

五年十月壬午，御所居殿後槐樹，皆六七圍，自拔倒豎，根在上。臣昭曰：槐是三公之象，貴之也。靈帝授位不以德，進貪愚，是升清賢，斯黜槐之倒植，豈以斯乎？

中平元年夏，東郡，陳留濟陽、長垣，濟陰冤句、離狐縣界，有草生，其莖靡纍腫大如手指，狀似鳩雀龍蛇鳥獸之形，風俗通曰：西及城皇、陽武城郭路邊。五色各如其狀，毛羽頭目足翅皆具。風俗通曰：亦作人狀，操持兵弩，萬萬備具，非但彷彿，類良熟然也。近草妖也。是歲黃巾賊始起。皇后兄何進，異父兄朱苗，皆爲將軍，領兵。後苗封濟陽侯，進、苗遂秉威權，持國柄，漢遂微弱，自此始焉。應劭曰：關東義兵先起於宋、衛之郊，東郡太守橋瑁負衆怙亂，陵蔑同盟，忿疾同類，以殞厥命。陳留、濟陰迎助謂爲離德，棄好即戎，吏民殲之，草妖之興，豈不或信。

中平中，長安城西北六七里空樹中，有人面生鬢。魏志曰：建安二十五年正月，曹公在雒陽起建始殿，伐濯龍樹而血出，又掘徙梨，根傷而血出。曹公惡之，遂寢疾，是月薨。

獻帝興平元年九月，桑復生椹，可食。臣昭曰：桑重生椹，誠是木異，必在濟民，安知非瑞乎？時蒼生死敗，周秦殲盡，餓鬼不可勝言，食此重椹，大拯危命，雖連理附枝，亦不能及，若以爲怪，則建武野穀旅生，麻菽尤盛，復是草妖邪？

安帝延光三年二月戊子，有五色大鳥集濟南臺，十月，又集新豐，時以爲鳳皇。或以爲鳳皇陽明之應，故非明主則隱不見。凡五色大鳥似鳳者，多羽蟲之孽。是時安帝信中常侍樊豐、江京、阿母王聖及外屬耿寶等讒言，免太尉楊震，廢太子爲濟陰王，不悊之異也。章帝末號鳳皇百四十九見。時直臣何敞以爲羽孽似鳳，翱翔殿屋，不察也。臣昭曰：已論之於敞傳。記者以爲其後章帝崩，以爲驗。案宣帝、明帝時，五色鳥羣翔殿屋，賈逵以爲胡降徵也。帝多善政，雖有過，不及至衰缺，末年胡降二十萬口，是其驗也。帝之時，羌胡外叛，讒慝內興，羽孽之時也。樂叶圖徵說五鳳皆五色，爲瑞者一，爲孽者四。叶圖徵曰：似鳳有四，並爲妖：一曰鸛鵲，鳩喙，圓目，身義，戴信，嬰禮，膺仁，負智，至則旱役之感也；二曰發明，鳥喙，大頸，大翼，大脛，身仁，戴智，嬰義，膺信，負禮，至則喪之感也；三曰焦明，長喙，疏翼，圓尾，身義，戴信，嬰仁，膺知，負禮，至則水之感也；四曰幽昌，銳目，小頭，大身，細足，脛若鱗葉，身智，戴信，負禮，膺仁，至則旱之感也。國語曰：周之興也，鸑鷟鳴岐。說文曰：五方神鳥：東方曰發明，南方曰焦明，西方曰鸛鷞，北方曰幽昌，中央曰鳳皇。

桓帝元嘉元年十一月，五色大鳥見濟陰己氏。時以爲鳳皇。此時政治衰缺，梁冀秉政阿枉，上幸亳后，皆羽孽時也。臣昭案：魏朗對策，桓帝時雉入太常、宗正府，朗說見本傳注。

靈帝光和四年秋，五色大鳥見于新城，衆鳥隨之，時以爲鳳皇。時靈帝不恤政事，常侍、黃門專權，羽孽之時也。衆鳥之性，見非常班駁，好聚觀之，至於小爵希見梟者，暴見猶聚。

中平三年八月中，懷陵上有萬餘爵，先極悲鳴，已因亂鬬相殺，皆斷頭，懸著樹枝枳棘。到六年，靈帝崩，大將軍何進以內寵外嬖，積惡日久，欲悉糾黜，以隆更始冗政，而太后持疑，事久不決，進從中出，於省內見殺，因是有司盪滌虔劉，後祿而尊厚者無餘矣。夫陵者，高大之象也。天戒若曰：諸懷爵祿而尊厚者，還自相害至滅亡也。古今注曰：建武九年，六郡八縣鼠食稼。張璠紀曰：初平元年三月，獻帝初入未央宮，翟雉飛入未央宮，獲之。獻帝春秋曰：建安七年，五色大鳥集魏郡，衆鳥數千隨之。魏志曰：二十三年，禿鶖集鄴宮文昌殿後也。

桓帝建和三年秋七月，北地廉雨肉似羊肋，說文曰：肋，脅骨也。或大如手，近赤祥也。是時梁太后攝政，兄梁冀專權枉誅漢良臣故太尉李固、杜喬，天下冤之。其後梁氏誅滅。

後漢書卷二十五

梁　　剡　　令劉　昭補幷注

五行志第十五

五行三

大水　水變色　大寒　雹　冬雷　山鳴　魚孽　蝗

五行傳曰：簡宗廟，不禱祠，鄭玄注曰：虛、危爲宗廟。廢祭祀，鄭玄曰：牽牛主祭祀之牲。逆天時，鄭玄曰：月在星紀，周以爲正；月在玄枵，殷以爲正；皆不得四時之正，逆天時之象也。春秋定十五年夏五月辛亥郊，運卜三正以至失時，是其類也。則水不潤下。鄭玄曰：君行此四者，爲逆天北宮之政也。北宮於地爲水，水性浸潤下流，人所用灌溉者也。無故源流竭絕，川澤以涸，是爲不潤下。其他變異皆屬沴。謂水失其性而爲災也。太公六韜曰：人主好破壞名山，壅塞大川，決通名水，則歲多大水，五穀不成也。又曰：聽之不聰，是謂不謀，鄭玄曰：君聽不聰，則是不能謀其事也。洪範曰：聽作謀。孔安國曰：所謀必成當。馬融曰：上聰則下進其謀。厥咎急，鄭玄曰：君臣不謀則急矣。易傳曰：誅罰絕理不云下也，願事有知不云謀也。厥罰恆寒，鄭玄曰：水主冬，冬氣藏，藏氣失，故常寒。厥極貧，鄭玄曰：藏氣失，故於人爲貧。時則有鼓妖，鄭玄曰：鼓，聽之應也。時則有魚孽，鄭玄曰：魚蟲之生於水而游於水者也。時則有豕禍，鄭玄曰：豕，畜之居閑衞而聽者也，屬聽。時則有耳痾，鄭玄曰：聽氣失之病。時則有黑眚黑祥，惟火沴水。魚孽，劉歆傳以爲介蟲之孽，謂蝗屬也。月令章句曰：介者甲也，謂蟹之屬也。古今注曰：光武建武四年，東郡以北傷水。七年六月戊辰，雒水盛，溢至津城門，帝自行水，弘農都尉治析爲水所漂殺，民溺，傷稼，壞廬舍。二十四年六月丙申，沛國睢水逆流，一日一夜止。章帝建初八年六月癸巳，東昏城下池水變赤如血。臣昭案：諸史光武之時，郡國亦常有水災，而志不載。本紀八年秋大水，又云是歲大水，今據杜林之傳，列之孝和之前。東觀書曰：建武八年間，郡國七大水，涌泉盈溢。杜林以爲倉卒時兵擅權作威，張氏雖皆降散，猶尚有遺脫，長吏制御無術，令得復熾，元元侵陵之所致也。上疏曰：臣聞先王無二道，明聖用而治，見惡如農夫之務去草焉，芟夷蘊崇之，絕其本根，勿使能殖，畏其易也。古今通道，傳其法於有根，狼子野心，奔馬善驚。成王深知其終卒之患，故以殷氏六族分伯禽，七族分康叔，懷姓九宗分唐叔，檢押其姦宄，又遷其餘於成周舊地俗，旦夕拘錄，所以挫其強禦之力，詘其驕恣之節也。及漢初興，上稽舊章，合符重規，徙齊諸田，楚昭、屈、景，燕、趙、韓、魏之後，以稍弱六國強宗，邑里無營利之家，野澤無兼幷之民，萬里之統，海內賴安。後輩因衰，麤以送終之義，故遂相率而陪園陵，無反顧之心，追觀往法，政皆神道設教，強幹弱枝，本支百世之要也。是以皆永享康寧之福，無怵惕之憂，繼嗣承業，恭己而治，蓋此助也。其被災害民輕薄無累重者，兩府遣吏護送饒穀之郡，或羸弱死亡，卒爲傭賃，亦所以消散其口，救贍全其性命也。昔魯隱有賢行，將致國於桓公，乃留連貪位，不能早退，況草創兵長，卒無德能，直以擾亂乘時擅權，作威玉食，狙猱之意，徼幸之望，曼延無足，張步之計是也。小民負縣官不過身死，負兵家滅門殄世。陛下昭然獨見成敗之端，或屬諸侯官府，元元少得舉首仰視，而尚遺脫，二千石失制御之道，令得復昌熾縱橫。比年大雨，水潦暴長，涌泉盈溢，災壞城郭官寺，吏民廬舍，潰徙離處，潰成坑坎。臣聞水，陰類也。易卦地上有水比，言性不相害，故曰樂也。而猥相毀墊淪失，常敗百姓安居。殆陰下相爲蠹賊，有小大勝負不齊，均不得其所，侵陵之象也。詩云：畏天之威，于時保之。唯陛下留神明察，往來懼思，天下幸甚。謝承書曰：陳宣字子興，沛國蕭人也。剛猛性毅，博學明魯詩。遭王莽篡位，隱處不仕。光武即位，徵拜諫議大夫。建武十年，雒水出造津，城門校尉欲奏塞之，宣曰：昔周公卜雒以安宗廟，爲萬世基，水不當入城門，如爲災異，人主過而不可辭，塞之無益。昔東郡金堤大決，水欲沒郡，令吏民散走，大守王尊亡身勅以住立不動，水應時自消，尊人臣，尚脩政弭災，豈況朝廷中興聖主，天所挺授，水必不入。言未絕，水去。上善其言。後乘輿出，宣列引在前，行遲，乘輿欲驅，鉤宣車蓋使疾行，御者墜車下。宣前諫曰：王者承天統地，動有法度，車則和鸞，步則佩玉，動靜應天。昔孝文時邊方有獻千里馬者，還而不受。陛下宜上稽唐虞，下以文帝爲法。上納其言，遂徐行按轡。遷爲河堤謁者，以病免，卒於家。

和帝永元元年七月，郡國九大水，傷稼。穀梁傳曰：高下有水災，曰大水。

京房易傳曰：顓事有知，誅罰絕理，厥災水，其水也，雨殺人，隕霜大風天黃。饑而不損，茲謂泰，厥水，水殺人。辟遏有德，茲謂狂，厥水水流殺人，已水則地生蟲。歸獄不解，茲謂追非，厥水寒，殺人。追誅不解，茲謂不理，厥水五穀不收。大敗不解，茲謂皆陰，厥水流入國邑，隕霜殺穀。春秋考異郵曰：陰盛臣逆民悲情發，則水出河決也。是時和帝幼，竇太后攝政，其兄竇憲幹事，及憲諸弟皆貴顯，並作威虐，嘗所怨恨，輒任客殺之。其後竇氏誅滅。東觀書曰：十年五月丁巳，京師大雨，南山水流出至東郊，壞民廬舍。

十二年六月潁川大水傷稼是時和帝幸鄧貴人陰有欲廢陰后之意陰后亦懷恚怨一曰先是恭懷皇后葬禮有闕竇太后崩後乃改殯梁后葬西陵徵舅三人皆爲列侯位特進賞賜累千金廣州先賢傳曰和帝時策問陰陽不和或水或旱方正鬱林布衣養奮字叔高對曰天有陰陽陰陽有四時四時有政令春夏則予惠布施寬仁秋冬則剛猛盛威行刑賞罰殺生各應其時則陰陽和四時調風雨時五穀升今則不然長吏多不奉行時令爲政舉事干逆天氣上不卹下下不忠上百姓困乏而不卹哀衆怨鬱積故陰陽不和風雨不時災害緣類水者陰盛小人居位依公營私讒言漏上雨漫溢者五穀有不升而賦稅不爲減百姓虛竭家有愁心也

殤帝延平元年五月郡國三十七大水傷稼董仲舒曰水者陰氣盛也是時帝在襁抱鄧太后專政臣昭案本紀是年九月六州大水袁山松書曰六州河濟渭雒洧水盛長泛溢傷秋稼

安帝永初元年冬十月辛酉河南新城山水虣出突壞民田壞處泉水出深三丈是時司空周章等以鄧太后不立皇太子勝而立清河王子故謀欲廢置十一月事覺章等伏誅是年郡國四十一水出漂沒民人謝沈書曰死者以千數讖曰水者純陰之精也陰氣盛洋溢者小人專制擅權妒疾賢者依公結私侵乘君子小人席勝失懷得志故涌水爲災

二年大水臣昭案本紀京師及郡國四十有水周嘉傳是夏旱嘉收葬客死骸骨應時澍雨歲乃豐稔則水不爲災也

三年大水臣昭案本紀京師及郡國四十一雨水

四年大水臣昭案本紀云三郡

五年大水臣昭案本紀郡國八

六年河東池水變色皆赤如血水變占曰水化爲血者好任殘賊殺戮不辜延及親戚水當爲血是時鄧太后猶專政古今注曰元初二年潁川襄城流水化爲血京房占曰流水化爲血兵且起以日辰占其色博物記曰江河水赤名曰泣血道路涉蕪何以處

延光三年大水流殺民人傷苗稼是時安帝信江京樊豐及阿母王聖等讒言免太尉楊震廢皇太子臣昭案左雄傳順帝永建四年司冀二州大水傷禾稼楊厚傳永和元年夏雒陽暴水殺千餘人

質帝本初元年五月海水溢樂安北海溺殺人物是時帝幼梁太后專政春秋漢含孳曰九卿阿黨擠排正直騎奢僭害則江河潰決方儲對策曰民悲怨則陰類強河決海溢地動土涌

桓帝建和二年七月京師大水去年冬梁冀枉殺故太尉李固杜喬

三年八月京都大水是時梁太后猶專政

永興元年秋河水溢漂害人物臣昭案朱穆傳云漂害數千萬戶京房占曰江河溢者天有制度地有里數懷容水澤浸溉萬物今溢者明在位者不勝任也三公之禍不能容也牽法者利刑罰不用常法

二年六月彭城泗水增長逆流梁冀別傳曰冀之專政天爲見異衆災並湊蝗蟲滋生河水逆流五星失次太白經天人民疾疫出入六年羌戎叛戾盜賊略平皆冀所致敦煌實錄張衡對策曰水者五行之首滯而逆流者人君之恩不能下及而教逆也潛潭巴曰水逆者反命也宜修德以應之

永壽元年六月雒水溢至津陽城門漂流人物臣昭案本紀又南陽大水是時梁皇后兄冀秉政疾害忠直威權震主後遂誅滅

延熹八年四月濟北水清九年四月濟陰東郡濟北平原河水清襄楷上言河者諸侯之象清者陽明之徵豈獨諸侯有規京都計邪其明年宮車晏駕徵解犢亭侯爲漢嗣卽尊位是爲孝靈皇帝

永康元年八月六州大水勃海海溢沒殺人是時桓帝奢侈淫祀其十一月崩無嗣

靈帝建寧四年二月河水清袁山松書曰黼于龍堞五月山水大出漂壞廬舍五百餘家袁山松書曰是河東水暴出也

熹平二年六月東萊北海海水溢出漂沒人物

三年秋雒水出

四年夏郡國三水傷害秋稼

光和六年秋金城河溢水出二十餘里

中平五年郡國六水大出臣昭案袁山松書曰山陽梁沛彭城下邳東海琅邪則是七郡

獻帝建安二年九月漢水流害民人是時天下大亂袁山松書曰曹操專政十七年七月大水洧水溢

十八年六月大水獻帝起居注曰七月大水上親避正殿八月以雨不止且還殿

二十四年八月漢水溢流害民人袁山松書曰明年禪位于魏也

庶徵之恒寒

靈帝光和六年冬大寒北海東萊琅邪井中冰厚尺餘袁山松書曰是時羣賊起天下始亂讖曰寒者小人暴虐專權居位無道有位適罰無法又殺無罪其寒必暴殺

獻帝初平四年六月寒風如冬時袁山松書曰時帝流遷失政養奮對策曰當溫而寒刑罰慘也

和帝永元五年六月郡國三雨雹大如雞子春秋考異郵曰陰氣之專精凝合生雹雹之爲言合也以妾爲妻大尊重九女之如闕而不御坐不離前無由相去之心同與參弱房祖之內歡欣之樂專政夫人施而不博陰精凝而見成易讖曰凡雹者過由人君惡聞其過抑賢不揚內與邪人通取財利蔽賢施之並當雨不雨故反雹下也是時和帝用酷吏周紆爲司隸校尉刑誅深刻古今注曰光武建武十年十月戊辰樂浪上谷雨雹傷稼十二年河南平陽雨雹大如杯壞敗吏民廬舍十五年十二月乙卯鉅鹿雨雹傷稼永平三年八月郡國十二雨雹傷稼十年郡國十八或雨雹蝗易緯曰夏雹者治道煩苛繇役急促斂令數變無有常法不救爲兵強臣逆謀蝗蟲傷穀救之舉賢良爵有功務寬大無誅罰則災除

安帝永初元年雨雹二年雨雹大如雞子三年雨雹大如鴈子傷稼劉向以爲雹陰脅陽也是時鄧太后以陰專陽政

元初四年六月戊辰郡國三雨雹大如杅杯及雞子殺六畜古今注曰樂安雹如杅殺人京房占曰夏雨雹天下兵大作

延光元年四月郡國二十一雨雹大如雞子傷稼是時安帝信讒無辜死者多臣昭案尹敏傳是歲河西大雨雹如斗安帝見孔季彥問其故對曰此皆陰乘陽之徵也今貴臣擅權母后黨盛陛下宜修聖德慮此二者也

三年雨雹大如雞子古今注曰順帝永建三年郡國十二雨雹六年郡國十二雨雹傷秋稼

桓帝延熹四年五月己卯京都雨雹大如雞子是時桓帝誅殺過差又寵小人

七年五月己丑京都雨雹是時皇后鄧氏僭侈驕恣專幸明年廢以憂死其家皆誅

靈帝建寧二年四月雨雹

四年五月河東雨雹

光和四年六月雨雹大如雞子是時常侍黃門用權

中平二年四月庚戌雨雹傷稼

獻帝初平四年六月右扶風雹如斗袁山松書曰雹殺人前後雨雹此最爲大時天下潰亂

和帝元興元年冬十一月壬午郡國四冬雷是時皇子數不遂皆隱之民間是歲宮車晏駕殤帝生百餘日立以爲君帝兄有疾封爲平原王卒皆夭無嗣古今注曰光武建武十年遼東冬雷草木實

殤帝延平元年九月乙亥陳留雷有石隕地四臣昭案天文志末已載石隕未解此篇所以重記石與雷隕俱者九月雷未爲異桓帝亦有此隕後不兼載於是爲常古今注曰章帝建初四年五月戊寅潁陰石從天墜大如鐵鑽色黑始下時聲如雷

安帝永初六年十月丙戌郡國六冬雷京房占曰天冬雷地必震又曰教令擾又曰雷以十一月起黃鍾二月大壯八月闔藏此以春夏殺無辜不須冬刑致災蟄蟲出行不救之則冬溫風以其來年疾病其救也恤幼孤振不足議獄刑貰讁罰災則消矣古今注曰明帝永平七年十月丙子越巂雷

七年十月戊子郡國三冬雷

元初元年十月癸巳郡國三冬雷

三年十月辛亥汝南樂浪冬雷

四年十月辛酉郡國五冬雷

六年十月丙子郡國五冬雷

永寧元年十月郡國七冬雷

建光元年十月郡國七冬雷

延光四年郡國十九冬雷是時太后攝政上無所與太后既崩阿母王聖及皇后兄閻顯兄弟更秉威權上遂不親萬機從容寬仁任臣下古今注曰順帝永和四年四月戊午雷震擊高廟世祖廟外槐樹

桓帝建和三年六月乙卯雷震憲陵寢屋先是梁太后聽兄冀枉殺李固杜喬

靈帝熹平六年冬十月東萊大雷

中平四年十二月晦雨水大雷電雹

獻帝初平三年五月丙申無雲而雷

四年五月癸酉無雲而雷

建安七八年中長沙醴陵縣有大山常大鳴如牛呴聲積數年後豫章賊攻沒醴陵縣殺略吏民干寶曰論語撰輔像曰山土崩川閉塞漂淪移山鼓哭閉衡夷庶桀合兵王作昧天下向亂豪傑蓋爭曹操事二袁於河北孫吳創基於江外劉表阻亂衆於襄陽南招零桂北割漢川又以黃祖爲爪牙而祖與孫氏爲深讎兵革歲交十年曹操破袁譚於南皮十一年走袁尚於遼東十三年吳禽黃祖是歲劉表死曹操略荊州逐劉備於當陽十四年吳敗曹操於赤壁是三雄者卒共三分天下成帝王之業是所謂庶桀合兵王作者也十六年劉備入蜀與吳再爭荊州於時戰爭四分五裂之地荊州爲劇故山鳴之異作其域也

靈帝熹平二年東萊海出大魚二枚長八九丈高二丈餘明年中山王暢任城王博並薨京房易傳曰海出巨魚邪人進賢人疏臣昭謂此占符靈帝之世巨魚之出於是爲徵寧獨二王之妖也

和帝永元四年蝗臣昭案本紀光武建武六年郡國往歲水旱蝗蟲爲災古今注曰建武二十二年三月京師郡國十九蝗二十三年京師郡國十八大蝗旱草木盡二十八年三月郡國八十蝗二十九年四月武威酒泉清河京兆魏郡弘農蝗三十年六月郡國十二大蝗三十一年郡國大蝗中元元年三月郡國十六大蝗永平四年十二月酒泉大蝗從塞外入謝承書曰永平十五年蝗起泰山彌行兗豫謝沈書鍾離意譏起北宮表云未數年豫章遭蝗穀不收民饑死縣數千百人

八年五月河內陳留蝗九月京都蝗九年蝗從夏至秋先是西羌數反遣將軍將北軍五校征之

安帝永初四年夏蝗是時西羌寇亂軍衆征距連十餘年讖曰主失禮煩苛則旱之魚螺變爲蝗蟲

五年夏九州蝗京房占曰天生萬物百穀以給民用天地之性人爲貴今蝗蟲四起此爲國多邪人朝無忠臣蟲與民爭食居位食祿如蟲矣不救致兵起其救也率有道置於位命諸侯試明經此消災也

六年三月去蝗處復蝗子生古今注曰郡國四十八蝗

七年夏蝗

元初元年夏郡國五蝗

二年夏郡國二十蝗

延光元年六月郡國蝗

順帝永建五年郡國十二蝗是時鮮卑寇朔方用衆征之

永和元年秋七月偃師蝗去年冬烏桓寇沙南用衆征之

桓帝永興元年七月郡國三十二蝗是時梁冀秉政無謀憲苟貪權作虐春秋考異郵曰貪擾生蝗

二年六月京都蝗

永壽三年六月京都蝗

延熹元年五月京都蝗臣昭案劉歆傳皆逆天時聽不聽之過也養奮對策曰佞邪以不正食祿饕所致謝沈書曰九年揚州六郡連水旱蝗害也

靈帝熹平六年夏七州蝗先是鮮卑前後三十餘犯塞
是歲護烏桓校尉夏育彼鮮卑中郎將田晏使匈奴中
郎將臧旻將南單于以下三道並出討鮮卑大司農經
用不足殷斂郡國以給軍糧三將無功還者少半
光和元年詔策問曰連年蝗蟲至冬踊其咎焉在蔡邕
對曰臣聞易傳曰大作不時天降災厥咎蝗蟲來河圖
祕徵篇曰帝貪則政暴而吏酷酷則誅深必殺主蝗蟲
蝗蟲貪苛之所致也是時百官遷徙皆私上禮西園以
爲府蔡邕對曰蝗蟲出息不急之作省賦斂之費進清仁黜貪虐分損承安居省別藏以贍國用則其救也易曰得臣無家言有天下者何私家之有
獻帝興平元年夏大蝗是時天下大亂
建安二年五月蝗

後漢書卷二十六
梁　劉　令劉　昭補并注
五行志第十六
五行四 地震 山崩 地陷 大風拔樹 螟 牛疫
五行傳曰治宮室飾臺榭內淫亂犯親戚侮父兄則稼
穡不成謂土失其性而爲災也又曰思心不容是謂不
聖厥咎霿厥罰恒風厥極凶短折時則有脂夜之妖時
則有華孼時則有牛禍時則有心腹之痾時則有黃眚
黃祥惟金水木火沴土華孼劉歆傳爲嬴蟲之孼謂螟
屬也
世祖建武二十二年九月郡國四十二地震南陽尤甚
地裂壓殺人其後武谿蠻夷反爲寇害至南郡發荊州
諸郡兵遣武威將軍劉尚擊之爲夷所圍復發兵赴之
尚遂爲所沒
章帝建初元年三月甲申山陽東平地震
和帝永元四年六月丙辰郡國十三地震春秋漢含孳
曰女主盛臣制命則地動坼畔震起山崩淪是時竇太
后攝政兄竇憲專權將以是受禍也後五日詔收憲印
綬兄弟就國逼迫皆自殺
五年二月戊午隴西地震儒說民安土者也將大動行

大震九月匈奴單于於除鞬叛遣使發邊郡兵討之
七年九月癸卯京都地震儒說奄官無陽施猶婦人也
是時和帝與中常侍鄭衆謀奪竇氏權德之因任用之
及幸常侍蔡倫二人始並用權
九年三月庚辰隴西地震閏月塞外羌犯塞殺略吏民
使征西將軍劉尚擊之
安帝永初元年郡國十八地震李固曰地者陰也法當
安靜今乃越陰之職專陽之政故應以震動是時鄧太
后攝政專事訖建光中太后崩安帝乃得制政於是陰
類並勝西羌亂夏連十餘年
二年郡國十二地震
三年十二月辛酉郡國九地震
四年三月癸巳郡國四地震
五年正月丙戌郡國十地震
七年正月壬寅二月丙午郡國十八地震
元初元年郡國十五地震
二年十一月庚申郡國十地震
三年二月郡國十地震十一月癸卯郡國九地震
四年郡國十三地震
五年郡國十四地震
六年二月乙巳京都郡國四十二地震或地坼裂涌水
敗壞城郭民室屋壓人冬郡國八地震
永寧元年郡國二十三地震
建光元年九月己丑郡國三十五地震或地坼裂壞城
郭室屋壓殺人是時安帝不能明察信宮人及阿母聖
等讒云破壞鄧太后家於是專聽信聖及宦者中常侍
江京樊豐等皆得擅權
延光元年七月癸卯京都郡國十三地震九月戊申郡
國二十七地震
二年京都郡國三十二地震
三年京都郡國二十三地震是時以讒免太尉楊震廢
太子
四年十月丁巳京都郡國十六地震時安帝既崩閻太
后攝政兄弟閻顯等並用事遂斥安帝子更徵諸國王
子未至中黃門遂誅顯兄弟
順帝永建三年正月丙子京都漢陽地震漢陽屋壞殺
人地坼涌水出是時順帝阿母宋娥及中常侍張昉等
用權
陽嘉二年四月己亥京都地震是時爵號宋娥爲山陽
君

四年十二月甲寅京都地震
永和二年四月庚申京都地震是時宋娥構姦誣罔五
月事覺收印綬歸田里十一月丁卯京都地震是時太
尉王龔以中常侍張昉等專弄國權欲奏誅之時龔宗
親有以楊震行事諫之止云
三年二月乙亥京都金城隴西地震裂城郭室屋多壞
壓殺人閏月己酉京都地震十月西羌二千餘騎入金
城塞爲涼州害
四年三月乙亥京都地震
五年二月戊申京都地震
建康元年正月涼州部郡六地震從去年九月以來至
四月凡百八十日震山谷坼裂壞敗城寺傷害人物三
月護羌校尉趙冲爲叛胡所殺九月丙午京都地震是
時順帝崩梁太后攝政欲爲順帝作陵制度奢廣多壞
吏民冢尚書欒巴諫事太后怒癸卯詔書收巴下獄欲
殺之丙午地震於是太后乃出巴免爲庶人
桓帝建和元年四月庚寅京都地震九月丁卯京都地
震是時梁太后攝政兄冀持權至和平元年太后崩然
冀猶秉政專事至延熹二年乃誅滅
三年九月己卯地震庚寅又震
元嘉元年十一月辛巳京都地震
二年正月丙辰京都地震十月乙亥京都地震
永興二年二月癸卯京都地震
永壽二年十二月京都地震
延熹四年京都右扶風涼州地震
五年五月乙亥京都地震是時桓帝與中常侍單超等
謀誅梁冀聽之並使用事專權又鄧皇后本小人性
行無恒苟有顏色立以爲后後卒坐執左道廢以憂死
八年九月丁未京都地震
靈帝建寧四年二月癸卯地震是時中常侍曹節王甫
等皆專權
熹平二年六月地震
六年十月辛丑地震
光和元年二月辛未地震四月丙辰地震靈帝時宦者
專恣
二年三月京兆地震
三年自秋至明年春酒泉表氏地八十餘動涌水出城
中官寺民舍皆頓縣易處更築城郭
獻帝初平二年六月丙戌地震
興平元年六月丁丑地震

和帝永元元年七月會稽南山崩會稽南方大名山也
京房易傳曰山崩陰乘陽弱勝強也劉向以爲山陽君
也水陰民也君道崩壞百姓失所也劉歆以爲崩猶地
也是時竇太后攝政兄竇憲專權
七年七月趙國易陽地裂京房易傳曰地裂者臣下分
離不肯相從也是時南單于衆乖離漢軍追討
十二年夏閏四月戊辰南郡秭歸山高四百丈崩填谿
殺百餘人明年冬巫蠻夷反遣使募荊州吏民萬餘人
擊之
元興元年五月癸酉右扶風雍地裂是後西羌大寇涼
州
殤帝延平元年五月壬辰河東恒山崩是時鄧太后專
政秋八月殤帝崩
安帝永初元年六月丁巳河東楊地陷東西百四十步
南北百二十步深三丈五尺
六年六月壬辰豫章員谿原山崩各六十三所
元初元年三月己卯日南地坼長百八十二里其後三
年正月蒼梧鬱林合浦盜賊羣起劫略吏民
二年六月河南雒陽新城地裂
延光二年七月丹陽山崩四十七所
三年六月庚午巴郡閬中山崩
四年十月丙午蜀郡越嶲山崩殺四百餘人丙午天子
會日也是時閻太后攝政其十一月中黃門孫程等殺
江京立順帝誅閻后兄弟明年閻后崩
順帝陽嘉二年六月丁丑雒陽宣德亭地坼長八十五
丈近郊地時李固對策以爲陰類專恣將有分離之象
所以附郊城者是上帝示象以誡陛下也是時宋娥及
中常侍各用權分爭後中常侍張逵蘧政與大將軍梁
商爭權爲商作飛語欲陷之
桓帝建和元年四月郡國六地裂水涌出井溢壞寺屋
殺人時梁太后攝政兄冀枉殺李固杜喬
三年郡國五山崩
和平元年七月廣漢梓潼山崩
永興二年六月東海朐山崩冬十二月泰山琅邪盜賊
羣起
永壽三年七月河東地裂時梁皇后兄冀秉政桓帝欲
自由內患之
延熹元年七月乙巳左馮翊雲陽地裂
三年五月戊申漢中山崩是時上寵恣中常侍單超等
四年六月庚子泰山博尤來山判解

八年六月丙辰緱氏地裂
永康元年五月丙午雒陽高平永壽亭上黨泫工玄反氏地各裂是時朝臣患中常侍王甫等專恣冬桓帝崩明年竇氏等欲誅常侍黃門不果更爲所誅
靈帝建寧四年五月河東地裂十二處裂合長十里百七十步廣者三十餘步深不見底
和帝永元五年五月戊寅南陽大風拔樹木
安帝永初元年大風拔樹是時鄧太后攝政以清河王子年少號精耳故立之是爲安帝不立皇太子勝以爲安帝賢必當德鄧氏也後安帝親讒廢免鄧氏令郡縣迫切死者八九人家至破壞此爲瞀霧也是後西羌亦大亂涼州十有餘年
二年六月京都及郡國四十八大風拔樹
三年五月癸酉京都大風拔南郊道梓樹九十六枚
七年八月丙寅京都大風拔樹
元初二年二月癸亥京都大風拔樹
六年夏四月沛國勃海大風拔樹三萬餘枚
延光二年三月丙申河東潁川大風拔樹六月壬午郡國十一大風拔樹是時安帝親讒曲直不分
三年京都及郡國三十六大風拔樹
靈帝建寧二年四月癸巳京都大風雨雹拔郊道樹十圍已上百餘枚其後晨迎氣東郊道於雒水西橋逢暴風雨道鹵簿車或發蓋百官霑濡還不至郊使有司行禮迎氣西郊亦壹如此
中平五年六月丙寅大風拔樹
獻帝初平四年六月右扶風大風發屋拔木
中興以來脂夜之妖無錄者
章帝七八年間郡縣大螟傷稼語在魯恭傳而紀不錄也是時章帝用竇皇后讒害宋梁二貴人廢皇太子
靈帝熹平四年六月弘農三輔螟蟲爲害是時靈帝用中常侍曹節等讒言禁錮海內清英之士謂之黨人
中平二年七月三輔螟蟲爲害
明帝永平十八年牛疫死是歲遣竇固等征西域置都護戊己校尉固等適還而西域叛殺都護陳睦戊己校尉關寵於是大怒欲復發興討會秋明帝崩是思心不容也
章帝建初四年冬京都牛大疫是時竇皇后以宋貴人子爲太子寵幸令人求伺貴人過隙以讒毀之章帝不知竇太后不善厥咎霿也或曰是年六月馬太后崩土功非時興故也

後漢書卷二十七

梁　剡　令劉　昭補并注

五行志第十七

五行五

射妖　龍蛇孽　馬禍　人痾　人化　死復生　疫　投蜺

五行傳曰皇之不極是謂不建尚書大傳皇作王鄭玄曰王君也不名體而言王者五事象五行則王極象天也天變化爲陰爲陽覆成五行經曰曆象日月星辰敬授民時論語曰爲政以德譬如北辰是則天之道於人政也孔子說春秋曰政以不由王出不得爲政則王君出政之號也極中也建立也王象天以情性覆成五事爲中和之政也王政不中和則是不能立其事也古文尚書皇極皇建其有極孔安國曰大中之道大立其有中謂行九疇之義馬融對策曰大中之道在天爲北辰在地爲人君厥咎眊尚書大傳作瞀鄭玄曰瞀與思心之咎同耳故傳曰眊眊亂也君臣不立則上下亂矣字林曰目少精曰眊厥罰恒陰鄭玄曰王極象天天陰養萬物陰氣失故常陰厥極弱鄭玄曰天爲剛德剛氣失故於人爲弱易說亢龍之行曰貴而無位高而無民賢人在下位而無輔此之謂弱或云儒不敬也時則有射妖鄭玄曰射王極之度也射人將發失必先於此儀之發則中於彼矣君將出政亦先於朝廷度之出則應於民心射其象也時則有龍蛇之孽鄭玄曰龍蟲之生於淵行無形遊於天者也屬天蛇龍之類也或曰龍無角者曰蛇時則有馬禍鄭玄曰天行健馬畜之疾行者也屬王極時則有下人伐上之痾鄭玄曰夏侯勝說伐宜爲代書亦或作代陰陽之神曰精氣情性之神曰魂魄君行不由常侜張無度則是魂魄傷也王極氣失之病也天於不中之人恒者其壽增以爲病將以開賢代之也春秋傳所謂奪伯有魄者是也不名病者病不著於身體也時則有日月亂行星辰逆行鄭玄曰亂謂薄食鬭並見逆謂縮反明經天守舍之類也太公六韜曰人主好武事兵革則日月薄食太白失行皇君也極中也眊不明也說云此沴天也不言沴天者至尊之辭也春秋王師敗績以自敗爲文

恒陰中興以來無錄者臣昭案本傳陽嘉二年郎顗上書云正月以來陰闇連日久陰不雨亂氣也得賢不用猶久陰不雨也

靈帝光和中雒陽男子夜龍以弓箭射北闕吏收考問辭居貧負責無所聊生因買弓箭以射近射妖也風俗通曰龍從兄陽求臘錢龍假取繁數頗厭患之陽與錢千龍意不滿欲破陽家因持弓矢射玄武東闕三發吏士呵縛首服因是遣中常侍尚書御史中丞直事御史謁者衛尉司隸河南尹雒陽令悉會發所劾時爲太尉議曹掾白公鄧盛夫禮設闕觀所以飾門章於至尊懸諸象魏示民禮法也故車過者下步過者趨今龍乃敢射闕意慢事醜次於大逆宜遣主者參問變狀公曰府不主盜賊當與諸府相候劾曰丞相邴吉以爲道路死傷既往之事京兆長安職所窮逐而住車問牛喘吐舌者豈輕人而貴畜哉顧念陰陽不和必有所害掾史爾乃悅服漢書嘉其達大體今龍所犯然中外奔波邴吉防患太陂況於已形昭晰者哉明公既處宰相大任加掌兵戎之職凡在荒裔謂之大事何有近日下而致逆節之萌者孔子攝魯司寇非常卿也折僭溢之端消纖介之漸從政三月惡人走境邑門不闔外收強齊侵地內虧三桓之威區區小國尚於趣舍大漢之朝焉可無乎明公恬然謂非己詩云儀刑文王萬國作孚當爲人制法何必取法於人於是公意大悟遣令史謝申以鈴下規應掾自行之還具條奏時靈帝詔報惡惡止其身龍以重論之陽不坐其後車騎將軍何苗與兄大將軍進部兵還相猜疑對相攻擊戰於闕下苗死兵敗殺數千人雒陽宮室內人燒盡應劭曰龍者陽類君之象也夜者不明之應也此其象也

安帝延光三年濟南言黃龍見歷城琅邪言黃龍見諸是時安帝聽讒免太尉楊震震自殺又帝獨有一子以爲太子信讒廢之是皇不中故有龍孽是時多用佞媚故以爲瑞應明年正月東郡又言黃龍二見濮陽

桓帝干寶搜神記曰桓帝即位有大蛇見德陽殿上雒陽市令淳于翼曰蛇有鱗甲兵之象也見於省中將有椒房大臣受甲兵之誅也乃棄官遁去到延熹二年誅大將軍梁冀捕治宗屬揚兵京師也延熹七年六月壬子河內野王山上有龍死長可數十丈袁山松書曰長可百餘丈襄楷以爲夫龍者爲帝王瑞易論大人天鳳中黃山宮有死龍漢兵誅莽而世祖復興此易代之徵也至建安二十五年魏文帝代漢臣昭曰夫屈申躍見變化無方非顯死之體橫強之畜易況大聖實類君道野王之異豈桓帝將崩之妻乎妖等占殊其例斯衆苟欲附會以同天鳳則帝崩三主年踰五十此爲迂闊將恐非徵矣

永康元年八月巴郡言黃龍見時吏傅堅以郡欲上言內白事以爲走卒戲語不可太守不聽嘗見堅語云時民以天熱欲就池浴見池水濁因戲相恐此中有黃龍語遂行人間聞郡欲以爲美故言時史以書帝紀桓帝時政治衰缺而在所多言瑞應皆此類也又先儒言瑞興非時則爲妖孽而民訛言生龍語皆龍孽也

熹平元年四月甲午青蛇見御坐上是時靈帝委任宦者王室微弱楊賜諫曰皇極不建則有龍蛇之孽詩云惟虺惟蛇女子之祥宜抑皇甫之權割豔妻之愛則蛇變可消者也案張奐傳建寧二年夏青蛇見御坐軒前奐上疏陳蕃竇武未被明宥妖眚之來皆爲此也敦煌實錄曰蛇長六尺夜於御前當軒而見

更始二年二月發雒陽欲入長安司直李松奉引車奔觸北宮鐵柱門三馬皆死馬禍也時更始失道將亡

桓帝延熹五年四月驚馬與逸象突入宮殿近馬禍也是時桓帝政衰缺

靈帝光和元年司徒長史馮巡馬生人風俗通曰巡馬生胡子問養馬胡蒼頭乃奸此馬以生子京房易傳曰上亡天子諸侯相伐厥妖馬生人後馮巡遷甘陵相黃巾初起爲所殘殺而國家亦四面受敵其後關東州郡各舉義兵卒相攻伐天子西移王政隔塞其占與京房同

光和中雒陽水西橋民馬逸走遂齧殺人是時公卿大臣及左右數有被誅者

安帝永初元年十一月戊子民轉相驚走棄什物去廬舍

靈帝建寧三年春河內婦食夫河南夫食婦臣昭曰案此二食夫妻不同在河南北毋見死異斯豈怪妖復有徵乎河者經天亘地之水也河內河之陽也夫婦參配陰陽判合成體今以夫之尊在河之陽而陰承體卑吞食尊陽將非君道昏弱無居剛之德遂爲陰細之人所能消毀乎河南河之陰河親諸侯夫亦惟家之主而自食正內之人時宋皇后將立而靈帝一嬖閹宦無所厝心夫以宮房之愛惡亦不全中懷抱宋后終廢王甫挾姦陰中列侯實應厥位天戒若曰徒隨閹豎之意夫敢其妻乎

熹平二年六月雒陽民訛言虎賁寺東壁中有黃人形容鬢眉良是觀者數萬省內悉出道路斷絕應劭時爲郎風俗通曰劭故往視之何在其有人也走漏汙處膩赭流漉壁有他剝數寸曲折耳劭又通之曰季夏土黃中行用事又在壁中壁亦土也以見於虎賁寺者虎賁國之祕兵扞難禦侮必示於東東者動也言當出師行將天下搖動也天之以類告人甚於影響也到中平元年二月張角兄弟起兵冀州自號黃天三十六方四面出和將帥星布吏士外屬因其疲餧牽而勝之物理論曰黃巾被服純黃不將尺兵肩長衣翔行舒步所至郡縣無不從是日天大黃也

光和元年五月壬午何人白衣欲入德陽門辭我梁伯夏教我上殿爲天子中黃門桓賢等呼門吏僕射欲收縛何人吏未到須臾還走求索不得不知姓名時蔡邕以成帝時男子王襃絳衣入宮上前殿非常室曰天帝令我居此後王莽篡位今此與成帝時相似而有異被服不同又未入雲龍門而覺稱梁伯夏皆輕於言以往況今將有狂狡之人欲爲王氏之謀其事不成其後張角稱黃天作亂竟破壞風俗通曰光和四年四月南宮中黃門寺有一男子長九尺服白衣中黃門解步呵問汝何等人白衣妄入宮掖曰我梁伯夏後天使我爲天子步欲前收取因忽不見劭曰尚書春秋左傳曰伯益佐禹治水封於梁䣙叔安有裔子曰董父實甚好龍龍多歸之帝舜嘉之賜姓董氏董氏之祖與梁同焉到光熹元年董卓自外入因間乘釁廢帝殺后百官總己號令自由殺戮決前威重於主梁本安定而卓隴西人俱涼州也天戒若曰卓不當專制奪矯如白衣無宜闌入宮也白衣見黃門寺及卓之末中黃門誅滅之際事類如此可謂無乎袁山松曰案張角一時狡亂不足致此大妖斯乃曹氏滅漢之徵也案劭所述與志或有不同年月舛異故俱載焉臣昭注曰檢觀前通各有未直尋梁即魏地之名伯夏明於中夏非溥天之稱以內臣孫夫得稱王徵驗有應有若符契復云伯夏教我爲天子後曹公曰若天命在吾吾爲周文王矣此乃魏文帝受我成策而膺帝位也風俗通云見中黃門寺曹騰之家尤見其證

二年雒陽上西門外女子生兒兩頭異肩共胷俱前向以爲不祥墮地棄之自此之後朝廷霿亂政在私門上下無別二頭之象後董卓戮太后被以不孝之名放廢天子後復害之漢元以來禍莫踰此

四年魏郡男子張博送鐵盧詣太官博上書室殿山居屋後宮禁落屋讙呼上收縛考問辭忽不自覺知臣昭曰魏人入宮既奪漢之徵至後宮而讙呼終亦禍廢母后

中平元年六月壬申雒陽男子劉倉居上西門外妻生男兩頭共身

靈帝時江夏黃氏之母浴而化爲黿入于深淵其後時出見初浴簪一銀釵及見猶在其首臣昭曰黃者代漢之色女人臣妾之體化爲黿黿者元也入于深淵水實制火夫君德尊陽利見九五飛在于天乃備光盛俯等龜黿有愧潛躍首從戴釵卑弱未盡後帝者王不專權極天德雖謝蜀猶傍纘推求斯異女爲曉著矣

獻帝初平中長沙有人姓桓氏死棺斂月餘其母聞棺中聲發之遂生占曰至陰爲陽下人爲上其後曹公由庶士起

建安四年二月武陵充縣女子李娥年六十餘物故以

其家杉木槥斂瘞於城外數里上已十四日有行聞其冢中有聲便語其家家往視聞聲便發出遂活 干寶搜神記曰武陵充縣女子李娥年六十餘病死埋於城外已十四日娥比舍有蔡仲聞娥富謂殯當有金寶盜發冢剖棺斧數下娥於棺中言曰蔡仲汝護我頭驚遽便出走會為吏所見遂收治依法當棄市娥兒聞來迎出娥將去武陵太守聞娥死復生召見問事狀娥對曰聞謬為司命所召到得遣出過西門適見外兄劉伯文相勞問涕泣悲哀娥語曰伯文一日誤見召今得遣歸既不知道又不能獨行為我得一伴不又我見召在此已十餘日形體又當見埋藏歸當那得自出伯文曰當為問之即遣門卒與戶曹相問司命一日誤召武陵女子李娥今得遣還娥在此積日尸喪又當殯斂當作何等得出又女弱獨行豈當有伴邪是吾外妹幸為便安之答曰今武陵西男子李黑亦得遣還便可為伴兼令黑過勑娥比舍蔡仲令發出娥也於是娥遂得出與伯文別伯文曰書一封以與兒佗娥遂與黑俱歸事狀如此太守慨然嘆曰天下事真不可知也乃表以為蔡仲雖發冢為鬼神所使雖欲無發勢不得已宜加寬宥詔書報可太守欲驗語虛實即遣馬吏於西界推問李黑得之黑語協乃致伯文書與佗佗識其紙乃是父亡時送箱中文書也表文字猶在也而書不可曉乃請費長房讀之曰告佗當從府君出案行當以八月八日日中時武陵城南溝水畔頓汝是時必往到期悉將大小於城南待之須臾果至但聞人馬隱隱之聲詣溝水便聞有呼聲曰佗來汝得我所寄李娥書不邪曰即得之故來至此伯文以次呼家中大小問之悲傷斷絕曰死生異路不能數得汝消息吾亡後兒孫乃爾許大良久謂佗曰來春大病與此一丸藥以塗門戶則辟來年妖厲矣言訖忽去竟不得見其形至前春武陵果大病白日見鬼唯伯文之家鬼不敢向費長房視藥曰此方相腦也博物記曰漢末關中大亂有發前漢宮人冢者宮人猶活既出平復如舊魏郭后愛念之錄置宮內常在左右問漢時宮中事說之了了皆有次緒郭后崩哭泣哀過遂死漢末發范明友奴冢奴猶活明友霍光女婿說光家事廢立之際多與漢書相應此奴常遊走居民間無止住處遂不知所在

七年越巂有男化為女子時周羣上言哀帝時亦有此異將有易代之事至二十五年獻帝封于山陽

建安中女子生男兩頭共身

安帝元初六年夏四月會稽大疫 公羊傳曰大災者何大瘠也大瘠者何病也何休曰民疾疫也邪亂之氣所生古今注曰光武建武十三年揚徐部大疾疫會稽江左甚案傳鍾離意為督郵建武十四年會稽大疫案此則頻歲也古今注曰二十六年郡國七大疫

延光四年冬京都大疫 張衡明年上封事臣竊見京師為害兼所及民多病死有滅戶人人恐懼朝廷燋心以為至憂臣官在於考變禳災思任防救未知所由夙夜征營臣聞國之大事在祀祀莫大於郊天奉祖方今道路流言僉曰孝安皇帝南巡路崩從駕左右行慝之臣欲徼諸國王子故不發喪衣車還宮偽遣大臣並禱請命臣處外官不知其審然尊靈見罔豈能無怨且凡夫私小有不蠲猶為譴謫況以大穢用禮郊廟孔子曰曾謂泰山不如林放乎天地明察降禍見災乃其理也又閒者有司正以冬至之後奏開恭陵神道陛下至孝不忍距逆或發冢移尸月令仲冬土事無作慎無發蓋及起大衆以固而閉地氣上泄是謂發天地之房諸蟄則死民必疾疫又隨以喪厲氣泰息恐其殆此二年欲使知過改悔五行傳曰六沴作見若時共禦帝用不差神則不怒萬福乃降用章于下臣愚以為可使公卿處議所以陳術改過取媚神祇自求多福也

桓帝元嘉元年正月京都大疫二月九江廬江大疫

延熹四年正月大疫 太公六韜曰人主好重賦役大宮室多臺遊則民多病瘟也

靈帝建寧四年三月大疫

熹平二年正月大疫

光和二年春大疫

五年二月大疫

中平二年正月大疫

獻帝建安二十二年大疫 魏文帝書與吳質曰昔年疾疫親故多離其災魏陳思王常說疫氣云家家有彊尸之痛室室有號泣之哀或闔門而殪或舉族而喪者

靈帝光和元年六月丁丑有黑氣墮北宮溫明殿東庭中黑如車蓋起奮訊身五色有頭體長十餘丈形貌似龍上問蔡邕對曰所謂天投蜺者也不見足尾不得稱龍易傳曰蜺之比無德以色親也潛潭巴曰虹出后妃陰脅王者又曰五色迭至照于宮殿有兵革之事演孔圖曰天子外苦兵威內奪臣無忠則天投蜺 案邕集稱曰演孔圖曰蜺者斗之精也失度投蜺見態主惑於毀譽合誠圖曰天子外苦兵者也 變不空生占不空言 邕對又曰意者陛下樞機之內衽席之上獨有以色見進陵尊踰制以招變象若羣臣有所毀譽聖意低廻未知誰是兵戎未息威權漸移忠言不聞則虹蜺所在生也抑內寵任中正決毀譽分直邪各得其所勤守衛整武備威權之機不以假人則其救也 先是立皇后何氏皇后每齋當謁祖廟輒有變異不得謁中平元年黃巾賊張角等立三十六方起兵燒郡國山東七州處處應角遣兵外討角等內使皇后二兄為大將統兵其年宮車宴駕皇后攝政二兄秉權譴讓帝母永樂后令自殺陰呼并州牧董卓欲共誅中官中官逆殺大將軍進兵相攻討京都戰者塞道皇太后母子遂為太尉卓等所廢黜皆死天下之敗兵先興於宮省外延海內二三十歲其殃禍起自何氏 袁山松書曰是年七月虹晝見御坐玉堂後殿前庭中色青赤也

後漢書卷二十八

梁　剡　令劉　昭補并注

五行志第十八

五行六 日蝕　日抱　日赤無光　日黃珥　日中黑　虹貫日　月蝕非其月

光武帝建武二年正月甲子朔日有食之在危八度 古今注曰建武元年正月庚午朔日有蝕之即更始三年 杜預曰曆家之說謂日光以望時遙奪月光故月蝕日月同會月奄日故日蝕蝕有上下者行有高下日光輪存而中食者相奄密故日光溢出皆既者正相當而相奄間疏也然聖人不言月蝕日而以自蝕為文闕於所不見春秋潛潭巴云甲子蝕有兵敵強臣昭案春秋緯六旬之蝕各以甲子為說此偏舉一隅未為通證故於事驗不盡相符今依日例注以廣其候耳京房占曰北夷侵忠臣有謀後大水在東方 日蝕說曰日者太陽之精人君之象君道有虧為陰所乘故蝕蝕者陽不克也其候雜說漢書五行志著之必矣 春秋緯曰日之將蝕則斗第二星變色微赤不明七日而蝕 儒說諸侯專權則其應多在日所宿之國 春秋漢含孳曰臣子謀日乃蝕孝經鉤命決曰失義不德白虎不出禁或逆枉矢射山崩日蝕管子曰日掌陽月掌陰星掌和陽為德陰為刑和為事是故日蝕則失德之國惡之月蝕則失刑之國惡之彗星見則失和之國惡之是故聖王日蝕則修德月蝕則修刑彗星見則修和 諸象附從則多為王者事人君改修其德則咎害除 孝經鉤命決曰日蝕修孝山崩理惑 是時世祖初興天下賊亂未除虛危齊也賊張步擁兵據齊上遣伏隆諭步許降旋復叛稱王至五年中乃破

三年五月乙卯晦日有蝕之 潛潭巴曰乙卯蝕雷不行雪殺草不長姦人入宮 在柳十四度柳河南也時世祖在雒陽赤眉降賊樊崇謀作亂其七月發覺皆伏誅 古今注曰四年五月乙卯晦日有蝕之

六年九月丙寅晦日有蝕之 潛潭巴曰丙寅蝕久旱多有徵京房曰有小旱災 史官不見郡以聞 本紀都尉詡以聞 在尾八度 朱浮上疏以郡縣數代羣陽騷動所致見浮傳

七年三月癸亥晦日有蝕之 潛潭巴曰癸亥日蝕天人崩鄭興曰頃年日蝕每多在晦行疾也君亢急臣下促迫 在畢五度畢為邊兵秋隗囂反侵安定冬盧芳所置朔方雲中太守各舉郡降 古今注曰九年七月丁酉十一年六月癸丑十二月辛亥並日有蝕之

十六年三月辛丑晦日有蝕之 潛潭巴曰辛丑日蝕主疑王 在昴七度昴為獄事時諸郡太守坐度田不實世祖怒殺十餘人然後深悔之

十七年二月乙未晦日有蝕之 潛潭巴曰乙未蝕天下多邪氣鬱鬱蒼蒼京房曰君責衆庶暴害之 在胃九度胃為廩倉時諸郡新坐租之後天下憂怖以穀為言故示象或曰胃供養之官也其十月廢郭皇后詔曰不可以奉供養

二十二年五月乙未晦日有蝕之在柳七度京都宿也柳為上倉祭祀穀也近輿鬼輿鬼為宗廟十九年中有司奏請立近帝四廟以祭之有詔廟處所未定且就高廟祫祭之至此三年遂不立廟有簡墮心奉祖宗之道有闕故示象也

二十五年三月戊申晦日有蝕之 潛潭巴曰戊申蝕地動搖侵兵強一曰主兵弱諸侯強 在畢十五度畢為邊兵其冬十月以武谿蠻夷為寇害伏波將軍馬援將兵擊之 古今注曰二十六年二月戊子日有蝕之盡

二十九年二月丁巳朔日有蝕之 潛潭巴曰丁巳蝕下有敗兵 在東壁五度東壁為文章一名娵訾之口先是皇子諸王各招來文章談說之士去年中有人上奏諸王所招待者或真偽雜受刑罰者子孫宜可分別於是上怒詔捕諸王客皆被以苛法死者甚多世祖不早為明設刑禁一時治之過差故天示象世祖於是改悔遣使悉理侵枉也

三十一年五月癸酉晦日有蝕之 潛潭巴曰癸酉蝕連陰不解淫雨毀山有兵 在柳五度京都宿也自二十一年示象至此十年後二年宮車晏駕

中元元年十一月甲子晦日有蝕之在斗二十度斗為廟主爵祿儒說十一月甲子時王日也又為星紀主爵祿其占重

明帝永平三年八月壬申晦日有蝕之 潛潭巴曰壬申蝕水滅陽潰陰欲翔 在氐二度氐為宿宮是時明帝作北宮 古今注曰四年八月丙寅時加未日有蝕之五年二月乙未朔日有蝕之京師候者不覺河南尹郡國三十一上六年六月庚辰晦日有蝕之時雒陽候者不見

八年十月 古今注曰十二月 壬寅晦日有蝕之既 潛潭巴曰壬寅蝕天下苦兵大臣驕橫 在斗十一度斗吳也廣陵於天文屬吳後二年廣陵王荊坐謀反自殺

十三年十月 古今注曰閏八月 甲辰晦日有蝕之 潛潭巴曰甲辰蝕四騎脅大水 在尾十七度 京房占曰主后壽命絕後有大水

十六年五月戊午晦日有蝕之 潛潭巴曰戊午蝕久旱穀不傷 在柳十五度儒說五月戊午猶十一月甲子也又宿在京都其占重後二歲宮車晏駕

十八年十一月甲辰晦日有蝕之在斗二十一度是時明帝既崩馬太后制爵祿故陽不勝

章帝建初五年二月庚辰朔日有蝕之 潛潭巴曰庚辰蝕彗星東至有寇兵 在東壁八度例在前建武二十九年是時羣臣爭經多相非毀者 又別本云庚辰蝕大旱

六年六月辛未晦日有蝕之 潛潭巴曰辛未蝕大水 在翼六度翼主遠客冬東平王蒼等來朝明年正月蒼薨 古今注曰元和元年九月己未日有蝕之

元和元年八月乙未晦日有蝕之史官不見佗官以聞日在氐四度 星占曰天下災期三年

和帝永元二年二月壬午日有蝕之 潛潭巴曰壬午蝕久雨旬望 史官不見涿郡以聞日在奎八度 京房占曰三公與諸侯相賊弱其君王天應而日蝕三公失國後旱且水臣昭以為三公宰輔之位即竇憲

四年六月戊戌朔日有蝕之 潛潭巴曰戊戌蝕有土殃主后死天下諒陰京房占曰婚嫁家欲戮 在七星二度主衣裳又曰行近軒轅在左角為太后族是月十九日 案本紀庚申幸北宮詔捕憲等庚申是二十三日 上免太后兄弟竇憲等官遣就國選嚴能相於國蹙迫自殺

七年四月辛亥朔日有蝕之 潛潭巴曰辛亥蝕子為雄 在觜觿為葆旅主收斂儒說葆旅宮中之象收斂貪妒之象是歲鄧貴人始入明年三月陰皇后立鄧貴人有寵陰后妒忌

之後遂坐廢一日是將入參參伐爲斬刈明年七月越騎校尉馮柱捕斬匈奴溫禺犢王烏居戰

十二年秋七月辛亥朔日有蝕之在翼八度荆州宿也明年冬南郡蠻夷反爲寇

十五年四月甲子晦日有蝕之在東井二十二度東井主酒食之宿也婦人之職無非無儀酒食是議去年冬鄧皇后立有丈夫之性與知外事故天示象是年水雨傷稼

安帝永初元年三月二日癸酉日有蝕之在胃二度胃主廩倉是時鄧太后專政去年大水傷稼倉廩爲虛 古今注曰三年三月日有蝕之

五年正月庚辰朔日有蝕之在虛八度正月王者統事之正日也虛空名也是時鄧太后攝政安帝不得行事俱不得其正若王者位虛故於正月陽不克示象也於是陰預乘陽故夷狄並爲寇害西邊諸郡皆至虛空

七年四月丙申晦日有蝕之 潛潭巴曰丙申蝕諸侯相攻京房占曰君臣暴虐臣下橫恣上下相賊後有地動 在東井一度

元初元年十月戊子朔日有蝕之 潛潭巴曰戊子蝕宮室內淫雌必成雄京房占曰妻欲害夫九族夷滅後有大水 在尾十度尾爲後宮繼嗣之宮也是時上甚幸閻貴人將立故示不善將爲繼嗣禍也明年四月遂立爲后後遂與江京耿寶等共譖太子廢之

二年九月壬午晦日有蝕之在心四度心爲王者明久失位也

三年三月二日辛亥日有蝕之在婁五度史官不見遼東以聞

四年二月乙亥朔日有蝕之 潛潭巴曰乙亥蝕東國發兵京房占曰諸侯上侵以自恣近臣盜竊以爲積天子未知日爲之蝕 在奎九度史官不見七郡以聞奎主武庫兵其十月八日壬戌武庫火燒兵器也

五年八月丙申朔日有蝕之在翼十八度史官不見張掖以聞 潛潭巴曰丙申蝕夷狄內攘石氏占曰王者失禮宗廟不親其歲旱

六年十二月戊午朔日有蝕之幾盡地如昏狀 古今注曰星盡見春秋緯曰日蝕既君行無常公輔不修德夷狄強侵萬事錯 在須女十一度女主惡之後二歲三月鄧太后崩 李氏家書司空李郃上書曰陛下祗畏天威懼天變克己責躬博訪羣下咨嗇在臣力小任重招致咎徵去年二月京師地震今月戊午日蝕夫至尊莫過乎天天之變莫大乎日蝕地之戒莫重乎震動今一歲之中大異兩見日蝕之變既爲尤深地動之戒搖宮最醜日者陽精君之象也戊者土土主任在中宮午者火德漢之所承地道安靜法當由陽今乃專恣搖動宮闈在蕭牆之內臣恐宮中必有陰謀其陽下圖其上造爲逆也災變終不虛生推原二異日辰行度甚爲較明瞽指掌宜察宮闈之內如有所疑急摧破其謀無令得成修政恐懼以答天意十月辛卯日有蝕之周家所忌乃爲亡徵是時妃后用事七子朝令戊午之災近相似類宜貶退諸后兄弟羣從內外之寵求賢良徵逸士下德令施恩惠澤及山海時度遼將軍遵多興師重賦出塞妄攻之事上深納其言建光二年鄧后崩上收考中人趙任等辭言地震日蝕在中宮竟有廢立之謀郃乃自知其言驗也

永寧元年七月乙酉朔日有蝕之 潛潭巴曰乙酉蝕仁義不明賢人消京房占曰君弱臣強司馬將兵反征其王 在張十五度史官不見酒泉以聞 石氏古曰日蝕張王者失禮

延光三年九月庚寅晦日有蝕之 京房占曰骨肉相賊後有水 在氐十五度氐爲宿宮宮中宮也時上聽中常侍江京樊豐及阿母王聖等讒言廢皇太子

四年三月戊午朔日有蝕之在胃十二度隴西酒泉朔方各以狀上史官不覺 案馬融集是時融爲許令其四月庚申自縣上書曰伏讀詔書陛下深惟禹湯罪己之義歸咎自責寅畏天戒詳延百僚博問公卿知變所自審得厭故修復往衍以答天命臣子遠近莫不延頸企踵苟有隙空一介之知事顧自效貢納聖聽臣伏見日蝕之占自昔典籍十月之交春秋傳記漢注所載史官占候羣臣密對陛下所觀覽左右所諷誦可謂詳悉備矣雖復廣問猶在前志無以復加乃者茀氣于參臣前得敎朴之人後三年二月對策北宮端門以爲參者西方之位其於分野幷州是也殆謂西戎北狄其後種羌叛戾烏桓犯上郡幷涼動兵驗略效矣今復見大異申誡重譴於此二城海丙莫見三月一日合辰在婁婁又西方之宿象占顯明者羌及烏桓有悔過之辭將吏策勳之名臣恐受任典牧者苟脫目前皆粗圖身一時之權不顧爲國百世之利論者美近功忽其遠則各相不大疾病伏惟天象不虛老子曰圖難於其易也爲大於其細也消災復異宜在於今詩曰日月告凶不用其行四國無政不用其良傳曰國無政不用善則自取謫于日月之災故政不可不慎也務三而已一曰擇人二曰因民三曰從時臣融伏惟方今有道之世漢興張設侯甸采衞司民之吏案繩循墨雖有殿最所差無幾其陷罪辟身自取禍百姓未被其大傷至邊郡牧御失和吉之與凶敗之與成優劣相懸不誠不可審擇其人上以應天變下以安民隸竊見列將子孫生長京師食仰租奉不知稼穡之艱又希遭阨困故能果毅輕財施與孤弱以獲生死之用此其所長也不拘法禁奢泰無度功勞足以宜威踰濫足以傷化此其所短也州郡之士出自貧苦長於檢押雖專賞罰不敢越溢此其所長也拘文守法遭遇非常狐疑無斷畏首畏尾威恩纖薄外內離心士卒不附此其所短也必得將兼有二長之才無二短之累參以吏事任以兵法有此數姿然後能折衝厭難致其功實轉災爲福孔子曰十室之邑必有忠信如丘者焉以天下之大四海之衆云無若人臣以爲誣矣宜特選詳審得其人與鎮守二方以應用良擇人之義以塞大異也

順帝永建二年七月甲戌朔日有蝕之 潛潭巴曰甲戌蝕草木不滋王命不行京房占曰近臣欲戮身及戮辱後小旱 在翼九度

陽嘉四年閏月丁亥朔日有蝕之 潛潭巴曰丁亥蝕匿謀滿玉堂京房占曰君臣無別 在角五度史官不見零陵以聞 案張衡爲太史令表奏云今年三月朔方覺日蝕此郡櫂有兵患臣愚以爲可勅北邊須塞郡縣明烽火遠斥候深藏固閉無令穀畜外露不詳是何年三月

永和三年十二月戊戌朔日有蝕之在須女十一度史官不見會稽以聞明年中常侍張逵等謀譖皇后父梁商欲作亂推考逵等伏誅也

五年五月己丑晦日有蝕之 潛潭巴曰日蝕己丑天下唱之 在東井三十三度東井三輔宿又近輿鬼輿鬼爲宗廟其秋西羌爲寇至三輔陵園

六年九月辛亥晦日有蝕之在尾十一度尾主後宮繼嗣之宮也以爲繼嗣不興之象

桓帝建和元年正月辛亥朔日有蝕之在營室三度史官不見郡國以聞是時梁太后攝政

三年四月丁卯晦日有蝕之 潛潭巴曰丁卯蝕有旱有兵京房占曰諸侯欲戮後有裸蟲之殃 在東井二十三度例在永元十五年東井主法梁太后又聽兄冀枉殺公卿犯天法也明年太后崩

元嘉二年七月二日庚辰日有蝕之在翼四度史官不見廣陵以聞 京房占曰庚辰蝕君易賢以剛卒以自傷後有水 翼主倡樂時上好樂過 阮籍樂論曰桓帝聞琴悽愴傷心倚扆而悲慷慨長息曰善乎哉爲琴若此一而足矣

永興二年九月丁卯朔日有蝕之在角五度角鄭宿也十一月泰山盜賊羣起劫殺長吏泰山於天文屬鄭

永壽三年閏月庚辰晦日有蝕之在七星二度史官不見郡國以聞例在永元四年後二歲梁皇后崩冀兄弟被誅

延熹元年五月甲戌晦日有蝕之在柳七度京都宿也 梁冀別傳曰常侍徐璜白言臣切見道術家常言漢死在戌亥今太歲在丙戌五月甲戌日蝕柳宿朱雀漢家之貴國宿分周地今京師是也史官上占去重見輕璜召太史陳援詰問乃以實對冀恐援不爲隱諱使人陰求其短發擿上聞上以亡失儀儀不肅有司奏收援獄中

八年正月丙申晦日有蝕之在營室十三度營室之中女主象也其二月癸亥鄧皇后坐酗上送暴室令自殺家屬被誅呂太后崩時亦然

九年正月辛卯朔日有蝕之 潛潭巴曰辛卯蝕臣伐其主 在營室三度史官不見郡國以聞谷永以爲三朝尊者惡之其明年宮車晏駕

永康元年五月壬子晦日有蝕之 潛潭巴曰壬子蝕妃后專恣女謀主 在輿鬼一度儒說壬子淳水日而陽不克將有水害其八月六州大水勃海盜賊

靈帝建寧元年五月丁未朔日有蝕之 潛潭巴曰丁未蝕王者崩 冬十月甲辰晦日有蝕之

二年十月戊戌晦日有蝕之右扶風以聞

三年三月丙寅晦日有蝕之梁相以聞

四年三月辛酉朔日有蝕之 潛潭巴曰辛酉蝕女謀主谷永上書曰飲酒無節君臣不別姦邪欲起傳曰酒無節茲謂荒厥異日蝕厥咎亡靈帝好爲商估飲於宮人之肆也

熹平二年十二月癸酉晦日有蝕之在虛二度是時中常侍曹節王甫等專權 蔡邕上書曰四年正月朔日體微傷羣臣服赤幘赴宮門之中無救乃各罷歸天有大異隱而不宜求御過是已事之甚者

六年十月癸丑朔日有蝕之趙相以聞 谷永上書曰賦斂滋重不顧黎民百姓虛竭則日蝕將有濆叛之變

光和元年二月辛亥朔日有蝕之十月丙子晦日有蝕之在箕四度箕爲後宮口舌是月上聽讒廢宋皇后 案本傳盧植上書丙子蝕自已過午既蝕之後雲霧掩曖陳八事以諫蔡邕對問曰詔問咎徵以來災眚屢見頭歲日蝕地動風雨不時疫癘流行勁風折樹河雒盛溢臣聞陽微則日蝕陰盛則地震思亂則風貌失則雨視闇則疾簡宗廟水不潤下川流滿溢明君臣正上下抑陰尊陽修五事於聖躬致精慮於共御其救之也

二年四月甲戌朔日有蝕之

四年九月庚寅朔日有蝕之 潛潭巴曰庚寅蝕將相誅大水多死傷 在角六度

中平三年五月壬辰晦日有蝕之 潛潭巴曰壬辰蝕河決海久霧連陰

六年四月丙午朔日有蝕之其月浹辰宮車晏駕

獻帝初平四年正月甲寅朔日有蝕之在營室四度 潛潭巴曰甲寅蝕雷電擊殺骨肉相攻 是時李傕郭汜專政 袁宏紀曰未蝕八刻太史令王立奏曰日晷過度無有變也於是朝臣皆賀帝密令尚書候焉未晡一刻而蝕尚書賈詡奏曰立伺候不明疑候上下太尉周忠職所典掌請皆治罪詔曰天道遠事驗難明且災異應政而至雖探道知機焉能無失而欲歸咎史官益重朕之不德也弗從於是避正殿寢兵不聽事五日

興平元年六月乙巳晦日有蝕之

建安五年九月庚午朔日有蝕之 潛潭巴曰庚午蝕後火燒官兵

六年十月癸未朔日有蝕之

十三年十月癸未朔日有蝕之 潛潭巴曰癸未蝕仁義不明 在尾十二度

十五年二月乙巳朔日有蝕之

十七年六月庚寅晦日有蝕之

二十一年五月己亥朔日有蝕之 潛潭巴曰己亥蝕小人用事君子禁

二十四年二月壬子晦日有蝕之

凡漢中興十二世百九十六年日蝕七十二朔三十二晦三十七月二日三

光武建武七年四月丙寅日有暈抱白虹貫暈在畢八度 古今注曰時日加卯西面東面有抱須臾成暈中有兩鉤在南北面有白虹貫暈在西北南面有背在景加己皆解也 畢爲邊兵秋隗囂反侵安定 皇德傳史曰白虹貫下破軍晉分也 古今注曰章帝建初元年正月壬申白虹貫日五年七月甲寅夜白虹出乙丑地西北曲入七年四月丙寅日加卯西面有抱須臾成暈有白虹貫日殤帝延平元年六月丁未日暈上有半暈暈中外有僪背兩珥十二月丙寅日暈再重中有背僪順帝永建二年正月戊午白虹貫日三年正月丁酉日有白虹貫交暈中六年正月丁卯日暈兩珥白虹貫珥中永和六年正月己卯暈兩珥中赤外青白虹貫暈中案郎顗傳陽嘉二年正月乙卯白虹貫日又唐檀傳永建五年白虹貫日檀上便宜三事陳其咎徵春秋元命苞曰陰陽之氣聚爲雲氣立爲虹蜺離爲倍僪分爲抱珥考異郵曰臣謀反偏刺日巫咸占曰臣不如則日月僪如淳曰蝃蝀謂之虹蜺謂之蜺向外日倍刺日日僪在傍如半環向日日抱在傍直對日珥孟康曰僪如僪也宋均曰黃氣抱日輔臣納忠

靈帝時日數出東方正赤如血無光高二丈餘乃有景且入西方去地二丈亦如之 京房占曰國有佞讒朝有殘臣則日不光闇冥不明孟康曰日月無光曰薄 其占曰事天不謹則日月赤是時日出入去地二三丈皆赤如血者數矣 春秋感精符曰日無光主勢奪羣臣以讒術色赤如炭以急見伐又兵馬發饑乎威儀曰日月赤君喜怒無常輕殺不辜戮於無罪不事天地忽於鬼神時則大雨土風常起日蝕無光地動雷降其時不救兵從外來爲賊戮而不葬京房占曰日無故日夕無光天下變

枯敗穆主

光和四年二月己巳黃氣抱日黃白珥在其表春秋感精符曰日弱珥則有喪孽又云日已出若其入而雲皆赤黃名日空不出三年必有移民而去者也

中平四年三月丙申黑氣大如瓜在日中春秋感精符曰日黑則水淫溢

五年正月日色赤黃中有黑氣如飛鵲數月乃銷

六年二月乙未白虹貫日春秋感精符曰虹貫日天下悉極文法大擾百官殘賊酷法橫殺下多相告刑用及旅世多深刻獄多怨宿吏皆慘毒又曰國多死尊天子命絕大臣爲禍主將見殺是占曰虹蜺主內淫土精填星之變易讒日聰明蔽塞政在臣下婚戚干朝君不覺悟虹蜺貫日

獻帝初平元年二月壬辰白虹貫日袁山松書曰三年十月丁卯日有重兩倍吳書載韓馥與袁術書曰凶出於代郡

桓帝永壽三年十二月壬戌月蝕非其月古今注曰光武建武八年三月庚子夜月暈五重紫微青黃似虹有黑氣如雲月星不見丙夜乃解中元元年十一月甲辰日中星齒往往出入

延熹八年正月辛巳月蝕非其月袁山松書曰興平二年十二月月在太微端門中重暈二珥兩白氣廣八九寸貫月東西南北

贊曰皇極惟建五事克端罰咎入沴逆亂浸干火下水騰木弱金酸妖豈或妄氣炎以觀

後漢書卷二十八考證

五行志六月二日三○臣永祚按此文總結日食之數月二日當連讀言蝕不於晦朔而於月之二日者有三合之朔三十二晦三十七爲七十二也和帝永元二年二月壬午不言晦朔是二日之一也安帝永初元年三月二日癸酉及元初三年三月二日辛亥是二日之三也

後漢書卷二十九

梁　剡　令劉　昭補并注

郡國志第十九

郡國一

司隸　河南　河內　河東　弘農　京兆　馮翊　扶風

漢書地理志記天下郡縣本末及山川奇異風俗所由至矣今但錄中興以來郡縣改異及春秋三史會同征伐地名臣昭案志有遺闕今衆書所載不可悉記其春秋土地通儒所據而未備者皆先列焉以爲郡國志本志唯郡縣名爲大書其山川地名悉爲細注今進爲大字新注證發臣劉昭采集氏前志有縣名今所不載者皆世祖所并省也前無今有者後所置也凡縣名先書者郡所治也帝王世紀曰自天地設闢未有經界之制三皇尚矣諸子稱神農之王天下也地東西九十萬里南北八十五萬里及黃帝受命始作舟車以濟不通乃推分星次以定律度自斗十一度至婺女七度一名須女曰星紀之次於辰在丑謂之赤奮若於律爲黃鍾斗建在子今吳越分野自婺女八度至危十六度曰玄枵之次一名天黿於辰在子謂之困敦於律爲大呂斗建在丑今齊分野自危十七度至奎四度曰豕韋之次一名娵訾於辰在亥謂之大淵獻於律爲太蔟斗建在寅今衛分野自奎五度至胃六度曰降婁之次於辰在戌謂之閹茂於律爲夾鍾斗建在卯今魯分野自胃七度至畢十一度曰大梁之次於辰在酉謂之作噩於律爲姑洗斗建在辰今趙分野自畢十二度至東井十五度曰實沈之次於辰在申謂之涒灘於律爲中呂斗建在巳今晉魏分野自井十六度至柳八度曰鶉首之次於辰在未謂之協洽於律爲蕤賓斗建在午今秦分野自柳九度至張十七度曰鶉火之次於辰在午謂之敦牂一名大律於律爲林鍾斗建在未今周分野自張十八度至軫十一度曰鶉尾之次於辰在巳謂之大荒落於律爲夷則斗建在申今楚分野自軫十二度至氐四度曰壽星之次於辰在辰謂之執徐於律爲南呂斗建在酉今韓分野自氐五度至尾九度曰大火之次於辰在卯謂之單閼於律爲無射斗建在戌今宋分野自尾十度至斗七度百三十五分而終曰析木之次於辰在寅謂之攝提格於律爲應鍾斗建在亥今燕分野凡天有十二次日月之所躔也地有十二分王侯之所國也故四方方七宿四七二十八宿合一百八十二星東方蒼龍三十二星七十五度北方玄武三十五星九十八度四分度之一西方白虎五十一星八十度南方朱雀六十四星百一十二度周天三百六十五度四分度之一一度二千九百三十二里分爲十二次一次三十度三十二分度之十四各以附其七宿間距周天積百七萬九百一十三里徑三十五萬六千九百七十一里陽道左行故太歲右轉凡中外官常明者百二十四可名者三百二十合二千五百星微星之數凡萬一千五百二十星萬物所受咸系命焉此黃帝創制之大略也而佗說稱日月所照三十五萬里考諸子所載神農之地過日月之表近爲虛誕及少昊氏之衰九黎亂德其制無聞矣洎顓頊之所建帝嚳受定則孔子稱其地北至幽陵南暨交阯西蹈流沙東極蟠木日月所照莫不底焉是以建萬國而制九州至堯遭洪水分爲十二州今虞書是也及禹平水土還爲九州今禹貢是也是以其時九州之地凡二千四百三十萬八千二十四頃定墾者九百三十萬六千二十四頃不墾者千五百萬二千頃民口千三百五十五萬三千九百二十三人至于塗山之會諸侯承唐虞之盛執玉帛亦有萬國是以山海經稱禹使大章步自東極至于西垂二億三萬三千三百里七十一步又使豎亥步南極北盡於北垂二億三萬三千五百里七十五步四海之內則東西二萬八千里南北二萬六千里出水者八千里受水者八千里名山五千三百五十經六萬四千五十六里出銅之山四百六十七出鐵之山三千六百九以供財用儉則有餘奢則不足以男女耕織不奪其時故公家有三十年之積私家有九年之儲及夏之衰棄稷弗務有窮之亂少康中興乃復禹迹孔甲之至桀行暴諸侯相兼逮湯受命其能存者三千餘國方於塗山十損其七民離毒政將亦如之殷因於夏六百餘載其間損益書策不存無以考之又遭紂亂至周克商制五等之封凡千七百七十三國又減湯時千三百矣民衆之損將亦如之及周公相成王致治刑錯民口千三百七十一萬四千九百二十三人多禹十六萬一千人周之極盛也其後七十餘歲天下無事民彌以息及昭王南征不反穆王失荒加以幽厲之亂平王東遷三十餘載至齊桓公二年周莊王之十三年五千里內非天王九嬪之御自世子公侯以下至於庶民凡千百八十四萬七千人除有土老疾定受田者九百萬四千人其後諸侯相并當春秋時尚有千二百國二百四十二年之中殺君三十六亡國五十二諸侯奔走不得保社稷者不可勝數至于戰國存者十餘於是從橫短長之說相奪於時殘民詐力之兵動以萬計故韓有匹馬之覆宋有易子之急晉陽之圍縣釜而炊長平之戰血流漂鹵周之列國唯有燕衞秦楚而已齊及三晉皆以篡亂南面稱王衞雖得存不絕若綫然考蘇張之說計秦及山東六國戎卒尚存五百餘萬推民口數尚當千餘萬及秦兼諸侯置三十六郡其所殺傷三分居二猶以餘力行參夷之刑收大半之賦北築長城四十餘萬南戍五嶺五十餘萬阿房驪山七十餘萬十餘年間百姓死沒相踵于路陳項又肆其餘烈故新安之坑二十餘萬彭城之戰睢水不流至漢祖定天下民之死傷亦數百萬是以平城之卒不過三十萬方之六國五損其二自孝惠至文景與民休息六十餘歲民衆大增是以太倉有不食之粟都內有朽貫之錢武帝承其資蓄軍征三十餘歲地廣萬里天下之衆亦減半矣及霍光秉政乃務省役至于孝平六世相承雖時征行不足大害民戶又息元始二年郡國百三縣邑千四百八十七地東西九千三百二里南北萬三千三百六十八里定墾田八百二十七萬五百三十六頃民戶千三百二十三萬三千六百一十二口五千九百一十九萬四千九百七十八人多周成王四千五百四十八萬五十五人漢之極盛也及王莽纂位續以更始赤眉之亂至光武中興百姓虛耗十有二存中元二年民戶四百二十七萬千六百三十四口二千一百萬七千八百二十人永平建初之際天下無事務在養民迄于孝和民戶滋殖及孝安永初元初之間兵饑之苦民人復損至于孝桓頗增於前永壽二年二千六百七萬九百六口五千六萬六千八百五十六人墾田亦多單師屢征及靈帝遭黃巾獻帝即位而董卓興亂大焚宮廟劫御西遷京師蕭條豪桀並爭郭汜李傕之屬殘害又甚是以興平建安之際海內凶荒天子奔流白骨盈野故陝津之難以箕撮指安邑之東后裳不完遂有寇戎雄雌未定割剝庶民三十餘年及魏武皇帝克平天下文帝受禪人衆之損萬有一存景元四年與蜀通計民戶九十四萬三千四百二十三口五百三十七萬二千八百九十一人又案正始五年揚威將軍朱照日所上吳之所領兵戶九十三萬二千推其民數不能多蜀矣昔漢永和五年南陽戶五十餘萬汝南戶四十餘萬方之於今三帝鼎足不踰二郡加有食祿復除之民凶年饑疾之難見可供役裁若一郡以一郡之人供三帝之用斯亦勤矣自禹至今二千餘載六代損益備於茲焉臣昭案諸記云春秋時有千二百國未知所出班固云周之始爵五而土三蓋千八百國轉相吞滅數百年間列國耗盡至春秋時尚有數十

河南尹秦三川郡高帝更名世祖都雒陽建武十五年改曰河南尹應劭漢官曰尹正也郡府聽事壁諸尹畫贊肇自建武訖于陽嘉注其清濁進退所謂不隱過不虛譽甚得述事之實後人是瞻足以勸懼雖春秋采毫毛之善貶纖介之惡不避王公無以過此尤著明也　二十一城永和五年戶二十萬八千四百八十六口百一萬八百二十七

雒陽摯虞曰古之周南今之雒陽魏氏春秋曰有委粟山在陰鄉魏時營爲圓丘皇覽曰縣東北山蒙弘冢縣北芒山道西呂不韋冢　周時號成周公羊傳曰成周者何東周也何休曰周道始成王之所都也帝王世紀曰城東西六里十一步南北九里一百步晉元康地道記曰城內南北九里七十步東西六里十步爲地三百頃一十二畝有三十六步城東北隅周威烈王冢　有狄泉在城中左傳僖二十九年盟于狄泉杜預曰城內太倉西南池水或曰本在城外定元年城成周乃繞之案此水晉時在東宮西北帝王世紀曰狄泉本殷之墓地在成周東北今城中有殷王冢是也又太倉中大冢周景王也　有唐聚左傳昭二十三年尹辛敗劉師于唐　有上程聚古程國史記曰重黎之後伯休甫之國也闕中更有程地帝王世紀曰文王居程徙都豐故此加爲上程　有士鄉聚馮異斬武勃地　有褚氏聚左傳昭二十六年王宿褚氏杜預曰縣南有褚氏亭　有榮錡澗左傳周景王崩于榮錡氏杜預曰鞏縣西　有前亭杜預曰縣西南有泉亭卽泉城也　有圉鄉左傳昭二十三年單氏伐東圉杜預曰縣東南有圉鄉西南有戎城伊雒之戎　又有大解城左傳昭二十三年晉師次于解杜預曰縣西南有大解小解　河南帝王世紀曰城西有郟鄏陌太康敀于有雒之表今河之南本傳有員嶺山　周公時所城雒邑也春秋時謂之王城鄭玄詩譜曰周公攝政五年成王宅雒邑使召公先相宅既成謂之王城博物記曰王城方七百二十丈郛方七十里南望雒水北至陝山地道記曰去雒城四十里左傳定八年單子伐穀城杜預曰在縣西　東城門名鼎門帝王世紀曰東南門九鼎所從入又曰武王定鼎雒陽西南雒水九鼎中觀是也　北城門名乾祭左傳昭二十四年士伯立於乾祭皇覽曰城西南柏亭西周山上周靈王冢民祠之不絕　又有甘城杜預曰縣西南有甘泉　有蒯鄉左傳昭二十三年尹辛攻蒯晉地道記曰在縣西南有蒯亭

梁故國伯翳後有陽人聚史記曰秦滅東周不絕其祀以陽人地　有霍陽山左傳哀四年楚爲一昔之期襲梁及霍　有注城史記曰魏文侯四十二年敗秦于注博物記曰梁伯好土功今梁多有城

滎陽有鴻溝水文穎曰於滎陽下引河東南爲鴻溝卽官渡水也　有廣武城西征記曰有三皇山或謂三室山山上有二城東者曰東廣武西者曰西廣武各在一山頭相去二百餘步其間隔深澗漢祖與項籍語處　有虢亭虢叔國　有隴城左傳文二年盟于垂隴　有薄亭有敖亭周宣王狩于敖左傳宣十二年晉師在敖鄗之間秦立爲敖倉　有費澤左傳宣十二年楚潘黨逐魏錡及滎杜預曰縣東滎澤也

卷左傳成十年晉鄭盟修澤杜預曰縣東有修武亭　有長城經陽武到密史記蘇秦說襄王曰大王之地西有長城之界　有垣雝城或曰古衡雍史記無忌謂魏王曰有鄭地得垣雍者也杜預曰卽是衡雍又今縣所治城　有扈城亭左傳莊二十三年盟于扈杜預曰在縣西北

原武

陽武有武彊城史記曰曹參攻武彊秦始皇東遊至陽武博浪沙中爲盜所驚

中牟左傳宣元年諸侯救鄭遇于北林杜預曰縣西南有林亭在鄭北　有圃田澤左傳曰原圃雅十藪鄭有圃田　有清口水左傳閔二年遇于清杜預曰縣有清陽亭　有管城杜預曰管國也在京縣東北漢書音義曰故管叔邑　有曲遇聚前書曹參破楊熊　有蔡亭

開封左傳哀十四年逢澤有介麋杜預曰在縣東北遠疑非徐廣曰逢池也

苑陵有棐林左傳宣元年諸侯會于棐林杜預曰縣東有林鄉徐廣民北征記曰縣東南有大陵澗鄉莊公所闕又大城東臨濮水水東漆水注于洧城西臨洧水　有制澤左傳宣十年諸侯遷於制田杜預曰縣東有制城　有瑣侯亭左傳襄十一年諸侯之師次于瑣杜預曰縣西有瑣侯亭

平陰

穀城瀍水出博物記曰出瀍亭山　有函谷關西征記曰函谷左右絕岸十丈中容車而已

緱氏左傳曰呂相絕秦伯殄滅我費滑杜預曰滑國都於費今緱氏縣案本紀縣有百坏山千寶搜神記曰縣有延壽亭　有鄔聚左傳王取鄔劉杜預曰鄔在縣西南　有轘轅關瓚曰險道名在縣東南

鞏摯伯圖左傳曰商湯有景亳之命杜預曰縣西南有湯亭帝王世紀曰湯亭偃師又曰夏太康五弟須于雒汭在縣東北三十里　有尋谷水左傳昭二十三年王師晉師圍郊中史記曰張儀下兵三川塞什谷之口徐廣曰縣有尋口　有東訾聚今名訾城左傳昭十三年單子取訾杜預曰在縣西南晉地道記曰在縣之東　有坎埳聚左氏周襄王出國人納之坎埳杜預曰在縣東地道記在南　有黃亭有湟水左傳昭二十三年王子猛居于湟杜預曰有黃亭在縣西北　有明谿泉左傳昭二十三年賈辛軍于谿泉

成皐史記曰成皐北門名玉門左傳被燕師于北制杜預曰北制一名虎牢亦卽此縣也穆天子傳曰七萃之士生搏虎而獻天子命爲柙而畜之東虢是曰虎牢左傳曰鄭子皮勞晉韓宣子于索氏杜預曰縣東有大索城尚書禹貢至于大伾張揖云成皐縣山又有旋門坂縣西南十里見東京賦　有旃然水左傳襄十八年楚伐鄭次旃然　有瓶丘聚有漫水　有汜水左傳曰周襄王處鄭地汜

京鄭共叔所居左傳云謂之京城大叔應劭曰有索亭楚漢戰京索北征記又有索水

密春秋時曰新城傳曰新密僖六年諸侯圍新城杜預曰一名密縣　有大騩山山海經曰大騩之山其陰多鐵多美堊有草焉狀如蓍而毛青華而白實其名曰蒗服者不夭　有梅山左傳曰襄十八年楚伐鄭右迴梅山在縣西北　有陘山史記魏襄王六年伐楚敗之陘山秦攻魏華陽地亦在縣杜預遺令曰山上有冢或曰子產冢東北向新鄭城不忘本也

新城左傳曰文十七年周敗戎于邥垂杜預曰縣北有垂亭史記秦遷西周公於憚狐徐廣曰與陽人聚相近在雒陽南百五十里梁新城之間　有高都城史記蘇代說韓相國以高都與周者　有廣成聚有廣成苑　有鄤聚古鄤氏今名蠻中左傳昭十六年楚殺鄤子杜預曰縣東南有蠻城又祭遵獲張滿也

偃師帝王世紀曰帝嚳所都殷盤庚復南亳是爲西亳皇覽曰北有鼻縣祠又曰有湯亭有湯祠　有尸鄉帝王世紀曰尸鄉在縣西二十里　春秋時曰尸氏左傳昭二十六年劉人敗子朝之師于尸氏前書田橫自殺處

新鄭詩鄭國祝融墟皇甫謐曰古有鄭國黃帝之所都

平

河內郡高帝置。雒陽北百二十里。十八城，戶十五萬九千七百七十
口八十萬一千五百五十八。懷有隰城左傳曰王取鄔、隰城。杜預
曰在縣西南。傳又曰郤至與周爭鄇田，杜預曰縣西南有鄇人亭。河陽左傳曰王與鄭盟，杜預曰
縣南孟津。有湛城。軹左傳曰王以蘇忿生田向與鄭，杜預曰縣西北地名向上。有原鄉
左傳曰王與鄭原，杜預曰沁水西北有原城。有溴梁左傳曰襄十六年諸侯會溴梁。波有
絺城左傳曰王與鄭絺，杜預曰在野王縣西南。沁水山海經曰沁水出井陘東。野王
有太行山山海經曰其上有金玉，下有碧。有獸焉，其狀如麐而四角，馬尾而有距，其名曰驒，還鄭食
其說曰杜太行之道。韋昭曰在縣北。有射犬聚世祖破青犢也。有邘城史記曰紂以文王九
侯、鄂侯為三公。徐廣曰鄂一作邘。武王子封在縣西北。溫蘇子所都。濟水出王
莽時大旱遂枯絕。皇覽曰縣郭東濟水南有虢公冢。州　平皋有邢
丘故邢國，周公子所封。臣瓚曰丘名也，非國也。在襄國西。有李城史記曰邯鄲李
同知秦兵，趙封其父李侯。徐廣曰即此城。山陽邑有雍城杜預曰古雍國在縣西。有
蔡城管蔡叔邑。此豬鄉之類乎。武德　獲嘉侯國　脩武故南
陽，秦始皇更名。有南陽城左傳僖四年晉文公圍南陽。史記曰白起攻韓南陽太行
道，絕之。山海經曰太行之山，清水出焉。郭璞曰修武縣北黑山亦出清水。陽樊攢茅田服虔曰樊
仲山之所居，故名陽樊。杜預曰縣西北有攢城。左傳曰定元年魏獻子田大陸，杜預曰西北吳澤也。有小
脩武聚春秋曰寧。史記曰高祖得韓信軍小脩武。晉灼曰在城東。有隤城左傳隱十一年以隤
與鄭。共本國。淇水出前志注曰水出北山。博物記曰有奧水流入淇水，有綠竹草。有
汎亭凡伯邑。汲晉地道記曰有銅關。朝歌有鹿臺山。紂所都居帝王世紀
曰村槽丘、酒池、肉林在城西。前書注曰鹿臺在城中。南有牧野去縣十七里。北有邶國
南有寧鄉史記魏無忌說魏安釐王曰通韓上黨於共寧。徐廣曰有寧鄉。左傳曰襄二十三年救晉，大
雍榆。杜預曰縣東有雍城是也。蕩陰有羑里城文王所拘處。韋昭曰羑音酉。林
慮故隆慮，殤帝改。有鐵徐廣曰洹水所出。蘇秦合諸侯盟處。班叔皮遊居賦亦曰激余
馬乎洹泉，嗟西伯於羑城。
河東郡秦置。雒陽西北五百里。博物記曰有山澤近鹽，沃土之民不才，漢興少有名人，大衣冠三世皆
衰也。絕。二十城，戶九萬三千五百四十三，口五十七萬八
百三。安邑帝王世紀曰禹都。西有鳴條陌，湯伐桀戰昆吾亭。左傳昆吾與桀同日亡。地道記咸山
在南。有鐵有鹽池前志曰池在縣西南。魏都賦注曰在猗氏六十四里。楊佺期雒陽記曰河東鹽
池長七十里，廣七里，水氣紫色。有別御鹽四面刻如印齒文章，字妙不可述。楊有高梁亭
左傳曰僖九年晉懷公死高梁。杜預曰在縣西南。地道記有梁城，去縣五十里，叔虞邑也。平陽侯
國左傳曰成七年諸侯盟馬陵。杜預曰衛地。平陽東南地名馬陵。又說在魏郡元城。有鐵堯都
此。晉地道記曰有堯城。臨汾博物記曰有賈鄉，賈伯邑。有董亭左傳曰晉蒐于董，杜預
曰縣有董亭。汾陰博物記曰古之綸，少康邑。有介山縣西北有狐谷亭。爾雅注曰
有水口如車輪許，濆沸涌出，其深無限，名之為濆。蒲坂有雷首山史記曰盾田首山，
息桑下有餓人示眯明。縣南二十里有歷山，舜所耕處。又伯夷叔齊隱於首陽山。馬融曰在蒲坂華山之北，河
曲之中。有沙兵亭左傳曰文十二年秦晉戰河曲，杜預曰在縣南。湯伐桀，孔安國曰河曲之南。
大陽有吳山上有虞城杜預曰虞國也。帝王世紀曰舜嬪于虞，虞城是也，亦謂吳
城。史記秦昭王伐魏，取吳城，即此城也。皇覽曰盜跖冢在河東大陽。博物記曰傳巖在縣北。有下陽城號邑
左傳僖二年晉所滅。縣東北三十里。有茅津左傳曰秦伐晉，自茅津濟。杜預曰在縣西南。有茅
亭，即茅城。有顛軨坂左傳曰入自顛軨。博物記曰在縣東吳坂城之北，今之吳坂。杜預曰在縣鹽池東。

北。解左傳曰晉侯與秦伯盟於郇，杜預曰縣西北有郇城。博物記曰有智邑。有桑泉
城左傳僖二十四年晉文公入桑泉，杜預曰在縣西二十里。有臼城左傳曰入取臼，杜預曰臼衰者也。
西北。杜預曰在縣東南。博物記曰季邑，晉侯賜桓公西伐所登。有解城左傳僖十五年
晉侯賂秦，及解梁城。伯有瑕城左傳文十二年秦侵晉及瑕，杜預曰猗氏縣東北有瑕城。皮
氏有耿鄉尚書祖乙從耿。左傳閔元年晉滅耿，杜預曰縣東南有耿鄉。博物記曰有耿城。有鐵
有冀亭左傳僖二年荀息曰冀為不道，杜預曰在縣東北。史記蘇代說燕王曰下南陽封冀。
聞喜邑博物記曰縣治涑之川。史記曰伐韓到乾河。郭璞曰縣東北有乾河口，但有故溝處，無復水。左
傳曰三十一年晉蒐清原，杜預曰在縣北。本曲沃晉曲沃在縣東北，數里與相去六七百里見毛
詩注。有董池陂古董澤左傳曰董澤之蒲。有稷山亭縣西五十
里。左傳曰宣十五年晉侯治兵于稷。有涑水左傳曰伐我涑川。有洮水　絳
邑縣西有絳邑城，杜預曰故絳也。有翼城左傳隱五年曲沃伐翼，杜預曰在縣東八十里。永
安故彘史記曰周穆王封造父趙城。徐廣曰在永安。博物記曰有呂鄉，呂甥邑也。陽嘉三年
更名杜預曰縣東北有彘城。有霍大山爾雅曰西南之美者有霍山之多珠玉焉。左傳曰閔
元年晉滅霍，杜預曰縣東北有霍大山。史記曰原過受神人書稱余霍大山山陽侯天史也。又蜚廉於山得石
棺，仍葬也。河北詩魏國。有韓亭　猗氏地道記曰左傳文十三年詹嘉處瑕
在縣東北。垣有王屋山兗水出史記魏武侯二年城王垣。博物記曰山在東，狀如
垣。有壺丘亭左傳襄元年晉討宋五大夫寘諸瓠丘，杜預曰縣東南有壺丘亭。有邵亭
博物記曰縣東九十里有郫邵之阨，賈季迎公子樂于陳，趙孟殺諸郫邵。襄陵晉地道記曰晉武公
自曲沃徙此。北屈左傳曰二屈，杜預曰北屈。傳曰屈產之乘有驪馬。有壺口山禹貢
曰壺口治梁及岐。有采桑津左傳僖八年晉敗狄于采桑，杜預曰縣西南有采桑津。蒲
子城左傳曰晉文公居蒲子城，杜預曰今蒲子縣。端氏史記曰趙韓分晉，封晉端氏。濩澤侯國有析城山前志曰在縣西
南。
弘農郡武帝置。其二縣建武十五年屬。雒陽西南四百五十里。九城，戶四萬六千
八百一十五，口十九萬九千一百一十三。弘農故秦
函谷關左傳曰虢公敗戎于桑田，杜預曰在縣東北桑田亭。有燭水出前志出衡山嶺下谷。有
枯縱山本傳赤眉立盆子於鄭北，古今注曰在此山下。有桃丘聚故桃林左傳曰守
桃林之塞。博物記曰在湖縣休與之山。有務鄉赤眉破李松處。有曹陽亭史記曰章邯殺
周章于曹陽。晉灼曰縣東十三里。又獻帝東歸敗處。曹公改曰好陽。陝史記曰自陝以西召公主之，自
陝以東周公主之。本虢仲國杜預曰縣東有虢城。有焦城故焦國史記曰
武王封神農之後於焦。有陝陌博物記曰陝伯所分。黽池穀水出前志曰出穀陽
谷。有二崤　新安澗水出博物記曰西漢水出新安入雒。又有孝水，見潘岳西征賦。
宜陽有金門山竹為律管。陸渾西有虢略地左傳僖十五年晉侯賂秦，
東盡虢略。杜預曰從河南東盡虢略，故虢也。盧氏有熊耳山山海經曰其上
多樱浮豪之水出焉，西北流注于雒。其中多美玉，多人魚。伊水清水出晉地道記曰伊東北入雒。
湖故屬京兆前志鼎湖。有閿鄉皇覽曰戾太子葬在閿鄉南，又改曰寧。
華陰故屬京兆史記曰魏文侯三十六年秦侵陰晉。前志曰高帝改曰華陰，呂氏春
秋九藪云秦之陽華。高誘曰或在華陰西。桃林縣西長城是也。晉地道記曰潼關是也。又有太華
山左傳晉賂秦，南及華山。山海經曰太華之山，削成而四方，其高五千仞，其廣十里，鳥獸莫居，有蛇名曰
肥遺，六足四翼，見則天下大旱。武王放馬於華山之陽，牛於桃
林之墟。孔安國曰在華山東。晉地道記曰山在縣西南。
京兆尹秦內史，武帝改。其四縣，建武十五年屬。雒陽西九百五十里。決錄注曰京，大也。天子曰兆民。

十城，戶五萬三千二百九十九，口二十八萬五千五百
七十四。長安高帝所都漢舊儀曰長安城方亦十三里，經緯各長十五里，十三城
門九百七十三頃，城中皆屬長安。令辛氏三秦記曰長安地皆黑壤，城中今赤如火，堅如石，父老所傳盡鑿龍
首山為城。皇覽曰衛思后葬在城南桐松園，今千人聚是。鎬在上林苑中孟康曰長安西南有
鎬池。秦始皇江神反璧曰為吾遺鎬池君。史考曰武王遷鎬，長安豐亭鎬池也。皇覽曰文王、周公冢皆在鎬
聚東杜中。有細柳聚前書周亞夫所屯處。有蘭池史記曰秦始皇微行夜出逢盜蘭池。三秦
記曰始皇引渭水為長池，東西二百里，南北三十里，刻石為鯨魚二百丈。有曲郵前書高帝征黥布，
張良送至曲郵。有杜郵史記曰白起死處。三秦記曰長安城西有九嵕山，西有杜山。杜預曰畢國在西
北。霸陵有枳道亭前書秦王子嬰降於軹道旁。地道記曰霸水西。有長門亭
前書文帝出長門，若見五人於道北，立五帝壇。杜陵杜預曰古杜伯國，唐杜氏也。鄠在西南杜預
曰在鄠縣東。決錄注曰鎬在鄠水西，相去二十五里。鄭史記殺商君鄭黽池。鄭桓公封
於此。黃圖云下邽縣西之。新豐有驪山杜預曰古驪戎國，韋昭曰戎來居此。
山故驪戎之國。三秦記曰始皇墓在山北，有始皇祠，不齊
戒往即疾風暴雨，人理欲上則杳冥失道。縣西有白鹿
原，周平王時白鹿出。案關中記在霸陵。東有鴻門亭前書高帝見項羽處。
孟康曰在縣東十七里。舊大道北下坂口名鴻門。關中記云始皇陵北十餘里有謝聚。及戲亭周幽王死
處。蘇林曰縣東南四十里。有嚴城　藍田出美玉三秦記曰有川方三十里，其水北流
出玉銅鐵石。地道記有虎候山。長陵故屬馮翊蔡邕作樊陵頌云前漢戶五萬，口有十七
萬，王莽後十不存一。永初元年羌戎作虐，至光和領戶不盈四千。園陵蕃衛，粢盛之供，百役出焉，民用匱乏，不
堪其事。商故屬弘農帝王世紀曰契所封也。左傳哀四年將通於少習，杜預曰少習縣東
武關。上雒侯國有冢領山雒水出故屬弘農山海經曰雒水
出讙舉之山。案史記云雒水出熊耳山。海經注曰雒出王城南至相谷，西東北流去虎牢城西四十里注河口，謂
之雒內。有菟和山左傳哀四年楚司馬軍于菟和。有蒼野聚左傳哀四年楚左師軍
于蒼野，杜預曰在縣南。陽陵故屬馮翊
左馮翊秦內史，武帝分名。雒陽西六百八十八里。決錄注曰馮，憑也；翊，明也。十三城，戶
三萬七千九十，口十四萬五千一百九十五。潘岳關中記曰三輔
舊治長安城中，長吏各在其縣治民。光武東都之後，扶風出治槐里，馮翊出治高陵。高陵　池
陽爾雅曰十藪，周有焦穫。郭璞曰瓠中是也。地道記有嶻嶭山在北，有鬼谷，生三所氏案。史記鬼谷在潁川
陽城，與地記不同。雲陽有荊山。帝王世紀曰禹鑄鼎於荊山，在馮翊懷德之南，今其下荊渠也。
祋祤永元九年復　頻陽　萬年帝王世紀曰秦獻公都櫟陽是也。
蓮勺　重泉　臨晉本大荔　有河水祠　有芮鄉古芮國，與
虞相讓者。有王城史記曰秦厲公伐大荔，取其王城，即此城也。左傳僖十年晉陰飴甥與秦伯盟王城，杜預
曰後改為武鄉，在縣東。郃陽永平二年復　夏陽有梁山詩云奕奕梁山。
梁山在縣西北。公羊傳曰梁山崩。古梁國，史記曰本少梁。爾雅曰梁山晉望也。龍門山書曰
導河積石至于龍門。太史公曰遷生龍門。博物記曰有韓原，韓武子采邑。衙左傳文二
年晉敗秦于彭衙。皇覽曰有蒼頡冢，在利陽亭南，墳高六丈。粟邑永元九年復
右扶風秦內史，武帝分名。決錄曰扶，助也；風，化也。十五城，戶萬七千三百五
十二，口九萬三千九十一。槐里周曰犬丘又名廢丘，周懿王章
都。邰所高帝改。安陵皇覽曰縣西北陌秦武王冢。平陵　茂陵
鄠古扈國左傳曰夏有觀扈。有鄠宮之朝，杜預曰是朝諸侯。有甘亭帝王
世紀曰在縣南，夏啟伐扈大戰于甘。又南山有王季冢。郿有邰亭史記曰封棄於邰，徐廣曰
斄于邰。

今斄鄉。又秦王他傳郿之斄亭為寬鬼報愛故亭長者也。秦是斄縣，後省。帝王世紀曰秦出公徙平陽。新論曰
郿在漆縣，其民有會日以相與夜中市，如不為則有災咎。武功永平八年復有太
一山本終南垂山本敦物前志在縣東。有斜谷西征賦注曰褒斜谷在長
安西南，南口褒，北口斜，長百七十里，其水南流。陳倉三秦記曰秦武公都雍，陳倉城是也。有石鼓山
將有兵，此山則鳴。汧爾雅曰十藪，秦有楊紆。郭璞曰在縣西。有吳嶽山郭璞曰別名吳
山，周禮所謂嶽山者。本名汧　汧水出　有回城　名回中來歙開道處。渝
麇侯國　雍左傳召穆公，史記有鴻冢。有鐵帝王世紀曰秦德公徙都。栒邑
有豳鄉詩豳國，公劉所邑。鄭玄詩譜曰豳者，公劉自邰而出所徙，戎狄之地名。又有劉邑。美陽有岐山
左傳椒舉曰成王有岐陽之蒐。山海經曰其上多白金，其下多鐵。有周城
杜預曰城在縣西北。帝王世紀曰周太王所徙，南有周原。漆有漆水山海經曰羭次之山，漆水
出焉，東南流注于江。郭璞曰漆水出岐山。詩云自土沮漆。地道記曰有漆水在縣西。皇覽曰有師曠冢，名師曠山。有鐵杜預
曰豳國在東北。帝王世紀曰有幽亭。杜陽永和二年復詩譜曰周原者，岐山陽地，屬杜
陽，地形險阻而原田肥美。
右司隸校尉部郡七，縣邑侯國百六漢書舊儀曰司隸治所故
孝武廟。魏志曰曹公分關中置漢興郡，游楚為太守。獻帝起居注曰中平六年省扶風都尉，置漢
安郡，領雍、渝麋、杜陽、陳倉、汧五縣也。

後漢書卷二十九考證

郡國志一以為郡國志注本志唯郡縣名為大書其山川地名悉為細注今進為大字新注證發臣劉昭采集○臣召南按舊注既進為大字則每遇縣名自不應連書監本或斷或續殊欠分曉今悉間一字以別之

郡所治也注北方元武三十五星九十八度四分度之一○臣召南按蒼龍元武白虎朱雀各言星度之數下言周天三百六十五度四分度之一不應於北方星度獨言四分度之一也四分度之一五字自是衍文

又元始二年郡國百三縣邑千四百八十七○臣召南按前漢書地理志縣邑千三百一十四道三十二侯國二百四十一然則合計有千五百八十七也本文四百應是五百之譌又前書民戶千二百二十三萬三千六十一此作千三百二十三萬三千六十一前書口五十九萬四千九百七十八此作一十九萬四千九百七十八

梁故國伯翳後注有陽人聚史記曰秦滅東周不絕其祀以陽人地○臣召南按秦本紀曰以陽人地賜周君此脫三字

楊有高梁亭注左傳曰僖九年晉懷公死高梁○臣召南按志引左傳紀年多譌晉文公入國而後殺懷公

於高梁是僖公二十四年事
弘農郡注其二縣建武十五年屬○臣召南按郡國志
改隸之縣各於縣名下云故屬某此與京兆尹獨於
郡下言之蓋劉昭注有詳畧也
弘農故秦函谷關注左傳曰虢公敗戎于桑田杜預曰
在縣東北桑田亭○臣世駿按此注應有闕文與函
谷關不相屬 臣召南按此錯簡當在下陝有陝陌之
下杜預左傳注云桑田虢地在弘農陝縣東北蓋舊
志陝有桑田亭而劉昭引此文爲注也故秦函谷關
燭水出本應連書証以前志自明但前志云衙山領
下谷燭水所出此注又訛爲衡山耳
湖有閺鄉注秦又改曰寧秦○臣召南按此注六字亦
錯簡當在下華陰注高帝改曰華陰之上証以前志
自明
杜陵○說文杜陵有樊鄉附袁切志失載
藍田○說文藍田有邑鄉苦后切志失載

後漢書卷三十

梁 剡 令劉 昭補并注

郡國志第二十

郡國二

豫州 潁川 汝南 梁國 沛國 陳國 魯國
冀州 魏郡 鉅鹿 常山 中山 安平 河間 清河 趙國 勃海

潁川郡秦置雒陽東南五百里 十七城戶二十六萬三千四百四
十口百四十三萬六千五百一十三 陽翟禹所都汲冢
書禹都陽城古史考曰鄭厲公入櫟即此也晉地道記云去雒陽二百八十六里屬河南 有鈞臺左傳
曰夏啓有鈞臺之享杜預曰有鈞臺陂帝王世紀云在縣西 有高氏亭左傳成十七年衞侵鄭至
高氏杜預曰縣西南 有雍氏城左傳襄十八年楚伐鄭侵雍梁杜預曰在縣東北史記齊湣王十二
年攻魏楚圍雍氏 襄有養陰里 襄城左傳定四年盟皐鼬杜預曰縣東南有城
皐亭 有西不羹杜預曰有不羹城 有汜城杜預曰在縣南周襄王所處 有汾丘
左傳襄十八年楚治兵於汾杜預曰縣東北有汾丘城 有魚齒山左傳謂魚陵杜預曰魚齒山也
在犨縣北 昆陽有湛水左傳襄十六年楚公子格與晉戰於湛陂 定陵有東
不羹杜預曰縣西北有不羹亭地道記曰高陵山汝水所出 舞陽邑 郾 臨
潁 潁陽 潁陰左傳文九年楚伐鄭師於狼淵杜預曰縣西有狼陂獻帝遷都御史大夫張
音奉皇帝璽綬策書禪帝位於魏是文帝繼王位南巡在潁陰有司乃爲壇於潁陰庚午登壇魏相國華歆跪
受璽綬以進於王王既受畢降壇視燎成禮而反帝王世紀云魏文帝登禪于曲蠡之繁陽亭爲縣曰繁昌亦
禹貢豫州之域今許之封內今潁川繁昌是也北征記曰城在許之南七十里東有臺高七丈方五十步臺南

有壇高二丈方三十步卽受終之壇也案北征記云是外黃縣繁昌城非也 有狐宗鄉或曰
古狐人亭有岸亭史記魏哀王五年秦伐魏走犀首岸門徐廣曰岸亭 許左傳莊二
十八年楚伐鄭鄭奔桐丘杜預曰縣東北有桐丘城獻帝徙都改許昌 新汲左傳文元年衞孔達
侵鄭伐緜訾及匡杜預曰縣東北有匡城成十七年伐齊至曲洧杜預曰縣治曲洧城臨洧水 鄢陵
春秋時曰鄢鄭叔段所保故曰克段於鄢又成十六年晉敗楚於鄢陵李奇曰六國曰安陵
長社有長葛城左傳隱五年宋伐鄭圍長葛縣本名長葛地道記曰社中樹暴長漢改名 有
向鄉左傳襄十一年諸侯師于向杜預曰在縣東北 有蜀城有蜀津史記曰魏惠王元年
韓趙合軍伐魏蜀澤 陽城帝王世紀曰陽城有啓母冢 有嵩高山山海經謂爲太室之
山禹貢有外方山鄭玄毛詩譜云外方之山卽嵩也孟子曰益避禹之子於箕山之陰注云嵩高之北 洧
水潁水出晉地道記曰潁水出陽乾山 有鐵有負黍聚史記曰周敬王十九年鄭
伐負黍鄭敬通賦遇許由於負黍山也 父城有應鄉杜預曰應國在西南史記曰客謂周
最以應爲秦王太后養地 輪氏建初四年置
汝南郡高帝置雒陽東南六百五十里 三十七城戶四十萬四千四百
四十八口二百一十萬七百八十八 平輿有沈亭故
國姬姓有摯亭見說文 新陽侯國 西平有鐵有柏亭故柏
國 上蔡本蔡國 南頓本頓國 汝陰本胡國杜預曰縣
西北有胡城地道記有陶丘鄉詩所謂汝墳 汝陽 新息國 北宜春
灈強侯國 灈陽 期思有蔣鄉故蔣國 陽安道亭
故國杜預曰在縣南袁山松書有朗山龔氏春秋曰初平三年分二縣置陽安都尉 項故國左傳
僖十七年魯所滅地道記曰有公路城袁術所築 西華 細陽 安城侯國
有武城亭 吳房有棠谿亭左傳曰房國楚靈王所滅又楚封吳夫概王於棠谿
地道記有吳城 鮦陽侯國皇覽曰縣有葛陂鄉城東北有楚武王冢民謂之楚王岑永平中葛
陂城北祝里社下於土中得銅鼎而銘曰楚武王之冢民傳言秦項赤眉之時欲發之輒頹壞厭不得發
慎陽 慎 新蔡有大呂亭地道記曰故呂侯國左傳昭四年吳伐楚入櫟杜預
曰縣東北有櫟亭 安陽侯國有江亭故國嬴姓 富波侯國
永元中復 宜祿永元中復 朗陵侯國左傳成六年楚拒晉桑隧
杜預曰縣東有桑里亭 弋陽侯國有黃亭故黃國嬴姓 召陵
左傳僖四年齊伐楚次陘 有陘亭左傳昭十三年楚蔡公與子干子晳盟于鄧杜預曰縣西南有鄧城
杜預曰在縣南蘇秦說韓宣惠王曰南有陘山 有安陵鄉 征羌侯國有安陵
亭史記無忌說魏安釐王曰王之使者出過而惡安陵氏於秦博物記曰故安陵君也 思善侯
國 宋公國周名郪丘漢改爲新郪章帝建初四年徙
宋公於此有繁陽亭左傳襄四年楚師繁陽杜預曰鮦陽南有繁陽亭 褒信
侯國有賴亭故國史記楚封王孫勝白公杜預曰褒信縣有白亭 原鹿侯國
春秋左氏傳僖二十一年宋盟鹿上杜預曰原鹿縣也 定潁侯國 固始侯國
故寢也光武中興更名有寢丘史記曰楚莊王封孫叔敖子又蒙恬破楚軍
山桑侯國故屬沛有下城父聚有垂惠聚蘇茂奔垂惠王劉紆
城父故屬沛春秋時曰夷夷屬陳左傳僖二十三年楚所取有乾谿在縣南
有章華臺杜預曰章華宮在華容縣城內
梁國秦碭郡高帝改其三縣元和元年屬雒陽東南八百五十里 九城戶八萬三千
三百口四十三萬一千二百八十三 下邑左傳哀七年築黍丘

杜預曰縣西南有黍丘亭 睢陽北征記曰城周三十七里南臨濊水凡二十四門地道記曰梁孝王
築城十二里小鼓唱節杵下而和之稱睢陽曲 本宋國閼伯墟有盧門亭左傳桓十
四年宋伐鄭取大宮之椽爲盧門之椽昭二十一年敗吳鴻口杜預曰縣東有鴻口亭地道記曰昭二十一年
獲諸橫橫亭在縣南 有魚門左傳僖二十二年邾人獲公冑懸於魚門 有陽梁聚左傳襄十
三年楚伐宋師陽梁杜預曰有梁亭僖二十八年楚子玉夢河神謂己曰吾賜汝孟諸之麋杜預曰在縣東北
爾雅十藪宋有孟諸 虞有空桐地有桐地有桐亭左傳哀二十六年宋景公
死空桐 有綸城少康邑 碭山出文石史記曰高祖隱於芒碭山澤巖石之
閒有陳勝墓 蒙帝王世紀曰有北亳卽景亳湯所盟處 有蒙澤左傳宋萬弒宋閔公於蒙
澤僖二年齊侯盟貫杜預曰縣西北有貫城貫字與貫字相似 穀熟有新城左傳文十四
年諸侯會新城帝王世紀有南亳 有邳亭古邳國 鄢故屬陳留 寧陵
故屬陳留左傳成十六年會沙隨杜預曰縣北有沙隨亭 有葛鄉故葛伯國左傳
曰在縣東北 薄故屬山陽所都杜預曰蒙縣西北有薄城中有湯冢左傳宋公子御
說奔亳其西又有微子冢
沛國秦泗川郡高帝改雒陽東南千二百里 二十一城戶二十萬四百九
十五口二十五萬一千三百九十三 相左傳桓十五年會于袲杜
預曰在縣西南一名犂 蕭本國北征記城周十四里南臨汳水 沛有泗水亭
亭有高祖碑班固爲文見固集地道記有許城左傳定八年鄭伐許 豐地道記曰去國二百六十州六
百雒千二十五里 西有大澤高祖斬白蛇於此有枌榆亭案前志注
枌榆社在縣東北十五里或鄉名高祖里社戴延之西征記曰縣西北有漢祖廟爲亭長所處 酇左傳
昭四年吳伐楚入棘杜預曰縣東北有棘亭襄元年鄭侵宋取犬丘杜預曰縣東北有犬丘城帝王世紀曰曹
騰封費亭侯縣有費亭是也 有鄭聚左傳曰冀爲不道伐鄭三門服虔曰鄭晉別都杜預曰是虞邑
地處闕則非此鄭矣博物記曰諸侯會于鄭亭 穀陽 譙平陽邑左傳僖二十三年楚所取乾
谿在南 刺史治漢官曰去雒陽千二百里 洨有垓下聚高祖破項羽也 蘄
有大澤鄉陳涉起此史記曰高祖擊黥布於會甀徐廣曰在縣西 銍 酇
建平 臨睢故芒光武更名 竹邑侯國故竹 公
丘本滕國杜預曰在縣東南 龍亢地道記曰左傳隱二年入向城在縣東南 向
本國 符離 虹地道記云左傳昭八年大蒐于紅 太丘 杼秋故
屬梁國有澶淵聚左傳襄二十年盟于澶淵
陳國高帝置爲淮陽章和二年改雒陽東南七百里 九城戶十一萬二千六百
五十三口百五十四萬七千五百七十二 陳帝王世紀曰庖
犧氏所都舜後所封左傳僖元年會於檉杜預曰縣西北有檉城爾雅曰丘上有丘曰宛丘陳有株邑蓋朱襄
之地博物記曰邛地在縣北防亭在焉詩曰邛有旨苕防有鵲巢 陽夏有固陵聚史記
高祖五年追項羽至固陵晉灼漢書注云汝南固始縣 寧平 苦春秋時曰相
有賴鄉伏滔北征記曰有老子廟廟中有九井水相通古史考曰有曲仁里老子里也地道記曰城南
三十里有平城 柘 新平 扶樂 武平左傳成十六年諸侯侵陳鳴鹿杜預
曰縣西南有鹿邑 長平故屬汝南左傳宋華氏戰于鬼閻杜預曰縣西北有閻亭 有
辰亭左傳宣十一年盟辰陵杜預曰縣東南有辰亭 有赭丘城
魯國秦薛郡高后改本屬徐州光武改屬豫州 六城戶七萬八千四百四十
七口四十一萬一千五百九十 魯國古奄國帝王世紀曰黃
帝生於壽丘在魯東門之北少昊自窮桑登帝位窮桑在魯北後徙曲阜應劭曰曲阜在魯城中委曲長七八

里左傳曰伯禽封少昊之墟僖二十九年介葛盧舍于昌衍杜預曰縣東南有昌平城皇覽曰奄里伯公冢在
城內闢舍中民傳言魯五德奄里伯公葬其宅 有大庭氏庫杜預曰大庭氏古國名在城內魯於
其處作庫 有鐵有闕里孔子所居漢晉春秋曰鍾離意相魯見仲尼廟頹毀會諸生於
廟中慨然歎曰蔚蔽甘棠勿翦勿伐況見聖人廟乎遂躬留治之周觀輿服之在焉自仲尼以來莫之開也意
發觀之得古文策書曰亂吾書董仲舒治吾堂鍾離意璧有七張伯盜一意尋案未了而卒張伯者治中庭治
地得六璧上之意曰此有七何以不遂伯懼探璧懷中魯咸以爲神意別傳曰意省堂有孔子小車乘皆朽敗
意自羅傳顧漆履之直請魯民治之及護几席劍履後得甕中素書曰護吾履鍾離意又禮記矍相之圃亦在
城中西南近孔子廟而仲尼墓在魯城門北僾之外泗水上去城一里葬地蓋一頃墓墳南北十步東西十三
步高一丈二尺墓前有瓴甓爲祠壇方六尺與地平塋中異木以百數魯人莫能識皇覽曰孔子本無祠堂塋
中不生荊棘及刺人草伯魚冢在孔子冢東與孔子冢近大小相望子思冢在孔子冢南案今墓書孫在祖前
謂此爲騎孫祔 有牛首亭左傳曰桓十四年宋伐鄭取牛首 有五父衢地道記曰在城
東 騶本邾國有騶山高五里秦始皇刻石焉劉嗸騶山記曰邾城在山南去山二里城東門
外有章賢墓北有繹山左傳文十三年邾遷於繹郭璞曰繹山純石積構連屬城北有牙山牙山北有唐口山
唐口山北有陽山城北有孟軻冢 蕃有南梁水左傳襄四年戰狐台杜預曰縣東南有目
台山 薛本國地道記曰夏車正奚仲所封冢在城南二十里山上皇覽曰靖郭君冢在城中東南
陬孟嘗君冢在城中向門東北邊 六國時曰徐州史記曰齊宣王九年與魏襄王會徐州而
相王 卞有盜泉有郚鄉城左傳文公七年城郚杜預曰縣南有郚鄉城隱元年盟于
蔑杜預曰蔑地名縣南有姑蔑城襄十七年齊圍桃杜預曰縣東南有桃墟 汶陽左傳桓十二年盟曲
池杜預曰縣北有曲水亭地道記曰臨淄西南門曰曲門其側有池案魯桓與杞莒盟不往齊地地道爲妄

右豫州刺史部郡國六縣邑侯國九十九

魏郡高帝置雒陽東北七百里魏志曰建安十七年割河內之蕩陰朝歌林慮東郡之衛國頓丘東武陽
發干鉅鹿之廮陶曲陽南和廣平之廣平任城趙國之襄國邯鄲易陽以益魏郡十八年分置東西都尉 十
五城戶十二萬九千三百一十口六十九萬五千六百
六 鄴帝王世紀曰縣西南有上司馬殷太甲常居焉魏都賦注曰縣西北有鼓山山時時自鳴鳴則兵
又文谷水在縣南案本傳有西唐山又鄴北太行山西北去亦不知山所極處亦如東海不知水所窮盡也
有故大河有滏水魏都賦曰北臨漳滏則冬夏異沼注云水經鄴西北滏水熱故名滏口
有汙水有汙城史記曰項羽破秦軍汙水上 有平陽城史記曰蘄歙別下平陽
有武城有九侯城徐廣曰一作鬼侯與文王爲紂三公 繁陽 內黃左傳
襄十九年會于柯杜預注曰縣東北有柯城昭九年荀盈卒于戲陽杜預曰縣北有戲陽城 清河水
出有羛陽聚世祖破五校處 有黃澤前志曰在縣西 魏 元城左傳成七
年會馬陵杜預曰縣東南有地名馬陵史記曰龐涓死處 墟故沙鹿左傳沙鹿崩穀梁傳曰林屬於
山曰鹿沙山名也 有沙亭左傳定七年盟于沙亭杜預曰在縣東南七年盟于瑣晉地道記曰縣南
有瑣陽城 黎陽左傳定十四年會于牽杜預曰縣東北有牽城 陰安邑 館陶
清淵 平恩 沙侯國魏都賦注曰有龍山 斥丘有葛杜預曰有
乾侯魯昭公所處 武安有鐵卽臺孝威隱于縣山 曲梁侯國左傳宣十五年
敗赤狄于曲梁 故屬廣平有雞澤左傳襄三年諸侯會雞澤杜預曰在縣西南 梁
期
鉅鹿郡秦置建武十三年省廣平國以其縣屬雒陽北千一百里 十五城戶十萬九
千五百一十七口六十萬二千九百九十六 廮陶有薄落
亭 鉅鹿故大鹿有大陸澤有廣阿澤呂氏春秋九藪趙之鉅鹿高誘注云廣阿

澤也山海經曰大陸之水史記封壘鉅橋之粟許愼云鉅鹿之大橋也鉅鹿南有棘原章邯所軍處前書曰沙丘臺在縣東北七十里 楊氏 鄡 下曲陽有鼓聚故翟鼓子國杜預曰縣西南有肥累城古肥國白狄別種 有昔陽亭左傳昭十二年晉荀吳入昔陽杜預曰沾縣東有昔陽城肥故都也 任 南和 廣平 斥章 廣宗 曲周 列人 廣年 平鄉 南䜌

常山國高帝置建武十三年省眞定國以其縣屬 十三城戶九萬七千五百口六十三萬一千一百八十四 元氏晉地道記有石塞三公塞 高邑故鄗光武更名刺史治漢官曰去雒陽一千里 有千秋亭五成陌縣西七里 光武卽位於此矣 都鄉侯國有鐵 南行唐有石臼谷 房子贊皇山在縣西南六十里 濟水所出晉地道記有礫塞中谷塞 平棘有塞 欒城在縣西北四十里 九門史記趙武靈王出九門爲野臺以望齊中山之境碣石山戰國策云在縣界 靈壽衛水出 蒲吾史記番吾君杜預曰晉之蒲邑也古今注曰永平十年作常山呼沱河蒲吾渠通漕船也 井陘 眞定 上艾故屬太原

中山國高祖置雒陽北一千四百里 十三城戶九萬七千四百一十二口六十五萬八千一百九十五 盧奴 北平有鐵 毋極 新市有鮮虞亭故國子姓杜預曰白狄別種 望都 唐有中人亭左傳晉伐鮮虞及中人杜預曰縣西北有中人城晉地道記有馬安關博物記曰唐闕在中人西北百里中人在縣西四十里列子曰趙襄子使新稺穆子攻翟取左人中人 有左人鄉帝王世紀曰堯封唐堯山在北唐水西入河南有望都山卽堯母慶都所居相去五十里都山一名豆山博物記曰左人唐西北四十里 安國 安憙本安險章帝更名 漢昌本苦陘章帝更名 蠡吾侯國故屬涿 上曲陽故屬常山恒山在西北有泉水于吉得神書晉地道記自縣北行四百二十五里恒山多山坂名飛狐口 蒲陰本曲逆章帝更名有陽城晉地道記曰有陽安關陽城蒲陽山蒲水出也 廣昌故屬代郡

安平國故信都高帝置明帝名樂成延光元年改雒陽北二千里 十三城戶九萬一千四百四十口六十五萬五千一百一十八 信都有絳水呼沱河 阜城故昌城 南宮 扶柳 下博 武邑 觀津本淸河下縣決錄注曰孝文竇皇后父隱身漁釣墜淵而卒景帝立后爲太后遣使者更塡父所墜淵而葬起太墳于縣城南民號曰竇氏青山 經西有漳水津名薄落津史記曰趙武靈王曰吾國東有河薄落之水 堂陽故屬鉅鹿 武遂故屬河間 饒陽故名饒屬涿有無蔞亭馮異進豆粥光武案志有解瀆亭靈帝封 安平故屬涿 南深澤故屬涿

河間國文帝置世祖省屬信都和帝永元二年復故雒陽北二千五百里 十一城戶九萬三千七百五十四口六十三萬四千四百二十一 樂成 弓高 易故屬涿 武垣故屬涿 中水故屬涿 鄚故屬涿 高陽故屬涿有葛城 文安故屬勃海 東州故屬勃海 成平故屬勃海 東平舒故屬勃海

清河國高帝置桓帝建和二年改爲甘陵雒陽北千二百八十里 七城戶十二萬三千九百六十四口七十六萬四百一十八 甘陵故厝安帝更名 貝丘 東武城 鄃 靈和帝永元九年復地道記曰有鳴犢河 繹幕 廣川故屬信都有棘津城太公呂尚困於棘津城琅邪海曲非此城也案永初元年鄧太后分置廣川王國後王薨國除太后崩還屬清河

趙國秦邯鄲郡高帝改名雒陽北千一百里 五城戶三萬二千七百一十九口一十八萬八千三百八十一 邯鄲張華曰趙奢冢在邯鄲西山上謂之馬服山 有叢臺有洪波臺 易陽魏都賦曰溫泉毖涌而自浪注曰溫泉在易陽世以治疾洗百病 襄國本邢國秦爲信都項羽更名有檀臺史記曰趙成侯魏獻榮椽因以爲檀臺 有蘇人亭 柏人 中丘晉地道記曰有石門塞蹺梁關

勃海郡高帝置雒陽北千六百里 八城戶十三萬二千三百八十九口百一十萬六千五百 南皮 高城侯國 重合侯國 浮陽侯國 東光有胡蘇亭胡蘇河之名見爾雅 章武 陽信延光元年復 修故屬信都

右冀州刺史部郡國九縣邑侯國百

後漢書卷三十考證

郡國志二楊翟有雍氏城注史記齊湣王十二年攻魏楚圍雍氏○臣召南按齊攻魏一事也楚圍雍氏又一事也雍氏韓邑楚人圍之與攻魏並無干涉此劉昭采輯之失也

昆陽有湛水注戰于湛陂○左傳作湛阪陸德明音義曰阪音反

長社有蜀津注史記曰魏惠王元年趙韓合軍伐魏蜀澤○魏世家作濁澤六國年表又作涿澤

陽城有負黍聚注史記曰周敬王十九年鄭伐負黍○臣召南按周本紀無此文年表是周威烈王十九年鄭敗韓于負黍時鄭繻公十六年韓景侯二年也

輪氏建初四年置○臣召南按前志潁川郡有綸氏疑縣不自建初置也但前志作綸此志作輪按本書陳寔傳亦作輪

睢陽有魚門注左傳僖二十二年邾人懸公冑于魚門○臣召南按睢陽宋國不應有邾城門事此亦錯簡當在魯國騶本邾國下

薄故屬山陽所都○臣召南按山陽下脫湯字薄與亳通前書臣瓚注薄湯所都是也

沛國注秦泗川郡○川何焯校本改水

元城有沙亭注定七年盟于沙亭○推尋文義衍一亭字

後漢書卷三十一

梁 剡 令劉 昭補并注

郡國志第二十一

郡國三

兗州 陳留 東郡 東平 任城 泰山 濟北 山陽 濟陰

徐州 東海 琅邪 彭城 廣陵 下邳

陳留郡武帝置雒陽東五百三十里 十七城戶十七萬七千五百二十九口八十六萬九千四百三十三 陳留有鳴鴈亭左傳成十六年衛伐鄭鳴鴈杜預曰在縣西北陳留志曰有桐陵亭古桐丘 浚儀本大梁帝王世紀曰禹避商均浚儀晉地道記儀封人此縣也通俗文曰渠在浚儀曰莨蕩也 尉氏陳留志曰有陵樹鄉北有澤澤有天子苑圈有秦樂廐漢諸帝以騁養猛獸 雍丘本杞國陳留志曰城內有神井能興霧雹案北征記曰有呂祿臺高七丈有酈生祠曹植禹廟讚曰有禹祠植移于其城城本名杞城 襄邑有滑亭左傳莊三年次于滑杜預曰在縣西北 有承匡城地道記曰在縣西左傳文十一年會晉郤缺于承匡有桐門亭有黃門亭襄元年會鄫杜預曰縣東南有鄫城 外黃左傳惠公季年敗宋師于黃杜預曰宋邑縣東有黃城 有葵丘聚齊桓公會此城中有曲棘里左傳昭二十五年宋公佐卒曲棘 有繁陽城 小黃漢舊儀曰高祖母起兵時死縣北爲作陵廟於小黃 東昏陳留志曰故戶牖鄉有陳平祠 濟陽有武父鄉左傳桓十二年盟于武父杜預曰縣東北有武父城縣東南有武城縣都鄉有行宮光武生 平丘有臨濟亭田儋死此 有匡匡人之亭晉公破袁術處 有黃池亭陳留志云黃亭在封丘左傳哀十三年盟黃池杜預曰在縣南傳曰吳四子隊景伯以還及戶牖然卽黃池在戶牖西或以爲外黃縣東溝非也 封丘博物記有狄溝郎敗狄于長丘是也 有桐牢亭或曰古蟲牢左傳成五年諸侯會蟲牢陳留志有鞠亭古鞠居 酸棗左傳鄭太叔至于廩延杜預曰縣北有延津襄五年會城棣杜預曰縣西南有棣城東有地烏巢曹公破袁紹處陳留志曰城內有韓王故宮闕 長垣侯國有匡城陳留志曰孔子囚此北征記城周三里左傳僖十五年會牡丘次于匡杜預曰匡在縣西南昭十三年會平丘杜預曰縣西有平丘城 有蒲城左傳成九年會于蒲杜預曰在縣西南史記曰孔子自匡過蒲陳留志云有子路祠 有祭城杜預曰鄭祭封人仲邑陳留志曰有蘧伯玉墓及祠又西南有宛亭左傳僖二十八年衛人盟宛濮杜預曰近濮水 巳吾有大棘鄉左傳宣二年鄭敗宋師大棘杜預曰在襄邑縣南 有首鄉左傳桓八年齊侯飾于首止杜預曰在襄邑東南有首止城 考城故菑陳留志曰古戴國地名杜預曰戴在外黃東南爾雅曰木立死曰菑呂氏春秋草鬱卽爲菑 章帝更名故屬梁陳留志曰有箕子祠有毄亭古句瀆之丘案本傳有滿亭 圉故屬淮陽有高陽亭陳留志曰有萬人聚王邑破翟義橫戶處前書今高陽文穎曰高陽聚邑名在縣西 扶溝故屬淮陽

東郡秦置去雒陽八百餘里 十五城戶十三萬六千八十八口六十萬三千三百九十三 濮陽古昆吾國杜預曰古衞也帝王世紀曰顓頊自窮桑徙商丘左傳曰衞顓頊之墟杜預曰帝丘昆吾氏因之故曰昆吾之墟縣城內有顓頊冢皇覽曰冢在城門外廣陽里中博物記曰桑中在其中 春秋時曰濮有鹹城或曰古鹹國左傳僖十三年年同會于鹹 有淸丘左傳曰宣十二年盟淸丘杜預曰縣東南 有鉏城 燕本南燕國有雍鄉謝沈書曰赤眉攻雍鄉 有胙城古胙國有平陽亭左傳哀十六年衞侯飮孔悝酒於平陽 有瓦亭左傳曰定八年會于瓦杜預曰縣東北 有桃城史記曰春申君說秦曰王又舉甲而拔桃入邢是也 白馬有韋鄉杜預曰縣東南有韋城古豕韋氏之國 頓丘白虎通曰帝嚳冢在城臺陰野是也 東阿左傳桓十年會于桃丘杜預曰縣東南有桃城襄十四年孫林父敗衞侯于阿澤杜預曰縣西南大澤魏志有渠丘山 有淸亭左傳隱四年遇于淸是也 東武陽濕水出 范有秦亭左傳莊三十一年築臺于秦地道記在縣西北 臨邑有沸廟 博平 聊城 有夷儀聚左傳僖元年邢遷于夷儀 有聶城左傳曰聶北以東 發干 樂平侯國故淸章帝更名 陽平侯國有莘亭杜預注傳曰衞作新臺在縣北衞殺公子伋之地故曰待諸莘 有岡成城秦封蔡澤爲岡成君未詳 衞公國本觀故國姚姓光武更名有河牧城左傳文元年會于戚城鄭救晉中行氏晉敗鄭鐵杜預曰戚城南有鐵丘 有莘城前書故發干縣 穀城春秋時小穀左傳莊三十二年城小穀杜預曰城中有管仲井又傳曰埋長狄榮如首於周首之北門杜預曰縣東北有周首亭 有鄣下聚左傳僖二十六年追齊師至鄣杜預曰縣西有地名鄣下皇覽曰縣東十五里有項羽冢

東平國故梁景帝分爲濟東國宣帝改雒陽東九百七十五里 七城戶七萬九千一十二口四十四萬八千二百七十 無鹽本宿國任姓左傳昭二十五年臧會奔郈杜預曰縣東南有郈鄉亭 有章城古國左傳莊三十年齊取鄣 東平陸六國時曰平陸有闞亭左傳桓十一年會于闞杜預曰在須昌縣東南有闞城博物記云卽此亭是 有堂陽亭故縣後省 富成 章 壽張春秋曰良漢曰壽良光武改曰壽張有堂聚故聚屬東郡地道記曰有蚩尤祠狗城皇覽曰蚩尤冢在縣闞城中高七丈 須昌故屬東郡杜預曰須句古國在西北 有致密城古中都有陽穀城左傳僖三年會陽穀杜預曰在縣北 寧陽故屬泰山

任城國章帝元和元年分東平爲任城雒陽東千一百里 三城戶三萬六千四百四十二口十九萬四千一百五十六 任城本任國有桃聚光武破龐萌於桃鄉 亢父左傳襄十三年取邿杜預曰縣有邿亭哀六年城邾瑕杜預曰縣北有邾瑕城 樊

泰山郡高帝置雒陽東千四百里 十二城戶八萬九百二十九口四十三萬七千三百一十七 奉高有明堂武帝造前書曰在縣西南四里左傳昭八年大蒐于紅至于商衞紅亭在縣西北杜預曰接宋衞也 博有泰山廟岱山在西北有龜山左傳定十年齊歸龜陰之田杜預曰田在山北琴操孔子作龜山之操 有龍鄉城左傳成二年齊圍龍杜預曰在縣西南史記作隆又楚有蜀之役杜預曰縣西北有蜀亭 梁甫侯國有菟裘聚左傳隱公使營菟裘吾將老焉杜預曰縣南有菟裘城 鉅平侯國有亭禪山卽古所禪亭亭者也 有陽關亭左傳襄十七年師自陽關桓六年會于成杜預曰縣東南成城卽孟孫之邑 嬴有鐵山 茌侯國在縣東南有防城 萊蕪有原山淄水出杜預曰汶水出 蓋沂水出左傳會于防杜預曰 南武陽侯國有顓臾城 南城故屬東海有東陽城呂氏春秋夏孔甲遊田于東陽萯山左傳哀八年克東陽襄十九年城武城杜預曰南城縣哀十四年司馬牛葬丘輿杜預曰縣西北有輿城 費侯國曹騰封費是費縣費亭非此國 故屬東海有祊亭左傳隱八年鄭歸祊杜預曰在縣東南閔二年莒人歸共仲及密杜預曰縣有密如亭 有台亭左傳襄十二年莒圍台杜預曰縣南有台亭 牟故國

濟北國和帝永元二年分泰山置臣昭案濟北前漢之舊國此是經并泰山復分雒陽東千一百五十

里五城戶四萬五千六百八十九口二十三萬五千八百九十七　盧左傳隱三年齊鄭尋盧之盟杜預曰今縣故城有鄭山在縣北成二年封鉅司徙女石窌杜預曰縣東有地名石窌　有平陰城有防門左傳襄十八年齊禦晉平陰塹防門杜預曰在縣北又齊登巫山以望晉師杜預曰在縣東北　有光里有景茲山杜預曰在縣東南　有敖山左傳曰乞君觀武疑二山郎敖山具山　有清亭左傳哀十一年齊代魯及清是也　有長城至東海史記蘇代說燕王曰齊有長城巨防巨防即防門　蛇丘有遂鄉古遂國左傳莊十三年齊人滅遂　有下讙亭左傳桓三年遂姜氏于讙　有鑄鄉城周武王未及下車封堯後於鑄左傳襄公二年叔孫僑如所圍杜預曰汶水北地有蒜鄉東觀書有芳陘山　成本國左傳衛師入郕杜預曰東平剛父縣西南有郕鄉　茌平本屬東郡　剛左傳哀八年齊取闡杜預曰在縣北有闡鄉

山陽郡故梁景帝分置雒陽東八百一十里　十城戶十萬九千八百九十八口六十萬六千九十一　昌邑刺史治有梁丘城左傳莊三十二年遇于梁丘杜預曰梁丘鄉在縣西南　有甲父亭杜預曰甲父古國名在縣東南左傳隱十年取防杜預曰縣西有防城　東緡春秋時曰緡左傳僖二十三年齊圍緡　鉅野左傳桓七年焚咸丘杜預曰縣西南有咸亭　有大野澤春秋西狩獲麟之所爾雅十藪魯有大野杜預曰縣西南有郕亭定十三年齊侯晉之所　高平侯國故橐章帝更名前漢志莽改曰高平章帝復此號左傳隱九年費伯城郎杜預曰縣東南有郁郎亭　有茅鄉城杜預曰茅鄉在昌邑西南　湖陸故湖陵章帝更名前漢志王莽改曰湖陸章帝復其號博物記曰荷水出地道記縣西有費亭城魏武帝初所封　南平陽侯國有漆亭左傳城漆　有閭丘亭左傳襄二十一年邾庶其以漆閭丘來奔杜預曰縣東北有漆鄉西北有顯閭亭哀七年邾子負瑕杜預曰縣西北有瑕丘城　方與有武唐亭左傳桓二年盟于唐杜預曰在西南　魯侯觀魚臺春秋經隱五年矢魚于棠　有泥母亭或曰古甯母左傳僖七年盟甯母杜預曰在縣東三十一年臧文仲宿重館杜預曰縣西北有重鄉城　瑕丘　金鄉地道記曰縣多山所治名金山山北有鑿石為冢深十餘丈隧長三十丈傍郤入為堂三方云得白兔不葬更葬南山鑿而得金故曰金山故冢今在或云漢昌邑所作或云秦時　防東

濟陰郡故梁景帝分置雒陽東八百里　十一城戶十三萬三千七百一十五口六十五萬七千五百五十四　定陶本曹國郭璞曰城中有陶丘皇覽曰伯樂冢縣東南一里所高四五丈　古陶堯所居帝王世紀曰舜陶河濱縣西南陶丘亭是　有三鬷亭湯伐三鬷孔安國曰今定陶　冤句有煑棗城史記蘇秦說魏襄王曰大王之地東有淮潁煮棗　成陽有堯冢靈臺有雷澤禹貢曰雷夏既澤帝王世紀曰舜耕歷山漁雷澤濟陰有歷山　乘氏侯國古乘丘博物記曰有泗水有鹿城鄉　句陽有垂亭左傳隱八年遇于垂史記無忌說魏安僖王曰文臺墮垂都焚徐冀曰縣有垂亭　鄄城　離狐故屬東郡　廩丘故屬東郡有高魚城有運城左傳襄二十六年齊烏餘以廩丘奔晉杜預曰今縣故城是又襲衛羊角取之杜預曰今縣所治城又襲我高魚杜預曰在縣東北　單父侯國故屬山陽　成武故屬山陽左傳隱七年戎執凡伯於楚丘杜預曰在縣西南　有郜城左傳隱十年取郜杜預曰縣東南有郜城地道記有秺城　巳氏故屬梁皇覽曰有平和鄉鄉有伊尹冢

右兗州刺史部郡國八縣邑公侯國八十

東海郡高帝置雒陽東千五百里　十三城戶十四萬八千七百八十四口七十萬六千四百一十六　郯本國刺史治博物記曰有勇王亭即勇士菑丘訢　蘭陵有次室亭地道記曰故魯次室邑列女傳有漆室之女或作次室　戚　朐山海經曰郁洲在海中一曰郁州郭璞曰在縣界世俗傳此山在蒼梧從來上皆有南方樹木博物記曰縣東北海邊植石秦所立之東門　有鐵有伊盧鄉史記曰鍾離昧家在伊盧　襄賁　昌慮有藍鄉左傳昭三十一年邾黑肱以濫來奔杜預曰縣所治城東北有郯城郯小郯國也　承　陰平　利城　合城濟水自北南至湖陸　祝其有羽山殛鯀之山杜預曰在縣西南博物記曰東北獨居山西南有淵水即羽泉也俗謂此山為懲父山　春秋時曰祝其夾谷地左傳定十年會齊侯夾谷孔子相　厚丘左傳成九年城中城杜預曰在縣西南有中鄉城　贛榆本屬琅邪建初五年復左傳齊伐莒莒子奔紀鄣杜預曰縣東北有紀城地道記曰海中去岸百九十步有秦始皇碑長一丈八尺廣五尺厚八尺三寸一行十三字潮水至加其上三丈去則三尺見也

琅邪國秦置建武中省城陽國以其縣屬永本紀永壽元年置都尉治雒陽東一千五百里　十三城戶二萬八百四口五十七萬九百六十七　開陽杜預曰古鄅左傳哀三年城啟陽杜預曰啟陽　故屬東海建初五年屬　東武　琅邪山海經曰琅邪臺在渤海間琅邪之東郭璞曰琅邪臨海邊有山嶕嶢特起狀加高臺此即琅邪臺齊景公曰吾循海而南放乎琅邪越絕曰句踐徙琅邪起觀臺臺周七里以望東海史記曰秦始皇從黔首三萬戶琅邪臺下傳有勞山　東莞有鄆亭左傳曰公處鄆　有邳鄉有公來山或曰古浮來左傳隱八年盟浮來杜預曰邳來山之間號曰邳來莊九年鮑叔受管仲及堂阜而脫之杜預曰東莞蒙陰縣西北有夷吾亭或曰鮑叔解夷吾縛於此因以為名即古堂阜也東莞後為名　西海東觀書曰有勝山博物記太公呂望所出今有東呂鄉又釣於棘津其浦今存　諸左傳莊二十九年城諸杜預曰諸縣在城陽郡又言隱四年莒人伐杞取牟婁杜預曰縣東北有婁鄉　莒本國故屬城陽左傳成八年申公巫臣會渠丘公杜預曰縣有蘧丘里　有鐵有崢嶸谷　東安故屬城陽　陽都故屬城陽有牟臺左傳宣元年會于平州杜預曰在縣西　臨沂故屬東海有叢亭左傳隱六年盟于艾杜預曰縣東南有艾山七年城中丘杜預曰縣東北有中丘亭博物記曰縣東界大睢有大叢社民謂之食人社即大睢之社　即丘侯國故屬東海春秋曰祝丘　繒侯國故屬東海有概亭左傳莊九年盟于蔇杜預曰在縣北　姑幕左傳昭五年莒牟夷以牟婁及防茲來奔杜預曰縣東北有茲亭博物記曰淮水入城東南五里有公冶長墓

彭城國高祖置為楚章帝改雒陽東千二百二十里　八城戶八萬六千一百七十口四十九萬三千二十七　彭城古大彭邑北征記城西二十里有山山有楚元王墓伏滔北征記曰城北六里有山臨泗有宋桓魋石槨皆青石隱起龜龍麟鳳之象　有鐵　武原　傳陽有柤水左傳襄十年滅偪陽杜預曰即此縣也　呂　留西征記曰城中有張良廟　梧　菑丘　廣戚故屬沛國

廣陵郡景帝置為江都武帝更名建武中省泗水國以其縣屬雒陽東一千六百四十里　十一城戶八萬三千九百七口四十一萬百九十　廣陵吳王濞所都城周十四里半　有東陵亭博物記曰女子杜姜左道通神縣以為妖閉獄桎梏卒變形莫知所極以狀上因以其處為廟祠號曰東陵聖母　江都有江水祠　高郵　平安　凌故屬泗水　東陽故屬臨淮有長洲澤吳王濞太倉在此縣多麋博物記曰千千為羣掘食草根其處成泥名曰麋畯民人隨此畯種稻不耕而穫其收百倍又扶海洲上有草名篩其實食之如大麥從七月稔熟民斂穫至冬乃訖名曰自然穀或曰禹餘糧　射陽故屬臨淮有梁湖地道記曰有博支湖　鹽瀆故屬臨淮　輿侯國故屬臨淮　堂邑故屬臨淮有鐵春秋時曰堂　海西故屬東海

下邳國武帝置為臨淮郡永平十五年更為下邳國雒陽東千四百里　十七城戶十三萬六千三百八十九口六十一萬一千八十三　下邳本屬東海戴延之西征記曰有沂水自城西西南注泗別下迴城南亦注泗舊有橋處張良與黃石公會此橋　葛嶧山本嶧陽山山出名桐伏滔北征記曰今槃根往往而存　有鐵　徐本國有樓亭或曰古蔞林杜預曰在僮縣東南伏滔北征記曰縣北有大冢徐君墓延陵解劍之處　僮侯國　睢陵　下相　淮陰下鄉有南昌亭韓信寄食處　淮浦　盱台　高山　潘旌　淮陵　取慮有蒲姑陂左傳昭十六年齊師至蒲隧杜預曰縣東有蒲姑陂　東城　曲陽侯國故屬東海　司吾侯國故屬東海　良城故屬東海春秋時曰良左傳昭十三年晉會吳於良　夏丘故屬沛

右徐州刺史部郡國五縣邑侯國六十二魏氏春秋曰初平三年分琅邪東海為城陽新城昌慮郡建安十一年省昌慮并東海

後漢書卷三十一考證

郡國志三已吾有大棘鄉○有首鄉○臣召南按此二鄉注皆應在上文襄邑有承匡城之下大棘首鄉皆襄邑地非已吾地也不知何以脫入於此又首鄉注左傳桓八年齊侯師于首止應作僖五年齊侯會于首止杜預曰有首止城應作有首鄉

林邑有沛廟○沛當作沸

湖陸故湖陵章帝更名注王莽改曰湖陸章帝復其號○臣召南按前書湖陵莽曰湖陸蓋自光武中興郡縣名皆復其舊至章帝又改湖陵為湖陸也

琅邪國注秦置建武中省城陽國以其縣屬○臣召南按此注不明郡與國亦畧有別秦置琅邪郡前漢因之光武改為國省城陽國來屬此其始末也秦置之下當有郡字

東莞有邳鄉有公來山或曰古浮來注杜預曰邳來山之間號曰邳來○按杜預注原文云邳鄉西有公來山號曰邳來間

陽都有牟臺○牟當作平

東城○城當作成

後漢書卷三十二

梁　剡　・令劉　昭補并注

郡國志第二十二

郡國四

青州　濟南　平原　樂安　北海　東萊　齊國

荊州　南陽　南郡　江夏　零陵　桂陽　武陵　長沙

揚州　九江　丹陽　廬江　會稽　吳郡　豫章

濟南國故齊文帝分雒陽東千八百里　十城戶七萬八千五百四十四口四十五萬三千三百八　東平陵有鐵有譚城故譚國　有天山　著　於陵杜預曰縣西北有于亭陳恒子以封齊公子周　臺　菅有賴亭左傳哀六年公如賴　土鼓　梁鄒　鄒平　東朝陽杜預曰縣西有崔城　歷城有鐵有巨里聚耿弇破費敢處皇覽曰太甲有冢在歷山上

平原郡高帝置雒陽北一千三百里　九城戶十五萬五千五百八十八口百萬二千六百五十八　平原地道記曰有篤馬河　高唐　漯水出　般　鬲侯國夏時有鬲君滅浞立少康魏都賦注曰縣有蓋節淵三齊記曰城南有蒲臺高八十尺秦始皇所頓處在臺下縈蒲繫馬今蒲猶縈者　祝阿春秋時曰祝柯左傳哀十年取犂及轅杜預曰縣西有轅城故縣省　有野井亭左傳昭二十五年齊侯唁公于野井杜預曰在縣東　樂陵　濕陰　安德侯國　厭次本富平明帝更名

樂安國高帝西平昌置為千乘永元七年更名雒陽東千五百二十里　九城戶七萬四千四百口四十二萬四千七十五　臨濟本狄安帝更名地道記曰狄伐衛懿公　千乘　高苑　樂安　博昌有薄姑城古薄姑氏杜預曰薄姑地　有貝中聚左傳齊侯田于貝丘杜預曰縣南有地名貝丘　有時水左傳莊九年戰于乾時杜預曰時水在縣界岐流旱則竭涸故曰乾時　蓼城侯國杜預曰縣東北有攝城　利故屬齊　益侯國故屬北海　壽光故屬北海有灌亭古灌國

北海國景帝置建武十三年省菑川高密膠東三國以其縣屬　十八城戶十五萬八千六百四十一口八十五萬三千六百四　劇有紀亭古紀國　營陵　平壽有斟城杜預曰有斟亭古斟國故縣後省　有寒亭古寒國浞封此　都昌左傳莊元年齊遷紀之郚城地道記曰郚城在縣西　安丘有渠丘亭地道記曰有渠丘城　淳于永元九年復有密鄉左傳隱二年紀莒盟密故密鄉在縣東北後省　平昌侯國故屬琅邪有萋鄉左傳昭五年莒牟夷以牟婁及防茲來奔杜預曰縣西南有防亭　朱虛侯國故屬琅邪永初元年屬左傳莊元年齊遷紀郱杜預曰朱虛縣東南有郱城郡國志曰有小泰山公玉帶曰岐伯令黃帝封泰山即此山也　東安平故屬菑川六國時曰安平有酅亭故紀左傳莊三年紀季以酅入于齊地道記有羌頭山　高密侯國　昌安侯國安帝復　夷安侯國安帝復　膠東侯國　即墨侯國有棠鄉杜預曰棠國也左傳襄六年圍棠　壯武安帝復故夷國左傳隱元年紀伐夷　下密安帝復　拒地道記曰養澤在西幽州藪有萊山萊王祠　觀陽

東萊郡高帝置雒陽東三千百二十八里十三城戶十萬四千二百九
十七口四十八萬四千三百九十三　黃地道記曰縣東二百三十
里至海中連岑有土道秦始皇登此山刻二碑東二百三十里有始皇漢武帝二碑　牟平　惤
侯國地道記曰有百枝萊君祠三齊記曰南有蹲犬山似犬蹲有神劉寵出西都經此山山犬吠之寵曰
山神謂我人也　曲成侯國前書萬里沙在縣　掖侯國有過鄉故過國
當利侯國　東牟侯國　昌陽　盧鄉　長廣故屬
琅邪　黔陬侯國故屬琅邪有介亭左傳襄二十四年伐莒侵介根杜預
日縣東北計基城號介國　葛盧有尤涉亭　不期侯國故屬琅邪
三齊記曰鄭玄教授不期山山下生草大如薤葉長一尺餘堅韌異常土人名曰康成書帶
齊國秦置雒陽東千八百里　六城戶六萬四千四百一十五口四
十九萬一千七百六十五　臨菑本齊刺史治爾雅十數齊有
海隅郭璞曰海濱廣斥左傳齊成嬰丘杜預曰在縣西皇覽曰呂尚冢在縣城南去縣十餘里在齊桓公冢南菑水南桓公冢西北有晏嬰冢孟子注曰南小山曰牛山博物記曰縣西有袁婁　西安有棘
里亭杜預曰在縣東陳桓子封子山　有蘧丘里古渠丘　昌國　臨朐
有三亭古郱邑左傳莊元年齊所徙杜預曰在縣東南應劭曰伯氏邑也地道記曰有不高山
廣　般陽故屬濟南
右青州刺史部郡國六縣六十五
南陽郡秦置雒陽南七百里　三十七城戶五十二萬八千五百五
十一口二百四十三萬九千六百一十八　宛本申伯
國荊州記曰郡城周三十六里博物記有中亭南都賦注曰有玉池澤陂　有南就聚有瓜
里津東觀書鄧奉拒光武瓜里　有夕陽聚袁山松書曰賈復從擊鄧奉追至夕陽聚　有東
武亭　冠軍邑　葉有長山曰方城杜預曰方城山在縣南屈完曰楚國
方城以為城皇覽曰縣西北去城三里葉公諸梁冢近縣祠之日葉君丘　有卷城左傳昭二十五年楚
子使季然郭卷　新野有東鄉故新都王莽封也　有黃郵聚吳漢破秦豐地
章陵故舂陵世祖更名古今注曰建武十八年使中郎將耿遵築城　有上
唐鄉前志曰故唐國下江兵荊州軍　西鄂有精山朱儁破孫夏山海經曰有豐山神耕父處之
常遊清泠之淵出入有光見則其國為敗有九鍾焉是知霜鳴郭璞曰清泠水在西鄂縣山上神來時水赤光耀今有屋祠也霜降則鍾鳴故言知也物有自然感應而不可為也南都賦注耕父旱鬼也皇覽曰王子朝冢
在縣西　雉博物記曰澧水出　魯陽有魯山前志曰古魯縣南都賦注有堯山封
劉累立堯祠　有牛蘭累亭謝沈書云牛蘭山也　犨　堵陽　博望
舞陰邑　比陽　復陽侯國有杏聚　平氏桐柏大復
山淮水出前書曰在縣南荊州記曰桐柏淮源湧發其中潛流三十里東出大復山南山南有淮源
廟博物記曰有陽山出紫草　有伯升見下江兵　棘陽荊州記曰東北百里有謝
城　有藍鄉伯升襲甄阜處　有黃淳聚又伯升攻梁丘賜杜預曰蓼國在東南前志蓼國湖
陽是　湖陽邑荊州記曰樊重母畏雷為石室避之悉以文石為階今存　隨古隨國　西
有斷蛇丘即隨侯珠之蛇也杜預曰有賴亭左傳僖十五年齊伐厲在縣北北帝王世紀曰神農氏起列
山謂列山氏今隨厲鄉是也荊州記曰縣北界有重山山有一穴云是神農所生又有周迴一頃二十畝地外
有兩重塹中有九井相傳神農既育九井自穿汲一井則衆井動即此地為神農社年常祠之　育陽
邑有小長安漢軍為甄阜所破處　有東陽聚朱祐破張成處　涅陽　陰
酇　鄧有鄾聚左傳桓九年楚師圍鄾　山都侯國　酈侯國

荊州記曰縣北八里有菊水其源旁悉芳菊水極甘馨
又中有三十家不復穿井即飲此水上壽百二十
中壽百餘七十者猶以為夭漢司空王暢太傅袁隗為
南陽令縣月送三十餘石飲食澡浴悉用之太尉胡廣
父患風羸南陽恒汲飲此水疾遂瘳此菊莖短葩大食
之甘美異於餘菊廣又收其實種之京師遂處處傳植
之　穰　朝陽南都賦注曰有鉗盧陂澤在縣　蔡陽侯國襄陽耆舊傳曰有松
子亭下有神陂中多魚人捕不可得南都賦所稱　安衆侯國博物記曰有土魯山出紫石英
筑陽侯國有涉都鄉杜預曰穀國在縣北博物記曰今穀亭荊州記曰縣北四里有
鬪林山西北有雒山　武當有和城聚荊州記曰縣有女思山南二百里有武當　順
陽侯國故博山有須聚　成都　襄鄉　南鄉　丹水
故屬弘農南鄉丹水二縣有商城張儀與楚商於之地　有章密鄉有三戶亭
左傳哀四年晉執蠻子畀楚師　析故屬弘農故楚白羽邑左傳昭十八年許遷
于白羽　有武關在縣西南都賦曰武關在其西文穎曰去縣百七十里　有豐鄉城
左傳哀四年司馬起豐析荊州記曰縣有龍淵深不測縣北有馬頭山
南郡秦置雒陽南一千五百里　十七城戶十六萬二千五百七十口
七十四萬七千六百四　江陵史記曰楚熊渠立長子康為句亶王張瑩曰今
江陵也皇覽曰孫叔敖冢在城中白土里　有津鄉左傳莊十九年楚子大敗于津荊州記曰縣東三里
餘有三湖湖東有水名長谷又西北有小城名曰冶父左傳曰莫敖縊于荒谷羣師囚于冶父縣北十餘里有
紀南城楚王所都東南有郢城子囊所城史記蘇秦說楚威王楚東有夏州左傳楚莊伐陳鄉取一人以歸謂
之夏州今夏口城有州名夏口　巫西有白帝城郭璞曰有巫山　秭歸本歸
國杜預曰夔國荊州記曰縣北一百里有屈原故宅七頃累石為屋基今其地名樂平里宅東北六十里有
女須廟　中廬侯國襄陽耆舊傳曰古盧戎也縣西山中有一道漢時常有數百匹馬出其中
馬形皆小似巴滇馬三國時陸遜攻襄陽又值此穴中有數十匹馬出遜載還建業蜀使來有五部兵家滇池
者識其馬色云亡父所乘對之流涕荊州記云是析縣馬頭山又縣南十五里有陵水東流注沔水中有物如
馬甲如鯪鯉不可入七八月中好在磧上自曝膝頭似虎掌爪小兒不知欲取弄戲便殺人或曰生得者摘其
鼻厭可小小使名為水盧　編有藍口聚下江兵所據左傳闞以權叛楚遷於那處杜預曰
縣東南有那口城　當陽杜預曰縣東有權城楚武王所克荊州記曰縣東南有麥城城東有驢城
沮水西有磨城伍子胥造此二城以攻麥城　華容侯國雲夢澤在南杜預曰州
國在縣東枝江縣有雲夢城江夏安陸縣東南有雲夢城或曰華容縣東南亦有雲夢巴丘湖江南之雲夢也爾雅十藪楚有雲夢郭璞曰巴丘湖是也　襄陽有阿頭山岑彭破張揚襄陽耆舊傳曰縣
西九里有方山父老傳云交甫所見玉女游處北山之下曲隈是也荊州記曰襄陽舊楚之北津從襄陽渡江
經南陽出方關是周鄭晉衛之道其東津經江夏出平澤關是通陳蔡齊宋之道　邔侯國有
犂丘城朱祐擒秦豐嶺山　宜城侯國杜預曰縣西舊羅國後徙枝江　鄀侯
國永平元年復左傳楚文王伐黃還及湫杜預曰縣東南有湫城　臨沮侯國
有荊山山海經曰其陽多鐵其陰多赤金其中多牛荊州記曰西北三十里有清谿谿北即荊山首曰
景山卞和抱璞之處南都賦注曰漢水至荊山東別流為滄浪之水　枝江侯國本羅
國有丹陽聚史記曰秦齊破楚屈匄遂取丹陽　夷道荊州記曰縣西北有宜陽山東
南有羊腸山　夷陵有荊門岑彭破田戎處　虎牙山荊州記曰荊門江南虎牙江北
虎牙有文如齒牙荊門上合下開　州陵史記楚考烈王納州于秦　佷山故屬武
陵
江夏郡高帝置雒陽南千五百里　十四城戶五萬八千四百三十四
口二十六萬五千四百六十四　西陵　西陽　軑侯

國杜預曰古邔國在東南有邔城　鄖史記曰無忌說魏安釐王曰秦不敢攻冥阨之塞徐廣云即此
縣也　竟陵侯國有鄖鄉左傳桓十一年鄖人軍蒲騷　立章山本內方
荊州記曰山高三十丈周迴百餘里縣東有中水左傳楚公子比為王次魚陂杜預曰在縣西北　雲
杜杜預曰縣東南有鄖城故國　沙羨　邾地道記曰楚滅邾徙其君此城　下雉
蘄春侯國　鄳　平春侯國　南新市侯國案本傳有攡鄉
綠林　安陸
零陵郡武帝置雒陽南三千三百里　十三城戶二十一萬二千二百
八十四口百萬一千五百七十八　泉陵　零陵陽朔
山湘水出羅含湘中記曰有營水有洮水有灌水有祁水有宜水有春水有烝水有耒水有來水有
溇水有連水有濆水有潙水有泊水有資水皆注湘　營道南有九疑山舜之所葬郭璞
山海經注曰其山九谿皆相似故曰九疑湘州營陽郡記曰山下有舜祠故老相傳舜登九疑
營陽郡記曰縣南三里餘有舜南巡止宿處今立廟　泠道有春陵鄉　洮陽　都梁
有路山　夫夷侯國故屬長沙　始安侯國始安郡記曰縣東有
駮樂山東有遼山　重安侯國故鍾武永建三年更名　湘鄉
昭陽侯國荊州記縣東有余水傍有漁父廟　烝陽侯國故屬長沙
桂陽郡高帝置雒陽南三千九百里上領山在縣　十一城戶十三萬五千二
十九口五十萬一千四百三　郴有客嶺山湘中記曰項籍徙義
帝於郴而害之今有義陵祠又縣南十數里有馬嶺山山有仙人蘇耽壇荊州記曰城南六里縣西北有溫泉
其下流有數十畝田常十二月下種明年三月新穀便登一年三收　便　耒陽有鐵
陰山　南平　臨武　桂陽　含洭　湞陽有茌領山
始興郡記有吳山　曲江始興郡記縣北有臨沅山　漢寧永和元年置
武陵郡秦昭王置名黔中郡高帝五年更名雒陽南二
千一百里先賢傳曰晉代太守趙厥問主簿潘京曰貴郡何以名武陵京曰鄙郡本名義陵在辰陽縣
界與夷相接為所攻破光武時移東出遂得見全先識易號傳曰止戈為武高平曰陵於是改名焉臣昭案前
書本名武陵不知此對何據而出荊州記曰郡社中木鷹樹是光武種至今也　十二城戶四萬六千六百七十二口二十
五萬九百一十三　臨沅荊州記曰縣南臨沅水水源出牂牁且蘭縣至郡界分為
五谿故云五溪蠻　漢壽故索陽嘉三年更名刺史治漢官儀曰去雒
陽二千里　孱陵魏氏春秋曰劉備在荊州所都改曰公安　零陽　充　沅陵
先有壺頭山馬援軍度處有松梁山山有石開處數十丈其上名曰天門　辰陽
酉陽　遷陵　鐔成　沅南建武二十六年置　作唐
長沙郡秦置雒陽南二千八百里　十三城戶二十五萬五千八百五
十四口百五萬九千三百七十二　臨湘　攸　茶陵
安城　酃荊州記曰有酃湖周迴三里取湖水為酒酒極甘美湘東記曰縣西南有山周迴四
百里　湘南侯國衡山在東南郭璞曰山別名岣嶁湘中記曰衡山有玉牒禹案其
文以治水遙望衡山如陣雲沿湘千里九向九背遄不復見　連道　昭陵　益陽
荊州記曰縣南十里有平岡岡有金井數百淺者四五尺深者不測俗傳云有金人以杖撞地輒便成井
下雋　羅帝王世紀曰有黃陵亭湘中記亦云二妃之神劉表為之立碑　醴陵荊州記曰
縣東四十里有大山山有三石室室中有石牀石臼父老相傳昔有道士學仙此室即合金沙之臼　容
陵
右荊州刺史部郡七縣邑侯國百一十七魏氏春秋建安

二十四年吳分巫秭歸為固陵郡二十五年分南郡之巫秭歸夷陵臨沮并房陵上庸西城七縣為
新城郡
九江郡秦置雒陽東一千五百里　十四城戶八萬九千四百三十六
口四十三萬二千四百二十六　陰陵　壽春漢官云刺史治
去雒陽千三百里與志不同　浚遒左傳哀十二年會吳于橐皋杜預曰在縣東南案宋均傳縣有
唐后二山　成德　西曲陽　合肥侯國　歷陽侯國刺史
治　當塗有馬丘聚徐鳳反於此帝王世紀曰禹會諸侯塗山皇覽曰楚大
夫子思冢在縣東山鄉西去縣四十里子思造芍陂　全椒　鍾離侯國　阜陵
下蔡故屬沛左傳成七年吳入州來杜預曰下蔡縣　平阿故屬沛有
塗山應劭云山在當塗左傳穆有塗山之會　義成故屬沛
丹陽郡秦鄣郡武帝更名雒陽東二千一百六十里建安十三年孫權分新都郡　十六城戶
十三萬六千五百一十八口六十三萬五百四十五
宛陵　溧陽　丹陽　故鄣秦鄣郡所治吳興記曰中平二年分縣南置安吉縣
和末張角亂此鄉守險助國漢嘉之故立縣中平二年又分立原鄉縣　於潛　涇　歙
山海經曰三天子鄣山在閩西海北郭璞曰在縣東今謂之三王山魏氏春秋有安勤烏邪山　黟
春秋有林歷山　陵陽子明得仙於此縣山故以為名　蕪湖中江在西左傳
襄三年楚子伐吳克鳩茲杜預曰在縣之東　秣陵其地本名金陵秦始皇改建安十六年孫權改
日建業十七年城石頭　南有牛渚　湖熟侯國　句容　江乘
春穀　石城
廬江郡文帝分淮南置建武十年省六安國以其縣屬雒陽東一千七百里　十四城戶十
萬一千三百九十二口四十二萬四千六百八十三
舒有桐鄉古桐國左傳昭五年吳敗楚鵲岸杜預曰縣有鵲尾渚　雩婁侯國
尋陽有置馬亭劉勳士衆散處　南有九江東合為大江釋慧遠廬山記略曰山在
尋陽南濱宮亭湖北對小江山去小江三十餘里有匡俗先生者出殷周之際隱遁潛居其下受道於仙人
而共嶺時謂所止為仙人之廬而命焉其山大嶺凡七重圓基周迴垂三五百里其南嶺臨宮亭湖下有神廟
七嶺會同莫升之者東南有香爐山其上氣氳若香煙西南中石門前有雙闕壁立千餘仞而瀑布流焉其中
鳥獸草木之美靈藥芳林之奇所稱名代豫章舊志匡俗字君平夏禹之苗裔也　潛左傳昭二十
一年吳人侵楚伐夷侵潛六楚沈尹戌帥師救潛是也潛有天柱山　臨湖侯國　龍舒
侯國　襄安　皖有鐵　居巢侯國皇覽曰范增冢在郭東又庭中亞父
井吏民皆祭亞父於居巢庭上長吏初視事皆祭而後從政後更造祠於東廣志曰有二大湖　六安
國皇覽曰皋陶冢在縣　蓼侯國　安豐有大別山左傳昭二十三年吳敗諸
侯之師于雞父杜預曰縣南有雞備亭　陽泉侯國廣志曰有陽泉湖　安風侯
國
會稽郡秦置本治吳立郡吳乃移山陰雒陽東三千八百里　十四城戶十二萬三
千九十口四十八萬一千一百九十六　山陰越絕曰句踐小
城山陰城也櫻山有句踐稱棘臺吳越春秋曰句踐築城已成怪山自至怪山者琅邪海中山也一夕自來故
名怪山　會稽山在南上有禹冢山海經曰會稽之山四方上多金玉下多珠石郭璞
日有禹井越絕曰有重山句踐葬大夫種　有浙江郭璞注山海經曰江出歙縣玉山　鄮
烏傷越絕曰常山古聖所采藥高且神英雄交爭記曰初平三年分縣南鄉為長山縣　諸暨
越絕曰興平二年分立吳寧縣　餘暨越絕曰西施之所出謝承書有涉皇山魏都賦注有蕭山潛水

出爲 太末左傳謂姑蔑初平三年分立新安縣建安四年孫氏分立豐安縣二十三年立遂昌縣東陽記縣龍丘山有九石特秀林表色丹白遠望盡如蓮花龍丘萇隱居於此因以爲名其峯際復有巖穴外如窻牖中有石林巖前有一桃樹其實甚甘非山中自有莫知誰植 上虞漢末分南鄉立始寧縣 剡 餘姚 句章山海經曰餘句之山無草木多金玉郭璞曰山在餘姚南句章北故二縣因以爲名句踐欲遷吳王於甬東韋昭曰縣東洲 鄮 章安故冶閩越地 光武更名晉元康記曰本鄞縣南之迴浦鄉章帝章和元年立未詳 永寧永和三年以章安縣東甌鄉爲縣 東部侯國

吳郡順帝分會稽置雒陽東三千二百里 十三城戶十六萬四千一百六十四口七十萬七百八十二 吳本國越絕曰吳大城闔閭所造周四十七里二百一十步二尺又有伍子胥城居巢城門外闔閭冢虎丘穹隆赤松子所取赤石脂也去縣二十里有虆湖攔谿城又石城闔閭置美山虞山巫咸山皇覽曰縣東門外孫武冢又要離冢縣西南 震澤在西後名具區澤爾雅十藪吳越之間有具區郭璞曰縣南太湖也中有包山山下有洞庭穴道潛行水底去無所不通號爲地脈越絕書曰湖周三萬六千頃又有大雷山小雷山周處風土記曰舜漁澤之所臣昭案此鯀在成陽是也又吳伐越敗之夫椒杜預曰太湖中椒山是也 海鹽案今計借溥縣之故治順帝時陷而爲湖今謂爲當湖大旱湖竭城郭之處可識 烏程左傳襄三年楚伐吳至于衡山杜預曰在縣南或云丹陽縣之横山去鳩茲不遠子重所至也吳興記曰縣西北其山有項籍祠平二年太守許貢奏分縣爲永縣 餘杭顧夷曰秦始皇至會稽經此立爲縣史記曰始皇臨浙江水波惡乃西北二十里從狹中渡徐廣曰餘杭也臣昭案始皇所過乃在錢塘富春豈近餘杭之界乎 毘陵季札所居北江在北越絕曰毘陵上湖中冢者季子冢也名延陵墟皇覽曰暨陽鄉 丹徒春秋曰朱方 曲阿 由拳左傳曰越敗吳于檇李杜預曰縣南醉李城也干寶搜神記曰秦始皇東巡望氣者云五百年後江東有天子氣始皇至令囚徒十萬人掘汙其地表以惡名故改之曰由拳縣 安越絕曰有西岑冢越王孫開所立以備春申君使其子守之子死遂葬城中 富春 陽羨邑郭璞曰縣有張公山洞窟有二堂 無錫侯國史記曰春申君城故吳墟以自爲都邑城在無錫皇覽曰吳王太伯冢在吳縣北梅里聚去城十里太伯始所居地名句吳臣昭案無錫縣東皇山有太伯冢民世修敬焉去墓十里有舊宅井猶存臣昭以爲即宅爲置廟不如皇覽所說也越絕曰縣西龍尾陵道春申君初封吳所造臣昭案今見在自是山名非築陵道 婁

豫章郡高帝置雒陽南二千七百里 二十一城戶四十萬六千四百九十六口百六十六萬八千九百六豫章記曰新吳上蔡永脩縣並中平立豫章縣建安立上蔡民分從此地立名上蔡 南昌豫章記曰江淮唯此縣及吳臨湘三縣是也 建城此地立名上蔡者豫章記曰縣有葛鄉有石炭二頃可燃以爨 新淦 宜春 廬陵興平元年孫策分立廬陵郡 贛有豫章水 雩都 南野 有臺領山 南城 鄱陽有鄱水黃金采建安十五年孫權分立鄱陽郡治縣 歷陵有傅易山 餘汗 鄡陽 彭澤彭蠡澤在西 柴桑 艾左傳哀二十年吳公子慶忌所居 海昏侯國在昌邑城豫章記曰城東十三里縣列江邊名慨口出豫章大江之口也昌邑王每乘流東望輙憤慨而還故謂之慨口 平都侯國故安平 石陽 臨汝永元八年置 建昌永元十六年分海昏置

右揚州刺史部郡六縣邑侯國九十二

後漢書卷三十二考證

郡國志四卽墨侯國有棠鄉注左傳襄六年圍棠杜預曰棠國也○臣召南按左傳注原文棠萊邑也北海卽墨縣有棠鄉此志作棠國也非是

不期侯國○臣召南按不期當從前書作不其本書伏湛傳封不其侯亦作其字

葉有長山曰方城注杜預曰方城山在縣南屈完曰楚國方城以爲城○推尋文義當云左傳屈完曰楚國方城以爲城杜預曰方城山在縣南今此文誤倒

鄳侯國注卽飲此水○何焯校本卽改仰

秭歸本歸國○推尋文義國上衍一歸字注杜預曰夔國非歸國明矣

零陵陽朔山湘水出注有灉水○何焯校本作有灌水又有表木又有來水何焯校本作有來水有米水

耒陽有鐵○臣世駿按循吏衛颯傳注引續漢志云耒陽有鐵官較此志多一官字

丹陽郡○陽當作楊

歙注今謂之三王山○本亦作三玉山何焯校本又減去三字

廬江郡注建武十年省六安國以其縣屬○臣召南按建武十年應作十三年後章帝元和二年復改廬江爲六安國至章和二年和帝卽位復省六安入廬江此注未明

東合爲大江注圓基周迴垂三五百里○何焯校本減去三字

安豐注縣南有雞備亭○何焯校本備改人

會稽郡注秦置本治吳立郡吳乃移山陰○立郡吳當改吳立郡

太末注龍丘長隱居於此○長當作萇

又中有石林○林毛本作牀

婁○監本脫此一縣依宋本添

建城注此地立名上蔡者○臣召南按上文豫章郡戶口下分注豫章記曰一條三十二字應在此文之下遍檢本志引書必有所指上文豫章記言上蔡民分徙此地卽此地立名上蔡之注解也不知何以將豫章記一條移置于前後人遂無糾正者

南野有臺領山○臣召南按監本於有臺下空一字是領山亦似縣名矣又彭澤縣彭蠡澤在西監本於彭蠡上亦空一字皆當連不連

後漢書卷三十三

梁　　劉　　令劉　昭補幷注

郡國志第二十三

郡國五

益州 漢中 巴郡 廣漢 蜀郡 犍爲 牂牁 越巂 益州 永昌 廣漢屬國 蜀郡屬國 犍爲屬國

涼州 隴西 漢陽 武都 金城 安定 北地 武威 張掖 酒泉 敦煌 張掖屬國 張掖居延屬國

幷州 上黨 太原 上郡 西河 五原 雲中 定襄 鴈門 朔方

幽州 涿郡 廣陽 代郡 上谷 漁陽 右北平 遼西 遼東 玄菟 樂浪 遼東屬國

交州 南海 蒼梧 鬱林 合浦 交阯 九眞 日南

漢中郡秦置雒陽西二千九百九十里 九城戶五萬七千三百四十四口二十六萬七千四百二 南鄭華陽國志曰有池水從旱山來 成固媯墟在西北前書曰在西城帝王世紀亦云姚墟在西北有舜祠 西城巴漢志云漢末以爲西城郡 襃中華陽國志曰有唐公防祠 沔陽有鐵華陽國志曰有定軍山博物記曰縣北有丙穴巴漢志曰有度水水有二原一曰淸檢一曰濁檢 安陽 錫有錫春秋時曰錫穴左傳文十一年楚伐麇至于錫穴 上庸本庸國 房陵巴漢志曰建安十三年別屬新城郡有維山維水所出東入沔

巴郡秦置雒陽西三千七百里譙周巴記曰初平六年趙頴分巴爲二郡欲得巴舊名故郡以墊江爲治安漢以下爲永寧郡建安六年劉璋分巴以永寧爲巴東郡以墊江爲巴西郡蜀都賦注云銅梁山在巴東干寶搜神記曰有澤水民謂神龍不可鳴鼓其傍即使大雨蜀都賦曰潛龍蟠於沮澤應鳴鼓而興雨 十四城戶三十一萬六百九十一口百八萬六千四十九 江州杜預曰巴國也有塗山禹娶塗山華陽國志曰帝禹之廟銘存焉有淸水穴巴人以此爲粉則膏澤鮮芳貢粉京師乃因名粉水 宕渠有鐵 朐忍巴漢志曰山有大小石城勢者 閬中案本傳有俞水巴漢志曰有彭池大澤名山靈臺見孔子內讖 魚復古庸國左傳文十年魚人逐楚師是也 扞水有扞關史記曰楚肅王爲扞關以拒蜀 臨江 枳史記蘇代曰楚得枳而國亡華陽國志有明月峽廣德嶼者是也 涪陵出丹巴記曰帝分涪陵置永寧縣巴漢志曰涪陵郡之南鄙從枳南入折丹涪水與楚商於之地接漢時赤田軍常取其民 墊江 安漢 平都巴記曰和帝分枳置 充國永元二年分閬中置巴記曰初平四年復分爲南充國縣 宣漢巴漢記曰和帝分宕渠之東置 漢昌永元中置巴記曰分宕渠之北而置也

廣漢郡高帝置雒陽西三千里 十一城戶十三萬九千八百六十五口五十萬九千四百三十八 雒州刺史治 新都華陽國志曰有金堂山水通巴漢 緜竹地道記曰有紫巖山緜水之所出焉 什邡 涪巴漢志曰孱水出孱山 梓潼地道記五婦山驪水出建安二十二年劉備以爲郡 白水山海經曰白水出蜀而東南入江郭璞曰今在縣 葭萌華陽國志有水通于漢川有金銀鑛民流取之 郪 廣漢有沈水 德陽華陽國志曰有關道三十里至險

蜀郡秦置雒陽西三千一百里 十一城戶三十萬四百五十二口百三十五萬四百七十六 成都蜀都賦注曰武帝元鼎二年立成都郭十八門 郫 江原 繁 廣都任豫益州記曰縣有望川源鑿石二十里引取郫江水灌廣都田云後漢所穿鑿者 臨邛博物記曰有火井深二三丈在縣南百里以竹木投取火後人以火燭投井中火即滅絕不復然蜀都賦注曰火井欲出其火先以家火投之須臾許隆隆如雷聲爛然通天光耀十里以竹筒盛之接其光而無炭也取井火還煮井水一斛水得四五斗鹽家火煮之不過二三斗鹽耳 有鐵 湔氐道蜀王本紀曰縣前有兩石對如闕號曰彭門 岷山在西徼外山海經曰岷山江水出焉東北注于海中多良龜其上多金玉其下多白珉其獸多犀象夔郭璞曰今蜀山中有大牛重數千斤曰夔蜀都賦注曰岷山特多藥其椒特多好者絕異于天下之好者 汶江道華陽國志曰濊水駹水出焉多冰寒盛夏凝凍不釋孝安延光三年復立之以爲郡 八陵 廣柔帝王世紀曰禹生石紐縣有石紐邑華陽國志曰夷人營其地方百里不敢居牧有過逃其野中不敢追云畏禹神能藏三年爲人所得則共原之云禹神靈祐之 緜虒道華陽國志曰有玉壘山出璧玉湔水所出

犍爲郡武帝置雒陽西三千二百七十里劉璋分立江陽郡 九城戶十三萬七千七百一十三口四十一萬一千三百七十八 武陽有彭亡聚岑彭死處南中志曰縣南二十里彭望山記曰縣有王喬仙處王喬祠今在縣下有彭祖冢上有彭祖祠 資中 牛鞞 南安蜀都賦注曰縣之南有五屼山一山而五里在越巂界 有魚泣津蜀都賦注曰魚符津數百步在縣北三十里縣臨大江岸便山嶺相連經益州郡有道廣四五丈深或百丈斬鑿之跡今存昔唐蒙所造博物記縣西百里有牙門山華陽國志曰縣西有熊耳峽南有峨眉山去縣八十餘里 僰道華陽國志曰治馬湖江會水通越巂本有僰人有荔枝薑蒟有玉岳蘭李米燒之崖有五色赤白映水玄黃魚有從楚來至此而止長崖映其水故也 江陽華陽國志曰江雒會有火關小關蜀都賦注云沱潛既道從縣南流至漢嘉縣入大穴中通剛山下因南潛出今名復出水是也 荷節 南廣 漢安

牂牁郡武帝置雒陽西五千七百里 十六城戶三萬一千五百二十三口二十六萬七千二百五十三 故且蘭地道記曰有沈水 平夷 鄨地道記曰不狼山鄨水所出 母斂 談指出丹南中志曰有不津江江有瘴氣 夜郎出雄黃雌黃案本傳有竹王三郎祠 同竝 談槀 漏江 毋單 宛溫南中志曰縣北三百里有盤江廣數百步深十餘丈此江有毒氣 鐔封華陽國志曰有溫水 漏臥 句町案本傳有桄榔木地道記有文象水 進乘 西隨地道記曰麋水西受徼外東至麋泠入尚龍谿

越巂郡武帝置雒陽西四千八百里 十四城戶十三萬一百二十口六十二萬二千四百一十八 邛都南山出銅南中志曰縣東南數里有水名邛廣都河從廣二十里深百餘丈有魚長一二丈頭特大遙視如戴鐵釜狀華陽國志曰河有嶲傳山又有溫水穴冬夏常熱 遂久華陽國志曰有繩水廣志曰有繆碧石有綠碧 靈關道華陽國志曰有銅山又有利慈 臺登出鐵華陽國志曰有孫水一日白沙江山有砮火燒成鐵 青蛉有禺同山俗謂有金馬碧雞華陽國志曰有鹽官濮水出 卑水華陽國志曰水通馬湖 三縫華陽國志曰通道寧州度瀘得蛉縣有長谷石豬坪中有石豬子母數千頭長老傳言夷昔牧豬于此一朝豬化爲石迄今夷不敢往牧 會無出鐵郭璞曰山海經稱縣東山出碧亦玉類華陽國志曰故濮人邑也今有濮人冢冢不閉戶其中多珠人不可取取之不祥有元馬河元馬日行千里縣有元馬祠民居家馬牧山下或產駿駒云元馬子也今其有元馬遷廄迹存焉河中有銅船今在祠以羊可取也河中見子土地特產好羣牛東山出青碧 定莋華陽國志縣在郡西度瀘水賓剛徼白摩沙夷有鹽坑積薪以齊水灌而後焚之成白鹽漢末夷等皆錮之 闡華陽國志曰故邛人邑治邛都城 蘇示 大莋 莋秦 姑復地道記鹽

池澤在南

益州郡 武帝置，故滇王國。雒陽西五千六百里。諸葛亮表有戟文山、澤山、司彌陸山、嶲山、辟龍山，此等皆未詳所在縣。 十七城，戶二萬九千三十六，口十一萬八百二 滇池 出鐵，有池澤。澤在縣西，見前書。南中志曰池周二百五十里。 北有黑水祠。華陽國志曰水是溫泉。又有白蠣山，山有蠣。 勝休 南中志曰有大河，從廣百四十里，深數十丈。地道記曰水東至毋掇入橋水。 俞元 裝山出銅。華陽國志在河中洲上。 律高 石室山出錫。盤町山出銀、鉛。 賁古 采山出銅、錫 前書曰羊山出銀、鉛，在縣北。在縣西。地道記曰南烏山出錫。 毋掇 地道記曰橋水出橋山。 建伶 穀昌 牧靡 李奇曰靡音麻，出升麻。 味 昆澤 同瀨 地道記曰銅虜山，米水所出。 同勞 雙柏 出銀。 連然 梇棟 地道記連山，無血水所出。 秦臧

永昌郡 明帝永平十二年分益州置。雒陽西七千二百六十里。廣志曰永昌一郡見龍之耀，日月相屬。 八城，戶二十三萬一千八百九十七，口百八十九萬七千三百四十四 不韋 出鐵。華陽國志曰孝武置不韋縣，徙南越相呂嘉子孫宗族居之，因名不韋，以章其先人之惡。 嶲唐 本西南夷。史記曰古爲嶲、昆明。古今注曰永平十年置益州西部都尉，治嶲唐，鎮尉哀牢人、楪榆蠻夷。華陽國志曰有周水從徼外來。 比蘇 楪榆 有河。廣志曰有弔鳥山，縣西北八十里，在阜山，衆鳥千百爲羣，共會鳴呼啁哳，每歲七月八月晦至，集六日則止，歲凡六至。雉雀來弔，特悲。其方人夜然火伺取，無嗉不食者，以爲義鳥，則不取也。俗言鳳凰死于此山，故衆鳥來弔。地道記有澤在縣東。 邪龍 雲南 南中志曰縣西高山相連，有大泉水，周旋萬步，名馮河。縣西北百數十里有山，衆山之中特高大，狀如扶風太一，鬱然高峻，與雲氣相連結，因視之不見其山。固陰沍寒，雖五月盛暑不熱。廣志曰五月霜雪皓然。 哀牢 永平中置，故牢王國。 博南 永平中置。南界出金。華陽國志曰西山高三十里，越得蘭滄水，有金沙，洗取融爲金。有光珠穴。廣志曰有虎魄生地中，其上及傍不生草，深者四五八九尺，大者如斛，削去外，中成虎魄如升，初如桃膠，凝堅成也。

廣漢屬國都尉 故北部都尉，屬蜀郡，安帝時以爲屬國都尉，別領三城。 戶三萬七千一百一十，口二十萬五千六百五十二 陰平道 甸氐道 華陽國志曰有白水出徼外，入漢。 剛氐道 華陽國志曰涪水所出，有金銀礦。

蜀郡屬國 故屬西部都尉，延光元年以爲屬國都尉，別領四城。 戶十一萬一千五百六十八，口四十七萬五千六百二十九 漢嘉 故青衣，陽嘉二年改。有蒙山。華陽國志曰有沫水從邛來出岷江，又從岷山西來，入江，合郡下，青衣江入大江。土地多山。蜀都賦曰廓靈關而爲門。注曰山名也，地在縣南。 嚴道 有邛僰九折坂者，邛郵置。山海經曰崍山，江水出焉。郭璞曰中江所出也。華陽國志曰道至險，有長嶺若棟，八渡之難，楊母閣之峻。昔楊氏倡造作閣，故名焉。邛崍山本名邛莋，故邛人莋人界也。巖阻峻迴曲，九折乃至山上，凝冰夏結，冬則劇寒。王陽行步至此退。 徙 華陽國志曰出丹砂、雄黃、空青、青碧。 旄牛 華陽國志曰旄地也，在邛崍山表。邛人自蜀入度此山，甚險難，南人毒之，故名邛崍。有鮮水、若水，一名洲江。

犍爲屬國 故郡南部都尉，永初元年以爲屬國都尉，別領二城。 戶七千九百三十八，口三萬七千一百八十七 朱提 南中志曰縣有大淵池水，名千頃池。西南二里有堂狼山，多毒草，盛夏之月，飛鳥過之，不能得去。蜀都賦注曰有靈池，在縣南數十里，周四十七里。 山出銀、銅。案前書朱提銀重八兩爲一流，直一千五百八十，他銀一流直一千。南中志曰舊有銀窟數處。諸葛亮書云漢嘉金、朱提銀採之不足以自食。 漢陽

右益州刺史部，郡國十二，縣道一百一十八。本梁州。袁山松書曰建安二十年復置漢寧郡，漢中之安陽、西城郡分錫、上庸爲上庸郡，置都尉。

隴西郡 秦置。雒陽西二千二百二十里。 十一城，戶五千六百二十八，口二萬九千六百三十七 狄道 安故 氐道 養水出此。巴漢志曰漢水二源，東源出縣之養山，名養。南都賦注曰漢水源出隴西，經武都至武關山，歷南陽界，出沔口入江。巴漢志曰西漢，隴西嶓冢山，會白水，經葭萌入漢，始源曰沔，故曰漢沔。 首陽 有鳥鼠同穴山。爾雅曰其鳥爲鵌，其鼠爲鼵，如人家鼠而短尾。鵌似鵽而小，黃黑色，穴地入三四尺，鼠在內，鳥在外。孔安國尚書傳曰共爲雌雄。張氏地理記云不爲牝牡。山海經曰山多白虎、白玉。 渭水出。地道記曰有三危，三苗所處。 大夏 襄武 有五雞聚。 臨洮 有西頃山。前志曰在縣西。本傳縣馬防築索西城。 枹罕 故屬金城。 白石 故屬金城。 鄣 河關 故屬金城。積石山在西南，河水出。

漢陽郡 武帝置，爲天水，永平十七年更名。在雒陽西二千里。秦州記曰中平五年分置南安郡。獻帝起居注曰初平四年十二月，已分漢陽、上郡爲永陽，以鄉亭爲屬縣。 十三城，戶二萬七千四百二十三，口十三萬一百三十八 冀 史記曰秦武公伐冀戎縣。 有朱圄山 前志曰在縣南。 有緹群山 有雒門聚 來歙破隗囂處。 望恒 阿陽 略陽 有街泉亭 街泉縣省故。 勇士 成紀 帝王世紀曰包犧氏生於成紀。 隴 州刺史治。漢官云去雒陽二千一百里。 有大坂名隴坻。三秦記曰其坂九迴，不知高幾許，欲上者七日乃越，高處可容百餘家，清水四注下。郭仲產秦州記曰隴山東西百八十里，登山嶺東望秦川，四五百里，極目泯然。山東人行役升此而顧，瞻者莫不悲思。故歌曰隴頭流水，分離四下，念我行役，飄然曠野，登高遠望，涕零雙墮。度汧隴無蠶桑，八月乃麥，五月乃凍解。 豲坻聚 有秦亭 秦之先封起於此。 豲道 史記秦孝公西斬戎王。 蘭干 平襄 顯親 上邽 故屬隴西。秦州記曰縣北有利山，川中平地有土堆，高五丈，生細竹，翠茂殊常，二楊樹大數十圍，百姓祀之。 西 故屬隴西。有嶓冢山，西漢水。史記曰申侯居西土。徐廣曰今之西縣。鄭玄曰西在隴西西，今謂之八充山。

武都郡 武帝置。雒陽西一千九百六十里。 七城，戶二萬一百二，口八萬一千七百二十八 下辨 有赤亭。 武都道 華陽國志曰有大池澤。 上祿 故道 干寶搜神記曰有怒特祠，秦置旄頭騎起此。 河池 地道記曰有泉街水。 沮 沔水出東狼谷。 羌道

金城郡 昭帝置。雒陽西二千八百里。 十城，戶三千八百五十八，口萬八千九百四十七 允吾 西羌傳有唐谷。秦州有牢北山，傍有三窟。 浩亹 臨羌 有雒都谷，馬武破羌處。 令居 枝楊 金城 榆中 臨羌 有昆侖山。 破羌 安夷 允街

安定郡 武帝置。雒陽西千七百里。 八城，戶六千九十四，口二萬九千六十 臨涇 謝承書曰宣仲爲長史，民扳留改曰宜民。見李固傳，而志無此，改豈承之妄乎？ 高平 有第一城 高峻所據。 朝那 有湫淵，方四十里，停不流，冬夏不增減，不生草木。郭璞注山海經曰涇水出縣西丹頭山，入渭。 烏枝 有瓦亭 牛邯軍處。 山薄落谷 本傳。 三水 有左谷盧芳所居。有龍池山。地道記曰烏水出。 陰盤 皆有陰密縣，未詳所并。杜預曰安定陰密縣，古密須國。史記曰秦遷白起於陰密。山海經曰溫水出崆峒山，在臨汾南，入河，華陽北。郭璞曰水常溫。 彭陽 鶉觚 故屬北地。

北地郡 秦置。雒陽西千一百里。 六城，戶三千一百二十二，口萬八千六百三十七 富平 泥陽 有五柞亭。地道記曰泥水出郁郅北。 鑾中 弋居 有鐵。 廉 前志卑移山在西北。 參䜌 故屬安定。有青山。謝沈書屬國降羌胡數千八居山田畜。 靈州

武威郡 故匈奴休屠王地。武帝置。雒陽西三千五百里。 十四城，戶萬四十二，口三萬四千二百二十六 姑臧 地道記南山谷水所出。 張掖 武威 休屠 揟次 鸞鳥 樸劓 媼圍 宣威 蒼松 地道記曰南山松陝水所出。 鸇陰 故屬安定。 租厲 故屬安定。 顯美 故屬張掖。 左騎千人官

張掖郡 故匈奴昆邪王地，武帝置。雒陽西四千二百里。獻帝分置西郡。 八城，戶六千五百五十二，口二萬六千四十 觻得 昭武 刪丹 弱水出。 氐池 屋蘭 日勒 驪靬 番和

酒泉郡 武帝置。雒陽西四千七百里。 九城，戶萬二千七百六 福祿 表氏 樂涫 玉門 會水 沙頭 安彌 故曰綏彌。 乾齊 延壽 博物記曰縣南有山，石出泉水，大如筥簾，注池爲溝，其水有肥，如煑肉洎，羕羕永永，如不凝膏，然之極明，不可食，縣人謂之石漆。

敦煌郡 武帝置。雒陽西五千里。耆舊記曰國當乾位，地列良壚，水有懸泉之神，山有鳴沙之異，川無蛇虺，澤無兕虎，華戎所支一都會也。 六城，戶七百四十八，口二萬九千一百七十 敦煌 古瓜州，出美瓜。 冥安 效穀 拼泉 廣至 龍勒 有玉門關。

張掖屬國 武帝置屬國都尉，以主蠻夷降者。安帝時別領五城。 戶四千六百五十六，口萬六千九百五十二 候官 左騎 千人 司馬官 千人官

張掖居延屬國 故郡都尉，安帝別領一郡。 戶一千五百六十，口四千七百三十二 居延 有居延澤，古流沙。獻帝建安末立爲西海郡。

右涼州刺史部，郡國十二，縣道侯官九十八。袁山松書曰興平元年分安定鶉觚、右扶風之漆置新平郡。

上黨郡 秦置。雒陽北千五百里。 十三城，戶二萬六千二百二十二，口十二萬七千四百三 長子 山海經曰有發鳩之山，章水出焉。上黨記曰關城，都尉所治。令孤徵君隱城東山中，去郡六十里。郎壺關三老令孤茂上書訟戾太子者也，茂即葬其山。 屯留 絳水出。上黨記曰有鹿谷山，濁漳所出。有余吾城，在縣西北三十里。 銅鞮 上黨記曰晉別宮，墟關猶有北城，去晉宮二十里，羊舌所邑。左傳成九年晉執鄭伯於此。 沾 山海經曰有少山，其上有金玉，其下有銅。郭璞云在沾。 涅 有閼與聚。史記曰趙奢破秦兵閼與。山海經曰謁戾之山有金玉，沁水出焉，南流注于河。郭璞曰在涅。 襄垣 上黨記曰邑帶山林，茂松生焉。 壺關 有黎亭，故黎國。文王戡黎即此也。上黨記曰東山在城東南，晉申生所伐，今名平澤。 泫氏 有長平亭。史記曰白起破趙長平。上黨記曰白城在郡南，山中百二十里。 高都 前志曰有天井關。戰國策曰禁居天井，即天門也。博物記曰縣南地名即垂。 潞 本國。左傳哀四年齊伐晉壺口。杜預曰潞縣東有壺口關。上黨記曰潞，濁漳也。縣城臨潞。晉荀林父伐曲梁，在城西十里，今名石梁。又東北八十里有黎城，臨壺口關。至建安十一年，從溝河口鑿入潞河，名泉州梁，以通于海。 猗氏 漢書音義縣出鴞。 陽阿 侯國。 穀遠 上黨記曰有羊頭山，沁水所出。

太原郡 秦置。 十六城，戶三萬九百二，口二十萬一百二十四 晉陽 本唐國。毛詩譜曰堯始都於此，後遷河東平陽。 有龍山，晉水所出。山海經曰有懸甕之山，其上多玉，其下多銅，其獸多閭麋，晉水出焉，東南注汾。郭璞曰在縣。左傳曰遷實沈于大夏。賈逵曰陶唐之亂劉累也。杜預曰今晉陽縣。 刺史治。漢官曰南有梗陽城，中行獻子見巫矣。 界休 有界山。有縣上聚。左傳曰晉文公以縣上爲介之推田，介山推焚死之山，故太原俗有寒食。 有千畝聚 左傳曰晉爲千畝之戰，在縣南。 榆次 左傳謂塗水 有鑿壺 史記曰韓魏殺智伯于鑿壺之下。 中都 左傳昭二年執陳無宇于中都。杜預曰界休縣南中都城是也。 于離 茲氏 狼孟 鄔 史記韓信破夏說于鄔。徐廣曰音於庶反。 盂 晉大夫孟丙邑。 平陶 京陵 春秋時九京。禮記曰趙武從先大夫于九京。鄭玄曰晉卿大夫之墓地。京字之誤，當爲九原。 陽曲 大陵 有鐵。史記曰趙肅侯游大陵，出于鹿門，即大陵。 祁 慮虒 陽邑 有箕城。左傳僖三十三年晉敗狄于箕。

上郡 秦置。 十城，戶五千一百六十九，口二萬八千五百九十九 膚施 白土 漆垣 奢延 雕陰 楨林 定陽 高奴 龜茲屬國 候官

西河郡 武帝置。雒陽北千二百里。 十三城，戶五千六百九十八，口二萬八百三十八 離石 平定 美稷 樂街 中陽 皐狼 平周 平陸 益蘭 圜陰 藺 圜陽 廣衍

五原郡 秦置，爲九原，武帝更名。 十城，戶四千六百六十七，口二萬二千九百五十七 九原 五原 臨沃 文國 河陰 武都 宜梁 曼柏 成宜 西安陽 北有陰山。徐廣曰陰山在河南，陽山在河北。史記曰蒙恬築長城，臨洮延袤萬里，餘度河據陽山。

雲中郡 秦置。 十一城，戶五千三百五十一，口二萬六千四百三十 雲中 咸陽 箕陵 沙陵 沙南 案烏桓有蘭池城，烏桓之圍耿曅處。 北輿 武泉 原陽 定襄 故屬定襄。 成樂 故屬定襄。 武進 故屬定襄。

定襄郡 高帝置。 五城，戶三千一百五十三，口萬三千五百七十一 善無 故屬鴈門。 桐過 武成 駱 中陵 故屬鴈門。

鴈門郡 秦置。雒陽北千五百里。 十四城，戶三萬一千八百六十二，口二十四萬九千 陰館 史記曰漢蘇意軍句注。應劭曰山險名也，在縣。爾雅八陵西隃鴈門是也。郭璞曰即鴈門山。山海經曰鴈門山者，鴈飛出於其間。 繁畤 樓煩 武州 前書武帝誘匈奴入武州塞。 汪陶 劇陽 崞 平城 前書高帝被圍白登。服虔曰去縣七里。 埒 馬邑 干寶搜神記曰昔秦人築城于武州塞內以備胡，城成而崩者數矣。有馬馳走一地，周旋反覆，父老異之，因依以築城，城乃不崩，遂名之爲馬邑。 鹵城 故屬代郡。山海經曰泰戲之山無草木，多金玉，虖沱之水出焉。郭璞曰今虖沱河，縣武夫山。周禮并州，其川虖沱。魏志曰建安十年鑿渠自呼沱入泒，名平虜渠。 廣武 故屬太原。有夏屋山。史記曰趙襄子北登夏屋山，以銅斗殺代王。郭璞曰爾雅山中有獸，形如兔，相負共行，土俗名之蹷。 原平 故屬太原。古史考曰趙衰居原，今原平縣。 彊陰

朔方郡武帝置 六城戶千九百八十七口七千八百四十
三 臨戎 三封 朔方 沃野 廣牧 大城故屬
西河
右并州刺史部郡九縣邑侯國九十八 古今注曰建武十一年十月西河上郡屬魏志曰建安二十年省雲中定襄五原朔方置一縣領其民合以爲新興郡
涿郡高帝置雒陽東北千八百里 七城戶十萬二千二百一十八口
六十三萬三千七百二十四 涿 迺侯國史記漢武帝至鳴澤服虔曰在涿縣北界 故安易水出雹水出案本紀永元十五年復置鐵官
范陽侯國 良鄉 北新城有汾水門史記曰趙與燕汾門
方城故屬廣陽有臨鄉故縣後省 惠文王與燕臨樂 有督亭劉向別錄曰督亢膏腴之地史記荊軻奉督亢圖入秦
廣陽郡高帝置爲燕國昭帝更名爲郡世祖省并上谷永平八年復 五城戶四萬四
千五百五十口二十八萬六百 薊本燕國刺史治漢官曰雒陽東北二千里
廣陽 昌平故屬上谷 軍都故屬上谷
安次故屬勃海
代郡秦置雒陽東北二千五百里古今注曰建武二十七年七月屬幽州 十一城戶二萬
一百二十三口十二萬六千一百八十八 高柳 桑
乾 道人 當城 馬城 班氏 狋氏 北平邑永
元八年復 東安陽 平舒 代干寶搜神記曰代城始築立板幹一旦亡西南坂四五十里于澤中自立結葦爲外門因就營築焉故其城周圍三十五丈爲九門故城處呼之以爲東城
上谷郡秦置雒陽東北三千二百里 八城戶萬三百五十二口五萬
一千二百四 沮陽 潘永元十一年復 寧 廣寧
居庸 雊瞀 涿鹿帝王世紀曰黃帝所都有蚩尤城阪泉地黃帝祠世本云在彭城南張晏曰在上谷于竇案禮五帝位云黃帝與赤帝戰于阪泉之野不在涿鹿是伐蚩尤之地 下
落
漁陽郡秦置雒陽東北二千里 九城戶六萬八千四百五十六口
四十三萬五千七百四十 漁陽有鐵 狐奴 潞
雍奴 泉州有鐵 平谷 安樂 傂奚 獷平
右北平郡秦置雒陽東北二千三百里 四城戶九千一百七十口五
萬三千四百七十五 土垠 徐無 俊靡 無終
遼西郡秦置雒陽東北三千三百里 五城戶萬四千一百五十口八
萬一千七百一十四 陽樂 海陽 令支有孤竹城伯夷叔齊本國 肥如 臨渝山海經曰碣石之山繩水出焉其上有玉其下有青碧水經曰在縣南郭璞曰或曰在右北平驪城縣海邊山也
遼東郡秦置雒陽東北三千六百里案本紀和帝永元十六年復置西部都尉官 十一城
戶六萬四千一百五十八口八萬一千七百一十四
襄平 新昌 無慮 望平 候城 安市 平郭有
鐵 西安平魏氏春秋曰縣北有小水南流入海句驪別種因名之小水貊 汶 番
汗 沓氏

玄菟郡武帝置雒陽東北四千里 六城戶一千五百九十四口四萬
三千一百六十三 高句驪遼山遼水出山海經曰遼水出白平東郭璞曰出塞外御白平山遼山小遼水所出 西蓋馬 上殷台 高顯故
屬遼東 候城故屬遼東 遼陽故屬遼東東觀書安帝即位二年分三縣來屬
樂浪郡武帝置雒陽東北五千里 十八城戶六萬一千四百九十二
口二十五萬七千五十 朝鮮 誹邯 浿水 含資
占蟬 遂城 增地 帶方 駟望 海冥 列口郭璞注山海經曰列水名列水在遼東 長岑 屯有 昭明 鏤方
提奚 渾彌 樂都
遼東屬國故邯鄉西部都尉安帝時以爲屬國都尉別領六城雒陽東北三千二百六十里
昌遼故天遼屬遼西 何法盛晉書有青城山 賓徒故屬遼西
徒河故屬遼西 無慮有醫無慮山 險瀆史記曰王險衛滿所都
房
右幽州刺史部郡國十一縣邑侯國九十
南海郡武帝置雒陽南七千一百里 七城戶七萬一千四百七十七
口二十五萬二百八十二 番禺山海經注桂林八樹在賁禺東郭璞云今番禺 博羅有羅浮山自會稽浮往博羅山故置博羅縣 中宿 龍川 四
會 揭陽 增城有勞領山
蒼梧郡武帝置雒陽南六千四百一十里 十一城戶十一萬一千三百
九十五口四十六萬六千九百七十五 廣信漢官曰刺史治去雒陽九千里 謝沐 高要 封陽 臨賀 端谿 馮乘
富川 荔浦 猛陵地道記曰龍山合水所出 鄣平永平十四年置
鬱林郡秦桂林郡武帝更名雒陽南六千五百里 十一城 布山 安廣
阿林 廣鬱 中溜 桂林 潭中 臨塵 定周
增食 領方
合浦郡武帝置雒陽南九千一百九十一里 五城戶二萬三千一百二十
一口八萬六千六百一十七 合浦 徐聞交州記曰出大吳公皮以冠鼓 高涼建安二十五年孫權立高涼郡 臨元 朱崖
交阯郡武帝置即安陽王國雒陽南萬一千里 十二城 龍編交州記曰縣西帶江有仙山數百里有三湖有注沅二水 羸𨻻地道記曰南越侯織在此 安定交州記曰越人鑄銅爲船在江湖退時見 苟漏交州記曰有潛水牛上岸共鬭角軟還復出 麊泠
曲陽 北帶 稽徐 西于 朱䳒 封谿建武十九
年置交州記曰有隄防龍門水深百尋大魚登此門化成龍不得過曝鰓點額血流此水恒如丹池有秦潛江出嗢山分爲九十九流三百餘里共會于一口 望海建武十九年置
九眞郡武帝置雒陽南萬一千五百八十里 五城戶四萬六千五百一十
三口二十萬九千八百九十四 胥浦 居風交州記曰有山出金牛往往夜見光耀十里山有風門常有風 咸驩 無功 無編
日南郡秦象郡武帝更名雒陽南萬三千四百里 五城戶萬八千二百六十
三口十萬六百七十六 西卷 朱吾交州記曰其民依海際居不食米止資魚 盧容交州記曰有採金浦 象林今之林邑國 比景博物記曰日南出野女羣行不見夫其狀晶且白裸袒無衣襦
右交州刺史部郡七縣五十六王範交廣春秋曰交州治羸𨻻縣元封五年移治蒼梧廣信縣建安十五年治番禺縣詔書以州邊遠使持節并七郡皆授鼓吹以重威鎮

漢書地理志承秦三十六郡縣邑數百後稍分析至于
孝平凡郡國百三縣邑道侯國千五百八十七世祖中
興惟官多役煩乃命并合省郡國十縣邑道侯國四百
餘所應劭漢官曰世祖中興海內人民可得而數裁十二三邊陲蕭條靡有孑遺鄣塞破壞亭隊絕滅建武二十一年始遣中郎將馬援謁者分築烽候堡壁稍興立郡縣十餘萬戶或空置太守令長招還人民上笑曰今邊無人而設長吏治之難如春秋素王矣乃建立三營屯田殖穀弛刑謫徒以充實之 至明帝
置郡一章帝置郡國二和帝置三安帝又命屬國別領
比郡者六又所省縣漸復分置至於孝順凡郡國百五
縣邑道侯國千一百八十東觀書曰永興元年鄉三千六百八十一亭萬二千四百四十三 民戶九百六十九萬八千六百三十口四千九百
一十五萬二百二十應劭漢官儀曰永和中戶至千七十八萬口五千三百八十六萬九千五百八十八又帝王世紀永嘉二年戶則多九十七萬八千七百七十一口七百二十一萬六千六百三十六應載極盛之時而所殊甚衆舍永嘉多取永和少良不可解皇甫謐校覈精審復非謬記未詳孰是豈此是順朝時書後史即爲本乎伏無忌所記每帝崩輒最戶口及墾田大數今列于後以見滋減之差焉○光武中元二年戶四百二十七萬九千六百三十四口二千一百萬七千八百二十○明帝永平十八年戶五百八十六萬五千七十三口三千四百一十二萬五千二十一○章帝章和二年戶七百四十五萬六千七百八十四口四千三百三十五萬六千三百六十七○和帝元興元年戶九百二十三萬七千一百一十二口五千三百二十五萬六千二百二十九墾田七百三十二萬一百七十頃八十畝百四十步○安帝延光四年戶九百六十四萬七千八百三十八口四千八百六十九萬七百八十九墾田六百九十四萬二千八百九十二頃一十三畝八十五步○順帝建康元年戶九百九十四萬六千九百一十九口四千九百七十三萬五百五十墾田六百八十九萬六千二百七十一頃五十六畝一百九十四步○沖帝永嘉元年戶九百九十三萬七千六百八十口四千九百五十二萬四千一百八十三墾田六百九十五萬七千六百七十六頃二十畝百八步○質帝本初元年戶九百三十四萬八千二百二十七口四千七百五十六萬六千七百七十二墾田六百九十三萬一百二十三頃三十八畝

贊曰衆安后載政洽區分侯罷守列民無常君稱號遷
隔封割糾紛略存減益多證前聞

後漢書卷三十三考證

郡國志五巴郡注建安六年劉緯分巴○臣召南按劉
緯當作劉璋璋分巴東巴西二郡蜀志可考
魚復注左傳文十年魚人逐楚師○左傳是文公十六
年事此脫六字
涪陵出丹注從枳南折丹涪陵水與楚商於之地接○
臣召南按析丹水皆縣名與涪陵相接注當云從枳
南入析丹水涪陵與商於之地接也析誤作折丹涪
陵水又倒其字遂不可解
犍州刺史治○臣召南按犍是一字縣名前書可証又
本書李固傳出爲廣漢犍令是也各州刺史治例無
州字此州字衍又漢陽郡隴州刺史治亦衍州字
永昌郡注明帝永平二年分益州置○臣召南按本書
永平十二年以益州徼外夷哀牢王內附置永昌郡
是二年上脫十字
廣漢屬國都尉注故北部都尉屬蜀郡○臣召南按屬
蜀郡應是屬廣漢郡之訛陰平甸氏剛氏三道舊屬
廣漢陰平道即廣漢北部都尉治也前書可証
臨洮注本傳縣馬防築索西城○此注縣字疑衍
望恒○前書作望垣
畧陽有街泉亭注街亦故縣省○街水故縣當作街泉
故縣
朝那注郭璞注山海經曰涇水出縣西丹頭山入渭○
臣召南按丹頭山當作幵頭山各本俱誤
鶉陰○前書作鶉陰
租厲○前書作祖厲
拼泉○前書作淵泉
張掖屬國注安帝時別領五城○臣召南按下列候官
左騎千人司馬官千人官皆官名非城名也前志張
掖領十縣後志領八城其居延別爲居延屬國顯美
改屬武威郡未知張掖屬國所領之五城爲何名也
張掖居延屬國注安帝別領一郡○郡字何焯校本改
城
壺關注今名平澤○本亦作無睪何焯校本改平睪
泫氏注白城在郡南山中○何焯校本刪白字
穀遠注泌水所出○泌前書作沁
埒○何焯校本改坪
大城○何焯校本城字去土傍
廣陽郡注永平八年復○臣召南按和帝永元八年復
非永平也按此注昭帝更名爲郡之下尚缺宣帝復
爲國五字蓋本始元年更爲廣陽國至光武始并入
上谷郡耳
汶○何焯校本減去氵按前書作文
高句驪注出塞外御白平山○御當作衙
西蓋烏○前書作西蓋馬臣召南按本書東沃沮在高
句驪蓋馬太山之東知此作烏誤
候城○臣召南按顧炎武救文格論曰候城改屬元菟
而遼東復出一候城無慮改屬遼東屬國而遼東復

出一無慮必有一焉宜刪者然則天下郡國少二城矣

占蟬○前書作黏蟬

遂城○前書作遂成

遼東屬國○臣世駿按此郡獨無戶口

昌遼故天遼屬遼西○臣召南按前志遼西無天遼縣顧炎武考古錄疑此志昌遼故天遼五字當作昌黎故交黎是也又考安帝紀鮮卑攻夫犁營章懷注曰夫犁縣名屬遼東屬國鮮卑傳又作扶黎注文同然則前漢名交黎後漢名夫黎又改曰昌黎也疑此志當作昌黎故夫黎夫與天字尤相近

賓徒○前書作賓從

臨元○前書作臨允

朱崖○前書作朱盧

羸𨻻○羸應作蠃前書孟康曰蠃音蓮則作羸字非也

無功○前書作無切

後漢書卷三十四

百官志第二十四

梁　剡　令劉昭補并注

百官一　太傅　太尉　司徒　司空　將軍

漢之初興承繼大亂兵不及戢法度草創略依秦制後嗣因循至景帝感吳楚之難始抑損諸侯王及至武帝多所改作然而奢廣民用匱乏世祖中興務從節約并官省職費減億計所以補復殘缺及身未改而四海從風中國安樂者也昔周公作周官分職著明法度相持王室雖微猶能久存今其遺書所以觀周室牧民之德既至又其有益來事之範殆未有所窮也故新汲令王隆作小學漢官篇諸文倜說較略不究案胡廣注隆此篇其論之注曰前安帝時越騎校尉劉千秋校書東觀好事者樊長孫與書曰漢家禮儀叔孫通等所草創皆隨律令在理官藏於几閣無紀錄者久令二代之業闇而不彰誠宜撰次依擬周禮定位分職各有條序令人無愚智入朝不惑君以公族元老正丁其任焉可以已劉君甚然其言與邑子通人郎中張平子參議未定而劉君遷爲宗正衞尉平子爲尚書郎太史令各務其職未暇恤也至順帝時平子爲侍中典校書方作周官解說乃欲以漢次述漢事會復遷河間相遂莫能立也述作之功獨不易矣既感斯言顧見故新汲令王文山小學爲漢官篇略道公卿內外之職旁及四夷博物條暢多所發明足以知舊制儀品蓋法有成易而道有因革是以聊集所宜爲作詁解各隨其下綴續後事令世施行庶明厥旨廣前後憤盈之念增助來哲多聞之覽焉唯班固著百官公卿表記漢承秦置官本末訖于王莽差有條貫然皆孝武奢廣之事又職分未悉世祖節約之制宜爲常憲故依其官簿粗注職分以爲百官志臣昭曰本志既久是注曰百官簿今昭又採異同俱爲細字如或相冒兼應注本注尤須分顯故凡是舊注通爲大書稱本注曰以表其異凡置官之本及中興所省無因復見者既在漢書百官表不復悉載

太傅上公一人大戴記曰傅傅之德義也應劭漢官儀曰傅者覆也賈生曰天子不驗於先聖之德不知君民之道不見禮義之正詩書無宗學業不法此太師之責也古者齊太公職之天子不惠於庶民不禮於大臣不中於折獄無經於百官不哀於喪不敬於祭不戒於齊不信於事此太傅之責也古者周公職之天子處位不端受業不敬言語不叙音聲不中進退升降不以禮儀俯仰周旋無節此太保之責也古者燕召公職之天子燕業反其學左右之習詭其師荅諸侯遇大臣不知文雅之辭言語之道簡聞少論不博不習此少傅之責也天子居處出入不以禮衣服冠帶不以制御器列側不以度采服從好不以章忿悅不以義與奪不以節此少傅之責也天子居處燕私安而易樂而耽飲食不時醉飽不節寢起早晏無常玩好器弄無制此少保之責也此古天子自輔爲之禮也自爲天子而賢智維之故能慮無失計舉無過事終身得中本注曰掌以善導無常職世祖以卓茂爲太傅薨因省其後每帝初即位輒置太傅錄尚書事薨輒省胡廣注曰猶古冢宰總已之義也案靈帝之初以陳蕃爲太傅蕃誅以胡廣代始不止一人也董卓在長安又自尊爲太師位在太傅上應劭漢官儀曰太師古官也平帝元年孔光以太傅見授詔太師無朝十日一賜餐賜靈壽杖省中施坐置几太師入省中用杖自是而闕又漢官云太傅長史一人秩千石掾屬二十四人令史御屬二十二人荀綽晉百官表注曰漢太傅置掾屬十人御屬一人令史十二人置長史與漢異

太尉公一人應劭曰自上安下曰尉武官悉以爲稱前書曰秦官鄭玄注月令亦曰秦官尚書中候云舜爲太尉東晳據非秦官以此追難玄焉臣昭曰緯候衆書宗貴神詭出沒隱顯動挾誕怪該覈陰陽徵迎起伏或有先徵時能後驗故守寄構思雜稱曉輔通儒達好時略文滯公驗益州具於張衡之誥無口漢輔炳乎尹敏之譏圖讖紛爲其俗多矣太尉官實司天虞舜作宰璇衡賦政將是據後位以書前非唐官之實號乎太尉所職即舜所掌遂以同掌追稱太尉乃中候之妄蓋非官之爲謬康成淵博自注中候裁及注禮而忘舜位豈其實哉此是不發譏於中候而正之於月令也廣微之誚未探碩意說苑曰當堯之時舜爲司徒新論曰昔堯試於大麓者領錄天子事如今尚書官矣古史考曰舜居百揆總領百事說者以百揆堯初別置於周更名冢宰斯其然矣本注曰掌四方兵事功課歲盡即奏其殿最而行賞罰凡郊祀之事掌亞獻大喪則告謚南郊凡國有大造大疑則與司徒司空通而論之國有過事則與二公通諫爭之世祖即位爲大司馬漢官儀曰元狩六年罷太尉法周制置司馬時議者以爲漢軍有官候千人司馬故加大爲大司馬所以別異大小司馬之號建武二十七年改爲太尉蔡質漢儀曰府開闢王莽初起大司馬後篡盜神器故遂貶去其門漢官儀曰張衡云明帝以司馬司空府欲復更太尉府時公趙憙也西曹掾安衆鄭均素好名節以爲朝廷新造北宮整飭官寺旱魃爲虐民不堪命曾無殷湯六事周宣雲漢之辭今府本館陶公主第舍員職既少自足相容憙表陳之即聽許其冬臨辟雍歷二府見皆壯麗而太尉府獨卑陋顯宗東顧歎息曰椎牛縱酒勿令乞兒爲宰時憙子世爲侍中驂乘歸具白之憙以爲恨頻譴責均均自劾去道發病亡古今注曰永平十五年更作太尉司徒司空府開陽城門內與此不同臣昭案劉虞爲大司馬而與太尉並置焉長史一人千石盧植禮注曰如周小宰本注曰署諸曹事掾史屬二十四人本注曰漢舊注東西曹掾比四百石餘掾比三百石屬比二百石故曰公府掾比古元士三命者也或曰漢初掾史辟皆上言之故有秩比命士其所不言則爲百石屬其後皆自辟除故通爲百石云漢書音義曰正曰掾副曰屬西曹主府史署用東曹主二千石長吏遷除及軍吏戶曹主民戶祠祀農桑奏曹主奏議事辭曹主辭訟事法曹主郵驛科程事尉曹主卒徒轉運事賊曹主盜賊事決曹主罪法事兵曹主兵事金曹主貨幣鹽鐵事倉曹主倉穀事黃閤主簿錄省衆事應劭漢官儀曰世祖詔方今選舉賢佞朱紫錯用丞相故事四科取士一曰德行高妙志節清白二曰學通行脩經中博士三曰明達法令足以決疑能案章覆問文中御史四曰剛毅多略遭事不惑明足以決才任三輔令皆有孝悌廉公之行自今以後審四科辟召及刺史二千石察茂才尤異孝廉之吏務盡實覈選擇英俊賢行廉潔平端於縣邑務授試以職有非其人臨計過署不便習官事書疏不端正不如詔書有司奏罪名并正舉者又舊河隄謁者世祖改以三府掾屬爲謁者領之遷超御史中丞刺史或爲小郡監察黎陽謁者世祖以幽并州兵騎定天下故於黎陽立營以謁者監之兵騎千人復除甚重謁者任輕多放情態順帝改用公解府掾有清名威重者遷超牧守焉漢官目錄曰建武十二年八月乙未詔書三公舉茂才各一人廉吏各二人光祿歲舉茂才四行各一人察廉吏三人中二千石歲察廉吏各一人廷尉大司農各二人將兵將軍歲察廉吏各二人監察御史司隸州牧歲舉茂才各一人令史及御屬二十三人本注曰漢舊注公令史百石自中興以後注不說石數御屬主爲公御荀綽晉百官表注曰御屬如錄事也閤下令史主閤下威儀事記室令史主上表章報書記門令史主府門其餘令史各典曹文書應劭漢官儀有官騎三十人

司徒公一人孔安國曰主徒衆教以禮義本注曰掌人民事凡教民孝悌遜順謙儉養生送死之事則議其制建其度凡四方民事功課歲盡則奏其殿最而行賞罰凡郊祀之事掌省牲視濯大喪則掌奉安梓宮凡國有大疑大事與太尉同世祖即位爲大司徒漢官儀曰王莽時議以漢無司徒官故定三公之號曰大司馬大司徒大司空世祖即位因而不改蔡質漢儀曰司徒府與蒼龍闕對厭於尊者不敢號府應劭曰此不然丞相舊位在長安時府有四出門隨時聽事明帝本欲依之迫於太尉司空但爲東西門耳國每有大議天子車駕親幸其殿殿西王侯以下更衣并存每歲州郡聽採長吏臧否民所疾苦還條奏之是爲之舉謠言者也頃者舉謠言者掾屬令史都會殿上主者大言某州郡行狀云何善者同聲稱之不善者各爾銜枚大較皆取無名勢其中或有愛憎微裁黜陟之暗昧也若乃中山祝恬踐周召之列當軸處中忘謇諤之節憚首尾之譏懸囊捉撮無能清澄其與申屠須責鄧通王嘉封還詔書邈矣乎周禮有外朝于寶注曰司徒府中有百官朝會殿天子與丞相決大事是外朝之存者建武二十七年去大漢舊儀曰哀帝元壽二年以丞相爲大司徒郡國守長史上計事竟遣公出庭上親問百姓所疾苦記室掾史一人大音讀敕畢遣敕曰詔書殿下禁吏無苛暴丞史歸告二千石順民所疾苦急去殘賊審擇良吏無任苛刻治獄決訟務得其中明詔憂百姓困於衣食二千石帥勸農桑思稱厚恩有以賑贍之無煩擾奪民時今日公卿以下務飭儉恪奢侈過制度以益甚二千石身帥有以化之民冗食者請諭以法養視疾病致醫藥務治之詔書無飭廚養至今未變又更過度甚不稱歸告二千石務省約如法且案不改者長吏以聞官寺鄉亭漏敗牆垣阤壞不治無辨護者不勝任先自劾不應法歸告二千石聽十年更名相國案獻帝初董卓自太尉進爲相國而司徒不省及建安末曹公爲丞相郗慮爲御史大夫則罷三公官荀綽晉百官表注曰漢丞相府門無闌不設鈴不警鼓言其深大闊遠無節限也長史一人千石掾屬三十一人漢官目錄曰三十人令史及御屬三十六人本注曰世祖即位以武帝故事置司直居丞相府助督錄諸州建武十八年省也獻帝起居注曰建安八年十二月復置司直不屬司徒掌督中都官不領諸州九年十二月詔司直比司隸校尉坐同席在上假傳置從事三人書佐四人

司空公一人馬融曰掌營城郭主司空土以居民本注曰掌水土事凡營城起邑浚溝洫修墳防之事則議其利建其功凡四方水土功課歲盡則奏其殿最而行賞罰凡郊祀之事掌掃除樂器大喪則掌將校復土凡國有大造大疑諫爭與太尉同韓詩外傳曰三公之得者何曰司馬司空司徒也司馬主天司空主土司徒主人故陰陽不和四時不節星辰失度災變非常則責之司馬山陵崩阤川谷不通五穀不植草木不茂則責之司空君臣不正人道不和國多盜賊民怨其上則責之司徒故三公典其職憂其分舉其辨明其得此之謂三公之事世祖即位爲大司空應劭漢官儀曰綏和元年罷御史大夫官法周制初置司空議者又以縣道官獄司空故覆加大爲大司空亦所以別大小之文建武二十七年去大漢舊儀曰御史大夫勅上計丞長史曰詔書殿下布告郡國臣下承宣無狀多不究百姓不蒙恩被化守長史到郡與二千石同力爲民興利除害務有以安之稱詔書郡國有茂才不顯者言殘民貪污須擾之吏百姓所苦務勿任用方察不稱者刑罰務於得中惡惡止其身選舉民侈過度務有以化之問今歲善惡孰與往年對上問今年盜賊孰與往年得無有羣輩大賊對上臣昭案獻帝建安十三年又罷司空置御史大夫御史大夫郗慮免不得補荀綽晉百官表注曰獻帝置御史大夫職如司空不領侍御史屬長史一人千石掾屬二十九人漢官目錄云二十四人令史及御屬四十二人

將軍不常置本注曰掌征伐背叛比公者四第一大將軍次驃騎將軍次車騎將軍次衞將軍又有前後左右將軍蔡質漢儀曰漢興置大將軍驃騎位次丞相車騎衞將軍左右前後皆金紫位次上卿典京師兵衞四夷屯警初武帝以衞青數征伐有功以爲大將軍欲尊寵之以古尊官唯有三公皆將軍始自秦晉以爲卿號故置大司馬官號以冠之其後霍光王鳳等皆然成帝綏和元年賜大司馬印綬罷將軍官世祖中興吳漢以大將軍爲大司馬景丹爲驃騎大將軍位在公下及前後左右雜號將軍衆多皆主征伐事訖皆罷魏略曰曹公置都護軍中尉置護軍將軍亦皆比二千石旋軍並止罷明帝初即位以弟東平王蒼有賢才以爲驃騎將軍以王故位在公上數年後罷章帝即位西羌反故以舅馬防行車騎將軍征之還後罷和帝即位以舅竇憲爲車騎將軍征匈奴位在公下還復有功遷大將軍位在公上復征西羌還免官罷安帝即位西羌寇亂復以舅鄧騭爲車騎將軍征之還遷大將軍位如憲數年復罷自安帝政治衰缺始以嫡舅耿寶爲大將軍常在京都順帝即位又以皇后父兄弟相繼爲大將軍如三公焉梁冀別傳曰元嘉二年又加冀禮儀大將軍朝到端門若龍門謁者將引增掾屬舍人令史官騎鼓吹各十人長史司馬皆一人千石東觀書曰竇憲作大將軍置長史司馬員吏官屬位次太傅本注曰司馬主兵如太尉從事中郎二人六百石本注曰職參謀議東觀書曰大將軍出征置中護軍一人掾屬二十九人案本傳東平王作驃騎掾史四十人令史及御屬三十一

人本注曰此皆府員職也又賜官騎三十人及鼓吹應劭漢官儀曰鼓吹二十人非常員舍人十人其領軍皆有部曲大將軍營五部部校尉一人比二千石軍司馬一人比千石部下有曲曲有軍候一人比六百石曲下有屯屯長一人比二百石其不置校尉部但軍司馬一人又有軍假司馬假候皆為副貳其別營領屬為別部司馬其兵多少各隨時宜門有門候其餘將軍置以征伐無員職亦有部曲司馬軍候以領兵其職吏部集各一人總知營事兵曹掾史主兵事器械稟假掾史主稟假禁司又置外刺刺姦主罪法明帝初置度遼將軍以衛南單于衆新降有二心者後數有不安遂為常守應劭漢官儀曰度遼將軍孝武皇帝初用范明友明帝十八年行度遼將軍事安帝元初元年置眞銀印青綬秩二千石長史司馬六百石東觀書云司馬二人

後漢書卷三十五

梁　剡　令劉　昭補并注

百官志第二十五

百官二太常　光祿勳　衛尉　太僕　廷尉　大鴻臚

太常卿一人中二千石盧植禮注曰如大樂正本注曰掌禮儀祭祀每祭祀先奏其禮儀及行事常贊天子漢舊儀曰贊饗一人秩六百石掌賛天子每選試博士奏其能否大射養老大喪皆奏其禮儀每月前晦察行陵廟漢官曰員吏八十五人其十二人四科十五人佐五人假佐十三人百石十五人騎吏九人學事十六人守學事臣昭曰凡漢官所載列職人數今悉以注雖頗爲繁蓋周禮列官陳人役於前以爲民極實觀國制此則宜存不可闕者也丞一人比千石盧植禮注曰如小樂正本注曰掌凡行禮及祭祀小事總署曹事漢舊儀曰丞舉廟中非法者其署曹掾史隨事為員諸卿皆然

太史令一人六百石本注曰掌天時星曆凡歲將終奏新年曆凡國祭祀喪娶之事掌奏良日及時節禁忌凡國有瑞應災異掌記之漢官儀曰太史待詔三十七人其六人治曆三人龜卜三人廬宅四人日時三人易筮二人典禳九人籍氏許氏典昌氏各三人嘉法請雨解事各二人醫二人丞一人明堂及靈臺丞一人二百石本注曰二丞掌守明堂靈臺靈臺掌候日月星氣皆屬太史漢官曰靈臺待詔四十二人其十四人候星二人候日三人候風十二人候氣三人候晷景七人候鐘律一人舍人

博士祭酒一人六百石本僕射中興轉為祭酒胡廣曰官名祭酒昔一位之元長者也古禮賓客得主人饌則老者一人舉酒以祭於地舊說以爲示有先博士十四人比六百石本注曰易四施孟梁丘京氏尚書三歐陽大小夏侯氏詩三魯齊韓氏禮二大小戴氏春秋二公羊嚴顏氏掌教弟子國有疑事掌承問對本四百石宣帝增秩本紀桓帝延熹三年置秘書監

太祝令一人六百石本注曰凡國祭祀掌讀祝及迎送神漢舊儀曰廟祭太祝令主席酒漢官曰員吏四十一人其二人百石二人斗食二十二人佐二人學事四人守學事九人有秩百五十人祝人宰二百四十二人屠者六十人丞一人本注曰掌祝小神事

太宰令一人六百石本注曰掌宰工鼎俎饌具之物凡國祭祀掌陳饌具漢官曰明堂丞一人二百石員吏四十二人其二人百石二人斗食二十三人佐九人有秩二人學事四人守學事宰二百四十二人屠者七十三人衛士一十五人丞一人

太子樂令一人六百石本注曰掌伎樂凡國祭祀掌請奏樂及大饗用樂掌其陳序漢官曰員吏二十五人其二人百石二人斗食七人佐十人學事四人守學事樂人八佾舞三百八十人盧植禮注曰大子令如古大胥漢大樂律卑者之子不得舞宗廟之酎除吏二千石到六百石及關內侯到五大夫子取適子高五尺已上年十二到三十顏色和身體修治者以爲舞人丞一人盧植禮注曰大樂丞如古小胥

高廟令一人六百石本注曰守廟掌案行掃除無丞漢官曰員吏四人衛士一十五人

世祖廟令一人六百石本注曰如高廟漢官曰員吏六人衛士二十人

先帝陵每陵園令各一人六百石本注曰掌守陵園案行掃除丞及校長各一人本注曰校長主兵戎盜賊事應劭漢官名秩曰丞皆選孝廉郎年少薄伎者遷補府長史都官令候司馬

先帝陵每陵食官令各一人六百石本注曰掌望晦時節祭祀漢官曰每陵食監一人秩六百石監丞一人三百石中黃門八人從官二人案食監即是食官令號

右屬太常本注曰有祠祀令一人後轉屬少府有太卜令六百石後省并太史中興以來省前凡十官案前書十官者太宰均官都水雍大祝五畤各一尉也東觀書曰章帝又置祀令丞延光元年省

光祿勳卿一人中二千石本注曰掌宿衛宮殿門戶典謁署郎更直執戟宿衛門戶考其德行而進退之胡廣曰勳猶閽也易曰爲閽寺主殿宮門戶之職郊祀之事掌三獻漢官曰員吏四十四人其十人四科三人百石二人斗食二人佐六人騎吏八人學事十三人守學事一人官醫衛士八十一人丞一人比千石

五官中郎將一人比二千石本注曰主五官郎蔡質漢儀曰中郎解其府對太學五官中郎比六百石本注曰無員郎年五十以屬五官故曰六百石五官侍郎比四百石本注曰無員五官郎中比三百石本注曰無員凡郎官皆主更直執戟宿衛諸殿門出充車騎唯議郎不在直中蔡質漢儀曰三署郎見光祿勳執板拜見五官左右將執板不拜於三公諸卿無敬

左中郎將比二千石本注曰主左署郎蔡質漢儀曰郎中解其府次五官中郎比六百石侍郎比四百石郎中比三百石郎三本注曰皆無員

右中郎將比二千石本注曰主右署郎中郎比六百石侍郎比四百石郎中比三百石本注曰皆無員三郎並無員

虎賁中郎將比二千石本注曰主虎賁宿衛前書武帝置期門平帝更名虎賁蔡質漢儀曰主虎賁千五百人無常員多至千人戴鶡冠次右將府又虎賁舊作虎奔言如虎之奔也王莽以古有勇士孟賁故名焉孔安國曰若虎賁獸言其甚猛左右僕射左右陛長各一人比六百石本注曰僕射主虎賁郎習射陛長主直虎賁朝會在殿中漢官曰陛長墨綬銅印虎賁中郎比六百石虎賁侍郎比四百石虎賁郎中比三百石荀綽晉百官表注曰虎賁諸郎皆父死子代漢制也節從虎賁比二百石四郎本注曰皆無員掌宿衛侍從自節從虎賁久者轉遷才能差高至中郎

羽林中郎將比二千石本注曰主羽林郎案漢末又有四中郎將皆帥師征伐不知何時置董卓爲東中郎將盧植爲北中郎將獻帝以曹操爲南中郎將羽林郎比三百石本注曰無員掌宿衛侍從常選漢陽隴西安定北地上郡西河凡六郡良家補本武帝以便馬從獵還宿殿陛巖下室中故號巖郎前書曰初置名建章營騎後更名出補三百石丞尉荀綽晉百官表注曰言其嚴厲整鋭也案此則爲巖郎與志不同蔡質漢儀曰羽林郎百一十八人無常員府次虎賁府

羽林左監一人六百石本注曰主羽林左騎漢官曰孝廉郎作主羽林九百人二監官屬史吏皆自出羽林中有材者作丞一人

羽林右監一人六百石本注曰主羽林右騎丞一人

奉車都尉比二千石本注曰無員漢官曰三人掌御乘輿車

駙馬都尉比二千石本注曰無員漢官曰五人掌駙馬

騎都尉比二千石本注曰無員漢官曰十人本監羽林騎

光祿大夫比二千石本注曰無員漢官曰三人凡大夫議郎皆掌顧問應對無常事唯詔命所使凡諸國嗣之喪則光祿大夫掌弔

太中大夫千石本注曰無員漢官曰二十人秩比二千石

中散大夫六百石本注曰無員漢官曰三十人秩比二千石

諫議大夫六百石本注曰無員胡廣曰光祿大夫本爲中大夫武帝元狩五年置諫大夫爲光祿大夫世祖中興以爲諫議大夫又有太中中散大夫此四等於古皆爲天子之下大夫視列國之上卿漢官曰三十人

議郎六百石本注曰無員漢官曰五十人無常員

謁者僕射一人比千石本注曰為謁者臺率主謁者天子出奉引古重習武有主射以督錄之故曰僕射蔡質漢儀曰見尚書令對揖無敬謁者見執板拜之常侍謁者五人比六百石本注曰主殿上時節威儀漢官曰謁者三十人其二人公府掾六百石持使也謁者三十人其給事謁者四百石其灌謁者郎中比三百石本注曰掌賓贊受事及上章報問將大夫以下之喪掌使弔本員七十人中興但三十人荀綽晉百官表注曰漢皆用孝廉年五十威容嚴恪能賓者爲之明帝詔曰謁者乃堯之尊官所以試舜賓于四門四門穆穆者也昔燕太子使荊軻劫始皇變起兩楹之間其後謁者持匕首刺腋高祖偃武行文故易之以板初為灌謁者滿歲為給事謁者蔡質漢儀曰出府丞長史陵令皆選儀容端正任奉使者

右屬光祿勳本注曰職屬光祿者自五官將至羽林右監凡七署自奉車都尉至謁者以文屬焉舊有左右曹秩以二千石上殿中主受尚書奏事平省之世祖省使小黃門郎受事車駕出給黃門郎兼有請室令車駕出在前請所幸徼車迎白示重慎中興但以郎兼事訖罷又省車戶騎凡三將如淳曰主車曰車郎主戶衛曰戶郎及羽林令

衛尉卿一人中二千石本注曰掌宮門衛士宮中徼循事漢官曰員吏四十一人其九人四科二人二百石文學三人百石十三人斗食二十八人佐十三人學事一人官醫衛士六十人丞一人比千石

公車司馬令一人六百石本注曰掌宮南闕門凡吏民上章四方貢獻及徵詣公車者獻帝起居注曰建安八年議郎衛林爲公車司馬令位隨將大夫舊公車令與都官長史位從將大夫自林始丞尉各一人本注曰丞選曉諱掌知非法尉主闕門兵禁戒非常胡廣曰諸門部各陳屯夾道其旁當兵以示威武交戟以遮妄出入者

南宮衛士令一人六百石本注曰掌南宮衛士漢官曰員吏九十五人衛士五百三十七人丞一人

北宮衛士令一人六百石本注曰掌北宮衛士漢官曰員吏七十二人衛士四百七十二人丞一人

左右都候各一人六百石周禮司寤氏有夜士干寶注曰今都候之屬本注曰主劍戟士徼循宮及天子有所收考漢官曰右都候員吏二十二人衛士三百八十三人左都候員吏二十八人衛士四百一十六人蔡質漢儀曰宮中諸有劾奏罪左都候執戟戲車縛送付詔獄在官大小各付所屬以馬被覆見尚書令尚書僕射尚書皆執板拜見丞郎皆揖丞各一人

宮掖門每門司馬一人比千石本注曰南宮南屯司馬主平城門漢官曰員吏九人衛士百二人古今注曰建武十三年九月初開此門北宮門蒼龍司馬主東門案雒陽宮門名爲蒼龍闕門漢官曰員吏六人衛士四十人玄武司馬主玄武門漢官曰員吏二人衛士三十八人北屯司馬主北門漢官曰員吏二人衛士三十八人北宮朱爵司馬主南掖門漢官曰員吏四人衛士百二十四人古今注曰永平二年十一月初作北宮朱爵南司馬門東明司馬主東門漢官曰員吏十三人衛士百八十人朔平司馬主北門漢官曰員吏五人衛士百一十七人凡七門漢官曰凡員吏皆隊長佐凡居宮中者皆有口籍於門之所屬官名兩字為鐵印文符案省符乃內之胡廣曰符用木長尺二寸鐵印以符之若外人以事當入本官長史為封棨傳其有官位

出入令御者言其官

右屬衞尉本注曰中興省旅賁令衞士一人丞漢官目錄曰古三卿太尉所部

太僕卿一人中二千石本注曰掌車馬天子每出奏駕上鹵簿用大駕則執馭漢官曰員吏七十人其七人四科一人二百石文學八人百石六人斗食七人佐六人騎吏三人假佐三十一人學事一人官醫丞一人比千石

考工令一人六百石本注曰主作兵器弓弩刀鎧之屬成則傳執金吾入武庫及主織綬諸雜工漢官曰員吏百九人左右丞各一人

車府令一人六百石本注曰主乘輿諸車漢官曰員吏二十四人丞一人

未央廏令一人六百石本注曰主乘輿及廏中諸馬漢官曰員吏七十人卒騶二十人長樂廏丞一人漢官曰員吏十五人卒騶二十人苜蓿苑官田所一人守之

右屬太僕本注曰舊有六廏皆六百石令前書曰有大廏未央家馬三令各五丞一尉又車府路軨騎馬駿馬四令丞晉灼曰六廏名也主馬萬匹中興省約但置一廏後置左駿令廏別主乘輿御馬後或并省又有牧師苑皆令官主養馬分在河西六郡界中中興皆省唯漢陽有流馬苑但以羽林郎監領古今注曰漢安元年七月置承華廏令秩六百石

廷尉卿一人中二千石應劭曰兵獄同制故稱廷尉本注曰掌平獄奏當所應凡郡國讞疑罪皆處當以報胡廣曰讞質也漢官曰員吏百四十人其十一人四科十六人二百石廷吏文學十六人百石十三人獄史二十七人佐二十六人騎吏三十人假佐一人官醫正左監各一人前漢有左右監平世祖省右而猶曰左左平一人六百石本注曰掌平決詔獄

右屬廷尉本注曰孝武帝以下置中都官獄二十六所各令長名世祖中興皆省唯廷尉及雒陽有詔獄蔡質漢儀曰正月旦百官朝賀光祿勳劉嘉廷尉趙世各辭不能朝高陽侯奏以被病篤困空文武之位闕上卿之贊既無忠信斷金之用而有敗禮傷化之尤不謹不敬請廷尉治嘉罪河南尹治世罪議以世掌廷尉故轉屬他官

大鴻臚卿一人中二千石周禮象胥注曰今鴻臚本注曰掌諸侯及四方歸義蠻夷其郊廟行禮贊導請行事既可以命羣司諸王入朝當郊迎典其禮儀及郡國上計匡四方來亦屬焉漢官曰員吏五十五人其六人四科二人二百石文學六人百石一人斗食十四人佐六人騎吏十五人學士十五人官醫永元十年大匠應順上言百郡計吏觀國之光而舍逆旅崎嶇私館直裝衣物敝朽暴露朝會邈遠事不肅給昔霸國置主耳舍諸侯於隸人子產以為大譏況今四海之大而百無邸和帝嘉納其言即創業焉皇子拜王贊授印綬及拜諸侯諸侯嗣子及四方夷狄封者臺下鴻臚召拜之王薨則使弔之及拜王嗣丞一人比千石

大行令一人六百石本注曰主諸郎漢官曰員吏四十人丞一人治禮郎四十七人漢官曰其四人四科五人二百石文學五人百石九人斗食六人佐六人學事十二人守學事東觀書日主齋祠儐贊九賓又有公室主禰中都官斗食以下功次相補案盧植禮注曰大行郎亦如謁者兼舉形貌

右屬大鴻臚本注曰承秦有典屬國別主四方夷狄朝貢侍子成帝時省并大鴻臚中興省驛官別火二令丞如淳曰漢儀注別火獄令官主治改火事及郡邸長丞但令郎治郡邸漢官目錄曰右三官司徒所部

後漢書卷三十五考證

百官志二省前凡十官注延光元年○光何焯校本改平

治禮郎四十七人注上禰中都官○禰當作調

後漢書卷三十六

梁　剡　令劉　昭補并注

百官志第二十六

百官三　宗正　大司農　少府

宗正卿一人中二千石本注曰掌序錄王國嫡庶之次及諸宗室親屬遠近郡國歲因計上宗室名籍若有犯法當髡以上先上諸宗正宗正以聞乃報決胡廣曰又歲一治諸王世譜差序秩第漢官曰員吏四十一人其六人四科一人二百石四人百石三人佐六人騎吏二人法家十八人學事一人官醫丞一人比千石

諸公主每主家令一人六百石丞一人三百石本注曰其餘屬吏增減無常漢官曰主簿一人秩六百石僕一人秩六百石私府長一人秩六百石家丞一人三百石直吏三人從官二人東觀書曰其主薨無子置傅一人守其家

右屬宗正本注曰中興省都司空令丞如淳曰主罪人

大司農卿一人中二千石本注曰掌諸錢穀金帛諸貨幣郡國四時上月旦見錢穀簿其逋未畢各具別之邊郡諸官請調度者皆為報給損多益寡取相給足漢書曰員吏百六十四人其十八人四科九人二百石文學二十八人百石二十五人佐七十五人學事一人官醫丞一人比千石部丞一人六百石本注曰部丞主帑藏古今注曰建初七年七月為大司農置丞一人秩千石別主帑藏則部丞應是而秩不同應劭漢官秩亦云二千石

太倉令一人六百石本注曰主受郡國傳漕穀漢官曰員吏九十九人丞一人

平準令一人六百石本注曰掌知物賈主練染作采色漢官曰員吏百九十人丞一人

導官令一人六百石本注曰主舂御米及作乾糒導擇也漢官曰員吏百一十二人丞一人

右屬大司農本注曰郡國鹽官鐵官本屬司農中興皆屬郡縣魏志曰曹公置典農中郎將秩二千石典農都尉秩六百石或四百石典農校尉秩比二千石所主如中郎部分別而少為校尉丞又有廩犧令六百石掌祭祀犧牲鴈鶩之屬漢官曰丞一人三百石員吏四十人其十一人斗食十七人佐七人學事五人守學事皆河南屬縣給吏者及雒陽市長漢官曰市長一人秩四百石丞一人二百石明法補員吏三十六人十三人百石嗇夫十一人斗食十二人佐又有權丞三百石別治中水官主水渠在馬市東有員吏六人滎陽敖倉官中興皆屬河南尹餘均輸等皆省均輸者前書孟康注曰謂諸當所有輸於官者皆令輸其土地所饒平其所在時賈官更於他處賣之輸者既便而官有利鹽鐵論大夫曰往者郡國諸侯各以其物貢輸往來煩雜物多苦惡或不償其費故郡置輸官以相給運而便遠方之貢故曰均輸開委府于京師以籠貨物賤則買貴則賣是以縣官不失實商賈無所利故曰平準平準則民不失職均輸則民不勞故平準均輸所以平萬物而便百姓也文學曰古之賦稅於民也因其所工不求所拙農人納其穫工女效其織今釋其所有責其所無百姓賤賣貨物以便上求間者郡國或令民作布絮吏留難與之為市吏之所入非獨齊陶之縑蜀漢之布也亦民間之所為耳行姦賣平農民重苦女工再稅未見輸之均也縣官猥發闔門擅市即萬民並收並收則物騰躍騰躍則商賈侔利自市則吏容姦豪吏富商積貨儲物以待其急輕賈姦吏收賤以取貴未見準之平也蓋古之均輸所以齊勞逸而便貢輸非以為利而賈萬物也王隆小學漢官篇曰調均報度輸漕委輸胡廣注曰邊郡諸官請調者皆為調均報給之也以水通輸曰漕委積也郡國所積聚金帛貨賄隨時輸送詣司農曰委輸以供國用前書又有都內籍田令丞斡官鐵市兩長丞郡國諸倉農監六十五官長丞皆屬之

少府卿一人中二千石本注曰掌中服御諸物衣服寶貨珍膳之屬漢官曰員吏三十四人其一人四科一人二百石五人百石四人斗食三人佐六人騎吏十三人學事一人官醫少者小也小故稱少府王者以租稅為公用山澤陂池之稅以供王之私用古者皆作小府漢官儀曰田租芻稾以給經用凶年山澤魚鹽市稅少府以給私用也丞一人比千石

太醫令一人六百石本注曰掌諸醫漢官曰員醫二百九十三人員吏十九人藥丞方丞各一人本注曰藥丞主藥方丞主藥方

太官令一人六百石本注曰掌御飲食漢官曰員吏六十九人衞士三十八人荀綽晉百官表注曰漢制太官令秩千石丞四人秩四百石不與志同左丞甘丞湯官丞果丞各一人本注曰左丞主飲食甘丞主膳具湯官丞主酒果丞主果荀綽云甘丞掌諸甘肥果丞別在外諸果菜茹

守宮令一人六百石本注曰主御紙筆墨及尚書財用諸物及封泥漢官曰員吏六十九人丞一人漢官曰外官丞二百石公府吏也

上林苑令一人六百石本注曰主苑中禽獸頗有民居皆主之捕得其獸送太官漢官曰員吏五十八人案桓帝又置鴻德苑令丞尉各一人

侍中比二千石漢官秩云千石周禮太僕于寶注曰若漢侍中本注曰無員掌侍左右贊導眾事顧問應對法駕出則多識者一人參乘餘皆騎在乘輿車後本有僕射一人中興轉為祭酒或置或否蔡質漢儀曰侍中常伯選舊儒高德博學淵懿仰占俯視切問近對喻旨公卿上殿稱制參乘佩璽秉劍員本八人陪見舊在尚書令僕射下尚書上今官出入禁中更在尚書下司隸校尉見侍中執板揖河南尹亦如之又侍中舊與中官俱止禁中武帝時侍中莽何羅挾刃謀逆由是侍中出禁外有事乃入畢即出王莽秉政侍中復入與中官共止章帝元和中侍中郭舉與後宮通拔佩刀驚上舉伏誅侍中由是復出外

中常侍千石本注曰宦者無員後增秩比二千石掌侍左右從入內宮贊導內眾事顧問應對給事

黃門侍郎六百石本注曰無員掌侍從左右給事中關通中外及諸王朝見於殿中引王就坐漢舊儀曰黃門郎屬黃門令日暮入對青瑣門拜名曰夕郎宮闈簿青瑣門在南宮衞權注吳都賦曰青瑣戶邊青鏤也一曰天子門內有眉格再重裏青畫曰瑣獻帝起居注曰帝初即位初置侍中給事黃門侍郎員各六人出入禁中近侍帷幄省尚書事改給事黃門侍郎為侍中侍郎去給事黃門之號旋復復故舊侍中黃門侍郎以在中宮者不與近密交政誅黃門後侍中侍郎出入禁闈機事頗露由是王允乃奏比尚書不得出入不通賓客自此始也又曰諸奄人官悉以議郎郎中秩如故諸署令兩梁冠陛殿上得召都官從事以下

小黃門六百石本注曰宦者無員掌侍左右受尚書事上在內宮關通中外及中宮已下眾事諸公主及王太妃等有疾苦則使問之

黃門令一人六百石董巴曰禁門曰黃闥以中人主之故號曰黃門令本注曰宦者主省中諸宦者漢官曰員吏十八人丞從丞各一人本注曰宦者從丞主出入從

黃門署長畫室署長玉堂署長各一人丙署長七人皆四百石黃綬本注曰宦者各主中宮別處

中黃門冗從僕射一人六百石本注曰宦者主中黃門冗從居則宿衞直守門戶出則騎從夾乘輿車

中黃門比百石本注曰宦者無員後增比三百石掌給事禁中

掖庭令一人六百石本注曰宦者掌後宮貴人采女事漢官曰吏從官百六十七人待詔五人員吏十人左右丞暴室丞各一人本注曰宦者暴室丞主中婦人疾病者就此室治其皇后貴人有罪亦就此室

永巷令一人六百石本注曰宦者典官婢侍使漢官曰員吏六人吏從官三十四人丞一人本注曰宦者漢官曰右丞一人暴室一人

御府令一人六百石本注曰宦者典官婢作中衣服及補浣之屬漢官曰員吏七人吏從官三十八人丞織室丞各一人本注曰宦者漢官曰右丞一人

祠祀令一人六百石本注曰典中諸小祠祀漢官曰從官吏八人

鳴僕射一人家丞八人　丞一人本注曰宦者

鉤盾令一人六百石本注曰宦者典諸近池苑囿遊觀之處漢官曰吏從官四十人員吏四十八人　丞永安丞各一人三百石本注曰宦者永安北宮東北別小宮名有園觀苑中丞果丞鴻池丞南園丞各一人二百石本注曰苑中丞主苑中離宮果丞主果園鴻池池名在雒陽東二十里南園在雒水南漢官曰又有署一人胡熟監一人案本紀桓帝又置顯陽苑丞　濯龍監應劭漢官秩曰秩六百石　直里監各一人四百石本注曰濯龍亦園名近北宮直里亦園名也在雒陽城西南角

中藏府令一人六百石本注曰掌中幣帛金銀諸貨物漢官曰員吏十三人吏從官六人　丞一人

內者令一人六百石本注曰掌中布張諸衣物漢官曰從官稼士一人員吏十九人　左右丞各一人

尚方令一人六百石本注曰掌上手工作御刀劍諸好器物漢官曰員吏十三人吏從官六人　丞一人

尚書令一人千石本注曰承秦所置荀綽晉百官表注曰唐虞官也詩云仲山甫王之喉舌蓋謂此人　武帝用宦者更為中書謁者令成帝用士人復故掌凡選署及奏下尚書曹文書眾事蔡質漢儀曰故公為之者朝會不陛奏事增秩二千石故自佩銅印墨綬

尚書僕射一人六百石本注曰署尚書事令不在則奏下眾事蔡質漢儀曰僕射主封門掌授廩假錢穀凡三公列卿將大夫五營校尉行復道中遇尚書僕射左右丞郎御史中丞侍御史皆避車豫相迴避衛士傳不得迕臺官臺官過後乃得去臣昭案獻帝分置左右僕射建安四年以榮邵為尚書左僕射是也獻帝起居注曰邵卒官贈執金吾

尚書六人六百石本注曰成帝初置尚書四人韋昭曰尚奉也　分為四曹漢舊儀曰初置五曹有三公曹主斷獄蔡質漢儀曰典天下歲盡集課事三公尚書二人典三公文書吏曹尚書典選舉齋祀屬三公曹靈帝末梁鵠為選部尚書　常侍曹尚書主公卿事蔡質漢儀曰主常侍黃門御史事世祖改曰吏曹　二千石曹尚書主郡國二千石事漢舊儀曰亦云主刺史蔡質漢儀曰掌中郎官水火盜賊辭訟罪眚　民曹尚書主凡吏上書事蔡質漢舊儀曰典繕治功作監池苑囿盜賊事　客曹尚書主外國夷狄事尚書龍作納言出入帝命應劭曰今尚書官王之喉舌　世祖承遵後分二千石曹又分客曹為南主客曹北主客曹蔡質漢儀曰天子出獵駕御府曹郎屬之周禮天官有司會鄭玄曰若今尚書　凡六曹

左右丞各一人四百石本注曰掌錄文書期會左丞主吏民章報及騶伯史蔡質漢儀曰總典臺中綱紀無所不統　右丞假署印綬及紙筆墨諸財用庫藏蔡質漢儀曰右丞與僕射對掌授廩假錢穀與左丞無所不統凡中宮漏夜盡鼓鳴則起鍾鳴則息衛士甲乙徼相傳甲夜畢傳乙夜相傳盡五更衛士傳言五更未明三刻後雞鳴衛士踵丞郎趨嚴上臺不畜宮中雞汝南出雞鳴衛士候朱雀門外專傳雞鳴於宮中應劭曰楚歌今雞鳴歌也晉太康地道記曰後漢固始鯛陽公安細陽四縣衛士習此曲於闕下歌之今雞鳴是也

侍郎三十六人四百石本注曰一曹有六人主作文書起草蔡質漢儀曰尚書郎初從三署詣臺試初上臺稱守尚書郎中歲滿稱尚書郎三年稱侍郎客曹郎主治羌胡事劇遷二千石或刺史其公遷為縣令秩滿自占縣去詔書賜錢三萬與三臺祖餞餘官則否治嚴一月準謁公卿陵廟乃發御史中丞遇尚書丞郎避車執板住揖丞郎坐車舉手禮之車過遠乃去尚書言左右丞敢告知如詔書律令郎見左右丞對揖無敬稱曰左右君丞郎見尚書執板對揖稱曰明時見令僕射執板拜朝賀對揖　令史十八人二百石本注曰曹有三主書後增劇曹三人合二十一人古今注曰永元三年七月增尚書令史員功滿未嘗犯禁者以補小縣墨綬蔡質曰皆選蘭臺符節上稱簡精練有吏能為之決錄注曰故事尚書郎以令史久缺補之世祖始改用孝廉為郎以孝廉丁邯補焉邯稱疾不就詔問實病羞為郎乎對曰臣實不病恥以孝廉為令史職耳世祖怒曰虎賁減頭杖之數十詔問欲為郎不邯曰能殺臣者陛下不能為郎者臣中詔遣出竟不為郎邯字叔春京兆陽陵人也有高節正直不撓後拜汾陰令治有古迹遷漢中太守妻弟為公孫述將收妻送南鄭獄免冠徒跣自陳詔曰漢中太守妻乃繫南鄭獄誰當搔其背垢者懸牛頭賣馬脯盜跖行孔子語以邯服罪且邯一妻冠履勿謝治有異卒於官

符節令一人六百石本注曰為符節臺率主符節事凡遣使掌授節　尚符璽郎中四人本注曰舊二人在中主璽及虎符竹符之半者漢官曰當得明法律郎周禮掌節有虎節龍節皆金也干寶注曰漢之銅虎符則其制也周禮又曰以英蕩輔之干寶曰英刻書也蕩竹箭也刻而書其所使之事以助三節之信則漢之竹使符者亦取則於故事也　符節令史二百石本注曰掌書魏氏春秋曰中平六年始復節上赤葆

御史中丞一人千石本注曰御史大夫之丞也舊別監御史在殿中密舉非法周禮掌建邦之宮刑以主治王宮之政令干寶注曰若御史中丞　及御史大夫轉為司空因別留中為御史臺率風俗通曰尚書御史臺皆以官倉頭為吏主賦舍凡守其門戶蔡質漢儀曰丞故二千石為之或選侍御史高第執憲中司朝會獨坐內掌蘭臺督諸州刺史糾察百寮出為二千石魏志曰建安置御史大夫不領中丞置長史一人　後又屬少府

治書侍御史二人六百石本注曰掌選明法律者為之凡天下諸讞疑事掌以法律當其是非蔡質漢儀曰選御史高第補之胡廣曰孝宣感路溫舒言秋季後請讞時帝幸宣室齋居而決事令侍御史二人治書御史起此後因別置冠法冠秩百石有印綬與符節郎共平廷尉奏事罪當輕重荀綽晉百官表注曰惠帝以後無所平治備位而已

侍御史十五人六百石本注曰掌察舉非法受公卿郡吏奏事有違失舉刻之凡郊廟之祠及大朝會大封拜則二人監威儀有違失則劾奏蔡質漢儀曰其二人者更直執法省中者皆糾察百官督州郡公法府掾屬高第補之初稱守滿歲拜真出治劇為刺史二千石平遷補令見中丞執板揖

蘭臺令史六百石本注曰掌奏及印工文書

右屬少府本注曰職屬少府者自太醫上林凡四官自侍中至御史皆以文屬焉承秦凡山澤陂池之稅名曰禁錢屬少府世祖改屬司農考工轉屬太僕都水屬郡國孝武帝初置水衡都尉秩比二千石別主上林苑有離宮燕休之處世祖省之并其職於少府每立秋貙劉之日輒暫置水衡都尉事訖乃罷之少府本六丞省五又省湯官織室令置丞又省上林十池監胞人長丞宦者昆臺昆臺本名甘泉居室武帝改　佽飛佽飛本名左弋武帝改　三令二十一丞又省水衡屬官令長丞尉二十餘人章和以下中官稍廣加嘗藥太官御者鉤盾尚方考工別作監皆六百石宦者為之轉為兼副或省故錄本官蔡質漢儀曰少府符著出見都官從事持板都官從事入少府見符著持板漢官目錄曰古三卿司空所部

後漢書卷三十七

梁　剡　令劉　昭補并注

百官志第二十七

百官四

執金吾　大長秋　將作大匠　北軍中候

太子太傅　太子少傅　城門校尉　司隸校尉

執金吾一人中二千石漢官秩云比二千石　本注曰掌宮外戒司非常水火之事胡廣曰衛尉巡行宮中則金吾徼於外相為表裏以擒姦討猾　月三繞行宮外及主兵器吾猶禦也應劭曰執金革以禦非常漢官曰員吏二十九人其十人四科一人二百石文學三人百石二人斗食十三人佐學事主緹綺　丞一人比千石漢官秩云六百石　緹騎二百人本注曰無秩比吏食奉漢官曰執金吾緹綺二百人五百二十人輿服導從光滿道路羣僚之中斯最壯矣世祖歎曰仕宦當作執金吾

武庫令一人六百石本注曰主兵器　丞一人

右屬執金吾本注曰本有式道左右中候三人六百石車駕出掌在前清道還持麾至宮門宮門乃開中興但一人又不常置每出以郎兼式道候事已罷不復屬執金吾又省中壘寺互都船令丞尉及左右京輔都尉

太子太傅一人中二千石本注曰職掌輔導太子禮如師不領官屬荀綽晉百官表注曰唐虞官

大長秋一人二千石本注曰承秦將行宦者景帝更為大長秋或用士人中興常用宦者職掌奉宣中宮命凡給賜宗親及宗親當謁見者關通之中宮出則從張晏曰皇后卿

丞一人六百石本注曰宦者

中宮僕一人千石本注曰宦者主馭本注曰太僕秩二千石中興省太減秩二千石以屬長秋

中宮謁者令一人六百石本注曰宦者　中宮謁者三人四百石本注曰宦者主報中章

中宮尚書五人六百石本注曰宦者主中文書

中宮私府令一人六百石本注曰宦者主中藏幣帛諸物裁衣被補浣者皆主之丁孚漢儀曰中宮藏府令秩千石儀比御府令　丞一人本注曰宦者

中宮永巷令一人六百石本注曰宦者主宮人　丞一人本注曰宦者

中宮黃門冗從僕射一人六百石本注曰宦者主中黃門冗從丁孚漢儀曰給事中宮侍郎六人比尚書郎宦者為之給事黃門四人比黃門侍郎給事羽林郎一人比羽林將虎賁官騎下

中宮署令一人六百石本注曰宦者主中宮請署天子數女騎六人　丞復道丞各一人本注曰宦者復道丞主中閣道

中宮藥長一人四百石本注曰宦者

右屬大長秋本注曰承秦有詹事一人位在長秋上亦宦者主中諸官成帝省之以其職并長秋是後皇后當法駕出則中謁中宦者職吏權兼詹事奉引訖罷宦者誅後尚書選兼職吏一人奉引云其中長信長樂宮者署少府一人職如長秋及餘吏皆以宮名為號員數秩次如中宮長樂五官史朱瑀之類是也　本注曰帝祖母稱長信宮故有長信少府長樂少府位在長秋上及職吏皆宦者秩次如中宮長樂又有衛尉僕為太僕皆二千石在少府上丁孚漢儀曰丞六百石　其崩則省不常置

太子少傅二千石本注曰亦以輔導為職悉主太子官屬漢官曰員吏十三人

太子率更令一人千石本注曰主庶子舍人更直職似光祿

太子庶子四百石本注曰無員如三署中郎

太子舍人二百石本注曰無員更直宿衛如三署郎中漢官曰十三人選良家子孫

太子家令一人千石本注曰主倉穀飲食職似司農少府

太子倉令一人六百石本注曰主倉穀

太子食官令一人六百石本注曰主飲食

太子僕一人千石本注曰主車馬職如太僕

太子廄長一人四百石本注曰主車馬

太子門大夫六百石漢官曰門大夫二人選四府掾屬　本注曰舊注云職比郎將舊有左右戶將別主左右戶直郎建武以來省之

太子中庶子六百石本注曰員五人職如侍中

太子洗馬比六百石本注曰舊注云員十六人職如謁者太子出則當直者在前導威儀漢官曰選郎中補也

太子中盾一人四百石本注曰主周衛徼循

太子衛率一人四百石本注曰主門衛士

右屬太子少傅本注曰凡初卽位未有太子官屬皆罷唯舍人不省領屬少府

將作大匠一人二千石蔡質漢儀曰位次河南尹光武中元二年省謁者領之章帝建初元年復置本注曰承秦曰將作少府景帝改爲將作大匠掌修作宗廟路寢宮室陵園木土之功并樹桐梓之類列于道側漢官篇曰樹栗椅桐梓胡廣曰古者列樹以表道並以爲林囿四者皆木名治宮室并主之毛詩傳曰椅梓屬也陸璣草木疏曰梓實桐皮曰椅今民云梓桐是也梓今人所謂梓楸者是也丞一人六百石

左校令一人六百石本注曰掌左工徒丞一人安帝復也

右校令一人六百石本注曰掌右工徒丞一人安帝復也

右屬將作大匠前書曰屬官又有左右中候右庫東園主章左右前後中校七令丞成帝省

城門校尉一人比二千石本注曰掌雒陽城門十二所周禮司門干寶注曰如今校尉司馬一人千石本注曰主兵城門每門候一人周禮每門下士二人干寶曰如今門候六百石蔡質漢儀曰門候見校尉執板不拜本注曰雒陽城十二門其正南一門曰平城門漢官秩曰平城門爲宮門不置候置屯司馬秩二千石李尤銘曰平城司午厭位處中古今注曰建武十四年九月開平城門北宮門屬衞尉其餘上西門應劭漢官曰上西所以不純白者漢家初成故丹鏤之李尤銘曰上西在季位月惟戌雍門銘曰雍門處中位月在酉廣陽門銘曰廣陽位孟厭月在申津門銘曰津名自定位季月未小苑門開陽門應劭漢官曰開陽門始成未有名宿昔有一柱來在樓上琅邪開陽縣上言縣南城門一柱飛去光武皇帝使來識視悵然遂堅縛之刻記其年月因以名焉銘曰開陽在孟位月惟巳耗門銘曰耗門值季月位在辰中東門銘曰中東處仲月位當卯上東門銘曰上東少陽厥位在寅穀門銘曰穀門北中位當于子夏門銘曰夏門值孟位月在亥凡十二門蔡質漢儀曰雒陽二十四街街一亭十二城門門一亭

右屬城門校尉

北軍中候一人六百石本注曰掌監五營漢官曰員吏七人候自得辟召通大鴻臚一人斗食

屯騎校尉一人比二千石本注曰掌宿衞兵漢官曰員吏百二十八人領士七百人司馬一人千石蔡質漢儀曰五營司馬見校尉執板不拜

越騎校尉一人比二千石如淳曰越人內附以爲騎也晉灼曰取其才力超越也案紀光武改青巾右校尉爲越騎校尉臣昭曰越人非善騎所出晉灼爲允本注曰掌宿衞兵蔡質漢儀亦曰掌越騎漢官曰員吏百二十七人領士七百人司馬一人千石

步兵校尉一人比二千石初置掌上林苑門屯兵見前書本注曰掌宿衞兵漢官曰員吏七十三人領士七百人司馬一人千石

長水校尉一人比二千石如淳曰長水胡名也韋昭曰長水校尉典胡騎廄近長水故以爲名長水蓋中小水名本注曰掌宿衞兵蔡質漢儀曰主長水宣曲胡騎漢官曰員吏百五十七人烏桓胡騎七百三十六人司馬胡騎司馬各一人千石本注曰掌宿衞主烏桓騎

射聲校尉一人比二千石服虔曰工射也冥冥中聞聲則射中之故以爲名本注曰掌宿衞兵蔡質漢儀曰掌待詔射聲士漢官曰員吏百二十九人領士七百人司馬一人千石

右屬北軍中候本注曰舊有中壘校尉領北軍營壘之事有胡騎虎賁校尉皆武帝置中興省中壘但置中候以監五營胡騎并長水虎賁主輕車并射聲案大駕鹵簿五校在前各有鼓吹一部

凡中二千石丞比千石眞二千石丞長史六百石比二千石丞比六百石令相千石丞尉四百石其六百石丞尉三百石長相四百石及三百石丞尉皆二百石諸侯公主家丞秩皆比百石諸邊鄣塞尉諸陵校尉長皆二百石有常例者不署秩

司隸校尉一人比二千石蔡質漢儀曰職在典京師外部諸郡無所不糾封侯外戚三公以下無尊卑入宮開中道稱使者每會後到先去本注曰孝武帝初置荀綽晉百官表注曰司隸校尉周官也征和中陽石公主巫蠱之獄起乃依周置司隸臣昭曰周無司隸豈卽司寇乎持節掌察舉百官以下及京師近郡犯法者前書曰置從中都官徒千二百人捕巫蠱督大姦猾後罷其兵元帝去節成帝省建武中復置并領一州蔡質漢儀曰司隸詣臺廷議處九卿上朝賀處公卿下陪卿上初除謁大將軍三公通謁持板揖公儀朝賀無敬臺召入宮對見尚書持板朝賀揖從事史十二人本注曰都官從事主察舉百官犯法者蔡質漢儀曰都官主雒陽百官朝會與三府掾同博物記曰中興以來都官從事多出之河內捁擊貴戚功曹從事主州選署及衆事別駕從事校尉行部則奉引錄衆事簿曹從事主財穀簿書其有軍事則置兵曹從事主兵事其餘部郡國從事每郡國各一人主督促文書察舉非法皆州自辟除故通爲百石云假佐二十五人本注曰主簿錄閤下事省文書門亭長主州正門功曹書佐主選用孝經師主監試經月令師主時節祠祀律令師主平法律簿曹書佐主簿書其餘都官書佐及每郡國各有典郡書佐一人各主一郡文書以郡吏補歲滿一更司隸所部郡七河南尹一人主京都特奉朝請其京兆尹左馮翊右扶風三人漢初都長安皆秩中二千石謂之三輔中興都雒陽更以河南郡爲尹以三輔陵廟所在不改其號但減其秩其餘弘農河內河東三郡其置尹馮翊扶風及太守丞奉之本位在地理志

後漢書卷三十八

梁　剡　令劉　昭補并注

百官志第二十八

百官五

州郡　縣鄉　亭里
匈奴中郎將　烏桓校尉　護羌校尉
王國　宋衞國　列侯
關內侯　四夷國　百官奉

外十有二州每州刺史一人六百石本注曰秦有監御史監諸郡漢興省之但遣丞相史分刺諸州無常官孝武帝初置刺史十三人秩六百石古今注曰常以春分行部郡國各遣一吏迎界上諸書不同也成帝更爲牧秩二千石建武十八年復爲刺史十二人各主一州其一州屬司隸校尉蔡質漢儀曰詔書舊典刺史班宣周行郡國省察治政黜陟能否斷理冤獄以六條問事非條所問卽不省一條強宗豪右田宅踰制以強陵弱以衆暴寡二條二千石不奉詔書遵承典制倍公向私旁詔守利侵漁百姓聚斂爲姦三條二千石不卹疑獄風厲殺人怒則任刑喜則任賞煩擾苛暴剝戮黎元爲百姓所疾山崩石裂妖祥訛言四條二千石選署不平苟阿所愛蔽賢寵頑五條二千石子弟怙倚榮勢請託所監六條二千石違公下比阿附豪強通行貨賂割損政令諸州刺史初除此諸持板揖不拜獻帝起居注曰建安十八年三月庚寅省州并郡復禹貢之九州冀州得魏郡安平鉅鹿河間清河博陵常山趙國勃海甘陵平原太原上黨西河定襄鴈門雲中五原朔方河東河內涿郡漁陽廣陽右北平上谷代郡遼東屬國遼西玄菟樂浪凡三十二郡省司隸校尉以司隸部分屬豫州冀州雍州省涼州刺史以并雍州部郡得弘農京兆左馮翊右扶風上郡安定隴西漢陽北地武都武威金城西平西郡張掖張掖屬國酒泉敦煌西海漢興永陽東安南凡二十二郡省交州以其郡屬荊州荊州得交州之蒼梧南海九眞交阯日南與其舊所部南陽章陵南郡江夏武陵長沙零陵桂陽凡十三郡益州本部郡有廣漢漢中巴郡犍爲蜀郡牂牁越嶲益州永昌犍爲屬國蜀郡屬國廣漢屬國今并得交州之鬱林合浦凡十四郡豫州部郡本有潁川陳國汝南沛國梁國魯國今并得河南滎陽都尉凡八郡徐州部郡得下邳廣陵彭城東海琅邪利城城陽東莞凡八郡青州得齊國北海東萊濟南樂安凡五郡獻帝春秋曰孫權以步騭行交州刺史東觀書曰交阯刺史持節諸州常以八月巡行所部郡國胡廣注曰巡謂驛馬也縣次傳駕之以走疾言古附遂錄囚徒胡廣曰縣邑囚徒皆閱錄視參考辭狀實其眞僞有侵冤者卽時平理也考殿最胡廣曰課第長吏不稱職者爲殿舉免之其有治能者爲最察上尤異州又狀州中吏民茂才異等歲舉一人初歲盡詣京都奏事胡廣曰所察有條應經異者輒覆問之不茹柔吐剛也歲盡齎所狀納京師名奏事差其遠近各有常會中興但因計吏胡廣曰不復自詣京師其所道皆如舊典東觀書曰和帝初張酺上言臣聞王者法天熒惑奏事太微故州牧刺史入奏事所以通下問知外事也數十年以來重其道歸煩擾故時止勿奏事今因以爲故事臣愚以爲刺史視事滿歲可令奏事如舊典問州中風俗恐好惡過所道事所聞見考課衆職下章所告及所自舉有意者賞異之其尤無狀逆詔書行罪法冀勑戒其餘令各敬愼所職於以衰滅貪邪便佞韓詩外傳曰王者必立牧方三人所以使窺遠牧衆也遠方之民有饑寒而不得衣食獄訟而冤失職賢而不舉者入告天子天子於其君之朝也揖而進之曰意朕之政教有不得爾者邪如何乃有饑寒而不得衣食獄訟而冤失職賢而不舉然後其君退而與其卿大夫謀之遠方之民聞皆曰誠天子也夫我居之僻見我之近也我居之幽見我之明也可欺乎哉故牧者所以開四目通四聰皆有從事史假佐本注曰員職略與司隸同無都官從事其功曹從事爲治中從事豫州部郡國六冀州部九兗州部八徐州部五青州部六荊州部七揚州部六益州部十二涼州部十二并州部九幽州部十一交州部七凡九十八其二十七王國相其七十一郡太守其屬國都尉屬國分郡離遠縣置之如郡差小置本郡名世祖并省郡縣四百餘所後世稍復增之臣昭曰昔在先代列爵殊等九服不同變荒之制異雖遠帥相司牧伯分長而封疆置限兼庸有數如身之使臂手之使指故能高卑相固遠近維緝肇后克禪共康兆庶及周衰稍競吞廣邦國侵爭遞懷貪略猶歷數百年乃能成其并一豈非樹之有本使其然乎秦兼天下開設郡縣孤立獨王卽以顛亡漢祖因循雖不頓革分置子弟終龕諸呂之難漸剖列郡以減大都之權後嚴安之徒猶慨憤謂千里之威節古之強國慮非安本無窮之計也孝武之末始置刺史監糾非法不過六條傳車周流匪有定鎭秩裁數百威望輕寡得有察之勤未生陵犯之釁故成帝改牧其萌始大旣非識治之主故無取焉世祖中興監乎政本復約其職還遵舊制斷親奏事省入惜煩漸得自重之略因茲以降彌於歲年母后當朝多以弱守六合危動四海潰弊財盡力竭綱維撓毀而八方不能內侵諸侯莫敢入伐豈非餘強枝弱控制素重之所致乎至孝靈在位橫流旣及劉焉徼僞自爲身謀非有憂國之心專懷狼據之策抗論昏世薦議愚主盛稱宜重牧伯謂足鎭壓萬里扶姦樹算苟罔一時豈可永爲國本長期勝術哉夫聖主御世莫不大庇生民承其休謀傳其典制猶云事久弊生無或通貫故變改正服革異質文分爵三五參差不一況在暨駿之君挾姦詐之臣共所創置哉焉可仍因大建尊州之規竟無一日之治故焉牧益土造帝服於岷峨袁紹取冀下制書於燕朔劉表制南郊天祀地魏祖據兗遂構皇業漢之殄滅禍原乎此及臻後代任倚偏廣委之邦宰之命授之斧鉞之重假之都督之威開之征討之略晉太康之初武帝亦疑其然乃詔曰上古及中代或置州牧或置刺史置監御史皆總綱紀而不賦政治民之事任之諸侯郡守昔漢末四海分崩因以吳蜀自擅自是刺史內親民事外領兵馬此一時之宜爾今賴宗廟之靈士大夫之力江表平定天下合之爲一當韜戢干戈與天下休息諸州無事者罷其兵刺史分職皆如漢氏故事出須詔條入奏事京城二千石專治民之重監司清峻於上此經久之體也其便省州牧晉武帝又見其弊矣雖有其言不卒其事後嗣纘戎牧鎭愈重據地分爭竟覆天下昔王襲之大不過千里州之所司廣袤兼遠爭強虎視之辰遷鼎革終之日未嘗不藉蓄兵之權挾董司之力逼迫阿陰陵奪沖幼其甚者臣主揚兵骨肉戰野昆弟梟懸伯叔屠裂未壯被心尾大不掉旣用此始亦病以終傾輈僨轅莫或途改致維京有衞壁之痛秦臺有不守之酷胡羌遞興氐鮮更起摩滅羣黎流離百世堅冰所漸兼綠茲蠱嗚呼後之聖王必不久濡斯迹靈長之終當有神算不然則雄捍反拒之事權甚於此心憑強作害之謀方盛於後意凡州所監都爲京都置尹一人二千石丞一人每郡置太守一人二千石丞一人郡當邊戍者丞爲長史古今注曰建武六年三月令郡太守諸侯相病丞長史行事十四年罷邊郡太守丞長史領丞職王國之相亦如之每屬國置都尉一人比二千石丞一人本注曰凡郡國皆掌治民進賢勸功決訟檢姦常以春行所主縣勸民農桑振救乏絕秋冬遣無害吏案訊諸囚平其罪法論課殿最案律有無害都吏如今言公平吏漢書音義曰文無所枉害蕭何以文無害爲沛主吏掾歲盡遣吏上計盧植禮注曰計斷九月因秦以十月爲正故并舉孝廉郡口二十萬舉一人典兵禁備盜賊景帝更名都尉武帝又置三輔都尉各一人譏出入邊郡置農都尉主屯田殖穀又置屬國都尉主蠻夷降者中興建武六年省諸郡都尉并職太守無都試之役古今注曰六年八月省都尉官應劭曰每有劇賊郡臨時置都尉事訖罷之省關都尉唯邊郡往往置都尉及屬國都尉稍有分縣治民比郡安帝以羌犯法三輔有陵園之守乃復置右扶風都尉京兆虎牙都尉應劭漢官曰天生五材民並用之廢一不可誰能去兵兵之設尚矣易稱弦木爲弧剡木爲矢弧矢之利以威天

下春秋三時務農一時講武詩美公劉匪居匪康入耕出戰乃衆猶據干戈載揚四方莫當自郡國罷材官騎士之後官無警備實啓寇心一方有難三面救之發興雷震煙蒸電激一切取辦黔首囂然不及講其射御用其戒誓一旦驅之以卽強敵猶鳩鵲捕鷹鸇豚羊弋豺虎是以每戰常負王旅不振張角懷挾妖僞遐邇搖蕩八州并發煙炎絳天牧守梟裂流血成川爾乃遠徵三邊殊俗之兵非我族類忿鷙縱橫多僵良善以爲己功財貨糞土哀夫民氓遷流之咎見出在茲不教而戰是謂棄之跡其禍敗豈虛也哉春秋家不藏甲所以一國威抑私力也今雖四海殄壞王命未洽可折衝壓難若指以掌故置右扶風皆置諸曹掾史新論曰王莽時置西海郡令其吏皆百石親事一日爲四百石二歲而遷補本注曰諸曹略如公府曹無東西曹蔡質漢儀曰河南尹掾出考案與從事同有功曹史主選署功勞有五官掾署功曹及諸曹事其監屬縣有五部督郵曹掾一人正門有亭長一人主記室史主錄記書催期會無令史閤下及諸曹各有書佐幹主文書漢官曰河南尹員吏九百二十七人十二人百石諸縣有秩三十五人官屬掾史五人四部督郵吏部掾二十六人案獄仁恕三人監津渠漕水掾二十五人百石卒吏二百五十人文學守助掾六十人書佐五十人循行二百三十人幹小史二百三十一人屬官每縣邑道大者置令一人千石其次置長四百石小者置長三百石侯國之相秩次亦如之應劭漢官曰前書百官表云萬戶以上爲令萬戶以下爲長三邊始孝武皇帝所開縣戶數百而或爲令荊陽江南七郡唯有臨湘南昌吳三令爾及南陽穰中土沃民稠四五萬戶而爲長桓帝時以江南陽安爲女公主邑改號爲令主薨復其故若此爲繫其本俗說令長以水土爲之及秩高下皆無明文班固通儒述一代之書斯近其真本注曰皆掌治民顯善勸義禁姦罰惡理訟平賊恤民時務秋冬集課上計於所屬郡國胡廣曰秋冬歲盡各計縣戶口墾田錢穀入出盜賊多少上其集簿丞尉以下歲詰郡課校其功功多尤爲最者於廷尉勞勉之以勸其後負多尤爲殿者於後曹別責以糾怠慢也諸對辭窮尤困收主者掾史關白太守使取法丞尉縛責以明下轉相督勑爲民除害也明帝詔書不得僇辱黃綬以別小人吏也凡縣主蠻夷曰道公主所食湯沐曰國縣萬戶以上爲令不滿爲長侯國爲相皆秦制也史記秦并天下吏郡縣銷兵刃示不復用丞各一人尉大縣二人小縣一人本注曰丞署文書典知倉獄尉主盜賊凡有賊發主名不立則推索行尋案察姦宄以起端緒應劭漢官曰大縣丞左右尉所謂命卿三人小縣一尉一丞命卿二人各署諸曹掾史本注曰諸曹略如郡員五官爲廷掾監鄉部春夏爲勸農掾秋冬爲制度掾漢官曰雒陽令秩千石丞三人四百石孝廉左尉四百石孝廉右尉四百石員吏七百九十六人十三人四百石鄉有秩獄史五十六人佐史鄉佐七十七人斗食令史嗇夫假五十人官掾史幹小史二百五十人書佐九十人循行二百六十人鄉置有秩三老游徼本注曰有秩郡所署秩百石漢官曰鄉戶五千則置有秩掌一鄉人風俗通曰秩則田間大夫言其官裁有秩耳其鄉小者縣置嗇夫一人風俗通曰嗇者省也夫賦也言消息百姓均其役賦皆主知民善惡爲役先後知民貧富爲賦多少平其差品三老掌教化凡有孝子順孫貞女義婦讓財救患及學士爲民法式者皆扁表其門以興善行游徼掌徼循禁司姦盜又有鄉佐屬鄉主民收賦稅風俗通曰國家制度大率十里一鄉亭有亭長以禁盜賊本注曰亭長主求捕盜賊承望都

尉漢官儀曰民年二十三爲正一歲以爲衛士一歲爲材官騎士習射御騎馳戰陣八月太守都尉令長相丞尉會都試課殿最水家爲樓船亦習戰射行船邊郡太守各將萬騎行鄣塞烽火追虜置長史一人丞一人治兵民當兵行長領置部尉千人司馬候農都尉皆不治民不給衛士材官樓船年五十六老衰乃得免爲民就田應合選爲亭長亭長課徼巡尉游徼亭長皆習設備五兵五兵弓弩戟楯刀劍甲鎧鼓吏赤幘行縢帶劍佩刀持楯被甲設矛戟習射設十里一亭亭長亭候五里一郵郵間相去二里半司姦盜亭長持二尺板以劾賊索繩以收執賊風俗通曰漢家因秦大率十里一亭亭留也蓋行旅宿會之所館亭吏舊名負弩改爲長或謂亭父里有里魁民有什伍善惡以告本注曰里魁掌一里百家什主十家伍主五家以相檢察民有善事惡事以告監官風俗通曰周禮五家爲鄰四鄰爲里里者止也里有司司五十家共居止同事春秋通其所也邊縣有障塞尉本注曰掌禁備羌夷犯塞太公陰符曰武王問太公願聞治亂之要太公曰其本在吏武王曰吏者治也所以爲治其亂者何太公曰故吏重罪有十武王問吏之重罪太公曰一吏苛刻二吏不平三吏貪汙四吏以威力迫脅於民五吏合姦六吏與人亡情七吏作盜賊使人爲耳目八吏賤買貴賣於民九吏增易於民十吏振懼於民夫治者有三罪則國亂而民愁盡有之則民流亡而君失其國武王曰民亦有罪乎太公曰民有十大於此除者則國治而民安武王曰十大何如太公曰民勝吏厚大臣一大也民宗強侵陵羣下二大也民甚富傾國家三大也民尊親其君天下歸慕四大也衆暴寡五大也民有百里之譽千里之交六大也民以吏威爲權七大也民恩行於吏八大也民服信以少爲多奪人田宅贅人妻子九大也民之基業畜產爲人所苦十大也所謂一家害一里一里害諸侯諸侯害天下武王曰絕吏之罪塞民之大奈何太公曰察民之暴吏明其賞審其誅則吏不敢犯罪民不敢大也武王曰是民吏相伺上下不和而結其黨太公曰爲君守成爲吏守職爲民守事如此各居其道則國治國治則都治都治則里治里治則家治家治則善惡分明善惡分明則國無事國無事則吏民外不懷怨內不徼事其郡有鹽官鐵官工官都水官者隨事廣狹置令長及丞秩次皆如縣道無分士給均本吏本注曰凡郡縣出鹽多者置鹽官主鹽稅出鐵多者置鐵官主鼓鑄胡廣曰鹽官掊坑而得鹽或有鑿井煑海水而以得之者鐵官鑄銅爲器械當鑄治之時扇熾其火謂之鼓鑄有工多者置工官主工稅物有水池及魚利多者置水官主平水收漁稅在所諸縣均差吏更給之置吏隨事不具縣員使匈奴中郎將一人比二千石本注曰主護南單于置從事二人有事隨事增之掾隨事爲員護羌烏桓校尉所置亦然應劭漢官曰擁節屯中步南設官府掾史單于歲遣侍子來朝謁者常送迎焉得賂弓馬氈罽他物百餘萬謁者事訖還具表付帑藏詔書勑自受護烏桓校尉一人比二千石本注曰主烏桓胡應劭漢官曰擁節長史一人司馬二人皆六百石并領鮮卑客賜質子歲時胡市焉晉書曰漢置東夷校尉以撫鮮卑護羌校尉一人比二千石本注曰主西羌應劭漢官曰擁節長史司馬二人皆六百石皇子封王其郡爲國每置傅一人相一人皆二千石本注曰傅主導王以善禮如師不臣也相如太守有長史如郡丞漢初立諸王因項羽所立諸王之制地既廣大且至千里又其官職傅爲太傅相爲丞相又有御史大夫及諸卿皆秩二千石百官皆如朝廷國家唯爲置丞

相其御史大夫以下皆自置之胡廣曰後漢妾數無限別乃制設正適曰妃取小夫人不得過四十人至景帝時吳楚七國恃其國大遂以作亂幾危漢室及其誅滅景帝懲之遂令諸王不得治民令內史主治民改丞相曰相省御史大夫廷尉少府宗正博士官武帝改漢內史中尉郎中令之名前書曰改漢內史爲京兆尹中尉爲執金吾郎中令爲光祿勳而王國如故員職皆朝廷爲署不得自置至漢成帝省內史治民更令相治民漢舊儀曰大司空何武奏罷內史相如太守中尉如都尉參職是後中尉爭權與王相奏常不和也太傅但曰傅臣昭曰觀夫高祖之創業也豈直鴻德大庇羣生蕩其毒虐曆之和泰而已哉至於謀深慮久封建子弟藩維盤固規謨弘遠及於三葉不終燕靈天絕齊代淮楚皆爲外重故宋昌曰外畏吳楚淮南斯非效與事過則弊勢或通之全國之難誠固財物之富作衛之益亦既得之於前矣故賜以几杖用息姦謀嗣局下怨生有以遠連師構亂兵交梁闕擊推危自審景帝遂削藩國之權刻骨肉之援接封爲君而不聽治其民置爲主而稍奪其臣耦其權遂滋甚於此呂霍之危朝后族愈貴以於來寵吳楚之叛奔侯王恒借以受誅故賈誼欲衆建以少其力虛以其生此乃達觀深識監於親陪之要者也冢嗣必傳萬里之地分支欲使動搖不得於經維遠算且已殘矣復哀平之際劉氏福於四海宗正著錄遂以萬數及乎後漢瀰循前迹光武十子並列數外近郡孝明八國不能庇邊民國近則不可以大不大則不足爲強此所以本枝之援終以少固若使漢分兩越置蜀二三親國制異姓數四列蕃劉邊海而分皇枝寵王子弟使主尊依漢初之制貴民無定限許遂開養之富若有暨虐之禍可得而不得不必傳劉氏民信所奉發其侵伐兼并之釁峻其他族篡殺之科制其入貢之期一重之法疏其來朝往復之數君臣永諸百世之民長無遠勤之志四方得志聽離官列封懷賢抱智隨所適衆土強弱相伴遠近相率其大歸略其小滯與其盡一塗之海內天子之朝自非異姓僭奪不得與勤王之師諸蕃國自非篡互篡主不得討伐之絮犬牙相錯共爲驗國雖王莽善盜將何因而敢窺曹操雄勇亦安能以得土斯無侯王然克行明賢祖議亦足立故父子首足也昆弟四肢也當使筋骨髓血動靜足以相勝長短大小幹用足以相衞豈有割胜致腹取骨肉以增頭割脊露骨剝膏腴以裨頷而謂顧顯魁岸可得比壽松喬喉咽擁腫必能長生久視哉漢氏得之微翦龍四百載親人失之甚不滿數十年爰自晉世爐柱太過入劉皇朝非簡賢之授唯親是貴無愚智之辨不能勝衣冠早據公相之尊童蒙幼子選登機樞之位職應論道而未離保母之養續侯賦政而服二三尺衣英賢大度稟彼昏稚高才碩儒恭承寵議公餘覆而不憂美錦碎而愈截豪投若流遐邇競路才鶩任重功勞多曠比名於公旦夕同罪於盜跖褒稱無位可以充德貶退刑戮不足以塞咎或力強濟犖寶隆重嫌猜畏逼身受其弊覆滅分體若梟俛寇讎紛同氛有過他逆忠貞之士橫罹其因志節之人狼狽其禍闕伯實沈繼踵史筆顯思顯甫比有國書趙倫以悖愚排天齊攸以賢明譜世枉鬱移夷竟孫就盡不可勝載矣豈周漢之君多孝悌之性晉宋之主稟豺狼之情蓋事勢使之然也朝行斯衞夕窺崩亂未能革後來事愈甚蒼生爲此將盡矣四海爲此構賊矣聖帝英君欲反斯敗必當更開同姓之國置不增之約罷皇肖入宮之滿守豐姓礪河之篤乃可還險壁之路反乎全安之轍也中尉一人比二千石本注曰職如郡都尉主盜賊東觀書曰其紹封削絀者中尉內史官屬亦以率減郎中令一人僕一人皆千石本注曰郎中令掌王大夫郎中宿衛官如光祿勳自省少府職皆并焉僕主車及馭如太僕本注曰太僕比二千石武帝改但曰僕又皆減其秩治書比六百石本注曰治書本尚書更名大夫比六百石本注曰無員掌奉王使至京都奉璧賀正月及使諸國本皆持節後去節謁者比四百石本注曰掌冠長冠本員十六人後減禮樂長

本注曰主樂人衞士長本注曰主衞士醫工長本注曰主醫藥永巷長本注曰宦者主宮中婢使祠祀長本注曰主祠祀皆比四百石自禮樂長至此皆四百石郎中二百石本注曰無員

衞公宋公本注曰建武二年封周後姬常爲周承休公五年封殷後孔安爲殷紹嘉公十三年改常爲衞公安爲宋公以爲漢賓在三公上五經通義二王之後不考功有誅無絕鄭玄曰王者存二代而封及五郊天用天子禮以祭其始祖行其正朔此謂通三統也三恪者敬其先聖封其後而已無殊異者也

列侯所食縣爲侯國本注曰承秦爵二十等爲徹侯金印紫綬以賞有功功大者食縣小者食鄉亭得臣其所食吏民後避武帝諱爲列侯武帝元朔二年令諸王得推恩分衆子土國家爲封亦爲列侯舊列侯奉朝請在長安者位次三公中興以來唯以功德賜位特進者次車騎將軍胡廣漢制度曰功德優盛朝廷所敬異者賜特進在三公下不在車騎下賜位朝廷侯次五校尉賜位侍祠侯次大夫其餘以肺附及公主子孫奉墳墓於京都者亦隨時見會位在博士議郎下胡廣制度曰是爲猥諸侯諸王封者受茅土歸以立社稷禮也胡廣曰諸王受封皆受茅土歸立社稷本朝爲宮室自有制度至於列侯歸國者不受茅土不立宮室各隨貧富裁制黎庶以守其寵列土特進朝侯賀正月執璧云每國置相一人其秩各如本縣本注曰主治民如令長不臣也但納租於侯以戶數爲限其家臣置家丞庶子各一人本注曰主侍侯使理家事列侯舊有行人洗馬門大夫凡五官中興以來食邑千戶已上置家丞庶子各一人不滿千戶不置家丞又悉省行人洗馬門大夫

關內侯如淳曰列侯出關就國關內侯但爵其身有家累者與之關內之邑食其租稅也古今注曰建武六年初令關內侯食邑者俸月二十五斛承秦賜爵十九等爲關內侯無土寄食在所縣民租多少各有戶數爲限荀綽晉百官表注曰時六國未平將帥皆家關中故以爲號劉劭爵制曰春秋傳有庶長鮑爲君政備其法品爲十八級合關內侯列侯凡二十等其制因古義古者天子寄軍政於六卿居則以田警則以戰所謂入使治之出使長之素信者與衆相得也故啓代有扈乃召六卿大夫之在軍爲將者也及周之六卿亦以居軍在國也則以比長閭胥族師黨正州長鄉大夫爲稱其在軍也則以卒伍司馬將軍爲號所以異在國之名也秦依古制其在軍賜爵爲等級其帥人皆更卒也有功賜爵則在軍吏之例自一爵以上至不更四等皆士也大夫以上至五大夫五等比大夫也九等依九命之義也自左庶長以上至大庶長九卿之義也關內侯者依古圻內子男之義也秦都山西以關內爲王畿故曰關內侯也列侯者依古列國諸侯之義也然則卿大夫士下之品皆放古比朝之制而異其名亦所以殊軍國也古者以車戰兵車一乘步卒七十二人分翼左右車大夫在左御者處中勇士居右凡七十五人一爵曰公士者步卒之有爵爲公士者二爵曰上造造成也古者成士升於司徒曰造士雖依此名皆步卒也三爵曰簪褭御駟馬者要褭古之名馬也駕駟馬者其形似簪故曰簪褭也四爵曰不更不更者爲車右不復與凡更卒同也五爵曰大夫大夫者在車左者也六爵爲官大夫七爵爲公大夫八爵爲公乘九爵爲五大夫皆軍吏也吏民爵不得過公乘者得貰與子若同產然則公乘者軍吏之爵最高者也雖非臨戰得公

卒車故曰公乘也十一爵爲右庶長十二爵爲左更十三爵爲中更十四爵爲右更十五爵爲少上造十六爵爲大上造十七爵爲駟車庶長十八爵爲大庶長十九爵爲關內侯二十爵爲列侯自左庶長已上至大庶長皆卿大夫皆軍將也所將皆庶人更卒也故以庶更爲名大庶長即大將軍也左右庶長即左右偏裨將軍也古今注曰成帝鴻嘉二年令吏民得買爵級千錢

四夷國王率衆王歸義侯邑君邑長皆有丞比郡縣

百官受奉例古今注曰建武二十六年四月戊戌增吏奉如此志例以明也大將軍三公奉月三百五十斛中二千石奉月百八十斛二千石奉月百二十斛比二千石奉月百斛千石奉月八十斛六百石奉月七十斛比六百石奉月五十斛四百石奉月四十五斛比四百石奉月四十斛三百石奉月四十斛比三百石奉月三十七斛二百石奉月三十斛比二百石奉月二十七斛一百石奉月十六斛斗食奉月十一斛漢書音義曰斗食祿日以斗爲計佐史奉月八斛古今注曰永和三年初與河南尹及雒陽員吏四百二十七人奉月四十五斛臣昭曰此言豈其妄乎若人人奉四十五斛則四百石秩爲大優而無品若共進奉者人不過一斗亦非義理凡諸受奉皆半錢半穀荀綽晉百官表注曰漢延平中中二千石奉錢九千米七十二斛眞二千石月錢六千五百米三十六斛比二千石月錢五千米三十四斛一千石月錢四千米三十斛六百石月錢三千五百米二十一斛四百石月錢二千五百米十五斛三百石月錢二千米十二斛二百石月錢一千米九斛百石月錢八百米四斛八斗獻帝起居注曰帝在長安詔書以三輔地不滿千里而軍師用度非一公卿已下不得奏除其若公田以秩石爲率賦與令各自收其租稅

贊曰帝道淵默冢帥脩德寡以御衆分職乃克不置不監無驕無忒程是師徒寧民康國

後漢書卷三十八考證

百官志五諸州常以八月巡行所部郡國注猶言古附遂○何焯校本作猶古言附遂

承望都尉注過郡太守各將萬騎行障塞○過本亦作邊

太傅但曰傳注或力强濟擧實隆重○或當作威

賜位朝廷○廷字衍

凡諸受奉皆半錢半穀注中二千石擧錢九千○擧當作奉

後漢書卷三十九

梁　剡　令劉　昭補并注

輿服志第二十九

輿服上

書曰明試以功孔安國曰效試其居官爲政以差其功車服以庸孔安國曰賜以車服以旌其德用所任也又一通諸侯四朝各使陳進治化之言明試其言以要其功功成則賜車服以表顯其能用言昔者聖人興天下之大利除天下之大害躬親其事身履其勤憂之勞之不避寒暑使天下之民物各得安其性命無夭昬暴陵之災是以天下之民敬而愛之若親父母則而養之若仰日月夫愛之者欲其長久不憚力役相與起作宮室上棟下宇以雍覆之欲其長久也敬之者欲其尊嚴不憚勞煩相與起作輿輪旌旗章表以尊嚴之斯愛之至敬之極也苟心愛敬雖報之至情由未盡或殺身以爲之盡其情也弈世以祀之明其功也是以流光與天地比長後世聖人知恤民之憂思深大者必饗其樂勤仁毓物使不夭折者必受其福故爲之制禮以節之使夫上仁繼天統物不伐其功民物安逸若道自然莫知所謝老子曰聖人不仁以百姓爲芻狗此之謂也夫禮服之興也所以報功章德尊仁尚賢故禮尊尊貴貴不得相踰所以爲禮也非其人不得服其服所以順禮也順則上下有序德薄者退德盛者縟故聖人處乎天子之位服玉藻邃延日月升龍山車金根飾黃屋左纛所以副其德章其功也賢仁佐聖封國受民黼黻文繡降龍路車所以顯其仁光其能也及其季末聖人不得其位賢者隱伏是以天子微弱諸侯脅矣於是相貴以等相譴以貨相賂以利天下之禮亂矣至周夷王下堂而迎諸侯此天子失禮微弱之始也自是諸侯宮縣樂食祭以白牡擊玉磬朱干設錫冕而儛大武鄭玄注禮記曰此皆天子之禮也宮縣四面縣也干盾也錫傅其背如龜也武萬舞也白牡大路殷天子之禮也白牡殷牲大夫臺門旅樹反坫繡黼丹朱中衣鏤簋朱紘此大夫之僭諸侯禮也鄭玄曰此皆諸侯之禮也旅道也屏謂之樹所以蔽行道管氏樹塞門塞猶蔽也禮天子外屏諸侯內屏大夫以簾士以帷反坫反爵之坫也蓋在尊南兩君相見主君既獻於此反爵焉繡黼丹朱以爲中衣領緣也繡讀爲綃綃名也詩云素衣朱綃又曰素衣朱襮襮黼領也鏤簋謂刻而飾之也大夫刻之爲龜耳諸侯飾以象天子飾以玉朱紘天子冕之紘也諸侯青組大夫士當緇組紘纁邊詩刺彼已之子不稱其服傷其敗化易譏負且乘致寇至言小人乘君子器盜思奪之矣自是禮制大亂兵革並作上下無法諸侯陪臣山楶藻棁降及戰國奢僭益熾削滅禮籍蓋惡有害已之語競修奇麗之服飾以輿馬文罽玉纓象鑣金鞍以相夸上爭錐刀之利殺人若刈草然而宗祀亦旋夷滅榮利在己雖死不悔及秦并天下攬其輿服上選以供御其次以錫百官漢興文學既缺時亦草創承秦之制後稍改定參稽六經近於雅正孔子曰其或繼周者行夏之正乘殷之輅服周之冕樂則韶舞故撰輿服著之于篇以觀古今損益之義云上古聖人見轉蓬始知爲輪輪行可載因物知生復爲之輿輿輪相乘流運罔極任重致遠天下獲其利後世聖人觀於天視斗周旋魁方杓曲春秋緯曰瑞光第一至第四爲魁第五至第七爲杓合爲斗以攜龍角爲帝車於是迺曲其輈乘牛駕馬登險赴難周覽八極故易震乘乾謂之大壯言器莫能有上之者也孝經援神契曰斗曲杓橈象成車房爲龍馬華蓋覆鉤天皇入魁神不獨居故驂駕陪乘以道翳從宋均注曰房星既體蒼龍又象駕駟馬故兼言之也覆鉤既覆且鉤曲鉤蓋也天皇入魁又鉤御陪乘自是以來世加其飾至奚仲爲夏車正建其斿旄尊卑上下各有等級世本云奚仲始作車古史考曰黃帝作車引重致遠其後少昊時駕牛禹時奚仲駕馬臣昭案服牛乘馬以利天下其所起遠矣豈奚仲爲始世本之誤史考所說是也周室大備官有六職百工與居一焉周禮曰審曲面勢以飭五材以辨民器謂之百工一器而羣工致巧者車最多是故具物以時六材皆良鄭玄曰取榦以冬取角以秋絲漆以夏筋膠未聞自此至弧旌枉矢皆出周禮鄭玄曰郎是周禮注輿方法地蓋圓象天三十輻以象日月鄭玄曰輪象日月者以其運行也日月三十日而合宿蓋弓二十八以象列星龍旂九斿七仞齊軫鄭玄曰軫謂車後橫木以象大火鄭玄曰交龍爲旂諸侯之所建也大火蒼龍宿之心其屬有尾尾九星鳥旟七斿五仞齊較鄭玄曰較者以車高欄木也以象鶉火鄭玄曰鳥隼爲旟州里之所建鶉火朱鳥宿之柳其屬有七星熊旗六斿五仞齊肩以象參伐鄭玄曰熊虎爲旗師都之所建伐屬白虎宿與參連體而六星龜旐四斿四仞齊首以象營室鄭玄曰龜蛇爲旐縣鄙之所建營室玄武宿與東壁連體而四星弧旌枉矢以象弧也鄭玄曰覲禮曰侯氏載龍旂弧韣則旌旗之屬皆有弧也弧以張縿之幅有衣謂之韣又爲設矢象弧星有矢也妖星有枉矢者蛇行有尾因此云枉矢蓋畫之玄注禮含文嘉曰蓋旗有九名日月爲常交龍爲旂通帛爲旃雜帛爲物熊虎爲旗鳥隼爲旟龜蛇爲旐全羽爲旞析羽爲旌盧植注禮記曰有鈴曰旂干寶注周禮曰枉矢象妖星非其義也枉蓋應爲枉直謂枉矢於弧此諸侯以下之所建者也白虎通曰居車中不內顧仰即觀天俯即察地前闚和鸞之聲旁見四方之運此車教之道論語曰升車必正立執綏車中不內顧所以有和鸞以正威儀節行舒疾也鸞者在衡和者在軾馬動則鸞鳴鸞鳴則和應其聲名曰和敬舒則不鳴疾則失音明得其和也故詩云和鸞雍雍萬福攸同魯詩曰和設軾者也鸞設衡者也許愼曰詩云八鸞鎗鎗則一馬二鸞也又曰輶車鸞鑣知非衡也毛詩傳曰在軾曰和在鑣曰鸞杜預注左傳亦云鸞在鑣和在衡傅玄乘輿馬賦注曰鸞在馬勒鑣干寶周禮注曰和鸞皆以金爲鈴史記曰前有錯衡所以養目也步中武象驟中韶頀所以養耳也龍旂九斿所以養信也寢兕持虎鮫韅彌龍所以養威也故大路之馬必信至教順然後乘之所以養安也

天子五路周禮王之五路一曰玉路二曰金路三曰象路四曰革路五曰木路釋名曰天子所乘曰路路亦車也謂之路言行路也以玉爲飾古文尚書曰大路在賓階面綴路在阼階面孔安國曰大路玉綴路金也服虔曰大路總名也如今駕駟高車矣尊卑俱乘之其采飾有差鄭玄曰王在焉曰路以玉飾諸末也傅玄乘輿馬賦注曰玉路重較也韻集曰輈前橫木曰路錫樊纓十有再就鄭玄曰錫面當盧刻金爲之所謂鏤錫也樊讀如鞶帶之鞶謂今馬大帶也鄭衆曰纓謂當胷士喪禮曰馬纓三就以削革爲之三就三重三匝也鄭玄曰纓今馬鞅玉路之樊及纓皆以五采罽飾之十二就就成也杜預曰纓在馬膺前如索帬乘輿馬賦注曰繁纓飾以旄尾金塗十二重建太常十有二斿九仞曳地鄭衆曰太常九旗之畫日月者鄭玄曰七尺爲仞天子之旗高六丈三尺日月升龍象天明也崔駰東巡頌曰登天靈之威路駕太一之象車夷王以下周室衰弱諸侯大路秦并天下閱三代之禮或曰殷瑞山車金根之色殷人以爲大路於是始皇作金根之車殷曰乘根秦改曰金根乘輿馬賦注曰金根以金爲飾漢承秦制御爲乘輿孔子所謂乘殷之輅者也

乘輿　金根　安車　立車蔡邕曰五安五立徐廣曰立乘曰高車坐乘曰安車輪皆朱班重牙周禮曰牙也者以爲固抱也鄭衆曰牙謂輪輮也世間或謂之輞貳轂兩轄蔡邕曰轂外復有一轂抱轄其外乃復設轄抱銅置其中東京賦曰重輪貳轄疏轂飛軨金薄繆龍爲輿倚較徐廣曰繆交錯之形也較在箱上說文曰橫文畫蕃蕃箱也通俗文曰車箱爲較文虎伏軾魏都賦注曰軾車橫覆膝人所馮止者也龍首銜軛左右吉陽筩鸞雀立衡徐廣曰置金鳥於衡上𣝔文畫輈羽蓋華蚤徐廣曰翠羽蓋黃裏所謂黃屋車也金華施橑末有二十八枚即蓋弓也東京賦曰樹翠羽之高蓋薛綜曰樹翠羽爲蓋如雲龍矣金作華形莖皆低曲建大旂十二斿畫日月升龍駕六馬東京賦云六玄虯之弈弈象鑣鏤錫金鍐方釳插翟尾獨斷曰金鍐者馬冠也高廣各五寸上如五華形在馬髦前方釳鐵也廣數寸在馬鬉後後有三孔插翟尾其中薛綜曰釳中央兩頭高如山形而貫中翟尾結著之顏延之幼誥曰釳乘輿馬頭上防釳角所以防罔羅釳以翟尾鐵翮象之也徐廣曰金爲馬文髦朱兼樊纓赤罽易茸金就十有二左纛以氂牛尾爲之在左騑馬軛上大如斗徐廣曰馬在中曰服在外曰騑騑亦名驂蔡邕曰在最後左騑馬頭上是爲德車五時車安立亦皆如之各如方色馬亦如之白馬者朱其髦尾爲朱鬣云所御駕六餘皆駕四後從爲副車古文尚書曰予臨兆民懍乎若朽索之馭六馬逸禮王度記曰天子駕六馬諸侯駕四大夫三士二庶人一周禮四馬爲乘毛詩天子至大夫同駕四士駕二易京氏春秋公羊說皆云天子駕六許愼以爲天子駕六諸侯及卿駕四大夫駕三士駕二庶人駕一史記曰秦始皇以水數制乘六馬鄭玄以爲天子四馬周禮乘馬有四圉各養一馬也諸侯亦四馬顧命時諸侯皆獻乘黃朱乘亦四馬也今帝者駕六此自漢制與古異耳蔡邕表志曰以文義不著之故俗人多失其名五時副車曰五帝車鸞旗曰雞翹耕根曰三蓋其比非一也

耕車其飾皆如之有三蓋一曰芝車置轙耒耜之箙上親耕所乘也新論桓譚謂揚雄曰君之爲黃門郎居殿中數見輿輦玉蚤華芝及鳳皇三蓋之屬皆玄黃五色飾以金玉翠羽珠絡錦繡茵席者也東京賦曰立戈迤戛農輿路木薛綜曰戈句子戟戛長矛置車上者邪柱之迤邪也是謂戈路農輿三蓋所謂耕根車也東耕于藉乘馬無飾故稱木也賀循曰漢儀親耕青衣幘東京賦亦云鸞路蒼龍賀循曰車必有鸞而春獨鸞路者鸞鳳類而色青故以名春路也賦又曰介御間以剡耜薛綜曰耜耒金也廣五寸著耒耜而載之天子車參乘帝在左御在中介處右以耒置御之右

戎車其飾皆如之蕃以矛麾金鼓羽析幢翳轙胄甲弩之箙漢制度曰戎立車以征伐周官其矢箙通俗文曰箭箙謂之步叉干寶亦曰今謂之步叉鄭玄注儀夕曰服車箱也顏延之幼誥云弩矢也

獵車其飾皆如之重輞縵輪繆龍繞之一曰闟猪車親校獵乘之魏文帝改曰蹋虎車

太皇太后皇太后法駕皆御金根重翟羽蓋者也加交路帳裳徐廣曰青交路青帷裳非法駕則乘紫罽軿車字林曰軿車有衣蔽無後轅者謂之輜也釋名軿屏也四屏蔽婦人乘牛車也有邸曰輜無邸曰軿傅子曰周曰輜車卽輦也雲𣏾文畫輈黃金塗五末徐廣曰未詳疑謂前一轅及衡端轂頭也蓋蚤左右騑駕三馬

長公主赤罽軿車

大貴人貴人公主王妃封君油畫軿車大貴人加節畫輈皆右騑而已皇太子皇子皆安車朱班輪青蓋金華蚤黑𣏾文畫轓文輈金塗五末皇子爲王錫以乘之故曰王青蓋車徐廣曰旂旗九旒畫降龍璽武帝令問東平王有金路何意爲是特賜非侍中鄭稱對曰天子五路金以封同姓諸侯得乘金路與天子同此自得有非特賜也皇孫綠車以從皆左右騑駕三獨斷曰綠車名曰皇孫車天子有孫乘之公列侯安車朱班輪倚鹿較伏熊軾皁繒蓋黑轓右騑車有轓者謂之軒

中二千石二千石皆皁蓋朱兩轓其千石六百石朱左轓轓長六尺下屈廣八寸上業廣尺二寸九文十二初後謙二寸若月初生示不敢自滿也案本傳舊典傳車驂駕乘赤帷裳唯郭賀爲冀州勅去襜帷謝承書曰孔倘字巨卿新淦人州別駕從事車前舊有屏星如刺史車曲翳儀式是時刺史行部發去日晏刺史怒欲去別駕車屏星拘諫曰明使君傳車自發曉而欲徹去屏星毀國舊儀此不可行別駕可去屏星不可省卽投傳去刺史追辭謝請不肯還於是遂不去屏星謚文曰車當謂之屏星景帝中元五年始詔六百石以上施車轓得銅五末軛有吉陽筩中二千石以上右騑三百石以上皁布蓋千石以上皁繒覆蓋二百石以下白布蓋皆有四維杠衣賈人不得乘馬車除吏赤畫杠其餘皆青云古今注曰武帝天漢四年令諸侯王大國朱輪特虎居前左兕右麋小國朱輪畫特熊居前寢麋居左右卿車者也

公列侯中二千石二千石夫人會朝若蠶各乘其夫之安車右騑加交路帷裳皆皁非公會不得乘朝車得乘漆布輜軿車銅五末

乘輿大駕公卿奉引太僕御大將軍參乘屬車八十一乘薛綜曰屬之言相連屬也皆在後爲三行備千乘萬騎西都行祠天郊甘泉備之官有其注名曰甘泉鹵簿蔡邕表志曰國家舊章而幽僻藏蔽莫之得見東都唯大行乃大駕大駕太僕校駕法駕黃門令校駕乘輿法駕八卿不在鹵簿中河南尹執金吾雒陽令奉引奉車郎御侍中參乘屬車四十六乘前驅有九斿雲罕徐廣曰旂車有九乘前史不記形也武王剋紂百夫荷罕旗以先驅東京賦曰雲罕九斿薛綜曰旌旗名鳳凰闟戟薛綜曰闟之言函也取因載函車邊皮軒鸞旗應劭漢官鹵簿圖曰乘輿大駕則御鳳凰車以金根爲列皆大夫載胡廣曰皮軒以虎皮爲軒郭璞曰皮軒革車或曰卽曲轅前有士師則載虎皮鸞旗者編羽旄列繫幢旁胡廣曰建蓋在中民或謂之雞翿非也胡廣曰鸞旗以銅作鸞鳥車衡上與本志不同後有金鉦黃鉞說文曰鉞大斧也司馬法曰夏執玄鉞殷執白鉞周執黃鉞黃門鼓車古者諸侯貳車九乘秦滅九國兼其車服故大駕屬車八十一乘法駕半之屬車皆皁蓋赤裏朱轓戈矛弩箙尚書御史所載最後一車懸豹尾薛綜曰侍御史載之豹尾以前比省中小學漢官篇曰豹尾過後罷屯解圍胡廣曰施於道路豹尾之內爲省中故須過後屯解乃得解皆所以戒不虞也淮南子曰軍正執豹皮所以制正其衆禮記前載虎皮亦此之義類行祠天郊以法駕祠地明堂省什三祠宗廟尤省謂之小駕每出太僕奉駕上鹵簿中常侍小黃門副尚書主者郎令史副侍御史蘭臺令史副皆執注以督整車騎謂之護駕春秋上陵尤省於小駕直事尚書一人從其餘令以下皆先行後罷

輕車古之戰車也洞朱輪輿不巾不蓋建矛戟幢麾轓輒弩服徐廣曰置弩於軾上駕兩馬也藏在武庫大駕法駕出射聲校尉司馬吏士載以次屬車在鹵簿中諸車有矛戟其飾幡斿旗幟皆五采制度從周禮孫吳兵法云有巾有蓋謂之武剛車武剛車者爲先驅又爲屬車輕車爲後殿焉

大使車立乘駕駟赤帷持節者重導從賊曹車斧車督車功曹車皆兩大車伍百璅弩十二人辟車四人周禮條狼氏干寶注曰今卒辟車之屬從車四乘無節單導從減半小使車不立乘有騑赤屏泥油重絳帷導無斧車近小使車蘭輿赤轂白蓋赤帷從騶騎四十人此謂追捕考案有所勑取者之所乘也諸使車皆朱班輪四輻赤衡軛其送葬白堊已下洒車而後還公卿中二千石二千石郊廟明堂祠陵法出皆大車立乘駕駟他出乘安車

大行載車其飾如金根車加施組連璧交絡四角金龍首銜璧垂五采析羽流蘇前後雲氣畫帷裳𣏾文畫曲轓長懸車等太僕御駕六布施馬布施馬者淳白駱馬也以黑藥灼其身爲虎文既下馬斥賣車藏城北祕宮皆不得入城門當用太僕考工乃內飾治禮吉凶不相干也

公卿以下至縣三百石長導從置門下五吏賊曹督盜賊功曹皆帶劍三車從導主簿主記兩車爲從縣令以上加導斧車公乘安車則前從幷馬立乘長安雒陽令及王國都縣加前後兵車亭長案要雒陽亭長車前吹管設右騑駕兩璅弩車前伍伯公八人中二千石二千石六百石皆四人自四百石以下至二百石皆二人黃綬武官伍伯文官辟車鈴下侍閤門闌部署街里走卒皆有程品多少隨所典領

驛馬三十里一置臣昭案東晉猶有郵驛共置承受傍郡縣文書有郵有驛行傳以相付縣置屋二區有承驛吏皆條所受書每月吉上州郡風俗通曰今吏郵書掾府督郵職掌此卒皆赤幘絳韝云古者軍出師旅皆從秦省其卒取其師旅之名焉公以下至二千石騎吏四人千石以下至三百石縣長二人皆帶劍持棨戟爲前列揵弓韣九鞬通俗文曰弓藏謂之鞬諸侯王法駕官屬傅相以下皆備鹵簿似京都官騎張弓帶鞬遮迾出入稱課促列侯家丞庶子導從若會耕祠主縣假給辟車鮮明卒備其威儀導從事畢皆罷所假諸車之文乘輿倚龍伏虎𣏾文畫輈龍首鸞衡重牙斑輪升龍飛軨薛綜曰飛軨以緹油廣八寸長注地畫左蒼龍右白虎繫軸頭二千石亦然但無畫耳盧植禮記注曰軨轄頭也楚辭云猗結軨兮太息王逸注曰軨車轂也李尤小車銘曰軨之嘯疏達闓通案二家之言不如綜注所記皇太子諸侯王倚虎伏鹿𣏾文畫輈轓吉陽筩朱班輪鹿文飛軨旂旗九斿降龍公列侯倚鹿伏熊黑轓朱班輪鹿文飛軨九斿降龍卿朱兩輪五斿降龍二千石以下各從科品諸轓車以上軛皆有吉陽筩諸馬之文案乘輿金鍐方釳插翟象鑣爾雅注曰鑣馬勒旁鐵也此用象牙龍畫總沫升龍赤扇汗詩云朱幩鑣鑣毛傳曰人君以朱纏鑣扇汗且以爲鑣飾青兩葰鸞尾附馬左右赤珥流蘇飛鳥節赤膺兼皇太子或亦如之王公列侯鏤錫文髦朱鑣朱鹿朱文絳扇汗青葰鸞尾卿以下有騑者緹扇汗青葰尾當盧文髦上下皆通中二千石以上及使者乃有騑駕云

後漢書卷三十九考證

輿服志上此諸侯以下之所建者也注其聲名曰和敬○名當作鳴

金鍐方釳插翟尾注方釳鐵也廣數寸在馬鬉後○鬉當作騣又注金爲馬文髦一本或作馬文尾何焯校本作馬文髦

屬車皆皂蓋赤裹○裹應作裏

龍畫總沫升龍赤扇汗○沫應作沬

附馬○附應改駙

後漢書卷四十

梁　剡　令劉　昭補并注

輿服志第三十

輿服下　冕冠　長冠　委貌冠　皮弁冠　爵弁冠　通天冠　遠遊冠　高山冠　進賢冠　法冠　武冠　建華冠　方山冠　巧士冠　却非冠　却敵冠　樊噲冠　術氏冠　鶡冠　幘　佩刀　印　黃赤綬　赤綬　綠綬　紫綬　青綬　黑綬　黃綬　青紺綸　后夫人服

上古穴居而野處衣毛而冒皮未有制度後世聖人易之以絲麻觀翬翟之文榮華之色乃染帛以效之始作五采成以爲服見鳥獸有冠角頿胡之制遂作冠冕纓蕤以爲首飾凡十二章故易曰庖犧氏之王天下也仰則觀象於天俯則觀法於地觀鳥獸之文與地之宜近取諸身遠取諸物於是始作八卦以通神明之德以類萬物之情黃帝堯舜垂衣裳而天下治蓋取諸乾巛乾巛有文故上衣玄下裳黃日月星辰山龍華蟲孔安國注尚書曰華象草華蟲雉也作繢宗彝古文尚書作會孔安國曰以五采成此畫焉宗廟彝樽亦以山龍華蟲爲飾藻火粉米孔安國曰藻水草有文者火爲火字粉若粟米米若聚米黼黻絺繡孔安國曰黼若斧形黻爲兩己相背葛之精者曰絺五色備曰繡杜預注左傳曰白與黑謂之黼黑與青謂之黻以五采章施于五色作服孔安國曰以五采明施于五色作尊卑之服天子備章鄭玄注周禮曰此古天子冕服十二章公自山以下侯伯自華蟲以下子男自藻火以下卿大夫自粉米以下至周而變之以三辰爲旂旗王祭上帝則大裘而冕鄭衆曰大裘羔裘也鄭玄曰大裘黑羔裘服以祀天示質也公侯卿大夫之服用九章以下鄭玄曰華蟲五色之蟲周禮繢人職曰鳥獸蛇雜四時五色之位以章之謂是也王者相變至周而以日月星辰畫於旌旗所謂三辰旂旗昭其明也而冕服九章初一曰龍次二曰山次三曰華蟲次四曰火次五曰宗彝皆畫以爲繢次六曰藻次七曰粉米次八曰黼次九曰黻皆絺以爲繡則袞之衣五章裳四章凡九也鷩畫以雉謂華蟲也其衣三章裳四章凡七也毳畫虎蜼謂宗彝也其衣三章裳二章凡五也絺刺粉米無畫也其衣一章裳二章凡三也法言曰聖人文質備也車服以章之藻色以明之聲音以揚之詩書以光之籩豆不陳玉帛不分琴瑟不鏗鐘鼓不鏘吾無以見聖也秦以戰國卽天子位滅去禮學郊祀之服皆以袀玄漢承秦故至世祖踐阼都于土中始修三雍正兆七郊顯宗遂就大業初服旒冕衣裳文章赤舄絇屨以祠天地養三老五更於三雍于時致治平矣天子三公九卿特進侯侍祠侯祀天地明堂皆冠旒冕衣裳玄上纁下東觀書曰永平二年正月公卿議春南北郊東平王蒼議曰孔子曰行夏之時乘殷之輅服周之冕爲漢制法高皇帝始受命創業制長冠以入宗廟光武受命中興建明堂立辟雍陛下以聖明奉遵以禮服龍袞祭五帝禮缺樂崩久無祭天地冕服之制按尊事神祇絜齋盛服敬之至也日月星辰山龍華藻天王袞冕十有二旒以則天數旒有龍章日月以備其文今祭明堂宗廟圖以法天方以則地服以華文象其物宜以降神明肅雍備思博其類也天地之禮冕冠裳衣宜如明堂之制乘輿備文日月星辰十二章三公諸侯用山龍九章九卿以下用華蟲七章皆備五采大佩赤舄絇履以承大祭百官執事者冠長冠皆祇服

五嶽四瀆山川宗廟社稷諸沾秩祠皆袀玄長冠五郊
各如方色云百官不執事各服常冠袀玄以從
冕冠垂旒前後邃延邃，垂也。延，冕上覆。玉藻周禮曰五采繅十有二就皆五采玉
十有二玉笄朱紘鄭玄注曰繅雜文之名也合五采絲
爲之繩垂於延之前後各十二所謂邃延也就成也繩
之每一帀而貫五采玉十有二就則十二玉也每就間
蓋一寸朱紘以朱組爲紘也紘一條屬兩端於武此爲
袞衣之冕十二旒則用玉二百八十八鷩衣之冕繅九
旒用玉二百一十六毳衣之冕七旒用玉百六十八絺
衣之冕五旒用玉百二十玄衣之冕三旒用玉七十二孝明皇帝永平二年初詔
有司采周官禮記尚書皐陶篇乘輿服從歐陽氏說公
卿以下從大小夏侯氏說冕皆廣七寸長尺二寸前圓
後方朱綠裏玄上前垂四寸後垂三寸係白玉珠爲十
二旒以其綬采色爲組纓說文曰組綬屬也小者以爲冕纓禮記曰玄冠朱組纓
天子之服是也三公諸侯七旒青玉爲珠卿大夫五旒黑玉爲
珠獨斷曰三公諸侯九旒卿七旒與此不同皆有前無後各以其綬采色爲
組纓旁垂黈纊呂忱曰黈黃色也黃綿爲之禮緯曰旒垂目纊塞耳王者示不聽讒不視非也
薛綜曰以玉爲充耳也詩云充耳琇瑩毛萇傳曰充耳謂之瑱天子玉瑱琇瑩美石也諸侯以石郊天
地宗祀明堂則冠之蔡邕曰鄙人不識謂之平天冠衣裳玉佩備章采
乘輿刺史公侯九卿以下皆織成陳留襄邑獻之云
長冠一曰齋冠高七寸廣三寸促漆纚爲之制如板以
竹爲裏初高祖微時以竹皮爲之謂之劉氏冠楚冠制
也民謂之鵲尾冠非也祀宗廟諸祀則冠之皆服袀玄
獨斷曰袀紺繒也吳都賦曰袀皁服也絳緣領袖爲中衣絳絝絲示其赤
心奉神也五郊衣幘絝絲各如其色此冠高祖所造故
以爲祭服尊敬之至也
委貌冠皮弁冠同制長七寸高四寸制如覆杯前高廣
後卑銳所謂夏之毋追殷之章甫也委貌以皁絹爲之
皮弁以鹿皮爲之行大射禮於辟雍公卿諸侯大夫行
禮者冠委貌衣玄端素裳鄭衆周禮傳曰衣有襦裳者爲端鄭玄曰謂之端取其正
也正者士之衣袂皆二尺二寸而屬幅是廣袤等也其祛尺二寸大夫以上侈之侈之者蓋半而益一焉半而
益一則其袂三尺三寸祛尺八寸執事者冠皮弁衣緇麻衣皁領袖下
素裳所謂皮弁素積者也皮弁質也石渠論玄冠朝服戴聖曰玄冠委貌也朝服布
上素下緇帛帶素韠白虎通曰三王共皮弁素積素積者積素以爲裳也言要中辟積也
爵弁一名冕廣八寸長尺二寸如爵形前小後大繒其
上似爵頭色有收持笄所謂夏收殷冔者也獨斷曰殷黑而微白
前大而後小夏純黑亦前小而後大皆以三十升漆布爲之詩云常服黼冔書曰王與大夫盡弁上古皆以
布中古以絲孔子曰麻冕禮也今也純儉祠天地五郊明堂雲翹舞樂人服
之禮曰朱干玉鉞鄭玄曰朱干赤大盾也鉞斧也冕而舞大夏此之謂
也
通天冠高九寸正豎頂少邪却乃直下爲鐵卷梁前有
山展筩爲述乘輿所常服獨斷曰漢受之秦禮無文衣深衣制有
袍隨五時色袍者或曰周公抱成王宴居故施袍禮記

孔子衣逢掖之衣縫掖其袖合而縫大之近今袍者今
下至賤更小史皆通制袍單衣皁緣領袖中衣爲朝服
云
遠遊冠制如通天有展筩橫之於前無山述諸王所服
也獨斷曰禮無文
高山冠一曰側注制如通天不邪却直豎無山述展筩
獨斷曰鐵爲卷梁高九寸漢書音義曰其體側立而曲注中外官謁者僕射所服太
傅胡廣說曰高山冠蓋齊王冠也秦滅齊以其君冠賜
近臣謁者服之史記酈生初見高祖儒衣而冠側注漢舊儀曰乘輿冠高山冠飛月之纓幘耳
赤丹紈裏衣帶七尺斬蛇劍履虎尾絇履案此則亦通于天子
進賢冠古緇布冠也文儒者之服也前高七寸後高三
寸長八寸公侯三梁胡廣曰車駕巡狩幸其國諸侯衣玄端之衣冠九旒之冕其盛法服
以執位也今列侯自不奉朝請侍祠祭者不得服此皆當三梁冠皁單衣其歸國流黃衣皁云晉公卿禮秩曰
太傅司空司徒著進賢三梁冠黑介幘中二千石以下至博士兩梁自博
士以下至小史私學弟子皆一梁宗室劉氏亦兩梁冠
示加服也獨斷曰漢制禮無文荀綽晉百官表注曰建光中尚書陳忠以爲令史質堪上言太官宜
著兩梁尚書孟布奏太官職在鼎俎不列陛位堪欲令比大夫兩梁冠不宜許臣伏惟太官令職在典掌王饗
就六清之飲列八珍之饌正百品之羞納四方之貢所奉尤重用思又勤明詔慎尸賓之御防有敗之姦增崇
其選侍御史主捕案太醫令奉方藥供養符節令掌幡信金虎故位從大夫車有輜軿冠有兩梁所以殊親疏
別內外也太官令以供養言之爲最親近以職事言之爲最煩多令又高選又執法比太醫令科同服等而冠
二人殊名實不副又博士秩卑以其傳先王之訓故尊而異之令服大夫之冕猶此言之兩梁冠非必列於陛
位也建初中太官令兩梁冠春秋之義大於復古如堪言合典可施行克厭帝心即蒙用之獻帝起居注曰中
平六年令三府長史兩梁冠五時衣袍事位從千石六百石
法冠一曰柱後獨斷曰柱後惠文高五寸以纚爲展筩前書注曰纚今
之絳通俗文幘裏曰纚鐵柱卷荀綽晉百官表注曰鐵柱言其厲直不曲撓執法者服
之侍御史廷尉正監平也或謂之獬豸冠獬豸神羊能
別曲直楚王嘗獲之故以爲冠異物志曰東北荒中有獸名獬豸一角性忠見
人鬬則觸不直者聞人論則咋不正者楚執法者所服也今冠兩角非豸也臣昭曰或謂獬豸非定名在兩
角未足斷正安不存其堅飾令兩爲冠乎胡廣說曰春秋左氏傳有南冠而
縶者則楚冠也秦滅楚以其君服賜執法近臣御史服
之
武冠一云古緇布冠之象也或曰繁冠一曰武弁大冠諸武官冠之晉公
卿禮秩曰大司馬將軍驃騎車騎衛軍諸大將軍開府從公者著武冠平上幘侍中中常侍
加黃金璫附蟬爲文貂尾爲飾謂之趙惠文冠又名鵔鸃冠
胡廣說曰趙武靈王效胡服以金璫飾首前插貂尾爲
貴職秦滅趙以其君冠賜近臣應劭漢官曰說者以金取堅剛百鍊不耗蟬居
高飲絜口在腋下貂內勁悍而外溫潤此因物生義也徐廣曰趙武靈王胡服有此秦即趙而用之說者蟬取
其清高飲露而不食貂紫蔚柔潤而毛采不彰灼故於義亦取胡廣又曰意謂北方寒涼本以貂皮暖額附施
於冠因遂變成首飾建武時匈奴內屬世祖賜南單于衣服以中
常侍惠文冠中黃門童子佩刀云

建華冠以鐵爲柱卷貫大銅珠九枚制似縷鹿獨斷曰其狀若
婦人縷鹿薛綜曰下輪大上輪小記曰知天者冠述知地者履絇春秋
左傳曰鄭子臧好鷸冠前圓以爲此則是也說文曰鷸知天將雨
鳥也天地五郊明堂育命舞樂人服之
方山冠似進賢以五采穀爲之祠宗廟大予八佾四時
五行樂人服之冠衣各如其行方之色而舞焉
巧士冠高七寸要後相通直豎不常服唯郊天黃門從
官四人冠之在鹵簿中夾乘輿車前以備官者四星云
獨斷曰禮無文
却非冠制似長冠下促宮殿門吏僕射冠之負赤幡青
翅燕尾諸僕射幡皆如之獨斷曰禮無文
却敵冠前高四寸通長四寸後高三寸制似進賢衞士
服之獨斷曰禮無文
樊噲冠漢將樊噲造次所冠以入項羽軍廣九寸高七
寸前後出各四寸制似冕司馬殿門大難衞士服之或
曰樊噲常持鐵楯聞項羽有意殺漢王噲裂裳以裹楯
冠之入軍門立漢王旁視項羽
衞氏冠前圓吳制差池邐迤四重趙武靈王好服之今
不施用官有其圖注淮南子曰楚莊王所服褘冠者是蔡邕曰其說未聞
諸冠皆有纓蕤執事及武吏皆縮纓垂五寸
武冠俗謂之大冠環纓無蕤以青系爲緄加雙鶡尾豎
左右爲鶡冠云莊子曰縵胡之纓武士之服是也五官左右虎賁羽林
五中郎將羽林左右監皆冠鶡冠紗縠單衣虎賁將虎
文絝白虎文劒佩刀虎賁武騎皆鶡冠虎文單衣襄邑
歲獻織成虎文云鶡者勇雉也其鬬對一死乃止故趙
武靈王以表武士秦施安焉徐廣曰鶡似黑雉出於上黨荀綽晉百官表注曰冠
插兩鶡鷙鳥之暴疏者也每所攫撮應爪摧衄天子武騎故以冠焉傳玄賦注曰羽騎騎者戴鶡
安帝立皇太子太子謁高祖廟世祖廟門大夫從冠兩
梁進賢洗馬冠高山罷廟侍御史任方奏請非乘從時
皆冠一梁不宜以爲常服事下有司尚書陳忠奏門大
夫職如諫大夫洗馬職如謁者故忠皆服其服先帝之
舊也方言可寢奏可謁者古者一名洗馬古今注曰建武十三年初
令令長皆小冠獨斷曰公卿侍中尚書衣皁而入朝者曰朝臣諸營校尉將大夫以下不爲朝臣
古者有冠無幘其戴也加首有頍所以安物故詩曰有
頍者弁此之謂也三代之世法制滋彰下至戰國文武
並用秦雄諸侯乃加其武將首飾爲絳袙以表貴賤其
後稍稍作顏題漢興續其顏却摞之施巾連題却覆之
今喪幘是其制也名之曰幘幘者賾也頭首嚴賾也至
孝文乃高顏題續之爲耳崇其巾爲屋合後施收上下
羣臣貴賤皆服之文者長耳武者短耳稱其冠也尚書

賾收方三寸名曰納言示以忠正顯近職也迎氣五郊
各如其色從章服也皁衣羣吏春服青幘立夏乃止助
微順氣尊其方也武吏常赤幘成其威也未冠童子幘
無屋者示未成人也入學小童幘也句卷屋者示尚幼
少未遠冒也喪幘却摞反本禮也升數如冠與冠偕也
期喪起耳有收素幘亦如之禮輕重有制變除從漸文
也獨斷曰幘古者卑賤執事不冠者之所服也董仲舒止雨書曰執事者告赤幘知不冠者之所服也元帝
額有壯髮不欲使人見始進幘服之羣臣皆隨焉然尚無巾故言王莽禿幘施屋冠進賢者宜長耳冠惠文者
宜短耳各隨其宜漢舊儀曰凡齋紺幘耕青幘秋貙劉服緗幘
古者君臣佩玉尊卑有度上有韍徐廣曰韍如今蔽膝貴賤有殊
佩所以章德服之衷也韍所以執事禮之共也故禮有
其度威儀之制三代同之五伯迭興戰兵不息佩非戰
器韍非兵旗於是解去韍佩留其係璲徐廣曰今名璲爲綬以爲
章表故詩曰鞙鞙佩璲此之謂也鞙鞙佩玉貌璲瑞也鄭玄箋曰佩璲者以
瑞玉爲佩佩之鞙鞙然韍佩既廢秦乃以采組連結於璲光明章
表轉相結受故謂之綬漢承秦制用而弗改故加之以
雙印佩刀之飾至孝明皇帝乃爲大佩衝牙雙瑀璜皆
以白玉詩云雜佩以贈之毛萇曰珩璜琚瑀衝牙之類月令章句曰佩上有雙衡下有雙璜瑀以雜
之衝牙蠙珠以納其間玉藻曰右徵角左宮羽進則揖之退則揚之然後玉鏘鳴焉纂要曰琚瑀所以納間在
玉之間今白珠也乘輿落以白珠公卿諸侯以采絲其視冕旒
爲祭服云
佩刀乘輿黃金通身貂錯半鮫魚鱗金漆錯雌黃室五
色罽隱室華諸侯王黃金錯環挾半鮫黑室公卿百官
皆純黑不半鮫小黃門雌黃室中黃門朱室童子皆虎
爪文虎賁黃室虎文其將白虎文皆以白珠鮫爲鏢口
之飾通俗文曰刀鋒曰鏢乘輿者加翡翠山紆嬰其側左傳曰藻率鞞鞛杜
預曰鞞佩刀削上飾鞛下飾也鄭玄詩箋曰既爵命賞賜而加賜容刀有飾顯其能制斷也春秋繁露曰劍之
在左青龍之象也刀之在右白虎之象也韍之在前朱鳥之象也冠之在首玄武之象也四者人之盛飾也臣
昭案自天子至于庶人咸皆帶劍劍之與刀形制不同名稱各異故蕭何劍履上殿不稱爲刀而此志言不及
劍如爲未備
佩雙印長寸二分方六分乘輿諸侯王公列侯以白玉
中二千石以下至四百石皆以黑犀二百石以至私學
弟子皆以象牙上合絲乘輿以縢貫白珠赤罽蕤諸侯
王以下以綔赤絲蕤縢綔各如其印質刻書文曰正月
剛卯既決靈殳四方赤青白黃四色是當帝令祝融以
教夔龍庶疫剛癉莫我敢當疾日嚴卯帝令夔化慎爾
周伏化茲靈殳既正既直既觚既方庶疫剛癉莫我敢
當凡六十六字前書注云以正月卯日作
乘輿黃赤綬四采黃赤紺縹淳黃圭長丈九尺九寸五
百首漢舊儀曰璽皆白玉螭虎紐文曰皇帝行璽皇帝之璽皇帝信璽天子行璽天子之璽天子信璽凡

六璽皇帝行璽凡封之璽賜諸侯王書信璽發兵徵大臣天子行璽策拜外國事天地鬼神璽皆以武都紫泥封青囊白素裹兩端無縫尺一板中約署皇帝帶綬黃地六采不佩璽璽以金銀縢組侍中組負以從秦以前民皆佩綬金玉銀銅犀象爲方寸璽各服所好奉璽書使者乘馳傳其驛騎也三騎行晝夜千里爲程吳書曰漢室之亂天子北詣河上六璽不自隨掌璽者投井中孫堅北討董卓頓軍城南官署有井每旦有五色氣從井出堅使人浚得傳國璽其文曰受命于天既壽永昌方圜四寸上有紐文盤五龍璽七寸管龍上一角缺獻帝起居注曰時六璽不自隨及還於閣上得晉陽秋曰冉閔大將軍蔣幹以傳國璽付河南太守戴施施獻之百僚皆賀璽光照洞徹上蟠螭文隱起書曰昊天之命皇帝壽昌秦舊璽也徐廣曰傳國璽文曰受天之命皇帝壽昌

諸侯王赤綬徐廣曰太子及諸王金印龜紐纁朱綬四采赤黃縹紺淳赤圭長二丈一尺三百首荀綽晉百官表注曰皇太子朱綬三百二十首

太皇太后皇太后其綬皆與乘輿同皇后亦如之

長公主天子貴人與諸侯王同綬者加特也

諸國貴人相國皆綠綬三采綠紫紺淳綠圭長二丈一尺二百四十首前書曰相國丞相皆秦官金印紫綬高帝相國綠綬徐廣曰金印綠綟綬綟音戾草名也以染似綠又云似紫紫綬名緺綬音瓜其色青紫綟字亦盭音同也傳寫者誤作綟公加綟禮皆服之何承天云緺音蝸青紫色綬綟紫色也

公侯將軍紫綬二采紫白淳紫圭長丈七尺百八十首前書曰太尉金印紫綬御史大夫位上卿銀印青綬成帝更名大司空金印紫綬將軍亦金印漢官儀曰馬防爲車騎將軍銀印青綬在卿上絶席和帝以竇憲爲車騎將軍始加金印文司空公主封君服紫綬

九卿中二千石二千石青綬三采青白紅淳青圭長丈七尺百二十首一號青緺綬自青綬以上縌皆長三尺二寸與綬同采而首半之縌者古佩璲也佩綬相迎受故曰縌紫綬以上縌綬之間得施玉環鐍云通俗文曰缺環曰鐍漢舊儀曰其斷獄者印爲章也

千石六百石黑綬三采青赤紺淳青圭長丈六尺八十首四百石三百石長同漢官曰尚書僕射朝印青綬

四百石三百石二百石黃綬淳黃圭一采長丈五尺六十首自黑綬以下縌綬皆長三尺與綬同采而首半之

百石青紺綸一采宛轉繆織長丈二尺丁孚漢儀載太中大夫襄言乘輿綬黃地冒白羽青絳綠五采四百首長二丈三尺詔所下王綬冒亦五采上下無差諸王綬四采絳地冒白羽青黃綠二百六十首長二丈一尺公主綬如王侯綠綬地紺綠三采百二十首長丈八尺二千石綬羽青地綠標三采百二十首長丈八尺黑綬羽青地絳二采八十首長一丈七尺黃綬一采八十首長丈七尺以爲常式民織綬不如式沒入官犯者爲不敬二千石綬以上禁民無得織以粉組皇太后詔可王綬如所下

凡先合單紡爲一系四系爲一扶五扶爲一首五首爲一文文采淳爲一圭首多者系細少者系麤皆廣尺六寸東觀書曰建武元年復設諸侯王金璽綟綬公侯金印紫綬九卿執金吾河南尹秩皆中二千石大長秋將作大匠度遼諸將軍郡太守國傅相皆秩二千石校尉中郎將諸郡都尉諸國行相中尉內史中護軍司直秩皆二千石以上皆銀印青綬中外官尚書令御史中丞治書侍御史公將軍長史中二千石丞正平諸司馬中宮王家僕雒陽令秩皆千石尚書中謁者黃門冗從四僕射諸都監中外諸都官令都侯司農部丞郡國長史丞侯司馬千人秩皆六百石雒陽市長秩四百石主家長秩皆四百石以上皆銅印黑綬諸署長楫擢丞秩三百石諸秩千石者其丞尉皆秩四百石秩六百石者丞尉秩三百石四百石者其丞尉秩二百石縣國丞尉亦如之縣國三百石長相皆二百石明堂靈臺丞諸陵校長秩二百石丞尉校長以上皆銅印黃綬縣國守宮令相或千石或六百石長相或四百石或三百石長相皆以銅印黃綬而有秩者侍中中常侍光祿大夫秩皆二千石太中大夫秩皆比二千石尚書諫議大夫侍御史博士皆六百石議郎中謁者秩皆比六百石小黃門黃門侍郎中黃門秩皆比四百石郎中秩比三百石太子舍人秩二百石

太皇太后皇太后入廟服紺上皁下蠶青上縹下皆深衣制徐廣曰即單衣隱領袖緣以絛翦氂蔮簪珥耳璫垂珠簪以瑇瑁爲擿長一尺端爲華勝上爲鳳皇爵以翡翠爲毛羽下有白珠垂黃金鑷左右一橫簪之以安蔮結諸簪珥皆同制其擿有等級焉

皇后謁廟服紺上皁下蠶青上縹下皆深衣制隱領袖緣以絛假結步搖簪珥步搖以黃金爲山題貫白珠爲桂枝相繆一爵九華熊虎赤羆天鹿辟邪南山豐大特六獸詩所謂副笄六珈者毛詩傳曰副者后夫人之首飾編髮爲之笄衡笄也珈笄飾之最盛者所以別尊卑鄭玄曰珈之言加也副既笄而加飾如今步搖上飾古之制所未聞諸爵獸皆以翡翠爲毛羽金題白珠璫繞以翡翠爲華云

貴人助蠶服純縹上下深衣制大手結墨瑇瑁又加簪珥

長公主見會衣服加步搖公主大手結皆有簪珥衣服同制

自公主封君以上皆帶綬以采組爲緄帶各如其綬色黃金辟邪首爲帶鐍飾以白珠

公卿列侯中二千石二千石夫人紺繒蔮黃金龍首銜白珠魚須擿長一尺爲簪珥入廟佐祭者皁絹上下助蠶者縹絹上下皆深衣制緣自二千石夫人以上至皇后皆以蠶衣爲朝服公主貴人妃以上嫁娶得服錦綺羅縠繒采十二色重緣袍特進列侯以上錦繒采十二色六百石以上重練采九色禁丹紫紺三百石以上五色采青絳黃紅綠二百石以上四采青黃紅綠賈人緗縹而已博物記曰交州南有蟲長減一寸形似白英不知其名視之無色在陰地多緗色則赤黃之色也

公列侯以下皆單緣襈制文繡爲祭服自皇后以下皆不得服諸古麗圭襂閨緣加上之服司馬相如李夫人賦重句始以爲襂注曰襂下旒也則襂之容如旌旗也建武永平禁絶之建初永元又復中重於是世莫能有制其裁者乃遂絶矣蔡邕表志曰永平初詔書下車服制度中宮皇太子親服重繒厚練浣已復御率下以儉化起機諸侯王以下至于士庶嫁娶被服各有秩品當傳萬世揚光聖德臣以爲宜集舊事儀注本奏以成志也

凡冠衣諸服旒冕長冠委貌皮弁爵弁建華方山巧士衣裳文繡赤舄服絇履大佩皆爲祭服其餘悉爲常用朝服唯長冠諸王國謁者以爲常朝服云宗廟以下祠祀皆冠長冠皁繒袍單衣絳緣領袖中衣絳絝袜五郊各從其色焉

贊曰車輅各庸旌旂異局冠服致美佩紛璽玉敬敬報情尊尊下欲孰夸華文匪豪麗縟

後漢書卷四十考證

輿服志下冠角頍胡之制○頍監本譌作頻依宋本改

藻火粉米注粉若粟米○臣艮裘按孔傳本作粉若粟冰作米譌也此志并宋本亦作粟冰

縫掖其袖合而縫大之近今袍者○者下本或有也字

進賢冠古緇布冠也○古字監本誤作右依宋本改

郄敵冠制似進賢○似字監本誤作以依宋本改

術氏冠注淮南子曰楚莊王所服觿冠者是○服字監本誤作復依宋本改

綦施安焉○安毛本作之

故忠皆服其服○忠字疑衍

入學小童幘也句卷屋者○也疑作施

公侯將軍紫綬注始加金印○印應改紫

後漢書卷四十一

宋　宣　城　太　守　范　曄　撰

唐　章　懷　太　子　賢　注

劉玄劉盆子列傳第一

劉玄傳

劉玄字聖公光武族兄也爾雅曰族父之子相謂爲族昆弟帝王紀曰舂陵戴侯熊渠生蒼梧太守利利生子張納平林何氏女生更始弟爲人所殺聖公結客欲報續漢書曰時聖公聚客家有酒請游徼飲賓客醉歌言朝亭兩都尉游徼後來用調羹味游徼大怒縛捶數百聖公避吏於平林吏繫聖公父子張聖公詐死使人持喪歸舂陵吏乃出子張聖公因自逃匿王莽末南方饑饉人庶羣入野澤掘鳧茈而食之更相侵奪爾雅曰芍鳧茈郭璞曰生下田中苗似龍鬚而細根如指頭黑色可食芍音胡了反鳧茈續漢書作符訾新市人王匡王鳳爲平理諍訟遂推爲渠帥衆數百人於是諸亡命馬武王常成丹等往從之共攻離鄉聚藏於綠林中離鄉聚謂諸鄉聚離散去城郭遠者大曰鄉小曰聚前書曰收合離鄉置大城中即其義也綠林山在今荊州當陽縣東北也數月間至七八千人地皇二年王莽年也荊州牧某史闕名也發奔命二萬人攻之匡等相率迎擊於雲杜雲杜縣名屬江夏郡故城在今復州沔陽縣西北大破牧軍殺數千人盡獲輜重續漢書曰牧欲北歸隨武等復遮擊之鉤牧車屏泥刺殺其驂乘然不敢殺牧也○劉攽曰案馬謂之驂人謂之參乘只合用參字遂攻拔竟陵竟陵縣名屬江夏郡故城在今郢州長壽縣南轉擊雲杜安陸安陸縣屬江夏郡今安州縣也多略婦女還入綠林中至有五萬餘口州郡不能制三年大疾疫死者且半乃各分散引去王常成丹西入南郡號下江兵王匡王鳳馬武及其支黨朱鮪張卬等續漢書卬作印北入南陽號新市兵皆自稱將軍七月匡等進攻隨未能下隨縣屬南陽郡今隨州縣平林人陳牧廖湛廖音力弔反復聚衆千餘人號平林兵以應之聖公因往從牧等爲其軍安集掾欲其安集軍衆故權以爲官名是時光武及兄伯升亦起舂陵與諸部合兵而進四年正月破王莽前隊大夫甄阜屬正梁丘賜斬之號聖公爲更始將軍衆雖多而無所統一諸將遂共議立更始爲天子二月辛巳設壇場於淯水上沙中陳兵大會更始即帝位南面立朝羣臣素懦弱羞愧流汗舉手不能言於是大赦天下建元曰更始元年悉拜置諸將以族父良爲國三老王匡爲定國上公王鳳成國上公朱鮪大司馬伯升大司徒陳牧大司空餘皆九卿將軍五月伯升拔宛六月更始入都宛城盡封宗室及諸將爲列侯者百餘人更始忌伯升威名遂誅之以光祿勳劉賜爲大司徒前鍾武侯劉望起兵略有汝南時王莽納言將軍嚴尤秩宗將軍陳茂旣敗於昆陽往歸之八月望遂自立爲天子以尤爲大司馬茂爲丞相王莽使太師王匡國將哀章守洛陽風俗通曰哀姓魯哀公之後因謚以爲姓更始遣定國上公王匡攻洛陽西屏大將軍申屠建丞相司直李松攻武關三輔震動是時海內豪傑翕然響應皆殺其牧守自稱將軍用漢年號以待詔命旬月之閒徧於天下長安中起兵攻未央宮九月東海人公賓就斬王莽於漸臺風俗通曰公賓姓也魯大夫公賓庚之後漸臺太液池中臺也爲水所漸潤故以爲名收璽綬傳首詣宛更始時在便坐黃堂取視之喜曰莽不如是當與霍光等寵姬韓夫人笑曰若不如是帝焉得之乎更始悅乃懸莽首於宛城市是月拔洛陽生縛王匡哀章至皆斬之十月使奮威大將軍劉信擊殺劉望於汝南并誅嚴尤陳茂更始遂北都洛陽以劉賜爲丞相申屠建李松自長安傳送乘輿服御又遣中黃門從官奉迎遷都二年二月更始自洛陽而西初發李松奉引馬驚奔觸北宮鐵柱門三馬皆死續漢書曰馬禍也時更始失道將亡之徵初王莽敗唯未央宮被焚而已其餘宮館一無所毀宮女數千備列後庭自鍾鼓帷帳輿輦器服太倉武庫官府市里不改於舊更始旣至居長樂宮升前殿郎吏以次列庭中更始羞怍俛首刮席不敢視怍顏色變也俛俯也諸將後至者更始問虜掠得幾何左右侍官皆宮省久吏各驚相視李松與棘陽人趙萌說更始宜悉王諸功臣朱鮪

爭之以爲高祖約非劉氏不王更始乃先封宗室太常將軍劉祉爲定陶王劉賜爲宛王劉慶爲燕王劉歙爲元氏王大將軍劉嘉爲漢中王劉信爲汝陰王後遂立王匡爲比陽王王鳳爲宜城王朱鮪爲膠東王衞尉大將軍張卬爲淮陽王廷尉大將軍王常爲鄧王執金吾大將軍廖湛爲穰王申屠建爲平氏王尚書胡殷爲隨王柱天大將軍李通爲西平王西平縣屬汝南郡故城在今豫州郾城縣南也五威中郎將李軼爲舞陰王水衡大將軍成丹爲襄邑王大司空陳牧爲陰平王陰平縣屬廣漢國驃騎大將軍宋佻爲潁陰王尹尊爲郾王唯朱鮪辭曰臣非劉宗不敢干典遂讓不受乃徙鮪爲左大司馬劉賜爲前大司馬使與李軼李通王常等鎭撫關東以李松爲丞相趙萌爲右大司馬共秉內任更始納趙萌女爲夫人有寵遂委政於萌日夜與婦人飮讌後庭羣臣欲言事輒醉不能見時不得已乃令侍中坐帷內與語諸將識非更始聲出皆怨曰成敗未可知遽自縱放若此韓夫人尤嗜酒每侍飮見常侍奏事輒怒曰帝方對我飮正用此時持事來乎起抵破書案抵擊也趙萌專權威福自己郎吏有說萌放縱者更始怒拔劍擊之自是無復敢言萌私忿侍中引下斬之更始救請不從時李軼朱鮪擅命山東王匡張卬橫暴三輔其所授官爵者皆羣小賈豎或有膳夫庖人多著繡面衣錦袴襜褕諸于罵詈道中襜褕諸于見光武紀續漢志曰時智者見之以爲服之不中身之災也乃奔入邊郡避之是服妖也其後爲赤眉所殺也長安爲之語曰竈下養中郎將爛羊胃騎都尉爛羊頭關內侯公羊傳曰炊烹爲養軍帥將軍○劉攽曰案是時多置軍師鄧禹傳亦作軍師將軍此當作師豫章李淑上書諫曰方今賊寇始誅王化未行百官有司宜愼其任夫三公上應台宿九卿下括河海春秋漢含孳曰三公在天爲三台九卿爲北斗故三公象五岳九卿法河海二十七大夫法山陵八十一元士法谷阜令爲帝佐以匡綱紀故天工人其代之陛下定業雖因下江平林之埶斯蓋臨時濟用不可施之既安宜釐改制度更延英俊因才授爵以匡王國今公卿大位莫非戎陳尚書顯官皆出庸伍資亭長賊捕之用漢法十里一亭亭置一長捕賊掾專捕盜賊也○劉攽曰注捕賊掾案前書合作賊捕掾而當輔佐綱維之任唯名與器聖人所重今以所重加非其人望其毗益萬分興化致理譬猶緣木求魚升山採珠求之非所不可得也孟子對齊宣王曰以若所爲求若所欲猶緣木求魚也海內望此有以闚度漢祚臣非有憎疾以求進也但爲陛下惜此舉厝敗材傷錦所宜至慮孟子謂齊宣王曰爲巨室則必使工師求大木工師得大木則王喜以爲能勝其任也匠人斲而小之則王怒以爲不勝其任矣左傳子產謂子皮曰子有美錦不使人學製焉大官大邑身之所庇而使學者製焉其爲美錦不亦重乎未嘗操刀而使之割其傷實多也惟割既往謬妄之失思隆周文濟濟之美割絕也詩大雅曰濟濟多士文王以寧更始怒繫淑詔獄自是關中離心四方怨叛諸將出征各自專置牧守州郡交錯不知所從十二月赤眉西入關三年正月平陵人方望立前孺子劉嬰爲天子初望見更始政亂度其必敗謂安陵人弓林等曰前定安公嬰平帝之嗣雖王莽篡奪而嘗爲漢主今皆云劉氏眞人當更受命欲共定大功何如林等然之乃於長安求得嬰將至臨涇立之今涇州縣也聚黨數千人望爲丞相林爲大司馬更始遣李松與討難將軍蘇茂等擊破皆斬之又使蘇茂拒赤眉於弘農茂軍敗死者千餘人三月遣李松會朱鮪與赤眉戰於蓩鄉蓩音莫老反字林云蓩草也因以爲地名續漢志弘農有蓩鄉東觀記曰徐宣樊崇等入至弘農枯樅山下與更始將軍蘇茂戰崇北至蓩鄉轉至湖湖卽湖城縣也以此而言其蓩蓋在今虢州湖城縣之間松等大敗棄軍走死者三萬餘人時王匡張卬守河東爲鄧禹所破還奔長安卬與諸將議曰赤眉近在鄭華陰間旦暮且至今獨有長安見滅不久不如勒兵掠城中以自富轉攻所在東歸南陽收宛王等兵事若不集復入湖池中爲盜耳申屠建廖湛等皆以爲然共入說更始更始怒不應莫敢復言及赤眉立劉盆子更始使王匡陳牧成丹趙萌屯新豐李松軍掫以拒之掫音子侯反續漢志曰新豐有鴻門亭掫城卽此也張卬廖湛胡殷申屠建等與御史大夫隗囂合謀欲以立秋日貙膢時共劫更始前書音義曰貙獸以立秋日祭獸王者亦此日出獵用祭宗廟冀州北郡以八月朝作飮食爲膢其俗語曰膢臘社伏貙音丑于反膢音婁俱成前計侍中劉能卿知其謀以告之更始託病不出召張卬等卬等皆入將悉誅之唯隗囂不至更始狐疑使卬等四人且待於外廬卬與湛殷疑有變遂突出獨申屠建在更始斬之卬與湛殷遂勒兵掠東西市昏時燒門入戰於宮中更始大敗明旦將妻子車騎百餘東奔趙萌於新豐更始復疑王匡陳牧成丹與張卬等同謀乃竝召入牧丹先至卽斬之王匡懼將兵入長安與張卬等合李松還從更始與趙萌共攻匡卬於城內連戰月餘匡等敗走更始徙居長信宮三輔黃圖曰從洛門至周廟門有長信宮在其中赤眉至高陵匡等迎降之遂共連兵而進更始城守使李松出戰敗死者二千餘人赤眉生得松時松弟汎爲城門校尉赤眉使使謂之曰開城門活汝兄汎卽開門九月赤眉入城更始單騎走從廚城門出三輔黃圖曰洛城門王莽改曰建子門其內有長安廚官俗名之爲廚城門今長安故城北面之中門是也諸婦女從後連呼曰陛下當下謝城更始卽下拜復上馬去初侍中劉恭以赤眉立其弟盆子自繫詔獄聞更始敗乃出步從至高陵止傳舍右輔都尉嚴本本或作平或作丕恐失更始爲赤眉所誅將兵在外號爲屯衞而實囚之赤眉下書曰聖公降者封長沙王過二十日勿受更始遣劉恭請降赤眉使其將謝祿往受之十月更始遂隨祿肉袒詣長樂宮上璽綬於盆子赤眉坐更始置庭中將殺之劉恭謝祿爲請不能得遂引更始出劉恭追呼曰臣誠力極請得先死拔劍欲自刎赤眉帥樊崇等遽共救止之乃赦更始封爲畏威侯劉恭復爲固請竟得封長沙王更始常依謝祿居劉恭亦擁護之三輔苦赤眉暴虐皆憐更始而張卬等以爲慮謂祿曰今諸營長多欲篡聖公者一旦失之合兵攻公自滅之道也於是祿使從兵與更始共牧馬於郊下因令縊殺之劉恭夜往收藏其屍光武聞而傷焉詔大司徒鄧禹葬之於霸陵有三子求歆鯉明年夏求兄弟與母東詣洛陽帝封求爲襄邑侯奉更始祀歆爲穀孰侯鯉爲壽光侯求後徙封咸陽侯求卒子巡嗣復徙封灌澤侯襄邑縣春秋襄牛地也今爲縣在宋州西穀孰縣屬梁國在宋州東南壽光縣屬北海郡今青州縣也灌澤縣今澤州縣故曰徙封巡卒子姚嗣

論曰周武王觀兵孟津退而還師以爲紂未可伐斯時有未至者也史記曰武王卽位太公望爲師周公旦爲輔召公畢公之徒左右王師東觀兵孟津時諸侯不期而會者八百皆曰紂可伐矣武王曰未可乃還師漢起驅輕黠烏合之衆輕黠謂輕銳桀黠也烏合如烏鳥之羣合也不當天下萬分之一而旌旃之所摽及摽與麾同書文之所通被莫不折戈頓顙爭受職命非唯漢人餘思固亦幾運之會也夫爲權首鮮或不及左傳曰無始禍前書曰無爲權首將受其咎陳項且猶未與況庸庸者乎

劉盆子傳

劉盆子者太山式人式縣名中興縣廢城陽景王章之後也章高帝孫朱虛侯也祖父憲元帝時封爲式侯父萌嗣王莽篡位國除因爲式人焉天鳳元年琅邪海曲有呂母者子爲縣吏犯小罪宰論殺之海曲縣名故城在密州莒縣東續漢書曰呂母子名育爲游徼犯罪也呂母怨宰密聚客規以報仇母家素豐貲產數百萬乃益釀醇酒買刀劍衣服少年來酤者皆賖與之視其乏者輒假衣裳不問多少數年財用稍盡少年欲相與償之呂母垂泣曰所以厚諸君者非欲求利徒以縣宰不道枉殺吾子欲爲報怨耳諸君寧肯哀之乎少年壯其意又素受恩皆許諾其中勇士自號猛虎遂相聚得數十百人東觀記曰賓客徐次子等自號搤虎搤音於責反力可搤虎言其勇也今爲猛字搤與猛相類也因與呂母入海中招合亡命衆至數千呂母自稱將軍引兵還攻破海曲執縣宰諸吏叩頭爲宰請母曰吾子犯小罪不當死而爲宰所殺殺人當死又可請乎遂斬之以其首祭子冢復還海中後數歲琅邪人樊崇起兵於莒東觀記曰樊崇字細君衆百餘人轉入太山自號三老時青徐大饑寇賊蠭起羣盜以崇勇猛皆附之一歲間至萬餘人崇同郡人逄安○劉攽曰案逄字從夆音龐字自從夆非借逢爲龐音此傳內皆誤東海人徐宣謝祿楊音東觀記曰逄音龐安字少子東莞人也徐宣字驕穉謝祿字子奇皆東海臨沂人也各起兵合數萬人復引從崇共還攻莒不能下轉掠至姑幕姑幕縣名故城在今密州莒縣東北古薄姑氏之國因擊王莽探湯侯田況大破之王莽改北海益縣曰探湯殺萬餘人遂北入青州所過虜掠還至太山留屯南城南城縣屬東海郡有南城山因以爲名也初崇等以困窮爲寇無攻城徇地之計衆既寖盛乃相與爲約殺人者死傷人者償創以言辭爲約束無文書旌旗部曲號令其中最尊者號三老次從事次卒史汎相稱曰巨人○劉攽曰案三老從事卒史皆是漢小吏名或鄕官也赤眉之起不知自名官府所職耳目所熟者爲稱呼故有此號後人不曉以史爲吏字卒吏絕無義理當改爲卒史又按前書言盜賊亶稱巨人今此爲臣人亦誤也當作巨王莽遣平均公廉丹太師王匡擊之崇等欲戰恐其衆與莽兵亂乃皆朱其眉以相識別由是號曰赤眉赤眉遂大破丹匡軍殺萬餘人追至無鹽無鹽縣名故城在今鄆州須昌縣東廉丹戰死王匡走崇又引其兵十餘萬復還圍莒數月或說崇曰莒父母之國奈何攻之乃解去時呂母病死其衆分入赤眉青犢銅馬中赤眉遂寇東海與王莽沂平大尹王莽改東海郡曰沂平以郡守爲大尹戰敗死者數千人乃引去掠楚沛汝南潁川還入陳留攻拔魯城轉至濮陽會更始都洛陽遣使降崇崇等聞漢室復興卽留其兵自將渠帥二十餘人隨使者至洛陽降更始皆封爲列侯崇等既未有國邑而留衆稍有離叛乃遂亡歸其營將兵入潁川分其衆爲二部崇與逄安爲一部徐宣謝祿楊音爲一部崇安攻拔長社南擊宛斬縣令而宣祿等亦拔陽翟引之梁今汝州梁縣也擊殺河南太守赤眉衆雖數戰勝而疲敝厭兵厭倦皆日夜愁泣思欲東歸崇等計議慮衆東向必散不如西攻長安更始二年冬崇安自武關宣等從陸渾關武關在今商州上洛縣東河圖括地象曰武關山爲地門上爲天齊星前書曰陸渾縣有關在今洛州伊闕縣西南兩道俱入三年正月俱至弘農與更始諸將連戰剋勝衆遂大集乃分萬人爲一營凡三十營營置三老從事各一人進至華陰軍中常有齊巫鼓舞祠城陽景王以求福助以其定諸呂安社稷故郡國多爲立祠焉盆子承其後故軍中祠之巫狂言景王大怒曰當爲縣官何故爲賊縣官謂天子也有笑巫者輒病軍中驚動時方望弟陽怨更始殺其兄乃逆說崇等曰更始荒亂政令不行故使將軍得至於此今將軍擁百萬之衆西向帝城而無稱號名爲羣賊不可以久不如立宗室挾義誅伐以此號令誰敢不服崇等以爲然而巫言益甚前及鄭今華州縣乃相與議曰今迫近長安而鬼神如此當求劉氏

共尊立之六月遂立盆子爲帝自號建世元年初赤眉過式掠盆子及二兄恭茂皆在軍中恭少習尚書畧通大義及隨崇等降更始即封爲式侯以明經數言事拜侍中從更始在長安盆子與茂留軍中屬右校卒吏（劉敞曰案吏當爲史說竝見上）劉俠卿主芻牧牛號曰牛吏及崇等欲立帝求軍中景王後者得七十餘人唯盆子與茂及前西安侯劉孝最爲近屬崇等議曰聞古天子將兵稱上將軍乃書札爲符曰上將軍又以兩空札置笥中（札簡也笥篋也）遂於鄭北設壇場祠城陽景王諸三老從事皆大會陛下列盆子等三人居中立以年次探札盆子最幼後探得符諸將乃皆稱臣拜盆子時年十五被髮徒跣敝衣赭汗見衆拜恐畏欲啼茂謂曰善藏符盆子即齧折棄之復還依俠卿俠卿爲制絳單衣半頭赤幘（幘巾所以覆髻也續漢書曰童子幘無屋示未成人也半頭幘即空頂幘也其上無屋故以爲名董仲舒繁露曰以赤統者幘尚赤盆子承漢統故用赤也東宮故事曰太子有空頂幘一枚即半頭幘之製也）直綦履（綦履文也蓋直刺其文以爲飾也）乘軒車大馬赤屏泥（赤屏泥謂以緹油屏泥於軾前）絳襜絡（襜帷也車上施帷以屏蔽者交絡之以爲飾續漢志曰王公列侯安車加交絡帷裳也）而猶從牧兒遨崇雖起勇力而爲衆所宗然不知書數徐宣故縣獄吏能通易經遂共推宣爲丞相崇御史大夫逢安左大司馬謝祿右大司馬自楊音以下皆爲列卿軍及高陵與更始叛將張卬等連和遂攻東都門（三輔黃圖曰宣平門長安城東面北頭第一門也其外郭門名東都門）入長安城更始來降盆子居長樂宮諸將日會論功爭言讙呼（讙諠也讙音火完反）拔劍擊柱不能相一三輔郡縣營長遣使貢獻兵士輒剽奪之（剽劫也）又數虜暴吏民百姓保壁由是皆復固守至臘日崇等乃設樂大會盆子坐正殿中黃門持兵在後公卿皆列坐殿上酒未行其中一人出刀筆書謁欲賀（古者記事書於簡冊謬誤者以刀削而除之故曰刀筆）其餘不知書者起往請之（請其書已名也）各各屯聚更相背向大司農楊音按劍罵曰諸卿皆老傭也今日設君臣之禮反更殽亂（殽亦亂也）兒戲尚不如此皆可格殺（相拒而殺之曰格）更相辯鬭而兵衆遂各踰宮斬關入掠酒肉互相殺傷衞尉諸葛穉聞之勒兵入格殺百餘人乃定盆子惶恐日夜啼泣獨與中黃門共臥起唯得上觀閣而不聞外事時掖庭中宮女猶有數百千人自更始敗後幽閉殿內掘庭中蘆菔根（爾雅曰葖蘆菔音步北反菔字或作蔔）捕池魚而食之死者因相埋於宮中有故祠甘泉樂人尚共擊鼓歌舞衣服鮮明（甘泉宮有祭祠之所樂人謂掌祭天之樂者也）見盆子叩頭言飢盆子使中黃門稟之米人數斗後盆子去皆餓死不出劉恭見赤眉衆亂知其必敗自恐兄弟俱禍密教盆子歸璽綬習爲辭讓之言建武二年正月朔崇等大會劉恭先曰諸君共立恭弟爲帝德誠深厚立且一年肴亂日甚誠不足以相成恐死而無所益願得退爲庶人更求賢知唯諸君省察崇等謝曰此皆崇等罪也恭復固請或曰此寧式侯事邪（劉恭爲式侯言衆立天子非恭所預）恭惶恐起去盆子乃下牀解璽綬叩頭曰今設置縣官而爲賊如故吏人貢獻輒見剽劫流聞四方莫不怨恨不復信向此皆立非其人所致願乞骸骨避賢聖必欲殺盆子以塞責者無所離死（離避也）誠冀諸君肯哀憐之耳因涕泣噓唏（唏與欷同）崇等及會者數百人莫不哀憐之乃皆避席頓首曰臣無狀負陛下請自今已後不敢復放縱因共抱持盆子帶以璽綬盆子號呼不得已既罷出各閉營自守三輔翕然稱天子聰明百姓爭還長安市里且滿得二十餘日赤眉貪財物復出大掠城中糧食盡遂收載珍寶因大縱火燒宮室引兵而西過祠南郊車甲兵馬最爲猛盛衆號百萬盆子乘王車駕三馬（續漢志曰王車朱班輪青蓋左右騑駕三馬）從數百騎乃自南山轉掠城邑與更始將軍嚴春戰於郿破春殺之遂入安定北地至陽城番須中逢大雪坑谷皆滿士多凍死乃復還發掘諸陵取其寶貨遂汙辱呂后屍凡賊所發有玉匣殮者率皆如生（漢儀注曰自腰以下以玉爲札長尺廣二寸半爲匣下至足綴以黃金縷謂之爲玉匣也）故赤眉得多行婬穢大司徒鄧禹時在長安遣兵擊之於郁夷（郁夷縣屬右扶風也）反爲所敗禹乃出之雲陽九月赤眉復入長安止桂宮（長安記曰桂宮在未央宮北亦曰北宮）時漢中賊延岑出散關屯杜陵逢安將十餘萬人擊之鄧禹以逢安精兵在外唯盆子與羸弱居城中乃自往攻之會謝祿救至夜戰稾街中（三輔舊事曰長安城中有稾街）禹兵敗走延岑及更始將軍李寶合兵數萬人與逢安戰於杜陵岑等大敗死者萬餘人寶遂降安而延岑收散卒走寶乃密使人謂岑曰子努力還戰吾當於內反之表裏合勢可大破也岑即還挑戰安等空營擊之寶從後悉拔赤眉旌幟更立己幡旗安等戰疲還營見旗幟皆白大驚亂走自投川谷死者十餘萬逢安與數千人脫歸長安時三輔大飢人相食城郭皆空白骨蔽野遺人往往聚爲營保各堅守不下赤眉虜掠無所得十二月乃引而東歸衆尚二十餘萬隨道復散光武乃遣破姦將軍侯進等屯新安建威大將軍耿弇等屯宜陽分爲二道以要其還路勑諸將曰賊若東走可引宜陽兵會新安賊若南走可引新安兵會宜陽明年正月鄧禹自河北度擊赤眉於湖（湖縣故城在今虢州湖城縣西南）禹復敗走赤眉遂出關南向征西大將軍馮異破之於崤底（即崤坂也在今洛州永寧縣西北）帝聞乃自將幸宜陽盛兵以邀其走路赤眉忽遇大軍驚震不知所爲乃遣劉恭乞降曰盆子將百萬衆降陛下何以待之帝曰待汝以不死耳樊崇乃將盆子及丞相徐宣以下三十餘人肉袒降上所得傳國璽綬更始七尺寶劍及玉璧各一積兵甲宜陽城西與熊耳山齊（宜陽縣故城韓國城也在今洛州福昌縣東酈元水經注曰洛水之北有熊耳山雙巒競舉狀同熊耳在宜陽西也）帝令縣廚賜食衆積困餧十餘萬人皆得飽飫明旦大陳兵馬臨洛水令盆子君臣列而觀之謂盆子曰自知當死不對曰罪當應死猶幸上憐赦之耳帝笑曰兒大黠宗室無蚩者（釋名曰蚩癡也）又謂崇等曰得無悔降乎朕今遣卿歸營勒兵鳴鼓相攻決其勝負不欲強相服也徐宣等叩頭曰臣等出長安東都門君臣計議歸命聖德百姓可與樂成難與圖始故不告衆耳今日得降猶去虎口歸慈母誠歡誠喜無所恨也帝曰卿所謂鐵中錚錚傭中佼佼者也（說文曰錚錚金也鐵之錚錚言微有剛利也錚音初耕反佼音古巧反佼好貌也詩曰佼人僚兮今相傳云音胡巧反言佼佼者凡傭之人稍爲勝也）又曰諸卿大爲無道所過皆夷滅老弱溺社稷汙井竈（溺音奴弔反）然猶有三善攻破城邑○（劉攽曰案文當云攻城破邑）周徧天下本故妻婦無所改易是一善也立君能用宗室是二善也餘賊立君迫急皆持其首降自以爲功諸卿獨完全以付朕是三善也乃令各與妻子居洛陽賜宅人一區田二頃其夏樊崇逢安謀反誅死楊音在長安時遇趙王良有恩賜爵關內侯與徐宣俱歸鄉里卒於家劉恭爲更始報殺謝祿自繫獄赦不誅帝憐盆子賞賜甚厚以爲趙王郎中後病失明賜滎陽均輸官地以爲列肆（均輸官名屬司農肆市列也桓寬鹽鐵論云郡國諸侯各以其方物貢輸往來物多苦惡不償其費故郡國置輸官以相給運故曰均輸）使食其稅終身

贊曰聖公靡聞假我風雲（易曰雲從龍風從虎聖人作而萬物覩假借也言聖公初起無所聞知借我中興風雲之便）始順歸歷終然崩分赤眉阻亂（阻恃也）盆子探符雖盜皇器（皇器猶神器謂天位也）乃食均輸

後漢書卷四十一考證

劉聖公傳共攻離鄉聚注離鄉聚謂諸鄉聚離散去城郭遠者大曰鄉小曰聚○臣承蒼按離鄉乃聚名若南陽之夕陽聚南郡之藍口聚丹陽聚皆是也郡國志於南新市侯國下注按本傳有離鄉聚綠林則離鄉聚與綠林均爲地名可知章懷注非

後漢書卷四十二

宋　宣　城　太　守范　曄撰

唐　章　懷　太　子　賢注

王劉張李彭盧列傳第二

王昌傳

王昌一名郎趙國邯鄲人也素爲卜相工明星歷常以爲河北有天子氣時趙繆王子林（景帝七代孫也）好奇數任俠於趙魏間多通豪猾而郎與之親善初王莽篡位長安中或自稱成帝子子輿者莽殺之（王莽傳曰男子武仲自稱劉子輿）郎緣是詐稱眞子輿云母故成帝謳者嘗下殿卒僵須臾有黃氣從上下半日乃解遂姙身就館趙后欲害之（趙飛燕也）僞易它人子以故得全（東觀記曰宮婢生子正與同時即易之也）子輿年十二○（劉攽曰案上下文皆言子輿此少一子字）識命者郎中李曼卿（識命謂知天命也）與俱至蜀十七到丹陽（丹陽楚所封地在今歸州秭歸縣東也）二十還長安展轉中山來往燕趙以須天時（須待也）林等愈動疑惑乃與趙國大豪李育張參等通謀規共立郎會人間傳赤眉將度河林等因此宣言赤眉當立劉子輿以觀衆心百姓多信之更始元年十二月林等遂率車騎數百晨入邯鄲城止於王宮（故趙王之宮也）立郎爲天子林爲丞相李育爲大司馬張參爲大將軍分遣將帥徇下幽冀移檄州郡曰制詔部刺史郡太守曰○（劉攽曰案文多下一日字有日字皆史所加詔不自言日也）朕孝成皇帝子子輿者也昔遭趙氏之禍因以王莽篡殺賴知命者將護朕躬（東觀記曰知命者謂侍郎韓公等）解形河濱削迹趙魏（解形猶脫身也）王莽竊位獲罪於天天命佑漢故使東郡太守翟義嚴鄉侯劉信擁兵征討出入胡漢普天率土知朕隱在人間南嶽諸劉爲其先驅（聖公光武本自舂陵北徙故舂陵近衡山故曰南嶽諸劉也）朕仰觀天文乃興于斯以今月壬辰即位趙宮休氣熏蒸應時獲雨蓋聞爲國子之襲父古今不易劉聖公未知朕故且持帝號諸與義兵咸以助朕皆當裂土享祚子孫已詔聖公及翟太守亟與功臣詣行在所（天子所在曰行在所）疑刺史二千石皆聖公所置未覩朕之沈滯或不識去就強者負力（負恃也）弱者惶惑今元元創痍已過半矣（痍傷也）朕甚悼焉故遣使者班下詔書郎以百姓思漢既多言翟義不死故詐稱之以從人望於是趙國以北遼東以西皆從風而靡明年光武自薊得郎檄南走信都（走趣也音子豆反）發兵徇旁縣遂攻柏人不下議者以爲守柏人不如定鉅鹿光武乃引兵東北圍鉅鹿郎太守王饒據城數十日連攻不尅耿純說曰久守王饒士衆疲敝不如及大兵精銳進攻邯鄲若王郎已誅王饒不戰自服矣光武善其計乃

留將軍鄧滿(續漢書滿作蒲)守鉅鹿而進軍邯鄲屯其郭北門郎數出戰不利乃使其諫議大夫杜威持節請降威雅稱郎實成帝遺體光武曰設使成帝復生天下不可得況詐子輿者乎威請求萬戶侯光武曰顧得全身可矣(顧猶念也)威曰邯鄲雖鄙并力固守尚曠日月終不君臣相率但全身而已遂辭而去因急攻之二十餘日郎少傅李立爲反間開門內漢兵遂拔邯鄲郎夜亡走道死追斬之

劉永傳

劉永者梁郡睢陽人梁孝王八世孫也傳國至父立元始中立與平帝外家衞氏交通(衞氏平帝母家也中山衞子豪之女)爲王莽所誅更始即位永先詣洛陽紹封爲梁王都睢陽永聞更始政亂遂據國起兵以弟防爲輔國大將軍防弟少公御史大夫封魯王遂招諸豪傑沛人周建等並署爲將帥攻下濟陰山陽沛楚淮陽汝南凡得二十八城又遣使拜西防賊帥山陽佼彊爲橫行將軍(西防縣名故城在今宋州單父縣北佼音絞)是時東海人董憲起兵據其郡而張步亦定齊地永遣使拜憲翼漢大將軍步輔漢大將軍與共連兵遂專據東方及更始敗永自稱天子建武二年夏光武遣虎牙大將軍蓋延等伐永初陳留人蘇茂爲更始討難將軍與朱鮪等守洛陽鮪既降漢茂亦歸命光武因使茂與蓋延俱攻永軍中不相能茂遂反殺淮陽太守掠得數縣據廣樂而臣於永永以茂爲大司馬淮陽王蓋延遂圍睢陽數月拔之永將家屬走虞(虞縣名屬梁國故城在今宋州虞城縣)虞人反殺其母及妻子永與麾下數十人奔譙蘇茂佼彊周建合軍救永爲蓋延所敗茂奔還廣樂彊建從永走保湖陵三年春永遣使立張步爲齊王董憲爲海西王於是遣大司馬吳漢等圍蘇茂於廣樂周建率衆救茂茂建戰敗棄城復還湖陵而睢陽人反城迎永(反音幡)吳漢與蓋延等合軍圍之城中食盡永與茂建走酇(酇今亳州縣也酇音在何反)諸將追急永將慶吾斬永首降封吾爲列侯蘇茂周建奔垂惠共立永子紆爲梁王佼彊還保西防四年秋遣捕虜將軍馬武騎都尉王霸圍紆建於垂惠蘇茂將五校兵救之紆建亦出兵與武等戰不尅而建兄子誦反閉城門拒之建茂紆等皆走建於道死茂奔下邳與董憲合紆奔佼彊五年遣驃騎大將軍杜茂攻佼彊於西防彊與劉紆奔董憲時平狄將軍龐萌反叛遂襲破蓋延引兵與董憲連和自號東平王屯桃鄉之北(桃鄉故城在今兗州龔丘縣西北也)

龐萌傳

龐萌山陽人初亡命在下江兵中更始立以爲冀州牧將兵屬尚書令謝躬共破王郎及躬敗萌乃歸降光武即位以爲侍中萌爲人遜順甚見信愛帝嘗稱曰可以託六尺之孤寄百里之命者(解見明紀)龐萌是也拜爲平狄將軍與蓋延共擊董憲時詔書獨下延而不及萌萌以爲延譖己自疑遂反帝聞之大怒乃自將討萌與諸將書曰吾常以龐萌社稷之臣將軍得無笑其言乎老賊當族其各厲兵馬會睢陽憲聞帝自討龐萌乃與劉紆蘇茂佼彊去下邳還蘭陵使茂彊助萌合兵三萬急圍桃城帝時幸蒙聞之乃留輜重自將輕騎三千步卒數萬晨夜馳赴師次任城去桃鄉六十里旦日諸將請進賊亦勒兵挑戰帝不聽乃休士養銳以挫其鋒城中聞車駕至衆心益固時吳漢等在東郡馳使召之萌等乃悉兵攻城二十餘日衆疲困而不能下及吳漢與諸將到乃率衆軍進桃城而帝親自搏戰大破之萌茂彊夜棄輜重逃奔董憲乃與劉紆悉其兵數萬人屯昌慮自將銳卒拒新陽(新陽縣屬東海郡)帝先遣吳漢擊破之憲走還昌慮漢進守之憲恐乃招誘五校餘賊步騎數千人屯建陽去昌慮三十里(建陽縣屬東海郡故城在今沂州丞縣北丞音時證反)帝至蕃(蕃音皮又音婆)去憲所百餘里諸將請進帝不聽知五校乏食當退勑各堅壁以待其敝頃之五校糧盡果引去帝乃親臨四面攻憲三日復大破之衆皆奔散遣吳漢追擊之佼彊將其衆降蘇茂奔張步憲及龐萌走入繒山(繒縣名故城在今沂州丞縣東北繒山即其縣之山也)數日吏士聞憲尚在復往往相聚得數百騎迎憲入郯城吳漢等復攻拔郯憲與龐萌走保朐(朐縣名屬東海郡今海州朐山縣西有故朐城秦始皇立石以爲東闕門即此地也)劉紆不知所歸軍士高扈斬其首降梁地悉平吳漢進圍朐明年城中穀盡憲萌潛出襲取贛榆(贛榆縣名今海州東海縣也贛音貢)琅邪太守陳俊攻之憲萌走澤中會吳漢下朐城進盡獲其妻子(○劉攽曰案文多一進字)憲乃流涕謝其將士曰妻子皆已得矣(爲吳漢所得也)嗟乎久苦諸卿乃將數十騎夜去欲從間道歸降而吳漢校尉韓湛追斬憲於方與(方與音防預)方與人黔陵亦斬萌皆傳首洛陽封韓湛爲列侯黔陵關內侯

張步傳

張步字文公琅邪不其人也漢兵之起步亦聚衆數千轉攻傍縣下數城自爲五威將軍遂據本郡更始遣魏郡王閎爲琅邪太守步拒之不得進閎爲檄曉諭吏人降得贛榆等六縣收兵數千人與步戰不勝時梁王劉永自以更始所立貪步兵彊承制拜步輔漢大將軍忠節侯督青徐二州使征不從命者步貪其爵號遂受之乃理兵於劇(劇縣名在今青州壽光縣南也)以弟弘爲衞將軍弘弟藍玄武大將軍藍弟壽高密太守遣將徇太山東萊城陽膠東北海濟南齊諸郡皆下之步拓地寖廣(寖漸也)兵甲日盛王閎懼其衆散乃詣步相見欲誘以義方步大陳兵引閎怒曰步有何過君前見攻之甚乎閎按劒曰太守奉朝命而文公擁兵相距閎攻賊耳何謂甚邪步嘿然良久離席跪謝乃陳樂獻酒待以上賓之禮令閎關掌郡事(關通也)建武三年光武遣光祿大夫伏隆持節使齊拜步爲東萊太守劉永聞隆至劇乃馳遣立步爲齊王步即殺隆而受永命是時帝方北憂漁陽南事梁楚故步得專集齊地據郡十二及劉永死步等欲立永子紆爲天子自爲定漢公置百官王閎諫曰梁王以奉本朝之故是以山東頗能歸之今尊立其子將疑衆心且齊人多詐(汲黯曰公孫弘之詐)宜且詳之步乃止五年步聞帝將攻之以其將費邑爲濟南王屯歷下冬建威大將軍耿弇破斬費邑進拔臨淄步以弇兵少遠客可一舉而取乃悉將其衆攻弇於臨淄步兵大敗還奔劇帝自幸劇步退保平壽(今青州北海縣也)蘇茂將萬餘人來救之茂讓步曰以南陽兵精延岑善戰而耿弇走之大王奈何就攻其營既呼茂不能待邪步曰負負無可言者(負愧也再言之者愧甚之)帝乃遣使告步茂能相斬降者封爲列侯步遂斬茂使使奉其首降步三弟各自繫所在獄皆赦之封步爲安丘侯與家屬居洛陽王閎亦詣劇降八年夏步將妻子逃奔臨淮與弟弘藍欲招其故衆乘船入海琅邪太守陳俊追擊斬之王閎者王莽叔父平阿侯譚之子也哀帝時爲中常侍時倖臣董賢爲大司馬寵愛貴盛閎屢諫忤旨哀帝臨崩以璽綬付賢曰無妄以與人時國無嗣主內外恇懼閎白元后請奪之即帶劒至宣德後闥(三輔黃圖曰未央宮有宣德殿闥宮中門也)舉手叱賢曰宮車晏駕國嗣未立公受恩深重當俯伏號泣何事久持璽綬以待禍至邪賢知閎必死不敢拒之乃跪授璽綬閎馳上太后朝廷壯之及王莽篡位潛忌閎乃出爲東郡太守閎懼誅常繫藥手內莽敗漢兵起閎獨完全東郡三十餘萬戶歸降更始

李憲傳

李憲者潁川許昌人也王莽時爲廬江屬令(王莽每郡置屬令職如都尉)莽末江賊王州公等起衆十餘萬攻掠郡縣莽以憲爲偏將軍廬江連率擊破州公莽敗憲據郡自守更始元年自稱淮南王建武三年遂自立爲天子置公卿百官擁九城衆十餘萬四年秋光武幸壽春遣揚武將軍馬成等擊憲圍舒(舒縣屬廬江)至六年正月拔之憲亡走其軍士帛意(帛姓也宋帛產之後也見韓非子也)追斬憲而降憲妻子皆伏誅封帛意漁浦侯後憲餘黨淳于臨等猶聚衆數千人屯灊山攻殺安風令(灊山安豐皆縣名屬廬江郡灊縣故城今壽州也○劉攽曰案傳作安風注作安豐皆是縣名從傳是)楊州牧歐陽歙遣兵不能尅帝議欲討之廬江人陳衆爲從事白歙請得喻降臨(曉喻其意而降之也)於是乘單車駕白馬往說而降之灊山人共生爲立祠號白馬陳從事云

彭寵傳

彭寵字伯通南陽宛人也父宏哀帝時爲漁陽太守偉容貌能飲飯(飯音扶遠反)有威於邊王莽居攝誅不附己者宏與何武鮑宣並遇害寵少爲郡吏地皇中爲大司空士(王莽時九卿分屬三公每一卿置元士三人○劉攽曰案王莽傳一卿置大夫三人一大夫置士三人此文不具少大夫八字)從王邑東拒漢軍到洛陽聞同產弟在漢兵中懼誅即與鄉人吳漢亡至漁陽抵父時吏(抵歸也)更始立使謁者韓鴻持節徇北州(謂幽并也)承制得專拜二千石已下鴻至薊以寵漢並鄉閭故人相見歡甚即拜寵偏將軍行漁陽太守事漢安樂令(安樂縣名屬漁陽郡故城在今幽州潞縣西北也)及光武鎭慰河北至薊以書招寵寵具牛酒將上謁會王郎詐立傳檄燕趙遣將徇漁陽上谷急發其兵北州衆多疑惑欲從之吳漢說寵從光武語在漢傳會上谷太守耿況亦使功曹寇恂詣寵結謀共歸光武寵乃發步騎三千人以吳漢行長史及都尉嚴宣護軍蓋延狐奴令王梁(狐奴縣名屬漁陽郡)與上谷軍合而南及光武於廣阿光武承制封寵建忠侯賜號大將軍遂圍邯鄲寵轉糧食前後不絕及王郎死光武追銅馬北至薊寵上謁自負其功意望甚高(負恃也)光武接之不能滿以此懷不平(不能滿其意故心不平也)光武知之以問幽州牧朱浮浮對曰前吳漢北發兵時大王遺寵以所服劒又倚以爲北道主人寵謂至當迎閤握手交歡並坐今既不然所以失望浮因曰王莽爲宰衡時甄豐旦夕入謀議時人語曰夜半客甄長伯(長伯豐字也豐平帝時爲少府王莽篡位時爲更始將軍)及莽篡位後豐意不平卒以誅死光武大笑以爲不至於此及即位吳漢王梁寵之所遣並爲三公而寵獨無所加愈怏怏不得志歎曰我功當爲王但爾者陛下忘我邪是時北州破散而漁陽差完有舊鹽鐵官寵轉以貿穀(貿易也)積珍寶益富彊朱浮與寵不相能浮數譖搆之建武二年春詔徵寵寵意浮賣己上疏願與浮俱徵又與吳漢蓋延等書盛言浮枉狀(枉謂己枉之狀也)固求同徵帝不許

益以自疑而其妻素剛不堪抑屈固勸無受召寵又與常所親信吏計議皆懷怨於浮莫有勸行者帝遣寵從弟子后蘭卿諭之寵因留子后蘭卿遂發兵反拜署將帥自將二萬餘人攻朱浮於薊分兵徇廣陽上谷右北平又自以與耿況俱有重功而恩賞並薄數遣使要誘況況不受輒斬其使秋帝使游擊將軍鄧隆救薊隆軍潞南浮軍雍奴遣吏奏狀帝讀檄怒謂使吏曰營相去百里其勢豈可得相及比若還 若汝也 北軍必敗矣寵果盛兵臨河以拒隆又別發輕騎三千襲其後大破隆軍浮遠遂不能救引而去明年春寵遂拔右北平上谷數縣遣使以美女繒綵賂遺匈奴要結和親單于使左南將軍七八千騎往來為游兵以助寵又南結張步及富平獲索諸豪桀皆與交質連衡 交質謂交相為質也左傳曰交質往來道路無壅前書音義曰以利合曰從以威力相脅曰橫 遂攻拔薊城自立為燕王其妻數惡夢又多見怪變 東觀記曰夢臝袒冠幘踰城髡徒推之又寵堂上聞蝦蟇聲在火鑪下鑿地求之不得也 卜筮及望氣者皆言兵當從中起寵疑子后蘭卿質漢歸故不信之使將兵居外無親於中五年春寵齋獨在便室 便坐之室非正室也 蒼頭子密等三人因寵臥寐共縛著牀告外吏云大王齋禁皆使吏休偽稱寵命教收縛奴婢各置一處 ○劉攽曰案文多一命字教即教下之書下文自有命字 又以寵命呼其妻妻入大驚 東觀記曰妻入驚曰奴反奴乃捽其妻頭擊其頰 寵急呼曰趣為諸將軍辦裝 呼奴為將軍欲其赦已也 於是兩奴將妻入取寶物留一奴守寵寵謂守奴曰若小兒我素愛也今為子密所迫劫耳解我縛當以女珠妻汝家中財物皆與若小奴意欲解之視戶外見子密聽其語遂不敢解於是收金玉衣物至寵所裝之被馬六疋使妻縫兩縑囊昏夜後解寵手令作記告城門將軍云今遣子密等至子后蘭卿所速開門出勿稽留之 稽停也 書成即斬寵及妻頭置囊中便持記馳出城因以詣闕封為不義侯明旦閤門不開官屬踰牆而入見寵屍驚怖其尚書韓立等共立寵子午為王以子后蘭卿為將軍國師韓利斬午首詣征虜將軍祭遵降夷其宗族

盧芳傳

盧芳字君期安定三水人也居左谷中 續漢志曰三水縣有左右谷故城在今涇州安定縣南 王莽時天下咸思漢德芳由是詐自稱武帝曾孫劉文伯曾祖母匈奴谷蠡渾邪王之姊為武帝皇后生三子遭江充之亂太子誅皇后坐死中子次卿亡之長陵小子回卿逃於左谷霍將軍立次卿迎回卿回卿不出因居左谷生子孫卿孫卿生文伯常以是言誑惑安定閒王莽末乃與三水屬國羌胡起兵更始至長安徵芳為騎都尉使鎮撫安定以西更始敗三水豪傑共計議以芳劉氏子孫宜承宗廟乃共立芳為上將軍西平王 徵平定西方故以為號 使使與西羌匈奴結和親單于曰匈奴本與漢約為兄弟 高祖時與冒頓單于約為兄弟 後匈奴中衰呼韓邪單于歸漢漢為發兵擁護世世稱臣 呼韓邪單于降漢入朝宣帝擁護國內遂定 今漢亦中絕劉氏來歸我亦當立之令尊事我乃使句林王將數千騎迎芳 句音古侯反 芳與兄禽弟程俱入匈奴單于遂立芳為漢帝以程為中郎將將胡騎還入安定初五原人李興隨昱朔方人田颯代郡人石鮪閔堪各起兵自稱將軍建武四年單于遣無樓且渠王入五原塞 塞屬五原郡因以為名 與李興等和親告興欲令芳還漢地為帝五年李興閔堪引兵至單于庭迎芳與俱入塞都九原縣 九原縣名故城在勝州銀山縣也 掠有五原朔方雲中定襄鴈門五郡並置守令與胡通兵侵苦北邊六年芳將軍賈覽將胡騎擊殺代郡太守劉興芳後以事誅其五原太守李興兄弟而其朔方太守田颯雲中太守橋扈恐懼叛芳舉郡降光武令領職如故後大司馬吳漢驃騎大將軍杜茂數擊芳並不尅十二年芳與賈覽共攻雲中久不下其將隨昱留守九原欲脅芳降芳知羽翼外附心膂內離遂棄輜重與十餘騎亡入匈奴其衆盡歸隨昱昱乃隨使者程恂詣闕拜昱為五原太守封鐫胡侯 鐫謂琢鑿之故以為名下有鐫羌侯即其類 昱弟憲武進侯十六年芳復入居高柳 高柳縣名故城在今雲州定襄縣 與閔堪兄林使使請降乃立芳為代王堪為代相林為代太傅賜繒二萬匹因使和集匈奴芳上疏謝曰臣芳過託先帝遺體棄在邊陲社稷遭王莽廢絕以是子孫之憂所宜共誅故遂西連羌戎北懷匈奴單于不忘舊德權立救助是時兵革並起往往而在臣非敢有所貪覬 覬望也 期於奉承宗廟興立社稷是以久僭號位十有餘年罪宜萬死陛下聖德高明躬率衆賢海內賓服惠及殊俗以胏附之故 胏附若胏之附著猶言親戚也 赦臣芳罪加以仁恩封為代王使備北藩無以報塞重責冀必欲和輯匈奴 輯音才入反郭景純云古集字 不敢遺餘力負恩貸 負猶背也 謹奉天子玉璽思望闕庭詔報芳朝明年正月其冬芳入朝南及昌平 昌平縣名故城在今幽州昌平縣東南 有詔止令更朝明歲芳自道還憂恐乃復背叛遂反與閔堪閔林相攻連月匈奴遣數百騎迎芳及妻子出塞芳留匈奴中十餘年病死初安定屬國胡與芳為寇及芳敗胡人還鄉里積苦縣官徭役其中有駮馬少伯者素剛壯二十一年遂率種人反叛與匈奴連和屯聚青山 青山在今慶州有青山水 乃遣將兵長史陳訢 呂忱云訢古欣字 率三千騎擊之少伯乃降徙於冀縣 冀縣屬天水郡今秦州伏羌縣

論曰傳稱盛德必百世祀 左傳晉侯問於史趙曰陳其遂亡乎對曰未也臣聞盛德必百世祀虞之代數未也 孔子曰寬則得衆夫能得衆心則百世不忘矣觀更始之際劉氏之遺恩餘烈英雄豈能抗之哉然則知高祖孝文之寬仁結於人心深矣周人之思召公愛其甘棠 詩序曰甘棠美召伯也召伯聽訟於甘棠之下周人思之不伐其樹 又況其子孫哉劉氏之再受命蓋以此乎若數子者豈有國之遠圖哉 ○劉攽曰案文上少一字不成文理蓋有經字也 因時擾攘苟恣縱而已耳然猶以附假宗室能掘強歲月之閒 掘強謂強梁也前書伍被謂淮南王安曰掘強江淮之閒苟延歲月之命 觀其智畧固無足以憚漢祖發其英靈者也 言此數子非漢祖之敵不足奮發英靈而憚畏之也

贊曰天地閉革 革改也易曰天地閉賢人隱又曰天地革而四時成湯武革命順乎天而應乎人 野戰羣龍 謂英雄竝起也易曰龍戰于野其血玄黃又曰羣龍無首吉也 昌芳偕詐梁齊連鋒 梁王劉永齊王張步 寵負強地 據漁陽也 憲縈深江 起盧江也 實惟非律代委神邦 易曰師出以律律法也言反叛非用師之法故更代破滅委棄其神皋之國伏於光武也

後漢書卷四十二考證

王昌傳賴知命者將護朕躬注東觀記曰知命者謂侍郎韓公等○ 臣承蕃按上文已言議命者郎中李曼卿此知命者即曼卿也

李憲傳攻殺安風令劉攽刊誤安風安豐皆縣名從傳是○ 臣會汾按郡國志安風安豐皆屬廬江郡安風為侯國而安豐則縣也傳言殺令似當從注作安豐

後漢書卷四十三

宋　宣　城　太　守　范　曄　撰

唐　章　懷　太　子　賢　注

隗囂公孫述列傳第三

隗囂傳 囂音五高反

隗囂字季孟天水成紀人也 成紀縣名故城在今秦州隴城縣西北 少仕州郡王莽國師劉歆引囂為士 王莽置國師位上公士其屬官也莽置九卿分屬三公每一卿置大夫三人一大夫置元士三人 歆死囂歸鄉里季父崔素豪俠能得衆聞更始立而莽兵連敗於是乃與兄義及上邽人楊廣冀人周宗謀起兵應漢囂止之曰夫兵凶事也 史記范蠡曰兵者凶器戰者逆德 宗族何辜崔不聽遂聚衆數千人攻平襄殺莽鎮戎大尹 平襄縣名屬天水郡故城在今秦州伏羌縣西北王莽改天水郡曰鎮戎郡守曰大尹 崔廣等以為舉事宜立主以一衆心咸謂囂素有名好經書遂共推為上將軍囂辭讓不得已曰諸父衆賢不量小子必能用囂言者乃敢從命衆皆曰諾囂既立遣使聘請平陵人方望以為軍師 平陵縣名屬右扶風也 望至說囂曰足下欲承天順民輔漢而起今立者乃在南陽王莽尚據長安雖欲以漢為名其實無所受命將何以見信於衆乎宜急立高廟稱臣奉祠所謂神道設教求助人神者也 易觀卦曰聖人以神道設教而天下服矣 且禮有損益質文無常削地開兆 兆域也 茅茨土階以致其肅敬雖未備物神明其舍諸囂從其言遂立廟邑東祀高祖太宗世宗囂等皆稱臣執事史奉璧而告 史祝史也璧者所以祀神也 祝畢有司穿坎于庭 周禮司盟掌盟載之法也鄭玄註曰載盟辭也書其辭於策殺牲取血坎其牲加書於上而薶之 牽馬操刀奉盤錯鍉遂割牲而盟 臣賢按該音引字詁鍉即題音徒啓反方言曰宋楚之閒謂盎為題據下文云鍉不濡血明非盎盎之類前書匈奴傳云漢遣韓昌等與單于及大臣俱登諾水東山刑白馬單于以徑路刀金留犂撓酒應劭云留犂飯匕也撓攪也以匕攪血而歃之今亦奉盤措鍉而歃也以此而言鍉即匙字錯置也音七故反 曰凡我同盟三十一將十有六姓允承天道興輔劉宗如懷姦慮明神殛之 殛誅也 高祖文皇武皇俾墜厥命厥宗受兵族類滅亡有司奉血鍉進護軍舉手揖諸將軍曰鍉不濡血歃不入口是欺神明也厥罰如盟既而薶血加書一如古禮事畢移檄告郡國曰漢復元年七月己酉朔己巳上將軍隗囂白虎將軍隗崔左將軍隗義右將軍楊廣明威將軍王遵雲旗將軍周宗等告州牧部監郡卒正連率大尹尹尉隊大夫屬正屬令 莽以周官王制之文置卒正連率大尹職如太守屬令屬長職如都尉置州牧部監二十五人見禮如三公監位上大夫各主五郡公氏作牧侯氏卒正伯氏連率子氏屬令男氏屬長皆代其官其無爵者為尹又置六隊郡置大夫職如太守○劉攽曰大尹尹尉隊大夫案王莽置六尉六隊郡各置大夫故云尉隊大夫此多一尹字又注云又置六隊郡置大夫少六尉二字部又當作郡也 故新都侯王莽慢侮天地悖道逆理鴆殺孝平皇帝篡奪其位矯託天命偽作符書 莽遣五威將軍王奇等班符命四十二篇於天下言當代漢之意 欺惑衆庶震怒上帝反戾飾文以為祥瑞 大風毀莽玉路堂又拔其昭寧堂池東榆樹大十圍莽乃曰念紫閣仙圖天意立太子正其名乃立其子臨為太子以為祥應也 戲弄神祇歌頌禍殃 莽戲弄神祇謂仙人掌旁有白頭公青衣莽曰皇祖叔父子僑欲來迎我也歌頌禍殃謂莽作告天策自陳功勞千餘言能誦策文者除以為郎至五十餘人○劉攽曰案本傳作五千人 楚越之竹不足以書其惡 前書朱安世曰南山之竹不足以盡我詞以楚越多竹故引以為言也 天下昭然所共聞見今略舉大端以喻吏民蓋天為父地為母 尚書曰惟天地萬物父母 禍福之應各以事降莽明知之而冥昧觸冒不顧大忌詭亂天衘援引史傳 王莽每有災禍皆引史傳以文飾之前書說符侯崔發言於莽曰周禮及春秋

左氏國有大災則哭以厭之故周易稱先號咷而後笑宜乎嗟呼告天以求救莽乃率羣臣至南郊陳其符命因搏心大哭 昔秦始皇毀壞謚法以一二數欲至萬世 史記秦始皇初并天下制曰太古有號毋謚中古有號死而以行爲謚如此則子議父臣議君自今以來除謚法朕爲始皇帝後世以計數至于萬世傳之無窮 而莽下三萬六千歲之歷言身當盡此度 莽令太史推三萬六千歲曆紀六歲一改元布告天下 循亡秦之軌推無窮之數是其逆天之大罪也分裂郡國斷截地絡 絡猶經絡也謂莽分拆郡縣斷割疆界也 田爲王田賣買不得 莽更名天下田曰王田不得賣買 規錮山澤奪民本業 莽制名山大澤不得採取 造起九廟窮極土作 莽九廟一曰黃帝太初祖廟二曰帝虞始祖昭廟三曰陳胡王統祖穆廟四曰齊敬王世祖昭廟五曰濟北愍王王祖穆廟六曰濟南伯王尊禰昭廟七曰元城孺子王尊禰穆廟八曰陽平頃王昭廟九曰新都顯王穆廟殿皆重屋太祖廟東西南北各四十丈高十七丈餘半之爲銅薄櫨飾以金銀琱文窮極百工之巧功費數百鉅萬卒徒死者萬數也○劉攽曰窮極土作案文土當作工凡興作不專在土也又注七曰元城孺子王宗本王翁孺故稱孺王不當有子字 發冢河東攻劫丘壟此其逆地之大罪也尊任殘賊信用姦佞誅戮忠正覆按口語赤車奔馳 續漢志曰小使車赤轂白蓋赤帷從騶騎四十人 法冠晨夜冤繫無辜 續漢志曰法冠一曰柱後高五寸侍御史服之 妄族衆庶行炮烙之刑除順時之法 莽作焚如之刑燒殺陳良終帶等二十七人莽又作不順時之令春夏斬人此爲不順時之法 灌以醇醯裂以五毒 莽以董忠反收忠宗族以醇醯毒藥白刃叢棘并一坎而薶之 政令日變官名月易 莽州郡官名改無常制乃至歲復變更一郡至五易名而還復其故吏人不能紀也 貨幣歲改 時百姓便安漢五銖錢以莽錢大小兩行難知皆私以五銖錢市買莽患之下書諸挾五銖錢者比非井田制投四裔 吏民昏亂不知所從商旅窮窘號泣市道設爲六管 管主也莽設六管之令謂酤酒賣鹽鐵器鑄錢名山大澤此謂六也皆令縣官主稅收其利 增重賦斂刻剝百姓厚自奉養苞苴流行財入公輔 禮記曰苞苴簞笥問人者莽令七公六卿兼號將軍分鎮大郡皆使爲姦於外貪爲市侵漁百姓 上下貪賄莫相檢考民坐挾銅炭沒入鍾官 莽時關東大饑蝗人犯鑄錢伍人相坐沒入爲官奴婢其男子檻車兒女子步以鐵鎖琅其頸傳詣鍾官以十萬數到者易其夫婦愁苦死者什六七鍾官主鑄錢之官也 徒隸殷積數十萬人工匠飢死長安皆臭既亂諸夏狂心益悖北攻強胡南擾勁越 莽令十二部將同時十道並出大擊匈奴莽改句町王爲侯其王邯怨怒不附莽諷牂柯大尹周歆詐殺邯邯弟承起兵攻殺歆 西侵羌戎東摘濊貊 摘擾也西羌龐恬傅幡等怨莽奪其地爲西海郡遂反攻西海太守程永莽又發高句驪兵伐胡不欲行郡強迫之皆亡出塞爲寇 使四境之外並入爲害緣邊之郡江海之瀕滌地無類 瀕涯也滌蕩也蕩地無遺類也 故攻戰之所敗苛法之所陷饑饉之所夭疾疫之所及以萬萬計其死者則露屍不掩生者則奔亡流散幼孤婦女流離係虜此其逆人之大罪也是故上帝哀矜降罰于莽妻子顛殞還自誅刈 顛踣也殞絕也莽殺其子宇臨等妻王氏以莽數殺其子涕泣失明病卒 大臣反據亡形已成大司馬董忠國師劉歆衛將軍王涉 涉曲陽侯根之子也 皆結謀內潰司命孔仁納言嚴尤秩宗陳茂舉衆外降 莽置五威司命孔仁敗降更始遂見光武紀 今山東之兵二百餘萬已平齊楚下蜀漢定宛洛據敖倉守函谷威命四布

宣風中岳 中岳嵩高也謂更始至洛陽 興滅繼絕封定萬國遵高祖之舊制修孝文之遺德有不從命武軍平之馳使四夷復其爵號 莽貶句町王爲侯西域盡改其王爲侯單于曰服于高句驪曰下句驪今皆復其爵號 然後還師振旅櫜弓臥鼓 周禮曰出曰理兵入曰振旅詩周頌曰載戢干戈載櫜弓矢櫜韜也臥鼓息也 申命百姓各安其所庶無負子之責 百姓負流亡責在君上既安其業則無責也 囂乃勒兵十萬擊殺雍州牧陳慶將攻安定安定大尹王向莽從弟平阿侯譚之子也威風獨能行其邦內屬縣皆無叛者囂乃移書於向喻以天命反覆誨示終不從於是進兵虜之以徇百姓然後行戮安定悉降而長安中亦起兵誅王莽囂遂分遣諸將徇隴西武都金城武威張掖酒泉敦煌皆下之更始二年遣使徵囂及崔義等囂將行方望以爲更始未可知固止之囂不聽望以書辭謝而去曰足下將建伊呂之業弘不世之功 不世者言非代之所常有也 而大事草創 草創謂始造也 英雄未集以望異域之人疵瑕未露 望平陵人以奧爲郡故言異域 欲先崇郭隗想望樂毅 新序云郭隗謂燕昭王曰王誠欲致士請從隗始隗且見事況賢於隗者乎於是昭王爲隗築宮而師之樂毅自魏往騶衍自齊往劇辛自趙往士爭趨燕 故欽承大旨順風不讓將軍以至德尊賢廣其謀慮動有功發中權基業已定大勳方緝今俊乂並會羽翮比肩 管子曰桓公謂管仲曰寡人之有仲父猶飛鴻之有羽翼耳 望無耆耇之德而猥託賓客之上 猥猶濫也 誠自愧也雖懷介然之節欲絜去就之分誠終不背其本貳其志也何則范蠡收責句踐乘偏舟於五湖 偏舟特舟也收責謂收其罪責也史記曰范蠡與句踐滅吳爲書辭句踐曰臣聞主憂臣勞主辱臣死昔者君王辱於會稽所以不死爲此事也今既雪恥臣請從會稽之誅乃裝其輕寶珠玉自與其私徒屬乘舟浮海以行計然云范蠡乘偏舟於江湖○劉攽曰偏舟案史傳皆作扁舟扁特也不當用偏字 咎犯謝罪文公亦逡巡於河上 逡巡不進也左傳曰晉公子重耳反國及河子犯以璧授公子曰臣負羈紲從君巡於天下臣之罪多矣臣猶知之而況君乎請由此亡公子曰所不與舅氏同心者有如白水 夫以二子之賢勒銘兩國猶削跡歸愆請命乞身望之無勞蓋其宜也望聞烏氏有龍池之山 烏氏縣名屬安定郡故城在今涇州安定縣東也 微徑南通與漢相屬其傍時有奇人聊及閑暇廣求其眞願將軍勉之囂等遂至長安更始以爲右將軍崔義皆即舊號其冬崔義謀欲叛歸囂懼并禍即以事告之崔義誅死更始感囂忠以爲御史大夫明年夏赤眉入關三輔擾亂流聞光武即位河北囂即說更始歸政於光武叔父國三老良更始不聽諸將欲劫更始東歸囂亦與通謀事發覺更始使使者召囂囂稱疾不入因會客王遵周宗等勒兵自守更始使執金吾鄧曄 謝承書曰曄南陽南鄉人勁悍廉直爲名 將兵圍囂囂閉門拒守至昏時遂潰圍與數十騎夜斬平城門關 三輔黃圖曰長安城南面西頭門 亡歸天水復招聚其衆據故地自稱西州上將軍及更始

敗三輔耆老士大夫皆奔歸囂囂素謙恭愛士傾身引接爲布衣交以前王莽平河大尹長安谷恭 莽改清河爲平河 爲掌野大夫平陵范逡爲師友趙秉蘇衡鄭興爲祭酒 前書音義曰禮飲酒必祭示有先也故稱祭酒祭酒時唯長者以酒沃酹 申屠剛杜林爲持書 持書即持書侍御史秩六百石 楊廣王遵周宗及平襄人行巡阿陽人王捷長陵人王元爲大將軍 東觀記曰元杜陵人阿陽縣名屬天水郡本爲河陽者誤也 杜陵金丹之屬爲賓客由此名震西州聞於山東建武二年大司徒鄧禹西擊赤眉屯雲陽禹裨將馮愔引兵叛禹西向天水囂逆擊破之於高平 縣名今原州高平縣 盡獲輜重於是禹承制遣使持節命囂爲西州大將軍得專制涼州朔方事及赤眉去長安欲西上隴囂遣將軍楊廣迎擊破之又追敗之於烏氏涇陽間 涇陽縣名屬安定郡今原州平原縣南涇陽故城是也 囂既有功於漢又受鄧禹爵署其腹心議者多勸通使京師三年囂乃上書詣闕光武素聞其風聲報以殊禮言稱字用敵國之儀所以慰藉之良厚 慰安也藉薦也言安慰而薦藉之良甚也 時陳倉人呂鮪擁衆數萬與公孫述通寇三輔囂復遣兵佐征西大將軍馮異擊之走鮪遣使上狀帝報以手書曰慕樂德義思相結納昔文王三分猶服事殷 孔子曰周之德可謂至德三分天下有其二以服事殷 但駑馬鉛刀不可強扶 周禮校人掌六馬駑馬最下者也說文鉛青金也似錫而色青賈誼云鉛刀爲銛言駑馬鉛刀不可強扶持而用也 數蒙伯樂一顧之價 戰國策曰蘇代爲燕說齊未見齊王先說淳于髡曰人有賣駿馬者比三旦立市市人莫之知往見伯樂曰臣有駿馬欲賣之比三旦立於市市人莫與言願子還而視之去而顧之臣請獻一朝之價伯樂如其言一旦而價十倍也 而蒼蠅之飛不過數步即託驥尾得以絕羣 張敞書曰蒼蠅之飛不過十步自託騏驥之尾乃騰千里之路然無損於騏驥得使蒼蠅絕羣也見敞傳 隔於盜賊聲問不數將軍操執款款扶傾救危南距公孫之兵北禦羌胡之亂是以馮異西征得以數千百人躑躅三輔 躑躅猶踟躕也 微將軍之助則咸陽已爲他人禽矣今關東寇賊往往屯聚志務廣遠多所不暇未能觀兵成都與子陽角力 角力猶爭力也 如令子陽到漢中三輔願因將軍兵馬鼓旗相當儻肯如言蒙天之福即智士計功割地之秋也 秋一歲中成功之時故舉以爲言 管仲曰生我者父母成我者鮑子 事見史記 自今以後手書相聞勿用傍人解構之言 解構猶間構也 自是恩禮愈篤其後公孫述數出兵漢中遣使以大司空扶安王印綬授囂囂自以與述敵國恥爲所臣乃斬其使出兵擊之連破述軍以故蜀兵不復北出時關中將帥數上書言蜀可擊之狀帝以示囂因使討蜀以效其信囂乃遣長史上書盛言三輔單弱劉文伯在邊 文伯盧芳字也 未宜謀蜀帝知囂欲持兩端不願天下統一於是稍黜其禮正君臣之儀初囂與來歙馬援相善故帝數使歙援奉使

往來勸令入朝許以重爵囂不欲東連遣使深持謙辭言無功德須四方平定退伏閭里五年復遣來歙說囂遣子入侍囂聞劉永彭寵皆已破滅乃遣長子恂隨歙詣闕以爲胡騎校尉封鐫羌侯 胡騎校尉武帝置秩二千石也鐫猶鐫鑿也 而囂將王元王捷常以爲天下成敗未可知不願專心內事元遂說囂曰昔更始西都四方響應天下喁喁謂之太平 喁喁衆口向上也 一旦敗壞大王幾無所厝今南有子陽北有文伯江湖海岱王公十數 謂張步據齊董憲起東海李憲守舒劉紆據垂惠佼彊周建秦豐等各據州郡 而欲牽儒生之說棄千乘之基 儒生謂馬援說囂歸光武 羇旅危國以求萬全此循覆車之軌計之不可者也今天水完富士馬最彊北收西河上郡東收三輔之地案秦舊迹表裏山河 秦外山而內河左傳曰表裏山河 元請以一丸泥爲大王東封函谷關此萬世一時也若計不及此且畜養士馬據隘自守曠日持久以待四方之變圖王不成其弊猶足以霸 前書徐樂曰圖王不成其弊足以霸也 要之魚不可脫於淵 老子曰魚不可脫於泉脫失也失泉則涸矣 神龍失勢即還與蚯蚓同 慎子曰騰蛇游霧飛龍乘雲雲罷霧除與蚯蚓同矣失其所乘故也 囂心然元計雖遣子入質猶負其險阸欲專方面於是游士長者稍稍去之 東觀記曰杜林先去餘稍稍相隨東詣京師 六年關東悉平帝積苦兵間以囂子內侍公孫述遠據邊垂乃謂諸將曰且當置此兩子於度外耳因數騰書隴蜀 說文曰騰傳也 告示禍福囂賓客掾史多文學生每所上事當世士大夫皆諷誦之故帝有所辭荅尤加意焉囂復遣使周游詣闕先到馮異營游爲仇家所殺帝遣衞尉銚期持珍寶繒帛賜囂期至鄭被盜 鄭今華州縣是也 亡失財物帝常稱囂長者務欲招之聞而歎曰吾與隗囂事欲不諧使來見殺得賜道亡會公孫述遣兵寇南郡 南郡今荊州也 乃詔囂當從天水伐蜀因此欲以潰其心腹囂復上言白水險阻棧閣絕敗 白水縣有關屬廣漢郡棧閣者山路懸險棧木爲閣道 又多設支閡 支柱障閡 帝知其終不爲用巨欲討之 巨猶遂也 遂西幸長安遣建威大將軍耿弇等七將軍從隴道伐蜀先使來歙奉璽書喻旨囂疑懼即勒兵使王元據隴坻 坻坂也郭仲產秦州記曰隴山東西百八十里在隴州汧源縣西 伐木塞道謀欲殺歙歙得亡歸諸將與囂戰大敗各引退囂因使王元行巡侵三輔征西大將軍馮異征虜將軍祭遵等擊破之囂乃上疏謝曰吏人聞大兵卒至驚恐自救臣囂不能禁止兵有大利不敢廢臣子之節親自追還昔虞舜事父大杖則走小杖則受 家語孔子謂曾子之詞也 臣雖不敏敢忘斯義今臣之事在於本朝賜死則死加刑則刑如遂蒙恩更得洗心死骨不朽有司以囂言慢請誅其子恂帝不忍復使來歙至汧 汧水名因以爲縣屬右扶

風故城在今隴州汧源縣南賜囂書曰昔柴將軍與韓信書柴將軍柴武也韓信韓王信也信反入匈奴與漢戰故武與之書也云陛下寬仁諸侯雖有亡叛而後歸輒復位號不誅也以囂文吏曉義理故復賜書深言則似不遜略言則事不決今若束手復遣恂弟歸闕庭者則爵祿獲全有浩大之福矣浩亦大也吾年垂四十在兵中十歲厭浮語虛辭即不欲勿報囂知帝審其詐遂遣使稱臣於公孫述明年述以囂爲朔寧王欲其寧靜北邊也遣兵往來爲之援埶秋囂將步騎三萬侵安定至陰槃陰槃縣名屬安定郡今涇州縣馮異率諸將拒之囂又令別將下隴攻祭遵於汧兵並無利乃引還帝因令來歙以書招王遵遵乃與家屬東詣京師拜爲太中大夫封向義侯續漢書云遵降封上雒侯遵字子春霸陵人也父爲上郡太守遵少豪俠有才辯雖與囂舉兵而常有歸漢意曾於天水私於來歙曰吾所以勠力不避矢石者豈要爵位哉徒以人思舊主先君蒙漢厚恩思効萬分耳又數勸囂遣子入侍前後辭諫切甚囂不從故去焉八年春來歙從山道襲得略陽城囂出不意懼更有大兵乃使王元拒隴坻行巡守番須口番須口與回中相近並在汧王孟塞雞頭道雞頭山道也雞或作笄一名崆峒山在今原州西牛邯軍瓦亭安定烏支縣有瓦亭故關有瓦亭川水在今原州西囂自悉其大衆圍來歙公孫述亦遣其將李育田弇助囂攻略陽連月不下帝乃率諸將西征之數道上隴使王遵持節監大司馬吳漢留屯於長安遵知囂必敗滅而與牛邯舊故知其有歸義意以書喻之曰遵與隗王歃盟爲漢自經歷虎口踐履死地已十數矣于時周洛以西周洛謂東都也無所統壹故爲王策欲東收關中北取上郡進以奉天人之用退以懲外夷之亂數年之間冀聖漢復存當挈河隴奉舊都以歸本朝生民以來臣人之埶未有便於此時者也而王之將吏羣居穴處之徒穴處言所議不遠也人人抵掌說文抵側擊也戰國策曰蘇秦與李兌抵掌而談也欲爲不善之計遵與孺卿日夜所爭害幾及身者豈一事哉前計抑絕後策不從所以吟嘯扼腕垂涕登車扼持也史記云天下之士莫不扼腕以言之幸蒙封拜得延論議遵爲太中大夫在論議之職每及西州之事未嘗敢忘孺卿之言今車駕大衆已在道路吳耿驍將雲集四境而孺卿以奔離之卒拒要扼當軍衝視其形埶何如哉夫智者覩危思變賢者泥而不滓在泥滓之中而不滓汚也是以功名終申策畫復得故夷吾束縛而相齊新序曰桓公與管仲鮑叔甯戚飲桓公謂鮑叔曰姑爲寡人祝乎鮑叔奉酒而起祝曰吾君無忘出莒也使管子無忘束縛從魯也使甯戚無忘其飯牛於車下也黥布杖劍以歸漢黥布爲楚淮南王高祖使隨何說布乃杖劍歸漢王也去愚就義功名並著今孺卿當成敗之際遇嚴兵之鋒可爲怖慄宜斷之心胷參之有識邯得書沈吟十餘日乃謝士衆歸命洛陽拜爲太中大夫於是囂大將十三人屬縣十六衆十餘萬皆降王元入蜀求救囂將妻子奔西城從楊廣西城縣名屬漢陽郡一名始昌城在今秦州上邽縣西南而田弇李育保上邽詔告囂曰若束手自詣父子相見保無佗也高皇帝云橫來大者王小者侯田橫爲齊王天下既定橫與賓客五百人居海島高祖使召之曰橫來大者王小者侯事見前書若遂欲爲黥布者亦自任也必不歸降遂如黥布云欲爲帝亦任之也囂終不降於是誅其子恂使吳漢與征南大將軍岑彭圍西城耿弇與虎牙大將軍蓋延圍上邽車駕東歸潁川賊起故東歸月餘楊廣死囂窮困其大將王捷別在戎丘登城呼漢軍曰爲隗王城守者皆必死無二心願諸軍亟罷亟音紀力反請自殺以明之遂自刎頸死何休公羊傳云刎割也數月王元行巡周宗將蜀救兵五千餘人乘高卒至鼓譟大呼曰百萬之衆方至漢軍大驚未及成陳元等決圍殊死戰遂得入城迎囂歸冀會吳漢等食盡退去於是安定北地天水隴西復反爲囂九年春囂病且餓出城餐糗糒鄭康成注周禮曰糗熬大豆與米也說文曰糒乾飯也恚憤而死續漢志曰王莽末天水童謠曰出吳門望緹羣見一蹇人言欲上天令天可上地上安得入時囂初起兵於天水後意稍廣欲爲天子遂破滅囂少病蹇吳門冀郭門名也有緹羣山王元周宗立囂少子純爲王明年來歙耿弇蓋延等攻破落門落門聚名也有落門谷水在今秦州伏羌縣西周宗行巡苟宇趙恢等將純降宗恢及諸隗分徙京師以東純與巡宇徙弘農唯王元留爲蜀將及輔威將軍臧宮破延岑元舉衆詣宮降元字惠孟初拜上蔡令遷東平相坐墾田不實下獄死決錄曰平陵之王惠孟綏激昂據述困於東平也牛邯字孺卿狄道人有勇力才氣雄於邊垂及降大司空司直杜林○劉攽曰案司空無司直當作徒字杜林傳亦可見太中大夫馬援並薦之以爲護羌校尉與來歙平隴右十八年純與賓客數十騎亡入胡至武威捕得誅之

論曰隗囂援旗糾族援引也糾收也假制明神謂立高祖孝文等廟而祭之也迹夫創圖首事有以識其風矣終於孤立一隅介于大國東還於漢南拒於蜀左傳曰介于二大國之間隴坻雖隘非有百二之埶百二者以秦地險固二萬人當諸侯百萬人前書曰田肯賀高祖秦得百二焉區區兩郡隴西天水也以禦堂堂之鋒言光武親征之也孫武兵書云無擊堂堂之陣至使窮廟策竭征徭身殁衆解然後定之則知其道有足懷者所以棲有四方之桀四方雄桀者皆棲集而有之士至投死絕亢而不悔者矣亢喉嚨也謂王捷自刎也夫功全則譽顯業謝則釁生回成喪而爲其議者或未聞焉成喪猶成敗也言事之成敗在於天命不由人力能回爲此議者寡故未之聞也若囂命會符運敵非天力雖坐論西伯豈多嗤乎天力謂光武天所授也言不遇光武爲敵則不謝西伯也嗤笑也

公孫述傳

公孫述字子陽扶風茂陵人也東觀記曰其先武帝時以吏二千石自無鹽徙焉哀帝時以父任爲郎任保任也東觀記曰成帝末述父仁爲侍御史任爲太子舍人稍增秩爲郎焉後父仁爲河南都尉秦置郡尉典兵禁捕盜賊景帝更名都尉秩比二千石也而述補清水長清水縣名屬天水郡今秦州縣仁以述年少遣門下掾隨之官州郡有掾皆自辟除之常居門下故以爲號月餘掾辭歸白仁曰述非待教者也後太守以其能使兼攝五縣政事修理姦盜不發郡中謂有鬼神言明察也王莽天鳳中爲導江卒正居臨邛王莽改蜀郡曰導江太守曰卒正臨邛今邛州縣也復有能名及更始立豪傑各起其縣以應漢南陽人宗成自稱虎牙將軍入略漢中又商人王岑亦起兵於雒縣商今商州雒縣也雒縣屬廣漢郡今益州縣也自稱定漢將軍殺王莽庸部牧以應成王莽改益州爲庸部牧宋遵也其衆合數萬人述聞之遣使迎成等成等至成都虜掠暴橫述意惡之召縣中豪傑謂曰天下同苦新室思劉氏久矣故聞漢將軍到馳迎道路今百姓無辜而婦子係獲室屋燒燔此寇賊非義兵也吾欲保郡自守以待真主諸卿欲并力者即留不欲者便去豪傑皆叩頭曰願效死述於是使人詐稱漢使者自東方來假述輔漢將軍蜀郡太守兼益州牧印綬乃選精兵千餘人西擊成等比至成都衆數千人遂攻成大破之成將垣副殺成以其衆降風俗通曰垣秦邑也因以爲姓秦始皇有將垣齮東觀記曰初副以漢中亭長聚衆降成自稱輔漢將軍二年秋更始遣柱功侯李寶益州刺史張忠將兵萬餘人徇蜀漢述恃其地險衆附有自立志乃使其弟恢恢本或作狡於綿竹擊寶忠大破走之綿竹縣名屬廣漢郡今益州縣也故城今在縣東由是威震益部功曹李熊說述曰方今四海波蕩匹夫橫議將軍割據千里地什湯武枚乘諫吳王曰湯武之土不過百里若奮威德以投天隙天時之間隙也霸王之業成矣宜改名號以鎮百姓述曰吾亦慮之公言起我意於是自立爲蜀王都成都蜀地肥饒兵力精彊遠方士庶多往歸之邛筰君長邛筰皆西南夷國名筰音昨見西南夷傳皆來貢獻李熊復說述曰今山東飢饉人庶相食兵所屠滅城邑丘墟蜀地沃野千里土壤膏腴無塊曰壤果實所生無穀而飽左思蜀都賦曰戶有橘柚之園又曰瓜疇芋區前書卓王孫曰吾聞嶓山之下沃野下有蹲鴟至死不飢女工之業覆衣天下左思蜀都賦曰百室離房機杼相和衣音於既反名材竹幹器械之饒不可勝用竹幹竹箭也內盛曰器外盛曰械又有魚鹽銅銀之利丙穴出嘉魚在漢中蜀有鹽井又有銅陵山其朱提界出銀朱音上朱反提音上移反浮水轉漕之便北據漢中杜襃斜之險東守巴郡拒扞關之口史記曰楚肅王爲扞關以拒蜀故基在今硤州巴山縣地方數千里戰士不下百萬見利則出兵而略地無利則堅守而力農東下漢水以窺秦地南順江流以震荊揚所謂用天因地成功之資今君王之聲聞於天下而名號未定志士孤疑宜即大位使遠人有所依歸述曰帝王有命吾何足以當之熊曰天命無常百姓與能詩云天命靡常易曰百姓與能能者當之王何疑焉述夢有人語之曰八厶子系十二爲期說文云厶音私系音係胡計反覺謂其妻曰雖貴而祚短若何妻對曰朝聞道夕死尚可況十二乎會有龍出其府殿中夜有光耀述以爲符瑞因刻其掌文曰公孫帝建武元年四月遂自立爲天子號成家以起成都故號成家色尚白建元曰龍興元年以李熊爲大司徒以其弟光爲大司馬恢爲大司空改益州爲司隸校尉蜀郡爲成都尹漢以京師爲司隸校尉部置京兆尹中興以洛陽爲司隸校尉部置河南尹故述放焉越巂任貴亦殺王莽大尹而據郡降述遂使將軍侯丹開白水關在漢陽西縣梁州記曰關城西南有白水關也北守南鄭今梁州縣也故城在今縣東北也將軍任滿從閬中下江州閬中江州皆縣名並屬巴郡閬中今隆州縣也江州故城在渝州巴縣西東據扞關於是盡有益州之地自更始敗後光武方事山東未遑西伐關中豪桀呂鮪等往往擁衆以萬數莫知所屬多往歸述時延岑藍田王歆據下邽各稱將軍擁兵事見馮異傳皆拜爲將軍遂大作營壘陳車騎肄習戰射會聚兵甲數十萬人積糧漢中築宮南鄭又造十層赤樓帛蘭船蓋以帛飾其蘭檻也多刻天下牧守印章備置公卿百官使將軍李育程烏將數萬衆出陳倉與呂鮪徇三輔三年征西將軍馮異擊鮪育於陳倉大敗之鮪育奔漢中五年延岑田戎爲漢兵所敗皆亡入蜀岑字叔牙南陽人東觀記曰筑陽縣人始起據漢中又擁兵關西所在破散○劉攽曰案文多南陽西字走至南陽略有數縣戎汝南人初起兵夷陵轉寇郡縣衆數萬人岑戎並與秦豐合豐俱以女妻之及豐敗故二人皆降於述述以岑爲大司馬封汝寧王戎翼江王六年述遣戎與將軍任滿出江關下臨沮夷陵間華陽國志曰巴楚相攻故置江關舊在赤甲城後移在江州南對白帝城故基在今夔州復縣南臨沮縣名侯國屬南郡故城在今荊州當陽縣西北夷陵縣名屬南郡今硤州縣也故城在今縣西北○劉攽曰注今夔州復縣案文少一魚字招其故衆因欲取荆州諸郡竟不能剋是時述廢銅錢置鐵官錢置鐵官以鑄錢百姓貨幣不行蜀中童謠言曰黃牛白腹五銖當復好事者竊言王莽稱黃述自號白五銖錢漢貨也言天下當并還劉氏述亦好爲符命鬼神瑞應之事妄引讖記以爲孔子作春秋爲赤制而斷十二公尚書考靈耀曰孔子爲赤制故作春秋赤者漢行也言孔子作春秋斷十二公象漢十二帝明漢至平帝十二代歷數盡也據漢十一帝言十二代者并數呂后一姓不得再受命又引錄運法曰廢昌帝立公孫括地象曰帝軒轅受命公孫氏握錄運法括地象並河圖名也援神契曰西太守乙卯金謂西方太守而乙絕卯金也乙軋也言西方太守能軋絕卯金也五德之運黃承赤而白繼黃金據西方爲白德而代王

氏得其正序又自言手文有奇及得龍興之瑞數移書
中國冀以感動衆心帝患之乃與述書曰圖讖言公孫
即宣帝也代漢者當塗高君豈高之身邪東觀記曰光武與述書曰
承赤者黃也姓當塗其名高也乃復以掌文爲瑞王莽何足效乎王莽詐以
鐵契石龜文圭玄印等爲符瑞言不足倣傚也君非吾賊臣亂子倉卒時人皆
欲爲君事耳何足數也數責君日月已逝妻子弱小當
也宜留三思署曰公孫皇帝述不荅明年隗囂稱臣於
述述騎都尉平陵人荊邯見東方將平兵且西向說述
曰兵者帝王之大器古今所不能廢也左傳宋子罕曰天生五材廢一
不可誰能去兵聖人以興亂人以廢廢興存亡之術皆兵之由也昔秦失其守豪桀並
起漢祖無前人之迹立錐之地言漢祖起自布衣無公劉太王之業也故乘藉
吳王書曰舜無立錐之地以有天下起於行陣之中躬自奮擊兵破身困
者數矣然軍敗復合創愈復戰軍敗謂戰於睢水上爲楚所破後得韓信軍復
大振也創愈謂在於成皋間項羽射傷漢王胷後復戰何則前死而成功踰於却
就於滅亡也○劉攽曰案文下於字當作在文勢不可併用兩於字也而隗囂遭遇
運會割有雍州兵強士附威加山東隴西天水皆雍州之地故言割有也
囂傳云名震西州流聞山東是威加也遇更始政亂復失天下衆庶引領
四方瓦解淮南子曰武王伐紂左操黃鉞右秉白旄而麾之則瓦解而走囂不及此時
推危乘勝以爭天命而退欲爲西伯之事尊師章句賓
友處士章句謂鄭興等也處士謂方望等也偃武息戈卑辭事漢喟然自
以文王復出也令漢帝釋關隴之憂以囂居西無東之意故置之度外而
不爲發專精東伐四分天下而有其三使西州豪桀咸歸
心於山東發間使召攜貳間使謂來歙馬援等也攜貳謂王遵鄭興杜林牛邯等相
次而歸光武則五分而有其四若舉兵天水必至沮潰天水
既定則九分而有其八陛下以梁州之地內奉萬乘外
給三軍百姓愁困不堪上命將有王氏自潰之變王氏即王
莽也臣之愚計以爲宜及天下之望未絕豪桀尚可招誘
急以此時發國內精兵令田戎據江陵臨江南之會倚
巫山之固巫山在今夔州巫山縣東也築壘堅守傳檄吳楚長沙以
南必隨風而靡令延岑出漢中定三輔天水隴西拱手
自服如此海內震搖冀有大利述以問羣臣博士吳柱
曰昔武王伐殷先觀兵孟津八百諸侯不期同辭然猶
還師以待天命未聞無左右之助而欲出師千里之外
以廣封彊者也邯曰今東帝無尺土之柄驅烏合之衆
鄒陽云周用烏集而王跨馬陷敵所向輒平不亟乘時與之分功
而坐談武王之說是效隗囂欲爲西伯也述然邯言欲
悉發北軍屯士及山東客兵使延岑田戎分出兩道與
漢中諸將合兵并執蜀人及其弟光以爲不宜空國千
里之外決成敗於一舉固爭之述乃止延岑田戎亦數

請兵立功終疑不聽述性苛細察於小事敢誅殺而不
見大體好改易郡縣官名然少爲郎習漢家制度出入
法駕法駕屬車三十六乘公卿不在鹵簿中侍中驂乘奉車都尉御前驅九斿雲罕鳳皇闟戟皮軒鑾
旗旄騎旄頭之騎也陳置陛戟然後輦出房闥又立其兩子
爲王食犍爲廣漢各數縣羣臣多諫以爲成敗未可知
戎士暴露而遽王皇子示無大志傷戰士心述不聽唯
公孫氏得任事由此大臣皆怨八年帝使諸將攻隗囂
述遣李育將萬餘人救囂囂敗并沒其軍蜀地聞之恐
動述懼欲安衆心成都郭外有秦時舊倉述改名白帝
倉述以色尚白故改之自王莽以來常空述即詐使人言白帝倉
出穀如山陵百姓空市里往觀之述乃大會羣臣問曰
白帝倉竟出穀乎皆對言無述曰訛言不可信道隗王
破者復如此矣俄而囂將王元降述以爲將軍明年使
元與領軍環安拒河池河池今鳳州縣也又遣田戎及大司徒
任滿南郡太守程汎將兵下江關破虜將軍馮駿等拔
巫及夷陵夷道夷道縣名屬南郡故城在今硤州宜都縣西因據荊門荊門山名
也在今硤州宜都縣西北今猶有故城基趾在山上十一年征南大將軍岑彭攻
之滿等大敗述將王政斬滿首降于彭田戎走保江州
江州縣名屬巴郡故城今渝州巴縣城邑皆開門降彭遂長驅至武陽武
陽縣名故城在今眉州帝乃與述書陳言禍福以明丹青之信揚雄法言
曰王者之言炳若丹青述省書歎息以示所親太常常少光祿勳
張隆隆少皆勸降述曰廢興命也豈有降天子哉左右
莫敢復言中郎將來歙急攻王元環安安使刺客殺歙
述復令刺殺岑彭十二年述弟恢及子壻史興並爲大
司馬吳漢輔威將軍臧宮所破戰死自是將帥恐懼日
夜離叛述雖誅滅其家猶不能禁帝必欲降之乃下詔
喻述曰往年詔書比下比頻也開示恩信勿以來歙岑彭
受害自疑今以時自詣則家族完全若迷惑不喻委肉
虎口痛哉奈何將帥疲倦吏士思歸不樂久相屯守詔
書手記不可數得朕不食言述終無降意九月吳漢又
破斬其大司徒謝豐執金吾袁吉漢兵遂守成都述謂
延岑曰事當奈何岑曰男兒當死中求生可坐窮乎財
物易聚耳不宜有愛述乃悉散金帛募敢死士五千餘
人以配岑於市橋市橋即七星之一橋也李膺益州記曰沖星橋舊市橋也在今成都縣西
南四里僞建旗幟幟幡也幟音昌志反又式志反鳴鼓挑戰而潛遣奇兵
出吳漢軍後襲擊破漢漢墮水緣馬尾得出十一月臧
宮軍至咸門成都北面有二門其西者名咸門述視占書云虜死城下
大喜謂漢等當之乃自將數萬人攻漢使延岑拒宮大
戰岑三合三勝自旦及日中軍士不得食並疲漢因令
壯士突之述兵大亂被刺洞胷墮馬吳漢傳云護軍高午奔陣刺述殺之

左右輿入城述以兵屬延岑其夜死明旦岑降吳漢乃
夷述妻子盡滅公孫氏并族延岑遂放兵大掠焚述宮
室帝聞之怒以譴漢又讓漢副將劉尚曰城降三日吏
人從服孩兒老母口以萬數一旦放兵縱火聞之可爲
酸鼻尚宗室子孫嘗更吏職何忍行此仰視天俯視地
觀放麑啜羹二者孰仁韓子曰孟孫獵得麑使秦西巴持之其母隨而呼秦西巴不忍
而與其母戰國策曰樂羊爲魏將而攻中山其子在中山中山君烹其子而遺之羹樂羊啜之盡一盃而攻拔
中山良失斬將弔人之義也良猶甚也初常少張隆勸述降不
從並以憂死帝下詔追贈少爲太常隆爲光祿勳以禮
改葬之其忠節志義之士並蒙旌顯謂李業譙玄等見獨行傳程烏
李育以有才幹皆擢用之於是西土咸悅莫不歸心焉
論曰昔趙佗自王番禺趙佗眞定人因漢初天下未定自立爲南越王番禺縣屬南海
郡故城在今廣州西南越志曰有番山禺山因以爲名公孫亦竊帝蜀漢推其無
他功能而至於後亡者將以地邊處遠非王化之所先
乎述雖爲漢吏無所馮資徒以文俗自憙遂能集其志
計道未足而意有餘不能因隙立功以會時變方乃坐
飾邊幅邊幅猶有邊緣以自矜持以高深自安昔吳起所以慙魏侯
也史記曰魏武侯浮西河而下中流而顧曰美哉乎河山之固此魏之寶也吳起對曰在德不在險及
其謝臣屬審廢興之命與夫泥首銜玉者異日談也干寶
晉記曰吳王孫晧將其子瑾等泥首面縛降王濬左傳曰許男面縛銜璧以見楚子璧玉也
贊曰公孫習吏隗王得士漢命已還二隅方跱天數有
違江山難恃違猶去也

後漢書卷四十三考證
隗囂傳劉文伯在邊注文伯盧芳字也○臣承荼按盧
芳詐稱武帝曾孫劉文伯故當時之人但知爲劉文
伯不知爲盧芳文伯非盧芳字也芳字君期見本傳

後漢書卷四十四
宋　宣　城　太　守范　曄撰
唐　章　懷　太　子　賢注
宗室四王三侯列傳第四
齊武王縯傳子北海靖王興
齊武王縯字伯升縯引也音衍光武之長兄也性剛毅慷慨
有大節自王莽篡漢常憤憤懷復社稷之慮不事家人
居業傾身破產交結天下雄俊莽末盜賊羣起南方尤
甚伯升召諸豪傑計議曰王莽暴虐百姓分崩今枯旱
連年兵革並起東觀記曰王莽末年天下大旱蝗蟲蔽天盜賊羣起四方潰畔此亦天

亡之時復高祖之業定萬世之秋也衆皆然之於是分
遣親客使鄧晨起新野光武與李通李軼起於宛伯升
自發舂陵子弟合七八千人部署賓客自稱柱天都部
柱天者若天之柱也都部者都統其衆也使宗室劉嘉往誘新市平林兵王
匡陳牧等合軍而進屠長聚及唐子鄉殺湖陽尉進拔
棘陽因欲攻宛至小長安與王莽前隊大夫甄阜屬正
梁丘賜戰時天密霧漢軍大敗姊元弟仲皆遇害宗從
死者數十人伯升復收會兵衆還保棘陽阜賜乘勝留
輜重於藍鄉比陽縣有藍鄉引精兵十萬南渡潢淳水酈元注水經曰
諸水二湖流注合爲黃水又南經棘陽縣之黃淳聚又謂之黃淳水在今唐州湖陽縣蕭該音淳作淳者誤○
劉攽曰潢字注當作黃據臨泚水阻兩川間爲營絕後橋示無還
心新市平林見漢兵數敗阜賜軍大至各欲解去伯升
甚患之會下江兵五千餘人至宜秋宜秋聚名在泚陽縣乃往爲
說合從之埶下江從之語在王常傳伯升於是大饗軍
士設盟約休卒三日分爲六部潛師夜起襲取藍鄉盡
獲其輜重明旦漢軍自西南攻甄阜下江兵自東南攻
梁丘賜至食時賜陳潰阜軍望見散走漢兵急追之却
迫潢淳水斬首溺死者二萬餘人遂斬阜賜王莽納言
將軍嚴尤秩宗將軍陳茂聞阜賜軍敗引欲據宛伯升
乃陳兵誓衆焚積聚破釜甑鼓行而前破釜甑示必死也鼓行而前言
無所顧也史記曰項羽北救趙渡河沈船破釜甑與尤茂遇育陽下戰大破之
斬首三千餘級尤茂棄軍走伯升遂進圍宛自號柱天
大將軍王莽素聞其名大震懼購伯升邑五萬戶黃金
十萬斤位上公使長安中官署及天下鄉亭皆畫伯升
像於塾旦起射之蕭該音義亦作塾引字林塾門側堂也東觀記續漢書並作埻案說文云
射臬也廣雅埻的也埻音之允反自阜賜死後百姓日有降者衆至十
餘萬諸將會議立劉氏以從人望豪傑咸歸於伯升而
新市平林將帥樂放縱憚伯升威明而貪聖公懦弱先
共定策立之然後使騎召伯升示其議伯升曰諸將軍
幸欲尊立宗室其德甚厚然愚鄙之見竊有未同今赤
眉起青徐衆數十萬聞南陽立宗室恐赤眉復有所立
如此必將內爭今王莽未滅而宗室相攻是疑天下而
自損權非所以破莽也且首兵唱號鮮有能遂陳勝項
籍即其事也舂陵去宛三百里耳未足爲功遽自尊立
爲天下準的使後人得承吾敝前書宋義曰戰勝則兵疲我承其敝非計
之善者也今且稱王以號令若赤眉所立者賢相率而
往從之若無所立破莽降赤眉然後舉尊號亦未晚也
願各詳思之諸將多曰善將軍張卬拔劍擊地曰疑事
無功史記曰趙武靈王欲胡服肥義曰疑事無功疑行無名今日之議不得有二
衆皆從之聖公既即位拜伯升爲大司徒封漢信侯由

是豪傑失望多不服平林後部攻新野不能下新野宰登城言曰(王莽改令長爲宰東觀記曰其宰潘臨也)得司徒劉公一信願先下及伯升軍至即開城門降五月伯升拔宛六月光武破王尋王邑自是兄弟威名益甚更始君臣不自安遂共謀誅伯升乃大會諸將以成其計更始取伯升寶劒視之繡衣御史申屠建隨獻玉玦(繡衣御史武帝置衣繡者尊寵之也玦決也令早決斷)更始竟不能發及罷會伯升舅樊宏謂伯升曰昔鴻門之會范增舉玦以示項羽(史記曰項王留沛公飲項伯東向坐范增南向坐沛公北向坐范增數目項王舉所佩玉玦者三項王默然不應鴻門地名在新豐東七十里)今建此意得無不善乎伯升笑而不應初李軼諂事更始貴將(貴將朱鮪等也)光武深疑之常以戒伯升曰此人不可復信又不受伯升部將宗人劉稷數陷陳潰圍勇冠三軍時將兵擊魯陽(魯陽縣屬南郡今汝州魯山縣也)聞更始立怒曰本起兵圖大事者伯升兄弟也今更始何爲者邪更始君臣聞而心忌之以稷爲抗威將軍稷不肯拜更始乃與諸將陳兵數千人先收稷將誅之伯升固爭李軼朱鮪因勸更始幷執伯升即日害之有二子建武二年立長子章爲太原王興爲魯王十一年徙章爲齊王十五年追謚伯升爲齊武王章少孤光武感伯升功業不就撫育恩愛甚篤以其少貴欲令親吏事故使試守平陰令(試守者稱職滿歲爲真平陰縣屬河南郡應劭云在平津南故曰平陰魏文帝改爲河陰故城在今洛陽縣東北濟州平陰縣東北五里亦有平陰故城)遷梁郡太守(今宋州也)立二十一年薨謚曰哀王子殤王石嗣(○劉攽曰案殤者不成人之名今王石立二十四年不可以殤謚蓋是煬字)建武二十七年石始就國三十年封石弟張爲下博侯永平十四年封石二子爲鄉侯石立二十四年薨子晃嗣下博侯張以善論議十六年與奉車都尉竇固等(續漢志奉車都尉比二千石無員掌御乘輿車)並出擊匈奴後進者多害其能數被譖訴建中初卒肅宗下詔褒揚之復封張子它人奉其祀晃及弟利侯剛與母太姬宗更相誣告章和元年有司奏請免晃剛爵爲庶人徙丹陽(丹陽故郡城在今潤州江寧縣東南)帝不忍下詔曰朕聞人君正屏有所不聽(白虎通曰所以設屏何以自障也示不極臣下之敬也天子德大故外屏諸侯德小故內屏)宗尊爲小君(諸侯之妻稱曰小君)宮衛周備出有輜軿之飾(輜軿有擁蔽之車也列女傳曰齊孝公華孟姬謂公曰妾聞妃后踰閾必乘安車輜軿下堂必從傅母保阿進退則鳴玉環內飾則結綢繆所以正心一意自斂制也)入有關戶之固殆不至如譖者之言(何休注公羊傳曰如其事曰訴加誣焉曰譖)晃剛愆乎至行濁乎大倫(濁猶汙也倫理也孔子曰欲潔其身而亂大倫)甫刑三千莫大不孝朕不忍置之于理其貶晃爵爲蕪湖侯(蕪湖解見章紀)削剛戶三千於戲小子不朂大道控於法理以墮宗緒(控引也墮毀也)其遺詔者收晃及太姬璽綬晃立十七年而降爵晃卒子無忌嗣帝以伯升創大業而後嗣罪廢心常愍之時北海亦絕無後及崩遺詔復二國永元二年乃復封無忌爲齊王是爲惠王立五十二年薨子頃王喜嗣立五年薨子承嗣建安十一年國除

論曰大丈夫之鼓動拔起其志致蓋遠矣若夫齊武王之破家厚士豈游俠下客之爲哉(下客謂毛遂馮煖之徒也)其慮將存乎配天之絕業而痛明堂之不祀也(王者以遠祖配天以父配上帝於明堂將以存其絕業復其祭祀)及其發舉大謀在倉卒擾攘之中使信先成於敵人(新野宰潘臨云請劉公一信而降)赦岑彭以顯義(初彭守宛食盡降漢諸將欲誅之伯升曰今舉大事當表義士不如封之以勸其後更始封彭爲歸德侯)若此足以見其度矣志高慮遠禍發所忽(謂不用樊宏光武之言忽輕也司馬相如曰禍故多藏於隱微而發於人之所忽也)嗚呼古人以蜂蠆爲戒(蠆蝎也左傳臧文仲謂魯君曰君其無謂邾小蜂蠆有毒而況國乎)蓋畏此也詩云敬之敬之命不易哉(詩周頌也)

北海靖王興建武二年封爲魯王嗣光武兄仲初南頓君娶同郡樊重女字嫺都(嫺胡閒反說文嫺雅也)嫺都性婉順自爲童女不正容服不出於房宗族敬焉生三男三女長男伯升次仲次光武長女黃次元次伯姬皇妣以初起兵時病卒宗人樊巨公收斂爲建武二年封黃爲湖陽長公主伯姬爲寧平長公主元與仲俱歿於小長安追爵元爲新野長公主十五年追謚仲爲魯哀王興其歲試守緱氏令爲人有明略善聽訟甚得名稱遷弘農太守亦有善政(續漢書曰弘農縣吏張申有伏罪興收申案論郡中震慄時年旱分遣文學循行屬縣理冤獄宥小過應時甘雨降澍)視事四年上疏乞骸骨徵還京師奉朝請二十七年始就國明年以魯國益東海(續漢書曰二郡二十九縣租入倍諸王也)故徙興爲北海王三十年封興子復爲臨邑侯(臨邑縣屬東海故城在今濟州東亦名馬坊城也)中元二年又封興二子爲縣侯顯宗器重興每有異政輒乘驛問焉立三十九年薨子敬王睦嗣睦少好學博通書傳光武愛之數被延納顯宗之在東宮尤見幸待入侍諷誦出則執轡(乘輿尊者居中執轡在左)中興初禁網尚闊而睦性謙恭好士千里交結自名儒宿德莫不造門由是聲價益廣永平中法憲頗峻睦乃謝絕賓客放心音樂然性好讀書常爲愛翫歲終遣中大夫奉璧朝賀(中大夫王國官也續漢志曰中大夫比六百石無員掌奉王使京都奉璧賀正月及使諸國本皆持節後去節爾雅曰肉倍好謂之璧好孔也)召而謂之曰朝廷設問寡人(朝廷謂天子也)大夫將何辭以對使者曰大王忠孝慈仁敬賢樂士臣雖螻蟻敢不以實睦曰吁子危我哉(吁音于孔安國注尚書曰吁者疑怪之聲也)此乃孤幼時進趣之行也(東觀記續漢書並云是吾幼時狂惷之行也)大夫其對以孤襲爵以來志意衰惰聲色是娛犬馬是好使者受命而行其能屈申若此初靖王薨悉推財產與諸弟雖王車服珍寶非列侯制皆以爲分然後隨以金帛贍之睦能屬文作春秋旨義終始論及賦頌數十篇又善史書當世以爲楷則及寢病帝驛馬令作草書尺牘十首(說文云牘書版也蓋長一尺因取名焉)立十年薨子哀王基嗣永平十八年封基二弟爲縣侯二弟爲鄉侯建初二年又封基弟毅爲平望侯基立十四年薨無子肅宗憐之不除其國永元二年和帝封睦庶子斟鄉侯威爲北海王奉睦後立七年威以非睦子又坐誹謗檻車徵詣廷尉道自殺永初元年鄧太后復封睦孫壽光侯普爲北海王是爲頃王延光二年復封睦少子爲亭侯普立七年薨子恭王翼嗣立十四年薨子康王嗣無後建安十一年國除初臨邑侯復好學能文章永平中每有講學事輒令復典掌焉與班固賈逵共述漢史傅毅等皆宗事之復子騊駼及從兄平望侯毅並有才學永寧中鄧太后召毅及騊駼入東觀與謁者僕射劉珍(與平望侯毅並在文苑傳)著中興以下名臣列士傳騊駼又自造賦頌書論凡四篇

趙孝王良傳

趙孝王良字次伯光武之叔父也平帝時舉孝廉爲蕭令光武兄弟少孤良撫循甚篤及光武起兵以事告良大怒(東觀記曰光武初起兵良搏手大呼曰我欲詣納言嚴將軍叱上起去出閤令人視之還白方坐啗脯良復譙呼上言不可讙露明旦欲去前白良曰欲竟何時詣嚴將軍所良意下曰我爲詐汝耳當復何苦乎)曰汝與伯升志操不同今家欲危亡而反共謀如是既而不得已從軍至小長安漢兵大敗良妻及二子皆被害(續漢書曰阜陽移書於良曰老子不率宗族單絝騎牛哭且行何足頻哉)更始立以良爲國三老從入關更始敗良聞光武即位乃亡奔洛陽建武二年封良爲廣陽王五年徙爲趙王始就國十三年降爲趙公頻歲來朝十七年薨于京師凡立十六年子節王栩嗣(栩音況羽反)建武三十年封栩二子爲鄉侯建初二年復封栩十子爲亭侯栩立四十年薨子頃王商嗣永元三年封商三弟爲亭侯元年封商四子爲亭侯商立二十三年薨子靖王宏立十二年薨子惠王乾嗣元初五年封乾二弟爲亭侯是歲趙相奏乾居父喪私娉小妻(小妻妾也)又白衣出司馬門坐削中丘縣(王宮門有兵衛亦爲司馬門東觀記曰乾私出國到魏郡鄴易陽止宿亭令奴金盜取亭席金與亭佐孟常爭言以刃傷常部吏追逐乾藏逃金絞殺之懸其屍道邊樹相國舉奏詔書削中丘縣屬趙國故城在今邢州內丘縣西隋室諱忠故改爲內焉○劉攽曰法制中丘縣屬趙國案文當更有中丘二字)時郎中南陽程堅素有志行拜爲乾傅堅輔以禮義乾改悔前過堅列上復所削縣本初元年封乾一子爲亭侯乾立四十八年薨子懷王豫嗣豫薨子獻王赦嗣赦薨子珪嗣建安十八年徙封博陵王立九年魏初以爲崇德侯

城陽恭王祉傳

城陽恭王祉字巨伯(東觀記初名終後改爲祉)光武族兄春陵康侯敞之子也敞曾祖父節侯買以長沙定王子封於零道之春陵鄉爲春陵侯買卒子戴侯熊渠嗣熊渠卒子考侯仁嗣仁以春陵地埶下溼山林毒氣上書求減邑內徙(東觀記曰考侯仁於時見戶四百七十六上書願減戶徙南陽留子男昌守墳墓元帝許之)元帝初元四年徙封南陽之白水鄉猶以春陵爲國名遂與從弟鉅鹿都尉回及宗族往家焉仁卒子敞嗣敞謙儉好義盡推父時金寶財產與昆弟荊州刺史上其義行拜廬江都尉(南陽郡是荊州所管故刺史上其行義續漢書曰侯等助祭明堂以例益戶二百敞以有行義拜爲廬江都尉也)歲餘會族兄安衆侯劉崇起兵(安衆康侯丹長沙定王子崇即丹之玄孫之子)王莽畏惡劉氏徵敞至長安免歸國(東觀記曰敞臨廬江歲餘遭旱行縣人持枯稻自言稻皆枯吏強責租敞應曰太守事也載枯稻至太守所酒數行以語太守太守曰無有敞以枯稻示之太守曰都尉事也敞怒叱太守曰鼠何敢爾刺史舉奏莽徵到長安免就國)先是平帝時敞與崇俱朝京師助祭明堂(平帝時王莽輔政給祭明堂諸侯王二十八人列侯百二十八人宗室子九百餘人徵助祭也)崇見莽將危漢室私謂敞曰安漢公擅國權羣臣莫不回從(回曲)社稷傾覆至矣太后春秋高天子幼弱(謂元后平帝也)高皇帝所以分封子弟蓋爲此也敞心然之及崇事敗敞懼欲結援樹黨乃爲祉娶高陵侯翟宣女爲妻(宣丞相方進之子也襲父侯爵東觀記曰敞爲嫡子終娶宣子女習爲妻宣使嫡子姬送女入門二十餘日義起兵也)會宣弟義起兵欲攻莽南陽捕殺宣女祉坐繫獄敞因上書謝罪願率子弟宗族爲士卒先莽新居攝欲慰安宗室故不被刑誅及莽篡立劉氏爲侯者皆降稱子食孤卿祿(孤者特也卑於公尊於卿特置之故曰孤禮記上農夫食九人諸侯下士視上農夫中士倍下士上士倍中士下大夫倍上士卿四大夫祿也)後皆奪爵及敞卒祉遂特見廢又不得官爲吏祉以故侯嫡子行淳厚宗室皆敬之及光武起兵祉兄弟相率從軍前隊大夫甄阜盡收其家屬繫宛獄及漢兵敗小長安祉挺身還保棘陽甄阜盡殺其母弟妻子更始立以祉爲太常將軍紹封舂陵侯從西入關封爲定陶王別將擊破劉嬰於臨涇及更始降於赤眉祉乃閒行亡奔洛陽是時宗室唯祉先至光武見之歡甚(東觀記曰祉以建武二年三月見於懷宮)建武二年封爲城陽王賜乘輿御物車馬衣服追謚敞爲康侯十一年祉疾病上城陽王璽綬願以列侯奉先人祭祀帝自臨其疾祉薨年四十三謚曰恭王竟不之國葬於洛陽北芒十三年封祉嫡子平爲蔡陽侯以奉祉祀平弟堅爲高鄉侯初建武二年以皇祖皇考墓爲昌陵置陵令守視後改爲章陵因以春陵爲章陵縣十八年立考侯康侯廟比園陵置嗇夫(嗇夫

本鄉官主知賦役多少平其差品園陵置之知祭祀徵求諸事詔零陵郡奉祠節侯戴侯廟以四時及臘歲五祠焉臘歲終祭神之名也置嗇夫佐吏各一人○劉攽曰案後漢志縣小吏有嗇夫有佐史則此吏字當作史也平後坐與諸王交通國除永平五年顯宗更封平爲竟陵侯平卒子真嗣真卒子禹嗣禹卒子嘉嗣

泗水王歙傳

泗水王歙字經孫歙音許及反光武族父也歙子終與光武少相親愛漢兵起始及唐子終誘殺湖陽尉更始立歙從入關封爲元氏王終爲侍中更始敗歙終東奔洛陽建武二年立歙爲泗水王終爲淄川王今淄州縣也十年歙薨封小子煇爲堂谿侯煇字林云灼也音究善反續漢志汝南吳房縣有堂谿亭煇或作燀奉歙後終居喪思慕哭泣二十餘日亦薨封長子柱爲卽侯卽縣屬南郡故城在今襄州卽音其紀反以奉終祀又封終子鳳曲陽侯曲陽縣屬東海郡故城在今海州朐山縣西南歙從父弟茂年十八漢兵之起茂自號劉先職續漢志曰茂自號爲劉先職亦聚衆京密閒京縣屬河南郡鄭之京邑故城在今鄭州滎陽縣東南密縣屬河南郡故城在今密縣東南稱厭新將軍攻下潁川汝南衆十餘萬人光武旣至河內茂率衆降封爲中山王十三年宗室爲王者皆降爲侯更封茂爲穰侯茂弟匡亦與漢兵俱起建武二年封宜春侯爲人謙遜永平中爲宗正子浮嗣封朝陽侯朝陽縣屬南陽郡故城在今鄧州穰縣南今謂之朝城浮弟尙永元中爲征西將軍浮傳國至孫護無子封絕延光中護從兄瓌與安帝乳母王聖女伯榮私通遂取伯榮爲妻得紹護封爲朝陽侯位侍中及王聖敗貶爵爲亭侯

安城孝侯賜傳

安城孝侯賜字子琴光武族兄也祖父利蒼梧太守蒼梧郡今梧州縣也賜少孤兄顯報怨殺人吏捕顯殺之賜與顯子信賣田宅同拋普交反財產結客報吏續漢書曰王莽時諸劉抑廢爲郡縣所侵蔡陽國釜亭侯長醉詈更始父子張子張怒刺殺亭長後十餘歲亭長子報殺更始弟騫賜兄顯欲爲報怨賓客轉劫人發覺州郡殺顯獄中賜與顯子信結客陳政等九人燔燒殺亭長妻子四人○劉攽曰注釜亭侯長案下文云刺殺亭長則此當云釜侯亭長蓋此亭名釜侯也皆亡命逃伏遭赦歸會伯升起兵乃隨從攻擊諸縣更始旣立以賜爲光祿勳封廣漢侯及伯升被害代爲大司徒將兵討汝南未及平更始又以信爲奮威大將軍代賜擊汝南賜與更始俱到洛陽更始欲令親近大將徇河北未知所使賜言諸家子獨有文叔可用大司馬朱鮪等以爲不可更始狐疑賜深勸之乃拜光武行大司馬持節過河是日以賜爲丞相令先入關修宗廟宮室還迎更始都長安封賜爲宛王拜前大司馬使持節鎭撫關東二年春賜就國於宛典將六部兵伯升初起置六部之兵後赤眉破更始賜所領六部亦稍散畔乃去宛保育陽聞光武卽位乃西之武關迎更始妻子將詣洛陽帝嘉賜忠建武二年封爲愼侯愼縣屬汝南郡故城在今潁州潁上縣西北十三年更增戶邑定封爲安城侯奉朝請以賜有恩信故親厚之數蒙讌私時幸其第恩賜特異賜輒賑與故舊無有遺積帝爲營冢堂起祠廟置吏卒如舂陵孝侯二十八年卒子閔嗣三十年帝復封閔弟嵩爲白牛侯白牛蓋鄉亭之號也今在鄧州東也坐楚事謂楚王英謀反辭語相連國除閔卒子商嗣徙封爲白牛侯商卒子昌嗣初信爲更始討平汝南因封爲汝陰王汝陰縣屬汝南郡故城卽今潁州汝陰縣也信遂將兵平定江南據豫章光武卽位桂陽太守張隆擊破之信乃詣洛陽降以爲汝陰侯永平十三年亦坐楚事國除

成武孝侯順傳

成武孝侯順字平仲光武族兄也父慶續漢志慶字翁叔舂陵侯敞同產弟順與光武同里閈閈里門也少相厚更始卽位以慶爲燕王順爲虎牙將軍會更始降赤眉慶爲亂兵所殺順乃閒行詣光武拜爲南陽太守建元二年封成武侯成武縣屬山陽郡今曹州縣也邑戶最大租入倍宗室諸家八年使擊破六安賊六安卽廬州也因拜爲六安太守數年帝欲徵之吏人上書請留十一年卒帝使使者迎喪親自臨弔子遵嗣坐與諸王交通降爲端氏侯端氏縣屬河東郡故城在今澤州端氏縣西北遵卒子弇嗣弇卒無嗣國除永平十年顯宗幸章陵追念舊恩封順弟子三人爲鄉侯初順叔父弘東觀記曰弘字孺孫先起義兵卒娶於樊氏皇妣之從妹也生二子敏國與母隨更始在長安建武二年詣洛陽光武封敏爲甘里侯潁川潁上縣西北有甘城國爲弋陽侯弋陽縣屬汝南郡侯國也故城在今光州定城縣西也敏通經有行永平初官至越騎校尉弘弟梁以俠氣聞東觀記曰梁字季少更始元年起兵豫章欲徇江東自號就漢大將軍暴病卒東觀記曰病筋攣卒

順陽懷侯嘉傳

順陽懷侯嘉字孝孫光武族兄也父憲續漢志曰憲字翁君舂陵侯敞同產弟嘉少孤性仁厚南頓君養視如子後與伯升俱學長安習尙書春秋及義兵起嘉隨更始征伐漢軍之敗小長安也嘉妻子遇害更始卽位以爲偏將軍及攻破宛封興德侯遷大將軍擊延岑於冠軍降之更始旣都長安以嘉爲漢中王扶威大將軍持節就國都於南鄭衆數十萬建武二年延岑復反攻漢中圍南鄭嘉兵敗走岑遂定漢中進兵武都爲更始柱功侯李寶所破岑走天水公孫述遣將侯丹取南鄭嘉收散卒得數萬人以寶爲相從武都南擊侯丹不利還軍河池下辨河池縣屬武都郡一名仇池今鳳州縣也下辨縣名今成州同谷縣也復與延岑連戰岑引北入散關散關故城在今陳倉縣南十里有散谷水因取名焉至陳倉嘉追擊破之更始鄧王廖湛將赤眉十八萬攻嘉嘉與戰於谷口谷口縣故城今醴泉縣東北四十里酈元水經注曰涇水東經九嵕山東中山西謂之谷口大破之嘉手殺湛遂到雲陽就穀李寶等閒鄧禹西征擁兵自守勸嘉且觀成敗光武聞之告禹曰孝孫素謹善少且親愛當是長安輕薄兒誤之耳禹卽宣帝旨嘉乃因來歙詣禹於雲陽三年到洛陽從征伐拜爲千乘太守六年病上書乞骸骨徵詣京師十三年封爲順陽侯秋復封嘉子廚爲黃李侯十五年嘉卒子參嗣有罪削爲南鄉侯永平中參爲城門校尉參卒子循嗣循卒子章嗣

贊曰齊武沈雄義戈乘風以義舉兵乘風雲之會也倉卒匪圖亡我天工城陽早協趙孝晚同泗水三侯或恩或功

後漢書卷四十四考證

齊武王縯傳普立七年薨○諸本同按普以安帝永初元年封至延光元年爲十七年傳脫十字

趙孝王良傳子節王栩嗣○栩字章帝紀作盱

元年封商四子爲亭侯○監本元年上無年號臣承薔按汲古閣本作元興元年似應從增但趙王商以章帝建初七年立至和帝永元十二年薨是爲二十三年元興元年封商四子不應載於商未薨之前史家特蒙上文封商三弟而類敘之耳

後漢書卷四十五

宋 宣 城 太 守 范 曄 撰

唐 章 懷 太 子 賢 注

李王鄧來列傳第五

李通傳

李通字次元南陽宛人也世以貨殖著姓父守身長九尺容貌絕異爲人嚴毅居家如官廷續漢書曰守居家與子孫尤謹閨門之內如官廷也初事劉歆好星曆讖記爲王莽宗卿師平帝五年莽攝政郡國置宗師以主宗室蓋特尊之故曰宗卿師也通亦爲五威將軍從事出補巫丞有能名王莽置五威將軍從事謂驅使小官前書秦御史監郡與蕭何從事辨之巫縣屬南郡故城在今夔州巫山縣北也莽末百姓愁怨通素聞守說讖云劉氏復興李氏爲輔私常懷之且居家富逸爲閭里雄以此不樂爲吏乃自免歸及下江新市兵起南陽騷動騷亦動也通從弟軼亦素好事乃共計議曰今四方擾亂新室且亡漢當更興南陽宗室獨劉伯升兄弟汎愛容衆可與謀大事通笑曰吾意也會光武避事在宛通聞之卽遣軼往迎光武續漢書曰先是李通同母弟申徒臣能爲醫難使伯升殺之上恐其怨不欲與軼相見軼數請上乃强見之軼深達通意上乃許往意不安買半臿佩刀懷之至通舍通甚悅握上手得半臿刀謂上曰一何武也上曰倉卒時以備不虞耳光武初以通士君子相慕也故往荅之及相見共語移日握手極歡通因具言讖文事光武初殊不意未敢當之時守在長安光武乃微觀通曰卽如此當如宗卿師何通曰已自有度矣度計度也音大各反因復備言其計光武旣深知通意乃遂相約結定謀議期以材官都試騎士日漢法以立秋日都試騎士謂課殿最也翟義誅王莽以九月都試日勒車騎材官士是也欲劫前隊大夫及屬正前隊大夫謂南陽太守甄阜也屬正謂梁丘賜也因以號令大衆乃使光武與軼歸舂陵舉兵以相應遣從兄子季之長安以事報守季於道病死守密知之欲亡歸素與邑人黃顯相善時顯爲中郎將聞之謂守曰今關門禁嚴君狀貌非凡將以此安之不如詣闕自歸事旣未然脫可免禍守從其計卽上書歸死章未及報留闕下會事發覺通得亡走莽聞之乃繫守於獄而黃顯爲請曰守聞子無狀無狀謂大不可名言其狀也不敢逃亡守義自信歸命宮闕臣顯願質守俱東曉說其子如遂悖逆令守北向刎首以謝大恩刎割也莽然其言會前隊復上通起兵之狀莽怒欲殺守顯爭之遂并被誅及守家在長安者盡殺之南陽亦誅通兄弟門宗六十四人皆焚屍宛市時漢兵亦已大合通與光武李軼相遇棘陽遂共破前隊殺甄阜梁丘賜更始立以通爲柱國大將軍輔漢侯從至長安更拜爲大將軍封西平王軼爲舞陰王通從弟松爲丞相更始使通持節還鎭荊州通因娶光武女弟伯姬是爲寧平公主寧平縣屬淮陽國也光武卽位徵通爲衛尉建武二年封固始侯拜大司農帝每征討四方常令通居守京師鎭撫百姓修宮室起學官五年春代王梁爲前將軍六年夏領破姦將軍侯進捕虜將軍王霸等十營擊漢中賊賊謂延岑也公孫述遣兵赴救通等與戰於西城破之西城縣屬漢中郡也還屯田順陽順陽縣名屬南郡哀帝改爲博山故城在今鄧州穰縣西時天下略定通思欲避榮寵以病上書乞身詔下公卿羣臣議大司徒侯霸等曰王莽篡漢傾亂天下通懷伊呂蕭曹之謀建造大策扶助神靈輔成聖德破家爲國忘身奉主有扶危存亡之義功德

最高海內所聞通以天下平定謙讓辭位夫安不忘危宜令通居職療疾欲就諸侯不可聽於是詔通勉致醫藥以時視事其夏引拜爲大司空通布衣唱義助成大業重以寧平公主故特見親重然性謙恭常欲避權勢素有消疾消消中之疾也周禮天官職曰春時有痟首疾鄭玄注云痟酸削也自爲宰相謝病不視事連年乞骸骨帝每優寵之令以公位歸第養疾通復固辭積二歲乃聽上大司空印綬以特進奉朝請有司奏請封諸皇子帝感通首創大謀卽日封通少子雄爲召陵侯每幸南陽常遣使者以太牢祠通父冢十八年卒謚曰恭侯帝及皇后親臨弔送葬子音嗣音卒子定嗣定卒子黃嗣黃卒子壽嗣東觀記曰黃字作共也李軼後爲朱鮪所殺更始之敗李松戰死唯通能以功名終永平中顯宗幸宛詔諸李隨安衆宗室會見安衆縣屬南陽郡故城在鄧州東謝承書曰安衆侯劉崇長沙定王五代孫南陽宗室也與宗人討莽有功隨光武河北破王郎朝廷高其忠壯策文嗟嘆以厲宗室安衆諸劉皆其後並受賞賜恩寵篤焉

論曰子曰富與貴是人之所欲不以其道得之不處也李通豈知夫所欲而未識以道者乎夫天道性命聖人難言之況乃億測微隱猖狂無妄之福微隱謂讖文也莊子曰猖狂妄行易無妄卦曰無妄之往何之矣鄭玄注云妄之言望人所望宜正行必有所望行而無所望是失其正何可往也卽史記朱英曰代有無望之福又有無望之禍是也汙滅親宗以觖一切之功哉停水曰汙言族滅而汙池之也觖望也音丘瑞反一切謂權時也昔蒙穀負書不徇楚難戰國策曰吳楚戰於柏舉吳師入郢蒙穀奔入宮負離次之典浮江逃於雲夢之中後昭王反郢五官失法百姓昏亂蒙穀獻典五官得法百姓大化校蒙穀之功與存國相若封之執圭蒙穀怒曰穀非人臣也社稷之臣也苟社稷血食余豈患無君乎遂棄於歷山也卽墨用齊義雪燕恥史記曰燕昭王伐齊齊湣王敗出亡燕人入臨菑盡取齊寶燒其宮室宗廟下齊七十餘城其不下者唯獨莒卽墨後齊田單以卽墨擊破燕軍悉復所亡城故曰雪也彼之趣舍所立其殆與通異乎

王常傳

王常字顏卿潁川舞陽人也東觀記曰其先鄠人常父博成哀間轉客潁川舞陽因家焉王莽末爲弟報仇亡命江夏命者名也言背其名籍而逃亡也久之與王鳳王匡等起兵雲杜綠林中聚衆數萬人以常爲偏裨攻傍縣後與成丹張卬別入南郡藍口號下江兵續漢志曰南郡編縣有藍口聚王莽遣嚴尤陳茂擊破之常與丹卬收散卒入蔞谿蔞音力于反劫略鍾龍閒盛弘之荊州記曰禾陽縣北有石龍山在今安州應山縣東北又隨州隨縣東北有三鍾山也衆復振引軍與荊州牧戰於上唐大破之上唐鄉名故城在今隨州棗陽縣東北也遂北至宜秋續漢志曰南郡有宜秋聚也是時漢兵與新市平林衆俱敗於小長安各欲解去伯升聞下江軍在宜秋卽與光武及李通俱造常壁曰願見下江一賢將議大事成丹張卬共推遣常伯升見常說以合從之利以利合曰從也常大悟曰王莽篡弒殘虐天下百姓思漢故豪傑並起今劉氏復興卽眞主也誠思出身爲用輔成大功伯升曰如事成豈敢獨饗之哉遂與常深相結而去常還具爲丹卬言之丹卬負其衆皆曰大丈夫既起當各自爲主何故受人制乎常心獨歸漢乃稍曉說其將帥曰往者成哀衰微無嗣故王莽得承閒篡位既有天下而政令苛酷積失百姓之心民之謳吟思漢非一日也故使吾屬因此得起夫民所怨者天所去也民所思者天所與也舉大事必當下順民心上合天意功乃可成若負強恃勇觸情恣欲雖得天下必復失之以秦項之埶尚至夷覆況今布衣相聚草澤以此行之滅亡之道也今南陽諸劉舉宗起兵觀其來議事者皆有深計大慮王公之才與之并合必成大功此所以祐吾屬也下江諸將雖屈強少識然素敬常乃皆謝曰無王將軍吾屬幾陷於不義願敬受教卽引兵與漢軍及新市平林合於是諸部齊心同力銳氣益壯遂俱進破殺甄阜梁丘賜及諸將議立宗室唯常與南陽士大夫同意欲立伯升而朱鮪張卬等不聽及更始立以常爲廷尉大將軍封知命侯別徇汝南沛郡○劉攽曰案沛在山東王常此時力未及往蓋是南郡沛南絕相類也還入昆陽與光武共擊破王尋王邑更始西都長安以常行南陽太守事令專命誅賞東觀記曰誅不從命封拜有功封爲鄧王食八縣賜姓劉氏常性恭儉遵法度南方稱之更始敗建武二年夏常將妻子詣洛陽肉袒自歸光武見常甚歡勞之曰王廷尉良苦良甚也言苦軍事也每念往時共更艱厄何日忘之更經也艱厄謂帝敗小長安造常壁與常共破甄阜及王尋等也莫往莫來豈違平生之言乎平生言謂常云劉氏眞主也誠思出身爲用輔成大功常乃久事更始不早歸朝帝徵以責之故下文云吾與廷尉戲耳詩衞風曰莫往莫來悠悠我思常頓首謝曰臣蒙大命得以鞭策託身陛下策馬檛也言執策以從之始遇宜秋後會昆陽幸賴靈武輒成斷金伯升與常深相結故曰斷金易繫辭曰二人同心其利斷金更始不量愚臣任以南州謂以廷尉行南陽太守赤眉之難喪心失望謂赤眉入長安破更始以爲天下復失綱紀聞陛下卽位河北心開目明今得見闕庭死無遺恨帝笑曰吾與廷尉戲耳吾見廷尉不憂南方矣謂南陽也乃召公卿將軍以下大會具爲羣臣言常以匹夫興義兵明于知天命故更始封爲知命侯與吾相遇兵中尤相厚善特加賞賜拜爲左曹前書曰左右曹平尚書事封山桑侯山桑縣屬沛郡今亳州縣後帝於大會中指常謂羣臣曰此家率下江諸將輔翼漢室心如金石眞忠臣也是日遷常爲漢忠將軍遣南擊鄧奉董訢令諸將皆屬焉又詔常北擊河閒漁陽平諸屯聚五年秋攻拔湖陵又與帝會任城因從破蘇茂龐萌進攻下邳常部當城門戰一日數合賊反走入城常追迫之城上射矢雨下帝從百餘騎自城南高處望常戰力甚馳遣中黃門詔使引還賊遂降又別率騎都尉王霸共平沛郡賊東觀記曰沛郡賊苗虛也六年春徵還洛陽令夫人迎常於舞陽歸家上冢西屯長安拒隗囂七年使使者持璽書卽拜常爲橫野大將軍位次與諸將絕席絕席謂尊顯之也漢官儀曰御史大夫尚書令司隸校尉皆專席號三獨坐常別擊破隗囂將高峻於朝那朝那縣屬安定郡也囂遣將過烏氏常要擊破之轉降保塞羌諸營壁皆平之九年擊內黃賊破降之後北屯故安拒盧芳故安縣屬涿郡故城在今易州易縣南也十二年薨于屯所謚曰節侯子廣嗣三十年徙封石城侯石城故城在今復州沔陽縣東南也永平十四年坐與楚事相連國除

鄧晨傳

鄧晨字偉卿南陽新野人也世吏二千石東觀記曰晨曾祖父隆揚州刺史祖父勳交阯刺史父宏豫章都尉晨初娶光武姊元王莽末光武嘗與兄伯升及晨俱之宛與穰人蔡少公等讌語少公頗學圖讖言劉秀當爲天子或曰是國師公劉秀乎光武戲曰何用知非僕邪坐者皆大笑晨心獨喜東觀記曰晨與上共載出逢使者不下車使者怒頗加恥辱上稱江夏卒史晨更名侯家丞使者以其詐將至亭欲罪之新野宰潘叔爲請得免及光武與家屬避吏新野舍晨廬甚相親愛晨因謂光武曰王莽悖暴盛夏斬人此天亡之時也王莽地皇元年下書曰方出軍行師有趨讙犯者斬無須時於是春夏斬人都市百姓震懼也○劉攽曰注有趨讙犯者案前書犯字下少一法字往時會宛獨當應邪光武笑不荅及漢兵起晨將賓客會棘陽漢兵敗小長安諸將多亡家屬光武單馬遁走遇女弟伯姬與共騎而奔前行復見元趣令上馬元以手撝曰行矣不能相救無爲兩沒也會追兵至元及三女皆遇害漢兵退保棘陽而新野宰乃汙晨宅焚其冢墓宗族皆恚怒曰家自富足何故隨婦家人入湯鑊中晨終無恨色更始立以晨爲偏將軍與光武略地潁川俱夜出昆陽城擊破王尋王邑又別徇陽翟以東至京密皆下之京密二縣名屬河南郡京故城在今鄭州滎陽東鄭之京邑也密故城在滎陽東南也更始北都洛陽以晨爲常山太守會王郎反光武自薊走信都晨亦閒行會於鉅鹿下自請從擊邯鄲光武曰偉卿以一身從我不如以一郡爲我北道主人乃遣晨歸郡光武追銅馬高胡羣賊於冀州○劉攽曰案賊本以地自名故當如他處作湖字晨發積射士千人積與迹同古字通用謂尋迹而射之又遣委輸給軍不絕光武卽位封晨房子侯房子今趙州縣也帝又感悼姊沒於亂兵追封謚元爲新野節義長公主立廟于縣西封晨長子汎爲吳房侯吳房今豫州縣也以奉公主之祀建武三年徵晨還京師數讌見說故舊平生爲歡晨從容謂帝曰僕竟辯之光武前語晨云何用知非僕乎故晨有此言也帝大笑從幸章陵拜光祿大夫使持節監執金吾賈復等擊平邵陵新息賊新息今豫州縣也四年從幸壽春留鎭九江晨好樂郡職由是復拜爲中山太守吏民稱之常爲冀州高第中山屬冀州於冀州所部郡課常爲第一也十三年更封南綠侯綠音力全反入奉朝請復爲汝南太守十八年行幸章陵徵晨行廷尉事從至新野置酒酣讌賞賜數百千萬復遣歸郡晨興鴻郤陂數千頃田鴻郤陂名在今豫州汝陽縣東成帝時關東水陂溢爲害翟方進爲丞相奏罷之汝土以殷魚稻之饒流衍它郡衍饒也明年定封西華侯復徵奉朝請二十五年卒詔遣中謁者備公主官屬禮儀漢官儀曰長公主官屬傳一人員吏五人騶僕射五人私府長食官長永巷令家令各一人也招迎新野主魂與晨合葬於北芒乘輿與中宮親臨喪送葬謚曰惠侯小子棠嗣後徙封武當棠卒子固嗣固卒子國嗣國卒子福嗣永建元年卒無子國除

來歙傳

來歙字君叔歙音許及反南陽新野人也六世祖漢有才力武帝世以光祿大夫副樓船將軍楊僕擊破南越朝鮮父仲東觀記仲作中哀帝時爲諫大夫娶光武祖姑生歙光武甚親敬之數共往來長安漢兵起王莽以歙劉氏外屬乃收繫之賓客共篡奪得免更始卽位以歙爲吏從入關數言事不用以病去歙女弟爲漢中王劉嘉妻嘉遣人迎歙因南之漢中更始敗歙勸嘉歸光武遂與嘉俱東詣洛陽帝見歙大歡卽解衣以衣之東觀記曰解所被襜襦以衣歙也拜爲太中大夫是時方以隴蜀爲憂獨謂歙曰今西州未附西州謂隗囂也子陽稱帝道里阻遠諸將方務關東思西州方略未知所任其謀若何歙因自請曰臣嘗與隗囂相遇長安其人始起以漢爲名今陛下聖德隆興臣願得奉威命開以丹青之信楊子法言曰聖人之言明若丹青也囂必東手自歸則述自亡之埶不足圖也帝然之建武三年歙始使隗囂五年復持節送馬援因奉璽書於囂旣還復往說囂囂遂遣子恂隨歙入質拜歙爲中郎將時山東略定帝謀西收囂兵與俱伐蜀復使歙喻旨囂將王元說囂多設疑故久冘豫不決冘豫不定之意也說文曰冘冘行貌也音淫東觀記曰狐疑不決也歙素剛毅遂發憤質責囂曰質正也國家以君知臧否曉廢興故以手書暢意足下推忠誠遣伯春委質囂子恂字伯春是臣主之交信也今反欲用佞惑之言爲族滅之計叛主負子違背忠信乎吉凶之決在於今日欲前刺囂囂起入部勒兵將殺歙歙徐杖節就車而去囂愈怒王元勸囂殺歙使牛邯將兵圍守之囂將王遵諫曰愚聞爲國者愼器與名爲家者畏怨重禍器車服也名爵號也言名

與器不可妄授也俱愼名器則下服其命輕用怨禍則家受其殃今將軍遣子質漢內懷它志名器逆矣外人有議欲謀漢使輕怨禍矣古者列國兵交使在其間左傳曰晉欒書伐鄭鄭人使伯蠲行成晉人殺之非禮也兵交使在其間可也所以重兵貴和而不任戰也何況承王命籍重質而犯之哉君叔雖單車遠使而陛下之外兄也光武之姑子故曰外兄也害之無損於漢而隨以族滅昔宋執楚使遂有析骸易子之禍左傳曰楚使申舟聘齊不假道於宋宋華元曰楚不假道鄙我也乃殺之楚子圍宋宋人懼使華元夜入楚師告子反曰寡君使元以病告敝邑易子而食析骸以爨也小國猶不可辱況於萬乘之主重以伯春之命哉歙爲人有信義言行不違及往來游說皆可案覆西州士大夫皆信重之多爲其言故得免而東歸八年春歙與征虜將軍祭遵襲略陽遵道病還分精兵隨歙合二千餘人伐山開道從番須回中番須回中並地名也番音盤武帝元封四年幸雍通回中道前書音義曰回中在汧汧今隴州汧源縣也徑至略陽徑直也斬囂守將金梁因保其城囂大驚曰何其神也東觀記曰上聞得略陽甚悅左右怪上數破大敵今得小城何足以喜然上以略陽囂所依阻心腹已壞則制其支體也乃悉兵數萬人圍略陽斬山築堤激水灌城歙與將士固死堅守矢盡乃發屋斷木以爲兵囂盡銳攻之自春至秋其士卒疲弊帝乃大發關東兵自將上隴囂衆潰走圍解於是置酒高會勞賜歙班坐絕席在諸將之右賜歙妻縑千匹詔使留屯長安悉監護諸將歙因上書曰公孫述以隴西天水爲藩蔽故得延命假息今二郡平蕩則述智計窮矣宜益選兵馬儲積資糧昔趙之將帥多賈人高帝懸之以重賞高帝十年陳豨反於趙代其將多賈人帝多以金購豨將皆降今西州新破兵人疲饉若招以財穀則其衆可集臣知國家所給非一用度不足然有不得已也帝然之於是大轉糧運東觀記曰詔於汧積穀六萬斛驢四百頭負馱詔歙率征西大將軍馮異建威大將軍耿弇虎牙大將軍蓋延揚武將軍馬成武威將軍劉尚入天水擊破公孫述將田弇趙匡明年攻拔落門聚名也解見光武紀隗囂支黨周宗趙恢及天水屬縣皆降初王莽世羌虜多背叛而隗囂招懷其酋豪遂得爲用及囂亡後五谿先零諸種數爲寇掠皆營塹自守州郡不能討歙乃大修攻具率蓋延劉尚及太中大夫馬援等進擊羌於金城大破之斬首虜數千人獲牛羊萬餘頭穀數十萬斛又擊破襄武賊傅栗卿等襄武縣屬隴西郡也隴西雖平而人饑流者相望流謂流離以覓食也歙乃傾倉廩轉運諸縣以賑贍之於是隴右遂安而涼州流通焉十一年歙與蓋延馬成進攻公孫述將王元環安於河池下辯陷之乘勝遂進蜀人大懼使刺客刺歙未殊馳召蓋延延見歙因伏悲哀不能仰視歙叱延曰虎牙何敢然今使者中刺客無以報國故呼巨卿欲相屬以軍事而反效兒女子涕泣乎刃雖在身不能勒兵斬公邪延收淚強起受所誡歙自書表曰臣夜人定後爲何人所賊傷中臣要害何人謂不知何人也臣不敢自惜誠恨奉職不稱以爲朝廷羞夫理國以得賢爲本太中大夫段襄骨鯁可任骨鯁喻正直也說文曰鯁魚骨也食骨留咽中爲鯁願陛下裁察又臣兄弟不肖終恐被罪肖似也不似猶不賢也陛下哀憐數賜教督投筆抽刃而絕帝聞大驚省書覽涕乃賜策曰中郎將來歙攻戰連年平定羌隴憂國忘家忠孝彰著遭命遇害嗚呼哀哉使太中大夫贈歙中郎將征羌侯印綬謚曰節侯謁者護喪事喪還洛陽乘輿縞素臨弔送葬以歙有平羌隴之功故改汝南之當鄉縣爲征羌國焉征羌故城在今豫州郾城縣東南也子褒嗣十三年帝嘉歙忠節復封歙弟由爲宜西侯東觀記曰宜西鄉侯褒子稜尚顯宗女武安公主稜早歿褒卒以稜子歷爲嗣

論曰世稱來君叔天下信士夫專使乎二國之間豈厭詐謀哉而能獨以信稱者良其誠心在乎使兩義俱安而已不私其功也

歷字伯珍少襲爵以公主子永元中爲侍中監羽林右騎羽林騎武帝置宣帝令中郎將騎都尉監羽林見前書永初三年遷射聲校尉永寧元年代馮石爲執金吾延光元年會歷母爲長公主二年遷歷太僕明年中常侍樊豐與大將軍耿寶侍中周廣謝惲等共譖陷太尉楊震震遂自殺歷謂侍御史虞詡曰耿寶託元舅之親寶女弟爲清河王慶姬即安帝嫡母也故寶於帝爲元舅焉榮寵過厚不念報國恩而傾側姦臣誣奏楊公傷害忠良其天禍亦將至矣遂絕周廣謝惲不與交通時皇太子驚病不安避幸安帝乳母野王君王聖舍太子乳母王男廚監邴吉等以爲聖舍新繕修犯土禁不可久御聖及其女永與大長秋江京及中常侍樊豐王男邴吉等互相是非聖永遂誣譖男吉皆幽囚死家屬徙比景太子思男等數爲歎息京豐懼有後害妄造虛無構讒太子及東宮官屬帝怒召公卿以下會議廢立耿寶等承旨皆以爲太子當廢歷與太常桓焉廷尉張皓議曰經說年未滿十五過惡不在其身且男吉之謀皇太子容有不知宜選忠良保傅輔以禮義廢置事重此誠聖恩所宜宿留帝不從宿留猶停留也宿音秀留音溜是日遂廢太子爲濟陰王時監太子家小黃門籍建中傅高梵等梵音扶汎切皆以無罪徙朔方歷乃要結光祿勳祋諷祋音丁外反宗正劉瑋將作大匠薛皓侍中閭丘弘陳光趙代施延太中大夫朱倀倀音丑羊反第五頡頡音下結反中散大夫曹成諫議大夫李尤符節令張敬續漢書曰符節令秩百石持書侍御史龔調續漢志曰持書侍御史秩六百石也羽林右監孔顯漢官儀羽林左右監屬光祿也城門司馬徐崇衛尉守丞樂闓守丞秦守之丞也長樂未央廄令鄭安世等十餘人續漢志曰未央廄令一人長樂廄令一人主乘輿馬也俱詣鴻都門證太子無過龔調據法律明之以爲男吉犯罪皇太子不當坐帝與左右患之乃使中常侍奉詔脅羣臣曰父子一體天性自然以義割恩爲天下也歷諷等不識大典而與羣小共爲讙譁外見忠直而內希後福飾邪違義豈事君之禮朝廷廣開言事之路故且一切假貸若懷迷不反當顯明刑書諫者莫不失色薛皓先頓首曰固宜如明詔歷怫然字林曰怫鬱也怫音扶勿反廷詰皓曰屬通諫何言而今復背之屬近也通猶共也言近共諫何乃相背也大臣乘朝車處國事固復輾轉若此乎周禮曰卿乘夏縵大夫乘墨車輾轉不定也詩云展轉反側乃各稍自引起歷獨守闕連日不肯去帝大怒乃免歷兄弟官削國租黜公主不得會見歷遂杜門不與親戚通時人爲之震慄及帝崩閻太后起歷爲將作大匠順帝即位朝廷咸稱社稷臣於是遷爲衛尉祋諷劉瑋閭丘弘等先卒皆拜其子爲郎朱倀倀音丑良反施延陳光趙代等並爲公卿任職徵王男邴吉家屬還京師厚加賞賜籍建高梵等悉蒙顯擢永建元年拜歷車騎將軍弟祉爲步兵校尉超爲黃門侍郎三年母長公主薨歷稱病歸第服闋復爲大鴻臚陽嘉二年卒官子定嗣定尚安帝妹平氏長公主順帝時爲虎賁中郎將定卒子虎嗣桓帝時爲屯騎校尉弟豔字季德少好學下士開館養徒少歷顯位靈帝時再遷司空

贊曰李鄧豪贍舍家從讖鄧晨代以吏二千石爲豪李通家富爲贍也少公雖孚宗卿未驗孚信也言蔡少公論讖其事雖信而李守被誅是未驗也王常知命功惟帝念王常更始中爲知命侯後歸朝上錄其功封爲列侯故曰帝念款款君叔斯言無玷玷缺也方獻三捷永墜一劍小雅采薇詩曰豈敢定居一月三捷

後漢書卷四十五考證

來歙傳父仲哀帝時爲諫大夫○哀帝監本訛安帝從汲古閣本改

娶光武祖姑生歙○諸本同　臣承蒼按下文王遵曰君叔陛下之外兄也此祖姑字必有誤

後漢書卷四十六

宋　宣　城　太　守　范　曄　撰

唐　章　懷　太　子　賢　注

鄧寇列傳第六

鄧禹傳子訓　孫騭

鄧禹字仲華南陽新野人也年十三能誦詩受業長安時光武亦游學京師禹年雖幼而見光武知非常人遂相親附數年歸家及漢兵起更始立豪傑多薦舉禹禹不肯從及聞光武安集河北即杖策北渡追及於鄴光武見之甚歡謂曰我得專封拜生遠來寧欲仕乎禹曰不願也光武曰即如是何欲爲○劉攽曰案文多一爲字不然當云欲何爲禹曰但願明公威德加於四海禹得效其尺寸垂功名於竹帛耳光武笑因留宿閒語閒私也禹進說曰更始雖都關西今山東未安赤眉青犢之屬動以萬數三輔假號往往羣聚更始既未有所挫而不自聽斷諸將皆庸人屈起屈音求勿反志在財幣爭用威力朝夕自快而已非有忠良明智深慮遠圖欲尊主安民者也四方分崩離析形勢可見明公雖建藩輔之功猶恐無所成立於今之計莫如延攬英雄務悅民心立高祖之業救萬民之命以公而慮天下不足定也光武大悅因令左右號禹曰鄧將軍常宿止於中與定計議及王郎起兵光武自薊至信都使禹發奔命得數千人令自將之別攻拔樂陽樂陽縣名屬常山郡從至廣阿東觀記曰上率禹等擊王郎橫野將軍劉奉大破之上過禹營禹進炙魚上餐啗勞勉吏士威嚴甚厲衆皆竊言劉公眞天人也光武舍城樓上披輿地圖指示禹曰天下郡國如是今始乃得其一子前言以吾慮天下不足定何也禹曰方今海內殽亂人思明君猶赤子之慕慈母古之興者在德薄厚不以大小史記蘇秦說趙王曰堯無三夫之分舜無咫尺之地禹無百人之聚湯武之士不過三千立爲天子誠得其道也光武悅時任使諸將多訪於禹禹每有所舉者皆當其才光武以爲知人使別將騎與蓋延等擊銅馬於清陽延等先至戰不利還保城爲賊所圍禹遂進與戰破之生獲其大將從光武追賊至蒲陽連大克獲北州略定及赤眉西入關更始使定國上公王匡襄邑王成丹抗威將軍劉均及諸將分據河東弘農以拒之赤眉衆大集王匡等莫能當光武籌赤眉必破長安欲乘釁并關中而方自事山東未知所寄以禹沈深有大度故授以西討之略乃拜爲前將軍持節中分麾下精兵二萬人遣西入關令自選偏裨以下可與俱者於是以韓歆爲軍師李文李春程慮爲祭酒慮字或爲憲字馮愔爲積弩將軍樊崇爲驍騎將軍宗歆爲車騎將軍鄧尋爲建威將軍

耿訢爲赤眉將軍左于爲軍師將軍引而西建武元年正月禹自箕關將入河東箕關在今王屋縣東河東都尉守關不開禹攻十日破之獲輜重千餘乘進圍安邑數月未能下更始大將軍樊參將數萬人度大陽欲攻禹大陽縣屬河東郡前書音義曰大河之陽春秋秦伯伐晉自茅津濟杜預云河東大陽縣也禹遣諸將逆擊於解南大破之斬參首解縣屬河東郡故城在今蒲州桑泉縣東南也於是王匡成丹劉均等合軍十餘萬復共擊禹禹軍不利樊崇戰死會日暮戰罷軍師韓歆及諸將見兵勢已摧皆勸禹夜去禹不聽明日癸亥匡等以六甲窮日不出禹因得更理兵勒衆明旦匡悉軍出攻禹禹令軍中無得妄動既至營下因傳發諸將鼓而並進大破之匡等皆棄軍亡走禹率輕騎急追獲劉均及河東太守楊寶持節中郎將弭彊皆斬之收得節六印綬五百兵器不可勝數遂定河東承制拜李文爲河東太守悉更置屬縣令長以鎭撫之是月光武卽位於鄗使使者持節拜禹爲大司徒策曰制詔前將軍鄧禹深執忠孝與朕謀謨帷幄決勝千里高祖曰運籌帷幄之中決勝千里之外吾不如子房孔子曰自吾有回門人日親史記曰顏回年二十九髮白早死孔子哭之慟曰自吾有回門人益親也斬將破軍平定山西功效尤著百姓不親五品不訓汝作司徒敬敷五教五教在寬五品五常也父義母慈兄友弟恭子孝言五常之敎務在寬也今遣奉車都尉授印綬封爲酇侯食邑萬戶敬之哉酇縣今屬南陽郡故城在襄州穀城縣東北禹時年二十四遂渡汾陰河入夏陽更始中郎將左輔都尉公乘歙左輔卽左馮翊也三輔皆有都尉引其衆十萬與左馮翊兵共拒禹於衙衙縣名屬左馮翊解見安紀禹復破走之而赤眉遂入長安是時三輔連覆敗赤眉所過殘賊百姓不知所歸聞禹乘勝獨剋而師行有紀紀綱紀也言有條貫而不殘暴皆望風相攜負以迎軍降者日以千數衆號百萬禹所止輒停車住節住或作拄以勞來之父老童穉垂髮戴白垂髮童幼也戴白父老也滿其車下莫不感悅於是名震關西帝嘉之數賜書褒美諸將豪傑皆勸禹徑攻長安禹曰不然今吾衆雖多能戰者少前無可仰之積仰猶恃也音魚向反後無轉饋之資赤眉新拔長安財富充實鋒銳未可當也夫盜賊羣居無終日之計財穀雖多變故萬端寧能堅守者也上郡北地安定三郡土廣人稀饒穀多畜吾且休兵北道就糧養士以觀其弊乃可圖也於是引軍北至栒邑栒邑縣屬右扶風故城在今豳州三水縣東北栒音荀禹所到擊破赤眉別將諸營保郡邑皆開門歸附西河太守宗育遣子奉檄降禹遣詣京師京師謂洛陽也公羊傳曰天子所居曰京師帝以關中未定而禹久不進兵下勑曰司徒堯也亡賊桀也長安吏人遑遑無所依歸宜以時進討鎭慰西京繫百姓之心禹猶執前意乃分遣將軍別攻上郡諸縣更徵兵引穀歸至大要大要縣名屬北地郡遣馮愔宗歆守栒邑二人爭權相攻愔遂殺歆因反擊禹禹遣使以聞帝○劉攽曰案文遣使以聞卽是白天子矣不須用帝字明衍帝問使人愔所親愛爲誰對曰護軍黃防帝度愔防不能久和勢必相忤因報禹曰縛馮愔者必黃防也乃遣尚書宗廣持節降之後月餘防果執愔將其衆歸罪更始諸將王匡胡殷成丹等皆詣廣降與共東歸至安邑道欲亡廣悉斬之愔至洛陽赦不誅二年春遣使者更封禹爲梁侯食四縣時赤眉西走扶風禹乃南至長安軍昆明池大饗士卒率諸將齋戒擇吉日修禮謁祠高廟收十一帝神主遣使奉詣洛陽因循行園陵爲置吏士奉守焉禹引兵與延岑戰於藍田不克復就穀雲陽漢中王劉嘉詣禹降嘉相李寶倨慢無禮禹斬之寶弟收寶部曲擊禹殺將軍耿訢自馮愔反後禹威稍損又乏食歸附者離散而赤眉復還入長安禹與戰敗走至高陵軍士饑餓者皆食棗菜○劉攽曰案文多一者字軍旣饑餓則皆食棗菜若書者字則似有不餓者矣帝乃徵禹還勑曰赤眉無穀自當來東吾折捶笞之非諸將憂也無得復妄進兵禹慚於受任而功不遂數以饑卒徼戰輒不利三年春與車騎將軍鄧弘擊赤眉遂爲所敗衆皆死散事在馮異傳獨與二十四騎還詣宜陽謝上大司徒梁侯印綬有詔歸侯印綬數月拜右將軍延岑自敗於東陽遂與秦豐合四年春復寇順陽間遣禹護復漢將軍鄧曄輔漢將軍于匡擊破岑於鄧追至武當復破之岑奔漢中餘黨悉降十三年天下平定諸功臣皆增戶邑定封禹爲高密侯食高密昌安夷安淳于四縣高密國名今密州縣也昌安屬高密國昌安故城在今密州安丘縣外城也夷安故城在今密州高密縣外城也淳于縣名屬北海郡故城在今密州安丘縣東北也帝以禹功高封弟寬爲明親侯其後左右將軍官罷續漢志曰前後左右將軍皆主征伐事訖皆罷也以特進奉朝請禹內文明篤行淳備事母至孝天下旣定常欲遠名勢有子十三人各使守一蓺修整閨門教養子孫皆可以爲後世法資用國邑不修產利帝益重之中元元年復行司徒事從東巡狩封岱宗顯宗卽位以禹先帝元功拜爲太傅進見東向甚見尊寵臣當北面尊賓故令東向如居歲餘寢疾帝數自臨問以子男二人爲郎永平元年年五十七薨諡曰元侯帝分禹封爲三國長子震爲高密侯襲爲昌安侯珍爲夷安侯禹少子鴻好籌策永平中以爲小侯引入與議邊事帝以爲能拜將兵長史率五營士屯鴈門肅宗時爲度遼將軍永元中與大將軍竇憲俱出擊匈奴有功徵行車騎將軍○劉攽曰檢和帝紀有事字明此少一事字也出塞追畔胡逢侯坐逗留下獄死高密侯震卒子乾嗣乾尚顯宗女沁水公主永元十四年陰皇后巫蠱事發乾從兄奉以后舅被誅乾從坐國除元興元年和帝復封乾本國拜侍中乾卒子成嗣成卒子褒嗣褒尚安帝妹舞陰長公主桓帝時爲少府褒卒長子某嗣少子昌襲母爵爲舞陰侯拜黃門侍郎昌安侯襲嗣子藩亦尚顯宗女平皋長公主平皋縣名屬河內郡故城在今懷州武德縣西和帝時爲侍中夷安侯珍子康少有操行兄良襲封無後永初六年紹封康爲夷安侯時諸紹封者皆食故國半租康以皇太后戚屬獨三分食二以侍祠侯漢官儀曰諸侯功德優盛朝廷所敬者位特進在三公下其次列侯在九卿下其次朝侯在大夫下其次侍祠侯其次下士小國侯以肺腑親公主子孫奉墳墓於京師亦隨時朝見是爲猥諸侯也康太后從兄以親侍祠得紹封也○劉攽曰注猥諸侯案猥當作猥事在獨斷也爲越騎校尉康以太后久臨朝政宗門盛滿數上書長樂宮諫爭宜崇公室自損私權言甚切至太后不從康心懷畏懼永寧元年遂謝病不朝太后使內侍者問之時宮人出入多能有所毀譽其中耆宿皆稱中大人所使者乃康家先婢亦自通中大人康聞詬之詬罵也音許遘反曰汝我家出亦敢爾邪婢怨恚還說康詐疾而言不遜太后大怒遂免康官遣歸國絕屬籍及從兄隲誅隲音騭安帝徵康爲侍中順帝立爲太僕有方正稱名重朝廷以病免加位特進陽嘉三年卒諡曰義侯

論曰夫變通之世君臣相擇家語孔子曰君擇臣而任之臣亦擇君而事之斯最作事謀始之幾也幾者事之微也易訟卦曰君子以作事謀始鄧公嬴糧徒步觸紛亂而赴光武方言曰嬴擔也可謂識所從會矣於是中分麾下之軍以臨山西之隙至使關河響動懷赴如歸功雖不遂而道亦弘矣及其威損栒邑兵散宜陽褫龍章於終朝就侯服以卒歲褫音直紙反又敕紙反龍章袞龍之服也謂禹爲赤眉所敗上司徒印綬也易訟卦曰或錫之鞶帶終朝三褫之榮悴交而下無二色進退用而上無猜情使君臣之美後世莫闚其間不亦君子之致爲乎

訓字平叔禹第六子也少有大志不好文學禹常非之顯宗卽位初以爲郎中訓樂施下士士大夫多歸之東觀記曰訓謙恕下士無貴賤見之如舊朋友子往來門內視之如子有過加鞭扑之敎太醫皮巡從獵上林還暮宿殿門下寒疝病發時訓直事聞巡聲起往問之巡曰冀得火以熨背訓身至太官門爲求火不得乃以口噓其背復呼同廬郎共更噓至朝遂愈也永平中理虖沱石臼河從都慮至羊腸倉酈元水經注云汾陽故城積粟所在謂之羊腸倉在晉陽西北石磴縈委若羊腸焉故以爲名今嵐州界羊腸阪是也石臼河解見明紀欲令通漕水運曰漕太原吏人苦役連年無成轉運所經三百八十九隘隘音乙賣反前後沒溺死者不可勝算建初三年拜訓謁者使監領其事訓考量隱括隱審量括之也孫卿子曰拘木必待隱括烝揉然後直也拘音鉤謂曲者也知大功難立具以上言肅宗從之遂罷其役更用驢輦歲省費億萬計全活徒士數千人會上谷太守任興欲誅赤沙烏桓怨恨謀反詔訓將黎陽營兵屯狐奴以防其變漢官儀曰中興以幽冀并州兵克定天下故於黎陽立營以謁者監之狐奴縣屬漁陽郡也訓撫接邊民爲幽部所歸六年遷護烏桓校尉黎陽故人多攜將老幼樂隨訓徙邊東觀記曰訓故吏最貧羸者舉國念訓常所服藥北州少乏又知訓好青泥封書從黎陽步推鹿車於洛陽市藥還過趙國易陽井載青泥一襆至上谷遺訓其得人心如是鮮卑聞其威恩皆不敢南近塞下東觀記曰吏士常大病瘧轉易至數十人訓身爲煮湯藥咸得平愈其無妻者爲適配偶八年舞陰公主子梁扈有罪訓坐私與扈通書徵免歸閭里東觀記曰燕人思慕爲之作歌也元和三年盧水胡反畔以訓爲謁者乘傳到武威拜張掖太守章和二年護羌校尉張紆誘誅燒當種羌迷吾等由是諸羌大怒謀欲報怨朝廷憂之公卿舉訓代紆爲校尉諸羌激忿遂相與解仇結婚交質盟詛鄭玄注周禮云大事曰盟小事曰詛衆四萬餘人期冰合渡河攻訓先是小月氏胡分居塞內勝兵者二三千騎○劉攽曰案前書但言勝兵若干此誤出者字皆勇健富彊每與羌戰常以少制多雖首施兩端首施猶首鼠也漢亦時收其用時迷吾子迷唐別與武威種羌合兵萬騎來至塞下未敢攻訓先欲脅月氏胡訓擁衞稽故令不得戰稽謂稽留事故也東觀記稽故字作諸故也議者咸以羌胡相攻縣官之利以夷伐夷不宜禁護訓曰不然今張紆失信衆羌大動經常屯兵不下二萬轉運之費空竭府帑說文曰帑金帛所藏音它莽反涼州吏人命縣絲髮原諸胡所以難得意者皆恩信不厚耳今因其迫急以德懷之庶能有用遂令開城及所居園門悉驅羣胡妻子內之嚴兵守衞羌掠無所得掠劫奪也又不敢逼諸胡因卽解去由是湟中諸胡湟中月氏胡所居今鄯州湟水縣也皆言漢家常欲鬬我曹今鄧使君待我以恩信開門內我妻子乃得父母咸歡喜叩頭曰唯使君所命訓遂撫養其中少年勇者數百人以爲義從羌胡俗恥病死每病臨困輒以刀自刺訓聞有困疾者輒拘持縛束不與兵刃使醫藥療之愈者非一小大莫不感悅於是賞賂諸羌種使相招誘迷唐伯父號吾乃將其母及種人八百戶自塞外來降訓因發湟中秦胡羌兵四千人出塞掩擊迷唐於寫谷東觀記曰寫作鴈斬首虜六百餘人得馬牛羊萬餘頭迷唐乃去大小榆兩谷名也見西羌傳居頗巖谷衆悉破散其春復欲歸故地就田業訓乃發湟中六千人令長史任尚將之縫革爲船置於箄上以渡河箄木筏也音步佳反掩擊迷唐廬落大豪多所斬獲復追逐奔北會尚等夜爲羌所攻於是義從羌胡并力破之斬首前後一千八百餘級獲生口二千人馬牛羊三萬餘頭一

種殆盡一種謂迷唐也迷唐遂收其餘部遠徙廬落西行千餘里諸附落小種皆背畔之燒當豪帥東號稽顙歸死東號羌名餘皆款塞納質於是綏接歸附威信大行遂罷屯兵各令歸郡唯置弛刑徒二千餘人分以屯田爲貧人耕種修理城郭塢壁而已永元二年大將軍竇憲將兵鎮武威憲以訓曉羌胡方略上求俱行訓初厚於馬氏不爲諸竇所親及憲誅故不離其禍離遭也訓雖寬中容衆而於閨門甚嚴兄弟莫不敬憚諸子進見未嘗賜席接以溫色四年冬病卒官時年五十三吏人羌胡愛惜旦夕臨者日數千人戎俗父母死恥悲泣皆騎馬歌呼至聞訓卒莫不吼號或以刀自割又刺殺其犬馬牛羊曰鄧使君已死我曹亦俱死耳前烏桓吏士皆奔走道路訓前任烏桓校尉時吏士也至空城郭吏執不聽以狀白校尉徐傿傿歎息曰此義也傿音於建反乃釋之遂家家爲訓立祠每有疾病輒此請禱求福元興元年和帝以訓皇后之父使謁者持節至訓墓賜策追封諡曰平壽敬侯平壽縣屬北海郡故城在今青州北海縣中宮自臨百官大會訓五子騭京悝弘閶悝音口回反

騭字昭伯東觀記騭作陟少辟大將軍竇憲府及女弟爲貴人騭兄弟皆除郎中及貴人立是爲和熹皇后騭三遷虎賁中郎將京悝弘閶皆黃門侍郎京卒於官延平元年拜騭車騎將軍儀同三司始自騭也悝虎賁中郎將弘閶皆侍中殤帝崩太后與騭等定策立安帝悝遷城門校尉弘虎賁中郎將自和帝崩後騭兄弟常居禁中騭謙遜不欲久在內連求還第歲餘太后乃許之永初元年封騭上蔡侯悝葉侯弘西平侯西平縣屬汝南郡故城在今豫州郾城縣南閶西華侯西華縣屬汝南郡食邑各萬戶騭以定策功增邑三千戶騭等辭讓不獲遂逃避使者間關詣闕間關猶崎嶇也上疏自陳曰臣兄弟汙穢無分可採言無分寸可收採也過以外戚遭值明時遭遇也託日月之末光被雲雨之渥澤易曰夫聖人者與天地合其德與日月齊其明又云雲行雨施天下平也並統列位光昭當世不能宜贊風美補助清化誠慙誠懼無以處心陛下躬天然之姿體仁聖之德遭國不造仍離大憂造成也仍頻也大憂和帝殤帝崩開日月之明運獨斷之慮援立皇統奉承太宗聖策定於神心休烈垂於不朽本非臣等所能萬一而猥推嘉美並享大封猥曲也伏聞詔書驚惶慙怖追觀前世傾覆之誡前代外戚上官安霍禹之屬皆被誅戮也退自惟念不寒而慄惟思也不寒而慄言恐懼也前書曰義縱爲定襄太守郡中不寒而慄也臣等雖無逮及遠見之慮猶有庶幾戒懼之情常母子兄弟內相勑厲冀以端慤畏慎一心奉戴上全天恩下完性命刻骨定分有死無二終不敢橫受爵土以增罪累惶窘征營昧死陳乞太后不聽騭頻上疏至於五六乃許之其夏涼部畔羌搖蕩西州朝廷憂之於是詔騭將左右羽林北軍五校士及諸部兵擊之車駕幸平樂觀餞送騭西屯漢陽使征西校尉任尚從事中郎司馬鈞與羌戰大敗時以轉輸疲弊百姓苦役冬徵騭班師班還也朝廷以太后故遣五官中郎將迎拜騭爲大將軍軍到河南使大鴻臚親迎中常侍齎牛酒郊勞王主以下候望於道既至大會羣臣賜束帛乘馬駟馬曰乘寵靈顯赫光震都鄙時遭元二之災臣賢案元二即元元也古書字當再讀者即於上字之下爲小二字言此字當兩度言之後人不曉遂讀爲元二或同之陽九或附之百六良由不悟致斯乖舛今岐州石鼓銘凡重言者皆爲二字明驗也人士荒饑死者相望盜賊羣起四夷侵畔騭等崇節儉罷力役推進天下賢士何熙祋諷祋姓也音丁外反又音丁活反羊浸李郃陶敦等列於朝廷辟楊震朱寵陳禪置之幕府故天下復安四年母新野君寢病騭兄弟並上書求還侍養太后以閶最少孝行尤著特聽之賜安車駟馬及新野君薨騭等復乞身行服章連上太后許之騭等既還里第並居冢次閶至孝骨立有聞當時及服闋詔喻騭還輔朝政更授前封騭等叩頭固讓乃止於是並奉朝請位次在三公下特進侯上在特進及列侯之上其有大議乃詣朝堂與公卿參謀元初二年弘卒太后服齊衰帝絲麻並宿幸其第弘少治歐陽尚書授帝禁中歐陽生字伯和千乘人事伏生武帝時人諸儒多歸附之初疾病遺言悉以常服不得用錦衣玉匣有司奏贈弘驃騎將軍位特進封西平侯太后追思弘意不加贈位衣服但賜錢千萬布萬匹騭等復辭不受詔大鴻臚持節即弘殯封子廣德爲西平侯將葬有司復奏發五營輕車騎士禮儀如霍光故事霍光薨宣帝遣太中大夫侍御史持節護喪事中二千石修莫府冢上賜玉衣梓宮便房黃腸題湊轀輬車黃屋左纛輕車材官五校士以送葬也太后皆不聽但白蓋雙騎門生輓送白蓋車也後以帝師之重分西平之都鄉封廣德弟甫德爲都鄉侯四年又封京子黃門侍郎珍爲陽安侯邑三千五百戶五年悝閶相繼並卒皆遺言薄葬不受爵贈太后並從之乃封悝子廣宗爲葉侯閶子忠爲西華侯自祖父禹教訓子孫皆遵法度深戒竇氏章帝竇皇后竇勳女祖穆及叔父俱尚主穆交通輕薄屬託郡縣干亂政化後並坐怨望謀不軌被誅故鄧氏深引爲誡也檢勑宗族閨門靜居閨閉也騭子侍中鳳嘗與尚書郎張龕書屬郎中馬融宜在臺閣又中郎將任尚嘗遺鳳馬後尚坐斷盜軍糧檻車徵詣廷尉檻車謂以板四周爲檻無所見鳳懼事泄先自首於騭騭畏太后遂髡妻及鳳以謝天下稱之建光元年太后崩未及大斂帝復申前命封騭爲上蔡侯位特進帝少號聰敏及長多不德而乳母王聖見太后久不歸政慮有廢置常與中黃門李閏候伺左右及太后崩宮人先有受罰者懷怨恚因誣告悝弘閶先從尚書鄧訪取廢帝故事謀立平原王得和帝長子平原王勝無嗣鄧太后立樂安王寵子得爲平原王帝聞追怒令有司奏悝等大逆無道遂廢西平侯廣德葉侯廣宗西華侯忠陽安侯珍都鄉侯甫德皆爲庶人騭以不與謀但免特進遣就國宗族皆免官歸故郡沒入騭等貲財田宅徙鄧訪及家屬於遠郡郡縣逼迫廣宗及忠皆自殺又徙封騭爲羅侯羅縣屬長沙國騭與子鳳並不食而死騭從弟河南尹豹度遼將軍舞陽侯遵將作大匠暢皆自殺唯廣德兄弟以母閻后戚屬得留京師大司農朱寵痛騭無罪遇禍乃肉袒輿櫬櫬親身棺也上疏追訟騭曰伏惟和熹皇后聖善之德爲漢文母詩凱風曰母氏聖善文母文王之母太任也言太后有聖智之善比於文母也兄弟忠孝同心憂國宗廟有主王室是賴殤帝崩太后與騭定立安帝故曰是賴功成身退讓國遜位歷世外戚無與爲比當享積善履謙之祐易曰積善之家必有餘慶又曰鬼神害盈而福謙而橫爲宮人單辭所陷利口傾險反亂國家罪無申證申明白也獄不訊鞫訊問也鞫窮也遂令騭等罹此酷濫一門七人並不以命七人謂騭從弟豹遵暢騭子鳳鳳從弟廣宗忠也屍骸流離怨魂不反逆天感人率土喪氣宜收還冢次寵樹遺孤奉承血祀以謝亡靈血祀謂祭廟殺牲取血以告神也寵知其言切自致廷尉詔免官歸田里衆庶多爲騭稱枉帝意頗悟乃譴讓州郡以逼迫廣宗等故也還葬洛陽北芒舊塋公卿皆會喪莫不悲傷之詔遣使者祠以中牢諸從昆弟皆歸京師及順帝即位追感太后恩訓愍騭無辜乃詔宗正復故大將軍鄧騭宗親內外朝見皆如故事除騭兄弟子及門從十二人悉爲郎中擢朱寵爲太尉錄尚書事寵字仲威京兆人初辟騭府稍遷潁州太守治理有聲○劉攽曰案他處無治理並出者蓋本以理字代治後人誤兩存之及拜太尉封安鄉侯甚加優禮廣德早卒甫德更召徵爲開封令○劉攽曰案已言召又云徵文並重疊蓋多一召字學傳父業喪母遂不仕閻妻耿氏有節操痛鄧氏誅廢子忠早卒乃養河南尹豹子嗣爲閻後耿氏教之書學遂以通博稱永壽中與伏無忌延篤著書東觀官至屯騎校尉禹曾孫香子女爲桓帝后帝又紹封度遼將軍遵子萬世爲南鄉侯拜河南尹及后廢萬世下獄死其餘宗親皆復歸故郡鄧氏自中興後累世寵貴凡侯者二十九人公二人大將軍以下十三人中二千石十四人列校二十二人州牧郡守四十八人其餘侍中將大夫郎謁者不可勝數東京莫與爲比

論曰漢世外戚自東西京十有餘族高帝呂后昭帝上官后宣帝霍后成帝趙后平帝王后章帝竇后和帝鄧后安帝閻后桓帝竇后順帝梁后靈帝何后等家或以貴盛驕奢或以攝位權重者以盈極被誅也非徒豪橫盈極自取災故必於貽釁後主以至顛敗者其數有可言焉後主謂嗣君也言外戚擅權者當先帝時或容免禍必貽罪釁於嗣君以至傾覆數謂理也其致敗之理可得言焉何則恩非已結而權已先之言外戚之家承寵於先帝不結恩於後主故權勢先在其身也情疏禮重而枉性圖之圖謀也其人既居權要禮數不可不重故後主枉其本性與之圖謀政事非心所好也來寵方授地既害之後來寵者方欲授之要職而先代權臣見居其地必須除舊方得授新是地既害之也隙開埶謝讒亦勝之君臣有隙上下離心則權寵之人形勢漸謝於是讒人構會奪亦勝也悲哉騭悝兄弟委遠時柄忠勞王室而終莫之免斯樂生所以泣而辭燕也樂毅忠於燕昭王其子惠王立而疑樂毅樂毅懼而奔趙趙王謂樂毅曰燕力竭於齊其主信讒國人不附其可圖乎毅伏而垂涕曰臣事昭王猶事大王也臣若獲戾於它國沒身不忍謀趙徒隸況其後嗣乎事見史記

寇恂傳 曾孫榮

寇恂字子翼上谷昌平人也世爲著姓恂初爲郡功曹太守耿況甚重之王莽敗更始立使使者徇郡國曰先降者復爵位恂從耿況迎使者於界上況上印綬使者納之一宿無還意恂勒兵入見使者就請之使者不與曰天王使者功曹欲脅之邪恂曰非敢脅使君君者尊之稱也竊傷計之不詳也今天下初定國信未宣使君建節銜命以臨四方郡國莫不延頸傾耳望風歸命今始至上谷而先墮大信墮毀也沮向化之心生離畔之隙將復何以號令它郡乎且耿府君在上谷久爲吏人所親今易之得賢則造次未安不賢則秖更生亂爲使君計莫若復之以安百姓使者不應恂叱左右以使者命召況況至恂進取印綬帶況使者不得已乃承制詔之況受而歸及王郎起遣將徇上谷急況發兵恂與門下掾閔業共說況曰邯鄲拔起難可信向拔卒也昔王莽時所難獨有劉伯升耳今聞大司馬劉公伯升母弟尊賢下士士多歸之可攀附也況曰邯鄲方盛力不能獨拒如何恂對曰今上谷完實控弦萬騎舉大郡之資可以詳擇去就恂請東約漁陽齊心合衆邯鄲不足圖也況然之乃遣恂到漁陽結謀彭寵恂還至昌平襲擊邯鄲使者殺之奪其軍遂與況子弇等俱南及光武於廣阿拜恂爲偏將軍號承義侯從破羣賊數與鄧禹謀議禹奇之因奉牛酒共交歡光武南定河內而更始大司馬朱鮪等盛兵據洛陽又并州未安光武難其守非其人不可故難之問於鄧禹曰諸將誰可使守河內者禹曰昔高祖任蕭何於關中無復西顧之憂所以得專精山東終成大業今河內帶河爲固戶口殷實北通上黨南迫洛陽寇恂文武

備足有牧人禦衆之才非此子莫可使也乃拜恂河內太守行大將軍事光武謂恂曰河內完富吾將因是而起昔高祖留蕭何鎮關中吾今委公以河內堅守轉運給足軍糧率厲士馬防遏它兵勿令北度而已光武於是復北征燕代恂移書屬縣講兵肄射肄習也伐淇園之竹爲矢百餘萬前書音義曰淇園衞之苑多竹篠也養馬二千匹收租肆百萬斛轉以給軍朱鮪聞光武北而河內孤使討難將軍蘇茂副將賈彊將兵三萬餘人度鞏河攻溫鞏溫並今洛州縣臨黃河故曰鞏河檄書至恂卽勒軍馳出並移告屬縣發兵會於溫下軍吏皆諫曰今洛陽兵度河前後不絕宜待衆軍畢集乃可出也恂曰溫郡之藩蔽失溫則郡不可守遂馳赴之旦日合戰而偏將軍馮異遣救及諸縣兵適至士馬四集幡旗蔽野恂乃令士卒乘城鼓譟大呼言曰劉公兵到蘇茂軍聞之陳動恂因奔擊大破之追至洛陽遂斬賈彊茂兵自投河死者數千生獲萬餘人恂與馮異過河而還自是洛陽震恐城門晝閉時光武傳聞朱鮪破河內有頃恂檄至大喜曰吾知寇子翼可任也諸將軍賀因上尊號於是卽位時軍食急乏恂以輦車驪駕轉輸前後不絕前書音義曰驪駕併駕也輦車人挽行也尚書升斗以稟百官帝數策書勞問恂同門生茂陵董崇說恂曰上新卽位四方未定而君侯以此時據大郡內得人心外破蘇茂威震鄰敵功名發聞此讒人側目怨禍之時也昔蕭何守關中悟鮑生之言而高祖悅漢王與項羽相拒京索蕭何留守關中上數使使勞苦何鮑生謂何曰今君王暴衣露蓋數勞苦君者有疑君心爲君計者遣君子孫昆弟能勝兵者悉詣軍何從其計高祖大悅今君所將皆宗族昆弟也無乃當以前人爲鏡戒恂然其言稱疾不視事帝將攻洛陽先至河內恂求從軍帝曰河內未可離也數固請不聽乃遣兄子寇張姊子谷崇將突騎願爲軍鋒帝善之皆以爲偏將軍建武二年恂坐繫考上書者免是時潁川人嚴終趙敦聚衆萬餘與密人賈期連兵爲寇恂免數月復拜潁川太守與破姦將軍侯進俱擊之數月斬期首郡中悉平定封恂雍奴侯邑萬戶執金吾賈復在汝南部將殺人於潁川部將謂軍部之下小將也恂捕得繫獄時尚草創軍營犯法率多相容恂乃戮之於市復以爲恥歎還過潁川謂左右曰吾與寇恂並列將帥而今爲其所陷大丈夫豈有懷侵怨而不決之者乎今見恂必手劍之恂知其謀不欲與相見谷崇曰崇將也得帶劍侍側卒有變足以相當恂曰不然昔藺相如不畏秦王而屈於廉頗者爲國也史記曰秦王與趙王飲於澠池秦王請趙王鼓瑟秦御史書曰某年某月趙王爲秦王鼓瑟藺相如前請秦王擊缶秦王怒不許相如曰五步之內相如請得以頸血濺大王矣秦王不懌爲擊缶

相如顧趙御史書曰某年某月秦王爲趙王擊缶秦羣臣曰請以趙十五城爲秦王壽相如曰請以秦咸陽爲趙王壽竟酒不能相加旣罷歸國趙拜相如爲上卿位在廉頗之上頗曰我有攻城野戰之功相如徒以口舌爲勞而位居我上我見必辱之相如出望見廉頗輒引車避之舍人諫相如曰夫以秦王相如能廷叱之何畏廉將軍哉吾念彊秦不敢加兵於趙者蓋以吾兩人也今兩虎鬬必不俱全吾所以先公家之急而後私讎也區區之趙尚有此義吾安可以忘之乎乃勑屬縣盛供具儲酒醪說文曰醪兼汁滓酒執金吾軍入界一人皆兼二人之饌饌具也恂乃出迎於道稱疾而還賈復勒兵欲追之而吏士皆醉遂過去恂遣谷崇以狀聞帝乃徵恂恂至引見時復先在坐欲起相避帝曰天下未定兩虎安得私鬬今日朕分之分猶解也於是並坐極歡遂共車同出結友而去恂歸潁川東觀記曰郡中政理盜賊不入三年遣使者卽拜爲汝南太守卽就也又使驃騎將軍杜茂將兵助恂討盜賊盜賊清靜郡中無事恂素好學乃脩鄉校教生徒聘能爲左氏春秋者親受學焉七年代朱浮爲執金吾明年從車駕擊隗囂而潁川盜賊羣起帝乃引軍還謂恂曰潁川迫近京師當以時定惟念獨卿能平之耳從九卿復出以憂國可也恂對曰潁川剽輕聞陛下遠踰阻險有事隴蜀故狂狡乘間相詿誤耳狡猾也說文曰詿亦誤也音挂如聞乘輿南向賊必惶怖歸死臣願執銳前驅卽日車駕南征恂從至潁川盜賊悉降而竟不拜郡百姓遮道曰願從陛下復借寇君一年恂前爲潁川太守故曰復借也乃留恂長社鎭撫吏人受納餘降初隗囂將安定高峻擁兵萬人據高平第一高平縣屬安定郡續漢志曰高平有第一城也帝使待詔馬援招降峻由是河西道開中郎將來歙承制拜峻通路將軍封關內侯後屬大司馬吳漢共圍囂於冀及漢軍退峻亡歸故營復助囂拒隴坻及囂死峻據高平畏誅堅守建威大將軍耿弇率太中大夫竇士武威太守梁統等圍之一歲不拔十年帝入關將自征之恂時從駕諫曰長安道理居中應接近便從洛陽至高平長安爲中安定隴西必懷震懼此從容一處可以制四方也今士馬疲倦方履險阻非萬乘之固前年潁川可爲至戒帝不從進軍及汧汧縣屬扶風故城在今隴州汧源縣南也峻猶不下帝議遣使降之乃謂恂曰卿前止吾此舉今爲吾行也若峻不卽降引耿弇等五營擊之恂奉璽書至第一峻遣軍師皇甫文出謁辭禮不屈恂怒將誅文諸將諫曰高峻精兵萬人率多彊弩西遮隴道連年不下今欲降之而反戮其使無乃不可乎恂不應遂斬之遣其副歸告峻曰軍師無禮已戮之矣欲降急降不欲固守峻惶恐卽日開城門降諸將皆賀因曰敢問殺其使而降其城何也恂曰皇甫文峻之腹心其所取計者也今來辭意不屈必無降心全之則

文得其計殺之則峻亡其膽是以降耳諸將皆曰非所及也遂傳峻還洛陽恂經明行修名重朝廷所得秩奉厚施朋友故人及從吏士常曰吾因士大夫以致此其可獨享之乎時人歸其長者以爲有宰相器十二年卒謚曰威侯子損嗣恂同產弟及兄子姊子以軍功封列侯者凡八人終其身不傳於後初所與謀閔業者恂數爲帝言其忠賜爵關內侯官至遼西太守十三年復封損庶兄壽爲洨侯洨縣屬沛郡洨音胡交反後徙封損扶柳侯扶柳縣屬信都郡故城在今冀州信都縣西也損卒子釐嗣徙封商鄉侯釐卒子襲嗣恂女孫爲大將軍鄧騭夫人由是寇氏得志於永初間安帝永初元年鄧太后臨朝故得志也恂曾孫榮

論曰傳稱喜怒以類者鮮矣左傳曰晉范武子會將老召其子文子曰吾聞之喜怒以類者鮮而易者實多也夫喜而不比怒而思難者其唯君子乎子曰伯夷叔齊不念舊惡怨是用希於寇公而見之矣論語孔子之言

榮少知名桓帝時爲侍中性矜絜自貴於人少所與與黨與也以此見害於權寵而從兄子尚帝妹益陽長公主帝又聘其從孫女於後宮左右益惡之延熹中遂陷以罪辟與宗族免歸故郡吏承望風旨持之浸急榮恐不免奔闕自訟未至刺史張敬追劾榮以擅去邊有詔捕之榮逃竄數年會赦令不得除積窮困乃自亡命中上書曰自從也臣聞天地之於萬物也好生帝王之於萬人也慈愛陛下統天理物爲萬國覆作人父母先慈愛後威武先寬容後刑辟自生齒以上咸蒙德澤大戴禮曰男子八月生齒女子七月生齒也而臣兄弟獨以無辜爲專權之臣所見批抵說文曰抵側擊也批音片支反抵音之氏反青蠅之人所共搆會青蠅詩小雅曰營營青蠅止于樊愷悌君子無信讒言青蠅能汚白使黑汚黑使白喻佞人變亂善惡以臣婚姻王室謂臣將撫其背奪其位退其身受其埶於是遂作飛章以被於臣欲使墜萬仞之阬踐必死之地令陛下忽參母之仁發投杼之怒史記曰昔曾參處費魯人有與曾參同姓名殺人人告其母曰曾參殺人其母織自若也又一人告之曰曾參殺人其母尚織自若也又一人告之曰曾參殺人其母乃投杼下機踰牆而走矣以曾參之賢其母猶生疑於三告尚書背繩墨案空劾繩墨謂法律也不復質确其過寘於嚴棘之下質正也确實也說文云确音胡角反此苦角反嚴棘謂獄也易坎上六曰繫用徽纆寘于叢棘也便奏正臣罪司隸校尉馮羨佞邪承旨廢於王命驅逐臣等不得旋踵臣奔走還郡沒齒無怨臣誠恐卒爲豺狼橫見噬食故冒死欲詣闕披肝膽布腹心刺史張敬好爲諂諛張設機網復令陛下興雷電之怒司隸校尉應奉河南尹何豹洛陽令袁騰並驅爭先若赴仇敵罰及死沒髡剔墳墓但未掘壙出尸剖棺露齒耳齒謂骨之尚有肉者也月令曰掩骼埋齒音才賜反又在移反昔文

王葬枯骨解見順紀公劉敦行葦世稱其仁大雅行葦之詩曰敦彼行葦牛羊勿踐履言公劉之時仁及草木故然道傍之葦牧牛羊者無使踐履折傷之況於人乎故榮以自喻焉今殘酷容媚之吏無折中處平之心不顧無辜之害而與虛誣之誹欲使嚴朝必加濫罰是以不敢觸突天威而自竄山林以俟陛下發神聖之聽啓獨覩之明拒讒慝之謗絕邪巧之言救可濟之人援沒溺之命不意滯怒不爲春夏息春夏長養萬物故不宜怒矣淹恚不爲順時怠遂馳使郵驛布告遠近嚴文剋剝痛於霜雪張羅海內設罝萬里逐臣者窮人跡追臣者極車軌雖楚購伍員史記曰楚人伍奢爲平王太子建太傅費無忌譖殺奢奢子員字子胥奔吳楚購之得伍員者賜粟五萬石爵執圭漢求季布無以過也季布爲項羽將數窘漢王項羽滅高祖購季布千金敢舍匿罪三族臣遇罰以來三赦再贖無驗之罪足以蠲除無驗謂無罪狀可按驗也而陛下疾臣愈深有司咎臣甫力甫始也力甚也止則見掃滅行則爲亡虜苟生則爲窮人極死則爲冤鬼天廣而無以自覆地厚而無以自載蹈陸土而有沈淪之憂遠巖牆而有鎭壓之患精誠足以感於陛下而哲王未肯悟如臣犯元惡大憝憝惡也言元惡之人大爲人之所惡也足以陳於原野備刀鋸鋸刖刑也國語曰刑有五大者陳諸原野矣陛下當班布臣之所坐以解衆論之疑臣思入國門坐於肺石之上使三槐九棘平臣之罪周禮秋官云左九棘孤卿大夫位焉右九棘公侯伯子男位焉面三槐三公位焉左嘉石平罷人右肺石達窮人而閶闔九重閶闔天門也陷穽步設穽阬也舉趾觸罘罝說文曰罘兔網也罝亦兔網也音浮嗟動行絓羅網無緣至萬乘之前永無見信之期矣國君不可讎匹夫讎之則一國盡懼左傳曰晉侯之豎頭須曰國君而讎匹夫懼者甚衆也臣奔走以來三離寒暑離歷也陰陽易位當煖反寒春常淒風淒風寒風也左傳曰春無淒風夏降霜雹月令仲夏行冬令則雹凍傷穀又連年大風折拔樹木風爲號令前書翼奉曰凡風者天之號令所以譴告人也春夏布德月令春天子布德行惠發倉廩賑窮乏夏行封慶賜無不欣悅也議獄緩死之時易中孚象曰君子以議獄緩死願陛下思帝堯五教在寬之德企成湯避遠讒夫之誡劉向說苑曰湯大旱七年使人持鼎祝山川祝曰政不節邪苞苴行邪讒夫昌邪宮室崇邪女謁盛邪使人疾邪何不雨之極邪以寧風旱以弭災兵臣聞勇者不逃死智者不重困重猶惜也固不爲明朝惜垂盡之命願赴湘沅之波從屈原之悲史記曰屈原事楚懷王王受讒流屈原於江南屈原憂愁悲思遂投湘沅而死沈江湖之流弔子胥之哀史記曰伍子胥爲吳行人被宰嚭所譖吳王賜屬鏤之劍以死王取其尸盛以鴟夷浮之於江中臣功臣苗緒生長王國懼獨含恨以葬江魚之腹無以自別於世屈原曰寧赴湘流葬於江魚之腹也不勝狐死首丘之情營魂識路之懷禮檀弓曰古人有言狐死正丘首仁也楚詞曰願徑逝而未得魂識路之煢煢老子曰載營魄營魂也犯冒王怒觸突帝禁伏於兩觀陳訴毒痛兩觀闕也孔子攝司寇誅少正卯於兩觀之下然後登金鑊入沸湯糜爛於爐爨之下九死未悔楚詞曰雖九死而未悔也悲夫久生亦復何

聊盡忠臣殺身以解君怨孝子殞命以寧親怨故大舜不避塗廩浚井之難廩倉也浚深也史記曰舜父瞽叟常欲殺舜使舜塗廩從下焚廩舜乃以兩笠自扞而下後又使穿井舜爲匿空旁出舜旣入深父乃與象共下土實之舜從旁空出去申生不辭姬氏讒邪之謗申生晉獻公太子獻公用驪姬之讒而殺申生事見左氏傳臣敢忘斯議○劉攽曰案文議當作義不自斃以解明朝之忿哉乞以身塞重責願陛下匄兄弟死命匄乞也音蓋使臣一門頗有遺類以崇陛下寬饒之惠先死陳情臨章涕泣泣血漣如易曰乘馬班如泣涕漣如言居不獲安行無所適窮困闚見無所委仰者帝省章愈怒遂誅榮寇氏由是衰廢

贊曰元侯淵謨乃作司徒明啓帝略肇定秦都勳成智隱靜其如愚論語孔子曰吾與回言終日不違如愚也子翼守溫蕭公是埒埒等也係兵轉食以集鴻烈誅文屈賈有剛有折誅皇甫文屈於賈復

後漢書卷四十六考證

鄧禹傳從至廣阿注橫野將軍劉發大破之○發本或作奉

敬敷五敎五敎在寬○第六卷帝紀注引書亦複出五敎二字與今尚書文不同

鄧禹孫隲時遭元二之災注元二卽元元也古書字當再讀者卽於上字之下爲小二字後人不曉遂讀爲元二○臣世駿按王充論衡恢國篇云今上嗣位元二之閒嘉德布流三年零陵生芝草四年甘露降五縣五年芝復生六年黃龍見蓋章帝時事考之本紀所書建初三年以後諸瑞皆同則知所謂元二者謂建初元年二年也旣稱嘉德布流以致祥瑞其爲非災眚之語益可決疑安帝永初元年二年先零滇羌寇叛郡國地震大水鄧隲以二年十一月拜大將軍則知所謂元二者謂永初元年二年也凡漢碑重文不皆用小二字豈有范史一部唯獨一處如此

謀立平原王得○臣承蒼按得當作翼安帝紀及章八王傳可據得又無子以翼爲嗣安帝緣此貶翼爲都鄉侯注失考正

寇恂傳不賢則秖更生亂○監本無更字

諸將軍賀○軍疑作舉

後漢書卷四十七

宋　宣　城　太　守　范　曄　撰

唐　章　懷　太　子　賢　注

馮岑賈列傳第七

馮異傳

馮異字公孫潁川父城人也父城縣名故城在今許州葉縣東北汝州郟城縣亦有父城好讀書通左氏春秋孫子兵法孫子名武善用兵吳王闔廬之將也作兵法十三篇見史記漢兵起異以郡掾監五縣與父城長苗萌共城守爲王莽拒漢光武略地潁川攻父城不下屯兵巾車鄉巾車鄉名在父城界異閒出行屬縣閒猶微行音下孟反爲漢兵所執時異從兄孝及同郡丁綝呂晏東觀記曰綝字幼春定陵人伉健有武畧綝音丑心反並從光武因共薦異得召見異曰異一夫之用不足爲彊弱有老母在城中願歸據五城以効功報德光武曰善異歸謂苗萌曰今諸將皆壯士屈起多暴橫獨有劉將軍所到不虜掠觀其言語舉止非庸人也可以歸身苗萌曰死生同命敬從子計光武南還宛更始諸將攻父城者前後十餘輩異堅守不下及光武爲司隸校尉道經父城異等卽開門奉牛酒迎光武署異爲主簿苗萌爲從事異因薦邑子銚期銚音姚叔壽段建左隆等東觀記及續漢書段並作殷字光武皆以爲掾史從至洛陽更始數欲遣光武徇河北諸將皆以爲不可是時左丞相曹竟子詡爲尚書竟字子期山陽人後死於赤眉之難見前書詡音虛羽反父子用事異勸光武厚結納之及度河北詡有力焉自伯升之敗光武不敢顯其悲戚每獨居輒不御酒肉枕席有涕泣處異獨叩頭寬譬哀情光武止之曰卿勿妄言異復因閒進說曰天下同苦王氏思漢久矣今更始諸將從橫暴虐從音子用反橫音胡孟反所至虜掠百姓失望無所依戴今公專命方面施行恩德夫有桀紂之亂乃見湯武之功人久饑渴易爲充飽猶言渴饑之後易流德澤宜急分遣官屬循行郡縣理冤結布惠澤光武納之至邯鄲遣異與銚期乘傳撫循屬縣錄囚徒存鰥寡亡命自詣者除其罪陰條二千石長吏同心及不附者上之及王郎起光武自薊東南馳晨夜草舍舍止息也至饒陽無蔞亭無蔞亭名在今饒陽縣東北蔞音力于反時天寒烈衆皆饑疲異上豆粥明旦光武謂諸將曰昨得公孫豆粥饑寒俱解及至南宮南宮縣名屬信都國今冀州縣也遇大風雨光武引車入道傍空舍異抱薪鄧禹爇火爇音而悅反光武對竈燎衣燎炙也異復進麥飯菟肩因復度虖沱河至信都光武紀云度虖沱河至下博城西見白衣老父曰信都去此八十里耳是自北而南此傳先言至南宮後言度虖沱河南宮在虖沱河南百有餘里又似自南而北紀傳兩文全相乖背迹其地理紀是傳非諸家之書並然亦未詳其故使異別收河閒兵還拜偏將軍從破王郎封應侯應國名周武王子所封也杜預注春秋曰應國在襄城成父縣西南異爲人謙退不伐行與諸將相逢輒引車避道東觀記續漢書云異勅吏士非交戰受敵常行諸營之後相逢引車避之由是無爭道變鬭者也進止皆有表識言其進退有常處也軍中號爲整齊每所止舍諸將並坐論功異常獨屛樹下軍中號曰大樹將軍及破邯鄲乃更部分諸將各有配隸隸屬也袁山松曰先時諸將同營吏卒多犯法軍士皆言願屬大樹將軍光武以此多之多重也別擊破鐵脛於北平北平縣名屬中山國故城在今易州永樂縣也又降匈奴于林闟頓王匈奴王號山陽公載記曰頓字作碓前書音義闟音蹋頓音碓因從平河北時更始遣舞陰王李軼廩丘王田立大司馬朱鮪白虎公陳僑東觀記僑字作矯將兵號三十萬與河南太守武勃共守洛陽光武將北徇燕趙以魏郡河內獨不逢兵而城邑完全倉廩實乃拜寇恂爲河內太守異爲孟津將軍孟地名古今以爲津統二郡軍河上與恂合埶以拒朱鮪等異乃遺李軼書曰愚聞明鏡所以照形往事所以知今孔子家語曰孔子觀周明堂四門之墉有堯舜桀紂之象謂從者曰明鏡所以察形古事所以知今昔微子去殷而入周項伯畔楚而歸漢史記曰微子名啓紂之庶兄周武王伐紂微子乃持祭器肉袒面縛造于軍門武王乃釋其縛復其位項伯名纏項籍之季父素善張良高祖因良與伯結婚項籍謀害漢王伯以身翼蔽之籍誅乃歸漢也周勃迎代王而黜少帝霍光尊孝宣而廢昌邑少帝惠帝後宮之子名弘惠帝崩周勃以弘非惠帝之子乃黜之迎立代王昭帝崩無嗣霍光乃迎立武帝孫昌邑王賀賀無道光廢之而立宣帝彼皆畏天知命覩存亡之符見廢興之事故能成功於一時垂業於萬世也苟令長安尚可扶助延期歲月疏不間親遠不踰近季文豈能居一隅哉長安謂更始季文李軼字言軼與更始疏遠獨居一隅理難支久欲其早圖去就今長安壞亂赤眉臨郊王侯構難大臣乖離綱紀已絕時更始大臣張卬申屠建隗囂等以赤眉入關謀劫更始歸南陽是大臣乖離也四方分崩異姓並起是故蕭王跋涉霜雪經營河北方今英俊雲集百姓風靡雖邠岐慕周不足以喩史記曰古公亶父修后稷之業積德行義國人皆戴之戎狄攻之不忍戰其人乃與其私屬去邠止於岐下邠人舉國扶老攜弱盡復歸古公於岐山之下季文誠能覺悟成敗亟定大計論功古人亟急也古人卽謂微子項伯等轉禍爲福在此時矣如猛將長驅嚴兵圍城雖有悔恨亦無及已初軼與光武首結謀約加相親愛及更始立反共陷伯升雖知長安已危欲降又不自安乃報異書曰軼本與蕭王首謀造漢結死生之約同榮枯之計今軼守洛陽將軍鎭孟津俱據機軸機弩牙也軸車軸也皆在物之要故取諭焉千載一會思成斷金易曰二人同心其利斷金唯深達蕭王願進愚策以佐國安人軼自通書之後不復與異爭鋒故異因此得北攻天井關拔上黨兩城天井關在太行山下解見章紀又南下河南成皋以東十三縣及諸屯聚皆平之降者十餘萬武勃將萬餘人攻諸畔者異引軍度河與勃戰於士鄉下續漢書曰士鄉亭名屬河南郡大破斬勃獲首五千餘級軼又閉門不救異見其信效具以奏聞光武故宣露軼書東觀記曰上報異曰軼多詐不信人不能得其要領令移其書令朱鮪知之鮪怒遂使人刺殺軼由是城中乖離多有降者鮪乃遣討難將軍蘇茂將數萬人攻溫鮪自將數萬人攻平陰以綴異平陰縣名屬河南郡綴謂連綴也異遣校尉護軍將軍將兵○劉攽曰案異爲孟津將軍軍有護軍當云護軍將軍非也彖下有將兵字明衍將軍二字與寇恂合擊茂破之異因度河擊鮪鮪走異追至洛陽環城一帀而歸移檄上狀諸將皆入賀并勸光武卽帝位光武乃召異詣鄗問四方動靜異曰三王反畔更始敗亡三王謂張卬爲淮陽王廖湛爲穰王胡殷爲隨王更始欲殺卬等遂勒兵掠東西市入殿燒宮中更始大敗天下無主宗廟之憂在於大王宜從衆議上爲社稷下爲百姓光武曰我昨夜夢乘赤龍上天覺悟心中動悸異因下席再拜賀曰此天命發於精神周易乾卦九五曰飛龍在天大人造也莊子曰其夢也神交故言天命發於精神心中動悸大王重愼之性也異遂與諸將定議上尊號建武二年春定封異陽夏侯夏音賈引擊陽翟賊○劉攽曰案文少一軍字他傳中言引軍者甚多嚴終趙根破之詔異歸家上冢使太中大夫齎牛酒續漢志曰太中大夫秩千石掌顧問論議屬光祿令二百里內太守都尉已下及宗族會焉時赤眉延岑暴亂三輔郡縣大姓各擁兵衆大司徒鄧禹不能定乃遣異代禹討之車駕送至河南賜以乘輿七尺具劍具謂以寶玉裝飾之東觀記作玉具劍勑異曰三輔遭王莽更始之亂重以赤眉延岑之酷元元塗炭無所依訴今之征伐非必略地屠城要在平定安集之耳諸將非不健鬭然好虜掠卿本能御吏士念自脩勑無爲郡縣所苦異頓首受命引而西所至皆布威信弘農羣盜稱將軍者十餘輩皆率衆降異東觀記曰黽池霍郎陝王長湖濁惠華陰陽沈等稱將軍者皆降異與赤眉遇於華陰相拒六十餘日戰數十合降其將劉始王宣等東觀記宣作重五千餘人三年春遣使者卽拜異爲征西大將軍會鄧禹率車騎將軍鄧弘等引歸與異相遇禹弘要異共攻赤眉異曰異與賊相拒且數十日雖屢獲雄將餘衆尚多可稍以恩信傾誘難卒用兵破也上今使諸將屯黽池要其東而異擊其西一舉取之此萬成計也禹弘不從弘遂大戰移日赤眉陽敗棄輜重走車皆載土以豆覆其上兵士饑爭取之赤眉引還擊弘弘軍潰亂異與禹合兵救之赤眉小卻異以士卒饑倦可且休禹不聽復戰大爲所敗死傷者三千餘人禹得脫歸宜陽異棄馬步走上回谿阪回谿今俗所謂回阬在今洛州永寧縣東北其谿長四里闊二丈深二丈五尺也與麾下數人歸營復堅壁收其散卒招集諸營保數萬人與賊約期會戰使壯士變服與赤眉同伏於道側旦日赤眉

使萬人攻異前部異裁出兵以救之（裁小出兵所以示弱也）賊見勢弱遂悉衆攻異異乃縱兵大戰日昃賊氣衰伏兵卒起衣服相亂赤眉不復識別衆遂驚潰追擊大破於崤底降男女八萬人餘衆尚十餘萬東走宜陽降璽書勞異曰赤眉破平士吏勞苦始雖垂翅回谿終能奮翼黽池（以鳥爲喻）可謂失之東隅收之桑榆（淮南子曰日至於衡陽是謂隅中又前書谷子雲曰大白出西方六十日法當參天今已過期尚在桑榆間桑榆謂晚也）方論功賞以答大勳時赤眉雖降衆寇猶盛延岑據藍田王歆據下邽（秦武公伐邽戎致之也隴西有上邽故此有下也）芳丹據新豐（續漢書芳作茅）蔣震據霸陵（霸陵文帝陵因以爲縣名故秦芷陽縣）張邯據長安公孫守據長陵楊周據谷口（谷口縣名屬左馮翊故城在今醴泉縣東北）呂鮪據陳倉角閎據汧駱蓋延據盩厔任良據鄠汝章據槐里各稱將軍擁兵多者萬餘少者數千人轉相攻擊異且戰且行屯軍上林苑中延岑既破赤眉自稱武安王拜置牧守欲據關中引張邯任良共攻異異擊破之斬首千餘級諸營保守附岑者皆來降歸異岑走攻析（析縣名楚之白羽邑也卽今鄧州內鄉縣）異遣復漢將軍鄧曄輔漢將軍于匡要擊岑大破之降其將蘇臣等八千餘人岑遂自武關走南陽時百姓饑餓人相食黃金一斤易豆五升道路斷隔委輸不至軍士悉以果實爲糧詔拜南陽趙匡爲右扶風將兵助異并送縑穀軍中皆稱萬歲異兵食漸盛乃稍誅擊豪傑不從令者褒賞降附有功勞者悉遣其渠帥詣京師散其衆歸本業威行關中唯呂鮪張邯蔣震遣使降蜀其餘悉平明年公孫述遣將程焉將數萬人就呂鮪出屯陳倉異與趙匡迎擊大破之焉退走漢川異追戰於箕谷復破之還擊破呂鮪營保降者甚衆其後蜀復數遣將間出異輒摧挫之（賈逵注國語曰折其鋒曰挫）懷來百姓申理枉結出入三歲上林成都（成都言歸附之多也史記曰一年成邑三年成都）異自以久在外不自安上書思慕闕廷願親帷幄帝不許後人有章言異專制關中斬長安令威權至重百姓歸心號爲咸陽王帝使以章示異（東觀記曰使者宋嵩西上因以章示異）異惶懼上書謝曰臣本諸生遭遇受命之會充備行伍過蒙恩私位大將爵通侯（通侯卽徹侯避武帝諱改焉）受任方面以立微功（謂西方一面專以委之）皆自國家謀慮愚臣無所能及臣伏自思惟以詔敕戰攻每輒如意時以私心斷決未嘗不有悔國家獨見之明久而益遠乃知性與天道不可得而聞也當兵革始起擾攘之時豪傑競逐（逐爭也）迷惑千數臣以遭遇託身聖明在傾危溷殽之中尚不敢過差而況天下平定上尊下卑而臣爵位所蒙巍巍不測乎誠冀以謹敕遂自終始見所示臣章戰慄怖懼伏念明主知臣愚性固敢因緣自陳詔報曰將軍之於國家義爲君臣恩猶父子何嫌何疑而有懼意六年春異朝京師引見帝謂公卿曰是我起兵時主簿也爲吾披荊棘定關中（荊蕀榛梗之謂以喻紛亂）既罷使中黃門賜以珍寶衣服錢帛詔曰倉卒無蔞亭豆粥虖沱河麥飯厚意久不報異稽首謝曰臣聞管仲謂桓公曰願君無忘射鉤臣無忘檻車齊國賴之（史記管仲將兵遮莒道射桓公中鉤後魯桎梏管仲而送於齊以爲相說苑曰管仲桎梏檻車中非無媿也自裁也新序曰齊桓公與管仲飲酒酣管仲上壽曰願君無忘出奔於莒也臣亦無忘束縛於魯也此云射鉤檻車義亦通）臣今亦願國家無忘河北之難小臣不敢忘巾車之恩（謂光武獲異於巾車而赦之）後數引讌見定議圖蜀留十餘日令異妻子隨異還西夏遣諸將上隴爲隗囂所敗乃詔異軍栒邑未及至隗囂乘勝使其將王元行巡將二萬餘人下隴因分遣巡取栒邑異卽馳兵欲先據之諸將皆曰虜兵盛而新乘勝不可與爭宜止軍便地徐思方畧異曰虜兵臨境忸忕小利（忸忕猶慣習也謂慣習前事而復爲之爾雅曰忸復也郭景純曰謂慣忕復爲之也忸音女九反忕音逝）遂欲深入若得栒邑三輔動搖是吾憂也夫攻者不足守者有餘（孫子兵法之文）今先據城以逸待勞非所以爭也潛往閉城偃旗鼓行巡不知馳赴之異乘其不意卒擊鼓建旗而出巡軍驚亂奔走追擊數十里大破之祭遵亦破王元於汧於是北地諸豪長耿定等悉畔隗囂降異上書言狀不敢自伐（孔安國注尚書曰自矜曰伐）諸將或欲分其功帝患之乃下璽書曰制詔大司馬虎牙建威漢中捕虜○（劉攽曰案王常傳中當作忠）武威將軍虜兵猥下三輔驚恐（大司馬吳漢也虎牙蓋延也建威耿弇也漢中王常也捕虜馬武也武威劉尚也廣雅曰猥衆也）栒邑危亡在於旦夕北地營保按兵觀望今偏城獲全虜兵挫折使耿定之屬復念君臣之義征西功若丘山猶自以爲不足孟之反奔而殿亦何異哉（孟之反魯大夫魯與齊戰魯師敗之反殿是其功也將入魯門乃策其馬曰吾非敢後馬不進是謙而不自伐也）今遣太中大夫賜征西吏士死傷者醫藥棺殮大司馬已下親弔死問疾以崇謙讓於是使異進軍義渠并領北地太守事（義渠縣名屬北地郡）青山胡率萬餘人降異（青山在北地參巒界青山中水所出也續漢書曰安定屬國人本屬國降胡也居參巒青山中其豪帥號肥頭少卿劉攽曰注參巒案地理志巒當作䜌）○異又擊盧芳將賈覽匈奴奧鞬日逐王破之（奧音於六反）上郡安定皆降異復領安定太守事九年春祭遵卒詔異守征虜將軍并將其營及隗囂死其將王元周宗等復立囂子純猶總兵據冀公孫述遣將趙匡等救之帝復令異行天水太守事攻匡等且一年皆斬之（東觀記曰時賜異璽書曰聞吏士精銳水火不避購賞之賜必不令將軍負丹青失斷金）諸將共攻冀不能拔欲且還休兵異固持不動常爲衆軍鋒明年夏與諸將攻落門未拔（落門聚名在冀縣有落門山）病發薨于軍謚曰節侯長子彰嗣明年帝思異功復封彰弟訢爲析鄉侯十三年更封彰東緡侯食三縣（東觀記曰東緡縣名屬山陽郡左傳曰齊侯伐宋圍緡卽此地也在今兗州金鄉縣）永平中徙封平鄉侯（東觀記曰永平五年封平鄉侯食臂林渾中）彰卒子普嗣有罪國除（東觀記曰坐鬭殺游徼會赦國除）永初六年安帝下詔曰夫仁不遺親義不忘勞興滅繼絕善善及子孫古之典也（論語曰興滅國繼絕世公羊傳曰善善及子孫惡惡止其身）昔我光武受命中興恢弘聖緒橫被四表昭假上下（昭明也假至也上下天地假音格）光耀萬世祉祚流衍垂於罔極予末小子夙夜永思追惟勳烈披圖案籍建武元功二十八將佐命虎臣讖記有徵蓋蕭曹紹封傳繼於今（和帝永和四年詔紹封蕭曹之後以彰厥功也）況此未遠而或至乏祀朕甚愍之其條二十八將無嗣絕世若犯罪奪國其子孫應當統後者分別署狀上將及景風章敘舊德顯茲遺功焉（春秋考異郵曰夏至四十五日景風至宋均注曰景風至則封有功也）於是紹封普子晨爲平鄉侯明年二十八將絕國者皆紹封焉

岑彭傳

岑彭字君然南陽棘陽人也（棘音紀力反）王莽時守本縣長漢兵起攻拔棘陽彭將家屬奔前隊大夫甄阜甄阜怒彭不能固守拘彭母妻令效功自補彭將賓客戰鬬甚力及甄阜死彭被創亡歸宛與前隊貳嚴說共城守（前隊大夫貳甄阜之副也姓嚴名說東觀記云貳師嚴尤共城守計嚴尤爲大司馬又非貳師與此不同）漢兵攻之數月城中糧盡人相食彭乃與說舉城降諸將欲誅之大司徒伯升曰彭郡之大吏執心堅守是其節也今舉大事當表義士不如封之以勸其後更始乃封彭爲歸德侯（歸德縣名屬北地郡）令屬伯升及伯升遇害彭復爲大司馬朱鮪校尉從鮪擊王莽揚州牧李聖殺之定淮陽城鮪薦彭爲淮陽都尉更始遣立威王張卬與將軍繇偉鎮淮陽（風俗通曰東越王繇句踐之後其後爲姓東觀記曰繇作謠）偉反擊走卬彭引兵攻偉破之遷潁川太守會舂陵劉茂起兵畧下潁川彭不得之官乃與麾下數百人從河內太守邑人韓歆會光武徇河內歆議欲城守彭止不聽既而光武至懷歆迫急迎降光武知其謀大怒收歆置鼓下將斬之（中將軍最尊自執旗鼓若置營則立旗以爲軍門并設鼓戮人必於其下○劉攽曰注中將軍案文當爲中軍將）召見彭彭因進說曰今赤眉入關更始危殆權臣放縱矯稱詔制道路阻塞四方蜂起羣雄競逐百姓無所歸命竊聞大王平河北開王業此誠皇天祐漢士人之福也彭幸蒙司徒公所見全濟未有報德旋被禍難永恨於心今復遭遇願出身自效光武深接納之彭因言韓歆南陽大人（大人謂大家豪右）可以爲用乃貰歆（貰寬也）以爲鄧禹軍師更始大將軍呂植將兵屯淇園彭說降之於是拜彭爲刺姦大將軍使督察衆營（續漢書曰時更始尚書令謝躬將六將軍屯鄴兵橫暴爲百姓所苦上先遣吳漢征收之故拜彭爲刺姦將軍）授以常所持節從平河北光武卽位拜彭廷尉歸德侯如故行大將軍事（續漢書曰彭鎮河內馮異先攻洛陽朱鮪大出軍欲擊彭時天霧鮪以爲彭已去令其兵告獲悉彭乃進擊大破之）與大司馬吳漢大司空王梁建義大將軍朱祐右將軍萬脩執金吾賈復驍騎將軍劉植揚化將軍堅鐔積射將軍侯進偏將軍馮異祭遵王霸等圍洛陽數月朱鮪等堅守不肯下帝以彭嘗爲鮪校尉令往說之鮪在城上彭在城下相勞苦歡語如平生彭因曰彭往者得執鞭侍從蒙薦舉拔擢常思有以報恩今赤眉已得長安更始爲三王所反（解見上文）皇帝受命平定燕趙盡有幽冀之地百姓歸心賢俊雲集親率大兵來攻洛陽天下之事逝其去矣公雖嬰城固守將何待乎（嬰繞也謂以城自嬰繞而守之）鮪曰大司徒被害時鮪與其謀（與音預）又諫更始無遣蕭王北伐誠自知罪深彭還具言於帝帝曰夫建大事者不忌小怨鮪今若降官爵可保況誅罰乎河水在此吾不食言（指河以爲信言其明白也）彭復往告鮪鮪從城上下索曰必信可乘此上彭趣索欲上（趣向也）鮪見其誠卽許降後五日鮪將輕騎詣彭顧勑諸部將曰堅守待我我若不還諸君徑將大兵上轘轅歸郾王（更始傳尹尊爲郾王）乃面縛與彭俱詣河陽（東觀記曰詣行在所河津亭）帝卽解其縛召見之復令彭夜送鮪歸城明旦悉其衆出降拜鮪爲平狄將軍封扶溝侯鮪淮陽人後爲少府（前書曰少府秦官秩二千石續漢書曰少府掌中服御諸物衣服寶貨珍膳之屬）傳封累代建武二年使彭擊荊州下犨葉等十餘城（犨縣名屬南陽郡故城在今汝州魯山縣東南葉今許州葉縣也續漢書曰彭擊荊州至城安昆陽犨葉舞陽堵陽平氏棘陽胡陽處處皆破其屯聚）是時南方尤亂南郡人秦豐據黎邱自稱楚黎王畧有十二縣（東觀記曰豐邔縣人少學長安受律令歸爲縣吏更始元年起兵攻得邔宜城若編臨沮中廬襄陽鄧新野穰湖陽蔡陽兵合萬人邔音求紀反）董訢起堵鄉許邯起杏（南陽復陽縣有杏聚）又更始諸將各擁兵據南陽諸城帝遣吳漢伐之漢軍所過多侵暴時破虜將軍鄧奉謁歸新野怒吳漢掠其鄉里遂返擊破漢軍獲其輜重屯據淯陽與諸賊合從秋彭破杏降許邯遷征南大將軍復遣朱祐賈復及建威大將軍耿弇漢中將軍王常○（劉攽曰中當作忠）武威將軍郭守越騎將軍劉宏偏將軍劉嘉耿植等與彭并力討鄧奉先擊堵鄉而奉將萬餘人救董訢訢奉皆南陽精兵彭等攻之連月不剋三年夏帝自將南征至葉董訢別將將數千人遮道車騎不可得前彭奔擊大破之帝至堵陽鄧奉夜逃歸淯陽（續漢書曰奉令侯伏道旁見車騎一日不絕歸語奉奉遂夜遁）董訢降彭復與

耿弇賈復及積弩將軍傅俊騎都尉臧宮等從追鄧奉於小長安小長安解見光武紀帝率諸將親戰大破之奉迫急乃降帝憐奉舊功臣且釁起吳漢欲全宥之彭與耿弇諫曰鄧奉背恩反逆暴師經年致賈復傷痍朱祐見獲陛下既至不知悔善而親在行陳兵敗乃降若不誅奉無以懲惡於是斬之奉者西華侯鄧晨之兄子也車駕引還令彭率傅俊臧宮劉宏等三萬餘人南擊秦豐拔黃郵黃郵聚名也在南陽新都縣豐與其大將蔡宏拒彭等於鄧數月不得進帝怪以讓彭彭懼於是夜勒兵馬申令軍中使明旦西擊山都山都縣名屬南陽郡舊南陽之赤鄉秦以爲縣故城在今襄州義清縣東北乃緩所獲虜令得逃亡歸以告豐豐卽悉其軍西邀彭彭乃潛兵度沔水擊其將張楊於阿頭山大破之沔水出武都東狼谷中卽漢水之上源也阿頭山在襄陽也從川谷間伐木開道直襲黎丘擊破諸屯兵豐聞大驚馳歸救之彭與諸將依東山爲營豐與蔡宏夜攻彭彭豫爲之備出兵逆擊之豐敗走追斬蔡宏更封彭爲舞陰侯秦豐相趙京舉宜城降拜爲成漢將軍與彭共圍豐於黎丘時田戎擁衆夷陵東觀記曰田戎西平人與同郡人陳義客夷陵爲羣盜更始元年義戎將兵陷夷陵義自稱黎丘大將軍戎自稱掃地大將軍襄陽耆舊記曰戎號周成王義稱臨江王聞秦豐被圍懼大兵方至欲降而妻兄辛臣諫戎曰今四方豪傑各據郡國洛陽地如掌耳續漢書曰辛臣爲戎作地圖圖彭寵張步董憲公孫述等所得郡國云洛陽所得如掌耳不如按甲以觀其變戎曰以秦王之彊猶爲征南所圍豈況吾邪降計決矣四年春戎乃留辛臣守夷陵自將兵沿江泝沔止黎丘刻期日當降而辛臣於後盜戎珍寶從間道先降於彭而以書招戎戎疑必賣已遂不敢降東觀記曰戎至期日灼龜卜降兆中拆遂止不降而反與秦豐合彭出兵攻戎數月大破之其大將伍公詣彭降戎亡歸夷陵帝幸黎丘勞軍封彭吏士有功者百餘人彭攻秦豐三歲斬首九萬餘級豐餘兵裁千人又城中食且盡帝以豐轉弱令朱祐代彭守之使彭與傅俊南擊田戎大破之遂拔夷陵追至秭歸秭歸縣名今歸州解見和紀戎與數十騎亡入蜀盡獲其妻子士衆數萬人彭以將伐蜀漢而夾川谷少水險難漕運留威虜將軍馮駿軍江州江州縣名今渝州巴縣也東觀記曰長沙中尉馮駿將兵詣彭璽書拜駿爲威虜將軍都尉田鴻軍夷陵領軍李玄軍夷道自引兵還屯津鄉當荊州要會津鄉縣名所謂江津也東觀記曰津鄉當荊州之咽喉喻告諸蠻夷降者奏封其君長初彭與交阯牧鄧讓厚善與讓書陳國家威德東觀記曰讓夫人光烈皇后姊也又遣偏將軍屈充移檄江南班行詔命於是讓與江夏太守侯登武陵太守王堂長沙相韓福桂陽太守張隆零陵太守田翕蒼梧太守杜穆交阯太守錫光等相率遣使貢獻悉封爲列侯或遣子將兵助彭征伐續漢書曰張隆遣子曄將兵詣彭助征伐上以曄爲率義侯不總遣子故言或於是江南之珍始流通焉六年冬徵彭詣京師數召讌見厚加賞賜復南還津鄉有詔過家上冢大長秋以朔望問太夫人起居大長秋皇后官漢法列侯之母方稱太夫人也八年彭引兵從車駕破天水與吳漢圍隗囂於西城時公孫述將李育將兵救囂守上邽帝留蓋延耿弇圍之而車駕東歸勑彭書曰兩城若下便可將兵南擊蜀虜人苦不知足既平隴復望蜀每一發兵頭鬚爲白彭遂壅谷水灌西城城未沒丈餘東觀記曰時以縑囊盛土爲堤灌西城谷水從地中數丈涌出故城不拔續漢書云以縑盛土爲堤囂將行巡周宗將蜀救兵到囂得出還冀漢軍食盡燒輜重引兵下隴延弇亦相隨而退囂出兵尾擊諸營彭殿爲後拒尾謂尋其後而擊之凡軍在前曰啓在後曰殿東觀記曰彭東入弘農界百姓持酒肉迎軍曰蒙將軍爲後拒全子弟得生還也故諸將能全師東歸彭還津鄉九年公孫述遣其將任滿田戎程汎將數萬人乘枋箄下江關枋箄以竹木爲之浮於水上爾雅曰舫泭也郭景純曰水中箄筏也華陽國志曰巴楚相攻故置江關舊在赤甲城後移在江南岸對白帝城故基在今夔州魚復縣南枋卽舫字古通用耳箄音步佳反泭音匹俱反擊破馮駿及田鴻李玄等遂拔夷道夷陵據荊門虎牙解見光武紀橫江水起浮橋鬭樓立欑柱絕水道結營山上以拒漢兵彭數攻之不利於是裝直進樓船冒突露橈數千艘並船名樓船之上施樓橈小檝也爾雅曰檝謂之橈露橈謂露檝在外人在船中冒突取其觸冒而唐突也橈音饒十一年春彭與吳漢及誅虜將軍劉隆輔威將軍臧宮驍騎將軍劉歆發南陽武陵南郡兵又發桂陽零陵長沙委輸棹卒凡六萬餘人棹卒持棹行船也東觀記作濯前書鄧通以濯船爲黃頭郎濯音直教反騎五千匹皆會荊門吳漢以三郡棹卒多費糧穀欲罷之彭以蜀兵盛不可遣上書言狀帝報彭曰大司馬習用步騎不曉水戰荊門之事一由征南公爲重而已彭乃令軍中募攻浮橋先登者上賞於是偏將軍魯奇應募而前時天風狂急彭奇船逆流而上直衝浮橋而欑柱鉤不得去續漢書曰時天東風其欑柱有反把鉤奇船不得去奇等乘埶殊死戰因飛炬焚之風怒火盛橋樓崩燒彭復悉軍順風並進所向無前蜀兵大亂溺死者數千人斬任滿生獲程汎而田戎亡保江州彭上劉隆爲南郡太守自率臧宮劉歆長驅入江關令軍中無得虜掠所過百姓皆奉牛酒迎勞彭見諸耆老爲言大漢哀愍巴蜀久見虜役故興師遠伐以討有罪爲人除害讓不受其牛酒百姓皆大喜悅爭開門降詔彭守益州牧所下郡輒行太守事東觀記曰彭若出界卽以太守號付後將軍選官屬守州中長史○劉攽曰注長史案長史是王國官守令皆長吏也此宜作吏彭到江州以田戎食多難卒拔留馮駿守之自引兵乘利直指墊江攻破平曲墊江縣名屬巴郡今忠州縣也墊音徒協反平曲地闕收其米數十萬石公孫述使其將延岑呂鮪王元及其弟恢悉兵拒廣漢及資中資中縣名屬犍爲郡其地在今資州資陽縣又遣將侯丹率二萬餘人拒黃石彭乃多張疑兵使護軍楊翕與臧宮拒延岑等自分兵浮江下還江州泝都江而上都江成都江也襲擊侯丹大破之因晨夜倍道兼行二千餘里徑拔武陽武陽解見光武紀使精騎馳廣都廣都縣名屬蜀郡故城在今益州成都縣東南去成都數十里埶若風雨所至皆奔散初述聞漢兵在平曲故遣大兵逆之及彭至武陽繞出延岑軍後蜀地震駭述大驚以杖擊地曰是何神也彭所營地名彭亡聞而惡之欲徙會日暮蜀刺客詐爲亡奴降夜刺殺彭彭首破荊門長驅武陽持軍整齊秋豪無犯豪毛也秋毛細也高祖曰吾入關秋豪無所取邛穀王任貴聞彭威信數千里遣使迎降前書音義曰任貴越巂夷殺太守枚根自立爲邛穀王會彭已薨帝盡以任貴所獻賜彭妻子謚曰壯侯蜀人憐之爲立廟武陽歲時祠焉子遵嗣徙封細陽侯細陽縣名屬汝南郡故城在今潁州汝陰縣西十三年帝思彭功復封遵弟淮爲穀陽侯穀陽縣名屬沛郡遵永平中爲屯騎校尉遵卒子伉嗣伉音口浪反伉卒子杞嗣東觀記曰杞作起元初中坐事免元初三年坐事失國建光元年安帝復封杞細陽侯順帝時爲光祿勳杞卒子熙嗣尚安帝妹涅陽長公主少爲侍中虎賁中郎將朝廷多稱其能遷魏郡太守魏郡秦時置故城在今相州安陽縣東北招聘隱逸與參政事無爲而化視事二年輿人歌之曰我有枳棘岑君伐之枳棘多榛梗以喻姦盜充斥也我有蟊賊岑君遏之蟊賊食禾稼蟲名以喻姦吏侵漁也狗吠不驚足下生氂氂長毛也犬無追吠故足下生氂含哺鼓腹焉知凶災哺食也鼓擊也我喜我生獨丁斯時丁猶當也美矣岑君於戲休茲於戲歎美之詞見爾雅於音烏戲音許宜反熙卒子福嗣爲黃門侍郎

賈復傳

賈復字君文南陽冠軍人也少好學習尚書事舞陰李生李生奇之謂門人曰賈君之容貌志氣如此而勤於學將相之器也王莽末爲縣掾迎鹽河東會遇盜賊等比十餘人皆放散其鹽復獨完以還縣縣中稱其信時下江新市兵起復亦聚衆數百人於羽山自號將軍更始立乃將其衆歸漢中王劉嘉以爲校尉復見更始政亂諸將放縱乃說嘉曰臣聞圖堯舜之事而不能至者湯武是也堯禪舜舜禪禹湯乃放桀武王誅紂故言不能至者圖湯武之事而不能至者桓文是也齊桓公小白晉文公重耳春秋之時周衰二君霸有海內圖桓文之事而不能至者六國是也六國謂韓趙魏燕齊楚分裂中夏各自跨據又不逮桓文定六國之規欲安守之而不能至者亡六國是也今漢室中興大王以親戚爲藩輔天下未定而安守所保所保得無不可保乎嘉曰卿言大非吾任也大司馬劉公在河北必能相施第持我書往施用也第但也復遂辭嘉受書北度河及光武於栢人因鄧禹得召見光武奇之禹亦稱有將帥節於是署復破虜將軍督盜賊復馬羸羸力佳反光武解左驂以賜之驂者服外之馬也東觀記續漢書左並作右官屬以復後來而好陵折等輩調補鄗尉光武曰賈督有折衝千里之威方任以職勿得擅除東觀記曰時上置兩府官屬復與段孝共坐孝謂復曰卿將軍督我大司馬督不得共坐復曰俱劉公吏有何尊卑官屬以復不遜上調官屬補長吏共白欲以復爲鄗尉上署報不許也光武至信都以復爲偏將軍及拔邯鄲還都護將軍從擊青犢於射犬大戰至日中賊陳堅不卻光武傳召復曰吏士皆饑可且朝飯復曰先破之然後食耳於是被羽先登被猶負也析羽爲旌旗將軍所執先登先赴敵也所向皆靡賊乃敗走諸將咸服其勇又北與五校戰於眞定大破之復傷創甚光武大驚曰我所以不令賈復別將者爲其輕敵也果然失吾名將聞其婦有孕生女邪我子娶之生男邪我女嫁之不令其憂妻子也復病尋愈追及光武於薊相見甚懽大饗士卒令復居前擊鄴賊破之光武卽位拜爲執金吾封冠軍侯先度河攻朱鮪於洛陽與白虎公陳僑戰連破降之建武二年益封穰朝陽二縣更始郾王尹尊及諸大將在南方未降者尚多帝召諸將議兵事未有言沈吟久之乃以檄叩地曰郾最彊宛爲次誰當擊之復率然對曰臣請擊郾帝笑曰執金吾擊郾吾復何憂大司馬當擊宛遂遣復與騎都尉陰識驍騎將軍劉植南度五社津擊郾連破之月餘尹尊降盡定其地引東擊更始淮陽太守暴汜汜降屬縣悉定其秋南擊召陵新息平定之新息縣名屬汝南郡故城在今豫州新息縣西南也明年春還左將軍別擊赤眉於新城澠池間連破之新城今伊闕縣與帝會宜陽降赤眉復從征伐未嘗喪敗數與諸將潰圍解急身被十二創帝以復敢深入希令遠征而壯其勇節常自從之故復少方面之勳東觀記曰吳漢擊蜀未破上書請復自助上不遣諸將每論功自伐復未嘗有言帝輒曰賈君之功我自知之十三年定封膠東侯食郁秩壯武下密卽墨梃胡觀陽凡六縣六縣皆屬膠東國壯武故城在今萊州卽墨縣西下密在今青州北海縣東北卽墨在今萊州膠水縣東南梃胡故城在今萊州昌陽縣西北觀陽在昌陽縣東梃一音廷復知帝欲偃干戈脩文德不欲功臣擁衆京師乃與高密侯鄧禹並剽甲兵敦儒學廣雅曰剽削也謂削除甲兵東觀記曰復闔門養威重受易經起大義帝深然之遂罷左右將軍復以列侯就第加位特進東觀記曰上以天下旣定思念欲完功臣爵土不令以吏職爲過故皆以列侯就第也復爲人剛毅方直多大節旣還私第闔門養威重朱祐等薦復宜爲宰相帝方以吏士責三公故功臣

並不用是時列侯唯高密固始膠東三侯與公卿參議國家大事恩遇甚厚高密侯鄧禹固始侯李通三十一年卒謚曰剛侯子忠嗣忠卒子敏嗣建初元年坐誣告母殺人國除肅宗更封復小子邯爲膠東侯邯弟宗爲郎壘侯各一縣邯卒子育嗣育卒子長嗣宗字武孺少有操行多智畧初拜郎中稍遷建初中爲朔方太守舊內郡徙人在邊者率多貧弱爲居人所僕役不得爲吏宗擢用其任職者與邊吏參選轉相監司以擿發其姦或以功次補長吏故各願盡死匈奴畏之不敢入塞東觀記曰匈奴常犯塞得生口問太守爲誰曰賈武孺曰寧賈將軍子耶曰是皆放遣還是後更不入塞徵爲長水校尉宗兼通儒術每讌見常使與少府丁鴻等論議於前章和二年卒朝廷愍惜焉子參嗣參卒子建嗣元初元年尚和帝女臨潁長公主主兼食潁陰許合三縣數萬戶時鄧太后臨朝光寵最盛以建爲侍中順帝時爲光祿勳

論曰中興將帥立功名者衆矣唯岑彭馮異建方面之號自函谷以西方城以南方城山名一名黃城山在今唐州方城縣東北也兩將之功實爲大焉若馮賈之不伐岑公之義信信謂朱鮪知其誠而降義謂剸人奉牛酒讓不受乃足以感三軍而懷敵人故能尅成遠業終全其慶也昔高祖忌柏人之名違之以全福征南惡彭亡之地留之以生灾柏人縣名也高祖嘗欲宿於柏人曰柏人者迫於人也不宿而去後竟有貫高之事豈幾慮自有明惑將期數使之然乎

贊曰陽夏師克實在和德膠東鹽吏征南宛賊奇鋒震敵遠圖謀國

後漢書卷四十八

宋　宣　城　太　守　范　曄　撰

唐　章　懷　太　子　賢　注

吳蓋陳臧列傳第八

吳漢傳

吳漢字子顏南陽宛人也家貧給事縣爲亭長王莽末以賓客犯法乃亡命至漁陽命名也謂脫其名籍而逃亡資用乏以販馬自業往來燕薊間所至皆交結豪傑更始立使使者韓鴻徇河北續漢書曰雒陽人韓鴻爲謁者使持節降河北拜除二千石或謂鴻曰吳子顏奇士也可與計事鴻召見漢甚悅之遂承制拜爲安樂令安樂縣名屬漁陽郡故城在今幽州潞縣西北會王郎起北州擾惑漢素聞光武長者獨欲歸心乃說太守彭寵曰漁陽上谷突騎天下所聞也君何不合二郡精銳附劉公擊邯鄲此一時之功也一時言不可再過也寵以爲然而官屬皆欲附王郎寵不能奪漢乃辭出止外亭念所以譎衆未知所出譎詐也未知欲出何計以詐也望見道中有一人似儒生者漢使人召之爲具食續漢書曰時道路多饑人來求食者似儒生漢召故先爲具食○劉攽曰案注文漢召下少一之字問以所聞生因言劉公所過爲郡縣所歸邯鄲舉尊號者實非劉氏漢大喜卽詐爲光武書移檄漁陽使生齎以詣寵令具以所聞說之漢復隨後入寵甚然之於是遣漢將兵與上谷諸將并軍而南所至擊斬王郎將帥續漢書曰攻薊誅王郎大將趙閎等及光武於廣阿拜漢爲偏將軍既拔邯鄲續漢書曰時上使漢等將突騎揚兵戲馬士騎馳環邯鄲城乃圍之賜號建策侯漢爲人質厚少文造次不能以辭自達鄧禹及諸將多知之數相薦舉乃得召見遂見親信常居門下光武將發幽州兵夜召鄧禹問可使行者禹曰間數與吳漢言其人勇鷙有智謀廣雅曰鷙執也凡鳥之勇銳猛悍者皆名鷙也諸將鮮能及者卽拜漢大將軍持節北發十郡突騎更始幽州牧苗曾聞之陰勒兵勑諸郡不肯應調調發也漢乃將二十騎先馳至無終無終本山戎國也無終山名因爲國號漢爲縣名屬右北平故城在今幽州漁陽縣也曾以漢無備出迎於路漢卽撝兵騎收曾斬之而奪其軍北州震駭城邑莫不望風弭從弭猶服也遂悉發其兵引而南與光武會清陽諸將望見漢還士馬甚盛皆曰是寧肯分兵與人邪及漢至莫府上兵簿莫大也兵簿軍士之名帳諸將人人多請之光武曰屬者恐不與人屬猶近也今所請又何多也諸將皆慙初更始遣尚書令謝躬率六將軍攻王郎不能下會光武至共定邯鄲而躬裨將虜掠不相承稟光武深忌之雖俱在邯鄲遂分城而處然每有以慰安之躬勤於職事光武常稱曰謝尚書眞吏也故不自疑躬既而率其兵數萬還屯於鄴時光武南擊青犢謂躬曰我追賊於射犬必破之尤來在山陽者執必當驚走若以君威力擊此散虜必成禽也躬曰善及青犢破而尤來果北走隆慮山躬乃留大將軍劉慶魏郡太守陳康守鄴自率諸將軍擊之窮寇死戰其鋒不可當躬遂大敗死者數千人光武因躬在外乃使漢與岑彭襲其城漢先令辯士說陳康曰蓋聞上智不處危以僥倖僥猶求也中智能因危以爲功下愚安於危以自亡危亡之至在人所由不可不察今京師敗亂四方雲擾公所聞也蕭王兵彊士附河北歸命公所見也謝躬內背蕭王外失衆心公所知也今公據孤危之城待滅亡之禍義無所立節無所成不若開門內軍轉禍爲福免下愚之敗收中智之功此計之至者也康然之於是康收劉慶及躬妻子開門內漢等及躬從隆慮歸鄴不知康已反之乃與數百騎輕入城漢伏兵收之手擊殺躬其衆悉降續漢書曰時岑彭已在城中將躬詣傳舍出白漢漢至躬在彭前伏漢曰何故與鬼語遂殺之躬字子張南陽人初其妻知光武不平之常戒躬曰君與劉公積不相能而信其虛談不爲之備終受制矣躬不納故及於難光武北擊羣賊續漢書曰從擊銅馬重連高胡皆破之漢常將突騎五千爲軍鋒數先登陷陳及河北平漢與諸將奉圖書上尊號光武卽位拜爲大司馬更封舞陽侯建武二年春漢率大司空王梁建義大將軍朱祐大將軍杜茂執金吾賈復揚化將軍堅鐔偏將軍王霸騎都尉劉隆馬武陰識共擊檀鄉賊於鄴東漳水上大破之水經曰漳水源出上黨長子縣西發鳩山東北至昌亭與滹沱河合降者十餘萬人帝使使者璽書定封漢爲廣平侯食廣平斥漳曲周廣年凡四縣四縣皆屬廣平郡廣平故城在今洺州永年縣西北廣年在今永年縣東北斥漳在今洺州洺水縣曲周故城在今洺州曲周縣西南廣年避煬帝諱故改爲永年縣復率諸將擊鄴西山賊黎伯卿等及河內脩武悉破諸屯聚車駕親幸撫勞復遣漢進兵南陽擊宛涅陽酈穰新野諸城皆下之引兵南與秦豐戰黃郵水上破之南陽新野縣有黃郵水黃郵聚也又與偏將軍馮異擊昌城五樓賊張文等又攻銅馬五幡於新安皆破之明年春率建威大將軍耿弇虎牙大將軍蓋延擊青犢於軹西大破降之又率驃騎大將軍杜茂彊弩將軍陳俊等圍蘇茂於廣樂劉永將周建別招聚收集得十餘萬人救廣樂漢將輕騎迎與之戰不利墮馬傷膝還營建等遂連兵入城諸將謂漢曰大敵在前而公傷臥衆心懼矣漢乃勃然裹創而起椎牛饗士令軍中曰賊衆雖多皆刼掠羣盜勝不相讓敗不相救此上兩句在左傳鄭大夫公子突之詞也非有仗節死義者也今日封侯之秋諸君勉之於是軍士激怒人倍其氣旦日建茂出兵圍漢漢選四部精兵黃頭吳河等前書鄧通爲黃頭郎音義曰土勝水故刺船郎著黃帽號黃頭也及烏桓突騎三千餘人齊鼓而進續漢書曰漢躬被甲拔戟令諸部將曰聞雷鼓聲皆大呼俱大進後至者斬遂鼓而進之○劉攽曰注俱大進按文多一大字建軍大潰反還奔城漢長驅追擊爭門並入大破之茂建突走漢留杜茂陳俊等守廣樂自將兵助蓋延圍劉永於睢陽永既死二城皆降明年又率陳俊及前將軍王梁擊破五校賊於臨平追至東郡箕山大破之北擊清河長直及平原五里賊皆平之東觀記及續漢書長直並作長垣按長垣縣名在河南不得言北擊而范書作長直當是賊號或因地以爲名時鬲縣五姓共逐守長據城而反鬲縣名屬平原郡故城在今德州西北五姓蓋當土彊宗豪右也鬲音革諸將爭欲攻之漢不聽曰使鬲反者皆守長罪也敢輕冒進兵者斬乃移檄告郡使收守長而使人謝城中五姓大喜卽相率歸降諸將乃服曰不戰而下城非衆所及也冬漢率建威大將軍耿弇漢中將軍王常等○劉攽曰中當作忠擊富平獲索二賊於平原明年春賊率五萬餘人夜攻漢營軍中驚亂漢堅臥不動有頃乃定卽夜發精兵出營突擊大破其衆因追討餘黨遂至無鹽無鹽縣名屬東平國故城在今鄆州東進擊勃海皆平之又從征董憲圍朐城明年春拔朐朐縣名解見光武紀斬憲事已見劉永傳東方悉定振旅還京師會隗囂畔夏復遣漢西屯長安八年從車駕上隴遂圍隗囂於西城帝勑漢曰諸郡甲卒但坐費糧食若有逃亡則沮敗衆心宜悉罷之漢等貪并力攻囂遂不能遣糧食日少吏士疲役逃亡者多及公孫述救至漢遂退敗十一年春率征南大將軍岑彭等伐公孫述及彭破荊門長驅入江關漢留夷陵裝露橈船橈短檝也音人遙反將南陽兵及弛刑募士三萬人泝江而上會岑彭爲刺客所殺漢并將其軍十二年春與公孫述將魏黨公孫永戰於魚涪津大破之續漢書曰犍爲郡南安縣有魚涪津在縣北臨大江南中志曰漁涪津廣數百步遂圍武陽述遣子壻史興將五千人救之漢迎擊興盡殄其衆因入犍爲界諸縣皆城守漢乃進軍攻廣都拔之遣輕騎燒成都市橋橋名也解見公孫述傳武陽以東諸小城皆降帝戒漢曰成都十餘萬衆不可輕也但堅據廣都待其來攻勿與爭鋒若不敢來公轉營迫之須其力疲乃可擊也漢乘利遂自將步騎二萬餘人進逼成都去城十餘里阻江北爲營作浮橋使副將武威將軍劉尚東觀記續漢書尚字並作禹將萬餘人屯於江南相去二十餘里帝聞大驚讓漢曰比勑公千條萬端何意臨事勃亂既輕敵深入又與尚別營事有緩急不復相及賊若出兵綴公以大衆攻尚尚破公卽敗矣幸無它者急引兵還廣都詔書未到述果使其將謝豐袁吉將衆十許萬分爲二十餘營并出攻漢使別將將萬餘人刼劉尚令不得相救漢與大戰一日兵敗走入壁豐因圍之漢乃召諸將厲之曰吾共諸君踰越險阻轉戰千里所在斬獲遂深入敵地至其城下而今與劉尚二處受圍埶既不接其禍難量欲潛師就尚於江南并兵禦之若能同心一力人自爲戰大功可立如其不然敗必無餘成敗之機在此一舉諸將皆曰諾於是饗士秣馬閉營三日不出乃多樹幡旗使煙火不絕夜銜枚引兵與劉尚合軍豐等不覺明日乃分兵拒江北自將攻江南漢悉兵迎戰自旦至晡遂大破之斬謝豐袁吉獲甲

首五千餘級於是引還廣都留劉尚拒述具以狀上而深自譴責帝報曰公還廣都甚得其宜述必不敢略尚而擊公也略猶過也若先攻尚公從廣都五十里悉步騎赴之適當值其危困破之必矣自是漢與述戰於廣都成都之間八戰八剋遂軍于其郭中述自將數萬人出城大戰漢使護軍高午唐邯將數萬鋭卒擊之述兵敗走高午奔陳刺述殺之事已見述傳旦日城降斬述首傳送洛陽明年正月漢振旅浮江而下至宛詔令過家上冢賜穀二萬斛十五年復率揚武將軍馬成捕虜將軍馬武北擊匈奴徙鴈門代郡上谷吏人六萬餘口置居庸常關以東○劉攽曰按文當有一山字十八年蜀郡守將史歆反於成都自稱大司馬攻太守張穆穆踰城走廣都歆遂移檄郡縣而宕渠楊偉朐䏰徐容等宕渠朐䏰二縣名皆屬巴郡朐音劬䏰音忍宕渠山名因以名縣故城在今渠州流江縣東北俗名車騎城是也十三州志朐音春䏰音閏其地下溼多朐䏰蟲因以名縣故城在今夔州雲安縣西萬戶故城是也起兵各數千人以應之帝以歆昔爲岑彭護軍曉習兵事故遣漢率劉尚及太中大夫臧宮將萬餘人討之漢入武都乃發廣漢巴蜀三郡兵圍成都百餘日城破誅歆等漢乃乘桴沿江下巴郡楊偉徐容等惶恐解散漢誅其渠帥二百餘人徙其黨與數百家於南郡長沙而還漢性彊力每從征伐帝未安恒側足而立諸將見戰陳不利或多惶懼失其常度漢意氣自若方整厲器械激揚士吏帝時遣人觀大司馬何爲還言方脩戰攻之具乃歎曰吳公差彊人意隱若一敵國矣隱威重之貌言其威重若敵國前書周亞夫謂劇孟曰大將得之若一敵國矣每當出師朝受詔夕即引道初無辦嚴之日嚴即裝也避明帝諱故改之故能常任職以功名終及在朝廷斤斤謹質形於體貌爾雅曰明明斤斤察也李巡曰斤斤精詳之察也孫炎曰重慎之察也斤音靳漢嘗出征妻子在後買田業漢還讓之曰軍師在外吏士不足何多買田宅乎遂盡以分與昆弟外家東觀記曰漢但修里宅不起第夫人先死薄葬小壙不作祠堂也二十年漢病篤車駕親臨問所欲言對曰臣愚無所知識唯願陛下愼無赦而已及薨有詔悼愍賜謚曰忠侯東觀記曰有司奏議以武爲謚詔特賜謚曰忠侯發北軍五校輕車介士送葬如大將軍霍光故事漢置南北軍五校尉解見順帝紀輕車兵車也介士甲士也霍光傳云以北軍五校尉輕車介士載光尸以轀輬車黃屋左纛軍陳至茂陵不以南軍者重之也子哀侯成嗣爲奴所殺二十八年分漢封爲三國成子旦爲灈陽侯灈陽縣名屬汝南郡在灈水之陽因以爲名其地今豫州吳房縣也音劬以奉漢嗣旦弟盱盱音火俱反爲筑陽侯成弟國爲新蔡侯筑陽縣名屬南陽郡古穀國也在筑水之陽故城在今襄州穀城縣西新蔡縣名屬汝南郡蔡平侯自蔡徙此故加新字今豫州縣也筑音逐旦卒無子國除建初八年徙封盱爲平春侯平春縣名屬江夏郡以奉漢後盱卒子勝嗣初漢兄尉爲將軍從征戰死封尉子彤爲安陽侯安陽縣名屬汝南郡古江國也故城在今豫州新息縣西南帝以漢功大復封弟翕爲襃親侯吳氏侯者凡五國初漁陽都尉嚴宣與漢俱會光武於廣阿光武以爲偏將軍封建信侯建信縣名屬千乘國

論曰吳漢自建武世常居上公之位終始倚愛之親差彊人意是倚之也遂見親信是愛之也諒由質簡而彊力也子曰剛毅木訥近仁論語文剛謂彊而能斷木謂樸慤訥謂遲於言也四者皆仁之質若加文則成仁矣故言近仁斯豈漢之方乎方比也昔陳平智有餘以見疑周勃質朴忠而見信高祖謂呂后曰陳平智有餘然難獨任是見疑也又曰周勃重厚少文安劉氏者必勃是見信也夫仁義不足以相懷則智者以有餘爲疑而朴者以不足取信矣懷依也言若仁義之心足相依信則無疑阻若彼此之誠未協仁義不足相依則智者翻以有餘見疑朴者以愚直取信

蓋延傳

蓋延字巨卿漁陽要陽人也要陽縣名光武時省身長八尺彎弓三百斤邊俗尚勇力而延以氣聞歷郡列掾州從事所在職辦古者三公下至郡縣皆有掾屬續漢志曰建武十八年立刺史十三人人主一州皆有從事史假佐每郡皆置諸曹掾郡中列掾非一延並爲之故言歷也漁陽屬幽州東觀記云延爲幽州從事彭寵爲太守召延署營尉行護軍及王郎起延與吳漢同謀歸光武續漢書曰并與狐奴令王梁同勸寵延至廣阿拜偏將軍號建功侯從平河北光武即位以延爲虎牙將軍建武二年更封安平侯遣南擊敖倉轉攻酸棗封丘皆拔酸棗封丘二縣名屬陳留郡酸棗故城在今滑州縣也封丘故城在今汴州縣也○劉攽曰按文皆拔下不可無一之字其夏督駙馬都尉馬武騎都尉劉隆護軍都尉馬成偏將軍王霸等南伐劉永先攻拔襄邑續漢書曰時劉永別將許德據襄邑延攻而拔之進取麻鄉麻鄉縣名故城在今宋州碭山縣東北遂圍永於睢陽數月盡收野麥夜梯其城入永驚懼引兵走出東門東觀記云走出魚門然則東門名魚門也延追擊大破之永棄軍走譙延進攻拔薛斬其魯郡太守薛縣名屬魯國故城在今徐州滕縣東南東觀記曰魯郡太守梁丘壽也而彭城扶陽杼秋蕭皆降扶陽縣名屬沛郡杼秋縣名屬梁國故城在今徐州蕭縣西北杼音食汝反又破永沛郡太守斬之東觀記曰沛郡太守陳脩永將蘇茂佼彊周建等三萬餘人佼彊姓名也周大夫原伯佼之後也救永共攻延延與戰於沛西大破之永軍亂遁沒溺死者太半永棄城走湖陵蘇茂奔廣樂延遂定沛楚臨淮脩高祖廟置嗇夫祝宰樂人楚即今彭城縣也臨淮郡名今泗州下邳縣高祖廟在今徐州沛縣東故泗水亭中即高祖爲亭長之所也嗇夫主知廟事東觀記曰時蓋延因齋戒祠高祖廟三年睢陽復反城迎劉永反音翻延復率諸將圍之百日收野穀永乏食突走延追擊盡得輜重永爲其將所殺永弟防舉城降四年春延又擊蘇茂周建於蘄蘄縣名屬沛郡有大澤鄉蘄音機進與董憲戰留下皆破之留縣名屬楚國故城在今徐州沛縣東南因率平敵將軍龐萌攻西防拔之西防縣名春秋時宋之西防城故城在今宋州單父縣北復追敗周建蘇茂於彭城茂建亡奔董憲將賁休舉蘭陵城降前書有賁赫音肥今有此姓賁音奔○劉攽曰注賁音奔按文多一賁字憲聞之自郯圍休時延及龐萌在楚請往救之帝勑曰可直往擣郯則蘭陵必自解擣擊也東觀記作擊字延等以賁休城危遂先赴之憲逆戰而陽敗延等遂逐退因拔圍入城○劉攽曰按文多一遂字下有逐字誤之明日憲大出兵合圍延等懼遽出突走因往攻郯帝讓之曰間欲先赴郯者以不意故耳今既奔走賊計已立圍豈可解乎延等至郯果不能克而董憲遂拔蘭陵殺賁休延等往來要擊憲別將於彭城郯邳之間戰或日數合頗有剋獲帝以延輕敵深入數以書誡之東觀記載延上疏辭曰臣幸得受干戈誅逆虜奉職未稱久留天誅常恐汙辱名號不及等倫天下平定已後曾無尺寸可數不得預竹帛之編明詔深閔微戒備具每事奉循詔命必不敢爲國之憂也及龐萌反攻殺楚郡太守引軍襲敗延延走北度泗水破舟檝壞津梁僅而得免東觀記續漢書皆云萌攻延延與戰破之詔書勞延曰龐萌一夜反畔相去不遠營壁不堅殆令人齒欲相擊而將軍有不可動之節吾甚美之此傳言僅而得免與彼不同帝自將而東徵延與大司馬吳漢漢忠將軍王常前將軍王梁捕虜將軍馬武討虜將軍王霸等會任城討龐萌於桃鄉又並從征董憲於昌慮皆破平之六年春遣屯長安九年隗囂死延西擊街泉略陽清水諸屯聚皆定街泉略陽清水三縣皆屬天水郡十一年與中郎將來歙攻河池未剋以病引還拜爲左馮翊將軍如故續漢書曰視事四年人敬其威信十三年增封定食萬戶十五年薨於位子扶嗣扶卒子側嗣永平十三年坐與舅王平謀反伏誅國除永初七年鄧太后紹封延曾孫恢爲蘆亭侯東觀記作盧亭恢卒子遂嗣

陳俊傳

陳俊字子昭南陽西鄂人也江夏郡有鄂故此加西也故城在今鄧州向城縣南也少爲郡吏更始立以宗室劉嘉爲太常將軍俊爲長史光武徇河北嘉遣書薦俊光武以爲安集掾東觀記曰俊初調補曲陽長上曰欲與君爲左右小縣何足貪乎俊即拜解印綬上以爲安集掾從擊銅馬於清陽進至滿陽拜彊弩將軍華嶠書曰拜爲彊弩偏將軍賜絳衣九百領以衣中堅同心士與五校戰於安次俊下馬手接短兵所向必破追奔二十餘里斬其渠帥而還光武望而歎曰戰將盡如是豈有憂哉五校引退入漁陽所過虜掠俊言於光武曰宜令輕騎出賊前使百姓各自堅守壁以絕其食可不戰而殄也光武然之遣俊將輕騎馳出賊前視人保壁堅完者勑令固守放散在野者因掠取之賊至無所得遂散敗及軍還光武謂俊曰困此虜者將軍策也及即位封俊爲列侯建武二年春攻匡賊下四縣匡賊即匡城縣賊也東觀記作匡城賊匡古匡邑也故城在今滑州匡城縣南更封新處侯新處縣名屬中山國引擊頓丘降三城頓丘縣名屬東郡故城在今魏州頓丘縣北陰安城是也其秋大司馬吳漢承制拜俊爲彊弩大將軍別擊金門白馬賊於河內皆破之金門白馬並山名在今洛州福昌縣西南有金門白馬水蓋賊起於二山因以爲名四年轉徇汝陽及項又拔南武陽南武陽縣名屬太山郡故城在今沂州費縣西是時太山豪傑多擁衆與張步連兵吳漢言於帝曰非陳俊莫能定此郡於是拜俊太山太守行大將軍事張步聞之遣其將擊俊戰於嬴下續漢書曰嬴縣名屬太山郡嬴音盈俊大破之追至濟南收得印綬九十餘步時擬私封爵人之印綬稍攻下諸縣遂定太山五年與建威大將軍耿弇共破張步事在弇傳時琅邪未平乃徙俊爲琅邪太守領將軍如故齊地素聞俊名入界盜賊皆解散俊將兵擊董憲於贛榆贛榆縣名屬東海郡贛音貢進破朐賊孫陽平之八年張步畔還琅邪俊追討斬之帝美其功詔俊得專征青徐華嶠書曰賜俊璽書曰將軍元勳大著威震青徐兩州有警得專征之俊得撫貧弱表有義檢制軍吏不得與郡縣相干百姓歌之數上書自請願奮擊隴蜀詔報曰東州新平大將軍之功也負海猾夏盜賊之處國家以爲重憂且勉鎮撫之十三年增邑定封祝阿侯祝阿縣名屬平原郡明年徵奉朝請二十三年卒子浮嗣徙封蘄春侯蘄春今蘄州縣也東觀記曰詔書以祝阿益濟南國故徙浮封蘄春侯蘄音祈浮卒子專諸嗣專諸卒子篤嗣

臧宮傳

臧宮字君翁潁川郟人也郟縣名今汝州郟城縣也少爲縣亭長游徼續漢書曰每十里一亭亭有長以禁盜賊每鄉有游徼掌循禁姦盜也後率賓客入下江兵中爲校尉因從光武征戰諸將多稱其勇光武察宮勤力少言甚親納之及至河北以爲偏將軍從破羣賊數陷陳卻敵光武即位以爲侍中騎都尉建武二年封成安侯成安縣名屬潁川郡明年將突騎與征虜將軍祭遵擊更始將左防韋顏華嶠書韋字作韓於涅陽酈悉降之三年將兵徇江夏擊代鄉鍾武竹里皆下之鍾武縣名屬江夏郡故城在今申州鍾山縣西南帝使太中大夫華嶠書曰使張明也持節拜宮爲輔威將軍七年更封期思侯期思縣名屬汝南郡故城在今光州固始縣西北擊梁郡濟陰皆平之十一年將兵至中盧屯駱越中盧縣名屬南郡故城在今襄州襄陽縣南蓋駱越人徙於此因以爲名是時公孫述將田戎任滿與征南大將軍岑彭相拒於荊門彭等戰數不利越人謀畔從蜀宮兵少力不能制會屬縣送委輸車數百乘至宮夜使鋸斷城門限令車聲回轉出入至旦越人候伺者聞車聲不絕而門限斷相告以漢兵大至其渠帥乃奉牛酒以勞軍營宮陳兵大會擊牛釃酒饗賜慰納之釃音所宜反說文曰下酒也詩注曰以筐曰釃也越人由是遂安宮與岑彭等破荊門別至垂鵲山通道出秭歸至江州岑彭下巴郡使

宮將降卒五萬從涪水上平曲公孫述將延岑盛兵於沅水(沅水出廣漢解見光武紀)時宮衆多食少轉輸不至而降者皆欲散畔郡邑復更保聚觀望成敗宮欲引還恐爲所反(反音翻)會帝遣謁者將兵詣岑彭有馬七百匹宮矯制取以自益晨夜進兵多張旗幟登山鼓譟右步左騎挾船而引呼聲動山谷岑不意漢兵卒至登山望之大震恐宮因從擊(○劉攽曰按從擊理當作縱字)大破之斬首溺死者萬餘人水爲之濁流延岑奔成都其衆悉降盡獲其兵馬珍寶(華嶠書曰上璽書勞宮賜吏士縑綵六千匹)自是乘勝追北降者以十萬數(人好陽而惡陰北方幽陰之地故軍敗者皆謂之北史記樂書曰北者敗也而近代音北爲背失其指矣)軍至平陽鄉蜀將王元舉衆降進拔緜竹破涪城斬公孫述弟恢復攻拔繁郫(繁縣名屬蜀郡繁江名因以爲縣名故城在今益州新繁縣北郫縣名屬蜀郡故城在今益州郫縣北郫音皮)前後收得節五印綬千八百是時大司馬吳漢亦乘勝進營逼成都宮連屠大城兵馬旌旗甚盛乃乘兵入小雒郭門歷成都城下(張載注蜀都賦云漢武帝元鼎三年立成都郭十八門小雒郭門蓋其數焉)至吳漢營飲酒高會漢見之甚歡謂宮曰將軍向者經虜城下震揚威靈風行電照然窮寇難量還營願從宅道矣宮不從復路而歸賊亦不敢近之進軍咸門(成都北面東頭門)與吳漢並滅公孫述帝以蜀新定拜宮爲廣漢太守十三年增邑更封酇侯十五年徵還京師以列侯奉朝請定封朗陵侯(朗陵縣名屬汝南郡故城在今豫州朗山縣西南)十八年拜太中大夫十九年妖巫維汜弟子單臣傅鎮等復妖言相聚入原武城(維或作縱)劫吏人自稱將軍於是遣宮將北軍及黎陽營數千人圍之賊穀食多數攻不下士卒死傷帝召公卿諸侯王問方略皆曰宜重其購賞時顯宗爲東海王獨對曰妖巫相劫埶無久立其中必有悔欲亡者但外圍急不得走耳宜小挺緩(挺解也)令得逃亡逃亡則一亭長足以禽矣帝然之卽勑宮徹圍緩賊賊衆分散遂斬臣鎮等宮還遷城門校尉復轉左中郎將擊武谿賊至江陵降之(武谿水名在今辰州盧谿縣)宮以謹信質樸故常見任用後匈奴饑疫自相分爭帝以問宮宮曰願得五千騎以立功帝笑曰常勝之家難與慮敵吾方自思之二十七年宮乃與楊虛侯馬武上書曰匈奴貪利無有禮信窮則稽首安則侵盜緣邊被其毒痛內國憂其抵突(抵觸也)虜今人畜疫死旱蝗赤地(赤地言在地之物皆盡說苑曰晉平公時赤地千里)疫困之力不當中國一郡萬里死命縣在陛下福不再來時或易失(左傳曰大福不再蒯通曰時者難遇而易失也)豈宜固守文德而墮武事乎今命將臨塞厚縣購賞喻告高句驪烏桓鮮卑攻其左發河西四郡(謂張掖酒泉武威金城也)天水隴西羌胡擊其右如此北虜之滅不過數年臣恐陛下仁恩不忍謀臣狐疑令萬世刻石之功不立於聖世詔報曰黃石公記曰柔能制剛弱能制彊(卽張良於下邳圯所見老父出一編書者)柔者德也剛者賊也弱者仁之助也彊者怨之歸也故曰有德之君以所樂樂人無德之君以所樂樂身樂人者其樂長樂身者不久而亡舍近謀遠者勞而無功舍遠謀近者逸而有終逸政多忠臣勞政多亂人故曰務廣地者荒務廣德者彊有其有者安貪人有者殘殘滅之政雖成必敗今國無善政災變不息(左傳曰國無善政則自取讁於日月之災)百姓驚惶人不自保而復欲遠事邊外乎孔子曰吾恐季孫之憂不在顓臾且北狄尚彊而屯田警備傳聞之事恒多失實(公羊傳曰見者異辭聞者異辭傳聞者異辭)誠能舉天下之半以滅大寇豈非至願苟非其時不如息人自是諸將莫敢復言兵事者宮永平元年卒諡曰愍侯子信嗣信卒子震嗣震卒子松嗣元初四年與母別居國除永寧元年鄧太后紹封松弟由爲朗陵侯

論曰中興之業誠艱難也然敵無秦項之彊人資附漢之思雖懷璽紆紱跨陵州縣(璽解見光武紀白虎通曰天子朱紱諸侯赤紱上廣一尺下廣二尺法天一地二也長三尺法天地人也董巴輿服志曰古者上下皆有紱所以殊貴賤也自五霸迭興以紱非兵服於是去紱也)殊名詭號千隊爲羣尚未足以爲比功上烈也至於山西既定威臨天下(謂誅隗囂公孫述)戎羯喪其精膽羣帥賈其餘壯(羯本匈奴別部分散居其上黨武鄉羯室因號羯胡此總謂戎夷耳不指於羯也左傳曰欲勇者賈余餘勇)斯誠雄心尚武之幾先志翫兵之日(幾會也翫習也先志者乘勝之志也)臧宮馬武之徒撫鳴劒而抵掌志馳於伊吾之北矣(屈原曰撫長劒而玉珥曹植結交篇曰利劒鳴手中說文曰抵側擊也)光武審黃石存包桑(周易否卦九五曰其亡其亡繫于包桑言聖人居天位不可以安常自危懼乃是繫於包桑也包本也繫於桑本言其固也)閉玉門以謝西域之質卑詞幣以禮匈奴之使(西域傳曰建武二十一年西域十八國俱遣子弟入侍天子以中國初定皆還其侍子匈奴傳曰建武二十八年匈奴遣使詣闕貢馬及裘乞和親帝報曰單于國內虛耗貢物裁以通禮何必馬裘今贈繒五百匹斬馬劒一是卑辭幣禮也)其意防蓋已弘深豈其顛沛平城之圍忍傷黥王之陳乎(平城縣名今雲州定襄縣高祖七年擊韓王信至平城被匈奴圍七日乃解十二年高祖親擊淮南王黥布布在陳爲流矢所中顛沛猶頓也顛音丁千反)

贊曰吳公鷙彊寔爲龍驤(戰國策曰廉頗爲人勇鷙而愛士白起視瞻不轉者執志彊也驤舉也若龍之舉言其威盛鄒陽曰神龍驤首奮翼則浮雲出流)電埽羣孽風行巴梁虎牙猛力功立睢陽宮俊休休是亦鷹揚(詩曰良士休休又曰惟師尚父時惟鷹揚)

後漢書卷四十八考證

吳漢傳故不自疑躬○臣承蕃按文勢當作故躬不自疑

食廣平斥漳曲周廣年凡四縣注斥漳在今洺州洺水縣○臣松齡按唐書地理志無洺水縣唐初洺州有清漳池水二縣此注洺水當作池水

臧宮傳憂其抵突注解也○解字似當作觸

後漢書卷四十九

宋　宣城太守范曄撰

唐　章懷太子賢注

耿弇列傳第九

耿弇傳　弟國　國子秉　秉弟夔　國弟子恭

耿弇字伯昭扶風茂陵人也其先武帝時以吏二千石自鉅鹿徙焉(武帝時徙吏二千石高貲富人及豪傑幷兼之家於諸陵也)父況字俠游以明經爲郎與王莽從弟伋共學老子於安丘先生(嵇康聖賢高士傳曰安丘望之字仲都京兆長陵人少持老子經恬淨不求進宦號曰安丘丈人成帝聞欲見之望之辭不肯見爲巫醫於人間也)後爲朔調連率(王莽改上谷郡曰朔調守曰連率)弇少好學習父業(袁山松書曰弇少學詩禮明銳有權謀)常見郡尉試騎士建旗鼓肄馳射由是好將帥之事(漢官儀曰歲終郡試之時講武勒兵因以校獵簡其材力也○劉攽曰常見郡尉試騎士按漢謂郡試騎士講武爲都試後人不曉妄改爲尉注所云郡字亦合作都且講武不專在都尉何得云尉試乎都試見前書)及王莽敗更始立諸將略地者前後多擅威權輒改易守令況自以莽之所置懷不自安時弇年二十一乃辭況奉奏詣更始因齎貢獻以求自固之宜及至宋子會王郎詐稱成帝子輿起兵邯鄲弇從吏孫倉衞包於道共謀曰劉子輿成帝正統捨此不歸遠行安之弇按劒曰子輿弊賊卒爲降虜耳我至長安與國家陳漁陽上谷兵馬之用還出太原代郡反覆數十日歸發突騎以轔烏合之衆(轔轢也音力刃反)如摧枯折腐耳觀公等不識去就族滅不久也倉包不從遂亡降王郎弇道聞光武在盧奴乃馳北上謁光武留署門下吏(○劉攽曰按百官志公府有門下史又祭遵亦爲門下史知此當作史字)弇因說護軍朱祐求歸發兵以定邯鄲光武笑曰小兒曹乃有大意哉因數召見加恩慰(續漢書曰弇還徵與況上功德自嫌年少恐不見信宜自來況得徵立發至昌平見上也)弇因從光武北至薊聞邯鄲兵方到光武將欲南歸召官屬計議弇曰今兵從南來不可南行漁陽太守彭寵公之邑人(寵南陽宛人也)上谷太守卽弇父也發此兩郡控弦萬騎邯鄲不足慮也光武官屬腹心皆不肯曰死尚南首柰何北行入囊中(漁陽上谷北接塞垣至彼路窮如入囊也)光武指弇曰是我北道主人也會薊中亂(續漢志曰弇歸主人食未已薊中擾亂上駕出南城門頗遮絕輜重城中相掠弇既與上相失以馬與城門亭長乃得出也)光武遂南馳官屬各分散弇走昌平就況(昌平縣名屬上谷郡今幽州縣故城在縣東也)因說況使寇恂東約彭寵各發突騎二千匹步兵千人弇與景丹寇恂及漁陽兵合軍而南所過擊斬王郎大將九卿校尉以下四百餘級得印綬百二十五節二斬首三萬級定涿郡中山鉅鹿清河河間凡二十二縣遂及光武於廣阿是時光武方攻王郎傳言二郡兵爲邯鄲來衆皆恐既而悉詣營上謁光武見弇等說曰當與漁陽上谷士大夫共此大功乃皆以爲偏將軍使還領其兵加況大將軍興義侯得自置偏裨弇等遂從拔邯鄲時更始徵代郡太守趙永而況勸永不應召令詣于光武光武遣永復郡永北還而代令張曅據城反畔乃招迎匈奴烏桓以爲援助光武以弇弟舒爲復胡將軍使擊曅破之永乃得復郡時五校賊二十餘萬北寇上谷況與舒連擊破之賊皆退走更始見光武威聲日盛君臣疑慮乃遣使立光武爲蕭王令罷兵與諸將有功者還長安遣苗曾爲幽州牧韋順爲上谷太守蔡充爲漁陽太守並北之部時光武居邯鄲宮晝臥溫明殿(漢趙王如意之殿也故基在今洺州邯鄲縣內)弇入造牀下請間因說曰今更始失政君臣淫亂諸將擅命於畿內貴戚縱橫於都內(更始傳曰李軼朱鮪擅命山東王匡張卬橫暴三輔)天子之命不出城門所在牧守輒自遷易百姓不知所從士人莫敢自安擄掠財物劫掠婦女懷金玉者至不生歸元元叩心更思莽朝又銅馬赤眉之屬數十輩輩數十百萬聖公不能辦也(辦猶成也音蒲莧反)其敗不久公首事南陽破百萬之軍今定河北北據天府之地(前書曰關中所謂金城天府弇以河北富饒故以喩焉○劉攽曰河北北據按文多一北字)以義征伐發號響應天下可傳檄而定天下至重不可令它姓得之聞使者從西方來欲罷兵不可從也今吏士死亡者多弇願歸幽州益發精兵以集其大計(○劉攽曰按文多一其字)光武大說(續漢書曰光武初見弇言起坐曰卿失言我斬卿弇曰大王哀厚弇如父子故披赤心爲大王陳事上曰我戲卿耳)乃拜弇爲大將軍與吳漢北發幽州十郡兵弇到上谷收韋順蔡充斬之漢亦誅苗曾於是悉發幽州兵引而南從光武擊破銅馬高湖赤眉青犢又追尤來大槍五幡於元氏弇常將精騎爲軍鋒輒破走之光武乘勝戰慎水上虜危急殊死戰時軍士疲弊遂大敗奔還壁范陽數日乃振(壁謂築壘壁也)賊亦退去從追至容城小廣陽安次連戰破之(容城縣名屬涿郡故城在今易州遒縣也廣陽國有廣陽縣故曰小廣陽安次縣名並在今幽州也)光武

還薊復遣弇與吳漢景丹蓋延朱祐邳彤耿純劉植岑彭祭遵堅鐔王霸陳俊馬武十三將軍追賊至潞東及平谷平谷解見光武紀再戰斬首萬三千餘級遂窮追於右北平無終土垠之間無終土垠並縣名屬右北平無終故城在今漁陽縣土垠故城在今平州西南垠音銀至浚靡而還浚靡縣名屬右北平故城在今漁陽縣北靡音麻賊散入遼西遼東或為烏桓貊人所鈔擊略盡光武即位拜弇為建威大將軍與驃騎大將軍景丹彊弩將軍陳俊攻厭新賊於敖倉皆破降之建武二年更封好畤侯食好畤美陽二縣三年延岑自武關出攻南陽下數城穰人杜弘率其衆以從岑弇與岑等戰於穰大破之斬首三千餘級生獲其將士五千餘人得印綬三百杜弘降岑與數騎遁走東陽弇從幸舂陵因見自請北收上谷兵未發者定彭寵於漁陽取張豐於涿郡還收富平獲索東攻張步以平齊地帝壯其意乃許之四年詔弇進攻漁陽弇以父據上谷本與彭寵同功又兄弟無在京師者自疑不敢獨進上書求詣洛陽詔報曰將軍出身舉宗為國所向陷敵功效尤著何嫌何疑而欲求徵且與王常共屯涿郡勉思方略況聞弇求徵亦不自安遣舒弟國入侍帝善之進封況為隃麋侯隃麋縣名屬右扶風故城在今隴州汧陽縣東南隃音踰乃命弇與建義大將軍朱祐漢忠將軍王常等擊望都故安西山賊十餘營皆破之望都縣名屬中山國堯母慶都山在南故以名焉故城在今定州唐縣東北故安縣名故城在今易州易縣東南時征虜將軍祭遵屯良鄉良鄉縣名屬涿郡驍騎將軍劉喜屯陽鄉陽鄉縣名屬涿郡鄉故城在今幽州故安縣西北以拒彭寵寵遣弟純將匈奴二千餘騎寵自引兵數萬分為兩道以擊遵喜胡騎經軍都軍都縣屬廣陽郡有軍都山在今幽州昌平縣西北舒襲破其衆斬匈奴兩王寵乃退走況復與舒攻寵取軍都五年寵死天子嘉況功使光祿大夫持節迎況袁山松書曰使光祿大夫樊宏詔況曰惟況功大不宜監察從事邊郡寒苦不足久居其詣行在所賜甲第奉朝請封舒牟平侯遣弇與吳漢擊富平獲索賊於平原大破之降者四萬餘人因詔弇進討張步弇悉收集降卒結部曲置將吏率騎都尉劉歆太山太守陳俊引兵而東從朝陽橋濟河以度朝陽縣名屬濟南郡在朝水之陽今朝城在濟水北有漯河在今齊州臨濟縣東張步聞之乃使其大將軍費邑軍歷下歷下城在今齊州歷城縣也又分兵屯祝阿祝阿今齊州縣也故城在今山茌縣東北別於太山鍾城列營數十以待弇弇度河先擊祝阿自旦攻城未中而拔之故開圍一角令其衆得奔歸鍾城鍾城人聞祝阿已潰大恐懼遂空壁亡去費邑分遣弟敢守巨里巨里聚名也一名巨合城在今齊州全節縣東南也弇進兵先脅巨里使多伐樹木揚言以塡塞坑塹數日有降者言邑聞弇欲攻巨里謀來救之弇乃嚴令軍中趣修攻具宣勑諸部後三日當悉力攻巨里城陰緩生口令得亡歸歸者以弇期告邑邑至日果自將精兵三萬餘人來救之弇喜謂諸將曰吾所以修攻具者欲誘致邑耳今來適其所求也即分三千人守巨里自引精兵上岡阪爾雅曰山脊曰岡陂者曰阪乘高合戰大破之臨陳斬邑既而收首級以示巨里城中城中兇懼兇恐懼聲音呼勇反費敢悉衆亡歸張步弇復收其積聚縱兵擊諸未下者平四十餘營遂定濟南時張步都劇使其弟藍將精兵二萬守西安西安縣名屬齊郡故城在今青州臨淄縣西北諸郡太守合萬餘人守臨淄相去四十里弇進軍畫中畫中邑名也畫音胡麥反故城在今西安城東南有澅水因名焉居二城之間弇視西安城小而堅且藍兵又精臨淄名雖大而實易攻乃勑諸校會會猶集也後五日攻西安藍聞之晨夜儆守至期夜半弇勑諸將皆蓐食前書音義曰未起而牀蓐中食也會明至臨淄城護軍荀梁等爭之以為宜速攻西安弇曰不然西安聞吾欲攻之日夜為備臨淄出不意而至必驚擾吾攻之一日必拔拔臨淄即西安孤張藍與步隔絕必復亡去所謂擊一而得二者也若先攻西安不卒下頓兵堅城死傷必多縱能拔之藍引軍還奔臨淄并兵合執觀人虛實吾深入敵地後無轉輸旬月之間不戰而困諸君之言未見其宜遂攻臨淄半日拔之入據其城張藍聞之大懼遂將其衆亡歸劇弇乃令軍中無得妄掠劇下須張步至乃取之以激怒步步聞大笑曰以尤來大槍十餘萬衆吾皆即其營而破之今大耿兵少於彼弇況之長子故呼為大耿又皆疲勞何足推乎乃與三弟藍弘壽及故大槍渠帥重異等兵重姓異名號二十萬至臨淄大城東將攻弇袁山松書曰弇上書曰臣據臨淄深塹高壘張步從劇縣來攻疲勞饑渴欲進誘而攻之欲去隨而擊之臣依營而戰精銳百倍以逸待勞以實擊虛旬日之間步首可獲上是其計也弇先出淄水上與重異遇突騎欲縱弇恐挫其鋒令步不敢進故示弱以盛其氣乃引歸小城陳兵於內伏琛齊地記曰小城內有漢景王祠步氣盛直攻弇營與劉歆等合戰弇升王宮壞臺望之臨淄本齊國所都即齊王宮中有壞臺也東觀記作環臺視歆等鋒交乃自引精兵以橫突步陳於東城下大破之飛矢中弇股以佩刀截之左右無知者至暮罷弇明旦復勒兵出是時帝在魯聞弇為步所攻自往救之未至陳俊謂弇曰劇虜兵盛可且閉營休士以須上來弇曰乘輿且到臣子當擊牛釃酒以待百官反欲以賊虜遺君父邪乃出兵大戰自旦及昏復大破之殺傷無數城中溝塹皆滿弇知步困將退豫置左右翼為伏以待之兩旁伏兵如鳥之翼人定時步果引去伏兵起縱擊追至鉅昧水上鉅昧水名一名巨洋水在今青州壽光縣西八九十里僵尸相屬收得輜重二千餘兩步還劇兄弟各分兵散去後數日車駕至臨淄自勞軍羣臣大會帝謂弇曰昔韓信破歷下以開基前書曰齊屯田於歷下以備漢信擊破之今將軍攻祝阿以發迹此皆齊之西界功足相方而韓信襲擊已降前書曰酈食其說齊王田廣廣降之乃與食其縱酒罷守備韓信聞齊已降欲止蒯通說信令擊之食其音異基也將軍獨拔勍敵其功乃難於信也又田橫亨酈生及田橫降高帝詔衞尉不聽為仇前書曰齊既破橫走居海島高帝召之橫曰臣亨陛下之使酈食其今聞其弟商為衞尉臣恐懼不敢奉詔高帝詔酈商曰橫即至敢動者族之張步前亦殺伏隆若步來歸命吾當詔大司徒釋其怨大司徒伏湛即隆之父又事尤相類也將軍前在南陽建此大策謂弇從帝幸舂陵時請收上谷兵定彭寵取張豐平張步等常以為落落難合落落猶疏闊也有志者事竟成也弇因復追步步奔平壽平壽縣名屬北海郡故城在今青州北海縣乃肉袒負斧鑕於軍門鑕鍖也示必死鍖音竹林反弇傳步詣行在所而勒兵入據其城樹十二郡旗鼓東觀記曰弇凡平城陽琅邪高密膠東東萊北海齊千乘濟南平原泰山臨淄等令步兵各以郡人詣旗下衆尚十餘萬輜重七千餘兩皆罷遣歸鄉里弇復引兵至城陽降五校餘黨祝阿餘黨也齊地悉平振旅還京師六年西拒隗囂屯兵於漆漆縣名屬右扶風故城在今豳州新平縣也漆水在西八年從上隴明年與中郎將來歙分部徇安定北地諸營保皆下之弇凡所平郡四十六屠城三百未嘗挫折十二年況疾病乘輿數自臨幸復以國弟廣舉並為中郎將弇兄弟六人皆垂青紫省侍醫藥當代以為榮及況卒謚烈侯少子霸襲況爵十三年增弇戶邑上大將軍印綬罷上音時掌反以列侯奉朝請每有四方異議輒召入問籌策年五十六永平元年卒謚曰愍侯子忠嗣忠以騎都尉擊匈奴於天山有功忠卒子馮嗣馮卒子良嗣一名無禁延光中尚安帝妹濮陽長公主位至侍中良卒子協嗣隃麋侯霸卒子文金嗣文金卒子喜嗣喜卒子顯嗣為羽林左監顯卒子援嗣尚桓帝妹長社公主為河陽太守後曹操誅耿氏唯援孫弘存焉決錄注云援字伯緒官至河東太守也牟平侯舒卒子襲嗣尚顯宗女隆慮公主襲卒子寶嗣寶女弟為清河孝王妃及安帝立尊孝王母為孝德皇后以妃為甘園大貴人帝以寶元舅之重使監羽林左車騎○劉攽曰按百官志羽林左右監監左右騎不合有車字位至大將軍而附事內寵與中常侍樊豐帝乳母王聖等譖廢皇太子為濟陰王及排陷太尉楊震議者怨之寶弟子承襲公主爵為林慮侯林慮即上隆慮也至此避殤帝諱改焉位至侍中安帝崩閻太后以寶等阿附嬖倖共為不道策免寶及承皆貶爵為亭侯遣就國寶於道自殺國除決錄注曰寶字君達大貴人數為耿氏請陽嘉三年順帝遂詔封寶子○劉攽曰按前後皆作紹封此誤箕牟平侯為侍中以恒為陽亭侯承為羽林中郎將其後貴人薨大將軍梁冀從承求貴人珍玩不能得冀怒風有司奏奪其封承惶恐遂亡匿於穰數年冀推迹得之乃并族其家十餘人

論曰淮陰廷論項王審料成執則知高祖之廟勝矣淮陰侯韓信也史記韓信說高祖曰項王特匹夫之勇婦人之仁也名雖霸實失天下心今大王入關秋毫無所取秦人無不欲得大王王秦者今大王舉而東三秦可傳檄而定於是漢王舉兵定三秦廟謀謂謀於廟而勝敵弇決策河北○劉攽曰按他傳贊語無單言名者明少一耿字下文乃可言弇耳定計南陽亦見光武之業成矣然弇自克拔全齊而無復尺寸功夫豈不懷懷思也言豈不思重立大功乎將時之度數不足以相容乎三世為將道家所忌史記曰秦使王翦之孫王離擊趙或曰王離秦之名將舉之必矣客曰不然夫將三代必敗以其殺伐多也其後受其不祥○劉攽曰注以其殺伐多也按文多一也字而耿氏累葉以功名自終將其用兵欲以殺止殺乎何其獨能隆也

國字叔慮東觀記慮作憲建武四年初入侍光武拜為黃門侍郎應對左右帝以為能遷射聲校尉七年射聲官罷拜駙馬都尉父況卒國於次當嗣上疏以先侯愛少子霸固自陳讓有詔許焉後歷頓丘陽翟上蔡令所在吏人稱之徵為五官中郎將是時烏桓鮮卑屢寇外境國素有籌策數言邊事帝器之及匈奴薁鞬日逐王比自立為呼韓邪單于款塞稱藩願扞禦北虜事下公卿議者皆以為天下初定中國空虛夷狄情偽難知不可許國獨曰臣以為宜如孝宣故事受之宣帝甘露二年呼韓邪單于款塞請朝帝發所過郡二千騎迎之寵以殊禮位在諸侯王上贊謁稱臣而不名令東扞鮮卑北拒匈奴率厲四夷完復邊郡使塞下無晏開之警晏晚也有警急則開門晚也萬世有安寧之策也○劉攽曰按文多有字上言無遂安生此對文非也帝從其議遂立比為南單于由是烏桓鮮卑保塞自守北虜遠遁中國少事二十七年代馮勤為大司馬又上言宜置度遼將軍左右校尉屯五原以防逃亡永平元年卒官顯宗追思國言後遂致度遼將軍○劉攽曰按致當作置左右校尉如其議焉國二子秉夔

秉字伯初有偉體腰帶八圍博通書記能說司馬兵法尤好將帥之略以父任為郎數上言兵事常以中國虛費邊陲不寧其患專在匈奴以戰去戰盛王之道顯宗既有志北伐陰然其言永平中召詣省闥問前後所上便宜方略拜謁者僕射遂見親幸每公卿會議常引秉上殿訪以邊事多簡帝心十五年拜駙馬都尉十六年以騎都尉秦彭為副與奉車都尉竇固等俱伐北匈奴虜皆奔走不戰而還十七年夏詔秉與固合兵萬四千騎復出白山擊車師車師有後王前王前王即後王之

子其廷相去五百餘里固以後王道遠山谷深士卒寒苦欲攻前王秉議先赴後王以爲幷力根本則前王自服固計未決秉奮身而起曰請行前乃上馬引兵北入衆軍不得已遂進並縱兵抄掠斬首數千級收馬牛十餘萬頭後王安得震怖縱數百騎出迎秉而固司馬蘇安欲全功歸固卽馳謂安得曰漢貴將獨有奉車都尉天子姊壻固尚光武女涅陽公主明帝姊也爵爲通侯當先降之安得乃還更令其諸將迎秉秉大怒被甲上馬麾其精騎徑造固壁言曰車師王降訖今不至請往梟其首固大驚曰且止將敗事秉厲聲曰受降如受敵遂馳赴之安得惶恐走出門脫帽抱馬足降東觀記曰脫帽趨抱馬蹏也秉將以詣固其前王亦歸命遂定車師而還明年秋肅宗卽位拜秉征西將軍遣案行涼州邊境勞賜保塞羌胡進屯酒泉救戊己校尉建初元年拜度遼將軍視事七年匈奴懷其恩信徵爲執金吾甚見親重帝每巡郡國及幸宮觀秉常領禁兵宿衞左右除三子爲郎章和二年復拜征西將軍副車騎將軍竇憲擊北匈奴大破之事幷見憲傳封秉美陽侯食邑三千戸秉性勇壯而簡易於事軍行常自被甲在前休止不結營部然遠斥候明要誓有警軍陳立成士卒皆樂爲死永元二年代桓虞爲光祿勳明年夏卒時年五十餘賜以朱棺玉衣將作大匠穿冢假鼓吹五營騎士三百餘人送葬諡曰桓侯匈奴聞秉卒舉國號哭或至棃面流血棃卽剺字古通用剺割也音力私反長子沖嗣及竇憲敗以秉竇氏黨國除沖官至漢陽太守曾孫紀少有美名辟公府曹操甚敬異之稍遷少府紀以操將篡漢建安二十三年與太醫令吉丕丕或作平丞相司直韋晃謀起兵誅操不克夷三族于時衣冠盛門坐紀罹禍滅者衆矣

夔字定公少有氣決永元初爲車騎將軍竇憲假司馬北擊匈奴轉車騎都尉○劉攽曰按官無車騎都尉明衍車字三年憲復出河西以夔爲大將軍左校尉將精騎八百出居延塞直奔北單于廷於金微山斬閼氏名王已下五千餘級單于與數騎脫亡盡獲其匈奴珍寶財畜去塞五千餘里而還自漢出師所未嘗至也乃封夔粟邑侯粟邑縣名屬左馮翊故城在今同州白水縣西北會北單于弟左鹿蠡王於除鞬自立爲單于衆八部二萬餘人來居蒲類海上遣使款塞以夔爲中郎將持節衞護之及竇憲敗夔亦免官奪爵土後復爲長水校尉拜五原太守遷遼東太守元興元年貊人寇郡界夔追擊斬其渠帥永初三年南單于檀反畔使夔率鮮卑及諸郡兵屯鴈門與車騎將軍何熙共擊之熙推夔爲先鋒而遣其司馬耿溥劉祉將二千人與夔俱進到屬國故城單于遣薁鞬日逐王三千餘人遮漢兵夔自擊其左令鮮卑攻其右虜遂敗走追斬千餘級殺其名王六人獲穹廬車重千餘兩馬畜生口甚衆鮮卑馬多羸病遂畔出塞夔不能獨進以不窮追左轉雲中太守後遷行度遼將軍事夔勇而有氣數侵陵匈奴中郎將鄭戩音翦元初元年坐徵下獄以減死論笞二百建光中復拜度遼將軍時鮮卑攻殺雲中太守成嚴圍烏桓校尉徐常於馬城馬城縣名屬代郡故城在今雲州定襄縣秦始皇初築城輒崩壞其後有馬周章馳走因隨馬迹起城故以名焉夔與幽州刺史龐參救之追虜出塞而還後坐法免卒於家

恭字伯宗國弟廣之子也少孤慷慨多大略有將帥才永平十七年冬騎都尉劉張出擊車師請恭爲司馬與奉車都尉竇固及從弟駙馬都尉秉破降之始置西域都護戊己校尉乃以恭爲戊己校尉屯後王部金蒲城金蒲城車師後王庭也今庭州蒲昌縣城是也謁者關寵爲戊己校尉○劉攽曰案戊己本是兩校尉故耿恭關寵各爲一校今都爲戊己校尉蓋流俗不知漢書以理觀之恭是戊校寵是己校也屯前王柳中城柳中今西州縣屯各置數百人恭至部移檄烏孫示漢威德大昆彌已下皆歡喜遣使獻名馬及奉宣帝時所賜公主博具武帝元封中遣江都王建女細君爲公主嫁與烏孫昆莫賜乘輿服御官屬侍御數百人贈送甚盛蓋後宣帝賜以博具也願遣子入侍恭乃發使齎金帛迎其侍子明年三月北單于遣左鹿蠡王二萬騎擊車師恭遣司馬將兵三百人救之道逢匈奴騎多皆爲所殁匈奴遂破殺後王安得而攻金蒲城恭乘城搏戰以毒藥傅矢傳語匈奴曰漢家箭神其中瘡者必有異因發彊弩射之虜中矢者視創皆沸遂大驚會天暴風雨隨雨擊之殺傷甚衆匈奴震怖相謂曰漢兵神眞可畏也遂解去恭以疏勒城傍有澗水可固五月乃引兵據之七月匈奴復來攻恭恭募先登數千人直馳之胡騎散走匈奴遂於城下擁絕澗水恭於城中穿井十五丈不得水吏士渴乏笮馬糞汁而飲之笮謂壓笮也恭仰歎曰聞昔貳師將軍拔佩刀刺山飛泉涌出貳師大宛中城名昔武帝時使李廣利伐大宛期至貳師城因以爲號也今漢德神明豈有窮哉乃整衣服向井再拜爲吏士禱有頃水泉奔出衆皆稱萬歲乃令吏士揚水以示虜東觀記曰恭親自挽籠於是令士且勿飲先和泥塗城幷揚示之虜出不意以爲神明遂引去時焉耆龜茲攻殁都護陳睦北虜亦圍關寵於柳中會顯宗崩救兵不至車師復畔與匈奴共攻恭恭厲士衆擊走之後王夫人先世漢人常私以虜情告恭又給以糧餉數月食盡窮困乃煑鎧弩食其筋革恭與士推誠同死生故皆無二心而稍稍死亡餘數十人單于知恭已困欲必降之復遣使招恭曰若降者當封爲白屋王妻以女子恭乃誘其使上城手擊殺之炙諸城上虜官屬望見號哭而去單于大怒更益兵圍恭不能下初關寵上書求救時肅宗新卽位乃詔公卿會議司空第五倫以爲不宜救司徒鮑昱議曰今使人於危難之地急而棄之外則縱蠻夷之暴內則傷死難之臣誠令權時後無邊事可也匈奴如復犯塞爲寇陛下將何以使將又二部兵人裁各數十二部謂關寵及恭也匈奴圍之歷旬不下是其寡弱盡力之效也可令敦煌酒泉太守各將精騎二千多其幡幟倍道兼行以赴其急匈奴疲極之兵必不敢當四十日間足還入塞帝然之乃遣征西將軍耿秉屯酒泉行太守事遣秦彭與謁者王蒙皇甫援發張掖酒泉敦煌三郡及鄯善兵合七千餘人建初元年正月會柳中擊車師攻交河城前書曰車師前王居交河城河水分流繞城下故號交河去長安八千一百五十里故城在今西州交河縣也斬首三千八百級獲生口三千餘人駝驢馬牛羊三萬七千頭北虜驚走車師復降東觀記曰車師太子比持訾降會關寵已殁蒙等聞之便欲引兵還先是恭遣軍吏范羌至敦煌迎兵士寒服羌因隨王蒙軍俱出塞羌固請迎恭諸將不敢前乃分兵二千人與羌從山北迎恭遇大雪丈餘軍僅能至城中夜聞兵馬聲以爲虜來大驚羌乃遙呼曰我范羌也漢遣軍迎校尉耳城中皆稱萬歲開門共相持涕泣明日遂相隨俱歸虜兵追之且戰且行吏士素饑困發疏勒時尚有二十六人隨路死殁三月至玉門玉門關名屬敦煌郡在今沙州臣賢按酒泉郡又有玉門縣據東觀記曰至敦煌明卽玉門關也唯餘十三人衣屨穿決形容枯槁中郎將鄭衆爲恭已下洗沐易衣冠上疏曰耿恭以單兵固守孤城當匈奴之衝對數萬之衆連月踰年心力困盡鑿山爲井煑弩爲糧出於萬死無一生之望前後殺傷醜虜數千百計卒全忠勇不爲大漢恥恭之節義古今未有宜蒙顯爵以厲將帥及恭至雒陽鮑昱奏恭節過蘇武宜蒙爵賞於是拜爲騎都尉以恭司馬石脩爲雒陽市丞張封爲雍營司馬軍吏范羌爲共丞共今衞州共城縣餘九人皆補羽林恭母先卒及還追行喪制有詔使五官中郎將齎牛酒釋服奪情不令追服明年遷長水校尉其秋金據東觀記馬嚴城隴西羌反恭上疏言方略詔召入問狀乃遣恭將五校士三千人副車騎將軍馬防討西羌恭屯枹罕數與羌接戰明年秋燒當羌降防還京師恭留擊諸未服者首虜千餘人獲牛羊四萬餘頭勒姐姐音紫又子也反燒何羌等十三種數萬人皆詣恭降初恭出隴西上言故安豐侯竇融昔在西州甚得羌胡腹心今大鴻臚固卽其子孫前擊白山功冠三軍宜奉大使鎭撫涼部令車騎將軍防屯漢陽以爲威重由是大忤於防忿恭薦竇固奪其權及防還監營謁者李譚承旨奏恭不憂軍事被詔怨望坐徵下獄免官歸本郡卒於家子溥爲京兆虎牙都尉溥音普漢官儀曰京兆虎牙都尉扶風郡比二千石以涼州近羌數犯三輔將兵護園陵○劉攽曰案注文言扶風郡不成文理當云扶風都尉誤一字少一字檢百官志是時置此兩官也元初二年擊畔羌於丁奚城軍敗遂殁詔拜溥子宏曅並爲郎曅字季遇遇或作過順帝初爲烏桓校尉時鮮卑寇緣邊殺代郡太守曅率烏桓及諸郡卒出塞討擊大破之鮮卑震怖數萬人詣遼東降自後頻出輒克獲威振北方遷度遼將軍耿氏自中興已後迄建安之末大將軍二人將軍九人卿十三人尚公主三人列侯十九人中郎將護羌校尉及刺史二千石數十百人遂與漢興衰云

論曰余初讀蘇武傳感其茹毛窮海不爲大漢羞蘇武武帝時使匈奴匈奴乃幽武於大窖中絕不飮食天雨雪武臥齧雪與旃毛幷咽之數日不死匈奴以爲神乃徙武北海上無人處二十年乃還也後覽耿恭疏勒之事喟然不覺涕之無從嗟哉義重於生以至是乎孟子曰生者我所欲義者亦我所欲二者不可俱捨生而取義也昔曹子抗質於柯盟曹子魯大夫曹劌也一曰曹沫史記曰齊桓公與魯莊公會於柯而盟曹沫執匕首劫齊桓公曰齊彊魯弱而大國侵魯亦已甚矣今魯城壞壓境君其圖之桓公乃盡還魯之侵地而與之盟相如申威於河表相如解見寇恂傳也蓋以決一旦之負異乎百死之地也以爲二漢當疏高爵宥十世左傳曰晉范宣子之殺叔向之弟羊舌虎而囚叔向於是祁奚聞之見宣子曰謀而鮮過惠訓不倦者叔向有焉猶將十世宥之以勸能者也而蘇君恩不及嗣恭亦終塡牢戸追誦龍蛇之章以爲歎息史記曰晉文公返國賞從亡者介子推不言祿祿亦不及縣書宮門曰龍欲上天五蛇爲輔龍已升天四蛇各入其宇一蛇獨怨終不見處也

贊曰好畤經武能畫兵往收燕卒來集漢營請閒趙殿釃酒齊城況舒率從亦旣有成國圖久策分此凶狄謂耿國議立日逐王爲南單于由是鮮卑保塞自守北虜遠遁也秉洽胡情夔單虜迹慊慊伯宗枯泉飛液

後漢書卷四十九考證

耿弇傳會王郎詐稱成帝子輿起兵邯鄲○諸本同臣承著按成帝子下當複出一子字

令詣于光武○于字似衍文

諸將擅命於畿內○諸本同臣會汾按下云貴戚縱橫於都內二句相對爲文畿內當作畿外諸將方征伐四方不得云內也觀注自明臣承著按貴戚謂趙萌也更始傳更始納萌女爲夫人萌專權威福自已注但以王匡張卬當之猶未得實

從追至容城注在今易州道縣也○諸本同道縣地理志作道縣

使監羽林左車騎注百官志○志字監本訛作序今改正

秉弟夔轉車騎都尉劉攽刊誤衍車字○臣承萫按是時竇憲爲車騎將軍故夔之官轉爲車騎都尉其後憲爲大將軍夔之官又轉爲大將軍左校衞車字非衍也

盡獲其匈奴珍寶財蓄○推尋文義其字當是衍文

圍烏桓校尉徐常於馬城注馬城屬代郡故城在今雲州定襄縣秦始皇初築城輒崩壞其後有馬周章馳走因隨馬迹起城故以名焉○臣會汾按因馬迹築城是雁門之馬邑非代郡之馬城章懷此注蓋誤記漢書注耳

後漢書卷五十

宋 宣 城 太 守 范 曄 撰

唐 章 懷 太 子 賢 注

銚王祭列傳第十

銚期傳

銚期字次況潁川郟人也長八尺二寸容貌絕異矜嚴有威父猛爲桂陽太守卒期服喪三年鄉里稱之光武略地潁川聞期志義召署賊曹掾漢官儀曰東西曹掾比四百石餘掾比三百石賊曹主盜賊之事從徇薊時王郎檄書到薊薊中起兵應郎光武趣駕出百姓聚觀諠呼滿道遮路不得行期騎馬奮戟瞋目大呼左右曰趩周禮隸僕掌蹕宮中之事鄭衆曰止行清道也若今警蹕說文趩與蹕同衆皆披靡披普彼反及至城門門已閉攻之得出行至信都以期爲裨將與傅寬呂晏俱屬鄧禹徇傍縣又發房子兵禹以期爲能獨拜偏將軍授兵二千人寬晏各數百人還言其狀光武甚善之使期別徇眞定宋子攻拔樂陽稾肥纍樂陽縣名屬常山郡今恒州稾城縣也故城在縣西肥纍故肥子國也漢以爲縣故城在今稾城縣西南並屬眞定國纍音力追反從擊王郎將兒宏劉奉於鉅鹿下兒音五奚反期先登陷陳手殺五十餘人被創中額攝幘復戰攝猶正也○劉攽曰按幘爲馬弱汗期被創中額則是幘字遂大破之王郎滅拜期虎牙大將軍乃因間說光武曰河北之地界接邊塞人習兵戰號爲精勇今更始失政大統危殆海內無所歸往明公據河山之固擁精銳之衆以順萬人思漢之心則天下誰敢不從光武笑曰卿欲遂前趩邪唯天子得稱警蹕時銅馬數十萬衆入清陽博平博平縣名屬東郡在今博州縣也期與諸將迎擊之連戰不利期乃更背水而戰所殺傷甚多會光武救至遂大破之追至館陶皆降之從擊青犢赤眉於射犬賊襲期輜重期還擊之手殺傷數十人身被三創而戰方力力苦戰也遂破走之光武即位封安成侯安成縣名屬汝南郡故城在今豫州汝陽縣東南也食邑五千戶時檀鄉五樓賊入繁陽內黃繁陽縣名故城在今相州內黃縣東北內黃故城在西北又魏郡大姓數反覆而更始將卓京京或作原謀欲相率反鄴城帝以期爲魏郡太守行大將軍事期發郡兵擊卓京破之斬首六百餘級京亡入山追斬其將校數十人獲京妻子進擊繁陽內黃復斬數百級郡界清平督盜賊李熊鄴中之豪而熊弟陸謀欲反城迎檀鄉反音翻或以告期期不應告者三四期乃召問熊熊叩頭首服願與老母俱就死期曰爲吏儻不若爲賊樂者可歸與老母往就陸也必以在城中爲吏不如爲賊之樂即任將母往就弟使吏送出城熊行求得陸將詣鄴城西門陸不勝愧感自殺以謝期期嗟歎以禮葬之而還熊故職於是郡中服其威信建武五年行幸魏郡以期爲太中大夫從還洛陽又拜衞尉期重於信義自爲將有所降下未嘗虜掠及在朝廷憂國愛主其有不得於心必犯顏諫諍帝嘗輕與期門近出前書武帝將出必與北地良家子期於殿門故曰期門期頓首車前曰臣聞古今之戒變生不意誠不願陛下微行數出帝爲之回輿而還十年卒東觀記曰期疾病使使者存問加賜醫藥甚厚其母問期當封何子期言受國家恩深常慙負如死不知當何以報國何宜封子也上甚憐之帝親臨襚歛贈以衞尉安成侯印綬諡曰忠侯子丹嗣復封丹弟統爲建平侯建平縣名屬沛郡故城在今亳州鄼縣西北一名馬頭城後徙封丹葛陵侯葛陵縣名故城在汝南故鯛陽縣也丹卒子舒嗣舒卒子羽嗣羽卒子蔡嗣

王霸傳

王霸字元伯潁川潁陽人也世好文法東觀記曰祖父爲郡獄丞父爲郡決曹掾漢官儀決曹主罪法事霸亦少爲獄吏常慷慨不樂吏職其父奇之遣西學長安漢兵起光武過潁陽霸率賓客上謁曰將軍興義兵竊不自知量貪慕威德願充行伍光武曰夢想賢士共成功業豈有二哉遂從擊破王尋王邑於昆陽還休鄉里及光武爲司隸校尉道過潁陽霸請其父願從父曰吾老矣不任軍旅汝往勉之霸從至洛陽及光武爲大司馬以霸爲功曹令史○劉攽曰按功曹有史耳不當有令字從度河北賓客從霸者數十人稍稍引去光武謂霸曰潁川從我者皆逝而子獨留努力疾風知勁草及王郎起光武在薊郎移檄購光武光武令霸至市中募人將以擊郎市人皆大笑舉手邪揄之說文曰歋揄手相笑也歋音弋支反揄音踰或音由此云邪揄語輕重不同霸慚懅而還懅亦慙也音遽光武即南馳至下曲陽傳聞王郎兵在後從者皆恐及至滹沱河候吏還白河水流澌澌音斯無船不可濟官屬大懼光武令霸往視之霸恐驚衆欲且前阻水還即詭曰冰堅可度官屬皆喜光武笑曰候吏果妄語也遂前比至河河冰亦合乃令霸護度堅護度也未畢數騎而冰解光武謂霸曰安吾衆得濟免者卿之力也霸謝曰此明公至德神靈之祐雖武王白魚之應無以加此今文尚書曰武王度盟津白魚躍入王舟光武謂官屬曰王霸權以濟事殆天瑞也以爲軍正爵關內侯既至信都發兵攻拔邯鄲霸追斬王郎得其璽綬封王鄉侯從平河北常與臧宮傅俊共營霸獨善撫士卒死者脫衣以斂之傷者躬親以養之○劉攽曰按文脫衣可言以斂之躬親不宜復有以字光武即位以霸曉兵愛士可獨任拜爲偏將軍并將臧宮傅俊兵而以宮俊爲騎都尉建武二年更封富波侯富波縣名屬汝南郡在今豫州四年秋帝幸譙使霸與捕虜將軍馬武東討周建於垂惠蘇茂將五校兵四千餘人救建而先遣精騎遮擊馬武軍糧武往救之建從城中出兵夾擊武武恃霸之援戰不甚力爲茂建所敗武軍奔過霸營大呼求救霸曰賊兵盛出必兩敗努力而已乃閉營堅壁軍吏皆爭之霸曰茂兵精銳其衆又多吾吏士心恐而捕虜與吾相恃兩軍不一此敗道也今閉營固守示不相援賊必乘勝輕進捕虜無救其戰自倍如此茂衆疲勞吾承其弊乃可剋也茂建果悉出攻武合戰良久霸軍中壯士路潤等數十人斷髮請戰霸知士心銳乃開營後出精騎襲其背茂建前後受敵驚亂敗走霸武各歸營賊復聚衆挑戰霸堅臥不出方饗士作倡樂茂雨射營中中霸前酒樽安坐不動軍吏皆曰茂前日已破今易擊也霸曰不然蘇茂客兵遠來糧食不足故數挑戰以徼一切之勝徼要也一切猶權時也今閉營休士所謂不戰而屈人之兵善之善者也茂建既不得戰乃引還營其夜建兄子誦反閉城拒之茂建遁去誦以城降五年春帝使太中大夫持節拜霸爲討虜將軍六年屯田新安八年屯田函谷關擊滎陽中牟盜賊皆平之九年霸與吳漢及橫野大將軍王常建義大將軍朱祐破姦將軍侯進等五萬餘人擊盧芳將賈覽閔堪於高柳匈奴遣騎助芳漢軍遇雨戰不利吳漢還洛陽令朱祐屯常山王常屯涿郡侯進屯漁陽璽書拜霸上谷太守領屯兵如故捕擊胡虜無拘郡界拘猶限也明年霸復與吳漢等四將軍六萬人出高柳擊賈覽詔霸與漁陽太守陳訢將兵爲諸軍鋒匈奴左南將軍將數千騎救覽霸等連戰於平城下破之追出塞斬首數百級霸及諸將還入鴈門與驃騎大將軍杜茂會攻盧芳將尹由於崞繁時不剋崞與繁時皆縣名屬鴈門郡並今代州縣也有崞山焉崞音郭十三年增邑戶更封向侯向縣名屬沛郡左傳曰莒人入向按今密州莒縣南又有向城是時盧芳與匈奴烏桓連兵寇盜尤數緣邊愁苦詔霸將蒍刑徒六千餘人與杜茂治飛狐道飛狐道在今蔚州飛狐縣北通嬀州懷戎縣即古之飛狐口也堆石布土築起亭障自代至平城三百餘里凡與匈奴烏桓大小數十百戰頗識邊事數上書言宜與匈奴結和親又陳委輸可從溫水漕水經注曰溫餘水出上谷居庸關東又東過軍都縣南又東過薊縣北益通以運漕也以省陸轉輸之勞事皆施行後南單于烏桓降服北邊無事霸在上谷二十餘歲三十年定封淮陵侯淮陵縣屬臨淮郡永平二年以病免後數月卒子符嗣徙封軑侯軑縣名屬江夏郡軑音大符卒子度嗣度尚顯宗女浚儀長公主爲黃門郎度卒子歆嗣

祭遵傳 從弟彤

祭遵字弟孫祭音側界反潁川潁陽人也少好經書家富給而遵恭儉惡衣服喪母負土起墳嘗爲部吏所侵結客殺之初縣中以其柔也既而皆憚焉及光武破王尋等還過潁陽遵以縣吏數進見光武愛其容儀署爲門下史從征河北爲軍市令舍中兒犯法遵格殺之光武怒命收遵時主簿陳副諫曰明公常欲衆軍整齊今遵奉法不避是教令所行也光武乃貰之貰猶赦也以爲刺姦將軍謂諸將曰當備祭遵吾舍中兒犯法尚殺之必不私諸卿也尋拜爲偏將軍從平河北以功封列侯建武二年春拜征虜將軍定封潁陽侯與驃騎大將軍景丹建義大將軍朱祐漢忠將軍王常騎都尉王梁臧宮等入箕關箕關解在鄧禹傳南擊弘農厭新柏華蠻中賊東觀記曰柏華聚也弩中遵口洞出流血衆見遵傷稍引退遵呼叱止之士卒戰皆自倍遂大破之時新城蠻中山賊張滿新城縣名屬河南郡今伊闕縣也屯結險隘爲人害詔遵攻之遵絕其糧道滿數挑戰遵堅壁不出而厭新柏華餘賊復與滿合遂攻得霍陽聚有霍陽山故名焉俗謂之張侯城在今汝州西南遵乃分兵擊破降之明年春張滿饑困城拔生獲之初滿祭祀天地自云當王既執歎曰讖文誤我乃斬之夷其妻子遵引兵南擊鄧奉弟終於杜衍破之杜衍縣名屬南陽郡故城在今鄧州南陽縣西南時涿郡太守張豐執使者舉兵反自稱無上大將軍與彭

寵連兵四年遵與朱祐及建威大將軍耿弇驍騎將軍劉喜俱擊之遵兵先至急攻豐豐功曹孟厷執豐降說文曰厷臂上也厷音古弘反初豐好方術有道士言豐當爲天子以五綵囊裹石繫豐肘云石中有玉璽豐信之遂反旣執當斬猶曰肘石有玉璽遵爲椎破之豐乃知被詐仰天歎曰當死無恨諸將皆引還遵受詔留屯良鄉拒彭寵因遣護軍傅玄襲擊寵將李豪於潞大破之斬首千餘級相拒歲餘數挫其鋒黨與多降者及寵死遵進定其地六年春詔遵與建威大將軍耿弇虎牙大將軍蓋延漢忠將軍王常捕虜將軍馬武驍騎將軍劉歆武威將軍劉尚等從天水伐公孫述續漢書曰上幸廣陽城門閱過諸將以遵新破漁陽令最在前師次長安時車駕亦至而隗囂不欲漢兵上隴辭說解故解故謂解脫事故以爲辭說帝召諸將議皆曰可且延囂日月之期益封其將帥以消散之遵曰囂挾姦久矣今若按甲引時則使其詐謀益深而蜀警備增固不如遂進帝從之乃遣遵爲前行隗囂使其將王元拒隴坻遵進擊破之追至新關及諸將到與囂戰並敗引退下隴乃詔遵軍汧耿弇軍漆征西大將軍馮異軍栒邑大司馬吳漢等還屯長安自是後遵數挫囂事已見馮異傳八年秋復從車駕上隴及囂破帝東歸過汧幸遵營勞饗士卒作黃門武樂良夜乃罷黃門署名前書曰是時名倡皆集黃門武樂執干戚以舞也良猶深也夜或作久時遵有疾詔賜重茵覆以御蓋復令進屯隴下及公孫述遣兵救囂吳漢耿弇等悉奔還遵獨留不卻東觀記曰時遵屯汧詔書曰將軍連年距難衆兵卽卻復獨按部功勞爛然兵退無宿戒糧食不豫具今乃調度恐力不堪國家知將軍不易亦不遺力今送縑千匹以賜吏士九年春卒於軍遵爲人廉約小心克己奉公賞賜輒盡與士卒家無私財身衣韋絝布被夫人裳不加緣帝以是重焉緣或作綵及卒愍悼之尤甚遵喪至河南縣詔遣百官先會喪所車駕素服臨之望哭哀慟還幸城門過其車騎東觀記曰上還幸城門閱過喪車瞻望涕泣涕泣不能已喪禮成復親祠以太牢如宣帝臨霍光故事霍光薨宣帝及上官太后親臨光喪使太中大夫任宣侍御史五人持節護喪事東觀記曰時下宣帝臨霍將軍儀令公卿讀視以爲故事詔大長秋謁者河南尹護喪事大司農給費博士范升上疏追稱遵曰臣聞先王崇政尊美屛惡昔高祖大聖深見遠慮班爵割地與下分功著錄勳臣頌其德美生則寵以殊禮奏事不名入門不趨前書曰蕭何奏事不名入門不趨死則疇其爵邑世無絕嗣疇等也言功臣死後子孫襲封世世與先人等丹書鐵券傳於無窮前書高祖與功臣剖符作誓丹書鐵契金匱石室藏之宗廟斯誠大漢厚下安人長久之德所以累世十餘歷載數百漢興至此二百餘年言數百者謂以百數之廢而復興絕而復續者也陛下以至德受命先明漢道劉○放曰按文當作光明褒序輔佐封賞功臣同符祖宗征虜將軍潁陽侯遵不幸早薨陛下仁恩爲之感傷遠迎河南惻怛之慟形於聖躬喪事用度仰給縣官重賜妻子不可勝數送死有以加生厚亡有以過存矯俗厲化卓如日月卓高也古者臣疾君視臣卒君弔前書賈山上書曰古之賢君於其臣也尊其爵祿而親之疾則臨視之無數死則往弔哭之臨其小斂大斂可謂盡禮也故臣下竭力盡死以報其上德之厚者也陵遲已來久矣及至陛下復興斯禮羣下感動莫不自勵臣竊見遵脩行積善竭忠於國北平漁陽西拒隴蜀先登坻上郎隴坻上深取略陽衆兵旣退獨守衝難衝兵衝也謂吳漢耿弇等悉奔還雖遵獨留不卻制御士心不越法度所在吏人不知有軍言不侵擾清名聞於海內廉白著於當世所得賞賜輒盡與吏士身無奇衣家無私財同產兄午以遵無子娶妾送之遵乃使人逆而不受自以身任於國不敢圖生慮繼嗣之計臨死遺誡牛車載喪薄葬洛陽問以家事終無所言任重道遠死而後已遵爲將軍取士皆用儒術對酒設樂必雅歌投壺雅歌謂歌雅詩也禮記投壺經曰壺頸脩七寸口徑二寸半容斗五升壺中實小豆焉爲其矢之躍而出也矢以柘若棘長二尺八寸無去其皮取其堅而重投之勝者飲不勝者以爲優劣也又建爲孔子立後奏置五經大夫雖在軍旅不忘俎豆可謂好禮悅樂守死善道者也禮生有爵死有諡爵以殊尊卑諡以明善惡臣愚以爲宜因遵薨論叙衆功詳案諡法以禮成之諡法周書之篇周公制焉顯章國家篤古之制爲後嗣法帝乃下升章以示公卿至葬車駕復臨贈以將軍侯印綬朱輪容車介士軍陳送葬容車容飾之車象生時也介士甲士也東觀記曰遣校尉發騎士四百人被玄甲兜鍪兵車軍陳送葬諡曰成侯旣葬車駕復臨其墳存見夫人室家其後會朝帝每歎曰安得憂國奉公之臣如祭征虜者乎遵之見思如此東觀記曰上數嗟歎衞尉銚期見上感慟對曰陛下至仁哀念祭遵不已羣臣各懷慚懼也無子國除兄午官至酒泉太守從弟彤

彤字次孫早孤以至孝見稱遇天下亂野無煙火而獨在家側每賊過見其尚幼而有志節皆奇而哀之光武初以遵故拜彤爲黃門侍郎常在左右及遵卒無子帝追傷之以彤爲偃師長令近遵墳墓四時奉祠之彤有權略視事五歲縣無盜賊課爲第一遷襄賁令襄賁縣名屬東海郡故城在今沂州臨沂縣南賁音肥時天下郡國尚未悉平襄賁盜賊白日公行彤至誅破姦猾殄其支黨數年襄賁政清璽書勉勵增秩一等賜縑百匹當是時匈奴鮮卑及赤山烏桓連和彊盛數入塞殺略吏人朝廷以爲憂益增緣邊兵郡有數千人又遣諸將分屯障塞帝以彤爲能建武十七年拜遼東太守至則勵兵馬廣斥候彤有勇力能貫三百斤弓虜每犯塞常爲士卒鋒數破走之二十一年秋鮮卑萬餘騎寇遼東彤率數千人迎擊之自被甲陷陳虜大奔投水死者過半遂窮追出塞虜急皆棄兵裸身散走斬首三千餘級獲馬數千匹自是後鮮卑震怖畏彤不敢復闚塞彤以三虜連和卒爲邊害卒終也三虜謂匈奴鮮卑及赤山烏桓二十五年乃使招呼鮮卑示以財利其大都護偏何鮮卑名也遣使奉獻願得歸化彤慰納賞賜稍復親附其異種滿離高句驪之屬遂駱驛款塞上貂裘好馬帝輒倍其賞賜其後偏何邑落諸豪並歸義願自効彤曰審欲立功當歸擊匈奴斬送頭首乃信耳偏何等皆仰天指心曰必自効卽擊匈奴左伊秩訾部斬首二千餘級持頭詣郡其後歲歲相攻輒送首級受賞賜自是匈奴衰弱邊無寇警鮮卑烏桓並入朝貢彤爲人質厚重毅體貌絕衆撫夷狄以恩信皆畏而愛之故得其死力初赤山烏桓數犯上谷爲邊害詔書設購賞功責州郡不能禁○劉攽曰按文功當作切彤乃率勵偏何遣往討之永平元年偏何擊破赤山斬其魁帥持首詣彤塞外震讋讋音之涉反彤之威聲暢於北方西自武威東盡玄菟及樂浪胡夷皆來內附野無風塵乃悉罷緣邊屯兵十二年徵爲太僕彤在遼東幾三十年衣無兼副顯宗旣嘉其功又美彤清約拜日賜錢百萬馬三匹衣被刀劒下至居室什物大小無不悉備帝每見彤常歎息以爲可屬以重任後從東巡狩過魯坐孔子講堂顧指子路室謂左右曰此太僕之室太僕吾之禦侮也尚書大傳曰孔子曰吾有四友焉自吾得回也門人加親是非胥附邪自吾得賜也遠方之士日至是非奔走邪自吾得師也前有光後有輝是非先後邪自吾得由也惡言不至門是非禦侮邪十六年使彤以太僕將萬餘騎與南單于左賢王信伐北匈奴期至涿邪山信初有嫌於彤行出高闕塞九百餘里得小山乃妄言以爲涿邪山彤到不見虜而還坐逗留畏懦下獄免彤性沈毅內重自恨見詐無功出獄數日歐血死臨終謂其子曰吾蒙國厚恩奉使不稱微績不立身死誠慚恨義不可以無功受賞死後若悉簿上所得賜物若汝也皆爲文簿而上之身自詣兵屯效死前行以副吾心旣卒其子逢上疏具陳遺言帝雅重彤方更任用聞之大驚召問逢疾狀嗟歎者良久焉烏桓鮮卑追思彤無已每朝賀京師常過冢拜謁仰天號泣乃去遼東吏人爲立祠四時奉祭焉彤子參遂詣奉車都尉竇固從軍擊車師有功稍遷遼東太守永元中鮮卑入郡界參坐沮敗下獄死彤子孫多爲邊吏者皆有名稱

論曰祭彤武節剛方動用安重雖條侯穰苴之倫不能過也條侯周亞夫也爲將軍軍於細柳文帝幸其營亞夫持兵揖曰介胄之士不拜請以軍禮見文帝曰此真將軍也穰苴齊人田穰苴也齊景公使爲將軍莊賈往穰苴與約曰旦日日中會於軍門穰苴先至賈後至於是遂斬莊賈以徇三軍士皆振慄且臨守偏海政移獷俗獷古猛反又音久末反徼人請符以立信胡貊數級於郊下徼人謂徼外人偏何等也符驗也爲偏何請還自効以驗內屬之信數級謂偏何斬匈奴送首級受賞賜至乃臥鼓邊亭滅烽幽障者將三十年古所謂必世而後仁豈不然哉三十年爲一世言承化久也論語孔子曰如有王者必世而後仁而一眚之故以致感憤眚過也左傳曰不以一眚掩大德眚音所景反惜哉畏法之敝也畏法猶嚴法也

贊曰期啓燕門霸冰滹河祭遵好禮臨戎雅歌彤抗遼左邊廷懷和

後漢書卷五十考證

王霸傳乃令霸護度注堅護度也○堅當作監謂使霸監護軍士渡滹沱河也

封王鄉侯○地理郡國志無王鄉地名王字疑誤

後漢書卷五十一

宋　宣　城　太　守　范　曄　撰

唐　章　懷　太　子　賢　注

任李萬邳劉耿列傳第十一

任光傳 子隗

任光字伯卿南陽宛人也少忠厚爲鄉里所愛初爲鄉嗇夫郡縣吏續漢志曰三老游徼郡所署也秩百石掌一鄉人其鄉小者縣署嗇夫一人主知人善惡爲役先後知人貧富爲賦多少漢兵至宛軍人見光冠服鮮明令解衣將殺而奪之會光祿勳劉賜適至視光容貌長者乃救全之光因率黨與從賜爲安集掾拜偏將軍與世祖破王尋王邑更始至洛陽以光爲信都太守及王郎起郡國皆降之光獨不肯遂與都尉李忠令萬脩信都令也功曹阮況五官掾郭唐等續漢志曰五官掾掌署諸曹事同心固守廷掾持王郎檄東觀記扶柳縣廷掾詣府白光光斬之於市以狥百姓發精兵四千人城守更始二年春世祖自薊還狼貝不知所向傳聞信都獨爲漢拒邯鄲卽馳赴之光等孤城獨守恐不能全獨守無援故恐之聞世祖至大喜吏民皆稱萬歲卽時開門與李忠萬脩率官屬迎謁世祖入傳舍謂光曰伯卿今埶力虛弱欲俱入城頭子路力子都兵中何如邪光曰不可世祖曰卿兵少如何光曰可募發奔

命出攻傍縣若不降者恣聽掠之人貪財物則兵可招而致也世祖從之拜光爲左大將軍封武成侯留南陽宗廣領信都太守事使光將兵從光乃多作檄文曰大司馬劉公將城頭子路力子都兵百萬衆從東方來擊諸反虜遣騎馳至鉅鹿界中吏民得檄傳相告語世祖遂與光等投暮入堂陽界投至也堂陽今冀州縣也使騎各持炬火彌滿澤中光炎燭天地擧城莫不震驚惶怖其夜即降旬日之間兵衆大盛因攻城邑遂屠邯鄲迺遣光歸郡

城頭子路者東平人姓爰名曾字子路與肥城劉詡起兵盧城頭盧縣名屬太山郡今濟州縣故號其兵爲城頭子路曾自稱都從事詡稱校三老寇掠河濟閒衆至二十餘萬更始立曾遣使降拜曾東萊郡太守今萊州○劉攽曰按他處復字郡名皆不言郡太守明此衍詡濟南太守皆行大將軍事是歲曾爲其將所殺衆推詡爲主更始封詡助國侯令罷兵歸本郡力子都者東海人也起兵鄉里鈔擊徐兖界衆有六七萬更始立遣使降拜子都徐州牧爲其部曲所殺餘黨復相聚與諸賊會於檀鄉今兖州瑕丘縣東北有檀鄉因號爲檀鄉檀鄉渠帥董次仲始起茌平茌平縣名屬東郡故城在今博州聊城縣東茌音士疑反遂渡河入魏郡清河與五校合衆十餘萬建武元年世祖入洛陽遣大司馬吳漢等擊檀鄉明年春大破降之

是歲更封光阿陵侯阿陵縣名屬涿郡食邑萬戶五年徵詣京師奉朝請其冬卒子隗嗣後阮況爲南陽太守郭唐至河南尹皆有能名

隗字仲和少好黃老清靜寡欲所得奉秩常以賑卹宗族收養孤寡顯宗聞之擢奉朝請遷羽林左監續漢志曰羽林有左右監一人各六百石主左右羽林騎虎賁中郎將又遷長水校尉肅宗即位雅相敬愛數稱其行以爲將作大匠前書曰將作少府秦官也景帝更名將作大匠秩二千石將作大匠自建武以來常謁者兼之至隗迺置眞焉建初五年遷太僕八年代竇固爲光祿勳所歷皆有稱章和元年拜司空隗義行內修不求名譽而以沈正見重於世和帝即位大將軍竇憲秉權專作威福內外朝臣莫不震懾時憲擊匈奴國用勞費隗奏議徵憲還前後十上獨與司徒袁安同心畢力持重處正鯁言直議無所回隱持重謂守正也執議不移回邪也隱避也語在袁安傳永元四年薨子屯嗣帝追思隗忠擢屯爲步兵校尉徙封西陽侯西陽縣名屬山陽郡也屯卒子勝嗣東觀漢記曰勝字作騰勝卒子世嗣徙封北鄉侯北鄉縣名屬齊郡

李忠傳

李忠字仲都東萊黃人也黃今萊州縣也故城在縣東南父爲高密都尉臣賢按東觀記續漢書並云中尉又郡國志高密侯國百官志皇子封每國傳相各一人中尉一人比二千石職如郡都尉主盜賊高密非郡爲都字者誤○劉攽曰注高密侯按文侯當作國高密實王國不當作侯也忠元始中以父任爲郎署中數十人而忠獨以好禮脩整稱王莽時爲新博屬長王莽改信都國曰新博都尉曰屬長也郡中咸敬信之更始立使使者行郡國即拜忠都尉官忠遂與任光同奉世祖以爲右大將軍封武固侯時世祖自解所佩綬以帶忠東觀記曰上初至不脫衣帶衣服垢薄使忠解澣長襦忠更作新袍袴解支小單衣襪而上之因從攻下屬縣至苦陘苦陘縣名屬中山國章帝改曰漢昌自此已後隨代改之今定州唐昌縣是也世祖會諸將問所得財物唯忠獨無所掠世祖曰我欲特賜李忠諸卿得無望乎即以所乘大驪馬及繡被衣物賜之馬色黑而青曰驪進圍鉅鹿未下王郎遣將攻信都信都大姓馬寵等開城內之收太守宗廣及忠母妻而令親屬招呼忠時寵弟從忠爲校尉忠即時召見責數以背恩反城因格殺之諸將皆驚曰家屬在人手中殺其弟何猛也忠曰若縱賊不誅則二心也世祖聞而美之謂忠曰今吾兵已成矣將軍可歸救老母妻子宜自募吏民能得家屬者賜錢千萬來從我取忠曰蒙明公大恩思得効命誠不敢內顧宗親世祖迺使任光將兵救信都光兵於道散降王郎無功而還會更始遣將攻破信都忠家屬得全世祖因使忠還行太守事收郡中大姓附邯鄲者誅殺數百人及任光歸郡忠迺還復爲都尉建武二年更封中水侯中水縣屬涿郡前書音義曰此縣在兩河之間故曰中水故城在今瀛州樂壽縣西北食邑三千戶其年徵拜五官中郎將從平龐萌董憲等六年遷丹陽太守是時海內新定南方海濱江淮多擁兵據土忠到郡招懷降附其不服者悉誅之旬月皆平忠以丹陽越俗不好學嫁娶禮儀衰於中國乃爲起學校習禮容春秋鄉飲校亦學也禮記曰鄉飲酒之義主人拜迎賓於庠門之外三揖而後至階三讓而後升所以致尊讓也六十者坐五十者立侍以聽政役所以明尊長也合諸鄉射教之鄉飲酒之禮而孝悌之行立鄭玄注曰春秋以禮會民於州序也選用明經郡中向慕之墾田增多三歲間流民占著者五萬餘口著音直略反十四年三公奏課爲天下第一遷豫章太守病去官東觀記曰病瘞痺免徵詣京師十九年卒子威嗣威卒子純嗣永平九年坐母殺純叔父國除東觀記曰永平二年坐純母禮殺威弟季永初七年鄧太后復封純琴亭侯純卒子廣嗣

萬脩傳

萬脩字君游扶風茂陵人也更始時爲信都令與太守任光都尉李忠共城守迎世祖拜爲偏將軍封造義侯及破邯鄲拜右將軍從平河北建武二年更封槐里侯與揚化將軍堅鐔俱擊南陽未尅而病卒于軍子普嗣徙封泫氏侯泫氏縣名屬上黨郡西有泫谷水故以爲名今澤州高平縣也泫音胡涓反普卒子親嗣徙封扶柳侯扶柳縣名故城在今冀州信都縣西親卒無子國除永初七年鄧太后紹封脩曾孫豐爲曲平亭侯豐卒子熾嗣永建元年熾卒無子國除延熹二年桓帝紹封脩玄孫恭爲門德亭侯

邳彤傳

邳彤字偉君信都人也父吉爲遼西太守彤初爲王莽和成卒正東觀漢記曰王莽分鉅鹿爲和成郡居下曲陽以彤爲卒正也世祖徇河北至下曲陽彤舉城降復以爲太守留止數日世祖北至薊會王郎兵起使其將徇地所到縣莫不奉迎唯和成信都堅守不下彤聞世祖從薊還失軍欲至信都乃先使五官掾張萬督郵尹綏選精騎二千餘匹緣路迎世祖軍彤尋與世祖會信都世祖雖得二郡之助而兵衆未合議者多言可因信都兵自送西還長安彤廷對曰議者之言皆非也吏民歌吟思漢久矣故更始擧尊號而天下響應三輔清宮除道以迎之一夫荷戟大呼則千里之將無不捐城遁逃虜伏請降自上古以來亦未有感物動民其如此者也又卜者王郎假名因執驅集烏合之衆遂震燕趙之地況明公奮二郡之兵揚響應之威以攻則何城不克以戰則何軍不服今釋此而歸豈徒空失河北必更驚動三輔墮損威重非計之得者也若明公無復征伐之意則雖信都之兵猶難會也何者明公既西則邯鄲城民不肯捐父母背城主而千里送公其離散亡逃可必也世祖善其言而止即日拜彤爲後大將軍和成太守如故使將兵居前北至堂陽堂陽已反屬王郎彤使張萬尹綏先曉譬吏民世祖夜至即開門出迎引兵擊破白奢賊於中山自此常從戰攻信都復反爲王郎郎所置信都王捕繫彤父弟及妻子使爲手書呼彤曰降者封爵不降族滅彤涕泣報曰事君者不得顧家彤親屬所以至今得安於信都者劉公之恩也公方爭國事彤不得復念私也會更始所遣將攻拔信都郎兵敗走彤家屬得免及拔邯鄲封武義侯建武元年更封靈壽侯靈壽縣名故城在今恒州靈壽縣西北行大司空事帝入洛陽拜彤太常月餘日轉少府是年免復爲左曹侍中前書曰侍中有左右曹入侍天子故曰侍中常從征伐六年就國彤卒子湯嗣九年徙封樂陵侯樂陵縣名屬平原郡故城在今滄州樂陵縣東也十九年湯卒子某嗣史闕名也無子國除元初元年鄧太后紹封彤孫音爲平亭侯音卒子柴嗣初張萬尹綏與彤俱迎世祖皆拜偏將軍亦從征伐萬封重平侯綏封平臺侯重平縣名屬渤海郡故城在今安德縣西北臣賢按平臺縣屬常山郡諸本多云平壹者誤也

論曰凡言成事者以功著易顯謀幾初者以理隱難昭幾者事之先見者也斯固原情比迹所宜推察者也若乃議者欲因二郡之衆建入關之策委成業臨不測而世主未悟謀夫景同邳彤之廷對其爲幾乎語曰一言可以興邦論語魯定公謂孔子之言也斯近之矣

劉植傳

劉植字伯先鉅鹿昌城人也王郎起植與弟喜從兄歆東觀記曰喜作嘉字共仲歆字細君也率宗族賓客聚兵數千人據昌城聞世祖從薊還迺開門迎世祖以植爲驍騎將軍喜歆偏將軍皆爲列侯時眞定王劉揚起兵以附王郎衆十餘萬世祖遣植說揚揚乃降世祖因留眞定納郭后后即揚之甥也故以此結之迺與揚及諸將置酒郭氏漆里舍漆圖郭氏所居之里名也○劉攽曰按文無故忽有圖字蓋本是里字揚擊筑爲歡因得進兵拔邯鄲從平河北建武二年更封植爲昌城侯討密縣賊戰歿子向嗣帝使喜代將植營復爲驍騎將軍封觀津侯觀津縣名故城在今德州蓨縣西北喜卒復以歆爲驍騎將軍封浮陽侯浮陽縣名屬渤海郡在浮水之陽今滄州清池縣也喜歆從征伐皆傳國于後向徙封東武陽侯東武陽縣屬東郡在武水之陽故城在今魏州華陽縣南卒子述嗣永平十五年坐與楚王英謀反國除

耿純傳

耿純字伯山鉅鹿宋子人也父艾爲王莽濟平尹莽改定陶國曰濟平也純學於長安因除爲納言士王莽法古置納言之官即尚書也每官皆置士故曰納言士也王莽敗更始立使舞陰王李軼降諸郡國純父艾降還爲濟南太守時李軼兄弟用事專制方面賓客游說者甚衆純連求謁不得通久之迺得見因說軼曰大王以龍虎之姿遭風雲之時易曰雲從龍風從虎奮迅拔起期月之間兄弟稱王拔猶卒也拔音步末反期音朞而德信不聞於士民功勞未施於百姓寵祿暴興此智者之所忌也前書陳嬰母謂嬰曰暴得富貴者不祥也故云智者之所忌也兢兢自危猶懼不終而況沛然自足可以成功者乎公羊傳曰力沛然若有餘何休注曰沛有餘優軼奇之且以其鉅鹿大姓迺承制拜爲騎都尉授以節令安集趙魏會世祖渡河至邯鄲純即謁見世祖深接之純退見官屬將兵法度不與它將同遂求自結納獻馬及縑帛數百匹世祖北至中山留純邯鄲會王郎反東觀記曰王郎擧尊號欲收純純持節與從吏夜遁出城駐節道中詔取行者車馬得數十騎歸宋子與從兄訢宿植俱詣上所在盧奴言王郎所反之狀世祖自薊東南馳純與從昆弟訢宿植共率宗族賓客二千餘人續漢書曰皆衣縑襜褕絳衣也老病者皆載木自隨奉迎於育左傳曰又如是而嫁將就木焉木謂棺也老病者恐死故載以從軍育縣名故城在冀州拜純爲前將軍封耿鄉侯酈元注水經曰郎水北有耿鄉光武封耿純爲侯國俗謂之宜安城其故城在今恒州槁城縣西南也訢宿植皆偏將軍使與純居前降宋子從攻下曲陽及中山是時郡

國多降邯鄲者純恐宗家懷異心廼使訢宿歸燒其廬舍世祖問純故對曰竊見明公單車臨河北非有府藏之蓄重賞甘餌可以聚人者也黃石公記曰芳餌之下必有懸魚重賞之下必有死夫易曰何以聚人曰財故純引之徒以恩德懷之是故士衆樂附今邯鄲自立北州疑惑純雖舉族歸命老弱在行猶恐宗人賓客半有不同心者故燔燒屋室絕其反顧之望世祖歎息及至鄗世祖止傳舍鄗大姓蘇公反城開門內王郎將李惲純先覺知將兵逆與惲戰大破斬之從平邯鄲又破銅馬時赤眉青犢上江大彤鐵脛五幡十餘萬衆並在射犬世祖引兵將擊之純軍在前去衆營數里賊忽夜攻純雨射營中矢下如雨也士多死傷純勒部曲堅守不動選敢死二千人俱持彊弩各傳三矢使銜枚閒行傳著也繞出賊後齊聲呼譟彊弩並發賊衆驚走追擊遂破之馳騎白世祖世祖明旦與諸將俱至營勞純曰昨夜困乎純曰賴明公威德幸而獲全世祖曰大兵不可夜動故不相救耳軍營進退無常卿宗族不可悉居軍中廼以純族人耿伋爲蒲吾長蒲吾縣名屬常山郡故城在今恒州靈壽縣南悉令將親屬居焉世祖卽位封純高陽侯擊劉永於濟陰下定陶初純從攻王郎墮馬折肩時疾發廼還詣懷宮懷宮河內縣名有離宮焉帝問卿兄弟誰可使者純舉從弟植於是使植將純營純猶以前將軍從時眞定王劉揚復造作讖記云赤九之後癭揚爲主漢以火德故云赤也光武於高祖九代孫故云九揚病癭欲以惑衆與綿曼賊交通綿曼縣名屬眞定國故城在今恒州石邑縣西北俗音訛謂之人文故城也建武二年春遣騎都尉陳副游擊將軍鄧隆徵揚揚閉城門不內副等乃復遣純持節行赦令於幽冀所過竝使勞慰王侯密勑純曰劉揚若見因而收之純從吏士百餘騎與副隆會元氏俱至眞定止傳舍揚稱病不謁以純眞定宗室之出男子謂姊妹之子爲出也遣使與純書欲相見純報曰奉使見王侯牧守不得先詣如欲面會宜出傳舍時揚弟林邑侯讓及從兄細東觀記續漢書細竝作紺各擁兵萬餘人揚自恃衆強而純意安靜卽從官屬詣之兄弟竝將輕兵在門外揚入見純純接以禮敬因延請其兄弟皆入廼閉閤悉誅之因勒兵而出眞定震怖無敢動者帝憐揚讓謀未發竝封其子復故國純還京師因自請曰臣本吏家子孫幸遭大漢復興聖帝受命備位列將爵爲通侯天下畧定臣無所用志願試治一郡盡力自効帝笑曰卿既治武復欲脩文邪廼拜純爲東郡太守時東郡未平純視事數月盜賊清寧四年詔純將兵擊更始東平太守范荊荊降進擊太山濟南及平原賊皆平之居東郡四歲時發干長有罪純案奏圍守之奏未下長自殺純坐免以列侯奉朝請從擊董憲道過東郡百姓老小數千隨車駕涕泣云願復得耿君帝謂公卿曰純年少被甲冑爲軍吏耳治郡廼能見思若是乎六年定封爲東光侯東光今滄州縣也續漢書曰六年上令諸侯就國純上書自陳前在東郡案誅涿郡太守朱英親屬今國屬涿誠不自安制書報曰侯前奉公行法朱英久吏曉知義理何時當以公事相是非然受堯舜之罰者不能愛已也已更擇國土令侯無介然之憂乃更封純爲東光侯純辭就國帝曰文帝謂周勃丞相吾所重君爲我率諸侯就國今亦然也純受詔而去至鄴賜穀萬斛到國弔死問病民愛敬之八年東郡濟陰盜賊羣起遣大司空李通橫野大將軍王常擊之帝以純威信著於衞地東郡舊衞地也遣使拜太中大夫使與大兵會東郡東郡聞純入界盜賊九千餘人皆詣純降大兵不戰而還璽書復以爲東郡太守吏民悅服十三年卒官諡曰成侯子阜嗣植後爲輔威將軍封武邑侯武邑縣名屬信都今冀州縣也宿至代郡太守封遂鄉侯訢爲赤眉將軍封著武侯從鄧禹西征戰死雲陽凡宗族封列侯者四人關內侯者三人爲二千石者九人阜徙封莒鄉侯永平十四年坐同族耿歙與楚人顏忠辭語相連國除建初二年肅宗追思純功紹封阜子盱爲高亭侯盱卒無嗣帝復封盱弟騰續漢書云封騰高亭侯也卒子忠嗣忠卒孫緒嗣

贊曰任邳識幾嚴城解扉解猶開也委佗還旅二守焉依委音於危反佗音移行貌也旅衆也還旅謂自薊而還也二守謂任光爲信都太守邳彤爲和成太守也左傳曰平王東遷晉鄭焉依言光武失軍而南還依任邳以成功純植義發奉兵佐威

後漢書卷五十一考證

邳彤傳明公既西則邯鄲城民不肯捐父母背城主而千里送公其離散逃亡可必也○臣承蒼按是時王郎方據邯鄲其民安得送光武還長安邯鄲城三字必傳寫之訛通鑑考異作邯鄲勢成下文城主作成主亦於事理不切邯鄲城民當作二郡之民謂和成信都二郡也蓋承上文奮二郡之兵而言

後漢書卷五十二

宋 宣城太守 范曄 撰

唐 章懷太子 賢 註

朱景王杜馬劉傅堅馬列傳第十二

朱祐傳

朱祐字仲先南陽宛人也○東觀記曰祐作福避安帝諱劉攽曰案注引東觀記安帝諱則此人當名祐前後皆誤矣少孤歸外家復陽劉氏復陽縣名屬南陽郡往來舂陵世祖與伯升皆親愛之伯升拜大司徒以祐爲護軍前書曰護軍都尉秦官平帝元始元年更名護軍也及世祖爲大司馬討河北復以祐爲護軍常見親幸舍止於中祐侍讌從容曰長安政亂公有日角之相此天命也日角解在光武紀世祖曰召刺姦收護軍王莽置左右刺姦使督姦猾祐乃不敢復言從征河北常力戰陷陣續漢書曰祐至南䜌爲賊所傷上親候視之以爲偏將軍封安陽侯世祖卽位拜爲建義大將軍建武二年更封堵陽侯堵陽縣名屬南陽郡故城在今唐州方城縣堵音者冬與諸將擊鄧奉於淯陽祐軍敗爲奉所獲明年奉破乃肉袒因祐降帝復祐位而厚加慰賜遣擊新野隨皆平之隨縣名屬南陽郡故城在今隨州隨縣延岑自敗於穰遂與秦豐將張成合祐率征虜將軍祭遵與戰於東陽大破之東陽聚名在南陽臨陣斬成延岑敗走歸豐祐收得印綬九十七東觀記曰收得所盜茂陵武帝廟衣印綬進擊黃郵降之賜祐黃金三十斤四年率破姦將軍侯進輔威將軍耿植代征南大將軍岑彭圍秦豐於黎丘破其將張康於蔡陽斬之帝自至黎丘使御史中丞李由持璽書招豐豐出惡言不肯降車駕引還勑祐方畧祐盡力攻之明年夏城中窮困豐乃將其母妻子九人肉袒降祐檻車傳豐送洛陽斬之大司馬吳漢劾奏祐廢詔受降違將帥之任帝不加罪祐還與騎都尉臧宮會擊延岑餘黨陰酇筑陽三縣賊悉平之祐爲人質直尚儒學將兵率衆多受降以克定城邑爲本不存首級之功又禁制士卒不得虜掠百姓軍人樂放縱多以此怨之九年屯南行唐拒匈奴行唐今恒州縣也十三年增邑定封鬲侯鬲縣名屬平原郡食邑七千三百戶東觀記曰祐自陳功薄而國大願受南陽五百戶足矣上不許十五年朝京師上大將軍印綬因留奉朝請祐奏古者人臣受封不加王爵可改諸王爲公帝卽施行又奏宜令三公並去大名以法經典後遂從其議祐初學長安帝往候之祐不時相勞苦而先升講舍後車駕幸其第帝因笑曰主人得無捨我講乎以有舊恩數蒙賞賚東觀記曰上在長安時嘗與祐共買蜜合藥上追念之賜祐白蜜一石問何如在長安時共買蜜乎其親厚如此二十四年卒子商嗣商卒子演嗣永元十四年坐從兄伯爲外孫陰皇后巫蠱事免爲庶人和帝陰后吳房侯陰綱女也爲巫蠱事廢永初七年鄧太后紹封演子冲爲鬲侯

景丹傳

景丹字孫卿馮翊櫟陽人也少學長安王莽時舉四科東觀記曰王莽時舉有德行能言語通政事明文學之士丹以言語爲固德侯相有幹事稱遷朔調連率副貳朔調上谷也副貳屬令也更始立遣使者徇上谷丹與連率耿況降復爲上谷長史王郎起丹與況共謀拒之況使丹與子弇及寇恂等將兵南歸世祖世祖引見丹等笑曰邯鄲將帥數言我發漁陽上谷兵吾聊應言然王郎將帥數云欲發二郡兵以拒光武時光武聊應然之猶今兩軍遣相戲弄也何意二郡良爲吾來東觀記曰上在廣阿聞外有大兵自來登城勒兵在西門樓上問何等兵丹等對言上谷漁陽兵上曰爲誰來乎對曰爲劉公卽請丹入人人勞勉恩意甚備方與士大夫共此功名耳拜丹爲偏將軍號奉義侯從擊王郎將兒宏等於南䜌兒音五兮反郎兵迎戰漢軍退卻續漢書曰南䜌賊迎擊上嘗得上鼓車輜重數乘也丹等縱突騎擊大破之追奔十餘里死傷者從橫丹還世祖謂曰吾聞突騎天下精兵今乃見其戰樂可言邪遂從征河北世祖卽位以讖文用平狄將軍孫咸行大司馬衆咸不悅詔舉可爲大司馬者東觀記曰讖文曰孫咸征狄也○劉攽曰按注文多一日字羣臣所推唯吳漢及丹帝曰景將軍北州大將是其人也然吳將軍有建大策之勳謂發漁陽兵也又誅苗幽州謝尚書其功大苗曾謝躬舊制驃騎將軍官與大司馬相兼也前書武帝置大司馬號大將軍驃騎將軍也乃以吳漢爲大司馬而拜丹爲驃騎大將軍建武二年定封丹櫟陽侯帝謂丹曰今關東故王國雖數縣不過櫟陽萬戶邑夫富貴不歸故鄉如衣繡夜行故以封卿耳前書武帝謂朱買臣之語丹頓首謝秋與吳漢建威大將軍耿弇建義大將軍朱祐執金吾賈復偏將軍馮異彊弩將軍陳俊左曹王常騎都尉臧宮等從擊破五校於羛陽羛陽聚名也解見光武紀降其衆五萬人會陝賊蘇況攻破弘農生獲郡守丹時病東觀記曰丹從上至懷病瘧見上在前瘧發寒慄上笑曰聞壯士不病瘧今漢大將軍反病瘧邪使小黃門扶起賜醫藥還歸洛陽病遂加帝以其舊將欲令強起領郡事乃夜召入謂曰賊迫近京師但得將軍威重臥以鎭之足矣丹不敢辭乃力疾拜命將營到郡續漢書曰將營兵西到弘農也十餘日薨子尚嗣徙封余吾侯余吾縣名屬上黨故城在今潞州屯留縣西北尚卒子苞嗣苞卒子臨嗣無子國絕永初七年鄧太后紹封苞弟遽爲監亭侯

王梁傳

王梁字君嚴漁陽安陽人也爲郡吏太守彭寵以梁守狐奴令與蓋延吳漢俱將兵南及世祖於廣阿拜偏將軍既拔邯鄲賜爵關內侯從平河北拜野王令與河內太守寇恂南拒洛陽北守天井關朱鮪等不敢出兵世

祖以爲梁功及卽位議選大司空而赤伏符曰王梁主衞作玄武玄武北方之神龜蛇合體帝以野王衞之所徙史記曰衞元君自濮陽徙於野王玄武水神之名司空水土之官也於是擢拜梁爲大司空封武彊侯建武二年與大司馬吳漢等俱擊檀鄉有詔軍事一屬大司馬而梁輒發野王兵帝以其不奉詔勑令止在所縣而梁復以便宜進軍帝以梁前後違命大怒遣尚書宗廣持節軍中斬梁廣不忍乃檻車送京師旣至赦之月餘以爲中郎將行執金吾事北守箕關擊赤眉別校降之三年春轉擊五校追至信都趙國破之悉平諸屯聚冬遣使者持節拜梁前將軍四年春擊肥城文陽拔之肥城縣名屬太山郡故城在今濟州平陰縣東南文音汶故城在今兗州泗水縣西進與驃騎大將軍杜茂擊佼彊蘇茂於楚沛間拔大梁齧桑前書音義曰齧桑縣名或曰城名史記張儀與齊楚會齧桑而捕虜將軍馬武偏將軍王霸亦分道並進歲餘悉平之五年從救桃城破龐萌等梁戰尤力拜山陽太守鎭撫新附將兵如故數月徵入代歐陽歙爲河南尹梁穿渠引穀水注洛陽城下東寫鞏川及渠成而水不流七年有司劾奏之梁慙懼上書乞骸骨乃下詔曰梁前將兵征伐衆人稱賢故擢典京師建義開渠爲人興利旅力旣愆迄無成功旅衆也愆過也言衆力已過而功不成百姓怨讟談者讙譁讟謗也雖蒙寬宥猶執謙退君子成人之美其以梁爲濟南太守十三年增邑定封阜成侯阜成縣屬渤海今冀州縣十四年卒官子禹嗣禹卒子堅石嗣堅石追坐父禹及弟平與楚王英謀反棄市國除

杜茂傳

杜茂字諸公南陽冠軍人也初歸光武於河北爲中堅將軍常從征伐世祖卽位拜大將軍封樂鄉侯樂鄉屬信都國北擊五校於眞定進降廣平建武二年更封苦陘侯與中郎將王梁擊五校賊於魏郡清河東郡悉平諸營保降其持節大將三十餘人續漢書曰降其渠帥大將軍杜猛持節光祿大夫董敦等三郡清靜道路流通明年遣使持節拜茂爲驃騎大將軍擊沛郡拔芒芒縣名也郡國志曰芒後名臨睢屬沛國時西防復反迎佼彊五年春茂率捕虜將軍馬武進攻西防數月拔之彊奔董憲東方旣平七年詔茂引兵北屯田晉陽廣武以備胡寇廣武縣名屬太原郡九年與鴈門太守郭涼擊盧芳將尹由於繁畤繁畤縣名今代州縣也芳將賈覽率胡騎萬餘救之茂戰軍敗引入樓煩城樓煩縣名屬鴈門郡故城在今代州崞縣東北崞音郭時盧芳據高柳與匈奴連兵數寇邊民帝患之十二年遣謁者段忠將衆郡弛刑配茂鎭守北邊因發邊卒築亭候脩烽火又發委輸金帛繒絮供給軍士幷賜邊民冠蓋相望茂亦建屯田驢車轉運先是鴈門人賈丹霍匡解勝等爲尹由所畧由以爲將帥與共守平城丹等聞芳敗遂共殺由詣郭涼涼上狀皆封爲列侯詔送委輸金帛賜茂涼軍吏及平城降民自是盧芳城邑稍稍來降涼誅其豪右郇氏之屬鎭撫羸弱旬月間鴈門且平芳遂亡入匈奴帝擢涼子爲中郎宿衞左右涼字公文右北平人也身長八尺氣力壯猛雖武將然通經書多智畧尤曉邊事有名北方初幽州牧朱浮辟爲兵曹掾擊彭寵有功封廣武侯十三年增茂邑更封脩侯脩縣名屬信都國十五年坐斷兵馬稟縑斷猶截也使軍吏殺人免官削戶邑定封參蘧鄉侯十九年卒子元嗣永平十四年坐與東平王等謀反減死一等國除永初七年鄧太后紹封茂孫奉爲安樂亭侯○劉攽曰案王平顏忠是楚王同時謀反者多連士大夫故杜元坐之傳寫之誤遂作東平王東平何嘗反也

馬成傳

馬成字君遷南陽棘陽人也少爲縣吏世祖徇潁川以成爲安集掾調守郟令郟縣名今汝州縣也及世祖討河北成卽棄官步負追及於蒲陽以成爲期門從征伐世祖卽位再遷護軍都尉建武四年拜揚武將軍督誅虜將軍劉隆振威將軍宋登射聲校尉王賞發會稽丹陽九江六安四郡兵擊李憲時帝幸壽春設壇場祖禮遣之應劭風俗通曰謹按禮傳共工氏之子曰脩好遠遊舟車所至足跡所達靡不窮覽故祀以爲祖神祖徂也進圍憲於舒令諸軍各深溝高壘憲數挑戰成堅壁不出守之歲餘至六年春城中食盡乃攻之遂屠舒斬李憲追擊其黨與盡平江淮地七年夏封平舒侯平舒屬代郡八年從征破隗囂以成爲天水太守將軍如故冬徵還京師九年代來歙守中郎將率武威將軍劉尚等破河池遂平武都河池縣一名仇池屬武都郡今鳳州縣也明年大司空李通罷以成行大司空事居府如眞數月復拜揚武將軍十四年屯常山中山以備北邊幷領建義大將軍朱祐營又代驃騎大將軍杜茂繕治障塞自西河至渭橋西河今勝州富昌縣也渭橋本名橫橋在今咸陽縣東南河上至安邑前書曰河上地名故秦內史高帝二年改爲河上郡武帝分爲左馮翊太原至井陘太原今并州也井陘今屬常山郡常山今恒州縣也中山至鄴皆築保壁起烽燧十里一候在事五六年帝以成勤勞徵還京師邊人多上書求請者復遣成還屯及南單于保塞北方無事拜爲中山太守上將軍印綬領屯兵如故二十四年南擊武谿蠻賊無功武谿水在今辰州盧谿縣西上太守印綬二十七年定封全椒侯全椒縣名今滁州縣也就國三十二年卒子衞嗣衞卒子香嗣徙封棘陵侯香卒子豐嗣豐卒子玄嗣玄卒子邑嗣邑卒子醜嗣桓帝時以罪失國延熹二年帝復封成玄孫昌爲益陽亭侯

劉隆傳

劉隆字元伯南陽安衆侯宗室也王莽居攝中隆父禮與安衆侯崇起兵誅莽事泄隆以年未七歲故得免及壯學於長安更始拜爲騎都尉謁歸謁請也謂請假歸也迎妻子置洛陽聞世祖在河內卽追及於射犬以爲騎都尉與馮異共拒朱鮪李軼等軼遂殺隆妻子建武二年封亢父侯亢父縣名屬東平國故城在今兗州任城縣南四年拜誅虜將軍討李憲憲平遣隆屯田武當武當今均州縣也十一年守南郡太守歲餘上將軍印綬十三年增邑更封竟陵侯是時天下墾田多不以實又戶口年紀互有增減十五年詔下州郡檢覈其事而刺史太守多不平均或優饒豪右侵刻羸弱百姓嗟怨遮道號呼時諸郡各遣使奏事帝見陳留吏牘上有書視之云潁川弘農可問河南南陽不可問帝詰吏由趣吏不肯服抵言於長壽街上得之抵欺也帝怒時顯宗爲東海公年十二在幄後言曰吏受郡勑當欲以墾田相方耳帝曰卽如此何故言河南南陽不可問對曰河南帝城多近臣南陽帝鄉多近親田宅踰制不可爲準帝令虎賁將詰問吏吏乃實首服如顯宗對於是遣謁者考實具知姦狀明年隆坐徵下獄其疇輩十餘人皆死帝以隆功臣特免爲庶人明年復封爲扶樂鄉侯以中郎將副伏波將軍馬援擊交阯蠻夷徵側等隆別於禁谿口破之交阯郡麊泠縣有金溪穴相傳音訛謂之禁溪則徵側等所敗處也其地今峯州新昌縣也麊音麋泠音零獲其帥徵貳徵側之妹斬首千餘級降者二萬餘人還更封大國爲長平侯長平縣屬汝南郡及大司馬吳漢薨隆爲驃騎將軍行大司馬事隆奉法自守視事八歲上將軍印綬罷賜養牛上樽酒十斛前書音義曰稻米一斗得酒一斗爲上樽稷米一斗爲中樽粟米一斗爲下樽也以列侯奉朝請三十年定封愼侯愼縣名屬汝南郡也中元二年卒諡曰靖侯子安嗣

傅俊傳

傅俊字子衞潁川襄城人也世祖徇襄城俊以縣亭長迎軍拜爲校尉襄城收其母弟宗族皆滅之從破王尋等東觀記曰傅俊從上迎擊王尋等於陽關漢兵反走還汝水上上以手飲水澡盥鬢眉塵垢謂俊曰今日罷倦甚諸卿寧憊耶以爲偏將軍別擊京密破之遣歸潁川收葬家屬及世祖討河北俊與賓客十餘人北追及於邯鄲上謁世祖使將潁川兵常從征伐世祖卽位以俊爲侍中建武二年封昆陽侯三年拜俊積弩將軍與征南大將軍岑彭擊破秦豐因將兵徇江東揚州悉定七年卒諡曰威侯子昌嗣徙封蕪湖侯蕪湖縣名屬丹陽郡建初中遭母憂因上書以國貧不願之封乞錢五十萬爲關內侯肅宗怒貶爲關內侯竟不賜錢永初七年鄧太后復封昌子鐵爲高置亭侯

堅鐔傳

堅鐔字子伋東觀記伋作皮潁川襄城人也爲郡縣吏世祖討河北或薦鐔者因得召見以其吏能署主簿又拜偏將軍從平河北別擊破大槍於盧奴世祖卽位拜鐔揚化將軍封㶏強侯㶏強縣名屬汝南郡㶏音於靳反與諸將攻洛陽而朱鮪別將守東城者爲反間私約鐔晨開上東門上東門洛陽城東面北頭第一門也鐔與建義大將軍朱祐乘朝而入與鮪大戰武庫下洛陽記曰建始殿東有太倉倉東有武庫藏兵之所殺傷甚衆至旦食乃罷朱鮪由是遂降又別擊內黃平之建武二年與右將軍萬脩徇南陽諸縣而堵鄉人董訢反宛城獲南陽太守劉驎鐔乃引軍赴宛選敢死士夜自登城斬關而入訢遂棄城走還堵鄉鄧奉復反新野攻破吳漢時萬脩病卒鐔獨孤絕南拒鄧奉北當董訢一年間道路隔塞糧饋不至鐔食蔬菜與士卒共勞苦每急輒先當矢石石謂發石以投人也墨子曰備城者積石百枚重十鈞已上者身被三創以此能全其衆及帝征南陽擊破訢奉以鐔爲左曹常從征伐六年定封合肥侯二十六年卒子鴻嗣鴻卒子浮嗣浮卒子雅嗣

馬武傳

馬武字子張南陽湖陽人也少時避讎客居江夏王莽末竟陵西陽三老起兵於郡界武往從之後入綠林中遂與漢軍合更始立以武爲侍郎與世祖破王尋等拜爲振威將軍與尚書令謝躬共攻王郎及世祖拔邯鄲請躬及武等置酒高會因欲以圖躬不剋旣罷獨與武登叢臺故趙王臺也在今洺州邯鄲城中從容謂武曰吾得漁陽上谷突騎欲令將軍將之何如武曰駑怯無方畧世祖曰將軍久將習兵豈與我掾史同哉武由是歸心及謝躬誅武馳至射犬降世祖見之甚悅引置左右每勞饗諸將武輒起斟酌於前世祖以爲歡復使將其部曲至鄴武叩頭辭以不願世祖愈美其意因從擊羣賊世祖擊尤來五幡等敗於愼水武獨殿還陷陣故賊不得迫及殿鎭後也音丁殿反言兵敗而鎭其後也進至安定次小廣陽廣平亭也在今幽州范陽縣西南以有廣陽國故謂此亭爲小廣陽也武常爲軍鋒力戰無前諸將皆引而隨之故遂破賊窮追至平谷浚靡而還平谷縣名屬漁陽郡浚靡縣名屬右北平郡靡音縻世祖卽位以武爲侍中騎都尉封山都侯建武四年與虎牙將軍蓋延等討劉永武別擊濟陰下成武楚丘拜捕虜將軍明年龐萌反攻桃城武先與戰破之會車駕至萌遂敗走六年夏與建威大將軍耿

弇西擊隗囂漢軍不利引下隴囂追急武選精騎還爲後拒身被甲持戟奔擊殺數千人。劉攽曰按文言武持戟奔擊何能殺數千人明千字是十字 囂兵乃退諸軍得還長安十三年增邑更封鄃侯 鄃縣名屬平原郡故城在今德州平原縣西南鄃音俞 將兵北屯下曲陽備匈奴坐殺軍吏受詔將妻子就國武徑詣洛陽上將軍印綬削戶五百定封爲揚虛侯因留奉朝請帝後與功臣諸侯讌語從容言曰諸卿不遭際會自度爵祿何所至乎高密侯鄧禹先對曰臣少嘗學問可郡文學博士帝曰何言之謙乎卿鄧氏子志行脩整何爲不掾功曹餘各以次對至武曰臣以武勇可守尉督盜賊帝笑曰且勿爲盜賊自致亭長斯可矣武爲人嗜酒闊達敢言 闊達大度也敢言謂言果敢而無所隱也 時醉在御前面折同列言其短長無所避忌帝故縱之以爲笑樂帝雖制御功臣而每能回容宥其小失 回曲也曲法以容也 遠方貢珍甘必先徧賜列侯而太官無餘有功輒增邑賞不任以吏職故皆保其福祿終無誅譴者二十五年武以中郎將將兵擊武陵蠻夷還上印綬顯宗初西羌寇隴右覆軍殺將朝廷患之復拜武捕虜將軍以中郎將王豐副與監軍使者竇固右輔都尉陳訢將烏桓黎陽營三輔募士 光武置黎陽營見鄧訓傳 涼州諸郡羌胡兵及弛刑合四萬人擊之到金城浩亹與羌戰 浩亹縣名屬金城郡故城在今蘭州廣武縣西南浩音閤亹音門 斬首六百級又戰於洛都谷爲羌所敗 湟水一名洛都水西自吐谷渾界入在今鄯州湟水縣 死者千餘人羌乃率衆引出塞武復追擊到東西邯大破之 酈元水經注曰邯川城左右有水自北出南經邯亭注于河蓋以此水分流謂之東西邯也在今廓州化隆縣東 斬首四千六百級獲生口千六百人餘皆降散武振旅還京師增邑七百戶并前千八百戶永平四年卒子檀嗣坐兄伯濟與楚王英黨顏忠謀反國除永初七年鄧太后紹封武孫震爲漻亭侯 漻音胡巧反又力彫反 震卒子側嗣

論曰中興二十八將前世以爲上應二十八宿未之詳也然咸能感會風雲奮其智勇 風雲已具聖公傳 稱爲佐命亦各志能之士也 易通卦驗曰黃佐命鄭玄注云黃者火之子佐命張良是也已上皆華嶠之辭 議者多非光武不以功臣任職至使英姿茂績委而勿用然原夫深圖遠筭固將有以爲爾若乃王道既衰降及霸德 王謂周也霸謂齊桓晉文公 猶能授受惟庸勳賢皆序如管隰之迭升桓世先趙之同列文朝可謂兼通矣 史記曰管仲隰朋脩齊國之政齊人皆悅事之管子曰管仲疾桓公問之若不可諱政將安移之對曰隰朋可國語云文公使趙衰爲卿辭曰先軫有謀臣不若也乃使先軫佐下軍公曰趙衰其所讓皆社稷之衞也 降自秦漢世資戰力至於翼扶王運皆武人屈起 屈起猶勃起也音其勿反 亦有鬻繒屠狗輕猾之徒 灌嬰睢陽販繒者樊噲沛人以屠狗爲事皆從高祖 或崇以連城之賞或任以阿衡之地 樊噲封爲舞陽侯灌嬰爲丞相封爲潁陰侯阿倚也衡平也言天下依倚而取平也 故執疑則隙生力侔則亂起 執位過則君臣相疑侔等也 蕭樊且猶縲紲信越終見葅戮不其然乎 蕭何爲丞相爲人請上林中空地上大怒乃下廷尉械繫之樊噲爲燕王盧綰反樊噲以相國擊燕人有惡噲黨於呂氏帝大怒使陳平即軍中斬噲平畏呂氏執噲詣長安韓信封爲淮陰侯人上書告信反呂后使武士縛信斬之彭越爲梁王呂后令其舍人告越謀反遂夷宗族刑法志曰夷三族者梟其首葅其骨肉彭越韓信皆受此誅 自茲以降迄于孝武宰輔五世莫非公侯 自高祖至于孝武凡五代也其中宰輔皆以公侯爲之 遂使縉紳道塞賢能蔽壅 縉赤色也紳帶也或作搢插也謂插笏於帶也 朝有世及之私下多抱關之怨 世及謂父子相繼也禮記曰大人世及以爲禮抱關謂守門者前書曰蕭望之署小苑東門候王仲翁謂望之曰不肯碌碌反抱關爲 其懷道無聞委身草莽者亦何可勝言故光武鑒前事之違存矯枉之志 矯正也違失也枉曲也孟子曰矯枉者過其正 雖寇鄧之高勳耿賈之鴻烈分土不過大縣數四所加特進朝請而已 鄧禹爲大司徒封高密侯食邑四縣耿弇好畤侯食邑二縣奉朝請賈復封膠東侯凡食六縣 觀其治平臨政課職責咎將所謂導之以政齊之以刑者乎若格之功臣其傷已甚 格正也若以法繩正功臣則於其有害也。劉攽曰注於其有害也按文少一人字 何者直繩則虧喪恩舊撓情則違廢禁典選德則功不必厚舉勞則人或未賢參任則羣心難塞並列則其敝未遠 參任謂兼勳賢而任之則羣臣之心各有覬望故難塞也若遵高祖並用功臣則其敝未遠 不得不校其勝否即以事相權 勝否猶可否即就也權謂平其輕重 故高秩厚禮允答元功峻文深憲責成吏職建武之世侯者百餘若夫數公者則與參國議分均休咎 賈復傳曰帝方以吏事責三公故功臣並不用是時列侯唯高密固始膠東三侯與公卿參議國家大事恩遇甚厚也 其餘並優以寬科完其封祿莫不終以功名延慶于後昔留侯以爲高祖悉用蕭曹故人 前書曰上望見諸將往往偶語張良曰此謀反耳陛下起布衣以爲天子而所封皆蕭曹故人故相聚謀反也見高紀 而郭伋亦譏南陽多顯 郭伋傳曰光武以伋爲并州牧帝引見伋因言選補衆職當簡天下賢俊不宜專用南陽人也帝深納其言 鄭興又戒功臣專任 鄭興傳曰興徵爲太中大夫上疏曰道路咸曰朝廷欲用功臣功臣用則人位謬矣 夫崇恩偏授易起私溺之失至公均被必廣招賢之路意者不其然乎永平中顯宗追感前世功臣乃圖畫二十八將於南宮雲臺其外又有王常李通竇融卓茂合三十二人故依其本第係之篇末以志功臣之次云爾

太傅高密侯鄧禹

中山太守全椒侯馬成

大司馬廣平侯吳漢

河南尹阜成侯王梁

左將軍膠東侯賈復

琅邪太守祝阿侯陳俊

建威大將軍好畤侯耿弇

驃騎大將軍參蘧侯杜茂

執金吾雍奴侯寇恂

積弩將軍昆陽侯傅俊

征南大將軍舞陽侯岑彭

左曹合肥侯堅鐔

征西大將軍陽夏侯馮異

上谷太守淮陽侯王霸

建義大將軍鬲侯朱祐

信都太守阿陵侯任光

征虜將軍潁陽侯祭遵

豫章太守中水侯李忠

驃騎大將軍櫟陽侯景丹

右將軍槐里侯萬脩

虎牙大將軍安平侯蓋延

太常靈壽侯邳彤

衞尉安成侯銚期

驍騎將軍昌成侯劉植

東郡太守東光侯耿純

橫野大將軍山桑侯王常

城門校尉朗陵侯臧宮

大司空固始侯李通

捕虜將軍揚虛侯馬武

大司空安豐侯竇融

驃騎將軍慎侯劉隆

太傅宣德侯卓茂

贊曰帝績思乂庸功是存 庸勳也言將與帝績則念勳功之臣也 有來羣后捷我戎軒 捷勝也謂寇鄧之徒翼佐王烈戎車所至皆克捷也 婉孌龍姿儷景同飆 婉孌猶親愛也龍姿謂光武也儷齊也言諸將齊景飆飛而舉大功也

後漢書卷五十二考證

景丹傳邯鄲將帥數言我發漁陽上谷兵吾聊應言然注王郎將帥數云欲發二郡兵以拒光武時光武聊應然之○日知錄曰謂邯鄲將帥有此言我亦聊以此言應之不能必二郡之果來也本文自明注乃謂王郎欲發之謬矣

杜茂傳坐與東平王等○傳末劉攽刊誤一條當移入此句之下

馬武傳叢臺注在今潞州邯鄲城中○潞州當作洺州按邯鄲縣唐武德初隸紫州貞觀後隸洺州屬河北道潞州屬河東道

存矯枉之志注孟子曰矯枉者過其正○今本孟子無此語

故依其本第係之篇末以志功臣之次云爾○羅點聞見錄曰後漢二十八將名次不可曉薛伯宣常州云舊本漢書作兩重排列謂上一重鄧禹居首次吳漢次賈復次耿弇下一重馬成居首次王梁次陳俊次杜茂後人重刊遂錯訛此極有理范蔚宗論云其外又有王常李通竇融卓茂合三十二人今本乃以王常臧宮李通馬武竇融卓茂爲序則將上下重誤合而爲一明矣 臣承蕃按小學紺珠載二十八將名次正與薛常州所言符合較今本後漢書所列二十八人次第凡值奇數十四人名俱在前凡值偶數十四人名俱在後其末別載王常李通竇融卓茂四人合爲三十二人蓋王伯厚所見後漢書猶是未誤刻時本也又按薛季宣字士龍嘗知常州此稱薛伯宣常州亦恐有誤

後漢書卷五十三

宋　宣　城　太　守范　曄撰

唐　章　懷　太　子　賢注

竇融列傳第十三

竇融傳　弟子固　曾孫憲　玄孫章

竇融字周公扶風平陵人也七世祖廣國孝文皇后之弟封章武侯 章武縣屬勃海郡故城在今滄州魯城縣 融高祖父宣帝時以吏二千石自常山徙焉融早孤王莽居攝中爲強弩將軍司馬 強弩將軍王俊 東擊翟義還攻槐里 槐里趙明霍鴻等起兵以應翟義王邑等破義還合軍擊明鴻等滅之融時隨其軍也見前書 以軍功封建武男 東觀記續漢書並云寧武男 女弟爲大司空王邑小妻家長安中出入貴戚連結閭里豪傑以任俠爲名然事母兄養弱弟內修行義王莽末青徐賊起太師王匡 匡王舜之子 請融爲助軍與共東征及漢兵起融復從王邑敗於昆陽下歸長安漢兵長驅入關王邑薦融拜爲波水將軍 前書音義曰波水在長安南 賜黃金千斤引兵至新豐莽敗融以軍降更始大司馬趙萌萌以爲校尉甚重之薦融爲鉅鹿太守融見更始新立東方尚擾不欲出關而高祖父嘗爲張掖太守從祖父爲護羌校尉從弟亦爲武威太守累世在河西知其土俗獨謂兄弟曰天下安危未可知河西殷

富帶河爲固張掖屬國精兵萬騎（漢邊郡皆置屬國）一旦緩急杜絕河津足以自守此遺種處也（遺留也可以保全不畏絕滅）兄弟皆然之融於是日往守萌（守猶求也）辭讓鉅鹿圖出河西（圖謀也）萌爲言更始乃得爲張掖屬國都尉融大喜即將家屬而西既到撫結雄傑懷輯羌虜（輯和也）甚得其歡心河西翕然歸之是時酒泉太守梁統金城太守庫鈞（前書音義曰庫姓即倉庫吏後也今羌中有姓庫音舍云承鈞之後也）張掖都尉史苞（三輔決錄注苞字叔文茂陵人也）酒泉都尉竺曾敦煌都尉辛彤並州郡英俊融皆與爲厚善及更始敗融與梁統等計議曰今天下擾亂未知所歸河西斗絕在羌胡中（斗峻絕也前書曰成山斗入海）不同心戮力（戮并也）則不能自守權鈞力齊復無以相率當推一人爲大將軍共全五郡觀時變動議既定而各謙讓咸以融世任河西爲吏人所敬向乃推融行河西五郡大將軍事是時武威太守馬期張掖太守任仲並孤立無黨乃共移書告示之二人即解印綬去於是以梁統爲武威太守史苞爲張掖太守竺曾爲酒泉太守辛彤爲敦煌太守庫鈞爲金城太守融居屬國領都尉職如故置從事監察五郡河西民俗質樸而融等政亦寬和上下相親晏然富殖脩兵馬習戰射明烽燧之警羌胡犯塞融輒自將與諸郡相救皆如符要（赴敵不失期契也）每輒自破之其後匈奴懲乂（懲創也說文云乂亦懲也）稀復侵寇而保塞羌胡皆震服親附安定北地上郡流人避凶饑者歸之不絕融等遙聞光武即位而心欲東向以河西隔遠未能自通時隗囂先稱建武年號融等從受正朔囂皆假其將軍印綬囂外順人望內懷異心使辯士張玄游說河西曰更始事業已成尋復亡滅此一姓不再興之效今即有所主便相係屬一旦拘制自令失柄後有危殆雖悔無及今豪傑競逐雌雄未決（項羽謂高祖曰願與沛公決雌雄）當各據其土宇與隴蜀合從（前書音義曰以利合爲從以威埶相脅曰橫）高可爲六國下不失尉佗（佗姓趙眞定人也陳勝起佗行南海尉事遂王有南越故曰尉佗也）融等於是召豪傑及諸太守計議其中智者皆曰漢承堯運（左傳曰陶唐氏既衰其後有劉累學擾龍事孔甲爲御龍氏春秋時晉卿士會即其後也士會奔秦後歸晉其處者爲劉氏戰國時劉氏自秦獲於魏遂大梁都於豐號豐公即太上皇父也故曰漢承堯運）歷數延長今皇帝姓號見於圖書（謂河圖赤伏符曰劉秀發兵捕不道）自前世博物道術之士谷子雲夏賀良等建明漢有再受命之符言之久矣（前書成帝時谷永上書曰陛下當陽數之標季涉三七之節紀哀帝時夏賀良言赤精子讖漢家曆運中衰當再受命矣）故劉子駿改易名字冀應其占（劉歆以哀帝建平元年改名秀字潁叔冀應符命）及莽末道士西門君惠言劉秀當爲天子遂謀立子駿事覺被殺出謂百姓觀者曰劉秀眞汝主也皆近事暴著（暴露也著見也）智者所共見也

除言天命且以人事論之今稱帝者數人而洛陽土地最廣甲兵最彊號令最明觀符命而察人事它姓殆未能當也諸郡太守各有賓客或同或異融小心精詳遂決策東向五年夏遣長史劉鈞奉書獻馬先是帝聞河西完富地接隴蜀常欲招之以逼囂述亦發使遺融書遇鈞於道即與俱還帝見鈞歡甚禮饗畢乃遣令還賜融璽書曰制詔行河西五郡大將軍事屬國都尉勞鎮守邊五郡兵馬精彊倉庫有蓄民庶殷富外則折挫羌胡內則百姓蒙福威德流聞虛心相望道路隔塞邑邑何已長史所奉書獻馬悉至深知厚意今益州有公孫子陽天水有隗將軍方蜀漢相攻權在將軍舉足左右便有輕重（猶蒯通曰與楚則楚勝與漢則漢勝）以此言之欲相厚豈有量哉諸事具長史所見將軍所知王者迭興千載一會（言時難得而易失也）欲遂立桓文輔微國當勉卒功業（周室微弱齊桓晉文輔之以霸天下）欲三分鼎足連衡合從亦宜以時定（蒯通說韓信曰三分天下鼎足而立）天下未并吾與爾絕域非相吞之國今之議者必有任囂效尉佗制七郡之計（秦胡亥時南海尉任囂病且死召龍川令趙佗語曰番禺負山險阻南北東西數千里頗有中國人相輔此亦一州之主可爲國故召公即令行南海尉事地理志曰蒼梧鬱林合浦交阯九眞南海日南皆越之分也此爲七郡也效致也流俗本作敎者誤也○劉攽曰令行南國尉事按文國當作海）王者有分土無分民自適已事而已今以黃金二百斤賜將軍便宜輒言因授融爲涼州牧璽書既至河西咸驚以爲天子明見萬里之外網羅張立（一作玄）之情融即復遣鈞上書曰臣融竊伏自惟幸得託先后末屬蒙恩爲外戚累世二千石至臣之身復備列位假歷將帥（假猶濫也）守持一隅以委質則易爲辭以納忠則易爲力書不足以深達至誠故遣劉鈞口陳肝膽自以底裏上露長無纖介（底裏皆露言無蘊隱）而璽書盛稱蜀漢二主三分鼎足之權任囂尉佗之謀竊自痛傷臣融雖無識猶知利害之際順逆之分豈可背眞舊之主事姦僞之人廢忠貞之節爲傾覆之事棄已成之基求無冀之利此三者雖問狂夫猶知去就而臣獨何以用心謹遣同產弟友詣闕口陳區區友至高平（高平今涼州縣也）會囂反叛道絕馳還遣司馬席封間行通書（東觀記及續漢書席皆作虞字）帝復遣席封賜融友書所以尉藉之甚備（尉藉解見隗囂傳）融既深知帝意乃與隗囂書責讓之曰伏惟將軍國富政修士兵懷附親遇厄會之際國家不利之時（謂漢遭王莽篡奪也）守節不回（回邪也）承事本朝後遣伯春（囂子恂之字也）委身於國無疑之誠於斯有效融等所以欣服高義願從役於將軍者良爲此也而忿悁之間（悁恚也）改節易圖君臣分爭上下接兵（言違背光武也）委成功造難就（委棄也）去從義爲橫謀（去從背山東也爲橫逆西蜀也）百年累之一朝毀之豈不惜乎殆執事者貪功建謀以至於此（言隗囂執政事者貪有其功而立此逆謀也）融竊痛之當今西州地埶局迫人兵離散易以輔人難以自建計若失路不反聞道猶迷（淮南子曰通於道者如車軸不運於已而與轂致數千里不通於道者若迷惑告以東西南北然猶復迷惑矣）不南合子陽則北入文伯耳（文伯盧芳也）夫負虛交而易強禦恃遠救而輕近敵（負亦恃也易輕也恃公孫述而輕光武也易音以豉反）未見其利也融聞智者不危衆以舉事仁者不違義以要功今以小敵大於衆何如（言危衆也）棄子徼功於義何如（言違義也）且初事本朝稽首北面忠臣節也（稽首拜天子禮也禮君南嚮答陽之義臣北面答君也）及遣伯春垂涕相送慈父恩也俄而背之謂吏士何忍而棄之謂留子何（留子謂見在之子對伯春故曰留也）自起兵以來轉相攻擊城郭皆爲丘墟生人轉於溝壑今其存者非鋒刃之餘則流亡之孤迄今傷痍之體未愈哭泣之聲尚聞幸賴天運少還而大將軍復重於難是使積痾不得遂瘳幼孤將復流離其爲悲痛尤足愍傷言之可爲酸鼻（宋玉曰孤子寡婦寒心酸鼻）庸人且猶不忍況仁者乎融聞爲忠甚易得宜實難（左傳曰忠爲令德非其人猶不可況不令乎）憂人大過以德取怨（詩曰不以我爲德反以我爲讎）知且以言獲罪也區區所獻唯將軍省焉囂不納融乃與五郡太守共砥厲兵馬上疏請師期帝深嘉美之乃賜融以外屬圖及太史公五宗外戚世家（景帝子十三人爲王而母五人同母者爲一宗故曰五宗言景帝以竇氏所生而致子孫衆多也）魏其侯列傳（竇嬰太后從兄子也封魏其侯魏其縣屬琅邪郡）詔報曰每追念外屬孝景皇帝出自竇氏（出生也爾雅曰男子謂姊妹之子曰出）定王景帝之子朕之所祖昔魏其一言繼統以正（梁孝王景帝弟也亦竇太后所生梁王朝因昆弟燕飲是時景帝未立太子酒酣帝從容曰千秋之後傳梁王太后驩竇嬰引卮酒進上曰天下者高祖天下父子相傳漢之約也帝何以得傳梁王帝遂止矣）長君少君尊奉師傅（長君竇太后兄也少君太后弟廣國之字也絳灌等以兩人所出微爲擇師傅長者有節行者與居長君少君由此爲退讓君子不以富貴驕人見前書）脩成淑德施及子孫（施延也音羊豉反）此皇太后神靈上天祐漢也從天水來者寫將軍所讓隗囂書痛入骨髓畔臣見之當股慄慙愧忠臣則酸鼻流涕義士則曠若發矇（說文曰曠明也有眸子而無見曰矇前書揚雄曰乃今日發矇廓然光照矣）非忠孝愨誠孰能如此（說文曰愨謹也愨或作慤）豈其德薄者所能克堪囂自知失河西之助族禍將及欲設間離之說亂惑眞心轉相解構（相解說而結構）以成其姦又京師百僚不曉國家及將軍本意多能採取虛僞誇誕妄談令忠孝失望傳言乖實毀譽之來皆不徒然不可不思今關東盜賊已定大兵今當悉西將軍其抗厲威武以應期會融被詔即與諸郡守將兵入金城初更始時先零羌封何諸種殺金城太守居其郡隗囂使使賂遺封何與共結盟欲發其衆融等

因軍出進擊封何大破之斬首千餘級得牛馬羊萬頭穀數萬斛因並河揚威武（並音蒲浪反）伺候車駕時大兵未進融乃引還帝以融信效著明益嘉之詔右扶風修理融父墳塋祠以太牢數馳輕使致遺四方珍羞梁統乃使人刺殺張玄遂與囂絕皆解所假將軍印綬七年夏酒泉太守竺曾以弟報怨殺人而去郡（東觀記曰曾弟嬰報怨殺屬國侯王胥等曾慙而去郡）融承制拜曾爲武鋒將軍更以辛彤代之秋隗囂發兵寇安定帝將自西征之先戒融期會遇雨道斷且囂兵已退乃止融至姑臧（姑臧縣名屬武威郡今涼州縣也西河舊事曰涼州城昔匈奴故蓋臧城後人音訛名姑臧也）被詔罷歸融恐大兵遂久不出乃上書曰隗囂聞車駕當西臣融東下士衆騷動計且不戰囂將高峻之屬皆欲逢迎大軍後聞兵罷峻等復疑囂揚言東方有變西州豪傑遂復附從囂又引公孫述將令守突門（突門守城之門墨子曰城百步爲一突門也）臣融孤弱介在其間（杜預注左傳云介猶間也）雖承威靈宜速救助國家當其前臣融促其後緩急迭用首尾相資囂埶排迮（排迮謂蹙迫也）不得進退此必破也若兵不早進久生持疑則外長寇讎內示困弱復令讒邪得有因緣臣竊憂之惟陛下哀憐帝深美之八年夏車駕西征隗囂融率五郡太守及羌虜小月氏等（小月氏西域胡國名）步騎數萬輜重五千餘兩與大軍會高平第一（高平今原州縣郡國志云高平有第一城）融先遣從事問會見儀適（儀猶言儀注也）是時軍旅代興諸將與三公交錯道中或背使者交私語帝聞融先問禮儀甚善之以宣告百僚乃置酒高會引見融等待以殊禮拜弟友爲奉車都尉從弟士太中大夫遂共進軍囂衆大潰城邑皆降帝高融功下詔以安豐陽泉蓼安風四縣（四縣並屬廬江郡安豐今壽州縣也故城在今霍山縣西北安風本漢六安國及陽泉故城並在今安豐縣南杜預注左傳曰蓼在今安豐蓼音了○劉攽曰蓼安按文多安字此縣名蓼而已）封融爲安豐侯弟友爲顯親侯（顯親縣故城在今秦州成紀縣東南也）遂以次封諸將帥武鋒將軍竺曾爲助義侯武威太守梁統爲成義侯張掖太守史苞爲褒義侯金城太守庫鈞爲輔義侯酒泉太守辛彤爲扶義侯封爵既畢乘輿東歸悉遣融等西還所鎮融以兄弟並受爵位久專方面懼不自安數上書求代詔報曰吾與將軍如左右手耳（韓信亡蕭何自追之人曰丞相何亡高祖聞之如失左右手耳見前書）數執謙退何不曉人意勉循士民無擅離部曲及隴蜀平詔融與五郡太守奏事京師官屬賓客相隨駕乘千餘兩馬牛羊被野融到詣洛陽城門上涼州牧張掖屬國都尉安豐侯印綬詔遣使者還侯印綬引見就諸侯位賞賜恩寵傾動京師數月拜爲冀州牧十餘日又遷大司空融自以非舊臣一旦入朝在功臣之

右每召會進見容貌辭氣卑恭已甚帝以此愈親厚之融小心久不自安數辭讓爵位因侍中金遷口達至誠金遷安上之曾孫安上日磾弟倫之子遷哀帝時爲尙書令又上疏曰臣融年五十三有子年十五質性頑鈍臣融朝夕教導以經藝不得令觀天文見讖記誠欲令恭肅畏事恂恂循道不願其有才能何況乃當傳以連城廣土享故諸侯王國哉因復請間求見帝不許後朝罷逡巡席後帝知欲有讓遂使左右傳出它日會見迎詔融曰日者知公欲讓職還土日者猶往日也故命公暑熱且自便今相見宜論他事勿得復言融不敢重陳請二十年大司徒戴涉坐所舉人盜金下獄帝以三公參職不得已乃策免融明年加位特進二十三年代陰興行衞尉事特進如故又兼領將作大匠弟友爲城門校尉兄弟並典禁兵融復乞骸骨說苑曰晏子任東阿乞骸骨以避賢者之路輒賜錢帛太官致珍奇及友卒帝愍融年衰遣中常侍中謁者卽其臥內彊進酒食融長子穆尙內黃公主代友爲城門校尉穆子勳尙東海恭王彊女泚陽公主友子固亦尙光武女涅陽公主顯宗卽位以融從兄子林爲護羌校尉竇氏一公兩侯三公主四二千石一公大司空也兩侯安豐顯親也四二千石衞尉城門校尉護羌校尉中郎將皆相與並時自祖及孫官府邸第相望京邑奴婢以千數於親戚功臣中莫與爲比永平二年林以罪誅事在西羌傳帝由是數下詔切責融戒以竇嬰田蚡禍敗之事田蚡武帝王皇后異父弟也爲丞相搆會竇嬰之罪使至誅戮事見前書融惶恐乞骸骨詔令歸第養病歲餘聽上衞尉印綬賜養牛上樽酒融在宿衞十餘年年老子孫縱誕多不法穆等遂交通輕薄屬託郡縣干亂政事以封在安豐欲令姻戚悉據故六安國遂矯稱陰太后詔令六安侯劉盱去婦因以女妻之五年盱婦家上書言狀帝大怒乃盡免穆等官諸竇爲郎吏者皆將家屬歸故郡獨留融京師穆等西至函谷關有詔悉復追還會融卒時年七十八謚曰戴侯賻送甚厚帝以穆不能修尙不能脩整自高尙也而擁富貴居大第常令謁者一人監護其家居數年謁者奏穆父子自失埶數出怨望語帝令將家屬歸本郡唯勳以泚陽主壻留京師穆坐賂遺小吏郡捕繫與子宣俱死平陵獄勳亦死洛陽獄久之詔還融夫人與小孫一人居洛陽家舍十四年封勳弟嘉爲安豐侯食邑二千戶奉融後和帝初爲少府及勳子大將軍憲被誅免就國嘉卒子萬全嗣萬全卒子會宗嗣萬全弟子武別有傳

論曰竇融始以豪俠爲名拔起風塵之中拔音步末反拔卒也亦音彭八反義兩通以投天隙投會天之間隙遂蟬蛻王侯之尊說文曰蟬蛻所解皮也言去徵至貴也蛻音稅終膺卿相之位此則徼功趣埶之士也及其爵位崇滿至乃放遠權寵恂恂似若不能已者又何智也言融之心實欲去權貴以帝不納故常恂恂恭順似若不得已然者也嘗獨詳味此子之風度雖經國之術無足多談而進退之禮良可言矣

固字孟孫少以尙公主爲黃門侍郎續漢書曰給事黃門侍郎六百石好覽書傳喜兵法貴顯用事中元元年襲父友封顯親侯顯宗卽位遷中郎將監羽林士續漢志曰宣帝令中郎將騎都尉監羽林秩比二千石後坐從兄穆有罪廢于家十餘年時天下又安帝欲遵武帝故事擊匈奴通西域以固明習邊事固嘗隨融在河西曉知邊事也十五年冬拜爲奉車都尉續漢志曰比二千石掌御乘輿以騎都尉耿忠爲副忠弇子也謁者僕射耿秉爲駙馬都尉秦彭爲副皆置從事司馬並出屯涼州明年固與忠率酒泉敦煌張掖甲卒及盧水羌胡按湟水東經臨羌縣故城北又東盧溪水注之水出西南盧川卽其地也萬二千騎出酒泉塞耿秉秦彭率武威隴西天水募士及羌胡萬騎出居延塞居延塞在今甘州張掖縣東北又太僕祭肜度遼將軍吳棠將河東北地西河羌胡及南單于兵萬一千騎出高闕塞高闕山名在朔方北騎都尉來苗護烏桓校尉文穆將太原鴈門代郡上谷漁陽右北平定襄郡兵及烏桓鮮卑萬一千騎出平城塞固忠至天山郎郡連山也今在西州交河縣東北今名祁羅漫山擊呼衍王斬首千餘級呼衍王走追至蒲類海蒲類海今名婆悉海在今庭州蒲昌縣東南也留吏士屯伊吾盧城伊吾今伊州縣也本匈奴地明帝置宜禾都尉以爲屯田故地今伊州納職縣伊吾故小城地是耿秉秦彭絶漠六百餘里至三木樓山匈奴中山名來苗文穆至匈奴河水上○劉攽曰案匈河水名多一奴字前書匈河去令居千里虜皆奔走無所獲祭肜吳棠坐不至涿邪山免爲庶人時諸將唯固有功加位特進明年復出玉門擊西域詔耿秉及騎都尉劉張皆去符傳以屬固專將兵者董有符傳擬合之取信令去符皆受固之節度固遂破白山降車師事已具耿秉傳固在邊數年羌胡服其恩信東觀記曰羌胡見客炙肉未熟人長跪前割之血流指間進之於固固輒爲啗不穢賤之是以愛之如父母也肅宗卽位以公主脩敕慈愛累世崇重加號長公主增邑三千戶徵固代魏應爲大鴻臚帝以其曉習邊事每被訪及建初三年追錄前功增邑一千三百戶七年代馬防爲光祿勳明年復代馬防爲衞尉固久歷大位甚見尊貴賞賜租祿貲累巨億而性謙儉愛人好施士以此稱之章和二年卒謚曰文侯子彪至射聲校尉先固卒無子國除

憲字伯度父勳被誅憲少孤建初二年女弟立爲皇后拜憲爲郎稍遷侍中虎賁中郎將弟篤爲黃門侍郎兄弟親幸並侍宮省賞賜累積寵貴日盛自王主及陰馬諸家莫不畏憚憲恃宮掖聲埶遂以賤直請奪沁水公主園田沁水公主明帝女主逼畏不敢計後肅宗駕出過園指以問憲憲陰喝不得對陰喝猶噎塞也陰音於禁反喝音一介反或作鳴音烏故反後發覺帝大怒召憲切責曰深思前過奪主田園時何用愈趙高指鹿爲馬愈猶差也久念使人驚怖昔永平中常令陰黨陰博鄧疊三人更相糾察以陰鄧皆外戚恐其驕侈故使更相糾察也博陰興之子故諸豪戚莫敢犯法者而詔書切切切切猶勤勤也猶以舅氏田宅爲言今貴主尙見枉奪何況小人哉國家棄憲如孤雛腐鼠耳烏子生而啄者曰雛憲大震懼皇后爲毁服深謝良久乃得解使以田還主雖不繩其罪然亦不授以重任和帝卽位太后臨朝憲以侍中內幹機密幹主也或曰古管字也出宣誥命肅宗遺詔以篤爲虎賁中郎將篤弟景瓌並中常侍於是兄弟皆在親要之地憲以前太尉鄧彪有義讓先帝所敬而仁厚委隨委隨猶順從也故尊崇之以爲太傅令百官總己以聽其所施爲輒外令彪奏內白太后事無不從又屯騎校尉桓郁累世帝師而性和退自守故上書薦之令授經禁中所以內外協附莫生疑異憲性果急睚眦之怨莫不報復睚音語解反眦音仕懈反廣雅睚裂也或謂裂眦瞋目貌史記曰范睢睚眦之怨必報初永平時謁者韓紆嘗考劾父勳獄憲遂令客斬紆子以首祭勳冢齊殤王子都鄉侯暢齊殤王名石伯升孫章之子○劉攽曰按殤當作煬說在齊王傳彼既有子不得諡殤明矣來弔國憂章帝崩也暢素行邪僻與步兵校尉鄧疊親屬數往來京師因疊母元自通長樂宮得幸太后被詔召詣上東門憲懼見幸分宮省之權遣客刺殺暢於屯衞之中屯兵宿衞之所而歸罪於暢弟利侯剛乃使侍御史與青州刺史雜考剛等後事發覺太后怒閉憲於內宮憲懼誅自求擊匈奴以贖死會南單于請兵北伐乃拜憲車騎將軍金印紫綬官屬依司空依準也長史一人千石掾屬二十九人令史及御屬三十二人見續漢志以執金吾耿秉爲副發北軍五校漢有南北軍中候一人六百石掌臨立營見續漢志○劉攽曰注南北軍中候按漢有北軍中候耳衍南字又掌臨立營臨當作監立當作五黎陽雍營緣邊十二郡騎士漢官儀曰光武中興以幽冀幷州兵騎克定天下故於黎陽立營以謁者監之又曰扶風都尉部在雍縣以涼州近羌數犯三輔將兵衞護園陵故俗稱雍營及羌胡兵出塞明年憲與秉各將四千騎及南匈奴左谷蠡王師子師子其名也萬騎出朔方雞鹿塞南單于屯屠河屯屠河單于名也將萬餘騎出滿夷谷度遼將軍鄧鴻鄧禹少子及緣邊義從羌胡八千騎與左賢王安國萬騎出稒陽塞稒陽在五原郡稒音固皆會涿邪山憲分遣副校尉閻盤司馬耿夔耿譚將左谷蠡王師子右呼衍王須訾等呼衍其號因以爲姓匈奴貴種也今呼延姓是其後須訾名也精騎萬餘與北單于戰於稽落山大破之虜衆崩潰單于遁走追擊諸部遂臨私渠北鞮海匈奴中海名也斬名王已下萬三千級獲生口馬牛羊橐駝百餘萬頭橐音託於是溫犢須日逐溫吾夫渠王柳鞮等八十一部率衆降者前後二十餘萬人憲秉遂登燕然山去塞三千餘里刻石勒功紀漢威德令班固作銘曰惟永元元年秋七月有漢元舅曰車騎將軍竇憲寅亮聖明登翼王室寅敬亮信也尙書曰二公弘化寅亮天地登升也翼輔也納于大麓惟清緝熙孔安國注尙書曰麓錄也納之使大錄萬機也周頌曰惟清緝熙鄭玄注云光明也乃與執金吾耿秉述職巡御理兵於朔方左傳曰小有述職大有巡功又曰出日理兵鷹揚之校螭虎之士爰該六師鷹揚如鷹之飛揚也詩云惟師尙父時惟鷹揚螭山神獸形也史記曰如熊如羆如豺如離徐廣曰離與螭同該備也詩云整我六師以脩我戎暨南單于東烏桓西戎氐羌侯王君長之羣驍騎三萬元戎輕武長轂四分暨及也元戎兵車也詩云元戎十乘以先啓行輕武言疾也長轂兵車雲輜蔽路萬有三千餘乘輜車也稱雲言多也勒以八陣莅以威神兵法有八陣圖玄甲耀日朱旗絳天玄甲鐵甲也前書曰發屬國之玄甲也遂陵高闕下雞鹿經磧鹵絶大漠沙土曰漠直度曰絶斬溫禺以釁鼓血尸逐以染鍔溫禺尸逐皆匈奴王號也周禮殺人以血塗鼓謂之釁鍔刃也然後四校橫徂星流彗埽蕭條萬里野無遺寇於是域滅區單反旆而旋考傳驗圖窮覽其山川遂踰涿邪跨安侯乘燕然躡冒頓之區落焚老上之龍庭四校四面之校橫徂橫行也星流彗埽言疾也安侯水名冒頓單于頭曼子也區落謂東滅東胡西走月氏南取樓煩悉收秦所奪匈奴地冒頓子稽粥號老上單于匈奴五月大會龍庭祭其先天地鬼神今皆焚蕩之上以攄高文之宿憤光祖宗之玄靈下以安固後嗣恢拓境宇振大漢之天聲高帝被冒頓單于圍於平城七日孝文帝時匈奴寇邊殺太守帝欲自征太后不許拓開也天聲雷霆之聲甘泉賦曰天聲起兮勇士厲恢大也茲所謂一勞而久逸暫費而永寧者也揚雄曰以爲不一勞者不久逸不暫費者不永寧也乃遂封山刊石昭銘上德上猶至也老子曰上德不德是以有德其辭曰鑠王師兮征荒裔鑠美也詩曰於鑠王師遵養時晦勦凶虐兮截海外勦絶截整齊也詩云相土烈烈海外有截夐其邈兮亙地界夐遠邈遠也亙竟也封神丘兮建隆嵑神丘卽燕然山也方者謂之碑員者謂之碣碣音其例反熙帝載兮振萬世熙廣也載事也書曰奮庸熙帝之載憲乃班師而還遣軍司馬吳汜梁諷奉金帛遺北單于宣明國威而兵隨其後時虜中乖亂汜諷所到輒招降之前後萬餘人遂及單于於西海上宣國威信致以詔賜單于稽首拜受諷因說宜脩呼韓邪故事保國安人之福言依附漢家自保護其國也宣帝時呼韓邪單于款塞朝于甘泉宮請留居光祿塞下有急保漢受降城也單于喜悅卽將其衆與諷俱還到私渠海聞漢軍已入塞乃遣弟右溫禺鞮王奉貢入侍隨諷詣闕憲以單于不自身到奏還其侍弟南單于於漠北遺憲古鼎容五斗其傍銘曰仲山甫鼎其萬年子子孫孫永保用憲乃上之詔使中郎將持節卽五原拜憲大將軍封武陽侯食邑二萬戶憲固辭封賜策許

爲舊大將軍位在三公下置官屬依太尉續漢志太尉長史千石掾屬二十四人令史及御屬二十二人憲威權震朝廷公卿希旨奏憲位次太傅下三公上長史司馬秩中二千石從事中郎二人六百石自下各有增振旅還京師於是大開倉府勞賜士吏其所將諸郡二千石子弟從征者悉除太子舍人續漢志曰太子舍人秩二百石無員更直宿衞也是時篤爲衞尉景瓌皆侍中奉車駙馬都尉四家競脩第宅窮極工匠明年詔曰大將軍憲前歲出征克滅北狄朝加封賞固讓不受舅氏舊典並蒙爵土西漢故事帝舅皆封侯其封憲冠軍侯邑二萬戶篤郾侯景汝陽侯瓌夏陽侯各六千戶憲獨不受封遂將兵出鎮涼州以侍中鄧疊行征西將軍事爲副北單于以漢還侍弟復遣車諧儲王等款居延塞欲入朝見願請大使憲上遣大將軍中護軍班固行中郎將與司馬梁諷迎之會北單于爲南匈奴所破被創遁走固至私渠海而還憲以北虜微弱遂欲滅之明年復遣右校尉耿夔司馬任尚趙博等將兵擊北虜於金微山大破之克獲甚衆北單于逃走不知所在憲旣平匈奴威名大盛以耿夔任尚等爲爪牙鄧疊郭璜爲心腹班固傅毅之徒皆置幕府以典文章刺史守令多出其門尚書僕射郅壽樂恢並以忤意相繼自殺壽郅惲子由是朝臣震懾望風承旨而篤進位特進得舉吏漢法三公得舉吏見禮依三公景爲執金吾瓌光祿勳權貴顯赫傾動京都雖俱驕縱而景爲尤甚奴客緹騎依倚形埶侵陵小人漢官儀曰執金吾緹騎二百人說文曰緹帛丹黃色也言奴客及緹騎並爲縱横也強奪財貨篡取罪人妻略婦女商賈閉塞如避寇讎有司畏懦莫敢舉奏太后聞之使謁者策免景官以特進就朝位瓌少好經書節約自脩出爲魏郡遷潁川太守○劉攽曰案文魏郡下少太守二字竇氏父子兄弟並居列位充滿朝廷叔父霸爲城門校尉霸弟褒將作大匠褒弟嘉少府其爲侍中將大夫郎吏十餘人憲旣負重勞陵肆滋甚四年封鄧疊爲穰侯疊與其弟步兵校尉磊及母元又憲女壻射聲校尉郭舉舉父長樂少府璜太后居長樂宮故有少府秩二千石皆相交結元舉並出入禁中舉得幸太后遂共圖爲殺害帝陰知其謀乃與近幸中常侍鄭衆定議誅之以憲在外慮其懼禍爲亂忍而未發會憲及鄧疊班師還京師詔使大鴻臚持節郊迎賜軍吏各有差憲等旣至帝乃幸北宮詔執金吾五校尉勒兵屯衞南北宮閉城門收捕疊磊璜舉皆下獄誅家屬徙合浦遣謁者僕射收憲大將軍印綬更封爲冠軍侯憲及篤景瓌皆遣就國帝以太后故不欲名誅憲爲選嚴能相督察之憲篤景到國皆迫令自殺宗族賓客以憲爲官者皆免歸本郡瓌以素自脩不被逼迫明年坐稟假貧人稟給也假貸貧人非侯家之法故坐焉徙封羅侯不得臣吏人羅縣屬長沙郡在今岳州湘陰縣東北初竇后之譖梁氏憲等豫有謀焉永元十年梁棠兄弟棠及兄雍弟翟並梁竦子也徙九眞還路由長沙逼瓌令自殺後和熹鄧后臨朝永初三年詔諸竇前歸本郡者與安豐侯萬全俱還京師萬全少子章

論曰衞靑霍去病資彊漢之衆連年以事匈奴國耗太半矣而猾虜未之勝後世猶傳其良將豈非以身名自終邪竇憲率羌胡邊雜之師一舉而空朔庭至乃追奔稽落之表飲馬比鞮之曲銘石負鼎薦告淸廟列其功庸兼茂於前多矣而後世莫稱者章末釁以降其實也降損也是以下流君子所甚惡焉夫二三子得之不過房幄之間非復搜揚仄陋選舉而登也二三子謂衞霍及憲也皆緣椒房幃幄之恩耳當靑病奴僕之時衞靑本平陽公主家童所生相者見之曰貴人官至封侯靑笑日人奴之生無笞罵足矣安得封侯哉竇將軍念咎之日謂太后閉之南宮欲誅之日也乃庸力之不暇思鳴之無晨吳志諸葛瑾曰失旦之雞復思一鳴也何意裂膏腴享崇號乎東方朔稱用之則爲虎不用則爲鼠信矣以此言之士有懷琬琰以就煨塵者亦何可支哉琬琰美玉也楚詞曰懷琬琰以爲心支計也亦何可計言其多也

章字伯向少好學有文章與馬融崔瑗同好更相推薦融集與竇伯向書曰孟陵奴來賜書見手跡歡喜何量見於面也書雖兩紙紙八行行七字永初中三輔遭羌寇章避難東國家於外黃外黃縣屬陳留郡城在今汴州雍丘縣東居貧蓬戶蔬食莊子原憲編蓬爲戶論語顏回飯蔬食也躬勤孝養然講讀不輟太僕鄧康鄧珍之子禹之孫聞其名請欲與交章不肯往康以此益重焉是時學者稱東觀爲老氏臧室道家蓬萊山老子爲守藏史復爲柱下史四方所記文書皆歸柱下事見史記言東觀經籍多也蓬萊海中神山爲仙府幽經祕錄並皆在焉康遂薦章入東觀爲校書郎順帝初章女年十二能屬文以才貌選入掖庭有寵與梁皇后並爲貴人擢章爲羽林郎將續漢志曰羽林郎秩二百石無員常宿衞侍從也遷屯騎都尉章謙虛下士收進時輩甚得名譽是時梁竇並貴各有賓客多交搆其間章推心待之故得免於患貴人早卒帝追思之無已詔史官樹碑頌德章自爲之辭貴人歿後帝禮待之無衰永和五年遷少府漢安二年轉大鴻臚建康元年梁后稱制章自免卒于家中子唐有俊才官至虎賁中郎將

贊曰悃悃安豐亦稱才雄楚辭曰悃悃款款也王逸注曰志純一也亦猶實也提挈河右奉圖歸忠奉圖者謂旣奉外戚圖乃歸於漢也孟孫明邊伐北開西叶韻音先憲實空漠遠兵金山聽笳龍庭鏤石燕然笳胡樂也老子作之雖則折鼎王靈以宣鼎三足三公象折足者言其不勝任也易曰鼎折足覆公

後漢書卷五十三考證

竇融傳封章武侯注在今滄州魯縣也○諸本同按郡國志應作魯城縣

後漢書卷五十四

宋　宣　城　太　守　范　曄　撰

唐　章　懷　太　子　賢　注

馬援列傳第十四

馬援傳　子廖　子防　兄子嚴　族孫棱

馬援字文淵扶風茂陵人也其先趙奢爲趙將號曰馬服君子孫因爲氏馬服者言能服馬也史記曰趙惠文王以奢有功賜爵號爲馬服君武帝時以吏二千石自邯鄲徙焉東觀記曰徙茂陵成懽里曾祖父通以功封重合侯坐兄何羅反被誅重合縣屬勃海郡故城在今滄州樂陵縣東馬何羅與江充相善充旣誅遂懼罪及己謀反伏誅事見前書故援再世不顯祖及父不得爲顯任東觀漢記通生賓宣帝時以郎持節號使君使君生仲仲官至玄武司馬仲生援援三兄況余員東觀記曰況字君平余字聖卿員字季主並有才能王莽時皆爲二千石況河南太守余中壘校尉員增山連率援年十二而孤少有大志諸兄奇之嘗受齊詩意不能守章句東觀記曰受齊詩師事潁川滿昌乃辭況欲就邊郡田牧東觀記曰援以況出爲河南太守次兩兄爲吏京師見家用不足乃辭況欲就邊郡畜牧也況曰汝大才當晚成良工不示人以朴且從所好從其所請也會況卒援行服朞年不離墓所敬事寡嫂不冠不入廬廬舍也後爲郡督郵送囚至司命府王莽置司命官上公已下皆糾察囚有重罪援哀而縱之遂亡命北地遇赦因留牧畜賓客多歸附者遂役屬數百家續漢書曰過北地任氏畜牧自援祖賓本客天水父仲又嘗爲牧師令是時員爲護苑使者故人賓客皆依援轉游隴漢間嘗謂賓客曰丈夫爲志窮當益堅老當益壯因處田牧至有牛馬羊數千頭穀數萬斛旣而歎曰凡殖貨財產貴其能施賑也否則守錢虜耳乃盡散以班昆弟故舊身衣羊裘皮絝王莽末四方兵起莽從弟衞將軍林廣招雄俊乃辟援及同縣原涉爲掾涉字巨先見前書薦之於莽莽以涉爲鎮戎大尹王莽改天水爲鎮戎改太守爲大尹援爲新成大尹莽改漢中爲新成及莽敗援兄員時爲增山連率莽改上郡爲增山連率亦太守也莽法典郡者公爲牧侯稱卒正伯稱連率其無封爵者爲尹也與援俱去郡復避地涼州世祖卽位員先詣洛陽帝遣員復郡卒於官援因留西州隗囂甚敬重之以援爲綏德將軍與決籌策是時公孫述稱帝於蜀囂使援往觀之援素與述同里閈說文曰閈閭也杜預注左傳閈閎門也相善以爲旣至當握手歡如平生而述盛陳陛衞以延援入交拜禮畢使出就館更爲援制都布單衣東觀記曰都作荅史記曰荅布千匹前書音義曰荅布白疊布也何承天纂文曰都致錯履無極皆布名方言曰襌衣江淮南楚之間謂之襟關之東西謂之襌衣交讓冠會百官於宗廟中立舊交之位述鸞旗旄騎解在公孫述傳警蹕就車磬折而入磬折者屈身如磬之曲折敬也禮饗官屬甚盛欲授援以封侯大將軍位賓客皆樂留援曉之曰天下雄雌未定公孫不吐哺走迎國士哺食也史記周公誡伯禽曰吾一沐三握髮一食三吐哺猶恐失天下士心也與圖成敗反修飾邊幅言若布帛修整其邊幅也左傳曰如布帛之有幅焉爲之度使無遷如偶人形禮記曰謂爲俑者不仁鄭玄云俑偶人也有面目機發有似於生人也俑音勇此子何足久稽天下士乎稽留也因辭歸謂囂曰子陽井底蛙耳言述志識褊狹如坎井之蛙事見莊子而妄自尊大不如專意東方建武四年冬囂使援奉書洛陽援至引見於宣德殿世祖迎笑謂援曰卿遨遊二帝間今見卿使人大慙援頓首辭謝因曰當今之世非獨君擇臣也臣亦擇君矣家語曰君擇臣而任之臣亦擇君而事之臣與公孫述同縣少相善臣前至蜀述陛戟而後進臣臣今遠來陛下何知非刺客姦人而簡易若是東觀記曰援初到勑令中黃門引入時上在宣德殿南廡下袒幘坐故云簡易也帝復笑曰卿非刺客顧說客耳援曰天下反覆盜名字者不可勝數盜猶竊也今見陛下恢廓大度同符高祖乃知帝王自有眞也帝甚壯之援從南幸黎丘轉至東海及還以爲待詔使太中大夫來歙持節送援西歸隴右隗囂與援共臥起問以東方流言及京師得失流謠傳也援說囂曰前到朝廷上引見數十東觀記曰凡十四見每接讌語自夕至旦才明勇略非人敵也且開心見誠無所隱伏闊達多大節略與高帝同經學博覽政事文辯前世無比囂曰卿謂何如高帝援曰不如也高帝無可無不可此論語孔子自言己之所行也今上好吏事動如節度又不喜飲酒囂意不懌曰如卿言反復勝邪然雅信援故遂遣長子恂入質援因將家屬隨恂歸洛陽居數月而無它職任援以三輔地曠土沃而所將賓客猥多乃上書求屯田上林苑中許之會隗囂用王元計意更狐疑狐性多疑故曰狐疑援數以書記責譬於囂囂怨援背己得書增怒其後遂發兵拒漢援乃上疏曰臣援自念歸身聖朝奉事陛下本無公輔一言之薦左右爲容之助鄒陽書曰蟠木成萬乘之器者左右爲之容臣不自陳陛下何因聞之夫居前不能令人輊居後不能令人軒言爲人無所輕重也詩云如輊如軒輊音丁利反與人怨不能爲人患臣所恥也故敢觸冒罪忌昧死陳誠臣與隗囂

本實交友初囂遣臣東謁臣曰本欲爲漢願足下往觀之於汝意可即專心矣及臣還反報以赤心實欲導之於善非敢譎以非義而囂自挾姦心盜憎主人左傳晉伯宗妻曰盜憎主人民惡其上怨毒之情遂歸於臣臣欲不言則無以上聞願聽詣行在所極陳滅囂之術得空匈腹申愚策退就隴畝死無所恨帝乃召援計事援具言謀畫因使援將突騎五千往來游說囂將高峻任禹之屬下及羌豪爲陳禍福以離囂友黨。劉攽曰案文友當作支援又爲書與囂將楊廣使曉勸於囂曰春卿無恙春卿楊廣字前別冀南冀天水縣也寂無音驛援間還長安因留上林竊見四海已定兆民同情而季孟閉拒背畔爲天下表的表猶標也言爲標準爲射的也言背叛之罪爲天下所指射也常懼海內切齒思相屠裂故遺書戀戀以致惻隱之計乃聞季孟歸罪於援而納王游翁諂邪之說游翁王元字也自謂函谷以西舉足可定以今而觀竟何如邪援間至河內過存伯春存猶問也見其奴吉從西方還說伯春小弟仲舒望見吉欲問伯春無它否竟不能言曉夕號泣婉轉塵中又說其家悲愁之狀不可言也夫怨讎可刺不可毀援聞之不自知泣下也援素知季孟孝愛曾閔不過夫孝於其親豈不慈於其子可有子抱三木而跳梁妄作自同分羹之事乎三木者謂桎梏及械也司馬遷曰衣赭關三木分羹謂樂羊也解見公孫述傳季孟平生自言所以擁兵衆者欲以保全父母之國而完墳墓也又言苟厚士大夫而已而今所欲全者將破亡之所欲完者將毀傷之所欲厚者將反薄之季孟嘗折愧子陽而不受其爵愧猶辱也今更共陸陸陸陸猶碌碌也欲往附之將難爲顏乎若復責以重質當安從得子主給是哉往時子陽獨欲以王相待謂欲封爲朔寧王也而春卿拒之今者歸老更欲低頭與小兒曹共槽櫪而食併肩側身於怨家之朝乎字林併音卑正反男兒溺死何傷而拘游哉游浮也今國家待春卿意深宜使牛孺卿與諸耆老大人大人謂豪傑也共說季孟若計畫不從眞可引領去矣前披輿地圖見天下郡國百有六所奈何欲以區區二邦以當諸夏百有四乎春卿事季孟外有君臣之義內有朋友之道言君臣邪固當諫爭語朋友邪應有切磋骨曰切象曰磋言朋友之道如切磋以成器也詩云如切如磋如琢如磨豈有知其無成而但萎腇咋舌叉手從族乎萎腇耎弱也萎音於僞反腇音乃罪反及今成計殊尚善也過是欲少味矣以食爲諭且來君叔天下信士朝廷重之其意依依常獨爲西州言援商朝廷尤欲立信於此商度也必不負約援不得久留願急賜報廣竟不答八年帝自西征囂至漆漆縣屬右扶風諸將多以王師之重不宜遠入險阻計冘豫未決冘行貌也義見說文豫亦未定也冘音以林反會召援夜至帝大喜引入具以羣議質之廣雅曰質定也援因說隗囂將帥有土崩之勢兵進有必破之狀又於帝前聚米爲山谷指畫形勢開示衆軍所從道徑往來分析曲折昭然可曉帝曰虜在吾目中矣明旦遂進軍至第一囂衆大潰第一解見竇融傳九年拜援爲太中大夫副來歙監諸將平涼州自王莽末西羌寇邊遂入居塞內金城屬縣多爲虜有來歙奏言隴西侵殘非馬援莫能定十一年夏璽書拜援隴西太守援乃發步騎三千人擊破先零羌於臨洮斬首數百級獲馬牛羊萬餘頭守塞諸羌八千餘人詣援降諸種有數萬屯聚寇鈔拒浩亹隘浩亹音告門縣名屬金城郡浩水名也亹者水流夾山間兩岸深若門也詩曰鳧鷖在亹亦其義也今俗呼此水爲閤門河蓋疾言之耳援與揚武將軍馬成擊之羌因將其妻子輜重移阻於允吾谷允吾音鈆牙援乃潛行間道掩赴其營羌大驚潰復遠徙唐翼谷中援復追討之羌引精兵聚北山上援陳軍向山而分遣數百騎繞襲其後乘夜放火擊鼓叫譟虜遂大潰凡斬首千餘級援以兵少不得窮追收其穀糧畜產而還援中矢貫脛帝以璽書勞之賜牛羊數千頭援盡班諸賓客是時朝臣以金城破羌之西破羌縣名屬金城郡故城在今鄯州湟水縣西塗遠多寇議欲棄之援上言破羌以西城多完牢易可依固其田土肥壤無塊曰壤灌溉流通如令羌在湟中湟水名出金城臨羌縣東至允吾入河今鄯州湟水縣取其名也一名樂都水則爲害不休不可棄也帝然之於是詔武威太守東觀記曰梁統也令悉還金城客民金城客人在武威者歸者三千餘口使各反舊邑援奏爲置長吏繕城郭起塢候字林曰塢小障也一曰小城字或作隖音一古反開導水田勸以耕牧郡中樂業又遣羌豪楊封譬說塞外羌皆來和親又武都氐人背公孫述來降者援皆上復其侯王君長賜印綬帝悉從之乃罷馬成軍十三年武都參狼羌與塞外諸種爲寇殺長吏援將四千餘人擊之至氐道縣氐道縣屬隴西郡管蠻夷曰道○劉攽曰注管當作有是漢書本文後人不曉誤之羌在山上援軍據便地奪其水草不與戰羌遂窮困豪帥數十萬戶亡出塞諸種萬餘人悉降於是隴右清靜援務開寬信恩以待下○劉攽曰案此不成文理當云開恩信寬以待下任吏以職但總大體而已賓客故人日滿其門諸曹時白外事援輒曰此丞掾之任何足相煩續漢志曰郡當邊戍丞爲長史又置諸曹掾史頗哀老子使得遨遊若大姓侵小民黠羌欲旅距此乃太守事耳旅距不從之貌傍縣嘗有報仇者吏民驚言羌反百姓奔入城郭狄道長詣門狄道縣屬隴西郡今蘭州縣也請閉城發兵援時與賓客飲大笑曰燒虜何敢復犯我燒虜即燒當羌也曉狄道長歸守寺舍曉諭也寺舍官舍也良怖急者可牀下伏良甚也後稍定郡中服之視事六年徵入爲虎賁中郎將初援在隴西上書言宜如舊鑄五銖錢事下三府三府奏以爲未可許事遂寢及援還從公府求得前奏難十餘條乃隨牒解釋東觀記曰凡十三難援一一解之條奏其狀也更具表言帝從之天下賴其便援自還京師數被進見爲人明須髮眉目如畫東觀記曰援長七尺五寸色理髮膚眉目容貌如畫閑於進對尤善述前世行事每言及三輔長者下至閭里少年皆可觀聽自皇太子諸王侍聞者莫不屬耳忘倦又善兵策帝常言伏波論兵與我意合每有所謀未嘗不用初卷人維汜卷縣名屬河南郡故城在今鄭州原武縣西北訞言稱神有弟子數百人坐伏誅後其弟子李廣等宣言汜神化不死以誑惑百姓十七年遂共聚會徒黨攻沒皖城皖縣名屬廬江郡今舒州懷寧縣皖音下板反又下管反殺皖侯劉閔自稱南嶽太師遣謁者張宗將兵數千人討之復爲廣所敗於是使援發諸郡兵合萬餘人擊破廣等斬之又交阯女子徵側及女弟徵貳反徵側者麊泠縣雒將之女也嫁爲朱鳶人詩索妻甚雄勇交阯太守蘇定以法繩之側忿怒故反攻沒其郡九眞日南合浦蠻夷皆應之寇略嶺外六十餘城側自立爲王於是璽書拜援伏波將軍東觀記曰援上書臣所假伏波將軍印書伏字大外嚮城皐令印皐字爲白下羊丞印四下羊尉印白下人人下羊即一縣長吏印文不同恐天下不正者多符印所以爲信也所宜齊同薦曉古文字者事下大司空正郡國印章奏可以扶樂侯劉隆爲副扶樂縣名屬九眞郡督樓船將軍段志等南擊交阯軍至合浦而志病卒詔援并將其兵遂緣海而進隨山刊道千餘里刊除也十八年春軍至浪泊上與賊戰破之斬首數千級降者萬餘人援追徵側等至禁谿數敗之賊遂散走明年正月斬徵側徵貳傳首洛陽越志云徵側兵起都麊泠縣及馬援討之奔入金溪穴中二年乃得之援封援爲新息侯食邑三千戶援乃擊牛釃酒勞饗軍士釃酒漉也詩曰釃酒有䔿毛萇注云以筐曰釃音所宜反從容謂官屬曰吾從弟少游常哀吾慷慨多大志曰士生一世但取衣食裁足乘下澤車周禮曰車人爲車行澤者欲短轂行山者欲長轂短轂則利長轂則安也御款段馬款猶緩也言形段遲緩也爲郡掾吏守墳墓鄉里稱善人斯可矣致求盈餘但自苦耳當吾在浪泊西里間虜未滅之時下潦上霧毒氣重蒸。劉攽曰案文重當作熏仰視飛鳶跕跕墮水中鳶鴟也跕跕墮貌也跕音都牒泰牒二反臥念少游平生時語何可得也今賴士大夫之力被蒙大恩猥先諸君紆佩金紫且喜且慚吏士皆伏稱萬歲援將樓船大小二千餘艘戰士二萬餘人擊九眞賊徵側餘黨都羊等自無功至居風無功居風二縣名並屬九眞郡居風今愛州斬獲五千餘人嶠南悉平嶠嶺也爾雅曰山銳而高曰嶠音渠廟反廣州記曰援到交阯立銅柱爲漢之極界也援奏言西于縣戶有三萬二千西于縣屬交阯郡故城在今交州龍編縣東也遠界去庭千餘里庭縣庭也請分爲封溪望海二縣許之封溪望海縣並屬交阯郡援所過輒爲郡縣治城郭穿渠灌溉以利其民條奏越律與漢律駮者十餘事駮乖舛也與越人申明舊制以約束之自後駱越奉行馬將軍故事駱者越別名二十年秋振旅還京師軍吏經瘴疫死者十四五賜援兵車一乘朝見位次九卿援好騎善別名馬於交阯得駱越銅鼓乃鑄爲馬式式法也裴氏廣州記曰俚獠鑄銅爲鼓鼓唯高大爲貴面闊丈餘初成懸於庭剋晨置酒招致同類來者盈門豪富子女以金銀爲大釵執以叩鼓叩竟留遺主人也還上之因表曰夫行天莫如龍行地莫如馬史記平準書曰以爲在天莫如龍在地莫如馬馬者甲兵之本國之大用安寧則以別尊卑之序有變則以濟遠近之難昔有騏驥一日千里伯樂見之昭然不惑伯樂秦穆公時善相馬者也桓寬鹽鐵論曰騏驥負鹽車垂頭於太行之坂見伯樂則顧而長鳴近世有西河子輿亦明相法子輿傳西河儀長孺長孺傳茂陵丁君都君都傳成紀楊子阿臣援嘗師事子阿受相馬骨法考之於行事輒有驗效臣愚以爲傳聞不如親見視景不如察形今欲形之於生馬則骨法難備具又不可傳之於後孝武皇帝時善相馬者東門京東門姓也京名也鑄作銅馬法獻之有詔立馬於魯班門外則更名魯班門曰金馬門臣謹依儀氏輢中帛氏口齒謝氏脣鬐丁氏身中備此數家骨相以爲法援銅馬相法曰水火欲分明水火在鼻兩孔間也上脣欲急而方口中欲紅而有光此馬千里頷下欲深下脣欲緩牙欲前向牙欲去齒一寸則四百里牙劒鋒則千里目欲滿而澤腹欲充膁欲小季肋欲長懸薄欲厚而緩懸薄股也腹下欲平滿汗溝欲深長而膝本欲起肘腋欲開膝欲方蹄欲厚二寸堅如石輢音居奇反○劉攽曰注牙欲去齒一寸案文多欲字又汗溝欲深長而案文而當在長字上馬高三尺五寸圍四尺四寸有詔置於宣德殿下以爲名馬式焉初援軍還將至故人多迎勞之平陵人孟冀名有計謀於坐賀援援謂之曰吾望子有善言反同衆人邪昔伏波將軍路博德開置七郡裁封數百戶漢書曰平南越以爲南海蒼梧鬱林合浦交阯九眞日南朱崖儋耳九郡今此言七郡則與前書不同也今我微勞猥饗大縣功薄賞厚何以能長久乎先生奚用相濟冀曰愚不及援曰方今匈奴烏桓尚擾北邊欲自請擊之男兒要當死於邊野以馬革裹屍還葬耳何能臥牀上在兒女子手中邪冀曰諒爲烈士當如此矣還月餘會匈奴烏桓寇扶風援以三輔侵擾園陵危逼因請行許之自九月至京師十二月復出屯襄國襄國縣名屬趙國今邢州龍岡縣也詔百官祖道援謂黃門郎梁松竇固曰凡人爲貴當使可賤如卿等欲不可復賤居高堅自持勉思鄙言松後果以貴滿致災固亦幾不免明年秋援乃將三千騎出高柳行鴈門代郡上谷障塞烏桓候者見漢軍至虜遂散去援無所得而還援嘗有疾梁松來候之獨拜牀下援不答松去後諸子問曰梁伯孫帝壻松尚舞陰公主爾雅曰女子之夫爲壻貴重朝廷公卿已下莫不憚之大人奈何獨不爲禮援曰我乃松父友也松父統也雖貴何得失其序乎禮記曰見父之執不謂之進不敢進不謂之退不敢退不問不敢對鄭玄曰敬父同志如事父也松由是恨之二十四年武威將軍劉尚擊武陵五溪蠻夷酈元注水經云武陵有五溪謂雄溪樠溪酉溪潕溪辰溪悉是蠻夷所居故謂五溪蠻皆槃瓠之子孫也土俗雄作熊樠作朗潕作武在今辰州界深入軍沒援因復請行時年六十二帝愍其老未許之援自請曰臣尚能被甲上馬帝令試之援據鞍顧眄以示可用帝笑曰矍鑠哉是翁也矍鑠勇貌東觀記作矆哉是翁矆音許縛反遂遣援率中郎將馬武耿舒劉匡孫永等將十二郡募士及弛刑四萬餘人征五溪援夜與送者訣謂友人謁者杜愔曰吾受厚恩年迫餘日索索盡也常恐不得死國事今獲所願甘心瞑目但畏長者家兒或在左右或與從事殊難得調介介獨惡是耳長者家兒謂權要子弟等介介猶耿耿也明年春軍至臨鄉東觀記曰二月到武陵臨鄉也遇賊攻縣援迎擊破之斬獲二千餘人皆散走入竹林中初軍次下雋下雋縣名屬長沙國故城今辰州沅陵縣雋音字兗反有兩道可入從壺頭則路近而水嶮壺頭山名也在今辰州沅陵東武陵記曰此山頭與東海方壺山相似神仙多所游集因名壺頭山也從充則塗夷而運遠充縣名屬武陵郡充音昌容反帝初以爲疑及軍至耿舒欲從充道援以爲弃日費糧不如進壺頭搤其喉咽搤搦也充賊自破以事上之帝從援策三月進營壺頭賊乘高守隘水疾船不得上會暑甚士卒多疫死援亦中病遂困乃穿岸爲室以避炎氣武陵記曰壺頭山邊有石窟即援所穿室也室內有蛇如百斛船大云是援之餘靈也賊每升險鼓譟援輒曳足以觀之左右哀其壯意莫不爲之流涕耿舒與兄好畤侯弇書曰前舒上書當先擊充糧雖難運而兵馬得用軍人數萬爭欲先奮今壺頭竟不得進大衆怫鬱行死誠可痛惜前到臨鄉賊無故自致若夜擊之即可殄滅伏波類西域賈胡到一處輒止言似商胡所至之處輒停留賈音古以是失利今果疾疫皆如舒言弇得書奏之帝乃使虎賁中郎將梁松乘驛責問援因代監軍會援病卒松宿懷不平以援往拜松不受其拜遂因事陷之帝大怒追收援新息侯印綬初兄子嚴敦並喜譏議並余之子也喜音許慮反而通輕俠客援前在交阯還書誡之曰吾欲汝曹聞人過失如聞父母之名耳可得聞口不可得言也好論議人長短妄是非正法謂譏刺時政也此吾所大惡也寧死不願聞子孫有此行也汝曹知吾惡之甚矣所以復言者施衿結縭申父母之戒說文曰衿交衽也詩云親結其縭毛萇注云縭婦人之褘也女施衿結帨爾雅曰縭緌也郭璞注曰即今之香纓也儀禮父戒女曰戒之敬之夙夜無違命母戒之曰戒之敬之夙夜無違宮事也欲使汝曹不忘之耳龍伯高敦厚周愼口無擇言謙約節儉廉公有威吾愛之重之願汝曹効之杜季良豪俠好義憂人之憂樂人之樂淸濁無所失輕重合宜父喪致客數郡畢至吾愛之重之不願汝曹効也効伯高不得猶爲謹勑之士所謂刻鵠不成尚類鶩者也鶩鴨也効季良不得陷爲天下輕薄子所謂畫虎不成反類狗者也訖今季良尚未可知郡將下車輒切齒州郡以爲言吾常爲寒心是以不願子孫効也季良名保京兆人時爲越騎司馬續漢書曰越騎司馬秩千石保仇人上書訟保爲行浮薄亂羣惑衆伏波將軍萬里還書以誡兄子而梁松竇固以之交結將扇其輕僞敗亂諸夏書奏帝召責松固以訟書及援誡書示之松固叩頭流血而得不罪詔免保官伯高名述亦京兆人爲山都長山都縣屬南陽郡故城在今襄州義淸縣東北今名固城也由此擢拜零陵太守今永州也初援在交阯常餌薏苡實用能輕身省慾以勝瘴氣神農本草經曰薏苡味甘微寒主風濕痺下氣除筋骨邪氣久服輕身益氣南方薏苡實大援欲以爲種軍還載之一車時人以爲南土珍怪權貴皆望之援時方有寵故莫以聞及卒後有上書譖之者以爲前所載還皆明珠文犀犀之有文彩也馬武與於陵侯侯昱等昱司徒侯霸之子也皆以章言其狀帝益怒援妻孥惶懼不敢以喪還舊塋裁買城西數畝地槀葬而已裁僅也與纔同槀草也以不歸舊塋時權葬故稱槀賓客故人莫敢弔會嚴與援妻子草索相連詣闕請罪帝乃出松書以示之方知所坐上書訴冤前後六上辭甚哀切然後得葬又前雲陽令同郡朱勃詣闕上書曰臣聞王德聖政不忘人之功周書曰記人之功忘人之過宜爲君也採其一美不求備於衆論語周公謂魯公曰不使大臣怨乎不以無求備於一人故高祖赦蒯通而以王禮葬田橫蒯通說韓信背漢高祖徵通至釋不誅田橫初自稱齊王漢定天下橫猶以五百人保於海島高祖追橫橫自殺以王禮葬之並見前書也大臣曠然咸不自疑夫大將在外讒言在內微過輒記大功不計誠爲國之所愼也故章邯畏口而奔楚章邯爲秦將使人請事至咸陽趙高不見有不信之心使還報邯畏趙高讒之遂降項羽燕將據聊而不下史記曰燕將攻下聊城人或讒之於燕燕將懼誅因保守聊城不敢歸聊即今博州聊城縣也豈其甘心末規哉悼巧言之傷類也末規猶下計也詩云巧言如簧類善也竊見故伏波將軍新息侯馬援拔自西州欽慕聖義閒關險難閒關猶崎嶇也觸冒萬死孤立羣貴之間傍無一言之佐馳深淵入虎口豈顧計哉戰國策曰魏安釐王畏秦將入朝周訢止之王曰許綰爲我咒曰若入不出請徇寡人以首周訢對曰今有人謂臣入不測之泉而徇臣以鼠首可乎綰之首猶鼠首也內王于不測之秦而徇王以首竊爲王不取也司馬遷書曰垂餌虎口又曰夫人臣出萬死不顧一生之計赴公家之難謂援使隗囂也寧自知當要七郡之使徼封侯之福邪八年車駕西討隗囂國計狐疑衆營未集援建宜進之策卒破西州及吳漢下隴冀路斷隔唯獨狄道爲國堅守士民饑困寄命漏刻援奉詔西使鎭慰邊衆乃招集豪傑曉誘羌戎謀如涌泉埶如轉規規員也孫子曰戰如轉員石於萬仞之山者埶也遂救倒懸之急孟子曰當今之時行仁政人悅之猶解於倒懸也存幾亡之城幾音祈幾近也兵全師進因糧敵人隴冀略平而獨守空郡守音式授反兵動有功師進輒克誅鋤先零緣入山谷猛怒力戰飛矢貫脛又出征交阯土多瘴氣援與妻子生訣無悔吝之心吝猶恨也遂斬滅徵側克平一州南海蒼梧鬱林合浦交阯日南九眞皆屬交州間復南討立陷臨鄉師已有業未竟而死吏士雖疫援不獨存夫戰或以久而立功或以速而致敗深入未必爲得不進未必爲非人情豈樂久屯絕地不生歸哉惟援得事朝廷二十二年北出塞漠南渡江海觸冒害氣僵死軍事僵仆也名滅爵絕國土不傳海內不知其過衆庶未聞其毀卒遇三夫之言橫被誣罔之讒韓子曰龐共與魏太子質於邯鄲謂魏王曰今一人言市有虎王信乎王曰否二人言市有虎王信乎王曰否三人言市有虎王信乎王曰寡人信之龐共曰夫市無虎明矣然三人言而成虎今邯鄲去魏遠於市議臣者過三人願王熟察之家屬杜門葬不歸墓怨隙並興宗親怖慄死者不能自列生者莫爲之訟臣竊傷之夫明主醲於用賞約於用刑高祖嘗與陳平金四萬斤以間楚軍不問出入所爲豈復疑以錢穀間哉夫操孔父之忠而不能自免於讒此鄒陽之所悲也史記鄒陽書曰昔者魯聽季孫之說而逐孔子宋信子罕之計而囚墨翟夫以孔墨之辯不能自免於讒諛詩云取彼讒人投畀豺虎豺虎不食投畀有北有北不受投畀有昊詩小雅巷伯篇也畀與也昊昊天也投畀昊天制其罰也此言欲令上天而平其惡惟陛下留思豎儒之言言其儻豎無知也高祖曰豎儒幾敗吾事無使功臣懷恨黃泉臣聞春秋之義罪以功除公羊傳曰夏滅項孰滅之齊滅之曷爲不言齊滅爲桓公諱也以桓公常有繼絕存亡之功故君子爲之諱也聖王之祀臣有五義禮記曰夫聖王之制祀也法施於人則祀之以死勤事則祀之以勞定國則祀之能禦大災則祀之能捍大患則祀之若援所謂以死勤事者也願下公卿平援功罪宜絕宜續以厭海內之望臣年已六十常伏田里竊感欒布哭彭越之義前書曰彭越爲梁王欒布爲梁大夫使於齊越以謀反梟首洛陽詔有收視者捕之布使還奏事越頭下祠而哭之目陳悲憤戰慄闕庭書奏報歸田里勃字叔陽年十二能誦詩書常候援兄況勃衣方領能矩步續漢書曰勃能說韓詩前書音義曰頸下施衿領正方學者之服也矩步者囘旋皆中規矩辭言嫻雅嫻音閑嫻雅猶沈靜也司馬相如曰雍容嫻雅援裁知書見之自失況知其意乃自酌酒慰援曰朱勃小器速成智盡此耳卒當從汝稟學勿畏也稟受也朱勃未二十右扶風請試守渭城宰渭城縣名故城在今咸陽縣東北前書音義曰試守者試守一歲乃爲眞食其全俸及援爲將軍封侯而勃位不過縣令援後雖貴常待以舊恩而卑侮之勃愈身自親及援遇讒唯勃能終焉肅宗即位追賜勃子穀二千斛東觀記曰章帝下詔曰告平陵令丞縣人故雲陽令朱勃建武中以伏波將軍爵土不傳上書陳狀不顧罪戾懷旌善之志有烈士之風詩云無言不讎無德不報其以縣見穀二千斛賜勃子若孫勿令遠詣闕謝初援兄子壻王磐子石子石磐字也王莽從兄平阿侯仁之子也莽敗磐擁富貲居故國爲人尚氣節而愛士好施有名江淮間後游京師與衞尉陰興大司空朱浮齊王章共相友善援謂姊子曹訓曰王氏廢姓也子石當屛居自守而反游京師長者長者謂豪俠者也用氣自行多所陵折其敗必也後歲餘磐果與司隸校尉蘇鄴丁鴻事相連坐死洛陽獄而磐子肅復出入北宮及王侯邸第援謂司馬呂种曰是援行軍之司馬也建武之元名爲天下重開自今以往海內日當安耳但憂國家諸子並壯而舊防未立舊防諸侯王子不許交通賓客若多通賓客則大獄起矣卿曹戒愼之及郭后薨有上書者以爲肅等受誅之家客因事生亂○劉攽曰按肅即是受誅之家不當云客蓋是客字有此事也慮致貫高任章之變張敖爲趙王其相貫高高祖不禮趙王高恥之置人壁中欲害高祖又任章父宣坐謀反誅宣帝時章昭帝廟章乃玄服夜入廟待帝至欲爲逆發覺伏誅並見前書帝怒乃下郡縣收捕諸王賓客更相牽引死者以千數呂种亦豫其禍臨命歎曰馬將軍誠神人也永平初援女立爲皇后顯宗圖畫建武中名臣列將於雲臺雲臺在南宮也以椒房故獨不及援東平王蒼觀圖言於帝曰何故不畫伏波將軍像帝笑而不言至十七年援夫人卒乃更修封樹起祠堂建初三年肅宗使五官中郎將持節追策謚援曰忠成侯四子廖防光客卿客卿幼而岐嶷年六歲能應接諸公專對賓客嘗有死罪亡命者來過客卿逃匿不令人知外若訥而內沈敏援甚奇之以爲將相器故以客卿字焉張儀虞卿並爲客卿故取名焉事見史記援卒後客卿亦夭沒

論曰馬援騰聲三輔遨游二帝及定節立謀以干時主將懷負鼎之願蓋爲千載之遇焉伊尹負鼎以干湯光武與竇融書曰千載之遇也然其戒人之禍智矣謂誡竇固梁松王磐呂种等皆如所言也而不能自免於讒隙豈功名之際理固然乎居功名之地讒構易興而能免之者少矣夫利不在身以之謀事則智慮不私己以之斷義必厲誠能回觀物之智而爲反身之察若施之於人則能恕自鑒其情亦明矣見人之謂智自見之謂明以自見之明爲見人之用其於物理豈不通乎

廖字敬平少以父任爲郎東觀記曰廖少習易經淸約沈靜援擊武谿無功卒于師廖不得嗣爵明德皇后既立拜廖爲羽林左監虎賁中郎將顯宗崩受遺詔典掌門禁遂代趙熹爲衞尉肅宗甚尊重之時皇太后躬履節儉事從簡約廖慮美業難終上疏長樂宮以勸成德政曰臣案前世詔令以百姓不足起於世尙奢靡故元帝罷服官前書音義曰齊國舊有三服之官春獻冠幘縰爲首服紈素爲冬服輕綃爲夏服元帝約省故罷之成帝御浣衣哀帝去樂府哀帝即位詔罷鄭衞之音減郊祭及武樂等人數也然而侈費不息至於衰亂者百姓從行不從言也書曰違上所命從厥攸好夫改政移風必有其本

傳曰吳王好劒客百姓多創瘢楚王好細腰宮中多餓死(墨子曰楚靈王好細腰而國多餓人也)長安語曰(當時諺也)城中好高髻四方高一尺城中好廣眉四方且半額城中好大袖四方全匹帛斯言如戲有切事實前下制度未幾後稍不行(○劉攽曰案文有未發則不當更有後字蓋本是復字也)雖或吏不奉法良由慢起京師今陛下躬服厚繒斥去華飾素簡所安發自聖性(言儉素約簡后之所安)此誠上合天心下順民望浩大之福莫尚於此陛下既已得之自然猶宜加以勉勗法太宗之隆德戒成哀之不終(太宗孝文也玄默爲化身衣弋綈成帝下詔務崇儉約禁斷綺縠女樂嫁娶葬埋過制唯青綠人所常服不禁哀帝初即位易帷帳去錦繡乘輿席緣綈繒而已成帝以趙飛燕哀帝以董賢爲儉並不終)易曰不恒其德或承之羞(恒卦九三爻辭也巽下震上鄭玄注云巽爲進退不恒其德之象又互體兌兌爲毀折後將有羞辱也)誠令斯事一竟(竟猶終也)則四海誦德聲薰天地(薰猶蒸也言芳聲薰天地也)神明可通金石可勤而況於行仁心乎況於行令乎願置章坐側以當瞽人夜誦之音(瞽人無目者也古者瞽師教國子誦六詩前書禮樂志云乃采詩夜誦夜誦者其辭或祕不可宣露故於夜中歌誦也)太后深納之朝廷大議輒以詢訪廖性質誠畏慎不愛權埶聲名盡心納忠不屑毀譽(王逸注楚詞云屑顧也)有司連據舊典奏封廖等累讓不得已建初四年遂受封爲順陽侯以特進就第每有賞賜輒辭讓不敢當京師以是稱之子豫爲步兵校尉太后崩後馬氏失埶廖性寬緩不能教勒子孫豫遂投書怨誹又防光奢侈好樹黨與八年有司奏免豫遣廖防光就封豫隨廖歸國考擊物故(物無也故事也謂死也)後詔還廖京師永元四年卒和帝以廖先帝之舅厚加賵賻使者弔祭王主會喪謚曰哀侯子遵嗣徙封程鄉侯遵卒無子國除元初三年鄧太后詔封廖孫度爲潁陽侯

防字江平永平十二年與弟光俱爲黃門侍郎肅宗即位拜防中郎將稍遷城門校尉建初二年金城隴西保塞羌皆反(羌東吾燒當之後也以其父滇吾降漢乃入居塞內故稱保塞)拜防行車騎將軍事以長水校尉耿恭副將北軍五校兵及諸郡積射士三萬人擊之軍到冀而羌豪布橋等圍南部都尉於臨洮防欲救之臨洮道險車騎不得方駕防乃別使兩司馬將數百騎分爲前後軍去臨洮十餘里爲大營多樹幡幟揚言大兵旦當進羌候見之馳還言漢兵盛不可當明旦遂鼓譟而前羌虜驚走因追擊破之斬首虜四千餘人遂解臨洮圍防開以恩信燒當種皆降唯布橋等二萬餘人在臨洮西南望曲谷(酈元注水經云望曲在臨洮西南去龍桑城二百里)十二月羌又敗耿恭司馬及隴西長史於和羅谷死者數百人明年春防遣司馬夏駿將五千人從大道向其前潛遣司馬馬彭將五千人從間道衝其心腹又令將兵長史李調等將四千人繞其西三道俱擊復破之斬獲千餘人得牛羊十餘萬頭羌退走夏駿追之反爲所敗防乃引兵與戰於索西又破之(索西縣名故城在今岷州和政縣東亦名臨洮東城亦謂之赤城沙州記云從東洮至西洮一百二十里東洮即謂此城)布橋追急將種人萬餘降詔徵防還拜車騎將軍城門校尉如故防貴寵最盛與九卿絕席光自越騎校尉遷執金吾四年封防潁陽侯光爲許陽侯兄弟二人各六千戶防以顯宗寢疾入參醫藥又平定西羌增邑千三百五十戶屢上表讓位俱以特進就第皇太后崩明年拜防光祿勳光爲衛尉防數言政事多見採用是冬始施行十二月迎氣樂防所上也(解見章帝紀)子鉅爲常從小侯(以小侯故得常從也)六年正月以鉅當冠(禮記曰二十弱冠儀禮曰士冠筮於廟門主人玄冠朝服有司如主人服卒筮旅占告吉若不吉即筮遠日如初前期三日筮賓如求日之儀陳服于房中西墉下東領北上始加緇布冠次皮弁次加爵弁嫡子冠于阼以著代也三加彌尊冠而字之敬其名也祝日令月吉辰加爾元服棄爾幼志順爾成德○劉攽曰注士冠筮于廟門案文少一日字)特拜爲黃門侍郎肅宗親御章臺下殿陳鼎俎自臨冠之明年防復以病乞骸骨詔賜故中山王田廬(中山王焉以郭太后少子故獨留京師建武三十年徙封中山永平二年就國故以其田廬賜防也)以特進就第防兄弟貴盛奴婢各千人已上資產巨億皆買京師膏腴美田又大起第觀連閣臨道彌亘街路多聚聲樂曲度比諸郊廟(曲度謂曲之節度也)賓客奔湊四方畢至京兆杜篤之徒數百人常爲食客居門下刺史守令多出其家歲時賑給鄉閭故人莫不周給防又多牧馬畜賦斂羌胡帝不喜之數加譴勅所以禁遏甚備由是權埶稍損賓客亦衰八年因兄子豫怨謗事有司奏防兄弟奢侈踰僭濁亂聖化悉免就國臨上路詔曰舅氏一門俱就國封四時陵廟無助祭先后者朕甚傷之其令許侯思僁田廬有司勿復請(留之於京守田廬而思僁過也)以慰朕渭陽之情(渭陽詩秦風也秦康公送舅晉文公于渭之陽念母之不見也其詩曰我見舅氏如母存焉)光爲人小心周密喪母過哀(東觀記曰光遭母喪哀慟感傷形骸骨立)帝以是特親愛之乃復位特進子康黃門侍郎永元二年光爲太僕康爲侍中及竇憲誅光坐與厚善復免就封後憲奴誣光與憲逆自殺(東觀記曰奴名玉當初竇氏有事玉當亡私從光乞不與恨去懷挾欲中光官捕得玉當因告言光與憲有惡謀光以被誣不能自明乃自殺光死後憲他奴郭扈自出證明光憲無惡謀光子朗上書迎光喪葬舊塋詔許之)家屬歸本郡本郡復殺康而防及廖子遵皆坐徙封丹陽防爲翟鄉侯租歲限三百萬不得臣吏民防後以江南下溼上書乞歸本郡和帝聽之十三年卒子鉅嗣後爲長水校尉永初七年鄧太后詔諸馬子孫還京師隨四時見會如故事復紹封光子朗爲合鄉侯

嚴字威卿父余王莽時爲揚州牧嚴少孤(東觀記曰余卒時嚴七歲依姊壻父九江連率平河侯王述明年母復終會述失郡居沛郡建武三年余外孫右扶風曹貢爲梧安侯相迎嚴歸養之至四年叔父援從車駕東征過梧安乃將兄弟西嚴年十三至雒陽留寄郎朱仲孫舍大奴步護親之也)而好擊劒習騎射(東觀記曰嚴從其故門生肆都學擊劒習騎射○劉攽曰注其故門生案門生無故者當是叔字其叔門生也)後乃白援從平原楊太伯講學專心墳典能通春秋左氏(東觀記曰從司徒祭酒陳元受之)因覽百家羣言遂交結英賢京師大人咸器異之(大人長者之稱也)仕郡督郵援常與計議委以家事弟敦字孺卿亦知名援卒後嚴乃與敦俱歸安陵居鉅下(決錄注曰鉅下地名也)三輔稱其義行號曰鉅下二卿明德皇后既立嚴乃閉門自守猶復慮致譏嫌遂更從北地斷絕賓客永平十五年皇后勅使移居洛陽顯宗召見嚴進對閑雅意甚異之有詔留仁壽闥與校書郎杜撫班固等雜定建武注記常與宗室近親臨邑侯劉復等論議政事甚見寵幸後拜將軍長史將北軍五校士羽林禁兵三千人屯西河美稷(美稷縣名)衛護南單于聽置司馬從事牧守謁敬同之將軍勅嚴過武庫祭蚩尤(武庫掌兵器令一人秩六百石前書音義曰蚩尤古天子好五兵故令祭之見高祖紀)帝親御阿閣(阿曲也)觀其士眾時人榮之肅宗即位徵拜侍御史中丞除子鱄爲郎(鱄音時兗反)令勸學省中(勸勉也前書王鳳薦班伯於成帝宜勸學召見宴昵殿是也)其冬有日食之災嚴上封事曰臣聞日者眾陽之長食者陰侵之徵書曰無曠庶官天工人其代之(尚書咎繇之詞)言王者代天官人也故考績黜陟以明褒貶(尚書曰三載考績三考黜陟幽明)無功不黜明陰盛陵陽臣伏見方今刺史太守專州典郡不務奉事盡心爲國而司察偏阿取與自己同則舉爲尤異異則中以刑法(中音丁仲反)不卽垂頭塞耳採取財賂今益州刺史朱酺揚州刺史倪說(倪音五分反說音悅)凉州刺史尹業等每行考事輒有物故(考按也)又選舉不實曾無貶坐是使臣下得作威福也故事州郡所舉上奏司直察能否以懲虛實(前書武帝元狩五年初置司直比二千石掌佐丞相舉不法續漢書曰光武以武帝故事置司直居丞相府助督錄諸州建武十八年省之)今宜加防檢式遵前制舊丞相御史親治職事唯丙吉以年老優游不案吏罪(丙吉字少卿魯人也宣帝時爲丞相掾史有罪終無所驗公府不按吏自吉始也見前書)於是宰府習爲常俗更共罔養以崇虛名(罔養猶依違也)或未曉其職便復還從誠非建官賦祿之意宜勅正百司各責以事州郡所舉必得其人若不如言裁以法令傳曰上德以寬服民其次莫如猛故火烈則人望而畏之水懦則人狎而翫之爲政者寬以濟猛猛以濟寬(左傳鄭子產誡子太叔爲政之詞也)如此綏御有體災眚消矣(眚亦災也)書奏帝納其言而免酺等官建初元年遷五官中郎除三子爲郎嚴數薦達賢能申解冤結多見納用復以五官中郎將行長樂衛尉事二年拜陳留太守嚴當之職乃言於帝曰昔顯親侯竇固誤先帝出兵西域置伊吾盧屯煩費無益又竇勳受誅其家不宜親近京師是時勳女爲皇后竇氏方寵時有側聽嚴言者以告竇憲兄弟由是失權貴心嚴下車明賞罰發姦慝郡界清靜時京師訛言賊從東方來百姓奔走轉相驚動諸郡遑急各以狀聞嚴察其虛妄獨不爲備詔書勅問使驛係道嚴固執無賊後卒如言典郡四年坐與宗正劉軼少府丁鴻等更相屬託徵拜太中大夫十餘日遷將作大匠七年復坐事免後既爲竇氏所忌遂不復在位及帝崩竇太后臨朝嚴乃退居自守訓教子孫永元十年卒於家時年八十二弟敦官至虎賁中郎將嚴七子(謂固伉歆鱄融留續)唯續融知名續字季則七歲能通論語十三明尚書十六治詩博觀羣籍善九章算術(劉徽九章算術曰方田第一粟米第二差分第三少廣第四商功第五均輸第六盈不足第七方程第八句股第九)順帝時爲護羌校尉遷度遼將軍所在有威恩稱融自有傳

棱字伯威援之族孫也少孤依從兄毅共居業恩猶同產毅卒無子棱心喪三年(東觀記曰毅張掖屬國都尉)建初中仕郡功曹舉孝廉及馬氏廢肅宗以棱行義徵拜謁者章和元年遷廣陵太守時穀貴民饑奏罷鹽官以利百姓賑貧羸薄賦稅興復陂湖溉田二萬餘頃吏民刻石頌之(東觀記曰棱在廣陵蝗虫入江海化爲魚蝦與復陂湖增歲租十餘萬斛)永元二年轉漢陽太守有威嚴稱大將軍竇憲西屯武威棱多奉軍費侵賦百姓憲誅坐抵罪後數年江湖多劇賊以棱爲丹陽太守棱發兵掩擊皆禽滅之轉會稽太守治亦有聲轉河內太守永初中坐事抵罪卒于家

贊曰伏波好功爰自冀隴南靜駱越西屠燒種徂年已流壯情方勇明德既升家祚以興廖乏三趣防遂驕陵(左氏傳曰宋正考甫三命滋益恭一命而僂再命而傴三命而俯循牆而走亦莫余敢侮)

後漢書卷五十四考證

馬援傳援三兄況余員注況字君平○一本作字長平

嘗受齊詩意不能守章句注師事潁川滿昌○監本作蒲昌(臣會汾)按王莽傳滿昌爲講詩祭酒今從宋本改

開置七郡注漢書曰平南越以爲九郡今此言七郡與前書不同○(臣會汾)按九郡乃武帝紀中語至昭帝始元五年罷儋耳元帝初元三年罷珠厓故前書地理志交州刺史部止有七郡此注言與前書不同殆失考耳

馬援子廖鄧太后詔封廖孫度爲潁陽侯○詔當作紹

後漢書卷五十五

宋　宣城太守范　曄撰

唐　章懷太子　賢注

卓魯魏劉列傳第十五

卓茂傳

卓茂字子康南陽宛人也父祖皆至郡守茂元帝時學於長安事博士江生江生魯人江翁也昭帝時爲博士號魯詩宗見前書習詩禮及歷算究極師法稱爲通儒性寬仁恭愛鄉黨故舊雖行能與茂不同而皆愛慕欣欣焉東觀記曰茂爲人恬蕩樂道雅實不爲華貌行己在於清濁之間自束髮至白首與人未嘗有爭競初辟丞相府史事孔光光稱爲長者時嘗出行有人認其馬茂問曰子亡馬幾何時對曰月餘日矣茂有馬數年心知其謬嘿解與之挽車去顧曰若非公馬幸至丞相府歸我他日馬主別得亡者乃詣府送馬叩頭謝之茂性不好爭如此後以儒術舉爲侍郎給事黃門遷密令密今洛州密縣也勞心諄諄視人如子諄諄忠謹之貌也詩曰誨爾諄諄音之順反舉善而教口無惡言吏人親愛而不忍欺之家語曰宓子賤爲單父宰人不忍欺人常有言部亭長受其米肉遺者部謂所部也茂辟左右問之曰亭長爲從汝求乎爲汝有事囑之而受乎將平居自以恩意遺之乎人曰往遺之耳茂曰遺之而受何故言邪人曰竊聞賢明之君使人不畏吏吏不取人今我畏吏是以遺之吏既卒受故來言耳茂曰汝爲敝人矣凡人所以貴於禽獸者以有仁愛知相敬事也今鄰里長老尚致饋遺此乃人道所以相親況吏與民乎吏顧不當乘威力強請求耳凡人之生羣居雜處故有經紀禮義以相交接汝獨不欲修之寧能高飛遠走不在人間邪亭長素善吏歲時遺之禮也人曰苟如此律何故禁之茂笑曰律設大法禮順人情今我以禮敎汝汝必無怨惡以律治汝何所措其手足乎一門之內小者可論大者可殺也且歸念之於是人納其訓吏懷其恩初茂到縣有所廢置吏人笑之鄰城聞者皆嗤其不能河南郡爲置守令茂不爲嫌理事自若東觀記曰守令與茂並居久之吏人不歸往守令數年敎化大行道不拾遺平帝時天下大蝗河南二十餘縣皆被其災獨不入密縣界督郵言之漢書志曰郡監縣有五部部有督郵掾以察諸縣也太守不信自出案行見乃服焉是時王莽秉政置大司農六部丞勸課農桑王莽攝政置大司農部丞十三人人部一州勸課農桑今書及東觀記並言六部遷茂爲京部丞密人老少皆涕泣隨送及莽居攝以病免歸郡常爲門下掾祭酒不肯作職吏更始立以茂爲侍中祭酒續漢志曰侍中無員掌侍左右顧問應對本有僕射一人中興轉爲祭酒從至長安知更始政亂以年老乞骸骨歸時光武初卽位先訪求茂茂詣河陽謁見東觀記曰茂時年七十餘矣乃下詔曰前密令卓茂束身自脩執節淳固誠能爲人所不能爲夫名冠天下當受天下重賞故武王誅紂封比干之墓表商容之閭王子比干紂殺之商容殷賢臣武王入殷命閎夭封比干之墓命畢公表商容之閭表旌顯也閭里門也事見史記今以茂爲太傅封褒德侯食邑二千戶東觀記續漢書皆作宣德侯賜几杖車馬衣一襲絮五百斤單複具謂之襲復以茂長子戎爲太中大夫次子崇爲中郎給事黃門建武四年薨賜棺槨冢地車駕素服親臨送葬子崇嗣徙封汎鄉侯汎鄉在瑯邪郡不其縣官至大司農崇卒子棽嗣棽音丑金反又所金反棽卒子訢嗣訢卒子隆嗣永元十五年隆卒無子國除初茂與同縣孔休陳留蔡勳安衆劉宣楚國龔勝上黨鮑宣六人同志不仕王莽時竝名重當時○劉攽曰案文多一時字前後言不仕王莽者多矣不須時字也休字子泉哀帝初守新都令新都縣也屬南陽郡後王莽秉權休去官歸家及莽篡位遣使齎玄纁束帛請爲國師遂歐血託病杜門自絕光武卽位求休勳子孫賜穀以旌顯之劉宣字子高安衆侯崇之從弟知王莽當篡乃變名姓抱經書隱避林藪建武初乃出光武以宣襲封安衆侯擢龔勝子賜爲上谷太守勝鮑宣事在前書勳事在玄孫邕傳

論曰建武之初雄豪方擾虓呼者連響嬰城者相望虓虎怒也詩曰闞如虓虎嬰城言以城自嬰繞斯固倥傯不暇給之日字書曰倥傯窮困也給足也日促事多不暇給足也卓茂斷斷小宰無它庸能斷斷猶專一也書斷斷猗無他技時已七十餘矣而首加聘命優辭重禮其與周燕之君表閭立館何異哉史記燕昭王卽位欲雪齊恥以招賢者得郭隗爲築宮而師事之於是蘊憤歸道之賓蘊積也越關阻捐宗族以排金門者衆矣夫厚性寬中近於仁犯而不校鄰於恕校報也鄰近也曾子曰犯而不校率斯道也怨悔曷其至乎怨謂爲人所怨也悔恨也

魯恭傳　弟丕

魯恭字仲康扶風平陵人也其先出於魯頃公爲楚所滅遷於下邑因氏焉世吏二千石哀平間自魯而徙祖父匡王莽時爲羲和有權數號曰智囊匡設六筦之法以窮工商故曰權數父某建武初爲武陵太守卒官時恭年十二弟丕七歲晝夜號踴不絕聲郡中賻贈無所受公羊傳曰貨財曰賻乃歸服喪禮過成人鄉里奇之十五與母及丕俱居太學習魯詩高祖時魯申公詩也閉戶講誦絕人間事兄弟俱爲諸儒所稱學士爭歸之太尉趙熹慕其志每歲時遺子問以酒糧皆辭不受問遺也恭憐丕小欲先就其名託疾不仕郡數以禮請謝不肯應母強遣之恭不得已而西因留新豐教授建初初丕舉方正恭乃始爲郡吏太傅趙熹聞而辟之肅宗集諸儒於白虎觀恭特以經明得召與其議與音豫熹復舉恭直言待詔公車拜中牟令恭專以德化爲理不任刑罰訟人許伯等爭田累守令不能決恭爲平理曲直皆退而自責輟耕相讓亭長從人借牛而不肯還之牛主訟於恭恭召亭長敕令歸牛者再三猶不從恭歎曰是教化不行也欲解印綬去掾史泣涕共留之續漢志曰縣置掾史如郡亭長乃慙悔還牛詣獄受罪恭貰不問貰寬貸也音時夜反於是吏人信服建初七年郡國螟傷稼犬牙緣界不入中牟河南尹袁安聞之疑其不實使仁恕掾肥親往廉之仁恕掾主獄屬河南尹見漢官儀廉察也恭隨行阡陌俱坐桑下有雉過止其傍傍有童兒親曰兒何不捕之兒言雉方將雛親瞿然而起瞿音久住反與恭訣曰所以來者欲察君之政迹耳今蟲不犯境此一異也化及鳥獸此二異也豎子有仁心此三異也久留徒擾賢者耳還府具以狀白安是歲嘉禾生恭便坐廷中便坐於便側之處非正室也續漢書云恭謙不矜功封以言府府卽奏上尹以激勞曰君以名德久屈中牟物產之化流行天降休瑞應行而生尹甚嘉之安因上書言狀帝異之會詔百官舉賢良方正恭薦中牟名士王方帝卽徵方詣公車禮之與公卿所舉同方致位侍中恭在事三年州舉尤異會遭母喪去官吏人思之後拜侍御史和帝初立議遣車騎將軍竇憲與征西將軍耿秉擊匈奴恭上疏諫曰陛下親勞聖思日昃不食憂在軍役誠欲以安定北垂爲人除患定萬世之計也臣伏獨思之未見其便社稷之計萬人之命在於一舉數年以來秋稼不熟人食不足倉庫空虛國無蓄積會新遭大憂人懷恐懼章帝崩也陛下躬大聖之德履至孝之行盡諒陰三年聽於冢宰百姓闕然三時不聞警蹕之音三時秋夏冬也天子出警入蹕和帝章和二年二月卽位明年春議擊匈奴帝在諒陰不出故百姓三時不聞警蹕莫不懷思皇皇若有求而不得禮記檀弓曰魯人顏丁善居喪始死皇皇然如有求而不得言百姓思帝故恭引之今乃以盛春之月興發軍役擾動天下以事戎狄誠非所以垂恩中國改元正時由內及外也萬民者天之所生天愛其所生猶父母愛其子一物有不得其所者則天氣爲之舛錯況於人乎故愛人者必有天報昔太王重人命而去邠故獲上天之祐史記古公脩后稷公劉之業國人皆戴之戎翟攻之人皆怒欲戰古公曰人以我故戰殺人父子不忍爲乃與私屬去邠止于岐下邠人舉國扶老攜弱盡復歸於岐下旁國聞之亦多歸附古公乃營築城郭室屋而邑之人皆歌頌其德武王卽位追尊古公爲太王夫戎狄者四方之異氣也蹲夷踞肆與鳥獸無別夷平也肆放也言平坐踞傲肆放無禮也若雜居中國則錯亂天氣汙辱善人是以聖王之制羈縻不絕而已字書曰羈馬絡頭也蒼頡篇曰縻牛繮也今邊境無事宜當脩仁行義尚於無爲令家給人足安業樂產夫人道乂於下則陰陽和於上祥風時雨覆被遠方夷狄重譯而至矣易曰有孚盈缶終來有它吉易比卦辭也孚信也缶土器也王弼注云親乎天下著信盈缶應者豈一道而來故必有他吉也言甘雨滿我之缶誠來有我而吉已比卦坤下坎上坤爲土缶之象也坎爲水雨之象也坎在坤上故曰甘雨滿我之缶有誠信則它人來附而吉也○劉攽曰誠來有我而吉已案文此我當爲它注文甚明夫以德勝人者昌以力勝人者亡今匈奴爲鮮卑所殺遠臧於史侯河西去塞數千里而欲乘其虛耗利其微弱是非義之所出也前太僕祭彤遠出塞外卒不見一胡而兵已困矣永平十六年竇固祭彤耿秉來苗等四道出擊匈奴固至天山擊走呼衍王彤坐不至涿邪山無所見而還下獄免爲庶人也白山之難不絕如綖白山卽天山言彤固俱擊匈奴固至天山彤還下獄同歷艱危故曰如綖公羊傳曰中國不絕若綖也都護陷沒士卒死者如積永平末年焉耆龜茲共攻沒都護陳睦殺吏士二千餘人迄今被其辜毒孤寡哀思之心未弭仁者念之以爲累息奈何復欲襲其迹不顧患難乎今始徵發而大司農調度不足度音大各反使者在道分部督趣趣音促上下相迫民間之急亦已甚矣三輔并涼少雨麥根枯焦牛死日甚此其不合天心之效也羣僚百姓咸曰不可陛下獨奈何以一人之計棄萬人之命不卹其言乎上觀天心下察人志足以知事之得失臣恐中國不爲中國豈徒匈奴而已哉惟陛下留聖恩○劉攽曰案文恩當作思休罷士卒以順天心書奏不從每政事有益於人恭輒言其便無所隱諱其後拜爲魯詩博士由是家法學者日盛遷侍中數召讌見問以得失賞賜恩禮寵異焉遷樂安相章帝孫千乘王寵相也和帝改千乘爲樂安國故城在今淄州高苑縣北是時東州多盜賊羣輩攻劫諸郡患之恭到重購賞開恩信說文曰以財相賕曰購其渠帥張漢等率支黨降恭上以漢補博昌尉博昌縣屬千乘國今青州縣也其餘遂自相捕擊盡破平之州郡以安永元九年徵拜議郎八月飲酎齋會章臺詔使小黃門特引恭前其夜拜侍中勑使陪乘勞問甚渥冬遷光祿勳選舉清平京師貴戚莫能枉其正十二年代呂蓋爲司徒漢官儀曰呂蓋字君上宛陵人十五年從巡狩南陽除子撫爲郎中賜駙馬從駕駙副也非正所乘皆爲副說文曰駙馬副馬也時

弟丕亦為侍中兄弟父子並列朝廷後坐事策免續漢書曰坐族弟弘農都尉炳事免官也殤帝即位以恭為長樂衛尉永初元年復代梁鮪為司徒漢官儀曰鮪字伯元河東平陽人也初和帝末下令麥秋得案驗薄刑而州郡好以苛察為政因此遂盛夏斷獄恭上疏諫曰臣伏見詔書敬若天時若順也尚書堯典曰乃命羲和欽若昊天敬授人時憂念萬民為崇和氣罪非殊死且勿案驗進柔良退貪殘奉時令言順月令以行事也所以助仁德順昊天致和氣利黎民者也舊制至立秋乃行薄刑自永元十五年以來改用孟夏而刺史太守不深惟憂民息事之原進良退殘之化月令曰孟夏命太尉贊桀俊遂賢良舉長大行爵出祿必當其位因以盛夏徵召農人拘對考驗連滯無已司隸典司京師四方是則漢官儀曰司隸校尉董領京師及三輔三河弘農而近於春月分行諸部託言勞來貧人而無隱惻之實煩擾郡縣廉考非急逮捕一人罪延十數逮及也辭所連及即追捕之上逆時氣下傷農業案易五月姤用事東觀記曰五月姤卦用事姤卦巽下乾上初六一陰爻生五月之卦也本多作后古字通經曰后以施令誥四方誥理也易姤卦象曰天下有風姤后以施令誥四方乾為天君之象也巽為風號令之象也后君也故以象人君施令也言君以夏至之日施命令止四方行者所以助微陰也易復卦曰先王以至日閉關商旅不行故夏至止行也五月陰氣始生故曰微陰行者尚止之況於逮召考掠奪其時哉比年水旱傷稼人饑流亢亢散也今始夏百穀權輿陽氣胎養之時爾雅曰權輿始也萬物皆含胎長養之時自三月以來陰寒不暖物當化變而不被和氣月令孟夏斷薄刑出輕繫行秋令則苦雨數來五穀不熟鄭玄注禮記云申之氣乘之也苦雨白露之類也時物得而傷也又曰仲夏挺重囚益其食挺猶寬也行秋令則草木零落酉之氣乘之也八月宿直昴為獄主殺人傷於疫大陵之氣為害也大陵星名春秋合誠圖曰大陵主死喪也夫斷薄刑者謂其輕罪已正不欲令久繫故時斷之也臣愚以為今孟夏之制可從此令其決獄案考皆以立秋為斷以順時節育成萬物則天地以和刑罰以清矣初肅宗時斷獄皆以冬至之前自後論者互多駁異鄧太后詔公卿以下會議恭議奏曰夫陰陽之氣相扶而行發動用事各有時節若不當其時則物隨而傷王者雖質文不同而茲道無變四時之政行之若一月令周世所造而所據皆夏之時也謂氣候及星辰昏旦皆夏時也其變者唯正朔服色犧牲徽號器械而已夏以建寅為正服色尚黑殷以建丑為正尚白周以建子為正尚赤周以夜半為朔殷以雞鳴為朔夏以平旦為朔祭天地宗廟曰犧卜得吉曰牲徽號旌旗之名也器械禮樂之器及甲兵也故曰殷因於夏禮周因於殷禮所損益可知也易曰潛龍勿用龍以喻陽氣易乾卦初九爻辭言十一月十二月陽氣潛藏未得用事雖煦嘘萬物養其根荄荄草根也荄音該又音皆而猶盛陰在上地凍水冰陽氣否隔閉而成冬故曰履霜堅冰陰始凝也

馴致其道至堅冰也易坤卦象辭也馴順也言陰以卑順為道漸至顯著猶自履霜而至堅冰言五月微陰始起至十一月堅冰至也夫王者之作因時為法孝章皇帝深惟古人之道助三正之微定律著令三正三微也前書音義曰言陽氣始施萬物而未著故曰微一曰天統謂周十一月建子為正天始施之端也二曰地統謂殷十二月建丑為正地始化之端也三曰人統謂夏十三月建寅為正人始成之端也冀承天心順物性命以致時雍然從變改以來年歲不熟穀價常貴人不寧安小吏不與國同心者率入十一月得死罪賊不問曲直便即格殺雖有疑罪不復讞正一夫吁嗟王道為虧況於衆乎易十二月君子以議獄緩死易中孚象詞也稽覽圖中孚十二月卦也可令疑罪使詳其法大辟之科盡冬月乃斷其立春在十二月中者勿以報囚如故事報囚謂奏請報決也後卒施行恭再在公位選辟高第至列卿郡守者數十人而其耆舊大姓或不蒙薦舉至有怨望者恭聞之曰學之不講是吾憂也講習也論語孔子之言也諸生不有鄉舉者乎終無所言言人患學之不習耳若能究習自有鄉里之舉豈待要三公之辟乎恭性謙退奏議依經潛有補益然終不自顯故不以剛直為稱三年以老病策罷六年年八十一卒於家以兩子為郎長子謙為隴西太守有名績謙子旭官至太僕從獻帝西入關與司徒王允同謀共誅董卓及李傕入長安旭與允俱遇害

丕字叔陵性沈深好學孳孳不倦孳孳不息之意遂杜絕交游不答候問之禮士友常以此短之而丕欣然自得遂兼通五經以魯詩尚書教授為當世名儒後歸郡為督郵功曹所事之將無不師友待之建初元年肅宗詔舉賢良方正大司農劉寬舉丕時對策者百有餘人唯丕在高第除為議郎遷新野令視事朞年州課第一擢拜青州刺史務在表賢明慎刑罰七年坐事下獄司寇論司寇刑名也決罪曰論言奏而論決之前書曰司寇二歲刑也元和元年徵再遷拜趙相門生就學者常百餘人關東號之曰五經復興魯叔陵趙王商嘗欲避疾商趙王良之孫便時移住學官丕止不聽學官謂學舍也王乃上疏自言詔書下丕丕奏曰臣聞禮諸侯薨於路寢大夫卒於嫡室路寢嫡室皆正寢禮喪大記之文死生有命未有逃避之典也學官傳五帝之道脩先王禮樂教化之處王欲廢塞以廣游讌事不可聽詔從丕言王以此憚之其後帝巡狩之趙特被引見難問經傳厚加賞賜在職六年嘉瑞屢降吏人重之永元二年遷東郡太守丕在二郡為人脩通溉灌百姓殷富數薦達幽隱名士續漢書曰薦王龔等皆備帷幄近臣明年拜陳留太守視事三朞後坐稟貧人不實徵司寇論十一年復徵再遷中散大夫續漢志曰秩六百石無員時侍中賈逵薦丕道蓺深明宜見任用和帝因朝會召見諸儒丕與侍中賈逵尚書令黃香等相難數事帝善丕說罷朝特賜冠幘履韈衣一襲丕因上疏曰臣以愚頑顯備大位犬馬氣衰猥得進見論難於前無所甄明甄別也衣服之賜誠為優過臣聞說經者傳先師之言非從已出不得相讓相讓則道不明若規矩權衡之不可枉也規圓也矩方也權秤錘衡秤衡難者必明其據說者務立其義浮華無用之言不陳於前故精思不勞而道術愈章法異者各令自說師法博觀其義覽詩人之旨意察雅頌之終始明舜禹皋陶之相戒尚書帝舜謂禹曰臣作朕股肱耳目禹戒舜曰安汝止慎乃在位咎繇戒禹曰慎厥身修思永惇敘九族在知人禹曰吁咸若時惟帝其難之是相戒也顯周公箕子之所陳周公作無逸立政二篇以戒成王箕子為武王陳洪範九疇之義並見尚書觀乎人文化成天下易賁卦曰觀乎天文以察時變觀乎人文以化成天下注云解天之文則時變可知解人之文則化成可為也陛下既廣納謇謇以開四聰無令芻蕘以言得罪芻蕘採薪者也大雅板詩曰詢于芻蕘也既顯巖穴以求仁賢無使幽遠獨有遺失十三年遷為侍中免永初二年詔公卿舉儒術篤學者大將軍鄧騭舉丕再遷復為侍中左中郎將再為三老三老解見明帝紀也五年年七十五卒於官

魏霸傳

魏霸字喬卿濟陰句陽人也句音鉤世有禮義霸少喪親兄弟同居州里慕其雍和建初中舉孝廉八遷和帝時為鉅鹿太守以簡朴寬恕為政掾史有過要先誨其失不改者乃罷之吏或相毀訴霸輒稱他吏之長終不及人短言者懷慙譖訟遂息永元十六年徵拜將作大匠明年和帝崩典作順陵時盛冬地凍中使督促數罰縣吏以厲霸霸撫循而已初不切責而反勞之曰令諸卿被辱大匠過也吏皆懷恩力作倍功延平元年代尹勤為太常明年以病致仕為光祿大夫永初五年拜長樂衛尉以病乞身復為光祿大夫卒於官

劉寬傳

劉寬字文饒弘農華陰人也謝承書曰寬少學歐陽尚書京氏易尤明韓詩外傳星官風角算歷皆究極師法稱為通儒未嘗與人爭埶利之事也角四隅之風占之也父崎順帝時為司徒崎音丘宜反寬嘗行有人失牛者乃就寬車中認之寬無所言下駕步歸有頃認者得牛而送還叩頭謝曰慙負長者隨所刑罪寬曰物有相類事容脫誤幸勞見歸何為謝之州里服其不校校報也論語曾子曰犯而不校桓帝時大將軍辟五遷司徒長史大將軍梁冀也時京師地震特見詢問再遷出為東海相東海王彊曾孫臻之相也延熹八年徵拜尚書令遷南陽太守典歷三郡溫仁多恕雖在倉卒未嘗疾言遽色常以為齊之以刑民免而無恥吏人有過但用蒲鞭罰之示辱而已終不加苦事有功善推之自下災異或見引躬克責每行縣止息亭傳輒引學官祭酒及處士諸生執經對講續漢書曰博士祭酒秩六百石祭酒本僕射也中興改為祭酒處士有道蓺而在家者見父老慰以農里之言少年勉以孝悌之訓人感德興行日有所化靈帝初徵拜太中大夫侍講華光殿洛陽宮殿簿云華光殿在華林園內遷侍中賜衣一襲轉屯騎校尉遷宗正轉光祿勳熹平五年代許訓為太尉漢官儀曰許訓字季師平輿人靈帝頗好學蓺每引見寬常令講經寬常於坐被酒睡伏被加也為酒所加也被音平寄反帝問太尉醉邪寬仰對曰臣不敢醉但任重責大憂心如醉帝重其言寬簡略嗜酒不好盥浴說文曰澡手曰盥音管京師以為諺嘗坐客遣蒼頭市酒迂久大醉而還迂久猶良久也客不堪之罵曰畜產寬須臾遣人視奴疑必自殺顧左右曰此人也罵言畜產辱孰甚焉故吾懼其死也夫人欲試寬令恚伺當朝會裝嚴已訖使侍婢奉肉羹翻汙朝衣婢遽收之寬神色不異乃徐言曰羹爛汝手其性度如此海內稱為長者後以日食策免拜衛尉光和二年復代段熲為太尉在職三年以日變免又拜永樂少府遷光祿勳以先策黃巾逆謀先策謂預知也以事上聞封逯鄉侯六百戶逯音錄中平二年卒年六十六贈車騎將軍印綬位特進謚曰昭烈侯子松嗣官至宗正

贊曰卓魯款款情愨德滿款款忠誠也仁感昆蟲愛及胎卵童兒不捕雉也寬霸臨政亦稱優緩

後漢書卷五十六

宋　宣　城　太　守　范曄撰

唐　章　懷　太　子　賢注

伏侯宋蔡馮趙牟韋列傳第十六

伏湛傳子隆

伏湛字惠公琅邪東武人也九世祖勝字子賤所謂濟南伏生者也湛高祖父孺武帝時客授東武因家焉父理為當世名儒以詩授成帝為高密太傅別自名學為高密王寬傳也寬武帝玄孫廣陵王胥後也前書儒林傳曰伏理字君游受詩於匡衡由是齊詩有匡伏之學故言別自名學也湛性孝友少傳父業教授數百人成帝時以父

任爲博士弟子五遷至王莽時爲繡衣執法（武帝置繡衣御史王莽改御史曰執法故曰繡衣執法也）使督大姦遷後隊屬正（王莽改河內爲後隊）更始立以爲平原太守時倉卒兵起天下驚擾而湛獨晏然教授不廢謂妻子曰夫一穀不登國君徹膳（禮記曰年穀不登君膳不祭肺）今民皆飢奈何獨飽乃共食麤糲（糲麤米也九章算術曰粟五十糲率三十一斛粟得六斗米爲糲也）悉分奉祿以賑鄉里來客者百餘家時門下督素有氣力謀欲爲湛起兵湛惡其惑衆即收斬之徇首城郭以示百姓於是吏人信向郡內以安平原一境湛所全也光武即位知湛名儒舊臣欲令幹任內職（幹主也）徵拜尚書使典定舊制時大司徒鄧禹西征關中帝以湛才任宰相拜爲司直行大司徒事車駕每出征伐常留鎮守總攝羣司建武三年遂代鄧禹爲大司徒封陽都侯（陽都縣名屬城陽國故城在今沂州沂水縣東）時彭寵反於漁陽帝欲自征之湛上疏諫曰臣聞文王受命而征伐五國（五國謂西伯受命伐犬夷伐密須伐耆伐邘伐崇見史記）必先詢之同姓然後謀於羣臣加占蓍龜以定行事（書曰謀及卿士謀及卜筮又曰文王唯卜用克綏受茲命詩大雅曰爰始爰謀爰契我龜）故謀則成卜則吉戰則勝其詩曰帝謂文王詢爾仇方同爾弟兄以爾鉤援與爾臨衝以伐崇庸（詩大雅也仇匹也鉤援梯所引上城也臨臨車也衝衝車也庸城也崇侯倡紂爲無道故伐焉）崇國城守先退後伐（左氏傳曰文王聞崇德亂而伐之軍三旬而不降退修政而復伐之因壘而降）所以重人命俟時而動故參分天下而有其二陛下承大亂之極受命而帝興明祖宗出入四年而滅檀鄉制五校降銅馬破赤眉誅鄧奉之屬不爲無功今京師空匱資用不足未能服近而先事邊外且漁陽之地逼接北狄黠虜困迫必求其助又今所過縣邑尤爲困乏種麥之家多在城郭聞官兵將至當已收之矣大軍遠涉二千餘里士馬罷勞轉糧艱阻今兗豫青冀中國之都而寇賊從横未及從化漁陽以東本備邊塞地接外虜貢稅微薄安平之時尚資內郡況今荒耗豈足先圖而陛下捨近務遠棄易求難四方疑怪百姓恐懼誠臣之所惑也復願遠覽文王重兵博謀近思征伐前後之宜顧問有司使極愚誠采其所長擇之聖慮以中土爲憂念帝覽其奏竟不親征時賊徐異卿等（異卿即賨索賊帥徐少也）萬餘人據富平連攻之不下（富平縣名屬平原郡故城今棣州厭次縣也）唯云願降司徒伏公帝知湛爲青徐所信向遣到平原異卿等即日歸降護送洛陽湛雖在倉卒造次必於文德以爲禮樂政化之首顛沛猶不可違（顛沛猶僵仆也）是歲奏行鄉飲酒禮遂施行之其冬車駕征張步留湛居守時蒸祭高廟（冬祭曰烝也）而河南尹司隸校尉於廟中爭論湛不舉奏坐策免六年徙封不其侯邑三千六百戶遣就國（不其縣名屬琅邪郡其音基）後南陽太守杜詩上疏薦湛曰臣聞唐虞以股肱康文王以多士寧是故詩稱濟濟書曰良哉（大雅詩曰濟濟多士尚書曰股肱良哉）臣詩竊見故大司徒陽都侯伏湛自行束修訖無毀玷（訖竟也玷缺也自行束脩謂年十五以上）篤信好學守死善道經爲人師行爲儀表前在河內朝歌及居平原（朝歌河內縣名也故城在今衞州衞縣西王莽改河內爲後隊謂湛爲後隊屬正也）吏人畏愛則而象之遭時反覆不離兵凶秉節持重有不可奪之志陛下深知其能顯以宰相之重衆賢百姓仰望德義微過斥退久不復用有識所惜儒士痛心臣竊傷之湛容貌堂堂國之光輝（堂堂盛貌也）智略謀慮朝之淵藪髫髮厲志白首不衰（埤蒼曰髫髦也髫髮謂童子垂髮也）實足以先後王室名足以光示遠人（先後相導也詩大雅曰予曰有先後先音先見反後音胡豆反）古者選擢諸侯以爲公卿是故四方回首仰望京師（左傳曰鄭武公莊公爲平王卿士東觀記曰詩上書武公莊公所以砥礪藩屏勸進忠信令四方諸侯咸樂回首仰望京師）柱石之臣宜居輔弼（柱石承棟梁也前書田延年曰將軍爲國柱石尚書大傳曰古者天子必有四鄰前曰疑後曰承左曰輔右曰弼天子有問無以對責之疑可志而不志責之承可正而不正責之輔可揚而不揚責之弼）出入禁門補缺拾遺臣詩愚戇不足以知宰相之才竊懷區區敢不自竭臣前爲侍御史上封事言湛公廉愛下好惡分明累世儒學素持名信經明行修通達國政尤宜近侍納言左右舊制九州五尚書令一郡二人（蓋舊制九州共選五人以任尚書令則一郡乃有二人故欲以湛代一人之處○劉攽曰案正文令合作令尚書令不可有五人若言令一郡二人又無義攷作令乃與注合）可以湛代頗爲執事所非但臣詩蒙恩深渥所言誠有益於國雖死無恨故復越職觸冒以聞十三年夏徵勑尚書擇拜吏日未及就位因讌見中暑病卒賜祕器帝親弔祠遣使者送喪修冢二子隆翕翕嗣爵卒子光嗣光卒子晨嗣（東觀記曰晨尚高平公主）晨謙敬博愛好學尤篤以女孫爲順帝貴人奉朝請位特進卒子無忌嗣亦傳家學博物多識順帝時爲侍中屯騎校尉永和元年詔無忌與議郎黃景校定中書五經諸子百家藝術（中書內中之書也藝文志曰諸子凡一百八十九家言百家舉其成數也藝謂書數射御術謂醫方卜筮）元嘉中桓帝復詔無忌與黃景崔寔等共撰漢記又自采集古今刪著事要號曰伏侯注（其書上自黃帝下盡漢質帝爲八卷見行於今）無忌卒子質嗣官至大司農質卒子完嗣尚桓帝女陽安長公主女爲孝獻皇后曹操殺后誅伏氏國除初自伏生已後世傳經學清靜無競故東州號爲伏不鬭云

隆字伯文少以節操立名（東觀記隆作盛字伯明）仕郡督郵建武二年詣懷宮光武甚親接之時張步兄弟各擁彊兵據有齊地拜隆爲太中大夫持節使青徐二州招降郡國隆移檄告曰乃者猾臣王莽殺帝盜位宗室興兵除亂誅莽故羣下推立聖公以主宗廟而任用賊臣殺戮賢良三王作亂盜賊從横忤逆天心（三王見聖公傳）卒爲赤眉所害皇天祐漢聖哲應期陛下神武奮發以少制衆故尋邑以百萬之軍潰散於昆陽王郎以全趙之師土崩於邯鄲（全趙謂舉趙之地）大彤高胡望旗消靡鐵脛五校莫不摧破梁王劉永幸以宗室屬籍爵爲侯王不知厭足自求禍棄遂封爵牧守造爲詐逆今虎牙大將軍屯營十萬已拔睢陽劉永奔迸家已族矣此諸君所聞也不先自圖後悔何及青徐羣盜得此惶怖獲索賊右師郎等六校即時皆降（右或爲古）張步遣使隨隆（東觀記步遣其掾孫昱隨之）詣闕上書獻鰒魚（郭璞注三蒼云鰒似蛤偏著石廣志曰鰒無鱗有殼一面附石細孔雜雜或七或九本草云石決明一名鰒魚音步角反）其冬拜隆光祿大夫復使於步并與新除青州牧守及都尉俱東詔隆輒拜令長以下隆招懷綏緝多來降附帝嘉其功比之酈生（酈生酈食其也說齊王廣下齊七十餘城食其音異基）即拜步爲東萊太守而劉永亦復遣使立步爲齊王步貪受王爵冘豫未決（冘音以今反）隆曉譬曰高祖與天下約非劉氏不王今可得爲十萬戶侯耳步欲留隆與共守二州隆不聽（二州青州徐州也）求得反命步遂執隆而受永封隆遣間使上書曰臣隆奉使無狀（言罪大也）受執凶逆雖在困厄授命不顧又吏人知步反畔心不附之願以時進兵無以臣隆爲念臣隆得生到闕廷受誅有司此其大願若令沒身寇手以父母昆弟長累陛下（累託也音力僞反）陛下與皇后太子永享萬國與天無極帝得隆奏召父湛流涕以示之曰隆可謂有蘇武之節（武帝時蘇武使匈奴會衞律所將降者陰相與謀劫單于母閼氏歸漢事發單于使衞律考其事召武受辭武不屈節引佩刀自刺單于欲降武武不降杖節牧羊海上臥起操持節節旄盡落在匈奴中十九年乃得歸漢見前書也）恨不且許而遽求還也其後步遂殺之時人莫不憐哀焉五年張步平車駕幸北海詔隆中弟咸收隆喪賜給棺斂太中大夫護送喪事詔告琅邪作冢以子援爲郎中

侯霸傳

侯霸字君房河南密人也族父淵以宦者有才辯任職元帝時佐石顯等領中書號曰大常侍成帝時任霸爲太子舍人（漢官儀曰太子舍人選良家子孫秩二百石）霸矜嚴有威容家累千金不事產業篤志好學師事九江太守房元治穀梁春秋爲元都講（東觀記曰從鍾寧君受律也）王莽初五威司命陳崇舉霸德行遷隨宰（王莽置五威司命將軍又改縣令長曰宰隨縣名屬南陽郡今隨州縣也）縣界曠遠濱帶江湖而亡命者多爲寇盜霸到即案誅豪猾分捕山賊縣中清靜再遷爲執法刺姦（王莽傳曰置執法左右刺姦選能吏侯霸等分督六尉六隊如漢刺史）糾案執位者無所疑憚後爲淮平大尹政理有能名（王莽改臨淮郡爲淮平）及王莽之敗霸保固自守卒全一郡更始元年遣使徵霸（東觀記曰遣謁者侯盛荊州刺史費遂齎璽書徵霸）百姓老弱相攜號哭遮使者車或當道而臥皆曰願乞侯君復留朞年民至乃戒乳婦勿得舉子侯君當去必不能全使者慮霸就徵臨淮必亂不敢授璽書具以狀聞會更始敗道路不通建武四年光武徵霸與車駕會壽春拜尚書令時無故典朝廷又少舊臣霸明習故事收錄遺文條奏前世善政法度有益於時者皆施行之每春下寬大之詔奉四時之令皆霸所建也（月令春布德行慶施惠下人故曰寬大奉四時謂依月令也）明年代伏湛爲大司徒封關內侯在位明察守正奉公不回十三年霸薨帝深傷惜之親自臨弔下詔曰惟霸積善清絜視事九年漢家舊制丞相拜日封爲列侯（漢自高祖以列侯爲丞相武帝以元勳佐命告盡拜公孫弘爲丞相封平津侯因以爲故事）朕以軍師暴露功臣未封緣忠臣之義不欲相踰未及爵命奄然而終嗚呼哀哉於是追封謚霸則鄉哀侯食邑二千六百戶子昱嗣臨淮吏人共爲立祠四時祭焉以沛郡太守韓歆代霸爲大司徒歆字翁君南陽人以從攻伐有功封扶陽侯好直言無隱諱帝每不能容嘗因朝會聞帝讀隗囂公孫述相與書歆曰亡國之君皆有才桀紂亦有才帝大怒以爲激發歆又證歲將饑凶指天畫地言甚剛切坐免歸田里帝猶不釋復遣使宣詔責之司隸校尉鮑永固請不能得歆及子嬰竟自殺歆素有重名死非其罪衆多不厭（厭音一葉反）帝乃追賜錢穀以成禮葬之（成禮具禮也言不以非命而降其葬禮）後千乘歐陽歙清河戴涉相代爲大司徒坐事下獄死自是大臣難居相任其後河內蔡茂京兆王況（王音況）魏郡馮勤皆得薨位況字文伯性聰敏爲陳留太守以德行化人遷司徒四年薨昱後徙封於陵侯（於陵縣名屬濟南郡故城在今淄州長山縣南）永平中兼太僕昱卒子建嗣建卒子昌嗣

宋弘傳

宋弘字仲子京兆長安人也父尚成帝時至少府哀帝立以不附董賢違忤抵罪弘少而溫順哀平閒作侍中王莽時爲共工（王莽改少府曰共工）赤眉入長安遣使徵弘逼迫不得已行至渭橋自投於水家人救得出因佯死獲免光武即位徵拜太中大夫建武二年代王梁爲大司空封栒邑侯（栒音荀）所得租奉分贍九族家無資產以清行致稱徙封宣平侯帝嘗問弘通博之士弘乃薦沛國桓譚才學洽聞幾能及揚雄劉向父子（幾音祈洽浹洽也幾近也前書班固曰谷永經書泛爲疏達不能浹洽如劉向父子及揚雄也故弘引焉）於是召譚拜議郎給事中帝每讌輒令鼓琴好其繁聲弘聞之不悅悔於薦

舉何譚內出正朝服坐府上遣吏召之譚至不與席而讓之曰吾所以薦子者欲令輔國家以道德也而今數進鄭聲以亂雅頌非忠正者也論語孔子曰惡鄭聲之亂雅樂也史記曰鄭音好濫淫志也能自改邪將令相舉以法乎譚頓首辭謝良久乃遣之後大會羣臣帝使譚鼓琴譚見弘失其常度帝怪而問之弘乃離席免冠謝曰臣所以薦桓譚者望能以忠正導主而令朝廷耽悅鄭聲臣之罪也帝改容謝使反服其後遂不復令譚給事中弘推進賢士馮翊桓梁三十餘人或相及爲公卿者及猶繼也弘當讌見○劉攽曰案文當合作嘗御坐新屏風圖畫列女帝數顧視之弘正容言曰未見好德如好色者帝即爲徹之笑謂弘曰聞義則服可乎對曰陛下進德臣不勝其喜時帝姊湖陽公主新寡帝與共論朝臣微觀其意主曰宋公威容德器羣臣莫及帝曰方且圖之後弘被引見帝令主坐屏風後因謂弘曰諺言貴易交富易妻人情乎弘曰臣聞貧賤之知不可忘糟糠之妻不下堂帝顧謂主曰事不諧矣弘在位五年坐考上黨太守無所據免歸第言無罪狀可據數年卒無子國除弘弟嵩以剛彊孝烈著名官至河南尹嵩子由章和間爲太尉坐阿黨竇憲策免歸本郡自殺由二子漢登登在儒林傳漢字仲和以經行著名舉茂才四遷西河太守永建元年爲東平相度遼將軍爲東平王蒼曾孫端相也立名節以威恩著稱遷太僕上病自乞拜太中大夫卒策曰太中大夫宋漢清修雪白正直無邪前在方外仍統軍實仍頻也統領也軍實謂軍之所資也左傳曰隆軍實懷柔異類莫匪嘉績戎車載戢邊人用寧予錄乃勳引登九列因病退讓守約彌堅將授三事未剋而終朝廷愍悼怛其愴然詩不云乎肇敏戎功用錫爾祉大雅江漢之詩也吉甫美宣王能興衰撥亂命召公平淮夷毛萇注云肇謀也敏疾也戎大也功事也祉謂福慶共令將相大夫會葬加賜錢十萬及其在殯以全素絲羔羊之潔焉詩國風曰羔羊之皮素絲五紽退食自公委蛇委蛇退食減膳也言卿大夫皆衣羔羊之裘素絲自減膳食從於公事行步委蛇自得子則字元矩爲鄢陵令亦有名迹拔同郡韋著扶風法眞稱爲知人則子年十歲與蒼頭共弩射蒼頭弦斷矢激誤中之即死奴叩頭就誅則察而恕之潁川荀爽深以爲美時人亦服焉

論曰中興以後居台相總權衡多矣其能以任職取名者豈非先遠業後小數哉遠業謂德禮小數謂名法也故惠公造次急於鄉射之禮君房入朝先奏寬大之令夫器博者無近用道長者其功遠蓋志士仁人所爲根心者也根猶本也君子以之得固貴矣以之失亦得矣以之得謂行道義而得固可貴矣以之失謂行道義而失亦爲得矣宋弘止繁聲戒淫色其有關雎之風乎詩序曰關雎樂得淑女以配君子憂在進賢不淫其色也

蔡茂傳 郭賀附

蔡茂字子禮河內懷人也哀平間以儒學顯徵試博士對策陳災異以高等擢拜議郎遷侍中遇王莽居攝以病自免不仕莽朝會天下擾亂茂素與竇融善因避難歸之融欲以爲張掖太守固辭不就每所餉給計口取足而已後與融俱徵復拜議郎再遷廣漢太守有政績稱時陰氏賓客在郡界多犯吏禁茂輒糾案無所回避會洛陽令董宣舉糾湖陽公主帝始怒收宣既而赦之茂喜宣剛正欲令朝廷禁制貴戚乃上書曰臣聞興化致教必由進善康國寧人莫大理惡陛下聖德重興再隆大命即位以來四海晏然誠宜夙興夜寐雖休勿休然頃者貴戚椒房之家數因恩埶干犯吏禁殺人不死傷人不論臣恐繩墨棄而不用繩墨謂章程也斧斤廢而不舉斧斤謂刑戮也賈誼曰釋斤斧之用也近湖陽公主奴殺人西市而與主共輿出入宮省逋罪積日冤魂不報洛陽令董宣直道不顧干主討姦陛下不先澄審召欲加箠當宣受怒之初京師側耳及其豪宥天下拭目今者外戚憍逸賓客放濫宜勑有司案理姦罪使執平之吏永申其用以厭遠近不緝之情光武納之緝叶也建武二十年代戴涉爲司徒在職清儉匪懈二十三年薨于位時年七十二賜東園梓棺賻贈甚厚東園署名主作棺也茂初在廣漢夢坐大殿極上有三穗禾茂跳取之得其中穗輒復失之屋之大者古通呼爲殿也極殿棟也前書音義曰三輔間謂屋梁爲極以問主簿郭賀賀離席慶曰大殿者宮府之形象也極而有禾人臣之上祿也取中穗是中台之位也於字禾失爲秩雖曰失之乃所以得祿秩也袞職有闕君其補之三公服袞畫爲龍龍首卷然故言龍袞詩曰袞職有闕仲山甫補之旬月而茂徵焉乃辟賀爲掾賀字喬卿雒陽人祖父堅伯父游君並修清節不仕王莽賀能明法累官建武中爲尚書令在職六年曉習故事多所匡益拜荊州刺史引見賞賜恩寵隆異及到官有殊政百姓便之歌曰厥德仁明郭喬卿忠正朝廷上下平顯宗巡狩至南陽特見嗟歎賜以三公之服黼黻冕旒三公服袞冕黼若斧形黻若兩己相背冕以木爲之衣以帛玄上纁下廣八寸長尺六寸旒謂冕前後所垂玉也天子十二旒上公九旒勑行部去襜帷使百姓見其容服以章有德每所經過吏人指以相示莫不榮之永平四年徵拜河南尹以清靜稱在官三年卒詔書愍惜賜車一乘錢四十萬

馮勤傳

馮勤字偉伯魏郡繁陽人也曾祖父揚宣帝時爲弘農太守有八子皆爲二千石趙魏間榮之號曰萬石君焉兄弟形皆偉壯唯勤祖父偃長不滿七尺常自恥短陋恐子孫之似也東觀記偃爲黎陽令乃爲子伉娶長妻伉生勤長八尺三寸八歲善計計算術也初爲太守銚期功曹有高能稱期常從光武征伐政事一以委勤勤同縣馮巡等舉兵應光武謀未成而爲豪右焦廉等所反反音幡勤乃率將老母兄弟及宗親歸期期悉以爲腹心薦於光武初未被用後乃除爲郎中給事尚書東觀記魏郡太守范橫上疏薦勤然始除之以圖議軍糧在事精勤遂見親識每引進帝輒顧謂左右曰佳乎吏也由是使典諸侯封事勤差量功次輕重國土遠近地埶豐薄不相踰越莫不厭服焉自是封爵之制非勤不定帝益以爲能尚書衆事皆令總錄之司徒侯霸薦前梁令閻楊楊素有譏議帝常嫌之既見霸奏疑其有姦大怒賜霸璽書曰崇山幽都何可偶崇山南裔也幽都北裔也偶對也言將殺之不可得流徙也尚書舜流共工於幽州放驩兜於崇山黃鉞一下無處所鉞斧也以黃金飾之所以戮人欲以身試法邪將殺身以成仁邪使勤奉策至司徒府勤還陳霸本意申釋事理帝意稍解拜勤尚書僕射職事十五年以勤勞賜爵關內侯遷尚書令拜大司農三歲遷司徒先是三公多見罪退帝賢勤欲令以善自終乃因讌見從容戒之曰朱浮上不忠於君下陵轢同列竟以中傷至今朱浮爲大司空坐賣弄國恩免又爲陵轢同列帝銜之惜其功不忍加罪死生吉凶未可知豈不惜哉人臣放逐受誅雖復追加賞賜賻祭不足以償不訾之身訾量也言無量可比之貴重之極也訾與貲同忠臣孝子覽照前世以爲鏡誡能盡忠於國事君無二則爵賞光乎當世功名列於不朽可不勉哉勤愈恭約盡忠號稱任職勤母年八十每會見詔勑勿拜令御者扶上殿謂諸王曰使勤貴寵者此母也其見親重如此中元元年薨東觀記曰中元元年車駕西幸長安祠園陵還勤燕見前殿盡日歸府因病喘逆上使太醫療視賞賜錢帛遂薨帝悼惜之使者弔祠賜東園祕器賵贈有加勤七子長子宗嗣至張掖屬國都尉中子順尚平陽長公主終於大鴻臚平陽主明帝女建初八年以順中子奮襲主爵爲平陽侯薨無子永元七年詔書復封奮兄羽林右監勁爲平陽侯奉公主之祀奮弟由黃門侍郎尚平安公主章帝女也臣賢案東觀記亦云安平皇后紀云由尚平邑公主紀傳不同未知孰是○劉攽曰案傳作平安注云安平必有一誤然安平是縣名則安平是矣勁薨子卯嗣卯延光中爲侍中薨子留嗣

趙憙傳

趙憙字伯陽南陽宛人也少有節操從兄爲人所殺無子憙年十五常思報之乃挾兵結客後遂往復仇而仇家皆疾病無相距者憙以因疾報殺非仁者心且釋之而去顧謂仇曰爾曹若健遠相避也仇皆臥自搏自搏猶叩頭也後病愈悉自縛詣憙憙不與相見後竟殺之更始即位舞陰大姓李氏擁城不下更始遣柱天將軍李寶降之不肯云聞宛之趙氏有孤孫憙信義著名願得降之更始乃徵憙憙年未二十既引見更始笑曰繭栗犢豈能負重致遠乎繭栗角如繭栗言小也禮記曰天地之牲角繭栗即除爲郎中行偏將軍事使詣舞陰而李氏遂降憙因進入潁川擊諸不下者歷汝南界還宛更始大悅謂憙曰卿名家駒努力勉之武帝謂劉德爲千里之駒故以憙比之會王莽遣王尋王邑將兵出關更始乃拜憙爲五威偏將軍使助諸將拒尋邑於昆陽光武破尋邑憙被創有戰勞還拜中郎將封勇功侯更始敗憙爲赤眉兵所圍迫急乃踰屋亡走與所友善韓仲伯等數十人攜小弱越山阻徑出武關仲伯以婦色美慮有彊暴者而已受其害欲棄之於道憙責怒不聽因以泥塗仲伯婦面載以鹿車身自推之風俗通曰俗說鹿車窄小裁容一鹿每道逢賊或欲逼略憙輒言其病狀以此得免既入丹水丹水縣名屬南陽郡故城在今鄧州內鄉縣西南臨丹水遇更始親屬皆裸跣塗炭飢困不能前塗炭者若陷泥墜火喻窮困之極也憙見之悲感所裝縑帛資糧悉以與之將護歸鄉里時鄧奉反於南陽憙素與奉善數遺書切責之而讒者因言憙與奉合謀帝以爲疑及奉敗帝得憙書乃驚曰趙憙眞長者也即徵憙引見賜鞍馬待詔公車時江南未賓道路不通以憙守簡陽侯相憙不肯受兵東觀記曰勑憙從騎都尉儲融受兵二百人通利道路憙白上不願受融兵單車馳往度其形況上許之單車馳之簡陽吏民不欲內憙憙乃告譬呼城中大人示以國家威信其帥即開門面縛自歸由是諸營壁悉降荊州牧奏憙才任理劇詔以爲平林侯相攻擊羣賊安集已降者縣邑平定後拜懷令大姓李子春先爲琅邪相豪猾并兼爲人所患憙下車聞其二孫殺人事未發覺即窮詰其姦收考子春二孫自殺京師爲請者數十終不聽時趙王良疾病將終車駕親臨王問所欲言王曰素與李子春厚今犯罪懷令趙憙欲殺之願乞其命帝曰吏奉法律不可枉也更道它所欲王無復言既薨帝追感趙王乃貰出子春其年遷憙平原太守時平原多盜賊憙與諸郡討捕斬其渠帥餘黨當坐者數千人憙上言惡惡止其身公羊傳曰善善及子孫惡惡止其身可一切徙京師近郡帝從之乃悉移置潁川陳留於是擢舉義行誅鋤姦惡後青州大蝗侵入平原界輒死歲屢有年百姓歌之二十六年帝延集內戚讌會歡甚諸夫人各各前言趙憙篤義多恩往遭赤眉出長安皆爲憙所濟活帝甚嘉之後徵憙入爲太僕引見謂曰卿非但爲英雄所保也婦人亦懷卿之恩

厚加賞賜二十七年拜太尉賜爵關內侯時南單于稱臣烏桓鮮卑並來入朝帝令憙典邊事思爲久長規（規謀也）憙上復緣邊諸郡幽并二州由是而定（復音伏謂建武六年徙雲中五原人於常山居庸關至二十六年復令還雲中五原東觀記曰草創苟合未有還人憙上此請徙之令還也）三十年憙上言宜封禪正三雍之禮中元元年從封泰山及帝崩憙受遺詔典喪禮是時藩王皆在京師自王莽篡亂舊典不存皇太子與東海王等雜止同席憲章無序憙乃正色橫劍殿階扶下諸王以明尊卑時藩國官屬出入宮省與百僚無別憙乃表奏謁者將護分止它縣諸王並令就邸唯朝晡入臨整禮儀嚴門衛內外肅然永平元年封節鄉侯三年春坐考中山相薛修事不實免（修光武子中山王焉相也）其冬代竇融爲衛尉八年代虞延行太尉事居府如眞後遭母憂上疏乞身行喪禮顯宗不許遣使者爲釋服賞賜恩寵甚渥憙內典宿衛外幹宰職正身立朝未嘗懈惰及帝崩復典喪事再奉大行禮事修舉肅宗即位進爲太傅錄尚書事擢諸子爲郎吏者七人長子代給事黃門建初五年憙疾病帝親幸視及薨車駕往臨弔時年八十四謚曰正侯子代嗣官至越騎校尉永元中副行征西將軍劉尚征羌坐事下獄疾病物故和帝憐之賜祕器錢布贈越騎校尉節鄉侯印綬子直嗣官至步兵校尉直卒子淑嗣無子國除

牟融傳

牟融字子優北海安邱人也少博學以大夏侯尚書教授（大夏侯名勝宣帝時人也）門徒數百人名稱州里以司徒茂才爲豐令（司徒舉爲茂才也豐令徐州縣也）視事三年縣無獄訟爲州郡最司徒范遷薦融忠正公方經行純備宜在本朝并上其理狀（漢官儀曰范遷字子廬沛人也）永平五年入代鮑昱爲司隸校尉多所舉正百僚敬憚之八年代包咸爲大鴻臚十一年代鮭陽鴻爲大司農（鮭陽姓也鮭音胡佳反）是時顯宗方勤萬幾公卿數朝會每輒延謀政事判折獄訟融經明才高善論議朝廷皆服其能帝數嗟歎以爲才堪宰相明年代伏恭爲司空（恭字叔齊伏湛同產兄子也見東觀記）舉動方重甚得大臣節肅宗即位以融先朝名臣代趙憙爲太尉與憙參錄尚書事建初四年薨車駕親臨其喪時融長子麟歸鄉里帝以其餘子幼弱勑太尉掾史敎其威儀進止賻賵恩寵篤密焉又賜冢塋地於顯節陵下除麟爲郎

韋彪傳（族子義）

韋彪字孟達扶風平陵人也高祖賢宣帝時爲丞相祖賞哀帝時爲大司馬彪孝行純至父母卒哀毀三年不出廬寢服竟羸瘠骨立異形醫療數年乃起好學洽聞雅稱儒宗建武末舉孝廉除郎中以病免復歸教授安貧樂道恬於進趣三輔諸儒莫不慕仰之顯宗聞彪名永平六年召拜謁者賜以車馬衣服三遷魏郡太守肅宗即位以病免徵爲左中郎將長樂衛尉數陳政術每歸寬厚比上疏乞骸骨拜爲奉車都尉秩中二千石賞賜恩寵侔於親戚建初七年車駕西巡狩以彪行太常從數召入問以三輔舊事禮儀風俗彪因建言今西巡舊都宜追錄高祖中宗功臣（中宗宣帝）褒顯先勳紀其子孫帝納之行至長安乃制詔京兆尹右扶風求蕭何霍光後時光無苗裔唯封何末孫熊爲酇侯建初二年已封曹參後曹湛爲平陽侯故不復及焉乃厚賜彪錢珍羞食物使歸平陵上冢還拜大鴻臚是時陳事者多言郡國貢舉率非功次故守職益懈而吏事寖疏咎在州郡有詔下公卿朝臣議彪上議曰伏惟明詔憂勞百姓垂恩選舉務得其人夫國以簡賢爲務賢以孝行爲首孔子曰事親孝故忠可移於君是以求忠臣必於孝子之門（孝經緯之文也）夫人才行少能相兼是以孟公綽優於趙魏老不可以爲滕薛大夫（論語孔子之言也公綽魯大夫趙魏皆晉卿之邑也家臣稱老公綽性寡欲趙魏老優閒無事滕薛小國大夫職煩故不可爲也）忠孝之人持心近厚鍜鍊之吏持心近薄（蒼頡篇曰鍜推也鍜鍊猶成熟也言深文之吏入人之罪猶工冶陶鑄鍜鍊使之成熟也前漢路溫舒上疏曰鍜鍊而周內之）三代之所以直道而行者在其所以磨之故也（論語孔子曰吾之於人誰毀誰譽如有所譽者其有所試矣斯三代之所以直道而行也彪引之者言古之用賢皆磨礪選鍊然後用之）士宜以才行爲先不可純以閥閱（史記曰明其等曰閥積功曰閱）然其要歸在於選二千石二千石賢則貢舉皆得其人帝深納之彪以世承二帝更化之後多以苛刻爲能（二帝光武明帝也）又置官選職不必以才因盛夏多寒上疏諫曰臣聞政化之本必順陰陽伏見立夏以來當暑而寒殆以刑罰刻急郡國不奉時令之所致也農人急於務而苛吏奪其時賦發充常調而貪吏割其財此其巨患也夫欲急人所務當先除其所患天下樞要在於尚書（百官志曰尚書主知公卿二千石吏官上書外國夷狄事故曰樞要）尚書之選豈可不重而間者多從郎官超升此位雖曉習文法長於應對然察察小慧類無大能宜簡嘗歷州宰素有名者雖進退舒遲時有不逮然端心向公奉職周密宜鑒嗇夫捷急之對（嗇夫官名也文帝出上林登虎圈因問上林尉禽獸簿不能對虎圈嗇夫從旁代對響應無窮文帝拜嗇夫爲上林令張釋之曰夫絳侯東陽侯言事曾不能出口豈効此嗇夫喋喋利口捷急哉文帝曰善遂不拜嗇夫爲上林令）深思絳侯木訥之功也（木質也訥遲鈍也前書曰周勃木彊少文又曰安劉氏者必勃）往時楚獄大起故置令史以助郎職而類多小人好爲姦利今者務簡可皆停省又諫議之職應用公直之士通才謇正有補益於朝者今或從徵試輩爲大夫（輩猶類也）又御史外遷動據州郡並宜清選其任責以言績其二千石視事雖久而爲吏民所便安者宜增秩重賞勿妄遷徙惟留聖心書奏帝納之元和二年春東巡狩以彪行司徒事從行還以病乞身帝遣小黃門太醫問病賜以食物彪遂稱困篤章和二年夏使謁者策詔曰彪以將相之裔勤身飭行出自州里在位歷載中被篤疾連上求退君年在耆艾（禮記曰六十曰耆五十曰艾）不可復以加增恐職事煩碎重有損焉其上大鴻臚印綬其遣太子舍人詣中臧府受賜錢二十萬（續漢志曰中臧府令一人秩六百石掌幣帛金錢貨物也）永元元年卒詔尚書故大鴻臚韋彪在位無愆方欲錄用奄忽而卒其賜錢二十萬布百匹穀三千斛彪清儉好施祿賜分與宗族家無餘財著書十二篇號曰韋卿子族子義義字季節高祖父玄成元帝時爲丞相初彪獨徙扶風故義猶爲京兆杜陵人焉兄順字叔文平輿令有高名（平輿縣名屬汝南郡故城在今豫州汝陽縣東北）次兄豹字季明數辟公府輒以事去司徒劉愷復辟之謂曰卿以輕好去就爵位不躋（躋升也）今歲垂盡當選御史意在相薦子其宿留乎（宿留待也宿音秀留音力救反）豹曰犬馬齒衰旅力已劣（旅衆也尚書曰番番良士旅力既愆）仰慕崇恩故未能自割且眩瞀滯疾不堪久待（眩風疾也瞀亂也謂視不明之貌也眩音縣瞀音亡溝反）選薦之私非所敢當遂跣而起愷追之徑去不顧安帝西巡徵拜議郎少與二兄齊名初仕州郡太傅桓焉辟舉理劇爲廣都長（廣都縣名屬蜀郡故城在今益州成都縣東南）甘陵陳二縣令（甘陵故城在今貝州清河縣西北陳屬梁國今陳州）政甚有績官曹無事牢獄空虛數上書順帝陳宜依古典考功黜陟徵集名儒大定其制又譏切左右貶刺竇氏言既無感而久抑不遷以兄順喪去官比辟公府不就廣都爲生立廟及卒三縣吏民爲義舉哀若喪考妣豹子著字休明少以經行知名不應州郡之命大將軍梁冀辟不就延熹二年桓帝公車備禮徵至霸陵稱疾歸乃入雲陽山采藥不返有司舉奏加罪帝特原之復詔京兆尹重以禮敦勸著遂不就徵（敦猶逼也）靈帝即位中常侍曹節以陳蕃竇氏既誅海內多怨欲借寵時賢以爲名（假借時賢寵榮以求美名用解怨謗）白帝就家拜著東海相（東海王懿相也即東海王彊四代孫）詔書逼切不得已解巾之郡（巾幅巾也既服冠冕故解幅巾）政任威刑爲受罰者所奏坐論輸左校（左校署名屬將作也）又後妻驕恣亂政以之失名竟歸爲姦人所害隱者恥之

贊曰湛霸奮庸維寧兩邦（尚書曰有能奮庸熙帝之載孔安國注曰奮起也庸功也兩邦謂湛爲平原太守霸爲淮平大尹）淮人孺慕徐寇要降（徐寇謂徐異卿也願要降）司徒俠公弘實體遠仁不忘本（謂不忘糟糠妻也）憙政多迹彪明理損牟公簡帝身終上衮

後漢書卷五十七

宋　宣　城　太　守　范　曄　撰

唐　章　懷　太　子　賢　注

宣張王王杜郭吳承鄭趙列傳第十七

宣秉傳

宣秉字巨公馮翊雲陽人也少修高節顯名三輔哀平際見王氏據權專政侵削宗室有逆亂萌遂隱遁深山州郡連召常稱疾不仕王莽爲宰衡辟命不應（周公爲太宰伊尹爲阿衡莽欲兼之故以爲號）及莽篡位又遣使者徵之秉固稱疾病更始即位徵爲侍中建武元年拜御史中丞（前書曰御史中丞秦官秩千石在殿中蘭臺掌圖籍秘書外督部刺史內領侍御史糾察百僚）光武特詔御史中丞與司隸校尉尚書令（續漢志曰尚書令一人千石秦官武帝用宦者成帝用士人也）會同並專席而坐故京師號曰三獨坐明年遷司隸校尉務舉大綱簡略苛細百僚敬之（說文曰苛細草也以喻煩雜也）秉性節約常服布被蔬食瓦器帝嘗幸其府舍見而歎曰楚國二龔不如雲陽宣巨公（二龔謂龔勝字君賓龔舍字君倩二人皆以清苦立節著名事見前書）即賜布帛帳帷什物（周禮幕人掌帷幕幄帟綬鄭玄曰在傍曰帷爾雅曰幬謂之帳軍法五人爲伍二五爲什則共其器物故通謂生生之具爲什物。劉攽曰案帷帳當作帷帳注文先解帷後帳是其次矣）四年拜大司徒司直（司直武帝元狩五年置比二千石掌佐丞相舉不法哀帝元壽二年改丞相爲大司徒中興因而不改省置司直至建武十一年省司直置長史一人署諸曹事至二十七年司徒又去大字見前書及續漢書）所得祿奉輒以收養親族其孤弱者分與田地自無擔石之儲（前書音義曰齊人名小甖爲擔今江淮人謂一石爲一擔擔音丁濫反）六年卒於官帝敏惜之（。劉攽曰案文敏當作愍）除子彪爲郎（東觀記曰彪官至玄菟太守）

張湛傳

張湛字子孝扶風平陵人也矜嚴好禮動止有則居處幽室必自修整雖遇妻子若嚴君焉（易家人卦曰家人有嚴君焉父母之謂也）及在鄉黨詳言正色（詳審也）三輔以爲儀表（儀法也表正也書曰儀表萬邦）人或謂湛僞詐湛聞而笑曰我誠詐也人皆詐惡我獨詐善不亦可乎成哀間爲二千石王莽時歷太守

都尉建武初爲左馮翊在郡修典禮設條教政化大行後告歸平陵望寺門而步告請也告歸謂請假歸寺門即平陵縣門也風俗通曰寺者嗣也理事之吏嗣續於其中也主簿進曰明府位尊德重不宜自輕郡守所居曰府府者尊高之稱前書韓延壽爲東郡太守門卒謂之明府亦其義也湛曰禮下公門軾輅馬輅大也君所居曰輅寢車曰輅車馬曰輅馬軾車前橫木也乘車必正立有所敬則憑軾謂小俛也禮記曰大夫士下公門軾輅馬鄭玄云所以廣敬孔子於鄉黨恂恂如也論語之文也鄭玄云恂恂恭順貌也父母之國所宜盡禮何謂輕哉史記孔子謂門弟子曰魯墳墓所處父母之國也詩曰惟桑與梓必恭敬止也五年拜光祿勳前書光祿本名郎中令秦官武帝改爲秩中二千石掌大夫郎中從官光武臨朝或有惰容湛輒陳諫其失常乘白馬帝每見湛輒言白馬生且復諫矣七年以病乞身拜光祿大夫代王丹爲太子太傅及郭后廢建武十七年廢因稱疾不朝拜太中大夫居中東門候舍漢官儀曰洛陽十二門東面三門最北門名上東門次南曰中東門每門校尉一人秩二千石司馬一人秩千石候一人秩六百石候舍蓋候之所居故時人號曰中東門君帝數存問賞賜後大司徒戴涉被誅涉字叔平冀州清河人也坐所舉人盜金下獄帝彊起湛以代之湛至朝堂遺失溲便溲小便也溲音所流反因自陳疾篤不能復任朝事遂罷之後數年卒於家

王丹傳

王丹字仲回京兆下邽人也哀平時仕州郡王莽時連徵不至家累千金隱居養志好施周急周急謂周濟困急也孔子曰君子周急不繼富每歲農時輒載酒肴於田間候勤者而勞之東觀記曰載酒肴便於田頭大樹下飲食勸勉之因留其餘酒肴而去其墮嬾者恥不致丹皆兼功自厲嬾與懶同音力亶反邑聚相率以致殷富其輕黠游蕩廢業爲患者輒曉其父兄使黜責之沒者則賻給親自將護其有遭喪憂者輒待丹爲辦鄉鄰以爲常行之十餘年其化大洽風俗以篤丹資性方潔疾惡彊豪時河南太守同郡陳遵關西之大俠也遵字孟公杜陵人也見前書其友人喪親遵爲護喪事賻助甚豐丹乃懷縑一匹陳之於主人前曰如丹此縑出自機杼遵聞而有慚色自以知名欲結交於丹丹拒而不許東觀記曰更始時遵爲大司馬出使匈奴過辭於丹丹曰俱遭反覆唯我二人爲天所遺今子當之絕域無以相贈贈子以不拜遂揖而別遵甚悅之會前將軍鄧禹西征關中軍糧乏丹率宗族上麥二千斛禹表丹領左馮翊稱疾不視事免歸後徵爲太子少傅時大司徒侯霸欲與交友及丹被徵遣子昱候於道昱迎拜車下丹下荅之昱曰家公欲與君結交何爲見拜丹曰君房有是言丹未之許也丹子有同門生喪親家在中山白丹欲往奔慰結侶將行丹怒而撻之東觀記曰丹怒撻之五十令寄縑以祠焉東觀記曰寄縑二匹以祠焉或問其故丹曰交道之難未易言也世稱管鮑次則王貢史記曰管夷吾潁上人嘗與鮑叔牙游叔牙知其賢管仲貧困嘗欺鮑叔叔牙終善遇之管仲曰生我者父母知我者鮑叔前書王吉字子陽貢禹字少翁並琅邪人也二人相善時人爲之語曰王陽在位貢禹彈冠言其趣舍同也張陳凶其終蕭朱隙其末張耳陳餘初爲刎頸交後構隙耳爲漢將兵擊陳餘於泜水之上蕭育字次君朱博字子元二人爲友著聞當代後有隙不終故時以交爲難並見前書故知全之者鮮矣時人服其言客初有薦士於丹者因選舉之而後所舉者陷罪丹坐以免客慙懼自絕而丹終無所言尋復徵爲太子太傅乃呼客謂曰子之自絕何量丹之薄也不爲設食以罰之相待如舊其後遜位卒于家

王良傳

王良字仲子東海蘭陵人也少好學習小夏侯尚書夏侯建大夏侯勝之從兄子也建受尚書於勝號小夏侯見前書王莽時稱病不仕教授諸生千餘人建武二年大司馬吳漢辟不應三年徵拜諫議大夫數有忠言以禮進止朝廷敬之遷沛郡太守至蘄縣稱病不之府官屬皆隨就之良遂上疾篤乞骸骨徵拜太中大夫六年代宣秉爲大司徒司直在位恭儉妻子不入官舍布被瓦器時司徒史鮑恢以事到東海過候其家而良妻布裙曳柴從田中歸東觀記曰徒跣曳柴恢告曰我司徒史也故來受書欲見夫人妻曰妾是也苦掾無書掾即謂鮑恢司徒之掾史也言勞苦相過更無書信恢乃下拜歎息而還聞者莫不嘉之後以病歸一歲復徵至滎陽疾篤不任進道乃過其友人友人不肯見曰不有忠言奇謀而取大位何其往來屑屑不憚煩也揚雄方言曰屑屑不安也秦晉曰屑屑郭景純曰往來貌遂拒之良慙自後連徵輒稱病詔以玄纁聘之遂不應後光武幸蘭陵遣使者問良所疾苦不能言對詔復其子孫邑中繇役卒於家

論曰夫利仁者或借仁以從利體義者不期體以合義此言履行仁義其事雖同原其本心眞僞各異利仁者謂心非好仁但以行仁則於已有利故假借仁道以求利耳若天性自然體合仁義者舉措云爲不期於體而冥然自合禮記曰仁者安仁智者利仁畏罪者彊仁與人同功其仁未可知也與人同過其仁則可知季文子妾不衣帛魯人以爲美談文子魯卿季孫行父之謚也無衣帛之妾無食粟之馬君子是以知季文子忠於公室相三君矣而無私積可不謂忠乎事見左傳公孫弘身服布被汲黯議其多詐公孫弘菑川人也武帝時爲丞相汲黯曰弘以三公而身服布被此詐也事見前書事實未殊而譽毀別議何也將體之與利之異乎宣秉王良處位優重而秉甘疏薄良妻荷薪可謂行過乎儉然當世咨其清人君高其節豈非臨之以誠哉語曰同言而信則信在言前同令而行則誠在令外不其然乎眞僞之迹既殊人之信否亦異同言而信謂體仁與利仁二人同出言而人信服其眞者不信其僞者則知信不由言故言前也同令而行意亦同也此皆子思子累德篇之言故稱語曰張湛不屑矜僞之誚斯不僞矣屑猶介也王丹難於交執之道斯知交矣

杜林傳

杜林字伯山扶風茂陵人也案杜鄴傳鄴本魏郡繁陽人也武帝時徙茂陵父鄴成哀間爲凉州刺史林少好學沈深家既多書又外氏張竦父子喜文采鄴字子夏祖父皆至郡守鄴少孤其母張敞女也鄴從敞子吉學得其家書竦即吉之子也博學文雅過於敞見前書林從竦受學博洽多聞時稱通儒風俗通曰儒者區也言其區別古今居則翫聖哲之詞動則行典籍之道稽先王之制立當時之事此通儒也若能納而不能出能言而不能行講誦而已無能往來此俗儒也初爲郡吏王莽敗盜賊起林與弟成及同郡范逡孟冀等逡音七倫反將細弱俱客河西道逢賊數千人遂掠取財裝褫奪衣服褫解也音直紙反拔刃向林等將欲殺之冀仰曰願一言而死將軍知天神乎言知天道有神乎赤眉兵衆百萬所向無前而殘賊不道卒至破敗今將軍以數千之衆欲規霸王之事不行仁恩而反遵覆車不畏天乎賈誼曰前車覆後車誡詩曰不畏于天不畏于人賊遂釋之俱免於難隗囂素聞林志節深相敬待以爲持書平○劉攽曰案文多一平字蓋舊作治書讀者以平音治字章懷已改作持後人又妄留平字也後因疾告去辭還祿食囂復欲令彊起遂稱篤囂意雖相望且欲優容之望猶恨也東觀記曰林寄囂地終不降志辱身至簪蔿席草不食其粟也乃出令曰杜伯山天子所不能臣諸侯所不能友禮記曰儒有上不臣天子下不事諸侯愼靜尚寬砥厲廉隅其規爲有如此者蓋伯夷叔齊恥食周粟史記曰伯夷叔齊孤竹君之子也兄弟讓位歸文王後武王東伐紂伯夷叔齊扣馬諫曰父死不葬爰及干戈可謂孝乎以臣伐君可謂仁乎武王平殷亂而二人非之義不食周粟餓死于首陽山今且從師友之位須道開通使順所志林雖拘於囂而終不屈節建武六年弟成物故囂乃聽林持喪東歸既遣而悔追令刺客楊賢於隴坻遮殺之賢見林身推鹿車載致弟喪乃歎曰當今之世誰能行義我雖小人何忍殺義士因亡去光武聞林已還三輔乃徵拜侍御史引見問以經書故舊及西州事甚悅之賜車馬衣被羣寮知林以名德用甚尊憚之京師士大夫咸推其博洽東觀記曰林與馬援同鄉里素相親厚援從南方還時林馬適死援令子持馬一匹遺林曰朋友有車馬之饋可且以備乏林受之居數月林遣子奉書曰將軍內施九族外有賓客望恩者多林父子兩人食列卿祿常有盈今送錢五萬援受之謂子曰人當以此爲法是杜伯山所以勝我也博廣也洽徧也言其所聞見廣大也河南鄭興東海衛宏等皆長於古學宏字敬仲在儒林傳興嘗師事劉歆林既遇之欣然言曰林得興等固諧矣使宏得林且有以益之及宏見林闇然而服濟南徐巡始師事宏後皆更受林學林前於西州得漆書古文尚書一卷常寶愛之雖遭艱困握持不離身出以示宏等曰林流離兵亂常恐斯經將絕何意東海衛子濟南徐生復能傳之是道竟不墜於地也古文雖不合時務然願諸生無悔所學宏巡益重之於是古文遂行明年大議郊祀制多以爲周郊后稷漢當祀堯詔復下公卿議議者僉同帝亦然之林獨以爲周室之興祚由后稷漢業特起功不緣堯祖宗故事所宜因循定從林議東觀記載林議曰當今政卑易行禮簡易從人無愚智思仰漢德基業特起不因緣堯堯遠於漢人不曉信言提其耳終不說諭后稷近周人所知之又據以興基由其祚詩曰不愆不忘率由舊章宜如舊制以解天下之惑後代王良爲大司徒司直林薦同郡范逡趙秉申屠剛及隴西牛邯等皆被擢用士多歸之十一年司直官罷以林代郭憲爲光祿勳內奉宿衛外總三署三署左右中郎將及五官中郎將皆管郎官也見續漢書周密敬愼選舉稱平郎有好學者輒見誘進朝夕滿堂十四年羣臣上言古者肉刑嚴重則人畏法令憲律輕薄故姦軌不勝左傳曰凡亂在外爲姦在內爲軌宜增科禁以防其源詔下公卿林奏曰夫人情挫辱則義節之風損法防繁多則苟免之行興孔子曰導之以政齊之以刑民免而無恥導之以德齊之以禮有恥且格皆論語之言也政謂禁令刑謂刑罰格來也言爲政之法初訓導之以禁令若有違則整齊之以刑罰則人但免罪而已無恥愧之心若教導之以道德整齊之以禮義則人皆有恥愧之心且皆來服古之明王深識遠慮動居其厚不務多辟周之五刑不過三千五刑謂墨劓剕宮大辟也尚書呂刑篇曰五刑之屬三千大漢初興詳覽失得故破矩爲圓斲彫爲樸蠲除苛政更立疏網史記曰漢興破觚而爲圜斲彫而爲樸號爲網漏吞舟之魚觚方也老子曰天網恢恢疏而不漏海內歡欣人懷寬德及至其後漸以滋章吹毛索疵詆欺無限老子曰法令滋章盜賊多有前書曰有司吹毛求疵索求也詆欺謂飾非成罪非其本罪果桃菜茹之饋集以成臧小事無妨於義以爲大戮故國無廉士家無完行至於法不能禁令不能止上下相遁爲敝彌深遁猶回避也前書曰上下相匿以文避法焉臣愚以爲宜如舊制不合翻移帝從之後皇太子彊求乞自退封東海王故重選官屬以林爲王傅從駕南巡狩時諸王傅數被引命或多交游不得應詔唯林守愼有召必至餘人雖不見譴而林特受賞賜又辭不敢受帝益重之東觀記曰王又以師數加饋遺林不敢受常辭以道上稟假有餘若以車重無所置之明年代丁恭爲少府恭字子然山陽人在儒林傳二十二年復爲光祿勳頃之代朱浮爲大司空博雅多通稱爲任職相明年薨帝親自臨喪送葬除子喬爲郎詔曰公侯子孫必復其始左氏傳晉大夫辛廖之言賢者之後宜宰城邑其以喬爲丹水長丹水縣屬南陽

論曰夫威彊以自禦力損則身危飾詐以圖己詐窮則道屈而忠信篤敬蠻貊行焉者誠以德之感物厚矣論語曰子張問行子曰言忠信行篤敬雖蠻貊之邦行矣故趙孟懷忠匹夫成其仁趙孟晉大夫趙盾也左傳曰晉靈公不君趙盾驟諫公患焉使鉏麑賊之晨往寢門闢矣盛服將朝尚早坐而假寐麑退而言曰不忘恭敬民之主也賊民之主不忠棄君之命不信有一於此不如死也觸槐而死趙盾遂得全論語曰有殺身以成仁無求生以害仁杜林行義烈士假其命易曰人之所助者順有不誣矣易繫辭曰天之所助者順人之所助者順不誣言必蒙天人之助也

郭丹傳

郭丹字少卿南陽穰人也父稚成帝時爲廬江太守有清名丹七歲而孤小心孝順後母哀憐之爲鬻衣裝買產業鬻賣也後從師長安買符入函谷關符即繻也前書音義曰舊出入關皆用傳傳煩因裂繻帛分持後復出合之以爲符信買符非眞符也東觀記曰丹從宛人陳洮買入關符既入關封符乞人也乃慨然歎曰丹不乘使者車終不出關續漢志曰諸侯使車皆朱班輪四輻赤衡軛既至京師常爲都講諸儒咸敬重之大司馬嚴尤請丹辭病不就王莽又徵之遂與諸生逃於北地更始二年三公舉丹賢能徵爲諫議大夫持節使歸南陽安集受降丹自去家十有二年果乘高車出關如其志焉更始敗諸將悉歸光武並獲封爵丹獨保平氏不下爲更始發喪衰絰盡哀喪服斬衰裳上曰衰下曰裳麻在首要皆曰絰首絰象緇布冠要絰象大帶絰之言實衰之言摧明中實摧痛也平氏縣名屬南陽郡建武二年遂潛逃去敝衣間行涉歷險阻求謁更始妻子奉還節傳因歸鄉里太守杜詩請爲功曹丹薦鄉人長者自代而去詩乃歎曰昔明王興化卿士讓位毛萇詩傳曰虞芮之君爭田相謂曰西伯仁人也盍往質焉乃相與朝周至其朝士讓爲大夫大夫讓爲卿二國君乃慙而退今功曹推賢可謂至德勑以丹事編署黃堂以爲後法黃堂太守之廳事十三年大司馬吳漢辟舉高第再遷并州牧有清平稱轉使匈奴中郎將遷左馮翊永平三年代李訢爲司徒在朝廉直公正與侯霸杜林張湛郭伋齊名相善明年坐考隴西太守鄧融事無所據策免五年卒於家時年八十七以河南尹范遷有清行代爲司徒遷字子廬沛國人初爲漁陽太守以智略安邊匈奴不敢入界及在公輔有宅數畝田不過一頃復推與兄子其妻嘗謂曰君有四子而無立錐之地史記優孟曰孫叔敖子無立錐之地可餘奉祿以爲後世業遷曰吾備位大臣而蓄財求利何以示後世在位四年薨家無擔石焉後顯宗因朝會問羣臣郭丹家今何如宗正劉匡對曰昔孫叔敖相楚馬不秣粟妻不衣帛子孫竟蒙寢丘之封孫叔敖楚莊王之相也期思縣人史記曰楚之處士虞丘相進之相楚上下和合吏無姦邪盜賊諸侯呂覽曰叔敖將死戒其子曰王數封我矣吾不受也我死王則封汝必無受利地楚越之閒有寢丘者此其地不利而名甚惡可長有者唯此也孫叔敖死王以美地封其子其子辭請寢丘至今不失寢丘縣名後漢改爲固始今光州固始縣也有孫叔敖祠焉丹出典州郡入爲三公而家無遺產子孫困匱帝乃下南陽訪求其嗣長子宇官至常山太守少子濟趙相

吳良傳

吳良字大儀齊國臨淄人也初爲郡吏東觀記曰良爲郡議曹掾歲旦與掾史入賀門下掾王望舉觴上壽諂稱太守功德東觀記曰王望言齊郡敗亂遭離盜賊不聞雞鳴犬吠之音明府視事五年土地開闢盜賊滅息五穀豐熟家給人足今日歲首請上雅壽掾史皆稱萬歲良於下坐勃然進曰望佞邪之人欺諂無狀願勿受其觴東觀記曰良時跪曰門下掾佞諂明府勿受其觴盜賊未盡人庶困乏今良曹掾尚無袴望曰議曹惰窳自無袴寧足爲不家給人足邪太守曰此生言是賜良鰒魚百枚也太守斂容而止讌罷轉良爲功曹恥以言受進終不肯謁時驃騎將軍東平王蒼聞而辟之署爲西曹蒼甚相敬愛上疏薦良曰臣聞爲國所重必在得人報恩之義莫大薦士竊見臣府西曹掾齊國吳良資質敦固公方廉恪躬儉安貧白首一節言雖耆耄志節不衰又治尚書學通師法東觀記曰良習大夏侯尚書經任博士行中表儀宜備宿衞以輔聖政臣蒼榮寵絕矣憂責深大絕猶極也私慕公叔同升之義懼於臧文竊位之罪公叔文子衞大夫公孫拔之謚也文子家臣名僎操行與文子同文子乃升進之於公與之同爲大夫臧文仲魯大夫臧孫辰也時柳下惠爲士師文仲知其賢而不進達之孔子譏之曰臧文仲其竊位者歟知柳下之賢而不與立事並見論語也敢秉愚瞽犯冒嚴禁顯宗以示公卿曰前以事見良鬚髮皓然衣冠甚偉夫薦賢助國宰相之職蕭何舉韓信設壇而拜不復考試蕭何薦韓信于高祖曰陛下必欲爭天下非信無可與計者漢王于是設壇場拜信爲大將軍見前書今以良爲議郎永平中車駕近出而信陽侯陰就干突禁衞車府令徐匡鉤就車收御者送獄鉤留也詔書譴匡匡乃自繫良上言曰信陽侯就倚恃外戚干犯乘輿無人臣禮爲大不敬匡執法守正反下于理臣恐聖化由是而弛弛廢也帝雖赦匡猶左轉良爲即丘長即丘縣名屬東海郡即左氏傳之祝丘也故城在今沂州臨沂縣東南後遷司徒長史哀帝改丞相爲大司徒司直仍舊中興因之不改建武十一年省司直置長史每處大議輒據經典不希旨偶俗以徼時譽希猶望也後坐事免復拜議郎卒於官

承宮傳

承宮字少子世本承姓衞大夫成叔承之後也琅邪姑幕人也少孤年八歲爲人牧豕鄉里徐子盛者以春秋經授諸生數百人宮過息廬下樂其業因就聽經遂請留門下續漢書曰宮過徐子盛好之因棄其豬而留聽經豬主怪其不還求索得宮欲笞之門下生共禁止因留之爲諸生拾薪執苦數年勤學不倦續漢書曰宮嘗出行得虎所殺鹿持歸肉分門下取皮上師師不受宮因棄之人問其故宮曰既已與人義不可復取經典既明乃歸家教授遭天下喪亂遂將諸生避地漢中後與妻子之蒙陰山蒙陰縣名屬太山郡有蒙山在今沂州新泰縣東南肆力耕種禾黍將熟人有認之者宮不與計推之而去由是顯名三府更辟皆不應三府謂太尉司徒司空府永平中徵詣公車車駕臨辟雍召宮拜博士遷左中郎將數納忠言陳政論議切慤朝臣憚其節名播匈奴時北單于遣使求得見宮顯宗勑自整飾宮對曰夷狄眩名非識實者也臣狀醜不可以示遠宜選有威容者續漢書曰夷狄聞臣虛稱故欲見臣臣醜陋形寢不如選長大有威容者示之也帝乃以大鴻臚魏應代之十七年拜侍中祭酒建初元年卒肅宗褒歎賜以冢地妻上書乞歸葬鄉里復賜錢三十萬續漢書曰宮子臺官至濟陰太守

鄭均傳

鄭均字仲虞東平任城人也少好黃老書兄爲縣吏東觀記曰兄仲爲縣游徼頗受禮遺均數諫止不聽則脫身爲傭歲餘得錢帛歸以與兄曰物盡可復得爲吏坐臧終身捐棄兄感其言遂爲廉潔均好義篤實養寡嫂孤兒恩禮敦至東觀記曰均失兄養孤兒兄子甚篤已冠娶妻出令別居並門盡推財與之使得一尊其母然後隨護視賑給之常稱疾家庭不應州郡辟召郡將欲必致之使縣令譎將詣門譎詐也既至終不能屈均於是客於濮陽濮陽今濮州縣建初三年司徒鮑昱辟之後舉直言並不詣六年公車特徵再遷尚書數納忠言肅宗敬重之後以病乞骸骨拜議郎告歸因稱病篤帝賜以衣冠東觀記曰均遣子英奉章詣闕詔召見英問均所苦賜以冠幘錢布元和元年詔告廬江太守東平相曰以毛義廬江人鄭均東平人故告二郡守相也議郎鄭均束修安貧恭儉節整前在機密以病致仕守善貞固黃髮不怠又前安邑令毛義躬履遜讓比徵辭病淳潔之風東州稱仁書不云乎章厥有常吉哉章明也吉善也言爲天子當明顯其有常德者優其稟餼則政之善也尚書咎繇謨之言其賜均義穀各千斛常以八月長吏存問賜羊酒顯茲異行東觀記曰賜羊一頭酒二斗終其身問遺賢良必以八月諸物老成故順其時氣助養之也故月令仲秋之月養衰老授几杖行糜粥飲食鄭玄注云助老氣也明年帝東巡過任城乃幸均舍勑賜尚書祿以終其身續漢志曰尚書秩六百石祿每月七十石時人號爲白衣尚書永元中卒于家

趙典傳

趙典字仲經蜀郡成都人也父戒爲太尉謝承書曰典太尉戒之叔子也桓帝立以定策封厨亭侯典少篤行隱約隱猶靜也約儉也博學經書弟子自遠方至謝承書曰典學孔子七經河圖洛書內外藝術靡不貫綜受業者百有餘人建和初四府表薦四府太尉司徒司空大將軍府也謝承書曰典性明達志節淸亮舉茂才以病辭太尉黃瓊胡廣舉有道方正皆不應桓帝公車徵對策爲諸儒之表徵拜議郎侍講禁內再遷爲侍中時帝欲廣開鴻池典諫曰鴻池汎溉已且百頃猶復增而深之非所以崇唐虞之約己遵孝文之愛人也帝納其言而止墨子曰堯舜堂高三尺土階三等茅茨不翦采椽不斲飯土簋歠土鉶糲粱之飯藜藿之羹夏日葛衣冬日鹿裘是約己也文帝嘗欲作露臺召匠計之曰直百金帝曰百金中人十家之產何以臺爲宮室苑囿無所增益有不便輒弛以利人是愛人也父卒襲封出爲弘農太守轉右扶風公事去官徵拜城門校尉轉將作大匠遷少府又轉大鴻臚時恩澤諸侯以無勞受封羣臣不悅而莫敢諫典獨奏曰夫無功而賞勞者不勸上忝下辱亂象干度左傳曰國無政不用善則自取謫於日月之災故政不可不愼務三而已一曰擇善二曰因人三曰從時前書曰成帝時同日封王氏五侯其日天氣赤黃霧四塞哀帝封丁傅日亦然是不用善人則亂象干度且高祖之誓非功臣不封史記功臣侯表曰高祖與功臣約曰非劉氏不王非有功不侯不如是天下共擊之宜一切削免爵土以存舊典帝不從頃之轉太僕遷太常朝廷每有災異疑議輒諮問之謝承書曰天子宗典道藝尊爲國師位特進七爲列卿寢布被食用瓦器也典據經正對無所曲折每得賞賜輒分與諸生之貧者後以諫爭違旨免官就國會帝崩時禁藩國諸侯不得奔弔典慨然曰身從衣褐之中致位上列褐織毛布之衣貧者所服且烏烏反哺報德況於士邪小爾雅曰純黑而反哺者謂之烏春秋元命包曰烏孝鳥也遂解印綬符策付縣而馳到京師州郡及大鴻臚並執處其罪而公卿百寮嘉典之義表請以租自贖詔書許之再遷長樂少府衞尉公卿復表典篤學博聞宜備國師會病卒謝承書曰靈帝即位典與竇武王暢陳蕃等謀共誅中常侍曹節侯覽趙忠等皆下獄自殺不言病卒使者弔祠竇太后復遣使兼贈印綬謚曰獻侯典兄子謙謙弟溫相繼爲三公謙字彥信初平元年代黃琬爲太尉獻帝遷都長安以謙行車騎將軍○劉攽曰案文少一事字爲前置明年病罷復爲司隸校尉車師王侍子爲董卓所愛數犯法謙收殺之卓大怒殺都官從事而素敬憚謙故不加罪轉爲前將軍遣擊白波賊有功封郫侯郫音盤眉反李傕殺司徒王允復代允爲司徒數月病免拜尚書令是年卒謚曰忠侯溫字子柔初爲京兆郡丞前書三輔郡丞武帝元鼎四年置秩六百石歎曰大丈夫當雄飛安能雌伏遂棄官去遭歲大飢散家糧以賑窮餓所活萬餘人獻帝西遷都爲侍中同輿輦至長安封江南亭侯代楊彪爲司空免頃之復爲司徒錄尚書事時李傕與郭汜相攻傕遂虜掠禁省劫帝幸北塢外內隔絕傕素疑溫不與己同乃內溫於塢中又欲移乘輿於黃白城溫與傕書曰公前託爲董公報讎然實屠陷王城殺戮大臣天下不可家見而戶說也今與郭汜爭睚眥之隙以成千鈞之讎睚眥解見竇融傳三十斤爲鈞言其重人在塗炭各不聊生曾不改悟遂成禍亂朝廷仍下明詔欲令和解上命不行威澤日損而復欲移轉乘輿更幸非所此誠老夫所不達也於易一爲過再爲涉三而弗改滅其頂凶滅沒也周易大過上六曰過涉滅頂凶王弼曰處大過之極過之甚者也涉難過甚故至于滅頂凶也不如早共和解引軍還屯上安萬乘下全人民豈不幸甚傕大怒欲遣人殺溫董卓從弟應溫故掾也諫之數日乃獲免溫從車駕都許建安十三年以辟司空曹操子丕爲掾操怒奏溫辟忠臣子弟選舉不實免官是歲卒年七十二

贊曰宣鄭二王奉身淸方杜林據古張湛矜莊典以義黜謂棄郡奔喪以阻贖罪也官由德揚大儀鶴髮見表憲王鶴髮白髮也少卿志仕終乘高箱

後漢書卷五十七考證

吳良傳私慕公叔同升之義注公叔文子衞大夫公孫拔之謚也○拔字監本誤作枝今從宋本作拔臣會汾按毛奇齡論語稽求篇曰公叔文子名公叔發注疏古本孔安國注作公叔拔此據世本衞獻公孫公叔拔若公孫枝是秦大夫字子桑秦穆公時臣非文子矣相傳明代國學生有罰修十三經注疏壞板者以枝拔形相近陰改拔作枝以傳會朱注至今莫辨今此傳注宋本尚作拔奇齡之言益信而有徵矣

後漢書卷五十八上

宋　宣　城　太　守　范　曄　撰

唐　章　懷　太　子　賢　注

桓馮列傳第十八上

桓譚傳

桓譚字君山沛國相人也相縣名故城在今徐州符離縣西北父成帝時為太樂令譚以父任為郎因好音律宮商角徵羽謂之五聲聲成文謂之音律謂六律黃鍾太蔟姑洗蕤賓無射夷則善鼓琴博學多通徧習五經皆詁訓大義不為章句說文曰詁訓古言也章句謂離章辨句委曲枝派也能文章尤好古學數從劉歆楊雄辯析疑異性嗜倡樂倡俳優也簡易不脩威儀而憙非毀俗儒由是多見排抵抵擊也音紙哀平間位不過郎傅皇后父孔鄉侯晏深善於譚傅皇后哀帝后是時高安侯董賢寵幸女弟為昭儀皇后日已疏晏嘿嘿不得意譚進說曰昔武帝欲立衛子夫陰求陳皇后之過子夫衛皇后也本平陽主家謳者得幸於武帝生男據遂立為皇后陳皇后武帝姑長公主嫖女也擅寵十餘年無子聞子夫得幸幾死者數焉上怒遂挾婦人媚道事覺廢居長門宮嫖音匹妙反見前書而陳后終廢子夫竟立今董賢至愛而女弟尤幸殆將有子夫之變可不憂哉晏驚動曰然為之奈何譚曰刑罰不能加無罪邪枉不能勝正人夫士以才智要君女以媚道求主皇后年少希更艱難或驅使醫巫外求方技此不可不備又君侯以后父尊重而多通賓客必借以重埶貽致譏議不如謝遣門徒務執謙愨此脩已正家避禍之道也晏曰善遂罷遣常客常或作賓入白皇后如譚所戒後賢果風太醫令眞欽使求傅氏罪過遂逮后弟侍中喜○劉攽曰按傳喜非后弟當是嘉詔獄無所得乃解故傅氏終全於哀帝之時及董賢為大司馬聞譚名欲與之交譚先奏書於賢說以輔國保身之術賢不能用遂不與通當王莽居攝篡弑之際天下之士莫不競褒稱德美作符命以求容媚譚獨自守默然無言莽時為掌樂大夫更始立召拜太中大夫世祖即位徵待詔上書言事失旨不用後大司空宋弘薦譚拜議郎給事中因上疏陳時政所宜曰臣聞國之廢興在於政事政事得失由乎輔佐輔佐賢明則俊士充朝而理合世務輔佐不明則論失時宜而舉多過事夫有國之君俱欲興化建善然而政道未理者其所謂賢者異也昔楚莊王問孫叔敖曰寡人未得所以為國是也莊王名旅穆王商臣之子也孫叔敖楚賢相也言欲為國於是未知何以得之叔敖曰國之有是衆所惡也恐王不能定也王曰不定獨在君亦在臣乎對曰君驕士曰士非我無從富貴士驕君曰君非士無從安存人君或至失國而不悟士或至饑寒而不進君臣不合則國是無從定矣莊王曰善願相國與諸大夫共定國是也事見新序蓋善政者視俗而施教察失而立防威德更興文武迭用然後政調於時而躁人可定躁猶動也謂躁擾不定之人也昔董仲舒言理國譬若琴瑟其不調者則解而更張事見前書夫更張難行而拂衆者亡拂違也音扶弗反是故賈誼以才逐而鼂錯以智死賈誼洛陽人也事文帝為博士每詔令下諸老先生未能言誼盡為之對人人各如其意所出絳灌之屬害之文帝亦疏之乃以誼為長沙太傅鼂錯潁川人也事文帝為太子家令號曰智囊景帝即位為御史大夫請削諸侯之郡後七國反以誅錯為名遂腰斬錯見前書世雖有殊能而終莫敢談者懼於前事也且設法禁者非能盡塞天下之姦皆合衆人之所欲也大抵取便國利事多者則可矣夫張官置吏以理萬人縣賞設罰以別善惡惡人誅傷則善人蒙福矣今人相殺傷雖已伏法而私結怨讎子孫相報後忿深前至於滅戶殄業而俗稱豪健故雖有怯弱猶勉而行之此為聽人自理而無復法禁者也今宜申明舊令若已伏官誅而私相傷殺者雖一身逃亡皆徙家屬於邊其相傷者加常二等不得雇山贖罪雇山解見光武紀如此則仇怨自解盜賊息矣夫理國之道舉本業而抑末利是以先帝禁人二業錮商賈不得宦為吏高祖時令賈人不得衣絲乘車市井子孫不得宦為吏此所以抑并兼長廉恥也今富商大賈多放錢貨中家子弟為之保役中家猶中等也保役可保信也趨走與臣僕等勤收稅與封君比入收稅謂舉錢輸息利也東觀記曰中家子為之保役受計上疏趨走俯伏譬若臣僕坐而分利也是以衆人慕効不耕而食至乃多通侈靡以淫耳目今可令諸商賈自相糾告若非身力所得皆以臧畀告者畀與也東觀記載譚言曰賈人多通侈靡之物羅紈綺繡雜綵玩好以淫人耳目而竭盡其財是為下樹奢媒而置貧本也求人之儉約富足何可得乎夫俗難卒變而人不可暴化宜抑其路使之稍自衰焉畀音必二反如此則專役一已不敢以貨與人事寡力弱必歸功田畝田畝脩則穀入多而地力盡矣又見法令決事輕重不齊或一事殊法同罪異論姦吏得因緣為市所欲活則出生議所欲陷則與死比是為刑開二門也今可令通義理明習法律者校定科比科謂事條比謂類例一其法度班下郡國蠲除故條如此天下知方而獄無怨濫矣方猶法也書奏不省是時帝方信讖多以決定嫌疑又酬賞少薄天下不時安定譚復上疏曰臣前獻瞽言未蒙詔報不勝憤懣冒死復陳愚夫策謀有益於政道者以合人心而得事理也凡人情忽於見事而貴於異聞觀先王之所記述咸以仁義正道為本非有奇怪虛誕之事蓋天道性命聖人所難言也自子貢以下不得而聞況後世淺儒能通之乎論語子貢曰夫子之文章可得而聞也夫子之言性與天道不可得而聞也鄭玄注云性謂人受血氣以生有賢愚吉凶天道七政變動之占也今諸巧慧小才伎數之人增益圖書矯稱讖記伎謂方伎醫方之家也數謂數術明堂羲和史卜之官也圖書即讖緯符命之類也以欺惑貪邪詿誤人主焉可不抑遠之哉東觀記載譚書云矯稱孔丘為讖記以誤人主也臣譚伏聞陛下窮折方士黃白之術甚為明矣黃白謂以藥化成金銀也方士有方術之士也而乃欲聽納讖記又何誤也其事雖有時合譬猶卜數隻偶之類言偶中也陛下宜垂明聽發聖意屏羣小之曲說述五經之正義略雷同之俗語詳通人之雅謀雷之發聲物無不同應俗人無是非之心出言同者謂之雷同禮記曰無雷同又臣聞安平則尊道術之士有難則貴介冑之臣介甲也冑兜鍪也今聖朝興復祖統為人臣主而四方盜賊未盡歸伏者此權謀未得也臣譚伏觀陛下用兵諸所降下既無重賞以相恩誘或至虜掠奪其財物是以兵長渠率各生狐疑黨輩連結歲月不解古人有言曰天下皆知取之為取而莫知與之為取言先饒與之後乃可取之老子曰將欲廢之必固興之將欲奪之必固與之陛下誠能輕爵重賞與士共之則何招而不至何說而不釋何向而不開何征而不剋如此則能以狹為廣以遲為速亡者復存失者復得矣帝省奏愈不悅其後有詔會議靈臺所處楊衒之洛陽記曰平昌門直南大道東是明堂大道西是靈臺也帝謂譚曰吾欲讖決之何如譚默然良久曰臣不讀讖帝問其故譚復極言讖之非經帝大怒曰桓譚非聖無法將下斬之譚叩頭流血良久乃得解出為六安郡丞六安郡故城在今壽州安豐縣南意忽忽不樂道病卒時年七十餘初譚著書言當世行事二十九篇號曰新論上書獻之世祖善焉新論一曰本造二王霸三求輔四言體五見徵六譴非七啟寤八祛蔽九正經十識通十一離事十二道賦十三辨惑十四述策十五閔友十六琴道本造閔友琴道各一篇餘並有上下東觀記曰光武讀之勑言卷大令皆別為上下凡二十九篇琴道一篇未成肅宗使班固續成之東觀記曰琴道未畢但有發首一章所著賦誄書奏凡二十六篇元和中肅宗行東巡狩至沛使使者祠譚冢鄉里以為榮

馮衍傳

馮衍字敬通京兆杜陵人也東觀記曰其先上黨潞人曾祖父奉世徙杜陵祖野王元帝時為大鴻臚野王字君卿奉世之長子也東觀記曰野王生座襲父爵為關內侯座生衍華嶠書曰衍祖父立生滿年十七喪父早卒滿生衍衍幼有奇才年九歲能誦詩至二十而博通羣書王莽時諸公多薦舉之者衍辭不肯仕時天下兵起莽遣更始將軍廉丹討伐山東丹辟衍為掾與俱至定陶莽追詔丹曰倉廩盡矣府庫空矣可以怒矣可以戰矣將軍受國重任不捐身於中野無以報恩塞責丹惶恐夜召衍以書示之衍因說丹曰衍聞順而成者道之所大也逆而功者權之所貴也於正道雖違逆而事有成功者謂之權所謂反經合義者也是故期於有成不問所由論於大體不守小節昔逢丑父伏軾而使其君取飲稱於諸侯左氏傳齊晉戰于鞍晉韓厥逐及齊侯齊臣逢丑父乃與齊侯易位使齊侯御車韓厥將及齊侯丑父令齊侯如華泉取飲韓厥乃獻丑父於郤克郤克將戮之呼曰自今無有代其君任患者有一於此將為戮乎郤子曰人不難以死免其君我戮之不祥赦之以勸事君者鄭祭仲立突而出忽終得復位美於春秋蓋以死易生以存易亡君子之道也祭仲鄭大夫突及忽皆鄭莊公子也莊公薨太子忽當立公子突宋之出也故宋人執鄭祭仲公羊傳曰祭仲何以不名賢也何賢乎以為知權其知權奈何宋人執之謂曰為我出忽而立突祭仲不從其言則君必死國必亡從其言則君可以生易死國可以存易亡古人有權者祭仲是也權者反乎經後有善者也行權有道殺人以自生亡人以自存君子不為也詭於衆意寧國存身賢智之慮也詭違也故易曰窮則變○劉攽曰案文多一日字變則通通則久是以自天祐之吉無不利皆周易下繫之辭也若夫知其不可而必行之破軍殘衆無補於主身死之日負義於時負猶失也智者不為勇者不行且衍聞之得時無怠怠懈也言當急趨時張良以五世相韓椎秦始皇博浪之中張良大父開地相韓昭侯宣惠王襄哀王父平相釐王悼惠王五代相韓謂良父及祖相韓之五王也後秦滅韓良家僮三百人乃悉以家財求客刺秦王得力士為鐵椎重百二十斤擊始皇於博浪沙中博浪地名在鄭州陽武縣南椎音力追反謂擊之也勇冠乎賁育名高乎泰山孟賁夏育並古之勇士也前書音義曰孟賁生拔牛角夏育衞人力舉千鈞也將軍之先為漢信臣廉褒襄武人宣帝時為後將軍即丹之先新室之興英俊不附今海內潰亂人懷漢德甚於詩人思召公也愛其甘棠而況子孫乎人所歌舞天必從之詩小雅曰雖無德與女式歌且舞言漢氏之德人歌舞之也尚書曰人之所欲天必從之方今為將軍計莫若屯據大郡鎮撫吏士砥礪其節百里之內牛酒日賜納雄桀之士詢忠智之謀要將來之心待從橫之變興社稷之利除萬人之害則福祿流於無窮功烈著於不滅何與軍覆於中原身膏於草野與猶如也功敗名喪耻及先祖哉聖人轉禍而為福智士因敗而為功願明公深計而無與俗同丹不能從進入睢陽復說丹曰蓋聞明者見於無形智者慮於未萌況其昭晢者乎晢明也商鞅謂秦孝公曰愚者闇於成事智者見於未萌凡患生於所忽禍發於細微司馬相如曰禍故多藏於隱微而發於人之所忽也敗不可悔時不可失公孫鞅曰有高人之行負非於世有獨見之慮見贅於人語見史記

（商君傳贊猶惡也史記贊作疑）故信庸庸之論破金石之策（庸常也金石以諭堅也）襲當世之操失高明之德夫決者智之君也疑者事之役也（役猶賤也）時不重至公勿再計丹不聽遂進及無鹽與赤眉戰死（無鹽縣名屬東平郡故城在今鄆州須昌縣東）衍乃亡命河東（華嶠書曰丹死衍西歸更始亡軍下司命乘傳逐捕故亡命）更始二年遣尙書僕射鮑永行大將軍事安集北方（永字君長司隸校尉宣之子）衍因以計說永曰衍聞明君不惡切慤之言以測幽冥之論忠臣不顧爭引之患以達萬機之變（慤實也幽冥謂深遠也爭引謂引事與君爭也事非一塗故曰萬機之變也書曰一日二日萬機東觀記衍更始時爲偏將軍與鮑永相善更始旣敗固守不以時下建武初爲揚化大將軍掾辟鄧禹府數奏記於禹陳政言事自明君以下皆是諫鄧禹之詞非勸鮑永之說不知何據有此乖違）是故君臣兩興功名兼立銘勒金石令聞不忘今衍幸逢寬明之日將值危言之時（危猶高也論語曰天下有道危言危行）豈敢拱默避罪而不竭其誠哉伏念天下離王莽之害久矣始自東郡之師（離遭也莽居攝元年翟義起之東郡今滑州也）繼以西海之役（莽居攝元年西羌龐恬傅幡等怨莽奪其地爲西海郡攻西海太守程永莽遣護羌校尉竇況擊之）巴蜀沒於南夷（莽貶西南夷句町王爲侯王邯怨恨攻益州殺大尹程隆莽發巴蜀吏士擊之出入三年死者十七八）緣邊破於北狄（莽建國三年烏珠單于遣左賢王入雲中大殺吏人大輩萬數中輩數千殺鴈門朔方太守略吏人畜產不可勝數緣邊虛耗也）遠征萬里暴兵累年（暴露也）禍挐未解兵連不息（挐謂相連引也）刑法彌深（莽以地皇元年以後爲不須時令自是春夏斬人于市）賦斂愈重衆彊之黨橫擊於外百僚之臣貪殘於內元元無聊饑寒並臻父子流亡夫婦離散廬落丘墟田疇蕪穢疾疫大興災異蜂起於是江湖之上海岱之濱風騰波涌更相騊藉（莽時江湖海澤麋沸青徐荆楚之地擾擾前書音義曰騊踏也今此爲騊古字通）四垂之人肝腦塗地死亡之數不啻太半殃咎之毒痛入骨髓匹夫僮婦咸懷怨怒（僮猶賤也）皇帝以聖德靈威龍興鳳舉率宛葉之衆將散亂之兵喢血昆陽。（劉攽曰案喢血是盟時喢血此當作喋與前書同也）長驅武關破百萬之陳摧九虎之軍（莽末下江兵鄧曄王匡攻武關莽乃拜將軍九人皆以虎爲號以捍匡等擊破六虎敗走三虎乃保京師倉鄧曄等乃開武關迎更始）靁震四海席卷天下（席卷言無餘也）攘除禍亂誅滅無道一朞之間海內大定繼高祖之休烈修文武之絕業社稷復存炎精更輝德冠往初功無與二（此上二句司馬相如封禪書之辭）天下自以去亡新就聖漢當蒙其福而賴其願樹恩布德易以周洽其猶順驚風而飛鴻毛也（言其易也王襃聖主得賢臣頌曰翼乎如鴻毛遇順風也）然而諸將虜掠逆倫絕理（倫亦理也）殺人父子妻人婦女燔其室屋略其財產饑者毛食寒者裸跣（毛草也臣賢案衍集毛字作無今俗語猶然者或古亦通乎）冤結失望無所歸命今大將軍以明淑之德秉大使之權統三軍之政存撫幷州之人惠愛之誠加乎百姓高世之聲聞乎羣士故其延頸企踵而望者非特一人也且大將軍之事豈得圭璧其行束修其心而已哉（言當恢廓規摹不可空自清潔徒約束脩身而已）將定國家之大業成天地之元功也昔周宣中興之主齊桓霸彊之君耳猶有申伯召虎夷吾吉甫（申伯周宣王之元舅也召虎召穆公也吉甫謂尹吉甫也皆周宣王臣並見毛詩夷吾管仲之字也）攘其蝥賊（蝥賊食禾稼蟲名諭姦盜侵漁也蝥音牟）安其彊宇況乎萬里之漢明帝復興而大將軍爲之梁棟此誠不可以忽也（左傳子產謂子皮曰子於鄭國棟也棟折榱崩僑將壓焉）且衍聞之兵久則力屈人愁則變生今邯鄲之賊未滅真定之際復擾（邯鄲謂王郎也真定謂劉揚也）而大將軍所部不過百里守城不休戰軍不息兵革雲翔百姓震駭柰何自怠不爲深憂夫并州之地東帶名關北逼彊胡（井陘關也要害之塞故曰名關東觀記作石陘關）年穀獨熟人庶多資斯四戰之地攻守之場也如其不虞何以待之故曰德不素積人不爲用備不豫具難以應卒（史記子貢說晉君曰慮不先定不可以應卒卒音倉忽反）今生人之命縣於將軍將軍所杖必須良才宜改易非任更選賢能夫十室之邑必有忠信（東觀記曰無謂無賢路有聖人）審得其人以承大將軍之明雖則山澤之人。（劉攽曰案此文疑則字顛倒當作則雖云云）無不感德思樂爲用矣然後簡精銳之卒發屯守之士三軍旣整甲兵已具相其土地之饒觀其水泉之利制屯田之術習戰射之教則威風遠暢人安其業矣若鎮太原撫上黨收百姓之歡心樹名賢之良佐天下無變則足以顯聲譽一朝有事則可以建大功惟大將軍開日月之明發深淵之慮監六經之論觀孫吳之策（孫武吳王闔廬將吳起魏文侯將並著兵書也）省羣議之是非詳衆士之白黑（白黑猶賢愚也）以超周南之迹垂甘棠之風令夫功烈施於千載富貴傳于無窮伊望之策何以加茲（伊尹呂望）永旣素重衍爲且受使得自置偏裨乃以衍爲立漢將軍（東觀記曰時未得置偏裨將五人也）領狼孟長屯太原（狼孟縣名屬太原郡故城在今井州陽曲縣東北）與上黨太守田邑等繕甲養士扞衞井土及世祖卽位遣宗正劉延攻天井關與田邑連戰十餘合延不得進邑迎母弟妻子爲延所獲（東觀記曰鄧禹使積弩將軍馮愔將兵擊邑愔悉得邑母弟妻子）後邑聞更始敗乃遣使詣洛陽獻璧馬卽拜爲上黨太守（東觀記曰遣騎都尉弓里游諫大夫何叔武卽拜邑爲上黨太守）因遣使者招永衍永衍等疑不肯降而忿邑背前約（東觀記衍與邑素誓刎頸俱受重任）衍乃遺邑書曰蓋聞晉文出奔而子犯宣其忠（晉文公重耳辟驪姬之難出奔狐偃勸令反國遂爲霸主子犯卽狐偃字也）趙武逢難而程嬰明其賢（趙盾晉卿生趙朔朔娶晉成公姊爲夫人晉景公三年大夫屠岸賈誅趙氏殺趙朔滅其族朔妻有遺腹走公宮趙朔客程嬰公孫杵臼杵臼謂程嬰曰胡不死程嬰曰朔之婦有遺腹若幸而生男吾奉之卽女也吾徐死耳居無何朔妻生男屠岸賈聞之乃索於宮中夫人置兒於袴中祝曰趙宗滅乎若啼卽不滅若無聲及索兒竟無聲程嬰曰今一索不得後必復索之杵臼曰乃取它嬰兒負之匿山中諸將共攻殺杵臼井孤兒然趙氏眞孤乃在程嬰所卽趙武也居十五年晉景公乃立趙武爲卿而復其田邑事見史記）二子之義當矣今三王背叛赤眉危國（三王見更始傳）天下蠭動社稷顚隕（蠭動喻衆）是忠臣立功之日志士馳馬之秋也伯玉擢選剖符專宰大郡（文帝初與郡守始爲銅虎符竹使符分持其一以爲瑞信剖卽分也）夫上黨之地有四塞之固東帶三關西爲國蔽（三關謂上黨關壺口關石陘關也陘音形）奈何舉之以資彊敵開天下之匈假仇讎之刃豈不哀哉（張儀說楚王曰秦下甲攻衞陽晉大關天下胷李斯曰所謂借寇兵而齎盜糧也）衍聞之委質爲臣無有二心（委質猶屈膝也左傳曰策名委質貳乃辟也臣無二心古之制也）挈瓶之智守不假器（解見左傳）是以晏嬰臨盟擬以曲戟不易其辭（晏子春秋曰齊大夫崔杼弑齊莊公乃劫諸大夫盟有敢不盟者戟鉤其頸劒承其心曰不與崔氏而與公室者盟神視之言不疾指不至血者死所殺者七人而後及晏子晏子奉血仰天曰崔氏無道而殺其君若有能復崔氏而不與盟神視之遂仰而飲血崔氏曰晏子與我則齊國吾與共之不與我則戟在脰劒在心子圖之晏子曰劫吾以刃而失其意非勇也留吾以利而背其君非義也詩云愷悌君子求福不回嬰可回而求福乎劒刃鉤之直兵推之嬰不革矣崔子遂釋之）謝息守郕脅以晉魯不喪其邑（左傳孟孫之家臣謝息爲孟孫守郕邑晉人來理杞田季孫將以郕邑與之謝息不可曰夫子從君而守臣喪邑雖吾子亦有猜焉季孫曰君之在楚於晉罪也又不聽晉魯罪重矣晉師必至吾無以待之謝息曰古人有言挈瓶之智守不假器季孫曰吾與子桃辭以無山與之萊柞乃遷於桃杜預注曰挈瓶汲器論小智也魯國下縣東南有桃虛萊柞二山名）由是言之內無鉤頸之禍外無桃萊之利（臣賢案謝息得桃邑萊山故言無桃萊之利也且爲萊字似棗又連桃後學者以桃棗易明桃萊難悟不究始終輒改萊爲棗衍集又作萊或改作棗展轉乖僻爲謬矣）而被畔人之聲蒙降城之恥竊爲左右羞之且邾庶其竊邑畔君以要大利曰賤而必書莒牟夷以土地求食而名不滅是以大丈夫動則思禮行則思義未有背此而身名能全者也（庶其邾大夫以邾邑漆閭丘奔魯故言竊邑畔君以要利也牟夷莒大夫竊牟婁及防茲奔魯昭公三十一年邾黑肱以濫來奔左傳曰以地畔求食而已不求其名賤而必書以名其人終爲不義不可滅已是故君子動則思禮行則思義或求名而不得或欲蓋而名彰此所謂三畔人名者也）爲伯玉深計莫若與鮑尙書同情戮力顯忠貞之節立超世之功如以尊親係累之故能捐位投命歸之尙書大義旣全敵人紓怨（紓緩也音舒）上不損剖符之責下足救老幼之命申眉高談無愧天下若乃貪上黨之權惜全邦之實衍恐伯玉必懷周趙之憂上黨復有前年之禍（史記曰趙孝成王時韓上黨太守馮亭使人至趙曰韓不守上黨入之於秦其吏人皆安爲趙不欲爲秦有城市邑十七願再拜入之趙趙王大喜召平陽君豹告曰馮亭入城市邑十七受之何如豹曰聖人甚惡無故之利夫秦蠶食韓氏地中絕不令相通韓氏所以不入於秦者欲嫁其禍於趙趙必勿受也趙王不聽遂發兵取上黨於是秦人圍趙阬其卒四十萬秦又圍邯鄲又攻西周拔之故言懷周趙之憂前年猶往時）昔晏平仲納延陵之誨終免欒高之難（延陵吳公子季札所封故以號焉左傳魯襄二十九年季札聘齊見晏平仲曰子速納邑與政無邑無政乃免於難晏子因陳桓子以納邑與政是以免於欒高之難欒謂子雅高謂子尾皆齊大夫左氏魯昭公八年欒高作難晏子無罪）孫林父違穆子之戒故陷終身之惡（孫林父衞大夫孫文子也穆子魯大夫叔孫豹也左傳衞侯使孫林父聘魯且尋盟公登亦登叔孫穆子相儀趨進曰諸侯之會寡君未嘗後衞君今吾子不後寡君寡君未知所過吾子亦無悛容穆子曰孫子必亡爲臣而君過而不悛亡之本也至襄十四年孫林父逐出衞獻公獻公復入國林父遂以戚邑畔是陷於終身之惡）以爲伯玉聞此至言必若刺心自非嬰城而堅守則策馬而不顧也（言不過爲二塗而已）聖人轉禍而爲福智士因敗以成勝願自彊於時無與俗同邑報書曰僕雖駑怯亦欲爲人者也豈苟貪生而畏死哉曲戟在頸不易其心誠僕志也間者老母諸弟見執於軍而邑安然不顧者豈非重其節乎若使人居天地壽如金石要長生而避死地可也今百齡之期未有能至老壯之間相去幾何誠使故朝尙在忠義可立雖老親受戮妻兒橫分邑之願也間者上黨黠賊大衆圍城義兵兩輩入據并陘邑親潰敵圍拒擊宗正（延卽劉延）自試智勇非不能當誠知故朝爲兵所害新帝司徒已定三輔（謂鄧禹也）隴西北地從風響應其事昭昭日月經天河海帶地不足以比（言明白也）死生有命富貴在天（論語子夏之辭）天下存亡誠云命也邑雖沒身能如命何夫人道之本有恩有義義有所宜恩有所施君臣大義母子至恩今故主已亡義其誰爲老母拘執恩所當留而厲以貪權誘以策馬抑其利心必其不顧何其愚乎邑年三十歷位卿士性少嗜慾情厭事爲況今位尊身危財多命殆鄙人知之何疑君子君長敬通（君長鮑永字也）揭節垂組自相署立（揭音其謁反謂負也）蓋仲由使門人爲臣孔子譏其欺天（孔子有疾仲由欲使門人爲臣以大夫之禮葬孔子孔子謂曰由之行詐也吾誰欺欺天乎事見論語）君長據位兩州加以一郡（衍集鮑永行將軍事安集并州擁兵屯太原與太原李仲房同心并力）而河東畔國兵不入彘（聞更始敗諸國畔也不入彘言不征之也彘縣名屬河東郡順帝改曰永安）上黨見圍不窺大谷（卽上所謂黠賊所圍城者也大谷自太原趣上黨之道不窺言不來救也今并州大谷縣西有大谷是也）宗正臨境莫之能援兵威屈辱國權日損三王背畔赤眉害主未見兼行倍道之赴昔墨翟累繭救宋申包胥重胝存楚衞女馳歸唁兄之志（衞女衞宣公庶子頑之女爲許穆公夫人其兄卽戴公弔失國曰唁衞懿公爲狄所滅戴公乃立廬于曹邑許穆夫人閔衞亡思歸唁之不得乃賦載馳之詩事見左傳）主亡一歲莫知定所虛冀妄言苟肆鄙塞未能事生安能事死未知爲臣焉知爲主豈厭爲臣子思爲君父乎欲搖泰山而蕩北海（言不可也孟子曰挾泰山而超北海也）事敗身危要思邑言衍不從或訛言更始隨赤眉在北（訛僞也）永衍信之故屯兵界休（界休縣屬太原郡今汾州縣）方移書上黨云皇帝在雍以惑百姓永遣弟升及子壻張舒誘降涅城（東觀記曰升及舒等謀使營尉李匡先反涅城開門內兵殺其縣長馮晏立故謁者祝回爲涅長涅縣名屬上黨郡故城在今潞州鄉縣西涅音奴結反）舒家在上黨邑悉繫之又書勸永降永不荅（東觀記載邑書曰愚聞丈夫不釋故而改圖哲士不徼幸而出危今君長故主敗不能死新帝立不肯降擁衆而據壁欲襲六國之從與邑同事一朝內爲刎頸之盟興兵背畔攻取涅城破君長之國壞父母之鄉首難結怨輕弄凶器人心難知何意君長當爲此計昔者韓信將兵無敵天下功不世出略不再見威執項羽名出高帝不知天時就烹於漢知伯分國既有三晉欲大無已身死地分頭爲飲器君長銜命出征擁帶徒士上黨阸不能救河東畔不能取朝有顛沛之憂國有分崩之禍上無仇牧之節下無不占之志天之所壞人不能支君長將兵不與韓信同日而論威行得衆不及智伯萬分之半不見天時不知厭足欲明人臣之義當先知故主之未然欲食天下之利宜及新主之未爲今故主已敗新主既成四海爲羅網天下爲敵人舉足遇害動搖觸患履深淵之薄冰不爲號涉千鈞之發機不知懼何其知也絕鮑氏之姓廢子都之業誦堯之言服桀之行悲夫命也張舒內行邪孽不遵孝友疏其父族外附妻黨已收三族將行其法能逃不自詣者舒也當宗者予也丞邑遂結怨焉自是與邑有隙邑字伯玉馮翊人也後爲漁陽太守東觀記曰邑馮翊蓮芍人也其先齊諸田父豐爲王莽菅威將軍邑有大節涉學藝能善屬文爲漁陽太守未到官道病徵還爲諫議大夫病卒永衍審知更始已歿乃共罷兵幅巾降於河內不加冠幘但以幅巾飾首而已帝怨衍等不時至永以立功得贖罪遂任用之立功謂說下懷而衍獨見黜永謂衍曰昔高祖賞季布之罪誅丁固之功季布項羽將數窘漢王漢王即位赦布以爲郎中丁固季布母弟爲項羽將亦窘高祖急顧丁固曰兩賢豈相戹哉丁公引還高祖即位丁固謁見高祖曰使項王失天下者丁公也遂斬之今遭明主亦何憂哉衍曰記有之人有挑其鄰人之妻者挑其長者長者詈之挑其少者少者報之後其夫死而取其長者或謂之曰夫非罵爾者邪曰在人欲其報我在我欲其罵人也此並陳軫對秦王之辭也見戰國策引之者言已爲故主守節亦冀新帝重之也挑音徒了反夫天命難知人道易守守道之臣何患死亡頃之帝以衍爲曲陽令曲陽縣名屬常山郡故城在今定州彭城縣西也劉攽曰按彭城不在定州當作鼓城也。誅斬劇賊郭勝等降五千餘人論功當封以讒毀故賞不行建武六年日食續漢志曰建武六年九月丙寅晦日有食之史官不見郡以聞衍上書陳八事其一曰顯文德二曰褒武烈三曰修舊功四曰招俊傑五曰明好惡六曰簡法令七曰差秩祿八曰撫邊境書奏帝將名見初衍爲狠孟長以罪摧陷大姓令狐略是時略爲司空長史讒之於尚書令王護尚書周生豐曰衍所以求見者欲毀君也風俗通曰周生姓也豐章舊志曰豐字偉防太山南武陽人也建武七年爲豫章太守清約儉惠護等懼之即共排間衍遂不得入後衛尉陰興新陽侯陰就以外戚貴顯深敬重衍衍遂與之交結由是爲諸王所聘請興及就並光烈皇后母弟也衍集與陰就書曰衍聞神龍驤首幽雲景蒸明聖修德志士思名是以意同情合聲比相應也伏見君侯忠孝之性慈仁懇勤論議周密思慮深遠願以微賤數蒙聖恩被侯大惠衍年老被病恐一旦無祿命先犬馬懷抱不報齎恨入冥思剖肝膽有以塞責方今天下安定四海咸服蒙恩更生之臣無所効其死力側聞東平山陽王壯當之國擇除官屬衍不自量願侯白以衍備門衛鄙語曰水不激不能破舟矢不激不能飲羽不念舊惡名賢所高負責之臣欲言不敢惟侯哀憐深留聖心則闔棺之日魂復何恨尋爲司隸從事帝懲西京外戚賓客故皆以法繩之大者抵死徙其餘至貶黜衍由此得罪嘗自詣獄有詔赦不問時衍又與就書曰奏曹掾馮衍叩頭死罪衍材素愚鶩行義汙穢外無鄉里之譽內無汗馬之勞猥蒙明府天覆之德華寵重疊閒者掾史疑衍之罪衆惑飄山當爲灰土賴蒙明察拔其素行復保首領俗知厚德篤於慈父煖溫肌膚滲淪骨髓傳重山嶽澤深河海前送妻子還鄉縣遭雨逢暑以七月還至陽武聞詔捕諸王賓客惶怖詣闕冀先事自歸十一日到十二日書報歸田里即日東手詣洛陽詔獄十五日夜詔書勿問得出遭雨又疾大困冀高世之德施以田子老馬之惠贍以秦穆駿馬之恩使長有依歸以效忠心西歸故郡閉門自保不敢復與親故通

後漢書卷五十八下

宋 宣城太守范 曄撰

唐 章懷太子 賢注

馮衍傳第十八下

馮衍傳

建武末上疏自陳曰臣伏念高祖之略而陳平之謀毀之則疏譽之則親史記曰魏無知薦陳平於高祖高祖以平爲將絳灌等咸譖平曰雖美丈夫如冠玉耳居家盜嫂今大王令護軍諸將金多者得善處金少者得惡處高祖讓魏無知無知曰臣所言者能也陛下所問者行也楚漢相拒臣進奇謀之士盜嫂受金又何足疑高祖乃令平盡護諸將也以文帝之明而魏尚之忠繩之以法則爲罪施之以德則爲功魏尚槐里人文帝時爲雲中守匈奴不近雲中後坐上首虜差六級下之吏罰作之馮唐諫文帝曰臣愚以爲陛下法太明賞太輕罰太重帝悅是日令唐持節赦尚復以爲雲中守也逮至晚世董仲舒言道德見妒於公孫弘史記曰董仲舒爲人廉直公孫弘治春秋不如董生弘希世用事位至公卿仲舒以弘爲從諛弘嫉之時膠西王帝兄驕縱弘乃言於上曰獨仲舒可使相膠西膠西王素聞仲舒亦善待之李廣奮節於匈奴見排於衛青史記曰李廣隴西成紀人也爲前將軍從衛青討匈奴青不使當匈奴廣乃失道後期青令對簿廣乃引刃自刎知與不知莫不流涕此忠臣之常所爲流涕也臣衍自惟微賤之臣上無無知之薦下無馮唐之說乏董生之才寡李廣之勢而欲免讒口濟怨嫌豈不難哉臣衍之先祖以忠貞之故成私門之禍衍之祖馮參忠正不屈節於王氏五侯參姊爲中山王太后後爲哀帝祖母傅太后陷以大逆參自殺親族死者十七人見前書而臣衍復遭擾攘之時值兵革之際不敢回行求時之利回邪也事君無傾邪之謀將帥無虜掠之心衛尉陰興敬慎周密內自修勑外遠嫌疑故敢與交通興知臣之貧數欲本業之欲遣其財爲立基本生業也臣自惟無三益之才不敢處三損之地固讓而不受之論語載孔子言曰益者三友損者三友故衍引以爲言也昔在更始太原執貨財之柄居倉卒之間據位食祿二十餘年而財產歲狹居處日貧家無布帛之積出無輿馬之飾於今遭清明之時飭躬力行之秋力行謂盡力行善道也禮記曰好問近於智力行近乎仁也而怨讎叢興譏議橫世蓋富貴易爲善貧賤難爲工也疏遠壠畝之臣無望高闕之下惶恐自陳以救罪尤書奏猶以前過不用衍不得志退而作賦又自論曰馮子以爲夫人之德不碌碌如玉落落如石老子道德經之辭也言可貴可賤皆非道真玉形碌碌爲人所貴石形落落爲人所賤賤既失矣貴亦未得言當處才不才之間風興雲蒸一龍一蛇與道翱翔與時變化夫豈守一節哉風興雲蒸言相須也東方朔誡子書曰聖人之道一龍一蛇形見神藏與物變化隨時之宜無有常處化音協韻音花用之則行舍之則藏進退無主屈伸無常故曰有法無法因時爲業有度無度與物趣舍史記司馬談之辭也言法度是非皆隨時俗物所趣則向之所舍則違之所謂隨時之義也常務道德之實而不求當世之名闊略杪小之禮蕩佚人間之事蕩縱逸不拘恒俗也正身直行恬然肆志顧嘗好倜儻之策時莫能聽用其謀顧猶及也倜儻卓異貌也喟然長歎自傷不遭遭遇也久棲遲於小官不得舒其所懷棲遲猶偃息也抑心折節意悽情悲夫伐冰之家不利雞豚之息言食厚祿不當求小利也禮記曰畜馬乘不察於雞豚伐冰之家不畜牛羊伐冰謂卿大夫以上以其喪祭得賜冰故言伐冰也韓詩外傳曰天子不言多少諸侯不言利害大夫不言委積駟馬之家不恃雞豚之息伐冰之家不恃牛羊之入也委積之臣不操市井之利韓詩外傳曰千乘之君不通貨財委積之臣不操市井之利是以貧窮有所勸而孤寡有所措也況歷位食祿二十餘年而財產益狹居處益貧惟夫君子之仕行其道也慮時務者不能興其德爲身求者不能成其功言不可兼也去而歸家復羇旅於州郡身愈據職家彌窮困卒離饑寒之災有喪元子之禍先將軍葬渭陵哀帝之崩也營之以爲園奉世爲右將軍即衍之曾祖故言先將軍渭陵元帝陵在長安北五十里哀帝義陵在長安北四十六里奉世墓入陵塋中所以衍不得入葬而別求也於是以新豐之東鴻門之上壽安之中太上皇思東歸乃遷豐邑人於此立縣故曰新豐鴻門阪名前書音義曰在新豐東十七里舊大道北下阪口地埶高敞四通廣大南望酈山北屬涇渭東瞰河華龍門之陽三晉之路龍門河所經今絳州縣也三晉謂韓趙魏也西顧酆鄗周秦之丘宮觀之墟酆鄗二水名周文王都酆武王都鄗秦本封在隴西秦縣周平王東遷以後秦始有岐周之地故總言周秦之丘亦墟也通視千里覽見舊都遂定塋焉衍墓在今新豐縣南四里退而幽居蓋忠臣過故墟而歔欷孝子入舊室而哀歎史記曰箕子朝周過殷墟感生禾黍箕子傷之欲哭則不可欲泣爲其近婦人乃作麥秀之詩殷人聞之皆爲流涕禮記檀弓曰反哭升堂反諸其所作也入室反諸其所養也反而亡焉失之哀於是爲甚也每念祖考著盛德於前垂鴻烈於後遭時之禍墳墓蕪穢春秋蒸嘗昭穆無列司馬相如賦曰墳墓蕪穢而不修父爲昭子爲穆昭南面穆北面也年衰歲暮悼無成功將西田牧肥饒之野殖生產修孝道營宗廟廣祭祀然後闔門講習道德觀覽乎孔老之論庶幾乎松喬之福列仙傳赤松子神農時雨師也服水玉能入火自燒常止西王母石室中能隨風上下王子喬周靈王太子晉也好吹笙作鳳鳴游伊洛之間道人浮丘公接以上嵩高山遂仙去也上隴阪陟高岡游精宇宙流目八紘尹文子曰四方上下曰宇蒼頡篇曰舟輿所屆曰宙淮南子曰九州之外乃有八殥八殥之外乃有八紘也歷觀九州山川之體追覽上古得失之風愍道陵遲傷德分崩夫覩其終必原其始故存其人而詠其道疆理九野經營五山眇然有思陵雲之意疆界也理正也詩曰我疆我理九野謂九州之野經營猶往來五山即五嶽也乃作賦自厲命其篇曰顯志顯志者言光明風化之情昭章玄妙之思也其辭曰開歲發春兮百卉含英開發皆始也爾雅曰春爲發生卉草也楚辭曰獻歲發春兮甲子之朝兮汨吾西征君子舉事尚早故以朝言之汨行貌楚辭曰汨吾南征汨音于筆反發軔新豐兮裴回鎬京軔止車木也將行故發之陵飛廉而太息兮登平陽而懷傷飛廉觀名武帝元封二年立於長安上有銅飛廉因以名焉前書音義曰飛廉神禽能致風氣有角而蛇尾文如豹文平陽縣名故城在今岐州岐山縣西南悲時俗之險阸兮哀好惡之無常時既險薄所以好惡不同楚辭曰悲時俗之迫阸也棄衡石而意量兮隨風波而飛揚衡稱衡也三十斤爲鈞四鈞爲石言時人棄衡石以意測量背法度也隨風波而飛揚言無志操也紛綸流於權利兮親靈同而妒異獨耿介而慕古兮豈時人之所憙言時俗溺於權利也同己則親之異已則妒之今已不與之同所以見惡也沮先聖之成論兮邈名賢之高風忽道德之珍麗兮務富貴之樂耽沮敗也邈陵也耽亦樂也言時人之行如此遵大路而裴回兮履孔德之窈冥固衆夫之所眩兮孰能觀於無形遵循也大路大道也老子曰大道汜兮又曰孔德之容窈兮冥兮其中有精又曰大象無形孔之爲言空也窈冥謂幽玄也道以空爲主故無物而不容時俗眩於名利孰能觀大象無形哉行勁直以離尤兮羌前人之所有內自省而不慙兮遂定志而弗改離遭也尤過也羌語發聲也言古人有爲勁直行而遭尤過者有之矣即屈原賈誼之流也衍內自省察不慙於古人遂守志不改也欣吾黨之唐虞兮愍吾生之愁勤聊發憤而揚情兮將以蕩夫憂心傷己不逢堯舜也蕩散也往者不可攀援兮來者不可與期病沒世之不稱兮願橫逝而無由言唐虞往不可攀援而將來賢哲又不可豫期所病終身之後名譽不稱又願縱橫遠逝而其路無由也論語孔子曰君子疾沒世而名不稱焉陟雍畤而消搖兮超略陽而不反念人生之不再兮悲六親之日遠雍縣名屬右扶風故城在今岐州雍縣南畤者止也神靈之所止也史記曰秦并天下祠雍四畤漢加黑帝祠之五畤消搖猶翱翔也超過也略陽縣名屬天水郡今隴州隴城縣也六親夫婦父子兄弟也陟九嵕而臨嶻嶭兮聽涇渭之波聲嶻嶭山一名嵳峩在今三原縣北嶻音才結反嶭音五結反顧鴻門而歔欷兮哀吾孤之早零何天命之不純兮信吾罪之所生傷誠善之無辜兮齎此恨而入冥零落也吾孤早零即上所謂喪元子者也子既早殀未有邪僻故云誠善無辜也冥謂地也齎恨入冥言死有餘恨也嗟我思之不遠兮豈敗事之可悔雖九死而不眠兮恐餘殃之有再淚汍瀾而雨集兮氣滂浡而雲披心怫鬱而紆結兮意沈抑而內悲言已往者託於貴戚之權幾陷誅戮之罪此由我思慮不深遠已敗之事悔之無及雖復九死而目不瞑言怨恨之深也楚辭曰雖九死其猶未悔眠即瞑也今縱飭躬自勗又恐殃禍至再所以淚落意沈氣憤心結也瞰太行之嵯峨兮觀壺口之崢嶸悼丘墓之蕪穢兮恨昭穆之不榮太行山在上黨南壺口山在上黨東衍之遠祖馮亭爲韓上黨守以上黨降趙趙封亭三萬戶號華陽君死因葬上黨其墓在今潞州上黨縣西衍在關中遙相望之即序所謂通視千里覽見舊都者也嵯峩高大貌崢嶸深遠貌歲忽忽

而日邁兮壽冉冉其不與耻功業之無成兮赴原野而窮處與猶待也楚辭曰日忽忽其將暮又曰老冉冉其將至功業無成情多憂憤故赴原野而窮居也昔伊尹之干湯兮七十說而乃信皐陶釣於靁澤兮頼虞舜而後親無二士之遭遇兮抱忠貞而莫達率妻子而耕耘兮委厥美而不伐伊尹名摯負鼎俎以干湯七十說而乃信謂年七十說湯乃得信也皇甫謐帝王紀曰伊摯豐下鋭上色黑而短僂身而下聲年七十而不遇湯聞其賢設朝禮而見之摯乃說湯至於王道信音申呂氏春秋曰舜陶於河濱漁於靁澤今言皐陶未詳靁澤在今濮州靁澤縣東也韓盧抑而不縱兮騏驥絆而不試獨慷慨而遠覽兮非庸庸之所識戰國策曰齊欲伐魏淳于髡謂齊王曰韓盧天下之壯犬也淮南子曰絆騏驥而求千里衍喻己有高才而不申所以獨慷慨遠覽非庸庸之徒所能識也識叶韻音志卑衞賜之阜貨兮高顏回之所慕重祖考之洪烈兮故收功於此路卑賤也阜積也衍賤子貢貨殖慕顏回樂道所以不從流俗專心貞固者以其祖考功業隆大若苟求富貴恐致黜辱故於此路收功也循四時之代謝兮分五土之刑德相林麓之所產兮嘗水泉之所殖修神農之本業兮採軒轅之奇策追周棄之遺教兮軼范蠡之絶迹周禮五土一曰山林二曰川澤三曰丘陵四曰墳衍五曰原隰家語曰地東西爲緯南北爲經山爲積德川爲積刑穀梁傳曰林屬於山曰麓周禮曰山林動物宜毛植物宜皂淮南子曰汾水濁宜麻濟水和宜麥河水調宜菽洛水輕利宜禾渭水多力宜黍江水肥宜稻管子曰四七二十八尺而至於泉其水白而其宜黍秫三七二十一尺而至於泉其水黄而有臭宜大菽與麥二七一十四尺至於泉其味鹹宜稻與麥此嘗水泉之所殖也周易曰神農氏斲木爲耜揉木爲耒耒耜之利以教天下蓋取諸益周書曰神農之時天雨粟神農耕而種之軒轅黃帝也大戴禮曰黃帝時播種百穀草木節用水火財物人得其利周棄帝嚳之子爲兒之時其游戲好種樹麻菽及成人遂好耕農相地之宜人皆法則之帝堯聞之舉棄爲農師天下得其利故言遺教也范蠡南陽人事越王勾踐苦身戮力竟滅吳報恥既而以爲大名之下難以久居乃與其私屬乘舟浮海以行變姓名適齊爲鴟夷子皮之陶爲朱公終身不返是絶迹也陟隴山以踰望兮眇然覽於八荒風波飄其並興兮情惆悵而增傷踰猶遙也古字通八荒八方荒遠之地覽河華之泱漭兮望秦晉之故國憤馮亭之不遂兮慍去疾之遭惑馮亭以上黨降趙秦破趙於長平而亭死故言不遂慍怨也馮去疾爲秦丞相胡亥元年用趙高計始皇大臣咸見誅戮無遺脫者是遭惑也亭及去疾皆衍之先故遠懷憤怨也泱音烏朗反漭音莽流山岳而周覽兮徇碣石與洞庭浮江河而入海兮泝淮濟而上征碣石海畔山也在今平州東洞庭湖名也中有洞庭山在今岳州西南衍既不同流俗情多憤怨故假言涉歷江山周流河海屈原云吾將遠逝以自疏路脩遠以周流之類也瞻燕齊之舊居兮歷宋楚之名都哀羣后之不祀兮痛列國之爲墟燕都蓟縣也齊都營丘今臨淄縣也宋都睢陽今宋州也楚初都丹陽在歸州後都郢在今荊州至考烈王爲秦所逼又徙都壽春今壽州也不祀言皆絶也臧文仲曰咎陶庭堅不祀也馳中夏而升降兮路紆軫而多艱講聖哲之通論兮心愊憶而紛紜紆軫猶盤曲也愊憶猶鬱結也紛紜猶昏亂也愊音普逼反惟天路之同軌兮或帝王之異政堯舜煥其蕩蕩兮禹承平而革命惟思也言思上天之路軌則同而帝王政教參差有異班固曰仰天路而同軌白虎通曰德合天者稱帝仁義合者稱王故言異政也煥文章貌蕩蕩政化平暢貌論語孔子曰惟天爲大唯堯則之煥乎其有文章蕩蕩乎人無能名焉堯舜同道故兼言之舜禪位於禹禹承堯舜之後而改制度禪子故曰承平革命也并日夜而幽思

兮終悇憛而洞疑高陽邈其超遠兮世孰可與論茲孔子曰吾嘗終日不食終夜不寢以思楚辭云心悇憛而懷感廣蒼云悇憛禍福未定也悇音它感反憛音它紺反本或作侘傺侘音丑加反傺音丑制反未定也高陽帝顓頊之號也洞亦不定也史記曰慮傷洞疑又曰高陽氏沈深而有謀疏通而知事以其有謀而疏通故欲與之論事訊夏啓於甘澤兮傷帝典之始傾頌成康之載德兮詠南風之歌聲訊問也啓禹子也尚書曰啓與有扈大戰于甘之野孔安國注云有扈與夏同姓恃親而不恭故啓征之於甘野甘在今鄠縣啓既德薄同姓相攻故傷帝典之傾也易曰德積載史記曰成康之際天下安寧刑錯三十餘年而不用周南召南謂國風之首篇歌文王之德故詠之也舜歌南風之歌思唐虞之晏晏兮揖稷契與爲朋苗裔紛其條暢兮至湯武而勃興尚書考靈耀曰放勛欽明文思晏晏鄭玄注曰寬容覆載謂之晏晏稷名棄爲堯后稷契爲堯司徒契十四葉孫成湯滅夏桀而王有天下后稷十六葉孫周武王滅殷紂而王天下勃盛貌也左傳曰其興也勃焉昔三后之純粹兮每季世而窮禍弔夏桀於南巢兮哭殷紂於牧野三后夏殷周也惜其不能始終純茂每至末代必窮其災禍湯放桀於南巢武王滅紂於牧野周之季業幽王爲西戎所殺也離騷曰昔三后之純粹何桀紂之猖披南巢地名盧州巢縣也孔安國曰牧野紂近郊三十里地名也在今衞州詔伊尹於亳郊兮享呂望於酆洲功與日月齊光兮名與三王爭流詔召也亳湯都名呂望周太師翼周滅殷者也酆文王所都在京兆杜陵亭水中可居曰洲也楊朱號乎衢路兮墨子泣乎白絲知漸染之易性兮怨造作之弗思淮南子曰楊子見逵路而哭之爲其可以南可以北傷其本同而末異也墨子見染絲歎曰染於蒼則蒼染於黃則黃五入之則爲五色故染不可不慎非獨絲也國亦有染湯染伊尹紂染惡來也先王正道規摹有常苟生穿鑿則岐路競起故墨子知漸染之易性楊朱悲造作之弗思美關雎之識微兮愍王道之將崩拔周唐之盛德兮捃桓文之譎功薛夫子韓詩章句曰詩人言雎鳩貞絜以聲相求必於河之洲藏隱無人之處故人君動靜退朝入于私宮妃后御見去留有度今人君內傾於色大人見其萌故詠關雎說淑女正容儀也方言曰捃取也譎詐也齊桓公晉文公俱有霸功孔子曰晉文公譎而不正齊桓公正而不譎時周衰政亂桓文能統率諸侯翼戴天子故取其一切之功也忿戰國之遘禍兮憎權臣之擅彊黜楚子於南郢兮執趙武於溴梁周室衰微七國交爭是爲戰國時吳楚僭號皆稱王孔子修春秋以蠻夷者不過子故皆黜曰子又春秋稱公會晉宋衞鄭曹莒邾薛杞子溴梁戊寅大夫盟公羊傳曰諸侯皆在言大夫盟何信在大夫何言乎信在大夫偏刺天下之大夫也曷爲偏刺天下之大夫君若贅旒然趙武晉卿趙文子也時晉爲盟主文子晉之正卿而爲不臣之行故欲執之也溴水名在河內軹縣東南至溫入河爾雅曰梁莫大於溴梁溴音古覓反善忠信之救時兮惡詐謀之妄作聘申叔於陳蔡兮禽荀息於虞虢申叔楚莊王時賢臣申叔時者也左傳陳夏徵舒弒靈公楚莊王伐陳殺夏徵舒因滅陳爲縣申叔時諫莊王曰夏徵舒弒其君其罪大矣討而戮之君之義也諸侯之從曰討有罪也今縣陳貪其富也以討召諸侯而以貪終之無乃不可乎王曰善哉吾未之聞也乃復封陳謂聘問之也時惟在陳而兼言蔡者蓋以陳蔡相近因連言之也荀息晉大夫左傳曰晉荀息請以屈產之乘垂棘之璧假道於虞以伐虢公曰是吾寶也對曰若得道於虞猶外府也乃假道於虞以滅虢師還遂襲虞滅之誅犂鉏之介聖兮討臧倉之愬知嫚子反於彭城兮爵管仲於夷儀犂鉏齊大夫介猶間也韓子曰仲尼爲政於魯道不拾遺齊景公患之犂鉏曰去仲尼猶吹毛耳君何不遺魯公以女樂以驕其意魯君樂之必怠於政仲尼必諫諫而不聽必輕絕魯景公曰善乃令犂鉏以女樂遺魯哀公樂之果怠於政仲尼諫不聽遂去之孟子曰魯平公將出嬖人臧倉請曰他日君出必命有司所之今乘輿已駕矣敢請公曰將見孟子曰何哉君所

爲輕身以先於匹夫者以爲賢乎禮義由賢者出而孟子後喪踰前喪君無見焉公曰諾樂正子見孟子曰君將來見嬖人有臧倉者沮君是以不來孟子曰吾之不遇魯侯天也臧氏之子焉能使予不遇哉愬猶譖也知謂明於事也子反楚大夫也名側案撰字呂忱音仕眷反勉也東觀記作譔字此譔作撰蓋亦譖之意也春秋經書宋人及楚人平公羊傳曰外平不書此何以書爲貶平者在下何休注云譏子反華元專盟不受君命故貶之然則子反違命盟以平宋城下而言彭城者彭城宋之邑故舉以言之左傳宋大夫魚石等出奔楚楚伐宋取彭城以封魚石宋人圍彭城楚子重救彭城伐宋此言子反蓋衍誤也如曰不然或別有所據管仲齊桓公之相名夷吾夷儀邢邑也翟人滅邢管仲輔齊桓公築夷儀以封邢邢遷如歸於是天下諸侯知桓公之不爲己動也是故天下歸之雖能用管夷吾而霸功立事見國語以其能輔主成業故欲爵夷儀而賞也○劉攽曰注云倉曰君何爲輕身以先於匹夫者案全文何當作所疾兵革之寖滋兮苦攻伐之萌生沈孫武於五湖兮斬白起於長平寖漸也孫武吳王闔廬將也善用兵越絶書曰太湖周三萬六千頃虞翻云太湖有五湖故謂之五湖滆湖洮湖射湖貴湖及太湖爲五湖並太湖之小支俱連太湖故太湖兼得五湖之名在今湖州東也史記曰白起郿人也事秦昭王以上將軍擊趙於長平前後坑斬首虜四十五萬長平地名在今澤州也惡叢巧之亂世兮毒縱橫之敗俗流蘇秦於洹水兮幽張儀於鬼谷叢細也毒恨也關東爲從關西爲橫蘇秦洛陽人也師事鬼谷先生爲從說關東六國爲從親以畔秦會於洹水之上刑白馬而盟張儀魏人也與蘇秦同師爲西橫說關西六國令事秦皆尚詐不遵道德洹水出汲郡林慮縣鬼谷谷名即鬼谷先生所居地在今洛州陽城北歲或作聚義亦通○劉攽曰注云關西六國令事秦案關西何緣有六國不合明上文衍出關西二字澄德化之陵遲兮烈刑罰之峭峻燔商鞅之法術兮燒韓非之說論陵遲言頹替也澄猶清也烈慘也商鞅姓公孫氏好刑名之學事秦孝公變法令使人什伍相司犯禁相連坐不告姦者要斬告姦者與斬敵同賞匿姦者與降敵同罰人有二男以上不分異者倍其罰行之四年秦人富彊韓非韓之諸公子也亦好刑名法術之學口吃不能言著書作孤憤五蠹內外儲說難十餘萬言皆尚法術少仁恩並見史記誚始皇之跋扈兮投李斯於四裔滅先王之法則兮禍寖淫而弘大誚責也跋扈猶強梁也李斯上蔡人爲秦丞相上書曰今諸生不師今而學古惑亂黔首臣請非秦記皆燒之天下敢有藏詩書百家語者皆燒之令下三十日不燒黥爲城旦制曰可是滅先王之法則援前聖以制中兮矯二主之驕奢饁女齊於絳臺兮饗椒舉於章華援引也矯正也饁餉也女齊晉大夫司馬侯也絳晉國所都國語曰晉平公爲九層之臺叔向見司馬侯之子撫而泣曰自其父之死吾蔑與事君矣昔者其父始之我終之我始之夫子終之無不可者是女齊事君必有規諫必諫作臺但書典散亡無以言耳椒舉楚大夫伍舉也饗宴也章華臺名在南郡華容縣楚語曰靈王爲章華之臺與伍舉升曰臺美乎對曰臣聞國君服寵以爲美安人以爲樂不聞其以土木之崇高爲美先君莊王爲匏居之臺高不過望國氛大不過容宴豆用不煩官府人不廢時務今君爲此臺國人疲焉財用盡焉臣不知其美二主謂晉楚之君二或作亡摛道德之光耀兮匡衰世之眇風襃宋襄於泓谷兮表季札於延陵摛布也眇微也公羊傳曰宋公及楚人戰于泓之陽楚人濟泓而來有司曰迨其未畢濟而擊之宋公曰不可吾聞之也君子不厄人於險吾雖亡國之餘寡人不忍行也既濟未畢陳有司復曰請擊之宋公曰不可吾聞君子不鼓不成列已陳然後擊之宋師大敗故君子大其不鼓不成列臨大事而不忘大禮以爲文王之戰亦不過此季札吳王壽夢之少子也封於延陵兄弟四人札最少而賢壽夢卒諸兄欲立之札棄其室而耕乃捨之泓音烏宏反撫仁智之英華兮激亂國之末流觀鄭僑於溱洧兮訪晏嬰於營丘撫拾也鄭僑鄭大夫公孫僑也溱洧鄭二水名鄭詩曰溱與洧瀏其清矣晏嬰齊大夫晏平仲也爾雅曰水出其左曰營丘齊有營丘周衰政亂子產晏嬰皆有賢行輔其君也事見左傳國

語日曀曀其將暮兮獨於邑而煩惑夫何九州之博大兮迷不知路之南北曀曀陰晦貌也詩曰曀曀其陰楚辭曰回朕車以復路及行迷之未遠駟素虯而馳騁兮乘翠雲而相佯就伯夷而折中兮得務光而愈明四馬曰駟虯龍之無角者也楚辭曰駟玉虯以乘鷖兮爾雅曰馬高八尺爲龍司馬相如曰駟蒼螭兮六素虯相佯猶逍遙也伯夷孤竹君之子周武王時義士不食周粟隱於首陽山揚雄反騷曰將折中乎重華列仙傳曰務光者夏時人也殷湯伐桀因光而謀光曰非吾事也至殷武丁時武丁欲以爲相光不從遂投於梁山衍退不仕與務光辭相伴事相得故曰愈明愈猶益也欽子高於中野兮遇伯成而定慮欽真人之德美兮淹躊躇而弗去莊子曰伯成子高唐虞時爲諸侯至禹爲天子乃去而耕禹往見之曰堯理天下吾子立爲諸侯堯授舜舜授予子去而耕其故何也子高曰昔堯理天下至公無私不賞而人勸不罰而人畏今子賞而不勸罰而不威德自此衰刑自此作夫子盍行無留吾事耕而不顧欽誠也真人即謂子高躊躇猶躑躅也東觀記高字作喬謂仙人王子喬也義亦通意斟諶而不澹兮俟回風而容與求善卷之所存兮遇許由於負黍軔吾車於箕陽兮秣吾馬於潁滸聞至言而曉領兮還吾反乎故宇斟諶猶遲疑也澹定也俟待也容與猶從容也莊子曰舜以天下讓善卷善卷曰吾日出而作日入而息逍遙天地之間吾何以天下爲遂入深山莫知所終許由字武仲堯時高士隱居箕山堯以天下讓由由不受惡聞其言遂洗耳於潁水負黍亭名在洛州陽城縣西南許由墓在其南秣謂食馬以粟字林曰滸水涯也斟音市林反或作湛字覽天地之幽奧兮統萬物之維綱究陰陽之變化兮昭五德之精光自此以下既反故宇乃欲尋覽天地究極陰陽幽奧謂深邃也維綱猶宗指也五德五行之德也施之於物則爲金木水火土施之於人則爲仁義禮智信也躍青龍於滄海兮豢白虎於金山鑿巖石而爲室兮託高陽以養仙神雀翔於鴻崖兮玄武潛於嬰冥伏朱樓而四望兮採三秀之華英天有二十八宿成龍虎龜鳳之形在地爲四靈東方爲青龍西方爲白虎南方爲朱雀北方爲龜蛇豢養也金山西方之精也神雀謂鳳也玄武謂龜蛇位在北方故曰玄身有鱗甲故曰武嬰冥猶晦昧所謂幽都也衍既反故宇欲鑿巖石爲室託高明之處以養神仙又假言龍虎之疇在於四面爲其威援也前書曰仙人好樓居故云伏朱樓而四望也楚辭曰採三秀於山間王逸曰謂芝草也東觀記及衍集秀字作奇英字作靈欣下云食五芝之茂英此若是芝不宜重說但不知三奇是何草也范改奇爲秀恐失之矣纂前脩之夸節兮曜往昔之光勳披綺季之麗服兮揚屈原之靈芬纂繼也前脩猶前賢也夸大也楚辭曰謇吾法夫前修又曰紛獨有此夸節往昔光勳謂衍之先人有功勞於前代去疾子明之類也己兮繼往賢之高節所以光曜也綺季四皓之一也前書曰四皓隨太子入侍鬢眉皓白衣冠甚偉楚漢春秋曰四人冠韋冠佩銀環衣服甚鮮故言麗服也楚辭曰畦留夷與揭車雜杜衡與芳芷屈原皆喻身有令德故衍欲揚其靈芬也高吾冠之岌岌兮長吾佩之洋洋飲六醴之清液兮食五芝之茂英岌岌高貌洋洋美也楚辭曰高余冠之岌岌兮長余佩之陸離王逸注云傷己懷德不用故高冠長佩尊其威儀整飾服以異於衆也六醴蓋六氣也楚辭曰餐六氣而飲沆瀣茅君內傳曰句曲山上有神芝五種一曰龍仙芝似交龍之相負服之爲太極仙卿第二名參成芝赤色有光其枝葉如金石之音折而續之即復如故服之爲太極大夫第三名燕胎芝其色紫形如葵葉上有燕象光明洞徹服一株拜爲太清龍虎仙君第四名夜光芝其色青其實正白如李夜視其實如月光照洞一室服一株爲太清仙官第五名曰玉芝剖食拜三官正眞御史揵六枳而爲籬兮築蕙若而爲室播蘭芷於中庭兮列杜衡於外術自此以下說築室除樹芬芳卉木喻己立身行道依仁履義猶屈原扈江蘺與薜芷紉秋蘭以爲佩之類

也擢立也枳芬木也晏子曰江南爲橘江北爲枳枳之爲木芳而多刺可以爲籬此云六枳東觀記作八枳案周書小開篇曰嗚呼汝何敬非時何擇非德德枳維大人大人枳維公公枳維卿卿枳維大夫大夫枳維士登登皇皇口維國國枳維都都枳維邑邑枳維家家枳維欲無疆言上下相維爲藩蔽也其數有八與東觀記同此爲六蕙香草也杜杜若也蘭即澤蘭也芷白芷也一名符蘺一名葯杜衡其狀若葵其臭如蘼蕪衡路也○劉攽曰案注文方總其賦自當列敘其文云自此以下說籬室庭衛後人不曉誤作宇除弄擢射干雜蘼蕪兮搆木蘭與新夷光扈扈而煬燿兮紛郁郁而暢美華芳羣其發越兮時恍惚而莫貴非惜身之埳軻兮憐衆美之憔悴攢聚也射干鳥翼也蘼蕪似蛇牀而香其根即芎藭也木蘭樹也香味俱似桂而皮薄新夷亦樹也其花甚香扈扈光彩盛也暢通也郁郁香氣也暴盛也發越氣傍射也司馬相如曰煌煌扈扈照曜巨野又曰郁郁菲菲衆香發越恍惚猶輕忽也楚辭曰然埳軻而留滯王逸曰埳軻不遇也衍被擯斥沈淪猶草木之遏鬱芬芳遇風霜而零落也夷音協韻異美音協韻媚游精神於大宅兮抗玄妙之常操處清靜以養志兮實吾心之所樂大宅謂天地抗舉也老子曰玄之又玄衆妙之門樂音五孝反山峨峨而造天兮林冥冥而暢茂鸞回翔索其羣兮鹿哀鳴而求其友此言所居之處山林飛走之狀也索求也詩曰求其友聲也誦古今以散思兮覽聖賢以自鎮嘉孔丘之知命兮大老聃之貴玄德與道其孰寶兮名與身其孰親陂山谷而閒處兮守寂寞而存神鎮重也古之聖賢多固窮以守道故覽之以自鎮也孔子曰五十而知天命又曰不知命無以爲君子玄者幽寂之謂也老子曰萬物莫不尊道而貴德又曰道者萬物之奧也善人之所寶又曰名與身孰親陂謂傍其邊側也陂音丘義反史記曰陂山通道是也道以寂寞爲主神不外營故常存也鎮協韻竹人反閒音閑○劉攽曰注陂丘義反切不得丘當作兵夫莊周之釣魚兮辭卿相之顯位於陵子之灌園兮似至人之髣髴蓋隱約而得道兮羌窮悟而入術離塵垢之窈冥兮配喬松之妙節莊子曰莊子釣於濮水楚王使大夫二人往見焉曰願以境內累也莊子持竿不顧曰吾聞楚有神龜死已三千歲矣王以巾笥而藏之廟堂之上爲此龜者寧死留骨而貴乎寧其生而曳尾塗中乎使者曰寧生曳尾塗中莊子曰往矣吾將曳尾於塗中列女傳曰於陵子終賢楚王欲以爲相使使者往迎之子終出謝使者遂與妻俱逃而爲人灌園孟子曰客居於陵故曰於陵子也至人守眞養志言髣髴似之也二子雖病一日時而聲流萬古蓋隱居約而反得道之精窮棲悟理入賢人之衢離塵垢之窈冥也超然高邁配松喬之妙節也惟吾志之所庶兮固與俗其不同庶幾守道與俗不同既俶儻而高引兮願觀其從容俶儻卓異也凡言觀者非在己之言從容猶在後也衍雖擯斥當年身窮志沮而令聞期於不朽聲芳餘諸日月故曰願觀其從容顯宗即位又多短衍以文過其實遂廢於家衍娶北地女任氏爲妻悍忌不得畜媵妾悍急也兒女常自操井臼老竟逐之遂埳壈於時衍集載衍與婦弟任武達書曰天地之性人有喜怒夫婦之道義有離合先聖之禮士有妻妾雖宗之眇微尚欲踰制年衰歲暮恨入黃泉遭遇嫉妒家道崩壞五子之母足尚在門五年已來日甚歲劇以白爲黑以非爲是造作端末妄生首尾無罪無辜讒口嗷嗷亂匪降天生自婦人青蠅之心不重破國嫉妒之情不憚喪身牝雞之晨維家之索古之大患今始於衍醉飽過差輒爲桀紂房中調戲布散海外張目抵掌以有爲無痛徹蒼天毒流五臟愁令人不賴生忿令人不顧禍入門着牀繼嗣不育紡績織紝了無女工家貧無僮賤爲匹夫故舊見之莫不悽愴曾無憫惜之恩唯一婢武達所見頭無釵澤面無脂粉形骸不蔽手足抱土不原其窮不揆其情跳梁大呼若入冥販嬙之妾不恐其態計婦當去久矣念兒曹小家無它使哀憐姜豹常爲奴婢惻惻焦心事事腐腸詘詘籍籍不可聽聞暴虐此婢不死如髮半年之間膿血橫流婢病之後姜竟舂炊豹又觸冒泥塗心爲愴然縿斂放散冬衣不補端坐化亂一縷不貫既無婦道又無母儀忿見侵犯恨見狠藉依倚鄭令如居天上持質相劫詞語百車劍戟在門牖何暇有讓百弩環舍何可彊復舉宗達人解說如循環口如布穀縣幡竟天擊鼓動地心不爲惡身不爲播宜詳居錯且自爲計無以上書告訴相恐狗吠不驚自信其情不去此婦則家不寧不去此婦則家不清不去此婦則福不生不去此婦則事不成自恨以華盛時不早自定至於垂白家貧身賤之日養癰長疽自生蹊衍以室家紛然之故捐棄衣冠側身山野絶交游之路杜仕宦之門闔門不出心專耕耘以求衣食何敢有功名之路哉然有大志不戚戚於賤貧居常慷慨歎曰衍少事名賢經歷顯位懷金垂紫揭節奉使金謂印也紫謂綬也揭持也音求謁反不求苟得常有凌雲之志三公之貴千金之富不得其願不槩於懷槩猶屑也金或作乘貧而不衰賤而不恨年雖疲曳猶庶幾名賢之風曳猶頓也脩道德於幽冥之路以終身名爲後世法居貧年老卒于家所著賦誄銘說問交德誥慎情衍集有問交一篇慎情一篇書記說自序官錄說策五十篇衍集見有二十八篇肅宗甚重其文子豹豹字仲文年十二母爲父所出後母惡之豹因夜寐欲行毒害豹逃走得免敬事愈謹而母疾之益深時人稱其孝衍與宣孟書曰居室之義人之大倫思厚歡和之節樂定金石之固又自傷前遭不良比有去兩婦之名事誠不得不然豈中心之所好哉觀其書意似此妻又見出之長好儒學以詩春秋教麗山下麗音力之反鄉里爲之語曰道德彬彬馮仲文論語曰文質彬彬然後君子鄭玄注彬彬雜半貌也舉孝廉拜尚書郎忠勤不懈每奏事未報常俯伏省闥或從昏至明肅宗聞而嘉之使黃門持被覆豹勑令勿驚由是數加賞賜是時方平西域以豹有才謀拜爲河西副校尉和帝初數言邊事奏置戊己校尉城郭諸國復率舊職遷武威太守視事二年河西稱之復徵入爲尚書永元十四年卒於官

論曰夫貴者負埶而驕人才士負能而遺行其大略然也二子不其然乎史記曰魏太子擊逢文侯之師田子方引車下道子方不爲禮太子擊曰富貴者驕人乎貧賤者驕人乎子方曰貧賤者驕人耳夫諸侯驕人則失其國大夫驕人則失其家貧賤者行不合言不用則去之楚越若脫躧然奈何同之哉士負能而遺行也負恃也馮衍之引挑妻之譬得矣夫納妻皆知取詈已者而取士則不能何也豈非反妒情易而恕義情難光武雖得之於鮑永猶失之於馮衍自此以上皆華嶠之詞夫然義直所以見屈於既往守節故亦彌阻於來情嗚呼衍爲更始舉哀既降執義守直既行之於己光武屈而不用故言義直所以見屈於既往也則守節之人見衍被黜彌阻難於將來

贊曰譚非讖術衍晚委質道不相謀詭時同失詭違也言二人之道不相同俱以違時咸被擯斥也體兼上才榮微下秩

後漢書卷五十八考證

桓譚傳當王莽居攝之際譚獨自守默然無言○臣世駿按日知錄曰前漢書翟義傳莽依周書作大誥遣大夫桓譚等班行諭告當反位孺子之意還封譚爲明告里附城是譚曾受莽封爵史爲諱之耳

會議靈臺所處注楊街之洛陽記○街字諸本皆訛作衍今改正

馮衍傳揵六枳而爲籬兮注登登皇皇口維國監本作登登皇維在國○臣會汾按此汲冢周書原文也汲冢書於字闕處皆作口妄意增改益令讀者不知所謂今正之

後漢書卷五十九

宋　宣　城　太　守　范　曄　撰

唐　章　懷　太　子　賢　注

申屠鮑郅列傳第十九

申屠剛傳

申屠剛字巨卿扶風茂陵人也七世祖嘉文帝時爲丞相剛質性方直常慕史鰌汲黯之爲人史記曰史鰌字子魚衞大夫也論語孔子曰直哉史魚邦有道如矢邦無道如矢前書汲黯字長孺武帝時爲主爵都尉好直諫時人謂之汲直仕郡功曹平帝時王莽專政朝多猜忌遂隔絶帝外家馮衞二族不得交官剛常疾之馮謂馮昭儀平帝祖母也衞謂衞姬平帝母也號中山太后王莽專政馮衞二族皆不得至京師交通仕宦見前書及舉賢良方正因對策曰臣聞王事失則神祇怨怒姦邪亂正故陰陽謬錯此天所以譴告王者欲令失道之君曠然覺悟懷邪之臣懼然自刻者也懼驚也音紀住反刻責也今朝廷不考功校德而虛納毀譽數下詔書張設重法抑斷誹謗禁割論議罪之重者乃至腰斬傷忠臣之情挫直士之銳殆乖建進善之旌縣敢諫之鼓旌旛也淮南子曰禹縣鐘鼓磬鐸置鞀以待四方之士爲旛曰教道寡人以道者擊鼓諭以義者擊鐘告以事者振鐸語以憂者擊磬有獄訟者搖鞀帝王紀曰堯置敢諫之鼓闢四門之路明四目之義也孔安國注尚書曰闢闢四方之門未開者謂廣致衆賢也明四目謂廣視於四方使下無壅塞也臣聞成王幼少周公攝政聽言下賢均權布寵無舊無新唯仁是親尚書大傳曰武王入殷周公曰各安其宅各田其田無故無新唯仁之親動順天地舉措不失然近則召公不悅遠則四國流言尚書曰周公爲師召公爲保相成王爲左右召公不悅言周公既還政成王宜其自退今復爲相故不悅也四國謂管蔡商奄也成王幼小周公攝政四國流言曰公將不利於孺子○劉攽曰注云周公爲師相成王爲左右案文少召公爲保四字夫子母之性天道至親今聖主幼少始免繈緥免離也平帝即位時年九歲故云始免繈緥前書音義曰繈落也緥被也繈或作襁也即位以來至親分離外戚杜隔恩不得通且漢家之制雖任英賢猶援姻戚親疏相錯杜塞閒隙誠所以安宗廟重社稷也今馮衞無罪久廢不錄或處窮僻不若民庶誠非慈愛忠孝承上之意夫爲人後者自有正義至尊至卑其埶不嫌是以人無賢愚莫不爲怨姦臣賊子以之爲便不諱之變誠難其慮今之保傅非古之周公周公至聖猶尚有累何况事失其衷不合天心者哉昔周公先遣伯禽守封於魯以義割恩寵不加後伯禽周公旦之子也周公相成王先封伯禽於魯令就國守封後謂伯禽也周公身既尊寵不令伯禽復加榮貴以自挹損也東觀記曰昔周公豫防禍首先遣伯禽守封於魯離斷至親以義割恩使已尊寵不加其後故配天郊祀三十餘世自伯禽至頃公爲楚考烈王所滅凡三十四公魯以周公大聖之後故郊祀配天一如天子之禮霍光秉政輔翼少主修善進士名爲忠直而尊崇其宗黨摧抑外戚昭帝時霍光輔政其子禹及兄孫雲山等皆中郎將奉車都尉昆弟諸壻皆奉朝請給事中唯昭帝外家趙氏無一在位者結貴據權至堅至固終沒之後受禍滅門霍光薨後其子禹宣帝時爲大司馬謀反發覺禹腰斬母顯及諸女昆弟皆棄市方今師傅皆以伊周之位據賢保之任以此思化則功何不至不思其危則禍何不到損益之際孔父攸歎說苑曰孔子讀易至損益則喟然而歎子夏問曰夫子何爲歎孔子曰夫自損者益自益者缺吾是以歎之矣持滿之戒老氏所慎老子曰持而盈之不如其已已止也言埶滿必傾不如止也蓋功冠天下者不安威震人主者不全今承衰亂之後繼重敝之世公家屈竭賦歛重數苛吏奪其時貪夫侵其財百姓困乏疾疫天命盜賊羣輩且以萬數軍行衆止竊號自立興軍而行攤衆而止無畏憚於危亡也攻犯京師燔燒縣邑謂平帝元始三年陽陵人任橫等自稱將軍盜武庫兵攻宮寺出四徙也至乃訛言積弩入宮宿衞驚懼自漢興以來誠未有也國家微弱姦謀不禁六極之效危於累卵尚書大傳曰貌之不恭厥極惡言之不從厥極憂視之不明厥極疾聽之不聰厥極貧心之不睿厥極凶短折皇極不建厥極弱也王者承天順地典爵主刑不敢以天官私其宗不敢以天罰輕其親陛下宜遂聖明之德昭然覺悟遠述帝王之迹近遵孝文之業文帝即位使將軍薄昭迎薄太后於代剛欲使平帝迎中山太后至京師也差五品之屬納至親之序五品五常之教也尚書舜命契曰汝作司徒敬敷五教左傳史克曰舜舉八元使布五教于四方父義母慈兄友弟恭子孝亟遣使者徵中山太后置之別宮令時朝見又召馮衞二族裁與冗職冗散也使得執戟親奉宿衞以防未然之符以抑患禍之端上安社稷下全保傅內和親戚外絕邪謀書奏莽令元后下詔曰剛所言僻經妄說元后元帝后王莽之姑也違背大義其罷歸田里後莽篡位剛遂避地河西轉入巴蜀往來二十餘年及隗囂據隴右欲背漢而附公孫述剛說之曰愚聞人所歸者天所與人所畔者天所去也伏念本朝謂光武也躬聖德舉義兵共行天罰所當必摧誠天之所福非人力也將軍本無尺土孤立一隅宜推誠奉順與朝并力上應天心下酬人望爲國立功可以永年今文尚書曰立功立事可以永年也嫌疑之事聖人所絕以將軍之威重遠在千里動作舉措可不慎與今璽書數到委國歸信欲與將軍共

同吉凶布衣相與尙有沒身不負然諾之信況於萬乘者哉烈士傳曰羊角哀左伯桃二人爲死友欲仕於楚道阻遇雨雪不得行飢寒自度不俱生伯桃謂角哀曰俱死之後骸骨莫收內手捫心知不如子生恐無益而棄子之能我樂在樹中角哀聽之伯桃入樹中而死楚平王愛角哀之賢以上卿禮葬伯桃角哀夢伯桃曰蒙子之恩而獲厚葬正苦荆將軍冢相近今月十五日當大戰以決勝負角哀至期日陳兵馬詣其冢作三桐人自殺下而從之此殺身不負然諾之信也今何畏何利久疑如是卒有非常之變上負忠孝下愧當世言從漢何畏附蜀何利而久疑不決夫未至豫言固常爲虛及其已至又無所及是以忠言至諫希得爲用誠願反覆愚老之言闇不納遂畔從述建武七年詔書徵剛剛將歸與闇書曰愚聞專己者孤拒諫者塞孤塞之政亡國之風也雖有明聖之姿猶屈己從衆故慮無遺策舉無過事夫聖人不以獨見爲明而以萬物爲心順人者昌逆人者亡此古今之所共也將軍以布衣爲鄉里所推廊廟之計既不豫定廊殿下屋也廟太廟也國事必先謀於廊廟之所也動軍發衆又不深料今東方政教日睦百姓平安而西州發兵人人懷憂騷動惶懼莫敢正言羣衆疑惑人懷顧望非徒無精銳之心其患無所不至夫物窮則變生事急則計易其埶然也夫離道德逆人情而能有國有家者古今未有也將軍素以忠孝顯聞是以士大夫不遠千里慕樂德義今苟欲決意徼幸此何如哉夫天所祐者順人所助者信易繫辭之言也如未蒙祐助令小人受塗地之禍毀壞終身之德敗亂君臣之節汚傷父子之恩不從光武是亂君臣之節也遣子恂入質而背之是傷父子之恩也衆賢破膽可不愼哉闇不納剛到拜侍御史遷尙書令光武嘗欲出游剛以隴蜀未平不宜宴安逸豫諫不見聽遂以頭軔乘輿輪帝遂爲止以頭軔軔謂止車輪也王逸注楚辭曰軔止輪木也時內外羣官多帝自選舉加以法理嚴察職事過苦尙書近臣至乃捶撲牽曳於前羣臣莫敢正言剛每輒極諫又數言皇太子宜時就東宮簡任賢保以成其德帝並不納以數切諫失旨數年出爲平陰令復徵拜太中大夫以病去官卒於家

鮑永傳　子昱

鮑永字君長上黨屯留人也屯留今潞州縣也父宣哀帝時任司隸校尉爲王莽所殺莽輔政誅不附己者故殺宣永少有志操習歐陽尙書歐陽生字和伯千乘人受尙書於伏生見前書事後母至孝妻嘗於母前叱狗而永即去之去音丘呂反初爲郡功曹莽以宣不附已欲滅其子孫都尉路平承望風旨規欲害永太守苟諫擁護召以爲吏常置府中永因數爲諫陳興復漢室翦滅篡逆之策諫每戒永曰君長幾事不密禍倚人門永感其言及諫卒自送喪歸扶風路平遂收永弟升大守趙興到聞乃歎曰我受漢茅土王者封五色土爲社封諸侯則各割其方面土與之苞以黃土苴以白茅使歸立社也不能立節而鮑宣死之豈可害其子也勑縣出升復署永功曹時有矯稱侍中止傳舍者興欲謁之永疑其詐諫不聽而出興遂駕往永乃拔佩刀截馬當匈乃止當匈以韋爲之也後數日莽詔書果下捕矯稱者永由是知名舉秀才不應更始二年徵再遷尙書僕射行大將軍事持節將兵安集河東并州朔部得自置偏裨輒行軍法永至河東因擊青犢大破之更始封爲中陽侯中陽縣屬西河郡今汾州孝義縣也永雖爲將率而車服敝素爲道路所識東觀記曰永好文德雖行將軍常衣皁襜褕路稱鮑尙書兵馬俗本或有爲上加不者誤也時赤眉害更始三輔道絕光武即位遣諫議大夫儲大伯風俗通曰儲姓齊大夫儲子之後也持節徵永詣行在所永疑不從乃收繫大伯東觀記曰封大伯所持節於晉陽傳舍壁中遣信人馳至長安也○劉攽曰注文傳合案文傳合當作舍遣使馳至長安既知更始已亡乃發喪出大伯等封上將軍列侯印綬悉罷兵但幅巾與諸將及同心客百餘人詣河內幅巾謂不著冠但幅巾束首也帝見永問曰卿衆所在永離席叩頭曰臣事更始不能令全誠慙以其衆幸富貴故悉罷之幸希也帝曰卿言大而意不悅時攻懷未拔帝謂永曰我攻懷三日而兵不下關東畏服卿可且將故人自往城下譬之即拜永諫議大夫至懷乃說更始河內太守於是開城而降帝大喜東觀記曰永說下懷上大喜與永對食賜永洛陽商里宅東觀記曰賜洛陽上商里宅陸機洛陽記曰上商里在洛陽東北本殷頑人所居故曰上商里宅也固辭不受時董憲裨將屯兵於魯侵害百姓乃拜永爲魯郡太守永到擊討大破之降者數千人唯別帥彭豐虞林皮常等各千餘人稱將軍不肯下頃之孔子闕里無故荆棘自除闕里解見明紀從講堂至于里門永異之謂府丞及魯令曰方今危急而闕里自開斯豈夫子欲令太守行禮助吾誅無道邪乃會人衆修鄉射之禮請豐等共會觀視欲因此禽之豐等亦欲圖永乃持牛酒勞饗而潛挾兵器永覺之手格殺豐等禽破黨與帝嘉其略封爲關內侯遷揚州牧時南土尙多寇暴永以吏人痍傷之後乃緩其銜轡銜轡法律以控御人也說苑曰理國譬若張琴大絃急則小絃絕矣故急於其銜轡者非千里之馭也示誅彊橫而鎭撫其餘百姓安之會遭母憂去官悉以財產與孤弟子建武十一年徵爲司隸校尉帝叔父趙王良尊戚貴重永以事劾良大不敬東觀記曰時良從送中郎將來歙喪還入夏城門中與五官將軍相逢道迫良怒召門候岑尊叩頭馬前永劾奏良曰今月二十七日車駕臨故中郎將來歙喪還車駕過須臾趙王良從後到與右中郎將張邯相逢城門中道迫狹叱邯旋車又召候岑尊詰責使前走數十步按良諸侯藩臣蒙恩入侍知尊帝城門候吏六百石而肆意加怒令叩頭都道奔走馬頭前無藩臣之禮大不敬也○劉攽曰注五官將軍案五官無將軍之稱蓋軍字本是車字由是朝廷肅然莫不戒愼乃辟扶風鮑恢爲都官從事恢亦抗直不避彊禦帝常曰貴戚且宜斂手以避二鮑其見憚如此永行縣到霸陵路經更始墓引車入陌墓在今萬年縣東北南北爲阡東西爲陌從事諫止之永曰親北面事人寧有過墓不拜雖以獲罪司隸所不避也遂下拜哭盡哀而去西至扶風椎牛上苟諫冢帝聞之意不平問公卿曰奉使如此何如太中大夫張湛對曰仁者行之宗忠者義之主也仁不遺舊忠不忘君行之高者也帝意乃釋後大司徒韓歆坐事建武十五年歆坐直言免也永固請之不得以此忤帝意出爲東海相坐度田事不實被徵諸郡守多下獄永至城皐詔書迎拜爲兗州牧便道之官東觀記詔書迎下永曰君晨夜冒犯霜露精神亦已勞矣以君帷幄近臣其以永爲兗州牧也視事三年病卒子昱

論曰鮑永守義於故主斯可以事新主矣恥以其衆受寵斯可以受大寵矣若乃言之者雖誠而聞之未譬譬猶曉也豈苟進之悅易以情納持正之忤難以理求乎言諂曲則易入剛直則難進也誠能釋利以循道居方以從義方直也君子之槩也

昱字文泉少傳父學客授於東平建武初太行山中有劇賊太守戴涉聞昱鮑永子有智略乃就謁請署守高都長高都縣屬上黨郡故城在今澤州也昱應之遂討擊賊誅其渠帥道路開通由是知名後爲泚陽長政化仁愛境內清淨東觀記曰泚陽人趙堅殺人繫獄其父母詣昱自言年七十餘唯有一子適新娶今繫獄當死長無種類涕泣求哀昱憐其言令將妻入獄解械止宿遂任身有子荆州刺史表上之再遷中元元年拜司隸校尉詔昱詣尙書使封胡降檄檄軍書也若今之露布也光武遣小黃門問昱有所怪不對曰臣聞故事通官文書不著姓又當司徒露布漢官儀曰羣臣上書公卿校尉諸將不言姓凡制書皆璽封尙書令重封唯赦贖令司徒印露布州郡也怪使司隸下書而著姓也帝報曰吾固欲令天下知忠臣之子復爲司隸也昱在職奉法守正有父風永平五年坐救火遲免後拜汝南太守郡多陂池歲歲決壞年費常三千餘萬昱乃上作方梁石洫洫渠也以石爲之猶今之水門也水常饒足溉田倍多人以殷富十七年代王敏爲司徒賜錢帛什器帷帳除子得爲郎○劉攽曰案後皆作德字義無兩子名得德者知此字誤建初元年大旱穀貴肅宗召昱問曰旱旣太甚將何以消復災眚對曰臣聞聖人理國三年有成論語孔子曰如有用我者朞月而已可也三年乃有成功今陛下始踐天位刑政未著如有失得何能致異但臣前在汝南典理楚事永平十三年楚王英謀反連坐者在汝南昱時主劾之也繫者千餘人恐未能盡當其罪先帝詔言大獄一起冤者過半又諸徒者骨肉離分孤魂不祀一人呼嗟王政爲虧宜一切還諸徒家屬蠲除禁錮興滅繼絕死生獲所如此和氣可致帝納其言東觀記曰時司徒辭訟久者至十數年比例輕重非其事類錯雜難知昱奏定辭訟七卷決事都目八卷以齊同法令息遏人訟也四年代牟融爲太尉六年薨年七十餘子德修志節有名稱累官爲南陽太守時歲多荒災唯南陽豐穰吏人愛悅號爲神父時郡學久廢德乃修起橫舍橫學也字又作黌備俎豆黼冕行禮奏樂又尊饗國老宴會諸儒百姓觀者莫不勸服在職九年徵拜大司農卒于官子昂字叔雅有孝義節行初德被病數年昂俯伏左右衣不緩帶及處喪毀瘠三年抱負乃行服闋遂潛于墓次不關時務舉孝廉辟公府連徵不至卒于家

郅惲傳　子壽

郅惲字君章汝南西平人也潛夫論曰周先姞氏封於郅燕河東有郅都汝南有郅君章音與古姞同而其字異然前書音義郅音之日反年十二失母居喪過禮及長理韓詩嚴氏春秋韓韓嬰也作詩內外傳嚴嚴彭祖也受公羊於眭孟專門教授見儒林傳明天文曆數王莽時寇賊羣發惲乃仰占玄象歎謂友人曰方今鎭歲熒惑並在漢分翼軫之域爾雅曰中央鎭星東方歲星南方熒惑翼軫者南方鶉尾之宿楚之分野孔演圖曰卯金刀名爲劉中國東南出荆州故爲漢分也去而復來漢必再受命福歸有德如有順天發策者必成大功時左隊大夫逯並素好士王莽以潁川爲左隊郡守爲大夫逯姓並名也風俗通曰逯秦邑也其大夫氏焉逯音祿惲說之曰當今上天垂象智者以昌愚者以亡昔伊尹自鬻輔商立功全人鬻自衒賣也史記曰伊尹欲干湯而無因乃爲有莘氏媵臣負鼎俎以滋味說湯乃任以國政也惲竊不遜敢希伊尹之蹤應天人之變明府儻不疑逆俾成天德並奇之使署爲吏惲不謁曰昔文王拔呂尙於渭濱高宗禮傅說於巖築桓公取管仲於射鉤故能立弘烈就元勳未聞師相仲父而可爲吏位也師呂望也相傅說也仲父管仲也非闚天者不可與圖遠君不授驥以重任驥亦俛首裹足而去耳惲以驥自喻因自稱驥史記曰吳兵入郢申包胥走秦求救晝夜馳騖足踵蹠盭裂裳裹足鶴立秦庭盭音戾遂不受署西至長安乃上書王莽曰臣聞天地重其人惜其物故運機衡垂日月機衡北斗也含元包一甄陶品類前書志曰太極元氣含三爲一謂三才未分包而爲一甄也者陶人旋轉之輪也言天地造化品物如陶匠之成衆品者也○劉攽曰注包而爲一甄也者案文也字當在甄上顯表紀世圖錄豫設表明也紀年也言天豫設圖籙之書顯明帝王之年代也漢歷久長孔爲赤制言孔丘作緯著歷運之期爲漢家之制漢火德尙赤故云爲赤制即春秋感精符云墨孔生爲赤制是也不使愚惑殘人亂時智者順以成德愚者逆以取害神器有命不可虛獲上天垂戒欲悟陛下令就臣位轉禍爲福上天垂戒謂鎭歲熒惑並在漢分也劉氏享天永命陛下順節盛衰享受也永長也漢家受天長命運祚未絕勸莽當順其時之盛衰衰則還之也取之以天還之以天可謂知命矣若不早圖是不免於竊位也竊盜也孔子曰臧文仲其竊位者與且堯舜不以天顯自與故禪天下堯舜盛德天之所顯猶不自與以位禪人言堯之禪舜舜禪於禹也陛下何貪非天顯以自累也

天爲陛下嚴父臣爲陛下孝子父教不敢廢子諫不可拒惟陛下留神莽大怒即收繫詔獄劾以大逆猶以惲據經讖難即害之使黃門近臣脅惲令自告狂病恍惚不覺所言惲乃瞋目詈曰所陳皆天文聖意非狂人所能造遂繫須冬會赦得出乃與同郡鄭敬南遁蒼梧(遁隱也蒼梧山名也山海經曰南方蒼梧之丘蒼梧之川其中有九疑山焉舜之所葬也在今永州唐興縣東南)建武三年又至廬江因遇積弩將軍傅俊東徇揚州俊素聞惲名乃禮請之上爲將兵長史授以軍政惲乃誓衆曰無掩人不備窮人於戹不得斷人支體裸人形骸放淫婦女俊軍士猶發冢陳尸掠奪百姓惲諫俊曰昔文王不忍露白骨(解見順紀)武王不以天下易一人之命(呂氏春秋曰武王伐紂至鮪水紂使膠鬲候周問武王曰何日至武王曰將以甲子日至殷膠鬲行天大雨日夜不休武王疾行不輟軍吏諫之武王曰吾疾行以救膠鬲之死也)故能獲天地之應剋商如林之旅(天地之應謂夜雨止畢陳白魚入舟之類剋勝也商殷號也旅衆也如林言衆多尚書曰武王伐紂率其旅若林會於牧野○劉攽曰注武王伐紂率其旅若林案文伐字下少一殷字)將軍如何不師法文王而犯逆天地之禁多傷人害物虐及枯尸取罪神明今不謝天改政無以全命願將軍親率士卒收傷葬死哭所殘暴以明非將軍本意也從之百姓悅服所向皆下七年俊還京師而上論之(上音時掌反)惲恥以軍功取位遂辭歸鄉里縣令卑身崇禮請以爲門下掾惲友人董子張者父先爲鄉人所害(東觀記曰子張父及叔父爲鄉里盛氏一時所害也)及子張病將終惲往候之子張垂歿視惲歔欷不能言惲曰吾知子不悲天命而痛讎不復也子在吾憂而不手子亡吾手而不憂也(言子在吾憂子仇未能報而不須手自揮鋒子若亡吾直爲子手刃仇人更不須心懷憂也)子張但目擊而已(目擊謂熟視之也莊子曰目擊而道存也)惲即起將客遮仇人取其頭以示子張子張見而氣絕惲因而詣縣以狀自首令應之遲(縣令不欲其自首詣獄故應對之緩也)惲曰爲友報讎吏之私也奉法不阿君之義也虧君以生非臣節也趨出就獄令跣而追惲不及遂自至獄令拔刀自向以要惲曰子不從我出敢以死明心(惲若不出欲自刺以明心也)惲得此乃出因病去久之太守歐陽歙請爲功曹汝南舊俗十月享會百里內縣皆齎牛酒到府讌飲時臨享禮訖歙教曰西部督郵繇延(繇姓繇之後繇音遙)天資忠貞稟性公方摧破姦凶不嚴而理今與衆儒共論延功顯之于朝太守敬嘉厥休牛酒養德主簿讀書教戶曹引延受賜惲於下坐愀然前曰司正舉觥(愀變色貌司正主禮儀者觥罰爵也以角爲之詩小雅曰兕觥其觩旨酒思柔觩音古橫反)以君之罪告謝於天按延資性貪邪外方內員(言延外示方直而內實柔弱也)朋黨構姦罔上害人所在荒亂怨慝並作明(孔子曰色厲而內荏)府以惡爲善股肱以直從曲此既無君又復無臣惲敢

再拜奉觥歙色慙動不知所言門下掾鄭敬進曰君明臣直功曹言切明府德也可無受觥哉歙意少解曰實歙罪也敬奉觥(遂受罰也)惲乃免冠謝曰昔虞舜輔堯四罪咸服(左傳曰舜臣堯流四凶族尚書曰舜流共工于幽州放驩兜于崇山竄三苗于三危殛鯀于羽山四罪而天下咸服也)讒言弗庸孔任不行(庸用也孔甚任佞也)故能作股肱帝用有歌(尚書曰股肱喜哉元首起哉)惲不忠孔任是昭(昭顯也惲自責不忠故使甚佞之人昭顯也)豺虎從政(豺虎貪獸以比繇延也)既陷誹謗又露所言(露顯也又對衆顯言繇延之罪也)罪莫重焉請收惲延以明好惡歙曰是重吾過也(重再也)遂不讌而罷惲歸府稱病延亦自退鄭敬素與惲厚見其言忤歙乃相招去曰子廷爭繇延君猶不納延今雖去其埶必還(言歙後必召延也)直心無諱誠三代之道(三代夏殷周也論語曰三代之所以直道而行也)然道不同者不相爲謀吾不能忍見子有不容君之危盍去之乎惲曰孟軻以彊其君之所不能爲忠量其君之所不能爲賊(孟子對齊宣王曰力足以舉百鈞而不足以舉一羽明足以察秋毫之末而不見輿薪則王許之乎曰否孟子曰今恩足以及禽獸而功不至於百姓者獨何與然則一羽之不舉爲不用力焉輿薪之不見爲不用明焉百姓之不見保爲不用恩焉故王之不王不爲也非不能也曰不爲者與不能者之形何以異曰挾太山以超北海語人曰我不能是誠不能也爲長者折枝語人曰我不能是不爲也非不能也此彊其君之所不能爲也又曰惻隱之心仁之端也羞惡之心義之端也辭讓之心禮之端也是非之心智之端也人之有是四端也猶其有四體也有是四端自謂不能者自賊者也謂其君不能者賊其君者也)惲業已彊之矣障君於朝(障蔽也君謂歙也言歙將以牛酒賞繇延而惲障蔽不聽之)既有其直而不死職罪也延退而惲又去不可敬乃獨隱於弋陽山中(弋陽縣屬汝南郡前書云弋陽山在縣西北也)居數月歙果復召延惲於是乃去從敬止漁釣自娛留數十日惲志在從政既乃喟然而歎謂敬曰天生俊士以爲人也鳥獸不可與同羣(論語孔子之言)子從我爲伊呂乎將爲巢許乎而父老堯舜也(若爲巢父許由則堯舜爲父老之人也)敬曰吾足矣初從生步重華於南野(步猶尋也重華舜字也南野謂蒼梧也)謂來歸爲松子(赤松子也敬以歸鄉隱遁自謂同之劉向列仙傳曰赤松子神農時雨師至崑崙山常止西王母石室隨風上下炎帝少女追之得仙俱去也)今幸得全軀樹類(樹類謂有胤嗣)還奉墳墓盡學問道(敬汝南人今隱弋陽不離墳墓)雖不從政施之有政是亦爲政也(論語孔子之言也言隱遁好道在家孝悌亦從政之義也)吾年耄矣安得從子子勉正性命勿勞神以害生惲於是告別而去敬字次都清志高世光武連徵不到(謝沈書曰敬閑居不修人倫新遷都尉逼爲功曹廳事前樹時有清汁以爲甘露敬曰明府政未能致甘露此青木汁耳辭病去隱處精學蛾陂中陰就廣延並辟不行同郡鄧敬因折芰爲坐以荷薦肉瓠瓢盈酒言談彌日蓬廬蓽門琴書自娛光武公車徵不行按王莽改新蔡縣爲新遷也)惲遂客居江夏教授郡舉孝廉爲上東城門候(洛陽城東面北頭門也)帝嘗出獵車駕夜還惲拒關不開帝令從者見面於門間惲曰火明遼遠遂不受詔帝乃迴從東中門入(東面中門也)明日惲上書諫曰昔文王不敢槃于游田以萬人爲憂(槃樂也尚書無逸曰文王不敢槃于游田以萬人惟政之共也)而陛下遠獵山林夜以繼晝其如社稷宗廟何暴虎馮河未至之戒誠小臣所竊憂也書奏賜布百匹貶東中門候爲參封尉(參封縣屬琅邪郡)後令惲授皇太子韓詩侍講殿中及郭皇后廢(建武十七年廢)惲乃言於帝曰臣聞夫婦之好父不能得之於子(得猶制御也司馬遷曰妃匹之愛君不能得之臣父不能得之子況卑下乎)況臣能得之於君乎是臣所不敢言雖然願陛下念其可否之計無令天下有議社稷而已帝曰惲善恕己量主知我必不有所左右而輕天下也(左右猶向背也言其齊等)后既廢而太子意不自安惲乃說太子曰久處疑位上違孝道下近危殆昔高宗明君吉甫賢臣及有纖介放逐孝子(家語曰曾參妻爲梨蒸不熟因出之終身不娶其子請焉曾參曰高宗以後妻殺孝子尹吉甫以後妻放伯奇吾上不及高宗中不比吉甫知其得免於非乎遂不娶)春秋之義母以子貴太子宜因左右及諸皇子引愆退身奉養母氏以明聖教不背所生太子從之帝竟聽許惲再遷長沙太守先是長沙有孝子古初遭父喪未葬鄰人失火初匍匐柩上以身扞火火爲之滅惲甄異之以爲首舉後坐事左轉芒長(芒縣屬沛國故城在今亳州永城縣北一名臨睢城東觀記曰坐前長沙太守張禁多受遺送千萬以惲不推劾故左遷也)又免歸避地教授(避地謂隱遁也東觀記曰芒守丞韓龔受大盜丁仲錢阿擁之加笞八百不死入見惲稱仲健惲怒以所杖鐵杖捶龔龔出怨懟遂殺仲惲故坐免)著書八篇以病卒子壽壽字伯孝善文章以廉能稱舉孝廉稍遷冀州刺史時冀部屬郡多封諸王賓客放縱類不檢節(類猶皆也)壽案察之無所容貸乃使部從事專住王國又徙督郵舍王宮外(近王宮置督郵舍以察王得失)動靜失得即時騎驛言上奏王罪及劾傅相於是藩國畏懼並爲遵節視事三年冀士肅清三遷尚書令朝廷每有疑議常獨進見肅宗奇其智策擢爲京兆尹郡多彊豪姦暴不禁三輔素聞壽在冀州皆懷震竦各相檢勑莫敢干犯壽雖威嚴而推誠下吏皆願効死莫有欺者以公事免復徵爲尚書僕射是時大將軍竇憲以外戚之寵威傾天下憲嘗使門生齎書詣壽有所請託壽即送詔獄前後上書陳憲驕恣引王莽以誡國家是時憲征匈奴海內供其役費而憲及其弟篤景並起第宅驕奢非法百姓苦之壽以府藏空虛軍旅未休遂因朝會譏刺憲等厲音正色辭旨甚切憲怒陷壽以買公田誹謗下吏當誅侍御史何敞上疏理之曰臣聞聖王闢四門開四聰延直言之路下不諱之詔立敢諫之旗聽歌謠於路(歌謠謂詩也禹置敢諫之幡解已見上禮記王制曰命太師陳詩以觀民風鄭玄注云陳詩謂采其詩而示之)爭臣七人以自鑒照(孔子曰天子有爭臣七人)考知政理違失人心輒改更之故天人並應傳福無窮臣伏見尚書僕射郅壽坐於臺上與諸尚書論擊匈奴言議過差及上書請買公田遂繫獄考劾大不敬臣愚以爲壽機密近臣匡救爲職若懷默不言其罪當誅今壽違衆正議以安宗廟豈其私邪又臺閣平事分爭可否雖唐虞之隆三代之盛猶謂諤諤以昌不以誹謗爲罪(史記趙良謂商君曰千人之諾諾不如一士之諤諤武王諤諤以昌殷紂嘿嘿以亡)請買公田人情細過可裁隱忍壽若被誅臣恐天下以爲國家橫罪忠直賊傷和氣忤逆陰陽臣所以敢犯嚴威不避夷滅觸死瞽言非爲壽也(論語曰侍於君子有三愆未見顏色而言謂之瞽也)忠臣盡節以死爲歸臣雖不知壽度其甘心安之誠不欲聖朝行誹謗之誅以傷晏晏之化(鄭玄注尚書考靈耀云道德純備謂之塞寬容覆載謂之晏)杜塞忠直垂譏無窮臣敞謬豫機密言所不宜罪名明白當塡牢獄先壽僵仆萬死有餘書奏壽得減死論徙合浦(今廣州縣○劉攽曰案今合浦是廉州縣作廣誤)未行自殺家屬得歸鄉里

贊曰鮑永沈吟曉乃歸正志達義全先號後慶(易曰先號咷而後笑謂初凶後吉也)申屠對策郅惲上書有道雖直無道不愚

後漢書卷五十九考證

郅惲傳將爲巢許乎而父老堯舜也○臣承蕃按父老堯舜若曰爲野老於堯舜之世耳注謂以堯舜爲父老之人恐非是

郅惲子壽以傷晏晏之化○汲古閣本依鄭注改塞晏非是第五倫何敞陳寵傳皆有晏晏二字

後漢書卷六十上

宋 宣 城 太 守 范 曄 撰

唐 章 懷 太 子 賢 注

蘇楊列傳第二十上

蘇竟傳

蘇竟字伯況扶風平陵人也平帝世竟以明易爲博士講書祭酒(王莽置六經祭酒秩上卿每經各一人竟爲講尚書祭酒)善圖緯能通百家之言王莽時劉歆等共典校書(○劉攽曰案文劉歆上少一與字)拜代郡中尉(○劉攽曰按郡無中尉當作都)時匈奴擾亂北邊多罹其禍竟終完輯一郡光武即位就拜代郡太守使固塞以拒

匈奴建武五年冬盧芳略得北邊諸郡帝使偏將軍隨弟屯代郡隨姓弟名也弟音悌竟病篤以兵屬弟詣京師謝罪拜侍中數月以病免初延岑護軍鄧仲況擁兵據南陽陰縣爲寇陰縣屬南陽郡故城在今襄州穀城縣界北而劉歆兄子龔爲其謀主臣賢按前書及三輔決錄並云向曾孫今言歆兄子則不同也竟時在南陽與龔書曉之曰君執事無恙執事猶言左右也敬前人故呼其執事者爾雅曰恙憂也走昔以摩研編削之才走謂馳走之人謙稱也猶司馬遷與任少卿書云牛馬走之類也說文曰編次也削謂簡也一曰削書刀也研音午見反與國師公從事出入校定祕書劉歆爲王莽國師公也竊自依依未由自遠蓋聞君子愍同類而傷不遇人無智愚莫不先避害然後求利先定志然後求名昔智果見智伯窮兵必亡故變名遠逝智果智伯臣也逝去也戰國策曰智伯與韓魏共圍趙智伯之臣智果說智伯曰韓魏二主色動而意變必背君矣不如殺之智伯曰晉陽旦暮將拔之而饗其利乃有他心不可子勿復言智果見言之不聽出更其姓爲輔氏遂去不見其後韓魏乃反殺智伯三分其地果或作過陳平知項王爲天所棄故歸心高祖皆智之至也陳平初事項羽後知羽必敗乃杖劍渡河歸漢見前書也聞君前權時屈節北面延牙延岑字牙屈節謂臣事也乃後覺悟棲遲養德爾雅曰棲遲息偃也言後息偃養德不復事延牙也詩小雅曰或棲遲偃仰先世數子又何以加謂智果陳平也君處陰中土多賢士若以須臾之間研考異同揆之圖書測之人事則得失利害可陳於目何自負畔亂之困不移守惡之名乎與君子之道何其反也世之俗儒末學醒醉不分而稽論當時疑誤視聽或謂天下迭興未知誰是稱兵據土可圖非冀或曰聖王未啟宜觀時變倚彊附大顧望自守二者之論豈其然乎夫孔丘祕經爲漢赤制祕經幽祕之經卽緯書也赤制解見郅惲傳玄包幽室文隱事明包藏也言緯書玄祕藏於幽室文雖微隱事甚明驗且火德承堯雖昧必亮昧暗也亮明也言漢承唐堯劉累之後以火德王雖遭王莽篡奪一時暗昧今光武中興必盛明也承積世之祚握無窮之符王氏雖乘間偷篡而終嬰大戮支分體解宗氏屠滅非其效歟王莽傳曰校尉公賓就斬莽首軍人分裂莽身支節肌肉臠分三輔舊事曰臠切千段皇天所以眷顧踟躕憂漢子孫者也踟躕猶裴回也論者若不本之於天參之於聖猥以師曠雜事輕自眩惑說士作書亂夫大道焉可信哉師曠雜事雜占之書也前書曰陰陽書十六家有師曠八篇也諸儒或曰今五星失晷天時謬錯五星謂東方歲星南方熒惑星西方太白星北方辰星中央塡星失晷失於常度辰星久而不効不効謂出入失度也太白出入過度熒惑進退見態塡星繞帶天街歲星不舍氐房前書曰昴畢間爲天街氐房東方之宿歲星歲舍一次當次舍於氐房今不舍之是變常也以爲諸如此占歸之國家蓋災不徒設皆應之分野各有所主夫房心卽宋之分東海是也前書天文志曰卯爲房心宋之分也尾爲燕分漁陽是也前書天文志曰寅爲尾箕燕之分也東海董憲迷惑未降漁陽彭寵逆亂擁兵王赫斯怒命將並征故熒惑應此憲寵受殃太白辰星自亡新之末失行算度以至於今或守東井或沒羽林東井南方之宿天官書曰北宮虛危南方有衆星曰羽林天軍算或作筭或裴回藩屏或蹢躅帝宮帝宮北辰也藩屏兩旁之星也裴回謂縈繞淹留蹢躅謂上下不去也或經天反明或潛藏久沈或衰微闇昧或煌煌北南或盈縮成鉤或偃蹇不禁盈縮猶進退曲如鉤形也偃蹇高而明大無禁制皆大運蕩除之祥聖帝應符之兆也賊臣亂子往往錯互指麾妄說傳相壞誤劉攽曰案文壞當作詿詿音卦音怪聲相近故誤之由此論之天文安得遵度哉乃者五月甲申天有白虹自子加午廣可十丈長可萬丈正臨倚彌倚彌卽黎丘秦豐之都也蓋秦豐黎丘一名倚彌也是時月入于畢畢爲天網畢西方宿也主網羅無道之君故武王將伐紂上祭于畢求助天也史記曰周武王卽位九年上祭于畢東觀兵於孟津也夫仲夏甲申爲八魁曆法春三月己巳丁丑夏三月甲申壬辰秋三月己亥丁未冬三月甲寅壬戌爲八魁八魁上帝開塞之將也主退惡攘逆流星狀似蚩尤旗或曰營頭或曰天槍出奎而西北行至延牙營上散爲數百而滅奎爲毒螫主庫兵春秋合誠圖曰奎主武庫之兵也此二變郡中及延牙士衆所共見也是故延牙遂之武當今均州縣也託言發兵實避其殃今年比卦部歲坤主立冬坎主冬至水性滅火南方之兵受歲禍也比卦坤下坎上坎爲水也德在中宮刑在木木勝土刑制德今年兵事畢已中國安寧之效也五七之家三十五姓彭秦延氏不得豫焉春秋運斗樞曰五七三十五人皆共一德如何怪惑依而恃之葛纍之詩求福不回其若是乎詩大雅曰莫莫葛纍施于條枚愷悌君子求福不回注云葛延蔓于木之枝而茂盛喻子孫依緣先人之功而起也回違也言不違先祖之道圖讖之占衆變之驗皆君所明善惡之分去就之決不可不察無忽鄙言夫周公之善康叔以不從管蔡之亂也史記曰周公以成王命伐殷殺管叔放蔡叔以殷餘人封康叔爲衛君景帝之悅濟北以不從吳濞之畔也濟北王志高帝孫齊王肥之子也吳楚反時堅守不從景帝賢之徙封爲菑川王也自更始以來孤恩背逆歸義向善臧否粲然可不察歟良醫不能救無命彊梁不能與天爭扁鵲之見桓侯項王之敵漢祖也故天之所壞人不得支支持也左傳曰晉女叔寬曰天之所壞不可支也衆之所爲不可干也宜密與太守劉君共謀降議仲尼棲棲墨子遑遑憂人之甚也班固曰棲棲遑遑孔席不煖墨突不黔也屠羊救楚非要爵祿莊子曰楚昭王失國屠羊說走而從於昭王昭王反國將賞從亡者及屠羊說屠羊說曰大王失國說失屠羊大王反國說亦反屠羊臣之爵祿已復矣又何賞之有遂不受也茅焦干秦豈求報利秦始皇遷太后於咸陽宮又撲殺兩弟齊人茅焦解衣伏質入諫始皇乃迎太后歸於咸陽爵茅焦爲上卿焦辭不受事見說苑也盡忠博愛之誠憤滿不能已耳又與仲況書諫之文多不載於是仲況與龔遂降龔字孟公長安人善論議扶風馬援班彪並器重之三輔決錄注曰雅有孟公論可觀者班叔皮與京兆丞郭季通書曰劉孟公藏器於身用心篤固實瑚璉之器宗廟之寶也竟終不伐其功潛樂道術作記誨篇及文章傳於世年七十卒于家

楊厚傳

楊厚字仲桓廣漢新都人也祖父春卿善圖讖學爲公孫述將漢兵平蜀春卿自殺臨命戒子統曰吾綈袠中說文曰綈厚繒也綈音提有先祖所傳祕記爲漢家用爾其修之統感父遺言服闋辭家從犍爲周循學習先法又就同郡鄭伯山受河洛書及天文推步之術益部耆舊傳曰統字仲通曾祖父仲續舉河東方正拜祁令甚有德惠人爲立祠樂益部風俗因留家新都代修儒學以夏侯尚書相傳建初中爲彭城令一州大旱統推陰陽消伏縣界蒙澤太守宗湛使統爲郡求雨亦卽降澍袁山松書曰統在縣休徵時序風雨得節嘉禾生於寺舍人庶稱神也自是朝廷災異多以訪之統作家法章句及內讖二卷解說位至光祿大夫爲國三老年九十卒統生厚厚母初與前妻子博不相安厚年九歲思令和親乃託疾不言不食母知其旨懼然改意懼音九具反思養加篤博後至光祿大夫厚少學統業精力思述初安帝永初二年太白入北斗洛陽大水續漢志曰晡正月己亥太白入北斗中以爲貴相凶也又京師及郡國四十一雨水鄧太后專政也時統爲侍中厚隨在京師朝廷以問統統對年老耳目不明子厚曉讀圖書粗識其意鄧太后使中常侍承制問之厚對以爲諸王子多在京師容有非常宜亟發遣各還本國亟音紀力反太后從之星尋滅不見又剋水退期日皆如所言除爲中郎太后特引見問以圖讖厚對不合免歸袁山松書曰鄧后問厚曰大將軍鄧騭應輔臣以不對曰不應以此不合其旨復習業犍爲不應州郡三公之命方正有道公車特徵皆不就永建二年順帝特徵詔告郡縣督促發遣厚不得已行到長安以病自上因陳漢三百五十年之厄春秋命歷序曰四百年之間閉四門聽外難羣異並賊官有孽臣州有兵亂五七弱暴漸之效也宋均注云五七三百五十歲當順帝漸微四方多逆賊也宜蠲法改憲之道蠲明也及消伏災異凡五事制書褒述有詔太醫致藥太官賜羊酒及至拜議郎三遷爲侍中特蒙引見訪以時政四年厚上言今夏必盛寒當有疾疫蝗蟲之害是歲果六州大蝗疫氣流行後又連上西北二方有兵氣宜備邊寇車駕臨當西巡感厚言而止至陽嘉三年西羌寇隴右明年烏桓圍度遼將軍耿曄永和元年復上京師應有水患又當火災三公有免者蠻夷當反畔是夏洛陽暴水殺千餘人至冬承福殿災太尉龐參免荊交二州蠻夷賊殺長吏寇城郭又言陰臣近戚妃黨當受禍陰私也明年宋阿母與宦者褒信侯李元等遘姦廢退阿母順帝乳母山陽君宋娥也後二年中常侍張逵等復坐誣罔大將軍梁商專恣悉伏誅每有災異厚輒上消救之法而閹宦專政言不得信時大將軍梁冀威權傾朝遣弟侍中不疑以車馬珍玩致遺於厚欲與相見厚不答固稱病求退帝許之賜車馬錢帛歸家修黃老教授門生上名錄者三千餘人太尉李固數薦言之太初元年梁太后詔備古禮以聘厚古禮謂以束帛加璧安車蒲輪等遂辭疾不就建和三年太后復詔徵之經四年不至年八十二卒於家策書弔祭鄉人謚曰文父門人爲立廟郡文學掾史春秋饗射常祠之

後漢書卷六十上考證

蘇竟傳夫仲夏甲申爲八魁注冬三月甲寅壬戌○監本壬戌作壬寅　臣會汾按上文言春三月己巳丁丑夏三月甲申壬辰秋三月己亥丁未則十二支中皆越四位取之獨除去子午卯酉不用也冬甲寅當配以壬戌作壬寅者非是定從宋本

後漢書卷六十下

宋　宣　城　太　守　范　曄　撰

唐　章　懷　太　子　賢　注

郎襄列傳第二十下

郎顗傳

郎顗字雅光北海安丘人也父宗字仲綏學京氏易善風角星算六日七分京氏京房也作易傳風角謂候四方四隅之風以占吉凶也星算謂善天文算數也易稽覽圖曰甲子卦氣起中孚六日八十分日之七鄭玄注云六以候也八十分爲一日之七者一卦六日七分也能望氣占候吉凶常賣卜自奉奉音扶用反安帝徵之對策爲諸儒表後拜吳令吳縣名屬會稽郡今蘇州縣也時卒有暴風宗占知京師當有大火記識時日遣人參候果如其言諸公聞而表上以博士徵之宗恥以占驗見知聞徵書到夜縣印綬於縣廷而遁去遂終身不仕顗少傳父業兼明經典隱居海畔延致學徒常數百人晝研精義夜占象度勤心銳思朝夕無倦州郡辟召舉有道方正不就順帝時災異屢見陽嘉二年正月公車徵顗乃詣闕拜章曰臣聞天垂妖象地見災符所以譴告人主責躬脩德使正機平衡流化興政也易內傳曰凡災異所生各以其政變之則除消之亦除易稽覽圖曰凡異所生災所起各以其政變之則除其不可變則施之亦除鄭玄注云改其政者謂失火令則行水令失土令則行木令失金令則

行火令則災除去也不可變謂殺賢者也施之者死者不可復生封祿其子孫使得血食則災除也伏惟陛下躬日昊之聽溫三省之勤論語曾子曰吾日三省吾身也思過念咎務消祇悔祇大也易復卦初九曰無祇悔元吉方今時俗奢佚淺恩薄義夫救奢必於儉約拯薄無若敦厚安上理人莫善於禮脩禮遵約蓋惟上興革文變薄事不在下故周南之德關雎政本周南詩序曰關雎風之始也所以風天下而正夫婦也故夫婦爲政之本也本立道生風行草從澄其源者流清溷其本者末濁天地之道其猶鼓籥以虛爲德自近及遠者也籥如笛六孔鼓籥其形內虛而氣無窮老子曰天地之間其猶橐籥虛而不屈動而愈出伏見往年以來園陵數災陽嘉元年冬恭陵百丈廡災永建元年秋茂陵園寢災炎光熾猛驚動神靈易天人應曰君子不思遵利茲謂無澤厥災孽火燒其宮又曰君高臺府犯陰侵陽厥災火又曰上不儉下不節炎火並作燒居室自頃繕理西苑修復太學永建六年修太學也宮殿官府多所搆飾昔盤庚遷殷去奢即儉帝王紀曰盤庚以耿在河北迫近山川自祖辛以來奢淫不絕乃度河將從都亳之殷地人咨嗟相怨不欲徙盤庚乃作書三篇以從告喻之今尚書盤庚三篇是也亳在偃師夏后卑室盡力致美論語孔子曰禹惡衣服而致美乎黻冕卑宮室而盡力乎溝洫又魯人爲長府閔子騫曰仍舊貫何必改作長府魯之府名也仍因也貫事也言因舊事則可何必更作見論語臣愚以爲諸所繕修事可省減稟郵貧人賑贍孤寡此天之意也人之慶也仁之本也儉之要也焉有應天養人爲仁爲儉而不降福者哉土者地祇陰性澄靜宜以施化之時敬而勿擾竊見正月以來陰闇連日易內傳曰久陰不雨亂氣也蒙之比也蒙者君臣上下相冒亂也易稽覽圖曰日食之比陰得陽蒙之比也陰冒陽也鄭玄注云蒙氣也比非一也邪臣謀覆冒其君先霧從夜昏起或從夜半或平旦君不覺悟日中不解遂成蒙君復不覺悟下爲霧也比音庇○劉攽曰注云陰得陽案得當作覆又陽字下合有也字又曰賢德不用厥異常陰夫賢者化之本雲者雨之具也得賢而不用猶久陰而不雨也又頃前數日寒過其節氷既解釋還復凝合夫寒往則暑來暑往則寒來易繫辭之文也此言日月相推寒暑相避以成物也今立春之後火卦用事當溫而寒違反時節由功賞不至而刑罰必加也宜須立秋順氣行罰臣伏案飛候參察眾政京房作易飛候以爲立夏之後當有震裂涌水之害又比熒惑失度盈縮往來涉歷輿鬼環繞軒轅天官書曰輿鬼南方之宿軒轅黃龍體女主後宮之象也火精南方夏之政也政有失禮不從夏令則熒惑失行熒惑南方主夏爲禮禮虧視失不行夏令則熒惑逆行也見天文志正月三日至乎九日三公卦也凡卦法一爲元士二爲大夫三爲三公四爲諸侯五爲王位六爲宗廟前書曰梁人焦延壽字贛長於災變分六十四卦更直日用事以風雨寒溫爲候音義云分卦直日之法爻主一日即三日九日並爲三公之日也三公上應台階下同元首春秋元命包曰魁下六星兩兩而比曰三台前書音義曰泰階三台也又黃帝泰階六符經曰泰階者天之三階也上階爲天子中階爲諸侯公卿大夫下階爲士庶人三階平則陰陽和風雨時尚書曰君爲元首臣作股肱言三公上象天之合階下與人君同體也政失其道則寒陰反節節彼南山詠自周詩詩小雅曰節彼南山維石巖巖赫赫師尹民具爾瞻注云節高峻貌也喻三公之位人所高嚴也赫赫顯盛也師尹三公也言三公之位天下之人共瞻視之股肱良哉著於虞典而今之在位競託高虛納累鍾之奉忘天下之憂六斛四斗曰鍾左傳曰四斗爲豆四豆爲區四區爲釜四釜爲鍾也○劉攽曰注四斗爲豆按斗當作升又云四釜爲鍾四當作十棲遲偃仰寢疾自逸被策文得賜錢即復起矣何疾之易而愈之速以此消伏災眚興致升平其可得乎今選舉牧守委任三府三公也長吏不良既咎州郡州郡有失豈得不歸責舉者而陛下崇之彌優自下慢事愈甚所謂大網疎小網數謂緩於三公切於州郡也三公非臣之仇臣非狂夫之作所以發憤忘食懇懇不已者誠念朝廷欲致興平非不能面譽也臣生長草野不曉禁忌披露肝膽書不擇言伏鑕鼎鑊死不敢恨謹詣闕奉章伏待重誅

書奏帝復使對尚書使就尚書更對也顗對曰臣聞明王聖主好聞其過忠臣孝子言無隱情臣備生人倫視聽之類而稟性愚戇不識忌諱故出死忘命懇懇重言重再也誠欲陛下脩乾坤之德開日月之明披圖籍案經典覽帝王之務識先後之政如有闕遺退而自改本文武之業擬堯舜之道攘災延慶號令天下此誠臣顗區區之願夙夜夢寐盡心所計謹條序前章暢其旨趣謂前詣闕所上章也

條便宜七事具如狀對

一事陵園至重聖神攸馮而災火炎赫迫近寢殿魂而有靈猶將驚動宮殿官府近始永平歲時未積便更修造又西苑之設禽畜是處離房別觀本不常居而皆務精土木營建無已消功單賄巨億爲計易內傳曰人君奢侈多飾宮室其時旱其災火是故魯僖遭旱脩政自勑下鍾鼓之縣休繕治之官春秋考異郵曰僖公三年春夏不雨於是僖公憂閔玄服避舍釋更徭之逋罷軍寇之誅去苛刻峻文慘毒之教所蠲浮令四十五事曰方今大旱野無生稼寡人當死百姓何罪不敢煩人請命願撫萬人害以身塞無狀禱己舍齊南郊雨大澍也雖則不寧而時雨自降左傳僖公六月雨由此言之天之應人敏於影響敏疾也今月十七日戊午徵日也陽嘉二年正月日加申日在申時也風從寅來丑時而止丑寅申皆徵也不有火災必當爲旱南方爲徵故爲火及旱也願陛下校計繕修之費永念百姓之勞罷將作之官減彫文之飾損庖廚之饌退宴私之樂易中孚傳曰陽感天不旋日易中孚傳曰陽感天不旋日諸侯不旋時大夫不過朞鄭玄注云陽者天子爲善一日天立應以善爲惡一日天立應以惡諸侯爲善一時天立應以善爲惡一時天立應以惡大夫爲善一歲天亦立應以善爲惡一歲天亦立應以惡一說云不旋日立應之不過時三辰間不過朞從今旦至明旦也陽即指天子也如是則景雲降集眚沴息矣景雲五色雲也一曰慶雲孝經援神契曰德至山陵則景雲出顥以陵園火災故引之也眚沴謂災氣

二事去年以來兌卦用事類多不効易傳曰有貌無實佞人也有實無貌道人也寒溫爲實清濁爲貌易稽覽圖曰有實無貌屈道人也有貌無實佞人也鄭玄注曰有寒溫無貌溷清濁此賢者屈道仕于不肖君也有貌溷清濁無寒溫此佞人以便巧仕於世也今三公皆令色足恭外厲內荏以虛事上無佐國之實故清濁效而寒溫不効也是以陰寒侵犯消息易稽覽圖曰侵消息者或陰專政或陰侵陽鄭玄注溫卦以溫侵寒卦以寒侵陽者君也陰者臣也專君政事亦陰侵陽也占曰日乘則有妖風日蒙則有地裂如是三年則致日食陰侵其陽漸積所致立春前後溫氣應節者詔令寬也其後復寒者無寬之實也夫十室之邑必有忠信率土之人豈無貞賢未聞朝廷有所賞拔非所以求善贊務弘濟元元宜採納良臣以助聖化

三事臣聞天道不遠三五復反春秋合誠圖曰至道不遠三五而反宋均注云三正也五五行也三正五行王者改代之際會也能於此際自新如初則通無窮也今年少陽之歲法當乘起恐後年已往將遂驚動涉歷天門災成戊己戊亥之間爲天門也○劉攽曰案文戊當作戌注云戌亥之間是也今春當旱夏必有水臣以六日七分候之可知夫災眚之來緣類而應行有玷缺則氣逆于天精感變出以戒人君王者之義時有不登則損滋徹膳數年以來穀收稍減家貧戶饉歲不如昔百姓不足君誰與足水旱之災雖尚未至然君子遠覽防微慮萌老子曰人之飢也以其上食稅之多也故孝文皇帝綈袍革舄木器無文前書曰孝文帝身衣弋綈足履革舄兵木無刃衣緼無文約身薄賦時致升平今陛下聖德中興宜遵前典惟節惟約天下幸甚易曰天道無親常與善人是故高宗以享福高宗殷王武丁也尚書大傳曰武丁祭成湯有雉飛升鼎耳而雊祖己曰雉者野鳥升于鼎者欲爲用也無則遠方將有來朝者故武丁內反諸己以思先王之道三年編髮重譯來朝者六國孔子曰吾於高宗彤日見德之有報之疾也帝王紀曰高宗饗國五十有九年年百歲也宋景以延年呂氏春秋曰宋景公時熒惑在心召子韋問焉子韋曰禍當君雖然可移宰相公曰宰相寡人所與理國家也曰可移於人公曰人死寡人將誰爲君曰可移於歲公曰歲饑人饑誰以我爲君乎子韋曰君有至德之言三天必三賞君熒惑必退三舍一舍行七星星當一年君延二十一年矣熒惑果退三舍也

四事臣竊見皇子未立儲宮無主仰觀天文太子不明洪範五行傳曰心之大星天王也其前星太子也後星庶子也熒惑以去年春分後十六日在婁五度婁西方宿也推步三統熒惑今當在翼九度翼南方宿也今反在柳三度柳東方宿也則不及五十餘度言熒惑行遲也去年八月二十四日戊辰熒惑歷輿鬼東入軒轅出后星北東去四度北旋復還軒轅者後宮也熒惑者至陽之精也天之使也熒惑南方火盛陽之精也天文要集曰天有五帝五星爲之使而出入軒轅繞還往來易曰天垂象見吉凶其意昭然可見矣禮天子一娶九女嫡媵畢具今宮人侍御動以千計或生而幽隔人道不通鬱積之氣上感皇天故遣熒惑入軒轅理人倫垂象見異以悟主上昔武王下車出傾宮之女表商容之閭尚書大傳曰武王入殷表商容之閭歸傾宮之女以理人倫以表賢德故天授以聖子成王是也今陛下多積宮人以違天意故皇胤多夭嗣體莫寄詩云敬天之怒不敢戲豫詩大雅板篇之文也注云戲豫逸豫也方今之福莫若廣嗣廣嗣之術可不深思宜簡出宮女恣其姻嫁則天自降福子孫千億惟陛下丁寧再三留神於此左右貴倖亦宜惟臣之言以悟陛下蓋善言古者合於今善言天者合於人前書武帝詔曰善言天者必有徵於人善言古者必有驗於今願訪問百僚有違臣言者臣當受苟言之罪論語孔子曰君子於其言無所苟而已矣

五事臣竊見去年閏十月十七日己丑夜有白氣從西方天苑趨左足入玉井數日乃滅續漢志曰時客星氣白廣二尺長五丈起天苑西南天官書曰西方勾曲九星三處羅一曰天旗二曰天苑三曰九斿參星下四小星爲玉井其外四星左右肩股也春秋曰有星孛于大辰大辰者何大火也春秋昭十七年有星孛于大辰爾雅曰大辰房心尾也孫炎曰龍星明者可以爲時候故曰大辰大火爲大辰罰又爲大辰爾雅曰罰謂之大辰也北極亦爲大辰爾雅曰北極謂之北辰李巡曰北極天心也居北方正四時謂之北辰也所以孛一宿而連三宿者言北辰王者之宮也凡中宮無節政教亂逆威武衰微則此三星以應之也罰者白虎其宿主兵其國趙魏天官書曰參爲白虎下有三星曰罰爲斬刈之事故主兵昴畢之間趙魏之分也變見西方亦應三輔凡金氣爲變發在秋節西方白氣入玉井是金氣之變也臣恐立秋以後趙魏關西將有羌寇畔戾之患宜豫宣告諸郡使敬授人時輕傜役薄賦斂勿妄繕起堅倉獄備守衛回選賢能以鎮撫之回易也金精之變責歸上司上司謂司馬也建武二十七年改爲太尉韓詩外傳曰司馬主天陰陽不調星辰失度責之司馬故云責歸上司也宜以五月丙午遣太尉服干戚建井旟干楯也戚斧也西方主兵故太尉執持楯斧所以厭金氣也井南方火宿也鳥隼曰旟以火勝金故畫井星之文於旟而建之也書玉板之策引白氣之異書祝辭於玉板也於西郊責躬求愆謝咎皇天消滅妖氣蓋以火勝金轉禍爲福也以五月丙午日火勝金也

六事臣竊見今月十四日乙卯巳時白虹貫日凡日傍氣色白而純者名爲虹貫日中者侵太陽也見於春者政變常也方今中官外司各各考事考劾也其所考者或非急務又恭陵火災主名未立立猶定也時考問火者姓名未定也延多所收捕備經考毒夸火爲天戒以悟人君可順而不可違可敬而不可慢陛下宜恭己內省以備後災凡諸考案并須立秋又易傳曰公能其事序賢進士後必有喜反之則白虹貫日以甲乙見者則譴在中台譴責也韓詩外傳曰三公者何司空司徒司馬也司馬主天司空主地司徒主人故陰陽不調星辰失度責之司馬山陵崩絕川谷不流責之司空五穀不殖草木不茂責之司徒甲乙東方主春生殖五穀之時也而白虹以甲乙日見明責在司徒也自司徒居位陰陽多謬時劉崎爲司徒至陽嘉三年策免久無虛己進賢之策天下興議異人同咨咨嗟歎也且立春以來金氣再見謂元年閏十二月己丑夜有白氣入玉井二年正月乙卯白虹貫日此金氣再見金能

勝木必有兵氣宜黜司徒以應天意陛下不早禳之將負臣言遺患百姓

七事臣伏惟漢興以來三百三十九歲於詩三基高祖起亥仲二年今在戌仲十年基當作朞謂以三朞之法推之也詩汜歷樞曰凡推其數皆從亥之仲起此天地所定位陰陽氣周而復始萬物死而復蘇大統之始故王命一節爲之十歲也詩汜歷樞曰卯酉爲革政午亥爲革命神在天門出入候聽宋均注云神陽氣君象也天門戌亥之間乾所據者言神在戌亥司候帝王興衰得失厭善則昌厭惡則亡於易雄雌祕歷今值困乏凡九二困者衆小人欲共困害君子也經曰困而不失其所其唯君子乎易困卦之辭也唯獨賢聖之君遭困遇險能致命遂志不去其道易困卦曰澤無水困君子以致命遂志困卦坎下兌上坎爲水兌爲澤水在澤下是謂竭涸之象故以喻困致命遂志謂君子委命固窮不離於道也陛下乃者潛龍養德幽隱屈厄謂順帝爲太子時廢爲濟陰王卽位之元紫宮驚動歷運之會時氣已應然猶恐妖祥未盡君子思患而豫防之臣以爲戌仲已竟來年入季文帝改法除肉刑之罪漢法肉刑三謂黥也劓也左右趾也文帝除之當黥者髡鉗城旦春當劓者笞三百當左右趾者笞五百也至今適三百載自文帝十三年除肉刑至順帝陽嘉二年合三百年也宜因斯際大蠲法令官名稱號輿服器械事有所更變大爲小去奢就儉機衡之政除煩爲簡改元更始招求幽隱舉方正徵有道博採異謀開不諱之路臣陳引際會恐犯忌諱書不盡言未敢究暢臺詰顗曰對云白虹貫日政變常也朝廷率由舊章何所變易而言變常又言當大蠲法令革易官號或云變常以致災或改舊以除異何也又陽嘉初建復欲改元據何經典其以實對顗對曰方春東作布德之元陽氣開發養導萬物王者因天視聽奉順時氣宜務崇溫柔遵其行令禮記月令孟春天子命相布德和令行慶施惠下及兆民仲春安萌牙養幼少存諸孤省囹圄去桎梏止獄訟是遵其行令也而今立春之後考事不息秋冬之政行乎春夏故白虹春見掩蔽日曜凡邪氣乘陽則虹蜺在日斯皆臣下執事刻急所致殆非朝廷優寬之本此其變常之咎也又今選舉皆歸三司非有周召之才而當則哲之重尚書曰知人則哲每有選用輒參之掾屬參謀也公府門巷賓客塡集送去迎來財貨無已其當遷者競相薦謁各遣子弟充塞道路開長姦門興致浮僞非所謂率由舊章也尚書職在機衡宮禁嚴密北斗魁星第三爲機第五爲衡於天文爲喉舌李固對策曰陛下之有尚書猶天有北斗主爲喉舌斟酌元氣運平四時出納王命也私曲之意差不得通偏黨之恩或無所用選舉之任不如還在機密欲使尚書專掌選也臣誠愚戇不知折中斯固遠近之論當今之宜又孔子曰漢三百載計歷改憲春秋保乾圖曰陽起於一天帝爲北辰氣成於三以立五神三五展轉機以動運故三百歲斗歷改憲也○劉攽曰按文計當作斗注文可見蓋斗字似草書計字後人因誤之三百四歲爲一德五德千五百二十歲五行更用易乾鑿度孔子曰立德之數先立木金水火土德各三百四歲五德備凡千五百二十歲太終復初故曰五行更用更猶變改也王者隨天譬猶自春徂夏改青服絳者也禮記月令孟春天子衣青衣服蒼玉孟夏則衣朱衣服赤玉也自文帝省刑適三百年而輕微之禁漸以殷積王者之法譬猶江河當使易避而難犯也故易曰易則易知簡則易從易簡而天下之理得矣今去奢卽儉以先天下改易名號隨事稱謂易曰君子之道或出或處同歸殊塗一致百慮是知變常而善可以除災變常而惡必致於異今年仲竟來年入季仲終季始歷運變改故可改元所以順天道也臣顗愚蔽不足以荅聖問顗又上書薦黃瓊李固并陳消災之術曰臣前對七事要政急務宜於今者所當施用誠知愚淺不合聖聽人賤言廢當受誅罰論語孔子曰不以人廢言征營惶怖靡知厝身臣聞刳舟剡楫將欲濟江海也易曰黃帝刳木爲舟剡木爲楫聘賢選佐將以安天下也昔唐堯在上羣龍爲用羣龍喻賢臣也鄭玄注易乾卦云爻皆體乾羣龍之象舜既受禪禹與稷契咎繇之屬並在朝文武創德周召作輔是以能建天地之功增日月之耀者也詩曰赫赫王命仲山甫將之邦國若否仲山甫明之詩大雅也將行也若順也否猶臧否謂善惡也言國有善惡仲山甫皆明之宣王是賴以致雍熙陛下踐祚以來勤心衆政而三九之位未見其人三公九卿也是以災害屢臻四國未寧四方之國臣考之國典驗之闇見莫不以得賢爲功失士爲敗且賢者出處翔而後集論語色斯舉矣翔而後集爵以德進則其情不苟然後使君子恥貧賤而樂富貴矣若有德不報有言不讎來無所樂進無所趨無爵賞也則皆懷歸藪澤修其故志矣夫求賢者上以承天下以爲人不用之則逆天統違人望逆天統則災眚降違人望則化不行災眚降則下呼嗟化不行則君道虧四始之缺五際之厄其咎由此四始謂關雎爲國風之始鹿鳴爲小雅之始文王爲大雅之始清廟爲頌之始猶廢也翼奉傳曰易有陰陽五際孟康曰韓詩外傳云五際卯酉午戌亥也陰陽終始際會之歲於此則有變改之政豈可不剛健篤實矜矜慄慄以守天功盛德大業乎易繫辭曰日新之謂盛德富有之謂大業臣伏見光祿大夫江夏黃瓊耽樂道術淸亮自然被褐懷寶含味經籍家語子路問於孔子曰有人於此被褐而懷玉何如子曰國無道隱可也國有道則袞冕而執玉也又果於從政明達變復言明於變異消復之術也朝廷前加優寵賓於上位瓊入朝日淺謀謨未就因以喪病致命遂志老子曰大音希聲大器晚成聲震宇內謂之大音其動有時故希聲也無所不容謂之大器其功既博故晚成也善人爲國三年乃立論語孔子曰苟有用我者期月而已可也三年乃成功又曰善人爲邦百年可以勝殘去殺天下莫不嘉朝廷有此良人而復怪其不時還任陛下宜加隆崇之恩極養賢之禮徵反京師以慰天下又處士漢中李固年四十通游夏之蘂履顏閔之仁絜白之節情同皦日忠貞之操好是正直卓冠古人當世莫及元精所生王之佐臣元謂天精謂之精氣春秋孔演圖曰正氣爲帝間氣爲臣宮商爲佐秀氣爲人也天之生固必爲聖漢宜蒙特徵以示四方夫有出倫之才不應限以官次昔顏子十八天下歸仁論語顏淵問仁孔子曰克己復禮爲仁一日克己復禮天下歸仁焉子奇穉齒化阿有聲子奇齊人年十八爲阿邑宰出倉廩以振貧乏邑內大化見說苑若還瓊徵固任以時政伊尹傅說不足爲比則可垂景光致休祥矣臣顗明不知人伏聽衆言百姓所歸臧否共歎願汎問百僚覈其名行有一不合則臣爲欺國惟留聖神不以人廢言謹復條便宜四事附奏於左

一事孔子作春秋書正月者敬歲之始也公羊傳曰元年春正月元年者何君之始年也春者何歲之始也王者則天之象因時之序宜開發德號爵賢命士流寬大之澤垂仁厚之德禮記正月迎春於東郊還乃賞公卿諸侯大夫於朝命相布德和令行慶施惠下及兆人慶賞遂行無有不當順助元氣含養庶類如此則天文昭爛星辰顯列五緯循軌四時和睦五緯五星不則太陽不光天地溷濁時氣錯逆霾霧蔽日爾雅曰風而雨土爲霾自立春以來累經旬朔未見仁德有所施布但聞罪罰考掠之聲夫天之應人疾於影響而自從入歲常有蒙氣月不舒光日不宣曜日者太陽以象人君政變於下日應於天清濁之占隨政抑揚天之見異事無虛作豈獨陛下倦於萬機帷幄之政有所闕歟帷幄謂謀謨之臣也何天戒之數見也臣願陛下發揚乾剛援引賢能勤求機衡之寄以獲斷金之利易曰二人同心其利斷金臣之所陳輒以太陽爲先者明其不可久闇急當改正其異雖微其事甚重臣言雖約其旨甚廣惟陛下乃眷臣章深留明思

二事孔子曰靁之始發大壯始君弱臣彊從解起今月九日至十四日大壯用事消息之卦也於此六日之中靁當發聲發聲則歲氣和王道興也周書時訓曰春分之日玄鳥至又五日靁乃發聲靁不發聲諸侯失人也易曰靁出地奮豫豫卦坤下震上坤爲地震爲靁靁在地上故曰靁出地豫奮動也豫喜也先王以作樂崇德殷薦之上帝殷盛也薦進也上帝天帝也靁動於地萬物喜豫作樂之象靁者所以開發萌牙辟陰除害萬物須靁而解資雨而潤易解卦曰天地解而靁雨作靁雨作而百果草木皆甲坼也故經曰靁以動之雨以潤之易說卦文王者從寬大順春令則靁應節不則發動於冬當震反潛故易傳曰當靁不靁太陽弱也今蒙氣不除日月變色則其效也天綱恢恢疏而不失老子之文也隨時進退應政得失大人者與天地合其德與日月合其明易乾卦文言之辭也大人天子也璇璣動作與天相應靁者號令其德生養號令殆廢當生而殺則靁反作其時無歲靁以冬鳴則歲飢也陛下若欲除災昭祉順天致和宜察臣下尤酷害者亟加斥黜以安黎元則太皓悅和靁聲乃發太皓天也

三事去年十月二十日癸亥太白與歲星合於房心太白在北歲星在南相離數寸光芒交接房心者天帝明堂布政之宮春秋元命包曰房四星心三星孝經鉤命決曰歲星守心年穀豐歲星守心爲重華故年豐也尚書洪範記曰月行中道移節應期德厚受福重華留之天官書曰歲星一日攝提一日重華也重華者謂歲星在心也今太白從之交合明堂金木相賊而反同合太白金也歲星木也金克木故相賊也此以陰陵陽臣下專權之異也房心東方其國主宋卯爲房心宋之分也石氏經曰石氏魏人石申夫也見藝文志○劉攽曰案前書中夫當作申夫歲星出左有年出右無年今金木俱東歲星在南是爲出右恐年穀不成宋人飢也陛下宜審詳明堂布政之務然後妖異可消五緯順序矣五緯五星也

四事易傳曰陽無德則旱陰僭陽亦旱陽無德者人君恩澤不施於人也陰僭陽者祿去公室臣下專權也自冬涉春訖無嘉澤數有西風反逆時節春當東風也朝廷勞心廣爲禱祈薦祭山川暴龍移市董仲舒春秋繁露曰春旱以甲乙日爲蒼龍一長八尺居中央爲小龍五各長四尺於東方皆東向其間相去八尺小童八人皆齋三日服青衣而舞之夏以丙丁日爲赤龍服赤衣季夏以戊己日爲黃龍服黃衣秋以庚辛日爲白龍服白衣冬以壬癸日爲黑龍服黑衣牲各依其方色皆燔雄雞燒猳豬尾於里北門及市中以祈焉禮記歲旱魯穆公問於縣子縣子曰爲之徙市不亦可乎見檀弓臣聞皇天感物不爲僞動災變應人要在責已若令雨可請降水可禳止則歲無隔并太平可待然而災害不息者患不在此也不在祈禱立春以來未見朝廷賞錄有功表顯有德存問孤寡賑恤貧弱而但見洛陽都官奔車東西收繫纖介牢獄充盈臣聞恭陵火處比有光曜比頻也時恭陵百丈廡災仍有光曜不絕明此天災非人之咎丁丑大風掩蔽天地風者號令天之威怒皆所以感悟人君忠厚之戒又連月無雨將害粟麥若一穀不登則飢者十三四矣陛下誠宜廣被恩澤貸贍元元昔堯遭九年之水人有十載之蓄者簡稅防災爲其方也簡少也方法也願陛下早宜德澤以應天功若臣言不用朝政不改者立夏之後乃有澍雨於今之際未可望也若政變於朝而天不雨則臣爲誣上愚不知量分當鼎鑊書奏特詔拜郎中辭病不就卽去歸家至四月京師地震遂陷陽嘉二年四月己亥地震六月丁丑洛陽地陷是月旱也其夏大旱秋鮮卑入馬邑城破代郡兵明年西羌寇隴右陽嘉二年七月種羌寇隴西皆略如顗言後復公車徵不行同郡孫禮者積惡凶暴好游俠與其同里人常慕顗名德欲與親善顗不顧以此結怨遂爲禮所殺●

襄楷傳

襄楷字公矩，平原隰陰人也。風俗通曰襄姓楚大夫襄老之後。隰陰縣在隰水之南，故城在今齊州臨邑縣西也。好學博古，善天文陰陽之術。桓帝時，宦官專朝，政刑暴濫，又比失皇子，災異尤數。延熹九年，楷自家詣闕上疏曰：

臣聞皇天不言，以文象設教。堯舜雖聖，必歷象日月星辰，察五緯所在，故能享百年之壽，為萬世之法。堯年一百一十七歲，舜年一百一十二歲，言百年舉全數。臣切見去歲五月，熒惑入太微，犯帝坐，出端門，不軌常道。天官書曰太微南四星中端門。軌猶依也。其閏月庚辰，太白入房，犯心小星，震動中耀。中耀，天王也。傍小星者，天王子也。夫太微天廷，五帝之坐，而金火罰星揚光其中。太白，金也。熒惑，火也。天文志曰逆夏令，傷火氣，罰見熒惑；逆秋令，傷金氣，罰見太白。故金火並為罰星也。於占，天子凶；又俱入房、心，法無繼嗣。今年歲星久守太微，逆行西至掖門，還切執法。天官書曰端門左右掖門，太微南四星為執法。切，迫近也。歲為木精，好生惡殺，而淹留不去者，咎在仁德不脩，誅罰太酷。前七年十二月，熒惑與歲星俱入軒轅，逆行四十餘日，而鄧皇后誅。其冬大寒，殺鳥獸，害魚鱉，城傍竹柏之葉有傷枯者。續漢志曰：延熹元年洛陽城傍竹柏葉有傷者。臣聞於師曰：「柏傷竹枯，不出三年，天子當之。」今洛陽城中人夜無故叫呼，云有火光，人聲正諠，續漢志曰：桓帝延熹九年三月，京師有火光轉行，人相驚譟。於占亦與竹柏枯同。自春夏以來，連有霜雹及大雨雷，而臣作威作福，刑罰急刻之所感也。太原太守劉瓆、南陽太守成瑨，志除姦邪，其所誅翦，皆合人望，謝承書曰：劉瓆字文理，平原人也，遷太原太守。郡有豪強中官親戚，為百姓所患，瓆深疾之，到官收其魁帥，殺之。所臧匿主人悉坐伏誅。桓帝徵詣廷尉，以瓆宗室，不忍致之于刑，使自殺。成瑨字幼平，弘農人，遷南陽太守。時桓帝美人外親張子禁怙恃榮貴，不畏法網，瑨與功曹岑晊捕子禁付宛獄，笞殺之。桓帝徵瑨詣廷尉，下獄死。瓆音質。瑨音晉。而陛下受閹豎之譖，乃遠加考逮。三公上書乞哀瓆等，不見採察，時太尉陳蕃、司徒劉矩、司空劉茂共上書訟瓆等，帝不納。而嚴被譴讓。憂國之臣，將遂杜口矣。臣聞殺無罪，誅賢者，禍及三世。黃石公三略曰：傷賢者殃及三世，蔽賢者身當其害，達賢者福流子孫，疾賢者名不全。自陛下即位以來，頻行誅伐，梁、寇、孫、鄧並見族滅，梁冀、寇榮、孫壽、鄧萬世等也。其從坐者，又非其數。李雲上書，明主所不當諱，杜衆乞死，諒以感悟聖朝，時弘農五官掾杜衆傷雲以忠諫獲罪，上書云願與李雲同日死也。遂曾無赦宥，而并被殘戮，天下之人，咸知其冤。漢興以來，未有拒諫誅賢，用刑太深如今者也。永平舊典，諸當重論皆須冬獄，先請後刑，所以重人命也。頃數十歲以來，州郡翫習，又欲避請讞之煩，廣雅曰：讞，疑也。謂罪有疑者讞於廷尉也。輒託疾病，多死牢獄。長吏殺生自己，死者多非其罪，魂神冤結，無所歸訴，淫厲疾疫，自此而起。淫，過也。左傳曰：陰淫寒疾，陽淫熱疾。昔文王一妻，誕致十子，史記曰：太姒，文王正妃也。其長子伯邑考，次武王發，次管叔鮮，次周公旦，次蔡叔度，次曹叔振鐸，次成叔武，次霍叔處，次康叔封，次冄季載，同母兄弟十人也。今宮女數千，未聞慶育。宜脩德省刑，以廣螽斯之祚。詩國風序曰：螽斯，后妃子孫衆多也。言若螽斯不妬忌，則子孫衆多也。注云：螽斯，蚣蝑也。凡有情慾者無不妬忌，唯蚣蝑不爾，各得受氣而生子，故以喻焉。祚，福也。

又七年六月十三日，河內野王山上有龍死，長可數十丈。延熹七年也。袁山松書曰：長可百餘尺。扶風有星隕為石，聲聞三郡。夫龍形狀不一，小大無常，故周易況之大人，帝王以為符瑞。大人，天子也。乾卦九五曰：飛龍在天，大人造也。九五處天子之位，故以飛龍喻焉。尚書中候曰：舜沈璧於清河，黃龍負圖出水。或聞河內龍死，諱以為蛇。夫龍能變化，蛇亦有神，皆不當死。昔秦之將衰，華山神操璧以授鄭客，曰「今年祖龍死」。祖龍謂秦始皇也。樂資春秋後傳曰：使者鄭客入函谷，至平舒，見素車白馬，曰：「吾華山君，願以一牘致滈池君。子之咸陽，過滈池，見一大梓樹，有文石，取以扣樹，當有應者，以書與之。」鄭客如其言，見宮闕如王者居。謁者出受書，入有頃，云「今年祖龍死」。始皇逃之，死於沙丘。史記曰：始皇崩於沙丘平臺。沙丘在今邢州平鄉縣東北。王莽天鳳二年，訛言黃山宮有死龍之異，王莽傳曰：時訛言黃龍墮地死黃山宮中，百姓奔走往觀者乃有萬數，莽惡之，捕繫詰語所從起，而竟不得。後漢誅莽，光武復興。虛言猶然，況於實邪？夫星辰麗天，猶萬國之附王者也。下將畔上，故星亦畔天。石者安類，墜者失埶。春秋五石隕宋，其後襄公為楚所執。左傳：魯僖公十六年，隕石于宋五，隕星也。至二十一年，諸侯會宋公于盂，於是楚執宋公以伐宋。秦之亡也，石隕東郡。史記：始皇三十六年，有隕星下東郡，至地為石。人或刻其石曰「始皇死而地分」。始皇聞之，盡取石傍居人舍，誅之，因燔其石。○劉攽曰：注「盡取石傍居人舍誅之」，按史記作「石旁居人誅之」，舍字誤。今隕扶風，與先帝園陵相近，桓帝延熹七年，隕石于鄠。鄠屬扶風，與高帝諸陵相近也。不有大喪，必有畔逆。案春秋以來及古帝王，未有河清及學門自壞者也。延熹五年，太學西門自壞。八年，濟陰、東郡、濟北河水清也。臣以為河者，諸侯位也。清者屬陽，濁者屬陰。河當濁而反清者，陰欲為陽，諸侯欲為帝也。太學，天子教化之宮，其門無故自壞者，言文德將喪，教化廢也。京房易傳曰：「河水清，天下平。」今天垂異，地吐妖，人厲疫，三者並時而有河清，猶春秋麟不當見而見，孔子書之以為異也。公羊傳曰：西狩獲麟。何以書？記異也。何異爾？非中國之獸也。○劉攽曰：注「何以異」，案文當云「何異爾」。臣前上琅邪宮崇受干吉神書，不合明德。干，姓；吉，名也。神書即今道家太平經也。其經以甲乙丙丁戊己庚辛壬癸為部，每部一十七卷也。

臣聞布穀鳴於孟夏，蟋蟀吟於始秋，物有微而志信，人有賤而言忠。布穀一名戴紝，一名戴勝。蟋蟀，促織也。春秋考異郵曰：孟夏戴勝降，立秋促織鳴。言雖微物不失信也。紝音汝林反。臣雖至賤，誠願賜清閒，極盡所言。

書奏，不省。十餘日，復上書曰：

臣伏見太白北入數日，復出東方，其占當有大兵，中國弱，四夷彊。臣又推步，熒惑今當出而潛，必有陰謀。皆由獄多冤結，忠臣被戮。德星所以久守執法，亦為此也。德星，歲星也。陛下宜承天意，理察冤獄，為劉瓆、成瑨虧除罪辟，追錄李雲、杜衆等子孫。

夫天子事天不孝，則日食星鬬。比年日食於正朔，延熹八年正月辛巳朔，日食；九年正月辛卯朔，日食。三光不明，五緯錯戾。前者宮崇所獻神書，專以奉天地順五行為本，亦有興國廣嗣之術。其文易曉，參同經典，而順帝不行，故國胤不興，太平經興帝王篇曰：真人問神人曰：「吾欲使帝王立致太平，豈可聞邪？」神人言：「但順天地之道，不失銖分，則立致太平。元氣有三名，太陽、太陰、中和。形體有三名，天、地、人。天有三名，日、月、星，北極為中也。地有三名，為山、川、平土。人有三名，父、母、子。政有三名，君、臣、人。此三者常相得，腹心不失銖分，使其同一憂，合成一家，立致太平，延年不疑也。」又問曰：「今何故其生子少也？」天師曰：「善哉子之言也。但施不得其意耳。如令施其人欲生，其玉戶施種於中，比若春種於地也，十十相應和而生。其施不以其時，比若十月種物於地也，十十盡死，固無生者。真人欲重知其審，今無子之女，雖日百施其中，猶無所生也，不得其所生之處，比若此矣。是故古者聖賢不妄施於不生之地也，名為亡種竭氣，而無所生成。今太平氣到，或有不生子者，反斷絕天地之統，使國少人。理國之道，多人則國富，少人則國貧。今天上皇之氣已到，天皇氣生物，乃當萬倍其初天地。」孝沖、孝質頻世短祚。

臣又聞之，得主所好，自非正道，神為生虐。故周衰，諸侯以力征相尚，於是夏育、申休、宋萬、彭生、任鄙之徒生於其時。並多力之人也。夏育，衛人，力舉千鈞。宋萬，宋人，殺湣公，遇大夫仇牧於門，批而殺之，齒著門闔。彭生，齊人，拉魯桓公幹而殺之。范雎曰：以任鄙之力焉而死。申休未詳何世也。殷紂好色，妲己是出。妲己，蘇人之美女也，獻於紂，紂納以為妻。葉公好龍，真龍游廷。子張見魯哀公，七日哀公不禮，子張曰：「君之好士，有似葉公子高之好龍也。葉公子高好畫龍，天龍聞之降之，窺頭於牖，葉公子高見之，棄而反走，是葉公非好真龍也。」事見新序。今黃門常侍，天刑之人，陛下愛待，兼倍常寵，繼嗣未兆，豈不為此？天官宦者星不在紫宮而在天市，明當給使主市里也。山陽公載記曰：市垣二十二星，帝座居其中，宦者四星，唯供市買之事也。今乃反處常伯之位，實非天意。常伯，侍中也。尚書曰：常伯常任。

又聞宮中立黃老、浮屠之祠。浮屠即佛陀，聲之轉耳，謂佛也。解見楚王英傳。此道清虛，貴尚無為，好生惡殺，省慾去奢。今陛下嗜欲不去，殺罰過理，既乖其道，豈獲其祚哉！或言老子入夷狄為浮屠。或言，當時言也。老子西入夷狄，始為浮屠之化。浮屠不三宿桑下，不欲久生恩愛，精之至也。言浮屠之人寄桑下者不經三宿便即移去，示無愛戀之心也。天神遺以好女，浮屠曰：「此但革囊盛血。」遂不眄之。四十二章經曰：天神獻玉女於佛，佛曰：「此是革囊盛衆穢耳。」其守一如此，乃能成道。今陛下婬女豔婦，極天下之麗，甘肥飲美，單天下之味，柰何欲如黃老乎？

書上，即召詔尚書問狀。○劉攽曰：案文當作詣。楷曰：「臣聞古者本無宦官，武帝末，春秋高，數游後宮，始置之耳。元帝時，任宦者石顯為中書令，前將軍蕭望之等曰：「尚書百官之本，宜以通明公正處之。武帝游宴後廷，故用宦者，非古制也。宜罷中書宦官，應古不近刑人之義。」後稍見任，至於順帝，遂益繁熾。今陛下爵之，十倍於前。至今無繼嗣者，豈獨好之而使之然乎？」尚書上其對，詔下有司處正。尚書承旨奏曰：「宦者之官，非近世所置。漢初張澤為大謁者，佐絳侯誅諸呂；張澤，閹人也。絳侯周勃誅諸呂，乃迎立代王。入宮，顧麾左右執戟者罷兵，有數人不肯去，宦者令張澤喻告之，乃去。此其佐誅諸呂之功，見前書。孝文使趙談參乘，而子孫昌盛。文帝使宦者趙談參乘，袁盎伏車前曰：「陛下獨柰何與刀鋸餘人載！」於是上笑，推下趙談，談泣而下車。文帝生景帝，其後昌盛也。楷不正辭理，指陳要務，而析言破律，違背經蓺，假借星宿，偽託神靈，謂上于吉神書也。造合私意，誣上罔事。請下司隸，正楷罪法，收送洛陽獄。」帝以楷言雖激切，然皆天文恆象之數，故不誅，猶司寇論刑。前書曰：司寇，二歲刑。

初，順帝時，琅邪宮崇詣闕，上其師于吉於曲陽泉水上所得神書百七十卷，皆縹白素朱介青首朱目，號太平清領書。今潤州有曲陽山，有神溪水；定州有曲陽山，有神溪水；海州有曲陽城，北有羽潭水；壽州有曲陽城，又有北溪水。而于吉、宮崇並琅邪人，蓋東海曲陽是也。縹，青白也。素，縑也。以朱為介道，首標也，目題目也。太平經曰：「吾書中善者悉使青下而丹目，合乎吾之道，乃丹青之信也。青者主仁而有心，赤者太陽天之正色也。」江表傳曰：時有道士琅邪于吉，先寓居東方，來吳會，立精舍，燒香讀道書，制作符水以療病，吳會人多事之。孫策嘗於郡城樓上請會賓客，吉乃盛服趨度門下，諸將賓客三分之二下樓拜之，掌客者禁訶不能止。策即令收之。諸事之者悉使婦女入見策母請之，母謂策曰：「于先生亦助軍作福，醫護將士，不可殺之。」策曰：「昔南陽張津為交州刺史，舍前聖典訓，廢漢家法律，常著絳帕頭，鼓琴燒香，讀邪俗道書，云以助化，卒為南夷所殺。此甚無益，諸君但未悟耳。今此子已在鬼籙，勿復費紙筆也。」即催斬之，懸首於市。其言以陰陽五行為家，而多巫覡雜語。太平經曰：「天失陰陽則亂其道，地失陰陽則亂其財，人失陰陽則絕其後，君臣失陰陽則其道不理，五行四時失陰陽則為災。今天垂象為人法，故當承順之也。」又曰：「天上有常神聖要語，時下授人以言，用使神吏應氣而往來也。人衆得之，謂神呪也。呪百中百，十中十。其呪有可使神為除災疾，用之所向無不愈也。」有司奏崇所上妖妄不經，乃收藏之。後張角頗有其書焉。

及靈帝即位，以楷書為然。太傅陳蕃舉方正，不就。鄉里宗之，每太守至，輒致禮請。中平中，與荀爽、鄭玄俱以博士徵，不至，卒于家。

論曰：古人有云：「善言天者，必有驗於人。」前書武帝策茂才之詞也。而張衡亦云：「天文歷數，陰陽占候，今所宜急也。」郎顗、襄楷能仰瞻俯察，參諸人事，禍福吉凶既應，引之教義亦明。此蓋道術所以有補於時，後人所當取鑒者也。然而其敝好巫，故君子不以專心焉。好巫謂好鬼神之事也。范甯穀梁序曰：左氏豔而富，其敝也巫。

贊曰：仲桓術深，蒲車屢尋。頻徵不至。蘇竟飛書，清我舊陰。陰縣屬南陽，與光武同郡，故云我舊也。襄郎災戒，寔由政淫。

後漢書卷六十一

宋　宣城太守范曄撰

唐　章懷太子賢注

郭杜孔張廉王蘇羊賈陸列傳第二十一

郭伋傳

郭伋字細侯，扶風茂陵人也。高祖父解，前書云：解字翁伯，河內軹人，徙茂陵也。武帝時以任俠聞。父梵，為蜀郡太守。伋少有志行，哀平間辟大司空府，三遷為漁陽都尉。王莽時為上谷大尹，王莽改太守為大尹。遷并州牧。更始新立，三輔連被兵寇，百姓震駭，強宗右姓右姓猶高姓也。各擁衆保營，莫肯先附。更始素聞伋名徵拜左馮翊使鎮撫百姓世祖卽位拜雍州牧再轉爲尚書令數納忠諫爭建武四年出爲中山太守明年彭寵滅轉爲漁陽太守漁陽旣離王莽之亂重以彭寵之敗離猶遭也民多猾惡寇賊充斥杜預注左傳曰充滿斥見也伋到示以信賞糾戮渠帥盜賊銷散時匈奴數抄郡界邊境苦之伋整勒士馬設攻守之略匈奴畏憚遠迹不敢復入塞民得安業在職五歲戶口增倍後潁川盜賊羣起九年徵拜潁川太守召見辭謁因辭而謁見也帝勞之曰賢能太守去帝城不遠河潤九里冀京師并蒙福也莊子曰河潤九里澤及三族君雖精於追捕而山道險阸自鬬當一士耳深宜愼之伋到郡招懷山賊陽夏趙宏陽夏縣名屬陳國夏公雅反襄城召吳等數百人皆束手詣伋降悉遣歸附農因自劾專命謂擅放降賊也帝美其策不以咎之後宏吳等黨與聞伋威信遠自江南或從幽冀不期俱降駱驛不絕駱驛連續十一年省朔方刺史屬幷州帝以盧芳據北土乃調伋爲幷州牧過京師謝恩帝卽引見幷召皇太子諸王宴語終日賞賜車馬衣服什物伋因言選補衆職當簡天下賢俊不宜專用南陽人帝納之伋前在幷州素結恩德及後入界所到縣邑老幼相攜逢迎道路所過問民疾苦聘求耆德雄俊設几杖之禮朝夕與參政事禮記曰謀於長者必操几杖以從之始至行部到西河美稷有童兒數百各騎竹馬於道次迎拜伋問兒曹何自遠來曹輩也對曰聞使君到喜故來奉迎伋辭謝之及事訖諸兒復送至郭外問使君何日當還伋謂別駕從事計日當告之○劉攽曰案文多一當字上文問者可云當此下文著當字無理行部旣還先期一日伋爲違信於諸兒遂止于野亭須期乃入是時朝廷多舉伋可爲大司空帝以幷部尚有盧芳之儆儆急也且匈奴未安欲使久於其事故不召伋知盧芳夙賊夙舊也難卒以力制常嚴烽候明購賞以結寇心芳將隋昱○劉攽曰案隨字至隋時方去之阜作隋今此宜作隨遂謀脅芳降伋芳乃亡入匈奴伋以老病上書乞骸骨二十二年徵爲太中大夫賜宅一區及帷帳錢穀以充其家伋輒散與宗親九族無所遺餘明年卒時年八十六帝親臨弔賜冢塋地

杜詩傳

杜詩字公君河內汲人也少有才能仕郡功曹有公平稱更始時辟大司馬府建武元年歲中三遷爲侍御史安集洛陽時將軍蕭廣放縱兵士暴橫民間百姓惶擾詩敕曉不改遂格殺廣還以狀聞世祖召見賜以棨戟漢雜事曰漢制假棨戟以代斧鉞崔豹古今注曰棨戟前驅之器也以木爲之後代刻僞無復典刑以赤油韜之亦謂之油戟亦曰棨戟王公已下通用之以前驅也復使之河東誅降逆賊楊異等詩到大陽大陽縣名屬河東郡聞賊規欲北度乃與長史急焚其船部勒郡兵將突騎趁擊斬異等賊遂翦滅拜成皐令成皐縣屬河南郡今洛州汜水縣是視事三歲舉政尤異再遷爲沛郡都尉轉汝南都尉所在稱治七年遷南陽太守性節儉而政治淸平以誅暴立威善於計略省愛民役造作水排鑄爲農器排音蒲拜反冶鑄者爲排以吹炭令激水以鼓之也排當作𣞤古字通用也用力少見功多百姓便之又修治陂池廣拓土田郡內比室殷足時人方於召信臣比室猶比屋也前書曰召信臣字翁卿九江壽春人也遷南陽太守爲人興利務在富之開通溝渠凡十數處故南陽爲之語曰前有召父後有杜母詩自以無勞不安久居大郡求欲降避功臣乃上疏曰陛下亮成天工克濟大業偃兵修文羣帥反旅反旅謂班師也海內合和萬世蒙福天下幸甚唯匈奴未讋聖德威侮二垂讋猶曉也威虐也侮慢也二垂謂西與北也陵虐中國邊民虛耗不能自守臣恐武猛之將雖勤亦未得解甲櫜弓也櫜韜也音高詩曰載櫜弓矢也夫勤而不息亦怨勞而不休亦怨怨恨之師難復責功臣伏覩將帥之情功臣之望冀一休足於內郡休足止行役也然後卽戎出命不敢有恨臣愚以爲師克在和不在衆春秋左氏傳文也陛下雖垂念北邊亦當頗泄用之泄猶雜也昔湯武善御衆故無忿鷙之師鷙擊也湯武順天應人其所征討告弔伐而已故無忿怒而擊也陛下起兵十有三年將帥和睦士卒鳧藻言其和睦歡悅如鳧之戲於水藻也今若使公卿郡守出於軍壘則將帥自厲壘軍壁厲勉也士卒之復比於宿衞則戎士自百復謂優寬也音福續漢志曰羽林郎秩比三百石掌侍從宿衞言士卒得比於郎則人百其勇何者天下已安各重性命大臣以下咸懷樂土不讐其功而厲其用無以勸也陛下誠宜虛缺數郡以俟振旅之臣重復厚賞加於久役之士如此緣邊屯戍之師競而忘死乘城拒塞之吏不辭其勞則烽火精明守戰堅固聖王之政必因人心今猥用愚薄塞功臣之望誠非其宜臣詩伏自惟忖本以史吏一介之才史吏謂初爲郡功曹也書曰如有一介臣也遭陛下創制大業賢俊在外空乏之間超受大恩收養不稱○劉攽曰案收養無義合作牧養二漢通謂守令爲牧養也奉職無效久竊祿位令功臣懷慍誠惶誠恐八年上書乞避功德陛下殊恩未許放退臣詩蒙恩尤深義不敢苟冒虛請誠不勝至願願退大郡受小職及臣齒壯力能經營劇事如使臣詩必有補益復受大位雖析珪授爵所不辭也惟陛下哀矜帝惜其能遂不許之詩雅好推賢數進知名士淸河劉統及魯陽長董崇等初禁網尚簡但以璽書發兵未有虎符之信詩上疏曰臣聞兵者國之凶器聖人所愼舊制發兵皆以虎符其餘徵調竹使而已符策合會取爲大信所以明著國命斂持威重也說文曰符信也漢制以竹長六寸分而相合前書文帝二年初與郡守爲銅虎符竹使符音義曰銅虎符第一至第五發兵遣使符合乃聽之竹使符以竹五寸鐫刻篆書亦第一至第五也閒者發兵但用璽書或以詔令如有姦人詐僞無由知覺愚以爲軍旅尚興賊虜未殄徵兵郡國宜有重愼可立虎符以絕姦端昔魏之公子威傾鄰國猶假兵符以解趙圍若無如姬之仇則其功不顯秦昭王已破趙長平又進圍邯鄲魏昭王之子無忌號信陵君其姊爲趙惠文王弟平原君夫人平原君數遣公子書請救於魏魏王使將軍晉鄙將十萬衆救趙實持兩端以觀望平原君使者相屬謂公子曰今邯鄲旦暮降秦魏救不至獨不憐公子姊耶公子患之過侯嬴問之嬴屏人語曰嬴聞晉鄙兵符常在王臥內而如姬最幸力能竊之嬴聞如姬父爲人所殺公子使客斬其仇頭敬進如姬姬爲公子死無所辭公子誠一開口以請如姬姬必許公子從其計如姬果盜晉鄙兵符與公子於是遂矯魏王令奪晉鄙兵進擊秦秦軍解去事見史記也事有煩而不可省費而不得已蓋謂此也書奏從之詩身雖在外盡心朝廷讜言善策隨事獻納視事七年政化大行十四年坐遣客爲弟報仇被徵會病卒司隸校尉鮑永上書言詩貧困無田宅喪無所歸詔使治喪郡邸賻絹千匹

孔奮傳

孔奮字君魚扶風茂陵人也曾祖霸元帝時爲侍中奮少從劉歆受春秋左氏傳歆稱之謂門人曰吾已從君魚受道矣言君魚之道已過於己矣遭王莽亂奮與老母幼弟避兵河西建武五年河西大將軍竇融請奮署議曹掾守姑臧長八年賜爵關內侯時天下擾亂唯河西獨安而姑臧稱爲富邑通貨羌胡市日四合古者爲市一日三合周禮曰大市日側而市百族爲主朝市朝時而市百賈爲主夕市夕時而市販夫販婦爲主今旣人貨殷繁故一日四合也每居縣者不盈數月輒至豐積奮在職四年財產無所增事母孝謹雖爲儉約奉養極求珍膳躬率妻子同甘菜茹廣雅曰茹食也時天下未定士多不修節操而奮力行淸潔爲衆人所笑或以爲身處脂膏不能以自潤徒益苦辛耳○劉攽曰案文益當在徒字上奮旣立節治貴仁平太守梁統深相敬待不以官屬禮之常迎於大門引入見母隴蜀旣平河西守令咸被徵召財貨連轂彌竟山澤唯奮無資單車就路姑臧吏民及羌胡更相謂曰孔君淸廉仁賢舉縣蒙恩如何今去不共報德遂相賦斂牛馬器物千萬以上追送數百里奮謝之而已一無所受旣至京師除武都郡丞時隴西餘賊隗茂等夜攻府舍殘殺郡守賊畏奮追急乃執其妻子欲以爲質奮年已五十唯有一子終不顧望遂窮力討之吏民感義莫不倍用命焉郡多氐人便習山谷其大豪齊鍾留者爲羣氐所信向奮乃率厲鍾留等令要遮鈔擊共爲表裏賊窘懼逼急乃推奮妻子以置軍前冀當退卻而擊之愈厲遂禽滅茂等奮妻子亦爲所殺世祖下詔褒美拜爲武都太守奮自爲府丞已見敬重及拜太守舉郡莫不改操爲政明斷甄善疾非甄明也見有美德愛之如親其無行者忿之若讐郡中稱爲淸平弟奇游學洛陽奮以奇經明當仕上病去官守約鄉閭卒于家奇博通經典作春秋左氏刪刪定其義也奮晚有子嘉官至城門校尉作左氏說云說猶今之疏也

張堪傳

張堪字君游南陽宛人也爲郡族姓堪早孤讓先父餘財數百萬與兄子年十六受業長安志美行厲諸儒號曰聖童世祖微時見堪志操常嘉焉及卽位中郎將來歙薦堪召拜郎中三遷爲謁者使送委輸縑帛幷領騎七千匹詣大司馬吳漢伐公孫述在道追拜蜀郡太守時漢軍餘七日糧陰具船欲遁去堪聞之馳往見漢說述必敗不宜退師之策漢從之乃示弱挑敵述果自出戰死城下成都旣拔堪先入據其城撿閱庫藏收其珍寶悉條列上言秋毫無私秋毫者喻細也慰撫吏民蜀人大悅在郡二年徵拜騎都尉後領驃騎將軍杜茂營擊破匈奴於高柳拜漁陽太守捕擊姦猾賞罰必信吏民皆樂爲用匈奴嘗以萬騎入漁陽堪率數千騎奔擊大破之郡界以靜乃於狐奴開稻田八千餘頃勸民耕種以致殷富百姓歌曰桑無附枝麥穗兩岐張君爲政樂不可支視事八年匈奴不敢犯塞帝嘗召見諸郡計吏問其風土及前後守令能否蜀郡計掾樊顯進曰漁陽太守張堪昔在蜀漢仁以惠下威能討姦前公孫述破時珍寶山積捲握之物足富十世捲握猶掌握也謂珠玉之類也而堪去職之日乘折轅車布被囊而已帝聞良久歎息良猶甚也拜顯爲魚復長魚復縣屬巴郡故城在今夔州魚復縣北赤甲城是方徵堪會病卒帝深悼惜之下詔褒揚賜帛百匹

廉范傳

廉范字叔度京兆杜陵人趙將廉頗之後也漢興以廉氏豪宗自苦陘徙焉苦陘縣屬中山國章帝更名漢昌世爲邊郡守或葬隴西襄武故因仕焉曾祖父褒成哀閒爲右將軍祖父丹王莽時爲大司馬庸部牧王莽改益州爲庸部皆有名前世范父遭喪亂客死於蜀漢范遂流寓西州西州謂巴蜀也西州平歸鄉里年十五辭母西迎父喪蜀郡太守張穆丹之故吏乃重資送范范無所受與客步負喪歸葭萌葭萌縣名屬廣漢郡今利州益昌縣卽漢葭萌地也載船觸石破沒范抱持棺柩遂俱沈溺衆傷其義鉤求得之療救僅免於死穆聞復馳遣使持前資物追范范又固辭歸葬服竟詣京師受業事博士薛漢漢字公子見儒林傳京兆隴西二郡更請召皆不應永平

初隴西太守鄧融備禮謁范爲功曹謁請也會融爲州所舉案舉其罪案驗之范知事譴難解欲以權相濟乃託病求去融不達其意大恨之范於是東至洛陽變名姓求代廷尉獄卒居無幾融果徵下獄范遂得衛侍左右盡心勤勞融怪其貌類范而殊不意乃謂曰卿何似我故功曹邪范訶之曰君困厄瞀亂邪鄭玄注禮記曰瞀目不明之貌語遂絕融繫出困病范隨而養視及死竟不言身自將車送喪至南陽葬畢乃去後辟公府會薛漢坐楚王事誅楚王英謀反也故人門生莫敢視范獨往收斂之吏以聞顯宗大怒召范入詰責曰薛漢與楚王同謀交亂天下范公府掾不與朝廷同心而反收斂罪人何也范叩頭曰臣無狀愚戇以爲漢等皆已伏誅不勝師資之情罪當萬坐老子曰善人不善人之師不善人善人之資也帝怒稍解問范曰卿廉頗後邪與右將軍褒大司馬丹有親屬乎范對曰褒臣之曾祖丹臣之祖也帝曰怪卿志膽敢爾因貰之貰赦也由是顯名舉茂才數月再遷爲雲中太守會匈奴大入塞烽火日通故事虜入過五千人○劉攽曰按文人當作入移書傍郡吏欲傳檄求救范不聽自率士卒拒之虜衆盛而范兵不敵會日暮令軍士各交縛兩炬三頭爇火營中星列用兩炬交縛如十字爇其三頭手持一端使敵人望之疑兵士之多虜遙望火多謂漢兵救至大驚待旦將退范乃令軍中蓐食晨往赴之蓐食早起食於寢蓐中也斬首數百級虜自相轔藉死者千餘人轔轢也藉相蹈藉也由此不敢復向雲中後頻歷武威武都二郡太守隨俗化導各得治宜建初中遷蜀郡太守其俗尚文辯好相持短長范每厲以淳厚不受偷薄之說成都民物豐盛邑宇逼側舊制禁民夜作以防火災而更相隱蔽燒者日屬范乃毀削先令但嚴使儲水而已百姓爲便乃歌之曰廉叔度來何暮不禁火民安作平生無襦今五絝絝作協韻音護則反在蜀數年坐法免歸鄉里范世在邊廣田地積財粟悉以賑宗族朋友肅宗崩范奔赴敬陵時廬江郡掾嚴麟奉章弔國俱會於路麟乘小車塗深馬死不能自進范見而愍然命從騎下馬與之不告而去麟事畢不知馬所歸乃緣蹤訪之或謂麟曰故蜀郡太守廉叔度好周人窮急今奔國喪獨當是耳麟亦素聞范名以爲然即牽馬造門謝而歸之世伏其好義然依倚大將軍竇憲以此爲譏卒于家初范與洛陽慶鴻爲刎頸交時人稱曰前有管鮑後有慶廉鴻慷慨有義節位至琅邪會稽二郡太守所在有異迹

論曰張堪廉范皆以氣俠立名觀其振危急赴險阸有足壯者堪之臨財范之忘施亦足以信意而感物矣信音伸若夫高祖之召欒布欒布梁人爲人所略賣爲奴梁王彭越贖爲梁大夫使於齊漢召彭越以謀反夷三族詔有收視者輒捕之布還奏事彭越頭下祠而哭之吏捕以聞上召罵曰若與彭越反邪布曰今漢一徵兵於梁彭王不行而疑以爲反則人人自危也上乃釋布拜爲都尉也明帝之引廉范加怒以發其志就戮更延其寵聞義能從誠君道所尚然情理之樞亦有開塞之感焉戶之開闔必由於樞情之通塞必在於感言高祖明帝初怒欒布廉范後感其義而赦之

王堂傳

王堂字敬伯廣漢郪人也初舉光祿茂才光祿舉之爲茂才也遷穀城令治有名迹穀城縣屬東郡故城在今濟州東阿縣東永初中西羌寇巴郡爲民患詔書遣中郎將尹就攻討連年不剋三府舉堂治劇拜巴郡太守堂馳兵赴賊斬虜千餘級巴庸清靜吏民生爲立祠庸即上庸縣也故城在今房州清水縣西也刺史張喬表其治能遷右扶風安帝西巡阿母王聖中常侍江京等並請屬於堂堂不爲用掾史固諫之堂曰吾蒙國恩豈可爲權寵阿意阿曲也以死守之即日遣家屬歸閉閤上病果有誣奏堂者會帝崩京等悉誅堂以守正見稱永建二年徵入爲將作大匠四年坐公事左轉議郎續漢志曰議郎秩六百石無員復拜魯相政存簡一至數年無辭訟遷汝南太守搜才禮士不苟自專乃教掾史曰古人勞於求賢逸於任使故能化清於上事緝於下其憲章朝右簡覈才職委功曹陳蕃匡政理務拾遺補闕任主簿應嗣庶循名責實察言觀效焉自是委誠求當不復妄有辭教郡內稱治時大將軍梁商及尚書令袁湯以求屬不行並恨之後廬江賊迸入弋陽界堂勒兵追討即便奔散而商湯猶因此風州奏堂在任無警免歸家年八十六卒遺令薄斂瓦棺以葬子稚清行不仕曾孫商益州牧劉焉以爲蜀郡太守有治聲

蘇章傳族孫不韋

蘇章字孺文扶風平陵人也八世祖建武帝時爲右將軍前書曰建以校尉從大將軍青擊匈奴封平陵侯中子武最知名也祖父純字桓公有高名性強切而持毀譽持執也執毀譽之論謂品藻其臧否士友咸憚之至乃相謂曰見蘇桓公患其教責人不見又思之三輔號爲大人大人長老之稱言尊事之也永平中爲奉車都尉竇固軍出擊北匈奴車師有功○劉攽曰案竇固自爲奉車都尉蘇純但從之耳爲當作從封中陵鄉侯官至南陽太守章少博學能屬文安帝時舉賢良方正對策高第爲議郎數陳得失其言甚直出爲武原令武原縣屬楚國故城在今泗州下邳縣北時歲飢輒開倉廩活三千餘戶順帝時遷冀州刺史故人爲清河太守章行部案其姦臧乃請太守爲設酒肴陳平生之好甚歡太守喜曰人皆有一天我獨有二天章曰今夕蘇孺文與故人飲者私恩也明日冀州刺史案事者公法也遂舉正其罪州境知章無私望風畏肅換爲并州刺史以摧折權豪忤旨坐免隱身鄉里不交當世後徵爲河南尹不就時天下日敝民多悲苦論者舉章有幹國才朝廷不能復用卒于家兄曾孫不韋

不韋字公先父謙初爲郡督郵時魏郡李暠爲美陽令與中常侍具瑗交通貪暴爲民患前後監司畏其埶援莫敢糾問及謙至部案得其臧論輸左校謙累遷至金城太守去郡歸鄉里漢法免罷守令自非詔徵不得妄到京師而謙後私至洛陽時暠爲司隸校尉收謙詰掠死獄中暠又因刑其屍以報昔怨不韋時年十八徵詣公車會謙見殺不韋載喪歸鄉里瘞而不葬仰天歎曰伍子胥獨何人也子胥父伍奢爲楚王所殺子胥復讐鞭平王之尸解見寇榮傳乃藏母於武都山中武都郡名其地在今成州上祿縣界有仇池山東西懸絕壁立百仞故藏於其中也遂變名姓盡以家財募劍客邀暠於諸陵間不剋會暠遷大司農時右校芻廥在寺北垣下說文云廥芻稾藏音工外反垣牆也不韋與親從兄弟潛入廥中夜則鑿地晝則逃伏如此經月遂得傍達暠之寢室出其牀下值暠在廁因殺其妾并及小兒留書而去暠大驚懼乃布棘於室以板籍地一夕九徙雖家人莫知其處每出輒劍戟隨身壯士自衛不韋知暠有備乃日夜飛馳徑到魏郡掘其父阜冢斷取阜頭以祭父墳又標之於市曰李君遷父頭暠匿不敢言而自上退位歸鄉里私掩塞冢槨捕求不韋歷歲不能得憤恚感傷發病歐血死不韋後遇赦還家乃始改葬行喪士大夫多譏其發掘冢墓歸罪枯骨不合古義唯任城何休方之伍員太原郭林宗聞而論之曰子胥雖云逃命而見用彊吳憑闔廬之威因輕悍之衆雪怨舊郢曾不終朝而但鞭墓戮屍以舒其憤竟無手刃後主之報豈如蘇子單特孑立靡因靡資彊讐豪援據位九卿城闕天阻宮府幽絕埃塵所不能過霧露所不能沾不韋毀身燋慮出於百死冒觸嚴禁陷族禍門雖不獲逞爲報已深況復分骸斷首以毒生者毒苦也使暠懷忿結不得其命猶假手神靈以斃之也力唯匹夫功隆千乘比之於員不以優乎議者於是貴之後太傅陳蕃辟不應爲郡五官掾初弘農張奐睦於蘇氏而武威段熲與暠素善後奐熲有隙及熲爲司隸以禮辟不韋不韋懼之稱病不詣熲既積憤於奐因發怒乃追咎不韋前報暠事以爲暠表治謙事被報見誅君命天也而不韋仇之又令長安男子告不韋多將賓客奪舅財物遂使從事張賢等就家殺之乃先以鴆與賢父曰若賢不得不韋便同飲此賢到扶風郡守使不韋奉謁迎賢即時收執并其一門六十餘人盡誅滅之諸蘇以是衰破及段熲爲陽球所誅天下以爲蘇氏之報焉

羊續傳

羊續字興祖太山平陽人也其先七世二千石卿校祖父侵安帝時司隸校尉父儒桓帝時爲太常續以忠臣子孫拜郎中去官後辟大將軍竇武府及武敗坐黨事禁錮十餘年幽居守靜及黨禁解復辟太尉府四遷爲廬江太守後揚州黃巾賊攻舒焚燒城郭續發縣中男子二十以上皆持兵勒陳其小弱者悉使負水灌火會集數萬人并埶力戰大破之郡界平後安風賊戴風等作亂安風縣屬廬江郡續復擊破之斬首三千餘級生獲渠帥其餘黨輩原爲平民原免也賦與佃器使就農業中平三年江夏兵趙慈反叛殺南陽太守秦頡攻沒六縣拜續爲南陽太守當入郡界乃羸服閒行侍童子一人觀歷縣邑採問風謠然後乃進其令長貪絜吏民良猾悉逆知其狀郡內驚竦莫不震懾乃發兵與荊州刺史王敏共擊慈斬之獲首五千餘級屬縣餘賊並詣續降續爲上言宥其枝附賊既清平乃班宣政令候民病利損於人曰病益於人曰利百姓歡服時權豪之家多尚奢麗續深疾之常敝衣薄食車馬羸敗府丞嘗獻其生魚續受而懸於庭丞後又進之續乃出前所懸者以杜其意續妻後與子祕俱詣郡舍續閉門不內妻自將祕行其資藏唯有布衾敝祗裯鹽麥數斛而已說文曰祗裯短衣也廣雅云即禮襜也祗音丁奚反裯音丁勞反顧敕祕曰吾自奉若此何以資爾母乎使與母俱歸六年靈帝欲以續爲太尉時拜三公者皆輸東園禮錢千萬令中使督之名爲左騶騶騎士也其所之往輒迎致禮敬厚加贈賂續乃坐使人於單席舉縕袍以示之縕故絮也曰臣之所資唯斯而已左騶白之帝不悅以此故不登公位而徵爲太常未及行會病卒時年四十八遺言薄斂不受賵遺舊典二千石卒官賻百萬府丞焦儉遵續先意一無所受詔書褒美敕太山太守以府賻錢賜續家云

賈琮傳

賈琮字孟堅東郡聊城人也聊城今博州縣舉孝廉再遷爲京兆令○劉攽曰案無京兆縣又未可爲尹明多兆字是河南京縣令也有政理迹舊交阯土多珍產明璣翠羽犀象瑇瑁異香美木之屬莫不自出說文曰璣珠之不圜者異物志曰翠鳥形似燕翡赤而翠青其羽可以爲飾廣雅曰瑇瑁形似龜出南海巨延州也前後刺史率多無清行上承權貴下積私賂財計盈給輒復求見遷代故吏民怨叛中平元年交阯屯

兵反執刺史及合浦太守自稱柱天將軍靈帝特敕三府精選能吏有司舉琮爲交阯刺史琮到部訊其反狀咸言賦斂過重百姓莫不空單京師遥遠告寃無所民不聊生自活○劉攽曰案文自活非本傳文是注以解聊生耳 故聚爲盜賊琮即移書告示各使安其資業招撫荒散蠲復傜役誅斬渠帥爲大害者簡選良吏試守諸縣歲間蕩定百姓以安巷路爲之歌曰賈父來晚使我先反今見清平吏不敢飯在事三年爲十三州最徵拜議郎時黄巾新破兵凶之後郡縣重斂因緣生姦詔書沙汰刺史二千石更選清能吏乃以琮爲冀州刺史舊典傳車驂駕垂赤帷裳迎於州界及琮之部升車言曰刺史當遠視廣聽糾察美惡何有反垂帷裳以自掩塞乎乃命御者褰之百城聞風自然竦震其諸臧過者望風解印綬去唯癭陶長濟陰董昭觀津長梁國黄就當官待琮於是州界翕然靈帝崩大將軍何進表琮爲度遼將軍卒於官

陸康傳

陸康字季寧吳郡吳人也祖父續在獨行傳父褒有志操連徵不至康少仕郡以義烈稱刺史臧旻舉爲茂才除高成令高成縣屬渤海郡也縣在邊垂舊制令戸一人具弓弩以備不虞不得行來行來猶往來也長吏新到輒發民繕修城郭康至皆罷遣百姓大悦以恩信爲治寇盜亦息州郡表上其狀光和元年遷武陵太守轉守桂陽樂安二郡所在稱之時靈帝欲鑄銅人而國用不足乃詔調民田畝斂十錢而比水旱傷稼百姓貧苦康上疏諫曰臣聞先王治世貴在愛民省徭輕賦以寧天下除煩就約以崇簡易易曰乾以易知坤以簡能而天下之理得矣 故萬姓從化靈物應德末世衰主窮奢極侈造作無端興制非一勞割自下以從苟欲勞苦割制於下人也 故黎民吁嗟陰陽感動陛下聖德承天當隆盛化而卒被詔書畝斂田錢鑄作銅人伏讀惆悵悼心失圖夫什一而稅周謂之徹孟子曰夏后氏五十而貢殷人七十而助周人百畝而徹其實皆什一也 徹者通也言其法度可通萬世而行也故魯宣稅畝而蝝災自生公羊傳曰初稅畝者何履畝而稅也何休注云宣公無恩信於人人不肯盡力於公田故履踐案行擇其善畝穀好者稅取之蝝蠡子也公羊傳冬蝝生此言蝝生何上變古易常也注云上謂宣公變易公田舊制而稅畝也 哀公增賦而孔子非之左傳曰季孫欲以田賦使冉有訪諸仲尼仲尼私於冉有曰子季孫若欲行而法則周公之典在若欲苟而行之又何訪焉 豈有聚奪民物以營無用之銅人捐捨聖戒自蹈亡王之法哉謂秦始皇鑄銅人十二卒致滅亡也 傳曰君舉必書書而不法後世何述焉陛下宜留神省察改敝從善以塞兆民怨恨之望書奏内倖因此譖康援引亡國以譬聖明大不敬檻車徵詣廷尉侍御史劉岱典考其事岱爲表陳解釋免歸田里復徵拜議郎會廬江賊黄穰等與江夏蠻連結十餘萬人攻沒四縣拜康廬江太守康申明賞罰擊破穰等餘黨悉降帝嘉其功拜康孫尚爲郎中獻帝即位天下大亂康蒙險遣孝廉計吏奉貢朝廷詔書策勞加忠義將軍秩中二千石時袁術屯兵壽春部曲飢餓遣使求委輸兵甲康以其叛逆閉門不通内修戰備將以禦之術大怒遣其將孫策攻康圍城數重康固守吏士有先受休假者皆遁伏還赴暮夜緣城而入受敵二年城陷月餘發病卒年七十宗族百餘人遭離飢戹死者將半朝廷愍其守節拜子儁爲郎中少子績仕吳爲鬱林太守博學善政見稱當時幼年曾謁袁術懷橘墮地者也有名稱績字公紀吳志有傳

贊曰伋牧朔藩信立童昏詩守南楚民作謠言奮馳單乘甚駕毀轅范得其朋易曰西南得朋廉范遷蜀郡太守百姓便之蜀在西南故曰得朋也堂任良肱謂委任功曹陳蕃主簿應嗣郡中大化也二蘇勁烈羊賈廉能季寧拒策城隕衝輣輣兵車也音彭協韻音普滕反

後漢書卷六十一考證

杜詩傳造作水排鑄爲農器注排當作橐○橐字諸本皆誤作櫜從宋本改

廉范傳隣事畢不知馬所歸乃絲縱訪之○臣會汾按絲縱謂縱馬任其所之隨後訪之也諸本或作蹤則上下文義不貫從監本義長

王堂傳簡覈才職○職字應照宋本作識

蘇章傳段熲爲陽球所誅○臣會汾按段熲事具載陽球本傳諸本並誤作楊今改正

陸康傳哀公增賦而孔子非之注季孫欲以田賦○以字監本作益臣會汾按左氏傳本作以今從原文改正

詩守南楚○守字監本作定今從宋本改正

後漢書卷六十二

宋　宣　城　太　守　范　曄　撰

唐　章　懷　太　子　賢　注

樊陰列傳第二十二

樊宏傳　子儵　族曾孫準

樊宏字靡卿南陽湖陽人也世祖之舅其先周仲山甫封於樊因而氏焉樊今襄州安養縣也爲鄉里著姓父重字君雲世善農稼好貨殖重性溫厚有法度三世共財子孫朝夕禮敬常若公家其營理產業物無所棄課役童隸各得其宜故能上下戮力財利歲倍至乃開廣田土三百餘頃其所起廬舍皆有重堂高閣陂渠灌注酈元水經注曰湖水支分東北爲樊氏陂東西十里南北五里亦謂之凡亭陂東樊氏故宅樊氏既滅庾氏取其陂故諺曰陂汪汪下田良樊氏失業庾氏昌其陂至今猶名爲樊陂在今鄧州新野縣之西南也 又池魚牧畜有求必給嘗欲作器物先種梓漆時人嗤之然積以歲月皆得其用向之笑者咸求假焉貲至巨萬而賑贍宗族恩加鄉閭外孫何氏兄弟爭財重恥之以田二頃解其忿訟縣中稱美推爲三老年八十餘終其素所假貸人間數百萬遺令焚削文契責家聞者皆慙爭往償之責音側界反 諸子從勅竟不肯受宏少有志行王莽末義兵起劉伯升與族兄賜俱將兵攻湖陽城守不下賜女弟爲宏妻湖陽由是收繫宏妻子令出譬伯升宏因留不反湖陽軍帥欲殺其妻子長吏以下共相謂曰樊重子父禮義恩德行於鄉里雖有罪且當在後會漢兵日盛湖陽惶急未敢殺之遂得免脫更始立欲以宏爲將宏叩頭辭曰書生不習兵事竟得免歸與宗家親屬作營壍自守老弱歸之者千餘家時赤眉賊掠唐子鄉多所殘殺欲前攻宏宏遣人持牛酒米穀勞遺赤眉赤眉長老先聞宏仁厚皆稱曰樊君素善且今見待如此何心攻之引兵而去遂免寇難世祖即位拜光祿大夫位特進次三公建武五年封長羅侯長羅縣名屬陳留郡故城在今滑州匡城縣東北 十三年封弟丹爲射陽侯在射水之陽水經注曰泚水西南流射水注之水出射城北建武十三年封樊重少子丹爲射陽侯即其國也按臨淮郡別有射陽縣疑遠非此地也 兄子尋玄鄉侯族兄忠更父侯十五年定封宏壽張侯十八年帝南祠章陵過湖陽祠重墓追爵謚爲壽張敬侯立廟於湖陽車駕每南巡常幸其墓賞賜大會宏爲人謙柔畏慎不求苟進常戒其子曰富貴盈溢未有能終者吾非不喜榮埶也天道惡滿而好謙前世貴戚皆明戒也易曰天道虧盈而益謙人道惡盈而好謙也 保身全己豈不樂哉每當朝會輒迎期先到俯伏待事時至乃起帝聞之常勅騶騎臨朝乃告勿令豫到宏所上便宜及言得失輒手自書寫毀削草本公朝訪逮不敢衆對宗族染其化未嘗犯法帝甚重之及病困車駕臨視留宿問其所欲言宏頓首自陳無功享食大國誠恐子孫不能保全厚恩令臣魂神慙負黄泉願還壽張食小鄉亭帝悲傷其言而竟不許二十七年卒遺勅薄葬一無所用以爲棺柩一臧不宜復見如有腐敗傷孝子之心使與夫人同墳異臧帝善其令以書示百官因曰今不順壽張侯意無以彰其德且吾萬歲之後欲以爲式賻錢千萬布萬匹謚曰恭侯贈以印綬車駕親送葬子儵嗣帝悼宏不已復封少子茂爲平望侯平望縣屬北海郡故城在今青州北海縣西北俗名平望臺也 樊氏侯者凡五國明年賜儵弟鮪及從昆弟七人合錢五千萬

論曰昔楚頃襄王問陽陵君曰君子之富何如對曰假人不德不責食人不使不役親戚愛之衆人善之假貸人者不自以爲德不責其報也食善人者不使役之故衆人稱善也說苑曰楚王問莊辛之言也○劉攽曰注食善人者不使役之案食人而已何故輒擇善人明此是養字或云當云善食人者 若乃樊重之折契止訟其庶幾君子之富乎分地以用天道實廪以崇禮節管子曰倉廩實而知禮節 取諸理化則亦可以施於政也與夫愛而畏者何殊間哉左傳曰是以其人畏而愛之何殊間言不異也間音古莧反

儵字長魚○劉攽曰樊儵字長魚按儵非魚類與名不合疑本是鯈字鯈即魚名可爲字也又按儵弟名鮪知作鯈無疑 謹約有父風事後母至孝及母卒哀思過禮毀病不自支世祖常遣中黄門朝暮送饘粥饘糜也 服闋就侍中丁恭受公羊嚴氏春秋嚴彭祖也 建武中禁網尚闊諸王既長各招引賓客以儵外戚爭遣致之而儵清靜自保無所交結及沛王輔事發貴戚子弟多見收捕儵以不豫得免帝崩儵爲復土校尉復土校尉主葬事復土於壙也 永平元年拜長水校尉與公卿雜定郊祠禮儀以讖記正五經異説北海周澤琅邪承宮並海内大儒儵皆以爲師友而致之於朝上言郡國舉孝廉率取年少能報恩者耆宿大賢多見廢棄宜勅郡國簡用良俊又議刑辟宜須秋月以順時氣顯宗並從之二年以壽張國益東平王徙封儵燕侯燕縣名屬東郡 其後廣陵王荆有罪帝以至親悼傷之詔儵與羽林監南陽任隗雜理其獄事竟奏請誅荆引見宣明殿帝怒曰諸卿以我弟故欲誅之卽我子卿等敢爾邪儵仰而對曰天下高帝天下非陛下之天下也春秋之義君親無將將而誅焉公羊傳之文也將者將爲弑逆之事也 是以周公誅弟季友鴆兄經傳大之周公之弟管蔡二叔流言於國云周公攝政將不利於成王故周公誅之左傳曰周公殺管叔而蔡蔡叔夫豈不愛王室故也杜預注曰蔡放也又曰魯莊公有疾叔牙欲立公子般友遂鴆叔牙殺之公羊傳曰季子殺母兄何善其誅不得避兄君臣之義也上蔡音薩○劉攽曰注何善其誅不得避兄按文其當作爾 臣等以荆屬託母弟陛下留聖心加惻隱故敢請耳如令陛下子○劉攽曰按文今當作令 臣等專誅而已專謂不請也 帝歎息良久儵益以此知名其後弟鮪爲子賞求楚王英女敬鄉公主儵聞而止之曰建武時吾家並受榮寵一宗五侯謂宏封長羅侯弟丹射陽侯兄子尋玄鄉侯族兄忠更父侯宏又封壽張侯也 時特進一言女可以配王男可以尚主宏爲特進 但以貴寵過盛卽爲禍患故不爲也且爾一子柰何棄之於楚乎鮪不從十年儵卒賵贈甚厚謚曰哀侯帝遣小黄門張音問所遺言先是河南縣亡失官錢典負者典謂主典負謂欠負 坐死及罪徙者甚衆遂委責於人以償其耗鄉部吏司因此爲姦儵常疾之又野王

歲獻甘醪膏餳醪醇酒汁滓相將也每輒擾人吏以爲利儵並欲奏罷之疾病未及得上音歸具以聞帝覽之而悲歎勑二郡並令從之長子汜嗣以次子郴梵爲郎其後楚事發覺帝追念儵謹恪又聞其止鮪婚事故其諸子得不坐焉梵字文高爲郎二十餘年三署服其重慎三署解見和帝紀悉推財物二千餘萬與孤兄子官至大鴻臚汜卒子時嗣時卒子建嗣建卒無子國絕永寧元年鄧太后復封建弟盼盼卒子尚嗣初儵刪定公羊嚴氏春秋章句世號樊侯學教授門徒前後三千餘人弟子潁川李脩九江夏勤皆爲三公勤字伯宗爲京宛二縣令零陵太守所在有理能稱安帝時位至司徒

準字幼陵宏之族曾孫也準或作准父瑞好黃老言清靜少欲準少勵志行修儒術以先父產業數百萬讓孤兄子永元十五年和帝幸南陽準爲郡功曹召見帝器之拜郎中從車駕還官特補尚書郎鄧太后臨朝儒學陵替準乃上疏曰臣聞賈誼有言人君不可以不學故雖大舜聖德孳孳爲善孟子曰雞鳴而起孳孳爲善者舜之徒也成王賢主崇明師傅尚書曰召公爲保周公爲師相成王爲左右也及光武皇帝受命中興羣雄崩擾旌旗亂野東西誅戰不遑啓處然猶投戈講藝息馬論道至孝明皇帝兼天地之姿用日月之明庶政萬機無不簡心而垂情古典游意經藝每饗射禮畢正坐自講諸儒並聽四方欣欣雖闕里之化矍相之事誠不足言孔子闕里人也禮記云孔子射於矍相之圃蓋觀者如堵牆也又多徵名儒以充禮官如沛國趙孝琅邪承宮等或安車結駟告歸鄉里安車坐乘之車也告歸謂休假歸也或豐衣博帶從見宗廟其餘以經術見優者布在廊廟故朝多皤皤之良華首之老皤皤白首貌也音步河反書曰皤皤良士華首謂白首也每讌會則論難衎衎共求政化衎衎和樂貌也詳覽羣言響如振玉孟子曰金聲而玉振之也朝者進而思政罷者退而備問小大隨化雍雍可嘉期門羽林介冑之士悉通孝經博士議郎一人開門徒衆百數開門謂開一家之說化自聖躬流及蠻荒匈奴遣伊秩訾王大車且渠來入就學八方肅清上下無事是以議者每稱盛時咸言永平今學者蓋少○劉攽曰案文蓋當作益遠方尤甚博士倚席不講儒者競論浮麗忘謇謇之忠習諓諓之辭諓諓巧言也音踐前書曰昔秦穆公說諓諓之言也文吏則去法律而學詆欺詆亦欺也銳錐刀之鋒斷刑辟之重德陋俗薄以致苛刻左傳曰鄭人鑄刑書叔向使詒子產書曰今子相鄭立謗政鑄刑書人知爭端矣將棄禮而徵於書錐刀之末將盡爭之鄭其敗乎杜預注云錐刀喻小事也昔孝文竇后性好黃老而清靜之化流景武之間臣愚以爲宜下明詔博求幽隱發揚巖穴寵進儒雅有如孝宮者徵詣公車以俟聖上講習之期公卿各舉明經及舊儒子孫進其爵位使纘其業復召郡國書佐使讀律令如此則延頸者日有所見傾耳者月有所聞伏願陛下推述先帝進業之道周易曰君子進德修業太后深納其言是後屢舉方正敦樸仁賢之士準再遷御史中丞

永平之初連年水旱災異郡國多被飢困準上疏曰臣聞傳曰飢而不損茲曰太厭災水洪範五行傳之文也言下人飢儉君上不能損減謂之爲太太猶甚也春秋穀梁傳曰五穀不登謂之大侵大侵之禮百官備而不製官職備列不造作也羣神禱而不祠禱請而已無祭祀也由是言之調和陰陽實在儉節朝廷雖勞心元元事從省約而在職之吏尚未奉承夫建化致理由近及遠故詩曰京師翼翼四方是則韓詩之文也翼翼然盛也今可先令太官尚方考功○劉攽曰案功當作工考工官名見前書上林池籞諸官實減無事之物前書百官表曰少府掌山海池澤之稅屬官有太官考工尚方上林中十池監也太官掌御膳飲食考工主作器械尚方主作刀劍器物籞者於池苑中以竹綿聯之爲禁籞也實減謂實覆其數減之也五府調省中都官吏京師作者五府謂太傅太尉司徒司空大將軍也調徵發也省減也中都官吏在京師之官吏也作謂營作者也如此則化及四方人勞省息伏見被災之郡百姓彫殘恐非賑給所能贍雖有其名終無其實可依征和元年故事武帝征和元年詔曰當今務在禁苛暴止擅賦力本農桑無乏武備而已遣使持節慰安尤困乏者徙置荊揚孰郡既省轉運之費且令百姓各安其所今雖有西屯之役宜先東州之急時先零羌斷隴道大爲寇害遣車騎將軍鄧隲征西校尉任尚討之故曰西屯役也東州謂冀兗州時又遣光祿大夫樊準呂倉分冀兗二州廩貸流人也如遣使者與二千石隨事消息悉留富人守其舊土轉尤貧者過所衣食誠父母之計也衣音於旣反食音嗣願以臣言下公卿平議太后從之悉以公田賦與貧人即擢準與議郎呂倉並守光祿大夫準使冀州倉使兗州準到部開倉廩食廩給慰安生業流人咸得蘇息還拜鉅鹿太守時飢荒之餘人庶流迸家戶且盡準課督農桑廣施方略朞年間穀粟豐賤數十倍而趙魏之郊數爲羌所鈔暴準外禦寇虜內撫百姓郡境以安五年轉河內太守時羌復屢入郡界準輒將兵討逐修理塢壁說文曰塢小障也威名大行視事三年以疾徵三轉爲尚書令明習故事遂見任用元初三年代周暢爲光祿勳五年卒於官

陰識傳 弟興

陰識字次伯南陽新野人也光烈皇后之前母兄也其先出自管仲管仲七世孫修自齊適楚爲陰大夫因而氏焉秦漢之際始家新野及劉伯升起義兵識時游學長安聞之委業而歸率子弟宗族賓客千餘人往詣伯升伯升乃以識爲校尉更始元年遷偏將軍從攻宛別降新野淯陽杜衍冠軍胡陽五縣並屬南陽郡也二年更始封識陰德侯行大將軍事建武元年光武遣使迎陰貴人於新野并徵識識隨貴人至以爲騎都尉更封陰鄉侯二年以征伐軍功增封識叩頭讓曰天下初定將帥有功者衆臣託屬掖廷仍加爵邑不可以示天下帝甚美之以爲關都尉鎮函谷遷侍中以母憂辭歸十五年定封原鹿侯原鹿縣屬汝南郡俗本作慶者誤及顯宗立爲皇太子以識守執金吾輔導東宮帝每巡郡國識常留鎮守京師委以禁兵入雖極言正議及與賓客語未嘗及國事帝敬重之常指識以勑戒貴戚激厲左右焉識所用掾史皆簡賢者如虞延傅寬薛愔等多至公卿校尉顯宗即位拜爲執金吾位特進永平二年卒贈以本官印綬謚曰貞侯子躬嗣躬卒子璜嗣永初七年爲奴所殺無子國絕永寧元年鄧太后以璜弟淑紹封淑卒子鮪嗣躬弟子綱女爲和帝皇后封綱吳房侯位特進三子軼輔敞皆黃門侍郎后坐巫蠱事廢綱自殺輔下獄死軼敞徙日南識弟興

興字君陵光烈皇后母弟也爲人有膂力建武二年爲黃門侍郎守期門僕射典將武騎從征伐平定郡國興每從出入常操持小蓋障翳風雨躬履塗泥率先期門光武所幸之處輒先入清宮甚見親信雖好施接賓然門無俠客與同郡張宗上谷鮮于裒不相好知其有用猶稱所長而達之友人張汜杜禽與興厚善以爲華而少實但私之以財終不爲言是以世稱其忠平第宅苟完裁蔽風雨九年遷侍中賜爵關內侯帝後召興欲封之置印綬於前興固讓曰臣未有先登陷陣之功而一家數人並蒙爵土令天下觖望誠爲盈溢觖音羌志反前書音義曰觖猶冀也一音決猶望之也臣蒙陛下貴人恩澤至厚富貴已極不可復加至誠不願帝嘉興之讓不奪其志貴人問其故興曰貴人不讀書記邪亢龍有悔易乾卦上九爻曰亢龍有悔窮之災也亢極也龍以喻君言居上體之極則有悔吝之災也夫外戚家苦不知謙退嫁女欲配侯王取婦眄睨公主愚心實不安也富貴有極人當知足夸奢益爲觀聽所譏貴人感其言深自降挹卒不爲宗親求位十九年拜衞尉亦輔導皇太子明年夏帝風眩疾甚後以興領侍中受顧命於雲臺廣室尚書曰成王將崩命召公作顧命孔安國注云臨終之命曰顧命洛陽南宮有雲臺廣德殿會疾瘳召見興欲以代吳漢爲大司馬興叩頭流涕固讓曰臣不敢惜身誠虧損聖德不可苟冒至誠發中感動左右帝遂聽之二十三年卒時年三十九興素與從兄嵩不相能然敬其威重興疾病帝親臨問以政事及羣臣能不興頓首曰臣愚不足以知之然伏見議郎席廣謁者陰嵩並經行明深驗於公卿興沒後帝思其言遂擢廣爲光祿勳嵩爲中郎將監羽林十餘年以謹勑見幸顯宗即位拜長樂衞尉遷執金吾永平元年詔曰故侍中衞尉關內侯興典領禁兵從平天下當以軍功顯受封爵又諸舅比例應蒙恩澤興固讓安平里巷輔導朕躬有周昌之直前書曰周昌沛人也爲御史大夫爲人强力敢直言極諫也在家仁孝有曾閔之行不幸早卒朕甚傷之賢者子孫宜加優異其以汝南之鮦陽封興子慶爲鮦陽侯鮦陽故城在今豫州新蔡縣北在鮦水之陽也音紂慶弟博爲濦强侯濦强縣屬汝南郡在濦水之北博弟員丹並爲郎慶推田宅財物悉與員丹帝以慶義讓擢爲黃門侍郎慶卒子琴嗣建初五年興夫人卒肅宗使五官中郎將持節即墓賜策追謚興曰翼侯琴卒子萬全嗣萬全卒子桂嗣興弟就嗣父封宣恩侯後改封爲新陽侯新陽縣屬汝南郡故城在今豫州眞陽縣西南就善談論朝臣莫及然性剛傲不得衆譽顯宗即位以就爲少府位特進就子豐尚酈邑公主光武女也公主嬌妒豐亦狷急狷疾也音絹永平二年遂殺主被誅父母當坐皆自殺國除帝以舅氏故不極其刑陰氏侯者凡四人初陰氏世奉管仲之祀謂爲相君宜帝時陰子方者至孝有仁恩臘日晨炊而竈神形見雜五行書曰竈神名禪字子郭衣黃衣夜被髮從竈中出知其名呼之可除凶惡宜市豬肝泥竈令婦孝子方再拜受慶家有黃羊因以祀之自是已後暴至巨富田有七百餘頃輿馬僕隸比於邦君子方常言我子孫必將彊大至識三世而遂繁昌故後常以臘日祀竈而薦黃羊焉

贊曰權族好傾后門多毀樊氏世篤陰亦戒侈恂恂苗胤傳龜襲紫恂恂恭順貌也公侯皆紫綬金印龜鈕見應劭漢官儀

後漢書卷六十二考證

樊宏傳令出辟伯升○辟字一本作譬注曉喻也

樊宏族曾孫準永平之初○臣人龍按明帝永平元年戊午至和帝永元元年己丑相隔三十餘年前旣云永元十五年準爲郡功曹上復云遷御史中丞則此安得復云永平之初當是安帝永初之初耳

建化致理○致字監本誤作之今從宋本改正

實減無事之物注以竹綿聯之○宋本竹字下有帛字臣會汾按此謂以竹爲藩籬耳帛何所用之當因下有綿字故誤也從諸本刪

陰識弟興後改封爲新陽侯注新陽縣屬汝南郡○監本作屬汝郡脫南字又故城監本誤作故地今俱從宋本改正

後漢書卷六十三

宋 宣 城 太 守范 曄撰

唐 章 懷 太 子 賢注

朱馮虞鄭周列傳第二十三

朱浮傳

朱浮字叔元沛國蕭人也初從光武爲大司馬主簿遷偏將軍從破邯鄲光武遣吳漢誅更始幽州牧苗曾乃拜浮爲大將軍幽州牧守薊城遂討定北邊建武二年封舞陽侯食三縣浮年少有才能頗欲厲風迹風化之迹也收士心辟召州中名宿涿郡王岑之屬以爲從事岑後爲梁州牧及王莽時故吏二千石皆引置幕府乃多發諸郡倉穀廩贍其妻子漁陽太守彭寵以爲天下未定師旅方起不宜多置官屬以損軍實謂甲兵糧儲也左傳曰蒐軍實也不從其令浮性矜急自多矜誇多自取也頗有不平因以峻文詆之峻嚴切也詆誣也寵亦很強兼負其功嫌怨轉積浮密奏寵遣吏迎妻而不迎其母又受貨賄殺害友人多聚兵穀意計難量寵既積怨聞之遂大怒而舉兵攻浮浮以書質責之質正也曰蓋聞知者順時而謀愚者逆理而動常竊悲京城太叔以不知足而無賢輔卒自棄於鄭也左傳曰鄭武公娶于申曰武姜生莊公及共叔段及莊公即位武姜爲之請京使居謂之京城太叔既而太叔將襲鄭公命子封伐京京叛太叔段段出奔共也伯通以名字典郡伯通彭寵字也以名字顯著也有佐命之功光武初鎮河北寵遣吳漢等發步兵三千人先歸光武及圍邯鄲寵轉食前後不絕也臨人親職愛惜倉庫而浮秉征伐之任欲權時救急二者皆爲國耳即疑浮相譖何不詣闕自陳而爲族滅之計乎朝廷之於伯通恩亦厚矣委以大郡任以威武光武賜寵號大將軍故云任以威武也事有柱石之寄情同子孫之親柱石以屋爲喻也匹夫媵母尚能致命一餐左傳曰趙盾田於首山舍於翳桑見靈輒餓問之曰三日不食矣食之後晉靈公欲殺趙盾輒爲公甲士倒戟以禦公徒而免盾媵母未詳也豈有身帶三綬職典大邦寵爲漁陽太守建忠侯大將軍故帶三綬而不顧恩義生心外畔者乎伯通與吏人語何以爲顏行步拜起何以爲容坐臥念之何以爲心引鏡窺影何施眉目舉措建功何以爲人惜乎棄休令之嘉名造梟鴟之逆謀梟鴟即鴟梟也其子適大還食其母說文云不孝鳥也捐傳世之慶祚招破敗之重災高論堯舜之道不忍桀紂之性生爲世笑死爲愚鬼不亦哀乎伯通與耿俠遊俱起佐命同被國恩俠遊耿況字也況爲上谷太守初與寵結謀共歸光武也俠遊謙讓屢有降挹之言挹損也而伯通自伐以爲功高天下往時遼東有豕生子白頭異而獻之行至河東見羣豕皆白懷慙而還若以子之功論於朝廷則爲遼東豕也今乃愚妄自比六國六國之時其埶各盛廓土數千里勝兵將百萬故能據國相持多歷年世今天下幾里列郡幾城柰何以區區漁陽而結怨天子此猶河濱之人捧土以塞孟津多見其不知量也方今天下適定海內願安士無賢不肖皆樂立名於世而伯通獨中風狂走自捐盛時內聽驕婦之失計外信讒邪之諛言浮密奏寵上徵之寵妻勸寵無應徵又與所親信計議吏皆怨浮勸寵止不應徵也長爲羣后惡法永爲功臣鑒戒豈不誤哉定海內者無私讎勿以前事自誤願留意顧老母幼弟凡舉事無爲親厚者所痛而爲見讎者所快寵得書愈怒愈猶益也攻浮轉急明年涿郡太守張豐亦舉兵反時二郡畔戾北州憂恐浮以爲天子必自將兵討之而但遣游擊將軍鄧隆陰助浮浮懷懼以爲帝怠於敵不能救之乃上疏曰昔楚宋列國俱爲諸侯莊王以宋執其使遂有投袂之師魏公子顧朋友之要觸冒強秦之鋒夫楚魏非有分職匡正之大義也莊王但爲爭強而發忿公子以一言而立信耳左傳曰楚莊王使申舟聘于齊曰無假道於宋宋人殺無畏莊王聞之投袂而起遂發兵圍宋史記魏公子無忌魏昭王之少子封信陵君仁而好士食客三千人公子姊爲趙平原君勝妻秦圍邯鄲求救於魏魏以秦強不敢救公子乃竊兵符奪晉鄙軍以救趙秦兵遂解也今彭寵反叛張豐逆節以爲陛下必棄捐它事以時滅之既歷時月寂漠無音從圍城而不救放逆虜而不討臣誠惑之昔高祖聖武天下既定猶身自征伐未嘗寧居高祖定天下之後猶自征匈奴陳豨黥布等也陛下雖興大業海內未集而獨逸豫不顧北垂百姓遑遑無所繫心三河冀州曷足以傳後哉今秋稼已熟復爲漁陽所掠張豐狂悖姦黨日增連年拒守吏士疲勞甲冑生蟣蝨弓弩不得弛鄭玄注周禮曰弛釋下也上下燋心相望救護仰希陛下生活之恩詔報曰往年赤眉跋扈長安跋扈猶暴橫也吾策其無穀必東果來歸降今度此反虜埶無久全其中必有內相斬者今軍資未充故須後麥耳須待也浮城中糧盡人相食會上谷太守耿況遣騎來救浮浮乃得遁走南至良鄉其兵長反遮之兵長兵之長帥也浮恐不得脫乃下馬刺殺其妻僅以身免城降於寵尚書令侯霸奏浮敗亂幽州構成寵罪徒勞軍師不能死節罪當伏誅帝不忍以浮代賈復爲執金吾徙封父城侯後豐寵並自敗帝以二千石長吏多不勝任時有纖微之過者必見斥罷交易紛擾百姓不寧六年有日食之異浮因上疏曰臣聞日者衆陽之所宗君上之位也凡居官治民據郡典縣皆爲陽爲上爲尊爲長若陽上不明尊長不足則干動三光垂示王者干犯也三光日月星也五典紀國家之政禮記曰溫柔敦厚詩教也疏通知遠書教也絜靜精微易教也恭儉莊敬禮教也屬辭比事春秋教也鴻範別災異之文鴻範尚書篇名箕子爲武王陳政道陰陽之法災異即咎徵之類也皆宣明天道以徵來事者也徵驗也陛下哀愍海內新離禍毒保宥生人宥寬也使得蘇息而今牧人之吏多未稱職小違理實輒見斥罷豈不粲然黑白分明哉淮南子曰聖人見是非若白黑之別於目清濁之形於耳也然以堯舜之盛猶加三考考謂考其功最也尚書舜典曰三載考績三考黜陟幽明也大漢之興亦累功效吏皆積久養老於官至名子孫因爲氏姓前書武帝時漢有天下已七十餘年爲吏者長子孫居官者以爲姓號人人自愛而重犯法音義曰時無事吏不數轉至於子孫而不轉職今倉氏庫氏因以爲姓即倉庫吏之後也當時吏職何能悉理論議之徒豈不諠譁蓋以爲天地之功不可倉卒艱難之業當累日也而閒者守宰數見換易迎新相代疲勞道路尋其視事日淺未足昭見其職既加嚴切人不自保各相顧望無自安之心有司或因睚眦以騁私怨苟求長短求媚上意二千石及長吏迫於舉劾懼於刺譏故爭飾詐僞以希虛譽斯皆羣陽騷動日月失行之應夫物暴長者必夭折功卒成者必亟壞如摧長久之業而造速成之功非陛下之福也天下非一時之用也海內非一旦之功也願陛下遊意於經年之外望化於一世之後孔子曰如有王者必世而後仁見論語天下幸甚帝下其議羣臣多同於浮自是牧守易代頗簡舊制州牧奏二千石長吏不任位者事皆先下三公三公遣掾史案驗然後黜退帝時用明察不復委任三府而權歸刺舉之吏刺舉即州牧也浮復上疏曰陛下清明履約率禮無違自宗室諸王外家后親皆奉遵繩墨無黨埶之名至或乘牛車齊於編人斯固法令整齊下無作威者也求之於事宜以和平而災異猶見者而豈徒然天道信誠不可不察竊見陛下疾往者上威不行下專國命即位以來不用舊典信刺舉之官黜鼎輔之任至於有所劾奏便加退免覆案不關三府罪譴不蒙澄察陛下以使者爲腹心而使者以從事爲耳目是爲尚書之平決於百石之吏使者刺史也續漢志曰每州有從事秩百石耳目謂令采察也平謂平決也故羣下苛刻各自爲能兼以私情容長憎愛在職皆競張空虛以要時利故有罪者心不厭服無咎者坐被空文不可經盛衰貽後王也貽遺也夫事積久則吏自重重猶惜也吏安則人自靜傳曰五年再閏天道乃備周天三百六十五度四分度之一日行一度一年十二月除小月六日即一歲三百五十四日是爲每歲日行天餘一十一度四分度之一不匝一年餘十一日四分日之一故三年即餘三十三日四分日之三閏月又小是五年即得再閏夫以天地之靈猶五載以成其化況人道哉臣浮愚戇不勝惓惓願陛下留心千里之任省察偏言之奏七年轉太僕浮又以國學既興宜廣博士之選乃上書曰夫太學者禮義之宮教化所由興也陛下尊敬先聖垂意古典宮室未飾干戈未休而先建太學造立橫舍橫學也或作黌義亦同比日車駕親臨觀饗將以弘時雍之化顯勉進之功也雍和也書曰黎民於變時雍乃勸勉也尋博士之官爲天下宗師使孔聖之言傳而不絕舊事策試博士必廣求詳選爰自畿夏延及四方是以博舉明經唯賢是登畿王畿夏華夏也漢官儀曰博士秦官也武帝初置五經博士後增至十四人太常差選有聰明威重一人爲祭酒總領綱紀其舉狀曰生事愛敬喪沒如禮通易尚書孝經論語兼綜載籍窮微闡奧隱居樂道不求聞達身無金痍痼疾世六屬不與妖惡交通王侯賞賜行應四科經任博士下言某官某甲保舉學者精勵遠近同慕伏聞詔書更試五人唯取見在洛陽城者臣恐自今以往將有所失求之密邇容或未盡而四方之學無所勸樂凡策試之本貴得其眞非有期會不及遠方也又諸所徵試皆私自發遣非有傷費煩擾於事也語曰中國失禮求之於野劉歆移書太常曰夫禮失求之於野古文不猶愈於野乎臣浮幸得與講圖讖與音預故敢越職帝然之二十年代竇融爲大司空二十二年坐賣弄國恩免二十五年徙封新息侯帝以浮陵轢陵轢猶欺蔑也同列每銜之惜其功能不忍加罪永平中有人單辭告浮事者單辭謂無正據也書曰明清于單辭顯宗大怒賜浮死長水校尉樊儵言於帝曰唐堯大聖兆人獲所獲得所也尚優游四凶之獄厭服海內之心優遊謂優柔也四凶者鯀共工驩兜三苗左傳曰舜流四凶族今云堯者舜爲堯臣而流之也書曰四罪而天下咸服使天下咸知然後殛罰殛誅也音紀力反浮事雖昭明而未達人聽宜下廷尉章著其事帝亦悔之

論曰吳起與田文論功文不及者三朱買臣難公孫弘十策弘不得其一終之田文相魏公孫弘宰漢誠知宰相自有體也史記魏置相相田文吳起不悅謂田文曰請與子論功可乎田文曰可起曰將三軍使士卒樂死敵國不敢謀子孰與起田文曰不如子起曰理百官親萬人實府庫子孰與起田文曰不如子起曰守西河秦人不敢東向韓趙賓從子孰與起田文曰不如子吳起曰此三者子皆出吾下而位加吾上何也田文曰主少國疑大臣未附百姓不信方是時屬之於子乎屬之於我乎吳起默然良久曰屬之於子矣田文曰此乃吾所以居子上也吳起乃自知不如武帝時方築朔方公孫弘諫以爲罷弊中國上使朱買臣難弘發十策弘不得一故曾子曰君子所貴乎道者三三謂動容貌正顏色出辭氣事見論語籩豆之事則有司存籩豆禮器也小細之務有司所主非人君之事也而光武明帝躬好吏事亦以課覈三公課其殿最覈其得失其人或失而其禮稍薄至有誅斥詰辱之累任職責過一至於此追感賈生之論不亦篤乎賈誼曰廉恥禮節以治君子故有賜死而無戮辱是以黥劓之罪不及大夫以其離主上不遠也是時人告周勃謀反繫長安卒無事故誼以此譏上也朱浮議諷苛察欲速之弊然矣論語孔子曰無欲速無見小利欲速則不達見小利則大事不成以光武帝明察頻刻故引之焉得長者之言哉前書龔遂爲渤海郡太守王生謂遂曰君即見上問君何以化渤海宜曰聖主之德非小臣之力也既至前上果問遂對如王生言天子悅曰君安得長者之言而稱也

馮魴傳

馮魴字孝孫南陽湖陽人也其先魏之支別食菜馮城

因以氏焉東觀記曰其先魏之別封曰華侯華侯孫長卿食菜馮城因以氏焉魴父名揚也○劉攽曰食菜馮氏案菜當爲采音乃爲菜耳秦滅魏遷于湖陽爲郡族姓王莽末四方潰畔魴乃聚賓客招豪傑作營塹以待所歸待眞主也是時湖陽大姓虞都尉反城稱兵先與同縣申屠季有仇而殺其兄謀滅季族季亡歸魴魴將季欲還其營道逢都尉從弟長卿來欲執季魴叱長卿曰我與季雖無素故士窮相歸要當以死任之卿爲何言遂與俱歸季謝曰蒙恩得全死無以爲報恩有牛馬財物願悉獻之魴作色曰吾老親弱弟皆賊城中今日相與尚無所顧何云財物乎季慙不敢復言魴自是爲縣邑所敬信故能據營自固時天下未定而四方之士擁兵矯稱者甚衆唯魴自守兼有方略光武聞而嘉之建武三年徵詣行在所見於雲臺即南宮雲臺也拜虞令虞縣屬梁國本虞國舜後所封之邑今宋州虞城縣也爲政敢殺伐以威信稱遷郟令後車駕西征隗囂潁川盜賊羣起郟賊延襃等衆三千餘人攻圍縣舍魴率吏士七十許人力戰連日弩矢盡城陷魴乃遁去帝聞郡國反即馳赴潁川魴詣行在所帝案行鬭處知魴力戰乃嘉之曰此健令也所當討擊勿拘州郡襃等聞帝至皆自髡剔剔音他狄反聲類曰亦鬀字音他計反謂剃去髮也負鈇鑕說文曰鈇剉刃也鑕椹也音質將其衆請罪帝且赦之使魴轉降諸聚落縣中平定詔乃悉以襃等還魴誅之魴責讓以行軍法皆叩頭曰今日受誅死所無恨魴曰汝知悔過伏罪今一切相赦聽各反農桑爲令作耳目皆稱萬歲是時每有盜賊並爲襃等所發無敢動者縣界清淨十三年遷魏郡太守二十七年以高第入代趙憙爲太僕中元元年從東封岱宗行衛尉事還代張純爲司空賜爵關內侯二年帝崩使魴持節起原陵更封楊邑鄉侯食三百五十戶永平四年坐考隴西太守鄧融聽任姦吏策免削爵土六年顯宗幸魯復行衛尉事七年代陰嵩爲執金吾魴性矜嚴公正在位數進忠言多見納用十四年詔復爵土明年東巡郡國留魴宿衛南宮東觀記曰勑魴車駕發後將提騎宿玄武門複道上領南宮吏士保官給縣廚子孫得到魴所建初三年以老病乞身肅宗許之其冬爲五更詔魴朝賀就列侯位元和二年卒時年八十六子柱嗣尚顯宗女獲嘉長公主少爲侍中以恭肅謙約稱位至將作大匠柱卒子定嗣官至羽林郎將定卒無子國除定弟石襲母公主封獲嘉侯亦爲侍中稍遷衛尉能取悅當世爲安帝所寵帝嘗幸其府留飲十許日賜駮犀具劍佩刀以班犀飾劍也紫艾綬艾即盭綠色也其色似艾玉玦各一半環曰玦以飾帶也拜子世爲黃門侍郎世弟二人皆郎中自永初兵荒王侯租秩多不充於是特詔以宅縣租稅足石令如舊限足音即諭反歲入穀三萬斛錢四萬遷光祿勳遂代楊震爲太尉及北鄉侯立章帝孫濟北惠王壽之子懿也遷太傅與太尉東萊劉熹參錄尚書事順帝既立石與熹皆以阿黨閻顯江京等策免復爲衛尉卒子代嗣○劉攽曰子世爲郎子代嗣案世本名代前拜爲郎時作世後嗣立時作代蓋後人見其名疑代以爲避太宗諱所改遂還作世而忘其後尚皆作代也今前後不同遂似兩人當定從一所以知世即代者拜家一人爲郎必是長子自然嗣立者非他人也代卒弟承嗣爲步兵校尉石弟玧玧音光和帝時詔封楊邑侯○劉攽曰案侯國絕而復續者皆曰紹封前後非一今此曰詔誤亦以石寵官城門校尉卒子肅嗣爲黃門侍郎

虞延傳

虞延字子大陳留東昏人也東昏縣故城在今汴州陳留縣東北東昏屬山陽郡俗本爲緍者誤也延初生其上有物若一疋練遂上昇天占者以爲吉及長長八尺六寸要帶十圍力能扛鼎說文曰扛鼎橫關對舉也扛音江少爲戶牖亭長時王莽貴人魏氏謝承書曰莽貴人魏氏以椒房之寵威傾郡縣賓客放從○劉攽曰案當作縱古文雖通而注不音明其當作縱也并下傍從同延率吏卒突入其家捕之以此見怨故位不升性敦朴不拘小節又無鄉曲之譽王莽末天下大亂延常嬰甲冑擁衛親族扞禦鈔盜賴其全者甚衆延從女弟年在孩乳其母不能活之棄於溝中延聞其號聲哀而收之養至成人謝承書曰養育成人以妻同縣人王氏建武初仕執金吾府除細陽令細陽縣屬汝南郡故城在今潁州汝陰縣西北每至歲時伏臘輒休遣徒繫各使歸家並感其恩德應期而還有囚於家被病自載詣獄既至而死延率吏掾史○劉攽曰案郡有掾有史總名爲史此宜爲史殯于門外百姓感悅之後去官還鄉里太守富宗聞延名召署功曹富姓宗名宗性奢靡車服器物多不中節延諫曰昔晏嬰輔齊鹿裘不完晏子曰晏子布衣鹿裘以朝公曰夫子之家若此之貧也奚衣之惡也季文子相魯妾不衣帛左傳曰季文子相魯妾不衣帛馬不食粟以約失之者鮮矣宗不悅延即辭退居有頃宗果以侈從被誅臨當伏刑擥涕而歎曰恨不用功曹虞延之諫光武聞而奇之二十年東巡路過小黃高帝母昭靈后園陵在焉小黃縣屬陳留郡故城在今汴州陳留縣東北漢官儀注曰高帝母起兵時死小黃北後爲作陵廟於小黃陳留風俗傳云沛公起兵野戰喪皇妣于黃鄉天下平乃使使者梓宮招魂幽野有丹蛇在水自洗濯入于梓宮其浴處仍有遺髮諡曰昭靈夫人因作園陵寢殿司馬門鍾簴衛守小黃有祭器籩豆鼎俎之屬十四種廟基尚存焉時延爲部督郵詔呼引見問園陵之事延進止從容占拜可觀其陵樹株櫱皆諳其數株根也櫱伐木更生也俎豆犧牲頗曉其禮帝善之勑延從駕到魯還經封丘城門門下小不容羽蓋封丘今汴州縣也帝怒使撻侍御史延因下見引咎以爲罪在督郵言辭激揚有感帝意乃制詔曰以陳留督郵虞延故貰御史罪貰放也延從送車駕西盡郡界賜錢及劍帶佩刀還郡於是聲名遂振二十三年司徒玉況辟焉謝承書曰況字文伯京兆杜陵人也代爲三輔名族該總五經志節高亮爲陳留太守性聰敏善行德教永平十五年蝗蟲起泰山彌衍兗豫過陳留界飛逝不集五穀獨豐章和元年詔以況爲司徒玉姓音宿時元正朝賀帝望而識延遣小黃門馳問之即日名拜公車令明年遷洛陽令是時陰氏有客馬成者常爲姦盜延收考之陰氏屢請獲一書輒加篣二百篣捶也音彭信陽侯陰就就光烈皇后弟也就本傳信作新乃訴帝譖延多所冤枉帝乃臨御道之館親錄囚徒延陳其獄狀可論者在東無理者居西成乃回欲趨東延前執之謂曰爾人之巨蠹久依城社不畏熏燒齊景公問晏子曰理國何患對曰患社鼠公曰何謂社鼠對曰社鼠不可熏人君之左右亦國之社鼠也今考實未竟宜當盡法成大呼稱枉陛戟郎以戟刺延叱使置之續漢志曰凡郎官皆主執戟宿衞也帝知延不私謂成曰汝犯王法身自取之呵使速去後數日伏誅於是外戚斂手莫敢干法在縣三年遷南陽太守永平初有新野功曹鄧衍以外戚小侯每豫朝會而容姿趨步有出於衆顯宗目之顧左右曰朕之儀貌豈若此人特賜輿馬衣服延以衍雖有容儀而無實行未嘗加禮帝既異之乃詔衍令自稱南陽功曹詣闕謝承書曰帝賜輿馬衣服劍佩刀錢二萬南陽計吏歸具以啓延延知衍華不副實行不配容積三年不用於是上乃自勑衍稱南陽功曹詣闕既到拜郎中遷玄武司馬玄武宮之北門也每宮城門皆有司馬一人秩千石見續漢志衍在職不服父喪帝聞之乃歎曰知人則哲惟帝難之信哉斯言衍慙而退由是以延爲明三年徵代趙憙爲太尉八年代范遷爲司徒歷位二府十餘年無異政績會楚王英謀反陰氏欲中傷之使人私以楚謀告延延以英藩戚至親不然其言又欲辟幽州從事公孫弘郡國有從事主督促文書察舉非法皆州自辟除故通爲百石即功曹從事理中從事之類是也見續漢志以弘交通楚王而止並不奏聞及英事發覺詔書切讓延遂自殺家至清貧子孫不免寒餒餒餓也謝承書曰身沒之後家貧空子孫同衣而出并日而食延從曾孫放字子仲少爲太尉楊震門徒及震被讒自殺順帝初放詣闕追訟震罪由是知名桓帝時爲尚書以議誅大將軍梁冀功封都亭侯後爲司空坐水災免性疾惡宦官遂爲所陷靈帝初與長樂少府李膺等俱以黨事誅

鄭弘傳

鄭弘字巨君會稽山陰人也孔靈符會稽記曰射的山南有白鶴山此鶴爲仙人取箭漢太尉鄭弘嘗采薪得一遺箭頃有人覓弘還之問何所欲弘識其神人也曰常患若邪溪載薪爲難願旦南風暮北風後果然故若邪溪風至今猶然呼爲鄭公風也從祖吉宣帝時爲西域都護謝承書曰其曾祖父本齊國臨淄人官至蜀郡屬國都尉武帝時從強宗大姓不得族居將三子移居山陰因遂家焉長子吉雲中都尉西域都護中子兗州刺史少子舉孝廉理劇東部侯也弘少爲鄉嗇夫謝承書曰爲靈文鄉嗇夫愛人如子續漢志曰其鄉小者縣署嗇夫一人主知人善惡爲役先後知人貧富爲賦多少平其差品也太守第五倫行春太守常以春行所主縣勸人農桑振救乏絕見續漢志見而深奇之召署督郵舉孝廉弘師同郡河東太守焦貺楚王英謀反發覺以疏引貺疏書也貺被收捕疾病於道亡沒妻子閉繫詔獄掠考連年諸生故人懼相連及皆改變名姓以逃其禍弘獨髡頭負鈇鑕詣闕上章爲貺訟罪顯宗覺悟即赦其家屬弘躬送貺喪及妻子還鄉里由是顯名拜爲騶令騶今兗州也謝承書曰弘勤行德化郡人王逢等得路遺寶物縣於道衢求主還之魯國當春大旱五穀不豐騶獨致雨偏熟永平十五年蝗起泰山流被郡國過騶界不集郡因以狀聞詔書以爲不然遣使案行如言也政有仁惠民稱蘇息遷淮陰太守謝承書曰弘消息繇賦政不煩苛行春天旱隨車致雨白鹿方道俠轂而行弘怪問主簿黃國曰鹿爲吉爲凶國拜賀曰聞三公車轓畫作鹿明府必爲宰相○劉攽曰案漢郡無淮陰者當是淮陽此時未爲陳國也下文又少一初字四遷建初爲尚書令舊制尚書郎限滿補縣長令史丞尉弘奏以爲臺職雖尊而酬賞甚薄至於開選多無樂者樂音五孝反請使郎補千石令史爲長○劉攽曰案文少一令字但云千石不知何官但云史不合上文帝從其議弘前後所陳有補益王政者皆著之南宮以爲故事出爲平原相徵拜侍中建初八年代鄭衆爲大司農舊交阯七郡貢獻轉運皆從東冶東冶縣屬會稽郡太康地理志云漢武帝名爲東冶後改爲東侯官今泉州閩縣是汎海而至風波艱阻沈溺相係弘奏開零陵桂陽嶠道嶠嶺也於是夷通夷平也至今遂爲常路今謂范曄時也在職二年所息省三億萬計時歲天下遭旱邊方有警人食不足而帑藏殷積說文曰帑金布所藏之府弘又奏宜省貢獻減徭費以利飢人帝順其議元和元年代鄧彪爲太尉時舉將第五倫爲司空班次在下每正朔朝見弘曲躬而自卑帝問知其故遂聽置雲母屏風分隔其間以雲母飾屏風也由此以爲故事在位四年奏尚書張林阿附侍中竇憲而素行臧穢又上洛陽令楊光憲之賓客在官貪殘並不宜處位書奏吏與光故舊因以告之光報憲憲奏弘大臣漏泄密事帝詰讓弘收上印綬弘自詣廷尉詔勑出之因乞骸骨歸未許病篤上書陳謝并言竇憲之短帝省章遣醫占弘病比至已卒臨歿悉還賜物勑妻子褐巾布衣素棺殯殮以還鄉里

周章傳

周章字次叔南陽隨人也叔或作升初仕郡爲功曹時大將軍竇憲免封冠軍侯就國章從太守行春到冠軍太守猶欲謁之章進諫曰今日公行春豈可越儀私交且憲椒房之親執傾王室而退就藩國禍福難量明府剖符大臣千里重任剖符解見杜詩傳舉止進退其可輕乎太守不聽遂便升車章前拔佩刀絕馬鞅於是乃止及憲被誅

公卿以下多以交關得罪太守幸免以此重章舉孝廉六遷爲五官中郎將延平元年爲光祿勳永初元年代魏霸爲太常其冬代尹勤爲司空是時中常侍鄭衆蔡倫等皆秉埶豫政章數進直言初和帝崩鄧太后以皇子勝有痼疾痼猶廢也不可奉承宗廟貪殤帝孩抱養爲己子故立之以勝爲平原王及殤帝崩羣臣以勝疾非痼意咸歸之太后以前既不立恐後爲怨乃立和帝兄清河孝王子祜是爲安帝○劉攽曰案安帝名祜此作祜字之誤也見說文亦作祜章以衆心不附遂密謀閉宮門誅車騎將軍鄧騭兄弟及鄭衆蔡倫劫尚書廢太后於南宮封帝爲遠國王遙遠之國也而立平原王事覺勝策免章自殺家無餘財諸子易衣而出井日而食

論曰孔子稱可與立未可與權論語載孔子之詞也立謂立功立事也權也者反常者也公羊傳曰權者何權者反乎經然後有善也將從反常之事必資非常之會會際也使夫舉無違妄志行名全周章身非負圖之託武帝欲立昭帝爲太子乃畫周公負成王圖賜霍光德乏萬夫之望詩云顒顒昂昂萬夫之望王無絕天之疊地有既安之埶書曰紂自絕於天結怨於人也而剏慮於難圖希功於理絕不已悖乎悖逆也如令君器易以下議即斗筲必能叨天業則狂夫豎臣亦自奮矣孟軻有言曰有伊尹之心則可無伊尹之心則篡矣孟子曰公孫丑問曰伊尹放太甲於桐宮人大悅太甲賢又反之人大悅賢者之爲人臣也其君不賢故可放歟孟子荅以此言於戲方來之人戒之哉

贊曰朱定北州激成寵尤鲂用降帑帑虜也延感歸囚鄭寶怨偶代相爲仇左傳曰怨偶曰仇周章反道小智大謀易曰智小而謀大力少而任重鮮不及矣

後漢書卷六十三考證

朱浮傳封舞陽侯○監本作武陽宋本作舞陽　臣會汾按舞陽屬潁川郡武陽屬犍爲郡又郡有東武陽泰山郡有南武陽侯國當建武之初徐兗未平蜀漢爲公孫述所據則此所封者當是潁川郡之舞陽從宋本爲是

寵既積怨聞之遂大怒○一本聞字下無之字不成句今仍監本

自捐盛時○監本作自損日知錄曰損當作捐今從改

馮鲂傳宿衞南宮注領南宮吏士保官給牀蓐○宋本毛本皆無官字　臣會汾按文義當云領南宮吏士官給牀蓐保字疑衍否則有缺文

虞延傳延率吏掾史○　臣會汾按正文掾史上加吏字不成文句詳劉攽刊誤當是正文作延率掾吏故駁正吏當爲史也

司徒玉況辟焉○　臣會汾按玉篇金玉之玉魚錄反點在中畫下其音宿者點在中畫上監本作玉今改從玉

又注章和元年詔以況爲司徒○諸本同　臣會汾按光武帝紀建武二十三年以陳留太守玉況爲大司徒謝承書誤

鄭弘傳淮陰太守劉攽刊誤一條○舊本誤刊於尚書令下今改正

史臣論王無絕天之疊○諸本同　臣會汾按王字當作主即謂安帝也

後漢書卷六十四

宋　宣　城　太　守范　曄撰

唐　章　懷　太　子　賢注

梁統列傳第二十四

梁統傳　子松　竦　會孫商　玄孫冀

梁統字仲寧安定烏氏人晉大夫梁益耳即其先也東觀記曰其先與秦同祖出於伯益別封於梁梁益耳見左傳氏音支統高祖父子都自河東遷居北地子都子橋東觀記橋子溥溥子延以明軍謀特除西域司馬延生統以貲十萬徙茂陵至哀平之末歸安定統性剛毅而好法律初仕州郡更始二年召補中郎將使安集涼州拜酒泉太守會更始敗赤眉入長安統與竇融及諸郡守起兵保境謀共立帥初以位次咸共推統統固辭曰昔陳嬰不受王者以有老母也前書曰陳嬰故東陽令史少年殺其令相聚數千人遂請立嬰爲王嬰母謂曰吾自爲汝家婦聞先故未嘗貴今暴得大名不祥不如有所屬嬰乃不敢爲王○劉攽曰注吾自爲案前書云自吾爲今統內有尊親又德薄能寡誠不足以當之遂共推融爲河西大將軍更以統爲武威太守爲政嚴猛威行鄰郡建武五年統等各遣使隨竇融長史劉鈞詣闕奉貢願得詣行在所詔加統宣德將軍八年夏光武自征隗囂統與竇融等將兵會車駕及囂敗封統爲成義侯同產兄巡從弟騰並爲關內侯拜騰酒泉典農都尉悉遣還河西十二年統與融等俱詣京師以列侯奉朝請更封高山侯拜太中大夫除四子爲郎統在朝廷數陳便宜以爲法令既輕下姦不勝宜重刑罰以遵舊典乃上疏曰臣竊見元哀二帝輕殊死之刑以一百二十三事手殺人者減死一等東觀記曰元帝初元五年輕殊死刑三十四事哀帝建平元年輕殊死刑八十一事其四十二事手殺人者減死一等自是以後著爲常準故人輕犯法吏易殺人臣聞立君之道仁義爲主仁者愛人義者政理愛人以除殘爲務政理以去亂爲心刑罰在衷無取於輕是以五帝有流殛放殺之誅唐虞時流共工放驩兜殺三苗殛鯀堯爲五帝之一故舉言焉三王有大辟刻肌之法大辟罪之大者謂死刑也刻肌謂墨劓臏刖故孔子稱仁者必有勇論語載孔子之言也五帝三王皆以仁義而化而能用肉刑以正俗是爲勇也又曰理財正辭禁民爲非曰義易繫辭曰何以守位曰仁何以聚人曰財理財正辭禁人爲非曰義繫辭亦孔子作故稱又曰高帝受命誅暴平蕩天下約令定律誠得其宜高祖定天下使蕭何次律令文帝寬惠柔克遭世康平克能也言以和柔能理俗也尚書曰高明柔克也唯除省肉刑相坐之法它皆率由無革舊章秦法一人有罪坐其家室文帝除肉刑并相坐律令餘則仍舊不改武帝値中國隆盛財力有餘征伐遠方軍役數興豪傑犯禁姦吏弄法故重首匿之科著知從之律凡首匿者言爲謀首藏匿罪人至宣帝時除子匿父母妻匿夫孫匿祖父母罪餘至殊死上請知從謂見知故縱武帝時立見知故縱之罪使張湯等著律並見前書以破朋黨以懲隱匿宣帝聰明正直總御海內臣下奉憲無所失墜因循先典天下稱理至哀平繼體而即位日淺聽斷尚寡丞相王嘉輕爲穿鑿虧除先帝舊約成律王嘉字公仲平陵人案嘉傳及刑法志並無其事統與嘉時代相接所引固不妄矣但班固略而不載也數年之間百有餘事或不便於理或不厭民心謹表其尤害於體者傳奏於左體政體也傳音附伏惟陛下包元履德權時撥亂撥理也公羊傳曰撥亂代反之正功踰文武德侔高皇誠不宜因循季末衰微之軌回神明察考量得失宣詔有司詳擇其善定不易之典施無窮之法天下幸甚事下三公廷尉議者以爲隆刑峻法非明王急務施行日久豈一朝所釐釐猶改也統今所定不宜開可統復上言曰有司以臣今所言不可施行尋臣之所奏非曰嚴刑竊謂高帝以後至乎孝宣其所施行多合經傳宜比方今事驗之往古聿遵前典事無難改不勝至願願得召見若對尚書近臣口陳其要帝令尚書問狀統對曰聞聖帝明王制立刑罰故雖堯舜之盛猶誅四凶經曰天討有罪五刑五庸哉尚書咎繇謨之詞也庸用也言天以五刑討有罪用五刑必當也又曰爰制百姓于刑之衷尚書呂刑云士制百姓於刑之中孔安國注云咎繇作士制百官于刑之中此作爰爰於也義亦通衷音貞仲反下同也孔子曰刑罰不衷則人無所厝手足厝置也衷之爲言不輕不重之謂也春秋之誅不避親戚左傳曰大義滅親又曰周公殺管叔夫豈不愛王室故也所以防患救亂坐安衆庶豈無仁愛之恩貴絕殘賊之路也自高祖之興至于孝宣君明臣忠謀謨深博猶因循舊章不輕改革海內稱理斷獄益少至初元建平所減刑罰百有餘條初元元帝年也建平哀帝年也而盜賊浸多歲以萬數間者三輔從橫羣輩並起從音子用反橫音戶孟反至蟠燒茂陵火見未央其後隴西北地西河之賊越州度郡萬里交結攻取庫兵劫略吏人詔書討捕連年不獲東觀記統對尚書狀曰元壽二年三輔盜賊羣輩並起至燔燒茂陵都邑煙火見未央宮前代所未嘗有其後隴西新興北地任橫任崖西河曹況越州度郡萬里交結或從遠方四面會合遂攻取庫兵劫略吏人國家開封侯之科以軍法追捕僅能破散也○劉攽曰注前代未嘗所有案文當云前代所未書有是時以天下無難百姓安平而狂狡之埶猶至於此皆刑罰不衷愚人易犯之所致也由此觀之則刑輕之作反生大患惠加姦軌而害及良善也故臣統願陛下采擇賢臣孔光師丹等議孔光字子夏師丹字公仲並哀帝時丞相光明習漢制及法令初以論議深博徵入爲光祿大夫皆有議見前書議上遂寢不報上音時掌反後出爲九江太守定封陵鄉侯統在郡亦有治迹吏人畏愛之卒於官子松嗣

松字伯孫少爲郎尚光武女舞陰長公主再遷虎賁中郎將松博通經書明習故事與諸儒脩明堂辟雍郊祀封禪禮儀常與論議寵幸莫比光武崩受遺詔輔政永平元年遷太僕松數爲私書請託郡縣二年發覺免官遂懷怨望四年冬乃縣飛書誹謗下獄死國除飛書者無根而至若飛來也即今匿名書也子扈後以恭懷皇后從兄永元中擢爲黃門侍郎歷位卿校尉溫恭謙讓亦敦詩書永初中爲長樂少府松弟竦

竦字叔敬少習孟氏易孟喜字長卿東海人見前書弱冠能教授後坐兄松事與弟恭俱徙九眞既徂南土歷江湖濟沅湘湖謂洞庭湖在今岳州水經云沅水出牂柯且蘭縣注云入洞庭會于江湘水出零陵始安縣海山至巴丘入于江感悼子胥屈原以非辜沈身乃作悼騷賦繫玄石而沈之東觀記載其文曰彼仲尼之佐魯兮先嚴斷而後弘衍雖離讒以鳴邑兮卒暴誅於兩觀殷伊尹之協德兮暨太甲而俱寧豈齊量其幾微兮徒信己以榮名雖吞刀以奉命兮抉目眠於門閭吳荒萌其已殖兮可信顏於王廬圖往鏡來兮關北在篇君名既泯沒兮後辟亦然屈平濯德兮絜顯芬香句踐罪種兮越嗣不長重耳忽推兮六卿卒强趙殞鳴犢兮秦人入疆樂毅奔趙兮燕亦是喪武安賜命兮昭以不王蒙宗不幸兮長平顛荒范父乞身兮楚項不昌何爾生不先後兮推洪勳以遐邁服荔裳如朱紱兮騁鸞路於犇瀨歷蒼梧之崇丘兮宗虞氏之俊乂臨衆瀆之神林兮東勑職於蓬碣祖聖道而垂典兮襃忠孝以爲珍既匡救而不得兮必殞命而後亡惟賈傅其違指兮何楊生之欺眞彼皇麟之高舉兮熙太清之悠悠臨岷川以愴恨兮指丹海以爲期顯宗後詔聽還本郡竦閉門自養以經籍爲娛著書數篇名曰七序班固見而稱曰孔子著春秋而亂臣賊子懼左傳書齊豹曰盜三叛人名以懲不義善人勸焉淫人懼焉孟子云仲尼成春秋亂臣賊子懼梁竦作七序而竊位素餐者慙性好施不事產業長

嫂舞陰公主贍給諸梁親疏有序特重敬竦雖衣食器物必有加異竦悉分與親族自無所服（服猶用也）竦生長京師不樂本土自負其才鬱鬱不得意嘗登高遠望歎息言曰大丈夫居世生當封侯死當廟食（禮記曰諸侯五廟卿大夫三廟士一廟）如其不然閑居可以養志詩書足以自娛州郡之職徒勞人耳後辟命交至並無所就有三男三女肅宗納其二女皆為貴人小貴人生和帝竇皇后養以為子而竦家私相慶後諸竇聞之恐梁氏得志終為已害建初八年遂譖殺二貴人而陷竦等以惡逆詔使漢陽太守鄭據傳考竦罪死獄中家屬復徙九真辭語連及舞陰公主坐徙新城使者護守（新城今洛州伊闕縣也）宮省事密莫有知和帝梁氏生者永元九年竇太后崩松子扈遣從兄禪（禪古禪字也）奏記三府以為漢家舊典崇貴母氏而梁貴人親育聖躬不蒙尊號求得申議（求申理而議之也）大尉張酺引禪訊問事理會後召見因白禪奏記之狀帝感慟良久曰於君意若何酺對曰春秋之義母以子貴（解見光武紀）漢興以來母氏莫不隆顯臣愚以為宜上尊號追慰聖靈存錄諸舅以明親親帝悲泣曰非君孰為朕思之會貴人姊南陽樊調妻嫕（嫕音於計反）上書自訟曰妾同產女弟貴人前充後宮蒙先帝厚恩得見寵幸皇天授命誕生聖明而為竇憲兄弟所見譖訴使妾父竦冤死牢獄骸骨不掩老母孤弟遠徙萬里獨妾遺脫逸伏草野常恐沒命無由自達今遭值陛下神聖之運親統萬機羣物得所憲兄弟姦惡既伏辜誅海內曠然各獲其宜妾得蘇息拭目更視乃敢昧死自陳所天（臣以君為天故云所天）妾聞太宗即位薄氏蒙榮（文帝即位尊薄太后為皇太后封弟昭為軹侯太后母前死櫟陽追尊太后父為靈文侯會稽郡置園邑三百家櫟陽亦置靈文夫人園令如靈文侯園儀也）宣帝繼統史族復興（史良娣宣帝祖母也宣帝初生母王夫人死無所歸史良娣母貞君養視焉宣帝即位以舊恩封史恭三子高為樂陵侯曾為將陵侯玄為平臺侯）妾門雖有薄史之親獨無外戚餘恩誠自悼傷妾父既冤不可復生母氏年殊七十（殊猶過也）及弟棠等遠在絕域不知死生願乞收竦朽骨使母弟得歸本郡則施過天地存歿幸賴帝覽章感悟乃下中常侍掖庭令驗問之嫕辭證明審遂得引見具陳其狀乃留嫕止宮中連月乃出賞賜衣被錢帛第宅奴婢旬月之間累資千萬嫕素有行操帝益愛之加號梁夫人擢樊調為羽林左監調光祿大夫宏兄之曾孫也（宏光武舅也）於是追尊恭懷皇后其冬制詔三公大鴻臚曰夫孝莫大於尊尊親親其義一也（禮記曰上正祖禰尊尊也下正子孫親親也）詩云父兮生我母兮鞠我撫我畜我長我育我顧我復我出入腹我欲報之德昊天罔極（詩小雅也毛萇注云鞠養也撫厚也鄭玄注云畜起也育覆育也顧旋視也復反覆也腹懷抱也極已也欲報父母之德昊天乎我心無已也）朕不敢興事覽于前世太宗中宗實有舊典（太宗文帝也中宗宣帝也）追命外祖以篤親親其追封謚皇太后父竦為褒親愍侯比靈文順成恩成侯（昭帝母趙婕妤帝即位追封婕妤父為順成侯宣帝追封母王夫人父迺始為恩成侯各置園廟也）魂而有靈嘉斯寵榮好爵顯服以慰母心遣中謁者與嫕及扈備禮西迎竦喪（竦死漢陽獄中故西迎也）詣京師改殯賜東園畫棺玉匣衣衾（東園署名主知棺槨漢儀注王侯葬腰已下玉為札長尺廣二寸半為匣下至足綴以黃金鏤為之匣字或作柙也）建塋於恭懷皇后陵傍帝親臨送葬百官畢會徵還竦妻子封子棠為樂平侯棠弟雍乘氏侯雍弟翟單父侯邑各五千戶位皆特進賞賜第宅奴婢車馬兵弩什物以巨萬計寵遇光於當世諸梁內外以親疏並補郎謁者棠官至大鴻臚雍少府棠卒子安國嗣延光中為侍中有罪免官諸梁為郎吏者皆坐免

商字伯夏雍之子也少以外戚拜郎中遷黃門侍郎永建元年襲父封乘氏侯三年順帝選商女及妹入掖庭遷侍中屯騎校尉陽嘉元年女立為皇后妹為貴人加商位特進更增國土賜安車駟馬其歲拜執金吾二年封子冀為襄邑侯商讓不受三年以商為大將軍固稱疾不起四年使太常桓焉奉策就第即拜商乃詣闕受命明年夫人陰氏薨追號開封君（開封縣故城在今汴州浚儀縣南）贈印綬商自以戚屬居大位每存謙柔虛已進賢辟漢陽巨覽上黨陳龜為掾屬李固周舉為從事中郎於是京師翕然稱為良輔帝委重焉（東觀漢記商少持韓詩兼讀眾書傳記天資聰敏昭達萬情舉措動作直推雅性務在誠實不為華飾孝友著於閨閫明信結於友朋其在朝廷儼恪矜嚴威而不猛退食私館接賓待客寬和肅敬憂人之憂樂人之樂皆若在己輕財貨不為畜積故衣裘裁足卒歲奴婢車馬共用而已朝廷由是敬憚委任焉）每有飢饉輒載租穀於城門賑與貧餧不宣已惠檢御門族未嘗以權盛干法而性慎弱無威斷頗溺於內豎以小黃門曹節等用事於中遂遣子冀不疑與為交友然宦者忌商寵任反欲陷之永和四年中常侍張逵蘧政內者令石光（內者署名令一人秩六百石屬少府見漢官儀也）尚方令傅福冗從僕射杜永連謀共譖商及中常侍曹騰孟賁云欲徵諸王子圖議廢立請收商等案罪帝曰大將軍父子我所親騰賁我所愛必無是但汝曹共妒之耳逵等知言不用懼迫遂出矯詔收縛騰賁於省中帝聞震怒敕宦者李歙急呼騰賁釋之收逵等悉伏誅辭所連染及在位大臣商懼多侵枉乃上疏曰春秋之義功在元帥罪止首惡（春秋經書虞師晉師滅下陽公羊傳曰虞微國也曷為序于大國之上表虞首惡也曷為序虞首惡虞受賂假滅國者道以取亡焉）故賞不僭溢刑不淫濫五帝三王所以同致康乂也（左傳曰善為國者賞不僭而刑不濫賞僭則懼及淫人刑濫則懼及善人若不幸而過寧僭無濫）竊聞考中常侍張逵等辭語多所牽及大獄一起無辜者眾死囚久繫纖微成大（言久繫則細微之事引牽而成大也）非所以順迎和氣平政成化也（禮記月令孟春之月天子親帥三公九卿諸侯大夫以迎春於東郊命相布德和令行慶施惠下及兆民也）宜早訖竟以止逮捕之煩（逮及也辭所連及即追捕之也）帝乃納之罪止坐者六年秋商病篤敕子冀等曰吾以不德享受多福生無以輔益朝廷死必耗費帑藏衣衾飯含玉匣珠貝之屬何益朽骨（含口實也白虎通曰大夫飯以玉含以貝士飯以珠含以貝也）百僚勞擾紛華道路秖增塵垢雖云禮制亦有權時（權謂不依禮也）方今邊境不寧盜賊未息豈宜重為國損氣絕之後載至冢舍即時殯斂斂以時服皆以故衣無更裁制殯已開冢冢開即葬祭食如存無用三牲孝子善述父志不宜違我言也（禮記曰孝子善述父之志善成人之事）及薨帝親臨喪諸子欲從其誨朝廷不聽賜以東園朱壽之器（○劉攽曰案文衍一之字）銀鏤黃腸玉匣什物二十八種（壽器棺也以朱飾之以銀鏤之前書音義曰以柏木黃心為槨曰黃腸也）錢二百萬布三千匹皇后錢五百萬布萬匹及葬贈輕車介士（輕車兵車也介士甲士也）賜謚忠侯中宮親送帝幸宣陽亭（每城門皆有亭即宣陽門之亭也）瞻望車騎（東觀記云初帝作誄曰孰云忠侯不聞其音背去國家都茲玄陰幽居冥冥靡所宜窮也）子冀嗣

冀字伯卓為人鳶肩豺目（鳶鴟也鴟肩上竦也豺目目豎也）洞精矘眄（洞通也矘音它蕩反說文目精直視）口吟舌言（謂語吃不能明了）裁能書計少為貴戚逸遊自恣性嗜酒能挽滿彈棊（挽滿猶引強也藝經曰彈棊兩人對局白黑棊各六枚先列棊相當更先彈也其局以石為之）格五（前書吾丘壽王善格五音義云簺也音蓪代反說文曰簺行棊相塞謂之簺鮑宏簺經曰簺有四采塞白乘五是也至五即格不得行故謂之格五）六博（楚詞曰琨蔽象棊有六博王逸注云投六箸行六棊故云六博鮑宏博經曰用十二棊六白六黑所擲頭謂之瓊瓊有五采刻為一畫者謂之塞刻為兩畫者謂之白刻為三畫者謂之黑一邊不刻者五塞之間謂之五塞）蹴鞠（劉向別錄曰蹴鞠者傳言黃帝所作或曰起戰國之時蹴鞠兵勢也所以講武知有材也）意錢之戲（何承天纂文曰詭億一曰射意一曰射數即攤錢也）又好臂鷹走狗騁馬鬭雞初為黃門侍郎轉侍中虎賁中郎將越騎步兵校尉執金吾永和元年拜河南尹冀居職暴恣多非法父商所親客洛陽令呂放頗與商言及冀之短商以讓冀冀即遣人於道刺殺放而恐商知之乃推疑於放之怨仇請以放弟禹為洛陽令（安慰放家欲以滅口）使捕之盡滅其宗親賓客百餘人商薨未及葬順帝乃拜冀為大將軍弟侍中不疑為河南尹及帝崩沖帝始在繈褓太后臨朝詔冀與太傅趙峻太尉李固參錄尚書事冀雖辭不肯當而侈暴滋甚沖帝又崩冀立質帝帝少而聰慧知冀驕橫嘗朝羣臣目冀曰此跋扈將軍也（跋扈猶強梁也）冀聞深惡之遂令左右進鴆加煮餅帝即日崩復立桓帝而枉害李固及前太尉杜喬海內嗟懼語在李固傳建和元年益封冀萬三千戶增大將軍府舉高第茂才官屬倍於三公（漢官儀三公府有長史一人司徒府掾屬三十一人令史及御屬三十六人也）又封不疑為潁陽侯不疑弟蒙西平侯冀子胤襄邑侯各萬戶和平元年重增封冀萬戶并前所襲合三萬戶弘農人宰宣素性佞邪欲取媚於冀乃上言大將軍有周公之功今既封諸子則其妻宜為邑君詔遂封冀妻孫壽為襄城君兼食陽翟租歲入五千萬加賜赤紱比長公主（長公主儀服同蕃王解見皇后紀）壽色美而善為妖態作愁眉嗁粧墮馬髻折腰步齲齒笑（風俗通曰愁眉者細而曲折嗁粧者薄拭目下若嗁處墮馬髻者側在一邊折腰步者足不任體齲齒笑者若齒痛不忻忻始自冀家所為京師翕然皆放效之齲音丘禹反）以為媚惑冀亦改易輿服之制作平上軿車（鄭玄注周禮云軿猶屏也所用自蔽隱也蒼頡篇云衣車也形制上平異於常也）埤幘狹冠（埤下也音頻彌反一音皮彼反）折上巾（蓋折其巾之上角也）擁身扇（大扇也）狐尾單衣（後裾曳地若狐尾）壽性鉗忌（鉗鑷也言性忌害如鉗之鑷物也鑷音女輒反）能制御冀冀甚寵憚之初父商獻美人友通期於順帝（友姓也東觀記友作支）通期有微過帝以歸商商不敢留而出嫁之冀即遣客盜還通期會商薨冀行服於城西私與之居壽伺冀出多從蒼頭篡取通期歸截髮刮面笞掠之欲上書告其事冀大恐頓首請於壽母壽亦不得已而止冀猶復與私通生子伯玉匿不敢出壽尋知之使子胤誅滅友氏冀慮壽害伯玉常置複壁中冀愛監奴秦宮官至太倉令得出入壽所壽見宮輒屏御者託以言事因與私焉宮內外兼寵威權大震刺史二千石皆謁辭之冀用壽言多斥奪諸梁在位者外以謙讓而實崇孫氏宗親冒名而為侍中卿校郡守長吏者十餘人皆貪叨凶淫各遣私客籍屬縣富人被以它罪（籍謂疏錄之也）閉獄掠拷使出錢自贖貲物少者至於死徙扶風人士孫奮居富而性吝冀因以馬乘遺之（摯虞三輔決錄注曰士孫奮字景卿少為郡五官掾起家得錢貲至一億七千萬富聞京師也）從貸錢五千萬奮以三千萬與之冀大怒乃告郡縣認奮母為其守臧婢云盜白珠十斛紫金千斤以叛遂收考奮弟死於獄中悉沒貲財億七千餘萬其四方調發歲時貢獻皆先輸上第於冀（上第第一也）乘輿乃其次焉吏人齎貨求官請罪者道路相望冀又遣客出塞交通外國廣求異物因行道路發取妓女御者（○劉攽曰案古無妓字當作伎）而使人復乘埶橫暴妻略婦女毆擊吏卒所在怨毒冀乃大起第舍而壽亦對街為宅殫極土木互相誇競堂寢皆有陰陽奧室（奧深室也）連房洞戶（洞通也謂相當也）柱壁雕鏤加以銅漆窗牖皆有綺疏青瑣（綺小窗也綺疏謂鏤為綺文青瑣謂刻為瑣文而以青飾之也）圖以雲氣仙靈臺閣周通更相臨望飛梁石蹬陵跨水道（架虛為橋若飛也）金玉珠璣異方珍怪充

積臧室遠致汗血名馬又廣開園囿採土築山十里九坂以象二崤二崤山在今洛州永寧縣西北深林絶澗有若自然奇禽馴獸飛走其間冀壽共乘輦車張羽蓋飾以金銀游觀第內多從倡伎鳴鍾吹管酣謳竟路或連繼日夜以騁娛恣客到門不得通皆請謝門者門者累千金又多拓林苑禁同王家西至弘農東界滎陽南極魯陽北達河淇包含山藪遠帶丘荒周旋封域殆將千里又起菟苑於河南城西經亘數十里發屬縣卒徒繕修樓觀數年乃成移檄所在調發生菟刻其毛以爲識人有犯者罪至刑死嘗有西域賈胡不知禁忌誤殺一菟轉相告言坐死者十餘人冀二弟嘗私遣人出獵上黨冀聞而捕其賓客一時殺三十餘人無生還者冀又起別第於城西以納姦亡或取良人悉爲奴婢至數千人名曰自賣人元嘉元年帝以冀有援立之功欲崇殊典乃大會公卿共議其禮於是有司奏冀入朝不趨劒履上殿謁讚不名禮儀比蕭何事見王莽傳也悉以定陶陽成餘戶增封爲四縣比鄧禹冀初封襄邑冀封乘氏更以定陶陽成足四縣賞賜金錢奴婢綵帛車馬衣服甲第比霍光以殊元動每朝會與三公絶席絶席別也十日一入平尚書事謂平議也宣布天下爲萬世法冀猶以所奏禮薄意不悅專擅威柄凶恣日積機事大小莫不諮決之宮衛近侍並所親樹也樹置禁省起居纖微必知百官遷召皆先到冀門牋檄謝恩然後敢詣尙書下邳人吳樹爲宛令之官辭冀冀賓客布在縣界以情託樹樹對曰小人姦蠹比屋可誅明將軍以椒房之重處上將之位宜崇賢善以補朝闕宛爲大都士之淵藪自侍坐以來未聞稱一長者而多託非人誠非敢聞冀嘿然不悅樹到縣遂誅殺冀客爲人害者數十人由是深怨之樹後爲荊州刺史臨去辭冀冀爲設酒因鴆之樹出死車上又遼東太守侯猛初拜不謁冀託以他事乃腰斬之時郎中汝南袁著年十九見冀凶縱不勝其憤乃詣闕上書曰臣聞仲尼歎鳳鳥不至河不出圖自傷卑賤不能致也今陛下居得致之位又有能致之資此董仲舒對策之詞著引而畧之也而和氣未應賢愚失序者埶分權臣上下壅隔之故也夫四時之運功成則退易繫辭曰寒往則暑來暑往則寒來寒暑相推而歲成焉老子曰功成名遂身退天之道也高爵厚寵鮮不致灾今大將軍位極功成可爲至戒宜遵懸車之禮高枕頤神薛廣德爲御史大夫乞骸骨賜安車駟馬懸其安車傳子孫欲令冀遵致仕之禮也傳曰木實繁者披枝害心若不抑損權盛將無以全其身矣左右聞臣言將側目切齒臣特以童蒙見拔故敢忘忌諱昔舜禹相戒無若丹朱尙書禹謂帝舜曰無若丹朱傲惟慢遊是好周公戒成王無如殷王紂尙書周公戒成王曰無若殷王受之迷亂酗于酒德哉願除誹謗之罪以開天下之口書得奏御冀聞而密遣掩捕著著乃變易姓名後託病僞死結蒲爲人市棺殯送冀廉問知其詐廉察也陰求得笞殺之隱蔽其事學生桂陽劉常當世名儒素善於著冀召補令史以辱之時太原郝絜胡武皆危言高論危亦高謂峻也與著友善先是絜等連名奏記三府薦海內高士而不詣冀冀追怒之又疑爲著黨勑中都官移檄捕前奏記者並殺之遂誅武家死者六十餘人絜初逃亡知不得免因輿櫬奏書冀門書入仰藥而死家乃得全及冀誅有詔以禮祀著等冀諸忍忌皆此類也不疑好經書善待士冀陰疾之因中常侍白帝轉爲光祿勳又諷衆人共薦其子胤爲河南尹胤一名胡狗時年十六容貌甚陋不勝冠帶道路見者莫不嗤笑焉不疑自恥兄弟有隙遂讓位歸第與弟蒙閉門自守冀不欲令與賓客交通陰使人變服至門記往來者南郡太守馬融江夏太守田明初除過謁不疑冀諷州郡以它事陷之皆髠笞徙朔方融自刺不殊明遂死於路永興二年封不疑子馬爲潁陰侯胤子桃爲城父侯冀一門前後七封侯三皇后六貴人二大將軍夫人女食邑稱君者七人尙公主三人其餘卿將尹校五十七人在位二十餘年窮極滿盛威行內外百僚側目莫敢違命天子恭已而不得有所親豫帝旣不平之延熹二年太史令陳授因小黃門徐璜陳災異日食之變咎在大將軍冀聞之諷洛陽令收考授死於獄帝由此發怒初掖庭人鄧香妻宣生女猛香蓋掖庭署人之名香卒宣更適梁紀梁紀者冀妻壽之舅也壽引進猛入掖庭見幸爲貴人冀因欲認猛爲其女以自固乃易猛姓爲梁時猛姊婿邴尊爲議郎冀恐尊沮敗宣意沮壞也恐尊壞敗宣意不從其改梁姓也乃結刺客於偃城刺殺尊而又欲殺宣宣家在延熹里與中常侍袁赦相比相鄰比也冀使刺客登赦屋欲入宣家赦覺之鳴鼓會衆以告宣宣馳入以白帝帝大怒遂與中常侍單超具瑗唐衡左悺徐璜等五人成謀誅冀語在宦者傳冀心疑超等乃使中黃門張惲入省宿以防其變具瑗勑吏收惲以輒從外入欲圖不軌帝因是御前殿召諸尙書入發其事使尙書令尹勳持節勒丞郎以下皆操兵守省閤斂諸符節送省中使黃門令具瑗將左右廏騶騶騎士也虎賁羽林都候劒戟士續漢志曰左右都候各一人秩六百石主劒戟士徼循宮中及天子有所收考也合千餘人與司隸校尉張彪共圍冀第使光祿勳袁盱音吁持節收冀大將軍印綬徙封比景都鄉侯冀及妻壽卽日皆自殺悉收子河南尹胤叔父屯騎校尉讓及親從衛尉淑越騎校尉忠長水校尉戟等諸梁及孫氏中外宗親送詔獄無長少皆棄市不疑蒙先卒其它所連及公卿列校刺史二千石死者數十人故吏賓客免黜者三百餘人朝廷爲空唯尹勳袁盱及廷尉邯鄲義在焉是時事卒從中發卒音七訥反使者交馳公卿失其度官府市里鼎沸數日乃定百姓莫不稱慶收冀財貨縣官斥賣合三十餘萬萬以充王府用減天下稅租之半散其苑囿以業窮民錄誅冀功者封尙書令尹勳以下數十人

論曰順帝之世梁商稱爲賢輔豈以其地居亢滿而能以愿謹自終者乎亢上極之名也愿愨也夫宰相運動樞極感會天人樞謂斗樞極北極也中於道則易以興政乖於務則難乎御物商協回天之埶屬彫弱之期而匡朝卹患未聞上術憔悴之音載謠人口雖輿粟盈門何救阻饑之戹阻難也書曰黎人阻饑也永言終制未解尸官之尤尸官猶尸祿終制謂薄葬也況乃傾側孼臣商遣冀與不疑與曹節等爲交友也傳寵凶嗣以至破家傷國而豈徒然哉

贊曰河西佐漢統亦定算謂統初與竇融定計歸光武褒親幽憤升高累歎商恨善柔冀遂貪亂善柔失刑斷之道也

後漢書卷六十四考證

至初元建平所減刑罰百有餘條○何焯云前書初元則刑法志中載元帝議減律令詔書若哀帝則並無減刑罰事想以成帝河平中復下詔減死刑統因誤以爲哀帝之建平注家並不細尋遂以爲班固失之畧耳

梁統子竦感悼子胥屈原以非辜沈身乃作悼騷賦繫玄石而沈之注闕北在篇○臣會汾按此言闕逢比干以直諫死其事著在篇籍也諸本皆譌作闕北

又注何揚生之敗真○臣會汾按此謂揚雄作反騷義乖貞烈也監本誤作欺真今從宋本改

梁竦曾孫商中宮親送○監本誤作中官臣會汾按商女爲順帝后妹爲貴人此中宮謂皇后親送父喪也若中官則是中常侍謁者之屬不得云親送矣今改正

梁竦玄孫冀錄誅冀功者○臣會汾按者字當在功字上

後漢書卷六十五

宋　宣　城　太　守范　曄撰

唐　章　懷　太　子　賢注

張曹鄭列傳第二十五

張純傳　子奮

張純字伯仁京兆杜陵人也高祖父安世宣帝時爲大司馬衞將軍封富平侯臣賢案張安世昭帝元鳳六年以右將軍宿衞忠謹封富平侯今此言宣帝誤也宣帝卽位但益封萬戶耳父放爲成帝侍中純少襲爵土哀平間爲侍中王莽時至列卿遭値篡僞多亡爵土純以敦謹守約保全前封建武初先來詣闕故得復國五年拜太中大夫使將潁川突騎安集荆徐揚部督委輸督促也委輸轉運也監諸將營後又將兵屯田南陽遷五官中郎將有司奏列侯非宗室不宜復國光武曰張純宿衞十有餘年其勿廢更封武始侯食富平之半武始縣屬魏郡富平縣屬平原郡也純在朝歷世明習故事建武初舊章多闕每有疑議輒以訪純自郊廟婚冠喪紀禮儀多所正定帝甚重之以純兼虎賁中郎將數被引見一日或至數四過三以至於四也純以宗廟未定昭穆失序十九年乃與太僕朱浮共奏言陛下興於匹庶蕩滌天下誅鉏暴亂興繼祖宗竊以經義所紀人事衆心雖實同創革而名爲中興宜奉先帝恭承祭祀者也元帝以來宗廟奉祠高皇帝爲受命祖孝文皇帝爲太宗孝武皇帝爲世宗皆如舊制又立親廟四世推南頓君以上盡於春陵節侯南頓令欽卽光武之父春陵侯買光武高祖也禮爲人後者則爲之子旣事大宗則降其私親大宗謂元帝也據代相承高祖至元帝八代光武卽高祖九代孫以代數相推故繼體元帝故曰旣事大宗下又云宣元皇帝尊爲祖父又曰自元帝以上祭于洛陽成帝以下祭于長安其義明矣降其私親謂春陵以下不別序昭穆今禘祫高廟陳序昭穆而春陵四世君臣並列以卑廁尊不合禮意設不遭王莽而國嗣無寄推求宗室以陛下繼統者安得復顧私親違禮制乎昔高帝以自受命不由太上宣帝以孫後祖不敢私親故爲父立廟獨羣臣侍祠臣愚謂宜除今親廟以則二帝舊典願下有司博采其議詔下公卿大司徒戴涉大司空竇融議宜以宣元成哀平五帝四世代今親廟宣元皇帝尊爲祖父可親奉祠成帝以下有司行事別爲南頓君立皇考廟其祭上至春陵節侯羣臣奉祠以明尊尊之敬親親之恩帝從之是時宗廟未備自元帝以上祭于洛陽高廟成帝以下祠於長安高廟其南頓四世隨所在而祭焉明年純代朱浮爲太僕二十三年代杜林爲大司空在位慕曹參之迹務於無爲曹參惠帝時代蕭何爲相國遵蕭何法無所變更選辟掾史皆知名大儒明年上穿陽渠引

洛水爲漕上音時丈反陽渠在洛陽城南百姓得其利二十六年詔純曰禘祫之祭不行已久矣三年不爲禮禮必壞三年不爲樂樂必崩論語載宰我之言也宜據經典詳爲其制純奏曰禮三年一祫五年一禘春秋傳曰大祫者何合祭也毀廟及未毀廟之主皆登合食乎太祖五年而再殷周禮三年一祫五年一禘又公羊傳曰大祫者何合祭也合祭奈何毀廟主陳于太祖未毀廟主皆升合食于太祖五年而再殷祭注云殷盛也謂三年祫五年禘也漢舊制三年一祫毀廟主合食高廟存廟主未嘗合祭元始五年諸王公列侯廟會始爲禘祭臣賢案平帝元始五年春禘祭明堂諸侯王列侯宗室助祭賜爵金帛今純及司馬彪書並云禘祭蓋禘祫俱是大祭名可通也又前十八年親幸長安亦行此禮續漢書曰十八年上幸長安詔太常行禘禮於高廟序昭穆父爲昭南向子爲穆北向禮說三年一閏天氣小備五年再閏天氣大備故三年一祫五年一禘禘之爲言諦諦定昭穆尊卑之義也禘祭以夏四月夏者陽氣在上陰氣在下四月乾卦用事故言陽氣在上也故正尊卑之義也祫祭以冬十月冬者五穀成熟物備禮成故合聚飲食也斯典之廢於茲八年自十八年至此謂可如禮施行以時定議帝從之自是禘祫遂定時南單于及烏桓來降邊境無事百姓新去兵革歲仍有年家給人足仍頻也純以聖王之建辟雍所以崇尊禮義既富而敎者也論語曰子適衛冉有僕子曰庶矣哉冉有曰既庶矣又何加焉曰富之既富矣又何加焉曰教之也乃案七經讖明堂圖讖驗也解見光武紀七經謂詩書禮樂易春秋及論語也河間古辟雍記孝武太山明堂制度武帝時河間獻王德獻雅樂對三雍宮有其書記也又武帝封太山濟南人公玉帶上黃帝時明堂圖明堂中有一殿四面無壁以茅蓋水環宮垣爲複道上有樓及平帝時議平帝時起明堂徵天下通一蓺以上皆詣於公車也欲具奏之未及上會博士桓榮上言宜立辟雍明堂章下三公太常而純議同榮帝乃許之三十年純奏上宜封禪曰自古受命而帝治世之隆必有封禪以告成功焉禮記曰因名山升中于天鄭玄注曰謂巡狩至於方嶽燔柴祭天告以諸侯之成功也樂動聲儀曰以雅治人風成於頌動聲儀樂緯篇名也有周之盛成康之間郊配封禪皆可見也書曰歲二月東巡狩至于岱宗柴則封禪之義也臣伏見陛下受中興之命平海內之亂修復祖宗撫存萬姓天下曠然咸蒙更生恩德雲行惠澤雨施易曰雲行雨施品物流形黎元安寧夷狄慕義詩云受天之祜四方來賀下武之詩也鄭玄注云言武王受此萬年之壽爾佐之臣亦宜蒙餘福也今攝提之歲蒼龍甲寅德在東宮爾雅曰太歲在寅曰攝提格建武三十年太歲在甲寅時歲德在東宮前書音義曰蒼龍太歲也宜及嘉時遵唐帝之典繼孝武之業以二月東巡狩封于岱宗明中興勒功勳復祖統報天神禪梁父祀地祇傳祚子孫萬世之基也中元元年帝乃東巡岱宗以純視御史大夫從視比也并上元封舊儀及刻石文武帝元封元年封禪儀令侍中皮弁搢紳射牛行事封廣丈二高九尺有玉牒書書祕其事皆禁禪肅然天子親拜衣上黃江淮間一茅三脊爲神藉五色土益雜封縱遠方奇獸飛禽之屬也三月薨謚曰節侯子奮嗣

奮字稺通父純臨終敕家丞曰司空無功於時猥蒙爵土身死之後勿議傳國東觀記曰家丞名欽奮兄根少被病光武詔奮嗣爵奮稱純遺敕固不肯受帝以奮違詔敕收下獄奮惶怖乃襲封永平四年隨例歸國奮少好學節儉行義常分損租奉奉音扶用反贍卹宗親雖至傾匱而施與不怠十年儋耳降附儋耳郡武帝置故城即今儋州義倫縣也奮來朝上壽引見宣平殿應對合旨顯宗異其才以爲侍祠侯名臣子孫侍祠封侯解見鄧禹傳建初元年拜左中郎將轉五官中郎將遷長水校尉七年爲將作大匠章和元年免永元元年復拜城門校尉四年遷長樂衞尉明年代桓郁爲太常六年代劉方爲司空時歲災旱祈雨不應乃上表曰比年不登人用飢匱今復久旱秋稼未立立成也陽氣垂盡歲月迫促夫國以民爲本民以穀爲命政之急務憂之重者也臣蒙恩尤深受職過任夙夜憂懼章奏不能叙心願對中常侍疏奏疏猶條錄也即時引見復口陳時政之宜明日和帝召太尉司徒幸洛陽獄錄囚徒收洛陽令陳歆即大雨三日奮在位清白無它異績九年以病罷在家上疏曰聖人所美政道至要本在禮樂五經同歸而禮樂之用尤急孔子曰安上治民莫善於禮移風易俗莫善於樂又曰揖讓而化天下者禮樂之謂也禮記樂記孔子之辭也先王之道禮樂可謂盛矣孔子謂子夏曰禮以脩外樂以制內丘已矣夫禮稽命徵之辭也宋均注云脩外飾容貌也脩內蕩滌心性也已矣夫恨不制作禮樂也又曰禮樂不興則刑罰不中刑罰不中則民無所厝其手足臣以爲漢當制作禮樂是以先帝聖德數下詔書愍傷崩缺而衆儒不達議多駁異臣累世台輔奮七代祖湯武帝時爲御史大夫六代祖子孺宣帝時爲衛將軍領尚書父純光武時爲司空而大典未定私竊惟憂不忘寢食臣犬馬齒盡誠冀先死見禮樂之定先死謂未死之前也十三年更召拜太常復上疏曰漢當改作禮樂圖書著明見曹褒傳王者化定制禮功成作樂禮記樂記之文功成化定同耳功謂王業化謂教人也謹條禮樂異議三事願下有司以時考定昔者孝武皇帝光武皇帝封禪告成而禮樂不定事不相副先帝已詔曹褒章帝初曹褒于東觀次序禮事依准舊典凡百五十篇奏之也今陛下但奉而承之猶周公斟酌文武之道非自爲制誠無所疑周公制禮斟酌文武之美德爲之等制不自遂也今先帝已詔曹褒非陛下出意何所疑而不爲也詩頌曰於乎不顯文王之德之純假以溢我我其收之駿惠我文王又曰執競武王無競維烈也久執謙謙令大漢之業不以時成非所以章顯祖宗功德建太平之基爲後世法帝雖善之猶未施行其冬復以病罷明年卒於家子甫嗣官至津城門候津城門洛陽南面西門也當洛水浮橋漢官儀曰候一人秩六百石也甫卒子吉嗣永初三年吉卒無子國除自昭帝封安世至吉傳國八世張安世字子孺昭帝時爲右將軍始封富平侯卒子延壽嗣卒子勃嗣卒子臨嗣卒子放嗣卒子純嗣建武初改封武始侯卒子奮嗣卒子甫嗣卒子吉嗣無子國除此言八代者除安世始封也經歷篡亂二百年間篡亂謂王莽也張子孺昭帝元鳳六年封至永初三年合一百八十二年故曰間也未嘗譴黜封者莫與爲比

曹褒傳

曹褒字叔通魯國薛人也父充持慶氏禮前書沛人慶普字孝公爲東平太傅受禮於后倉號慶氏禮也建武中爲博士從巡狩岱宗定封禪禮還受詔議立七郊三雍大射養老禮儀五帝及天地爲七郊三雍以下解見明帝紀顯宗即位充上言漢再受命仍有封禪之事而禮樂崩闕不可爲後嗣法五帝不相沿樂三王不相襲禮禮記文也言損益不同也大漢當自制禮以示百世帝問制禮樂云何充對曰河圖括地象曰有漢世禮樂文雅出尚書琁機鈐曰有帝漢出德洽作樂名予帝善之下詔曰今且改太樂官曰太予樂歌詩曲操以俟君子操猶曲也劉向別錄曰君子因雅琴之適故從容以致思焉其道閉塞悲愁而作者名其曲曰操言遇災害不失其操也拜充侍中作章句辯難於是遂有慶氏學褒少篤志有大度結髮傳充業博雅疏通尤好禮事常憾朝廷制度未備慕叔孫通漢禮儀晝夜研精沈吟專思寢則懷抱筆札行則誦習文書當其念至忘所之適初舉孝廉再遷圉令圉縣屬陳留故城在今汴州雍丘縣南也以禮理人以德化俗時它郡盜徒五人來入圉界吏捕得之陳留太守馬嚴聞而疾惡風縣殺之褒敕吏曰夫絕人命者天亦絕之皋陶不爲盜制死刑管仲遇盜而升諸公禮雜記云孔子曰管仲遇盜取二人焉上以爲公臣注云此人但居惡人之中使犯法耳今承旨而殺之是逆天心順府意也其罰重矣如得全此人命而身坐之吾所願也遂不爲殺嚴奏褒耎弱免官歸郡爲功曹徵拜博士會肅宗欲制定禮樂元和二年下詔曰河圖稱赤九會昌十世以光十一以興九謂光武十謂明帝十一謂章帝也尚書琁機鈐曰述堯理世平制禮樂放唐之文緯本文云使帝王受命用吾道述堯理代平制禮放唐之文化洽作樂名斷在宋均注云述脩也予末小子託于數終曷以纘興崇弘祖宗仁濟元元帝命驗曰順堯考德題期立象宋均注曰堯巡省于河洛得龜龍之圖書舜受禪後習堯禮得之演以爲考河命題五德之期立將起之象凡三篇在中候也且三五步驟優劣殊軌孝經鉤命決曰三皇步五帝驟三王馳宋均注云步謂德隆道用日月爲步時事彌順日月亦驟勤思不已日月乃馳是優劣也況予頑陋無以克堪雖欲從之末由也已每見圖書中心恧焉褒知帝旨欲有興作乃上疏曰昔者聖人受命而王莫不制禮作樂以著功德功成作樂化定制禮所以救世俗致禎祥爲萬姓獲福於皇天者也今皇天降祉嘉瑞並臻制作之符甚於言語言明白也宜定文制著成漢禮丕顯祖宗盛德之美章下太常太常巢堪以爲一世大典非褒所定不可許帝知羣寮拘攣難與圖始拘攣猶拘束也前書鄒陽曰能越拘攣之語也朝廷禮憲宜時刊立明年復下詔曰朕以不德膺祖宗弘烈乃者鸞鳳仍集麟龍並臻甘露宵降嘉穀滋生赤草之類紀于史官赤草即朱草也大戴禮曰朱草日生一葉至十五日十六日落一葉周而復始也朕夙夜祗畏上無以彰于先功下無以克稱靈物漢遭秦餘禮壞樂崩且因循故事未可觀省有知其說者各盡所能褒省詔乃歎息謂諸生曰昔奚斯頌魯韓詩曰新廟奕奕奚斯所作薛君傳云是詩公子奚斯所作也考甫詠殷正考甫孔子之先也作商頌十二篇夫人臣依義顯君竭忠彰主行之美也當仁不讓吾何辭哉遂復上疏具陳禮樂之本制改之意拜褒侍中從駕南巡既還以事下三公未及奏詔召玄武司馬班固續漢志云玄武司馬主玄武門每門司馬一人秩比千石也問改定禮制之宜固曰京師諸儒多能說禮宜廣招集共議得失帝曰諺言作舍道邊三年不成會禮之家名爲聚訟言相爭不定也互生疑異筆不得下昔堯作大章一夔足矣夔堯樂官也呂氏春秋曰魯哀公問於孔子曰樂正夔一足矣章和元年正月乃召褒詣嘉德門令小黃門持班固所上叔孫通漢儀十二篇敕褒曰此制散畧多不合經散猶疏畧也今宜依禮條正使可施行於南宮東觀盡心集作褒既受命乃次序禮事依準舊典雜以五經讖記之文撰次天子至於庶人冠婚吉凶終始制度以爲百五十篇寫以二尺四寸簡其年十二月奏上帝以衆論難一故但納之不復令有司平奏會帝崩和帝即位褒乃爲作章句帝遂以新禮二篇冠擢褒監羽林左騎漢官儀曰羽林左騎秩六百石領羽林屬光祿勳也○劉攽曰注羽林左騎案百官志騎當作監永元四年遷射聲校尉後太尉張酺尚書張敏等奏褒擅制漢禮破亂聖術宜加刑誅帝雖寢其奏而漢禮遂不行褒在射聲營舍有停棺不葬者百餘所褒親自履行問其意故吏對曰此等多是建武以來絕無後者不得埋掩褒乃愴然爲買空地悉葬其無主者設祭以祀之遷城門校尉將作大匠時有疾疫褒巡行病徒爲致醫藥經理饘粥多蒙濟活七年出爲河內太守時春夏大旱糧穀踊貴褒到乃省吏幷職退去姦殘澍雨數降其秋大熟百姓給足流冗皆還後坐上災害不實免有頃徵再遷復爲侍中褒博物識古爲儒者宗十四年卒官作通義十二篇演經雜論百二十篇又傳禮記四十九篇敎授諸生千餘人慶氏學遂行於世

論曰漢初天下創定朝制無文叔孫通頗採經禮參酌秦法雖適物觀時有救崩敝然先王之容典蓋多闕矣

容禮容也與法則也謂行禮威儀俯仰之容貌也文帝時魯徐生以容爲禮官孫襄亦書爲容咸作宏義亦通也是以賈誼仲舒王吉劉向之徒懷憤歎息所不能已也賈誼等以叔孫通禮制疏略並上書對策請更改作皆不從所以歎息也班固曰今大漢久曠大義此賈誼仲舒王吉劉向之徒所爲發憤而增歎也見前書資文宣之遠圖明懿美而終莫或用資用也言用文帝宣帝美謀而終不能用賈誼等言誼文帝時人王吉宣帝時人○劉攽曰遠圖明懿美案文遠圖下多一明字故知自燕而觀有不盡矣禮記曰孔子之喪有自燕來觀者舍於子夏氏子夏曰聖人之葬人與人之葬聖人也子何觀焉有不盡矣言未備也孝章永言前王明發興作明發謂發夕至明也詩曰明發不寐專命禮臣撰定國憲洋洋乎盛德之事焉洋洋美也而業絕天算議黜異端斯道竟復墜矣業絕天算謂章帝晏駕也議黜異端謂張酺等奏褒擅制禮遂不行也夫三王不相襲禮五帝不相沿樂所以咸莖異調中都殊絕咸咸池黃帝樂也莖六莖顓頊樂也見前書異調言古今不同也中都都魯邑名也家語曰孔子爲中都宰制爲養生送死之節殊絕猶斷絕也言古樂不同舊禮亦絕也況物運遷回情數萬化制則不能隨其流變品度未足定其滋章言時代遷移繁省不定也斯固世主所當損益者也且樂非夔襄而新音代起律謝皋蘇而制令亟易夔舜樂官襄魯樂官也皋陶虞士官蘇忿生周武王之司寇也脩補舊文獨何猜焉言刑樂數改而脩禮則疑之禮云禮云曷其然哉歎其不能定也

鄭玄傳

鄭玄字康成北海高密人也八世祖崇哀帝時尚書僕射玄少爲鄉嗇夫前書曰鄉有嗇夫掌聽訟收賦稅也得休歸常詣學官不樂爲吏父數怒之不能禁鄭玄別傳曰玄年十一二隨母還家正臘會同列十數人皆美服盛飾語言閑通玄獨漠然如不及母私督數之乃曰此非我志不在所願也遂造太學受業師事京兆第五元先始通京氏易公羊春秋三統歷九章算術三統歷劉歆所撰也九章算術周公作也凡有九篇方田一粟米二差分三少廣四均輸五方程六傍要七盈不足八鉤股九又從東郡張恭祖受周官禮記左氏春秋韓詩古文尚書以山東無足問者乃西入關因涿郡盧植事扶風馬融融門徒四百餘人升堂進者五十餘生融素驕貴玄在門下三年不得見乃使高業弟子傳受於玄玄日夜尋誦未嘗怠倦會融集諸生考論圖緯聞玄善算乃召見於樓上玄因從質諸疑義問畢辭歸融喟然謂門人曰鄭生今去吾道東矣前書曰田何授易於丁寬學成寬東歸何謂門人曰易東矣玄自遊學十餘年乃歸鄉里家貧客耕東萊學徒相隨已數百千人及黨事起乃與同郡孫嵩等四十餘人俱被禁錮嵩字賓實見趙岐傳遂隱脩經業杜門不出時任城何休好公羊學遂著公羊墨守言公羊義理深遠不可駁難如墨翟之守城也左氏膏肓說文曰肓膈也心下爲膏喻左氏之疾不可爲也穀梁廢疾玄乃發墨守鍼膏肓起廢疾休見而歎曰康成入吾室操吾矛以伐我乎初中興之後范升陳元李育賈逵之徒爭論古今學後馬融答北地太守劉瓌及玄答何休義據通深由是古學遂明靈帝末黨禁解大將軍何進聞而辟之州郡以進權戚不敢違意遂迫脅玄不得已而詣之進爲設几杖禮待甚優玄不受朝服而以幅巾見一宿逃去時年六十弟子河內趙商等自遠方至者數千後將軍袁隗表爲侍中以父喪不行國相孔融深敬於玄屣履造門屣謂納履未正曳之而行言趨賢急也告高密縣爲玄特立一鄉曰昔齊置士鄉管仲相桓公制國爲二十一鄉工商鄉六士鄉十五以居工商士也事見國語也越有君子軍皆異賢之意也吳越相攻越王勾踐乃中分其師爲左右軍以其私卒君子六千人爲中軍注云君子王所親近有至行者見國語鄭君好學實懷明德昔太史公廷尉吳公謁者僕射鄧公皆漢之名臣又南山四皓有園公夏黃公潛光隱耀世加其高皆悉稱公吳公文帝時爲河南守鄧公景帝時爲謁者僕射太史公司馬談武帝時四皓高帝時也有園公夏黃公角里先生綺里季也鬚眉皓白故言皓秦時隱於商雒南山以待天下之定漢興迎而致之也然則公者仁德之正號不必三事大夫也今鄭君鄉宜曰鄭公鄉昔東海于公僅有一節猶或戒鄉人侈其門閭一節謂決獄也昭帝時東海于公爲縣獄吏決獄平郡爲生立祠號曰于公祠先是于公閭門壞父老方共脩之于公曰少高大其門令容駟馬車我決獄多陰德子孫必有興者也矧乃鄭公之德而無駟牡之路可廣開門衢令容高車號爲通德門董卓遷都長安公卿舉玄爲趙相道斷不至趙王虔之相也會黃巾寇青部乃避地徐州徐州牧陶謙接以師友之禮建安元年自徐州還高密道遇黃巾賊數萬人見玄皆拜相約不敢入縣境玄後嘗疾篤自慮以書戒子益恩曰吾家舊貧不爲父母昆弟所容去廝役之吏廝賤也游學周秦之都往來幽并兗豫之域獲覲乎在位通人處逸大儒得意者咸從捧手有所授焉處逸謂處士隱逸之大儒遂博稽六蓺粗覽傳記時覩秘書緯術之奧年過四十乃歸供養假田播殖以娛朝夕遇閹尹擅埶坐黨禁錮十有四年而蒙赦令舉賢良方正有道辟大將軍三司府公車再召比牒併名早爲宰相比牒猶連牒也併名謂齊名也言連牒齊名被召者爲宰相也併音步鼎反惟彼數公懿德大雅克堪王臣故宜式序式用也序列也吾自忖度無任於此但念述先聖之元意思整百家之不齊亦庶幾以竭吾才故聞命罔從而黃巾爲害萍浮南北復歸邦鄉入此歲來已七十矣宿素衰落仍有失誤案之禮典便合傳家傳家謂家事傳子孫也曲禮曰七十老而傳今我告爾以老歸爾以事將閑居以安性覃思以終業自非拜國君之命問族親之憂展敬墳墓觀省野物胡嘗扶杖出門乎家事大小汝一承之咨爾煢煢一夫曾無同生相依其勗求君子之道研讚勿替○劉攽曰案文讚當作鑽敬愼威儀以近有德詩大雅民勞篇之言也顯譽成於僚友德行立於已志若致聲稱亦有榮於所生可不深念邪吾雖無紱冕之緒頗有讓爵之高謂頻被辟不就也自樂以論贊之功庶不遺後人之羞末所憤憤者徒以亡親墳壟未成所好羣書率皆腐敝不得於禮堂寫定傳與其人其人謂好學者也前書司馬遷曰僕誠已著此書傳之其人也日西方暮其可圖乎家今差多於昔勤力務時無恤飢寒菲飲食薄衣服節夫二者尙令吾寡恨若忽忘不識亦已焉哉時大將軍袁紹總兵冀州遣使要玄大會賓客玄最後至乃延升上坐身長八尺飲酒一斛秀眉明目容儀溫偉紹客多豪俊並有才說見玄儒者未以通人許之競設異端百家互起玄依方辯對咸出問表皆得所未聞莫不嗟服時汝南應劭亦歸於紹因自贊曰故太山太守應中遠北面稱弟子何如玄笑曰仲尼之門考以四科四科謂德行言語政事文學顏淵閔子騫及子游子夏並見論語也回賜之徒不稱官閥劭有慙色紹乃舉玄茂才表爲左中郎將皆不就公車徵爲大司農給安車一乘所過長吏送迎玄乃以病自乞還家五年春夢孔子告之曰起起今年歲在辰來年歲在巳北齊劉晝高才不遇傳論玄曰辰爲龍巳爲蛇歲至龍蛇賢人嗟玄以讖合之蓋謂此也既寤以讖合之知命當終有頃寢疾時袁紹與曹操相拒於官度官度津名也在今鄭州中牟縣北前書音義曰於滎陽下引河東南爲洪溝北通宋鄭淮泗即今官度令其子譚遣使逼玄隨軍不得已載病到元城縣疾篤不進其年六月卒年七十四遺令薄葬自郡守以下嘗受業者縗絰赴會千餘人門生相與撰玄答諸弟子問五經依論語作鄭志八篇凡玄所注周易尙書毛詩儀禮禮記論語孝經尙書大傳中候乾象曆又著天文七政論魯禮禘祫義六蓺論毛詩譜駁許愼五經異義答臨孝存周禮難凡百餘萬言案謝承書載玄所注與此略同不言注孝經唯此書獨有也玄質於辭訓通人頗譏其繁至於經傳洽孰稱爲純儒齊魯間宗之其門人山陽郗慮至御史大夫東萊王基清河崔琰著名於世又樂安國淵任嘏慮字鴻豫基字伯輿魏鎮南將軍安樂鄉侯琰字季珪魏東西曹掾遷中尉淵字子尼魏司空掾遷太僕嘏字昭光魏黃門侍郎也○劉攽曰注魏東西曹掾案崔琰但作東曹掾多一西字時並童幼玄稱淵爲國器嘏有道德其餘亦多所鑒拔皆如其言玄唯有一子益恩孔融在北海舉爲孝廉及融爲黃巾所圍益恩赴難隕身有遺腹子玄以其手文似已名之曰小同魏氏春秋曰小同高貴鄉公時爲侍中嘗詣司馬文王文王有密疏未之屏也如廁還問之曰卿見吾疏乎答曰我不見文王曰寧我負卿無卿負我遂酖之

論曰自秦焚六經聖文埃滅埃塵也漢興諸儒頗脩蓺文及東京學者亦各名家而守文之徒滯固所稟稟受滯固猶固執也言學者各守所見不疏通也異端紛紜互相詭激遂令經有數家家有數說章句多者或乃百餘萬言學徒勞而少功後生疑而莫正鄭玄括囊大典網羅衆家括結也易坤卦曰括囊无咎也刪裁繁蕪刊改漏失自是學者略知所歸王父豫章君每考先儒經訓而長於玄王父祖父也爾雅曰父之父爲王父也范曄祖父寗字武子晉武帝時爲豫章太守經義每以玄爲長也常以爲仲尼之門不能過也及傳授生徒並專以鄭氏家法云言寗教授專崇鄭學也

贊曰富平之緒承家載世載重也易師卦曰大君有命開國承家也伯仁先歸釐我國祭釐理也言純釐理禘祫之祭也玄定義乖褒脩禮鈌孔書遂明漢章中輟孔書謂六經也輟止也中輟謂曹褒禮不行也

後漢書卷六十五考證

張純傳五年拜太中大夫○監本誤作二年從宋本改

今攝提之歲蒼龍甲寅德在東宮注前書音義曰蒼龍太歲也○刊誤補遺曰龍名有三左傳龍見而雩此謂東方七宿爲蒼龍之象又曰蛇乘龍此謂歲星木精木爲蒼龍故歲星亦龍名又淮南書以青龍爲天神之貴青龍卽太歲異名王莽銅權銘歲在大梁龍集戊辰者以歲爲歲星龍爲太歲也魏文昌殿鐘簴銘歲在丙申龍次大火則是以歲爲太歲龍爲歲星與前說相反然義得兩通至純傳所云按是年太歲在寅故言攝提之歲然又云蒼龍甲寅則是龍與歲疊指太歲而言駁矣

德在東宮○刊誤補遺曰此以歲在寅與甲相值甲位在東方故也王莽傳亦云蒼龍癸酉德在中宮經云癸德在中宮按杜欽言戊土中宮之部今癸北宮而云中宮者以癸爲戊妃耳此與純傳小異莽傳又云今年刑在東方是歲壬申申刑寅故也

張純子奮官至津城門候○舊本皆作建城門臣會汾按百官志洛陽十二門其一津門每門候一人秩六百石屬城門校尉以其當洛水浮橋故稱津城門也宜從監本

曹褒傳大漢當自制禮○監本脫去當字從宋本增

慕叔孫通漢禮儀○監本叔孫通下有爲字從宋本去

且三五步驟優劣殊軌注時事彌順○順字疑煩之誤又事字舊本作士

鄭玄傳三統歷九章算術注九章算術周公作也○臣宗萬按魏劉徽九章算經序云周公制禮有九數九章是矣不云周公作算術也算術起於商高見周髀

宜曰鄭公鄉○宜字監本誤作且今照宋本改

六蓺論○臣世駿按公羊疏曰鄭公先作六蓺論訖然後注書

答臨孝存周禮難○臣世駿按毛詩棫樸疏曰臨碩并引詩三處六師之文以難周禮鄭釋之則孝存名碩也

名之曰小同注答曰我不見○我字衍

後漢書卷六十六

宋　宣　城　太　守　范　曄　撰

唐　章　懷　太　子　賢　注

鄭范陳賈張列傳第二十六

鄭興傳 子衆

鄭興字少贛河南開封人也少學公羊春秋晚善左氏傳遂積精深思通達其旨同學者皆師之東觀記曰興從博士金子嚴爲左氏春秋天鳳中王莽年也將門人從劉歆講正大義左氏義也歆美興才使撰條例章句訓詁說文曰詁訓古言也音古度反及校三統歷三統歷劉歆撰謂夏殷周歷也更始立以司直李松行丞相事先入長安松以興爲長史令還奉迎遷都更始諸將皆山東人咸勸留洛陽興說更始曰陛下起自荊楚權政未施更始起南陽南陽屬荊州故曰荊楚也一朝建號而山西雄桀爭誅王莽開關郊迎者何也山西謂陝山已西也此天下同苦王氏虐政而思高祖之舊德也今久不撫之臣恐百姓離心盜賊復起矣春秋書齊小白入齊小白齊桓公也不稱侯未朝廟故也春秋齊小白入于齊公羊傳曰曷爲以國氏當國也其言入何篡辭也今議者欲先定赤眉而後入關是不識其本而爭其末恐國家之守轉在函谷言若不早都關中有人先入則國家鎮守轉在函谷也雖臥洛陽庸得安枕乎庸用也更始曰朕西決矣拜興爲諫議大夫使安集關西及朔方涼益三州還拜涼州刺史會天水有反者攻殺郡守興坐免時赤眉入關東道不通興乃西歸隗囂囂虛心禮請○劉攽曰案文少一囂字而興恥爲之屈稱疾不起囂矜已自飾常以爲西伯復作西伯文王也作起也乃與諸將議自立爲王興聞而說囂曰春秋傳曰口不道忠信之言爲嚚耳不聽五聲之和爲聾左傳富辰諫周襄王之辭間者諸將集會無乃不道忠信之言大將軍之聽無乃阿而不察乎昔文王承積德之緒加之以睿聖三分天下尚服事殷孔子曰三分天下有其二以服事殷及武王即位八百諸侯不謀同會皆曰紂可伐矣武王以未知天命還兵待時史記曰武王觀兵孟津諸侯不期而會者八百人皆曰紂可伐矣王曰汝未知天命乃還師後聞紂殺比干囚箕子乃告諸侯以伐之故曰待時也高祖征伐累年猶以沛公行師今令德雖明世無宗周之祚威略雖振未有高祖之功而欲舉未可之事昭速禍患○劉攽曰案文昭當作招無乃不可乎惟將軍察之囂竟不稱王後遂廣置職位以自尊高興復止囂曰夫中郎將太中大夫使持節官皆王者之器非人臣所當制也孔子曰惟器與名不可以假人左傳杜預注曰器車服名爵號也不可以假人者亦不可以假於人也無益於實有損於名非尊上之意也囂病之而止病猶難也及囂遣子恂入侍將行興因恂求歸葬父母囂不聽而徙興舍益其秩禮興入見囂曰前遭赤眉之亂以將軍僚舊故敢歸身明德興嘗爲涼州刺史囂爲西州將軍故曰僚舊也幸蒙覆載之恩復得全其性命興聞事親之道生事之以禮死葬之以禮祭之以禮奉以周旋弗敢失墜周旋猶遵奉也左傳季文子曰先大夫臧文仲教行父事君之禮奉以周旋弗敢失墜也今爲父母未葬請乞骸骨若以增秩徙舍中更停留是以親爲餌餌猶釣餌也無禮甚矣將軍焉用之囂曰囂將不足留故邪興曰將軍據七郡之地七郡天水隴西武威張掖酒泉敦煌金城也擁羌胡之衆以戴本朝德莫厚焉威莫重焉居則爲事命之使入必爲鼎足之臣興從俗者也不敢深居屏處因將軍求進不患不達因將軍求入何患不親此興之計不逆將軍者也興業爲父母請不可以已願留妻子獨歸葬將軍又何猜焉囂曰幸甚促爲辦裝遂令與妻子俱東時建武六年也侍御史杜林先與興同寓隴右乃薦之曰竊見河南鄭興執義堅固敦悅詩書左傳趙衰曰臣亟聞郤縠之言矣郤縠悅禮樂而敦詩書也好古博物見疑不惑有公孫僑觀射父之德左傳子產辨黃熊晉侯聞之曰博物君子也觀射父楚大夫也對昭王以重黎羲和之事見國語宜侍帷幄典職機密昔張仲在周燕翼宣王而詩人悅喜張仲周宣王時賢臣也燕樂也翼敬也詩小雅曰侯誰在矣張仲孝友惟陛下留聽少察以助萬分乃徵爲太中大夫明年三月晦日食興因上疏曰春秋以天反時爲災地反物爲妖人反德爲亂亂則妖災生左傳晉伯宗之辭天反時爲災謂寒暑易節也地反物爲妖謂羣物失性也往年已來讁咎連見意者執事頗有闕焉按春秋昭公十七年夏六月甲戌朔日有食之杜預注曰於周爲六月於夏爲四月純陽用事陰氣未動而侵陽也傳曰日過分而未至言過春分而未及夏至也三辰有災三辰日月星也於是百官降物降物素服君不舉不舉盛饌避移時避正寢過日食時也樂用鼓奏鼓伐鼓祝用幣用幣於社史用辭用辭以自責也此以上皆左傳載魯大夫答季平子之詞也今孟夏純乾用事陰氣未作其災尤重夫國無善政則讁見日月變咎之來不可不慎其要在因人之心擇人處位也左傳晉士文伯曰國無政不用善則自取讁於日月之災故政不可不慎也務三而已一曰擇人二曰因人三曰從時也堯知鯀不可用而用之者屈已之明因人之心也齊桓反政而相管仲晉文歸國而任郤縠者是不私其私擇人處位也史記曰桓公與兄子糾爭位糾使管仲將兵遮道射桓公鉤帶及桓公卽位任政於管仲也又晉文公自秦歸國懷公故臣郤芮謀燒公宮殺文公宦者勃鞮告之後文公以郤縠爲中軍帥郤縠卽郤芮之族文公不以爲嫌而任焉言唯賢是用不私其私也今公卿大夫多舉漁陽太守郭伋可大司空者而不以時定道路流言咸曰朝廷若用功臣功臣用則人位謬矣願陛下上師唐虞下覽齊晉以成屈已從衆之德以濟羣臣讓善之功濟成也夫日月交會數應在朔而頃年日食每多在晦先時而合皆月行疾也日君象而月臣象君亢急則臣下促迫故行疾也今年正月繁霜自爾以來率多寒日正月夏之四月此亦急咎之罰書曰急恒寒若天於賢聖之君猶慈父之於孝子也丁寧申戒欲其反政故災變仍見此乃國之福也今陛下高明而羣臣惶促宜留思柔剋之政垂意洪範之法剋能也柔剋謂和柔而能立事也尚書洪範曰高明柔剋博採廣謀納羣下之策書奏多有所納帝嘗問興郊祀事曰吾欲以讖斷之何如興對曰臣不爲讖帝怒曰卿之不爲讖非之邪興惶恐曰臣於書有所未學而無所非也帝意乃解興數言政事依經守義文章溫雅然以不善讖故不能任九年使監征南積弩營於津鄉征南將軍岑彭積弩將軍傅俊屯津鄉以拒公孫述津鄉在今荊州也會征南將軍岑彭爲刺客所殺興領其營遂與大司馬吳漢俱擊公孫述述死詔興留屯成都頃之侍御史舉奏興奉使私買奴婢坐左轉蓮勺令蓮勺縣屬左馮翊故城在今同州下邽縣東北蓮音輦勺音酌是時喪亂之餘郡縣殘荒興方欲築城郭修禮教以化之會以事免興好古學尤明左氏周官長於歷數自杜林桓譚衞宏之屬莫不斟酌焉斟酌謂取其意指也世言左氏者多祖興而賈逵自傳其父業故有鄭賈之學興去蓮勺後遂不復仕客授閿鄉閿音聞古字也建安中改作閿三公連辟不肯應卒于家子衆

衆字仲師年十二從父受左氏春秋精力於學明三統歷作春秋難記條例兼通易詩知名於世建武中皇太子及山陽王荊因虎賁中郎將梁松以縑帛聘請衆欲爲通義引籍出入殿中衆謂松曰太子儲君無外交之義漢有舊防蕃王不宜私通賓客遂辭不受松復風衆以長者意不可逆衆曰犯禁觸罪不如守正而死太子及荊聞而奇之亦不强也及梁氏事敗梁松坐懸飛書誹謗下獄死事見梁統傳也賓客多坐之唯衆不染於辭永平初辟司空府以明經給事中再遷越騎司馬漢官儀曰越騎司馬一人秩千石也復留給事中是時北匈奴遣使求和親八年顯宗遣衆持節使匈奴衆至北庭虜欲令拜衆不爲屈單于大怒圍守閉之不與水火欲脅服衆衆拔刀自誓單于恐而止乃更發使隨衆還京師朝議欲復遣使報之衆上疏諫曰臣伏聞北單于所以要致漢使者欲以離南單于之衆堅三十六國之心也武帝開通西域本三十六國又當揚漢和親誇示鄰敵令西域欲歸化者局促狐疑懷土之人絕望中國耳漢使既到便偃蹇自信信音申若復遣之虜必自謂得謀其羣臣駮議者不敢復言駮議謂勸單于歸漢如是南庭動搖烏桓有離心矣南單于久居漢地具知形埶萬分離析旋爲邊害今幸有度遼之衆揚威北垂雖勿報答不敢爲患明帝八年初置度遼將軍屯五原曼柏帝不從復遣衆衆因上言臣前奉使不爲匈奴拜單于恚恨故遣兵圍臣今復銜命必見陵折臣誠不忍持大漢節對氈裘獨拜如令匈奴遂能服臣將有損大漢之强帝不聽衆不得已既行在路連上書固爭之詔切責衆追還繫廷尉會赦歸家其後帝見匈奴來者問衆與單于爭禮之狀皆言匈奴中傳衆意氣壯勇雖蘇武不過乃復召衆爲軍司馬使與虎賁中郎將馬廖擊車師至敦煌拜爲中郎將使護西域會匈奴脅車師圍戊已校尉衆發兵救之遷武威太守謹修邊備虜不敢犯遷左馮翊政有名迹建初六年代鄧彪爲大司農是時肅宗議復鹽鐵官衆諫以爲不可武帝時國用不足乃賣鹽鐵置官以主之昭帝罷之今議欲復之詔數切責至被奏劾衆執之不移帝不從在位以清正稱其後受詔作春秋刪十九篇八年卒官子安世亦傳家業爲長樂未央廄令續漢志曰廄令一人秩六百石延光中安帝廢太子爲濟陰王安世與太常桓焉太僕來歷等共正議諫爭及順帝立安世已卒追賜錢帛除子亮爲郎衆曾孫公業自有傳

范升傳

范升字辯卿代郡人也少孤依外家居九歲通論語孝經及長習梁丘易老子教授後生宣帝時梁丘賀之易也王莽大司空王邑辟升爲議曹史時莽頻發兵役徵賦繁興升乃奏記邑曰升聞子以人不間於其父母爲孝臣以下不非其君上爲忠論語曰孝哉閔子騫人不間於其父母昆弟之言子騫之孝化其父母兄弟言人無非之者忠臣事君有過卽諫在下無有非君者是忠臣也今衆人咸稱朝聖皆曰公明蓋明者無不見聖者無不聞今天下之事昭昭於日月震震於雷霆而朝云不見公云不聞則元元焉所呼天公以爲是而不言則過小矣知而從令則過大矣二者於公無可以免宜乎天下歸怨於公矣朝以遠者不服爲至念升以近者不悅爲重憂今動與時戾事與道反馳騖覆車之轍探湯敗事之後賈誼曰前車覆後車誡論語曰見不善如探湯後出益可怪晚發愈可懼耳方春歲首而動發

遠役藜藿不充田荒不耕穀價騰躍斛至數千吏人陷於湯火之中非國家之人也如此則胡貊守關青徐之寇在於帷帳矣（王莽時青徐二郡爲寇號青徐賊○劉攽曰胡貊守關案關當作鬭方喻迫近不當云關）升有一言可以解天下倒懸免元元之急不可書傳願蒙引見極陳所懷邑雖然其言而竟不用升稱病乞身邑不聽令乘傳使上黨升遂與漢兵會因留不還建武二年光武徵詣懷宮拜議郎遷博士上疏讓曰臣與博士梁恭山陽太守呂羌俱脩梁丘易二臣年並耆艾經學深明而臣不以時退與恭並立深知羌學又不能達（達進也）慙負二老無顏於世誦而不行知而不言不可開口以爲人師願推博士以避恭羌帝不許然由是重之數詔引見每有大議輒見訪問時尚書令韓歆上疏欲爲費氏易左氏春秋立博士（費直字長翁善易長於卦筮見前書）詔下其議四年正月朝公卿大夫博士見於雲臺帝曰范博士可前平說升起對曰左氏不祖孔子而出於丘明師徒相傳又無其人且非先帝所存無因得立遂與韓歆及太中大夫許淑等互相辯難日中乃罷升退而奏曰臣聞主不稽古無以承天臣不述舊無以奉君陛下愍學微缺勞心經蓺情存博聞故異端競進近有司請置京氏易博士羣下執事莫能據正京氏旣立費氏怨望左氏春秋復以比類亦希置立京費已行次復高氏（沛人高相善易與費直同時見前書）春秋之家又有騶夾（前書曰騶氏無師夾氏未知其書也）如令左氏費氏得置博士高氏騶夾五經奇異並復求立各有所執乖戾分爭從之則失道不從則失人將恐陛下必有厭倦之聽孔子曰博學約之弗叛矣夫（論語孔子之言弗畔言不違道也）夫學而不約必叛道也顏淵曰博我以文約我以禮孔子可謂知教顏淵可謂善學矣老子曰學道日損損猶約也又曰絕學無憂絕末學也今費左二學無有本師而多反異先帝前世有疑於此故京氏雖立輒復見廢疑道不可由疑事不可行詩書之作其來已久孔子尚周流游觀至于知命自衛反魯乃正雅頌（孔子以魯哀公十一年自衛還魯是時道衰樂廢孔子來還乃正之故雅頌各得其所見史記）今陛下草創天下紀綱未定雖設學官無有弟子詩書不講禮樂不修奏立左費非政急務孔子曰攻乎異端斯害也已（攻猶習也異端謂奇技也）傳曰聞疑傳疑聞信傳信而堯舜之道存（穀梁傳曰信以傳信疑以傳疑公羊傳曰君子曷爲春秋樂堯舜之道也）願陛下疑先帝之所疑信先帝之所信以示反本明不專已天下之事所以異者以不一本也易曰天下之動貞夫一也（易下繫之文也）又曰正其本萬事理（今易無此文也）五經之本自孔子始謹奏左氏之失凡十四事時難者以太史公多引左氏升又上太史公違戾五經謬孔子言及左氏春秋不可錄三十一事詔以下博士後升爲出妻所告坐繫得出還鄉里永平中爲聊城令坐事免卒於家

陳元傳

陳元字長孫蒼梧廣信人也（廣信故城在今梧州蒼梧縣）父欽習左氏春秋事黎陽賈護與劉歆同時而別自名家（元父欽字子佚以左氏授王莽自名陳氏春秋故曰別也賈護字季君並見前書也）王莽從欽受左氏學以欽爲猒難將軍（猒一葉反）元少傳父業爲之訓詁銳精覃思至不與鄉里通以父任爲郎建武初元與桓譚杜林鄭興俱爲學者所宗時議欲立左氏傳博士范升奏以爲左氏淺末不宜立元聞之乃詣闕上疏曰陛下撥亂反正文武並用（撥理也語見公羊傳）深愍經蓺謬雜眞僞錯亂每臨朝日輒延羣臣講論聖道知丘明至賢親受孔子而公羊穀梁傳聞於後世故詔立左氏博詢可否示不專已盡之羣下也今論者沉溺所習翫守舊聞固執虛言傳受之辭以非親見實事之道左氏孤學少與（與猶黨也）遂爲異家之所覆冒夫至音不合衆聽故伯牙絕弦（伯牙善鼓琴鍾子期善聽相與爲友子期死伯牙破琴絕弦不復鼓琴以時人莫之能聽也見呂覽）至寶不同衆好故卞和泣血（卞和得寶玉獻楚武王王示玉人曰石也刖其左足武王殁後復獻之文王復曰石也刖其右足至成王時卞和抱其璞哭於郊泣盡以血繼之王乃使玉尹攻之果得寶玉事見韓子也）仲尼聖德而不容於世（仲尼去魯斥乎齊逐乎宋衛困於陳蔡之閒見史記）況於竹帛餘文其爲雷同者所排固其宜也非陛下至明孰能察之臣元竊見博士范升等所議奏左氏春秋不可立及太史公違戾凡四十五事案升等所言前後相違皆斷截小文媟黷微辭以年數小差掇爲巨謬（媟狎也黷垢濁也掇拾也音丁括反）遺脫纖微指爲大尤抉瑕擿釁（抉音於決反）掩其弘美所謂小辯破言小言破道者也（大戴記小辯篇孔子曰小辯破言小言破義小義破道）升等又曰先帝不以左氏爲經故不置博士後主所宜因襲臣愚以爲若先帝所行而後主必行者則盤庚不當遷於殷周公不當營洛邑（盤庚都耿遷於殷文王都酆武王都鄗周公輔成王營洛邑）陛下不當都山東也往者孝武皇帝好公羊衛太子好穀梁有詔詔太子受公羊不得受穀梁（○劉攽曰有詔詔太子案文多一詔字）孝宣皇帝在人間時聞衛太子好穀梁於是獨學之及即位爲石渠論而穀梁氏興（石渠閣以藏秘書在未央殿北宣帝甘露三年詔諸儒韋玄成梁丘賀等講論五經於石渠也）至今與公羊並存此先帝後帝各有所立不必其相因也孔子曰純儉吾從衆至於拜下則違之（論語孔子曰麻冕禮也今也純儉吾從衆拜下禮也今拜乎上泰也雖違衆吾從下何晏注云麻冕緇布冠也古績麻三十升以爲之純絲易成故從儉臣之與君行禮者下拜然後升時臣驕泰故於上拜今從下禮之恭也）夫明者獨見不惑於朱紫聽者獨聞不謬於清濁故離朱不爲巧眩移目（離朱黃帝時明目者也一號離婁愼子曰離朱之明察毫末於百步之外）師曠不爲新聲易耳（桓譚新論曰晉師曠善知音衞靈公將之晉宿於濮水之上夜聞新聲召師涓告之曰爲我聽寫之曰臣得之矣遂之晉晉平公饗之酒酣靈公曰有新聲願奏之乃令師涓鼓琴未終師曠止之曰此亡國之聲也）方今干戈少弭戎事略戢留思聖蓺眷顧儒雅採孔子下拜之義卒淵聖獨見之旨分明黑白建立左氏解釋先聖之積結洮汰學者之累惑（洮汰猶洗濯也）使基業垂於萬世後進無復狐疑則天下幸甚臣元愚鄙嘗傳師言如得以褐衣召見俯伏庭下（褐織毛爲布貧者之服也）誦孔氏之正道理丘明之宿冤若辭不合經事不稽古退就重誅雖死之日生之年也書奏下其議范升復與元相辯難凡十餘上帝卒立左氏學太常選博士四人元爲第一帝以元新忿爭乃用其次司隸從事李封於是諸儒以左氏之立論議讙譁自公卿以下數廷爭之會封病卒左氏復廢元以才高著名辟司空李通府時大司農江馮上言宜令司隸校尉督察三公事下三府元上疏曰臣聞師臣者帝賓臣者霸（言以臣爲師以臣爲賓也）故武王以太公爲師齊桓以夷吾爲仲父孔子曰百官總已聽於冢宰（論語文也）近則高帝優相國之禮（蕭何爲相國高帝賜劒履上殿入朝不趨）太宗假宰輔之權（太宗孝文也申屠嘉爲丞相坐府召太中大夫鄧通欲誅之孝文使持節召通令人謝嘉故曰假權也）及亡新王莽遭漢中衰專操國柄以偷天下（偷竊也）況已自喻不信羣臣奪公輔之任損宰相之威以刺舉爲明徼訐爲直至乃陪僕告其君長子弟變其父兄（王莽時開吏告其將奴婢告其主）罔密法峻大臣無所措手足然不能禁董忠之謀身爲世戮（董忠爲王莽大司馬共劉歆等謀誅莽事發覺死也）故人君患在自驕不患驕臣失在自任不在任人是以文王有日昃之勞周公執吐握之恭（尚書曰文王自朝至于日中昃不遑暇食史記曰伯禽封魯周公戒之曰我文王之子武王之弟成王之叔父亦不賤矣我一沐三握髮一飯三吐哺以待士猶恐失天下之賢人汝無以國驕人也）不聞其崇刺舉務督察也方今四方尚擾天下未一百姓觀聽咸張耳目陛下宜脩文武之聖典襲祖宗之遺德勞心下士屈節待賢誠不宜使有司察公輔之名帝從之宣下其議（司察猶督察也）李通罷元後復辟司徒歐陽歙府數陳當世便事郊廟之禮帝不能用以病去年老卒於家子堅卿有文章

賈逵傳

賈逵字景伯扶風平陵人也九世祖誼文帝時爲梁王太傅（爲文帝子梁王揖之傅也）曾祖父光爲常山太守宣帝時以吏二千石自洛陽徙焉父徽從劉歆受左氏春秋兼習國語周官又受古文尚書於塗惲（風俗通曰塗姓塗山氏之後惲字子眞受尚書於胡常見前書）學毛詩於謝曼卿作左氏條例二十一篇逵悉傳父業弱冠能誦左氏傳及五經本文以大夏侯尚書教授雖爲古學兼通五家穀梁之說（五家謂尹更始劉向周慶丁姓王彥等皆爲穀梁見前書也）自爲兒童常在太學不通人間事身長八尺二寸諸儒爲之語曰問事不休賈長頭性愷悌多智思俶儻有大節（愷樂也悌易也言有和樂簡易之德也俶儻卓異也）尤明左氏傳國語爲之解詁五十一篇（左氏三十篇國語二十一篇也）永平中上疏獻之顯宗重其書寫藏祕館時有神雀集宮殿官府冠羽有五采色帝異之以問臨邑侯劉復（臨邑東郡縣也復齊武王伯升孫北海王興子）復不能對薦逵博物多識帝乃召見逵問之對曰昔武王終父之業鸑鷟在岐（鸑鷟鳳之別名也周大夫內史過對周惠王曰周之興也鸑鷟鳴于岐山事見國語）宣帝威懷戎狄神雀仍集此胡降之徵也（仍頻也宣帝時神雀再見改爲年號後匈奴降服呼韓入朝也）帝勑蘭臺給筆札使作神雀頌拜爲郎與班固並校祕書應對左右肅宗立降意儒術特好古文尚書左氏傳建初元年詔逵入講北宮白虎觀南宮雲臺帝善逵說使出左氏傳大義長於二傳者逵於是具條奏之曰臣謹擿出左氏三十事尤著明者斯皆君臣之正義父子之紀綱其餘同公羊者什有七八或文簡小異無害大體至如祭仲紀季伍子胥叔術之屬左氏義深於君父公羊多任於權變（左傳宋人執鄭祭仲曰不立突將死祭仲許之遂出昭公而立厲公杜預注云祭仲之如宋非會非聘見誘被拘廢長立少故書名罪之公羊傳曰祭仲者何鄭之相也何以不名賢也何賢乎祭仲以爲知權也其知權柰何宋人執之謂之曰爲我出忽而立突祭仲不從其言則君必死國必亡從其言則君可以生易死國可以存易亡古之有權者祭仲之權是也左傳紀季以酅入于齊紀侯大去其國賈逵以爲紀季不能兄弟同心以存國乃背兄歸讎書以譏之公羊傳曰紀季者何紀侯之弟也何以不名賢也何賢乎服罪也其服罪柰何請後立廟以存姑姊妹左傳楚平王將殺伍奢召子伍尚伍員曰來吾免而父尚謂員曰聞免父之命不可以莫之奔親戚爲戮不可以莫之報父不可棄名不可廢子胥奔吳遂以吳師入郢卒復父讎公羊傳曰父受誅子復讎推刃之道也公羊不許子胥復讎是不深父也左傳曰冬邾黑肱以濫來奔賤而書名重地故也君子曰名之不可不慎也如是以地叛雖賤必書地以名其人終爲不義不可滅已是以君子動則思禮行則思義公羊傳冬黑弓以濫來奔文何以無邾婁通濫也曷爲通濫賢者子孫宜有地也賢者孰謂謂叔術也何賢乎叔術讓國也）其相殊絕固已甚遠而冤抑積久莫肯分明臣以永平中上言左氏與圖讖合者先帝不遺芻蕘省納臣言寫其傳詁藏之秘書建平中（建平哀帝年也）侍中劉歆欲立左氏不先暴論大義而輕移太常恃其義長詆挫諸儒諸儒內懷不服相與排之（排擯卻也劉歆建立左氏哀帝令歆與諸儒講論其義諸博士不肯置對歆乃移書太常以責之故被排擯事見前書）孝哀皇帝重逆衆心故出歆爲河內太守從是攻擊左氏遂爲重讎至光武皇帝奮獨見之明興立左氏穀梁會二家先師不曉圖讖故令中道而廢凡所以存先王之道者要在安上理民也今左氏崇君父卑臣子彊幹弱枝勸善戒惡至明至切至直至順（左傳曰翼戴天子加之以恭又曰君命天也天可讎乎委質策名貳乃辟也父教子貳何以事君又曰棄父之命惡用子矣以有無父之國則可又是崇君父卑臣子也左氏王人雖微序在諸侯之上又

日五大不在邊五細不在庭末大必折尾大不掉是彊幹弱枝也又曰盡而不汙懲惡而勸善非聖人誰能脩之史記曰孔子曰我欲載之空言不如見之行事深切著明也且三代異物損益隨時故先帝博觀異家各有所採易有施孟復立梁丘施讎孟喜梁丘賀也尚書歐陽復有大小夏侯歐陽和伯大夏侯勝小夏侯建也並見前書今三傳之異亦猶是也又五經家皆無以證圖讖明劉氏爲堯後者而左氏獨有明文春秋晉大夫蔡墨曰陶唐氏既衰其後有劉累學擾龍事孔甲范氏其後也范會自秦還晉其處者爲劉氏明漢承堯後也五經家皆言顓項代黃帝而堯不得爲火德史記曰黃帝崩其孫昌意之子立是爲帝顓頊當時五經家同爲此說若以顓項代黃帝以土德王卽顓項當爲金德高辛爲水德堯爲木德漢承堯後自然不得爲火德也左氏以爲少昊代黃帝卽圖讖所謂帝宣也左氏傳曰黃帝氏以雲紀少昊氏以鳥紀是以少昊代黃帝也河圖曰大星如虹下流華渚女節意感生白帝朱宣宋均注曰朱宣少昊氏也如令堯不得爲火則漢不得爲赤其所發明補益實多陛下通天然之明建大聖之本改元正歷垂萬世則改元謂改建初九年爲元和元年正歷謂元和二年始用四分歷也是以麟鳳百數嘉瑞雜遝雜遝言多也章帝時鳳皇見百三十九麒麟五十二白虎一十九黃龍三十四神雀白燕等史官不可勝紀見東觀記猶朝夕恪勤游情六藝研機綜微靡不審覈覈實也若復留意廢學以廣聖見庶幾無所遺失矣廢學謂左氏傳也書奏帝嘉之賜布五百疋衣一襲令逵自選公羊嚴顏諸生高才者二十人教以左氏公羊高作春秋傳號曰公羊春秋嚴彭祖顏安樂俱受公羊春秋故公羊有嚴顏之學見前書與簡紙經傳各一通竹簡紙也及逵母常有疾帝欲加賜以校書例多特以錢二十萬使潁陽侯馬防與之謂防曰賈逵母病此子無人事於外無人事謂不廣交通也屢空則從孤竹之子於首陽山矣屢數也空乏也史記曰伯夷叔齊孤竹君之子也隱於首陽山卒餓死也逵數爲帝言古文尚書與經傳爾雅詁訓相應詔令撰歐陽大小夏侯尚書古文同異逵集爲三卷帝善之復令撰齊魯韓詩與毛氏異同并作周官解故轅固齊人也爲齊詩申公魯人也爲魯詩韓嬰爲韓詩毛萇爲毛詩故謂事之指意也遷逵爲衞士令北宮衞士令一人掌南北宮秩比六百石見續漢志八年乃詔諸儒各選高才生受左氏穀梁春秋古文尚書毛詩由是四經遂行於世皆拜逵所選弟子及門生爲千乘王國郎千乘王伉章帝子也朝夕受業黃門署學者皆欣欣羨慕焉和帝卽位永元三年以逵爲左中郎將八年復爲侍中領騎都尉內備帷幄兼領祕書近署甚見信用逵薦東萊司馬均陳國汝郁帝卽徵之並蒙優禮均字少賓安貧好學隱居教授不應辟命信誠行乎州里鄉人有所計爭輒令祝少賓祝詛也東觀記曰爭曲直者輒言敢祝少賓乎心不直者終不敢祝也不直者終無敢言位至侍中以老病乞身帝賜以大夫祿歸鄉里郁字叔異性仁孝東觀記曰郁年五歲母病不能食郁常抱持啼泣亦不食母憐之彊爲飯宗親共異之因字曰異也及親歿遂隱處山澤後累遷爲魯相以德教化百姓稱之流人歸者八九千戶逵所著經傳義詁及論難百餘萬言又作詩頌誄書連珠酒令凡九篇學者宗之後世稱爲通儒應劭風俗通義曰設先王之制立當時之事綱紀國體原本要化此通儒也然不脩小節當世以此頗譏焉故不至大官永元十三年卒時年七十二朝廷愍惜除兩子爲太子舍人

論曰鄭賈之學行乎數百年中遂爲諸儒宗亦徒有以焉爾言賈鄭雖爲儒宗而不爲帝所重故曰亦徒有以焉爾桓譚以不善讖流亡鄭興以遜辭僅免賈逵能附會文致最差貴顯賈逵附會文致謂引左氏明漢爲堯後也世主以此論學悲矣哉言時主不重經而重讖也

張霸傳　子楷　楷子陵　陵弟玄

張霸字伯饒蜀郡成都人也年數歲而知孝讓雖出入飲食自然合禮鄉人號爲張曾子七歲通春秋復欲進餘經父母曰汝小未能也霸曰我饒爲之故字曰饒焉饒猶益也後就長水校尉樊儵受嚴氏公羊春秋遂博覽五經諸生孫林劉固段著等慕之各市宅其傍以就學焉舉孝廉光祿主事稍遷光祿勳之主事也見漢官儀永元中爲會稽太守表用郡人處士顧奉公孫松等奉後爲潁川太守松爲司隸校尉並有名稱其餘有業行者皆見擢用郡中爭厲志節習經者以千數道路但聞誦聲初霸以樊儵刪嚴氏春秋猶多繁辭乃減定爲二十萬言更名張氏學霸始到越賊未解郡界不寧乃移書開購明用信賞賊遂束手歸附不煩士卒之力童謠曰棄我戟捐我矛盜賊盡吏皆休視事三年謂掾史曰太守起自孤生致位郡守蓋日中則移月滿則虧史記蔡澤之辭也易豐卦曰日中則昃月盈則食也老子有言知足不辱遂上病後徵四遷爲侍中時皇后兄虎賁中郎將鄧騭當朝貴盛聞霸名行欲與爲交霸逡巡不答衆人笑其不識時務後當爲五更會疾卒年七十遺勑諸子曰昔延州使齊子死嬴博因坎路側遂以葬焉嬴博二縣名屬泰山郡禮記曰延陵季子適齊其長子死於嬴博之間因葬焉今蜀道阻遠不宜歸塋可止此葬足藏髮齒而已務遵速朽副我本心人生一世但當畏敬於人若不善加已直爲受之諸子承命葬於河南梁縣因遂家焉將作大匠翟酺等與諸門人追錄本行謚曰憲文中子楷

楷字公超通嚴氏春秋古文尚書門徒常百人賓客慕之自父黨夙儒偕造門焉車馬填街徒從無所止黃門及貴戚之家皆起舍巷次以候過客往來之利楷疾其如此輒徙避之家貧無以爲業常乘驢車至縣賣藥足給食者輒還鄉里司隸舉茂才除長陵令不至官隱居弘農山中學者隨之所居成市後華陰山南遂有公超市五府連辟舉賢良方正不就五府太傅太尉司徒司空大將軍也漢安元年順帝特下詔告河南尹曰故長陵令張楷行慕原憲操擬夷齊原憲魯人字子思孔子弟子清約守節貧而樂道輕貴樂賤竄跡幽藪高志確然獨拔羣俗前此徵命盤桓未至將主者翫習於常優賢不足使其難進歟郡時以禮發遣楷復告疾不到性好道術能作五里霧時關西人裴優亦能爲三里霧自以不如楷從學之楷避不肯見桓帝卽位優遂行霧作賊事覺被考引楷言從學術楷坐繫廷尉詔獄積二年恒諷誦經籍作尚書注後以事無驗見原還家建和三年詔安車備禮聘之辭以篤疾不行年七十終於家子陵

陵字處冲官至尚書元嘉中歲首朝賀大將軍梁冀帶劒入省陵呵叱之令出勑羽林虎賁奪冀劒冀跪謝陵不應卽劾奏冀請廷尉論罪有詔以一歲俸贖而百寮肅然初冀弟不疑爲河南尹舉陵孝廉不疑疾陵之奏冀因謂曰昔舉君適所以自罰也陵對曰明府不以陵不肖誤見擢序今申公憲以報私恩不疑有愧色陵弟玄

玄字處虛沈深有才畧以時亂不仕司空張溫數以禮辟不能致中平二年溫以車騎將軍出征涼州賊邊章等將行玄自田廬被褐帶索要說溫曰天下寇賊雲起豈不以黃門常侍無道故乎聞中貴人公卿以下當出祖道於平樂觀明公總天下威重握六師之要若於中坐酒酣鳴金鼓整行陣召軍正執有罪者誅之引兵還屯都亭以次翦除中官解天下之倒懸報海內之怨毒然後顯用隱逸忠正之士則邊章之徒宛轉股掌之上矣溫聞大震不能對良久謂玄曰處虛非不悅子之言顧吾不能行如何玄乃歎曰事行則爲福不行則爲賊今與公長辭矣卽仰藥欲飲之溫前執其手曰子忠於我我不能用是吾罪也子何爲當然且出口入耳之言誰今知之左傳曰言出於余口入於爾耳玄遂去隱居魯陽山中山在今汝州南及董卓秉政聞之辟以爲掾舉侍御史不就卓臨之以兵不得已彊起至輪氏道病終輪氏縣屬潁川郡故城在今洛州洛陽縣城西南

贊曰中世儒門賈鄭名學衆馳一介爭禮氈幄一介單使也左傳曰君亦不使一介行李告於寡君氈幄謂匈奴也升元守經義偏情駮霸貴知止辭交戚里公超善術所舍成市

後漢書卷六十六考證

鄭興傳一朝建號而山西雄桀爭誅王莽注山西謂陝山已西也○日知錄曰古之所謂山西卽今關中方言自山而東五國之郊郭璞解曰六國惟秦在山西王伯厚地理通釋曰秦漢之間稱山北山南山東山西者皆指太行以其在天下之中故指此山以表地勢正義以爲華山之西非也

范升傳遂與韓歆及太中大夫許淑等○監本舊本俱缺太字　臣會汾按前書百官公卿表大夫掌議論有太中大夫諫大夫武帝太初元年更名中大夫爲光祿大夫秩比二千石劉昭百官志太中大夫千石無員屬光祿勳別無中大夫之名又按北海靖王傳云歲終遣中大夫奉璧朝賀注中大夫王國官也引續漢志曰中大夫比六百石掌奉王使京都亦見東平王蒼傳然則兩漢官制固有不同太初以前王朝有中大夫在東京則爲王府官屬之名矣今范升所與論難未必徧及王國使臣故毛本增太字

正其本萬事理注今易無此文也○　臣會汾按此必易緯之辭凡漢人說經所引緯書若春秋元命苞等則曰春秋說易乾鑿度等則曰易說尚書大傳等則曰尚書說今范升引易緯遂蒙上易曰爲文注家於易本文中求之固無此文耳

賈逵傳帝善逵說使出左氏傳大義長於二傳者○監本出字上有發字　臣會汾按發出並舉古人無此等文今從宋本

并作周官解故注故謂事之指意也○　臣人龍按前書賈誼爲左氏傳訓故又藝文志有魯故二十五卷師古注曰故者通其指義也今流俗毛詩改故訓傳爲詁字失真則此注自應作故字解

鄉人有所計爭輒令祝少賓注祝詛也東觀記曰爭曲直者輒言敢祝少賓乎○日知錄曰注非也言敢于少賓之前發誓乎事之如神明也古人文簡爾

賈逵能附會文致最差貴顯○閻若璩云隋志讖緯篇云賈逵之徒獨非之與此不合蓋隋志不詳考傳中所奏而誤讀張衡疏內侍中賈逵摘讖互異三十餘事諸言讖者皆不能說之文以爲逵首非讖不知逵第摘其互異處並未有所非也

後漢書卷六十七

宋　宣　城　太　守范　曄撰
唐　章　懷　太　子　賢注

桓榮丁鴻列傳第二十七

桓榮傳（子郁　孫焉　曾孫鸞　玄孫典　玄孫彬）

桓榮字春卿沛郡龍亢人也（續漢書曰榮本齊人遷于龍亢至榮六葉東觀記曰榮本齊桓公後也桓公作伯支庶用其諡立族命氏焉）少學長安習歐陽尚書事博士九江朱普（朱普字公文受業於平當為博士徒衆尤盛見前書）貧窶無資（字林曰窶空也）常客傭以自給精力不倦十五年不闚家園至王莽篡位乃歸會朱普卒榮奔喪九江負土成墳因留教授徒衆數百人莽敗天下亂榮抱其經書與弟子逃匿山谷雖常飢困而講論不輟後復客授江淮閒建武十九年年六十餘始辟大司徒府時顯宗始立爲皇太子選求明經乃擢榮弟子豫章何湯爲虎賁中郎將以尚書授太子世祖從容問湯（從音七容反）本師爲誰湯對曰事沛國桓榮帝即召榮令說尚書甚善之（謝承書曰何湯字仲弓豫章南昌人也榮門徒常四百餘人湯爲高弟以才明知名榮年四十無子湯乃去榮妻爲更娶生三子榮甚重之後拜郎中守闕門候上微行夜還湯閉門不納更從中東門入明旦召詣大官賜食諸門候皆奪俸建武十六年夏旱公卿皆暴露請雨洛陽令著車蓋出門湯將衛士鉤令車收案有詔免令官拜湯虎賁中郎將上嘗歎曰糾糾武夫公侯干城何湯之謂也湯以明經當授太子推薦榮榮拜五更封關內侯榮嘗言曰此皆何仲弓之力也）拜爲議郎賜錢十萬入使授太子（○劉攽曰案文入使當作使入）每朝會輒令榮於公卿前敷奏經書帝稱善曰得生幾晚會歐陽博士缺帝欲用榮榮叩頭讓曰臣經術淺薄不如同門生郎中彭閎揚州從事皋弘帝曰俞往汝諧（續漢書閎字作明俞然也然其所舉勑令往言汝能和諧此官謝承書曰皋弘字奉卿吳郡人也家代爲冠族少有英才與桓榮相善子徵至司徒長史也）因拜榮爲博士引閎弘爲議郎車駕幸太學會諸博士論難於前榮被服儒衣溫恭有蘊藉（蘊藉猶言寬博有餘也蘊音於問反）辯明經義每以禮讓相厭不以辭長勝人儒者莫之及（厭服也音一葉反）特加賞賜又詔諸生雅吹擊磬盡日乃罷（吹管奏也雅頌也）後榮入會庭中詔賜奇果受者皆懷之榮獨舉手捧之以拜帝笑指之曰此眞儒生也以是愈見敬厚常令止宿太子宮積五年榮薦門下生九江胡憲侍講乃聽得出旦一入而已榮嘗寢病太子朝夕遣中傳問病賜以珍羞帷帳奴婢謂曰如有不諱無憂家室也（不諱謂死也死者人之常故言不諱也）後病愈復入侍講二十八年大會百官詔問誰可傅太子者羣臣承望上意皆言太子舅執金吾原鹿侯陰識可（言可任也）博士張佚正色曰今陛下立太子爲陰氏乎爲天下乎即爲陰氏則陰侯可爲天下則固宜用天下之賢才帝稱善曰欲置傅者以輔太子也今博士不難正朕況太子乎即拜佚爲太子太傅而以榮爲少傅賜以輜車乘馬榮大會諸生陳其車馬印綬曰今日所蒙稽古之力也可不勉哉榮以太子經學成畢上疏謝曰臣幸得侍帷幄執經連年而智學淺短無以補益萬分今皇太子以聰叡之姿通明經義觀覽古今儲君副主莫能專精博學若此者也斯誠國家福祐天下幸甚臣師道已盡皆在太子謹使掾臣汎再拜歸道（續漢書曰三公東西曹掾四百石餘掾比二百石歸猶謝也）太子報書曰莊以童蒙學道九載而典訓不明無所曉識夫五經廣大聖言幽遠非天下之至精豈能與於此（此上二句周易之繫辭與音預）況以不才敢承誨命昔之先師謝弟子者有矣上則通達經旨分明章句（前書丁寬受學於田何學成何謝寬寬東歸何謂門人曰易東矣是先師謝弟子也）下則去家慕鄉求謝師門（韓詩外傳曰孔子行見皋魚哭孔子曰子非有喪何哭悲也皋魚曰吾少而好學周流諸侯以沒吾親樹欲靜而風不止子欲養而親不待往而不可追者年也去而不見者親也孔子曰弟子識之於是門人辭歸者十有三也）今蒙下列不敢有辭願君慎疾加餐重愛玉體（史記曰伏聞太后玉體不安君子於此德故以言也）三十年拜爲太常榮初遭倉卒與族人桓元卿同飢戹而榮講誦不息元卿嗤榮曰但自苦氣力何時復施用乎榮笑不應及爲太常元卿歎曰我農家子豈意學之爲利乃若是哉（東觀漢記曰榮爲太常元卿來候榮榮諸弟子謂曰平生笑盡氣力今何如元卿曰我安能知此哉）顯宗即位尊以師禮甚見親重拜二子爲郎榮年踰八十自以衰老數上書乞身輒加賞賜乘輿嘗幸太常府令榮坐東面設几杖會百官驃騎將軍東平王蒼以下及榮門生數百人天子親自執業每言輒曰大師在是（東觀記曰時執經生避位發難上謙曰太師在是也）既罷悉以大官供具賜太常家其恩禮若此永平二年三雍初成拜榮爲五更（三雍宮也謂明堂靈臺辟雍前書音義曰皆叶天人雍和之氣爲之故謂三雍五更解見明紀）每大射養老禮畢帝輒引榮及弟子升堂執經自爲下說（下說謂下語而講說之也）乃封榮爲關內侯食邑五千戶（東觀記曰榮以尚書授朕十有餘年詩云日就月將示我顯德行乃封之）榮每疾病帝輒遣使者存問大官太醫相望於道及篤上疏謝恩讓還爵土帝幸其家問起居入街下車擁經而前撫榮垂涕賜以牀茵帷帳刀劍衣被良久乃去自是諸侯將軍大夫問疾者不敢復乘車到門皆拜牀下榮卒帝親自變服臨喪送葬賜冢塋于首山之陽（首陽山在今偃師縣西北也）除兄子二人補四百石都講生八人補二百石其餘門徒多至公卿（華嶠書曰榮弟子丁鴻學最高）子郁嗣（華嶠書曰榮長子雍早卒少子郁嗣）

論曰張佚訐切陰侯以取高位危言犯衆義動明后知其直有餘也若夫一言納賞志士爲之懷恥（秦兵圍趙時魯仲連在趙因說令退兵平原君趙勝乃以千金爲仲連壽仲連笑曰所貴於天下之士者能排患解紛而無取也即有取者是商賈之事也而連不忍爲也遂去終身不復見見史記也）受爵不讓風人所以興歌（詩小雅角弓篇曰受爵不讓至於己斯亡風人猶詩人也）而佚廷議戚援自居全德（佚議云當用天下之賢才而乃自當其任故曰自居全德全德言無玷缺也莊子曰是謂全德也）意者以廉不足乎昔樂羊食子有功見疑西巴放麑以罪作傳（並解見吳漢傳）蓋推仁審僞本乎其情君人者能以此察則眞邪幾於辨矣（幾近也音鉅依反）

郁字仲恩少以父任爲郎敦厚篤學傳父業以尚書教授門徒常數百人榮卒郁當襲爵上書讓於兄子汎顯宗不許不得已受封悉以租入與之帝以郁先師子有禮讓甚見親厚常居中論經書問以政事稍遷侍中（東觀記曰永平十四年爲議郎遷侍中也）帝自製五家要說章句令郁校定於宣明殿（華嶠書曰帝自製五行章句此言五家行之家也宣明殿在德陽殿後東觀記曰上謂郁曰卿經及先師致復文雅其冬上親於辟雍自講所制五行章句已復令郁說一篇上謂郁曰我爲孔子卿爲子夏起予者商也又問郁曰子幾人能傳學郁曰臣子皆未能傳學孤兄子一人學方起上曰努力教之有起者即白之）以侍中監虎賁中郎將（○劉攽曰案漢無監虎賁官蓋是兼字與丁鴻同也）永平十五年入授皇太子經遷越騎校尉詔勑太子諸王各奉賀致禮郁數進忠言多見納錄（東觀記曰皇太子賜郁鞍馬刀劍郁乃上疏皇太子曰伏見太子體性自然包含今古謙謙允恭天下共見郁父子受恩無以明益夙夜慙懼誠思自竭愚以爲太子上當合聖心下當卓絕於衆宜思遠慮以光朝廷）肅宗即位郁以母憂乞身詔聽以侍中行服（華嶠書曰郁上書乞身天子憂之有詔公卿議議者皆以郁身爲名儒學者之宗可許之於是詔郁以侍中行服也）建初二年遷屯騎校尉和帝即位富於春秋侍中竇憲自以外戚之重欲令少主頗涉經學上疏皇太后曰禮記云天下之命懸於天子天子之善成乎所習習與智長則切而不勤化與心成則中道若性昔成王幼小越在襁保周公在前史佚在後太公在左召公在右中立聽朝四聖維之是以慮無遺計舉無過事（自禮記以下至此以上皆大戴禮之文也切而不勤謂習與智長則常自切厲而不須勤勑若性猶自然也襁褓小兒被也保當作褓古字通也史佚成王時史官名佚賢者也維持也遺失也）孝昭皇帝八歲即位大臣輔政亦選名儒韋賢蔡義夏侯勝等入授於前平成聖德（韋賢字長孺魯國鄒人治詩蔡義河內溫人也爲韓詩給事中也夏侯勝魯人也字長公治歐陽尚書並見前書）近建初元年張酺魏應召訓亦講禁中（酺等並自有傳）臣伏惟皇帝陛下躬天然之姿宜漸教學而獨對左右小臣未聞典義昔五更桓榮親爲帝師子郁結髮敦尚繼傳父業故再以校尉入授先帝父子給事禁省更歷四世今白首好禮經行篤備又宗正劉方宗室之表善爲詩經先帝所褒宜令郁方並入教授以崇本朝光示大化由是遷長樂少府復入侍講頃之轉爲侍中奉車都尉永元四年代丁鴻爲太常明年病卒郁經授二帝恩寵甚篤賞賜前後數百千萬顯於當世門人楊震朱寵皆至三公（鄧騭傳曰朱寵字仲威京兆人也篤行好學從桓榮授尚書位至太尉）初榮受朱普學章句四十萬言浮辭繁長多過其實（長音直亮反）及榮入授顯宗減爲二十三萬言郁復刪省定成十二萬言由是有桓君大小太常章句子普嗣傳爵至曾孫郁中子焉能世傳其家學（華嶠書曰郁六子普延焉俊鄷良普嗣侯傳國至曾孫鄷良子孫皆博學有才能）孫鸞曾孫彬並知名

焉字叔元少以父任爲郎明經篤行有名稱永初元年入授安帝三遷爲侍中步兵校尉永寧中順帝立爲皇太子以焉爲太子少傅月餘遷太傅以母憂自乞聽以大夫行喪踰年詔使者賜牛酒奪服即拜光祿大夫遷太常時廢皇太子爲濟陰王焉與太僕來歷廷尉張皓諫不能得事已具來歷傳順帝即位拜太傅與太尉朱寵並錄尚書事復入授經禁中因讌見建言宜引三公尚書入省事（省猶視事）帝從之以焉爲前廷議守正封陽平侯固讓不受視事三年坐辟召禁錮者爲吏免復拜光祿大夫陽嘉二年代來歷爲大鴻臚數日遷爲太常永和五年代王龔爲太尉漢安元年以日食免明年卒於家弟子傳業者數百人黃瓊楊賜最爲顯貴焉孫典（華嶠書曰焉長子衡早卒中子順順子典）

典字公雅復傳其家業（華嶠書曰典十二喪父母事叔母如事親立廉操不取於人門生故吏問遺一無所受也）以尚書教授潁川門徒數百人舉孝廉爲郎無幾會國相王吉以罪被誅（沛相）故人親戚莫敢至者典獨棄官收斂歸葬服喪三年負土成墳爲立祠堂盡禮而去辟司徒袁隗府舉高第拜侍御史是時宦官秉權典執政無所回避（○劉攽曰案典爲御史非執政者政當作正）常乘驄馬京師畏憚爲之語曰行行且止避驄馬御史及黃巾賊起滎陽典奉使督軍賊破還以牾宦官賞不行在御史七年不調（華嶠書作十年）後出爲郎靈帝崩大將軍何進秉政典與同謀議三遷羽林中郎將（華嶠書曰遷平津都尉鉤盾令羽林中郎將也○劉攽曰案平津非郡何得有都尉蓋是平準令誤準爲津因轉令爲都尉也典又爲鉤盾令故知其必是中都官也）獻帝即位三公奏典前與何進謀誅閹官功雖不遂忠義炳著詔拜家一人爲郎賜錢二十萬從西入關拜御史中丞賜爵關內侯車駕都許遷光祿勳建安六年卒官

鸞字始春焉弟子也（東觀記曰鸞父良譙侯相也）少立操行縕袍糟食不求盈餘（東觀記曰鸞貞亮之性著乎幼沖學覽六經莫不貫綜推財孤寡分賄友朋泰於待賢狹於養己常著大布縕袍糲食醬餐也）以世濁州郡多非其人恥不肯仕年四十餘時太守向苗有名迹乃舉鸞孝廉遷爲膠東令始到官而苗卒鸞即去職奔喪終三年然後歸淮汝之閒高其義後爲己吾汲二縣令（東觀記曰除陳留己吾長句月閒遷河內汲令）甚有名迹諸公並薦復徵拜議郎（○劉攽曰案徵則上復之辟則

諸府辟之議郎當云徵而已明多辟字上陳五事舉賢才審授用黜佞倖省苑囿息役賦書奏御牾內豎故不省以病免中平元年年七十七卒于家子曄

曄字文林一名嚴東觀記嚴作礹尤修志介姑爲司空楊賜夫人初鸞卒姑歸寧赴哀將至止於傳舍整飾從者而後入曄心非之及姑勞問終無所言號哭而已賜遣吏奉祠因縣發取祠具曄拒不受後每至京師未嘗舍宿楊氏其貞忮若此忮堅也賓客從者皆祇其志行一餐不受於人仕爲郡功曹後舉孝廉有道方正茂才三公並辟皆不應初平中天下亂避地會稽遂浮海客交阯東觀記曰礹到吳郡揚州刺史劉繇振給穀食衣服所乏者悉不受後東適會稽住止山陰縣故魯相鍾離意舍太守王朗餉給糧食布帛牛羊一無所留臨去之際屋中尺寸之物悉疏付主人纖微不漏移居揚州從事屈豫室中中庭橘樹一株遇實熟乃以竹藩樹四面風吹落兩實以繩繫著樹枝每當危亡之急其志彌固賓客從者皆肅其行也越人化其節至閭里不爲訟爲凶人所誣遂死于合浦獄

彬字彥林爲之兄孫也父麟字元鳳早有才惠華嶠書曰鄭生麟也桓帝初爲議郎入侍講禁中以直道牾左右出爲許令許縣名今許州許昌縣也病免會母終麟不勝喪未祥而卒年四十一所著碑誄讚說書凡二十一篇案摯虞文章志麟文見在者十八篇有碑九首誄七首七說一首沛相郭府君書一首彬少與蔡邕齊名初舉孝廉拜尚書郎時中常侍曹節女壻馮方亦爲郎彬厲志操與左丞劉歆右丞杜希同好交善未嘗與方共酒食之會方深怨之遂章言彬等爲酒黨事下尚書令劉猛猛雅善彬等不舉正其事節大怒劾奏猛以爲阿黨請收下詔獄在朝者爲之寒心猛意氣自若旬日得出免官禁錮彬遂以廢光和元年卒於家年四十六諸儒莫不傷之所著七說及書凡三篇蔡邕等共論序其志僉以爲彬有過人者四夙智早成岐嶷也夙早也岐行貌也嶷然有所識也詩曰克岐克嶷也○劉攽曰案蔡邕本以早成爲一德傳寫之誤反以岐嶷在下當云夙智岐嶷早成也學優文麗至通也仕不苟祿絕高也辭隆從窊潔操也窊下也音烏瓜反乃共樹碑而頌焉劉猛琅邪人桓帝時爲宗正直道不容自免歸家靈帝即位太傅陳蕃大將軍竇武輔政復徵用之

論曰伏氏自東西京相襲爲名儒以取爵位謂伏生已後至伏湛也中興而桓氏尤盛自榮至典世宗其道父子兄弟代作帝師受其業者皆至卿相顯乎當世孔子曰古之學者爲己今之學者爲人論語云也爲人者憑譽以顯物爲己者因心以會道桓榮之累世見宗豈其爲己乎

丁鴻傳

丁鴻字孝公潁川定陵人也父綝字幼春王莽末守潁陽尉世祖略地潁陽潁陽城守不下綝說其宰遂與俱降世祖大喜厚加賞勞以綝爲偏將軍因從征伐綝將兵先渡河移檄郡國攻營略地下河南陳留潁川二十一縣建武元年拜河南太守及封功臣帝令各言所樂諸將皆占豐邑美縣唯綝願封本鄉或謂綝曰人皆欲縣子獨求鄉何也綝曰昔孫叔敖勑其子受封必求墝埆之地孫叔敖楚相也墝埆瘠薄之地叔敖將死戒其子曰王封汝必無居利地也楚越之間有寢丘者甚惡可長有以食也見呂氏春秋也今綝能薄功微得鄉亭厚矣帝從之封定陵新安鄉侯食邑五千戶後徙封陵陽侯鴻年十三從桓榮受歐陽尚書三年而明章句善論難爲都講遂篤志精銳布衣荷擔不遠千里初綝從世祖征伐鴻獨與弟盛居憐盛幼小而共寒苦及綝卒鴻當襲封上書讓國於盛不報既葬乃挂縗絰於冢廬而逃去留書與盛曰鴻貪經書不顧恩義弱而隨師弱少也生不供養死不飯晗皇天先祖並不祐助身被大病不任茅土任堪也前上疾狀願辭爵仲公仲公盛之字也章寢不報迫且當襲封謹自放棄逐求良醫如遂不瘳永歸溝壑鴻初與九江人鮑駿同事桓榮甚相友善及鴻亡封與駿遇於東海陽狂不識駿駿乃止而讓之曰昔伯夷吳札亂世權行故得申其志耳伯夷孤竹君之子讓其弟叔齊餓死於首陽之山吳札吳王壽夢之季子也諸兄欲讓其國季子乃舍其室而耕是皆權時所行非常之道也伯夷當紂時吳札當周之末故言亂世春秋之義不以家事廢王事春秋衞靈公卒孫輒立父蒯聵與輒爭國公羊傳曰輒者曷爲蒯聵之子然則曷爲不立蒯聵而立輒蒯聵無道靈公逐之而立輒然則輒之義可以立乎曰可不以父命辭於王命不以家事辭於王事故駿引以爲言也今子以兄弟私恩而絕父不滅之基可謂智乎鴻感悟垂涕歎息乃還就國開門教授鮑駿亦上書言鴻經學至行顯宗甚賢之續漢書載駿書曰臣聞武王克殷封比干之墓表商容之閭二人無功下車先封之表善顯仁爲國之砥礪也伏見丁鴻經明行修志節清妙由是上賢之也永平十年詔徵鴻至即召見說文侯之命篇周平王東遷洛邑晉文侯佐有輔佐之功平王賜以車馬弓矢而策命之因以名篇事見尚書也賜御衣及綬稟食公車稟給也公車署名公車所在因以名諸待詔者皆居以待命故令給食焉與博士同禮頃之拜侍中十三年兼射聲校尉建初四年徙封魯陽鄉侯東觀記曰魯陽鄉在尋陽部也肅宗詔鴻與廣平王羨及諸儒樓望成封桓郁賈逵等論定五經同異於北宮白虎觀廣平王羨明帝子也東觀記曰與太常樓望少府成封屯騎校尉桓郁衞士令賈逵等集議也白虎門名於門立觀因以名之焉使五官中郎將魏應主承制問難侍中淳于恭奏上帝親稱制臨決鴻以才高論難最明諸儒稱之帝數嗟美焉時人歎曰殿中無雙丁孝公東觀記曰上數嗟其才號之曰殿中無雙丁孝公賜錢二十萬續漢書亦同而此書獨作時人歎也數受賞賜擢徙校書。劉攽曰案漢校書者郎官而已鴻已爲二千石不當以校書爲擢徙也明衍校書二字遂代成封爲少府門下由是益盛遠方至者數千人彭城劉愷北海巴茂九江朱倀皆至公卿元和三年徙封馬亭鄉侯東觀記曰元和二年車駕東巡狩鴻以少府從上奏曰臣聞古之帝王統治天下五載巡狩至于岱宗柴祭于天望秩山川協時月正日同斗斛權衡使人不爭陛下尊履蒸蒸奉承弘業祀五帝於明堂配以光武二祖四宗咸有告祀瞻望太山嘉澤降澍柴祭之日白氣上升與燎煙合黃鵠羣翔所謂神人以和答響之休符也上善焉又曰以廬江郡爲六安國所以徙封爲馬亭侯和帝即位遷太常永元四年代袁安爲司徒是時竇太后臨政憲兄弟各擅威權鴻因日食上封事曰臣聞日者陽精守實不虧君之象也月者陰精盈毀有常臣之表也故日食者臣乘君陰陵陽月滿不虧下驕盈也昔周室衰季皇甫之屬專權於外黨類彊盛侵奪主執則日月薄食周室衰謂幽王時也皇甫即幽王后之黨也詩小雅曰皇甫卿士番維司徒家伯冢宰仲允膳夫其類非一故言之屬也故詩曰十月之交朔日辛卯日有食之亦孔之醜十月之交詩小雅篇名也孔甚也醜惡也周之十月夏之八月也八月朔日月交而日食陰侵陽臣侵君之象也日辰之義日爲君辰爲臣辛金也卯木也又以卯侵金故甚惡也春秋日食三十六弒君三十二變不空生各以類應夫威柄不以放下利器不以假人劉向上書云弒君三十六今據春秋與劉向同而東觀及續漢范氏諸本皆云三十二蓋誤也威柄謂周禮之八柄即爵祿生置予奪廢誅也利器謂國之權執假借也左傳曰唯器與名不可以假人也覽觀往古近察漢興傾危之禍靡不由之是以三桓專魯田氏擅齊六卿分晉諸呂握權統嗣幾移哀平之末廟不血食三桓謂季孫氏叔孫氏仲孫氏三家皆出自魯桓公故言三桓並專權魯國至魯昭公遂爲季氏所逐平子乃攝行君事田氏陳敬仲之後因自陳奔齊改爲田氏遂執齊政至田和乃篡齊六卿謂晉之智氏中行氏范氏韓氏趙氏魏氏並專晉政韓趙魏卒三分晉國也諸呂謂呂產呂祿也產領南軍祿領北軍謀危劉氏故曰統嗣幾移故雖有周公之親而無其德不得行其執也言親賢兼重方可執政孟子曰有伊尹之志則可無伊尹之志則篡也今大將軍雖欲勑身自約不敢僭差然而天下遠近皆惶怖承旨刺史二千石初除謁辭求通待報雖奉符璽受臺勑不敢便去久者至數十日背王室向私門此乃上威損下權盛也人道悖於下效驗見於天雖有隱謀神照其情垂象見戒以告人君間者月滿先節過望不虧易曰天垂象見吉凶故言見戒也月滿先節謂未及望而滿也東觀記亦云作先節俗本作失節字之誤也此臣驕溢背君專功獨行也陛下未深覺悟故天重見戒誠宜畏懼以防其禍詩云敬天之怒不敢戲豫詩大雅也雷電震耀天怒也戲豫猶逸豫也不敢自逸所以敬天也若勑政責躬杜漸防萌則凶妖銷滅害除福湊矣夫壞崖破巖之水源自涓涓干雲蔽日之木起於蔥青禁微則易救末者難人莫不忽於微細以致其大恩不忍誨義不忍割去事之後未然之明鏡也臣愚以爲左官外附之臣前書左官附益阿黨之法設左官者人道尚右舍天子而事諸侯爲左官外附謂背正法而附私家依託權門傾覆諂諛以求容媚者宜行一切之誅間者大將軍再出威振州郡莫不賦斂吏人遣使貢獻大將軍雖不受而物不還主部署之吏無所畏憚縱行非法不伏罪辜故海內貪猾競爲姦吏小民吁嗟怨氣滿腹臣聞天不可以不剛不剛則三光不明三光日月星也天道尚剛周易曰乾健也天道終日乾乾是其剛也王不可以不彊不彊則宰牧從橫宜因大變改政匡失以塞天意書奏十餘日帝以鴻行太尉兼衞尉屯南北宮於是收竇憲大將軍印綬憲及諸弟皆自殺時大郡口五六十萬舉孝廉二人小郡口二十萬幷有蠻夷者亦舉二人帝以爲不均下公卿會議鴻與司空劉方上言凡口率之科宜有階品蠻夷錯雜不得爲數自今郡國率二十萬口歲舉孝廉一人四十萬二人六十萬三人八十萬四人百萬五人百二十萬六人不滿二十萬二歲一人不滿十萬三歲一人帝從之六年鴻薨賜贈有加常禮子湛嗣湛卒子浮嗣浮卒子夏嗣東觀記及續漢書夏字作憂也

論曰孔子曰泰伯三以天下讓民無德而稱焉此上論語載孔子之言也鄭玄注云泰伯周太王之長子次子仲雍次子季歷太王見季歷賢又生文王有聖人表故欲立之而未有命太王疾泰伯因適吳越採藥太王歿而不返季歷爲喪主一讓也季歷赴之不來奔喪二讓也免喪之後遂斷髮文身三讓也三讓之美皆蔽隱不著故人無德而稱焉孟子曰聞伯夷之風者貪夫廉懦夫有立志若乃泰伯以天下而違周伯夷率絜情以去國並未始有其讓也違去也未始猶未嘗也言泰伯伯夷率性清絜超然去國未嘗故有求讓之名故泰伯稱至德伯夷稱賢人後世聞其讓而慕其風徇其名而昧其致所以激詭行生而取與妄矣徇營也言二子非故立讓風以求聲譽故至德稱於前古後代之人直欲營慕其名而昧其深致所以激射詭譎之行生而取與之間多詐妄矣至夫鄧彪劉愷讓其弟以取義使弟受非服而已厚其名於義不亦薄乎彪讓國異母弟荊及鳳愷以國讓弟憲帝皆許焉弟不當襲爵故言非服而彪愷豈獨受美名而陷弟於不義也君子立言非苟顯其理將以啓天下之方悟者立行非獨善其身將以訓天下之方動者言行之所開塞可無慎哉原丁鴻之心主於忠愛乎何其終悟而從義也異夫數子類乎狥名者焉

贊曰五更待問應若鳴鐘禮記曰夙夜強學以待問又曰善待問者如撞鐘叩之以小者則小鳴叩之以大者則大鳴待其從容而後盡其聲不善答問者反此也庭列輜駕堂修禮容穆穆帝則擁經以從從就也丁鴻翼翼讓而不飾高論白虎深言日食春秋經書日有食之杜預注云日食者月掩日聖人不言月掩日而以日食爲文闕於所不見也

後漢書卷六十七考證

丁鴻傳徙封魯陽鄉侯注東觀記曰魯陽鄉在尋陽部也○臣會汾按傳言鄉侯明非南陽郡之魯陽邑故注引東觀記以証之尋陽屬廬江郡而昧者或改此注部字爲郡字兩漢何嘗有尋陽郡耶

徙封馬亭鄉侯注以盧江郡爲六安國○監本脫江字今照宋本增

後漢書卷六十八

宋　宣　城　太　守　范　曄　撰

唐　章　懷　太　子　賢　注

張法滕馮度楊列傳第二十八

張宗傳

張宗字諸君南陽魯陽人也王莽時爲縣陽泉鄉佐續漢書曰鄉佐主佐鄉收賦稅會莽敗義兵起宗乃率陽泉民三四百人起兵略地西至長安更始以宗爲偏將軍宗見更始政亂因將家屬客安邑及大司徒鄧禹西征定河東宗詣禹自歸禹聞宗數多權謀乃表爲偏將軍禹軍到栒邑赤眉大衆且至禹以栒邑不足守欲引師進就堅城而衆人多畏賊追憚爲後拒禹乃書諸將名於竹筩署其前後亂著筩中令各探之筩以竹爲之鄭玄注禮記云圓曰簞方曰筩宗獨不肯探曰死生有命張宗豈辭難就逸乎禹歎息謂曰將軍有親弱在營奈何不顧宗曰愚聞一卒畢力百人不當萬夫致死可以橫行宗今擁兵數千以承大威何遽其必敗乎遂留爲後拒諸營既引兵宗方勒厲軍士堅壘壁以死當之禹到前縣議曰以張將軍之衆當百萬之師猶以小雪投沸湯雖欲戮力其勢不全也乃遣步騎二千人反還迎宗宗引兵始發而赤眉卒至宗與戰卻之乃得歸營於是諸將服其勇及還到長安宗夜將銳士入城襲赤眉中矛貫胛胛背上兩膊間又轉攻諸營保爲流矢所激皆幾至於死及鄧禹徵還光武以宗爲京輔都尉秦每郡有尉一人典兵禁景帝更名都尉武帝元鼎四年置京輔都尉各一人二千石見前書也○劉攽曰按武帝置三輔都尉此注下文又有各字明脫左右輔三字將突騎與征西大將軍馮異共擊關中諸營保破之遷河南都尉建武六年都尉官省拜太中大夫八年潁川桑中盜賊羣起宗將兵擊定之後青冀盜賊屯聚山澤宗以謁者督諸郡兵討平之十六年琅邪北海盜賊復起宗督二郡兵討之乃設方略明購賞皆悉破散於是沛楚東海臨淮羣賊懼其威武相捕斬者數千人青徐震慄後還琅邪相其政好嚴猛敢殺伐永平二年卒於官

法雄傳

法雄字文彊扶風郿人也齊襄王法章之後秦滅齊子孫不敢稱田姓故以法爲氏法章齊湣王子也法章子建立爲秦所滅見史記宣帝時徙三輔世爲二千石雄初仕郡功曹續漢志曰郡皆置諸曹掾史功曹史主選功勞也辟太傅張禹府舉雄高第除平氏長平氏縣屬南陽郡故城今唐州平氏縣也善政事好發擿姦伏盜賊稀發吏人畏愛之南陽太守鮑得上其理狀遷宛陵令永初三年海賊張伯路等三千餘人冠赤幘服絳衣自稱將軍寇濱海九郡殺二千石令長初遣侍御史龐雄督州郡兵擊之伯路等乞降尋復屯聚明年伯路復與平原劉文河等三百餘人稱使者攻厭次城殺長吏厭次今棣州縣是也轉入高唐高唐今博州縣燒官寺出繫囚渠帥皆稱將軍共朝謁伯路伯路冠五梁冠佩印綬漢官儀曰諸侯冠進賢三梁卿大夫尚書二千石冠兩梁千石以下至小吏冠一梁無五梁制者也黨衆浸盛乃遣御史中丞王宗持節發幽冀諸郡兵合數萬人乃徵雄爲青州刺史與王宗并力討之連戰破賊斬首溺死者數百人餘皆奔走收器械財物甚衆會赦詔到賊猶以軍甲未解不敢歸降於是王宗召刺史太守共議皆以爲當遂擊之雄曰不然兵凶器戰危事史記范蠡之辭勇不可恃勝不可必賊若乘船浮海深入遠島攻之未易也及有赦令可且罷兵以慰誘其心執必解散然後圖之可不戰而定也宗善其言卽罷兵賊聞大喜乃還所略人而東萊郡兵獨未解甲賊復驚恐遁走遼東止海島上五年春乏食復抄東萊間雄率郡兵擊破之賊逃還遼東遼東人李久等共斬平之於是州界清靜雄每行部錄囚徒察顏色多得情僞長吏不奉法者皆解印綬去在州四年遷南郡太守斷獄省少戶口益增郡濱帶江沔水經曰沔水出武都沮縣東狼谷中至江夏沙羨縣北南入于江羨音夷又有雲夢藪澤雲夢澤今在安州永初中多虎狼之暴前太守賞募張捕反爲所害者甚衆雄乃移書屬縣曰凡虎狼之在山林猶人之居城市古者至化之世猛獸不擾禮記曰大道之行四靈以爲畜龍以爲畜故魚鮪不淰鳳以爲畜故鳥不獝麟以爲畜故獸不狘是不擾之也皆由恩信寬澤仁及飛走太守雖不德敢忘斯義記到其毀壞檻穽不得妄捕山林檻謂捕獸之機也穽謂穿地陷獸也是後虎害稍息人以獲安在郡數歲歲常豐稔稔熟也初平中卒官子眞在逸人傳

滕撫傳

滕撫字叔輔北海劇人也初仕州郡稍遷爲涿令有文武才用太守以其能委任郡職兼領六縣續漢志涿郡領七縣除涿以外有遒故安范陽良鄉北新城方城六縣使撫兼領之風政修明流愛于人在事七年道不拾遺順帝末揚徐盜賊羣起磐牙連歲磐牙謂相連結建康元年九江范容周生等相聚反亂屯據歷陽歷陽今和州縣爲江淮巨患遣御史中丞馮緄將兵督揚州刺史尹燿九江太守鄧顯討之燿顯軍敗爲賊所殺又陰陵人徐鳳馬勉等復寇郡縣殺略吏人鳳衣絳衣帶黑綬稱無上將軍勉皮冠黃衣帶玉印稱皇帝築營於當塗山中當塗縣之山也在今宣州乃建年號置百官遣別帥黃虎攻沒合肥合肥故城在今廬州北也明年廣陵賊張嬰等復聚衆數千人反據廣陵朝廷博求將帥三公舉撫有文武才拜爲九江都尉與中郎將趙序助馮緄合州郡兵數萬人共討之又廣開賞募錢邑各有差梁太后慮羣賊屯結諸將不能制又議遣太尉李固未及行會撫等進擊大破之斬馬勉范容周生等千五百級徐鳳遂將餘衆攻燒東城縣東城縣故城在今豪州定遠縣東南下邳人謝安應募率其宗親設伏擊鳳斬之封安爲平鄉侯邑三千戶拜撫中郎將督揚徐二州事撫復進擊張嬰斬獲千餘人趙序坐畏懦不進詐增首級徵還棄市又歷陽賊華孟自稱黑帝攻九江殺郡守撫乘勝進擊破之斬孟等三千八百級虜獲七百餘人牛馬財物不可勝筭於是東南悉平振旅而還以撫爲左馮翊除一子爲郎撫所得賞賜盡分於麾下性方直不交權埶宦官懷忿及論功當封太尉胡廣時錄尚書事承旨奏黜撫天下怨之卒於家

馮緄傳

馮緄字鴻卿巴郡宕渠人也宕渠縣故城在今渠州東北緄音古本反少學春秋司馬兵法謝承書曰緄學公羊春秋史記曰司馬穰苴者田完之苗裔也當景公時善用兵至齊威王時使大夫追論古者司馬兵法而附穰苴其中號曰司馬穰苴也父煥安帝時爲幽州刺史疾忌姦惡數致其罪時玄菟太守姚光亦失人和建光元年怨者乃詐作璽書譴責煥光賜以歐刀又下遼東都尉龐奮使速行刑奮卽斬光收煥煥欲自殺緄疑詔文有異止煥曰大人在州志欲去惡實無他故必是凶人妄詐規肆姦毒願以事自上甘罪無晚煥從其言上書自訟果詐者所爲徵奮抵罪會煥病死獄中帝愍之賜煥光錢各十萬以子爲郎中緄由是知名家富好施賑赴窮急爲州里所歸愛初舉孝廉七遷爲廣漢屬國都尉徵拜御史中丞順帝末以緄持節督揚州諸郡軍事與中郎將滕撫擊破羣賊遷隴西太守後鮮卑寇邊以緄爲遼東太守曉譬降集虜皆弭散弭止也徵拜京兆尹轉司隸校尉所在立威刑遷廷尉太常時長沙蠻寇益陽屯聚積久至延熹五年衆轉盛而零陵蠻賊復反應之合二萬餘人攻燒城郭殺傷長吏又武陵蠻夷悉反寇掠江陵間荆州刺史劉度南郡太守李肅並奔走荆南皆沒於是拜緄爲車騎將軍將兵十餘萬討之詔策緄曰蠻夷猾夏久不討攝猾亂也夏華夏也攝持也書曰蠻夷猾夏各焚都城蹈藉官人州郡將吏死職之臣相逐奔竄曾不反顧可愧言也將軍素有威猛是以擢授六師六師猶六軍也詩云整我六師以修我戎也前代陳湯馮傳之徒以寡擊衆陳湯字子公山陽瑕丘人也元帝時爲西域副校尉矯發西域諸國兵四萬人誅斬郅支單于傳首長安懸於蘗街馮奉世字子明上黨潞人也宣帝時以衛候持節送大宛諸國客到伊修城時莎車王萬年殺漢使者子明乃以節告諸國王發兵五千人擊莎車殺其王傳首詣長安傳介子北地人昭帝時爲平樂監時樓蘭國數反覆霍光白遣介子與士卒齎金幣以賜外國爲名至樓蘭樓蘭王與介子飲乃令壯士二人刺殺之將首詣闕郅支夜郞樓蘭之戎頭懸都街夜郞西南夷之國也成帝時夜郞王興數不從命牂柯太守陳立行縣至夜郞召興興從邑君數十人見立立數責因斷興頭案夜郞王首不傳京師殺之者陳立又非陳湯馮傳此蓋泛論誅戮戎夷耳衞霍北征功列金石是皆將軍所究覽也衞青霍去病俱出擊匈奴青至窴顏山斬首九千級去病斬首七萬餘級次封狼居胥山迺還也今非將軍誰與修復前迹進赴之宜權時之策將軍一之出郊之事不復內御一猶專也言出郊以外不復由內制御也淮南子曰凡命將主親授鉞曰從此上至天將軍制之將答曰國不可從外理軍不可從中御也已命有司祖于國門祖道祭也鄭玄注禮記云天子九門路門也應門也雉門也庫門也皋門也國門也近郊門也遠郊門也關門也詩不云乎進厥虎臣闞如虓虎敷敦淮濆仍執醜虜將軍其勉之詩大雅也當周宣王時徐方淮夷反叛宣王乃進其虎猛之臣謂方叔召虎之類也虓虎怒聲也水涯曰濆敷布也醜衆也仍因也言布兵敦逼淮水之涯因執得衆虜引詩戒緄令其勉也時天下饑饉帑藏虛盡每出征伐常減公卿奉祿假王侯租賦前後所遣將帥宦官輒陷以折耗軍資往往抵罪緄性烈直不行賄賂懼爲所中乃上疏曰埶得容姦伯夷可疑苟曰無猜盜跖可信莊子曰孔子與柳下季爲友弟名曰盜跖從卒九千人橫行侵暴諸侯驅人馬牛取人婦女貪得忘親萬人苦之故樂羊陳功文侯示以謗書樂羊魏將軍也史記曰魏文侯令樂羊將而攻中山三年而拔之樂羊反而論功文侯示之謗書一篋樂羊再拜曰此非臣之功也願請中常侍一人監軍財費尚書朱穆奏緄以財自嫌失大臣之節有詔勿劾緄軍至長沙賊聞悉詣營道乞降營道今道州縣也進擊武陵蠻夷斬首四千餘級受降十萬餘人荆州平定詔書賜錢一億固讓不受振旅還京師推功於從事中郎應奉薦以爲司隸校尉而上書乞骸骨朝廷不許監軍使者張敞承宦官旨奏緄將傳婢二人戎服自隨又輒於江陵刻石紀功請下吏案理尚書令黃儁奏議以爲罪無正法不合致糾會長沙賊復起攻桂陽武陵緄以軍還盜賊復發策免頃之拜將作大匠轉河南尹上言舊典中官子弟不得爲牧人職帝不納復爲廷尉時山陽太守單遷以罪繫獄緄考致其死遷故車騎將軍單超之弟

中官相黨遂共誹章誣緄坐與司隸校尉李膺大司農劉祐俱輸左校應奉上疏理緄等得免後拜屯騎校尉復爲廷尉卒於官緄弟允淸白有孝行能理尚書善推步之術推步謂究日月五星之度昬旦節氣之差拜降虜校尉終於家謝承書曰緄子鸞舉孝廉除郎中

度尚傳

度尚字博平山陽湖陸人也家貧不修學行不爲鄉里所推舉續漢書曰尚少喪父事母至孝通京氏易古文尚書爲吏淸潔有文武才略與此不同積困窮乃爲宦者同郡侯覽視田得爲郡上計吏拜郎中除上虞長上虞縣故城在今越州餘姚縣西爲政嚴峻明於發擿姦非吏人謂之神明謝承書曰尚進善愛人坐以待旦擢門下書佐朱儁恒歎述之以爲有不凡之操儁後官至車騎將軍遠近奇尚有知人之鑒遷文安令文安縣故城在今瀛州文安縣東北遇時疾疫穀貴人飢尚開倉廩給營救疾者百姓蒙其濟時冀州刺史朱穆行部見尚甚奇之延熹五年長沙零陵賊合七八千人自稱將軍入桂陽蒼梧南海交阯交阯刺史及蒼梧太守望風逃奔二郡皆没遣御史中丞盛修募兵討之不能尅豫章艾縣人六百餘人應募而不得賞直怨恚遂反焚燒長沙郡縣寇益陽益陽縣名在益水之陽故城在今潭州益陽縣東殺縣令衆漸盛又遣謁者馬睦督荆州刺史劉度擊之軍敗睦度奔走桓帝詔公卿舉任代劉度者尚書朱穆舉尚自右校令擢爲荆州刺史尚躬率部曲與同勞逸廣募雜種諸蠻夷明設購賞進擊大破之降者數萬人桂陽宿賊渠帥卜陽潘鴻等畏尚威烈徙入山谷尚窮追數百里遂入南海破其三屯多獲珍寶而陽鴻等黨衆猶盛尚欲擊之而士卒驕富莫有鬬志尚計緩之則不戰逼之必逃亡乃宣言卜陽潘鴻作賊十年習於攻守今兵寡少未易可進當須諸郡所發悉至爾乃并力功之申令軍中恣聽射獵兵士喜悅大小皆相與從命尚乃密使所親客潛焚其營珍積皆盡獵者來還莫不涕泣尚人人慰勞深自咎責因曰卜陽等財寶足富數世諸卿但不并力耳所亡少少何足介意衆聞咸憤踊尚勑令秣馬蓐食明旦徑赴賊屯陽鴻等自以深固不復設備吏士乘鋭遂大破平之尚出兵三年羣寇悉定七年封右鄉侯遷桂陽太守明年徵還京師時荆州兵朱蓋等征戍役久財賞不贍忿恚復作亂與桂陽賊胡蘭等三千餘人復攻桂陽焚燒郡縣太守任胤棄城走賊衆遂至數萬轉攻零陵太守陳球固守拒之於是以尚爲中郎將將幽冀黎陽烏桓步騎二萬六千人救球又與長沙太守抗徐等發諸郡兵并埶討擊大破之斬蘭等首三千五百級餘賊走蒼梧詔賜尚錢百萬餘人各有差時抗徐與尚俱爲名將數有功徐字伯徐丹陽人鄉邦稱其膽智初試守宣城長悉移深林遠藪椎髻鳥語之人置於縣下宣城縣故城在今宣州南陵縣東椎髻也音直追反鳥語謂語聲似鳥也書曰鳥夷卉服由是境內無復盜賊後爲中郎將宗資別部司馬擊太山賊公孫舉等破平之斬首三千餘級封烏程東鄉侯五百戶烏程今湖州縣遷太山都尉寇盜望風奔亡及在長沙宿賊皆平卒於官桓帝下詔追增封徐五百戶并前千戶復以尚爲荆州刺史尚見胡蘭餘黨南走蒼梧懼爲已負乃僞上言蒼梧賊入荆州界於是徵交阯刺史張磐下廷尉辭狀未正會赦見原磐不肯出獄方更牢持械節獄吏謂磐曰天恩曠然而君不出何也磐因自列曰前長沙賊胡蘭作難荆州餘黨散入交阯磐身擐甲冑涉危履險討擊凶患斬殄渠帥餘燼鳥竄冒遁還奔荆州刺史度尚懼磐先言怖畏罪戾戾亦罪也伏奏見誣磐備位方伯爲國爪牙爪牙以猛鷙爲喻言爲國之捍衛也詩曰祈父予王之爪牙也而爲尚所枉受罪牢獄大事有虛實劉攽曰案文大當作夫法有是非磐實不辜赦無所除如忍以苟免永受侵辱之耻生爲惡吏死爲敝鬼乞傳尚詣廷尉面對曲直足明眞僞尚不徵者磐埋骨牢檻終不虛出望塵受枉廷尉以其狀上詔書徵尚到廷尉辭窮受罪以先有功得原磐字子石丹陽人以淸白稱終於廬江太守尚後爲遼東太守數月鮮卑率兵攻尚與戰破之戎狄憚畏年五十延熹九年卒於官

楊璇傳

楊璇字機平會稽烏傷人也高祖父茂本河東人從光武征伐爲威寇將軍封烏傷新陽鄉侯建武中就國傳封三世有罪國除因而家焉父扶交阯刺史有理能名兄喬爲尚書容儀偉麗數上言政事桓帝愛其才貌詔妻以公主喬固辭不聽遂閉口不食七日而死璇初舉孝廉稍遷靈帝時爲零陵太守是時蒼梧桂陽猾賊相聚攻郡縣賊衆多而璇力弱吏人憂恐璇乃特制馬車數十乘以排囊盛石灰於車上排囊卽今囊袋也排音蒲拜反繫布索於馬尾又爲兵車專彀弓弩剋共會戰劉攽曰案已言會戰何用共字蓋本是期字誤作其遂轉作共也乃令馬車居前順風鼓灰賊不得視因以火燒布布然馬驚奔突賊陣因使後車弓弩亂發鉦鼓鳴震羣盜波駭破散追逐傷斬無數梟其渠帥郡境以清梟懸也荆州刺史趙凱誣奏璇實非身破賊而妄有其功璇與相章奏凱有黨助遂檻車徵璇防禁嚴密無由自訟乃噬臂出血書衣爲章具陳破賊形埶又言凱所誣狀潛令親屬詣闕通之詔書原璇拜議郎凱反受誣人之罪璇三遷爲渤海太守所在有異政以事免後尚書令張溫特表薦之徵拜尚書僕射以病乞骸骨卒於家

論曰安順以後風威稍薄寇攘寖橫緣隙而生剽人盜邑者不闋時月闋息也假署皇王者蓋以十數或託驗神道或矯妄冕服然其雄渠魁長未有聞焉猶至壘盈四郊奔命首尾壘軍壁也禮記曰四郊多壘卿大夫之辱奔命謂有命卽奔赴之左傳曰余必使爾罷於奔命也若夫數將者並宣力勤慮以勞定功宣布也尚書曰宣力四方禮記曰以勞定國則祀之而景風之賞未甄膚受之言互及景風至則行賞解見和紀甄明也膚受謂得皮膚之言而受之不深知其情核者也孔子曰膚受之愬不行焉可謂明矣以此而推政道難乎以免論語孔子曰不有祝鮀之佞而有宋朝之美難乎免於今之世矣

贊曰張宗禪禹敢殿後拒殿音丁見反江淮海岱虔劉寇阻虔劉皆殺也其誰淸之雄尚緄撫璇能用譎亦云振旅

後漢書卷六十八考證

法雄傳初平中卒官○臣人龍按自安帝永初三年己酉至獻帝初平元年庚午凡八十餘年前稱三年徵爲青州刺史此云初平當是元初之誤

勝撫傳磐牙連歲○牙字是互字之誤

築營於當塗山中注當塗縣之山也在今宣州○刋誤補遺曰按有兩當塗縣一在九江郡一在宣州宣之當塗晉成帝始置東都固未之有

度尚傳冠益陽注益陽縣名在益水之陽○臣會汾按在益水之陽此前書音義中語也監本在字下加今字無義理去之

初試守宣城長悉移深林遠藪椎髻鳥語之人置于縣下注宣城縣故城在今宣州南陵縣東○諸本同臣會汾按宣城屬丹陽郡其地自春秋以後久隷中土雖有山谿而非阻絶安得有深林遠藪椎髻鳥語之人此傳宣字當作安安城爲長沙屬邑與辰沅相近苗獠雜處盜賊時作故抗徐制之使不得逞也且詳上下文義前序荆州攻桂陽零陵而度尚與長沙太守抗徐擊破之此追序抗徐爲安城長已能約束羣盜繼又擊破公孫舉等後乃接云及在長沙宿賊皆平以見前爲邑宰後爲郡守皆在長沙累著成積也章懷見上文有鄉邦稱其膽智語遂以試守邑長亦係丹陽且舉鳥夷卉服以實鳥語不知禹貢冀州之鳥夷與丹陽郡絶不相涉

史臣論景風之賞未甄注景風至則行賞○風字監本譌昌臣會汾按易通卦驗春秋攷異郵並有此語漢唐人經疏中常引之今改正

後漢書卷六十九

宋　宣　城　太　守　范　曄　撰

唐　章　懷　太　子　賢　注

劉趙淳于江劉周趙列傳第二十九

孔子曰夫孝莫大於嚴父嚴父莫大於配天則周公其人也配天謂宗祀文王於明堂以配上帝子路曰傷哉貧也生無以養死無以葬子曰啜菽飲水孝也事見禮記啜音昌悅反廣雅云啜食也夫鐘鼓非樂云之本而器不可去論語孔子曰樂云樂云鐘鼓云乎哉言樂之所貴者移風易俗也非謂鐘鼓而已然而不可去鐘鼓去音丘呂反三牲非致孝之主而養不可廢孝經曰雖日用三牲之養猶爲不孝言孝子者以和顏悅色爲難也非謂三牲而已然不可闕甘旨存器而亡本樂之遁也遁失也言盛飾鐘鼓之器而忘移風之本是失樂之意也調器以和聲樂之成也崇養以傷行孝之累也不義而崇養更爲親憂是孝之累也修已以致禄養之大也故言能大養則周公之祀致四海之祭言以義養則仲由之菽甘於東鄰之牲易曰東鄰殺牛不如西鄰之禴祭也夫患水菽之薄干禄以求養者是以恥禄親也干求也謂不以道求禄故可恥也存誠以盡行孝積而禄厚者此能以義養也中興盧江毛義少節家貧以孝行稱南陽人張奉慕其名往候之坐定而府檄適至以義守令檄召書也東觀記曰義爲安陽尉府檄到當守令也義奉檄而入喜動顏色奉者志尚士也心賤之自恨來固辭而去及義母死去官行服數辟公府爲縣令進退必以禮後舉賢良公車徵遂不至張奉歎曰賢者固不可測往日之喜乃爲親屈也斯蓋所謂家貧親老不擇官而仕者也韓詩外傳曾子曰任重道遠不擇地而息家貧親老不擇官而仕建初中章帝下詔褒寵義賜穀千斛常以八月長吏問起居加賜羊酒壽終于家安帝時汝南薛包孟嘗好學篤行喪母以至孝聞及父娶後妻而憎包分出之包日夜號泣不能去至被敺杖不得已廬於舍外旦入而灑掃父怒又逐之乃廬於里門昏晨不廢積歲餘父母慙而還之後行六年服喪過乎哀旣而弟子求分財異居包不能止乃中分其財奴婢引其

老者曰與我共事久若不能使也田廬取其荒頓者頓猶廢也曰吾少時所理意所戀也器物取朽敗者曰我素所服食身口所安也弟子數破其產輒復賑給建光中公車特徵至拜侍中包性恬虛稱疾不起以死自乞有詔賜告歸加禮如毛義告請假也漢制吏病滿三月當免天子優賜其告使得帶印綬將官屬歸家養病謂之賜告也年八十餘以壽終若二子者推至誠以爲行行信於心而感於人以成名受祿致禮斯可謂能以孝養也若夫江革劉般數公者之義行猶斯志也撰其行事著于篇自此已上並華嶠之詞也

劉平傳　王望　王扶附

劉平字公子楚郡彭城人也本名曠顯宗後改爲平王莽時爲郡吏守菑丘長菑丘縣屬彭城國政教大行其後每屬縣有劇賊輒令平守之所至皆理由是一郡稱其能更始時天下亂平弟仲爲賊所殺其後賊復忽然而至平扶侍其母奔走逃難仲遺腹女始一歲平抱仲女而棄其子母欲還取之平不聽曰力不能兩活仲不可以絕類遂去不顧與母俱匿野澤中平朝出求食逢餓賊將烹○劉攽曰案文少一之字平叩頭曰今旦爲老母求菜老母待曠爲命願得先歸食食音飼下同母畢還就死因涕泣賊見其至誠哀而遣之平還既食母訖因白曰屬與賊期義不可欺遂還詣賊衆皆大驚相謂曰嘗聞烈士乃今見之子去矣吾不忍食子於是得全建武初平狄將軍龐萌反於彭城攻敗郡守孫萌平時復爲郡吏冒白刃伏萌身上被十創困頓不知所爲號泣請曰願以身代府君賊乃斂兵止曰此義士也勿殺遂解去萌傷甚氣絕有頃蘇渴求飲平傾其創血以飲之後數日萌竟死平乃裹創扶送萌喪至其本縣後舉孝廉拜濟陰郡丞太守劉育甚重之任以郡職上書薦平會平遭父喪去官服闋拜全椒長全椒縣屬九江郡也政有恩惠百姓懷感人或增貲就賦或減年從役刺史太守行部獄無繫囚人自以得所不知所問所或作何唯班詔書而去後以病免顯宗初尚書僕射鍾離意上書薦平及琅邪王望東萊王扶曰臣竊見琅邪王望楚國劉曠東萊王扶皆年七十執性恬淡所居之處邑里化之修身行義應在朝次臣誠不足知人竊慕推士進賢之義書奏有詔徵平等特賜辦裝錢至皆拜議郎並數引見平再遷侍中永平三年拜宗正數薦達名士承宮郇恁等恁字君大見黃憲傳恁音人甚反在位八年以老病上疏乞骸骨卒於家

王望字慈卿客授會稽自議郎遷青州刺史甚有威名是時州郡災旱百姓窮荒望行部道見飢者裸行草食五百餘人愍然哀之因以便宜出所在布粟給其廩糧○劉攽曰案廩倉廩也稟給穀也明此當作稟爲作褐衣許慎注淮南子曰楚人謂袍爲短褐事畢上言帝以望不先表請章示百官詳議其罪時公卿皆以爲望之事命法有常條鍾離意獨曰昔華元子反楚宋之良臣不禀君命擅平二國春秋之義以爲美談春秋楚子圍宋宋人及楚人平公羊傳曰外平不書此何以書大其平乎己也何大乎其平乎己莊王圍宋有七日之糧爾盡此不勝將去而歸爾於是使司馬子反乘堙而闚宋城宋華元亦乘堙而出見之子反曰子之國何如華元曰憊矣曰何如曰易子而食之析骸而炊之子反曰諾吾軍有七日之糧爾盡此不勝將去而歸爾揖而去之反於莊王莊王怒曰吾使子往視之子曷爲告之子反曰以區區之宋猶有不欺人之臣可以楚而無乎是以告之王曰諾引師而去之故君子大其平乎己也○劉攽曰春秋之義以爲美談案文當作義之春秋之義它處可用此據上下文則不安也今望懷義忘罪當仁不讓若繩之以法忽其本情將乖聖朝愛育之旨帝嘉意議赦而不罪

王扶字子元掖人也掖今萊州縣少修節行客居琅邪不其縣所止聚落化其德小於鄉曰聚廣雅曰落居也國相張宗謁請不應欲强致之遂杖策歸鄉里連請固病不起○劉攽曰案文當作固以病不起太傅鄧禹辟不至後拜議郎會見恂恂恂恂恭順之貌然性沈正不可干以非義當世高之永平中臨邑侯劉復復光武兄伯升之孫北海王興之子也著漢德頌盛稱扶爲名臣云

趙孝傳

趙孝字長平沛國蘄人也蘄音機父普王莽時爲田禾將軍王莽時置田禾將軍屯田北邊任孝爲郎每告歸常白衣步擔嘗從長安還欲止郵亭亭長先時聞孝當過以有長者客掃洒待之素聞孝高名故以爲長者客也洒與灑通音所買反孝既至不自名不稱名也長不肯內因問曰聞田禾將軍子當從長安來何時至乎孝曰尋到矣於是遂去華嶠書曰孝報云三日至矣及天下亂人相食孝弟禮爲餓賊所得孝聞之即自縛詣賊曰禮久餓羸瘦不如孝肥飽賊大驚並放之謂曰可且歸更持米糒來孝求不能得復往報賊願就烹衆異之遂不害鄉黨服其義州郡辟召進退必以禮舉孝廉不應永平中辟太尉府顯宗素聞其行詔拜諫議大夫遷侍中又遷長樂衛尉復徵弟禮爲御史中丞禮亦恭謙行己類於孝帝嘉其兄弟篤行欲寵異之詔禮十日一就衛尉府大官送供具令共相對盡歡數年禮卒帝令孝從官屬送喪歸葬後歲餘復以衛尉賜告歸卒于家孝無子拜禮兩子爲郎時汝南有王琳巨尉者年十餘歲喪父母因遭大亂百姓奔逃唯琳兄弟獨守冢廬號泣不絕弟季出遇赤眉將爲所哺哺食之也哺音補胡反琳自縛請先季死賊矜而放遣由是顯名鄉邑後辟司徒府薦士而退琅邪魏譚少閒者時亦爲饑寇所獲等輩數十人皆束縛以次當烹賊見譚似謹厚獨令主爨暮輒執縛賊有夷長公夷姓也特哀念譚密解其縛語曰汝曹皆應就食急從此去對曰譚爲諸君爨恒得遺餘餘人皆茹草萊不如食我長公義之相曉赦遣並得俱免譚永平中爲主家令公主家令又齊國兒萌子明兒音五兮反梁郡車成子威二人兄弟並見執於赤眉將食之萌成叩頭乞以身代賊亦哀而兩釋焉

淳于恭傳

淳于恭字孟孫北海淳于人也淳于縣故城在今密州安丘縣東北故淳于國也善說老子清靜不慕榮名家有山田果樹人或侵盜輒助爲收採又見偸刈禾者恭念其愧因伏草中盜去乃起里落化之王莽末歲饑兵起恭兄崇將爲盜所烹恭請代得與俱免後崇卒恭養孤幼教誨學問有不如法輒反用杖自箠以感悟之兒慙而改過初遭賊寇百姓莫事農桑恭常獨力田耕鄉人止之曰時方淆亂死生未分何空自苦爲恭曰縱我不得它人何傷墾耨不輟後州郡連召不應遂幽居養志潛於山澤舉動周旋必由禮度建武中郡舉孝廉司空辟皆不應客隱琅邪黔陬山黔陬縣之山也黔陬故城在今密州諸城縣東北也遂數十年建初元年肅宗下詔美恭素行告郡賜帛二十匹遣詣公車除爲議郎引見極日訪以政事遷侍中騎都尉禮待甚優其所薦名賢無不徵用進對陳政皆本道德帝與之言未嘗不稱善五年病篤使者數存問卒於官詔書褒歎賜穀千斛刻石表閭除子孝爲太子舍人

江革傳

江革字次翁齊國臨淄人也少失父獨與母居遭天下亂盜賊並起革負母逃難備經阻險常採拾以爲養數遇賊或劫欲將去革輒涕泣求哀言有老母辭氣愿款愿謹也款誠也有足感動人者賊以是不忍犯之或乃指避兵之方華嶠書曰語以避兵道也遂得俱全於難革轉客下邳窮貧裸跣行傭以供母便身之物莫不必給建武末年與母歸鄉里每至歲時縣當案比案驗以比之猶今貌閱也革以母老不欲搖動自在轅中輓車不用牛馬由是鄉里稱之曰江巨孝巨大也華嶠書曰臨淄令楊音高之設特席顯異巨孝於稠人廣衆中親奉錢以助供養也太守嘗備禮召革以母老不應及母終至性殆滅嘗寢伏冢廬服竟不忍除郡守遣丞掾釋服因請以爲吏永平初舉孝廉爲郎補楚太僕月餘自劾去楚王英馳遣官屬追之遂不肯還復使中傳贈送辭不受後數應三公命輒去建初初太尉牟融舉賢良方正再遷司空長史肅宗甚崇禮之遷五官中郎將每朝會帝常使虎賁扶侍及進拜恒目禮焉獨視之也時有疾不會輒太官送醪膳恩寵有殊於是京師貴戚衛尉馬廖侍中竇憲慕其行各奉書致禮革無所報受華嶠書曰終不報書一無所受帝聞而益善之後上書乞骸骨轉拜諫議大夫賜告歸因謝病稱篤元和中天子思革至行制詔齊相曰諫議大夫江革前以病歸今起居何如夫孝百行之冠衆善之始也國家每惟志士未嘗不及革縣以見穀千斛賜巨孝常以八月長吏存問致羊酒以終厥身華嶠書曰致羊一頭酒二斛如有不幸祠以中牢由是巨孝之稱行於天下及卒詔復賜穀千斛

劉般傳　子愷

劉般字伯興宣帝之玄孫也宣帝封子囂於楚是爲孝王孝王生思王衍衍生王紆紆生般自囂至般積累仁義世有名節而紆尤慈篤早失母同產弟原鄉侯平尚幼紆親自鞠養常與共臥起飲食及成人未嘗離左右平病卒紆哭泣歐血數月亦歿初紆襲王封因值王莽篡位廢爲庶人因家於彭城般數歲而孤獨與母居王莽敗天下亂太夫人聞更始即位太夫人般之母也前書音義曰列侯之妻稱夫人列侯死子復爲列侯母稱太夫人乃將般俱奔長安會更始敗復與般轉側兵革中西行上隴遂流至武威般雖尚少而篤志修行講誦不怠其母及諸舅以爲身寄絕域死生未必必或作分也不宜苦精若此數以曉般般猶不改其業建武八年隗囂敗河西始通般即將家屬東至洛陽修經學於師門明年光武下詔封般爲菑丘侯奉孝王祀使就國後以國屬楚王徙封杼秋侯杼秋縣屬梁國杼音是與反十九年行幸沛詔問郡中諸侯行能太守薦言般束修至行束修謂謹束修潔也帝聞而嘉之乃賜般綬錢百萬繒二百匹二十年復與車駕會沛因從還洛陽賜穀什物留爲侍祠侯永平元年以國屬沛徙封居巢侯居巢縣屬廬江郡也復隨諸侯就國數年揚州刺史觀恂薦般在國口無擇言行無怨惡宜蒙旌顯顯宗嘉之十年徵般行執金吾事從至南陽還爲朝侯明年兼屯騎校尉時五校官顯職閑而府寺寬敞輿服光麗伎巧畢給故多以宗室肺腑居之肺腑天子之親屬也每行幸郡國般常將長水胡騎從帝曾欲置常平倉宣帝時大司農耿壽昌請令邊郡皆築倉以穀賤時增其價而糴以利農穀貴時減價而糶之名曰常平倉公卿議者多以爲便般對以常平倉外有利民之名而內實侵刻百姓豪右因緣爲姦小民不能得其平置之不便帝乃止先是時下令禁民二業謂農者不得商賈也又以郡國牛疫通使區種增耕氾勝之書曰上農區田法

(區方深各六寸間相去七寸一畝三千七百區丁男女種十畝至秋收區三升粟畝得百斛中農區田法方七寸深六寸間相去二尺一畝千二十七區丁男女種十畝秋收粟畝得五十一石下農區田法方九寸深六寸間相去三尺秋收畝得二十八石旱即以水沃之)而吏下檢結多失其實百姓患之般上言郡國以官禁二業至有田者不得漁捕今濵江湖郡率少蠶桑民資漁採以助口實且以冬春閑月不妨農事夫漁獵之利爲田除害有助穀食無關二業也又郡國以牛疫水旱墾田多減故詔勑區種增進頃畝以爲民也而吏舉度田欲令多前(多於前歲)至於不種之處亦通爲租可申勑刺史二千石務令實覈其有增加皆使與奪田同罪帝悉從之(華嶠書曰奪作脫也)肅宗即位以爲長樂少府建初二年遷宗正般妻卒厚加賵贈及賜冢塋地於顯節陵下般在位數言政事其收恤九族行義尤著時人稱之年六十建初三年卒子憲嗣位卒子重嗣憲兄愷

愷字伯豫以當襲般爵讓與弟憲遁逃避封久之章和中有司奏請絕愷國肅宗美其義特優假之(假猶寬也)愷猶不出積十餘歲至永元十年有司復奏之侍中賈逵因上書曰孔子稱能以禮讓爲國於從政乎何有竊見居巢侯劉般嗣子愷素行孝友謙遜絜清讓封弟憲潛身遠迹有司不原樂善之心而繩以循常之法(原本也繩彈也)懼非長克讓之風成舍弘之化前世扶陽侯韋玄成(玄成字少翁韋賢嗣子讓國於兄弘宣帝高其節以爲河南太守元帝時爲御史大夫又爲丞相見前書也)近有陵陽侯丁鴻鄳侯鄧彪(鴻讓國於弟盛和帝時爲司徒彪讓國於弟荊鳳明帝時爲太尉鄳音盲)並以高行絜身辭爵未聞貶削而皆登三事今愷景化前修有伯夷之節(景猶慕也詩云景行行止前修前賢也楚辭曰謇吾法夫前修)宜蒙矜宥全其先功以增聖朝尚德之美和帝納之下詔曰故居巢侯劉般嗣子愷當襲般爵而稱父遺意致國弟憲遁亡七年所守彌篤蓋王法崇善成人之美其聽憲嗣爵遭事之宜後不得以爲比乃徵愷拜爲郎稍遷侍中愷之入朝在位者莫不仰其風行遷步兵校尉十三年遷宗正免復拜侍中遷長水校尉永初元年代周章爲太常愷性篤古貴處士每有徵舉必先巖穴論議引正辭氣高雅永初六年代張敏爲司空元初二年代夏勤爲司徒舊制公卿二千石刺史不得行三年喪由是內外衆職並廢喪禮元初中鄧太后詔長吏以下不爲親行服者不得典城選舉時有上言牧守宜同此制詔下公卿議者以爲不便愷獨議曰詔書所以爲制服之科者蓋崇化厲俗以弘孝道也今刺史一州之表二千石千里之師(前書杜欽曰以二千石守千里之地任兵馬之重不宜去郡也)職在辯章百姓宜美風俗(尚書曰九族既睦辯章百姓鄭玄注云辯別也章明也)尤宜尊重典禮以身先之而議者不尋其端至於牧守則云不宜是猶濁其源而望流清曲其形而欲景直不可得也(前書曰今淫僻之化流而欲黎庶敦樸猶濁其源而求流清也)太后從之時征西校尉任尚以姦利被徵抵罪尚曾副大將軍鄧騭騭黨護之而太尉馬英司空李郃承望騭旨不復先請即獨解尚臧錮愷不肯與議後尚書案其事二府並受譴咎(二府即馬英李郃)朝廷以此稱之視事五歲永寧元年稱病上書致仕有詔優許焉加賜錢三十萬以千石祿歸養河南尹常以歲八月致羊酒時安帝始親政事朝廷多稱愷之德帝乃遣問起居厚加賞賜會馬英策罷尚書陳忠上疏薦愷曰臣聞三公上則台階下象山岳(前書音義曰泰階者天之三階也上階爲天子中階爲諸侯公卿大夫下階爲士庶人春秋漢含孳曰三公象五嶽)股肱元首鼎足居職(易曰鼎折足覆公餗鼎足三公之象)協和陰陽調訓五品(五品五常之教也三公燮理陰陽敬敷五教也)考功量才以序庶僚遭烈風不迷遇迅雨不惑位莫重焉(尚書納舜於大麓烈風雷雨不迷史記曰堯使舜入山林川澤暴風雷雨舜行不迷堯以爲聖也)而今上司缺職未識其人臣竊差次諸卿考合衆議咸稱太常朱倀少府荀遷臣父寵前忝司空倀遷並爲掾屬具知其能倀能說經書而用心褊狹遷嚴毅剛直而薄於藝文伏見前司徒劉愷沈重淵懿道德博備克讓爵土致祚弱弟躬浮雲之志兼浩然之氣(孔子曰不義而富且貴於我如浮雲孟子曰我善養浩然之氣而無害則塞乎天地之間也言愷有仲尼孟軻之德也)頻歷二司舉動得禮(二司謂爲司徒司空)以疾致仕側身里巷處約思純進退有度百僚景式(景慕以爲法式)海內歸懷往者孔光師丹近世鄧彪張酺皆去宰相復序上司(孔光成帝時丞相哀帝時免後以日食徵詣公車復爲丞相師丹哀帝時代王莽爲大司馬後爲大司空鄧彪明帝時爲太尉章帝元和元年賜策罷和帝即位以彪爲太傅錄尚書事張酺和帝永元五年爲太尉後策免十五年復爲司徒)誠宜簡練卓異以厭衆望書奏詔引愷拜太尉安帝初清河相叔孫光坐臧抵罪遂增錮二世釁及其子(二代謂父子俱禁錮)是時居延都尉范邠復犯臧罪詔下三公廷尉議司徒楊震司空陳褒廷尉張皓議依光比(比類也以邠類叔孫光亦錮及子也比音庇)愷獨以爲春秋之義善善及子孫惡惡止其身所以進人於善也(公羊傳曰曹公孫會自鄸出奔宋畔也曷爲不言畔爲公子喜時之後諱也春秋爲賢者諱何賢乎公子喜時讓國也君子之善善也長惡惡也短惡惡止其身善善及子孫賢者子孫故君子爲之諱也)尚書曰上刑挾輕下刑挾重(今尚書呂刑篇曰上刑適輕下服下刑適重上服謂二罪俱發原其本情有虧減故言適輕適重此言挾輕挾重意亦不殊但與今尚書不同耳)如令使臧吏禁錮子孫以輕從重懼及善人(左傳曰刑濫則懼及善人○劉攽曰如令使臧吏案文多一如字)非先王詳刑之意也(尚書周穆王曰有邦有土告爾詳刑鄭玄注云詳審察之也)有詔太尉議是視事三年以疾乞骸骨久乃許之下河南尹禮秩如前歲餘卒于家詔使者護喪事賜東園祕器錢五十萬布千匹少子茂字叔盛亦好禮讓歷位出納(出納爲喉舌之官也出謂受上言宣於下納謂聽下言傳於上)桓帝時爲司空會司隸校尉李膺等抵罪而南陽太守成瑨太原太守劉瓆下獄當死茂與太尉陳蕃司徒劉矩共上書訟之帝不悅有司承旨劾奏三公茂遂坐免建寧中復爲太中大夫卒於官

周磐傳（蔡順附）

周磐字堅伯汝南安成人徵士燮之宗也(燮自有傳)祖父業建武初爲天水太守磐少游京師學古文尚書洪範五行左氏傳好禮有行非典謨不言諸儒宗之居貧養母儉薄不充嘗誦詩至汝墳之卒章慨然而歎(韓詩曰汝墳辭家也其卒章曰魴魚赬尾王室如燬雖則如燬父母孔邇薛君章句曰赬赤也燬烈火也孔甚也邇近也言魴魚勞則尾赤君子勞苦則顏色變以王室政教如烈火矣猶觸冒而仕者以父母甚迫近飢寒之憂爲此祿仕)乃解韋帶就孝廉之舉(以韋皮爲帶未仕之服也求仕則服革帶故解之賈山上書曰布衣韋帶之士也)和帝初拜謁者除任城長遷陽夏重合令(陽夏屬淮南郡重合屬勃海郡)頻歷三城皆有惠政後思母棄官還鄉里及母歿哀至幾於毀滅服終遂廬于冢側教授門徒常千人公府三辟皆以有道特徵磐語友人曰昔方回支父嗇神養和不以榮利滑其生術(嗇愛惜也滑亂也列仙傳曰方回堯時隱人也堯聘之練食雲母隱於五柞山至夏啓末爲人所劫閉之室中從求道回化而去高士傳曰堯舜各以天下讓支父支父曰予適有幽憂之病方且療之未暇理天下也莊子作支伯)吾親以沒矣從物何爲遂不應(物猶事也)建光元年年七十三歲朝會集諸生講論終日(歲朝歲日)因令其二子曰吾日者夢見先師東里先生與我講於陰堂之奧(東南隅謂之奧陰堂幽暗之室又入其奧死之象也)既而長歎豈吾齒之盡乎若命終之日桐棺足以周身外椁足以周棺斂形懸封濯衣幅巾(斂形謂衣覆其形懸封謂直下棺不爲埏道也濯衣浣衣也不更新製幅巾不加冠也封音窆)編二尺四寸簡寫堯典一篇并刀筆各一以置棺前示不忘聖道其月望日無病忽終學者以爲知命焉磐同郡蔡順字君仲亦以至孝稱(汝南先賢傳曰蔡順事母至孝井桔槔朽在母生年上而順憂不敢理之俄而有扶老藤生繞之遂堅固焉)順少孤養母嘗出求薪有客卒至(卒音千訥反)母望順不還乃噬其指(噬嚙也)順即心動棄薪馳歸跪問其故母曰有急客來吾噬指以悟汝耳母年九十以壽終未及得葬里中災火將逼其舍順抱伏棺柩號哭叫天火遂越燒它室順獨得免太守韓崇召爲東閤祭酒母平生畏雷自亡後每有雷震順輒圜冢泣曰順在此崇聞之每雷輒爲差車馬到墓所太守鮑衆舉孝廉順不能遠離墳墓遂不就年八十終于家

趙咨傳

趙咨字文楚東郡燕人也(燕故城今滑州胙城縣也古南燕之國也)父暢爲博士咨少孤有孝行州郡召舉孝廉並不就延熹元年大司農陳豨舉咨至孝有道仍遷博士靈帝初太傅陳蕃大將軍竇武爲宦者所誅咨乃謝病去太尉楊賜特辟使飾巾出入請與講議(以幅巾爲首飾不加冠冕)舉高第累遷敦煌太守以病免還躬率子孫耕農爲養盜嘗夜往劫之咨恐母驚懼乃先至門迎盜因請爲設食謝曰老母八十疾病須養居貧朝夕無儲乞少置衣糧妻子物餘一無所請盜皆慙歎跪而辭曰所犯無狀干暴賢者言畢奔出咨追以物與之不及由此益知名徵拜議郎辭疾不到詔書切讓州郡以禮發遣前後再三不得已應召復拜東海相之官道經滎陽令敦煌曹暠咨之故孝廉也(咨爲敦煌太守時薦暠爲孝廉)迎路謁候咨不爲留暠送至亭次望塵不及謂主簿曰趙君名重今過界不見必爲天下笑即棄印綬追至東海謁咨畢辭歸家其爲時人所貴若此咨在官清簡計日受奉豪黨畏其儉節視事三年以疾自乞徵拜議郎抗疾京師(○劉攽曰案抗無義當是被字)將終告其故吏朱祗蕭建等使薄斂素棺藉以黃壤(棺中置土以藉其屍也)欲令速朽早歸后土不聽子孫改之乃遺書勑子胤曰夫含氣之倫有生必終蓋天地之常期自然之至數是以通人達士鑒茲性命以存亡爲晦明死生爲朝夕故其生也不爲娛亡也不爲戚夫亡者元氣去體貞魂游散反素復始歸於無端(元氣天之氣也貞正也復旋也端際也太素太始天地之初也言人既死正魂游散反於太素旋於太始無復端際者也)既已消仆還合糞土土爲棄物豈有性情而欲制其厚薄調其燥溼邪但以生者之情不忍見形之毀乃有掩骼埋窆之制易曰古之葬者衣以薪藏之中野後世聖人易之以棺椁(易繫辭之文也)棺椁之造自黃帝始(劉向曰棺椁之作自黃帝始案禮記曰殷人棺椁蓋至殷而加飾)爰自陶唐逮于虞夏猶尚簡樸或瓦或木及至殷人而有加焉(禮記有虞氏之瓦棺夏后氏之堲周殷人棺椁古史考曰禹作土堲以周棺堲音即七反)周室因之制兼二代復重以牆翣之飾(禮記曰周人牆置翣盧植曰牆載棺車箱也三禮圖曰翣以竹爲之高二尺四寸廣三尺衣以白布柄長五尺葬時令人執之於柩車傍也)表以旌銘之儀(禮記曰銘明旌也以死者爲不可別故以其旗識之○劉攽曰表以旌銘之儀案旌銘合作銘旌)招復含斂之禮(招復謂招魂復魄也含以玉珠貝口也斂以衣服斂屍也禮記曰凡復男子稱名婦人稱字穀梁傳曰貝玉曰含禮記曰小斂於戶內大斂於阼也)殯葬宅兆之期(期謂諸侯五日而殯五月而葬大夫三日而殯三月而葬士二日而殯二月而葬宅兆葬之塋域也)棺椁周重之制(禮記曰天子之棺四重鄭玄注云諸公三重諸侯再重大夫一重士不重又曰君松椁大夫柏椁士雜木椁注云天子七重諸公四重諸侯三重大夫再重士一重也)衣衾稱襲之數(凡小斂諸侯大夫士皆用複衾君錦衾大夫縞衾士緇衾又曰天子襲十二稱諸公九稱諸侯七稱大夫五稱士三稱小斂尊卑同十九稱大斂天子百稱上公九十稱侯伯七十稱大夫五十稱士三十稱衣單複具曰稱)其事煩而害實品物碎而難備然而秩爵異級貴賤殊等自成康已下其典稍乖至於戰國漸至穨陵(戰國當春秋時)

也續陵謂隳廢陵遲法度衰毀上下僭雜終使晉侯請隧隧謂掘地爲埏道王之葬禮也諸侯則懸柩故請之也左傳晉文公朝于襄王請隧不許秦伯殉葬左傳秦伯任好卒任好秦繆公名也以子車氏奄息仲行鍼虎殉葬國人哀之爲賦黃鳥之詩也陳大夫設參門之木宋司馬造石椁之奢宋司馬桓魋也自爲石椁三年不成孔子曰若是其靡也死不如速朽之愈也見禮記爰暨暴秦違道廢德滅三代之制興淫邪之法國貲糜於三泉人力單於酈墓玩好窮於糞土伎巧費於窀穸窀厚也穸夜也厚夜猶長夜也秦始皇初即位營葬驪山役徒七十餘萬人下錮三泉宮觀百官奇器珍怪莫不畢備令匠作弩矢有所穿近矢輒射之以水銀爲百川江河大海上具天文以人魚爲膏燭事見史記○劉攽曰注人魚爲膏燭案文膏當在爲字上自生民以來厚終之敝未有若此者雖有仲尼重明周禮謂周公制禮之後仲尼自衞反魯又定之也墨子勉以古道猶不能禦也禦止也言猶不能止其奢侈墨子曰古者聖人制爲葬埋之法棺三寸足以朽體衣衾三領足以覆惡堯葬卭之山滿坎無窆舜葬紀市禹葬會稽皆下不及泉上無遺臭三王者豈財用不足哉是以華夏之士爭相陵尚違禮之本事禮之末務禮之華棄禮之實單家竭財以相營赴廢事生而營終亡替所養而爲厚葬替廢也豈云聖人制禮之意乎記曰喪雖有禮哀爲主矣又曰喪與其易也寧戚今則不然并棺合椁以爲孝愷豐貲重襚以昭惻隱穀梁傳曰衣衾曰襚音遂吾所不取也昔舜葬蒼梧二妃不從二妃娥皇女英也禮記曰舜葬於蒼梧蓋二妃未之從也豈有匹配之會守常之所乎聖主明王其猶若斯況於品庶禮所不及古人時同即會謂呂望爲太師死葬於周其子封於齊比五代皆反葬於周此時同則會也時乖則別謂舜葬於蒼梧二妃不從動靜應禮臨事合宜王孫裸葬王孫者楊王孫也臨終令其子曰吾死可爲布囊盛尸入地七尺既下從足脫其囊以身親土遂裸葬見前書墨夷露骸墨夷謂爲墨子之學者名夷之欲見孟子孟子曰吾聞墨之治喪以薄爲其道也蓋上世嘗有不葬其親者其親死則舉而委之於壑見孟子皆達於性理貴於速變梁伯鸞父沒卷席而葬身亡不反其尸梁伯鸞父護寓於北地而卒卷席而葬鴻後出關適吳及卒葬於吳要離冢傍彼數子豈薄至親之恩亡忠孝之道邪況我鄙闇不德不敏薄意內昭志有所慕薄微也上同古人下不爲咎果必行之勿生疑異恐爾等目厭所見耳諱所議必欲改殯以乖吾志故遠采古聖近揆行事以悟爾心但欲制坎令容棺椁棺歸即葬歸到東郡也平地無墳勿卜時日葬無設奠勿留墓側無起封樹於戲小子其勉之哉吾蔑復有言矣朱秖蕭建送喪到家謝承書曰咨在京師病困故吏蕭建經營之咨素自買小素棺使人取乾黃土細擣篩之聚二十石臨卒謂建曰亡後自著所有故巾單衣先置土於棺內尸其中以擣其上○劉攽曰朱秖案一傳中祇秖不同當從一子胤不忍父體與土并合欲更改殯祇建譬以顧命譬曉也於是奉行時稱咨明達

贊曰公子長平臨寇讓生淳于仁悌巨孝以名居巢好讀遂承家祿伯豫逡巡方迹孤竹文楚薄終喪朽惟速周能感親嵩神養福感思也謂誦詩至汝墳思養親而求仕也嵩神養福謂不應辟召以壽終也左傳曰能者養之以福

後漢書卷六十九考證

劉平傳楚郡彭城人也○諸本同　臣會汾按彭城屬楚國至後漢章帝改楚國爲彭城國則兩漢並無楚郡之名疑此二字後人妄增也

承宮郇恁○郇字一本作荀

趙孝傳並得俱免○俱字疑衍

江革傳莫不必給○諸本同必當作畢

劉般傳皆使與奪田同罪注華嶠書曰奪作脫也○諸本同　臣會汾按日字衍當去脫應改敓

劉般子愷繩以循常之法注繩政也○諸本同　臣會汾按政當作正

景化前修有伯夷之節○　臣人龍按景化宋本作景仰何焯云景仰之誤始此景伯經師也豈范氏妄竄耶

假能說其經書而用心褊狹○　臣會汾按其字衍當去

後漢書卷七十上

宋　宣　城　太　守　范　曄　撰

唐　章　懷　太　子　賢注

班彪列傳第三十上 自東都主人以下分爲下卷

班彪傳 子固

班彪字叔皮扶風安陵人也祖況成帝時爲越騎校尉父稚哀帝時爲廣平太守廣平郡今洺州永平縣也隋室諱廣改焉彪性沈重好古年二十餘更始敗三輔大亂時隗囂擁衆天水彪乃避難從之囂問彪曰往者周亡戰國並爭天下分裂數世然後定意者從橫之事復起於今乎將承運迭興在於一人也願生試論之對曰周之廢興與漢殊異昔周爵五等諸侯從政本根既微枝葉彊大故其末流有從橫之事埶數然也漢承秦制改立郡縣主有專已之威臣無百年之柄至於成帝假借外家外家謂王鳳王商等並輔政領尚書事也哀平短祚國嗣三絶哀帝在位六年平帝在位五年故曰短祚成哀平俱無子是三絶也故王氏擅朝因竊位號危自上起傷不及下成帝威權借於外家是危自上起也德無害於百姓是傷不及下也是以即眞之後天下莫不引領而歎十餘年間中外搔擾遠近俱發假號雲合咸稱劉氏不謀同辭謂王郎盧芳等並詐稱劉氏也方今雄桀帶州域者皆無七國世業之資而百姓謳吟思仰漢德已可知矣囂曰生言周漢之埶可也至於但見愚人習識劉氏姓號之故而謂漢家復興疏矣昔秦失其鹿劉季逐而羈之時人復知漢乎太公六韜曰取天下如逐鹿鹿得天下共分其肉也彪既疾囂言又傷時方艱乃著王命論以爲漢德承堯有靈命之符王者興祚非詐力所致欲以感之而囂終不寤遂避地河西河西大將軍竇融以爲從事深敬待之接以師友之道彪乃爲融畫策事漢總河西以拒隗囂及融徵還京師光武問曰所上章奏誰與參之融對曰皆從事班彪所爲帝雅聞彪材因召入見舉司隸茂才拜徐令以病免司隸舉爲茂才也徐縣屬臨淮郡後數應三公之命輒去

彪既才高而好述作遂專心史籍之間武帝時司馬遷著史記自太初以後闕而不錄太初武帝年號後好事者頗或綴集時事然多鄙俗不足以踵繼其書好事者謂楊雄劉歆陽城衡褚少孫史孝山之徒也彪乃繼採前史遺事傍貫異聞作後傳數十篇因斟酌前史而譏正得失其略論曰唐虞三代詩書所及世有史官以司典籍禮記曰動則左史書之言則右史書之見於史籍者夏太史終古殷太史向摯周太史儋也見呂氏春秋暨於諸侯國自有史左傳魯季孫召外史掌惡臣衞史華龍滑曰我太史也楚有左史倚相故孟子曰楚之檮杌晉之乘魯之春秋其事一也乘者興於田賦乘馬之事檮杌者嚚凶之類興於記惡之誡春秋以二始舉四時以記萬事遂各因以爲名其記事一也見趙岐孟子注定哀之間魯定公哀公也魯君子左丘明論集其文作左氏傳三十篇又撰異同號曰國語二十一篇由是乘檮杌之事遂闇不行於時爲闇也其書今亡而左氏國語獨章又有記錄黃帝以來至春秋時帝王公侯卿大夫號曰世本一十五篇春秋之後七國並爭秦并諸侯則有戰國策三十三篇漢興定天下太中大夫陸賈記錄時功作楚漢春秋九篇孝武之世太史令司馬遷採左氏國語刪世本戰國策據楚漢列國時事上自黃帝下訖獲麟武帝泰始二年登隴首獲白麟遷作史記絕筆於此年也作本紀世家列傳書表凡百三十篇而十篇缺焉十篇謂遷歿之後亡景紀武紀禮書樂書兵書將相年表日者傳三王世家龜策傳傅靳列傳遷之所記從漢元至武以絕則其功也至於採經摭傳分散百家之事甚多疏略不如其本務欲以多聞廣載爲功論議淺而不篤其論術學則崇黃老而薄五經黃帝老子道家也五經儒家也遷序傳曰道家使人精神專一動合無形贍足萬物此謂崇黃老也又曰儒者博而寡要勞而少功此爲薄五經也序貨殖則輕仁義而羞貧窮史記貨殖傳序曰家貧親老妻子軟弱歲時無以祭祀飲食被服不足以自適如此不慙恥則無所比矣無巖處奇士之行而長貧賤語仁義亦足羞也道游俠則賤守節而貴俗功史記游俠傳序曰季次原憲行君子之德義不苟合當世當世亦笑之終身空室蓬戶褐衣疏食不饜今游俠其行雖不軌於正義然其言必信其行必果已諾必誠不愛其軀赴士之厄蓋有足道者今拘學或抱咫尺之義久孤於世豈若卑論儕俗與世沈浮而取榮名哉此其大敝傷道所以遇極刑之咎也極刑謂遷被腐刑也遷與任安書曰最下腐刑極矣然善述序事理辯而不華質而不俚文質相稱蓋良史之才也誠令遷依五經之法言同聖人之是非意亦庶幾矣易曰顏氏之子其殆庶幾乎夫百家之書猶可法也若左氏國語世本戰國策楚漢春秋太史公書今之所以知古後之所由觀前聖人之耳目也司馬遷序帝王則曰本紀公侯傳國則曰世家卿士特起則曰列傳又進項羽陳涉而黜淮南衡山謂遷著項羽本紀又陳涉起於隴畝數月被殺無子孫相繼著爲世家淮南衡山漢室之王當世家而編之列傳言進退之失也細意委曲條例不經若遷之著作採獲古今貫穿經傳至廣博也一人之精文重思煩故其書刊落不盡尚有盈辭多不齊一刊削也謂削落繁蕪仍有不盡若序司馬相如舉郡縣著其字至蕭曹陳平之屬及董仲舒並時之人不記其字或縣而不郡者蓋不暇也史記衞青者平陽人也張釋之堵陽人並不顯郡之類也今此後篇愼覈其事整齊其文不爲世家唯紀傳而已傳曰殺史見極平易正直春秋之義也彪復辟司徒王況府王音書時東宮初建諸王國並開建武二十三年王況爲司徒十九年建明帝爲太子十七年封諸王而官屬未備師保多闕彪上言曰孔子稱性相近習相遠也見論語賈誼以爲習與善人居不能無爲善猶生長於齊不能無齊言也習與惡人居不能無惡猶生長於楚不能無楚言也賈誼上疏之辭是以聖人審所與居而戒愼所習昔成王之爲孺子出則周公召公太公史佚入則太顛閎夭南宮括散宜生左右前後禮無違者左傳曰自郊勞至於贈賄禮無違者故成王一日即位天下曠然太平是以春秋愛子教以義方不納於邪驕奢淫佚所自邪也左傳衞大夫石碏諫衞莊公之辭也詩云詒厥孫謀以宴翼子言武王之謀遺子孫也詩大雅也詒遺也宴安也翼敬也言文王遺其孫以善謀武王以安敬之道遺其子子謂成王也漢興太宗使鼂錯導太子以法術文帝時鼂錯爲博士上言曰人主所以顯功揚名者以知術數也今皇太子所讀書多矣而未知術數願陛下擇聖人之術以賜太子上善之拜錯爲太子家令賈誼教梁王以詩書賈誼爲梁王太傅梁王文帝之少子名揖愛而好書故令誼傅之及至中宗亦令劉向王襃蕭望之周堪之徒以文章儒學保訓東宮以下中宗宣帝也時元帝爲太子宣帝使王襃劉向張子僑等之太子宮娛侍太子朝夕誦讀蕭望之爲太傅周堪爲少傅並見前書莫不崇簡其人就成德器今皇太子諸王雖結髮學問脩習禮樂而傅相未値賢才官屬多闕舊典宜博選名儒有威重明通政事者以爲太子太傅東宮及諸王國備置官屬又舊制太子食湯沐十縣設周衞交戟五日一朝因坐東箱省視膳食其非朝日使僕中允旦旦請問而已明不媟黷廣其敬也漢官儀曰皇太子五日一至臺因坐東箱省視膳食以法制勑太官尚食宰吏其非朝日使僕中允旦旦請問明不媟黷所以廣敬也太子僕一人秩千石中允一人四百石主門衞徼巡書奏帝納之後察司徒廉爲望都長吏民愛之察舉也司徒薦爲廉建武三十年

年五十二卒官所著賦論書記奏事合九篇二子固超超別有傳

論曰班彪以通儒上才傾側危亂之間行不踰方論語孔子曰可謂仁之方鄭玄注云方猶道也言不失正仕不急進貞不違人敷文華以緯國典守賤薄而無悶容彼將以世運未弘非所謂賤焉恥乎何其守道恬淡之篤也孔子曰邦有道貧且賤焉恥也言彪當中興之初時運未泰故不以貧賤爲恥何守道清靜之固也恬淡猶清靜也篤固也

固字孟堅年九歲能屬文誦詩賦及長遂博貫載籍九流百家之言無不窮究九流謂道儒墨名法陰陽農雜縱橫所學無常師不爲章句舉大義而已性寬和容衆不以才能高人諸儒以此慕之謝承書曰固年十三王充見之拊其背謂彪曰此兒必記漢事永平初東平王蒼以至戚爲驃騎將軍輔政開東閣延英雄時固始弱冠奏記說蒼曰奏進也記書也前書待詔鄭朋奏記於蕭望之奏記自朋始也將軍以周召之德立乎本朝承休明之策建威靈之號號驃騎將軍也昔在周公今也將軍詩書所載未有三此者也唯蒼與周公二人而已傳曰必有非常之人然後有非常之事有非常之事然後有非常之功司馬相如喻蜀之辭固幸得生於清明之世豫在視聽之末私以螻螘竊觀國政螻螘謂細微也誠美將軍擁千載之任躡先聖之蹤千載謂自周公至明帝時千餘載也先聖謂周公也體弘懿之姿據高明之埶博貫庶事服膺六蓺白黑簡心求善無厭淮南子曰聖人見是非若白黑之別於目左傳曰求善不厭也採擇狂夫之言不逆負薪之議負薪賤人也三略曰負薪之言廊廟之言也竊見幕府新開廣延羣俊四方之士顛倒衣裳詩曰東方未明顛倒衣裳言士爭歸之急遑也將軍宜詳唐殷之舉察伊皐之薦堯舉皐陶湯舉伊尹令遠近無偏幽隱必達期於總覽賢才收習明智爲國得人以寧本朝則將軍養志和神優游廟堂光明宣於當世遺烈著於無窮竊見故司空掾桓梁宿儒盛名冠德州里七十從心行不踰矩論語孔子曰七十而從心所欲不踰矩言心之所爲皆闇合於法則蓋清廟之光輝當世之俊彥也詩周頌曰於穆清廟肅雝顯相濟濟多士秉文之德鄭玄注曰顯光也言桓梁可參多士助祭於清廟爲光輝也爾雅曰髦俊也美士爲彥京兆祭酒晉馮結髮修身白首無違好古樂道玄默自守古人之美行時俗所莫及扶風掾李育育字元春見儒林傳經明行著教授百人客居杜陵茅室土階京兆扶風二郡更請徙以家貧數辭病去溫故知新論議通明廉清修潔行能純備雖前世名儒國家所器韋平孔翟無以加焉韋賢平當孔光翟方進也流俗本平字作玄誤宜令考績以參萬事京兆督郵郭基孝行著於州里經學稱於師門政務之績有絕異之效如得及明時秉事下僚進有羽翮奮翔之用退有杞梁一介之死說苑曰趙簡子游於西河而歎曰安得賢士而與處焉舟人古乘對曰鴻鵠高飛所恃者六翮也背上之毛腹下之毳加之滿把飛不能爲之益高不知門下左右客千人亦有六翮之用乎將盡毛毳也又曰齊莊公攻莒杞梁與華周進鬪壞軍陷陣三軍不敢當至莒城下殺二十七人而死也涼州從事王雍躬卞嚴之節文之以術蓺卞嚴卞莊子也新序曰卞莊子好勇養母戰而三北交游非之國君辱之莊子受命顏色不變及母死三年齊與魯戰莊子請從至見於將軍曰初獨與母處是以戰而三北今母沒矣請塞責遂赴敵而鬪獲甲首而獻曰夫三北以養母也吾聞之節士不以辱生遂殺十人而死論語孔子曰卞莊子之勇冉求之蓺文之以禮樂涼州冠蓋未有宜先雍者也古者周公一舉則三方怨曰奚爲而後己孫卿子曰周公東征西國怨曰何獨不來也南征而北國怨曰何獨後我也宜及府開以慰遠方弘農功曹史殷肅固集殷作段達學洽聞才能絕倫誦詩三百奉使專對此六子者皆有殊行絕才德隆當世如蒙徵納以輔高明此山梁之秋夫子所爲歎也秋猶時也論語孔子曰山梁雌雉時哉昔卞和獻寶以離斷趾離被也斷趾刖足也事見韓子靈均納忠終於沈身屈原字靈均納忠於楚終不見信自沈於汨羅之水而死而和氏之璧千載垂光屈子之篇萬世歸善願將軍隆照微之明信日昃之聽信音申少屈威神咨嗟下問令塵埃之中永無荊山汨羅之恨蒼納之父彪卒歸鄉里固以彪所續前史未詳乃潛精研思欲就其業既而有人上書顯宗告固私改作國史者有詔下郡收固繫京兆獄盡取其家書先是扶風人蘇朗僞言圖讖事下獄死固弟超恐固爲郡所覈考不能自明乃馳詣闕上書得召見具言固所著述意而郡亦上其書顯宗甚奇之召詣校書部前書固敍傳曰永平中爲郎典校祕書除蘭臺令史漢官儀曰蘭臺令史六人秩百石掌書劾奏與前睢陽令陳宗長陵令尹敏司隸從事孟異共成世祖本紀遷爲郎典校祕書固又撰功臣平林新市公孫述事作列傳載記二十八篇奏之帝乃復使終成前所著書固以爲漢紹堯運以建帝業至於六世史臣六代謂武帝史臣謂司馬遷也乃追述功德私作本紀編於百王之末厠於秦項之列史記起自黃帝漢最居其末也太初以後闕而不錄故探撰前記綴集所聞以爲漢書起元高祖終于孝平王莽之誅十有二世二百三十年高惠呂后文景武昭宣元成哀平十二代也并王莽合二百三十年綜其行事傍貫五經上下洽通爲春秋考紀表志傳凡百篇紀十二表八志十列傳七十合百篇前書音義曰春秋考紀謂帝紀也言考覈時事具四時以立言如春秋之經固自永平中始受詔潛精積思二十餘年至建初中乃成當世甚重其書學者莫不諷誦焉自爲郎後遂見親近時京師修起宮室濬繕城隍而關中耆老猶望朝廷西顧固感前世相如壽王東方之徒造構文辭終以諷勸相如作上林子虛賦吾丘壽王作士大夫論及驃騎將軍頌東方朔作客難及非有先生論其辭並以諷諫爲主也乃上兩都賦盛稱洛邑制度之美以折西賓淫侈之論其辭曰

有西都賓問於東都主人曰中興都洛陽故以東都爲主而謂西都爲賓也蓋聞皇漢之初經營也嘗有意乎都河洛矣輟而弗康實用西遷作我上都主人聞其故而覩其制乎皇大也尚書曰厥既得吉卜則經營高祖五年婁敬說上都關中上疑之左右大臣皆山東人多勸都洛陽此爲有意都河洛矣張良曰洛陽其中小不過數百里四面受敵非用武之國關中金城千里天府之國也於是上卽日西都關中此爲輟而弗康也康安也主人曰未也願賓攄懷舊之蓄念發思古之幽情廣雅曰攄舒也博我以皇道弘我以漢京賓曰唯唯漢之西都在于雍州實曰長安前書音義曰長安本秦之鄉名高祖都焉左據函谷二崤之阻表以泰華終南之山函谷關名也左傳曰崤有二陵其南陵夏后皐之墓其北陵文王之所避風雨故曰二崤太華山也山海經曰華首之西六十里曰太華終南長安南山也詩曰終南何有注云終南周之名山中南也右界襃斜隴首之險帶以洪河涇渭之川襃斜谷名南口曰襃北口曰斜在今梁州隴首山名在今秦州洪大也華實之毛則九州之上腴焉防禦之阻則天下之奧區焉華實之毛謂草木也左傳曰食土之毛前書曰秦地九州膏腴尚書雍州厥田上上防禦謂關禁也揚雄衞尉箴曰設置山險盡爲防禦奧深也言秦地險固爲天下深奧之區域是故橫被六合三成帝畿前書音義曰關西爲橫被猶及也呂氏春秋曰神明通于六合高誘注云四方上下爲六合周禮曰方千里曰王畿三成謂周秦漢並都之也周以龍興秦以虎視及至大漢受命而都之也龍興虎視喻盛彊也孔安國尚書序曰漢室龍興易曰虎視眈眈仰寤東井之精俯協河圖之靈寤猶曉也協合也高祖至霸上五星聚於東井又河圖曰帝劉季日角戴勝斗胸龍股長七尺八寸昌光出軫五星聚井期之興天授圖地出道予張兵鈐劉季起東井秦之分野明漢當代秦都關中奉春建策留侯演成奉春君婁敬也春者四時之始婁敬始建遷都之策故以號焉留侯張良也蒼頡篇曰演者引也天人合應以發皇明乃眷西顧實惟作京天謂五星聚東井也人謂婁敬等進說也皇明謂高祖也西顧謂入關也詩云乃眷西顧於是睎秦嶺睋北阜挾酆霸據龍首睎望也音希睋視也音蛾秦領在今藍田東南北阜卽今三原縣北有高阜東西橫亘者是也酆水出鄠縣南山豐谷霸水出藍田谷三秦記曰龍首山六十里頭入渭水尾達樊川在傍曰挾在上曰據也圖皇基於億載度宏規而大起肇自高而終平世增飾以崇麗歷十二之延祚故窮奢而極侈肇始也始自高祖終於平帝爲十二代也建金城其萬雉呀周池而成淵披三條之廣路立十二之通門金城言堅固也張良曰金城千里杜預注左傳云方丈爲堵三堵爲雉字林曰呀大空也音火加反周禮國方九里旁三門每門爲大路故曰三條鄭玄注周禮云司門若今城門校尉主王城十二門也內則街衢洞達閭閻且千九市開場貨別隧分人不得顧車不得旋闐城溢郭傍流百廛紅塵四合煙雲相連字林曰閭里門也閻里中門也且千言多也漢宮闕疏曰長安九市其六在道西三在道東隧列肆道也鄭玄注禮記曰廛市邸舍也於是既庶且富娛樂無疆都人士女殊異乎五方游士擬於公侯列肆侈於姬姜論語子適衞冉有僕子曰庶矣哉冉有曰既庶矣又何加焉曰富之詩周頌云惠我無疆疆境也詩小雅曰彼都人士毛萇注云城郭之域曰都五方謂四方及中央也前書曰秦地三方雜錯鄭玄注周禮曰肆市中陳物處也杜元凱注左傳云姬姜大國之女也鄉曲豪俊游俠之雄節慕原嘗名亞春陵連交合衆騁騖乎其中豪俊游俠謂朱家郭解原涉之類也原嘗謂平原君趙勝孟嘗君田文也春陵謂春申君黃歇信陵君無忌也並招致賓客名高天下也若乃觀其四郊浮游近縣則南望杜霸北眺五陵名都對郭邑居相承英俊之域紱冕所興冠蓋如雲七相五公浮游謂周流也杜霸謂杜陵霸陵在城南故南望也五陵謂長陵安陵陽陵茂陵平陵也在渭北故北眺也並徙人以置縣邑故云名都對郭蒼頡篇曰紱綬也冕冠也其所從者皆豪右富貲吏二千石故多英俊冠蓋之人如雲言多也詩曰出其東門有女如雲七相謂丞相車千秋長陵人黃霸王商並杜陵人也韋賢平當魏相王嘉並平陵人也五公謂田蚡爲太尉長陵人張安世爲大司馬朱博爲司空並杜陵人平晏爲司徒韋賢爲大司馬並平陵人也與乎州郡之豪傑五都之貨殖三選七遷充奉陵邑蓋以彊幹弱枝隆上都而觀萬國前書音義曰五都謂洛陽邯鄲臨淄宛成都也三選選三等之人謂徙吏二千石及高貲富人及豪桀并兼之家於諸陵蓋以彊幹弱枝非獨爲奉山園也見前書自元帝已後不遷故唯七焉爾雅曰觀指示也選或爲徙義亦通封畿之內厥土千里逴犖諸夏兼其所有前書曰秦地沃野千里人以富饒逴犖猶超絕也逴音卓犖音呂角反諸夏謂中國也其陽則崇山隱天幽林穹谷陸海珍藏藍田美玉商洛緣其隈鄠杜濱其足穹谷深谷東方朔曰漢興去三河之地止灞滻之西都涇渭之南此謂天下陸海之地也范子計然曰玉出藍田商及上洛皆縣名隈山曲也濱猶近也鄠杜二縣名近南山之足爾雅云麓山足也源泉灌注陂池交屬竹林果園芳草甘木郊野之富號曰近蜀孔安國注尚書曰澤障曰陂停水曰池前書曰巴蜀土肥美有山林竹樹蔬食果實之饒今南山亦有之與巴蜀相類故曰近蜀爾雅曰邑外曰郊郊外曰野其陰則冠以九嵕陪以甘泉乃有靈宮起乎其中秦漢之所極觀淵雲之所頌歎於是乎存焉陰謂北也九嵕山尤高峻故稱冠云甘泉山在雲陽北秦始皇於上置林光宮漢又起甘泉宮益壽延壽館通天臺故云秦漢之所極觀王襃字子淵作甘泉頌揚子雲作甘泉賦故云淵雲頌歎下有鄭白之沃衣食之源隄封五萬疆場綺分溝塍刻鏤原隰龍鱗決渠降雨荷臿成雲五穀垂穎桑麻敷棻史記曰韓使水工鄭國說秦令引涇水爲渠傍北山東注洛溉田四萬餘頃名曰鄭國渠武帝時趙中大夫白公奏穿渠引涇水首起谷口尾入櫟陽溉田四千餘頃因名白渠時人歌之曰田於何所池陽谷口鄭國在前白渠起後舉臿爲雲決渠爲雨涇水一石其泥數斗且溉且糞長我禾黍衣食京師億萬之口前書曰天子畿方千里隄封百萬井音義曰隄謂積土爲封限也音丁兮反廣雅曰場界也音亦周禮曰夫間有遂十夫有溝說文曰塍田畦也音繩刻鏤謂交錯如鏤也爾雅曰高平曰原下濕曰隰言如龍鱗之五色也五穀黍稷菽麥稻也爾雅曰禾穗謂之穎爾雅曰敷布也棻茂盛也音芬東郊則有通溝大漕潰渭洞河泛舟山東控引淮湖與海通波漕水運也蒼頡篇曰潰傍決也前書武帝穿漕渠通渭史記曰滎陽下引河東南爲鴻溝以與淮泗會西郊則有上囿禁苑林麓藪澤陂池連乎蜀漢繚以周牆四百餘里離宮別館三十六所神池靈沼往往而在上囿謂上林苑也穀梁傳曰林屬於山爲麓鄭玄注周禮曰澤無水曰藪繚猶繞也音了三輔黃圖曰上林有建章承光等一十一宮平樂繭觀等二十五凡三十六所三秦記曰昆明池中有神池通白鹿原詩曰王在靈沼其中乃有九真之麟大宛之馬黃支之犀條枝之鳥踰崐崘越巨海殊方異類至三萬里宣帝詔曰九真郡獻奇獸晉灼漢書注云駒形麟色牛角武帝時李廣利斬大宛王首獲汗血馬來又黃支國自三萬里貢生犀條枝國臨西海有大鳥卵如甕條枝與安息接武帝時安息國發使來獻之又曰崐崘山高二千五百里並見前書其宮室也體象乎天地經緯乎陰陽據坤靈之正位放泰紫之圓方圓象天方象地南北爲經東西爲緯揚雄司空箴曰普彼坤靈作天作合放象也太紫謂太微紫宮也劉向七略曰明堂之制內有太室象紫宮南出明堂象太微春秋合誠圖曰太微其星十二四方史記天官書曰環之匡衞十二星藩臣皆曰紫宮是太微方而紫宮圓也樹中天

之華闕豐冠山之朱堂因瓌材而究奇抗應龍之虹梁列棼橑以布翼荷棟桴而高驤列子曰周穆王作中天之臺說文曰闕門觀也前書蕭何作東闕北闕豐大也冠山謂在山之上也埤蒼曰瓌瑋珍奇也廣雅曰有翼曰應龍梁作應龍之形而又曲如虹也說文曰棼複屋之棟橑椽也翼屋之四阿也荷負也驤舉也爾雅曰棟謂之桴音浮雕玉瑱以居楹裁金璧以飾璫發五色之渥彩光爓朗以景彰廣雅曰瑱礩也音田瑱與礩通礩柱也雕玉為礩以承柱也上林賦曰華榱璧璫韋昭注曰榱頭也渥光潤也爓音豔於是左城右平重軒三階閨房周通門闥洞開列鍾虡於中庭立金人於端闈仍增崖而衡閾臨峻路而啟扉摯虞決疑要注曰城者為階級也平者以文塼相亞次也城亦作域言階級勒城然音七則反王逸楚辭注曰軒樓板也周禮夏后氏世室九階鄭玄注云南面三階三面各二也爾雅曰宮中之門謂之闈小者謂之閨廣以懸鐘也史記秦始皇收天下兵器聚之咸陽銷以為金人十二置宮中端闈宮正門也三輔黃圖曰秦宮殿端門四達以則紫宮仍因也衡橫也閾門限○劉攽曰注域亦作城案文當云亦作域言城字有作域者也下又云城言階級勒城是解城義耳徇以離殿別寢承以崇臺閒館煥若列星紫宮是環徇猶繞也崇高也閒音閑煥明也言周回宮館若列星之環繞紫宮也環協韻音宦清涼宣溫神僊長年金華玉堂白虎麒麟區宇若茲不可殫論三輔黃圖曰未央宮有清涼殿宣室殿中溫室殿金華殿大玉堂殿中白虎殿麒麟殿長樂宮有神仙殿殫盡也增槃業峨登降炤爛殊形詭制每各異觀乘茵步輦唯所息宴增重也槃屈也業峨高也業音五臘反峨音我詭異也茵褥也駕人曰輦後宮則有掖庭椒房后妃之室合歡增成安處常寧茝若椒風披香發越蘭林蕙草鴛鸞飛翔之列漢宮儀曰婕妤以下皆居掖庭三輔黃圖曰長樂宮有椒房殿前書曰班婕妤居增成舍桓譚新論曰董賢女弟為昭儀居舍號曰椒風漢宮閣名長安有披香殿鴛鸞殿飛翔殿餘未詳昭陽特盛隆乎孝成屋不呈材牆不露形裛以藻繡絡以綸連隨侯明月錯落其間金釭銜璧是為列錢翡翠火齊流耀含英懸黎垂棘夜光在焉昭陽殿成帝趙昭儀所居也說文曰裛纏也音於業反綸糾青絲綬也綸或作綸淮南子曰隨侯之珠和氏之璧高誘注云隨侯行見大蛇傷以藥傅之後蛇銜珠以報之因曰隨侯珠說文曰釭轂鐵也音江又音工謂以黃金為釭其中銜璧納之於壁帶為行列歷歷如錢也前書曰昭陽殿壁帶往往為黃金釭函藍田璧明珠翠羽飾之異物志曰翠鳥形如燕赤而雄曰翡青而雌曰翠其羽可以飾幃帳說文曰火齊珠也戰國策曰應侯謂秦王曰梁有懸黎左傳曰晉荀息請以垂棘之璧假道於虞言懸黎垂棘之玉並夜有光輝也於是玄墀釦切玉階彤庭碝磩采緻琳珉青熒珊瑚碧樹周阿而生前書曰昭陽殿中庭彤朱而殿上髹漆髹音休漆黑故曰玄墀殿上地也又曰切皆銅沓黃金塗白玉階釦音口碝磩石次玉者碝音而兗反磩音戚緻其文理密也青熒其光色也漢武故事曰武帝起神堂植玉樹葺珊瑚為枝以碧玉為葉淮南子曰崑崙山有碧樹在其北高誘注云碧青石也謂珠玉假為樹而植之於殿曲阿曲也紅羅颯纚綺組繽紛精曜華燭俯仰如神薛綜注西京賦曰颯纚長袖貌颯音素合反纚音山綺反綺文繒也組綬也繽紛盛貌也言精彩華飾照曜也戰國策張儀謂秦王曰彼周鄭之女粉白黛黑立於衢非知而見之者以為神也後宮之號十有四位窈窕繁華更盛迭貴處乎斯列者蓋以百數前書曰漢興因秦之稱號正嫡稱皇后妾皆稱夫人凡十四等有昭儀婕妤娙娥傛華美人八子充依七子良人長使少使五官順常是為十三等又有無涓共和娛靈保林良使夜者秩祿同共為一等合十四位也窈窕幽閑也繁華美麗也百數謂以百而數之也左右

廷中朝堂百僚之位蕭曹魏邴謀謨乎其上蕭何曹參並沛人魏相字弱翁濟陰人邴吉字少卿魯國人並為丞相佐命則垂統輔翼則成化流大漢之愷悌蕩亡秦之毒螫李陵書曰其餘佐命立功之士司馬相如曰垂統理順易繼也統業也禮記曰保者慎其身以輔翼之愷樂也悌易也揚雄長楊賦曰今朝廷出愷悌行簡易王褒四子講德論曰秦之處位任政者並施毒螫前書曰孝惠高后之時海內得離戰國之苦君臣俱欲無為而天下晏然衣食滋殖又曰近觀漢相高祖開基蕭曹為冠孝宣中興邴魏有聲是時黜陟有序衆職修理公卿多稱其位海內興於禮讓也故令斯人揚和樂之聲作畫一之歌功德著於祖宗膏澤洽于黎庶孔叢子曰古之帝王功成作樂其功善者其樂和前書曰蕭何薨曹參代之百姓歌之曰蕭何為法較若畫一曹參代之守而勿失祖宗謂高祖中宗也又有天祿石渠典籍之府命夫諄誨故老名儒師傅講論乎六藝稽合乎同異三輔故事曰天祿石渠並閣名在未央宮北以閣祕書諄誨謂殷勤教告也詩大雅曰誨爾諄諄鄭玄注云我教告王口語諄諄然詩音之純反六藝謂詩書禮樂易春秋也稽考也前書甘露中詔諸儒講五經同異令蕭望之平奏其議又有承明金馬著作之庭大雅宏達於茲為羣元元本本周見洽聞啟發篇章校理祕文承明殿前之廬也金馬署名也門有銅馬故名金馬門待詔者皆居之宏亦大也元元其元本本其本祕書也孝經鉤命決曰丘撰祕文也周以鉤陳之位衛以嚴更之署總禮官之甲科羣百郡之廉孝周環也前書音義曰鉤陳紫宮外星也宮衛之位亦象之嚴更之署行夜之司也禮官奉常也有博士掌試策考其優劣為甲乙之科即前書曰太常以公孫弘為下第是也言百郡舉全數前書又曰興廉舉孝虎賁贅衣閹尹閽寺陛戟百重各有攸司虎賁宿衛之臣贅衣主衣之官贅綴也音之銳反尚書曰綴衣虎賁閹尹閽寺並宮官周禮有閹人寺人陛戟執戟於陛也百重言多也攸所也司主也協韻音伺周廬千列徼道綺錯廬謂宿衛之廬周於宮也千列言多也史記衛令曰廬設卒甚謹徼道徼巡之道綺錯交錯也前書曰中尉掌徼巡京師也輦路經營脩涂飛閣自前書音義曰輦道閣道也涂亦塗也古字通用未央而連桂宮北彌明光而亘長樂陵墱道而超西墉混建章而外屬設璧門之鳳闕上觚稜而棲金雀未央宮在西長樂宮在東桂宮明光宮在北言飛閣相連也墱陛級也音丁鄧反墉城也混同也建章宮在城西屬連也前書曰建章宮其東則鳳闕高二十餘丈其南有璧門之屬說文曰觚棱殿堂上最高之處也觚音孤棱音力登反其上棲金雀三輔故事曰建章宮闕上有銅鳳凰也○劉攽曰注鳳闕門案文多一門字內則別風之嶕嶢眇麗巧而竦擢張千門而立萬戶順陰陽以開闔三輔故事曰建章宮東有折風闕中記曰折風一名別風嶕嶢高也嶕音焦嶢音堯前書曰建章宮為千門萬戶闔之陰開謂之陽易曰闔戶謂之坤闢戶謂之乾爾乃正殿崔嵬層構厥高臨乎未央經駘盪而出馺娑洞枍詣與天梁上反宇以蓋戴激日景而納光正殿即前殿也層重也臨乎未央言高之極也關中記曰建章宮有駘盪馺娑枍詣天梁亦宮名也駘音殆盪音蕩馺音素合反娑音素可反枍音烏計反爾雅曰蓋戴覆也反宇謂飛檐上反也激日謂日激入於殿內也神明鬱其特起遂偃蹇而上躋軼雲雨於太半虹霓回帶於棼楣雖輕信與僄狡猶愕眙而不敢階神明臺名也躋升也偃蹇高貌也軼過也前書音義曰凡數三分有二為太半說文曰棼棟也爾雅曰楣謂之梁郭璞云門戶上橫梁也方言曰僄輕也音匹妙反鄭玄注禮記曰狡疾也字書曰愕驚也音五各反字林曰眙驚貌也音丑吏反攀井幹而未半目眴轉而意迷舍櫺檻而卻倚若顛墜而復稽魂怳怳以

失度巡回涂而下低井幹樓名也前書曰武帝作井幹樓高五十丈輦道相屬焉蒼頡篇曰眴視不明也音眩櫺檻樓上櫺楯也櫺音零稽留也既懲懼於登望降周流以彷徨步甬道以縈紆又杳窱而不見陽淮南子曰甬道相連高誘注云甬道飛閣複道也廣雅曰窈窱深也杳與窈通窱音宅烏反陽明也既懲前之登望乃下巡於複道宮宇深邃又不見明也排飛闥而上出若游目於天表似無依之洋洋飛闥閣上門也王逸注楚辭曰洋洋無所歸貌前唐中而後太液覽滄海之湯湯揚波濤於碣石激神嶽之嶈嶈濫瀛洲與方壺蓬萊起乎中央前書曰建章宮其西唐中數十里音義曰唐庭也其北太液池中有蓬萊方丈瀛洲壺梁象海中神山湯湯流貌也蒼頡篇曰濤大波也碣石海畔山也說文曰濫泛也列子曰海中有神山一曰岱輿二曰員嶠三曰方壺四曰瀛洲五曰蓬萊於是靈草冬榮神木叢生巖峻崔崒金石崢嶸靈草神木謂不死藥也史記曰海中神山仙人不死藥在焉崢嶸高峻也崔音徂回反崒音才律反崢音仕耕反嶸音宏抗僊掌以承露擢雙立之金莖軼埃壒之混濁鮮顥氣之清英前書曰武帝時作銅柱承露仙人掌之屬三輔故事云建章宮承露盤高二十丈大七圍以銅為之上有仙人掌承露和玉屑飲之金莖即銅柱也軼過也埃塵也鮮潔也說文曰顥白貌音皓騁文成之丕誕馳五利之所刑庶松喬之羣類時游從乎斯庭實列僊之攸館匪吾人之所寧丕大也誕欺也前書曰齊人李少翁以方士見上上拜為文成將軍言於上曰即欲與神通宮室被服非象神神物不至乃作甘泉宮中為臺畫天地泰一諸鬼神而置祭具以致天神又曰膠東人欒大多方略而敢為大言言曰臣常往來海中見安期羨門之屬乃拜為五利將軍刑法也列僊傳曰赤松子者神農時雨師也服水玉以教神農又曰王子喬者周靈王太子晉道士浮丘公接以上嵩山爾乃盛娛游之壯觀奮大武乎上囿因茲以威戎夸狄耀威而講事大武謂大陳武事也月令孟冬之月天子乃命將帥講武習射御也命荊州使起鳥詔梁野而驅獸毛羣內闐飛羽上覆接翼側足集禁林而屯聚荊州江湘之地其俗習於捕鳥故使起之梁野巴漢之人其俗習於逐獸故使其人驅之闐音田聚音才諭反水衡虞人理其營表種別羣分部曲有署前書曰上林苑屬水衡都尉虞人掌山澤之官周禮曰虞人萊所田之野為表鄭司農曰表所以識正行列也續漢書將軍領軍皆有部大將軍營五部部校尉一人部下有曲曲有軍候一人也罘罔連紘籠山絡野列卒周帀星羅雲布鄭玄注禮記曰獸罟曰罘音浮紘罘之綱於是乘鑾輿備法駕帥羣臣披飛廉入苑門蔡邕獨斷曰天子至尊不敢渫瀆言之故託於乘輿天子車駕有大駕法駕小駕大駕則公卿奉引備千乘萬騎法駕公卿不在鹵簿中惟執金吾奉引侍中驂乘飛廉館名也武帝所作前書音義曰飛廉神禽能致風氣身似鹿頭如雀有角而蛇尾文如豹文於館上作之因以名焉○劉攽曰乘鑾輿案注所解乘輿之義則此多鑾字遂繞酆鄗歷上蘭六師發胄百獸駭殫震震爚爚雷奔電激草木塗地山淵反覆蹂躪其十二三乃拗怒而少息酆文王所都在鄠縣東鎬武王所都在上林苑中三輔黃圖云上林苑有上蘭觀尚書曰司馬掌邦政統六師又曰百獸率舞駭殫言驚懼也震震爚爚奔走之貌爚音躍塗污也反覆猶傾動也車騎既多觀之眩亂有似傾動蹂踐也音汝九反躪音力刃反拗猶抑也音於少反言且抑六師之怒而少停也爾乃期門佽飛列刃鑽鍭要趹追蹤鳥驚觸絲獸駭值鋒機不虛掎弦不再控矢無單殺中必疊雙颮颮紛紛矰繳相纏風毛雨血灑野蔽天前書曰武帝與北地良家子期於殿門故號期門又曰募佽飛射士音義佽飛本秦左弋官也武帝改為佽飛官有一令

九丞在上林中矰繳弋鳧鴈歲萬頭以供宗廟蒼頡篇曰鑽聚也鑽與攢通爾雅曰金鏃翦羽謂之鍭音侯廣雅曰趹奔也音決機弩牙也說文曰掎偏引也音居綺反颮颮紛紛衆多也說文曰颮古飄字鄭玄注周禮曰結繳於矢謂之矰矰高也平原赤勇士厲猨狖失木豺狼懾竄郭璞注山海經曰猨似獮猴而大臂長便捷色黑蒼頡書曰狖似狸音以救反淮南子曰猨狖顛蹷而失木枝懾懼也音之葉反竄走也協韻音七外反爾乃移師趨險並蹈潛穢窮虎奔突狂兕觸蹷潛深也穢謂榛蕪之林虎兕之所居也爾雅曰兕似牛郭璞曰一角青色重千斤廣雅曰蹷跳也音居衛反許少施巧秦成力折掎僄狡扼猛噬脫角挫脰徒搏獨殺許少秦成並未詳僄狡獸之輕捷者說文曰掎從也音居蟻反扼與搤通噬嚙挫折也脰頸也徒空也謂空手搏殺之也爾雅曰暴虎徒搏也殺音所界反挾師豹拖熊螭頓犀犛曳豪羆超迥壑越峻崖蹷巉嵓鉅石隤松柏仆叢林摧草木無餘禽獸殄夷師子也說文曰拖曳也音徒可反杜預注左傳云螭山神獸形郭璞注山海經曰犀似牛而豬頭黑色有三角一在頂上一在額上一在鼻上犛牛黑色出西南徼外犛音力之反爾雅曰羆似熊而黃巉嵓山石高峻之貌也殄盡也夷猶殺也於是天子乃登屬玉之館歷長楊之榭覽山川之體勢觀三軍之殺獲原野蕭條目極四裔禽相鎮厭獸相枕藉前書宣帝幸萯陽宮屬玉觀音義曰屬玉水鳥也似鵁鶄於觀上作之因以名焉三輔黃圖曰上林有長楊宮鄭玄注禮記曰土高曰臺有木曰榭協韻音胡卦反楚詞曰山蕭條而無獸然後收禽會衆論功賜胙陳輕騎以行炰騰酒車而斟酌割鮮野食舉烽命釂胙餘肉也左傳曰歸胙于公詩小雅曰炰之燔之毛萇注曰以毛曰炰音步交反子虛賦曰割鮮染輪孔安國注尚書曰鳥獸新殺曰鮮饗賜畢勞逸齊大輅鳴鑾容與裴回集乎豫章之宇臨乎昆明之池大輅玉輅也周禮曰凡馭輅儀以鑾和為節鄭玄注曰鸞在衡和在軾皆金鈴也三輔黃圖曰上林苑有豫章觀左牽牛而右織女似雲漢之無崖茂樹蔭蔚芳草被堤蘭茝發色曄曄猗猗若摛錦布繡燭燿乎其陂漢宮闕疏曰昆明池有二石人牽牛織女之象也雲漢天河也郭璞注爾雅云茝香草音昌改反曄曄猗猗美茂之貌說文曰摛舒也玄鶴白鷺黃鵠鵁鶄鶬鴰鴇鶂鳧鷖鴻鴈朝發河海夕宿江漢沈浮往來雲集霧散郭璞注爾雅云鵁似鳧脚近尾略不能地行江東謂之魚鵁音交反說文曰鶬鶊也爾雅曰鶬麋鴰音括郭璞注曰即鶬鴰也今關西呼為鴰鹿鴇似鴈而大無趾音保鶂水鳥也莊子曰白鶂之相視眸子不運而風化李巡注爾雅曰野曰鳧在家曰鶩並鴨也鄭玄注詩云鷖鳧屬也音一兮反周處風土記曰鷖鷗也以名自呼大如鵠生卵於荷葉上毛萇注詩云大曰鴻小曰鴈於是後宮乘輚輅登龍舟張鳳蓋建華旗袪黼帷鏡清流靡微風澹淡浮埤蒼曰輚臥車也音仕板反淮南子曰龍舟鷁首浮吹以虞桓譚新論曰乘車玉瓜華芝及鳳皇三蓋上林賦曰乘法駕建華旗高誘注淮南子曰袪舉也澹淡隨風之貌也澹音徒濫反淡音徒敢反櫂女謳鼓吹震聲激越謍厲天鳥羣翔魚闚淵櫂檝也謳歌也震協韻音真謍聲也音火宏反招白閒下雙鵠揄文竿出比目招猶舉也弩有黃閒之名此言白閒蓋弓弩之屬本或作白鷴謂鳥也西京雜記曰越王獻高帝白鷴黑鷴各一雙說文曰揄引也音投文竿翠羽為文飾也闞子曰魯人有好釣者以桂為餌黃金之鉤錯以銀碧垂翡翠之綸爾雅曰東方有比目魚不比不行撫鴻幢御矰繳方舟並騖俛仰極樂廣雅曰幢謂之幢幢音直江反即舟中之幢蓋也本或作罿罿鳥網也音衝矰弋矢也繳以繫箭也方舟並兩舟也遂風舉雲搖浮游普覽前乘秦領後越九嵕協韻音綜東薄河華西涉岐雍宮

館所歷百有餘區行所朝夕儲不改供薄迫也岐山雍縣在扶風儲積
也供協韻音九用反禮上下而接山川究休祐之所用採游童之
歡謠第從臣之嘉頌上下謂天地也接亦祭也究盡也用謂犧牲玉帛之物也列子曰堯理天下五十年不知天下理歟亂歟堯乃微服游於康衢聞兒童謠曰立我蒸人莫匪爾極不識不知順帝之則言今同於堯也前書曰宣帝頗好神仙王褒張子僑等並待詔所幸宮館輒爲歌頌第其高下以差賜帛焉
于斯之時都都相望邑邑相屬國籍十世之基家承百
年之業士食舊德之名氏農服先疇之畎畝商修族世
之所鬻工用高曾之規矩粲乎隱隱各得其所十代百年並舉
全數也易曰食舊德貞厲終吉穀梁傳曰古者有士人商人農人工人淮南子曰古者至德之時賈便其肆農安其業大夫安其職而處士修其道也若臣者徒觀迹乎舊墟聞之乎故
老什分而未得其一端故不能徧舉也

後漢書卷七十上考證

班彪傳後好事者頗或綴集時事○何焯校本引史通
云其後劉向向子歆及諸好事者若馮商衛衡揚雄
史岑梁審肆仁晉馮段肅金丹馮衍韋融蕭奮劉恂
等相次撰續迄於哀平間猶名史記
從漢元至武以絶則其功也○舊本作從漢元至武則
絶其功也毛本作從漢元至武則以絶其功也皆不
成文理今從監本
黥淮南衡山○何焯校本云淮南衡山之不爲世家與
淮陰黥彭同例
性相近習相遠也注見論語○臣會汾按宋本作見何
論蓋何晏注論語故唐人以何氏本爲何論後人不
考所由認爲錯誤改作論語義雖無害要須仍古人
之舊不必竄易也
後察司徒廉注云司徒薦爲廉○諸本同臣會汾按正
文及注廉字上皆脫一孝字前云舉司隸茂才注司
隸舉爲茂才也文法正與此同
班彪子固不可殫論注三輔黃圖曰未央宮有清凉殿
宣室殿中溫室殿○一本作宣寶中溫殿誤今從宋
本增改
珊瑚碧樹周阿而生注漢武故事曰武帝起神堂植玉
樹茸珊瑚爲枝○茸字一本作葺臣會汾按茸與葺
皆非也此字當作藂因與茸同音故誤不知者又妄
改爲葺耳
雖輕信與僄狡○臣會汾按信字義未妥當從文選作
迅

後漢書卷七十下

宋 宣 城 太 守 范 曄 撰

唐 章 懷 太 子 賢 注

班固列傳第三十下

班固傳

主人喟然而歎曰痛乎風俗之移人也子實秦人矜夸
館室保界河山信識昭襄而知始皇矣惡睹大漢之云
爲乎喟歎貌也前書曰人有剛柔緩急音聲不同繫水土之風氣謂之風好惡取舍動靜無常隨君上之情欲謂之俗保守也謂守河山之險以爲界昭襄昭王襄王也惡安也音烏夫大漢之開原
也奮布衣以登皇極繇數期而創萬世蓋六籍所不能
談前聖靡得而言焉漢高祖曰吾以布衣提三尺劍取天下高祖起兵五年而卽帝位故云由數期繇卽由也孔安國注尚書云匝四時曰期萬世盛言之也六籍六經也當此之時功
有橫而當天討有逆而順人故婁敬度埶而獻其說蕭
公權宜以拓其制時豈泰而安之哉計不得以已也橫音胡孟反高祖入關秦王子嬰降而五星聚於東井此功有橫而當天也逆謂以臣伐君前書陸賈曰湯武逆取而以順守之及高祖入關秦人爭獻牛酒此爲討有逆而順人也婁敬已見上又曰蕭何修未央宮上見壯麗甚怒何對曰天下未定故可因遂就宮室且天子以四海爲家非令壯麗無以威重且無令後代有以加也時豈奢侈而安之哉言天下初定計不得已而都西京也吾子曾不是睹顧燿後嗣
之末造不亦闇乎顧反也燿炫燿也言吾子曾不睹度埶權宜之由而反炫燿後嗣子孫末代之所造非其盛稱武帝成帝神僊昭陽之事也今將語子以建武之理永平
之事監乎泰清以變子之或志淮南子曰太清之化也和順以寂漢質直以素橫高誘注曰太清無爲之化也往者王莽作逆漢祚中缺天人致誅六
合相滅天人謂天意人事共相誅也于時之亂生民幾亡鬼神泯絶
壑無完柩郛罔遺室原野猒人之肉川谷流人之血秦
項之災猶不克半書契以來未之或紀也人者神之主生人旣亡故鬼神亦絶也揚子法言曰秦將白起長平之戰坑四十萬人原野猒人之肉川谷流人之血也故下民
號而上愬上帝懷而降鑒致命于聖皇上帝天也聖皇光武也懷猶愍念也降下也鑒視也言上天愍念下人之上愬故下視四海可以爲君者而致命於光武也於是聖
皇乃握乾符闡坤珍披皇圖稽帝文赫爾發憤應若興
雲霆發昆陽憑怒雷震乾符坤珍謂天地符瑞也皇圖帝文謂圖緯之文也霆疾雷也發於昆陽謂破王尋王邑憑盛也言盛怒如雷之震協韻音眞遂超大河跨北嶽立號
高邑建都河洛跨據也言光武渡河據北嶽遂卽位於鄗而改鄗爲高邑也紹百王
之荒屯因造化之盪滌體元立制繼天而作紹繼也屯難也高誘注淮南子云造化天地也滌除也杜預注左傳云凡人君卽位欲體元以居正穀梁傳曰爲天下主者天也繼天者君也系唐統接漢緒茂育羣生恢復疆宇勳兼乎
在昔事勤乎三五爾雅曰系繼也緒業也前書曰漢帝本系出自唐帝言光武能繼唐堯之統業也恢大也三五三皇五帝也豈特方軌並迹紛綸后辟理近古之
所務蹈一聖之險易云爾哉軌轍也紛綸猶雜駁也爾雅曰后辟君也險易猶理亂也言光武功德勤勞兼於前代百王非直一聖帝也且夫建武之元天地革命
四海之內更造夫婦肇有父子君臣初建人倫實始斯

乃虙羲氏之所以基皇德也易曰天地革而四時成又曰湯武革命爾雅曰九夷八狄七戎六蠻謂之四海基始也帝王紀曰庖犧氏風姓也制嫁娶之禮取犧牲以充庖廚以食天下故號庖犧後或謂之伏犧言光武更造夫婦如伏犧時也分州土立市朝作舟車造器
械斯軒轅氏之所以開帝功也黃帝號軒轅氏前書昔在黃帝畫野分州易繫辭曰神農氏日中爲市黃帝堯舜垂衣裳而天下治刳木爲舟剡木爲楫服牛乘馬引重致遠以利天下弦木爲弧剡木爲矢弧矢之利以威天下言光武利人如軒轅也龔行天罰應天順民斯
乃湯武之所以昭王業也尚書武王曰今予惟龔行天之罰易曰湯武革命順乎天而應乎人言光武征伐如湯武者也遷都改邑有殷宗中興之則焉卽土
之中有周成隆平之制焉尚書曰盤庚遷于殷史記曰帝陽甲之時殷衰諸侯莫朝陽甲崩弟盤庚立自河北度河南居湯之故地行湯之政殷道復興尚書曰王來紹上帝自服于土中孔安國曰洛邑地埶之中也春秋命歷序曰成康之隆醴泉湧出言都洛陽如殷宗周成之制也不階尺土
一人之柄同符乎高祖孟子曰紂去武丁未久也尺地莫非其有也一人莫非其臣也克己復禮以奉終始允恭乎孝文又曰舜文王相去千有餘歲若合符契左傳仲尼曰古有志克己復禮仁也孫卿子曰生人之始死人之終也終始俱善人道畢矣尚書允恭克讓謂躬自儉約同於文帝也憲章稽古封岱勒成儀炳乎世宗憲章猶法則也禮記曰仲尼憲章文武尚書曰若稽古帝堯言法乎考古而封泰山勒石以記成功也炳明也其禮儀明乎武帝也案六經而校德妙古昔而論功仁聖之事旣該帝王
之道備矣六經謂詩書禮樂易春秋妙猶美也或作眇眇遠也該備也至于永平之
際重熙而累洽盛三雍之上儀修袞龍之法服敷洪藻
信景鑠揚世廟正予樂人神之和允洽君臣之序旣肅熙光也洽浹也三雍謂明堂辟雍靈臺也永平二年正月宗祀光武皇帝於明堂禮畢登靈臺三月臨辟雍行大射禮周禮王之吉服享先王則袞冕鄭玄注曰袞卷龍衣也永平二年帝及公卿列侯始服冕冠衣裳敷布也鴻大也藻文藻也謂明帝禮畢登靈臺之後布詔於天下曰建明堂立辟雍起靈臺恢弘大道被之八極此爲布鴻藻也信讖曰中景大也鑠美也揚世廟謂上尊號光武廟曰世祖正予樂謂依讖文改大樂爲大予樂也
乃動大路遵皇衢省方巡狩窮覽萬國之有無考聲
教之所被散皇明以燭幽大路王路也皇衢馳道也易曰先王以省方觀人設教尚書曰歲二月東巡狩又曰朔南曁聲教皇大也燭照也然後增周舊修洛邑翩翩
巍巍顯顯翼翼光漢京于諸夏總八方而爲之極周成王都洛邑漢又增而修之故曰增焉翩翩巍巍顯顯翼翼並宮闕顯盛之貌論語曰不如諸夏之亡詩商頌曰商邑翼翼四方之極極中也洛陽土之中也是以皇城之內宮室光明闕庭神
麗奢不可踰儉不能侈言奢儉合禮也外則因原野以作苑順
流泉而爲沼發蘋藻以潛魚豐圃草以毓獸制同乎梁
騶義合乎靈囿蘋藻並水草也詩小雅曰魚在在藻韓詩曰東有圃草薦言行狩薛君傳曰圃博也有博大之茂草也毓亦育也魯詩傳曰古有梁騶者天子之田也詩大雅曰王在靈囿麀鹿攸伏毛萇注云囿所以域養禽獸也此言魚獸各得其所如文王之靈囿也若乃順時節而蒐狩簡
車徒以講武則必臨之以王制考之以風雅左傳臧僖伯曰春蒐夏苗秋獮冬狩皆於農隙以講事也杜預注云各隨時之閑也禮記王制曰天子諸侯無事則歲三田田不以禮曰暴天物也歷騶虞覽駟驖嘉車攻采吉日禮官正儀乘輿
乃出詩國風序曰騶虞蒐田以時仁如騶虞毛萇注曰騶虞義獸白虎黑文不食生物又曰駟驖美襄公也始命有田狩之事其詩曰駟驖孔阜注曰驖驪也阜大也又小雅序曰車攻宣王復古也修車馬備器械復

會諸侯於東都因田獵而選車徒焉其詩曰我車旣攻我馬旣同注云攻堅也又吉日詩曰我車旣好四牡孔阜宣帝詔曰禮官具禮儀也於是發鯨魚鏗華鐘登玉輅乘時龍鳳
蓋颯灑和鸞玲瓏天官景從祲威盛容鯨魚謂刻杵作鯨魚形也鏗謂擊之也音苦耕反尚書大傳曰天子將出則撞黃鐘右五鐘皆應薛綜注西京賦云海中有大魚名鯨又有獸名蒲牢蒲牢素畏鯨魚鯨魚擊蒲牢蒲牢輒大鳴呼凡鐘欲令其聲大者故作蒲牢於其上撞鐘者名爲鯨魚鐘有篆刻之文故曰華爾雅曰馬高八尺以上曰龍月令春駕蒼龍各隨四時之色故曰時也玲瓏聲也蔡邕獨斷曰百官小吏曰天官祲亦盛也山靈護野屬御方神雨師汎灑風伯
清塵千乘雷起萬騎紛紜元戎竟野戈鋋彗雲羽旄掃
霓旌旗拂天山靈山神也屬連也音燭方四方也雨師畢星也風伯箕星也韓子師曠謂晉平公曰黃帝合鬼神於泰山風伯進掃雨師灑道蔡邕獨斷曰天子大駕備千乘萬騎元戎戎車也詩小雅曰元戎十乘以先啓行毛萇注曰元大也夏后氏曰鉤車先正也殷曰寅車先疾也周曰元戎先良也說文曰鋋小矛也音市延反彗掃也音似銳反焱焱炎炎揚光飛文吐燄生風吹野燎
山日月爲之奪明丘陵爲之搖震焱焱炎炎並光華也音以贍反震讀曰眞遂集乎中囿陳師案屯駢部曲列校隊
勒三軍誓將帥中囿囿中也續漢志曰大將軍營五部校尉一人部下有曲曲下有屯長一人駢猶陳列也杜預注左傳曰百人爲隊鄭玄周禮注云天子六軍三居一偏故此言勒三軍也周禮曰羣吏聽誓于前斬牲以狗陳曰不用命者斬之鄭玄注云羣吏將帥也然後舉烽伐鼓以命三
驅輕車霆發驍騎電騖游基發射范氏施御弦不失禽
轡不詭遇飛者未及翔走者未及去穀梁傳曰三驅之禮一爲乾豆二爲賓客三爲充君之庖霆發電騖並言疾也游基養由基也淮南子曰楚有神白猿王自射之則搏而嬉使養由基射之始調弓矯矢未發而猿擁木號矣范氏趙之御人也孟子曰趙簡子使王良御終日不獲一禽反曰天下賤工也王良曰吾爲範我馳驅終日不獲一爲之詭遇一朝而獲十趙岐注曰範法也爲法度之御應禮之射終日不得遇詭遇非禮射也則能獲十弦不失禽謂由基也轡不詭遇謂范氏也指顧倏忽獲
車已實樂不極般殺不盡物馬踠餘足士怒未泄先驅
復路屬車案節高唐賦曰舉功先得獲車已實爾雅曰般樂也禮記曰樂不可極踠猶屈也方言曰泄歇也漢官儀大駕屬車八十一乘子虛賦曰案節未舒謂駐節徐行也於是薦三犧效
五牲禮神祇懷百靈覲明堂臨辟雍揚緝熙宣皇風登
靈臺考休徵左傳鄭子太叔曰爲五牲三犧杜預注云五牲麋鹿麇狼兎三犧祭天地宗廟之犧也郊祭天也天神曰神地神曰祇百神曰靈詩曰懷柔百神覲朝也謂朝諸侯於明堂詩大雅曰維清緝熙文王之典鄭玄注云緝熙光明也尚書曰休徵孔安國注云叙美行之驗俯仰乎乾坤參象
乎聖躬目中夏而布德瞰四裔而抗稜易繫辭曰仰則觀象於天俯則觀法於地近取諸身遠取諸物聖躬謂天子也中夏中國也瞰音苦暫反四裔四夷也稜威也左傳曰德以柔中國刑以威四夷也西盪河源東澹海漘北動幽崖南趯朱垠盪滌也河源在崑崙山前書曰威稜澹乎鄰國音義曰澹猶動也音徒濫反漘水涯音脣郭璞注爾雅曰涯上平坦而下水深者爲漘趯躍也音他歷反說文曰垠界也音銀殊方別區界絶而不鄰自
孝武所不能征孝宣所不能臣莫不陸讋水慄奔走而
來賓爾雅曰讋懼也音之涉反遂綏哀牢開永昌綏安也哀牢西南夷號永平十二年其國王柳貌相率內屬以其地置永昌郡也春王三朝會同漢京是日也天
子受四海之圖籍膺萬國之貢珍內撫諸夏外接百蠻春王猶左傳云春王正月也三朝元日也朝音陟遙反謂歲之朝月之朝日之朝前書谷永曰今年正月朔日

食於三朝之會周禮曰時見曰會殷眺曰同賈逵注曰膺猶受也詩曰因時百蠻也乃盛禮樂供帳置乎雲龍之庭陳百僚而贊羣后究皇儀而展帝容供帳供設帷帳也供音九用反前書曰三輔長無供帳之勞戴延之記曰端門東有崇賢門次外有雲龍門贊引也於是庭實千品旨酒萬鍾列金罍班玉觴嘉珍御太牢饗庭實貢獻之物也左傳孟獻子曰臣聞聘而獻物於是有庭實旅百千品言多也說文曰鍾器也孔叢子曰堯飲千鍾罍酒器也詩曰我姑酌彼金罍珍八珍也太牢牛羊豕也饗協韻音香爾乃食舉雍徹太師奏樂陳金石布絲竹鍾鼓鏗鎗管弦曄煜食舉謂當食舉樂也蔡邕禮樂志曰大予樂郊祀陵廟中諸食舉樂也雍詩篇名也謂食訖歌雍詩以徹也論語曰三家者以雍徹太師樂官也周禮太師掌六律六呂以合陰陽之聲也鏗音苦耕反鎗音楚庚反曄煜盛貌也煜音育抗五聲極六律歌九功舞八佾韶武備太古畢左傳晏子曰五聲六律杜預注云五聲宮商角徵羽六律黃鍾太簇姑洗蕤賓夷則無射尚書曰九功惟序九序惟歌九功謂金木水火土穀正德利用厚生也佾舞行也穀梁傳曰天子八佾韶舜樂名武武王樂名太古遠古也四夷間奏德廣所及僸佅兜離罔不具集間迭也音古莧反詩國風曰漢廣德廣所及也鄭玄注周禮云四夷之樂東方曰韎南方曰任西方曰株離北方曰禁禁字書作僸音渠禁反佅音摩葛反周禮僸作禁佅作韎兜作株也萬樂備百禮暨皇歡浹羣臣醉降烟熅調元氣然後撞鍾告罷百僚遂退萬樂百禮盛言之也暨至也易曰天地絪縕萬物化醇禮統曰天地者元氣之所生萬物之祖尚書大傳曰天子將入撞蕤賓之鍾左五鍾皆應撞音直江反於是聖上親萬方之歡娛久沐浴乎膏澤懼其侈心之將萌而怠於東作也尚書曰平秩東作注云歲起於春而始就耕乃申舊章下明詔命有司班憲度昭節儉示大素詩大雅曰率由舊章鄭玄注云舊典文章左傳臧哀伯曰大路越席大羹不和昭其儉也列子曰大素者質之始也去後宮之麗飾損乘輿之服御除工商之淫業興農桑之上務遂令海內棄末而反本背偽而歸眞女修織紝男務耕耘器用陶匏服尚素玄恥纖靡而不服賤奇麗而不珍捐金於山沈珠於淵前書文帝詔曰農天下之本也而人或不務本而事末音義曰本農也末賈也背偽去雕飾歸眞尚質素也杜預注左傳曰織紝織繒布也禮記曰器用陶匏陶瓦器也匏瓠也陸賈新語曰聖人不用珠玉而寶其身故舜棄黃金於嶄巖之山捐珠玉於五湖之川以杜淫邪之欲也於是百姓滌瑕盪穢而鏡至清形神寂漠耳目不營嗜欲之原滅廉正之心生莫不優游而自得玉潤而金聲瑕穢猶過惡也揚雄集曰滌瑕蕩穢淮南子曰形者生之舍神者生之制也又曰和順以寂漠尚書曰弗役耳目百度惟貞淮南子曰吾所謂有天下者自得而已禮記孔子曰君子比德於玉焉溫潤而澤仁也孟子曰孔子德如金聲也是以四海之內學校如林庠序盈門獻酬交錯俎豆莘莘下舞上歌蹈德詠仁前書平帝立學官郡國曰學縣道邑及侯國曰校鄉曰庠聚曰序詩曰獻酬交錯莘莘衆多也音所申反禮記曰歌者在上貴人聲也又嗟歎之不足故手之舞之足之蹈之○劉攽曰注平帝立學官案文多一學字登降飫宴之禮旣畢因相與嗟歎玄德讜言弘說咸含和而吐氣頌曰盛哉乎斯世詩曰飲酒之飫毛萇注云不脫屨升堂謂之飫飫私也尚書曰玄德升聞字林曰讜美言也音黨今論者但知誦虞夏之書詠殷周之詩講羲文之易論孔氏之春秋罕能精古今之清濁究漢德之所由伏羲畫八卦文王作卦辭孔子作春秋清濁猶善惡也唯子頗識舊典又徒馳

騁乎末流溫故知新已難而知德者鮮矣末流猶下流也謂諸子也前書曰不入於道德放縱於末流論語孔子曰溫故知新可以為師矣又曰由知德者鮮矣且夫辟界西戎險阻四塞修其防禦孰與處乎土中平夷洞達萬方輻湊辟遠也音匹亦反戰國策蘇秦說孟嘗君曰秦四塞之國也高誘注云四面有山關之固故曰四塞之國防禦謂關禁也輻湊如輻之湊於轂也前書武帝詔吾丘壽王曰子在朕前之時知略輻湊也秦領九嵕涇渭之川曷若四瀆五嶽帶河泝洛圖書之淵四瀆江河淮濟也河圖曰天有四表以布精魄地有四瀆以出圖書爾雅曰泰山為東嶽衡山為南嶽華山為西嶽恒山為北嶽圖書之淵謂河洛也易繫辭曰河出圖洛出書也建章甘泉館御列仙孰與靈臺明堂統和天人館御謂設臺以進御神仙也禮含文嘉曰禮天子靈臺以考觀天人之際法陰陽之會也太液昆明鳥獸之囿曷若辟雍海流道德之富三輔黃圖曰辟雍水四周於外象四海也游俠踰侈犯義侵禮孰與同履法度翼翼濟濟也游俠即西賓云鄉曲豪俊游俠之雄踰侈謂列肆侈於姬姜等也爾雅曰翼翼敬也詩曰濟濟多士毛萇注云濟濟多威儀也子習秦阿房之造天而不知京洛之有制也識函谷之可關而不知王者之無外也史記曰秦始皇作阿房宮造至也公羊傳曰王者無外也主人之辭未終西都賓矍然失容逡巡降階惵然意下捧手欲辭主人曰復位今將喻子五篇之詩說文曰矍視遽之貌音許縛反周書曰臨攝以威而惵惵者猶恐懼也音徒頰反喻告也賓既卒業乃稱曰美哉乎此詩義正乎揚雄事實乎相如非唯主人之好學蓋乃遭遇乎斯時也揚雄作長楊羽獵賦司馬相如作子虛上林賦並文雖藻麗其事迂誕不如主人之言義正事實也小子狂簡不知所裁既聞正道請終身誦之其詩曰論語孔子曰吾黨之小子狂簡斐然成章不知所以裁之又曰不忮不求何用不臧子路終身誦之

明堂詩

於昭明堂明堂孔陽聖皇宗祀穆穆煌煌於音烏歎美之辭也詩周頌曰於昭于天孔甚也陽明也國風曰我朱孔陽聖皇宗祀謂祭光武於明堂也詩曰穆穆煌煌宜君宜王穆穆猶敬也煌煌猶美也上帝宴饗五位時序誰其配之世祖光武前書曰天神貴者太一太一佐曰五帝五位五帝也河圖曰蒼帝威靈仰赤帝赤熛怒黃帝含樞紐白帝白招矩黑帝叶光紀揚雄河東賦曰靈祇既饗五位時序謂各依其方而祭之普天率土各以其職猶與緝熙允懷多福詩小雅曰溥天之下莫非王土率土之濱莫非王臣溥亦普也孝經曰四海之內各以其職來助祭詩商頌曰猗與那與猗美也允信也懷來也詩大雅曰聿懷多福

辟雍詩

乃流辟雍辟雍湯湯聖皇莅止造舟為梁湯湯水流貌莅臨也詩小雅曰方叔莅止大雅曰造舟為梁毛萇注云天子造舟也謂連舟為浮梁也皤皤國老迺父迺兄抑抑威儀孝友光明說文曰皤皤老人貌也音步何反孝經援神契曰天子尊事三老兄事五更抑抑美也詩曰威儀抑抑爾雅曰善父母為孝善兄弟為友於赫太上示我漢行鴻化惟神永觀厥成於赫歎美也太上謂太古立德賢聖之人並著養老之禮今我漢家遵行之也鴻大也文子曰執玄德於心化馳如神詩周頌曰我客戾止永觀厥成爾雅曰觀示也

靈臺詩

乃經靈臺靈臺既崇帝勤時登爰考休徵詩大雅曰經始靈臺崇高也時登以時登之休美也徵驗也三光宣精五行布序習習祥風祁祁甘雨三光日月星也宣布也精明也五行水火金木土布序謂各順其性無繆沴也習習和也詩小雅曰習習谷風禮斗威儀曰君政頌平則祥風至宋均注曰即景風也祁祁徐也詩小雅曰興雨祁祁尚書考靈曜曰熒惑順行甘雨時也百穀溱溱庶卉蕃蕪屢惟豐年於皇樂胥百言非一也尚書洪範曰百穀用成溱溱盛貌尚書曰庶草蕃蕪爾雅曰蕃蕪豐也詩周頌曰綏萬邦屢豐年又曰於皇時周於音烏詩小雅曰君子樂胥受天之祜注云胥有才智之名

寶鼎詩

嶽修貢兮川效珍吐金景兮歊浮雲寶鼎見兮色紛縕煥其炳兮被龍文謂永平六年王雒山得寶鼎廬江太守獻之景光也說文曰歊氣出貌音火驕反史記曰秦武王與孟說舉龍文之鼎登祖廟兮享聖神昭靈德兮彌億年時明帝詔曰其以礿祭之日陳鼎於廟以備器用彌終也萬萬曰億尚書曰公其以予萬億年敬天之休

白雉詩

啓靈篇兮披瑞圖獲白雉兮效素烏靈篇謂河洛之書也固集此題篇云白雉素烏歌故兼言效素烏發皓羽兮奮翹英容絜朗兮於淳精皓白也翹尾也春秋元命包曰烏者陽之精章皇德兮侔周成永延長兮膺天慶章明也侔等也孝經援神契曰周成王時越裳獻白雉慶讀曰卿及肅宗雅好文章固愈得幸數入讀書禁中或連日繼夜每行巡狩輒獻上賦頌朝廷有大議使難問公卿辯論於前賞賜恩寵甚渥固自以二世才術位不過郎二代謂彪及固感東方朔揚雄自論以不遭蘇張范蔡之時作賓戲以自通焉東方朔答客難曰使蘇秦張儀與僕並生曾不得掌故安敢望侍郎乎揚雄解嘲曰范雎蔡澤之亡命也蔡澤山東之匹夫也有談范蔡於許史之間則狂矣固所作賓戲事見前書後遷玄武司馬續漢志曰宮掖門每門司馬一人秩比千石玄武司馬主玄武門天子會諸儒講論五經作白虎通德論令固撰集其事章帝建初四年詔諸王諸儒會白虎觀講議五經同異時北單于遣使貢獻求欲和親詔問羣僚議者或以為匈奴變詐之國無內向之心徒以畏漢威靈逼憚南虜南匈奴也故希望報命以安其離叛今若遣使恐失南虜親附之歡而成北狄猜詐之計不可固議曰竊自惟思漢興以來曠世歷年兵纏夷狄尤事匈奴綏御之方其塗不一或修文以和之或用武以征之或卑下以就之文帝與匈奴通關市妻以漢女增厚其賂也或臣服而致之宣帝時匈奴稽首臣服遣子入侍雖屈申無常所因時異然未有拒絕棄放不與交接者也故自建武之世復修舊典數出重使前後相繼建武二十年日逐王遣使詣漁陽請和親使中郎將李茂報命二十六年遣中郎將段郴授南單于印綬至於其末始乃暫絕永平八年復議通之而廷爭連日異同紛回多執其難少言其易先帝聖德遠覽瞻前顧後遂復出使事同前世先帝謂明帝也永平八年遣越騎司馬鄭衆報使北匈奴以此而推未有一世闕而不修者也今烏桓就闕稽首譯官康居月氏自遠而至匈奴離析名王來降三方歸服不以兵威此誠國家通於神明自然之徵也臣愚以為宜依故事復遣使者上可繼五鳳甘露致遠人之會宣帝五鳳三年單于名王將衆五萬餘人來降稱臣朝賀甘露元年匈奴呼韓邪遣右賢王入侍下不失建武永平羈縻之義虜使再來然後一往既明中國主

在忠信且知聖朝禮義有常豈可逆詐示猜孤其善意乎絕之未知其利通之不聞其害設後北虜稍彊能為風塵相侵擾則風塵起方復求為交通將何所及不若因今施惠為策近長固又作典引篇述敘漢德典謂堯典引猶續也漢承堯後故述漢德以續堯典以為相如封禪靡而不典文雖靡麗而體無古典揚雄美新典而不實體雖典則而其事虛偽謂王莽事不實蓋自謂得其致焉其辭曰太極之原兩儀始分烟烟熅熅有沈而奧有浮而清易繫辭曰易有太極是生兩儀又曰天地絪縕萬物化醇蔡邕曰絪縕陰陽和一相扶貌也奧濁也易乾鑿度曰清輕者為天濁沈者為地沈浮交錯庶類混成庶類萬物也混猶同也老子曰有物混成先天地生肇命人主五德初始同乎草昧玄混之中人主謂天子也尚書曰成湯簡代夏作民主五德五行也初始謂伏羲始以木德王也木生火故神農以火德五行相生周而復始草昧謂草創暗昧也易曰天地草昧幽玄混沌之中謂三皇初起之時也踰繩越契寂寥而亡詔者系不得而綴也易繫辭曰上古結繩而化後代聖人易之以書契踰越也詔告也言過繩契以上既無文字故寂寥而無文誥系謂易繫辭也故易繫而不得綴連也厥有氏號紹天闡繹者氏號謂太昊庖犧氏炎帝神農氏黃帝軒轅氏之類紹繼也謂王者繼天而作闡開也繹陳也莫不開元於太昊皇初之首上哉敻乎其書猶可得而修也易曰帝出於震始以木德王天下故曰皇初之首又曰古者庖犧氏之王天下也仰則觀象於天俯則觀法於地是其書可得而修也亞斯之世通變神化函光而未曜亞斯之代謂少昊顓頊高辛等雖通變神化而易繫不載其事故曰函光未曜若夫上稽乾則降承龍翼而炳諸典謨以冠德卓蹤者莫崇乎陶唐稽考乾天也論語孔子曰惟天為大惟堯則之龍翼謂稷契等為堯之羽翼易乾上九曰用九見羣龍無首吉鄭玄注云六爻皆體龍羣龍象也謂禹與稷契咎陶之屬並在于朝炳明也典謨謂堯典皋陶謨也為道德之冠首蹤跡之卓異者莫異於陶唐爾雅曰崇高也陶唐舍胤而禪有虞虞亦命夏后稷契熙載越成湯武舍胤謂堯舍其胤子丹朱而禪於舜舜亦舍其子商均而禪禹書曰熙帝之載孔安國注云熙廣也載事也言稷契並能廣立功事於堯舜之朝越於也於是成其子孫湯武之業並得為天子也湯契之後武王后稷之後股肱既周天乃歸功元首將授漢劉股肱謂稷契也既周謂其子孫並周徧得為天子元首堯也言天更歸功於堯又將授漢以帝位俾其承三季之荒末值亢龍之災孽懸象暗而恒文乖彝倫斁而舊章缺俾使也三季三王之季也易乾文言曰亢龍有悔窮之災也孽亦災也易曰懸象著明莫大於日月乖謂失於常度也倫理也斁敗也尚書曰彝倫攸斁舊章缺謂秦燔詩書故先命玄聖使綴學立制宏亮洪業表相祖宗贊揚迪哲備哉燦爛眞神明之式也玄聖謂孔丘也春秋演孔圖曰孔子母徵在夢感黑帝而生故曰玄聖莊子曰恬澹玄聖素王之道綴學立制謂為漢家法制也宏洪並大也亮信也表明也相助也迪蹈也哲智也言贊揚蹈履哲智之君謂高祖等也尚書曰茲四人迪哲燦爛盛明式法也雖前聖皋夔衡旦密勿之輔比茲褊矣皋陶也夔舜之典樂者衡謂阿衡即伊尹也旦周公也密勿猶黽勉也茲謂孔子言皋夔等比之為褊小矣是以高光二聖辰居其域時至氣動乃龍見淵躍論語孔子曰譬如北辰居其所而衆星拱之時至氣動謂高祖聚形雲於碭山光武發佳氣於白水易乾卦九二曰見龍在田九四曰或躍在淵並喻漢初起拊翼而未舉則威靈紛紜海內雲蒸雷動電熛胡縊莽分不莅其誅拊翼以雞為喻言知將旦則鼓其翼而鳴前書曰張陳之

文拊翼俱起以喩高祖光武也紛紜盛貌也如雲之蒸言天下英傑爲漢者多矣爍光也胡謚謂胡亥謚死也
莽分謂公賓就斬莽也莅臨也言天下先爲漢誅之高祖光武不親臨也然後欽若上下恭
揖羣后正位度宗有于德不台淵穆之讓靡號師矢敦
奮撝之容尚書曰欽若昊天欽敬也若順也上下謂天地也書曰格于上下羣后諸侯也易曰君子
正位凝命也尚書曰延入翼室恤度宗度居也宗尊也前書曰舜讓于德不台音義曰台讀曰嗣言高祖初即
位居尊之時並讓言于德不能嗣成帝功有此淵深穆敬之讓高祖初即位曰寡人聞帝者賢者有也虛言無
實之名非所取也光武即位固辭至於再三靡無也矢陳也敦猶迫遍也詩云矢于牧野又曰數敦進濆言漢
取天下無號令陳師敦迫奮武撝旄之容詩曰奮伐荆楚尚書曰王秉白旄以麾撝亦麾也言並天人所推不
尚威力也蓋以膺當天之正統受克讓之歸運蓄炎上之烈
精蘊孔佐之弘陳云爾正統謂漢承周爲火德尚書堯典曰允恭克讓謂漢承堯克讓
之後歸運謂堯歸運於漢也炎上謂火德烈精言盛也蘊藏也孔謂孔丘佐謂孔丘制作春秋及緯書以佐漢也即春
秋演孔圖曰卯金刀名爲劉中國東南出荆州赤帝後次代周是也謂大陳漢之期運也洋洋乎若
德帝者之上儀誥誓所不及已洋洋美也若如也儀法也謂如此美德可謂五
帝之上法也穀梁傳曰誥誓不及五帝盟詛不及三王交質不及五伯上下不相信服方有誥誓五帝之時上
下和睦故誓不及鋪觀二代洪纖之度其賾可探也鋪徧也二代殷周也
洪纖猶大小也度法度也賾幽深也言徧觀殷周大小之法其幽深可探知之並開迹於一匱
同受侯甸之所服弈世勤民以伯方統牧孔子曰譬如平地雖覆一
匱鄭玄注云匱盛土籠也侯服甸服謂諸侯也湯爲桀之諸侯文王爲紂之諸侯弈猶重也自契至湯十四代
后稷至文王十五代並積勤勞於人也伯方猶方伯也謂湯爲夏伯文王爲殷伯並統領州牧乘其命
賜彤弧黃戚之威用討韋顧黎崇之不格周禮九命作伯彤弧赤弓
黃戚黃金飾斧也禮記曰諸侯賜弓矢然後專征伐賜斧鉞然後殺韋顧並國名湯滅之詩殷頌曰韋顧既伐
黎崇亦國名史記文王伐崇尚書曰西伯既戡黎格來也至乎三五華夏京遷鎬亳
遂自北面虎離其師革滅天邑三五未詳京師京都也武王都鎬湯都亳詩云
宅是鎬京武王成之尚書曰湯始居亳從先王居自從也北面謂臣也湯武並以臣伐君史記曰如虎如羆如
豺如離於商郊音義曰離與螭同革改也易曰湯武革命天邑天子所都也尚書曰肆予敢求爾于天邑商○
劉攽曰注京師京都也案文多一師字是故義士偉而不敦武稱未盡護
有慙德不其然與左傳曰武王克商遷九鼎於洛邑義士猶或非之杜預注曰伯夷之屬也
史記曰伯夷叔齊逢武王伐紂扣馬諫曰以臣弑君可謂仁乎偉猶異也敦厚也武周武王樂也論語孔子曰
謂武盡美矣未盡善也護湯樂也左傳延陵季子聘魯觀樂見舞大護者曰聖人之弘也而猶有慙德然
猶於穆猗那翕純皦繹以崇嚴祖考殷薦宗祀配帝發
祥流慶對越天地者舄弈乎千載豈不克自神明哉於歎
辭也穆美也歎美周家之德詩周頌曰於穆清廟猗亦歎之辭也那多也歎美湯之德多也殷頌曰猗與那與
論語子語魯太師樂曰樂其可知也始作翕如也縱之純如也皦如也繹如也以成何晏注曰翕盛也純和諧
也皦其音節明也繹如也鄭玄注云繹調達之貌此言周之代尚有於穆猗那之頌播之於翕純皦繹之樂尊祖嚴
父宗祀配天於明堂之中詩商頌曰濬哲惟商長發其祥言發祥以流慶於子孫周頌曰秉文之德對越在
天舄弈猶奕蟬聯不絶也誕略有常審言行於篇籍光藻朗而不渝
爾誕大也略大也言殷周二代教化之迹大略有常也篇籍謂詩書也朗明也渝變也言光彩文藻朗明而不變耳
其餘殊異不能及於漢也矧夫赫赫聖漢巍巍唐基泝測其源乃先
孕虞育夏甄殷陶周矧況也漢承唐虞之基逆流曰泝孕懷也育養也甄陶謂造成也前
書音義曰陶人作瓦器謂之甄言虞夏殷周之先祖並書爲堯臣○劉攽曰注漢承唐虞之基案注解唐基耳

何故轍出虞字明當作堯然後宣二祖之重光襲四宗之緝熙神靈
日燭光被六幽仁風翔乎海表威靈行於鬼區慝亡迴
而不泯微胡瑣而不頤二祖高祖世祖也尚書曰宣重光襲重也四宗文帝爲太宗武
帝爲代宗宣帝爲中宗明帝爲顯宗燭照也言如日之照六幽六合幽遠之地鬼區遠方也易曰高宗伐鬼方
慝惡也迴遠也泯滅也瑣小也頤養也言凶惡者無遠而不滅微細者何小而不養也故夫顯定
三才昭登之績匪堯不興鋪聞遺策在下之訓匪漢不
弘三才天地人也易曰兼三才而兩之登升也績功也言升天之功非堯不能興也尚書曰昭升于上鋪布
也遺策堯之餘策謂堯典也在下謂後代子孫也言堯典爲子孫之訓非漢不能弘大也厥道至乎
經緯乾坤出入三光外運混元內浸豪芒性類循理品
物咸亨其已久矣經緯天地言陰陽交泰也出入三光言日月星得其度也混元天地之總
名也豪芒纖微也老子曰和陰陽節四時潤乎草木浸乎金石毫毛潤澤性生也循順也含生之類皆順於理
尚書曰別生分類品物萬殊亨通也易曰含弘光大品物咸亨盛哉皇家帝世德臣列
辟功君百王榮鏡宇宙尊無與抗皇家帝代謂漢家歷代也列辟謂古之帝
王也言漢家德可以臣彼列辟功可以君彼百王相如封禪書曰歷選列辟鏡猶光明也抗猶敵也讀曰康
乃始虔鞏勞謙兢兢業業貶成抑定不敢論制作爾雅曰虔
鞏固也易曰勞謙君子有終吉言帝固爲勞謙也兢兢戒慎也業業危懼也禮記曰王者功成作樂理定制禮
今不敢論制禮作樂之事言謙之甚也至令遷正黜色賓監之事煥揚宇
內而禮官儒林屯朋篤論之士而不傳祖宗之彷彿雖
云優慎無乃葸歟遷正改正朔也黜色易服色也賓謂殷周二王之後謂漢之賓監視也視
殷周之事以爲監戒論語孔子曰周監於二代屯聚也朋羣也不傳謂不制作篇籍以紀功德也彷彿猶髣髴
也論語孔子曰慎而無禮則葸鄭玄注云葸質慤貌也言雖優游謙慎無乃太質慤也於是三事
嶽牧之僚僉爾而進曰陛下仰監唐典中述祖則俯蹈
宗軌三事三公也僉皆也躬奉天經惇睦辯章之化洽天經謂孝也孔子曰
夫孝天之經謂章帝初即位四時禘祫宗祀於明堂也尚書曰惇敘九族又曰九族既睦辯章百姓鄭玄注云
辯別也章明也惇厚也睦親也章帝性篤愛不忍與諸王乖離皆留京師也巡靖黎蒸懷保
鰥寡之惠浹巡撫也靖安也黎蒸皆衆也懷思也保安也浹洽也尚書曰懷保小人惠鮮鰥寡謂
章帝在位凡四巡狩賜人爵鰥寡孤獨不能自存者粟燔瘞縣沈肅祇羣神之禮
備爾雅曰祭天曰燔柴祭地曰瘞埋祭山曰庋縣祭川曰浮沈肅祇恭敬也封禪書曰湯武至尊不失肅敬
元和中詔曰朕巡狩岱宗柴望山川庋音居毀反是以鳳凰來儀集羽族於觀
魏肉角馴毛宗於外囿擾緇文皓質於郊升黃暉采鱗
於沼甘露霄零於豐草三足軒翥於茂樹尚書曰鳳凰來儀元和二
年詔曰乃者鳳凰鸞鳥比集七郡羽族謂羣鳥隨之也觀魏門闕也肉角謂麟也伏侯古今注曰建初二年北
海得一角獸大如麕有角在耳間端有肉又元和二年麒麟見陳一角端如葱葉色赤黃擾馴也緇文皓質謂
騶虞也說文曰騶虞白虎黑文尾長於身古今注曰元和三年白虎見彭城黃暉采鱗謂黃龍也建初五年有
八黃龍見于零陵古今注曰元和二年甘露降河南三足烏集沛國軒翥謂飛翔上下也若乃嘉穀
靈草奇獸神禽應圖合諜窮祥極瑞者朝夕坰牧日月
邦畿卓犖乎方州羨溢乎要荒嘉穀嘉禾靈草芝屬古今注曰元和二年芝生
沛如人冠大坐狀章和九年詔曰嘉穀滋生芝草之類歲月不絕奇獸神禽謂白虎白雉之屬也建初七年獲
白鹿元和元年日南獻生犀白雉言應於瑞圖又合乎史諜也坰牧郊野也卓犖殊絕也羨音以戰反○劉攽
日注如人冠大坐案文大當作衣冠如人衣冠坐也昔姬有素雉朱烏玄秬黃麰

之事耳君臣動色左右相趨濟濟翼翼峨峨如也孝經援神
契曰周成王時越裳來獻白雉朱烏謂赤烏也尚書中候曰太子發渡孟津有火自天止于王屋流爲赤烏玄
秬黑黍也詩大雅曰誕降嘉種惟秬惟秠黃麰麥也謂赤烏銜牟麥而至也詩頌曰貽我來牟詩大雅曰濟濟
多士又曰惟此文王小心翼翼又曰奉璋峨峨蓋用昭明寅畏承聿懷之福亦
以寵靈文武貽燕後昆覆以懿鑠豈其爲身而有顓辭
也詩大雅曰昭明有融寅敬也尚書曰嚴恭寅畏聿述也懷思也詩大雅曰昭事上帝聿懷多福貽遺也燕
安也後昆子孫也言此並以光寵文王武王之德遺燕安於子孫也詩大雅曰貽厥孫謀以燕翼子覆猶
重也懿美也詩大雅曰我求懿德又曰於鑠王師言詩人歌頌周之盛德當成康之時其成王康王豈獨
爲身而有自專之辭也並上寵文武之業下遺子孫之基也言今章帝既獲符瑞之應亦宜同成康之事也
若然受之宜亦勤恁旅力以充厥道啓恭館之金縢御
東序之祕寶以流其占受之謂漢受此符瑞也說文曰恁念也音人甚反旅陳也允當
也恭肅也館謂廟中也金縢以金緘匱藏符瑞之書於其中也御猶陳也祕寶謂河圖之屬也尚書
曰天球河圖在東序孔安國注曰河圖八卦是也言啓金縢之書及河圖之卦以占之也流猶徧也夫圖
書亮章天哲也孔猷先命聖孚也體行德本正性也逢
吉丁辰景命也圖書河圖洛書也亮信章明哲智言天授圖書者爲天子所知也孔孔丘也猷
圖也孚信也孔丘之圖先命漢家當須封禪此聖人之信也體行猶躬行也孔子曰夫孝德之本也易曰乾道
變化各正性命丁當也辰時也景大也逢休吉之代當封禪之時此爲天子之大命也順命以創
制定性以和神答三靈之繁祉展放唐之明文茲事體
大而允寤寐次于聖心瞻前顧後豈蔑清廟憚勑天乎
命謂符瑞也荅對也三靈天地人之神也繁多也祉福也展陳也放效也音甫往反放唐堯之文謂封禪也尚
書璇璣鈐曰平制禮樂放唐之文茲事謂封禪之事大而且信次止也寤寐常止于聖心言不可忘之也前謂
前代帝王後謂子孫也蔑輕也憚難也勑正也言封禪之事皆述祖宗之德今乃推讓豈輕清廟而難正天命
乎尚書曰勑天之命惟時惟幾伊考自遂古乃降戻爰茲作者七十有
四人有不俾而假素罔光度而遺章今其如台而獨闕
也伊維也遂古猶遠古也楚辭曰遂古之初戻至也言自遠古以來至於此也作者謂封禪者史記管仲曰
自古封禪七十二君并武帝及光武爲七十四君俾使也有天下不使其封禪而假爲竹素之文者無有光揚
法度而棄其文章不封禪者也台我也今其如我何獨闕也是時聖上固已垂精游
神包舉藝文屢訪羣儒諭咨故老與之乎斟酌道德之
淵源肴覈仁義之林藪以望元符之臻焉聖上謂章帝也諭告咨謀
也道德仁義人所常行故以酒食爲諭焉淵源林藪諭深邃也元天也符瑞也詩曰肴核惟旅覈亦核也謂果
實之屬既成羣后之讜辭又悉經五繇之碩慮矣將緋萬
嗣煬洪暉奮炎景扇遺風播芳烈久而愈新用而不竭
汪汪乎丕天之大律其疇能亘之哉唐哉皇哉皇哉唐
哉讜直言也繇兆辭也音胄左傳曰先王卜征五年而歲習其祥不習則增修其德而改卜碩大也慮思也廣
雅曰緋續也音方萌反景大也炎謂火德汪汪猶深也今文尚書泰誓篇曰立功立事可以永年丕天之大律
鄭玄注云丕大也律法也疇誰也亘猶竟也唐哉謂堯也皇哉謂漢也言唯唐與漢唯漢與唐固後以
母喪去官永元初大將軍竇憲出征匈奴以固爲中護
軍與參議北單于聞漢軍出遣使欵居延塞欲修呼韓
邪故事朝見天子請大使憲上遣固行中郎將事將數
百騎與虜使俱出居延塞迎之會南匈奴掩破北庭永元

二年南單于出雞鹿塞擊北匈奴於河雲大破之固至私渠海聞虜中亂引還
及竇憲敗固先坐免官固不教學諸子諸子多不遵法
度吏人苦之初洛陽令种兢嘗行固奴干其車騎吏推
呼之奴醉罵兢大怒畏憲不敢發心銜之及竇氏賓客
皆逮考兢因此捕繫固遂死獄中時年六十一詔以譴
責兢抵主者吏罪固所著典引賓戲應譏詩賦銘誄頌
書文記論議六言在者凡四十一篇
論曰司馬遷班固父子其言史官載籍之作大義粲然
著矣議者咸稱二子有良史之才遷文直而事覈固文
贍而事詳若固之序事不激詭不抑抗激揚也詭毀也抑退也抗進也
贍而不穢詳而有體使讀之者亹亹而不猒信哉其能
成名也爾雅曰亹亹猶勉勉也彪固譏遷以爲是非頗謬於聖人言遷
所是非皆與聖人乖謬即崇黃老而薄五經輕仁義而賤守節是也然其論議常排死節
否正直而不叙殺身成仁之爲美固序游俠傳曰劇孟郭解之徒馳騖於閭
閻里其陷於刑辟自與殺身成名若季路仇牧而不悔也古之正法五伯三王之罪人六國五伯之罪人四豪
者又六國之罪人況於郭解之倫以匹夫之細竊殺生之權其罪不容於誅也則輕仁義賤守
節愈矣愈猶甚也固傷遷博物洽聞不能以智免極刑謂下蠶室
然亦身陷大戮此已上略華嶠之辭智及之而不能守之論語孔子之言
也言有智而能自守其身不嗚呼古人所以致論於目睫也史記齊使者至
越曰幸也越之不亡也吾不貴其智之如目見毫毛而不見其睫也今越王知晉之失計不自知越人之過是
目論也言班固譏遷刑而不知身自遇禍
贊曰二班懷文裁成帝墳沈約宋書曰初謝儼作此贊云裁成典墳以示范曄曄收
爲帝墳比良遷董謂司馬遷董狐也左傳曰董狐古之良史也兼麗卿雲司馬長卿
楊子雲彪識皇命固迷世紛

後漢書卷七十一

宋　宣　城　太　守　范　曄　撰

唐　章　懷　太　子　賢　注

第五鍾離宋寒列傳第三十一

第五倫　曾孫種

第五倫字伯魚京兆長陵人也其先齊諸田史記曰陳公子完奔齊以陳字爲田氏應劭注云始食采於田改姓田氏諸田徙園陵者多故以次第
爲氏倫少介然有義行王莽末盜賊起宗族閭里爭往
附之倫乃依險固築營壁有賊輒奮厲其衆引彊持滿
以拒之引彊謂弓弩之多力者控引之持滿不發也銅馬赤眉之屬前後數

十輩皆不能下東觀記曰時米石萬錢人相食倫獨收養孤兄子外孫分糧共食死生相守鄉里以此賢之倫始以營長詣郡尹鮮于褒風俗通曰武王封箕子于朝鮮其子食采於朝鮮因氏焉褒見而異之署為吏後褒坐事左轉高唐令高唐縣屬平原郡故城在今齊州祝阿縣西臨去握倫臂訣曰恨相知晚訣別也東觀記曰倫步擔往候之留十餘日將倫上堂令妻子出相對以屬託焉倫後為鄉嗇夫平徭賦理怨結得人歡心自以為久宦不達遂將家屬客河東變名姓自稱王伯齊載鹽往來太原上黨所過輒為糞除而去糞除猶掃除也陌上號為道士親友故人莫知其處數年鮮于褒薦之於京兆尹閻興興即召倫為主簿時長安鑄錢多姦巧乃署倫為督鑄錢掾領長安市東觀漢記曰時長安市未有秩又鑄錢官姦軽所集無能整齊理之者興署倫督鑄錢掾領長安市其後小人爭訟皆云第五掾所平市無姦枉○劉攽曰注姦軽所集案姦軽無理當是軌字倫平銓衡正斗斛市無阿枉百姓悅服每讀詔書常歎息曰此聖主也一見決矣等輩笑之曰爾說將尚不下安能動萬乘乎華嶠書曰蓋延代鮮于褒為馮翊多非法倫數切諫延恨之故滯不得舉將謂州將倫曰未遇知己道不同故耳建武二十七年舉孝廉補淮陽國醫工長隨王之國光武召見甚異之二十九年從王朝京師隨官屬得會見帝問以政事倫因此酬對政道帝大悅明日復特召入與語至夕帝戲謂倫曰聞卿為吏篣婦公不過從兄飯寧有之邪倫對曰臣三娶妻皆無父少遭飢亂實不敢妄過人食華嶠書曰上復曰聞卿為市掾人有遺母一笥餅者卿從外來見之奪母笥探口中餅信乎倫對曰實無此衆人以臣愚蔽故為生是語也帝大笑倫出有詔以為扶夷長扶夷縣屬零陵郡故城在今邵州武岡縣東北未到官追拜會稽太守雖為二千石躬自斬芻養馬妻執炊爨受俸裁留一月糧餘皆賤貿與民之貧羸者會稽俗多淫祀好卜筮民常以牛祭神百姓財產以之困匱其自食牛肉而不以薦祠者發病且死先為牛鳴前後郡將莫敢禁倫到官移書屬縣曉告百姓其巫祝有依託鬼神詐怖愚民皆案論之有妄屠牛者吏輒行罰民初恐懼或祝詛妄言倫案之愈急後遂斷絕百姓以安永平五年坐法徵老小攀車叩馬嗁呼相隨日裁行數里不得前倫乃偽止亭舍陰乘船去衆知復追之及詣廷尉吏民上書守闕者千餘人是時顯宗方案梁松事亦多為松訟者帝患之詔公車諸為梁氏及會稽太守上書者勿復受會帝幸廷尉錄囚徒得免歸田里身自耕種不交通人物數歲拜為宕渠令宕渠縣故城在今渠州流江縣東北顯拔鄉佐玄賀賀後為九江沛二郡守以清潔稱所在化行終於大司農倫在職四年遷蜀郡太守蜀地肥饒人吏富實掾史家貲多至千萬皆鮮車怒馬以財貨自達怒馬謂馬之肥壯其氣憤怒也倫悉簡其豐贍者遣還之更選孤貧志行之人以處曹任於是爭賕抑絕以財相貨曰賕音其又反又音求文職修理所舉吏多至九卿二千石時以為知人視事七歲肅宗初立擢自遠郡代牟融為司空帝以明德太后故尊崇舅氏馬廖兄弟竝居職任廖等傾身交結冠蓋之士爭赴趣之倫以后族過盛欲令朝廷抑損其權上疏曰臣聞忠不隱諱直不避害不勝愚狷昧死自表狷猶狂也書曰臣無作威作福其害于而家凶于而國尚書洪範之言傳曰大夫無境外之交束脩之饋穀梁傳之文也束脩脯也饋遺也近代光烈皇后雖友愛天至而卒使陰就歸國徙廢陰興賓客其後梁竇之家互有非法明帝即位竟多誅之自是洛中無復權戚書記請託一皆斷絕又譬諸外戚曰譬猶諭也苦身待士不如為國戴盆望天事不兩施司馬遷書曰僕以為戴盆何以望天也臣常刻著五藏書諸紳帶刻著五藏謂銘之於心也紳謂大帶垂之三尺論語曰子張書諸紳也而今之議者復以馬氏為言竊聞衛尉廖以布三千匹城門校尉防以錢三百萬私贍三輔衣冠知與不知莫不畢給又聞臘日亦遺其在洛中者錢各五千越騎校尉光臘用羊三百頭米四百斛肉五千斤臣愚以為不應經義惶恐不敢以不聞陛下情欲厚之亦宜所以安之臣今言此誠欲上忠陛下下全后家裁蒙省察裁與纔同及馬防為車騎將軍當出征西羌倫又上疏曰臣愚以為國戚可封侯以富之不當職事以任之何者繩以法則傷恩私以親則違憲伏聞馬防今當西征臣以太后恩仁陛下至孝恐卒有纖介難以意愛恐卒然有小過愛而不罰則廢法也聞防請杜篤為從事中郎多賜財帛篤為鄉里所廢客居美陽女弟為馬氏妻恃此交通在所縣令苦其不法收繫論之今來防所議者咸致疑怪況乃以為從事將恐議及朝廷今宜為選賢能以輔助之不可復令防自請人有損事望望物望也苟有所懷敢不自聞竝不見省用倫雖峭直峭峻也然常疾俗吏苛刻及為三公值帝長者屢有善政乃上疏褒稱盛美因以勸成風德曰陛下即位躬天然之德體晏晏之姿以寬弘臨下尚書考靈耀曰堯文塞晏晏爾雅曰晏晏溫和也出入四年前歲誅刺史二千石貪殘者六人東觀漢記曰去年伏誅者刺史一人太守三人減死罪二人凡六人斯皆明聖所鑒非羣下所及然詔書每下寬和而政急不解務存節儉而奢侈不止者咎在俗敝羣下不稱故也光武承王莽之餘頗以嚴猛為政後代因之遂成風化郡國所舉類多辦職俗吏殊未有寬博之選以應上求者也陳留令劉豫冠軍令駟協竝以刻薄之姿臨人宰邑專念掠殺務為嚴苦吏民愁怨莫不疾之而今之議者反以為能違天心失經義誠不可不慎也非徒應坐豫協亦當宜譴舉者譴責也務進仁賢以任時政不過數人則風俗自化矣臣嘗讀書記知秦以酷急亡國又目見王莽亦以苛法自滅故勤勤懇懇實在於此又聞諸王主貴戚驕奢踰制京師尚然何以示遠故曰其身不正雖令不從論語孔子之言以身教者從以言教者訟夫陰陽和歲乃豐君臣同心化乃成也其刺史太守以下拜除京師及道出洛陽者宜皆召見可因博問四方兼以觀察其人諸上書言事有不合者可但報歸田里不宜過加喜怒以明在寬臣愚不足採及諸馬得罪歸國而竇氏始貴倫復上疏曰臣得以空虛之質當輔弼之任素性駑怯位尊爵重拘迫大義思自策厲雖遭百死不敢擇地又況親遇危言之世哉論語孔子曰邦有道危言危行邦無道危行言遜鄭玄注云危猶高也據時高言高行必見危故以為論也今承百王之敝人尚文巧咸趨邪路莫能守正伏見虎賁中郎將竇憲椒房之親后妃以椒塗壁取其繁衍多子故曰椒房典司禁兵出入省闥年盛志美卑謙樂善此誠其好士交結之方然諸出入貴戚者類多瑕釁禁錮之人尤少守約安貧之節士大夫無志之徒更相販賣雲集其門衆煦飄山聚蚊成雷前書中山靖王之言蓋驕佚所從生也三輔議論者至云以貴戚廢錮當復以貴戚浣濯之猶解酲當以酒也病酒曰酲詖險趣埶之徒誠不可親近蒼頡篇曰詖佞諂也臣愚願陛下中宮嚴勑憲等閉門自守無妄交通士大夫防其未萌慮於無形令憲永保福祿君臣交歡無纖介之隙此臣之至所願也○劉攽曰案文當云是所至願也多一之字倒一所字倫奉公盡節言事無所依違諸子或時諫止輒叱遣之吏人奏記及便宜者亦并封上其無私若此性質慤少文采在位以貞白稱時人方之前朝貢禹前書曰貢禹字少翁琅邪人也以明經潔行著聞然少蘊藉不修威儀蘊藉猶寬博也亦以此見輕或問倫曰公有私乎對曰昔人有與吾千里馬者吾雖不受每三公有所選舉心不能忘而亦終不用也吾兄子常病一夜十往○劉攽曰麻延年云唐肅宗下詔用十起作元子事本出於此明當作起也退而安寢吾子有疾雖不省視而竟夕不眠若是者豈可謂無私乎連以老病上疏乞身元和三年賜策罷以二千石奉終其身加賜錢五十萬公宅一區後數年卒時年八十餘詔賜祕器衣衾錢布少子頡嗣○劉攽曰案倫未嘗有爵無緣言嗣明多此一字歷桂陽廬江南陽太守所在見稱順帝之為太子廢也樊豐等譖之廢為濟陰王頡為太中大夫與太僕來歷等共守闕固爭帝即位擢為將作大匠卒官三輔決錄注曰頡字子陵為郡功曹州從事公府辟舉高第為侍御史南頓令桂陽南陽廬江三郡太守諫議大夫洛陽無主人鄉里無田宅客止靈臺中或十日不炊司隸校尉南陽左雄太史令張衡尚書廬江朱建孟興皆與頡故舊各致禮餉頡終不受倫曾孫種

論曰第五倫峭覈為方峭覈謂其性峻急好窮覈事情非夫愷悌之士省其奏議惇惇歸諸寬厚惇惇純厚之貌也音敦將懲苛切之敝使其然乎昔人以弦韋為佩蓋猶此矣韓子曰西門豹性急佩韋以自緩董安于性緩佩弦以自急也然而君子侈不僭上儉不偪下禮記曰管仲鏤簋而朱紘旅樹而反坫山節藻梲賢大夫也而難為上也晏平仲祀其先人豚肩不掩豆賢大夫也而難為下也君子上不僭上下不偪下豈尊臨千里而與牧圉等庸乎詎非矯激則未可以中和言也

種字興先少厲志義為吏冠名州郡永壽中以司徒掾清詔使冀州廉察災害風俗通曰汝南周勃辟太尉清詔使荊州又此言以司徒清詔使冀州蓋三公府有清詔員以承詔使也廉察也舉奏刺史二千石以下所刑免甚衆棄官奔走者數十人還以奉使稱職拜高密侯相是時徐兗二州盜賊羣輩高密在二州之郊種乃大儲糧稸勤厲吏士賊聞皆憚之桴鼓不鳴流民歸者歲中至數千家桴擊鼓杖也音夫以能換為衛相周後衛公也遷兗州刺史中常侍單超兄子匡為濟陰太守負埶貪放種欲收舉未知所使會聞從事衛羽素抗厲乃召羽具告之謂曰聞公不畏彊禦今欲相委以重事若何對曰願庶幾於一割以鈆刀喻羽羽出遂馳至定陶閉門收匡賓客親吏四十餘人六七日中糾發其臧五六千萬種即奏匡并以劾超匡窘迫遣刺客刺羽羽覺其姦乃收繫客具得情狀州內震慄朝廷嗟歎之是時太山賊叔孫無忌等暴橫一境州郡不能討羽說種曰中國安寧忘戰日久而太山險阻寇猾不制今雖有精兵難以赴敵羽請往譬降之種敬諾羽乃往備說禍福無忌即帥其黨與三千餘人降單超積懷忿恨遂以事陷種竟坐徙朔方超外孫董援為朔方太守稸怒以待之初種為衛相以門下掾孫斌賢善遇之及當徙斥斌具聞超謀乃謂其友人同縣閭子直及高密甄子然曰蓋盜憎其主從來舊矣第五使君當投裔土而單超外屬為彼郡守夫危者易仆可為寒心吾今方追使君庶免其難若奉使君以還將以付子二人曰子其行矣是吾心也於是斌將俠客晨夜追種及之於太原遮險格殺送吏因下馬與種斌自步從一日一夜行四百餘里遂得脫歸種匿於閭甄氏數年徐州從事臧旻上書訟之曰臣聞士有恐死之辱必有就事之計故季布屈節於朱家前書曰季布楚人為任俠有名數窘漢王高祖購求布千金布匿濮陽周氏周氏曰漢求將軍急敢進計布許之乃髡鉗布衣褐并其家僮之魯朱家所賣之朱家買置田舍言之高祖赦之後為河東守管仲錯行於召忽說苑子路問於孔子曰昔者管子欲立公子糾而不能召忽死之管仲不死是無仁也孔子曰召忽者人臣之材不死則三軍之虜也死之則名聞於天下矣何為不死哉管子者天子之佐諸侯之相也死之則不免於溝瀆之中不死則功復用於天下夫何為死之哉錯猶乖也此二臣以可死而不死者非

愛身於須臾貪命於苟活隱其智力顧其權畧庶幸逢
時有所爲耳卒遭高帝之成業齊桓之興伯遺其亡逃
之行赦其射鉤之讎拔於囚虜之中信其佐國之謀信音申
勳效傳於百世君臣載於篇籍假令二主紀過於纖
介則此二臣同死於犬馬沈名於溝壑當何由得申其
補過之功建其奇奐之術乎伏見故兗州刺史第五種
傑然自建在鄉曲無苞苴之嫌苞苴饋遺也步朝堂無擇言
之闕口無可擇之言也天性疾惡公方不曲故論者說清高以
種爲上序直士以種爲首春秋之義選人所長棄其所
短錄其小善除其大過種所坐以盜賊公負筋力未就
太山之賊種不能討是力不足以禁之法當公坐故云公負也罪至徵徙非有大惡昔
虞舜事親大杖則走家語孔子謂曾子之言也故種逃亡苟全性命
冀有朱家之路以顯季布之會願陛下無遺須臾之恩
令種有持忠入地之恨會赦出卒於家

鍾離意傳

鍾離意字子阿會稽山陰人也少爲郡督郵時部縣亭
長有受人酒禮者府下記案考之記文符也案察之意封還記
入言於太守曰春秋先內後外公羊傳曰春秋內其國而外諸夏內諸夏而外
夷狄詩云刑于寡妻以御于家邦詩大雅之文刑見也御治也明政化
之本由近及遠今宜先清府內且闊畧遠縣細微之愆
太守甚賢之遂任以縣事建武十四年會稽大疫死者
萬數疫癘氣也意獨身自隱親經給醫藥隱親謂親自隱恤之經給謂經營濟
給之所部多蒙全濟舉孝廉再遷辟大司徒侯霸府詔部
送徒詣河內時冬寒徒病不能行路過弘農意輒移屬
縣使作徒衣縣不得已與之而上書言狀意亦具以聞
光武得奏以見霸曰君所使掾何乃仁於用心誠良吏
也意遂於道解徒桎梏在手曰梏在足曰桎恣所欲過與剋期俱
至無或違者還以病免後除瑕丘令瑕丘今兗州縣也吏有檀
建者盜竊縣內意屏人問狀建叩頭服罪不忍加刑遣
令長休建父聞之爲建設酒謂曰吾聞無道之君以刃
殘人有道之君以義行誅子罪命也遂令建進藥而死
二十五年遷堂邑令堂邑故城在今揚州堂邑縣西北縣人防廣爲父
報讎繫獄其母病死廣哭泣不食意憐傷之乃聽廣歸
家使得殯斂丞掾皆爭意曰罪自我歸義不累下遂遣
之言罪歸於我不累於丞掾廣斂母訖果還入獄意密以狀聞廣竟
得以減死論顯宗即位徵爲尚書時交阯太守張恢坐
臧千金徵還伏法以資物簿入大司農簿文記也詔班賜羣
臣意得珠璣悉以委地而不拜賜帝怪而問其故對曰
臣聞孔子忍渴於盜泉之水曾參回車於勝母之閭惡
其名也說苑曰邑名勝母曾子不入水名盜泉仲尼不飲醜其名也尸子又載其言也此臧穢
之寶誠不敢拜帝嗟歎曰清乎尚書之言乃更以庫錢
三十萬賜意轉爲尚書僕射車駕數幸廣成苑意以爲
從禽廢政常當車陳諫般樂遊田之事天子即時還宮
永平三年夏旱而大起北宮意詣闕免冠上疏曰伏見
陛下以天時小旱憂念元元降避正殿躬自克責而比
日密雲遂無大潤易曰密雲不雨自我西郊豈政有未得應天心者
邪昔成湯遭旱以六事自責曰政不節邪使人疾邪宮
室榮邪女謁盛邪苞苴行邪讒夫昌邪帝王記曰成湯大旱七年齋戒
翦髮斷爪以己爲犧牲禱於桑林之社以六事自責竊見北宮大作人失農時此
所謂宮室榮也自古非苦宮室小狹但患人不安寧宜
且罷止以應天心臣意以匹夫之才無有行能久食重
祿擢備近臣比受厚賜喜懼相并不勝愚戇征營罪當
萬死征營不自安也帝策詔報曰湯引六事咎在一人其冠履
勿謝比上天降旱密雲數會朕戚然慙懼思獲嘉應故
分布禱請窺候風雲北祈明堂南設雩場明堂在洛陽城南言北祈
者蓋時修雩場在明堂之南今又勑大匠止作諸宮減省不急庶消
災譴詔因謝公卿百僚遂應時澍雨焉說文云雨所以澍生萬物故曰
澍音注時詔賜降胡子縑尚書案事誤以十爲百帝見司
農上簿大怒召郎將笞之意因入叩頭曰過誤之失常
人所容若以懈慢爲愆則臣位大罪重郎位小罪輕咎
皆在臣臣當先坐乃解衣就格格拘執也帝意解使復冠而
貰郎帝性褊察好以耳目隱發爲明隱猶私也故公卿大臣
數被詆毀近臣尚書以下至見提拽常以事怒郎藥崧
以杖撞之崧走入牀下帝怒甚疾言曰郎出郎出崧曰
天子穆穆諸侯煌煌曲禮之文也穆穆美也煌煌盛也未聞人君自起
撞郎帝赦之朝廷莫不悚慄爭爲嚴切以避誅責唯意
獨敢諫爭數封還詔書臣下過失輒救解之會連有變
異意復上疏曰伏惟陛下躬行孝道修明經術郊祀天
地畏敬鬼神憂恤黎元勞心不怠而天氣未和日月不
明易通卦驗曰愚智同位則日月無光水泉涌溢寒暑違節者咎在羣臣
不能宣化理職而以苛刻爲俗吏殺良人繼踵不絕百
官無相親之心吏人無雍雍之志爾雅曰雍雍和也至於骨肉
相殘毒害彌深感逆和氣以致天災百姓可以德勝難
以力服先王要道民用和睦故能致天下和平災害不
生禍亂不作鹿鳴之詩必言宴樂者鹿鳴詩小雅宴羣臣也其詩曰呦呦
鹿鳴食野之苹我有嘉賓鼓瑟吹笙以人神之心洽然後天氣和也願陛
下垂聖德揆萬機詔有司慎人命緩刑罰順時氣以調
陰陽垂之無極帝雖不能用然知其至誠亦以此故不
得久留出爲魯相意別傳曰意爲魯相到官出私錢萬三千文付戶曹孔訢修夫子車身入
廟拭几席劍履男子張伯除堂下草土中得玉璧七枚伯懷其一以六枚白意意令主簿安置几前孔子教授
堂下牀首有懸甕意召孔訢問其何甕也對曰夫子甕也背有丹書人莫敢發也意曰夫子聖人所以遺甕欲
以懸示後賢因發之中得素書文曰後世修吾書董仲舒護吾車拭吾履發吾笥會稽鍾離意璧有七張伯藏
其一意即召問伯果服焉○劉攽曰注錢萬三千文案古人言錢不曰文世俗乃有此文明多一文字後
德陽殿成漢宮殿名曰北宮中有德陽殿百官大會帝思意言謂公卿
曰鍾離尚書若在此殿不立意視事五年以愛利爲化
人多殷富以久病卒官遺言上書陳升平之世難以急
化宜少寬假帝感傷其意下詔嗟歎賜錢二十萬藥崧
者河內人天性朴忠家貧爲郎常獨直臺上無被枕杫
杫音思漬反謂俎几也方言云蜀漢之郊曰杫食糟糠帝每夜入臺輒見崧問
其故甚嘉之自此詔太官賜尚書以下朝夕餐給帷被
皁袍及侍史二人蔡質漢官儀曰尚書郎入直臺中官供新青縑白綾被或錦被晝夜更宿
帷帳畫通中枕臥旃蓐冬夏隨時改易太官供食五日一美食下天子一等尚書郎伯使二人女侍史二人皆
選端正者伯使從至止車門還女侍史絜被服執香爐燒燻從入臺中給使護衣服也崧官至南
陽太守

宋均傳　族子意

宋均字叔庠南陽安衆人也父伯建武初爲五官中郎
將均以父任爲郎時年十五好經書每休沐日輒受業
博士通詩禮善論難至二十餘調補辰陽長辰陽今辰州辰溪縣
其俗少學者而信巫鬼均爲立學校禁絕淫祀人皆安
之以祖母喪去官客游潁川後爲謁者會武陵蠻反圍
武威將軍劉尚詔使均乘傳發江夏奔命三千人往救
之前書音義曰擢選精勇聞命奔走謂之奔命也既至而尚已沒會伏波將軍
馬援至詔因令均監軍與諸將俱進賊拒阨不得前及
馬援卒於師軍士多溫濕疾病死者太半均慮軍遂不
反乃與諸將議曰今道遠士病不可以戰欲權承制降
之何如諸將皆伏地莫敢應均曰夫忠臣出竟有可以
安國家專之可也公羊傳曰聘禮大夫受命不受辭出境有以安社稷全國家者則專之可
也乃矯制調伏波司馬呂种守沅陵長命种奉詔書入
虜營告以恩信因勒兵隨其後蠻夷震怖即共斬其大
帥而降於是入賊營散其衆遣歸本郡爲置長吏而還
均未至先自劾矯制之罪光武嘉其功迎賜以金帛令
過家上冢其後每有四方異議數訪問焉遷上蔡令時
府下記禁人喪葬不得侈長長音直亮反禁之不得奢侈有餘均曰夫
送終踰制失之輕者今有不義之民尚未循化而遽罰
過禮非政之先竟不肯施行遷九江太守郡多虎暴數
爲民患常募設檻穽而猶多傷害檻爲機以捕獸穽謂穿地陷之均到
下記屬縣曰夫虎豹在山黿鼉在水各有所託且江淮
之有猛獸猶北土之有雞豚也今爲民害咎在殘吏而
勞勤張捕非憂恤之本也其務退姦貪思進忠善可一
去檻穽除削課制其後傳言虎相與東游度江中元元
年山陽楚沛多蝗其飛至九江界者輒東西散去由是
名稱遠近浚遒縣有唐后二山民共祠之浚遒縣屬廬江郡故城在
今廬州慎縣南衆巫遂取百姓男女以爲公嫗以男爲山公以女爲山嫗猶祭
之有尸主也歲歲改易既而不敢嫁娶前後守令莫敢禁均
乃下書曰自今以後爲山娶者皆娶巫家勿擾良民於
是遂絕永平元年遷東海相在郡五年坐法免官客授
潁川而東海吏民思均恩化爲之作歌詣闕乞還者數
千人顯宗以其能七年徵拜尚書令每有駮議多合上
旨均嘗刪翦疑事帝以爲有姦大怒收郎縛格之諸尚
書惶恐皆叩頭謝罪均顧厲色曰蓋忠臣執義無有二
心若畏威失正均雖死不易志小黃門在傍入具以聞
帝善其不撓即令貰郎遷均司隸校尉數月出爲河內
太守政化大行均常寢病百姓耆老爲禱請旦夕問起
居其爲民愛若此以疾上書乞免詔除子條爲太子舍
人均自扶輿詣闕謝恩帝使中黃門慰問因留養疾司
徒缺帝以均才任宰相召入視其疾令兩騶扶之騶養馬者
亦曰騶騎均拜謝曰天罰有罪所苦浸篤不復奉望帷幄因
流涕而辭帝甚傷之召條扶侍均出賜錢三十萬均性
寬和不喜文法常以爲吏能弘厚雖貪汙放縱猶無所
害至於苛察之人身或廉法而巧黠刻削毒加百姓災
害流亡所由而作及在尚書恒欲叩頭爭之以時方嚴
切故遂不敢陳帝後聞其言而追悲之建初元年卒於
家族子意
意字伯志父京以大夏侯尚書教授夏侯勝也至遼東太守
意少傳父業顯宗時舉孝廉以召對合旨擢拜阿陽侯
相阿陽縣屬天水郡故城在今秦州隴城縣西北建初中徵爲尚書肅宗性寬
仁而親親之恩篤故叔父濟南中山二王每數入朝特
加恩寵及諸昆弟並留京師不遣就國意以爲人臣有
節不宜踰禮過恩乃上疏諫曰陛下至孝烝烝恩愛隆
深以濟南王康中山王焉先帝昆弟特蒙禮寵聖情戀
戀不忍遠離比年朝見久留京師崇以叔父之尊同之
家人之禮車入殿門即席不拜分甘損膳賞賜優渥昔
周公懷聖人之德有致太平之功然後王曰叔父加以
賜幣詩魯頌曰王曰叔父建爾元子俾侯于魯尚書曰周公既成洛邑成王命召公出取幣錫周公也
今康焉幸以支庶享食大國陛下即位錫除前過還所
削黜衍食它縣衍謂流衍傍食它縣男女少長並受爵邑恩寵踰
制禮敬過度春秋之義諸父昆弟無所不臣所以尊尊
卑卑彊幹弱枝者也陛下德業隆盛當爲萬世典法不

宜以私恩損上下之序失君臣之正又西平王美等六王皆妻子成家官屬備具當早就蕃國爲子孫基阯而室第相望久磐京邑磐謂盤桓不去婚姻之盛過於本朝僕馬之衆充塞城郭驕奢僭擬寵祿隆過今諸國之封竝皆膏腴風氣平調道路夷近朝聘有期行來不難宜割情不忍以義斷恩禮記曰門內之政恩掩義門外之政義斷恩發遣康焉各歸蕃國令美等速就便時行日取便利之時也以塞衆望帝納之章和二年鮮卑擊破北匈奴而南單于乘此請兵北伐因欲還歸舊庭時竇太后臨朝議欲從之意上疏曰夫戎狄之隔遠中國幽處北極爾雅曰東至於泰遠西至於邠國南至於濮鉛北至於祝栗謂之四極也界以沙漠簡賤禮義無有上下彊者爲雄弱卽屈服自漢興以來征伐數矣其所剋獲曾不補害光武皇帝躬服金革之難深昭天地之明故因其來降羈縻畜養邊人得生勞役休息於茲四十餘年矣今鮮卑奉順斬獲萬數中國坐享大功享受也而百姓不知其勞漢興功烈於斯爲盛所以然者夷虜相攻無損漢兵者也臣察鮮卑侵伐匈奴正是利其抄掠及歸功聖朝實由貪得重賞今若聽南虜還都北庭則不得不禁制鮮卑鮮卑外失暴掠之願內無功勞之賞豺狼貪婪必爲邊患今北虜西遁請求和親宜因其歸附以爲外扞巍巍之業無以過此若引兵費賦以順南虜則坐失上略去安卽危矣誠不可許會南單于竟不北徙遷司隸校尉永元初大將軍竇憲兄弟貴盛步兵校尉鄧疊河南尹王調故蜀郡太守廉范等羣黨出入憲門負執放縱意隨違舉奏無所回避由是與竇氏有隙二年病卒孫俱靈帝時爲司空漢官儀曰字伯儀也

寒朗傳

寒朗字伯奇魯國薛人也生三日遭天下亂棄之荆棘數日兵解母往視猶尚氣息遂收養之及長好經學博通書傳以尚書教授舉孝廉永平中以謁者守侍御史與三府掾屬共考案楚獄顏忠王平等辭連及隧鄉侯耿建朗陵侯臧信護澤侯鄧鯉曲成侯劉建建等辭未嘗與忠平相見是時顯宗怒甚吏皆惶恐諸所連及率一切陷入無敢以情恕者朗心傷其冤試以建等物色獨問忠平物色謂形狀也而二人錯愕不能對錯愕猶倉卒也錯音七故反愕音五故反朗知其詐乃上言建等無姦專爲忠平所誣疑天下無辜類多如此帝乃召朗入問曰建等卽如是忠平何故引之朗對曰忠平自知所犯不道故多有虛引冀以自明帝曰卽如是四侯無事何不早奏獄竟而久繫至今邪朗對曰臣雖考之無事然恐海內別有發其姦者故未敢時上時上猶卽上也上音時掌反帝怒罵曰吏持兩端促提下左右方引去朗曰願一言而死小臣不敢欺欲助國耳帝問曰誰與共爲章對曰臣自知當必族滅不敢多汚染人誠冀陛下一覺悟而已臣見考囚在事者咸共言妖惡大故臣子所宜同疾今出之不如入之可無後責是以考一連十考十連百又公卿朝會陛下問以得失皆長跪言舊制大罪禍及九族陛下大恩裁止於身天下幸甚及其歸舍口雖不言而仰屋竊歎莫不知其多冤無敢啎陛下者臣今所陳誠死無悔帝意解詔遣朗出後二日車駕自幸洛陽獄錄囚徒理出千餘人後平忠死獄中朗乃自繫會赦免官復舉孝廉建初中肅宗大會羣臣朗前謝恩詔以朗納忠先帝拜爲易長易今易州縣也歲餘遷濟陽令以母喪去官百姓追思之章和元年上行東巡狩過濟陽三老吏人上書陳朗前政治狀帝至梁召見朗詔三府爲辟首由是辟司徒府永元中再遷淸河太守坐法免永初三年太尉張禹薦朗爲博士徵詣公車會卒時年八十四

論曰左丘明有言仁人之言其利博哉晏子一言齊侯省刑左氏傳曰齊景公謂晏子曰子之宅近市識貴賤乎于時景公繁於刑有鬻踊者故對曰踊貴而屨賤景公爲是省於刑君子曰仁人之言其利博哉踊謂刖足者屨若鍾離意之就格請過寒朗之廷爭冤獄篤矣乎仁者之情也夫正直本於忠誠則不詭詭詐也本於諫爭則絞切論語孔子曰直而無禮則絞絞急也彼二子之所本得乎天故言信而志行也言而見信諫而必從故曰志行

贊曰伯魚子阿矯急去苛臨官以潔匡帝以奢宋均達政禁此妖禜禜祭也于命反禽蟲畏德子民請病謂人爲之請禱也意明尊尊割恩蕃屛穀梁傳曰爲尊者諱敵爲親者諱敗尊尊親親之義也意諫令諸王歸藩故云割恩蕃屛音協韻必政反慄慄楚黎寒君爲命慄慄懼也黎衆也

後漢書卷七十一考證

第五倫傳吏輙行法民初恐懼○一本初字下有頗字

臣愚不足採及諸馬得罪歸國○臣會汾按臣愚不足採下當有脫句

鍾離意傳光武得奏以見霸曰○日知錄曰見當作視古示字作視謂以意奏示霸也

不勝愚戇征營○征當作怔

宋均傳宋均字叔庠南陽安衆人也○何焯曰按黨錮傳注引謝承書云宗資字叔都南陽安衆人也家代爲漢將相名臣祖父均自有傳則宋字傳寫誤也南蠻傳中敘受降事正作謁者宗均此卽見於本書可

參校者

寒朗傳上行東巡狩○諸本同臣會汾按東平王蒼傳中亦有此語疑行字衍

後漢書卷七十二

宋　宣　城　太　守　范　曄　撰

唐　章　懷　太　子　賢　注

光武十王列傳第三十二

光武十王

光武皇帝十一子郭皇后生東海恭王彊沛獻王輔濟南安王康阜陵質王延中山簡王焉許美人生楚王英光烈皇后生顯宗東平憲王蒼廣陵思王荆臨淮懷公衡琅邪孝王京

東海恭王彊傳

東海恭王彊建武二年立母郭氏爲后彊爲皇太子十七年而郭后廢彊常慼慼不自安數因左右及諸王陳其懇誠願備蕃國光武不忍遲回者數歲乃許焉十九年封爲東海王二十八年就國帝以彊廢不以過去就有禮故優以大封兼食魯郡合二十九縣賜虎賁旄頭宮殿設鍾虡之縣擬於乘輿虎賁旄頭鍾虡解見光武紀縣音玄彊臨之國數上書讓還東海又因皇太子固辭帝不許深嘉歎之以彊章宣示公卿初魯恭王好宮室起靈光殿甚壯麗是時猶存恭王名餘景帝之子殿在今兗州曲阜城中故基東西二十丈南北十二丈高丈餘也故詔彊都魯中元元年入朝從封岱山因留京師明年春帝崩冬歸國永平元年彊病顯宗遣中常侍鉤盾令將太醫乘驛視疾詔沛王輔濟南王康淮陽王延詣魯及薨臨命上疏謝曰臣蒙恩得備蕃輔特受二國宮室禮樂事事殊異巍巍無量訖無報稱而自修不謹連年被疾爲朝廷憂念皇太后陛下哀憐臣彊感動發中數遣使者太醫令丞方伎道術絡繹不絕臣伏惟厚恩不知所言臣內自省視氣力羸劣日夜浸困浸漸也終不復望見闕庭奉承帷幄孤負重恩銜恨黃泉杜預注左傳云地中之泉故曰黃泉身既夭命孤弱復爲皇太后陛下憂慮誠悲誠慙息政小人也猥當襲臣後必非所以全利之也誠願還東海郡天恩愍哀以臣無男之故無男無多男也處臣三女小國侯卽婦人封侯也若呂后之妹呂須封爲臨光侯蕭何夫人封爲酇侯之類此臣宿昔常計私計天恩不敢忘也光武崩也今天下新罹大憂惟陛下加供養皇太后數進御餐臣彊困劣言不能盡意願並謝諸王不意永不復相見也天子覽書悲慟從太后出幸津門亭發哀津門洛陽南面西頭門也一名津陽門每門皆有亭使大司空持節護喪事大鴻臚副宗正將作大匠視喪事贈以殊禮升龍旄頭鸞輅龍旂虎賁百人解竝見光武及明帝紀詔楚王英趙王栩北海王興館陶公主比陽公主及京師親戚四姓夫人小侯皆會葬四姓小侯解見明帝紀夫人蓋小侯之母也帝追惟彊深執謙儉不欲厚葬以違其意於是特詔中常侍杜岑及東海傅相曰王恭謙好禮以德自終遣送之物務從約省衣足斂形茅車瓦器物減於制以彰王卓爾獨行之志前書曰卓爾不羣者河間獻王近之矣將作大匠留起陵廟彊立十八年年三十四子靖王政嗣政淫欲薄行後中山簡王薨政詣中山會葬私取簡王姬徐妃又盜迎掖庭出女豫州刺史魯相奏請誅政有詔削薛縣立四十四年薨子頃王肅嗣永元十六年封肅弟二十一人皆爲列侯肅性謙儉循恭王法度永初中以西羌未平上錢二千萬元初中復上縑萬匹以助國費鄧太后下詔褒納焉立二十三年薨子孝王臻嗣永建二年封臻二弟敏儉爲鄉侯臻及弟蒸鄉侯儉竝有篤行母卒皆吐血毀背背或爲瘠至服練紅兄弟追念初喪父幼小哀禮有闕因復重行喪制既祥之後而復練也禮記曰練衣黃裏縓緣卽紅也縓音七絹反鄭玄注周禮曰淺絳也臻性敦厚有恩常分租秩賑給諸父昆弟國相籍褒具以狀聞順帝美之制詔大將軍三公大鴻臚曰東海王臻以近蕃之尊少襲王爵膺受多福未知艱難而能克己率禮孝敬自然事親盡愛送終竭哀降儀從士寢苫三年左氏傳曰晏桓子卒晏嬰麤衰斬苴絰帶杖菅屨食粥居倚廬寢苫枕草其家老曰非大夫之禮也杜預注云時士及大夫衰服各有不同和睦兄弟恤養孤弱至孝純備仁義兼弘朕甚嘉焉夫勸善厲俗爲國所先襃者東平孝王敞兄弟行孝喪母如禮有增戶之封詩云永世克孝念茲皇祖詩周頌之文克能也今增臻封五千戶儉五百戶光啟土宇以酬厥德立三十一年薨子懿王祗嗣初平四年遣子琬至長安奉章獻帝封琬汶陽侯拜爲平原相祗立四十四年薨子羨嗣二十年魏受禪以爲崇德侯

沛獻王輔傳

沛獻王輔建武十五年封右馮翊公○劉攽曰案光武紀輔封右翊公此多馮字誤天下亦無右馮翊郡也十七年郭后廢爲中山太后故徙輔爲中山王井食常山郡二十年復徙封沛王時禁網尚

疏諸王皆在京師競修名譽爭禮四方賓客壽光侯劉鯉更始子也得幸於輔鯉怨劉盆子害其父因輔結客報殺盆子兄故式侯恭輔坐繫詔獄三日乃得出自是後諸王賓客多坐刑罰各循法度二十八年就國中元二年封輔子寶爲沛侯永平元年封寶弟嘉爲僮侯僮縣屬臨淮郡故城在今泗州宿預縣西南輔矜嚴有法度好經書善說京氏易孝經論語傳及圖讖作五經論時號之曰沛王通論在國謹節終始如一稱爲賢王顯宗敬重數加賞賜立四十六年薨子釐王定嗣釐音僖下皆同元和二年封定弟十二人爲鄉侯定立十一年薨子節王正嗣元興元年封正弟二人爲縣侯正立十四年薨子孝王廣嗣有固疾安帝詔廣祖母周領王家事周明正有法禮漢安中薨順帝下詔曰沛王祖母太夫人周秉心淑慎導王以仁使光祿大夫贈以妃印綬廣立三十五年薨子幽王榮嗣立二十年薨子孝王琮嗣薨子恭王曜嗣薨子契嗣魏受禪以爲崇德侯

楚王英傳

楚王英以建武十五年封爲楚公十七年進爵爲王二十八年就國母許氏無寵故英國最貧小三十年以臨淮之取慮須昌二縣益楚國取慮縣故城在今泗州下邳縣西南臨淮無須昌有昌陽縣蓋誤也取慮音秋閭自顯宗爲太子時英常獨歸附太子太子特親愛之及卽位數受賞賜永平元年特封英舅子許昌爲龍舒侯龍舒縣屬廬江郡故城在今廬江縣西也英少時好游俠交通賓客晚節更喜黃老學爲浮屠齋戒祭祀袁宏漢記浮屠佛也西域天竺國有佛道焉佛者漢言覺也將以覺悟羣生也其教以修善慈心爲主不殺生專務清靜其精者爲沙門沙門漢言息也蓋息意去欲而歸于無爲又以爲人死精神不滅隨復受形生時善惡皆有報應故貴行善修道以鍊精神以至無生而得爲佛也佛長丈六尺黃金色項中佩日月光變化無方無所不入而大濟羣生初明帝夢見金人長大項有日月光以問羣臣或曰西方有神其名曰佛陛下所夢得無是乎於是遣使天竺問其道術而圖其形像焉八年詔令天下死罪皆入縑贖英遣郎中令奉黃縑白紈三十匹詣國相曰託在蕃輔過惡累積歡喜大恩奉送縑帛以贖愆罪國相以聞詔報曰楚王誦黃老之微言尚浮屠之仁祠絜齋三月與神爲誓何嫌何疑當有悔吝其還贖以助伊蒲塞桑門之盛饌伊蒲塞卽優婆塞也中華翻爲近住言受戒行堪近僧住也桑門卽沙門因以班示諸國中傳英後遂大交通方士作金龜玉鶴刻文字以爲符瑞十三年男子燕廣告英與漁陽王平顏忠等造作圖書有逆謀事下案驗有司奏英招聚姦猾造作圖讖擅相官秩置諸侯王公將軍二千石大逆不道請誅之帝以親親不忍乃廢英徙丹陽涇縣今宣州縣也賜湯沐邑五百戶湯沐解見皇后紀也遣大鴻臚持節護送使伎人奴婢妓士鼓吹悉從得乘輜軿軿猶屏也自隱蔽之車蒼頡篇曰衣車也○劉攽曰奴婢妓士案文妓當作技士當作工又當工在技上上文伎人卽是伎樂此工技是巧匠也梁節王傳中亦有工技也持兵弩行道射獵極意自娛男女爲侯主者食邑如故楚太后勿上璽綬留住楚宮明年英至丹陽自殺立三十三年國除詔遣光祿大夫持節弔祠贈賵如法加賜列侯印綬以諸侯禮葬於涇遣中黃門占護其妻子占猶守護也悉出楚官屬無辭語者制詔許太后曰國家始聞楚事幸其不然既知審實懷用悼灼庶欲宥全王身令保卒天年而王不念顧太后竟不自免此天命也無可奈何太后其保養幼弱勉彊飲食諸許願王富貴人情也已詔有司出其有謀者令安田宅於是封燕廣爲折姦侯楚獄遂至累年其辭語相連自京師親戚諸侯州郡豪傑及考案吏阿附相陷坐死徙者以千數十五年帝幸彭城見許太后及英妻子於內殿悲泣感動左右建初二年肅宗封英子楚侯种五弟皆爲列侯並不得置相臣吏人元和三年許太后薨復遣光祿大夫持節弔祠因留護喪事賻錢五百萬又遣謁者備王官屬迎英喪改葬彭城加王赤綬羽蓋華藻如嗣王儀續漢輿服志曰諸侯王赤綬四采長二丈一尺皇子安車青蓋金華藻追爵諡曰楚厲侯章和元年帝幸彭城見英夫人及六子厚加贈賜种後徙封陸侯陸縣名屬廬江郡卒子度嗣度卒子拘嗣傳國于後

濟南安王康傳

濟南安王康建武十五年封濟南公十七年進爵爲王二十八年就國三十年以平原之祝阿安德朝陽平昌隰陰重丘六縣益濟南國中元二年封康子德爲東武城侯東武城屬清河郡今貝州武城縣是康在國不循法度交通賓客其後人上書告康招來州郡姦猾漁陽顏忠劉子產等又多遺其繒帛案圖書謀議不軌事下考有司舉奏之顯宗以親親故不忍窮竟其事但削祝阿隰陰東朝陽安德西平昌五縣東朝陽在今齊州臨濟縣東西平昌今德州般縣也般音補滿反建初八年肅宗復還所削地康遂多殖財貨大修宮室奴婢至千四百人廄馬千二百匹私田八百頃奢侈恣欲游觀無節永元初國傅何敞上疏諫康曰蓋聞諸侯之義制節謹度然後能保其社稷和其民人孝經諸侯章之義也大王以骨肉之親享食茅土當施張政令明其典法出入進止宜有期度輿馬臺隸應爲科品臺隸賤職也左氏傳曰人有十等王臣公公臣卿卿臣大夫大夫臣士士臣皁皁臣輿輿臣隸隸臣僚僚臣僕僕臣臺也而今奴婢廄馬皆有千餘增無用之口以自蠶食言如蠶之食漸至衰盡也宮婢閉隔失其天性感亂和氣又多起內第觸犯防禁費以巨萬巨大也大萬謂萬萬而功猶未半夫文繁者質荒木勝者人亡荒廢也文彩繁多則質以之廢土木增搆則人罷其力故云人亡皆非所以奉禮承上傳福無窮者也故楚作章華以凶左氏傳楚靈王成章華之臺後卒被殺杜預注云臺在今南郡華容縣也吳興姑蘇而滅姑蘇臺一名姑胥臺越絕書曰胥門外有九曲路闔廬以游姑蘇之臺以望湖中顧夷吾地記云橫山北有小山俗謂姑蘇臺今在蘇州吳縣西闔廬後被越殺之景公千駟民無稱焉論語齊景公有馬千駟死之日民無德而稱焉千駟四千匹今數游諸第晨夜無節又非所以遠防未然臨深履薄之法也願大王修恭儉遵古制省奴婢之口減乘馬之數斥私田之富節游觀之宴以禮起居則敞乃敢安心自保惟大王深慮愚言康素敬重敞雖無所嫌牾然終不能改立五十九年薨子簡王錯嗣錯音七故反錯爲太子時愛康鼓吹妓女宋閏使醫張尊招之不得錯怒自以劍刺殺尊國相舉奏有詔勿案永元十一年封錯弟七人爲列侯錯立六年薨子孝王香嗣永初二年封香弟四人爲列侯香篤行好經書初叔父篤有罪不得封西平昌侯昱坐法失侯香乃上書分爵土封篤子丸昱子嵩皆爲列侯香立二十年薨無子國絕永建元年順帝立錯子阜陽侯顯爲嗣是爲釐王立三年薨子悼王廣嗣永建五年封廣弟文爲樂城亭侯廣立二十五年永興元年薨無子國除

東平憲王蒼傳　子任城孝王尚

東平憲王蒼建武十五年封東平公十七年進爵爲王蒼少好經書雅有智思爲人美須顲要帶十圍顯宗甚愛重之及卽位拜爲驃騎將軍置長史掾史員四十人位在三公上四府掾史皆無四十人今特置以優之也永平元年封蒼子二人爲縣侯二年以東郡之壽張須昌山陽之南平陽橐湖陵五縣益東平國南平陽縣故城今兗州鄒縣也橐縣一名高平故城在鄒縣西南湖陵故城在今兗州防與縣東南是時中興三十餘年四方無虞蒼以天下化平宜修禮樂乃與公卿共議定南北郊冠冕車服制度及光武廟登歌八佾舞數語在禮樂輿服志其志今亡帝每巡狩蒼常留鎭侍衞皇太后四年春車駕近出觀覽城第第宅也有甲乙之次故曰第尋聞當遂校獵河內蒼卽上書諫曰臣聞時令盛春農事不聚衆興功禮記月令曰孟春之月無聚大衆無置城郭仲春之月無作大事以妨農事也傳曰田獵不宿食飲不享出入不節則木不曲直此失春令者也尚書五行傳曰田獵不宿飲食不享出入不節奪人農時及有姦謀則木不曲直鄭玄注云木性或曲或直人所用爲器者也無故生不暢茂多有折槁是爲不曲直也前書音義曰不宿不預戒日也臣知車駕今出事從約省所過吏人諷誦甘棠之德雖然動不以禮非所以示四方也惟陛下因行田野循視稼穡消搖仿佯弭節而旋昔游散之意詩曰於焉消搖左氏傳曰橫流而仿佯前書音義曰弭節猶按節也言不盡意驅馳也至秋冬乃振威靈整法駕備周衞設羽旄旄謂注旄於竿首詩云抑抑威儀推德之隅詩大雅之文也抑抑密也隅廉也言人審密於威儀抑抑然者其德必嚴正如宮室之制內繩直則外有廉隅臣不勝憤懣伏自手書乞詣行在所極陳至誠帝覽奏卽還宮蒼在朝數載多所隆益而自以至親輔政聲望日重意不自安上疏歸職曰臣蒼疲駑特爲陛下慈恩覆護在家被教導之仁升朝蒙爵命之首制書褒美班之四海舉負薪之才升君子之器負薪喻小人也易曰負且乘致寇至負也者小人之事乘也者君子之器以小人而乘君子之器則盜思奪之矣凡匹夫一介尙不忘簞食之惠簞竹器也圓曰簞方曰笥左氏傳曰晉宣子田於首山舍于翳桑見靈輒餓曰不食三日矣食之舍其半問之曰宦三年矣未知母之存否請遺之使盡之而爲簞食與肉以與之既而輒爲公介士倒戟以禦公徒而免之問何故曰翳桑之餓人也況臣居宰相之位同氣之親哉宜當暴骸膏野爲百寮先而愚頑之質加以固病誠羞負乘辱汙輔將之位將被詩人三百赤紱之刺赤紱大夫之服也詩曹風曰彼己之子三百赤紱刺其無德居位者多也今方域晏然要荒無儆去王畿五百里曰甸服又五百里曰侯服又五百里曰綏服又五百里要服又五百里荒服備也音警將遵上德無爲之時也文官猶可併省武職尤不宜建昔象封有鼻不任以政有鼻國名其地在今永州營道縣北史記曰舜弟象封於有鼻也誠由愛深不忍揚其過惡前事之不忘來事之師也自漢興以來宗室子弟無得在公卿位者惟陛下審覽虞帝優養母弟遵承舊典終卒厚恩乞上驃騎將軍印綬退就蕃國願蒙哀憐帝優詔不聽其後數陳乞辭甚懇切五年乃許還國而不聽上將軍印綬以驃騎長史爲東平太傅掾爲中大夫令史爲王家郎漢官儀將軍掾屬二十九人中大夫無員令史四十一人也加賜錢五千萬布十萬匹六年冬帝幸魯徵蒼從還京師明年皇太后崩既葬蒼乃歸國特賜宮人奴婢五百人布二十五萬匹及珍寶服御器物十一年蒼與諸王朝京師月餘還國帝臨送歸宮悽然懷思乃遣使手詔國中傅曰辭別之後獨坐不樂因就車歸伏軾而吟瞻望永懷實勞我心誦及采菽以增歎息采菽詩小雅之章也其詩曰采菽采菽筐之莒之君子來朝何錫與之毛萇注云菽所以芼太牢而待君子也日者問東平王處家何等最樂王言爲善最樂其言甚大副是要腹矣今送列侯印十九枚諸王子年五歲已上能趨拜者皆令帶之十五年春行幸東平賜蒼錢千五百萬布四萬匹帝以所作光武本紀示蒼蒼因上光武受命中興頌帝甚善之以其文典雅特令校書郎賈逵爲之訓詁肅宗卽位尊重恩禮踰於前世諸王莫與爲比建初元年地震蒼上便宜其事留中留禁中也帝報書曰丙寅所上便宜三事朕親自覽讀反覆數周心開目明曠然發矇韋昭注國語曰有眸子而無見曰矇間吏人奏事亦有此言但明智淺短或謂儻是復慮爲非何者災異之降緣政而見今改元之後年飢人流此朕之不德

感應所致又冬春旱甚所被尤廣雖內用克責而不知所定得王深策快然意解詩不云乎未見君子憂心忡忡既見君子我心則降詩國風也忡忡猶衝衝也降下也思惟嘉謨以次奉行冀蒙福應彰報至德特賜王錢五百萬後帝欲為原陵顯節陵起縣邑蒼聞之遽上疏諫曰伏聞當為二陵起立郭邑臣前頗謂道路之言疑不審實近令從官古霸問涅陽主疾風俗通曰古姓周有古公亶父其後氏焉涅陽主光武女竇固之妻也使還乃知詔書已下竊見光武皇帝躬履儉約之行深覩始終之分勤勤懇懇以葬制為言故營建陵地具稱古典詔曰無為山陵陂池裁令流水而已孝明皇帝大孝無違奉承貫行貫行謂一皆遵奉也谷永曰一以貫行固執無違也至於自所營創尤為儉省謙德之美於斯為盛易曰謙德之柄臣愚以園邑之興始自彊秦古者丘隴且不欲其著明禮記曰古者墓而不墳故言不欲其著明豈況築郭邑建都郛哉穀梁傳曰人之所聚曰都杜預注左傳曰郛郭也上違先帝聖心下造無益之功虛費國用動搖百姓非所以致和氣祈豐年也又以吉凶俗數言之亦不欲無故繕修丘墓有所興起考之古法則不合稽之時宜則違人求之吉凶復未見其福陛下履有虞之至性追祖禰之深思然懼左右過議以累聖心臣蒼誠傷二帝純德之美不暢於無窮也惟蒙哀覽帝從而止自是朝廷每有疑政輒驛使諮問蒼悉心以對皆見納用三年帝饗衞士於南宮因從皇太后周行掖庭池閣乃閱陰太后舊時器服愴然動容乃命留五時衣各一襲五時衣謂春青夏朱季夏黃秋白冬黑也衣單複具曰襲及常所御衣合五十篋餘悉分布諸王主及子孫在京師者各有差特賜蒼及琅邪王京書曰中大夫奉使親聞動靜嘉之何已歲月鶩過山陵浸遠孤心悽愴如何如何間饗衞士於南宮因閱視舊時衣物聞於師曰其物存其人亡不言哀而哀自至信矣惟王孝友之德亦豈不然今送光烈皇后假紒帛巾各一周禮追師掌王后之首服為副編鄭玄云副婦人首服三輔謂之假紒續漢書帛字作皁及衣一篋可時奉瞻以慰凱風寒泉之思詩國風曰凱風美孝子也凱風自南吹彼棘心棘心夭夭母氏劬勞爰有寒泉在浚之下有子七人母氏勞苦寒泉在今濮州濮陽縣又欲令後生子孫得見先后衣服之製今魯國孔氏尚有仲尼車輿冠履明德盛者光靈遠也孔子廟在魯曲阜城中伍緝之從西征記曰魯人藏孔子所乘車於廟中是顏路所請者也獻帝時廟遇火燒之冠履解見鍾離意傳其光武皇帝器服中元二年已賦諸國故不復送并遺宛馬一匹血從前髆上小孔中出常聞武帝歌天馬霑赤汗今親見其然也前書天馬歌曰大一況天馬下霑赤汗沫流赭也頃反虜尚屯將帥在外憂念遑遑未有閒寧閒音閑願王寶精神加供養苦言至戒望之如渴六年冬蒼上疏求朝明年正月帝許之特賜裝錢千五百萬其餘諸王各千萬帝以蒼冒涉寒露遣謁者賜貂裘說文曰貂鼠屬也大而黃黑出丁零國及大官食物珍果使大鴻臚竇固持節郊迎帝乃親自循行邸第豫設帷牀其錢帛器物無不充備下詔曰禮伯父歸寧乃國儀禮曰覲禮諸侯至于郊王使人皮弁用璧勞侯氏亦皮弁迎于帷門之外再拜天子賜舍曰伯父女順命于王所賜伯父舍同姓西面北上異姓東面北上侯氏裨冕釋幣于禰乘墨車載龍旂弧韣乃朝以瑞玉有繅天子負斧扆曰伯父實來余一人嘉之奉束帛四馬卓上九馬隨之貿幣再拜侯氏降天子辭於侯氏曰伯父無事歸寧乃邦侯氏再拜稽首而出也○劉攽曰詔曰禮伯父歸寧乃朱帝意欲推尊諸王引用經義既下文有詩云即此亦當有禮云字此伯父歸寧之語本出儀禮也詩云叔父建爾元子詩魯頌之文也叔父謂周公也建元子謂封伯禽也敬之至也昔蕭相國加以不名優忠賢也見前書王莽傳況兼親尊者乎其沛濟南東平中山四王贊皆勿名贊謂贊者不唱其名蒼既至升殿乃拜天子親答之其後諸王入宮輒以輦迎至省閤乃下蒼以受恩過禮情不自寧上疏辭曰臣聞貴有常尊賤有等威左傳隨武子之辭也等威威儀有差等也卑高列序上下以理陛下至德廣施慈愛骨肉既賜奉朝請咫尺天儀而親屈至尊降禮下臣每賜讌見輒興席改容中宮親拜事過典故臣惶怖戰慄誠不自安每會見踧踖無所措置踧踖謙讓貌也此非所以章示羣下安臣子也帝省奏歎息愈褒貴焉舊典諸王女皆封鄉主乃獨封蒼五女為縣公主三月大鴻臚奏遣諸王歸國帝特留蒼賜以祕書列仙圖道術祕方至八月飲酎畢飲酎解見章紀有司復奏遣蒼乃許之手詔賜蒼曰骨肉天性誠不以遠近為親疏然數見顏色情重昔時念王久勞思得還休欲署大鴻臚奏不忍下筆顧授小黃門大鴻臚奏王歸國小黃門受詔者於是車駕祖送流涕而訣復賜乘輿服御珍寶輿馬錢布以億萬計蒼還國疾病帝馳遣名醫小黃門侍疾使者冠蓋不絕於道又置驛馬千里傳問起居明年正月薨詔告中傅封上蒼自建武以來章奏及所作書記賦頌七言別字歌詩並集覽焉遣大鴻臚持節五官中郎將副監喪及將作使者凡六人令四姓小侯諸國王主悉會詣東平奔喪賜錢前後一億布九萬匹及葬策曰惟建初八年三月己卯皇帝曰咨王丕顯勤勞王室親受策命昭于前世出作蕃輔克慎明德率禮不越率循也越違也傅聞在下傅音敷敷布也書曰克慎明德敷聞在下昊天不弔不報上仁俾屏余一人夙夜煢煢靡有所終俾使也屏蔽也左氏傳曰昊天不弔不慭遺一老俾屏余一人煢煢余在疚也今詔有司加賜鸞輅乘馬龍旂九旒虎賁百人奉送王行匪我憲王其孰離之離被也言非憲王誰更被蒙此恩也魂而有靈保茲寵榮嗚呼哀哉立四十五年子懷王忠嗣明年帝乃分東平國封忠弟尚為任城王餘五人為列侯

忠立十一年薨子孝王敞嗣元和三年行東巡守幸東平宮帝追感念蒼謂其諸子曰思其人至其鄉其處在其人亡因泣下沾襟遂幸蒼陵為陳虎賁鸞輅龍旂以章顯之祠以太牢親拜祠坐哭泣盡哀賜御劍于陵前陵在今鄆州東嶮山南嶮音魚委反初蒼歸國驃騎時吏丁牧周栩以蒼敬賢下士不忍去之遂為王家大夫數十年事祖及孫帝聞皆引見於前既愍其淹滯且欲揚蒼德美即皆擢拜議郎牧至齊相栩上蔡令永元十年封蒼孫梁為矜陽亭侯敞弟六人為列侯敞喪母至孝國相陳珍上其行狀永寧元年鄧太后增邑五千戶又封蒼孫二人為亭侯敞立四十八年薨子頃王端嗣立四十七年薨子凱嗣立二十一年魏受禪以為崇德侯

論曰孔子稱貧而無諂富而無驕未若貧而樂富而好禮者也若東平憲王可謂好禮者也若其辭至戚去母后豈欲苟立名行而忘親遺義哉蓋位疑則隙生累近則喪大憂累既近所喪必大斯蓋明哲之所為歎息嗚呼遠隙以全忠釋累以成孝夫豈憲王之志哉言其本志然也東海恭王遜而知廢遜讓也為吳太伯不亦可乎左傳曰晉大夫士蔿之辭也吳太伯周太王之長子讓其弟季歷因適吳越采藥太王沒而不反事見史記也

任城孝王尚元和元年封食任城亢父樊三縣亢父樊並屬東平國亢父故城在今兗州任城縣南樊故城在今瑕丘縣西南也立十八年薨子貞王安嗣永元十四年封母弟福為桃鄉侯永初四年封福弟亢為當塗鄉侯安性輕易貪吝數微服出入游觀國中取官屬車馬刀劍下至衞士米肉皆不與直元初六年國相行弘奏請廢之安帝不忍以一歲租五分之一贖罪安立十九年薨子節王崇嗣順帝時羌虜數反崇輒上錢帛佐邊費及帝崩復上錢三百萬助山陵用度朝廷嘉而不受立三十一年薨無子國絕延熹四年桓帝立河間孝王子恭為參戶亭侯博為任城王○劉攽曰案文多一為字又恭字合在上孝王名恭也以奉其祀杜預注左傳曰今丹水縣北有三戶亭故城在今鄧州內鄉縣西南也博有孝行喪母服制如禮增封三千戶立十三年薨無子國絕熹平四年靈帝復立河間貞王建子新昌侯佗為任城王奉孝王後立四十六年魏受禪以為崇德侯

阜陵質王延傳

阜陵質王延建武十五年封淮陽公十七年進爵為王二十八年就國三十年以汝南之長平西華新陽扶樂四縣益淮陽國長平故城在今陳州宛丘縣西北西華故城在今溵水縣西北新陽故城在今真陽西南扶樂故城在今陳州太康縣北也延性驕奢而遇下嚴烈永平中有上書告延與姬兄謝弇及姊館陶主壻駙馬都尉韓光招姦猾作圖讖祠祭祝詛事下案驗光弇被殺辭所連及死徙者甚眾有司奏請誅延顯宗以延罪薄於楚王英故特加恩徙為阜陵王食二縣延既徙封數懷怨望建初中復有告延與子男魴造逆謀者有司奏請檻車徵詣廷尉詔獄肅宗下詔曰王前犯大逆罪惡尤深有同周之管蔡漢之淮南淮南厲王長高帝子文帝時反被遷於蜀而死也經有正義律有明刑公羊傳曰君親無將將而必誅前書曰大逆無道父母妻子同產無少長皆棄市先帝不忍親親之恩枉屈大法為王受愆愆過也反而不誅先帝之過故言為王受過也羣下莫不惑焉今王曾莫悔悟悖心不移逆謀內潰自子魴發誠非本朝之所樂聞朕惻然傷心不忍致王于理今貶爵為阜陵侯食一縣獲斯辜者侯自取焉於戲誡哉赦魴等罪勿驗使謁者一人監護延國不得與吏人通章和元年行幸九江賜延書與車駕會壽春帝見延及妻子愍然傷之乃下詔曰昔周之爵封千有八百而姬姓居半者所以楨幹王室也朕南巡望淮海意在阜陵遂與侯相見侯志意衰落形體非故瞻省懷感以喜以悲今復侯為阜陵王增封四縣并前為五縣以阜陵下溼徙都壽春加賜錢千萬布萬疋安車一乘夫人諸子賞賜各有差明年入朝立五十一年薨子殤王沖嗣永元二年下詔盡削除前班下延事沖立二年薨無嗣和帝復封沖兄魴是為頃王永元八年封魴弟十二人為鄉亭侯魴立三十年薨子懷王恢嗣延光三年封恢兄弟五人為鄉亭侯恢立十年薨子節王代嗣陽嘉二年封代兄便親為勃遒亭侯代立十四年薨無子國絕建和元年桓帝立勃遒亭侯便親為恢嗣是為恭王立十三年薨子孝王統嗣立八年薨子王赦立建安中薨無子國除

廣陵思王荊傳

廣陵思王荊建武十五年封山陽公十七年進爵為王荊性刻急隱害隱害謂陰害於人也有才能而喜文法光武崩大行在前殿荊哭不哀而作飛書封以方底方底囊所以盛書也前書曰綠綈方底令蒼頭詐稱東海王彊舅大鴻臚郭況書與彊曰君王無罪猥被斥廢而兄弟至有束縛入牢獄者太后失職別守北宮太后郭后也職常也失其常位別遷北宮及至年老遠斥居邊封之於魯海內深痛觀者鼻酸及太后尸柩在堂洛陽吏以次捕斬賓客至有一家三尸伏堂者痛甚矣今天下有喪弓弩張設甚備間梁松敕虎賁史曰吏以便宜見非勿有所拘以便宜之事而有非者當即行之勿拘常制也封侯難再得也郎官竊悲之為王寒心累息累息猶疊息也今天下爭欲思刻賊王以求功寧有量邪若歸并二國之眾可聚百萬君

王爲之主鼓行無前功易於太山破雞子輕於四馬載鴻毛此湯武兵也今年軒轅星有白氣星家及喜事者(喜事猶好事也喜音許氣反)皆云白氣者喪軒轅女主之位又太白前出西方至午兵當起(洪範五行傳曰太白少陰之星以己未爲界不得經天而行太白經天而行爲不臣今至午是爲經天也)又太子星色黑至辰日輒變赤(天官書曰心前星太子之位也)天黑爲病赤爲兵王弩力卒事高祖起亭長陛下興白水何況於王陛下長子故副主哉上以求天下事必舉下以雪除沉沒之恥報死母之讎精誠所加金石爲開(韓詩外傳曰昔者楚熊渠子夜行見寢石以爲伏虎彎弓而射之沒金飲羽下視知其石也因復射之矢摧無迹熊渠子見其誠心而金石爲之開而況人乎)當爲秋霜無爲檻羊(秋霜肅殺於物檻羊受制於人)雖欲爲檻羊又可得乎竊見諸相工言王貴天子法也人主崩亡閭閻之伍尚爲盜賊欲有所望何況王邪夫受命之君天之所立不可謀也今新帝人之所置彊者爲右願君王爲高祖陛下所志(陛下即光武也)無爲扶蘇將閭叫呼天也(扶蘇秦始皇之太子將閭庶子也扶蘇以數諫始皇使與蒙恬守北邊始皇死於沙丘少子胡亥詐立賜扶蘇死將閭昆弟三人囚於內宮胡亥使謂將閭曰公子不臣罪當死將閭乃仰天大呼天者三曰天乎吾無罪昆弟三人皆流涕伏劒自殺事見史記)彊得書惶怖即執其使封書上之顯宗以荊母弟祕其事遣荊出止河南宮時西羌反荊不得志冀天下因羌驚動有變私迎能爲星者與謀議帝聞之乃徙封荊廣陵王遣之國其後荊復呼相工謂曰我貌類先帝先帝三十得天下我今亦三十可起兵未相者詣吏告之荊惶恐自繫獄帝復加恩不考極其事下詔不得臣屬吏人唯食租如故使相中尉謹宿衛之荊猶不改其後使巫祭祀祝詛有司舉奏請誅之荊自殺立二十九年死帝憐傷之賜謚曰思王十四年封荊子元壽爲廣陵侯服王璽綬食荊故國六縣又封元壽弟三人爲鄉侯明年帝東巡狩徵元壽兄弟會東平宮班賜御服器物又取皇子輿馬悉以與之建初七年肅宗詔元壽兄弟與諸王俱朝京師元壽卒子商嗣商卒子條嗣傳國于後

臨淮懷公衡傳

臨淮懷公衡建武十五年立未及進爵爲王而薨無子國除

中山簡王焉傳

中山簡王焉建武十五年封左馮翊公(○劉攽曰案光武紀封焉左翊公與右翊相配)十七年進爵爲王焉以郭太后少子故獨留京師三十年徙封中山王永平二年冬諸王來會辟雍事畢歸蕃詔焉與俱就國從以虎賁官騎(漢官儀騶騎王家名官騎)焉上書辭讓顯宗報曰凡諸侯出境必備左右故夾谷之會司馬以從(穀梁傳曰公會齊侯于頰谷齊人鼓譟欲以執魯君孔子歷階而上命司馬止之左氏傳頰谷作夾谷)今五國各官騎百人稱娖前行(娖音楚角反稱娖猶齊整也行音胡朗反)皆北軍胡騎便兵善射弓不空發中必決眥(司馬相如子虛之文)夫有文事必有武備所以重蕃職也王其勿辭帝以焉郭太后偏愛特加恩寵獨得往來京師十五年焉姬韓序有過焉縊殺之國相舉奏坐削安險縣(安險屬中山郡)元和中肅宗復以安險還中山立五十二年永元二年薨自中興至和帝時皇子始封薨者皆賻錢三千萬布三萬疋嗣王薨賻錢千萬布萬匹是時竇太后臨朝竇憲兄弟擅權太后及憲等東海出也(爾雅曰女子之子謂出也)故睦於焉而重於禮加賻錢一億詔濟南東海二王皆會大爲修冢塋開神道(墓前開道建石柱以爲標謂之神道)平夷吏人冢墓以千數作者萬餘人發常山鉅鹿涿郡柏黃腸雜木(黃腸柏木黃心)三郡不能備復調餘州郡工徒及送致者數千人凡徵發搖動六州十八郡制度餘國莫及子夷王憲嗣永元四年封憲弟十一人爲列侯憲立二十二年薨子孝王弘嗣永寧元年封弘二弟爲亭侯弘立二十八年薨子穆王暢嗣永和六年封暢弟荊爲南鄉侯暢立三十四年薨子節王稚嗣無子國除

琅邪孝王京傳

琅邪孝王京建武十五年封琅邪公十七年進爵爲王京性恭孝好經學顯宗尤愛幸賞賜恩寵殊異莫與爲比永平二年以太山之蓋南武陽華(蓋縣故城在今沂州沂水縣西北南武陽縣故城在今沂州費縣西又華縣故城在費縣東北也)東萊之昌陽盧鄉東牟六縣益琅邪(昌陽今萊州縣也故城在今閬登縣西南盧鄉故城在今昌陽縣西北東牟故城在閬登縣西北也)五年乃就國光烈皇后崩帝悉以太后遺金寶財物賜京都莒好修宮室窮極伎巧殿館壁帶皆飾以金銀(壁帶壁中之橫木也以金銀爲釘飾其上)數上詩賦頌德帝嘉美下之史官京國中有城陽景王祠吏人奉祠神數下言宮中多不便利京上書願徙宮開陽以華蓋南武陽厚丘贛榆五縣(華縣蓋縣南武陽屬泰山郡厚丘屬東海郡贛榆屬琅邪郡)易東海之開陽臨沂肅宗許之立三十一年薨葬東海即丘廣平亭有詔割亭屬開陽(開陽縣屬東海郡故城在今沂州臨沂縣北)子夷王宇嗣建初七年封宇弟十三人爲列侯元和元年封孝王孫二人爲列侯宇立二十年薨子恭王壽嗣永初元年封壽弟八人爲列侯立十七年薨子貞王尊嗣延光二年封尊弟四人爲鄉侯尊立十八年薨子安王據嗣永和五年封據弟三人爲鄉侯據立四十七年薨子順王容嗣初平元年遣弟邈至長安奉章貢獻帝以邈爲九江太守封陽都侯(陽都縣屬城陽國故城在今沂州承縣南承音常證反)容立八年薨國絕初邈至長安盛稱東郡太守曹操忠誠於帝操以此德於邈建安十一年復立容子熙爲王在位十一年坐謀欲過江被誅國除

贊曰光武十子胙土分王沛獻撙節楚英流放(撙音祖本反禮記曰恭敬撙節鄭玄注云撙趨也)延既怨詛荊亦觖望濟南陰謀琅邪驕宕中山臨淮無聞天喪(二王早終名聞未著也)東平好善辭中委相謙謙恭王實惟三讓

後漢書卷七十二考證

東平憲王蒼傳山陽之南平陽橐湖陵○臣會汾按前後書志山陽無橐有橐臣瓚音拓此傳與注橐字傳寫俱誤應改正

驃騎府吏○時字應從通鑑作府

後漢書卷七十三

宋 宣城 太守范 曄撰

唐 章懷 太子 賢注

朱樂何列傳第三十三

朱暉傳 孫穆

朱暉字文季南陽宛人也(東觀記曰其先宋微子之後也以國氏姓周衰諸侯滅宋奔碭易姓爲朱後徙于宛也)家世衣冠暉早孤有氣決年十三王莽敗天下亂與外氏家屬從田間奔入宛城(東觀記曰暉外祖父孔休以德行稱於代也)道遇羣賊白刃劫諸婦女略奪衣物昆弟賓客皆惶迫伏地莫敢動暉拔劒前曰財物皆可取耳諸母衣不可得今日朱暉死日也賊見其小壯其志笑曰童子內刀遂捨之而去初光武與暉父岑俱學長安有舊故及即位求問岑時已卒乃召暉拜爲郎暉尋以病去卒業於太學性矜嚴進止必以禮諸儒稱其高永平初顯宗舅新陽侯陰就慕暉賢自往候之暉避不見復遣家丞致禮(續漢志曰諸侯家丞秩三百石)暉遂閉門不受就聞歎曰志士也勿奪其節後爲郡吏太守阮況嘗欲市暉婢暉不從(東觀記曰暉爲督郵況當嫁女欲買暉婢暉不敢與後況卒暉送其家金三斤)及況卒暉乃厚贈送其家人或譏焉暉曰前阮府君有求於我所以不敢聞命誠恐以財貨污君今而相送明吾非有愛也驃騎將軍東平王蒼聞而辟之甚禮敬焉正月朔旦蒼當入賀故事少府給璧是時陰就爲府卿貴驕吏慠不奉法蒼坐朝堂漏且盡而求璧不可得顧謂掾屬曰若之何暉望見少府主簿持璧即往紿之曰(紿欺也)我數聞璧而未嘗見試請觀之主簿以授暉暉顧召令史奉之(奉之於蒼)主簿大驚遽以白就就曰朱掾義士勿復求更以宅璧朝蒼既罷召暉謂曰屬者掾自視孰與藺相如(屬向也與猶如也史記曰藺相如趙人也趙惠文王時得楚和氏璧秦昭王欲以十五城易之趙王使相如奉璧入秦秦王大喜無意償趙城相如乃前曰璧有瑕願指視王王相如乃持璧卻立倚柱怒髮上衝冠曰臣觀大王無意償趙城邑故臣復取璧大王必欲急臣臣今頭與璧俱碎於柱矣相如持其璧睨柱欲以擊柱秦王恐其璧破乃謝之)帝聞壯之及當幸長安欲嚴宿衛故以暉爲衛士令再遷臨淮太守暉好節槩有所拔用皆厲行士其諸報怨以義犯率皆爲求其理多得生濟其不義之囚即時僵仆(僵偃也仆踣也)吏人畏愛爲之歌曰彊直自遂南陽朱季吏畏其威人懷其惠(東觀記曰建武十六年四方牛大疫臨淮獨不鄰郡人多牽牛入界)數年坐法免(東觀記曰坐考長史囚死獄中州奏免官○劉攽曰案臨淮郡無長史既言囚死獄中當是吏字令長丞尉皆長吏也)暉剛於爲吏見忌於上所在多被劾自去臨淮屏居野澤布衣蔬食不與邑里通鄉黨譏其介(介特也言不與衆同)建初中南陽大飢米石千餘暉盡散其家資以分宗里故舊之貧羸者鄉族皆歸焉初暉同縣張堪素有名稱嘗於太學見暉甚重之接以友道乃把暉臂曰欲以妻子託朱生暉以堪先達舉手未敢對自後不復相見堪卒暉聞其妻子貧困乃自往候視厚賑贍之暉少子頡怪而問曰大人不與堪爲友平生未曾相聞子孫竊怪之暉曰堪嘗有知己之言吾以信於心也(以堪先託妻子已許之故言信於心也)暉又與同郡陳揖交善揖早卒有遺腹子友暉常哀之及司徒桓虞爲南陽太守召暉子駢爲吏暉辭駢而薦友虞歎息遂召之其義烈若此元和中肅宗巡狩召南陽太守問暉起居召拜爲尚書僕射歲中遷太山太守暉上疏乞留中詔許之因上便宜陳密事深見嘉納詔報曰補公家之闕(詩曰袞職有闕仲山甫補之)不累清白之素斯善美之士也俗吏苟合阿意面從進無謇謇之志卻無退思之念(易蹇卦艮下坎上艮爲山坎爲水山上有水蹇難之象也六二爻上應於五五爲君位二宜爲臣也居險難之時履當其位不以五在難私身遠害故曰王臣蹇蹇匪躬之故孝經曰退思補過謇與蹇通)患之甚久惟令所言適我願也生其勉之(○劉攽曰惟令所言案時暉未爲尚書令明此令字是今字)是時穀貴縣官經用不足(經常也)朝廷憂之尚書張林上言穀所以貴由錢賤故也可盡封錢一取布帛爲租以通天下之用又鹽食之急者雖貴人不得不須官可自鬻(前書曰因官器作鬻鹽音義曰鬻古粥字)又宜因交阯益州上計吏往來市珍寶收

采其利武帝時所謂均輸者也武帝作均輸法謂州郡所出租賦并雇運之直官總取之市其土地所出之物官自轉輸於京謂之均輸於是詔諸尚書通議暉奏據林言不可施行事遂寢後陳事者復重述林前議以爲於國誠便帝然之有詔施行暉復獨奏曰王制天子不言有無諸侯不言多少食祿之家不與百姓爭利今均輸之法與賈販無異鹽利歸官則下人窮怨布帛爲租則吏多姦盜誠非明主所當宜行○劉攽曰案文當與宜不須並存合去當字帝卒以林等言爲然得暉重議因發怒切責諸尚書暉等皆自繫獄三日詔勑出之曰國家樂聞駮議黃髮無愆詔書過耳黃髮老稱謂朱暉也何故自繫暉因稱病篤不肯復署議尚書令以下惶怖謂暉曰今臨得譴讓柰何稱病其禍不細暉曰行年八十蒙恩得在機密當以死報若心知不可而順旨雷同負臣子之義今耳目無所聞見伏待死命遂閉口不復言諸尚書不知所爲乃共劾奏暉帝意解寢其事後數日詔使直事郎問暉起居直事郎謂署郎當次直者太醫視疾太官賜食暉乃起謝復賜錢十萬布百匹衣十領後遷爲尚書令以老病乞身拜騎都尉賜錢二十萬和帝卽位竇憲北征匈奴暉復上疏諫頃之病卒華嶠書曰暉年五十失妻昆弟欲爲繼室暉歎曰時俗希不以後妻敗家者遂不復娶也子頡修儒術安帝時至陳相頡子穆

穆字公叔年五歲便有孝稱父母有病輒不飲食差乃復常及壯耽學銳意講誦或時思至不自知忘失衣冠顚隊阬岸其父常以爲專愚幾不知數馬足幾音近衣反前書曰石慶爲太僕上問車中幾馬慶以策數馬畢擧手曰六馬言穆用心專愚更甚也穆愈更精篤初擧孝廉謝承書曰穆少有英才學明五經性矜嚴疾惡不交非類年二十爲郡督郵迎新太守見穆曰君年少爲督郵因族埶爲有令德穆答曰郡中瞻望明府如仲尼非顔回不敢以迎孔子更問風俗人物太守甚奇之曰僕非仲尼督郵可謂顔回也遂歷職股肱擧孝廉也順帝末江淮盜賊羣起州郡不能禁或說大將軍梁冀曰朱公叔兼資文武海內奇士若以爲謀主賊不足平也冀亦素聞穆名乃辟之使典兵事甚見親任及桓帝卽位順烈太后臨朝穆以冀埶地親重望有以扶持王室因推災異奏記以勸戒冀曰穆伏念明年丁亥之歲刑德合於乾位歷法太歲在丁壬歲德在北宮太歲在亥卯未歲刑亦在北宮故合於乾位也易經龍戰之會其文曰龍戰于野其道窮也易坤卦上六象詞也坤爻居土六故云其道窮也王弼注云陰之爲道卑順不逆乃全其美盛而不已同陽之地陽所不堪故戰于野謂陽道將勝而陰道負也今年九月天氣鬱冒五位四候連失正氣此互相明也夫善道屬陽惡道屬陰若修正守陽摧折惡類則福從之矣穆每事不逮所好唯學傳受於師時有可試願將軍少察愚言申納諸儒申重也而親其忠正絕其姑息姑且也息安也小人之道苟且取安也禮記曰君子之愛人也以德細人之愛人也以姑息專心公朝割除私欲廣求賢能斥遠佞惡夫人君不可不學當以天地順道漸漬其心宜爲皇帝選置師傅及侍講者得小心忠篤敦禮之士將軍與之俱入參勸講授師賢法古此猶倚南山坐平原也誰能傾之今年夏月暈房星明年當有小厄宜急誅姦臣爲天下所怨毒者以塞災咎議郎大夫之位本以式序儒術高行之士今多非其人九卿之中亦有乖其任者惟將軍察焉又薦种暠欒巴等而明年嚴鮪謀立清河王蒜又黃龍二見沛國冀無術學遂以穆龍戰之言爲應於是請暠爲從事中郎薦巴爲議郎擧穆高第爲侍御史續漢書曰穆擧高第拜侍御史桓帝臨辟雍行禮畢公卿出虎賁置弓階上公卿下階皆避弓穆過呵虎賁曰執天子器何故投于地虎賁怖卽攝弓穆劾奏虎賁抵罪公卿皆憙曰朱御史可謂臨事不惑者也時同郡趙康叔盛者隱於武當山清靜不仕以經傳敎授穆時年五十乃奉書稱弟子及康歿喪之如師其尊德重道爲當時所服常感時澆薄慕尚敦篤乃作崇厚論其辭曰夫俗之薄也有自來矣故仲尼歎曰大道之行也而丘不與焉禮記曰仲尼歎曰大道之行三代之英丘未之逮也而有志焉鄭玄注曰大道謂三皇五帝時也蓋傷之也夫道者以天下爲一在彼猶在已也故行違於道則愧生於心非畏義也事違於理則負結於意非憚禮也故率性而行謂之道率循也子思曰天命之謂性率性之謂道修道之謂教也得其天性謂之德天之所命之謂性不失天性是謂德德性失然後貴仁義道德之性失仁義之迹彰是以仁義起而道德遷遷徙也禮法興而淳樸散故道德以仁義爲薄淳樸以禮法爲賊也老子曰失道而後德失德而後仁失仁而後義失義而後禮夫禮者忠信之薄而亂之首也夫中世之所敦已爲上世之所薄中世謂五帝時況又薄於此乎故夫天不崇大則覆幬不廣地不深厚則載物不博幬亦覆也左傳曰如天之無不幬如地之無不載幬與燾同人不敦厖則道數不遠敦厚也厖大也左傳曰人生敦厖數猶理也言人不敦厚不能入道之精理也昔在仲尼不失舊於原壤孔子原壤之舊也禮記曰原壤之母死孔子助之沐槨原壤登木而歌曰貍首之斑然執女手之卷然從者曰子未可以已乎夫子曰親者無失其爲親故者無失其爲故楚嚴不忍章於絕纓說苑曰楚莊王賜羣臣酒日暮燭滅乃有人引美人之衣者美人援絕其冠纓告王趣火來上視絕纓者王曰賜人酒使醉失禮柰何欲顯婦人之節而辱士乎乃命左右曰與寡人飲不絕冠纓者不懽羣臣百餘人皆絕去其冠纓乃上火也由此觀之聖賢之德敦矣老氏之經曰大丈夫處其厚不處其薄居其實不居其華故去彼取此此老子道德經之詞顧歡注曰道德爲厚禮法爲薄清虛爲實聲色爲華去彼華薄取此厚實夫時有薄而厚施行有失而惠用以俗之澆薄以厚御之行之有失以惠待之卽上孔子楚莊是也故覆人之過者敦之道也救人之失者厚之行也往者馬援深昭此道可以爲德誡其兄子曰吾欲汝曹聞人之過如聞父母之名耳可得聞口不得言斯言要矣遠則聖賢履之上世履踐也言敦厚之道孔子楚莊已踐履之近則邴吉張子孺行之漢廷宣帝時邴吉爲丞相不案吏曰夫以三公府案吏吾竊陋之子孺爲車騎將軍匿名遠權隱人過失故能振英聲於百世播不滅之遺風不亦美哉然而時俗或異風化不敦而尚相誹謗○劉攽曰案下文有而字則然字下不宜更用而字謂之臧否記短則兼折其長貶惡則并伐其善悠悠者皆是其可稱乎悠悠多也稱擧也凡此之類豈徒乖爲君子之道哉將有危身累家之禍焉悲夫行之者不知憂其然故害興而莫之及也斯既然矣又有異焉人皆見之而不能自遷何則務進者趨前而不顧後榮貴者矜已而不待人智不接愚富不賑貧貞士孤而不恤賢者厄而不存故田蚡以尊顯致安國之金田蚡武帝王皇后同產弟爲太尉親貴用事韓安國爲梁王太傅坐法失官安國以五百金遺蚡蚡爲言太后卽召以爲北地都尉也淳于以貴埶引方進之言翟方進成帝時爲丞相淳于長元后姊子封定陵侯以能謀議爲九卿用事方進獨與長交稱薦之也夫以韓翟之操爲漢之名宰前書曰天子以韓安國爲國器拜御史大夫又曰翟方進智能有餘天子甚重之故言名宰也然猶不能振一貧賢薦一孤士又況其下者乎此禽息史魚所以專名於前而莫繼於後者也韓詩外傳曰禽息秦大夫薦百里奚不見納繆公出當車以頭擊闑腦乃精出曰臣生無補於國不如死也繆公感寤而用百里奚秦以大化禮大夫殯於正室士於適室韓子曰史魚衛大夫卒委柩後寢衛君弔而問之曰不能進蘧伯玉退彌子瑕以屍諫也故時敦俗美則小人守正利不能誘也時否俗薄雖君子爲邪義不能止也言皆牽於時也何則先進者既往而不反後來者復習俗而追之是以虛華盛而忠信微刻薄稠而純篤稀斯蓋谷風有棄予之歎詩小雅曰習習谷風維風及雨將恐將懼維予與女將安將樂女轉棄予伐木有鳥鳴之悲矣詩小雅曰伐木丁丁鳥鳴嚶嚶出自幽谷遷于喬木嚶其鳴矣求其友聲也嗟乎世士誠躬師孔聖之崇則嘉楚嚴之美行希李老之雅誨思馬援之所尚鄙二宰之失度美韓稜之抗正稜事具韓稜傳貴丙張之弘裕賤時俗之誹謗則道豐績盛名顯身榮載不刊之德刊削也播不滅之聲然知薄者之不足厚者之有餘也○劉攽曰案文然字下不可少彼字明脫之彼與草木俱朽彼謂薄也此與金石相傾此謂厚也老子曰高下之相傾豈得同年而語並日而談哉穆又著絕交論亦矯時之作穆集載論其略曰或曰子絕存問不見客亦不答也何故曰古者進退趨業無私游之交相見以公朝享會以禮紀否則朋徒受習而已曰人將疾子如何曰寧受疾曰受疾可乎曰世之務交游也久矣敦千乘不忌于君犯禮以追之背公以從之其愈者則孺子之愛也其甚者則求蔽過竊譽以贍其私事替義退公輕私重居勞於聽也或於道而求其私贍矣是故遂往不反而莫敢止焉是川瀆並決而莫敢之塞游豬蹂稼而莫之禁也詩云威儀棣棣不可選也後生將復何述而吾不才焉能規此實悼無行子道多闕臣事多尤思復白圭重考古言以補往過時無孔堂思兼則滯匪有廢也則亦焉興是以敢受疾也不亦可乎交士傳曰世無絕交又與劉伯宗絕交書及詩曰昔我爲豐令足下不遭母憂乎親解縗經來入豐寺及我爲侍書御史足下親來入臺足下今爲二千石我下爲郎乃反因計吏以謁相與足下豈丞尉之徒我豈足下部欲以此謁爲榮寵乎咄劉伯宗於仁義道何其薄哉其詩曰北山有鴞不潔其翼飛不正向寢不定息飢則木攬飽則泥伏饕餮貪汙臭腐是食塡腸滿嗉嗜欲無極長鳴呼鳳謂鳳無德鳳之所趣與子異域永從此訣各自努力蓋因此而著論也○劉攽曰注我足下部欲以此謁爲榮寵乎案文部字下少一民字梁冀驕暴不悛朝野嗟毒穆以故吏懼其釁積招禍復奏記諫曰古之明君必有輔德之臣規諫之官下至器物銘書成敗以防遺失黃帝作巾机之法孔甲有盤盂之誡太公陰謀曰武王衣之銘曰桑蠶苦女工難得新捐故後必寒鏡銘曰以鏡自照者見形容以人自照者見吉凶觴銘曰樂極則悲沈湎致非社稷爲危也故君有正道臣有正路說苑君道篇曰人君之道清淨無爲務在博愛趨在任賢廣開耳目以察萬方不固溺於流俗不拘繫於左右臣術篇曰人臣之術順從復命無所敢專義不苟合位不苟尊必有益於國必有補於君也從之如升堂違之如赴壑今明將軍地有申伯之尊申國之伯周宣王之元舅位爲羣公之首冀絕席於三公一日行善天下歸仁論語曰一日克己復禮天下歸仁焉終朝爲惡四海傾覆頃者官人俱匱加以水蟲爲害水災及蝗蟲也京師諸官費用增多詔書發調或至十倍各言官無見財皆當出民搒掠割剝彊令充足公賦既重私斂又深牧守長吏多非德選貪聚無猒遇人如虜或絕命於箠楚之下或自賊於迫切之求賊殺也又掠奪百姓皆託之尊府遂令將軍結怨天下吏人酸毒道路歎嗟昔秦政煩苛百姓土崩陳勝奮臂一呼天下鼎沸前書淮南王謂伍被曰陳勝吳廣起于大澤奮臂大呼天下響應也而面諛之臣猶言安耳秦胡亥時山東兵大起叔孫通謂胡亥曰鼠竊狗盜郡縣逐捕之不足憂諸生曰何先生言之諛也諱惡不悛卒至亡滅昔永和之末綱紀少弛頗失人望四五歲耳而財空戶散下有離心馬免之徒乘敝而起荊揚之間幾成大患質帝時九江賊馬免稱黃帝歷陽賊華孟稱黑帝並九江都尉滕撫討斬之九江歷陽是荊揚之間也幸賴順烈皇后初政清靜內外同力僅乃討定今百姓戚戚困於永和內非仁愛之心可得容忍外非守國之計所宜久安也夫將相大臣均體元首共輿而馳同舟而濟輿傾舟覆患實共之豈可以去明卽昧履危自安卽就也主孤時困而莫之卹乎宜時易宰守非其人者減省第宅園池之費拒絕郡國諸所奉送內以自明外解人惑使挾姦之吏無所依託司察之臣得盡耳目憲度既張遠邇清壹則將軍身尊事顯德燿無窮天道明察無言不信惟垂省覽冀不納而縱放日滋遂復賂遺左右交通宦者任其子弟賓客以爲州郡要職穆又奏記極諫冀終不悟報書云如此僕亦無一可邪穆言雖切然亦不甚罪也永興元年河溢漂害人庶數十萬戶百姓荒饉流移道路冀州盜賊尤多故擢穆爲冀州刺史州人有宦者三人爲中常侍並以檄謁穆穆疾之辭不相見冀部令長聞穆濟河解印綬去者四十餘人及到奏劾諸部至有自殺者以威略權宜盡誅賊渠帥擧劾權貴或乃死獄中有宦者趙忠喪父歸葬安平安平郡冀州所部僭爲璵璠玉匣偶人玉匣長尺廣二寸半衣死者自腰以下至足連以金縷天子之制也左傳曰陽虎將以璵璠斂杜預注云美玉名君

所假也偶人明器之屬也穆聞之下郡案驗吏畏其嚴明遂發墓剖棺陳尸出之而收其家屬帝聞大怒徵穆詣廷尉謝承書曰穆臨當就道冀州從事欲爲畫像置聽事上穆留板書曰勿畫吾形以爲重負忠義之未顯何形像之足紀也輸作左校左校署名屬將作掌左工徒太學書生劉陶等數千人詣闕上書訟穆曰伏見施刑徒朱穆處公憂國拜州之日志清姦惡誠以常侍貴寵父兄子弟布在州郡競爲虎狼噬食小人故穆張理天網補綴漏目羅取殘禍以塞天意由是內官咸共恚疾謗讟煩興讒隙仍作極其刑讁輸作左校天下有識皆以穆同勤禹稷而被共鯀之戾若死者有知則唐帝怒於崇山重華忿於蒼墓矣尚書曰放驩兜於崇山孔安國注曰崇山南裔也山海經曰有驩頭之國帝堯葬焉郭璞注云驩頭驩兜也禮記曰舜葬蒼梧之野當今中官近習鄭玄注禮記云近習天子所親幸者也竊持國柄周禮以八柄詔王馭羣臣謂爵祿予置生奪廢誅也手握王爵口含天憲運賞則使餓隷富於季孫運行也論語曰季氏富於周公呼噏則令伊顏化爲桀跖呼噏吐納也伊尹顏回夏桀盜跖也而穆獨亢然不顧身害非惡榮而好辱惡生而好死也徒感王綱之不攝攝持也懼天網之久失故竭心懷憂爲上深計臣願黥首繫趾黥首謂鑿額涅墨也繫趾謂釱其足也以鐵著足曰釱也代穆校作帝覽其奏乃赦之穆居家數年在朝諸公多有相推薦者於是徵拜尚書穆既深疾宦官及在臺閣旦夕共事志欲除之乃上疏曰案漢故事中常侍參選士人建武以後乃悉用宦者自延平以來浸益貴盛假貂璫之飾處常伯之任璫以金爲之當冠前附以金蟬也漢官儀曰中常侍秦官也漢興或用士人銀璫左貂光武以後專任宦者右貂金璫常伯侍中天朝政事一更其手權傾海內寵貴無極子弟親戚並荷榮任故放濫驕溢莫能禁禦凶狡無行之徒媚以求官恃埶怙寵之輩漁食百姓窮破天下空竭小人愚臣以爲可悉罷省遵復往初率由舊章更選海內清淳之士明達國體者以補其處即陛下可爲堯舜之君衆僚皆爲稷契之臣兆庶黎民蒙被聖化矣帝不納後穆因進見口復陳曰臣聞漢家舊典置侍中中常侍各一人省尚書事省覽也黃門侍郎一人傳發書奏傳通也皆用姓族引用士人有族望者自和熹太后以女主稱制不接公卿乃以閹人爲常侍小黃門通命兩宮自此以來權傾人主窮困天下宜皆罷遣博選耆儒宿德與參政事帝怒不應穆伏不肯起左右傳出傳聲令出良久乃趨而去自此中官數因事稱詔詆毀之穆素剛不得意居無幾憤懣發疽疽癰也延熹六年卒時年六十四祿仕數十年蔬食布衣家無餘財公卿共表穆立節忠清虔恭機密守死善道宜蒙旌寵策詔襃述追贈益州太守所著論策奏敎書詩記嘲凡二十篇袁山松書曰穆著論甚美蔡邕嘗至其家自寫之穆前在冀州所辟用皆清德長者多至公卿州郡子野少有名節仕至河南尹野字子遠見荀爽文初穆父卒穆與諸儒考依古義謚曰貞宣先生謚法曰清白守節曰貞善聞周達曰宣及穆卒蔡邕復與門人共述其體行謚爲文忠先生袁山松書曰蔡邕議曰魯季文子君子以爲忠而謚曰文子又傳曰忠文之實也以彰之遂共謚穆荀爽聞而非之故張璠論曰夫謚者上之所贈非下之所造故顏閔至德不聞有謚朱蔡各以衰世臧否不立故私議之

論曰朱穆見比周傷義偏黨毀俗左傳曰頑嚚不友是爲比周杜預注比近也周密也志抑朋游之私遂著絕交之論蔡邕以爲穆貞而孤又作正交而廣其志焉邕論略曰聞之前訓曰君子以朋友講習而正人無有淫朋是以古之交者其義敦以正其誓信以固逮夫周德始衰頌聲既寢伐木有鳥鳴之刺谷風有棄予之怨其所由來政之缺也自此以降彌以陵遲或闕其始終或彊其比周是以搢紳患其然而論者諄諄如也疾淺薄而攜貳者有之惡朋黨而絕交游者有之其論交也曰富貴則人爭趣之貧賤則人爭去之是以君子慎人所以交己審己所以交人富貴則無暴集之客貧賤則無棄舊之賓矣故原其所以來則知其所以去見其所以始則觀其所以終彼貞士者貧賤不待夫富貴富貴不驕乎貧賤故可貴也蓋朋友之道有義則合無義則離善則久要不忘平生之言惡則忠告善誨之否則止無自辱焉故君子不爲可棄之行不患人之遺己也信有可歸之德不病人之遠己也不幸或然則躬自厚而薄責於人怨其遠矣求諸己而不求諸人咎其稀矣夫遠怨稀咎之機咸在乎躬莫之致也子夏之門人問交於子張而二子各有聞乎夫子然則以交誨也商也寬故告之以拒人師也褊故訓之以容衆各從其行而矯之至於仲尼之正教則汎愛衆而親仁故非善不喜非仁不親交游以方會友以文可無貶也穀梁子亦曰心志既通名譽不聞友之罪也今將患其流而塞其源病其末而刈其本無乃未若擇其正而黜其邪與其彼農皆黍而獨稷焉夫黍亦神農之嘉穀與稷並爲粢盛也使交而可廢則黍其愆矣括二論而言之則刺薄者博而洽斷交者貞而孤孤有羔羊之節與其不獲已而矯時也走將從夫孤焉○劉攽曰注否則止案否字當作不可不黷易繫辭之言也又曰晏平仲善與人交子夏之門人亦問交於子張並見論語故易明斷金之義易繫辭曰二人同心其利斷金詩載讌朋之謠詩小雅伐木序云燕朋友故舊也其詩曰伐木許許釃酒有藇釃音所宜反藇音序若夫文會輔仁直諒多聞之友時濟其益論語曰君子以文會友以友輔仁又曰益者三友友直友諒友多聞益矣紵衣傾蓋彈冠結綬之夫遂隆其好左傳曰吳季札以縞帶贈子產子產獻紵衣焉孔叢子曰孔子與程子相遇於途傾蓋而語傾蓋謂駐車交蓋也前書曰王陽貢禹相與爲友朱博與蕭育爲友時稱蕭朱結綬王貢彈冠言其趣舍同相薦達斯固交者之方焉方道也至乃田竇衛霍之游客竇嬰孝文皇后從兄子封魏其侯游士賓客爭歸之武帝時爲丞相田蚡武帝王皇后同產弟爲太尉以太后故親幸數言事多效士吏趨埶利者皆去嬰而歸蚡衛青霍去病爲驃騎將軍皆爲大司馬去病秩祿與大將軍青等自是後青日衰而去病益貴青故人門下多去事去病輒得官爵也廉頗翟公之門賓史記曰廉頗趙人爲信平君假相國長平之免歸也失勢之時故客盡去及復用爲將客又至廉頗曰客退矣客曰吁君何見之晚也夫以市道交君有埶我則從君君無埶則去此其理也又何怨焉下邽翟公爲廷尉賓客亦填門及廢門外可設爵羅後復爲廷尉賓客欲往翟公大署其門曰一死一生乃知交情一貧一富乃知交態一貴一賤交情乃見也進由埶合退由衰異又專諸荊卿之感激史記曰專諸堂邑人吳公子光以嫡嗣未得立請專諸刺吳王僚專諸曰王僚可殺也母老子弱是其無如我何光乃置酒請王僚酒酣專諸置匕首魚炙之中以刺王僚王僚立死又曰荊軻衛人也燕太子丹質於秦秦王政遇之不善丹怨亡歸與軻交結乃尊爲上卿故謂之荊卿軻入秦刺始皇不遂而死也侯生豫子之投身史記曰侯嬴魏隱士爲大梁夷門監者魏公子無忌請爲上客秦圍邯鄲嬴教公子竊兵符北救趙乃自剄又曰豫讓晉人趙襄子滅智伯讓曰士爲知己者死乃變名姓欲刺襄子襄子令執之伏劒而死情爲恩死命緣義輕皆以利害移心懷德成節非夫交照之本未可語失得之原也穆徒以友分少全因絕同志之求黨俠生敝而忘得朋之義易曰西南得朋蔡氏貞孤之言其爲然也古之善交者詳矣漢興稱王陽貢禹陳遵張竦前書曰陳遵字孟公杜陵人也張竦字伯松博學通達以廉儉自守而遵放縱不拘操行雖異然相親友也中世有廉范慶鴻陳重雷義云

樂恢傳

樂恢字伯奇京兆長陵人也父親爲縣吏得罪於令收將殺之恢年十一常俯伏寺門晝夜號泣令聞而矜之即解出親恢長好經學事博士焦永永爲河東太守恢隨之官閉廬精誦不交人物後永以事被考諸弟子皆以通關被繫爲交通關涉也恢獨皦然不汙於法皦明也音公鳥反或從白作皎音同遂篤志爲名儒性廉直介立介特也行不合己者雖貴不與交信陽侯陰就數致禮請恢恢絕不答後仕本郡吏太守坐法誅東觀記京兆尹張恂召恢署戶曹史故人莫敢往恢獨奔喪行服坐以抵罪歸復爲功曹選舉不阿請託無所容同郡楊政數衆毀恢後舉政子爲孝廉由是鄉里歸之辟司空牟融府會蜀郡太守第五倫代融爲司空恢以與倫同郡不肯留薦潁川杜安而退諸公多其行連辟之遂皆不應華嶠書曰安擢爲宛令以病去章帝行過潁川安上書召拜御史遷至巴郡太守而恢在家安與恢書通問恢告吏口謝且讓之曰爲宛令不合志病去可也干人主以闚紲非也違平生操故不報安亦節士也年十三入太學號奇童洛陽令周紆自往候安安謝不見京師貴戚慕其行或遺之書安不發悉壁藏之及後捕案貴戚賓客安開壁出書印封如故後徵拜議郎會車騎將軍竇憲出征匈奴恢數上書諫爭朝廷稱其忠東觀記載上書諫曰春秋之義王者不理夷狄得其地不可墾發得其人無益於政故明王之於夷狄羈縻而已孔子曰遠人不服則脩文德以來之以漢之盛不務脩舜禹周公之德而無故興干戈動兵革以求無用之物臣誠惑之入爲尚書僕射是時河南尹王調洛陽令李阜與竇憲厚善縱舍自由恢劾奏調阜并及司隷校尉諸所刺舉無所回避貴戚惡之決錄注曰調字叔和爲河南尹永和二年坐買洛陽令同郡任稜竹田及上罷城東漕渠免官憲弟夏陽侯瓌欲往候恢恢謝不與通憲兄弟放縱而忿其不附己妻每諫恢曰昔人有容身避害何必以言取怨恢歎曰吾何忍素餐立人之朝乎遂上疏諫曰臣聞百王之失皆由權移於下大臣持國常以埶盛爲咎伏念先帝聖德未永早棄萬國陛下富於春秋纂承大業春秋謂年也言年少春秋尚多故稱富諸舅不宜幹正王室以示天下之私經曰天地乖互衆物夭傷君臣失序萬人受殃政失不救其極不測方今之宜上以義自割下以謙自引四舅可長保爵土之榮四舅謂竇憲弟篤景瓌也皇太后永無慙負宗廟之憂誠策之上者也書奏不省時竇太后臨朝和帝未親萬機恢以意不得行乃稱疾乞骸骨詔賜錢太醫視疾恢薦任城郭均成陽高鳳而遂稱篤拜騎都尉上書辭謝曰仍受厚恩無以報效夫政在大夫孔子所疾論語孔子曰天下有道政不在大夫世卿持權春秋以戒左傳曰齊崔氏出奔衛公羊傳曰崔氏者何齊大夫也其稱崔氏何貶曷爲貶譏世卿也聖人懇惻不虛言也近世外戚富貴必有驕溢之敗今陛下思慕山陵未遑政事諸舅寵盛權行四方若不能自損誅罰必加臣壽命垂盡臨死竭愚惟蒙留神詔聽上印綬乃歸鄉里竇憲因是風厲州郡迫脅恢遂飲藥死弟子縗絰輓者數百人輓引柩也庶衆痛傷之後竇氏誅帝始親事恢門生何融等上書陳恢忠節除子己爲郎中三輔決錄注曰己字伯文爲郎非其好也去官

何敞傳

何敞字文高扶風平陵人也其先家于汝陰六世祖比干學尚書於鼂錯何氏家傳云六世祖父比干字少卿經明行修兼通法律爲汝陰縣獄吏決曹掾平活數千人後爲丹陽都尉獄無冤囚淮汝號曰何公征和三年三月辛亥天大陰雨比干在家日中夢貴客車騎滿門覺以語妻語未已而門有老嫗可八十餘頭白求寄避雨雨甚而衣履不沾漬雨止送出門乃謂比干曰公有陰德今天錫君策以廣公之子孫因出懷中符策狀如簡長九寸凡九百九十枚以授比干曰子孫佩印綬者當如此算比干年五十八有六男又生三子本始元年自汝陰徙平陵代爲名族武帝時爲廷尉正與張湯同時湯持法深而比干務仁恕數與湯爭雖不能盡得然所濟活者以千數後遷丹陽都尉因徙居平陵敞父寵建武中爲千乘都尉以病免遂隱居不仕敞性公正自以趣舍不合時務每請召常稱疾不應元和中辟太尉宋由府由待以殊禮敞論議高常引大體多所匡正司徒袁安亦深敬重之是時京師及四方累有奇異鳥獸草木言事者以爲祥瑞敞通經傳能爲天官意甚惡之乃言於二公曰夫瑞應依德而至災異緣政而生故鸜鵒來巢昭公有乾侯之戹春秋鸜鵒來巢左氏傳魯大夫師己曰文武之世童謠有之曰鸜鵒之羽公在外野往饋之馬鸜鵒跦跦公在乾侯季平子逐昭公公遜于乾侯杜預注乾侯在魏郡斥丘縣晉境內邑也西狩獲麟孔子有兩楹之殯公羊傳曰西狩獲麟有以告孔子者曰有麕而角者何孔子曰孰爲來哉孰爲來哉反袂拭面涕下沾袍曰吾道窮矣何氏注曰麟者太平之符聖人之類時得麟而死此亦天告夫子將沒之徵也禮記孔子謂子貢曰予疇昔夜夢坐奠於兩楹之間殷人殯於兩楹之間丘即殷人也予殆將死也遂寢疾七日而死海鳥避風臧文祀之君子譏焉國語曰海鳥曰爰居止於魯東門之外三日臧文仲使國人祭之展禽譏焉因曰今茲海其有災乎廣川之鳥恒知避風是歲海多大風冬煖文仲聞之曰吾過矣今異鳥翔於殿屋怪草生於庭際不可不察由安懼然不敢答懼音紀具反居無何而肅宗崩時竇氏專政外戚奢侈賞賜過制倉帑爲虛帑音它朗反敞奏記由曰敞聞事君之義進思盡忠退思補過歷觀世主時臣無不各

欲爲化垂之無窮然而平和之政萬無一者蓋以聖主賢臣不能相遭故也今國家秉聰明之弘道明公履晏晏之純德晏晏溫和也君臣相合天下翕然治平之化有望於今孔子曰如有用我者三年有成今明公視事出入再朞宜當克己以疇四海之心禮一穀不升則損服徹膳禮記曰歲凶年穀不登君膳不祭肺損服減損服御天下不足若己使然而比年水旱人不收穫涼州緣邊家被凶害時西羌犯邊爲害也男子疲於戰陳妻女勞於轉運老幼孤寡歎息相依又中州內郡公私屈竭此實損膳節用之時國恩覆載賞賚過度但聞臘賜自郎官以上公卿王侯以下至於空竭帑藏損耗國資尋公家之用皆百姓之力明君賜賚宜有品制忠臣受賞亦應有度臘賜大將軍三公錢各二十萬牛肉二百斤粳米二百斛特進侯十五萬卿十萬校尉五萬尚書三萬侍中將大夫各二萬千石六百石各七千虎賁羽林郎二人共三千以爲祀門戶直見漢官儀也是以夏禹玄圭周公束帛尚書曰召公出取幣入錫周公今明公位尊任重責深負大上當匡正綱紀下當濟安元元豈但空空無違而已哉宜先正己以率羣下還所得賜因陳得失奏王侯就國除苑囿之禁節省浮費賑卹窮孤則恩澤下暢黎庶悅豫上天聰明必有立應使百姓歌誦史官紀德豈但子文逃祿國語昔楚鬬子文三登令尹無一日之積成王聞子文朝不及夕也於是乎每朝設脯一束糗一筐以羞子文成王每出子文之祿必逃王止而後復人謂子文曰人生求富子逃之何也對曰從政者以庇人也人多曠者而我取富焉是勤人以自封也死無日矣我逃死非逃富也公儀退食之比哉史記公儀休相魯食茹而美拔園葵而棄之見布好而逐出其家婦燔其機云欲令農士女工安得奪其貨乎此音庇○劉攽曰注安得奪其貨乎案文奪當作售得當作所也由不能用時齊殤王子都鄉侯暢奔弔國憂上書未報時章帝崩也殤王名石齊武王縯之孫也○劉攽曰案殤字當作煬字說在本傳侍中竇憲遂令人刺殺暢於城門屯衛之中暢得幸竇太后故刺殺之而主名不立敞又說由曰劉暢宗室肺府茅土藩臣來弔大憂上書須報須待也親在武衛致此殘酷奉憲之吏莫適討捕適音的謂無指的討捕也蹤迹不顯主名不立敞備數股肱職典賊曹股肱謂手臂也公府有賊曹主知盜賊也故欲親至發所以糾其變而二府以爲故事三公不與賊盜敞在太尉府二府謂司徒司空邴吉爲丞相不案事遂爲故事見馬防傳也昔陳平生於征戰之世猶知宰相之分云外鎭四夷內撫諸侯使卿大夫各得其宜陳平爲左丞相對文帝曰宰相者佐天子理陰陽順四時下育萬物之宜外鎭撫四夷諸侯內親附百姓使卿大夫各得任其職也今二府執事不深惟大義惑於所聞公縱姦慝莫以爲咎惟明公運獨見之明昭然勿疑敞不勝所見請獨奏案由乃許焉二府聞敞行皆遣主者隨之主者謂主知盜賊之曹也於是推舉具得事實京師稱其正以高第拜侍御史時遂以竇憲爲車騎將軍大發軍擊匈奴而詔使者爲憲弟篤景並起邸第興造勞役百姓愁苦敞上疏諫曰臣聞匈奴之爲桀逆久矣平城之圍嫚書之恥匈奴冒頓以精兵三十萬騎圍高帝於白登七日案白登在平城東南十餘里高后時冒頓遺高后書曰陛下獨立孤僨獨居兩主不樂無以自虞願以所有易其所無孤僨冒頓自謂此二辱者臣子所爲捐軀而必死高祖呂后忍怒還忿舍而不誅伏惟皇太后秉文母之操文母文王之妻太姒也詩曰旣有烈考亦有文母也陛下履晏晏之姿匈奴無逆節之罪漢朝無可慙之恥而盛春東作歲起於東人始就耕故曰東作興動大役元元怨恨咸懷不悅而猥復爲衛尉篤奉車都尉景繕脩館第彌街絕里臣雖斗筲之人鄭氏注論語筲竹器容斗二升誠竊懷怪以爲篤景親近貴臣當爲百僚表儀今衆軍在道朝廷焦脣百姓愁苦縣官無用而遽起大第崇飾玩好非所以垂令德示無窮也宜且罷工匠專憂北邊恤人之困書奏不省後拜爲尚書復上封事曰夫忠臣憂世犯主嚴顏譏刺貴臣至以殺身滅家而猶爲之者何邪君臣義重有不得已也臣伏見往事國之危亂家之將凶皆有所由較然易知較明也昔鄭武姜之幸叔段左傳鄭武姜愛少子叔段莊公立武姜請以京封叔段謂之京城太叔後武姜引以襲鄭衛莊公之寵州吁左傳衛莊公寵庶子州吁州吁好兵公不禁大夫石碏諫曰臣聞愛子教之以義方弗納於邪莊公不從及卒適子桓公立州吁乃殺桓公而篡其位愛而不敎終至凶戾由是觀之愛子若此猶飢而食之以毒適所以害之也史記蘇秦曰飢人之所以飢而不食烏喙者爲其愈充腹而與餓死同患也伏見大將軍竇憲始遭大憂公卿比奏欲令典幹國事比頻也幹主也憲深執謙退固辭盛位懇懇勤勤言以深至天下聞之莫不悅喜今踰年無幾大禮未終卒然中改兄弟專朝憲秉三軍之重篤景總宮衛之權而虐用百姓奢侈僭偪誅戮無罪肆心自快今者論議洶洶咸謂叔段州吁復生於漢臣觀公卿懷持兩端不肯極言者以爲憲等若有匪懈之志則己受吉甫褒申伯之功申伯周宣王元舅也有令德故尹吉甫作頌以美之其詩曰維嶽降神生甫及申申伯之德柔惠且直揉此萬邦聞于四國如憲等陷於罪辜則自取陳平周勃順呂后之權呂后欲封呂祿呂產爲王王陵諫不許陳平周勃順旨而封之呂后崩平勃合謀卒誅產祿也終不以憲等吉凶爲憂也臣敞區區誠欲計策兩安絕其綿綿塞其涓涓周金人銘曰涓涓不壅終爲江河綿綿不絕或成網羅也上不欲令皇太后損文母之號陛下有誓泉之譏左傳鄭武姜引太叔段襲莊公莊公寘姜氏於城潁誓之曰不及黃泉無相見也下使憲等得長保其福祐然臧獲方言臧獲奴婢賤稱也之謀上安主父下存主母猶不免於嚴怒史記曰蘇秦謂燕王曰客有遠爲吏其妻私人其夫將來私者憂之妻曰勿憂吾已爲作藥酒待之矣居三日其夫果至妻使妾舉藥酒而進之妾欲言酒之藥乎則恐逐其主母也欲勿言邪則恐殺其主父於是佯僵而棄酒主父怒笞之故妾僵而覆酒上存主父下存主母然猶不免於笞臣伏惟累祖蒙恩至臣八世東觀記曰何敞生成爲漢膠東相成生果爲太中大夫果生比干爲丹陽都尉比干生壽蜀郡太守壽生顯京輔都尉顯生鄢光祿大夫鄢生寵濟南都尉寵生敞八世也復以愚陋旬年之間歷顯位備機近每念厚德忽然忘生雖知言必夷滅而冒死自盡者誠不忍目見其禍而懷默苟全駙馬都尉瓌雖在弱冠有不隱之忠比請退身願抑家權可與參謀聽順其意誠宗廟至計竇氏之福敞數切諫言諸竇罪過憲等深怨之時濟南王康尊貴驕甚康光武少子也憲乃白出敞爲濟南太傅敞至國輔康以道義數引法度諫正之康敬禮焉歲餘遷汝南太守敞疾文俗吏以苛刻求當時名譽故在職以寬和爲政立春日常召督郵還府督郵主司察愆過立春陽氣發生故召歸分遣儒術大吏案行屬縣顯孝悌有義行者及舉冤獄以春秋義斷之是以郡中無怨聲百姓化其恩禮其出居者皆歸養其父母追行喪服出居謂與父母別居者其親先亡者自恨喪禮不足追行喪制也推財相讓者二百許人東觀記曰高譚等百八十五人推財相讓置立禮官不任文吏又脩理鮦陽舊渠百姓賴其利鮦陽縣屬汝南郡故城在今豫州新蔡縣北水經注云葛陂東出爲鮦水俗謂之三丈陂墾田增三萬餘頃吏人共刻石頌德及竇氏敗有司奏敞子與夏陽侯瓌厚善坐免官永元十二年復徵三遷五官中郎將常忿疾中常侍蔡倫倫深憾之元興元年敞以祠廟嚴肅微疾不齋後鄧皇后上太傅禹冢敞起隨百官會倫因奏敞詐病坐抵罪卒于家

論曰永元之際天子幼弱太后臨朝竇氏憑盛戚之權將有呂霍之變呂祿呂產也霍光之子禹幸漢德未衰大臣方忠袁任二公正色立朝袁安任隗也樂何之徒抗議柱下漢官儀曰侍御史周官也爲柱下史冠法冠案禮圖注云法冠執法者服之樂恢爲司隸何敞爲御史並彈射糾察之官也故能挾幼主斷勤姦回之偪勤絕也○劉攽曰故能挾幼主斷案文斷字上少一之字不然國家危矣夫竇氏之間唯何敞可以免而特以子失交之故廢黜不顯大位惜乎過矣哉

贊曰朱生受寄誠不愆義公叔辟梁允納明刺絕交面朋崇厚浮僞揚雄法言曰朋而不心面朋也友而不心面友也浮僞者勸之以崇厚也恢舉謗己敞非祥瑞永言國偪甘心彊詖詖佞諂也竇憲兄弟奢僭上偪敞冒死切諫是甘心於彊詖之人也

後漢書卷七十三考證

朱穆傳南陽宛人也注以國氏姓○氏字疑當作爲

後漢書卷七十四

宋　宣　城　太　守　范　曄　撰

唐　章　懷　太　子　賢　注

鄧張徐張胡列傳第三十四

鄧彪傳

鄧彪字智伯南陽新野人續漢書曰其[illegible]太傅禹之宗也父邯中興初以功封鄳侯鄳音莫耕反仕至勃海太守彪少勵志脩孝行父卒讓國於異母弟荆鳳本或無荆顯宗高其節下詔許焉後仕州郡辟公府東觀記曰彪與同郡宗武伯翟敬伯陳綏伯張弟伯同志好齊名南陽號曰五伯五遷桂陽太守永平十七年徵入爲太僕數年喪後母辭疾乞身詔以光祿大夫行服服竟拜奉車都尉遷大司農數月代鮑昱爲太尉彪在位清白爲百僚式視事四年以疾乞骸骨元和元年賜策罷贈錢三十萬在所以二千石奉終其身又詔太常四時致宗廟之胙[illegible]彪不預祭而賜胙重之河南尹遣丞存問常以八月旦奉羊酒東觀記曰賜羊一頭酒二石也和帝即位以彪爲太傅錄尚書事賜爵關中侯○劉攽曰案漢中侯中當作內[illegible]多有諫爭而彪在位脩身而已不能有所匡正又嘗奏免御史中丞周紆紆前失竇氏旨故頗以此致譏然當時宗其禮讓及竇氏誅以老病上還樞機職詔賜養牛酒而許焉五年春薨于位天子親臨弔臨

張禹傳

張禹字伯達趙國襄國人也祖父況族姊爲皇祖考夫人皇祖考鉅鹿都尉回數往來南頓見光武光武爲大司馬過邯鄲況爲郡吏謁見光武光武大喜曰乃今得我大舅乎因與俱北到高邑以爲元氏令遷涿郡太守後爲常山關長會赤眉攻關城況戰歿[illegible]觀記曰況遷涿郡太[illegible]詔許之後詔問起居[illegible]不足聽且以一縣自[illegible]長會赤眉攻關城況[illegible]仇逃亡東觀記曰歆[illegible]秦官亡命逃赦出由[illegible]里服其高義與此不[illegible]記曰歆爲相時王新[illegible]壽令尉入宮搜捕王[illegible]篤厚節儉東觀記曰[illegible]前後數百萬悉無所受又以田宅推與伯父身自寄止永平八年舉孝廉稍遷建初中拜揚州刺史當過江行部中土民皆以江有子胥之神難於濟涉[illegible]胥死浮尸於江夫差[illegible]祭修塘道及壇吳人[illegible]不聽禹厲言曰子胥如有靈知吾志在理察枉訟豈危我哉遂鼓楫而過歷行郡邑深幽之處莫不畢到親錄

囚徒多所明舉吏民希見使者人懷喜悅怨德美惡莫不自歸焉元和二年轉兗州刺史亦有清平稱三年遷下邳相徐縣北界有蒲陽坡(東觀記曰坡水廣二十里徑且百里在道西其東有田可萬頃坡與陂同)傍多良田而堙廢莫修禹爲開水門通引灌溉遂成孰田數百頃勸率吏民假與種糧親自勉勞遂大收穀實鄰郡貧者歸之千餘戶室廬相屬其下成市後歲至墾千餘頃民用溫給(東觀記曰禹巡行守舍止大樹下食糒音備糗也乾飯屑飲水而已後年鄰國貧人來歸之者茅屋草廬千戶屠酤成市墾田千餘頃得穀百萬餘斛○劉攽曰注禹巡行守舍止大樹下案文多一守字或云守當作常也)功曹史戴閏故太尉掾也權動郡內有小譴禹令自致徐獄然後正其法(徐縣名也東觀記曰閏當從行縣從書佐假車馬什物禹聞知令直符責問閏具以實對禹以宰士惶恐首實令自致徐獄也)自長史以下莫不震肅永元六年入爲大司農拜太尉和帝甚禮之十五年南巡祠園廟禹以太尉兼衛尉留守(東觀記曰禹留守北宮太官朝夕送食賜閣登具物除子男盛爲郎也)聞車駕當進幸江陵以爲不宜冒險遠驛馬上諫詔報曰祠謁既訖當南禮大江會得君奏臨漢回輿而旋及行還禹特蒙賞賜延平元年遷爲太傅錄尚書事鄧太后以殤帝初育(育生也)欲令重臣居禁內乃詔禹舍宮中給帷帳牀褥太官朝夕進食五日一歸府每朝見特贊與三公絕席禹上言方諒闇密靜之時不宜依常有事於苑囿(鄭玄注論語曰諒闇謂凶廬也尚書曰帝乃徂落四海遏密八音也)其廣成上林空地宜且以假貧民后從之及安帝卽位數上疾乞身詔遣小黃門問疾賜牛一頭酒十斛勸令就第其錢布刀劒衣物前後累至永初元年以定策功封安鄉侯食邑千二百戶與太尉徐防司空尹勤同日俱封其秋以寇賊水雨策免防勤而禹不自安上書乞骸骨更拜太尉四年新野君病(鄧太后母陰氏)皇太后車駕幸其第禹與司徒夏勤司空張敏俱上表言新野君不安車駕連日宿止臣等誠竊惶懼臣聞王者動設先置止則交戟清道而後行清室而後御(前書曰舊典天子行幸所至必遣靜室令先案行清靜殿中以虞非常)離宮不宿所以重宿衛也陛下體烝烝之至孝親省方藥恩情發中久處單外百官露止議者所不安宜且還宮上爲宗廟社稷下爲萬國子民比三上固爭乃還宮後連歲災荒府藏虛空禹上疏求入三歲租稅以助郡國稟假(稟給也假貸也)詔許之五年以陰陽不和策免七年卒于家使者弔祭除小子曜爲郎中長子盛嗣

徐防傳

徐防字謁卿沛國銍人也(銍故城今亳州臨渙縣也)祖父宣爲講學大夫以易教授王莽(王莽置六經祭酒各一人秩上卿長安國由爲講易祭酒宣爲講學大夫蓋當屬於祭酒也)父憲亦傳宣業防少習父祖學永平中舉孝廉除爲郎防體貌矜嚴占對可觀顯宗異之特補尚書郎職典樞機周密畏慎奉事二帝未常有過和帝時稍遷司隸校尉出爲魏郡太守永元十年遷少府大司農防勤曉政事所在有迹十四年拜司空防以五經久遠聖意難明宜爲章句以悟後學上疏曰臣聞詩書禮樂定自孔子發明章句始於子夏(史記孔子沒子夏居西河教弟子三百人爲魏文侯師)其後諸家分析各有異說(前書仲尼沒而微言絕七十子喪而大義乖故春秋分爲五詩分爲四易有數家之傳)漢承亂秦經典廢絕本文略存或無章句收拾缺遺建立明經博徵儒術開置太學(武帝時開學官置博士弟子員也)孔聖既遠微旨將絕故立博士十有四家(漢官儀曰光武中興恢弘稽古易有施孟梁丘賀京房書有歐陽和伯夏侯勝建詩有申公轅固韓嬰春秋有嚴彭祖顏安樂禮有戴德戴聖凡十四博士太常差選有聰明威重一人爲祭酒總領綱紀也)設甲乙之科(前書曰歲課甲科四十人爲郎中乙科二十人爲太子舍人丙科四十人補文學掌故)以勉勸學者所以示人好惡改敝就善者也伏見太學試博士弟子皆以意說不脩家法(諸經爲業各自名家)私相容隱開生姦路每有策試輒興諍訟論議紛錯互相是非孔子稱述而不作(但述先聖之言不自制作)又曰吾猶及史之闕文(古者史官於書事有不知則闕以待能者孔子言吾少時猶及見古史官之闕文今則無之疾時多穿鑿也見論語也)疾史有所不知而不肯闕也今不依章句妄生穿鑿以遵師爲非義意說爲得理輕侮道術寖以成俗誠非詔書實選本意改薄從忠三世常道(太史公曰夏之政忠忠之敝小人以野故殷人承之以敬敬之敝小人以鬼故周人承之以文文之敝小人以僿故救僿莫若以忠三王之道若循環周而復始僿音西志反史記僿或作薄○劉攽曰三世常道案世與代全別緣太宗諱遂更世爲代此合用代字乃誤爲世蓋後人知此書中世字率皆換爲代乃欲稍還正之遂誤爲此字也)專精務本儒學所先臣以爲博士及甲乙策試宜從其家章句開五十難以試之解釋多者爲上第引文明者爲高說若不依先師義有相伐(伐謂自相攻伐也)皆正以爲非五經各取上第六人論語不宜射策雖所失或久差可矯革(東觀記防上疏曰試論語本文章句但通度勿以射策冀令學者務本有所一心專精師門思核經意事得其實道得其眞於此弘廣經術尊重聖業有益於化雖從來久六經衰微學問寖淺誠宜反本改矯其失)詔書下公卿皆從防言十六年拜爲司徒延平元年遷太尉與太傅張禹參錄尚書事數受賞賜甚見優寵安帝卽位以定策封龍鄉侯食邑千一百戶其年以災異寇賊策免就國凡三公以災異策免始自防也(東觀記曰郡國被水災比州淫雨死者以千數災異數降西羌反畔殺略人吏京師淫雨蟲賊傷稼穡防比上書自陳過咎遂策免)防卒子衡當嗣讓封於其弟崇數歲不得已乃出就爵云

張敏傳

張敏字伯達河間鄚人也(鄚今瀛州縣也音莫)建初二年舉孝廉四遷五年爲尚書建初中有人侮辱人父者而其子殺之肅宗貰其死刑而降宥之(貰寬也音示夜反)自後因以爲比是時遂定其議以爲輕侮法敏駮議曰夫輕侮之法先帝一切之恩不有成科班之律令也夫死生之決宜從上下猶天之四時有生有殺若開相容恕著爲定法者則是故設姦萌生長罪隙孔子曰民可使由之不可使知之(由從也言設政教可但使人從之若知其本末愚者或輕而不行事見論語)春秋之義子不報讎非子也(公羊傳曰父不受誅子復讎可也注云不受誅罪不當誅也)而法令不爲之減者以相殺之路不可開故也今託義者得減妄殺者有差使執憲之吏得設巧詐非所以導在醜不爭之義(導教也醜類也)又輕侮之比寖以繁滋至有四五百科轉相顧望彌復增甚難以垂之萬載臣聞師言救文莫如質故高帝去煩苛之法爲三章之約建初詔書有改於古者可下三公廷尉蠲除其敝議寖不省敏復上疏曰臣敏蒙恩特見拔擢愚心所不曉迷意所不解誠不敢苟隨衆議臣伏見孔子垂經典皋陶造法律(史游急就篇曰皋陶造獄法律存也)原其本意皆欲禁民爲非也未曉輕侮之法將以何禁必不能使不相輕侮而更開相殺之路執憲之吏復容其姦枉議者或曰平法當先論生臣愚以爲天地之性唯人爲貴殺人者死三代通制今欲趣生反開殺路一人不死天下受敝記曰利一害百人去城郭夫春生秋殺天道之常春一物枯卽爲災(禮記月令曰孟春行夏令則風雨不時草木早落也)秋一物華卽爲異(月令曰仲秋行春令則秋雨不降草木生榮國乃有恐也)王者承天地順四時法聖人從經律願陛下留意下民考尋利害廣令平議天下幸甚和帝從之九年拜司隸校尉視事二歲遷汝南太守清約不煩用刑平正有理能名坐事免延平元年拜議郎再遷潁川太守徵拜司空在位奉法而已視事三歲以病乞身不聽六年春行大射禮陪位頓仆乃策罷之(東觀記載策曰今君所苦未瘳有司奏君年體衰羸郊廟禮儀仍有曠廢鼎足之任不可以缺重以職事留君其上司空印綬)因病篤卒于家

胡廣傳

胡廣字伯始南郡華容人也(華容縣故城在今荆州東)六世祖剛清高有志節平帝時大司農馬宮辟之值王莽居攝剛解其衣冠縣府門而去遂亡命交阯隱於屠肆之間後莽敗乃歸鄉里父貢交阯都尉廣少孤貧親執家苦(襄陽耆舊記廣父名寵寵妻生廣早卒寵更娶江陵黃氏生康字仲始)長大隨輩入郡爲散吏太守法雄之子眞從家來省其父眞頗知人會歲終應舉雄勑眞助其求才雄因大會諸吏眞自於牖間密占察之乃指廣以白雄遂舉孝廉旣到京師試以章奏安帝以廣爲天下第一(謝承書曰廣有雅才學究五經古今術藝皆畢覽之年二十七舉孝廉續漢書曰故事孝廉高第三公及尚書輒優文特勞來其舉將於是公府下詔書勞來雄焉及拜郎勑職事所掌辨護也)旬月拜尚書郎五遷尚書僕射順帝欲立皇后而貴人有寵者四人莫知所建議欲探籌以神定選廣與尚書郭虔史敞上疏諫曰竊見詔書以立后事大謙不自專欲假之籌策決疑靈神篇籍所記祖宗典故未嘗有也恃神任筮既不必當賢就値其人猶非德選夫岐嶷形於自然(詩云克岐克嶷鄭玄注云岐岐然意有所知也其貌嶷嶷然有所識別也)俔天必有異表(俔音苦見反說文曰俔譬諭也詩云文王嘉止俔天之妹文王聞大姒之賢則美之言大邦有子女譬天之有女弟故求爲之配焉)宜參良家簡求有德德同以年年鈞以貌稽之典經斷之聖慮(左傳曰昔先王之命曰王后無嫡則擇立長年鈞以德德鈞以卜也)政令猶汗往而不反(易曰渙汗其大號王居無咎劉向曰汗出而不反者也)詔文一下形之四方(形見也)臣職在拾遺憂深責重是以焦心昧陳聞帝從之以梁貴人良家子定立爲皇后時尚書令左雄議改察舉之制限年四十以上儒者試經學文吏試章奏廣復與敞虔上書駮之曰臣聞君以兼覽博照爲德(卽明四目達四聰也)臣以獻可替否爲忠(左傳曰齊晏子曰君所謂可而有否焉臣獻其否以成其可君所謂否而有可焉臣獻其可以去其否)書載稽疑謀及卿士(稽考也考正疑事謀及卿士見尚書)詩美先人詢于芻蕘(詩大雅曰先人有言詢于芻蕘注云詢謀也芻蕘薪采者也言有疑事嘗與薪采者謀之也)國有大政必議之於前訓諮之於故老(叔向曰國有大事必順於典刑訪於耈老而後行之)是以慮無失策舉無過事竊見尚書令左雄議郡舉孝廉皆限年四十以上諸生試章句文吏試牋奏(周成雜字曰牋表也漢雜事曰凡羣臣之書通於天子者四品一曰章二曰奏三曰表四曰駮議章者需頭稱稽首上以聞謝恩陳事詣闕通者也奏者亦需頭其京師官但言稽首言下稽首以聞其中有所請若罪法劾案公府送御史臺卿校送謁者臺也表者不需頭上言臣某言下言誠惶誠恐頓首頓首死罪左方下附曰某官臣甲乙上)明詔既許復令臣等得與相參竊惟王命之重載在篇典(禮記曰動則左史書之言則右史書之尚書曰王言惟作命弗言臣下罔由稟令又曰令出惟行不惟反)當令縣於日月固於金石遺則百王施之萬世詩云天難諶斯不易惟王(詩大雅也諶信也斯語詞天之意難信矣不可改易者天子也)可不愼與蓋選舉因才無拘定制六奇之策不出經學(前書陳平設六奇策以佐高祖)鄭阿之政非必章奏(說苑曰子產相鄭內無國中之亂外無諸侯之患也子產從政也擇能而使之晏子化東阿三年景公召而數之晏子請改道易行明年上計景公迎而賀之晏子對曰臣前之化東阿也屬託不行貨賂不至君反以罪臣今則反是而更蒙賀景公下席而謝)甘奇顯用年乖彊仕(史記曰秦欲與燕共伐趙以廣河間之地甘羅年十二使於趙說趙王立割五城以廣河間秦乃封羅爲上卿說苑曰子奇年十八齊君使主東阿東阿大化禮記曰四十曰强而仕)終賈揚聲亦在弱冠(前書終軍年十八爲博士弟子自請願以長纓必羈南越王而致之闕下上奇其對擢爲諫議大夫往說越越聽命天子大悅賈誼年十八以誦詩屬文稱於郡中文帝召爲博士)漢承周秦兼覽殷夏祖德師經參雜霸軌(宣帝曰漢家自有制度本以霸王道雜理之)聖主賢臣世以致理貢舉之制莫或回革今以一臣之言刻戾舊章(刻削也戾乖也)便利未明衆心不猒(猒服也)矯枉變常政之所重而不訪台司不謀卿士若事下之

後議者剩異異之則朝失其使同之則王言已行臣愚以爲可宜下百官參其同異然後覽擇勝否詳採厥衷敢以瞽言冒干天禁瞽無目者也不察人君顏色而言如無目之人也孔子曰未見顏色而言謂之瞽干犯也惟陛下納焉帝不從時陳留郡缺職尚書史敞等薦廣曰臣聞德以旌賢旌明也書曰德懋懋官也爵以建事能建立事則與之爵明試以功典謨所美明白考試之有功者則授之以官舜典咨繇暨咨皆有此言故云典謨所美也五服五章天秩所作五服謂天子諸侯卿大夫士之服也五者之服必須章明尚書咎繇謨曰天秩有禮自我五禮有庸哉天命有德五服五章哉秩序也是以臣竭其忠君豐其寵豐厚也舉不失德下忘其死竊見尚書僕射胡廣體真履規謙虛溫雅博物洽聞探賾窮理六經典奧舊章憲式無所不覽柔而不犯文而有禮柔而不犯謂性和柔而不可犯以非義也忠貞之性憂公如家不矜其能不伐其勞翼翼周慎行靡玷漏密勿夙夜密勿黽勉十有餘年心不外顧志不苟進臣等竊以爲廣在尚書劬勞日久後母年老既蒙簡照宜試職千里匡寧方國詩云厥德不回以受方國陳留近郡今太守任缺廣才略深茂堪能撥煩願以參選紀綱頹俗使束脩守善有所勸仰廣典機事十年出爲濟陰太守以舉吏不實免復爲汝南太守入拜大司農漢安元年遷司徒質帝崩代李固爲太尉錄尚書事以定策立桓帝封育陽安樂鄉侯以病遜位又拜司空告老致仕尋以特進徵拜太常遷太尉以日食免復爲太常拜太尉延熹二年大將軍梁冀誅廣與司徒韓縯司空孫朗坐不衞宮皆減死一等奪爵土免爲庶人後拜太中大夫太常九年復拜司徒靈帝立與太傅陳蕃參錄尚書事復封故國以病自乞會蕃被誅代爲太傅總錄如故時年已八十而心力克壯盛弘之荊州記曰菊水出穰縣芳菊被涯水極甘香谷中皆飲此水上壽百二十七八十者猶以爲夭太尉胡廣所患風疾休沐南歸恒飲此水後疾遂瘳年八十二薨也繼母在堂朝夕瞻省傍無几杖言不稱老禮記曰夫爲人子者恒言不稱老及母卒居喪盡哀率禮無愆性溫柔謹素常遜言恭色遜順也達練事體明解朝章雖無謇直之風屢有補闕之益故京師諺曰萬事不理問伯始天下中庸有胡公庸常也中和可常行之德也孔子曰中庸之爲德其至矣乎及共李固定策大議不全質帝崩固爲太尉與廣及司空趙戒議欲立淸河王蒜梁冀以蒜年長有德恐爲後患盛意立蠡吾侯志廣戒等懾憚不能與爭而固與杜喬堅守本議○劉攽曰大議不全案文議當作義又與中常侍丁肅婚姻以此譏毀於時自在公台三十餘年歷事六帝廣以順帝漢安元年爲司空至靈帝熹平元年薨三十一年也六帝謂安順沖質桓靈也禮任甚優每遜位辭病及免退田里未嘗滿歲輒復升進凡一履司空再作司徒三登太尉又爲太傅其所辟命皆天下名士與故吏陳蕃李咸並爲三司謝承書曰咸字元卓汝南西平人孤特自立家貧母老常躬耕稼以奉養學魯詩春秋公羊傳三禮三府並辟司徒胡廣舉茂才除高密令政多奇異青州表其狀建寧三年自大鴻臚拜太尉自在相位約身率下常食脫粟飯醬菜而已不與州郡交通刺史二千石牋記非公事不發省以老乞骸骨見許悉還所賜物乘敝牛車使子男御晨發京師百僚追送盈塗不能得見家舊貧狹庇蔭草廬蕃等每朝會輒稱疾避廣時人榮之年八十二熹平元年薨使五官中郎將持節奉策贈太傅安樂鄉侯印綬給東園梓器謁者護喪賜冢塋于原陵謚文恭侯拜家一人爲郎中故吏自公卿大夫博士議郎以下數百人皆縗絰殯位自終及葬漢興以來人臣之盛未嘗有也初揚雄依虞箴作十二州二十五官箴揚雄傳曰箴莫大於虞箴故遂作九州箴左傳曰昔周辛甲之爲太史也命百官官箴王闕於虞人之箴曰芒芒禹迹畫爲九州經啓九道人有寢廟獸有茂草各有攸處德用不擾在帝夷羿冒于原獸忘其國恤而思其麀牡武不可重用不恢于夏家獸臣司原敢告僕夫其九箴亡闕後涿郡崔駰及子瑗又臨邑侯劉騊駼增補十六篇廣復繼作四篇文甚典美乃悉撰次首目爲之解釋名曰百官箴凡四十八篇其餘所著詩賦銘頌箴弔及諸解詁凡二十二篇熹平六年靈帝思感舊德乃圖畫廣及太尉黃瓊於省內詔議郎蔡邕爲其頌云謝承書載其頌曰巖巖山嶽配天作輔降神有周生申及甫允茲漢室誕育二后曰胡曰黃方軌齊武惟道之淵惟德之藪股肱元首代作心膂天之烝人有則有類我胡我黃鍾厥純懿巍巍特進仍踐其位赫赫三事七佩其紱奕奕四牡沃若六轡衮職龍章其文有蔚參曜乾台窮寵極貴功加八荒羣生以遂遐哉邈乎莫與爲二

論曰爵任之於人重矣全喪之於生大矣愼祿以圖存者仕子之恒情審能而就列者出身之常體列位也夫紆於物則非已直於志則犯俗紆曲也辭其艱則乖義徇其節則失身徇營也統之方軌易因險塗難御統者總論上事也方軌謂平路也若履平路易可因循如踐險塗則難免顚覆也故昔人明愼於所受之分遲遲於岐路之間也呈材效職則受之分明矣遲遲疑不前之貌也明其分則不可妄進○劉攽曰注呈材效職案文呈當作程又則受之分明矣當云則所受之分明矣如令志行無牽於物臨生不先其存後世何貶焉守志直道視死如歸則後之人何從而貶責矣古人以宴安爲戒豈數公之謂乎左傳曰宴安酖毒不可懷也

贊曰鄧張作傳無咎無譽敏正疑律防議章句胡公庸庸飾情恭貌朝章雖理據正或橈橈曲也易曰棟橈凶也

後漢書卷七十四考證

鄧彪傳天子親臨弔臨○諸本同　臣會汾按上臨字疑衍

張禹傳封安鄉侯○何焯校本云漢有兩張禹一安昌一安鄉

徐防傳凡三公以災異策免始自防也○監本脫去凡三公以災異策免八字從諸本增

後漢書卷七十五

宋　宣　城　太　守　范　曄　撰

唐　章　懷　太　子　賢　注

袁張韓周列傳第三十五

袁安傳　子敞　玄孫閎

袁安字邵公汝南汝陽人也祖父良習孟氏易孟喜字長卿東海人明易爲丞相掾見前書平帝時舉明經爲太子舍人續漢志曰太子舍人秩比二百石無員建武初至成武令成武今曹州縣安少傳良學爲人嚴重有威見敬於州里初爲縣功曹續漢志曰縣功曹史主選署功勞奉檄詣從事從事因安致書於令續漢志曰每州刺史皆有從事史安曰公事自有郵驛私請則非功曹所持辭不肯受從事懼然而止懼音九具反後舉孝廉汝南先賢傳曰時大雪積地丈餘洛陽令自出案行見人家皆除雪出有乞食者至袁安門無有行路謂安已死令人除雪入戶見安僵臥問何以不出安曰大雪人皆餓不宜干人令以爲賢舉爲孝廉也除陰平長任城令陰平縣故城在今沂州承縣西南任城今兗州縣也所在吏人畏而愛之永平十三年楚王英謀爲逆事下郡覆考明年三府舉安能理劇拜楚郡太守是時英辭所連及繫者數千人顯宗怒甚吏案之急迫痛自誣死者甚衆安到郡不入府先往案獄理其無明驗者條上出之府丞掾史皆叩頭爭以爲阿附反虜法與同罪不可安曰如有不合太守自當坐之不以相及也遂分別具奏帝感悟卽報許得出者四百餘家歲餘徵爲河南尹政號嚴明然未曾以臧罪鞫人常稱曰凡學仕者高則望宰相下則希牧守錮人於聖世尹所不忍爲也聞之者皆感激自勵在職十年京師肅然名重朝廷建初八年遷太僕元和二年武威太守孟雲上書北虜旣已和親而南部復往抄掠北單于謂漢欺之謀欲犯邊宜還其生口以安慰之詔百官議朝堂公卿皆言夷狄譎詐求欲無厭譎亦詐也旣得生口當復妄自誇大不可開許安獨曰北虜遣使奉獻和親有得邊生口者輒以歸漢此明其畏威而非先違約也雲以大臣典邊不宜負信於戎狄還之足示中國優貸而使邊人得安誠便司徒桓虞改議從安太尉鄭弘司空第五倫皆恨之弘因大言激勵虞曰諸言當還生口者皆爲不忠虞廷叱之倫及大鴻臚韋彪各作色變容司隸校尉舉奏安等皆上印綬謝肅宗詔報曰久議沈滯各有所志蓋事以議從策由衆定闇闇衎衎得禮之容闇闇忠正貌衎衎和樂貌寢嘿抑心更非朝廷之福君何尤而深謝其各冠履帝竟從安議明年代第五倫爲司空章和元年代桓虞爲司徒和帝卽位竇太后臨朝后兄車騎將軍竇憲北擊匈奴安與太尉宋由司空任隗及九卿詣朝堂上書諫以爲匈奴不犯邊塞而無故勞師遠涉損費國用徼功萬里非社稷之計書連上輒寢宋由懼遂不敢復署議而諸卿稍自引止唯安獨與任隗守正不移至免冠朝堂固爭者十上太后不聽衆皆爲之危懼安正色自若竇憲旣出而弟衞尉篤執金吾景各專威權公於京師使客遮道奪人財物景又擅使乘驛施檄緣邊諸郡發突騎及善騎射有才力者漁陽鴈門上谷三郡各遣吏將送詣景第有司畏憚莫敢言者安乃劾景擅發邊兵驚惑吏人二千石不待符信而輒承景檄當伏顯誅又奏司隸校尉河南尹阿附貴戚無盡節之義續漢書曰安奏司隸鄭據河南尹蔡嵩請免官案罪並寢不報憲景等日益橫盡樹其親黨賓客於名都大郡袁山松書曰河南尹王調漢陽太守朱敞南陽太守滿殷高丹等皆其賓客前書曰十二萬戶爲大郡也皆賦斂吏人更相賂遺其餘州郡亦復望風從之安與任隗舉奏諸二千石又它所連及貶秩免官者四十餘人竇氏大恨但安隗素行高亦未有以害之時竇憲復出屯武威明年北單于爲耿夔所破遁走烏孫塞北地空餘部不知所屬憲日矜己功欲結恩北虜乃上立降者左鹿蠡王阿佟佟徒冬反爲北單于置中郎將領護如南單于故事事下公卿議太尉宋由太常丁鴻光祿勳耿秉等十人議可許安與任隗奏以爲光武招懷南虜非謂可永安內地正以權時之筭可得扞禦北狄故也今朔漠旣定宜令南單于反其北庭並領降衆無緣復更立阿佟以增國費宗正劉方大司農尹睦同安議事奏未以時定安懼憲計遂行乃獨上封事曰臣聞功有難圖不可豫見事有易斷較然不疑伏惟光武皇帝本所以立南單于者欲安南定北之策也恩德甚備故匈奴遂分邊境無患孝明皇帝奉承先意不敢失墜赫然命將爰伐塞北至乎章和之初降者十萬餘人議者欲置之濱塞東至遼東濱邊也太尉宋由光祿勳耿秉皆以爲失南單于心不可先帝從之陛下奉承鴻業大開疆宇大將軍遠師討伐席卷北庭此誠宣明祖宗崇立弘勳者也宜審其終以成厥初伏念南單于屯先父舉衆歸德自蒙恩以來四十餘年三帝積累以遺陛下陛下深宜遵述先志成就其業況屯首唱大謀空盡北虜輟而弗圖更立新降以一朝之計違三世之規失信於所養建立於無功由秉實知舊議而欲背棄先恩夫言行君子之樞機易曰言行者君子之樞機樞機之發榮辱之主也賞罰理國之綱紀論語曰言忠信行篤敬雖蠻貊行爲今若失信於一屯則百蠻不敢復保誓矣又烏桓鮮卑新殺北單于凡人之情咸畏仇讎今立其弟則二虜

懷怨兵食可廢信不可去論語孔子曰足食足兵人信之矣必不得已而去於斯三者何先曰去兵曰必不得已而去於斯二者何先曰去食自古皆有死人無信不立且漢故事供給南單于費直歲億九十餘萬西域歲七千四百八十萬今北庭彌遠其費過倍是乃空盡天下而非建策之要也詔下其議安又與憲更相難折憲險急負埶言辭驕訐訐謂發揚人之惡至詆毀安稱光武誅韓歆戴涉故事安終不移大司徒歆坐非帝讀隗囂書自殺大司徒涉坐殺太倉令下獄死憲竟立匈奴降者右鹿蠡王於除鞬爲單于鞬音九言反後遂反叛卒如安策安以天子幼弱外戚擅權每朝會進見及與公卿言國家事未嘗不噫嗚流涕噫音醫又乙戒反嗚音一故反歎傷之貌也自天子及大臣皆恃賴之四年春薨朝廷痛惜焉後數月竇氏敗帝始親萬機追思前議者邪正之節乃除安子賞爲郎策免宋由以尹睦爲太尉劉方爲司空睦河南人薨於位方平原人後坐事免歸自殺初安父没母使安訪求葬地道逢三書生問安何之安爲言其故生乃指一處云葬此地當世爲上公須臾不見安異之於是遂葬其所占之地故累世隆盛焉安子京敞最知名京字仲譽習孟氏易作難記三十萬言初拜郎中稍遷侍中出爲蜀郡太守子彭字伯楚少傳父業歷廣漢南陽太守順帝初爲光祿勳行至清爲吏麤袍糲食終於議郎尚書胡廣等追表其有清絜之美比前朝貢禹第五倫貢禹元帝御史大夫經明行修清絜憂國也未蒙顯贈當時皆嗟歎之彭弟湯字仲河少傳家學諸儒稱其節多歷顯位桓帝初爲司空以豫議定策封安國亭侯食邑五百戶累遷司徒太尉以災異策免卒謚曰康侯風俗通曰湯時年八十六有子十二人湯長子成左中郎早卒次子逢嗣逢字周陽以累世三公子寬厚篤信著稱於時靈帝立逢以太僕豫議增封三百戶後爲司空卒於執金吾朝廷以逢嘗爲三老特優禮之賜以珠畫特詔祕器前書曰董賢死以砂畫棺音義云以朱砂畫之也珠與朱同祕器棺也飯含珠玉二十六品穀梁傳曰貝玉曰含使五官中郎將持節奉策贈以車騎將軍印綬加號特進謚曰宣文侯子基嗣位至太僕逢弟隗少歷顯官隗字次陽先逢爲三公時中常侍袁赦隗之宗也用事於中以逢隗世宰相家推崇以爲外援故袁氏貴寵於世富奢甚不與它公族同獻帝初隗爲太傅成子紹逢子術自有傳董卓忿紹術背已遂誅隗及術兄基等男女二十餘人

敞字叔平少傳易經教授以父任爲太子舍人和帝時歷位將軍大夫侍中出爲東郡太守徵拜太僕光祿勳元初三年代劉愷爲司空明年坐子與尚書郎張俊交通漏洩省中語策免敞廉勁不阿權貴失鄧氏旨遂自殺張俊者蜀郡人有才能兄龕竝爲尚書郎年少勵鋒氣郎朱濟丁盛立行不修俊欲舉奏之二人聞恐因郎陳重雷義往請俊俊不聽因共私賂侍史使求俊短得其私書與敞子遂封上之皆下獄當死俊自獄中占獄吏上書自訟占謂口授也前書曰陳遵憑几口占書吏是也書奏而俊獄已報謂奏報論死也廷尉將出穀門臨行刑穀門洛陽城北面中門也鄧太后詔馳騎以減死論俊假名上書謝曰臣孤恩負義自陷重刑情斷意訖無所復望廷尉鞠遣歐音一口反刀在前棺絮在後魂魄飛揚形容已枯陛下聖澤以臣嘗在近密謂爲尚書郎識臣狀貌傷臣眼目留心曲慮特加偏覆喪車復還白骨更肉披棺發櫬起見白日天地父母能生臣俊不能使臣俊當死復生陛下德過天地恩重父母誠非臣俊破碎骸骨舉宗腐爛所報萬一臣俊徒也不得上書不勝去死就生驚喜踊躍觸冒拜章當時皆哀其文朝廷由此薄敞罪而隱其死以三公禮葬之復其官子盱況于反盱後至光祿勳時大將軍梁冀擅朝內外莫不阿附唯盱與廷尉邯鄲義正身自守及桓帝誅冀使盱持節收其印綬事已具梁冀傳

閎字夏甫彭之孫也少勵操行苦身修節父賀爲彭城相風俗通曰賀字元服祖父京爲侍中安帝始加元服百僚會賀臨莊垂出而孫適生喜其嘉會因名字焉閎往省謁變名姓徒行無旅既至府門連日吏不爲通會阿母出見閎驚謝承書曰乳母從內出見在門側面貌省瘦爲其垂泣閎厚丁寧此間不知吾慎勿宣露也入白夫人乃密呼見既而辭去賀遣車送之閎稱眩疾不肯乘反郡界無知者及賀卒郡閎兄弟迎喪不受賻贈縗絰扶柩冒犯寒露體貌枯毀手足血流見者莫不傷之服闋累徵聘舉召皆不應居處側陋以耕學爲業從父逢隗竝貴盛數饋之無所受閎見時方險亂而家門富盛常對兄弟歎曰吾先公福祚後世不能以德守之而競爲驕奢與亂世爭權此即晉之三郤矣三郤謂郤錡郤犨郤至皆晉卿也各驕奢爲厲公所殺事見左傳延熹末黨事將作閎遂散髮絕世欲投迹深林以母老不宜遠遁乃築土室四周於庭不爲戶自牖納飲食而已旦於室中東向拜母母思閎時往就視母去便自掩閉兄弟妻子莫得見也及母殁不爲制服設位時莫能名或以爲狂生潛身十八年黃巾賊起攻没郡縣百姓驚散閎誦經不移賊相約語不入其閭鄉人就閎避難皆得全免年五十七卒於土室汝南先賢傳曰閎臨卒敕其子曰勿設殯棺但著禪衫疏布單衣幅巾親尸於板牀之上以五百墼爲藏二弟忠弘節操皆亞於閎忠字正甫與同郡范滂爲友俱證黨事得釋語在滂傳初平中爲沛相沛王琮相也琮光武八代孫也乘章車到官以清亮稱及天下大亂忠棄官客會稽上虞縣名城在今越州餘姚縣西一見太守王朗徒從整飭心嫌之遂稱病自絕王朗字景興肅之父也魏志有傳謝承書曰忠乘船載笠蓋詣朗見朗左右僮從皆着青絳采衣非其奢麗即辭疾發而退也後孫策破會稽忠等浮海南投交阯獻帝都許徵爲衛尉未到卒弘字邵甫耻其門族貴埶乃變姓名徒步師門不應徵辟終於家謝承書曰弘嘗入京師太學其從父逢爲太尉呼弘與相見遇逢宴會作樂弘伏稱頭痛不聽音聲而退遂不復往紹術兄弟亦不與通忠子祕爲郡門下議生黃巾起祕從太守趙謙擊之軍敗祕與功曹封觀等七人以身扞刃皆死於陳謙以得免詔祕等門閭號曰七賢謝承書曰祕字永寧封觀與主簿陳端門下督范仲禮賊曹劉偉德主記史丁子嗣記室史張仲然議生袁祕等七人擢刃突陳與戰竝死也封觀者有志節當舉孝廉以兄名位未顯恥先受之遂稱風疾喑不能言火起觀屋徐出避之忍而不告後數年兄得舉觀乃稱損而仕郡焉謝承書曰觀字孝起南頓人也

論曰陳平多陰謀而知其後必廢丞相陳平爲高祖謀臣出六奇數曰我多陰謀道家之所禁吾世即廢以吾多陰謀禍也其後曾孫掌以衛氏親戚貴達願得續封而終不得也邴吉有陰德夏侯勝識其當封及子孫武帝末戾太子巫蠱事起邴吉爲廷尉監時宣帝年二歲坐太子事繫望氣者言長安獄中有天子氣於是上遣使者分條中都官詔獄繫者亡輕重一切皆殺之內者令郭穰至邴吉閉門拒曰它人無辜猶不可況親曾孫乎穰不得入還以聞上曰天使之也因大赦天下曾孫賴吉得立宣帝立吉爲丞相未及封而病上憂吉不起夏侯勝曰此未死也臣聞有陰德者必饗其樂以及子孫後吉病愈封博陽侯薨子顯嗣甘露中劇爵爲關內侯至孫昌復封博陽侯傳子至孫王莽敗乃絕○劉敞曰注曾孫賴吉得立案前書立當作全終陳掌不侯而邴昌紹國雖有不類未可致詰其大致歸然矣袁公竇氏之間乃情帝室乃情猶竭情也引義雅正可謂王臣之烈易曰王臣蹇蹇匪躬之故烈業也及其理楚獄未嘗鞫人於臧罪其仁心足以單乎後昆爾雅曰單延也子孫之盛不亦宜乎此論竝華嶠之詞也

張酺傳

張酺字孟侯汝南細陽人趙王張敖之後也敖父耳自楚降漢高祖封爲趙王敖嗣後有罪廢爲宣平侯敖子壽封細陽之池陽鄉後廢因家焉酺少從祖父充受尚書能傳其業東觀記曰充與光武同門學光武即位求問充充已死又事太常桓榮勤力不怠聚徒以百數永平九年顯宗爲四姓小侯開學於南宮小侯解見明帝紀也置五經師酺以尚書教授數講於御前以論難當意除爲郎賜車馬衣裳遂令入授皇太子酺爲人質直守經義每侍講間隙數有匡正之辭以嚴見憚東觀記曰太子家時爲奢侈物未嘗不正諫甚見重焉及肅宗即位擢酺爲侍中虎賁中郎將數月出爲東郡太守酺自以嘗經親近未悟見出意不自得悟曉也上疏辭曰臣愚以經術給事左右少不更職不曉文法猥當剖符典郡班政千里必有負恩辱位之咎臣竊私自分殊不慮出城闕冀蒙留恩託備冗官羣僚所不安耳目所聞見不敢避好醜詔報曰經云身雖在外乃心不離王室尚書康王之誥曰雖爾身在外乃心罔不在王室也典城臨民益所以報效也好醜必上不在遠近好醜謂善惡也言事之善惡必以聞上此即報效豈拘外內也今賜裝三十萬其亟之官酺雖儒者而性剛斷下車擢用義勇搏擊豪彊長吏有殺盜徒者酺輒案之以爲令長受臧猶不至死盜徒皆飢寒傭保何足窮其法乎郡吏王青者謝承書曰青字公然東郡聊城人也祖父翁與前太守翟義起兵攻王莽及義敗餘眾悉降翁獨守節力戰莽遂燔燒之父隆建武初爲都尉功曹青爲小史與父俱從都尉行縣道遇賊隆以身衛全都尉遂死於難青亦被矢貫咽音聲流喝流或作嘶喝音一介反廣蒼曰聲之幽也前郡守以青身有金夷竟不能舉夷傷也酺見之歎息曰豈有一門忠義而爵賞不及乎遂擢用極右曹漢官儀曰督郵功曹郡之極位乃上疏薦青三世死節宜蒙顯異奏下三公由此爲司空所辟東觀記曰青從此除步兵司馬酺傷青不遂復舉其子孝廉也自酺出後帝每見諸王師傅嘗言張酺前入侍講屢有諫正闇闇惻惻出於誠心可謂有史魚之風矣闇闇忠正也惻惻懇切也史魚衛大夫名鰌字子魚孔子曰直哉史魚邦有道如矢邦無道如矢也元和二年東巡狩幸東郡引酺及門生竝郡縣掾史竝會庭中帝先備弟子之儀使酺講尚書一篇然後修君臣之禮東觀記曰時使尚書令王鮪與酺相難上甚欣悅賞賜殊特莫不沾洽酺視事十五年和帝初遷魏郡太守郡人鄭據時爲司隸校尉奏免執金吾竇景景後復位遣掾夏猛私謝酺曰鄭據小人爲所侵冤聞其兒爲吏放縱狼籍取是曹子一人足以驚百酺大怒即收猛繫獄檄言執金吾府疑猛與據子不平矯稱卿意以報私讐會有贖罪令猛乃得出東觀記曰據字平卿黎陽人也爲侍御史轉司隸校尉也頃之徵入爲河南尹竇景家人復擊傷市卒吏捕得之景怒遣緹騎侯海等五百人歐傷市丞說文曰緹帛丹黃色也漢官儀曰執金吾有緹騎酺部吏楊章等窮究正海罪徙朔方景忿怨乃移書辟章等六人爲執金吾吏欲因報之章等惶恐入白酺願自引臧罪以辭景命酺即上言其狀竇太后詔報自今執金吾辟吏皆勿遣及竇氏敗酺乃上疏曰臣實愚惷不及大體鄭玄注周禮云惷愚也惷音陟降反以爲竇氏雖伏厥辜而罪刑未著後世不見其事但聞其誅非所以垂示國典貽之將來宜下理官與天下平之平之謂平論其罪也方憲等寵貴羣臣阿附唯恐不及皆言憲受顧命之託懷伊呂之忠臨終之命曰顧命至乃復比鄧夫人於文母臣賢案鄧夫人即穰侯鄧疊母元也元出入宮掖共竇憲女壻郭舉父子同謀殺害與竇氏同誅語在憲傳故張酺論憲兼及其黨稱鄧夫人者猶如前書霍光妻稱霍顯耶太伯母號邪夫人之類也文母文王之妻也詩曰既有烈考亦有文母今嚴威既行皆言當死不復顧其前後考折厥衷臣伏見夏陽侯瓌每存忠善前與臣言常有盡

節之心檢敕賓客未嘗犯法臣聞王政骨肉之刑有三宥之義過厚不過薄禮記曰公族有罪獄成有司讞於公曰某之罪在大辟公曰宥之有司又曰在大辟公又曰宥之有司又曰在大辟公又曰宥之及三宥不對走出致刑于甸人公又使人追之曰雖然必宥之有司曰無及也反命於公公素服如其倫之喪也○劉攽曰案今禮記文注多下公又曰宥之五字今議者為瓌選嚴能相恐其迫切必不完免宜裁加貸宥以崇厚德和帝感酺言徙瓌封就國而已永元五年遷酺為太僕數月代尹睦為太尉漢官儀曰睦字伯師河南鞏人也數上疏以疾乞身薦魏郡太守徐防自代帝不許使中黃門問病加以珍羞賜錢三十萬酺遂稱篤聘子蕃以郎侍講帝因令小黃門敕蕃曰陰陽不和萬人失所朝廷望公思惟得失與國同心而託病自絜求去重任誰當與吾同憂責者非有望於斷金也斷金解在皇后紀司徒固疾司空年老時司徒劉方司空張奮也公其傴僂勿露所敕傴僂言恭敬從命也左氏傳曰一命而僂再命而傴三命而俯酺惶恐詣闕謝還復視事酺雖在公位而父常居田里酺每有遷職輒一詣京師嘗來候酺適會歲節公卿罷朝俱詣酺府奉酒上壽極歡卒日衆人皆慶羨之及父卒既葬詔遣使齎牛酒為釋服後以事與司隸校尉晏稱會於朝堂酺從容謂稱曰三府辟吏多非其人稱歸即奏令三府各實其掾史酺本以私言不意稱奏之甚懷恨會復共謝闕下酺因責讓於稱稱辭語不順酺怒遂廷叱之稱乃劾奏酺有怨言天子以酺先帝師有詔公卿博士朝臣會議司徒呂蓋奏酺位居三司知公門有儀不屏氣鞠躬以須詔命反作色大言怨讓使臣不可以示四遠司隸校尉督大姦猾無所不察故曰使臣也於是策免酺歸里舍謝遣諸生閉門不通賓客左中郎將何敞及言事者多訟酺公忠帝亦雅重之十五年復拜為光祿勳數月代魯恭為司徒月餘薨乘輿縞素臨弔賜冢塋地賵贈恩寵異於宅相酺病臨危敕其子曰顯節陵埽地露祭欲率天下以儉顯節明帝陵也明帝遺詔無起寢廟故言埽地而祭也故酺遵奉之吾為三公既不能宣揚王化令吏人從制豈可不務節約乎其無起祠堂可作稾蓋廡施祭其下而已廡屋也曾孫濟好儒學華嶠書曰蕃生磐磐生濟濟字元江靈帝初楊賜薦濟明習典訓為侍講光和中至司空病罷及卒靈帝以舊恩贈車騎將軍關內侯印綬其年追濟侍講有勞封子根為蔡陽鄉侯濟弟喜初平中為司空

韓稜傳

韓稜字伯師潁川舞陽人弓高侯穨當之後也穨當韓王信之子見前書世為鄉里著姓父尋建武中為隴西太守稜四歲而孤養母弟以孝友稱及壯推先父餘財數百萬與從昆弟鄉里益高之初為郡功曹太守葛興中風病不能聽政稜陰代興視事出入二年令無違者興子嘗發教欲署吏稜拒執不從因令怨者章之章謂上言之事下案驗吏以稜掩蔽興病專典郡職遂致禁錮顯宗知其忠後詔特原之由是徵辟五遷為尚書令與僕射郅壽尚書陳寵同時俱以才能稱肅宗嘗賜諸尚書劍唯此三人特以寶劍自手署其名曰韓稜楚龍淵晉太康記曰汝南西平縣有龍泉水可淬刀劍特堅利汝南即楚分也郅壽蜀漢文陳寵濟南椎成椎音直追反漢官椎成作鍛成時論者為之說以稜淵深有謀故得龍淵壽明達有文章故得漢文寵敦朴善不見外故得椎成和帝即位侍中竇憲使人刺殺齊殤王子都鄉侯暢於上東門有司畏憲咸委疑於暢兄弟詔遣侍御史之齊案其事稜上疏以為賊在京師不宜捨近問遠恐為姦臣所笑竇太后怒以切責稜稜固執其議及事發果如所言憲惶恐白太后求出擊北匈奴以贖罪稜復上疏諫太后不從及憲有功還為大將軍威震天下復出屯武威會帝西祠園陵詔憲與車駕會長安及憲至尚書以下議欲拜之伏稱萬歲稜正色曰夫上交不諂下交不黷易下繫之辭也禮無人臣稱萬歲之制議者皆慙而止尚書左丞王龍私奏記上牛酒於憲稜舉奏龍論為城旦前書音義曰城旦輕刑之名也晝日伺寇虜夜暮築長城故曰城旦稜在朝數薦舉良吏應順呂章周紆等皆有名當時及竇氏敗稜典案其事深竟黨與數月不休沐帝以為憂國忘家賜布三百疋遷南陽太守特聽稜得過家上冢鄉里以為榮稜發擿姦盜郡中震慄政號嚴平數歲徵入為太僕九年冬代張奮為司空明年薨子輔安帝時至趙相趙王良孫商之相也稜孫演順帝時為丹陽太守政有能名桓帝時為司徒演字伯南大將軍梁冀被誅演坐阿黨抵罪以減死論遣歸本郡華嶠書曰梁皇后崩梁貴人大幸將立大將軍冀欲分其寵謀易姓為貴人父演陰許諾及冀誅事發抵演坐罪也後復徵拜司隸校尉

周榮傳 孫景

周榮字平孫廬江舒人也肅宗時舉明經辟司徒袁安府安數與論議甚器之及安舉奏竇景及與竇憲爭立北單于事○劉攽曰案文多一及字皆榮所具草竇氏客太尉掾徐齮深惡之脅榮曰子為袁公腹心之謀排奏竇氏竇氏悍士刺客滿城中謹備之矣榮曰榮江淮孤生蒙先帝大恩以歷宰二城今復得備宰士榮辟司徒府故稱宰士縱為竇氏所害誠所甘心故常敕妻子若卒遇飛禍無得殯斂飛禍言倉卒而死也冀以區區腐身覺悟朝廷及竇氏敗榮由此顯名自郾令擢為尚書令出為潁川太守坐法當下獄和帝思榮忠節左轉共令共縣名屬河內郡故城在今衛州共城縣東即古共國也歲餘復以為山陽太守所歷郡縣皆見稱紀以老病乞身卒于家詔特賜錢二十萬除子男興為郎中興少有名譽永寧中尚書陳忠上疏薦興曰臣伏惟古者帝王有所號令言必弘雅辭必溫麗垂於後世列於典經故仲尼嘉唐虞之文章從周室之郁郁論語孔子曰大哉堯之為君也煥乎其有文章又曰周監於二代郁郁乎文哉吾從周臣竊見光祿郎周興光祿主郎故曰光祿郎孝友之行著於閨門清厲之志聞於州里蘊匵古今博物多聞蘊藏也匵匱也三墳之篇五典之策無所不覽伏羲神農黃帝之書曰三墳少昊顓頊高辛唐虞之書曰五典也屬文著辭有可觀採尚書出納帝命為王喉舌尚書為王之喉舌官也李固對策曰今陛下有尚書猶天之有北斗也北斗為天之喉舌尚書亦為陛下之喉舌也臣等既愚闇而諸郎多文俗吏鮮有雅才每為詔文宣示內外轉相求請或以不能而專己自由辭多鄙固興抱奇懷能隨輩栖遲誠可歎惜詔乃拜興為尚書郎卒興子景

景字仲饗辟大將軍梁冀府稍遷豫州刺史河內太守好賢愛士其拔才薦善常恐不及每至歲時延請舉吏入上後堂與共宴會如此數四乃遣之贈送什物無不充備既而選其父兄子弟事相優異常稱曰臣子同貫若之何不厚先是司徒韓演在河內志在無私舉吏當行一辭而已恩亦不及其家曰我舉若可矣豈可令徧積一門故當時論者議此二人景後徵入為將作大匠及梁冀誅景以故吏免官禁錮朝廷以景素著忠正頃之復引拜尚書令蔡質漢儀曰延熹中京師游俠有盜發順帝陵賣御物於市市長追捕不得周景以尺一詔召司隸校尉左雄詣臺對詰雄伏於廷答對景使虎賁左騶頓頭出血覆面與三日期賊便擒也遷太僕衛尉六年代劉寵為司空是時宦官任人及子弟充塞列位景初視事與太尉楊秉舉奏諸姦猾自將軍牧守以下免者五十餘人遂連及中常侍防東陽侯侯覽○劉攽曰案覽本傳覽防東人封高鄉侯今此載其侯爵即當云高鄉侯若載其本縣名則非例也蓋誤二高鄉字東武陽侯具瑗皆坐黜朝廷莫不稱之視事二年以地震策免歲餘復代陳蕃為太尉建寧元年薨以豫議定策立靈帝追封安陽鄉侯長子崇嗣至甘陵相甘陵王理相也理即章帝曾孫中子忠少歷列位累遷大司農吳書曰忠字嘉謀與朱儁共敗李傕於曹陽也忠子暉前為洛陽令去官歸兄弟好賓客雄江淮間出入從車常百餘乘及帝崩暉聞京師不安來候忠董卓聞而惡之使兵劫殺其兄弟忠後代皇甫嵩為太尉錄尚書事以災異免復為衛尉從獻帝東歸洛陽

贊曰袁公持重誠單所奉單盡也惟德不忘延世承寵孟侯經博侍言帝幄稜榮事君志同鸇雀左傳曰見無禮於其君者誅之如鷹鸇之逐鳥雀也

後漢書卷七十五考證

袁安傳後舉孝廉徐洛陽令自出案行見人家皆除雪出有乞食者至袁安門無有行路○孫鑛云安何由在洛陽卧宜云汝陽方是

袁安玄孫閎一見太守王朗○朗字監本誤作郎今改正

徙步師門下○監本有從師二字 臣會汾按徒步師門即從師也復稱從師不成文從宋本刪

張酺傳祖父翁○父字監本誤作文 臣會汾按下文云翁獨守郡定為單名改之

韓稜傳濟南椎成注漢官椎成作鍛成○ 臣宗萬按漢官下脫儀字當增

周榮孫景去官歸○監本作去官賜歸 臣會汾按他處或言予告歸或言賜告歸此處去官下不得更言賜歸從宋本改

後漢書卷七十六

宋 宣 城 太 守 范 曄撰

唐 章 懷 太 子 賢注

郭陳列傳第三十六

郭躬傳 弟子鎮

郭躬字仲孫潁川陽翟人也家世衣冠父弘習小杜律前書杜周武帝時為廷尉御史大夫斷獄深刻少子延年亦明法律宣帝時又為御史大夫對父故言小太守寇恂以弘為決曹掾斷獄至三十年用法平諸為弘所決者退無怨情郡內比之東海于公年九十五卒于公東海人丞相于定國父也為郡決曹決獄平羅文法者于公所決皆不恨見前書也躬少傳父業講授徒衆常數百人後為郡吏辟公府永平中奉車都尉竇固出擊匈奴騎都尉秦彭為副彭在別屯而輒以法斬人固奏彭專擅請誅之顯宗乃引公卿朝臣平其罪科躬以明法律召入議議者皆然固奏躬獨曰於法彭得斬之帝曰軍征校尉一統於督督謂大將彭既無斧鉞可得專殺人乎躬對曰一統於督者謂在部曲也前書音義曰大將軍行有伍部部有曲也今彭專軍別將有異於此兵事呼吸不容先關督帥且漢制棨戟即為斧鉞於法不合罪有衣之戟曰棨帝從躬議又有兄弟共殺人者而罪未有所歸帝以兄不訓弟故報兄重而減弟死中常侍孫章宣詔誤言

兩報重尚書奏章矯制罪當腰斬帝復召躬問之躬對章應罰金帝曰章矯詔殺人何謂罰金躬曰法令有故誤章傳命之謬於事爲誤誤者其文則輕帝曰章與囚同縣疑其故也躬曰周道如砥其直如矢詩小雅也如砥貢賦平如矢賞罰平君子不逆詐論語孔子之言君王法天刑不可以委曲生意帝曰善遷躬廷尉正坐法免後三遷元和三年拜爲廷尉躬家世掌法務在寬平及典理官決獄斷刑多依矜恕乃條諸重文可從輕者四十一事奏之事皆施行著于令章和元年赦天下繫囚在四月丙子以前減死罪一等勿笞詣金城而文不及亡命未發覺者躬上封事曰聖恩所以減死罪使戍邊者重人命也今死罪亡命無慮萬人廣雅曰無慮都凡也又自赦以來捕得甚衆而詔令不及皆當重論伏惟天恩莫不蕩宥死罪已下並蒙更生而亡命捕得獨不沾澤臣以爲赦前犯死罪而繫在赦後者可皆勿笞詣金城以全人命有益於邊肅宗善之卽下詔赦焉躬奏讞法科多所生全永元六年卒官中子晊亦明法律晊音質至南陽太守政有名迹弟子鎮鎮字桓鍾少脩家業辟太尉府再遷延光中爲尚書及中黃門孫程誅中常侍江京等而立濟陰王鎮率羽林士擊殺衞尉閻景以成大功事在宦者傳再遷尚書令太傅三公奏鎮冒犯白刃手劒賊臣姦黨殄滅宗廟以寧功比劉章章齊王肥子也高帝孫誅諸呂有功封朱虛侯也宜顯爵土以勵忠貞乃封鎮爲定潁侯食邑二千戶拜河南尹轉廷尉免永建四年卒於家詔賜冢塋地長子賀當嗣爵讓與小弟時而逃去積數年詔大鴻臚下州郡追之賀不得已乃出受封累遷復至廷尉及賀卒順帝追思鎮功下詔賜鎮謚曰昭武侯賀曰成侯賀弟禎亦以能法律至廷尉鎮弟子僖許其反少明習家業兼好儒學有名譽延熹中亦爲廷尉建寧二年代劉寵爲太尉禧子鴻至司隸校尉封城安鄉侯郭氏自弘後數世皆傳法律子孫至公者一人廷尉七人侯者三人刺史二千石侍中郎將者二十餘人侍御史正監平者甚衆順帝時廷尉河南吳雄季高以明法律斷獄平起自孤宦致位司徒雄少時家貧喪母營人所不封土者擇葬其中喪事趣辦不問時日醫巫皆言當族滅而雄不顧○劉攽曰案下葬何關醫事明術及子訢孫恭三世廷尉爲法名家名爲明法之家初肅宗時司隸校尉下邳趙興亦不卹諱忌卹憂也每入官舍輒更繕脩館宇移穿改築故犯妖禁而家人爵祿益用豐熾官至潁川太守子峻太傅以才器稱孫安世魯相三葉皆爲司隸時稱其盛桓帝時汝南有陳伯敬者行必矩步坐必端膝呵叱狗馬終不言死目有所見不食其肉行路聞凶便解駕留止還觸歸忌則寄宿鄉亭陰陽書歷法曰歸忌日四孟在丑四仲在寅四季在子其日不可遠行歸家及徙也年老寢滯不過舉孝廉後坐女壻亡吏太守邵夔怒而殺之時人罔忌禁者多談爲證焉罔無也

論曰曾子云上失其道民散久矣如得其情則哀矜而勿喜言人離散犯法乃自上之所爲非下之過當哀矜之勿以得情爲喜也見論語也夫不喜於得情則恕心用恕心用則可寄枉直矣夫賢人君子斷獄其必主於此乎郭躬起自佐史小大之獄必察焉左傳曰小大之獄雖不能察必以情原其平刑審斷庶於勿喜者乎若乃推己以議物捨狀以貪情秦彭孫章不死爲推己亡命得減爲貪情也貪與探同也法家之能慶延于世蓋由此也

陳寵傳 子忠

陳寵字昭公沛國洨人也洨縣名故城在今泗州虹縣西南洨音戶交反曾祖父咸成哀間以律令爲尚書平帝時王莽輔政多改漢制咸心非之及莽因呂寬事誅不附己者何武鮑宣等平帝時王莽輔政隔絕平帝外家不得至京師莽子宇恐帝長大後見怨教帝母上書求入莽不許宇與婦兄呂寬謀以爲莽不可說而好鬼神乃夜以血灑莽第門以驚懼之事覺並誅死何武爲前將軍王莽先從武求舉武不敢鮑宣爲司隸免徙之上黨呂寬事起莽案驗并誅不附己者武與宣坐見誣中皆被誅並見前書咸乃歎曰易稱君子見幾而作不俟終日吾可以逝矣幾者事之微吉凶之先見者逝往也卽乞骸骨去職及莽篡位召咸以爲掌寇大夫謝病不肯應時三子參豐欽皆在位乃悉令解官父子相與歸鄉里閉門不出入猶用漢家祖臘風俗通曰共工之子好遠遊死爲祖神漢家火行盛於午故以午日爲祖也臘者歲終祭衆神之名臘接也新故交接故大祭以報功也漢火行衰於戌故臘用戌日也人問其故咸曰我先人豈知王氏臘乎其後莽復徵咸遂稱病篤於是乃收斂其家律令書文皆壁藏之咸性仁恕常戒子孫曰爲人議法當依於輕雖有百金之利愼無與人重比建武初欽子躬爲廷尉左監早卒躬生寵明習家業少爲州郡吏辟司徒鮑昱府是時三府掾屬專尚交遊以不肯視事爲高寵常非之獨勤心物務數爲昱陳當世便宜昱高其能轉爲辭曹掌天下獄訟續漢志曰三公掾屬二十四人有辭曹主辭訟事也其所平決無不厭服衆心時司徒辭訟久者數十年事類溷錯易爲輕重不良吏得生因緣因緣謂依附以生輕重也寵爲昱撰辭訟比七卷決事科條皆以事類相從昱奏上之其後公府奉以爲法三遷肅宗初爲尚書是時承永平故事吏政尚嚴切尚書決事率近於重寵以帝新卽位宜改前世苛俗乃上疏曰臣聞先王之政賞不僭刑不濫與其不得已寧僭不濫事見左傳晉大夫聲子辭也故唐堯著典眚災肆赦尚書舜典之辭也眚過也災害也肆緩也言過誤有害當緩赦也周公作戒勿誤庶獄尚書立政之辭也言文子文孫從今以往惟以正道理衆獄勿誤也伯夷之典惟敬五刑以成三德三德剛柔正直尚書呂刑曰伯夷降典折民惟刑惟敬五刑以成三德由此言之聖賢之政以刑罰爲首往者斷獄嚴明所以威懲姦慝姦慝既平必宜濟之以寬濟益也陛下卽位率由此義數詔羣僚弘崇晏晏晏晏溫和也尚書考靈耀曰堯聰明文塞晏晏而有司執事未悉奉承典刑用法猶尚深刻斷獄者急於篣格酷烈之痛篣卽榜也古字通用聲類曰笞也說文曰格擊也執憲者煩於詆欺放濫之文或因公行私逞縱威福夫爲政猶張琴瑟大絃急者小絃絕故子貢非臧孫之猛法而美鄭喬之仁政臧孫魯大夫行猛政子貢非之曰夫政猶張琴瑟也大絃急則小絃絕矣故曰罰得則姦邪止賞得則下歡悅子之賊心見矣獨不聞子產之相鄭乎推賢舉能抑惡揚善有大略者不問其短有厚德者不非小疵家給人足囹圄空虛子產卒國人皆叩心流涕三月不聞竽琴之音其生也見愛死也可悲故曰德莫大于仁禍莫大於刻今子病而人賀子愈而人相懼曰嗟乎何命之不善子又不死臧孫惡而避位終身不出見新序詩云不剛不柔布政優優優優和也方今聖德充塞假于上下假至也音格上下天地也宜隆先王之道蕩滌煩苛之法輕薄箠楚以濟羣生全廣至德以奉天心帝敬納寵言每事務於寬厚其後遂詔有司絕鉆鑽諸慘酷之科蒼頡篇曰鉆持也說文曰鉆鐵銸也其炎反銸音陟葉反鑽臏刑謂鑽去其臏骨也鑽音作喚反解妖惡之禁除文致之請讞五十餘事定著于令文致謂前人無罪文飾致於法中也是後人俗和平屢有嘉瑞漢舊事斷獄報重常盡三冬之月報論也重死刑也是時帝始改用冬初十月而已元和二年旱長水校尉賈宗等上言以爲斷獄不盡三冬故陰氣微弱陽氣發泄招致災旱事在於此帝以其言下公卿議寵奏曰夫冬至之節陽氣始萌故十一月有蘭射干芸荔之應易通卦驗曰十一月廣莫風至則蘭射干生月令仲冬日短至陰陽爭諸生蕩芸始生荔挺出射音夜卽今之烏扇也芸香草荔馬薤時令曰諸生蕩安形體時令月令也蕩動也仲冬一陽爻生草木皆萌動禮記月令仲冬諸生蕩君子齋戒安形性也天以爲正周以爲春正春皆始也十一月萬物微而未著天以爲正而周以爲歲首十二月陽氣上通雉雊雞乳地以爲正殷以爲春十二月陽爻生北鄉陽氣上通諸生皆動始萌芽地以爲正殷以爲歲首也月令季冬雉雊雞乳也十三月陽氣已至天地已交萬物皆出蟄蟲始振人以爲正夏以爲春十三月今正月也天子迎春東郊陰陽交合萬物皆出於地人始初見故曰人以爲正夏以爲歲首也月令孟春天氣下降地氣上騰天地和同草木萌動東風解凍蟄蟲始振也三微成著以通三統三統者統一歲之事王者三正遞用周環無窮故曰通三統禮三微三正也言十一月陽氣始施萬物動於黃泉之下微而未著其色皆赤赤者陽氣故周以天正爲歲色尚赤夜半爲朔十二月萬物始牙色白白者陰氣故殷以地正爲歲色尚白雞鳴爲朔十三月萬物始達其色皆黑人得加功以展其業夏以人正爲歲色尚黑平旦爲朔故曰三微王者奉而成之各法其一以改正朔也易乾鑿度曰三微而成著三著而體成當此之時天地交萬物通也周以天元殷以地元夏以人元若以此時行刑則殷周歲首皆當流血不合人心不稽天意月令曰孟冬之月趣獄刑無留罪臣賢案月令及淮南子皆言季秋趣獄刑無留罪今言孟冬未詳其故明大刑畢在立冬也又孟冬之月身欲寧事欲靜月令仲冬君子齋戒身欲寧事欲靜以待陰陽之所定也○劉攽曰案文并注意孟當作仲若以降威怒不可謂寧若以行大刑不可謂靜議者咸曰旱之所由咎在改律臣以爲殷周斷獄不以三微而化致康平無有災害自元和以前皆用三冬而水旱之異往往爲患由此言之災害自爲它應不以改律秦爲虐政四時行刑聖漢初興改從簡易蕭何草律季秋論囚俱避立春之月草謂創造之也論決也而不計天地之正二王之春實頗有違言蕭何不論天地之正及殷周之春實乖正道陛下探幽析微允執其中允信也中正也言信執中正之道語見尚書革百載之失建永年之功尚書曰立功立事可以永年上有迎承之敬下有奉微之惠三正之月不用斷獄敬承天意奉順三微也稽春秋之文當月令之意春秋於春每月書王所以通三統也何休注云二月三月皆有王者二月殷正月三月夏正月也聖功美業不宜中疑書奏帝納之遂不復改寵性周密常稱人臣之義苦不畏愼自在樞機謝遣門人拒絕知友惟在公家而已朝廷器之器重也皇后弟侍中竇憲臣賢案竇后紀及憲傳並云憲竇后兄今諸本皆言弟蓋誤也薦眞定令張林爲尚書帝以問寵寵對林雖有才能而素行貪濁憲以此深恨寵林卒被用而以臧汙抵罪及帝崩憲等秉權常銜寵乃白太后令典喪事欲因過中之黃門侍郎鮑德素敬寵說憲弟夏陽侯瓌曰陳寵奉事先帝深見納任故久留臺閣賞賜有殊今不蒙忠能之賞而計幾微之故幾微言細微也誠傷輔政容貸之德瓌亦好士深然之故得出爲太山太守後轉廣漢太守西州豪右并兼吏多姦貪訴訟日百數寵到顯用良吏王渙鐔顯等以爲腹心鐔音徒南反訟者日減郡中清肅先是洛縣城南洛縣名故城在今益州雒縣南也每陰雨常有哭聲聞於府中積數十年寵聞而疑其故使吏案行還言世衰亂時此下多死亡者而骸骨不得葬儻在於是寵愴然矜歎卽勅縣盡收斂葬之自是哭聲遂絕及竇憲爲大將軍征匈奴公卿以下及郡國無不遣吏子弟奉獻遺者而寵與中山相汝南張郴光武子中山王焉相也東平相應順東平王蒼孫敞之相也守正不阿後和帝聞之擢寵爲大司農郴太僕順左馮翊永元六年寵代郭躬爲廷尉性仁矜及爲理官數議疑獄常親自爲奏每附經典務從寬恕帝輒從之濟活者甚衆其深文刻敝於此少衰寵又鉤校律令條法溢於甫刑者除之鉤猶動也前書曰鉤校得其姦贓鉤音工侯反溢出也孔安國注尚書曰呂侯後爲甫侯故或稱甫刑也曰臣聞禮經三百威儀三千禮記曰禮經三百曲禮三千鄭玄注云禮篇多亡本數未聞其中事儀有三千也故甫刑大辟二百五刑之屬三千禮之所去刑之所取去禮之人刑以加之故曰取也失禮則入刑相爲表裏者也今律令死刑六

百一十耐罪千六百九十八耐者輕刑之名也贖罪以下二千六百八十一溢於甫刑者千九百八十九其四百一十大辟千五百耐罪七十九贖罪春秋保乾圖曰王者三百年一蠲法漢興以來三百二年憲令稍增科條無限又律有三家其說各異宜令三公廷尉平定律令應經合義者可使大辟二百而耐罪贖罪二千八百并爲三千悉刪除其餘令與禮相應以易萬人視聽以致刑措之美傳之無窮未及施行會坐詔獄吏與囚交通抵罪詔特免刑拜爲尚書遷大鴻臚寵歷二郡三卿所在有迹見稱當時十六年代徐防爲司空寵雖傳法律而兼通經書奏議溫粹號爲任職相在位三年薨以太常南陽尹勤代爲司空勤字叔梁篤性好學屏居人外荆棘生門時人重其節後以定策立安帝封福亭侯五百戶永初元年以雨水傷稼策免就國病卒無子國除寵子

忠

忠字伯始永初中辟司徒府三遷廷尉正正廷尉屬官也秩千石也以才能有聲稱司徒劉愷舉忠明習法律宜備機密於是擢拜尚書使居三公曹成帝置五尚書三公曹尚書主知斷獄也忠自以世典刑法用心務在寬詳初父寵在廷尉上除漢法溢於甫刑者未施行上音時掌反及寵免後遂寢而苛法稍繁人不堪之忠略依寵意奏上二十三條爲決事比比例也必寐反以省請讞之敝又上除蠶室刑蠶室宮刑名也或云犗刑也音奇敗反作窨室畜火如蠶室說文曰犗騬牛也騬音繩漢舊儀注曰少府若盧獄有蠶室也解臧吏三世禁錮狂易殺人得減重論狂易謂狂而易性也母子兄弟相代死聽赦所代者事皆施行及鄧太后崩安帝始親朝事忠以爲臨政之初宜徵聘賢才以宣助風化數上薦隱逸及直道之士馮良周燮杜根成翊世之徒於是公車禮聘良燮等後連有災異詔舉有道公卿百僚各上封事忠以詔書既開諫爭慮言事者必多激切或致不能容乃上疏豫通帝意曰臣聞仁君廣山藪之大納切直之謀左氏傳曰川澤納汙山藪藏疾瑾瑜匿瑕國君含垢天之道也忠臣盡謇諤之節不畏逆耳之害史記曰趙簡子有臣周舍好直諫周舍死簡子曰吾聞千羊之皮不如一狐之腋衆人之唯唯不如周舍之諤諤家語孔子曰忠言逆耳而利於行也是以高祖舍周昌桀紂之譬周昌爲御史大夫嘗燕入奏事高帝方擁戚姬昌走出高帝逐得騎昌項問曰我何如主也昌仰曰陛下桀紂之主也上笑之不罪也孝文嘉爰盎人豕之議文帝幸慎夫人常與皇后同坐後幸上林慎夫人從盎爲中郎將卻慎夫人坐慎夫人怒不坐帝亦起盎前說曰陛下爲慎夫人適所以禍之也獨不見人豕乎上大悅入以語慎夫人人豕解見皇后紀也武帝納東方朔宣室之正武帝爲館陶公主私人董偃置酒宣室東方朔爲太中大夫諫曰不可夫宣室者先帝之正處也非法度之正不得入焉上曰善更置酒北宮也元帝容薛廣德自刎之切元帝酎祭宗廟出便門欲御樓船御史大夫薛廣德當車免冠諫曰宜從橋詔曰大夫冠廣德曰陛下不聽臣臣自刎以血汙車輪帝乃從橋昔晉平公問於叔向曰國家之患孰爲大對曰大臣重祿不極諫小臣畏罪不敢言下情不上通此患之大者公曰善於是下令曰吾欲進善有謁而不通罪至死此已上皆見新序今明詔崇高宗之德高宗殷王武丁也有雉登鼎耳而雊懼而修德位以永年推宋景之誠史記曰宋景公時熒惑守心星太史子韋請移之大臣國人與歲公皆不聽天感其誠熒惑爲之退三舍也引咎克躬諮訪羣吏言事者見杜根成翊世等新蒙表錄顯列二臺謂杜根爲侍御史成翊世爲尚書郎也必承風響應爭爲切直若嘉謀異策宜輒納用如其管穴妄有譏刺管穴言小也史記扁鵲曰若以管窺天以隙視文隙即穴也雖苦口逆耳不得事實且優游寬容以示聖朝無諱之美若有道之士對問高者宜垂省覽特遷一等以廣直言之路書御有詔拜有道高第士沛國施延爲侍中延後位至太尉謝承書曰延字君子蘄縣人也少爲諸生明於五經星官風角靡有不綜家貧母老周流傭賃常避地於盧江臨湖縣種瓜後到吳郡海鹽取卒月直賃作牛路亭父以養其母是時吳會未分山陰馮敷爲督郵到縣延持帚往敷知其賢者下車謝使入亭請與飲食脫衣與之餉餞不受順帝徵拜太尉年七十六薨常侍江京李閏等皆爲列侯共秉權任帝又愛信阿母王聖封爲野王君忠內懷懼懣而未敢陳諫乃作搢紳先生論以諷文多故不載搢插也紳大帶也自帝即位以後頻遭元二之厄元二解見鄧隲傳百姓流亡盜賊並起郡縣更相飾匿莫肯糾發更相文飾隱匿盜賊也忠獨以爲憂上疏曰臣聞輕者重之端小者大之源故隄潰蟻孔氣洩鍼芒韓子曰千丈之隄以螻蟻之穴而潰黃帝素問曰針頭如芒氣出如筐也是以明者慎微智者識幾書曰小不可不殺尚書康誥曰有厥罪小乃不可不殺詩云無縱詭隨以謹無良詩大雅也言詭詐委隨之人不可縱宜即罪之用謹勅不善之人也蓋所以崇本絕末鉤深之慮也臣竊見元年以來盜賊連發攻亭劫掠多所傷殺夫穿窬不禁則致彊盜論語孔子曰色厲而內荏其猶穿窬之盜乎彊盜不斷則爲攻盜攻盜成羣必生大姦故亡逃之科憲令所急至於通行飲食罪致大辟通行飲食猶今律云過致資給與同罪也飲音蔭食音寺而頃者以來莫以爲憂州郡督錄怠慢長吏防禦不肅皆欲採獲虛名諱以盜賊爲負雖有發覺不務清澄至有逞威濫怒無辜僵仆或有跼蹐比伍轉相賦斂說文曰跼小步也言跼身小步畏吏之甚也或隨吏追赴周章道路是以盜發之家不敢申告鄰舍比里共相壓迮迮迫也或出私財以償所亡其大章著不可掩者乃肯發露陵遲之漸遂且成俗寇攘誅咎皆由於此寇盜攘竊也尚書曰無敢寇攘也○劉敞曰案文但言寇攘不成文理當有一誅字前年勃海張伯路可爲至戒覆車之軌其迹不遠蓋失之末流求之本源宜糾增舊科以防來事自今彊盜爲上官若它郡縣所糾覺一發部吏皆正法上官謂郡府也若及也部吏謂督郵游徼也正法依法也尉貶秩一等令長三月奉贖罪二發尉免官令長貶秩一等三發以上令長免官便可撰立科條處爲詔文切勑刺史嚴加糾罰冀以猛濟寬驚懼姦慝頃季夏大暑而消息不協前書音義曰息卦曰太陽消卦曰太陰其餘雜卦曰少陰少陽寒氣錯時水涌爲變天之降異必有其故所舉有道之士可策問國典所務王事過差令處煖氣不效之意庶有讜言以承天誡元初三年有詔大臣得行三年喪服闋還職忠因此上言孝宣皇帝舊令人從軍屯及給事縣官者大父母死未滿三月皆勿徭令得葬送請依此制太后從之至建光中尚書令祝諷祝或作祋○劉攽曰案文祝當作祋尚書孟布等奏以爲孝文皇帝定約禮之制約儉也孝文皇帝崩遺詔薄葬以日易月凡三十六日釋服後以爲故事光武皇帝絕告寧之典前書音義曰告寧休謁之名吉曰告凶曰寧古者名吏休假曰告漢律吏二千石有予告賜告在官有功法所當得也賜告病三月當免天子優賜其告使帶印綬將官屬歸家養疾也貽則萬世誠不可改宜復建武故事忠上疏曰臣聞之孝經始於愛親終於哀戚上自天子下至庶人尊卑貴賤其義一也夫父母於子同氣異息一體而分三年乃免於懷抱先聖緣人情而著其節制服二十五月是以春秋臣有大喪君三年不呼其門閔子雖要絰服事以赴公難退而致位以究私恩故稱君使之非也臣行之禮也自此已上至臣有大喪並公羊傳之文也閔子騫孔子弟子也遭喪君使之從軍騫乃要絰而服以從軍役事了退家致位喪次極盡私恩故君使之雖非臣從君命有禮也周室陵遲禮制不序蓼莪之人作詩自傷曰缾之罄矣惟罍之恥小雅蓼莪之詩也蓼蓼長大貌也莪蘿也言孝子憂思中心不精不識莪蘿誤以爲蒿也其詩曰蓼蓼者莪匪莪伊蒿哀哀父母生我劬勞缾之罄矣惟罍之恥注云缾小而罍大也罄盡也缾小而盡罍大而盈言爲罍恥者刺幽王不使富分貧衆恤寡也言已不得終竟子道者亦上之恥也高祖受命蕭何創制大臣有寧告之科合於致憂之義建武之初新承大亂凡諸論語曾子曰吾聞夫子人未有自致者也必也親喪乎國政多趣簡易大臣既不得告寧而羣司營祿念私鮮循三年之喪以報顧復之恩者禮義之方實爲彫損大漢之興雖承衰敝而先王之制稍以施行故籍田之耕起於孝文文帝二年詔曰農天下之本也其開籍田也孝廉之貢發於孝武武帝元光元年初令郡國舉孝廉郊祀之禮定於元成元帝成帝時匡衡韋玄成定迭毀郊祀之禮也三雍之序備於顯宗三雍明堂辟雍靈臺也雍和也解具明紀也大臣終喪成乎陛下謂安帝詔大臣得行三年喪也聖功美業靡以尚茲孟子有言老吾老以及人之老幼吾幼以及人之幼天下可運於掌言敬吾老亦敬人之老愛吾幼亦愛人之幼有敬愛之心則天下歸順之也運掌言易也臣願陛下登高北望以甘陵之思揆度臣子之心則海內咸得其所甘陵安帝母陵在清河故言北望也宦豎不便之竟寢忠奏而從諷布議遂著于令忠以久次轉爲僕射時帝數遣黃門常侍及中使伯榮往來甘陵伯榮帝乳母王聖女也而伯榮負寵驕蹇所經郡國莫不迎爲禮謁又霖雨積時河水涌溢百姓騷動忠上疏曰臣聞位非其人則庶事不叙庶事不叙則政有得失政有得失則感動陰陽妖變爲應陛下每引災自厚不責臣司臣司狃恩莫以爲負狃音女九反詩曰將叔無狃注云狃習也言屢被恩貸不以災變爲負也故天心未得隔并屢臻隔并謂水旱不節也尚書曰一極備凶一極亡凶并音必姓反青冀之域淫雨漏河漏溢也徐岱之濱海水盆溢兗豫蝗蝝滋生蝝蝗子也荆揚稻收儉薄并涼二州羌戎叛戾加以百姓不足府帑虛匱自西徂東杼柚將空杼柚謂機也小雅大東詩曰小東大東杼柚其空也臣聞洪範五事一曰貌貌以恭恭作肅貌傷則狂而致常雨洪範五行傳辭春秋大水皆爲君上威儀不穆臨莅不嚴臣下輕慢貴倖擅權陰氣盛彊陽不能禁故爲淫雨陛下以不得親奉孝德皇園廟孝德皇安帝父清河王慶也比遣中使致敬甘陵朱軒駢馬相望道路可謂孝至矣朱軒車使者所乘軿並也然臣竊聞使者所過威權翕赫震動郡縣王侯二千石至爲伯榮獨拜車下儀體上僭侔於人主長吏惶怖譴責或邪諂自媚發人修道繕理亭傳多設儲跱徵役無度儲積也跱具也老弱相隨動有萬計賂遺僕從人數百匹頓踣呼嗟莫不叩心河間託叔父之屬河間王開安帝叔也清河有陵廟之尊清河王延平也陵廟所在故曰尊及剖符大臣皆猥爲伯榮屈節車下陛下不問必以陛下欲其然也伯榮之威重於陛下陛下之柄在於臣妾水災之發必起於此昔韓嫣託副車之乘受馳視之使江都誤爲一拜而嫣受歐刀之誅韓嫣弓高侯之孫也得幸於武帝獵上林中先使嫣乘副車從數十百騎馳視獸江都王望見以爲天子伏謁道傍嫣驅不見王怒爲皇太后泣言太后銜之後嫣出入永巷以姦聞太后賜嫣死也臣願明主嚴天元之尊正乾剛之位天元猶乾元也易曰大哉乾元也職事巨細皆任賢能不宜復令女使干錯萬機重察左右得無石顯泄漏之姦石顯字君房少時坐法腐刑爲中書令元帝委以政事公卿畏之重足一迹顯恐天子一旦納用左右間己乃取一言爲驗上嘗使至諸宮徵發先自白上恐漏盡宮門閉請詔開門上許之顯故投夜還詔開宮門後果有上書告顯擅詔開宮門天子聞之笑顯泣曰陛下過私小臣屬任以事羣下無不嫉妬欲陷害者唯明主能知之上以爲然而憐之尚書納言得無趙昌譖崇之詐鄭崇哀帝時爲尚書僕射數諫爭帝不許尚書令趙昌佞諂因奏崇與宗族通疑有姦上怒下崇獄死獄中也公卿大臣得無朱博阿傅之援哀帝時博爲丞相承傅大后指奏免大司馬傅喜哀帝怒下博獄自殺也外屬近戚得無王鳳害商之謀成帝舅王鳳爲大將軍專權驕僭王商爲丞相論議不能平鳳陰求商短使人上書告商閨門內事商坐免王商宣帝舅樂昌侯王武之子非成帝舅成都侯也若國政一由帝命王事每決於已則下不得偪上臣不得干君常雨大水必當霽止霽亦止也四方衆異不能爲害書奏不省時三府任輕機事專委尚書而災眚變咎輒切免公台切責也忠以爲非國舊體上疏諫曰臣聞君使臣以禮臣事君以忠論語孔子對魯定公之辭也故三公稱曰冢宰王者待以殊敬在輿爲下

御坐爲起（漢舊儀云皇帝見丞相起謁者贊稱曰皇帝爲丞相起立乃坐皇帝在道丞相迎謁者贊稱曰皇帝爲丞相下輿立乃升車）入則參對而議政事出則監察而董是非（董督也）漢典舊事丞相所請靡有不聽今之三公雖當其名而無其實選舉誅賞一由尚書尚書見任重於三公陵遲以來其漸久矣臣忠心常獨不安是故臨事戰懼不敢穴見有所興造（穴見言不廣也）又不敢希意同僚以謬平典而謗讟日聞罪足萬死近以地震策免司空陳襃（襃字伯仁廬江人也）今者災異復欲切讓三公昔孝成皇帝以妖星守心移咎丞相使賁麗納說方進自引卒不蒙上天之福（成帝時熒惑守心議郎李尋奏記丞相翟方進曰唯君侯盡節轉凶方進憂不知所出有郎賁麗善爲星言大臣宜當之上乃召見方進賜養牛上尊酒令審處焉方進即日自殺賁音肥）徙乖宋景之誠（解見前文言景公有災身自引咎成帝不然故曰徙也）故知是非之分較然有歸矣又尚書決事多違故典罪法無例詆欺爲先文慘言醜有乖章憲宜責求其意割而勿聽上順國典下防威福置方員於規矩審輕重於衡石（衡秤也三十斤爲鈞四鈞爲石也）誠國家之典萬世之法也忠意常在襃崇大臣待下以禮其九卿有疾使者臨問加賜錢布皆忠所建奏頃之遷尚書令延光三年拜司隸校尉糾正中官外戚賓客近倖憚之不欲忠在內明年出爲江夏太守復留拜尚書令會疾卒初太尉張禹司徒徐防欲與忠父寵共奏追封和熹皇后父護羌校尉鄧訓寵以先世無奏請故事爭之連日不能奪乃從二府議及訓追加封謚禹防復約寵俱遣子奉禮於虎賁中郎將鄧騭寵不從騭心不平之故忠不得志於鄧氏及騭等敗衆庶多怨之而忠數上疏陷成其惡遂詆劾大司農朱寵順帝之爲太子廢也諸名臣來歷祝諷等守闕固爭時忠爲尚書令與諸尚書復共劾奏之及帝立司隸校尉虞詡追奏忠等罪過當世以此譏焉

論曰陳公居理官則議獄緩死相幼主則正不僭寵（○劉攽曰案文不當作下謂正下之僭事也然陳寵無正僭寵之事陳忠乃有言伯榮疏論說似誤也）可謂有宰相之器矣忠能承風亦庶乎明慎用刑而不留獄然其聽狂易殺人開父子兄弟得相代死斯大謬矣是則不善人多幸而善人常代其禍進退無所措也

贊曰陳郭主刑人賴其平寵矜枯胔躬斷以情忠用詳密損益有程（程品式也謂彊盜發貶黜令長各有科條故曰程也）施于孫子且公且卿（施延也音羊豉反）

後漢書卷七十六考證

郭躬傳及典理官○舊本無典字

陳寵傳孟冬之月趣獄刑無留罪注今言孟冬未詳其故○何焯校本云下文云畢在立冬則孟冬者當作季秋

先是洛縣城南○縣字監本誤作陽從宋本改

陳寵子忠延後位至太尉注賃作牛路亭父以養其母○父字一本作卒（臣會汾）按前書音義云亭有兩卒其一亭父掌開閉掃除其一求盜掌逐捕盜賊此下文云持箒徃則知爲亭父無疑

後漢書卷七十七

宋　宣　城　太　守范　曄撰

唐　章　懷　太　子　賢注

班梁列傳第三十七

班超傳　子勇

班超字仲升扶風平陵人徐令彪之少子也爲人有志不修細節然內孝謹居家常執勤苦不恥勞辱有口辯而涉獵書傳（涉如涉水獵如獵獸言不能周悉粗窺覽之也東觀記曰超持公羊春秋多所窺覽）永平五年兄固被召詣校書郎（校書郎解見班固傳）超與母隨至洛陽家貧常爲官傭書以供養久勞苦嘗輟業投筆歎曰大丈夫無他志畧猶當效傅介子張騫立功異域以取封侯安能久事筆研閒乎（傅介子北地人元帝時使西域刺殺樓蘭王封義陽侯張騫漢中人武帝時鑿空開西域封博望侯續漢書作久弄筆研乎華嶠書作久事筆耕乎研音硯）左右皆笑之超曰小子安知壯士志哉其後行詣相者曰祭酒布衣諸生耳（一坐所尊則先祭酒今稱祭酒相尊敬之詞也）而當封侯萬里之外超問其狀相者指曰生燕頷虎頸飛而食肉此萬里侯相也久之顯宗問固卿弟安在固對爲官寫書受直以養老母帝乃除超爲蘭臺令史（續漢志曰蘭臺令史六人秩百石掌書劾奏及印主文書）後坐事免官十六年奉車都尉竇固出擊匈奴以超爲假司馬將兵別擊伊吾戰於蒲類海多斬首虜而還（伊吾匈奴中地名在今伊州納職縣界前書音義曰蒲類匈奴中海名在敦煌北也）固以爲能遣與從事郭恂俱使西域超到鄯善（鄯善本西域樓蘭國也昭帝元鳳四年改爲鄯善去陽關一千六百里去長安六千一百里也）鄯善王廣奉超禮敬甚備後忽更疏懈超謂其官屬曰寧覺廣禮意薄乎此必有北虜使來狐疑未知所從故也明者睹未萌況已著邪乃召侍胡詐之曰匈奴使來數日今安在乎侍胡惶恐具服其狀超乃閉侍胡悉會其吏士三十六人與共飲酒酣因激怒之曰卿曹與我俱在絕域（曹輩也）欲立大功以求富貴今虜使到裁數日而王廣禮敬即廢如令鄯善收吾屬送匈奴骸骨長爲豺狼食矣爲之奈何官屬皆曰今在危亡之地死生從司馬超曰不入虎穴不得虎子當今之計獨有因夜以火攻虜使彼不知我多少必大震怖可殄盡也滅此虜則鄯善破膽功成事立矣衆曰當與從事議之超怒曰吉凶決於今日從事文俗吏聞此必恐而謀泄死無所名非壯士也衆曰善初夜遂將吏士往奔虜營會天大風超令十人持鼓藏虜舍後約曰見火然皆當鳴鼓大呼餘人悉持兵弩夾門而伏超乃順風縱火前後鼓噪虜衆驚亂超手格殺三人吏兵斬其使及從士三十餘級餘衆百許人悉燒死（東觀記曰斬得匈奴節使屋賴帶副使比離支首及節也）明日乃還告郭恂恂大驚既而色動超知其意舉手曰掾雖不行班超何心獨擅之乎恂乃悅超於是召鄯善王廣以虜使首示之一國震怖超曉告撫慰遂納子爲質還奏於竇固固大喜具上超功效幷求更選使使西域帝壯超節詔固曰吏如班超何故不遣而更選乎今以超爲軍司馬令遂前功超復受使固欲益其兵超曰願將本所從三十餘人足矣如有不虞多益爲累是時于窴王廣德新攻破莎車遂雄張南道（于窴國去長安九千六百七十里南與婼羌西與姑墨接莎車國去長安九千九百五十里西域南北有大山中央有河東西六千餘里東至玉門陽關有兩道從鄯善傍南山北波河西行至莎車爲南道雄張猶熾盛也張音丁亮反波傍也波音詖）而匈奴遣使監護其國超既西先至于窴廣德禮意甚疏且其俗信巫巫言神怒何故欲向漢漢使有騧馬急求取以祠我廣德乃遣使就超請馬（續漢及華嶠書騧字並作騩說文馬淺黑色也音京媚反）超密知其狀報許之而令巫自來取馬有頃巫至超即斬其首以送廣德因辭讓之廣德素聞超在鄯善誅滅虜使大惶恐即攻殺匈奴使者而降超超重賜其王以下因鎮撫焉時龜茲王建爲匈奴所立倚恃虜威據有北道攻破疏勒殺其王（龜茲國居延城去長安七千四百八十里南與精絕東與且末北與烏孫西與姑墨接前書音義龜茲音丘慈今龜音丘勿反茲音沮惟反蓋急言耳自車師前王庭隨北山波河西行至疏勒爲北道疏勒國居疏勒城去長安九千三百五十里也）而立龜茲人兜題爲疏勒王明年春超從間道至疏勒去兜題所居槃橐城九十里逆遣吏田慮先往降之勑慮曰兜題本非疏勒種國人必不用命若不即降便可執之慮既到兜題見慮輕弱殊無降意慮因其無備遂前劫縛兜題左右出其不意皆驚懼奔走慮馳報超超即赴之悉召疏勒將吏說以龜茲無道之狀因立其故王兄子忠爲王（續漢書曰求得故王兄子榆勒立之更名曰忠也）國人大悅忠及官屬皆請殺兜題超不聽欲示以威信釋而遣之疏勒由是與龜茲結怨十八年帝崩焉耆（焉耆國居員渠城去長安七千三百里北與烏孫接）以中國大喪遂攻沒都護陳睦超孤立無援而龜茲姑墨數發兵攻疏勒（姑墨國王居南城去長安八千一百五十里）超守槃橐城與忠爲首尾士吏單少拒守歲餘肅宗初即位以陳睦新沒恐超單危不能自立下詔徵超超發還疏勒舉國憂恐其都尉黎弇曰漢使棄我我必復爲龜茲所滅耳誠不忍見漢使去因以刀自剄超還至于窴王侯以下皆號泣曰依漢使如父母誠不可去互抱超馬腳不得行超恐于窴終不聽其東又欲遂本志乃更還疏勒疏勒兩城自超去後復降龜茲而與尉頭連兵（尉頭國居尉頭谷去長安八千六百五十里南與疏勒接衣服類烏孫也）超捕斬反者擊破尉頭殺六百餘人疏勒復安建初三年超率疏勒康居于窴拘彌兵一萬人攻姑墨石城破之（康居國去長安萬二千三百里不屬都護）斬首七百級超欲因此叵平諸國（叵猶遂也）乃上疏請兵曰臣竊見先帝欲開西域故北擊匈奴西使外國鄯善于窴即時向化今拘彌莎車疏勒月氏烏孫康居復願歸附欲共并力破滅龜茲平通漢道若得龜茲則西域未服者百分之一耳臣伏自惟念卒伍小吏實願從谷吉效命絕域庶幾張騫棄身曠野（谷吉長安人永之父也元帝時爲衛司馬使送郅支單于侍子爲郅支所殺張騫武帝時爲郎使月氏爲匈奴所閉留之十餘歲乃亡走大宛窮急即射禽獸給食）昔魏絳列國大夫尚能和輯諸戎（魏絳晉大夫晉悼公時山戎使孟樂如晉因魏絳納虎豹之皮請和諸戎公悅使魏絳盟諸戎事見左傳輯亦和也）況臣奉大漢之威而無鉛刀一割之用乎（賈誼曰莫邪爲鈍兮鉛刀爲銛楚詞曰捐棄大阿寶鉛刀兮）前世議者皆曰取三十六國號爲斷匈奴右臂（前書曰漢遣公主爲烏孫夫人結爲昆弟則是斷匈奴右臂也哀帝時劉歆上議曰武帝時立五屬國起朔方伐朝鮮起玄菟樂浪以斷匈奴之左臂也西伐大宛結烏孫裂匈奴之右臂南面以西爲右也）今西域諸國自日之所入莫不向化（西域傳曰自條支國乘水西行可百餘日近日所入也）大小欣欣貢奉不絕唯焉耆龜茲獨未服從臣前與官屬三十六人奉使絕域備遭艱戹自孤守疏勒於今五載胡夷情數臣頗識之問其城郭小大皆言倚漢與依天等以是效之則葱領可通（效猶驗也西河舊事曰葱領山其上多葱因以爲名）葱領通則龜茲可伐今宜拜龜茲侍子白霸爲其國王以步騎數百送之與諸國連兵歲月之間龜茲可禽以夷狄攻夷狄計之善者也（前書晁錯曰以蠻夷攻蠻夷中國之利也）臣見莎車疏勒田地肥廣草牧饒衍不比敦煌鄯善間也（敦煌今涼州縣）兵可不費中國而糧食自足且姑墨溫宿二王特爲龜茲所置（溫宿國王居溫宿城去長安八千三百五十里也）既非其種更相厭苦其埶必有降反若二國來降則龜茲自破願下臣章參考行事誠有萬分死復何恨臣超區區特蒙神靈竊冀未便僵仆目見西域平定陛下舉萬年之觴（詩曰躋彼公堂稱彼兕觥萬壽無疆前書兒寬傳曰臣寬再拜上千萬歲壽）薦勳祖廟布大喜於天下（薦進也勳功也左氏傳曰反行飲至舍爵策勳焉）書奏帝知其功可成議欲給兵平陵人徐幹素與

超同志上疏願奮身佐超五年遂以幹爲假司馬將弛刑及義從千人就超先是莎車以爲漢兵不出遂降於龜茲而疏勒都尉番辰(番音潘下同)亦復反叛會徐幹適至超遂與幹擊番辰大破之斬首千餘級多獲生口超旣破番辰欲進攻龜茲以烏孫兵彊宜因其力乃上言烏孫大國控弦十萬故武帝妻以公主(烏孫國居赤谷城去長安八千九百里武帝元封中以江都王建女細君爲公主以妻烏孫贈送甚盛烏孫以爲右夫人)至孝宣皇帝卒得其用(西域傳曰宣帝卽位烏孫遣使上書言匈奴連發大兵侵擊烏孫欲隔絕漢烏孫願發國半精兵五萬騎盡力擊匈奴唯天子出兵以救公主漢大發十五萬騎五將軍分道並出烏孫以五萬騎從西方入至右谷蠡王庭獲四萬餘級馬牛羊七十餘萬)今可遣使招慰與共合力帝納之八年拜超爲將兵長史假鼓吹幢麾(將兵長史解見和帝紀平帝元始二年使謁者大司馬掾持節行邊兵遣執金吾候陳茂假以鉦鼓古今樂錄曰橫吹胡樂也張騫入西域傳其法於長安唯得摩訶兜勒一曲李延年因之更造新聲二十八解乘輿以爲武樂後漢以給邊將萬人將軍得之在俗用者有黃鵠隴頭出關入關出塞入塞折楊柳黃覃子赤之揚望行人十曲劉熙釋名曰幢童也其貌童童然蔡邕月令章句曰羽鳥翼也以爲旌幢麾也橫吹麾幢皆大將所有超非大將故言假)以徐幹爲軍司馬別遣衞候李邑護送烏孫使者賜大小昆彌以下錦帛(前書曰烏孫國王先號昆莫名獵驕靡後書昆彌云後代取昆字靡彌聲相近音有輕重耳昆莫旣死于孫岑國漢令立元貴靡爲大昆彌烏就屠爲小昆彌賜印綬故有大小昆彌之號焉)李邑始到于窴而值龜茲攻疏勒恐懼不敢前因上書陳西域之功不可成又盛毀超擁愛妻抱愛子安樂外國無內顧心超聞之歎曰身非曾參而有三至之讒恐見疑於當時矣(三至解見寇榮傳)遂去其妻帝知超忠乃切責邑曰縱超擁愛妻抱愛子思歸之士千餘人何能盡與超同心乎令邑詣超受節度詔超若邑任在外者便留與從事超卽遣邑將烏孫侍子還京師徐幹謂超曰邑前親毀君欲敗西域今何不緣詔書留之更遣他吏送侍子乎超曰是何言之陋也以邑毀超故今遣之內省不疚何卹人言(疚病也卹憂也論語孔子曰內省不疚夫何憂何懼左氏傳曰詩云禮義不愆何恤乎人之言詩謂逸詩也)快意留之非忠臣也明年復遣假司馬和恭等四人將兵八百詣超超因發疏勒于窴兵擊莎車莎車陰通使疏勒王忠啖以重利(謂多以珍寶誘引之啖音徒濫反前書高祖令陸賈往說秦將啗以利啖與啗同)忠遂反從之西保烏卽城超乃更立其府丞成大爲疏勒王悉發其不反者以攻忠積半歲而康居遣精兵救之超不能下是時月氏新與康居婚相親超乃使使多齎錦帛遺月氏王令曉示康居王康居王乃罷兵執忠以歸其國烏卽城遂降於超後三年忠說康居王借兵還據損中(損中未詳東觀記作頓中續漢及華嶠書並作損中本或作楯未知孰是也)密與龜茲謀遣使詐降於超超內知其姦而外僞許之忠大喜卽從輕騎詣超超密勒兵待之爲供張設樂(供音居用反張音竹亮反)酒行乃叱吏縛忠斬之因擊破其衆殺七百餘人南道於是遂通明年超發于窴諸國兵二萬五千人復擊莎車而龜茲王遣左將軍發溫宿姑墨尉頭合五萬人救之超召將校及于窴王議曰今兵少不敵其計莫若各散去于窴從是而東長史亦於此西歸可須夜鼓聲而發陰緩所得生口龜茲王聞之大喜自以萬騎於西界遮超溫宿王將八千騎於東界徼于窴超知二虜已出密召諸部勒兵雞鳴馳赴莎車營胡大驚亂奔走追斬五千餘級大獲其馬畜財物莎車遂降龜茲等因各退散自是威震西域初月氏嘗助漢擊車師有功是歲貢奉珍寶符拔師子(續漢書曰符拔形似麟而無角)因求漢公主超拒還其使由是怨恨永元二年月氏遣其副王謝將兵七萬攻超超衆少皆大恐超譬軍士曰月氏兵雖多然數千里踰葱領來非有運輸何足憂邪但當收穀堅守彼飢窮自降不過數十日決矣謝遂前攻超不下又鈔掠無所得超度其糧將盡必從龜茲求救乃遣兵數百於東界要之謝果遣騎齎金銀珠玉以賂龜茲超伏兵遮擊盡殺之持其使首以示謝謝大驚卽遣使請罪願得生歸超縱遣之月氏由是大震歲奉貢獻明年龜茲姑墨溫宿皆降乃以超爲都護徐幹爲長史拜白霸爲龜茲王遣司馬姚光送之超與光共脅龜茲廢其王尤利多而立白霸使光將尤利多還詣京師超居龜茲它乾城徐幹屯疏勒西域唯焉耆危須尉犂以前沒都護懷二心其餘悉定六年秋超遂發龜茲鄯善等八國兵合七萬人及吏士賈客千四百人討焉耆兵到尉犂界而遣曉說焉者尉犂危須曰都護來者欲鎭撫三國卽欲改過向善宜遣大人來迎當賞賜王侯已下(大人謂其酋長)事畢卽還今賜王綵五百匹焉耆王廣遣其左將北鞬支奉牛酒迎超(鞬音九言反)超詰鞬支曰汝雖匈奴侍子而今秉國之權都護自來王不以時迎皆汝罪也或謂超可便殺之超曰非汝所及此人權重於王今未入其國而殺之遂令自疑設備守險豈得到其城下哉於是賜而遣之廣乃與大人迎超於尉犂奉獻珍物焉耆國有葦橋之險廣乃絕橋不欲令漢軍入國超更從它道厲度(由帶以上爲厲由膝以下爲揭見爾雅也)七月晦到焉耆去城二十里正營大澤中(○劉攽曰案文正當作止)廣出不意大恐乃欲悉驅其人共入山保焉耆左侯元孟先嘗質京師密遣使以事告超超卽斬之示不信用乃期大會諸國王因揚聲當重加賞賜於是焉耆王廣尉犂王汎及北鞬支等三十人相率詣超其國相腹久等十七人懼誅皆亡入海(十七字本或爲七十)而危須王亦不至坐定超怒詰廣曰危須王何故不到腹久等所緣逃亡遂叱吏士收廣汎等於陳睦故城斬之傳首京師因縱兵鈔掠斬首五千餘級獲生口萬五千人馬畜牛羊三十餘萬頭更立元孟爲焉耆王超留焉耆半歲慰撫之於是西域五十餘國悉皆納質內屬焉明年下詔曰往者匈奴獨擅西域寇盜河西永平之末城門晝閉先帝深愍邊氓嬰罹寇害乃命將帥擊右地破白山臨蒲類(西河舊事曰白山之中有好木匈奴謂之天山去蒲類海百里郭義恭廣志曰西域有白山通歲有雪亦名雪山破白山見明紀也)取車師城郭諸國震懾響應遂開西域置都護而焉耆王舜舜子忠獨謀悖逆恃其險隘覆沒都護并及吏士先帝重元元之命憚兵役之興故使軍司馬班超安集于窴以西超遂踰葱領迄縣度(迄至也縣度山名音玄謂以繩索縣縋而過也其處在皮山國以西罽賓國之東也)出入二十二年莫不賓從改立其王而綏其人不動中國不煩戎士得遠夷之和同異俗之心而致天誅蠲宿恥以報將士之讐(致猶至也蠲除也)司馬法曰賞不踰月欲人速覩爲善之利也其封超爲定遠侯邑千戶(東觀記曰其以漢中郡南鄭之西鄉戶千封超爲定遠侯故城在今洋州西鄉縣南)超自以久在絕域年老思土十二年上疏曰臣聞太公封齊五世葬周狐死首丘代馬依風(禮記曰太公封於營丘比及五世皆反葬於周君子曰樂樂其所自生禮不忘其本古之人有言曰狐死正丘首仁也鄭玄注曰正丘首正首丘也代郡名在趙北韓詩外傳曰代馬依北風飛鳥揚故巢也)夫周齊同在中土千里之間況於遠處絕域小臣能無依風首丘之思哉蠻夷之俗畏壯侮老(案前書曰匈奴俗壯者食肥美老者食其餘貴壯健賤老弱也)臣超犬馬齒韱常恐年衰奄忽僵仆孤魂棄捐昔蘇武留匈奴中尙十九年今臣幸得奉節帶金銀護西域(金銀謂印也金印紫綬銀印青綬也)如自以壽終屯部誠無所恨然恐後世或名臣爲沒西域臣不敢望到酒泉郡但願生入玉門關(玉門關屬敦煌郡今沙州也去長安三千六百里關在敦煌縣西北酒泉今肅州也去長安二千八百五十里也)臣老病衰困冒死瞽言謹遣子勇隨獻物入塞(東觀記曰時安息遣使獻大爵師子超遣子勇隨入塞也)及臣生在令勇目見中土而超妹同郡曹壽妻昭亦上書請超曰妾同產兄西域都護定遠侯超幸得以微功特蒙重賞爵列通侯位二千石天恩殊絕誠非小臣所當被蒙超之始出志捐軀命冀立微功以自陳效會陳睦之變道路隔絕超以一身轉側絕域曉譬諸國因其兵衆每有攻戰輒爲先登身被金夷(夷傷也)不避死亡賴蒙陛下神靈且得延命沙漠至今積三十年骨肉生離不復相識所與相隨時人士衆皆已物故超年最長今且七十衰老被病頭髮無黑兩手不仁(不仁猶不遂也)耳目不聰明扶杖乃能行雖欲竭盡其力以報塞天恩迫於歲暮犬馬齒索蠻夷之性悖逆侮老而超旦暮入地久不見代恐開姦宄之源生逆亂之心而卿大夫咸懷一切莫肯遠慮如有卒暴超之氣力不能從心便爲上損國家累世之功下棄忠臣竭力之用誠可痛也故超萬里歸誠自陳苦急延頸踰望三年於今未蒙省錄(踰遠也高祖踰謂黥布曰何苦而反)妾竊聞古者十五受兵六十還之(周禮鄉大夫職曰國中七尺以及六十野自六尺以及六十有五皆征之征謂賦役也韓詩外傳曰二十行役六十免役與周禮同卽知一與周禮七尺同禮國中六十免役野卽六十有五晚於國中五年國中七尺從役野六尺從役卽是野又早於國中五年七尺謂二十六尺卽十五也此言十五受兵謂據野外爲言六十還之據國中爲說也○劉攽曰注卽知一與周禮七尺同禮國中六十免役案文一字當作二十又下文禮國中當云周禮國中)亦有休息不任職也緣陛下以至孝理天下得萬國之歡心不遺小國之臣況超得備侯伯之位故敢觸死爲超求哀匄超餘年(匄乞也)一得生還復見闕庭使國永無勞遠之慮西域無倉卒之憂超得長蒙文王葬骨之恩子方哀老之惠(葬骨解見明紀田子方魏文侯之師也見君之老馬棄之曰少盡其力老而棄之非仁也於是收而養之事見史記也)詩云民亦勞止汔可小康惠此中國以綏四方(詩大雅也汔其也康綏皆安也言先施恩惠於中國然後乃安四方)超有書與妾生訣恐不復相見妾誠傷超以壯年竭忠孝於沙漠疲老則便捐死於曠野誠可哀憐如不蒙救護超後有一旦之變冀幸超家得蒙趙母衞姬先請之貸(趙母謂趙括之母也括敗先請得不坐事見史記衞姬者齊桓公之姬也桓公與管仲謀伐衞公入姬請衞之罪事見列女傳也)妾愚戇不知大義觸犯忌諱書奏帝感其言乃徵超還超在西域三十一年十四年八月至洛陽拜爲射聲校尉超素有胷脅疾旣至病遂加帝遣中黃門問疾賜醫藥其九月卒年七十一朝廷愍惜焉使者弔祭贈賵甚厚子雄嗣初超被徵以戊巳校尉任尙爲都護(○劉攽曰案是時但有戊校尉多己字)與超交代尙謂超曰君侯在外國三十餘年而小人猥承君後任重慮淺宜有以誨之超曰年老失智任君數當大位豈班超所能及哉必不得已願進愚言塞外吏士本非孝子順孫皆以罪過徙補邊屯而蠻夷懷鳥獸之心難養易敗今君性嚴急水淸無大魚察政不得下和(家語孔子曰水至淸則無魚人至察則無徒)宜蕩佚簡易寬小過總大綱而已超去後尙私謂所親曰我以班君當有奇策今所言平平耳尙至數年而西域反亂以罪被徵如超所戒有三子長子雄累遷屯騎校尉會叛羌寇三輔詔雄將五營兵屯長安就拜京兆尹雄卒子始嗣尙淸河孝王女陰城公主主順帝之姑貴驕淫亂與嬖人居帷中而召始入使伏牀下始積怒永建五年遂拔刃殺主帝大怒腰斬始同產皆棄市超少子勇

勇字宜僚少有父風永初元年西域反叛以勇爲軍司

馬與兄雄俱出敦煌迎都護及西域甲卒而還因罷都護後西域絕無漢吏十餘年元初六年敦煌太守曹宗遣長史索班將千餘人屯伊吾車師前王及鄯善王皆來降班後數月北單于與車師後部遂共攻沒班進擊走前王畧有北道鄯善王急求救於曹宗宗因此請出兵五千人擊匈奴報索班之恥因復取西域鄧太后召勇詣朝堂會議先是公卿多以爲宜閉玉門關遂棄西域勇上議曰昔孝武皇帝患匈奴彊盛兼總百蠻以逼障塞於是開通西域離其黨與論者以爲奪匈奴府藏斷其右臂遭王莽篡盜徵求無厭胡夷忿毒遂以背叛光武中興未遑外事故匈奴負彊驅率諸國及至永平再攻敦煌河西諸郡城門晝閉孝明皇帝深惟廟策古者謀事必就祖故言廟策也乃命虎臣出征西域毛詩曰進厥虎臣闞如虓虎故匈奴遠遁邊境得安及至永元莫不內屬會間者羌亂西域復絕北虜遂遣責諸國備其逋租高其價直嚴以期會鄯善車師皆懷憤怨思樂事漢其路無從前所以時有叛者皆由牧養失宜還爲其害故也今曹宗徒耻於前負欲報雪匈奴而不尋出兵故事未度當時之宜也夫要功荒外萬無一成若兵連禍結悔無及已況今府藏未充師無後繼是示弱於遠夷暴短於海內臣愚以爲不可許也舊敦煌郡有營兵三百人今宜復之復置護西域副校尉居於敦煌如永元故事又宜遣西域長史將五百人屯樓蘭西當焉耆龜茲徑路南彊鄯善于寘心膽北扞匈奴東近敦煌如此誠便尚書問勇曰今立副校尉何以爲便又置長史屯樓蘭利害云何勇對曰昔永平之末始通西域初遣中郎將居敦煌後置副校尉於車師既爲胡虜節度又禁漢人不得有所侵擾故外夷歸心匈奴畏威今鄯善王尤還尤還王名漢人外孫若匈奴得志則尤還必死此等雖同鳥獸亦知避害若出屯樓蘭足以招附其心愚以爲便長樂衞尉鐔顯廷尉綦毋參司隸校尉崔據難曰朝廷前所以棄西域者以其無益於中國而費難供也今車師已屬匈奴鄯善不可保信一旦反覆班將能保北虜不爲邊害乎以勇爲軍司馬故以將言將音子亮反勇對曰今中國置州牧者以禁郡縣姦猾盜賊也若州牧能保盜賊不起者臣亦願以要斬保匈奴之不爲邊害也今通西域則虜埶必弱虜埶必弱則爲患微矣○劉攽曰案文此句多一必字埶與歸其府藏續其斷臂哉今置校尉以扞撫西域設長史以招懷諸國若棄而不立則西域望絕望絕之後屈就北虜緣邊之郡將受困害恐河西城門必復有晝閉之儆矣今不廓開朝廷之德而拘屯戍之費若北虜遂熾豈安邊久長之策哉太尉屬毛軫難曰今若置校尉則西域駱驛遣使求索無猒與之則費難供不與則失其心一旦爲匈奴所迫當復求救則爲役大矣勇對曰今設以西域歸匈奴而使其恩德大漢不爲鈔盜則可矣如其不然則因西域租入之饒兵馬之衆以擾動緣邊是爲富仇讎之財增暴夷之埶也置校尉者宣威布德以繫諸國內向之心以疑匈奴覬覦之情而無財費耗國之慮也且西域之人無它求索其來入者不過稟食而已今若拒絕埶歸北屬夷虜并力以寇并涼則中國之費不止千億置之誠便於是從勇議復敦煌郡營兵三百人置西域副校尉居敦煌雖復羈縻西域然亦未能出屯其後匈奴果數與車師共入寇鈔河西大被其害延光二年夏復以勇爲西域長史將兵五百人出屯柳中柳中今西州縣明年正月勇至樓蘭以鄯善歸附特加三綬而龜茲王白英猶自疑未下勇開以恩信白英乃率姑墨溫宿自縛詣勇降勇因發其兵步騎萬餘人到車師前王庭擊走匈奴伊蠡王於伊和谷收得前部五千餘人於是前部始復開通還屯田柳中四年秋勇發敦煌張掖酒泉六千騎及鄯善疏勒車師前部兵擊後部王軍就大破之軍就名也首虜八千餘人馬畜五萬餘頭捕得軍就及匈奴持節使者將至索班沒處斬之以報其恥傳首京師永建元年更立後部故王子加特奴爲王勇又使別校誅斬東且彌王亦更立其種人爲王且音子余反於是車師六國悉平其冬勇發諸國兵擊匈奴呼衍王呼衍王亡走其衆二萬餘人皆降捕得單于從兄勇使加特奴手斬之以結車師匈奴之隙北單于自將萬餘騎入後部至金且谷勇使假司馬曹俊馳救之單于引去俊追斬其貴人骨都侯於是呼衍王遂徙居枯梧河上是後車師無復虜跡城郭皆安唯焉耆王元孟未降二年勇上請攻元孟於是遣敦煌太守張朗將河西四郡兵三千人配勇河西四郡金城敦煌張掖酒泉因發諸國兵四萬餘人分騎爲兩道擊之勇從南道朗從北道約期俱至焉耆而朗先有罪欲徼功自贖遂先期至爵離關遣司馬將兵前戰首虜二千餘人元孟懼誅逆遣使乞降張朗徑入焉耆受降而還元孟竟不肯面縛唯遣子詣闕貢獻朗遂得免誅勇以後期徵下獄免後卒于家

梁慬傳

梁慬字伯威慬音勤北地弋居人也弋居縣名郡國志曰有鐵官父諷歷州宰永元元年車騎將軍竇憲出征匈奴除諷爲軍司馬令先齎金帛使北單于宣國威德其歸附者萬餘人後坐失憲意髡輸武威武威太守承旨殺之竇氏既滅和帝知其爲憲所誣徵慬除爲郎中慬有勇氣常慷慨好功名初爲車騎將軍鄧鴻司馬再遷延平元年拜西域副校尉慬行至河西會西域諸國反叛攻都護任尚於疏勒尚上書求救詔慬將河西四郡羌胡五千騎馳赴之慬未至而尚已得解會徵尚還以騎都尉段禧爲都護西域長史趙博爲騎都尉禧博守它乾城它乾城小慬以爲不可固乃譎說龜茲王白霸欲入共保其城白霸許之吏人固諫白霸不聽慬既入遣將急迎禧博合軍八九千人龜茲吏人並叛其王而與溫宿姑墨數萬兵反共圍城慬等出戰大破之連兵數月胡衆敗走乘勝追擊凡斬首萬餘級獲生口數千人駱駝畜產數萬頭龜茲乃定而道路尚隔檄書不通歲餘朝廷憂之公卿議者以爲西域阻遠數有背叛吏士屯田其費無已永初元年遂罷都護遣騎都尉王弘發關中兵迎慬禧博及伊吾盧柳中屯田吏士二年春還至敦煌會衆羌反叛朝廷大發兵西擊之逆詔慬留爲諸軍援慬至張掖日勒日勒縣名屬張掖郡故城在今甘州刪丹縣東南羌諸種萬餘人攻亭侯殺略吏人慬進兵擊大破之乘勝追至昭武縣名屬張掖郡故城在今甘州張掖縣西北也虜遂散走其能脫者十二三及至姑臧羌大豪三百餘人詣慬降並慰譬遣還故地河西四郡復安慬受詔當屯金城聞羌轉寇三輔迫近園陵即引兵赴擊之轉戰武功美陽關美陽縣名故城在武功縣北七里於其所置關慬臨陣被創不顧連破走之盡還得所掠生口獲馬畜財物甚衆羌遂奔散朝廷嘉之數璽書勞勉委以西方事令爲諸軍節度三年冬南單于與烏桓大人俱反以大司農何熙行車騎將軍事中郎將龐雄爲副將羽林五校營士及發緣邊十郡兵二萬餘人緣邊十郡謂五原雲中定襄鴈門朔方代郡上谷漁陽遼西右北平又遼東太守耿夔率將鮮卑種衆共擊之詔慬行度遼將軍事龐雄與耿夔共擊匈奴奧鞬日逐王破之單于乃自將圍中郎將耿种於美稷連戰數月攻之轉急种移檄求救明年正月慬將八千餘人馳往赴之至屬國故城與匈奴左將軍烏桓大人戰破斬其渠帥殺三千餘人虜其妻子獲財物甚衆單于復自將七八千騎迎攻圍慬慬被甲奔擊所向皆破虜遂引還虎澤三月何熙軍到五原曼柏曼柏縣名屬五原郡暴疾不能進遣龐雄與慬及耿种步騎萬六千人攻虎澤連營稍前單于惶怖遣左奧鞬日逐王詣慬乞降慬乃大陳兵受之單于脫帽徒跣面縛稽顙納質會熙卒于師即拜慬度遼將軍龐雄還爲大鴻臚雄巴郡人有勇畧稱爲名將明年安定北地上郡皆被羌寇穀貴人流不能自立詔慬發邊兵迎三郡太守使將吏人徙扶風界慬即遣南單于兄子優孤塗奴將兵迎之既還慬以塗奴接其家屬有勞輒授以羌侯印綬坐專擅徵下獄抵罪明年校書郎馬融上書訟慬與護羌校尉龐參有詔原刑語在龐參傳會叛羌寇三輔關中盜賊起拜慬謁者將兵擊之至湖縣病卒

何熙字孟孫陳國人少有大志永元中爲謁者身長八尺五寸善爲威容贊拜殿中音動左右和帝偉之擢爲御史中丞歷司隸校尉大司農及在軍臨歿遺言薄葬三子臨瑾阜臨瑾並有政能阜儁才早歿臨子衡爲尚書以正直稱坐訟李膺等下獄免官廢于家

論曰時政平則文德用而武畧之士無所奮其力能故漢世有發憤張膽爭膏身於夷狄以要功名多矣祭彤耿秉啓匈奴之權班超梁慬奮西域之畧卒能成功立名享受爵位薦功祖廟勒勳于後亦一時之志士也

贊曰定遠慷慨專功西遐坦步葱雪咫尺龍沙葱領雪山白龍堆沙漠也八寸曰咫坦步言不以爲艱咫尺言不以爲遠也慬亦抗憤勇乃負荷傳曰其父析薪其子弗克負荷言勇能繼超之功業

後漢書卷七十七考證

班超傳祭酒布衣諸生耳注今稱祭酒相尊敬之詞也

○顧起元曰相稱得爲祭酒猶唐人之稱先輩耳

梁慬傳河西四郡復安○宋本無四字臣會汾按武帝取匈奴昆邪休屠地置武威張掖酒泉燉煌是爲河西四郡今從監本

後漢書卷七十八

宋　宣　城　太　守　范　曄　撰

唐　章　懷　太　子　賢　注

楊李翟應霍爰徐列傳第三十八

楊終傳

楊終字子山蜀郡成都人也年十三爲郡小吏太守奇其才遣詣京師受業習春秋袁山松書曰時蜀郡有雷震決曹終上白記以爲斷獄煩苛所致太守乃令終賦雷電之意而奇之顯宗時徵詣蘭臺拜校書郎建初元年大旱穀貴終以爲廣陵楚淮陽濟南之獄徙者萬數又遠屯絕域吏民怨曠乃上疏曰臣聞善善及子

孫惡惡止其身百王常典不易之道也(春秋昭公二十年曹公孫會自鄸出奔宋公羊傳曰叶也曷為不言叶為公子喜時之後諱也春秋為賢者諱何賢乎公子喜時讓國也君子善善也長惡惡也短惡惡止其身善善及子孫賢者子孫故君子為之諱)秦政酷烈違牾天心一人有罪延及三族(前書音義曰父族母族妻族也)高祖平亂約法三章太宗至仁除去收孥(太宗文帝也史記曰文帝德至盛也豈不仁哉除去收孥相坐之律也)萬姓廓然蒙被更生澤及昆蟲功垂萬世陛下聖明德被四表今以比年久旱災疫未息(災字或作牛疫病也)躬自菲薄廣訪失得三代之隆無以加焉臣竊桉春秋水旱之變皆應暴急惠不下流自永平以來仍連大獄有司窮考轉相牽引掠拷冤濫家屬徙邊加以北征匈奴西開三十六國頻年服役轉輸煩費又遠屯伊吾樓蘭車師戊己民懷土思怨結邊域傳曰安土重居謂之衆庶(元帝詔曰安土重遷黎人之性也)昔殷人近遷洛邑且猶怨望(尚書盤庚序曰盤庚五遷將治亳殷人咨胥怨亳今河南偃師故曰近遷洛邑)何況去中土之肥饒寄不毛之荒極乎(毛草也爾雅曰觚竹北戶西王母日下謂之四荒又曰東至於泰遠西至於邠國南至於濮鉛北至於祝栗謂之四極言不毛荒極直論遠耳非必此地也)且南方暑溼障毒互生愁困之民足以感動天地移變陰陽矣陛下留念省察以濟元元書奏肅宗下其章司空第五倫亦同終議太尉牟融司徒鮑昱校書郎班固等難倫以施行既久孝子無改父之道先帝所建不宜回異終復上書曰秦築長城功役繁興胡亥不革卒亡四海故孝元棄珠崖之郡光武絕西域之國不以介鱗易我衣裳(元帝初元三年珠崖郡反待詔賈捐之以為宜棄珠崖救人飢餓乃罷珠崖郡光武二十一年鄯善車師王等十六國皆遣子入侍請都護帝以中國初定未遑外事還其侍子厚加賞賜介鱗喻遠夷言其人與魚鼈無異也衣裳謂中國也揚雄法言曰珠崖之絕捐之之力也否則鱗介易我衣裳)魯文公毀泉臺春秋譏之曰先祖為之而已毀之不如勿居而已以其無妨害於民也(公羊傳曰毀泉臺何以書譏爾築之譏毀之譏先祖為之己毀之不如勿居而已)襄公作三軍昭公舍之君子大其復古以為不舍則有害於民也(公羊傳曰襄公十一年作三軍三軍者何三卿也昭公五年傳曰舍中軍舍中軍者何復古也言舍之與留量時制宜也)今伊吾之役樓蘭之屯久而未還非天意也帝從之聽還徙者悉罷邊屯終又言宣帝博徵羣儒論定五經於石渠閣方今天下少事學者得成其業而章句之徒破壞大體宜如石渠故事永為後世則於是詔諸儒於白虎觀論考同異焉會終坐事繫獄博士趙博校書郎班固賈逵等以終深曉春秋學多異聞表請之終又上書自訟即日貰出乃得與於白虎觀焉(與音預)後受詔刪太史公書為十餘萬言時太后兄衛尉馬廖謹篤自守不訓諸子終與廖交善以書戒之曰終聞堯舜之民可比屋而封桀紂之民可比屋而誅(事見陸賈新語)何者堯舜為之隄防桀紂示之驕奢故也詩曰皎皎練絲在所染之(逸詩曰皎皎白貌也墨子曰墨子見染絲者歎曰染於蒼則蒼染於黃則黃故染不可不慎也)上智下愚謂之不移中庸之流要在教化春秋殺太子母弟直稱君甚惡之者坐失教也(公羊傳曰晉侯殺其太子申生曷為直稱晉侯以殺其太子母弟直稱君者甚之也○劉攽曰注稱晉侯曰以殺其太子案今文當云曷為直稱晉侯以殺其太子)禮制人君之子年八歲為置少傅教之書計以開其明(大戴禮曰古者八歲出就外舍學小藝焉履小節焉又曰為置三少曰少保少傅少師是與太子宴者也禮記內則曰十年出就外傅居宿於外學書計也)十五置太傅教之經典以道其志漢興諸侯王不力教誨多觸禁忌故有亾國之禍而乏嘉善之稱今君位地尊重海內所望豈可不臨深履薄以為至戒黃門郎年幼血氣方盛(子廖防及光俱為黃門郎孔子曰及其壯也血氣方剛戒之在鬭也)既無長君退讓之風(文帝竇后兄長君弟廣國字少君此兩人所出微絳灌等選長者之有節行者與之居長君少君由此為退讓君子不敢以富貴驕人也)而要結輕狡無行之客縱而莫誨視成任性(馬防傳曰兄弟貴盛賓客奔湊四方畢至數百餘人皆為食客也)鑒念前世可為寒心君侯誠宜以臨深履薄為戒廖不納子豫後坐縣書誹謗(縣音懸)廖以就國終兄鳳為郡吏太守廉范為州所考遣鳳候終終為范游說坐徙北地(益部耆舊傳曰終徙於北地望松縣而母於蜀物故終自傷被罪充邊乃作晨風之詩以舒其憤也)帝東巡狩鳳皇黃龍並集終贊頌嘉瑞上述祖宗鴻業凡十五章奏上詔貰還故郡著春秋外傳十二篇改定章句十五萬言永元十二年徵拜郎中以病卒(袁山松書曰侍中賈逵薦終博通忠直徵拜郎中及卒賜錢二十萬也)

李法傳

李法字伯度漢中南鄭人也博通羣書性剛而有節和帝永元九年應賢良方正對策除博士遷侍中光祿大夫歲餘上疏以為朝政苛碎違永平建初故事宦官權重椒房寵盛又譏史官記事不實後世有識尋功計德必不明信坐失旨下有司免為庶人還鄉里杜門自守故人儒生時有候之者言談之次問其不合上意之由法未嘗應對友人固問之法曰鄙夫可與事君乎哉苟患失之無所不至(此以上論語孔子之言也鄭玄注云無所不至謂諂佞邪媚無所不為也)孟子有言夫仁者如射正己而後發發而不中不怨勝己者反諸身而已矣(孟子公孫丑篇之言也反諸身而已言克己自責不責人也)在家八年徵拜議郎諫議大夫正言極辭無改於舊出為汝南太守政有聲迹後歸鄉里卒於家

翟酺傳

翟酺字子超廣漢雒人也(雒屬廣漢郡漳山雒水所出南入湔故城在今雒縣南湔音子田反)四世傳詩酺好老子尤善圖緯天文歷算以報舅讎當徙日南亡於長安為卜相工後牧羊涼州遇赦還仕郡徵拜議郎遷侍中時尚書有缺詔將大夫六百石以上試對政事天文道術以高第者補之酺自恃能高而忌故太史令孫懿恐其先用乃往候懿既坐言無所及唯涕泣流連懿怪而問之酺曰圖書有漢賊孫登將以才智為中官所害觀君表相似當應之(春秋保乾圖曰漢賊臣名孫登大形小口長七尺九寸巧用法多技方詩書不用賢人杜口也)酺受恩接悽愴君之禍耳懿憂懼移病不試(移病謂作文移而稱病也)由是酺對第一拜尚書時安帝始親政事追感祖母宋貴人悉封其家又元舅耿寶及皇后兄弟閻顯等並用威權酺上疏諫曰臣聞微子佯狂而去殷叔孫通背秦而歸漢彼非自疏其君時不可也臣荷殊絕之恩蒙值不諱之政豈敢雷同受寵而以戴天履地(雷之發聲物皆同應言無是非者謂之雷同禮記曰毋雷同左傳曰君履后土而戴皇天也)伏惟陛下應天履祚歷值中興當建太平之功而未聞致化之道蓋遠者難明請以近事徵之昔竇鄧之寵傾動四方兼官重紱盈金積貨至使議弄神器改更社稷(神器謂天位也老子曰天下神器不可為也竇憲出入禁中得幸太后圖為殺害帝知其謀誅之鄧太后崩宮人告鄧悝鄧弘等取廢帝故事謀立平原王得帝聞遂免鄧氏為庶人也)豈不以執尊威廣以致斯患乎及其破壞頭顙墮地願為孤豚豈可得哉(莊子曰或聘莊子莊子謂其使曰子見夫犧牛乎衣以文繡食以芻菽及其牽而入於太廟欲為孤犢其可得乎此作豚不同也)夫致貴無漸失必暴受爵非道殃必疾今外戚寵幸功均造化漢元以來未有等比陛下誠仁恩周洽以親九族然祿去公室政移私門覆車重尋寧無摧折(賈誼曰諺云前車覆後車誡也)而朝臣在位莫肯正議翕翕訿訿更相佐附(詩小雅曰翕翕訿訿亦孔之哀毛傳曰翕翕然患其上訿訿然不思稱職爾雅曰翕翕訿訿莫供職也訿音將徙反訿與訿古字通)臣恐威權外假歸之良難虎翼一奮卒不可制(諱詩外傳曰無為虎傅翼將飛入邑擇人而食夫置不肖之人於位是為虎傅翼也)故孔子曰吐珠於澤誰能不含(春秋保乾圖曰臣功大者主威侵權并族害已姦行吐珠於澤誰能不含論君之權柄外假則必競取以為已利猶珠出於澤中誰能不含取以為已實也吐猶出也)老子稱國之利器不可以示人(老子道經曰魚不可脫於泉國之利器不可以示人河上公注曰利器謂權道也理國權道不可以示執事之臣)此最安危之極戒社稷之深計也夫儉德之恭政存約節(左氏傳魯大夫御孫曰儉德之恭也侈惡之大也)故文帝愛百金於露臺飾帷帳於皁囊(文帝常欲作露臺計直百金曰百金中人十家之產何以臺為遂止不作又東方朔曰文帝集上書囊以為殿帷)或有譏其儉者上曰朕為天下守財耳豈得妄用之哉至倉穀腐而不可食錢貫朽而不可校今自初政已來日月未久費用賞賜已不可算斂天下之財積無功之家帑藏單盡民物彫傷卒有不虞復當重賦百姓怨叛既生危亂可待也昔成王之政周公在前邵公在後畢公在左史佚在右四子挾而維之目見正容耳聞正言一日即位天下曠然言其法度素定也今陛下有成王之尊而無數子之佐雖欲崇雍熙致太平其可得乎自去年已來災譴頻數地坼天崩高岸為谷脩身恐懼則轉禍為福輕慢天戒則其害彌深願陛下親自勞卹研精致思勉求忠貞之臣誅遠佞諂之黨損玉堂之盛尊天爵之重(孟子曰公卿大夫人爵也仁義禮智信天爵也)割情欲之歡罷宴私之好帝王圖籍陳列左右心存亡國所以失之鑒觀興王所以得之庶災害可息豐年可招矣書奏不省而外戚寵臣咸畏惡之延光三年出為酒泉太守叛羌千餘騎徙敦煌來鈔郡界(劉攽曰案文徙當作從)酺赴擊斬首九百級羌衆幾盡威名大震遷京兆尹順帝即位拜光祿大夫遷將作大匠損省經用歲息四五千萬(經常也)屢因災異多所匡正(益部耆舊傳曰時詔問酺陰陽失序水旱屢并其設銷復興濟之本酺上奏陳圖書之意曰漢四百年將有弱主閉門聽難之禍數在三百年之間宜升歷改憲行先王德憂道奉率時禁抑損奢侈宣明質樸以延四百年之難帝從之)由是權貴共誣酺及尚書令高堂芝等交通屬託坐減死歸家復被章云酺前與河南張楷等謀反逮詣廷尉及杜眞等上書訟之事得明釋卒於家(益部耆舊傳曰杜眞字孟宗廣漢綿竹人也少有孝行習易春秋誦百萬言兄事同郡翟酺酺後被繫獄眞上檄章救酺繫獄笞六百竟免酺難京師莫不壯之)著援神鉤命解詁十二篇(援神契鉤命決皆孝經緯篇名也詁音古)初酺之為大匠上言孝文皇帝始置一經博士(武帝建元五年始置五經博士文帝之時未遑庠序之事酺之此言不知何據)武帝大合天下之書(武帝詔曰其令禮官勸學舉遺興禮舉遺謂搜求遺逸是合天下之書也)而孝宣論六經於石渠學者滋盛弟子萬數(宣帝甘露三年詔諸儒講五經於殿中平公羊穀梁同異上親臨決焉時更崇穀梁傳故此言六經也石渠閣名昭帝時博士弟子員百人宣帝末增倍之元帝時詔無置弟子員以廣學者故言以萬數也)光武初興愍其荒廢起太學博士舍內外講堂諸生橫卷為海內所集明帝時辟雍始成欲毀太學太尉趙熹以為太學辟雍皆宜兼存故並傳至今而頃者頹廢至為園採芻牧之處宜更脩繕誘進後學帝從之酺免後遂起太學更開拓房室學者為酺立碑銘於學云

應奉傳

應奉字世叔汝南南頓人也曾祖父順字華仲和帝時為河南尹將作大匠公廉約已明達政事(華嶠書曰順少給事郡縣為吏清公不發私書舉孝廉尚書郎轉右丞遷冀州刺史廉直無私還東平相賞罰必信吏不敢犯有梓樹生於廳事室上事後母至孝梟以為孝感之應時寶憲出屯河西刺史二千石皆遣子弟奉賂遺憲憲敗後咸被繩黜順獨不在其中由是顯名為將作大匠視事五年省費億萬安南記曰華仲妻本是汝南鄧元義前妻也元義父伯考為尚書僕射元義還鄉里妻留事姑甚謹姑憎之幽閉空室節其食飲羸露日困妻終無怨言後伯考怪而問之時義子朗年數歲言母不病但苦飢耳伯考流涕曰何意親姑反為此禍因遣歸家更嫁為華仲妻仲為將作大匠妻乘朝車出元義於路傍觀之謂人曰此我故婦非有它過家夫人遇之實酷本自相貴其子朗時為郎母與書皆不答與衣裳輒以燒之母不以介意意欲見之乃至親家李氏堂上令人以它詞請朗朗至見母再拜涕泣因起出母追謂之曰我幾死自為汝家所棄我何罪過乃如此邪因此遂絕也)生十子皆有才學中子疊江夏太守疊生郴武陵太守郴

生奉奉少聰明自爲童兒及長凡所經履莫不暗記讀書五行並下爲郡決曹史行部四十二縣錄囚徒數百千人及還太守備問之奉口說罪繫姓名坐狀輕重無所遺脫時人奇之 謝承書曰奉少爲上計吏許訓爲計掾俱到京師訓自發鄉里在路晝頓暮宿所見長吏賓客亭長吏卒奴僕訓皆密疏姓名欲試奉還郡出疏示奉奉云前食潁川綸氏都亭亭長胡奴名祿以飲漿來何不在疏坐中皆驚又云奉年二十時嘗詣彭城相袁賀賀時出行閉門造車匠於內開扇出半面視奉奉即委去後數十年於路見車匠識而呼之○劉攽曰注奉少爲上計吏許訓爲計掾案吏當爲史總而言掾史皆吏別而言之不同上計有史有掾也 著漢書後序多所述載 袁山松書曰奉又刪史記漢書及漢記三百六十餘年自漢興至其時凡十七卷名曰漢事 大將軍梁冀舉茂才先是武陵蠻詹山等四千餘人反叛執縣令屯結連年詔下公卿議四府舉奉才堪將帥 四府解見皇后紀 永興元年拜武陵太守到官慰納山等皆悉降散於是興學校舉側陋政稱變俗坐公事免延熹中武陵蠻復寇亂荊州車騎將軍馮緄以奉有威恩爲蠻夷所服上請與俱征拜從事中郎 謝承書曰時詔奉曰蠻夷叛逆湯盡當悉燋爛以刷國恥朝廷以奉昔守南土威名播越故復式序重任奉之發興期在於今賜奉錢十萬駮犀方具劍金錯把刀劍革帶各一奉其勉之 奉勤設方略賊破軍罷緄推功於奉薦爲司隸校尉糾舉姦違不避豪戚以嚴厲爲名及鄧皇后敗而田貴人見幸桓帝有建立之議奉以田氏微賤不宜超登后位上書諫曰臣聞周納狄女襄王出居于鄭 左傳襄王將以狄女爲后富臣諫曰不可狄固貪惏王又啓之王不從狄人伐周襄王出奔○劉攽曰注富臣當作辰 漢立飛燕成帝胤嗣泯絕母后之重興廢所因宜思關雎之所求遠五禁之所忌 韓詩外傳曰婦人有五不娶喪婦之長女不娶爲其不受命也世有惡疾不娶棄於天也世有刑人不娶棄於人也亂家女不娶類不正也逆家子不娶廢人倫也 帝納其言竟立竇皇后及黨事起奉乃慨然以疾自退追愍屈原因以自傷著感騷三十篇數萬言諸公多薦舉會病卒子劭

劭字仲遠 謝承書曰應氏譜並云字仲遠續漢書文士傳作仲援漢官儀又作仲瑗未知孰是○劉攽曰注謝承書曰應氏譜並云案文多一曰字 少篤學博覽多聞靈帝時舉孝廉辟車騎將軍何苗掾中平二年漢陽賊邊章韓遂與羌胡爲寇東侵三輔時遣車騎將軍皇甫嵩西討之嵩請發烏桓三千人北軍中候鄒靖上言烏桓衆弱宜開募鮮卑事下四府大將軍掾韓卓議以爲烏桓兵寡而與鮮卑世爲仇敵若烏桓被發則鮮卑必襲其家烏桓聞之當復棄軍還救非唯無益於實乃更沮三軍之情鄒靖居近邊塞究其態詐若令靖募鮮卑輕騎五千必有破敵之效劭駮之曰鮮卑隔在漠北犬羊爲羣無君長之帥廬落之居而天性貪暴不拘信義故數犯障塞且無寧歲唯至互市乃來靡服苟欲中國珍貨非爲畏威懷德計獲事足旋踵爲害是以朝家外而不內蓋爲此也 朝家猶國家也公羊傳曰春秋內諸夏而外夷狄也 往者匈奴反叛度遼將軍馬續烏桓校尉王元發鮮卑五千餘騎又武威太守趙沖亦率鮮卑征討叛羌斬獲醜虜既不足言而鮮卑越溢多爲不法裁以軍令則忿戾作亂制御小緩則陸掠殘害劫居人鈔商旅噉人牛羊略人兵馬得賞既多不肯去復欲以物買鐵邊將不聽便取縑帛聚欲燒之邊將恐怖畏其反叛辭謝撫順無敢拒違今狡寇未殄而羌爲巨害如或致悔其可追乎臣愚以爲可募隴西羌胡守善不叛者簡其精勇多其牢賞 牢稟食也或作勞勞功也 太守李參沈靜有謀必能獎厲得其死力當思漸消之略不可倉卒望也韓卓復與劭相難反覆於是詔百官大會朝堂皆從劭議三年舉高第再遷六年拜太山太守初平二年黃巾三十萬衆入郡界劭糾率文武連與賊戰前後斬首數千級獲生口老弱萬餘人輜重二千兩賊皆退却郡內以安興平元年前太尉曹嵩及子德從瑯邪入太山劭遣兵迎之未到而徐州牧陶謙素怨嵩子操數擊之乃使輕騎追嵩德並殺之於郡界劭畏操誅棄郡奔冀州牧袁紹初安帝時河間人尹次潁川人史玉皆坐殺人當死次兄初及玉母軍並詣官曹求代其命因縊而物故尚書陳忠以罪疑從輕議活次玉劭後追駮之據正典刑有可存者其議曰尚書稱天秩有禮五服五章哉天討有罪五刑五用哉而孫卿亦云凡制刑之本將以禁暴惡且懲其末也凡爵列官秩賞慶刑威皆以類相從使當其實也若德不副位能不稱官賞不酬功刑不應罪不祥莫大焉殺人者死傷人者刑此百王之定制有法之成科高祖入關雖尚約法然殺人者死亦無寬降夫時化則刑重時亂則刑輕 犯化之罪固重犯亂之罪爲輕 書曰刑罰時輕時重此之謂也今次玉公以清時釋其私憾阻兵安忍僵尸道路 阻恃也左傳曰衛州吁阻兵而安忍 朝恩在寬幸至冬獄而初軍愚狷妄自投斃昔召忽親死子糾之難而孔子曰經於溝瀆人莫之知 召忽齊大夫子糾齊襄公之庶子也子糾與小白爭國子糾被殺召忽其傳也遂死之論語孔子論召忽曰豈若匹夫匹婦之爲諒也自經於溝瀆而莫之知也 朝氏之父非錯刻峻遂能自隕其命班固亦云不如趙母指括以全其宗 前書鼂錯爲御史大夫改更律令諸侯諠譁錯父聞而非之曰劉氏安而鼂氏危矣遂飲藥而死史記曰趙母趙將馬服君趙奢之妻趙括之母也奢死趙欲以括爲將母謂趙王曰王以爲括如其父父子異心願王勿遣王曰吾計決矣括母曰王終將之卽有不稱妾得無隨乎王許諾及括敗王以母先言竟不誅也而班固引之以爲鼂錯贊詞 傳曰僕妾感慨而致死者非能義勇顧無慮耳 言僕妾之致死者顧無由計慮耳語見史記欒布傳贊也 夫刑罰威獄以類天之震燿殺戮也溫慈和惠以放天之生殖長育也 左傳鄭大夫游吉之語 是故春一草枯則爲災秋一木華亦爲異今殺無罪之初軍而活當死之次玉其爲枯華不亦然乎陳忠不詳制刑之本而信一時之仁遂廣引八議求生之端夫親故賢能功貴勤賓豈有玉次當罪之科哉 周禮小司寇職鄭司農曰親宗室有罪先請也故謂舊知也賢謂有德行者能謂有道藝者功謂有大勳也貴謂若今墨綬有罪先請也勤謂憔悴國事賓謂二王後 若乃小大以情原心定罪 左傳曰小大之獄雖不能察必以情原心定罪解見霍諝傳也 此爲求生非謂代死可以生也敗法亂政悔其可追劭凡爲駮議三十篇皆此類也又刪定律令爲漢儀建安元年乃奏之曰夫國之大事莫尚載籍也 ○劉攽曰案文多一也字 載籍也者決嫌疑明是非 禮記曰夫禮者決嫌疑明是非 賞刑之宜允獲厥中俾後之人永爲監焉故膠東相董仲舒老病致仕朝廷每有政議數遣廷尉張湯親至陋巷問其得失 事見前書 於是作春秋決獄二百三十二事動以經對言之詳矣逆臣董卓蕩覆王室典憲焚燎靡有孑遺開辟以來莫或茲酷 或有也 今大駕東邁巡省許都拔出險難其命惟新臣累世受恩榮祚豐衍竊不自揆貪少云補輒撰具律本章句尚書舊事廷尉板令決事比例司徒都目五曹詔書 司徒卽丞相也總領綱紀佐理萬機故有都目成帝初置尚書員五人漢舊儀有常侍曹二千石曹戶曹主客曹三公曹也 及春秋斷獄凡二百五十篇蠲去復重爲之節文 復音複重音直容反 又集駮議三十篇以類相從凡八十二事其見漢書二十五漢記四 卽東觀記 皆刪敘潤色以全本體其二十六博採古今瓌瑋之士文章煥炳德義可觀其二十七臣所創造豈繄自謂必合道衷 繄音烏兮反繄猶是也 心焉憤邑聊以藉手 藉音自夜反 昔鄭人以乾鼠爲璞鬻之於周宋愚夫亦寶燕石緹緗十重夫覩之者掩口盧胡而笑斯文之族無乃類旃 尹文子曰鄭人謂玉未琢者爲璞周人謂鼠未腊者爲璞周人遇鄭賈人曰欲買璞乎鄭賈曰欲之出璞視之乃鼠也因謝不取戰國策亦然今此乃云鄭人以乾鼠爲璞便與二說不同此云乾鼠彼云未腊事又差舛闞子曰宋之愚人得燕石梧臺之東歸而藏之以爲大寶周客聞而觀之主人父齋七日端冕之衣衅之以特牲革匱十重緹巾十襲客見之俛而掩口盧胡而笑曰此燕石也與瓦甓不殊主人父怒曰商賈之言豎匠之心藏之愈固守之彌謹旃之也緗音襄緹赤色繒也楚詞曰擥英衣兮緹緗謂鮮明之衣 左氏實云雖有姬姜絲麻不棄憔悴菅蒯蓋所以代匱也 左傳曰詩云雖有絲麻無棄菅蒯雖有姬姜無棄蕉萃凡百君子莫不代匱杜預云逸詩也姬姜大國之女蕉萃陋賤之人蕉萃憔悴古字通 是用敢露頑才厠于明哲之末雖未足綱紀國體宣洽時雍庶幾觀察增闡聖聽惟因萬機之餘暇游意省覽焉獻帝善之二年詔拜劭爲袁紹軍謀校尉時始遷都於許舊章堙沒書記罕存劭慨然歎息乃綴集所聞著漢官禮儀故事凡朝廷制度百官典式多劭所立初父奉爲司隸時並下諸官府郡國各上前人像贊劭乃連綴其名錄爲狀人紀又論當時行事著中漢輯序撰風俗通以辯物類名號釋時俗嫌疑文雖不典後世服其洽聞凡所著述百三十六篇又集解漢書皆傳于時後卒于鄴弟子瑒璩並以文才稱 華嶠書曰劭弟珣字季瑜司空掾珣生瑒魏志曰瑒字德璉瑒弟璩字休璉咸以文章顯也 中興初有應嫗者生四子而寡見神光照社試探之乃得黃金自是諸子宦學並有才名至瑒七世通顯 應順將作大匠子疊江夏太守疊生郴武陵太守郴生奉從事中郎奉生劭車騎將軍掾劭弟珣司空掾珣子瑒曹操辟爲丞相掾

霍諝傳

霍諝字叔智魏郡鄴人也少爲諸生明經有人誣諝舅宋光於大將軍梁商者以爲妄刊章文坐繫洛陽詔獄掠考困極諝時年十五奏記於商曰將軍天覆厚恩愍舅光寃結前者溫教許爲平議雖未下吏斷決其事已蒙神明顧省之聽皇天后土實聞德音竊獨踊躍私自慶幸諝聞春秋之義原情定過赦事誅意故許止雖弒君而不罪趙盾以縱賊而見書 許止許悼公之子名止也公羊傳曰冬葬許悼公賊未討何以書葬不成乎弒也許悼公是止進藥而殺是以君子加弒焉葬許悼公是君子之赦止也赦止者免止之罪也何休注云原止欲愈父之病無害父之意故赦之是原情定過也又曰晉史書趙盾弒其君趙盾曰天乎無辜吾不弒君太史曰爾爲仁爲義人殺爾君而不討賊此非弒君如何此赦事誅意也 此仲尼所以垂王法漢世所宜遵前脩也傳曰人心不同譬若其面 左傳鄭子產謂子皮曰人心不同如面焉吾豈敢謂子面如吾面乎 斯蓋謂大小窳隆醜美之形至於鼻目衆竅毛髮之狀未有不然者也情之異者剛柔舒急倨敬之間至於趣利避害畏死樂生亦復均也諝與光骨肉義有相隱言其寃濫未必可諒且以人情平論其理光衣冠子孫徑路平易 謂遵依常轍無所規求也 位極州郡日望徵辟亦無瑕穢纖介之累無故刊定詔書欲以何名就有所疑當求其便安豈有觸冒死禍以解細微譬猶療飢於附子止渴於酖毒未入腸胃已絕咽喉豈可爲哉 史記蘇秦曰飢人之所以飢而不食烏喙者以其愈充腹而與餓死者同患也附子烏喙根同而狀異也 昔東海孝婦見枉不辜幽靈感革天應枯旱 前書曰東海有孝婦少寡無子養姑甚謹姑欲嫁之終不肯姑告鄰人曰孝婦養我勤苦我老久累丁壯乃自經死姑女告吏曰婦殺我母吏驗之急孝婦自誣服具獄上府太守竟論殺婦郡中枯旱三年後太守至自祭孝婦墓天立大雨歲熟 光之所坐情既可原守闕連年而終不見理呼嗟紫宮之門泣血兩觀之下 天有紫微宮是上帝之所居也王者立宮象而爲之兩觀謂闕也 傷和致災爲害滋甚凡事更赦令不應復案夫以罪刑明白尚蒙天恩豈有冤謗無徵反不得理是爲刑宥正罪戮加誣侵也不偏不黨其若是乎明將軍德盛位尊人臣無二言行動天地舉厝移陰陽誠能留神沛然曉察必有于公高門之福 于公東海人爲郡決曹決獄平其閭門壞父老共脩之于公曰少高大閭門令容駟馬蓋車我決獄多有陰德子孫必有興者至子定國爲丞相孫永爲御史大夫 和氣立應天下幸甚商高諝才志

卽爲奏原光罪由是顯名仕郡舉孝廉稍遷金城太守性明達篤厚能以恩信化誘殊俗甚爲羌胡所敬服遭母憂自上歸行喪服闋公車徵再遷北海相入爲尚書僕射是時大將軍梁冀貴戚秉權自公卿以下莫敢違牾諝與尚書令尹勳數奏其事又因陛見陳冀罪失及冀誅後桓帝嘉其忠節封鄭都亭侯前後固讓不許出爲河南尹遷司隸校尉轉少府廷尉卒官子儁安定太守

爰延傳

爰延字季平陳留外黃人也清苦好學能通經教授性質慤少言辭縣令隴西牛述好士知人乃禮請延爲廷掾范丹爲功曹濮陽潛爲主簿濮陽姓也常共言談而已後令史昭以爲鄉嗇夫仁化大行人但聞嗇夫不知郡縣在事三年州府禮請不就桓帝時徵博士太尉楊秉等舉賢良方正再遷爲侍中帝游上林苑從容問延曰朕何如主也對曰陛下爲漢中主帝曰何以言之對曰尚書令陳蕃任事則化中常侍黃門豫政則亂是以知陛下可與爲善可與爲非前書曰齊桓公管仲相之則霸豎貂輔之則亂可與爲善可與爲惡是謂中人帝曰昔朱雲廷折欄檻今侍中面稱朕違敬聞闕矣朱雲字游成帝時上書求見曰今朝廷大臣上不能匡主下無以益人臣願賜尚方斬馬劍斷佞臣一人以勵其餘上問曰誰也對曰安昌侯張禹上大怒曰小臣廷辱師傅罪死不赦御史將雲下雲攀殿檻折雲呼曰臣得從龍逢比干遊於地下足矣未知朝廷如何耳上意乃解及後當脩檻上曰勿易因而輯之以旌直臣○劉攽曰昔朱雲廷折欄檻案文延下少爭字拜五官中郎將轉長水校尉遷魏郡太守徵拜大鴻臚帝以延儒生常特宴見時太史令上言客星經帝坐帝密以問延延因上封事曰臣聞天子尊無爲上故天以爲子位臨臣庶威重四海動靜以理則星辰順序意有邪僻則晷度錯違陛下以河南尹鄧萬有龍潛之舊封爲通侯恩重公卿惠豐宗室加頃引見與之對博上下媟黷有虧尊嚴臣聞之帝左右者所以咨政德也故周公戒成王曰其朋其朋言愼所與也尚書周公戒成王曰孺子其朋孺子其朋愼其往昔宋閔公與彊臣共博列婦人於側積此無禮以致大災公羊經書宋萬弒其君捷傳曰宋萬嘗與魯莊公戰獲乎莊公歸舍諸宮中數月然後歸之與宋閔公博婦人在側萬曰甚矣魯侯之淑魯侯之美天下諸侯宜爲君者唯魯侯爾閔公矜此婦人妒其言顧曰此虜也魯侯之美惡乎至萬怒搏閔公絕其脰武帝與倖臣李延年韓嫣同臥起尊爵重賜情欲無猒遂生驕淫之心行不義之事卒延年被戮嫣伏其辜李延年中山人也身及父母兄弟皆故倡人也武帝時延年女弟得幸號曰李夫人延年善歌舞爲協律都尉佩二千石印綬與上臥起弟季與中人亂出入驕恣上從誅延年兄弟韓嫣韓王信之曾孫也武帝爲王時與嫣相愛後位上大夫賞賜擬鄧通與上臥起出入永巷以姦聞被誅夫愛之則不覺其過惡之則不知其善所以事多放濫物情生怨故王者賞人必酬其功爵人必甄其德甄明也善人同處則日聞嘉訓惡人從游則日生邪情孔子曰益者三友論語孔子曰友直友諒友多聞益矣友便辟友善柔友便佞損矣邪臣惑君亂妾危主以非所言則悅於耳以非所行則玩於目故令人君不能遠之仲尼曰唯女子與小人爲難養近之則不遜遠之則怨蓋聖人之明戒也昔光武皇帝與嚴光俱寢上天之異其夕卽見事見逸人傳夫以光武之聖德嚴光之高賢君臣合道尚降此變豈況陛下今所親幸以賤爲貴以卑爲尊哉惟陛下遠讒諛之人納謇謇之士除左右之權寵官之傾使積善日熙熙廣也佞惡消殄則乾災可除帝省其奏因以病自上乞骸骨還家靈帝復特徵不行病卒子驥白馬令亦稱善士謝承書曰典字驥

徐璆傳

徐璆字孟本璆音仇字孟玉廣陵海西人也父淑度遼將軍有名於邊謝承書曰淑字伯進寬裕博學習孟氏易春秋公羊傳禮記周官善誦太公六韜交接英雄常有壯志璆少博學辟公府舉高第袁山松書曰璆少履清高立朝正色稱揚後進惟恐不及稍遷荊州刺史時董太后姊子張忠爲南陽太守因埶放濫臧罪數億璆臨當之部太后遣中常侍以忠屬璆璆對曰臣身爲國不敢聞命太后怒遽徵忠爲司隸校尉以相威臨璆到州舉奏忠臧餘一億使冠軍縣上簿詣大司農以彰暴其事又奏五郡太守及屬縣有臧汙者悉徵案罪威風大行中平元年與中郎將朱儁擊黃巾賊於宛破之張忠怨璆與諸閹官構造無端璆遂以罪徵有破賊功得免官歸家後再徵遷汝南太守轉東海相所在化行獻帝遷許以廷尉徵當詣京師道爲袁術所劫授璆以上公之位璆乃歎曰龔勝鮑宣獨何人哉守之必死龔勝字君賓楚人也好學明經哀帝時爲光祿大夫乞骸骨王莽卽位遣使以上卿徵勝不食而死鮑宣字子都渤海人也哀帝時爲司隸校尉王莽輔政誅漢忠臣不附己者宣及何武等皆死術不敢逼術死軍破璆得其盜國璽及還許上之衛宏曰秦以前以金玉銀爲方寸璽秦以來天子獨稱璽又以玉羣下莫得用其玉出藍田山題是李斯書其文曰受命于天旣壽永昌號曰傳國璽漢高祖定三秦子嬰獻之高祖卽位乃佩之王莽篡位就元后求璽后乃出以投地上螭一角缺及莽敗時仍帶璽紱杜吳殺莽不知取璽公賓就斬莽首并取璽更始將李松送上更始赤眉至高陵更始奉璽上赤眉建武三年盆子奉以上光武孫堅從桂陽入雒討董卓軍於城南見井中有五色光軍人莫敢汲堅乃浚得璽袁術有僭盜意乃拘堅妻求之術得璽舉以向肘魏武謂之曰我在不聽汝乃至此時璆得而獻之幷送前所假汝南東海二郡印綬司徒趙溫謂璆曰君遭大難猶存此邪璆曰昔蘇武困於匈奴不墜七尺之節況此方寸印乎後拜太常使持節拜曹操爲丞相操以相讓璆璆不敢當卒於官

論曰孫懿以高明見忌而受欺於陰計翟酺貪諂數取通而終之以謇諫豈性智自有周偏先後之要殊度乎應氏七世才聞而奉劭采章爲盛及撰著篇籍甄紀異知雖云小道亦有可觀者焉延璆應對辯正而不可犯陵上之尤斯固辭之不可以已也左氏傳孔子曰辭之不可以已也如是夫子產有辭諸侯賴之

贊曰楊終李法華陽有聞益州古梁州之域尚書曰華陽黑水惟梁州孔安國注曰北拒華山之陽南拒黑水故常璩敘蜀事而謂之華陽國志焉二應克聰亦表汝墳鄭玄注周禮曰水涯曰墳翟酺詐懿霍諝請舅延能許帝璆亦悟后

後漢書卷七十八考證

楊終傳善善及子孫惡惡止其身注曹公孫會自鄸出奔宋○鄸字舊本誤鄭從春秋原文改

魯文公毀泉臺春秋譏之注公羊傳曰毀泉臺何以書譏爾○臣會汾按原文譏字下脫何譏二字

又先祖爲之而已毀之勿居而已○臣會汾按原文勿居上脫不如二字

詩曰皎皎素絲在所染之注逸詩曰皎皎白貌也○注曰字誤當改也字

旣無長君退讓之風注絳灌等選長者之有節行者與之居○臣會汾按史記外戚傳云選長者士之有節行者與居此注脫一士字衍一字當改正

翟酺傳事得明釋卒於家注直上檄章救酺○臣會汾按自上移下曰檄此止可言上章耳不應有檄字明衍

應奉傳時人奇之注嘗詣彭城相袁賀○城字監本誤丞○臣會汾按袁閎傳父賀爲彭城相今改正

史臣論應對辯正而不可犯陵上之尤○可字衍

後漢書卷七十九

宋　宣　城　太　守范　曄撰

唐　章　懷　太　子　賢注

王充王符仲長統列傳第三十九

王充傳

王充字仲任會稽上虞人也其先自魏郡元城徙焉充少孤鄉里稱孝後到京師受業太學袁山松書曰充幼聰明詣太學觀天子臨辟雍作六儒論師事扶風班彪好博覽而不守章句家貧無書常游洛陽市肆閱所賣書一見輒能誦憶遂博通衆流百家之言後歸鄉里屏居教授仕郡爲功曹以數諫爭不合去充好論說始若詭異終有理實以爲俗儒守文多失其眞乃閉門潛思絕慶弔之禮戶牖牆壁各置刀筆著論衡八十五篇二十餘萬言袁山松書曰充所作論衡中土未有傳者蔡邕入吳始得之恆祕玩以爲談助其後王朗爲會稽太守又得其書及還許下時人稱其才進或曰不見異人當得異書問之果以論衡之益由是遂見傳焉抱朴子曰時人嫌蔡邕得異書或搜求其帳中隱處果得論衡抱數卷持去邕丁寧之曰唯我與爾共之勿廣也釋物類同異正時俗嫌疑刺史董勤辟爲從事轉治中自免還家友人同郡謝夷吾上書薦充才學謝承書曰夷吾薦充曰充之天才非學所加雖前世孟軻孫卿近漢揚雄劉向司馬遷不能過也肅宗特詔公車徵病不行年漸七十志力衰耗乃造養性書十六篇裁節嗜欲頤神自守永元中病卒於家

王符傳

王符字節信安定臨涇人也少好學有志操與馬融竇章張衡崔瑗等友善安定俗鄙庶孽何休注公羊傳云孽賤也而符無外家爲鄉人所賤自和安之後世務游宦當塗者更相薦引而符獨耿介不同於俗以此遂不得升進志意蘊憤乃隱居著書三十餘篇以譏當時失得不欲章顯其名故號曰潛夫論其指訐時短討譎物情訐攻也譎責也足以觀見當時風政著其五篇云爾

貴忠篇曰夫帝王之所尊敬者天也皇天之所愛育者人也今人臣受君之重位牧天之所愛焉可以不安而利之養而濟之哉是以君子任職則思利人達上則思進賢故居上而下不怨在前而後不恨也書稱天工人其代之王者法天而建官尚書咎繇謨曰亡曠庶官天工人其代之孔安國注云言人代天理官不可以天官私非其才也又曰明王奉若天道建邦設都孔安國注云天有日月北斗五星二十八宿皆有尊卑相正之法言明王奉順此道以立國設都也故明主不敢以私授忠臣不敢以虛受竊人之財猶謂之盜況偷天官以私已乎左傳介之推曰竊人之財猶謂之盜況貪天功以爲已力乎以罪犯人必加誅罰況乃犯天得無咎乎夫五世之臣以道事君五代謂唐虞夏商周也○劉攽曰五世之臣案此世字當是代字後人誤改澤及草木仁被率土是以福祚流衍本支百世詩大雅曰文王孫子本支百世季世之臣以諂媚主不思順天專杖殺伐白起蒙恬秦以爲功天以爲賊史記曰白起爲秦將與趙戰于長平阬趙卒四十五萬人蒙恬爲秦將北逐戎翟築長城起臨洮至遼東延袤萬餘里此爲虐於人也息夫董賢主以爲忠天以爲盜息夫躬字子微哀帝時告東平王雲事封宜陵侯董賢字聖卿得幸哀帝爲賢起大第于北闕下封爲高安侯易曰德薄而位尊智小而謀大鮮不及矣易繫辭之言是故德不稱其禍必酷能不稱其殃必大○劉攽曰案文少兩字蓋本云德不稱其位能不稱其祿夫竊位之人天奪其鑒論語孔子曰臧文仲其竊位者歟左傳晉卜偃曰虢必亡矣天奪之鑒而益其疾也杜預注云鑒所以自照也雖有明察之資仁義之志一旦富貴則背親捐舊喪其本心疏骨肉而親便辟薄知友

而厚犬馬寧見朽貫千萬而不忍貸人一錢情知積粟腐倉而不忍貸人一斗骨肉怨望於家細人謗讟於道前人以敗後爭襲之誠可傷也歷觀前政貴人之用心也與嬰兒子何其異哉嬰兒有常病貴臣有常禍父母有常失人君有常過嬰兒常病傷於飽也貴臣常禍傷於寵也哺乳多則生癇病富貴盛而致驕疾愛子而賊之驕臣而滅之者非一也極其罰者乃有仆死深牢銜刀都市趙將李牧爲韓倉所譖賜死將自誅臂短不能及銜刀于柱以自殺見戰國策豈非無功於天有害於人者乎夫鳥以山爲埤而增巢其上魚以泉爲淺而穿穴其中卒所以得者餌也曾子之文也亦見大戴禮貴戚願其宅吉而制爲令名欲其門堅而造作鐵樞卒其所以敗者非苦禁忌少而門樞朽也常苦崇財貨而行驕僭耳不上順天心下育人物而欲任其私智竊弄君威反戾天地欺誣神明居累卵之危而圖太山之安爲朝露之行而思傳世之功朝露言易晝也蘇子曰人生一世若朝露之託於桐葉耳其與幾何豈不惑哉豈不惑哉

浮侈篇曰王者以四海爲家兆人爲子一夫不耕天下受其飢一婦不織天下受其寒文子曰神農之法曰丈夫丁壯不耕天下有受其飢者婦人當年不織天下有受其寒者故其耕不強者無以養生其織不力者無以衣形今舉俗舍本農趨商賈牛馬車輿塡塞道路游手爲巧充盈都邑游手爲巧謂雕鏤之屬也務本者少浮食者衆商邑翼翼四方是極詩商頌文也鄭玄注云極中也翼翼然可則效乃四方之中正也今察洛陽資末業者什於農夫虛僞游手什於末業是則一夫耕百人食之一婦桑百人衣之以一奉百孰能供之天下百郡千縣市邑萬數類皆如此本末不足相供則民安得不飢寒飢寒並至則民安能無姦軌姦軌繁多則吏安能無嚴酷嚴酷數加則下安能無愁怨愁怨者多則咎徵並臻下民無聊而上天降災則國危矣夫貧生於富弱生於彊亂生於化危生於安富而不節則貧強而驕人則弱居理而不脩德則亂恃安而不慎微則危矣是故明主之養民憂之勞之教之誨之慎微防萌以斷其邪故易美節以制度不傷財不害民節以制度以下金節卦象辭也鄭玄注云空府藏則傷財力役繁則害人二者奢泰之所致七月之詩大小教之終而復始由此觀之人固不可恣也七月詩豳風也大謂耕桑之法小謂索綯之類自春及冬終而復始也今人奢衣服侈飲食事口舌而習調欺或以謀姦合任爲業合任爲相爲任俠也或以游博持掩爲事博謂六博掩謂意錢也前書貨殖傳曰又況掘冢博掩犯姦成富也丁夫不扶犂鋤而懷丸挾彈攜手上山遨遊或好取土作丸賣之外不足禦寇盜內不足禁鼠雀或作泥車瓦狗諸戲弄之具以詐小兒此皆無益也詩刺不績其麻市也婆娑詩陳風也婆娑舞貌謂婦人于市中歌舞以事神也又婦人不脩中饋休其蠶織易家人卦六二曰在中饋貞吉鄭玄注云中饋酒食也詩大雅曰婦無公事休其蠶織而起學巫祝鼓舞事神以欺誣細民熒惑百姓妻女羸弱疾病之家懷憂憒憒易爲恐懼至使奔走便時去離正宅崎嶇路側風寒所傷姦人所利盜賊所中或增禍重祟至於死亡而不知巫所欺誤反恨事神之晚此妖妄之甚者也或刻畫好繒以書祝辭或虛飾巧言希致福祚或糜折金綵令廣分寸或斷截衆縷繞帶手腕或裁切綺縠縫紩成幡皆單費百縑用功千倍破牢爲僞以易就難坐食嘉穀消損白日損或作捐夫山林不能給野火江海不能實漏巵皆所宜禁也昔孝文皇帝躬衣弋綈前書音義曰弋厚也綈繒也革舃韋帶而今京師貴戚衣服飲食車輿廬第奢過王制固亦甚矣且其徒御僕妾皆服文組綵牒牒即今疊布也錦繡綺紈葛子升越筩中女布說文曰綺文繒也前書曰齊俗作冰紈子細稱也沈懷遠南越志曰蕉布之品有三有蕉布有竹子布又有葛焉雖精麤之殊皆同出而異名揚雄蜀都賦曰布則蜘蛛作絲不可見風筩中黃潤一端數金盛弘之荊州記曰秭歸縣室多幽閑其女盡織布至數十升今永州俗猶呼貢布爲女子布也犀象珠玉虎魄瑇瑁石山隱飾金銀錯鏤廣雅曰虎魄珠也生地中其上及旁不生草深者八九尺初時如桃膠凝堅乃成其方人以爲枕出罽賓及大秦國吳錄曰瑇瑁似龜而大出南海山石謂隱起爲山石之文也窮極麗美轉相誇咤郭景純注子虛賦曰詫誇也咤與詫通也其嫁娶者車軿數里緹帷竟道蒼頡篇曰軿衣車騎音薄丁反又步田反騎奴侍童夾轂並引富者競欲相過貧者恥其不逮一饗之所費破終身之業古者必有命然後乃得衣繒綵而乘車馬尚書大傳曰古之帝王者必有命民能敬長矜孤取舍好讓者命于其君得乘飾車軿馬衣文錦未有命者不得衣不得乘乘衣者有罰今雖不能復古宜令細民略用孝文之制古之葬者厚衣之以薪葬之中野不封不樹喪期無數後世聖人易之以棺槨易繫辭之言也桐木爲棺葛采爲緘尸子曰禹之喪法死于陵者葬于陵死于澤者葬于澤桐棺三寸制喪三日墨子曰舜西教乎七戎道死葬南巴之中衣衾三領穀木之棺葛以緘之采葛蔓也緘束也下不及泉上不泄臭中世以後轉用楸梓槐柏杶櫄之屬各因方土裁用膠漆使其堅足恃其用足任如此而已今者京師貴戚必欲江南櫄梓豫章之木櫄音乃巨反見埤蒼爾雅曰櫄音而注云櫄似樗散而痺小恐非棺槨之用豫章即樟木也邊遠下土亦競相放效夫櫄梓豫章所出殊遠伐之高山引之窮谷入海乘淮逆河泝洛工匠雕刻連累日月會衆而後動多牛而後致重且千斤功將萬夫而東至樂浪西達敦煌費力傷農於萬里之地古者墓而不墳中世墳而不崇仲尼喪母冢高四尺遇雨而崩弟子請脩之夫子泣曰古不脩墓孔子合葬于防曰吾聞之古也墓而不墳于是封之崇四尺孔子先反門人後雨甚至孔子問焉曰爾來何遲也曰防墓崩孔子泫然流涕曰吾聞之古不脩墓見禮記也及鯉也死有棺無槨文帝葬芷陽縣名屬京兆文帝後改曰霸陵明帝葬洛南皆不藏珠寶不起山陵墓雖卑而德最高今京師貴戚郡縣豪家生不極養死乃崇喪或至金縷玉匣檽梓楩柟多埋珍寶偶人車馬造起大冢廣種松柏廬舍祠堂務崇華侈案鄗畢之陵南城之冢畢周文王武王葬地也司馬遷云在鄗東南杜中無墳隴在今咸陽縣西北孔安國注尚書云在長安西北南城山曾子父所葬在今沂州費縣西南也周公非不忠曾子非不孝以爲褒君愛父不在於聚財揚名顯親無取於車馬昔晉靈公多賦以雕牆春秋以爲不君左傳晉靈公不君厚斂以雕牆杜預注云不君失君道也雕畫也華元樂舉厚葬文公君子以爲不臣左傳曰宋文公卒始厚葬用蜃炭益車馬始用殉重器備槨有四阿棺有翰檜君子謂華元樂舉於是不臣是棄君於惡也況於羣司士庶乃可僭侈主上過天道乎前書貢禹曰今大夫僭諸侯諸侯僭天子天子過天道其日久矣

實貢篇曰國以賢興以諂衰君以忠安以佞危此古今之常論而時所共知也然衰國危君繼踵不絕者豈時無忠信正直之士哉誠苦其道不得行耳夫十步之閒必有茂草十室之邑必有忠信說苑曰十步之澤必有芳草論語曰十室之邑必有忠信也是故亂殷有三仁小衛多君子亂殷謂紂時也三仁箕子微子比干也左傳吳季札適衛說蘧瑗史狗史鰌公子荊公叔發公子朝曰衛多君子未有患也又臧宣叔曰衛之于晉不得爲次國杜預注云春秋之時以彊弱爲大小衛雖侯爵猶爲小國今以大漢之廣土士民之繁庶朝廷之清明上下之脩正而官無善吏位無良臣此豈時之無賢諒由取之乖實夫志道者少與逐俗者多疇是以朋黨用私背實趨華其貢士者不復依其質幹準其才行但虛造聲譽妄生羽毛略計所舉歲且二百覽察其狀則德侔顏冉詳覈厥能則鮮及中人皆總務升官自相推達夫士者貴其用也不必求備故四友雖美能不相兼尚書大傳孔子曰文王得四臣丘亦得四友謂回也爲疏附賜也爲奔走師也爲先後由也爲禦侮其能各不同也三仁齊致事不一節高祖佐命出自亡秦光武得士亦資暴莽況太平之時而云無士乎夫明君之詔也若聲忠臣之和也如響長短大小清濁疾徐必相應也且攻玉以石洗金以鹽詩小雅曰它山之石可以攻玉今之金工發金色者皆淬之于鹽水焉濯錦以魚浣布以灰夫物固有以賤理貴以醜化好者矣智者棄短取長以致其功今使貢士必覈以實其有小疵勿彊衣飾衣飾謂裝飾以成其過也衣音於氣反出處語默各因其方則蕭曹周韓之倫何足不致吳鄧梁竇之屬企踵可待孔子曰未之思也夫何遠之有

愛日篇曰國之所以爲國者以有民也民之所以爲民者以有穀也穀之所以豐殖者以有民功也功之所以能建者以日力也化國之日舒以長故其民閑暇而力有餘亂國之日促以短故其民困務而力不足舒長者非謂羲和安行羲和日也山海經曰東南海之外甘水之間有羲和之國有女子曰羲和方浴日于甘泉羲和者帝俊之妻是生十日郭璞注曰羲和蓋天地始生日月者也乃君明民靜而力有餘也促短者非謂分度損減洛書甄耀度曰凡周天三百六十五度四分度之一一度爲千九百三十二里日一日行一度月一日行十三度十九分度之一也乃上闇下亂力不足也孔子稱既庶則富之既富乃教之是故禮義生於富足盜竊起於貧窮富足生於寬暇貧窮起於無日聖人深知力者民之本國之基也故務省徭役使之愛日是以堯敕羲和欽若昊天敬授民時明帝時公車以反支日不受章奏凡反支日用月朔爲正戌亥朔一日反支申酉朔二日反支未朔三日反支辰巳朔四日反支寅卯朔五日反支子丑朔六日反支見陰陽書也帝聞而怪曰民廢農桑遠來詣闕而復拘以禁忌豈爲政之意乎於是遂蠲其制令兗民仰希申訴而令長以神自畜難見如神也○劉攽曰令兗民仰希申訴案文令當作今百姓廢農桑而趨府廷者相續道路非朝餔不得通非意氣不得見說文曰餔謂日申時也今爲晡字也或連日累月更相瞻視或轉請鄰里饋糧應對歲功既廢天下豈無受其飢者乎孔子曰聽訟吾猶人也從此言之中才以上足議曲直鄉亭部吏亦有任決斷者而類多枉曲蓋有故焉夫理直則恃正而不橈事曲則諂意以行賕不橈故無恩於吏行賕故見私於法若事有反覆吏應坐之吏以應坐之故不得不枉之於廷以羸民之少黨而與豪吏對訟其勢得無屈乎縣承吏言故與之同若事有反覆縣亦應坐之縣以應坐之故而排之於郡以一民之輕而與一縣爲訟其理豈得申乎事有反覆郡亦坐之郡以共坐之故而排之於州以一民之輕與一郡爲訟其事豈獲勝乎既不肯理故乃遠詣公府公府復不能察而當延以日月貧弱者無以曠旬彊富者可盈千日理訟若此何枉之能理乎正士懷怨結而不見信信讀曰伸猾吏崇姦軌而不被坐此小民所以易侵苦而天下所以多困窮也且除上天感痛致災但以人功見事言之自三府州郡至於鄉縣典司之吏辭訟之民官事相連更相檢對者日可有十萬人一人有事二人經營是爲日三十萬人廢其業也以中農率之則是歲三百萬人受其飢者也然則盜賊何從而銷太平何由而作乎詩云莫肯念亂誰無父母詩小雅也百姓不足君誰與足可無思哉可無思哉

述赦篇曰凡療病者必知脉之虛實氣之所結然後爲之方故疾可愈而壽可長也爲國者必先知民之所苦禍之所起然後爲之禁故姦可塞而國可安也今日賊良民之甚者莫大於數赦贖數赦贖則惡人昌而善人傷矣何以明之哉夫謹敕之人身不蹈非又有爲吏正直不避彊禦而姦猾之黨橫加誣言者皆知赦之不久故也善人君子被侵怨而能至闕庭自明者萬無數人

數人之中得省問者百不過一既對尚書而空遣去者復什六七矣其輕薄姦軌既陷罪法怨毒之家冀其辜戮以解畜憤而反一槩悉蒙赦釋令惡人高會而誇咤老盜服臧而過門孝子見讐而不得討遭盜者覩物而不敢取痛莫甚焉夫養稂莠者傷禾稼惠姦軌者賊良民爾雅曰稂童梁郭璞注云莠類也詩曰不稂不莠稂音郎書曰文王作罰刑茲無赦康誥之言也先王之制刑法也非好傷人肌膚斷人壽命也貴威姦懲惡除人害也故經稱天命有德五服五章哉天討有罪五刑五用哉詩刺彼宜有罪汝反脫之詩大雅也此宜無罪汝反收之彼宜有罪汝反脫之毛萇注云脫赦也古者唯始受命之君承大亂之極寇賊姦軌難爲法禁故不得不有一赦與之更新頤育萬物以成大化非以養姦活罪放縱天賊也夫性惡之民民之豺狼雖得放宥之澤終無改悔之心旦脫重梏夕還囹圄嚴明令尹不能使其斷絕何也凡敢爲大姦者才必有過於衆而能自媚於上者也多散誕得之財奉以諂諛之辭以轉相驅誕猶虛也非有第五公之廉直孰不爲顧哉謂第五倫也爲司空性廉直也論者多曰久不赦則姦軌熾而吏不制宜數肆眚以解散之此未昭政亂之本源不察禍福之所生也後度遼將軍皇甫規解官歸安定鄉人有以貨得鴈門太守者亦去職還家書刺謁規規臥不迎既入而問卿前在郡食鴈美乎有頃又白王符在門規素聞符名乃驚遽而起衣不及帶屣履出迎援符手而還與同坐極歡時人爲之語曰徒見二千石不如一縫掖禮記儒行孔子曰丘少居魯衣逢掖之衣鄭玄注曰逢猶大也大掖之衣大袂單衣也言書生道義之爲貴也符竟不仕終於家

仲長統傳

仲長統字公理山陽高平人也少好學博涉書記贍於文辭年二十餘游學青徐并冀之間與交友者多異之并州刺史高幹袁紹甥也素貴有名招致四方遊士士多歸附統過幹幹善待遇訪以當時之事統謂幹曰君有雄志而無雄才好士而不能擇人所以爲君深戒也幹雅自多不納其言統遂去之無幾幹以并州叛卒至於敗魏志曰高幹叛欲奔荊州上洛都尉王琰捕斬之也并冀之士皆以是異統異其有知人之鑒也統性俶儻敢直言不矜小節默語無常時人或謂之狂生每州郡命召輒稱疾不就常以爲凡遊帝王者欲以立身揚名耳而名不常存人生易滅優游偃仰可以自娛欲卜居清曠以樂其志論之曰使居有良田廣宅背山臨流溝池環帀竹木周布場圃築前果園樹後舟車足以代步涉之難使令足以息四體之役養親有兼珍之膳妻孥無苦身之勞孥讀曰奴良朋萃止則陳酒肴以娛之嘉時吉日則烹羔豚以奉之躕躇畦苑遊戲平林躕躇猶踟蹰也濯清水追涼風釣遊鯉弋高鴻諷於舞雩之下詠歸高堂之上雩祭旱之名也爲壇而舞其上以祈雨焉論語曾點曰春服既成冠者五六人童子六七人浴乎沂風乎舞雩詠而歸安神閨房思老氏之玄虛呼吸精和求至人之仿佛老子曰玄之又玄虛其心實其腹呼吸謂咽氣養生也莊子曰吹呴呼吸吐故納新又曰至人無已也與達者數子論道講書俯仰二儀錯綜人物彈南風之雅操發清商之妙曲家語曰舜彈五絃之琴造南風之詩曰南風之薰兮可以解吾人之慍兮南風之時兮可以阜吾人之財兮三禮圖曰琴本五絃曰宮商角徵羽文王增二絃曰少宮少商弦最清也消搖一世之上睥睨天地之間不受當時之責永保性命之期如是則可以陵霄漢出宇宙之外矣豈羨夫入帝王之門哉又作詩二篇以見其志辭曰飛鳥遺跡蟬蛻亡殼騰蛇棄鱗神龍喪角王充論衡曰蠐螬化爲復育復育轉爲蟬蟬之去復育龜之解甲蛇之脫皮可謂尸解矣蛻音式銳反爾雅曰螣蛇有鱗廣雅曰有角曰龍喪角解角也至人能變達士拔俗乘雲無轡騁風無足垂露成幃張霄成幄沆瀣當餐九陽代燭霄摩天赤氣也在旁曰帷在上曰幄陵陽子明經曰沆瀣者北方夜半氣也九陽謂日也山海經曰陽谷上有扶木九日居下枝一日居上枝也恒星豔珠朝霞潤玉六合之內恣心所欲人事可遺何爲局促大道雖夷見幾者寡任意無非適物無可古來繞繞委曲如瑣百慮何爲至要在我寄愁天上埋憂地下叛散五經滅棄風雅百家雜碎請用從火抗志山西游心海左元氣爲舟微風爲柂柂船尾也音徒可反敖翔太清縱意容冶尚書令荀彧聞統名奇之舉爲尚書郎後參丞相曹操軍事每論說古今及時俗行事恒發憤歎息因著論名曰昌言昌當也尚書曰汝亦昌言凡三十四篇十餘萬言獻帝遜位之歲統卒時年四十一友人東海繆襲常稱統才章足繼西京董賈劉揚董仲舒賈誼劉向揚雄也襲字熙伯辟御史府後至尚書光祿勳今簡撮其書有益政者略載之云

理亂篇曰豪傑之當天命者未始有天下之分者也無天下之分故戰爭者競起焉于斯之時並僞假天威矯據方國擁甲兵與我角才智程勇力與我競雌雄不知去就疑誤天下蓋不可數也角知者皆窮角力者皆負形不堪復伉勢不足復校乃始羈首係頸就我之銜紲耳銜勒也紲韁也夫或曾爲我之尊長矣或曾與我爲等儕矣或曾臣虜我矣或曾執囚我矣彼之蔚蔚皆匈詈腹詛幸我之不成蔚與鬱古字通而以奮其前志詎肯用此爲終死之分邪及繼體之時民心定矣普天之下賴我而得生育由我而得富貴安居樂業長養子孫天下晏然皆歸心於我矣豪傑之心既絕士民之志已定貴有常家尊在一人當此之時雖下愚之才居之猶能使恩同天地威侔鬼神暴風疾霆不足以方其怒陽春時雨不足以喻其澤周孔數千無所復角其聖賁育百萬無所復奮其勇矣彼後嗣之愚主見天下莫敢與之違自謂若天地之不可亡也乃奔其私嗜騁其邪欲君臣宣淫上下同惡左傳泄冶諫陳靈公曰公卿宣淫人無效焉杜預注云宣示也目極角觝之觀耳窮鄭衞之聲武帝元封三年作角觝戲音義云兩兩相當角力角伎藝射御故名角觝蓋雜技樂以巴俞戲魚龍蔓延之屬也後更名平樂觀禮記曰鄭音好濫淫志宋音宴安溺志也入則耽於婦人出則馳於田獵荒廢庶政棄亡人物澶漫彌流無所底極澶漫猶縱逸也澶音徒旦反莊子外篇曰澶漫爲樂也信任親愛者盡佞諂容悅之人也寵貴隆豐者盡后妃姬妾之家也使餓狼守庖廚飢虎牧牢豚遂至熬天下之脂膏斲生人之骨髓怨毒無聊禍亂並起中國擾攘四夷侵叛土崩瓦解一朝而去昔之爲我哺乳之子孫者今盡是我飲血之寇讐也至於運徙勢去猶不覺悟者豈非富貴生不仁沈溺致愚疾邪存亡以之迭代政亂從此周復天道常然之大數也左傳曰美惡周必復天之道也又政之爲理者取一切而已非能斟酌賢愚之分以開盛衰之數也日不如古彌以遠甚豈不然邪漢興以來相與同爲編戶齊民而以財力相君長者世無數焉而清潔之士徒自苦於茨棘之間無所益損於風俗也豪人之室連棟數百膏田滿野奴婢千羣徒附萬計徒衆也附親也船車賈販周於四方廢居積貯滿於都城史記曰轉轂百數廢居居邑注云有所廢有所蓄言其乘時射利也琦賂寶貨巨室不能容琦瑋也抱朴子曰片玉可以琦奚必俟盈尺也馬牛羊豕山谷不能受妖童美妾填乎綺室倡謳妓樂列乎深堂賓客待見而不敢去車騎交錯而不敢進三牲之肉臭而不可食清醇之酎敗而不可飲睇盼則人從其目之所視喜怒則人隨其心之所慮此皆公侯之廣樂君長之厚實也苟運智詐者則得之焉苟能得之者人不以爲罪焉源發而橫流路開而四通矣求士之舍榮樂而居窮苦舍音式者反棄放逸而赴束縛夫誰肯爲之者邪束縛謂自潔清如拘執也夫亂世長而化世短亂世則小人貴寵君子困賤當君子困賤之時跼高天蹐厚地猶恐有鎭厭之禍也詩小雅曰謂天蓋高不敢不跼謂地蓋厚不敢不蹐毛萇注云跼曲也蹐累足也逮至清世則復入於矯枉過正之檢老者耄矣不能及寬饒之俗少者方壯將復困於衰亂之時是使姦人擅無窮之福利而善士挂不赦之罪辜苟目能辯色耳能辯聲口能辯味體能辯寒溫者將皆以脩絜爲諱惡設智巧以避之焉況肯有安而樂之者邪斯下世人主一切之愆也昔春秋之時周氏之亂世也逮乎戰國則又甚矣秦政乘并兼之埶放虎狼之心始皇名政屠裂天下吞食生人暴虐不已以招楚漢用兵之苦甚於戰國之時也漢二百年而遭王莽之亂漢至王莽篡位二百一十四年云二百者舉全數計其殘夷滅亡之數又復倍乎秦項矣以及今日名都空而不居百里絕而無民者不可勝數孝平帝時凡郡國一百三縣邑一千三百一十四道三十二侯國二百四十一地東西九千三百二里南北一萬三百六十八里人戶一千二百二十三萬三千六十二口五千九百五十九萬四千九百七十八此漢家極盛之時遭王莽喪亂暨光武中興海內人戶準之於前十裁二三邊方蕭條靡有孑遺孝靈遭黃巾之寇獻帝嬰董卓之禍英雄基峙白骨膏野兵亂相尋三十餘年三方旣寧萬不存一也此則又甚於亡新之時也悲夫不及五百年大難三起秦三王二帝通在位四十九年前漢二百三十年後漢百九十五年凡四百七十四年故云不及五百年也三起謂秦末及王莽并獻帝時也中間之亂尚不數焉變而彌猜下而加酷下猶後也推此以往可及於盡矣嗟乎不知來世聖人救此之道將何用也又不知天若窮此之數欲何至邪

損益篇曰作有利於時制有便於物者可爲也事有乖於數法有翫於時者可改也故行於古有其迹用於今無其功者不可不變變而不如前易而多所敗者亦不可不復也漢之初興分王子弟委之以士民之命假之以生殺之權於是驕逸自恣志意無厭魚肉百姓以盈其欲報蒸骨血以快其情上有篡叛不軌之姦下有暴亂殘賊之害雖藉親屬之恩蓋源流形埶使之然也降爵削土稍稍割奪卒至於坐食奉祿而已然其洿穢之行淫昏之罪猶尚多焉故淺其根本輕其恩義猶尚假一日之尊收士民之用況專之於國擅之於嗣豈可鞭笞叱咤而使唯我所爲者乎時政彫敝風俗移易純樸已去智惠已來老子曰智惠出有大僞也出於禮制之防放於嗜欲之域久矣固不可授之以柄假之以資者也是故收其奕世之權校其從橫之埶善者早登否者早去去音袪莒反故下士無壅滯之士國朝無專貴之人此變之善可遂行者也井田之變豪人貨殖館舍布於州郡田畝連於方國身無半通青綸之命而竊三辰龍章之服十三州志曰有秩嗇夫得假半章印續漢輿服志曰百石青紺綸一采宛轉繆織長丈二尺說文綸青絲綬也鄭玄注禮記曰綸今有秩嗇夫所佩也三辰日月星也龍章謂山龍之章皆畫於衣也不爲編戶一伍之長而有千室名邑之役周禮小司徒職五人爲伍前書曰五家爲伍伍有長論語孔子曰千室之邑百乘之家言豪強之家身無品秩而富比於公侯也榮樂過於封君埶力侔於守令財賂自營犯法不坐刺客死士爲之投命至使弱力少智之子被穿帷敗寄死不斂冤枉窮困不敢自理雖亦由網禁疎闊蓋分田無限使之然也今欲張太平之紀綱立至化之基趾齊民財之豐寡正風俗之奢儉非井田實莫由也此變有所敗而宜復者也肉刑之廢輕重無品下死則得髡鉗下髡鉗則得鞭笞下猶減也死者不可復生而髡者無傷於人髡笞不足以懲中罪

安得不至於死哉(言髡笞太輕，不足畏懼，而姦人冒罪以陷於死。若復古肉刑，則人不陷於死也)夫雞狗之攘竊，男女之淫奔，酒醴之賂遺，謬誤之傷害，皆非值於死者也。殺之則甚重，髡之則甚輕。不制中刑以稱其罪，則法令安得不參差，殺生安得不過謬乎？今患刑輕之不足以懲惡，則假臧貨以成罪，託疾病以諱殺(假增臧貨，以益其罪。託稱疾病，令死於獄也)科條無所準，名實不相應，恐非帝王之通法，聖人之良制也。或曰：過刑惡人，可也；過刑善人，豈可復哉？曰：若前政以來，未曾枉害善人者，則有罪不死也(言善人有罪，亦當殺之也)是爲忍於殺人也(○劉攽曰案文多一也字)而不忍於刑人也。今令五刑有品，輕重有數，科條有序，名實有正，非殺人逆亂鳥獸之行甚重者，皆勿殺(鳥獸之行，謂蒸報也)嗣周氏之祕典，續呂侯之祥刑，此又宜復之善者也(周禮大司寇掌邦之三典，以佐王刑邦國，詰四方：一曰刑新國用輕典，二曰刑平國用中典，三曰刑亂國用重典。祥，善也。尚書曰「敬爾祥刑」)易曰：「陽一君二臣，君子之道也；陰二君一臣，小人之道也。」(繫辭之文也。陽卦一陽而二陰，陰卦一陰而二陽。陽爲君，陰爲臣)然則寡者，爲人上者也；衆者，爲人下者也。一伍之長，才足以長一伍者也；一國之君，才足以君一國者也；天下之王，才足以王天下者也。愚役於智，猶枝之附幹，此理天下之常法也。制國以分人，立政以分事，人遠則難綏，事總則難了。今遠州之縣，或相去數百千里，雖多山陵洿澤，猶有可居人種穀者焉。當更制其境界，使遠者不過二百里。明版籍以相數閱，審什伍以相連持(周禮曰「凡在版者」，注云：版，名籍也，以版爲之也)限夫田以斷并兼，定五刑以救死亡(司馬法曰：步百爲畝，畝百爲夫，夫三爲屋，屋三爲井。并兼謂豪富之家以財勢并取貧人之田而兼有之)益君長以興政理，急農桑以豐委積，去末作以一本業，敦教學以移情性，表德行以厲風俗，覈才藝以敘官宜，簡精悍以習師田(周禮曰「凡師田，斬牲以左右徇陳」，注云：示犯誓必殺也)修武器以存守戰，嚴禁令以防僭差，信賞罰以驗懲勸，糾游戲以杜姦邪，察苛刻以絕煩暴。審此十六者以爲政務，操之有常，課之有限，安寧勿懈墯，有事不迫遽，聖人復起，不能易也。向者天下戶過千萬，除其老弱，但戶一丁壯，則千萬人也。遺漏既多，又蠻夷戎狄居漢地者尚不在焉。丁壯十人之中，必有堪爲其什伍之長，推什長已上，則百萬人也。又十取之，則佐史之才已上十萬人也。又十取之，則可使在政理之位者萬人也。以筋力用者謂之人，人求丁壯，以才智用者謂之士，士貴耆老。充此制以用天下之人，猶將有儲，何嫌乎不足也？故物有不求，未有無物之歲也；士有不用，未有少士之世也。夫如此，而後可以用天性，究人理，興頓廢，屬斷絕(屬猶續也)網羅遺漏，拱押天人矣(拱，執也。押，猶也。押音下甲反)或曰：善爲政者，欲除煩去苛，并官省職，爲之以無爲，事之以無事，何子之言云云也(老子云：「爲無爲，事無事」也)曰：若是，三代不足摹，聖人未可師也(摹，法也。三代皆由肉刑及井田之法，今不用，是不摹之也)君子用法制而至於化，小人用法制而至於亂。均是一法制也，或以之化，或以之亂，行之不同也。苟使豺狼牧羊豚，盜跖主徵稅，國家昏亂，吏人放肆，則惡復論損益之間哉(惡音烏)夫人待君子然後化理，國待蓄積乃無憂患。君子非自農桑以求衣食者也，蓄積非橫賦斂以取優饒者也。奉祿誠厚，則割剝貿易之罪乃可絕也；蓄積誠多，則兵寇水旱之災不足苦也。故由其道而得之，民不以爲奢；由其道而取之，民不以爲勞。天災流行，開倉庫以稟貸，不亦仁乎？衣食有餘，損靡麗以散施，不亦義乎？彼君子居位，爲士民之長，固宜重肉累帛，朱輪駟馬。今反謂薄屋者爲高，藿食者爲清，既失天地之性，又開虛僞之名，使小智居大位，庶績不咸熙，未必不由此也。得拘絜而失才能，非立功之實也(拘絜謂自拘束而絜其身者，即隱逸之人也)以廉舉而以貪去，非士君子之志也(去音欺呂反)夫選用必取善士。善士富者少而貧者多，祿不足以供養，安能不少營私門乎？從而罪之，是設機置穽以待天下之君子也(穽，穿地陷獸也。機，弩牙也)盜賊凶荒，九州代作，饑饉暴至，軍旅卒發，橫稅弱人，割奪吏祿，所恃者寡，所取者猥(猥猶多也)萬里懸乏，首尾不救，徭役並起，農桑失業，兆民呼嗟於昊天，貧窮轉死於溝壑矣。今通肥饒之率，計稼穡之入，令畝收三斛，斛取一斗，未爲甚多。一歲之間，則有數年之儲，雖興非法之役，恣奢侈之欲，廣愛幸之賜，猶未能盡也。不循古法，規爲輕稅，及至一方有警，一面被災，未逮三年，校計騫短，坐視戰士之蔬食，立望餓殍之滿道，如之何爲君行此政也(孟子曰：「塗有餓殍而不知發。」趙岐注云：餓死者曰莩。莩與殍通，音皮表反)二十稅一，名之曰貊，況三十稅一乎(孟子載白圭曰：「吾欲二十而取一，何如？」孟子曰：「子之道，貊道也。」趙岐注云：貊，夷貊之人在荒者也。貊在北方，其氣寒，不生五穀，無中國之禮，故可二十而取一而足也。此言欲輕稅也)夫薄吏祿以豐軍用，緣於秦征諸侯，續以四夷，漢承其業，遂不改更，危國亂家，此之由也。今田無常主，民無常居，吏食日稟(稟，給也)祿班未定(○劉攽曰：案文當作班祿)可爲法制，畫一定科，租稅十一，更賦如舊(更賦已見光武紀也)今者土廣民稀，中地未墾(上田已耕，唯中地已下未也)雖然，猶當限以大家，勿令過制。其地有草者，盡曰官田，力堪農事，乃聽受之。若聽其自取，後必爲姦也。

法誡篇曰：周禮六典，冢宰貳王而理天下(爾雅曰：冢，大也。貳謂副貳也。周禮天官冢宰掌建邦之六典，以佐王理邦國：一曰理典，以理官府；二曰教典，以擾萬姓；三曰禮典，以諧萬姓；四曰政典，以均萬姓；五曰刑典，以糾萬姓；六曰事典，以生萬姓也)春秋之時，諸侯明德者，皆一卿爲政。爰及戰國，亦皆然也。秦兼天下，則置丞相，而貳之以御史大夫。自高帝逮于孝成，因而不改，多終其身。漢之隆盛，是惟在焉。夫任一人則政專，任數人則相倚。政專則和諧，相倚則違戾。和諧則太平之所興也，違戾則荒亂之所起也。光武皇帝慍數世之失權，忿彊臣之竊命(慍猶恨也。數代謂元、成、哀、平。彊臣謂王莽)矯枉過直，政不任下，雖置三公，事歸臺閣(臺閣謂尚書也)自此以來，三公之職，備員而已；然政有不理，猶加譴責。而權移外戚之家，寵被近習之豎，親其黨類，用其私人，內充京師，外布列郡，顚倒賢愚，貿易選舉，疲駑守境，貪殘牧民，撓擾百姓，忿怒四夷(撓音火高反)招致乖叛，亂離斯瘼(瘼，病也)怨氣並作，陰陽失和，三光虧缺，怪異數至，蟲螟食稼，水旱爲災，此皆戚宦之臣所致然也。反以策讓三公，至於死免，乃足爲叫呼蒼天，號咷泣血者也。又中世之選三公也，務於清慤謹愼，循常習故者，是婦女之檢柙，鄉曲之常人耳，惡足以居斯位邪(檢柙猶規矩也)勢既如彼，選又如此，而欲望三公勳立於國家，績加於生民，不亦遠乎？昔文帝之於鄧通，可謂至愛，而猶展申屠嘉之志(展猶申也。文帝時，太中大夫鄧通居上傍，有怠慢禮。丞相申屠嘉奏事，見之，罷朝，召通責之曰：「通小臣，戲殿上，大不敬，當斬。」通頓首，首盡出血。文帝使人召通，謝丞相曰：「此吾弄臣，君其釋之。」)夫見任如此，則何患於左右小臣哉？至如近臣外戚宦豎，請託不行，意氣不滿，立能陷人於不測之禍，惡可得彈正者哉！曩者任之重而責之輕，今者任之輕而責之重。昔賈誼感絳侯之困辱，因陳大臣廉恥之分，開引自裁之端(文帝時，賈誼上書曰：「大臣有罪，不執縛係引而行也。其有大罪者，聞命則北面再拜，跪而自裁，上不使人捽抑而刑之也。」是時丞相絳侯周勃免就國，人有告勃謀反，繫長安獄，卒無事，復爵邑，故誼以此譏上。上深納其言，是後大臣有罪，皆自殺，不受刑也)自此以來，遂以成俗。繼世之主，生而見之，習其所常，曾莫之悟。嗚呼，可悲夫！左手據天下之圖，右手刎其喉，愚者猶知難之，況明哲君子哉(言不以重利害其生，事見莊子)光武奪三公之重，至今而加甚，不假后黨以權，數世而不行，蓋親疏之勢異也(言光武奪三公重任，今奪更甚。光武不假后黨權，數代遂不遵行，此爲三公疏，后族親故也)母后之黨，左右之人，有此至親之勢，故其貴任萬世常然之敗，無世而無之，莫之斯鑒，亦可痛矣。未若置丞相自總之。若委三公，則宜分任責成。夫使爲政者，不當與之婚姻；婚姻者，不當使之爲政也。如此，在位病人(病人謂萬姓困敝也)舉用失賢，百姓不安，爭訟不息，天地多變，人物多妖，然後可以分此罪矣。或曰：政在一人，權甚重也。曰：人實難得，何重之嫌？昔者霍禹、竇憲、鄧騭、梁冀之徒，藉外戚之權，管國家之柄；及其伏誅，以一言之詔，詰朝而決，何重之畏乎？今夫國家漏神明於媟近，輸權重於婦黨，筭十世而爲之者八九焉。不此之罪，而彼之疑，何其詭邪(此謂后黨，彼謂三公也。詭猶違也)

論曰：百家之言政者尚矣(尚猶遠也)大略歸乎寧固根柢，革易時敝也。夫遭運無常，意見偏雜，故是非之論，紛然相乖。嘗試妄論之(謙不敢正言也)以爲世非胥庭，人乖鷇飲，化迹萬肇，情故萌生(赫胥氏、大庭氏，並古之帝號。莊子曰：「夫聖人鶉居而鷇飲。」言鶉鳥無常居，鷇飲不假物，並淳朴時也。肇，始也)雖周物之智，不能研其推變；山川之奧，未足況其紆險(易繫辭曰：「知周乎萬物而道濟天下。」推，遷也。莊子曰：「凡人心險於山川，難於知天。」也)則應俗適事，難以常條。如使用審其道，則殊塗同會；才爽其分，則一豪以乖(用得其人，審其道也。授非其才，爽其分也。易繫辭曰：「天下同歸而殊塗，一致而百慮。」易緯曰：「差以毫氂，失之千里。」)何以言之？若夫玄聖御世，則天同極，施舍之道，宜無殊典(莊子曰：「玄聖素王之道也。」極猶致也，言法天之道同其致也。施舍猶興廢也)而損益異運，文朴遞行(論語孔子曰：「殷因於夏禮，所損益可知也。」朴，質也。禮記曰：「文質再而復也。」)用明居晦，回泬於曩時；興戈陳俎，參差於上世(回泬猶攜互不齊一也。泬音穴)及至戴黃屋，服絺衣，豐薄不齊，而致化則一(前書音義曰：天子車以黃繒爲蓋裏，故曰黃屋。韓子曰：「堯之王天下也，冬日麑裘，夏日葛衣。」絺，葛也)亦有宥公族，黥國儲，寬憐巨隔，而防非必同，此其分波而共源，百慮而一致者也(禮記曰：「公族有死罪，獄成，有司讞于公曰：『某之罪在大辟。』公曰：『宥之。』有司又曰：『在大辟。』公又曰：『宥之。』」史記曰：秦孝公太子犯法，衛鞅曰：「太子，君嗣也，不可施刑。」刑其傅公子虔，黥其師公孫賈也)若乃偏情矯用，則枉直必過(孟子曰：「矯枉過直。」矯，正也。枉，曲也。言正曲者過于直，以喻爲政者懲奢則太儉，患寬則傷猛，不能折衷也)故葛屨履霜，敝由崇儉(詩魏風序曰：「葛屨，刺褊也。其君儉嗇褊急，而無德以將之。」詩曰：「糾糾葛屨，可以履霜。」鄭玄注云：葛屨賤，皮屨貴，魏俗至冬猶葛屨，可用履霜，利其賤也)楚楚衣服，戒在窮賖(詩曹風序曰：「蜉蝣，刺奢也。」詩曰：「蜉蝣之羽，衣裳楚楚。」毛萇注曰：蜉蝣，渠略也，朝生夕死，猶有羽翼以自飾。楚楚，鮮貌也。喻曹朝羣臣皆小人也，徒飾其衣裳，不知其死亡之無日。賖，奢同)疎禁厚下，以尾大陵弱(疎禁謂防制太寬，厚下謂封建太廣，言周室微弱而諸侯强盛，如尾大然。左傳楚申無宇曰：「末大必折，尾大不掉也。」)斂威峻罰，以苛薄分崩(斂，聚也。言秦酷法以至分崩也)斯曹魏之刺，所以明乎國風；周秦末軌，所以彰於微滅。故用舍之端，興敗資焉。是以繁簡唯時，寬猛相濟，刑書鐫鼎，事有可詳；三章在令，取貴能約(左傳曰：「鄭人鑄刑書。」杜預注云：鑄刑書於鼎，以爲國之常法也。高祖初入關，除秦苛法，約法三章，言其詳約也)太叔致猛政之褒，國子流遺愛之涕(左傳曰：鄭子產有疾，謂子太叔曰：「我死，子必爲政。唯有德者能以寬服人，其次莫如猛。」又曰：子產卒，仲尼聞之，出涕曰：「古之遺愛也。」國子卽子產也。鄭穆公子國之子，因以爲姓也)宣孟改冬日之和，平陽循畫一之法，斯實弛張之弘致，可以徵其統乎(宣孟，晉大夫趙盾也。左傳賈季對酆舒曰：「趙衰，冬日之日也；趙盾，夏日之日也。」注云：冬日可愛，夏日可畏。前書平陽侯曹參爲相國，百姓歌之曰：「蕭何爲法，講若畫一；曹參代之，守而勿失。載其清靜，人以寧一。」)數子之言當世失得皆究矣，然多謬通方之訓，好申一隅之說(一隅謂一方偏見也)貴清靜者，以席上爲腐議；束名實者，以柱下爲誕辭(清靜謂道家也。席上謂儒也。腐，朽也。禮記儒行曰：「儒有席上之珍。」高祖折隨何曰：「安用腐儒哉！」名實，名家也。柱下，老子也。誕，虛也。言志各不同也)或推前王之風，可行於當年有引救敝之規宜流於長世稽之篤論將爲敝矣如以舟無推陸之分瑟非常調之音古法不施于今猶舟不可行之于陸也今法有合于時如瑟可移柱而調也莊子日是推舟于陸勞而無功也前書董仲舒日琴瑟不調甚者必解而更張之乃可鼓也爲政而不行甚者必變而更化之乃可理也不限局以疑遠不拘玄以妨素則化樞各管其極理略可得而言與音余

贊曰管視好偏羣言難一救朴雖文矯遲必疾舉端自理滯隅則失詳覩時蠹成昭政術滯隅謂執一隅也淮南子日非循一跡之路守一隅之指而不與俗推移也

後漢書卷七十九考證

仲長統傳抗志山西游心海左○西字監本作栖臣會汾按山西與海左對今從宋本

甚於戰國之時也○之時也三字監本誤作則又甚從宋本改

後漢書卷八十

宋　宣　城　太　守　范　曄　撰

唐　章　懷　太　子　賢　注

孝明八王列傳第四十

孝明皇帝九子賈貴人生章帝陰貴人生梁節王暢餘七王本書不載母氏本書謂東觀記也

千乘哀王建傳

千乘哀王建永平三年封明年薨年少無子國除

陳敬王羨傳

陳敬王羨永平三年封廣平王建初三年有司奏遣羨與鉅鹿王恭樂成王黨俱就國肅宗性篤愛不忍與諸王乖離遂皆留京師明年案輿地圖令諸國戶口皆等租入歲各八千萬羨博涉經書有威嚴與諸儒講論於白虎殿七年帝以廣平在北多有邊費廣平縣故城在今洺州永年縣北乃徙羨爲西平王西平縣屬汝南郡也分汝南八縣爲國及帝崩遺詔徙封爲陳王食淮南郡其年就國立三十七年薨子思王鈞嗣鈞立多不法遂行天子大射禮天子將祭擇士而祭謂之大射大射之禮張三侯虎侯熊侯豹侯示服猛也皆以其皮方制之樂用騶虞九節謝承書曰陳國戶曹史高櫬諫國相曰諸侯射熊八彝六櫬禮數不同昔季氏設朱干玉戚以舞大夏左傳曰唯名與器不可以假人奢僭之漸不可聽也於是諫爭不合爲王所非坐司寇罪也性隱賊喜文法國相二千石不與相得者輒陰中之憎怨敬王夫人李儀等永元十一年遂使客隗久久或作文殺儀家屬吏捕得久繫長平獄長平縣屬陳國鈞欲斷絕辭語復使結客篡殺久事發覺有司舉奏鈞坐削西華項新陽三縣西華故城在今陳州溵水縣西北項今陳州項城縣也新陽故城在今豫州眞陽縣西南也十二年封鈞六弟爲列侯伏侯古今注曰番爲陽都鄉侯千秋爲新平侯參爲周亭侯壽爲樂陽亭侯賞爲博平侯旦爲高亭侯也後鈞取掖庭出女李嬈爲小妻嬈音寧了反復坐削圉宜祿扶溝三縣圉扶溝並屬陳留宜祿屬汝南郡永初七年封敬王孫安國爲耕亭侯鈞立二十一年薨子懷王竦嗣立二年薨無子國絕永寧元年立敬王子安壽亭侯崇爲陳王是爲頃王立五年薨子孝王承嗣承薨子愍王寵嗣熹平二年國相師遷追奏前相魏愔與寵共祭天神希幸非冀罪至不道有司奏遣使者案驗是時新誅勃海王悝靈帝熹平元年悝被誣謀反自殺也靈帝不忍復加法詔檻車傳送愔遷詣北寺詔獄使中常侍王酺華嶠書及宦者傳諸本並作甫此云酺未詳孰是也與尚書令侍御史雜考愔辭與王共祭黃老君○劉攽曰案文黃老君不成文當云黃帝老君求長生福而已無它冀幸酺等奏愔職在匡正而所爲不端遷誣告其王罔以不道皆誅死有詔赦寵不案寵善弩射十發十中中皆同處華嶠書曰寵射其秘法以天覆地載參連爲奇又有三微三小三微爲經三小爲緯經緯相將萬勝之方然要在機牙中平中黃巾賊起郡縣皆棄城走寵有彊弩數千張出軍都亭置軍營於國之都亭也國人素聞王善射不敢反叛故陳獨得完百姓歸之者衆十餘萬人及獻帝初義兵起寵率衆屯陽夏縣名屬淮陽國夏音公雅反自稱輔漢大將軍國相會稽駱俊素有威恩時天下饑荒鄰郡人多歸就之俊傾資賑贍並得全活後袁術求糧於陳而俊拒絕之術忿恚遣客詐殺俊及寵陳由是破敗謝承書曰俊字孝遠烏傷人察孝廉補尚書侍郎擢拜陳國相人有產子厚致米肉遣府主意生男女者以駱爲名袁術使部曲將張闓陽私行到陳之俊所俊往從飮酒因詐殺俊一郡吏人哀號如喪父母是時諸國無復租祿而數見虜奪幷日而食轉死溝壑者甚衆夫人姬妾多爲丹陵兵烏桓所略云

彭城靖王恭傳

彭城靖王恭永平九年賜號靈壽王取其美名也下重熹王亦同東觀記日賜號未有國邑也十五年封爲鉅鹿王建初三年徙封江陵王改南郡爲國元和二年三公上言江陵在京師正南不可以封乃徙爲六安王以廬江郡爲國肅宗崩遺詔徙封彭城王食楚郡其年就國恭敦厚威重舉動有節度吏人敬愛之永初六年封恭子阿奴爲竹邑侯竹邑縣屬沛郡故城在今徐州符離縣也竹邑或爲邑字傳寫誤也元初三年恭以事怒子酺酺自殺東觀記曰恭子男丁前妻物故酺侮慢丁小妻恭怒閉酺馬廄酺亡夜詣彭城縣欲上書恭遣從官倉頭曉令歸數責之乃自殺也國相趙牧以狀上因誣奏恭祠祀惡言大逆不道有司奏請誅之恭上書自訟朝廷以其素著行義令考實無徵牧坐下獄會赦免死決錄注曰牧字仲師長安人少知名以公正稱修春秋事樂恢恢以直諫死牧爲陳寃得中高第爲侍御史會稽太守皆有稱績及誣奏恭安帝疑其侵乃遣御史毋丘歆覆案其事實下牧廷尉會赦不誅終於家恭立四十六年薨子考王道嗣元初五年封道弟三人爲鄉侯東觀記曰丙爲都鄉侯國爲安鄉侯丁爲曾陽鄉侯恭孫順爲東安亭侯道立二十八年薨子頃王定嗣本初元年封定兄弟九人皆爲亭侯東觀記曰定兄據卞亭侯弟光昭陽亭侯固公梁亭侯興蒲亭侯延昌城亭侯祀梁父亭侯堅西安亭侯代林亭侯也定立四年薨子孝王和嗣和性至孝太夫人薨行喪陵次毀胔過禮傳相以聞桓帝詔使奉牛酒迎王還宮和敬賢樂施國中愛之初平中天下大亂和爲賊昌務所攻避奔東阿後得還國立六十四年薨孫祗嗣立七年魏受禪以爲崇德侯

樂成靖王黨傳

樂成靖王黨永平九年賜號重熹王十五年封樂成王黨聰慧善史書喜正文字與肅宗同年尤相親愛建初四年以清河之游觀津勃海之東光成平涿郡之中水饒陽安平南深澤八縣益樂成國前書及郡國志清河無游縣觀津故城在今德州蓨縣東北東光縣南成平在景城縣南中水在今瀛州樂壽縣西北南深澤在今定州深澤縣東也及帝崩其年就國黨急刻不遵法度舊禁宮人出嫁不得適諸國有故掖庭技人哀置嫁爲男子章初妻哀姓置名也稱男子者無官爵也黨召哀置入宮與通初欲上書告之黨恐懼乃密賂哀置姊焦使殺初事發覺黨乃縊殺內侍三人以絕口語又取故中山簡王傳婢李羽生爲小妻永元七年國相舉奏之和帝詔削東光鄡二縣鄡縣屬鉅鹿郡鄡音羌堯反立二十五年薨子哀王崇嗣立二月薨無子國絕明年和帝立崇兄脩侯巡爲樂成王是爲釐王脩縣及脩縣皆屬勃海脩字或作脩立十五年薨子隱王賓嗣立八年薨無子國絕明年復立濟北惠王子萇爲樂成王後萇到國數月驕淫不法愆過累積冀州刺史與國相舉奏萇罪至不道安帝詔曰萇有靦其面而放逸其心靦姡也言面姡然無媿姡音胡八反知陵廟至重承繼有禮不惟致敬之節肅穆之慎乃敢擅損犧牲不備苾芬詩小雅曰苾苾芬芬祀事孔明慢易大姬不震厥教大姬萇所繼之母震懼也出入顛覆風淫于家娉取人妻饋遺婢妾毆擊吏人專己凶暴愆罪莫大甚可恥也朕覽八辟之議不忍致之于理周禮司寇以八辟麗邦法一曰議親之辟二曰議故之辟三曰議賢之辟四曰議能之辟五曰議功之辟六曰議貴之辟七曰議勤之辟八曰議賓之辟其貶萇爵爲臨湖侯臨湖屬廬江郡朕無則哲之明致簡統失序罔以尉承大姬增懷永歎袁宏紀曰尚書侍郎岑宏議以爲自非聖人不能無過故王太子生爲立賢師傅以訓導之是以目不見惡耳不聞非能保其社稷高明令終萇少長藩國內無過庭之訓外無師傅之道血氣方剛卒受榮爵幾微生過遂陷不義臣聞周官議親惷愚見赦萇不殺無辜以譴呵爲非無赫赫大惡可裁削奪損其租賦令得改過自新革心向道案黃香集香與宏共奏此香之辭也延光元年以河間孝王子得嗣靖王後以樂成比廢絕故改國曰安平是爲安平孝王立三十年薨子續立中平元年黃巾賊起爲所劫質囚于廣宗今貝州宗城縣也隋室諱改焉賊平復國其年秋坐不道被誅立三十四年國除

下邳惠王衍傳

下邳惠王衍永平十五年封衍有容貌肅宗即位常在左右建初初冠詔賜衍師傅已下官屬金帛各有差四年以臨淮郡及九江之鍾離當塗東城歷陽全椒合十七縣益下邳國鍾離在今濠州鍾離縣東當塗在縣西南東城在定遠縣東南歷陽和州縣也全椒今滁州縣也帝崩其年就國衍後病荒忽而太子卬有罪廢諸姬爭欲立子爲嗣連上書相告言和帝憐之使彭城靖王恭至下邳正其嫡庶立子成爲太子東觀記載賜恭詔曰皇帝問彭城王始夏無恙蓋聞堯親九族萬國協和書典之所美也下邳王被病沈滯之疾昏亂不明家用不寧姬妾適庶諸子分爭紛紛至今前太子卬頑凶失道陷于大辟是後諸子更相誣告迄今適嗣未知所定朕甚傷之惟王與下邳王恩義至親正此國嗣非王而誰禮重適庶之序春秋之義大居正孔子曰惟仁者能好人能惡人貴仁者所好惡得其中也太子國之儲嗣可不慎歟王其差次下邳諸子可爲太子者上名將及景風拜授印綬焉衍立五十四年薨子貞王成嗣永建元年封成兄二人及惠王孫二人皆爲列侯成立二年薨子愍王意嗣陽嘉元年封意弟八人爲鄉亭侯中平元年意遭黃巾棄國走賊平復國數月薨立五十七年年九十子哀王宜嗣數月薨無子建安十一年國除

梁節王暢傳

梁節王暢永平十五年封爲汝南王母陰貴人有寵暢尤被愛幸國土租入倍於諸國肅宗立緣先帝之意賞賜恩寵甚篤建初二年封暢舅陰棠爲西陵侯西陵縣屬江夏郡四年徙爲梁王以陳留之鄢寧陵濟陰之薄單父巳氏成武凡六縣益梁國鄢今許州鄢陵縣也寧陵今宋州縣也薄故城在今曹州考城縣東北單父今宋州縣也巳氏今宋州楚丘縣也成武今曹州縣也帝崩其年就國暢性聰惠然少貴驕頗不遵法度歸國後數有惡夢從官卞忌自言能使六丁善占夢六丁謂六甲中丁神也若甲子旬中則丁卯爲神甲寅旬中則丁巳爲神之類也役使之法先齋戒然後其神至可使致遠方物及知吉凶也暢數使卜筮又暢乳母王禮等因此自言能見鬼神事遂共占氣祠祭求福忌等諂媚云神言王當爲天子暢心喜與相應荅永元五年豫州刺史梁相舉奏暢不道考訊辭不服有司請徵暢詣廷尉詔獄和帝不許有司重奏除暢國徙九眞帝不忍但削成武單父二縣暢慙懼上疏辭謝曰臣天性狂愚生在深宮長養傅母之手信惑左右之

言及至歸國不知防禁從官侍史利臣財物熒惑臣暢臣暢無所昭見與相然諾不自知陷死罪以至考案肌慄心悸自悔無所復及自謂當卽時伏顯誅魂魄去身分歸黃泉不意陛下聖德枉法曲平不聽有司曲平曲法中恩平處其罪橫貸赦臣戰慄連月未敢自安上念以負先帝而令陛下爲臣收汙天下汙惡也天下以帝赦王爲惡故言收惡天下也誠無氣以息筋骨不相連臣暢知大貸不可再得自誓束身約妻子不敢復出入失繩墨不敢復有所橫費租入有餘乞裁食睢陽穀孰虞蒙寧陵五縣還餘所食四縣臣暢小妻三十七人其無子者願還本家自選擇謹勑奴婢二百人其餘所受虎賁官騎及諸工技鼓吹蒼頭奴婢兵弩廐馬皆上還本署臣暢以骨肉近親亂聖化汙清流既得生活誠無心面目以凶惡復居大宮食大國張官屬藏什物願陛下加大恩開臣自悔之門假臣遷善之路令天下知臣蒙恩得去死就生頗能自悔臣以公卿所奏臣罪惡詔書常置於前晝夜誦讀臣小人貪見明時不能卽時自引惟陛下哀臣令得喘息漏刻若不聽許臣實無顏以久生下入黃泉無以見先帝此誠臣至心臣欲多還所受恐天恩不聽許節量所留於臣暢饒足詔報曰朕惟王至親之屬淳淑之美傅相不良不能防邪至令有司紛紛有言今王深思悔過端自克責朕惻然傷之志匪由于咎在彼小子謂由卞忌及王禮等也一日克己復禮天下歸仁王其安心靜意茂率休德易不云乎一謙而四益小有言終吉易謙卦曰天道虧盈而益謙地道變盈而流謙鬼神害盈而福謙人道惡盈而好謙是一而天地神人皆益之故曰一謙而四益訟卦初六曰小有言終吉王雖小有訟言而終吉也强食自愛暢固讓章數上卒不許立二十七年薨子恭王堅嗣永元十六年封堅弟二人爲鄉亭侯堅立二十六年薨子懷王匡嗣永建二年封匡兄弟七人爲鄉亭侯匡立十一年薨無子順帝封匡弟孝陽亭侯成爲梁王是爲夷王立二十九年薨子敬王元嗣立十六年薨子彌嗣立四十年魏受禪以爲崇德侯

淮陽頃王昞傳

淮陽頃王昞永平五年封常山王建初四年徙爲淮陽王以汝南之新安西華益淮陽國立十六年薨未及立嗣永元二年和帝立昞小子側復爲常山王奉昞後是爲殤王立十三年薨父子皆未之國並葬京師側無子其月立兄防子侯章爲常山王和帝憐章早孤數加賞賜延平元年就國立二十五年薨是爲靖王子頊王儀嗣永建二年封儀兄二人爲亭侯儀立十七年薨子節王豹嗣永嘉元年封豹兄四人爲亭侯豹立八年薨子暠嗣三十二年遭黃巾賊棄國走建安十一年國除

濟陰悼王長傳

濟陰悼王長永平十五年封建初四年以東郡之離孤陳留之長垣益濟陰國立十三年薨于京師無子國除

論曰晏子稱夫人生厚而用利於是乎正德以幅之謂之幅利言人情須節以正其德亦由布帛須幅以成其度焉左傳云齊景公與晏子邶殿之邑六十晏子不受曰夫富如布帛之有幅焉爲之度使無遷也夫人生厚而用利於是正德以幅之謂之幅利過則爲敗吾不敢貪多所謂幅也明帝封諸子租歲不過二千萬馬后爲言而不得也東觀明紀曰皇子之封皆減舊制嘗案輿地圖皇后在傍言鉅鹿樂成廣平各數縣租穀百萬帝令滿二千萬止諸小王皆當略與楚淮陽相比什減三四我子不當與先帝子等者也賢哉豈徒儉約而已乎知驕貴之無猒嗜欲之難極也故東京諸侯鮮有至於禍敗者也

贊曰孝明傳胙維城八國陳敬嚴重彭城厚德下邳嬰痾梁節邪惑三藩夙齡謂千乘淮陽濟陰並早殁黨惟荒忒

後漢書卷八十考證

陳敬王羨傳徙封爲陳王食淮南郡○臣會汾按諸本或作淮南或作淮陽皆非也前後書志兩漢並無淮南淮陽郡名前漢之淮陽國卽後漢之陳國也陳與淮陽既爲一所則徙封陳王之下不須更言食淮陽郡以上下文義參之明是汝南郡無疑也前云徙爲西平王分汝南八縣爲國至此雖徙封陳王而所食租稅仍兼汝南正所以優異之陳與汝南並隸豫州刺史部也下云坐刱西華項新陽三縣又坐刱圍宜祿扶溝三縣據郡國志西華項新陽宜祿並屬汝南則監本僅誤一淮字別本作淮陽尤爲謬矣

愔辭與王共祭黃老君注劉攽曰按文黃老君不成文當云黃帝老君○刊誤補遺曰眞誥云大洞之道至精至妙是守素眞人之經昔中央黃老君秘此經世不知也則道家又自有黃老君

多爲丹陵兵烏桓所畧云○陵監本誤作陽今改正

欒成靖王黨傳子績立○績字一本作績

後漢書卷八十一

宋　宣　城　太　守　范　曄　撰

唐　章　懷　太　子　賢　注

李陳龐陳橋列傳第四十一

李恂傳

李恂字叔英安定臨涇人也少習韓詩韓嬰所傳詩也教授諸生常數百人太守潁川李鴻請署功曹未及到而州辟爲從事會鴻卒恂不應州命而送鴻喪還鄉里既葬留起冢墳持喪三年辟司徒桓虞府後拜侍御史持節使幽州宣布恩澤慰撫北狄所過皆圖寫山川屯田聚落百餘卷悉封奏上肅宗嘉之拜兗州刺史以淸約率下常席羊皮服布被遷張掖太守有威重名時大將軍竇憲將兵屯武威天下州郡遠近莫不脩禮遺恂奉公不阿爲憲所奏免後復徵拜謁者使持節領西域副校尉西域殷富多珍寶諸國侍子及督使賈胡督使主蕃國之使也賈胡胡之商賈也數遺恂奴婢宛馬金銀香罽之屬一無所受袁山松書曰西域出諸香石密罽織毛爲布者北匈奴數斷西域車師伊吾隴沙以西使命不得通前書曰車師前國王居交河城伊吾故城在今瓜州晉昌縣北廣志曰流沙在玉門關外東西數百里有三斷名曰三隴也恂設購賞遂斬虜帥縣首軍門自是道路夷清威恩並行遷武威太守後坐事免步歸鄉里潛居山澤結草爲廬獨與諸生織席自給會西羌反畔恂到田舍爲所執獲羌素聞其名放遣之恂因詣洛陽謝時歲荒司空張敏司徒魯恭等各遺子饋糧悉無所受徙居新安關下拾橡實以自資橡櫟實也武帝元鼎三年徙函谷關於新安也年九十六卒

陳禪傳

陳禪字紀山巴郡安漢人也仕郡功曹舉善黜惡爲邦內所畏察孝廉州辟治中從事續漢志曰每州有治中從事也時刺史爲人所上受納臧賂禪當傳考傳謂逮捕而考之也無它所齎但持喪斂之具而已及至笞掠無算五毒畢加禪神意自若辭對無變事遂散釋車騎將軍鄧騭聞其名而辟焉舉茂才時漢中蠻夷反畔以禪爲漢中太守夷賊素聞其名聲卽時降服遷左馮翊入拜諫議大夫永寧元年西南夷撣國王撣音徒丹反○劉攽曰案和紀皆作擅音撣字亦無作平聲者而此音徒丹當由注者見前誤以爲擅而音之也又檢說文撣音徒旱反如此則與徒丹平側之間耳語音或容有輕重之殊然注書當定從一說不宜二三也獻樂及幻人能吐火自支解易牛馬頭明年元會作之於庭安帝與羣臣共觀大奇之禪獨離席舉手大言曰昔齊魯爲夾谷之會齊作侏儒之樂仲尼誅之家語曰魯定公與齊侯會於夾谷孔子攝相事齊奏中宮之樂倡優戲於前孔子趨曰匹夫而侮諸侯者罪應誅於是斬侏儒手足異處○劉攽曰案文當作首足又曰放鄭聲遠佞人論語孔子之言帝王之庭不宜設夷狄之技尚書陳忠劾奏禪曰古者合歡之樂舞於堂四夷之樂陳於門故詩云以雅以南韎任朱離詩小雅鼓鍾之詩曰以雅以南以籥不僭薛君云南夷之樂曰南四夷之樂唯南可以和於雅者以其人聲音及籥不僭差也周禮鞮鞻氏掌四夷之樂鄭玄注云東方曰韎南方曰任西方曰朱離北方曰禁毛詩無韎任朱離之文蓋見齊魯之詩也今亡韎音昧禮記曰九夷八蠻六戎五狄來朝立於明堂四門之外也今撣國越流沙踰縣度前書西域傳曰縣度者山名也谿谷不通以繩索相引而度去陽關五千八百八十里萬里貢獻非鄭衛之聲佞人之比而禪廷訕朝政訕謗也請劾禪下獄有詔勿收左轉爲玄菟候城障尉候城縣在遼東詔敢不之官上妻子從者名禪既行朝廷多訟之會北匈奴入遼東追拜禪遼東太守胡憚其威彊退還數百里禪不加兵但使吏卒往曉慰之單于隨使還郡禪於學行禮爲說道義以感化之單于懷服遺以胡中珍貨而去及鄧騭誅廢禪以故吏免復爲車騎將軍閻顯長史順帝卽位遷司隸校尉明年卒于官子澄有清名官至漢中太守禪曾孫寶亦剛壯有禪風爲州別駕從事顯名州里

龐參傳

龐參字仲達河南緱氏人也初仕郡未知名河南尹龐奮見而奇之舉爲孝廉拜左校令坐法輸作若盧若盧獄名永初元年涼州先零種羌反畔遣車騎將軍鄧騭討之參於徒中使其子俊上書曰方今西州流民擾動而徵發不絕水潦不休地力不復言其耗損不復於舊重之以大軍疲之以遠戍農功消於轉運資財竭於徵發田疇不得墾闢禾稼不得收入搏手困窮無望來秋兩手相搏言無計也百姓力屈不復堪命臣愚以爲萬里運糧遠就羌戎不若總兵養衆以待其疲車騎將軍騭宜且振旅留征西校尉任尚使督涼州士民轉居三輔休徭役以助其時止煩賦以益其財令男得耕種女得織紝紝音如深反杜預注左傳云織紝繒布也然後畜精銳乘懈沮出其不意攻其不備則邊人之仇報奔北之恥雪矣書奏會御史中丞樊準上疏薦參曰臣聞鷙鳥累百不如一鶚前書鄒陽諫吳王之辭也鶚大鷹也昔孝文皇帝悟馮唐之言而赦魏尚之罪使爲邊守匈奴不敢南向前書馮唐謂文帝曰臣聞魏尚爲雲中守匈奴遠避不近雲中之塞上功莫府一言不相應文吏以法繩之愚以爲陛下法太明而賞太輕文帝悅是日令唐持節赦魏尚復以爲雲中守也夫以一臣之身折方面之難者選用得也臣伏見故左校令河南龐參勇謀不測卓爾奇偉高才武略有魏尚之風前坐微法輸作經時今羌戎爲患大軍西屯臣以爲如參之人宜在行伍惟明詔採前世之舉覩魏尚之功免赦參刑以爲軍鋒必有成効宣助國威鄧太后納其言卽擢參於徒中召拜謁者使西督三輔諸軍屯而徵鄧騭

還四年羌寇轉盛兵費日廣且連年不登穀石萬餘參奏記於鄧騭曰比年羌寇特困隴右供徭賦役爲損日滋官負人責數十億萬（責音側解反）今復募發百姓調取穀帛衒賣什物以應吏求外傷羌虜內困徵賦（爲羌寇所傷也）遂乃千里轉糧遠給武都西郡塗路傾阻難勞百端疾行則鈔暴爲害遲進則穀食稍損運糧散於曠野牛馬死於山澤縣官不足輒貸於民民已窮矣將從誰求名救金城而實困三輔三輔既困還復爲金城之禍矣參前數言宜棄西域乃爲西州士大夫所笑今苟貪不毛之地營恤不使之民（恤憂也不使之人謂戎虜凶獷不堪爲用）暴軍伊吾之野以慮三族之外（言勞師救遠以爲親戚之憂慮）果破涼州禍亂至今夫拓境不寧無益於彊多田不耕何救飢敝故善爲國者務懷其內不求外利務富其民不貪廣土三輔山原曠遠民庶稀疏故縣丘城可居者多（丘空也）今宜徙邊郡不能自存者入居諸陵田戍故縣孤城絕郡以權徙之轉運遠費聚而近之徭役煩數休而息之此善之善者也騭及公卿以國用不足欲從參議衆多不同乃止拜參爲漢陽太守郡人任棠者有奇節隱居教授參到先候之棠不與言但以薤一大本水一盂置戶屏前自抱孫兒伏於戶下主簿白以爲倨參思其微意良久曰棠是欲曉太守也水者欲吾清也拔大本薤者欲吾擊強宗也抱兒當戶欲吾開門恤孤也於是歎息而還參在職果能抑強助弱以惠政得民元初元年遷護羌校尉畔羌懷其恩信明年燒當羌種號多等皆降始復得還都令居通河西路（令居縣屬金城郡令音零）時先零羌豪僭號北地詔參將降羌及湟中義從胡七千人（湟水名今在鄯州）與行征西將軍司馬鈞期會北地擊之參於道爲羌所敗既已失期乃稱病引兵還坐以詐疾徵下獄校書郎中馬融上書請之曰伏見西戎反畔寇鈔五州陛下愍百姓之傷痍哀黎元之失業單竭府庫以奉軍師昔周宣獫狁侵鎬及方（詩小雅六月之詩曰侵鎬及方至於涇陽鄭玄注云鎬方皆北方地名）孝文匈奴亦略上郡而宣王立中興之功文帝建太宗之號非惟兩主有明叡之姿抑亦扞城有虓虎之助（詩曰公侯干城又曰闞如虓虎干扞也虓虎怒貌也）是以南仲赫赫列在周詩亞夫赳赳載於漢策（詩曰赫赫南仲薄伐西戎周亞夫爲漢將赳赳武貌）竊見前護羌校尉龐參文武昭備智略弘遠既有義勇果毅之節兼以博雅深謀之姿又度遼將軍梁慬前統西域勤苦數年還留三輔功效克立閒在北邊單于降服今皆幽囚陷於法網昔荀林父敗績於邲晉侯使復其位（左傳曰晉荀林父及楚師戰於邲晉師敗績林父請死晉侯欲許之士貞子諫曰不可夫其敗也如日月之食何損於明晉侯使復其位也）孟明視喪師於崤秦伯不替其官（左傳曰晉敗秦師於崤獲百里孟明視後赦而歸之秦伯曰孤之罪也不替孟明）故晉景并赤狄之土秦穆遂霸西戎（左傳曰晉荀林父敗赤狄滅之晉侯賞林父狄臣千室亦賞士貞子以瓜衍之縣曰吾獲狄土子之功也又曰秦伯伐晉遂霸西戎用孟明也）宜遠覽二君使參慬得在寬宥之科誠有益於折衝毗佐於聖化書奏赦參等後以參爲遼東太守永建元年遷度遼將軍四年入爲大鴻臚尚書僕射虞詡薦參有宰相器能順帝時以爲太尉錄尚書事是時三公之中參名忠直數爲左右所陷毀以所舉用忤帝旨司隸承風案之時當會茂才孝廉參以被奏稱疾不得會上計掾廣漢段恭因會上疏曰伏見道路行人農夫織婦皆曰太尉龐參竭忠盡節徒以直道不能曲心孤立羣邪之間自處中傷之地臣猶冀在陛下之世當蒙安全而復以讒佞傷毀忠正此天地之大禁人主之至誡昔白起賜死諸侯酌酒相賀季子來歸魯人喜其紓難（紓緩也季子魯公子季友也閔公之時國家多難以季子忠賢故請齊侯復之公羊傳曰季子來歸其言季子何賢也言其來歸何喜之也○劉攽曰注言其來歸案文當云其言來歸誤倒之明此書中多有誤倒一兩字者）夫國以賢化君以忠安今天下咸欣陛下有此忠賢願卒寵任以安社稷書奏詔即遣小黃門視參疾太醫致羊酒後參夫人疾前妻子投於井而殺之參素與洛陽令祝良不平（謝承書曰良字邵平長沙人聰明博學有才幹以廉平見稱也）良聞之率吏卒入太尉府案實其事乃上參罪遂因災異策免有司以良不先聞奏輒折辱宰相坐繫詔獄良能得百姓心洛陽吏人守闕請代其罪者日有數千萬人詔乃原刑陽嘉四年復以參爲太尉永和元年以久病罷卒於家

陳龜傳

陳龜字叔珍上黨泫氏人也（泫氏故城今澤州高平縣也泫音公玄反）家世邊將便習弓馬雄於北州龜少有志氣永建中舉孝廉五遷五原太守永和五年拜使匈奴中郎將時南匈奴左部反亂龜以單于不能制下外順內畔促令自殺坐徵下獄免後再遷拜京兆尹時三輔強豪之族多侵枉小民龜到厲威嚴悉平理其怨屈者郡內大悅會羌胡寇邊殺長吏驅略百姓桓帝以龜世諳邊俗拜爲度遼將軍龜臨行上疏曰臣龜蒙恩累世馳騁邊垂雖展鷹犬之用頓斃胡虜之庭魂骸不返薦享狐狸猶無以塞厚責荅萬分也至臣頑駑（○劉攽曰案文至臣無義當作臣至）器無鉛刀一割之用過受國恩榮秩兼優生年死日永懼不報臣聞三辰不軌擢士爲相蠻夷不恭拔卒爲將臣無文武之才而忝鷹揚之任（詩曰維師尚父時維鷹揚）上慙聖明下懼素餐（素空也無功受祿爲素餐）雖歿軀體無所云補今西州邊鄙土地堉埆（埆音覺又音確謂薄土也）鞍馬爲居射獵爲業男寡耕稼之利女乏機杼之饒守塞候望懸命鋒鏑聞急長驅去不圖反自頃年以來匈奴數攻營郡（謂郡有屯兵者即護羌校尉屯金城烏桓校尉屯上谷之類）殘殺長吏侮略良細戰夫身膏沙漠居人首係馬鞍或舉國掩戶盡種灰滅孤兒寡婦號哭空城野無青草室如懸磬（左傳曰室如懸磬野無青草言其屋居如磬之懸下無所有）雖含生氣實同枯朽往歲并州水雨災螟互生稼穡荒耗租更空闕（更謂卒更錢也）老者慮不終年少壯懼於困厄陛下以百姓爲子品庶以陛下爲父焉可不日昃勞神（書曰文王至于日中昃不遑暇食也）垂撫循之恩哉唐堯親捨其子以禪虞舜者是欲民遭聖君不令遇惡主也（史記曰堯知子丹朱不肖不足授天下乃推授舜則天下得其利而丹朱病授丹朱則天下病而丹朱得其利堯曰終不以天下之病而利一人卒授舜以天下也○劉攽曰注乃推授舜則天下得其利案史記本文更有授舜兩字）故古公杖策其民五倍（帝王世紀曰古公亶甫是爲大王爲百姓所附狄人攻之事之以皮幣玉帛不能免焉王遂杖策而去踰梁山止於岐山之陽邑於周地豳人從者如歸市一年成邑二年成都三年五倍其初也）文王西伯天下歸之（帝王世紀曰西伯至仁百姓襁負而至）豈復輿金輦寶以爲民惠乎近孝文皇帝感一女子之言除肉刑之法（女子即太倉令淳于公之女緹縈也事見前書）體德行仁爲漢賢主陛下繼中興之統承光武之業臨朝聽政而未留聖意且牧守不良或出中官懼逆上旨取過目前呼嗟之聲招致災害胡虜凶悍因衰緣隙而令倉庫單於豺狼之口功業無銖兩之効皆由將帥不忠聚姦所致前涼州刺史祝良初除到州多所糾罰太守令長貶黜將半政未踰時功効卓然實應賞異以勸功能改任牧守去斥姦殘又宜更選匈奴烏桓護羌中郎將校尉簡練文武授之法令除并涼二州今年租更寬赦罪隸埽除更始則善吏知奉公之祐惡者覺營私之禍胡馬可不窺長城塞下無候望之患矣帝覺悟乃更選幽并刺史自營郡太守都尉以下多所革易下詔爲陳將軍除并涼一年租賦以賜吏民龜既到職州郡重足震慄鮮卑不敢近塞省息經用歲以億計（經常也）大將軍梁冀與龜素有隙譖其沮毀國威挑取功譽（挑取猶獨取也獨取其名如挑戰之義）不爲胡虜所畏坐徵還遂乞骸骨歸田里復徵爲尚書冀暴虐日甚龜上疏言其罪狀請誅之帝不省自知必爲冀所害不食七日而死西域胡夷并涼民庶咸爲舉哀弔祭其墓

橋玄傳

橋玄字公祖梁國睢陽人也七世祖仁從同郡戴德學著禮記章句四十九篇號曰橋君學成帝時爲大鴻臚祖父基廣陵太守父肅東萊太守玄少爲縣功曹時豫州刺史周景行部到梁國玄謁景因伏地言陳相羊昌罪惡乞爲部陳從事（部猶領也）窮案其姦景壯玄意署而遣之玄到悉收昌賓客具考臧罪昌素爲大將軍梁冀所厚冀爲馳檄救之景承旨召玄玄還檄不發案之益急昌坐檻車徵玄由是著名舉孝廉補洛陽左尉（左部尉也）時梁不疑爲河南尹玄以公事當詣府受對恥爲所辱棄官還鄉里後四遷爲齊相坐事爲城旦刑竟徵再遷上谷太守又爲漢陽太守時上邽令皇甫禎有臧罪玄收考髡笞死于冀市（冀縣名屬漢陽郡）一境皆震郡人上邽姜岐守道隱居名聞西州玄召以爲吏稱疾不就玄怒勑督郵尹益逼致之曰岐若不至趣嫁其母（趣音促）益固爭不能得遽曉譬岐岐堅臥不起郡內士大夫亦競往諫玄乃止時頗以爲譏後謝病免復公車徵爲司徒長史拜將作大匠桓帝末鮮卑南匈奴及高句驪嗣子伯固並畔爲寇鈔四府舉玄爲度遼將軍假黃鉞玄至鎮休兵養士然後督諸將守討擊胡虜及伯固等皆破散退走在職三年邊境安靜靈帝初徵入爲河南尹轉少府大鴻臚建寧三年遷司空轉司徒素與南陽太守陳球有隙及在公位而薦球爲廷尉玄以國家方弱自度力無所用乃稱疾上疏引衆災以自劾遂策罷歲餘拜尚書令時太中大夫蓋升與帝有舊恩前爲南陽太守臧數億以上玄奏免升禁錮沒入財賄帝不從而遷升侍中玄託病免拜光祿大夫光和元年遷太尉數月復以疾罷拜太中大夫就醫里舍玄少子十歲獨游門次卒有三人持杖劫執之入舍登樓就玄求貨玄不與有頃司隸校尉陽球率河南尹洛陽令圍守玄家球等恐并殺其子未欲迫之玄瞋目呼曰姦人無狀玄豈以一子之命而縱國賊乎促令兵進於是攻之玄子亦死玄乃詣闕謝罪乞下天下凡有劫質皆并殺之不得贖以財寶開張姦路詔書下其章初自安帝以後法禁稍弛京師劫質不避豪貴自是遂絕玄以光和六年卒時年七十五玄性剛急無大體然謙儉下士子弟親宗無在大官者及卒家無居業喪無所殯當時稱之初曹操微時人莫知者嘗往候玄玄見而異焉謂曰今天下將亂安生民者其在君乎操常感其知己及後經過玄墓輒悽愴致祭奠自爲其文曰故太尉橋公懿德高軌汎愛博容國念明訓士思令謨幽靈潛翳邈哉緬矣操以幼年逮升堂室特以頑質見納君子增榮益觀皆由獎勗猶仲尼稱不如顏淵（論語孔子謂子貢曰汝與回也孰愈子貢曰賜也何敢望回子曰吾與汝俱不如也）李生厚歎賈復（復少好學師事舞陰李生李生奇之曰賈君國器也）士死知己懷此無忘又承從容約誓之言徂沒之後路有經由不

以斗酒隻雞過相沃酹車過三步腹痛勿怨雖臨時戲笑之言非至親之篤好胡肯爲此辭哉懷舊惟顧念之悽愴惟思也奉命東征屯次鄉里北望貴土乃心陵墓裁致薄奠公其享之魏志曰建安七年曹公軍譙遂至浚儀遣使以太牢祀橋玄進軍官度也

玄子羽官至任城相

論曰任棠姜岐世著其清結甕牖而辭三命結猶構也莊子曰原憲處魯居環堵之室桑樞而甕牖周禮一命受職再命受服三命受位謂任姜辭太守之辟也殆漢陽之幽人乎易曰履道坦坦幽人貞吉龐參躬求賢之禮故民悅其政橋玄厲邦君之威而衆失其情夫豈力不足歟將有道在焉橋玄舍姜岐以道不可違故不得以威力過也如令其道可忘則彊梁勝矣語曰三軍可奪帥匹夫不可奪志鄭玄注論語云匹夫之守志重於三軍之死者也子貢曰寧喪千金不失士心昔段干木踰牆而避文侯之命高士傳曰段干木者晉人也守道不仕魏文侯造其門段干木踰牆而避之泄柳閉門不納穆公之請泄柳魯之賢人也魯穆公時請見之泄柳閉門而不納事見孟子貴必有所屈賤亦有所伸矣

贊曰李恂勤身甘飢辭饋禪爲君隱之死靡貳龜習邊功參起徒中橋公識運先覺時雄

後漢書卷八十二

宋　宣　城　太　守　范　曄　撰

唐　章　懷　太　子　賢　注

崔駰列傳第四十二

崔駰傳子瑗　孫寔

崔駰字亭伯涿郡安平人也高祖父朝昭帝時爲幽州從事諫刺史無與燕刺王通及刺王敗擢爲侍御史燕刺王旦武帝子坐與上官桀等謀亂自殺刺力割反生子舒歷四郡太守所在有能名舒小子篆王莽時爲郡文學以明經徵詣公車太保甄豐舉爲步兵校尉篆辭曰吾聞伐國不問仁人前書董仲舒曰昔者魯君問柳下惠曰吾欲伐齊如何柳下惠曰不可歸而有憂色曰吾聞伐國不問仁人此言何爲至於我哉戰陳不訪儒士論語云衛靈公問陳於孔子孔子對曰俎豆之事則嘗聞之軍旅之事未之學也此舉奚爲至哉遂投劾歸投辭自劾有過不合應舉莽嫌諸不附己者多以法中傷之時篆兄發以佞巧幸於莽位至大司空母師氏能通經學百家之言莽寵以殊禮賜號義成夫人金印紫綬文軒丹轂顯於新世後以篆爲建新大尹莽改千乘郡曰建新守曰大尹篆不得已乃歎曰吾生無妄之世值澆羿之君易曰無妄之行窮之災也左傳曰昔有夏之方衰也后羿自鉏遷於窮石因夏人以代夏政而淫於原獸用寒浞伯明氏之讒子弟也而虞羿于田以取其國家浞因羿室生澆及豷恃其讒慝詐僞而不德於人澆音五弔反豷音許旣反上有老母下有兄弟安得獨潔己而危所生哉乃遂單車到官稱疾不視事三年不行縣續漢志曰郡國常以春行所至縣勸人農桑振救乏絕門下掾倪敞諫篆乃强起班春班布春令所至之縣獄犴填滿犴音岸前書音義曰鄉亭之獄曰犴篆垂涕曰嗟乎刑罰不中乃陷人於穽此皆何罪而至於是遂平理所出二千餘人掾吏叩頭諫曰○劉攽曰案吏當作史總言之掾史皆吏也備言之當云史耳朝廷初政州牧峻刻初政謂莽即位宥過申枉誠仁者之心然獨爲君子將有悔乎篆曰邾文公不以一人易其身君子謂之知命左傳曰邾文公卜遷於繹史曰利於民而不利於君邾子曰苟利於人孤之利也人既利矣孤必與焉遂遷於繹五月邾文公卒君子曰知命也如殺一大尹贖二千人蓋所願也遂稱疾去建武初朝廷多薦言之者幽州刺史又舉篆賢良篆自以宗門受莽僞寵慚愧漢朝遂辭歸不仕客居滎陽閉門潛思著周易林六十四篇用決吉凶多所占驗臨終作賦以自悼名曰慰志其辭曰

嘉昔人之遘辰兮遘遇也辰時也美伊傅之遻時伊尹於湯傅說遇高宗爾雅曰遻遇也音五故反應規矩之淑質兮過班倕而裁之公輸班魯人也倕舜時爲共工之言巧人也以喻湯及高宗也協準矱之貞度兮同斷金之玄策準繩也矱尺也貞正也易曰二人同心其利斷金玄策猶妙策也何天衢於盛世兮超千載而垂績易大畜卦乾下艮上其上九曰何天之衢亨鄭玄云艮爲手手上肩也乾爲首首肩之間荷物處乾爲天艮爲徑路天衢象也豈脩德之極致兮將天祚之攸適愍余生之不造兮造成也丁漢氏之中微丁當也氛霓鬱以橫厲兮羲和忽以潛暉氛惡氣也霓日傍之氣橫厲謂氣盛而陵於天也羲和日也氣盛而日光微喻王莽篡漢六柄制於家門兮王綱漼以陵遲國語管仲對齊桓公曰昔者聖人之理天下也而慎用其六柄焉韋昭注云六柄生殺貧賤富貴也漼猶摧落也音千隗反黎共奮以跋扈兮羿浞狂以恣睢國語曰昔少皞之衰九黎亂德人神雜揉不可方物淮南子曰昔者共工與顓頊爭爲帝怒而觸不周之山天柱折地維絕跋扈强梁也恣睢自用之貌也恣音咨睢音許維反羿浞已見上睹嫚臧而乘釁兮竊神器之萬機易曰嫚藏誨盜釁隙也神器帝王之位老子曰天下神器不可爲也書云兢兢業業一日二日萬機思輔弼以偷存兮亦號咷以詶咨輔弼謂王莽輔政也偷苟且也號咷哀呼也前書王莽策孺子嬰爲定安公莽親執孺子手流涕歔欷也嗟三事之我負兮乃迫余以天威三事謂三公也負謂太保甄豐舉也豈無熊僚之微介兮悼我生之殲夷左傳曰楚白公勝爲亂石乞曰市南有熊宜僚者若得之可以當五百人矣從白公而見之與之言說告之故辭承之以劍不動勝曰不爲利諂不爲威惕不泄人言以求媚者去之介猶介也我生謂母也殲滅也夷傷也言其母老恐殲及也庶明哲之末風兮懼大雅之所譏詩大雅曰既明且哲以保其身遂翕翼以委命兮受符守乎艮維位謂篆爲千乘太守也易曰艮東北之卦恨遭閉而不隱兮違石門之高蹤易曰天地閉賢人隱論語曰子路宿於石門晨門曰奚自子路曰自孔氏曰是知其不可而爲之者歟揚蛾眉於復關兮犯孔戒之冶容楚詞曰衆女嫉余之蛾眉詩衞風序曰氓刺時也淫風大行男女無別故序其事以風焉其詩曰乘彼垝垣以望復關毛萇注云復關君子所近之處也易繫辭曰冶容誨淫鄭玄云謂飾其容而見於外曰冶懿氓蚩之悟悔兮慕白駒之所從詩曰氓之蚩蚩抱布貿絲匪來貿絲來即我謀注云氓民也蚩蚩敦厚之貌布幣也即就也言此之人非買絲來就我欲與我爲室家也又曰及爾偕老老使我怨注云我欲與汝俱至老汝反薄我使怨也又曰皎皎白駒喻賢人也乃稱疾而屢復兮歷三祀而見許復猶白也悠輕舉以遠遁兮託峻崍以幽處峻崍謂山也崍音魚委反竫潛思於至賾兮騁六經之奧府賾深也皇再命而紹卹兮乃云眷乎建武皇天也紹繼也卹憂也言天憂漢家所以再命光武也運攙槍以電掃兮清六合之土宇攙槍彗也聖德滂以橫被兮黎庶愷以鼓舞闢四門以博延兮彼幽牧之我舉闢四門求賢也幽牧謂幽州刺史所舉也分畫定而計決兮豈云賁乎鄙耆賁飾也易曰束帛戔戔賁於丘園也遂懸車以縶馬兮絕時俗之進取歎暮春之成服兮闔衡門以掃軌論語曾點曰暮春者春服既成衡門謂橫木爲門軌跡也聊優游以永日兮守性命以盡齒齒年也貴啓體之歸全兮庶不忝乎先子論語曰曾子有疾召門弟子曰啓予足注云父母全而生之亦當全而歸之忝辱也先子謂先人也孟子曾西曰吾先子之所畏篆生毅以疾隱身不仕毅生駰年十三能通詩易春秋博學有偉才盡通古今訓詁百家之言善屬文少游太學與班固傅毅同時齊名常以典籍爲業未遑仕進之事時人或譏其太玄靜將以後名失實駰擬揚雄解嘲作達旨以荅焉華嶠書曰駰譏揚雄以爲范蔡鄒衍之徒乘釁相傾誑曜諸侯者也而云彼我異時又曰竊貲卓氏割炙細君斯蓋士之贅行而云不能與此數公者同以爲失類而改之也其辭曰

或說已曰易稱備物致用可觀而有所合故能扶陽以出順陰而入備物致用易繫辭之文也可觀而有所合易序卦之文也鄭玄注易乾鑿度曰陽起於子陰起於午天數大分以陽出離以陰入坎坎爲中男離爲中女太乙之行出從中男入從中女因陰陽男女之偶爲終始也春發其華秋收其實有始有極爰登其質今子韞櫝六經服膺道術韞匿也櫝匱也論語曰有美玉於斯韞櫝而藏諸歷世而游高談有日俯鉤深於重淵仰探遠乎九乾易曰探賾索隱鉤深致遠九乾謂天有九重也離騷天問曰圜則九重孰營度之窮至賾於幽微測潛隱之無源然下不步卿相之廷上不登王公之門進不黨以讚己退不黷於庸人讚猶稱也獨師友道德合符曩眞抱景特立與士不羣蓋高樹靡陰獨木不林隨時之宜道貴從凡華嶠書作高樹不庇易曰隨時之義大矣哉老子曰和其光同其塵故言道貴從凡於時太上運天德以君世憲王僚而布官太上謂明帝也傳曰太上立德天德含弘光大也易曰乃位乎天德尚書曰唐虞稽古建官惟百夏商官倍亦克用乂憲法也僚官也言法三王而建官也臨雍泮以恢儒疏軒冕以崇賢天子辟雍諸侯頖宮雍者壅之以水圜而如璧也頖半也諸侯半天子之宮皆所以立學垂教也率惇德以厲忠孝揚茂化以砥仁義砥礪也選利器於良材求鏌鋣於明智吳越春秋曰吳人干將造二劍一曰干將二曰莫邪莫邪者干將之妻名也干將作劍采五山之精合六金之英百神臨觀以成劍說苑曰所以尚干將莫邪者貴其立斷所以貴騏驥者貴其立至必且歷日曠久絲氂猶能挈石駑馬亦能致遠是以聰明敏捷人之美材也不以此時攀台階闚紫闥三台謂之三階三公之象也據高軒望朱闕夫欲千里而咫尺未發八寸曰咫蒙竊惑焉故英人乘斯時也文子曰智過萬人謂之英千人謂之俊猶逸禽之赴深林蝱蚋之趣大沛蚋小蟲蚊之類蚋音芮說文曰秦謂之蚋楚謂之蚊孟子曰汙池沛澤劉熙曰沛水草相半胡爲嘿嘿而久沈滯也荅曰有是言乎子苟欲勉我以世路不知其跌而失吾之度也古者陰陽始分天地初制制協韻音之設反皇綱云緒帝紀乃設傳序歷數三代興滅昔大庭尚矣赫胥罔識大庭赫胥並古帝王號也尚遠也罔無也識記也淳樸散離人物錯乖高辛攸降厥趣各違高辛氏帝嚳也道無常稽與時張弛隨時弛張不常於道也失仁爲非得義爲是老子曰失道後德失德後仁失仁後義失義後禮君子通變各審所履故士或掩目而淵潛莊子曰北人無擇舜友舜以天下讓之無擇乃自投清泠之淵終身不反也或盥耳而山棲盥洗也許由字武仲隱於沛澤之中堯聞之乃致天下而讓焉由以爲汙乃臨池洗耳其友巢父飲犢聞由爲堯所讓曰何以汙吾犢口牽於上流而飲之見莊子及高士傳或草耕而僅飽伯成子高唐虞時爲諸侯至禹去而耕禹往見之則耕在野見呂氏春秋或木茹而長飢說苑曰鮑焦衣木皮食木實韓詩外傳曰焦棄其蔬而立槁死於洛濱也或重聘而不來狂接輿者楚人也耕而食楚王聞其賢使使者持金百溢車二駟聘之曰願煩先生理江南接輿笑而不應使者去而遠徙莫知所之見莊子或屢黜而不去論語曰柳下惠爲士師三黜人曰子未可以去乎曰直道而事人焉往而不三黜也或冒詢以干進或望色而斯舉詢辱也音火豆反新序曰伊尹蒙恥辱負鼎俎以干湯論語曰色斯舉矣翔而後集舉協韻音據或以役夫發夢於王公高宗夢得說乃使百工營求諸野得諸傅巖孔安國曰傅氏之巖在虞虢之界通道所經有澗水壞道常使胥靡刑人築護此道說賢而隱代胥靡築之以供食事見尚書王公總而言也爾雅皇王后辟公侯君也或以漁父見兆於元龜戰國策曰呂尚之遇文王也身爲漁父史記曰太公以釣干周西伯西伯將出獵卜之曰所獲非龍非螭非熊非羆所獲霸王之輔於是西伯獵果遇太公渭水之陽與語大說若夫紛纏塞路凶虐播流方言云纏盛多也音奴董反人有昏墊之尼主有疇咨之憂尚書曰下民昏墊孔安國曰昏瞢墊溺皆困水災也又曰帝曰疇咨洪水滔天浩浩懷山襄陵有能俾乂條垂藟蔓上下相求藟藤也音壘詩曰南有樛木葛藟纍之於是乎賢人授手援世之災孟子曰天下溺則援之以道嫂溺則援之以手也跋涉赴俗急斯時也草行爲跋昔堯含戚而皋陶謨高祖歎而子房慮謨謀也堯遭洪水咨嗟憂愁訪下人有能理者皋陶大禹陳其謀見尚書及史記高祖爲項羽所敗下馬踞鞍而問子房曰吾欲捐關以東誰可與共功者子房曰九江王布彭越韓信即欲捐之此三人楚可破也○劉攽曰注末之字案文當作也禍不散而曹絳奮曹參及絳侯周勃皆從高祖征伐以定天下也結不解而陳平權高祖擊匈奴至白登被圍七日用陳平計得出及其策合道從克亂弭衝乃將鏤玄珪冊顯功珪玉也詩含神霧曰刻之玉版藏之金匱銘昆吾之冶墨子曰昔夏后開使飛廉析金於山以鑄鼎於昆吾蔡邕銘論曰呂尚作周太師其功銘於昆吾之鼎也勒景襄之鍾國語曰晉魏顆以其身退秦師於輔氏其勳銘於景鍾此兼言襄也與其有事則褰裳濡足冠挂不顧褰裳涉水也新序曰今爲濡足之故不救人溺可乎淮南子曰禹之趨時冠挂而不顧履遺而不取也○劉攽曰與其有事案文與上合作當有故字揚雄蔡邕同用此律也人溺不拯則非仁也當其無事則躡纓整襟規矩其步躡音呂涉反躡躧也此字宜從手廣雅云躡持也言持纓整襟修其容止史記曰攝纓整襟華嶠書躡作攝也德讓不脩則非忠也是以險則救俗平則守禮舉以

公心不私其體今聖上之育斯人也樸以皇質雕以唐文孔子曰大哉堯之爲君也煥乎其有文章故言唐文六合怡怡比屋爲仁壹天下之衆異齊品類之萬殊參差同量坏冶一陶坏土器之未燒者郭璞注爾雅曰坏胎物之始也坏音普才反羣生得理庶績其凝凝成也家家有以樂和人人有以自優威械藏而俎豆布六典陳而九刑厝械謂器械甲兵之屬厝謂置之不用周禮太宰之職掌建邦之六典以佐王理邦國一曰理典二曰教典三曰禮典四曰政典五曰刑典六曰事典左傳曰周有亂政而作九刑杜預注云周之衰爲刑書謂之九刑濟茲兆庶出於平易之路雖有力牧之略尚父之厲力牧黃帝臣也史記尚父呂望相武王以伐紂厲謂威容嚴厲伊皐不論奚事范蔡伊尹皐繇范雎蔡澤夫廣廈成而茂木暢遠求存而良馬縶廣廈旣成不求材故林木條暢也遠求謂遠方珍異之物也存猶止息也言所求之物旣止不資良馬之力也陰事終而水宿藏立冬之後盛德在水陰氣用事故曰陰事水宿謂北方七宿斗牛女虛危室壁也月令曰孟冬之月昏危中仲冬昏東壁中季冬昏婁中孟春昏參中水星伏藏不見也場功畢而大火入爾雅曰心爲大火詩豳風曰七月流火又曰九月築場圃也方斯之際處士山積學者川流衣裳被宇冠蓋雲浮譬猶衡陽之林岱陰之麓山南曰陽山北曰陰穀梁傳曰林屬於山曰麓伐尋抱不爲之稀蓺拱把不爲之數八尺曰尋蓺植也兩手曰拱數猶繁也數音所角反悠悠罔極亦各有得悠悠衆多也罔極無窮也亦各有得言皆自以爲得也彼採其華我收其實舍之則藏己所學也彼謂衆人也論語曰用之則行舍之則藏故進動以道則不辭執珪而秉柱國呂氏春秋曰得伍員者位執珪前書音義曰古爵名也又曰柱國楚官猶秦之相國也復靜以理則甘糟糠而安藜藿夫君子非不欲仕也恥夸毗以求擧夸毗謂佞人足恭善爲進退非不欲室也惡登牆而摟處孟子曰踰東家牆摟其處子則得妻不摟則不得妻將摟之乎趙岐注云摟牽也其字從手處子處女也吁呼衒鬻縣旌自表非隨和之寶也暴智燿世因以干祿非仲尼之道也華嶠書曰因字作回回邪也游不倫黨苟以徇己倫謂等倫黨謂朋黨徇營也言交非其類苟以營己而已汗血競時利合而友汗血謂勞力也競時謂趨時也利合而友不以道義子笑我之沈滯吾亦病子屑屑而不已也屑屑猶區區也先人有則而我弗虧行有枉徑而我非隨枉曲也徑道也臧否在予唯世所議固將因天質之自然誦上哲之高訓詠太平之淸風行天下之至順懼吾躬之穢德勤百畝之不耘尚書曰穢德彰聞禮記曰夫人情者聖王之田也修禮以耕之陳義以種之講學以耨之古者夫田百畝耘除草也縶余馬以安行俟性命之所存安行不奔馳也天命之謂性言隱居以體命昔孔子起威於夾谷解見陳寵傳晏嬰發勇於崔杼解見馮衍傳曹劌擧節於柯盟曹劌曹沫也史記曰曹沫以勇事魯莊公爲魯將與齊戰三敗莊公懼乃獻遂邑之地以和猶以爲將齊桓公與莊公會於柯盟桓公與莊公旣盟於壇上曹沫以七首劫齊桓公左右莫敢動乃還魯之侵地卞嚴克捷於彊禦新序曰卞莊子養母戰而三北交遊非之國君辱之及母死三年齊與魯戰莊子請從遂赴敵而獲甲首曰夫三北以養母也今志節小具而責塞矣吾聞之節士不以辱生遂反敵殺十人而死君子曰三北已塞滅世斷宗於孝未終也范蠡錯埶於會稽錯置也音七故反埶謂謀略也史記曰吳王敗越於夫椒越王乃以餘兵五千人保於會稽吳師追而圍之越王謂范蠡曰奈何范蠡對曰卑辭厚禮以遣之勾踐乃命大夫種行成於吳膝行頓首曰勾踐請爲臣妻爲妾吳王乃赦越王越王反國拊循其士范蠡曰可矣乃伐吳吳師敗越復棲吳王姑蘇之山也伍員樹功於柏擧伍子胥名員楚人也子胥父誅於楚子胥挾弓矢而干吳王闔閭闔閭甚勇之爲興師伐楚戰於柏擧楚師敗績事見穀梁傳魯連辯言以退燕史記曰魯仲連齊人也燕將攻下齊聊城固保守之田單攻之不下魯仲連乃爲書遺燕將燕將見書泣三日乃自殺遂平聊城包胥單辭而存楚左傳曰楚昭王爲吳所敗奔隨申包胥如秦乞師曰吳爲封豕長蛇以荐食上國寡君越在草莽使下臣告急立依於庭牆而哭日夜不絕聲勺飲不入口七日秦師乃出軍敗吳而復楚國唐且華顚以悟秦唐且卽唐雎也戰國策曰齊楚伐魏魏使人請救於秦不至魏人有唐雎者年九十餘矣西見秦王秦王曰丈人芒然乃遠至魏來者數矣寡人知魏之急矣唐且曰夫魏萬乘之國也稱東藩者以秦之彊也今齊楚之兵已在魏郊矣大王之救不至魏急且割地而約從是王亡一萬乘之魏而彊二敵之齊楚秦王悟遽發兵救魏爾雅曰顚頂也華顚謂白首也甘羅童牙而報趙甘羅下蔡人甘茂孫也年十二事秦相呂不韋秦使張唐往相燕羅曰借臣車五乘請爲張唐先報趙不韋乃言之於始皇召見使甘羅於趙趙襄王郊迎事見史記童牙謂幼小也原衰見廉於壺飧昔趙衰爲原大夫故曰原衰左傳曰晉侯問原守於寺人勃鞮對曰昔趙衰以壺飧從徑餒而不食故使處原見音故殿反宣孟收德於束脯呂覽曰昔趙宣孟將之絳見桑下有餓人宣孟止車下食而餔之再咽而能視宣孟問之曰汝何爲而餓若是對曰臣宦於絳歸而糧絕羞行乞故至於此宣孟與脯三朐拜受而弗敢食問其故曰臣有老母將以遺之宣孟曰食之吾更與汝乃復與脯二束吳札結信於丘木史記曰吳公子季札使過徐徐君好季札劍口不敢言季札知之爲使上國未獻消還至徐徐君已死於是乃解其寶劍繫之徐君冢樹而去展季効貞於門女展季柳下惠也韓詩外傳曰魯有男子獨處夜暴風雨至婦人趨而託之男子閉戶不納婦人曰子何不六十不閒居婦人曰子何不學柳下惠然嫗不逮門之女國人不稱其亂焉顔回明仁於度轂程嬰顯義於趙武程嬰解見馮衍傳皮轂未詳僕誠不能編德於數者竊慕古人之所序元和中肅宗始修古禮巡狩方岳駰上四巡頌以稱漢德辭甚典美文多故不載案駰集有東西南北四巡頌流俗本四多作西者誤帝雅好文章自見駰頌後帝嗟歎之謂侍中竇憲曰卿寧知崔駰乎對曰班固數爲臣說之然未見也帝曰公愛班固而忽崔駰此葉公之好龍也試請見之劉向新序曰子張見魯哀公七日哀公不禮焉而去曰君之好士有似葉公子高好龍天龍聞而降之窺頭於牖拖尾於堂葉公見之失其魂魄五色無主是葉公非好龍也好夫似龍而非龍者駰由此候憲憲屣履迎門屣履謂納履曳之而行言忽遽也屣音山爾反笑謂駰曰亭伯吾受詔交公公何得薄哉遂揖入爲上客居無幾何帝幸憲第時駰適在憲所帝聞而欲召見之憲諫以爲不宜與白衣會帝悟曰吾能令駰朝夕在傍何必於此適欲官之會帝崩竇太后臨朝憲以重戚出內詔命駰獻書誡之曰駰聞交淺而言深者愚也在賤而望貴者惑也未信而納忠者謗也三者皆所不宜而或蹈之者思効其區區憤盈而不能已也竊見足下體淳淑之姿躬高明之量意美志厲有上賢之風駰幸得充下館序後陳陳列也是以竭其拳拳敢進一言傳曰生而富者驕生而貴者傲生富貴而能不驕傲者未之有也今寵祿初隆百僚觀行當堯舜之盛世處光華之顯時尚書大傳曰舜時百工相和爲卿雲之歌曰卿雲爛兮糺漫漫兮日月光華旦復旦兮豈可不庶幾夙夜以永衆譽弘申伯之美致周邵之事乎申伯周宣王之元舅周公邵公皆輔佐周室也語曰不患無位患所以立論語曰孔子之言也言但患立身不處於仁義也昔馮野王以外戚居位稱爲賢臣前書曰馮野王字君卿妹爲元帝昭儀野王爲左馮翊御史大夫缺上使尚書選第中二千石而野王行能第一近陰衞尉克己復禮終受多福陰衞尉光烈皇后同母弟興也以謹敕親幸焉郯氏之宗非不尊也史丹封郯故云郯氏前書史丹字君仲魯國人也祖父恭有女弟武帝時爲衞太子良娣產悼皇考宣帝卽位擢丹爲長樂衞尉遷右將軍封爲武陽侯封東海郯之武彊聚以舊恩見褒賞賜累千金陽侯之族非不盛也○劉攽曰案文侯當作平王鳳封陽平侯前書亦謂爲陽平之王也重侯累將建天樞執斗柄王氏九侯五大司馬春秋運斗樞曰北斗七星第一名天樞第二至第四爲魁第五至第七爲杓杓柄也前書斗運中央制臨四海其所以獲譏於時垂愆於後者何也蓋在滿而不挹位有餘而仁不足也漢興以後迄於哀平外家二十保族全身四人而已外家當爲后家也二十者謂高帝呂后謀反誅惠帝張皇后廢文帝母薄太后弟昭被殺孝文帝竇皇后從昆弟子嬰誅景帝薄皇后武帝陳皇后並廢衞皇后自殺昭帝上官皇后家族誅宣帝祖母史良娣爲巫蠱死宣帝母王夫人弟子商下獄死霍皇后家破元帝王皇后弟王莽篡位成帝許皇后賜死趙皇后廢自殺哀帝祖母傅太后家屬徙合浦平帝母衞姬家屬誅昭帝趙太后憂死是也四人者哀帝母丁姬景帝王皇后宣帝許皇后王皇后其家族並全書曰鑒於有殷可不愼哉竇氏之興肇自孝文二君以淳淑守道成名先日竇太后之弟長君少君退讓君子不敢以富貴驕人故云淳淑守道也安豐以佐命著德顯自中興竇融封爲安豐侯內以忠誠自固外以法度自守卒享祚國垂祉於今夫謙德之光周易所美滿溢之位道家所戒易曰謙尊而光卑而不可踰老子曰富貴而驕自遺其咎功成名遂而身退天之道也故君子福大而愈懼爵隆而益恭遠察近覽俯仰有則銘諸几杖刻諸盤杅太公金匱曰武王曰吾欲造起居之誡隨之以身几之書曰安無忘危存無忘亡孰惟二者必後無凶杖之書曰輔人無苟扶人無咎盤子曰堯舜禹湯書其事於竹帛琢之盤盂杅亦盂也矜矜業業無殆無荒如此則百福是荷慶流無窮矣及憲爲車騎將軍辟駰爲掾憲府貴重掾屬三十人皆故刺史二千石唯駰以處士年少擢在其閒憲擅權驕恣駰數諫之及出擊匈奴道路愈多不法駰爲主簿前後奏記數十指切長短憲不能容稍疏之因察駰高第出爲長岑長長岑縣屬樂浪郡其地在遼東駰自以遠去不得意遂不之官而歸永元四年卒於家所著詩賦銘頌書記表七依婚禮結言達旨酒警合二十一篇中子瑗

瑗字子玉早孤銳志好學盡能傳其父業年十八至京師從侍中賈逵質正大義逵善待之瑗因留游學遂明天官歷數京房易傳六日七分解見郎顗傳諸儒宗之與扶風馬融南陽張衡特相友好初瑗兄章爲州人所殺瑗手刃報仇因亡命會赦歸家家貧兄弟同居數十年鄉邑化之年四十餘始爲郡吏以事繫東郡發干獄發干縣之獄也獄掾善爲禮瑗閒考訊時輒問以禮說其專心好學雖顚沛必於是後事釋歸家爲度遼將軍鄧遵所辟居無何遵被誅瑗免歸後復辟車騎將軍閻顯府時太后稱制顯入參政事先是安帝廢太子爲濟陰王而以北鄉侯爲嗣瑗以侯立不以正知顯將敗欲說令廢立而顯日沈醉不能得見乃謂長史陳禪曰中常侍江京陳達等以嬖寵惑蠱先帝遂使廢黜正統扶立疏孼少帝卽位發病廟中周勃之徵於斯復見呂后立惠帝後宮子爲少帝周勃廢之也今欲與長史君共求見說將軍白太后收京等廢少帝引立濟陰王必上當天心下合人望伊霍之功不下席而立則將軍兄弟傳祚於無窮若拒違天意久曠神器則將以無罪并辜元惡書曰元惡大憝元大也此所謂禍福之會分功之時史記蔡澤說范雎曰君獨不觀夫博者乎或欲大投或欲分功今君相秦坐制諸侯使天下皆畏秦此亦秦分功之時也禪猶豫未敢從會北鄉侯薨孫程立濟陰王是爲順帝閻顯兄弟悉伏誅瑗坐被斥門生蘇祇具知瑗謀欲上書言狀瑗聞而遽止之時陳禪爲司隸校尉召瑗謂曰弟聽祇上書禪請爲之證弟但也司馬相如曰弟如臨邛瑗曰此譬猶兒妾屏語耳願使君勿復出口遂辭歸不復應州郡命久之大將軍梁商初開莫府復首辟瑗自以再爲貴戚吏不遇被斥遂以疾固辭歲中擧茂才遷汲令汲縣名屬河內在事數言便宜爲人開稻田數百頃視事七年百姓歌之漢安初大司農胡廣少府竇章共薦瑗宿德大儒從政有迹不宜久在下位由此遷濟北相時李固爲太山太守美瑗文雅奉書禮致殷勤歲餘光祿大夫杜喬爲八使徇行郡國八使見周擧傳以臧罪奏瑗徵詣廷尉瑗上書自訟得理出會病卒年六十六臨終顧命子寔曰夫人稟天地之氣以生及其終也歸精於天還骨於地何地不可藏形骸勿歸鄉里其賵贈之物羊豕之奠一不得受寔奉遺令遂留葬洛陽瑗高於文辭尤善爲書記箴銘所著賦碑銘箴頌七蘇瑗集載其文卽枚乘七發之流南陽文學官志歎辭移社文悔祈草書埶七言凡五十七篇其南陽文學官志稱於後世諸能爲文者皆自以弗及瑗愛士好賓客盛修肴膳單極滋味不問餘產居常蔬食菜羹而已家無擔石儲當世淸之華嶠書曰瑗愛士好賓客盛修肴膳夷言其太奢瑗聞之數妻子曰吾并日而食以供賓客而反以獲譏士大夫不足養如此後勿過菜具無爲諸子所蚩終不能改奉祿盡於賓饗也

寔字子眞一名台字元始少沈靜好典籍父卒隱居墓側服竟三公並辟皆不就桓帝初詔公卿郡國擧至孝獨行之士寔以郡擧徵詣公車病不對策除爲郎明於政體吏才有餘論當世便事數十條名曰政論指切時

要言辯而确（确堅正也音口角反）當世稱之仲長統曰凡爲人主宜寫一通置之坐側其辭曰

自堯舜之帝湯武之王皆賴明哲之佐博物之臣故皐陶陳謨而唐虞以興伊箕作訓而殷周用隆（伊伊尹作伊訓箕箕子作洪範）及繼體之君欲立中興之功者曷嘗不賴賢哲之謀乎凡天下所不理者常由人主承平日久俗漸敝而不悟政寖衰而不改習亂安危怢不自覩（怢音他沒反怢忽忘也）或荒耽嗜欲不恤萬機或耳蔽箴誨厭僞忽真（厭飫姦僞輕忽至真）或猶豫歧路莫適所從或見信之佐括囊守祿（易曰括囊無咎無譽括結也結囊不言持祿而已）或疏遠之臣言以賤廢是以王綱縱弛於上智士鬱伊於下（鬱伊不申之貌楚詞曰獨伊蔚而誰語也）悲夫自漢興以來三百五十餘歲矣政令垢翫上下怠懈（垢惡也）風俗彫敝人庶巧僞百姓囂然咸復思中興之救矣且濟時拯世之術豈必體堯蹈舜然後乃理哉期於補綻決壞枝柱邪傾（綻音直莧反禮記曰衣裳綻裂紉箴請補綴柱音陟主反）隨形裁割要措斯世於安寧之域而已故聖人執權遭時定制（權謂變也遭遇其時而定法制不循於舊也）步驟之差各有云設不彊人以不能背急切而慕所聞也（背當時之急切而慕所聞之事則非濟時之要）蓋孔子對葉公以來遠哀公以臨人景公以節禮非其不同所急異務也（韓子曰葉公問政於仲尼仲尼曰政在悅近而來遠魯哀公問政於仲尼仲尼曰政在選賢齊景公問政於仲尼仲尼曰政在節財此云臨人節禮文不同也）是以受命之君每輒創制中興之主亦匡時失昔盤庚愍殷遷都易民（盤庚殷王也自耿遷於亳邑作書三篇以告之）周穆有闕甫侯正刑（甫侯即呂侯也爲周穆王訓暢夏禹用刑之法並見尚書）俗人拘文牽古不達權制奇偉所聞簡忽所見烏可與論國家之大事哉故言事者雖合聖德輒見掎奪（掎音居蟻反賈逵注國語曰從後牽曰掎）何者其頑士闇於時權安習所見不知樂成況可慮始（前書劉歆曰夫可與樂成難與慮始此乃衆庶所爲耳）苟云率由舊章而已其達者或矜名妬能恥策非己舞筆奮辭以破其義寡不勝衆遂見擯棄雖稷契復存猶將困焉斯賈生之所以排於絳灌屈子之所以攄其幽憤者也（孝文帝時賈誼請更定律令列侯就國周勃灌嬰等毀之屈原爲楚三閭大夫上官靳尚妬害其能憂愁憤懣遂作離騷經）夫以文帝之明賈生之賢絳灌之忠而有此患況其餘哉故宜量力度德春秋之義（左氏傳曰息侯伐鄭不度德不量力○劉攽曰案宜量力度德案文多故宜二字下文自有用故宜字處）今既不能純法八世故宜參以霸政（八世謂三皇五帝也霸政謂齊桓晉文也○劉攽曰純法八世案文世當作代說已見前）則宜重賞深罰以御之明著法術以檢之自非上德嚴之則理寬之則亂何以明其然也近孝宣皇帝明於君人之道審於爲政之理故嚴刑峻法破姦軌之膽海內清肅天下密如（密靜也）薦勳祖廟享號中宗算計見效優於孝文元帝即位多行寬政卒以墮損（墮讀曰隳）威權始奪遂爲漢室基禍之主政道得失於斯可監昔孔子作春秋襃齊桓懿晉文歎管仲之功夫豈不美文武之道哉誠達權救敝之理也（左傳齊桓公伐楚責以包茅不貢王祭不供晉文公召王盟諸侯於踐土管仲相公子糾而射桓公此竝權變之道也）故聖人能與世推移而俗士苦不知變（楚詞漁父曰聖人不凝滯於物而與時推移也）以爲結繩之約可復理亂秦之緒干戚之舞足以解平城之圍（易曰上古結繩而化後世聖人易之以書契干盾也戚鉞也尚書曰苗人逆命禹乃舞干羽於兩階七旬有苗格前書高祖被匈奴圍於平城用陳平計得解言干戚之舞非平城之所用也）夫熊經鳥伸雖延歷之術非傷寒之理呼吸吐納雖度紀之道非續骨之膏（莊子曰吹呴呼吸吐故納新熊經鳥伸此導引之士養形之人也黃帝素問曰人傷於寒而轉爲熱何也夫寒盛則生於熱也度紀猶延年也言鳥伸不可療傷寒吸氣不能續斷骨也）蓋爲國之法有似理身平則養疾亂則攻焉夫刑罰者治亂之藥石也德教者興平之粱肉也夫以德教除殘是以粱肉理疾也以刑罰理平是以藥石供養也方今承百王之敝值厄運之會自數世以來政多恩貸馭委其轡馬駘其銜四牡橫奔皇路險傾（家語曰古者天子以德法爲銜勒以百官爲轡策善御馬者正銜勒齊轡策均馬力和馬心故口無聲而極千里善御人者一其德法正其百官均齊人力和安人心故刑不用而天下化說文曰駘馬銜脫也音達來反皇路天路也）方將柑勒鞬輈以救之豈暇鳴和鑾清節奏哉（何休注公羊傳曰柑以木銜其口也柑音巨炎反勒馬轡鞬韇鞬猶束也說苑曰鑾設於鑣和設於軾馬動則鑾鳴鑾鳴則和應節也）昔高祖令蕭何作九章之律有夷三族之令黥劓斬趾斷舌梟首故謂之具五刑文帝雖除肉刑當劓者笞三百當斬左趾者笞五百當斬右趾者棄市右趾者既殞其命笞撻者往往至死雖有輕刑之名其實殺也當此之時民皆思復肉刑至景帝元年乃下詔曰加笞與重罪無異幸而不死不可爲民乃定律減笞輕捶自是之後笞者得全（此以上竝見前書刑法志）以此言之文帝乃重刑非輕之也以嚴致平非以寬致平也必欲行若言當大定其本使人主師五帝而式三王（式法也）盪亡秦之俗遵先聖之風棄苟全之政蹈稽古之蹤復五等之爵立井田之制（畝百爲夫九夫爲井）然後選稷契爲佐伊呂爲輔樂作而鳳皇儀擊石而百獸舞（尚書曰簫韶九成鳳皇來儀又夔曰於余擊石拊石百獸率舞）若不然則多爲累而已其後辟太尉袁湯大將軍梁冀府竝不應大司農羊傅少府何豹上書薦寔才美能高宜在朝廷召拜議郎遷大將軍冀司馬與邊韶延篤等著作東觀出爲五原太守五原土宜麻枲而俗不知織績民冬月無衣積細草而臥其中見吏則衣草而出寔至官斥賣儲峙爲作紡績織紝練縕之具以教之民得以免寒苦（杜預注左傳曰織紝織布者孔安國論語注曰縕枲也）是時胡虜連入雲中朔方殺略吏民一歲至九奔命寔整厲士馬嚴烽候虜不敢犯常爲邊最（最爲第一）以病徵拜議郎復與諸儒博士共雜定五經會梁冀誅寔以故吏免官禁錮數年時鮮卑數犯邊詔三公舉威武謀略之士司空黃瓊薦寔拜遼東太守行道母劉氏病卒上疏求歸葬行喪母有母儀淑德博覽書傳初寔在五原常訓以臨民之政寔之善績母有其助焉服竟召拜尚書寔以世方阻亂稱疾不視事數月免歸初寔父卒剽賣田宅起冢塋立碑頌（廣雅曰剽削也音匹妙反一作標）葬訖資產竭盡因窮困以酤釀販鬻爲業時人多以此譏之寔終不改亦取足而已不致盈餘及仕宦（○劉攽曰案文宦當作官）歷位邊郡而愈貧薄建寧中病卒家徒四壁立無以殯斂光祿勳楊賜太僕袁逢少府段熲爲備棺槨葬具大鴻臚袁隗樹碑頌德所著碑論箴銘答七言祠文表記書凡十五篇寔從兄烈有重名於北州歷位郡守九卿靈帝時開鴻都門榜賣官爵公卿州郡下至黃綬各有差其富者則先入錢貧者到官而後倍輸或因常侍阿保別自通達（阿保謂傅母也）是時段熲樊陵張溫等雖有功勤名譽然皆先輸貨財而後登公位烈時因傅母入錢五百萬得爲司徒及拜日天子臨軒百僚畢會帝顧謂親倖者曰悔不小靳可至千萬（靳固惜之也靳或作僨說文曰僨引爲價也音一建反）程夫人於傍應曰崔公冀州名士豈肯買官賴我得是反不知姝邪（姝美也言反不知斯事之美也或作株株根本也）烈於是聲譽衰減久之不自安從容問其子鈞曰吾居三公於議者何如鈞曰大人少有英稱歷位卿守論者不謂不當爲三公而今登其位天下失望烈曰何爲然也鈞曰論者嫌其銅臭烈怒舉杖擊之鈞時爲虎賁中郎將服武弁戴鶡尾狼狽而走烈罵曰死卒父檛而走孝乎（以其武官故罵爲卒或作孔卒者誤也）鈞曰舜之事父小杖則受大杖則走非不孝也（家語曰曾子耘瓜誤傷其根曾晳怒建大杖以擊其首曾子仆地不知人有頃乃蘇孔子聞之怒謂門弟子曰參來勿內也昔瞽叟有子曰舜瞽叟欲使之未嘗不在側欲殺之未嘗可得小箠則待大杖則逃不陷父於不義也）烈慙而止烈後拜太尉鈞少交結英豪有名稱爲西河太守獻帝初鈞與袁紹俱起兵山東董卓以是收烈付郿獄錮之鋃鐺鐵鎖（說文曰鋃鐺鎖也前書曰人犯鑄錢以鐵鎖鋃鐺其頸鋃音郎鐺音當）卓既誅拜烈城門校尉及李傕入長安爲亂兵所殺烈有文才所著詩書教頌等凡四篇

論曰崔氏世有美才兼以沈淪典籍遂爲儒家文林駰瑗雖先盡心於貴戚而能終之以居正則其歸旨異夫進趣者乎李固高絜之士也與瑗鄰郡奉贄以結好（儀禮曰士相見之禮贄冬用雉夏用腒奉之曰某也欲見無由達腒乾雉音渠）由此知杜喬之劾殆其過矣寔之政論言當世理亂雖鼂錯之徒不能過也

贊曰崔爲文宗世禪雕龍（史記曰談天衍彫龍奭劉向別錄曰言鄒奭脩飾之文若雕龍文也禪謂相傳授也）建新恥潔摧志求容永矣長岑于遼之陰不有直道曷取泥沈瑗不言祿亦離冤辱子真持論感起昏俗

後漢書卷八十二考證

崔駰傳或重聘而不來注持金百溢○溢監本作鎰今從宋本（臣松齡按荀子千溢之寶從水旁古今字本通用也）

崔駰孫寔達權救敝之理也注管仲相公子糾而射桓公此並權變之道也○臣會汾按文當云管仲背公子糾而相桓公於義乃合

及仕宦劉攽曰案文宦當作官○臣會汾按此條乃傳寫之誤也仕官二字不成文理古書中言仕宦者甚多有何舛訛而劉攽乃作此說耶傳及注宦字當改官注中官字當改宦

後漢書卷八十三

宋　宣城太守范曄撰

唐　章懷太子賢注

周黃徐姜申屠列傳第四十三

易曰君子之道或出或處或默或語（上繫之辭也言賢哲所行其趣異也）孔子稱蘧伯玉邦有道則仕邦無道則可卷而懷也（論語蘧伯玉名瑗衞大夫也卷而懷謂不預時政不忤於人者也）然用舍之端君子之所以存其誠也（誠實也孔子曰用之則行舍之則藏易曰閑邪存其誠）故其行也則濡足蒙垢出身以效時（新序曰申屠狄非時將自投河崔嘉聞而止之曰吾聞聖人從事於天地之間人之父母也今爲濡足之故不救溺人乎）及其止也則窮棲茹菽藏寶以迷國（爾雅曰啜茹也孫卿子曰君子啜菽飲水非愚也是節然也論語曰陽貨謂孔子曰懷其寶而迷其邦可謂仁乎）太原閔仲叔者（謝承書曰閔貢字仲叔）世稱節士雖周黨之潔清自以弗及也黨見其含菽飲水遺以生蒜受而不食（黨與仲叔同郡亦貞介士也見逸人傳皇甫謐高士傳曰黨見仲叔食無菜遺之生蒜仲叔曰我欲省煩耳今更作煩邪受而不食）建武中應司徒侯霸之辟既至霸不及政事徒勞苦而已（勞其勤苦也勞音力到反）仲叔恨曰始蒙嘉命且喜且懼今見明公喜懼皆去以仲叔爲不足問邪不當辟也辟而不問是失人也遂辭出投劾而去（案罪曰劾自投其劾狀而去也投猶下也今有投辭投牒之言也）復以博士徵不至客居安邑老病家貧不能得肉日買豬肝一片屠者或不肯與

安邑令聞勑吏常給焉仲叔怪而問之知乃歎曰閔仲叔豈以口腹累安邑邪遂去客沛以壽終仲叔同郡荀恁字君大(恁音而甚反)少亦脩清節資財千萬父越卒悉散與九族隱居山澤以求厥志王莽末匈奴寇其本縣廣武(廣武縣屬太原郡故城在今代州鴈門縣)聞恁名節相約不入荀氏閭光武徵以病不至永平初東平王蒼爲驃騎將軍開東閤延賢俊辟而應焉及後朝會顯宗戲之曰先帝徵君不至驃騎辟君而來何也對曰先帝秉德以惠下故臣可得不來驃騎執法以檢下(檢猶察也)故臣不敢不至後月餘罷歸卒於家桓帝時安陽人魏桓字仲英亦數被徵其鄉人勸之行桓曰夫干祿求進所以行其志也今後宮千數其可損乎廄馬萬匹其可減乎左右悉權豪其可去乎皆對曰不可桓乃慨然歎曰使桓生行死歸於諸子何有哉(若忤時强諫死而後歸於諸勸行者復何益也)遂隱身不出若二三子可謂識去就之槩矣(槩節也候時以居不失去就也)夫然豈其枯槁苟而已哉蓋詭時審己以成其道焉(詭違也迹若違時志存量己也)余故列其風流區而載之(言其清潔之風各有條流故區別而紀之)

周燮傳

周燮字彥祖汝南安城人決曹掾燕之後也(燕見獨行篇周嘉傳)燮生而欽頤折頞醜狀駭人(頤頷也欽頤曲頷也說文曰頞鼻莖也折亦曲也欽音丘凡反欽或作頷音同)其母欲棄之其父不聽曰吾聞賢聖多有異貌(伏羲牛首女媧蛇軀皐陶鳥喙孔子牛脣是聖賢異貌也又蔡澤亦頷頤蹙頞)與我宗者乃此兒也於是養之始在髫鬌而知廉讓(髫髮也禮記曰子生三月之末擇日翦髮爲鬌男角女羈否則男左女右鬌音徒果反)十歲就學能通詩論及長專精禮易不讀非聖之書不脩賀問之好有先人草廬結于岡畔(山脊曰岡)下有陂田常肆勤以自給(肆陳也)非身所耕漁則不食也鄉黨宗族希得見者(謝承書曰燮居家清處非法不言兄弟父子室家相待如賓鄉曲不善者皆從其教也)舉孝廉賢良方正特徵皆以疾辭延光二年安帝以玄纁羔幣聘燮(禮鄉執羔董仲舒春秋繁露曰凡贄卿用羔羔有角而不用類仁者執之不鳴殺之不啼類死義者羔飲其母必跪類知禮者故以爲贄)及南陽馮良二郡各遣丞掾致禮宗族更勸之曰夫脩德立行所以爲國自先世以來勳寵相承君獨何爲守東岡之陂乎燮曰吾既不能隱處巢穴追綺季之跡(綺季東園公夏黃公角里先生謂之四皓隱於商山見前書也)而猶顯然不遠父母之國斯固以滑泥揚波同其流矣(滑泥也楚詞何不滑其泥而揚其波滑音古沒反)夫脩道者度其時而動動而不時焉得亨乎(亨通也書曰慮善以動動惟厥時)因自載到潁川陽城遣生送敬(。劉攽曰案文當云遣門生送敬少一門字)遂辭疾而歸(送敬猶致謝也)良亦載病到近縣送禮而還(送禮謂送其所致之禮也)詔書告二郡歲以羊酒養病良字君郎出於孤微少作縣吏年三十爲尉從佐(從佐謂隨從而已不主案牘也)奉檄迎督郵即路慨然耻在廝役(廝賤也)因壞車殺馬毀裂衣冠乃遁至犍爲從杜撫學妻子求索蹤迹斷絕後乃見草中有敗車死馬衣裳腐朽謂爲虎狼盜賊所害發喪制服積十許年乃還鄉里志行高整非禮不動遇妻子如君臣鄉黨以爲儀表燮良年皆七十餘終

黃憲傳

黃憲字叔度汝南慎陽人也(在慎水之南因以名縣南陽有慎陽國而流俗書此或作順陽者誤)世貧賤父爲牛醫潁川荀淑至慎陽遇憲於逆旅(逆旅客舍)時年十四淑竦然異之揖與語移日不能去謂憲曰子吾之師表也既而前至袁閎(閎一作閬)所未及勞問逆曰子國有顏子寧識之乎(顏子顏回也)閎曰見吾叔度邪是時同郡戴良才高倨慠而見憲未嘗不正容及歸罔然若有失也其母問曰汝復從牛醫兒來邪對曰良不見叔度不自以爲不及既覩其人則瞻之在前忽焉在後(論語顏回慕孔子之言也)固難得而測矣同郡陳蕃周舉常相謂曰時月之閒不見黃生則鄙吝之萌復存乎心(吝貪也)及蕃爲三公臨朝歎曰叔度若在吾不敢先佩印綬矣太守王龔在郡禮進賢達多所降致卒不能屈憲郭林宗少游汝南先過袁閎(○劉攽曰案袁閬字奉高閎字夏甫此下言奉高則閎當作閬也)不宿而退進往從憲累日方還或以問林宗(郭泰別傳曰時林宗過薛恭祖恭祖問曰聞足下見袁奉高車不停軌鑾不輟軛從叔度乃彌信宿也)林宗曰奉高之器譬諸汎濫雖清而易挹(奉高閬字也爾雅曰側出汎泉正出濫泉汎音軌濫音檻)叔度汪汪若千頃陂澄之不清淆之不濁不可量也(淆混也)憲初舉孝廉又辟公府友人勸其仕憲亦不拒之暫到京師而還竟無所就年四十八終天下號曰徵君

論曰黃憲言論風旨無所傳聞然士君子見之者靡不服深遠去玼吝(玼音此說文曰玼色鮮也據此文當爲疵作玼者古字通也)將以道周性全無德而稱乎(道周備性全一無德而稱言其德大無能名焉)余曾祖穆侯(晉書曰范汪字玄平安北將軍諡曰穆侯汪生甯甯生泰泰生曄)以爲憲隤然其處順(易繫辭曰坤隤然示人簡矣隤柔順貌)淵乎其似道(老子曰道冲而用之或不盈淵乎似萬物之宗言淵深不可知也)淺深莫臻其分清濁未議其方(廣雅曰方所也)若及門於孔氏其殆庶乎(易繫辭曰顏氏之子其殆庶幾乎殆近也)故嘗著論云

徐穉傳

徐穉字孺子豫章南昌人也(豫章郡今洪州也南昌縣即今豫章縣也謝承書曰穉少爲諸生學嚴氏春秋京氏易歐陽尚書兼綜風角星官筭歷河圖七緯推步變易異行矯時俗閭里服其德化有失物者縣以相還道無拾遺四察孝廉五辟宰府三舉茂才也)家貧常自耕稼非其力不食恭儉義讓所居服其德屢辟公府不起時陳蕃爲太守以禮請署功曹穉不免之既謁而退蕃在郡不接賓客唯穉來特設一榻去則縣之後舉有道家拜太原太守(就家而拜之也)皆不就延熹二年尚書令陳蕃僕射胡廣等上疏薦穉等曰臣聞善人天地之紀政之所由也(左傳曰晉三郤害伯宗譖而殺之及欒弗忌韓獻子曰郤氏其不免乎善人天地之紀也而驟絕之不亡何待也)詩云思皇多士生此王國(大雅文王之詩也思願也皇天也願天多生賢人於此王國)天挺俊乂爲陛下出當輔弼明時左右大業者也(左右助也)伏見處士豫章徐穉彭城姜肱汝南袁閎(閎見袁安傳謝承書曰閎少脩志節厲俗高厲)京兆韋著(著見韋彪傳謝承書曰著爲三輔冠族著少脩節操持京氏易韓詩博通術藝)潁川李曇德行純備著于人聽若使擢登三事協亮天工必能翼宣盛美增光日月矣桓帝乃以安車玄纁備禮徵之並不至帝因問蕃曰徐穉袁閎韋著誰爲先後蕃對曰閎生出公族聞道漸訓著長於三輔禮義之俗所謂不扶自直不鏤自雕(說苑曰蓬生枲中不扶自直也)至於穉者爰自江南卑薄之域而角立傑出宜當爲先(如角之特立也)穉嘗爲太尉黃瓊所辟不就及瓊卒歸葬穉乃負糧徒步到江夏赴之設雞酒薄祭哭畢而去不告姓名(謝承書曰穉諸公所辟雖不就有死喪負笈赴弔常於家豫炙雞一隻以一兩緜絮漬酒中暴乾以裹雞徑到所起冢隧外以水漬緜使有酒氣斗米飯白茅爲藉以雞置前醊酒畢留謁則去不見喪主)時會者四方名士郭林宗等數十人聞之疑其穉也乃選能言語生茅容輕騎追之及於塗容爲設飲共言稼穡之事臨訣去謂容曰爲我謝郭林宗大樹將顛非一繩所維何爲栖栖不遑寧處(顛仆也維繫也喻時將衰季豈一人可能救邪)及林宗有母憂穉往弔之置生芻一束於廬前而去衆怪不知其故林宗曰此必南州高士徐孺子也詩不云乎生芻一束其人如玉(小雅白駒詩此戒賢者行所舍主人之餼雖薄要就賢主人其德如玉然也)吾無德以堪之靈帝初欲蒲輪聘穉會卒時年七十二子胤字季登篤行孝悌亦隱居不仕(謝承書曰胤少遭父母喪致哀毀瘁歐血發病服闋隱居林藪躬耕稼穡勸則闕經貧窶困乏執志彌固不受惠於人也)太守華歆禮請相見固病不詣(魏志曰歆字子魚平原人爲豫章太守爲政清淨不煩吏人感而愛之)漢末寇賊縱橫皆敬胤禮行轉相約敕不犯其閭建安中卒李曇字雲少孤繼母嚴酷曇事之愈謹(謝承書曰曇少喪父躬事繼母繼母酷烈曇性純孝定省恪勤妻子恭奉寒苦執勞不以爲怨得四時珍玩先以進母與徐孺子等海內列名五處士焉)爲鄉里所稱法養親行道終身不仕

姜肱傳

姜肱字伯淮彭城廣戚人也(廣戚故城今徐州沛縣東)家世名族(謝承書曰祖父豫章太守父任城相也)肱與二弟仲海季江俱以孝行著聞其友愛天至常共臥起(謝承書曰肱性篤孝事繼母恪勤母既年少又嚴厲肱感凱風之孝兄弟同被而寢不入房室以慰母心也)及各娶妻兄弟相戀不能別寢以係嗣當立乃遞往就室肱博通五經兼明星緯士之遠來就學者三千餘人諸公爭加辟命皆不就二弟名聲相次亦不應徵聘時人慕之肱嘗與季江謁郡夜於道遇盜欲殺之肱兄弟更相爭死賊遂兩釋焉(謝承書曰肱與季江俱乘車行適野廬爲賊所劫取其衣物欲殺其兄弟肱謂盜曰弟年幼父母所憐愍又未聘娶願自殺身濟季江言兄年德在前家之珍寶國之英俊乞自受戮以代兄命盜戢刃曰二君所謂賢人吾等不良妄相侵犯棄物而去肱車中尚有數千錢盜不見也使從者追以與之亦復不受肱以物經歷盜手因以付亭吏而去也)但掠奪衣資而已既至郡中見肱無衣服怪問其故肱託以它辭終不言盜盜聞而感悔後乃就精廬(精廬即精舍也)求見徵君肱與相見皆叩頭謝罪而還所略物肱不受勞以酒食而遣之後與徐穉俱徵不至桓帝乃下彭城使畫工圖其形狀肱臥於幽闇以被韜面(韜藏也)言感眩疾不欲出風工竟不得見之中常侍曹節等專執朝事新誅太傅陳蕃大將軍竇武欲借寵賢德以釋衆望乃白徵肱爲太守肱得詔乃私告其友曰吾以虛獲實遂藉聲價明明在上猶當固其本志況今政在閹豎夫何爲哉乃隱身遁命遠浮海濱再以玄纁聘不就即拜太中大夫詔書至門(謝承書曰靈帝手筆下詔曰肱抗夌雲之志養浩然之氣以厭德薄未肯降志昔許由不屈王道爲化夷齊不橈周德不虧州郡以禮優順勿失其意)肱使家人對云久病就醫遂羸服閒行竄伏青州界中賣卜給食召命得斷家亦不知其處歷年乃還年七十七熹平二年終于家弟子陳留劉操追慕肱德共刊石頌之

申屠蟠傳

申屠蟠字子龍陳留外黃人也九歲喪父哀毀過禮服除不進酒肉十餘年每忌日輒三日不食(海內先賢傳曰蟠在家側致甘露白雉以孝稱也)同郡緱氏女玉爲父報讎(緱姓也)殺夫氏之黨吏執玉以告外黃令梁配(續漢書曰同縣大女緱玉爲從父報讎殺夫之從母兄李士姑執玉以告吏也)配欲論殺玉蟠時年十五爲諸生進諫曰玉之節義足以感無耻之孫激忍辱之子不遭明時尚當表旌廬墓況在清聽而不加哀矜配善其言乃爲讞得減死論(讞請也)鄉人稱美之家貧傭爲漆工郭林宗見而奇之同郡蔡邕深重蟠及被州辟乃辭讓之曰申屠蟠稟氣玄妙性敏心通喪親盡禮幾於毀滅至行美義人所鮮能安貧樂潛味道守眞不爲燥濕輕重(律歷志曰銅爲物至精不爲燥濕寒暑變其節不爲風雨暴露改其形介然有常似於士君子之行)不爲窮達易節(易曰窮則獨善其身達則兼善天下)方之於邕以齒則長以德則賢後郡召爲主簿不行(謝承書曰蟠前後徵辟文書悉挂於樹初不顧眄也)遂隱居精學博貫五經兼明圖緯始與濟陰王子居同在太學子居臨歿以身託蟠蟠乃躬推輦車送喪歸鄉里遇司隸從事於河鞏之閒(百官志曰司隸從事史十二人秩百石也)從事義之爲封傳護送(傳謂符牒使人監送之)蟠不肯受投傳於地而去事畢還學太尉黃瓊辟不就及瓊卒歸葬江夏四方名豪會帳下者六七千人(帳下靜處)互相談論莫有及蟠者唯南郡一生

與相酬對既別執蟠手曰君非聘則徵如是相見於上京矣蟠勃然作色曰始吾以子為可與言也何意乃相拘教樂貴之徒邪樂音五孝反因振手而去不復與言再舉有道不就謝承書曰詔書令郡以禮發遣蟠到河南萬歲亭折轅而旋也先是京師游士汝南范滂等非訐朝政自公卿以下皆折節下之訐謂橫議是非也訐或作許也太學生爭慕其風以為文學將興處士復用蟠獨歎曰昔戰國之世處士橫議孟子曰聖王不作諸侯恣行處士橫議前書曰秦既稱帝患周之敗以為起於處士橫議諸侯力爭音義曰言由橫議而敗之列國之王至為擁篲先驅史記鄒衍如燕昭王擁篲先驅請列弟子之坐而受業築碣石宮身親往師之卒有阬儒燒書之禍今之謂矣乃絕迹於梁碭之間梁國有碭縣因樹為屋自同傭人謝承書曰居蓬萊之室依桑樹以為棟也居二年滂等果罹黨錮或死或刑者數百人蟠確然免於疑論後蟠友人陳郡馮雍坐事繫獄豫州牧黃琬欲殺之或勸蟠救雍蟠不肯行曰黃子琰為吾故邪未必合罪如不用吾言雖往何益琬聞之遂免雍罪大將軍何進連徵不詣進必欲致之使蟠同郡黃忠書勸曰前莫府初開至如先生特加殊禮優而不名申以手筆設几杖之坐經過二載而先生抗志彌高所尚益固竊論先生高節有餘於時則未也今潁川荀爽載病在道北海鄭玄北面受署彼豈樂羈牽哉知時不可逸豫也昔人之隱遭時則放聲滅迹巢棲茹薇放棄也謂棄聲名也巢棲謂巢父也說文薇似藿也其不遇也則裸身大笑被髮狂歌楚詞曰桑扈裸行史記曰箕子被髮佯狂歌謂楚狂接輿歌而過孔子也今先生處平壤壤地也游人間吟典籍襲衣裳事異昔人而欲遠蹈其迹不亦難乎孔氏可師何必首陽孔子使子路語隱者云不仕無義長幼之節不可廢也君臣之義如之何其可廢也欲潔其身而亂大倫首陽夷齊所隱山也蟠不答中平五年復與爽玄及潁川韓融融字元長韶之子也見韶傳陳紀等十四人並博士徵不至明年董卓廢立蟠及爽融紀等復俱公車徵續漢志曰徵爽為司空融為尚書紀為侍中唯蟠不到眾人咸勸之蟠笑而不應居無幾爽等為卓所脅迫西都長安京師擾亂及大駕西遷公卿多遇兵飢室家流散融等僅以身脫唯蟠處亂末終全高志年七十四終于家

贊曰琛寶可懷貞期難對琛寶喻道德也貞期謂明時也對偶也道苟違運理用同廢與其遐棲豈若蒙穢蒙穢謂仕亂朝悽悽碩人陵阿窮退碩人謂賢者悽悽飢病貌也言賢者退而窮處詩國風曰考槃在阿碩人之薖曲陵曰阿陵升也薖飢也薖音苦戈反韜伏明姿甘是堙曖堙沈也曖翳也

後漢書卷八十三考證

周燮傳決曹掾燕之後也○決字監本作法 臣會汾按獨行傳周嘉篇作決從改按百官志太尉公府諸曹有法曹主郵驛科程有決曹主罪法郡太守下置諸曹掾史略如公府則法曹決曹並有之周燕於宣帝時為郡決曹太守欲枉殺人燕諫不聽知監本作法曹者誤矣

徐穉傳穉不免之既謁而退○不免之三字疑有誤何焯曰免疑作就通鑑作穉不之免袁紀作不之起

固病不詣○諸本同推尋文義當作固稱病不詣此脫去稱字也

姜肱傳以係嗣當立○諸本同係當作繼

言感眩疾○感字舊本作或誤

申屠蟠傳因樹為屋注居蓬萊之室○諸本同 臣會汾按蓬萊雖皆草名然古人或作蓬蒿或作蒿萊至蓬萊二字並用恐與山名相混此注萊字當是藁字之誤

後漢書卷八十四

宋　宣城太守范曄撰

唐　章懷太子賢注

楊震列傳第四十四

楊震傳 子秉 孫賜 曾孫彪 玄孫脩

楊震字伯起弘農華陰人也八世祖喜高祖時有功封赤泉侯史記曰喜追殺項羽以功封高祖敞昭帝時為丞相封安平侯父寶續齊諧記曰寶年九歲時至華陰山北見一黃雀為鴟梟所搏墜於樹下為螻蟻所困寶取之以歸置巾箱中唯食黃花百餘日毛羽成乃飛去其夜有黃衣童子向寶再拜曰我西王母使者君仁愛救拯實感成濟以白環四枚與寶令君子孫潔白位登三事當如此環矣習歐陽尚書哀平之世隱居教授居攝二年與兩龔蔣詡俱徵遂遁逃不知所處龔勝字君賓龔舍字君倩蔣詡字元卿並以高節著名見前書光武高其節建武中公車特徵老病不到卒於家震少好學受歐陽尚書於太常桓郁明經博覽無不窮究諸儒為之語曰關西孔子楊伯起常客居於湖湖今湖城縣不答州郡禮命數十年續漢志曰教授二十餘年州請召數稱病不就少孤貧獨與母居假地種植以給供養諸生嘗有助種藍者震輒拔更以距其後鄉里稱孝也眾人謂之晚暮而震志愈篤後有冠雀銜三鱣魚飛集講堂前冠音貫即鸛雀也鱣音善韓子云鱣似蛇臣賢案續漢及謝承書鱣皆作鱓然則鱣鱓古字通也鱣魚長者不過三尺黃地黑文故都講云蛇鱓卿大夫之服象也郭璞云鱓魚長二三丈音知然反安有鸛雀能勝二三丈乎此為鱣明矣都講取魚進曰蛇鱣者卿大夫服之象也數三者法三台也先生自此升矣年五十乃始仕州郡大將軍鄧騭聞其賢而辟之舉茂才四遷荊州刺史東萊太守當之郡道經昌邑昌邑故城在今兗州金鄉縣西北故所舉荊州茂才王密為昌邑令謁見至夜懷金十斤以遺震震曰故人知君君不知故人何也密曰暮夜無知者震曰天知神知我知子知何謂無知密愧而出後轉涿郡太守性公廉不受私謁子孫常蔬食步行故舊長者或欲令為開產業震不肯曰使後世稱為清白吏子孫以此遺之不亦厚乎元初四年徵入為太僕遷太常先是博士選舉多不以實震舉薦明經名士陳留楊倫等倫字仲桓謝承書云薦楊仲桓等五人各從家拜博士顯傳學業諸儒稱之永寧元年代劉愷為司徒明年鄧太后崩內寵始橫安帝乳母王聖因保養之勤緣恩放恣聖子女伯榮出入宮掖傳通姦賂震上疏曰臣聞政以得賢為本理以去穢為務墨子曰夫尚賢者政本也左傳曰為國者如農夫之務去草焉是以唐虞俊乂在官四凶流放天下咸服以致雍熙尚書曰四罪而天下咸服又曰黎人於變時雍庶績咸熙雍和也熙廣也方今九德未事尚書皋陶謨曰亦行有九德寬而栗柔而立愿而恭亂而敬擾而毅直而溫簡而廉剛而塞強而誼又曰九德咸事俊乂在官嬖倖充庭謚法曰賤而得愛曰嬖阿母王聖出自賤微得遭千載奉養聖躬雖有推燥居溼之勤孝經援神契曰母之於子也鞠養殷勤推燥居溼絕少分甘也前後賞惠過報勞苦而無厭之心不知紀極左傳曰縉雲氏有不材子聚斂積實不知紀極外交屬託擾亂天下損辱清朝塵點日月書誡牝雞牡鳴牝雌也牡雄也尚書古人有言牝雞無晨牝雞之晨唯家之索詩刺哲婦喪國詩大雅曰哲夫成城哲婦傾城昔鄭嚴公從母氏之欲恣驕弟之情幾至危國然後加討春秋貶之以為失教嚴公莊公也避明帝諱改焉左傳鄭莊公殺母弟段穀梁傳曰鄭伯譏失教也夫女子小人近之喜遠之怨實為難養論語曰唯女子與小人為難養也近之則不遜遠之則怨也易曰無攸遂在中饋家人卦六二爻辭也鄭玄注曰二為陰爻得正於內五陽爻也得正於外猶婦人自修正於內丈夫修正於外無攸遂言婦人無敢自遂也爻體離又互體坎火位在下水在上飪之象也饋食也故云在中饋也言婦人不得與於政事也宜速出阿母令居外舍斷絕伯榮莫使往來令恩德兩隆上下俱美惟陛下絕婉孌之私割不忍之心詩國風候人篇序曰曹共公遠君子而近小人其詩曰婉兮孌兮季女斯飢婉少貌孌好貌也留神萬機誡慎拜爵減省獻御損節徵發令野無鶴鳴之歎詩小雅序曰鶴鳴誨宣王也鄭玄注云教周宣王求賢人之未仕者其詩曰鶴鳴于九皋聲聞于野言身隱而名著賢者雖隱居人咸知之朝無小明之悔小詩雅序曰小明大夫悔仕於亂世也小明者言周幽王日小其明損其政事以至於亂大東不興於今詩小雅序大東刺亂也其詩曰小東大東杼柚其空鄭玄注云小亦於東大亦於東言賦斂多也勞止不怨於下詩小雅序曰人勞刺厲王也其詩曰人亦勞止迄可小康擬蹤往古比德哲王豈不休哉奏御帝以示阿母等內倖皆懷忿恚而伯榮驕淫尤甚與故朝陽侯劉護從兄瓌交通護泗水王歙之從曾孫瓌遂以為妻得襲護爵位至侍中震深疾之復詣闕上疏曰臣聞高祖與群臣約非功臣不得封故經制父死子繼兄亡弟及以防篡也公羊傳曰劉子單子以王猛入于王城者何西周也其言入何篡辭也冬十月王子猛卒此未踰年之君其稱王子猛卒何不予當也不予當者不與當父死子繼兄亡弟及也伏見詔書封故朝陽侯劉護再從兄瓌襲護爵為侯護同產弟威今猶見在臣聞天子專封封有功諸侯專爵爵有德今瓌無佗功行但以配阿母女一時之間既位侍中又至封侯不稽舊制不合經義行人諠譁百姓不安陛下宜覽鏡既往順帝之則書奏不省

延光二年代劉愷為太尉帝舅大鴻臚耿寶薦中常侍李閏兄於震震不從寶乃自往候震曰李常侍國家所重欲令公辟其兄寶唯傳上意耳言非己本心傳在上之意震曰如朝廷欲令三府辟召故宜有尚書敕遂拒不許寶大恨而去皇后兄執金吾閻顯亦薦所親厚於震震又不從司空劉授聞之漢官儀授字孟春武原人即辟此二人旬日中皆見拔擢由是震益見怨時詔遣使者大為阿母修第中常侍樊豐及侍中周廣謝惲等更相扇動傾搖朝廷震復上疏曰臣聞古者九年耕必有三年之儲故堯遭洪水人無菜色言有儲蓄人無食菜之飢色也臣伏念方今災害發起彌彌滋甚彌彌猶稍稍也韋孟詩曰彌彌其失也百姓空虛不能自贍重以螟蝗羌虜鈔掠三邊震擾戰鬪之役至今未息兵甲軍糧不能復給大司農帑藏匱乏殆非社稷安寧之時伏見詔書為阿母興起津城門內第舍津城門洛陽南面西頭門也合兩為一連里竟街合兩坊而為一宅里即坊也雕修繕飾窮極巧伎今盛夏土王而攻山採石其大匠左校別部將作合數十處續漢志將作大匠秩二千石左校令秩六百石轉相迫促為費巨億周廣謝惲兄弟與國無肺腑枝葉之屬依倚近倖姦佞之人與樊豐王永等分威共權屬託州郡傾動大臣宰司辟召承望旨意招來海內貪汙之人受其貨賂至有臧錮棄世之徒復得顯用有臧賄禁錮之人也白黑溷淆清濁同源天下讙譁咸曰財貨上流為朝結譏臣聞師言上之所取財盡則怨力盡則叛怨叛之人不可復使故曰百姓不足君誰與足論語有若對魯哀公之詞惟陛下度之豐惲等見震連切諫不從無所顧忌遂詐作詔書調發司農錢穀大匠見徒材木各起家舍園池廬觀役費無數震因地震復上疏曰臣蒙恩備台輔不能奉宣政化調和陰陽去年十一月四日京師地動臣聞師言地者陰精當安靜承陽而今動搖者陰道盛也其日戊辰三者皆土位在中宮戊干辰支皆土也并地動故言三者此中臣近官盛於持權用事之象也臣伏惟陛下以邊境未寧躬自菲薄宮殿垣屋傾倚枝

杜而已 倚邪也杜音竹主反 無所興造欲令遠近咸知政化之清流商邑之翼翼也 詩商頌曰商邑翼翼四方之極也 而親近倖臣未崇斷金 易繫辭曰二人同心其利斷金言邪佞之臣不與上同心 驕溢踰法多請徒士盛修第舍賣弄威福道路讙譁衆所聞見地動之變近在城郭殆爲此發又冬無宿雪春節未雨百僚燋心而繕修不止誠致旱之徵也書曰僭恒陽若臣無作威作福玉食 尚書洪範之詞也僭差也若順也君行僭差則常陽順之也言唯君得專威福爲美食 唯陛下奮乾剛之德 易曰大哉乾乎剛健中正純粹精也 棄驕奢之臣以掩訞言之口奉承皇天之戒無令威福久移於下震前後所上轉有切至帝既不平之而樊豐等皆側目憤怨俱以其名儒未敢加害尋有河間男子趙騰詣闕上書指陳得失帝發怒遂收考詔獄結以罔上不道震復上疏救之曰臣聞堯舜之世諫鼓謗木立之於朝 帝王紀曰堯置敢諫之鼓舜立誹謗之木 殷周哲王小人怨詈則還自敬德 尚書曰自殷王中宗及高宗及祖甲及我周文王茲四人迪哲厥或告之曰小人怨汝詈汝則皇自敬德也 所以達聰明開不諱博採負薪盡極下情也今趙騰所坐激訐謗語爲罪與手刃犯法有差乞爲虧除全騰之命以誘芻蕘輿人之言 輿衆也詩曰詢于芻蕘左氏傳曰聽輿人之謀也 帝不省騰竟伏尸都市會三年春東巡岱宗樊豐等因乘輿在外競修第宅震部掾高舒召大匠令史考校之 史謂府吏也 得豐等所詐下詔書具奏須行還上之豐等聞惶怖會太史言星變逆行遂共譖震云自趙騰死後深用怨懟 懟怨怒也 且鄧氏故吏有恚恨之心 震初鄧騭辟之故曰故吏 及車駕行還便時太學 且於太學待吉時而後入也故曰便時前書便時上林延壽門也 夜遣使者策收震太尉印綬於是柴門絕賓客豐等復惡之乃請大將軍耿寶奏震大臣不服罪懷恚望有詔遣歸本郡震行至城西夕陽亭乃慷慨謂其諸子門人曰 慷慨悲歎 死者士之常分吾蒙恩居上司疾姦臣狡猾而不能誅惡嬖女傾亂而不能禁何面目復見日月身死之日以雜木爲棺布單被裁足蓋形勿歸冢次勿設祭祠因飲酖而卒時年七十餘弘農太守移良 風俗通曰齊公子雍食采於移其後氏焉 承樊豐等旨遣吏於陝縣留停震喪露棺道側 謝承書曰震臨沒謂諸子以牛車薄簀載柩還歸 讁震諸子代郵行書道路皆爲隕涕 說文郵境上行書舍也廣雅曰郵驛也 歲餘順帝即位樊豐周廣等誅死震門生虞放陳翼詣闕追訟震事朝廷咸稱其忠乃下詔除二子爲郎贈錢百萬以禮改葬於華陰潼亭 墓在今潼關西大道之北其碑尚存 遠近畢至先葬十餘日有大鳥高丈餘集震喪前俯仰悲鳴淚下霑地葬畢乃飛去郡以狀上 續漢書曰大鳥來止亭樹下地安行到柩前正立低頭淚出衆人更共摩撫抱持終不驚駭謝承書曰其鳥五色高丈餘兩翼長二丈三尺人莫知其名也 時連有災異帝感震之枉乃下詔策曰故

太尉震正直是與俾匡時政而青蠅點素同茲在藩 藩樊也詩云營營青蠅止于樊愷悌君子無信讒言青蠅汙白使黑汙黑使白喻佞人變亂善惡也 上天降威災眚屢作爾卜爾筮惟震之故朕之不德用彰厥咎山崩棟折我其危哉 禮記曰孔子將終歌曰泰山其頹乎梁木其壞乎 今使太守丞以中牢具祠魂而有靈儻其歆享於是時人立石鳥象於其墓所震之被讒也高舒亦得罪以減死論及震事顯舒拜侍御史至荊州刺史震五子長子牧富波相 富波縣屬汝南郡 牧孫奇靈帝時爲侍中帝嘗從容問奇曰朕何如桓帝對曰陛下之於桓帝亦猶虞舜比德唐堯帝不悅曰卿彊項眞楊震子孫 彊項言不低屈也光武謂董宣爲彊項令也 死後必復致大鳥矣出爲汝南太守帝崩後復入爲侍中衞尉從獻帝西遷有功勤及李傕脅帝歸其營奇與黃門侍郎鍾繇誘傕部曲將宋曄楊昂令反傕傕由此孤弱帝乃得東 魏志曰繇爲黃門侍郎傕脅天子繇與尚書郎韓斌同策謀天子得出長安繇有力焉 後從都許追封奇子亮爲陽成亭侯 亮舊宅在閿鄉縣西南 震少子奉奉子敷篤志博聞議者以爲能世其家敷早卒子衆亦傳先業以謁者僕射從獻帝入關累遷御史中丞及帝東還夜走度河衆率諸官屬步從至太陽拜侍中 太陽縣屬河東郡 建安二年追前功封蓩亭侯 郡國志桃林縣有蓩鄉音莫老反

震中子秉

秉字叔節少傳父業兼明京氏易博通書傳常隱居教授年四十餘乃應司空辟拜侍御史頻出爲豫荊徐兗四州刺史遷任城相自爲刺史二千石計日受奉餘祿不入私門故吏齎錢百萬遺之閉門不受以廉潔稱桓帝即位以明尚書徵入勸講 勸講猶侍講也 拜太中大夫左中郎將遷侍中尚書帝時微行私過幸河南尹梁胤府舍 胤梁冀子也 是日大風拔樹晝昏秉因上疏諫曰臣聞瑞由德至災應事生傳曰禍福無門唯人所召 左傳閔子騫之詞 天不言語以災異譴告是以孔子迅雷風烈必有變動詩云敬天之威不敢驅馳 詩大雅曰敬天之怒無敢戲豫敬天之渝無敢驅馳與此文稍異也 王者至尊出入有常警蹕而行靜室而止 蹕止行人也靜室謂先使清宮也前書音義曰漢有靜室令也 自非郊廟之事則鑾旗不駕 漢官儀曰前驅有雲罕皮軒鑾旗車也 故詩稱自郊徂宮 詩大雅雲漢之詞也郊祭天也 易曰王假有廟致孝享也 萃卦詞也假至也假音格 諸侯如臣之家春秋尚刻其誠 左傳齊莊公如崔杼之家爲杼所殺也 況以先王法服而私出槃游 法服謂天子服日月星辰山龍華蟲藻火粉米黼黻十二章 降亂尊卑等威無序 等威謂威儀有等差也左傳曰貴有常尊賤有等威也 侍衞守空宮紱璽委女妾設有非常之變任章之謀 前書曰代郡太守任宣坐謀反誅宣子章爲公車丞亡在渭城界中夜玄服入廟居廊閒執戟立於廟門待上至欲爲逆發覺伏誅也 上負先帝下悔靡及臣奕世受恩 奕猶重也 得備納言 納言尚書 又以薄學充

在講勸特蒙哀識見照日月恩重命輕義使士死敢憚摧折略陳其愚帝不納秉以病乞退出爲右扶風太尉黃瓊惜其去朝廷上秉勸講帷幄不宜外遷留拜光祿大夫是時大將軍梁冀用權秉稱病六年冀誅後乃拜太僕遷太常延熹三年白馬令李雲以諫受罪秉爭之不能得坐免官歸田里 謝承書曰秉免歸雅素清儉家至貧窶并日而食任城故孝廉景慮齎錢百餘萬就以餉秉秉閉門距絕不受 其年冬復徵拜河南尹先是中常侍單超弟匡爲濟陰太守以臧罪爲刺史第五種所劾窘急乃賂客任方刺兗州從事衞羽事已見種傳及捕得方囚繫洛陽匡慮秉當窮竟其事密令方等得突獄亡走尚書召秉詰責秉對曰春秋不誅黎比而魯多盜 左傳曰邾庶其以漆閭丘來奔於是魯多盜臣賢案黎比莒國之君恐別有所據也 方等無狀釁由單匡刺執法之吏害奉公之臣復令得逃竄寬縱罪身元惡大憝終爲國害乞檻車徵匡考覈其事則姦慝蹤緒必可立得而秉竟坐輸作左校以久旱赦出會日食太山太守皇甫規等訟秉忠正不宜久抑不用有詔公車徵秉及處士韋著二人各稱疾不至有司並劾秉著大不敬請下所屬正其罪尚書令周景與尚書邊韶議奏秉儒學侍講常在謙虛著隱居行義以退讓爲節俱徵不至誠違側席之望然逶迤退食足抑苟進之風 詩國風羔羊詩曰退食自公委蛇委蛇退食謂減膳也從於公謂正直順於事也委蛇委曲自得之貌也 夫明王之世必有不召之臣 堯時許由禹時伯成子高湯時務光等 聖朝弘養宜用優游之禮可告在所屬 ○劉攽曰案文多一在字 喻以朝廷恩意如遂不至詳議其罰於是重徵乃到拜太常五年冬代劉矩爲太尉是時宦官方熾任人及子弟爲官 任謂保任 布滿天下競爲貪淫朝野嗟怨秉與司空周景上言內外吏職多非其人自頃所徵皆特拜不試致盜竊縱恣怨訟紛錯舊典中臣子弟不得居位秉勢而令枝葉賓客布列職署或年少庸人典據守宰上下忿患四方愁毒可遵用舊章退貪殘塞災謗請下司隸校尉中二千石城門五營校尉北軍中候各實覈所部應當斥罷自以狀言三府廉察有遺漏續上帝從之於是秉條奏牧守以下匈奴中郎將燕瑗青州刺史羊亮遼東太守孫諠等五十餘人或死或免天下莫不肅然時郡國計吏多留拜爲郎秉上言三署見郎七百餘人 三署郎解見安帝紀 帑臧空虛浮食者衆而不良守相欲因國爲池澆濯釁穢宜絕橫拜以塞覬覦之端 左傳曰下無覬覦杜預注曰無冀望上位 自此終桓帝世計吏無復留拜者七年南巡園陵特詔秉從南陽太守張彪與帝微時有舊恩以車駕當至因傍發調多以入私秉聞之下書責讓荊州刺史以狀副言

公府 南陽郡荊州所部也 及行至南陽左右並通姦利詔書多所除拜秉復上疏諫曰臣聞先王建國順天制官 尚書曰明王奉若天道建邦設都孔安國注云天有日月北斗五星二十八宿皆有尊卑相正之法明王奉順此道建邦設都 太微積星名爲郎位 史記天官書曰太微宮五帝坐後聚二十五星蔚然曰郎位積聚也 入奉宿衞出牧百姓皐陶誡虞在於官人 尚書皐陶誡舜曰在知人在官人也 頃者道路拜除恩加豎隸爵以貨成化由此敗所以俗夫巷議白駒遠逝 孔子曰天下有道庶人不議詩小雅曰皎皎白駒食我場苗所謂伊人於焉逍遙言宣王官失其人賢者乘白駒而去之 穆穆清朝遠近莫觀宜割不忍之恩以斷求欲之路於是詔除乃止時中常侍侯覽弟參爲益州刺史累有臧罪暴虐一州明年秉劾奏參檻車徵詣廷尉參惶恐道自殺 謝承書曰秉奏參取受罪臧累億牂柯男子張攸居爲富室參橫加非罪云造訛言殺攸家入人沒入廬宅又與同郡諸生李元之官共飲酒醉飽之後戲故相犯誣言有淫慝之罪應時捶殺以人臣之勢行桀紂之態傷和逆理痛感天地宜當糾持以謝一州又日京兆尹袁逢於長安客舍中得參重車三百餘乘金銀珍玩不可稱紀 秉因奏覽及中常侍具瑗曰臣案國舊典宦豎之官本在給使省闥司昏守夜而今猥受過寵執政操權其阿諛取容者則因公褒舉以報私惠有忤逆於心者必求事中傷肆其凶忿居法王公富擬國家飲食極肴膳僕妾盈紈素雖季氏專魯穰侯擅秦何以尚茲 季氏魯卿世專魯政孔子曰季氏富於周公史記曰穰侯魏冉者秦昭王母宣太后弟也爲秦相國後富於王室尚猶加也 案中常侍侯覽弟參貪殘元惡自取禍滅覽固知釁重必有自疑之意臣愚以爲不宜復見親近昔懿公刑邴歜之父奪閻職之妻而使二人參乘卒有竹中之難春秋書之以爲至戒 左傳曰齊懿公之爲公子也與邴歜之父爭田弗勝及即位乃掘而刖之而使歜僕納閻職之妻而使職驂乘夏五月公游于申池歜以扑抶職職怒歜曰人奪汝妻而不怒一抶汝庸何傷職曰與刖其父而弗能病者何如乃謀弒懿公納諸竹中歸舍爵而行也 蓋鄭詹來而國亂四佞放而衆服 公羊傳曰鄭詹自齊逃來何以書甚佞也曰佞人來後魯莊公取齊淫女爲後敗四佞卽四凶也 以此觀之容可近乎覽宜急屏斥投畀有虎 畀與也詩小雅曰取彼譖人投畀豺虎○劉攽曰正文有當作豺注無它說知與詩同 若斯之人非恩所宥請免官送歸本郡書奏尚書召對秉掾屬曰 召秉掾屬問之 公府外職而奏劾近官經典漢制有故事乎秉使對曰春秋趙鞅以晉陽之甲逐君側之惡 公羊傳曰趙鞅取晉陽之甲以逐荀寅士吉射曷爲此逐君側之惡人也 傳曰除君之惡唯力是視 左傳曰晉寺人披言也 鄧通懈慢申屠嘉召通詰責文帝從而請之 前書鄧通文帝幸臣爲太中大夫居上傍息慢丞相申屠嘉朝坐府中召通至不爲禮責曰通小臣戲殿上大不敬當斬通頓首首盡出血上使使持節召通而謝丞相此吾弄臣君釋之 漢世故事三公之職無所不統尚書不能詰帝不得已竟免覽官而削瑗國每朝廷有得失輒盡忠規諫多見納用秉性不飲酒又早喪夫人遂不復娶所在以淳白稱嘗從容言曰我有三不惑酒色財也八年薨時年七十四賜塋陪陵子賜

賜字伯獻少傳家學篤志博聞常退居隱約教授門徒不荅州郡禮命後辟大將軍梁冀府非其好也出除陳倉令因病不行公車徵不至連辭三公之命後以司空高第再遷侍中越騎校尉建寧初靈帝當受學詔太傅三公選通尚書桓君章句宿有重名者三公舉賜乃侍講於華光殿中洛陽宮殿名曰華光殿在崇光殿北遷少府光祿勳熹平元年青蛇見御坐帝以問賜賜上封事曰臣聞和氣致祥乖氣致灾休徵則五福應休美也徵驗也五福一曰壽二曰富三曰康寧四曰攸好德五曰考終命咎徵則六極至咎惡也六極一曰凶短折二曰疾三曰憂四曰貧五曰惡六曰弱並見尚書夫善不妄來灾不空發王者心有所惟意有所想雖未形顏色而五星以之推移陰陽爲其變度以此而觀天之與人豈不符哉尚書曰天齊乎人假我一日是其明徵也我謂君也天意欲整齊于人必假於君也今尚書文假作俾俾使也義亦通夫皇極不建則有蛇龍之孽洪範五行傳曰皇大也極中也建立也孽災也君不合大中是謂不立蛇龍陰類也詩云惟虺惟蛇女子之祥詩小雅也虺蛇穴居陰之類故爲女子之祥也故春秋兩蛇鬭於鄭門昭公殆以女敗洪範五行傳曰初鄭厲公劫相祭仲而簒兄昭公立爲鄭君後雍糺之難厲公出奔鄭人立昭公既立內蛇與外蛇鬭鄭南門中內蛇死是時傅瑕仕於鄭欲內厲公故內蛇死者昭公將敗厲公將勝之象也是時昭公宜布恩施惠以撫百姓寧賢崇德以厲群臣觀察左右以省姦謀則內變不得生外謀無由起矣昭公不覺果殺於傅瑕二子死而厲公入此其効也詩云惟虺惟蛇女子之祥鄭昭公殆以女子敗矣康王一朝晏起關雎見幾而作前書曰佩玉晏鳴關雎歎之音義曰后夫人雞鳴佩玉去君所周康王后不然故詩人歎而傷之此事見魯詩今亡失也夫女謁行則讒夫昌讒夫昌則苞苴通故殷湯以之自戒終濟亢旱之灾說苑曰湯自伐桀後大旱七年洛川竭使人持三足鼎祝於山川曰政不節邪使人疾邪苞苴行邪讒夫昌邪宮室榮邪女謁行邪何不雨之極言未已而天大雨惟陛下思乾剛之道別內外之宜崇帝乙之制受元吉之祉易泰卦六五曰帝乙歸妹以祉元吉也抑皇甫之權割豔妻之愛豔妻周幽王后褒姒也皇甫卿士等皆后之黨用后嬖寵而居位也詩云皇甫卿士豔妻煽方處也則蛇變可消禎祥立應殷戊宋景其事甚明殷王太戊時桑穀共生於朝修德而桑穀死景公時熒惑守心修德而星退舍並見史記二年代唐珍爲司空以灾異免復拜光祿大夫秩中二千石五年代袁隗爲司徒是時朝廷爵授多不以次而帝好微行遊幸外苑賜復上疏曰臣聞天生蒸民不能自理蒸衆也故立君長使司牧之司主也牧養也是以唐虞兢兢業業兢兢戒愼業業危懼尚書皐陶謨曰兢兢業業一日二日萬機周文日昃不暇尚書曰文王自朝至於日中昃弗遑暇食明愼庶官俊乂在職三載考績尚書曰三載考績黜陟幽明也以觀厥成而今所序用無他德有形埶者旬日累遷守眞之徒歷載不轉勞逸無別善惡同流北山之詩所爲訓作詩小雅曰陟彼北山言採其杞偕偕士子朝夕從事大夫不均我從事獨賢又聞數微行出幸苑囿觀鷹犬之埶極槃遊之荒槃樂也詩云槃于遊田書曰內作色荒外作禽荒政事日墮許規切大化陵遲陛下不顧二祖之勤止二祖高祖光武也詩云文王既勤止追慕五宗之美蹤文帝太宗武帝世宗宣帝中宗明帝顯宗章帝肅宗也而欲以望太平是由曲表而欲直景卻行而求及前人也孫卿子曰猶立枉木而求其影之直也韓詩外傳曰夫明鏡所以照形也往古所以知今也夫知惡往古之惡而不知修今之善惡往古之所以危亡而不知襲積其所以安存則無以異乎卻行而求逮於前人也宜絕慢傲之戲念官人之重割用板之恩愼貫魚之次板謂詔書也易剝卦曰貫魚以宮人寵言王者御宮人如貫魚之有次序也無令醜女有四殆之歎劉向列女傳曰鍾離春者齊無鹽邑之女齊宣王之正后也其爲人也極醜無雙臼頭深目長壯大節卬鼻結喉肥項少髮折腰凸胷皮膚若漆年四十行嫁不售自謁宣王舉手拊膝曰殆哉殆哉曰今王之國西有衡秦之患南有強楚之讎外有二國之難一旦山陵崩弛社稷不安此一殆也漸臺五重萬人罷極此二殆也賢者伏匿於山林諂諛強於左右此三殆也飲酒沈湎以夜繼晝外不修諸侯之禮內不秉國家之政此四殆也遐邇有憤怨之聲臣受恩偏特忝任師傅不敢自同凡臣括囊避咎括結也易曰括囊無咎無譽謹自手書密上後坐辟黨人免復拜光祿大夫光和元年有虹蜺晝降於嘉德殿前洛陽記殿在九龍門內郭景純注爾雅曰雙出色鮮盛者爲雄曰虹闇者爲雌曰蜺帝惡之引賜及議郎蔡邕等入金商門崇德署戴延之西征記曰太極殿西有金商門使中常侍曹節王甫問以祥異禍福所在賜仰天而歎謂節等曰吾每讀張禹傳未嘗不憤恚歎息不能竭忠盡情極言其要而反留意少子乞還女婿張禹成帝時爲丞相以師傅恩每疾輒以起居聞車駕日臨問之拜禹牀下禹頓首謝恩言老臣有四男一女愛女甚於男遠嫁爲張掖太守蕭咸妻不勝父子私情思與女相近上即時徙咸爲弘農太守又屬少子未有官上臨候禹數視其少子上即禹牀下拜爲黃門給事中也朱游欲得尚方斬馬劍以理之固其宜也朱雲字游張禹以帝師尊重雲上書求見公卿在前雲曰今朝廷大臣不能匡主臣願得尚方斬馬劍斷佞臣一人頭以厲其餘上問誰也對曰安昌侯張禹尚方少府之屬官也作供御器物故有斬馬劍利可以斬馬也並見前書吾以微薄之學充先師之末累世見寵無以報國猥當大問死而後已乃書對曰臣聞之經傳或得神以昌或得神以亡左傳曰有神降于莘周內史過曰國之將興明神降之監其德也將亡神又降之觀其惡也故有得神以興亦有以亡國語曰昔夏之興也祝融降於崇山其亡也回祿信於黔遂商之興也檮杌次於丕山其亡也夷羊在牧周之興也鸑鷟鳴於岐山其衰也杜伯射王於鄗也國家休明則鑒其德邪辟昏亂則視其禍今殿前之氣應爲虹蜺皆妖邪所生不正之象詩人所謂蝃蝀者也韓詩序曰蝃蝀刺奔女也蝃蝀在東莫之敢指詩人言蝃蝀在東者邪色乘陽人君淫佚之徵臣爲君父隱藏故言莫之敢指蝃音帝蝀音董於中孚經曰蜺之比無德以色親易稽覽圖中孚經之文也比類也鄭玄注曰蜺邪氣也陰無德以好色得親幸於陽也方今內多嬖倖外任小臣上下並怨諠譁盈路是以灾異屢見前後丁寧今復投蜺可謂孰矣孰成也案春秋讖曰天投蜺天下怨海內亂春秋演孔圖曰霓者斗之亂精也失度投霓見宋均注曰投霓投藏也加四百之期亦復垂及漢終于四百年解見獻帝紀昔虹貫牛山管仲諫桓公無近妃宮春秋文耀鉤曰白虹貫牛山管仲諫曰無近妃宮君恐失權齊侯大懼退去色黨更立賢輔使后出望上牛山四面聽之以厭神宋均注曰山君位也虹蜺陰氣也陰氣貫之君惑於妻黨之象也望謂祭以謝過也流俗本山作升者誤也易曰天垂象見吉凶聖人則之上繫之詞則效也今妾媵嬖人閹尹之徒共專國朝欺罔日月又鴻都門下招會群小造作賦說以蟲篆小技見寵於時法言曰賦者童子雕蟲篆刻壯夫不爲也如驩兜共工更相薦說尚書驩兜曰都共工方鳩僝功旬月之間並各拔擢樂松處常伯任芝居納言郤儉梁鵠俱以便辟之性佞辯之心各受豐爵不次之寵而令搢紳之徒委伏畎畝口誦堯舜之言身蹈絕俗之行棄捐溝壑不見逮及冠履倒易陵谷代處楚詞曰冠履兮雜處詩曰高岸爲谷深谷爲陵也從小人之邪意順無知之私欲不念板蕩之作虺蜴之誡詩大雅序曰板凡伯刺厲王也其詩曰上帝板板下人卒癉蕩召穆公傷周室大壞也其詩曰蕩蕩上帝下人之辟又云哀今之人胡爲虺蜴注云蜴螈也虺蜴之性見人則走哀哉今之人何爲如是傷時政也殆哉之危莫過於今無鹽女之詞解見上幸賴皇天垂象譴告周書曰天子見怪則修德諸侯見怪則修政卿大夫見怪則修職士庶人見怪則修身唯陛下愼經典之誡圖變復之道謂變敗而銷復之斥遠佞巧之臣速徵鶴鳴之士內親張仲外任山甫詩曰張仲孝友又曰袞職有闕仲山甫補之皆周宣王賢臣也斷絕尺一抑止槃游留思庶政無敢怠遑冀上天還威衆變可彌老臣過受師傅之任數蒙寵異之恩豈敢愛惜垂沒之年而不盡其慺慺之心哉慺慺猶勤勤也音力侯反書奏甚忤曹節等蔡邕坐直對抵罪徙朔方賜以師傅之恩故得免咎其冬行辟雍禮引賜爲三老復拜少府光祿勳代劉郃爲司徒帝欲造畢圭靈琨苑賜復上疏諫曰竊聞使者並出規度城南人田欲以爲苑昔先王造囿裁足以修三驅之禮薪萊芻牧皆悉往焉先帝之制左開鴻池右作上林鴻池在洛陽東上林在西不奢不約以合禮中今猥規郊城之地以爲苑囿壞沃衍杜預注左傳曰衍沃平美之地也廢田園驅居人畜禽獸殆非所謂若保赤子之義書曰若保赤子惟人其康乂也今城外之苑已有五六陽嘉元年起西苑延熹二年造顯陽苑洛陽宮殿名有平樂苑上林苑桓帝延熹元年置鴻德苑也可以逞情意順四節也逞快也四節謂春蒐夏苗秋獮冬狩也宜惟夏禹卑宮孔子曰禹惡衣服卑宮室也太宗露臺之意文帝欲作露臺召匠計之直百金帝曰百金中人十家之產吾奉先帝宮室常恐羞之何以臺爲也以尉下民之勞書奏帝欲止以問侍中任芝中常侍樂松松等曰昔文王之囿百里人以爲小齊宣五里人以爲大孟子齊宣王問曰文王之囿方七十里人猶以爲小寡人之囿方四十里人猶以爲大何也曰文王之囿方七十里芻蕘者往焉雉兔者往焉與人同之人以爲小不亦宜乎此云文王百里齊宣五里與孟子不同也今與百姓共之無害於政也帝悅遂令築苑四年賜以病罷居無何拜太常詔賜御府衣一襲衣單複具曰襲自所服冠幘綬玉壺革帶金錯鉤佩金錯以金閒錯其文五年冬復拜太尉中平元年黃巾賊起賜被召會議詣省閣切諫忤旨因以寇賊免先是黃巾帥張角等執左道稱大賢以誑燿百姓天下繈負歸之賜時在司徒召掾劉陶告曰張角等遭赦不悔而稍益滋蔓今若下州郡捕討恐更騷擾速成其患且欲切勑刺史二千石簡別流人各護歸本郡以孤弱其黨然後誅其渠帥可不勞而定何如陶對曰此孫子所謂不戰而屈人之兵廟勝之術也孫子曰未戰而廟勝得算多也未戰而廟不勝得算少也賜遂上書言之會去位事留中謂所論事留在禁中未施用之後帝徙南宮閱錄故事得賜所上張角奏及前侍講注籍所注之籍錄乃感悟下詔封賜臨晉侯邑千五百戶臨晉縣屬馮翊故城在今同州朝邑縣西南初賜與太尉劉寬司空張濟濟字元江細陽人濟張輔曾孫並入侍講自以不宜獨受封賞上書願分戶邑於寬濟帝嘉歎復封寬及濟子拜賜尚書令數日出爲廷尉賜自以代非法家言曰三后成功惟殷于民皐陶不與焉蓋吝之也吝恥也殷盛也尚書曰伯夷降典折人惟刑禹平水土主名山川稷降播種農殖嘉穀三后成功惟殷於人言皐陶不預其數者蓋恥之遂固辭以特進就第二年九月復代張溫爲司空其月罷天子素服三日不臨朝贈東園梓器襚服賜錢三百萬布五百疋策曰故司空臨晉侯賜華嶽所挺九德純備挺生也九德即皐陶謨九德三葉宰相輔國以忠朕昔初載授道帷幄詩大雅曰文王初載毛萇注云載識也遂階成勳以陟大猷師範之功昭于內外庶官之務勞亦勤止七在卿校殊位特進五登袞職彌難又寧雖受茅土未荅厥勳哲人其萎將誰諮度朕甚懼焉禮記曰孔子負手曳杖消搖於門歌曰太山其頹乎梁木其壞乎哲人其萎乎禮設殊等物有服章今使左中郎將郭儀持節追位特進前書張禹爲丞相以老罷就第以列侯朝朔望位特進見禮如丞相漢雜事曰諸侯功德優盛朝廷所敬異賜位特進在三公下贈司空驃騎將軍印綬及葬又使侍御史持節送喪蘭臺令史十人發羽林騎輕車介士續漢書輕車古之戰車也彫朱輪輿不巾不蓋菑矛戟幢麾菑音側事反菑謂揷也前後部鼓吹又勑驃騎將軍官屬司空法駕送至舊塋續漢志三公列侯車倚鹿伏熊黑轓朱斑輪鹿文飛軨九斿降龍騎吏四人皆帶劍持棨戟爲前列三百石長導從置門下五吏賊曹功曹皆帶劍車道主簿主記兩車爲從也○劉攽曰注案後漢志文此不合有三百石長四字又云賊曹督盜賊功曹皆帶劍三車導此文少督盜賊三字又少一三字又誤導字也蓋門下五吏賊曹一督盜賊一功曹一主簿一主記一凡五車也公卿已下會葬謚文烈侯及小祥又會焉子彪嗣禮朞而小祥又朞而大祥鄭玄注云祥吉也言其漸即吉也

彪字文先少傳家學初舉孝廉州舉茂才辟公府皆不應熹平中以博習舊聞公車徵拜議郎華嶠書曰與馬日磾盧植蔡邕等著作東觀遷侍中京兆尹光和中黃門令王甫使門生於郡界辜搉官財物七千餘萬華嶠書曰甫使門生王翹辜搉解見靈帝紀彪發其姦言之司隸司隸校尉楊球因此奏誅甫天下莫不愜心徵還爲侍中五官中郎將遷潁川南陽太守復拜侍中三遷永樂少府太僕衛尉中平六年代董卓爲

司空其冬代黃琬爲司徒明年關東兵起董卓懼欲遷都以違其難違避也乃大會公卿議曰高祖都關中十有一世光武宮洛陽於今亦十世矣案石包讖宜徙都長安以應天人之意百官無敢言者彪曰移都改制天下大事故盤庚五遷殷民胥怨盤庚殷王之名也胥相也遷都於亳殷人相與怨根湯遷亳仲丁遷囂河亶甲居相祖乙居耿并盤庚五遷也昔關中遭王莽變亂宮室焚燒民庶塗炭百不一在光武受命更都洛邑今天下無虞虞度也言無可度之事也書曰四方無虞百姓樂安明公建立聖主光隆漢祚無故捐宗廟棄園陵恐百姓驚動必有糜沸之亂如糜粥之沸也詩曰如沸如羹石包室讖妖邪之書豈可信用卓曰關中肥饒故秦得并吞六國且隴右材木自出致之甚易又杜陵南山下有武帝故瓦陶竈數千所并功營之可使一朝而辦百姓何足與議若有前却我以大兵驅之可令詣滄海言不敢避險難也彪曰天下動之至易安之甚難惟明公慮焉卓作色曰公欲沮國計邪沮止也太尉黃琬曰此國之大事楊公之言得無可思卓不答司空荀爽見卓意壯恐害彪等因從容言曰相國豈樂此邪山東兵起非一日可禁故當遷以圖之此秦漢之埶也卓意小解爽私謂彪曰諸君堅爭不止禍必有歸故吾不爲也議罷卓使司隸校尉宣播以災異奏免琬彪等詣闕謝即拜光祿大夫十餘日遷大鴻臚從入關轉少府太常以病免復爲京兆尹光祿勳再遷光祿大夫三年秋代淳于嘉爲司空以地震免復拜太常興平元年代朱儁爲太尉錄尚書事及李傕郭汜之亂彪盡節衞主崎嶇危難之間幾不免於害語在董卓傳及車駕還洛陽復守尚書令建安元年從東都許時天子新遷大會公卿兗州刺史曹操上殿見彪色不悅恐於此圖之未得讌設託疾如廁因出還營彪以疾罷時袁術僭亂操託彪與術婚姻誣以欲圖廢置奏收下獄劾以大逆獻帝春秋曰操刑之不濫君之明也楊彪獲罪懼者甚衆○劉攽曰案此注當在見操曰下又當云融見操曰云云少融見曰三字將作大匠孔融聞之不及朝服往見操曰楊公四世清德海內所瞻周書父子兄弟罪不相及左傳曰康誥曰父不慈子不祗兄不友弟不恭不相及也況以袁氏歸罪楊公易稱積善餘慶徒欺人耳易文言曰積善之家必有餘慶操曰此國家之意融曰假使成王殺邵公周公可得言不知邪今天下纓緌搢紳說文曰纓冠系也鄭玄注禮記曰緌冠飾也紳帶也搢插也插笏於紳也或作縉者淺赤言帶之色所以瞻仰明公者以公聰明仁智輔相漢朝舉直厝枉致之雍熙也今橫殺無辜則海內觀聽誰不解體左傳曰季文子謂晉韓穿曰四方諸侯誰不解體杜預注曰言不復肅敬也孔融魯國男子明日便當拂衣而去不復朝矣若以非罪殺彪融則還爲魯國一男子不復更來朝也操不得已遂理出彪四年復拜太常十年免十一年諸以恩澤爲侯者皆奪封彪父賜以師傅封臨晉侯彪見漢祚將終遂稱脚攣不復行積十年後子修爲曹操所殺操見彪問曰公何瘦之甚對曰愧無日磾先見之明猶懷老牛舐犢之愛前書曰金日磾子二人武帝所愛以爲弄兒其後弄兒壯大不謹自殿下與宮人戲日磾適見之惡其淫亂遂殺弄兒操爲之改容修字德祖好學有俊才爲丞相曹操主簿典略曰修建安中舉孝廉除郎中丞相請署倉曹屬主簿是時軍國多事修揔知內外事皆稱意自魏太子以下並爭與交好用事曹氏及操自平漢中欲因討劉備而不得進欲守之又難爲功護軍不知進止何依操於是出教唯曰雞肋而已外曹莫能曉修獨曰夫雞肋食之則無所得弃之則如可惜公歸計決矣乃令外白稍嚴操於此迴師修之幾決多有此類修又常出行籌操有問外事乃逆爲答記勑守舍兒若有令出依次通之既而果然如是者三操怪其速使廉之知狀廉察也於此忌修且以袁術之甥慮爲後患遂因事殺之續漢書曰人有白修與臨淄侯曹植飲醉共載從司馬門出謗訕鄢陵侯章太祖聞之大怒故遂收殺之時年四十五矣修所著賦頌碑讚詩哀辭表記書凡十五篇及魏文帝受禪欲以彪爲太尉先遣吏示旨彪辭曰彪備漢三公遭世傾亂不能有所補益耄年被病豈可贊惟新之朝遂固辭乃授光祿大夫賜几杖衣袍續漢書曰魏文帝詔曰先王制几杖之賜所以賓禮黃耇太尉楊彪乃祖以來世著名績其賜公延年杖延請之日便使杖入也因朝會引見令彪著布單衣鹿皮冠杖而入待以賓客之禮年八十四黃初六年卒于家自震至彪四世太尉德業相繼與袁氏俱爲東京名族云華嶠書曰東京楊氏袁氏累世宰相爲漢名族然袁氏車馬衣服極爲奢僭能守家風爲世所貴不及楊氏也

論曰孔子稱危而不持顛而不扶則將焉用彼相矣論語載孔子之言也相扶持者論臣當輔君也誠以負荷之寄不可以虛冒負荷之寄崇高之位憂重責深也延光之間震爲上相周公霍光之傳抗直方以臨權枉坤六二曰直方大不習无不利也先公道而後身名可謂懷王臣之節易曰王臣謇謇匪躬之故識所任之體矣遂累葉載德易曰德積載載重也繼踵宰相信哉積善之家必有餘慶先世韋平方之蔑矣韋賢平當父子並相繼爲丞相

贊曰楊氏載德仍世柱國言世爲國柱臣也震畏四知秉去三惑賜亦無諱彪誠匪忒忒差也脩雖才子渝我淳則渝變也

劉攽曰案楊氏有兩族赤泉氏從木子雲自叙其受氏從才而楊修書稱曰修家子雲又似震族亦是揚氏不知文士聊如此云其亦實然也今書中華陰之族從木從才相半未知所從學者辨之

後漢書卷八十四考證

楊震傳八世祖喜高祖敞○何焯曰前書楊敞不云是喜之後

河間男子趙騰詣闕上書指陳得失帝發怒收考詔獄結以罔上不道震復上疏救之曰至帝不省一段○日知錄曰此乃安帝時事而張晧傳以爲清河趙騰上言災變譏刺朝政收騰繫考晧上疏諫帝悟減騰死罪一等又以爲順帝事豈有兩趙騰耶

於是柴門絶賓客○諸本同臣會汾按全書及他史言杜門絶賓客杜門謝客杜門稱疾者甚衆此柴字疑杜字之譌

行至城西夕陽亭○夕宋本作几臣會汾按神暠傳亦有夕陽亭從監本是

楊震子秉唯人所召注閔子騫之詞○何焯曰注誤以閔子馬爲子騫此傳寫致然文選注中亦如之

春秋不誅黎比而魯多盜注臣賢案黎比莒國之君恐別有所據也○臣會汾按左傳文公十八年莒僕以寶玉來奔納諸宣公季文子曰其人則盜賊也其器則奸兆也但杜氏注不言莒僕名黎比又與此文不相當

楊震孫賜並入侍講○宋本作俱入侍中講入侍下不得再加中字宋本不可從

楊震曾孫彪司隸校尉楊球○楊應作陽

後漢書卷八十五

宋　宣　城　太　守范　曄撰

唐　章　懷　太　子　賢注

章帝八王傳第四十五

孝章皇帝八子宋貴人生清河孝王慶梁貴人生和帝申貴人生濟北惠王壽河間孝王開四王不載母氏

千乘貞王伉傳

千乘貞王伉建初四年封和帝即位以伉長兄甚見尊禮立十五年薨子寵嗣一名伏胡永元七年改國名樂安立二十八年薨是爲夷王父子薨于京師皆葬洛陽子鴻嗣安帝崩始就國鴻生質帝質帝立梁太后下詔以樂安國土卑溼租委鮮薄改鴻封勃海王委謂委輸也立二十六年薨是爲孝王無子太后立桓帝弟蠡吾侯悝爲勃海王奉鴻祀悝蠡吾侯翼子河間王開孫也延熹八年悝謀爲不道有司請廢之帝不忍乃貶爲廮陶王食一縣悝後因中常侍王甫求復國許謝錢五千萬帝臨崩遺詔復爲勃海王悝知非甫功不肯還謝錢甫怒陰求其過初迎立靈帝道路流言悝恨不得立欲鈔徵書而中常侍鄭颯音立中黃門董騰並任俠通剽輕數與悝交通剽疾也王甫伺察以爲有姦密告司隸校尉段熲熹平元年遂收颯送北寺獄北寺獄名屬黃門署前書音義曰即若盧獄也使尚書令廉忠誣奏颯等謀迎立悝大逆不道遂詔冀州刺史收悝考實又遣大鴻臚持節與宗正廷尉之勃海迫責悝悝自殺妃妾十一人子女七十人伎女二十四人皆死獄中傅相以下以輔導王不忠悉伏誅悝立二十五年國除衆庶莫不憐之

平春悼王全傳

平春悼王全續漢志平春縣屬江夏郡也以建初四年封其年薨葬於京師無子國除

清河孝王慶傳

清河孝王慶母宋貴人貴人宋昌八世孫扶風平陵人也昌文帝時爲中尉以代邸功封壯武侯父楊以恭孝稱於鄉閭不應州郡之命楊姑即明德馬后之外祖母也馬后聞楊二女皆有才色迎而訓之永平末選入太子宮甚有寵肅宗即位並爲貴人建初三年大貴人生慶明年立爲皇太子徵楊爲議郎褒賜甚渥貴人長於人事供奉長樂宮身執饋饌太后憐之太后崩後竇皇后寵盛以貴人姊妹並幸慶爲太子心內惡之與母比陽主謀陷宋氏比陽主東海王彊女外令兄弟求其纖過內使御者偵伺得失偵候也音丑政反廣雅曰偵問也後於掖庭門邀遮得貴人書云病思生菟令家求之因誣言欲作蠱道祝詛以菟爲厭勝之術日夜毀譖貴人母子遂漸見疏慶出居承祿觀數月竇后諷掖庭令誣奏前事請加驗實七年帝遂廢太子慶而立皇太子肇肇梁貴人子也乃下詔曰皇太子有失惑無常之性爰自孩乳至今益章恐襲其母凶惡之風不可以奉宗廟爲天下主大義滅親況降退乎左傳衞石碏殺其子厚君子曰石碏純臣也惡州吁而厚與焉大義滅親其是之謂乎今廢慶爲清河王皇子肇保育皇后承訓懷衽導達善性將成其器蓋庶子慈母尚有終身之恩儀禮喪服曰慈母如母謂妾子之無母父命妾養之故曰慈母如母者貴父之命也豈若嫡后事正義明哉今以肇爲皇太子遂出貴人姊妹置丙舍使小黃門蔡倫考實之皆承諷旨傅致其事傅讀曰附乃載送暴室二貴人同時飲藥自殺續漢志曰暴室署名主中婦人疾病也帝猶傷之勑掖庭令葬於樊濯聚在洛陽城北也於是免楊歸本郡郡縣因事復捕繫之楊友人前懷令山陽張峻左馮翊沛國劉均等奔走解釋得以免罪楊失志憔悴卒于家慶時雖幼而知避嫌畏禍言不敢及宋氏帝更憐之勑皇后令衣服與太子齊等太子特親愛慶入則共室出則同輿及太子即位是爲和帝待慶尤渥諸王莫得爲比常共議私事後慶以長別居丙舍永元四年帝移幸北宮章德殿講於白虎觀慶得入

省宿止帝將誅竇氏欲得外戚傳前書外戚傳也懼左右不敢使乃令慶私從千乘王求夜獨內之又令慶傳語中常侍鄭衆求索故事謂文帝誅薄昭武帝誅竇嬰故事及大將軍竇憲誅慶出居邸賜奴婢三百人輿馬錢帛帷帳珍寶玩好充仞其第又賜中傳以下至左右錢帛各有差前書音義曰中傳宦者也慶多被病或時不安帝朝夕問訊進膳藥所以垂意甚備慶小心恭孝自以廢黜尤畏事慎法每朝謁陵廟常夜分嚴裝衣冠待明分半也約勑官屬不得與諸王車騎競驅常以貴人葬禮有闕每竊感恨至四節伏臘輒祭於私室竇氏誅後始使乳母於城北遙祠及竇太后崩慶求上冢致哀帝許之詔太官四時給祭具慶垂涕曰生雖不獲供養終得奉祭祀私願足矣欲求作祠堂恐有自同恭懷梁后之嫌恭懷梁后和帝母梁貴人遂不敢言常泣向左右以爲沒齒之恨沒終齒年也後上言外祖母王年老遭憂病下土無醫藥願乞詣洛陽療疾於是詔宋氏悉歸京師除慶舅衍俊蓋暹等皆爲郎十五年有司以日食陰盛奏遣諸王侯就國詔曰甲子之異責由一人諸王幼稚早離顧復弱冠相育詩小雅曰父兮生我母兮鞠我顧我復我出入腹我常有蓼莪凱風之哀詩小雅蓼蓼者莪匪莪伊蒿哀哀父母生我劬勞詩國風曰凱風自南吹彼棘心棘心夭夭母氏劬勞選懦之恩知非國典且復須留選懦仁弱慈戀不決之意也懦音仁兗反東觀記須留作宿留至冬從祠章陵詔假諸王羽林騎各四十人後中傅衞訢私爲臧盜千餘萬詔使案理之并責慶不舉之狀慶曰訢以師傅之尊選自聖朝臣愚唯知言從事聽不甚有所糾察帝嘉其對悉以訢臧財賜慶及帝崩慶號泣前殿嘔血數升因以發病明年諸王就國鄧太后特聽清河王置中尉內史賜什物皆取乘輿上御以宋衍等並爲清河中大夫續漢書曰中大夫秩六百石無員掌奉王使至京師慶到國下令寡人生於深宮長於朝廷魯哀公與孔子言曰寡人生于深宮之中長於婦人之手事見孫卿子也○劉攽曰正文到國下令寡人案文少一日字仰恃明主垂拱受成垂拱言無爲也尚書曰垂拱仰成既以薄祜早離顧復屬遭大憂屬近也悲懷感傷蒙恩大國職惟藩輔新去京師憂心煢煢夙夜屏營未知所立煢煢孤特也屏營彷徨也蓋聞智不獨理必須明賢今官屬並居爵任失得是均庶望上遵策戒下免悔咎其糾督非枉明察典禁無令孤獲怠慢之罪焉鄧太后以殤帝襁抱遠慮不虞以繈繃爲之即今之小兒繃也繃音必衡反留慶長子祜與嫡母耿姬居清河邸至秋帝崩立祜爲嗣是爲安帝太后使中黃門送耿姬歸國帝所生母左姬字小娥小娥姊字大娥猶爲人初伯父聖坐妖言伏誅家屬沒官二娥數歲入掖庭及長並有才色小娥善史書喜辭賦和帝賜諸王宮人因

入清河第慶初聞其美賞傳母以求之及後幸愛極盛姬妾莫比姊妹皆卒葬於京師慶立凡二十五年乃歸國其年病篤謂宋衍等曰清河埤薄埤音婢欲乞骸骨於貴人冢傍下棺而已朝廷大恩猶當應有祠室庶母子并食魂靈有所依庇死復何恨乃上書太后曰臣國土下溼願乞骸骨下從貴人於樊濯雖歿且不朽矣及今口目尚能言視冒昧干請命在呼吸願蒙哀憐遂薨年二十九遣司空持節與宗正奉弔祭又使長樂謁者僕射中謁者二人副護喪事賜龍旂九旒虎賁百人儀比東海恭王旂有九旒天子制也恭王彊葬贈以殊禮升龍旄頭鑾輅龍旂虎賁百人太后使掖庭丞送左姬喪與王合葬廣丘子愍王虎威嗣永初元年太后封宋衍爲盛鄉侯分清河爲二國封慶少子常保爲廣川王子女十一人皆爲鄉公主食邑奉明年常保薨無子國除虎威立三年薨亦無子鄧太后復立樂安王寵子延平爲清河王是爲恭王寵即千乘王伉之子太后崩有司上言清河孝王至德淳懿載育明聖承天奉祚爲郊廟主漢興高皇帝尊父爲太上皇宣帝號父爲皇考宣帝父諱進武帝時號史皇孫坐戾太子事遇害帝即位追尊皇考立廟序昭穆置園邑太宗之義舊章不忘太宗謂繼嗣也左傳季桓子曰舊章不可忘也宜上尊號曰孝德皇皇妣左氏曰孝德后孝德皇母宋貴人追諡曰敬隱后乃告祠高廟使司徒持節與大鴻臚奉策書璽綬清河追上尊號又遣中常侍奉太牢祠典護禮儀侍中劉珍等及宗室列侯皆往會事尊陵曰甘陵廟曰昭廟置令丞設兵車周衞比章陵皇考南頓君陵復以廣川益清河國尊耿姬爲甘陵大貴人又封女弟侍男爲湼陽長公主別得爲舞陰長公主久長爲濮陽長公主直得爲平氏長公主餘七主並早卒故不及進爵追贈敬隱后女弟小貴人印綬追封諡宋楊爲當陽穆侯當陽今荊州也楊四子皆爲列侯食邑各五千戶宋氏爲卿校侍中大夫謁者郎吏十餘人孝德后異母弟次及達生二人諸子九人皆爲清河國郎中耿貴人者牟平侯舒之孫也貴人兄寶襲封牟平侯帝以寶嫡舅寵遇甚渥位至大將軍事已見耿舒傳立三十五年薨○劉攽曰案文少延平兩字子蒜嗣沖帝崩徵蒜詣京師將議爲嗣會大將軍梁冀與梁太后立質帝罷歸國蒜爲人嚴重動止有度朝臣太尉李固等莫不歸心焉初中常侍曹騰謁蒜蒜不爲禮宦者由此惡之及帝崩公卿皆正議立蒜而曹騰說梁冀不聽遂立桓帝語在李固傳蒜由此得罪建和元年甘陵人劉文與南郡妖賊劉鮪交通訛言清河王當統天下欲共立蒜事發覺文等遂劫清河相謝暠將至王

宮司馬門帝紀謚作射蓋紀傳不同曰當立王爲天子暠爲公暠不聽罵之文因刺殺暠於是捕文鮪誅之有司因劾奏蒜坐貶爵爲尉氏侯徙桂陽自殺立三年國絕梁冀惡清河名明年乃改爲甘陵梁太后立安平孝王子經侯理爲甘陵王安平王德河間王開子奉孝德皇祀是爲威王理立二十五年薨子貞王定嗣定立四年薨子獻王忠嗣黃巾賊起忠爲國人所執既而釋之靈帝以親親故詔復忠國忠立十三年薨嗣子爲黃巾所害建安十一年以無後國除

濟北惠王壽傳

濟北惠王壽母申貴人潁川人也世吏二千石貴人年十三入掖庭壽以永元二年封分太山郡爲國和帝遵肅宗故事兄弟皆留京師恩寵篤密有司請遣諸王歸藩不忍許之及帝崩乃就國永初元年鄧太后封壽舅申轉爲新亭侯壽立三十一年薨自永初已後戎狄叛亂國用不足始封王薨減賻錢爲千萬布萬匹嗣王薨五百萬布五千匹時唯壽最尊親特賻錢三千萬布三萬匹子節王登嗣永寧元年封登弟五人爲鄉侯皆別食太山邑登立十五年薨子哀王多嗣多立三年薨無子永和四年立戰鄉侯安國爲濟北王是爲釐王釐音僖也安國立十年薨子孝王次嗣本初元年封次弟猛爲亭侯次九歲喪父至孝建和元年梁太后下詔曰濟北王次以幼年守藩躬履孝道父沒哀慟焦毀過禮草廬土席衰杖在身頭不枇沐體生瘡腫諒闇已來二十八月自諸國有憂未之聞也朝廷甚嘉焉書不云乎用德章厥善尚書盤庚之辭也言以道德明之使競爲善也詩云孝子不匱永錫爾類詩大雅也匱竭也類善也永長也孝子之行無有匱竭長賜與汝之族類教道天下今增次封五千戶廣其土宇以慰孝子惻隱之勞次立七年薨子鸞嗣鸞薨子政嗣政薨無子建安十一年國除

河間孝王開傳

河間孝王開以永元二年封分樂成勃海涿郡爲國延平元年就國奉遵法度吏人敬之永寧元年鄧太后封開子翼爲平原王奉懷王勝祀勝和帝子子德爲安平王奉樂成王黨祀黨明帝子也開立四十二年薨子惠王政嗣政傲佷不奉法憲順帝以侍御史吳郡沈景有彊能稱故擢爲河間相景到國謁王王不正服箕踞殿上侍郎贊拜景峙不爲禮峙立也問王所在虎賁曰是非王邪景曰王不服常人何別○劉攽曰王不服案文少一王字今相謁王豈謁無禮者邪王慙而更服景然後拜出住宮門外請王傅責之曰前發京師陛下見受詔以王不恭使相檢督諸君

空受爵祿而無訓導之義因奏治罪詔書讓政而詰責傅景因捕諸姦人上案其罪上奏上也案音市丈反殺戮尤惡者數十人出冤獄百餘人政遂爲改節悔過自修陽嘉元年封政弟十三人皆爲亭侯政立十年薨子貞王建嗣建立十年薨子安王利嗣利立二十八年薨子陔嗣陔立四十一年魏受禪以爲崇德侯蠡吾侯翼元初六年鄧太后徵濟北河間王諸子詣京師奇翼美儀容故以爲平原懷王後焉平原王得無子故立之也留在京師歲餘太后崩安帝乳母王聖與中常侍江京等譖鄧騭兄弟及翼云與中大夫趙王謀圖不軌覬覦神器懷大逆心神器喻帝位也老子曰天下神器不可爲也貶爲都鄉侯遣歸河間翼於是謝賓客閉門自處永建五年父開上書願分蠡吾縣以封翼順帝從之翼卒子志嗣爲大將軍梁冀所立是爲桓帝梁太后詔追尊河間孝王爲孝穆皇夫人趙氏曰孝穆后廟曰清廟陵曰樂成陵蠡吾先侯曰孝崇皇廟曰烈廟陵曰博陵皆置令丞使司徒持節奉策書璽綬祠以太牢建和二年更封帝兄都鄉侯碩爲平原王留博陵奉翼後尊翼夫人馬氏爲孝崇博園貴人以涿郡之良鄉故安河間之蠡吾三縣爲湯沐邑碩嗜酒多過失帝令馬貴人領王家事建安十一年國除解瀆亭侯淑以河間孝王子封淑卒子長嗣○劉攽曰案紀長作萇他書亦然明此誤長卒子宏嗣爲大將軍竇武所立是爲靈帝建寧元年竇太后詔追尊皇祖淑爲孝元皇夫人夏氏曰孝元后陵曰敦陵廟曰靖廟皇考萇爲孝仁皇夫人董氏爲慎園貴人陵曰慎陵廟曰奐廟皆置令丞使司徒持節之河間奉策書璽綬祠以太牢常以歲時遣中常侍持節之河間奉祠熹平三年使使拜河間安王利子康爲濟南王奉孝仁皇祀康薨子贇嗣建安十二年爲黃巾賊所害子開嗣立十三年魏受禪以爲崇德侯

城陽懷王淑傳

城陽懷王淑以永元二年分濟陰爲國立五年薨葬於京師無子國除還并濟陰

廣宗殤王萬歲傳

廣宗殤王萬歲以永元五年封分鉅鹿爲國其年薨葬於京師無子國除還并鉅鹿

平原懷王勝傳

平原懷王勝和帝長子也不載母氏少有痼疾延平元年封立八年薨葬於京師無子鄧太后立樂安夷王寵子得爲平原王奉勝後是爲哀王得立六年薨無子永寧元年太后又立河間王開子都鄉侯翼爲平原王嗣

安帝廢之國除

論曰傳稱吳子夷昧甚德而度有吳國者必其子孫夷昧吳君之名左傳屈狐庸謂趙文子曰若天所啓其在今嗣君乎甚德而度德不失人度不失事有吳國者必此君之子孫也杜預注云嗣君謂夷昧也章帝長者事從敦厚繼祀漢室咸其苗裔古人之言信哉

贊曰章詐不已本枝流祉質惟伉孫安亦慶子河間多福桓靈承祀濟北無驕皇恩寵饒平原抱痾三王薨朝平春王全廣宗王萬歲城陽王淑並薨於京師也振振子孫或秀或苗振振仁厚貌也音之人反詩國風曰宜爾子孫振振兮論語曰苗而不秀者有矣夫秀而不實者有矣夫苗謂早夭秀謂成長也

後漢書卷八十五考證

千乘貞王伉傳奉鴻祀○祀北宋本作嗣

清河孝王慶傳父楊○按楊北宋本作揚

太宗之義○何焯校本太改大

河間孝王開傳與中大夫趙王○王字疑當作玉鄧太后紀有宮人趙玉

後漢書卷八十六

宋 宣 城 太 守范 曄撰

唐 章 懷 太 子 賢注

張王种陳列傳第四十六

張晧傳 子綱

張晧字叔明犍爲武陽人也六世祖良高帝時爲太子少傅封留侯晧少游學京師初永元中歸仕州郡○劉攽曰案文多一初字辟大將軍鄧騭府五遷尚書僕射職事八年出爲彭城相明帝子彭城王恭之相也永寧元年徵拜廷尉晧雖非法家而留心刑斷數與尚書辯正疑獄多以詳當見從詳審而平當也時安帝廢皇太子爲濟陰王晧與太常桓焉太僕來歷廷爭之不能得事已具來歷傳退而上疏曰昔賊臣江充造構讒逆至令戾園興兵終及禍難趙人江充字次倩武帝時爲直指繡衣劾太子家吏行馳道中恐爲太子所誅見上年老意多所惡因言左右皆爲巫蠱上乃使充捕案巫蠱既知上意太子乃言宮中有蠱氣遂掘蠱太子宮得桐木人時上疾在甘泉宮太子懼不能自明收充斬之發兵與丞相劉屈氂戰敗亡走湖自殺後太子孫宣帝即位追謚太子曰戾於湖置園邑奉祠故曰戾園後壺關三老一言上乃覺悟雖追前失悔之何逮逮及也太子死後壺關三老令狐茂上書訟太子寃武帝感悟憐太子無辜乃族滅江充作思子宮爲歸來望思之臺於湖天下聞而悲之事見前書今皇太子春秋方始十歲未見保傅九德之義尚書皐陶陳九德曰寬而慄柔而立愿而恭亂而敬擾而毅直而溫簡而廉剛而塞彊而誼也宜簡賢輔就成聖質書奏不省及順帝即位拜晧司空在事多所薦達天下稱其推士時清河趙騰上言災變譏刺朝政章下有司收騰繫考所引黨輩八十餘人皆以誹謗當伏重法晧上疏諫曰臣聞堯舜立敢諫之鼓三王樹誹謗之木春秋採善書惡聖主不罪芻蕘左氏傳曰春秋之稱微而顯志而晦懲惡而勸善非聖人誰能修之騰等雖干上犯法所言本欲盡忠正諫如當誅戮天下杜口塞諫爭之源非所以昭德示後也帝乃悟減騰死罪一等餘皆司寇前書音義曰司寇二歲刑也輸作司寇因以名焉四年以陰陽不和策免陽嘉元年復爲廷尉其年卒官時年八十三遣使者弔祭賜葬地於河南縣子綱

綱字文紀少明經學雖爲公子而厲布衣之節舉孝廉不就司徒高第辟爲御史時順帝委縱宦官有識危心綱常感激慨然歎曰穢惡滿朝不能奮身出命埽國家之難雖生吾不願也退而上書曰詩曰不愆不忘率由舊章詩大雅也愆過也率循也言成王令德不過循用舊典之文尋大漢初隆及中興之世文明二帝德化尤盛觀其理爲易循易見但恭儉守節約身尚德而已中官常侍不過兩人近倖賞賜裁滿數金惜費重人故家給人足夷狄聞中國優富任信道德所以姦謀自消而和氣感應而頃者以來不遵舊典無功小人皆有官爵富之驕之而復害之非愛人重器承天順道者也器謂車服也言無功小人不可妄授也左傳曰唯器與名不可以假人也伏願陛下少留聖思割損左右以奉天心書奏不省

漢安元年選遣八使徇行風俗皆耆儒知名多歷顯位周舉傳曰詔遣八使巡行風俗同時俱拜天下號曰八俊刺史二千石有臧罪者驛馬上之墨綬巳下便收其有清勤忠惠宜表異者狀聞八使名見順帝紀唯綱年少官次最微餘人受命之部而綱獨埋其車輪於洛陽都亭曰豺狼當路安問狐狸前書京兆督郵侯文之辭遂奏曰大將軍冀河南尹不疑蒙外戚之援荷國厚恩以芻蕘之資居阿衡之任不能敷揚五教翼讚日月而專爲封豕長蛇肆其貪叨左傳申包胥曰吳爲封豕長蛇薦食上國也甘心好貨縱恣無底多樹諂諛以害忠良誠天威所不赦大辟所宜加也謹條其無君之心十五事斯皆臣子所切齒者也左傳曰有無君之心而後動于惡也前書鄒陽謂蓋侯王信君曰太后怫鬱泣血切齒側目於貴臣矣書御京師震竦御進也時冀妹爲皇后內寵方盛諸梁姻族滿朝帝雖知綱言直終不忍用時廣陵賊張嬰等衆數萬人殺刺史二千石寇亂楊徐間積十餘年朝廷不能討冀乃諷尚書以綱爲廣陵太守因欲以事中之前遣郡守率多求兵馬綱獨請單車之職既到乃將吏卒十餘人徑造嬰壘以慰安之求得與長老相見申示國恩嬰初大驚既見綱誠信乃出拜謁綱延置上坐問所疾苦乃譬之曰前後二千石多肆貪暴二千石謂太守也故致公等懷憤相聚二千石信有罪矣然爲之者又非義也今主上仁聖欲以文德服叛故遣太守思以爵祿相榮不願以刑罰相加今誠轉禍爲福之時也若聞義不服天子赫然震怒荊揚兗豫大兵雲合豈不危乎若不料強弱非明也弃善取惡非智也去順效逆非忠也身絕血嗣非孝也凡祭皆用牲故曰血嗣背正從邪非直也見義不爲非勇也六者成敗之幾利害所從公其深計之嬰聞泣下曰荒裔愚人不能自通朝廷不堪侵枉遂復相聚偷生若魚遊釜中喘息須臾間耳今聞明府之言乃嬰等更生之晨也既陷不義實恐投兵之日不免孥戮綱約之以天地誓之以日月嬰深感悟乃辭還營明日將所部萬餘人與妻子面縛歸降綱乃單車入嬰壘大會置酒爲樂散遣部衆任從所之親爲卜居宅相田疇相視也田並畔曰疇子弟欲爲吏者皆引名之人情悅服南州晏然朝廷論功當封梁冀遏絕乃止天子嘉美徵欲擢用綱而嬰等上書乞留乃許之綱在郡一年年三十六卒百姓老幼相攜詣府赴哀者不可勝數綱自被疾吏人咸爲祠祀祈福皆言千秋萬歲何時復見此君張嬰等五百餘人制服行喪送到犍爲負土成墳詔曰故廣陵太守張綱大臣之苗剖符統務正身導下班宣德信降集劇賊張嬰萬人息干戈之役濟蒸庶之困未升顯爵不幸早卒嬰等縗杖若喪考妣朕甚愍焉拜綱子續爲郎中賜錢百萬

王龔傳

王龔字伯宗山陽高平人也世爲豪族初舉孝廉稍遷青州刺史劾奏貪濁二千石數人安帝嘉之徵拜尚書建光元年擢爲司隸校尉明年遷汝南太守政崇溫和好才愛士引進郡人黃憲陳蕃等憲雖不屈蕃遂就吏蕃性氣高明初到龔不即名見之乃留記謝病去龔怒使除其錄功曹袁閬請見言曰聞之傳曰人臣不見察於君不敢立於朝蕃既以賢見引不宜退以非禮龔改容謝曰是吾過也乃復厚遇待之由是後進知名之士莫不歸心焉閬字奉高數辭公府之命不脩異操而致名當時永建元年徵龔爲太僕轉太常四年遷司空以地震策免永和元年拜太尉在位恭慎自非公事不通州郡書記其所辟命皆海內長者龔深疾宦官專權志在匡正乃上書極言其狀請加放斥諸黃門恐懼各使賓客誣奏龔罪順帝命亟自實亟急也音紀力反前掾李固時爲大將軍梁商從事中郎乃奏記於商曰今旦聞下太尉王公勑令自實未審其事深淺何如王公束脩厲節敦樂藝文不求苟得不爲苟行前書曰揚子雲曰蜀嚴湛冥不作苟見不爲苟得但以堅貞之操違俗失衆橫爲讒佞所構毀衆人聞知莫不歎慄夫三公尊重承天象極未有詣理訴冤之義三公助天子位象三台故曰承天象極哀帝時丞相王嘉有罪名詣廷尉節獄主簿曰將相不對理陳冤相踵以爲故事君侯宜引決也纖微感槩輒引分決是以舊典不有大罪不至重問大臣獄重故曰重問成帝時丞相薛宣御史大夫翟方進有罪上使五二千石雜問音義云大獄重故以二千石五人同問之王公沈靜內明不可加以非理卒有它變則朝廷獲害賢之名羣臣無救護之節矣昔絳侯得罪袁盎解其過文帝時丞相絳侯周勃免就國人告以爲反諸公莫敢爲言唯郎中袁盎明絳侯無罪絳侯得釋盎有力也魏尚獲戾馮唐訴其寃馮唐安陵人文帝時爲郎署長上與論將帥唐曰臣聞魏尚爲雲中守坐上功首虜差六級陛下下之吏削其爵罰作之臣愚以爲陛下法太明罰太重文帝悅捨尚復官也時君善之列在書傳今將軍內倚至尊外典國柄言重信著指撝無違宜加表救濟王公之艱難語曰善人在患飢不及餐斯其時也商即言之於帝事乃得釋龔在位五年以老病乞骸骨卒於家子暢

論曰張晧王龔稱爲推士若其好通汲善明發升薦仁人之情也夫士進則世收其器賢用則人獻其能能獻既已厚其功器收亦理兼天下言賢人見用即人競獻其所能但有能即勸動必有功功多賞厚故言已厚其功有才器必被收用則海內蒙福故曰理兼天下其利甚博而人莫之先豈同折枝於長者以不爲爲難乎以不爲爲難言不之難也謂進賢達士同折枝之易而不爲之孟子謂齊宣王曰今恩足以及禽獸而不能加於百姓者何非力不能是不爲也王曰不能不爲二者謂何也孟子曰夫挾太山以超北海王能乎王曰不能爲長者折枝王能乎曰不能也孟子曰夫挾太山以超北海是實不能不可彊也爲長者折枝甚易而王不爲非不能也老吾老以及人之老幼吾幼以及人之幼天下可運諸掌何爲不能加於百姓乎劉熙注孟子曰折枝若今之案摩也昔柳下惠見抑於臧文柳下惠姓展名禽字獲食邑於柳下謚曰惠臧文仲魯大夫姓臧孫名辰左傳仲尼曰臧文仲不仁者三下展禽廢六關妾織蒲言文仲知柳下惠之賢而使在下位故曰抑之淳于長受稱于方進成帝時定陵侯淳于長以太后姊子爲九卿翟方進爲丞相獨與長交稱薦之然則立德者以幽陋好遺顯登者以貴塗易引故晨門有抱關之夫論語子路宿於石門晨門曰奚自注云石門魯城外門也晨主守門晨夜開閉也史記侯嬴夷門抱關者守門必抱關故兼言之柱下無朱文之軫也神仙傳曰老子周宣王時爲柱下史朱文畫車爲文也軫車後橫木也言貧賤之人多被淪弃所以晨門之下必有抱關之賢柱下之徵永無朱文之轍也

暢字叔茂少以清實爲稱無所交黨初舉孝廉辭病不就大將軍梁商特辟舉茂才四遷尚書令出爲齊相齊王喜之相徵拜司隸校尉轉漁陽太守所在以嚴明爲稱坐事免官是時政事多歸尚書桓帝特詔三公令高選庸能庸功也太尉陳蕃薦暢清方公正有不可犯之色禮記曰介冑之士則有不可犯之色由是復爲尚書尋拜南陽太守前後二千

石逼懼帝鄉貴戚多不稱職暢深疾之下車奮厲威猛其豪黨有釁穢者莫不糾發會赦事得散暢追恨之更爲設法諸受臧二千萬以上不自首實者盡入財物若其隱伏使吏發屋伐樹堙井夷竈豪右大震功曹張敞奏記諫曰五教在寬著之經典湯去三面八方歸仁史記曰湯爲夏方伯得專征伐出見野張網四面祝曰自天下四方皆入吾網湯曰嘻盡之矣去其三面祝曰欲左左欲右右不用命乃入吾網諸侯聞曰湯德至禽獸於是諸侯畢服嘻音僖武王入殷先去炮烙之刑列女傳紂爲銅柱以膏塗之加于炭上使有罪緣焉足滑跌墮紂與妲己笑以爲樂名曰炮烙之刑臣賢案史記及帝王代紀皆言文王爲西伯獻洛西之地請除炮烙之刑今云武王與此不同高祖蠲秦唯定三章之法孝文皇帝感一緹縈蠲除肉刑文帝時太倉令淳于公有罪當刑淳于公無男有五女罵其女曰生女不生男緩急非有益也其少女緹縈自傷悲泣隨父至長安上書請沒官爲婢以贖父文帝悲憐其意爲除肉刑卓茂文翁召父之徒皆疾惡嚴刻務崇溫厚景帝時文翁爲蜀郡守仁愛敎化宣帝時召信臣爲南陽太守視人如子其化大行仁賢之政流聞後世夫明哲之君網漏吞舟之魚韓詩外傳曰夫吞舟之魚不居潛澤前書曰高祖約法三章號爲網漏吞舟之魚也然後三光明於上人物悅於下言之若迂其效甚近迂遠也發屋伐樹將爲嚴烈雖欲懲惡難以聞遠以明府上智之才日月之曜莊子曰飾智以驚愚修身以明汚昭昭乎若揭日月而行也敷仁惠之政則海內改觀實有折枝之易而無挾山之難郡爲舊都侯甸之國園廟出於章陵五百里甸服千里侯服南陽去洛千里故曰侯甸南頓君以上四廟在焉三后生自新野光烈皇后和帝陰后鄧后並新野人士女沾教化黔首仰風流自中興以來功臣將相繼世而隆愚以爲懇懇用刑不如行恩孳孳求姦未若禮賢舜舉皐陶不仁者遠論語子夏之辭也隨會爲政晉盜奔秦左傳晉命隨會將中軍且爲大傅晉國之盜奔秦也虞芮入境讓心自生史記曰文王爲西伯陰行善行諸侯皆來決平於是虞芮之人有獄不決乃如周入界見耕者讓畔少者讓長虞芮二人不見西伯慙而相謂曰吾所爭周人所恥何爲取辱遂俱讓而還也化人在德不在用刑暢深納敞諫更崇寬政慎刑簡罰教化遂行郡中豪族多以奢靡相尚暢常布衣皮褥車馬羸敗以矯其敝同郡劉表時年十七從暢受學進諫曰夫奢不僭上儉不逼下禮記曰君子上不僭上下不逼下也循道行禮貴處可否之間蘧伯玉恥獨爲君子府君不希孔聖之明訓而慕夷齊之末操論語孔子曰奢則不遜儉則固言仲尼得奢儉之中而夷齊飢死是末操也無乃皎然自貴於世乎暢曰昔公儀休在魯拔園葵去織婦史記曰魯相公儀休之其家見織帛怒而出其婦食於舍而茹葵慍而拔其葵曰吾已食祿又奪園夫女子利乎孫叔敖相楚其子被裘刈薪史記曰孫叔敖爲楚相且死屬其子曰我死汝必貧困往見優孟言孫叔敖子也居數年其子貧負薪逢優孟優孟言之於王封之寢丘四百戶也夫以約失之鮮矣論語孔子之辭也言儉則無失聞伯夷之風者貪夫廉懦夫有立志孟子之辭雖以不德敢慕遺烈後徵爲長樂衞尉建寧元年遷司空數月以水災策免明年卒於家子謙爲大將軍何進長史謙子粲以文才知名粲字仲宣蔡邕見而奇之時邕才學顯著貴重朝廷車騎填門賓客盈坐聞粲在門倒屣迎之旣至年幼容狀短小一坐盡驚邕曰王公之孫有異才吾不如也太祖辟粲爲丞相掾後爲侍中博物多識問無不對嘗與人行讀道邊碑人問曰卿能闇記乎因使背而誦之一字不失觀人圍棊棊局爲覆之粲者不信以帊蓋之更以它局爲之不誤一道年四十卒魏志有傳

种暠傳

种暠字景伯河南洛陽人仲山甫之後也父爲定陶令有財三千萬父卒暠悉以賑卹宗族及邑里之貧者其有進趣名利皆不與交通始爲縣門下史時河南尹田歆外甥王諶名知人有知人之名也歆謂之曰今當舉六孝廉多得貴戚書命不宜相違欲自用一名士以報國家爾助我求之明日諶送客於大陽郭遇見暠異之還白歆曰爲尹得孝廉矣近洛陽門下史也歆笑曰當得山澤隱滯近洛陽吏邪諶曰山澤不必有異士異士不必在山澤歆卽召暠於庭辯詰職事暠辭對有序歆甚知之召署主簿遂舉孝廉辟太尉府舉高第順帝末爲侍御史時所遣八使光祿大夫杜喬周舉等多所糾奏而大將軍梁冀及諸宦官互爲請救事皆被寢遏暠自以職主刺舉志案姦違乃復劾諸爲八使所舉蜀郡太守劉宣等罪惡章露宜伏歐刀又奏請勑四府條舉近臣父兄及知親爲刺史二千石尤殘穢不勝任者免遣案罪帝乃從之擢暠監太子於承光宮中常侍高梵從中單駕出迎太子時太傅杜喬等疑不欲從惶惑不知所爲暠乃手劒當車曰太子國之儲副人命所係今常侍來無詔信何以知非姦邪今日有死而已梵辭屈不敢對馳命奏之○劉攽曰案文多一命字詔報太子乃得去喬退而歎息愧暠臨事不惑帝亦嘉其持重稱善者良久出爲益州刺史暠素慷慨好立功立事在職三年宣恩遠夷開曉殊俗岷山雜落皆懷服漢德其白狼槃木唐菆邛僰諸國菆音側留反自前刺史朱輔卒後遂絕暠至乃復舉種向化時永昌太守冶鑄黃金爲文蛇以獻梁冀暠糾發逮捕馳傳上言而二府畏懦不敢案之冀由是銜怒於暠會巴郡人服直聚黨百餘人自稱天王直或作宜暠與太守應承討捕不克吏人多被傷害冀因此陷之傳逮暠承太尉李固上疏救曰臣伏聞討捕所傷本非暠承之意實由縣吏懼法畏罪迫逐深苦致此不詳比盜賊羣起處處未絕暠承以首舉大姦而相隨受罪臣恐沮傷州縣糾發之意更共飾匿莫復盡心言各飾僞辭隱匿眞狀也梁太后省奏乃赦暠承罪免官而已後梁州羌動以暠爲梁州刺史甚得百姓歡心被徵當還吏人詣闕請留之太后歎曰未聞刺史得人心若是乃許之暠復留一年遷漢陽太守戎夷男女送至漢陽界暠與相揖謝千里不得乘車及到郡化行羌胡禁止侵掠遷使匈奴中郎將時遼東烏桓反叛復轉遼東太守烏桓望風率服迎拜於界上坐事免歸後司隸校尉舉暠賢良方正不應徵拜議郎遷南郡太守入爲尚書會匈奴寇幷涼二州桓帝擢暠爲度遼將軍暠到營所先宣恩信誘降諸胡其有不服然後加討羌虜先時有生見獲質於郡縣者悉遣還之誠心懷撫信賞分明由是羌胡龜茲莎車烏孫等皆來順服暠乃去烽燧除候望晝舉烽夜燔燧解見光武紀邊方晏然無警入爲大司農延熹四年遷司徒推達名臣橋玄皇甫規等爲稱職相在位三年年六十一薨幷涼邊人咸爲發哀匈奴聞暠卒舉國傷惜單于每入朝賀望見墳墓輒哭泣祭祀二子岱拂

岱字公祖好學養志舉孝廉茂才辟公府皆不就公車特徵病卒初岱與李固子燮同徵議郎燮聞岱卒痛惜甚乃上書求加禮於岱曰臣聞仁義與則道德昌道德昌則政化明而萬姓寧伏見故處士种岱淳和達理耽悅詩書富貴不能回其慮萬物不能擾其心稟命不永奄然殂殞若不槃桓難進等輩皆已公卿矣易屯卦曰槃桓利居貞昔先賢既沒有加贈之典春秋隱公五年臧僖伯卒隱公葬之加一等杜預曰加命服之一等周禮盛德有銘誄之文周禮司勳曰凡有功者銘書於王之太常又曰卿大夫之喪賜謚誄也而岱生無印綬之榮卒無官謚之號雖未建忠效用而爲聖恩所拔遐邇具瞻宜有異賞朝廷竟不能從

拂字穎伯初爲司隸從事拜宛令時南陽郡吏好因休沐游戲市里爲百姓所患拂出逢之必下車公謁以愧其心自是莫敢出者政有能名累遷光祿大夫初平元年代荀爽爲司空明年以地震策免復爲太常李傕郭汜之亂長安城潰百官多避兵衝拂揮劒而出曰爲國大臣不能止戈除暴致使凶賊兵刃向宮去欲何之遂戰而死子劭

劭字申甫少知名中平末爲諫議大夫大將軍何進將誅宦官召幷州牧董卓至澠池而進意更狐疑遣劭宣詔止之卓不受遂前至河南劭迎勞之因譬令還軍卓疑有變使其軍士以兵脅劭劭怒稱詔大呼叱之軍士皆披披音芳靡反遂前質責卓卓辭屈乃還軍夕陽亭夕陽亭在河南城西及進敗獻帝卽位拜劭爲侍中卓既擅權而惡劭彊力遂左轉議郎出爲益涼二州刺史會父拂戰死竟不之職服終徵爲少府大鴻臚皆辭不受曰昔我先父以身徇國吾爲臣子不能除殘復怨何面目朝覲明主哉遂與馬騰韓遂及左中郎劉範諫議大夫馬宇共攻李傕郭汜以報其讎與汜戰於長平觀下長平陂名也有觀在長安西十五里也軍敗劭等皆死騰遂還涼州

陳球傳

陳球字伯眞下邳淮浦人也歷世著名謝承書曰祖父屯有令名父亹廣漢太守亹音尾球少涉儒學善律令陽嘉中舉孝廉稍遷繁陽令繁陽魏郡縣也時魏郡太守諷縣求納貨賄球不與之太守怒而撾督郵欲令逐球撾擊也督郵不肯曰魏郡十五城獨繁陽有異政今受命逐之將致議於天下矣太守乃止復辟公府舉高第拜侍御史是時桂陽黠賊李研等羣聚寇鈔陸梁荊部州郡儒弱不能禁太尉楊秉表球爲零陵太守球到設方略期月間賊虜消散而州兵朱蓋等反與桂陽賊胡蘭數萬人轉攻零陵零陵下溼編木爲城不可守備郡中惶恐掾史白遣家避難球怒曰太守分國虎符受任一邦文帝初與郡守分銅虎符豈顧妻孥而沮國威重乎復言者斬乃悉內吏人老弱與共城守弦大木爲弓羽矛爲矢引機發之遠射千餘步多所殺傷賊復激流灌城球輒於內因地埶反決水淹賊相拒十餘日不能下會中郎將度尚將救兵至球募士卒與尚共破斬朱蓋等賜錢五十萬拜子一人爲郎遷魏郡太守徵拜將作大匠作桓帝陵園所省巨萬以上遷南陽太守以糾舉豪右爲埶家所謗徵詣廷尉抵罪會赦歸家復拜廷尉○劉攽曰案球初未嘗爲廷尉何得言復當作徵字熹平元年竇太后崩太后本遷南宮雲臺太后父竇武與陳蕃謀誅宦官反爲中常侍曹節所矯詔殺武蕃遷太后焉宦者積怨竇氏遂以衣車載后尸置城南市舍數日中常侍曹節王甫欲用貴人禮殯帝曰太后親立朕躬統承大業詩云無德不報無言不酬大雅抑詩也豈宜以貴人終乎於是發喪成禮及將葬節等復欲別葬太后而以馮貴人配祔祔謂新死之主祔於先死者之廟婦祔於其夫所祔之妃妾祔於妾祖姑也詔公卿大會朝堂令中常侍趙忠監議太尉李咸時病乃扶輿而起擣椒自隨謂妻子曰若皇太后不得配食桓帝吾不生還矣既議坐者數百人各瞻望中宮良久莫肯先言趙忠曰議當時定怪公卿以下各相顧望球曰皇太后以盛德良家母臨天下宜配先帝是無所疑忠笑而言曰陳廷尉宜便操筆球卽下議曰皇太后自在椒房有聰明母儀之德遭時不造援立聖明承繼宗廟功烈至重先帝晏駕因遇大獄遷居空宮不幸早世家雖獲罪事非太后今若別葬誠失天下之望且馮貴人冢墓被發骸骨暴露與賊併尸魂靈汙染段熲爲河南尹坐盜發馮貴人冢左遷諫議大夫且無功於國何宜上配至

尊忠省球議作色俛仰蚩球曰陳廷尉建此議甚健球曰陳竇既冤皇太后無故幽閉臣常痛心天下憤歎今日言之退而受罪宿昔之願公卿以下皆從球議李咸始不敢先發見球辭正然後大言曰臣本謂宜爾誠與臣意合會者皆爲之愧曹節王甫復爭以爲梁后家犯惡逆別葬懿陵武帝黜廢衛后而以李夫人配食戾太子衛皇后共太子斬江充自殺武帝崩霍光緣上雅意以李夫人配食也今竇氏罪深豈得合葬先帝乎李咸乃詣闕上疏曰臣伏惟章德竇后虐害恭懷安思閻后家犯惡逆而和帝無異葬之議順朝無貶降之文至於衞后孝武皇帝身所廢弃不可以爲比今長樂太后尊號在身親嘗稱制坤育天下周易曰坤爲母且援立聖明光隆皇祚太后以陛下爲子陛下豈得不以太后爲母子無黜母臣無貶君宜合葬宣陵一如舊制帝省奏謂曹節等曰竇氏雖爲不道而太后有德於朕不宜降黜節等無復言於是議者乃定咸字元貞汝南人累經州郡以廉幹知名在朝淸忠權倖憚之六年遷球司空以地震免拜光祿大夫復爲廷尉太常光和元年遷太尉數月以日食免復拜光祿大夫明年爲永樂少府桓帝母孝崇皇后宮曰永樂置太僕少府乃潛與司徒河間劉郃謀誅宦官初郃兄侍中儵與大將軍竇武同謀俱死故郃與球相結事未及發球復以書勸郃曰公出自宗室位登台鼎天下瞻望社稷鎮衞豈得雷同容容無違而已今曹節等放縱爲害而久在左右又公兄侍中受害節等永樂太后所親知也今可表徙衞尉陽球爲司隸校尉以次收節等誅之政出聖主天下太平可翹足而待也又尚書劉納以正直忤宦官出爲步兵校尉亦深勸於郃郃曰凶豎多耳目恐事未會先受其禍納曰公爲國棟梁傾危不持焉用彼相邪論語孔子之辭也郃許諾亦結謀陽球球小妻程璜之女璜用事宮中所謂程大人也節等頗得聞知乃重賂於璜且脅之璜懼迫以球謀告節節因共白帝曰郃等常與藩國交通有惡意數稱永樂聲埶受取狼籍步兵校尉劉納及永樂少府陳球衞尉陽球交通書疏謀議不軌帝大怒策免郃郃與球及劉納陽球皆下獄死球時年六十二子瑀吳郡太守瑀弟琮汝陰太守弟子珪沛相珪子登廣陵太守並知名謝承書曰瑀擧孝廉辟公府洛陽市長後辟太尉府未到永漢元年就拜議郎遷吳郡太守不之官球弟子珪字漢瑜擧孝廉劇令去官擧茂才濟北相珪子登字元龍學通今古處身循禮非法不行性兼文武有雄姿異略一領廣陵太守魏志曰登在廣陵有威名有功加伏波將軍年三十九卒後許汜與劉備並在荆州牧劉表坐備共論天下人汜曰陳元龍淮海之士豪氣不除備問汜曰君言豪寧有事邪汜曰昔遭亂過下邳見元龍無客主之意不相與語自上大牀臥使客臥下牀備曰君有國士之名今天下大亂帝王失所君須憂國忘家有救世之意乃求田問舍言無可采是元龍所諱也何緣當與君語如我自臥百尺樓上臥君於地下何但上下牀之間哉表大笑也

贊曰安儲遭譖張卿有請張晧爲廷尉故曰卿龔糾便佞以直爲眚眚過也二子過正埋車埵井張綱埋輪王暢埵井孟子曰矯枉過正种公自徽臨官以威陳球專議桓思同歸

後漢書卷八十六考證

張晧傳張晧六世祖良○何焯曰功臣表元康四年良元孫之子陽陵公乘千秋詔復家是子孫居陽陵無緣徙蜀也千秋當宣帝時已爲良六世孫不應自元康四年至世祖建武之元又八十七年晧猶爲六世孫也又蜀志張翼傳晧作浩是翼之高祖亦不言其出於留侯如孔明之於豐鄧芝之於禹來敏之於歙也

張晧子剛司徒高第辟爲御史○別本作司徒辟高第爲御史

王龔傳不至重問注成帝時丞相薛宣御史大夫翟方進○成帝監本作武帝臣會汾按薛宣翟方進乃成帝時人非武帝時也從何焯校本改

种暠傳推達名臣橋玄皇甫規等爲稱職相○監本無相字臣會汾按橋玄於光和元年一爲太尉皇甫規歷職邊郡官止度遼將軍未嘗爲相也相字舛誤無疑若從監本則語勢又似不完疑爲字亦誤今姑仍從宋本

後漢書卷八十七

宋　宣　城　太　守　范　曄　撰
唐　章　懷　太　子　賢　注

杜欒劉李劉謝列傳第四十七

杜根傳

杜根字伯堅潁川定陵人也父安字伯夷少有志節年十三入太學號奇童京師貴戚慕其名或遺之書安不發悉壁藏之及後捕案貴戚賓客安開壁出書印封如故竟不離其患時人貴之離被也位至巴郡太守政甚有聲根性方實好絞直絞急也永初元年舉孝廉爲郎中時和熹鄧后臨朝權在外戚根以安帝年長宜親政事乃與同時郎上書直諫太后大怒收執根等令盛以縑囊於殿上撲殺之執法者以根知名私語行事人使不加力既而載出城外根得蘇太后使人檢視根遂詐死三日目中生蛆因得逃竄爲宜城山中酒家保宜城縣故城在今襄州率道縣南其地出美酒廣雅云保使也言爲人傭力保任而使也積十五年酒家知其賢厚敬待之及鄧氏誅左右皆言根等之忠帝謂根已死乃下詔布告天下錄其子孫根方歸鄉里徵詣公車拜侍御史初平原郡吏成翊世亦諫太后歸政坐抵罪與根俱徵擢爲尚書郎並見納用或問根曰往者遇禍天下同義知故不少何至自苦如此根曰周旋民間非絕跡之處邂逅發露禍及知親故不爲也順帝時稍遷濟陰太守去官還家年七十八卒翊世字季明少好學深明道術延光中中常侍樊豐帝乳母王聖共譖皇太子廢爲濟陰王翊世連上書訟之又言樊豐王聖誣罔之狀帝既不從而豐等陷以重罪下獄當死有詔免官歸本郡及濟陰王立是爲順帝司空張晧辟之晧以翊世前訟太子之廢薦爲議郎翊世自以其功不顯恥於受位自劾歸三公比辟不應比頻也尚書僕射虞詡雅重之欲引與共參朝政乃上書薦之徵拜議郎後尚書令左雄僕射郭虔復舉爲尚書在朝正色百僚敬之

欒巴傳

欒巴字叔元魏郡內黃人也神仙傳云巴蜀郡人也少而學道不脩俗事好道順帝世以宦者給事掖庭補黃門令非其好也性質直學覽經典雖在中官不與諸常侍交接後陽氣通暢白上乞退擢拜郎中四遷桂陽太守以郡處南垂不閑典訓爲吏人定婚姻喪紀之禮興立校學以獎進之。劉攽曰立校學案文當作學校雖幹吏卑末皆課令習讀程試殿最隨能升授幹府吏之類也晉令諸郡國不滿五千以下置幹吏二人郡縣皆有幹幹猶主也政事明察視事七年以病乞骸骨荆州刺史李固薦巴治迹徵拜議郎守光祿大夫與杜喬周舉等八人徇行州郡巴使徐州還再遷豫章太守郡土多山川鬼怪小人常破貲產以祈禱巴素有道術能役鬼神乃悉毀壞房祀翦理姦誣房謂爲房堂而祀者於是妖異自消百姓始頗爲懼終皆安之神仙傳曰時廬山廟有神於帳中與人言語飲酒投杯能令宮亭湖中分風船行者舉帆相逢巴未到十數日廟中神不復作聲郡中常患黃父鬼爲百姓害巴到皆不知所在郡內無復疾疫也遷沛相所在有績徵拜尚書巴神仙傳曰巴爲尚書正朝大會巴獨後到又飲酒西南噀之有司奏巴不敬有詔問巴巴頓首謝曰臣本縣成都市失火臣故因酒爲雨以滅火臣不敢不敬詔即以驛書問成都成都答言正旦大失火時有雨從東北來火乃息雨皆酒臭後忽一旦大風天霧晦暝對坐皆不相見失巴所在尋問之云其日還成都與親故別也會帝崩營起憲陵陵左右或有小人墳冢主者欲有所侵毀巴連上書苦諫時梁太后臨朝詔詰巴曰大行皇帝晏駕有日卜擇陵園務從省約塋域所極裁二十頃而巴虛言主者壞人冢墓事既非實寢不報下巴獄固遂其愚復上誹謗苟肆狂瞽益不可長巴坐下獄抵罪禁錮還家二十餘年靈帝即位大將軍竇武太傅陳蕃輔政徵拜議郎蕃武被誅巴以其黨復謫爲永昌太守以功自劾。劉攽曰案功不可以自劾當是無功自劾少一無字辭病不行上書極諫理陳竇之冤帝怒下詔切責收付廷尉巴自殺子賀官至雲中太守

劉陶傳

劉陶字子奇一名偉潁川潁陰人濟北貞王勃之後陶爲人居簡不脩小節所與交友必也同志好尚或殊富貴不求合情趣苟同貧賤不易意同宗劉愷以雅德知名獨深器陶時大將軍梁冀專朝而桓帝無子連歲荒饑災異數見陶時游太學乃上疏陳事曰臣聞人非天地無以爲生天地非人無以爲靈書曰惟天地萬物父母惟人萬物之靈也是故帝非人不立人非帝不寧夫天之與帝帝之與人猶頭之與足相須而行也伏惟陛下年隆德茂中天稱號中謂當天之中也襲常存之慶循不易之制目不視鳴條之事耳不聞檀車之聲鳴條地名在安邑之西尚書曰伊尹相湯伐桀遂與桀戰于鳴條之野檀車兵車也詩曰檀車嘽嘽四牡痯痯征夫不遠嘽音昌善反痯音管天災不有痛於肌膚震食不即損於聖體故蔑三光之謬輕上天之怒伏念高祖之起始自布衣高祖曰吾以布衣提三尺劍以取天下拾暴秦之敝追亡周之鹿前書蒯通曰秦失其鹿天下共逐之音義云以鹿喻帝位也合散扶傷克成帝業功既顯矣勤亦至矣流福遺祚至於陛下陛下既不能增明烈考之軌而忽高祖之勤妄假利器委授國柄使羣醜刑隸芟刈小民雕敝諸夏虐流遠近利器謂權也周禮太宰以八柄詔王馭羣臣謂爵祿與置生奪廢誅也刑隸謂閹人也故天降衆異以戒陛下陛下不悟而競令虎豹窟於麑場豺狼乳於春囿鹿子曰麑乳產也斯豈唐咨禹稷益典朕虞議物賦土蒸民之意哉又令牧守長吏。劉攽曰案文令當作今上下交競封豕長蛇蠶食天下貨殖者爲窮冤之魂貧餒者作飢寒之鬼高門獲東觀之辜豐室羅妖叛之罪說苑曰孔子爲魯司寇七日而誅少正卯於東觀之下也死者悲於窀穸生者戚於朝野杜元凱注左傳曰窀厚也穸夜也厚夜猶長夜也是愚臣所爲咨嗟長懷歎息者也且秦之將亡正諫者誅諛進者賞前書賈山上書曰秦始皇進諛諂之人殺直諫之士也嘉言結於忠舌國命出於讒口擅閻樂於咸陽授趙高以車府趙高爲車府令與壻咸陽令閻樂謀殺胡亥事見史記也權去已而不知威離身而不顧古今一揆成敗同埶願陛下遠覽彊秦之傾近察哀平之變得失昭然禍福可見臣又聞危

非仁不扶亂非智不救故武丁得傅說以消鼎雉之災（武丁殷王高宗也尚書曰高宗得傅說爲相殷復興焉高宗時有雉登鼎耳而雊武丁懼而脩德位以永寧）周宣用申甫以濟夷厲之荒（申伯仲山甫周宣王之臣也詩曰維申及甫維周之翰史記曰周孝王之子燮是爲夷王夷王崩子厲王胡立行暴虐死于彘也）竊見故冀州刺史南陽朱穆前烏桓校尉臣同郡李膺皆履正清平貞高絕俗穆前在冀州奉憲操平摧破姦黨掃清萬里膺歷典牧守正身率下及掌戎馬威揚朔北斯實中興之良佐國家之柱臣也宜還本朝挾輔王室上齊七燿下鎮萬國臣敢吐不時之義於諱言之朝（不時謂不合於時也諱言謂拒諫也）猶冰霜見日必至消滅臣始悲天下之可悲今天下亦悲臣之愚惑也書奏不省時有上書言人以貨輕錢薄故致貧困宜改鑄大錢事下四府羣僚及太學能言之士陶上議曰聖王承天制物與人行止建功則眾悅其事興戎而師樂其旅是故靈臺有子來之人武旅有鳧藻之士（詩大雅曰經始靈臺經之營之不日成之經始勿亟庶人子來武旅周武王之旅鳧得水藻言喜悅也）皆舉合時宜動順人道也臣伏讀鑄錢之詔平輕重之議訪覃幽微不遺窮賤是以藿食之人謬延逮及（說苑曰有東郭祖朝者上書於晉獻公曰願請聞國家之計獻公使人告之曰肉食者已慮之矣藿食者尚何預焉祖朝曰肉食者一旦失計於廟堂之上若臣等藿食者寧得無肝膽塗地於中原之野其禍亦及臣之身安得無預國家之計乎）蓋以爲當今之憂不在於貨在乎民飢夫生養之道先食後民（○劉攽曰案文民當作貨）是以先王觀象育物敬授民時（象天象也尚書曰欽若昊天敬授人時）使男不逋畝女不下機故君臣之道行王路之教通由是言之食者乃有國之所寶生民之至貴也竊見比年已來良苗盡於蝗螟之口杼柚空於公私之求（詩曰小東大東杼柚其空）所急朝夕之餐所患靡鹽之事豈謂錢貨之厚薄銖兩之輕重哉就使當今沙礫化爲南金瓦石變爲和玉（詩曰大路南金和玉卞和之玉也）使百姓渴無所飲飢無所食雖皇羲之純德唐虞之文明猶不能以保蕭牆之內也蓋民可百年無貨不可一朝有飢故食爲至急也議者不達農殖之本多言鑄冶之便或欲因緣行詐以賈國利國利將盡取者爭競造鑄之端於是乎生蓋萬人鑄之一人奪之猶不能給況今一人鑄之則萬人奪之乎雖以陰陽爲炭萬物爲銅（賈誼之言）役不食之民使不飢之士猶不能足無厭之求也夫欲民殷財阜要在止役禁奪則百姓不勞而足陛下聖德愍海內之憂戚傷天下之艱難欲鑄錢齊貨以救其敝此猶養魚沸鼎之中棲鳥烈火之上水木本魚鳥之所生也用之不時必至燋爛願陛下寬鍥薄之禁後冶鑄之議（鍥刻也音口結反）聽民庶之謠吟問路叟之所憂（列子曰堯理天下五十年不知天下理亂堯乃微服遊於康衢兒童謠曰立我蒸民莫不爾極不識不知順帝之則說苑曰孔子行遊中路聞哭者聲其音甚悲孔子避車而問之曰夫子非有喪也何哭之悲也丘吾子對曰吾有三失吾少好學周徧天下還後吾親亡是一失也事君驕奢不遂是二失也厚交友而後絕是三失也○劉攽曰注文莫不爾極案文不當作非）瞰三光之文耀視山河之分流（三光日月星也分謂山流謂河言日月有謫食之災星辰有錯行之變故視其文耀也山崩川竭皆亡之徵也）天下之心國家大事粲然皆見無有遺惑者矣臣嘗誦詩至於鴻鴈于野之勞哀勤百堵之事每喟爾長懷中篇而歎（詩小雅鴻鴈之篇曰鴻鴈于飛肅肅其羽之子于征劬勞于野鴻鴈于飛集于中澤之子于垣百堵皆作鄭玄注云衰減之國微人起屋舍築牆壁百堵同時而起言趨事也）近聽征夫飢勞之聲甚於斯歌是以追悟匹婦吟魯之憂始於此乎（列女傳曰魯漆室邑之女過時未適人當穆公之時君老太子幼女倚柱而嘯傍人聞之心莫不慘慘者鄰婦從之遊謂曰何哭之悲子欲嫁乎吾爲子求偶漆室女曰嗟乎始吾以子爲知今反無識也豈爲嫁之故不樂而悲哉吾憂魯君老而太子少也）見白駒之意屏營傍徨不能監寐（詩曰皎皎白駒食我場苗縶之維之以永今朝白駒喻賢人也監寐猶寤寐也）伏念當今地廣而不得耕民眾而無所食羣小競起進秉國之位鷹揚天下烏鈔求飽吞肌及骨並噬無厭誠恐卒有役夫窮匠起於板築之間（役夫謂陳涉起蘄也窮匠謂驪山之徒也並見史記也）投斤攘臂登高遠呼使愁怨之民響應雲合八方分崩中夏魚潰（公羊傳曰其言梁亡何自亡也何魚爛而亡也何休曰魚爛從中發潰爛也）雖方尺之錢何能有救其危猶舉函牛之鼎絓纖枯之末（函牛謂大鼎也淮南子曰函牛之鼎沸則螘不得置其一足焉絓音胡賣反）詩人所以眷然顧之潸焉出涕者也（詩小雅大東之文也潸涕下貌鄭玄注云傷今不如古也）臣東野狂闇不達大義緣廣及之時對過所問知必以身脂鼎鑊爲天下笑帝竟不鑄錢後陶舉孝廉除順陽長縣多姦猾陶到官宣募吏民有氣力勇猛能以死易生者不拘亡命姦臧於是剽輕劍客之徒過晏等十餘人（過姓也過國之後見左傳）皆來應募陶責其先過要以後效使各結所厚少年得數百人皆嚴兵待命於是覆案姦軌所發若神以病免吏民思而歌之曰邑然不樂思我劉君何時復來安此下民陶明尚書春秋爲之訓詁推三家尚書（三家謂夏侯勝夏侯建歐陽和伯也）及古文是正文字三百餘事名曰中文尚書頃之拜侍御史靈帝宿聞其名數引納之時鉅鹿張角偽託大道妖惑小民陶與奉車都尉樂松議郎袁貢連名上疏言之曰聖王以天下耳目爲視聽故能無不聞見今張角支黨不可勝計前司徒楊賜奏下詔書切勑州郡護送流民會賜去位不復捕錄雖會赦令而謀不解散四方私言云角等竊入京師覘視朝政鳥聲獸心私共鳴呼州郡忌諱不欲聞之但更相告語莫肯公文宜下明詔重募角等賞以國土有敢回避與之同罪帝殊不悟方詔陶次弟春秋條例明年張角反亂海內鼎沸帝思陶言封中陵鄉侯三遷尚書令以所舉將爲尚書難與齊列乞從冗散拜侍中以數切諫爲權臣所憚徙爲京兆尹到職當出脩宮錢直千萬（時拜職者當出買官之錢謂之脩宮錢也）陶既清貧而恥以錢買職稱疾不聽政帝宿重陶才原其罪徵拜諫議大夫是時天下日危寇賊方熾陶憂致崩亂復上疏曰臣聞事之急者不能安言心之痛者不能緩聲竊見天下前遇張角之亂後遭邊章之寇每聞羽書告急之聲心灼內熱四體驚竦今西羌逆類私署將帥皆多段熲時吏曉習戰陳識知山川變詐萬端臣常懼其輕出河東馮翊鈔西軍之後東之函谷據阸高望今果已攻河東恐遂轉更豕突上京如是則南道斷絕車騎之軍孤立（時湟中義從胡北宮伯玉等叛遣左車騎將軍皇甫嵩討之不尅也）關東破膽四方動搖威之不來叫之不應雖有田單陳平之策計無所用臣前驛馬上便宜急絕諸郡賦調冀尚可安事付主者留連至今莫肯求問今三郡之民皆以奔亡南出武關北徙壺谷（三郡河東馮翊京兆也壺谷壺關之谷在上黨也）冰解風散唯恐在後今其存者尚十三四軍吏士民悲愁相守民有百走退死之心而無一前鬬生之計西寇浸前去營咫尺胡騎分布已至諸陵將軍張溫天性精勇而主者旦夕迫促軍無後殿假令失利其敗不救臣自知言數見厭而言不自裁者以爲國安則臣蒙其慶國危則臣亦先亡也謹復陳當今要急八事乞須臾之間深垂納省其八事大較言天下大亂皆由宦官宦官事急共讒陶曰前張角事發詔書示以威恩自此以來各各改悔今者四方安靜而陶疾害聖政專言妖孽州郡不上陶何緣知疑陶與賊通情於是收陶下黃門北寺獄掠按日急陶自知必死對使者曰朝廷前封臣云何今反受邪諸恨不與伊呂同疇而以三仁爲輩（論語曰殷有三仁焉微子去之箕子爲之奴比干諫而死）遂閉氣而死天下莫不痛之陶著書數十萬言又作七曜論匡老子反韓非復孟軻及上書言當世便事條教賦奏書記辯疑凡百餘篇時司徒東海陳耽亦以非罪與陶俱死耽以忠正稱歷位三司光和五年詔公卿以謠言舉刺史二千石爲民蠹害者（謠言謂聽百姓風謠善惡而黜陟之也）時太尉許馘司空張濟承望內官受取貨賂其宦者子弟賓客雖貪汙穢濁皆不敢問而虛糾邊遠小郡清脩有惠化者二十六人吏人詣闕陳訴耽與議郎曹操上言公卿所舉率黨其私所謂放鴟梟而囚鸞鳳其言忠切帝以讓馘濟由是諸坐謠言徵者悉拜議郎宦官怨之遂誣陷耽死獄中

李雲傳

李雲字行祖甘陵人也性好學善陰陽初舉孝廉再遷白馬令桓帝延熹二年誅大將軍梁冀而中常侍單超等五人皆以誅冀功並封列侯專權選舉又立掖庭民女亳氏爲皇后數月閒后家封者四人賞賜巨萬（時封后兄鄧康爲沘陽侯弟統爲昆陽侯統從兄會爲安陽侯統弟秉爲淯陽侯）是時地數震裂眾災頻降雲素剛憂國將危心不能忍乃露布上書移副三府（露布謂不封之也并以副本上三公府也）曰臣聞皇后天下母德配坤靈得其人則五氏來備不得其人則地動搖宮（史記曰庶徵曰雨曰暘曰燠曰寒曰風五者來備各以其序庶草繁廡是與此氏古字通耳春秋漢含孳曰女主盛臣制命則地動）比年灾異可謂多矣皇天之戒可謂至矣高祖受命至今三百六十四歲君期一周當有黃精代見姓陳項虞田許氏不可令此人居太尉太傅典兵之官（黃精謂魏氏將興陳項虞田並舜之後舜土德亦尚黃故忌也）舉厝至重不可不慎班功行賞宜應其實梁冀雖持權專擅虐流天下今以罪行誅猶召家臣搤殺之耳而猥封謀臣萬戶以上高祖聞之得無見非西北列將得無解體（列將謂皇甫規段熲等）孔子曰帝者諦也（春秋運斗樞曰五帝脩名立功脩德成化統調陰陽招類使神故稱帝帝之言諦也鄭玄注云審諦於物也○劉攽曰注帝之言諦也案文言當在諦字上）今官位錯亂小人諂進財貨公行政化日損尺一拜用不經御省（尺一之板謂詔策也見漢官儀）是帝欲不諦乎帝得奏震怒下有司逮雲詔尚書都護劒戟送黃門北寺獄使中常侍管霸與御史廷尉雜考之時弘農五官掾杜眾傷雲以忠諫獲罪上書願與雲同日死帝愈怒遂并下廷尉大鴻臚陳蕃上疏救雲曰李雲所言雖不識禁忌干上逆旨其意歸於忠國而已昔高祖忍周昌不諱之諫成帝赦朱雲腰領之誅（周昌解見陳忠傳朱雲上書曰臣願賜尚方斬馬劍斷佞臣一人以厲其餘上問誰也對曰安昌侯張禹上大怒曰小臣居下訕上廷辱師傅罪死不赦御史將雲去左將軍辛慶忌以死爭上意解然後得已事並見前書）今日殺雲臣恐剖心之譏復議於世矣（比干以死諫紂紂怒曰吾聞聖人心有七竅乃剖比干而觀其心事見史記）故敢觸龍鱗冒昧以請（韓子曰夫龍之爲蟲也可狎而騎也然喉下有逆鱗人有嬰之則殺人人主有逆鱗說者嬰之則亦幾矣）太常楊秉洛陽市長沐茂郎中上官資並上疏請雲帝恚甚有司奏以爲大不敬詔切責蕃秉免歸田里茂資貶秩二等時帝在濯龍池管霸奏雲等事霸跪言曰李雲野澤愚儒杜眾郡中小吏出於狂戇不足加罪帝謂霸曰帝欲不諦是何等語而常侍欲原之邪顧使小黃門可其奏雲眾皆死獄中後冀州刺史賈琮使行部過祠雲墓刻石表之

論曰禮有五諫諷爲上（五諫謂諷諫順諫闚諫指諫陷諫也諷諫者知患禍之萌而諷告也順諫者出辭遜順不逆君心也闚諫者視人君顏色而諫也指諫者質指其事而諫也陷諫者言國之害忘生爲君也見大戴禮）若夫託物見情因文載旨使言之者無罪聞之者足以自戒（卜商詩序之文也）貴在於意達言從理歸乎正曷其絞訐摩上以衒沽成名哉（絞直也訐正也沽賣之也）李雲草

茅之生不識失身之義儀禮曰凡自稱於君宅在邦者曰市井之臣在野則曰草茅之
臣庶人則曰刺草之臣易曰臣不密則失身○劉攽曰注宅在邦者案儀禮文云宅者在邦此誤遂乃
露布帝者班檄三公至於誅死而不顧斯豈古之狂也
論語曰古之狂也直今之狂也詐而已矣夫未信而諫則以爲謗已論語曰事君信
而後諫其君未信則以爲謗已故說者識其難焉韓非有說難篇

劉瑜傳

劉瑜字季節廣陵人也高祖父廣陵靖王父辯清河太
守謝承書云父辯爲清河太守瑜少好經學尤善圖讖天文歷筭之
術州郡禮請不就延熹八年太尉楊秉舉賢良方正及
到京師上書陳事曰臣瑜自念東國鄙陋得以豐沛枝
胄被蒙復除不給卒伍故太尉楊秉知臣竊闚典籍猥
見顯舉誠冀臣愚直有補萬一而秉忠謨不遂命先朝
露臣在下土聽聞歌謠驕臣虐政之事遠近呼嗟之音
竊爲辛楚泣血漣如幸得引錄備答聖問泄寫至情不
敢庸回庸用也回邪也誠願陛下且以須臾之慮覽今往之事
人何爲咨嗟天曷爲動變蓋諸侯之位上法四七垂文
炳燿關之盛衰者也四七二十八宿也諸侯爲天子守四方猶天之有二十八宿漢官儀
曰天子建侯上法四七也今中官邪孽比肩裂土皆競立胤嗣繼體
傳爵或乞子疎屬或買兒市道殆乖開國承家之義易曰
大君有命開國承家古者天子一娶九女公羊傳曰諸侯一聘三女天子一娶九女夏殷
制也娣姪有序河圖授嗣正在九房今女嬖令色充積閨
帷皆當盛其玩飾冗食空宮勞散精神生長六疾左傳曰天
有六氣淫生六疾六氣曰陰陽風雨晦明過則爲災陰淫寒疾陽淫熱疾風淫末疾雨淫腹疾晦淫惑疾明淫
心疾女陰物也而晦時淫則生內熱惑蠱之疾也此國之費也生之傷也且天
地之性陰陽正紀隔絕其道則水旱爲并詩云五日爲
期六日不詹詩小雅曰終朝采藍不盈一襜五日爲期六日不詹注云詹至也婦人過時而怨曠
期至五日而歸今六日不至是以憂也怨曠作歌仲尼所錄謂仲尼刪詩編錄也況
從幼至長幽藏歿身又常侍黃門亦廣妻娶怨毒之氣
結成妖眚行路之言官發略人女取而復置轉相驚懼
孰不悉然無緣空生此謗鄒衍匹夫杞氏匹婦尚有城
崩霜隕之異況乃羣輩咨怨能無感乎淮南子曰鄒衍事燕惠王盡忠
左右譖之王繫之仰天而哭五月天爲之下霜列女傳曰齊人杞梁襲莒戰死其妻無所歸乃就夫尸於城下
而哭之七日城崩也昔秦作阿房國多刑人今第舍增多窮極奇
巧掘山攻石不避時令禮記月令曰孟夏之月無有壞墮無起土功無發大衆也促
以嚴刑威以法正○劉攽曰案文當作正法民無罪而覆入之民有
田而覆奪之州郡官府各自考事姦情賕賂皆爲吏餌
民愁鬱結起入賊黨官輒興兵誅討其罪貧困之民或
有賣其首級以要酬賞父兄相代殘身妻孥相視分裂
窮之如彼伐之如此豈不痛哉又陛下以北辰之尊神
器之寶而微行近習之家私幸宦官之舍近習謂親近狎者賓
客市買熏灼道路因此暴縱無所不容今三公在位皆
博達道藝而各正諸己莫或匡益者非不智也畏死罰
也惟陛下設置七臣以廣諫道孝經曰古者天子有爭臣七人鄭玄注七人謂
三公及前疑後承左輔右弼及開東序金縢史官之書從堯舜禹湯
文武致興之道爾雅曰東西廂謂之序書曰天球河圖在東序縢緘也以金緘之不欲人開也
遠佞邪之人放鄭衞之聲則政致和平德感祥風矣孝經
援神契曰德至八方則祥風至臣悾悾推情言不足採悾悾誠懇之貌懼以觸
忤征營惛悸於是特詔召瑜問災咎之徵指事案經讖
以對執政者欲令瑜依違其辭而更策以它事瑜復悉
心以對八千餘言有切於前帝竟不能用拜爲議郎及
帝崩大將軍竇武欲大誅宦官乃引瑜爲侍中又以侍
中尹勳爲尚書令共同謀畫及武敗瑜勳並被誅事在
武傳勳字伯元河南人從祖睦爲太尉睦孫頌爲司徒
勳爲人剛毅直方少時每讀書得忠臣義士之事未嘗
不投書而仰歎自以行不合於當時不應州郡公府禮
命桓帝時以有道徵四遷尚書令延熹中誅大將軍梁
冀帝召勳部分衆職甚有方畧封宜陽鄉侯僕射霍諝
尚書張敬歐陽參李偉虞放周永並封亭侯勳後再遷
至九卿以病免拜爲侍中八年中常侍具瑗左悺等有
罪免奪封邑因黜勳等爵瑜誅後宦官悉焚其上書以
爲訛言子琬傳瑜學明占候能著災異舉方正不行

謝弼傳

謝弼字輔宣東郡武陽人也謝承書曰弼字輔鸞東郡濮陽人也與此不同中
直方正猶言中正方直也爲鄉邑所宗師建寧三年詔舉有道
之士弼與東海陳敦玄菟公孫度俱對策皆除郎中時
青蛇見前殿大風拔木詔公卿以下陳得失弼上封事
曰臣聞和氣應於有德祅異生乎失政上天告譴則王
者思其愆政道或虧則姦臣當其罰夫蛇者陰氣所生
鱗者甲兵之符也謝承書曰蛇者陰氣所生龍之類也龍有鱗甲兵之符也鴻範傳
曰厥極弱時則有蛇龍之孽前書曰皇之不極是謂不建厥極弱時則有下伐上
之病龍蛇之孽也又熒惑守亢裴回不去法有近臣謀亂發於
左右不知陛下所與從容帷幄之內親信者爲誰宜急
斥黜以消天戒臣又聞惟虺惟蛇女子之祥詩小雅之文也鄭玄
注云虺蛇穴處陰之祥也故爲生女伏惟皇太后定策宮闈援立聖明書
云父子兄弟罪不相及竇氏之誅豈宜咎延太后幽隔
空宮愁感天心如有霧露之疾陛下當何面目以見天
下文帝徙淮南王長於蜀袁盎曰淮南王爲人剛今暴摧折之臣恐其逢霧露病死陛下有殺弟之名也
昔周襄王不能敬事其母戎狄遂至交侵史記曰周襄王母早死後
母曰惠后生叔帶有寵帶與戎翟謀伐襄王孝和皇帝不絕竇氏之恩前世
以爲美談竇太后崩張酺等奏云不宜合葬先帝和帝手詔曰臣子無貶尊上之文恩不忍離於是
合葬見皇后紀也禮爲人後者爲之子今以桓帝爲父豈得不
以太后爲母哉援神契曰天子行孝四夷和平方今邊
境日蹙兵革蜂起自非孝道何以濟之願陛下仰慕有
虞蒸蒸之化俯思凱風慰母之念尚書舜典曰蒸蒸乂不格姦孔安國注云
蒸蒸猶進進也言舜進於善道詩凱風曰有子七人莫慰母心臣又聞爵賞之設必酬
庸勳開國承家小人勿用易師卦上六爻詞也今功臣久外未蒙
爵秩阿母寵私乃享大封大風雨雹亦由於茲又故太
傅陳蕃輔相陛下勤身王室夙夜匪懈而見陷羣邪一
旦誅滅其爲酷濫駭動天下門生故吏並離徙錮蕃身
已往人百何贖詩國風曰如可贖兮人百其身宜還其家屬解除禁網
夫台宰重器國命所繼今之四公唯司空劉寵斷斷守
善餘皆素餐致寇之人四公謂劉矩爲太尉許訓爲司徒胡廣爲太傅及寵也書曰如
有一介臣斷斷猗無它技孔安國注云斷斷猗然專一之臣也素空也無德而食其祿曰素餐易曰負且乘致
寇至也必有折足覆餗之凶可因災異並加罷黜易曰鼎折足覆
公餗鼎以喻三公餗鼎實也折足覆餗言不勝其任徵故司空王暢長樂少府李
膺並居政事庶災變可消國祚惟永臣山藪頑闇未達
國典策曰無有所隱敢不盡愚用忘諱忌伏惟陛下裁
其誅罰左右惡其言出爲廣陵府丞去官歸家中常侍
曹節從子紹爲東郡太守忿疾於弼遂以它罪收考掠
按死獄中時人悼傷焉初平一年司隸校尉趙謙上訟
弼忠節求報其怨魂乃收紹斬之

贊曰鄧不明辟尚書曰朕復子明辟孔安國注云復還明君之政於成王也言鄧后臨朝不還
政於安帝也梁不損陵慊慊欒杜諷辭以興黃寇方熾子奇
有識識協韻音式侍反武謀允臧瑜亦協志弼忤宦情雲犯時
忌成仁喪己同方殊事

後漢書卷八十七考證

欒巴傳白上乞退○白上二字舊本作自下

劉陶傳陶爲人居簡○宋本作居閑何焯校本疑是倨
簡

劉瑜傳關之盛衰者也○何焯曰關字下有脫文

後漢書卷八十八

宋　宣　城　太　守　范　曄　撰

唐　章　懷　太　子　賢　注

虞傅蓋臧列傳第四十八

虞詡傳

虞詡字升卿陳國武平人也武平故城在今亳州鹿邑縣東北酈元水經注云武
平城西南七里有漢尚書令虞詡碑題云君諱詡字定安虞仲之後祖父經爲
郡縣獄吏案法平允務存寬恕每冬月上其狀恒流涕
隨之嘗稱曰東海于公高爲里門而其子定國卒至丞
相前書于定國字曼倩[illegible]決曹所決皆不恨爲[illegible]
脩之于公曰少高大閭[illegible]陰德未嘗有所冤子孫[illegible]
爲御史大夫也吾決獄六十年矣雖不及于公其庶幾乎子孫
何必不爲九卿邪故字詡曰升卿詡年十二能通尚書
早孤孝養祖母縣舉順孫國相奇之欲以爲吏詡辭曰
祖母九十非詡不養相乃止後祖母終服闋辟太尉李
脩府拜郎中漢官儀曰脩字伯游襄城人也永初四年羌胡反亂殘破
并涼大將軍鄧騭以軍役方費事不相贍欲棄涼州并
力北邊乃會公卿集議騭曰譬若衣敗壞一以相補猶
有所完若不如此將兩無所保議者咸同詡聞之乃說
李脩曰竊聞公卿定策當棄涼州求之愚心未見其便
先帝開拓土宇劬勞後定而今憚小費舉而棄之涼州
既棄卽以三輔爲塞三輔爲塞則園陵單外此不可之
甚者也諺曰關西出將關東出相說文曰諺傳言也前[illegible]
出相山西出將秦時郿[illegible]賀傳介子成紀李廣李[illegible]
名將也丞相則蕭曹[illegible]魏丙韋平孔翟之類觀其習兵壯勇實過餘州今羌胡
所以不敢入據三輔爲心腹之害者以涼州在後故也
其土人所以推鋒執銳無反顧之心者爲臣屬於漢故
也若棄其境域徙其人庶安土重遷必生異志如使豪
雄相聚席卷而東席卷[illegible]雲徹[illegible]雖賁育爲卒
太公爲將猶恐不足當禦議者喻以補衣猶有所完詡
恐其疽食侵淫而無限極棄之非計[illegible]脩曰吾意不
及此微子之言幾敗國事然則計當安出詡曰今涼土
擾動人情不安竊憂卒然有非常之變誠宜令四府九
卿四府謂太傅太尉司徒司空九卿謂太常光祿勳衛尉廷尉太僕大鴻臚宗正大司農少府也
各辟彼州數人其牧守令長子弟皆除爲冗官冗散也音人勇
反外以勸厲答其功勤內以拘致防其邪計脩善其言
更集四府皆從詡議於是辟西州豪傑爲掾屬拜牧守
長吏子弟爲郎以安慰之鄧騭兄弟以詡異其議因此
不平欲以吏法中傷詡後朝歌賊甯季等數千人攻殺
長吏屯聚連年州郡不能禁乃以詡爲朝歌長故舊皆

弔詡曰得朝歌何衰詡笑曰志不求易事不避難臣之職也不遇槃根錯節何以别利器乎始到謁河內太守馬棱(棱字伯威援族孫也)棱勉之曰君儒者當謀謨廟堂反在朝歌邪詡曰初除之日士大夫皆見弔勉以詡籌之知其無能爲也(籌當作讎也)朝歌者韓魏之郊(韓界上黨魏界河內相接犬牙故云郊也)背大行臨黃河去敖倉百里(敖倉在滎陽解見安紀)而青冀之人流亡萬數賊不知開倉招衆劫庫兵守城皐斷天下右臂(右臂喻要便也)此不足憂也今其衆新盛難與爭鋒兵不厭權願寬假轡策勿令有所拘閡而已(閡與礙同)及到官設令三科以募求壯士自掾史以下各舉所知其攻劫者爲上傷人偷盜者次之帶喪服而不事家業爲下收得百餘人詡爲饗會悉貰其罪使入賊中誘令劫掠乃伏兵以待之遂殺賊數百人又潛遣貧人能縫者傭作賊衣以采綖縫其裾爲幟(幟記也續漢書曰以絳縷縫其裾也)有出市里者吏輒禽之賊由是駭散咸稱神明遷懷令後羌寇武都鄧太后以詡有將帥之略遷武都太守引見嘉德殿厚加賞賜羌乃率衆數千遮詡於陳倉崤谷詡即停軍不進而宣言上書請兵須到當發羌聞之乃分鈔傍縣詡因其兵散日夜進道兼行百餘里令吏士各作兩竈日增倍之羌不敢逼或問曰孫臏減竈而君增之(孫臏爲齊軍將與魏龐涓戰使齊軍入魏地爲十萬竈明日爲五萬竈明日爲三萬竈龐涓行三日大喜曰我固知齊卒怯入吾地三日士卒亡過半矣事見史記)兵法日行不過三十里以戒不虞(前書王吉上疏曰古者師行三十里吉行五十里)而今日且二百里何也詡曰虜衆多吾兵少徐行則易爲所及速進則彼所不測虜見吾竈日增必謂郡兵來迎衆多行速必憚追我孫臏見弱吾今示彊勢有不同故也既到郡兵不滿三千而羌衆萬餘攻圍赤亭數十日(赤亭故城在今渭州襄武縣東南有赤亭水也)詡乃令軍中使彊弩勿發而潛發小弩羌以爲矢力弱不能至并兵急攻詡於是使二十彊弩共射一人發無不中羌大震退詡因出城奮擊多所傷殺明日悉陳其兵衆令從東郭門出北(一作西)郭門入貿易衣服回轉數周羌不知其數更相恐動詡計賊當退乃潛遣五百餘人於淺水設伏候其走路虜果大奔因掩擊大破之斬獲甚衆賊由是敗散南入益州詡乃占相地埶築營壁二百八十所招還流亡假賑貧人郡遂以安先是運道艱險舟車不通驢馬負載僦五致一(廣雅曰僦賃也音子救反僦五致一謂用五石貫而致一石也)詡乃自將吏士案行川谷由沮至下辯(沮及下辯縣名沮今興州順政縣也下辯今成州同谷縣也沮音七余反)數十里皆燒石翦木開漕船道(續漢志曰下辯東三十餘里有峽中當泉水生大石障塞水流每至春夏輒溢沒秋稼壞敗營郭詡乃使人燒石以水灌之石皆坼裂因鐫去石遂無汎溺之患也)以人僦直雇借傭者於是水運通利歲省四千餘萬詡始到郡戶裁盈萬及綏聚荒餘招還流散二三年閒遂增至四萬餘戶鹽米豐賤十倍於前(續漢志曰詡始到穀石千鹽石八千見戶萬三千視事三歲米石八十鹽石四百流人還歸郡戶數萬人足家給一郡無事)坐法免永建元年代陳禪爲司隸校尉數月閒奏太傅馮石太尉劉熹中常侍程璜陳秉孟生李閏等百官側目號爲苛刻三公劾奏詡盛夏多拘繫無辜爲吏人患詡上書自訟曰法禁者俗之隄防刑罰者人之銜轡(記曰夫禮禁亂之所由生猶坊止水之所自來也故以舊防爲無用而壞之者必有水敗尸子曰刑罰者人之轡策也)今州曰任郡郡曰任縣更相委遠百姓怨窮以苟容爲賢盡節爲愚臣所發舉臧罪非一二府恐爲臣所奏(○劉攽曰案上文三公劾詡則此當爲三府也)遂加誣罪臣將從史魚死即以尸諫耳(韓詩外傳曰昔者衛大夫史魚病且死謂其子曰我數言蘧伯玉之賢而不能進彌子瑕不肖而不能退爲人臣生不能進賢而退不肖死不當理喪正堂殯我於室足矣衛君問其故子以父言聞君乃立召蘧伯玉而貴之彌子瑕而退之徙殯於正堂成禮而後去也)順帝省其章乃爲免司空陶敦(漢官儀曰敦字文理京兆人也)時中常侍張防特用權埶每請託受取詡輒案之而屢寢不報詡不勝其憤乃自繫廷尉奏言曰昔孝安皇帝任用樊豐遂交亂嫡統幾亡社稷今者張防復弄威柄國家之禍將重至矣臣不忍與防同朝謹自繫以聞無令臣襲楊震之跡(震爲樊豐所譖而死)書奏防流涕訴帝詡坐論輸左校防必欲害之二日之中傳考四獄獄吏勸詡自引詡曰寧伏歐刀以示遠近(歐刀刑人之刀也)宦者孫程張賢等知詡以忠獲罪乃相率奏乞見程曰陛下始與臣等造事之時(謂順帝爲太子被江京等廢爲濟陰王程等謀立之時也)常疾姦臣知其傾國今者即位而復自爲何以非先帝乎司隸校尉虞詡爲陛下盡忠而更被拘繫常侍張防臧罪明正反搆忠良今客星守羽林其占宮中有姦臣(史記天官書曰虛危南有衆星曰羽林也)宜急收防送獄以塞天變下詔出詡還假印綬時防立在帝後程乃叱防曰姦臣張防何不下殿防不得已趨就東箱(埤蒼云箱序也字或作廂)程曰陛下急收防無令從阿母求請(阿母宋娥也)帝問諸尚書尚書賈朗素與防善證詡之罪帝疑焉謂程曰且出吾方思之於是詡子顗與門生百餘人舉幡候中常侍高梵車叩頭流血訴言枉狀梵乃入言之防坐徙邊賈朗等六人或死或黜即日赦出詡程復上書陳詡有大功語甚切激帝感悟復徵拜議郎數日遷尚書僕射是時長吏二千石聽百姓讁罰者輸贖號爲義錢託爲貧人儲而守令因以聚斂詡上疏曰元年以來貧百姓章言長吏受取百萬以上者匈匈不絕讁罰吏人至數千萬而三公刺史少所舉奏尋永平章和中州郡以走卒錢給貸貧人(走卒伍伯之類也續漢志曰伍伯公八人中二千石六人千石六百石皆四人自百石以下至二百石皆二人黃綬武官伍伯文官辟車鈴下侍閤門蘭部署街走卒皆有程品多少隨所典領率皆赤幘絳韝卽令行鞭杖者也此言錢者令其出資錢不役其身也○劉攽曰此街走卒又赤幘絳韝案後漢志街下有一里字又云絳褠字誤)司空劾案州及郡縣皆坐免黜今宜遵前典蠲除權制於是詔書下詡章切責州郡讁罰輸贖自此而止先是寧陽主簿詣闕訴其縣令之枉(寧陽縣屬東平國故城在今兗州龔丘縣南也)積六七歲不省主簿乃上書曰臣爲陛下子陛下爲臣父臣章百上終不見省臣豈可北詣單于以告怨乎帝大怒持章示尚書尚書遂劾以大逆詡駮之曰主簿所訟乃君父之怨百上不達是有司之過愚惷之人不足多誅帝納詡言笞之而已詡因謂諸尚書曰小人有怨不遠千里斷髮刻肌詣闕告訴而不爲理豈臣下之義君與濁長吏何親而與怨人何仇乎聞者皆慙詡又上言臺郎顯職仕之通階今或一郡七八或一州無人宜令均平以厭天下之望及諸奏議多見從用詡好刺舉無所回容(回曲也)數以此忤權戚遂九見譴考三遭刑罰而剛正之性終老不屈永和初遷尚書令以公事去官朝廷思其忠復徵之會卒臨終謂其子恭曰吾事君直道行已無愧所悔者爲朝歌長時殺賊數百人其中何能不有寃者自此二十餘年家門不增一口斯獲罪於天也恭有俊才官至上黨太守

傅燮傳

傅燮字南容北地靈州人也(靈州縣也)本字幼起慕南容三復白圭乃易字焉(家語子貢對衛文子曰一日三復白圭之玷是南宮縚之行也王肅注云玷缺也詩云白圭之玷尚可磨也斯言之玷不可爲也一日三復愼之至也)身長八尺有威容少師事太尉劉寬再舉孝廉聞所舉郡將喪乃棄官行服後爲護軍司馬與左中郎皇甫嵩(○劉攽曰案嵩傳此一少將字)俱討賊張角燮素疾中官既行因上疏曰臣聞天下之禍不由於外皆興於內是故虞舜升朝先除四凶然後用十六相(左傳曰昔高陽氏有才子八人蒼舒隤敳檮戭大臨尨降庭堅仲容叔達謂之八愷高辛氏有才子八人伯奮仲堪叔獻季仲伯虎仲熊叔豹季貍謂之八元也)明惡人不去則善人無由進也今張角起於趙魏黃巾亂於六州(皇甫嵩傳曰連結郡國自青徐幽冀荆揚兗豫八州之人莫不畢應此云六州蓋初起時也)此皆釁發蕭牆而禍延四海也臣受戎任奉辭伐罪始到潁川戰無不尅黃巾雖盛不足爲廟堂憂也臣之所懼在於治水不自其源末流彌增其廣耳陛下仁德寬容多所不忍故閹豎弄權忠臣不進誠使張角梟夷黃巾變服臣之所憂甫益深耳(甫始也)何者夫邪正之人不宜共國亦猶冰炭不可同器(韓子曰冰炭不同器而久寒暑不同時而至也)彼知正人之功顯而危亡之兆見皆將巧辭飾說共長虛僞夫孝子疑於屢至(甘茂對秦武王曰昔曾參之居費魯人有與曾參同姓名者殺人人告其母曰曾參殺人其母織自若也又告之其母自若也又告之其母投杼下機踰牆而走夫以曾參之賢與其母之信也三人疑之其母懼焉見史記也)市虎成於三夫(解見馬援傳)若不詳察眞僞忠臣將復有杜郵之戮矣(白起與應侯有隙構之秦昭王免起爲士伍遷之陰密行出咸陽西門十里至杜郵使賜劒自裁見史記案杜郵今咸陽城是其地酈元注水經云渭水北有杜郵亭也)陛下宜思虞舜四罪之舉速行讒佞放殛之誅(殛音紀力反殛亦誅也)則善人思進姦凶自息臣聞忠臣之事君猶孝子之事父也子之事父焉得不盡其情使臣身備鈇鉞之戮陛下少用其言國之福也書奏宦者趙忠見而忿惡及破張角燮功多當封忠訴譖之(續漢書曰燮軍斬賊三帥卜巳張伯梁仲寧等功高爲封首)靈帝猶識燮言(識記也音志)得不加罪竟亦不封以爲安定都尉以疾免後拜議郎會西羌反邊章韓遂作亂隴右徵發天下役賦無已司徒崔烈以爲宜棄涼州詔會公卿百官烈堅執先議燮厲言曰斬司徒天下乃安尚書郎楊贊奏燮廷辱大臣帝以問燮燮對曰昔冒頓至逆也樊噲爲上將願得十萬衆橫行匈奴中憤激思奮未失人臣之節顧計當從與不耳季布猶曰噲可斬也(冒頓匈奴單于名也前書曰季布爲中郎將單于爲書嫚呂太后呂太后怒召諸將議之將軍樊噲曰願得十萬衆橫行匈奴中諸將皆阿太后以噲言爲然布曰樊噲可斬也夫以高帝兵三十萬困於平城噲時亦在其中今奈何以十萬衆橫行匈奴中)今涼州天下要衝國家藩衛高祖初興使酈商別定隴右(前書漢王賜酈商爵信成君以將軍爲隴西都尉別定北地)世宗拓境列置四郡議者以爲斷匈奴右臂(前書武帝分武威酒泉置張掖敦煌謂之四郡劉歆等議曰孝武帝北攘匈奴降昆邪十萬之衆置五屬國起朔方以奪其肥饒之地東伐朝鮮起玄菟樂浪以斷匈奴之左臂西伐大宛并六國結烏孫起敦煌酒泉張掖以鬲婼羌裂匈奴之右臂婼音而遮反○劉攽曰注以高婼羌案高當作鬲)今牧御失和使一州叛逆海內爲之騷動陛下臥不安寢烈爲宰相不念爲國思所以弭之之策乃欲割棄一方萬里之土臣竊惑之若使左衽之虜得居此地(說文曰衽衣衿也)士勁甲堅因以爲亂此天下之至慮社稷之深憂也若烈不知之是極蔽也知而故言是不忠也帝從燮議由是朝廷重其方格(方正也格猶標準也)每公卿有缺爲衆議所歸頃之趙忠爲車騎將軍詔忠論討黃巾之功執金吾甄舉等謂忠曰傅南容前在東軍有功不侯故天下失望今將軍親當重任宜進賢理屈以副衆心忠納其言遣弟城門校尉延致殷勤延謂燮曰南容少答我常侍萬戶侯不足得也燮正色拒之曰遇與不遇命也有功不論時也傅燮豈求私賞哉忠愈懷恨然憚其名不敢害權貴亦多疾之是以不得留(一作封)出爲漢陽太守初郡將范津明知人(○劉攽曰案文明當作名聲之誤也明雖可通但前後多云名知人)舉燮孝廉及津爲漢陽與燮交代合符而去鄉邦榮之津字文淵南陽人燮善卹人

叛羌懷其恩化並來降附乃廣開屯田列置四十餘營時刺史耿鄙委任治中程球球爲通姦利士人怨之漢官曰司隸功曹從事即治中也中平四年鄙率六郡兵討金城賊王國韓遂等燮知鄙失衆必敗諫曰使君統政日淺人未知教孔子曰不教人戰是謂棄之今率不習之人越大隴之阻將十舉十危而賊聞大軍將至必萬人一心邊兵多勇其鋒難當而新合之衆上下未和萬一內變雖悔無及不若息軍養德明賞必罰賊得寬挺挺解也必謂我怯羣惡爭埶其離可必然後率已教之人討已離之賊其功可坐而待也今不爲萬全之福而就必危之禍竊爲使君不取鄙不從行至狄道果有反者先殺程球次害鄙賊遂進圍漢陽城中兵少糧盡燮猶固守時北胡騎數千隨賊攻郡○劉攽曰時北胡騎數千案文少一地字下文云鄉里羌胡是與燮同北地人也皆夙懷燮恩共於城外叩頭求送燮歸鄉里子幹年十三從在官舍知燮性剛有高義恐不能屈志以免進諫曰國家昏亂遂令大人不容於朝今天下已叛而兵不足自守鄉里羌胡燮北地人故云鄉里也先被恩德欲令棄郡而歸願必許之徐至鄉里率厲義徒見有道而輔之以濟天下言未終燮慨然而歎呼幹小字曰別成幹集曰幹字彥林汝知吾必死邪蓋聖達節次守節左傳曰曹公子臧曰前志有之聖達節次守節下失節且殷紂之暴伯夷不食周粟而死仲尼稱其賢史記曰伯夷孤竹君之子也武王載文王木主伐紂殷既平伯夷恥之義不食周粟遂餓死論語子貢問曰伯夷叔齊何人也孔子曰古之賢人也今朝廷不甚殷紂吾德亦豈絶伯夷世亂不能養浩然之志孟子曰養吾浩然之氣趙岐注曰浩然天氣也食祿又欲避其難乎左傳曰子路曰食焉不避其難也吾行何之必死於此汝有才智勉之主簿楊會吾之程嬰也程嬰解見馮衍傳幹哽咽不能復言左右皆泣下王國使故酒泉太守黃衍說燮曰成敗之事已可知矣先起上有霸王之業下成伊呂之勳天下非復漢有府君寧有意爲吾屬師乎師帥君也尚書曰作之君作之師也燮案劍叱衍曰若剖符之臣反爲賊說邪遂麾左右進兵臨陣戰歿謚曰壯節侯幹知名位至扶風太守

蓋勳傳

蓋勳字元固敦煌廣至人也廣至縣名故城在今瓜州常樂縣東今謂之縣泉堡是也家世二千石續漢書曰曾祖父進漢陽太守祖父彪大司農謝承書曰父字思齊官至安定屬國都尉初舉孝廉爲漢陽長史時武威太守倚恃權埶恣行貪橫從事武都蘇正和案致其罪涼州刺史梁鵠畏懼貴戚欲殺正和以免其負乃訪之於勳勳素與正和有仇或勸勳可因此報隙勳曰不可謀事殺良非忠也乘人之危非仁也乃諫鵠曰夫紲食鷹鳶欲其鷙紲繫也廣雅曰鷙執也蒼頡解詁曰鳶鴟也食音嗣鷙而亨之將何用哉鵠從其言正和喜於得免而詣勳求謝勳不見曰吾爲梁使君謀不爲蘇正和也怨之如初續漢書中平元年黃巾賊起故武威太守酒泉黃雋被徵失期梁鵠欲奏誅雋勳爲言得免雋以黃金二十斤謝勳勳謂雋曰吾以子罪在八議故爲子言吾豈賣評哉終辭不受中平元年北地羌胡與邊章等寇亂隴右刺史左昌因軍興斷盜數千萬斷謂割截勳固諫昌怒乃使勳別屯阿陽以拒賊鋒阿陽縣屬天水郡欲因軍事罪之而勳數有戰功邊章等遂攻金城殺郡守陳懿勳勸昌救之不從邊章等進圍昌於冀昌懼而召勳勳初與從事辛曾孔常俱屯阿陽及昌檄到曾等疑不肯赴勳怒曰昔莊賈後期穰苴奮劒齊景公時燕晉侵齊景公以司馬穰苴爲將扞之仍令寵臣莊賈監軍與穰苴期旦日會賈素驕貴夕時至穰苴召軍正問曰軍法期而後者云何對曰當斬遂斬賈以徇三軍今之從事豈重於古之監軍哉曾等懼而從之勳即率兵救昌到乃誚讓章等責以背叛之罪皆曰左使君若早從君言以兵臨我庶可自改今罪已重不得降也乃解圍而去昌坐斷盜徵以扶風宋梟代之續漢書梟字作泉也梟患多寇叛謂勳曰涼州寡於學術故屢致反暴今欲多寫孝經令家家習之庶或使人知義勳諫曰昔太公封齊崔杼殺君伯禽侯魯慶父篡位崔杼齊大夫齊莊公先通其妻杼殺之慶父魯莊公弟莊公子開立是爲湣公慶父襲殺湣公並見史記此二國豈乏學者今不急靜難之術遽爲非常之事既足結怨一州又當取笑朝廷勳不知其可也梟不從遂奏行之果被詔書詰責坐以虛慢徵時叛羌圍護羌校尉夏育於畜官前書尹翁歸傳曰有論罪輸掌畜官音義曰右扶風畜牧所在有苑師之屬故曰畜官畜音許救反勳與州郡合兵救育至狐槃爲羌所破勳收餘衆百餘人爲魚麗之陳麗音離左傳曰王以諸侯伐鄭鄭原繁高渠彌奉公爲魚麗之陳先偏後伍伍承彌縫杜預注曰此魚麗陳法也羌精騎夾攻之急士卒多死勳被三創堅不動乃指木表表標也曰必尸我於此句就種羌滇吾句就羌別種也句音古侯反素爲勳所厚乃以兵扞衆曰蓋長史賢人汝曹殺之者爲負天勳仰罵曰死反虜汝何知促來殺我衆相視而驚滇吾下馬與勳勳不肯上遂爲賊所執羌戎服其義勇不敢加害送還漢陽後刺史楊雍即表勳領漢陽太守時人飢相漁食勳調穀稟之調猶發也先出家糧以率衆存活者千餘人後去官徵拜討虜校尉靈帝召見問天下何苦而反亂如此勳曰倖臣子弟擾之時宦者上軍校尉蹇碩在坐帝顧問碩碩懼不知所對而以此恨勳帝又謂勳曰吾已陳師於平樂觀多出中藏財物以餌士何如中藏謂內藏也勳曰臣聞先王耀德不觀兵國語曰穆王將征犬戎祭公謀父諫曰不可先王耀德不觀兵韋昭注曰耀明也觀示也今寇在遠而設近陳不足昭果毅秖黷武耳左傳曰戎昭果毅以聽之之謂武殺敵爲果致果曰毅也帝曰善俍見君曉羣臣初無是言也勳時與宗正劉虞佐軍校尉袁紹同典禁兵勳謂虞紹曰吾仍見上上甚聰明但擁蔽於左右耳若共併力誅嬖倖然後徵拔英俊以興漢室功遂身退豈不快乎虞紹亦素有謀因相連結未及發而司隸校尉張溫舉勳爲京兆尹帝方欲延接勳而蹇碩等心憚之並勸從溫奏遂拜京兆尹時長安令楊黨父爲中常侍恃埶貪放勳案得其臧千餘萬貴戚咸爲之請勳不聽具以事聞并連黨父有詔窮案威震京師時小黃門京兆高望爲尚藥監倖於皇太子太子因蹇碩屬望子進爲孝廉勳不肯用或曰皇太子副主望其所愛碩帝之寵臣而子違之所謂三怨成府者也府聚也勳曰選賢所以報國也非賢不舉死亦何悔勳雖在外每軍國密事帝常手詔問之續漢書曰是時漢陽叛人王國衆十餘萬攻陳倉三輔震動勳領郡兵五千人自請滿萬人因表用處士扶風孫瑞爲鷹鷂都尉桂陽魏傑爲破敵都尉京兆杜楷爲威虜都尉弘農楊儒爲鳥擊都尉長陵第五儁爲清寇都尉凡五都尉皆素有名悉領屬勳每有密事靈帝手詔問之數加賞賜甚見親信在朝臣右及帝崩董卓廢少帝殺何太后勳與書曰昔伊尹霍光權以立功猶可寒心足下小醜何以終此賀者在門弔者在廬可不慎哉孫卿子曰慶者在堂弔者在閭禍與福鄰莫知其門也卓得書意甚憚之徵爲議郎時左將軍皇甫嵩精兵三萬屯扶風勳密相要結將以討卓會嵩亦被徵勳以衆弱不能獨立遂並還京師自公卿以下莫不卑下於卓唯勳長揖爭禮見者皆爲失色卓問司徒王允曰欲得快司隸校尉誰可作者允曰唯有蓋京兆耳卓曰此人明智有餘然不可假以雄職乃以爲越騎校尉卓又不欲令久典禁兵復出爲潁川太守未及至郡徵還京師時河南尹朱儁爲卓陳軍事卓折儁曰我百戰百勝決之於心卿勿妄說且汙我刀勳曰昔武丁之明猶求箴諫武丁殷王高宗也謂傅說曰啓乃心沃朕心說復于王曰惟木從繩則正后從諫則聖見尚書況如卿者而欲杜人之口乎卓曰戲之耳勳曰不聞怒言可以爲戲卓乃謝儁勳雖強直不屈而內厭於卓不得意疽發背卒時年五十一遺令勿受卓賻贈卓欲外示寬容表賜東園祕器賵襚送之如禮葬于安陵子順官至永陽太守

臧洪傳

臧洪字子源廣陵射陽人也射陽故城在今楚州安宜縣東也父旻有幹事才謝承書曰旻達於從政爲漢良吏遷匈奴中郎將還京師太尉袁逢問其西域諸國土地風俗人物種數旻具答言西域本三十六國後分爲五十五稍散至百餘國大小道里近遠人數多少風俗燥溼山川草木鳥獸異物名種不與中國同者口陳其狀手畫地形逢奇其才歎息言雖班固作西域傳何以加此乎熹平元年會稽妖賊許昭起兵句章句章縣故城在今越州鄮縣西十三州志云句踐之地南至句餘其後併因大城之章伯功以示子孫故曰句章自稱大將軍立其父生爲越王攻破城邑衆以萬數拜旻揚州刺史旻率丹楊太守陳夤擊昭破之昭遂復更屯結大爲人患旻等進兵連戰三年破平之獲昭父子斬首數千級遷旻爲使匈奴中郎將洪年十五以父功拜童子郎漢法孝廉試經者拜爲郎洪以年幼才俊故拜童子郎也續漢書曰左雄奏徵海內名儒爲博士使公卿子弟爲諸生有志操者加其俸祿及汝南謝廉河南趙建章年始十二各能通經雄並奏拜童子郎於是負書來學雲集京師也知名太學洪體貌魁梧有異姿魁梧丘大之貌也梧音吾舉孝廉補即丘長即丘縣屬琅邪國故城在今沂州臨沂縣東南即春秋之祝丘也中平末棄官還家太守張超請爲功曹時董卓弒帝圖危社稷洪說超曰明府歷世受恩兄弟並據大郡謂超爲廣陵兄邈爲陳留也今王室將危賊臣虎視此誠義士效命之秋也今郡境尚全吏人殷富若動枹鼓可得二萬人以此誅除國賊爲天下唱義不亦宜乎超然其言與洪西至陳留見兄邈計事邈先謂超曰聞弟爲郡委政臧洪洪者何如人超曰臧洪海內奇士才略智數不比於超矣邈即引洪與語大異之乃使詣兗州刺史劉岱岱字公山豫州刺史孔伷伷字公緒遂皆相善邈既先有謀約會超至定議乃與諸牧守大會酸棗設壇墠將盟既而更相辭讓莫敢先登咸共推洪洪乃攝衣升壇操血而盟曰漢室不幸皇綱失統賊臣董卓乘釁縱害禍加至尊毒流百姓大懼淪喪社稷翦覆四海兗州刺史岱豫州刺史伷陳留太守邈東郡太守瑁橋瑁也廣陵太守超等糾合義兵並赴國難糾收也凡我同盟齊心一力以致臣節隕首喪元必無二志有渝此盟俾墜其命無克遺育左傳曰王子虎盟諸侯于王庭要言曰皆獎王室無相害也有渝此盟明神殛之俾墜其師無克祚國也皇天后土祖宗明靈實皆鑒之洪辭氣慷慨聞其言者無不激揚自是之後諸軍各懷遲疑莫適先進遂使糧儲單竭兵衆乖散時討虜校尉公孫瓚與太司馬劉虞有隙超乃遣洪詣虞共謀其難行至河間而值幽冀交兵行塗阻絶因寓於袁紹紹見洪甚奇之與結友好以洪領青州刺史前刺史焦和好立虛譽能清談時黃巾羣盜處處飆起而青部殷實軍革尚衆和欲與諸同盟西赴京師未及得行而賊已屠城邑和不理戎警但坐列巫史禜禱羣神巫女巫也史祝史也禜謂營攢用幣以禳風雨霜雪水旱厲疫於日月星辰山川也禱謂告事求福也又恐賊乘凍而過命多作陷冰丸以投于河衆遂潰散和亦病卒洪收撫離叛百姓復安任事二年袁紹憚其能徙爲東郡太守都東武陽時曹操圍張超於雍丘甚危急超謂軍吏曰今日之事唯有臧洪必來救我或曰袁曹方穆而洪爲紹所用恐不能敗好遠來違福取禍超曰子源天下義士終非背本者也或見制強力不相及耳

洪始聞超圍乃徒跣號泣並勒所領將赴其難自以衆弱從紹請兵而紹竟不聽之超城遂陷張氏族滅洪由是怨紹絕不與通紹興兵圍之歷年不下使洪邑人陳琳以書譬洪示其禍福責以恩義獻帝春秋曰紹使琳爲書八條責以恩義告諭使降也洪答曰隔闊相思發於寤寐相去步武爾雅曰武迹也而趨舍異規其爲愴恨胡可勝言前日不遺比辱雅況比頻也述敘禍福公私切至以子之才窮該典籍豈將闇於大道不達余趣哉是以捐棄翰墨一無所酬亦冀遙忖褊心粗識鄙性重獲來命援引紛紜雖欲無對而義篤其言僕小人也本之志用中因行役特蒙傾蓋家語孔子之郯與程子相遇於塗傾蓋而語也恩深分厚遂竊大州寧樂今日自還接刃乎每登城臨兵觀主人之旗鼓洪常寓於紹故謂之主人也瞻望帳幄感故友之周旋撫弦搦矢搦捉也音女卓反不覺涕流之覆面也何者自以輔佐主人無以爲悔主人相接過絕等倫○劉攽曰案文倫字無義未詳何字或曰悔當作蓋受任之初志同大事埽清寇逆共尊王室豈悟本州被侵郡將遘厄請師見拒辭行被拘使洪故君遂至淪滅區區微節無所獲申豈得復全交友之道重虧忠孝之名乎所以忍悲揮戈收淚告絕若使主人少垂古人忠恕之情來者側席去者克己來者側席而待之去者克己自責不責人也則僕抗季札之志不爲今日之戰矣吳王餘昧卒欲授弟季札季札逃去見史記也昔張景明登壇喢血奉辭奔走卒使韓牧讓印主人得地後但以拜章朝主賜爵獲傳之故不蒙觀過之貸而受夷滅之禍英雄記云袁紹使張景明郭公則高元才等說韓馥使讓冀州與紹然則馥之讓位景明亦有其功其餘未詳也呂奉先討卓來奔請兵不獲告去何罪復見斫刺魏志呂布傳曰布破張燕軍而求益兵衆將士鈔掠紹患忌之布覺其意從紹求去還洛紹假布領司隸校尉外言當遣之內欲殺布明日當發紹遣甲士三十人辭以送布布止於帳側僞使人於帳中鼓箏紹兵臥無何出帳去而兵不覺夜半兵起亂斫布牀被謂已死明日紹訊問知布尚在乃閉城門布遂引去劉子璜奉使踰時辭不獲命畏君懷親以詐求歸可謂有志忠孝無損霸道亦復彊尸麾下不蒙虧除慕進者蒙榮違意者被戮此乃主人之利非遊士之願也是以鑒戒前人守死窮城亦以君子之違不適敵國故也左傳云公山不狃曰君子違不適讎國杜預注云違奔亡也足下當見久圍不解救兵未至感婚姻之義推平生之好以爲屈節而苟生勝守義而傾覆也昔晏嬰不降志於白刃南史不曲筆以求存崔杼殺齊莊公欲劫晏子與盟以戟拘其頸劍承其心晏子曰劫吾以刃而失其意非勇也崔杼遂釋之事見晏子左傳曰太史書曰崔杼殺其君崔子殺之其弟嗣書而死者二人其弟又書乃舍之南史氏聞太史盡死執簡以往聞既書矣乃還也故身傳圖象名垂後世況僕據金城之固驅士人之力散三年之畜以爲一年之資匡困補乏以悅天下何圖築室反耕哉左傳曰楚子圍宋築室反耕杜預注曰築室於宋反兵耕田示無還意也但懼秋風揚塵伯珪馬首南向伯珪公孫瓚字張揚飛燕旅力作難魏志曰張揚字稚叔雲中人也以武勇給并州爲從事何進令於本州募兵得千餘人因留上黨擊山賊進敗揚遂以所將兵攻上黨仍略諸縣衆至數千又與袁紹合張燕常山人本姓褚黃巾起燕合聚少年爲羣盜衆萬人博陵張牛角立起衆攻廮陶牛角爲飛矢所中且死告其衆曰必以燕爲帥角死衆奉燕故改姓張燕僄悍捷速過人軍中號爲飛燕衆至百萬號曰黑山後助公孫瓚與紹爭冀州也○劉攽曰注張牛角立起案文立當作之北鄙將告倒懸之急股肱奏乞歸之記耳股肱猶手足也言北邊有倉卒之急股肱之臣將告歸自救耳主人當鑒戒曹輩反旌退師何宜久辱盛怒暴威於吾城之下哉足下譏吾恃黑山以爲救獨不念黃巾之合從邪昔高祖取彭越於鉅野前書彭越將其衆居鉅野中無所屬漢王乃使人賜越將軍印使下濟陰以擊楚也光武創基兆於綠林卒能龍飛受命中興帝業苟可輔主興化夫何嫌哉況僕親奉璽書與之從事行矣孔璋足下徼利於境外臧洪投命於君親吾子託身於盟主盟主謂袁紹也臧洪策名於長安子謂余身死而名滅僕亦笑子生死而無聞焉本同末離努力努力夫復何言紹見洪書知無降意增兵急攻城中糧盡外無援救洪自度不免呼吏士謂曰袁紹無道所圖不軌且不救洪郡將洪於大義不得不死念諸軍無事空與此禍與音預可先城未破將妻子出將吏皆垂泣曰明府之於袁氏本無怨隙今爲郡將之故自致危困吏人何忍當捨明府去也初尚掘鼠煮筋角後無所復食主簿啓內廚米三斗請稍爲饘粥杜預注左傳曰饘糜也音之延反洪曰何能獨甘此邪使爲薄糜徧班士衆又殺其愛妾以食兵將兵將咸流涕無能仰視男女七八十人相枕而死莫有離叛城陷生執洪紹盛帷幔大會諸將見洪謂曰臧洪何相負若是今日服未洪據地瞋目曰諸袁事漢四世五公可謂受恩今王室衰弱無扶翼之意而欲因際會觖望非冀前漢音義曰觖猶冀也觖音羌恚反多殺忠良以立姦威洪親見將軍呼張陳留爲兄則洪府君亦宜爲弟而不能同心戮力爲國除害坐擁兵衆觀人屠滅惜洪力劣不能推刃爲天下報仇公羊傳曰事君猶事父也父受誅子復讎推刃之道何謂服乎紹本愛洪意欲屈服赦之見其辭切知終不爲用乃命殺焉洪邑人陳容少爲諸生親慕於洪隨爲東郡丞先城未敗洪使歸紹時容在坐見洪當死起謂紹曰將軍舉大事欲爲天下除暴而專先誅忠義豈合天意臧洪發舉爲郡將奈何殺之紹慙使人牽出謂曰汝非臧洪疇空復爾爲容顧曰夫仁義豈有常所蹈之則爲君子背之則爲小人今日寧與臧洪同日死不與將軍同日生也遂復見殺在紹坐者無不歎息竊相謂曰如何一日戮二烈士先是洪遣司馬二人出求救於呂布比還城已陷皆赴敵死

論曰雍丘之圍臧洪之感憤壯矣想其行既且覩束甲請舉誠足憐也夫豪雄之所趣舍其與守義之心異乎若乃締謀連衡懷詐筭以相尚者蓋惟利勢所在而已況偏城既危曹表方穆洪徒指外敵之衡以紓倒縣之會忿悁之師兵家所忌前書魏相上書曰救亂誅暴謂之義兵兵義者王敵加於己不得已而起者謂之應兵兵應者勝爭恨小故不勝憤怒者謂之忿兵兵忿者敗利人土地貨寶者謂之貪兵兵貪者破恃國家之大矜其人衆欲見威於敵者謂之驕兵兵驕者滅此非但人事乃天道也可謂懷哭秦之節存荆則未聞也吳兵破楚申包胥如秦乞師立依於庭牆而哭日夜不絕聲勺飲不入口七日秦師乃出以車五百乘救楚敗吳兵於稷事見左傳及史記言臧洪徒守節致死不能如包胥之存楚也

贊曰先零擾疆鄧崔棄涼詡變令圖再全金方蓋勳抗董終然允剛洪懷偏節力屈志揚

後漢書卷八十八考證

臧洪傳無以爲悔 劉攽曰悔字無義未詳何字○臣宗楷按無以爲悔猶言內省不疚也義本明顯解者失之

後漢書卷八十九

宋 宣 城 太 守 范 曄 撰

唐 章 懷 太 子 賢 注

張衡列傳第四十九

張衡傳

張衡字平子南陽西鄂人也西鄂縣故城在今鄧州向城縣南有平子墓及碑在焉崔瑗之文也世爲著姓祖父堪蜀郡太守衡少善屬文游於三輔因入京師觀太學遂通五經貫六藝雖才高於世而無驕尚之情常從容淡靜不好交接俗人永元中舉孝廉不行連辟公府不就時天下承平日久自王侯以下莫不踰侈衡乃擬班固兩都作二京賦因以諷諫精思傅會十年乃成文多故不載大將軍鄧騭奇其才累召不應衡善機巧尤致思於天文陰陽歷筭常好玄經桓譚新論曰揚雄作玄書以爲玄者天也道也言聖賢制法作事皆引天道以爲本統而因附續萬類王政人事法度故宓羲氏謂之易老子謂之道孔子謂之元而揚雄謂之玄玄經三篇以紀天地人之道立三體有上中下如禹貢之陳三品三三而九因以九九八十一故爲八十一卦以四爲數數從一至四重累變易竟八十一而編不可損益以三十五蓍揲之玄經五千餘言而傳十二篇也○劉攽曰注以三十五蓍揲之案太玄乃用三十六揲作五字誤也謂崔瑗曰吾觀太玄方知子雲妙極道數乃與五經相擬非徒傳記之屬使人難論陰陽之事漢家得天下二百歲之書也子雲當哀帝時著太玄經自漢初至哀帝二百歲也復二百歲殆將終乎自中興至獻帝一百八十九年也所以作者之數必顯一世常然之符也漢四百歲玄其興矣自此以上並衡與崔瑗書之文也安帝雅聞衡善術學公車特徵拜郎中再遷爲太史令漢官儀太史令屬太常秩六百石也遂乃研覈陰陽妙盡琁機之正作渾天儀著靈憲筭罔論言甚詳明漢名臣奏曰蔡邕曰言天體者有三家一曰周髀二曰宣夜三曰渾天宣夜之學絕無師法周髀術數具存考驗天狀多所違失故史官不用唯渾天者近得其情今史官所用候臺銅儀則其法也靈憲序曰昔在先王將步天路用定靈軌尋緒本元先準之于渾體是爲正儀故靈憲作興衡集無筭罔論蓋網絡天地而筭之因名焉順帝初再轉復爲太史令衡不慕當世所居之官輒積年不徙自去史職五載復還乃設客問作應間以見其志云間非也衡集云觀者觀余去史官五載而復還非進取之勢也唯衡內識利鈍操心不改或不我知者以爲失志矣用爲間余余應之以時有遇否性命難求因茲以露余誠焉名之應間云有間余者曰蓋聞前哲首務務於下學上達佐國理民有云爲也論語曰孔子曰下學而上達注云下學人事上知天命也朝有所聞則夕行之立功立事式昭德音尚書曰立功立事可以永年逸詩曰祈招之愔愔式昭德音式用也昭明也是故伊尹思使君爲堯舜而民處唐虞彼豈虛言而已哉必旌厥素爾尚書伊尹曰予弗克俾厥后惟堯舜其心愧恥若撻于市旌明也素猶志也咎單巫咸實守王家咎單巫咸並殷賢臣也尚書曰咎單作明居又曰巫咸保乂王家也申伯樊仲實幹周邦服袞而朝介圭作瑞申伯申國之伯也樊仲仲山甫也爲樊侯並周宣王之卿上詩大雅曰維申及甫維周之翰注翰幹也服袞謂申伯爲冢宰服袞冕之服也又曰錫爾介圭以作爾寶注云寶瑞也圭長尺二寸謂之介也厥跡不朽垂烈後昆不亦丕歟且學非以要利而富貴萃之貴以行令富以施惠惠施令行故易稱以大業易繫辭曰盛德大業至矣哉富有之謂大業日新之謂盛德也質以文美實由華興器賴雕飾爲好人以輿服爲榮吾子性德體道篤信安仁約己博藝無堅不鑽以思世路斯何遠矣論語曰篤信好學又曰仁者安仁又曰鑽之彌堅博我以文約我以禮曩滯日官今又原之日官史官也左傳曰天子有日官爾雅曰原再也雖老氏曲全進道若退然行亦以需老子曰曲則全枉則直又曰夷道若類進道若退易雜卦曰需不進也必也學非所用術有所仰故臨川將濟而舟檝不存爲徒經思天衢內昭獨智固合理民之式也故嘗見謗於鄙儒天衢天道也言徒經思作靈憲渾天儀等也深厲淺揭隨時爲義曾何貪於支離而習其孤技邪揭褰衣也音丘列反詩邶風曰深則厲淺則揭爾雅曰由帶以上爲厲由膝以下爲揭言遭時制宜遇深水則厲淺則揭也易隨卦曰隨時之義大矣哉莊子曰朱泙曼學屠龍於支離蓋單千金之家三年技成而無所用技音渠綺反責衡何獨妙思於機巧者也○劉攽曰注支離蓋案莊子蓋當作益支離其名益耳後人不讀莊子妄改爲蓋叁音三輪可使自轉木雕猶能獨飛已垂翅而還故棲盍亦調其機而銛諸垂翅故棲謂再爲史官也盍何不也銛利也諸之也問者言衡作三輪木雕尚能飛已乃垂翅故棲何不調其機而使利而高飛邪傅子曰張衡能令三輪獨轉也昔有文王自求多福詩大雅文王篇曰永言配命自求多福也○劉攽曰正文昔有當作昔者人生在勤不索何獲曷若卑體屈己美言以相尅尅勝也衡集作美言以市也鳴于喬木乃金聲而

玉振之（詩小雅曰伐木丁丁鳥鳴嚶嚶出自幽谷遷于喬木喻求仕遷於高位振揚德音如金玉之聲孟子曰金聲而玉振之）用後勳雪前吝婞很不柔以意誰靳也（吝恥也左傳曰宋公靳之杜預注云戲而相愧曰靳）應之曰是何觀同而見異也君子不患位之不尊而患德之不崇不恥祿之不夥而恥智之不博（方言曰凡物盛而多齊宋之郊謂之夥音和果反）是故藝可學而行可力也天爵高懸得之在命（孟子曰仁義忠信樂善不倦此天爵也公卿大夫此人爵也案此謂天子高懸爵位得者在命也）或不速而自懷或羨旃而不臻（速召也懷來也旃之也）求之無益故智者偭而不思（偭偝也）阽身以徼幸固貪夫之所爲未得而豫喪也（阽危也）枉尺直尋議者議之盈欲虧志孰云非羞（孟子陳代問孟子曰枉尺而直尋若可爲也孟子曰昔齊景公田招虞人以旌不至將殺之志士不忘在溝壑如不待招而往何哉且夫枉尺而直尋者以利言也如以利則枉尋直尺而利亦可爲歟趙岐注云志士守義者也君子固窮故虞人不得其招尚不往如何君子不得其招而妄見也尺小尋大不可枉大就小而以要利也）於心有猜則簋飱饌餔猶不屑餐旌瞀以之（猜嫌也簋食器也飱音孫詩云有饛簋飱饌音仕卷反餔音補故反並謂食也屑猶介也以用也爰旌瞀饑人也一作爰精目列子曰東方有人焉曰爰精目將有適也而餓於道狐丘父之盜曰丘見而下壺飱以餔之爰精目三餔而後能視曰子何爲者也我狐父之人丘也爰精目曰譆汝非盜邪吾義不食子之食也兩手據地而歐之不出喀喀而死之也○劉攽曰注子何爲者也案文是對答之辭也字當作曰）意之無疑則兼金盈百而不嫌辭孟軻以之（孟子陳臻問曰前日於齊王餽兼金一百而不受於宋餽七十鎰而受前日之不受是則今日受非也孟子曰皆是也當在宋也予將遠行行者必以贐予何爲不受若於齊則未有處也無處而餽之是貨之也焉有君子而可以貨取乎趙岐注云兼金好金也價兼倍於惡者故曰兼金一百百鎰也二十兩爲鎰贐送行者贈賄之禮也在齊時無事於義未有所處也義無所處而餽之是以貨賄所取我欲使我懷惠也○劉攽曰注是以貨賄所取我案文多一所字）士或解裋褐而襲黼黻或委臿築而據文軒者度德拜爵量績受祿也（解裋褐謂窮賤也委臿築謂傳說也裋音常主反方言曰自關而西謂襜褕短者謂之裋也）輸力致庸受必有階（受或作爰）渾元初基靈軌未紀吉凶分錯人用朣朦（朣朦言未曉也○劉攽曰案蔡邕亦有此二字作朣朦從日是也此誤）黃帝爲斯深慘有風后者是焉亮之察三辰於上跡禍福乎下經緯歷數然後天步有常則風后之爲也（史記曰黃帝迎日推策舉風后力牧以理人順天地之紀幽明之占又曰旁羅日月星辰春秋內事曰黃帝師於風后風后善於伏羲氏之道故推演陰陽之事藝文志陰陽流有風后十三篇也）當少昊清陽之末實或亂德人神雜擾不可方物重黎又相顓頊而申理之日月即次則重黎之爲也（帝王紀曰少昊字清陽國語楚觀射父曰少皞之衰也九黎亂德人神雜糅不可方物顓頊承之乃命南正重司天以屬神命火正黎司地以屬人重少昊氏之子黎顓頊氏之子）人各有能因藝受任鳥師別名四叔三正官無二業事不並濟（左傳郯子曰少皞鳥師而鳥名鳳鳥氏歷正也玄鳥氏司分也伯趙氏司至也青鳥氏司啓也丹鳥氏司閉也又晉蔡墨曰少皞氏有四叔曰重曰該曰脩曰熙實能金木及水使重爲句芒該爲蓐收脩及熙爲玄冥四叔分主三正言其不兼業也）晝長則宵短日南則景北（夏至日北極而影短晝六十刻夜四十刻冬至日南極而影長夜六十刻晝四十刻也易通卦驗曰冬至晷長丈三尺夏至晷長尺五寸謂立八尺表之陰也）天且不堪兼況以人該之（該備也）夫玄龍迎夏則陵雲而奮鱗樂時也涉冬則淈泥而潛蟠避害也（說文曰龍鱗蟲之長能幽能明能小能巨能短能長春分而登天秋分而入川言出入有時也賈逵注國語曰淈亂也淈音骨）公旦道行故制典禮以尹天下懼教誨之不從有人之不理（尹正也道行言道得申也流俗本作行道者非也）仲尼不遇故論六經以俟來辟（辟君也公羊傳曰孔子制春秋以俟後聖也）恥一物之不知有事之無範所考不齊如何可一（衡集考字作丁丁當也）夫戰國交爭戎車競驅君若綴旒人無所麗（麗附也公羊傳曰君若贅旒然旒旒言爲下所執持西東也）燭武縋而秦伯退師（燭之武鄭大夫也縋縣繩於城而下也左傳曰秦伯圍鄭鄭伯使燭之武夜縋而出說秦秦伯爲之退師）魯仲係箭而聊城弛柝（魯仲連齊人也時燕將守聊城仲連爲書係箭射聊城中燕將自殺見史記遽廢也柝行夜木也）從往則合橫來則離安危無常要在說夫（張儀說諸侯連和事秦爲橫蘇秦說諸侯連兵拒秦爲從蘇秦往則從合張儀來則從離）咸以得人爲臯失士爲尤（臯猶勝也猶博得臯則勝六）故樊噲披帷入見高祖（前書曰樊噲沛人也封舞陽侯高帝常病惡見人臥禁中詔戶者無得入噲乃排闥直入流涕曰獨不見趙高之事乎帝笑而起也）高祖踞洗以對酈生（前書曰沛公方踞牀令兩女子洗足而見酈食其曰必欲聚徒合義兵誅無道不宜踞見長者於是沛公輟洗謝之）當此之會乃黿鳴而鼈應也（黿鳴君臣相感也焦贛易林曰黿鳴岐野鼈應於泉也）故能同心戮力勤恤人隱（隱病也國語曰勤恤人隱而除其害也）奄受區夏遂定帝位皆謀臣之由也故一介之策各有攸建子長諜之爛然有第（前書音義曰諜譜第也與牒通司馬遷字子長作史記著功臣等傳粲然各有第序也）夫女魃北而應龍翔洪鼎聲而軍容息（女魃旱神也北猶退也應龍能興雲雨者也山海經曰蚩尤作兵伐黃帝黃帝乃令應龍攻之冀州之野應龍蓄水蚩尤請風伯雨師從大風雨黃帝乃下天女曰魃雨止遂殺蚩尤魃不得復上所居不雨妖亦魃也音步末反聲或作磬容或作衡集容作害未詳也）溽暑至而鶉火棲寒冰沍而黿鼉蟄（蟄息也禮記月令曰季夏土潤溽暑鶉火午之宿也三月在午六月在酉言當季夏之時鶉火退於酉沍凝也）今也皇澤宣洽海外混同萬方億醜并質共劑若條成之不暇尚何功之可立（質劑猶今分支契也并共猶言交通也周禮曰凡賣買者質劑焉大市以質小市以劑鄭玄注云兩書一札同而別之長曰質短曰劑劑音子隨反）立事有三言爲下列下列且不可庶矣奚冀其二哉（左傳魯叔孫豹曰太上有立德其次有立功其次有立言杜預注云立德黃帝堯舜也立功禹稷也立言史佚周任臧文仲）于茲縉紳如雲儒士成林及津者風摶失塗者幽僻遭遇難要趨偶爲幸世易俗異事埶舛殊不能通其變而一度以揆之（易繫辭曰通其變使人不倦也）斯契船而求劍守株而伺兔也（契猶刻也呂氏春秋曰楚人有涉江者其劍自舟中墜於水遽契其舟曰是吾劍所從墜也舟已行而劍不行若此求劍不亦惑乎韓子曰宋人有耕者田中有株兔走觸之折頸而死因釋耕守株冀復得兔爲宋國笑也）冒愧逞願必無仁以繼之有道者所不履也越王勾踐事此故厭緒不永（史記曰越王勾踐先吴吴興師吴王闔之悉發精兵擊越敗之於夫椒越王乃以餘兵五千人保棲於會稽此爲冒愧逞願自取敗也）捷徑邪至我不忍以投步干進苟容我不忍以歙肩（捷疾也歙斂也音翕孟子曰阿意事貴脅肩所以尊俗之情也歙亦脅也）雖有犀舟勁檝猶人涉卬否有須者也（前書曰羌戎弓矛之兵器不犀利音義曰今俗謂刀兵利爲犀犀堅也詩衞風曰招招舟子人涉卬否人涉卬否卬須我友卬我也須待也鄭玄注云人皆涉我友未至我獨待而不涉言室家之道非得所適貞女不行非得禮義婚姻不成喻仕當以道不求妄進也）姑亦奉順敦篤守以忠信得之不休不獲不吝（姑且也休美也吝恥也）不見是而不惛居下位而不憂允上德之常服焉（惛猶悶也易曰不見是而無悶樂則行之憂則違之又曰居上位而不驕在下位而不憂也）方將師天老而友地典與之乎高睨而大談孔甲且不足慕焉稱殷彭及周耼（帝王紀曰黃帝以風后配上台天老配中台五聖配下台謂之三公其餘知天規紀地典力牧常先封胡孔甲等或以爲師或以爲將藝文志陰陽有地典六篇殷彭即老彭殷賢人也睨視也高視大談言不同流俗衡集作矢談矢亦直也義亦通也）與世殊技固孤是求（技巧也音伎本或作披誤也）子憂朱泙曼之無所用吾恨輪扁之無所教也（輪扁爲輪者名扁也扁音皮殄反莊子曰輪扁對齊桓公曰斲輪之法徐則甘而不固疾則苦而不入不疾不徐得之於手而應之心口不能言也臣不能以喻臣之子臣子亦不能受之於臣言泙曼屠龍既無所用輪扁斲輪亦不能教人也泙音匹萌反）子覩木雕獨飛愍我垂翅故棲吾感去黿附鵙悲爾先笑而後號也（黿蝦蟆也音胡鵙反周易旅卦上九曰先笑而後號咷）斐豹以斃督燔書禮至以掖國作銘（左傳曰晉欒盈復入於晉欒氏之力臣曰督戎國人懼之斐豹謂范宣子曰苟焚丹書我殺督戎宣子曰而殺之所不請於君焚丹書者有如日乃殺之杜預注曰蓋豹犯罪沒爲官奴以丹書其罪左傳衞伐邢禮至與國子巡城掖以赴外殺之禮至自爲銘曰余掖殺國子莫余敢止國子邢正卿禮至本衞人仕邢爲大夫掖謂挾之而投於城外也衞集豹字作隸也）弦高以牛餼退敵墨翟以縈帶全城（左傳曰秦師襲鄭及滑鄭商人弦高將市於周遇之以牛十二犒師曰寡君聞吾子將出於敝邑敢犒從者秦孟明曰鄭有備矣滅滑而還墨子曰公輸般爲雲梯以攻宋墨子解帶爲城以牒爲械公輸般九攻墨子九拒公輸之攻盡墨子之守有餘楚王曰善哉吾請無攻宋矣）貫高以端辭顯義蘇武以禿節效貞（貫高趙相也端猶正也貫高言趙王不反高帝賢而赦之蘇武使匈奴中臥起節毛盡落並見前書）蒲且以飛矰逞巧詹何以沈鉤致精（列子曰蒲且子之弋弱弓纖繳乘風振之連雙鶬於青雲之際又曰詹何以獨繭絲爲綸芒鍼爲鉤荊蓧爲竿剖粒爲餌引盈車之魚周禮曰矰矢用弋射鄭玄注云結繳於矢謂之矰矰高也）弈秋以棊局取譽王豹以清謳流聲（弈圍局也棊即所執之子秋名也孟子曰弈秋通國之善弈者又曰王豹處於淇而河西善謳也）僕進不能參名於二立退又不能羣彼數子（二立謂大上立德其次立功也上云立事有三言爲下列且不可庶況其二哉故言不能參名於二立之流也臣賢案古本作二立流俗本及衡集立字多作匹非也數子謂斐豹以下也）愍三墳之既頹惜八索之不理（左傳曰楚左史倚相能讀三墳五典八索九丘孔安國以爲三墳五典三皇之書八卦之說謂之八索此以下言不能立德立功唯欲立言而已）庶前訓之可鑽聊朝隱乎柱史（前書東方朔曰首陽爲拙柱下爲工應劭曰老子爲周柱下史朝隱終身無患是爲上也）且韞櫝以待價踵顏氏以行止（論語子貢曰有美玉於斯韞櫝而藏諸求善價而沽諸子曰我待價者也又子謂顏回曰用之則行舍之則藏唯我與爾有是夫）曾不慊夫晉楚敢告誠於知己（孟子曾子曰晉楚之富不可及也彼以其富我以吾仁彼以其爵我以吾義吾何慊也慊猶羨也音苦簟反）

陽嘉元年復造候風地動儀以精銅鑄成員徑八尺合蓋隆起形似酒尊飾以篆文山龜鳥獸之形中有都柱傍行八道施關發機外有八龍首銜銅丸下有蟾蜍張口承之（蟾蜍蝦蟆也蟾音時占反蜍音時諸反）其牙機巧制皆隱在尊中覆蓋周密無際如有地動尊則振龍機發吐丸而蟾蜍銜之振聲激揚伺者因此覺知雖一龍發機而七首不動尋其方面乃知震之所在驗之以事合契若神自書典所記未之有也嘗一龍機發而地不覺動京師學者咸怪其無徵後數日驛至果地震隴西於是皆服其妙自此以後乃令史官記地動所從方起

時政事漸損權移於下衡因上疏陳事曰伏惟陛下宣哲克明繼體承天中遭傾覆龍德泥蟠（傾覆謂順帝爲太子時廢爲濟陰王蟠音薄寒反廣雅曰蟠曲也楊雄方言曰未升天龍謂之蟠）今乘雲高躋磐桓天位誠所謂將隆大位必先倥傯之也（倥音口弄反傯音子弄反埤蒼曰倥傯窮困也亦謂順帝被廢時也）親履艱難者知下情備經險易者達物僞（左傳曰晉侯在外十九年矣險阻艱難備嘗之矣人之情僞盡知之矣）故能一貫萬機靡所疑惑百揆允當庶績咸熙宜獲福祉神祇受譽黎庶而陰陽未和災眚屢見神明幽遠冥鑒在茲福仁禍淫景響而應因德降休乘失致咎天道雖遠吉凶可見近世鄭蔡江樊周廣王聖皆爲效矣（事見宦者傳）故恭儉畏忌必蒙祉祚奢淫諂慢鮮不夷戮前事不忘後事之師也夫情勝其性流遯忘反（性者生之質情者性之欲性善情惡情勝則荒淫也）豈唯不肖中才皆然苟非大賢不能見得思義故積惡成釁罪不可解也向使能瞻前顧後援鏡自戒則何陷於凶患乎（楚辭曰瞻前而顧後兮援鏡自戒謂引前事以爲鏡而自戒勅也韓詩外傳曰明鏡所以照形往古所以知今）貴寵之臣衆所屬仰其有愆尤上下知之褒美譏惡有心皆同故怨讟溢乎四海神明降其禍辟也（辟罪也音頻亦反）頃年雨常不足思求所失則洪範所謂僭恒暘若者也（恒常也若順也孔安國注洪範云君行僭差則常陽順之常陽則多旱也）懼羣臣奢侈昏踰典式自下逼上用速咎徵又前年京師地震土裂（順帝永建三年正月京師地震）裂者威分震者人擾也君以靜唱臣以動和威自上出不趣於下禮之政也竊懼聖思厭倦制不專已恩不忍割與衆共威威不可分德不可共洪範曰臣有作威作福玉食害于而家凶于而國天鑒孔明雖疎不失災異示人前後數矣而未見所革以復往悔（革改也復反也）自非聖人不能無過願陛下思惟所以稽古率舊勿令刑德八柄不由天子（周禮太宰以八柄詔王馭羣臣一曰爵二曰祿三曰予四曰置五曰生六曰奪七曰廢八曰誅）若恩從上下事依禮制禮制修則奢僭息事合宜則無凶咎然後神望允塞災消不至矣

初光武善讖及顯宗肅宗因祖述焉自中興之後儒者爭學圖緯兼復附以妖言衡以圖緯虛妄非聖人之法乃上疏曰臣聞聖人明審律歷以定吉凶重之以卜筮雜之以九宮（易乾鑿度曰太一取其數以行九宮鄭玄注云太一者北辰神名也下行八卦之宮每四乃還於中央中央者北神之所居故謂之九宮天數大分以陽出以陰入陽起于子陰起于午是以太一下九宮從坎宮始自此而從於坤宮又自此而從於震宮又自此而從於巽宮所以行半矣還息於中央

之宮既又自此而從於乾宮又自此而從於兌宮又自此而從於艮宮又自此而從於離宮行則周矣上遊息於太一之星而反紫宮行起從坎宮始終於離宮也經天驗道本盡於此或觀星辰逆順寒燠所由或察龜策之占巫覡之言前書曰齊肅聰明者神或降之在男曰覡在女曰巫覡音胡歷反其所因者非一術也立言於前有徵於後故智者貴焉謂之讖書讖書始出蓋知之者寡自漢取秦用兵力戰功成業遂可謂大事當此之時莫或稱讖若夏侯勝眭孟之徒以道術立名其所述著無讖一言劉向父子領校秘書閱定九流亦無讖錄成哀之後乃始聞之眭弘字孟魯國蕃人也昭帝時以明經爲議郎夏侯勝字長公東平人好洪範五行傳說宣帝時爲太子太傅又成哀時有詔使劉向及子歆於秘書校定經傳諸子等九流謂儒家道家陰陽家法家名家墨家從橫家雜家農家見藝文志並無讖說也尚書堯使鯀理洪水九載績用不成鯀則殛死禹乃嗣興殛誅死也而春秋讖云共工理水凡讖皆云黃帝伐蚩尤而詩讖獨以爲蚩尤敗然後堯受命春秋元命包中有公輸班與墨翟事見戰國非春秋時也衡集云班與墨翟並當子思時出仲尼後又言別有益州益州之置在於漢世前書武帝始置益州其名三輔諸陵世數可知至於圖中訖于成帝一卷之書互異數事聖人之言埶無若是殆必虛僞之徒以要世取資往者侍中賈逵摘讖互異三十餘事諸言讖者皆不能說至於王莽篡位漢世大禍八十篇何爲不戒則知圖讖成於哀平之際也且河洛六藝篇錄已定後人皮傅無所容篡衡集上事云河洛五九六藝四九謂八十一篇也傅音附臣賢案衡集云後人皮傅無所容篡又楊雄方言曰秦晉言非其事謂之皮傅謂不深得其情核皮膚淺近强相傅會也後人不達皮膚之意流俗本多作頗傳者誤也無所容篡謂不容妄有加增也莊子曰竄句游辭續漢書亦作竄本作篡者義亦通永元中清河宋景遂以歷紀推言水災而僞稱洞視玉版遁甲開山圖曰禹遊於東海得玉珪碧色長一尺二寸圖如日月以自照達幽冥言宋景歷紀推知水災非洞視玉版所見也或者至於棄家業入山林後皆無效而復采前世成事以爲證驗至於永建復統則不能知永建順帝即位年也復統謂廢而復立言讖家不論也此皆欺世罔俗以昧埶位情僞較然莫之糾禁且律歷卦候九宮風角數有徵效世莫肯學而競稱不占之書謂競稱讖家也譬猶畫工惡圖犬馬而好作鬼魅誠以實事難形而虛僞不窮也韓子曰客爲齊王畫者問畫孰最難對曰狗馬最難孰易曰鬼魅最易狗馬人所知也故難鬼魅無形故易也宜收藏圖讖一禁絕之則朱紫無所眩典籍無瑕玷矣後遷侍中帝引在帷幄諷議左右嘗問衡天下所疾惡者宦官懼其毀己皆共目之衡乃詭對而出閹豎恐終爲其患遂共讒之衡常思圖身之事以爲吉凶倚伏幽微難明乃作思玄賦玄道也德也老子曰玄之又玄衆妙之門以宣寄情志其辭曰仰先哲之玄訓兮雖彌高其弗違玄訓道德之訓也論語顏回曰仰之彌高匪仁里其焉宅兮匪義迹其焉追論語孔子曰里仁爲美宅不處仁焉得智里宅皆居也潛服膺以永靚兮

綿日月而不衰說文曰膺匈也禮記曰服膺拳拳而不息靚音才性反前書音義曰靚與靜同伊中情之信脩兮慕古人之貞節脩謂自脩爲善也楚辭曰苟中情其好脩兮竦余身而順止兮遵繩墨而不跌竦企立也禮記曰爲人臣止於恭爲人子止於孝爲人父止於慈與國人交止於信跌蹉也音徒結反繩墨喻禮法也楚辭曰遵繩墨而不頗志團團以應懸兮誠心固其如結團團垂貌也詩曰心之憂矣如或結之旌性行以制佩兮佩夜光與瓊枝旌明也夜光美玉瓊枝玉樹以喻堅貞也楚辭曰折瓊枝以繼佩也纗幽蘭之秋華兮又綴之以江蘺案纗音祖緩反字書亦纂字也纂繫也諸家音並戶圭反誤也江蘺本草經曰蘪蕪一名江蘺即芎藭苗也楚辭曰扈江蘺與辟芷兮紉秋蘭以爲佩皆取芬芳以象德也美襞積以酷裂兮允塵邈而難虧襞積衣襵也酷裂香氣盛也司馬相如曰酷裂淑郁又曰襞積褰縐允信也塵久也邈遠也虧猶歇也衣服芬芳久而不歇以喻道德著美幽而不屈也既姱麗而鮮雙兮非是時之攸珍姱音口瓜反王逸注楚辭曰姱好也攸所也言德雖美好而時人不珍也奮余榮而莫見兮播余香而莫聞幽獨守此仄陋兮敢怠皇而舍勤怠惰也皇暇也舍廢也幸二八之遻虞兮喜傳說之生殷尚前良之遺風兮恫後辰而無及二八八元八凱也遻遇也音五故反虞虞舜也尚慕也恫痛也音通辰時也痛己後時而不及之也何孤行之煢煢兮孑不羣而介立感鸞鷖之特棲兮悲淑人之稀合山海經曰女牀山有鳥五采名曰鸞見則天下安寧又曰九疑山有五采之鳥名鷖淑善也特獨也言靈鳥既獨棲善人亦少合也彼無合其何傷兮患衆僞之冒眞旦獲讟于羣弟兮啓金縢而乃信旦周公也讟謗也信音申成王立周公攝政其弟管叔蔡叔等謗言云公將不利於孺子周公乃誅二叔秋大熟未穫天大雷電以風禾盡偃成王與大夫啓金縢之書乃得周公所自以爲功代武王之策方信周公忠於國家也事見尚書覽烝民之多僻兮畏立辟以危身烝衆也僻邪也辟法也詩曰人之多僻無自立辟也曾煩毒以迷或兮羌孰可與言己曾重也羌發語辭也言己之志無可與言之也私湛憂而深懷兮思繽紛而不理湛音沈繽紛亂貌也願竭力以守義兮雖貧窮而不改執雕虎而試象兮陷焦原而跟止雕虎有文也陷臨也焦原名跟足踵也尸子曰中黃伯曰我左執太行之獶右執雕虎唯象之未試吾或爲有力者則又願爲牛與象自謂天下之義人也惡乎試之曰夫貧窮太行之獶也跡險者義之雕虎也吾日試之矣又曰莒國有名焦原者廣尋長五十步臨百仞之谿莒國莫敢近也有以勇見莒子者獨却行劑踵焉此所以服莒國也夫義之爲焦原也高矣此義所以服一世也衡言躬履仁義不避險難亦足以服一代之人也庶斯奉以周旋兮要既死而後已左傳史克曰奉以周旋不敢失墜論語孔子曰死而後已不亦遠乎俗遷渝而事化兮泯規矩之圜方化變也泯滅也珍蕭艾於重笥兮謂蕙芷之不香蕭蒿也笥篋也蕙芷並香草也貴蕭艾喻任小人謂蕙芷爲不香喻棄賢人也斥西施而弗御兮羈要褭以服箱斥遠也西施越之美女也要音於皎反褭音奴了反呂氏春秋曰要褭古之駿馬也服駕也箱車也言疏遠美女又以駿馬駕車逆喻不能用賢也○劉攽曰案要褭古良馬當作褭從馬行陂僻而獲志兮循法度而離殃陂不正也離被也惟天地之無窮兮何遭遇之無常不抑操而苟容兮譬臨河而無航航船也孫卿子曰偷合苟容以持祿周書陰符曰四輔不存若濟河無舟矣欲巧笑以干媚兮非余心之所嘗襲溫恭之黻衣兮披禮義之繡裳襲重也周禮黑與青謂之黻五色備曰繡辮貞亮以爲鞶兮雜技藝以爲

珩說文曰辮交織也音蒲殄反禮記曰男鞶革女鞶絲鄭玄注云鞶小囊盛帨巾也珩佩玉也昭綵藻與雕琢兮璜聲遠而彌長璜佩玉也爾雅曰半璧曰璜言佩服之美喻道德之盛也淹棲遲以恣欲兮耀靈忽其西藏淹久也棲遲遊息也耀靈日也楚辭曰耀靈安藏言年歲之蹉跎也恃己知而華予兮鶗鴂鳴而不芳己知猶知己也華榮也予衡自謂也鶗鴂鳥名喻讒人也廣雅曰鶗鴂布穀也楚辭曰恐鶗鴂之先鳴兮使夫百草爲之不芳王逸注云以喻讒言先至使忠直之士被罪也言恃知己以相榮反遇讒而見害也冀一年之三秀兮遭白露之爲霜三秀芝草也楚辭曰采三秀於山間說文曰遭迫也方秀遇霜喻以賢被讒也時亹亹而代序兮疇可與乎比伉亹亹進貌也謂四時更進而代序疇誰也伉偶也伉協韻音苦郞反咨妒嫮之難並兮想依韓以流亡咨歎也妒忌也嫮美也音胡故反楚辭曰嫮目宜笑言嫉妒者憎惡美人故難與並也韓謂齊仙人韓衆也爲王採藥王不肯服終自服之遂得仙楚辭曰羨韓衆而得一流亡謂流遁亡去也恐漸冉而無成兮留則蔽而不章心猶與而狐疑兮即岐阯而攄情岐阯山足也周文王所居也文君爲我端蓍兮利飛遁以保名文君文王也端正也楚辭曰詹尹端策拂龜周易遯卦上九曰肥遯無不利淮南九師道訓曰遯而能飛吉孰大焉歷衆山以周流兮翼迅風以揚聲遁卦下乾上艮爲山故曰歷衆山從二至四爲巽巽爲風故曰翼迅風也二女感於崇岳兮或冰折而不營遁上九變而爲咸咸感也咸卦艮下兌上從二至四爲巽與兌爲二女也崇岳謂艮也從三至五爲乾易說卦曰乾爲冰兌爲毀折陽不求陰故曰冰折而不營也天蓋高而爲澤兮誰云路之不平乾變爲兌乾爲天兌爲澤故曰天爲澤言天高尚爲澤誰云路之不平言可行也勔自強而不息兮蹈玉階之嶢崢勔勉也乾爲金玉故曰玉階嶢崢高峻貌嶢音堯崢音士耕反懼筮氏之長短兮鑽東龜以觀禎左傳晉卜人曰筮短龜長不如從長言筮之未盡復以龜卜之也周禮龜人掌六龜之屬東龜曰果屬其色青也遇九皐之介鳥兮怨素意之不逞詩小雅曰鶴鳴九皐注云皐澤中溢水出所爲坎也自外數至九喻深遠也介耿介也龜經有棲鶴兆也言卜得鶴兆也逞快也協韻音丑貞反遊塵外而瞥天兮據冥翳而哀鳴瞥觀也音普列反冥翳高遠也鵰鶚競於貪婪兮我脩絜以益榮鵰鶚鷙鳥也以喻讒佞也子有故於玄鳥兮歸母氏而後寧子謂衡也有故於玄鳥謂卜得鶴兆也易曰鳴鶴在陰其子和之我有好爵吾與汝靡之言子歸母氏然後得寧猶臣遇賢君方享爵祿勸衡求聖君以仕之也占既吉而無悔兮簡元辰而俶裝悔恶也元辰吉辰也俶整也旦余沐於清原兮晞余髮於朝陽晞乾也朝陽日也爾雅曰山東曰朝陽楚辭曰朝濯髮於陽谷夕晞余身乎九陽也漱飛泉之瀝液兮咀石菌之流英瀝液微流也咀嚼也石菌芝也英華也翾鳥舉而魚躍兮將往走乎八荒翾飛也音許緣反走趨也音奏八荒八方荒遠地也淮南子曰登太山履石封以望八荒過少皞之窮野兮問三丘乎句芒帝王紀曰少昊邑于窮桑都曲阜故或謂之窮桑帝在魯城北衡欲往東方故先過窮桑之野三丘東海中三山也謂蓬萊方丈瀛洲句芒木正東方之神也何道眞之淳粹兮去穢累而票輕道眞謂道德之眞玄通賦曰沈躬於道眞兮不澆曰淳不雜曰粹票音匹妙反猶飄颻也登蓬萊而容與兮鼇雖抃而不傾鼇大龜也列子曰渤海之東有大壑焉其中有五山一曰岱輿二曰員嶠三曰方壺四曰瀛洲五曰蓬萊隨波上下往還不得暫峙仙聖訴於帝使巨鼇十五擧首而戴之迭爲三番六萬歲一交焉五山始不動抃音皮變反楚辭曰鼇戴山抃說文抃拊手也留瀛洲而採芝兮聊且以乎長生東方朔十洲記曰瀛洲在東海之東上生神芝仙草有玉石青出泉如酒味名

之爲玉酒飲之令人長生也憑歸雲而遐逝兮夕余宿乎扶桑扶桑日所出在暘谷中其桑相扶而生見淮南子飲青岑之玉醴兮餐沆瀣以爲糧爾雅曰山小而高曰岑郭璞注曰言岑崟也楚辭曰餐六氣而飲沆瀣王逸注云沆瀣夜半氣也糧或作粻發昔夢於木禾兮穀崐崘之高岡山海經曰崐崘墟在西北方八百里高萬仞上有木禾長五尋大五圍昔夜也穀生也衡此夜夢禾生於崐崘山之上郎下文云抔巫咸以占夢合嘉秀以爲數是也衡集注及近代注解皆云昔日夢至木禾走今親往見焉是爲發昔夢也臣賢案衡之此賦將往走乎八荒以後郎先往東方次往南方乃適西方此時正在暘谷扶桑之地崐崘乃西方之山安得已往崐崘見木禾乎巨由尋究不精致斯謬耳朝吾行於暘谷兮從伯禹於稽山暘谷日所出也孔安國注尚書曰禹代鯀爲崇伯故稱伯吳越春秋曰禹登茅山大會計理國之道故更名其山曰會稽也集羣神之執玉兮疾防風之食言左傳曰禹合諸侯於塗山執玉帛者萬國國語仲尼曰昔禹致羣神於會稽之山防風氏後至禹殺而戮之客曰敢問誰爲神仲尼曰山川之守足以紀綱天下者其守爲神食言謂後至也爾雅曰食僞也指長沙以邪徑兮存重華乎南鄰長沙今潭州也從稽山西南向長沙故云邪徑存猶問也重華舜名葬於蒼梧在長沙南故云南鄰也哀二妃之未從兮翩儐處彼湘瀕二妃舜妻堯女娥皇女英翩連翩也儐棄也瀕水涯也劉向列女傳曰舜陟方死於蒼梧二妃死於江湘之間俗謂之湘君湘夫人也禮記云舜葬蒼梧二妃不從也流目覜夫衡阿兮睹有黎之圮墳痛火正之無懷兮託山陂以孤魂衡阿衡山之曲也黎顓頊之子曰黎也爲高辛氏之火正葬於衡山圮毀也盛弘之荆州記云衡山南有正黎墓楚靈王時山崩毀其墳得營丘九頭圖焉愁蔚蔚以慕遠兮越卬州而愉敖河圖曰天有九部八紀地有九州八柱東南神州曰晨土正南卬州曰深土西南戎州曰滔土正西弇州曰开土正中冀州曰白土西北柱州曰肥土北方玄州曰成土東北咸州曰隱土正東揚州曰信土愉樂也敖遊也躋日中于昆吾兮憩炎天之所陶淮南子曰日至于昆吾是謂正中高誘注云昆吾丘名在南方憩息也東方朔神異經曰南方有火山長四十里廣四五里晝夜火然陶猶炎熾也揚芒熛而絳天兮水泫沄而涌濤芒光芒也字林曰熛飛火也音必遙反泫音胡大反沄音戶昆反並水流貌也溫風翕其增熱兮惄鬱邑其難聊溫風炎風也淮南子曰南方之極自北戶之外南至委火炎風之野二萬二千里惄音奴歷反爾雅曰惄思也顝羈旅而無友兮余安能乎留茲顝獨也音苦骨反不能留此將復西行也顧金天而歎息兮吾欲往乎西嬉金天氏西方之帝少皞也嬉戲也前祝融使舉麾兮纚朱鳥以承旗纚繫也音山綺反朱鳥鳳也楚辭曰鳳皇翼其承旗也躔建木於廣都兮拓若華而躊躇躔次也拓折也淮南子曰建木在廣都若木在建木西木有十日其華照地山海經曰廣都之野后稷葬焉楚辭曰折若木以拂日躊躇猶徘徊也躊音直流反躇音直余反超軒轅於西海兮跨汪氏之龍魚聞此國之千歲兮曾焉足以娛余山海經曰軒轅之國在窮山之際其不壽者八百歲龍魚在其北曰蝦魚有神巫乘此以行九野一曰鼈魚在汪野北其爲魚也如鯉魚白人之國在龍魚北也思九土之殊風兮從蓐收而遂徂九土九州也蓐收西方神也徂往也欲還中土也欻神化而蟬蛻兮朋精粹而爲徒欻疾貌也音許勿反蛻音稅說文曰蟬蛻所解皮也言去故就新若蟬蛻也朋猶侶也精粹美也○劉攽曰注案文當云蛻蟬所解皮也蹶白門而東馳兮云台行乎中野蹶音厥鄭玄注禮記云蹶行遽之貌也淮南子曰東北方曰方土之山曰蒼門東方曰東極之山曰開明之門東南方曰波母之山曰陽門南方曰南極之山曰暑門西南方曰編駒之山曰白門西方曰西極之山曰閶闔之門西北方曰不周之山曰幽都之門北方曰北極之山曰寒門凡八極之雲是雨天下八

門之風是飾寒暑爾雅曰台我也野協韻音神渚反亂弱水之潺湲兮逗華陰之湍渚正絕流曰亂山海經曰崑崙之丘其下有弱水之川環之注云其水不勝鳥毛潺湲流貌也逗止也華陰華山之北也臨河故云湍渚號馮夷俾清津兮櫂龍舟以濟予號呼也聖賢冢墓記曰馮夷者弘農華陰潼鄉隄首里人服八石得水仙爲河伯龍魚河圖曰河伯姓呂名公子夫人姓馮名夷俾使也清靜也津濟度處靜之使無波濤也櫂檝也淮南子曰龍舟鷁首浮吹以虞予我也○劉攽曰注爲河伯龍魚案文伯下當有一字未詳或云是主字會帝軒之未歸兮悵相佯而延佇帝軒黃帝也鑄鼎於湖在今湖城縣與河華相近未歸謂黃帝得仙升天神靈未歸相佯猶徘回也咽河林之蓁蓁兮偉關雎之戒女咽音許吏反爾雅曰咽息也蓁蓁茂盛貌山海經云北望河林其狀如蒨偉美也詩國風曰關關雎鳩在河之洲窈窕淑女君子好仇衡觀河洲而思之也黃靈詹而訪命兮摎天道其焉如黃靈黃帝神也爾雅曰詹至也訪謀也摎求也曰近信而遠疑兮六籍闕而不書曰黃帝答言六籍六經也神逵昧其難覆兮疇克謨而從諸逵道也爾雅曰覆審也疇誰也謨謀也牛哀病而成虎兮雖逢昆其必噬昆兄也淮南子曰昔公牛哀病七日化而爲虎其兄覘之虎搏而殺之不知其兄也鼈令殪而尸亡兮取蜀禪而引世鼈令蜀王名也令音靈殪死也禪傳位也引長也楊雄蜀王本紀曰荊人鼈令死其尸流亡隨江水上至成都見蜀王杜宇杜宇立以爲相杜宇號望帝自以德不如鼈令以其國禪之號開明帝下至五代有開明尚始去帝號復稱王也死生錯而不齊兮雖司命其不晰錯交錯也司命天神也春秋佐助期曰司命神名爲滅黨長八尺小鼻望羊多髭癯瘦通於命運期度晰明也協韻音之逝反竇號行於代路兮後膺祚而繁廡竇謂孝文竇皇后也繁廡茂盛也呂太后時出宮人以賜諸王竇姬家在清河願如趙近家遺官者吏必置我趙伍中宦者忘之誤置代伍中姬涕泣不欲往相彊乃行至代代王獨幸竇姬生景帝後立爲皇后景帝生十四子後至光武中興也王肆侈於漢庭兮卒銜恤而絕緒王謂孝平王皇后莽之女也前書聘以黃金二萬斤遣劉歆奉乘輿法駕迎后于第及莽篡位后嘗稱疾不朝會莽誅后自投火中而死恤憂也詩小雅曰出則銜恤絕緒言無後也尉尨眉而郎潛兮逮三葉而遘武尉謂都尉顏駟也尨蒼雜色遘遇也漢武故事曰上至郎署見一老郎鬢眉皓白問何時爲郎何其老也對曰臣姓顏名駟以文帝時爲郎文帝好文而臣好武景帝好老而臣尚少陛下好少而臣已老是以三葉不遇也上感其言擢爲會稽都尉也董弱冠而司袞兮設王隧而弗處董賢字聖卿哀帝時爲大司馬年二十袞三公服也時哀帝令爲賢起冢至尊無以加及帝崩王莽殺賢於獄中左傳曰晉侯請隧曰王章也禮記曰二十曰弱冠也夫吉凶之相仍兮恒反側而靡所穆負天以悅牛兮豎亂叔而幽主穆魯大夫叔孫豹也謚曰穆牛謂豎牛豹之子也幽閉也大夫稱主左傳曰叔孫豹奔齊宿於庚宗遇婦人而私焉至齊夢天壓己弗勝顧而見人號之曰牛助余乃勝之及後還魯庚宗之婦人獻以雉曰余子長矣召而見之則所夢也遂使爲豎有寵及穆子遇疾豎牛欲亂其室曰夫子疾病不欲見人牛不進食穆子遂餓而死文斷袪而忌伯兮閹謁賊而寧后文晉文公也袪袂也忌怨也伯謂伯楚也謁告也賊謂呂甥冀芮等寧安也后文公也初晉獻公使寺人勃鞮伐公於蒲城公踰垣勃鞮斬其袪及公入國呂甥冀芮謀作亂伯楚知之以告公公會秦伯于王城殺呂郤伯楚勃鞮字也事見國語通人闇於好惡兮豈愛惑之能剖通人謂穆子文公等闇於好惡謂初悅豎牛後以餓死始怨勃鞮終能告賊剖分也言通人尚闇於好惡況愛寵昏惑者豈能分之嬴擿讖而戒胡兮備諸外而發內嬴秦姓也擿猶發也謂始皇發讖云亡秦者胡乃使蒙恬北築長城以爲外備而不知胡亥竟爲趙高所殺秦氏遂亡是發內也或輦賄而違車兮孕行產而爲對輦運也違避也車謂張車子也有夫婦夜田者天帝見而

矜之問司命曰此可富乎司命曰命當貧有張車子財可以借而與之期曰車子生急還之田者稍富及期夫婦輦其賄以逃同宿有婦人夜生子問名於其父父曰生車間名車子其家自此之後遂大貧斂見搜神記慎竈顯於言天兮占水火而妄訸爾雅曰訸告也左傳曰日有食之梓慎曰將水叔孫昭子曰旱也後果大旱又曰宋衛陳鄭將火鄭大夫裨竈請以瓘斝玉瓚禳火子產弗予竈曰不用吾言鄭又將火子產曰天道遠人道邇非爾所及遂不與亦不復火也梁叟患夫黎丘兮丁厥子而事刃親所睹而弗識兮矧幽冥之可信梁叟梁國之老人也丁當也睹視也矧況也呂氏春秋曰梁北有黎丘鄉有丈人往市醉而歸者黎丘奇鬼效其子之狀而道苦之丈人醒謂其子曰吾爲而父我醉女道苦我何故其子泣曰必奇鬼也丈人明日之市醉其眞子迎之丈人拔劍而刺之事音側利反前書音義曰江東人以物插地中爲事也毋綿攣以涬己兮思百憂以自疢綿攣猶牽制也涬音胡鼎反衡集注云涬引也言勿牽制於俗引憂於己詩曰無思百憂祇自重兮彼天監之孔明兮用棐忱而祐仁監視也孔甚也棐輔也忱誠也祐助也言天之視人甚明唯輔誠信而助仁德也尚書曰天監厥德又曰天威棐忱湯蠲體以禱祈兮蒙厖褫以拯人蠲潔也祈求也爾雅曰厖大也褫福也帝王紀曰湯時大旱七年殷史卜曰當以人禱湯曰必以人禱吾請自當遂齋戒翦髮斷爪以己爲牲禱於桑林之社果大雨言蒙天大福以拯救人衡集斯字作禠禠祭也褫音斯景三慮以營國兮熒惑次於它辰景宋景公也三慮謂三善言也景公有疾司馬子韋曰熒惑守心心宋之分野君當祭之可移於相公曰相股肱也除心腹之疾而寘之股肱可乎曰可移於民公曰民所以爲國無民何以爲君曰可移於歲公曰歲所以養人也歲不登何以畜人乎子韋曰君善言三熒惑必退三舍見呂氏春秋也魏顆亮以從理兮鬼亢回以斃秦魏顆魏武子之子也亮信也左傳曰晉魏顆敗秦師於輔氏獲杜回杜回秦之力人也初魏武子有嬖妾武子疾命顆曰必嫁是妾疾病則曰必以爲殉及卒顆嫁之曰疾病則亂吾從其治也輔氏之役顆見老人結草以亢杜回躓而顛故獲之夜夢之曰余而所嫁婦人之父也爾用先人治命余是以報也咎繇邁而種德兮德樹茂乎英六尚書曰咎繇邁種德注云邁行也種布也英六二國名咎繇能行布道德子孫茂盛封於英六帝王紀皐陶卒葬之於六禹封其少子於六以奉其祀六故城在今壽州安豐縣南也桑末寄夫根生兮卉既彫而已毓根生謂寄生也言百草至寒皆彫落唯寄生獨榮於桑之末本草經桑上寄生一名寄屑一名寓木一名宛童以喻咎繇封於英六餘國先滅英六獨存也有無言而不讎兮又何往而不復言咎繇布德行仁慶流後裔詩曰無言不讎易曰無往不復也盍遠迹以飛聲兮孰謂時之可蓄盍何不也蓄猶待言何不遠遊以飛聲譽誰謂時之可待言易逝也仰矯首以遙望兮魂惝惘而無疇惝惘猶敞悅也偪區中之隘陋兮將北度而宣遊偪迫也宣徧也行積冰之磑磑兮清泉沍而不流淮南子曰北方之極自九澤窮大海之極有東寒積冰雪雹羣冰之野磑音牛哀反世本云公輸作石磑說文曰皚皚霜雪之貌也蓋古字磑與皚通沍音胡故反杜預注左傳云沍閉也寒風淒而永至兮拂穹岫之騷騷玄武縮於殼中兮騰蛇蜿而自糾玄武謂龜蛇也曲禮曰前朱雀而後玄武殼龜甲也爾雅曰騰騰蛇蜿蜿屈也糾纏結也騷騷叶韻音脩糾音古由反魚矜鱗而并凌兮鳥登木而失條矜竦也并猶聚也凌冰也音力甑反失條言寒也坐太陰之屏室兮慨含欷而增愁太陰北方極陰之地也楚詞曰選鬼神於太陰怨高陽之相寓兮伷顓頊之宅幽高陽氏帝顓頊也山海經曰東北海之外附禺之山帝顓頊與九嬪葬焉相視也寓居也伷屈也音乞鳳反宅幽謂居北方幽都之地尚書曰宅朔方曰幽都庸織絡於四裔兮斯與彼其何瘳庸勞也織絡猶經緯往來也瘳愈也言勞於往來四方經營冰炎火之地彼此亦何差也織或作識絡或作駱望

寒門之絕垠兮縱余緤乎不周淮南子曰北極之山曰寒門楚辭曰躋絕垠乎寒門垠音五巾反廣雅曰垠咢也緤馬韁也音思列反不周西北方山也垠或作限也迅飈潚其膠我兮鶩翩飄而不禁飈風也潚疾也音肅膠送也翩飄亦疾貌也禁協韻音金趨谽嵧之洞穴兮摽通淵之碄碄谽嵧深貌也谽音呼含反嵧音呼加反碄音林亦深貌也既遊四方又入地下經重陰乎寂寞兮愍墳羊之潛深重陰地中也國語曰魯季桓子穿井獲土缶中有蟲若羊焉使問仲尼仲尼對曰土之怪曰墳羊追慌忽於地底兮軼無形而上浮慌忽無形貌也出右密之闇野兮不識蹊之所由右謂西方也密山名也山海經曰西方曰密山黃帝取密山之玉策投之鍾山之陰闇幽隱也蹊路也速燭龍令執炬兮過鍾山而中休速召也燭龍北方之神也山海經曰西北海之外有神人面蛇身而赤其瞑及晦視乃明不食不寢是燭九陰是謂燭龍炬可以照明瞰瑤谿之赤岸兮弔祖江之見劉瑤谿瑤岸也山海經曰鍾山之東曰瑤岸又曰鍾山其子曰鼓其狀人面而龍身是與欽䲹殺祖江于崐崘之陽䲹音丕爾雅曰劉殺也聘王母於銀臺兮羞玉芝以療飢王母西王母也銀臺仙人所居也羞進也本草經曰白芝一名玉芝戴勝慭其既歡兮又誚余之行遲山海經曰崐崘之丘有人戴勝虎齒有尾穴處名曰西王母慭相傳音宜覲反杜預注左傳慭發語之音也臣賢案張揖字詁慭笑貌也鳴之別體音許近反與此義合也載太華之玉女兮召洛浦之宓妃詩含神霧曰太華之山上有明星玉女主持玉漿服之成仙宓妃洛水神也咸姣麗以蠱媚兮增嫮眼而蛾眉姣好也音古巧反蠱音野謂妖麗也嫮音胡故反好貌也楚辭曰嫮目宜笑也舒妙婧之纖腰兮揚雜錯之袿徽婧音財性反謂妍婧也袿音圭婦人之上服爾雅曰婦人之徽謂之褵郭璞注云即今之香纓也離朱脣而微笑兮顏的礰以遺光的礰明也遺光言光彩射人也獻環琨與璵縭兮申厥好以玄黃環琨並玉佩也白虎通曰循道無窮即佩環能本道德即佩琨也玄黃謂繒綺也尚書曰厥篚玄黃言玉女宓妃等既獻環佩又贈以繒綺也雖色豔而賂美兮志浩蕩而不嘉賂或作貽浩蕩廣大也言不以玉女及贈遺爲美也楚辭曰怨靈脩之浩蕩雙材悲於不納兮並詠詩而清歌雙材謂玉女宓妃也即上文所謂二女感於崇岳也歌曰天地烟熅百卉含蘤鳴鶴交頸雎鳩相和處子懷春精魂回移烟熅氣也易繫辭曰天地烟熅張揖字詁曰蘤古花字也處子處女也懷思也莊子曰綽約若處子詩曰有女懷春如何淑明忘我實多淑善也詩曰如何如何忘我實多將答賦而不暇兮爰整駕而亟行賦謂玉女所歌詩也亟疾也音紀力反即上所謂冰折不營也瞻崐崘之巍巍兮臨縈河之洋洋伏靈龜以負坻兮亘螭龍之飛梁山海經曰河出崐崘西北隅縈曲也爾雅曰小沚曰坻謂水中高地以龜負之可以架橋也亘猶橫度也廣雅曰無角曰螭龍也登閬風之曾城兮構不死而爲牀閬風山名在崐崘山上楚辭曰登閬風而緤馬淮南子曰崐崘山有曾城九重高萬一千里上有不死樹在其西今以不死木爲牀也屑瑤蕊以爲餱兮剩白水以爲漿瑤瓊也楚辭曰屑瓊蘂以爲粻餱糧也剩音居于反謂酌也河圖曰崐山出五色流水其白水東南流入中國名爲河也抨巫咸以占夢兮迺貞吉之元符抨使也音普耕反又補耕反巫咸神巫也山海經曰大荒之中有靈山巫咸巫彭巫謝等十巫衡既夢木禾今故令巫咸占之也元善也滋令德於正中兮含嘉秀以爲敷滋茂也淮南子曰昏張中則務種穀說文曰禾嘉穀也至二月始生八月而熟得時之中故謂之禾既垂穎而顧本兮爾要思乎故居穎穟也本禾本也言禾既垂穎顧本人亦當思故居也淮南子曰孔子見禾三變始於粟生於苗成於穟乃歎曰我其首

禾乎高誘注云禾穟向根君子不忘本也安和靜而隨時兮姑純懿之所廬姑且也懿美也廬舍居也戒庶寮以夙會兮僉恭職而並迓僉皆也迓迎也豐隆軯其震霆兮列缺曄其照夜豐隆雷也軯聲也音普耕反震霹靂也霆音庭列缺電也曄光也雲師䨴以交集兮凍雨沛其灑塗雲師屏翳也䨴陰貌音徒感反爾雅曰暴雨謂之涷沛雨貌也塗協韻音徒故反楚辭曰使凍雨兮灑塵轙琱輿而樹葩兮擾應龍以服輅轙音魚綺反爾雅曰載轡謂之轙郭璞注云轙車軛上環也轡所貫也琱以玉飾車也樹立也葩華也於車上建華蓋擾馴也廣雅曰有翼曰應龍也百神森其備從兮屯騎羅而星布周頌曰懷柔百神森衆貌也屯聚也振余袂而就車兮修劍揭以低昂脩長也揭低昂貌也冠咢咢其映蓋兮佩綝纚以煇煌咢音五各反一作岌並冠高貌也映蓋謂冠與車蓋相映也綝音林纚音離盛貌也煇音胡本反光貌也僕夫儼其正策兮八乘攄而超驤八乘八龍也楚辭曰駕八龍之蜿蜿攄猶騰也氛旄溶以天旋兮蜺旌飄而飛揚氛天氣也旌羽旌也溶音勇王逸注楚辭曰溶廣大貌也蜺雌虹也撫軨軹而還眄兮心灼藥其如湯軨音零說文曰車輪間橫木也楚辭曰倚結軨兮太息軹音之是反杜子春注周禮云軹兩轊也說文云車輪小穿也還眄顧眄也藥音爍熱貌也言顧瞻鄉國而心熱也羨上都之赫戲兮何迷故而不忘上都謂天上也赫戲盛貌也衡既徧歷四海方欲遊於天上故云何不忘其故居而若迷惑思之左青琱以揵芝兮右素威以司鉦青琱青文龍也揵堅也音巨偃反芝蓋也素威白虎也禮記曰左青龍而右白虎說文曰鉦鐃也似鈴也前長離使拂羽兮委水衡乎玄冥長離即鳳也水衡官名主水官也玄冥水神也司馬相如大人賦曰前長離而後矞皇也屬箕伯以函風兮澂澒涊而爲清箕伯風師也函猶含也澂清也澒音乞典反涊音乃典反楚辭曰切澒涊之流俗王逸注曰澒涊垢濁也曳雲旗之離離兮鳴玉鸞之譻譻鸞鈴也在鑣譻譻聲也音嬰楚辭曰鳴玉鸞之啾啾也涉清霄而升遐兮浮蔑蒙而上征霄雲也蔑蒙氣也蒙音莫孔反上征上於天也揚雄甘泉賦曰浮蔑蒙而撒天紛翼翼以徐戾兮焱回回其揚靈翼翼飛貌戾至也回回光貌楚辭曰皇剡剡其揚靈王逸注云揚其光靈也叫帝閽使闢扉兮覿天皇于瓊宮閽主門者天皇天帝也揚雄甘泉賦曰選巫咸兮叫帝閽聆廣樂之九奏兮展洩洩以彤彤史記曰趙簡子曰我之帝所甚樂與百神遊于鈞天廣樂九奏左傳鄭莊公賦大隧之中其樂也融融姜出賦大隧之外其樂也洩洩洩洩形與融同也考理亂於律鈞兮意建始而思終詩序曰太平之音安以樂其政和亂世之音怨以怒其政乖律十二律也樂叶圖徵曰聖人承天以立均宋均注曰均長八尺施絃以調六律也建立也衡言聽九奏之樂考政化之得失而思其終始也惟盤逸之無斁兮懼樂往而哀來盤樂也逸縱也斁厭也音亦又音徒故反古度字也莊子曰樂未畢也哀又繼之素撫弦而餘音兮大容吟曰念哉素素女也史記曰太常使素女鼓五十弦琴大容黃帝樂師也念哉戒逸樂也既防溢而靜志兮迨我暇以翱翔溢滿也迨及也翱翔遠逝也出紫宮之肅肅兮集太微之閬閬紫宮太微並星名也肅肅清也閬閬明大也命王良掌策駟兮踰高閣之鏘鏘史記曰天駟旁一星曰王良高閣閣道星也史記曰絕漢抵營室曰閣道鏘鏘高貌也建罔車之幕幕兮獵青林之芒芒罔車畢星也幕幕罔貌青林天苑也彎威弧之撥剌兮射嶓冢之封狼弧星名也易曰弧矢之利以威天下撥音方割反剌音力達反撥剌張弓貌也嶓冢山也封大也狼星名河圖曰嶓冢之精上爲狼星觀壁壘於北落兮伐河鼓之磅硠壁東壁也史記曰羽林天軍西爲壁壘旁大星爲北

落牽牛北爲河鼓磅硠聲也磅音普郎反硠音郎乘天潢之汎汎兮浮雲漢之湯湯史記曰王良旁有八星絕漢曰天潢雲漢天河也倚招搖提以低回剹流兮察二紀五緯之綢繆遹皇招搖星名也剹音居流反低回剹流回轉之貌二紀日月也五緯五星也綢繆相次之貌也遹皇行貌也偃蹇夭矯娩以連卷兮雜沓叢顇颯以方驤娩音乎萬反卷音拳並翱翔自恣之貌也戫汨飂戾沛以罔象兮爛漫麗靡藐以迭逿戫音一六反汨音于筆反飂音遼沛音普蓋反並疾貌也藐小也藐音亡小反逿音徒郎反凌驚雷之砊磕兮弄狂電之淫裔砊磕雷聲也砊音康磕苦蓋反淫裔電貌之狂疾也踰庬澒於宕冥兮貫倒景而高厲庬音亡孔反澒音胡孔反孝經援神契曰天度庬蒙澒涍未均注云蒙澒未分之象也說文曰宕過也冥幽冥也貫穿也前書谷永上書曰登遐倒景音義日在日月之上日月反從下照故其景倒也厲陵厲也廓盪盪其無涯兮乃今窺乎天外據開陽而頫盼兮臨舊鄉之暗藹春秋運斗樞曰北斗第六星爲開陽頫音俯暗藹遠貌也暗音烏感反悲離居之勞心兮情悁悁而思歸說文曰悁憂也音於緣反詩國風曰勞心悁悁也魂眷眷而屢顧兮馬倚輈而徘回輈轅也雖遨游以娛樂兮豈愁慕之可懷娛音逸侯反懷安也出閶闔兮降天塗乘飈忽兮馳虛無閶闔天門雲霏霏兮繞余輪風眇眇兮震余旟繽聯翩兮紛暗曖儵眩眃兮反常閭儵忽也眩音縣眃音混疾貌也常閭故里也收疇昔之逸豫兮卷淫放之遐心謂初遊於四方天地之間以自淫放今吹悔也修初服之娑娑兮長余珮之參參楚辭曰退將復修吾初服王逸注云修吾初始清潔之服也娑娑衣貌參參長貌文章煥以粲爛兮美紛紜以從風御六藝之珍駕兮遊道德之平林以六藝爲車而駕之也以道德爲林而遊之也結典籍而爲罟兮敺儒墨而爲禽罟網也音古儒家子思孟軻孫卿等墨家謂翟墨胡非尹佚等玩陰陽之變化兮詠雅頌之徽音嘉曾氏之歸耕兮慕歷陵之欽崟琴操曰歸耕者曾子之所作也曾子事孔子十餘年晨覺眷然念二親年衰養之不備於是援琴鼓之曰往而不反者年也不可得而再事者親也歔欷歸耕來日安所耕歷山盤乎欽崟山貌崟音吟共夙昔而不貳兮固終始之所服也夕惕若厲以省諐兮懼余身之未勑也共音恭易曰君子終日乾乾夕惕若厲惕懼也厲病也勑整也苟中情之端直兮莫吾知而不恧恧慙也音女六反墨無爲以凝志兮與仁義乎消搖老子曰上德無爲不出戶而知天下兮何必歷遠以劬勞老子曰不出戶而知天下系曰天長地久歲不留俟河之清祗懷憂系繫也老子曰天長地久左氏傳曰俟河之清人壽幾何也願得遠度以自娛上下無常窮六區六區謂四方上下也超踰騰躍絕世俗飄颻神舉逞所欲天不可階仙夫希柏舟悄悄吝不飛階升也論語曰夫子之不可及也猶天之不可階而升也夫仙人也詩邶風曰柏舟言仁而不遇也其詩曰汎彼柏舟亦汎其流憂心悄悄慍于羣小靜言思之不能奮飛鄭玄注云舟載度物者也今不用而與衆物汎汎然俱流水中論仁人不用而與羣小並列悄悄憂貌也臣不遇於君猶不忍奮翼而飛去吝惜也衡亦不遇其時而爲官者所讒故引以自諭也松喬高跱孰能離結精遠遊使心攜松赤松子也喬王子喬也列仙傳曰赤松子神農時雨師服水玉教神農能入火自燒至崑崙山上常止西王母石室隨風上下王子喬周靈王太子晉也好吹笙作鳳鳴遊伊洛間道士浮丘公接上嵩高山三十餘年後來於山上見桓良曰告我家七月七日待我緱氏山頭果乘白鶴往山巔望之不得到舉手謝時人數日去字林曰時聯也謂得仙高翔也離附也攜離也回志朅來從玄諆謀朅去也音丘列反諆或作謀諆亦謀也音基字從其獲我所求夫何思

永和初出爲河間相河間王名政時國王驕奢不遵典憲又多豪右共爲不軌衡下車治威嚴整法度陰知姦黨名姓一時收禽上下肅然稱爲政理視事三年上書乞骸骨徵拜尚書年六十二永和四年卒著周官訓詁崔瑗以爲不能有異於諸儒也又欲繼孔子易說彖象殘缺者竟不能就所著詩賦銘七言靈憲應間七辯巡誥懸圖凡三十二篇衡集作玄圖蓋玄與懸通永初中謁者僕射劉珍校書郎劉騊駼等著作東觀撰集漢記因定漢家禮儀上言請衡參論其事會並卒而衡常歎息欲終成之及爲侍中上疏請得專事東觀收檢遺文畢力補綴衡表曰臣仰幹史職敢徼官守竊貪成訓自忘頑愚願得專於東觀畢力於紀記竭思於補闕俾有漢休烈比久長於天地並光明於日月照示萬嗣永永不朽也又條上司馬遷班固所敍與典籍不合者十餘事衡集其略曰易稱宓戲氏王天下宓戲氏沒神農氏作神農氏沒黃帝堯舜氏作史遷獨載五帝不記三皇今宜并錄又一事曰帝系黃帝產青陽昌意周書曰乃命少皞清清即青陽也今宜實定之又以爲王莽本傳但應載篡事而已至於編年月紀災祥宜爲元后本紀又更始居位人無異望光武初爲其將然後即眞宜以更始之號建於光武之初書數上竟不聽及後之著述多不詳典時人追恨之

論曰崔瑗之稱平子曰數術窮天地制作侔造化瑗撰平子碑文也斯致可得而言歟推其圍範兩儀天地無所蘊其靈易繫辭曰範圍天地之化王弼注云擬範天地而周備其理也謂作渾天儀也運情機物有生不能參其智機物謂作候地動儀等故智思引淵微人之上術記曰德成而上藝成而下禮記文也量斯思也豈夫藝而已哉何德之損乎損減也言藝不減於德也

贊曰三才理通人靈多蔽三才天地人言人雖與天地通爲三才而性靈多蔽罕能知天道也近推形算遠抽深滯不有玄慮孰能昭晰玄猶深也晰音制

後漢書卷八十九考證

張衡傳雖老氏曲全進道若退然行亦以需○舊本或無此十四字

并質共剸注質剸猶今分文契也○文字別本作支

我不忍以歙肩注孟子曰阿意事貴脅肩所尊俗之情也○臣會汾按章懷所引孟子每與今本大同小異此注二語尤不相合或別有所本

成哀之後乃始闡之○閻若璩云緯起哀平而平子言成哀之後乃始闡之初亦不省所謂讀班書李尋傳成帝元延中尋說王根曰五經六緯尊術顯士則知成帝朝已有緯名矣下言成於哀平之際最分明也

後漢書卷九十上

宋　宣　城　太　守　范　曄　撰

唐　章　懷　太　子　賢　注

馬融列傳第五十上

馬融傳

馬融字季長扶風茂陵人也融集云茂陵成懽里人也將作大匠嚴之子嚴援兄余之子爲人美辭貌有俊才初京兆摯恂以儒術教授隱于南山不應徵聘名重關西三輔決錄注曰恂字季直好學善屬文隱於南山之陰融從其遊學博通經籍恂奇融才以女妻之永初二年大將軍鄧騭聞融名召爲舍人非其好也遂不應命客於涼州武都漢陽界中會羌虜飈起邊方擾亂米穀踊貴自關以西道殣相望左傳曰叔向云道殣相望杜注云餓死爲殣也殣音覲融既飢困乃悔而歎息謂其友人曰古人有言左手據天下之圖右手刎其喉愚夫不爲莊子曰言不以名害其生者所以然者生貴於天下也今以曲俗咫尺之羞滅無貲之軀殆非老莊所謂也故往應騭召四年拜爲校書郎中謝承及續漢書並云爲校書郎又拜郎中也詣東觀典校祕書是時鄧太后臨朝騭兄弟輔政而俗儒世士以爲文德可興武功宜廢遂寢蒐狩之禮息戰陳之法故猾賊從橫乘此無備融乃感激以爲文武之道聖賢不墜五才之用無或可廢五才金木水火土也左傳曰宋子罕曰天生五材人並用之廢一不可誰能去兵也元初二年上廣成頌以諷諫其辭曰廣成苑在今汝州梁縣西

臣聞孔子曰奢則不遜儉則固奢儉之中以禮爲界界猶限也是以蟋蟀山樞之人並刺國君諷以太康馳驅之節詩國風序曰蟋蟀刺晉僖公也儉不中禮其詩曰無已太康職思其居毛萇注云已甚也鄭箋云君雖當自樂亦無甚太樂欲其用禮以爲節也又序曰山有樞刺晉昭公也有才不能用其詩曰子有車馬弗馳弗驅宛其死矣他人是愉言僖公以太康貽戒昭公以不能馳驅被譏言文武之道須折衷也樞音謳○劉攽曰註有才不能用衆攵當作財夫樂而不荒憂而不困左傳曰吳季札聘於魯爲之歌頌季札曰樂而不荒爲之歌衛曰憂而不困先王所以平和府藏頤養精神致之無疆韓詩外傳曰人有五藏六府何謂五藏精藏於腎神藏於心魂藏於肝魄藏於肺志藏於脾此之謂五藏也何謂六府咽喉者量腸之府也胃者五穀之府也大腸者轉輸之府也小腸者受成之府也膽者積精之府也旁光者津液之府也詩曰天生蒸民有物有則故戛擊鳴球載於虞謨吉日車攻序於周詩戛敔也音古八反形如伏獸背上有二十七刻以木長尺櫟之所以止樂擊柷也象桶中有椎柄連底摀之所以作樂見三禮圖球玉磬也虞謨舜典也詩小雅曰吉日維戊既伯既禱田車既好四牡孔阜又曰我車既攻我馬既同聖主賢君以增盛美豈徒爲奢淫而已哉伏見元年已來遭值厄運元年謂安帝即位年也厄運謂地震大水雨雹之類陛下戒懼災異躬自菲薄荒棄禁苑廢弛樂懸勤憂潛思十有餘年以過禮數重以皇太后體唐堯親九族篤睦之德陛下履有虞烝烝之孝外舍諸家每有憂疾聖恩普勞遣使交錯稀有曠絕時時寧息又無以自娛樂殆非所以逢迎太和裨助萬福也臣愚以爲雖尚頗有蝗蟲今年五月以來雨露時澍祥應將至方涉冬節農事間隙宜幸廣成覽原隰觀宿麥勸收藏因講武校獵使寮庶百姓復覩羽旄之美聞鐘鼓之音歡欣喜樂鼓舞疆畔孟子對齊宣王曰今王鼓樂於此百姓聞王鐘鼓之聲舉欣欣然有喜色而相告曰吾王庶幾無疾病歟何以能鼓樂也今王田獵於此百姓見羽旄之美欣欣有喜色而相告曰吾王庶幾無疾病歟何以能田獵也此無他與人同樂也○劉攽曰注今王頗鼓樂案文多一頗字以迎和氣招致休慶小臣螻蟻不勝區區職在書籍謹依舊文重述蒐狩之義作頌一篇并封上淺陋鄙薄不足觀省臣聞昔命師於鞬櫜偃伯於靈臺或人嘉而稱焉鞬以藏弓櫜以藏箭鞬音紀言反櫜音高禮記孔子曰武王剋殷倒載干戈包以獸皮名之曰建櫜鄭注云建讀爲鍵音其蹇反謂藏閉之也此馬鄭異議司馬法曰古者武軍三年不興則凱樂凱歌偃伯靈臺荅人之勞告不興也偃休也伯謂師節也靈臺望氣之臺也彼固未識夫雷霆之爲天常金革之作昏明也左傳鄭子太叔曰爲刑罰威獄以類天之震曜殺戮杜預注曰雷霆震曜天之威也聖人作刑獄以象類之又宋子罕曰兵之設久矣所以威不軌而昭文德也聖人以興亂人以廢廢興存亡昏明之術皆兵之由也自黃炎之前傳道罔記三五以來越可略聞且區區之鄷郊猶廓七十里之囿盛春秋之苗鄷周文王所都孟子曰文王之囿方七十里爾雅曰春獵爲蒐夏曰苗秋曰獮冬曰狩詩詠圃草樂奏騶虞韓詩曰東有圃草駕言行狩毛詩曰彼茁者葭一發五豝于嗟乎騶虞毛萇注云騶虞義獸也白虎黑文不食生物有至信之德則應之周禮大司樂王大射則奏騶虞是以大漢之初基也宅茲天邑摠風雨之會交陰陽之和周禮曰風雨之所會也陰陽之所和也乃建王國焉天邑謂洛陽也揆厥靈囿營于南郊揆度也詩大雅曰王在靈囿言作廣成苑以比之徒觀其埛場區宇恢胎曠蕩藐敻勿罔寥豁鬱泱藐音眇泱音烏朗反並廣大貌騁望千里天與地莽於是周阹環瀆右矕三塗左槩嵩嶽阹音欺於反上林賦曰江河爲阹郭璞注曰因山谷遮禽獸曰阹爾雅曰矕視也音馬板反三塗山名在陸渾縣西南面據衡陰箕背王屋浸以波溠貪以滎洛衡陰衡山之北山海經曰灃山灃水出焉東曰衡山多青雘地里志云犨縣衡山灃水所出在今鄧州向城縣北王屋山在今王屋縣北周禮曰豫州其浸波溠其川滎洛水經注云溠水出黃山在今隨州棗陽縣東北又云波水出歇馬嶺即應劭所謂狐山波水所出者今在汝州魯山西北滎水在滎陽縣東是也金山石林殷起乎其中峨峨磑磑鏘鏘崔崔隆穹槃回嵯峨錯

崔金山金門山也水經注云在黽池縣南石林大石山也一名萬安山在河南郡境薄云洛陽縣南大石山中有攢樹木有祠名大石祠山高二百丈也殷音於謹反磈音五來反嵬音徂回反嶼音鵝峗音魚執反巃高峨神泉側出丹水涅池怪石浮磬燿焜于其陂爾雅曰洑泉穴出穴出側出也丹水涅水在今鄧州怪石怪異好石似玉者浮磬若泗水中石可以爲磬也燿焜光也其土毛則搉牧薦草芳茹甘荼毛草也左傳云楚芋尹無宇曰食土之毛誰非君臣搉相傳音角搉牧未詳莊子曰麋鹿食薦一曰草稠曰薦茹菜也爾雅曰荼苦菜也詩曰菫荼如飴飴亦甘也茈其芸蒩昌本深蒲茈音紫其音其爾雅曰綦月爾郭璞注曰卽紫綦也似蕨可食芸香草也說文云似苜蓿蒩音資云蒩反廣雅曰蕺蒩也其根似茅根可食昌本昌蒲根也深蒲謂蒲白生深水之中芝荋菫荁蘘荷芋渠芝荋草也禮記曰芝栭菱椇荋音而菫菜花紫葉可食而滑荁音戶官反禮記曰菫荁枌榆鄭注云荁菫類也蘘荷苗似薑根色紅紫似芙蓉可食芋渠卽芋魁也一名蹲鴟大葉其根亦可食也桂荏鳧葵格韭菹于爾雅曰蘇桂荏方言曰蘇亦荏也爾雅曰芇鳧葵葉圓似蓴生水中今俗名水葵爾雅曰䓞山葱格與茖古字通菹音子閭反卽巴苴一名芭蕉于蚸于也一名薔生於水中涘其植物則玄林包竹藩陵蔽京珍林嘉樹建木叢生玄猶幽也包叢生也爾雅曰大阜曰陵絕高曰京藩亦蔽也建木長木也椿梧栝栢柜柳楓楊並木名也柜音矩楊協韻音以征反豐形對蔚崟領槮爽並林木貌也對音徒對反崟音吟槮音所金反爽叶韻音生翕習春風含津吐榮鋪于布濩蘳扈蘳熒惡可殫形鋪音敷蘳音以捴反郭璞注爾雅云草木花初出爲芛與蘳通其字從唯本作從荏者誤也扈音戶蘳音胡瓦反字從圭並花葉貌本作蘳說文云蘳黃花也廣雅曰好色也熒光也惡何也音烏至于陽月陰慝害作百草畢落林衡戒田焚萊柞木爾雅曰十月爲陽孫炎注曰純陰用事嫌於無陽故以名云左傳曰唯正月之朔慝未作杜注云慝陰氣也害作言陰氣萌發害於百草也周禮曰林衡掌巡林麓之禁令又曰牧師掌牧地凡田事贊焚萊除草也柞音士雅反邪斫木也周禮柞氏掌攻草木及林麓然後舉天網頓八紘摯斂九藪之動物繯橐四野之飛征摯聚也子由反周禮職方氏掌九藪揚州具區荊州雲夢豫州圃田青州孟諸兗州大野雍州弦蒲幽州貕養冀州楊紆并州昭余祁鄭玄注云澤無水曰藪動物謂禽獸也繯音胡犬反又胡串反說文曰繯落也國語曰繯於山有罕賈逵注云繯還也橐橐也音託四野四方之野飛征飛走也鳩之乎茲囿之中山敦雲移羣鳴膠膠鄙騃譟讙子野聽聳離朱目眩隸首策亂陳子籌昏鳩聚也敦音屯亦積聚也鄙騃獸奮迅貌也鄙音普美反騃音俟韓詩曰駓駓俟俟或羣或友眩亂也叶韻音玄隸首黃帝時善算者也陳子陳平善於籌策也昏亂也言禽獸多不可算計於時營圍殄廓充斥川谷罦罝羅羉彌綸阬澤皋牢陵山罦音浮雉網也罝兔罟也羉彘網也音力官反並見爾雅阬音苦庚反蒼頡篇曰阬壑也皋牢猶牢籠也孫卿子曰皋牢天下而制之若制子孫也諸本有作牢柵者非也校隊案部前後有屯甲乙相伍戊己爲堅周禮司馬職曰前後有屯甲乙謂相次也伍伍長也戊己居中爲中堅也乘輿乃以吉月之陽朔登于疏鏤之金路六驌驦之玄龍建雄虹之旌夏揭鳴鳶之修橦陽朔十月朔也疏鏤謂彫鏤也周遷輿服雜記曰玉路重輅也金路玉路形制如一六驌六馬也續漢志曰天子五路駕六馬驌驦馬名左傳云唐成公有兩驌驦馬周禮曰馬高八尺曰龍禮記曰孟冬乘玄輅駕鐵驪今此亦順冬氣而乘玄也郭璞注爾雅云虹雙出色鮮盛者爲雄左傳云旌師題以旌夏杜預注云旌夏大旌也揭舉也音渠列反禮記曰前有塵埃則載鳴鳶鳶鴟也音緣鳴則風動故畫之於旌旗以候塵埃也橦者旗之竿也音直江反曳長庚之飛髾載日月之太常棲招搖與玄弋注枉矢於天狼長庚卽太白星髾音所交反卽旌旗所垂

之羽毛也太常天子所建大旗也畫之日月周禮云日月爲常招搖玄弋天狼並星名也枉矢妖星蛇行有尾目赤畫於旌旗也○劉攽曰案妖星可見尾目而已又言其赤非也赤當作亦上文大常畫日月故云亦畫也羽毛紛其影鼬揚金翣而拖玉瓖影鼬羽旄飛揚貌也影音必由反鼬音羊救反蔡邕獨斷曰金翣者馬冠也高廣各四寸在馬鬉前翣音無犯反一音子公反瓖馬帶以玉飾之音襄屯田車於平原播同徒於高岡旃旝摻其如林錯五色以摛光詩小雅曰我車既好又曰射夫既同言徒衆齊同也旝亦旃也音古會反左傳曰旝動而鼓摻音所金反與森字同○劉攽曰注我車既好案我當作田清氛埃埽野場誓六師搜雋良野場謂除其草萊令得驅馳也左傳曰天子六軍雋良馬之善者司徒勒卒司馬平行車攻馬同教達戒通周禮曰司徒若將有軍旅會同田役之戒則受法于司馬以作其衆又曰司馬狩田以旌爲左右和之門前後有屯百步有司巡其前後鄭注云正其士之行列詩小雅曰我車既攻我馬既同毛萇注云攻堅也同齊也戎事齊力尚強也田獵齊足尚疾也伐咎鼓撞華鍾獵徒縱赴榛叢咎鼓大鼓也音公刀反周禮鼖鼓長尋有四尺徽嬥霍奕別騖分奔騷擾聿皇往來交舛紛紛回回南北東西嬥音呼獲反並奔馳貌風行雲轉匈磕隱訇黃塵勃滃闇若霧昏磕音苦盍反訇音火宏反滃音烏董反日月爲之籠光列宿爲之翳昧僄狡課才勁勇程氣僄狡勇捷僄匹妙反狗馬角逐鷹鸇競鷙驍騎旁佐輕車橫厲相與陸梁聿皇于中原絹猑蹶鍛特肩脰完羝揭介鮮散毛族梏羽羣絹繫也與罥通工犬反猑蹶野馬也爾雅曰騉蹄趼善升甗猑音昆蹶音巨月反鍛擊也揚雄方言曰吳楚之間或謂矛爲鍛音楚江反韓詩齊風曰並驅從兩肩兮薛君傳曰獸三歲曰肩脰頸也謂中其頸也脰音豆完羝野羊也臣賢案字書作羱音戶官反與完通諸家並古酷反案字書梏從手卽古文攪字謂攪擾也然後飛鋋電激流矢雨墜各指所質不期俱殪寘伏扔輪發作梧轊鋋矛也周禮曰王弓以授射甲革椹質者鄭玄云質正也正音征扔音人證反聲類曰扔摧也言爲輪所摧也梧支梧也音悟謂支者車也轊車軸頭也音衛謂車軸觸而殺之祋殳狂擊頭陷顱碎獸不得猭禽不得瞥祋亦殳也音丁外反顱額也音盧猭走也音丑戀反瞥視也叶韻音疋例反殳音殊或夷由未殊顛狽頓躓蝡蝡蟫蟫充衢塞隧葩華莽布不可勝計夷由不行也楚詞曰君不行兮夷由未殊謂未死蝡音而兗反說文曰動也蟫音似林反亦動貌也若夫鷙獸毅蟲倨牙黔口大匈哨後緼巡歐紆負隅依阻莫敢嬰禦爾雅曰駮如馬倨牙食虎豹黔黑也周禮考工記曰大匈燿後有力而不能走鄭玄注曰燿讀曰哨哨小也音稍緼巡行貌也緼音於粉反孟子曰有衆逐虎虎負隅莫之敢攖攖迫也衆并也乃使鄭叔晉婦之徒睽孤刲刺裸裎袒裼鄭叔鄭莊公弟太叔段也詩鄭風曰大叔于田乘乘馬襢裼暴虎獻于公所孟子曰晉人有馮婦者善搏虎攘臂下車衆皆悅之睽離也孤獨也謂挺身刺獸刲亦刺也音苦圭反爾雅曰袒裼肉袒也孟子曰袒裼裸裎於我側說文曰裎裸也其字從衣冒檿柘㨖棘枳窮浚谷底幽嶰暴斥虎搏狂兕獄轂熊抾封豨爾雅曰檿山桑也音一染反㨖所也音仕雅反嶰謂山澗也蒼頡篇曰斥大也獄亦狂也音吉曳反說文曰兕似野牛而青色抾音劫古字通封大也豨豬也虛起反或輕訬趬悍廋疏嶁領犯歷嵩巒陵喬松履修樠踔攳枝杪標端尾蒼蜼掎玄猨木產盡寓屬單訬輕捷也音初稍反趬音丘昭反說文曰趬行輕貌廋疏猶搜索也嶁音所由反字林曰嶁山巔也音力于反爾雅曰山大而高曰嵩山小而高曰巒樠音莫寒反踔跳也音勅教反攳音尋謂長枝也杪音亡小反標音必遥反並木末也蜼音以季反爾雅曰蜼卬鼻而長尾郭璞注曰似

獼猴而大黃黑色尾長數尺末有兩岐雨則自懸於樹以尾塞鼻零陵南康人呼之音餘建平人呼之音相贈遺之遺也又音余救反皆土俗輕重不同耳掎音居蟻反說文曰偏引一足也木產謂巢栖之類也寓屬謂穴居之屬也罕罔合部罾弋同曲類行並驅星布麗屬曹伍相保各有分局罕亦網也相如上林賦曰載雲罕續漢志曰將軍有部部下有曲罾魚網也音增弋繳射也分音扶問反矰碆飛流纖羅絡縸遊雉羣驚晨鳧輩作然雲起雪霽雹落矰弋矢也碆與磻同音補何反又補佐反說文曰以石著隿繳也絡縸張羅貌也縸與冪通翬飛也音揮雪音素洽反廣雅曰雪雨也言鳥中繳如雨之落爾乃藐觀高蹈改乘回轅泝恢方撫馮夷策句芒超荒忽出重陽厲雲漢橫天潢藐遠也音名小反田獵既罷故改乘回轅也左傳曰改乘轅而北之泝上也恢大也馮夷河伯也句芒東方之神也荒忽幽遠也重陽天也雲漢天河也天潢星也導鬼區徑神場詔靈保召方相驅厲疫走蜮祥靈保神巫也楚辭九歌曰思靈保兮賢姱周禮方相氏掌執戈揚楯帥百隸以毆疫洪範五行傳曰蜮射人生於南越謂之短狐詩蟲魚疏曰一名射景如鼈三足今俗謂之水弩也○劉攽曰正文案導當作道捎罔兩拂游光枷天狗緤墳羊捎音所交反鄭注周禮曰捎除也國語曰木石之怪曰夔罔兩游光神也兄弟八人天狗星名也春秋元命包曰天狗主守財緤繫也音息列反墳羊土之怪其形似羊見家語然後緩節舒容裴回安步降集波籞川衡澤虞矢魚陳罟波籞池籞也前書音義曰籞在池中作室可用栖鳥入則捕之又曰折竹以繩綿連禁籞使人不得往來也周禮川衡掌川澤之禁令澤虞掌國澤之政令也左傳曰魯隱公矢魚於棠矢亦陳也國語曰魯宣公夏濫罟於泗川里革斷其罟而棄之曰古者大寒降水虞於是登川禽而嘗之於廟行諸國助宣氣也今魚方孕又行罟貪無藝也公曰吾之過也籞音圄茲飛宿沙田開古蠱蠱音冶翬終葵揚關斧刊重冰撥蟄戶瀏潛鱗踵介旅茲飛卽佽飛也呂氏春秋曰荊人佽飛涉江中流兩蛟繞其船佽飛拔劍赴江刺蛟殺之魯連子曰古善漁者宿沙渠子使漁山側雖十宿沙子不得魚焉宿沙非暗於漁道也彼山者非魚之所生也晏子春秋曰公孫捷田開疆古冶子事景公以勇晏子勸景公饋之二桃曰計功而食之公孫捷持楯而再搏乳虎若捷之功可以食桃田開疆曰吾仗兵禦三軍者再可以食桃古冶子曰吾嘗濟河黿銜左驂以入砥柱之流吾逆而百步順流九里得黿頭鶴躍而出可以食桃矣二子皆反其桃契領而死古冶子曰二子死之吾獨生不仁亦契領而死蠱與冶通翬亦揮也廣雅曰終葵椎也關斧斧名也刊除也撥猶尋也介謂鱗蟲之屬也旅衆也○劉攽曰注公孫捷持楯而再搏乳虎案如下文則此少曰吾二字逆獵湍瀨濟薄汾撓淪滅潭淵左挈夔龍右提蛟鼉春獻王鮪夏薦鼈黿濟音薄艮反撓奴教反並入水貌也淪滅謂没於水中也鼉音壇鮪鱣屬也大者爲王鮪小者爲叔鮪禮記季春之月天子始乘舟薦鮪於寢廟季夏之月令漁師取黿也於是流覽徧照殫變極態上下究竟山谷蕭條原野嵺愀上無飛鳥下無走獸虞人植旍獵者効具車弊田罷旋入禁囿流覽謂周流觀覽也周禮曰植虞旌以屬禽鄭注曰植猶樹也田止樹旗令獲者皆致其禽也又曰車弊獻禽以享礿注曰車弊車止也嵺音力救反愀音七救反亦蕭條貌也棲遲乎昭明之觀休息乎高光之榭以臨乎宏池宏大也鎮以瑶臺純以金堤樹以蒲柳被以緑莎瀇瀁沆漭錯紾槃委天地虹洞固無端涯大明生東月朔西陂純緣也音之尹反蒲亦柳也瀇音胡廣反瀁音養沆音胡朗反漭音莽並水貌也錯紾交結也紾音之忍反委音於危反虹洞相連也虹音胡貢反朔生也禮記曰大明生於東月生於西鄭注曰大明日也言池水廣大日月出於其中也乃命壺涿驅水蠱逐罔螭滅短狐搢鯨鯢周禮壺涿氏掌除水蠱涿音丁角反蠱音公戶反罔謂罔兩也螭龍

也短狐卽蜮也搢音七亦反說文曰刺也周禮鼈人掌以時搢魚鼈龜蜃鄭衆注云搢謂以杖刺泥中搏取之然後方餘皇連䑸舟張雲帆施蜺幬靡颸風陵迅流發櫂歌縱水謳淫魚出蓍蔡浮湘靈下漢女游方猶並也餘皇吳之船名也見左傳䑸小舟也音渠恭反淮南子曰越䑸蜀艇不能無水而浮帆音凡幬帳也音直由反颸疾風也音楚疑反武帝秋風詞曰簫鼓鳴兮發櫂歌劉向列女傳曰津吏之女中流奏河激之歌韓詩外傳曰瓠巴鼓琴淫魚出聽淮南子曰上有叢蓍下有伏龜論語曰臧文仲居蔡注云龜出蔡地故以爲名也湘靈舜妃溺於湘水爲湘夫人也見楚詞漢女漢水之神女詩云漢有游女水禽鴻鵠鴛鴦鷗鷖鶬鴰鸕鷀鷺鴈鷿鷈乃安斯寢戢翮其涯鴛鴦匹鳥也鷗白鷗也鷖鳧屬也爾雅曰鶬麋鴰今謂之鶬鴰音括鸕鷀鷀也揚孚異物志云能没於深水取魚而食之不生卵而孕雛於池澤間既胎而又吐生多者生八九少生五六相連而出若絲緒焉水鳥而巢高樹之上鷺白鷺也鷿音步歷反鷈音梯揚雄方言曰野鳧也甚小好没水中膏可以瑩刀劍寢宿也詩曰乃安斯寢涯水濱也魴鱮鱓鰋鯉鱨魦樂我純德騰踊相隨雖靈沼之白鳥孟津之躍魚方斯蔑矣鱮音緒似魴而弱鱗鱓音徐林反口在頷下大者長七八尺鰋音卑連反魴之類也鰋音偃今鰋額白魚也鱨音嘗詩蟲魚疏曰今黃頰魚也魦音沙或作鯊郭義恭廣志曰吹沙魚大如指沙中行詩大雅曰王在靈沼於牣魚躍鄭玄注云靈沼之水魚盈滿其中也皆以跳躍又曰白鳥翯翯鶴鶴肥澤也音學言並得其所也尚書中候曰武王度孟津白魚躍入于王舟中也然猶詠歌於伶蕭載陳於方策豈不哀哉伶樂官也詩國風序曰衞之賢者仕於伶官禮記曰文武之道布在方策又曰百名以上書之於策不滿百名書之於方鄭注云方板也於是宗廟既享庖廚既充車徒既簡器械既攻禮記曰天子歲三田一爲乾豆二爲賓客三爲充君之庖然後擺牲班禽淤賜犒功羣師疊伍伯校千重山罍常滿房俎無空廣雅曰擺開也字書擺布字也音步買反班固西都賦曰置互擺牲班布也淤與飫同左傳曰加膳則飫賜犒勞也山罍畫爲山文禮記曰山罍夏后氏之尊也又曰周以房俎鄭玄注云房謂足下跗也有似於堂房矣酒正案隊膳夫巡行清醪車湊燔炙騎將鼓駭舉爵鍾鳴既觴周禮酒正中士辯五齊之名三酒之物膳夫上士掌王之食飲膳羞說文曰醪汁滓酒也大雅曰或燔或炙將行也既盡也流俗本爵字作觴既字作暨皆誤若乃陽阿衰斐之晉制闡鼙華羽之南音淮南子曰歌采菱發陽阿禮記曰嘽諧慢易之音作而人康樂鶡冠子曰南方萬物華羽爲故以調羽也所以洞蕩匈臆發明耳目疏越蘊慉駭恫底伏越散也蘊慉猶積聚也慉與畜通恫音洞底伏猶滯伏也呂氏春秋曰昔陰康氏之始陰多滯伏湛積故作爲舞以宣導之此言作樂亦以疏散滯伏之象鍠鍠鎗鎗奏于農郊大路之衢與百姓樂之鍠鍠鎗鎗鐘鼓之聲也鍠音横鎗音測庚反孟子謂齊宣王曰今王與百姓同其樂則王矣農郊田野也是以明德耀乎中夏威靈暢乎四荒東鄰浮巨海而入享西旅越葱嶺而來王南徼因九譯而致貢朔狄屬象胥而來同入享來助祭也孔安國注尚書曰西旅西戎遠國也葱嶺西域山也西河舊事曰嶺上多葱因以名焉徼塞之道也九譯謂九重譯語而通中國也尚書大傳曰周成王時越裳氏重九譯而貢白雉朔狄北狄也周禮象胥掌蠻夷戎翟之國使傳王之言而論說焉以和親之鄭注云通夷狄之言者曰象胥其有才智者也此類之本名東方曰寄南方曰象西方曰狄鞮北方曰譯此官正爲象者周始有南越重譯來貢獻是以名通言語之官爲象胥胥音諝○劉攽曰注名通言語之官爲象胥案文當作通名謂總稱言語之官爲象胥也蓋安不忘危治不忘亂道在乎茲斯固帝王之所以曜神武而折遐衝者也晏子春秋曰晉平公欲攻齊使范昭觀焉景公觴之范昭曰願請君之樽酌景公曰

(說苑曰昭已飲晏子命徹尊更之范昭歸以報晉平公曰齊未可伐也吾欲慙其君而晏子知之仲尼聞之曰起於尊俎之閒而折衝千里之外)方今大漢收功於道德之林致平於仁義之淵忽蒐狩之禮闕槃虞之佃(槃樂也虞與娛同)闇昧不覿日月之光聾昏不聞雷霆之震于今十二年爲日久矣亦方將刊禁臺之祕藏發天府之官常由質要之故業率典刑之舊章(周禮八法四曰官常以聽官理天府掌祖廟之守藏與其禁令察羣吏之理左傳云晉趙盾爲國政由質要杜預注曰由用也質要契券也刊音苦寒反)采清原嘉岐陽登俊傑命賢良舉淹滯拔幽荒(清原地在河東聞喜縣北左傳曰晉蒐于清原作五軍又楚椒舉曰周武有孟津之誓成有岐陽之蒐禮記月令孟夏命大尉贊傑俊遂賢良左傳楚平王詰姦慝舉淹滯杜預注云淹滯有才德而未敘者也)察淫侈之華譽顧介特之實功聘畎畝之羣雅宗重淵之潛龍(華譽虛譽也介特謂孤介特立也畎畝謂隱於隴畝之中也司馬相如上林賦曰掩羣雅音義云謂大雅小雅之人也潛龍喻賢人隱也)乃儲精山藪歷思河澤目矖鼎俎耳聽康衢營傳說於胥靡求伊尹於庖廚索膠鬲於魚鹽聽甯戚於大車(矖視也音所解反鼎俎謂伊尹負鼎以干湯也墨子曰湯舉伊尹於庖廚之中康衢謂甯戚也說苑曰甯戚飯牛於康衢擊車輻而歌碩鼠傳說代胥靡刑人築於傅巖之野高宗夢得之孟子曰膠鬲舉於魚鹽也)俾之昌言而宏議軼越三家馳騁五帝悉覽休祥揔括羣瑞(俾使也昌當也宏大也前書揚雄曰宏言崇議軼過也三家三皇也)遂棲鳳皇於高梧宿麒麟於西園納僬僥之珍羽受王母之白環(韓詩外傳曰黃帝時鳳皇上帝東園集帝梧桐食帝竹實尚書中候曰黃帝時麒麟在園帝王紀曰堯時僬僥氏來貢沒羽西王母慕舜之德來獻白環也)永逍遙乎宇內與二儀乎無疆貳造化於后土參神施於昊乾超特達而無儔煥巍巍而無原(論語孔子曰堯之爲君煥乎其有文章巍巍乎其有成功)豐千億之子孫歷萬載而永延(詩大雅曰天錫百祿子孫千億也)禮樂既闋北轅反旆至自新城背伊闕反洛京(闋止也音苦穴反新城縣屬河南郡今伊闕縣)頌奏忤鄧氏滯於東觀十年不得調因兄子喪自劾歸(融集云時兄子在融舍物故融因是自劾而歸)太后聞之怒謂融羞薄詔除欲仕州郡遂令禁錮之(融集云時左將奏融遭兄子喪自劾而歸離署當免官制曰融典校祕書不推忠盡節而羞薄詔除希望欲仕州郡免官勿罪禁錮六年矣)太后崩安帝親政召還郎署復在講部出爲河閒王廄長史(延光三年○劉攽曰正文廄長史案廄長自是官名後人不知妄加史字)時車駕東巡岱宗融上東巡頌帝奇其文召拜郎中及北鄉侯即位融移病去爲郡功曹陽嘉二年詔舉敦樸城門校尉岑起舉融徵詣公車對策拜議郎(續漢書曰融對策於北宮端門)大將軍梁商表爲從事中郎轉武都太守時西羌反叛征西將軍馬賢與護羌校尉胡疇征之而稽久不進融知其將敗上疏乞自効曰今雜種諸羌轉相鈔盜宜及其未并亟遣深入破其支黨而馬賢等處處留滯羌胡百里望塵千里聽聲今逃匿避回漏出其後則必侵寇三輔爲民大害臣願請賢所不可用關東兵五千裁假部隊之號盡力率厲埋根行首以先吏士(埋根言不退)三旬之中必克破之臣少習學蓺不更武職猥陳此言必受誣罔之辜昔毛遂廝養爲衆所蚩終以一言克定從要(毛遂趙平原君趙勝客也居門下三年時平原君與楚合從以毛遂備二十人數其十九人相與笑之比至楚毛遂果按劍與楚定從楚立發兵救趙事見史記廝養賤人也)臣懼賢等專守一城言攻於西而羌出於東且其將士必有高克潰叛之變(左傳曰鄭使高克率師次於河上久而不召師潰而歸高克奔陳)朝廷不能用又陳星孛參畢參西方之宿畢爲邊兵至於分野并州是也(參在申爲晉分并州之地)西戎北狄殆將起乎宜備二方尋而隴西羌反烏桓寇上郡皆卒如融言三遷桓帝時爲南郡太守先是融有事忤大將軍梁冀旨冀諷有司奏融在郡貪濁免官髡徙朔方自刺不殊得赦還復拜議郎重在東觀著述以病去官融才高博洽爲世通儒教養諸生常有千數涿郡盧植北海鄭玄皆其徒也善鼓琴好吹笛達生任性不拘儒者之節居宇器服多存侈飾常坐高堂施絳紗帳前授生徒後列女樂弟子以次相傳鮮有入其室者嘗欲訓左氏春秋及見賈逵鄭衆注乃曰賈君精而不博鄭君博而不精既精既博吾何加焉但著三傳異同說注孝經論語詩易三禮尚書列女傳老子淮南子離騷所著賦頌碑誄書記表奏七言琴歌對策遺令凡二十一篇初融懲於鄧氏不敢復違忤埶家遂爲梁冀草奏李固又作大將軍西第頌以此頗爲正直所羞年八十八延熹九年卒于家遺令薄葬族孫日磾獻帝時位至太傅(三輔決錄注日磾字翁叔)

論曰馬融辭命鄧氏逡巡隴漢之閒將有意於居貞乎(隴漢之閒謂客於漢陽時易屯卦初九曰磐桓利居貞)既而羞曲士之節惜不貲之軀(莊子曰曲士不可語於道者束於教也)終以奢樂恣性黨附成譏固知識能匡欲者鮮矣(識性也匡正也)夫事苦則矜全之情薄生厚故安存之慮深(老子曰人之輕死者以其求生生之厚也是以輕死)登高不懼者胥靡之人也(前書音義曰胥相也靡隨也謂相隨受刑之人也莊子曰胥靡登高也不懼遺死生也此爲矜全之情薄也○劉攽曰注胥靡登高也案文多也字)坐不垂堂者千金之子也(前書鼂錯曰千金之子坐不垂堂此爲安存之慮深也)原其大略歸於所安而已矣物我異觀亦更相笑也

後漢書卷九十下

宋　宣　城　太　守　范曄撰

唐　章　懷　太　子　賢注

蔡邕列傳第五十下

蔡邕傳

蔡邕字伯喈陳留圉人也(圉縣故城在今汴州陳留縣東南)六世祖勳(謝承書曰勳字君嚴)好黃老平帝時爲郿令王莽初授以厭戎連率(王莽改隴西郡曰厭戎郡守曰連率)勳對印綬仰天歎曰吾策名漢室死歸其正昔曾子不受季孫之賜況可事二姓哉(禮記曰曾子有疾童子曰華而睆大夫之簀歟曾子曰然斯季孫之賜也我未之能易也元起易簀曾元曰幸而至於旦請敬易之曾子曰爾之愛我也不如彼也君子之愛人也以德細人之愛人也以姑息吾何求哉吾得正而斃焉斯已矣舉扶而易之反席未安而沒言雖臨死不失正道也○劉攽曰注爾之愛我也不如彼也案文多一也字)遂攜將家屬逃入深山與鮑宣卓茂等同不仕新室父棱亦有清白行謚曰貞定公(邕祖攜碑云攜字叔業有周之胄昔蔡叔沒成王命其子仲使踐諸侯之位以國氏姓君其後也君曾祖父勳哀帝時以孝廉爲長安部長及君之身增修厥德順帝時以司空高弟遷新蔡長年七十九卒長子稜字伯直處俗孤黨不協于時垂翼華髮人爵不升年五十三卒謚法曰清白守節曰貞純行不差曰定)邕性篤孝母常滯病三年邕自非寒暑節變未嘗解襟帶不寢寐者七旬母卒廬于家側動靜以禮有兔馴擾其室傍又木生連理遠近奇之多往觀焉與叔父從弟同居三世不分財鄉黨高其義少博學師事太傅胡廣好辭章數術天文妙操音律桓帝時中常侍徐璜左悺等五侯擅恣聞邕善鼓琴遂白天子勑陳留太守督促發遣邕不得已行到偃師稱疾而歸閑居翫古不交當世感東方朔客難及揚雄班固崔駰之徒設疑以自通(揚雄作解嘲班固作答賓戲崔駰作達旨)乃斟酌羣言韙其是而矯其非(韙亦是也)作釋誨以戒厲云爾有務世公子誨於華顛胡老曰(顛頂也華顛謂白首也新序齊王對閭邱卬曰士亦華髮墮顛而後可用耳左傳宋司馬子魚曰雖及胡耇獲則取之杜預注曰胡耇元老之稱)蓋聞聖人之大寶曰位故以仁守位以財聚人(易曰聖人之大寶曰位何以守位曰仁何以聚人曰財也)然則有位斯貴有財斯富行義達道士之司也故伊摯有負鼎之衒仲尼設執鞭之言(摯伊尹名也史記曰伊尹欲干湯而無由乃爲有莘媵臣負鼎俎以滋味說湯致於王道衒自媒衒也論語孔子曰行義以達其道又曰富而可求雖執鞭之士吾亦爲之周禮條狼氏下士八人執鞭以辟道也)甯子有清商之歌百里有豢牛之事(淮南子曰甯戚欲干齊桓公窮困無以自達於是爲商旅將車以適於齊暮宿於郭門飯牛車下望見桓公乃擊牛角而商歌桓公聞之曰異哉歌者非常人也命後車載之三齊記載其歌曰南山矸白石爛生不遭堯與舜禪短布單衣適至骭從昏飯牛薄夜半長夜漫漫何時旦公悅之以爲大夫矸音岸骭音戶諫反百里奚虞大夫也史記趙良曰百里奚自鬻於秦衣褐食牛朞年而後繆公知之舉之牛口之下說文曰豢養也)夫如是則聖哲之通趣古人之明志也夫子生清穆之世秉醇和之靈覃思典籍韞櫝六經安貧樂賤與世無營沈精重淵抗志高冥包括無外綜析無形其已久矣曾不能拔萃出羣揚芳飛文(孟子曰若仲尼者拔乎其萃出乎其類)登天庭序彝倫埽六合之穢慝清宇宙之埃塵連光芒於白日屬炎氣於景雲(瑞應圖曰景雲者太平之應也一曰慶雲也)時逝歲暮默而無聞小子惑焉是以有云方今聖上寬明輔弼賢知崇英逸偉不墜於地德弘者建宰相而裂土才羡者荷榮祿而蒙賜(羡音以戰反本或作美)盍亦回塗要至悅仰取容(回曲也要音一遥反言屨直道則不能有所至也)輯當世之利定不拔之功榮家宗於此時遺不滅之令蹤(遺猶留也)夫獨未之思邪何爲守彼而不通此(彼謂貧賤此謂榮祿)胡老傲然而笑曰若公子所謂覩曖昧之利而忘昭晢之害專必成之功而忽蹉跌之敗者已公子謖爾斂袂而興曰胡爲其然也(謖然斂斂之貌音所六反)胡老曰居吾將釋汝(居猶坐也釋解也)昔自太極君臣始基(太極天地之始也易曰易有太極是生兩儀)有羲皇之洪寧唐虞之至時(洪大也)三代之隆亦有緝熙五伯扶微勤而撫之于斯已降天綱縱人紘弛王塗壞太極陁(賈逵注國語曰小崩曰陁)君臣土崩上下瓦解(淮南子曰武王伐紂左操黃鉞右執白旄麾之則瓦解而走遂土崩而下)於是智者騁詐辯者馳說武夫奮略戰士講銳(講習也)電駭風馳霧散雲披變詐乖詭以合時宜或畫一策而綰萬金或談崇朝而錫瑞珪(戰國策曰秦昭王見頓弱頓弱曰韓天下之咽喉也魏天下之胷臆也王資臣萬金而游之天下可圖也秦王曰善乃資萬金使東遊韓魏入其將相北遊燕趙而殺李牧齊王入朝四國畢從頓子說之也史記曰虞卿說趙孝成王一見賜黃金百鎰再見賜白璧一雙)連衡者六印磊落合從者騈組流離(連衡謂張儀合從謂蘇秦並佩六國之印騈並也組綬也流離光彩見也)隆貴翕習積富無崖據巧踏機以忘其危夫華離蔕而萎條去幹而枯女冶容而淫士背道而辜人毀其滿神疾其邪利端始萌害漸亦牙速速方轂天天是加(詩小雅曰速速方轂天天是椓毛萇注云速速陋也鄭玄注云轂祿也言鄙陋小人將貴而得祿也天殺也椓破之也韓詩亦同此作轂者蓋謂小人乘寵方轂而行方猶並○劉攽曰正文天天是加案上天當作夭據今詩文正然)欲豐其屋乃蔀其家(易豐卦上六曰豐其屋蔀其家王弼注云蔀覆也屋厚覆暗之甚也蔀音部)是故天地否閉聖哲潛形(易文言曰天地閉賢人隱)石門守晨沮溺耦耕(論語曰子路宿於石門晨門曰奚自子路曰自孔氏鄭玄注云石門魯城外門也晨門主晨夜開閉者又曰長沮桀溺耦而耕並隱遁人也)顏歜抱璞蘧瑗保生(戰國策齊宣王謂顏歜曰願先生與寡人遊歜辭曰玉生於山制則破焉非不寶也然大璞不完士生鄙野選而祿焉非不貴也而形神不全歜願得晚食以當肉安步以當車無罪以當貴清靜以自娛知足以歸反於璞則終身不辱論語孔子曰蘧伯玉邦有道則仕邦無道則可卷而懷之此爲保其生也)齊人歸樂孔子斯征雍渠驂乘逝而遺輕(論語曰齊人饋女樂季桓子受之三日不朝孔子行史記曰衛靈公與夫人同車宦者雍渠參乘孔子曰吾未見好德如好色者也於是醜之去衛適曹遺輕謂若弃輕細之物而去言惡之甚也)夫豈傲主而背國乎道不可以傾也且我聞之日南至則黃鍾應融風動而魚上冰蕤賓統則微陰萌蒹葭蒼而白露凝(月令仲冬律中黃鍾融風艮之風也月令孟春東風解凍魚上冰又仲夏之月律中蕤賓微陰謂一陰爻生也詩秦風曰蒹葭蒼蒼白露爲霜)

（爾雅曰蒹薕也葭蘆也）寒暑相推陰陽代興運極則化理亂相承今大漢紹陶唐之洪烈盪四海之殘災隆隱天之高拆紘地之基（紘音古鄧反紘與亘同）皇道惟融帝猷顯丕泯泯庶類含甘吮滋（泯泯衆貌）檢六合之羣品濟之乎雍熙羣僚恭已於職司聖主垂拱乎兩楹君臣穆穆守之以平濟濟多士端委縉綖（端委禮衣也左傳曰太伯端委以治周禮說文曰縉赤白色也綖系綬也音它丁反）鴻漸盈階振鷺充庭（易曰鴻漸于陸鴻水鳥也漸出於陸喻君子仕進於朝詩曰振振鷺鷺于下注云鷺白鳥也喻絜白之士羣集君之朝也）譬猶鍾山之玉泗濱之石累珪璧不爲之盈採浮磬不爲之索（山海經曰黃帝取密山之玉榮投之鍾山之陽尚書曰泗濱浮磬注云水中見石可以爲磬言鍾山多玉泗水多石喻漢多賢人索盡也音所格反）曩者洪源辟而四隩集武功定而干戈戢獫狁攘而吉甫宴娛濮提而晉凱入（辟開也音頻亦反謂禹理洪水而開道之尚書曰四隩既宅隩居也音於六反武功定謂武王伐紂詩周頌曰載戢干戈詩小雅曰薄伐獫狁至于太原吉甫燕喜既多受祉鄭玄注曰吉甫既伐獫狁而歸天子以燕禮樂之也左傳晉與楚戰於城濮楚師敗績故晉凱樂而歸也）故當其有事也則蓑笠並載擐甲揚鋒不給於務（蓑音素和反詩小雅曰荷蓑荷笠毛萇注云荷揭也蓑所以備雨笠所以禦暑擐貫也）當其無事也則舒紳緩佩鳴玉以步綽有餘裕夫世臣門子暬御之族（詩小雅曰曾我暬御毛萇注云暬御侍御也）天隆其祐主豐其祿抱膺從容爵位自從攝須理髯餘官委貴其進取也順傾轉圓不足以喻其便逸巡放屣不足以況其易夫有逸羣之才人人有優贍之智童子不問疑於老成瞳矇不稽謀於先生心恬澹於守高意無爲於持盈（老子曰持而盈之不如其已河上公注云持滿必傾不如止也）粲乎煌煌莫非華榮明哲泊焉不失所寧（泊猶靜也）狂淫振蕩乃亂其情貪夫殉財夸者死權（賈誼鵩鳥賦之文也言夸華者必死於權埶也）瞻仰此事體躁心煩闇謙盈之效迷損益之數（易曰天道虧盈而益謙又曰損益盈虛與時偕行王弼注云自然之質各定其分短者不爲不足長者不爲有餘損益將何加焉）騁駑駘於修路慕騏驥而增驅卑俯乎外戚之門乞助乎近貴之譽榮顯未副從而顚踣（踣音步北反叶韻音赴）下獲熏胥之辜高受滅家之誅（詩小雅曰若此無罪熏胥以鋪熏帥也胥相也鋪病也言此無罪之人而使有罪者相帥而病之是其大甚見韓詩前書曰史遷熏胥以刑音義云謂相熏蒸得罪也誅協韻音丁注反）前車已覆襲軌而騖曾不鑒禍以知畏懼予惟悼哉害其若是（害何也音曷）天高地厚跼而蹐之（詩小雅曰謂天蓋高不敢不跼謂地蓋厚不敢不蹐）怨豈在明患生不思戰戰兢兢必愼厥尤且用之則行聖訓也舍之則藏至順也（論語孔子曰用之則行舍之則藏故言聖訓也）九河盈溢非一凷所防（九河謂河水分爲九道爾雅曰徒駭太史馬頰覆鬴胡蘇簡絜鉤盤鬲津是爲九河也）帶甲百萬非一勇所抗（抗音苦郎反）今子責匹夫以清宇宙庸可以水旱而累堯湯乎懼煙炎之毀熸何光芒之敢揚哉（煙炎煙火之微細者言常懼微細以致毀滅杜預注左傳曰吳楚之閒謂火滅爲熸音子廉反炎音焰）且夫地將震而樞星直井無景則日陰食（晏子見伯常騫問曰昔吾見維星絕樞星散地其動乎見晏子春秋陰食謂不顯食也凡日陰食則井無影也）元首寬則望舒朓侯王肅則月側匿（望舒月也尚書大傳曰晦而月見西方謂之朓朔而月見東方謂之側匿側匿則侯王肅朓則侯王舒注云肅急也舒緩也）是以君子推微達著尋端見緒履霜知冰踐露知暑時行則行時止則止消息盈沖取諸天紀（易坤文言曰履霜堅冰至艮卦曰時行則行時止則止豐卦曰天地盈虛與時消息）利用遭泰可與處否樂天知命持神任己羣車方奔乎險路安能與之齊軌思危難而自豫故在賤而不恥方將騁馳乎典籍之崇塗休息乎仁義之淵藪（前書司馬相如曰游于六藝之圃馳騖乎仁義之塗班固曰肴覈仁義之林藪也）槃旋乎周孔之庭宇揖儒墨而與爲友舒之足以光四表收之則莫能知其所有若乃丁千載之運應神靈之符闓閶闔乘天衢擁華蓋而奉皇樞（古今注曰華蓋黃帝所作也與蚩尤戰于涿鹿之野常有五色雲氣金枝玉葉因而作華蓋）納玄策於聖德宣太平於中區計合謀從已之圖也勳績不立予之辜也龜鳳山翳霧露不除踊躍草萊祗見其愚不我知者將謂之迂（龜鳳喻聖人霧露喻昏闇也迂曲也）修業思眞棄此焉如靜以俟命不斁不渝（斁厭也渝變也）百歲之後歸乎其居（詩唐風也毛萇注云居墳墓也）幸其獲稱天所誘也（謂小人妄得稱舉者天之所誘後必遇害也）罕漫而已非己咎也（罕漫猶無所知聞也非君子之咎也）昔伯翳綜聲於鳥語葛盧辯音於鳴牛董父受氏於豢龍奚仲供德於衡輈（伯翳即秦之先伯益也能與鳥語見史記葛盧東夷介國之君也介葛盧聘於魯聞牛鳴曰是生三犧皆用之矣問之如其言晉太史蔡墨曰昔有董父實甚好龍能求耆欲以飲食之以服事帝舜帝賜姓曰董氏曰豢龍並見左傳奚仲薛之祖也世本曰奚仲作車衡轅也輈轅也）倕氏興政於巧工造父登御於驊騮非子享土於善圉狼瞫取右於禽囚（倕舜之巧人也見尚書造父者秦之先也爲周穆王御驊騮騄耳之乘非子亦秦之先善養馬周孝王使主馬於汧渭之閒馬大蕃息分土爲附庸邑之於秦並見史記圉養馬人也見周禮左傳曰戰於殽晉襄公縛秦囚使萊駒以戈斬之囚呼萊駒失戈狼瞫取戈斬之遂以爲車右瞫音舒稔反）弓父畢精於筋角佽飛明勇於赴流壽王創基於格五東方要幸於談優（弓父弓工也闞子曰宋景公使弓工爲弓九年來見公公曰爲弓亦遲矣對曰臣精盡於弓矣獻弓而歸三日而死公張弓東向而射矢踰西霜之山集彭城之東其餘力逸勁飲羽於石梁呂氏春秋曰荊人佽飛入江斬蛟前書武帝時吾邱壽王字子贛以善格五待制格五今之簺也東方朔以善談笑俳優得幸班固曰朔應諧似優杜預注左傳曰優調戲也）上官効力於執蓋弘羊據相於運籌僕不能參跡於若人故抱璞而優遊（前書上官桀武帝時爲期門郎從上甘泉大風車不得行解蓋授桀雖風蓋常屬車桀弘羊洛陽賈人也以能心計爲侍中）於是公子仰首降階忸怩而避（忸怩心慙也忸音女六反怩音尼）胡老乃揚衡含笑援琴而歌（衡眉目之閒也）歌曰練余心兮浸太清滌穢濁兮存正靈和液暢兮神氣寧情志泊兮心亭亭嗜欲息兮無由生踔宇宙而遺俗兮眇翩翩而獨征（太清謂天也和液謂和氣潤液也亭亭孤峻之貌踔猶越也音丑教反）

建寧三年辟司徒橋玄府玄甚敬待之出補河平長召拜郎中校書東觀遷議郎邕以經籍去聖久遠文字多謬俗儒穿鑿疑誤後學熹平四年乃與五官中郎將堂谿典光祿大夫楊賜諫議大夫馬日磾議郎張馴韓說太史令單颺等（堂谿姓也先賢行狀曰典字子度潁川人爲西鄂長）奏求正定六經文字靈帝許之邕乃自書冊於碑使工鐫刻立於太學門外（洛陽記曰太學在洛城南開陽門外講堂長十丈廣二丈堂前石經四部本碑凡四十六枚西行尚書周易公羊傳十六碑存十二碑毀南行禮記十五碑悉崩壞東行論語二碑二碑毀禮記碑上有諫議大夫馬日磾議郎蔡邕名○劉攽曰注論語二碑毀案文當是一碑毀若云二碑毀者當云皆毀而已）於是後儒晚學咸取正焉及碑始立其觀視及摹寫者車乘日千餘兩塡塞街陌

初朝議以州郡相黨人情比周乃制婚姻之家及兩州人士不得對相監臨至是復有三互法（三互謂婚姻之家及兩州人不得交互爲官也謝承書曰史弼遷山陽太守其妻鉅野薛氏女以三互自上轉拜平原相是也）禁忌轉密選用艱難幽冀二州久缺不補邕上疏曰伏見幽冀舊壤鎧馬所出（鎧甲也周禮考工記曰燕無函函甲也言幽燕之地家家皆能爲函故無函匠也左傳曰冀之北土馬之所生）比年兵飢漸至空耗今者百姓虛縣萬里蕭條（縣音玄）闕職經時吏人延屬而三府選舉踰月不定臣經怪其事而論者云避三互十一州有禁當取二州而已又二州之士或復限以歲月狐疑遲淹以失事會愚以爲三互之禁禁之薄者今但申以威靈明其憲令在任之人豈不戒懼而當坐設三互自生留閡邪昔韓安國起自徒中朱買臣出於幽賤並以才宜還守本邦（前書安國字長孺梁人坐法抵罪居無幾天子使使者拜安國爲梁內史起徒中爲二千石買臣字翁子吳人家貧負薪賣以給食歌謳道中後拜會稽太守）又張敞亡命擢授劇州豈復顧循三互繼以末制乎（前書敞字子高河東人也爲京兆尹坐與楊惲厚善制免爲庶人從闕下亡命數月冀州部有大賊天子思敞功使使者召拜爲冀州刺史）三公明知二州之要所宜速定當越禁取能以救時敝而不顧爭臣之義苟避輕微之科選用稽滯以失其人臣願陛下上則先帝蠲除近禁其諸州刺史器用可換者無拘日月三互以差厥中書奏不省

初帝好學自造皇羲篇五十章因引諸生能爲文賦者本頗以經學相招後諸爲尺牘及工書鳥篆者皆加引召遂至數十人（說文曰牘書板也長一尺藝文志曰六體者古文奇字篆書隸書繆篆蟲書音義曰古文謂孔子壁中書也奇字即古文而異者也篆書謂小篆蓋秦始皇使程邈所作也隸書亦程邈所獻主於徒隸從簡易也繆篆謂其文屈曲纏繞所以摹印章蟲書謂爲蟲鳥之形所以書幡信也）侍中祭酒樂松賈護多引無行趣埶之徒並待制鴻都門下憙陳方俗閭里小事帝甚悅之待以不次之位又市賈小民爲宣陵孝子者復數十人悉除爲郎中太子舍人時頻有雷霆疾風傷樹拔木地震隕雹蝗蟲之害又鮮卑犯境役賦及民六年七月制書引咎誥羣臣各陳政要所當施行邕上封事曰臣伏讀聖旨雖周成遇風訊諸執事宣王遭旱密勿祗畏無以或加（尚書金縢曰秋大熟未穫天大雷電以風王乃問諸史百執事詩大雅雲漢篇序曰宣王遇旱側身修行欲消去之故大夫仍叔作雲漢之詩以美之密勿祗畏言勤勞戒懼也）臣聞天降災異緣象而至辟歷數發（辟音壁歷音歷反史記曰辟歷陽氣之動也）殆刑誅繁多之所生也風者天之號令所以教人也（翼氏風角曰風者天之號令所以譴告人君者）夫昭事上帝則自懷多福（詩大雅曰昭事上帝聿懷多福聿述也懷來也）宗廟致敬則鬼神以著國之大事實先祀典（左傳曰國之大事在祀與戎）天子聖躬所當恭事臣自在宰府及備朱衣（宰府謂司徒橋玄府也朱衣謂祭官也漢官儀曰漢家赤行齊者絳衣袴縵音文伐反）迎氣五郊而車駕稀出四時至敬（劉攽曰案文當作致敬）屢委有司雖有解除猶爲疏廢（解除謂謝過也）故皇天不悅顯此諸異鴻範傳曰政悖德隱厥風發屋折木坤爲地道易稱安貞（易坤文言曰地道也妻道也其象曰安貞之吉應地無疆）陰氣憤盛則當靜反動法爲下叛夫權不在上則雹傷物政有苛暴則虎狼食人貪利傷民則蝗蟲損稼去六月二十八日太白與月相迫兵事惡之鮮卑犯塞所從來遠今之出師未見其利上違天文下逆人事誠當博覽衆議從其安者臣不勝憤懣謹條宜所施行七事表左（表左謂陳之於表左也猶今云如左如右）

一事明堂月令天子以四立及季夏之節迎五帝於郊（天子居明堂各依其月布政故云明堂月令四立謂立春立夏立秋立冬各以其日天子親迎氣於其方并祭其方之帝季夏之末祭中央帝也）所以導致神氣祈福豐年清廟祭祀追往孝敬養老辟雍示人禮化皆帝者之大業祖宗所祗奉也而有司數以蕃國疏喪宮內產生及吏卒小汙屢生忌故（小汙謂病及死也）竊見南郊齊戒未嘗有廢至於它祀輒興異議豈南郊卑而它祀尊哉孝元皇帝策書曰禮之至敬莫重於祭所以竭心親奉以致肅祗者也又元和故事復申先典（章帝元和二年制曰山川百神應典禮者尚未咸秩其議修羣祀以祈豐年又宗祀五帝于汶上明堂三年望祀華霍東柴岱宗爲人祈福）前後制書推心懇惻而近者以來更任太史忘禮敬之大任禁忌之書拘信小故以虧大典禮妻妾產者齋則不入側室之門無廢祭之文也（禮記曰妻將生子及月辰居側室夫使人日再問之夫齊則不入側室之門也）所謂宮中有卒三月不祭者謂士庶人數堵之室共處其中耳（儀禮曰有死於宮中者則爲之三月不舉祭）豈謂皇居之曠臣妾之衆哉自今齋制宜如故典庶荅風霆災妖之異

二事臣聞國之將興至言數聞內知己政外見民情是故先帝雖有聖明之姿而猶廣求得失又因災異援引幽隱重賢良方正敦朴有道之選危言極諫不絕於朝陛下親政以來頻年災異而未聞特舉博選之旨誠當思省述修舊事使抱忠之臣展其狂直以解易傳政悖德隱之言

三事夫求賢之道未必一塗或以德顯或以言揚頃者立朝之士曾不以忠信見賞恒被謗訕之誅遂使羣下

結口莫圖正辭郎中張文前獨盡狂言聖聽納受以責三司臣子曠然衆庶解悅漢名臣奏張文上疏其略曰春秋義曰蝗者貪擾之氣所生天意若曰貪狠之人蠶食百姓若蝗食禾稼而擾萬民獸齧人者象暴政若獸而齧人京房易傳曰小人不衺而反尊榮則虎食人辟歷殺人亦象暴政妄有喜怒政以賄成刑放於寵推類叙意探指求源皆象羣下貪狠威教妄施或若蝗蟲宜勑正衆邪淸審選舉退屛貪暴魯僖公小國諸侯勑政修已斥退邪臣尚獲其報六月甚雨之應豈況萬乘之主修善求賢宜舉敦朴以輔善政陛下參堯舜之聖秉獨見之明恢太平之業敦經好學流布遠近可留須臾神慮則可致太平招休徵矣制曰下太尉司徒司空夫瑞不虛至災必有緣朕以不德秉統未明以招祇僞將何以昭顯憲法哉三司任政者也所當夙夜而各拱默訖未有聞將何以奉答天意救寧我人其各悉心思所崇畋務消復之術稱朕意焉○劉攽曰注則可致太平案文多一可字又曰救寧我人案救當作敎敎寧出尚書 臣愚以爲宜擢文右職以勸忠謇右用事之便嬖職嬖之官宣聲海內博開政路

四事夫司隸校尉諸州刺史所以督察姦枉分別白黑者也伏見幽州刺史楊憙益州刺史龐芝涼州刺史劉虔各有奉公疾姦之心憙等所糾其効尤多餘皆枉橈不能稱職或有抱罪懷瑕與下同疾綱網弛縱莫相舉察公府臺閣亦復默然五年制書議遣八使又令三公謠言奏事漢官儀曰三公聽採長吏臧否人所疾苦條奏之是爲舉謠言者也是時奉公者欣然得志邪枉者憂悸失色未詳斯議所因寢息昔劉向奏曰夫執狐疑之計者開羣枉之門養不斷之慮者來讒邪之口語見前書今始聞善政旋復變易足令海內測度朝政宜追定八使糾舉非法更選忠淸平章賞罰平和也章明也三公歲盡差其殿最使吏知奉公之福營私之禍則衆災之原庶可塞矣

五事臣聞古者取士必使諸侯歲貢尚書大傳曰古者諸侯之於天子三年一貢士一適謂之攸好德再適謂之賢賢三適謂之有功注云適猶得也孝武之世郡舉孝廉又有賢良文學之選於是名臣輩出文武並興漢之得人數路而已數路謂孝廉賢良文學之類也夫書畫辭賦才之小者匡國理政未有其能陛下卽位之初先涉經術聽政餘日觀省篇章聊以游意當代博弈非以教化取士之本而諸生競利作者鼎沸其高者頗引經訓風喩之言下則連偶俗語有類俳優或竊成文虛冒名氏臣每受詔於盛化門差次錄第其未及者亦復隨輩皆見拜擢旣加之恩難復收改但守奉祿於義已弘不可復使理人及仕州郡昔孝宣會諸儒於石渠章帝集學士於白虎通經釋義其事優大文武之道所宜從之若乃小能小善雖有可觀孔子以爲致遠則泥君子故當志其大者論語子夏曰雖小道必有可觀者焉致遠恐泥鄭玄注云小道如今諸子書也泥謂滯陷不通此邕以爲孔子之言當別有所據也

六事墨綬長吏職典理人漢書儀曰秩六百石銅章墨綬也皆當以惠利爲績日月爲勞褒責之科所宜分明而今在任無復能省及其還者多召拜議郎郎中若器用優美不宜處之冗散如有釁故自當極其刑誅豈有伏罪懼考反求遷轉更相放効臧否無章先帝舊典未嘗有此可皆斷絕以覈眞僞

七事伏見前一切以宣陵孝子者爲太子舍人○劉攽曰案文多一者字臣聞孝文皇帝制喪服三十六日雖繼體之君父子至親公卿列臣受恩之重皆屈情從制不敢踰越今虛僞小人本非骨肉旣無幸私之恩又無祿仕之實惻隱思慕情何緣生而羣聚山陵假名稱孝行不隱心義無所依至有姦軌之人通容其中恒思皇后祖載之時周禮曰喪祝掌大喪及祖飾棺乃載遂御之鄭玄注云祖謂將葬祖祭於庭載謂升柩於車也○劉攽曰正文恒思皇后案恒當作桓桓帝后也東郡有盜人妻者亡在孝中本縣追捕乃伏其辜虛僞雜穢難得勝言又前至得拜後輩被遺或經年陵次以暫歸見漏或以人自代亦蒙寵榮爭訟怨恨凶凶道路太子官屬宜搜選令德豈有但取丘墓凶醜之人其爲不祥莫與大焉宜遣歸田里以明詐僞書奏帝乃親迎氣北郊及行辟雍之禮又詔宣陵孝子爲舍人者悉改爲丞尉焉光和元年遂置鴻都門學畫孔子及七十二弟子像其諸生皆勑州郡三公舉用辟召或出爲刺史太守入爲尚書侍中乃有封侯賜爵者士君子皆恥與爲列焉時妖異數見人相驚擾其年七月詔召邕與光祿大夫楊賜諫議大夫馬日磾議郎張華太史令單颺詣金商門引入崇德殿洛陽記曰南宮有崇德殿太極殿西有金商門也使中常侍曹節王甫就問災異及消改變故所宜施行邕悉心以對事在五行天文志其志今亡續漢志曰光和元年詔問曰連年蝗蟲其咎焉在邕對曰易傳云大作不時天降災厥咎蝗蟲來河圖秘徵篇曰帝貪則政暴而吏酷酷則誅慘生蝗蟲貪苛之所致也又南宮侍中寺雌雞欲化爲雄一身毛皆似雄但頭冠尚未變詔以問邕對曰貌之不恭則有雞禍宣帝黃龍元年未央宮雌雞化爲雄不鳴無距是歲元帝初卽位將立王皇后至初元元年丞相史家雌雞化爲雄距而鳴將是后父禁爲平陽侯女立爲后至哀帝晏駕后攝政王莽以后兄子爲大司馬由是爲亂臣竊推之頭爲元首人君之象今雞一身已變未至於頭而上知之是將有其事而不遂成之象也若應之不精政無所及頭冠或成爲患茲大也○劉攽曰注是后父禁爲平陽侯案如上文此處少一歲字又當作陽平侯非平陽也又特詔問曰比災變互生未知厥咎朝廷焦心載懷恐懼每訪羣公卿士庶聞忠言而各存括囊莫肯盡心括囊喩閉口而不言易曰括囊無咎王弼注云括結也以邕經學深奧故密特稽問宜披露失得指陳政要勿有依違自生疑諱具對經術以皁囊封上漢官儀曰凡章表皆啓封其言密事得皁囊也

邕對曰臣伏惟陛下聖德允明深悼災咎褒臣末學特垂訪及非臣螻蟻所能堪副斯誠輸寫肝膽出命之秋豈可以顧患避害使陛下不聞至戒哉臣伏思諸異皆亡國之怪也天於大漢殷勤不已故屢出祅變以當譴責欲令人君感悟改危卽安今災眚之發不於它所遠則門垣近在寺署其爲監戒可謂至切蜺墮雞化皆婦人干政之所致也前者乳母趙嬈貴重天下嬈音女鳥反生則貲藏侔於天府死則丘墓踰於園陵兩子受封兄弟典郡續以永樂門史霍玉依阻城社又爲姦邪今者道路紛紛復云有程大人者察其風聲將爲國患宜高爲隄防明設禁令深惟趙霍以爲至戒趙嬈及霍玉也今聖意勤勤思明邪正而聞太尉張顥爲玉所進光祿勳偉璋偉姓也璋名也漢有姓偉有名貪濁又長水校尉趙玹音玄蔡邕集玹作玄屯騎校尉蓋升並叨時幸榮富優足宜念小人在位之咎退思引身避賢之福尚書曰君子在野小人在位伏見廷尉郭禧純厚老成光祿大夫橋玄聰達方直故太尉劉寵忠實守正並宜爲謀主數見訪問夫宰相大臣君之四體謂股肱也委任責成優劣已分不宜聽納小吏雕琢大臣也雕琢猶鐫劖以成其罪也又尚方工技之作鴻都篇賦之文可且消息以示惟憂詩云畏天之怒不敢戲豫天戒誠不可戲也宰府孝廉士之高選近者以辟召不愼切責三公而今並以小文超取選舉開請託之門違明王之典衆心不厭莫之敢言厭伏也音一葉反臣願陛下忍而絕之思惟萬機以荅天望聖朝旣自約厲左右近臣亦宜從化人自抑損以塞咎戒則天道虧滿鬼神福謙矣臣以愚贛感激忘身敢觸忌諱手書具對夫君臣不密上有漏言之戒下有失身之禍易曰君不密則失臣臣不密則失身願寢臣表無使盡忠之吏受怨姦仇章奏帝覽而歎息因起更衣曹節於後竊視之悉宣語左右事遂漏露其爲邕所裁黜者側目思報初邕與司徒劉郃素不相平叔父衞尉質質字子文著漢職儀又與將作大匠楊球有隙球卽中常侍程璜女夫也璜遂使人飛章言邕質數以私事請託於郃郃不聽邕含隱切志欲相中中傷也於是詔下尚書召邕詰狀邕上書自陳曰臣被召問以大鴻臚劉郃前爲濟陰太守臣屬吏張宛長休百日休假也前書音義曰吏病滿百日當免也郃爲司隸又託河內郡吏李奇爲州書佐續漢志曰書佐主幹文書及營護故河南尹羊陟侍御史胡母班郃不爲用致怨之狀邕集其奏曰邕屬張宛長休百日郃假宛五日復屬河南李奇爲書佐郃不爲召太山黨魁羊陟與邕季父衞尉質對門九族質爲尚書營護阿擁令文書不覺郃被詔書考胡母班等辭與陟爲黨質及邕頻詣郃問班所及郃不應遂懷怨恨欲必中傷郃制曰下司隸校尉正處上邕集作綦毋班也臣征營怖悸肝膽塗地不知死命所在竊自尋案實屬宛奇不及陟班凡休假小吏非結恨之本與陟姻家豈敢申助私黨如臣父子欲相傷陷當明言臺閣具陳恨狀所緣內無寸事而謗書外發宜以臣對與郃參驗臣得以學問特蒙褒異執事祕館操管御前姓名貌狀徵簡聖心今年七月召詣金商門問以災異齎詔申旨誘臣使言齎猶持也與賚通臣實愚戇唯識忠盡出命忘軀不顧後害遂譏刺公卿內及寵臣實欲以上對聖問救消災異規爲陛下建康寧之計陛下不念忠臣直言宜加掩蔽誹謗卒至便用疑怪盡心之吏豈得容哉詔書每下百官各上封事欲以改政思譴除凶致吉而言者不蒙延納之福旋被陷破之禍今皆杜口結舌以臣爲戒誰敢爲陛下盡忠孝乎臣季父質連見拔擢位在上列臣被蒙恩渥數見訪逮言事者因此欲陷臣父子破臣門戶非復發糾姦伏補益國家者也臣年四十有六孤特一身得託名忠臣死有餘榮恐陛下於此不復聞至言矣臣之愚冗職當咎患但前者所對質不及聞前在金商門對事之時質爲下邳相故不聞也而衰老白首橫見引逮隨臣摧沒幷入阬埳誠寃誠痛臣一入牢獄當爲楚毒所迫趣以飮章辭情何緣復聞趣音促飮猶隱匿告人姓名無可對問章者令之表也邕集曰光和元年都官從事張恕以辛卯詔書收邕送雒陽詔獄考吏張靜謂邕曰省君章云欲讎怨未有所施法令無此以詔書又列章家姓名不得對相指斥考事君學多所見古今如此豈一事乎荅曰曉是吏遂飮章爲文書臣賢案俗本有不解飮字或改爲報或改爲款並非也死期垂至冒昧自陳願身當辜戮匄質不幷坐匄乞也則身死之日更生之年也惟陛下加餐爲萬姓自愛於是下邕質於洛陽獄劾以仇怨奉公議害大臣大不敬弃市事奏中常侍呂强愍邕無罪請之帝亦更思其章有詔減死一等與家屬髡鉗徙朔方不得以赦令除楊球使客追路刺邕客感其義皆莫爲用球又賂其部主使加毒害所賂者反以其情戒邕故每得免焉居五原安陽縣卽西安陽縣也故城在今勝州銀城縣邕前在東觀與盧植韓說等撰補後漢記會遭事流離不及得成因上書自陳奏其所著十意猶前書十志也邕別傳曰邕昔作漢記十意未及奏上遭事流離因上書自陳曰臣旣到徙所乘塞守烽職在候望憂怖焦灼無心能復操筆成草致章闕廷誠知聖朝不責臣謝但懷愚心有所不竟臣自在布衣常以爲漢書十志下盡王莽而止光武以來唯記紀傳無續志者臣所事師故太傅胡廣知臣頗識其門戶略以所有舊事與臣雖未備悉粗見首尾積累思惟二十餘年不在其位非外史庶人所得擅述天誘其衷得備著作郎建言十志皆當撰錄會臣被罪逐放邊野恐所懷隨軀朽腐抱恨黃泉遂不設施謹先顯踣科條諸志臣欲刪定者一所當接續者四前志所無臣欲著者五及經典羣書所宜捃摭本奏詔書所當依據分別首目并書章左惟陛下留神省察臣謹因臨戎長霍圉封上有律曆意第一禮意第二樂意第三郊祀意第四天文意第五車服意第六分別首目連置章左帝嘉其才高會明年大赦乃宥邕還本郡邕自徙及歸凡九月焉將就還路五原太守王智餞之酒酣智起舞屬邕邕不爲報屬猶勸也音燭智者中常侍王甫弟也素貴驕慙於賓客詬邕曰徒敢輕我邕拂衣而去智銜之密告邕怨於囚放謗訕朝廷內寵惡之邕慮卒不免乃亡命江海遠跡吳會張騭文士

傳曰邕告吳人曰吾昔嘗經會稽高遷亭見屋椽竹東間第十六可以爲笛取用果有異聲伏滔長笛賦序云柯亭之觀以竹爲椽邕取爲笛奇聲獨絕也往來依太山羊氏積十二年在吳吳人有燒桐以爨者邕聞火烈之聲知其良木因請而裁爲琴果有美音而其尾猶焦故時人名曰焦尾琴焉傅玄琴賦序曰齊桓公有鳴琴曰號鍾楚莊有鳴琴曰繞梁司馬相如綠綺蔡邕有焦尾皆名器也初邕在陳留也其鄰人有以酒食召邕者比往而主以酣焉客有彈琴於屏邕至門試潛聽之曰憘歎聲也音僖以樂召我而有殺心何也遂反將命者告主人曰蔡君向來至門而去邕素爲邦鄉所宗主人遽自追而問其故邕具以告莫不憮然憮猶怪也音武彈琴者曰我向鼓弦見螳蜋方向鳴蟬蟬將去而未飛螳蜋爲之一前一卻吾心聳然惟恐螳蜋之失之也此豈爲殺心而形於聲者乎邕莞然而笑曰莞笑貌也音胡板反此足以當之矣中平六年靈帝崩董卓爲司空聞邕名高辟之稱疾不就卓大怒詈曰我力能族人蔡邕遂偃蹇者不旋踵矣又切勑州郡舉邕詣府邕不得已到署祭酒甚見敬重舉高第補侍御史又轉侍書御史遷尚書三日之間周歷三臺遷巴郡太守復留爲侍中初平元年拜左中郎將從獻帝遷都長安封高陽鄉侯董卓賓客部曲議欲尊卓比太公稱尚父卓謀之於邕邕曰太公輔周受命翦商故特爲其號今明公威德誠爲巍巍然比之尚父愚意以爲未可宜須關東平定車駕還反舊京然後議之卓從其言初平二年六月地震卓以問邕邕對曰地震者陰盛侵陽臣下踰制之所致也前春郊天公奉引車駕乘金華青蓋爪畫兩轓遠近以爲非宜續漢志曰乘輿大駕公卿奉引皇太子皇子皆安車朱輪青蓋金華爪蓋轓廣雅轓箱也卓於是改乘皁蓋車續漢志曰中二千石二千石皆皁蓋朱兩轓卓重邕才學厚相遇待每集讌輒令邕鼓琴贊事邕亦每存匡益然卓多自佷用○劉攽曰案文多自佷用不成文理當云卓佷多自用邕恨其言少從謂從弟谷曰董公性剛而遂非終難濟也吾欲東奔兗州若道遠難達且遯逃山東以待之何如谷曰君狀異恒人每行觀者盈集以此自匿不亦難乎邕乃止及卓被誅邕在司徒王允坐殊不意言之而歎有動於色允勃然叱之曰董卓國之大賊幾傾漢室君爲王臣所宜同忿而懷其私遇以忘大節今天誅有罪而反相傷痛豈不共爲逆哉卽收付廷尉治罪邕陳辭謝乞黥首刖足繼成漢史士大夫多矜救之不能得太尉馬日磾馳往謂允曰伯喈曠世逸才多識漢事當續成後史爲一代大典且忠孝素著而所坐無名誅之無乃失人望乎允曰昔武帝不殺司馬遷使作謗書流於後世凡史官記事善惡必書謂遷所著史記但是漢家不善之事皆爲謗也非獨指武帝之身卽高祖善家令之言武帝策稱勸酷之類是也班固集云司馬遷著書成一家之言至以身陷刑故微文刺譏貶損當世非誼士也方今國祚中衰神器不固不可令佞臣執筆在幼主左右既無益聖德復使吾黨蒙其訕議日磾退而告人曰王公其不長世乎善人國之紀也制作國之典也滅紀廢典其能久乎邕遂死獄中允悔欲止而不及時年六十一搢紳諸儒莫不流涕北海鄭玄聞而歎曰漢世之事誰與正之兗州陳留聞皆畫像而頌焉其撰集漢事未見錄以繼後史適作靈紀及十意又補諸列傳四十二篇因李傕之亂湮沒多不存所著詩賦碑誄銘讚連珠箴弔論議獨斷勸學釋誨敘樂女訓篆埶祝文章表書記凡百四篇傳於世

論曰意氣之感士所不能忘也流極之運有生所共深悲也流極謂放也極音紀力反當伯喈抱鉗扭徙幽裔仰日月而不見照燭臨風塵而不得經過謂迫促之令不得避風塵也其意豈及語平日倖全人哉及解刑衣竄騐越潛舟江壑不知其遠捷步深林尚苦不密但願北首舊丘歸骸先壟又可得乎董卓一旦入朝辟書先下分明枉結信宿三遷謂三日之間位歷三臺也匡導既申狂僭屢革資同人之先號得北叟之後福易同人卦曰先號咷而後笑北叟塞上叟也其馬亡入胡中人皆弔之叟曰何知非福居數月其馬引胡駿馬而歸人皆賀之叟曰何知非禍及家富馬良其子好騎墮而折髀人皆弔之叟曰何知非福居一年胡夷大入丁壯皆戰死者十九其子獨以跛之故子父相保見淮南子也屬其慶者夫豈無懷慶謂恩遇也懷思也荷恩遇者豈不思之乎君子斷刑尚或爲之不舉左傳鄭伯見虢叔曰夫司寇行戮君爲之不舉注云不舉盛饌也況國憲倉卒慮不先圖矜情變容而罰同邪黨執政乃追怨子長謗書流後執政謂王允也放此爲戮放音甫往反未或聞之典刑

贊曰季長戚氏才通情侈苑囿典文流悅音伎伎謂紗帳女樂之類音伎謂鼓琴吹笛之屬也邕實慕靜心精辭綺斥言金商南徂北徙謂對事於金商門指斥而言無隱諱也籍梁懷董名澆身毀籍梁謂融因籍梁冀貴幸爲作西第頌懷董謂邕懷董卓之恩也澆薄也

劉攽曰此卷內部字多改作制字詔作待制是也又言詣羣臣各言政要亦本是部字蓋武太后諱照此時悉回避照字後人既已改還本字尚有遺者故爾

後漢書卷九十下考證

蔡邕傳不寢寐者十旬○宋本作七旬

奏求正定六經文字○臣世駿按此與張馴傳皆云奏求正定六經文字而靈帝紀云詔諸儒正五經文字儒林傳序云詔諸儒正定五經刻於石碑盧植傳云時始立太學石經以正五經文字李巡傳云乃白帝與諸儒共刻五經文於石考邕傳注引洛陽記亦祗有尚書周易公羊傳禮記論語晉羊欣筆法魏鄭元水經注亦祗言五經意熹平四年邕等所奏求定者六經暨光和六年書丹立石祗五經耳

邕乃自書冊於碑○冊字何焯校本改丹

皆屈情從制○屈情二字監本譌作出淸從宋本改

奏其所著十意注唯記紀傳○記字一本作有

後漢書卷九十一

宋　宣　城　太　守　范　曄　撰

唐　章　懷　太　子　賢　注

左周黃列傳第五十一

左雄傳

左雄字伯豪南郡涅陽人也安帝時舉孝廉稍遷冀州刺史州部多豪族好請託雄常閉門不與交通奏案貪猾二千石無所回忌永建初公車徵拜議郎時順帝新立大臣懈怠朝多闕政雄數言事其辭深切尚書僕射虞詡以雄有忠公節上疏薦之曰臣見方今公卿以下類多拱默以樹恩爲賢盡節爲愚至相戒曰白璧不可爲容容多後福容容猶和同也言不可獨爲白玉之淸潔當與衆人和同也伏見議郎左雄數上封事至引陛下身遭難厄以爲警戒實有王臣蹇蹇之節周公謨成王之風謨謀也卽尚書立政無逸篇之類也宜擢在喉舌之官必有匡弼之益由是拜雄尚書再遷尚書令上疏陳事曰臣聞柔遠和邇莫大寧人寧人之務莫重用賢用賢之道必存考黜是以皐陶對禹貴在知人安人則惠黎民懷之尚書皐陶謨之詞也惠愛也黎衆也分伯建侯代位親民民用和穆禮讓以興故詩云有渰淒淒興雨祁祁雨我公田遂及我私詩小雅也渰陰雲也淒淒雲興貌祁祁徐也言陰陽和風雨時先雨公田乃及私田及幽厲昏亂不自爲政詩小雅刺幽王曰不自爲政卒勞百姓襃豔用權七子黨進賢愚錯緒深谷爲陵故其詩云四國無政不用其良又曰哀今之人胡爲虺蜴言人畏吏如虺蜴也襃豔謂襃姒也豔美也七子皆襃姒之親黨謂皇甫爲卿士仲允爲膳夫家伯爲宰番爲司徒蹶爲趣馬聚子爲內史楀爲師氏也幽王淫於色七子皆用言妻黨盛也四國四方之國也虺蜴之性見人則走哀今之人皆如是傷時政事也詩小雅番音方元反聚音側流反楀音記禹反宗周既滅六國幷秦阬儒泯典剗革五等更立郡縣剗削也五等謂諸侯縣設令長郡置守尉什伍相司封豕其民史記商鞅爲秦定變法之令令人什伍而相收司犯禁相連坐不告姦者腰斬楊雄長楊賦曰秦窫窳其士封豕其人也大漢受命雖未復古然克愼庶官蠲苛救敝悅以濟難撫而循之至於文景天下康乂誠由玄靖寬柔克愼官人故也降及宣帝興於仄陋綜覈名實知時所病刺史守相輒親引見考察言行信賞必罰帝乃歎曰民所以安而無怨者政平吏良也與我共此者其唯良二千石乎以爲吏數變易則下不安業久於其事則民服教化其有政理者輒以璽書勉勵增秩賜金或爵至關內侯公卿缺則以次用之是以吏稱其職人安其業漢世良吏於茲爲盛故能降來儀之瑞建中興之功宣帝時鳳皇五至因以紀年漢初至今三百餘載俗浸彫敝巧僞滋萌下飾其詐上肆其殘典城百里轉動無常各懷一切莫慮長久謂殺害不辜爲威風聚斂整辦爲賢能以理己安民爲劣弱以奉法循理爲不化髡鉗之戮生於睚眥覆尸之禍成於喜怒視民如寇讎稅之如豺虎國語曰關丹廷見令尹子常與之語問蓄貨聚馬歸以語其弟曰楚其亡乎吾見令尹如餓豺虎焉殆必亡者也○劉攽曰注蓄貨聚焉案國語作聚馬此誤監司項背相望項背相望謂前後相顧也背音輩與同疾疢見非不舉聞惡不察觀政於亭傳責成於期月期匝也謂一歲言善不稱德論功不據實虛誕者獲譽拘檢者離毀離遭也或因罪而引高或色斯以求名因罪濟遁以求高尚之名也論語曰色斯舉矣言觀前人之顏色也州宰不覆競共辟召踊躍升騰超等踰匹或考奏捕案而亡不受罪會赦行賂復見洗滌朱紫同色淸濁不分故使姦猾枉濫輕忽去就拜除如流缺動百數鄉官部吏職斯祿薄斯賤也車馬衣服一出於民廉者取足貪者充家特選橫調調徵也紛紛不絕送迎煩費損政傷民和氣未洽災眚不消咎皆在此今之墨綬猶古之諸侯墨綬謂令長卽古子男之國也拜爵王庭輿服有庸庸常也而齊於匹豎叛命避負非所以崇憲明理惠育元元也臣愚以爲守相長吏惠和有顯效者可就增秩勿使移徙非父母喪不得去官其不從法禁不式王命錮之終身式用也雖會赦令不得齒列若被劾奏亡不就法者徙家邊郡以懲其後鄉部親民之吏皆用儒生淸白任從政者任堪也音人林反寬其負算負欠也算口錢也儒生未有品秩故寬之增其秩祿吏職滿歲宰府州郡乃得辟舉如此威福之路塞虛僞之端絕送迎之役損賦斂之源息循理之吏得成其化率土之民各寧其所追配文宣中興之軌文帝宣帝也文帝遭呂氏難故亦云中興也流光垂祚永世不刊帝感其言申下有司考其眞僞詳所施行雄之所言皆明達政體而宦豎擅權終不能用自是選代交互令長月易迎新送舊勞擾無已或官寺空曠無人案事每選部劇乃至逃亡永建三年京師漢陽地皆震裂水泉涌出四年司冀復有大水雄推較災異以爲下人有逆上之徵天鏡經曰大水自平地出破山殺人其國有兵又上

疏言宜密爲備以俟不虞尋而青冀揚州盜賊連發數年之間海內擾亂其後天下大赦賊雖頗解而官猶無備流叛之餘數月復起雄與僕射郭虔共上疏以爲寇賊連年死亡太半一人犯法舉宗羣亡宜及其尙微開令改悔若告黨與者聽除其罪能誅斬者明加其賞書奏並不省又上言宜崇經術繕脩太學帝從之陽嘉元年太學新成詔試明經者補弟子增甲乙之科員各十人除京師及郡國耆儒年六十以上爲郎舍人諸王國郎者百三十八人雄又上言郡國孝廉古之貢士出則宰民宣協風敎若其面牆則無所施用孔子曰四十而不惑禮稱强仕請自今孝廉年不滿四十不得察舉皆先詣公府諸生試家法儒有一家之學故稱家文吏課牋奏副之端門練其虛實以觀異能以美風俗有不承科令者正其罪法若有茂才異行自可不拘年齒帝從之於是班下郡國明年有廣陵孝廉徐淑謝承書曰淑字伯達廣陵海西人也寬裕博雅好學樂道隨父愼在京師受孟氏易春秋公羊禮記周官善誦太公六韜交接英雄常有壯志舉茂才除渤海脩令遷琅邪都尉也年未及舉臺郎疑而詰之對曰詔書曰有如顏回子奇不拘年齒解見順帝紀是故本郡以臣充選郎不能屈雄詰之曰昔顏回聞一知十孝廉聞一知幾邪淑無以對乃譴却郡於是濟陰太守胡廣等十餘人皆坐謬舉免黜唯汝南陳蕃潁川李膺下邳陳球等三十餘人得拜郎中自是牧守畏慄莫敢輕舉迄于永熹察選清平多得其人雄又奏徵海內名儒爲博士使公卿子弟爲諸生有志操者加其俸祿及汝南謝廉河南趙建年始十二各能通經雄並奏拜童子郎於是負書來學雲集京師初帝廢爲濟陰王乳母宋娥與黃門孫程等共議立帝帝後以娥前有謀遂封爲山陽君邑五千戶又封大將軍梁商子冀襄邑侯雄上封事曰夫裂土封侯王制所重高皇帝約非劉氏不王非有功不侯孝安皇帝封江京王聖等遂致地震之異永建二年封陰謀之功又有日食之變數術之士咸歸咎於封爵今青州饑虛盜賊未息民有乏絕上求稟貸陛下乾乾勞思以濟民爲務宜循古法寧靜無爲以求天意以消災異誠不宜追錄小恩虧失大典帝不聽雄復諫曰臣聞人君莫不好忠正而惡讒諛然而歷世之患莫不以忠正得罪讒諛蒙倖者蓋聽忠難從諛易也夫刑罪人情之所甚惡貴寵人情之所甚欲是以時俗爲忠者少而習諛者多故令人主數聞其美稀知其過迷而不悟至於危亡臣伏見詔書顧念阿母舊德宿恩欲特加顯賞案尙書故事無乳母爵邑之制唯先帝時阿母王聖爲野王君聖造生讒賊廢立之禍生爲天下所咀嚼死爲天下所歎快桀紂貴爲天子而庸僕羞與爲比者以其無義也夷齊賤爲匹夫而王侯爭與爲伍者以其有德也今阿母躬蹈約儉以身率下羣僚蒸庶莫不向風而與王聖並同爵號懼違本操失其常願臣愚以爲凡人之心理不相遠其所不安古今一也百姓深懲王聖傾覆之禍民萌之命危於累卵常懼時世復有此類怵惕之念未離於心恐懼之言未絕於口乞如前議歲以千萬給奉阿母內足以盡恩愛之歡外可不爲吏民所怪梁冀之封事非機急宜過災厄之運然後平議可否會復有地震緱氏山崩之異雄復上疏諫曰先帝封野王君漢陽地震今封山陽君而京城復震專政在陰其災尤大臣前後瞽言封爵至重王者可私人以財不可以官宜還阿母之封以塞災異今冀已高讓山陽君亦宜崇其本節雄言數切至娥亦畏懼辭讓而帝戀戀不能已卒封之後阿母遂以交遘失爵是時大司農劉據以職事被譴召詣尙書傳呼促步又加以捶撲雄上言九卿位亞三事班在大臣行有佩玉之節動有庠序之儀禮記曰公侯佩山玄玉而朱組綬大夫佩水蒼玉而緇組綬孝明皇帝始有撲罰皆非古典帝從而改之其後九卿無復捶撲者自雄掌納言多所匡肅每有章表奏議臺閣以爲故事遷司隸校尉初雄薦周舉爲尙書舉既稱職議者咸稱焉及在司隸又舉故冀州刺史馮直以爲將帥而直嘗坐臧受罪舉以此劾奏雄雄悅曰吾嘗事馮直之父而又與直善今宣光以此奏吾乃是韓厥之舉也由是天下服焉韓厥韓獻子也國語曰趙宣子舉韓獻子於靈公以爲司馬河曲之役宣子使人以其乘車干行獻子執而戮之宣子告諸大夫曰可賀我矣吾舉厥也而中吾乃今知免於罪矣明年坐法免後復爲尙書永和三年卒

周舉傳

周舉字宣光汝南汝陽人陳留太守防之子防在儒林傳舉姿貌短陋而博學洽聞爲儒者所宗故京師爲之語曰五經從橫周宣光延熹四年辟司徒李郃府時宦豎孫程等既立順帝誅滅諸閻議郎陳禪以爲閻太后與帝無母子恩宜從別館絕朝見羣臣議者咸以爲宜舉謂郃曰昔鄭武姜謀殺莊公誓之黃泉秦始皇怨母失行久而隔絕後感潁考叔茅焦之言循復子道書傳美之鄭武姜生莊公及共叔段愛叔段謀殺莊公公誓之曰不及黃泉無相見也既而悔之潁考叔爲潁谷封人曰若掘地及泉隧而相見其誰曰不然公從之遂爲母子如初事見左傳茅焦事解見蘇竟傳也今諸閻新誅太后幽在離宮若悲愁生疾一旦不虞主上將何以令於天下如從禪議後世歸咎明公宜密表朝廷令奉太后率厲羣臣朝覲如舊以厭天心以答人望郃即上疏陳之明年正月帝乃朝于東宮太后由此以安後長樂少府朱倀倀音丑良反代郃爲司徒舉猶爲吏時孫程等坐懷表上殿爭功帝怒悉徙封遠縣勑洛陽令促期發遣舉說朱倀曰朝廷在西鍾下時非孫程等豈立朝廷謂順帝也孫程與王康等十八人謀於西鍾下共立濟陰王爲順帝也雖韓彭吳賈之功何以加諸韓信彭越吳漢賈復也今忘其大德錄其小過如道路夭折帝有殺功臣之譏及今未去宜急表之倀曰今詔怒二尙書已奏其事吾獨表此必致罪譴舉曰明公年過八十位至台輔不於今時竭忠報國惜身安寵欲以何求祿位雖全必陷佞邪之譏諫而獲罪猶有忠貞之名若舉言不足採請從此辭倀乃表諫帝果從之舉後舉茂才爲平丘令平丘縣屬陳留郡上書言當世得失辭甚切正尙書郭虔應賀等見之歎息共上疏稱舉忠直欲帝置章御坐以爲規誡章謂所上之書舉稍遷幷州刺史太原一郡舊俗以介子推焚骸有龍忌之禁新序曰晉文公反國介子推無爵遂去而之介山之上文公求之不得乃焚其山推遂不出而焚死事具敢恭傳龍星木之位也春見東方心爲大火懼火之盛故爲之禁火俗傳云子推以此日被焚而禁火至其亡月咸言神靈不樂舉火由是士民每冬中輒一月寒食莫敢煙爨老小不堪歲多死者舉既到州乃作弔書以置子推之廟言盛冬去火殘損民命非賢者之意以宣示愚民使還溫食其事見桓譚新論及汝南先賢傳也於是衆惑稍解風俗頗革轉冀州刺史陽嘉三年司隸校尉左雄薦舉徵拜尙書舉與僕射黃瓊同心輔政名重朝廷左右憚之是歲河南三輔大旱五穀災傷天子親自露坐德陽殿東廂請雨又下司隸河南禱祀河神名山大澤詔書以舉才學優深特下策問曰朕以不德仰承三統天統地統人統謂之三統事見白虎通夙興夜寐思協大中尙書洪範曰建用皇極孔安國注云皇大也極中也言立大中之道而行之也頃年以來旱災屢應稼穡焦枯民食困乏五品不訓王澤未流五品五常之教也書曰五品不遜汝作司徒敬敷五教在寬訓亦遜之義羣司素餐據非其位審所貶黜變復之徵厥效何由分別具對勿有所諱舉對曰臣聞易稱天尊地卑乾坤定矣二儀交構乃生萬物萬物之中以人爲貴故聖人養之以君成之以化順四時之宜適陰陽之和使男女婚娶不過其時包之以仁恩導之以德教示之以災異訓之以嘉祥此先聖承乾養物之始也夫陰陽閉隔則二氣否塞二氣否塞則人物不昌人物不昌則風雨不時風雨不時則水旱成災陛下處唐虞之位未行堯舜之政近廢文帝光武之法而循亡秦奢侈之欲內積怨女外有曠夫今皇嗣不興東宮未立傷和逆理斷絕人倫之所致也非但陛下行此而已豎宦之人亦復虛以形埶威侮良家取女閉之至有白首歿無配偶逆於天心歿終也昔武王入殷出傾宮之女帝王紀曰武王入殷命召公釋箕子之囚表商容之閭出傾宮之女於諸侯成湯遭災以六事剋己帝王紀曰湯伐桀後大旱七年洛川竭使人持三足鼎祝於山川曰政不節邪使人疾邪苞苴行邪讒夫昌邪宮室榮邪女謁行邪何不雨之極也魯僖遇旱而自責祈雨解見楊厚傳皆以精誠轉禍爲福自枯旱以來彌歷年歲未聞陛下改過之效徒勞至尊暴露風塵誠無益也又下州郡祈神致請昔齊有大旱景公欲祀河伯晏子諫曰不可夫河伯以水爲城國魚鼈爲民庶水盡魚枯豈不欲雨自是不能致也晏子春秋之文陛下所行但務其華不尋其實猶緣木求魚却行求前緣木求魚見孟子之文韓詩外傳曰夫明鏡所以照形往古所以知今夫惡知往古之所以危亡無異却行而求逮於前人也誠宜推信革政崇道變惑出後宮不御之女理天下宛枉之獄除大官重膳之費夫五品不訓責在司徒有非其位宜急黜斥臣自藩外擢典納言學薄智淺不足以對易傳曰陽感天不旋日易稽覽圖之文也解見郎顗傳也惟陛下留神裁察因召見舉及尙書令成翊世僕射黃瓊問以得失舉等並對以爲宜慎官人去斥貪汙離遠佞邪循文帝之儉尊孝明之教則時雨必應帝曰百官貪汙佞邪者爲誰乎舉獨對曰臣從下州超備機密不足以別羣臣別音彼列反然公卿大臣數有直言者忠貞也阿諛苟容者佞邪也司徒視事六年未聞有忠言異謀愚心在此其後以事免司徒劉崎遷舉司隸校尉永和元年災異數見省內惡之詔召公卿中二千石尙書詣顯親殿問曰言事者多云昔周公攝天子事及薨成王欲以公禮葬之天爲動變及更葬以天子之禮卽有反風之應尙書洪範五行傳曰周公死成王不圖大禮故天大雷雨禾偃大木拔及成王寤金縢之策改周公之葬尊以王禮申命魯郊而天立復風雨禾稼盡起北鄉侯親爲天子而葬以王禮故數有災異宜加尊謚列於昭穆羣臣議者多謂宜如詔旨舉獨對曰昔周公有請命之應隆太平之功故皇天動威以章聖德北鄉侯本非正統姦臣所立立不踰歲年號未改皇天不祐大命夭昏杜預注左傳曰短折曰夭未名曰昏春秋王子猛不稱崩魯子野不書葬子猛周景王之子子野魯襄公之子春秋經書王子猛卒杜元凱注云未卽位故不言崩又曰秋九月癸巳子野卒杜注曰不書葬未成君也今北鄉侯無它功德以王禮葬之於事已崇不宜稱謚災眚之來弗由此也於是司徒黃尙太常桓焉等七十人同舉議帝從之尙字伯河南郡人也少歷顯位亦以政事稱舉出爲蜀郡太守坐事免大將軍梁商表爲從事中郎甚敬重焉六年三月上巳日商大會賓客讌于洛水周官曰女巫掌歲時祓除釁浴鄭玄云如今三月上巳水上之類也司馬彪續漢書曰三月上巳宮人皆絜於東流

水上自洗濯祓除爲大絜也舉時稱疾不往商與親暱酣飲極歡及酒闌倡罷繼以薤露之歌坐中聞者皆爲掩涕纂文曰薤露今之挽歌也崔豹古今注薤露歌曰薤上露何易晞露晞明朝還復落人死一去何時歸太僕張种時亦在焉會還以事告舉舉歎曰此所謂哀樂失時非其所也殃將及乎左傳曰叔孫昭子與宋公語相泣樂祁退而告人曰君與叔孫其皆死乎吾聞之哀樂而樂哀皆喪心也心之精爽是謂魂魄魂魄去之何以能久也商至秋果薨商疾篤帝親臨幸問以遺言對曰人之將死其言也善臣從事中郎周舉清高忠正可重任也由是拜舉諫議大夫時連有災異帝思商言召舉於顯親殿問以變眚舉對曰陛下初立遵脩舊典興化致政遠近肅然頃年以來稍違於前朝多寵倖祿不序德觀天察人準今方古誠可危懼書曰僭恒暘若尚書洪範之言也孔安國注曰君行僭差則常暘順之也夫僭差無度則言不從而下不正陽無以制則上擾下竭宜密嚴敕州郡察彊宗大姦以時禽討其後江淮猾賊周生徐鳳等處處並起如舉所陳時詔遣八使巡行風俗皆選素有威名者乃拜舉爲侍中與侍中杜喬守光祿大夫周栩前青州刺史馮羨尚書欒巴侍御史張綱兗州刺史郭遵大尉長史劉班並守光祿大夫分行天下其刺史二千石有臧罪顯明者驛馬上之墨綬以下便輒收舉其有清忠惠利爲百姓所安宜表異者皆以狀上於是八使同時俱拜天下號曰八俊舉於是劾奏貪猾表薦公清朝廷稱之遷河內太守徵爲太鴻臚及梁太后臨朝詔以殤帝幼崩廟次宜在順帝下太常馬訪奏宜如詔書諫議大夫呂勃以爲應依昭穆之序先殤帝後順帝詔下公卿舉議曰春秋魯閔公無子庶兄僖公代立其子文公遂躋僖於閔上孔子譏之書曰有事于太廟躋僖公傳曰逆祀也事見左氏傳及定公正其序經曰從祀先公爲萬世法也左氏傳從祀先公杜預云從順也先公閔公僖公也將正二公之位次所以書觀盡故通言先公也今殤帝在先於秩爲父順帝在後於親爲子先後之義不可改昭穆之序不可亂呂勃議是也太后下詔從之遷光祿勳會遭母憂去職後拜光祿大夫建和三年卒朝廷以舉清公亮直方欲以爲宰相深痛惜之乃詔告光祿勳汝南太守曰昔在前世求賢如渴封墓軾閭以光賢哲尚書曰武王入殷封比干墓軾商容閭故公叔見誄翁歸蒙述所以昭忠厲俗作範後昆公叔文子衛大夫也文子卒其子戍請謚於君曰昔者衛國凶饑夫子爲粥與國之餓者不亦惠乎衛國有難夫子以其死衛寡人不亦貞乎夫子聽衛國之政脩其班制不亦文乎謚夫子貞惠文子事見禮記尹翁歸爲右扶風宣帝下詔襃揚賜金百斤班固曰翁歸承風帝揚厥聲故曰蒙述也○劉攽曰注尹翁歸爲右扶風案文少一卒字故光祿大夫周舉性侔夷魚史伯夷史魚也忠逾隨管隨會管仲前授牧守及還納言出入京輦有欽哉之績史記堯典曰咨十有二牧欽哉欽哉

在禁闈有密靜之風予錄乃勳用登九列方欲式序百官亮協三事不永夙終用垂遠圖朝廷愍悼良爲愴然詩不云乎肇敏戎功用錫爾祉詩大雅也肇謀也敏疾也戎汝也錫賜也祉福也其令將大夫以下到喪發日復會弔加賜錢十萬以旌委蛇素絲之節焉國風羔羊詩羔羊之皮素絲五紽退食自公委蛇委蛇子勰勰音叶勰字巨勝少尚玄虛以父任爲郎自免歸家父故吏河南召夔爲郡將卑身降禮致敬於勰勰恥交報之因杜門自絕後太守舉孝廉復以疾去時梁冀貴盛被其徵命者莫敢不應唯勰前後三辟竟不能屈後舉賢良方正不應又公車徵玄纁備禮固辭廢疾常隱處竄身慕老聃清淨杜絕人事巷生荆棘十有餘歲至延熹二年乃開門延賓游談宴樂及秋而梁冀誅年終而勰卒時年五十蔡邕以爲知命自勰曾祖父揚至勰孫恂六世一身皆知名云

黃瓊傳

黃瓊字世英江夏安陸人魏郡太守香之子也香在文苑傳瓊初以父任爲太子舍人辭病不就遭父憂服闋五府俱辟連年不應永建中公卿多薦瓊者於是會稽賀純廣漢楊厚俱公車徵瓊至綸氏稱疾不進綸氏卽夏之綸國少康之邑也竹書紀年云楚及秦伐鄭綸氏今洛州故嵩陽縣城是也有司劾不敬詔下縣以禮慰遣遂不得已先是徵聘處士多不稱望李固素慕於瓊乃以書逆遺之曰聞已度伊洛近在萬歲亭豈卽事有漸將順王命乎萬歲亭在今洛州故嵩陽縣西北武帝元封元年幸緱氏登太室聞山上呼萬歲聲者三因以名焉蓋君子謂伯夷隘柳下惠不恭故傳曰不夷不惠可否之間論語孔子曰伯夷叔齊不降其志不辱其身謂柳下惠少連降志辱身我則異於是無可無不可鄭玄注云不爲夷齊之清不爲惠連之屈故曰異於是也蓋聖賢居身之所珍也誠遂欲枕山棲谷擬跡巢由斯則可矣若當輔政濟民今其時也自生民以來善政少而亂俗多必待堯舜之君此爲志士終無時矣常聞語曰嶢嶢者易缺皦皦者易汙陽春之曲和者必寡盛名之下其實難副宋玉對楚襄王問曰客有歌於郢中者爲下里巴人國中屬而和者數千人爲陽春白雪國中屬而和者不過數百人是其曲彌高其和彌寡近魯陽樊君被徵初至朝廷設壇席猶待神明樊君樊英也事具英傳雖無大異而言行所守亦無所缺而毀謗布流應時折減者豈非觀聽望深聲名太盛乎自頃徵聘之士胡元安薛孟嘗朱仲昭顧季鴻等其功業皆無所採是故俗論皆言處士純盜虛聲願先生弘此遠謨令衆人歎服一雪此言耳瓊至卽拜議郎稍遷尚書僕射初瓊隨父在臺閣習見故事及後居職達練官曹爭議朝堂莫能抗奪時連有災異瓊上疏

順帝曰間者以來卦位錯謬易乾鑿度曰求卦主歲術常以太歲紀歲七十六爲一紀二十紀爲一蔀首卽置積蔀首歲數加所入紀歲數以三十二除之不足除者以乾坤始數二卦而得一歲未筭卽主歲之卦也寒燠相干蒙氣數興日闇月散蒙陰闇也散謂不精明原之天意殆不虛然陛下宜開石室案河洛石室藏書之府河洛圖書之文也外命史官悉條上永建以前至漢初災異與永建以後訖于今日孰爲多少又使近臣儒者參考政事數見公卿察問得失諸無功德者宜皆斥黜臣前頗陳災眚并薦光祿大夫樊英太中大夫薛包及會稽賀純廣漢楊厚未蒙御省伏見處士巴郡黃錯漢陽任棠年皆耆耋有作者七人之論論語曰作者七人注云謂伯夷叔齊虞仲夷逸朱張柳下惠少連宜更見引致助崇大化於是有詔公車徵錯等三年大旱瓊復上疏曰昔魯僖遇旱以六事自讓躬節儉閉女謁放讒佞者十三人誅稅民受貨者九人春秋考異郵曰僖公之時雨澤不澍比于九月公大驚懼率羣臣禱山川以六過自讓絀女謁放下讒佞郭都之等十三人誅領人之吏受貨賂趙祝等九人曰辜在寡人方今天旱野無生稼寡人當死百姓何謗請以身塞無狀也○劉攽曰注郭都之等案文多一之字退舍南郊天立大雨今亦宜顧省政事有所損闕務存質儉以易民聽尚方御府息除煩費明敕近臣使遵法度如有不移示以好惡數見公卿引納儒士訪以政化使陳得失又囚徒尚積多致死亡亦足以感傷和氣招降災旱若改敝從善擇用嘉謀則災消福至矣書奏引見德陽殿使中常侍以瓊奏書屬主者施行自帝卽位以後不行籍田之禮瓊以國之大典不宜久廢上疏奏曰自古聖帝哲王莫不敬恭明祀增致福祥故必躬郊廟之禮親籍田之勤以先羣萌率勸農功昔周宣王不籍千畝虢文公以爲大譏卒有姜戎之難終損中興之名國語曰宣王卽位不籍千畝虢文公諫曰夫人之大事在農上帝之粢盛於是乎出故稷爲大官古者太史順時覛土農祥晨正日月底于天廟先時九日太史告稷曰陽氣俱蒸土膏其動稷以告王王卽齋宮百官御事王耕一墢班三之庶人終于千畝王弗聽後師敗績于姜氏之戎墢音扶發反竊見陛下遵稽古之鴻業體虔肅以應天順時奉元懷柔百神朝夕觸塵埃於道路晝暮聆庶政以卹人雖詩詠成湯之不怠遑書美文王之不暇食誠不能加詩商頌曰不僭不濫不敢怠遑書曰文王至于日中昃不遑暇食也今廟祀適闋而祈穀絜齋之事近在明日臣恐左右之心不欲屢動聖躬以爲親耕之禮可得而廢臣聞先王制典籍田有日司徒咸戒司空除壇先時五日有協風之應王卽齋宮饗醴載耒誠重之也自癸巳以來仍西北風甘澤不集寒涼尚結西北風曰不周風亦曰厲風見呂氏春秋也迎春東郊既不躬親先農之禮所宜自勉以逆和氣以致時風通義曰八風者八卦之氣八風以時至則陰陽變化之道成萬物得以時育生也易曰君子自強不息斯其道也乾卦象曰天行健君子以自強不息也書奏帝從之頃之遷尚書令

瓊以前左雄所上孝廉之選專用儒學文吏於取士之義猶有所遺乃奏增孝悌及能從政者爲四科事竟施行又雄前議舉吏先試之於公府又覆之於端門後尚書張盛奏除此科瓊復上言覆試之作將以澄洗清濁覆實虛濫不宜改革帝乃止出爲魏郡太守稍遷太常和平中以選入侍講禁中元嘉元年遷司空桓帝欲襃崇大將軍梁冀使中朝二千石以上會議其禮特進胡廣太常羊溥司隸校尉祝恬太中大夫邊韶等咸稱冀之勳德其制度賚賞以宜比周公錫之山川土田附庸詩魯頌曰王曰叔父建爾元子俾侯于魯啓爾宇爲周室輔乃命魯公俾侯于東錫之山川土田附庸注云王成王也叔父周公也○劉攽曰正文以宜周公案文不成理當作宜以瓊獨建議曰冀前以親迎之勞增邑三千又其子胤亦加封賞昔周公輔相成王制禮作樂化致太平是以大啓土宇開地七百禮記明堂位曰周公相武王以伐紂武王崩成王幼弱周公踐天子位以理天下七年致政於成王以周公有勳勞於天下是以封周公於曲阜地方七百里革車千乘命魯公世世祀周公以天子之禮樂也今諸侯以戶邑爲制不以里數爲限蕭何識高祖於泗水霍光定傾危以興國皆益戶增封以顯其功高祖爲泗上亭長蕭何佐之後拜何爲相國益封五千戶霍光廢昌邑王立宣帝後益封光萬七千戶冀可比鄧禹合食四縣賞賜之差同於霍光使天下知賞必當功爵不越德朝廷從之冀意以爲恨會以地動策免復爲太僕永興元年遷司徒轉太尉梁冀前後所託辟召一無所用雖有善人而爲冀所飾舉者亦不加命延熹元年以日食免復爲大司農明年梁冀被誅大尉胡廣司徒韓縯司空孫朗皆坐阿附免廢復拜瓊爲太尉以師傅之恩而不阿梁氏乃封爲邟鄉侯說文云邟潁川縣也漢潁川有周承休侯國元始二年更名曰邟音亢邑千戶瓊辭疾讓封六七上言旨懇惻乃許之梁冀既誅瓊首居公位舉奏州郡素行貪汙至死徙者十餘人海內由是翕然望之尋而五侯擅權傾動內外自度力不能匡乃稱疾不起五侯謂左悺徐璜等四年以寇賊免其年復爲司空秋以地震免七年疾篤上疏諫曰臣聞天者務剛其氣君者務彊其政是以王者處高自持不可不安履危任力不可不據夫自持不安則顚任力不據則危故聖人升高據上則以德義爲首涉危蹈傾則以賢者爲力唐堯以德化爲冠冕以稷契爲筋力高而益崇動而愈據此先聖所以長守萬國保其社稷者也昔高皇帝應天順民奮劒而王埽除秦項革命創制降德流祚至於哀平則帝道不綱秕政日亂遂使姦佞擅朝外戚專恣所冠不以仁義爲冕所蹈不以賢佐爲力終至顚蹷滅絕漢祚天維陵弛民鬼慘愴賴皇乾眷命炎德復輝光武以聖武天挺繼統興業創基冰

淖之上，立足枳棘之林，水泮喻危陷，枳棘喻艱難。擢賢於衆愚之中，畫功於無形之世，形，兆也。言未有天下之兆。畫或作書也。崇禮義於交爭，循道化於亂離，是自歷高而不傾，任力危而不跌，興復洪祚，開建中興，光被八極，垂名無窮。至於中葉，盛業漸衰。陛下初從藩國，爰升帝位，天下拭目，謂見太平。而即位以來，未有勝政。諸梁秉權，豎宦充朝，重封累職，傾動朝廷，卿校牧守之選，皆出其門，羽毛齒革、明珠南金之寶，殷滿其室，殷，盛也。富擬王府，埶回天地。言之者必族，附之者必榮。忠臣懼死而杜口，萬夫怖禍而木舌，法言曰：金口木舌也。塞陛下耳目之明，更爲聾瞽之主。故太尉李固、杜喬，忠以直言，德以輔政，念國忘身，隕歿爲報，而坐陳國議，遂見殘滅。坐音才臥反。賢愚切痛，海內傷懼。又前白馬令李雲，指言宦官罪穢宜誅，皆因衆人之心，以救積薪之敝。賈誼上疏曰：夫抱火厝積薪之下而寢其上，火未及然，因謂之安，方今之政何以異此也。弘農杜衆知雲所言宜行，懼雲以忠獲罪，故上書陳理之，乞同日而死，所以感悟國家，庶雲獲免。而雲既不辜，衆又并坐，天下尤痛，益以怨結，故朝野之人，以忠爲諱。昔趙殺鳴犢，孔子臨河而反。夫覆巢破卵，則鳳皇不翔；刳牲夭胎，則麒麟不臻。誠物類相感，理使其然。史記曰：孔子將西見趙簡子，至於河而聞竇鳴犢、舜華之死也，臨河而歎曰：美哉水，洋洋乎！丘之不濟此，命也夫！竇鳴犢、舜華，晉之賢大夫也。趙簡子未得志之時，須此兩人而後從政；及其得志，而殺之。丘聞刳胎殺夭，則麒麟不至郊；竭澤而漁，則蛟龍不處其淵；覆巢毀卵，則鳳皇不翔。何則？君子諱傷其類也。事亦見孔子家語文也。尚書周永，昔爲沛令，素事梁冀，幸其威埶，坐事當罪，越拜令職。見冀將衰，乃陽毀示忠，遂因姦計，亦取封侯。又黃門協邪，羣輩相黨，自冀興盛，腹背相親，朝夕圖謀，共搆姦軌。臨冀當誅，無可設巧，復記其惡，以要爵賞。陛下不加清徵，審別眞僞，復與忠臣並時顯封，使朱紫共色，粉墨雜糅，所謂抵金玉於沙礫，抵，投也，音紙。碎珪璧於泥塗。四方聞之，莫不憤歎。昔曾子大孝，慈母投杼；解見宼榮傳。伯奇至賢，終於流放。說苑曰：王國子前母子伯奇，後母子伯封，後母欲其子立爲太子，說王曰：伯奇好妾。王不信。其母曰：令伯奇於後園，妾過其旁，王上臺視之，即可知。王如其言。伯奇入園，後母陰取蜂十數置單衣中，過伯奇邊曰：蜂螫我。伯奇就衣中取蜂殺之。王遙見之，乃逐伯奇也。○劉攽曰：注伯奇王國子，案伯奇是尹吉甫子，王國未詳。夫讒諛所擧，無高而不可升；相抑，無深而不可淪。可不察歟！臣至頑駑，世荷國恩，身輕位重，勤不補過，然懼於永歿，負釁益深，敢以垂絕之日，陳不諱之言，庶有萬分，無恨三泉。三者，數之極。一生二，二生三，三生萬物，天地人之極數，故以三爲名者，取其深之極也。其年卒，時年七十九。贈車騎將軍，謚曰忠侯。孫琬。

琬字子琰。少失父，早而辯慧。祖父瓊，初爲魏郡太守。建和元年正月日食，京師不見而瓊以狀聞。大后詔問所食多少，瓊思其對而未知所況。琬年七歲，在傍曰：何不言日食之餘，如月之初。瓊大驚，即以其言應詔，而深奇愛之。後瓊爲司徒，琬以公孫拜童子郎，辭病不就，知名京師。時司空盛允有疾，瓊遣琬候問，會江夏上蠻賊事副府，副本詣公府也。允發書視畢，微戲琬曰：江夏大邦，而蠻多士少。琬奉手對曰：蠻夷猾夏，責在司空。因拂衣辭去，允甚奇之。稍遷五官中郎將。時陳蕃爲光祿勳，深相敬待，數與議事。舊制，光祿舉三署郎，以高功久次才德尤異者爲茂才四行。久次謂久居官次也。時權富子弟多以人事得擧，而貧約守志者以窮退見遺，京師爲之謠曰：欲得不能，光祿茂才。能音乃來反。於是琬、蕃同心，顯用志士，平原劉醇、河東朱山、蜀郡殷參等，並以才行蒙擧。蕃、琬遂爲權富郎所見中傷，事下御史中丞王暢、侍御史刁韙。韙、暢素重蕃、琬，不擧其事，而左右復陷以朋黨。暢坐左轉議郎，而免蕃官，琬、韙俱禁錮。韙字子榮，彭城人。後陳蕃被徵，而言事者多訟韙，復拜議郎，遷尚書。在朝有鯁直節，出爲魯、東海二郡相，性抗厲，有明略，所在稱神，常以法度自整，家人莫見墮容焉。琬被廢弃幾二十年。至光和末，太尉楊賜上書薦琬有撥亂之才，由是徵拜議郎，擢爲青州刺史，遷侍中。中平初，出爲右扶風，徵拜將作大匠、少府、太僕，又爲豫州牧。時寇賊陸梁，州境彫殘，琬討擊平之，威聲大震。政績爲天下表，封關內侯。及董卓秉政，以琬名臣，徵爲司徒，遷太尉，更封陽泉鄉侯。卓議遷都長安，琬與司徒楊彪同諫不從。琬退而駮議之曰：昔周公營洛邑以寧姬，光武下東都以隆漢，天之所啓，神之所安。大業既定，豈宜妄有遷動，以虧四海之望？時人懼卓暴怒，琬必及害，固諫之。琬對曰：昔白公作亂於楚，屈廬冒刃而前；新序曰：白公勝殺楚惠王，王出亡，令尹、司馬皆死，勝拔劍而屬之於屈廬曰：子與我，將舍子；不與我，將殺子。屈廬曰：詩有之曰：莫莫葛藟，延于條枚；愷悌君子，求福不回。今子殺子叔父而求福於廬也，可乎？且吾聞之：知命之士，見利不動，臨死不恐。爲人臣之禮，故上知天命，下知臣道，其可劫乎？子胡不推之？白公勝乃入其劍焉。崔杼弒君於齊，晏嬰不懼其盟。解見馮衍傳。吾雖不德，誠慕古人之節。琬竟坐免。卓猶敬其名德舊族，不敢害。後與楊彪同拜光祿大夫，及徙西都，轉司隸校尉，與司徒王允同謀誅卓。及卓將李傕、郭汜攻破長安，遂收琬下獄死，時年五十二。

論曰：古者諸侯歲貢士，進賢受上賞，非賢貶爵土。升之司馬，辯論其才，論定然後官之，任官然後祿之。尚書大傳曰：古者諸侯之於天子，三年一貢士，一適謂之好德，再適謂之賢賢，三適謂之有功。有功者天子賜以車服弓矢，號曰命諸侯。有不貢士，謂之不率正。一不適謂之過，再不適謂之敖，三不適謂之誣。誣者天子絀之：一絀以爵，再絀以地，三絀而爵地畢也。故王者得其人，進仕勸其行，經邦弘務，所由久矣。漢初詔擧賢良方正，州郡察孝廉秀才，斯亦貢士之方也。中興以後，復增敦朴、有道、賢能、直言、獨行、高節、質直、清白、敦厚之屬。榮路既廣，觖望難裁，自是竊名僞服，浸以流競。權門貴仕，請謁繁興。自左雄任事，限年試才，雖頗有不密，固亦因識時宜。○劉攽曰：案文，當作因時識宜。而黃瓊、胡廣、張衡、崔瑗之徒，泥滯舊方，互相詭駮，循名者屈其短，算實者挺其效。故雄在尚書，天下不敢妄選，十餘年閒稱爲得人，斯亦效實之徵乎？順帝始以童弱反政，而號令自出，知能任使，故士得用情，天下喁喁仰其風采。遂乃備玄纁玉帛，以聘南陽樊英，天子降寢殿，設壇席，尚書奉引，延問失得，急登賢之擧，虛降己之禮。於是處士鄙生，忘其拘儒，拘儒猶褊狹也。拂巾袵褐，以企旌車之招矣。至乃英能承風，俊乂咸事，若李固、周擧之淵謨弘深，左雄、黃瓊之政事貞固，桓焉、楊厚以儒學進，崔瑗、馬融以文章顯，吳祐、蘇章、种暠、欒巴牧民之良幹，龐參、虞詡將帥之宏規，王龔、張晧虛心以推士，張綱、杜喬直道以糾違，郎顗陰陽詳密，張衡機術特妙。東京之士，於茲盛焉。向使廟堂納其高謀，彊埸宣其智力，帷幄容其謇辭，擧厝稟其成式，則武、宣之軌，豈其遠而！而，語辭也。論語曰：豈不爾思，室是遠而。詩云：靡不有初，鮮克有終。可爲恨哉！及孝桓之時，碩德繼興，碩，大也。陳蕃、楊秉處稱賢宰，皇甫、張段出號名將，王暢、李膺彌縫衮闕，彌縫猶補合也。詩云：衮職有闕，惟仲山甫補之。朱穆、劉陶獻替匡時，郭有道奬鑒人倫，陳仲弓弘道下邑。其餘宏儒遠智，高心絜行，激揚風流者，不可勝言。而斯道莫振，文武陵隊，在朝者以正議嬰戮，謝事者以黨錮致災。往車雖折，而來軫方遒。廣雅曰：遒，急也。所以傾而未顛，決而未潰，豈非仁人君子心力之爲乎？嗚呼！

贊曰：雄作納言，古之八元。擧升以彙，越自下蕃。彙，類也。易曰：以其彙征吉。彙音謂。登朝理政，並紓災昬。紓，解也，音式余反。瓊名夙知，累章國疵。疵，病也。琬亦早秀，位及志差。志意差舛，不能遂也。差音楚家反。

後漢書卷九十一考證

左雄傳　孝廉徐淑注：淑字伯達○毛本作伯進

封陰謀之功○何焯曰：功一刻日

周擧傳　言事者多云○云字毛本作矣

繼以薤露之歌注：薤上露，何易晞○臣良裘按：古今注露上有朝字，以七字爲句

黃瓊傳　於是會稽賀純、廣漢楊厚俱公車徵○何焯曰：於是下當有與字

有作者七人之論○論毛本作志

陛下不加清徵○諸本同，徵當作澂

伯奇至賢，終於流放○劉攽曰：伯奇是尹吉甫子○子字諸本皆譌作事

後漢書卷九十二

宋　宣　城　太　守　范　曄　撰

唐　章　懷　太　子　賢　注

荀韓鍾陳列傳第五十二

荀淑傳　子爽　孫悅

荀淑字季和，潁川潁陰人也，荀卿十一世孫也。卿名況，趙人也，爲楚蘭陵令，著書二十二篇，號荀卿子。避宣帝諱，故改曰孫也。少有高行，博學而不好章句，多爲俗儒所非，而州里稱其知人。安帝時，徵拜郎中，後再遷當塗長。當塗，縣名，故城在今宣州。去職還鄉里。當世名賢李固、李膺等皆師宗之。及梁太后臨朝，有日食地震之變，詔公卿擧賢良方正，光祿勳杜喬、少府房植擧淑對策，譏刺貴倖，爲大將軍梁冀所忌，出補朗陵侯相。續漢書曰：淑對策刺梁氏，故出也。莅事明理，稱爲神君。頃之，弃官歸，閑居養志，產業每增，輒以贍宗族知友。年六十七，建和三年卒。李膺時爲尚書，自表師喪。禮記曰：事師無犯無隱，左右就養無方，服勤至死，心喪三年。二縣皆爲立祠。有子八人：儉、緄、靖、燾、汪、爽、肅、專，並有名稱，時人謂八龍。緄音昆，燾音道，汪音烏光反。說文云：汪，深廣也。俗本改作注，非。專，本或作敷。初，荀氏舊里名西豪，今許州城內西南有荀淑故宅，相傳云即舊西豪里也。潁陰令勃海苑康以爲昔高陽氏有才子八人，左傳曰：昔高陽氏有才子八人，蒼舒、隤敳、檮戭、大臨、尨降、庭堅、仲容、叔達。今荀氏亦有八子，故改其里曰高陽里。靖有至行，不仕，年五十而終，號曰玄行先生。皇甫謐高士傳曰：靖字叔慈，少有俊才，動止以禮。靖弟爽亦以才顯於當時。或問汝南許章曰：爽與靖孰賢？章曰：皆玉也，慈明外朗，叔慈內潤。及卒，學士惜之，誄靖者二十六人，潁陰令丘禎追號靖曰玄行先生也。淑兄子昱字伯條，曇字元智。昱爲沛相，曇爲廣陵太守。兄弟皆正身疾惡，志除閹官。其支黨賓客有在二郡者，纖罪必誅。昱後共大將軍竇武謀誅中官，與李膺俱死。曇亦禁錮終身。

爽字慈明，一名諝。音息汝反。幼而好學，年十二，能通春秋、論語。太尉杜喬見而稱之，曰：可爲人師。爽遂耽思經書，慶弔不行，徵命不應。潁川爲之語曰：荀氏八龍，慈明無雙。

延熹元年太常趙典舉爽至孝拜郎中對策陳便宜曰臣聞之於師曰漢爲火德火生於木木盛於火故其德爲孝火木之子夏火之位木至夏而盛故爲孝其象在周易之離夫在地爲火在天爲日易說卦曰離爲火爲日也在天者用其精在地者用其形夏則火王其精在天溫暖之氣養生百木是其孝也冬時則廢其形在地酷烈之氣焚燒山林是其不孝也故漢制使天下誦孝經選吏舉孝廉平帝時王莽作書八篇戒子孫令學官以教授吏能誦者比孝經音義云言用之得選舉之也夫喪親自盡孝之終也謂盡盡其哀戚也今之公卿及二千石三年之喪不得即去殆非所以增崇孝道而克稱火德者也往者孝文勞謙行過乎儉易謙卦九三爻勞謙君子有終吉故其遺詔以日易月此當時之宜不可貫之萬世古今之制雖有損益而諒闇之禮未嘗改移以示天下莫遺其親遺忘也今公卿羣寮皆政教所瞻而父母之喪不得奔赴夫仁義之行自上而始敦厚之俗以應乎下傳曰喪祭之禮闕則人臣之恩薄背死忘生者衆矣曾子曰人未有自致者必也親喪乎事見論語致猶盡也極也春秋傳曰上之所爲民之歸也左氏傳臧武仲之言夫上所不爲而民或爲之故加刑罰若上之所爲民亦爲之又何誅焉昔翟方進以自備宰相而不敢踰制○劉攽曰案文以自當作自以至遭母憂三十六日而除前書翟方進爲丞相遭後母憂行服三十六日起視事日不敢踰國制也夫失禮之源自上而始古者大喪三年不呼其門公羊傳之文也何休注云重奪孝子之恩所以崇國厚俗篤化之道也事失宜正過勿憚改憚難也天下通喪可如舊禮禮記曰三年之喪天下之通喪也臣聞有夫婦然後有父子有父子然後有君臣有君臣然後有上下有上下然後有禮義禮義備則人知所厝矣語見易序卦也夫婦人倫之始王化之端故文王作易上經首乾坤下經首咸恒易乾坤至離爲上經咸恒至未濟爲下經孔子曰天尊地卑乾坤定矣易繫辭也夫婦之道所謂順也堯典曰釐降二女於嬀汭嬪于虞降者下也嬪者婦也言雖帝堯之女下嫁於虞猶屈體降下勤修婦道易曰帝乙歸妹以祉元吉易泰卦六五爻辭也王弼注云婦人謂嫁曰歸泰者陰陽交通之時五處尊位履中居順降身應二帝乙歸妹誠合斯義也案史記紂父名帝乙此文以帝乙爲湯名天乙也婦人謂嫁曰歸言湯以娶禮歸其妹於諸侯也春秋之義王姬嫁齊使魯主之不以天子之尊加於諸侯也公羊傳曰夏單伯逆王姬單伯者何吾大夫之命于天子者何以不稱使天子召而使之逆之者何使我主之也曷爲使我主之天子嫁女於諸侯必使同姓諸侯主之何休注云不自爲主尊卑不敵也今漢承秦法設尚主之儀以妻制夫以卑臨尊違乾坤之道失陽唱之義易緯曰陽唱而陰和也孔子曰昔聖人之作易也仰則觀象於天俯則察法於地覩鳥獸之文與地之宜近取諸身遠取諸物以通神明之德以類萬物之情皆易繫之文也今觀法於天則北極至尊四星妃后北極北辰也軒轅四星女主之象也察法於地則崐山象夫卑澤象妻崐猶高也易艮下兌上爲咸艮爲山夫象也兌爲澤妻象也咸感也山澤通氣夫婦之相感也覩鳥獸之文鳥則雄者鳴雊雌能順服獸則牡爲唱導牝乃相從近取諸身則乾爲人首坤爲人腹易說卦之文也遠取諸物則木實屬天根荄屬地荄音該陽尊陰卑蓋乃天性且詩初篇實首關雎禮始冠婚先正夫婦儀禮士冠禮爲始士婚禮次之天地六經其旨一揆宜改尚主之制以稱乾坤之性遵法堯湯式是周孔式法也合之天地而不謬質之鬼神而不疑人事如此則嘉瑞降天吉符出地五韙咸備各以其敘矣韙是也史記曰休徵曰肅時雨若曰乂時暘若曰哲時燠若曰謀時寒若曰聖時風若五是來備各以其敘也昔者聖人建天地之中而謂之禮禮者所以興福祥之本而止禍亂之源也人能枉欲從禮者則福歸之順情廢禮者則禍歸之推禍福之所應知興廢之所由來也衆禮之中婚禮爲首故天子娶十二天之數也諸侯以下各有等差事之降也白虎通曰天子娶十二法天有十二月百物畢生也又曰諸侯娶九女也陽性純而能施陰體順而能化以禮濟樂節宣其氣左傳曰昔晉侯有疾醫和視之曰疾不可爲也是謂近女室疾如蠱非鬼非食惑以喪志公曰女不可近乎對曰節之先王之樂所以節百事也天有六氣過則爲災於是乎節宣其氣也○劉攽曰注昔晉侯有疾玩文多一昔字故能豐子孫之祥致老壽之福及三代之季淫而無節瑤臺傾宮陳妾數百列女傳曰夏桀爲璇室瑤臺以臨雲雨紂爲傾宮解見桓帝紀陽竭於上陰隔於下故周公之戒曰不知稼穡之艱難不聞小人之勞惟耽樂之從時亦罔或克壽是其明戒事見尚書無逸篇其詞與此微有不同也後世之人好福不務其本惡禍不易其軌傳曰截趾適屨孰云其愚何與斯人追欲喪軀誠可痛也適猶從也言喪身之愚甚於截趾也臣竊聞後宮采女五六千人從官侍使復在其外冬夏衣服朝夕稟糧耗費縑帛空竭府藏徵調增倍十而稅一空賦不辜之民以供無用之女百姓窮困於外陰陽隔塞於內故感動和氣災異屢臻臣愚以爲諸非禮聘未曾幸御者一皆遣出使成妃合一曰通怨曠和陰陽二曰省財用實府庫三曰修禮制綏眉壽四曰配陽施祈螽斯螽斯蚣蝑也其性不妒故能子孫衆多詩曰螽斯羽詵詵兮宜爾子孫振振兮五曰寬役賦安黎民此誠國家之弘利天人之大福也夫寒熱晦明所以爲歲尊卑奢儉所以爲禮故以晦明寒暑之氣尊卑侈約之禮爲其節也易曰天地節而四時成節卦彖辭文也春秋傳曰唯器與名不可以假人杜預注左氏云器謂車服名謂爵號孝經曰安上治民莫善於禮禮者尊卑之差上下之制也昔季氏八佾舞於庭非有傷害困於人物而孔子猶曰是可忍也孰不可忍洪範曰惟辟作威惟辟作福惟辟玉食凡此三者君所獨行而臣不得同也今臣僭君服下食上珍所謂害于而家凶于而國者也宜略依古禮尊卑之差及董仲舒制度之別前書董仲舒曰王者正法度之宜別上下之序以防欲也嚴督有司必行其命此則禁亂善俗足用之要奏聞即弃官去後遭黨錮隱於海上又南遁漢濵積十餘年以著述爲事遂稱爲碩儒黨禁解五府並辟司空袁逢舉有道不應及逢卒爽制服三年當世往往化以爲俗時人多不行妻服雖在親憂猶有弔問喪疾者○劉攽曰案文當作弔喪問疾又私諡其君父及諸名士爽皆引據大義正之經典雖不悉變亦頗有改喪服曰夫爲妻齊衰杖朞禮記曰曾子問三年之喪弔乎孔子曰禮以飾情三年之喪而弔哭不亦虛乎後公車徵爲大將軍何進從事中郎進恐其不至迎薦爲侍中及進敗而詔命中絕獻帝即位董卓輔政復徵之爽欲遁命吏持之急不得去因復就拜平原相行至宛陵復追爲光祿勳視事三日進拜司空爽自被徵命及登台司九十五日因從遷都長安爽見董卓忍暴滋甚必危社稷其所辟舉皆取才略之士將共圖之亦與司徒王允及卓長史何顒等爲內謀會病薨年六十三著禮易傳詩傳尚書正經春秋條例又集漢事成敗可爲鑒戒者謂之漢語又作公羊問及辯讖幷它所論敘題爲新書凡百餘篇今多所亡缺兄子悅彧並知名彧自有傳

論曰荀爽鄭玄申屠蟠俱以儒行爲處士累徵並謝病不詣及董卓當朝復備禮召之蟠玄竟不屈以全其高爽已黃髮矣獨至焉未十旬而取卿相意者疑其乖趣舍余竊商其情以爲出處君子之大致也平運則弘道以求志陵夷則濡跡以匡時濡跡解見崔駰傳荀公之急急自勵其濡跡乎不然何爲違貞吉而履虎尾焉易履卦曰履道坦坦幽人貞吉又曰履虎尾不咥人亨王輔嗣注云履虎尾者言其危也觀其遜言遷都之議以救楊黃之禍楊彪黃琬也及後潛圖董氏幾振國命所謂大直若屈道固逶迤也老子云大直若屈大巧若拙逶迤曲也

悅字仲豫儉之子也儉早卒悅年十二能說春秋家貧無書每之人間所見篇牘一覽多能誦記性沈靜美姿容尤好著述靈帝時閹官用權士多退身窮處悅乃託疾隱居時人莫之識從弟彧特稱敬焉初辟鎮東將軍曹操府遷黃門侍郎獻帝頗好文學悅與彧及少府孔融侍講禁中旦夕談論累遷祕書監侍中時政移曹氏天子恭已而已悅志在獻替而謀無所用乃作申鑒五篇其所論辯通見政體既成而奏之其大略曰夫道之本仁義而已矣易曰立人之道曰仁與義五典以經之羣籍以緯之詠之歌之弦之舞之前監既明後復申之故古之聖王其於仁義也申重而已致政之術先屏四患乃崇五政一曰僞二曰私三曰放四曰奢僞亂俗私壞法放越軌奢敗制四者不除則政末由行矣夫俗亂則道荒雖天地不得保其性矣法壞則世傾雖人主不得守其度矣軌越則禮亡雖聖人不得全其道矣制敗則欲肆雖四表不得充其求矣放肆也是謂四患興農桑以養其性審好惡以正其俗宣文教以章其化立武備以秉其威明賞罰以統其法是謂五政人不畏死不可懼以罪人不樂生不可勸以善雖使契布五教臯陶作士政不行焉尚書舜謂契曰汝作司徒敬敷五教在寬謂臯陶曰汝作士明于五刑故在上者先豐人財以定其志帝耕籍田后桑蠶宮籍田事解見明紀禮記曰季春之月后妃齋戒親東向躬桑以勸蠶事古者天子諸侯必有公桑蠶室近川而爲之宮仞有三尺也國無遊人野無荒業財不賈用言自足也力不妄加以周人事是謂養生周給也君子之所以動天地應神明正萬物而成王化者必乎眞定而已故在上者審定好醜焉善惡要乎功罪毀譽効於準驗聽言責事舉名察實無惑詐僞以蕩衆心故事無不覈物無不切善無不顯惡無不章俗無姦怪民無淫風百姓上下覩利害之存乎已也故肅恭其心愼脩其行內不回惑外無異望則民志平矣是謂正俗君子以情用小人以刑用榮辱者賞罰之精華也故禮教榮辱以加君子化其情也桎梏鞭撲以加小人化其刑也君子不犯辱況於刑乎小人不忌刑況於辱乎若教化之廢推中人而墜於小人之域教化之行引中人而納於君子之塗是謂章化章明也小人之情緩則驕驕則恣恣則怨怨則叛危則謀亂安則思欲非威强無以懲之故在上者必有武備以戒不虞以遏寇虐安居則寄之內政有事則用之軍旅國語齊桓公問管仲曰國安可乎管仲曰未可君若正卒伍脩甲兵則大國亦將脩之小國設備可作內政而寄軍令焉注云政國政也言脩國政而寄軍令鄰國不知是謂秉威賞罰政之柄也韓子曰二柄者刑德也殺戮之謂刑慶賞之謂德明賞必罰審信愼令賞以勸善罰以懲惡人主不妄賞非徒愛其財也賞妄行則善不勸矣不妄罰非矜其人也罰妄行則惡不懲矣賞不勸謂之止善罰不懲謂之縱惡在上者能不止下爲善不縱下爲惡則國法立矣是謂統法四患既蠲五政又立行之以誠守之以固簡而不怠疏而不失無爲爲之使自施之無事事之使自交之老子曰爲無爲事無事又曰故德交歸也不肅而成不嚴而化垂拱揖讓而海內平矣是謂爲政之方又言尚主之制非古也釐降二女陶唐之典歸妹元吉帝乙之訓王姬歸齊宗周之禮以陰乘陽違天以婦陵夫違人違天不祥違人不義又古者天子諸侯有事必告于廟朝有二史

左史記言右史書事禮記曰天子朝日于東門之外聽朔于南門之外閏月則闔門左扉立于其中言則左史書之動則右史書之也事爲春秋言爲尚書君舉必記善惡成敗無不存焉下及士庶苟有茂異咸在載籍或欲顯而不得或欲隱而名章得失一朝而榮辱千載善人勸焉淫人懼焉淫過也左氏傳或求名而不得或欲蓋而名章書齊豹盜三叛人名以懲不義也宜於今者備置史官掌其典文紀其行事每於歲盡舉之尚書以助賞罰以弘法教帝覽而善之帝好典籍常以班固漢書文繁難省乃令悅依左氏傳體以爲漢紀三十篇詔尚書給筆札辭約事詳論辨多美其序之曰昔在上聖惟建皇極經緯天地觀象立法乃作書契以通宇宙揚于王庭厥用大焉先王光演大業肆于時夏詩周頌曰我求懿德肆于時夏鄭玄注曰懿美也肆陳也我武王也求美德之士而任用之故陳于是夏而歌之也亦惟厥後永世作典夫立典有五志焉一曰達道義二曰章法式三曰通古今四曰著功勳五曰表賢能於是天人之際事物之宜粲然顯著罔不備矣世濟其軌不隕其業濟成也損益盈虛與時消息臧否不同其揆一也漢四百有六載撥亂反正統武興文永惟祖宗之洪業思光啓乎萬嗣聖上穆然惟文之恤瞻前顧後是紹是繼闡崇大猷命立國典於是綴敘舊書以述漢紀中興以前明主賢臣得失之軌亦足以觀矣又著崇德正論及諸論數十篇年六十二建安十四年卒

韓韶傳

韓韶字仲黃潁川舞陽人也少仕郡辟司徒府時太山賊公孫舉僞號歷年守令不能破散多爲坐法尚書選三府掾能理劇者乃以韶爲嬴長嬴縣故城今在兗州博城縣東北賊聞其賢相戒不入嬴境餘縣多被寇盜廢耕桑其流入縣界求索衣糧者甚衆韶愍其飢困乃開倉賑之所稟贍萬餘戶主者爭謂不可韶曰長活溝壑之人而以此伏罪含笑入地矣太守素知韶名德竟無所坐以病卒官同郡李膺陳寔杜密荀淑等爲立碑頌焉子融字元長少能辨理而不爲章句學聲名甚盛五府竝辟獻帝初至太僕年七十卒

鍾皓傳

鍾皓字季明潁川長社人也爲郡著姓世善刑律皓少以篤行稱公府連辟爲二兄未仕避隱密山密縣山也以詩律教授門徒千餘人同郡陳寔年不及皓皓引與爲友皓爲郡功曹會辟司徒府臨辭太守問誰可代卿者皓曰明府欲必得其人西門亭長陳寔可寔聞之曰鍾君似不察人不知何獨識我皓頃之自劾去前後九辟公府徵爲廷尉正博士林慮長皆不就時皓及荀淑竝爲士大夫所歸慕李膺常歎曰荀君清識難尚鍾君至德可師皓兄子瑾母膺之姑也瑾好學慕古有退讓風與膺同年俱有聲名膺祖太尉脩常言瑾似我家性邦有道不廢邦無道免於刑戮復以膺妹妻之瑾辟州府未嘗屈志膺謂之曰孟子以爲人無是非之心非人也孟子曰人無惻隱之心非人也無羞惡之心非人也無辭讓之心非人也無是非之心非人也弟何期不與孟軻同邪瑾常以膺言白皓皓曰昔國武子好昭人過以致怨本國武子齊大夫齊慶克通於齊君之母國武子知之面責慶克夫人遂譖武子而逐之事見左傳○劉攽曰正文案昭當作招卒保身全家爾道爲貴其體訓所安多此類也年六十九終於家諸儒頌之曰林慮懿德非禮不處悅此詩書弦琴樂古五就州招九膺台輔遂巡王命卒歲容與皓孫繇建安中爲司隸校尉海內先賢傳曰繇字元常郡主簿迪之子也魏志曰舉孝廉爲尚書郎辟三府爲廷尉正黃門侍郎

陳寔傳

陳寔字仲弓潁川許人也出於單微自爲兒童雖在戲弄爲等類所歸少作縣吏常給事廝役後爲都亭刺史佐而有志好學坐立誦讀縣令鄧邵試與語奇之聽受業太學後令復召爲吏乃避隱陽城山中時有殺人者同縣楊吏以疑寔縣遂逮繫考掠無實而後得出及爲督郵乃密託許令禮召楊吏遠近聞者咸歎服之家貧復爲郡西門亭長尋轉功曹時中常侍侯覽託太守高倫用吏倫教署爲文學掾寔知非其人懷檄請見檄板書謂以高倫之教書之於檄而懷之者懼洩事也言曰此人不宜用而侯常侍不可違寔乞從外署不足以塵明德倫從之請從外署之舉不欲陷倫於請託也於是鄉論怪其非舉寔終無所言倫後被徵爲尚書郡中士大夫送至輪氏傳舍輪氏縣名屬潁川郡今故嵩陽縣是倫謂衆人言曰吾前爲侯常侍用吏陳君密持教還而於外自署比聞議者以此少之此咎由故人畏憚强禦陳君可謂善則稱君過則稱己者也寔固自引愆聞者方歎息由是天下服其德司空黃瓊辟選理劇補聞喜長旬月以朞喪去官復再遷除太丘長太丘縣屬沛國故城在今亳州永城縣西北也修德清靜百姓以安鄰縣人戶歸附者寔輒訓導譬解發遣各令還本司官行部司官謂主司之官也吏慮有訟者白欲禁之寔曰訟以求直禁之理將何申其勿有所拘司官聞而歎息曰陳君所言若是豈有怨於人乎亦竟無訟者以沛相賦斂違法乃解印綬去吏人追思之及後逮捕黨人事亦連寔餘人多逃避求免寔曰吾不就獄衆無所恃乃請囚焉遇赦得出靈帝初大將軍竇武辟以爲掾屬時中常侍張讓權傾天下讓父死歸葬潁川雖一郡畢至而名士無往者讓甚恥之寔乃獨弔焉及後復誅黨人讓感寔故多所全宥寔在鄉閭平心率物其有爭訟輒求判正曉譬曲直退無怨者至乃歎曰寧爲刑罰所加不爲陳君所短時歲荒民儉有盜夜入其室止於梁上寔陰見乃起自整拂呼命子孫正色訓之曰夫人不可不自勉不善之人未必本惡習以性成遂至於此梁上君子者是矣盜大驚自投於地稽顙歸罪寔徐譬之曰視君狀貌不似惡人宜深剋己反善然此當由貧困令遺絹二匹自是一縣無復盜竊太尉楊賜司徒陳耽每拜公卿羣僚畢賀賜等常歎寔大位未登愧於先之及黨禁始解大將軍何進司徒袁隗遣人敦寔敦勸也欲特表以不次之位寔乃謝使者曰寔久絕人事飾巾待終而已時三公每缺議者歸之累見徵命遂不起閉門懸車棲遲養老中平四年年八十四卒于家何進遣使弔祭海內赴者三萬餘人制衰麻者以百數共刊石立碑謚爲文範先生先賢行狀曰將軍何進遣官屬弔祠爲謚有六子紀諶最賢

紀字元方亦以至德稱兄弟孝養閨門廱和後進之士皆推慕其風及遭黨錮發憤著書數萬言號曰陳子黨禁解四府並命無所屈就遭父憂每哀至輒歐血絕氣雖衰服已除而積毀消瘠殆將滅性豫州刺史嘉其至行表上尚書圖象百城以厲風俗董卓入洛陽乃使就家拜五官中郎將不得已到京師遷侍中出爲平原相往謁卓時欲徙都長安乃謂紀曰三輔平敞四面險固土地肥美號爲陸海前書曰東方朔曰三輔之地南有江淮北有河渭汧隴以東商洛以西厥壤肥饒此所謂天府陸海之地今關東兵起恐洛陽不可久居長安猶有宮室今欲西遷何如紀曰天下有道守在四夷左傳曰楚沈尹戌曰古者天子守在四夷天子卑守在諸侯也宜修德政以懷不附遷移至尊誠計之末者愚以公宜事委公卿專精外任其有違命則威之以武今關東兵起民不堪命若謙遠朝政率師討伐則塗炭之民庶幾可全若欲徙萬乘以自安將有累卵之危崢嶸之險也累卵解見皇后紀崢音上耕反卓意甚忤而敬紀名行無所復言時議欲以爲司徒紀見禍亂方作不復辨嚴嚴讀曰裝也即時之郡璽書追拜太僕又徵爲尚書令建安初袁紹爲太尉讓於紀紀不受拜大鴻臚年七十一卒於官子羣爲魏司空羣字長文魏志曰魯國孔融才高倨傲年在羣紀之間先與紀友後與羣交更爲紀拜由是顯名天下以爲公慙卿卿慚長弟諶字季方與紀齊德同行父子竝著高名時號三君每宰府辟召常同時旌命羔鴈成羣古者諸侯朝天子卿執羔大夫執鴈士執雉成羣言衆多也當世者靡不榮之諶早終先賢行狀曰豫州百城皆圖畫寔紀諶形像焉○劉攽曰案正文多一者字

論曰漢自中世以下閹豎擅恣故俗遂以遁身矯絜放言爲高放肆其言不拘節制也論語曰隱居放言士有不談此者則芸夫牧豎已叫呼之矣叫呼譏笑之也芸除草也故時政彌惛而其風愈往唯陳先生進退之節必可度也據於德故物不犯安於仁故不離羣行成乎身而道訓天下故凶邪不能以權奪王公不能以貴驕所以聲教廢於上而風俗清乎下也

贊曰二李師淑陳君友皓韓韶就吏嬴寇懷道太丘奧廣模我彝倫會是淵軌薄夫以淳會之言則也慶基既啟有蔚潁濱二方承則八慈繼塵二方元方季方也荀淑八子皆以慈爲字見荀氏家傳也○劉攽曰案凡人相語言及所論議皆當作謂以彼物爲某事乃當作爲其字從平聲後人傳寫之誤爲謂相亂難爲悉改學者宜知之

後漢書卷九十二考證

荀淑傳後再遷當塗長注當塗縣名故城在今宣州○臣世駿按當塗後漢屬九江郡唐屬濠州注云在宣州誤

有子八人儉緄靖燾汪爽肅尃○臣世駿按魏志注引張璠漢紀汪作詵尃作旉此傳注云尃本或作敷疑尃爲傳寫之誤

荀淑子爽及董仲舒制度之別注前書董仲舒曰王者必有其書非但正法度之宜別上下之序○困學記聞曰制度之別正法度別上下之對也春秋繁露有度制篇

又私謚其君父及諸名士○何焯曰此所謂君指太守令長言之

荀淑孫悅與農桑以養其性○諸本同　臣良裘按申鑒原文作養其生

人不樂生不可勸以善○勸字申鑒原文作觀注云漢書作勸字

韓韶傳字仲黃潁川舞陽人也○舞陽本或作長社誤

後漢書卷九十三

宋 宣城太守范曄撰

唐 章懷太子賢注

李杜列傳第五十三

李固傳 子燮

李固字子堅漢中南鄭人司徒郃之子也郃在數術傳固貌狀有奇表鼎角匿犀足履龜文 鼎角者頂有骨如鼎足也匿犀伏犀也謂骨當額上入髮際隱起也足履龜文者二千石見相書 少好學常步行尋師不遠千里 謝承書曰固改易姓名杖策驅驢負笈追師三輔學五經積十餘年博覽古今明於風角星算河圖讖緯仰察俯占窮神知變每到太學密入公府定省父母不令同業諸生知是郃子 遂究覽墳籍結交英賢四方有志之士多慕其風而來學京師咸歎曰是復爲李公矣 言復繼其父爲公也 司隸益州並命郡舉孝廉辟司空掾皆不就 謝承書曰五察孝廉益州再舉茂才不應五府連辟皆辭以疾 陽嘉二年有地動山崩火災之異公卿舉固對策 續漢書曰陽嘉二年詔公卿舉敦樸之士衛尉賈建舉固也 詔又特問當世之敝爲政所宜固對曰臣聞王者父天母地 春秋感精符曰人主日月同明四時合信故父天母地兄日姊月宋均注曰父天於圜丘之祀也母地於方澤之祭也兄日於東郊姊月於西郊 寶有山川 史記曰魏武侯浮西河而下中河顧而謂吳起曰美哉乎河山之固此魏之寶也吳起對曰在德不在險 王道得則陰陽和穆政化乖則崩震爲災斯皆關之天心效於成事者也夫化以職成官由能理古之進者有德有命 命爵命也言有德者乃可加爵命也 今之進者唯財與力伏聞詔書務求寬博疾惡嚴暴而今長吏多殺伐致聲名者必加遷賞其存寬和無黨援者輒見斥逐是以淳厚之風不宣彫薄之俗未革雖繁刑重禁何能有益前孝安皇帝變亂舊典封爵阿母 阿母王聖 因造妖孽使樊豐之徒乘權放恣侵奪主威改亂嫡嗣 謂順帝爲太子時廢爲濟陰王 至令聖躬狼狽親遇其艱既拔自困殆 殆危也 龍興卽位天下喁喁屬望風政積敝之後易致中興誠當沛然思惟善道 沛然寬廣之意 而論者猶云方今之事復同於前臣伏從山草痛心傷臆實以漢興以來三百餘年賢聖相繼十有八主豈無阿乳之恩豈忘爵賞之寵然上畏天威俯案經典知義不可故不封也今宋阿母 謂宋娥也 雖有大功勤謹之德但加賞賜足以酬其勞苦至於裂土開國實乖舊典聞阿母體性謙虛必有遜讓陛下宜許其辭國之高使成萬安之福夫妃后之家所以少完全者豈天性當然但以爵祿尊顯專總權柄天道惡盈不知自損故至顚仆先帝寵遇閻氏位號太疾故其受禍曾不旋時老子曰其進銳其退速也 案孟子有此文謝承書亦云孟子而續漢書復云老子 今梁氏戚爲椒房禮所不臣 公羊傳曰宋殺其大夫何以不名宋三世無大夫三世內娶也何休注云內娶大夫女也言無大夫者禮不臣妻之父母國內皆臣無娶道故絕去大夫名正其義也 椒房者皇后所居以椒泥塗也 尊以高爵尚可然也而子弟羣從榮顯兼加永平建初故事殆不如此宜令步兵校尉冀及諸侍中還居黃門之官使權去外戚政歸國家豈不休乎又詔書所以禁侍中尚書中臣子弟不得爲吏察孝廉者以其秉威權容請託故也而中常侍在日月之側聲埶振天下子弟祿仕曾無限極雖外託謙默不干州郡而諂僞之徒望風進舉今可爲設常禁同之中臣昔館陶公主爲子求郎 館陶公主光武第三女也 明帝不許賜錢千萬所以輕厚賜重薄位者爲官人失才害及百姓也竊聞長水司馬武宣 續漢志曰長水校尉一人比二千石司馬一人千石掌宿衛也 開陽城門候羊迪等 續漢志曰城門每門候一人六百石續漢書曰中都官千石六百石故事先守一歲然後補眞 無他功德初拜便眞此雖小失而漸壞舊章先聖法度所宜堅守故政教一跌百年不復詩云上帝板板下民卒癉 板反也卒盡也癉病也 刺周王變祖法度故使下民將盡病也 詩大雅凡伯刺周厲王也反先王之道下人盡病也 今陛下之有尚書猶天之有北斗也斗爲天喉舌尚書亦爲陛下喉舌 春秋合誠圖曰天理在斗中司三公也如人喉在咽以理舌語宋均注曰斗爲天之舌口主出政教三公主導宜君命喻於人則宜如人喉在咽以理舌口使言有條理 斗斟酌元氣運平四時 春秋保乾圖曰天皇於是斟元氣陳樞以五易威宋均注曰威則也法也天皇斟元氣陳列樞機受行次之當得也 尚書出納王命賦政四海 賦布也 權尊埶重責之所歸若不平心災眚必至誠宜審擇其人以毗聖政今與陛下共理天下者外則公卿尚書內則常侍黃門譬猶一門之內一家之事安則共其福慶危則通其禍敗刺史二千石外統職事內受法則夫表曲者景必邪源清者流必絜猶叩樹本百枝皆動也周頌曰薄言振之莫不震疊 韓詩薛君傳曰薄辭也振奮也莫無也震動也疊應也美成王能奮舒文武之道而行之則天下無不動而應其政教 此言動之於內而應於外者也由此言之本朝號令豈可蹉跌閒隙一開則邪人動心利競暫啓則仁義道塞刑罰不能復禁化導以之寖壞此天下之紀綱當今之急務陛下宜開石室陳圖書 前書曰司馬遷爲太史令紬史記石室金匱之書紬音抽 招會羣儒引問得失指擿變象以求天意其言有中理卽時施行顯拔其人以表能者則聖聽日有所聞忠臣盡其所知又宜罷退宦官去其權重裁置常侍二人方直有德者省事左右小黃門五人才智閑雅者給事殿中如此則論者厭塞升平可致也臣所以敢陳愚瞽冒昧自聞者儻或皇天欲令微臣覺悟陛下陛下宜熟察臣言憐赦臣死順帝覽其對多所納用卽時出阿母還舍諸常侍悉叩頭謝罪朝廷肅然以固爲議郎而阿母宦者疾固言直因詐飛章以陷其罪事從中下大司農黃尚等請之於大將軍梁商又僕射黃瓊救明固事久乃得拜議郎 ○劉攽曰案固前已云爲議郎此又云得拜議郎史之敍事理無若此蓋當云久乃得已復拜議郎少已復二字也 出爲廣漢雒令至白水關解印綬還漢中 [illegible] 杜門不交人事歲中梁商請爲從事中郎商以后父輔政而柔和自守不能有所整裁災異數見下權日重固欲令商先正風化退辭高滿乃奏記曰春秋褒儀父以開義路 隱公元年三月公及邾儀父盟于眜公羊傳曰儀父者何邾婁之君也何以稱字褒之也曷爲褒之爲其與公盟也何休注云春秋王魯託隱公爲受命王因儀父先與隱公盟假以見褒賞義○劉攽曰注爲其與盟也案文少一公字 貶無駭以閉利門 春秋隱公二年經書無駭帥師入極公羊傳曰無駭者何展無駭也何以不氏貶之也曷爲貶疾始滅也 夫義路閉則利門開利門開則義路閉也前孝安皇帝內任伯榮樊豐之屬 伯榮王聖女也 外委周廣謝惲之徒開門受賂署用非次天下紛然怨聲滿道朝廷初立頗存清靜未能數年稍復墮損左右黨進者日有遷拜守死善道者滯涸窮路 守死善道論語文滯涸窮路以魚爲喻也 而未有改敝立德之方又卽位以來十有餘年聖嗣未立羣下繼望 ○劉攽曰案繼是繼續之義不可施於此蓋本是繫字繫天下之望也 可令中宮博簡嬪媵兼採微賤宜子之人進御至尊順助天意若有皇子母自乳養無委保妾醫巫以致飛燕之禍 趙飛燕成帝皇后妹爲昭儀專寵成帝貴人曹偉能等生皇子皆殺之 明將軍望尊位顯當以天下爲憂崇尚謙省垂則萬方而新營祠堂費功億計非以昭明令德崇示清儉自數年以來災怪屢見比無雨潤而沈陰鬱泱 雲起貌 宮省之內容有陰謀孔子曰智者見變思刑愚者覩怪諱名天道無親可爲祗畏 祗敬也言天無親疏惟善是與可敬畏也書曰皇天無親 近者月食既於端門之側 既盡也端門太微宮南門也 月者大臣之體也 前書李尋上疏曰月者衆陰之長妃后大臣諸侯之象也 夫窮高則危大滿則溢月盈則缺日中則移 易豐卦曰日中則昃月盈則食天地盈虛與時消息史記蔡澤謂范雎曰日中則移月滿則虧也 凡此四者自然之數也天地之心福謙忌盛 易曰鬼神害盈而福謙人道惡盈而好謙 是以賢達功遂身退 老子曰功成名遂身退天之道也 全名養壽無有怵迫之憂 爲利所誘怵迫於憂勤也怵音息律反或音黜 誠令王綱一整道行忠立明公踵伯成之高全不朽之譽 莊子曰伯成子高唐虞時爲諸侯至禹去而耕禹往見之則耕在野禹問曰昔堯化天下吾子立爲諸侯堯授舜舜授予子去而耕其故何也子高曰昔堯化天下至公無私不賞而人自勸不罰而人自畏今子賞而不勸罰而不威德自此衰刑自此作夫子盍行無留吾事侶侶然耕不顧亦見呂氏春秋 豈與此外戚凡輩耽榮好位者同日而論哉固狂夫下愚不達大體竊感古人一飯之報 謂靈輒也 況受顧遇而容不盡乎商不能用永和中荊州盜賊起彌年不定乃以固爲荊州刺史固到遣吏勞問境內赦寇盜前釁與之更始於是賊帥夏密等斂其魁黨六百餘人自縛歸首固皆原之遣還使自相招集開示威法半歲間餘類悉降州內清平上奏南陽太守高賜等臧穢賜等懼罪遂共重賂大將軍梁冀冀爲千里移檄 言移一日行千里救之急也 而固持之愈急冀遂令徙固爲太山太守時太山盜賊屯聚歷年郡兵常千人追討不能制固到悉罷遣歸農但選留任戰者百餘人以恩信招誘之未滿歲賊皆弭散遷將作大匠上疏陳事曰臣聞氣之清者爲神人之清者爲賢養身者以練神爲寶安國者以積賢爲道昔秦欲謀楚王孫圉設壇西門陳列名臣秦使懼然遂爲寢兵 秦欲伐楚楚使使者往觀楚之寶器昭奚恤乃爲壇使客東面自居西面之壇稱曰理百姓實倉廩子西在此奉珪璋使諸侯子方在此守封疆謹境界葉公子高在此理師旅正兵戎司馬子反在此懷霸王之餘義攝治亂之遺風昭奚恤在此惟大國所觀使反言於秦君曰楚多賢臣未可謀也事見新序國語曰楚王孫圉聘於晉趙簡子鳴玉以相問圉曰楚之白珩猶在乎其爲寶也幾何對曰未嘗爲寶也楚人有觀射父能作訓辭以行諸侯有左史倚相道訓典以序百物此楚國之寶也若夫古玉白珩先王之所玩也何寶爲與此所引不同也 魏文侯師卜子夏友田子方軾段干木故羣俊競至名過齊桓秦人不敢闚兵於西河斯蓋積賢人之符也 魏文侯受經於子夏過段干木之閭未嘗不軾也李克曰文侯東得卜子夏田子方段干木此三人者君皆師之又秦欲伐魏或曰魏君賢人是禮國人稱仁上下和合未可圖也事見史記 陛下撥亂龍飛初登大位聘南陽樊英江夏黃瓊廣漢楊厚會稽賀純 謝承書曰純字仲眞會稽山陰人少爲諸生博極羣藝十辟公府三舉賢良方正五徵博士四公車徵皆不就後徵拜議郎數陳災異上便宜數百事多見省納遷江夏太守 策書嗟歎待以大夫之位是以巖穴幽人智術之士彈冠振衣樂欲爲用四海欣然歸服聖德厚等在職雖無奇卓然夕惕孳孳志在憂國臣前在荊州聞厚純等以病免歸誠以悵然爲時惜之一日朝會見諸侍中並皆年少無一宿儒大人可顧問者誠可歎息宜徵還厚等以副羣望瓊久處議郎已且十年衆人皆怪始隆崇今更滯也 隆高也崇重也 光祿大夫周舉才謨高正宜在常伯訪以言議侍中杜喬學深行直當世良臣久託疾病可勑令起又薦陳留楊倫 倫見儒林傳 河南尹存東平王惲陳國何臨 臨字子陵熙之子爲平原太守見百家譜也 清河房植等 植見黨人篇也 是日有詔徵用倫厚等而遷瓊舉以固爲大司農先是周舉等八使案察天下多所劾奏其中並是宦者親屬輒爲請乞詔遂令勿考又舊任三府選令史光祿試尚書郎時皆特拜不復選試固乃與廷尉吳雄上疏以爲八使所糾宜急誅罰選舉署置可歸有司帝感其言乃更下免八使所舉刺史二千石自是希復特拜切責三公明加考察朝廷稱善乃復與光祿勳劉宣上言自頃選舉牧守多非其人至行無道侵害百姓又宜止槃遊專心庶政帝納其言於是下詔諸州劾奏守令以下政有乖枉遇人無惠者免所居官其姦穢重罪收付詔獄及沖帝卽位以固爲太尉與梁冀參錄

尙書事明年帝崩梁太后以楊徐盜賊盛強恐驚擾致亂使中常侍詔固等欲須所徵諸王侯到乃發喪固對曰帝雖幼少猶天下之父今日崩亡人神感動豈有臣子反共掩匿乎昔秦皇亡於沙丘（史記曰始皇東巡道病崩於沙丘徐廣曰趙有沙丘宮在鉅鹿也）胡亥趙高隱而不發卒害扶蘇以至亡國（丞相李斯爲始皇崩在外恐諸公子及天下有變乃祕之不發喪獨胡亥趙高等知陰謀破去始皇所封書賜公子扶蘇死而立胡亥爲太子胡亥元年楚漢並起）近北鄉侯薨閻后兄弟及江京等亦共掩祕遂有孫程手刃之事（江京劉安等坐省門下孫程與王康等就斬京安等立順帝也）此天下大忌不可之甚者也太后從之卽暮發喪固以清河王蒜年長有德欲立之謂梁冀曰今當立帝宜擇長年高明有德任親政事者願將軍審詳大計察周霍之立文宣（周勃立文帝霍光立宣帝也）戒鄧閻之利幼弱（謂鄧太后立殤帝殤帝時誕育百餘日三歲而崩又立安帝時十餘歲閻太后立北鄉侯其年薨又徵諸王子擇立之）冀不從乃立樂安王子纘年八歲是爲質帝時冲帝將北卜山陵固乃議曰今處處寇賊軍興用費加倍新創憲陵賦發非一帝尙幼小可起陵於憲陵塋內依康陵制度（康陵殤帝陵也）其於役費三分減一乃從固議時太后以比遭不造委任宰輔固所匡正每輒從用其黃門宦者一皆斥遣天下咸望遂平而梁冀猜專每相忌疾初順帝時諸所除官多不以次及固在事奏免百餘人此等既怨又希望冀旨遂共作飛章虛誣固罪曰臣聞君不稽古無以承天（書曰粵若稽古帝堯鄭玄注曰稽同也古天也言能同天而行者帝堯）臣不述舊無以奉君昔堯殂之後舜仰慕三年坐則見堯於牆食則覩堯於羹（太公兵法曰帝堯王天下之時金銀珠玉弗服也錦繡文綺弗衣也奇怪異物弗視也玩好之器弗寶也淫佚之樂弗聽也宮垣室屋弗堊色也椽桷柱楹弗藻飾也茅茨之蓋弗翦齊也滋味重累弗食也溫飯煖羹酸餧不易也）斯所謂聿追來孝不失臣子之節者（聿述也詩大雅曰文王烝哉遹追來孝言文王能述追王季勤孝之行也）太尉李固因公假私依正行邪離間近戚自隆支黨至於表舉蕩達例皆門徒及所辟召靡非先舊或富室財賂或子壻婚屬其列在官牒者凡四十九人又廣選賈豎以補令史募求好馬臨窻呈試出入踰侈輜軿曜日大行在殯路人掩涕固獨胡粉飾貌搔頭弄姿（西京雜記曰武帝過李夫人就取玉簪搔頭自此宮人搔頭皆用玉）槃旋偃仰從容冶步曾無慘怛傷悴之心山陵未成違矯舊政善則稱己過則歸君斥逐近臣不得侍送作威作福莫固之甚臣聞台輔之位實和陰陽璇璣不平寇賊姦軌（書曰璇璣玉衡以齊七政孔安國注曰璇美玉也璣衡也王者正天文之器可運轉者也又曰寇賊姦軌注曰羣行攻劫曰寇殺人曰賊在外曰姦在內曰軌）則責在太尉（續漢志曰太尉掌四方兵事功課歲盡則奏殿最而行賞罰也）固受任之後東南跋扈兩州數郡（謂九江賊徐鳳馬勉等攻燒城邑廣陵賊張嬰等攻殺江都長九江廣陵是荊揚之地故云兩州也）千里蕭條兆人傷損大化陵遲而詆疵先主苟肆狂狷存無廷爭之忠沒有誹謗之說夫子罪莫大於累父臣惡莫深於毀君固之過釁事合誅辟（據吳祐傳此章馬融之詞）書奏冀以白太后使下其事太后不聽得免冀忌帝聰慧恐爲後患遂令左右進鴆帝苦煩甚使促召固固入前問陛下得患所由帝尙能言曰食煮餅令腹中悶得水尙可活時冀亦在側曰恐吐不可飲水語未絕而崩固伏尸號哭推舉侍醫冀慮其事泄大惡之因議立嗣固引司徒胡廣司空趙戒（謝承書戒字志伯蜀郡成都人也戒博學明經講授舉孝廉累遷荊州刺史梁商弟讓爲南陽太守恃椒房之寵不奉法戒到州劾奏之遷河閒相以冀部難理整厲威嚴遷戒南陽太守糾豪傑恤吏人奏免中官貴戚子弟爲令長貪濁者徵拜爲尙書令出爲河南尹轉拜太常永和六年特拜司空也）先與冀書曰天下不幸仍遭大憂皇太后聖德當朝攝統萬機明將軍體履忠孝憂存社稷而頻年之間國祚三絕（順帝崩沖帝立一年崩質帝一年崩）今當立帝天下重器誠知太后垂心將軍勞慮詳擇其人務存聖明然愚情眷眷竊獨有懷遠尋先世廢立舊儀近見國家踐祚前事未嘗不詢訪公卿廣求羣議令上應天心下合衆望且永初以來政事多謬地震宮廟彗星竟天誠是將軍用情之日傳曰以天下與人易爲天下得人難昔昌邑之立昏亂日滋霍光憂愧發憤悔之折骨（昌邑王賀武帝昌邑哀王子也昭帝崩霍光立之）自非博陸忠勇（霍光封博陸侯前書音義曰博大陸平取其嘉名無此縣也食邑北海河東也）延年奮發大漢之祀幾將傾矣（霍光召丞相已下議曰昌邑王行昏亂恐危社稷如何羣臣皆驚愕失色大司農田延年前離席案劍曰今日之議不得旋踵羣臣後應者臣請劍斬之於是廢立遂定）至憂至重可不熟慮悠悠萬事唯此爲大國之興衰在此一舉冀得書乃召三公中二千石列侯大議所立固廣戒及大鴻臚杜喬皆以爲清河王蒜明德著聞又屬最尊親宜立爲嗣先是蠡吾侯志常取冀妹時在京師冀欲立之衆論既異憤憤不得意而未有以相奪（未有別理而易奪之）中常侍曹騰等聞而夜往說冀曰將軍累世有椒房之親秉攝萬機賓客縱橫多有過差清河王嚴明若果立則將軍受禍不久矣不如立蠡吾侯富貴可長保也冀然其言明日重會公卿冀意氣凶凶而言辭激切自胡廣趙戒以下莫不懾憚之皆曰惟大將軍令而固獨與杜喬堅守本議冀厲聲曰罷會固意既不從猶望衆心可立復以書勸冀愈激怒乃說太后先策免固竟立蠡吾侯是爲桓帝後歲餘甘陵劉文魏郡劉鮪各謀立蒜爲天子梁冀因此誣固與文鮪共爲妖言下獄門生勃海王調貫械上書證固之枉河內趙承等數十人亦要鈇鑕詣闕通訴（字林曰鈇椹也鑕音質椹音竹心反）太后明之乃赦焉及出獄京師市里皆稱萬歲冀聞之大驚畏固名德終爲己害乃更據奏前事遂誅之時年五十四（固臨終敕子孫素棺三寸幅巾殯殮於本郡墝埆之地不得還墓塋汚先公兆域見謝承書也）臨終與胡廣趙戒書曰固受國厚恩是以竭其股肱不顧死亡志欲扶持王室比隆文宣（文帝宣帝皆羣臣迎立能興漢祚）何圖一朝梁氏迷謬公等曲從以吉爲凶成事爲敗乎漢家衰微從此始矣公等受主厚祿顚而不扶傾覆大事後之良史豈有所私固身已矣於義得矣夫復何言廣戒得書悲慚皆長歎流涕州郡收固二子基茲於偃城皆死獄中（續漢書曰基偃師長袁宏記曰基字憲公茲字季公並爲長史聞固策免並弃官亡歸巴漢南鄭趙子賤爲郡功曹詔下郡殺固二子太守知其枉遇之甚寬二子託服藥死具棺器欲因出逃子賤畏法敕吏驗實就殺之）小子燮得脫亡命冀乃封廣戒而露固尸於四衢（爾雅曰四達謂之衢郭璞注曰交通四出者也）令有敢臨者加其罪固弟子汝南郭亮（謝承書曰亮字恒直邵陵人也）年始成童（成童年十五也禮記曰十五成童舞象也）遊學洛陽乃左提章鉞（章謂所上章也蒼頡篇曰鉞斧也）右秉鈇鑕詣闕上書乞收固屍不許因往臨哭陳辭於前遂守喪不去夏門亭長呵之曰（洛陽北面西頭門門外有萬壽亭）李杜二公爲大臣不能安上納忠而興造無端卿曹何等腐生公犯詔書干試有司乎（腐生者猶言腐儒也）亮曰亮含陰陽以生戴乾履坤義之所動豈知性命何爲以死相懼亭長歎曰居非命之世（非命謂衰亂之時人多不得其死也）天高不敢不跼地厚不敢不蹐（跼曲也蹐累足也言天高而有雷霆地厚而有淪陷上下皆可畏懼也詩云謂天蓋高不敢不跼謂地蓋厚不敢不蹐也）耳目適宜視聽口不可以妄言也太后聞而不誅南陽人董班亦往哭固而殉尸不肯去（殉遝也楚國先賢傳曰班字季宛人也少遊太學宗事李固才高行美不交非類躬耕澤畔惡衣蔬食聞固死乃星行奔赴哭泣盡哀司隷察狀奏聞天子釋而不罪班遂守尸積十日不去桓帝嘉其義烈聽許送喪到漢中赴葬畢而還也）太后憐之乃聽得襚斂歸葬二人由此顯名三公並辟班遂隱身莫知所歸固所著章表奏議教令對策記銘凡十一篇弟子趙承等悲歎不已乃共論固言迹以爲德行一篇（謝承書曰固所授弟子潁川杜訪汝南鄭遂河內趙承等七十二人相與哀歎悲憤以爲眼不復瞻固形容耳不復聞固嘉訓乃共論集德行一篇）燮字德公初固既策罷知不免禍乃遣三子歸鄉里時燮年十三姊文姬爲同郡趙伯英妻賢而有智見二兄歸具知事本默然獨悲曰李氏滅矣自太公以來積德累仁何以遇此（太公謂郃父郃也）密與二兄謀豫藏匿燮託言還京師人咸信之有頃難作下郡收固三子二兄受害文姬乃告父門生王成曰君執義先公有古人之節今委君以六尺之孤（六尺謂年十五以下）李氏存滅其在君矣成感其義乃將燮乘江東下入徐州界內令變名姓爲酒家傭（謝承書曰燮遠遁身於北海劇託命滕咨家以得免與此不同）而成賣卜於市各爲異人陰相往來燮從受學酒家異之意非恒人以女妻燮燮專精經學十餘年間梁冀既誅而災眚屢見明年史官上言宜有赦令又當存錄大臣冤死者子孫於是大赦天下幷求固後嗣燮乃以本末告酒家酒家具車重厚遣之皆不受遂還鄉里追服姊弟相見悲感傍人既而戒燮曰先公正直爲漢忠臣而遇朝廷傾亂梁冀肆虐令吾宗祀血食將絕今弟幸而得濟豈非天邪宜杜絕衆人勿妄往來愼無一言加於梁氏加梁氏則連主上禍重至矣唯引咎而已燮謹從其誨後王成卒燮以禮葬之感傷舊恩每四節爲設上賓之位而祠焉州郡禮命四府並辟皆無所就後徵拜議郎及其在位廉方自守所交皆舍短取長好成人之美時潁川荀爽賈彪雖俱知名而不相能燮並交二子情無適莫世稱其平正（論語曰君子之於天下也無適也無莫也義之與比）靈帝時拜安平相先是安平王續爲張角賊所略國家贖王得還朝廷議復其國燮上奏曰續在國無政爲妖賊所虜守藩不稱損辱聖朝不宜復國時議者不同而續竟歸藩燮以謗毀宗室輸作左校未滿歲王果坐不道被誅乃拜燮爲議郎京師語曰父不肯立帝子不肯立王擢遷河南尹時既以貨賂爲官詔書復橫發錢三億以實西園（事見宦者傳）燮上書陳諫辭義深切帝乃止先是潁川甄邵諂附梁冀爲鄴令有同歲生得罪於冀亡奔邵邵僞納而陰以告冀冀卽捕殺之邵當遷爲郡守會母亡邵且埋屍於馬屋先受封然後發喪（○劉攽曰案甄邵還爲郡守不得言受封未知當何字或云少一璽字先受璽封謂拜郡詔也）邵還至洛陽燮行塗遇之使卒投車於溝中笞捶亂下大署帛於其背曰諂貴賣友貪官埋母乃具表其狀邵遂廢錮終身燮在職二年卒時人感其世忠正咸傷惜焉

杜喬傳

杜喬字叔榮河內林慮人也（續漢書曰喬祖吏二千石喬少好學治韓詩京氏易歐陽尙書以孝稱雖二千石子常步擔求師林慮今相州縣也）少爲諸生舉孝廉辟司徒楊震府稍遷爲南郡太守轉東海相入拜侍中漢安元年以喬守光祿大夫使徇察兗州表奏太山太守李固政爲天下第一陳留太守梁讓濟陰太守汜宮濟北相崔瑗等臧罪千萬以上讓卽大將軍梁冀季父宮瑗皆冀所善還拜太子太傅遷大司農時梁冀子弟五人及中常侍等以無功並封喬上書諫曰陛下越從藩臣龍飛卽位天人屬心萬邦攸賴不急忠賢之禮而先左右之封傷善害德興長佞諛臣聞古之明君褒罰必以功過末世闇主誅賞各緣其私今梁氏一門宦者微孽（孽音魚列反公羊傳曰臣僕庶孽之事何休注云孽賤子也猶樹之有孽生也）並帶無功之紱（蒼頡篇紱綬也）裂勞臣之土其爲乖濫胡可勝言夫有功不賞

爲善失其望姦回不詰爲惡肆其凶故陳賁斧而人靡畏班爵位而物無勸易旅卦九四曰旅于處得其資斧前書音義曰資利也苟遂斯道豈伊傷政爲亂而已喪身亡國可不愼哉書奏不省益州刺史种暠舉劾永昌太守劉君世以金蛇遺梁冀事發覺以蛇輸司農冀從喬借觀之喬不肯與冀始爲恨累遷大鴻臚時冀小女死令公卿會喪喬獨不往冀又銜之遷光祿勳建和元年代胡廣爲太尉桓帝將納梁冀妹冀欲令以厚禮迎之喬據執舊典不聽時有司奏曰春秋迎王后于紀在塗則稱后今大將軍冀女弟宜備禮章時進徵幣奏可於是悉依惠帝納后故事聘黃金一萬斤納采鴈璧乘馬一依舊典也又冀屬喬舉氾宮爲尚書喬以宮臧罪明著遂不肯用因此日忤於冀先是李固見廢內外喪氣羣臣側足而立唯喬正色無所回橈回邪也橈曲也由是海內歎息朝野瞻望焉在位數月以地震免宦者唐衡左悺等因共譖於帝曰陛下前當卽位喬與李固抗議言上不堪奉漢宗祀抗舉也帝亦怨之及清河王蒜事起梁冀遂諷有司劾喬及李固與劉鮪等交通請逮案罪而梁太后素知喬忠但策免而已續漢書曰喬諸生耿伯書與鮪同止冀諷吏執鮪爲喬門生冀愈怒使人脅喬曰早從宜妻子可得全從宜令其自盡也喬不肯明日冀遣騎至其門不聞哭者遂白執繫之死獄中妻子歸故郡與李固俱暴尸於城北家屬故人莫敢視者喬故掾陳留楊匡聞之號泣星行到洛陽乃著故赤幘託爲夏門亭吏守衞尸喪驅護蠅蟲積十二日都官從事執之以聞太后義而不罪匡於是帶鈇鑕詣闕上書并乞李杜二公骸骨太后許之成禮殯殮送喬喪還家葬送行服隱匿不仕匡初好學常在外黃大澤教授門徒補蘄長蘄今徐州縣也音機政有異績遷平原令時國相徐曾中常侍璜之兄也匡恥與接事託疾牧豕云袁山松書匡一名章字叔康也

論曰夫稱仁者其道弘矣弘大也言非一塗也立言踐行立其言必踐而行之也豈徒徇名安己而已哉徇求也將以定去就之槩正天下之風使生以理全死與義合也槩節也立身之道唯孝與忠全死生之義須得其所夫專爲義則傷生貴義則賤生也專爲生則騫義騫違也專爲物則害智爲物則役智故爲害專爲己則損仁若義重於生舍生可也生重於義全生可也孟子曰魚我所欲熊掌我所欲也二者不可得兼舍魚而取熊掌者也生亦我所欲也義亦我所欲也二者不可得兼舍生而取義者也上以殘闇失君道下以篤固盡臣節臣節盡而死之則爲殺身以成仁去之不爲求生以害仁也論語無求生以害仁有殺身以成仁順桓之閒國統三絕太后稱制賊臣虎視李固據位持重以爭大義確乎而不可奪確堅貌也易曰確乎其不可拔論語曰臨大節而不可奪豈不知守節之觸禍恥夫覆折之傷任也易曰鼎折足覆公餗言不勝其任也覩其發正辭及所遺梁冀書雖機失謀乖猶戀戀而不能已至矣哉社稷之心乎其顧視胡廣趙戒猶糞土也

贊曰李杜司職朋心合力朋猶同也致主文宣抗情伊稷伊伊尹稷后稷也道亡時晦終離罔極離遭也毛詩曰讒人罔極變同趙孤趙朔之子趙武史記曰晉景公三年大夫屠岸賈殺趙朔趙朔客程嬰公孫杵臼匿朔遺腹子於中山居十五年後景公與韓厥立趙孤而攻滅屠岸賈也世載弦直載行也

後漢書卷九十三考證

李固傳開陽城門候羊迦等○羊字本或作揚

如近者月食既於端門之側○如字本或作加

夏門亭長呵之曰○臣世駿按杜喬傳喬故掾陳留楊匡托爲夏門亭吏守衞尸喪卽此夏門亭長也章懷失注

後漢書卷九十四

宋　宣城太守范　曄撰

唐　章懷太子　賢注

吳延史盧趙列傳第五十四

吳祐傳

吳祐字季英祐音又續漢書作佑陳留長垣人也父恢爲南海太守恢或作惔音徒濫反祐年十二隨從到官恢欲殺青簡以寫經書殺青者以火炙簡令汗取其青易書復不蠹謂之殺青亦謂汗簡義見劉向別錄也祐諫曰今大人踰越五領領者西自衡山之南東至于海一山之限耳別標名則有五焉裴氏廣州記云大庾始安臨賀桂陽揭陽是爲五領鄧德明南康記曰大庾一也桂陽甲騎二也九眞都龐三也臨賀萌渚四也始安越城五也裴氏之說則爲審矣遠在海濱其俗誠陋然舊多珍怪上爲國家所疑下爲權戚所望希望其賂遺也此書若成則載之兼兩車有兩輪故稱兩也昔馬援以薏苡興謗王陽以衣囊徼名徼要也音江堯反前書曰王陽好車馬衣服鮮明而遷徙轉移所載不過囊橐時人怪其奢伏其儉故俗傳王陽能作黃金嫌疑之間誠先賢所愼也恢乃止撫其首曰吳氏世不乏季子矣季子謂札也及年二十喪父居無擔石而不受贍遺常牧豕於長垣澤中續漢書曰年四十餘乃爲郡吏也行吟經書遇父故人謂曰卿二千石子而自業賤事縱子無恥奈先君何祐辭謝而已守志如初後舉孝廉陳留耆舊傳曰太守冷宏召補文學宏見異之擢舉孝廉將行郡中爲祖道祐越壇共小史雍丘黃眞歡語移時與結友而別祖道之禮封土爲軷壇也五紀受義曰祖道者行祭爲道路祈也周禮大馭掌王玉路以祀及犯軷注云犯軷者封土象山於路側以芻棘柏爲神主祭之以車轢軷而去喻無險難○劉攽曰注以芻棘柏案禮記云菩芻棘柏此少一菩字也功曹以祐倨請黜之太守曰吳季英有知人之明卿且勿言眞後亦舉孝廉除新蔡長世稱其清節謝承書曰眞字夏甫時公沙穆來遊太學無資糧乃變服客傭爲祐賃舂祐與語大驚遂共定交於杵臼之間祐以光祿四行遷膠東侯相漢官儀曰四行敦厚質樸遜讓節儉也時濟北戴宏父爲縣丞宏年十六從在丞舍祐每行園常聞諷誦之音奇而厚之亦與爲友卒成儒宗知名東夏東夏東方也尙書曰尹茲東夏也官至酒泉太守濟北先賢傳曰宏字元襄剛縣人也年三十二爲郡督郵曾以職事見詰府君欲撻之宏曰今郡遺明府咸以爲仲尼之君國小人少以宏爲顏同豈聞仲尼有撻顏回之義府君異其對卽日敎署主簿也祐政唯仁簡以身率物民有爭訴者輒閉閤自責然後斷其訟以道譬之或身到閭里重相和解自是之後爭隙省息吏人懷而不欺嗇夫孫性私賦民錢續漢書曰賦錢五百爲父市單衣市衣以進其父父得而怒曰有君如是何忍欺之促歸伏罪性慙懼詣閤持衣自首祐屛左右問其故性具談父言祐曰掾以親故受汙穢之名所謂觀過斯知仁矣論語載孔子之言也使歸謝其父還以衣遺之又安丘男子毋丘長與母俱行市道遇醉客辱其母長殺之而亡安丘追蹤於膠東得之祐呼長謂曰子母見辱人情所恥然孝子忿必慮難動不累親論語孔子曰忿思難又曰一朝之忿忘其身以及其親非惑與今若背親逞怒若汝也逞快也白日殺人赦若非義刑若不忍將如之何長以械自繫在手曰械曰國家制法囚身犯之明府雖加哀矜恩無所施祐問長有妻子乎對曰有妻未有子也卽移安丘逮長妻妻到解其桎梏使同宿獄中妻遂懷孕至冬盡行刑長泣謂母曰負母應死當何以報吳君乎乃齧指而吞之含血言曰妻若生子名之吳生言我臨死吞指爲誓屬兒以報吳君因投繯而死謂以繩爲繯投之而縊也繯音胡犬反祐在膠東九年陳留耆舊傳曰祐處同僚無私書之問上司無饋遺之敬在膠東書不入京師也遷齊相大將軍梁冀表爲長史及冀誣奏太尉李固祐聞而請見與冀爭之不聽時扶風馬融在坐爲冀章草祐因謂融曰李公之罪成於卿手李公卽誅卿何面目見天下之人乎冀怒而起入室祐亦徑去冀遂出祐爲河閒相因自免歸家不復仕躬灌園蔬以經書教授年九十八卒長子鳳官至樂浪太守少子愷新息令鳳子馮鮦陽侯相鮦陽縣屬汝南郡音紂皆有名於世陳留耆舊傳曰鳳字君雅馮字子高

延篤傳

延篤字叔堅南陽犨人也犨音昌猶反故城在汝州魯山縣東南也少從潁川唐溪典受左氏傳先賢行狀曰典字季度爲西鄂長風俗通曰吳夫槩王奔楚封堂谿因以爲氏典爲五官中郎將唐與堂同也旬日能諷誦之典深敬焉先賢行狀曰篤欲寫左氏傳無紙唐溪典以廢牋記與之篤以牋記紙不可寫傳乃借本諷之糧盡辭歸典曰卿欲寫傳何故辭歸篤曰已諷之矣典聞之歎曰嗟乎延生雖復端木閒一知二未足爲喻若使尼父更起於洙泗君當編名七十與游夏爭匹也又從馬融受業博通經傳及百家之言能著文章有名京師舉孝廉爲平陽侯相到官表龔遂之墓立銘祭祠擢用其後於畎畝之間前書龔遂山陽南平陽人爲勃海太守南平陽故城在今兗州鄒縣以師喪棄官奔赴五府並辟不就桓帝以博士徵拜議郎與朱穆邊韶共著作東觀稍遷侍中帝數問政事篤詭辭密對穀梁傳曰故士造辟而言詭辭而出范甯注云辟君也詭辭而出不以實告人也動依典義遷左馮翊又從京兆尹其政用寬仁憂恤民黎擢用長者與參政事郡中歡愛三輔咨嗟爲先是陳留邊鳳爲京兆尹亦有能名郡人爲之語曰前有趙張三王前書趙廣漢張敞王遵王章王駿俱爲京兆尹也後有邊延二君時皇子有疾下郡縣出珍藥而大將軍梁冀遣客齎書詣京兆并貨牛黃吳普本草曰牛黃味苦無毒牛出入呻者有之夜有光走角中牛死入膽中如雞子黃神農本草曰療驚癇除邪逐鬼篤發書收客曰大將軍椒房外家而皇子有疾必應陳進醫方豈當使客千里求利乎遂殺之冀慙而不得言有司承旨欲求其事篤以病免歸教授家巷時人或疑仁孝前後之證篤乃論之曰觀夫仁孝之辯辯爭也紛然異端互引典文代取事據代更也可謂篤論矣篤厚也夫人二致同源總率百行二致仁孝也易繫辭曰殊塗而同歸百慮而一致也非復銖兩輕重必定前後之數也而如欲分其大較較猶略也體而名之則孝在事親仁施品物施物則功濟於時事親則德歸於己於己則事寡濟事則功多推此以言仁則遠矣然物有出微而著事有由隱而章近取諸身則耳有聽受之用目有察見之明足有致遠之勞手有飾衞之功功雖顯外本之者心也遠取諸物則草木之生始於萌牙終於彌蔓枝葉扶疏榮華紛縟說文曰縟繁綵飾也末雖繁蔚致之者根也夫仁人之有孝猶四體之有心腹四體猶手足也枝葉之有根本也聖人知之故曰夫孝天之經也地之義也人之行也左氏傳趙簡子問子太叔何謂禮對曰聞諸先大夫子產曰夫禮天之經也地之義也人之行也天地之經人實則之則天之明因地之利孔子取爲孝經之詞也君子務本本立而道生孝悌也者其爲仁之本與論語載有若之詞也然體大難備物性好偏故所施不同事少兩兼者也如必對其優劣則仁以枝葉扶疏爲大孝以心體本根爲先可無訟也或謂先孝後仁非仲尼序回參之意論語孔子曰參也魯回也其庶乎言庶幾於善道也魯鈍也言若先孝後仁則曾參不得不賢於顏子蓋以爲仁孝同質而生純體之者則互以爲稱虞舜顏回是也虞舜顏回純德既備或仁或孝但隨其所稱爾若偏而體

之則各有其目公劉曾參是也史記公劉后稷曾孫也能修復后稷之業務耕種行地宜百姓懷之多從而保歸焉故公劉以仁紀德曾參以至孝稱賢此則各自爲目不能總兼其美也夫曾閔以孝悌爲至德曾參閔損也管仲以九合爲仁功論語孔子曰桓公九合諸侯不以兵車管仲之力如其仁其仁九合者謂再會於鄄兩會于幽又會檉首止甯毋洮葵丘也未有論德不先回參考功不大夷吾以此而言各從其稱者也前越嶲太守李文德素善於篤時在京師謂公卿曰延叔堅有王佐之才奈何屈千里之足乎欲令引進之篤聞乃爲書止文德曰夫道之將廢所謂命也論語孔子曰道之將行也與命也道之將廢也與命也流聞乃欲相爲求還東觀來命雖篤所未敢當吾嘗昧爽櫛梳坐於客堂孔安國注尚書曰昧冥也爽明也朝則誦羲文之易虞夏之書歷公旦之典禮覽仲尼之春秋周公攝政七年制禮作樂班固東都賦曰今論者但知誦虞夏之書詠殷周之詩講羲文之易論孔氏之春秋也夕則消搖內階詠詩南軒楚詞高堂邃宇檻層軒王逸注云軒樓板也百家衆氏投間而作言誦經典之餘投射間隙而散百氏也洋洋乎其盈耳也洋洋美也渙爛兮其溢目也渙爛文章貌也紛紛欣欣兮其獨樂也當此之時不知天之爲蓋地之爲輿宋玉大言賦曰方地爲輿圓天爲蓋也不知世之有人己之有軀也雖漸離擊筑傍若無人說文曰筑五絃之樂也沈約宋書曰筑不知誰所造也史記唯云高漸離擊筑案今筑形似箏有項有柱史記荊軻至燕日與屠狗及高漸離擊筑荊軻和而歌於市中相樂已而相泣傍若無人高鳳讀書不知暴雨事見逸人傳方之於吾未足况也且吾自束脩已來束脩謂束帶脩飾鄭玄注論語曰謂年十五已上也爲人臣不陷於不忠爲人子不陷於不孝上交不諂下交不黷易繫辭之文也從此而殁下見先君遠祖可不慙赧赧色媿曰赧音女版反如此而不以善止者恐如教羿射者也史記有養由基者善射者也去柳葉百步而射之百發而百中之左右觀者百餘人皆曰善射有一人立其旁曰善可教射矣養由基怒釋弓搤劒曰客安能教我射乎客曰非吾能教子左詘右也夫去柳葉百步而射之百發百中之不以善息少焉氣衰力倦弓撥矢鉤一發不中者百發盡息此言羿者蓋以俱善射而稱之焉愼勿迷其本弃其生也後遭黨事禁錮錮謂閉塞永康元年卒于家鄉里圖其形于屈原之廟屈原楚大夫抱忠貞而死篤有志行文章故圖其像而偶之焉篤論解經傳多所駮正後儒服虔等以爲折中所著詩論銘書應訊表教令訊問也蓋答客難之類凡二十篇云

史弼傳

史弼字公謙陳留考城人也父敞順帝時以佞辯至尚書郡守續漢書曰敞爲京兆尹化有能名尤善條教見稱於三輔也弼少篤學聚徒數百仕州郡謝承書曰弼年二十爲郡功曹承前太守宋訢獄溷之後悉條諸生聚斂吏百餘人皆白太守埽迹遁縣高名由此而興辟公府遷北軍中候是時桓帝弟渤海王悝素行險僻僭傲多不法弼懼其驕悖爲亂乃上封事曰臣聞帝王之於親戚愛雖隆必示之以威體雖貴必禁之以度如是和睦之道興骨肉之恩遂昔周襄王恣甘昭公甘昭公王子帶周襄王弟也食邑於甘諡曰昭左傳曰初甘昭公有寵於惠后后將立之未及而卒昭公奔齊王復之遂以狄師攻王王出適鄭也孝景皇帝驕梁孝王梁孝王景帝弟竇太后少子愛之賜天子旌旗出警入蹕景帝常與王宴太后前曰千秋萬歲後傳王爰盎諫不許遂令人刺殺盎也而二弟階寵終用教慢卒周有播蕩之禍漢有爰盎之變竊聞渤海王悝憑至親之屬恃偏私之愛失奉上之節有僭慢之心外聚剽輕不逞之徒剽悍也逞快也謂彼僥枉不快之人也左傳曰率羣不逞之人剽音疋妙反內荒酒樂出入無常所與羣居皆有口無行有虛言無實行也或家之弃子或朝之斥臣必有羊勝伍被之變前書羊勝勸梁王求漢嗣伍被勸淮南王謀反誅也州司不敢彈糾傅相不能匡輔陛下隆於友于不忍遏絕友親也尚書曰惟孝友于兄弟恐遂滋蔓爲害彌大滋長也蔓延也乞露臣奏宣示百僚使臣得於清朝明言其失然後詔公卿平處其法法決罪定乃下不忍之詔臣下固執然後少有所許如是則聖朝無傷親之議勃海有享國之慶不然懼大獄將興使者相望於路矣臣職典禁兵備禦非常而妄知藩國干犯至戚罪不容誅不勝憤懣謹冒死以聞帝以至親不忍下其事後悝竟坐逆謀貶爲癭陶王弼遷尚書出爲平原相時詔書下舉鉤黨鉤謂相連也郡國所奏相連及者多至數百唯弼獨無所上詔書前後切却州郡切急也却退也髡笞掾史從事坐傳責曰續漢志每州皆有從事史及諸曹掾史傳客舍也音知戀反坐傳舍召弼而責詔書疾惡黨人旨意懇惻青州六郡其五有黨濟南樂安齊國東萊平原北海六郡青州所管也青州在齊國臨淄見漢官儀近國甘陵亦考南北部桓帝爲蠡吾侯受學於甘陵周福及帝即位擢福爲尚書時同郡河南尹房植有名當朝二家賓客互相譏揣遂各樹朋徒漸成尤隙自是甘陵有南北部見黨人篇序也平原何理而得獨無弼曰先王疆理天下畫界分境疆界也理正也左傳曰先王疆理天下物土之宜而布其利也水土異齊風俗不同前書曰凡人函五常之性而其剛柔緩急音聲不同繫水土之風氣故謂之風好惡取舍動靜無常隨君上之情欲故謂之俗也它郡自有平原自無胡可相比若承望上司誣陷良善淫刑濫罰以逞非理則平原之人戶可爲黨相有死而已所不能也從事大怒即收郡僚職送獄遂舉奏弼會黨禁中解弼以俸贖罪得免俸音扶用反濟活者千餘人弼爲政特挫抑彊豪其小民有罪多所容貸遷河東太守被一切詔書當舉孝廉弼知多權貴請託乃豫勅斷絕書屬屬音之欲反中常侍侯覽果遣諸生齎書請之并求假鹽稅積日不得通生乃說以它事謁弼而因達覽書○劉攽曰案文說字當作詭謂詭謁也弼大怒曰太守忝荷重任當選士報國爾何人而僞詐無狀命左右引出楚捶數百府丞掾史十餘人皆諫於廷弼不對遂付安邑獄即日考殺之侯覽大怒遂詐作飛章下司隸誣弼誹謗檻車徵吏人莫敢近者唯前孝廉裴瑜送到崤澠之間大言於道傍曰明府摧折虐臣選德報國如其獲罪足以垂名竹帛願不憂不懼弼曰誰謂荼苦其甘如薺詩衛風也荼苦菜也昔人刎頸九死不恨刎割也楚辭曰雖九死其猶未悔也及下廷尉詔獄平原吏人奔走詣闕訟之又前孝廉魏劭毀變形服詐爲家僮瞻護於弼弼遂受誣事當弃市劭與同郡人賣郡邸郡邸若今郡之寺邸也行賂於侯覽得減死罪一等論輸左校時人或譏曰平原行貨以免君無乃蚩乎陶丘洪曰青州先賢傳曰洪字子休平原人也清達博辯文冠當代舉孝廉不行辟太尉府年三十卒昔文王羑里閎散懷金羑里殷獄名或作羑亦名羑城在今相州湯陰縣北帝王紀散宜生南宮括閎夭學乎呂尚尚知三人賢結朋友之交及紂囚文王乃以黃金千鎰與宜生令求諸物與紂史記曰閎夭之徒乃求有莘氏女驪戎文馬有熊九駟它奇怪物因殷嬖臣費仲獻之於紂紂大說乃赦之也史弼遭患義夫獻寶亦何疑焉於是議者乃息刑竟歸田里稱病閉門不出數爲公卿所薦議郎何休又訟弼有幹國之器宜登台相徵拜議郎侯覽等惡之光和中出爲彭城相會病卒裴瑜位至尚書先賢行狀曰瑜字雉璜聰明敏達觀物無滯清論所加必爲成器讜議所指沒齒無怨也

論曰夫剛烈表性鮮能優寬仁柔用情多乏貞直吳季英視人畏傷發言烝烝烝烝猶仍仍也似夫懦者而懷憤激揚折讓權枉又何壯也仁以矜物義以退身君子哉法言曰君子於仁也柔於義也剛語曰活千人者子孫必封前書王翁孺曰吾聞活千人者有封子孫吾所活者千人後世其興乎史弼頡頏嚴吏頡頏猶上下也終全平原之黨而其後不大不大謂子孫衰替也斯亦未可論也

盧植傳

盧植字子幹涿郡涿人也身長八尺二寸音聲如鐘少與鄭玄俱事馬融能通古今學好研精而不守章句融外戚豪家融明德皇后之從姪也多列女倡歌舞於前植侍講積年未嘗轉眄融以是敬之學終辭歸闔門教授性剛毅有大節常懷濟世志不好辭賦能飲酒一石時皇后父大將軍竇武援立靈帝初秉機政朝議欲加封爵植雖布衣以武素有名譽乃獻書以規之曰植聞嫠有不恤緯之事左傳曰范獻子曰人亦有言嫠不恤其緯而憂宗周之隕爲將及焉杜預注曰嫠寡婦也織者常苦緯少寡婦所宜憂也漆室有倚楹之戚琴操曰魯漆室女倚柱悲吟而嘯鄰人見其心之不樂也進而問之曰有淫心欲嫁之念耶何吟之悲漆室女曰嗟乎嗟乎子無志不知人之甚也昔者楚人得罪於其君走逃吾東家馬逸蹈吾園葵使吾終年不厭菜吾西鄰人失羊不還請吾兄追之霧濁水出使吾兄溺死終身無兄政之所致也吾憂國傷人心悲而嘯豈欲嫁哉自傷懷結而爲人所疑於是褰裳入山林之中見女貞之木喟然歎息援琴而歌以女貞之辭自經而死○劉攽曰注以女貞之辭案文多一以字憂深思遠君子之情詩序曰憂深思遠儉而用禮乃有堯之遺風焉夫士立爭友義貴切磋孝經曰士有爭友則身不陷於不義詩云如切如磋鄭玄注云骨曰切象曰磋言友之相規誡如骨象之見切磋書陳謀及庶人尚書洪範曰謀及卿士謀及庶人也詩詠詢于芻蕘詩大雅曰先人有言詢于芻蕘毛萇注云芻蕘採薪者也植誦先王之書久矣敢愛其戇言哉無目曰瞽戇音直恐反今足下之於漢朝猶旦奭之在周室建立聖主四海有繫論者以爲吾子之功於斯爲重天下聚目而視攢耳而聽前書賈山曰使天下蒙目而視傾耳而聽也謂準之前事將有景風之祚景風解見和帝紀尋春秋之義王后無嗣擇立親長年均以德德均則決之卜筮左傳王子朝曰先王之命王后無嫡則擇立長年鈞以德德鈞以卜古之制也今同宗相後披圖案牒以次建之何勳之有豈橫叨天功以爲己力乎叨貪也左傳曰貪天之功以爲己力也宜辭大賞以全身名又比世祚不競競彊也仍外求嗣可謂危矣而四方未寧盜賊伺隙恒岳勃碣勃勃海也碣碣石山也特多姦盜將有楚人脅比尹氏立朝之變左傳曰楚公子比恭王之子也靈王卒子比自晉歸楚立爲君比弟公子弃疾欲篡其位夜乃使人周走呼曰王至矣國人大驚子比乃自殺王子朝周景王之庶子景王卒子猛立尹氏周卿士立子朝奪猛位也宜依古禮置諸子之官徵王侯愛子宗室賢才外崇訓道之義內息貪利之心簡其良能隨用爵之彊幹弱枝之道也以樹爲喻也謂京師爲幹四方爲枝前書曰漢興立都長安徙齊諸田楚昭屈景及諸功臣家於長陵蓋以彊幹弱枝非獨爲奉山園也武並不能用州郡數命植皆不就建寧中徵爲博士乃始起焉熹平四年九江蠻反四府選植才兼文武拜九江太守蠻寇賓服以疾去官作尚書章句三禮解詁詁言也解其事意也時始立太學石經以正五經文字植乃上書曰臣少從通儒故南郡太守馬融受古學頗知今之禮記特多回冗回冗猶紆曲也臣前以周禮諸經發起粃謬粃粟不成也喻義之乖僻也敢率愚淺爲之解詁而家乏無力供繕寫上繕善也言家貧不能繕寫而上也願得將能書生二人共詣東觀就官財糧專心研精合尚書章句考禮記失得庶裁定聖典刊正碑文古文科斗近於爲實而厭抑流俗降在小學古文謂孔子壁中書也形似科斗因以爲名前書謂文字爲小學也中興以來通儒達士班固賈逵鄭興父子並敦悅之興子衆也自有傳左傳曰郤縠悅禮樂而敦詩書也今毛詩左氏周禮各有傳記其與春秋共相表裏表裏言義相須而成也前書云河圖洛書相爲經緯八卦九章相爲表裏宜置博士爲立學官以助後來以廣聖意會南夷反叛以植嘗在九江有恩信拜爲廬江太守植深達政宜務存清靜弘大體而已歲餘復徵拜議郎與諫議大夫馬日磾議郎蔡邕楊彪韓說等並在東觀校中書五經記傳補續漢記言中書以別於外也帝以非急務轉爲侍中遷尚書光和元年有日食之異上封事諫曰臣聞五行傳曰晦而月見謂之朓王侯其舒五行傳劉向所著朓者行速在日前故早見劉向以爲君舒緩則臣驕慢故日行遲而月行速也此謂君政舒緩故日食晦也春秋傳曰天子避位移時左氏傳曰日過分未至三辰有災於是乎君不舉避移時杜預注曰避正寢過日食時也言其相掩不過移時而間者日食自己過午既食之後雲霧晻曖比年地震彗孛互見臣聞漢以火德化當寬明近色信讒忌之甚者如火畏水故也案

今年之變皆陽失陰侵消禦災凶宜有其道謹略陳八事一曰用良二曰原禁原其所禁而宥之也三曰禦癘防禦疫癘之氣四曰備寇五曰修禮六曰遵堯七曰御下八曰散利用良者宜使州郡覈舉賢良覈實也隨方委用責求選舉原禁者凡諸黨錮多非其罪可加赦恕申宥回枉回邪也禦癘者宋后家屬並以無辜委骸橫尸不得收葬疫癘之來皆由於此宜勑收拾以安遊魂后以王甫程阿所構憂死父及兄弟並被誅靈帝後夢見桓帝怒曰宋皇后何罪而絕其命已訴於天上帝震怒罪在難救也備寇者侯王之家賦稅減削愁窮思亂必致非常宜使給足以防未然脩禮者應徵有道之人若鄭玄之徒陳明洪範禳服災咎遵堯者今郡守刺史一月數遷宜依黜陟以章能否縱不九載可滿三歲書曰三載考績黜陟幽明孔安國注曰三年考功三考九年能否幽明有別升進其明者黜退其幽者此皆唐堯之法也御下者請謁希爵一宜禁塞希求也遷舉之事責成主者散利者天子之體理無私積宜弘大務蠲略細微蠲除也帝不省中平元年黃巾賊起四府舉植拜北中郎將持節以護烏桓中郎將宗員副將北軍五校士發天下諸郡兵征之連戰破賊帥張角斬獲萬餘人角等走保廣宗植築圍鑿壍造作雲梯垂當拔之帝遣小黃門左豐詣軍觀賊形埶或勸植以賂送豐植不肯豐還言於帝曰廣宗賊易破耳盧中郎固壘息軍以待天誅帝怒遂檻車徵植減死罪一等及車騎將軍皇甫嵩討平黃巾盛稱植行師方略嵩皆資用規謀濟成其功以其年復爲尚書帝崩大將軍何進謀誅中官乃召并州牧董卓以懼太后植知卓凶悍難制必生後患固止之進不從及卓至果陵虐朝廷乃大會百官於朝堂議欲廢立羣僚無敢言植獨抗議不同卓怒罷會將誅植語在卓傳植素善蔡邕邕前徙朔方植獨上書請之邕時見親於卓故往請植事又議郎彭伯諫卓曰盧尚書海內大儒人之望也今先害○劉攽曰案文少之字不成文理天下震怖卓乃止但免植官而已植以老病求歸懼不免禍乃詭道從轘轅出詭詐也轘轅道在今洛州緱氏縣東南也卓果使人追之到懷不及遂隱於上谷不交人事冀州牧袁紹請爲軍師初平三年卒臨困敕其子儉葬於土穴不用棺槨附體單帛而已所著碑誄表記凡六篇建安中曹操北討柳城過涿郡魏志曰建安十二年操北征烏桓涉鮮卑討柳城登白狼山也告守令曰故北中郎將盧植名著海內學爲儒宗士之楷模國之楨幹也昔武王入殷封商容之閭鄭喪子產仲尼隕涕左傳曰仲尼聞子產死出涕曰古之遺愛也孤到此州嘉其餘風春秋之義賢者之後宜有殊禮公羊傳曰君子之善善也長惡惡也短惡惡止其身善善及子孫賢者子孫故君子爲之諱也亟遣丞掾除其墳墓亟急也存其子孫并致薄醊醊音張芮反祭酹也以彰厥德子毓知名魏志曰毓字子家十歲而孤以學行稱仕魏至侍中吏部尚書時舉中郎詔曰得其人與不在盧生耳選舉莫取有名名如畫地爲餅不可啖也毓對曰名不足以致異人而可以得常士常士畏教慕善然後有名也

論曰風霜以別草木之性論語曰歲寒然後知松柏之後彫也危亂而見貞良之節老子曰國家昏亂有忠臣則盧公之心可知矣夫蠭蠆起懷雷霆駭耳雖賁育荊諸之倫孟賁多力者也夏育勇者也並衞人荊軻專諸也未有不宂豫奪常者也宂人行貌也音活言宂豫不能自定也奪謂易其常分者也當植抽白刃嚴閤之下追帝河津之間排戈刃赴戕折事見何進傳杜預注左傳曰戕者卒暴之名也豈先計哉君子之於忠義造次必於是顛沛必於是也孔子曰君子無終食之間違仁造次必於是顛沛必於是造次急遽也顛沛僵仆也雖急遽僵仆不違仁也

趙岐傳

趙岐字邠卿京兆長陵人也初名嘉生於御史臺因字臺卿以其祖爲御史故生於臺也後避難故自改名字示不忘本土也岐少明經有才藝娶扶風馬融兄女融外戚豪家岐常鄙之不與融相見三輔決錄注曰岐娶馬敦女宗姜爲妻敦兄子融嘗至岐家多從賓與從妹宴飲作樂日夕乃出過問趙處士所在岐亦厲節不以妹聟之故屈志於融也與其友書曰馬季長雖有名當世而不持士節三輔高士未曾以衣裾襒其門也岐嘗讓周官二義不通一往造之瞻融如此也仕州郡以廉直疾惡見憚年三十餘有重疾臥蓐七年蓐寢蓐也聲類曰蓐薦也自慮奄忽乃爲遺令勑兄子曰大丈夫生世遯無箕山之操易曰遯而亨君子以遠小人王弼注遯之義遯內而之外者也箕山許由所隱處也仕無伊呂之勳天不我與復何言哉可立一員石於吾墓前刻之曰漢有逸人姓趙名嘉有志無時命也奈何其後疾瘳永興二年辟司空掾議二千石得去官爲親行服朝廷從之其後爲大將軍梁冀所辟爲陳損益求賢之策冀不納舉理劇爲皮氏長皮氏故城在今絳州龍門縣西決錄曰岐爲長抑彊討姦大興學校也會河東太守劉祐去郡而中常侍左悺兄勝代之岐恥疾宦官卽日西歸京兆尹延篤復以爲功曹先是中常侍唐衡兄玹爲京兆虎牙都尉玹音玄郡人以玹進不由德皆輕侮之岐及從兄襲又數爲貶議玹深毒恨決錄注曰襲字元嗣先是杜伯度崔子玉以工草書稱于前代襲與羅暉並以能書見重於張伯英英頗自矜高與朱賜書云上比崔杜不足下方羅趙有餘也延熹元年玹爲京兆尹岐懼禍及乃與從子戩逃避之玹果收岐家屬宗親陷以重法盡殺之決錄注曰岐長兄磐州都官從事早亡次兄無忌字世卿部河東從事爲玹所殺戩音翦岐遂逃難四方江淮海岱靡所不歷自匿姓名賣餅北海市中時安丘孫嵩年二十餘遊市見岐察非常人停車呼與共載岐懼失色嵩乃下帷令騎屏行人密問岐曰視子非賣餅者又相問而色動不有重怨卽亡命乎我北海孫賓石闔門百口埶能相濟岐素聞嵩名卽以實告之遂以俱歸嵩先入白母曰出行乃得死友迎入上堂饗之極歡藏岐複壁中數年岐作戹屯歌二十三章後諸唐死滅因赦乃出三府聞之同時並辟九年乃應司徒胡廣之命會南匈奴烏桓鮮卑反叛公卿舉岐擢拜并州刺史岐欲奏守邊之策未及上會坐黨事免因撰次以爲禦寇論決錄注曰是時綱維不攝閹豎專權岐擬前代連珠之書四十章上之留中不出靈帝初復遭黨錮十餘歲中平元年四方兵起詔選故刺史二千石有文武才用者徵岐拜議郎車騎將軍張溫西征關中請補長史別屯安定大將軍何進舉爲敦煌太守行至襄武縣名屬隴西郡岐與新除諸郡太守數人俱爲賊邊章等所執賊欲脅以爲帥岐詭辭得免展轉還長安決錄注曰岐還至陳倉復遇亂兵裸身得免在草中十二日不食也及獻帝西都復拜議郎稍遷太僕及李傕專政使太傅馬日磾撫慰天下以岐爲副日磾行至洛陽表別遣岐宣揚國命所到郡縣百姓皆喜曰今日乃復見使者車騎是時袁紹曹操與公孫瓚爭冀州紹及操聞岐至皆自將兵數百里奉迎岐深陳天子恩德宜罷兵安人之道又移書公孫瓚爲言利害紹等各引兵去皆與岐期會洛陽奉迎車駕岐南到陳留得篤疾經涉二年期者遂不至興平元年詔書徵岐會帝當還洛陽先遣衞將軍董承修理宮室岐謂承曰今海內分崩唯有荊州境廣地勝西通巴蜀南當交阯年穀獨登兵人差全岐雖迫大命猶志報國家欲自乘牛車南說劉表可使其身自將兵來衞朝廷與將軍并心同力共奬王室此安上救人之策也承卽表遣岐使荊州督租糧岐至劉表卽遣兵詣洛陽助修宮室軍資委輸前後不絕時孫嵩亦寓於表表不爲禮岐乃稱嵩素行篤烈因共上爲青州刺史岐以老病遂留荊州曹操時爲司空舉以自代光祿勳桓典少府孔融上書薦之於是就拜岐爲太常年九十餘建安六年卒先自爲壽藏壽藏謂冢壙也稱壽者取其久遠之意也猶如壽宮壽器之類在今荊州古郢城中也圖季札子產晏嬰叔向四像居賓位又自畫其像居主位皆爲讚頌勑其子曰我死之日墓中聚沙爲牀布簟白衣散髮其上覆以單被卽日便下下訖便掩岐多所述作著要子章句三輔決錄傳於時決錄序曰三輔者本雍州之地世世從公卿吏二千石及高貲皆以陪諸陵五方之俗雜會非一國之風不但繫於詩秦豳也其爲士好高尚義貴於名行其俗失則趣埶進權唯利是視余以不才生於西土耳能聽而聞故老之言目能視見衣冠之疇心能識而觀其賢愚常以玄冬夢黃髮之士姓玄名明字子眞與余寤言言必有中善否之間無所依違命操筆者書之近從建武以來暨于斯今其人既亡行乃可書玉石朱紫由此定矣故謂之決錄矣○劉攽曰正文著要子章句案要當作孟古書無要子疑今有之而岐所作孟子章句傳至今本傳何得反不記也

贊曰吳翁溫愛義干剛烈謂以義干梁冀爭李固也延史字人風和恩結梁使顯刑誣黨潛絕子幹兼姿逢掖臨師禮記孔子曰丘少居魯衣逢掖之衣鄭玄注曰逢猶大也爲大掖之衣此君子有道藝者所衣也相承本作縫義亦通邠卿出疆專命朝威疆界也左傳曰大夫出疆苟利社稷專之可也

後漢書卷九十四考證

吳祐傳踰越五領注裴氏廣川記○諸本同川當作州

爲祖道注掌王玉路以祀及犯軷○犯字監本誤祀從周禮大馭文改正

所謂觀過斯知仁矣○仁毛本作人何焯曰他本同作人

史弼傳聚徒數百仕州郡注悉條諸生聚歛姦吏百餘人○諸本同生字疑衍

刑竟歸田里○刑他本多作弼上云論輸左校刑竟謂徒役期滿也段熲傳亦有刑竟字今仍監本

盧植傳遂隱於上谷○上字毛本作山

子毓知名注時舉中郎○毛本作中書郎

趙岐傳因字臺卿注以其祖爲御史○祖字監本誤作子從毛本改

娶扶風馬融兄女注三輔決錄注曰○注本或作志誤

後漢書卷九十五

宋　宣　城　太　守范　曄撰

唐　章　懷　太　子　賢注

皇甫張段列傳第五十五

皇甫規傳

皇甫規字威明安定朝那人也祖父稜度遼將軍父旗扶風都尉永和六年西羌大寇三輔圍安定征西將軍馬賢將諸郡兵擊之不能克規雖在布衣見賢不卹軍事審其必敗乃上書言狀尋而賢果爲羌所沒郡將知規有兵畧乃命爲功曹使率甲士八百與羌交戰斬首數級賊遂退卻舉規上計掾其後羌衆大合攻燒隴西朝廷患之規乃上疏求自效曰臣比年以來數陳便宜羌戎未動策其將反馬賢始出頗知必敗誤中之言在可考校臣每惟賢等擁衆四年未有成功懸師之費且百億計懸猶停也出於平人回入姦吏平人齊人也故江湖之人羣爲盜賊青徐荒饑襁負流散夫羌戎潰叛不由承平皆由邊將失於綏御乘常守安則加侵暴苟競小利則致大害微勝則虛張首級軍敗則隱匿不言軍士勞怨困於猾吏進不得快戰以徼功退不得溫飽以全命餓死溝渠暴骨中原徒見王師之出不聞振旅之聲振整旅衆

（也穀梁傳曰出曰治兵入曰振旅）曾豪泣血驚懼生變是以安不能久敗則經年臣所以搏手叩心而增歎者也願假臣兩營二郡（兩營謂馬賢及趙沖等二郡安定隴西也）屯列坐食之兵五千出其不意與護羌校尉趙沖共相首尾土地山谷臣所曉習兵埶巧便臣已更之可不煩方寸之印尺帛之賜高可以滌患下可以納降若謂臣年少官輕不足用者凡諸敗將非官爵之不高年齒之不邁臣不勝至誠沒死自陳時帝不能用冲質之間梁太后臨朝規舉賢良方正對策曰伏惟孝順皇帝初勤王政紀綱四方幾以獲安後遭姦僞威分近習（近習謂佞倖親近小人也禮記曰雖有貴戚近習）畜貨聚馬戲謔是聞又因緣嬖倖受賂賣爵輕使賓客交錯其間天下擾擾從亂如歸（左傳曰人患王之無厭也故從亂如歸也）故每有征戰鮮不挫傷官民並竭上下窮虛臣在關西竊聽風聲未聞國家有所先後（先後謂進退也言國家不安有褒貶進退而權倖之徒反爲禍福也）而威福之來咸歸權倖陛下體兼乾坤聰哲純茂攝政之初拔用忠貞其餘維綱多所改正遠近翕然望見太平而地震之後霧氣白濁日月不光旱魃爲虐（詩大雅曰旱魃爲虐如惔如焚魃旱神也）大賊從横流血川野庶品不安譴誡累至殆以姦臣權重之所致也其常侍尤無狀者亟便黜遣（無狀者謂無善狀）披埽凶黨收入財賄以塞痛怨以荅天誡今大將軍梁冀河南尹不疑處周邵之任爲社稷之鎭加與王室世爲姻族（梁商女爲順帝后后女弟又爲桓帝后冀即商子故曰代姻也）今日立號雖尊可也（可猶宜也）實宜增脩謙節輔以儒術省去遊娛不急之務割減盧第無益之飾夫君者舟也人者水也（家語孔子曰夫君者舟也人者水也水可載舟亦以覆舟君以此思危則可知也）羣臣乘舟者也將軍兄弟操檝者也若能平志畢力以度元元所謂福也如其怠弛將淪波濤可不慎乎夫德不稱祿猶鑿墉之趾以益其高豈量力審功安固之道哉凡諸宿猾酒徒戲客皆耳納邪聲口出諂言甘心逸遊唱造不義亦宜貶斥以懲不軌令冀等深思得賢之福失人之累又在位素餐尚書怠職有司依違莫肯糾察故使陛下專受諂諛之言不聞戶牖之外臣誠知阿諛有福深言近禍豈敢隱心以避誅責乎臣生長邊遠希涉紫庭怖慴失守言不盡心梁冀忿其刺己以規爲下第拜郎中託疾免歸州郡承冀旨幾陷死者再三遂以詩易教授門徒三百餘人積十四年後梁冀被誅旬月之間禮命五至皆不就時太山賊叔孫無忌侵亂郡縣中郎將宗資討之未服公車特徵規拜太山太守規到官廣設方畧寇虜悉平延熹四年秋叛羌零吾等與先零別種寇鈔關中護羌校尉段熲坐徵（熲擊羌坐爲涼州刺史郭閎留兵不進下獄）後先零諸種陸梁覆沒營塢（說文曰塢小障也一曰庳城也音烏古反）規素悉羌事志自奮効乃上疏曰自臣受任志竭愚鈍實賴兗州刺史牽顥之清猛中郎將宗資之信義得承節度幸無咎譽今猾賊就滅太山畧平復聞羣羌並皆反逆臣生長邠岐年五十有九昔爲郡吏再更叛羌預籌其事有誤中之言臣素有固疾恐犬馬齒窮不報大恩願乞冗官備單車一介之使勞來三輔宣國威澤以所習地形兵埶佐助諸軍臣窮居孤危之中坐觀郡將已數十年矣自鳥鼠至于東岱其病一也（郡將郡守也鳥鼠山名在今渭州西即先零羌寇鈔處也東岱謂泰山叔孫無忌反處也皆由郡守不加綏撫致使反叛其疾同也）力求猛敵不如清平勤明吳孫未若奉法（吳起魏將也孫武吳將也言若求猛將不如撫以清平之政明習兵書不如郡守奉法使之無反也）前變未遠臣誠戚之（戚憂也前變謂羌反）是以越職盡其區區至冬羌遂大合朝廷爲憂三公舉規爲中郎將持節監關西兵討零吾等破之斬首八百級先零諸種羌慕規威信相勸降者十餘萬明年規因發其騎共討隴右而道路隔絶軍中大疫死者十三四規親入菴廬巡視將士三軍咸悅東羌遂遣使乞降涼州復通先是安定太守孫儁受取狼籍屬國都尉李翕督軍御史張稟多殺降羌涼州刺史郭閎漢陽太守趙熹並老弱不堪任職而皆倚恃權貴不遵法度規到州界悉條奏其罪或免或誅羌人聞之翕然反善沈氏大豪滇昌饑恬等十餘萬口復詣規降規出身數年持節爲將擁衆立功還督鄉里既無它私惠而多所舉奏又惡絶宦官不與交通於是中外並怨遂共誣規貨賂羣羌令其文降（以文簿虛降非眞心也）天子璽書誚讓相屬規懼不免上疏自訟曰四年之秋戎醜蠢戾（蠢動也戾乖也）爰自西州侵及涇陽（縣名屬安定郡其故城在今原州平源縣南也）舊都懼駭朝廷西顧明詔不以臣愚駑急使軍就道（就猶上也○劉攽曰宋文軍上少一字或督或領也）幸蒙威靈遂振國命羌戎諸種大小稽首輒移書營郡以訪誅納（訪問也規言羌種既服臣即移書軍營及郡勸問誅殺并納受多少之數目也）所省之費一億以上以爲忠臣之義不敢告勞（詩小雅曰密勿從事不敢告勞無罪無辜讒口嗸嗸）故恥以片言自及微効然比方先事庶免罪悔（先事謂前輩敗將也）前踐州界先奏郡守孫儁次及屬國都尉李翕督軍御史張稟旋師南征又上涼州刺史郭閎漢陽太守趙熹陳其過惡執據大辟凡此五臣支黨半國其餘墨綬下至小吏所連及者復有百餘吏託報將之怨子思復父之恥載贄馳車懷糧步走交構豪門競流謗讟云臣私報諸羌謝其錢貨（謝猶辭也）若臣以私財則家無擔石如物出於官則文簿易考就臣愚惑信如言者前世尚遺匈奴以宮姬（元帝賜呼韓邪單于待詔掖庭王嬙爲閼氏也）鎭烏孫以公主（武帝以江都王建女細君妻烏孫王昆莫爲夫人也）今臣但費千萬以懷叛羌則良臣之才畧兵家之所貴將有何罪負義違理乎自永初以來將出不少覆軍有五動資巨億有旋車完封寫之權門（言覆軍之將旋師之日多載珍寶封印完全便入權門）而名成功立厚加爵封今臣還督本土糺舉諸郡絶交離親戮辱舊故衆謗陰害固其宜也臣雖汙穢廉絜無聞今見覆沒恥痛實深傳稱鹿死不擇音謹冐昧畧上（左傳曰鹿死不擇音鋌而走險急何能擇也）其年冬徵還拜議郎論功當封而中常侍徐璜左悺欲從求貨數遣賓客就問功狀規終不答璜等忿怒陷以前事下之於吏官屬欲賦斂請謝規誓而不聽遂以餘寇不絶坐繫廷尉論輸左校（漢官儀曰左校署屬將作大匠也）諸公及太學生張鳳等三百餘人詣闕訟之會赦歸家徵拜度遼將軍至營數月上書薦中郎將張奐以自代曰臣聞人無常俗而政有治亂兵無強弱而將有能否伏見中郎將張奐才畧兼優宜正元帥以從衆望若猶謂愚臣宜充軍事者願乞冗官以爲奐副朝廷從之以奐代爲度遼將軍規爲使匈奴中郎將及奐遷大司農規復代爲度遼將軍規爲人多意筭自以連在大位欲退身避第數上病不見聽會友人上郡太守王旻喪還規縞素越界到下亭迎之因令客密告并州刺史胡芳言規擅遠軍營公違禁憲當急舉奏芳曰威明欲避第仕塗故激發我耳（言欲歸第避仕宦之塗也）吾當爲朝廷愛才何能申此子計邪遂無所問及黨事大起天下名賢多見染逮規雖爲名將素譽不高自以西州豪傑恥不得豫乃先自上言臣前薦故大司農張奐是附黨也又臣昔論輸左校時太學生張鳳等上書訟臣是爲黨人所附也臣宜坐之朝廷知而不問時人以爲規賢（○劉攽曰案文以爲規賢非是當云以規爲賢）在事數歲北邊威服永康元年徵爲尚書其夏日食詔公卿舉賢良方正下問得失規對曰天之於王者如君之於臣父之於子也誡以災妖使從福祥陛下八年之中三斷大獄（謂誅梁冀誅鄧萬鄧會誅李膺等黨事也）一除內嬖（無德而寵曰嬖謂廢鄧皇后也）再誅外臣（殺桂陽太守任胤殺南陽太守成瑨太原太守劉質等也）而災異猶見人情未安者殆賢愚進退威刑所加有非其理也前太尉陳蕃劉矩（漢官儀曰矩字叔方）忠謀高世廢在里巷劉祐馮緄（古本反）趙典尹勳正直多怨流放家門李膺王暢孔翊潔身守禮終無宰相之階至於鉤黨之釁事起無端（鉤引也謂李膺等事也）虐賢傷善哀及無辜今興改善政易於覆手而羣臣杜口鑒畏前害互相瞻顧莫肯正言伏願陛下暫留聖明容受謇直則前責可弭後福必降對奏不省遷規弘農太守封壽成亭侯邑二百戶讓封不受再轉爲護羌校尉熹平三年以疾召還未至卒于穀城年七十一所著賦銘碑讚禱文弔章表教令書檄牋記凡二十七篇

論曰孔子稱其言之不怍則其爲之也難察皇甫規之言其心不怍哉夫其審己則干祿見賢則委位故干祿不爲貪而委位不求讓稱已不疑伐而讓人無懼情故能功成於戎狄身全於邦家也

張奐傳

張奐字然明敦煌酒泉人也（酒泉縣名地多泉水故城在今永州晉昌縣東北也○劉攽曰注在今永州案下文永當作瓜永州無晉昌也）父惇爲漢陽太守奐少遊三輔師事太尉朱寵學歐陽尚書初牟氏章句浮辭繁多（時牟卿受書於張堪爲博士故有牟氏章句）有四十五萬餘言奐減爲九萬言後辟大將軍梁冀府乃上書桓帝奏其章句詔下東觀以疾去官復舉賢良對策第一擢拜議郎永壽元年遷安定屬國都尉初到職而南匈奴左薁鞬臺耆且渠伯德等七千餘人寇美稷東羌復舉種應之而奐壁唯有二百許人聞即勒兵而出軍吏以爲力不敵叩頭爭止之奐不聽遂進屯長城收集兵士遣將王衛招誘東羌因據龜茲（龜茲音丘慈縣名屬上郡前書音義曰龜茲國人來降之因以名縣也）使南匈奴不得交通東羌諸豪遂相率與奐和親共擊薁鞬等連戰破之伯德惶恐將其衆降郡界以寧羌豪帥感奐恩德上馬二十匹先零酋長又遺金鐻八枚奐並受之（郭璞注山海經云鐻音渠金食器名未詳形制也）而召主簿於諸羌前以酒酹地曰（以酒沃地謂之酹音力外反）使馬如羊不以入廐使金如粟不以入懷悉以金馬還之（如羊如粟喻多也）羌性貪而貴吏清前有八都尉率好財貨爲所患苦及奐正身絜己威化大行遷使匈奴中郎將時休屠各（屠音直於反）及朔方烏桓並同反叛燒度遼將軍門（時度遼將軍屯五原）引屯赤阬煙火相望兵衆大恐各欲亡去奐安坐帷中與弟子講誦自若軍士稍安乃潛誘烏桓陰與和通遂使斬屠各渠帥襲破其衆諸胡悉降延熹元年鮮卑寇邊奐率南單于擊之斬首數百級明年梁冀被誅奐以故吏免官禁錮奐與皇甫規友善奐既被錮凡諸交舊莫敢爲言唯規薦舉前後七上在家四歲復拜武威太守平均徭賦率厲散敗常爲諸郡最河西由是而全其俗多妖忌凡二月五月產子及與父母同月生者悉殺之奐示以義方嚴加賞罰風俗遂改百姓生爲立祠舉尤異遷度遼將軍數載間幽并清靜九年春徵拜大司農鮮卑聞奐去其夏遂招結南匈奴烏桓數道入塞或五六千騎或三四千騎寇掠緣邊九部殺畧百姓秋鮮卑復率八九千

騎入塞誘引東羌與共盟詛於是上郡沈氏安先零諸種共寇武威張掖緣邊大被其毒朝廷以爲憂復拜奐爲護匈奴中郎將以九卿秩督幽并涼三州及度遼烏桓二營明帝永平八年初置度遼將軍屯五原郡曼柏縣漢官儀曰烏桓校尉屯上谷郡甯縣故曰二營兼察刺史二千石能否賞賜甚厚匈奴烏桓聞奐至因相率還降凡二十萬口奐但誅其首惡餘皆慰納之唯鮮卑出塞去永康元年春東羌先零五六千騎寇關中圍祋祤掠雲陽夏復攻没兩營殺千餘人冬羌岸尾摩蟞等蟞音必薛反脅同種復鈔三輔奐遣司馬尹端董卓並擊大破之斬其酋豪首虜萬餘人三州清定論功當封奐不事宦官故賞遂不行唯賜錢二十萬除家一人爲郎並辭不受而願徙屬弘農華陰舊制邊人不得內移唯奐因功特聽故始爲弘農人焉建寧元年振旅而還時竇太后臨朝大將軍竇武與太傅陳蕃謀誅宦官事泄中常侍曹節等於中作亂以奐新徵不知本謀矯制使奐與少府周靖率五營士圍武武自殺蕃因見害奐遷少府又拜大司農以功封侯奐深病爲節所賣上書固讓封還印綬卒不肯當明年夏青蛇見於御坐軒前軒殿檻閑板也又大風雨雹霹靂拔樹詔使百僚各言災應奐上疏曰臣聞風爲號令動物通氣翼氏風角曰凡風者天之號令所以譴告人君者也木生於火相須乃明蛇能屈申配龍騰蟄易曰龍蛇之蟄以存身也愼子曰騰蛇游霧飛龍乘雲雲罷霧霽與蚯蚓同也順至爲休徵逆來爲殃咎陰氣專用則凝精爲雹故大將軍竇武太傅陳蕃或志寧社稷或方直不回前以讒勝並伏誅戮海內默默人懷震憤昔周公葬不如禮天乃動威尚書大傳周公薨成王欲葬之於成周天乃雷電以風禾卽盡偃大木斯拔國人大恐王葬周公於畢示不敢臣也今武蕃忠貞未被明宥妖眚之來皆爲此也宜急爲改葬徙還家屬其從坐禁錮一切蠲除又皇太后雖居南宮而恩禮不接朝臣莫言遠近失望宜思大義顧復之報顧旋視也復反覆也小雅曰父兮生我母兮鞠我顧我復我出入腹我天子深納奐言以問諸黃門常侍左右皆惡之帝不得自從轉奐太常與尚書劉猛刁韙衞良同薦王暢李膺可參三公之選而曹節等彌疾其言遂下詔切責之奐等皆自囚廷尉數日乃得出並以三月俸贖罪司隸校尉王寓出於宦官欲借寵公卿以求薦舉百僚畏憚莫不許諾唯奐獨拒之寓怒因此遂陷以黨罪禁錮歸田里奐前爲度遼將軍與段熲爭擊羌不相平及熲爲司隸校尉欲逐奐歸敦煌將害之奐憂懼奏記謝熲曰小人不明得過州將千里委命以情相歸漢官儀曰司隸州部河南雒陽三輔三河弘農七郡所以奐屈於熲稱曰州將焉足下仁篤照其辛苦使人未反復獲郵書恩詔分明前以寫白而州期切促郡縣惶懼屏營延企側待歸命父母朽骨孤魂相託若蒙矜憐壹惠咳唾則澤流黃泉施及冥寞非奐生死所能報塞夫無毛髮之勞而欲求人丘山之用此淳于髡所以拍髀仰天而笑者也拍音片百反髀音步弟反史記楚發兵伐齊齊威王使淳于髡齎百金車馬十駟之趙請救髡仰天大笑冠纓索絕王曰先生少之乎髡曰今者臣從東方來見道傍有禳田者操一豚蹄酒一盂而祝曰甌窶滿篝汙邪滿車五穀蕃熟穰穰滿家臣見其所持者狹所求者奢故笑之於是王乃益黃金千鎰白璧十雙車馬百駟也誠知言必見譏然猶未能無望何者朽骨無益於人而文王葬之新序曰文王作靈臺掘得死人骨吏以聞文王曰葬之吏曰此無主矣文王曰有天下者天下之主也有一國者一國之主也寡人固其主焉令吏以棺葬之天下聞之曰文王賢矣澤及朽骨又況人乎死馬無所復用而燕昭寶之新序曰燕昭王卽位卑身求賢謂郭隗曰齊因孤國之亂而襲燕欲得賢士與共國以雪先王之醜孤之願也先生視可者得身事之隗曰臣聞古之人君有以千金求千里馬者三年不得涓人言於君請求之君遣焉三月得千里馬馬已死乃以五百金買其首以報君大怒曰所求者生馬安市死馬而捐五百金乎對曰死馬且市之況生馬乎天下必以王爲能市馬今至矣不出朞年千里馬至者二今王誠欲必致士從隗始隗且見事況賢於隗者乎於是王爲隗築宮而師之樂毅自魏往鄒衍自齊往劇辛自趙往士爭歸燕焉黨同文昭之德豈不大哉黨音佗朗反凡人之情窮則呼天窮則叩心今呼天不聞叩心無益誠自傷痛俱生聖世獨爲匪人詩小雅曰哀我征夫獨爲匪人也孤微之人無所告訴如不哀憐便爲魚肉言將爲人所吞噬也企心東望無所復言熲雖剛猛省書哀之卒不忍也時禁錮者多不能守靜或死或從奐閉門不出養徒千人著尚書記難三十餘萬言奐少立志節嘗與士友言曰大丈夫處世當爲國家立功邊境及爲將帥果有勳名董卓慕之使其兄遺縑百匹奐惡卓爲人絕而不受光和四年卒年七十八遺命曰吾前後仕進十要銀艾銀印綠綬也以艾草染之故曰艾也不能和光同塵爲讒邪所忌老子曰和其光同其塵也通塞命也始終常也但地底冥冥長無曉期而復纏以纊綿牢以釘密爲不喜耳幸有前窀朝殞夕下措屍靈牀幅巾而已奢非晉文陸翽鄴中記曰永嘉末發齊桓公墓得水銀池金蠶數十箔珠襦玉匣繒綵不可勝數左傳曰晉文公朝王請隧王不許曰王章也未有代德而有二王亦叔父之所惡也晉文旣臣請用王禮是其奢也儉非王孫武帝時楊王孫死誡其子爲布囊盛屍入地七尺旣去其囊以身親土推情從意庶無咎吝諸子從之武威多爲立祠世世不絕所著銘頌書教誡述志對策章表二十四篇長子芝字伯英最知名王愔文字志曰芝少持高操以名臣子勤學文爲儒宗武爲將表太尉辟公車有道徵皆不至號張有道尤好草書學崔杜之法家之衣帛必書而後練臨池學書水爲之黑下筆則爲楷則號怱怱不暇草書爲世所寶寸紙不遺韋仲將謂之草聖也芝及弟昶字文舒並善草書至今稱傳之初奐爲武威太守其妻懷孕夢帶奐印綬登樓而歌訊之占者曰必將生男復臨玆邦命終此樓旣而生子猛以建安中爲武威太守殺刺史邯鄲商州兵圍之急猛恥見擒乃登樓自燒而死卒如占云

論曰自鄛鄉之封中官世盛宦者鄭衆封鄛鄉侯也暴恣數十年間四海之內莫不切齒憤盈願投兵於其族陳蕃竇武奮義草謀徵會天下名士有識所共聞也而張奐見欺豎子揚戈以斷忠烈奐被曹節等矯制使率五營士圍殺陳蕃竇武等雖恨毒在心辭爵謝咎詩云啜其泣矣何嗟及矣詩國風也啜泣貌也音知劣反

段熲傳

段熲字紀明武威姑臧人也其先出鄭共叔段西域都護會宗之從曾孫也會宗字子松天水上邽人元帝時爲西域都護死城郭諸國爲發喪立祠熲少便習弓馬尚遊俠輕財賄長乃折節好古學初舉孝廉爲憲陵園丞陽陵令憲陵順帝陵陽陵景帝陵漢官儀曰丞秩三百石令秩六百石也所在能政○劉攽曰案文單言能政不成文理當有一有字遷遼東屬國都尉時鮮卑犯塞熲卽率所領馳赴之旣而恐賊驚去乃使驛騎詐齎璽書詔熲熲於道僞退潛於還路設伏虜以爲信然乃入追熲熲因大縱兵悉斬獲之坐詐璽書伏重刑以有功論司寇刑竟徵拜議郎時太山琅邪賊東郭竇公孫舉等聚衆三萬人破壞郡縣遣兵討之連年不克永壽二年桓帝詔公卿選將有文武者司徒尹訟薦熲漢官儀曰訟字公孫鞏人也乃拜爲中郎將擊竇舉等大破斬之獲首萬餘級餘黨降散封熲爲列侯賜錢五十萬除一子爲郎中延熹二年遷護羌校尉會燒當燒何當煎勒姐等八種羌姐音紫且反寇隴西金城塞熲將兵及湟中義從羌萬二千騎出湟谷擊破之追討南渡河使軍吏田晏夏育募先登懸索相引復戰於羅亭大破之斬其酋豪以下二千級獲生口萬餘人虜皆奔走明年春餘羌復與燒何大豪寇張掖攻沒鉅鹿塢殺屬國吏民又招同種千餘落并兵晨奔熲軍熲下馬大戰至日中刀折矢盡虜亦引退熲追之且鬭且行晝夜相攻割肉食雪四十餘日遂至河首積石山出塞二千餘里斬燒何大帥首虜五千餘人又分兵擊石城羌斬首溺死者千六百人燒當種九十餘口詣熲降○劉攽曰案燒當一種不止九十餘口其種中九十口降亦不足記當作千字又雜種羌屯聚白石白石山在今蘭州狄道縣東熲復進擊首虜三千餘人冬勒姐零吾種圍允街允音鈆街音階殺略吏民熲排營救之斬獲數百人四年冬上郡沈氏隴西牢姐烏吾諸種羌共寇并涼二州熲將湟中義從討之涼州刺史郭閎貪共其功稽固熲軍使不得進稽固猶停留也義從役久戀鄉舊皆悉反叛郭閎歸罪於熲熲坐徵下獄輸作左校羌遂陸梁覆沒營塢轉相招結唐突諸郡於是吏人守闕訟熲以千數朝廷知熲爲郭閎所誣詔問其狀熲但謝罪不敢言枉京師稱爲長者起於徒中復拜議郎遷并州刺史時滇那等諸種羌五六千人寇武威張掖酒泉燒人廬舍六年寇埶轉盛涼州幾亡冬復以熲爲護羌校尉乘驛之職明年春羌封僇良多滇那等僇音良逐反又力救反酋豪三百五十五人率三千落詣熲降當煎勒姐種猶自屯結冬熲將萬餘人擊破之斬其酋豪首虜四千餘人八年春熲復擊勒姐種斬首四百餘級降者二千餘人夏進軍擊當煎種於湟中熲兵敗被圍三日用隱士樊志張策潛師夜出鳴鼓還戰大破之首虜數千人熲遂窮追展轉山谷間自春及秋無日不戰虜遂飢困敗散北略武威間熲凡破西羌斬首二萬三千級獲生口數萬人馬牛羊八百萬頭降者萬餘落封熲都鄉侯邑五百戶永康元年當煎諸種復反合四千餘人欲攻武威熲復追擊於鸞鳥大破之鳥音爵縣名屬武威郡故城在今涼州昌松縣北也殺其渠帥斬首三千餘級西羌於此弭定而東羌先零等自覆沒征西將軍馬賢後朝廷不能討遂數寇擾三輔其後度遼將軍皇甫規中郎將張奐招之連年旣降又叛桓帝詔問熲曰先零東羌造惡反逆而皇甫規張奐各擁強衆不時輯定欲熲移兵東討未識其宜可參思術略熲因上言曰臣伏見先零東羌雖數叛逆而降於皇甫規者已二萬許落善惡旣分餘寇無幾今張奐躊躇久不進者當慮外離內合兵往必驚且自冬踐春屯結不散人畜疲羸自亡之埶徒更招降坐制強敵耳臣以爲狼子野心難以恩納左傳晉叔向母曰狼子野心也埶窮雖服兵去復動唯當長矛挾脅白刃加頸耳計東種所餘三萬餘落居近塞內路無險折非有燕齊秦趙從橫之埶而久亂并涼累侵三輔西河上郡已各內徙安定北地復至單危自雲中五原西至漢陽二千餘里匈奴種羌並擅其地是爲癰疽伏疾留滯脅下如不加誅轉就滋大今若以騎五千步萬人車三千兩三冬二夏足以破定無慮用費爲錢五十四億無慮都凡也如此則可令羣羌破盡匈奴長服內徙郡縣得反本土伏計永初中諸羌反叛十有四年用二百四十億永和之末復經七年用八十餘億費耗若此猶不誅盡餘孽復起于茲作害今不暫疲人則永寧無期臣庶竭駑劣伏待節度帝許之悉聽如所上建寧元年春熲將兵萬餘人齎十五日糧從彭陽直指高平彭陽高平並縣名屬安定郡彭陽縣卽今原州彭原縣也高平縣今原州也與先零諸種戰於逢義山虜兵盛熲衆恐熲乃令軍中張鏃○劉攽曰案文鏃非可張未知何字利刃長矛三重挾以強弩列輕騎爲左右翼激怒兵將曰今去家數千里進則事成走必盡死努力共功

名田大呼衆皆應聲騰赴熲馳騎於傍突而擊之虜衆大潰斬首八千餘級獲牛馬羊二十八萬頭時竇太后臨朝下詔曰先零東羌歷載爲患熲前陳狀欲必埽滅涉履霜雪兼行晨夜身當矢石感厲吏士曾未浹日凶醜奔破（浹匝也浹音子牒反謂匝十二辰也）連尸積俘掠獲無算洗雪百年之逋負以慰忠將之亡魂（東觀記曰太后詔云此以慰种光馬賢等亡魂也）功用顯著朕甚嘉之須東羌盡定當幷錄功勤今且賜熲錢二十萬以家一人爲郎中勑中藏府調金錢綵物增助軍費拜熲破羌將軍夏熲復追羌出橋門至走馬水上（東觀記熲曰橋門谷也）尋聞虜在奢延澤（卽上郡奢延縣界也）乃將輕兵兼行一日一夜二百餘里晨及賊擊破之餘虜走向落川復相屯結熲乃分遣騎司馬田晏將五千人出其東假司馬夏育將二千人繞其西羌分六七千人攻圍晏等晏等與戰羌潰走熲急進與晏等共追之於令鮮水上（令鮮水名在今甘州張掖縣界一名合黎水一名羌谷水也）熲士卒饑渴乃勒衆推方奪其水（推方謂方頭競進也）虜復散走熲遂與相連綴且鬭且引及於靈武谷（靈武縣名有谷在今靈州懷遠縣西北）熲乃被甲先登士卒無敢後者羌遂大敗棄兵而走追之三日三夜士皆重繭（繭足下傷起形如繭也淮南子曰申包胥重繭重胝也）既到涇陽（縣名屬安定郡）餘寇四千落悉散入漢陽山谷間時張奐上言東羌雖破餘種難盡熲性輕果慮負敗難常宜且以恩降可無後悔詔書下熲熲復上言臣本知東羌雖衆而輭弱易制所以比陳愚慮思爲永寧之算而中郎將張奐說虜强難破宜用招降聖朝明監信納瞽言故臣謀得行奐計不用事埶相反遂懷猜恨信叛羌之訴飾潤辭意云臣兵累見折衂（傷敗曰衂音女六反）又言羌一氣所生不可誅盡（言羌亦稟天之一氣所生誅之不可盡也）山谷廣大不可空靜血流汙野傷和致災臣伏念周秦之際戎狄爲害中興以來羌寇最盛誅之不盡雖降復叛今先零雜種累以反覆攻沒縣邑剽略人物發冢露尸禍及生死上天震怒假手行誅（假借也尚書曰皇天降災假手于我有命也）昔邢爲無道衞國伐之師興而雨（左傳曰衞大旱卜有事於山川不吉甯莊子曰昔周饑克殷而年豐今邢方無道天欲衞伐邢乎從之師興而雨也）臣動兵涉夏連獲甘澍歲時豐稔人無疵疫上占天心不爲災傷（占候也）下察人事衆和師克（克勝也左傳曰師克在和不在衆也）自橋門以西落川以東故宮縣邑更相通屬（○劉攽曰宮縣案文當作官舊屯田營壁皆是故官也）非爲深險絕域之地車騎安行無應折衂案奐爲漢吏身當武職駐軍二年不能平寇虛欲修文戢戈招降獷敵（獷惡貌也音谷猛反）誕辭空說僭而無徵何以言之昔先零作寇趙充國徙令居內（宣帝時充國擊西羌徙之於金城郡也）煎當亂邊馬援遷之三輔（遷置天水隴西扶風見西羌傳也）始服終叛至今爲鯁（鯁與梗同梗病也大雅云至今爲梗）故遠識之士以爲深憂今傍郡戶口單少數爲羌所創毒而欲令降徒與之雜居是猶種枳棘於良田養虺蛇於室內也故臣奉大漢之威建長久之策欲絕其本根不使能殖（殖生也左傳曰爲國家者見惡如農夫之務去草焉絕其本根勿使能殖）本規三歲之費用五十四億今適朞年所耗未半而餘寇殘燼將向殄滅（杜預注左傳曰燼火餘木也）臣每奉詔書軍不內御（御制御也淮南子曰國不可從外理軍不可從中御也）願卒斯言一以任臣臨時量宜不失權便二年詔遣謁者馮禪說降漢陽散羌熲以春農百姓布野羌雖暫除而縣官無廩必當復爲盜賊不如乘虛放兵埶必殄滅夏熲自進營去羌所屯凡亭山四五十里遣田晏夏育將五千人據其山上羌悉衆攻之厲聲問曰田晏夏育在此不湟中義從羌悉在何面今日欲決死生軍中恐晏等勸激兵士殊死大戰遂破之羌衆潰東奔復聚射虎谷分兵守諸谷上下門熲規一舉滅之不欲復令散走乃遣千人於西縣結木爲柵廣二十步長四十里遮之（西縣屬天水郡故城在今秦州上邽縣西南也）分遣晏育等將七千人銜枚夜上西山結營穿塹去虜一里許又遣司馬張愷等將三千人上東山虜乃覺之遂攻晏等分遮汲水道熲自率步騎進擊水上羌却走因與愷等挾東西山縱兵擊破之羌復敗散熲追至谷上下門窮山深谷之中處處破之斬其渠帥以下萬九千級獲牛馬驢騾氈裘廬帳什物不可勝數馮禪等所招降四千人分置安定漢陽隴西三郡於是東羌悉平凡百八十戰斬三萬八千六百餘級獲牛馬羊騾驢駱駝四十二萬七千五百餘頭費用四十四億軍士死者四百餘人更封新豐縣侯邑萬戶熲行軍仁愛士卒疾病者親自瞻省手爲裹創在邊十餘年未嘗一日蓐寢（郭璞曰蓐席也言身不自安）與將士同苦故皆樂爲死戰三年春徵還京師將秦胡步騎五萬餘人及汗血千里馬生口萬餘人詔遣大鴻臚持節慰勞於鎬（鎬水名在今長安縣西也）軍至拜侍中轉執金吾河南尹有盜發馮貴人冢坐左轉諫議大夫再遷司隸校尉熲曲意宦官故得保其富貴遂黨中常侍王甫枉誅中常侍鄭颯董騰等增封四千戶幷前萬四千戶明年代李咸爲太尉其冬病罷復爲司隸校尉數歲轉潁川太守徵拜太中大夫光和二年復代橋玄爲太尉在位月餘會日食自劾有司舉奏詔收印綬詣廷尉時司隸校尉陽球奏誅王甫幷及熲就獄中詰責之遂飲鴆死家屬徙邊後中常侍呂強上疏追訟熲功靈帝詔熲妻子還本郡初熲與皇甫威明張然明並知名顯達京師稱爲京州三明云

贊曰山西多猛三明儷蹤（儷偶也前書班固曰秦漢以來山東出相山西出將若白起王翦辛慶忌之流皆山西人也）戎驂糾結塵斥河潼（潼谷名谷有水曰潼水卽潼關）規奐審策亟遏凶文會志比更相爲容段追兩狄束馬縣鋒紛紜騰突谷靜山空

後漢書卷九十五考證

張奐傳而召主簿於諸羌○何焯曰水經注召主簿張祁入

寇掠緣邊九部○部毛本作郡

奢非晉文注陸皝鄴中記○皝監本譌翽今改正

段熲傳乃令軍中張鏃劉攽曰鏃非可張未知何字○按通鑑作長鏃

煎當亂邊馬援遷之三輔○何焯曰徙湞吾餘種七千餘口於三輔乃永平初馬武事

後漢書卷九十六

宋　宣　城　太　守　范　曄　撰

唐　章　懷　太　子　賢　注

陳王列傳第五十六

陳蕃傳

陳蕃字仲舉汝南平輿人也祖河東太守蕃年十五嘗閑處一室而庭宇蕪穢父友同郡薛勤來候之謂蕃曰孺子何不洒埽以待賓客蕃曰大丈夫處世當埽除天下安事一室乎勤知其有清世志甚奇之初仕郡舉孝廉除郎中遭母憂棄官行喪服闋刺史周景辟別駕從事（續漢志曰別駕從事校尉行部奉引錄衆事也）以諫爭不合投傳而去（投棄也傳謂符也音丁戀反）後公府辟舉方正皆不就太尉李固表薦徵拜議郎再遷爲樂安太守（續漢志曰樂安縣名本千乘和帝更名也）時李膺爲青州刺史名有威政屬城聞風皆自引去蕃獨以清績留郡人周璆高潔之士（璆音仇又巨秋反）前後郡守招命莫肯至唯蕃能致焉字而不名特爲置一榻去則縣之璆字孟玉臨濟人有美名民有趙宣葬親而不閉埏隧（埏隧今人墓道也杜預注左傳云掘地通路曰隧）因居其中行服二十餘年鄉邑稱孝州郡數禮請之郡內以薦蕃蕃與相見問及妻子而宣五子皆服中所生蕃大怒曰聖人制禮賢者俯就不肖企及（禮記曰三年之喪可復父母之恩也賢者俯而就之不肖者企而及之）且祭不欲數以其易黷故也（黷媟也禮記曰祭不欲數數則煩煩則不敬）況乃寢宿冢藏而孕育其中誑時惑衆誣汙鬼神乎遂致其罪大將軍梁冀威震天下時遣書詣蕃有所請託不得通使者詐求謁蕃怒笞殺之坐左轉脩武令稍遷拜尚書時零陵桂陽山賊爲害公卿議遣討之又詔下州郡一切皆得舉孝廉茂才蕃上疏駮之曰昔高祖創業萬邦息肩撫養百姓同之赤子（尚書曰若保赤子惟民其康乂）今二郡之民亦陛下之赤子也致令赤子爲害豈非所在貪虐使其然乎宜嚴勑三府隱覈牧守令長其有在政失和侵暴百姓者卽便舉奏更選清賢奉公之人能班宜法令情在愛惠者可不勞王師而羣賊弭息矣又三署郎吏二千餘人三府掾屬過限未除但當擇善而授之簡惡而去之豈煩一切之詔以長請屬之路乎以此忤左右故出爲豫章太守性方峻不接賓客士民亦畏其高（蕃喪妻鄉人畢至唯許子將不往曰仲舉性峻峻則少通故不造也）徵爲尚書令送者不出郭門遷大鴻臚會白馬令李雲抗疏諫桓帝怒當伏重誅蕃上書救雲坐免歸田里復徵拜議郎數日遷光祿勳時封賞踰制內寵猥盛蕃乃上疏諫曰臣聞有事社稷者社稷是爲有事人君者容悅是爲今臣蒙恩聖朝備位九列見非不諫則容悅也夫諸侯上象四七垂耀在天下應分土藩屏上國（上象四七謂二十八宿各主諸侯之分野故曰下應分土言皆以輔王室也）高祖之約非功臣不侯而聞追錄河南尹鄧萬世父遵之微功更爵尚書令黃儁先人之絕封近習以非義授邑左右以無功傳賞授位不料其任裂土莫紀其功至乃一門之內侯者數人故緯象失度陰陽謬序稼用不成民用不康臣知封事已行言之無及誠欲陛下從是而止又比年收斂十傷五六萬人饑寒不聊生活而采女數千食肉衣綺脂油粉黛不可貲計（貲量也）鄙諺云盜不過五女門以女貧家也今後宮之女豈不貧國乎是以傾宮嫁而天下化（帝王紀曰紂作傾宮多采美女以充之武王伐殷乃歸傾宮之女於諸侯也）楚女悲而西宮災（公羊傳曰西宮災何休注云時僖公爲齊桓所脅以齊媵爲嫡楚女廢居西宮而不見恤悲愁怨曠所生）且聚而不御必生憂悲之感以致幷隔水旱之困夫獄以禁止姦違官以稱才理物若法虧於平官失其人則王道有缺而令天下之論（○劉攽曰案文令當作今）皆謂獄由怨起爵以賄成夫不有臭穢則蒼蠅不飛陛下宜采求失得擇從忠善尺一選舉委尚書三公（尺一謂板長尺一以寫詔書也）使褒責誅賞各有所歸豈不幸甚帝頗納其言爲出宮女五百餘人但賜儁爵關內侯而萬世南鄉侯延熹六年車駕幸廣城校獵（廣城苑名在今汝州）

（梁冀西也）蕃上疏諫曰臣聞人君有事於苑囿唯仲秋西郊順時講武殺禽助祭以敦孝敬如或違此則為肆縱故皋陶戒舜無教逸遊（尚書咎繇謨曰無教逸欲有邦）周公戒成王無槃于遊田（尚書無逸篇之言）虞舜成王猶有此戒況德不及二主者乎夫安平之時尚宜有節況當今之世有三空之戹哉田野空朝廷空倉庫空是謂三空加兵戎未戢四方離散是陛下焦心毀顏坐以待旦之時也豈宜揚旗曜武騁心輿馬之觀乎又秋前多雨民始種麥今失其勸種之時而令給驅禽除路之役非賢聖恤民之意也齊景公欲觀於海放乎琅邪晏子為陳百姓惡聞旌旗輿馬之音舉首嚬眉之感景公為之不行周穆王欲肆車轍馬跡祭公謀父為誦祈招之詩以止其心誠惡逸遊之害人也（祭公祭國公為周卿士謀父名也祈招逸詩也左傳曰昔周穆王欲肆其心周行天下將皆必有車轍馬跡焉祭公謀父作祈招之詩以止王心其詩曰祈招之愔愔式昭德音思我王度式如玉式如金刑人之力而無醉飽之心）書奏不納自蕃為光祿勳與五官中郎將黃琬共典選舉不偏權富而為勢家郎所譖訴坐免歸頃之徵為尚書僕射轉太中大夫八年代楊秉為太尉蕃讓曰不愆不忘率由舊章（詩大雅也言成王令德不過誤不遺失循用舊典文章謂周公之禮法也）臣不如太常胡廣齊七政訓五典臣不如議郎王暢聰明亮達文武兼姿（○劉攽曰案姿是姿貌此當作資也）臣不如弛刑徒李膺帝不許中常侍蘇康管霸等復被任用遂排陷忠良共相阿媚大司農劉祐廷尉馮緄（音古本反）河南尹李膺皆以忤旨為之抵罪蕃因朝會固理膺等請加原宥升之爵任言及反覆誠辭懇切帝不聽因流涕而起時小黃門趙津南陽大猾張汜等奉事中官乘埶犯法二郡太守劉瓆成瑨考案其罪雖經赦令而並竟考殺之（○劉攽曰案漢魏獄皆云考竟此誤）宦官怨恚有司承旨遂奏瓆瑨罪當棄市又山陽太守翟超沒入中常侍侯覽財產東海相黃浮誅殺下邳令徐宣超浮並坐髡鉗輸作左校蕃與司徒劉矩司空劉茂共諫請瓆瑨超浮等帝不悅有司劾奏之矩茂不敢復言蕃乃獨上疏曰臣聞齊桓修霸務為內政（國語曰桓公問管仲曰安國可乎對曰未可君若正卒伍修甲兵大國亦如之若欲速得志於天下諸侯則可以隱令可以寄政公曰隱令寄政若何對曰作內政而寄軍令焉）春秋於魯小惡必書（公羊傳莊公四年公及齊人狩于郜譏其與讎狩也僖公二十年新作南門譏其奢也穀梁曰小惡必書也）宜先自整勑後以及人今寇賊在外四支之疾內政不理心腹之患臣寢不能寐食不能飽實憂左右日親忠言以疏內患漸積外難方深陛下超從列侯纘承天位（言桓帝以蠡吾侯即位）小家畜產百萬之資子孫尚恥愧失其先業況乃產兼天下受之先帝而欲懈怠以自輕忽乎誠不愛己不當念先帝得之勤苦邪前梁氏五侯毒徧海內（五侯謂胤讓淑忠戟五人與冀同時誅事見冀傳也）天啓聖意收而戮之天下之議冀當小平明鑒未遠覆車如昨而近習之權復相扇結小黃門趙津大猾張汜等肆行貪虐姦媚左右前太原太守劉瓆南陽太守成瑨糾而戮之雖言赦後不當誅殺原其誠心在乎去惡至於陛下有何悁悁（說文曰悁悁恚忿也）而小人道長營惑聖聽遂使天威為之發怒如加刑讁已為過甚況乃重罰令伏歐刃乎又前山陽太守翟超東海相黃浮奉公不撓疾惡如讎超沒侯覽財物浮誅徐宣之罪並蒙刑坐不逢赦恕覽之從橫沒財已幸宣犯釁過死有餘辜昔丞相申屠嘉召責鄧通洛陽令董宣折辱公主而文帝從而請之光武加以重賞（文帝時太中大夫鄧通愛幸居上旁有怠慢禮丞相申屠嘉入朝因見之為檄召通通至嘉曰通小臣戲殿上大不敬當斬通頓首首盡出血文帝使使召通而謝丞相曰吾弄臣君釋之也湖陽公主蒼頭白日殺人匿主家吏追不得公主出宣駐車叩馬以刀畫地數主之失主言於帝帝賜宣錢二十萬語見董宣傳）未聞二臣有專命之誅而今左右羣豎惡傷黨類妄相交搆致此刑讁聞臣是言當復嘯訴陛下深宜割塞近習豫政之源引納尚書朝省之事公卿大官五日一朝（宣帝五日一聽事自丞相已下各敷奏其言）簡練清高斥黜佞邪如是天和於上地洽於下休禎符瑞豈遠乎哉陛下雖厭毒臣言凡人主有自勉強敢以死陳帝得奏愈怒竟無所納朝廷衆庶莫不怨之宦官由此疾蕃彌甚選舉奏議輒以中詔譴卻長吏以下多至抵罪（○劉攽曰案文吏當作史太尉府有長史故因蕃見譴也）猶以蕃名臣不敢加害瓆字文理高唐人（高唐縣名今博州縣也）瑨字幼平陝人並有經術稱處位敢直言多所搏擊知名當時皆死於獄中九年李膺等以黨事下獄考實蕃因上疏極諫曰臣聞賢明之君委心輔佐亡國之主諱聞直辭故湯武雖聖而興於伊呂桀紂迷惑亡在失人（關龍逢桀臣王子比干紂諸父二人並諫悉皆誅死）由此言之君為元首臣為股肱同體相須共成美惡者也（前書曰君為元首臣為股肱明其一體相須而成也）伏見前司隸校尉李膺太僕杜密太尉掾范滂等正身無玷死心社稷以忠忤旨橫加考案或禁錮閉隔或死徙非所杜塞天下之口聾盲一世之人與秦焚書阬儒何以為異（秦始皇時丞相李斯上言曰天下已定百姓力農今諸生好古惑亂黔首臣請史官非秦記及天下敢有藏詩書百家語者悉燒之事見史記衛宏詔定古文官書序曰秦既焚書患苦天下不從所改更而諸生到者拜為郎前後七百人乃密令種瓜於驪山阬谷中溫處瓜實詔博士諸生說之人人不同乃令就視為伏機諸生賢儒皆至焉方相難不決因發機從上填之以土皆壓之終乃無聲今新豐縣溫湯處號愍儒鄉溫湯西有馬谷西岸有阬古老相傳以為秦阬儒處也）昔武王克殷表閭封墓（史記武王克殷命畢公表商容之閭閎天封比干之墓也）今陛下臨政先誅忠賢遇善何薄待惡何優夫讒人似實巧言如簧（詩小雅曰巧言如簧顏之厚矣簧笙簧也言讒人之口以喻笙簧也）使聽之者惑視之者昏夫吉凶之效存乎識善成敗之機在於察言人君者攝天地之政秉四海之維舉動不可以違聖法進退不可以離道規謬言出口則亂及八方何況髡無罪於獄殺無辜於市乎昔禹巡狩蒼梧見市殺人下車而哭之曰萬方有罪在予一人故其興也勃焉（說苑曰禹見罪人下車泣而問之左右曰夫罪人不順故使然焉君王何為痛之至此也禹曰堯舜之人皆以堯舜之心為心今寡人為君也百姓各自以其心是以痛之書曰百姓有罪在予一人左傳曰禹湯罪己其興也勃焉桀紂罪人其亡也忽焉杜注曰勃盛也）又青徐炎旱五穀損傷民物流遷茹菽不足（廣雅曰茹食也）而宮女積於房掖國用盡於羅紈外戚私門貪財受賂所謂祿去公室政在大夫昔春秋之末周德衰微數十年間無復災眚者天所棄也（春秋感精符曰魯哀公政亂絕無日食天不譴告也）天之於漢悢悢無已（悢悢猶眷眷也）故殷勤示變以悟陛下除妖去孽實在脩德臣位列台司憂責深重不敢尸祿惜生坐觀成敗如蒙採錄使身首分裂異門而出所不恨也（穀梁傳曰公會齊侯于頰谷齊人使優施舞於魯君之幕下孔子曰笑君者罪當死使司馬行法焉首足異門而出也）帝諱其言切託以蕃辟召非其人遂策免之永康元年帝崩竇后臨朝詔曰夫民生樹君使司牧之必須良佐以固王業（前書谷永曰臣聞天生蒸人不能相治為立王者以統理之也）前太尉陳蕃忠清直亮其以蕃為太傅錄尚書事時新遭大喪國嗣未立諸尚書畏懼權官託病不朝蕃以書責之曰古人立節事亡如存（言人主雖亡法度尚在當行之與不亡時同故曰如存前書袁盎曰主在與在主亡與亡也）今帝祚未立政事日蹙諸君柰何委荼蓼之苦息偃在牀（詩國風曰誰謂荼苦其甘如薺周頌曰未堪家多難予又集于蓼）於義不足焉得仁乎諸尚書惶怖皆起視事靈帝即位竇太后復優詔蕃曰蓋襃功以勸善表義以厲俗無德不報大雅所歎（詩大雅曰無言不讎無德不報）太傅陳蕃輔弼先帝出內累年（內音納尚書曰出納朕命也）忠孝之美德冠本朝謇愕之操華首彌固（齊宣王對閭丘邛曰夫士亦華髮墮顛而後可用見新序）今封蕃高陽侯食邑三百戶蕃上疏讓曰使者即臣廬授高陽鄉侯印綬（即就也）臣誠悼心不知所裁臣聞讓身之文德之昭也然不敢盜以為名竊惟割地之封功德是為臣孰自思省前後歷職無它異能合亦食祿不合亦食祿臣雖無素絜之行竊慕君子不以其道得之不居也（論語孔子曰富與貴是人之所欲不以其道得之不處也）若受爵不讓掩面就之（詩小雅曰受爵不讓至于已斯亡注云爵祿不以相讓故怨禍及之也）使皇天震怒災流下民於臣之身亦何所寄顧惟陛下哀臣朽老戒之在得（論語孔子曰及其老也血氣既衰戒之在得注云得貪得也）竇太后不許蕃復固讓章前後十上竟不受封初桓帝欲立所幸田貴人為皇后蕃以田氏卑微竇族良家爭之甚固帝不得已乃立竇后及后臨朝故委用於蕃蕃與后父大將軍竇武同心盡力徵用名賢共參政事天下之士莫不延頸想望太平而帝乳母趙嬈旦夕在太后側（嬈音乃了反）中常侍曹節王甫等與共交搆諂事太后太后信之數出詔命有所封拜及其支類多行貪虐蕃常疾之志誅中官會竇武亦有謀蕃自以既從人望而德於太后必謂其志可申乃先上疏曰臣聞言不直而行不正則為欺乎天而負乎人危言極意則羣凶側目禍不旋踵鈞此二者臣寧得禍不敢欺天也今京師囂囂道路諠譁言侯覽曹節公乘昕王甫鄭颯等與趙夫人諸女尚書並亂天下（趙夫人即趙嬈也女尚書宮內官也）附從者升進忤逆者中傷（前書劉向上書諫王鳳曰排擯者登進忤恨者誅傷也）方今一朝羣臣如河中木耳泛泛東西耽祿畏害陛下前始攝位順天行誅蘇康管霸並伏其辜是時天地清明人鬼歡喜柰何數月復縱左右元惡大姦莫此之甚今不急誅必生變亂傾危社稷其禍難量願出臣章宣示左右并令天下諸姦知臣疾之太后不納朝廷聞者莫不震恐蕃因與竇武謀之語在武傳及事泄曹節等矯詔誅武等蕃時年七十餘聞難作將官屬諸生八十餘人並拔刃突入承明門攘臂呼曰大將軍忠以衞國黃門反逆何云竇氏不道邪王甫時出與蕃相迕（迕遻也）適聞其言而讓蕃曰先帝新棄天下山陵未成竇武何功兄弟父子一門三侯又多取掖庭宮人作樂飲讌旬月之間貲財億計大臣若此是為道邪公為棟梁枉橈阿黨復焉求賊遂令收蕃蕃拔劍叱甫甫兵不敢近乃益人圍之數十重遂執蕃送黃門北寺獄黃門從官騶（騶騎士也）蹋踧蕃曰死老魅復能損我曹員數奪我曹稟假不即日害之徙其家屬於比景宗族門生故吏皆斥免禁錮蕃友人陳留朱震時為銍令（銍縣屬沛郡）聞而棄官哭之收葬蕃尸匿其子逸於甘陵界中事覺繫獄合門桎梏震授考掠（○劉攽曰案文授當作受）誓死不言故逸得免後黃巾賊起大赦黨人乃追還逸官至魯相震字伯厚初為州從事奏濟陰太守單匡臧罪并連匡兄中常侍車騎將軍超桓帝收匡下廷尉以譴超超詣獄謝三府諺曰車如雞棲馬如狗疾惡如風朱伯厚

論曰桓靈之世若陳蕃之徒咸能樹立風聲抗論惛俗而驅馳嶮阸之中與刑人腐夫同朝爭衡（前書班固曰相與提衡音義云衡平也言二人齊也）終取滅亡之禍者彼非不能絜情志違埃霧也（違避也）愍夫世士以離俗為高而人倫莫相恤也以遯世為非義故屢退而不去以仁心為己任雖道遠而彌厲（論語曰仁以為己任不亦重乎死而後已不亦遠乎）及遭際會協策竇武自謂萬世一遇也懍懍乎伊望之業矣（懍懍有風采之貌也）功雖不

終然其信義足以彊持民心漢世亂而不亡百餘年間數公之力也

王允傳

王允字子師太原祁人也祁今并州縣也世仕州郡爲冠蓋同郡郭林宗嘗見允而奇之曰王生一日千里王佐才也史記田光謂燕太子丹曰臣聞騏驥盛壯之時一日千里至其老也駑馬先之遂與定交年十九爲郡吏時小黃門晉陽趙津貪橫放恣爲一縣巨患允討捕殺之而津兄弟諂事宦官因緣譖訴桓帝震怒徵太守劉瓆下獄死允送喪還平原終畢三年然後歸家復還仕郡人有路佛者少無名行而太守王球召以補吏允犯顏固爭球怒收允欲殺之刺史鄧盛聞而馳傳辟爲別駕從事允由是知名而路佛以之廢棄允少好大節有志於立功常習誦經傳朝夕試馳射三公並辟以司徒高第爲侍御史中平元年黃巾賊起特選拜豫州刺史辟荀爽孔融等爲從事上除禁黨討擊黃巾別帥大破之與左中郎將皇甫嵩右中郎將朱儁等受降數十萬於賊中得中常侍張讓賓客書疏與黃巾交通允具發其姦以狀聞靈帝責怒讓讓叩頭陳謝竟不能罪之而讓懷挾忿怒以事中允中傷也明年遂傳下獄傳逮也會赦還復刺史旬日間復以它罪被捕司徒楊賜以允素高不欲使更楚辱更經也楚苦痛乃遣客謝之曰君以張讓之事故一月再徵凶慝難量幸爲深計深計謂令自死又諸從事好氣決者共流涕奉藥而進之允厲聲曰吾爲人臣獲罪於君當伏大辟以謝天下豈有乳藥求死乎投杯而起出就檻車既至廷尉左右皆促其事朝臣莫不歎息大將軍何進太尉袁隗司徒楊賜共上疏請之曰夫內視反聽則忠臣竭誠寬賢務能則義士厲節內視自視也反聽自聽也言皆怨己不責於人也是以孝文納馮唐之說文帝時魏尚爲雲中守下吏免馮唐爲郎中署長奏言臣聞魏尚爲雲中守上功首虜差六級陛下下之吏削其爵罰以爲陛下法太明賞太輕罰太重帝即日赦尚復爲雲中太守晉悼宥魏絳之罪左傳曰晉悼公之弟楊干亂行於曲梁魏絳戮其僕公怒之絳曰臣聞師衆以順爲武軍事有死無犯爲敬臣懼其死以及楊干無所逃罪公曰寡人有弟不能教訓使干大命寡人之過也子無重寡人之過與之禮食使佐新軍允以特選受命誅逆撫順曾未期月州境澄清方欲列其庸勳請加爵賞而以奉事不當當肆大戮責輕罰重有虧衆望臣等備位宰相不敢寢默誠以允宜蒙三槐之聽以昭忠貞之心周禮朝士職三槐九棘公卿於下聽訟故曰三槐之聽書奏得以減死論是冬大赦而允獨不在宥三公咸復爲言至明年乃得解釋是時宦者橫暴睚眦觸死睚音五懈反眦音士賜反前書曰原涉好殺睚眦於塵中觸死者甚多允懼不免乃變易名姓轉側河內陳留間轉側猶去來也及帝崩乃奔喪京師時大將軍何進欲誅宦官召允與謀事請爲從事中郎轉河南尹獻帝即位拜太僕再遷守尚書令初平元年代楊彪爲司徒守尚書令如故及董卓遷都關中允悉收斂蘭臺石室圖書秘緯要者以從既至長安皆分別條上又集漢朝舊事所當施用者一皆奏之經籍具存允有力焉時董卓尚留洛陽朝政大小悉委之於允允矯情屈意每相承附卓亦推心不生乖疑故得扶持王室於危亂之中臣主內外莫不倚恃焉允見卓禍毒方深篡逆已兆密與司隸校尉黃琬尚書鄭公業等謀共誅之乃上護羌校尉楊瓚行左將軍事執金吾士孫瑞爲南陽太守並將兵出武關道以討袁術爲名實欲分路征卓而後拔天子還洛陽卓疑而留之允乃引內瑞爲僕射瓚爲尚書二年卓還長安錄入關之功封允爲溫侯食邑五千戶固讓不受士孫瑞說允曰夫執謙守約存乎其時公與董太師並位俱封而獨崇高節豈和光之道邪老子曰和其光同其塵允納其言乃受二千戶三年春連雨六十餘日允與士孫瑞楊瓚登臺請霽復結前謀說文曰霽雨止也郭璞曰南陽人呼雨止曰霽瑞曰自歲末以來太陽不照霖雨積時月犯執法執法星名史記曰太微南四星曰執法也彗孛仍見晝陰夜陽霧氣交侵此期應促盡內發者勝幾不可後公其圖之允然其言乃潛結卓將呂布使爲內應會卓入賀呂布因刺殺之語在卓傳帝時疾愈故入賀也允初議赦卓部曲呂布亦數勸之既而疑曰此輩無罪從其主耳今若名爲惡逆而特赦之適足使其自疑非所以安之之道也呂布又欲以卓財物班賜公卿將校允又不從而素輕布以劍客遇之布亦負其功勞多自誇伐既失意望漸不相平允性剛稜疾惡稜威稜也力登反初懼董卓豺狼故折節圖之卓既殲滅自謂無復患難及在際會每乏溫潤之色仗正持重不循權宜之計是以羣下不甚附之董卓將校及在位者多涼州人允議罷其軍或說允曰涼州人素憚袁氏而畏關東今若一旦解兵關東則必人人自危○劉攽曰今若一旦解兵關東文多關東二字可以皇甫義眞爲將軍就領其衆因使留陝以安撫之而徐與關東通謀以觀其變允曰不然關東舉義兵者皆吾徒耳今若距險屯陝雖安涼州而疑關東之心甚不可也時百姓訛言當悉誅涼州人遂轉相恐動其在關中者皆擁兵自守更相謂曰丁彥思蔡伯喈但以董公親厚並尚從坐今既不赦我曹而欲解兵今日解兵明日當復爲魚肉矣卓部曲將李傕郭汜等先將兵在關東因不自安遂合謀爲亂攻圍長安城陷呂布奔走布駐馬青瑣門外前書音義曰以青畫戶邊鏤中天子制也招允曰公可以去乎允曰若蒙社稷之靈上安國家吾之願也如其不獲則奉身以死之朝廷幼少恃我而已朝廷謂天子也臨難苟免吾不忍也努力謝關東諸公勤以國家爲念初允以同郡宋翼爲左馮翊王宏爲右扶風是時三輔民庶熾盛兵穀富實李傕等欲即殺允懼二郡爲患乃先徵翼宏宏遣使謂翼曰郭汜李傕以我二人在外故未危王公今日就徵明日俱族計將安出翼曰雖禍福難量然王命所不得避也宏曰義兵鼎沸在於董卓況其黨與乎若舉兵共討君側惡人山東必應之此轉禍爲福之計也翼不從宏不能獨立遂俱就徵下廷尉傕乃收允及翼宏并殺之允時年五十六長子侍中蓋次子景定及宗族十餘人皆見誅害唯兄子晨陵得脫歸鄉里天子感慟百姓喪氣莫敢收允尸者唯故吏平陵令趙戩棄官營喪戩音翦王宏字長文少有氣力不拘細行初爲弘農太守考案郡中有事宦官買爵位者雖位至二千石皆掠考收捕遂殺數十人威動鄰界素與司隸校尉胡种有隙及宏下獄种遂迫促殺之宏臨命詬曰詬罵也音火豆反宋翼豎儒不足議大計豎者言賤劣如僮豎胡种樂人之禍禍將及之种後眼輒見宏以杖擊之因發病數日死後遷都於許帝思允忠節使改殯葬之遣虎賁中郎將奉策弔祭賜東園祕器贈以本官印綬送還本郡封其孫黑爲安樂亭侯食邑三百戶士孫瑞字君策扶風人頗有才謀瑞以允自專討董卓之勞故歸功不侯所以獲免於難後爲國三老光祿大夫每三公缺楊彪皇甫嵩皆讓位於瑞興平二年從駕東歸爲亂兵所殺趙戩字叔茂長陵人性質正多謀初平中爲尚書典選舉董卓數欲有所私授戩輒堅拒不聽言色强厲卓怒召將殺之衆人悚慄而戩辭貌自若卓悔謝釋之長安之亂客於荊州劉表厚禮焉及曹操平荊州乃辟之執戩手曰恨相見晚卒相國鍾繇長史鍾繇字元常魏太祖時爲相國

論曰士雖以正立亦以謀濟若王允之推董卓而引其權伺其間而斃其罪當此之時天下懸解矣莊子曰斯所謂帝之懸解懸解喻安泰也而終不以猜忤爲釁者知其本於忠義之誠也故推卓不爲失正分權不爲苟冒伺間不爲狙詐及其謀濟意從則歸成於正也

贊曰陳蕃蕪室志清天綱人謀雖緝幽運未當緝合也易下繫曰人謀鬼謀言蕃設謀雖合而冥運未符也言觀殄瘁曷非云亡殄盡也瘁病也言國將殄瘁豈不由賢人云亡乎詩大雅曰人之云亡邦國殄瘁也子師圖難晦心傾節謂矯情屈意於董卓功全元醜身殘餘孽時有隆夷事亦工拙誅卓爲工被殺爲拙也

後漢書卷九十六考證

陳蕃傳再遷爲樂安太守注續漢志樂安縣名本名千乘和帝更名也○縣當作郡臣會汾按千乘貞王傳永元七年改國名樂安質帝時改封渤海樂安仍當爲郡故此傳言樂安太守也樂安屬邑有千乘樂安兩縣前後志初無改易皆郡名耳

營惑聖聽○何焯校本營改熒

王允傳种後眼輒見宏○諸本同何焯校本眼改眠

後漢書卷九十七

宋　宣　城　太　守　范　曄　撰

唐　章　懷　太　子　賢　注

黨錮列傳第五十七

孔子曰性相近也習相遠也言嗜惡之本同而遷染之塗異也嗜猶好也惡音烏故反言人好惡各有本性遷染者由其所習尚書曰唯人生厚因物有遷墨子曰墨子見染絲者泣而歎曰染於蒼則蒼染於黃則黃故染不可不愼也非獨染絲然也國亦有染湯染於伊尹故王天下殷紂染於惡來故國殘身死爲天下僇夫刻意則行不肆牽物則其志流刻意不得自恣也莊子曰刻意尚行離時異俗行音下孟反肆猶放縱也牽物謂爲物所牽制則其志流宕忘反也淮南子曰非拘繫牽連於物而不與推移也是以聖人導人理性裁抑宕佚愼其所與節其所偏雖情品萬區質文異數至於陶物振俗其道一也陶謂陶冶以成之管子曰夫法之制人猶陶之於埴冶之於金也埴猶植叔末澆訛王道陵缺叔末猶季末也謂當春秋之時而猶假仁以効己憑義以濟功舉中於理則强梁褫氣片言違正則廝臺解情蓋前哲之遺塵有足求者褫猶奪也音直紙反廝臺賤人也齊侯伐楚楚子使與師言曰君處北海寡人處南海唯是風馬牛不相及也不虞君之涉吾地也何故管仲對曰爾貢苞茅不入王祭不共無以縮酒寡人是徵對曰貢之不入寡君之罪也遂使屈完與齊盟于召陵此强梁褫氣也又晉呂甥郤芮將焚公宮而弒晉侯寺人披請見公使讓之且辭曰汝爲惠公來求殺余命汝三宿汝中宿而至雖君有命何其速也對曰臣謂君之入也其知之矣若猶未也又將及難君命無二古之制也除君之惡唯力是視蒲人狄人余何有焉今君即位其無蒲狄乎此爲廝臺解情也並見左傳霸德既衰狙詐萌起霸德衰六國時也狙音七余反廣雅曰狙獮猴也以其多詐故比之也彊者以決勝爲雄弱者以詐劣受屈至有畫半策而綰萬金開一說而錫琛瑞蘇秦說趙王賜白璧百雙黃金萬鎰虞卿一見趙王賜白璧一雙黃金百鎰見史記及戰國策或起徒步而仕執珪解草衣以升卿相史記曰楚惠王言莊舄越之鄙細人也今仕楚執珪貴富矣解草衣謂范雎蔡澤之類士之飾巧馳辯以要能釣利者不期而景從矣韓子李斯曰韓非飾辯詐謀以釣利於秦也賈誼過秦論曰嬴糧而景從自是愛尚相奪與時回變其風不可留其敝不能反及漢祖杖劒武夫敦興憲令寬賒文禮簡闊緒餘四豪之烈人懷陵上之心四豪謂信陵君魏公子無忌平原君趙勝春申君黃歇孟嘗君田文前書班固曰游俠者以四豪爲稱首輕死重氣怨惠必讐

令行私庭權移匹庶任俠之方成其俗矣前書音義曰相與信爲任同是非爲俠所謂權行州域力折公侯者也自武帝以後崇尚儒學懷經協術所在霧會至有石渠分爭之論黨同伐異之說守文之徒盛於時矣武帝詔求賢良於是公孫弘董仲舒等出焉宣帝時集諸儒於石渠閣講論六藝召五經名儒太子太傅蕭望之等大議殿中平公羊穀梁同異同己者朋黨之異己者攻伐之劉歆書曰黨同門妒道真至王莽專僞終於篡國忠義之流恥見纓紼遂乃榮華丘壑甘足枯槁謂龔勝薛方郭欽蔣詡之類並隱居不應莽召雖中興在運漢德重開而保身懷方彌相慕襲去就之節重於時矣謂逢萌嚴光周黨尚長之屬逮桓靈之閒主荒政謬國命委於閹寺士子羞與爲伍故匹夫抗憤處士橫議遂乃激揚名聲互相題拂品覈公卿裁量執政婞直之風於斯行矣婞很也音刑鼎反夫上好則下必甚矯枉故直必過其理然矣禮記曰下之事上也不從其所令從其所行上好是物下必有甚者矣矯正也正枉必過其直見孟子若范滂張儉之徒清心忌惡終陷黨議不其然乎初桓帝爲蠡吾侯受學於甘陵周福及卽帝位擢福爲尚書時同郡河南尹房植有名當朝鄉人爲之謠曰天下規矩房伯武因師獲印周仲進二家賓客互相譏揣初委反遂各樹朋徒漸成尤隙由是甘陵有南北部黨人之議自此始矣後汝南太守宗資任功曹范滂南陽太守成瑨亦委功曹岑晊音質二郡又爲謠曰汝南太守范孟博南陽宗資主畫諾南陽太守岑公孝弘農成瑨但坐嘯謝承書曰成瑨少修仁義篤學以清名見舉孝廉拜郎中遷南陽太守郡舊多豪強中官黃門磐牙境界瑨下車振威嚴以檢攝之是時桓帝乳母中官貴人外親張子禁怙恃貴埶不畏法網功曹岑晊勸使捕子禁付宛獄笞殺之桓帝徵瑨下獄死宗資字叔都南陽安衆人也家代爲漢將相名臣祖父均自有傳資少在京師學孟氏易歐陽尚書舉孝廉拜議郎補御史中丞汝南太守署范滂爲功曹委任政事推功於滂不伐其美任善之名聞於海內也因此流言轉入太學諸生三萬餘人郭林宗賈偉節爲其冠冠猶首也並與李膺陳蕃王暢更相褒重學中語曰天下模楷李元禮不畏強禦陳仲舉天下俊秀王叔茂又渤海公族進階公族姓也名進階風俗通曰晉成公立嫡子爲公族大夫韓無忌號公族穆子見左氏傳扶風魏齊卿並危言深論不隱豪強危言謂不畏危難而直言也論語孔子曰邦有道危言危行自公卿以下莫不畏其貶議懼履到門時河內張成善說風角推占當赦遂教子殺人李膺爲河南尹督促收捕既而逢宥獲免膺愈懷憤疾竟案殺之初成以方伎交通宦官帝亦頗誶其占成弟子牢脩因上書誣告膺等養太學遊士交結諸郡生徒更相驅馳共爲部黨誹訕朝廷疑亂風俗說文曰訕謗也蒼頡篇曰訕非也於是天子震怒班下郡國逮捕黨人布告天下使同忿疾遂收執膺等其辭所連及陳寔之徒二百餘人或有逃遁不獲皆懸金購募使者四出相望於道明年尚書霍諝城門校尉竇武並表爲請帝意稍解乃皆赦歸田里禁錮終身而黨人之名猶書王府自是正直廢放邪枉熾結海內希風之流遂共相標搒希望也標搒猶相稱揚也搒與榜同古字通指天下名士爲之稱號上曰三君次曰八俊次曰八顧次曰八及次曰八廚猶古之八元八凱也竇武劉淑陳蕃爲三君君者言一世之所宗也李膺荀昱杜密王暢劉祐魏朗趙典朱寓爲八俊俊者言人之英也郭林宗宗慈巴肅夏馥范滂尹勳蔡衍羊陟爲八顧顧者言能以德行引人者也張儉岑晊劉表陳翔孔昱范康檀敷翟超爲八及及者言其能導人追宗者也導引也宗謂所宗仰也度尚張邈王考劉儒胡母班秦周蕃嚮王章爲八廚蕃姓也音皮廚者言能以財救人者也又張儉鄉人朱並承望中常侍侯覽意旨上書告儉與同鄉二十四人別相署號共爲部黨圖危社稷以儉及檀彬褚鳳張肅薛蘭馮禧魏玄徐乾爲八俊田林張隱劉表薛郁王訪劉祗宣靖公緒恭爲八顧公緒姓也朱楷田槃疏耽薛敦宋布唐龍嬴咨宣褒爲八及刻石立墠共爲部黨而儉爲之魁墠除地於中爲壇音禪魁大帥也靈帝詔刊章捕儉等刊削不欲宣露並名故削除之而直捕儉等大長秋曹節因此諷有司奏捕前黨故司空虞放太僕杜密長樂少府李膺司隸校尉朱寓潁川太守巴肅沛相荀昱河內太守魏朗山陽太守翟超任城相劉儒太尉掾范滂等百餘人皆死獄中餘或先歿不及或亡命獲免自此諸爲怨隙者因相陷害睚眦之忿濫入黨中睚音五懈反廣雅曰睚裂也眦音才賜反前書音義曰瞋目貌也史記曰睚眦之隙必報又州郡承旨或有未嘗交關亦離禍毒其死徙廢禁者六七百人熹平五年永昌太守曹鸞上書大訟黨人言甚方切帝省奏大怒卽詔司隸益州檻車收鸞送槐里獄掠殺之於是又詔州郡更考黨人門生故吏父子兄弟其在位者免官禁錮爰及五屬謂斬衰齊衰大功小功緦麻也光和二年上祿長和海上祿縣屬武都郡今成州縣也上言禮從祖兄弟別居異財恩義已輕服屬疏末而今黨人錮及五族旣乖典訓之文有謬經常之法左氏傳曰父子兄弟罪不相及帝覽而悟之黨錮自從祖以下皆得解釋中平元年黃巾賊起中常侍呂彊言於帝曰黨錮久積人情多怨若久不赦宥輕與張角合謀爲變滋大悔之無救帝懼其言乃大赦黨人誅徙之家皆歸故郡其後黃巾遂盛朝野崩離綱紀文章蕩然矣詩大雅蕩篇序曰厲王無道天下蕩蕩無綱紀文章鄭玄注云蕩蕩法度廢壞之貌也凡黨事始自甘陵汝南成於李膺張儉海內塗炭二十餘年諸所蔓衍皆天下善士三君八俊等三十五人其名迹存者並載乎篇陳蕃竇武王暢劉表度尚郭林宗別有傳荀昱附祖淑傳張邈附呂布傳胡母班附袁紹傳王考字文祖東平壽張人冀州刺史秦周字平王陳留平丘人北海相蕃嚮字嘉景魯國人郎中王璋字伯儀東萊曲城人少府卿曲城縣故城在今萊州掖縣東北位行並不顯翟超山陽太守事在陳蕃傳字及郡縣未詳朱寓沛人與杜密等俱死獄中唯趙典名見而已

劉淑傳

劉淑字仲承河間樂成人也祖父稱司隸校尉淑少學明五經遂隱居立精舍講授諸生常數百人州郡禮請五府連辟並不就永興二年司徒种暠舉淑賢良方正辭以疾桓帝聞淑高名切責州郡使輿病詣京師淑不得已而赴洛陽對策爲天下第一拜議郎又陳時政得失災異之占。劉攽曰案文多一又字初未曾有陳何得言又事皆效驗再遷尚書納忠建議多所補益又再遷侍中虎賁中郎將上疏以爲宜罷宦官辭甚切直帝雖不能用亦不罪焉以淑宗室之賢特加敬異每有疑事常密諮問之靈帝卽位宦官譖淑與竇武等通謀下獄自殺

李膺傳

李膺字元禮潁川襄城人也祖父脩安帝時爲太尉漢官儀曰脩字伯游父益趙國相膺性簡亢無所交接亢高也唯以同郡荀淑陳寔爲師友初舉孝廉爲司徒胡廣所辟舉高第再遷青州刺史守令畏威明多望風棄官復徵再遷漁陽太守尋轉蜀郡太守以母老乞不之官謝承書曰膺出補蜀郡太守脩庠序設條教明法令威恩並行蜀之珍玩不入於門益州紀其政化朝廷舉能理劇轉烏桓校尉鮮卑數犯塞膺常蒙矢石每破走之虜甚憚懾謝承書曰膺常率步騎臨陣交戰身被創夷拭血進戰遂敗寇斬首二千級以公事免官還居綸氏教授常千人綸氏縣屬潁川郡故城今陽城縣也南陽樊陵求爲門徒膺謝不受陵後以阿附宦官致位太尉爲節志者所羞漢官儀曰樊陵字德雲荀爽嘗就謁膺因爲其御旣還喜曰今日乃得御李君矣其見慕如此永壽二年鮮卑寇雲中桓帝聞膺能乃復徵爲度遼將軍先是羌虜及疏勒龜茲數出攻鈔張掖酒泉雲中諸郡百姓屢被其害自膺到邊皆望風懼服先所掠男女悉送還塞下自是之後聲振遠域延熹二年徵再遷河南尹時宛陵大姓羊元羣罷北海郡臧罪狼籍郡舍溷軒有奇巧乃載之以歸溷軒廁屋膺表欲按其罪元羣行賂宦豎膺反坐輸作左校初膺與廷尉馮緄大司農劉祐等共同心志糾罰姦倖緄祐時亦得罪輸作司隸校尉應奉上疏理膺等曰昔秦人觀寶於楚昭奚恤莅以羣賢新序曰秦欲伐楚使使者往觀楚之寶器楚王聞之召昭奚恤問焉對曰此欲觀吾國之得失而圖之寶器在於賢臣遂使恤應之乃爲東面之壇一爲南面之壇四爲西面之壇一秦使者至恤曰君客也請就上位東面子西南面太宰子方次之葉公子高次之司馬子反次之恤自居西面之壇稱曰客觀楚國之寶器所寶者賢臣也理百姓實倉廩使人各得其所子西在此奉璋使諸侯解忿悁之難交兩國之權使無兵革之憂太宰子方在此守封疆謹境界不侵鄰國鄰亦不侵葉公子高在此理師旅正兵戎以當彊敵提枹鼓以動百萬之衆使皆赴湯火蹈白刃出萬死不顧司馬子反在此若懷霸王之餘義攝理亂之遺風昭奚恤在此惟大國所觀秦使者瞿然無以對恤遂揖衣而去使反言秦君曰楚多賢臣未可謀也梁惠王瑋其照乘之珠齊威王答以四臣瑋猶美也史記曰魏惠王問齊威王曰王亦有寶乎威王曰無有魏王曰寡人之國雖小尚有徑寸之珠照車前後十二乘者十枚奈何以萬乘之國而無寶乎威王曰寡人所以爲寶者與王異吾臣有檀子者使守南城則楚人不敢爲寇吾臣有盼子者使守高唐則趙人不敢東漁於河吾臣有黔夫者使守徐州於是燕人祭北門趙人祭西門從者七十餘家吾臣有種首者使備盜賊則道不拾遺以此爲寶將以照千里豈特十二乘哉魏王慙不懌而去夫忠賢武將國之心膂竊見左校弛刑徒前廷尉馮緄大司農劉祐河南尹李膺等執法不撓誅舉邪臣肆之以法肆陳也衆庶稱宜昔季孫行父親逆君命逐出莒僕於舜之功二十之一紀太子僕殺紀公以其寶玉來奔納諸宣公公命與之邑季文子使司寇出之境公問其故對曰孝敬忠信爲吉德盜賊藏姦爲凶德夫莒僕則其孝敬則弑君父矣則其忠信則竊寶玉矣其人則盜賊也是以去之舜舉十六相去四凶有大功二十而爲天子今行父雖未獲一吉人去一凶矣於舜之功二十之一也見左傳今膺等投身彊禦畢力致罪陛下旣不聽察而猥受譖訴遂令忠臣同愆元惡自春迄冬不蒙降恕遐邇觀聽爲之歎息夫立政之要記功忘失是以武帝捨安國於徒中景帝時韓安國爲梁大夫坐法抵罪後梁內史缺起徒中爲二千石拜爲內史臣賢案此言武帝誤也宣帝徵張敞於亡命張敞爲京兆尹坐殺人亡命歸家冀州亂徵敞爲冀州刺史緄前討蠻荊均吉甫之功詩小雅曰顯允方叔征伐玁狁蠻荊來威鄭玄注云方叔先與吉甫征伐玁狁今特征伐蠻荊皆使來服於宣王之威美其功之多也緄以順帝時討長沙武陵蠻夷有功故以比之祐數臨督司有不吐茹之節謂祐奏梁冀弟旻又爲司隸校尉權豪畏之也詩曰唯仲山甫柔亦不茹剛亦不吐不侮鰥寡不畏彊禦膺著威幽并遺愛度遼今三垂蠢動王旅未振易稱雷雨作解君子以赦過宥罪易解卦象辭也卦坎下震上解坎爲險爲水水者雨之象震爲動爲雷王弼注云屯難盤結於是乎解也乞原膺等以備不虞書奏乃悉免其刑再遷復拜司隸校尉時張讓弟朔爲野王令貪殘無道至乃殺孕婦聞膺厲威嚴懼罪逃還京師因匿兄讓弟舍藏於合柱中膺知其狀率將吏卒破柱取朔付洛陽獄受辭畢卽殺之讓訴冤於帝詔膺入殿御親臨軒詰以不先請便加誅辟之意膺對曰昔晉文公執衞成公歸于京師春秋是焉公羊傳曰晉人執衞侯歸之于京師歸之于者執之乎天子之側者也罪定不定已可知矣何休注云歸之于者決辭也禮云公族有罪雖曰宥之有司執憲不從解見張酺傳昔仲尼爲魯司寇七日而誅少正卯今臣到官已積一旬私懼以稽留爲愆不意獲速疾之罪誠自知釁責死不旋踵特乞留五日尅殄元惡退就鼎鑊始生之願也帝無復言顧謂讓曰此汝弟之罪司隸何愆乃遣出之自此諸黃門常侍皆鞠躬屏氣休沐不敢復出宮省帝怪問其故

並叩頭泣曰畏李校尉是時朝廷日亂綱紀穨阤膺獨持風裁以聲名自高裁音才代反士有被其容接者名爲登龍門以魚爲喻也龍門河水所下之口在今絳州龍門縣辛氏三秦記曰河津一名龍門水險不通魚鼈之屬莫能上江海大魚薄集龍門下數千不得上上則爲龍也及遭黨事當考實膺等案經三府太尉陳蕃卻之曰今所考案皆海內人譽憂國忠公之臣此等猶將十世宥也解見弃傳豈有罪名不章而致收掠者乎不肯平署平署猶連署也帝愈怒遂下膺等於黃門北寺獄獄名解見靈紀也膺等頗引宦官子弟宦官多懼請帝以天時宜赦於是大赦天下膺免歸鄉里居陽城山中天下士大夫皆高尚其道而汙穢朝廷以朝廷爲汙穢也及陳蕃免太尉朝野屬意於膺荀爽恐其名高致禍欲令屈節以全亂世爲書貽曰久廢過庭不聞善誘陟岵瞻望惟日爲歲論語曰鯉趨而過庭子曰學詩乎曰未也又曰孔子恂恂然善誘人詩曰陟彼岵兮瞻望父兮又曰一日不見如三歲兮爽致書於膺故以父爲喻也知以直道不容於時悅山樂水家于陽城道近路夷當卽聘問無狀嬰疾闕於所仰頃聞上帝震怒貶黜鼎臣上帝謂天子鼎臣卽陳蕃人鬼同謀易下繫曰人謀鬼謀百姓與能以爲天子當貞觀二五利見大人易曰天地之道貞觀也乾九二九五並曰利見大人也不謂夷之初旦明而未融夷傷也融明也明夷卦離下坤上離爲日坤爲地日之初出其明未融左傳曰明而未融其當旦乎以膺黜故喻之也虹蜺揚煇棄和取同春秋考異郵曰虹蜺出亂惑弃和謂弃君子同小人也方今天地氣閉大人休否易文言曰天地閉賢人隱否九五曰大人休否休否謂休廢而否塞智者見險投以遠害見險難故投身以遠害也易曰君子以儉德避難不可榮以祿雖匱人望內合私願匱乏也想甚欣然不爲恨也願怡神無事偃息衡門毛萇詩注曰衡門橫木爲門任其飛沈與時抑揚頃之帝崩陳蕃爲太傅與大將軍竇武共秉朝政連謀誅諸宦官故引用天下名士乃以膺爲長樂少府及陳竇之敗膺等復廢後張儉事起收捕鉤黨鄉人謂膺曰可去矣對曰事不辭難罪不逃刑臣之節也左傳曰晉侯之弟揚干亂行於曲梁魏絳戮其僕晉侯怒謂羊舌赤曰合諸侯以爲榮也揚干爲戮何辱如之必殺魏絳無失也對曰絳無貳志事君不避難有罪不逃刑其將來辭何辱命焉吾年已六十死生有命去將安之乃詣詔獄考死妻子徙邊門生故吏及其父兄並被禁錮時侍御史蜀郡景毅子顧爲膺門徒而未有錄牒故不及於譴毅乃慨然曰本謂膺賢遣子師之豈可以漏奪名籍苟安而已○劉攽曰案文奪當作脫脫作奪音耳字不可通遂自表免歸時人義之膺子瓚位至東平相謝承書瓚作瑳初曹操微時瓚異其才將沒謂子宣等曰時將亂矣天下英雄無過曹操張孟卓與吾善袁本初汝外親雖爾勿依必歸曹氏諸子從之並免於亂世

杜密傳

杜密字周甫潁川陽城人也爲人沈質少有厲俗志爲司徒胡廣所辟稍遷代郡太守徵三遷太山太守北海相其宦官子弟爲令長有姦惡者輒捕案之行春到高密縣見鄭玄爲鄉佐知其異器卽召署郡職遂遣就學後密去官還家每謁守令多所陳託同郡劉勝亦自蜀郡告歸鄉里閉門埽軌無所干及埽軌言絕人事也太守王昱謂密曰劉季陵淸高士公卿多舉之者密知昱激已對曰劉勝位爲大夫見禮上賓而知善不薦聞惡無言隱情惜己自同寒蟬此罪人也寒蟬謂寂默也楚詞曰悲秋之爲氣也蟬寂寞而無聲今志義力行之賢而密達之力行謂盡力行善也禮記曰好問近乎智力行近乎仁違道失節之士而密糾之使明府賞刑得中令問休揚不亦萬分之一乎昱慙服待之彌厚後桓帝徵拜尚書令遷河南尹轉太僕黨事旣起免歸本郡與李膺俱坐而名行相次故時人亦稱李杜焉前有李固杜喬故言亦也後太傅陳蕃輔政復爲太僕明年坐黨事被徵自殺

劉祐傳

劉祐字伯祖中山安國人也安國縣故城在今定州義豐縣東南謝承書曰祐宗室胄緒代有名位少修操行學嚴氏春秋小戴禮古文尚書仕郡爲主簿郡將子出錢付之令市果實祐悉以買筆書具與之因白郡將言郎君年可入小學而但傲很遠近謂明府無過庭之教請出授書郡將爲使子就祐受經五日一試不滿呈限白決罰遂成學業也安國後別屬博陵祐初察孝廉補尚書侍郎閑練故事文札强辨每有奏議應對無滯爲僚類所歸除任城令兗州舉爲尤異遷揚州刺史是時會稽太守梁旻大將軍冀之從弟也祐舉奏其罪旻坐徵復遷祐河東太守時屬縣令長率多中官子弟百姓患之祐到黜其權强平理冤結政爲三河表三河謂河東河內河南也表猶標準也再遷延熹四年拜尚書令又出爲河南尹轉司隸校尉時權貴子弟罷州郡還入京師者每至界首輒改易輿服隱匿財寶威行朝廷拜宗正三轉大司農時中常侍蘇康管霸用事於內遂固天下良田美業山林湖澤民庶窮困州郡累氣累氣屛息也祐移書所在依科品沒入之桓帝大怒論祐輸左校後得赦出復歷三卿輒以疾辭乞骸骨歸田里詔拜中散大夫遂杜門絕迹每三公缺朝廷皆屬意於祐以譖毀不用延篤貽之書曰昔太伯三讓人無德而稱焉三讓解見和帝紀延陵高揖華夏仰風揖讓也左傳吳王壽夢卒子諸樊旣除喪將立弟季札札棄其室而耕乃舍之吾子懷蘧氏之可卷體甯子之如愚蘧瑗字伯玉甯子名俞並衞大夫論語孔子曰君子哉蘧伯玉邦有道則仕邦無道則可卷而懷之又曰甯武子邦無道則愚微妙玄通沖而不盈老子曰古之善爲道者微妙玄通深不可識也又曰道沖而用之或不盈蔑三光之明未暇以天下爲事何其劭與莊子曰舜讓天下於子州支伯子州支伯曰予適有幽憂之病方且理之未暇理天下也靈帝初陳蕃輔政以祐爲河南尹及蕃敗祐黜歸卒于家明年大誅黨人幸不及禍

魏朗傳

魏朗字少英會稽上虞人也上虞縣故城在今越州餘姚縣西有虞山在縣東少爲縣吏兄爲鄉人所殺朗白日操刃報讎於縣中遂亡命到陳國從博士郤仲信學春秋圖緯孔子作春秋緯十二篇又詣太學受五經京師長者李膺之徒爭從之初辟司徒府再遷彭城令時中官子弟爲國相多行非法朗與更相章奏幸臣忿疾欲中之中猶中傷會九眞賊起乃共薦朗爲九眞都尉到官獎厲吏兵討破羣賊斬首二千級桓帝美其功徵拜議郎頃之遷尚書屢陳便宜有所補益出爲河內太守政稱三河表尚書令陳蕃薦朗公忠亮直宜在機密復徵爲尚書會被黨議免歸家朗性矜嚴閉門整法度家人不見墯容後竇武等誅朗以黨被急徵行至牛渚自殺牛渚山名突出江中謂爲牛渚所在今宣州當塗縣北也著書數篇號魏子云

夏馥傳

夏馥字子治陳留圉人也少爲書生言行質直同縣高氏蔡氏並皆富殖郡人畏而事之唯馥比門不與交通比門猶並門也由是爲豪姓所仇桓帝初舉直言不就馥雖不交時宦然以聲名爲中官所憚遂與范滂張儉等俱被誣陷詔下州郡捕爲黨魁及儉等亡命經歷之處皆被收考辭所連引布徧天下馥乃頓足而歎曰孽自己作空汙良善一人逃死禍及萬家何以生爲乃自翦須變形入林慮山中林慮今相州縣隱匿姓名爲冶家傭親突煙炭形貌毀瘁積二三年人無知者後馥弟靜乘車馬載縑帛追之於涅陽市中涅陽縣屬南陽郡遇馥不識聞其言聲乃覺而拜之馥避不與語靜追隨至客舍共宿夜中密呼靜曰吾以守道疾惡故爲權宦所陷且念營苟全以庇性命弟柰何載物相求是以禍見追也明旦別去黨禁未解而卒

宗慈傳

宗慈字孝初南陽安衆人也安衆在今南陽縣西南仍有其名無復基趾也舉孝廉九辟公府有道徵不就後爲脩武令時太守出自權豪多取貨賂慈遂棄官去徵拜議郎未到道疾卒南陽羣士皆重其義行

巴肅傳

巴肅字恭祖勃海高城人也高城縣故城在今滄州鹽山縣南初察孝廉歷愼令貝丘長愼縣屬汝南郡貝丘縣屬清河郡皆以郡守非其人辭病去辟公府稍遷拜議郎與竇武陳蕃等謀誅閹官武等遇害肅亦坐黨禁錮中常侍曹節後聞其謀收之肅自載詣縣縣令見肅入閤解印綬與俱去肅曰爲人臣者有謀不敢隱有罪不逃刑旣不隱其謀矣又敢逃其刑乎遂被害刺史賈琮刊石立銘以記之

范滂傳

范滂字孟博汝南征羌人也征羌解見來歙傳謝承書曰汝南細陽人也少厲淸節爲州里所服舉孝廉光祿四行漢官儀曰光祿舉敦厚質樸遜讓節儉此爲四行也時冀州饑荒盜賊羣起乃以滂爲清詔使案察之滂登車攬轡慨然有澄淸天下之志及至州境守令自知臧汙望風解印綬去其所舉奏莫不厭塞衆議遷光祿勳主事時陳蕃爲光祿勳滂執公儀詣蕃蕃不止之滂懷恨投版棄官而去版笏也郭林宗聞而讓蕃曰若范孟博者豈宜以公禮格之格正也今成其去就之名得無自取不優之議也蕃乃謝焉復爲太尉黃瓊所辟後詔三府掾屬舉謠言漢官儀曰三公聽採長史臧否人所疾苦還條奏之是爲舉謠言也頃者舉州郡行狀云何善者同聲稱之不善者默爾銜枚滂奏刺史二千石權豪之黨二十餘人尚書責滂所劾猥多疑有私故滂對曰臣之所舉自非叨穢姦暴深爲民害豈以汙簡札哉間以會日迫促故先舉所急其未審者方更參實臣聞農夫去草嘉穀必茂左傳曰爲國家者見惡如農夫之務去草焉忠臣除姦王道以淸若臣言有貳甘受顯戮吏不能詰滂覩時方艱知意不行因投劾去太守宗資先聞其名請署功曹委任政事滂在職嚴整疾惡其有行違孝悌不軌仁義者皆埽迹斥逐不與共朝顯薦異節抽拔幽陋滂外甥西平李頌公族子孫而爲鄉曲所棄中常侍唐衡以頌請資資用爲吏滂以非其人寢而不召資遷怒捶書佐朱零零仰曰范滂淸裁猶以利刃齒腐朽裁音才載反今日寧受笞死而滂不可違資乃止郡中中人以下莫不歸怨乃指滂之所用以爲范黨後牢修誣言鉤黨鉤引也滂坐繫黃門北寺獄獄吏謂曰凡坐繫皆祭皐陶滂曰皐陶賢者古之直臣知滂無罪將理之於帝帝謂天也如其有罪祭之何益衆人由此亦止獄吏將加掠考滂以同囚多嬰病乃請先就格遂與同郡袁忠爭受楚毒桓帝使中常侍王甫以次辯詰滂等皆三木囊頭暴於階下三木項及手足皆有械更以物蒙覆其頭也前書司馬遷曰魏其大將也衣赭關三木也餘人在前或對或否滂忠於後越次而進王甫詰曰君爲人臣不推忠國而共造部黨自相褒舉評論朝廷虛構無端諸所謀結並欲何爲皆以情對不得隱飾滂對曰臣聞仲尼之言見善如不及見惡如探湯探湯喻去疾也見論語欲使善善同其淸惡惡同其汙謂王政之所願聞不悟更以爲黨甫曰卿更相拔舉迭爲脣齒有不合者見則排斥其意如何○劉攽曰見則案文當作則見滂乃慷慨仰天曰

古之循善自求多福今之循善身陷大戮。劉攽曰案文循皆當作修身死之日願埋滂於首陽山側上不負皇天下不愧夷齊伯夷叔齊餓死首陽山見史記首陽山在洛陽東北甫愍然爲之改容乃得並解桎梏鄭玄注周禮曰木在足曰桎在手曰梏滂後事釋南歸始發京師汝南南陽士大夫迎之者數千兩兩車也尚書曰戎車三百兩同囚鄉人殷陶黃穆亦免俱歸並衞侍於滂應對賓客滂顧謂陶等曰今子相隨是重吾禍也遂遁還鄉里初滂等繫獄尚書霍諝理之及得免到京師往候諝而不爲謝或有讓滂者對曰昔叔向嬰罪祁奚救之未聞羊舌有謝恩之辭祁老有自伐之色竟無所言左傳晉討欒盈之黨殺叔向之弟羊舌虎并囚叔向於是祁奚聞之見范宣子曰夫謀而鮮過惠訓不倦者叔向有焉社稷之固也猶將十代宥之今一不免其身不亦惑乎宣子說而免之祁奚不見叔向而歸叔向亦不告免焉而朝孔安國注尚書曰自功曰伐也 建寧二年遂大誅黨人詔下急捕滂等督郵吳導至縣抱詔書閉傳舍伏牀而泣傳驛舍也音知戀反滂聞之曰必爲我也卽自詣獄縣令郭揖大驚出解印綬引與俱亡曰天下大矣子何爲在此滂曰滂死則禍塞何敢以罪累君又令老母流離乎其母就與之訣滂白母曰仲博孝敬足以供養仲博滂弟也滂從龍舒君歸黃泉謝承書曰滂父顯故龍舒侯相也存亡各得其所惟大人割不可忍之恩勿增感戚母曰汝今得與李杜齊名死亦何恨李膺杜密既有令名復求壽考可兼得乎滂跪受教再拜而辭顧謂其子曰吾欲使汝爲惡則惡不可爲使汝爲善則我不爲惡行路聞之莫不流涕時年三十三

論曰李膺振拔汙險之中前書班固曰振拔汙塗跨騰風雲也蘊義生風以鼓動流俗周易曰鼓之以動之激素行以恥威權立廉尚以振貴埶使天下之士奮迅感槩波蕩而從之幽深牢破室族而不顧至于子伏其死而母歡其義壯矣哉子曰道之將廢也與命也論語之文

尹勳傳

尹勳字伯元河南鞏人也家世衣冠伯父睦爲司徒兄頌爲太尉宗族多居貴位者而勳獨持清操不以地埶尚人州郡連辟察孝廉三遷邯鄲令政有異迹後舉高第五遷尚書令及桓帝誅大將軍梁冀勳參建大謀封都鄉侯遷汝南太守上書解釋范滂袁忠等黨議禁錮尋徵拜將作大匠轉大司農坐竇武等事下獄自殺

蔡衍傳

蔡衍字孟喜汝南項人也項今陳州項城縣也少明經講授以禮讓化鄉里鄉里有爭訟者輒詣衍決之其所平處皆曰無怨舉孝廉稍遷冀州刺史中常侍具瑗託其弟恭舉茂才衍不受乃收齎書者案之又劾奏河間相曹鼎臧罪千萬鼎者中常侍騰之弟也騰使大將軍梁冀爲書請之衍不答鼎竟坐輸作左校乃徵衍拜議郎符節令梁冀聞衍賢請欲相見衍辭疾不往冀恨之時南陽太守成瑨等以收糾宦官考廷尉衍與議郎劉瑜表救之言甚切厲坐免官還家杜門不出靈帝卽位復拜議郎會病卒

羊陟傳

羊陟字嗣祖太山梁父人也梁父故城在今兗州泗水縣北家世衣冠族陟少清直有學行舉孝廉辟太尉李固府舉高第拜侍御史會固被誅陟以故吏禁錮歷年復舉高第再遷冀州刺史奏案貪濁所在肅然又再遷虎賁中郎將城門校尉三遷尚書令時太尉張顥司徒樊陵大鴻臚郭防太僕曹陵大司農馮方並與宦豎相姻私公行貨賂並奏罷黜之不納以前太尉劉寵司隸校尉許永幽州刺史楊熙涼州刺史劉恭益州刺史龐艾清亮在公薦舉升進帝嘉之拜陟河南尹計日受奉常食乾飯茹菜禁制豪右京師憚之會黨事起免官禁錮卒於家

張儉傳

張儉字元節山陽高平人趙王張耳之後也張耳大梁人也高祖立爲趙王父成江夏太守儉初舉茂才以刺史非其人謝病不起延熹八年太守翟超請爲東部督郵時中常侍侯覽家在防東縣名屬山陽郡故城在今兗州金鄉縣南殘暴百姓所爲不軌儉舉劾覽及其母罪惡請誅之覽遏絕章表並不得通由是結仇覽等鄉人朱並素性佞邪爲儉所棄並懷怨恚遂上書告儉與同郡二十四人爲黨於是刊章討捕儉得亡命困迫遁走望門投止莫不重其名行破家相容復流轉東萊止李篤家外黃令毛欽操兵到門篤引欽謂曰張儉知名天下而亡非其罪縱儉可得寧忍執之乎欽因起撫篤曰蘧伯玉恥獨爲君子足下如何自專仁義篤曰篤雖好義明廷今日載其半矣明廷猶明府言不埶儉得義之半也欽歎息而去篤因緣送儉出塞以故得免其所經歷伏重誅者以十數宗親並殄滅郡縣爲之殘破中平元年黨事解乃還鄉里大將軍三公並辟又舉敦朴公車特徵起家拜少府皆不就獻帝初百姓饑荒而儉資計差溫乃傾竭財產與邑里共之賴其存者以百數建安初徵爲衞尉不得已而起儉見曹氏世德已萌乃闔門懸車不豫政事歲餘卒于許下年八十四

論曰昔魏齊違死虞卿解印違避也史記魏齊魏之諸公子也虞卿趙相也范雎入秦爲昭王相昭王乃遺趙王書曰魏齊范雎之仇也急持其頭來趙王乃圍齊齊急見虞卿卿度趙王不可說乃解其印與齊往信陵君所信陵君初聞之疑後乃出迎齊齊聞信陵初疑遂自剄趙王持其頭遺秦也季布逃亡朱家甘罪季布楚人爲項羽將數窘漢王羽敗漢購求布千金敢舍匿罪三族布匿濮陽周氏髡鉗布之魯朱家所賣之朱家心知是季布也買置田舍乃往洛陽見汝陰侯灌嬰說之曰季布何罪臣各爲主用職耳汝陰侯言於高帝帝乃赦之拜郎中後爲河東守也而張儉見怒時王顛沛假命天下聞其風者莫不憐其壯志而爭爲之主至乃捐城委爵破族屠身蓋數十百所豈不賢哉然儉以區區一掌而欲獨堙江河堙塞也前書班固曰何武王嘉區區以一簣障江河用沒其身終嬰疾甚之亂多見其不知量也論語曰人而不仁疾之已甚亂也又曰人雖欲自絕其何傷於日月乎多見其不知量也

岑晊傳

岑晊字公孝南陽棘陽人也棘音力父豫爲南郡太守以貪叨誅死方言曰叨殘也晊年少未知名往候同郡宗慈慈方以有道見徵賓客滿門以晊非良家子不肯見晊留門下數日晚乃引入慈與語大奇之遂將俱至洛陽因詣太學受業晊有高才郭林宗朱公叔等皆爲友李膺王暢稱其有幹國器雖在閭里慨然有董正天下之志爾雅曰董督正也太守弘農成瑨下車欲振威嚴聞晊高名請爲功曹又以張牧爲中賊曹吏。劉攽曰案文多一中字吏又當作史瑨委心晊牧褒善糾違肅清朝府宛有富賈張汎者桓帝美人之外親善巧雕鏤玩好之物頗以賂遺中官以此並得顯位恃其伎巧用埶縱橫晊與牧勸瑨收捕汎等旣而遇赦晊竟誅之幷收其宗族賓客殺二百餘人後乃奏聞於是中常侍侯覽使汎妻上書訟其冤帝大震怒徵瑨下獄死晊與牧遁逃亡匿齊魯之間會赦出後州郡察舉三府交辟並不就及李杜之誅因復逃竄終于江夏山中云

陳翔傳

陳翔字子麟汝南邵陵人也祖父珍司隸校尉翔少知名善交結察孝廉太尉周景辟舉高第拜侍御史時正旦朝賀大將軍梁冀威儀不整翔奏冀恃貴不敬請收案罪時人奇之遷定襄太守徵拜議郎遷揚州刺史舉奏豫章太守王永奏事中官吳郡太守徐參在職貪穢並徵詣廷尉參中常侍璜之弟也由此威名大振又徵拜議郎補御史中丞坐黨事考黃門北寺獄以無驗見原卒于家

孔昱傳

孔昱字元世魯國魯人也七世祖霸成帝時歷九卿封褒成侯臣賢案前書孔霸字次儒卽安國孫世習尚書宣帝時爲太中大夫授太子經遷詹事高密相元帝卽位霸以師賜爵關內侯號褒成君薨謚曰烈君今范書及謝承書皆云成帝又言封侯蓋誤也詹事及相俱二千石故曰歷卿自霸至昱爵位相係其卿牧守五十三人列侯七人昱少習家學家學尚書大將軍梁冀辟不應太尉舉方正對策不合乃辭病去後遭黨事禁錮靈帝卽位公車徵拜議郎補洛陽令以師喪棄官卒于家

范康傳

范康字仲眞勃海重合人也重合縣故城在今滄州樂陵縣東少受業太學與郭林宗親善舉孝廉再遷頻陰令有能迹遷太山太守郡內豪姓多不法康至奮威怒施嚴令莫有干犯者先所請奪人田宅皆遽還之是時山陽張儉殺常侍侯覽母案其宗黨賓客或有迸匿太山界者康旣常疾閹官因此皆窮相收掩無得遺脫覽大怨之誣康與兗州刺史第五種及都尉壺嘉詐上賊降徵康詣廷尉減死罪一等徙日南潁陰人及太山羊陟等詣闕爲訟乃原還本郡卒于家

檀敷傳

檀敷字文有山陽瑕丘人也瑕丘今兗州縣少爲諸生家貧而志清不受鄉里施惠舉孝廉連辟公府皆不就立精舍教授遠方至者常數百人桓帝時博士徵不就靈帝卽位太尉黃瓊舉方正對策合時宜再遷議郎補蒙令蒙縣屬梁國以郡守非其人棄官去家無產業子孫同衣而出年八十卒于家謝承書曰敷與子孫同衣而行并日而食也

劉儒傳

劉儒字叔林東郡陽平人也陽平故城今魏州莘縣郭林宗常謂儒口訥心辯有珪璋之質珪璋玉也半珪曰璋謝承書曰林宗歎儒有珪璋之質終必爲令德之士詩曰如珪如璋令聞令望察孝廉舉高第三遷侍中桓帝時數有災異下策博求直言儒上封事十條極言得失辭甚忠切帝不能納出爲任城相頃之徵拜議郎會竇武事下獄自殺

賈彪傳

賈彪字偉節潁川定陵人也少遊京師志節慷慨與同郡荀爽齊名初仕州郡舉孝廉補新息長新息今豫州縣小民困貧多不養子彪嚴爲其制與殺人同罪城南有盜劫害人者北有婦人殺子者彪出案發就發處案驗也而掾吏欲引南。劉攽曰案文史當作吏說具前彪怒曰賊寇害人此則常理母子相殘逆天違道遂驅車北行案驗其罪城南賊聞之亦面縛自首數年間人養子者千數僉曰賈父所長生男名爲賈子生女名爲賈女延熹元年黨事起太尉陳蕃爭之不能得朝廷寒心莫敢復言彪謂同志曰吾不西行大禍不解乃入洛陽說城門校尉竇武尚書霍諝武等訟之桓帝以此大赦黨人李膺出曰吾得免此賈生之謀也先是岑晊以黨事逃亡親友多匿焉彪獨閉門不納時人望之望怨也彪曰傳言相時而動無累後人

相親也左傳之文也公孝以要君致釁自遺其咎吾以不能奮戈相待反可容隱之乎於是咸服其裁正以黨禁錮卒于家初彪兄弟三人並有高名而彪最優故天下稱曰賈氏三虎偉節最怒

何顒傳

何顒字伯求南陽襄鄉人也襄鄉故城在今隨州棗陽縣東北也少遊學洛陽顒雖後進而郭林宗賈偉節等與之相好顯名太學友人虞偉高有父讎未報而篤病將終顒往候之偉高泣而訴顒感其義為復讎以頭醊其墓醊祭酹也音竹歲反及陳蕃李膺之敗顒以與蕃膺善遂為宦官所陷乃變姓名亡匿汝南間所至皆親其豪傑有聲荊豫之域○劉攽曰案文間字下又云有聲荊豫之域若祇在汝南則無用間字不當云荊蓋漏南郡兩字也南郡則屬荊州袁紹慕之私與往來結為奔走之友詩大雅曰予曰有胥附予曰有先後予曰有奔走予曰有禦侮毛萇注曰諭德宣譽曰奔走也是時黨事起天下多離其難顒常私入洛陽從紹計議其窮困閉厄者為求援救以濟其患有被掩捕者則廣設權計使得逃隱全免者甚衆及黨錮解顒辟司空府每三府會議莫不推顒之長累遷及董卓秉政逼顒以為長史託疾不就乃與司空荀爽司徒王允等共謀卓會爽薨顒以它事為卓所繫憂憤而卒初顒見曹操歎曰漢家將亡安天下者必此人也操以是嘉之嘗稱潁川荀彧王佐之器及彧為尚書令遣人西迎叔父爽并致顒屍而葬之爽之冢傍○劉攽曰西迎叔父爽案文致顒屍又葬冢傍則爽亦死矣明脫一喪字

贊曰渭以涇濁玉以礫貞物性既區嗜惡從形礫音歷說文曰礫小石也言渭以涇濁乃顯其清玉居礫石乃見其貞區猶別也嗜愛也從形謂形有善惡也以諭彼李膺等與宦豎不同故相愉疾蘭蕕無並消長相傾蕕臭草也左傳曰一薰一蕕十年尚猶有臭易否卦曰小人道長君子道消泰卦曰君子道長小人道消老子曰高下相傾也徒恨芳膏煎灼燈明前書龔勝死有一老父入哭甚哀曰薰以香自燒膏以明自銷

後漢書卷九十七考證

黨錮傳矯枉故直必過其理然矣注正枉必過其直見孟子○今孟子無此文

南陽宗資主畫諾○臣世駿按讀者多以唯諾之辭非也此王公守相答箋啟符牒之文如人主之制

杜密傳劉季陵清高士○陵本或作林

魏朗傳中官子弟為相國○諸本同何焯校本改國相

范滂傳君為人臣不推忠國○臣會汾按江寧顧氏本作不惟惟字義長左氏傳曰晏所不惟忠於君利社稷者是與

以鼓動流俗注周易曰鼓以動之○諸本同臣會汾按易無此文

羊陟傳司隸校尉許永○永毛本作冰監本作水今從宋本

岑晊傳父豫為南郡太守○豫監本作像從宋本改

後漢書卷九十八

宋 宣 城 太 守范 曄撰

唐 章 懷 太 子 賢注

郭符許列傳第五十八

郭太傳

郭太字林宗范曄父名泰故改為此太鄭公業之名亦同也太原界休人也界休今汾州縣家世貧賤早孤母欲使給事縣廷蒼頡篇曰廷直也說文廷朝中也風俗通廷正也言縣廷郡廷朝廷皆取平均正直也林宗曰大丈夫焉能處斗筲之役乎遂辭就成皋屈伯彥學三年業畢博通墳籍善談論美音制乃游於洛陽始見河南尹李膺膺大奇之遂相友善於是名震京師後歸鄉里衣冠諸儒送至河上車數千兩林宗唯與李膺同舟而濟衆賓望之以為神仙焉司徒黃瓊辟太常趙典舉有道或勸林宗仕進者對曰吾夜觀乾象晝察人事天之所廢不可支也左傳晉汝叔寬之詞支猶持也遂並不應性明知人好獎訓士類身長八尺容貌魁偉褒衣博帶周遊郡國嘗於陳梁間行遇雨巾一角墊音丁念反周遷輿服雜字曰巾以葛為之形如帢音口洽反本居士野人所服魏武造帢其巾乃廢今國子學生服焉以白紗為之時人乃故折巾一角以為林宗巾其見慕皆如此泰別傳曰泰名顯士爭歸之載刺常盈車或問汝南范滂曰郭林宗何如人滂曰隱不違親介推之類貞不絕俗柳下惠之類天子不得臣諸侯不得友吾不知其它禮記曰儒有上不臣天子下不事諸侯後遭母憂有至孝稱謝承書曰遭母憂毀血發病歷年乃瘳林宗雖善人倫而不為危言覈論禮記曰擬人必於其倫鄭玄注曰倫猶類也論語孔子曰邦有道危言危行邦無道危行言遜覈猶實也故宦官擅政而不能傷也及黨事起知名之士多被其害唯林宗及汝南袁閎得免焉遂閉門教授弟子以千數建寧元年太傅陳蕃大將軍竇武為閹人所害林宗哭之於野慟既而歎曰人之云亡邦國殄瘁詩大雅之詞瞻烏爰止不知于誰之屋耳詩小雅也言不知王業當何所歸明年春卒于家時年四十二四方之士千餘人皆來會葬謝承書曰泰以建寧二年正月卒自弘農函谷關以西河內湯陰以北二千里負笈荷擔彌路柴車葦裝塞塗蓋有萬數來赴同志者乃共刻石立碑蔡邕為文既而謂涿郡盧植曰吾為碑銘多矣皆有慙德唯郭有道無愧色耳其獎拔士人皆如所鑒謝承書曰泰之所名人品乃定先言後驗衆皆服之故適陳留則友符偉明遊太學則師仇季智之陳國則親魏德公入汝南則交黃叔度初太始至南州過袁奉高不宿而去從叔度累日不去或以問太太曰奉高之器譬之泛濫雖清而易挹叔度之器汪汪若千頃之陂澄之不清撓之不濁不可量也已而果然太以是名聞天下後之好事或附益增張故多華辭不經又類卜相之書今錄其章章效於事者著之篇末章章昭也

左原者陳留人也為郡學生犯法見斥林宗嘗遇諸路為設酒肴以慰之謂曰昔顏涿聚梁甫之巨盜段干木晉國之大駔卒為齊之忠臣魏之名賢呂氏春秋曰顏涿聚梁父大盜也學於孔子左傳曰晉伐齊戰于黎丘齊師敗績親禽顏庚杜預注曰黎丘隰也顏庚齊大夫顏涿聚也又曰晉荀瑤伐鄭請救於齊齊師將興陳成子屬孤子三日朝設乘車兩馬繫五邑焉召顏涿聚之子晉曰隰之役而父死焉以國之多難未汝恤也今君命汝是邑也服車而朝無廢前勞呂氏春秋曰段干木晉國之駔說文曰駔會也謂合兩家之賣買如今之度市也新序曰魏文侯過段干木之閭而軾之遂致祿百萬而時往問之國人皆喜相與誦之曰吾君好正段干木之敬吾君好忠段干木之隆秦欲攻魏司馬唐諫曰段干木賢者也而魏禮之天下莫不聞無乃不可加兵乎秦君以為然也駔音子朗反蘧瑗顏回尚不能無過況其餘乎論語曰蘧伯玉使人於孔子問之曰夫子何為對曰夫子欲寡其過而未能也又曰顏回好學不貳過慎勿恚恨責躬而已原納其言而去或有譏林宗不絕惡人者對曰人而不仁疾之已甚亂也論語孔子之言也鄭玄注云不仁之人當以風化之若疾之已甚是益使為亂也原後忽更懷忿結客欲報諸生其日林宗在學原愧負前言因遂罷去後事露衆人咸謝服焉

茅容字季偉陳留人也年四十餘耕於野時與等輩避雨樹下衆皆夷踞相對夷平也說文曰踞蹲也容獨危坐愈恭林宗行見之而奇其異遂與共言因請寓宿旦日容殺雞為饌林宗謂為己設既而以供其母自以草蔬與客同飯草蔬也林宗起拜之曰卿賢乎哉因勸令學卒以成德

孟敏字叔達鉅鹿楊氏人也十三州志曰楊氏縣在魏郡北也客居太原荷甑墮地不顧而去林宗見而問其意對曰甑已破矣視之何益林宗以此異之因勸令遊學十年知名三公俱辟並不屈云

庾乘字世遊潁川鄢陵人也少給事縣庭為門士士即門卒林宗見而拔之勸遊學宮○劉攽曰案文宮當作官遂為諸生傭後能講論自以卑第每處下坐諸生博士皆就讎問由是學中以下坐為貴徵辟並不起號曰徵君

宋果字仲乙謝承書乙作文扶風人也性輕悍憙與人報讎為郡縣所疾林宗乃訓之義方懼以禍敗果感悔叩頭謝負遂改節自勅後以烈氣聞辟公府侍御史并州刺史所在能化

賈淑字子厚林宗鄉人也雖世有冠冕而性險害邑里患之謝承書曰淑為舅宋瑗報讎於縣中為吏所捕繫獄當死泰與語淑懇惻流涕泰詣縣令應操陳其報怨蹈義之士被赦縣不宥之郡上言乃得原林宗遭母憂淑來修弔既而鉅鹿孫威直亦至威直以林宗賢而受惡人弔心怪之不進而去林宗追而謝之曰賈子厚誠實凶德然洗心向善仲尼不逆互鄉故吾許其進也互鄉鄉名互鄉難與言童子見門人惑孔子曰人潔己以進與其進不保其往淑聞之改過自厲終成善士鄉里有憂患者淑輒傾身營救為州閭所稱

史叔賓者陳留人也少有盛名林宗見而告人曰牆高基下雖得必失後果以論議阿枉敗名云

黃允字子艾濟陰人也以儁才知名林宗見而謂曰卿有絕人之才足成偉器然恐守道不篤將失之矣後司徒袁隗欲為從女求姻見允而歎曰得壻如是足矣允聞而黜遣其妻夏侯氏婦謂姑曰今當見棄方與黃氏長辭乞一會親屬以展離訣之情於是大集賓客三百餘人婦中坐攘袂數允隱匿穢惡十五事言畢登車而去允以此廢於世

謝甄字子微汝南召陵人也與陳留邊讓並善談論俱有盛名每共候林宗未嘗不連日達夜林宗謂門人曰二子英才有餘而並不入道惜乎甄後不拘細行為時所毀讓以輕侮曹操操殺之

王柔字叔優弟澤字季道林宗同郡晉陽縣人也兄弟總角共候林宗以訪才行所宜林宗曰叔優當以仕進顯季道當以經術通然違方改務亦不能至也後果如所言柔為護匈奴中郎將澤為代郡太守又識張孝仲芻牧之中知范特祖郵置之役說文曰郵境上傳書舍也廣雅曰郵驛也置亦驛也風俗通曰漢改郵為置置者度其遠近之間置之也召公子許偉康並出屠沽司馬子威拔自卒伍及同郡郭長信王長文韓文布李子政曹子元定襄周康子西河王季然雲中丘季智郝禮眞等六十人並以成名謝承書曰太原郭長信王長文長文弟子師韓文布李子政曹子元定襄周康子西河王季然雲中丘季智名顯皐子師位至司徒季然北地太守其餘多典州郡者

論曰莊周有言人情險於山川以其動靜可識而沈阻難徵徵明也沈深也故深厚之性詭於情貌詭違也則哲之鑒惟帝所難帝謂堯也書曰知人則哲惟帝為難而林宗雅俗無所失將其明性特有主乎然而遜言危行終亨時晦亨通也恂恂善導使士慕成名雖墨孟之徒不能絕也墨翟孟軻也絕過也

符融傳

符融字偉明陳留浚儀人也少為都官吏恥之委去續漢

志曰都官從事主察舉百官犯法者融恥爲其吏而去後遊太學師事少府李膺膺風性高簡每見融輒絕它賓客聽其言論融幅巾奮襃談辭如雲幅巾者以一幅爲之也襃古襃字如雲者奔踊而出也膺每捧手歎息郭林宗始入京師時人莫識融一見嗟服因以介於李膺由是知名古人相見必因紹介介因也言因此人以相接見也謝承書曰融見林宗便與之交又紹介於膺以爲海之明珠未耀其光鳥之鳳皇羽儀未翔膺與林宗相見待以師友之禮遂振名天下融之致也時漢中晉文經梁國黃子艾並侍其才智炫曜上京臥託養疾無所通接洛中士大夫好事者承其聲名坐門問疾猶不得見謝承書曰文經子艾曜名遠近聲價已定徵辟不就療病京師不通賓客公卿將相大夫遣門生旦暮問疾郎吏公府掾屬雜坐其門不得見也三公所辟召者輒以詢訪之隨所臧否以爲與奪融察其非眞乃到太學并見李膺曰二子行業無聞以豪桀自置遂使公卿問疾王臣坐門融恐其小道破義空譽違實特宜察焉膺然之二人自是名論漸衰賓徒稍省旬日之間慙歎逃去後果爲輕薄子並以罪廢棄融益以知名州郡禮請舉孝廉公府連辟皆不應太守馮岱有名稱到官請融相見融一往薦達郡士范冉韓卓孔伷等三人伷音胄謝承書曰馮岱字德山性慷慨有文武異才到官融往相見薦范冉爲功曹韓卓爲主簿孔伷爲上計吏袁山松書曰卓字子助臘日奴竊食祭其先卓義其心即日免之因辭病自絕會有黨事亦遭禁錮妻亡貧無殯斂鄉人欲爲具棺服融不肯受曰古之亡者棄之中野易繫辭曰古之葬者厚衣以薪棄之中野唯妻子可以行志但即土埋藏而已謝承書曰潁川張元祖志行士也來存融弔其妻亡知其如此謂言足下欲上古道非不清妙且禮設棺槨制杖章孔子曰吾從周便推所乘車牛命融以給殯融受而不辭也融同郡田盛字仲嚮與郭林宗同好亦名知人優遊不仕並以壽終

許劭傳

許劭字子將汝南平輿人也輿音預少峻名節好人倫多所賞識若樊子昭和陽士者並顯名於世魏志曰和洽字陽士汝南西平人也初舉孝廉大將軍辟不就魏國建爲侍中故天下言拔士者咸稱許郭初爲郡功曹太守徐璆甚敬之璆音求又巨秋反府中聞子將爲吏莫不改操飾行同郡袁紹公族豪俠去濮陽令歸車徒甚盛將入郡界乃謝遣賓客曰吾輿服豈可使許子將見遂以單車歸家劭嘗到潁川多長者之遊唯不候陳寔又陳蕃喪妻還葬鄉人畢至而劭獨不往或問其故劭曰太丘道廣廣則難周仲舉性峻峻則少通故不造也其多所裁量若此○劉攽曰案文多字宜在量字下曹操微時常卑辭厚禮求爲己目命品藻爲題目劭鄙其人而不肯對操乃伺隙脅劭劭不得已曰君清平之姦賊亂世之英雄操大悅而去劭從祖敬敬子訓訓子相並爲三公相以能諂事宦官故自致台司封侯數遣請劭劭惡其薄行終不候之劭邑人李逵壯直有高氣劭初善之而後爲隙又與從兄靖不睦蜀志曰許靖字文休少與從弟劭俱知名並有人倫臧否之稱而私情不協劭爲郡功曹排擯靖不得齒叙以馬磨自給時議以此少之初劭與靖俱有高名好共覈論鄉黨人物每月輒更其品題故汝南俗有月旦評焉司空楊彪辟舉方正敦樸皆不就或勸劭仕對曰方今小人道長王室將亂吾欲避地淮海以全老幼乃南到廣陵徐州刺史陶謙禮之甚厚劭不自安告其徒曰陶恭祖外慕聲名內非眞正待吾雖厚其勢必薄不如去之遂復投揚州刺史劉繇於曲阿繇字正禮其後陶謙果捕諸寓士寓寄也及孫策平吳劭與繇南奔豫章而卒時年四十六兄虔亦知名汝南人稱平輿淵有二龍焉平輿故城在今豫州汝陽縣東北有二龍鄉月旦里

贊曰林宗懷寶識深甄藻甄明也藻猶飾也明發周流永言時道明發發夕至明也呂氏春秋曰孔子周流天下符融鑒眞子將人倫守節好恥並亦逡巡逡巡自退不仕也

後漢書卷九十八考證

郭太傳美音制○音監本訛言今改正

譬之泛濫○何焯曰泛當改氾俗本誤氾爲汎因轉誤丶爲泛耳

汪汪若千頃之陂○陂監本作波依宋本改

將其明性特有主乎○明性本或作名姓誤

符融傳梁國黃子艾○黃本或作王誤何焯曰濟陰郡故梁國即黃允也

後漢書卷九十九

宋　宣　城　太　守范　曄撰

唐　章・懷　太　子　賢注

竇何列傳第五十九

竇武傳

竇武字游平扶風平陵人安豐戴侯融之玄孫也父奉定襄太守武少以經行著稱常教授於大澤中不交時事名顯關西延熹八年長女選入掖庭桓帝以爲貴人拜武郎中其冬貴人立爲皇后武遷越騎校尉封槐里侯五千戶明年冬拜城門校尉在位多辟名士清身疾惡禮賂不通妻子衣食裁充足而已是時羌蠻寇難歲儉民飢武得兩宮賞賜悉散與太學諸生及載肴糧於路匄施貧民兄子紹爲虎賁中郎將性疏簡奢侈武每數切厲相戒猶不覺悟乃上書求退紹位又自責不能訓導當先受罪由是紹更遵節大小莫敢違犯時國政多失內官專寵李膺杜密等爲黨事考逮永康元年上疏諫曰臣聞明主不諱譏刺之言以探幽暗之實忠臣不恤諫爭之患以暢萬端之事是以君臣並熙名奮百世熙盛也臣幸得遭盛明之世逢文武之化豈敢懷祿逃罪不竭其誠陛下初從藩國爰登聖祚天下逸豫謂當中興自即位以來未聞善政梁孫寇鄧雖或誅滅梁冀孫壽寇榮鄧萬代見桓紀也而常侍黃門續爲禍虐欺罔陛下競行譎詐自造制度妄爵非人朝政日衰姦臣日彊伏尋西京放恣王氏佞臣執政終喪天下今不慮前事之失復循覆車之軌臣恐二世之難必將復及二世即胡亥趙高之變不朝則夕趙高使女壻閻樂弑胡亥於望夷宮近者姦臣牢脩造設黨議遂收前司隸校尉李膺太僕杜密御史中丞陳翔太尉掾范滂等逮考連及數百人曠年拘錄事無效驗臣惟膺等建忠抗節志經王室此誠陛下稷卨伊呂之佐而虛爲姦臣賊子之所誣枉天下寒心海內失望惟陛下留神澄省時見理出時謂即時也以厭人鬼喁喁之心臣聞古之明君必須賢佐以成政道今臺閣近臣尚書令陳蕃僕射胡廣尚書朱寓荀緄緄音古本反劉祐魏朗劉矩尹勳等皆國之貞士朝之良佐尚書郎張陵嬀皓苑康楊喬邊韶戴恢等文質彬彬明達國典內外之職羣才並列而陛下委任近習專樹饕餮外典州郡內幹心膂宜以次貶黜案罪糾罰抑奪宦官欺國之封案其無狀誣罔之罪信任忠良平決臧否使邪正毀譽各得其所寶愛天官唯善是授如此咎徵可消天應可待間者有嘉禾芝草黃龍之見夫瑞生必於嘉士嘉士猶善人也福至實由善人在德爲瑞無德爲災陛下所行不合天意不宜稱慶書奏因以病上還城門校尉槐里侯印綬上音時丈反帝不許有詔原李膺杜密等自黃門北寺若盧都內諸獄繫囚罪輕者皆出之都內主藏官名前書有都內令丞屬大司農也其冬帝崩無嗣武召侍御史河間劉儵參問其國中王子侯之賢者儵稱解瀆亭侯宏武入白太后遂徵立之是爲靈帝拜武爲大將軍常居禁中帝既立論定策功更封武爲聞喜侯子機渭陽侯拜侍中兄子紹鄠侯遷步兵校尉紹弟靖西鄉侯爲侍中監羽林左騎武既輔朝政常有誅翦宦官之意太傅陳蕃亦素有謀時共會朝堂蕃以私謂武曰中常侍曹節王甫等自先帝時操弄國權濁亂海內百姓匈匈歸咎於此今不誅節等後必難圖武深然之蕃大喜以手推席而起武於是引同志尹勳爲尚書令劉瑜爲侍中馮述爲屯騎校尉又徵天下名士廢黜者前司隸李膺宗正劉猛太僕杜密廬江太守朱寓等列於朝廷請前越嶲太守荀昱爲從事中郎辟潁川陳寔爲屬共定計策於是天下雄俊知其風旨莫不延頸企踵思奮其智力續漢志曰桓帝初京都童謠曰游平賣印自有平不避賢豪及大姓案武字游平與陳蕃合策戮力唯德是建咸得其人賢豪大姓皆絕望矣會五月日食蕃復說武曰昔蕭望之困一石顯元帝時奄人石顯爲中書令譖御史大夫蕭望之令自殺也近者李杜諸公禍及妻子況今石顯數十輩乎蕃以八十之年欲爲將軍除害今可且因日食斥罷宦官以塞天變又趙夫人及女尚書旦夕亂太后女尚書內官也夫人即趙嬈急宜退絕惟將軍慮焉武乃白太后曰故事黃門常侍但當給事省內典門戶主近署財物耳今乃使與政事而任權重子弟布列專爲貪暴天下匈匈正以此故宜悉誅廢以清朝廷太后曰漢來故事世有但當誅其有罪豈可盡廢邪時中常侍管霸頗有才略專制省內武先白誅霸及中常侍蘇康等竟死武復數白誅曹節等太后冘豫未忍冘音淫冘豫不定也故事久不發至八月太白出西方劉瑜素善天官惡之上書皇太后曰太白犯房左驂上將星入太微其占宮門當閉將相不利姦人在主傍願急防之又與武蕃書以星辰錯繆不利大臣宜速斷大計武蕃得書將發於是以朱寓爲司隸校尉劉祐爲河南尹虞祁爲洛陽令武乃奏免黃門令魏彪以所親小黃門山冰代之使冰奏素狡猾尤無狀者長樂尚書鄭颯颯音立送北寺獄蕃謂武曰此曹子便當收殺何復考爲武不從令冰與尹勳侍御史祝瑨雜考颯辭連及曹節王甫勳冰即奏收節等使劉瑜內奏時武出宿歸府典中書者先以告長樂五官史朱瑀瑀盜發武奏罵曰中官放縱者自可誅耳我曹何罪而當盡見族滅因大呼曰陳蕃竇武奏白太后廢帝爲大逆乃夜召素所親壯健者長樂從官史共普張亮等十七人唶血共盟誅武等曹節聞之驚起白帝曰外閒切切請出御德陽前殿令帝拔劍踊躍使乳母趙嬈等擁衞左右取棨信閉諸禁門棨有衣戟也漢官儀曰凡居宮中皆施籍於掖門案姓名當入者本官爲封棨傳審印信然後受之召尚書官屬脅以白刃使作詔板拜王甫爲黃門令持節至北寺獄收尹勳山冰冰疑不受詔甫格殺之遂害勳出鄭颯還共劫太后奪璽書○劉攽曰案太后所守非璽書也當是璽綬誤作書字順帝亦先奪得璽綬令中謁者守南宮閉門絕

複道（複音福）使鄭颺等持節及侍御史謁者捕收武等武不受詔馳入步兵營與紹共射殺使者召會北軍五校士數千人屯都亭下令軍士曰黃門常侍反盡力者封侯重賞詔以少府周靖行車騎將軍加節與護匈奴中郎將張奐率五營士討武夜漏盡王甫將虎賁羽林廐騶都侯劍戟士合千餘人出屯朱雀掖門與奐等合明旦悉軍闕下與武對陳甫兵漸盛使其士大呼武軍曰竇武反汝皆禁兵當宿衞宮省何故隨反者乎先降有賞營府素畏服中官於是武軍稍稍歸甫自旦至食時兵降略盡武紹走諸軍追圍之皆自殺梟首洛陽都亭（續漢志曰桓帝末京師童謠曰茅田一頃中有井四方纖纖不可整嚼復嚼今年尚可後年磽案易曰拔茅連茹茅喻羣賢也井者法也時中常侍管霸等皆疾海內英賢並見廢錮茅田一頃言羣賢衆多也中有井者言雖厄窮不失法度也四方纖纖言姦慝不可理也嚼飲酒相強之辭也言不恤王政徒耽宴而已今年尚可者言但禁錮也後年磽者陳蕃竇武等誅天下大壞也磽音苦教反磽猶惡也）收捕宗親賓客姻屬悉誅之及劉瑜馮述皆夷其族徙武家屬日南還太后於雲臺當是時凶豎得志士大夫皆喪其氣矣武府掾桂陽胡騰少師事武獨殯斂行喪坐以禁錮武孫輔時年二歲逃竄得全事覺節等捕之急胡騰及令史南陽張敞共逃輔於零陵界詐云已死騰以爲己子而使聘娶焉後舉桂陽孝廉至建安中荆州牧劉表聞而辟焉以爲從事使還竇姓以事列上會表卒曹操定荆州輔與宗人徙居於鄴辟丞相府從征馬超爲流矢所中死（飛矢曰流矢中傷也）初武母產武而并產一蛇送之林中後母卒及葬未窆有大蛇自榛草而出（廣雅曰木叢生曰榛）徑至喪所以頭擊柩涕血皆流俯仰蛣屈（蛣音丘吉反）若哀泣之容有頃而去時人知爲竇氏之祥（祥吉凶之先見者尚書曰亳有祥）騰字子升初桓帝巡狩南陽以騰爲護駕從事公卿貴戚車騎萬計徵求費役不可勝極騰上言天子無外乘輿所幸卽爲京師臣請以荆州刺史比司隸校尉（南陽屬荆州故請以刺史比同司隸）臣自同都官從事帝從之（漢官儀曰都官從事主洛陽百官朝會與三府掾同也）自是肅然莫敢妄有干欲騰以此顯名黨錮解官至尚書張敞者太尉溫之弟也（漢官儀曰溫字伯慎穰人也封互鄉侯太史奏言有大臣誅死董卓取溫笞殺於市以厭之）

何進傳

何進字遂高南陽宛人也異母女弟選入掖庭爲貴人有寵於靈帝拜進郎中再遷虎賁中郎將出爲潁川太守光和二年貴人立爲皇后徵進入拜侍中將作大匠河南尹中平元年黃巾賊張角等起以進爲大將軍率左右羽林五營士屯都亭修理器械以鎮京師張角别黨馬元義謀起洛陽進發其姦以功封慎侯（慎縣屬汝南郡）四年滎陽數千人羣起攻燒郡縣殺中牟縣令詔使進弟河南尹苗出擊之苗攻破羣賊平定而還詔遣使者迎於成皋拜苗爲車騎將軍封濟陽侯五年天下滋亂望氣者以爲京師當有大兵兩宮流血大將軍司馬許涼假司馬伍宕說進曰太公六韜有天子將兵事（太公六韜篇第一霸典文論第二文師武論第三龍韜主將第四虎韜偏裨第五豹韜校尉第六犬韜司馬龍韜云武王曰吾欲令三軍之衆親其將如父母聞金鼙而怒聞鼓音而喜爲之柰何）可以威厭四方進以爲然入言之於帝於是乃詔進大發四方兵講武於平樂觀下起大壇上建十二重五采華蓋高十丈壇東北爲小壇復建九重華蓋高九丈列步兵騎士數萬人結營爲陳天子親出臨軍駐大華蓋下進駐小華蓋下禮畢帝躬擐甲介馬（擐音宦擐貫也介亦甲也）稱無上將軍行陳三匝而還詔使進悉領兵屯於觀下是時置西園八校尉以小黃門蹇碩爲上軍校尉虎賁中郎將袁紹爲中軍校尉屯騎都尉鮑鴻爲下軍校尉（劉攽曰案文漢無屯騎都尉當誤都字宜作校也）議郎曹操爲典軍校尉趙融爲助軍校尉淳于瓊爲佐軍校尉又有左右校尉帝以蹇碩壯健而有武略特親任之以爲元帥督司隸校尉以下雖大將軍亦領屬焉碩雖擅兵於中而猶畏忌於進乃與諸常侍共說帝遣進西擊邊章韓遂帝從之賜兵車百乘虎賁斧鉞進陰知其謀乃上遣袁紹東擊徐兗二州兵須紹還卽戎事以稽行期初何皇后生皇子辯王貴人生皇子協羣臣請立太子帝以辯輕佻無威儀不可爲人主（前書曰佻輕也）然皇后有寵且進又居重權故久不決六年帝疾篤屬協於蹇碩碩既受遺詔且素輕忌於進兄弟及帝崩碩時在內欲先誅進而立協及進從外入碩司馬潘隱與進早舊迎而目之進驚馳從儳道歸營引兵入屯百郡邸（廣雅曰儳疾也音代鑒反）因稱疾不入碩謀不行皇子辯乃卽位何太后臨朝進與太傅袁隗輔政錄尚書事進素知中官天下所疾兼忿蹇碩圖己及秉朝政陰規誅之袁紹亦素有謀因進親客張津勸之曰黃門常侍權重日久又與長樂太后專通姦利（靈帝母董太后居長樂宮）將軍宜更清選賢良整齊天下爲國家除患進然其言又以袁氏累世寵貴海內所歸（袁安爲司徒司空孫湯爲司徒太尉湯子成五官中郎將成生紹故云累世寵貴也）而紹素善養士能得豪傑用其從弟虎賁中郎將術亦尚氣俠故並厚待之因復博徵智謀之士龐紀何顒荀攸等與同腹心蹇碩疑不自安與中常侍趙忠等書曰大將軍兄弟秉國專朝今與天下黨人謀誅先帝左右埽滅我曹但以碩典禁兵故且沈吟今宜共閉上閤急捕誅之中常侍郭勝進同郡人也太后及進之貴幸勝有力焉故勝親信何氏遂共趙忠等議不從碩計而以其書示進進乃使黃門令收碩誅之因領其屯兵袁紹復說進曰前竇武欲誅內寵而反爲所害者以其言語漏泄而五營百官服畏中人故也今將軍既有元舅之重而兄弟並領勁兵部曲將吏皆英俊名士樂盡力命事在掌握此天贊之時也將軍宜一爲天下除患名垂後世雖周之申伯何足道哉（申伯周申后父也詩大雅曰唯申及甫唯周之翰）今大行在前殿（人主崩未有謚故稱大行也前書音義曰大行者不反之辭也）將軍宜受詔領禁兵（劉攽曰案文多一宜字）不宜輕出入宮省進甚然之乃稱疾不入陪喪又不送山陵遂與紹定籌策而以其計白太后太后不聽曰中官統領禁省自古及今漢家故事不可廢也且先帝新棄天下我奈何楚楚與士人共對事乎（楚詞曰楚楚鮮明貌也詩曰衣裳楚楚）進難違太后意且欲誅其放縱者紹以爲中官親近至尊出入號令今不悉廢後必爲患而太后母舞陽君及苗數受諸宦官賂遺知進欲誅之數白太后爲其障蔽又言大將軍專殺左右擅權以弱社稷太后疑以爲然中官在省闥者或數十年封侯貴寵膠固內外進新當重任素敬憚之雖外收大名而內不能斷故事久不決紹等又爲畫策多召四方猛將及諸豪傑使並引兵向京城以脅太后進然之主簿陳琳入諫曰易稱卽鹿無虞（易屯卦六三爻辭也虞掌山澤之官卽鹿猶從禽也無虞言不可得）諺有掩目捕雀夫微物尚不可欺以得志況國之大事其可以詐立乎今將軍總皇威握兵要龍驤虎步高下在心此猶鼓洪爐燎毛髮耳夫違經合道天人所順而反委釋利器更徵外助大兵聚會彊者爲雄所謂倒持干戈授人以柄（前書梅福上書曰倒持太阿授楚以柄）功必不成秖爲亂階進不聽遂西召前將軍董卓屯關中上林苑又使府掾太山王匡東發其郡強弩并召東郡太守橋瑁屯城皐使武猛都尉丁原燒孟津火照城中（武猛謂有武藝而勇猛者取其嘉名因以名官也）皆以誅宦官爲言太后猶不從苗謂進曰始共從南陽來俱以貧賤依省內以致貴富國家之事亦何容易覆水不收宜深思之且與省內和也進意更狐疑紹懼進變計乃脅之曰交搆已成形埶已露事留變生將軍復欲何待而不早決之乎進於是以紹爲司隸校尉假節專命擊斷從事中郎王允爲河南尹紹使洛陽方略武吏司察宦者而促董卓等使馳驛上欲進兵平樂觀太后乃恐悉罷中常侍小黃門使還里舍唯留進素所私人以守省中諸常侍小黃門皆詣進謝罪唯所措置進謂曰天下匈匈正患諸君耳今董卓垂至諸君何不早各就國袁紹勸進便於此決之至于再三進不許紹又爲書告州郡詐宣進意使捕案中官親屬進謀積日頗泄中官懼而思變張讓子婦太后之妹也讓向子婦叩頭曰老臣得罪當與新婦俱歸私門唯受恩累世（唯思念也）今當遠離宮殿情懷戀戀願復一入直得暫奉望太后陛下顏色然後退就溝壑死不恨矣子婦言於舞陽君入白太后乃詔諸常侍皆復入直八月進入長樂白太后請盡誅諸常侍以下選三署郎入守宦官廬諸宦官相謂曰大將軍稱疾不臨喪不送葬今欻入省（欻音許物反）此意何爲竇氏事竟復起邪又張讓等使人潛聽具聞其語乃率常侍段珪畢嵐等數十人持兵竊自側闥入伏省中及進出因詐以太后詔召進入坐省闥讓等詰進曰天下憒憒亦非獨我曹罪也（說文曰憒亂也）先帝嘗與太后不快幾至成敗（陳留王協母王美人何后鴆殺之帝怒欲廢后宦官固請得止）我曹涕泣救解各出家財千萬爲禮和悅上意但欲託卿門戶耳今乃欲滅我曹種族不亦太甚乎卿言省內穢濁公卿以下忠清者爲誰於是尚方監渠穆拔劍斬進於嘉德殿前讓珪等爲詔以故太尉樊陵爲司隸校尉少府許相爲河南尹尚書得詔板疑之曰請大將軍出共議中黃門以進頭擲與尚書曰何進謀反已伏誅矣進部曲將吳匡張璋素所親幸在外聞進被害欲將兵入宮宮閤閉袁術與匡共斫攻之中黃門持兵守閤會日暮術因燒南宮九龍門及東西宮欲以脅出讓等讓等入白太后言大將軍兵反燒宮攻尚書闥因將太后天子及陳留王又劫省內官屬從複道走北宮（複音福）尚書盧植執戈於閣道窗下仰數段珪段珪等懼乃釋太后太后投閣得免袁紹與叔父隗矯詔召樊陵許相斬之苗紹乃引兵屯朱雀闕下捕得趙忠等斬之吳匡等素怨苗不與進同心而又疑其與宦官同謀乃令軍中曰殺大將軍者卽車騎也士吏能爲報讎乎進素有仁恩士卒皆流涕曰願致死匡遂引兵與董卓弟奉車都尉旻攻殺苗棄其屍於苑中紹遂閉北宮門勒兵捕宦者無少長皆殺之或有無須而誤死者至自發露然後得免死者二千餘人（劉攽曰案文少一死字是時宦官死者二千餘人耳若無須發露得免者何可勝計矣）紹因進兵排宮或上端門屋以攻省內張讓段珪等困迫遂將帝與陳留王數十人步出穀門奔小平津（穀門洛城北當中門也）公卿並出平樂觀無得從者唯尚書盧植夜馳河上王允遣河南中部掾閔貢隨植後貢至手劍斬數人餘皆投河而死明日公卿百官乃奉迎天子還宮以貢爲郎中封都亭侯董卓遂廢帝又迫殺太后殺舞陽君何氏遂亡

而漢室亦自此敗亂

論曰竇武何進藉元舅之資據輔政之權內倚太后臨朝之威外迎羣英乘風之埶卒而事敗閹豎身死功頹爲世所悲豈智不足而權有餘乎（言智非不足權亦有餘蓋天敗也）傳曰天之廢商久矣君將興之斯宋襄公所以敗於泓也（左傳曰楚伐宋宋公將戰子魚諫曰天之棄商久矣公將興之不可宋公不從遂與楚戰大敗於泓也）

贊曰武生蛇祥進自屠羊（進本屠家子也）惟女惟弟來儀紫房上慴下讋人靈動怨將糾邪慝以合人願道之屈矣代離凶困（代更也）

後漢書卷九十九考證

竇武傳太后冘豫未忍○冘字本或作宂誤冘豫卽冘豫也

何進傳詔使進弟河南尹苗出擊之○苗朱氏子五行志作皇后異父兄朱苗

張讓段珪等因迫○何焯曰因疑作困

後漢書卷一百

宋　宣　城　太　守范　曄撰

唐　章　懷　太　子　賢注

鄭孔荀列傳第六十

鄭太傳

鄭太字公業河南開封人司農衆之曾孫也（開封縣故城在今汴州南）少有才畧靈帝末知天下將亂陰交結豪桀家富於財有田四百頃而食常不足名聞山東初舉孝廉三府辟公車徵皆不就及大將軍何進輔政徵用名士以公業爲尚書侍郎（續漢志曰尚書侍郎三十六人四百石一曹有六人主作文書起草）遷侍御史進將誅閹官欲召幷州牧董卓爲助公業謂進曰董卓彊忍寡義志欲無猒若借之朝政（借音子夜反）授以大事將恣凶慾必危朝廷明公以親德之重據阿衡之權秉意獨斷誅除有罪誠不宜假卓以爲資援也且事留變生殷鑒不遠又爲陳時務之所急數事進不能用乃棄官去謂潁川人荀攸曰何公未易輔也進尋見害卓果作亂公業等與侍中伍瓊卓長史何顒共說卓以袁紹爲勃海太守以發山東之謀及義兵起卓乃會公卿議大發卒討之羣僚莫敢忤旨公業恐其衆多益橫凶彊難制獨曰夫政在德不在衆也卓不悅曰如卿此言兵爲無用邪公業懼乃詭詞更對曰（詭僞詐也）非謂無用以爲山東不足加大兵耳如有不信試爲明公畧陳其要今山東合謀州郡連結人庶相動非不彊盛然光武以來中國無警百姓優逸忘戰日久仲尼有言不教人戰是謂棄之其衆雖多不能爲害一也明公出自西州少爲國將閑習軍事數踐戰場名振當世人懷慴服二也袁本初公卿子弟生處京師張孟卓東平長者（孟卓名邈）坐不闚堂（言不妄觀也）孔公緒（孔伷）清談高論噓枯吹生（枯者噓之使生生者吹之使枯言談論有所抑揚也）並無軍旅之才埶銳之幹臨鋒決敵非公之儔三也山東之士素乏精悍（悍勇也）未有孟賁之勇慶忌之捷（說苑曰孟賁水行不避蛟龍陸行不避虎狼發怒吐氣聲響動天許愼注淮南子曰孟賁衞人也呂氏春秋曰孟賁過河先於其伍舩人怒以楫虓其頭不知其孟賁故也中河孟賁瞋目視舩人髮植目裂舩中人盡播入河慶忌吳王僚子也射之矢滿把不能中駟馬追之不能及）聊城之守（史記燕將攻下聊城因保守之齊將田單攻之歲餘不下）良平之謀可任以偏師責以成功四也就有其人而尊卑無序王爵不加若恃衆怙力（怙亦恃也）將各基峙（峙止也○劉攽曰案文基當作碁謂如碁不動作基無理）以觀成敗不肯同心共膽與齊進退五也關西諸郡頗習兵事自頃以來數與羌戰婦女猶戴戟操矛挾弓負矢（挾持也）況其壯勇之士以當妄戰之人乎其勝可必六也且天下彊勇百姓所畏者有幷涼之人○（劉攽曰案文多一有字縁者字生之）及匈奴屠各湟中義從西羌八種（義從八種並見西羌傳）而明公擁之以爲爪牙譬驅虎兕以赴犬羊七也又明公將帥皆中表腹心周旋日久恩信淳著忠誠可任智謀可恃以膠固之衆（膠亦固也）當解合之埶猶以烈風埽彼枯葉八也夫戰有三亡以亂攻理者亡以邪攻正者亡以逆攻順者亡今明公秉國平正討滅宦豎忠義克立以此三德待彼三亡奉辭伐罪誰敢禦之九也東州鄭玄學該古今（玄北海人故云東州）北海邴原清高直亮（魏志原字根矩北海朱虛人也與管寧俱以操尚稱）皆儒生所仰羣士楷式彼諸將若詢其計畫足知彊弱且燕趙齊梁非不盛也終滅於秦吳楚七國非不衆也卒敗滎陽（前書吳王濞楚王戊趙王遂膠西王卬膠東王雄渠菑川王賢濟南王辟光景帝三年反大將軍條侯周亞夫將兵破之滎陽）況今德政赫赫股肱惟良彼豈讚成其謀造亂長寇哉其不然十也若其所陳少有可採無事徵兵以驚天下使患役之民相聚爲非棄德恃衆自虧威重卓乃悅以公業爲將軍使統諸軍討擊關東或說卓曰鄭公業智畧過人而結謀外寇今資之士馬就其黨與竊爲明公懼之卓乃收還其兵留拜議郎卓既遷都長安天下饑亂士大夫多不得其命而公業家有餘資日引賓客高會倡樂所贍救者甚衆乃與何顒荀攸共謀殺卓事洩顒等被執公業脫身自武關走東歸袁術術上以爲揚州刺史未至官道卒年四十二

孔融傳

孔融字文舉魯國人孔子二十世孫也七世祖霸爲元帝師位至侍中（前漢霸字次儒元帝師解見孔昱傳）父伷太山都尉融幼有異才（融家傳曰兄弟七人融第六幼有自然之性年四歲時每與諸兄共食梨融輒引小者大人問其故答曰我小兒法當取小者由是宗族奇之）年十歲隨父詣京師時河南尹李膺（膺潁川襄城人融家傳曰聞漢中李公清節直亮意慕之遂造公門李固漢中人爲太尉與此傳不同也）以簡重自居不妄接士賓客勑外自非當世名人及與通家皆不得白融欲觀其人故造膺門語門者曰我是李君通家子弟門者言之膺請融問曰高明祖父嘗與僕有恩舊乎融曰然先君孔子與君先人李老君同德比義而相師友（家語曰孔子謂南宮敬叔曰吾聞老聃博古而達今通禮樂之源明道德之歸則吾之師也今將往矣遂至周問禮於老聃焉）則融與君累世通家衆坐莫不歎息太中大夫陳煒後至（煒音于匪反）坐中以告煒煒曰夫人小而聰了大未必奇融應聲曰觀君所言將不早慧乎膺大笑曰高明必爲偉器年十三喪父哀悴過毀扶而後起州里歸其孝性好學博涉多該覽山陽張儉爲中常侍侯覽所怨覽爲刊章下州郡以名捕儉（刊削也謂削去告人姓名○劉攽曰正文案覽何能刊章下州郡蓋是詔字張儉傳中可見也）儉與融兄褒有舊亡抵於褒不遇（抵歸也融家傳褒字文禮也）時融年十六儉少之而不告融見其有窘色（窘迫也）謂曰兄雖在外吾獨不能爲君主邪因留舍之（舍止也）後事泄國相以下密就掩捕儉得脫走遂幷收褒融送獄二人未知所坐融曰保納舍藏者融也當坐之褒曰彼來求我非弟之過請甘其罪吏問其母母曰家事任長妾當其辜一門爭死郡縣疑不能決乃上讞之（前書音義曰讞請也音宜傑反）詔書竟坐褒焉融由是顯名與平原陶丘洪陳留邊讓齊聲稱州郡禮命皆不就辟司徒楊賜府時隱覈官僚之貪濁者將加貶黜融多舉中官親族尚書畏迫內寵召掾屬詰責之融陳對罪惡言無阿撓（撓曲也音乃孝反）河南尹何進當遷爲大將軍楊賜遣融奉謁賀進不時通融卽奪謁還府投劾而去河南官屬恥之私遣劍客欲追殺融客有言於進曰孔文舉有重名（融家傳曰客言於進曰孔文舉於時英雄特傑譬諸物類猶衆星之有北辰百穀之有黍稷天下莫不屬目也）將軍若造怨此人則四方之士引領而去矣不如因而禮之可以示廣於天下進然之既拜而辟融舉高第爲侍御史與中丞趙舍不同託病歸家後辟司空掾拜中軍候（○劉攽曰案漢官無中軍候唯有北軍中候耳明字有脫誤也）在職三日遷虎賁中郎將會董卓廢立融每因對答輒有匡正之言以忤卓旨轉爲議郎時黃巾寇數州而北海最爲賊衝卓乃諷三府同舉融爲北海相融到郡收合士民起兵講武馳檄飛翰引謀州郡賊張饒等羣輩二十萬衆從冀州還融逆擊爲饒所敗乃收散兵保朱虛縣稍復鳩集吏民爲黃巾所誤者男女四萬餘人更置城邑立學校表顯儒術薦舉賢良鄭玄彭璆邴原等（璆音巨秋反又音求）郡人甄子然臨孝存知名早卒融恨不及之乃命配食縣社其餘雖一介之善莫不加禮焉郡人無後及四方游士有死亡者皆爲棺具而斂葬之時黃巾復來侵暴融乃出屯都昌（都昌縣屬北海郡故城在今青州臨朐縣東北）爲賊管亥所圍融逼急乃遣東萊太史慈求救於平原相劉備（吳志慈字子義東萊人也避事之遼東北海相孔融聞而奇之數遣人訊問其母并致餉遺時融爲管亥所圍慈從遼東還母謂之曰汝與孔北海未嘗相見至汝行後贍恤殷勤過於故舊今爲賊所圍汝宜赴之慈單步見融既而求救於劉備備得兵以解圍焉）備驚曰孔北海乃復知天下有劉備邪卽遣兵三千救之賊乃散走時袁曹方盛而融無所協附左丞黃祖者稱有意謀勸融有所結納融知紹操終圖漢室不欲與同故怒而殺之融負其高氣志在靖難而才疎意廣迄無成功（迄竟也）在郡六年劉備表領青州刺史建安元年爲袁譚所攻自春至夏戰士所餘裁數百人流矢雨集戈矛內接融隱几讀書（隱憑也莊子曰南郭子綦隱几而坐）談笑自若城夜陷乃奔山東妻子爲譚所虜及獻帝都許徵融爲將作大匠遷少府每朝會訪對融輒引正定議公卿大夫皆隸名而已（說文云隸附著也）初太傅馬日磾奉使山東及至淮南數有意於袁術術輕侮之遂奪取其節求去又不聽因欲逼爲軍師日磾深自恨遂嘔血而斃（三輔決錄曰日磾字翁叔馬融之族子少傳融業以才學進與楊彪盧植蔡邕等典校中書歷位九卿遂登台輔獻帝春秋曰術從日磾借節觀之因奪不還條軍中十餘人使促辟之日磾謂術曰卿先代諸公辟士云何而言促之謂公府掾可劫得乎從術求去而術不遣既以失節屈辱憂恚）及喪還朝廷議欲加禮融乃獨議曰日磾以上公之尊秉髦節之使銜命直指（直指無屈撓也前書有繡衣直指）寧輯東夏（輯和也）而曲媚姦臣爲所牽率章表署用輒使首名（所上章表及署補用皆以日磾名爲首也）附下罔上（前書曰附下罔上者刑）姦以事君（左傳叔向曰姦以事君者吾所能禦）昔國佐當晉軍而不撓（公羊傳曰鞌之戰齊師大敗齊侯使國佐如師郤克曰與我紀侯之甗及魯衞之侵地使耕者東西其畝以蕭同叔子爲質則吾舍子國佐曰與我紀侯之甗請諾使反魯衞之侵地請諾使耕者東西其畝是則土齊也蕭同叔子者齊君母也齊君母猶晉君之母也曰不可請戰一戰而不勝請再戰再戰而不勝請三戰三戰而不勝則齊國盡子之有也何必蕭同叔子爲質揖而去之○劉攽曰注及魯衞之侵地使耕者東西其畝又云使反魯衞之侵地請諾使耕者東西其畝案公羊本文及當作反又但云東其畝多西字下文又多一使字卻少一地字及多一西字）宜僚臨白刃而正色（楚白公勝欲爲亂謂石乞曰王與卿士皆以五百人當之則可乞曰不可得也曰市南有熊相宜僚者若得之可以當五百人矣乃從白公而見之與言說告之故辭承之以劍不動事見左傳）王室大臣豈得以見脅爲辭又袁術僭逆非一朝一夕日磾隨從周

旋歷歲漢律與罪人交關三日已上皆應知情春秋魯叔孫得臣卒以不發揚襄仲之罪貶不書日公羊傳曰叔孫得臣卒何休注曰不日者知公子遂欲殺君而爲人臣知賊而不言明當誅也公子遂即襄仲也鄭人討幽公之亂斲子家之棺左傳鄭子家卒鄭人討幽公之亂斲子家之棺而逐其族杜預注曰斲薄其棺不使從卿禮爲其殺君故也聖上哀矜舊臣未忍追案不宜加禮朝廷從之而論者多欲復肉刑融乃建議曰古者敦厖善否不別左傳楚申叔時曰人生敦厖杜預注厖厚大也吏端刑清端直也政無過失百姓有罪皆自取之末世陵遲風化壞亂政撓其俗法害其人故曰上失其道民散久矣而欲繩之以古刑投之以殘棄殘其支體而棄廢之非所謂與時消息者也易曰天地盈虛與時消息紂斮朝涉之脛天下謂爲無道尚書曰紂斮朝涉之脛孔安國注曰冬日見朝涉水者謂其脛耐寒斮而視之夫九牧之地千八百君前書賈山曰昔者周蓋千八百國以九州之人養千八百君也若各刖一人是下常有千八百紂也○劉攽曰案文少一天字求俗休和弗可得已且被刑之人慮不全生志在思死類多趨惡莫復歸正夙沙亂齊左傳曰靈公廢太子光立公子牙使高厚傅牙夙沙衛爲少傅崔杼逆光而立之是爲莊公莊公以夙沙衛易己衛奔高唐以叛伊戾禍宋左傳楚客聘于晉過宋太子痤知之請野享之公使伊戾請從遣之至則坎用牲加書徵之馳而告曰太子將爲亂既與楚客盟矣公使視之則信有焉公囚太子太子縊死公徐聞其無罪乃亨伊戾趙高英布爲世大患史記胡亥謂李斯曰高故宦人也遂專信任之後殺李斯劫殺胡亥卒亡秦也前書黥布坐法黥論輸驪山亡之江中爲羣盜及屬項羽常爲先鋒陷陣後歸漢爲九江王謀反誅之不能止人遂爲非也適足絕人還爲善耳雖忠如鬻拳左傳初鬻拳彊諫楚子弗從臨之以兵懼而從之鬻拳曰吾懼君以兵罪莫大焉遂自刖楚人以爲大閽君子曰鬻拳可謂愛君矣諫以自納於刑刑猶不忘納君於善信如卞和韓子曰楚人和氏得璞玉於楚山之中獻之武王武王使玉人相之人曰石也王以和爲誑而刖其左足及文王即位和又奉其璞人又曰石也又刖其右足文王薨成王即位和乃抱其璞而哭於楚山之下三日三夜泣盡而繼以血王使玉人攻璞而得寶焉遂封和爲陵陽侯和辭不就而去乃作怨歌琴操曰進寶得刑足離分兮去封立信守休芸兮斷者不續豈不寃兮智如孫臏史記孫臏與龐涓學兵法涓事魏惠王爲將軍自以不能及臏陰使召臏斷其兩足而黥之臏後入齊威王問兵法以爲師魏與趙攻韓齊使田忌將而往龐涓聞去韓而歸臏謂田忌曰三晉之兵素悍勇而輕齊軍半至使齊軍入魏地爲十萬竈明日爲五萬竈明日爲二萬竈龐涓行三日大喜曰我固知齊卒怯入吾地三日士卒亡者過半矣乃棄其步兵與其輕銳倍日并行逐之孫子度其行暮當至馬陵馬陵道狹旁多險阻可伏兵乃斫大樹白而書之曰龐涓死於此樹下於是令齊軍善射者萬弩夾道而伏期日暮見火舉而俱發涓夜至斫木下見白書乃鑽火燭之讀書未畢齊軍萬弩俱發魏軍大亂相失龐涓自知智窮兵敗遂自剄曰遂成豎子之名矣○劉攽曰注軍半至案史記彼文更有他語故末云軍半至今既節取不宜長此三字又令齊軍曰善射案文多一日字寃如巷伯毛萇注詩云巷伯內小臣也掌王后之命於宮中故謂之巷伯伯被讒將刑寺人孟子傷而作詩以刺幽王才如史遷李陵爲匈奴敗馬遷明陵當必立功以報漢遂被下蠶室刑後乃著史記達如子政劉向字子政宣帝時上言黃金可成上令典尚方鑄作事費甚多方不驗乃下吏當死上奇其才得踰冬減論班固云向博物洽聞通達古今一離刀鋸沒世不齒國語中刑用刀鋸也是太甲之思庸尚書太甲既立不明伊尹放諸桐三年復歸于亳思庸孔注曰念常道也穆公之霸秦秦穆使孟明白乙等伐鄭蹇叔諫不從晉襄公敗諸崤囚孟明等後歸之穆公曰孤之罪也夫子何罪復使爲政南雎之骨立衛武之初筵韓詩曰賓之初筵衛武公飲酒悔過也言賓客初就筵之時賓主秩秩然俱謹敬也既醉止載號載呶不知其爲惡也陳湯之都賴前書湯字子公遷西域副校尉矯制發諸國兵斬郅支單于於都賴水上魏尚之守邊文帝時尚爲雲中守坐上首虜差六級下吏削爵趙人馮唐爲郎爲言文帝赦尚復爲雲中守也無所復施也漢開改惡之路凡爲此也故明德之君遠度深惟棄短就長不苟革其政者也朝廷善之卒不改焉是時荊州牧劉表不供職貢多行僭僞遂乃郊祀天地擬斥乘輿斥指也詔書班下其事融上疏曰竊聞領荊州牧劉表桀逆放恣所爲不軌至乃郊祭天地擬儀社稷雖昏僭惡極罪不容誅至於國體宜且諱之謂國家之大體也何者萬乘至重天王至尊身爲聖躬國爲神器老子曰天下神器不可爲也陛級縣遠祿位限絕賈誼曰人主之尊譬如堂羣臣如陛衆庶如地故陛九級上廉遠地則堂高也猶天之不可階日月之不可踰也論語曰夫子之不可及也猶天之不可階而升也又曰仲尼如日月也無得而踰焉每有一豎臣輒去圖之若形之四方非所以杜塞邪萌形見也愚謂雖有重戾必宜隱忍賈誼所謂擲鼠忌器蓋謂此也前書賈誼曰里諺云欲投鼠而忌器此善諭也鼠近於器尚憚不投恐傷其器況乎貴臣之近主乎是以齊兵次楚唯責包茅左傳齊桓伐楚責以包茅不入王祭不供無以縮酒杜預注曰包裹束也茅菁茅也束茅而灌之以酒爲縮酒也王師敗績不書晉人公羊傳成公元年秋王師敗績于貿戎孰敗之蓋晉敗之或曰貿戎敗之然則曷爲不言晉敗之王者無敵莫敢當也前以露袁術之罪今復下劉表之事是使跛牂欲闚高岸天險可得而登也史記李斯曰故城高五丈而樓季不輕犯也太山之高百仞而跛牂牧其上矣樓季而難五丈之限豈跛牂而易百仞之高哉峭漸之勢異也爾雅曰羊牝曰牂易曰天險不可升地險山川丘陵也今表跋扈擅誅列侯遏絕詔命斷盜貢篚鄭玄注儀禮曰篚竹器如筐也書曰厥篚玄纁璣組招呼元惡以自營衛專爲羣逆主萃淵藪書曰今商王受亡道爲天下逋逃主萃淵藪孔注曰天下罪人逃亡者而紂爲魁主窟聚泉府藪澤也郜鼎在廟章孰甚焉左傳取郜大鼎于宋戊申納于太廟臧哀伯諫曰君人者昭德塞違以臨照百官百官於是乎戒懼郜鼎在廟彰孰甚郜鼎郜國所作也桑落瓦解其埶可見詩曰桑之落矣其黃而隕臣愚以爲宜隱郊祀之事以崇國防五年南陽王馮東海王祗薨並獻帝子帝傷其早歿欲爲修四時之祭以訪於融融對曰聖恩敦睦感時增思悼二王之靈發哀愍之詔稽度前典以正禮制竊觀故事前梁懷王臨江愍王齊哀王臨淮懷王並薨無後同產昆弟即景武昭明四帝是也梁懷王景帝弟也立十年薨臨江愍王榮武帝兄也爲皇太子四歲廢爲王坐侵廟壖地自殺齊懷王閎武帝子昭帝異母兄立八年薨臣賢案齊哀王悼惠王之子高帝之孫非昭帝兄弟當爲懷王作哀者誤也臨淮公衡明帝弟建武十五年立未及進爵爲王而薨融家傳及本傳皆作公此爲王者亦誤也未聞前朝修立祭祀若臨時所施則不列傳紀臣愚以爲諸在沖亂聖慈哀悼禮同成人加以號謚者宜稱上恩稱音尺證反祭祀禮畢而後絕之至於一歲之限不合禮意又違先帝已然之法所未敢處處猶安也初曹操攻屠鄴城袁氏婦子多見侵畧而操子丕私納袁熙妻甄氏袁紹傳熙紹之中子也甄氏中山無極人漢太保甄邯後也父逸上蔡令魏畧曰熙出在幽州甄氏侍姑及鄴城破文帝入紹舍后怖伏姑膝上帝令舉頭就視見其顏色非凡太祖聞其意爲迎取之融乃與操書稱武王伐紂以妲己賜周公妲音丁末反又音旦紂之妃有蘇氏女也紂用其言毒虐衆庶武王刎殷斬妲己頭縣之於小白旗以爲紂之亡由此女也出列女傳操不悟後問出何經典對曰以今度之想當然耳後操討烏桓建安十二年也又嘲之曰大將軍遠征蕭條海外昔肅愼氏不貢楛矢國語曰昔武王尅商通于九夷百蠻於是肅愼氏貢楛矢石砮其長尺有咫肅愼國記曰肅愼氏其地在夫餘國北東濱大海魏畧曰挹婁一名肅愼氏說文曰楛木也今遼左有楛木狀如荊葉如榆也丁零盜蘇武牛羊可并案也山海經曰北海之內有丁零之國前書蘇武使匈奴單于徙北海上丁零盜蘇武牛羊武遂窮厄也時年飢兵興操表制酒禁融頻書爭之多侮慢之辭融集與操書云酒之爲德久矣古先哲王類帝禋宗和神定人以濟萬國非酒莫以也故天垂酒星之耀地列酒泉之郡人著旨酒之德堯不千鍾無以建太平孔非百觚無以堪上聖樊噲解厄鴻門非豕肩鍾酒無以奮其怒趙之廝養東迎其王非引卮酒無以激其氣高祖非醉斬白蛇無以暢其靈景帝非醉幸唐姬無以開中興袁盎非醇醪之力無以脫其命定國不酣飲一斛無以決其法故酈生以高陽酒徒著功於漢屈原不餔糟歠醨取困於楚由是觀之酒何負於政哉又書曰昨承訓答陳二代之禍及衆人之敗以酒亡者實如來誨雖然徐偃王行仁義而亡今令不絕仁義燕噲以讓失社稷今令不禁謙退魯因儒而損今令不棄文學夏商亦以婦人失天下今令不斷婚姻而將酒獨急者疑但惜穀耳非以亡王爲戒也既見操雄詐漸著數不能堪故發辭偏宕多致乖忤偏邪跌宕不拘正理又嘗奏宜準古王畿之制千里寰內不以封建諸侯周禮方千里曰國畿其外五百里侯畿鄭玄注畿限也操疑其所論建漸廣益憚之然以融名重天下外相容忍而潛忌正議慮鯁大業山陽郗慮續漢書慮字鴻豫山陽高平人少受學於鄭玄虞溥江表傳曰獻帝嘗特見慮及少府孔融問融曰鴻豫何所優長融曰可與適道未可與權慮舉笏曰融昔宰北海政散人流其權安在從與融互相長短以至不穆曹操以書和解之慮從光祿勳遷御史大夫○劉攽曰注獻帝時見慮案文時當作特承望風旨以微法奏免融官因顯明讎怨操故書激厲融曰蓋聞唐虞之朝有克讓之臣尚書曰舜以伯禹爲司空禹讓稷契暨皋陶以益爲朕虞益讓于朱虎熊羆以伯夷爲秩宗伯夷讓于夔龍故麟鳳來而頌聲作也史記曰於是禹興九韶之樂致異物鳳皇來儀後世德薄猶有殺身爲君若齊孟陽代君居牀以待賊漢紀信乘黃屋誑楚之類也破家爲國若要離焚妻子以徇吳李通誅宗族以從漢之類也及至其敝睚眦之怨必讎一餐之惠必報史記范雎一餐之德必償睚眦之怨必報故鼂錯念國遘禍於袁盎景帝時錯爲御史大夫以諸侯國大請削其土吳楚七國反以誅錯爲名袁盎素與錯不相善盎乃進說請斬錯以謝七國景帝遂斬錯也屈原悼楚受譖於椒蘭屈平楚懷王時爲三閭大夫秦昭王使張儀譎詐懷王令絕齊交又誘請會武關屈平諫王不聽其言卒客死於秦懷王子子椒子蘭讒之於襄王王而放逐之見史記彭寵傾亂起自朱浮朱浮與寵不相能數譖之光武寵遂反鄧禹威損失於宗馮鄧禹征赤眉令宗歆馮愔守栒邑二人爭權相攻遂殺歆因反擊禹今流俗本宗誤作宋也由此言之喜怒怨愛禍福所因可不愼與與音余昔廉藺小國之臣猶能相下趙惠文王與秦昭王會澠池歸拜藺相如爲上卿位在廉頗右頗曰吾不忍爲之下必辱之相如每朝常避之頗聞之肉袒負荊謝之相與爲刎頸之友事見史記寇賈倉卒武夫屈節崇好光武不問升伯之怨齊侯不疑射鉤之虜公子糾與桓公爭立管仲射桓公中鉤後桓公即位以管仲爲相也夫立大操者豈累細故哉往聞二君有執法之平以爲小介介猶蔕芥也公法雖平私情爲蔕芥者也當收舊好而怨毒漸積志相危害聞之憮然中夜而起憮音舞憮失意貌也昔國家東遷文舉盛歎鴻豫名實相副綜達經學出於鄭玄又明司馬法史記齊威王使大夫追論古者司馬法其法論田及兵之法也鴻豫亦稱文舉奇逸博聞誠怪今者與始相違孤與文舉既非舊好又於鴻豫亦無恩紀然願人之相美不樂人之相傷是以區區思協歡好又知二君羣小所搆孤爲人臣進不能風化海內退不能建德和人然撫養戰士殺身爲國破浮華交會之徒計有餘矣融報曰猥惠書教猥曲也告所不逮融與鴻豫州里比鄰山陽與魯郡相鄰比知之最早雖嘗陳其功美欲以厚於見私信於爲國不求其覆過掩惡有罪望不坐也前者黜退歡欣受之昔趙宣子朝登韓厥夕被其戮喜而求賀宣子趙盾諡也國語曰宣子言韓厥於靈公以爲司馬河曲之役趙宣子使人以其乘車干行韓厥執而戮之衆咸曰韓厥必不沒矣其主朝升之而暮戮其車其誰安之宣子召而禮之謂諸大夫曰二三子可以賀我矣吾舉厥也而中吾乃今知免於罪矣況無彼人之功而敢枉當官之平哉忠非三閭即屈原也掌王族三姓曰昭屈景故曰三閭智非鼂錯竊位爲過免罪爲幸乃使餘論遠聞所以慙懼也朱彭寇賈爲世壯士愛惡相攻能爲國憂至於輕弱薄劣猶昆蟲之相齧適足還害其身夏小正云昆衆也孫卿子曰昆蟲亦有知誠無所至也晉侯嘉其臣所爭者大而師曠以爲不如心競左傳秦伯之弟鍼如晉脩成叔向命召行人子員行人子朱曰朱也當御三云叔向不應子朱怒曰班爵同何以黜朱於朝撫劍從之叔向曰秦晉不和久矣今日之事幸而集晉國賴之不集三軍暴骨子員道二國之言無私子常易之姦以事君者吾所能禦也拂衣從之人救之平公曰晉其庶乎吾臣之所爭者大師曠曰公室懼卑臣不心競而力爭也性既遲緩與人無傷雖出胯下之負韓信貧賤淮陰少年侮之令信出胯下榆次之辱史記荊軻嘗游榆次與蓋聶論劍蓋聶怒而目之荊軻出去不知貶毀之於己猶蚊虻之過也蚊音文虻音盲蚊虻之暫過未以爲害子產謂人心不相似左傳曰子產謂子皮曰人心不同如面焉吾豈敢謂子面如吾面乎或矜執者欲以取勝爲榮不念宋人待四海之客大鑪不欲令酒酸也鑪累土爲之以居酒甕四邊隆起一面高如鍛鑪故名鑪字或作壚韓子曰宋人有沽酒者斗槩甚平遇客甚謹爲酒甚美而酒不售酒酸者怪其故問所知閭長者楊倩二人曰汝狗猛耶曰狗猛何故不售曰人畏焉令孺子懷錢挈壺往沽狗迎而齕之酒所以酸而不售至於屈穀巨瓠堅而無竅當以無用罪之耳韓子曰齊有居士田仲宋人屈穀往見之曰穀聞先生之義不待仰人而食今穀有樹瓠之法堅如石厚而無竅願獻先生田仲曰夫子徒謂我也凡貴於樹瓠者爲可以盛也今厚而無竅則不可以盛物而任堅如石則不可以割而斟吾無以此瓠爲也將棄之今仲不待仰人而食亦無益人國亦堅瓠之類宅者奉尊嚴教不敢失墜郗爲故吏融所推進趙衰之拔郤縠左傳晉文公謀元帥趙衰曰郤縠可乃使郤縠將中軍不輕公叔之升臣也公叔文子衞大夫其家臣名僎行與文子同升之於公與之並爲大夫僎音士

（脅反見論語）知同其愛，訓誨發中（言曹公與己同愛郗慮故發於中心而訓誨）雖懿伯之忌猶不得念（禮記檀弓曰滕成公之喪使子叔敬叔弔進書子服惠伯爲介及郊爲懿伯之忌不入惠伯曰政也不可以叔父之私不將公事遂入鄭玄注曰懿伯惠伯之叔父也忌怨也）況恃舊交而欲自外於賢吏哉（賢吏謂慮也）輒布腹心脩好如初苦言至意終身誦之歲餘復拜太中大夫性寬容少忌好士喜誘益後進及退閑職（太中大夫職在言議故云閑職）賓客日盈其門常歎曰坐上客常滿尊中酒不空吾無憂矣與蔡邕素善邕卒後有虎賁士貌類於邕（漢官典職儀曰虎賁中郎將主武賁千五百人）融每酒酣引與同坐曰雖無老成人且有典刑（詩大雅曰雖無老成人尚有典刑也）融聞人之善若出諸己言有可採必演而成之面告其短而退稱所長薦達賢士多所獎進知而未言以爲己過故海內英俊皆信服之曹操既積嫌忌而郗慮復搆成其罪遂令丞相軍謀祭酒路粹（典畧曰粹字文蔚陳留人少學於蔡邕建安初以高第擢拜尚書郎後爲軍謀祭酒與陳琳阮瑀等典記室融誅之後人覩粹所作無不嘉其才而畏其筆也）枉狀奏融曰少府孔融昔在北海見王室不靜而招合徒衆欲規不軌云我大聖之後而見滅於宋（史記曰魯大夫孟釐子曰孔丘聖人之後滅於宋宋服虔注曰聖人謂商湯也孔子六代祖孔父嘉爲宋華督所殺其子奔魯也）有天下者何必卯金刀及與孫權使語謗訕朝廷（訕音所諫反訕謗毀也蒼頡篇曰訕非也）又融爲九列不遵朝儀禿巾微行（謂不加幘）唐突宮掖又前與白衣禰衡跌蕩放言（跌蕩無儀檢也放縱也）云父之於子當有何親論其本意實爲情欲發耳子之於母亦復奚爲譬如寄物缻中（說文曰缻缶也字書曰缻似缶而高）出則離矣既而與衡更相贊揚衡謂融曰仲尼不死融答曰顏回復生大逆不道宜極重誅書奏下獄棄市時年五十六妻子皆被誅初女年七歲男年九歲以其幼弱得全寄它舍二子方弈棊融被收而不動左右曰父執而不起何也答曰安有巢毀而卵不破乎主人有遺肉汁男渴而飲之女曰今日之禍豈得久活何賴知肉味乎兄號泣而止或言於曹操遂盡殺之及收至謂兄曰若死者有知得見父母豈非至願乃延頸就刑顏色不變莫不傷之初京兆人脂習元升與融相善每戒融剛直（魏畧曰曹操爲司空威德日盛而融故以舊意書疏倨傲習常責融令改節融不從之）及被害許下莫敢收者習往撫尸曰文舉舍我死吾何用生爲操聞大怒將收習殺之後得赦出魏文帝深好融文辭歎曰楊班儔也募天下有上融文章者輒賞以金帛所著詩頌碑文論議六言策文表檄教令書記凡二十五篇文帝以習有欒布之節加中散大夫（前書曰欒布梁人也爲梁王彭越大夫使於齊未反漢誅越梟首雒陽下布還奏事越頭下祠而哭之）

論曰昔諫大夫鄭昌有言山有猛獸者藜藿爲之不採（宣帝時司隸校尉蓋寬饒以直言得罪鄭昌愍傷寬饒忠直憂國以言事不當意而爲文吏所詆挫故上書訟之）是以孔父正色不容弒虐之謀（公羊傳曰孔父正色而立于朝則人莫敢過而致難於其君者孔父可謂義形於色矣）平仲立朝有紓盜齊之望（紓音舒紓解也緩也盜齊謂田常也莊子曰田成子一旦弒齊君而盜其國左傳齊景公坐於路寢公歎曰美哉室其誰有此乎晏子對曰如君之言其陳氏乎公曰是可若何對曰唯禮可以已之）若夫文舉之高志直情其足以動義槩而忤雄心（忤逆也）故使移鼎之迹事隔於人存（移鼎謂遷漢之鼎也人存謂曹操身在不得篡位也左傳曰桀有昏德鼎遷于商商紂暴虐鼎遷于周）代終之規啓機於身後也（代終謂代漢祚之終也身後謂曹丕受禪也）夫嚴氣正性覆折而已豈有員園委屈可以每其生哉（園即刓字音五丸反前書音義曰刓謂刓團無稜角也每貪也言寧正直以傾覆摧折不能委曲以貪生也賈誼曰品庶每生）懍懍焉皜皜焉其與琨玉秋霜比質可也（懍懍言勁烈如秋霜也皜皜言堅貞如白玉也皜音古老反）

荀彧傳

荀彧字文若（袁宏漢紀彧作郁）潁川潁陰人朗陵令淑之孫也（朗陵縣屬汝南郡故城在今豫州朗山縣西南）父緄爲濟南相（緄音古本反）緄畏憚宦官乃爲彧娶中常侍唐衡女（典畧曰衡欲以女妻汝南傅公明公明不取轉以妻彧）彧以少有才名故得免於譏議南陽何顒名知人見彧而異之曰王佐才也中平六年舉孝廉再遷亢父令（亢父縣屬梁國故城在今兗州任城縣南亢音剛父音甫）董卓之亂棄官歸鄉里同郡韓融時將宗親千餘家避亂密西山中（密縣西山也）彧謂父老曰潁川四戰之地也（四面通也）天下有變常爲兵衝密雖小固不足以扞大難宜亟避之（亟音紀力反）鄉人多懷土不能去會冀州牧同郡韓馥遣騎迎之彧乃獨將宗族從馥留者後多爲董卓將李傕所殺畧焉彧比至冀州而袁紹已奪馥位紹待彧以上賓之禮彧明有意數（數計數也○劉攽曰案文但云明有意數不成文史筆不如此蓋有一聰字）見漢室崩亂每懷匡佐之義時曹操在東郡彧聞操有雄畧而度紹終不能定大業初平二年乃去紹從操操與語大悅曰吾子房也（比之張良）以爲奮武司馬時年二十九明年又爲操鎮東司馬興平元年操東擊陶謙使彧守甄城（縣名屬濟陰郡今濮州縣也甄今作鄄音絹）任以留事會張邈陳宮以兗州反操（典畧宮字公臺東郡人剛直烈壯少與海內知名之士皆相連結也）而潛迎呂布布既至諸城悉應之邈乃使人譎彧（譎詐也）曰呂將軍來助曹使君擊陶謙宜亟供軍實彧知邈有變即勒兵設備故邈計不行豫州刺史郭貢率兵數萬來到城下求見彧彧將往東郡太守夏侯惇等止之（魏志曰惇字元讓沛國人）曰何知貢不與呂布同謀而輕欲見之今君爲一州之鎮往必危也彧曰貢與邈等分非素結今來速者計未必定及其猶豫宜時說之縱不爲用可使中立（不令其有去就也）若先懷疑嫌彼將怒而成謀不如往也貢既見彧無懼意知城不可攻遂引而去彧乃使程昱說范東阿（魏志昱字仲德東郡東阿人范縣屬東郡今濮陽縣也東阿縣屬東郡今濟州縣也）使固其守卒全三城以待操爲（三城謂甄范東阿也）二年陶謙死操欲遂取徐州還定呂布彧諫曰昔高祖保關中（高祖拒項羽常留蕭何守關中）光武據河內皆深根固本以制天下進可以勝敵退足以堅守故雖有困敗而終濟大業將軍本以兗州首事故能平定山東（曹操初從東郡守鮑信等迎領兗州牧遂進兵破黃巾等故能平定山東也○劉攽曰注東郡守案文少一太字）此實天下之要地而將軍之關河也若不先定之根本將何寄乎宜急分討陳宮使虜不得西顧乘其間而收熟麥約食稸穀以資一舉則呂布不足破也今舍之而東未見其便多留兵則力不勝敵少留兵則後不足固布乘虛寇暴震動人心縱數城或全其餘非復已有則將軍尚安歸乎且前討徐州威罰實行其子弟念父兄之耻必人自爲守就能破之尚不可保彼若懼而相結共爲表裏堅壁清野以待將軍將軍攻之不拔掠之無獲不出一旬則十萬之衆未戰而自困矣夫事固有棄彼取此以權一時之埶願將軍慮焉操於是大收熟麥復與布戰布敗走因分定諸縣兗州遂平建安元年獻帝自河東還洛陽操議欲奉迎車駕徒都於許衆多以山東未定韓暹楊奉負功恣睢（恣睢肆怒貌睢音火季反又火佳反史記盜跖日殺不辜暴戾恣睢）未可卒制彧乃勸操曰昔晉文公納周襄王而諸侯景從（左傳卜偃言於晉侯曰求諸侯莫如勤王諸侯信之且大義也晉侯以左師逆王王入于王城取太叔于溫殺之於隰城遂定覇業天下服從也）漢高祖爲義帝縞素而天下歸心（項羽放殺義帝於郴高祖爲義帝發喪高祖大哭發使告諸侯曰天下共立義帝北面事之今項羽放殺義帝大逆無道寡人親爲發喪兵皆縞素）自天子蒙塵（蒙冒也左傳臧文仲曰天子蒙塵於外敢不奔問官守）將軍首唱義兵徒以山東擾亂未遑遠赴雖禦難於外乃心無不在王室（尚書曰雖爾身在外乃心無不在王室汝也）今鑾駕旋軫（鄭玄注周禮曰軫輿後橫木也）東京榛蕪義士有存本之思兆人懷感舊之哀誠因此時奉主上以從人望大順也秉至公以服天下大略也扶弘義以致英雄大德也四方雖有逆節其何能爲韓暹楊奉安足恤哉若不時定使豪桀生心後雖爲慮亦無及矣操從之及帝都許以彧爲侍中守尚書令操每征伐在外其軍國之事皆與彧籌焉彧又進操計謀之士從子攸（魏志荀攸字公達太祖素聞攸名與語大悅謂彧曰公達非常人吾得與計事天下當何憂哉）及鍾繇郭嘉（魏志嘉字奉孝潁川人也戲志才籌畫士也太祖甚器之早卒太祖與彧書曰自志才亡後莫可與計事者汝潁固多奇士誰可以繼之彧薦嘉召見論天下事太祖曰使孤成大業者必此人也）陳羣杜襲（襲字子緒潁川人荀彧薦襲太祖以爲丞相軍祭酒魏國建爲侍中）司馬懿戲志才等（懿字仲達即晉宣帝）皆稱其舉唯嚴象爲揚州（三輔決錄曰象字文則京兆人少聰博有膽智爲揚州刺史後爲孫策廬江太守李術所殺）韋康爲涼州後並負敗焉（康字元將京兆人父端從涼州牧徵爲太僕康代爲涼州刺史時人榮之後爲馬超所圍堅守歷時救軍不至遂爲超所殺）袁紹既兼河朔之地有驕氣而操敗於張繡（魏志張繡在南陽降既而悔之而復反操與戰軍敗爲流矢所中）紹與操書甚倨（陳琳爲紹作檄書曰操祖父騰饕餮放橫父嵩乞匃攜養操贅閹遺醜並倨慢之詞也）操大怒欲先攻之而患力不敵以謀於彧彧量紹雖強終爲操所制乃說先取呂布然後圖紹操從之三年遂擒呂布定徐州五年袁紹率大衆以攻許操與相距紹甲兵甚盛議者咸懷惶懼少府孔融謂彧曰袁紹地廣兵彊田豐許攸智計之士爲其謀（先賢行狀豐字元皓鉅鹿人天姿瓌傑權畧多奇許攸字子遠）審配逢紀盡忠之臣任其事（配字正南魏郡人忠烈慷慨有不可犯之色紹領冀州委配腹心之任英雄記曰紀字元圖初紹去董卓與許攸及紀俱詣冀州紹以紀聰達有計策甚信之）顏良文醜勇冠三軍統其兵殆難克乎彧曰紹兵雖多而法不整田豐剛而犯上許攸貪而不正審配專而無謀逢紀果而自用顏良文醜匹夫之勇可一戰而擒也後皆如彧之籌事在袁紹傳操保官度（官度即古之鴻溝也於滎陽下引河東南流其所保處在今鄭州中牟縣北官度口是也）與紹連戰雖勝而軍糧方盡書與彧議欲還許以致紹師（致猶至也兵法曰善戰者致人不致於人）彧報曰今穀食雖少未若楚漢在滎陽成皐間也是時劉項莫肯先退者以爲先退則埶屈也（高祖與項羽於滎陽成皐間久相持不決後羽請鴻溝以西爲漢而退高祖遂乘羽敗之垓下追殺之）公以十分居一之衆（言與紹衆寡相懸也）畫地而守之（言畫地作限隔也鄒陽曰畫地而不敢犯）搤其喉而不得進已半年矣（搤音厄搤謂捉持之也）情見埶竭必將有變此用奇之時不可失也操從之乃堅壁持之遂以奇兵破紹紹退走封彧萬歲亭侯邑一千戶六年操以紹新破未能爲患但欲留兵衞之自欲南征劉表以計問彧彧對曰紹既新敗衆懼人擾今不因而定之而欲遠兵江漢若紹收離糾散（糾合也）乘虛以出則公之事去矣操乃止九年操拔鄴自領冀州牧有說操宜復置九州者以爲冀部所統既廣則天下易服操將從之彧言曰今若依古制是爲冀州所統悉有河東馮翊扶風西河幽并之地也公前屠鄴城海內震駭各懼不得保其土宇守其兵衆今若一處被侵必謂以次見奪人心易動若一旦生變天下未可圖也願公先定河北然後脩復舊京南臨楚郢責王貢之不入天下咸知公意則人人自安須海內大定乃議古制此社稷長久之利也操報曰微足下之相難所失多矣遂寢九州議十二年操上書表彧曰昔袁紹作逆連兵官度時衆寡糧單圖欲還許尚書令荀彧深建宜往之便遠恢進討之略（恢大也）起發臣心革易愚慮堅營固守徼其軍實（徼邀也音古堯反）遂摧撲大寇濟危以安紹既破敗臣糧亦盡將舍河北之規改就荊南之策彧復備陳得失用移臣議故得反旆冀土（左傳南轅反旆杜預曰軍門前大旆）克平

四州謂冀青幽并也向使臣退軍官度紹必鼓行而前鼓行謂鳴鼓而行言無所畏也敵人懷利以自百各規利人百其勇也臣衆怯沮以喪氣沮止也有必敗之形無一捷之埶捷勝也復若南征劉表委棄兗豫飢軍深入踰越江沔沔水也孔安國曰漢上爲沔利既難要將失本據而彧建二策以亡爲存以禍爲福謀殊功異臣所不及是故先帝貴指縱之功薄搏獲之賞搏擊也高祖既殺項羽論功行封以蕭何爲最功臣多不服高祖云諸君知獵乎夫獵追殺獸者狗也而發縱指示獸者人也諸君徒能追得獸耳功狗也至如蕭何發縱指示功人也縱或作蹤兩通○劉攽曰注蕭何發指示案文少一縱字古人尚帷幄之規下攻拔之力張良未嘗有戰鬬功高帝曰運策帷幄中決勝千里外子房功也自擇齊三萬戶以封之原其績効足享高爵而海內未喻其狀所受不侔其功侔等也臣誠惜之乞重平議增疇戶邑前書曰復其後代疇其爵邑音義曰疇等也使其後常與先人等也彧深辭讓操譬之曰昔介子推有言竊人之財猶謂之盜左傳介子推晉文公臣況君奇謨拔出興亡所係可專有之邪操不專功欲分功於彧也雖慕魯連沖高之迹史記曰趙欲尊秦爲帝魯連止之平原君乃欲封魯連連笑曰所貴於天下之士爲人排患釋難解紛而無取也即有取者是商賈之士也而連不忍爲也將爲聖人達節之義乎左傳曰聖達節次守節於是增封千戶并前二千戶又欲授以正司或先守尚書令今欲正除也彧使荀攸深自陳讓至于十數乃止操將伐劉表問彧所策彧曰今華夏以平荊漢知亡矣可聲出宛葉而間行輕進以掩其不意操從之會表病死魏志操如彧計表子琮以州逆降十七年董昭等昭字公仁濟陰人也欲共進操爵國公九錫備物禮含文嘉曰九錫一曰車馬二曰衣服三曰樂器四曰朱戶五曰納陛六曰虎賁百人七曰斧鉞八曰弓矢九曰秬鬯謂之九錫錫與也九錫者如其德左傳曰分魯公以大輅大旂夏后氏之璜封父之繁弱祝宗卜史備物典策密以訪彧彧曰曹公本興義兵以匡振漢朝雖勳庸崇著猶秉忠貞之節君子愛人以德不宜如此事遂寢禮記曰君子之愛人也以德細人之愛人也以姑息也操心不能平會南征孫權表請彧勞軍于譙因表留彧曰臣聞古之遣將上設監督之重下建副二之任史記齊景公以田穰苴爲將軍折燕苴曰臣素卑賤擢之閭伍之中加之大夫之上士卒未附百姓不信權輕願得君之寵臣國之所尊以監軍乃可景公許之使莊賈往即監督之義也所以尊嚴國命謀而鮮過者也左傳曰謀而鮮過惠訓不倦臣今當濟江奉辭伐罪宜有大使肅將王命文武並用自古有之使持節侍中守尚書令萬歲亭侯彧國之重臣德洽華夏既停軍所次便宜與臣俱進宣示國命威懷醜虜軍禮尚速不及先請臣輒留彧依以爲重書奏帝從之遂以彧爲侍中光祿大夫持節參丞相軍事至濡須濡須水名也在今和州歷陽縣西南吳錄曰孫權聞操來夾水立塢狀如偃月以相拒月餘乃退彧病留壽春壽春縣屬淮南郡今壽州郡也操饋之食發視之乃空器也於是飲藥而卒時年五十獻帝春秋曰董承之誅伏后與父完書言司空殺董承帝方爲報怨完得書以示彧彧惡之隱而不言完以示其妻弟樊普普封以呈太祖太祖陰爲之備彧恐事覺欲自發之因求使至鄴勸太祖以女配帝太祖曰今朝廷有伏后吾女何得配上彧曰伏后無子性又凶邪往嘗與父書言辭醜惡可因此廢也太祖曰卿昔何不道之彧陽驚曰昔已嘗爲公言也太祖曰此豈小事而吾忘之太祖以此恨彧而外含容之至董昭建魏公議彧意不同欲言之於太祖乃齎璽書犒軍飲亭禮畢彧請間太祖知彧欲言揖而遣之遂不得留之卒於壽春帝哀惜之祖日爲之廢讌樂祖日謂祭祖神之日因爲讌樂也風俗通曰共工氏之子曰脩好遠遊祀以爲祖神漢以午日祖謚曰敬侯明年操遂稱魏公云

論曰自遷帝西京山東騰沸詩曰百川沸騰天下之命倒縣矣趙岐注孟子曰倒懸猶困苦也荀君乃越河冀間關以從曹氏間關猶展轉也察其定舉措立言策措置也崇明王略以急國艱豈云因亂假義以就違正之謀乎言彧本心不背漢也誠仁爲己任期紓人於倉卒也紓緩也音舒及阻董昭之議以致非命豈數也夫世言荀君者通塞或過矣常以爲中賢以下道無求備智筭有所研疏原始未必要末斯理之不可全詰者也夫以衞賜之賢一說而斃兩國兩國謂齊與吳也端木賜字子貢衞人也田常欲伐魯仲尼令出使勸田常伐吳常許之賜又至吳請夫差伐齊又之越說勾踐將兵助吳又之晉說以兵待吳伐齊之弊吳既勝齊與晉爭強晉果敗吳越襲其後遂殺夫差故子貢一出存魯亂齊破吳強晉霸越彼非薄於仁而欲之蓋有全必有喪也斯又功之不兼者也子貢不欲違仁義而致晉但其事不兼濟也言彧豈願強曹氏令代漢哉事不得已也方時運之屯邅易曰屯如邅如邅音竹連反非雄才無以濟其溺功高埶彊則皇器自移矣謂魏太祖功業大而神器自歸也此又時之不可並也蓋取其歸正而已亦殺身以成仁之義也

贊曰公業稱豪駿聲升騰權詭時偪謂詭辭以對卓揮金僚朋揮散也北海天逸音情頓挫逸縱也頓挫猶抑揚也越俗易驚孤音少和直轡安歸高謀誰佐直轡直道也言其道無所歸謀漢之高竟誰佐也彧之有窮誠感國疾功申運改迹疑心一迹若可疑心如一也

後漢書卷一百考證

孔融傳拜中軍候○刊誤補遺曰郭仲奇碑額云北軍中候祝睦碑云北軍中候然仲奇碑中但云拜軍中候不言北軍與額不同郭究碑亦但以軍中稱之者蓋當時官稱所向如此北海傳當云軍中候其文倒耳無脫字也中候自中興以來始有北軍軍中候之稱其辭或省則曰北軍中候軍中候云

後漢書卷一百一

宋　宣　城　太　守　范　曄　撰

唐　章　懷　太　子　賢　注

皇甫嵩朱儁列傳第六十一

皇甫嵩

皇甫嵩字義真安定朝那人度遼將軍規之兄子也父節鴈門太守嵩少有文武志介好詩書習弓馬初舉孝廉茂才續漢書曰舉孝廉爲郎中遷霸陵臨汾令以父喪去官太尉陳蕃大將軍竇武連辟並不到靈帝公車徵爲議郎遷北地太守初鉅鹿張角自稱大賢良師良或作郎奉事黃老道畜養弟子跪拜首過首音式受反符水呪說以療病病者頗愈百姓信向之角因遣弟子八人使於四方以善道教化天下轉相誑惑十餘年閒衆徒數十萬連結郡國自青徐幽冀荊揚兗豫八州之人莫不畢應遂置三十六方方猶將軍號也大方萬餘人小方六七千各立渠帥訛言蒼天已死黃天當立歲在甲子天下大吉以白土書京城寺門及州郡官府皆作甲子字中平元年大方馬元義等先收荊揚數萬人期會發於鄴元義數往來京師以中常侍封諝徐奉等爲內應約以三月五日內外俱起未及作亂而張角弟子濟南唐周上書告之於是車裂元義於洛陽靈帝以周章下三公司隸使鉤盾令周斌將三府掾屬案驗宮省直衞及百姓有事角道者誅殺千餘人推考冀州逐捕角等角等知事已露晨夜馳勑諸方一時俱起皆著黃巾爲摽幟幟音尺志反又音試時人謂之黃巾亦名爲蛾賊蛾音魚綺反即蟻字也諭賊衆多故以爲名殺人以祠天角稱天公將軍角弟寶稱地公將軍寶弟梁稱人公將軍所在燔燒官府劫略聚邑州郡失據長吏多逃亡旬日之間天下嚮應京師震動詔勑州郡脩理攻守簡練器械自函谷大谷廣成伊闕轘轅旋門孟津小平津諸關並置都尉大谷轘轅在洛陽東南旋門在汜水之西召羣臣會議嵩以爲宜解黨禁益出中藏錢西園廄馬以班軍士帝從之於是發天下精兵博選將帥以嵩爲左中郎將持節與右中郎將朱儁共發五校三河騎士及募精勇合四萬餘人嵩儁各統一軍共討潁川黃巾儁前與賊波才戰戰敗嵩因進保長社波才引大衆圍城嵩兵少軍中皆恐乃召軍吏謂曰兵有奇變不在衆寡孫子兵法曰凡戰者以正合以奇勝者也故善出奇無窮如天地無竭如江海戰勢不過奇正奇正之變不可勝也今賊依草結營易爲風火若因夜縱燒必大驚亂吾出兵擊之四面俱合田單之功可成也田單爲齊將守即墨城燕師攻城田單取牛千頭衣以五采束兵刃於其角繫火於其尾穿城而出燕上大譟燕師大敗事見史記其夕遂大風嵩乃約勑軍士皆束苣乘城苣音巨說文云束葦燒之使銳士閒出圍外縱火大呼城上舉燎應之嵩因鼓而奔其陳賊驚亂奔走會帝遣騎都尉曹操將兵適至嵩操與朱儁合兵更戰大破之斬首數萬級封嵩都鄉侯嵩儁乘勝進討汝南陳國黃巾追波才於陽翟擊彭脫於西華並破之西華縣屬汝南餘賊降散三郡悉平又進擊東郡黃巾卜巳於倉亭生禽卜巳斬首七千餘級時北中郎將盧植及東中郎將董卓討張角並無功而還乃詔嵩進兵討之嵩與角弟梁戰於廣宗今貝州宗城縣梁衆精勇嵩不能剋明日乃閉營休士以觀其變知賊意稍懈乃潛夜勒兵雞鳴馳赴其陳戰至晡時大破之斬梁獲首三萬級赴河死者五萬許人焚燒車重三萬餘兩悉虜其婦子繫獲甚衆角先以病死乃剖棺戮屍傳首京師嵩復與鉅鹿太守馮翊郭典攻角弟寶於下曲陽又斬之首獲十餘萬人築京觀於城南杜元凱注左傳曰積尸封土於其上謂之京觀即拜嵩爲左車騎將軍領冀州牧封槐里侯食槐里美陽兩縣並屬扶風合八千戶以黃巾既平故改年爲中平嵩奏請冀州一年田租以贍饑民帝從之百姓歌曰天下大亂兮市爲墟母不保子兮妻失夫賴得皇甫兮復安居嵩溫卹士卒甚得衆情每軍行頓止須營幔脩立然後就舍帳軍士皆食已乃嘗飯吏有因事受賂者嵩更以錢物賜之吏懷慙或至自殺嵩既破黃巾威震天下而朝政日亂海內虛困故信都令漢陽閻忠干說嵩曰干謂干進難得而易失者時也時至不旋踵者幾也故聖人順時以動智者因幾以發今將軍遭難得之運蹈易駭之機而踐運不撫臨機不發將何以保大名乎嵩曰何謂也忠曰天道無親百姓與能今將軍受鉞於暮春收功於末冬老子曰天道無親常與善人易曰人謀鬼謀百姓與能淮南子曰凡命將主親授鉞曰從此上至天將軍制之兵動若神謀不再計摧彊易於折枯消堅甚於湯雪旬月之閒神兵電埽封尸刻石南向以報威德震本朝風聲馳海外雖湯武之舉未有高將軍者也今身建不賞之功體兼高人之德而北面庸主何以求安乎嵩曰夙夜在公心不忘忠何故不安忠曰不然昔韓信不忍一餐之遇而棄三分之業利劒已揣其喉方發悔毒之歎者機失而謀乖也前書項羽使武涉說韓信曰漢王解衣衣我推食食我背之不祥又蒯通說信令背漢參分天下鼎足而立信曰漢王遇我厚豈可背之哉後信謀反爲呂后所執歎曰吾不用蒯通計爲女子所詐豈非天哉今主上埶弱於劉項將軍權重於淮陰指撝足以振風雲叱咤可以興雷電撝即麾字古通用叱咤怒聲也赫然奮發因危抵頽抵音紙擊也崇恩以綏先附振武以臨後服徵冀方之士動七州之衆羽檄先馳於前大軍響振於後蹈流漳

河飲馬孟津誅閹官之罪除羣凶之積雖僮兒可使奮拳以致力女子可使褰裳以用命況厲熊羆之卒因迅風之埶哉功業已就天下已順然後請呼上帝示以天命混齊六合南面稱制移寶器於將興寶器猶神器也謂天位也推亡漢於已墜實神機之至會風發之良時也夫旣朽不雕衰世難佐若欲輔難佐之朝雕朽敗之木是猶逆坂走丸迎風縱棹豈云易哉且今豎宦羣居同惡如市左氏傳韓宣子曰同惡相求如市賈焉上命不行權歸近習昏主之下難以久居史記范蠡曰大名之下難以久居不賞之功讒人側目如不早圖後悔無及嵩懼曰非常之謀不施於有常之埶創圖大功豈庸才所致黃巾細孽敵非秦項新結易散難以濟業且人未忘主天不祐逆若虛造不冀之功以速朝夕之禍孰與委忠本朝守其臣節雖云多讒不過放廢猶有令名死且不朽二句皆左傳之辭反常之論所不敢聞忠知計不用因亡去英雄記曰梁州賊王國等起兵劫忠爲主統三十六部號車騎將軍忠感慨發病死會邊章韓遂作亂隴右明年春詔嵩迴鎭長安以衞園陵章等遂復入寇三輔使嵩因討之初嵩討張角路由鄴見中常侍趙忠舍宅踰制乃奏沒入之又中常侍張讓私求錢五千萬嵩不與二人由此爲憾奏嵩連戰無功所費者多其秋徵還收左車騎將軍印綬削戶六千更封都鄉侯二千戶五年梁州賊王國圍陳倉復拜嵩爲左將軍督前將軍董卓各率二萬人拒之卓欲速進赴陳倉嵩不聽卓曰智者不後時勇者不留決速救則城全不救則城滅全滅之埶在於此也嵩曰不然百戰百勝不如不戰而屈人之兵是以先爲不可勝以待敵之可勝不可勝在我可勝在彼彼守不足我攻有餘有餘者動於九天之上不足者陷於九地之下孫子之文孫子兵法曰善守者藏於九地之下善攻者動於九天之上玄女三宮戰法曰行兵之道天地之寶九天九地各有表裏九天之上六甲子也九地之下六癸酉也子能順之萬全可保今陳倉雖小城守固備非九地之陷也王國雖彊而攻我之所不救非九天之埶也夫埶非九天攻者受害陷非九地守者不拔國今已陷受害之地而陳倉保不拔之城我可不煩兵動衆而取全勝之功將何救焉遂不聽王國圍陳倉自冬迄春八十餘日城堅守固竟不能拔賊衆疲敝果自解去嵩進兵擊之卓曰不可兵法窮寇勿追歸衆勿迫司馬兵法之言今我追國是追歸衆追窮寇也困獸猶鬬蜂蠆有毒皆左氏傳文況大衆乎嵩曰不然前吾不擊避其銳也今而擊之待其衰也所擊疲師非歸衆也國衆且走莫有鬬志以整擊亂非窮寇也遂獨進擊之使卓爲後拒連戰大破之斬首萬餘級國走而死卓大慙恨由是忌嵩

明年卓拜爲幷州牧詔使以兵委嵩卓不從嵩從子酈酈音歷壽時在軍中說嵩曰本朝失政天下倒懸能安危定傾者唯大人與董卓耳今怨隙已結埶不俱存卓被詔委兵而上書自請此逆命也又以京師昏亂躊躇不進此懷姦也且其凶戾無親將士不附大人今爲元帥杖國威以討之上顯忠義下除凶害此桓文之事也嵩曰專命雖罪專誅亦有責也春秋左氏傳曰稟命則不威專命則不孝不如顯奏其事使朝廷裁之於是上書以聞帝讓卓卓又增怨於嵩及後秉政初平元年乃徵嵩爲城門校尉因欲殺之嵩將行長史梁衍說曰漢室微弱閹豎亂朝董卓雖誅之而不能盡忠於國遂復寇掠京邑廢立從意今徵將軍大則危禍小則困辱今卓在洛陽天子來西以將軍之衆精兵三萬迎接至尊奉令討逆發命海內徵兵羣帥袁氏逼其東將軍迫其西此成禽也嵩不從遂就徵有司承旨奏嵩下吏將遂誅之嵩子堅壽與卓素善自長安亡走洛陽歸投於卓卓方置酒歡會堅壽直前質讓責以大義質正也叩頭流涕坐者感動皆離席請之卓乃起牽與共坐使免嵩囚復拜嵩議郎遷御史中丞及卓還長安公卿百官迎謁道次卓風令御史中丞以下皆拜以屈嵩風音諷謂諷動也旣而抵手言曰義眞犕未乎犕音服說文曰犕牛乘馬犕古服字今河朔人猶有此言音備嵩笑而謝之卓乃解釋獻帝春秋曰初卓爲前將軍嵩爲左將軍俱征邊章韓遂爭雄及嵩拜車下卓曰可以服未嵩曰安知明公乃至於是卓曰鴻鵠固有遠志但燕雀自不知耳嵩曰昔與明公俱爲鴻鵠但明公今日變爲鳳凰耳及卓被誅以嵩爲征西將軍又遷車騎將軍其年秋拜太尉冬以流星策免續漢書曰以日有重珥免復拜光祿大夫遷太常尋李傕作亂嵩以病卒贈驃騎將軍印綬拜家一人爲郎嵩爲人愛慎盡勤○劉攽曰案文愛非所以配慎前後當是畏字勤又當在盡字上上表陳諫有補益者五百餘事皆手書毀草不宣于外又折節下士門無留客言汲引之速時人皆稱而附之堅壽亦顯名後爲侍中辭不拜病卒

朱儁

朱儁字公偉會稽上虞人也少孤母常販繒爲業儁以孝養致名爲縣門下書佐好義輕財鄉閭敬之時同郡周規辟公府當行假郡庫錢百萬以爲冠幘費而後倉卒督責規家貧無以備儁乃竊母繒帛爲規解對規被錄占對儁爲備錢以解其事母旣失產業深恚責之儁曰小損當大益初貧後富必然理也本縣長山陽度尚見而奇之薦於太守韋毅稍歷郡職後太守尹端以儁爲主簿熹平二年端坐討賊許昭失利爲州所奏罪應棄市儁乃羸服間行輕齎數百金到京師賂主章吏遂得刊定州奏故端得輸作左校端喜於降免而不知其由儁亦終無所言後太守徐珪舉儁孝廉再遷除蘭陵令政有異能爲東海相所表會交阯部羣賊並起牧守輭弱不能禁又交阯賊梁龍等萬餘人與南海太守孔芝反叛攻破郡縣光和元年卽拜儁交阯刺史令過本郡簡募家兵及所調家兵童僕之屬調謂調發之合五千人分從兩道而入旣到州界按甲不前先遣使詣郡觀賊虛實宣揚威德以震動其心旣而與七郡兵俱進逼之遂斬梁龍降者數萬人旬月盡定以功封都亭侯千五百戶賜黃金五十斤徵爲諫議大夫及黃巾起公卿多薦儁有才畧拜爲右中郎將持節與左中郎將皇甫嵩討潁川汝南陳國諸賊悉破平之嵩乃上言其狀而以功歸儁於是進封西鄉侯遷鎭賊中郎將時南陽黃巾張曼成起兵稱神上使衆數萬殺郡守褚貢屯宛下百餘日後太守秦頡擊殺曼成賊更以趙弘爲帥衆浸盛遂十餘萬據宛城儁與荊州刺史徐璆及秦頡合兵萬八千人圍弘自六月至八月不拔有司奏欲徵儁司空張溫上疏曰昔秦用白起燕任樂毅皆曠年歷載乃能克敵史記曰白起郿人也善用兵事秦昭王爲大良造攻魏拔之後五年攻趙拔光狼城後七年攻楚拔鄢鄧五城明年拔郢燒夷陵遂東至竟陵樂毅趙人也賢而好兵燕昭王以爲亞卿後爲上將軍伐齊入臨淄徇齊五歲下齊七十餘城儁討潁川已有功效引師南指方畧已設臨軍易將兵家所忌宜假日月責其成功靈帝乃止儁因急擊弘斬之賊餘帥韓忠復據宛拒儁儁兵少不敵乃張圍結壘起土山以臨城內因鳴鼓攻其西南賊悉衆赴之儁自將精卒五千掩其東北乘城而入忠乃退保小城惶懼乞降司馬張超及徐璆秦頡皆欲聽之儁曰兵有形同而埶異者昔秦項之際民無定主故賞附以勸來耳今海內一統唯黃巾造寇納降無以勸善討之足以懲惡今若受之更開逆意賊利則進戰鈍則乞降縱敵長寇非良計也因急攻連戰不尅儁登土山望之顧謂張超曰吾知之矣賊今外圍周固內營逼急乞降不受欲出不得所以死戰也萬人一心猶不可當況十萬乎其害甚矣不如徹圍并兵入城忠見圍解埶必自出自出則意散易破之道也旣而解圍忠果出戰儁因擊大破之乘勝逐北數十里斬首萬餘級忠等遂降而秦頡積忿忠遂殺之餘衆懼不自安復以孫夏爲帥還屯宛中儁急攻之夏走追至西鄂精山又破之西鄂故城在今鄧州向城縣南精山在其南復斬萬餘級賊遂解散明年春遣使者持節拜儁右車騎將軍振旅還京師以爲光祿大夫增邑五千更封錢塘侯錢塘今杭州縣也錢塘記云昔郡議曹華信義立此塘以防海水始開募有能致土石一斛與錢一千旬日之間來者雲集塘未成而譎不復取皆遂棄土石而去塘以之成也○劉攽曰注華信義立此塘案文義當作議加位特進以母喪去官起家復爲將作大匠轉少府太僕自黃巾賊後復有黑山黃龍白波左校郭大賢于氐根青牛角張白騎劉石左髭丈八平漢大計司隸掾哉九州春秋大計作大洪掾哉作緣城雷公浮雲飛燕白雀楊鳳于毒五鹿李大目白繞眭固苦晒之徒九州春秋晒作唒音才由反並起山谷間不可勝數其大聲者稱雷公騎白馬者爲張白騎輕便者言飛燕多髭者號于氐根左氏傳曰于思于思棄甲復來杜預注云于思多鬚之貌也大眼者爲大目如此稱號各有所因大者二三萬小者六七千賊帥常山人張燕輕勇趫捷故軍中號曰飛燕善得士卒心乃與中山常山趙郡上黨河內諸山谷寇賊更相交通衆至百萬號曰黑山賊河北諸郡縣並被其害朝廷不能討燕乃遣使至京師奏書乞降遂拜燕平難中郎將使領河北諸山谷事歲得舉孝廉計吏燕後漸寇河內逼近京師於是出儁爲河內太守將家兵擊卻之其後諸賊多爲袁紹所定事在紹傳復拜儁爲光祿大夫轉屯騎尋拜城門校尉河南尹時董卓擅政以儁宿將外甚親納而心實忌之及關東兵盛卓懼數請公卿會議徙都長安儁輒止之卓雖惡儁異已然貪其名重乃表遷太僕以爲已副使者拜儁辭不肯受因曰國家西遷必孤天下之望以成山東之釁臣不見其可也使者詰曰召君受拜而君拒之不問徙事而君陳之其故何也儁曰副相國非臣所堪也遷都計非事所急也辭所不堪言所非急臣之宜也使者曰遷都之事不聞其計就有未露何所承受儁曰相國董卓具爲臣說所以知耳使人不能屈由是止不爲副卓後入關留儁守洛陽而儁與山東諸將通謀爲內應旣而懼爲卓所襲乃棄官奔荊州卓以弘農楊懿爲河南尹守洛陽儁聞復進兵還洛懿走儁以河南殘破無所資乃東屯中牟移書州郡請師討卓徐州刺史陶謙遣精兵三千餘州郡稍有所給謙乃上儁行車騎將軍董卓聞之使其將李傕郭汜等數萬人屯河南拒儁儁逆擊爲傕汜所破儁自知不敵留關下不敢復前及董卓被誅傕汜作亂儁時猶在中牟陶謙以儁名臣數有戰功可委以大事乃與諸豪傑共推儁爲太師因移檄牧伯同討李傕等奉迎天子乃奏記於儁曰徐州刺史陶謙前揚州刺史周乾琅邪相陰德東海相劉馗馗音巨眉反彭城相汲廉北海相孔融沛相袁忠太山太守應劭汝南太守徐璆前九江太守服虔博士鄭玄等敢言之行車騎將軍河南尹莫府蔡質典職儀曰諸州刺史上郡井列卿府言敢言之○劉攽曰案刺

（史在郡上何緣有上郡之文蓋本言刺史幷郡上列郡府云云）國家既遣董卓重以李傕郭汜之禍幼主劫執忠良殘敝長安隔絕不知吉凶是以臨官尹人搢紳有識莫不憂懼以爲自非明哲雄霸之士曷能剋濟禍亂自起兵已來于茲三年州郡轉相顧望未有奮擊之功而互爭私變更相疑惑謙等並共諮諏議消國難僉曰將軍君侯既文且武應運而出凡百君子靡不顒顒故相率厲簡選精悍堪能深入直指咸陽多持資糧足支半歲謹同心腹委之元帥李傕用太尉周忠尚書賈詡策徵儁入朝軍吏皆憚入關欲應陶謙等儁曰以君召臣義不俟駕（論語曰君命召不俟駕行矣俟待也）況天子詔乎且傕汜小豎樊稠庸兒無他遠畧又埶力相敵變難必作吾乘其間大事可濟遂辭謙議而就傕徵復爲太僕謙等遂罷初平四年代周忠爲太尉錄尚書事明年秋以日食免復行驃騎將軍事持節鎮關東未發會李傕殺樊稠而郭汜又自疑與傕相攻長安中亂故儁止不出留拜大司農獻帝詔儁與太尉楊彪等十餘人譬郭汜令與李傕和汜不肯遂留質儁等儁素剛卽日發病卒子晧亦有才行官至豫章太守

論曰皇甫嵩朱儁並以上將之畧受脤倉卒之時（春秋左氏傳曰國之大事在祀與戎祀有執膰戎有受脤脤宜社之肉也爾雅曰起大事動大衆必先有事於社然後出謂之宜）及其功成師尅威聲滿天下值弱主蒙塵獷賊放命斯誠葉公投袂之幾翟義鞠旅之日（新序曰楚白公勝既殺令尹司馬欲立王子閭爲王王子閭不肯劫之以刃王子閭曰吾聞辭天下者非輕其利以明其德也不爲諸侯者非惡其位以絜其行也今子告我以利威我以兵吾不爲也白公强之不可遂殺之葉公子高率楚衆以誅白公而反惠王於國投袂奮袂也言其怒也左氏傳曰楚子聞之投袂而起翟義方進之子舉兵將誅王莽事見前書詩曰陳師鞠旅鄭玄注云鞠告也）故梁衍獻規山東連盟而舍格天之大業蹈匹夫之小諒卒狼狽虎口爲智士笑（山東連盟謂上云羣帥及袁氏也書稱伊尹格于皇天論語曰豈若匹夫匹婦之爲諒也莊子孔子見盜跖退曰吾幾不免虎口）豈天之長斯亂也何智勇之不終甚乎前史著平原華嶠稱其父光祿大夫表（華嶠譜序曰表字偉容歆之子也年二十餘爲散騎常侍）每言其祖魏太尉歆（魏志曰歆字子魚）稱時人說皇甫嵩之不伐汝豫之戰歸功朱儁張角之捷本之於盧植收名斂策而已不有焉（斂策不論其功）蓋功名者世之所甚重也誠能不爭天下之所甚重則怨禍不深矣如皇甫公之赴履危亂而能終以歸全者其致不亦貴乎故顏子願不伐善爲先斯亦行身之要與

贊曰黃妖衝發嵩乃奮鉞孰是振旅不居不伐（老子曰功成而不居）儁捷陳潁亦弭於越（謂平許昭也於語辭猶云句吳之類矣）言肅王命並遵屯蹇（蹇猶難也）

後漢書卷一百一考證

朱儁傳更封錢塘侯注錢塘記云昔郡議曹華信義立此塘○何焯曰錢唐自秦有此名以唐爲塘乃俗字耳注家誤信水經注故引此

史臣贊亦弭於越注謂平許昭也○何焯曰斬梁龍非平許昭注誤平許昭乃臧旻事在其子洪傳

後漢書卷一百二

宋　宣　城　太　守　范　曄　撰

唐　章　懷　太　子　賢　注

董卓列傳第六十二

董卓傳

董卓字仲穎（卓別傳曰卓父君雅爲潁川綸氏尉生卓及弟旻故卓字仲穎旻字叔穎○劉攽曰案注言卓與弟旻生潁川明當作潁）隴西臨洮人也性麤猛有謀少嘗遊羌中盡與豪帥相結後歸耕於野諸豪帥有來從之者卓爲殺耕牛與共宴樂豪帥感其意歸相斂得雜畜千餘頭以遺之由是以健俠知名爲州兵馬掾常徼守塞下（說文曰徼巡也前書曰中尉巡徼京師音義曰所謂遊徼徼備盜賊）卓膂力過人雙帶兩鞬左右馳射（方言曰所以藏箭謂之服藏弓謂之鞬左氏傳云右屬櫜鞬）爲羌胡所畏桓帝末以六郡良家子爲羽林郎從中郎將張奐爲軍司馬共擊漢陽叛羌破之拜郎中賜縑九千匹卓曰爲者則已有者則士（爲功者雖已共有者乃士）乃悉分與吏兵無所留稍遷西域戊已校尉坐事免後爲幷州刺史河東太守中平元年拜東中郎將持節代盧植擊張角於下曲陽軍敗抵罪其冬北地先零羌及枹罕河關羣盜反叛遂共立湟中義從胡北宮伯玉李文侯爲將軍殺護羌校尉泠徵伯玉等乃劫致金城人邊章韓遂（獻帝春秋曰涼州義從宋建王國等反詐金城郡降求見涼州大人故新安令邊允從事韓約約不見太守陳懿勸之使王國等便劫質約等數十人金城亂懿出國等扶以到護羌營殺之而釋約允等隴西以愛憎露布冠約允名以爲賊州購約允各千戶侯約允被購約改爲遂允改爲章○劉攽曰注陳懿勸之使王國案此王字當作往字陳懿勸使往也）使專任軍政共殺金城太守陳懿攻燒州郡明年春將數萬騎入寇三輔侵逼園陵託誅宦官爲名詔以卓爲中郎將副左車騎將軍皇甫嵩征之嵩以無功免歸而邊章韓遂等大盛朝廷復以司空張溫爲車騎將軍假節執金吾袁滂爲副（袁宏漢紀曰滂字公熙純素寡欲終不言人短當權寵之盛或以同異致禍滂獨中立於朝故愛憎不及焉）拜卓破虜將軍與盪寇將軍周慎並統於溫幷諸郡兵步騎合十餘萬屯美陽（美陽故城在今雍州武功縣北）以衞園陵章遂亦進兵美陽溫卓與戰輒不利十一月夜有流星如火光長十餘丈照章遂營中驢馬盡鳴賊以爲不祥欲歸金城卓聞之喜明日乃與右扶風鮑鴻等幷兵俱攻大破之斬首數千級章遂敗走榆中（榆中縣屬金城郡故城在今蘭州金城縣）溫乃遣周慎將三萬人追討之溫參軍事孫堅（堅字文臺吳郡富春人卽孫權之父也見吳志）說慎曰賊城中無穀當外轉糧食堅願得萬人斷其運道將軍以大兵繼後賊必困乏而不敢戰若走入羌中幷力討之則涼州可定也慎不從引軍圍榆中城而章遂分屯葵園狹反斷慎運道慎懼乃棄車重而退溫時亦使卓將兵三萬討先零羌卓於望垣北（望垣縣屬天水郡）爲羌胡所圍糧食乏絕進退逼急乃於所度水中僞立鄢以爲捕魚而潛從鄢下過軍（續漢書鄢字作堰其字義則同但異體耳）比賊追之決水已深不得度時衆軍敗退唯卓全師而還屯於扶風封斄鄉侯邑千戶（斄縣故城在今雍州武功縣字或作邰音台）三年春遣使者持節就長安拜張溫爲太尉三公在外始之於溫其冬徵溫還京師韓遂乃殺邊章及伯玉文侯擁兵十餘萬進圍隴西太守李相如反與遂連和共殺涼州刺史耿鄙而鄙司馬扶風馬騰（典畧曰騰字壽成扶風茂陵人馬援後也長八尺餘身體洪大面鼻雄異而性賢厚人多敬之）亦擁兵反叛又漢陽王國自號合衆將軍皆與韓遂合共推王國爲主悉令領其衆寇掠三輔五年圍陳倉乃拜卓前將軍與左將軍皇甫嵩擊破之韓遂等復共廢王國而劫故信都令漢陽閻忠（英雄記曰王國等起兵劫忠爲主統三十六部號車騎將軍）使督統諸部忠恥爲衆所脅感恚病死遂等稍爭權利更相殺害其諸部曲並各分乖六年徵卓爲少府不肯就上書言所將湟中義從及秦胡兵皆詣臣曰牢直不畢稟賜斷絕（前書音義曰牢稟食也古者名稟爲牢）妻子飢凍牽挽臣車使不得行羌胡敝腸狗態（言羌胡心腸敝惡情態如狗也續漢書敝作憋方言云憋惡也郭璞曰憋怤急性也憋音芳別反怤音芳于反）臣不能禁止輒將順安慰增異復上（如其更增異志當復聞上）朝廷不能制頗以爲慮及靈帝寢疾璽書拜卓爲幷州牧令以兵屬皇甫嵩卓復上書言曰臣既無老謀又無壯士天恩誤加掌戎十年士卒大小相狎彌久戀臣畜養之恩爲臣奮一旦之命乞將之北州效力邊垂於是駐兵河東以觀時變及帝崩大將軍何進司隸校尉袁紹謀誅閹官而太后不許乃私呼卓將兵入朝以脅太后卓得召卽時就道並上書（並猶兼也）曰中常侍張讓等竊倖承寵濁亂海內臣聞揚湯止沸莫若去薪（前漢枚乘上書曰欲湯之滄一人吹之百人揚之無益也不如絕薪止火而已滄音側亮反寒也）潰癰雖痛勝於內食昔趙鞅興晉陽之甲以逐君側之惡人（公羊傳曰晉趙鞅取晉陽之甲以逐荀寅與士吉射荀寅與士吉射者曷爲君側之惡人也此逐君側之惡人曷爲以叛言之無君命也○劉攽曰注荀寅與士吉射者曷爲君側之惡人案公羊當更有荀寅士吉射五字下又更須有者也二字）今臣輒鳴鐘鼓如洛陽（鳴鐘鼓者聲其罪也論語曰小子鳴鼓而攻之典畧載卓表曰張讓等慆慢天常操王命父子兄弟並據州郡一書出門高獲千金下數百萬膏腴美田皆屬讓等使變氣上蒸妖賊蜂起）請收讓等以清姦穢卓未至而何進敗虎賁中郎將袁術乃燒南宮欲討宦官而中常侍段珪等（山陽公載記段字作殷）劫少帝及陳留王夜走小平津卓遠見火起引兵急進未明到城西聞少帝在北芒因往奉迎帝見卓將兵卒至恐怖涕泣（典畧曰帝望見卓涕泣羣公謂卓有詔却兵卓曰公諸人爲國大臣不能匡正王室至使國家播蕩何却兵之有遂俱入城）卓與言不能辭對與陳留王語遂及禍亂之事卓以王爲賢且爲董太后所養卓自以與太后同族有廢立意初卓之入也步騎不過三千自嫌兵少恐不爲遠近所服率四五日輒夜潛出軍近營明旦乃大陳旌鼓而還以爲西兵復至洛中無知者尋而何進及弟苗先所領部曲皆歸於卓卓又使呂布殺執金吾丁原而幷其衆（英雄記曰原字建陽爲人麤畧有勇善射受使不辭有警急追寇虜輒在前）卓兵士大盛乃諷朝廷策免司空劉弘而自代之（魏志曰以久不雨策免漢官儀曰弘字子高安衆人）因集議廢立百僚大會卓乃奮首而言曰大者天地其次君臣所以爲政皇帝闇弱不可以奉宗廟爲天下主今欲依伊尹霍光故事更立陳留王如何公卿以下莫敢對卓又抗言（抗高也）曰昔霍光定策延年案劒有敢沮大議皆以軍法從之坐者震動（前書昭帝崩霍光迎立昌邑王賀卽位二十七日行淫亂光召丞相已下會議莫敢發言田延年前離席案劒曰羣臣有後應者臣請斬之）尚書盧植獨曰昔太甲既立不明（尚書曰太甲既立不明伊尹放諸桐宮也太甲湯孫太丁子也）昌邑罪過千餘故有廢立之事（昌邑王凡所徵發一千一百二十七事）今上富於春秋行無失德非前事之比也卓大怒罷坐明日復集羣僚於崇德前殿遂脅太后策廢少帝曰皇帝在喪無人子之心威儀不類人君今廢爲弘農王乃立陳留王是爲獻帝又議太后（靈帝何皇后）蹙迫永樂太后（孝仁董皇后靈帝之母）至令憂死逆婦姑之禮（左傳曰婦養姑者也虧姑以成婦逆莫大焉）無孝順之節遷於永安宮遂以弒崩卓遷太尉領前將軍事加節傳斧鉞虎賁更封郿侯（傳音直戀反郿今岐州縣）卓乃與司徒黃琬司空楊彪俱帶鈇鑕詣闕上書追理陳蕃竇武及諸黨人以從人望於是悉復蕃等爵位擢用子孫尋進卓爲相國入朝不趨劒履上殿封母爲池陽君置丞令（○劉攽曰案漢書內皆言令丞此不合倒之）是時洛中貴戚室第相望金帛財產家家殷積卓縱放兵士突其廬舍淫略婦女剽虜資物謂之搜牢（言牢固者皆搜索取之也一曰牢漉也二字皆從去聲今俗有此言）人情崩恐不保朝夕及何后葬開文陵（靈帝陵）卓悉取藏中珍物又姦亂公主妻略宮人

虐刑濫罰睚眦必死羣僚內外莫能自固卓嘗遣軍至陽城時人會於社下悉令就斬之駕其車重載其婦女以頭繫車轅歌呼而還又壞五銖錢更鑄小錢悉取洛陽及長安銅人鍾虡飛廉銅馬之屬以充鑄焉鍾虡以銅爲之故貢山上書云懸石鑄鍾虡前書音義曰虡鹿頭龍身神獸也說文鍾鼓之柎以猛獸爲飾也武帝置飛廉館音義云飛廉神禽身似鹿頭如爵有角蛇尾文如豹文明帝永平五年長安迎取飛廉并銅馬置上西門外名平樂館銅馬則東門京所作致於金馬門外者也張璠紀曰太史靈臺及永安候銅蘭楯卓亦取之故貨賤物貴穀石數萬又錢無輪郭文章不便人用魏志曰卓鑄小錢大五分無文章肉外無輪郭不磨鑢時人以爲秦始皇見長人於臨洮乃鑄銅人三輔舊事曰秦王立二十六年初定天下稱皇帝大人見臨洮身長五丈迹長六尺作銅人以厭之立在阿房殿前漢徙長樂宮中大夏殿前史記曰始皇鑄天下兵器爲十二金人卓臨洮人也而今毀之雖成毀不同凶暴相類焉卓素聞天下同疾閹官誅殺忠良及其在事雖行無道而猶忍性矯情擢用羣士乃任吏部尚書漢陽周毖侍中汝南伍瓊英雄記毖作毖字仲遠武威人瓊字德瑜毖音祕尚書鄭公業公業名泰餘人皆書名范曄父名泰避其諱耳長史何顒等以處士荀爽爲司空其染黨錮者陳紀韓融之徒皆爲列卿幽滯之士多所顯拔以尚書韓馥爲冀州刺史英雄記馥字文節潁川人侍中劉岱爲兗州刺史吳志曰劉岱字公山東萊牟平人陳留孔伷爲豫州刺史英雄記伷字公緒九州春秋伷作胄潁川張咨爲南陽太守獻帝春秋咨作資後爲孫堅所殺卓所親愛並不處顯職但將校而已初平元年馥等到官與袁紹之徒十餘人各興義兵同盟討卓而伍瓊周毖陰爲內主初靈帝末黃巾餘黨郭太等復起西河白波谷轉寇太原遂破河東百姓流轉三輔號爲白波賊衆十餘萬卓遣中郎將牛輔擊之不能却及聞東方兵起懼乃鴆殺弘農王欲徙都長安會公卿議太尉黃琬司徒楊彪廷爭不能得而伍瓊周毖又固諫之卓因大怒曰卓初入朝二子勸用善士故相從而諸君到官舉兵相圖此二君賣卓卓何用相負遂斬瓊毖而彪琬恐懼詣卓謝曰小人戀舊非欲沮國事也請以不及爲罪○劉攽曰案文當云請不以及罪多爲字又倒以字卓既殺瓊毖旋亦悔之故表彪琬爲光祿大夫於是遷天子西都初長安遭赤眉之亂宮室營寺焚滅無餘是時唯有高廟京兆府舍遂便時幸焉便時謂時日吉便後移未央宮於是盡徙洛陽人數百萬口於長安步騎驅蹙更相蹈藉飢餓寇掠積尸盈路卓自屯留畢圭苑中悉燒宮廟官府居家二百里內無復孑遺○劉攽曰官府居家案文少一人字又使呂布發諸帝陵及公卿已下冢墓收其珍寶時長沙太守孫堅亦率豫州諸郡兵討卓卓先遣將徐榮李蒙四出虜掠榮遇堅於梁故城在今汝州梁縣西南也與戰破堅生禽潁川太守李旻亨之卓所得義兵

士卒皆以布纏裹倒立於地熱膏灌殺之時河內太守王匡英雄記曰匡字公節泰山人輕財好施以任俠聞屯兵河陽津將以圖卓卓遣疑兵挑戰而潛使銳卒從小平津過津北破之死者略盡明年孫堅收合散卒進屯梁縣之陽人梁縣屬河南郡今汝州縣也陽人聚故城在梁縣西卓遣將胡軫呂布攻之布與軫不相能軍中自驚恐士卒散亂九州春秋曰卓以東郡太守胡軫爲大督呂布爲騎督軫性急豫宣言今此行也要當斬一青綬乃整齊耳布等惡之宣言相警云賊至軍衆大亂奔走堅追擊之軫布敗走卓遣將李傕詣堅求和堅拒絕不受進軍大谷距洛九十里大谷口在故嵩陽西北八十五里北出對洛陽故城張衡東京賦云盟津達其後大谷通其前是也距至也卓自出與堅戰於諸陵墓間卓敗走郤屯澠池聚兵於陝堅進洛陽宣陽城門洛陽記洛陽城南面有四門從東第三門○劉攽曰注從東第三門案文少一名宣陽三字更擊呂布布復破走堅乃埽除宗廟平塞諸陵分兵出函谷關至新安澠池間以截卓後卓謂長史劉艾曰關東諸將數敗矣無能爲也唯孫堅小戇說文曰戇愚也音都降反諸將軍宜慎之乃使東中郎將董越屯澠池中郎將段煨屯華陰典略曰煨在華陰特脩農事天子東遷煨迎貢饋周急魏志曰武威人也煨音一回反中郎將牛輔屯安邑其餘中郎將校尉布在諸縣以禦山東卓諷朝廷使光祿勳宣播播音煩又音甫袁反持節拜卓爲太師位在諸侯王上乃引還長安百官迎路拜揖卓遂僭擬車服乘金華青蓋爪畫兩轓時人號竿摩車言其服飾近天子也金華以金爲華飾車也爪者蓋弓頭爲爪形也轓音甫袁反廣雅云車箱也畫爲文彩續漢志云轓長六尺下屈廣八寸又云皇太子青蓋金華蚤畫轓竿摩謂相逼近也今俗以事干人者謂之相竿摩以弟旻爲左將軍封鄠侯兄子璜爲侍中中軍校尉皆典兵事於是宗族內外並居列位其子孫雖在髫齓男皆封侯女爲邑君數與百官置酒宴會淫樂縱恣乃結壘於長安城東以自居又築塢於郿高厚七丈號曰萬歲塢今案塢舊基高一丈周迴一里一百步積穀爲三十年儲自云事成雄據天下不成守此足以畢老常至郿行塢公卿已下祖道於橫門外橫音光卓施帳幔飲設誘降北地反者數百人於坐中殺之先斷其舌次斬手足次鑿其眼目以鑊煑之未及得死偃轉桮案閒會者戰慄亡失匕箸而卓飲食自若諸將有言語蹉跌便戮於前又稍誅關中舊族陷以叛逆時太史望氣言當有大臣戮死者卓乃使人誣衞尉張溫與袁術交通遂笞溫於市殺之以塞天變前溫出屯美陽令卓與邊章等戰無功溫召又不時應命既到而辭對不遜時孫堅爲溫參軍勸溫陳兵斬之溫曰卓有威名方倚以西行堅曰明公親帥王師威振天下何恃於卓而賴之乎堅聞古之名將仗鉞臨衆未有不斷斬以示威武者也故穰苴斬莊賈史記齊景公時晉伐阿鄄而燕侵河上以司馬穰苴

爲將軍使寵臣莊賈監軍賈期後至穰苴斬以徇三軍鄄音絹魏絳戮楊干魏絳晉大夫楊干晉公弟會諸侯於曲梁楊干亂行魏絳戮其僕事在左傳今若縱之自虧威重後悔何及溫不能從而卓猶懷忌恨故及於難溫子伯慎漢官儀曰溫穰人少有名譽累登公卿亦陰與司徒王允共謀誅卓事未及發而見越騎校尉汝南伍孚謝承書曰孚字德瑜汝南吳房人質性剛毅勇壯好義力能兼人忿卓凶毒志手刃之乃朝服懷佩刀以見卓孚語畢辭去卓起送至閤以手撫其背孚因出刀刺之不中卓自奮得免急呼左右執殺孚而大詬詬罵也音許豆反曰虜欲反耶孚大言曰恨不得磔裂姦賊於都市磔車裂之也音丁格反獻帝春秋磔作車以謝天地言未畢而斃時王允與呂布及僕射士孫瑞謀誅卓三輔決錄曰瑞字君榮扶風人博達無不通天子都許追論瑞功封子萌車亭侯萌字文始有才學與王粲善粲作詩贈萌有人書呂字於布上負而行於市歌曰布乎有告卓者卓不悟英雄記曰有道士書布爲呂字持以示卓卓不知其爲呂布也三年四月帝疾新愈大會未央殿卓朝服升車既而馬驚墮泥還入更衣其少妻止之卓不從遂行乃陳兵夾道自壘及宮左步右騎屯衞周帀令呂布等扞衞前後王允乃與士孫瑞密表其事使瑞自書詔以授布令騎都尉李肅獻帝紀曰肅呂布同郡人也與布同心勇士十餘人僞著衞士服於北掖門內以待卓卓將至馬驚不行怪懼欲還呂布勸令進遂入門肅以戟刺之衷甲不入傷臂墮車顧大呼曰呂布何在布曰有詔討賊臣卓大罵曰庸狗敢如是邪布應聲持矛刺卓趣兵斬之趣音促九州春秋曰布素使秦誼陳衞李黑等僞作宮門衞士持長戟侯卓車或又其馬卓驚呼布布素施鎧於衣中持矛即應聲刺卓墜於車主簿田儀九州春秋儀字作景及卓倉頭前赴其尸布又殺之馳齎赦書以令宮陛內外士卒皆稱萬歲百姓歌舞於道長安中士女賣其珠玉衣裝市酒肉相慶者填滿街肆使皇甫嵩攻卓弟旻於郿塢殺其母妻男女盡滅其族英雄記曰卓母年九十走至塢門曰乞脫我死即時斬首乃尸卓於市天時始熱卓素充肥脂流於地守尸吏然火置卓臍中光明達曙如是積日諸袁門生又聚董氏之尸焚灰揚之於路塢中珍藏有金二三萬斤銀八九萬斤錦綺繢穀紈素奇玩積如丘山初卓以牛輔子壻素所親信使以兵屯陝輔分遣其校尉李傕郭汜張濟英雄記傕北地人劉艾獻帝紀曰傕字稚然汜張掖人將步騎數萬擊破河南尹朱儁於中牟因掠陳留潁川諸縣殺略男女所過無復遺類呂布乃使李肅以詔命至陝討輔等輔等逆與肅戰肅敗走弘農布誅殺之其後牛輔營中無故大驚輔懼乃齎金寶踰城走左右利其貨斬輔送首長安獻帝紀曰輔帳下支胡赤兒等素待之過急盡以家寶與之自帶二十餘餅金大白珠瓔胡謂輔曰城北已有馬可去也以繩繫輔腰踰城懸下之未及地丈許放之輔傷腰不能行諸胡共取其金并珠斬首詣長安傕汜

等以王允呂布殺董卓故忿怒并州人并州人其在軍者男女數百人皆誅殺之牛輔既敗衆無所依欲各散去傕等恐乃先遣使詣長安求乞赦免王允以爲一歲不可再赦不許之傕等益懷憂懼不知所爲武威人賈詡時在傕軍說之魏志曰卓之入洛陽詡以太尉掾爲平津都尉遷討虜校尉牛輔屯陝詡在輔軍輔既死故詡在傕軍曰聞長安中議欲盡誅涼州人諸君若棄軍單行則一亭長能束君矣不如相率而西以攻長安爲董公報仇事濟奉國家以正天下若其不合走未後也傕等然之各相謂曰京師不赦我我當以死決之若攻長安剋則得天下矣不剋則鈔三輔婦女財物西歸鄉里尚可延命衆以爲然於是共結盟率軍數千晨夜西行王允聞之乃遣卓故將胡軫徐榮擊之於新豐九州春秋曰胡文才楊整脩皆涼州人王允素所不善也及李傕之叛乃召文才整脩使東曉喩之不假借以溫顏謂曰關東鼠子欲何爲乎卿往曉之於是二人往實召兵而還榮戰死軫以衆降傕隨收兵比至長安已十餘萬與卓故部曲樊稠李蒙等合圍長安城城峻不可攻守之八日呂布軍袁宏記曰蒙爲傕所殺有叟兵內反叟兵即蜀兵也漢代謂蜀爲叟引傕衆得入城潰放兵虜掠死者萬餘人殺衞尉种拂等呂布戰敗出奔王允奉天子保宣平城門樓上三輔黃圖曰長安城東面北頭門號宣平門於是大赦天下李傕郭汜樊稠等皆爲將軍袁山松書曰允謂傕等曰臣無作威作福將軍乃放縱欲何爲乎傕等不應自拜署傕爲揚武將軍汜爲揚烈將軍樊稠等皆爲中郎將也遂圍門樓共表請司徒王允出問太師何罪允窮蹙乃下後數日見殺傕等葬董卓於郿并收董氏所焚尸之灰合斂一棺而葬之葬日大風雨霆震卓墓流水入藏漂其棺木獻帝起居注曰冢戶開大風暴雨水土流入杅出之棺向入輒復風雨水溢郭戶如此者三四冢中水半所稠等共下棺又風雨益暴甚遂閉戶戶閉大風復破其冢傕又遷車騎將軍開府領司隸校尉假節汜後將軍稠右將軍張濟爲鎮東將軍並封列侯傕汜稠共秉朝政濟出屯弘農以賈詡爲左馮翊欲侯之詡曰此救命之計何功之有固辭乃止更以爲尚書典選明年夏大雨晝夜二十餘日漂沒人庶又風如冬時帝使御史裴茂訊詔獄原繫者二百餘人其中有爲傕所枉繫者傕恐茂赦之乃表奏茂擅出囚徒疑有姦故請收之詔曰災異屢降陰雨爲害使者銜命宣布恩澤原解輕微庶合天心欲釋寃結而復罪之乎一切勿問初卓之入關要韓遂馬騰共謀山東獻帝傳曰騰父平扶風人爲天水蘭干尉失官遂留隴西與羌雜居家貧無妻遂娶羌女生騰遂騰見天下方亂亦欲倚卓起兵興平元年馬騰從隴右來朝進屯霸橋時騰私有求於傕不獲而怒遂與侍中馬宇右中郎將劉範焉之子前涼州刺史种邵中郎將杜禀獻帝紀曰稟與賈詡有隙脅扶風吏人爲騰守槐里欲共攻傕傕令樊稠及兄子利數萬人攻圍槐里夜梯城

城陷斬稾梟首合兵攻傕連日不決韓遂聞之乃率衆來欲和騰傕既而復與騰合傕使兄子利共郭汜樊稠與騰等戰於長平觀下前書音義曰長平坂名也在池陽南有長平觀去長安五十里遂騰敗斬首萬餘級种邵劉範等皆死遂騰走還涼州稠等又追之韓遂使人語稠曰天下反覆未可知相與州里今雖小違要當大同欲共一言乃駢馬交臂相加駢並也笑語良久軍還利告傕曰樊韓駢馬笑語不知其辭而意愛甚密於是傕稠始相猜疑猶加稠及郭汜開府與三公合爲六府皆參選舉獻帝起居注曰傕等各欲用其所舉若一違之便忿憤恚怒主者患之乃以次第用其所舉先從傕起汜次之稠次之三公所舉終不見用時長安中盜賊不禁白日虜掠傕汜稠乃參分城內各備其界猶不能制而其子弟縱橫侵暴百姓是時穀一斛五十萬豆麥二十萬人相食啖啖音徒敢反白骨委積臭穢滿路帝使侍御史侯汶汶音問出太倉米豆爲飢人作糜經日而死者無限帝疑賦䘏有虛賦布也䘏憂也乃親於御前自加臨檢既知不實使侍中劉艾出讓有司於是尚書令以下皆詣省閣劉攽曰案文閣當作閤閤門也謝奏收侯汶考實詔曰未忍致汶于理可杖五十自是後多得全濟明年春傕因會刺殺樊稠於坐獻帝紀曰傕見稠果勇而得衆心疾害之醉酒潛使外生騎都尉胡封於坐中拉殺稠由是諸將各相疑異傕汜遂復理兵相攻袁宏紀曰李傕數設酒請汜或留汜止宿汜妻懼與傕婢妾私而奪己愛思有以離間之會傕送饋汜妻乃以豉爲藥汜將食妻曰食從外來儻或有故遂摘藥示之曰一棲不兩雄我固疑將軍之信李公也他日傕請汜大醉汜疑傕藥之絞糞汁飲之乃解於是遂相猜疑也安西將軍楊定者故卓部曲將也懼傕忍害乃與汜合謀迎天子幸其營傕知其計即使兄子暹音纖將數千人圍宮以車三乘迎天子皇后太尉楊彪謂暹曰古今帝王無在人臣家者諸君舉事當上順天心奈何如是暹曰將軍計決矣帝於是遂幸傕營彪等皆徒從亂兵入殿掠宮人什物傕又徙御府金帛乘輿器服而放火燒宮殿官府居人悉盡帝使楊彪與司空張喜等十餘人和傕汜汜不從遂質留公卿彪謂汜曰將軍達人間事奈何君臣分爭一人劫天子一人質公卿此可行邪汜怒欲手刃彪彪曰卿尚不奉國家吾豈求生邪左右多諫汜乃止遂引兵攻傕矢及帝前獻帝紀曰汜與傕將張苞張龍謀誅傕汜將兵夜攻傕門侯開門內汜兵苞等燒屋火不然汜兵弓弩並發矢及天子樓帷簾中又貫傕耳傕將楊奉本白波賊帥乃將兵救傕於是汜衆乃退是日傕復移帝幸其北塢唯皇后宋貴人俱傕使校尉監門隔絕內外獻帝紀曰傕令門設反關校尉守察盛夏炎暑不能得冷水飢渴流離上以前發宮人及侍臣不得以穀米自隨入門有禁防不得出市困乏使就傕索粳米五斛牛骨五具欲爲食賜宮人左右傕不與米取久牛肉牛骨給告已臭蟲不可啖食尋復欲徙帝於池陽黃白城池陽縣故城在今涇陽縣西北君臣惶懼司徒趙溫深

解譬之乃止詔遣謁者僕射皇甫酈和傕汜酈先譬汜汜即從命又詣傕傕不聽曰郭多盜馬虜耳何敢欲與我同邪必誅之君觀我方略士衆足辦郭多不多又劫質公卿所爲如是而君苟欲左右之邪左右助也汜一名多酈曰今汜質公卿而將軍脅主誰輕重乎傕怒呵遣酈因令虎賁王昌追殺之昌僞不及酈得以免傕乃自爲大司馬獻帝起居注曰傕性喜鬼怪左道之術常有道人及女巫歌謳擊鼓下神祭六丁符劾厭勝之具無所不爲又於朝廷省門外爲董卓作神坐數以牛羊祠之天子使左中郎將李國持節拜傕爲大司馬在三公之右傕自以爲得鬼神之助乃厚賜諸巫與郭汜相攻連月死者以萬數張濟自陝來和解二人仍欲遷帝權幸弘農帝亦思舊京因遣使敦請傕求東歸十反乃許袁宏紀曰濟從太官令孫篤校尉張式宣諭十反車駕即日發邁獻帝起居注曰初天子出到宣平門當度橋汜兵數百人遮橋曰是天子非車不得前傕兵數百人皆持大戟在乘輿車前侍中劉艾大呼云是天子也使侍中楊琦高舉車帷帝言諸兵汝卻何敢迫近至尊邪汜等兵乃卻既度橋士衆咸稱萬歲李傕出屯曹陽以張濟爲驃騎將軍復還屯陝遷郭汜車騎將軍楊定後將軍楊奉興義將軍又以故牛輔部曲董承爲安集將軍蜀志曰承獻帝舅也裴松之注曰承靈帝母太后之姪汜等並侍送乘輿汜遂復欲脅帝幸郿定奉承不聽汜恐變生乃棄軍還就李傕車駕進至華陰帝王紀曰帝以尚書郎郭溥喻汜汜以屯部未定乞須留之溥因罵汜曰卿眞庸人賤夫爲國上將今天子有命何須留之吾不忍見卿所行請先殺我以章卿惡汜得溥言切意少喻乃寧輯將軍段煨乃具服御及公卿以下資儲請帝幸其營初楊定與煨有隙遂誣煨欲反乃攻其營十餘日不下袁宏紀曰煨與楊定有隙煨迎乘輿不敢下馬揖馬上侍中种輯素與定親乃言曰段煨欲反上曰煨屬來迎何謂反對曰迎不至界拜不下馬其色變必有異心太尉楊彪等曰煨不反臣等敢以死保車駕可幸其營董承楊定言曰郭汜今且將七百騎來入煨營天子信之遂露次於道南奉承定等功也而煨猶奉給御膳稟贍百官終無二意李傕郭汜既悔令天子東乃來救段煨因欲劫帝而西楊定爲汜所遮亡奔荊州而張濟與楊奉董承不相平乃反合傕汜共追乘輿大戰於弘農東澗承奉軍敗百官士卒死者不可勝數皆棄其婦女輜重御物符策典籍略無所遺獻帝傳曰掠婦女衣被遲違不待解即斫刺之有美髮者斷取凍死及嬰兒隨流而浮者塞水射聲校尉沮儁被創墜馬李傕謂左右曰尚可活不儁罵之曰汝等凶逆逼迫天子亂臣賊子未有如汝者傕使殺之袁山松書曰儁年二十五其督戰訾貫負其屍而瘞之天子遂露次曹陽承奉乃譎傕等與連和而密遣間使至河東招故白波帥李樂韓暹胡才及南匈奴右賢王去卑並率其衆數千騎來與承奉共擊傕等大破之斬首數千級乘輿乃得進董承李樂擁衛左右胡才楊奉韓暹去卑爲後距傕等復來戰奉等大敗死者甚於東澗自東澗兵相連綴四十里中方得至陝乃結營自守時殘破之餘虎賁羽林不滿

百人皆有離心承奉等夜乃潛議過河袁宏紀曰傕汜繞營叫呼吏士失色各有分散意李樂懼欲令車駕御船過砥柱出孟津楊彪曰臣弘農人也自此以東有三十六灘非萬乘所當登宗正劉艾亦曰臣前爲陝令知其危險舊故河師猶時有傾危況今無師太尉所慮是也使李樂先度具舟船舉火爲應帝步出營臨河欲濟岸高十餘丈乃以絹縋而下縋音直類反餘人或匍匐岸側或從上自投死亡傷殘不復相知爭赴船者不可禁制董承以戈擊披之斷手指於舟中者可掬同濟唯皇后宋貴人宋貴人名都常山太守弘之女也見獻帝起居注楊彪董承及后父執金吾伏完等數十人其宮女皆爲傕兵所掠奪凍溺死者甚衆既到太陽止於人家太陽縣屬河東郡前書音義曰在太河之陽也即今陝州河北縣是也十三州記曰傳巖在其界今住穴尚存然後幸李樂營百官飢餓河內太守張楊魏志曰楊字稚叔雲中人使數千人負米貢餉帝乃御牛車因都安邑河東太守王邑奉獻綿帛悉賦公卿以下封邑爲列侯邑字文都北地涇陽人鎮北將軍見同歲名拜胡才征東將軍張楊爲安國將軍皆假節開府其壘壁羣豎競求拜職刻印不給至乃以錐畫之或齎酒肉就天子燕飲魏志曰時乘輿居蕀籬中門戶無關閉天子與羣臣會兵士伏籬上觀互相鎮壓以爲笑諸將或遣婢詣省問或齎酒送天子侍中不通喧呼罵詈也○劉攽曰注遣婢詣省問或案問當作閤又遣太僕韓融至弘農與傕汜等連和傕乃放遣公卿百官頗歸宮人婦女及乘輿器服初帝入關三輔戶口尚數十萬自傕汜相攻天子東歸後長安城空四十餘日強者四散羸者相食二三年間關中無復人跡建安元年春諸將爭權韓暹遂攻董承承奔張楊楊乃使承先繕修洛宮七月帝還至洛陽幸楊安殿張楊以爲己功故因以楊名殿獻帝起居注曰舊時宮殿悉壞倉卒之際拾撫故兗材木工匠無法度之制所作並無足觀也乃謂諸將曰天子當與天下共之朝廷自有公卿大臣楊當出扞外難何事京師遂還野王楊奉亦出屯梁乃以張楊爲大司馬楊奉爲車騎將軍韓暹爲大將軍領司隸校尉皆假節鉞暹與董承並留宿衛暹矜功恣睢恣睢自任用之貌睢音火季反干亂政事董承患之潛召兗州牧曹操操乃詣闕貢獻稟公卿以下因奏韓暹張楊之罪暹懼誅單騎奔楊奉帝以暹楊有翼車駕之功詔一切勿問於是封衛將軍董承輔國將軍伏完等十餘人爲列侯贈沮儁爲弘農太守袁宏紀曰詔議郎侯祈尚書馮碩侍中壺崇討有罪也封衛將軍董承輔國將軍伏完侍中丁沖种輯尚書僕射鍾繇尚書郭溥御史中丞董芬彭城相劉艾馮翊韓斌東郡太守楊衆議郎羅邵伏德趙蕤爲列侯賞有功也贈射聲校尉沮儁爲弘農太守旌死節也曹操以洛陽殘荒遂移帝幸許楊奉韓暹欲要遮車駕不及曹操擊之獻帝春秋曰車駕出洛陽自轘轅而東楊奉韓暹引軍追之輕騎既至操設伏兵要于陽城山陝中大敗之奉暹奔袁術遂縱暴揚徐間明年左將軍劉備誘奉斬之暹懼走還并州道爲人所殺九州春秋曰暹失奉孤特與千餘騎欲歸并州爲張宣所

殺胡才李樂留河東才爲怨家所害樂自病死張濟飢餓出至南陽攻穰戰死郭汜爲其將伍習所殺三年使謁者僕射裴茂詔關中諸將段煨等討李傕夷三族典略曰傕頭至有詔高縣之以段煨爲安南將軍封闅鄉侯闅鄉今虢州縣也說文闅今作閿流俗誤也四年張楊爲將楊醜所殺魏志曰楊素與呂布善曹公之圍布楊欲救之不能乃出兵東市遙爲之埶其將楊醜殺楊以應曹公以董承爲車騎將軍開府自都許之後權歸曹氏天子總己百官備員而已帝忌操專偪乃密詔董承使結天下義士共誅之承遂與劉備同謀未發會備出征承更與偏將軍王服長水校尉种輯議郎吳碩結謀事泄承服輯碩皆爲操所誅韓遂與馬騰自還涼州更相戰爭乃下隴據關中操方事河北慮其乘間爲亂七年乃拜騰征南將軍遂征西將軍並開府後徵段煨爲大鴻臚病卒復徵馬騰爲衛尉封槐里侯騰乃應召而留子超領其部曲十六年超與韓遂舉關中背曹操操擊破之遂超敗走騰坐夷三族超攻殺涼州刺史韋康太僕瑞之子也弟誕魏光祿大夫復據隴右十九年天水人楊阜破超魏志曰阜字義山天水冀人也韋康以爲別駕馬超率萬餘人攻冀城阜率國士大夫及宗族子弟勝兵者千餘人使弟岳於城上作偃月營與超接戰自正月至八月拒守而救兵不至超入拘岳於冀殺刺史太守阜內有報超之志而未得其便外兄姜敘屯歷城阜少長詣敘家見敘母說前在冀中時事歔欷悲甚敘曰何爲耳阜曰守城不能完君亡不能死亦何面目以視息天下時敘母慨然勑從阜計超聞阜等兵起自將出襲歷城得敘母母罵之曰若背父之逆子弑君之桀賊天地豈久容敢以面目視人乎超怒殺之阜與戰身被五創宗族昆弟死者七人超遂南奔張魯○劉攽曰注阜少長詣敘家又云得敘母罵之曰案此言阜自少長於敘家後人不曉妄加一諸字下文少敘母二字超奔漢中降劉備蜀志曰超字孟起既奔漢中聞備圍劉璋於成都密書請降備遣迎超將兵徑到城下漢中震怖璋即稽首韓遂走金城羌中爲其帳下所殺初隴西人宗建在枹罕自稱河首平漢王建以居河上流故稱河首也署置百官三十許年曹操因遣夏侯淵擊建斬之涼州悉平魏志曰淵字妙才沛國人也爲征西護軍魏大祖使帥諸將討建拔之

論曰董卓初以虓闞爲情詩大雅曰闞如虓虎毛傳曰虎怒之貌也因遭崩剝之埶剝猶亂也左傳曰天實剝亂故得蹈藉彝倫毀裂畿服彝常也倫理也書云我不知其彝倫攸敘左傳曰裂冠毀冕畿謂王畿也服九服也夫以刳肝斮趾之性刳剖也斮斬也紂刳孕婦剖比干之心斮朝涉之脛則羣生不足以厭其快然猶折意縉紳遲疑陵奪折屈也謂忍性屈情擢用鄭泰蔡邕何顒荀爽等尚有盜竊之道焉莊子曰跖之徒問於跖曰盜亦有道乎跖曰何適無有邪夫妄意室中之藏聖也入先勇也出後義也知可否智也分均仁也五者不備而能成大盜者天下未之有也及殘寇乘之倒山傾海殘寇謂傕汜等崑岡之火自茲而焚書曰火炎崑岡玉石俱焚版蕩之篇於焉而極詩大雅曰上帝版版下人卒癉毛萇注云版反也癉病也言厲王爲政反先王之道下人盡病也又蕩之什曰蕩蕩上帝下人之辟疾威上帝其命多辟鄭玄注云蕩蕩法度廢壞之貌嗚呼人之生也難矣左傳曰人生實難其有不獲死乎天地之不仁甚矣老子曰天地不仁以萬物爲芻狗

贊曰百六有會前書音義曰四千五百歲爲一元一元之中有九戹陽戹五陰戹四陽爲旱陰爲水初入元百六歲有陽戹故曰百六之會過剝成災易曰大過棟撓本末弱也剝不利有攸往小人長也董卓滔天干逆三才滔漫也尚書曰象龔滔天方夏崩沸方四方夏華夏也詩小雅云百川沸騰山冢卒崩皇京烟埃無禮雖及餘祲遂廣左傳曰多行無禮必自及矢延王輅兵纏魏象周禮中車氏掌王之五輅纏遠也魏象闕也區服傾回人神波蕩

後漢書卷一百二考證

董卓傳朝廷不能制○制字監本誤作爾從宋本改

而彪琬恐懼○監本無琬字 臣會汾按上下文皆彪琬並言此不應獨舉楊彪從宋本增

溫子伯慎○何焯校本子改字

事未及發而見○諸本同何焯校本見下有害字

越騎校尉汝南伍孚○何焯曰孚與瓊疑是一人因其被害時人造此事以歸之耳裴注中採謝承書亦致疑及此

僕射士孫瑞注瑞字君榮○何焯校本榮改策

十反乃許注濟從太官令孫篤校尉張式宣諭十反○監本作濟使天官令 臣會汾按前書百官公卿表及劉昭百官志並無天官令之名從宋本改式本或作武

超攻殺涼州刺史韋康注太僕瑞之子也○瑞字舊本毛本作端

後漢書卷一百三

宋 宣 城 太 守 范 曄 撰

唐 章 懷 太 子 賢 注

劉虞公孫瓚陶謙列傳第六十三

劉虞傳

劉虞字伯安東海郯人也謝承書曰虞父舒丹陽太守虞通五經東海王恭之後○劉攽曰注衆王恭當作恭王祖父嘉光祿勳虞初舉孝廉稍遷幽州刺史民夷感其德化自鮮卑烏桓夫餘穢貊之輩皆隨時朝貢無敢擾邊者百姓歌悅之公事去官中平初黃巾作亂攻破冀州諸郡拜虞甘陵相綏撫荒餘以蔬儉率下遷宗正後車騎將軍張溫討賊邊章等發幽州烏桓三千突騎而牢稟逋懸皆畔還本國前書音義曰牢賈直也稟食也言軍糧不續也前中山相張純私謂前太山太守張舉曰今烏桓既畔皆願爲亂涼州賊起朝廷不能禁又洛陽人妻生子兩頭此漢祚衰盡天下有兩主之徵也子若與吾共率烏桓之衆以起兵庶幾可定大業舉因然之四年純等遂與烏桓大人共連盟攻薊下燔燒城郭虜略百姓殺護烏桓校尉箕稠右北平太守劉政遼東太守陽終等衆至十餘萬屯肥如肥如縣屬遼西郡故城在今平州舉稱天子純稱彌天將軍安定王移書州郡云舉當代漢告天子避位敕公卿奉迎純又使烏桓峭王等峭音七笑反步騎五萬入青冀二州攻破清河平原殺害吏民朝廷以虞威信素著恩積北方明年復拜幽州牧虞到薊罷省屯兵務廣恩信遣使告峭王等以朝恩寬弘開許善路又設賞購舉純舉純走出塞餘皆降散純爲其客王政所殺送首詣虞靈帝遣使者就拜太尉封容丘侯容丘縣屬東海郡及董卓秉政遣使者授虞大司馬進封襄賁侯初平元年復徵代袁隗爲太傅道路隔塞王命竟不得達舊幽部應接荒外資費甚廣歲常割青冀賦調二億有餘以給足之時處處斷絕委輸不至而虞務存寬政勸督農植開上谷胡市之利通漁陽鹽鐵之饒民悅年登穀石三十青徐士庶避黃巾之難歸虞者百餘萬口皆收視溫恤爲安立生業流民皆忘其遷徙虞雖爲上公天性節約敝衣繩履食無兼肉遠近豪俊夙僭奢者莫不改操而歸心焉夙猶舊也初詔令公孫瓚討烏桓受虞節度瓚但務會徒衆以自強大而縱任部曲頗侵擾百姓而虞爲政仁愛念利民物由是與瓚漸不相平二年冀州刺史韓馥勃海太守袁紹及山東諸將議以朝廷幼沖逼於董卓時獻帝年十歲遠隔關塞不知存否以虞宗室長者欲立爲主乃遣故樂浪太守張岐等齎議上虞尊號虞見岐等厲色叱之曰今天下崩亂主上蒙塵左傳曰周襄王出奔于鄭晉臧文仲曰天子蒙塵于外吾被重恩未能清雪國恥諸君各據州郡宜共戮力說文曰勠力并力也左傳曰勠力同心音力周反又音六盡心王室而反造逆謀以相垢誤邪固拒之馥等又請虞領尚書事承制封拜復不聽遂收斬使人於是選掾右北平田疇從事鮮于銀魏志曰田疇字子春右北平無終人好讀書善擊劍虞署爲從事太祖北征烏桓令疇將衆上徐無出盧龍歷平剛登白狼堆去柳城二百餘里虜乃驚太祖與戰大斬獲論功封疇疇上疏自陳太祖令夏侯惇喻之疇曰豈可賣盧龍塞以易賞祿哉蒙險間行奉使長安獻帝既思東歸見疇等大悅時虞子和爲侍中因此遣和潛從武關出告虞將兵來迎道由南陽後將軍袁術聞其狀遂質和使報虞遣兵俱西虞乃使數千騎就和奉迎天子而術竟不遣之初公孫瓚知術詐固止虞遣兵虞不從瓚乃陰勸術執和使奪其兵自是與瓚仇怨益深和尋得逃術還北復爲袁紹所留瓚既累爲紹所敗而猶攻之不已虞患其黷武黷猶慢也數也尚書曰黷於祭祀也且慮得志不可復制固不許行而稍節其稟假瓚怒屢違節度又復侵犯百姓虞所賚賞典當胡夷當音丁浪反瓚數抄奪之積不能禁乃遣驛使奉章陳其暴掠之罪瓚亦上虞稟糧不周二奏交馳互相非毀朝廷依違而已瓚乃築京於薊城以備虞京高丘也言高築丘壘以備虞焉解見獻帝紀虞數請瓚輒稱病不應虞乃密謀討之以告東曹掾右北平魏攸攸曰今天下引領以公爲歸謀臣爪牙不可無也瓚文武才力足恃雖有小惡固宜容忍虞乃止頃之攸卒而積忿不已四年冬遂自率諸屯兵衆合十萬人以攻瓚將行從事代郡程緒免冑而前曰公孫瓚雖有過惡而罪名未正明公不先告曉使得改行而兵起蕭牆非國之利加勝敗難保不如駐兵以武臨之瓚必悔禍謝罪所謂不戰而服人者也虞以緒臨事沮議遂斬之以徇戒軍士曰無傷餘人殺一伯珪而已時州從事公孫紀者瓚以同姓厚待遇之紀知虞謀而夜告瓚瓚時部曲放散在外倉卒自懼不免乃掘東城欲走虞兵不習戰又愛人廬舍敕不聽焚燒急攻圍不下瓚乃簡募銳士數百人因風縱火直衝突之虞遂大敗與官屬北奔居庸縣居庸縣屬上谷郡有關瓚追攻之三日城陷遂執虞并妻子還薊猶使領州文書會天子遣使者段訓增虞封邑督六州事拜瓚前將軍封易侯假節督幽并青冀瓚乃誣虞前與袁紹等欲稱尊號脅訓斬虞於薊市先坐而呪曰若虞應爲天子者天當風雨以相救時旱執炎盛遂斬焉傳首京師故吏尾敦於路劫虞首歸葬之尾敦姓名瓚乃上訓爲幽州刺史虞以恩厚得衆懷被北州百姓流舊莫不痛惜焉初虞以儉素爲操冠敝不改乃就補其穿及遇害瓚兵搜其內而妻妾服羅紈盛綺飾時人以此疑之和後從袁紹報瓚云

公孫瓚

公孫瓚字伯珪遼西令支人也令音力定反支音巨移反家世二千石瓚以母賤遂爲郡小吏爲人美姿貌大音聲言事辯慧典略曰瓚性辯慧每白事常兼數曹無有忘誤太守奇其才以女妻之魏志云侯太守妻之以女後從涿郡盧植學於緱氏山中略見書傳舉上計吏太守劉君坐事檻車徵官法不聽吏下親近瓚乃改容服詐稱侍卒身執徒養御車到洛陽太守當徙日南瓚具豚酒於北芒上祭辭先人酹觴祝曰昔爲人子今爲人臣當詣日南日南多瘴氣恐或不還便當長辭墳塋慷慨悲泣再拜而去觀者莫不歎息既行於道得赦瓚還郡舉孝廉除遼東屬國長史嘗從數十騎出行塞下卒逢鮮卑數百騎瓚乃退入空亭約其從者曰今不奔之則死盡矣乃自持兩刃矛馳出衝賊殺傷數十人瓚左右亦亡其半遂得免中平中以瓚督烏桓突騎車騎將軍張溫討涼州賊賊即邊章等會烏桓反畔與賊張純等攻擊薊中瓚率所領追討純等有功遷騎都尉張純復與畔胡丘力居等寇漁陽河間勃海入平原多所殺略瓚追擊戰於屬國石門石門山名在今營州柳城縣西南虜遂大敗棄妻子踰塞走悉得其所略男女瓚深入無繼反爲丘力居等所圍於遼西管子城二百餘日糧盡食馬馬盡煮弩楯力戰不敵乃與士卒辭訣各分散還時冬雨雪墜阬死者十五六虜亦飢困遠走柳城○劉攽曰案遠當作還詔拜瓚降虜校尉封都亭侯復兼領屬國長史職統戎馬連接邊寇每聞有驚○劉攽曰驚當作警瓚輒厲色憤怒如赴讎敵望塵奔逐或繼之以夜戰虜識瓚聲憚其勇莫敢抗犯瓚常與善射之士數十人皆乘白馬以爲左右翼自號白馬義從烏桓更相告語避白馬長史乃畫作瓚形馳騎射之中者咸稱萬歲虜自此之後遂遠竄塞外瓚志埽滅烏桓而劉虞欲以恩信招降由是與虞相忤初平二年青徐黃巾三十萬衆入勃海界欲與黑山合瓚率步騎二萬人逆擊於東光南大破之東光今滄州縣斬首三萬餘級賊棄其車重數萬兩奔走渡河瓚因其半濟薄之賊復大破死者數萬流血丹水收得生口七萬餘人車甲財物不可勝筭威名大震拜奮武將軍封薊侯瓚既諫劉虞遣兵就袁術而懼術知怨之乃使從弟越將千餘騎詣術自結術遣越隨其將孫堅擊袁紹將周昕越爲流矢所中死瓚因此怒紹遂出軍屯槃河將以報紹槃即爾雅九河鉤槃之河其枯河在今滄州樂陵縣東南乃上疏曰臣聞皇羲已來君臣道著張禮以導人設刑以禁暴今車騎將軍袁紹託承先軌爵任崇厚而性本淫亂情行浮薄昔爲司隸值國多難太后承攝何氏輔朝謂何進也紹不能舉直錯枉而專爲邪媚招來不軌疑誤社稷至令丁原焚燒孟津續漢書曰何進欲誅中常侍趙忠等進乃詐令武猛都尉丁原放兵數千人爲賊於河內稱黑山伯上事以誅忠等爲辭燒平陰河津莫府人舍以怖動太后董卓造爲亂始紹罪一也卓既無禮帝主見質紹不能開設權謀以濟君父而棄置節傳傳音丁戀反迸竄逃亡忝辱爵命背違人主紹罪二也紹爲勃海當攻董卓而默選戎馬不告父兄至使太

傳一門彙然同斃不仁不孝紹罪三也左傳曰兩釋纍囚杜預曰纍繫也前書音義曰諸不以罪死曰纍斃踣也董卓很紹起兵山東乃誅紹叔父太傅隗及宗族在京師者盡誅滅之紹既與兵涉歷二載不恤國難廣自封植乃多引資糧專爲不急割刻無方考責百姓其爲痛怨莫不咨嗟紹罪四也逼迫韓馥竊奪其州矯刻金玉以爲印璽每有所下輒皁囊施檢文稱詔書漢官儀曰凡章表皆啟封其言密事得皁囊盛文曰檢書署也今俗謂之排其字從木昔亡新僭侈漸以即眞亡新王莽觀紹所擬將必階亂階梯也詩曰爲亂階紹罪五也紹令星工伺望祥妖星工善星者賂遺財貨與共飲食剋會期日攻鈔郡縣此豈大臣所當施爲紹罪六也紹與故虎牙都尉劉勳首共造兵勳降服張楊累有功效而以小忿枉加酷害信用讒慝濟其無道紹罪七也故上谷太守高焉故甘陵相姚貢紹以貪惏惏音力含反橫責其錢錢不備畢二人幷命紹罪八也春秋之義子以母貴公羊傳曰桓公幼而貴隱公長而卑子以母貴母以子貴也紹母親爲傳婢地實微賤據職高重享福豐隆有苟進之志無虛退之心紹罪九也又長沙太守孫堅前領豫州刺史遂能驅走董卓掃除陵廟忠勤王室其功莫大紹遣小將盜居其位斷絕堅糧不得深入使董卓久不服誅紹罪十也昔姬周政弱王道陵遲天子遷從諸侯背畔故齊桓立柯會之盟春秋公會齊侯盟于柯公羊傳曰齊桓公之信著于天下自柯之盟始也晉文爲踐土之會踐土鄭地也左傳周襄王出居於鄭晉文公重耳爲踐土之會奉諸侯朝天子以成霸功伐荆楚以致菁茅菁茅靈茅以供祭祀也左傳曰僖四年齊桓伐楚責之曰爾貢苞茅不入王祭不供無以縮酒寡人是徵誅曹衞以章無禮左傳僖二十八年晉侯伐曹假道于衞衞人不許還自河南濟侵曹伐衞責其無禮也臣雖闒茸名非先賢闒猶下也茸細也闒音吐盍反茸音人勇反蒙被朝恩負荷重任職在鈇鉞奉辭伐罪鈇音方于反莝刃也鉞斧也輒與諸將州郡共討紹等若大事克捷罪人斯得尚書周公東征三年罪人斯得庶續桓文忠誠之效遂舉兵攻紹於是冀州諸城悉畔從瓚紹懼乃以所佩勃海太守印綬授瓚從弟範遣之郡欲以相結而範遂背紹領勃海兵以助瓚瓚乃自署其將帥爲青冀兗三州刺史又悉置郡縣守令與紹大戰於界橋橋名解見獻帝紀瓚軍敗還薊紹遣將崔巨業將兵數萬攻圍故安不下退軍南還瓚將步騎三萬人追擊於巨馬水水在幽州歸義縣界自易州遒縣界流入大破其衆死者七八千人乘勝而南攻下郡縣遂至平原乃遣其青州刺史田楷據有齊地紹復遣兵數萬與楷連戰二年糧食並盡士卒疲困互掠百姓野無青草左傳齊侯伐魯語展喜曰室如懸磬野無青草何恃而不恐紹乃遣子譚爲青州刺史楷與戰敗退還是歲瓚破禽劉虞盡有幽州之地猛志益盛前此有童謠曰燕南垂趙北際中央不合大如礪唯有此中可避世瓚自以爲易地當之遂徙鎭焉前書易縣屬涿郡續漢志曰屬河閒瓚所居易京故城在今幽州歸義縣南十八里乃盛脩營壘樓觀數十臨易河通遼海

劉虞從事漁陽鮮于輔等合率州兵欲共報瓚輔以燕國閻柔素有恩信推爲烏桓司馬柔招誘胡漢數萬人與瓚所置漁陽太守鄒丹戰于潞北斬丹等四千餘級烏桓峭王感虞恩德率種人及鮮卑七千餘騎共輔南迎虞子和與袁紹將麴義合兵十萬共攻瓚興平二年破瓚於鮑丘鮑丘水名也又名路水在今幽州漁陽縣斬首二萬餘級瓚遂保易京開置屯田稍得自支相持歲餘麴義軍糧盡士卒飢困餘衆數千人退走瓚徼破之盡得其車重是時旱蝗穀貴民相食瓚恃其才力不恤百姓記過忘善睚眦必報州里善士名在其右者必以法害之常言衣冠皆自以職分富貴不謝人惠故所寵愛類多商販庸兒所在侵暴百姓怨之於是代郡廣陽上谷右北平各殺瓚所置長吏復與輔和兵合瓚慮有非常乃居於高京以鐵爲門斥去左右男人七歲以上不得入易門專侍姬妾其文簿書記皆汲而上之令婦人習爲大言聲使聞數百步以傳宣教令疏遠賓客無所親信故謀臣猛將稍有乖散自此之後希復攻戰或問其故瓚曰昔我驅畔胡於塞表埽黃巾於孟津當此之時謂天下指麾可定九州春秋曰瓚曰始天下兵起我謂唾手而決至於今日兵革方始觀此非我所決不如休兵力耕以救凶年兵法百樓不攻今吾諸營樓櫓千里櫓即樓字見說文釋名曰櫓露也上無覆屋積穀三百萬斛食此足以待天下之變建安三年袁紹復大攻瓚瓚遣子續請救於黑山諸帥而欲自將突騎直出傍西山以斷紹後長史關靖諫曰今將軍將士莫不懷瓦解之心所以猶能相守者顧戀其老小而恃將軍爲主故耳堅守曠日或可使紹自退若舍之而出後無鎭重易京之危可立待也瓚乃止紹漸相攻逼瓚衆日蹙乃却築三重營以自固四年春黑山賊帥張燕與續率兵十萬三道來救瓚未及至瓚乃密使行人齎書告續曰昔周末喪亂僵尸蔽地以意而推猶爲否也不圖今日親當其鋒袁氏之攻狀若鬼神梯衝舞吾樓上鼓角鳴於地中日窮月急不遑啟處鳥厄歸人滀水陵高滀音丑六反喻急也汝當碎首於張燕馳驟以告急父子天性不言而動言相感也且厲五千鐵騎於北隰之中下溼曰隰起火爲應吾當自內出奮揚威武決命於斯不然吾亡之後天下雖廣不容汝足矣紹候得其書獻帝春秋候者得書紹使陳琳易其詞即此書如期舉火瓚以爲救至遂便出戰紹設伏瓚遂大敗復還保中小城自計必無全乃悉縊其姊妹妻子然後引火自焚

紹兵趣登臺斬之關靖見瓚敗歎恨曰前若不止將軍自行未必不濟吾聞君子陷人於危必同其難豈可以獨生乎乃策馬赴紹軍而死續爲屠各所殺屠各胡號田楷與袁紹戰死鮮于輔將其衆歸曹操操以輔爲度遼將軍封都亭侯閻柔將部曲從曹操擊烏桓拜護烏桓校尉封關內侯張燕既爲紹所敗人衆稍散曹操將定冀州乃率衆詣鄴降拜北平將軍封安國亭侯

論曰自帝室王公之胄皆生長脂腴不知稼穡其能厲行飭身卓然不羣者或未聞焉前書班固曰夫唯大雅卓爾不羣者河閒獻王之謂歟故論引焉劉虞守道慕名以忠厚自牧牧養也易曰卑以自牧美哉乎季漢之名宗子也若虞瓚無閒同情共力糾人完聚稽保燕薊之饒糾收也○劉攽曰糾人完聚稽案人下少二字不成文理當有一衆字繕兵昭武繕修也左傳曰繕甲兵以臨羣雄之隙舍諸天運徵乎人文則古之休烈何遠之有天運猶天命也人文猶人事也易曰觀乎人文以化成天下

陶謙

陶謙字恭祖丹陽人也丹陽郡丹陽縣人也吳書曰陶謙父故餘姚長謙少孤始以不羈聞於縣中年十四猶綴帛爲幡乘竹馬而戲邑中兒童皆隨之故蒼梧太守同縣甘公出遇之見其容貌異而呼之與語甚說許妻以女甘夫人怒曰陶家兒遨戲無度於何以女許之甘公曰彼有奇表長必大成遂與之少爲諸生仕州郡吳書曰陶謙察孝廉拜尚書郎除舒令郡太守張磐同郡先輩與謙父友謙恥爲之屈嘗舞屬謙謙不爲起固強之乃舞舞又不轉磐曰不當轉邪曰不可轉轉則勝人四遷爲車騎將軍張溫司馬西討邊章會徐州黃巾起以謙爲徐州刺史擊黃巾大破走之境內晏然時董卓雖誅而李傕郭汜作亂關中是時四方斷絕謙每遣使閒行奉貢西京詔遷爲徐州牧加安東將軍封溧陽侯溧陽今宣州縣也溧音栗是時徐方百姓殷盛穀實甚豐流民多歸之而謙信用非所刑政不理別駕從事趙昱知名士也而以忠直見疏出爲廣陵太守謝承書曰謙奏昱茂才遷爲太守曹宏等讒慝小人謙甚親任之良善多被其害由斯漸亂下邳闕宣自稱天子○劉攽曰案紀作闕宣仍云闕黨童子之後此作闕誤謙始與合從後遂殺之而并其衆初曹操父嵩避難琅邪時謙別將守陰平縣名屬東海國故城在今沂州承縣西南士卒利嵩財寶遂襲殺之初平四年曹操擊謙破彭城傅陽縣名屬彭城國本春秋時偪陽也楚宣王滅宋改曰傅陽故城在今沂州承縣南謙退保郯操攻之不能克乃還過拔取慮睢陵夏丘皆屠之取慮音秋閭縣名屬下邳郡故城在今泗州下邳縣西南睢陵縣在下邳縣東南夏丘縣屬沛郡故城今泗州虹縣是凡殺男女數十萬人雞犬無餘泗水爲之不流自是五縣城保無復行迹初三輔遭李傕亂百姓流移依謙者皆殲殲盡也左傳曰門官殲焉興平元年曹操復擊謙略定琅邪東海諸縣謙懼不免欲走歸丹陽會張邈迎呂布據兗州操還擊布是歲謙病死

初同郡人笮融笮音側格反聚衆數百往依於謙謙使督廣陵下邳彭城運糧遂斷三郡委輸大起浮屠寺浮屠佛也解見西羌傳上累金盤下爲重樓又堂閣周回可容三千許人作黃金塗像衣以錦綵每浴佛輒多設飲飯布席於路其有就食及觀者且萬餘人獻帝春秋曰融敷席方四五里費以巨萬及曹操擊謙徐方不安融乃將男女萬口馬三千匹走廣陵廣陵太守趙昱待以賓禮融利廣陵資貨遂乘酒酣殺昱放兵大掠因以過江南奔豫章殺郡守朱皓入據其城後爲揚州刺史劉繇所破走入山中爲人所殺昱字元達琅邪人清己疾惡潛志好學雖親友希得見之爲人耳不邪聽目不妄視太僕种拂舉爲方正

贊曰襄賁勵德維城燕北勵勉也仁能洽下忠以衞國伯珪疎獷武才趫猛趫音去驕反虞好無終紹執難並徐方殲耗實謙爲梗

後漢書卷一百三考證

公孫瓚傳於北芒上祭辭先人○何焯曰瓚遼西人安得有先墓在北芒

擊袁紹將周昕○昕魏志作昂

史臣論舍諸天運○臣會汾按文義舍當作合

後漢書卷一百四上

宋 宣 城 太 守 范 曄 撰

唐 章 懷 太 子 賢 注

袁紹列傳第六十四上

袁紹傳

袁紹字本初汝南汝陽人司徒湯之孫父成五官中郎將袁山松書曰紹司空逢之孽子出後伯父成魏書亦同英雄記成字文開與梁冀結好言無不從京師諺曰事不諧問文開紹壯健好交結大將軍梁冀以下莫不善之紹少爲郎除濮陽長遭母憂去官三年禮竟追感幼孤又行父服英雄記曰凡在冢廬六年服闋徙居洛陽紹有姿貌威容愛士養名英雄記曰紹不妄通賓客非海內知名不得相見又好游俠與張孟卓何伯求吳子卿許子遠皆爲奔走之友既累世台司賓客所歸加傾心折節莫不爭赴其庭士無貴賤與之抗禮輜軿柴轂填接街陌說文曰軿車衣車也鄭玄注周禮曰軿猶屏也取其自蔽隱柴轂賤者之車內官皆惡之中常侍趙忠言於省內曰袁本初坐作聲價好養死士不知此兒終欲何作叔父太傅隗聞而呼紹以忠言責之紹終不改後辟大將軍何進掾爲侍御史虎賁中郎將中平五年初置西園八校尉以紹爲佐軍校尉樂資山陽公載記曰小黃門蹇碩爲上軍校尉虎賁中郎將袁紹爲中軍校尉屯騎校尉鮑鴻爲下軍校尉議郎曹操爲典軍校尉趙融爲助軍左校尉馮芳爲助軍右校尉諫議大夫夏牟爲左校尉淳于瓊爲右校尉凡八人謂之西園軍皆統於

頎此云佐軍與彼文不同靈帝崩紹勸何進徵董卓等衆軍脅太后
誅諸宦官轉紹司隸校尉語已見何進傳及卓將兵至
騎都尉太山鮑信說紹曰魏書曰信太山平陽人也少有大節寬厚愛人沈毅有謀
說紹不從乃引軍還鄉里○劉攽曰注案鮑信還鄉里安得引軍蓋軍當作歸或云軍字衍董卓擁
制強兵將有異志今不早圖必爲所制其新至疲勞襲
之可禽也紹畏卓不敢發頃之卓議欲廢立謂紹曰天
下之主宜得賢明每念靈帝令人憤毒毒恨也董侯似可
今當立之紹曰今上富於春秋未有不善宣於天下若
公違禮任情廢嫡立庶恐衆議未安卓按劒叱紹曰豎
子敢然天下之事豈不在我我欲爲之誰敢不從紹詭
對曰此國之大事請出與太傅議之卓復言劉氏種不
足復遺紹勃然曰天下健者豈惟董公橫刀長揖徑出
英雄記曰紹揖卓去坐中驚愕卓新至見紹大家故不敢害懸節於上東門洛陽城東北面
頭門也山陽公載記曰卓以袁紹稾節改第一稾爲赤旄而奔冀州董卓購募求紹
時侍中周珌城門校尉伍瓊爲卓所信待瓊等陰爲紹
說卓曰夫廢立大事非常人所及袁紹不達大體恐懼
出奔非有它志今急購之勢必爲變袁氏樹恩四世門
生故吏徧於天下若收豪傑以聚徒衆英雄因之而起
則山東非公之有也不如赦之拜一郡守紹喜於免罪
必無患矣卓以爲然乃遣授紹勃海太守封邟鄉侯前書
潁川有周承休侯國元帝置元始二年更名邟音口浪反紹猶稱兼司隸初平元年
紹遂以勃海起兵以從弟後將軍術○劉攽曰以從案文當作與冀
州牧韓馥馥字文節潁川人也豫州刺史孔伷兗州刺史劉岱陳
留太守張邈廣陵太守張超河內太守王匡山陽太守
袁遺東郡太守橋瑁英雄記曰孔伷字公緒陳留人也王匡字公節泰山人也袁遺字伯
業紹從弟術字公路汝南汝陽人也橋瑁字元瑋橋玄族子先爲兗州刺史甚有威惠魏氏春秋云劉岱惡而
殺之濟北相鮑信等同時俱起衆各數萬以討卓爲名紹
與王匡屯河內伷屯潁川馥屯鄴餘軍咸屯酸棗約盟
遙推紹爲盟主紹自號車騎將軍領司隸校尉董卓聞
紹起山東乃誅紹叔父隗及宗族在京師者盡滅之獻帝
春秋曰太傅袁隗太僕袁基術之母兄卓使司隸宣播盡戶收之母及姊妹嬰孩以上五十餘人下獄死卓別
傳曰悉埋青城門外東都門內而加書爲又恐有盜取者復以尸送郿藏之卓乃遣大鴻臚
韓融少府陰循執金吾胡母班將作大匠吳循越騎校
尉王瓌譬解紹等諸軍紹使王匡殺班瓌吳循等海內先賢
傳曰韓融字元長潁川人楚國先賢傳曰陰循字元基南陽新野人也漢末名士錄曰胡母班字季友泰山人
名在八廚謝承書曰班王匡之妹夫匡受紹旨收班繫獄欲殺以徇軍班與匡書畧曰足下拘僕於獄欲以釁
鼓此何悖暴無道之甚者也僕與董卓何親戚義豈同惡足下張虎狼之口吐長蛇之毒恚卓遷怒何其酷哉
死者人之所難然恥爲狂夫所害若亡者有靈當訴足下於皇天夫婚姻者禍福之幾今日著矣曩爲一體今
爲血讎亡人二女則君之甥身沒之後慎勿令臨僕尸骸匡得書抱班二子哭班遂死於獄袁術亦
執殺陰循惟韓融以名德免是時豪傑既多附紹且感

其家禍人思爲報州郡蜂起莫不以袁氏爲名韓馥見
人情歸紹忌方得衆○劉攽曰案方字無義蓋是其字恐將圖己常遣
從事守紹門不聽發兵橋瑁乃詐作三公移書傳驛州
郡說董卓罪惡天子危逼企望義兵以釋國難馥於是
方聽紹舉兵乃謀於衆曰助袁氏乎助董氏乎治中劉
惠勃然曰興兵爲國安問袁董英雄記曰劉子惠中山人兗州刺史劉岱與其
書道卓無道天下所共攻死在旦暮不足爲憂但卓死之後當復回師討文節擁強兵何凶逆寧可得置封書
與馥馥得此大懼歸咎子惠欲斬之別駕從事耿武等排閤伏子惠上願并見斬得不死作徒被赭衣掃除宮
門外○劉攽曰注何凶逆案文何當作阿馥意猶深疑於紹每貶節軍糧欲
使離散明年馥將麴義反畔馥與戰失利紹既恨馥乃
與義相結紹客逄紀謂紹曰英雄記曰紀字元圖初紹去董卓與許攸及紀俱詣
冀州以紀聰達有計策甚親信之逄音龐夫舉大事非據一州無以自立今
冀部強實而韓馥庸才可密要公孫瓚將兵南下馥聞
必駭懼幷遣辯士爲陳禍福馥迫於倉卒必可因據其
位紹然之益親紀即以書與瓚瓚遂引兵而至外託董
卓○劉攽曰案文少一討字緣託字誤脫而陰謀襲馥紹乃使外甥陳留
高幹及潁川荀諶等魏志云諶荀彧之弟說馥曰公孫瓚乘勝來
南而諸郡應之袁車騎引軍東向其意未可量也竊爲
將軍危之馥懼曰然則爲之柰何諶曰君自料寬仁容
衆爲天下所附孰與袁氏馥曰不如也臨危吐決智勇
邁於人又孰與袁氏馥曰不如也世布恩德天下家受
其惠又孰與袁氏馥曰不如也諶曰勃海雖郡其實州
也言土廣也今將軍資三不如之勢久處其上袁氏一時之
傑必不爲將軍下也且公孫提燕代之卒其鋒不可當
夫冀州天下之重資若兩軍幷力兵交城下危亡可立
而待也夫袁氏將軍之舊且爲同盟當今之計莫若舉
冀州以讓袁氏必厚德將軍公孫瓚不能復與之爭矣
是將軍有讓賢之名而身安於太山也願勿有疑馥素
性恇怯因然其計馥長史耿武別駕閔純騎都尉沮授
聞而諫曰獻帝傳曰沮授廣平人少有大志多謀略英雄記曰耿武字文威閔純字伯典後袁紹至
馥從事十人棄馥去唯恐在後獨武純杖刀拒兵不能禁紹後令田豐殺此二人冀州雖鄙帶
甲百萬穀支十年袁紹孤客窮軍仰我鼻息譬如嬰兒
在股掌之上絕其哺乳立可餓殺柰何欲以州與之馥
曰吾袁氏故吏且才不如本初度德而讓古人所貴諸
君獨何病焉先是馥從事趙浮程渙將彊弩萬人屯孟
津聞之率兵馳還請以拒紹馥又不聽英雄記曰紹在朝歌清水口浮
等從後來船數百艘衆萬餘人整兵鼓過紹營紹甚惡之浮等到謂馥曰袁本初軍無斗糧各欲離散旬日
之閒必土崩瓦解明將軍但開戶高枕何憂何懼乃避位出居中常侍趙忠故
舍遣子送印綬以讓紹紹遂領冀州牧承制以馥爲奮
威將軍而無所將御引沮授爲別駕因謂授曰今賊臣

作亂朝廷遷移吾歷世受寵志竭力命興復漢室然齊
桓非夷吾不能成霸句踐非范蠡不能存國今欲與卿
戮力同心共安社稷將何以匡濟之乎授進曰將軍弱
冠登朝播名海內值廢立之際忠義奮發單騎出奔董
卓懷懼濟河而北勃海稽服稽音啓擁一郡之卒撮冀州
之衆廣雅曰撮持也威陵河朔名重天下若舉軍東向則黃巾
可掃還討黑山則張燕可滅黑山在今衛州衛縣西北九州春秋曰燕本姓褚黃
巾賊起燕聚少年爲羣盜博陵張牛角亦起衆與燕合推牛角爲帥俱攻癭陶牛角爲飛矢所中被創且死
會其衆告曰必以燕爲帥牛角死衆奉燕故改姓張剽悍捷速過人故軍中號曰飛燕其後人衆浸廣常山
趙郡中山上黨河內諸山谷皆相通號曰黑山也回師北首則公孫必禽震脅
戎狄則匈奴立定橫大河之北合四州之地四州見下收英
雄之士擁百萬之衆迎大駕於長安復宗廟於洛邑號
令天下誅討未服以此爭鋒誰能禦之比及數年其功
不難紹喜曰此吾心也左傳秦伯曰是吾心也即表授爲奮武將
軍使監護諸將魏郡審配鉅鹿田豐先賢行狀曰配字正南少忠烈慷慨
有不可犯之節紹領冀州委腹心之任豐字元皓天姿瓌傑權畧多奇紹軍之敗也土崩奔走徒衆畧盡軍將
皆撫膺而泣曰向使田豐在此不至於是並以正直不得志於韓馥紹乃以
豐爲別駕配爲治中甚見器任馥自懷猜懼辭紹索去
英雄記曰紹以河內朱漢爲都官從事漢先時爲馥所不禮內懷忿恨且欲徼迎紹意擅發城郭兵圍守馥第
拔刃登屋馥走上樓收得馥大兒搥折兩腳紹亦立收漢殺之馥猶憂怖故報紹索去往依張邈
後紹遣使詣邈有所計議因共耳語馥時在坐謂見圖
謀無何如廁自殺九州春秋曰至廁因以書刀自殺其冬公孫瓚大破
黃巾還屯槃河爾雅有九河鉤槃是其一也故河道在今德州平昌縣界入滄州樂陵縣今名
枯槃河威震河北冀州諸城無不望風響應紹乃自擊之
瓚兵三萬列爲方陳分突騎萬匹翼軍左右其鋒甚銳
紹先令麴義領精兵八百強弩千張以爲前登瓚輕其
兵少縱騎騰之義兵伏楯下一時同發瓚軍大敗斬其
所置冀州刺史嚴綱獲甲首千餘級麴義追至界橋九州
春秋曰還屯廣宗界橋今貝州宗城縣東有古界城此城近枯漳水則界橋蓋當在此之側也瓚斂兵
還戰義復破之遂到瓚營拔其牙門眞人水鏡經曰凡軍始出立牙竿必
令完堅若有折將軍不利牙門旗竿軍之精也即周禮司常職云軍旅會同置旌門是也餘衆皆走
紹在後十數里聞瓚已破發鞍息馬唯衛帳下強弩數
十張大戟士百許人瓚散兵二千餘騎卒至圍紹數重
射矢雨下田豐扶紹使卻入空垣紹脫兜鍪抵地曰大
丈夫當前鬬死而反逃垣牆閒邪促使諸弩競發多傷
瓚騎衆不知是紹頗稍引卻會麴義來迎騎乃散退三
年瓚又遣兵至龍湊挑戰紹復擊破之瓚遂還幽州不
敢復出四年初天子遣太僕趙岐和解關東使各罷兵
瓚因此以書譬紹曰趙太僕以周邵之德銜命來征宣
揚朝恩示以和睦曠若開雲見日何喜如之昔賈復寇

恂爭相危害遇世祖解紛遂同輿並出釁難既釋將人
美之自惟邊鄙得與將軍共同斯好此誠將軍之羞而
瓚之願也紹於是引軍南還三月上巳大會賓徒於薄
落津歷法三月建辰巳卯退除可以拂除災也韓詩曰溱與洧方洹洹兮薛君注云鄭國之俗三月上巳
之辰兩水之上招魂續魄拂除不祥故詩人願與所說者俱往也酈元水經注云漳水經鉅鹿故城西謂之落
津續漢志癭陶縣有薄落亭聞魏郡兵反與黑山賊于毒等數萬人
共覆鄴城殺郡守管子曰齊桓公築五鹿中牟鄴以衞諸侯坐中客家在鄴
者皆憂怖失色或起而啼泣紹容貌自若不改常度獻帝
春秋曰紹勸督引滿投壺言笑容貌自若賊有陶升者自號平漢將軍英雄記曰
升故爲內黃小吏獨反諸賊將部衆踰西城入閉府門具車重
重輜重也載紹家及諸衣冠在州內者身自扞衞送到斥丘
斥丘縣屬鉅鹿郡故城在今相州成安縣東南十三州志云土地斥鹵故曰斥丘紹還因屯斥
丘以陶升爲建義中郎將六月紹乃出軍入朝歌鹿腸
山蒼巖谷口朝歌故城在今衞縣西續漢志曰朝歌有鹿腸山討于毒圍攻五
日破之斬毒及其衆萬餘級紹遂尋山北行進擊諸賊
左髭文八等皆斬之又擊劉石青牛角黃龍左校郭大
賢李大目于氐根等復斬數萬級皆屠其屯壁遂與黑
山賊張燕及四營屠各鴈門烏桓戰於常山燕精兵數
萬騎數千匹連戰十餘日燕兵死傷雖多紹軍亦疲遂
各退麴義自恃有功驕縱不軌紹召殺之而并其衆興
平二年拜紹右將軍其冬車駕爲李傕等所追於曹陽
沮授說紹曰將軍累葉台輔世濟忠義今朝廷播越宗
廟殘毀觀諸州郡雖外託義兵內實相圖未有憂存社
稷卹人之意且今州城粗定兵強士附西迎大駕即宮
鄴都挾天子而令諸侯稸士馬以討不庭誰能禦之左傳
周襄王出奔於鄭狐偃言於晉文公曰求諸侯莫如勤王諸侯信之且大義也繼文之業而信宣於諸侯今爲
可矣文公從之納襄王遂成霸業紹將從其計潁川郭圖淳于瓊曰九州
春秋圖字公則漢室陵遲爲日久矣今欲興之不亦難乎且英
雄並起各據州郡連徒聚衆動有萬計所謂秦失其鹿
先得者王史記曰蒯通曰秦失其鹿天下共追之高才者先得焉今迎天子動輒
表聞從之則權輕違之則拒命非計之善者也授曰今
迎朝廷於義爲得於時爲宜若不早定必有先之者焉
夫權不失幾功不厭速願其圖之帝立既非紹意竟不
能從紹有三子譚字顯思熙字顯雍尚字顯甫譚長而
惠尚少而美紹後妻劉有寵而偏愛尚數稱於紹紹亦
奇其姿容欲使傳嗣乃以譚繼兄後出爲青州刺史沮
授諫曰世稱萬人逐兔一人獲之貪者悉止分定故也
愼子曰兔走於街百人追之貪人具存人莫之非者以兔爲未定分也積兔滿市過不能顧非不欲兔也分定
之後雖鄙不爭子思子商君書並載其詞畧同且年均以賢德均則卜古之制
也左傳曰王后無適則擇立長年鈞以德德鈞以卜願上惟先代成則之誡下

思逐兔分定之義若其不改禍始此矣紹曰吾欲令諸子各據一州以視其能於是以中子熙爲幽州刺史外甥高幹爲并州刺史建安元年曹操迎天子都許乃下詔書於紹責以地廣兵多而專自樹黨不聞勤王之師而但擅相討伐紹上書曰臣聞昔有哀歎而霜隕淮南子曰鄒衍事燕惠王盡忠左右譖之仰天而哭夏五月天爲降霜悲哭而崩城者齊莊公攻莒爲五乘之賓而杞梁獨不預歸而不食其母曰汝生而無義死而無名則雖非五乘孰不汝笑生而有義死而有名則五乘之賓盡汝下也及與莒戰梁遂鬬殺二十七人而死妻聞而哭城爲之阤而隅爲之崩見說苑每讀其書謂爲信然於今況之乃知妄作何者臣出身爲國破家立事至於懷忠獲舋抱信見疑晝夜長吟剖肝泣血曾無崩城隕霜之應故鄒衍杞婦何能感徹臣以負薪之資負薪謂賤人也禮記曰問士之子長幼長曰能負薪矣幼曰未能負薪拔於陪隸之中陪重也左傳曰王臣公公臣大夫大夫臣士士臣阜阜臣隸隸臣僚僚臣僕僕臣臺又曰是無陪臺也陪隸猶陪臺奉職憲臺擢授戎校常侍張讓等滔亂天常侵奪朝威賊害忠德扇動姦黨故大將軍何進忠國疾亂義心赫怒以臣頗有一介之節可責以鷹犬之功故授臣以督司諸臣以方畧臣不敢畏憚強禦避禍求福與進合圖事無違異忠策未盡而元帥受敗元帥謂何進太后被質宮室焚燒陛下聖德幼冲親遭戹困時進既被害師徒喪沮臣獨將家兵百餘人抽戈承明竦劒翼室山陽公載記曰紹與王匡等并力入端門於承明堂上格殺中常侍高望等二人尚書曰延入翼室孔安國注翼明也室謂路寢虎叱羣司奮擊凶醜曾不浹辰罪人斯殄浹帀也左傳曰浹辰之間杜預曰十二日也此誠愚臣效命之一驗也會董卓乘虛所圖不軌臣父兄親從並當大位謂叔隗爲太傅從兄基爲太僕不憚一室之禍苟惟寧國之義故遂解節出奔創謀河外河外河南時卓方貪結外援招悅英豪故卽臣勃海申以軍號卽謂就拜也山陽公載記曰董卓以紹爲前將軍封邟鄉侯紹受侯不受前將軍則臣之與卓未有纖芥之嫌若使苟欲滑泥揚波偷榮求利滑混也楚詞滑其泥揚其波則進可以享竊祿位退無門戶之患然臣愚所守志無傾奪故遂引會英雄興師百萬飲馬孟津歃血漳河獻帝春秋曰紹合冀州十郡守相衆數十萬登臺歃血盟曰賊臣董卓承漢室之微負兵甲之衆陵越帝城跨蹈王朝幽鴆太后戮殺弘農提挈幼主越遷秦地殘害朝臣斬刈忠良焚燒宮室烝亂宮人發掘陵墓虐及鬼神過惡烝皇天濁穢薰后土神祇怨恫無所憑恃兆人泣血無所控告仁賢之士痛心疾首義士奮發雲興霧合咸欲奉辭伐罪躬行天誅凡我同盟之後畢力致命以伐凶醜同獎王室翼戴天子有渝此盟神明是殛俾墜其師無克祚國○劉攽曰注凡我同盟之後案文當云同盟之人既盟之後此盟書常文也誤脫四字會故冀州牧韓馥懷挾逆謀欲專權埶絕臣軍糧不得踵係至使猾虜肆毒害及一門尊卑大小同日并戮鳥獸之情猶知號呼禮記曰凡生天地之間者有血氣之屬必有知有知之屬莫不知愛其類今是大鳥獸則失喪其羣匹越月踰時焉則必反巡過其故鄉翔回焉鳴號焉蹢躅焉踟躕焉然後乃能去之小者至於燕爵猶有啁噍之頃焉然後乃能去之臣所以蕩然

忘哀貌無隱戚者隱憂也誠以忠孝之節道不兩立顧私懷己不能全功斯亦愚臣破家徇國之二驗也又黃巾十萬焚燒青兗黑山張楊蹈藉冀域臣乃旋師奉辭伐畔金鼓未震狡敵知亡故韓馥懷懼謝咎歸土張楊黑山同時乞降臣時輒承制竊比竇融以議郎曹操權領兗州牧竇融行西河五郡大將軍事以梁統爲武威太守會公孫瓚師旅南馳陸掠北境臣卽星駕席卷與瓚交鋒假天之威每戰輒克臣備公族子弟生長京輦頗聞俎豆不習干戈加自乃祖先臣以來世作輔弼咸以文德盡忠得免罪戾臣非與瓚角戎馬之埶爭戰陳之功者也誠以賊臣不誅春秋所貶公羊傳曰趙盾弒其君夷皐弒者趙穿也曷爲加之趙盾不討賊也趙盾曰天乎予無辜史曰爾爲仁爲義人弒爾君而復國不討賊非弒如何苟云利國專之不疑左傳曰苟利社稷專之可也故冒踐霜雪不憚劬勤實庶一捷之福以立終身之功社稷未定臣誠耻之太僕趙岐銜命來征宣明陛下含弘之施蠲除細故與下更新奉詔之日引師南轅左傳曰令尹南轅反旆杜預曰迴軍南向是臣畏怖天威不敢怠慢之三驗也又臣所上將校率皆清英宿德令名顯達登鋒履刃死者過半勤恪之功不見書列而州郡牧守競盜聲名懷持二端優游顧望皆列土錫圭跨州連郡是以遠近狐疑議論紛錯者也臣聞守文之世德高者位尊倉卒之時功多者賞厚陛下播越非所洛邑乏祀海內傷心志士憤惋是以忠臣肝腦塗地肌膚橫分而無悔心者義之所感故也今賞加無勞以攜有德攜離也杜黜忠功以疑衆望斯豈腹心之遠圖將乃讒慝之邪說使之然也臣爵爲通侯位二千石殊恩厚德臣既叨之豈敢闚覬重禮以希彤弓玈矢之命哉左氏傳曰王命尹氏策晉文公爲侯伯賜之大路之服彤弓一彤矢百玈弓十玈矢千誠傷偏裨列校勤不見紀盡忠爲國翻成重愆斯蒙恬所以悲號於邊獄史記曰胡亥遣使者殺蒙恬恬不肯死使者卽以屬吏繫於陽周恬喟然太息曰恬罪當死矣起臨洮屬之遼東城萬餘里此其中不能無絕地脈此乃恬之罪也遂吞藥自殺白起歔欷於杜郵也史記曰秦王免白起爲士伍遷之陰密白起既行出咸陽西門十里至杜郵秦王乃使使者賜之劍自裁太傅日磾位爲師保任配東征而耗亂王命三輔決錄注曰馬日磾字翁叔馬融之族子少傳融業以才學進歷位九卿遂登台輔獻帝春秋曰日磾假節東征循撫州郡銜命在壽春不肅王命侮慢日磾借節觀之因奪不還從銜求去而術不遣旣以失節屈辱憂恚而死寵任非所凡所舉用皆衆所捐棄而容納其策以爲謀主令臣骨肉兄弟還爲讎敵交鋒接刃搆難滋甚臣雖欲釋甲投戈事不得已誠恐陛下日月之明有所不照四聰之聽有所不聞乞下臣章咨之羣賢使三槐九棘議臣罪戾周官曰三槐三公位焉左九棘孤卿大夫位焉右九棘公侯伯子男位焉鄭玄注曰槐之言懷也言懷來人於此欲與謀也樹棘以爲位者取其赤心而外刺象以赤心有刺也若以臣今行權爲釁則桓文當

有誅絕之刑齊桓晉文時周室弱諸侯不朝桓文權行征伐率諸侯以朝天子若以衆不討賊爲賢則趙盾可無書弒之貶矣臣雖小人志守一介若使得申明本心不愧先帝則伏首歐刀褰衣就鑊臣之願也惟陛下垂尸鳩之平尸鳩鴶鵴也詩國風曰尸鳩在桑其子七兮淑人君子其儀一兮毛萇注曰尸鳩之養其子旦從上下暮從下上平均如一言善人君子執義亦如此絕邪諂之論無令愚臣結恨三泉三者數之小終言深也前書曰下錮三泉於是以紹爲太尉封鄴侯獻帝春秋曰使將作大匠孔融持節之鄴拜紹爲大將軍故封鄴侯時曹操自爲大將軍紹耻爲之下太尉位在大將軍上初武帝以衛青征伐有功以爲大將軍欲尊寵之故置大司馬官號以冠之其後霍光王鳳等皆然明帝以弟東平王蒼有賢材以爲驃騎大將軍以王故位公上和帝以舅竇憲征匈奴還遷大將軍在公上以勳戚者不拘常例焉僞表辭不受操大懼乃讓位於紹二年使將作大匠孔融持節拜紹大將軍錫弓矢節鉞虎賁百人禮含文嘉曰九錫一曰車馬二曰衣服三曰樂器四曰朱戶五曰納陛六曰虎賁之士百人七曰斧鉞八曰弓矢九曰秬鬯春秋元命苞曰賜虎賁得專征伐賜斧鉞得誅也兼督冀青幽并四州然後受之紹每得詔書患有不便於己乃欲移天子自近使說操以許下埤埤亦下也音婢溼洛陽殘破宜徙都甄城甄音絹○劉攽曰案文甄字當屬上句以就全實操拒之田豐說紹曰徙都之計既不克從宜早圖許奉迎天子動託詔令響號海內此筭之上者不爾終爲人所禽雖悔無益也紹不從四年春擊公孫瓚遂定幽土事在瓚傳紹既并四州之地衆數十萬而驕心轉盛貢御稀簡主簿耿包密白紹曰赤德衰盡袁爲黃胤宜順天意獻帝春秋曰袁舜後黃應代赤故包有此言以從民心紹以包白事示軍府僚屬議者以包妖妄宜誅紹知衆情未同不得已乃殺包以弭其迹於是簡精兵十萬騎萬匹欲出攻許以審配逢紀統軍事田豐荀諶及南陽許攸爲謀主顏良文醜爲將帥沮授進說曰近討公孫師出歷年百姓疲敝倉庫無積賦役方殷此國之深憂也宜先遣使獻捷天子務農逸人若不得通乃表曹操隔我王路然後進屯黎陽漸營河南益作舟船繕脩器械分遣精騎抄其邊鄙令彼不得安我取其逸如此可坐定也郭圖審配曰兵書之法十圍五攻敵則能戰十倍則圍之五倍則攻之今以明公之神武連河朔之強衆以伐曹操兵埶譬若覆手前書陸賈謂南越王曰越殺王降漢如反覆手耳今不時取後難圖也授曰蓋救亂誅暴謂之義兵恃衆憑強謂之驕兵義者無敵驕者先滅前書魏相上書曰救亂誅暴謂之義兵兵義者王敵加於己不得已而起者謂之應兵兵應者勝爭恨小故不勝忿怒者謂之忿兵兵忿者敗利人土地貨寶者謂之貪兵兵貪者破恃國家之大矜人庶之衆欲見威於敵者謂之驕兵兵驕者滅此非但人事乃天道也曹操奉迎天子建宮許都今舉師南向於義則違且廟勝之策不在彊弱淮南子曰運籌於廟堂之中決勝乎千里之外曹操法令既行士卒精練非公孫瓚坐受圍者也今棄萬安之術而興

無名之師前書曰新城三老說高祖曰順德者昌逆德者亡兵出無名事故不成音義曰有名伐有罪也竊爲公懼之圖等曰武王伐紂不爲不義況兵加曹操而云無名且公師徒精勇將士思奮而不及時早定大業所謂天與不取反受其咎史記范蠡謂句踐曰此天與不取反受其咎越之所以霸吳之所以滅也監軍之計在於持牢而非見時知幾之變也紹納圖言圖等因是譖沮授曰授監統內外威震三軍若其浸盛何以制之夫臣與主同者亡此黃石之所忌也臣與主同者權在於主也主與臣同者權在臣也黃石者卽張良於下邳圯上所得者三畧也圯音以之反○劉攽曰注案文但當云臣與主同者權在臣也誤出於主也主與臣同者權在十字且御衆於外不宜知內淮南子曰國不可從外理軍不可從中御紹乃分授所統爲三都督使授及郭圖淳于瓊各典一軍未及行五年左將軍劉備殺徐州刺史車冑據沛以背曹操操懼乃自將征備田豐說紹曰與公爭天下者曹操也操今東擊劉備兵連未可卒解今舉軍而襲其後可一往而定兵以幾動斯其時也紹辭以子疾未得行豐舉杖擊地曰嗟乎事去矣夫遭難遇之幾而以嬰兒疾失其會惜哉紹聞而怒之從此遂疏焉曹操畏紹過河乃急擊備遂破之備奔紹紹於是進軍攻許田豐以既失前幾不宜便行諫紹曰曹操既破劉備則許下非復空虛且操善用兵變化無方衆雖少未可輕也今不如久持之將軍據山河之固擁四州之衆外結英雄內修農戰然後簡其精銳分爲奇兵孫子兵法曰凡戰者以正合以奇勝也注云正者當敵奇者擊其不備乘虛迭出以擾河南救右則擊其左救左則擊其右使敵疲於奔命人不得安業我未勞而彼已困不及三年可坐剋也今釋廟勝之策而決成敗於一戰若不如志悔無及也紹不從豐強諫忤紹紹以爲沮衆遂械繫之乃先宣檄曰蓋聞明主圖危以制變忠臣慮難以立權曩者強秦弱主趙高執柄專制朝命威福由己終有望夷之禍汙辱至今始皇崩胡亥立趙高爲丞相胡亥夢白虎齧其左驂馬殺之心不樂問占夢卜涇水爲祟胡亥乃齋望夷宮趙高令其壻閻樂逼胡亥使自殺張華云望夷之宮在長陵西北長平觀東臨涇水作之以望北夷事見史記及臻呂后祿產專政擅斷萬機決事禁省下陵上替海內寒心於是絳侯朱虛興威奮怒誅夷逆暴尊立太宗故能道化興隆光明顯融此則大臣立權之明表也呂后專制以兄子祿爲趙王上將軍產爲梁王相國各領南北軍呂后崩欲爲亂絳侯周勃朱虛侯劉章等共誅之立文帝廟稱太宗左傳閔子馬曰下陵上替能無亂乎司空曹操祖父騰故中常侍與左悺徐璜並作妖孽饕餮放橫傷化虐人貪財爲饕貪食爲餮悺音烏板反父嵩乞匄攜養續漢志曰嵩字巨高靈帝時賣官嵩以貨得拜大司農大鴻臚代崔烈爲太尉魏志曰嵩騰養子莫能審其生出本末曹瞞傳及郭頒代語並云嵩夏侯氏子惇之叔父操於惇爲從父兄弟也匄亦乞也因贓買位輿金輦寶輸貨權門竊盜鼎司傾覆重器操

姦閹遺醜本無令德僄狡鋒俠好亂樂禍方言曰僄輕也魏志曰操少機警有權數而任俠放蕩不修行業鋒俠言其如鋒之利也僄音方妙反狡作劫財物也音同幕府董統鷹揚埽夷凶逆謂紹誅諸閹人無少長皆斬之續遇董卓侵官暴國左傳侵官冒也於是提劍揮鼓發命東夏廣羅英雄棄瑕錄用故遂與操參咨策略謂其鷹犬之才爪牙可任至乃愚佻短慮輕進易退傷夷折衄數喪師徒字書曰佻輕也魏志曰操引兵西將據成皋到滎陽汴水遇卓將徐榮戰不利士卒死傷多操爲流矢所中所乘馬被創曹洪以馬與操得夜遁又爲呂布所敗幕府輒復分兵命銳修完補輯表行東郡太守兗州刺史被以虎文續漢志曰虎賁將冠鶡冠虎文單衣襄邑歲獻織成虎文衣授以偏師獎蹵威柄冀獲秦師一克之報秦穆公使孟明視西乞術白乙丙伐鄭晉襄公敗諸殽執孟明等文嬴請而舍之歸於秦穆公復用孟明伐晉晉人不敢出封殽尸而還事見左傳而遂乘資跋扈肆行酷烈割剝元元殘賢害善太公金匱曰天道無親常與善人今海內陸沈於殷久矣何乃急於元元哉故九江太守邊讓英才儁逸以直言正色論不阿諂身被梟懸之戮妻孥受灰滅之咎自是士林憤痛人怨天怒一夫奮臂舉州同聲故躬破於徐方地奪於呂布魏志曰陶謙爲徐州牧操初征之下十餘城後復征謙收五城遂略地至東海還過郯會張邈與陳宮畔迎呂布郡縣皆應布屯濮陽而操攻之布出兵戰操兵奔陳亂馳突火出墜馬燒左手掌司馬樓異扶操上馬遂得引去彷徨東裔蹈據無所幕府惟強幹弱枝之義且不登畔人之黨強幹弱枝解見班固傳左傳宋大夫魚石等以宋彭城畔屬楚經書宋彭城傳曰非宋地追書也且不登畔人也杜預注曰登成也故復援旌擐甲席卷赴征金鼓響震布衆破沮左傳曰擐甲執兵杜預注曰擐貫也前書揚雄曰雲徹席卷後無餘災魏志曰操襲定陶未拔會布至擊破之布將薛蘭李封屯鉅野操攻之布救蘭蘭敗布走布復與陳宮將萬餘人來戰操時兵少設伏縱奇兵擊大破之布夜走東奔劉備拯其死亡之患復其方伯之任是則幕府無德於兗土而有大造於操也左傳使呂相絕秦曰秦師克還無害則是我有大造於西也杜預注曰造成也會後鑾駕東反羣虜亂政時冀州方有北鄙之警匪遑離局北鄙之警謂公孫瓚攻紹也左傳曰局部也杜預注曰遠其部曲爲離局故使從事中郎徐勳就發遣操使繕修郊廟翼衛幼主而便放志專行威劫省禁卑侮王僚敗法亂紀坐召三臺專制朝政晉書曰漢官尚書爲中臺御史爲憲臺謁者爲外臺是謂三臺爵賞由心刑戮在口所愛光五宗所惡滅三族五宗謂上至高祖下及孫三族謂父族母族妻族羣談者受顯誅腹議者蒙隱戮大農顏異與張湯有隙人告異湯推異與客言詔令下有不便者異不言微反脣湯遂奏異九卿見令不便不入言而腹非論死見前書道路以目百辟鉗口國語曰厲王虐國人謗王邵公告王曰人不堪命矣王怒得衛巫使監謗以告則殺之國人莫敢言道路以目周書曰賢哲鉗口小人鼓舌何休注公羊傳曰鉗以木銜其口也鉗或作拑音渠廉反尚書記期會公卿充員品而已前書賈誼曰大臣特以簿書不報期會之間以爲大故故太尉楊彪歷典二司元綱極位續漢書曰彪代董卓爲司空又代黃琬爲司徒時袁術僭亂操託彪與術婚姻誣以欲圖廢置奏收下獄劾以大逆操因睚眦被以非罪榜楚并兼五毒俱至獻帝春秋曰收彪下獄考實遂以策罷觸情放慝不顧憲章又議郎趙彥忠諫直言議有可納

故聖朝含聽改容加錫操欲迷奪時明杜絕言路擅收立殺不俟報聞又梁孝王先帝母弟墳陵尊顯松柏桑梓猶宜恭肅操率將吏士親臨發掘破棺裸尸掠取金寶至令聖朝流涕士民傷懷前書曰孝文皇帝竇皇后生孝景帝梁孝王武又署發丘中郎將摸金校尉所過隳突無骸不露身處三公之官而行桀虜之態汙國虐民毒施人鬼加其細政苛慘科防互設罾繳充蹊阬穽塞路舉手挂網羅動足蹈機陷是以兗豫有無聊之人帝都有吁嗟之怨管子曰天下無道人在賢位者皆不自聊生歷觀古今書籍所載貪殘虐烈無道之臣於操爲甚幕府方詰外姦未及整訓加意含覆冀可彌縫左傳曰彌縫敝邑杜預注曰彌縫猶補合而操豺狼野心潛包禍謀左傳曰楚司馬子良生子越椒令尹子文曰必殺之是子也熊虎之狀而豺狼之聲弗殺必滅若敖氏諺曰狼子野心是乃狼也其可畜乎乃欲撓折棟梁孤弱漢室周易棟橈之凶不可以有輔也除忠害善專爲梟雄往歲伐鼓北征討公孫瓚強禦桀逆拒圍一年操因其未破陰交書命欲託助王師以見掩襲故引兵造河方舟北濟會行人發露瓚亦梟夷故使鋒芒挫縮厥圖不果屯據敖倉阻河爲固獻帝春秋曰操引軍造河託言助紹實圖襲鄴以爲瓚援會瓚破滅紹亦覺之以軍退屯敖倉乃欲運螳螂之斧禦隆車之隧韓詩外傳曰齊莊公獵有螳螂舉足將持其輪問其御曰此何蟲對曰此螳螂也此蟲知進而不知退不量其力而輕就敵公曰此爲天下勇士矣迴車避之勇士歸焉亦見淮南子又莊子曰螳螂怒臂以當車轍不知其不勝任也隧道也幕府奉漢威靈折衝宇宙長戟百萬胡騎千羣奮中黃育獲之士尸子曰中黃伯曰余左執太行之獶右執彫虎唯象未試史記范雎說秦昭王烏獲任鄙之力慶忌夏育之勇也○劉攽曰注尸子曰黃伯案文少一中字騁良弓勁弩之埶文子曰狡兔得而獵犬烹高鳥盡而良弓藏史記蘇秦說韓王曰天下之強弓勁弩皆從韓出并州越太行紹甥高幹爲并州刺史故言越太行山而來助青州涉濟漯紹長子譚爲青州刺史濟漯二水名在今齊州界漯音他合反大軍汎黃河以角其前荊州下宛葉而掎其後賈逵注國語曰從後牽曰掎音居蟻反左傳曰晉人角之諸戎掎之是也荊州謂劉表也與紹交故云下宛葉雷震虎步並集虜廷若舉炎火以焚飛蓬楚詞曰離憂患而乃寤若縱火於秋蓬覆滄海而注熛炭黃石公三略曰夫以義而討不義若決河而沈熒火其剋必也有何不消滅者哉當今漢道陵遲綱弛網絕操以精兵七百圍守宮闕外稱陪衞內以拘質懼篡逆之禍因斯而作乃忠臣肝腦塗地之秋烈士立功之會也可不勗哉據陳琳集此檄陳琳之詞也魏志曰琳字孔璋廣陵人避難冀州袁紹使典文章紹敗歸太祖太祖謂曰卿昔爲本初移書但可罪狀孤而已惡惡止其身何乃上及父祖邪琳謝罪太祖愛其才而不咎也流俗本此下有陳琳之辭者非也乃先遣顏良攻曹操別將劉延於白馬白馬縣屬東郡今滑州縣也故城在今縣東紹自引兵至黎陽沮授臨行會其宗族散資財以與之曰埶存則威無不加埶亡則不保一身哀哉其弟宗曰曹操士馬不敵君何懼焉授曰以曹兗州之明略又挾天子以爲資我雖剋伯珪衆實疲敝而主驕將忲

軍之破敗在此舉矣揚雄有言六國蚩蚩爲嬴弱姬今之謂乎法言之文也嬴秦姓也姬周姓方言蚩悖也六國悖惑侵弱周室遂爲秦所併也曹操遂救劉延擊顏良斬之魏志曰曹公使張遼及關羽爲先鋒羽望見良麾蓋策馬刺良萬衆之中斬其首還諸將莫能當遂解白馬圍紹乃度河壁延津南酈元水經注曰漢孝文時河決酸棗東潰金隄大發卒塞之武帝作瓠子之歌皆謂此口也又東北謂之延津杜預注左傳陳留酸棗縣北有延津沮授臨船歎曰上盈其志下務其功悠悠黃河吾其濟乎遂以疾退紹不許而意恨之復省其所部并屬郭圖紹使劉備文醜挑戰曹操又擊破之斬文醜再戰而禽二將紹軍中大震操還屯官度官度在今鄭州中牟縣北酈元水經云莨蕩渠經曹公壘北有高臺謂之官度臺在中牟城北俗謂之中牟臺紹進保陽武今鄭州縣沮授又說紹曰北兵雖衆而勁果不及南軍南軍穀少而資儲不如北南幸於急戰北利在緩師宜徐持久曠以日月紹不從連營稍前漸逼官度遂合戰操軍不利魏志曰連營稍前依沙埵爲屯東西四十里爲屯操亦分營與相當復還堅壁紹爲高櫓起土山射營中釋名曰櫓露也上無覆屋也今官度臺北土山猶在臺之東紹舊營遺基並在焉皆蒙楯而行楯今之旁排也揚雄羽獵賦曰蒙盾負羽獻帝春秋曰紹令軍中各持三尺繩曹操誠禽但當縛之○劉攽曰注誠案文當作成操乃發石車擊紹樓皆破軍中呼曰霹靂車以其發石聲震烈呼爲霹靂即今之拋車也拋音普孝反紹爲地道欲襲操操輒於內爲長塹以拒之又遣奇兵襲紹運車大破之盡焚其穀食相持百餘日河南人疲困多畔應紹紹遣淳于瓊等將兵萬餘人北迎糧運沮授說紹可遣蔣奇別爲支軍於表以絕曹操之鈔以支軍爲瓊等表援紹不從許攸進曰曹操兵少而悉師拒我許下餘守埶必空弱若分遣輕軍星行掩襲許拔則操爲成禽○劉攽曰案文爲成不須並出蓋多爲字如其未潰可令首尾奔命破之必也紹又不能用會攸家犯法審配收繫之攸不得志遂奔曹操而說使襲取淳于瓊等瓊等時宿在烏巢烏巢地名在滑州酸棗城東去紹軍四十里操自將步騎五千人夜往攻破瓊等悉斬之曹瞞傳曰公聞許攸來跣出迎之攸勸公襲瓊等公大喜乃選精銳步騎皆執袁軍旗幟銜枚縛馬口夜從間道出人把束薪所歷道問者語之曰袁公恐曹操鈔掠後軍遣兵以益備問者信以爲然既至圍屯大放火營中驚亂大破之盡燔其糧穀寶貨斬督將眭元進等割得將軍淳于仲簡鼻殺士卒千餘人皆取鼻牛馬割脣舌以示紹軍將士皆惶懼初紹聞操擊瓊謂長子譚曰就操破瓊吾拔其營彼固無所歸矣乃使高覽張郃等攻操營不下魏志曰張郃字儁乂河間鄚人也郃說紹曰曹公精兵往必破瓊等則事去矣郭圖曰郃計非也不如攻其本營郃曰曹公營固攻之必不拔若瓊等見禽吾屬盡爲虜矣紹但遣輕騎救瓊而以重兵攻太祖營不能下太祖果破瓊等紹軍潰圖慙又更譖郃快軍敗郃懼歸太祖二將聞瓊等敗遂奔操於是紹軍驚擾大潰紹與譚等幅巾乘馬與八百騎度河至黎陽北岸入其將軍蔣義渠營至帳下把其手曰孤以首領相付矣義渠避帳而處之使宣令焉衆聞紹在稍復集餘衆僞降曹操盡阬之前後所殺八

萬人沮授爲操軍所執乃大呼曰授不降也爲所執耳操見授謂曰分野殊異遂用圮絕不圖今日乃相得也授對曰冀州失策自取奔北授知力俱困宜其見禽操曰本初無謀不相用計今喪亂過紀國家未定十二年曰紀方當與君圖之授曰叔父母弟懸命袁氏若蒙公靈速死爲福操歎曰孤早相得天下不足慮也遂赦而厚遇焉授尋謀歸袁氏乃誅之紹外寬雅有局度憂喜不形於色而性矜愎自高愎音平逼反短於從善故至於敗及軍還或謂田豐曰君必見重豐曰公貌寬而內忌不亮吾忠而吾數以至言迕之若勝而喜必能赦我戰敗而怨內忌將發若軍出有利當蒙全耳今既敗矣吾不望生紹還曰吾不用田豐言果爲所笑遂殺之先賢行狀曰紹謂逢紀曰冀州人聞吾軍敗皆當念吾惟田別駕前諫止吾與衆不同吾亦慙之紀復曰豐聞將軍之退拊手大笑喜其言之中也紹於是有害豐之意初太祖聞豐不從戎喜曰紹必敗矣及紹奔遁復曰向使紹用其別駕計尚未可知也官度之敗審配二子爲曹操所禽孟岱與配有隙因蔣奇言於紹曰配在位專政族大兵強且二子在南必懷反畔郭圖辛評亦爲然紹遂以岱爲監軍代配守鄴護軍逢紀與配不睦英雄記曰審配任用與紀不睦辛評郭圖皆比於譚評辛毗兄也見魏志紹以問之紀對曰配天性烈直每所言行慕古人之節不以二子在南爲不義也公勿疑之紹曰君不惡之邪紀曰先所爭者私情今所陳者國事紹曰善乃不廢配配由是更協冀州城邑多畔紹復擊定之自軍敗後發病七年夏薨魏志曰紹自軍破後發病歐血死獻帝春秋曰紹爲人政寬百姓德之河北士女莫不傷怨市巷揮淚如或喪親典論曰袁紹妻劉氏性酷妒紹死僵尸未殯寵妾五人盡殺之爲死者有知當復見紹於地下乃髡頭墨面以毀其形尚又爲盡殺死者之家未及定嗣逢紀審配宿以驕侈爲譚所病辛評郭圖皆比於譚而與配紀有隙衆以譚長欲立之配等恐譚立而評等爲害遂矯紹遺命奉尚爲嗣

後漢書卷一百四上考證

袁紹傳紹壯健好交結大將軍梁冀以下莫不善之○何焯曰此指其父成衍紹字

今不早圖必爲所制其新至疲勞襲之可禽也○何焯校本其字上增一及字

將作大匠吳循○魏志作吳脩

在於持牢○諸本皆作在於將軍 臣良裘按三國志注中載獻帝傳作監軍之計在於持牢將軍二字傳寫之誤也今改

父嵩乞匄攜養注曹瞞傳及郭頒代語並云嵩夏侯氏子惇之叔父魏太祖於惇爲從父兄弟也○何焯曰

悖淵之子皆與魏室締姻有以知曹瞞傳及郭頒代語之妄

後漢書卷一百四下

宋 宣 城 太 守范 曄撰

唐 章 懷 太 子 賢注

袁紹劉表列傳第六十四下

袁紹傳子譚

譚自稱車騎將軍出軍黎陽尚少與其兵而使逢紀隨之譚求益兵審配等又議不與譚怒殺逢紀曹操度河攻譚譚告急於尚尚乃留審配守鄴自將助譚與操相拒於黎陽自九月至明年二月大戰城下郭緣生述征記曰黎陽城西袁譚城城南又有一城是曹公攻譚之所築譚尚敗退操將圍之乃夜遁還鄴操進軍尚逆擊破操操軍還許譚謂尚曰我鎧甲不精故前爲曹操所敗今操軍退人懷歸志及其未濟出兵掩之可令大潰此策不可失也尚疑而不許既不益兵又不易甲譚大怒郭圖辛評因此謂譚曰使先公出將軍爲兄後者皆是審配之所搆也譚然之遂引兵攻尚戰於外門郭門之門譚敗乃引兵還南皮南皮縣屬渤海郡今滄州縣也章武有北皮亭故此曰南皮別駕王脩率吏人自青州往救譚譚還欲更攻尚問脩曰計將安出脩曰兄弟者左右手也譬人將鬬而斷其右手曰我必勝若如是者可乎夫棄兄弟而不親天下其誰親之屬有讒人交鬬其間以求一朝之利願塞耳勿聽也若斬佞臣數人復相親睦以御四方可橫行於天下譚不從尚復自將攻譚譚戰大敗嬰城固守前書蒯通曰必將嬰城固守音義曰嬰謂以城自繞也尚圍之急譚奔平原而遣潁川辛毗詣曹操請救魏志曰辛毗潁川陽翟人也譚使毗詣太祖求和毗見太祖致譚意太祖悅謂毗曰譚可信尚必可克不毗對曰明公無問信與詐也直當論其勢耳袁氏本兄弟相伐非謂他人能間其間乃謂天下可定於己也一旦求救於明公此可知也○劉攽曰注直言當論其勢耳案文多一言字劉表以書諫譚曰天降災害禍難殷流初交殊族卒成同盟使王室震蕩彝倫攸斁左傳曰震蕩播越書曰彝倫攸斁彝常也倫理也攸所也斁敗也是以智達之士莫不痛心入骨傷時人不能相忍也然孤與太公志同願等言太公者尊之謂紹也雖楚魏絕邈山河迥遠楚荊州也魏冀州也戮力乃心共獎王室左傳曰同好惡獎王室杜預曰獎助也使非族不干吾盟異類不絕吾好此孤與太公無貳之所致也功績未卒太公殂殞賢胤承統以繼洪業宣奕世之德履丕顯之祚奕重也國語曰奕代載德摧嚴敵於鄴都揚休烈於朔土顧定疆宇虎視河外凡我同盟莫不景附何悟青蠅飛於竿旌無忌游於二壘詩小雅曰營營青蠅止于樊讒人罔極構我二人史記費無忌寵於楚平王爲太子建少傅無寵於太子日夜讒太子於王王欲誅太子太子奔宋左傳作無極竿旌二壘者謂譚尚也使股肱分成二體匈膂絕爲異身初聞此問尚謂不然定聞信來乃知閼伯實沈之忿已成棄親即讎之計已決左傳子產曰高辛氏有二子伯曰閼伯季曰實沈居於曠林不相能也日尋干戈以相征討旃旆交於中原暴尸累於城下聞之哽咽若存若亡昔三王五伯下及戰國君臣相弒父子相殺兄弟相殘親戚相滅蓋時有之然或欲以成王業昔周公誅管蔡之類或欲以定霸功若齊桓公殺子糾也皆所謂逆取順守而徼富彊於一世也未有棄親即異兀其根本而能全於長世者也昔齊襄公報九世之讎公羊傳曰紀侯大去其國大去者何滅之也孰滅之齊滅之曷爲不言齊滅之爲襄公諱也春秋爲賢者諱何賢乎襄公復讎也何讎爾遠祖也哀公烹於周紀侯譖之遠祖者幾代九代矣史記曰紀侯譖齊哀公於周周夷王烹哀公其弟靖立是爲胡公胡公弟獻公立子武公立子厲公立子文公立子成公立子莊公立子釐公立子襄公八年紀遷去其邑是爲九代也士匄卒荀偃之事是故春秋美其義君子稱其信夫伯游之恨於齊未若太公之忿於曹也宣子之臣承業未若仁君之繼統也荀偃晉大夫也左傳曰荀偃將中軍士匄佐之伐齊濟河病目出及卒而視不可含欒盈曰其爲未卒事於齊故也士匄撫之曰主苟終所不嗣事於齊有如河乃瞑受含伯游荀偃字也宣子即士匄也士燮之子士會之孫且君子違難不適讎國交絕不出惡聲左傳曰公山不狃曰君子違難不適讎國杜預曰違奔亡也史記樂毅遺燕惠王書曰臣聞古之君子交絕不出惡聲況忘先人之讎棄親戚之好而爲萬世之戒遺同盟之恥哉蠻夷戎狄將有誚讓之言況我族類而不痛心邪夫欲立竹帛於當時全宗祀於一世豈宜同生分謗爭校得失乎若冀州有不弟之慠左傳曰段不弟故不言弟無慙順之節仁君當降志辱身以濟事爲務事定之後使天下平其曲直不亦爲高義邪今仁君見憎於夫人未若鄭莊之於姜氏昆弟之嫌未若重華之於象敖然莊公卒崇大隧之樂象敖終受有鼻之封左傳曰鄭武公娶于申曰武姜生莊公及叔段莊公寤生驚姜氏遂惡之愛叔段欲立之武公弗許及莊公立姜氏爲請京使居之段繕甲兵將襲鄭夫人將啓之莊公遂寘姜氏於城潁而誓之曰不及黃泉無相見也既而悔之潁考叔曰君何患焉若闕地及泉隧而相見其誰曰不然從之公入而賦大隧之中其樂也融融姜出而賦大隧之外其樂也洩洩遂爲母子如初事見左傳史記曰舜名重華父瞽叟盲而舜母死瞽叟更娶妻生象瞽叟愛後妻子常欲殺舜舜踐帝位封弟象爲諸侯孟子曰象至不仁封諸有鼻仁人之於其弟也不藏怒焉不宿怨焉親愛之而已矣鼻國在永州營道縣北今猶謂之鼻亭願捐棄百痾追攝舊義復爲母子昆弟如初今整勒士馬瞻望鵠立又與尚書諫之並不從魏氏春秋載表遺尚書曰知變起辛郭禍結同生追閼伯實沈之蹤忘常棣死喪之義親尋干戈僵尸流血聞之哽咽若存若亡昔軒轅有涿鹿之戰周公有商奄之師皆所以翦除穢害而定王業非彊弱之爭喜怒之忿也故雖滅親不尤誅兄不傷今二君初承洪業纂繼前軌進有國家傾危之慮退有先公遺恨之負當唯曹是務唯國是康何者金木水火剛柔相濟然後剋得其和能爲人用今青州天性峭急迷於曲直仁君度數弘廣綽然有餘當以大苞小以優容劣先除曹操以卒先公之恨事定之後乃議曲直之計不亦善乎若留神遠圖剋己復禮當振旅長驅共獎王室若迷而不返違而無改則胡夷將有誚讓之言況我同盟復能戮力爲君之役哉此韓盧東郭自困於前而遺田父之獲者也憤躍鶴望冀聞和同之聲若其泰也則袁族其與漢升降乎如其否也則同盟永無望矣表二書竝見王粲傳曹操遂還救譚十月至黎陽尚聞操度河乃釋平原還鄴尚將呂曠高翔畔歸曹氏譚復陰刻將軍印以假曠翔操知譚詐乃以子整聘譚女以安之魏志曰整建安二十二年封郿侯二十三年薨無子黃初二年追進爵諡曰戴公而引軍還九年三月尚使審配守鄴復攻譚於平原配獻書於譚曰配聞良藥苦口而利於病忠言逆耳而便於行孔子家語曰忠言逆耳而利於行願將軍緩心抑怒終省愚辭蓋春秋之義國君死社稷忠臣死君命左傳晏嬰曰君爲社稷死則死之爲社稷亡則亡之晉解揚曰受命以出有死無隕死而成命臣之祿也苟圖危宗廟剝亂國家親疏一也左傳曰天實剝亂也是以周公垂涕以斃管蔡之獄左傳子太叔曰周公殺管叔放蔡叔夫豈不愛王室故也季友歔欷而行叔牙之誅公羊傳曰公子牙卒何以不稱弟殺也爲季子諱殺也莊公病叔牙曰魯一生一及君以知之慶父存也季子曰夫何敢是將爲亂和藥而飲之曰公子從吾言而飲此則可以無爲天下戮笑必有後於魯國誅不避兄弟君臣之義也○劉攽曰注慶父存也案公羊云慶父也存何則義重人輕事不獲已故也昔先公廢黜將軍以續賢兄立我將軍以爲嫡嗣上告祖靈下書譜牒海內遠近誰不備聞何意凶臣郭圖妄畫蛇足戰國策曰楚有祠者賜其舍人酒一卮舍人相謂曰數人飲之不足一人飲之有餘請各畫地爲蛇先成者飲酒一人蛇先成引酒且飲乃左手持酒右手畫蛇曰吾能爲之足未成一人蛇成奪其卮曰蛇固無足子安能爲足遂飲酒爲蛇足者終亡其酒曲辭諂媚交亂懿親至令將軍忘孝友之仁襲閼沈之迹放兵鈔突屠城殺吏冤魂痛於幽冥創痍被於草棘又乃圖獲鄴城許賞賜秦胡其財物婦女豫有分數又云孤雖有老母趣使身體完具而已聞此言者莫不悼心揮涕使太夫人憂哀憤隔我州君臣監寐悲歎誠拱默以聽執事之圖則懼違春秋死命之節詒太夫人不測之患損先公不世之業詒遺也不世猶言非常也我將軍辭不獲命以及館陶之役獻帝春秋曰譚尚遂尋干戈以相征討譚軍不利保于平原尚乃軍于館陶譚擊之敗尚走保險譚追攻之尚設奇伏大破譚軍僵屍流血不可勝計譚走還平原伏惟將軍至孝蒸蒸發於岐嶷友于之性生於自然章之以聰明行之以敏達覽古今之舉措覩興敗之徵符輕榮財於糞土貴名位於丘岳何意奄然迷沈墮賢哲之操墮音許規反積怨肆忿取破家之禍翹企延頸待望讎敵委慈親於虎狼之牙以逞一朝之志豈不痛哉若乃天啓尊心革圖易慮則我將軍匍匐悲號於將軍股掌之上配等亦當敷躬布體以聽斧鑕之刑如又不悛禍將及之願熟詳吉凶以賜環玦孫卿子曰絕人以玦反人以環譚不納曹操因此進攻鄴審配將馮禮爲內應開突門內操兵三百餘人墨子備突篇曰城百步一突門突門用車兩輪以木束之塗其上維置突門內度門廣狹之令人入門四尺中置窯突門旁爲橐充竈狀又置艾寇即入下輪而塞之鼓橐薰之也配覺之從城上以大石擊門門閉入者皆死操乃鑿塹圍城周回四十里初令淺示若可越配望見笑而不出爭利操一夜濬之廣深二丈引漳水以灌之自五月至八月城中餓死者過半尚聞鄴急將軍萬餘人還救城操逆擊破之尚走依曲漳爲營漳水之曲操復圍之未合尚懼遣陰夔陳琳求降不聽尚還走藍口相州安陽縣界有藍嵯山與鄴相近蓋藍山之口操復進急圍之尚將馬延等臨陣降衆大潰尚奔中山盡收其輜重得尚印綬節鉞及衣物以示城中城中崩沮審配令士卒曰堅守死戰操軍疲矣幽州方至何憂無主操出行圍配伏弩射之幾中幾音祈中音竹仲反以其兄子榮爲東門校尉榮夜開門內操兵配拒戰城中生獲配操謂配曰吾近行圍弩何多也配曰猶恨其少操曰卿忠於袁氏亦自不得不爾意欲活之配意氣壯烈終無撓辭見者莫不歎息遂斬之先賢行狀曰是日生縛配將詣帳下辛毗等逆以馬鞭擊其頭罵之曰奴汝今日真死矣配顧曰狗輩由汝曹破我冀州恨不得殺汝也太祖既有意活配配無撓辭而辛毗等號哭不已乃殺之全尚母妻子還其財寶高幹以并州降復爲刺史曹操之圍鄴也譚復背之因略取甘陵安平勃海河間攻尚於中山尚敗走故安從熙而譚悉收其衆還屯龍湊十二月曹操討譚軍其門譚夜遁奔南皮臨清河而屯明年正月急攻之譚欲出戰軍未合而破譚被髮驅馳追者意非恒人趨奔之趨音促譚墮馬顧曰咄兒過我我能富貴汝言未絕口頭已斷地於是斬郭圖等戮其妻子熙尚爲其將焦觸張南所攻奔遼西烏桓觸自號幽州刺史驅率諸郡太守令長背袁向曹陳兵數萬殺白馬盟令曰違者斬衆莫敢仰視各以次歃至別駕代郡韓珩珩音行曰吾受袁公父子厚恩今其破亡智不能救勇不能死於義闕矣若乃北面曹氏所不能爲也一坐爲珩失色觸曰夫舉大事當立大義事之濟否不待一人可卒珩志以厲事君先賢行狀曰珩字子佩代郡人清粹有雅量少喪父母奉養兄姊宗族稱弟也曹操聞珩節甚高之屢辟不至卒於家高幹復叛執上黨太守舉兵守壺口關潞州上黨縣有壺山口因其險而置關焉十一年曹操自征幹幹乃留其將守城自詣匈奴求救不得獨與數騎亡欲南奔荊州上洛都尉捕斬之典論曰上洛都尉王琰獲高幹以功封侯其妻哭於室以爲琰富貴將更娶妾媵故也十二年曹操征遼西擊烏桓尚

熙與烏桓逆操軍戰敗走乃與親兵數千人奔公孫康於遼東尚有勇力先與熙謀曰今到遼東康必見我我獨爲兄手擊之且據其郡猶可以自廣也康亦心規取尚以爲功乃先置精勇於廐中然後請尚熙熙疑不欲進尚彊之遂與俱入未及坐康叱伏兵禽之坐於凍地尚謂康曰未死之閒寒不可忍可相與席康曰卿頭顱方行萬里何席之爲遂斬首送之康遼東人父度初避吏爲玄菟小吏稍仕（○劉攽曰玄菟案郡名皆作菟）中平元年還爲本郡守在職敢殺伐郡中名豪與己夙無恩者遂誅滅百餘家因東擊高句驪西攻烏桓威行海畔時王室方亂度恃其地遠陰獨懷幸會襄平社生大石丈餘下有二小石爲足度以爲己瑞（襄平縣屬遼東郡故城在今平州盧龍縣西南魏志曰時襄平延里社生大石或謂度曰此漢宣帝冠石祥也里名與先君同社主土地明當有土地有三公輔也度益喜）初平元年乃分遼東爲遼西中遼郡並置太守越海收東萊諸縣爲營州刺史（爲猶置也）自立爲遼東侯平州牧追封父延爲建義侯立漢二祖廟承制設壇墠於襄平城南郊祀天地藉田理兵乘鸞輅九旒旄頭羽騎建安九年司空曹操表爲奮威將軍封永寧鄉侯度死康嗣故遂據遼土焉

劉表傳

劉表字景升山陽高平人魯恭王之後也（恭王景帝子名餘）身長八尺餘姿貌溫偉與同郡張儉等俱被訕議號爲八顧詔書捕案黨人表亡走得免黨禁解辟大將軍何進掾初平元年長沙太守孫堅殺荊州刺史王叡（王氏譜曰叡字通曜晉太保祥之伯父也吳錄曰叡見執驚曰我何罪堅曰坐無所知叡窮迫刮金飲之而死）詔書以表爲荊州刺史時江南宗賊大盛（宗黨共爲賊）又袁術阻兵屯魯陽表不能得至乃單馬入宜城（宜城縣屬南郡本鄢惠帝三年改名宜城）請南郡人蒯越襄陽人蔡瑁與共謀畫（傅子曰越字異度魏太祖平荊州與荀彧書曰不喜得荊州喜得異度耳）表謂越曰宗賊雖盛而衆不附若袁術因之禍必至矣吾欲徵兵恐不能集其策焉出對曰理平者先仁義理亂者先權謀兵不在多貴乎得人袁術驕而無謀宗賊率多貪暴越有所素養者使人示之以利必持衆來使君誅其無道施其才用威德既行襁負而至矣兵集衆附南據江陵北守襄陽荊州八郡（漢官儀曰荊州管長沙零陵桂陽南陽江陵武陵南郡章陵等是也）可傳檄而定公路雖至無能爲也表曰善乃使越遣人誘宗賊帥至者十五人皆斬之而襲取其衆唯江夏賊張虎陳坐擁兵據襄陽城表使越與龐季往譬之乃降江南悉平諸守令聞表威名多解印綬去表遂理兵襄陽以觀時變袁術與其從兄紹有隙而紹與表相結故術共孫堅合從襲表表敗堅遂圍襄陽會表將黃祖救至堅爲流箭所中死餘衆退走（典略曰劉表夜遣將黃祖潛出兵堅逆與戰祖敗走竄峴山中堅乘勝夜追祖祖部兵從竹木間射堅殺之英雄記劉表將呂介將兵緣山向堅堅輕騎尋山討介介下兵射中堅頭應時物故與此不同）及李傕等入長安冬表遣使奉貢傕以表爲鎮南將軍荊州牧封成武侯假節以爲己援建安元年驃騎將軍張濟自關中走南陽因攻穰城中飛矢而死荊州官屬皆賀表曰濟以窮來主人無禮至於交鋒此非牧意牧受弔不受賀也使人納其衆衆聞之喜遂皆服從（獻帝春秋曰濟引衆入荊州賈詡隨之歸劉表襄陽城守不受濟因攻之爲流矢所中濟從子繡收衆而退劉表自責以爲己無賓主禮遣使招繡繡遂屯襄陽爲表北藩）三年長沙太守張羨率零陵桂陽三郡畔表表遣兵攻圍破羨平之（英雄記曰張羨南陽人先作零陵桂陽守甚得江湘間心然性屈彊不順表薄其爲人不甚禮也羨因是懷恨遂畔表）於是開土遂廣南接五嶺（裴氏廣州記云大庾始安臨賀桂陽揭陽是謂五嶺鄧德明南康記曰大庾一也桂陽甲騎二也九眞都龐三也臨賀萌渚四也始安越城五也）北據漢川地方數千里帶甲十餘萬初荊州人情好擾加四方駭震寇賊相扇處處糜沸表招誘有方威懷兼洽其姦猾宿賊更爲效用萬里肅清大小咸悅而服之關西兗豫學士歸者蓋有千數表安慰賑贍皆得資全遂起立學校博求儒術綦毋闓宋忠等（闓音開）撰立五經章句謂之後定愛民養士從容自保及曹操與袁紹相持於官度紹遣人求助表許之不至亦不援曹操且欲觀天下之變從事中郎南陽韓嵩（先賢行狀曰嵩字德高義陽人少好學貧不改操）別駕劉先說表（零陵先賢傳曰先字始宗博學強記尤好黃老明習漢家典故）曰今豪桀並爭兩雄相持天下之重在於將軍若欲有爲起乘其敝可也如其不然固將擇所宜從豈可擁甲十萬坐觀成敗求援而不能助見賢而不肯歸此兩怨必集於將軍恐不得中立矣曹操善用兵且賢俊多歸之其埶必舉袁紹然後移兵以向江漢恐將軍不能禦也今之勝計莫若舉荊州以附曹操操必重德將軍長享福祚垂之後嗣此萬全之策也蒯越亦勸之表狐疑不斷乃遣嵩詣操觀望虛實謂嵩曰今天下未知所定而曹操擁天子都許君爲我觀其釁嵩對曰嵩觀曹公之明必得志於天下將軍若欲歸之使嵩可也如其猶豫嵩至京師天子假嵩一職不獲辭命（劉攽曰案文當云辭不獲命）則成天子之臣將軍之故吏耳在君爲君不復爲將軍死也惟加重思表以爲憚使強之至許果拜嵩侍中零陵太守及還盛稱朝廷曹操之德勸遣子入侍表大怒以爲懷貳陳兵詬嵩將斬之（詬罵也）嵩不爲動容徐陳臨行之言表妻蔡氏知嵩賢諫止之表猶怒乃考殺從行者知無它意但囚嵩而已（傅子曰表妻蔡氏諫之曰韓嵩楚國之望且其言直誅之無辭表乃不誅而囚之）六年劉備自袁紹奔荊州表厚相待結而不能用也十三年曹操自將征表未至八月表疽發背卒（代語曰表死後八十餘年晉太康中冢見發表及妻身形如生芬香聞數里也）在荊州幾二十年家無餘積二子琦琮表初以琦貌類於己甚愛之後爲琮娶其後妻蔡氏之姪蔡氏遂愛琮而惡琦毀譽之言日聞於表表寵耽後妻每信受焉又妻弟蔡瑁及外甥張允並得幸於表又睦於琮而琦不自寧嘗與琅邪人諸葛亮謀自安之術亮初不對後乃共升高樓因令去梯謂亮曰今日上不至天下不至地言出子口而入吾耳可以言未亮曰君不見申生在內而危重耳居外而安乎（申生晉獻公之太子爲麗姬所譖乃自縊死重耳申生之弟懼麗姬之讒出奔獻公卒重耳入是爲文公遂爲霸主見左氏傳）琦意感悟陰規出計會表將江夏太守黃祖爲孫權所殺琦遂求代其任及表病甚琦歸省疾素慈孝允等恐其見表而父子相感更有託後之意乃謂琦曰將軍命君撫臨江夏其任至重今釋衆擅來必見譴怒傷親之歡重增其疾非孝敬之道也遂遏于戶外使不得見琦流涕而去之衆聞而傷焉遂以琮爲嗣琮以侯印授琦琦怒投之地將因奔喪作難會曹操軍至新野琦走江南蒯越韓嵩及東曹掾傅巽等說琮歸降（傅子曰巽字公悌瓌瑋博達有知人鑒識○劉攽曰正文蒯越韓嵩及東曹掾傅巽案下文云釋嵩之囚則此時嵩方見囚何得有說明多韓嵩二字若嵩有說亦當見封也）琮曰今與諸君據全楚之地守先君之業以觀天下何爲不可巽曰逆順有大體彊弱有定埶以人臣而拒人主逆道也以新造之楚而禦中國必危也以劉備而敵曹公不當也三者皆短欲以抗王師之鋒必亡之道也將軍自料何與劉備琮曰不若也巽曰誠以劉備不足禦曹公則雖全楚不能以自存也誠以劉備足禦曹公則備不爲將軍下也願將軍勿疑及操軍到襄陽琮舉州請降劉備奔夏口（夏口城今之鄂州也左傳吳伐楚楚沈尹戌奔命於夏汭杜預注曰漢水入江今夏口也○劉攽曰注漢水入口案口當作江）操以琮爲青州刺史封列侯蒯越等侯者十五人乃釋嵩之囚（○劉攽曰案韓嵩事在上去此甚遠不可少韓字也）以其名重甚加禮待使條品州人優劣皆擢而用之以嵩爲大鴻臚以交友禮待之蒯越光祿勳劉先尚書令初表之結袁紹也侍中從事鄧義諫不聽義以疾退終表世不仕操以爲侍中其餘多至大官操後敗於赤壁（赤壁山名也在今鄂州蒲圻縣）劉備表琦爲荊州刺史明年卒

論曰袁紹初以豪俠得衆遂懷雄霸之圖天下勝兵舉旗者莫不假以爲名及臨場決敵則悍夫爭命（悍勇也）深籌高議則智士傾心盛哉乎其所資也韓非曰狠剛而不和愎過而好勝嫡子輕而庶子重斯之謂亡徵（韓非亡徵篇曰狠剛而不和愎諫而好勝不顧社稷而輕爲信者可亡也又曰太子輕而庶子伉可亡也又曰太子卑而庶子尊可亡也）劉表道不相越而欲臥收天運擬蹤三分其猶木禺之於人也（言其如刻木爲人無所知也前書有木禺龍一音義曰禺寄也寄龍形于木）

贊曰紹姿弘雅表亦長者稱雄河外擅彊南夏魚儷漢舳雲屯冀馬（魚儷猶相次比也左傳曰秦公爲魚麗之陳前書音義曰舳紅後持柂處也左傳曰冀之北土馬之所生）闚圖訊鼎禋天類社（闚圖謂若劉歆圖書改名秀訊鼎謂楚子問王孫滿鼎輕重也國語曰精意以享謂之禋爾雅曰是類是禡師祭也社者陰類將興師故祭之）旣云天工亦資人亮（工者官也亮信也尚書曰天工人其代之又曰惟時亮天工）矜彊少成坐談奚望（九州春秋曰曹公征烏桓諸將曰今深入遠征萬一劉表使備襲許悔無及也郭嘉曰劉表坐談客耳自知才不足以御備重任之則恐不能制輕之則備不爲用雖虛國遠征無憂矣公遂征之）回皇冢嬖身穨業喪（冢嫡也嬖愛也）

後漢書卷一百四下考證

袁紹子譚初交殊族卒成同盟○文義難曉疑有脫誤

宣子之臣承業○以魏氏春秋參校衍一臣字

劉表傳與同郡張儉等俱被訕議號爲八顧○（臣世駿）按黨錮傳表儉二人列於八及前後不同

時江南宗賊大盛注宗黨共爲賊○宗焯曰宗恐與巴賓之賓同義

江夏賊張虎陳坐○何焯校本坐改生

蒯越韓嵩及東曹掾傅巽等說琮歸降劉攽曰按下文云釋嵩之囚此時嵩方見囚何得有說明多韓嵩二字若嵩有說亦當見封也○日知錄曰是表卒之後琮已赦嵩而出之矣下文云操至乃釋嵩之囚此史家欲歸美於操而不顧上下文之相戾也何焯曰魏志云知嵩無他乃止是則嵩未嘗見囚實勸琮降也封者十五人焉知嵩不在其中范書兼採傅子弗誅而囚之說後又補釋嵩之囚一語而仍陳氏越嵩及東曹掾云云乃不覺違反也韓嵩二字宜存而論之

後漢書卷一百五

宋　宣　城　太　守　范　曄　撰

唐　章　懷　太　子　賢　注

劉袁呂列傳第六十五

劉焉傳

劉焉字君郎江夏竟陵人也（竟陵今復州縣）魯恭王後也（恭王景帝子名餘）肅宗時徙竟陵焉少任州郡以宗室拜郎中去官居陽城山精學教授舉賢良方正稍遷南陽太守宗正太常時靈帝政化衰缺四方兵寇焉以爲刺史威輕旣不能禁且用非其人輒增暴亂乃建議改置牧伯鎭安

方夏清選重臣以居其任焉乃陰求爲交阯以避時難議未卽行會益州刺史郤儉在政煩擾謠言遠聞而幷州刺史張懿涼州刺史耿鄙並爲寇賊所害故焉議得用出焉爲監軍使者領益州牧（前書任安爲監北軍使者）太僕黃琬爲豫州牧宗正劉虞爲幽州牧皆以本秩居職州任之重自此而始是時益州賊馬相亦自號黃巾合聚疲役之民數千人先殺綿竹令（綿竹故城在今益州綿竹縣東）進攻雒縣（今益州雒縣）殺郤儉又擊蜀郡犍爲旬月之間破壞三郡（綿竹及雒屬廣漢郡幷蜀郡犍爲郡）馬相自稱天子衆至十餘萬人遣兵破巴郡殺郡守趙部州從事賈龍先領兵數百人在犍爲遂糾合吏人攻相破之龍乃遣吏卒迎焉焉到以龍爲校尉徙居綿竹撫納離叛務行寬惠而陰圖異計沛人張魯母有姿色兼挾鬼道往來焉家遂任魯以爲督義司馬遂與別部司馬張修（○劉攽曰案文多下一遂字）將兵掩殺漢中太守蘇固斷絕斜谷殺使者魯既得漢中遂復殺張修而幷其衆焉欲立威刑以自尊大乃託以它事殺州中豪彊十餘人（蜀志曰殺王咸李權等）士民皆怨初平二年犍爲太守任岐及賈龍並反攻焉焉擊破皆殺之自此意氣漸盛遂造作乘輿車重千餘乘（重輜重也）焉四子範爲左中郎將誕治書御史璋奉車都尉（蜀志曰璋字季玉）並從獻帝在長安唯別部司馬瑁隨焉在益州朝廷使璋曉譬焉焉留璋不復遣興平元年征西將軍馬騰與範謀誅李傕焉遣叟兵五千助之戰敗（漢世謂蜀爲叟孔安國注尚書云蜀叟也）範及誕並見殺焉既痛二子又遇天火燒其城府車重延及民家館邑無餘於是徙居成都遂疽發背卒（說文曰疽久癰也）州大吏趙韙等貪璋溫仁立爲刺史詔書因以璋爲監軍使者領益州牧以韙爲征東中郎將先是荆州牧劉表表焉僭擬乘輿器服韙以此遂屯兵朐䏰備表（朐音蠢䏰音如尹反屬蜀郡故城在今夔州雲安縣西也）初南陽三輔民數萬戶流入益州焉悉收以爲衆名曰東州兵璋性柔寬無威畧東州人侵暴爲民患不能禁制舊士頗有離怨趙韙之在巴中甚得衆心璋委之以權韙因人情不輯（輯和也）乃陰結州中大姓建安五年還共擊璋蜀郡廣漢犍爲皆反應東州人畏見誅滅乃同心幷力爲璋死戰遂破反者進攻韙於江州斬之（江州縣名屬巴郡今渝州巴縣）張魯以璋闇懦不復承順璋怒殺魯母及弟而遣其將龐羲等攻魯數爲所破魯部曲多在巴土故以羲爲巴郡太守魯因襲取之遂雄於巴漢十三年曹操自將征荆州璋乃遣使致敬操加璋振威將軍兄瑁平寇將軍璋因遣別駕從事張松詣操而操不相接禮松懷恨而還勸璋絕曹氏而結好劉備璋從之十六年璋聞曹操當遣兵向漢中討張魯內懷恐懼松復說璋迎劉備以拒操璋卽遣法正將兵迎備（蜀志曰法正字孝直扶風郿人也祖眞字喬卿父衍字季謀）璋主簿巴西黃權諫曰（蜀志曰權字公衡閬中人也先主取益州諸縣望風景附權閉城堅守須璋稽服乃詣先主主稱尊號將東伐吳權諫先主不從以權爲鎭北將軍督江北軍先主自在江南吳將陸議乘虛斷圍南軍敗績先主引退而道隔權不得還故率所領降于魏有司執法白收權妻子先主曰孤負黃權權不負孤也待之如初魏文帝謂權曰君舍逆効順欲追蹤陳韓邪權對曰臣過受劉氏厚遇降吳不可還蜀無路是以歸命且敗軍之將免死爲幸何古人之可慕）劉備有梟名（梟卽驍也）今以部曲遇之則不滿其心以賓客待之則一國不容二主此非自安之道從事廣漢王累自倒懸於州門以諫璋一無所納備自江陵馳至涪城（涪城故城今綿州城）璋率步騎數萬與備會（蜀志曰是歲建安十六年）張松勸備於會襲璋備不忍明年出屯葭萌松兄廣漢太守肅懼禍及己乃以松謀白璋收松斬之（益部耆舊傳曰張肅有威儀容貌甚偉松爲人短小放蕩不持節操然識理精果有才幹劉璋遣詣曹公公不甚禮楊修深器之白公辟松不納修以公所撰兵書示松飲宴之間一省卽便闇誦以此異之）勑諸關戍勿復通備大怒還兵擊璋所在戰剋十九年進圍成都數十日城中有精兵三萬人穀支一年吏民咸欲拒戰璋言父子在州二十餘歲無恩德以加百姓而攻戰三載肌膏草野者以璋故也何心能安遂開城出降羣下莫不流涕備遷璋於公安（公安今荆州縣）歸其財寶後以病卒（蜀志曰先主遷璋于公安南猶佩振威將軍印綬孫權破關羽取荆州以璋爲益州牧留住秭歸）明年曹操破張魯定漢中魯字公旗初祖父陵順帝時客於蜀學道鶴鳴山中（山在今益州晉原縣南）造作符書以惑百姓受其道者輒出米五斗故謂之米賊陵傳子衡衡傳於魯魯遂自號師君其來學者初名爲鬼卒後號祭酒祭酒各領部衆衆多者名曰理頭皆校以誠信不聽欺妄有病但令首過而已（魏志曰大抵與黃巾相似首音式救反）諸祭酒各起義舍於路同之亭傳（傳音陟戀反）縣置米肉以給行旅食者量腹取足過多則鬼能病之犯法者先加三原（原免也）然後行刑不置長吏以祭酒爲理民夷信向（典略曰初熹平中妖賊大起漢中有張修爲太平道張角爲五斗米道太平道師持九節杖爲符祝教病人叩頭思過因以符水飲之病或自愈者則云此人信道其或不愈則云不信道修法略與角同加施淨室使病人處其中思過又使人爲姦令祭酒主以老子五千文使都習號爲姦令爲鬼吏主爲病者請禱之法書病人姓字說服罪之意作三通其一上之天著山上其一埋之地其一沈之水謂之三官手書使病者家出米五斗以爲常故號五斗米師實無益於療病小人昏愚競供事之後角被誅修亦亡及魯自在漢中因其人信行修業遂增飾之教使起義舍以米置其中以止行人又使自隱其小過者當循道百步則罪除又依月令春夏禁殺又禁酒流移寄在其地者不敢不奉也）朝廷不能討遂就拜魯鎭夷中郎將領漢寧太守（袁山松書建安二十年置漢寧郡）通其貢獻韓遂馬超之亂關西民奔魯者數萬家時人有地中得玉印者羣下欲尊魯爲漢寧王魯功曹閻圃諫曰漢川之民戶出十萬四面險固財富土沃上匡天子則爲桓文次方竇融不失富貴今承制署置埶足斬斷遽稱王號必爲禍先魯從之魯自在漢川垂三十年聞曹操征之至陽平（周地圖記曰褒谷西北有古陽平關其地在今梁州褒城縣西北也）欲舉漢中降其弟衛不聽率衆數萬拒關固守（魏志曰太祖征魯至陽平關衛拒關堅守）操破衛斬之魯聞陽平已陷將稽顙歸降閻圃說曰今以急往其功爲輕不如且依巴中然後委質功必多也於是乃奔南山左右欲悉焚寶貨倉庫魯曰本欲歸命國家其意未遂今日之走以避鋒銳非有惡意遂封藏而去操入南鄭甚嘉之又以魯本有善意遣人慰安之魯卽與家屬出迎拜鎭南將軍封閬中侯邑萬戶（閬中屬巴郡今隆州縣）將還中國待以客禮封魯五子及閻圃等皆爲列侯魯卒諡曰原侯子富嗣

論曰劉焉覩時方艱先求後亡之所（左傳曰鄭公孫黑肱有疾歸邑于公曰吾聞之生於亂代貴而能貧人無求焉可以後亡）庶乎見幾而作（易曰君子見幾而作不俟終日又曰幾者動之微吉之先見）夫地廣則驕尊之心生財衍則僭奢之情用（衍饒也）固亦恒人必至之期也璋能閉隘養力守案先圖尙可與歲時推移而遽輸利器靜受流斥（老子曰國之利器不可以示人）所謂羊質虎皮見豺則恐吁哉（楊子法言曰羊質虎皮見草而悅見豺而戰）

袁術傳

袁術字公路汝南汝陽人司空逢之子也少以俠氣聞數與諸公子飛鷹走狗後頗折節舉孝廉累遷至河南尹虎賁中郎將時董卓將欲廢立以術爲後將軍術畏卓之禍出奔南陽會長沙太守孫堅殺南陽太守張咨（英雄記曰咨字子議潁川人吳曆曰孫堅至南陽咨不給軍糧又不肯見堅堅欲進兵恐爲後害乃詐得急疾舉軍震惶迎呼巫醫禱祀山川遣所親人說咨言病困欲以兵付咨咨聞之心利其兵卽將步騎五六百人入營看堅堅與相見無何卒然而起案劒罵咨遂執斬之）引兵從術劉表上術爲南陽太守術又表堅領豫州刺史使率荆豫之卒擊破董卓於陽人術從兄紹因堅討卓未反遠（○劉攽曰案文衍遠字蓋書本有以反字爲還者後遂兩存而傳寫之誤乃作遠字或說反是及字遠是還字本云未及還也）遣其將會稽周昕奪堅豫州術怒擊昕走之紹議欲立劉虞爲帝術好放縱憚立長君託以公義不肯同積此釁隙遂成乃各外交黨援以相圖謀術結公孫瓚而紹連劉表豪桀多附於紹術怒曰羣豎不從吾而從吾家奴乎又與公孫瓚書云紹非袁氏子紹聞大怒初平三年術遣孫堅擊劉表於襄陽堅戰死公孫瓚使劉備與術合謀共逼紹紹與曹操會擊皆破之四年術引軍入陳留屯封丘黑山餘賊及匈奴於扶羅等佐術與曹操戰於匡亭大敗術退保雍丘又將其餘衆奔九江殺揚州刺史陳溫而自領之又兼稱徐州伯李傕入長安欲結術爲援乃授以左將軍假節封陽翟侯初術在南陽戶口尙數十百萬而不修法度以鈔掠爲資奢恣無厭百姓患之又少見讖書言代漢者當塗高自云名字應之（當塗高者魏也然術自以術及路皆是塗故云應之）又以袁氏出陳爲舜後以黃代赤德運之次（陳大夫轅濤塗袁氏其後也五行火生土故云以黃代赤）遂有僭逆之謀又聞孫堅得傳國璽（韋昭吳書曰漢室大亂天子北詣河上六璽不自隨掌璽者以投井中孫堅北討董卓頓軍城南甄官署有井每旦有五色氣從井中出使人浚井得漢傳國玉璽其文曰受命于天既壽永昌）遂拘堅妻奪之興平二年冬天子播越敗於曹陽術大會羣下因謂曰今海內鼎沸劉氏微弱吾家四世公輔（袁安爲司空子敞及京京子湯湯子逢逢爲司空）百姓所歸欲應天順民於諸君何如衆莫敢對主簿閻象進曰昔周自后稷至于文王積德累功參分天下猶服事殷（國語曰后稷勤周十五代而王毛詩國風序曰國君積行累功以致爵位論語孔子曰三分天下有二以服事殷）明公雖弈世克昌（弈猶重也詩云不顯弈代又曰克昌厥後）孰若有周之盛漢室雖微未至殷紂之敝也術嘿然使召張範範辭疾遣弟承往應之術問曰昔周室陵遲則有桓文之霸（王肅注家語曰言若丘陵之漸逶遲）秦失其政漢接而用之今孤以土地之廣士人之衆欲徼福於齊桓擬迹於高祖可乎承對曰在德不在衆苟能用德以同天下之欲雖云匹夫霸王可也若陵僭無度干時而動衆之所棄誰能興之（魏志曰範字公儀承字公先河內人司徒歆之孫也）術不悅自孫堅死子策復領其部曲術遣擊揚州刺史劉繇破之策因據江東策聞術將欲僭號與書諫曰董卓無道陵虐王室禍加太后暴及弘農天子播越（左傳王子朝云茲不穀震盪播越播遷也越逸也言失其所居）宮廟焚毀是以豪桀發憤沛然俱起（沛然自恣縱貌也沛音片害反）元惡既斃幼主東顧乃使王人奉命宣明朝恩偃武修文與之更始然而河北異謀於黑山（謂袁紹爲冀州牧與黑山賊相連）曹操毒被於東徐劉表僭亂於南荆公孫叛逆於朔北正禮阻兵（劉繇也）玄德爭盟（劉備也）是以未獲從命櫜弓戢戈嘗謂使君與國同規而舍是弗恤完然有自取之志（完然自得貌）懼非海內企望之意也成湯討桀稱有夏多罪（尚書湯誓曰有夏多罪天命殛之）武王伐紂曰殷有重罰（史記曰武王徧告諸侯曰殷有重罰不可不伐）此二王者雖有聖德假使時無失道之過無由逼而取也今主上非有惡於天下徒以幼小脅於彊臣異於湯武之時也又聞幼主明智聰敏有夙成之德（夙早也）天下雖未被其恩咸歸心焉若輔而興之則旦奭之美率土所望也使君五世相承（安生京京生湯湯生逢逢生術凡五代）爲漢宰輔榮寵之盛莫與爲比宜効忠守節以報王室時人多惑圖緯之言妄牽非類之文苟以悅主爲美不顧成敗之計古今所愼可不孰慮忠言逆耳駮議致憎（駮雜也議不同也前書張良曰忠言逆耳利於行）

藥苦口利於病 苟有益於尊明無所敢辭術不納策遂絕之建安二年因河內張炯符命遂果僭號自稱仲家 仲或作沖 以九江太守爲淮南尹置公卿百官郊祀天地乃遣使以竊號告呂布并爲子聘布女布執術使送許 時獻帝在許 術大怒遣其將張勳橋蕤攻布大敗而還術又率兵擊陳國誘殺其王寵及相駱俊曹操乃自征之術聞大駭卽走渡淮留張勳橋蕤於蘄陽 水經曰蘄水出江夏蘄春縣北山酈元注云卽蘄山也西南流逕蘄山又南對蘄陽注于大江亦謂之蘄陽口 以拒操操擊破斬蕤而勳退走術兵弱大將死衆情離叛加天旱歲荒士民凍餒江淮間相食殆盡時舒仲應爲術沛相術以米十萬斛與爲軍糧仲應悉散以給飢民術聞怒陳兵將斬之仲應曰知當必死故爲之耳寧可以一人之命救百姓於塗炭術下馬牽之曰仲應足下獨欲享天下重名不與吾共之邪術雖矜名尚奇而天性驕肆尊己陵物及竊僞號淫侈滋甚媵御數百無不兼羅紈厭粱肉 九州春秋曰司隷馮方女國色也避亂揚州袁術登城見而悅之遂納焉甚愛幸諸婦害其寵紿之曰將軍貴人有志節當時時游泣憂愁必長見敬重馮氏以爲然後見術輒垂涕術果以有心志益哀之諸婦因是共絞殺之懸之廁梁術誠以爲不得志而死也厚加殯斂焉 自下饑困莫之簡卹於是資實空盡不能自立四年夏乃燒宮室奔其部曲陳簡雷薄於灊山 灊縣之山也灊今壽州霍山縣也灊音潛 復爲簡等所拒遂大困窮士卒散走憂懣不知所爲遂歸帝號於紹曰祿去漢室久矣天下提挈政在家門豪雄角逐分割疆宇此與周末七國無異唯彊者兼之耳袁氏受命當王符瑞炳然今君擁有四州 靑冀幽并 人戶百萬以彊則莫與爭大以位則無所比高曹操雖欲扶衰獎微安能續絕運起已滅乎謹歸大命君其興之紹陰然其計術因欲北至青州從袁譚曹操使劉備徼之不得過復走還壽春六月至江亭坐簀牀而歎曰 簀第也謂無茵席也 袁術乃至是乎因憤慨結病歐血死妻子依故吏廬江太守劉勳 魏志曰勳字子臺琅邪人與太祖有舊爲孫策破後自歸太祖封列侯勳自恃與太祖有宿日驕慢數犯法又誹謗遂免其官也 孫策破勳復見收術女入孫權宮子曜仕吳爲郎中

論曰天命符驗可得而見未可得而言也然大致受大福者歸於信順乎 易曰天之所助者順也人之所助者信也履信思順自天祐之 夫事不以順雖彊力廣謀不能得也謀不可得之事日失忠信變詐妄生矣況復苟肆行之其以欺天乎雖假符僭稱歸將安所容哉

呂布傳

呂布字奉先五原九原人也以弓馬驍武給并州刺史丁原爲騎都尉原屯河內 ○劉攽曰案文下原字合在上原字下 以布爲主簿甚見親待靈帝崩原受何進召將兵詣洛陽爲執金吾會進敗董卓誘布殺原而并其兵卓以布爲騎都尉誓爲父子甚愛信之稍遷至中郎將封都亭侯卓自知凶恣每懷猜畏行止常以布自衞嘗小失卓意卓拔手戟擲之布拳捷得免而改容顧謝卓意亦解布由是陰怨於卓卓又使布守中閤而私與傅婢情通益不自安因往見司徒王允自陳卓幾見殺之狀 幾音祈 時允與尚書僕射士孫瑞密謀誅卓因以告布使爲內應布曰如父子何曰君自姓呂本非骨肉今憂死不暇何謂父子擲戟之時豈有父子情也布遂許之乃於門刺殺卓事已見卓傳允以布爲奮威將軍假節儀同三司封溫侯允既不赦涼州人由是卓將李傕等遂相結還攻長安布與傕戰敗乃將數百騎以卓頭繫馬鞍走出武關奔南陽袁術待之甚厚布自恃殺卓有德袁氏遂恣兵鈔掠術患之布不安復去從張楊於河內時李傕等購募求布急楊下諸將皆欲圖之布懼謂楊曰與卿州里今見殺其功未必多不如生賣布可大得傕等爵寵楊以爲然有頃布得走投袁紹紹與布擊張燕於常山燕精兵萬餘騎數千匹布常御良馬號曰赤菟能馳城飛塹 曹瞞傳曰時人語曰人中有呂布馬中有赤菟 與其健將成廉魏越等數十騎馳突燕陣一日或至三四皆斬首而出連戰十餘日遂破燕軍布既恃其功更請兵於紹紹不許而將士多暴橫紹患之布不自安因求還洛陽紹聽之承制使領司隸校尉遣壯士送布而陰使殺之布疑其圖已乃使人鼓箏於帳中潛自遁出夜中兵起而布已亡紹聞懼爲患募遣追之皆莫敢逼遂歸張楊道經陳留太守張邈遣使迎之相待甚厚臨別把臂言誓邈字孟卓東平人少以俠聞初辟公府稍遷陳留太守董卓之亂與曹操共舉義兵及袁紹爲盟主有驕色邈正義責之紹既怨邈且聞與布厚乃令曹操殺邈操不聽然邈心不自安興平元年曹操東擊陶謙令其將武陽人陳宮屯東郡 典略曰陳宮字公臺東郡人也剛直烈壯少與海內知名之士皆連結及天下亂始隨太祖後自疑乃從呂布爲布畫策布每不從 宮因說邈曰今天下分崩雄桀並起君擁十萬之衆當四戰之地 陳留地平四面受敵故謂之四戰之地也 撫劍顧眄亦足以爲人豪而反受制不以鄙乎今州軍東征其處空虛呂布壯士善戰無前迎之共據兗州觀天下形埶俟時事變通此亦從橫一時也邈從之遂與弟超及宮等迎布爲兗州牧據濮陽郡縣皆應之曹操聞而引軍擊布累戰相持百餘日是時旱蝗少穀百姓相食布移屯山陽二年間操復盡收諸城破布於鉅野布東奔劉備邈詣袁術求救留超將家屬屯雍丘操圍超數月屠之滅其三族邈未至壽春爲其兵所害時劉備領徐州居下邳與袁術相拒於淮上術欲引布擊備乃與布書曰術舉兵詣闕未能屠裂董卓將軍誅卓爲術報恥功一也 董卓殺隗及術兄基等男女二十餘人 昔金元休南至封丘爲曹操所敗 典略曰元休名尙京兆人同郡韋休甫第五文休俱著名號爲三休尙獻帝初爲兗州刺史東之郡而太祖已臨兗州尙依袁術術僭號欲以尙爲太尉不敢顯言私使諷之尙亦不敢邇也建安初尙逃還爲術所害也○劉攽曰注刺史東之郡案刺史不當言郡蓋是部字 將軍伐之令術復明目於遐邇功二也術生年以來不聞天下有劉備備乃舉兵與術對戰憑將軍威靈得以破備功三也將軍有三大功在術術雖不敏奉以死生將軍連年攻戰軍糧苦少今送米二十萬斛非唯此止當駱驛復致凡所短長亦唯命布得書大悅卽勒兵襲下邳獲備妻子備敗走海西 海西縣屬廣陵郡故屬東海 飢困請降於布布又恚術運糧不復至乃具車馬迎備以爲豫州刺史遣屯小沛 高祖本泗水郡沛縣人及得天下改泗水爲沛郡小沛卽沛縣 布自號徐州牧術懼布爲己害爲子求婚布復許之術遣將紀靈等步騎三萬以攻備備求救於布諸將謂布曰將軍常欲殺劉備今可假手於術布曰不然若破備則北連太山吾爲在術圍中不得不救也便率步騎千餘馳往赴之靈等聞布至皆斂兵而止布屯沛城外遣人招備并請靈等與共饗飲布謂靈曰玄德布弟也爲諸君所困故來救之布性不喜合鬭但喜解鬭耳乃令軍候植戟於營門布彎弓顧曰諸君觀布射戟小支 周禮考工記曰戟博二寸內倍之胡參之援四之鄭注云援直刃胡其孑也小支謂胡也卽今之戟傍曲支 中者當各解兵不中可留決鬭布卽一發正中戟支靈等皆驚言將軍天威也明日復歡會然後各罷術遣韓胤以僭號事告布因求迎婦布遣女隨之沛相陳珪恐術報布成姻則徐揚合從爲難未已於是往說布曰曹公奉迎天子輔贊國政將軍宜與協同策謀共存大計今與袁術結姻必受不義之名將有累卵之危矣 說苑曰晉靈公造九層臺費用千億謂左右曰敢有諫者斬孫息求見靈公張弩操矢見之謂之曰子欲諫邪孫息曰臣不敢諫也臣能累十二博棊加九雞子於其上公曰吾未嘗見也子爲寡人作之孫息卽正顏色定志意以棊子置下加雞子其上左右懼息靈公曰危哉孫息曰復有危於此者公曰願見之息曰九層之臺三年不成男不得耕女不得織國用空虛戶口減少吏人叛亡鄰國謀議將興兵公乃壞臺 布亦素怨術而女已在塗乃追還絕婚執胤送許曹操殺之陳珪欲使子登詣曹操布固不許會使至拜布爲左將軍布大喜卽聽登行并令奉章謝恩登見曹操因陳布勇而無謀輕於去就宜早圖之操曰布狼子野心誠難久養 左傳曰伯石之生也叔向之母視之曰是豺狼之聲也狼子野心 非卿莫究其情僞卽增珪秩中二千石拜登廣陵太守臨別操執登手曰東方之事便以相付令陰合部衆以爲內應始布因登求徐州牧不得登還布怒拔戟斫机曰卿父勸吾協同曹操絕婚公路今吾所求無獲而卿父子並顯重但爲卿所賣耳登不爲動容徐對之曰登見曹公言養將軍譬如養虎當飽其肉不飽則將噬人公曰不如卿言譬如養鷹飢卽爲用飽則颺去其言如此布意乃解袁術怒布殺韓胤遣其大將張勳橋蕤等與韓暹楊奉連埶步騎數萬七道攻布布時兵有三千馬四百匹懼其不敵謂陳珪曰今致術軍卿之由也爲之奈何珪曰暹奉與術卒合之師耳 卒音七忽反 謀無素定 素舊也 不能相維子登策之比於連雞埶不俱棲 戰國策曰秦惠王謂寒泉子曰蘇秦欺敝邑欲以一人之知反覆山東之君夫諸侯之不可一猶連雞之不能俱上於棲 立可離也布用珪策與暹奉書曰二將軍親扶大駕而布手殺董卓俱立功名當垂竹帛今袁術造逆宜共誅討奈何與賊還來伐布可因今者同力破術爲國除害建功天下此時不可失也又許破術兵悉以軍資與之暹奉大喜遂共擊勳等於下邳大破之生禽橋蕤餘衆潰走其所殺傷墮水死者殆盡時太山臧霸等攻破莒城許布財幣以相結而未及送布乃自往求之其督將高順諫止 英雄記曰順爲人不飲酒不受饋所將七百餘兵號爲千人名爲陷陣營布後疏順奪順所將兵亦無恨意也 曰將軍威名宣播遠近所畏何求不得而自行求賂萬一不剋豈不損邪布不從既至莒霸等不測往意固守拒之無獲而還順爲人淸白有威嚴少言辭將衆整齊每戰必剋布性決易所爲無常順每諫曰將軍舉動不肯詳思忽有失得動輒言誤誤事豈可數乎布知其忠而不能從建安三年布遂復從袁術遣順攻劉備於沛破之曹操遣夏侯惇救備 魏志曰夏侯惇字元讓沛國譙人年二十四就師學人有辱其師者惇殺之從征呂布爲流矢傷左目領陳留濟陰太守加建武將軍太祖常同輿載特見親重出入臥內諸將莫之比 爲順所敗操乃自將擊布至下邳城下遺布書爲陳禍福布欲降而陳宮等自以負罪於操深沮其計而謂布曰曹公遠來埶不能久將軍若以步騎出屯於外宮將餘衆閉守於內若向將軍宮引兵而攻其背若但攻城則將軍救於外不過旬月軍食畢盡擊之可破也布然之布妻曰昔曹氏待公臺如赤子猶舍而歸我今將軍厚公臺不過於曹氏而欲委全城捐妻子孤軍遠出乎若一旦有變妾豈得爲將軍妻哉布乃止而潛遣人求救於袁術自將千餘騎出戰敗走還保城不敢出術亦不能救曹操壍圍之壅沂泗以灌其城三月上下離心其將侯成使客牧其名馬而客策之以叛成追客得馬諸將合禮以賀成成分酒肉先入詣布而言曰蒙將軍威靈得所亡馬諸將齊賀未敢嘗也故

先以奉貢布怒曰布禁酒而卿等醞釀爲欲因酒共謀布邪成忿懼乃與諸將共執陳宮高順率其衆降布與麾下登白門樓(宋武北征記曰下邳城有三重大城之門白門大城之門也酈元水經注曰南門謂之白門魏武禽陳宮於此○劉攽曰下邳有三重大城之門案文多之門二字緣下文有大城之門遂致此衍)兵圍之急令左右取其首詣操左右不忍乃下降布見操曰今日已往天下定矣操曰何以言之布曰明公之所患不過於布今已服矣令布將騎明公將步天下不足定也顧謂劉備曰玄德卿爲坐上客我爲降虜繩縛我急獨不可一言邪操笑曰縛虎不得不急乃命緩布縛劉備曰不可明公不見呂布事丁建陽董太師乎操領之(杜預注左傳曰領搖頭也音五感反)布目備曰大耳兒最叵信(蜀志曰備顧自見其耳)操謂陳宮曰公臺平生自謂智有餘今意何如(○劉攽曰案文意當作竟)宮指布曰是子不用宮言以至於此若見從未可量也操又曰柰卿老母何宮曰老母在公不在宮也夫以孝理天下者不害人之親操復曰柰卿妻子何宮曰宮聞霸王之主不絕人之祀(左傳曰齊桓公存三亡國)固請就刑遂出不顧操爲之泣涕布及宮順皆縊殺之傳首許市

贊曰焉作庸牧以希後福(王莽改益州日庸部)曷云負荷地墮身逐術既叨貪布亦翻覆

後漢書卷一百五考證

劉焉傳焉遣叟兵五千助之注漢世謂蜀爲叟孔安國注尚書云蜀叟也○按孔穎達尚書疏云叟者蜀夷之別名漢世不即謂蜀爲叟也光武紀中注引常璩華陽國志云武帝元封二年叟夷反將軍郭昌討平之因開爲益州郡是蜀人謂其西南勞深靡莫諸夷爲叟乃今雲南地也

魯字公旗○魏志作公祺

民夷信向注典略曰初熹平中妖賊大起漢中有張脩爲太平道張角爲五斗米道○何焯校本于妖賊大起下增三輔有駱曜光和中東方有張角十三字漢中有張脩句下增駱曜教民緬匿法角八字張脩爲五斗米道滅去張字改角爲脩又云按注中張脩裴松之云應是張衡非典略之失則傳寫之誤

又主爲病者請禱之法○何焯校本請禱下復增請禱二字

又實無益於療病○何焯校本于句下增但爲淫妄四字

又以米置其中○何焯校本米字下增肉字

又使自隱其小過者○何焯校本使字上增教字

時人有地中得玉印者○何焯曰米道之後云自陵傳有玉印豈因魯常得之猶假以欺人耶

袁術傳孫堅得傳國璽注使人浚井得漢國玉璽○何焯校本漢字下添傳字

呂布傳奔南陽袁術待之甚厚○魏志云術惡其反覆拒而不受與此互異

二將軍親扶大駕○何焯校本扶改拔

後漢書卷一百六

宋　宣　城　太　守　范　曄　撰

唐　章　懷　太　子　賢　注

循吏列傳第六十六

初光武長於民間頗達情僞(左傳楚子曰晉侯在外十九年矣人之情僞盡知之矣)見稼穡艱難百姓病害至天下已定務用安靜解王莽之繁密還漢世之輕法(前書曰莽春夏斬人於市一家鑄錢保伍人入沒爲官奴婢男子檻車女子步鐵鎖琅當其頸愁苦死者十七八輕法謂高祖約法三章孝文除肉刑也)身衣大練色無重綵耳不聽鄭衛之音手不持珠玉之玩宮房無私愛左右無偏恩建武十三年異國有獻名馬者日行千里又進寶劍賈兼百金詔以馬駕鼓車劍賜騎士損上林池籞之官廢騁望弋獵之事其以手迹賜方國者皆一札十行細書成文(說文曰札牒也)勤約之風行于上下數引公卿郎將列于禁坐(禁坐猶御坐也)廣求民瘼觀納風謠故能內外匪懈百姓寬息自臨宰邦邑者競能其官若杜詩守南陽號爲杜母任延錫光移變邊俗斯其績用之最章章者也(章章明也前書班固曰章章尤著者也)又第五倫宋均之徒亦足有可稱談然建武永平之間吏事刻深亟以謠言單辭轉易守長故朱浮數上諫書箴切峻政鍾離意等亦規諷殷勤以長者爲言而不能得也(時明帝性褊察好以耳目隱發爲明又引杖撞郎朝廷悚慄爭爲苛刻唯意獨敢諫爭數封還詔書見意傳也)所以中興之美蓋未盡焉自章和以後其有善績者往往不絕如魯恭吳祐劉寬及潁川四長(謂荀淑爲當塗長韓韶爲嬴長陳寔爲太丘長鍾皓爲林慮長淑等皆潁川人也)並以仁信篤誠使人不欺王堂陳寵委任賢良而職事自理(王堂任陳蕃應嗣陳寵任王渙鐔顯也)斯皆可以感物而行化也邊鳳延篤先後爲京兆尹時人以輩前世趙張(輩類也趙謂趙廣漢張謂張敞者也)又王渙任峻之爲洛陽令明發姦伏吏端禁止然導德齊禮有所未充亦一時之良能也今綴集殊聞顯迹以爲循吏篇云

衛颯傳

衛颯字子產(颯音立)河內修武人也家貧好學問隨師無糧常傭以自給王莽時仕郡歷州宰建武二年辟大司徒鄧禹府舉能案劇除侍御史襄城令政有名迹遷桂陽太守郡與交州接境頗染其俗不知禮則颯下車修庠序之教設婚姻之禮期年間邦俗從化先是含洭湞陽曲江三縣越之故地(含洭故城在今廣州含洭縣東湞陽今廣州縣也曲江韶州縣也)武帝平之內屬桂陽民居深山濱溪谷習其風土不出田租去郡遠者或且千里吏事往來輒發民乘船名曰傳役每一吏出徭及數家百姓苦之颯乃鑿山通道五百餘里列亭傳置郵驛於是役省勞息姦吏杜絕流民稍還漸成聚邑使輸租賦同之平民又耒陽縣出鐵石(續漢志耒陽縣有鐵官也)佗郡民庶常依因聚會私爲冶鑄遂招來亡命多致姦盜颯乃上起鐵官罷斥私鑄歲所增入五百餘萬颯理卹民事居官如家其所施政莫不合於物宜視事十年郡內清理二十五年徵還光武欲以爲少府會颯被疾不能拜起(東觀記曰颯到卽引見賜食於前從吏二人賜冠幘錢人五千也)敕以桂陽太守歸家須後詔書(須待也)居二歲載病詣闕自陳困篤乃收印綬賜錢十萬後卒于家南陽茨充代颯爲桂陽(東觀記曰充字子河宛人也初舉孝廉之京師同侶馬死充到前亭輒舍車持馬還相迎鄉里號之曰一馬兩車茨子河也)亦善其政教民種殖桑柘麻紵之屬(禮記曰禁人無伐桑柘鄭玄注云愛蠶食也)勸令養蠶織屨民得利益焉(東觀記曰元和中荊州刺史上言臣行部入長沙界觀者皆徒跣臣問御佐曰人無履亦苦之否御佐對曰十二月盛寒時並多剖裂血出燃火燎之春溫或膿潰建武中桂陽太守茨充教人種桑蠶人得其利至今江南頗知桑蠶織履皆充之化也)

任延傳

任延字長孫南陽宛人也年十二爲諸生學於長安明詩易春秋顯名太學學中號爲任聖童值倉卒避兵之隴西時隗囂已據四郡遣使請延延不應更始元年以延爲大司馬屬拜會稽都尉時年十九迎官驚其壯(壯少也)及到靜泊無爲唯先遣饋禮祠延陵季子(季子吳王壽夢之少子札也封於延陵也)時天下新定道路未通避亂江南者皆未還中土會稽頗稱多士延到皆聘請高行如董子儀嚴子陵等敬待以師友之禮掾吏貧者輒分奉祿以賑給之省諸卒令耕公田以周窮急每時行縣輒使慰勉孝子就餐飯之(飯音扶晚反)吳有龍丘萇者隱居太末(太末縣屬會稽郡今婺州龍丘縣也東觀記云秦時改爲太末有龍丘山在東有九石特秀色丹遠望如蓮華萇之隱處有一巖穴如窗牖中有石床可寢處)志不降辱王莽時四輔三公連辟不到(四輔謂太師太傅國師國將三公謂大司馬司徒司空也並莽時官見前書也)掾吏白請召之延曰龍丘先生躬德履義有原憲伯夷之節(原憲孔子弟子魯人也子貢結駟連騎排藜藿過謝原憲攝敝衣冠見子貢伯夷孤竹君之子讓其國餓死於首陽山也)都尉埽灑其門猶懼辱焉召之不可遣功曹奉謁修書記致醫藥吏使相望於道積一歲萇乃乘輦詣府門願得先死備錄(請編名錄於郡職也)延辭讓再三遂署議曹祭酒萇尋病卒延自臨殯不朝三日是以郡中賢士大夫爭往宦焉建武初延上書願乞骸骨歸拜王庭詔徵爲九眞太守光武引見賜馬雜繒令妻子留洛陽九眞俗以射獵爲業不知牛耕(東觀漢記曰九眞俗燒草種田前書曰搜粟都尉趙過教人牛耕也)民常告糴交阯每致困乏延乃令鑄作田器教之墾闢田疇歲歲開廣百姓充給又駱越之民無嫁娶禮法各因淫好無適對匹(適音丁歷反)不識父子之性夫婦之道延乃移書屬縣各使男年二十至五十女年十五至四十皆以年齒相配其貧無禮聘令長吏以下各省奉祿以賑助之同時相娶者二千餘人是歲風雨順節穀稼豐衍其產子者始知種姓咸曰使我有是子者任君也多名子爲任於是徼外蠻夷夜郎等慕義保塞延遂止罷偵候戍卒(偵伺也音丑政反)初平帝時漢中錫光爲交阯太守教導民夷漸以禮義化聲侔於延(侔等也)王莽末閉境拒守建武初遣使貢獻封鹽水侯領南華風始於二守焉延視事四年徵詣洛陽以病稽留左轉睢陽令九眞吏人生爲立祠拜武威太守帝親見戒之曰善事上官無失名譽延對曰臣聞忠臣不私私臣不忠履正奉公臣子之節上下雷同非陛下之福善事上官臣不敢奉詔帝歎息曰卿言是也既之武威時將兵長史田紺郡之大姓其子弟賓客爲人暴害延收紺繫之父子賓客伏法者五六人紺少子尚乃聚會輕薄數百人自號將軍夜來攻郡延卽發兵破之自是威行境內吏民累息(累息屏氣)郡北當匈奴南接種羌民畏寇抄多廢田業延到選集武略之士千人明其賞罰令將雜種胡騎休屠黃石屯據要害(黃石雜種號也)其有警急逆擊追討虜恒多殘傷遂絕不敢出河西舊少雨澤乃爲置水官吏修理溝渠皆蒙其利又造立校官(校學也)自掾吏子孫(○劉攽曰案吏當作史說已見前)皆令詣學受業復其徭役章句既通悉顯拔榮進之郡遂有儒雅之士後坐擅誅羌不先上左轉召陵令顯宗卽位拜潁川太守永平二年徵會辟雍因以爲河內太守視事九年病卒少子愷官至太常

王景傳

王景字仲通樂浪䛁邯人也(䛁音諾甘反邯音下甘反縣名)八世祖仲本琅邪不其人好道術明天文諸呂作亂齊哀王襄謀發兵而數問於仲及濟北王興居反欲委兵師仲(襄及興居並高祖孫齊悼惠王肥之子也)仲懼禍及乃浮海東奔樂浪山中因而

家焉父閎爲郡三老更始敗土人王調殺郡守劉憲自稱大將軍樂浪太守建武六年光武遣太守王遵將兵擊之至遼東閎與郡決曹史楊邑等共殺調迎遵皆封爲列侯閎獨讓爵帝奇而徵之道病卒景少學易遂廣闚衆書又好天文術數之事沈深多伎藝辟司空伏恭府時有薦景能理水者顯宗詔與將作謁者王吳共修作浚儀渠吳用景墕流法水乃不復爲害初平帝時河汴決壞未及得修建武十年陽武令張汜上言河決積久日月侵毀濟渠所漂數十許縣濟水出今洛州濟源縣西北東流經溫縣入河度河東南入鄭州又東入滑曹鄆濟青等州入海即此渠也王莽末旱因枯竭但入河內而已修理之費其功不難宜改修堤防以安百姓書奏光武即爲發卒方營河功而浚儀令樂俊復上言昔元光之間武帝年人庶熾盛緣隄墾殖而瓠子河決尚二十餘年不即擁塞瓠子隄在今滑州白馬縣武帝元光中河決於瓠子東南注鉅野通於淮泗至元封二年塞之也今居家稀少田地饒廣雖未修理其患猶可且新被兵革方興力役勞怨既多民不堪命宜須平靜更議其事光武得此遂止役汴渠東侵日月彌廣而水門故處皆在河中兗豫百姓怨歎以爲縣官恒興佗役不先民急永平十二年議修汴渠乃引見景問以理水形便景陳其利害應對敏給帝善之又以嘗修浚儀功業有成乃賜景山海經河渠書山海經禹所作河渠書太史公史記也禹貢圖及錢帛衣物夏遂發卒數十萬遣景與王吳修渠築隄自滎陽東至千乘海口千餘里景乃商度地埶鑿山阜破砥績尚書曰原隰底績注底致也績功也言破禹所致功之處也或云砥績山名也直截溝澗防遏衝要疏決壅積十里立一水門令更相洄注爾雅曰逆流而上曰洄郭璞注云旋流也無復潰漏之患景雖簡省役費然猶以百億計明年夏渠成帝親自巡行詔濱河郡國置河堤員吏如西京舊制十三州志曰成帝時河堤大壞汎溢青徐兗豫四州略遍乃以校尉王延代領河堤謁者秩千石或名其官爲都水使者中興以三府掾屬爲之景由是知名王吳及諸從事掾史皆增秩一等景三遷爲侍御史十五年從駕東巡狩至無鹽帝美其功績拜河堤謁者賜車馬縑錢建初七年遷徐州刺史先是杜陵杜篤奏上論遷都○劉攽曰案此少一賦字欲令車駕遷還長安耆老聞者皆動懷土之心莫不眷然佇立西望景以宮廟已立恐人情疑惑會時有神雀諸瑞章帝時有神雀鳳凰白鹿白烏等瑞也乃作金人論頌洛邑之美天人之符文有可採明年遷廬江太守先是百姓不知牛耕致地力有餘而食常不足郡界有楚相孫叔敖所起芍陂稻田陂在今壽州安豐縣東陂徑百里灌田萬頃芍音鵲景乃驅率吏民修起蕪廢教用犂耕由是墾闢倍多境內豐給遂銘石刻誓令民知常禁又訓令蠶織爲作法制皆著于鄉亭廬江傳其文辭卒於官初景以爲六經所載皆有卜筮作事舉止質於蓍龜而衆書錯糅吉凶相反乃參紀衆家數術文書冢宅禁忌葬送造宅之法若黃帝靑烏之書也堪輿日相之屬前書藝文志堪輿金匱十四卷許愼云堪天道也輿地道也日相謂日辰王相之法也適於事用者集爲大衍玄基云易曰大衍之數五十其用四十有九也

秦彭傳

秦彭字伯平扶風茂陵人也自漢興之後世位相承六世祖襲爲潁川太守與羣從同時爲二千石者五人故三輔號曰萬石秦氏彭同產女弟顯宗時入掖庭爲貴人有寵永平七年以彭貴人兄隨四姓小侯擢爲開陽城門候續漢志城門候一人六百石城南面東頭第一門也漢官儀云開陽門始成未有名夜有一柱來止樓上琅邪開陽縣上言南門一柱飛去因以名門也○劉攽曰注城南面東頭第一門也案此解開陽少開陽二字十五年拜騎都尉副駙馬都尉耿秉北征匈奴建初元年遷山陽太守以禮訓人不任刑罰崇好儒雅敦明庠序每春秋饗射輒修升降揖讓之儀乃爲人設四誡以定六親長幼之禮六親謂父子兄弟夫婦也有遵奉教化者擢爲鄉三老常以八月致酒肉以勸勉之吏有過咎罷遣而已不加恥辱百姓懷愛莫有欺犯興起稻田數千頃每於農月親度頃畝分別肥塉差爲三品各立文簿藏之鄉縣於是姦吏跼蹐無所容詐彭乃上言宜令天下齊同其制詔書以其所立條式班令三府並下州郡在職六年轉潁川太守仍有鳳皇騏驎嘉禾甘露之瑞集其郡境肅宗巡行再幸潁川輒賞賜錢穀恩寵甚異章和二年卒彭弟惇襃並爲射聲校尉

王渙傳

王渙字稚子廣漢郪人也郪縣故城在今梓州郪縣西南也父順安定太守渙少好俠尚氣力數通剽輕少年剽劫奪也晚而改節敦儒學習尚書讀律令略舉大義爲太守陳寵功曹當職割斷不避豪右寵風聲大行入爲大司農和帝問曰在郡何以爲理寵頓首謝曰臣任功曹王渙以簡賢選能主簿鐔顯拾遺補闕臣奉宣詔書而已帝大悅渙由此顯名州舉茂才除溫令縣多姦猾積爲人患渙以方略討擊悉誅之境內清夷商人露宿於道其有放牛者輒云以屬稚子終無侵犯在溫三年遷兗州刺史繩正部郡繩直也風威大行後坐考妖言不實論歲餘徵拜侍御史永元十五年從駕南巡還爲洛陽令以平正居身得寬猛之宜其冤嫌久訟歷政所不斷法理所難平者莫不曲盡情詐壓塞羣疑又能以譎數發擿姦伏譎詐數術也京師稱歎以爲渙有神算智算若神也元興元年病卒百姓市道莫不咨嗟男女老壯皆相與賦斂致奠醊以千數醊音張芮反說文曰祭酹也渙喪西歸道經弘農民庶皆設槃桉於路吏問其故咸言平常持米到洛爲卒司所鈔鈔掠也恒亡其半自王君在事不見侵枉故來報恩其政化懷物如此民思其德爲立祠安陽亭西每食輒弦歌而薦之古樂府歌曰孝和帝在時洛陽令王君本自益州廣漢人少行官學通五經論明知法令歷代衣冠從溫補洛陽令化行致賢外行猛政內懷慈仁移惡子姓名五篇著里端無妄發賦念在理冤清身苦體宿夜勞勤化有能名遠近所聞天年不遂早就奄昏爲君作祠安陽亭西欲令後代莫不稱傳也○劉攽曰正文每食案文當作祀永初二年鄧太后詔曰夫忠良之吏國家所以爲理也求之甚勤得之至寡故孔子曰才難不其然乎昔大司農朱邑前書曰邑字仲卿廬江舒人爲北海太守以理行第一入爲大司農性公正不可交以私天子器之朝廷敬焉神爵元年卒宣帝下詔賜其子黃金百斤奉其祭祀右扶風尹翁歸前書云翁歸字子況河東平陽人拜東海太守以高第入守右扶風元康四年卒宣帝制詔御史右扶風翁歸廉平鄉正早夭不遂朕甚憐之其賜翁歸子黃金百斤以奉其祭祀政迹茂異令名顯聞孝宣皇帝嘉歎愍惜而以黃金百斤策賜其子故洛陽令王渙秉淸修之節蹈羔羊之義韓詩羔羊曰羔羊之皮素絲五紽薛君章句曰小者曰羔大者曰羊素喻潔白絲喻屈柔紽數名也詩人賢仕爲大夫者言其德能稱有潔白之性屈柔之行進退有度數也盡心奉公務在惠民功業未遂不幸早世百姓追思爲之立祠自非忠愛之至孰能若斯者乎今以渙子石爲郎中以勸勞勤延熹中桓帝事黃老道悉毀諸房祀唯特詔密縣存故太傅卓茂廟洛陽留王渙祠焉鐔顯後亦知名安帝時爲豫州刺史時天下饑荒競爲盜賊州界收捕且萬餘人顯愍其困窮自陷刑辟輒擅赦之因自劾奏有詔勿理後位至長樂衞尉自渙卒後連詔三公特選洛陽令皆不稱職永平中以劇令勃海任峻補之劇縣名屬北海郡也峻擢用文武吏皆盡其能糾剔姦盜不得旋踵左傳天王策命晉文侯曰糾逖王慝杜預注云逖遠也剔與逖通一歲斷獄不過數十威風猛於渙而文理不及之峻字叔高終於太山太守

許荆傳

許荆字少張謝承書曰荆字子張家貧爲吏無有船車休假常單步荷擔上下會稽陽羨人也陽羨故城在今常州義興縣南祖父武太守第五倫舉爲孝廉武以二弟晏普未顯欲令成名乃請之曰禮有分異之義家有別居之道儀禮曰父子一體也夫婦一體也昆弟一體也故父子手足也夫婦判合也昆弟四體也昆弟之義無分焉而有分者則避子之私也子不私其父則不成爲子故有東宮有西宮有南宮有北宮異居而同財有餘則歸之宗不足則資之宗也於是共割財產以爲三分武自取肥田廣宅奴婢彊者二弟所得並悉劣少鄉人皆稱弟克讓而鄙武貪婪晏等以此並得選舉武乃會宗親泣曰吾爲兄不肖盜聲竊位二弟年長未豫榮祿所以求得分財自取大譏今理產所增三倍於前悉以推二弟一無所留於是郡中翕然遠近稱之位至長樂少府荆少爲郡吏兄子世嘗報讎殺人怨者操兵攻之荆聞乃出門逆怨者跪而言曰世前無狀相犯咎皆在荆不能訓導兄既早沒一子爲嗣如令死者傷其滅絕願殺身代之怨家扶荆起曰許掾郡中稱賢吾何敢相侵因遂委去荆名譽益著太守黃兢舉孝廉和帝時稍遷桂陽太守郡濱南州風俗脆薄脆薄猶輕薄也不識學義荆爲設喪紀婚姻制度使知禮禁嘗行春到耒陽縣人有蔣均者兄弟爭財互相言訟荆對之歎曰吾荷國重任而教化不行咎在太守乃顧使吏上書陳狀乞詣廷尉均兄弟感悔各求受罪謝承書曰郴人謝弘等不養父母兄弟分析因此皆還供養者千有餘人也在事十二年父老稱歌以病自上徵拜諫議大夫卒於官桂陽人爲立廟樹碑荆孫馘靈帝時爲太尉

孟嘗傳

孟嘗字伯周會稽上虞人也其先三世爲郡吏並伏節死難嘗少修操行仕郡爲戶曹史上虞有寡婦至孝養姑姑年老壽終夫女弟先懷嫌忌乃誣婦厭苦供養加鴆其母列訟縣庭郡不加尋察遂結竟其罪嘗先知枉狀備言之於太守太守不爲理嘗哀泣外門因謝病去婦竟冤死自是郡中連旱二年禱請無所獲後太守殷丹到官訪問其故嘗詣府具陳寡婦冤誣之事因曰昔東海孝婦感天致旱于公一言甘澤時降宜戮訟者以謝冤魂庶幽枉獲申時雨可期丹從之即刑訟女而祭婦墓天應澍雨穀稼以登嘗後策孝廉舉茂才拜徐令州郡表其能遷合浦太守郡不產穀實而海出珠寶與交阯比境常通商販貿糴糧食貿易也先時宰守並多貪穢詭人採求不知紀極詭責也珠遂漸徙於交阯郡界於是行旅不至人物無資貧者死餓於道嘗到官革易前敝求民病利人所病苦及利益之事也曾未踰歲去珠復還百姓皆反其業商貨流通稱爲神明以病自上被徵當還吏民攀車請之嘗既不得進乃載鄉民船夜遁去隱處窮澤身自耕傭鄰縣士民慕其德就居止者百餘家桓帝時尚書同郡楊喬上書薦嘗曰謝承書曰喬字聖達烏傷人也前後數上書陳政事也臣前後七表言故合浦太守孟嘗而身輕言微終不蒙察區區破心徒然而已嘗安仁弘義耽樂道德清行出俗能幹絕羣前更守宰移風改政去珠復還饑民蒙活且南海多珍財產易積掌握之內價盈兼金而嘗單身謝病躬耕壟次匿景藏采不揚華藻實羽翮之美用非徒腹背之毛也說苑曰趙簡子游於西河而樂之歎曰安得賢士而與處焉舟人古桑曰此是吾君不好之也簡子曰吾門左右客千人朝食不足暮收市征暮食不足朝收市征吾可謂不好士乎古

桑日鴻鵠高飛遠翔其所恃者六翮也背上之毛腹下之毳無尺寸之數加之滿把飛不能爲之益高不知門下左右客千人者六翮之用乎將毛毳也新序云晉平公餘並同也盡而沈淪草莽好爵莫及易曰我有好爵吾與爾縻之廊廟之寶棄於溝渠尚書顧命曰赤刀大訓弘璧琬琰在西序大玉夷玉天球河圖在東序周禮大宗伯曰天府掌祖廟之守藏凡國之玉鎮大寶器藏焉且年歲有訖桑榆行盡謂日將夕在桑榆間言晚暮也而忠貞之節永謝聖時臣誠傷心私用流涕夫物以遠至爲珍若珠翠之屬也士以稀見爲貴槃木朽株爲萬乘用者左右爲之容耳前書鄒陽傳曰蟠木根柢輪囷離奇而爲萬乘器者左右爲之先容耳王者取士宜拔衆之所貴臣以斗筲之姿趨日月之側日月喻人君也易曰懸象著明莫大乎日月崇高莫大乎富貴思立微節不敢苟私鄉曲竊感禽息亡身進賢禽息秦大夫薦百里奚而不見納繆公出當車以頭擊闑腦乃播出曰臣生無補於國不如死也繆公感悟而用百里奚秦以大化見韓詩外傳嘗竟不見用年七十卒于家

第五訪傳

第五訪字仲謀京兆長陵人司空倫之族孫也少孤貧常傭耕以養兄嫂有閑暇則以學文文謂道藝者也仕郡爲功曹察孝廉補新都令新都縣屬蜀郡故城在今益州新都縣東政平化行三年之間鄰縣歸之戶口十倍遷張掖太守歲饑粟石數千訪乃開倉賑給以救其敝吏懼譴譴責也爭欲上言訪曰若上須報是棄民也上音時掌反須待也太守樂以一身救百姓遂出穀賦人順帝璽書嘉之由是一郡得全歲餘官民並豐界無姦盜遷南陽太守去官拜護羌校尉邊境服其威信卒於官

劉矩傳

劉矩字叔方沛國蕭人也叔父光順帝時爲司徒矩少有高節以叔父遼未得仕進遂絕州郡之命太尉朱寵太傅桓焉嘉其志義故叔遼以此爲諸公所辟拜議郎矩乃舉孝廉稍遷雍丘令以禮讓化之○劉攽曰化之案文之字當作人其無孝義者皆感悟自革民有爭訟矩常引之於前提耳訓告毛詩曰匪面命之言提其耳以爲忿恚可忍縣官不可入使歸更尋思訟者感之輒各罷去其有路得遺者皆推尋其主在縣四年以母憂去官後太尉胡廣舉矩賢良方正四遷爲尚書令矩性亮直不能諧附貴埶以是失大將軍梁冀意出爲常山相以疾去官時冀妻兄孫社爲沛相矩懼爲所害不敢還鄉里乃投彭城友人家歲餘冀意少悟乃止補從事中郎復爲尚書令遷宗正太常延熹四年代黃瓊爲太尉瓊復爲司空矩與瓊及司徒种暠同心輔政號爲賢相時連有災異司隸校尉以劾三公尚書朱穆上疏稱矩等良輔及言殷湯高宗不罪臣下之義尚書湯誥余一人有罪無以爾萬方萬方有罪在余一人尚書高宗諒傳說曰一夫不獲則曰時予之辜帝不省竟以蠻夷反叛免後復拜太中大夫靈帝初代周景爲太尉矩再爲上公所辟召皆名儒宿德不與諸郡交通順辭默諫順辭不忤旨默諫不顯揚也多見省用復以日食免因乞骸骨卒於家

劉寵傳

劉寵字祖榮東萊牟平人齊悼惠王之後也悼惠王肥高祖子也悼惠王子孝王將閭將閭少子封牟平侯子孫家焉父丕博學號爲通儒寵少受父業以明經舉孝廉除東平陵令東平陵縣名屬濟南郡也以仁惠爲吏民所愛母疾棄官去百姓將送塞道車不得進乃輕服遁歸後四遷爲豫章太守又三遷拜會稽太守山民愿朴乃有白首不入市井者愿謹也風俗通曰俗說市井者言至市當有所鬻賣當於井上先濯乃到市也謹案春秋井田記人年三十受田百畝以食五口五口爲一戶父母妻子也公田十畝廬舍五畝成田一頃十五畝八家而九頃二十畝共爲一井廬舍在內貴人也公田次之重公也私田在外賤私也井田之義一曰無泄地氣二曰無費一家三曰同風俗四曰合巧拙五曰通財貨因井爲市交易而退故稱市井也○劉攽曰注市井者言至市當有所鬻賣當於井上案文多上一當字頗爲官吏所擾寵簡除煩苛禁察非法郡中大化徵爲將作大匠山陰縣有五六老叟尨眉皓髮尨雜也老者眉雜白黑也自若邪山谷間出若邪在今越州會稽縣東南也人齎百錢以送寵寵勞之曰父老何自苦對曰山谷鄙生未嘗識郡朝它守時吏發求民間至夜不絕或狗吠竟夕民不得安自明府下車以來狗不夜吠民不見吏年老遭值聖明今聞當見棄去故自扶奉送寵曰吾政何能及公言邪勤苦父老爲人選一大錢受之轉爲宗正大鴻臚延熹四年代黃瓊爲司空以陰霧愆陽免頃之拜將作大匠復爲宗正建寧元年代王暢爲司空頻遷司徒太尉二年以日食策免歸鄉里寵前後歷宰二郡累登卿相而准約省素○劉攽曰按文言准都無義蓋本是廉字家無貨積嘗出京師欲息亭舍亭吏止之曰整頓灑埽以待劉公不可得也寵無言而去時人稱其長者以老病卒于家弟方官至山陽太守方有二子岱字公山繇字正禮兄弟齊名稱吳志曰平原陶丘洪薦繇欲令舉茂才刺史曰前年舉公山奈何復舉正禮弘曰若使明君用公山於前擢正禮於後所謂御二龍於長塗騁騏驥於千里不亦可乎董卓入洛陽岱從侍中出爲兗州刺史虛已愛物爲士人所附初平三年青州黃巾賊入兗州殺任城相鄭遂轉入東平岱擊之戰死興平中繇爲揚州牧振威將軍時袁術據淮南繇乃移居曲阿值中國喪亂士友多南奔繇攜接收養與同優劇甚得名稱袁術遣孫策攻破繇因奔豫章病卒

仇覽傳

仇覽字季智一名香陳留考城人也續漢志考城故菑陳留風俗傳曰章帝惡其名改爲考城也少爲書生淳默鄉里無知者年四十縣召補吏選爲蒲亭長勸人生業爲制科令至於果菜爲限雞豕有數農事既畢乃令子弟羣居還就黌學其剽輕游恣者皆役以田桑嚴設科罰躬助喪事賑恤窮寡期年稱大化覽初到亭人有陳元者獨與母居而母詣覽告元不孝覽驚曰吾近日過舍廬落整頓廣雅曰落居也案今人謂院爲落也耕耘以時此非惡人當是教化未及至耳母守寡養孤苦身投老奈何肆忿於一朝欲致子以不義乎母聞感悔涕泣而去覽乃親到元家與其母子飲因爲陳人倫孝行譬以禍福之言元卒成孝子謝承書曰覽爲縣陽遂亭長好行教化人陳元凶惡不孝其母詣覽言元覽呼元誚責元以子道與一卷孝經使誦讀之元深改悔到母牀下謝罪曰元少孤爲母所驕諺曰孤犢觸乳驕子罵母乞今自改母子更相向泣於是元遂修孝道後成佳士也○劉攽曰注言元覽呼元誚責元案文多一元字鄉邑爲之諺曰父母何在在我庭化我鳴梟哺所生鳴梟即鴟梟也時考城令河內王渙政尚嚴猛聞覽以德化人署爲主簿謂覽曰主簿聞陳元之過不罪而化之得無少鷹鸇之志邪左傳季孫行父曰見無禮於君者誅之如鷹鸇之逐鳥雀覽曰以爲鷹鸇不若鸞鳳渙謝遣曰枳棘非鸞鳳所棲百里豈大賢之路時渙爲縣令故自稱百里也今日太學曳長裾飛名譽皆主簿後耳以一月奉爲資勉卒景行卒終也覽入太學時諸生同郡符融有高名與覽比宇賓客盈室覽常自守不與融言融觀其容止心獨奇之乃謂曰與先生同郡壤鄰房牖今京師英雄四集志士交結之秋雖務經學守之何固覽乃正色曰天子修設太學豈但使人游談其中高揖而去不復與言後融以告郭林宗林宗因與融齎刺就房謁之遂請留宿林宗嗟歎下牀爲拜覽學畢歸鄉里州郡並請皆以疾辭雖在宴居宴安也論語曰子之宴居必以禮自整妻子有過輒免冠自責妻子庭謝候覽冠乃敢升堂家人莫見喜怒聲色之異後徵方正遇疾而卒三子皆有文史才少子玄最知名

童恢傳

童恢字漢宗謝承書童作僮恢作种也琅邪姑幕人也姑幕故城在今密州莒縣東北也父仲玉遭世凶荒傾家賑卹九族鄉里賴全者以百數仲玉早卒恢少仕州郡爲吏司徒楊賜聞其執法廉平乃辟之及賜被劾當免掾屬悉投刺去恢獨詣闕爭之及得理掾屬悉歸府恢杖策而逝由是論者歸美復辟公府除不其令吏人有犯違禁法輒隨方曉示若吏稱其職人行善事者皆賜以酒肴之禮以勸勵之耕織種收皆有條章一境清靜牢獄連年無四比縣流人歸化徙居二萬餘戶民嘗爲虎所害乃設檻捕之生獲二虎恢聞而出呪虎曰天生萬物唯人爲貴虎狼當食六畜杜預注左傳云六畜馬牛羊豕犬雞也而殘暴於人王法殺人者死傷人則論法汝若是殺人者當垂頭服罪自知非者當號呼稱冤一虎低頭閉目狀如震懼即時殺之其一視恢鳴吼踊躍自奮遂令放釋吏人爲之歌頌青州舉尤異遷丹陽太守暴疾而卒弟翊字漢文名高於恢宰府先辟之翊陽喑不肯仕喑疾不能言也及恢被命乃就孝廉除須昌長化有異政吏人生爲立碑聞舉將喪棄官歸後舉茂才不就卒於家

贊曰政畏張急韓詩外傳曰水濁則魚喁令苛則人亂理國者譬若張琴然大弦急則小弦絕矣故急轡銜者非千里之御也理善亨鮮老子曰理大國者若亨小鮮也推忠以及衆瘼自蠲推忠恕以及於人則衆病自蠲除一夫得情千室鳴弦一夫謂守長也千室謂黎庶言上得化下之情則其下鳴弦而安樂也懷我風愛永載遺賢沈約宋書載曄與其姪及甥書論撰書之意曰吾觀史書恒覽其不可解既造後漢轉得統緒詳觀古今著述及許論殆少可得意者班氏最有高名既任情無例不可甲乙辨贍可不及之整理未必愧也吾雜傳論皆有精意深旨至於循吏已下及六夷諸序論筆勢縱放實天下之奇作其中合者往往不減過秦篇嘗共比方班氏所作非但不愧之而已又欲因事發論以正一代得失意復未果贊自是吾文之傑思殆無一字空設此書行故應有賞音者紀傳例爲舉其大略耳諸細意甚多自古體大而思精未有此也恐俗人不能盡之多貴古賤今所以稱情狂言耳

後漢書卷一百六考證

王景傳集爲大衍玄基云○爲字監本作於依宋本改

仇覽傳選爲蒲亭長○謝承書作陽遂亭長

時考城令河內王渙○臣會汾按范冉傳作王奐

後漢書卷一百七

宋　宣　城　太　守　范　曄　撰

唐　章　懷　太　子　賢　注

酷吏列傳第六十七

漢承戰國餘烈多豪猾之民其幷兼者則陵橫邦邑桀健者則雄張閭里橫音胡孟反張音知亮反且宰守曠遠戶口殷大前書曰成帝戶一千二百二十三萬三千六十口五千九百五十九萬四千九百七十八漢極盛矣故臨民之職專事威斷族滅姦軌先行後聞先行刑而後聞奏也肆情剛烈成其不撓之威撓屈也前書甯成爲濟南都尉而郅都爲守始前數都尉步入府因吏謁守如縣令其畏郅都如此及成往直陵都出其上都素聞其聲善遇之與結驩違衆用己表

其雖測之智（前書嚴延年爲河南太守衆人所謂當死者一朝出之所謂當生者詭殺之吏人莫能測其用意深淺也）至於重文橫入爲窮怒之所遷及者亦何可勝言（重猶深也橫猶枉也窮極也言遷怒於無罪之人）故乃積骸滿穽漂血十里（穽阬也前書尹賞守長安令得一切以便宜從事賞至修理長安獄穿地方深各數丈名爲虎穴乃部戶曹掾吏雜舉長安中輕薄少年惡子無市籍商販作務而鮮衣凶服者得數百人盡以次內穴中覆以大石皆相枕籍死又王溫舒爲河內太守捕郡中豪猾論報流血十餘里也）致溫舒有虎冠之吏（王溫舒爲中尉窮案姦猾盡糜爛獄中其爪牙吏虎而冠者也音義云言其殘虐之甚也）延年受屠伯之名豈虛也哉（前書嚴延年爲河南太守所誅殺血流數里河南號曰屠伯言若屠人之殺六畜也）若其揣挫彊埶摧勒公卿碎裂頭腦而不顧亦爲壯也（前書濟南瞯氏宗人三百餘家豪猾二千石莫能制郅都爲濟南守至則誅瞯氏首惡郡中路不拾遺都後竟坐斬又趙廣漢爲京兆尹侵犯貴戚大臣將吏卒入丞相魏相府召其夫人跪庭下受辭責以殺婢事司直蕭望之劾奏廣漢摧辱大臣傷化不道坐腰斬破碎頭腦言不避誅戮也○劉攽曰注疏庭下案本傳疏當作跪）自中興以後科網稍密吏人之嚴害者方於前世省矣而閹人親婭侵虐天下（爾雅曰兩壻相謂曰婭）至使陽球磔王甫之屍張儉剖曹節之墓若此之類雖厭快衆憤亦云酷矣儉知名故附黨人篇（劉淑李膺等傳也）

董宣傳

董宣字少平陳留圉人也初爲司徒侯霸所辟舉高第累遷北海相到官以大姓公孫丹爲五官掾丹新造居宅而卜工以爲當有死者丹乃令其子殺道行人置屍舍內以塞其咎宣知卽收丹父子殺之丹宗族親黨三十餘人操兵詣府稱寃叫號宣以丹前附王莽慮交通海賊乃悉收繫劇獄（劇縣之獄）使門下書佐水丘岑盡殺之（姓水丘名岑也）青州以其多濫奏宣考岑宣坐徵詣廷尉在獄晨夜諷誦無憂色及當出刑官屬具饌送之宣乃厲色曰董宣生平未曾食人之食況死乎升車而去時同刑九人次應及宣光武馳使騶騎特原宣刑且令還獄遣使者詰宣多殺無辜宣具以狀對言水丘岑受臣旨意罪不由之願殺臣活岑使者以聞有詔左轉宣懷令令青州勿案岑罪岑官至司隸校尉後江夏有劇賊夏喜等寇亂郡境以宣爲江夏太守到界移書曰朝廷以太守能禽姦賊故辱斯任今勒兵界首檄到幸思自安之喜等聞懼卽時降散外戚陰氏爲郡都尉宣輕慢之坐免後特徵爲洛陽令時湖陽公主蒼頭白日殺人因匿主家吏不能得及主出行而以奴驂乘宣於夏門亭候之乃駐車叩馬以刀畫地大言數主之失叱奴下車因格殺之主卽還宮訴帝帝大怒召宣欲箠殺之宣叩頭曰願乞一言而死帝曰欲何言宣曰陛下聖德中興而縱奴殺良人將何以理天下乎臣不須箠請得自殺卽以頭擊楹流血被面帝令小黃門持之使宣叩頭謝主宣不從彊使頓之宣兩手據地終不肯俯主曰文叔爲白衣時藏亡匿死吏不敢至門今爲天子威不能行一令乎帝笑曰天子不與白衣同因勑彊項令出（謝承書曰勑令詣大官賜食宣受詔出飯盡覆杯食机上大官以狀聞上問宣宣對曰臣食不敢遺餘如奉職不敢遺力）賜錢三十萬宣悉以班諸吏由是搏擊豪彊莫不震慄京師號爲臥虎歌之曰枹鼓不鳴董少平（枹擊鼓杖也音孚其字從木也）在縣五年年七十四卒於官詔遣使者臨視唯見布被覆屍妻子對哭有大麥數斛敝車一乘（謝承書曰有白馬一匹蘭輿十乘也）帝傷之曰董宣廉潔死乃知之以宣嘗爲二千石賜艾綬葬以大夫禮拜子並爲郎中後官至齊相（諸本此下有說蔡茂事二十五字亦有無者案茂自有傳也）

樊曄傳

樊曄字仲華南陽新野人也與光武少游舊建武初徵爲侍御史遷河東都尉引見雲臺初光武微時嘗以事拘於新野曄爲市吏餽餌一笥（蒼頡篇曰餽饋也說文曰餌餅也笥竹器也）帝德之不忘仍賜曄御食及乘輿服物因戲之曰一笥餌得都尉何如曄頓首辭謝及至郡誅討大姓馬適匡等（馬適姓也前書有馬適建俗本匡上有王字者誤也）盜賊清吏人畏之數年遷揚州牧教民耕田種樹理家之術視事十餘年坐法左轉軹長（軹縣屬河南郡故城在今洛州濟源縣東南也）隗囂滅後隴右不安乃拜曄爲天水太守政嚴猛好申韓法（申不害韓非之法也）善惡立斷人有犯其禁者率不生出獄吏人及羌胡畏之道不拾遺行旅至夜聚衣裝道傍曰以付樊公涼州爲之歌曰游子常苦貧力子天所富（勤力之子）寧見乳虎穴（乳產也猛獸產乳護其子則搏噬過常故以喻也諸本穴字或作六誤也）不入冀府寺（冀天水縣也）大笑期必死忿怒或見置嗟我樊府君安可再遭値視事十四年卒官永平中顯宗追思曄在天水時政能以爲後人莫之及詔賜家錢百萬子融有俊才好黃老不肯爲吏

李章傳

李章字第公河內懷人也五世二千石章習嚴氏春秋（宣帝時博士嚴彭祖也）經明教授歷州郡吏光武爲大司馬平定河北召章置東曹屬數從征伐光武卽位拜陽平令（陽平縣屬東郡故城今魏州莘縣也）時趙魏豪右往往屯聚清河大姓趙綱遂於縣界起塢壁繕甲兵爲在所害章到乃設饗會而延謁綱綱帶文劍被羽衣（織鳥羽以爲衣也前書欒大爲五利將軍服羽衣也）從士百餘人來到章與對讌飲有頃手劍斬綱伏兵亦悉殺其從者因馳詣塢壁掩擊破之吏人遂安遷千乘太守坐誅斬盜賊過濫徵下獄免歲中拜侍御史出爲琅邪太守時北海安丘大姓夏長思等反遂囚太守處興（風俗通曰史記趙有辨士處子故有處姓也）而據營陵城（營陵縣屬北海郡也）章聞卽發兵千人馳往擊之掾吏止章○（劉攽曰案文吏當作史）曰二千石行不得出界兵不得擅發（前書杜欽奏記王鳳曰二千石守千里之地任兵馬之重不宜去郡也）章按劍怒曰逆虜無狀囚劫郡守此何可忍若坐討賊而死吾不恨也遂引兵安丘城下募勇敢燒城門與長思戰斬之獲三百餘級得牛馬五百餘頭而還興歸郡以狀上帝悉以所得班勞吏士後坐度人田不實徵以章有功但司寇論月餘免刑歸復徵會病卒

周紆傳

周紆字文通下邳徐人也爲人刻削少恩好韓非之術少爲廷尉史永平中補南行唐長到官曉吏人曰朝廷不以長不肖使牧黎民而性讐猾吏志除豪賊且勿相試遂殺縣中尤無狀者數十人吏人大震遷博平令（博平縣故城在今博州博平縣東也）收考姦臧無出獄者以威名遷齊相亦頗嚴酷專任刑法而善爲辭案條教（辭案猶今案牘也）爲州內所則後坐殺無辜復左轉博平令建初中爲勃海太守每赦令到郡輒隱閉不出先遣使屬縣盡決刑罪乃出詔書坐徵詣廷尉免歸紆廉潔無資常築墼以自給（○劉攽曰案墼非築所成當作塹築爲垣墻塹爲坑塹也）肅宗聞而憐之復以爲郎再遷召陵侯相廷掾憚紆嚴明欲損其威（續漢志每郡有五官掾縣爲廷掾也）乃晨取死人斷手足立寺門紆聞便往至死人邊若與死人共語狀陰察視口眼有稻芒乃密問守門人曰悉誰載藁入城者（悉猶知也）門者對唯有廷掾耳又問鈴下（漢官儀曰鈴下侍閤辟車此皆以名自定者也）外頗有疑令與死人語者不對曰廷掾疑君乃收廷掾考問具服不殺人取道邊死人後人莫敢欺者徵拜洛陽令下車先問大姓主名吏數閭里豪彊以對紆厲聲怒曰本問貴戚若馬竇等輩豈能知此賣菜傭乎於是部吏望風旨爭以激切爲事貴戚跼蹐京師肅清皇后弟黃門郎竇篤從宮中歸夜至止姦亭亭長霍延遮止篤篤蒼頭與爭延遂拔劍擬篤而肆詈恣口篤以表聞詔召司隸校尉河南尹詣尚書譴問遣劍戟士收紆送廷尉詔獄數日貰出（貰赦也音市夜反）帝知紆奉法疾姦不事貴戚然苛慘失中（慘虐也）數爲有司所奏八年遂免官後爲御史中丞和帝卽位太傅鄧彪奏紆在任過酷不宜典司京輦（漢官儀曰御史中丞外督部刺史內領侍御史糾察百官故云典司京輦）免歸田里後竇氏貴盛篤兄弟秉權睚眦宿怨無不僵仆（僵偃也仆踣也）紆自謂無全乃柴門自守以待其禍然篤等以紆公正而怨隙有素遂不敢害永元五年復徵爲御史中丞諸竇雖誅而夏陽侯瓌猶尚在朝紆疾之乃上疏曰臣聞臧文仲之事君也見有禮於君者事之如孝子之養父母見無禮於君者誅之如鷹鸇之逐鳥雀（左氏傳季孫行父稱臧文仲敎行父事君之辭也）按夏陽侯瓌本出輕薄志在邪辟學無經術而妄搆講舍外招儒徒實會姦桀輕忽天威侮慢王室又造作巡狩封禪之書惑衆不道當伏誅戮而主者營私不爲國計夫涓流雖寡浸成江河爝火雖微卒能燎野（莊子曰日月出矣而爝火不息爝火小火也）履霜有漸可不懲革（易曰履霜堅冰至其所由來者漸矣）宜尋呂產專竊之亂（呂產呂太后之兄子封爲梁王太后崩與弟祿作亂也）永惟王莽篡逆之禍上安社稷之計下解萬夫之惑會瓌歸國紆遷司隸校尉六年夏旱車駕自幸洛陽錄囚徒二人被掠生蟲坐左轉騎都尉七年遷將作大匠九年卒於官

黃昌傳

黃昌字聖真會稽餘姚人也（餘姚今越州縣也）本出孤微居近學宮數見諸生修庠序之禮因好之遂就經學又曉習文法仕郡爲決曹（續漢志曰決曹主罪法事）刺史行部見昌甚奇之辟從事後拜宛令政尚嚴猛好發姦伏人有盜其車蓋者昌初無所言後乃密遣親客至門下賊曹家掩取得之（續漢志曰賊曹主盜賊事）悉收其家一時殺戮大姓戰懼皆稱神明朝廷舉能遷蜀郡太守先太守李根年老多悖政（悖亂也）百姓侵寃及昌到吏人訟者七百餘人悉爲斷理莫不得所密捕盜帥一人脅使條諸縣彊暴之人姓名居處乃分遣掩討無有遺脫宿惡大姦皆奔走它境初昌爲州書佐其婦歸寧於家遇賊被獲遂流轉入蜀爲人妻其子犯事乃詣昌自訟昌疑母不類蜀人因問所由對曰妾本會稽餘姚戴次公女州書佐黃昌妻也妾嘗歸家爲盜所略遂至於此昌驚呼前謂曰何以識黃昌邪對曰昌左足心有黑子常自言當爲二千石（相書曰足心有黑子者二千石）昌乃出足示之因相持悲泣還爲夫婦視事四年徵再遷陳相縣人彭氏舊豪縱造起大舍高樓臨道昌每出行縣彭氏婦人輒升樓而觀昌不喜遂勑收付獄案殺之又遷爲河內太守又再遷潁川太守（○劉攽曰案文多二又字）永和五年徵拜將作大匠漢安元年進補大司農左轉大中大夫卒於官

陽球傳

陽球字方正漁陽泉州人也（泉州故城在今幽州雍奴縣南也）家世大姓冠蓋球能擊劍習弓馬性嚴厲好申韓之學郡吏有辱其母者球結少年數十人殺吏滅其家由是知名初舉孝廉補尚書侍郎閑達故事其章奏處議（處斷也）常爲臺閣所崇信出爲高唐令以嚴苛過理郡守收舉（收繫舉劾之也）會赦見原辟司徒劉寵府舉高第九江山賊起連月

不解三府上球有理姦才拜九江太守球到設方略凶賊殄破收郡中姦吏盡殺之遷平原相出教曰相前蒞高唐志埽姦鄙遂爲貴郡所見枉舉昔桓公釋管仲射鉤之讎高祖赦季布逃亡之罪雖以不德敢忘前義況君臣分定而可懷宿昔哉今一蠲往愆期諸來效若受教之後而不改姦狀者不得復有所容矣郡中咸畏服焉時天下大旱司空張顥條奏長吏苛酷貪汚者皆罷免之球坐嚴苦徵詣廷尉當免官靈帝以球九江時有功拜議郎遷將作大匠坐事論頃之拜尚書令奏罷鴻都文學曰伏承有詔勑中尚方爲鴻都文學樂松江覽等三十二人圖象立贊以勸學者臣聞傳曰君舉必書書而不法後嗣何觀左傳曹劌諫魯莊公之辭也案松覽等皆出於微蔑斗筲小人依憑世戚附託權豪俛眉承睫徼進明時或獻賦一篇或鳥篆盈簡八體書有鳥篆象形以爲字也而位升郎中形圖丹青亦有筆不點牘辭不辯心假手請字妖僞百品莫不被蒙殊恩蟬蛻滓濁說文曰蛻蟬蛻所解皮也蛻音式銳反楚詞曰濟江海兮蟬蛻或音它外反是以有識掩口天下嗟歎臣聞圖象之設以昭勸戒欲令人君動鑒得失未聞豎子小人詐作文頌而可妄竊天官垂象圖素者也今太學東觀足以宣明聖化願罷鴻都之選以消天下之謗書奏不省時中常侍王甫曹節等姦虐弄權扇動外內球嘗拊髀發憤曰若陽球作司隸此曹子安得容乎光和二年遷爲司隸校尉王甫休沐里舍球詣闕謝恩奏收甫及中常侍淳于登袁赦封易易音吐盍反中黃門劉毅小黃門龐訓朱禹齊盛等及子弟爲守令者姦猾縱恣罪合滅族太尉段熲諂附佞倖宜並誅戮於是悉收甫熲等送洛陽獄及甫子永樂少府萌沛相吉球自臨考甫等五毒備極萌謂球曰父子既當伏誅少以楚毒假借老父球曰若罪惡無狀若汝也死不滅責乃欲球假借邪萌乃罵曰爾前事吾父子如奴奴敢反汝主乎今日困吾行自及也球使以土窒萌口箠朴交至父子悉死杖下熲亦自殺乃僵磔甫屍於夏城門大署牓曰賊臣王甫盡沒入財產妻子皆徙比景球既誅甫復欲以次表曹節等乃勑中都官從事曰且先去大猾當次案豪右權門聞之莫不屏氣諸奢飾之物皆各緘縢不敢陳設說文曰緘束篋也孔安國注尚書曰縢緘也京師畏震時順帝虞貴人葬百官會喪還曹節見磔甫屍道次慨然抆淚曰抆拭也音亡粉反我曹自可相食何宜使犬舐其汁乎語諸常侍今且俱入勿過里舍也節直入省白帝曰陽球故酷暴吏前三府奏當免官以九江微功復見擢用愆過之人好爲妄作不宜使在司隸以騁毒虐帝乃徙球爲衞尉時球出謁陵節勑尚書令召拜不得稽留尺一球被召急因求見帝叩頭曰臣無清高之行橫蒙鷹犬之任前雖糾誅王甫段熲蓋簡落狐狸未足宣示天下願假臣一月必令豺狼鴟梟各服其辜叩頭流血殿上呵叱曰衞尉扞詔邪至於再三乃受拜其冬司徒劉郃與球議收案張讓曹節節等知之共誣白郃等語已見陳球傳遂收球送洛陽獄誅死妻子徙邊

王吉傳

王吉者陳留浚儀人中常侍甫之養子也甫在宦者傳吉少好誦讀書傳喜名聲而性殘忍以父秉權寵年二十餘爲沛相曉達政事能斷察疑獄發起姦伏多出衆議課使郡內各舉姦吏豪人諸常有微過酒肉爲臧者雖數十年猶加貶棄注其名籍專選剽悍吏擊斷非法若有生子不養即斬其父母合土棘埋之凡殺人皆磔屍車上隨其罪目宣示屬縣目罪名也夏月腐爛則以繩連其骨周徧一郡乃止見者駭懼視事五年凡殺萬餘人其餘慘毒刺刻不可勝數郡中惴恐惴懼也音之瑞反莫敢自保及陽球奏甫乃就收執死於洛陽獄

論曰古者敦龐善惡易分左傳申叔時曰人生敦龐和同以聽杜預注云敦龐厚大也至於畫衣冠異服色而莫之犯白虎通曰畫象者其衣服象五刑也犯墨者蒙巾犯劓者以赭著其衣犯髕者以墨蒙其髕處而畫之犯宮者雜扉犯大辟者布衣無領墨顆面也叔世偷薄左傳曰叔向曰三辟之興皆叔代也叔代猶末代也偷苟且也本或作渝渝變也上下相蒙左傳介之推曰下義其罪上賞其姦上下相蒙難與處矣蒙欺也德義不足以相洽化導不能以懲違遂乃嚴刑痛殺隨而繩之致刻深之吏以暴理姦倚疾邪之公直濟忍苛之虐情漢世所謂酷能者蓋有聞也皆以敢悍精敏巧附文理風行霜烈威譽諠赫與夫斷斷守道之吏何工否之殊乎尚書曰如有一介臣斷斷猗孔安國注云斷斷猗然專一之臣也故嚴君蚩黃霸之術前書嚴延年爲河南太守嚴刑峻罰時黃霸爲潁川太守以寬恕爲化郡中亦平屢蒙豐年鳳凰屢集上下詔稱揚其行加金爵之賞延年素輕霸爲人及比部爲守褒賞反在己前心內不服河南界中又有蝗府丞狐義出行蝗還見延年延年曰此蝗豈鳳凰食邪密人笑卓茂之政茂傳曰初茂到縣有所廢置吏人笑之猛既窮矣而猶或未勝然朱邑不以笞辱加物前書曰朱邑以愛利爲行未嘗笞辱人袁安未嘗鞫人臧罪安傳曰安爲河南尹政號嚴明然未嘗以臧罪鞫人也而猾惡自禁人不欺犯何者以爲威辟既用而苟免之行興辟法也音頻亦反仁信道孚故感被之情著左傳曰小信未孚杜預注云孚大信也覽言仁信之道大信於人苟免者威隙則姦起感被者人亡而思存若子產卒仲尼聞之曰古之遺愛也由一邦以言天下則刑訟繁措可得而求乎

贊曰大道既往刑禮爲薄老子曰大道廢有仁義又曰禮者忠信之薄而亂之始斯人散矣機詐萌作論語曾子曰上失其道民散久矣如得其情則哀矜而勿喜也去殺由仁濟寬非虐論語曰善人爲邦百年亦可以勝殘去殺此言用仁德化人人知禮節可以無殺戮也左傳曰寬以濟猛猛以濟寬言政寬則人慢故須以猛濟之非故爲暴虐也末暴雖勝崇本或略春秋繁露曰君者國之本也夫爲國其化莫大於崇本崇本則君化若神不崇本則無以兼人此言酷吏爲政化之末雖得勝殘而崇本之道尚爲略也○劉攽曰注夫爲國本其化莫大於崇本案文多一本字

後漢書卷一百七考證

酷吏傳若其揣挫彊勢○揣疑惴

張儉剖曹節之墓○何焯曰以黨錮宦官二傳參考乃侯覽壽冢非曹節也所當刊正且未葬但可言壞不得言剖

周紆傳常築墼以自給劉攽曰墼非築所成當作塹○楊慎丹鉛續錄曰墼本南人不知土墼也字林磚未燒曰墼埤蒼刑土爲方曰墼今之土墼以今爲模實土其中非築而何

陽球傳小黃門龐訓朱禹齊盛等○何焯校本禹改瑀

後漢書卷一百八

宋　宣城太守范曄撰

唐　章懷太子賢注

宦者列傳第六十八

易曰天垂象聖人則之易繫辭之文也宦者四星在皇位之側故周禮置官亦備其數閽者守中門之禁周禮曰閽人掌守王宮中門之禁鄭玄云中門於外內爲中也閽刖足者寺人掌女宮之戒周禮曰寺人掌王之內人及女宮之戒命也又云王之正內者五人周禮曰寺人掌王之正內五人注云正內路寢也○劉攽曰正文案文多一者字此本用周禮文月令仲冬命閹尹審門閭謹房室鄭玄注月令云閹尹主領奄豎之官者也於周禮則爲內宰掌理王之內政宮令譏出入開閉之屬也詩之小雅亦有巷伯刺讒之篇毛詩序曰巷伯刺幽王也寺人傷於讒而作是詩也毛長注云巷伯內之小臣也然宦人之在王朝者其來舊矣將以其體非全氣情志專良通關中人易以役養乎閹涉也中人內人也然而後世因之才任稍廣其能者則勃貂管蘇有功於楚晉勃貂即寺人披也一名勃鞮字伯楚左傳曰呂郤畏偪將焚公宮殺晉文公寺人披見公以難告遂殺呂郤新序曰楚恭王有疾告諸大夫曰管蘇犯我以義違我以禮與處不安不見不思然而有得焉吾死之後爵之於朝也景監繆賢著庸於秦趙史記曰商君入秦因孝公寵臣景監以求見又曰藺相如爲趙宦者令繆賢舍人趙求人使報秦者未得繆賢曰臣舍人藺相如可使也著庸謂薦鞅及相如也及其敝也則豎刁亂齊伊戾禍宋左傳曰齊桓公卒易牙入與寺人貂因內寵以殺羣吏而立公子無虧孝公奔宋杜預注曰寺人即閹官刁即貂也又曰楚客聘于晉過宋太子知之請野享之公使往寺人伊戾請從之至則坎用牲加書徵之而騁告公曰太子將爲亂公使視之則信有焉太子死公徐聞其無罪乃亨伊戾也漢興仍襲秦制置中常侍官然亦引用士人以參其選皆銀璫左貂給事殿省及高后稱制乃以張卿爲大謁者出入臥內受宣詔命前書曰齊人田生求事呂后所幸大謁者張釋卿音義曰奄人也仲長統昌言曰宦豎傳近臥房之內交錯婦人之閒文帝時有趙談北宮伯子頗見親倖至於孝武亦愛李延年前書曰孝文時宦者則趙談北宮伯子孝武時宦者李延年也帝數宴後庭或潛游離館故請奏機事多以宦人主之至元帝之世史游爲黃門令勤心納忠有所補益前書曰急就一篇元帝時黃門令史游作也輿服志曰禁門曰黃闥中人主之故曰黃門也其後弘恭石顯以佞險自進卒有蕭周之禍損穢帝德焉前書曰前將軍蕭望之及光祿大夫周堪建白以爲宜罷中常侍官應古不近刑人由是大與石顯忤後皆害焉望之自殺堪廢錮不得復進用也中興之初宦官悉用閹人○劉攽曰案自前漢宦官即是閹人何乃言中興乎蓋宦字當作內謂省內官不用他士也不復雜調它士至永平中始置員數中常侍四人小黃門十人和帝即阼幼弱而竇憲兄弟專總權威內外臣僚莫由親接所與居者唯閹宦而已故鄭衆得專謀禁中終除大憝憝惡也音大對反謂誅竇憲也遂享分土之封超登宮卿之位宮卿謂爲大長秋也於是中官始盛焉自明帝以後迄乎延平委用漸大而其員稍增中常侍至有十人小黃門二十人改以金璫右貂兼領卿署之職鄧后以女主臨政而萬機殷遠朝臣國議無由參斷帷幄稱制下令不出房闈之間爾雅曰宮中小門謂之闈也不得不委用刑人寄之國命手握王爵口含天憲非復掖廷永巷之職閨牖房闥之任也永巷及掖庭並署名也爾雅曰小闈謂之闥其後孫程定立順之功曹騰參建桓之策續以五侯合謀梁冀受鉞迹因公正恩固主心故中外服從上下屏氣或稱伊霍之勳無謝於往載或謂良平之畫復興於當今雖時有忠公而竟見排斥謂皇甫嵩蔡雍等並被排也舉動回山海呼吸變霜露阿旨曲求則光寵三族父族母族妻族也直情忤意則參夷五宗夷滅也參夷三族也五宗五服內之親也漢之綱紀大亂矣若夫高冠長劍紆朱懷金者布滿宮闈楚詞曰高余冠之岌岌又曰撫長劍兮玉珥揚雄法言曰或問使我紆朱懷金其樂不可量也李軌注曰朱朱紱也金金印也苴茅分虎南面臣人者蓋以十數封諸侯各以其方色土苴以白茅而分剖虎符也府署第館棊列於都鄙棊列如棊之布列史記曰往往棊置子弟支附過半於州國南金和寶冰紈霧縠之積盈仞珍藏詩頌曰大路南金鄭玄注云荆揚之州貢金三品和謂卞和也嬙媛侍兒歌童舞女之玩充備綺室左傳曰夫差宿有妃嬙嬪御焉杜預注曰妃嬙貴者嬙音牆前書曰初爰盎爲吳相時從史盜私盎侍兒昌言曰爲音樂則歌兒舞女千曹而迭起左傳晏子曰高臺深池撞鐘舞女綺室室之綺麗者狗馬飾雕文土木被緹繡前書東方朔曰木上衣綺繡狗馬被繢罽緹厚繒也皆剝割萌黎競恣奢欲搆害明賢專樹黨類其有更相援引希附權彊者

皆腐身熏子以自衒達[前書曰史遷熏胥以刑韋昭曰古者腐刑必熏合之]同敝相濟故其徒有繁敗國蠹政之事不敢單書[單盡也]所以海內嗟毒志士窮棲寇劇緣間搖亂區夏[寇盜劇賊緣間隙而起也]雖忠良懷憤時或奮發而言出禍從旋見孥戮因復大考鉤黨轉相誣染[鉤黨謂李膺杜密等]凡稱善士莫不離被災毒竇武何進位崇戚近乘九服之囂怨協羣英之埶力[九服已見上羣英謂劉猛朱寓之屬見竇武傳]而以疑留不斷至於殄敗斯亦運之極乎雖袁紹龔行芟夷無餘然以暴易亂亦何云及[尚書曰龔行天罰左傳曰芟夷蘊崇之史記曰以暴易亂兮不知其非也]自曹騰說梁冀竟立昏弱[謂立桓帝也]魏武因之遂遷龜鼎[龜鼎國之守器以諭帝位也尚書曰寧王遺我大寶龜左傳曰鼎遷於商也]所謂君以此始必以此終信乎其然矣[此謂宦官也言漢家初寵用宦官其後終爲宦官所滅左傳楚屈蕩曰君以此始必以此終也]

鄭衆傳

鄭衆字季產南陽犨人也爲人謹敏有心幾永平中初給事太子家肅宗即位拜小黃門遷中常侍和帝初加位鉤盾令時竇太后秉政后兄大將軍憲等並竊威權朝臣上下莫不附之而衆獨一心王室不事豪黨帝親信焉及憲兄弟圖作不軌衆遂首謀誅之以功遷大長秋策勳班賞每辭多受少由是常與議事[與音預]中官用權自衆始焉十四年帝念衆功美封爲鄛鄉侯食邑千五百戶[鄛音七交反說文曰南陽棘陽縣有鄛鄉]永初元年和熹皇后益封三百戶元初元年卒養子閎嗣閎卒子安嗣後國絕桓帝延熹二年紹封衆曾孫石讎爲關內侯

蔡倫傳

蔡倫字敬仲桂陽人也以永平末始給事宮掖建初中爲小黃門及和帝即位轉中常侍豫參帷幄倫有才學盡心敦愼數犯嚴顏匡弼得失每至休沐輒閉門絕賓暴體田野後加位尚方令永元九年監作祕劍及諸器械莫不精工堅密爲後世法自古書契多編以竹簡其用縑帛者謂之爲紙縑貴而簡重並不便於人倫乃造意用樹膚麻頭及敝布魚網以爲紙元興元年奏上之帝善其能自是莫不從用焉故天下咸稱蔡侯紙[湘州記曰耒陽縣北有漢黃門蔡倫宅宅西有一石臼云是倫舂紙臼也]元初元年鄧太后以倫久在宿衞封爲龍亭侯[龍亭縣故城在今洋州興道縣東男月池在其側]邑三百戶後爲長樂太僕四年帝以經傳之文多不正定乃選通儒謁者劉珍及博士良史詣東觀各讎校漢家法[○劉攽曰案諸儒各謂其師說爲家法後人不知妄加一漢字]令倫監典其事倫初受竇后諷旨誣陷安帝祖母宋貴人及太后崩安帝始親萬機勑使自致廷尉倫恥受辱乃沐浴整衣冠飲藥而死國除

孫程傳

孫程字稚卿涿郡新城人也[東觀記曰北新城人衞康叔之冑孫林父之後東觀自此已下十九人與程同功者皆叙其所承本系蓋當時史官懼程等威權故曲爲文飾]安帝時爲中黃門給事長樂宮時鄧太后臨朝帝不親政事小黃門李閏與帝乳母王聖常共譖太后兄執金吾悝等言欲廢帝立平原王德帝每忿懼及太后崩遂誅鄧氏而廢平原王封閏雍鄉侯又小黃門江京以讒諂進初迎帝於邸以功封都鄉侯食邑各三百戶閏京並遷中常侍江京兼大長秋與中常侍樊豐黃門令劉安鉤盾令陳達及王聖聖女伯榮扇動內外競爲侈虐又帝舅大將軍耿寶皇后兄大鴻臚閻顯更相阿黨遂枉殺太尉楊震廢皇太子爲濟陰王明年帝崩立北鄉侯爲天子顯等遂專朝爭權乃諷有司奏誅樊豐廢耿寶王聖及黨與皆見死徙十月北鄉侯病篤程謂濟陰王謁者長興渠曰[興姓渠名]王以嫡統本無失德先帝用讒遂至廢黜若北鄉侯不起共斷江京閻顯事乃可成渠等然之又中黃門南陽王康先爲太子府史自太子之廢常懷歎憤又長樂太官丞京兆王國並附同於程至二十七日北鄉侯薨閻顯白太后徵諸王子簡爲帝嗣未及至十一月二日程遂與王康等十八人聚謀於西鍾下皆截單衣爲誓四日夜程等共會崇德殿上因入章臺門時江京劉安及李閏陳達等俱坐省門下程與王康共就斬京安達以李閏權埶積爲省內所服欲引爲主因舉刃脅閏曰今當立濟陰王無得搖動閏曰諾於是扶閏起俱於西鍾下迎濟陰王立之是爲順帝召尚書令僕射以下從輦幸南宮雲臺程等留守省門遮扞內外閻顯時在禁中憂迫不知所爲小黃門樊登勸顯發兵以太后詔召越騎校尉馮詩虎賁中郎將閻崇屯朔平門以禦程等誘詩入省太后使授之印曰能得濟陰王者封萬戶侯得李閏者五千戶侯顯以詩所將衆少使與登迎吏士于左掖門外詩因格殺登歸營屯守顯弟衞尉景遽從省中還外府收兵至盛德門程傳召諸尚書使收景尚書郭鎭時臥病聞之即率直宿羽林出南止車門逢景從吏士拔白刃呼曰無干兵鎭即下車持節詔之景曰何等詔因斫鎭不中鎭引劍擊景墮車左右以戟叉其胷遂禽之送廷尉獄即夜死旦日令侍御史收顯等送獄於是遂定下詔曰夫表功錄善古今之通義也故中常侍長樂太僕江京黃門令劉安鉤盾令陳達與故車騎將軍閻顯兄弟謀議惡逆傾亂天下中黃門孫程王康長樂太官丞王國中黃門黃龍彭愷孟叔李建王成張賢史汎馬國王道李元楊佗[佗音駝]陳予趙封李剛魏猛苗光等[東觀記曰程賦棗脯又分與光曰以爲信今暮其當著矣漏盡光爲尚席直事通燈解劍置外持燈入章臺門程等適入光走出門欲取劍王康呼還光不應光得劍欲還入門已閉光便守宜秋門會李閏來出光因與俱迎濟陰王幸南宮雲臺詔書錄功臣令康疏名康詐疏光入章臺門光謂康曰緩急有問者當相證也詔書封光東阿侯食邑四千戶未受符策光心不自安詣黃門令自告有司奏康光欺詐主上詔書勿問遂封東阿侯邑千戶也]懷忠憤發戮力協謀遂埽滅元惡以定王室詩不云乎無言不讎無德不報[詩大雅也]程爲謀首康國協同其封程爲浮陽侯食邑萬戶康爲華容侯國爲酈侯各九千戶黃龍爲湘南侯五千戶彭愷爲西平昌侯[西平昌縣屬平原郡]孟叔爲中廬侯[中廬縣屬南郡]李建爲復陽侯各四千二百戶王成爲廣宗侯張賢爲祝阿侯史汎爲臨沮侯[臨沮縣屬南郡]馬國爲廣平侯王道爲范縣侯李元爲褒信侯楊佗爲山都侯[褒信山都並屬南陽郡也]陳予爲下雋侯[下雋縣屬長沙郡雋音似兗反]趙封爲析縣侯李剛爲枝江侯各四千戶魏猛爲夷陵侯二千戶苗光爲東阿侯千戶是爲十九侯加賜車馬金銀錢帛各有差李閏以先不豫謀故不封遂擢拜程騎都尉永建元年程與張賢孟叔馬國等爲司隸校尉虞詡訟罪懷表上殿呵叱左右帝怒遂免程官因悉遣十九侯就國後徙封程爲宜城侯程既到國怨恨恚懟[懟怨也音直季反]封還印綬符策亡歸京師[續漢書曰程到宜城怨恨恚懟刻瓶爲印封還印綬]往來山中詔書追求復故爵土賜車馬衣物遣還國三年帝念程等功勳悉徵還京師程與王道李元皆拜騎都尉餘悉奉朝請陽嘉元年程病甚即拜奉車都尉位特進及卒使五官中郎將[○劉攽曰案文少一中字]追贈車騎將軍印綬賜諡剛侯侍御史持節監護喪事乘輿幸北部尉傳[北部尉之傳舍也傳音直戀反]瞻望車騎程臨終遺言上書以國傳弟美帝許之而分程半封程養子壽爲浮陽侯後詔書錄微功封興渠爲高望亭侯四年詔宦官養子悉聽得爲後襲封爵定著乎令王康王國彭愷王成趙封魏猛六人皆早卒黃龍楊佗孟叔李建張賢史汎王道李元李剛九人與阿母山陽君宋娥更相貨賂求高官增邑又誣罔中常侍曹騰孟賁等永和二年發覺並遣就國減租四分之一宋娥奪爵歸田舍唯馬國陳予苗光保全封邑初帝見廢監太子家小黃門籍建傅高梵長秋長趙熹丞良賀藥長夏珍皆以無過獲罪建等坐徙朔方及帝即位並擢爲中常侍梵坐臧罪減死一等建後封東鄉侯三百戶賀清儉退厚[謙退而厚重也]位至大長秋陽嘉中詔九卿舉武猛賀獨無所薦帝引問其故對曰臣生自草茅長於宮掖既無知人之明又未嘗交加士類昔衞鞅因景監以見有識知其不終[史記趙良謂商君曰君之見秦王也因嬖人景監非所以爲名也商君竟爲秦惠所車裂也]今得臣舉者匪榮伊辱固辭之及卒帝思賀忠封其養子爲都鄉侯三百戶

曹騰傳

曹騰字季興沛國譙人也安帝時除黃門從官順帝在東宮鄧太后以騰年少謹厚使侍皇太子書特見親愛及帝即位騰爲小黃門遷中常侍桓帝得立騰與長樂太僕州輔等七人以定策功皆封亭侯騰爲費亭侯遷大長秋加位特進騰用事省闥三十餘年奉事四帝未嘗有過其所進達皆海內名人陳留虞放邊韶南陽延固張溫弘農張奐潁川堂谿趙典等時蜀郡太守因計吏賂遺於騰益州刺史种暠於斜谷關搜得其書上奏太守并以劾騰請下廷尉案罪帝曰書自外來非騰之過遂寢暠奏騰不爲纖介常稱暠爲能吏時人嗟美之騰卒養子嵩嗣种暠後爲司徒告賓客曰今身爲公乃曹常侍力焉嵩靈帝時貨賂中官及輸西園錢一億萬故位至太尉[嵩具袁紹傳]及子操起兵不肯相隨乃與少子疾避亂琅邪爲徐州刺史陶謙所殺

單超傳

單超河南人徐璜下邳良城人具瑗魏郡元城人左悺河南平陰人[悺音工奐反又音綰]唐衡潁川郾人也桓帝初超璜瑗爲中常侍悺衡爲小黃門史初梁冀兩妹爲順桓二帝皇后冀代父商爲大將軍再世權戚威振天下冀自誅太尉李固杜喬等驕橫益甚皇后乘埶忌恣多所鴆毒上下鉗口[周書曰賢智鉗口謂不言也拑與鉗古字通用音其炎反]莫有言者帝逼畏久恒有不平恐言泄不敢謀之延熹二年皇后崩帝因如廁獨呼衡問左右與外舍不相得者皆誰乎[外舍謂皇后家也]衡對曰單超左悺前詣河南尹不疑禮敬小簡不疑收其兄弟送洛陽獄二人詣門謝乃得解徐璜具瑗常私忿疾外舍放橫口不敢道於是帝呼超悺入室謂曰梁將軍兄弟專固國朝迫脅外內公卿以下從其風旨今欲誅之於常侍意何如超等對曰誠國姦賊當誅日久臣等弱劣未知聖意何如耳帝曰審然者常侍密圖之對曰圖之不難但恐陛下復中狐疑[中音丁仲反]帝曰姦臣脅國當伏其罪何疑乎於是更召璜瑗等五人遂定其議帝齧超臂出血爲盟於是詔收冀及宗親黨與悉誅之悺衡遷中常侍封超新豐侯二萬戶璜武原侯瑗東武陽侯各萬五千戶賜錢各千五百萬悺上蔡侯衡汝陽侯各萬三千戶賜錢各千三百萬五人同日封故世謂之五侯又封小黃門劉普趙忠等八人爲鄉

侯自是權歸宦官朝廷日亂矣超疾病帝遣使者就拜車騎將軍明年薨賜東園祕器棺中玉具贈侯將軍印綬使者理喪及葬發五營騎士將軍侍御史護喪將作大匠起冢塋（○劉攽曰案超贈將軍爾不可使將軍護喪明衍二字）其後四侯轉橫天下爲之語曰左回天具獨坐（獨坐言驕貴無偶也）徐臥虎唐兩墮（兩墮謂隨意所爲不定也今人謂持兩端而任意爲兩墮諸本兩或作雨也）皆競起第宅樓觀壯麗窮極伎巧金銀罽毦施於犬馬（毦以羽毛爲飾音如志反）多取良人美女以爲姬妾皆珍飾華侈擬則宮人其僕從皆乘牛車而從列騎又養其疏屬或乞嗣異姓或買蒼頭爲子並以傳國襲封兄弟姻戚皆宰州臨郡辜較百姓與盜賊無異超弟安爲河東太守弟子匡爲濟陰太守璜弟盛爲河內太守悺弟敏爲陳留太守瑗兄恭爲沛相皆爲所在蠹害璜兄子宣爲下邳令暴虐尤甚先是求故汝南太守下邳李暠女不能得及到縣遂將吏卒至暠家載其女歸戲射殺之埋著寺內時下邳縣屬東海汝南黃浮爲東海相有告言宣者浮乃收宣家屬無少長悉考之掾史以下固諫爭浮曰徐宣國賊今日殺之明日坐死足以瞑目矣卽案宣罪棄市暴其尸以示百姓郡中震慄璜於是訴怨於帝帝大怒浮坐髡鉗輸作右校五侯宗族賓客虐徧天下民不堪命起爲寇賊七年衡卒亦贈車騎將軍如超故事璜卒賻贈錢布賜冢塋地明年司隸校尉韓演因奏悺罪惡及其兄太僕南鄉侯稱請託州郡聚斂爲姦賓客放縱侵犯吏民悺稱皆自殺演又奏瑗兄沛相恭臧罪徵詣廷尉瑗詣獄謝上還東武侯印綬詔貶爲都鄉侯卒於家超及璜衡襲封者並降爲鄉侯租入歲皆三百萬子弟分封者悉奪爵土劉普等貶爲關內侯

侯覽傳

侯覽者山陽防東人桓帝初爲中常侍以佞猾進倚埶貪放受納貨遺以巨萬計延熹中連歲征伐府帑空虛乃假百官奉祿王侯租稅覽亦上縑五千匹賜爵關內侯又託以與議誅梁冀功進封高鄉侯小黃門段珪家在濟陰與覽並立田業近濟北界僕從賓客侵犯百姓劫掠行旅濟北相滕延一切收捕殺數十人陳尸路衢覽珪大怨以事訴帝延坐多殺無辜徵詣廷尉免延字伯行北海人後爲京兆尹有理名世稱爲長者覽等得此愈放縱覽兄參爲益州刺史民有豐富者輒誣以大逆皆誅滅之沒入財物前後累億計太尉楊秉奏參檻車徵於道自殺京兆尹袁逢於旅舍閱參車三百餘兩皆金銀錦帛珍玩不可勝數覽坐免旋復復官（復上音扶又反）建寧二年喪母還家大起塋冢督郵張儉因舉奏覽貪侈奢縱前後請奪人宅三百八十一所田百一十八頃起立第宅十有六區皆有高樓池苑堂閣相望飾以綺畫丹漆之屬制度重深僭類宮省又豫作壽冢（生而自爲冢爲壽冢）石椁雙闕高廡百尺（廡廊下周屋也）破人居室發掘墳墓虜奪良人妻略婦子及諸罪釁請誅之而覽伺候遮截章竟不上儉遂破覽冢宅藉沒資財具言罪狀又奏覽母生時交通賓客干亂郡國復不得御（御進也）覽遂誣儉爲鉤黨及故長樂少府李膺太僕杜密等皆夷滅之遂代曹節領長樂太僕熹平元年有司舉奏覽專權驕奢策收印綬自殺阿黨者皆免

曹節傳

曹節字漢豐南陽新野人也其本魏郡人世吏二千石順帝初以西園騎遷小黃門桓帝時遷中常侍奉車都尉建寧元年持節將中黃門虎賁羽林千人北迎靈帝陪乘入宮及卽位以定策封長安鄉侯六百戶時竇太后臨朝后父大將軍武與太傅陳蕃謀誅中官節與長樂五官史朱瑀從官史共普張亮（共音恭）中黃門王尊長樂謁者騰是等十七人共矯詔以長樂食監王甫爲黃門令將兵誅武蕃等事已具蕃武傳節遷長樂衞尉封育陽侯增邑三千戶甫遷中常侍黃門令如故瑀封都鄉侯千五百戶普亮等五人各三百戶餘十一人皆爲關內侯歲食租二千斛先是瑀等陰於明堂中禱皇天曰竇氏無道請皇天輔皇帝誅之令事必成天下得寧旣誅武等詔令大官給塞具（塞報祠也音蘇代反字當爲賽通用）賜瑀錢五千萬餘各有差後更封華容侯二年節病困詔拜爲車騎將軍有頃疾瘳上印綬罷復爲中常侍位特進秩中二千石尋轉大長秋熹平元年竇太后崩有何人書朱雀闕（何人不知何人也）言天下大亂曹節王甫幽殺太后常侍侯覽多殺黨人公卿皆尸祿無有忠言者於是詔司隸校尉劉猛逐捕十日一會猛以誹書言直不肯急捕月餘主名不立（不得書主名）猛坐左轉諫議大夫以御史中丞段熲代猛乃四出逐捕及太學游生繫者千餘人節等怨猛不已使熲以他事奏猛抵罪輸左校朝臣多以爲言乃免刑復公車徵之節遂與王甫等誣奏桓帝弟勃海王悝謀反誅之以功封者十二人甫封冠軍侯節亦增邑四千六百戶并前七千六百戶父兄子弟皆爲公卿列校牧守令長布滿天下節弟破石爲越騎校尉越騎營五百妻有美色（韋昭辨釋名曰五百字本爲伍伍當也伯道也使之導引當道陌中以驅除也案今俗呼行杖人爲五百也）破石從求之五百不敢違妻執意不肯行遂自殺其淫暴無道多此類也光和二年司隸校尉陽球奏誅王甫及子長樂少府萌沛相吉皆死獄中時連有災異郎中梁人審忠以爲朱瑀等罪惡所感乃上書曰臣聞理國得賢則安失賢則危故舜有臣五人而天下理（五臣謂禹稷契咎陶伯益也）湯舉伊尹不仁者遠（論語文也）陛下卽位之初未能萬機皇太后念在撫育權時攝政（桓思竇后）故中常侍蘇康管霸應時誅殄（竇后傳康及霸）太傅陳蕃大將軍竇武考其黨與志淸朝政華容侯朱瑀知事覺露禍及其身遂興造逆謀作亂王室撞蹋省闥（撞音直江反）執奪璽綬迫脅陛下聚會羣臣離間骨肉母子之恩遂誅蕃武及尹勳等因共割裂城社自相封賞父子兄弟被蒙尊榮素所親厚布在州郡或登九列或據三司不惟祿重位尊之責而苟營私門多蓄財貨繕修第舍連里竟巷盜取御水以作魚釣（水入宮苑爲御水）車馬服玩擬於天家羣公卿士杜口吞聲莫敢有言州郡牧守承順風旨辟召選舉釋賢取愚故蟲蝗爲之生夷寇爲之起天意憤盈積十餘年故頻歲日食於上地震於下所以譴戒人主欲令覺悟誅鉏無狀昔高宗以雉雊之變故獲中興之功（高宗祭有雉升鼎耳而雊高宗修德殷以中興見尚書也）近者神祇啟悟陛下發赫斯之怒故王甫父子應時馘截（詩魯頌曰在泮獻馘音古獲反鄭玄注云謂所殺者之左耳）路人士女莫不稱善若除父母之讎誠怪陛下復忍孽臣之類不悉殄滅（謂復任用曹節等也）昔秦信趙高以危其國吳使刑人身遘其禍（左傳曰吳伐越獲俘焉以爲閽使守舟吳子餘祭觀舟閽人以刀殺之）虞公抱寶牽馬魯昭見逐乾侯以不用宮之奇子家駒以至滅辱（公羊傳曰晉大夫荀息請以屈產之乘與垂棘之璧假道於虞以伐虢宮之奇諫不聽後晉滅虞虞公抱寶牽馬而至荀息見曰臣之謀何如又曰昭公將殺季氏告子家駒曰季氏無道僭于公室久矣吾欲殺之何如子家駒曰諸侯僭於天子大夫僭於諸侯久矣君無多辱焉昭公不從其言後逐季氏昭公奔于乾侯遂死焉）今以不忍之恩赦夷族之罪姦謀一成悔亦何及臣爲郞十五年皆耳目聞見瑀之所爲誠皇天所不復赦願陛下留漏刻之聽裁省臣表埽滅醜類以答天怒與瑀考驗有不如言願受湯鑊之誅妻子并徙以絕妄言之路章寢不報節遂領尚書令四年卒贈車騎將軍後瑀亦病卒皆養子傳國審忠字公誠宦官誅後辟公府

呂強傳

呂強字漢盛河南成皋人也少以宦者爲小黃門再遷中常侍爲人淸忠奉公靈帝時例封宦者以強爲都鄉侯強辭讓懇惻固不敢當帝乃聽之因上疏陳事曰臣聞諸侯上象四七下裂王土高祖重約非功臣不侯所以重天爵明勸戒也伏聞中常侍曹節王甫張讓等及侍中許相並爲列侯節等宦官祐薄品卑人賤讒諂媚主佞邪徼寵放毒人物疾妒忠良有趙高之禍未被轘裂之誅（趙高指鹿爲馬而殺胡亥轘裂以車裂也）掩朝廷之明成私樹之黨而陛下不悟妄授茅土開國承家小人是用（易曰開國承家小人勿用）又并及家人重金兼紫（金印紫綬重兼言累積也）相繼爲蕃輔受國重恩不念爾祖述修厥德（詩大雅云無念爾祖聿修厥德聿述也）而交結邪黨下比羣佞陛下或其瑣才（瑣小也）特蒙恩澤又授位乖越賢才不升素餐私倖必加榮擢陰陽乖剌稼穡荒蔬（鄭玄注周禮云蔬草有實者）人用不康罔不由玆臣誠知封事已行言之無逮所以冒死干觸陳愚忠者實願陛下損改旣謬從此一止臣又聞後宮綵女數千餘人衣食之費日數百金比穀雖賤而戶有饑色案法當貴而今更賤者由賦發繁數以解縣官（縣官謂發旣多故賤糶穀以供之）寒不敢衣饑不敢食民有斯戹而莫之卹宮女無用塡積後庭天下雖復盡力耕桑猶不能供昔楚女悲愁則西宮致災（公羊傳西宮災何以書記災也何休注云是時僖公爲齊桓公所脅以齊媵爲嫡楚女廢居西宮而不見恤悲愁怨曠所生也）況終年積聚豈無憂怨乎夫天生蒸民立君以牧之君道得則民戴之如父母仰之猶日月（左傳師曠對晉侯曰君養人如子蓋之如天容之如地人奉其君愛之如父母仰之如日月敬之如神明畏之如雷霆天生人而立之君使司牧之勿使失其性也）雖時有征稅猶望其仁恩之惠易曰悅以使民民忘其勞悅以犯難民忘其死（易兌卦彖辭）儲君副主宜諷誦斯言南面當國宜履行其事（易曰聖人南面嚮明而治）（杜預注左傳曰當國執政也）又承詔書當於河閒故國起解瀆之館陛下龍飛卽位雖從藩國然處九天之高豈宜有顧戀之意（楚辭曰圜則九重孰營度之圜謂天也）且河閒疏遠解瀆邈絕而當勞民單力未見其便又今外戚四姓貴倖之家及中官公族無功德者造起館舍凡有萬數樓閣相接丹青素堊（郭璞注山海經曰堊似土白色音惡）雕刻之飾不可單言喪葬踰制奢麗過禮競相放效莫肯矯拂（矯正也拂戾也音扶佛反）穀梁傳曰財盡則怨力盡則懟尸子曰（尸子晉人也名佼秦相衞鞅客也鞅謀計未嘗不與佼規也商君被刑恐幷誅乃亡逃入蜀作書二十篇十九篇陳道德仁義之紀一篇言九州險阻水泉所起也）君如杅民如水杅方則水方杅圓則水圓（杅椀屬也音于字亦作盂）上之化下猶風之靡草今上無去奢之儉下有縱欲之敝至使禽獸食民之甘土木衣民之帛昔師曠諫晉平公曰梁柱衣繡民無褐衣池有棄酒士有渴死廐馬秣粟民有饑色近臣不敢諫遠臣不得暢此之謂也（說苑咎犯諫晉文公之辭也）又聞前召議郞蔡邕對問於金商門而令中常侍曹節王甫等以詔書喻旨邕不敢懷道迷國而切言極對毀刺貴臣譏呵宦官陛下不密其言至令宣露羣邪項領膏脣拭舌（毛詩曰駕彼四牡四牡項領注云項大也四牡者人所駕今但養大其領不肯

爲用讒大臣自恣王不能使也齊擧拭舌謂欲讒毁故也競欲咀嚼造作飛條飛條飛書也陛下同受誹謗致邕刑罪室家徙放老幼流離豈不負忠臣哉今羣臣皆以邕爲戒上畏不測之難下懼劒客之害謂蔡邕徙朔方時陽球使刺客追刺邕也臣知朝廷不復得聞忠言矣故太尉段熲武勇冠世習於邊事垂髮服戎功成皓首垂髮謂童子也歷事二主謂桓帝靈帝也勳列獨昭陛下既已式序位登台司而爲司隷校尉陽球所見誣脅一身既斃而妻子遠播天下惆悵功臣失望宜徵邕更授任反熲家屬則忠貞路開衆怨以弭矣帝知其忠而不能用時帝多稸私臧收天下之珍每郡國貢獻先輸中署名爲導行費中署內署也導引也貢獻外別有所入以爲所獻希之導引也○劉攽曰注希之案文希當作物強上疏諫曰天下之財莫不生之陰陽歸之陛下萬物稟陰陽而生歸之陛下豈有公私而今中尚方斂諸郡之寶中御府積天下之繒西園引司農之臧中廄聚太僕之馬而所輸之府輒有導行之財調廣民困費多獻少姦吏因其利百姓受其敝又阿媚之臣好獻其私容諂姑息自此而進舊典選舉委任三府三府有選參議掾屬咨其行狀度其器能咨謀也受試任用責以成功若無可察然後付之尚書尚書舉劾請下廷尉覆案虛實行其誅罰今但任尚書或復勑用如是三公得免選舉之負尚書亦復不坐責賞無歸豈肯空自苦勞乎夫立言無顯過之咎明鏡無見玼之尤如惡立言以記過則不當學也不欲明鏡之見玼則不當照也韓子曰古人之目短於自見故以鏡觀面智短於自知故以道正己鏡無見玼之罪道無明過之惡目失鏡則無以正鬚眉身失道則無以知迷惑玼與疵同也願陛下詳思臣言不以記過見玼爲責書奏不省中平元年黃巾賊起帝問強所宜施行強欲先誅左右貪濁者大赦黨人料簡刺史二千石能否帝納之乃先赦黨人於是諸常侍人人求退又各自徵還宗親子弟在州郡者中常侍趙忠夏惲等遂共搆強云與黨人共議朝廷數讀霍光傳言其欲謀廢立也強兄弟所在並皆貪穢帝不悅使中黃門持兵召強強聞帝召怒曰吾死亂起矣丈夫欲盡忠國家豈能對獄吏乎遂自殺忠惲復譖曰強見召未知所問而就外草自屛有姦明審外草自屛謂在外野草中自殺也遂收捕宗親沒入財產焉時宦者濟陰丁肅下邳徐衍南陽郭耽汝陽李巡北海趙祐等五人稱爲清忠皆在里巷不爭威權巡以爲諸博士試甲乙科爭第高下更相告言至有行賂定蘭臺漆書經字以合其私文者乃白帝與諸儒共刻五經文於石於是詔蔡邕等正其文字自後五經一定爭者用息趙祐博學多覽著作校書諸儒稱之又小黃門甘陵吳伉善爲風角博遺有舉公稱知不得用常託病還寺舍從容養志云

張讓傳

張讓者潁川人趙忠者安平人也少皆給事省中桓帝時爲小黃門忠以與誅梁冀功封都鄉侯與音預延熹八年黜爲關中侯食本縣租千斛靈帝時讓忠並遷中常侍封列侯與曹節王甫等相爲表裏節死後忠領大長秋讓有監奴典任家事交通貨賂威形諠赫扶風人孟佗佗音駝資產饒贍與奴朋結傾竭饋問無所遺愛奴咸德之問佗曰君何所欲力能辦也曰吾望汝曹爲我一拜耳時賓客求謁讓者車恒數百千兩佗時詣讓後至不得進監奴乃率諸蒼頭迎拜於路遂共轝車入門賓客咸驚謂佗善於讓皆爭以珍玩賂之佗分以遺讓讓大喜遂以佗爲涼州刺史三輔決錄注曰佗字伯郎以蒲桃酒一斗遺讓讓即拜佗爲涼州刺史是時讓忠及夏惲郭勝孫璋畢嵐栗嵩段珪高望張恭韓悝宋典十二人皆爲中常侍封侯貴寵父兄子弟布列州郡所在貪殘爲人蠹害黃巾既作盜賊糜沸郎中中山張鈞上書曰竊惟張角所以能興兵作亂萬人所以樂附之者其源皆由十常侍多放父兄子弟婚親賓客典據州郡辜榷財利侵掠百姓百姓之寃無所告訴故謀議不軌聚爲盜賊宜斬十常侍縣頭南郊以謝百姓又遣使者布告天下可不須師旅而大寇自消天子以鈞章示讓等皆免冠徒跣頓首乞自致洛陽詔獄並出家財以助軍費有詔皆冠履視事如故帝怒鈞曰此眞狂子也十常侍固當有一人善者不鈞復重上猶如前章輒寢不報詔使廷尉侍御史考爲張角道者御史承讓等旨遂誣奏鈞學黃巾道收掠死獄中而讓等實多與張角交通後中常侍封諝徐奏事獨發覺坐誅帝因怒詰讓等曰汝曹常言黨人欲爲不軌皆令禁錮或有伏誅今黨人更爲國用汝曹反與張角通爲可斬未皆叩頭云故中常侍王甫侯覽所爲帝乃止明年南宮災讓忠等說帝令斂天下田畝稅十錢以修宮室發太原河東狄道諸郡材木及文石每州郡部送至京師黃門常侍輒令譴呵不中者因強折賤買十分顧一顧謂酬其價也因復貨之於宦官復不爲卽受材木遂至腐積宮室連年不成刺史太守復增私調百姓呼嗟凡詔所徵求皆令西園騶密約勑騶養馬人號曰中使恐動州郡多受賕賂刺史二千石及茂才孝廉遷除皆責助軍修宮錢大郡至二三千萬餘各有差當之官者皆先至西園諧價然後得去諧謂平論定其價也有錢不畢者或至自殺其守清者乞不之官皆迫遣之時鉅鹿太守河內司馬直新除以有清名減責三百萬直被詔悵然曰爲民父母而反割剝百姓以稱時求吾不忍也辭疾不聽行至孟津上書極陳當世之失古今禍敗之戒卽吞藥自殺書奏帝爲暫絕修宮錢又造萬金堂於西園引司農金錢繒帛仞積其中仞滿也又還河閒買田宅起第觀帝本侯家宿貧每歎桓帝不能作家居故聚爲私藏復藏寄小黃門常侍錢各數千萬常云張常侍是我父趙常侍是我母宦官得志無所憚畏並起第宅擬則宮室帝常登永安侯臺永安宮也宦官恐其望見居處乃使中大人尙但諫曰尙姓但名天子不當登高登高則百姓虛散自是不敢復升臺榭春秋潛潭巴曰天子無高臺榭高臺榭則下畔之盡因此以誑帝也明年遂使鉤盾令宋典繕修南宮玉堂又使掖庭令畢嵐鑄銅人四列於蒼龍玄武闕蒼龍東闕玄武北闕又鑄四鐘皆受二千斛縣於玉堂及雲臺殿前又鑄天祿蝦蟇吐水於平門外橋東轉水入宮又作翻車渴烏翻車設機車以引水渴烏爲曲筒以氣引水上也施於橋西用灑南北郊路以省百姓灑道之費又鑄四出文錢錢皆四道識者竊言侈虐已甚形象兆見此錢成必四道而去及京師大亂錢果流布四海復以忠爲車騎將軍百餘日罷六年帝崩中軍校尉袁紹說大將軍何進令誅中官以悅天下謀泄讓忠等因進入省遂共殺進而紹勒兵斬忠捕宦官無少長悉斬之讓等數十人劫質天子走河上追急讓等悲哭辭曰臣等殄滅天下亂矣惟陛下自愛皆投河而死

論曰自古喪大業絕宗禋者其所漸有由矣三世以嬖色取禍夏以末嬉殷以妲己周以褒姒○劉攽曰正文案世當作代說已見前嬴氏以奢虐致災秦始皇嬴姓也西京自外戚失祚東都緣閹尹傾國成敗之來先史商之久矣商謂商略至於釁起宦夫其略猶或可言何者刑餘之醜理謝全生聲榮無暉於門閥肌膚莫傳於來體推情未鑒其敝卽事易以取信加漸染朝事頗識典物故少主憑謹舊之庸女君資出內之命顧訪無猜憚之心恩狎有可悅之色亦有忠厚平端懷術糾邪謂呂強也或敏才給對飾巧亂實若良賀對順帝不擧人也或借譽貞良先時薦譽曹騰進邊韶延周等也非直苟恣凶德止於暴橫而已然眞邪並行情貌相越越違也謂貌似忠而情實姦邪故能回惑昏幼迷瞀視聽瞀亂也音茂蓋亦有其理焉詐利既滋朋徒日廣直臣抗議必漏先言之間謂蔡邕對詔王甫曹節竊觀之乃宣布於外而邕下獄也至戚發憤方啟專奪之隙謂竇武謀誅宦者反爲宦者所殺也斯忠賢所以智屈社稷故其爲墟易曰履霜堅冰至云所從來久矣今迹其所以亦豈一朝一夕哉易曰非一朝一夕之故其所由來者漸矣由辯之不早辯也易曰履霜堅冰至蓋言順也言初履霜而堅冰至有以漸物漸而至大也

贊曰任失無小過用則違況乃巷職遠參天機毛詩曰寺人巷伯作爲此詩巷職卽寺人之職也舞文巧態作惠作威凶家害國夫豈異歸尙書曰臣無有作威作福臣有作威作福其害于而家凶于而國又曰爲惡不同同歸于亂

後漢書卷一百八考證

宦者傳寺人掌女宮之戒○句下依宋本添注十八字

王之正內者五人○何焯校本者字衍

月令仲冬命閹尹審門閭謹房室注于周禮則爲內宰○何焯曰月令呂不韋作故鄭注云於周則爲內宰禮字不學者所增文選注中尙無禮字

其能者則勃貂○何焯曰勃貂當作勃鞮因齊寺人貂而訛不知貂卽刁也

孫程傳立平原王德○何焯校本德當作翼

曹騰傳潁川堂谿趙典等○臣世駿按日知錄曰蔡邕傳作五官中郎將堂谿典注堂谿姓也趙典本傳是成都人非潁川靈帝初官衞尉卒何焯校本曰趙字衍

乃與少子疾避亂琅邪○魏志嵩少子德

張讓傳黜爲關中侯○何焯校本中改內

後漢書卷一百九上

宋 宣 城 太 守 范 曄 撰

唐 章 懷 太 子 賢 注

儒林列傳第六十九上

昔王莽更始之際天下散亂禮樂分崩典文殘落及光武中興愛好經術未及下車而先訪儒雅採求闕文補綴漏逸禮記曰武王克殷反商未及下車而封黃帝之後於薊先是四方學士多懷挾圖書遁逃林藪自是莫不抱負墳策雲會京師范升陳元鄭興杜林衞宏劉昆桓榮之徒繼踵而集於是立五經博士各以家法教授易有施孟梁丘京氏尙書歐陽大小夏侯詩齊魯韓毛禮大小戴春秋嚴顏凡十四博士太常差次總領焉建武五年乃修起太學稽式古典籩豆干戚之容備之於列籩豆禮器也竹謂之籩木謂之豆干楯也戚鉞也舞者所執服方領習矩步者委它乎其中方領直領也委它行步也委音於危反它音以支反中元元年初建三雍明帝卽位親行其禮天子始冠通天徐廣輿服雜注曰天子朝冠通天冠高九寸黑介幘金博山所常服也衣日月續漢志曰乘輿備文日月星辰也備法物之駕胡廣漢制度曰天子出有大駕法駕小駕大駕則公卿奉引大將軍驂乘太僕御屬車八十一乘備千乘萬騎法駕公不在鹵簿唯河南尹執金吾洛陽令奉引侍中驂乘奉車郎御屬車三十六乘小駕太僕奉駕侍御史整車騎也盛清道之儀漢官儀曰清道以旄頭爲前驅也坐明堂而朝羣后登靈臺以望雲物雲物

無見明紀祖割辟雍之上尊養三老五更饗射禮畢帝正坐自講諸儒執經問難於前冠帶縉紳之人圜橋門而觀聽者蓋億萬計漢官儀曰辟雍四門外有水以節觀者門外皆有橋觀者水外故云圜橋門圜繞也其後復為功臣子孫四姓末屬別立校舍搜選高能以受其業○劉攽曰案文此受當作授自期門羽林之士悉令通孝經章句匈奴亦遣子入學濟濟乎洋洋乎盛於永平矣建初中大會諸儒於白虎觀考詳同異連月乃罷肅宗親臨稱制如石渠故事石渠見章紀顧命史臣著為通義即白虎通義是又詔高才生受古文尚書毛詩穀梁左氏春秋雖不立學官然皆擢高第為講郎給事近署所以網羅遺逸博存衆家孝和亦數幸東觀覽閱書林及鄧后稱制學者頗懈時樊準徐防並陳敦學之宜又言儒職多非其人於是制詔公卿妙簡其選三署郎能通經術者皆得察舉自安帝覽政薄於藝文博士倚席不講禮記曰凡侍坐於大司成者遠近間三席又曰若非飲食之客則布席席間函丈注云謂講問客也倚席言不施講坐也朋徒相視怠散學舍頹敝鞠為園蔬詩小雅曰鞠為茂草注云鞠窮也牧兒蕘豎至於薪刈其下順帝感翟酺之言乃更修黌宇說文曰黌學也黌與橫同凡所造構二百四十房千八百五十室試明經下第補弟子增甲乙之科員各十人除郡國耆儒皆補郎舍人本初元年梁太后詔曰大將軍下至六百石悉遣子就學每歲輒於鄉射月一饗會之以此為常漢官儀曰春三月秋九月習鄉射禮禮生皆使太學學生自是遊學增盛至三萬餘生然章句漸疏而多以浮華相尚儒者之風蓋衰矣黨人既誅其高名善士多坐流廢後遂至忿爭更相言告亦有私行金貨定蘭臺桼書經字以合其私文熹平四年靈帝乃詔諸儒正定五經刊於石碑為古文篆隸三體書法以相參檢樹之學門古文謂孔子壁中書篆書秦始皇使程邈所作也隸書亦程邈所獻也主於徒隸從簡易也謝承書曰碑立太學門外瓦屋覆之四面欄障開門於南河南郡設吏卒視之楊龍驤洛陽記載朱超石與兄書云石經文都似碑高一丈許廣四尺駢羅相接使天下咸取則焉初光武遷還洛陽其經牒祕書載之二千餘兩自此以後參倍於前及董卓移都之際吏民擾亂自辟雍東觀蘭臺石室宣明鴻都諸藏典策文章競共剖散其縑帛圖書大則連為帷蓋小乃制為縢囊縢亦幐也音徒恒反說文曰幐囊也及王允所收而西者裁七十餘乘道路艱遠復棄其半矣後長安之亂一時焚蕩莫不泯盡焉東京學者猥衆難以詳載今但錄其能通經名家者以為儒林篇其自有列傳者則不兼書若師資所承老子曰善人者不善人之師也不善人者善人之資也故因曰師資宜標名為證者乃著之云

前書云田何傳易授丁寬前書寬字子襄丁寬授田王孫王孫授沛人施讎東海孟喜琅邪梁丘賀前書讎字子卿喜字長卿賀字長翁由是易有施孟梁丘之學又東郡京房受易於梁國焦延壽前書延壽名贛別為京氏學又有東萊費直前書直字長翁傳易授琅邪王橫為費氏學前書橫作璜字平仲本以古字號古文易又沛人高相傳易授子康及蘭陵毋將永為高氏學毋將姓也毋讀曰無施孟梁丘京氏四家皆立博士費高二家未得立

劉昆傳

劉昆字桓公陳留東昏人東昏屬陳留郡東緡屬山陽郡諸本作緡者誤梁孝王之胤也少習容禮容儀也前書魯徐生善為容孝文時以容為禮官大夫平帝時受施氏易於沛人戴賓能彈雅琴知清角之操劉向別錄曰雅琴之意事皆出龍德諸琴雜事中前書藝文志曰雅琴龍氏名德趙氏名定韓子曰師曠對晉平公曰昔黃帝合鬼神駕象車交龍畢方並轄蚩尤居前風伯進埽雨師灑道作為清角今君德薄不足以聽之王莽世教授弟子恒五百餘人每春秋饗射常備列典儀以素木瓠葉為俎豆桑弧蒿矢以射菟首詩小雅瓠葉詩序曰刺幽王棄禮而不能行故思古之人不以微薄廢禮焉詩曰幡幡瓠葉采之亨之君子有酒酌言嘗之有菟斯首炰之燔之君子有酒酌言獻之昆欲衰之故引以瓠葉為俎實射則歌菟首之詩而為節也每有行禮縣宰輒率吏屬而觀之王莽以昆多聚徒衆私行大禮有僭上心乃繫昆及家屬於外黃獄尋莽敗得免既而天下大亂昆避難河南負犢山中郡國志河南密有負犢山建武五年舉孝廉不行遂逃教授於江陵光武聞之即除為江陵令時縣連年火災昆輒向火叩頭多能降雨止風徵拜議郎稍遷侍中弘農太守先是崤黽驛道多虎災行旅不通昆為政三年仁化大行虎皆負子渡河帝聞而異之二十二年徵代杜林為光祿勳詔問昆曰前在江陵反風滅火後守弘農虎北渡河行何德政而致是事昆對曰偶然耳左右皆笑其質訥帝歎曰此乃長者之言也顧命書諸策乃令入授皇太子及諸王小侯五十餘人二十七年拜騎都尉三十年以老乞骸骨詔賜洛陽第舍以千石祿終其身中元二年卒子軼字君文傳昆業門徒亦盛永平中為太子中庶子建初中稍遷宗正卒官遂世掌宗正焉

洼丹傳

洼丹字子玉風俗通注音圭南陽育陽人也世傳孟氏易王莽時常避世教授專志不仕徒衆數百人建武初為博士稍遷十一年為大鴻臚作易通論七篇世號洼君通丹學義研深易家宗之稱為大儒十七年卒於官年七十

時中山觟陽鴻字孟孫姓觟陽名鴻也觟音胡瓦反其字從角或作鮭從魚者音胡佳反亦以孟氏易教授有名稱永平中為少府

任安傳

任安字定祖廣漢綿竹人也少遊太學受孟氏易兼通數經又從同郡楊厚學圖讖究極其術時人稱曰欲知仲桓問任安又曰居今行古任定祖學終還家教授諸生自遠而至初仕州郡後太尉再辟除博士公車徵皆稱疾不就州牧劉焉表薦之時王塗隔塞詔命竟不至年七十九建安七年卒于家

楊政傳

楊政字子行京兆人也少好學從代郡范升受梁丘易善說經書京師為之語曰說經鏗鏗楊子行教授數百人范升嘗為出婦所告坐繫獄政乃肉袒以箭貫耳抱升子潛伏道傍候車駕而持章叩頭大言曰范升三娶唯有一子今適三歲孤之可哀武騎虎賁懼驚乘輿舉弓射之猶不肯去旄頭又以戟叉政傷胸政猶不退哀泣辭請有感帝心詔曰乞楊生師乞讀曰氣即尺一出升政由是顯名為人嗜酒不拘小節果敢自矜然篤於義時帝壻梁松皇后弟陰就皆慕其聲名而請與交友政每共言論常切磋懇至不為屈撓嘗詣楊虛侯馬武武難見政稱疾不為起政入戶徑升牀排武把臂責之曰卿蒙國恩備位藩輔不思求賢以報殊寵而驕天下英俊此非養身之道也今日動者刀入脅武諸子及左右皆大驚以為見劫操兵滿側政顏色自若會陰就至責數武令為交友其剛果任情皆如此也建初中官至左中郎將

張興傳

張興字君上潁川鄢陵人也習梁丘易以教授建武中舉孝廉為郎謝病去復歸聚徒後辟司徒馮勤府勤舉為孝廉稍遷博士永平初遷侍中祭酒十年拜太子少傅顯宗數訪問經術既而聲稱著聞弟子自遠至者著錄且萬人為梁丘家宗著於籍錄十四年卒於官子魴傳興業位至張掖屬國都尉

戴憑傳

戴憑字次仲汝南平輿人也習京氏易年十六郡舉明經徵試博士拜郎中時詔公卿大會羣臣皆就席憑獨立光武問其意憑對曰博士說經皆不如臣而坐居臣上是以不得就席帝即召上殿令與諸儒難說憑多所解釋帝善之拜為侍中數進見問得失帝謂憑曰侍中當匡補國政勿有隱情憑對曰陛下嚴帝曰朕何用嚴憑曰伏見前太尉西曹掾蔣遵清亮忠孝學通古今陛下納膚受之訴遂致禁錮論語孔子曰膚受之訴注云謂受人之訴辭皮膚之不深知其情核也○劉攽曰注受人訴辭皮膚之不深案文少一在字一外字世以是為嚴帝怒曰汝南子欲復黨乎憑出自繫廷尉有詔勑出後復引見憑謝曰臣無謇諤之節而有狂瞽之言不能以尸伏諫韓詩外傳曰昔衛大夫史魚病且死謂其子曰我數知蘧伯玉之賢而不能進彌子瑕不肖而不能退死不當居喪正堂殯我於側室足矣衛君問其故子以父言聞於君君乃召蘧伯玉而貴之彌子瑕退之徙殯於正堂成禮而後去偷生苟活誠慙聖朝帝即勑尚書解遵禁錮拜憑虎賁中郎將以侍中兼領之正旦朝賀百僚畢會帝令羣臣能說經者更相難詰義有不通輒奪其席以益通者憑遂重坐五十餘席故京師為之語曰解經不窮戴侍中在職十八年卒於官詔賜東園梓器錢二十萬時南陽魏滿字叔牙亦習京氏易教授永平中至弘農太守

孫期傳

孫期字仲彧濟陰成武人也少為諸生習京氏易古文尚書家貧事母至孝牧豕於大澤中以奉養焉遠人從其學者皆執經壟畔以追之里落化其仁讓黃巾賊起過期里陌相約不犯孫先生舍郡舉方正遣吏齎羊酒請期期驅豕入草不顧司徒黃琬特辟不行終於家建武中范升傳孟氏易以授楊政而陳元鄭衆皆傳費氏易其後馬融亦為其傳融授鄭玄玄作易注荀爽又作易傳自是費氏興而京氏遂衰

前書云濟南伏生名勝傳尚書授濟南張生及千乘歐陽生前書字伯和歐陽生授同郡兒寬寬授歐陽生之子世世相傳至曾孫歐陽高高字子陽為尚書歐陽氏學張生授夏侯都尉都尉名都尉授族子始昌始昌傳族子勝為大夏侯氏學勝傳從兄子建建別為小夏侯氏學三家皆立博士又魯人孔安國傳古文尚書授都尉朝姓都尉名朝朝授膠東庸譚為尚書古文學未得立

歐陽歙傳

歐陽歙字正思樂安千乘人也自歐陽生傳伏生尚書至歙八世皆為博士歙既傳業而恭謙好禮讓王莽時為長社宰長社今許州縣也更始立為原武令世祖平河北到原武見歙在縣修政遷河南都尉後行太守事世祖即位始為河南尹封被陽侯被陽故城在今淄州高苑縣西南建武五年坐事免官明年拜揚州牧遷汝南太守推用賢俊政稱異迹九年更封夜侯夜今萊州掖縣歙在郡教授數百人視事九歲徵為大司徒坐在汝南臧罪千餘萬發覺下獄諸生守闕為歙求哀者千餘人至有自髡剔者平原禮震年十七聞獄當斷馳之京師行到河內獲嘉縣自繫上書求代歙死曰伏見臣師大司徒歐陽歙學為儒宗八世博士而以臧咎當伏重辜歙門單子幼未能傳學身死之後永為廢絕上令陛下獲殺賢之譏下使學者喪

師資之益乞殺身以代歙命書奏而歙已死獄中謝承書曰霸字仲威光武嘉其仁義拜霸郞中後以公事左遷淮陽王廐長歙掾陳元上書追訟之言甚切至帝乃賜棺木贈印綬賻縑三千匹子復嗣復卒無子國除濟陰曹曾字伯山從歙受尚書門徒三千人位至諫議大夫子祉河南尹傳父業教授又陳留陳弇字叔明亦受歐陽尚書於司徒丁鴻仕爲蘄長續漢書曰弇以尚書教授躬自耕種常有黃雀飛來隨弇翱翔

牟長傳

牟長字君高樂安臨濟人也其先封牟春秋之末國滅因氏焉長少習歐陽尚書不仕王莽世祖建武二年大司空弘宋弘也特辟拜博士稍遷河內太守坐墾田不實免長自爲博士及在河內諸生講學者常有千餘人著錄前後萬人著尚書章句皆本之歐陽氏俗號爲牟氏章句復徵爲中散大夫賜告一歲卒於家子紆又以隱居教授門生千人肅宗聞而徵之欲以爲博士道物故在路死也案魏臺訪問物故之義高堂隆答曰聞之先師物無也故事也言死者無復所能於事故也

宋登傳

宋登字叔陽京兆長安人也父由爲太尉登少傳歐陽尚書教授數千人爲汝陰令政爲明能號稱神父遷趙相入爲尚書僕射順帝以登明識禮樂使持節臨太學奏定典律轉拜侍中數上封事抑退權臣由是出爲潁川太守市無二價道不拾遺病免卒于家汝陰人配社祠之

張馴傳

張馴字子儁濟陰定陶人也少遊太學能誦春秋左氏傳以大夏侯尚書教授辟公府舉高第拜議郞與蔡邕共奏定六經文字擢拜侍中典領祕書近署甚見納異多因便宜陳政得失朝廷嘉之遷丹陽太守化有惠政光和七年徵拜尚書遷大司農初平中卒於官

尹敏傳

尹敏字幼季南陽堵陽人也堵音者少爲諸生初習歐陽尚書後受古文兼善毛詩穀梁左氏春秋建武二年上疏陳洪範消災之術時世祖方草創天下未遑其事命敏待詔公車拜郞中辟大司空府帝以敏博通經記令校圖讖使蠲去崔發所爲王莽著錄次比前書王莽居攝三年廣饒侯劉京車騎將軍千人扈雲太保屬臧鴻奏符命京言齊郡新井雲言巴郡石牛鴻言扶風雍石莽皆迎受十一月甲子莽上奏太后曰巴郡石牛戊午雍石文皆到未央宮之前殿臣與太保安陽侯舜等視天風起塵冥風止得銅符帛圖於石前文曰天告帝符獻者封侯承天命用神令騎都尉崔發等視說其後莽封發爲說符侯敏對曰讖書非聖人所作其中多近鄙別字頗類世俗之辭恐疑誤後生帝不納敏因其闕文增之曰君無口爲漢輔帝見而怪之召敏問其故敏對曰臣見前人增損圖書敢不自量竊幸萬一帝深非之雖竟不罪而亦以此沈滯與班彪親善每相遇輒日旰忘食夜分不寢旰晚也自以爲鍾期伯牙莊周惠施之相得也說苑曰伯牙鼓琴其友鍾子期聽之志在於山水子期皆知之子期死伯牙屏琴絕絃終身不復鼓琴莊子曰莊子送葬過惠子之墓顧謂從者曰郢人堊漫其鼻端若蠅翼使匠石斲之匠石運斤成風聽而斲之盡堊而鼻不傷郢人立不失容元君聞之召匠石曰嘗爲寡人爲之匠石曰臣則嘗能斲之雖然臣之質死久矣自惠子之死吾無以爲質矣吾無與言之至堊有泥塓之也堊音於各反塓音莫干反蠅翼薄也後三遷長陵令永平五年詔書捕男子周慮慮素有名稱而善於敏敏坐繫免官及出歎曰瘖聾之徒眞世之有道者也何謂察察而遇斯患乎○劉攽曰何謂察察案文當作爲言何故爲此察察也後人不曉爲謂多相亂也十一年除郎中遷諫議大夫卒於家

周防傳

周防字偉公汝南汝陽人也父揚少孤微常修逆旅杜預注左傳曰逆旅客舍也以供過客而不受其報防年十六仕郡小吏世祖巡狩汝南召掾史試經防尤能誦讀拜爲守丞防以未冠謁去禮男子二十冠未成人故請去謁請也師事徐州刺史蓋豫受古文尚書經明舉孝廉拜郎中撰尚書雜記三十二篇四十萬言太尉張禹薦補博士稍遷陳留太守坐法免年七十八卒於家子舉自有傳

孔僖傳

孔僖字仲和魯國魯人也自安國以下世傳古文尚書毛詩曾祖父子建少遊長安與崔篆友善及篆仕王莽爲建新大尹莽改千乘國曰建信又改曰建新郡守曰大尹嘗勸子建仕對曰吾有布衣之心子有袞冕之志各從所好不亦善乎道既乖矣請從此辭遂歸終於家僖與崔篆孫駰復相友善同遊太學習春秋因讀吳王夫差時事僖廢書歎曰若是所謂畫龍不成反爲狗者夫差伐越敗之越王勾踐乃以甲兵五千人棲於會稽使大夫種因吳太宰嚭而行成吳王將許之伍子胥諫曰今不滅後必悔之吳王不聽後勾踐滅吳吳王曰吾悔不用子胥之言遂自剄死○劉攽曰正文畫龍不成案古語皆云畫虎不成此誤駰曰然昔孝武皇帝始爲天子年方十八崇信聖道師則先王五六年間號勝文景前書武帝年十七卽位卽位一年舉賢良議立明堂安車蒲輪徵魯申公六年班固贊曰以武帝之雄才大略不改文景之恭儉以濟斯人雖詩書所稱何以加茲也及後恣己忘其前之爲善謂武帝末年好神仙祭祀之事征伐四夷連兵三十餘年又信巫蠱僖曰書傳若此多矣鄰房生梁郁儳和之曰儳謂不與之言而傍對也禮記曰毋儳言儳音大鑒反如此武帝亦是狗邪僖駰默然不對郁怒恨之陰上書告駰僖誹謗先帝刺譏當世事下有司駰詣吏受訊僖以吏捕方至恐誅乃上書肅宗自訟曰臣之愚意以爲凡言誹謗者謂實無此事而虛加誣之也至如孝武皇帝政之美惡顯在漢史坦如日月是爲直說書傳實事非虛謗也夫帝者爲善則天下之善咸歸焉其不善則天下之惡亦萃焉斯皆有以致之故不可以誅於人也誅責也且陛下卽位以來政教未過而德澤有加言政教未有過失也天下所具也臣等獨何譏刺哉假使所非實是則固應悛改儻其不當亦宜含容又何罪焉陛下不推原大數深自爲計徒肆私忿以快其意臣等受戮死卽死耳顧天下之人必回視易慮以此事闚陛下心自今以後苟見不可之事終莫復言者矣臣之所以不愛其死猶敢極言者誠爲陛下深惜此大業陛下若不自惜則臣何賴焉齊桓公親揚其先君之惡以唱管仲國語曰魯莊公束縛管仲以與齊桓公公親迎於郊而與之坐問焉昔吾先君襄公築臺以爲高位田狩畢弋不聽國政卑聖侮士而唯女是崇九妃六嬪陳妾數百食必粱肉衣必文繡戎士凍餒是以國家不日引不月長恐宗廟不埽除社稷不血食敢問爲此若何管子曰昔者聖王之理天下定人之居成人之事而愼用其六柄焉四人者勿使雜處雜處則其言哤其事易也然後羣臣得盡其心今陛下乃欲以十世之武帝遠諱實事豈不與桓公異哉臣恐有司卒然見搆銜恨蒙枉不得自敘使後世論者擅以陛下有所方比寧可復使子孫追掩之乎謹詣闕伏待重誅帝始亦無罪僖等意及書奏立詔勿問拜僖蘭臺令史元和二年春帝東巡狩還過魯幸闕里以太牢祠孔子及七十二弟子作六代之樂黃帝曰雲門堯曰咸池舜曰大韶禹曰大夏湯曰大濩周曰大武大會孔氏男子二十以上者六十三人命儒者講論僖因自陳謝帝曰今日之會寧於卿宗有光榮乎對曰臣聞明王聖主莫不尊師貴道今陛下親屈萬乘辱臨敝里此乃崇禮先師增煇聖德至於光榮非所敢承帝大笑曰非聖者子孫焉有斯言乎遂拜僖郎中賜褒成侯損及孔氏男女錢帛詔僖從還京師使校書東觀冬拜臨晉令崔駰以家林筮之崔篆所作易林也謂爲不吉止僖曰子盍辭乎僖曰學不爲人仕不擇官吉凶由己而由卜乎在縣三年卒官遺令卽葬二子長彥季彥並十餘歲蒲坂令許君然勸令反魯對曰今載柩而歸則違父令舍墓而去心所不忍遂留華陰長彥好章句學季彥守其家業門徒數百人延光元年河西大雨雹大者如斗安帝詔有道術之士極陳變眚乃召季彥見於德陽殿帝親問其故對曰此皆陰乘陽之徵也今貴臣擅權母后黨盛陛下宜修聖德慮此二者帝默然左右皆惡之舉孝廉不就三年年四十七終於家初平帝時王莽秉政乃封孔子後孔均爲褒成侯追謚孔子爲褒成宣尼○劉攽曰案文此少一公字及王莽敗失國建武十三年世祖復封均子志爲褒成侯志卒子損嗣永元四年徙封褒亭侯損卒子曜嗣曜卒子完嗣世世相傳至獻帝初國絕臣賢案獻帝後至魏封孔子二十一葉孫羨爲崇聖侯晉封二十三葉孫震爲奉聖亭侯後魏封二十七葉孫乘爲崇聖大夫太和十九年孝文幸魯親祠孔子又改封二十八葉孫珍爲崇聖侯北齊改封三十一葉孫爲恭聖侯周武帝平齊改封鄒國公隋文帝仍舊封鄒國公隋煬帝改封爲紹聖侯貞觀十一年封夫子裔孫子德倫爲褒聖侯倫今見存

楊倫傳

楊倫字仲理陳留東昏人也少爲諸生師事司徒丁鴻習古文尚書爲郡文學掾更歷數將志乖於時以不能人間事遂去職不復應州郡命講授於大澤中弟子至千餘人元初中郡禮請三府並辟公車徵皆辭疾不就後特徵博士爲清河王傅是歲安帝崩倫輒棄官奔喪號泣闕下不絕聲閻太后以其專擅去職坐抵罪順帝卽位詔免倫刑遂留行喪于恭陵服闋徵拜侍中是時邵陵令任嘉在職貪穢因遷武威太守後有人奏嘉臧罪千萬徵考廷尉其所牽染將相大臣百有餘人倫乃上書曰臣聞春秋誅惡及本本誅則惡消振裘持領領正則毛理今任嘉所坐狼籍未受辜戮猥以垢臭改典大郡自非案坐舉者無以禁絕姦萌往者湖陸令張疊蕭令駟賢徐州刺史劉福等釁穢既章咸伏其誅而豺狼之吏至今不絕者豈非本舉之主不加之罪乎昔齊威之霸殺姦臣五人并及舉者以弭謗讟當斷不斷黃石所戒黃石公三略曰當斷不斷反受其亂夫聖王所以聽僮夫匹婦之言者猶塵加嵩岱霧集淮海雖未有益不爲損也惟陛下留神省察奏御有司以倫言切直辭不遜順下之尚書奏倫探知密事徼以求直坐不敬結鬼薪結正其罪也鬼薪取薪以給宗廟三歲刑也詔書以倫數進忠言特原之免歸田里陽嘉二年徵拜太中大夫將軍梁商以爲長史諫諍不合出補常山王傅病不之官詔書勑司隸催促發遣倫乃留河內朝歌以疾自上曰有留死一尺無北行一寸刎頸不易九裂不恨裂死也楚詞曰雖九死其猶未悔也匹夫所執彊於三軍論語曰三軍可奪帥也匹夫不可奪志也固敢有辭帝乃下詔曰倫出幽升高詩曰出自幽谷升於喬木寵以藩傅稽留王命擅止道路託疾自從苟肆狷志狷狂也音絹遂徵詣廷尉有詔原罪倫前後三徵皆以直諫不合既歸閉門講授自絕人事公車復徵遜遁不行卒於家遁逃也中興北海牟融習大夏侯尚書東海王良習小夏侯尚書沛國桓榮習歐陽尚書榮世習相傳授東京最盛扶風杜林傳古文尚書林同郡賈逵爲之作訓馬融作傳鄭玄注解由是古文尚書遂顯于世

後漢書卷一百九上考證

儒林傳詩齊魯韓毛○何焯曰衍一毛字此時毛詩未得立也且如此乃十五非十四矣參以百官志博士果十四人詩三齊魯韓氏應劭漢官儀並同

天子始冠通天衣日月○何焯曰漢承秦故郊祀皆服袀乎至顯宗而革故統冠曰始詳輿服志

本初元年○監本宋本俱作太初（臣會汾按質帝無太初年號明是本字今改正）

熹平四年靈帝乃詔諸儒正定五經刊於石碑爲古文篆隸三體書法以相參檢○（臣世駿按趙明誠金石錄云儒林傳序云爲古文篆隸三體者非也蔡邕所書乃八分而三體石經乃魏時所建）

孫期傳自是費氏興而京氏遂衰○何焯校本京氏上疑當有孟氏二字

尹敏傳其中多近鄙別字○何焯曰如以劉爲卯金刀以泉貨爲白水真人皆別字之徵也

周防傳父揚少孤微○周𦒉傳云自𦒉曾祖父揚至𦒉孫恂六世知名則揚亦嘗顯名史略之耳

孔僖傳世傳古文尚書毛詩○（臣良裘按此毛字亦疑衍文安國未聞受毛詩疑魯詩之譌）

作六代之樂○何焯曰按前書秦時惟餘韶武安得經新莽之亂尚備此樂云六代者史仍一時之夸飾也

後漢書卷一百九下

宋　宣城太守范　曄撰

唐　章懷太子　賢注

儒林列傳第六十九下

前書魯人申公受詩於浮丘伯爲作詁訓是爲魯詩齊人轅固生亦傳詩是爲齊詩燕人韓嬰亦傳詩是爲韓詩三家皆立博士趙人毛萇傳詩是爲毛詩未得立

高詡傳

高詡字季回平原般人也（般音卜滿反）曾祖父嘉以魯詩授元帝仕至上谷太守父容少傳嘉學哀平間爲光祿大夫詡以父任爲郎中世傳魯詩以信行清操知名王莽篡位父子稱盲逃不仕莽世光武即位大司空宋弘薦詡徵爲郎除符離長（符離縣故城在今徐州符離縣東也）去官後徵爲博士建武十一年拜大司農在朝以方正稱十三年卒官賜錢及冢田

包咸傳

包咸字子良會稽曲阿人也（曲阿今潤州縣）少爲諸生受業長安師事博士右師細君（姓右師）習魯詩論語王莽末去歸鄉里於東海界爲赤眉賊所得遂見拘執十餘日咸晨夜誦經自若賊異而遣之因住東海立精舍講授光武即位乃歸鄉里太守黃讜署戶曹史欲召咸入授其子咸曰禮有來學而無往教（禮記曰禮聞來學不聞往教也）讜遂遣子師之舉孝廉除郎中建武中入授皇太子論語又爲其章句拜諫議大夫侍中右中郎將永平五年遷大鴻臚每進見錫以几杖入屏不趨贊事不名經傳有疑輒遣小黃門就舍即問顯宗以咸有師傅恩而素清苦常特賞賜珍玩束帛奉祿增於諸卿咸皆散與諸生之貧者病篤帝親輦駕臨視八年年七十一卒於官子福拜郎中亦以論語入授和帝

魏應傳

魏應字君伯任城人也少好學建武初詣博士受業習魯詩閉門誦習不交僚黨京師稱之後歸爲郡吏舉明經除濟陰王文學以疾免官教授山澤中徒衆常數百人永平初爲博士再遷侍中十三年遷大鴻臚十八年拜光祿大夫建初四年拜五官中郎將詔入授千乘王伉應經明行修弟子自遠方至著錄數千人肅宗甚重之數進見論難於前特受賞賜時會京師諸儒於白虎觀講論五經同異使應專掌難問侍中淳于恭奏之帝親臨稱制如石渠故事明年出爲上黨太守徵拜騎都尉卒於官

伏恭傳

伏恭字叔齊琅邪東武人司徒湛之兄子也湛弟黯字稚文以明齊詩改定章句作解說九篇位至光祿勳無子以恭爲後恭性孝事所繼母甚謹少傳黯學以任爲郎建武四年除劇令視事十三年以惠政公廉聞青州舉爲尤異太常試經第一拜博士遷常山太守敦修學校教授不輟由是北州多爲伏氏學永平二年代梁松爲太僕四年帝臨辟雍於行禮中拜恭爲司空儒者以爲榮初父黯章句繁多恭乃省減浮辭定爲二十萬言在位九年以病乞骸骨罷詔賜千石奉以終其身十五年行幸琅邪引遇如三公儀建初二年冬肅宗行饗禮以恭爲三老年九十元和元年卒賜葬顯節陵下子壽官至東郡太守

任末傳

任末字叔本蜀郡繁人也（繁縣故城在今益州新繁縣北）少習齊詩遊京師教授十餘年友人董奉德於洛陽病亡末乃躬推鹿車載奉德喪致其墓所由是知名爲郡功曹辭以病免後奔師喪於道物故臨命勑兄子造曰必致我尸於師門使死而有知魂靈不慙如其無知得土而已造從之

景鸞傳

景鸞字漢伯廣漢梓潼人也少隨師學經涉七州之地能理齊詩施氏易兼受河洛圖緯作易說及詩解文句兼取河洛以類相從名爲交集又撰禮內外記號曰禮略又抄風角雜書列其占驗作興道一篇及作月令章句凡所著述五十餘萬言數上書陳救災變之術州郡辟命不就以壽終

薛漢傳

薛漢字公子淮陽人也世習韓詩父子以章句著名漢少傳父業尤善說災異讖緯教授常數百人建武初爲博士受詔校定圖讖當世言詩者推漢爲長永平中爲千乘太守政有異迹後坐楚事辭相連下獄死弟子犍爲杜撫會稽澹臺敬伯鉅鹿韓伯高最知名

杜撫傳

杜撫字叔和犍爲武陽人也少有高才受業於薛漢定韓詩章句後歸鄉里教授沈靜樂道舉動必以禮弟子千餘人後爲驃騎將軍東平王蒼所辟及蒼就國掾史悉補王官屬未滿歲皆自劾歸時撫爲大夫不忍去蒼聞賜車馬財物遣之辟太尉府建初中爲公車令數月卒官其所作詩題約義通學者傳之曰杜君注云○（劉攽曰作詩題約義通案文題下當有脫字蓋合云文約義通也）

召馴傳

召馴字伯春九江壽春人也曾祖信臣元帝時爲少府（前書信臣字翁卿爲南陽太守吏人親愛號曰召父）父建武中爲卷令（卷縣屬滎陽郡卷音丘圓反）馴少習韓詩博通書傳以志義聞鄉里號之曰德行恂恂召伯春累仕州郡辟司徒府建初元年稍遷騎都尉侍講肅宗拜左中郎將入授諸王帝嘉其義學恩寵甚崇出拜陳留太守賜刀劍錢物元和二年入爲河南尹章和二年代任隗爲光祿勳卒於官賜冢塋陪園陵孫休位至青州刺史

楊仁傳

楊仁字文義巴郡閬中人也建武中詣師學習韓詩數年歸靜居教授仕郡爲功曹舉孝廉除郎太常上仁經中博士（上音時掌反下同）仁自以年未五十不應舊科（漢官儀曰博士限年五十以上）上府讓選顯宗特詔補北宮衞士令（漢官儀曰北宮衞士令一人秩六百石）引見問當世政迹仁對以寬和任賢抑黜驕戚爲先又上便宜十二事皆當世急務帝嘉之賜以縑錢及帝崩時諸馬貴盛各爭欲入宮仁被甲持戟嚴勒門衞莫敢輕進者肅宗既立諸馬共譖仁刻峻帝知其忠愈善之拜什邡令（今益州什邡縣也音十方）寬惠爲政勸課掾史弟子悉令就學其有通明經術者顯之右署（右署上司）或貢之朝由是義學大興墾田千餘頃行兄喪去官後辟司徒桓虞府掾有宋章者貪奢不法仁終不與交言同席時人畏其節後爲閬中令卒於官

趙曄傳

趙曄字長君會稽山陰人也少嘗爲縣吏奉檄迎督郵曄恥於廝役遂棄車馬去到犍爲資中（資中縣名今資州資陽縣）詣杜撫受韓詩究竟其術積二十年絕問不還家爲發喪制服撫卒乃歸州召補從事不就舉有道卒于家曄著吳越春秋詩細歷神淵蔡邕至會稽讀詩細而歎息以爲長於論衡邕還京師傳之學者咸誦習焉時山陽張匡字文通亦習韓詩作章句後舉有道博士徵不就卒於家

衞宏傳

衞宏字敬仲東海人也少與河南鄭興俱好古學初九江謝曼卿善毛詩乃爲其訓宏從曼卿受學因作毛詩序善得風雅之旨于今傳於世後從大司空杜林更受古文尚書作訓旨時濟南徐巡師事宏後從林受學亦以儒顯由是古學大興光武以爲議郎宏作漢舊儀四篇以載西京雜事又著賦頌誄七首皆傳於世中興後鄭衆賈逵傳毛詩後馬融作毛詩傳鄭玄作毛詩箋（箋薦也成毛義也張華博物志曰鄭注毛詩曰箋不解此意或云毛公嘗爲北海相玄是郡人故以爲敬云）

前書魯高堂生（高堂生名隆）漢興傳禮十七篇後瑕丘蕭奮以授同郡后蒼蒼授梁人戴德及德兄子聖沛人慶普（德字近君聖字次君普字孝公）於是德爲大戴禮聖爲小戴禮普爲慶氏禮三家皆立博士孔安國所獻禮古經五十六篇及周官經六篇前世傳其書未有名家中興以後亦有大小戴博士雖相傳不絕然未有顯於儒林者建武中曹充習慶氏學傳其子褒遂撰漢禮事在褒傳

董鈞傳

董鈞字文伯犍爲資中人也習慶氏禮事大鴻臚王臨元始中舉明經遷廩犧令前書平帝元始五年舉明經漢官儀曰令廩犧令一人秩六百石病去官建武中舉孝廉辟司徒府鈞博通古今數言政事永平中爲博士時草創五郊祭祀續漢志曰永平中以禮儀讖及月令有五郊迎氣因採元和中故事兆五郊于洛陽四方中兆在未壇皆三尺及宗廟禮樂威儀章服輒令鈞參議多見從用當世稱爲通儒累遷五官中郎將常教授門生百餘人後坐事左轉騎都尉年七十餘卒於家中興鄭衆傳周官經後馬融作周官傳授鄭玄玄作周官注玄本習小戴禮後以古經校之取其義長者故爲鄭氏學玄又注小戴所傳禮記四十九篇通爲三禮焉

前書齊胡母子都傳公羊春秋授東平嬴公嬴公授東海孟卿孟卿授魯人眭孟眭孟授東海嚴彭祖魯人顏安樂彭祖爲春秋嚴氏學安樂爲春秋顏氏學前書彭祖字公子安樂字公孫業卽眭孟姊子也又瑕丘江公傳穀梁春秋三家皆立博士梁太傅賈誼爲春秋左氏傳訓詁授趙人貫公

丁恭傳

丁恭字子然山陽東緡人也東緡今兗州金鄉縣習公羊嚴氏春秋恭學義精明教授常數百人州郡請召不應建武初爲諫議大夫博士封關內侯十一年遷少府諸生自遠方至者著錄數千人當世稱爲大儒太常樓望侍中承宮長水校尉樊儵等皆受業於恭二十年拜侍中祭酒騎都尉與侍中劉昆俱在光武左右每事諮訪焉卒於官

周澤傳

周澤字穉都北海安丘人也少習公羊嚴氏春秋隱居教授門徒常數百人建武末辟大司馬府署議曹祭酒數月徵試博士中元元年遷黽池令奉公克己矜恤孤羸吏人歸愛之永平五年遷右中郎將十年拜太常澤果敢直言數有據爭後北地太守廖信廖音力弔反坐貪穢下獄沒入財產顯宗以信臧物班諸廉吏唯澤及光祿勳孫堪大司農常冲特蒙賜爲是時京師翕然在位者咸自勉厲堪字子穉河南緱氏人也明經學有志操清白貞正愛士大夫然一毫未嘗取於人以節介氣勇自行王莽末兵革並起宗族老弱在營保間堪常力戰陷敵無所回避數被創刃宗族賴之郡中咸服其義勇建武中仕郡縣公正廉絜奉祿不及妻子皆以供賓客及爲長吏所在有迹爲吏人所敬仰喜分明去就嘗爲縣令謁府趨步遲緩門亭長譴堪御吏堪便解印綬去不之官後復仕爲左馮翊坐御下促急司隸校尉舉奏免官數月徵爲侍御史再遷尙書令永平十一年拜光祿勳堪清廉果於從政數有直言多見納用十八年以病乞身爲侍中騎都尉卒於官堪行類於澤故京師號曰二穉十二年以澤行司徒事如眞澤性簡忽威儀頗失宰相之望數月復爲太常清絜循行盡敬宗廟常臥病齋宮其妻哀澤老病闚問所苦澤大怒以妻干犯齋禁遂收送詔獄謝罪當世疑其詭激時人爲之語曰生世不諧作太常妻一歲三百六十日三百五十九日齋漢官儀此下云一日不齋醉如泥十八年拜侍中騎都尉後數爲三老五更建初中致仕卒於家

鍾興傳

鍾興字次文汝南汝陽人也少從少府丁恭受嚴氏春秋恭薦興學行高明光武召見問以經義應對甚明帝善之拜郎中稍遷左中郎將詔令定春秋章句去其復重復音複重音直容反以授皇太子又使宗室諸侯從興受章句封關內侯興自以無功不敢受爵帝曰生教訓太子及諸王侯非大功邪興曰臣師丁恭於是復封恭而興遂固辭不受爵卒於官

甄宇傳

甄宇字長文北海安丘人也清靜少欲習嚴氏春秋教授常數百人建武中爲州從事徵拜博士東觀記曰建武中每臘詔書賜博士一羊羊有大小肥瘦時博士祭酒議欲殺羊分肉又欲投鉤宇復耻之宇因先自取其最瘦者由是不復有爭訟後召會問瘦羊博士所在京師因以號之稍遷太子少傅卒於官傳業子普普傳子承承尤篤學未常視家事講授嘗數百人諸儒以承三世傳業莫不歸服之建初中舉孝廉卒於梁相子孫傳學不絕

樓望傳

樓望字次子陳留雍丘人也少習嚴氏春秋操節清白有稱鄉閭建武中趙節王栩光武叔父趙王良之子謚曰節聞其高名遣使齎玉帛請以爲師望不受後仕郡功曹永平初爲侍中越騎校尉入講省內十六年遷大司農十八年代周澤爲太常建初五年坐事左轉太中大夫後爲左中郎將教授不倦世稱儒宗諸生著錄九千餘人年八十永元十三年卒於官門生會葬者數千人儒家以爲榮

程曾傳

程曾字秀升豫章南昌人也受業長安習嚴氏春秋積十餘年還家講授會稽顧奉等數百人常居門下著書百餘篇皆五經通難又作孟子章句建初三年舉孝廉遷海西令卒於官

張玄傳

張玄字君夏河內河陽人也少習顏氏春秋兼通數家法建武初舉明經補弘農文學遷陳倉縣丞清淨無欲專心經書方其講問乃不食終日及有難者輒爲張數家之說令擇從所安諸儒皆伏其多通著錄千餘人玄初爲縣丞嘗以職事對府不知官曹處吏白門下責之時右扶風琅邪徐業亦大儒也聞玄諸生試引見之與語大驚曰今日相遭眞解矇矣遭逢也遂請上堂難問極日後玄去官舉孝廉除爲郎會顏氏博士缺玄試策第一拜爲博士居數月諸生上言玄兼說嚴氏宣氏不宜專爲顏氏博士○劉攽曰案前後敘說無宣氏學蓋下有宜字因誤宣氏長此兩字也光武且令還署未及遷而卒

李育傳

李育字元春扶風漆人也漆縣今豳州新平縣少習公羊春秋沈思專精博覽書傳知名太學深爲同郡班固所重固奏記薦育於驃騎將軍東平王蒼由是京師貴戚爭往交之州郡請召育到輒辭病去常避地教授門徒數百頗涉獵古學嘗讀左氏傳雖樂文采然謂不得聖人深意以爲前世陳元范升之徒更相非折折難也音之舌反而多引圖讖不據理體於是作難左氏義四十一事建初元年衞尉馬廖舉育方正爲議郎後拜博士四年詔與諸儒論五經於白虎觀育以公羊義難賈逵往返皆有理證最爲通儒再遷尙書令及馬氏廢建初八年順陽侯馬廖子豫爲步兵校尉坐投書怨謗豫免廖歸國見馬援傳育坐爲所舉免歸歲餘復徵再遷侍中卒於官

何休傳

何休字邵公任城樊人也樊縣故城在今兗州瑕丘縣西南父豹少府休爲人質朴訥口而雅有心思精研六經世儒無及者以列卿子詔拜郎中非其好也辭病而去不仕州郡進退必以禮太傅陳蕃辟之與參政事蕃敗休坐廢錮乃作春秋公羊解詁博物志曰何休注公羊云何氏學有不解者或答曰休謙辭受學於師乃宣此義不出於己此言爲允也覃思不闚門十有七年又注訓孝經論語風角七分皆經緯典謨不與守文同說又以春秋駮漢事六百餘條妙得公羊本意休善歷算與其師博士羊弼追述李育意以難二傳作公羊墨守言公羊之義不可攻如墨翟之守城也左氏膏肓穀梁廢疾黨禁解又辟司徒羣公表休道術深明宜侍帷幄倖臣不悅之乃拜議郎屢陳忠言再遷諫議大夫年五十四光和五年卒

服虔傳

服虔字子愼初名重又名祇後改爲虔河南滎陽人也少以清苦建志入太學受業有雅才善著文論作春秋左氏傳解行之至今又以左傳駮何休之所駮漢事六十條舉孝廉稍遷中平末拜九江太守免遭亂行客病卒所著賦碑誄書記連珠九憤凡十餘篇

潁容傳

潁容字子嚴陳國長平人也長平縣故城在今陳州西北博學多通善春秋左氏師事太尉楊賜郡舉孝廉州辟公車徵皆不就初平中避亂荊州聚徒千餘人劉表以爲武陵太守不肯起著春秋左氏條例五萬餘言建安中卒

謝該傳

謝該字文儀南陽章陵人也善明春秋左氏爲世名儒門徒數百千人建安中河東人樂詳條左氏疑滯數十事以問該皆爲通解之名爲謝氏釋行於世魏略曰詳字文載少好學聞謝該善左氏傳乃從南陽步涉詣許從該問難諸要今左氏問七十二事詳所撰也杜畿爲太守署詳文學祭酒黃初中徵拜博士十餘人學多褊又不熟悉唯詳五業並授其或難質不解詳無慍色以杖畫地牽譬引類至忘寢食也○劉攽曰注徵拜博士十餘人案文須更有博士二字仕爲公車司馬令以父母老託疾去官欲歸鄉里會荊州道斷不得去少府孔融上書薦之曰臣聞高祖創業韓彭之將征討暴亂陸賈叔孫通進說詩書陸賈爲大中大夫時前說稱詩書著書十二篇每奏一篇高祖未嘗不稱善叔孫通爲高祖制禮儀並見前書光武中興吳耿佐命范升衞宏修述舊業故能文武並用成長久之計陛下聖德欽明同符二祖勞謙尼運三年乃讙史記高宗諒闇三年不言言乃讙靈帝崩後獻帝居諒闇初釋服也今尙父鷹揚方叔翰飛尙父太公也毛詩曰維師尙父時惟鷹揚又曰方叔涖止其車三千鴥彼飛隼翰飛戾天注云方叔卿士命爲將也涖臨也鴥急疾之貌也飛乃至天喻士卒至勇能深入攻敵王師電驚羣凶破殄始有櫜弓臥鼓之次毛詩曰載櫜弓矢櫜所以盛弓言今太平櫜弓臥鼓不用征伐故須賢人也宜得名儒典綜禮紀窮見故公車司馬令謝該體曾史之淑性曾參史魚兼商偃之文學卜商言偃也論語曰文學子游子夏博通羣蓺周覽古今物來有應事至不惑清白異行敦悅道訓求之遠近少有疇匹若乃巨骨出吳史記曰吳伐越隳會稽得骨節專車吳使使問仲尼骨何者最大仲尼曰禹致羣臣於會稽山防風氏後至禹殺而戮之其節專車此爲大也隼集陳庭史記曰有隼集于陳庭而死楛矢貫之石砮矢長尺有咫陳湣公使問仲尼仲尼曰隼來遠矣此肅愼之矢也昔武王克商通道九夷百蠻使各以其方賄來貢於是肅愼貢楛矢石砮長尺有咫先王以分大姬配虞胡公而封諸陳試求之故府果得之黃能入寢左傳曰鄭子產聘于晉晉侯有疾韓宣子曰寡君寢疾於今三月矣今夢黃能入於寢門其何厲鬼邪對曰昔堯殛鯀于羽山其神化爲黃能以入羽泉實爲夏郊三代祀之晉爲盟主其或者未之祀也韓子祀夏郊晉侯有間亥有二首左傳晉悼夫人食輿人之城杞者絳縣人或年長矣無子而往與於食有與疑年使之年曰臣小人也不知紀年臣生之歲正月甲子朔四百有四十五甲子矣其季於今三之一也吏走問諸朝師曠曰魯叔仲惠伯會郤成子于承匡之歲也七十三年矣史趙曰亥有二首六身下二如身是其日數也士文伯曰然則二萬六千六百有六旬也杜注云亥字二畫在上幷三人爲身如算之六也非夫洽聞者莫識其端也雋不疑定北闕之前前書昭帝時有男子戚方遂詣北闕自稱衞太子丞相御史二千石至者立莫敢發言京兆尹

傳不疑後到叱從吏收縛或曰是非未可知不疑曰諸君何患於衛太子昔蒯聵違命出奔輒距而不納春秋是之衛太子得罪先帝亡不卽死今來自詣此罪人也遂送下詔獄天子與大將軍霍光聞而嘉之曰公卿大臣當用經術明於大義也○劉攽曰注遂送下詔獄案文多一下字夏侯勝辯常陰之驗然後朝士益重儒術前書曰昌邑王嗣立數出勝當乘輿車前諫曰天久陰不雨臣下有謀上者陛下欲何之王怒謂勝爲妖言縛以屬吏吏白霍光是時光與張子孺謀欲廢王光讓子孺以爲泄子孺實不泄召問勝對言在洪範光子孺以此益重儒術士今該實卓然比跡前列間以父母老疾棄官欲歸道路險塞無由自致猥使良才抱璞而逃險越山河沈淪荊楚所謂往而不反者也韓詩外傳曰山林之士爲名故往而不能反朝廷之士爲祿故入而不能出也後日當更饋樂以釣由余克像以求傅說豈不煩哉史記曰由余其先晉人也亡入戎能晉言戎王聞繆公賢故使由余觀秦秦繆公示以宮室積聚由余曰使鬼爲之則勞神矣使人爲之亦苦人矣繆公退而問於內史廖曰孤聞鄰國有聖人敵國之憂也今由余寡人之害將奈何廖曰戎王處辟未聞中國之聲君試遺以女樂以奪其志爲由余請以疏其間留而莫遣以失其期戎王怪之必疑由余君臣有間乃可虜也乃令內史廖以女樂二八遺戎王戎王受而說之由余數諫不聽繆公又數使人間要由余由余遂去降秦臣愚以爲可推錄所在召該令還楚人止孫卿之去國劉向孫卿子後序所論孫卿事曰卿名況趙人也楚相春申君以爲蘭陵令或謂春申君曰湯以七十里文王以百里孫卿賢者今與之百里地楚其危乎春申君謝之孫卿去之趙後客或謂春申君曰伊尹去夏入殷殷王而夏亡管仲去魯入齊魯弱而齊強故賢者所在君尊國安今孫卿天下賢人所去之國其不安乎春申君使人聘孫卿乃還復爲蘭陵令漢朝追匡衡於平原前書匡衡爲平原文學長安令楊興薦之於車騎將軍史高曰衡材智有餘經學絕倫但以無階朝廷故隨牒在遠方將軍試召置幕府貢之朝廷必爲國器高然其言辟衡爲議曹史薦衡於帝帝以爲郎中尊儒貴學惜失賢也書奏詔卽徵還拜議郎以壽終

建武中鄭興陳元傳春秋左氏學時尙書令韓歆上疏欲爲左氏立博士范升與歆爭之未決陳元上書訟左氏遂以魏郡李封爲左氏博士後羣儒蔽固者數廷爭之及封卒光武重違衆議而因不復補

許愼傳

許愼字叔重汝南召陵人也性淳篤少博學經籍馬融常推敬之時人爲之語曰五經無雙許叔重爲郡功曹舉孝廉再遷除洨長卒于家洨音侯交反初愼以五經傳說臧否不同於是撰爲五經異義又作說文解字十四篇皆傳於世

蔡玄傳

蔡玄字叔陵汝南南頓人也學通五經門徒常千人其著錄者萬六千人徵辟並不就順帝特詔徵拜議郎講論五經異同甚合帝意遷侍中出爲弘農太守卒官

論曰自光武中年以後干戈稍戢專事經學自是其風世篤焉其服儒衣稱先王儒服爲章甫之冠縫掖之衣也禮記曰言必則古昔稱先王遊庠序聚橫橫又作黌塾者蓋布之於邦域矣若乃經生所處不遠萬里之路經生謂博士也就之者不以萬里爲遠而至也精廬暫建贏糧動有千百精廬講讀之舍贏擔負也其耆名高義開門受徒者編牒不下萬人皆專相傳祖莫或訛雜至有分爭王庭樹朋私里繁其章條穿求崖穴以合一家之說故楊雄曰今之學者非獨爲之華藻又從而繡其鞶帨楊雄法言之文也喻學者文煩碎也鞶帶也字或作幋說文曰鞶覆衣巾也音盤帨佩巾也音稅夫書理無二義歸有宗而碩學之徒莫之或徙無二專一也故通人鄙其固焉又雄所謂譊譊之學各習其師也亦法言之文也譊譊讙也音奴交反且觀成名高第終能遠至者蓋亦寡焉而迂滯若是矣然所談者仁義所傳者聖法也故人識君臣父子之綱家知違邪歸正之路自桓靈之間君道秕僻秕穀不成也以喻政化之惡也朝綱日陵國隙屢啓陵陵遲也自中智以下靡不審其崩離而權彊之臣息其闚盜之謀謂閻忠勸皇甫嵩令推亡漢而自立嵩不從其言豪俊之夫屈於鄙生之議者謂董卓欲大起兵鄭泰止之卓從其言人誦先王言也下畏逆順埶也言政化雖壞而朝久不傾危者以經籍道行下人懼逆順之埶至如張溫皇甫嵩之徒功定天下之半聲馳四海之表俯仰顧眄則天業可移猶鞠躬昏主之下狼狽折札之命散成兵就繩約而無悔心昏主謂獻帝也札簡也折簡而召言不勞重命也繩約猶拘制也謂溫及嵩並被徵而就拘制也暨乎剝橈自極人神數盡易大過曰棟橈凶橈折也極終也言漢祚自終人神之數盡橈音女教反然後羣英乘其運世德終其祚羣英謂袁術曹操之屬代德終其祚謂操丕卽位廢獻帝爲山陽公自廢至薨十四年以壽終跡衰敝之所由致而能多歷年所者斯豈非學之效乎跡猶尋也言由有儒學故能長久也故先師垂典文褒勵學者之功篤矣切矣不循春秋至乃比於殺逆其將有意乎史記曰爲人君父而不通春秋之義者必蒙首惡之名爲人臣子不通春秋之義者必陷篡弒誅死之罪也

贊曰斯文未陵亦各有承論語孔子曰天之將喪斯文也言斯文未陵遲故學者分門各自承其家業也塗分流別專門並與精疏殊會通閡相徵說經者各自是其一家或精或疎或通或閡去聖旣久莫知是非若千載不作淵源誰澂千載一聖不復作起則泉源混濁誰能澂之

後漢書卷一百九下考證

杜撫傳其所作詩題約義通劉攽曰題下當有脫字蓋合云文約義通也○臣世駿按詩題約義通是杜撫所撰書云吳陸璣著毛詩草本蟲魚疏末敘四詩源流亦有此語蓋已在范史前百餘年矣劉攽說誤

趙曄傳遂棄車馬去到犍爲資中○何焯曰周燮傳載南陽馮良事與此相類而所從皆杜撫必一事而傳者互異耳

衞宏傳後馬融作毛詩傳○何焯曰後儒據此傳言詩序之出於宏而不悟毛傳之出於融何也或疑融別有詩傳亦非范氏明與鄭箋連類言之矣康成親受經季長以箋爲致敬亦得

魯高堂生注名隆○臣夏裒按高堂隆乃三國時人此注疑誤前書注中亦不記其名

張玄傳少習顏氏春秋○監本誤嚴氏從諸本改

謝該傳河東人樂詳條左氏疑滯數十事以問該注從該問難諸要○何焯校本問字下添疑字又今左氏問七十二事左氏下添樂氏二字又徵拜博士下添時有博士四字又學多褊下添狹字

後漢書卷一百十上

宋　宣　城　太　守　范　曄　撰

唐　章　懷　太　子　賢　注

文苑列傳第七十上

杜篤傳

杜篤字季雅京兆杜陵人也高祖延年宣帝時爲御史大夫前書延年字幼公周之子也爲御史大夫延年居父官府不敢當舊位臥坐皆易其處也篤少博學不修小節不爲鄉人所禮居美陽與美陽令遊數從請託不諧頗相恨令怨收篤送京師會大司馬吳漢薨光武詔諸儒誄之篤於獄中爲誄辭最高帝美之賜帛免刑篤以關中表裏山河先帝舊京不宜改營洛邑乃上奏論都賦曰臣聞知而復知是爲重知韓詩外傳曰知者知其所知乃爲知矣臣所欲言陛下已知故略其梗概梗概猶粗略也不敢具陳昔殷庚去奢行儉於亳帝王紀曰殷庚以耿在河北迫近山川自祖辛以來奢侈不絕殷庚乃南渡河徙都於亳人咨嗟相怨不欲徙乃作書三篇以告之成周之隆乃卽中洛周成王就土中都洛陽也遭時制都不常厥邑尙書曰不常厥邑于今五遷賢聖之慮蓋有優劣霸王之姿明知相絕守國之埶同歸異術或棄去阻阸務處平易淮南子曰武王克殷欲築宮於五行之山周公曰不可夫五行之山固塞險阻之地也使我德能之則天下納其貢職者固矣使我有暴亂之行則天下之伐我難也高誘注云明周公恃德不恃險也或據山帶河并吞六國謂秦也或富貴思歸不顧見襲或掩空擊虛自蜀漢出韓生勸項羽都關中羽曰富貴不歸故鄉如衣錦夜行乃歸都彭城而高祖自蜀漢出襲擊之也見前書卽日車駕策由一卒前書戍卒婁敬說高祖都關中卽日車駕西都長安或知而不從久都墝埆謂光武久都洛陽也墝埆薄地也前書張良曰洛陽田地薄四面受敵墝音苦交反埆音古角反臣不敢有所據竊見司馬相如楊子雲作辭賦以諷主上臣誠慕之伏作書一篇名曰論都謹并封奏如左皇帝以建武十八年二月甲辰升輿洛邑巡于西嶽光武紀曰甲寅西巡狩推天時順斗極楊雄長楊賦曰順斗極運天關北極星也言順斗建及斗極北星運轉而行也排閶闔入函谷閶闔天門也函谷故關在今洛州新安縣也觀阸於崤黽圖險於隴蜀圖猶度也規其三月丁酉行至長安經營宮室傷愍舊京卽詔京兆乃命扶風齋肅致敬告覲園陵悽然有懷祖之思懷思也喟乎以思諸夏之隆喟歎聲遂天旋雲遊造舟于渭北杭涇流爾雅曰天子造舟造並也以舟相並而濟也杭舟度也音胡郎反方言自關而東或謂舟爲航說文杭字在方部今流俗不解遂與杭字相亂者誤也千乘方轂萬騎騈羅衍陳於岐梁東橫乎大河衍布也橫絕流度也楚辭曰橫大江兮揚舲也瘞后土瘞埋也謂埋牲幣也爾雅曰祭地曰瘞埋后土祠在今蒲州汾陰縣北也禮邠郊甘泉祭天所也在邠地之郊其歲四月反于洛都明年有詔復函谷關作大駕宮大駕見儒林傳大駕宮卽天子行幸也六王邸高車廄於長安修理東都城門長安外城門東面北頭第一門也橋涇渭往往繕離觀東臨霸滻西望昆明北登長平長平坂名也在池陽宮南也規龍首撫未央覘平樂儀建章龍首山名蕭何於其上作未央宮撫巡也或云撫亦模其字從木覘視也音麥平樂觀名建章宮名並在城西謂光武規模而修理也是時山東翕然狐疑意聖朝之西都懼關門之反拒也恐西都置關所以拒外山東也客有爲篤言彼埳井之潢汙固不容夫吞舟埳井喻小也莊子曰埳井之蛙潢汙渟水也吞舟大魚也賈誼曰彼尋常之汙瀆豈容夫吞舟之魚且洛邑之渟潛曷足以居乎萬乘哉楊雄甘泉賦曰梁弱木之濙潛濙濙小貌也渟音天鼎反潛音烏迥反咸陽守國利器不可久虛以示姦萌老子曰國之利器不可以示人篤未甚然其言也故因爲述大漢之崇崇高盛也世據雝州之利而今國家未暇之故以喻客意喻曉也曰昔在強秦爰初開畔畔界也霸自岐雝國富人衍卒以幷兼桀虐作亂衍饒也音以戰反桀虐如桀之無道也天命有聖託之大漢大漢開基高祖有勳斬白蛇屯黑雲前書高祖斬大蛇有一老嫗夜哭曰吾子白帝子今赤帝子斬之故曰白蛇又呂后曰季所居上常有雲氣聚五星於東井提干將而呵暴秦高祖初至霸上五星聚東井干將劍名也高祖曰吾提三尺劍取天下蹈滄海跨崑崙揚雄長楊賦曰橫巨海漂崑崙此言蹈跨喻遠大也奮彗光埽項軍彗星者所以除舊布新也故曰埽遂濟人難蕩滌于泗沂項羽都彭城泗水沂水近彭城地也蕩滌謂誅之也劉敬建策初都長安解見班固傳太宗承流守之以文太宗文帝也繼體之君以文德守之躬履節儉側身行仁食不二味衣無異采賑人以農桑率下以約已曼麗之容不悅於目鄭衞之聲不過於耳曼美也佞邪之臣不列於朝巧僞之物不鬻於市禮記曰用器不中度不鬻於市布帛精麤不中數廣狹不中量不鬻於市姦色亂正色不鬻於市故能理升平而刑幾措富衍於孝景功傳於後嗣前書景帝時太倉之粟紅腐而不可食都內之錢貫朽而不可校也是時孝武因其餘財府帑之蓄始有鉤深圖遠之意探冒頓之罪前書冒頓殺其父頭曼單于又爲書使遺高后曰孤僨之君生於沮澤之中長於平野牛馬之域數至邊境願遊中國陛下獨立孤僨獨居兩主不樂無以自娛願以所有易其所無校平城之讎校報也冒頓單于圍高祖於平城七日故報之也遂命票騎票騎將軍霍去病也勤任衞青青爲大將軍霍去病勇也勇惟鷹揚軍如流星毛詩曰時惟鷹揚注云如鷹之飛揚也長楊賦曰疾如奔星深之匈奴割裂王庭匈奴王庭也長楊賦曰遂獵乎王庭席卷漠北叩勒祁連漠沙漠也祁連匈奴中山名也叩擊也勒謂銜勒也橫分單于屠裂百蠻

百蠻夷狄之總稱也燒罽帳罽毛布也繫閼氏單于妻號也燔康居灰珍奇康居西域國也居音渠椎鳴鏑前書曰冒頓作鳴鏑鏑今之髐箭也釘鹿蠡蠡音離匈奴有左右鹿蠡王前書作谷蠡馳阬岸獲昆彌昆彌西域國也虜儌侲方言侲養馬人也字書侲音眞字書無儌字諸家並曰儌侲爲粟廣西域國名也傳讀如此不知所出今有嚻特國恐是也驅驟驢馭宛馬大宛國名出汗血馬鞭駃騠駃騠駿馬也駃音決騠音啼生七日而超其母也拓地萬里威震八荒肇置四郡據守敦煌四郡謂酒泉武威張掖敦煌也幷域屬國一郡領方幷西域以屬都尉主之以敦煌一郡部領西方也立候隅北建護西羌楊雄解嘲曰西北一候孟康注云敦煌玉門關候也置護羌校尉以主西羌捶驅氐僰寥狼邛莋捶擊也寥狼猶擊擾也氐僰邛莋並西南夷號東攡烏桓蹂轔濊貊字書攡亦摩字音摩方言云摩滅也蹂踐也轔轢也音吝濊貊東夷號也南羈鉤町水劍強越羈係也鉤町西南夷也水劍謂戈船將軍等下水誅南越也鉤音劬町音挺殘夷文身海波沫血穀梁傳曰越人被髮文身沫血水沫如血郡縣日南漂槊朱崖武帝元鼎六年平南越以爲南海蒼梧鬱林合浦交阯九眞日南朱崖儋耳九郡漂槊謂摩近之也前書音義曰珠崖言珠若崖也此作朱古字通茂陵書曰珠崖郡都瞫去長安七千三百里瞫音審部尉東南兼有黃支楊雄解嘲曰東南一尉孟康注云會稽東部都尉也前書自都盧國船行可二月餘有黃支國俗與珠崖相類也連緩耳瑣雕題緩耳耳下垂即儋耳也禮記曰南方曰蠻雕題交阯鄭玄注曰謂刻其身以丹青涅之也王逸注楚辭曰雕畫也題額也摧天督即天竺國也牽象犀椎蜯蛤碎瑠璃甲瑇瑁戕觜觿郭義恭廣志曰瑇瑁形似龜出南海甲謂取其甲也戕殘也觜觿大龜亦瑇瑁之屬觜音子期反觿音以規反於是同穴裘褐之域同穴把嬰之屬也衣裘褐北狄也共川鼻飲之國前書賈捐之曰駱越之俗父子同川而浴相習以鼻飲也莫不袛跂稽顙失氣虜伏稽止也方言曰顙額也以顙至地而稽止也宋玉高唐賦曰虎豹豺兕失氣恐喙言其恐懼如奴虜之伏也非夫大漢之盛世藉廱土之饒得御外理內之術孰能致功若斯故創業於高祖嗣傳於孝惠德隆於太宗財衍於孝景威盛於聖武政行於宣元侈極於成哀祚缺於孝平傳世十一歷載三百高祖至平帝十一代歷涉二百十四年此言三百者謂出二百年涉三百年也德衰而復盈道微而復章謂呂氏亂而文帝立昌邑廢而宣帝中興也皆莫能遷於廱州而背於咸陽宮室寢廟山陵相望高顯弘麗可思可榮義農已來無茲著明夫廱州本帝皇所以育業周始祖后稷封邰公劉居豳文王居酆武王居鎬並在關中故曰有業也霸王所以衍功戰士角難之場也衍廣也秦都關中也禹貢所載厥田惟上尚書雍州厥田上上沃野千里原隰彌望保殖五穀桑麻條暢濱據南山帶以涇渭號曰陸海蠢生萬類濱近也前書東方朔曰漢都涇渭之南此謂天下陸海之地楩柟檀柘蔬果成實畎瀆潤淤水泉灌溉說文曰淤澱滓也顏野王曰今水中泥草也漸澤成川粳稻陶遂薛君注韓詩曰陶暢也遂猶生也厥土之膏畝價一金前書東方朔曰酆鎬之間號爲土膏其價畝一金一金一斤金也田田相如鐇钁株林相如言地皆沃美相類也廣雅曰鐇鍤也音甫袁反埤蒼云钁鉏也謂以钁去林木之株葉也火耕流種功淺得深以火燒所伐林株引水澆之而布種也既有蓄積阸塞四臨西被隴蜀南通漢中北據谷口東阻嶔巖谷口在今雲陽縣穀梁傳秦襲鄭蹇叔送其子而戒之曰汝必死於

崤之巖崟之下巖謂崤也嶔音吟關函守嶢山東道窮函函谷關也嶢謂嶢山之關也在藍田南故武關之西嶢音堯置列汧隴廱偃西戎廱音擁拒守褒斜嶺南不通杜口絕津朔方無從杜塞谷口黃河中津絕鴻渭之流徑入于河大船萬艘轉漕相過東綜滄海西綱流沙朔南暨聲諸夏是和尚書曰朔南暨聲教注云朔北方也城池百尺阸塞要害關梁之險多所衿帶衿帶衣服之要故以喻之一卒舉礧千夫沈滯礧石也前書匈奴乘隅下礧石音力對反一人奮戟三軍沮敗淮南子曰狹路津關大山石塞龍蛇蟠卻笠居羊腸道魚笱門一人守險千人弗敢過也地埶便利介胄剽悍可與守近利以攻遠剽急疾也悍勇也所據險要故可守近士卒勇疾故可攻遠也士卒易保人不肉袒左傳鄭伯肉袒牽羊以降楚言關中士卒易與保守不降下也肇十有二是爲贍腴尚書曰肇十有二州謂雍梁荊徐揚青兗冀幽豫幷營也雍州田第一故曰贍腴今流俗北地之良沃者爲贍者也○劉攽曰注案文北當作以又衍一者字用霸則兼并并謂秦幷六國也先據則功殊高祖先入關功爲諸侯最也修文則財衍行武則士要修文德則財產富衍若用武則士皆奮厲而要功也爲政則化上篡逆則難誅地險固故難誅也進攻則百尅退守則有餘斯固帝王之淵囿而守國之利器也逮及亡新時漢之衰偷忍淵囿篡器慢違偷忍猶盜竊也淵囿謂秦中也徒以埶便莫能卒危卒音倉忽反假之十八誅自京師莽居攝篡位十八年公賓就始斬之也天畀更始不能引維畀與也言更始不能持其綱維故致敗亡慢藏招寇復致赤眉易曰慢藏誨盜又曰負且乘致寇至言更始爲赤眉所破也海內雲擾諸夏滅微羣龍並戰未知是非赤伏符曰四夷雲擾龍鬬于野易曰龍戰于野謂更始敗後劉永張步等重起未知受命者爲誰也于時聖帝赫然申威荷天人之符兼不世之姿聖帝光武也天人符謂彊華自關中持赤伏符也前書曰王吉上疏曰欲化之主不代出言有時間出難常遇也受命於皇上獲助於靈祇皇上謂天也尚書曰惟皇上帝降衷于下人靈祇謂滹沱冰及白衣老父等也立號高邑搴旗四麾搴拔也首策之臣運籌出奇前書高祖曰運籌帷幄之中決勝千里之外子房是也出奇謂陳平從高祖定天下凡六出奇計以比鄧禹馮異吳漢耿弇等也虓怒之旅如虎如螭詩曰闞如虓虎注云虎之怒虓然也史記周武王誓衆曰如虎如羆如豺如螭杜預注左傳曰螭山神獸形也虓音呼交反師之攸向無不靡披蓋夫燔魚剸蛇莫之方斯尚書今文泰誓篇曰太子發升舟中流白魚入于王舟王跪取出以燎羣公咸曰休哉鄭玄注云燔魚以祭變禮也剸割也音之兗反謂高祖斬蛇也大呼山東響動流沙要龍淵首鏌鋣龍淵劍名解見韓稜傳說文鏌鋣大戟也音莫邪首謂建之於首也吳越春秋有莫邪劍與此不同也命騰太白親發狼弧騰驅也太白天之將軍狼弧並星名也史記曰天苑東有大星曰天狼下有四星曰弧宋均注演孔圖曰狼爲野將用兵象也合誠圖曰弧主司兵兵弩象也南禽公孫北背強胡西平隴冀東據洛都乃廓平帝宇濟蒸人於塗炭成兆庶之亹亹遂興復乎大漢爾雅曰亹亹勉也易曰成天下之亹亹今天下新定矢石之勤始瘳瘳差也而主上方以邊垂爲憂忿葭萌之不柔揚子雲長楊賦曰遐萌爲之不安謂遠人也案篤此賦每取子雲甘泉長楊賦事意此葭即遐也時蜀郡守將史歆及交阯徵側反盧芳亡入匈奴故云忿其不柔也未遑於論都而遺思廱州也遺猶留也方躬勞聖思以率海內厲撫名將略地疆外信威於

征伐展武乎荒裔信讀曰申若夫文身鼻飲緩耳之主椎結左衽鐻鍝之君結音髻前書尉佗椎結箕踞注云如今兵士椎頭髻也孔子曰微管仲吾其被髮左衽矣鐻音渠呂反山海經曰神武羅穿耳以鐻郭璞注云金銀器之名未詳形制鍝音牛于反埤蒼曰鍝鍝也案今夷狄好穿耳以垂金寶等此並謂夷狄之君長也東南殊俗不羈之國西北絕域難制之鄰靡不重譯納貢請爲藩臣上猶謙讓而不伐勤前書司馬相如曰上猶謙讓而未俞也意以爲獲無用之虜不如安有益之民略荒裔之地不如保殖五穀之淵左傳曰吾將略地焉略取也遠救於已亡不若近而存存也易曰成性存存也今國家躬修道德吐惠含仁湛恩沾洽時風顯宣前書司馬相如難蜀父老曰湛恩汪濊音沈易通卦驗曰巽氣退則時風不至萬物不成冬至廣莫風至立春條風至春分明庶風至立夏清明風至夏至景風至立秋涼風至秋分閶闔風至立冬不周風至也徒垂意於持平守實務在愛育元元苟有便於王政者聖主納焉何則物罔挹而不損道無隆而不移陽盛則運陰滿則虧淮南子曰孔子觀桓公之廟有器焉謂之宥坐孔子曰善哉予得見此器顧曰弟子取水水至灌之其中則正其盈則覆孔子遽然革容曰善哉持盈者乎子貢在側曰請問持盈曰挹而損之曰何謂挹而損之曰夫物盛而衰樂極而悲日中而移月盈而虧是故聰明睿智守之以愚多聞博辯守之以儉武力毅勇守之以畏富貴廣大守之以陋德施天下守之以讓此五者先王所以守天下而弗失也故存不忘亡安不諱危雖有仁義猶設城池也易曰君子存不忘亡安不忘危客以利器不可久虛而國家亦不忘乎西都何必去洛邑之渟瀯與篤後仕郡文學掾以目疾二十餘年不闚京師篤之外高祖破羌將軍辛武賢以武略稱前書武賢狄道人爲破羌將軍以勇武稱左將軍慶忌之父篤常歎曰杜氏文明善政而篤不任爲吏謂杜周及延年並以文法著名也辛氏秉義經武而篤又怯於事外內五世至篤衰矣女弟適扶風馬氏建初三年車騎將軍馬防擊西羌請篤爲從事中郎戰沒於射姑山所著賦誄弔書讚七言女誡及雜文凡十八篇又著明世論十五篇子碩豪俠以貨殖聞

王隆傳

王隆字文山馮翊雲陽人也王莽時以父任爲郎後避難河西爲竇融左護軍建武中爲新汲令新汲縣屬潁川郡故城在今許州扶溝縣西也能文章所著詩賦銘書凡二十六篇初王莽末沛國史岑子孝亦以文章顯莽以爲謁者著頌誄復神說疾凡四篇岑一字孝山著出師頌

夏恭傳

夏恭字敬公梁國蒙人也習韓詩孟氏易講授門徒常千餘人王莽末盜賊從橫攻沒郡縣恭以恩信爲衆所附擁兵固守獨安全光武即位嘉其忠果召拜郎中再遷太山都尉和集百姓甚得其歡心恭善爲文著賦頌詩勵學凡二十篇四十九卒官諸儒共謚曰宣明君子牙少習家業著賦頌讚誄凡四十篇舉孝廉早卒鄉人號曰文德先生

傅毅傳

傅毅字武仲扶風茂陵人也少博學永平中於平陵習章句因作迪志詩曰咨爾庶士迨時斯勗迨及也勗勉也日月逾邁豈云旋復尚書曰日月逾邁言日月之過往不可復還也哀我經營旅力靡及旅陳也言已欲經營仁義之道然非陳力之所能及也在茲弱冠靡所庶立禮記年二十曰弱冠言已在弱冠之歲無所庶幾成立也於赫我祖顯于殷國謂傅說也二迹阿衡克光其則阿衡平也言依倚之以取平也謂伊尹也高宗命傅說曰爾尚明保予罔俾阿衡專美有商故曰二迹也言傅說功比伊尹而能光大其法則也武丁興商伊宗皇士武丁殷王高宗也伊惟宗尊也詩曰思皇多士皇美也言武丁所以能興殷者惟尊皇美之士謂傅說爰作股肱萬邦是紀奕世載德迄我顯考易曰德積載載重也保膺淑懿纘修其道纘繼也漢之中葉俊乂式序秩彼殷宗光此勳緒中葉謂宣帝中興秩序也言漢代序殷高宗用傅說之事光大其勳功而用其緒業也謂傅介子以軍功封義陽侯傅喜論議正直爲大司馬封高武侯傅晏爲孔鄉侯傅商爲汝昌侯建武中傅俊爲昆陽侯也伊余小子穢陋靡逮懼我世烈自茲以隧誰能革濁清我濯溉毛詩曰誰能執熱逝不以濯此言誰能革易我之濁而以清泉溉灌我也誰能昭闇啓我童昧先人有訓我訊我誥訓我嘉務誨我博學爰率朋友尋此舊則契闊夙夜庶不懈忒詩云與子契闊契闊謂辛苦也懈怠也忒差也秩秩大猷紀綱庶式匪勤匪昭匪壹匪測詩大雅曰秩秩大猷聖人莫之秩秩美也猷道也庶衆也式法也言美哉乎大道可以綱紀衆法若不勤則不能昭明其道不專一則不能深測農夫不怠越有黍稷尚書曰若農服田力穡乃亦有秋惰農自安乃其罔有黍稷也誰能云作考之居息考成也言誰能有所作而居息閑暇可能成者言必須勤之也二事敗業多疾我力二事謂事不一也疾害也言爲事不專則多害其力也如彼遵衢則罔所極遵循也如循長路則不知所終極也二志靡成聿勞我心如彼兼聽則溷於音聿辭也溷亂也志不專一徒煩勞於我心兼聽衆聲則音亂於戲君子無恒自逸徂年如流鮮茲暇日人當自勉修德義專志勤學不可自放逸年之過往如流少有閑暇之日也行邁屢稅胡能有迄行邁之人屢稅駕停止何能有所至也言當自勗不可中廢也密勿朝夕聿同始卒韓詩曰密勿從事密勿黽勉也聿循也卒終也言朝夕黽勉終始如一也毅以顯宗求賢不篤士多隱處故作七激以爲諷建初中肅宗博召文學之士以毅爲蘭臺令史拜郎中與班固賈逵共典校書毅追美孝明皇帝功德最盛而廟頌未立乃依清廟作顯宗頌十篇奏之清廟詩周頌篇名序文王之德也由是文雅顯於朝廷車騎將軍馬防外戚尊重請毅爲軍司馬待以師友之禮及馬氏敗免官歸永元元年車騎將軍竇憲復請毅爲主記室崔駰爲主簿及憲遷大將軍復以毅爲司馬班固爲中護軍憲府文章之盛冠於當世毅早卒著詩賦誄頌祝文七激連珠凡二十八篇

黃香傳

黃香字文彊江夏安陸人也年九歲失母思慕憔悴殆

不免喪免喪終喪鄉人稱其至孝年十二太守劉護聞而召之署門下孝子甚見愛敬香家貧內無僕妾躬執苦勤盡心奉養遂博學經典究精道術能文章京師號曰天下無雙江夏黃童初除郎中元和元年肅宗詔香詣東觀讀所未嘗見書香後告休及歸京師時千乘王冠千乘貞王伉章帝子也冠謂二十加冠也帝會中山邸乃詔香殿下顧謂諸王曰此天下無雙江夏黃童者也左右莫不改觀後召詣安福殿言政事拜尚書郎數陳得失賞賚增加嘗獨止宿臺上晝夜不離省闥帝聞善之永元四年拜左丞功滿當遷和帝留增秩六年累遷尚書令後以為東郡太守香上疏讓曰臣江淮孤賤愚蒙小生經學行能無可算錄遭值太平先人餘福謝承書香代為冠族葉令況之子也得以弱冠特蒙徵用連階累任遂極臺閣訖無纖介稱報恩效死誠不意悟卒被非望顯拜近郡尊位千里臣聞量能授官則職無廢事因勞施爵則賢愚得宜臣香小醜少為諸生典郡從政固非所堪誠恐矇頓孤忝聖恩又惟機密端首至為尊要謂尚書令復非臣香所當久奉承詔驚惶不知所裁臣香年在方剛適可驅使論語曰及其壯也血氣方剛言少壯也願乞餘恩留備冗官賜以督責小職任之宮臺煩事以畢臣香螻蟻小志誠瞑目至願土灰極榮帝亦惜香幹用久習舊事復留為尚書令增秩二千石賜錢三十萬是後遂管樞機甚見親重而香亦祇勤物務憂公如家十二年東平清河奏訞言卿仲遼等所連及且千人香科別據奏全活甚衆每郡國疑罪輒務求輕科愛惜人命每存憂濟又曉習邊事均量軍政皆得事宜帝知其精勤數加恩賞疾病存問賜醫藥在位多所薦達寵遇甚盛議者譏其過倖延光元年遷魏郡太守郡舊有內外園田常與人分種收穀歲數千斛香曰田令商者不農王制仕者不耕王制曰上農夫食九人下士視上農夫祿足以代耕也伐冰食祿之人不與百姓爭利伐冰解見馮衍傳乃悉以賦人課令耕種時被水年飢乃分奉祿及所得賞賜班贍貧者於是豐富之家各出義穀助官稟貸荒民獲全後坐水潦事免數月卒於家所著賦牋奏書令凡五篇子瓊自有傳

劉毅傳

劉毅北海敬王子也初封平望侯平望縣屬北海郡永元中坐事奪爵毅少有文辯稱元初元年上漢德論并憲論十二篇時劉珍鄧耽尹兌馬融共上書稱其美安帝嘉之賜錢三萬拜議郎

李尤傳

李尤字伯仁廣漢雒人也少以文章顯和帝時侍中賈逵薦尤有相如揚雄之風召詣東觀受詔作賦拜蘭臺令史稍遷安帝時為諫議大夫受詔與謁者僕射劉珍等俱撰漢記後帝廢太子為濟陰王尤上書諫爭順帝立遷樂安相年八十三卒所著詩賦銘誄頌七歎哀典凡二十八篇尤同郡李勝亦有文才為東觀郎著詩誄頌論數十篇

蘇順傳

蘇順字孝山京兆霸陵人也和安間以才學見稱好養生術隱處求道晚乃仕拜郎中卒於官所著賦論誄哀辭雜文凡十六篇時三輔多士扶風曹衆伯師亦有才學著誄書論四篇三輔決錄注曰衆與鄉里蘇孺文賓伯向馬季長並遊宦雖衆不遇以壽終于家又有曹朔不知何許人作漢頌四篇

劉珍傳

劉珍字秋孫諸本時有作祕孫者其人名珍與祕義相扶而作秋者多也一名寶南陽蔡陽人也少好學永初中為謁者僕射鄧太后詔使與校書劉騊駼馬融及五經博士校定東觀五經諸子傳記百家藝術整齊脫誤是正文字永寧元年太后又詔珍與騊駼作建武已來名臣傳遷侍中越騎校尉延光四年拜宗正明年轉衛尉卒官著誄頌連珠凡七篇又撰釋名三十篇以辯萬物之稱號云

葛龔傳

葛龔字元甫梁國寧陵人也和帝時以善文記知名龔善為文奏或有請龔奏以干人者龔為作之其人寫之忘自載其名因并寫龔名以進之故時人為之語曰作奏雖工宜去葛龔事見笑林性慷慨壯烈勇力過人安帝永初中舉孝廉為太官丞上便宜四事拜蕩陰令蕩陰縣名今相州縣也蕩音湯辟太尉府病不就州舉茂才為臨汾令居二縣皆有稱績著文賦碑誄書記十二篇

王逸傳

王逸字叔師南郡宜城人也元初中舉上計吏為校書郎順帝時為侍中著楚辭章句行於世其賦誄書論及雜文凡二十一篇又作漢詩百二十三篇子延壽字文考有儁才少遊魯國作靈光殿賦後蔡邕亦造此賦未成及見延壽所為甚奇之遂輟翰而已曾有異夢意惡之乃作夢賦以自厲後溺水死時年二十餘張華博物志曰王子山與父叔師到泰山從鮑子真學算到魯賦靈光殿歸度湘水溺死文考一字子山也

崔琦傳

崔琦字子瑋涿郡安平人濟北相瑗之宗也少遊學京師以文章博通稱初舉孝廉為郎河南尹梁冀聞其才請與交冀行多不軌軌法也琦數引古今成敗以戒之冀不能受乃作外戚箴其辭曰赫赫外戚華寵煌煌昔在帝舜德隆英皇帝舜妃娥皇女英帝堯之女聰明貞仁事舜於畎畝之中事瞽叟謙讓恭敬思盡婦道也周興三母列女傳曰太姜者太王之妃賢而有色生太伯仲雍王季化導三子皆成賢德太王有事必諮謀焉太任者王季之妃端壹誠莊維德之行及其有身目不視惡色耳不聽惡聲而生文王太姒者文王之妃號曰文母思媚太姜太任旦夕勤勞以進婦道文王理外文母理內生十男也有莘崇湯列女傳曰湯娶有莘氏女德高而明伊尹為之媵臣佐湯致王訓正後宮嬪御有序咸無嫉妬也宣王晏起姜后脫簪列女傳曰周宣王嘗夜臥而晏起姜后乃脫簪珥待罪於永巷使其傅母通言於王曰妾不才妾之淫心見矣至使君王失禮而晏朝以見君王樂色而忘德也敢請婢子之罪王乃勤於政早朝晏罷卒成中興焉齊桓好樂衛姬不音列女傳曰齊桓公好淫樂衛姬不聽鄭衛之音皆輔主以禮扶君以仁達才進善以義濟身爰暨末葉漸已頹虧貫魚不敘九御差池易曰貫魚以宮人寵謂王者之御宮人如貫魚之有次敘不偏愛也禮后夫人已下進御之法云凡天子進御之儀從后而下十五日徧自下始以象月之初生漸進至盛法陰道之義也其法九嬪已下皆九九而御則女御八十一人為九夕世婦二十七人為三夕九嬪一夕夫人一夕凡十四夕后當一夕故曰十五日一徧也晉國之難禍起於驪獻公驪姬也惟家之索牝雞之晨尚書曰牝雞無晨牝雞之晨惟家之索孔安國注云索盡也雌代雄鳴則家盡婦奪夫政則國亡也專權擅愛顯已蔽人陵長間舊圮剝至親左傳曰少陵長新間舊言其亂政也圮毀也並后匹嫡左傳曰辛伯諗周桓公曰並后匹嫡亂之本也淫女斃陳陳夏姬通於孔寧儀行父又通於靈公夏姬之子徵舒弒靈公楚伐陳滅之見左傳匪賢是上番為司徒詩小雅也番幽王之后親黨也幽王淫色不尚賢德之人寵其后親而以番為司徒之官荷爵負乘采食名都易曰負且乘負也者小人之事也乘也者君子之器也以小人而乘君子之器寇必至也毛詩曰皇父孔聖作都于向皇父幽王后之親黨也向邑也以向為皇父食采邑也詩人是刺德用不憮憮大也音呼謂詩人刺番為司徒及皇父都向用其后親黨是以其德不大也暴辛惑婦拒諫自孤暴虐也紂字受德名辛以其暴虐故曰暴辛惑婦謂惑妲己也紂智足以拒諫祖伊諫紂紂不從自孤為獨夫也蝠蛇其心縱毒不辜字書蝠音福即蝙蝠也此當作蝮音芳福反不辜謂葅梅伯脯鬼侯之類也諸父是殺孕子是刳天怒地忿人謀鬼圖甲子昧爽身首分離王子比干紂之諸父也紂殺之尚書曰紂刳孕婦為周武王所伐甲子日紂衣其寶衣赴火而死武王乃斬以輕呂之劍也初為天子後為人螭左傳曰螭魅罔兩杜預注云螭山神獸形故以比紂之惡也非但耽色母后尤然不相率以禮而競獎以權先笑後號卒以辱殘母后不能循用禮法爭競相勸以擅權柄也易曰旅人先笑而後號咷言初雖恃權而笑後竟罹禍而號哭也家國泯絕宗廟燒燔末嬉喪夏末嬉桀妃有施氏女美於色薄於德女子行丈夫心桀常置末嬉於膝上聽用其言昏亂失道湯遂放桀於南巢見列女傳褒姒斃周周幽王嬖褒姒為犬戎所殺也妲己亡殷趙靈沙丘趙武靈王以長子章為太子後得吳娃愛之生子何乃廢章而立何自號主父立何為王吳娃死何愛弛主父憐章北面臣詘於其弟欲分趙王章於代計未決主父及王遊於沙丘宮公子章以其徒作亂公子成與李兌自國起兵公子章敗往走主父主父開之成兌因圍主父宮章死成兌謀曰以章故圍主父即解兵吾屬夷矣乃遂圍主父令宮中人後出者夷宮中人悉出主父欲出不得飢探雀鷇而食之三月餘死沙丘宮見史記戚姬人豕呂宗以敗解見皇后紀陳后作巫卒死於外孝武帝陳皇后以巫蠱廢霍欲鴆子身乃罹廢孝宣帝霍皇后霍光之女欲謀毒太子被廢故曰無謂我貴天將爾摧無恃常好色有歇微無怙常幸愛有陵遲無曰我能天人爾違患生不德福有愼機無德而貴寵者患害之所生也左傳曰無德而祿殃也若愼其機事則有福也日不常中月盈有虧履道者固仗執者危微臣司戚敢告在斯琦以言不從失意復作白鵠賦以為風風諷梁冀見之呼琦問曰百官外內各有司存天下云云豈獨吾人之尤君何激刺之過乎琦對曰昔管仲相齊樂聞譏諫之言蕭何佐漢乃設書過之吏劉攽曰案吏當作史○今將軍累世台輔任齊伊公伊尹周公而德政未聞黎元塗炭不能結納貞良以救禍敗反復欲鉗塞士口杜蔽主聽將使玄黃改色馬鹿異形乎史記趙高欲為亂恐羣臣不聽乃先設驗持鹿獻胡亥曰馬也胡亥笑曰丞相誤耶問左右或默或言馬以阿順高或言鹿高因陰中諸言鹿者以法後羣臣畏高高遂作亂也冀無以對因遣琦歸後除為臨濟長不敢之職解印綬去冀遂令刺客陰求殺之客見琦耕於陌上懷書一卷息輒偃而詠之客哀其志以實告琦曰將軍令吾要子今見君賢者情懷忍忍忍忍猶不忍也可亟自逃吾亦於此亡矣琦得脫走冀後竟捕殺之所著賦頌銘誄箴弔論九咨七言凡十五篇

邊韶傳

邊韶字孝先陳留浚儀人也以文學知名教授數百人韶口辯曾晝日假臥左傳趙盾坐而假寐杜注云不脫衣冠而臥也弟子私謿之曰邊孝先腹便便便音蒲堅反懶讀書但欲眠韶潛聞之應時對曰邊為姓孝為字腹便便五經笥但欲眠思經事寐與周公通夢靜與孔子同意師而可謿出何典記謿者大慙韶之才捷皆此類也桓帝時為臨潁侯相徵拜太中大夫著作東觀再遷北地太守入拜尚書令後為陳相卒官著詩頌碑銘書策凡十五篇

後漢書卷一百十上考證

杜篤傳所著賦誄弔書讚七言女誡及雜文凡十八篇又著明世論十五篇○何焯曰後書不立藝文志故具載著述篇數

王隆傳沛國史岑子孝注岑一字孝山著出師頌○何焯曰作出師及和熹鄧后頌者又一史岑李善文選注得之此注誤也傳已著明所著四篇

後漢書卷一百十下

宋　宣　城　太　守　范　曄　撰

唐　章　懷　太　子　賢　注

文苑列傳第七十下

張升傳

張升字彥眞，陳留尉氏人，富平侯放之孫也。放，湯六代孫也。升少好學，多關覽，而任情不羈。關，涉也。不羈謂超絕等倫，不可羈束也。鄒陽上書曰：「使不羈之士與牛驥同皁。」其意相合者，則傾身交結，不問窮賤；如乖其志好者，雖王公大人，終不屈從。杜預注左傳曰：「大人謂在位者也。」常歎曰：「死生有命，富貴在天。其有知我，雖胡越可親；苟不相識，從物何益？」前書鄒陽上書曰：「意合則胡越爲兄弟也。」仕郡爲綱紀，以能出守外黃令。吏有受賕者，即論殺之。或譏升守領一時，何足趨明威戮乎？趨，急也，讀曰促。對曰：「昔仲尼暫相，誅齊之侏儒，首足異門而出，故能威震強國，反其侵地。侏儒，短人，能爲俳優也。穀梁傳曰：魯定公與齊侯會于頰谷，兩君就壇，兩相相揖。齊人鼓譟而起，欲以執魯君。孔子歷階而上，不盡一等，曰：「兩君合好，夷狄之人何爲來？」齊侯逡巡而謝曰：「寡人之過也。」罷會。齊人使優施舞於魯君之幕下，孔子曰：「笑君者罪當死。」使司馬行法焉，首足異門而出。齊人乃歸魯鄆、讙、龜陰之田。君子仕不爲己，職思其憂。詩唐風曰：「無以太康，職思其憂。」職，主也。君子之居位，當思盡忠，不爲己身。豈以久近而異其度哉？」遇黨錮去官，後竟見誅，年四十九。著賦、誄、頌、碑、書，凡六十篇。

趙壹傳

趙壹字元叔，漢陽西縣人也。體貌魁梧，魁梧，壯大之貌。身長九尺，美須豪眉，望之甚偉。而恃才倨傲，爲鄉黨所擯，乃作解擯。擯，斥也。後屢抵罪，幾至死，友人救得免。壹乃貽書謝恩曰：

「昔原大夫贖桑下絕氣，傳稱其仁；原大夫謂趙衰之子盾，諡曰宣孟。呂氏春秋曰：趙宣孟將之絳，見骫桑之下有臥餓人，宣孟與脯二朐，拜受之，不敢食。問其故，曰：「臣有母，持以遺之。」宣孟更賜之脯二束，遂去。贖即續也。骫，古委字也。秦越人還虢太子結脈，世著其神。扁鵲姓秦，名越人。過虢，虢太子死，扁鵲曰：「臣能生之。」若太子病所謂尸蹷也。乃使弟子子陽厲鍼砥石，以取三陽五會，有間，太子蘇。見史記。設曩之二人不遭仁遇神，則結絕之氣竭矣。然而糒脯出乎車軨，說文：軨，車轖間橫木。鍼石運乎手爪。古者以砭石爲鍼。凡鍼之法，右手象天，左手法地，彈而怒之，搔而下之，此運手爪也。砭音必廉反。今所賴者，非直車軨之糒脯，手爪之鍼石也。乃收之於斗極，還之於司命，禮記曰：祭司命。鄭玄注云：文昌中星。使乾皮復含血，枯骨復被肉，允所謂遭仁遇神，眞所宜傳而著之。余畏禁不敢班班顯言，班班，明貌。竊爲窮鳥賦一篇。其辭曰：

有一窮鳥，戢翼原野。畢網加上，機穽在下，禮記曰：羅網畢翳。鄭玄注云：小而柄長謂之畢。機，捕獸機檻也。穽，穿地陷獸。前見蒼隼，後見驅者，繳彈張右，繳以繳係箭而射者也。羿子彀左，羿子謂羿也。淮南子曰：堯時十日並出，命羿仰射十日，中其九，烏皆死，墮其羽翼。彀，引弓也。飛丸激矢，交集于我。思飛不得，欲鳴不可，舉頭畏觸，搖足恐墮。內獨怖急，乍冰乍火。幸賴大賢，我矜我憐，昔濟我南，今振我西。西協韻音先。烏也雖頑，猶識密恩，內以書心，外用告天。天乎祚賢，歸賢永年，且公且侯，子子孫孫。」

又作刺世疾邪賦，以舒其怨憤。曰：

伊五帝之不同禮，三王亦又不同樂，數極自然變化，非是故相反駮。禮記曰：五帝殊時，不相沿樂；三王異代，不相襲禮。樂極則憂，禮粗則偏矣。德政不能救世溷亂，賞罰豈足懲時清濁？春秋時禍敗之始，戰國愈復增其荼毒。尚書曰：罹其凶害，不忍荼毒。孔注云：荼毒，苦也。秦漢無以相踰越，乃更加其怨酷。寧計生民之命，唯利己而自足。于茲迄今，情僞萬方。佞諂日熾，剛克消亡。舐痔結駟，正色徒行。莊子曰：宋人有曹商者，爲宋王使秦。秦王悅之，益車百乘。見莊子曰：「秦王有病召醫，舐痔者得車五乘，子豈舐痔邪？何得車之多乎？」嫗媀名埶，撫拍豪強。嫗媀猶傴僂也。嫗音衣宇反，媀音丘矩反。撫拍，相親狎也。偃蹇反俗，立致咎殃。偃蹇，驕敖也。捷懾逐物，日富月昌。捷，疾也。懾，懼也。急懼逐物則致富昌。渾然同惑，孰溫孰涼？邪夫顯進，直士幽藏。

原斯瘼之攸興，實埶政之匪賢。女謁掩其視聽兮，近習秉其威權。所好則鑽皮出其毛羽，所惡則洗垢求其瘢痕。雖欲竭誠而盡忠，路絕嶮而靡緣。九重既不可啓，又羣吠之狺狺。楚辭曰：豈不思夫君兮，君之門以九重。猛犬狺狺以迎吠，關梁閉而不通。狺音銀。安危亡於旦夕，肆嗜慾於目前。奚異涉海之失柂，積薪而待燃？柂可以正船也，音徒我反。前書賈誼曰：措火積薪之下而寢於上，火未及燃，而謂之安。當今之埶，何以異此？榮納由於閃揄，孰知辨其蚩妍？閃揄，傾佞之貌也。行傾佞者則享榮寵而見納用。揄音踰。故法禁屈撓於埶族，恩澤不逮於單門。寧飢寒於堯舜之荒歲兮，不飽暖於當今之豐年。乘理雖死而非亡，違義雖生而匪存。

有秦客者，乃爲詩曰：

河清不可俟，人命不可延。左傳曰：俟河之清，人壽幾何？言人壽促，河清遲也。順風激靡草，富貴者稱賢。文籍雖滿腹，不如一囊錢。伊優北堂上，抗髒倚門邊。伊優，屈曲佞媚之貌。抗髒，高亢婞直之貌也。佞媚者見親，故升堂；婞直者見棄，故倚門。髒音葬。

魯生聞此辭，繫而作歌曰：秦客、魯生，皆寓言也。

埶家多所宜，咳唾自成珠。被褐懷金玉，蘭蕙化爲芻。老子曰：被褐懷玉。言處卑賤而懷德義也。楚辭曰：蘭芷變而不芳，荃蕙化而爲茅也。賢者雖獨悟，所困在羣愚。且各守爾分，勿復空馳驅。哀哉復哀哉，此是命矣夫！

光和元年，舉郡上計到京師。是時司徒袁逢受計，計吏數百人皆拜伏庭中，莫敢仰視，壹獨長揖而已。逢望而異之，令左右往讓之，曰：「下郡計吏而揖三公，何也？」對曰：「昔酈食其長揖漢王，今揖三公，何遽怪哉？」前書酈食其初見高祖，長揖不拜，因說高祖，高祖引之上坐。左傳曰：豈不遽止。杜預注曰：遽，畏也。逢則斂衽下堂，執其手，延置上坐，因問西方事，大悅，顧謂坐中曰：「此人漢陽趙元叔也。朝臣莫有過之者，吾請爲諸君分坐。」分坐，別坐也。坐者皆屬觀。既出，往造河南尹羊陟，不得見。壹以公卿中非陟無足以託名者，乃日往到門，陟自強許通，陟意未許通，壹以壹數至門，故自強許通之。尚臥未起，壹遂入上堂，遂前臨之，曰：「竊伏西州，承高風舊矣，前書傳不疑見暴勝之曰：竊伏海瀕，承暴公子舊矣。舊，久也。乃今方遇而忽然，謂死也。奈何命也！」因舉聲哭，門下皆驚，奔入滿側。陟知其非常人，乃起，延與語，大奇之。謂曰：「子出矣！」陟明旦大從車騎奉謁造壹。奉謁，通名也。時諸計吏多盛飾車馬帷幙，而壹獨柴車草屏，韓詩外傳曰：周子高對齊景公曰：臣賴君之賜，疏食惡肉可得而食，駑馬柴車可得而乘。柴車，弊惡之車也。露宿其傍，延陟前坐於車下，左右莫不歎愕。陟遂與言談，至熏夕，極歡而去，執其手曰：「良璞不剖，必有泣血以相明者矣！」琴操曰：卞和得玉璞，以獻楚懷王，使樂正子占之，言非玉，以其欺謾，斬其一足。懷王死，子平王立，和復抱其璞而獻之，平王復以爲欺，斬其一足。平王死，和乃抱其玉而哭荊山之中，晝夜不止，泣盡，繼之以血。陟乃與袁逢共稱薦之。名動京師，士大夫想望其風采。

及西還，道經弘農，過候太守皇甫規，門者不即通，壹遂遁去。門吏懼，以白之，規聞壹名，大驚，乃追書謝曰：「蹉跌不面，企德懷風，虛心委質，爲日久矣。側聞仁者愍其區區，冀承清誨，以釋遙悚。今旦外白有一尉兩計吏，不道屈尊門下，尊謂壹也，敬之故號爲尊。更啓乃知已去。如印綬可投，夜豈待旦。惟君明叡，平其夙心，寧當慢傲，加於所天。平，恕也。敬壹，故謂爲所天。事在悖惑，不足具責。儻可原察，追脩前好，則何福如之！謹遣主簿奉書。下筆氣結，汗流竟趾。」

壹報曰：「君學成師範，縉紳歸慕，仰高希驥，歷年滋多。詩曰：高山仰止，景行行止。法言曰：希驥之馬，亦驥之乘；希顏之人，亦顏之徒。希，慕也。旋轅兼道，渴於言侍，沐浴晨興，昧旦守門，實望仁兄昭其懸遲。懸心遲仰之。○劉攽曰：正文仁兄，案二漢未書相呼爲仁兄，且壹與皇甫未嘗相接，何兄之稱？劉表與袁譚言，呼之仁君，此下文亦有仁君，作君字是。以貴下賤，握髮垂接，易曰：以貴下賤，大得民也。史記曰：周公一沐三握髮，以接天下之士。高可敷翫墳典，起發聖意，下則抗論當世，消弭時災。豈悟君子自生怠倦，失恂恂善誘之德，同亡國驕惰之志！論語曰：夫子恂恂然善誘人。恂恂，恭順貌。蓋見幾而作，不俟終日，易繫辭曰：君子見幾而作，不俟終日。是以夙退自引，畏使君勞。詩曰：大夫夙退，無使君勞。蓋斷章以取義。昔人或歷說而不遇，或思士而無從，皆歸之於天，不尤於物。歷說謂孔丘也。論語孔子曰：不怨天，不尤人，下學而上達，知我者其天乎。馬融注云：孔子不用於時而不怨天，人不知己亦不尤人也。思士謂孟軻也。孟軻欲見魯平公，臧倉譖之。孟軻曰：余之不遇魯侯，天也。臧氏之子焉能使余不遇哉！見孟子。今壹自譴而已，豈敢有猜，仁君忽一匹夫，於德何損？而遠辱手筆，追路相尋，誠足愧也。壹之區區，曷云量己，其嗟可去，謝也可食，曷，何也。言區區之心不量己而至君門。禮記曰：齊大饑，黔敖爲食於路，以待餓者。有餓者蒙袂輯屨，貿貿而來，曰：「嗟！來食。」曰：「余唯不食嗟來之食，以至於斯。」從而謝焉，終不食而死。仲尼曰：「其嗟也可去，其謝也可食。」誠則頑薄，實識其趣。但關節疢動，膝炙懷潰，人有四關，十二節。請俟它日，乃奉其情。輒誦來貺，永以自慰。」遂去不顧。

州郡爭致禮命，十辟公府，並不就，終於家。初，袁逢使善相者相壹，云仕不過郡吏，竟如其言。著賦、頌、箴、誄、書、論及雜文十六篇。

劉梁傳

劉梁字曼山，一名岑，東平寧陽人也。寧陽縣故城在今兗州龔丘縣南。梁宗室子孫，而少孤貧，賣書於市以自資。常疾世多利交，以邪曲相黨，乃著破羣論。時之覽者，以爲仲尼作春秋，亂臣知懼，孟子曰：孔子成春秋，亂臣賊子懼也。今此論之作，俗士豈不愧心。其文不存。又著辯和同之論。其辭曰：

夫事有違而得道，有順而失義，有愛而爲害，有惡而爲美。其故何乎？蓋明智之所得，闇僞之所失也。是以君子之於事也，無適無莫，必考之以義焉。論語曰：君子之於天下也，無適也，無莫也，義之與比。

得由和興，失由同起，故以可濟否謂之和，好惡不殊謂之同。春秋傳曰：「和如羹焉，酸苦以劑其味，左傳劑作齊。爾雅曰：劑，翦齊也，音子隨反。今人相傳劑音在計反。君子食之以平其心。同如水焉，若以水濟水，誰能食之？琴瑟之專一，誰能聽之？」左傳晏子對齊景公辭也。是以君子之行，周而不比，和而不同，忠信爲周，阿黨爲比。以救過爲正，以匡惡爲忠。經曰：「將順其美，匡救其惡，則上下和睦能相親也。」

昔楚恭王有疾，召其大夫曰：「不穀不德，少主社稷，楚恭王名審。左傳楚王曰：生十年而喪先君，故云少主社稷。失先君之緒，覆楚國之師，緒，業也。謂鄢陵之戰爲晉所敗。不穀之罪也。若以宗廟之靈，得保首領以歿，請爲『靈』若『厲』。」大夫許諸。諡法：亂而不損曰靈，殺戮不辜曰厲。左傳曰：大夫擇焉，莫對，及五命乃許之。諸，之也。及其卒也，子囊曰：「不然。子囊，楚令尹，名午。夫事君者，從其善，不從其過。赫赫楚國，而君臨之，撫正南海，訓及諸夏，其寵大矣。寵，榮也。有是寵也，而知其過，可不謂恭乎？」大夫從之。諡法：既過能改曰恭。案此楚語之文。此違而得道者也。

及靈王驕淫，暴虐無度，芋尹申亥從王之欲，以殯於乾谿，殉之二女。此順而失義者也。國語：楚靈王子圍爲章華之臺，伍舉對曰：君爲此臺，國人罷焉，財用盡焉，年穀敗焉，數年乃成。左傳：芋尹申亥，申無宇之子也。乾谿之役，申亥曰：吾父再奸王命，王不誅，惠孰大焉。乃求王，遇諸棘闈以王歸。王縊，申亥以其二女殉而葬之也。○劉攽曰：注楚靈王子圍，案文多一子字。

鄢陵之役，晉楚對戰，陽穀獻酒，子反以斃。此愛而害之者也。淮南子云：楚恭王與晉人戰於鄢陵，戰酣，恭王傷。司馬子反渴而求飲，豎陽穀奉酒而進之。子反之爲人也，嗜酒而甘之，不能絕於口，遂醉而臥。恭王欲復戰，使人召子反，子反辭以疾。王駕而往之，入幄中而聞酒臭。恭王大怒，斬子反以爲戮。

臧武仲曰：「孟孫之惡我，藥石也；季孫之愛我，美疢也。疢毒滋厚，石猶生我。」此惡而爲美者也。武仲，臧孫紇也。左傳：孟孫死，臧孫入哭甚哀，多涕。出，其御曰：孟孫之惡子也，而哀如是，季孫若死，其若之何？臧孫曰：季孫之愛我，疾疢也；孟孫之惡我，藥石也。美疢不如惡石。夫石猶生我，疢之美，其毒滋多。言石能除已疾也。

孔子曰：「智之難也。有臧武仲之智，而不容於魯國，抑有由也。作而不順，施而不恕也。」季武子無適子，公彌長而悼子少。武子愛悼子，欲立之。訪於申豐，曰不可。訪於臧紇，曰：飲我酒，吾爲子立之。季氏飲大夫酒，臧紇爲客。既獻，臧孫命北面重席，新樽絜之，召悼子，降逆之，大夫皆起。悼子乃立。季氏以公彌爲馬正。其後公彌立孟孫羯，與共構臧紇於季氏。臧紇奔齊，齊侯將與臧紇田。臧孫聞之，見齊侯，與之言伐晉，對曰：多則多矣，抑君似鼠。鼠晝伏夜動，不穴寢廟，畏人故也。今君聞晉之亂而後作焉，寧將事之，非鼠如何？乃不與田。注曰：紇知齊侯將敗，不欲受其邑故以比鼠欲使忽而止也見左傳）蓋善其知義譏其違道也夫知而違之僞也不知而失之闇也闇與僞焉其患一也患之所在非徒在智之不及又在及而違之者矣故曰智及之仁不能守之雖得之必失之也（論語文）夏書曰念茲在茲庶事恕施忠智之謂矣（茲此也念此事在此身也言行事當常念如在己身也）（庶衆也言衆事恕己而施行斷可謂忠而有智矣）故君子之行動則思義不爲利回不爲義疚（左傳曰君子動則思禮行則思義不爲利回不爲義疚杜預注云回邪也疚病也）進退周旋唯道是務苟失其道則兄弟不阿苟得其義雖仇讎不廢故解狐蒙祁奚之薦二叔被周公之害（左傳曰晉祁奚請老晉侯問嗣焉稱解狐其讎也）勃鞮以逆文爲成（勃鞮晉寺人名披左傳晉獻公使寺人披伐公子重耳於蒲披斬其袪及文公歸國呂甥郤芮將焚公宮而殺文公寺人披以呂郤之難告之言初雖逆文公後竟成之也）傅瑕以順厲爲敗（左傳言鄭厲公爲祭仲所逐後侵鄭及大陵獲鄭大夫傅瑕傅瑕曰苟舍我吾請納子厲公與之盟而赦之傅瑕殺鄭子而納厲公遂殺傅瑕也）管蘇以憎忤取進申侯以愛從見退考之以義也（新序曰楚恭王有疾告諸大夫曰管蘇犯我以義違我以禮與處不安不見不思然而有得焉吾死之後爵之以朝申侯伯順吾所欲行吾所樂與處則安不見則思然未嘗有得焉必速遣之）故曰不在逆順以義爲斷不在憎愛以道爲貴禮記曰愛而知其惡憎而知其善考義之謂也桓帝時舉孝廉除北新城長（北新城屬涿郡）告縣人曰昔文翁在蜀道著巴漢（前書文翁爲蜀郡太守興起學校比於魯衛也）庚桑瑣隸風移碨磥（瑣碎也莊子曰老聃之役有庚桑楚者偏得老聃之道以北居碨磥之山居三年碨磥大穰碨磥之人相與言曰庚桑子之始來吾灑然異之今吾日計之不足歲計之有餘庶幾其聖人乎子乎碨音碨磥音盧罪反）吾雖小宰猶有社稷（論語子路使子羔爲費宰子曰有民人焉有社稷焉）苟赴期會理文墨豈本志乎乃更大作講舍延聚生徒數百人朝夕自往勸誡身執經卷試策殿最儒化大行此邑至後猶稱其教焉特召入拜尚書郎累遷後爲野王令未行光和中病卒孫楨亦以文才知名（魏志楨字公幹爲司空軍謀祭酒五官將文學與徐幹陳琳阮瑀應瑒俱以文章知名轉爲平原侯庶子）

邊讓傳

邊讓字文禮陳留浚儀人也少辯博能屬文作章華賦雖多淫麗之辭而終之以正亦如相如之諷也（章華臺解見馮衍傳揚雄曰辭人之賦麗以淫司馬相如作上林賦發倉廩以救貧窮補不足恤鰥寡存孤獨出德號省刑罰此爲諷也）其辭曰楚靈王既遊雲夢之澤息於荊臺之上前方淮之水左洞庭之波（洞庭湖在今岳州西南）右顧彭蠡之隩南眺巫山之阿（說苑曰楚昭王欲之荊臺遊司馬子綦進諫曰荊臺之遊左洞庭之波右彭蠡之水南望獵山下臨方淮其地使人遺老而忘死王不可遊也巫山在夔州巫山縣東）延目廣望騁觀終日顧謂左史倚相曰盛哉斯樂可以遺老而忘死也（說苑此並司馬子綦諫昭王之言）於是遂作章華之臺築乾谿之室（史記曰靈王次於乾谿樂乾谿不能去）窮木土之技單珍府之實舉國營之數年乃成（技巧也單盡也國語楚靈王爲章華之臺與伍舉升焉曰臺美夫對曰臣聞國君安人以爲樂今君爲此臺也國人罷焉財用盡焉年穀敗焉百姓煩焉舉國營之數年乃成）設長夜之淫宴作北里之新聲（史記紂爲酒池肉林使男女倮相逐其間爲長夜之飲使師涓作新聲北里之舞靡靡之樂也）於是伍舉知夫陳蔡之將生謀也（陳蔡二國先爲楚所滅也）乃作斯賦以諷之冑高陽之苗胤兮承聖祖之洪澤（冑胤也高陽帝顓頊也帝系曰顓頊娶於滕隍氏女而生老童是爲楚先楚辭曰帝高陽之苗裔兮）建列藩於南楚兮等威靈於二伯（老童之後鬻熊事周文王早卒至孫熊繹周成王時封於楚其後子孫隆盛與齊晉強二伯齊桓晉文也○劉攽曰注與齊晉強案文少一爭字）超有商之大彭兮越隆周之兩虢（國語曰商伯大彭豕韋左傳曰虢仲虢叔王季之穆也）達皇佐之高勳兮馳仁聲之顯赫（皇佐謂鬻熊佐文王也左傳曰楚自克庸以來其君無日不討國人而訓之于人生之不易禍至之無日戒懼之不可以怠此馳仁聲也）惠風春施神武電斷華夏肅清五服攸亂（謂靈王承先世仁惠之風如春者施神武威稜如雷電之斷決也五服甸侯要荒也亂理也）旦垂精於萬機兮夕回輦於門館設長夜之歡飲兮展中情之嬿婉（嬿安也婉美也嬿婉協韻音於願反）竭四海之妙珍兮盡生人之祕玩爾乃攜窈窕從好仇（窈窕幽閒也仇匹也毛詩曰窈窕淑女君子好仇）徑肉林登糟丘（史記紂作糟丘酒池懸肉以爲林也）蘭肴山竦椒酒淵流（蘭肴芳若蘭也椒酒置椒酒中也楚辭曰蕙肴蒸兮蘭藉奠桂酒兮椒漿）激玄醴於清池兮靡微風而行舟登瑤臺以回望兮冀彌日而消憂（彌終也楚辭曰望瑤臺而偃蹇）於是招宓妃命湘娥（宓妃洛水之神女也湘娥堯之二女娥皇女英湘水之神也）齊倡列鄭女羅（楚辭曰二八齊容起鄭舞）揚激楚之清宮兮展新聲而長歌（激楚曲名也淮南子曰激楚之結風）繁手超於北里妙舞麗於陽阿（左傳曰煩手淫聲慆堙心耳乃忘平和陽阿解見馮衍傳）金石類聚絲竹羣分被輕袿曳華文（方言曰袿謂之裾釋名曰婦人上服謂之袿）羅衣飄颻組綺繽紛（組綬也綺綾也）縱輕軀以迅赴若孤鵠之失羣振華袂以逶迤若遊龍之登雲於是歡嬿既洽長夜向半琴瑟易調繁手改彈清聲發而響激微音逝而流散振弱支而紆繞兮若緣繁之垂幹忽飄颻以輕逝兮似鸞飛於天漢舞無常態鼓無定節尋聲響應脩短靡跌（跌差也）長袖奮而生風清氣激而繞結（歌聲激發縈繞纏結）爾乃妍媚遞進巧弄相加俯仰異容忽兮神化（化協韻音花）體迅輕鴻榮曜春華進如浮雲退如激波雖復柳惠能不咨嗟（柳下惠展季也家語曰柳下惠嫗不逮門之女國人不稱其亂言其貞也）於是天河既回淫樂未終清籥發徵激楚揚風（籥如笛六孔）於是音氣發於絲竹兮飛響軼於雲中比目應節而雙躍兮（比目魚一名鰈一名王餘不比不行今江東呼爲板魚韓詩外傳曰伯牙鼓琴游魚出聽）孤雌感聲而鳴雄（枚乘七發曰暮則羇雌迷鳥宿焉羇孤雌也）美繁手之輕妙兮嘉新聲之彌隆於是衆變已盡羣樂既考（考成也）歸乎生風之廣夏兮脩黃軒之要道（黃帝軒轅氏得房中之術於玄女握固吸氣還精補腦可以長生說苑雍門周說孟嘗君曰廣夏邃房下羅帷來清風）攜西子之弱腕兮援毛嬪之素肘（西子西施也越絕書曰越王句踐得採薪二女西施鄭旦以獻吳王毛嬪毛嬙也莊子曰毛嬙麗姬人之美者）形便娟以嬋媛兮若流風之靡草（淮南子曰今舞者便娟若秋葯被風葯白芷也）美儀操之姣麗兮忽遺生而忘老爾乃清夜晨妙技單收尊俎徹鼓盤（張衡七盤賦曰歷七盤而屣躡也）惘焉若酲撫劍而歎（酲酒病也）慮理國之須才悟稼穡之艱難美呂尚之佐周善管仲之輔桓將超世而作理焉沈湎於此歡於是罷女樂墮瑤臺思夏禹之卑宮慕有虞之土階（墨子曰虞舜土階三尺茅茨不剪）舉英奇於仄陋拔髦秀於蓬萊（蓬蒿草萊之閒也爾雅曰髦俊也）君明哲以知人官隨任而處能（能協韻音乃來反）百揆時敘庶績咸熙諸侯慕義不召同期（尚書武王伐紂八百諸侯不期而至）繼高陽之絕軌崇成莊之洪基（史記楚成王布德施惠結舊好於諸侯使人獻天子莊王成王孫也納伍舉蘇從之諫罷淫樂聽國政所誅數百人所進數百人國人大悅）雖齊桓之一匡豈足方於大持（穀梁傳曰齊桓公爲陽穀之會一匡天下匡正也）爾乃育之以仁臨之以明致虔報於鬼神盡肅恭乎上京（言楚尊事周室）馳淳化於黎元永歷世而太平大將軍何進聞讓才名欲辟命之恐不至詭以軍事徵召既到署令史（續漢志曰大將軍下有令史及御史屬三十一人）進以禮見之讓善占射能辭對時賓客滿堂莫不羨其風府掾孔融王朗並脩刺候焉（朗字景興魏志有傳）議郎蔡邕深敬之以爲讓宜處高任乃薦於何進曰伏惟幕府初開博選清英華髮舊德並爲元龜（華髮白首也元龜所以知吉凶尚書曰格人元龜）雖振鷺之集西雝濟濟之在周庭無以或加（韓詩曰振鷺于飛于彼西雝薛君章句曰鷺潔白之鳥也西雝文王之雝也言文王之時辟雝學士皆潔白之人也又曰濟濟多士文王以寧）竊見令史陳留邊讓天授逸才聰明賢智髫齔夙孤不盡家訓（髫剪髮爲鬌也齔毀齒也）及就學廬便受大典初涉諸經見本知義授者不能對其問章句不能逮其意心通性達口辯辭長非禮不動非法不言若處狐疑之論定嫌審之分經典交至撿括參合衆夫寂焉莫之能奪也使讓生在唐虞則元凱之次運值仲尼則顏冉之亞豈徒俗之凡偶近器而已者哉○（劉攽曰案文多一者字）階級名位亦宜超然若復隨輩而進非所以章瓌偉之高價昭知人之絕明也傳曰函牛之鼎以烹雞多汁則淡而不可食少汁則熬而不可熟（莊子曰函牛之鼎沸蟻不得措一足焉呂氏春秋曰白圭對魏王曰市丘之鼎以烹雞多洎之則淡而不可食少洎之則焦而不熟也洎汁也）此言大器之於小用固有所不宜也邕竊悁邑（悁邑憂也）怪此寶鼎未受犧牛大羹之和久在煎熬臠割之間願明將軍回謀垂慮裁加少納貢之機密展之力用（展申也）若以年齒爲嫌則顏回不得貫德行之首子奇終無阿宰之功（說苑曰子奇年十八爲阿宰有善績）苟堪其事古今一也讓後以高才擢進屢遷出爲九江太守不以爲能也初平中王室大亂讓去官還家恃才氣不屈曹操多輕侮之言建安中其鄉人有構讓於操操告郡就殺之文多遺失

酈炎傳

酈炎字文勝范陽人酈食其之後也炎有文才解音律言論給捷多服其能理（給敏也）靈帝時州郡辟命皆不就有志氣作詩二篇曰大道夷且長窘路狹且促脩翼無卑棲遠趾不步局（窘迫也）舒吾陵霄羽奮此千里足超邁絕塵驅倏忽誰能逐賢愚豈嘗類稟性在清濁富貴有人籍貧賤無天錄（富貴者爲人所載於典籍也貧賤者不載於天錄天錄謂若蕭曹見名於圖書）通塞苟由己志士不相卜（言通塞苟若由己則志士不須相卜也故蔡澤謂唐舉曰富貴吾自取之所不知者壽命也）陳平敖里社（陳平爲里社宰分肉均里中曰善哉陳孺子之爲宰也曰使平宰天下亦猶是見前書）韓信釣河曲（韓信家貧無行不得爲吏釣于淮陰城下河者水之總名也）終居天下宰食此萬鍾祿（大斛四斗曰鍾）德音流千載功名重山岳靈芝生河洲動搖因洪波蘭榮一何晚嚴霜瘁其柯哀哉二芳草不植太山阿文質道所貴遭時用有嘉絳灌臨衡宰謂誼崇浮華賢才抑不用遠投荊南沙（賈誼欲革漢土德改定律令絳侯周勃及灌嬰共毀之文帝以誼爲長沙太傅見前書）抱玉乘龍驥不逢樂與和（伯樂卞和）安得孔仲尼爲世陳四科（謂德行政事言語文學也）炎後風病恍忽性至孝遭母憂病甚發動妻始產而驚死妻家訟之收繫獄炎病不能理對熹平六年遂死獄中時年二十八尚書盧植爲之誄讚以昭其懿德

侯瑾傳

侯瑾字子瑜敦煌人也少孤貧依宗人居性篤學恒傭作爲資暮還輒爇柴以讀書（爇古爇字）常以禮自牧（易曰卑以自牧牧養也）獨處一房如對嚴賓焉州郡累召公車有道徵並稱疾不到作矯世論以譏刺當時而徙入山中覃思著述（覃靜也）以莫知於世故作應賓難以自寄又案漢記撰中興以後行事爲皇德傳三十篇行於世餘所作雜文數十篇多亡失西河人敬其才而不敢名之皆稱爲侯君云

高彪傳

高彪字義方吳郡無錫人也（無錫今常州縣）家本單寒至彪爲諸生遊太學有雅才而訥於言嘗從馬融欲訪大義融疾不獲見乃覆刺遺融書曰承服風問從來有年（風問風聲令問）故不待介者而謁大君子之門冀一見龍光以敘腹心之願（毛詩曰既見君子爲龍爲光龍寵也）不圖遭疾幽閉莫啓昔周公旦父文兄武九命作伯以尹華夏猶揮沐吐餐垂接白屋（白屋匹夫也）故周道以隆天下歸德公今養痾傲士故其宜也融省書慚追還之彪逝而不顧後郡舉孝廉試經第一除郎中校書東觀數奏賦頌奇文因事諷諫靈帝興之時京兆第五永爲督軍御史使督幽州百官大會

祖餞於長樂觀議郎蔡邕等皆賦詩彪乃獨作箴曰文武將墜乃俾俊臣俾使也整我皇綱董此不虔董正也古之君子卽戎忘身易曰不利卽戎司馬穰苴曰將受命之日忘其家援枹鼓卽忘其身明其果毅尚其桓桓左傳曰殺敵爲果致果爲毅尚書曰勗哉夫子尚桓桓桓桓武貌呂尚七十氣冠三軍詩人作歌如鷹如鸇太公年七十遇文王毛詩曰惟師尚父時惟鷹揚天有太一五將三門太一式凡舉事皆欲發三門順五將三門者開門休門生門五將者天目文昌等地有九變丘陵山川孫子九變篇曰用兵有散地有輕地有爭地有交地有衢地有重地有汜地有圍地有死地諸侯自戰其地爲散地入人之地而不深爲輕地我得則利彼得亦利者爲爭地我可以往彼可以來爲交地諸侯之地三屬先至而得衆爲衢地入人地深倍城邑多爲重地行山林阻沮澤難行之道爲汜地所由入者隘所從歸者少彼寡可以擊吾衆者爲圍地疾戰則存不疾戰則亡爲死地通九變之利知用兵矣○劉攽曰注有汜地案孫子汜當作圯人有計策六奇五間陳平凡出六奇策孫子曰用間有五有因間有內間有反間有死間有生間五間俱起莫知其道是謂神紀人君之寶也因間者因其鄉人而用之也內間者因其官人而用之也反間者因其敵間而用之也死間者爲誑事於外令吾間知之而得於敵者也生間者是反報之者也總茲三事謀則咨詢總天地人之事而詢謀於衆也無曰已能務在求賢淮陰之勇廣野是尊臣賢案前書韓信破趙得廣武君李左車解其縛而師事之而此作廣野案廣野君酈食其無韓信師事處蓋誤也周公大聖石碏純臣以威克愛以義滅親周公誅管蔡石碏殺其子厚也克勝也前書孫寶曰周公上聖召公大賢尚書曰威克厥愛允濟左傳曰石碏純臣也大義滅親其是之謂乎勿謂時險不正其身勿謂無人莫識已眞忘富遺貴福祿乃存枉道依合復無所觀曲道以合時者不足觀也先公高節越可永遵佩藏斯戒以厲終身邕等甚美其文以爲莫尚也後遷內黃令帝勑同僚臨送祖於上東門洛陽城東面北頭門詔東觀畫彪像以勸學者彪到官有德政上書薦縣人申屠蟠等病卒於官文章多亡子岱亦知名

張超傳

張超字子並河間鄚人也今瀛州鄚縣留侯良之後有文才靈帝時從車騎將軍朱儁征黃巾爲別部司馬著賦頌碑文薦檄牋書謁文嘲凡十九篇超又善於草書妙絕時人世共傳之

禰衡傳

禰衡字正平平原般人也般縣故城在今德州平昌縣東般音十滿反少有才辯而氣尚剛傲好矯時慢物興平中避難荆州建安初來遊許下始達潁川乃陰懷一刺既而無所之適至於刺字漫滅是時許都新建賢士大夫四方來集或問衡曰盍從陳長文司馬伯達乎陳羣字長文司馬朗字伯達河內溫人對曰吾焉能從屠沽兒耶又問荀文若趙稚長云何趙爲盪寇將軍見魏志衡曰文若可借面弔喪稚長可使監廚請客典略曰衡見荀儀容但有貌耳故可弔喪趙有腹大健噉肉故可監廚也○劉攽曰注有腹大案舊作腹尺唯善魯國孔融及弘農楊修常稱曰大兒孔文舉小兒楊德祖餘子碌碌莫足數也融亦深愛其才衡始弱冠而融年四十遂與爲交友上疏薦之曰臣聞洪水橫流帝思俾乂孟子曰堯時洪水橫流氾濫於天下尚書帝曰咨湯湯洪水方割有能俾乂俾使也乂理也旁求四方以招賢俊尚書曰旁求天下昔孝武繼統將弘祖業疇咨熙載羣士響臻尚書帝堯曰疇咨若時登庸又曰有能奮庸熙帝之載疇誰也熙廣也載事也陛下叡聖纂承基緒遭遇戹運勞謙日昃易曰勞謙君子有終吉尚書敘文王德曰自朝至于日中昃不遑暇食言不敢懈怠也惟岳降神異人並出毛詩曰惟岳降神生甫及申公孫弘傳贊曰異人並出竊見處士平原禰衡年二十四字正平淑質貞亮英才卓礫初涉蓺文升堂覩奧目所一見輒誦於口耳所瞥聞不忘於心性與道合思若有神淮南子曰所謂眞人者性合於道也弘羊潛計安世默識以衡準之誠不足怪前書曰桑弘羊雒陽賈人子以心計年十三爲侍中又曰張安世字子孺爲郎上行幸河東嘗亡書三篋詔問莫能知唯安世識之具上其事後購求得書以相校無所遺失忠果正直志懷霜雪見善若驚疾惡如讎國語楚藍尹亹謂子西曰夫闔閭聞一善言若驚得一士若賞任座抗行史魚厲節殆無以過也呂氏春秋魏文侯飲問諸大夫曰寡人如何主也任座曰君不肖君也剋中山不以封君之弟而以封君子是以知君不肖君也論語孔子曰直哉史魚邦有道如矢邦無道如矢也鷙鳥累伯不如一鶚鄒陽上書之言也鶚大鵰也使衡立朝必有可觀飛辯騁辭溢氣坌涌解疑釋結臨敵有餘昔賈誼求試屬國詭係單于前書賈誼曰何不試以臣爲屬國之官以主匈奴行臣之計請必繫單于之頸而制其命終軍欲以長纓牽致勁越前書終軍曰願受長纓必羈南越王而致之闕下也弱冠慷慨前世美之近日路粹嚴象亦用異才擢拜臺郎衡宜與爲比如得龍躍天衢振翼雲漢揚聲紫微垂光虹蜺足以昭近署之多士增四門之穆穆尚書曰賓於四門四門穆穆鈞天廣樂必有奇麗之觀史記曰趙簡子疾五日不知人大夫皆懼扁鵲曰血脈理也昔秦穆公如此七日寤寤而曰我之帝所甚樂今主君之疾與之同不出三日必間間必有言也居二日果寤語大夫曰我之帝所甚樂與百神遊於鈞天廣樂九奏其聲動心也帝室皇居必蓄非常之寶若衡等輩不可多得激楚揚阿至妙之容臺牧者之所貪諸本並作臺牧未詳其義融集作堂牧飛兔騕褭絕足奔放良樂之所急呂氏春秋曰飛兔騕褭古之駿馬也高誘注曰日行萬里王良伯樂善御人也臣等區區敢不以聞融既愛衡才數稱述於曹操操欲見之而衡素相輕疾自稱狂病不肯往而數有恣言操懷忿而以其才名不欲殺之聞衡善擊鼓乃召爲鼓史因大會賓客閱試音節諸史過者皆令脫其故衣更着岑牟單絞之服文士傳曰魏太祖欲辱衡乃令人錄用爲鼓史後至八月朝普天閱試鼓節作三重閣列坐賓客以帛絹制作衣一岑牟一單絞及小褌通史志曰岑牟鼓角士胄也鄭玄注禮記曰絞蒼黃之色也次至衡衡方爲漁陽參撾蹀躞而前文士傳曰衡擊鼓作漁陽參撾蹋地來前躡馼足腳容態不常鼓聲甚悲易衣畢復擊鼓參撾而去至今有漁陽參撾自衡始也臣賢案提及撾並擊鼓杖也參撾是擊鼓之法而王僧孺詩云散度廣陵音參寫漁陽曲而於其詩自音云參音七紺反後諸文人多同用之據此詩意則參曲奏之名則撾字入於下句全不成文下云復參撾而去足知參撾二字當相連而讀參字音爲去聲不知何所憑也參七音反容態有異聲節悲壯聽者莫不慷慨衡進至操前而止吏訶之曰鼓史何不改裝而輕敢進乎衡曰諾於是先解衵衣杜預注左傳曰衵近身衣也音女一反次釋餘服裸身而立徐取岑牟單絞而着之畢復參撾而去顏色不怍怍羞也操笑曰本欲辱衡衡反辱孤孔融退而數之曰正平大雅固當爾邪雅正也言大雅君子不當爾因宜操區區之意衡許往融復見操說衡狂疾今求得自謝操喜勑門者有客便通待之極晏衡乃着布單衣疏巾手持三尺梲杖說文曰梲大杖也音佗結反坐大營門以杖箠地大罵吏白外有狂生坐於營門言語悖逆請收案罪操怒謂融曰禰衡豎子孤殺之猶雀鼠耳顧此人素有虛名遠近將謂孤不能容之今送與劉表視當何如於是遣人騎送之臨發衆人爲之祖道先供設於城南乃更相戒曰禰衡勃虐無禮今因其後到咸當以不起折之也及衡至衆人莫肯興衡坐而大號衆問其故衡曰坐者爲冢臥者爲屍屍冢之間能不悲乎劉表及荆州士大夫先服其才名甚賓禮之文章言議非衡不定表嘗與諸文人共草章奏並極其才思時衡出還見之開省未周因毀以抵地抵擲也表憮然爲駭憮然怪之也音撫衡乃從求筆札須臾立成辭義可觀表大悅益重之後復侮慢於表表恥不能容以江夏太守黃祖性急故送衡與之祖亦善待焉衡爲作書記輕重疏密各得體宜祖持其手曰處士此正得祖意如祖腹中之所欲言也祖長子射射音亦爲章陵太守尤善於衡嘗與衡俱遊共讀蔡邕所作碑文射愛其辭還恨不繕寫衡曰吾雖一覽猶能識之識記也音志唯其中石缺二字爲不明耳因書出之射馳使寫碑還校如衡所書莫不歎伏射時大會賓客人有獻鸚鵡者射舉卮於衡曰願先生賦之以娛嘉賓衡覽筆而作○劉攽曰按覽當作攬文無加點辭采甚麗後黃祖在蒙衝船上釋名曰外狹而長曰蒙衝以衝突敵船大會賓客而衡言不遜順祖慚乃訶之衡更熟視曰死公云等道死公罵言也等道猶今言何勿語也○劉攽曰按注勿當作物又少云字何物者猶言何物老偓古語如此者多祖大怒令五百將出五百猶令之問事也解見宦者傳欲加箠衡方大罵祖恚遂令殺之祖主簿素疾衡卽時殺焉射徒跣來救不及祖亦悔之乃厚加棺斂衡時年二十六其文章多亡云

贊曰情志既動篇辭爲貴毛詩序云情發於中而形於言詩者志之所之故情志動而篇辭作斯文章之爲貴抽心呈貌非雕非蔚雕斲也易曰君子豹變其文蔚殊狀共體同聲異氣言觀麗則永監淫費揚雄曰詩人之賦麗以則辭人之賦麗以淫禮記曰不辭費

後漢書卷一百十下考證

邊讓傳議郎蔡邕深敬之以爲讓宜處高任乃薦於何進○日知錄曰蔡邕傳謂邕亡命江海積二十年中平六年靈帝崩董卓爲司空辟之稱疾不就卓切勑州郡舉邕詣府邕不得已到署祭酒而文苑傳有議郎蔡邕薦邊讓於大將軍何進一書按中平元年黃巾起以何進爲大將軍正邕亡命之時無緣得奏記薦人也

禰衡傳于是先解衵衣○衵諸本俱誤袒從左氏傳杜注改正

後漢書卷一百十一

宋　宣城太守范　曄撰

唐　章懷太子　賢注

獨行列傳第七十一

孔子曰與其不得中庸必也狂狷乎庸常也中和可常行之道謂之中庸言若不得中庸之人與之居必也須得狂狷之人又云狂者進取狷者有所不爲也此是錄論語者因夫子之言而釋狂狷之人也此蓋失於周全之道而取諸偏至之端者也然則有所不爲亦將有所必爲者矣既云進取亦將有所不取者矣如此性尙分流爲否異適矣人之好尙不同或爲或否各有所適中世偏行一介之夫能成名立方者蓋亦衆也或志剛金石而剋扞於強禦謂劉茂衛福也或意嚴冬霜而甘心於小諒戴就陸續也亦有結朋協好幽明共心范式張劭也蹈義陵險死生等節繆肜李善也雖事非通圓良其風軌有足懷者而情迹殊雜難爲條品片辭特趣不足區別措之則事或有遺措置也載之則貫序無統以其名體雖殊而操行俱絕故總爲獨行篇焉庶備諸闕文紀志漏脫云爾

譙玄傳

譙玄字君黃巴郡閬中人也少好學能說易春秋仕於州郡成帝永始二年有日食之災乃詔舉敦樸遜讓有行義者各一人州舉玄詣公車對策高第拜議郎帝始作期門數爲微行前書武帝微行常與侍中常侍武騎及待詔北地良家子能騎射者期諸殿門故有期門之號自此始也成帝微行亦然故言始也立趙飛燕爲皇后后專寵懷忌皇太子多橫夭折玄上書諫曰臣聞王者承天繼宗統極保業延祚莫急胤嗣故易有幹蠱之義詩詠衆多之福易曰幹父之蠱注云蠱事也毛詩曰螽斯后妃之德也后妃不妒忌則子孫衆多也其詩曰螽斯羽詵詵兮宜爾子孫振振兮今陛下聖嗣未立天下屬望而不惟社稷之計專念微行之事愛幸用於所惑曲意留於非正竊聞後宮皇子產而不育前書成帝宮人曹偉能及許美人皆生子趙昭儀皆令殺之臣聞之怛然痛心傷剝竊懷憂國不忘須臾夫警衞

不脩則患生非常忽有醉酒狂夫分爭道路既無尊嚴之儀豈識上下之別此爲胡狄起於轂下而賊亂發於左右也願陛下念天下之至重愛金玉之身均九女之施九女解見崔琦傳存無窮之福天下幸甚時數有災異玄輒陳其變既不省納故久稽郎官後遷太常丞以弟服去職平帝元始元年日食又詔公卿舉敦朴直言大鴻臚左咸舉玄詣公車對策復拜議郎遷中散大夫四年選明達政事能班化風俗者八人時並舉玄爲繡衣使者前書御史大夫領繡衣直指出討姦猾理大獄武帝所制不常置持節與太僕任惲等分行天下觀覽風俗所至專行誅賞事未及終而王莽居攝玄於是縱縱舍也使者車變易姓名間竄歸家間私也因以隱遁後公孫述僭號於蜀連聘不詣述乃遣使者備禮徵之若玄不肯起便賜以毒藥太守乃自齎璽書至玄廬曰君高節已著朝廷垂意誠不宜復辭自招凶禍玄仰天歎曰唐堯大聖許由恥仕周武至德伯夷守餓彼獨何人我亦何人保志全高死亦奚恨遂受毒藥玄子瑛泣血叩頭於太守曰方今國家東有嚴敵兵師四出國用軍資或不常充足願奉家錢千萬以贖父死太守爲請述聽許之玄遂隱藏田野終述之世時兵戈累年莫能脩尚學業玄獨訓諸子勤習經書建武十一年卒明年天下平定玄弟慶以狀詣闕自陳光武美之策詔本郡祠以中牢勑所在還玄家錢時亦有犍爲費貽不肯仕述○劉攽曰案文亦字乃合在不字上乃漆身爲厲陽狂以避之退藏山藪十餘年述破後仕至合浦太守瑛善說易以授顯宗爲北宮衞士令漢官儀曰北宮衞士令一人秩六百石

李業傳

李業字巨游廣漢梓潼人也少有志操介特習魯詩師博士許晃元始中舉明經除爲郎元始平帝年也會王莽居攝業以病去官杜門不應州郡之命太守劉咸強召之業乃載病詣門咸怒出教曰賢者不避害譬猶彀弩射市薄命者先死聞業名稱故欲與之爲治而反託疾乎令詣獄養病欲殺之客有說咸曰趙殺鳴犢孔子臨河而逝史記曰孔子既不得用於衞將西見趙簡子至於河而聞竇鳴犢舜華之死也臨河而歎曰美哉水洋洋乎丘之不濟命也夫子貢進曰敢問何謂也孔子曰竇鳴犢舜華晉國之賢大夫也趙簡子未得志之時須此兩人而後從政丘聞之也刳胎殺夭則騏驎不至竭澤而漁則蛟龍不合覆巢毀卵則鳳凰不翔何則君子諱傷其類夫鳥獸之於不義也尚知避之而況乎丘哉乃還也未聞求賢而脅以牢獄者也咸乃出之因舉方正王莽以業爲酒士王莽時官酤酒故置酒士也病不之官遂隱藏山谷絕匿名迹終莽之世及公孫述僭號素聞業賢徵之欲以爲博士業固疾不起數年述羞不致之乃使大鴻臚尹融持毒酒奉詔命以劫業若起則受公侯之位不起賜之以藥融譬旨曰方今天下分崩孰知是非而以區區之身試於不測之淵乎朝廷貪慕名德曠官缺位于今七年四時珍御不以忘君宜上奉知己下爲子孫身名俱全不亦優乎今數年不起猜疑寃心凶禍立加非計之得者也業乃歎曰危國不入亂國不居論語孔子曰危邦不入亂邦不居天下有道則見無道則隱親於其身爲不善者義所不從君子見危授命論語曰親於其身爲不善者君子不入又曰君子見危授命見得思義何乃誘以高位重餌哉融見業辭志不屈復曰宜呼室家計之業曰丈夫斷之於心久矣何妻子之爲遂飲毒而死述聞業死大驚又恥有殺賢之名乃遣使弔祠賻贈百匹業子翬逃辭不受蜀平光武下詔表其閭益部紀載其高節圖畫形象初平帝時蜀郡王皓爲美陽令王嘉爲郎王莽簒位並棄官西歸及公孫述稱帝遣使徵皓嘉恐不至遂先繫其妻子使者謂嘉曰速裝妻子可全對曰犬馬猶識主況於人乎王皓先自刎以首付使者述怒遂誅皓家屬王嘉聞而歎之曰後之哉乃對使者伏劒而死是時犍爲任末及業同郡馮信並好學博古公孫述連徵命待以高位皆託青盲以避世難末妻淫於前匿情無言見子入井恐而不救信侍婢亦對信姦通及聞述誅皆盥洗更視曰世適平目即清淫者自殺光武聞而徵之並會病卒

劉茂傳

劉茂字子衞太原晉陽人也少孤獨與母居家貧以筋力致養孝行著於鄉里及長能習禮經教授常數百人哀帝時察孝廉再遷五原屬國侯遭母憂去官服竟後爲沮陽令沮陽縣屬上谷郡故城在今嬀州東沮音阻會王莽簒位茂棄官避世弘農山中教授建武二年歸爲郡門下掾時赤眉二十餘萬衆攻郡縣殺長吏及府掾史茂負太守孫福踰墻藏空穴中得免其暮俱奔盂縣今并州盂縣也晝則逃隱夜求糧食積百餘日賊去乃得歸府明年詔書求天下義士福言茂曰臣前爲赤眉所攻吏民壞亂奔走趣山臣爲賊所圍命如絲髮賴茂負臣踰城出保盂縣茂與弟觸冒兵刃緣山負食臣及妻子得度死命節義尤高宜蒙表擢以厲義士詔書即徵茂拜議郎遷宗正丞續漢書宗正丞一人比千石也後拜侍中卒官元初中鮮卑數百餘騎寇漁陽太守張顯率吏士追出塞遙望虜營烟火急趣之兵馬掾嚴授慮有伏兵苦諫止不聽顯蹙令進授不獲已前戰伏兵發授身被十創歿於陣顯拔刃追散兵不能制虜射中顯主簿衞福功曹徐咸遽赴之顯遂墮馬福以身擁蔽虜并殺之朝廷愍授等節詔書襃歎厚加賞賜各除子一人爲郎中永初二年劇賊畢豪等入平原界縣令劉雄將吏士乘船追之至厭次河厭次縣之河也與賊合戰雄敗執雄以矛刺之時小吏所輔風俗通曰所姓也宋大夫華所事之後也漢有所忠爲諫議大夫前叩頭求哀願以身代雄豪等縱雄而刺輔貫心洞背即死東郡太守捕得豪等具以狀上詔書追傷之賜錢二十萬除父奉爲郎中

溫序傳

溫序字次房太原祁人也仕州從事建武二年騎都尉弓里戍弓里姓也將兵平定北州到太原歷訪英俊大人問以策謀戍見序奇之上疏薦焉於是徵爲侍御史遷武陵都尉病免官六年拜謁者遷護羌校尉序行部至襄武爲隗囂別將苟宇所拘劫宇謂序曰子若與我并威同力天下可圖也序曰受國重任分當效死義不貪生苟背恩德宇等復曉譬之序素有氣力大怒叱宇等曰虜何敢迫脅漢將因以節撾殺數人賊衆爭欲殺之宇止之曰此義士死節可賜以劒序受劒銜鬚於口顧左右曰既爲賊所迫殺無令鬚汙土遂伏劒而死序主簿韓遵從事王忠持屍歸斂光武聞而憐之命忠送喪到洛陽賜城傍爲冢地賻穀千斛縑五百匹除三子爲郎中長子壽服竟爲鄒平侯相夢序告之曰久客思鄉里壽即棄官上書乞骸骨歸葬帝許之乃反舊塋焉序墓在今并州祁縣西北

彭脩傳

彭脩字子陽會稽毗陵人也毗陵今常州晉陵縣也吳地記曰本名延陵吳王諸樊封季札漢改曰毗陵年十五時父爲郡吏得休休假也與脩俱歸道爲盜所劫脩困迫乃拔佩刀前持盜帥曰父辱子死卿不顧死邪盜相謂曰此童子義士也不宜逼之遂辭謝而去鄉黨稱其名後仕郡爲功曹時西部都尉宰鼂行太守事應劭漢官曰都尉秦官也本名郡尉掌佐太守典其武職秩比二千石孝景時更名都尉以微過收吳縣獄吏將殺之主簿鍾離意爭諫甚切鼂怒使收縛意欲案之掾史莫敢諫脩排閤直入拜於庭曰明府發雷霆於主簿請聞其過鼂曰受教三日初不奉行廢命不忠豈非過邪脩因拜曰昔任座面折文侯解見文苑禰衡傳朱雲攀毀欄檻前書成帝時朱雲上書請以尚方斬馬劒斷張禹上欲殺之雲攀折殿檻西京雜記云攀折玉檻自非賢君焉得忠臣今慶明府爲賢君主簿爲忠臣鼂遂原意罰貰獄吏罪後州辟從事時賊張子林等數百人作亂郡言州請脩守吳令脩與太守俱出討賊賊望見車馬競交射之飛矢雨集脩障扞太守而爲流矢所中死太守得全賊素聞其恩信即殺弩中脩者餘悉皆降散言曰自爲彭君故降不爲太守服也

索盧放傳

索盧放字君陽索盧姓也東郡人也以尚書教授千餘人初署郡門下掾更始時使者督行郡國太守有事當就斬刑放前言曰今天下所以苦毒王氏歸心皇漢者實以聖政寬仁故也而傳車所過未聞恩澤太守受誅誠不敢言但恐天下惶懼各生疑變夫使功者不如使過若秦穆赦孟明而用之霸西戎願以身代太守之命遂前就斬使者義而赦之由是顯名建武六年徵爲洛陽令政有能名以病乞身徙諫議大夫數納忠言後以疾去建武末復徵不起光武使人輿之見於南宮雲臺賜穀二千斛遣歸除子爲太子中庶子卒於家續漢書曰太子中庶子秩六百石

周嘉傳

周嘉字惠文汝南安城人也高祖父燕宣帝時爲郡決曹掾太守欲枉殺人燕諫不聽遂殺囚而黜燕囚家守闕稱寃詔遣覆考燕見太守曰願謹定文書皆著燕名府君但言時病而已出謂掾史曰諸君被問悉當以罪推燕如有一言及於府君燕手劒相刃使乃收燕○劉攽曰案文少一字繫獄屢被掠楚辭無屈撓當下蠶室乃嘆曰我平王之後正公玄孫謝承書曰燕字少卿其先出自周平王之後漢興紹嗣封爲正公食采於汝墳也豈可以刀鋸之餘下見先君遂不食而死燕有五子皆至刺史太守嘉仕郡爲主簿王莽末羣賊入汝陽城嘉從太守何敞討賊敞爲流矢中郡兵奔北賊圍繞數十重白刃交集嘉乃擁敞以身扞之因呵賊曰卿曹皆人隸也爲賊既逆豈有還害其君者邪嘉請以死贖君命因仰天號泣羣賊於是兩兩相視曰此義士也給其車馬遣送之後太守寇恂舉爲孝廉拜尚書侍郎光武引見問以遭難之事嘉對曰太守被傷命懸寇手臣實駑怯不能死難帝曰此長者也詔嘉尚公主嘉稱病篤不肯當稍遷零陵太守視事七年卒零陵頌其遺愛吏民爲立祠焉嘉從弟暢字伯持性仁慈爲河南尹永初二年夏旱久禱無應暢因收葬洛城傍客死骸骨凡萬餘人應時澍雨歲乃豐稔位至光祿勳

范式傳

范式字巨卿山陽金鄉人也一名氾少遊太學爲諸生與汝南張劭爲友劭字元伯二人並告歸鄉里式謂元伯曰後二年當還將過拜尊親見孺子焉見其子也孺子稚子也乃共尅期日後期方至元伯具以白母請設饌以候之母曰二年之別千里結言爾何相信之審邪對曰巨卿

信士必不乖違母曰若然當爲爾醞酒至其日巨卿果到升堂拜飲盡歡而別式仕爲郡功曹後元伯寢疾篤同郡郅君章殷子徵晨夜省視之元伯臨盡歎曰恨不見吾死友子徵曰吾與君章盡心於子是非死友復欲誰求元伯曰若二子者吾生友耳山陽范巨卿所謂死友也尋而卒式忽夢見元伯玄冕垂纓屣履而呼曰巨卿吾以某日死當以爾時葬永歸黃泉子未我忘豈能相及式怳然覺寤悲歎泣下具告太守請往奔喪太守雖心不信而重違其情許之式便服朋友之服儀禮喪服記曰朋友在它國袒免歸則已注云謂無親者爲之主喪服又曰朋友麻注云朋友雖無親有同道之恩相爲服緦之絰投其葬日馳往赴之式未及到而喪已發引既至壙將窆窆下棺也而柩不肯進其母撫之曰元伯豈有望邪遂停柩移時乃見有素車白馬號哭而來其母望之曰是必范巨卿也巨卿既至叩喪言曰行矣元伯死生路異永從此辭會葬者千人咸爲揮涕式因執紼而引柩於是乃前式遂留止冢次爲脩墳樹然後乃去後到京師受業太學時諸生長沙陳平子亦同在學與式未相見而平子被病將亡謂其妻曰吾聞山陽范巨卿烈士也可以託死吾歿後但以屍埋巨卿戶前乃裂素爲書以遺巨卿既終妻從其言時式出行適還省書見瘞愴然感之向墳揖哭以爲死友乃營護平子妻兒身自送喪於臨湘未至四五里乃委素書於柩上哭別而去其兄弟聞之尋求不復見長沙上計掾史到京師上書表式行狀三府並辟不應舉州茂才四遷荊州刺史友人南陽孔嵩家貧親老乃變姓名傭爲新野縣阿里街卒阿里里名也式行部到新野而縣選嵩爲導騎迎式導引之騎見而識之呼嵩把臂謂曰子非孔仲山邪對之歎息語及平生曰昔與子俱曳長裾遊息帝學吾蒙國恩致位牧伯而子懷道隱身處於卒伍不亦惜乎嵩曰侯嬴長守於賤業史記曰侯嬴年七十家貧爲大梁夷門卒魏公子聞之往請欲厚遺之不肯受曰臣脩身潔行數十年終不以監門困故受公子財晨門肆志於抱關解見張晧傳子欲居九夷不患其陋論語曰孔子欲居九夷或曰陋如之何子曰君子居之何陋之有貧者士之宜豈爲鄙哉式勑縣代嵩嵩以爲先傭未竟不肯去嵩在阿里正身厲行街中子弟皆服其訓化遂辟公府之京師道宿下亭盜共竊其馬尋問知其嵩也乃相責讓曰孔仲山善士豈宜侵盜乎於是送馬謝之嵩官至南海太守式後遷廬江太守有威名卒於官

李善傳

李善字次孫南陽淯陽人本同縣李元蒼頭也建武中疫疾元家相繼死沒唯孤兒續始生數旬而貲財千萬諸奴婢私共計議欲謀殺續分其財產善深傷李氏而力不能制乃潛負續逃亡隱山陽瑕丘界中親自哺養乳爲生湩湩乳汁也音竹用反推燥居溼備嘗艱勤續雖在孩抱奉之不異長君有事輒長跪請白然後行之閭里感其行皆相率脩義續年十歲善與歸本縣脩理舊業告奴婢於長吏悉收殺之時鍾離意爲瑕丘令上書薦善行狀光武詔拜善及續並爲太子舍人善顯宗時辟公府以能理劇再遷日南太守從京師之官道經淯陽過李元冢未至一里乃脫朝服持鉏去草及拜墓哭泣甚悲身自炊爨執鼎俎以脩祭祀垂泣曰君夫人善在此盡哀數日乃去到官以愛惠爲政懷來異俗遷九江太守未至道病卒續至河間相

王忳傳

王忳字少林忳音純廣漢新都人也忳嘗詣京師於空舍中見一書生疾困愍而視之書生謂忳曰我當到洛陽而被病命在須臾腰下有金十斤願以相贈死後乞藏骸骨未及問姓名而命絕忳卽鬻一斤營其殯葬餘金悉置棺下人無知者後歸數年縣署忳大度亭長初到之日有馬馳入亭中而止其日大風飄一繡被復墮忳前卽言之於縣縣以歸忳忳後乘馬到雒縣馬遂奔走牽忳入它舍主人見之喜曰今禽盜矣問忳所由得馬忳具說其狀幷及繡被主人悵然良久乃曰被隨旋風與馬俱亡卿何陰德而致此二物忳自念有葬書生事因說之幷道書生形貌及埋金之處主人大驚號曰是我子也姓金名彥前往京師不知所在何意卿乃葬之大恩久不報天以此章卿德耳忳悉以被馬還之彥父不取又厚遺忳忳辭讓而去時彥父爲州從事因告新都令假忳休息自與俱迎彥喪餘金具存忳由是顯名仕郡功曹州治中從事舉茂才除郿令到官至斄亭斄音台亭長曰亭有鬼數殺過客不可宿也忳曰仁勝凶邪德除不祥何鬼之避卽入亭止宿夜中聞有女子稱冤之聲忳咒曰有何枉狀可前求理乎女子曰無衣不敢進忳便投衣與之女子乃前訴曰妾夫爲涪令之官過宿此亭亭長無狀枉殺妾家十餘口埋在樓下悉盜取財貨忳問亭長姓名女子曰卽今門下游徼者也忳曰汝何故數殺過客對曰妾不得白日自訴每夜陳冤客輒眠不見應不勝感恚故殺之忳曰當爲汝理此冤勿復殺良善也因解衣於地忽然不見明旦召游徼詰問具服罪卽收繫及同謀十餘人悉伏辜遣吏送其喪歸鄉里於是亭遂清安

張武傳

張武者吳郡由拳人也由拳縣故城在今蘇州嘉興縣南父業郡門下掾送太守妻子還鄉里至河內亭盜夜劫之業與賊戰死遂亡失屍骸武時年幼不及識父後之太學受業每節常持父遺劍至亡處祭醱泣而還太守第五倫嘉其行舉孝廉遭母喪過毀傷父魂靈不返因哀慟絕命

陸續傳

陸續字智初會稽吳人也世爲族姓祖父閎字子春建武中爲尚書令美姿貌喜着越布單衣光武見而好之自是常勑會稽郡獻越布續幼孤仕郡戶曹史時歲荒民飢困太守尹興使續於都亭賦民饘粥續悉簡閱其民訊以名氏事畢興問所食幾何續因口說六百餘人皆分別姓名無有差謬興異之刺史行部見續辟爲別駕從事以病去還爲郡門下掾是時楚王英謀反陰疏天下善士及楚事覺顯宗得其錄有尹興名乃徵興詣廷尉獄續與主簿梁宏功曹史駟勳及掾史五百餘人詣洛陽詔獄就考諸吏不堪痛楚死者太半唯續宏勳掠考五毒肌肉消爛終無異辭續母遠至京師覘候消息獄事持急無緣與續相聞母但作饋食付門卒以進之續雖見考苦毒而辭色慷慨未嘗易容唯對食悲泣不能自勝使者怪而問其故續曰母來不得相見故泣耳使者大怒以爲獄門吏卒通傳意氣召將案之續曰因食餉羹識母所自調和故知來耳非人告也使者問何以知母所作乎續曰母嘗截肉未嘗不方劉敞曰案文上嘗當作常斷葱以寸爲度是以知之使者問諸謁舍謁舍所謂停主人之舍也續母果來於是陰嘉之上書說續行狀帝卽赦興等事還鄉里禁錮終身續以老病卒長子稠廣陵太守有理名續中子逢樂安太守少子褒力行好學不慕榮名連徵不就褒子康已見前傳

戴封傳

戴封字平仲濟北剛人也剛縣故城在今兗州龔丘縣東北年十五詣太學師事鄮令東海申君申君卒送喪到東海道當經其家父母以封當還豫爲娶妻封暫過拜親不宿而去還京師卒業時同學石敬平溫病卒封養視殯斂以所齎糧市小棺送喪到家更斂見敬平行時書物皆在棺中乃大異之封後遇賊財物悉被略奪唯餘縑七匹賊不知處封乃追以與之曰知諸君乏故送相遺賊驚曰此賢人也盡還其器物後舉孝廉光祿主事遭伯父喪去官詔書求賢良方正直言之士有至行能消災伏異者公卿郡守各舉一人郡及大司農俱舉封公車徵陛見對策第一擢拜議郎遷西華令時汝潁有蝗災獨不入西華界時督郵行縣蝗忽大至督郵其日卽去蝗亦頓除一境奇之其年大旱封禱請無獲乃積薪坐其上以自焚火起而大雨暴至於是遠近歎服遷中山相時諸縣囚四百餘人辭狀已定當行刑封哀之皆遣歸家與剋期日皆無違者詔書策美焉永元十二年徵拜太常卒官

李充傳

李充字大遜陳留人也家貧兄弟六人同食遞衣妻竊謂充曰今貧居如此難以久安妾有私財願思分異充僞酬之曰如欲別居當醞酒具會請呼鄉里內外共議其事婦從充置酒讌客充於坐中前跪白母曰此婦人無狀而教充離間母兄罪合遣斥便呵叱其婦逐令出門婦銜涕而去坐中驚肅因遂罷散充後遭母喪行服墓次有人盜其墓樹者充手自殺之服闋立精舍講授太守魯平請署功曹不就平怒乃援充以捐溝中因譴署縣都亭長不得已起親職役後和帝公車徵不行延平中詔公卿中二千石各舉隱士大儒務取高行以勸後進特徵充爲博士時魯平亦爲博士每與集會常歎服焉充遷侍中大將軍鄧騭貴戚傾時無所下借下音假借音子夜反以充高節每卑敬之嘗置酒請充賓客滿堂酒酣騭曰幸託椒房位列上將幕府初開欲辟天下奇偉以匡不逮惟諸君博求其器充乃爲陳海內隱居懷道之士頗有不合騭欲絕其說以肉啖之充抵肉於地曰說士猶甘於肉遂出徑去騭甚望之同坐汝南張孟舉往讓充曰一日聞足下與鄧將軍說士未究一日猶昨日也激刺面折不由中和出言之責非所以光祚子孫者也充曰大丈夫居世貴行其意何能遠爲子孫計哉由是見非於貴戚遷左中郎將年八十以爲國三老安帝常特進見賜以几杖卒於家

繆肜傳

繆肜字豫公汝南召陵人也少孤兄弟四人皆同財產及各娶妻諸婦遂求分異又數有鬭爭之言肜深懷憤歎乃掩戶自撾曰繆肜汝脩身謹行學聖人之法將以齊整風俗奈何不能正其家乎弟及諸婦聞之悉叩頭謝罪遂更爲敦睦之行仕縣爲主簿時縣令被章見考吏皆畏懼自誣而肜獨證據其事掠考苦毒至乃體生蟲蛆因復傳換五獄踰涉四年令卒以自免太守隴西梁湛召爲決曹史安帝初湛病卒官肜送喪還隴西始葬會西羌反叛湛妻子悉避亂它郡肜獨留不去爲起

墳冢乃潛穿井傍以爲窟室晝則隱竄夜則負土及賊平而墳已立其妻子意彤已死還見大驚關西咸稱傳之共給車馬衣資彤不受而歸鄉里辟公府舉尤異遷中牟令縣近京師多權豪彤到誅諸姦吏及託名貴戚賓客者百有餘人威名遂行卒於官

陳重傳

陳重字景公豫章宜春人也（宜春今袁州縣）少與同郡雷義爲友俱學魯詩顏氏春秋太守張雲舉重孝廉重以讓義前後十餘通記（記書也）雲不聽義明年舉孝廉重與俱在郎署有同署郎負息錢數十萬責主日至詭求無已（說文曰詭責也）重乃密以錢代還郎後覺知而厚辭謝之重曰非我之爲將有同姓名者終不言惠又同舍郎有告歸寧者誤持鄰舍郎絝以去主疑重所取重不自申說而市絝以償之後寧喪者歸以絝還主其事乃顯重後與義俱拜尚書郎義代同時人受罪以此黜退重見義去亦以病免後舉茂才除細陽令政有異化舉尤異當遷爲會稽太守遭姊憂去官後爲司徒所辟拜侍御史卒

雷義傳

雷義字仲公豫章鄱陽人也（鄱陽縣城在今饒州鄱陽縣東）初爲郡功曹嘗擢舉善人不伐其功義嘗濟人死罪罪者後以金二斤謝之義不受金主伺義不在默投金於承塵上後葺理屋宇乃得金金主已死無所復還義乃以付縣曹後舉孝廉拜尚書侍郎有同時郎坐事當居刑作義默自表取其罪以此論司寇同臺郎覺之委位自上乞贖義罪順帝詔皆除刑義歸舉茂才讓於陳重刺史不聽義遂佯狂被髮走不應命鄉里爲之語曰膠漆自謂堅不如雷與陳三府同時俱辟二人義遂爲守灌謁者（漢官儀曰謁者三十五人以郎中秩滿歲稱給事未滿歲稱灌謁者胡廣云明章二帝服勤園陵謁者灌掃後遂稱云馬融以爲灌者習所職也應奉云如胡公之言則吉凶異制馬云灌習也字義非也高祖承秦灌嬰服事七年號大謁者後人掌之以姓灌章豈其然乎）使持節督郡國行風俗太守令長坐者凡七十人旋拜侍御史除南頓令卒官子授官至蒼梧太守

范冉傳

范冉字史雲（冉或作丹）陳留外黃人也少爲縣小吏年十八奉檄迎督郵冉恥之乃遁去到南陽受業於樊英又遊三輔就馬融通經歷年乃還冉好違時絕俗爲激詭之行常慕梁伯鸞閔仲叔之爲人與漢中李固河內王奐親善而鄙賈偉節郭林宗焉（謝承書曰奐字子昌河內武德人明五經負笈追業常貫灌園恥交勢利爲考城令遷漢陽太守徵拜議郎卒）奐後爲考城令境接外黃屢遣書請冉冉不至及奐遷漢陽太守將行冉乃與弟協步齎麥酒於道側設壇以待之冉見奐車徒駱驛遂不自聞惟與弟共辯論於路奐識其聲即下車與相揖對奐曰行路倉卒非陳契闊之所可共前亭宿息以敘分隔冉曰子前在考城思欲相從以賤質自絕豪友耳今子遠適千里會面無期故輕行相候以展訣別如其相追將有慕貴之譏矣便起告違拂衣而去奐瞻望弗及冉長逝不顧桓帝時以冉爲萊蕪長（萊蕪縣屬泰山郡故城在今淄川縣東南）遭母憂不到官後辟太尉府以狷急不能從俗常佩韋於朝（史記曰西門豹性急佩韋以自緩）議者欲以爲侍御史因遁身逃命於梁沛之間徒行敝服賣卜於市遭黨人禁錮遂推鹿車載妻子捃拾自資（袁山松書曰冉去官嘗使兒捃拾麥得五斛鄰人尹臺遺之一斛囑兒莫道冉後知即令并送六斛言麥已雜矣遂誓不敢受○劉攽曰注遂誓不敢受案當作取緣僕作敢遂妄出受字）或寓息客廬或依宿樹蔭如此十餘年乃結草室而居焉所止單陋有時絕粒窮居自若言貌無改閭里歌之曰甑中生塵范史雲釜中生魚范萊蕪及黨禁解爲三府所辟乃應司空命是時西羌反叛黃巾作難制諸府掾屬不得妄有去就（制制書也）冉首自劾退詔書特原不理罪又辟太尉府以疾不行中平二年年七十四卒於家臨命遺令勑其子曰吾生於昏闇之世值乎淫侈之俗生不得匡世濟時死何忍自同於世氣絕便歛斂以時服衣足蔽形棺足周身斂畢便穿穿畢便埋其明堂之奠（禮送死者衣曰明器鄭玄注云明者神明之也此言明堂亦神明之堂謂壙中也）干飯寒水飲食之物勿有所下墳封高下令足自隱（前書劉向曰延陵季子葬其高可隱音義云謂人立可隱肘也隱音於靳反）知我心者李子堅王子炳也（李子堅李固也）今皆不在制之在爾勿令鄉人宗親有所加也於是三府各遣令史奔弔大將軍何進移書陳留太守累行論謚僉曰宜爲貞節先生（謚法清白守節曰貞好廉自尅曰節也）會葬者二千餘人刺史郡守各爲立碑表墓焉

戴就傳

戴就字景成會稽上虞人也仕郡倉曹掾揚州刺史歐陽參奏太守成公浮臧罪遣部從事薛安案倉庫簿領收就於錢塘縣獄幽囚考掠五毒參至就慷慨直辭色不變容又燒鋘（從吳毛詩云不吳不敖）斧使就挾於肘腋（何承天纂文曰臿今之鋘也張揖字詁云臿刃也鋘音華案說文字林三蒼並無鋘字）就語獄卒可熟燒斧勿令冷每上彭考（彭即旁也）因止飯食不肯下肉焦毀墮地者掇而食之（掇拾也丁活反）主者窮竭酷慘無復餘方乃臥就覆船下以馬通薰之（本草經曰馬通馬矢也）一夜二日皆謂已死發船視之就方張眼大罵曰何不益火而使滅絕又復燒地以大鍼刺指爪中使以把土爪悉墮落主者以狀白安安呼見就謂曰太守罪穢狼藉受命考實君何故以骨肉拒扞邪就據地答言太守剖符大臣當以死報國卿雖銜命固宜申斷冤毒奈何誣枉忠良強相掠理令臣謗其君子證其父薛安庸騃狃行無義（狃忕也猶言慣習騃音吾楷反）就考死之日當白之於天與羣鬼殺汝於亭中如蒙生全當手刃相裂安深奇其壯節即解械更與美談表其言辭解釋郡事徵浮還京師免歸鄉里太守劉寵舉就孝廉光祿主事病卒（風俗通曰光祿奉朌上就爲主事）

趙苞傳

趙苞字威豪甘陵東武城人（今貝州武城縣）從兄忠爲中常侍苞深恥其門族有宦官名埶不與忠交通初仕州郡舉孝廉再遷廣陵令視事三年政教清明郡表其狀遷遼西太守抗厲威嚴名振邊俗以到官明年遣使迎母及妻子垂當到郡道經柳城（柳城縣屬遼西郡故城在今營州南）值鮮卑萬餘人入塞寇鈔苞母及妻子遂爲所劫質載以擊郡苞率騎二萬與賊對陣賊出母以示苞苞悲號謂母曰爲子無狀欲以微祿奉養朝夕不圖爲母作禍昔爲母子今爲王臣義不得顧私恩毀忠節唯當萬死無以塞罪母遙謂曰威豪人各有命何得相顧以虧忠義昔王陵母對漢使伏劒以固其志爾其勉之苞即時進戰賊悉摧破其母妻皆爲所害苞殯斂母畢自上歸葬靈帝遣策弔慰封鄃侯（鄃今貝州縣也音式榆反）苞葬訖謂鄉人曰食祿而避難非忠也殺母以全義非孝也如是有何面目立於天下遂歐血而死

向栩傳

向栩字甫興河內朝歌人向長之後也（高士傳向長向字作尚字）少爲書生性卓詭不倫恒讀老子狀如學道又似狂生好被髮著絳綃頭（說文綃生絲也從糸肖聲音消案此字當作幧音此消反其字從巾古詩云少年見羅敷脫巾著幧頭鄭玄注儀禮云如今著幧頭自項中而前交額上卻繞髻也）常於竈北坐板床上如是積久板乃有膝踝足指之處不好語言而喜長嘯賓客從就輒伏而不視有弟子名爲顏淵子貢季路冉有之輩或騎驢入市乞匃於人或悉邀諸乞兒俱歸止宿爲設酒食時人莫能測之郡禮請辟舉孝廉賢良方正有道公府辟皆不到又與彭城姜肱京兆韋著並徵栩不應後特徵到拜趙相及之官時人謂其必當脫素從儉（脫易簡素）而栩更乘鮮車御良馬世疑其始僞及到官略不視文書舍中生蒿萊徵拜侍中每朝廷大事侃然正色百官憚之會張角作亂栩上便宜頗譏刺左右不欲國家興兵但遣將於河上北向讀孝經賊自當消滅中常侍張讓讒栩不欲令國家命將出師疑與角同心欲爲內應收送黃門北寺獄殺之

諒輔傳

諒輔字漢儒廣漢新都人也仕郡爲五官掾（百官志曰每州皆置諸曹掾史有功曹史主選署功勞有五官掾署功曹及諸曹事）時夏大旱太守自出祈禱山川連日而無所降輔乃自暴庭中慷慨咒曰輔爲股肱不能進諫納忠薦賢退惡和調陰陽承順天意至令天地否隔萬物焦枯百姓喁喁無所訴告咎盡在輔今郡太守改服責己爲民祈福精誠懇到未有感徹輔今敢自祈請若至日中不雨乞以身塞無狀於是積薪柴聚茭茅以自環（茭乾草也）搆火其旁將自焚焉未及日中時而天雲晦合須臾澍雨一郡沾潤世以此稱其志誠

劉翊傳

劉翊字子相潁川潁陰人也家世豐產常能周施而不有其惠曾行於汝南界中有陳國張季禮遠赴師喪遇寒冰車毀頓滯道路翊見而謂曰君慎終赴義行宜速達即下車與之不告姓名自策馬而去季禮意其子相也後故到潁陰還所假乘翊閉門辭行不與相見常守志臥疾不屈聘命河南种拂臨郡辟爲功曹翊以拂名公之子（拂暠之子也）乃爲起焉拂以其擇時而仕甚敬任之陽翟黃綱恃程夫人權力求占山澤以自營植拂召翊問曰程氏貴盛在帝左右不聽則恐見怨與之則奪民利爲之奈何翊曰名山大澤不以封（禮記曰名山大澤不以封）蓋爲民也明府聽之則被佞倖之名矣若以此獲禍貴子申甫則自以不孤也（申甫拂之子）拂從翊言遂不與之乃舉翊爲孝廉不就後黃巾賊起郡縣饑荒翊救給乏絕資其食者數百人鄉族貧者死亡則爲具殯葬嫠獨則助營妻娶（寡婦曰嫠無夫曰獨）獻帝遷都西京翊舉上計掾是時寇賊興起道路隔絕使驛稀有達者翊夜行晝伏乃到長安詔書嘉其忠勤特拜議郎遷陳留太守翊散所握珍玩唯餘車馬自載東歸出關數百里見士大夫病亡道次翊以馬易棺脫衣斂之又逢知故困餒於路不忍委去因殺所駕牛以救其乏衆人止之翊曰視沒不救非志士也遂俱餓死

王烈傳

王烈字彥方（魏志烈字彥考）太原人也少師事陳寔以義行稱鄉里有盜牛者主得之盜請罪曰刑戮是甘乞不使王彥方知也烈聞而使人謝之遺布一端或問其故烈曰盜懼吾聞其過是有恥惡之心既懷恥惡必能改善故以此激之後有老父遺劒於路行道一人見而守之至暮老父還尋得劒怪而問其姓名以事告烈烈使推求

乃先盜牛者也諸有爭訟曲直將質之於烈或至塗而反或望廬而還其以德感人若此察孝廉三府並辟皆不就遭黃巾董卓之亂乃避地遼東夷人尊奉之太守公孫度接以昆弟之禮魏志曰公孫度字叔濟本遼東襄平人度父延避吏居玄菟任爲郡吏時玄菟太守公孫域子豹年十八早死度少時名豹又與域子同年域見親哀之遣就師學爲娶妻後舉有道除尚書郎遼東太守訪州政事欲以爲長史烈乃爲商賈自穢得免曹操聞烈高名遣徵不至建安二十四年終於遼東年七十八

贊曰乘方不忒臨義罔惑忒差也言獨行之人秉履方正不差二也惟此剛絜果行育德易蒙卦象曰君子以果行育德也

後漢書卷一百十一考證

張武傳張武者吳郡由拳人也太守第五倫嘉其行○何焯曰第五倫爲太守乃建武時吳郡至順帝始分立此吳郡由拳當作會稽

范冉傳與漢中李固河內王奐親善注謝承書曰奐字子昌○何焯曰下文王子炳即奐字也與謝書互異至於李公名輩已高不得與史雲爲友李公被難在桓帝建和元年疑史雲之友别有一李子堅史家因氏與字偶同遂舉李公以實之大書於前爾

後漢書卷一百十二上

宋 宣 城 太 守 范 曄 撰

唐 章 懷 太 子 賢 注

方術列傳第七十二上

仲尼稱易有君子之道四焉曰卜筮者尚其占易繫辭曰以言者尚其辭以動者尚其變以制器者尚其象以卜筮者尚其占占也者先王所以定禍福決嫌疑幽贊於神明遂知來物者也易說卦曰聖人之作易也幽贊於神明而生蓍繫辭曰無有遠近幽深遂知來物若夫陰陽推步之學往往見於墳記矣左傳曰履端於始舉正於中歸餘於終尚書曰曆象日月星辰也然神經怪牒玉策金繩關扃於明靈之府封縢於瑤壇之上者靡得而闚也至乃河洛之文龜龍之圖尚書中候曰堯沈璧於洛玄龜負書背中赤文朱字止壇禮壇於河畔沈璧禮畢至于下昃黃龍卷舒圖出水壇畔箕子之術箕子說洪範五行陰陽之術也師曠之書占災異之書也今書七志有師曠六篇緯候之部緯七經緯也候尚書中候也鈐決之符兵法有玉鈐篇及玄女六韜要決曰太公對武王曰主將有陰符有大勝得敵之符符長一尺有破軍禽敵之符符長九寸有降城得邑之符符長八寸有卻敵報遠之符符長七寸有交兵警中堅守之符符長六寸有請糧食益兵之符符長五寸有敗軍亡將之符符長四寸有失亡吏卒之符符長三寸諸奉使行符稽留若符事聞聞符所告者皆誅皆所以探抽冥賾參驗人區時有可聞者焉按爾雅曰賾深也區域也其流又有風角遁甲七政元氣六日七分逢占日者挺專須臾孤虛之術風角六日七分解並見郎顗傳遁甲推六甲之陰而隱遁也今書七志有遁甲經七政日月五星之政也元氣者謂開闢陰陽之書也河圖曰元氣闓陽爲天前書班固曰東方朔之逢占覆射音義云逢人所問而占之也日者卜筮掌日之術也史記司馬季主爲日者挺專折竹卜也楚辭曰索藑茅以筳篿注云筳八段竹也楚人名結草折竹曰篿音大寧反須臾陰陽吉凶立成之法也今書七志有武王須臾一卷孤虛者孤謂六甲之孤辰若甲子旬中戌亥無干是爲孤也對孤爲虛前書藝文志有風后孤虛二十卷及望雲省氣推處祥妖時亦有以效於事也望雲解見明帝紀省氣者觀城郭人畜氣以占之也而斯道隱遠玄奧難原故聖人不語怪神罕言性命論語曰子不語怪力亂神又曰子罕言利與命與仁或開末而抑其端論語曰孔子有疾子路請禱子曰丘之禱久矣鄭玄注云明素恭肅於鬼神且順子路之言也或曲辭以章其義易曰探賾索隱鉤深致遠定天下之吉凶成天下之亹亹者莫善於蓍龜也所謂民可使由之不可使知之論語孔子之言鄭玄注云由從也言王者設教務使人從之若皆知其本末則愚者或輕而不行漢自武帝頗好方術天下懷協道藝之士莫不負策抵掌順風而居焉前書武帝時李少君欒大等並以方術見少君拜文成將軍欒大拜五利將軍貴震天下而海上燕齊之士莫不搤腕而自言有禁方矣抵側擊也後王莽矯用符命及光武尤信讖言士之赴趣時宜者皆馳騁穿鑿爭談之也故王梁孫咸名應圖籙越登槐鼎之任光武以赤伏符文拜梁爲大司空又以讖文拜孫咸爲大司馬見景丹傳鄭興賈逵以附同稱顯桓譚尹敏以乖忤淪敗各見本傳自是習爲內學尚奇文貴異數不乏於時矣內學謂圖讖之書也其事秘密故稱內是以通儒碩生忿其姦妄不經奏議慷慨以爲宜見藏擯謂桓譚賈逵張衡之流也各見本傳子長亦云觀陰陽之書使人拘而多忌蓋爲此也司馬遷字子長其父太史公論六家之要曰觀陰陽之術太詳而衆忌使人拘而多畏見史記也夫物之所偏不能無蔽雖云大道其礙或同礙五愛反若乃詩之失愚書之失誣然則術數之失至於詭俗乎如令溫柔敦厚而不愚斯深於詩者也疏通知遠而不誣斯深於書者也禮記曰其爲人也溫柔敦厚詩教也疏通知遠書教也詩之失愚書之失誣鄭玄注詩敦厚近愚書知遠近誣也極數知變而不詭俗斯深於數術者也易曰極數知來之謂占又曰知變化之道者其知神之所爲乎故曰苟非其人道不虛行易繫辭之文也意者多迷其統取遺頗偏甚有雖流宕過誕亦失也取遺謂信與不信也陰陽之術或信或不信各有所執故偏頗也以爲甚有雖流宕失中過稱虛誕者亦爲失也○劉攽曰正文甚有雖流宕過誕亦失案此文不成文理注亦不明蓋非范本眞中世張衡爲陰陽之宗郎顗咎徵最密餘亦班班名家焉其徒亦有雅才偉德未必體極藝能今蓋謂襄楷蔡邕楊厚等也糾其推變尤長可以弘補時事因合表之云表顯也

任文公傳

任文公巴郡閬中人也閬中今隆州縣父文孫明曉天官風星祕要文公少修父術州辟從事哀帝時有言越嶲太守欲反刺史大懼遣文公等五從事檢行郡界潛伺虛實共止傳舍時暴風卒至文公遽起白諸從事促去當有逆變來害人者因起駕速驅諸從事未能自發郡果使兵殺之文公獨得免後爲治中從事時大旱白刺史曰五月一日當有大水其變已至不可防救宜令吏人豫爲其備刺史不聽文公獨儲大船百姓或聞頗有爲防者到其日旱烈文公急命促載使白刺史刺史笑之日將中天北雲起須臾大雨至餔時湔水涌起十餘丈酈元水經注云湔水出綿虒道玉壘山在今益州湔音子延反突壞廬舍所害數千人文公遂以占術馳名辟司空掾平帝即位稱疾歸家王莽篡後文公推數推歷運之數也知當大亂乃課家人負物百斤環舍趨走日數十○劉攽曰舊本有一倒字不合刊去時人莫知其故後兵寇並起其逃亡者少能自脫惟文公大小負糧捷步捷健也悉得完免遂奔子公山十餘年不被兵革公孫述時蜀武擔石折武擔山在今益州成都縣北百二十步楊雄蜀王本紀云武都丈夫化爲女子顏色美絕蓋山精也蜀王納以爲妃無幾物故乃發卒之武都擔土葬於成都郭中號曰武擔以石作鏡一枚表其墓華陽國志曰王哀念之遣五丁之武都擔土爲妃作冢蓋地數畝高七丈其石俗今名爲石筍文公曰噫西州智士死我乃當之自是常會聚子孫設酒食後三月果卒故益部爲之語曰任文公智無雙

郭憲傳

郭憲字子橫汝南宋人也續漢志汝南郡有宋公國周名郪丘漢改爲新郪章帝建初四年徙宋公於此少師事東海王仲子時王莽爲大司馬召仲子仲子欲往憲諫曰禮有來學無有往教之義禮記曰禮聞來學不聞往教今君賤道畏貴竊所不取仲子曰王公至重不敢違之憲曰今正臨講業且當訖事仲子從之日晏乃往莽問君來何遲仲子具以憲言對莽陰奇之及後篡位拜憲郎中賜以衣服憲受衣焚之逃于東海之濱莽深忿恚討逐不知所在光武即位求天下有道之人乃徵憲拜博士再遷建武七年代張堪爲光祿勳從駕南郊憲在位忽面向東北含酒三潠埤蒼曰潠噴也音巽執法奏爲不敬執法糺劾之官也詔問其故憲對曰齊國失火故以此厭之後齊果上火災與郊同日八年車駕西征隗囂憲諫曰天下初定車駕未可以動憲乃當車拔佩刀以斷車靷靷在馬胸音胤帝不從遂上隴其後潁川兵起乃回駕而還帝歎曰恨不用子橫之言時匈奴數犯塞帝患之乃召百僚廷議憲以爲天下疲敝不宜動衆諫爭不合乃伏地稱眩瞀不復言瞀亂也帝令兩郎扶下殿憲亦不拜帝曰常聞關東觥觥郭子橫竟不虛也觥觥剛直之貌音古橫反憲遂以病辭退卒於家

許楊傳

許楊字偉君汝南平輿人也少好術數王莽輔政召爲郎稍遷酒泉都尉及莽篡位楊乃變姓名爲巫醫逃匿它界莽敗方還鄉里汝南舊有鴻郤陂陂在今豫州汝陽縣東成帝時丞相翟方進奏毀敗之建武中太守鄧晨欲修復其功聞楊曉水脈召與議之楊曰昔成帝用方進之言前書翟方進奏壞鴻郤陂尋而自夢上天天帝怒曰何故敗我濯龍淵是後民失其利多致飢困時有謠歌曰敗我陂者翟子威飴我大豆亨我芋魁方進字子威芋魁芋根也前書飴作飯亨作羹反乎覆陂當復昔大禹決江疏河以利天下明府今興立廢業富國安民童謠之言將有徵於此誠願以死效力晨大悅因署楊爲都水掾使典其事楊因高下形勢起塘四百餘里數年乃立塘堤堰水也百姓得其便累歲大稔豪右大姓因緣陂役競欲辜較在所楊一無聽遂共譖楊受取賕賂晨遂收楊下獄而械輒自解獄吏恐遽白晨晨驚曰果濫矣太守聞忠信可以感靈今其效乎即夜出楊遣歸時天大陰晦道中若有火光照之時人異焉後以病卒晨於都宮爲楊起廟圖畫形像百姓思其功績皆祭祀之

高獲傳

高獲字敬公汝南新息人也爲人尼首方面尼首首象尼丘山下四方高也少遊學京師與光武有素舊師事司徒歐陽歙歙下獄當斷獲冠鐵冠帶鐵鑕詣闕請歙帝雖不赦引見之謂曰敬公朕欲用子爲吏宜改常性獲對曰臣受性於父母不可改之於陛下出便辭去三公爭辟不應後太守鮑昱請獲既至門令主簿就迎主簿曰但使騎吏迎之○劉攽曰主簿曰案文多一日字獲聞之即去昱遣追請獲獲顧曰府君但爲主簿所欺不足與談遂不留時郡境大旱獲素善天文曉遁甲能役使鬼神昱自往問何以致雨獲曰急罷三部督郵續漢書曰監屬縣有三部每部督郵書掾一人明府當自北出到三十里亭雨可致也昱從之果得大雨每行縣輒軾其閭軾所以禮之禮記曰軾視馬尾也獲遂遠遁江南卒於石城石城在今蘇州西南石城人思之共爲立祠

王喬傳

王喬者河東人也顯宗世爲葉令喬有神術每月朔望常自縣詣臺朝帝怪其來數而不見車騎密令太史伺望之言其臨至輒有雙鳧從東南飛來於是候鳧至舉羅張之但得一隻舄焉乃詔上方診視說文曰診亦視也音眞忍反則四年中所賜尚書官屬履也每當朝時葉門下鼓不擊自鳴聞於京師後天下玉棺於堂前吏人推排終不搖動喬曰天帝獨召我邪乃沐浴服飾寢其中蓋便立覆宿昔葬於城東土自成墳其夕縣中牛皆流汗喘乏而人無知者百姓乃爲立廟號葉君祠牧守每班錄皆先謁拜之王喬墓在今葉縣東吏人祈禱無不如應若有違犯亦立能爲祟帝乃迎取其鼓置都亭下略無復聲焉或云

此卽古仙人王子喬也劉向列仙傳曰王子喬周靈王太子晉也好吹笙作鳳鳴遊伊洛閒道士浮丘公接上嵩山三十餘年後來於山上告桓良曰告我家七月七日待我緱氏山頭果乘白鶴駐山巔望之不得到舉手謝時人而去

謝夷吾傳

謝夷吾字堯卿會稽山陰人也少爲郡吏學風角占候太守第五倫擢爲督郵時烏程長有臧釁倫使收案其罪夷吾到縣無所驗但望閤伏哭而還一縣驚怪不知所爲及還白倫曰竊以占候知長當死近三十日遠不過六十日遊魂假息非刑所加故不收之倫聽其言至月餘果有驛馬齎長印綬上言暴卒倫以此益禮信之謝承書曰倫甚崇其道德轉署主簿使子從受春秋夷吾待之如師弟子之禮時或遊戲不肯讀書便白倫行罰遂成其業也舉孝廉爲壽張令謝承書曰縣人女子張雨早喪父母年五十不肯嫁留養孤弟二人教其學問各得通經雨皆爲聘娶皆成善士夷吾薦於州府使各還舉表復雨門戶永平十五年蝗發泰山流徙郡國薦食五穀過壽張界飛逝不集稍遷荊州刺史謝承書曰夷吾雅性明遠能決斷罪疑行部始到南陽縣遇孝章皇帝巡狩駕幸魯陽有詔勅荊州刺史入傳錄見囚徒誡長吏勿廢舊儀朕將覽焉上臨西廂南面夷吾處東廂分帷隔中央夷吾所決正一縣三百餘事事與上合而朝廷嘆息曰諸州刺史盡如此者朕不憂天下常以勵羣臣遷鉅鹿太守所在愛育人物有善績及倫作司徒令班固爲文薦夷吾曰臣聞堯登稷契政隆太平舜用皋陶政致雍熙○劉攽曰案文勢不當作用兩政字蓋上政本是治字避作化後人誤也殷周雖有高宗昌發之君猶賴傅說呂望之策故能克崇其業允協大中尚書洪範曰皇建其有極孔安國注云皇大極中也竊見鉅鹿太守會稽謝夷吾出自東州厥土塗泥而英資挺特奇偉秀出才兼四科行包九德四科見文苑傳尚書咎繇陳九德曰寬而栗愿而恭亂而敬柔而立擾而毅直而溫簡而廉剛而塞彊而義也仁足濟時知周萬物加以少膺儒雅韜含六籍推考星度綜校圖錄探賾聖祕觀變歷徵占天知地與神合契據其道德以經王務昔爲陪隸與臣從事奮忠毅之操躬史魚之節董臣嚴綱勖臣懦弱董督也勖勵也得以免戾寔賴厥勳及其應選作宰惠敷百里降福彌異流化若神爰牧荊州威行邦國奉法作政有周召之風居儉履約紹公儀之操史記公儀休相魯拔園葵去織婦不與人爭利尋功簡能爲外臺之表聽聲察實爲九伯之冠左傳曰五侯九伯杜預注云九州之伯也遷守鉅鹿政合時雍德量績謀有伊呂管晏之任闡弘道奧同史蘇京房之倫左傳史蘇晉太史善筮者京房字君明善陰陽占候見前書雖密勿在公而身出心隱不殉名以求譽不馳騖以要寵念存遜遁演志箕山方之古賢實有倫序採之於今超然絕俗誠社稷之元龜大漢之棟甍尚書曰格人元龜罔敢知吉元大也甍亦棟也宜當拔擢使登鼎司上令三辰順軌於歷象下使五品咸訓于嘉時五品五常之教也謂父義母慈兄友弟恭子孝也訓順也必致休徵克昌之慶非徒循法奉職而已臣以頑駑器非其疇疇類也尸祿負乘夕惕若厲易曰負且乘致寇至又曰夕惕若厲言君子終日乾乾至于夕猶怵惕戒懼若危厲願乞骸骨更授夷吾上以光七曜之明下以厭率土之望庶令微臣塞咎免悔後以行春乘柴車從兩吏柴車賤車也冀州刺史上其儀序失中有損國典左轉下邳令豫剋死日如期果卒勅其子曰漢末當亂必有發掘露骸之禍使懸棺下葬墓不起墳墓謂塋域墳謂築土時博士勃海郭鳳亦好圖讖善說災異吉凶占應先自知死期豫令弟子市棺斂具至其日而終棺音古亂反

楊由傳

楊由字哀侯蜀郡成都人也少習易并七政元氣風雲占候爲郡文學掾時有大雀夜集於庫樓上太守廉范以問由由對曰此占郡內當有小兵然不爲害後二十餘日廣柔縣蠻夷反殺傷長吏廣柔縣屬蜀郡故城在今茂州文川縣西郡發庫兵擊之又有風吹削哺哺當作柿音孚廢反顏氏家訓曰削則札也左傳曰削而投之是也史家假借爲肝肺字今俗或作脯或作爲反哺之哺學士因云是屏障之名非也風角書曰庶人之風揚塵轉削若是屏障何由可轉太守以問由由對曰方當有薦木實者其色黃赤頃之五官掾獻橘數包由嘗從人飲勅御者曰酒若三行便宜嚴駕既而趣去後主人舍有鬭相殺者人請問何以知之由曰向社中木上有鳩鬭此兵賊之象也其言多驗著書十餘篇名曰其平終于家

李南傳

李南字孝山丹陽句容人也句容今潤州縣也近句曲山有所容因名焉少篤學明於風角和帝永元中太守馬棱坐盜賊事被徵當詣廷尉吏民不寧南特通謁賀棱意有恨謂曰太守不德今當卽罪而君反相賀邪南曰旦有善風明日中時應有吉問故來稱慶旦日棱延望景晏以爲無徵至晡乃有驛使齎詔書原停棱事南問其遲留之狀使者曰向度宛陵浦里𦨖宛陵縣屬丹陽郡𦨖以舟濟水也馬蹠足是以不得速蹠屈損也棱乃服焉後舉有道辟公府病不行終於家南女亦曉家術爲由拳縣人妻晨詣爨室卒有暴風婦便上堂從姑求歸辭其二親姑不許乃跪而泣曰家世傳術疾風卒起先吹竈突及井此禍爲婦女主爨者妾將亡之應因著其亡日乃聽還家如期病卒

李郃傳

李郃字孟節漢中南鄭人也父頡以儒學稱官至博士郃襲父業遊太學通五經善河洛風星外質朴人莫之識縣召署幕門候吏和帝卽位分遣使者皆微服單行各至州縣觀採風謠使者二人當到益部投郃候舍時夏夕露坐郃因仰觀問曰二君發京師時寧知朝廷遣二使邪二人默然驚相視曰不聞也問何以知之郃指星示云有二使星向益州分野故知之耳前書觜觿參益州之分野也後三年其使者一人拜漢中太守郃猶爲吏太守奇其隱德召署戶曹史時大將軍竇憲納妻天下郡國皆有禮慶郡亦遣使郃進諫曰竇將軍椒房之親不脩禮德而專權驕恣危亡之禍可翹足而待願明府一心王室勿與交通太守固遣之郃不能止請求自行許之郃遂所在留遲以觀其變行至扶風而憲就國自殺支黨悉伏其誅凡交通憲者皆爲免官唯漢中太守不豫焉郃歲中舉孝廉五遷尚書令又拜太常元初四年代袁敞爲司空數陳得失有忠臣節在位四年坐請託事免安帝崩北鄉侯立復爲司徒及北鄉侯病郃陰與少府河南陶範步兵校尉趙直謀立順帝會孫程等事先成故郃功不顯明年坐吏民疾病仍有災異賜策免將作大匠翟酺上郃潛圖大計以安社稷於是錄陰謀之功封郃涉都侯辭讓不受年八十餘卒於家門人上黨馮胄獨制服心喪三年時人異之家語曰仲尼既葬弟子皆家于墓行心喪之禮三年喪畢或去或留也胄字世威奉世之後也奉世字子明宣帝時爲前將軍見前書也常慕周伯況閔仲叔之爲人隱處山澤不應徵辟郃子固已見前傳弟子歷字季子淸白有節博學善交與鄭玄陳紀等相結爲新城長政貴無爲亦好方術時天下旱縣界特雨官至奉車都尉

段翳傳

段翳字元章廣漢新都人也習易經明風角時有就其學者雖未至必豫知其姓名嘗告守津吏曰某日當有諸生二人荷擔問翳舍處者幸爲告之後竟如其言又有一生來學積年自謂略究要術辭歸鄉里翳爲合膏藥并以簡書封於筒中告生曰有急發視之生到葭萌與吏爭度津吏檛破從者頭生開筒得書言到葭萌與吏鬭頭破者以此膏裹之生用其言創者卽愈生歎服乃還卒業翳遂隱居竄跡終于家

廖扶傳

廖扶字文起廖音力弔反又音力救反汝南平輿人也習韓詩歐陽尚書教授常數百人父爲北地太守永初中坐羌沒郡下獄死扶感父以法喪身憚爲吏及服終而歎曰老子有言名與身孰親吾豈爲名乎遂絕志世外專精經典尤明天文讖緯風角推步之術州郡公府辟召皆不應就問災異亦無所對扶逆知歲荒乃聚穀數千斛悉用給宗族姻親又斂葬遭疫死亡不能自收者常居先人冢側未曾入城市太守謁煥謁姓也先爲諸生從扶學後臨郡未到先遣吏脩門人之禮又欲擢扶子弟固不肯當時人因號爲北郭先生年八十終于家二子孟舉偉舉並知名

折像傳

折像字伯式廣漢雒人也其先張江者封折侯曾孫國爲鬱林太守徙廣漢因封氏焉國生像國有貲財二億家僮八百人像幼有仁心不殺昆蟲不折萌芽能通京氏易好黃老言及國卒感多藏厚亡之義老子曰多藏必厚亡也乃散金帛資產周施親疏或諫像曰君三男兩女孫息盈前當增益產業何爲坐自單竭乎像曰昔鬬子文有言我乃逃禍非避富也國語曰楚成王每出子文必逃王止而復入謂子文曰人生求富而子逃之何也子文曰夫從政者以庇人也人多曠者而我取富是勤人以自封也死無日矣我逃死不逃富吾門戶殖財日久盈滿之咎道家所忌老子曰持而盈之不如其已金玉滿堂莫之能守今世將衰子又不才不仁而富謂之不幸左傳曰善人富謂之幸淫人富謂之殃牆隙而高其崩必疾也智者聞之咸服焉自知亡日召賓客九族飲食辭訣忽然而終時年八十四家無餘資諸子衰劣如其言云

樊英傳

樊英字季齊南陽魯陽人也少受業三輔習京氏易兼明五經又善風角筭河洛七緯推步災異七緯者易緯稽覽圖乾鑿度坤靈圖通卦驗是類謀辨終備也書緯璇璣鈐考靈耀刑德放帝命驗運期授也詩緯推度災記歷樞含神務也禮緯含文嘉稽命徵斗威儀也樂緯動聲儀稽耀嘉叶圖徵也孝經緯援神契鉤命決也春秋緯演孔圖元命包文耀鉤運斗樞感精符合誠圖考異郵保乾圖漢含孳佑助期握誠圖潛潭巴說題辭隱於壺山之陽山在今鄧州新城縣北卽張衡南都賦云天封大狐是也受業者四方而至州郡前後禮請不應公卿舉賢良方正有道皆不行嘗有暴風從西方起英謂學者曰成都市火甚盛因含水西向漱之乃令記其日時客後有從蜀來云是日大火有黑雲卒從東起須臾大雨火遂得滅於是天下稱其藝術安帝初徵爲博士至建光元年復詔公車賜策書徵英及同郡孔喬謝承書曰喬字子松宛人也學古文尚書春秋左氏傳常幽居修志欽意典籍至乃歷年身不出門鄉里莫得瞻見公車徵不行卒於家也李昺謝承書曰昺字子然鄧人也篤行好學不羨榮祿習魯詩京氏易室家相待如賓州郡前後禮請不應舉茂才除召陵令不到官公車徵不行卒也北海郎宗謝承書曰宗字仲綏安丘人也善京氏易風角星筭推步吉凶常負笈荷擔賣卜給食瘖服間行人莫得知安帝詔公車徵策文曰郎宗李昺孔喬等前此徵命未肯降意恐主者玩弄禮意不備使難進易退之人龍潛不屈其身各致嘉禮遣詣公車將以補察國政輔朕之不逮青州被詔書遣宗詣公車對策陳災異而爲諸儒之表拜議郎除吳令到官一月時卒暴風宗占以爲京師有大火定火發時果如宗言諸公聞之表上博士徵宗恥以占事就徵文書未到夜懸印綬置廳上遁去終于家子顗自有傳陳留楊倫見儒林傳東平王輔六人謝承書曰輔字公助平陸人也學公羊傳援神契常隱居野廬以道自娛辟公府舉有道對策拜郎中陳災異辭吉凶有驗拜議郎以病遜安帝公車徵不行卒於家唯郎宗楊倫到洛陽英等四人並不至永建二年順帝策書備禮玄纁徵之復固辭疾篤乃詔切責郡縣駕載

上道英不得已到京稱病不肯起乃强輿入殿猶不以禮屈帝怒謂英曰朕能生君能殺君能貴君能賤君能富君能貧君君何以慢朕命英曰臣受命於天生盡其命天也死不得其命亦天也陛下焉能生臣焉能殺臣臣見暴君如見仇讎立其朝猶不肯可得而貴乎雖在布衣之列環堵之中（環堵面一堵也莊子曰原憲居環堵之中也）晏然自得不易萬乘之尊又可得而賤乎陛下焉能貴臣焉能賤臣非禮之祿雖萬鍾不受也申其志雖簞食不厭也（簞笥也論語曰顏回在陋巷之中一簞食一瓢飲）陛下焉能富臣焉能貧臣帝不能屈而敬其名使出就太醫養疾月致羊酒至四年三月天子乃爲英設壇席令公車令導尚書奉引賜几杖待以師傅之禮延問得失英不敢辭拜五官中郞將數月英稱疾篤詔以爲光祿大夫賜告歸令在所送穀千斛常以八月致牛一頭酒三斛如有不幸祠以中牢英辭位不受有詔譬旨勿聽英初被詔命僉以爲必不降志及後應對又無奇謨深策談者以爲失望（謝承書曰南郡王逸素與英善因與其書多引古譬喩勸使就聘英順逸議談者失望也）初河南張楷與英俱徵既而謂英曰天下有二道出與處也吾前以子之出能輔是君也濟斯人也而子始以不訾之身怒萬乘之主及其享受爵祿又不聞匡救之術進退無所據矣英既善術朝廷每有災異詔輒下問變復之效所言多驗（變復謂災異復於常也）初英著易章句世名樊氏學以圖緯教授潁川陳寔少從英學嘗有疾妻遣奴婢拜問英下牀答拜寔怪而問之英曰妻齊也共奉祭祀禮無不答（禮記曰凡非弔喪非見國君無不答拜）其恭謹若是年七十餘卒於家孫陵靈帝時以諂事宦人爲司徒陳郡郤巡學傳英業官至侍中

論曰漢世之所謂名士者其風流可知矣雖弛張趣舍時有未純於刻情脩容依倚道藝以就其聲價非所能通物方弘時務也（易曰方以類聚物以羣分）及徵樊英楊厚朝廷若待神明至竟無它異英名最高毀最甚李固朱穆等以爲處士純盜虛名無益於用故其所以然也然而後進希之以成名世主禮之以得衆原其無用亦所以爲用則其有用或歸於無用矣何以言之夫煥乎文章時或乖用本乎禮樂適末或疎（文章雖美時散則不用也禮樂誠貴代末則廢）及其陶搢紳藻心性使由之而不知者豈非道邈用表乖之數跡乎（言文章禮樂其道邈遠出於常用之表不可以數跡求也）而或者忽不踐之地賒無用之功（莊子曰惠子謂莊子曰言無用莊子曰知無用而可與言用矣夫天地非不廣也且人之所用容足耳側足而墊之致黃泉人尚有用乎惠子曰無用莊子曰然則無用之爲用也亦明矣墊獨掘也）至乃誚諫遠術賤斥國華（遠術謂禮樂國華謂懷道隱逸之士也）以爲力詐可以救淪敝文律足以致寧乎智盡於猜察道足於法令雖濟萬世其將與夷狄同也（前書大人賦曰雖濟萬代不足以喜）孟軻有言曰以夏變夷不聞變夷於夏況有未濟者乎

後漢書卷一百十二上考證

許楊傳反乎覆陂當復○臣會汾按前書翟方進傳此下有誰云者兩黃鵠六字

後漢書卷一百十二下

宋 宣 城 太 守 范 曄 撰

唐 章 懷 太 子 賢 注

方術列傳第七十二下

唐檀傳

唐檀字子產豫章南昌人也少遊太學習京氏易韓詩顏氏春秋尤好災異星占後還鄉里教授常百餘人元初七年郡界有芝草生太守劉祗欲上言之以問檀檀對曰方今外戚豪盛陽道微弱斯豈嘉瑞乎祗乃止永寧元年南昌有婦人生四子祗復問檀變異之應檀以爲京師當有兵氣其禍發於蕭牆（論語孔子曰吾恐季孫之憂不在顓臾而在蕭牆之內蕭肅也牆謂屏也言人臣至屏無不肅敬）至延光四年中黃門孫程揚兵殿省（揚舉也）誅皇后兄車騎將軍閻顯等立濟陰王爲天子果如所占永建五年舉孝廉除郞中是時白虹貫日檀因上便宜三事陳其咎徵書奏棄官去著書二十八篇名爲唐子卒於家

公沙穆傳

公沙穆字文乂北海膠東人也家貧賤自爲兒童不好戲弄長習韓詩公羊春秋尤銳思河洛推步之術居建成山中依林阻爲室獨宿無侶時暴風震雷有聲於外呼穆者三穆不與語有頃呼者自牖而入音狀甚怪穆誦經自若終亦無它妖異時人奇之後遂隱居東萊山學者自遠而至有富人王仲致產千金謂穆曰方今之世以貨自通吾奉百萬與子爲資何如對曰來意厚矣夫富貴在天得之有命以貨求位吾不忍也（謝承書曰穆嘗養豬豬有病使人賣之於市語之言如售當告買者言病賤取其直不可言無病欺人取貴價也賣豬者到市卽售亦不言病其直過價穆怪之問其故齎半直追以還買人告語言豬實病欲賤賣不圖賣者人相欺乃取貴直買者言賣買私約亦復辭錢不取穆終不受錢而去也○劉攽曰注賣者人相欺案文多一人字）後舉孝廉以高第爲主事遷繒相（繒縣屬琅邪郡故城在今沂州丞縣東北也）時繒侯劉敞東海恭王之後也所爲多不法廢嫡立庶傲很放恣穆到官謁曰臣始除之日京師咸謂臣曰繒有惡侯以弔小相明侯何因得此醜聲之甚也幸承先人之支體傳茅土之重不戰戰兢兢而違越法度故朝廷使臣爲輔願改往脩來自求多福乃上沒敞所侵官民田地廢其庶子還立嫡嗣其蒼頭兒客犯法皆收考之因苦辭諫敞敞涕泣爲謝多從其所規遷弘農令縣界有螟蟲食稼百姓惶懼穆乃設壇謝曰百姓有過罪穆之由請以身禱於是暴雨不終日既霽而螟蟲自銷百姓稱曰神明永壽元年霖雨大水三輔以東莫不湮沒穆明曉占候乃豫告令百姓徙居高地故弘農人獨得免害遷遼東屬國都尉善得吏人歡心年六十六卒官六子皆知名（謝承書曰穆子孚字允慈亦爲善士舉孝廉尚書侍郞召陵令上谷太守也）

許曼傳

許曼者汝南平輿人也祖父峻字季山善卜占之術多有顯驗時人方之前世京房自云少嘗篤病三年不愈乃謁太山請命（太山主人生死故詣請命也）行遇道士張巨君授以方術所著易林至今行於世曼少傳峻學桓帝時隴西太守馮緄始拜郡開綬笥有兩赤蛇分南北走緄令曼筮之卦成曼曰三歲之後君當爲邊官有東名當東北行三千里復五年更爲大將軍南征延熹元年緄出爲遼東太守討鮮卑至五年復拜車騎將軍擊武陵蠻賊皆如占其餘多此類云

趙彥傳

趙彥者琅邪人也少有術學延熹三年琅邪賊勞丙與太山賊叔孫無忌殺都尉攻沒琅邪屬縣殘害吏民朝廷以南陽宗資爲討寇中郞將杖鉞將兵督州郡合討無忌彥爲陳孤虛之法以賊屯在莒莒有五陽之地（謂城陽南武陽開陽陽都安陽並近莒）宜發五陽郡兵（郡名有陽謂山陽廣陽漢陽南陽丹陽郡之類也）從孤擊虛以討之資具以狀上詔書遣五陽兵到彥推遁甲教以時進兵一戰破賊燔燒屯塢徐兗二州一時平夷

樊志張傳

樊志張者漢中南鄭人也博學多通隱身不仕嘗遊隴西時破羌將軍段熲出征西羌請見志張其夕熲軍爲羌所圍數重因留軍中三日不得去夜謂熲曰東南角無復羌宜乘虛引出住百里還師攻之可以全勝熲從之果以破賊於是以狀表聞又說其人既有梓愼焦董之識（焦延壽董仲舒）宜翼聖朝咨詢奇異於是有詔特徵會病終

單颺傳

單颺字武宣山陽湖陸人也以孤特清苦自立善明天官算術舉孝廉稍遷太史令侍中出爲漢中太守公事免後拜尚書卒於官初熹平末黃龍見譙光祿大夫橋玄問颺此何祥也颺曰其國當有王者興不及五十年龍當復見此其應也魏郡人殷登密記之至建安二十五年春黃龍復見譙其冬魏受禪

韓說傳

韓說字叔儒會稽山陰人也博通五經尤善圖緯之學舉孝廉與議郞蔡邕友善數陳災眚及奏賦頌連珠稍遷侍中光和元年十月說言於靈帝云其晦日必食乞百官嚴裝帝從之果如所言中平二年二月又上封事尅期宮中有災至日南宮大火遷說江夏太守公事免年七十卒於家

董扶傳

董扶字茂安廣漢綿竹人也少遊太學與鄕人任安齊名俱事同郡楊厚學圖讖還家講授弟子自遠而至前後宰府十辟公車三徵再舉賢良方正博士有道皆稱疾不就靈帝時大將軍何進薦扶徵拜侍中甚見器重扶私謂太常劉焉曰京師將亂益州分野有天子氣焉信之遂求爲益州牧扶亦爲蜀郡屬國都尉相與入蜀去後一歲帝崩天下大亂乃去官還家年八十二卒後劉備稱天子於蜀皆如扶言蜀丞相諸葛亮問廣漢秦宓董扶及任安所長宓曰董扶褒秋毫之善貶纖芥之惡任安記人之善忘人之過云（蜀志曰宓字子勑廣漢綿竹人也少有才學州郡辟命稱疾不往或謂宓曰足下欲自比巢許四皓何故揚文藻見瓌穎乎宓答曰僕文不能盡言言不能盡意何文藻之有揚乎虎生而文炳鳳生而五色豈以采自飾畫哉性自然也先主既定益州廣漢太守夏侯纂請宓爲師友祭酒領五官掾稱曰仲父宓稱疾臥在第舍尋拜左中郞將長水校尉吳使張溫大敬服宓之文辯遷大司農而卒）

郭玉傳

郭玉者廣漢雒人也初有老父不知何出常漁釣於涪水因號涪翁乞食人間見有疾者時下針石輒應時而效乃著針經診脉法傳於世（診候也音直刃反）弟子程高尋求積年翁乃授之高亦隱跡不仕玉少師事高學方診六徵之技陰陽不測之術和帝時爲太醫丞多有效應帝奇之仍試令嬖臣美手腕者與女子雜處帷中使玉各診一手問所疾苦玉曰左陰右陽脉有男女狀若異人臣疑其故帝歎息稱善玉仁愛不矜雖貧賤厮養必盡其心力而醫療貴人時或不愈帝乃令貴人羸服變處一針卽差召玉詰問其狀對曰醫之爲言意也腠理至微（腠理皮膚之間也韓子曰扁鵲見晉桓侯曰君有病在腠理也）隨氣用巧針石之間

毫芒即乖神存於心手之際可得解而不可得言也夫貴者處尊高以臨臣臣懷怖懾以承之其爲療也有四難焉自用意而不任臣一難也將身不謹二難也骨節不彊不能使藥三難也好逸惡勞四難也針有分寸時有破漏（分寸淺深之度破漏日有衝破者也）重以恐懼之心加以裁慎之志臣意且猶不盡何有於病哉此其所爲不愈也帝善其對年老卒官

華佗傳

華佗字元化（佗音徒何反）沛國譙人也一名旉（旉音孚）遊學徐土兼通數經曉養性之術年且百歲而猶有壯容時人以爲仙沛相陳珪舉孝廉太尉黃琬辟皆不就精於方藥處齊不過數種（齊音才計反）心識分銖不假稱量針灸不過數處裁七八九若疾發結於內針藥所不能及者乃令先以酒服麻沸散既醉無所覺因刳破腹背抽割積聚若在腸胃則斷截湔洗除去疾穢既而縫合傅以神膏四五日創愈一月之間皆平復（佗別傳曰人有見山陽太守廣陵劉景宗說數見華佗見其療病平脈之候其驗若神琅邪劉勳爲河內太守有女年幾二十左脚膝裏上有瘡癢而不痛創發數十日愈已復發如此七八年迎佗使視佗曰易療之當得稻穅色犬一頭好馬二匹以繩繫犬頸使走馬牽犬馬極輒易計馬走犬三十餘里犬不能行復令步人拖曳計向五十餘里乃以藥飲女女即安臥不知人因取犬斷腹近後脚之前所斷之處向創口令去三二寸停之須臾有若蛇者從創中出便以鐵錐橫貫蛇頭蛇在皮中搖動良久須臾不動牽出長三尺許純是蛇但有眼處而無瞳子又逆鱗耳以膏散著創中七日愈又有人若頭眩頭不得舉目不得視積年佗使悉解衣倒懸令頭去地一二寸濡布拭身體令周匝候視諸脈盡出五色佗令弟子數人以鈹刀決脈五色血盡視赤血出乃下以膏摩被覆汗出周匝飲以亭歷犬血散立愈又有婦人長病經年世謂寒熱注病者也冬十一月中佗令坐石槽中且用寒水汲灌云當滿百始七八灌戰欲死灌者懼欲止佗令滿數至將八十灌熱氣乃蒸出囂囂高二三尺滿百灌佗乃然火溫牀厚覆良久汗洽出著粉汗燥便愈又有人病腹中半切痛十餘日中鬢眉墮落佗曰是脾半腐可刳腹養療也佗便飲藥令臥破腹視脾半腐壞刮去惡肉以膏傅創飲之藥百日平復也○劉攽曰注且用寒水案文且當作旦）佗嘗行道見有病咽塞者（咽喉也）因語之曰向來道隅有賣餅人蓱齏甚酸（詩義疏曰蘋瀋水上浮萍者麤大謂蘋小者爲萍季春始生可糝蒸爲茹又可苦酒淹就酒也魏志及本草並作蒜齏也○劉攽曰注蘋瀋水上浮萍者案文此者當作也）可取三升飲之病自當去即如佗言立吐一蛇乃懸於車而候佗時佗小兒戲於門中逆見自相謂曰客車邊有物必是逢我翁也及客進顧視壁北懸蛇以十數乃知其奇（魏志曰故甘陵相夫人有身六月腹痛不安佗視脈曰胎已死使人手摸知所在在左則男在右則女云在左於是爲湯下之果下男形即愈縣吏尹代苦四肢煩口中乾不欲聞人聲小便不利佗曰試作熱食得汗即愈不汗後三日死即作熱食不汗出佗曰藏氣已絕於內當啼泣而絕果如佗言府吏倪尋李延共止俱頭痛身熱所苦正同佗曰尋當下之延當發汗或難其異佗曰尋外實延內實故療之宜殊即各與藥明旦並起者也）又有一郡守篤病久佗以爲盛怒則差乃多受其貨而不加功無何棄去又留書罵之太守果大怒令人追殺佗不及因瞋恚吐黑血數升而愈又有疾者詣佗求療佗曰君病根深應當剖破腹然君壽亦不過十年病不能相殺也病者不堪其苦必欲除之佗遂下療應時愈十年竟死廣陵太守陳登忽患匈中煩懣面赤不食佗脈之曰府君胃中有蟲欲成內疽腥物所爲也即作湯二升再服須臾吐出三升許蟲頭赤而動半身猶是生魚膾所苦便愈佗曰此病後三朞當發遇良醫可救登至期疾動時佗不在遂死曹操聞而召佗常在左右操積苦頭風眩佗針隨手而差有李將軍者妻病呼佗視脈佗曰傷身而胎不去將軍言聞實傷身胎已去矣佗曰案脈胎未去也將軍以爲不然妻稍差百餘日復動更呼佗佗曰脈理如前是兩胎先生者去血多故後兒不得出也胎既已死血脈不復歸必燥著母脊乃爲下針并令進湯婦因欲產而不通佗曰死胎枯燥勢不自生使人探之果得死胎人形可識但其色已黑佗之絕技皆此類也（佗別傳曰有人病腳躄不能行佗切脈便使解衣點背數十處相去一寸或五寸縱邪不相當言灸此各七壯灸創愈即行也後灸愈灸處夾脊一寸上下行端直均調如引繩也）爲人性惡難得意且恥以醫見業又去家思歸乃就操求還取方因託妻疾數期不反操累書呼之又勑郡縣發遣佗恃能厭事猶不肯至操大怒使人廉之（廉察也）知妻詐疾乃收付獄訊考驗首服荀彧請曰佗方術實工人命所懸宜加全宥操不從竟殺之佗臨死出一卷書與獄吏曰此可以活人吏畏法不敢受佗亦不彊索火燒之初軍吏李成苦欬晝夜不寐佗以爲腸癰與散兩錢服之即吐二升膿血於此漸愈乃戒之曰後十八歲疾當發動若不得此藥不可差也復分散與之後五六歲有里人如成先病請藥甚急成愍而與之乃故往譙更從佗求適值見收意不忍言後十八年成病發無藥而死廣陵吳普彭城樊阿皆從佗學普依準佗療多所全濟○劉（攽曰普依準佗療案文不全須有一病字）佗語普曰人體欲得勞動但不當使極耳動搖則穀氣得銷血脈流通病不得生譬如戶樞終不朽也是以古之仙者爲導引之事熊經鴟顧（熊經若熊之攀枝自懸也鴟顧身不動而回顧也莊子曰吐故納新熊經鳥申此導引之士養形之人也）引挽要體動諸關節以求難老吾有一術名五禽之戲一曰虎二曰鹿三曰熊四曰猨五曰鳥（佗別傳曰吳普從佗學微得其方魏明帝呼之使爲禽戲普以年老手足不能相及粗以其法語諸醫普今年將九十耳不聾目不冥牙齒完堅飲食無損）亦以除疾兼利蹏足以當導引體有不快起作一禽之戲怡而汗出因以著粉身體輕便而欲食普施行之年九十餘耳目聰明齒牙完堅阿善針術凡醫咸言背及匈藏之間不可妄針針之不可過四分而阿針背入一二寸巨闕匈藏乃五六寸而病皆瘳阿從佗求方可服食益於人者佗授以漆葉青麫散（佗別傳曰青麫者一名地節一名黃芝主理五藏益精氣本出於迷入山者見仙人服之以告佗佗以爲佳語阿阿又祕之近者人見阿之壽而氣力強盛怪之遂責所服食因醉亂誤道之法一施人多服者皆有大驗本字書無麫字相傳音女廉反然今人無識此者甚可恨惜○劉攽曰注本字書案文多一本字）漆葉屑一斗青麫十四兩以是爲率言久服去三蟲利五藏輕體使人頭不白阿從其言壽百餘歲漆葉處所而有青麫生於豐沛彭城及朝歌間漢世異術之士甚衆雖云不經而亦有不可誣故簡其美者列于傳末

冷壽光唐虞魯女生三人者皆與華佗同時壽光年可百五六十歲行容成公御婦人法（列仙傳曰容成公者能善補導之事取精於玄牝其要谷神不死守生養氣者也髮白復黑齒落復生御婦人之術謂握固不寫還精補腦也）常屈頸鷮息（鷮音居妖反毛詩曰有集維鷮毛萇注曰鷮雉也山海經曰女几之山多白鷮郭璞曰似雉長尾走且鳴也）鬚髮盡白而色理如三四十時死於江陵唐虞道赤眉張步家居里落若與相及死於鄉里不其縣魯女生數說顯宗時事甚明了議者疑其時人也董卓亂後莫知所在（漢武內傳曰魯女生長樂人初餌胡麻及朮絕穀八十餘年日少壯色如桃花日能行三百里走及麞鹿傳世見之云三百餘年後采藥嵩高山見一女人曰我三天太上侍官也以五岳真形與之并告其施行女生道成一旦與知友故人別云入華山去後五十年先相識者逢女生華山廟前乘白鹿從玉女三十人并令謝其鄉里親故人也）

徐登傳

徐登者閩中人也（閩中地今泉州也）本女子化爲丈夫善爲巫術又趙炳字公阿東陽人能爲越方（東陽今婺州也抱朴子曰道士趙炳以氣禁人人不能起禁虎虎伏地低頭閉目便可執縛以大釘釘柱入尺許以氣吹之釘即躍出射去如弩箭之發異苑云趙侯以盆盛水吹氣作禁魚龍立見越方善禁呪也）時遭兵亂疾疫大起二人遇於烏傷溪水之上（酈元注水經曰吳寧溪出吳寧縣經烏傷謂之烏傷溪在今婺州義烏縣東也）遂結言約共以其術療病各相謂曰今既同志且可各試所能登乃禁溪水水爲不流炳復次禁枯樹樹即生荑（易曰枯楊生荑王弼注云荑者楊之秀也）二人相視而笑共行其道焉登年長炳師事之貴尚清儉禮神唯以東流水爲酌削桑皮爲脯但行禁架所療皆除（禁架即禁術也）後登物故炳東入章安（縣名屬會稽郡本名回浦光武改爲章安故城在今台州臨海縣東南）百姓未之知也炳乃故升茅屋梧鼎而爨主人見之驚懅（梧支也懅怖也）炳笑不應既而爨孰屋無損異又嘗臨水求度船人不和之（和猶許也俗本作知者誤也）炳乃張蓋坐其中長嘯呼風亂流而濟於是百姓神服從者如歸章安令惡其惑衆收殺之人爲立祠室於永康至今蚊蚋不能入也（炳故祠在今婺州永康縣東俗呼爲趙侯祠至今蚊蚋不入祠所江南猶傳趙侯禁法以療疾云）

費長房傳

費長房者汝南人也曾爲市掾市中有老翁賣藥懸一壺於肆頭及市罷輒跳入壺中市人莫之見唯長房於樓上覩之異焉因往再拜奉酒脯翁知長房之意其神也謂之曰子明日可更來長房旦日復詣翁翁乃與俱入壺中唯見玉堂嚴麗旨酒甘肴盈衍其中共飲畢而出翁約不聽與人言之後乃就樓上候長房曰我神仙之人以過見責今事畢當去子寧能相隨乎樓下有少酒與卿爲別長房使人取之不能勝又令十人扛之猶不舉（說文曰兩人對舉爲扛音江）翁聞笑而下樓以一指提之而上視器如一升許而二人飲之終日不盡長房遂欲求道而顧家人爲憂（顧念也）翁乃斷一青竹度與長房身齊使懸之舍後家人見之即長房形也以爲縊死大小驚號遂殯葬之長房立其傍而莫之見也於是遂隨從入深山踐荊棘於羣虎之中留使獨處長房不恐又臥於空室以朽索懸萬斤石於心上衆蛇競來齧索且斷長房亦不移翁還撫之曰子可教也復使食糞糞中有三蟲臭穢特甚長房意惡之翁曰子幾得道恨於此不成如何長房辭歸翁與一竹杖曰騎此任所之則自至矣既至可以杖投葛陂中也（陂在今豫州新蔡縣西北）又爲作一符曰以此主地上鬼神長房乘杖須臾來歸自謂去家適經旬日而已十餘年矣即以杖投陂顧視則龍也家人謂其久死不信之長房曰往日所葬但竹杖耳乃發冢剖棺杖猶存焉遂能醫療衆病鞭笞百鬼及驅使社公或在它坐獨自恚怒人問其故曰吾責鬼魅之犯法者耳汝南歲歲常有魅僞作太守章服詣府門椎鼓者郡中患之時魅適來而逢長房謁府君惶懼不得退便前解衣冠叩頭乞活長房呵之云便於中庭正汝故形即成老鼈大如車輪頸長一丈長房復令就太守服罪付其一札以勑葛陂君魅叩頭流涕持札植於陂邊以頸繞之而死後東海君來見葛陂君因淫其夫人於是長房劾繫之三年而東海大旱長房至海上見其人請雨乃謂之曰東海君有罪吾前繫於葛陂今方出之使作雨也於是雨立注長房曾與人共行見一書生黃巾被裘無鞍騎馬下而叩頭長房曰還它馬赦汝死罪人問其故長房曰此狸也盜社公馬耳又嘗坐客而使至宛市鮓須臾還乃飯○（劉攽曰又嘗坐客使至宛案至宛市鮓謂長房身也不當作使字當作往字）或一日之間人見其在千里之外者數處焉後失其符爲衆鬼所殺

薊子訓傳

薊子訓者不知所由來也建安中客在濟陰宛句（今曹州縣）（句音劬）有神異之道嘗抱鄰家嬰兒故失手墮地而死其父母驚號怨痛不可忍聞而子訓唯謝以過誤終無它

說遂埋藏之後月餘子訓乃抱兒歸焉父母大恐曰死生異路雖思我兒乞不用復見也兒識父母軒渠笑悅欲往就之母不覺攬取乃實兒也雖大喜慶心猶有疑乃竊發視死兒但見衣被方乃信焉於是子訓流名京師士大夫皆承風向慕之後乃駕驢車與諸生俱詣許下道過滎陽止主人舍而所駕之驢忽然卒僵蛆蟲流出主遽白之子訓曰乃爾乎方安坐飯食畢徐出以杖扣之驢應聲奮起行步如初即復進道其追逐觀者常有千數既到京師公卿以下候之者坐上恒數百人皆爲設酒脯終日不匱後因遁去遂不知所止初去之日唯見白雲騰起從旦至暮如是數十處時或有百歲翁自說童兒時見子訓賣藥於會稽市顏色不異於今後人復於長安東霸城見之與一老翁共摩挲銅人酈元水經注曰魏文帝黃初元年徙長安金狄重不可致因留霸城南相謂曰適見鑄此而已近五百歲矣史記秦始皇二十六年於咸陽鑄金人十二各重千斤至此四百二十餘年顧視見人而去猶駕昔所乘驢車也見者呼之曰薊先生小住並行應之並猶且也音蒲朗反視若遲徐而走馬不及於是而絕

劉根傳

劉根者潁川人也隱居嵩山中諸好事者自遠而至就根學道太守史祈以根爲妖妄乃收執詣郡數之曰汝有何術而誣惑百姓若果有神可顯一驗事不爾立死矣根曰實無它異頗能令人見鬼耳祈曰促召之使太守目覩爾乃爲明根於是左顧而嘯有頃祈之亡父祖近親數十人皆反縛在前向根叩頭曰小兒無狀分當萬坐顧而叱祈曰汝爲子孫不能有益先人而反累辱亡靈可叩頭爲吾陳謝祈驚懼悲哀頓首流血請自甘罪坐根嘿而不應忽然俱去不知所在

左慈傳

左慈字元放廬江人也少有神道嘗在司空曹操坐操從容顧衆賓曰今日高會珍羞略備所少吳松江鱸魚耳松江在今蘇州東南首受大湖神仙傳云松江出好鱸魚味異它處元放於下坐○劉攽曰放于下坐又下放曰亦可得也案傳未嘗以字稱亦無或用字或用名者明放皆當作慈應曰此可得也因求銅盤貯水以竹竿餌釣○劉攽曰案文多一竹字於盤中須臾引一鱸魚出操大拊掌笑○劉攽曰案文當作拊掌大笑會者皆驚操曰一魚不周坐席可更得乎放乃更餌釣沈之須臾復引出皆長三尺餘生鮮可愛操使目前鱠之周浹會者操又謂曰既已得魚恨無蜀中生薑耳放曰亦可得也操恐其近即所取因曰吾前遣人到蜀買錦可過勑使者增市二端語頃即得薑還并獲操使報命後操使蜀反○劉攽曰後操使蜀反案文少一自字驗問增錦之狀及時日早晚若符契焉後操出近郊士大夫從者百許人慈乃爲齎酒一升脯一斤手自斟酌百官莫不醉飽操怪之使尋其故行視諸鑪悉亡其酒脯矣鑪酒肆也操懷不喜喜音許吏反因坐上欲收殺之慈乃卻入壁中霍然不知所在或見於市者又捕之而市人皆變形與慈同莫知誰是後人逢慈於陽城山頭因復逐之遂入走羊羣○劉攽曰案文當作走入操知不可得乃令就羊中告之曰不復相殺本試君術耳忽有一老羝屈前兩膝人立而言曰遽如許言何遽如許爲事即競往赴之而羣羊數百皆變爲羝並屈前膝人立云遽如許遂莫知所取焉魏文帝典論論郤儉等事曰潁川郤儉能辟穀餌伏苓甘陵甘始名善行氣老而少容廬江左慈知補導之術並爲軍吏初儉至之所伏苓貴暴數倍議郎安平李章學其辟穀食伏苓飲寒水中泄利殆至殞命後始來衆人無不鴟視狼顧呼吸吐納軍祭酒弘農董芬爲之過差氣閉不通良久乃蘇左慈到又競受其補導之術至寺人嚴峻往從問受奄豎真無事於斯術也人之逐聲乃至於是也

許子勳傳

許子勳者不知何郡縣人皆謂數百歲行來於人間一旦忽言日中當死主人與之葛衣子勳服而正寢至日中果死

上成公傳

上成公者宓縣人也○劉攽曰宓縣人案宓當作密其初行久而不還後歸語其家云我已得仙因辭家而去家人見其舉步稍高良久乃沒云陳寔韓韶同見其事

解奴辜傳

解奴辜張貂者亦不知是何郡國人也皆能隱淪出入不由門戶奴辜能變易物形以誑幻人又河南有麴聖卿善爲丹書符劾厭殺鬼神而使命之又有編盲意亦與鬼物交通編姓也盲音名初章帝時有壽光侯者壽姓也風俗通曰壽於姚吳大夫能劾百鬼衆魅令自縛見形其鄉人有婦爲魅所病侯爲劾之得大蛇數丈死於門外又有神樹人止者輒死鳥過者必墜侯復劾之樹盛夏枯落見大蛇長七八丈懸死其間帝聞而徵之乃試問之○劉攽曰問之按文當作曰吾殿下夜半常有數人絳衣被髮持火相隨豈能劾之乎侯曰此小怪易銷耳帝僞使三人爲之侯劾三人登時仆地無氣帝大驚曰非魅也朕相試耳解之而蘇

甘始傳

甘始東郭延年漢武內傳曰延年字公游封君達三人者皆方士也率能行容成御婦人術或飲小便或自倒懸愛嗇精氣不極視大言甘始元放延年皆爲操所錄問其術而行之曹植辨道論曰甘始者老而有少容自諸術士咸共歸之然始辭繁寡實頗切怪言余嘗辟左右獨與之言問其所行溫顏以誘之美辭以導之始語余吾本師姓韓字雅嘗與師於南海作金前後數四投數萬斤金於海又言諸梁時西域胡來獻香罽腰帶割玉刀時悔不取也又言車師之西國兒生擘背出脾欲其食少而怒行也又言取鯉魚五寸一雙令一著藥投沸膏中有藥者尾鼓鰓遊行沈浮有若處淵其一者已熟而可噉余時問言寧可試不言是藥去此踰萬里當出塞始不自行不能得也言不盡於此頗難悉載故粗舉其巨怪者始若遭秦始皇漢武帝則復徐市欒大之徒也君達號青牛師漢武帝內傳曰封君達隴西人初服黃連五十餘年入鳥舉山服水銀百餘年還鄉里如二十者常乘青牛故號青牛道士聞有病死者識與不識便以要間竹管中藥與服或下針應手皆愈不以姓名語人聞魯女生得五岳圖連年請求女生未見授并告節度二百餘歲乃入玄丘山去○劉攽曰註連年請求女生未見授按文當云連年請于女生求見授凡此數人皆百餘歲及二百歲也

王真傳

王真郝孟節者皆上黨人也王真年且百歲視之面有光澤似未五十者自云周流登五岳名山悉能行胎息胎食之方嗽舌下泉咽之不絕房室漢武內傳曰王真字叔經上黨人習閉氣而吞之名曰胎息習嗽舌下泉而咽之名曰胎食真行之斷穀二百餘日肉色光美力並數人抱朴子曰胎息者能不以鼻口噓翕如在胎之中嗽音朔○劉攽曰註習嗽舌下泉而咽之名曰胎食案文多一習字孟節能含棗核不食可至五年十年又能結氣不息身不動搖狀若死人可至百日半年亦有室家爲人質謹不妄言似士君子曹操使領諸方士焉

王和平傳

北海王和平性好道術自以當仙濟南孫邕少事之從至京師會和平病歿邕因葬之東陶有書百餘卷藥數囊悉以送之後弟子夏榮言其尸解邕乃恨不取其寶書仙藥焉尸解者言將登仙假託爲尸以解化也

贊曰幽貺罕徵明數難校不探精遠曷感靈效如或遷訛實乖玄奧

後漢書卷一百十二下考證

許曼傳所著易林至今行於世○何焯曰今世所傳焦氏易林疑即峻所著焦氏不聞有書也

薊子訓傳共摩挲銅人注酈元水經注曰魏文帝黃初元年○三國志注作明帝景初元年

後漢書卷一百十三

宋　宣城太守范　曄撰

唐　章懷太子　賢注

逸民列傳第七十三

易稱遯之時義大矣哉又曰不事王侯高尚其事是以堯稱則天不屈潁陽之高潁陽謂巢許也武盡美矣終全孤竹之潔孤竹謂夷齊也自茲以降風流彌繁長往之軌未殊而感致之數匪一或隱居以求其志或曲避以全其道論語孔子曰隱居以求其志行義以達其道求志謂長沮桀溺全道若薛方逢萌對王莽也或靜己以鎮其躁謂逢萌之類也或去危以圖其安四皓之類也或垢俗以動其槩謂申徒狄鮑焦之流也或疵物以激其清梁鴻嚴光之流然觀其甘心畎畝之中憔悴江海之上莊子曰舜以天下讓北人無擇無擇曰異哉后之爲人也居於畎畝之中而遊堯之門不若是而已又曰就藪澤處閒曠此江海之士避代之人閒暇者之所好也豈必親魚鳥樂林草哉亦云性分所至而已分音符問反故蒙恥之賓屢黜不去其國列女傳曰柳下惠死其妻誄之曰蒙恥救人德彌大兮雖遇三黜終不敝兮蹈海之節千乘莫移其情史記曰魯連謂新垣衍曰秦即爲帝則魯連蹈東海死耳魯連下聊城田單爵之魯連逃隱於海上也適使矯易去就則不能相爲矣人各有所尚不能改其志孔子聞長沮桀溺之言乃告子路曰天下有道丘不與易也彼雖硜硜有類沽名者論語曰孔子擊磬於衛有荷蕢而過孔氏之門者曰有心哉擊磬乎既而曰鄙哉硜硜乎莫已知也又子貢曰有美玉於斯韞櫝而藏諸求善價而沽諸子曰沽之哉沽之哉我待價者也沽謂衒賣也然而蟬蛻囂埃之中自致寰區之外異夫飾智巧以逐浮利者乎荀卿有言曰志意脩則驕富貴道義重則輕王公也荀卿子之文也漢室中微王莽篡位士之蘊藉義憤甚矣是時裂冠毀冕相攜持而去之者蓋不可勝數左傳曰王使詹桓伯辭於晉曰伯父若裂冠毀冕拔本塞源毛詩序曰百姓莫不相攜持而去之也楊雄曰鴻飛冥冥弋者何篡焉言其違患之遠也篡字諸本或作慕法言作篡宋衷曰篡取也鴻高飛冥冥薄天雖有弋人何施巧而取也喻賢者隱處不離暴亂之害也然今人謂以計數取物爲篡篡亦取也光武側席幽人求之若不及國語曰越王夫人去笄側席而坐韋昭註云側猶特也禮憂者側席而坐前書公孫弘贊曰上方欲用文武求之如弗及旌帛蒲車之所徵賁相望於巖中矣毛詩序曰干旄美好善也其詩曰孑孑干旄在浚之城易賁卦六五曰賁于丘園束帛戔戔蒲車以蒲裹輪取其安前書武帝以蒲車徵魯申公也若薛方逢萌聘而不肯至前書薛方字子容嚴光周黨王霸至而不能屈羣方咸遂志士懷仁斯固所謂舉逸民天下歸心者乎論語文也肅宗亦禮鄭均而徵高鳳以成其節自後帝德稍衰邪孽當朝處子耿介羞與卿相等列至乃抗憤而不顧多失其中行焉蓋錄其絕塵不反莊子曰顏回問於仲尼曰夫子步亦步夫子趨亦趨夫子馳亦馳夫子奔逸絕塵則回瞠若乎後矣司馬彪注云言不可及也韓詩外傳曰山林之士往而不能反同夫作者列之此篇論語曰賢者辟世其次辟地其次辟色其次辟言子曰作者七人矣

野王二老傳

野王二老者，不知何許人也。初，光武貳於更始，會關中擾亂，遣前將軍鄧禹西征，送之於道。既反，因於野王獵，路見二老者即禽。（即，就也。易曰：即鹿無虞也。）光武問曰：「禽何向？」並舉手西指，言「此中多虎，臣每即禽，虎亦即臣，大王勿往也」。光武曰：「苟有其備，虎亦何患。」父曰：「何大王之謬邪！昔湯即桀於鳴條，而大城於亳；（帝王紀曰：按孟子桀卒於鳴條，乃在東夷之地，或言陳留平丘今有鳴條亭也。唯孔安國注尚書云鳴條在安邑西。考三說之驗，孔爲近之。）武王亦即紂於牧野，而大城於郟鄏。（杜預注左傳曰：今河南也。河南縣西有郟鄏陌。）彼二王者，其備非不深也。是以即人者，人亦即之，雖有其備，庸可忽乎！」光武悟其旨，顧左右曰：「此隱者也。」將用之，辭而去，莫知所在。

向長傳

向長字子平，（高士傳向字作尚。）河內朝歌人也。隱居不仕，性尚中和，好通老、易。貧無資食，好事者更饋焉，受之取足而反其餘。王莽大司空王邑辟之，連年乃至，欲薦之於莽，固辭乃止。潛隱於家。讀易至損、益卦，喟然歎曰：「吾已知富不如貧，貴不如賤，但未知死何如生耳。」（易損卦曰：「二簋可用享。」損益盈虛，與時偕行。益卦曰：「損上益下，人說無疆」也。）建武中，男女娶嫁既畢，勑斷家事勿相關，當如我死也。於是遂肆意，與同好北海禽慶（前書慶字子夏。）俱遊五嶽名山，竟不知所終。

逢萌傳

逢萌字子慶，北海都昌人也。（劉攽曰：案萌北海人，則當是逢，非逄也。）家貧，給事縣爲亭長。時尉行過亭，萌候迎拜謁，既而擲楯歎曰：（亭長主捕盜賊，故執楯也。）「大丈夫安能爲人役哉！」遂去之長安學，通春秋經。時王莽殺其子宇，（前書莽隔絕平帝外家衞氏，宇恐帝大後見怨，以爲莽不可諫而好鬼神，即夜持血灑莽第門，吏發覺之，莽執宇送獄，飲藥而死。）萌謂友人曰：「三綱絕矣！（謂君臣、夫婦、父子。）不去，禍將及人。」即解冠挂東都城門，（漢宮殿名東都門，今名青門也。前書音義曰：長安東都城北頭第一門。）歸，將家屬浮海，客於遼東。萌素明陰陽，知莽將敗，有頃，乃首戴瓦盎，（盎，盆也。）哭於市曰：「新乎新乎！」（王莽爲新都侯，及篡，號新室，故哭之。）因遂潛藏。及光武即位，乃之琅邪勞山，（在今萊州即墨縣東南，有大勞、小勞山。）養志脩道，人皆化其德。北海太守素聞其高，遣吏奉謁致禮，萌不荅。太守懷懔而使捕之。吏叩頭曰：「子慶大賢，天下共聞，所在之處，人敬如父，往必不獲，秖自毀辱。」太守怒，收之繫獄，更發它吏。行至勞山，人果相率以兵弩捍禦，吏被傷流血，奔而還。後詔書徵萌，託以老耄，迷路東西，語使者云：「朝廷所以徵我者，以其有益於政，尚不知方面所在，安能濟時乎？」即便駕歸。連徵不起，以壽終。初，萌與同郡徐房、平原李子雲、王君公相友善，並曉陰陽，懷德穢行。房與子雲養徒各千人，君公遭亂獨不去，儈牛自隱。（儈謂平會兩家賣買之價。）時人謂之論○（劉攽曰：案謂之論，都不是，當作爲之語。）曰：「避世牆東王君公。」（嵇康高士傳曰：君公明易，爲郎，數言事不用，乃自汙與官婢通，免歸，詐狂儈牛，口無二價也。）

周黨傳

周黨字伯況，太原廣武人也。家產千金。少孤，爲宗人所養，而遇之不以理，及長，又不還其財。黨詣鄉縣訟，主乃歸之。既而散與宗族，悉免遣奴婢，遂至長安遊學。初，鄉佐嘗眾中辱黨，黨久懷之。（續漢志：鄉佐主收賦稅者。）後讀春秋，聞復讐之義，（春秋經書紀侯大去其國。公羊傳曰：大去者何？滅也。孰滅之？齊滅之。曷爲不言齊滅之？爲襄公諱也。齊襄公九世祖哀公亨於周，紀侯譖之，故襄公讐於紀。九世猶可復讐乎？雖百世可也。）便輟講而還，與鄉佐相聞，期剋鬬日。既交刃，而黨爲鄉佐所傷，困頓。鄉佐服其義，輿歸養之，數日方蘇，既悟而去。自此勑身脩志，州里稱其高。及王莽竊位，託疾杜門。自後賊暴從橫，殘滅郡縣，唯至廣武，過城不入。建武中，徵爲議郎，以病去職，遂將妻子居黽池。復被徵，不得已，乃著短布單衣，穀皮綃頭，待見尚書。（以穀樹皮爲綃頭也。綃頭解見向栩傳。黨服此，尚書以待見也。○劉攽曰：注服此尚書以待見也，案文少一詣字。）及光武引見，黨伏而不謁，自陳願守所志，帝乃許焉。博士范升奏毀黨曰：「臣聞堯不須許由、巢父，而建號天下；周不待伯夷、叔齊，而王道以成。伏見太原周黨、東海王良、山陽王成等，蒙受厚恩，使者三聘，乃肯就車。及陛見帝廷，黨不以禮屈，伏而不謁，偃蹇驕悍，同時俱逝。黨等文不能演義，武不能死君，釣采華名，庶幾三公之位。臣願與坐雲臺之下，考試圖國之道。不如臣言，伏虛妄之罪。而敢私竊虛名，誇上求高，皆大不敬。」書奏，天子以示公卿。詔曰：「自古明王聖主必有不賓之士。伯夷、叔齊不食周粟，太原周黨不受朕祿，亦各有志焉。其賜帛四十匹。」黨遂隱居黽池，著書上下篇而終。邑人賢而祠之。初，黨與同郡譚賢伯升、鴈門殷謨君長，俱守節不仕王莽世。建武中，徵，並不到。

王霸傳

王霸字儒仲，太原廣武人也。少有清節。及王莽篡位，棄冠帶，絕交宦。建武中，徵到尚書，拜稱名，不稱臣。有司問其故。霸曰：「天子有所不臣，諸侯有所不友。」（禮記曰：儒有上不臣天子，下不事諸侯。）司徒侯霸讓位於霸。閻陽毀之曰：「太原俗黨，儒仲頗有其風。」遂止。（皇甫謐高士傳曰：故梁令閻陽也。前書曰：太原多晉公族子孫，以詐力相傾，矜夸功名，報仇過直，漢興號爲難化，常擇嚴猛或任殺伐爲威，父兄被誅，子弟怨憤，至告訐刺史二千石。）以病歸，隱居守志，茅屋蓬戶。連徵，不至，以壽終。

嚴光傳

嚴光字子陵，一名遵，會稽餘姚人也。少有高名，與光武同遊學。及光武即位，光乃變名姓，隱身不見。帝思其賢，乃令以物色訪之。（以其形貌求之。）後齊國上言：「有一男子，披羊裘釣澤中。」帝疑其光，乃備安車玄纁，遣使聘之。三反而後至。舍於北軍。給牀褥，太官朝夕進膳。司徒侯霸與光素舊，遣使奉書。（皇甫謐高士傳曰：霸使西曹屬侯子道奉書，光不起，於牀上箕踞抱膝發書讀訖，問子道曰：「君房素癡，今爲三公，寧小差否？」子道曰：「位已鼎足，不癡也。」光曰：「遣卿來何言？」子道傳霸言。光曰：「卿言不癡，是非癡語也？天子徵我三乃來，人主尚不見，當見人臣乎？」子道求報，光曰：「我手不能書。」乃口授之。使者嫌少，可更足。光曰：「買菜乎？求益也。」）使人因謂光曰：「公聞先生至，區區欲即詣造。迫於典司，是以不獲。願因日暮，自屈語言。」光不荅，乃投札與之，口授曰：「君房足下：位至鼎足，甚善。懷仁輔義天下悅，阿諛順旨要領絕。」霸得書，封奏之。帝笑曰：「狂奴故態也。」車駕即日幸其館。光臥不起，帝即其臥所，撫光腹曰：「咄咄子陵，不可相助爲理邪？」光又眠不應，良久，乃張目熟視，曰：「昔唐堯著德，巢父洗耳。士故有志，何至相迫乎！」帝曰：「子陵，我竟不能下汝邪？」於是升輿歎息而去。復引光入，論道舊故，相對累日。帝從容問光曰：「朕何如昔時？」對曰：「陛下差增於往。」因共偃臥，光以足加帝腹上。明日，太史奏客星犯御坐甚急。帝笑曰：「朕故人嚴子陵共臥耳。」除爲諫議大夫，不屈，乃耕於富春山，（今杭州富陽縣也。本漢富春縣，避晉簡文帝鄭太后諱改曰富陽。）後人名其釣處爲嚴陵瀨焉。（顧野王輿地志曰：七里瀨在東陽江下，與嚴陵瀨相接，有嚴山。桐廬縣南有嚴子陵漁釣處，今山邊有石，上可坐十人，臨水，名爲嚴陵釣壇也。）建武十七年，復特徵，不至。年八十，終於家。帝傷惜之，詔下郡縣賜錢百萬、穀千斛。

井丹傳

井丹字大春，扶風郿人也。少受業太學，通五經，善談論，故京師爲之語曰：「五經紛綸井大春。」（紛綸猶浩博也。）性清高，未嘗脩刺候人。建武末，沛王輔等五王居北宮，皆好賓客，更遣請丹，不能致。信陽侯陰就，光烈皇后弟也，以外戚貴盛，乃詭說五王，求錢千萬，約能致丹，而別使人要劫之。丹不得已，既至，就故爲設麥飯葱葉之食，丹推去之，曰：「以君侯能供甘旨，故來相過，何其薄乎？」更致盛饌，乃食。及就起，左右進輦。丹笑曰：「吾聞桀駕人車，豈此邪？」（帝王紀曰：桀以人駕車。）坐中皆失色。就不得已而令去輦。自是隱閉，不關人事，以壽終。

梁鴻傳

梁鴻字伯鸞，扶風平陵人也。父讓，王莽時爲城門校尉，封脩遠伯，使奉少昊後，（前書莽或允吾爲脩遠。少昊金天氏之號，黃帝者。北地，今寧州也。）寓於北地而卒。鴻時尚幼，以遭亂世，因卷席而葬。後受業太學，家貧而尚節介，博覽無不通，而不爲章句。學畢，乃牧豕於上林苑中。曾誤遺火延及它舍，鴻乃尋訪燒者，問所去失，（去，亡也。）悉以豕償之。其主猶以爲少。鴻曰：「無它財，願以身居作。」主人許之。因爲執勤，不懈朝夕。鄰家耆老見鴻非恆人，乃共責讓主人，而稱鴻長者。於是始敬異焉，悉還其豕。鴻不受而去，歸鄉里。勢家慕其高節，多欲女之，（以女妻人曰女，音尼慮反。）鴻並絕不娶。同縣孟氏有女，狀肥醜而黑，力舉石臼，擇對不嫁，至年三十。父母問其故。女曰：「欲得賢如梁伯鸞者。」鴻聞而聘之。女求作布衣、麻屨，織作筐緝績之具。及嫁，始以裝飾入門。七日而鴻不荅。妻乃跪牀下請曰：「竊聞夫子高義，簡斥數婦，（斥，遠也。）妾亦偃蹇數夫矣。今而見擇，敢不請罪。」鴻曰：「吾欲裘褐之人，可與俱隱深山者爾。今乃衣綺縞，傅粉墨，豈鴻所願哉？」妻曰：「以觀夫子之志耳。妾自有隱居之服。」乃更爲椎髻，著布衣，操作而前。鴻大喜曰：「此真梁鴻妻也。能奉我矣！」字之曰德曜，名孟光。居有頃，妻曰：「常聞夫子欲隱居避患，今何爲默默？無乃欲低頭就之乎？」鴻曰：「諾。」乃共入霸陵山中，以耕織爲業，詠詩書，彈琴以自娛。仰慕前世高士，而爲四皓以來二十四人作頌。因東出關，過京師，作五噫之歌曰：「陟彼北芒兮，噫！顧覽帝京兮，噫！宮室崔嵬兮，噫！人之劬勞兮，噫！遼遼未央兮，噫！」肅宗聞而非之，求鴻不得。乃易姓運期，名燿，字侯光，與妻子居齊魯之間。有頃，又去適吳。將行，作詩曰：「逝舊邦兮遐征，將遙集兮東南。心惙怛兮傷悴，志菲菲兮升降。（爾雅曰：惙怛，憂也。菲菲，高下不定也。惙音丁劣反。降音下江反。詩曰：我心則降。）欲乘策兮縱邁，疾吾俗兮作讒。競舉枉兮措直，咸先佞兮唌唌。（論語曰：舉直措諸枉，則人服；舉枉措諸直，則人不服。唌音延。唌唌，讒言捷急之貌。）固靡慙兮獨建，冀異州兮尚賢。（建，立也。言己無慙於獨立，所以適吳者，冀異州之人貴尚賢德。）聊逍搖兮遨嬉，纘仲尼兮周流。儻云覩兮我悅，遂舍車兮即浮。（舍其車而就舟舡。）過季札兮延陵，求魯連兮海隅。雖不察兮光貌，（光貌，光儀也。言雖不察見季札及魯連，然冀幸其神靈與之同美也。）幸神靈兮與休。惟季春兮華阜，麥含含兮方秀。哀茂時兮逾邁，愍芳香兮日臭。（茂，盛也。臭，敗也。）悼吾心兮不獲，長委結兮焉究！（委結，懷恨也。究，窮也。）口囂囂兮余訕，嗟恇恇兮誰留？」（訕，謗也。鄭玄注禮記曰：恇恇，恐也。）遂至吳，依大家皋伯通，居廡下，（說文曰：廡，堂下周屋也。釋名：大屋曰廡。）爲人賃舂。每歸，妻爲具食，不敢於鴻前仰視，舉案齊眉。伯通察而異之，曰：「彼傭能使其妻敬之如此，非凡人也。」乃方舍之於家。鴻潛閉著書十餘篇。疾且困，告主人曰：「昔延陵季子葬子於嬴博之間，不歸鄉里，慎勿令我子持喪歸去。」及卒，伯通等爲求葬地於吳要離冢傍。咸曰：「要離烈士，而伯鸞清高，可令相近。」（要離，刺吳王僚子慶忌者，冢在今蘇州吳縣西，伯鸞墓在其北。）葬畢，妻子歸扶風。初，鴻友人京兆高恢，少好老子，隱於華陰山中。及鴻東遊思恢，作詩曰：「鳥嚶嚶兮友之期，（毛詩曰：伐木丁丁，鳥鳴嚶嚶，出自幽谷，遷

于喬木嚶其鳴矣求其友聲念高子兮僕懷思想念恢兮爰集茲二人遂不復相見恢亦高抗終身不仕高士傳曰恢字伯通

高鳳傳

高鳳字文通南陽葉人也少爲書生家以農畝爲業而專精誦讀晝夜不息妻嘗之田曝麥於庭令鳳護鷄時天暴雨而鳳持竿誦經不覺潦水流麥妻還怪問鳳方悟之其後遂爲名儒乃教授業於西唐山中山在今唐州湖陽縣酈元注水經云即高鳳所隱之西唐山也○劉攽曰正文按教授業不成文理明衍此一業字若存業則可去教字也鄰里有爭財者持兵而鬬鳳往解之不已乃脫巾叩頭固請曰仁義遜讓奈何棄之於是爭者懷感投兵謝罪鳳年老執志不倦名聲著聞太守連召請恐不得免自言本巫家不應爲吏又詐與寡嫂訟田遂不仕建初中將作大匠任隗舉鳳直言到公車託病逃歸推其財產悉與孤兄子隱身漁釣終於家

論曰先大夫宣侯沈約宋書曰范泰字伯倫祖汪父甯宋高祖受命拜金紫光祿大夫加散騎常侍領國子祭酒多所陳諫泰博覽篇籍好爲文章愛獎後生孜孜無倦薨諡宣侯即曄之父也嘗以講道餘隙寓乎逸士之篇至高文通傳輟而有感以爲隱者也因著其行事而論之曰古者隱逸其風尚矣潁陽洗耳恥聞禪讓許由隱於潁陽聞堯欲禪乃臨潁而洗耳孤竹長飢羞食周粟伯夷叔齊孤竹君之子不食周粟或高棲以違行或疾物以矯情雖軌跡異區其去就一也若伊人者志陵青雲之上身晦泥汙之下心名猶且不顯況怨累之爲哉與夫委體淵沙鳴弦揆日者不其遠乎委體淵沙謂屈原懷沙礫而自沈也鳴弦揆日嵇康臨刑顧日景而彈琴也論者以事跡相明故引康爲喻

臺佟傳

臺佟字孝威佟音大冬反魏郡鄴人也隱於武安山武安縣之山也鑿穴爲居采藥自給建初中州辟不就刺史行部乃使從事致謁佟載病往謝刺史乃執贄見佟曰嵇康高士傳曰刺史執棗栗之贄往孝威居身如是甚苦如何佟曰佟幸得保終性命存神養和如明使君奉宣詔書夕惕庶事反不苦邪遂去隱逸終不見

韓康傳

韓康字伯休一名恬休京兆霸陵人家世著姓常采藥名山賣於長安市口不二價三十餘年時有女子從康買藥康守價不移女子怒曰公是韓伯休那那語餘聲也音乃賀反乃不二價乎康歎曰我本欲避名今小女子皆知有我焉何用藥爲乃遁入霸陵山中博士公車連徵不至桓帝乃備玄纁之禮以安車聘之使者奉詔造康康不得已乃許諾辭安車自乘柴車冒晨先使者發至亭亭長以韓徵君當過方發人牛修道橋及見康柴車幅巾以爲田叟也使奪其牛康即釋駕與之有頃使者至奪牛翁乃徵君也使者欲奏殺亭長康曰此自老子與之亭長何罪乃止康因道逃遁以壽終

矯慎傳

矯慎字仲彥風俗通曰晉大夫矯父之後也扶風茂陵人也少學黃老隱遯山谷因穴爲室仰慕松喬導引之術與馬融蘇章鄉里並時融以才博顯名章以廉直爲稱然皆推先於慎汝南吳蒼甚重之因遺書以觀其志曰仲彥足下勤處隱約雖乘雲行泥棲宿不同每有西風何嘗不歎汝南在扶風之東蓋聞黃老之言乘虛入冥藏身遠遯亦有理國養人施於爲政老子曰致虛極守靜篤又曰窈兮冥兮其中有精又曰理大國若烹小鮮又曰非所以愛人治國也至如登山絕跡神不著其證人不覩其驗吾欲先生從其可者於意何如昔伊尹不懷道以待堯舜之君孟子曰湯使人以幣聘伊尹伊尹曰我何以湯之幣聘爲哉我豈若處畎畝之中由是以樂堯舜之道吾豈若使君爲堯舜之君哉豈若使是人爲堯舜之人哉○劉攽曰注與我豈若處畎畝之中案文多豈若二字方今明明四海開闢巢許無爲箕山夷齊悔入首陽足下審能騎龍弄鳳翔嬉雲間者列仙傳曰蕭史秦繆公時善吹簫公女弄玉好之以妻之遂教弄玉作鳳鳴居數十年吹似鳳聲鳳來止其上爲作鳳臺夫婦止其上一旦皆隨鳳皇飛去又曰陶安公六安冶師數行火火一旦散上紫色衝天須臾赤雀止冶上曰安公安公冶與天通七月七日迎汝以赤龍至時安公騎之而去也亦非狐兔燕雀所敢謀也慎不荅年七十餘竟不肯娶後忽歸家自言死日及期果卒後人有見慎於敦煌者故前世異之或云神仙焉慎同郡馬瑤隱於汧山以兔罝爲事罝兔網也毛詩序曰兔罝后妃之化也關雎之化行則莫不好德賢人衆多故瑤以爲事焉所居俗化百姓美之號馬牧先生焉

戴良傳

戴良字叔鸞汝南慎陽人也曾祖父遵字子高平帝時爲侍御史王莽篡位稱病歸鄉里家富好給施尚俠氣食客常三四百人時人爲之語曰關東大豪戴子高良少誕節母憙驢鳴憙音虛記反良嘗學之以娛樂焉及母卒兄伯鸞居廬啜粥非禮不行良獨食肉飲酒哀至乃哭而二人俱有毀容或問良曰子之居喪禮乎良曰然禮所以制情佚也情苟不佚何禮之論夫食旨不甘故致毀容之實若味不存口食之可也論者不能奪之良才既高達而論議尚奇多駭流俗同郡謝季孝問曰子自視天下孰可爲比良曰我若仲尼長東魯大禹出西羌帝王紀曰夏禹生於石紐長於西羌西夷之人也獨步天下誰與爲偶舉孝廉不就再辟司空府彌年不到州郡迫之乃遯辭詣府遯遯也悉將妻子既行在道因逃入江夏山中優游不仕以壽終初良五女並賢每有求姻輒便許嫁疎裳布被竹笥木屐以遣之五女能遵其訓皆有隱者之風焉

法眞傳

法眞字高卿高一作喬扶風郿人南郡太守雄之子也好學而無常家博通內外圖典爲關西大儒弟子自遠方至者陳留范冉等數百人性恬靜寡欲不交人間事太守請見之眞乃幅巾詣謁太守曰昔魯哀公雖爲不肖而仲尼稱臣太守虛薄欲以功曹相屈光贊本朝何如眞曰以明府見待有禮故敢自同賓末若欲吏之眞將在北山之北南山之南矣太守戄然不敢復言戄音紀具反辟公府舉賢良皆不就同郡田羽薦眞曰處士法眞體兼四業謂詩書禮樂也學窮典奧幽居恬泊樂以忘憂將蹈老氏之高蹤不爲玄纁屈也臣願聖朝就加袞職毛詩曰袞職有闕謂三公也必能唱清廟之歌致來儀之鳳矣詩清廟曰於穆清廟肅雝顯相濟濟多士秉文之德尚書曰簫韶九成鳳皇來儀會順帝西巡羽又薦之帝虛心欲致前後四徵眞曰吾既不能遯形遠世豈飲洗耳之水哉遂深自隱絕終不降屈友人郭正稱之曰法眞名可得聞身難得而見逃名而名我隨避名而名我追可謂百世之師者矣乃共刊石頌之號曰玄德先生年八十九中平五年以壽終

漢陰老父傳

漢陰老父者不知何許人也桓帝延熹中幸竟陵過雲夢臨沔水百姓莫不觀者有老父獨耕不輟尚書郎南陽張溫異之使問曰人皆來觀老父獨不輟何邪老父笑而不對溫下道百步自與言老父曰我野人耳不達斯語請問天下亂而立天子邪理而立天子邪立天子以父天下邪役天下以奉天子邪昔聖王宰世茅茨采椽而萬人以寧韓子曰堯舜采椽不刮茅茨不剪今子之君勞人自縱逸遊無忌吾爲子羞之子何忍欲人觀之乎溫大慙問其姓名不告而去

陳留老父傳

陳留老父者不知何許人也桓帝世黨錮事起守外黃令陳留張升去官歸鄉里道逢友人共班草而言班布也升曰吾聞趙殺鳴犢仲尼臨河而反覆巢竭淵龍鳳逝而不至解見獨行傳今宦豎日亂陷害忠良賢人君子其去朝乎夫德之不建人之無援左傳曰臧文仲聞六與蓼滅曰皐陶庭堅不祀忽諸德之不建人之無援哀哉將性命之不免奈何因相抱而泣老父趨而過之植其杖太息言曰吁二大夫何泣之悲也夫龍不隱鱗鳳不藏羽網羅高懸去將安所雖泣何及乎毛詩曰啜其泣矣何嗟及矣言雖泣而無所及矣二人欲與之語不顧而去莫知所終

龐公傳

龐公者南郡襄陽人也居峴山之南峴山在今襄陽縣襄陽記曰諸葛孔明每至德公家獨拜牀下德公初不令止司馬德操嘗詣德公值其渡沔上先人墓德操徑入其室呼德公妻子使速作黍徐元直向云當來就我與德公談其妻子皆羅拜於堂下奔走共設須臾德公還直入相就不知何者是客也德操年小德公十歲兄事之呼作龐公故俗人遂謂龐公是德公名非也未嘗入城府夫妻相敬如賓荊州刺史劉表數延請不能屈乃就候之曰夫保全一身孰若保全天下乎龐公笑曰鴻鵠巢於高林之上暮而得所棲黿鼉穴於深淵之下夕而得所宿夫趣舍行止亦人之巢穴也且各得其棲宿而已天下非所保也因釋耕於壟上而妻子耘於前表指而問曰先生苦居畎畝而不肯官祿後世何以遺子孫乎襄陽記曰德公子字山人亦有令名娶諸葛孔明姊爲魏黃門吏部郎子渙晉太康中爲牂牁太守○劉攽曰正文案苦居畎畝一不成文疑當有一良字龐公曰世人皆遺之以危今獨遺之以安雖所遺不同未爲無所遺也表歎息而去後遂攜其妻子登鹿門山因采藥不反襄陽記曰鹿門山舊名蘇嶺山建武中襄陽侯習郁立神祠於山刻二石鹿夾神道口俗因謂之鹿門廟遂以廟名山也

贊曰江海冥滅山林長往遠性風疎逸情雲上道就虛全事違塵枉違遠也

後漢書卷一百十三考證

嚴光傳字子陵一名遵○何焯曰遵君平名也史家誤仍會稽典錄朱育對濮陽興之語不以前書校之耳

後漢書卷一百十四

宋　宣　城　太　守范　曄撰

唐　章　懷　太　子　賢注

列女傳第七十四

詩書之言女德尚矣詩關雎后妃之德也書稱釐降二女于嬀汭嬪于虞尚遠也若夫賢妃助國君之政哲婦隆家人之道高士弘清淳之風貞女亮明白之節則其徽美未殊也而世典咸漏焉故自中興以後綜其成事述爲列女篇如馬鄧梁后別見前紀梁嫕李姬各附家傳嫕梁竦女李姬李固女也若斯之類並不兼書餘但搜次才行尤高秀者不必專任一操而已

鮑宣妻

勃海鮑宣妻者桓氏之女也字少君宣嘗就少君父學父奇其清苦故以女妻之裝送資賄甚盛宣不悅謂妻曰少君生富驕習美飾而吾實貧賤不敢當禮妻曰大人以先生脩德守約故使賤妾侍執巾櫛既奉承君子唯命是從宣笑曰能如是是吾志也妻乃悉歸侍御服飾更著短布裳與宣共挽鹿車歸鄉里拜姑禮畢提甕出汲脩行婦道鄉邦稱之宣哀帝時官至司隸校尉子永中興初為魯郡太守永子昱從容問少君曰太夫人寧復識挽鹿車時不對曰先姑有言爾雅曰舅姑在則曰君舅君姑沒則曰先舅先姑存不忘亡安不忘危易繫辭之言也吾焉敢忘乎永昱已見前傳

王霸妻

太原王霸妻者不知何氏之女也霸少立高節光武時連徵不仕霸已見逸人傳妻亦美志行初霸與同郡令狐子伯為友後子伯為楚相而其子為郡功曹子伯乃令子奉書於霸車馬服從雍容如也霸子時方耕於野聞賓至投耒而歸鄭玄注禮記云耒耜之上曲也說文曰耒耜曲木見令狐子沮怍不能仰視沮喪也怍慙也霸目之有愧容客去而久臥不起妻怪問其故始不肯告妻請罪而後言曰吾與子伯素不相若向見其子容服甚光舉措有適而我兒曹蓬髮歷齒未知禮則曹輩也見客而有慙色父子恩深不覺自失耳妻曰君少脩清節不顧榮祿今子伯之貴孰與君之高奈何忘宿志而慙兒女子乎霸屈起而笑曰屈音渠勿反有是哉遂共終身隱遁

姜詩妻

廣漢姜詩妻者同郡龐盛之女也詩事母至孝妻奉順尤篤母好飲江水水去舍六七里妻嘗泝流而汲後值風不時得還母渴詩責而遣之妻乃寄止鄰舍晝夜紡績市珍羞使鄰母以意自遺其姑如是者久之姑怪問鄰母鄰母具對姑感慙呼還恩養愈謹其子後因遠汲溺死妻恐姑哀傷不敢言而託以行學不在姑嗜魚鱠又不能獨食夫婦常力作供鱠呼鄰母共之舍側忽有涌泉味如江水每旦輒出雙鯉魚常以供二母之膳赤眉散賊經詩里弛兵而過曰驚大孝必觸鬼神時歲荒賊乃遺詩米肉受而埋之比落蒙其安全比近也落藩也永平三年察孝廉顯宗詔曰大孝入朝凡諸舉者一聽平之由是皆拜郎中詩尋除江陽令卒于官所居治鄉人為立祀

周郁妻

沛郡周郁妻者同郡趙孝之女也字阿少習儀訓閑於婦道而郁驕淫輕躁多行無禮郁父偉謂阿曰新婦賢者女當以道匡夫郁之不改新婦過也阿拜而受命退謂左右曰我無樊衛二姬之行列女傳曰楚莊王好田獵樊姬故不食鮮禽以諫王齊桓公好音樂衛姬不聽五音以諫公並解見文苑傳也故君以責我我言而不用君必謂我不奉教令則罪在我矣若言而見用是為子違父而從婦則罪在彼矣生如此亦何聊哉乃自殺莫不傷之

曹世叔妻

扶風曹世叔妻者同郡班彪之女也名昭字惠班一名姬博學高才世叔早卒有節行法度兄固著漢書其八表及天文志未及竟而卒和帝詔昭就東觀藏書閣踵而成之踵繼也帝數召入宮令皇后諸貴人師事焉號曰大家每有貢獻異物輒詔大家作賦頌及鄧太后臨朝與聞政事以出入之勤特封子成關內侯官至齊相時漢書始出多未能通者同郡馬融伏於閣下從昭受讀後又詔融兄續繼昭成之融兄名續見馬援傳永初中太后兄大將軍鄧騭以母憂上書乞身太后不欲許以問昭昭因上疏曰伏惟皇太后陛下躬盛德之美隆唐虞之政闢四門而開四聰采狂夫之瞽言納芻蕘之謀慮前漢曰狂夫之言明主擇焉詩曰先人有言詢於芻蕘妾昭得以愚朽身當盛明敢不披露肝膽以效萬一妾聞謙讓之風德莫大焉故典墳述美神祇降福易曰謙尊而光又曰鬼神害盈而福謙左傳曰謙讓者德之基也昔夷齊去國天下服其廉高孟子曰聞伯夷之風者貪夫廉儒夫有立志太伯違邠孔子稱為三讓周太王有疾太伯欲讓季歷託采藥於吳時已居周此言邠者蓋本其始而言之也所以光昭令德揚名于後者也論語曰能以禮讓為國於從政乎何有論語孔子之言也何有言若無有也由是言之推讓之誠其致遠矣今四舅深執忠孝引身自退四舅謂騭悝弘閶也而以方垂未靜拒而不許如後有毫毛加於今日謂有纖微之過誠恐推讓之名不可再得緣見逮及故敢昧死竭其愚情自知言不足采以示蟲螘之赤心太后從而許之於是騭等各還里第焉作女誡七篇有助內訓其辭曰鄙人愚暗受性不敏蒙先君之餘寵賴母師之典訓母傅母也師女師也左傳曰宋伯姬卒待姆也毛詩曰言告師氏言告言歸年十有四執箕帚於曹氏前書呂公謂高祖曰臣有息女願為箕帚妾言執箕帚主賤役以事舅姑于今四十餘載矣戰戰兢兢常懼黜辱以增父母之羞以益中外之累中內也夙夜劬心勤不告勞而今而後乃知免耳吾性疏頑教導無素素先也恒恐子穀負辱清朝三輔決錄注曰齊相子穀頗隨時俗注云曹成壽之子也司徒掾察孝廉為長垣長母為太后師徵拜中散大夫子穀即成之字也聖恩橫加猥賜金紫漢官儀曰二千石金印紫綬實非鄙人庶幾所望也男能自謀矣吾不復以為憂也但傷諸女方當適人而不漸訓誨不聞婦禮懼失容它門取恥宗族吾今疾在沈滯性命無常念汝曹如此每用惆悵間作女誡七章願諸女各寫一通庶有補益裨助汝身去矣其勗勉之去矣猶言從今已往卑弱第一古者生女三日臥之牀下弄之瓦塼而齋告焉詩小雅曰乃生女子載寢之地載弄之瓦毛萇注云瓦紡塼也箋云臥之於地卑之也紡塼習其所有事也臥之牀下明其卑弱主下人也弄之瓦塼明其習勞主執勤也齋告先君明當主繼祭祀也毛詩傳曰采蘋大夫妻能循法度也能循法度則可以承先祖供祭祀矣于以采蘋南澗之濱于以采藻于彼行潦于以盛之維筐及筥于以湘之維錡及釜于以奠之宗室牖下誰其尸之有齊季女三者蓋女人之常道禮法之典教矣謙讓恭敬先人後己有善莫名不自名己之善也有惡莫辭忍辱含垢常若畏懼是謂卑弱下人也晚寢早作作起也勿憚夙夜執務私事不辭劇易劇猶難也所作必成手跡整理是謂執勤也正色端操以事夫主清靜自守無好戲笑潔齊酒食以供祖宗潔清也謂食也左傳曰潔齊豐盛也是謂繼祭祀也三者苟備而患名稱之不聞黜辱之在身未之見也三者苟失之何名稱之可聞黜辱之可遠哉夫婦第二夫婦之道參配陰陽通達神明信天地之弘義人倫之大節也是以禮貴男女之際詩著關雎之義禮記曰昏禮者將合二姓之好上以事宗廟而下以繼後世也故君子重之詩關雎樂得淑女以配君子也由斯言之不可不重也夫不賢則無以御婦婦不賢則無以事夫夫不御婦則威儀廢缺婦不事夫則義理墮闕墮音許規反墮廢也方斯二者其用一也察今之君子徒知妻婦之不可不御威儀之不可不整故訓其男檢以書傳殊不知夫主之不可不事義禮之不可不存也但教男而不教女不亦蔽於彼此之數乎禮八歲始教之書十五而至於學矣禮記曰八歲入小學獨不可依此以為則哉敬慎第三陰陽殊性男女異行陽以剛為德陰以柔為用男以彊為貴女以弱為美故鄙諺有云生男如狼猶恐其尫生女如鼠猶恐其虎然則脩身莫若敬避彊莫若順故曰敬順之道婦之大禮也夫敬非它持久之謂也夫順非它寬裕之謂也持久者知止足也寬裕者尚恭下也夫婦之好終身不離房室周旋遂生媟黷媟黷既生語言過矣語言既過縱恣必作縱恣既作則侮夫之心生矣此由於不知止足者也夫事有曲直言有是非直者不能不爭曲者不能不訟訟爭既施則有忿怒之事矣此由於不尚恭下者也侮夫不節譴呵從之忿怒不止楚撻從之夫為夫婦者義以和親恩以好合楚撻既行何義之存譴呵既宣何恩之有恩義俱廢夫婦離矣婦行第四女有四行一曰婦德二曰婦言三曰婦容四曰婦功夫云婦德禮記文也不必才明絕異也婦言不必辯口利辭也婦容不必顏色美麗也婦功不必工巧過人也清閑貞靜守節整齊行己有恥動靜有法是謂婦德擇辭而說不道惡語時然後言不厭於人是謂婦言盥浣塵穢服飾鮮潔沐浴以時身不垢辱是謂婦容專心紡績不好戲笑潔齊酒食以奉賓客是謂婦功此四者女人之大德而不可乏之者也然為之甚易唯在存心耳古人有言仁遠乎哉我欲仁而仁斯至矣此之謂也論語孔子之言也專心第五禮夫有再娶之義婦無二適之文儀禮曰父在為母何以期至尊在不敢伸也父必三年而後娶達子志也故曰夫者天也儀禮曰夫者妻之天也婦人不二適者猶曰不二天也天固不可逃夫固不可離也行違神祇天則罰之禮義有愆夫則薄之故女憲曰得意一人是謂永畢失意一人是謂永訖由斯言之夫不可不求其心然所求者亦非謂佞媚苟親也固莫若專心正色禮義居潔耳無塗聽目無邪視出無冶容入無廢飾無聚會群輩無看視門戶此則謂專心正色矣若夫動靜輕脫視聽陝輸陝輸不定貌入則亂髮壞形出則窈窕作態窈窕妖冶之貌也說所不當道觀所不當視此謂不能專心正色矣曲從第六夫得意一人是謂永畢失意一人是謂永訖欲人定志專心之言也舅姑之心豈當可失哉物有以恩自離者亦有以義自破者也夫雖云愛舅姑云非此所謂以義自破者也然則舅姑之心奈何固莫尚於曲從矣姑云不爾而是固宜從令不爾猶不然也姑云爾而非猶宜順命勿得違戾是非爭分曲直此則所謂曲從矣故女憲曰婦如影響影響言順從也焉不可賞和叔妹第七婦人之得意於夫主由舅姑之愛己也舅姑之愛己由叔妹之譽己也由此言之我臧否譽毀一由叔妹叔妹之心復不可失也皆莫知叔妹之不可失而不能和之以求親其蔽也哉自非聖人鮮能無過故顏子貴於能改仲尼嘉其不貳論語孔子曰顏回不貳過易曰顏氏之子其殆庶幾乎有不善未嘗不知知之未嘗復行也而況婦人者也雖以賢女之行聰哲之性其能備乎是故室人和則謗掩外內離則惡揚此必然之勢也易曰二人同心其利斷金同心之言其臭如蘭此之謂也金物之堅者二人同心則其利可以斷之二人既同心其芳馨如蘭也古人通謂氣為臭也夫嫂妹者體敵而尊恩疏而義親若淑媛謙順之人淑善也美女曰媛則能依義以篤好崇恩以結援使徽美顯章而瑕過隱塞舅姑矜善而夫主嘉美聲譽曜於邑鄰休光延於父母若夫惷愚之人於嫂則託名以自高於妹則因寵以驕盈驕盈既施何和之有恩義既乖何譽之臻是以美隱而過宣姑忿

而夫惸毀訾布於中外恥辱集于厥身進增父母之羞退益君子之累（君子謂夫也詩曰未見君子憂心忡忡）斯乃榮辱之本而顯否之基也可不愼哉然則求叔妹之心固莫尚於謙順矣謙則德之柄（易繫辭之文也）順則婦之行凡斯二者足以和矣詩云在彼無惡在此無射其斯之謂也（韓詩周頌之言也射厭也射音亦毛詩射作斁也）馬融善之令妻女習焉昭女妹曹豐生（昭婿之妹也）亦有才惠爲書以難之辭有可觀昭年七十餘卒皇太后素服舉哀使者監護喪事所著賦頌銘誄問注哀辭書論上疏遺令凡十六篇子婦丁氏爲撰集之又作大家讚焉

樂羊子妻

河南樂羊子之妻者不知何氏之女也羊子嘗行路得遺金一餅還以與妻妻曰妾聞志士不飲盜泉之水（論語撰考讖曰水名盜泉仲尼不漱）廉者不受嗟來之食（解見文苑傳）況拾遺求利以汚其行乎羊子大慙乃捐金於野而遠尋師學一年來歸妻跪問其故羊子曰久行懷思無它異也妻乃引刀趨機而言曰此織生自蠶繭成於機杼一絲而累以至於寸累寸不已遂成丈匹今若斷斯織也則捐失成功稽廢時日夫子積學當日知其所亡（論語孔子曰君子日知其所亡月無忘其所能亡無也）以就懿德若中道而歸何異斷斯織乎羊子感其言復還終業遂七年不返妻常躬勤養姑又遠饋羊子嘗有它舍鷄謬入園中姑盜殺而食之妻對鷄不餐而泣姑怪問其故妻曰自傷居貧使食有它肉姑竟棄之後盜欲有犯妻者乃先劫其姑妻聞操刀而出盜人曰釋汝刀從我者可全不從我者則殺汝姑妻仰天而歎舉刀刎頸而死盜亦不殺其姑太守聞之卽捕殺賊盜而賜妻縑帛以禮葬之號曰貞義

陳文矩妻

漢中陳文矩妻者同郡李法之姊也字穆姜有二男而前妻四子文矩爲安衆令喪於官（安衆縣屬南陽郡）四子以母非所生憎毀日積而穆姜慈愛溫仁撫字益隆衣食資供皆兼倍所生或謂母曰四子不孝甚矣何不別居以遠之對曰吾方以義相導使其自遷善也及前妻長子興遇疾困篤母惻隱自然親調藥膳恩情篤密興疾久乃瘳於是呼三弟謂曰繼母慈仁出自天授吾兄弟不識恩養禽獸其心雖母道益隆我曹過惡亦已深矣遂將三弟詣南鄭獄陳母之德狀己之過乞就刑辟縣言之於郡郡守表異其母蠲除家徭遣散四子許以脩革自後訓導愈明並爲良士穆姜年八十餘卒臨終敕諸子曰吾弟伯度智達士也所論薄葬其義至矣又臨亡遺令賢聖法也（前書孝文帝楊王孫龔勝臨亡並有遺令）令汝曹遵承勿與俗同增吾之累諸子奉行焉

孝女曹娥

孝女曹娥者會稽上虞人也父盱能絃歌爲巫祝漢安二年五月五日於縣江泝濤迎婆娑神溺死不得屍骸娥年十四乃沿江號哭晝夜不絕聲旬有七日遂投江而死（娥投衣於水祝曰父屍所在衣當沈衣隨流至一處而沈娥遂隨衣而沒衣字或作瓜見項原列女傳）至元嘉元年縣長度尚改葬娥於江南道傍爲立碑焉（會稽典錄曰上虞長度尚弟子邯鄲淳字子禮時甫弱冠而有異才尚先使魏朗作曹娥碑文成未出會朗見尚尚與之飲宴而子禮方至督酒尚問朗碑文成未朗辭不才因試使子禮爲之操筆而成無所點定朗嗟歎不暇遂毀其草其後蔡邕又題八字曰黃絹幼婦外孫虀臼）

許升妻

吳許升妻者呂氏之女也字榮升少爲博徒不理操行榮嘗躬勤家業以奉養其姑數勸升脩學每有不善輒流涕進規榮父積忿疾升乃呼榮欲改嫁之榮歎曰命之所遭義無離貳終不肯歸升感激自厲乃尋師遠學遂以成名尋被本州辟命行至壽春道爲盜所害刺史尹耀捕盜得之榮迎喪於路聞而詣州請甘心讎人耀聽之榮乃手斷其頭以祭升靈後郡遭寇賊賊欲犯之榮踰垣走賊拔刀追之賊曰從我則生不從我則死榮曰義不以身受辱寇虜也遂殺之是日疾風暴雨雷電晦冥賊惶懼叩頭謝罪乃殯葬之

袁隗妻

汝南袁隗妻者扶風馬融之女也字倫隗已見前傳倫少有才辯融家世豐豪裝遣甚盛及初成禮隗問之曰婦奉箕箒而已何乃過珍麗乎對曰慈親垂愛不敢逆命君若欲慕鮑宣梁鴻之高者妾亦請從少君孟光之事矣隗又曰弟先兄舉世以爲笑今處姊未適先行可乎對曰妾姊高行殊邈未遭良匹不似鄙薄苟然而已又問曰南郡君學窮道奧文爲辭宗（融爲南郡太守）而所在之職輒以貨財爲損何邪對曰孔子大聖不免武叔之毀子路至賢猶有伯寮之愬（論語曰叔孫武叔毀仲尼子貢曰無以爲也它人之賢者猶丘陵也猶可踰也仲尼如日月也無得而踰焉公伯寮愬子路於季孫孔子曰道之將行也與命也道之將廢也與命也公伯寮其如命何）家君獲此固其宜耳隗默然不能屈帳外聽者爲慙隗既寵貴當時倫亦有名於世年六十餘卒倫妹芝亦有才義少喪親長而追感乃作申情賦云

龐淯母

酒泉龐淯母者趙氏之女也字娥父爲同縣人所殺而娥兄弟三人時俱病物故讎乃喜而自賀以爲莫已報也娥陰懷感憤乃潛備刀兵常帷車以候讎家十餘年不能得後遇於都亭刺殺之因詣縣自首曰父讎已報請就刑戮福祿長尹嘉義之解印綬欲與俱亡娥不肯去曰怨塞身死妾之明分結罪理獄君之常理何敢苟生以枉公法後遇赦得免州郡表其閭太常張奐嘉歎以束帛禮之

劉長卿妻

沛劉長卿妻者同郡桓鸞之女也鸞已見前傳生一男五歲而長卿卒妻防遠嫌疑不肯歸寧兒年十五晚又夭歿妻慮不免乃豫刑其耳以自誓宗婦相與愍之共謂曰若家殊無它意假令有之猶可因姑姊妹以表其誠何貴義輕身之甚哉對曰昔我先君五更學爲儒宗尊爲帝師五更以來歷代不替男以忠孝顯女以貞順稱詩云無忝爾祖聿脩厥德是以豫自刑翦以明我情沛相王吉上奏高行顯其門閭號曰行義桓釐（寡婦曰釐）縣邑有祀必膰焉（膰祭餘肉也尊敬之故有祭祀必致其餘也左傳曰天子有事膰焉）

皇甫規妻

安定皇甫規妻者不知何氏女也規初喪室家後更娶之妻善屬文能草書時爲規答書記衆人怪其工及規卒時妻年猶盛而容色美後董卓爲相國承其名聘以軿輜百乘馬二十匹奴婢錢帛充路妻乃輕服詣卓門跪自陳情辭甚酸愴卓使傅奴侍者悉拔刀圍之而謂曰孤之威教欲令四海風靡何有不行於一婦人乎妻知不免乃立罵卓曰君羌胡之種毒害天下猶未足邪妾之先人清德奕世皇甫氏文武上才爲漢忠臣君親非其趣使走吏乎敢欲行非禮於爾君夫人邪卓乃引車庭中以其頭懸軛鞭撲交下（周禮考工記曰軛長六尺鄭衆曰謂轅端壓牛領者）妻謂持杖者曰何不重乎速盡爲惠遂死車下後人圖畫號曰禮宗云

陰瑜妻

南陽陰瑜妻者潁川荀爽之女也名采字女荀聰敏有才藝年十七適陰氏十九產一女而瑜卒采時尚豐少常慮爲家所逼自防禦甚固後同郡郭奕喪妻爽以采許之（魏書奕字伯益壽之子也爲太子文學早卒）因詐稱病篤召采既不得已而歸懷刃自誓爽令傅婢執奪其刃扶抱載之猶憂致憤激勑衞甚嚴女既到郭氏乃僞爲歡悅之色謂左右曰我本立志與陰氏同穴而不免逼迫遂至於此素情不遂奈何乃命使建四燈盛裝飾請奕入相見共談言辭不輟奕敬憚之遂不敢逼至曙而出采因勑令左右辦浴既入室而掩戶權令侍人避之以粉書扉上曰尸還陰陰字未及成懼有來者遂以衣帶自縊左右翫之不爲意比覩已絕時人傷焉

盛道妻

犍爲盛道妻者同郡趙氏之女也字媛姜建安五年益部亂道聚衆起兵事敗夫妻執繫當死媛姜夜中告道曰法有常刑必無生望君可速潛逃建立門戶妾自留獄代君塞咎道依違未從媛姜便解道桎梏爲齎糧貨子翔時年五歲使道攜持而走媛姜代道持夜應對不失度道已遠乃以實告吏應時見殺道父子會赦得歸道感其義終身不娶焉

孝女叔先雄

孝女叔先雄者犍爲人也父泥和永建初爲縣功曹縣長遣泥和拜檄謁巴郡太守乘船墮湍水物故尸喪不歸雄感念怨痛號泣晝夜心不圖存常有自沈之計所生男女二人並數歲雄乃各作囊盛珠環以繫兒數爲訣別之辭家人每防閑之經百許日後稍懈雄因乘小船於父墮處慟哭遂自投水死弟賢其夕夢雄告之卻後六日當共父同出至期伺之果與父相持浮於江上郡縣表言爲雄立碑圖像其形焉

董祀妻

陳留董祀妻者同郡蔡邕之女也名琰字文姬博學有才辯又妙於音律（劉昭幼童傳曰邕夜鼓琴絃絕琰曰第二絃邕曰偶得之耳故斷一絃問之琰曰第四絃並不差謬）適河東衞仲道夫亡無子歸寧于家興平中天下喪亂文姬爲胡騎所獲沒於南匈奴左賢王在胡中十二年生二子曹操素與邕善痛其無嗣乃遣使者以金璧贖之而重嫁於祀祀爲屯田都尉犯法當死文姬詣曹操請之時公卿名士及遠方使驛坐者滿堂操謂賓客曰蔡伯喈女在外今爲諸君見之及文姬進蓬首徒行叩頭請罪音辭清辯旨甚酸哀衆皆爲改容操曰誠實相矜然文狀已去奈何文姬曰明公廐馬萬匹虎士成林何惜疾足一騎而不濟垂死之命乎操感其言乃追原祀罪時且寒賜以頭巾履襪操因問曰聞夫人家先多墳籍猶能憶識之不文姬曰昔亡父賜書四千許卷流離塗炭罔有存者今所誦憶裁四百餘篇耳操曰今當使十吏就夫人寫之文姬曰妾聞男女之別禮不親授（禮記曰男女不親授）乞給紙筆眞草唯命於是繕書送之文無遺誤後感傷亂離追懷悲憤作詩二章其辭曰漢季失權柄董卓亂天常志欲圖篡弒先害諸賢良逼迫遷舊邦擁主以自彊海內興義師欲共討不祥卓衆來東下金甲耀日光平土人脆弱來兵皆胡羌獵野圍城邑所向悉破亡斬截無孑遺尸骸相牚拒（牚音直庚反）

馬邊懸男頭馬後載婦女長驅西入關迥路險且阻還顧邈冥冥肝脾爲爛腐所略有萬計不得令屯聚或有骨肉俱欲言不敢語失意機微間輒此斃降虜要當以亭刄我曹不活汝豈復惜性命不堪其詈罵或便加棰杖毒痛參幷下旦則號泣行夜則悲吟坐欲死不能得欲生無一可彼蒼者何辜乃遭此戹禍邊荒與華異人俗少義理處所多霜雪胡風春夏起翩翩吹我衣肅肅入我耳感時念父母哀歎無窮已有客從外來聞之常歡喜迎問其消息輒復非鄉里邂逅徼時願骨肉來迎己己得自解免當復棄兒子天屬綴人心念別無會期存亡永乖隔不忍與之辭兒前抱我頸問母欲何之人言母當去豈復有還時阿母常仁惻今何更不慈我尚未成人奈何不顧思見此崩五內恍惚生狂癡號泣手撫摩當發復回疑兼有同時輩相送告離別慕我獨得歸哀叫聲摧裂馬爲立踟躕車爲不轉轍觀者皆歔欷行路亦嗚咽去去割情戀遄征日遐邁悠悠三千里何時復交會念我出腹子匈臆爲摧敗旣至家人盡又復無中外城郭爲山林庭宇生荆艾白骨不知誰從橫莫覆蓋出門無人聲豺狼號且吠煢煢對孤景怛咤糜肝肺登高遠眺望魂神忽飛逝奄若壽命盡旁人相寬大爲復彊視息雖生何聊賴託命於新人竭心自勗厲流離成鄙賤常恐復捐廢人生幾何時懷憂終年歲其二章曰嗟薄祜兮遭世患宗族殄兮門戶單身執略兮入西關歷險阻兮之羌蠻山谷眇兮路曼曼眷東顧兮但悲歎冥當寢兮不能安（冥音瞑）飢當食兮不能餐常流涕兮眥不乾薄志節兮念死難雖苟活兮無形顏惟彼方兮遠陽精（北方近陰遠陽）陰氣凝兮雪夏零沙漠壅兮塵冥冥有草木兮春不榮人似禽兮食臭腥言兜離兮狀窈停（兜離匈奴言語之貌）歲聿暮兮時邁征夜悠長兮禁門扃不能寐兮起屏營登胡殿兮臨廣庭玄雲合兮翳月星北風厲兮肅泠泠胡笳動兮邊馬鳴孤鴈歸兮聲嚶嚶樂人興兮彈琴箏音相和兮悲且清心吐思兮匈憤盈欲舒氣兮恐彼驚含哀咽兮涕沾頸家旣迎兮當歸寧臨長路兮捐所生兒呼母兮號失聲我掩耳兮不忍聽追持我兮走煢煢頓復起兮毀顏形還顧之兮破人情心怛絕兮死復生（列女後傳或字昭姬也）

贊曰端操有蹤幽閑有容區明風烈昭我管彤（婦人之正其節操有蹤跡可紀者及幽閑婉有禮容者區別其遺風餘烈以明女史之所紀也管彤赤管筆解見皇后紀）

後漢書卷一百十四考證

曹世叔妻傳又詔融兄續繼昭成之○何焯曰司馬彪云馬續述天文志續字季則見馬援傳末

孝女曹娥傳迎婆娑神○困學紀聞云曹娥碑云盱能撫節安歌婆娑樂神以五月五日迎伍君傳云婆娑神誤也

皇甫規妻傳安定皇甫規妻者不知何氏女也○按唐張懷瓘書斷云扶風馬夫人大司農皇甫規之妻也

董祀妻傳追懷悲憤作詩二章○何焯曰按董卓傳卓以牛輔子壻素所親信使以兵屯陝輔分遣其校尉李傕郭汜張濟擊破河南尹朱儁于中牟因略陳留潁川諸縣殺掠男女所過無復遺類文姬流離當在此時蔡邕傳邕在長安與從弟谷謀東奔兗州又欲遯逃山東時未必以家自隨也蘇氏以董卓旣誅邕乃隨坐不應文姬先罹禍亂疑此詩爲後人作考之不詳也

後漢書卷一百十五

宋　宣　城　太　守范　曄撰

唐　章　懷　太　子　賢注

東夷傳第七十五

東夷

王制云東方曰夷夷者柢也言仁而好生萬物柢地而出（事見風俗通）故天性柔順易以道御至有君子不死之國焉（山海經曰君子國衣冠帶劒食獸使二文虎在旁外國圖曰去琅邪三萬里山海經又曰不死人在交脛東其爲人黑色壽不死並在東方也）夷有九種（竹書紀年曰后芬卽位三年九夷來御也）曰畎夷于夷方夷黃夷白夷赤夷玄夷風夷陽夷（竹書紀年曰后泄二十一年命畎夷白夷赤夷玄夷風夷陽夷后相卽位二年征黃夷七年于夷來賓後少康卽位方夷來賓也）故孔子欲居九夷也昔堯命羲仲宅嵎夷曰暘谷蓋日之所出也（孔安國尚書注曰東方之地曰嵎夷暘谷日之所出也）夏后氏太康失德夷人始畔（太康啓之子也盤于游田十旬不反不恤人事爲羿所逐也）自少康已後世服王化遂賓於王門獻其樂舞（少康帝仲康之孫帝相子也竹書紀年曰后發卽位元年諸夷賓于王門諸夷入舞）桀爲暴虐諸夷內侵殷湯革命伐而定之至于仲丁藍夷作寇（仲丁殷太戊之子也竹書紀年曰仲丁卽位征于藍夷也）自是或服或畔三百餘年武乙衰敝東夷寖盛遂分遷淮岱漸居中土（武乙帝庚丁之子無道爲革囊盛血仰而射之命曰射天也）及武王滅紂肅愼來獻石砮楛矢管蔡畔周乃招誘夷狄周公征之遂定東夷（尚書武王崩三監及淮夷畔周公征之作大誥又曰成王旣伐管叔蔡叔滅淮夷）康王之時肅愼復至後徐夷僭號乃率九夷以伐宗周西至河上穆王畏其方熾乃分東方諸侯命徐偃王主之（博物志曰徐君宮人娠而生卵以爲不祥棄於水濱孤獨母有犬名鵠倉持所棄卵銜以歸母母覆煖之遂成小兒生而偃故以爲名宮人聞之乃更錄取長襲爲徐君尸子曰偃王有筋而無骨故曰偃也）偃王處潢池東地方五百里（水經注曰潢水一名汪水與泡水合至沛入泗自山陽以東海陵以北其地當之也）行仁義陸地而朝者三十有六國穆王後得驥騄之乘（史記曰造父以善御幸於周繆王得赤驥盜驪驊騮騄耳之駟西巡狩樂而忘歸）乃使造父御以告楚令伐徐一日而至（造父解見蔡邕傳）於是楚文王大舉兵而滅之偃王仁而無權不忍鬬其人故致於敗乃北走彭城武原縣東山下百姓隨之者以萬數因名其山爲徐山（武原縣故城在今泗州下邳縣北徐山在其東博物志曰徐王妖異不常武原縣東十里見有徐山石室祠處偃王溝通陳蔡之間得朱弓朱矢以己得天瑞自稱偃王穆王聞之遣使乘驛一日至楚伐之偃王仁不忍鬬爲楚所敗北走此山也）厲王無道淮夷入寇王命虢仲征之不克宣王復命召公伐而平之（毛詩序曰江漢尹吉甫美宣王也能興衰撥亂命召公平淮夷其詩曰江漢浮浮武夫滔滔匪安匪游淮夷來求王命召虎式辟四方徹我土疆）及幽王淫亂四夷交侵至齊桓脩霸攘而郤焉及楚靈會申亦來豫盟（左傳楚靈王蔡侯陳侯鄭伯許男淮夷會于申）後越遷琅邪與共征戰遂陵暴諸夏侵滅小邦秦幷六國其淮泗夷皆散爲民戶陳涉起兵天下崩潰燕人衛滿避地朝鮮（前書曰朝鮮王滿燕人自始全燕時嘗略屬眞番朝鮮爲置吏築障漢興屬燕王盧綰反入匈奴滿亡命東走度浿水居秦故空地稍役屬朝鮮蠻夷及故燕齊亡在者王之都王險也）因王其國百有餘歲武帝滅之於是東夷始通上京王莽篡位貊人寇邊（前書莽發高句驪兵當伐胡不欲行郡縣彊迫之皆亡出塞因犯爲寇州郡歸咎於高句驪侯騶嚴尤奏言貉人犯法不從騶起宜慰安之）建武之初復來朝貢時遼東太守祭肜威讋北方聲行海表於是濊貊倭韓萬里朝獻故章和已後使聘流通逮永初多難始入寇鈔桓靈失政漸滋曼焉自中興之後四夷來賓雖時有乖畔而使驛不絕（○劉攽曰使驛不絕按鄭驛中國可有之不可通於四夷自前書言使譯使卽使者譯則譯人故合作使譯此書內有自作使驛處明是後人不曉妄改之）故國俗風土可得略記東夷率皆土著憙飲酒歌舞或冠弁衣錦器用俎豆所謂中國失禮求之四夷者也（左傳曰仲尼學官名於郯子旣而告人曰吾聞之天子失官學在四夷其信也）凡蠻夷戎狄總名四夷者猶公侯伯子男皆號諸侯云

夫餘國在玄菟北千里南與高句驪東與挹婁西與鮮卑接北有弱水地方二千里本濊地也初北夷索離國王出行（索或作橐音度洛反）其侍兒於後姙身（姙音人鴆反）王還欲殺之侍兒曰前見天上有氣大如雞子來降我因以有身王囚之後遂生男王令置於豕牢（牢圈也）豕以口氣噓之不死復徙於馬蘭（蘭卽欄也）馬亦如之王以爲神乃聽母收養名曰東明東明長而善射王忌其猛復欲殺之東明奔走南至掩淲水（今高麗中有蓋斯水疑此水是也）以弓擊水魚鼈皆聚浮水上東明乘之得度因至夫餘而王之焉於東夷之域最爲平敞土宜五穀出名馬赤玉貂豽（豽似豹無前足音奴八反）大珠如酸棗以員柵爲城有宮室倉庫牢獄其人麤大彊勇而謹厚不爲寇鈔以弓矢刀矛爲兵以六畜名官有馬加牛加狗加其邑落皆主屬諸加食飲用俎豆會同拜爵洗爵揖讓升降以臘月祭天大會連日飲食歌舞名曰迎鼓是時斷刑獄解囚徒有軍事亦祭天殺牛以蹏占其吉凶（魏志曰牛蹏解者爲凶合者爲吉）行人無晝夜好歌吟音聲不絕其俗用刑嚴急被誅者皆沒其家人爲奴婢盜一責十二男女淫皆殺之尤治惡妒婦旣殺復尸於山上兄死妻嫂死則有槨無棺殺人殉葬多者以百數其王葬用玉匣漢朝常豫以玉匣付玄菟郡王死則迎取以葬焉建武中東夷諸國皆來獻見二十五年夫餘王遣使奉貢光武厚荅報之於是使命歲通至安帝永初五年夫餘王始將步騎七八千人寇鈔樂浪殺傷吏民後復歸附永寧元年乃遣嗣子尉仇台詣闕貢獻天子賜尉仇台印綬金綵順帝永和元年其王來朝京師帝作黃門鼓吹角抵戲以遣之桓帝延熹四年遣使朝賀貢獻永康元年王夫台將二萬餘人寇玄菟玄菟太守公孫域擊破之斬首千餘級至靈帝熹平三年復奉章貢獻夫餘本屬玄菟獻帝時其王求屬遼東云

挹婁古肅愼之國也在夫餘東北千餘里東濱大海南與北沃沮接不知其北所極土地多山險人形似夫餘而言語各異有五穀麻布出赤玉好貂無君長其邑落各有大人處於山林之閒土氣極寒常爲穴居以深爲貴大家至接九梯好養豕食其肉衣其皮冬以豕膏塗身厚數分以禦風寒夏則裸袒以尺布蔽其前後其人臭穢不潔作廁於中圍之而居自漢興已後臣屬夫餘種衆雖少而多勇力處山險又善射發能入人目弓長四尺力如弩矢用楛長一尺八寸青石爲鏃鏃皆施毒中人卽死便乘船好寇盜鄰國畏患而卒不能服東夷夫餘飲食類此皆用俎豆○（劉攽曰東夷夫餘飲食類此皆有俎豆案文多一此字）唯挹婁獨無法俗最無綱紀者也

高句驪在遼東之東千里南與朝鮮濊貊東與沃沮北與夫餘接地方二千里多大山深谷人隨而爲居少田業力作不足以自資故其俗節於飲食而好脩宮室東夷相傳以爲夫餘別種故言語法則多同而跪拜曳一腳行步皆走凡有五族有消奴部絕奴部順奴部灌奴

部桂婁部（按今高驪五部一日內部一名黃部即桂婁部也二日北部一名後部即絕奴部也三日東部一名左部即順奴部也四日南部一名前部即灌奴部也五日西部一名右部即消奴部也）本消奴部爲王稍微弱後桂婁部代之其置官有相加對盧沛者古鄒大加（古鄒大加高驪掌賓客之官如鴻臚也）主簿優台使者帛衣先人武帝滅朝鮮以高句驪爲縣（前書元封中定朝鮮爲真番臨屯樂浪玄菟四郡）使屬玄菟賜鼓吹伎人其俗淫皆潔淨自熹暮夜輒男女羣聚爲倡樂好祠鬼神社稷零星（前書音義龍星左角曰天田則農祥也辰日祀以牛號曰零星風俗通曰辰之神爲靈星故以辰日祀於東南也）以十月祭天大會名曰東盟其國東有大穴號襚神亦以十月迎而祭之其公會衣服皆錦繡金銀以自飾大加主簿皆著幘如冠幘而無後其小加著折風形如弁無牢獄有罪諸加評議便殺之沒入妻子爲奴婢其婚姻皆就婦家生子長大然後將還便稍營送終之具金銀財幣盡於厚葬積石爲封亦種松柏其人性凶急有氣力習戰鬬好寇鈔沃沮東濊皆屬焉

句驪一名貊耳有別種依小水爲居因名曰小水貊出好弓所謂貊弓是也（魏氏春秋曰遼東郡西安平縣北有小水南流入海句驪別種因名之小水貊）王莽初發句驪兵以伐匈奴其人不欲行彊迫遣之皆亡出塞爲寇盜遼西大尹田譚追擊戰死莽令其將嚴尤擊之誘句驪侯騶入塞斬之傳首長安莽大說更名高句驪王爲下句驪侯於是貊人寇邊愈甚建武八年高句驪遣使朝貢光武復其王號二十三年冬句驪蠶支落大加戴升等萬餘口詣樂浪內屬二十五年春句驪寇右北平漁陽上谷太原而遼東太守祭肜以恩信招之皆復款塞後句驪王宮生而開目能視國人懷之及長勇壯數犯邊境和帝元興元年春復入遼東寇略六縣太守耿夔擊破之斬其渠帥安帝永初五年宮遣使貢獻求屬玄菟元初五年復與濊貊寇玄菟攻華麗城（華麗縣屬樂浪郡）建光元年春幽州刺史馮煥玄菟太守姚光遼東太守蔡諷等將兵出塞擊之捕斬濊貊渠帥獲兵馬財物宮乃遣嗣子遂成將二千餘人逆光等遣使詐降光等信之遂成因據險阸以遮大軍而潛遣三千人攻玄菟遼東焚城郭殺傷二千餘人於是發廣陽漁陽右北平涿郡屬國三千餘騎同救之而貊人已去夏復與遼東鮮卑八千餘人攻遼隊（縣名屬遼東郡也）殺掠吏人蔡諷等追擊於新昌戰歿功曹耿耗兵曹掾龍端兵馬掾公孫酺以身扞諷俱歿於陳死者百餘人秋宮遂率馬韓濊貊數千騎圍玄菟夫餘王遣子尉仇台將二萬餘人與州郡并力討破之斬首五百餘級是歲宮死子遂成立姚光上言欲因其喪發兵擊之議者皆以爲可許尙書陳忠曰宮前桀黠光不能討死而擊之非義也宜遣弔問因責讓前罪赦不加誅取其後善安帝從之明年遂成還漢生口詣玄菟降詔曰遂成等桀逆無狀當斬斷葅醢以示百姓幸會赦令乞罪請降鮮卑濊貊連年寇鈔驅略小民動以千數而裁送數十百人非向化之心也自今以後不與縣官戰鬬而自以親附送生口者皆與贖直縑人四十匹小口半之遂成死子伯固立其後濊貊率服東垂少事順帝陽嘉元年置玄菟郡屯田六部質桓之間復犯遼東西安平殺帶方令（郡國志西安平帶方縣並屬遼東郡）掠得樂浪太守妻子建寧二年玄菟太守耿臨討之斬首數百級伯固降服乞屬玄菟云

東沃沮在高句驪蓋馬大山之東（蓋馬縣名屬玄菟郡其山在今平壤城西平壤即王險城也）東濱大海北與挹婁夫餘南與濊貊接其地東西夾（夾音狹）南北長可折方千里土肥美背山向海宜五穀善田種有邑落長帥人性質直彊勇便持矛步戰言語飲食居處衣服有似句驪其葬作大木槨長十餘丈開一頭爲戶新死者先假埋之令皮肉盡乃取骨置槨中家人皆共一槨刻木如主隨死者爲數焉武帝滅朝鮮以沃沮地爲玄菟郡後爲夷貊所侵徙郡於高句驪西北更以沃沮爲縣屬樂浪東部都尉至光武罷都尉官後皆以封其渠帥爲沃沮侯其土迫小介於大國之間遂臣屬句驪句驪復置其中大人爲使者以相監領責其租稅貂布魚鹽海中食物發美女爲婢妾焉又有北沃沮一名置溝婁去南沃沮八百餘里其俗皆與南同界南接挹婁挹婁人喜乘船寇鈔北沃沮畏之每夏輒藏於巖穴至冬船道不通乃下居邑落其耆老言嘗於海中得一布衣其形如中人衣而兩袖長三丈又於岸際見一人乘破船項中復有面與語不通不食而死又說海中有女國無男人或傳其國有神井闚之輒生子云（魏志曰毌丘儉遣王頎追句驪王宮窮沃沮東界問其耆老所傳云）

濊北與高句驪沃沮南與辰韓接東窮大海西至樂浪濊及沃沮句驪本皆朝鮮之地也昔武王封箕子於朝鮮箕子教以禮義田蠶又制八條之教（前書曰箕子教以八條者相殺以當時償殺相傷以穀償相盜者男沒入爲其家奴女子爲婢欲自贖者人五十萬音義曰八條不具見也）其人終不相盜無門戶之閉婦人貞信飲食以籩豆其後四十餘世至朝鮮侯準自稱王漢初大亂燕齊趙人往避地者數萬口而燕人衛滿擊破準而自王朝鮮傳國至孫右渠元朔元年（武帝年也）濊君南閭等畔右渠率二十八萬口詣遼東內屬武帝以其地爲蒼海郡數年乃罷至元封三年滅朝鮮分置樂浪臨屯玄菟真番四郡（番音潘）至昭帝始元五年罷臨屯真番以并樂浪玄菟玄菟復徙居句驪自單單大領已東沃沮濊貊悉屬樂浪後以境土廣遠復分領東七縣置樂浪東部都尉自內屬已後風俗稍薄法禁亦浸多至有六十餘條建武六年省都尉官遂棄領東地悉封其渠帥爲縣侯皆歲時朝賀無大君長其官有侯邑君三老耆舊自謂與句驪同種言語法俗大抵相類其人性愚慤少嗜欲不請匃男女皆衣曲領其俗重山川山川各有部界不得妄相干涉同姓不婚多所忌諱疾病死亡輒捐棄舊宅更造新居知種麻養蠶作緜布曉候星宿豫知年歲豐約常用十月祭天晝夜飲酒歌舞名之爲舞天又祠虎以爲神邑落有相侵犯者輒相罰責生口牛馬名之爲責禍殺人者償死少寇盜能步戰作矛長三丈或數人共持之樂浪檀弓出其地又多文豹有果下馬（高三尺乘之可於果樹下行）海出班魚使來皆獻之

韓有三種一曰馬韓二曰辰韓三曰弁辰馬韓在西有五十四國其北與樂浪南與倭接辰韓在東十有二國其北與濊貊接弁辰在辰韓之南亦十有二國其南亦與倭接凡七十八國伯濟是其一國焉大者萬餘戶小者數千家各在山海閒地合方四千餘里東西以海爲限皆古之辰國也馬韓最大共立其種爲辰王都目支國盡王三韓之地其諸國王先皆是馬韓種人焉馬韓人知田蠶作緜布出大栗如梨有長尾雞尾長五尺邑落雜居亦無城郭作土室形如冢開戶在上不知跪拜無長幼男女之別不貴金寶錦罽不知騎乘牛馬唯重瓔珠以綴衣爲飾及縣頸垂耳大率皆魁頭露紒（魁頭猶科頭也謂以髮縈繞成科結也紒音計）布袍草履其人壯勇少年有築室作力者輒以繩貫脊皮縋以大木嚾呼爲健常以五月田竟祭鬼神晝夜酒會羣聚歌舞舞輒數十人相隨蹋地爲節十月農功畢亦復如之諸國邑各以一人主祭天神號爲天君又立蘇塗（魏志曰諸國各有別邑爲蘇塗諸亡逃至其中皆不還之蘇塗之義有似浮屠）建大木以縣鈴鼓事鬼神其南界近倭亦有文身者辰韓耆老自言秦之亡人避苦役適韓國馬韓割東界地與之其名國爲邦弓爲弧賊爲寇行酒爲行觴相呼爲徒有似秦語故或名之爲秦韓有城柵屋室諸小別邑各有渠帥大者名臣智次有儉側次有樊秖次有殺奚次有邑借（皆其官名）土地肥美宜五穀知蠶桑作縑布乘駕牛馬嫁娶以禮行者讓路國出鐵濊倭馬韓並從市之凡諸貿易皆以鐵爲貨俗喜歌舞飲酒鼓瑟兒生欲令其頭扁皆押之以石（扁音補典反）弁辰與辰韓雜居城郭衣服皆同言語風俗有異其人形皆長大美髮衣服潔清而刑法嚴峻其國近倭故頗有文身者初朝鮮王準爲衛滿所破乃將其餘衆數千人走入海攻馬韓破之自立爲韓王準後滅絕馬韓人復自立爲辰王建武二十年韓人廉斯人蘇馬諟等詣樂浪貢獻（廉斯邑名也諟音是）光武封蘇馬諟爲漢廉斯邑君使屬樂浪郡四時朝謁靈帝末韓濊並盛郡縣不能制百姓苦亂多流亡入韓者馬韓之西海島上有州胡國其人短小髡頭衣韋衣有上無下好養牛豕乘船往來貨市韓中

倭在韓東南大海中依山島爲居凡百餘國自武帝滅朝鮮使驛（劉攽曰使驛按當作譯說已見上）通於漢者三十許國國皆稱王世世傳統其大倭王居邪馬臺國（按今名邪摩推音之訛反）樂浪郡徼去其國萬二千里去其西北界拘邪韓國七千餘里其地大較在會稽東冶之東與朱崖儋耳相近故其法俗多同土宜禾稻麻紵蠶桑知織績爲縑布出白珠青玉其山有丹土氣溫暖冬夏生菜茹無牛馬虎豹羊鵲（鵲或作雞）其兵有矛楯木弓竹矢或以骨爲鏃男子皆黥面文身以其文左右大小別尊卑之差其男衣皆橫幅結束相連女人被髮屈紒衣如單被貫頭而著之並丹朱坋身（說文曰坋塵也音蒲頓反）如中國之用粉也有城柵屋室父母兄弟異處唯會同男女無別飲食以手而用籩豆俗皆徒跣以蹲踞爲恭敬人性嗜酒多壽考至百餘歲者甚衆國多女子大人皆有四五妻其餘或兩或三女人不淫不妒風俗不盜竊少爭訟犯法者沒其妻子重者滅其門族其死停喪十餘日家人哭泣不進酒食而等類就歌舞爲樂灼骨以卜用決吉凶行來度海令一人不櫛沐不食肉不近婦人名曰持衰若在塗吉利則雇以財物如病疾遭害以爲持衰不謹便共殺之建武中元二年倭奴國奉貢朝賀使人自稱大夫倭國之極南界也光武賜以印綬安帝永初元年倭國王帥升等獻生口百六十人願請見桓靈閒倭國大亂更相攻伐歷年無主有一女子名曰卑彌呼年長不嫁事鬼神道能以妖惑衆於是共立爲王侍婢千人少有見者唯有男子一人給飲食傳辭語居處宮室樓觀城柵皆持兵守衞法俗嚴峻自女王國東度海千餘里至拘奴國雖皆倭種而不屬女王自女王國南四千餘里至朱儒國人長三四尺自朱儒東南行船一年至裸國黑齒國使驛所傳極於此矣會稽海外有東鯷人（鯷音達奚反）分爲二十餘國又有夷洲及澶洲傳言秦始皇遣方士徐福將童男女數千人入海（事見史記）求蓬萊神仙不得徐福畏誅

不敢還遂止此洲世世相承有數萬家人民時至會稽
市會稽東冶縣人有入海行遭風流移至澶洲者所在
絕遠不可往來沈瑩臨海水土志曰夷洲在臨海東南去郡二千里土地無霜雪草木不死四面是山谿人皆髡髮穿耳女人不穿耳土地饒沃既生五穀又多魚肉有犬尾短如麕尾狀此夷舅姑子婦臥息共一大牀略不相避地有銅鐵唯用鹿格爲矛以戰闘摩礪青石以作弓矢取生魚肉雜貯大瓦器以鹽鹵之歷月餘日乃啖食之以爲上肴也
論曰昔箕子違衰殷之運避地朝鮮始其國俗未有聞
也及施八條之約使人知禁遂乃邑無淫盜門不夜扃扃關也
回頑薄之俗就寬略之法行數百千年故東夷通
以柔謹爲風異乎三方者也苟政之所暢則道義存焉
仲尼懷憤以爲九夷可居或疑其陋子曰君子居之何
陋之有亦徒有以焉耳其後遂通接商賈漸交上國而
燕人衛滿擾雜其風擾亂也於是從而澆異焉老子曰法
令滋章盜賊多有若箕子之省簡文條而用信義其得
聖賢作法之原矣
贊曰宅是嵎夷曰乃暘谷巢山潛海厥區九族嬴末紛
亂燕人違難謂衛滿也雜華澆本遂通有漢衛滿入朝鮮既雜華夏之風又澆薄其本化以至通於漢也眇眇偏譯或從或畔偏遠也

後漢書卷一百十五考證

東夷傳於是楚文王大舉兵而滅之○臣會汾按魯莊
公四年楚武王卒子熊貲立是爲文王時周莊王四
年也莊王爲繆王十世孫相去三百餘年安得有滅
偃王事此范氏沿襲異聞之誤
句驪傳國人懷之○懷魏志作惡
三日弁辰○臣會汾按晉梁二書皆作弁韓當從改下
云弁辰在辰韓之南弁辰亦弁韓之訛

後漢書卷一百十六

宋　宣城太守范曄撰
唐　章懷太子賢注

南蠻西南夷傳第七十六

南蠻

昔高辛氏有犬戎之寇高辛帝嚳帝患其侵暴而征伐不剋
乃訪募天下有能得犬戎之將吳將軍頭者購黃金千
鎰邑萬家又妻以少女時帝有畜狗其毛五采名曰槃
瓠魏略曰高辛氏有老婦居王室得耳疾挑之乃得物大如繭婦人盛瓠中覆之以槃俄頃化爲犬其文五色因名槃瓠下令之後槃瓠遂銜人頭造闕下羣臣怪而診
之乃吳將軍首也診候視也帝大喜而計槃瓠不可妻之以
女又無封爵之道議欲有報而未知所宜女聞之以爲
帝皇下令不可違信因請行帝不得已乃以女配槃瓠
槃瓠得女負而走入南山止石室中所處險絕人跡不
至今辰州盧溪縣西有武山黃閔武陵記曰山高可萬仞山半有槃瓠石室可容數萬人中有石牀槃瓠行跡今案山窟前有石羊石獸古跡奇異尤多望石窟大如三間屋遙見一石仍似狗形蠻俗相傳云是槃瓠象也
於是女解去衣裳爲僕鑒之結著獨力之衣僕鑒獨力皆未詳流俗本或有改鑒字爲豎者妄穿鑿也結音髻帝悲思之遣使尋求輒遇風
雨震晦使者不得進經三年生子一十二人六男六女
槃瓠死後因自相夫妻織績木皮染以草實好五色衣
服製裁皆有尾形干寶晉紀曰武陵長沙盧江郡夷槃瓠之後也雜處五溪之內槃瓠憑山阻險每每常爲害糅雜魚肉叩槽而號以祭槃瓠俗稱赤髀橫裙卽其子孫其母後歸以狀
白帝於是使迎致諸子衣裳班蘭語言侏離侏離蠻夷語聲也
好入山壑不樂平曠帝順其意賜以名山廣澤其後滋
蔓號曰蠻夷外癡內黠安土重舊以先父有功母帝之
女田作賈販無關梁符傳租稅之賦優寵之故蠲其賦役也荊州記曰沅陵縣居酉口有上就武陽二鄉唯此是槃瓠子孫狗種也二鄉在武溪之北有邑君長皆賜
印綬冠用獺皮名渠帥曰精夫相呼爲姎徒說文曰姎女人自稱姎我也音烏朗反此已上並見風俗通也今長沙武陵蠻是也其在唐虞與
之要質故曰要服夏商之時漸爲邊患逮于周世黨衆
彌盛宣王中興乃命方叔南伐蠻方詩人所謂蠻荊來
威者也又曰蠢爾蠻荊大邦爲讎毛詩小雅序曰采芑宣王南征也薄言采芑于彼新田顯允方叔振旅闐闐蠢爾蠻荊大邦爲讎注云方叔卿士命而爲將也明其黨衆繁
多是以抗敵諸夏也平王東遷蠻遂侵暴上國晉文侯
輔政乃率蔡共侯擊破之晉文侯仇也至楚武王時蠻與羅
子共敗楚師殺其將屈瑕左傳楚屈瑕伐羅及鄢亂次以濟其水遂無次且不設備羅與盧戎兩軍之大敗之莫敖縊于荒谷羣帥囚于冶父也莊王初立莊王名旅穆王之子民
飢兵弱復爲所寇楚師既振然後乃服自是遂屬於楚
鄢陵之役蠻與恭王合兵擊晉左傳晉楚戰于鄢陵晉郤至曰楚二卿相惡王卒以舊鄭陳而不整蠻軍而不陳也及吳起相悼王南并蠻越遂有洞庭
蒼梧秦昭王使白起伐楚略取蠻夷始置黔中郡漢興
改爲武陵黔中故城在今辰州沅陵縣西歲令大人輸布一匹小口二
丈是謂賨布說文曰南蠻賦也賨祥冬反雖時爲寇盜而不足爲郡
國患光武中興武陵蠻夷特盛建武二十三年精夫相
單程等據其險隘大寇郡縣遣武威將軍劉尚發南郡
長沙武陵兵萬餘人乘船泝沅水入武谿擊之沅水出牂柯故且蘭東北經辰州潭州岳州經洞庭湖入江也尚輕敵入險山深水疾舟船不
得上蠻氏知尚糧少入遠又不曉道徑遂屯聚守險尚
食盡引還蠻緣路徼戰尚軍大敗悉爲所沒二十四年
相單程等下攻臨沅遣謁者李嵩中山太守馬成擊之
不能剋明年春遣伏波將軍馬援中郎將劉匡馬武孫
永等將兵至臨沅擊破之單程等飢困乞降會援病卒
謁者宗均聽悉受降爲置吏司羣蠻遂平肅宗建初元
年武陵澧中蠻陳從等反叛入零陽蠻界零陽縣屬武陵郡其
冬零陽蠻五里精夫爲郡擊破從從等皆降三年冬漊
中蠻覃兒健等復反漊水名源出今澧州崇義縣攻燒零陽作唐孱
陵界中作唐縣屬武陵郡孱陵縣故城在今荊州公安縣西南孱音仕顏反明年春發荊
州七郡及汝南潁川施刑徒吏士五千餘人拒守零陽
募充中五里蠻精夫不叛者四千人擊澧中賊充縣屬武陵郡
充音衝五年春覃兒健等請降不許郡因進兵與戰於宏
下大破之斬兒健首餘皆棄營走還漊中復遣乞降乃
受之於是罷武陵屯兵賞賜各有差和帝永元四年冬
漊中澧中蠻潭戎等反燔燒郵亭殺略吏民郡兵擊破
降之安帝元初二年澧中蠻以郡縣徭稅失平懷怨恨
遂結充中諸種二千餘人攻城殺長吏州郡募五里蠻
六亭兵追擊破之皆散降賜五里六亭渠帥金帛各有
差明年秋漊中澧中蠻四千人並爲盜賊又零陵蠻羊
孫陳湯等千餘人零陽縣屬武陵郡也著赤幘稱將軍燒官寺抄
掠百姓州郡募善蠻討平之順帝永和元年武陵太守
上書以蠻夷率服可比漢人增其租賦議者皆以爲可
尚書令虞詡獨奏曰自古聖王不臣異俗非德不能及
威不能加知其獸心貪婪難率以禮是故羈縻而綏撫
之附則受而不逆叛則棄而不追先帝舊典貢稅多少
所由來久矣今猥增之必有怨叛計其所得不償所費
必有後悔帝不從其冬澧中漊中蠻果爭貢布非舊約
遂殺鄉吏舉種反叛明年春蠻二萬人圍充城八千人
寇夷道遣武陵太守李進討破之斬首數百級餘皆降
服進乃簡選良吏得其情和在郡九年梁太后臨朝下
詔增進秩二千石賜錢二十萬桓帝元嘉元年秋武陵
蠻詹山等四千餘人反叛拘執縣令屯結深山至永興
元年太守應奉以恩信招誘皆悉降散永壽三年十一
月長沙蠻反叛屯益陽至延熹三年秋遂抄掠郡界衆
至萬餘人殺傷長吏又零陵蠻入長沙冬武陵蠻六千
餘人寇江陵荊州刺史劉度謁者馬睦南郡太守李肅
皆奔走肅主簿胡爽扣馬首諫曰蠻夷見郡無儆備故
敢乘間而進明府爲國大臣連城千里舉旌鳴鼓應聲
十萬奈何委符守之重而爲逋逃之人乎肅拔刃向爽
曰掾促去太守今急何暇此計爽抱馬固諫肅遂殺爽
而走帝聞之徵肅棄市度睦減死一等復爽門閭拜家
一人爲郎於是以右校令度尚爲荊州刺史討長沙賊
平之又遣車騎將軍馮緄討武陵蠻並皆降散軍還賊
復寇桂陽太守廖祈奔走廖音力弔反武陵蠻亦更攻其郡
太守陳奉率吏人擊破之斬首三千餘級降者二千餘
人至靈帝中平三年武陵蠻復叛寇郡界州郡擊破之
禮記稱南方曰蠻雕題交阯其俗男女同川而浴故曰
交阯雕題謂刻其肌以丹青涅之也其西有噉人國生首子輒解而
食之謂之宜弟味旨則以遺其君君喜而賞其父取妻
美則讓其兄今烏滸人是也萬震南州異物志曰烏滸地名也在廣州之南交州之北恒出道間伺候行旅輒出擊之利得人食之不貪其財貨並以其肉爲肴葅又取其髑髏破之以飲酒以人掌趾爲珍異以食老也交阯之南有越裳國周公居攝六年制禮
作樂天下和平越裳以三象重譯而獻白雉曰道路悠
遠山川阻深音使不通故重譯而朝成王以歸周公公
曰德不加焉則君子不饗其質質亦贄也政不施焉則君子
不臣其人吾何以獲此賜也其使請曰吾受命吾國之
黃耇爾雅曰黃髮鮐背耇老壽也曰久矣天之無烈風雷雨尚書大傳作別風淮雨
意者中國有聖人乎有則盍往朝之周公乃歸之
於王事見尚書大傳稱先王之神致以薦于宗廟周德既衰於
是稍絕及楚子稱霸朝貢百越秦并天下威服蠻夷始
開領外置南海桂林象郡漢興尉佗自立爲南越王傳
國五世前書南粵王趙佗眞定人也秦時爲南海尉佗孫胡胡子嬰齊嬰齊子興也至武帝
元鼎五年遂滅之分置九郡交阯刺史領焉其珠崖儋
耳二郡在海洲上東西千里南北五百里其渠帥貴長
耳皆穿而縋之垂肩三寸武帝末珠崖太守會稽孫幸
調廣幅布獻之蠻不堪役遂攻郡殺幸幸子豹合率善
人還復破之自領郡事討擊餘黨連年乃平豹遣使封
還印綬上書言狀制詔卽以豹爲珠崖太守卽就也威政
大行獻命歲至中國貪其珍賂漸相侵侮故率數歲一
反元帝初元三年遂罷之凡立郡六十五歲逮王莽輔
政元始二年日南之南黃支國來獻犀牛凡交阯所統
雖置郡縣而言語各異重譯乃通人如禽獸長幼無別
項髻徒跣爲髻於項上也以布貫頭而著之後頗徙中國罪人
使雜居其間乃稍知言語漸見禮化光武中興錫光爲
交阯任延守九眞於是教其耕稼制爲冠履初設媒娉
始知姻娶建立學校導之禮義建武十二年九眞徼外
蠻里張游里蠻之別號今呼爲俚人率種人慕化內屬封爲歸漢里
君明年南越徼外蠻夷獻白雉白菟至十六年交阯女
子徵側及其妹徵貳反攻郡徵側者麊泠縣雒將之女
也麊音莫支反泠音零嫁爲朱䳒人詩索妻甚雄勇交阯太守蘇
定以法繩之側忿故反於是九眞日南合浦蠻里皆應
之凡畧六十五城自立爲王交阯刺史及諸太守僅得

自守光武乃詔長沙合浦交阯具車船脩道橋通障谿儲糧穀十八年遣伏波將軍馬援樓船將軍段志發長沙桂陽零陵蒼梧兵萬餘人討之明年夏四月援破交阯斬徵側徵貳等餘皆降散進擊九眞賊都陽等破降之徙其渠帥三百餘口於零陵於是領表悉平肅宗元和元年日南徼外蠻夷究不事人（究不事人蠻夷別號也）邑豪獻生犀白雉和帝永元十二年夏四月日南象林蠻夷二千餘人寇掠百姓燔燒官寺郡縣發兵討擊斬其渠帥餘衆乃降於是置象林將兵長史以防其患安帝永初元年九眞徼外夜郎蠻夷舉土內屬開境千八百四十里元初二年蒼梧蠻夷反叛明年遂招誘鬱林合浦蠻漢數千人攻蒼梧郡鄧太后遣侍御史任逴（音卓）奉詔赦之賊皆降散延光元年九眞徼外蠻貢獻內屬三年日南徼外蠻復來內屬順帝永建六年日南徼外葉調王便遣使貢獻帝賜調便金印紫綬（○劉攽曰按國名葉調其王名便此作調便衍一調字也）永和二年日南象林徼外蠻夷區憐等數千人攻象林縣燒城寺殺長吏交阯刺史樊演發交阯九眞二郡兵萬餘人救之兵士憚遠役遂反攻其府二郡雖擊破反者而賊勢轉盛會侍御史賈昌使在日南卽與州郡幷力討之不利遂爲所攻圍歲餘而兵穀不繼帝以爲憂明年召公卿百官及四府掾屬問其方畧皆議遣大將發荆揚兗豫四萬人赴之大將軍從事中郎李固駮曰若荆揚無事發之可也今二州盜賊槃結不散武陵南郡蠻夷未輯長沙桂陽數被徵發如復擾動必更生患其不可一也又兗豫之人卒被徵發遠赴萬里無有還期詔書迫促必致叛亡其不可二也南州水土溫暑加有瘴氣致死亡者十必四五其不可三也遠涉萬里士卒疲勞比至領南不復堪鬭其不可四也軍行三十里爲程而去日南九千餘里三百日乃到計人稟五升（古升小故曰五升也）用米六十萬斛不計將吏驢馬之食但負甲自致費便若此其不可五也設軍到所在死亡必衆旣不足禦敵當復更發此爲刻割心腹以補四支其不可六也九眞日南相去千里發其吏民猶尙不堪何況乃苦四州之卒以赴萬里之艱哉其不可七也前中郎將尹就討益州叛羌益州諺曰虜來尙可尹來殺我後就徵還以兵付刺史張喬喬因其將吏旬月之閒破殄寇虜此發將無益之效州郡可任之驗也宜更選有勇畧仁惠任將帥者以爲刺史太守悉使共住交阯今日南兵單無穀守旣不足戰又不能可一切徙其吏民北依交阯事靜之後乃命歸本還募蠻夷使自相攻轉輸金帛以爲其資有能反間致頭首者許以封侯列土之賞故幷州刺史長沙祝良性多勇決又南陽張喬前在益州有破虜之功皆可任用昔太宗就加魏尙爲雲中守（前書曰槐里人魏尙爲雲中守以斬首捕虜上功不實免馮唐言之於文帝帝令唐持節赦尙復以爲雲中守○劉攽曰注前書曰案文多一日字）哀帝卽拜龔舍爲太山太守（前書曰舍字君倩初徵爲諫大夫病免復徵爲博士又病去頃之哀帝遣使卽楚拜舍爲太山太守）宜卽拜良等便道之官四府悉從固議卽拜祝良爲九眞太守張喬爲交阯刺史喬至開示慰誘並皆降散良到九眞單車入賊中設方畧招以威信降者數萬人皆爲良築起府寺由是嶺外復平建康元年日南蠻夷千餘人復攻燒縣邑遂扇動九眞與相連結交阯刺史九江夏方開恩招誘賊皆降服時梁太后臨朝美方之功遷爲桂陽太守桓帝永壽三年居風令貪暴無度縣人朱達等及蠻夷相聚攻殺縣令衆至四五千人進攻九眞九眞太守兒式戰死（兒音五兮反）詔賜錢六十萬拜子二人爲郎遣九眞都尉魏朗討破之斬首二千級渠帥猶屯據日南衆轉彊盛延熹三年詔復拜夏方爲交阯刺史方威惠素著日南宿賊聞之二萬餘人相率詣方降靈帝建寧三年鬱林太守谷永以恩信招降烏滸人十餘萬內屬皆受冠帶開置七縣熹平二年冬十二月日南徼外國重譯貢獻光和元年交阯合浦烏滸蠻反叛招誘九眞日南合數萬人攻沒郡縣四年刺史朱儁擊破之六年日南徼外國復來貢獻

巴郡南郡蠻本有五姓巴氏樊氏瞫氏（音審）相氏鄭氏皆出於武落鍾離山（代本曰廩君之先故出巫誕也）其山有赤黑二穴巴氏之子生於赤穴四姓之子皆生黑穴未有君長俱事鬼神乃共擲劍於石穴約能中者奉以爲君巴氏子務相乃獨中之衆皆歎又令各乘土船約能浮者當以爲君餘姓悉沈唯務相獨浮因共立之是爲廩君乃乘土船從夷水至鹽陽（荆州圖曰副夷縣西有溫泉古老相傳此泉原出鹽于今水有鹽氣縣西一獨山有石穴有二大石並立穴中相去可一丈俗名爲陰陽石陰石常溼陽石常燥盛弘之荆州記曰昔廩君浮夷水射鹽神于陽石之上按今施州淸江縣水一名鹽水源出淸江縣西都亭山水經云夷水巴郡魚復縣注云水色淸照十丈分沙石蜀人見澄淸因名淸江也○劉攽曰注夷水巴郡魚復縣按文少一經字）鹽水有神女謂廩君曰此地廣大魚鹽所出願留共居廩君不許鹽神暮輒來取宿旦卽化爲蟲與諸蟲羣飛掩蔽日光天地晦冥積十餘日廩君思其便因射殺之天乃開明（代本曰廩君使人操青縷以遺鹽神曰嬰此卽相宜云與女俱生宜將去鹽神受縷而嬰之廩君卽立陽石上應青縷而射之中鹽神死天乃大開也○劉攽曰注卽相宜云與女俱生宜將去按文少一不字）廩君於是君乎夷城（此已上並見代本也）四姓皆臣之廩君死魂魄世爲白虎巴氏以虎飲人血遂以人祠焉及秦惠王幷巴中以巴氏爲蠻夷君長世尙秦女其民爵比不更（○劉攽曰巴氏之君可有爵耳民何故輒得之明衍民字）有罪得以爵除其君長歲出賦二千一十六錢三歲一出義賦千八百錢其民戶出幏布八丈二尺雞羽三十鍭（說文幏南蠻夷布也音公亞反毛詩四鍭既均儀禮矢鍭一乘鄭玄注曰鍭猶候也候物而射之也三十鍭一百四十九俗本幏作幪鍭作鏃者並誤也○劉攽曰注按鍭三羽當九十若四矢爲一鍭則三百六十無緣得一百四十九未詳）漢興南郡太守靳彊請一依秦時故事至建武二十三年南郡潳山蠻雷遷等始反叛（潳音居）寇掠百姓遣武威將軍劉尙將萬餘人討破之徙其種人七千餘口置江夏界中今沔中蠻是也和帝永元十三年巫蠻許聖等（巫縣屬南郡）以郡收稅不均懷怨恨遂屯聚反叛明年夏遣使者督荆州諸郡兵萬餘人討之聖等依憑阻隘久不破諸軍乃分道並進或自巴郡魚復數路攻之蠻乃散走斬其渠帥乘勝追之大破聖等聖等乞降復悉徙置江夏靈帝建寧二年江夏蠻叛州郡討平之光和三年江夏蠻復反與廬江賊黃穰相連結十餘萬人攻沒四縣寇患累年廬江太守陸康討破之餘悉降散

板楯蠻夷者秦昭襄王時有一白虎常從羣虎數遊秦蜀巴漢之境傷害千餘人昭王乃重募國中有能殺虎者賞邑萬家金百鎰時有巴郡閬中夷人能作白竹之弩乃登樓射殺白虎（華陽國志曰巴夷廖仲等射殺之也）昭王嘉之而以其夷人不欲加封乃刻石盟要復夷人頃田不租十妻不算（優寵之故一戶免其一頃田之稅雖有十妻不輸口算之錢復音福）傷人者論殺人者得以倓錢贖死（何承天纂文曰倓蠻夷贖罪貨也音徒濫反）盟曰秦犯夷輸黃龍一雙夷犯秦輸淸酒一鍾夷人安之至高祖爲漢王發夷人還伐三秦秦地旣定乃遣還巴中復其渠帥羅朴督鄂度夕龔七姓不輸租賦餘戶乃歲入賨錢口四十世號爲板楯蠻夷閬中有渝水其人多居水左右天性勁勇初爲漢前鋒數陷陳俗喜歌舞（喜音虛記反）高祖觀之曰此武王伐紂之歌也乃命樂人習之所謂巴渝舞也遂世世服從至於中興郡守常率以征伐桓帝之世板楯數反太守蜀郡趙溫以恩信降服之靈帝光和三年巴郡板楯復叛寇掠三蜀及漢中諸郡靈帝遣御史中丞蕭瑗督益州兵討之連年不能剋帝欲大發兵乃問益州計吏考以征討方畧漢中上計程包對曰板楯七姓射殺白虎立功先世復爲義人其人勇猛善於兵戰昔永初中羌入漢川郡縣破壞得板楯救之羌死敗殆盡故號爲神兵羌人畏忌傳語種輩勿復南行至建和二年羌復大入實賴板楯連摧破之前車騎將軍馮緄南征武陵雖受丹陽精兵之銳（史記曰周成王封楚熊繹始居丹陽今歸州秭歸縣東南故城是也至楚文王始自丹陽遷於郢續漢志云南郡枝江縣有丹陽聚也）亦倚板楯以成其功近益州郡亂太守李顒亦以板楯討而平之忠功如此本無惡心長吏鄉亭更賦至重僕役箠楚過於奴虜亦有嫁妻賣子或乃至自頸割雖陳寃州郡而牧守不爲通理闕庭悠遠不能自聞含怨呼天叩心窮谷愁苦賦役困罹酷刑故邑落相聚以致叛戾非有謀主僭號以圖不軌今但選明能牧守自然安集不煩征伐也帝從其言遣太守曹謙宣詔赦之卽皆降服至中平五年巴郡黃巾賊起板楯蠻夷因此復叛寇掠城邑遣西園上軍別部司馬趙瑾討平之

西南夷

西南夷者在蜀郡徼外有夜郎國東接交阯西有滇國北有邛都國各立君長其人皆椎結左衽邑聚而居能耕田其外又有嶲昆明諸落西極同師東北至葉榆（葉榆縣屬益州郡葉或作楪臣賢按前書曰西自同師以東北至葉榆名爲嶲昆明今流俗諸本並作布舊昆明蓋嶲字誤分爲布舊也）地方數千里無君長辮髮隨畜遷徙無常自嶲東北有作都國東北有冉駹國或土著或隨畜遷徙自冉駹東北有白馬國氐種是也此三國亦有君長

夜郎者初有女子浣於遯水有三節大竹流入足間聞其中有號聲剖竹視之得一男兒歸而養之及長有才武自立爲夜郎侯以竹爲姓（見華陽國志）武帝元鼎六年平南夷爲牂柯郡夜郎侯迎降天子賜其王印綬後遂殺之夷獠咸以竹王非血氣所生甚重之求爲立後牂柯太守吳霸以聞天子乃封其三子爲侯死配食其父今夜郎縣有竹王三郎神是也（前書地理志曰夜郎縣有遯水東至廣鬱華陽國志云遯水通鬱林有三郎祠皆有靈響又云竹王所捐破竹於野成竹林今王祠竹林是也王嘗從人止大石上命作羹從者白無水王以劍擊石出水今竹王水是也）初楚頃襄王時遣將莊豪從沅水伐夜郎軍至且蘭椓船於岸而步戰旣滅夜郎因留王滇池以且蘭有椓船牂柯處乃改其名爲牂柯（異物志曰牂柯繫船杙也）牂柯地多雨潦俗好巫鬼禁忌寡畜生又無蠶桑故其郡最貧句町縣有桄榔木可以爲麪百姓資之（臨海異物志曰桄榔木外皮有毛似栟櫚而散生其木剛作鋘鋤利如鐵中石更利唯中蕉根乃致敗耳皮中有似擣稻米片又似麥麪中作餅餌廣志曰桄榔樹大四五圍長五六丈洪直旁無枝條其顚生葉不過數十似椶葉破其木肌堅難傷入數寸得麪赤黃密緻可食也）公孫述時大姓龍傳尹董氏與郡功曹謝暹保境爲漢乃遣使從番禺江奉貢（南越志曰番禺縣之西有江浦焉）光武嘉之並加褒賞桓帝時郡人尹珍自以生於荒裔不知禮義乃從汝南許愼應奉受經書圖緯學成還鄉里教授於是南域始有學焉珍官至荆州刺史（華陽國志曰尹珍字道眞毋斂縣人也）

滇王者莊蹻之後也元封二年武帝平之以其地爲益

州郡割牂柯越巂各數縣配之後數年復并昆明地皆以屬之此郡有池周回二百餘里水源深廣而末更淺狹有似倒流故謂之滇池河土平敞多出鸚鵡孔雀有鹽池田漁之饒金銀畜產之富人俗豪忲忲奢侈也居官者皆富及累世及王莽政亂益州郡夷棟蠶若豆等起兵殺郡守越巂姑復夷人大牟亦皆叛殺略吏人莽遣寧始將軍廉丹發巴蜀吏人及轉兵穀卒徒十餘萬擊之吏士飢疫連年不能剋而還以廣漢文齊爲太守造起陂池開通溉灌墾田二千餘頃率厲兵馬脩障塞降集羣夷甚得其和及公孫述據益土齊固守拒險述拘其妻子許以封侯齊遂不降聞光武即位乃間道遣使自聞蜀平徵爲鎮遠將軍封成義侯取其嘉名於道卒詔爲起祠堂郡人立廟祀之建武十八年夷渠帥棟蠶與姑復楪榆梇棟連然滇池建伶昆明諸種反叛殺長吏姑復縣屬越巂郡餘六縣並屬益州郡也益州太守繁勝與戰而敗退保朱提縣屬犍爲郡朱音殊提音匙十九年遣武威將軍劉尚等發廣漢犍爲蜀郡人及朱提夷合萬三千人擊之尚軍遂渡瀘水入益州界瀘水一名若水出旄牛徼外經朱提至僰道入江在今巂州南特有瘴氣三月四月經之必死五月以後行者得無害故諸葛亮表云五月渡瀘言其艱苦也羣夷聞大兵至皆棄壘奔走尚獲其羸弱穀畜二十年進兵與棟蠶等連戰數月皆破之明年正月追至不韋孫盛蜀譜曰初秦徙呂不韋子弟宗族於蜀漢武帝開西南夷置郡縣徙呂氏以充之因置不韋縣華陽國志曰武帝通博南置不韋縣徙南越相呂嘉子孫宗族資之因名不韋以章其先人之惡行也○劉攽曰注通博南出直不韋又宗族資之衆文出直本共是置字資當作實斬棟蠶帥凡首虜七千餘人得生口五千七百人馬三千匹牛羊三萬餘頭諸夷悉平肅宗元和中蜀郡王追爲太守政化尤異有神馬四匹出滇池河中甘露降白烏見始興起學校漸遷其俗靈帝熹平五年諸夷反叛執太守雍陟遣御史中丞朱龜討之不能剋朝議以爲郡在邊外蠻夷喜叛勞師遠役不如棄之太尉掾巴郡李顒建策討伐乃拜顒益州太守與刺史龐芝發板楯蠻擊破平之還得雍陟顒卒後夷人復叛以廣漢景毅爲太守討定之毅初到郡米斛萬錢漸以仁恩少年間米至數十云少年未多年也

哀牢夷者其先有婦人名沙壹居于牢山嘗捕魚水中觸沈木若有感因懷妊十月產子男十人後沈木化爲龍出水上沙壹忽聞龍語曰若爲我生子今悉何在九子見龍驚走獨小子不能去背龍而坐龍因舐之其母鳥語謂背爲九謂坐爲隆因名子曰九隆及後長大諸兄以九隆能爲父所舐而黠遂共推以爲王後牢山下有一夫一婦復生十女子九隆兄弟皆娶以爲妻後漸相滋長種人皆刻畫其身象龍文衣著尾自此以上並見風俗通也九隆死世世相繼哀牢傳曰九隆代代相傳名號不可得而數至於禁高乃可記知禁高死子吸代吸死子建非代建非死子哀牢代哀牢死子桑藕代桑藕死子柳承代柳承死子柳貌代柳貌死子扈栗代乃分置小王往往邑居散在谿谷絕域荒外山川阻深生人以來未嘗交通中國建武二十三年其王賢栗遣兵乘箄船箄音蒲佳反縛竹木爲箄以當船也南下江漢擊附塞夷鹿茤茤音多其種今見在鹿茤人弱爲所禽獲於是震雷疾雨南風飄起水爲逆流翻涌二百餘里箄船沈沒哀牢之衆溺死數千人賢栗復遣其六王將萬人以攻鹿茤鹿茤王與戰殺其六王哀牢耆老共埋六王夜虎復出其尸而食之餘衆驚怖引去賢栗惶恐謂其耆老曰我曹入邊塞自古有之今攻鹿茤輒被天誅中國其有聖帝乎天祐助之何其明也二十七年賢栗等遂率種人戶二千七百七十口萬七千六百五十九詣越巂太守鄭鴻降求內屬光武封賢栗等爲君長自是歲來朝貢永平十二年哀牢王柳貌遣子率種人內屬其稱邑王者七十七人戶五萬一千八百九十口五十五萬三千七百一十一西南去洛陽七千里顯宗以其地置哀牢博南二縣割益州郡西部都尉所領六縣古今注曰永平十年置益州西部都尉居巂唐續漢志六縣謂不韋巂唐比蘇楪榆邪龍雲南也合爲永昌郡始通博南山度蘭倉水華陽國志曰博南縣西山高三十里越之度蘭滄水也行者苦之歌曰漢德廣開不賓度博南越蘭津度蘭倉爲它人哀牢人皆穿鼻儋耳其渠帥自謂王者耳皆下肩三寸庶人則至肩而已土地沃美宜五穀蠶桑知染采文繡罽毲罽毲見李恂傳未詳帛疊外國傳曰諸薄國女子織作白疊花布蘭干細布華陽國志曰蘭干獠言紵也織成文章如綾錦有梧桐木華廣志曰梧桐有白者剽國有桐木其華有白毳取其毳淹漬緝織以爲布也績以爲布幅廣五尺絜白不受垢汙先以覆亡人然後服之其竹節相去一丈名曰濮竹見華陽國志出銅鐵鉛錫金銀光珠華陽國志曰蘭滄水有金沙洗取融爲金有光珠穴博物志曰光珠即江珠也虎魄廣雅曰虎魄生地中其上及旁不生草深者八九尺大如斛削去皮成虎魄如斗初時如桃膠凝堅乃成博物志曰松脂淪入地千年化爲茯苓茯苓千歲化爲虎魄今大山有茯苓而無虎魄永昌有虎魄而無茯苓也水精琉璃軻蟲蚌珠徐衷南方草物狀曰凡採珠常三月用五牲祈禱若祠祭有失則風攪海水或有大魚在蚌左右蚌珠長三寸半凡二品珠也孔雀翡翠犀象猩猩貊獸酈元水經注曰猩猩形若狗而人面頭顏端正善與人言音聲妙麗如婦人對語聞之無不酸楚南中志曰猩猩在山谷中行無常路百數爲羣土人以酒若糟設於路又喜屩子土人織草爲屩數十量相連結猩猩在山谷見酒及屩知其設張者即知張者先祖名字乃呼其名而罵云奴欲張我捨之而去去而又還相呼試共嘗酒初嘗少許又取屩子著之若進兩三升便大醉人出收之屩子相連不得去執還內牢中人欲取者到牢邊語云猩猩汝可自相推肥者出之既擇肥竟相對而泣即左思賦云猩猩啼而就禽者也昔有人以猩猩餉封溪令令問餉何物猩猩自於籠中曰但有酒及僕耳無它飲食南中八郡志曰貊大如驢狀頗似熊多力食鐵所觸無不拉廣志曰貊色蒼白其皮溫煖雲南縣有神鹿兩頭能食毒草見華陽國志先是西部都尉廣漢鄭純爲政清絜化行夷貊君長感慕皆獻土珍頌德美天子嘉之即以爲永昌太守純與哀牢夷人約邑豪歲輸布貫頭衣二領鹽一斛以爲常賦夷俗安之純自爲都尉太守十年卒官建初元年哀牢王類牢與守令忿爭遂殺守令而反叛攻越巂唐城○劉攽曰按巂唐自是縣屬永昌後人不知妄增越巂二字太守王尋奔楪榆哀牢三千餘人攻博南燔燒民舍肅宗募發越巂益州永昌夷漢九千人討之明年春邪龍縣郡國志曰屬永昌郡也昆明夷鹵承等應募率種人與諸郡兵擊類牢於博南大破斬之傳首洛陽賜鹵承帛萬匹封爲破虜傍邑侯永元六年郡徼外敦忍乙王莫延慕義遣使譯獻犀牛大象九年徼外蠻及撣國王雍由調遣重譯奉國珍寶和帝賜金印紫綬小君長撣音擅東觀作擅字皆加印綬錢帛永初元年徼外僬僥種夷陸類等三千餘口舉種內附獻象牙水牛封牛永寧元年撣國王雍由調復遣使者詣闕朝賀獻樂及幻人能變化吐火自支解易牛馬頭又善跳丸數乃至千自言我海西人海西即大秦也撣國西南通大秦明年元會安帝作樂於庭封雍由調爲漢大都尉賜印綬金銀綵繒各有差也

邛都夷者武帝所開以爲邛都縣無幾而地陷爲汙澤因名爲邛池南人以爲邛河在今巂州越巂縣東南八郡志曰邛河縱廣岸二十里深百餘丈大魚長一二丈頭特大遙視如戴鐵釜狀李膺益州記云邛都縣下有一老姥家貧孤獨每食輒有小蛇頭上戴角在牀間姥憐之飴之後稍長大遂長丈餘令有駿馬蛇遂吸殺之令因大忿恨責姥出蛇姥云在牀下令即掘地愈深愈大而無所見令又遷怒殺姥蛇乃感人以靈言瞋令何殺我母當爲母報讎此後每夜輒聞若雷若風四十許日百姓相見咸驚語汝頭那忽戴魚是夜方四十里與城一時俱陷爲湖土人謂之爲陷河唯姥宅無恙訖今猶存漁人採捕必依止宿每有風浪輒居宅側恬靜無他風靜水清猶見城郭樓櫓畟然今水淺時彼土人沒水取得舊木堅貞光黑如漆今好事人以爲枕相贈畟音側後復反叛元鼎六年漢兵自越巂水伐之以爲越巂郡巂水源出今巂州邛部縣西南巂山下前書地理志曰言其越巂水以置郡故名焉其土地平原有稻田青蛉縣禺同山有碧雞金馬光景時時出見禺同山在今褒州揚波縣王褒碧雞頌曰持節使王褒謹拜南崖敬移金精神馬縹碧之雞處南之荒深谿回谷非土之鄉歸來歸來漢德無疆廉平唐虞澤配三皇華陽國志曰碧雞光景人多見之前書音義曰金形似馬碧形似雞也俗多游蕩而喜謳歌略與牂柯相類豪帥放縱難得制御王莽時郡守枚根調邛人長貴以爲軍候更始二年長貴率種人攻殺枚根自立爲邛穀王領太守事又降於公孫述述敗光武封長貴爲邛穀王建武十四年長貴遣使上三年計天子即授越巂太守印綬十九年武威將軍劉尚擊益州夷路由越巂長貴聞之疑尚既定南邊威法必行己不得自放縱即聚兵起營臺招呼諸君長多釀毒酒欲先以勞軍因襲擊尚尚知其謀即分兵先據邛都遂掩長貴誅之徙其家屬於成都永平元年姑復夷復叛益州刺史發兵討破之斬其渠帥傳首京師後太守巴郡張翕政化清平得夷人和在郡十七年卒夷人愛慕如喪父母蘇祈叟二百餘人續漢書志曰蘇祈縣屬越巂郡齎牛羊送喪至翕本縣安漢安漢縣屬巴郡起墳祭祀詔書嘉美爲立祠堂安帝元初三年郡徼外夷大羊等八種戶三萬一千口十六萬七千六百二十慕義內屬時郡縣賦斂煩數五年卷夷大牛種封離等反畔殺遂久令遂久縣在今麽州界明年永昌益州及蜀郡夷皆叛應之衆遂十餘萬破壞二十餘縣殺長吏燔燒邑郭剽略百姓骸骨委積千里無人詔益州刺史張喬選堪能從事討之喬乃遣從事楊竦將兵至楪榆擊之賊盛未敢進先以詔書告示三郡密徵求武士重其購賞乃進軍與封離等戰大破之斬首三萬餘級獲生口千五百人資財四千餘萬悉以賞軍士封離等惶怖斬其同謀渠帥詣竦乞降竦厚加慰納其餘三十六種皆求降附竦因奏長吏姦猾侵犯蠻夷者九十人皆減死州中論功未及上會竦病創卒張喬深痛惜之乃刻石勒銘圖畫其像天子以張翕有遺愛乃拜其子湍爲太守夷人懽喜奉迎道路曰郎君儀貌類我府君後湍頗失其心有欲叛者諸夷耆老相曉語曰當爲先府君故遂以得安後順桓間廣漢馮顥爲太守政化尤多異迹云

莋都夷者武帝所開以爲莋都縣其人皆被髮左衽言語多好譬類居處略與汶山夷同土出長年神藥仙人山圖所居焉劉向列仙傳曰山圖隴西人好乘馬馬蹋折腳山中道士教服地黃當歸羌活玄參服一年不嗜食病愈身輕追道士問之自云五岳使人之名山採藥能隨吾汝便不死山圖追隨人不復見六十餘年一旦歸來行母服於冢間朞年復去莫知所之也元鼎六年以爲沈黎郡至天漢四年并蜀爲西部置兩都尉一居旄牛主徼外夷一居青衣主漢人永平中益州刺史梁國朱輔好立功名慷慨有大略東觀記輔作酺梁國寧陵人在州數歲宣示漢德威懷遠夷自汶山以西前世所不至正朔所未加白狼槃木唐菆等百餘國戶百三十餘萬口六百萬以上舉種奉貢稱爲臣僕輔上疏曰臣聞詩云彼徂者岐有夷之行詩周頌也傳曰岐道雖僻而人不遠韓詩薛君傳曰徂往也夷易也行道也彼百姓歸文王者皆曰岐有易道可往歸矣易道謂仁義之道而易行故岐道阻險而人不難詩人誦詠以爲符驗今白狼王唐菆等慕化歸義作詩三章路經邛來大山零高坂山海經曰崍山江水出焉郭璞曰邛來山中江所出也華陽國志曰邛來山一名邛作故邛人作人界也巖阻峻回曲折乃至山上凝冰夏結冬則劇寒王陽行部至此而退者也有長貧若採八度之難陽母閔峻坂名峭危峻險百倍岐道言詩人難數岐道之阻但以文王之道人以爲夷易今邛來峭危甚於岐繦負老幼若歸慈母遠夷之語辭

意難正草木異種鳥獸殊類有犍爲郡掾田恭與之習狎頗曉其言臣輒令訊其風俗譯其辭語今遣從事史李陵與恭護送詣闕并上其樂詩昔在聖帝舞四夷之樂解見陳禪傳今之所上庶備其一帝嘉之事下史官錄其歌焉東觀記載其歌並載夷人本語並重譯訓詁爲華言今范史所載者是也今錄東觀夷言以爲此注也遠夷樂德歌詩曰大漢是治提官隗構與天意合魏冒踰糟吏譯平端罔譯劉脾不從我來旁莫支留聞風向化徵衣隨旅所見奇異知唐桑艾多賜繒布邪毗維補甘美酒食推潭僕遠昌樂肉飛拓拒蘇便屈伸悉備局後仍離蠻夷貧薄僂讓龍洞無所報嗣莫支度由願主長壽陽雒僧鱗子孫昌熾莫穉角存遠夷慕德歌詩曰蠻夷所處僂讓皮尼日入之部且交陵悟慕義向化繩動隨旅歸日出主路且僕雒聖德深恩聖德渡諾與人富厚魏菌度洗冬多霜雪綜邪流藩夏多和雨莋邪尋螺寒溫時適藐潯瀘離部人多有菌補邪推涉危歷險辟危歸險不遠萬里莫受萬儛去俗歸德術疊附德心歸慈母仍路孳摸遠夷懷德歌曰荒服之外荒服之儀土地墝埆犁籍憐憐食肉衣皮阻蘇邪犁不見鹽穀莫碭麤沐吏譯傳風罔譯傳微大漢安樂是漢夜拒攜負歸仁蹤優路仁觸冒險陝雷折險龍高山岐峻倫狠藏幢緣崖磻石扶路側祿木薄發家息落服淫百宿到洛理瀝髭雒父子同賜捕莅菌毗懷抱匹帛懷稾匹漏傳告種人傳言呼敕長願臣僕陵陽臣僕肅宗初輔坐事免是時郡尉府舍皆有雕飾畫山神海靈奇禽異獸以眩燿之夷人益畏憚焉和帝永元十二年旄牛徼外白狼樓薄蠻夷王唐繒等遂率種人十七萬口歸義內屬詔賜金印紫綬小豪錢帛各有差安帝永初元年蜀郡三襄種夷與徼外汙衍種并兵三千餘人反叛攻蠶陵城殺長吏二年青衣道夷邑長令田令姓田名與徼外三種夷三十一萬口齎黃金旄牛毦顧野王曰毦結毛爲飾也卽今馬及弓槊上纓毦也舉土內屬安帝增令田爵號爲奉通邑君延光二年春旄牛夷叛攻零關郡國志零關道屬越巂郡殺長吏益州刺史張喬與西部都尉擊破之於是分置蜀郡屬國都尉領四縣如太守桓帝永壽二年蜀郡夷叛殺略吏民延熹二年蜀郡三襄夷寇蠶陵殺長吏四年犍爲屬國夷寇郡界益州刺史山昱擊破之斬首千四百級餘皆解散靈帝時以蜀郡屬國爲漢嘉郡

冉駹夷者武帝所開元鼎六年以爲汶山郡至地節三年宣帝年也夷人以立郡賦重宣帝乃省并蜀郡爲北部都尉其山有六夷七羌九氐各有部落其王侯頗知文書而法嚴重貴婦人黨母族死則燒其尸土氣多寒在盛夏冰猶不釋故夷人冬則避寒入蜀爲傭夏則違暑反其邑衆皆依山居止累石爲室高者至十餘丈爲邛籠按今彼土夷人呼爲雕也又土地剛鹵不生穀粟麻菽唯以麥爲資而宜畜牧有旄牛無角一名童牛肉重千斤毛可爲毦出名馬有靈羊可療毒本草經曰靈羊角味鹹無毒主療青盲蠱毒去惡鬼安心氣彊筋骨也又有食藥鹿鹿麑有胎者其腸中糞亦療毒疾又有五角羊麝香輕毛毼雞牲牲郭璞注山海經曰毼雞似雉而大青色有毛角鬭敢死乃止其人能作旄氈班罽青頓毞毲羊羧之屬青頓毞羧並未詳字書無此二字周書伊尹爲四方獻令曰正西昆侖狗國鬼親枳巳闟茸貫胸雕題離丘漆齒請令以丹青白旄紕罽龍角神龜爲獻湯曰善何承天纂文曰紕氐罽也音卑疑反毞卽紕也特多雜藥地有鹹土煑以爲鹽麢羊牛馬食之皆肥麢卽麢狠也異物志狀似鹿而角觸前向入林樹掛角故恒在平淺草中肉肥香美逐入林則搏之皮可作履韈角正四據南人因以爲秭音子兮反其西又有三河槃于虜北有黃石北地盧水胡其表乃爲徼外靈帝時復分蜀郡北部爲汶山郡云

白馬氐者武帝元鼎六年開分廣漢西部合以爲武都土地險阻有麻田出名馬牛羊漆蜜氐人勇戇抵冒貪貨死利居於河池一名仇池方百頃四面斗絕仇池山在今成州上祿縣南三秦記曰仇池縣界本名仇維山上有池故曰仇池山在倉洛二谷之間常爲水所衝激故下石而上土形似覆壺仇池記曰仇池百頃周回九千四十步天形四方壁立千仞自然樓櫓卻敵分置調均竦起數丈有踰人功仇池凡二十一道可攀緣而上東西二門盤道下至上凡有七里上則崗阜低昻泉流交灌酈元注水經云羊腸盤道三十六回開山圖謂之仇夷所謂積石嵯峨嶔岑隱阿者也上有平田百頃煑土成鹽因以百頃爲號也數爲邊寇郡縣討之則依固自守元封三年氐人反叛遣兵破之分徙酒泉郡昭帝元鳳元年氐人復叛遣執金吾馬適建姓馬適名建也龍頟侯韓增大鴻臚田廣明將三輔太常徒討破之及王莽篡亂氐人亦叛建武初氐人悉附隴蜀及隗囂滅其酋豪乃背公孫述降漢隴西太守馬援上復其王侯君長賜以印綬後囂族人隗茂反殺武都太守氐人大豪齊鍾留爲種類所敬信威服諸豪與郡丞孔奮擊茂破斬之後亦時爲寇盜郡縣討破之

論曰漢氏征伐戎狄有事邊遠蓋亦與王業而終始矣至於傾沒疆垂喪師敗將者不出時歲卒能開四夷之境款殊俗之附若乃文約之所沾漸風聲之所周流幾將日所出入處也文約謂文書要約也著自山經水志者亦略及焉雖服叛難常威澤時曠及其化行則緩耳雕腳之倫獸居鳥語之類緩耳儋耳也獸居謂穴居莫不舉種盡落回面而請吏陵海越障累譯以內屬焉故其錄名中郎校尉之署謂護匈奴中郎將及戊己校尉等編數都護部守之曹○劉攽曰案此部字合作郡動以數百萬計若乃藏山隱海之靈物沉沙棲陸之瑋寶珠玉金碧珊瑚虎珀之類莫不呈表怪麗雕被宮幄焉又其賨賦火毳馴禽封獸之賦軨積於內府火毳卽火浣布也馴禽鸚鵡也封獸象也神異經曰南方有火山長四十里廣四五里生不燼之木晝夜火然得烈風不猛暴雨不滅火中有鼠重百斤毛長二尺餘細如絲恒居火中時時出外而色白以水逐沃之卽死績其毛織以作布用之若汙以火燒之則清潔也傅子曰長老說漢桓時梁冀作火浣布單衣會賓客行酒公卿朝臣前佯爭酒失杯而汙之冀僞怒解衣而燒之布得火爗然而熾如燒凡布垢盡火滅粲然潔白如水澣也○劉攽曰正文軨積於內府按軨字誤當作䡋字夷歌巴舞殊音異節之技列倡於外門豈柔服之道必足於斯然亦云致遠者矣蠻夷雖附阻巖谷而類有土居連涉荊交之區布護巴庸之外不可量極然其凶勇狡筭薄於羌狄故陵暴之害不能深也西南之徼尤爲劣焉故關守永昌肇自遠離啟土立人至今成都焉哀牢夷伐鹿茤不得乃歸中國故言肇自遠離

贊曰百蠻蠢居仞彼方徼鏤體卉衣憑深阻峭蠢小貌也鏤體文身也卉衣草服也亦有別夷屯彼蜀表參差聚落紆餘岐道往化既孚改襁輸賨寶孚信也襁袒也俾建永昌同編億兆

後漢書卷一百十六考證

南蠻傳有能得犬戎之將吳將軍頭者○臣德潛按吳得姓自周命氏以後將軍之官始於魏獻子衛文子周末置前後左右將軍安得高辛時先有此號范氏之說本於風俗通此不經之甚者

又零陵蠻○臣會汾按注陵當作陽

稟君思其便因射殺之○文獻通考作伺其便應從之

後漢書卷一百十七

宋　宣　城　太　守　范　曄　撰

唐　章　懷　太　子　賢　注

西羌傳第七十七

西羌

西羌之本出自三苗姜姓之別也其國近南岳衡山也及舜流四凶徙之三危三危山在今沙州敦煌縣東南山有三峰故曰三危也河關之西南羌地是也河關縣屬金城郡已上並續漢書文濱於賜支至乎河首綿地千里賜支者禹貢所謂析支者也南接蜀漢徼外蠻夷西北鄯善車師諸國所居無常依隨水草地少五穀以產牧爲業其俗氏族無定或以父名母姓爲種號十二世後相與婚姻父沒則妻後母兄亡則納釐嫂寡婦曰釐力之反故國無鰥寡種類繁熾不立君臣無相長一強則分種爲酋豪弱則爲人附落更相抄暴以力爲雄殺人償死無它禁令其兵長在山谷短於平地不能持久而果於觸突以戰死爲吉利病終爲不祥堪耐寒苦同之禽獸雖婦人產子亦不避風雪性堅剛勇猛得西方金行之氣焉黃帝素問曰西方者金玉之域沙石之處其人山居而多風水土剛強王政脩則賓服德教失則寇亂昔夏后氏太康失國太康夏啟之子盤于遊田不恤人事爲羿所逐不得反國也四夷背叛及后相卽位乃征畎夷后相卽太康孫仲康之子七年然後來賓至於后泄始加爵命由是服從后泄啓八代孫帝芒之子也後桀之亂畎夷入居邠岐之間邠今豳州也岐卽岐州也成湯既興伐而攘之及殷室中衰諸夷皆叛至於武丁征西羌鬼方三年乃克武丁殷王也易曰高宗伐鬼方三年克之前書音義曰鬼方遠方也故其詩曰自彼氐羌莫敢不來王殷頌之文及武乙暴虐犬戎寇邊帝武乙卽武丁五代孫無道爲偶人像謂之天神與之博令人代之行天神不勝而僇辱之又爲革囊盛血仰而射之命曰射天遂被雷震而死周古公踰梁山而避于岐下梁山在今雍州好畤縣西北古公文王之祖也岐山在扶風郡也及子季歷遂伐西落鬼戎竹書紀年武乙三十五年周王季伐西落鬼戎俘二十翟王也太丁之時季歷復伐燕京之戎戎人大敗周師太丁武乙子也竹書紀年曰太丁二年周人伐燕京之戎周師大敗也後二年周人克余無之戎於是太丁命季歷爲牧師季歷文王之父也竹書紀年曰太丁四年周人伐余無之戎克之周王季命爲殷牧師也自是之後更伐始呼翳徒之戎皆克之竹書紀年曰太丁七年周人伐始呼之戎克之十一年周人伐翳徒之戎捷其三大夫也及文王爲西伯西有昆夷之患北有獫狁之難遂攘戎狄而戍之莫不賓服見詩小雅采薇篇乃率西戎征殷之叛國以事紂左傳晉韓獻子曰文王率殷之叛國以事紂惟知時及武王伐商羌髳率師會于牧野尚書曰庸蜀羌髳微盧彭濮人孔安國注曰皆蠻夷戎狄也至穆王時戎狄不貢王乃西征犬戎獲其五王又得四白鹿四白狼見史記王遂遷戎于太原夷王衰弱夷王懿王孫名燮也荒服不朝乃命虢公率六師伐太原之戎至于俞泉獲馬千匹見竹書紀年厲王無道戎狄寇掠乃入犬丘殺秦仲之族犬丘縣名秦曰廢丘漢曰槐里也王命伐戎不克及宣王立四年使秦仲伐戎爲戎所殺王乃召秦仲子莊公與兵七千人伐戎破之由是少卻後二十七年王遣兵伐太原戎不克後五年王伐條戎奔戎王師敗績後二年晉人敗北戎于汾隰二水名戎人滅姜侯之邑明年王征申戎破之後十年幽王命伯士伐六濟之戎軍敗伯士死焉並見竹書紀年其年戎圍犬丘虜秦襄公之兄伯父時幽王昏虐四夷交侵遂廢申后而立褒姒申侯怒與戎寇周殺幽王於酈山周乃東遷洛邑秦襄公攻戎救周後二年邢侯大破北戎及平王之末周遂陵遲戎逼諸夏自隴山以東及乎伊洛往往有戎於是渭首有狄豲邽冀之戎狄卽狄道豲卽豲道邽卽上邽冀卽冀縣也涇北有義渠之戎義渠縣屬北地郡也洛川有大荔之戎洛川卽洛水大荔古戎國秦獲之改曰臨晉今同州城是也渭南有驪戎伊洛間有楊拒泉皋之戎杜預注左傳云楊拒戎邑也潁首以西有蠻氏之戎左傳曰單浮餘圍蠻氏杜預注云梁南有霍陽山皆蠻子之邑當春秋時間在中國與諸夏盟會魯莊公伐秦取邽冀之戎後十餘歲晉滅驪戎是時伊洛戎強東侵曹魯左傳莊公十八年公追戎于濟西杜預注戎侵魯魯人不知去乃追之二十四年戎侵曹也後十九年遂入王城於是秦晉伐戎以救周

（事並見左傳僖公十二年）後二年又寇京師齊桓公徵諸侯戍周後九年陸渾戎自瓜州遷于伊川（瓜州今瓜州也事見僖公二十二年）允姓戎遷于渭汭（允姓陰戎之祖與三苗俱放三危見左傳）東及轘轅在河南山北者號曰陰戎陰戎之種遂以滋廣（左傳哀公四年蠻子赤奔晉陰地杜預注曰陰地河南山北自上雒以東至陸渾）晉文公欲脩霸業乃賂戎狄通道以匡王室秦穆公得戎人由余遂霸西戎開地千里（由余其先晉人也亡入戎戎王聞穆公賢使由余觀秦穆公以客禮待之秦遺戎王以女樂由余諫不聽由余乃降秦爲謀伐戎）及晉悼公又使魏絳和諸戎復脩霸業（魏絳晉大夫見左傳襄公十三年）是時楚晉強盛威服諸戎陸渾伊洛陰戎事晉而蠻氏從楚後陸渾叛晉晉令荀吳滅之（荀吳晉大夫中行穆子也見左傳昭公元年）後四十四年楚執蠻氏而盡囚其人是時義渠大荔最強築城數十皆自稱王至周貞王八年秦厲公滅大荔取其地趙亦滅代戎即北戎也韓魏復共稍并伊洛陰戎滅之其遺脫者皆逃走西踰汧隴（汧山隴山之間也在今隴州汧源縣）自是中國無戎寇唯餘義渠種焉至貞王二十五年秦伐義渠虜其王（即厲公二十三年伐也）後十四年義渠侵秦至渭陰後百許年義渠敗秦師于洛後四年義渠國亂秦惠王遣庶長操將兵定之（操名也庶長秦爵也事見左傳）義渠遂臣於秦後八年秦伐義渠取郁郅（縣名屬北地郡）後二年義渠敗秦師于李伯（李伯地名未詳）明年秦伐義渠取徒涇二十五城（徒涇縣名屬西河郡）及昭王立義渠王朝秦遂與昭王母宣太后通生二子至王赧四十三年宣太后誘殺義渠王於甘泉宮因起兵滅之始置隴西北地上郡焉戎本無君長夏后氏末及商周之際或從侯伯征伐有功天子爵之以爲藩服春秋時陸渾蠻氏戎稱子戰國世大荔義渠稱王及其衰亡餘種皆反舊爲酋豪云

羌無弋爰劒者秦厲公時爲秦所拘執以爲奴隸不知爰劒何戎之别也後得亡歸而秦人追之急藏於巖穴中得免羌人云爰劒初藏穴中秦人焚之有景象如虎爲其蔽火得以不死既出又與劓女遇於野（劓截鼻也）遂成夫婦女恥其狀被髮覆面羌人因以爲俗遂俱亡入三河間（續漢書曰遂俱亡入河湟間今此言三河即黃河賜支河湟河也）諸羌見爰劒被焚不死怪其神共畏事之推以爲豪河湟間少五穀多禽獸以射獵爲事（湟水出金城郡臨羌縣）爰劒教之田畜遂見敬信廬落種人依之者日益衆羌人謂奴爲無弋以爰劒嘗爲奴隸故因名之其後世世爲豪至爰劒曾孫忍時秦獻公初立欲復穆公之迹（穆公霸有西戎今欲復之）兵臨渭首滅狄豲戎（豲音丸）忍季父卬畏秦之威將其種人附落而南出賜支河曲西數千里與衆羌絕遠不復交通其後子孫分别各自爲種任隨所之或爲氂牛種越巂羌是也或爲白馬種廣漢羌是也或爲參狼種武都羌是也忍及弟舞獨留湟中並多娶妻婦忍生九子爲九種舞生十七子爲十七種羌之興盛從此起矣及忍子研立時秦孝公雄強威服羌戎孝公使太子駟率戎狄九十二國朝周顯王研至豪健故羌中號其後爲研種及秦始皇時務并六國以諸侯爲事兵不西行故種人得以繁息秦既兼天下使蒙恬將兵略地西逐諸戎北郤衆狄築長城以界之衆羌不復南度至于漢興匈奴冒頓兵強破東胡走月氏威震百蠻臣服諸羌景帝時研種留何率種人求守隴西塞於是徙留何等於狄道安故至臨洮氐道羌道縣（氐音丁兮反五縣並屬隴西郡）及武帝征伐四夷開地廣境北郤匈奴西逐諸羌乃度河湟築令居塞（令居縣屬金城郡令音零）初開河西列置四郡（酒泉武威張掖敦煌也）通道玉門隔絕羌胡使南北不得交關於是障塞亭燧出長城外數千里時先零羌與封養牢姐種解仇結盟（姐音紫）與匈奴通合兵十餘萬共攻令居安故遂圍枹罕（安故縣屬隴西郡枹罕縣屬金城郡枹音鈇）漢遣將軍李息郎中令徐自爲將兵十萬人擊平之始置護羌校尉持節統領焉羌乃去湟中依西海鹽池左右（金城郡臨羌縣有鹽池也）漢遂因山爲塞河西地空稍徙人以實之至宣帝時遣光祿大夫義渠安國（義渠姓也）覗行諸羌其先零種豪言願得度湟水逐人所不田處以爲畜牧安國以事奏聞後將軍趙充國以爲不可聽後因緣前言遂度湟水郡縣不能禁至元康三年先零乃與諸羌大共盟誓將欲寇邊帝聞復使安國將兵觀之安國至召先零豪四十餘人斬之因放兵擊其種斬首千餘級於是諸羌怨怒遂寇金城乃遣趙充國與諸將將兵六萬人擊破平之至研十三世孫燒當立元帝時彡姐等七種羌寇隴西（彡音先廉反又所廉反姐音紫）遣右將軍馮奉世擊破降之從爰劒種五世至研研最豪健自後以研爲種號十三世至燒當復豪健其子孫更以燒當爲種號自彡姐羌降之後數十年四夷賓服邊塞無事至王莽輔政欲燿威德以懷遠爲名乃令譯諷旨諸羌使共獻西海之地初開以爲郡築五縣邊海亭燧相望焉（燧烽也）

滇良者燒當之玄孫也時王莽末四夷內侵及莽敗衆羌遂還據西海爲寇更始赤眉之際羌遂放縱寇金城隴西隗囂雖擁兵而不能討之乃就慰納因發其衆與漢相拒建武九年隗囂死司徒掾班彪上言今涼州部皆有降羌羌胡被髮左衽而與漢人雜處習俗既異言語不通數爲小吏黠人所見侵奪窮恚無聊故致反叛夫蠻夷寇亂皆爲此也舊制益州部置蠻夷騎都尉幽州部置領烏桓校尉涼州部置護羌校尉皆持節領護理其怨結歲時循行問所疾苦又數遣使譯通動靜使塞外羌夷爲吏耳目州郡因此可得儆備今宜復如舊以明威防光武從之即以牛邯爲護羌校尉持節如舊及邯卒而職省十年先零豪與諸種相結復寇金城隴西遣中郎將來歙等擊之大破事已具歙傳十一年夏先零種復寇臨洮隴西太守馬援破降之後悉歸服徙置天水隴西扶風三郡明年武都參狼羌反援又破降之事已具援傳自燒當至滇良世居河北大允谷種小人貧而先零卑湳並皆強富數侵犯之（湳音乃感反）滇良父子積見陵易憤怒而素有恩信於種中於是即會附落及諸雜種乃從大允谷掩擊先零卑湳大破之殺三千人掠取財畜奪居其地大榆中由是始強滇良子滇吾立中元元年武都參狼羌反殺掠吏人太守與戰不勝隴西太守劉盱遣從事辛都監軍掾李苞將五千人赴武都與羌戰斬其酋豪首虜千餘人時武都兵亦更破之斬首千餘級餘悉降時滇吾附落轉盛常雄諸羌每欲侵邊者滇吾轉教以方略爲其渠帥二年秋燒當羌滇吾與弟滇岸率步騎五千寇隴西塞劉盱遣兵於枹罕擊之不能克又戰於允街（允音鈆街音階縣名屬金城郡）爲羌所敗殺五百餘人於是守塞諸羌皆復相率爲寇遣謁者張鴻領諸郡兵擊之戰於允吾唐谷（允音鈆吾音牙縣名屬金城郡唐谷故城在今鄯州湟水縣西也）軍敗鴻及隴西長史田颯皆沒又天水兵爲牢姐種所敗於白石死者千餘人（白石縣名屬金城郡有白石山）時燒何豪有婦人比銅鉗者年百餘歲多智算爲種人所信向皆從取計策時爲盧水胡所擊比銅鉗乃將其衆來依郡縣種人頗有犯法者臨羌長收繫比銅鉗而誅殺其種六七百人顯宗憐之乃下詔曰昔桓公伐戎而無仁惠故春秋貶曰齊人（春秋莊公三十年齊人伐山戎公羊傳曰此齊侯也其稱人何貶也何休注曰戎亦天地之所生乃迫殺之惡不仁也）今國家無德恩不及遠羸弱何辜而當并命夫長平之暴非帝者之功（言帝王好生惡殺故不以爲功也史記曰白起昭王時爲上將軍擊趙趙不利將軍趙括與六十萬人請降起乃盡坑之遺其小者二百四十人）咎由太守長吏妄加殘戮比銅鉗尚生者所在致醫藥養視令招其種人若欲歸故地者厚遣送之其小種若束手自詣欲効功者皆除其罪若有逆謀爲吏所捕而獄狀未斷悉以賜有功者永平元年復遣中郎將竇固捕虜將軍馬武等擊滇吾於西邯大破之事已具武等傳滇吾遠引去餘悉散降徙七千口置三輔以謁者竇林領護羌校尉居狄道林爲諸羌所信而滇岸遂詣林降林爲下吏所欺謬奏上滇岸以爲大豪承制封爲歸義侯加號漢大都尉明年滇吾復降林復奏其第一豪與俱詣闕獻見帝怪一種兩豪疑其非實以事詰林林辭窘（窘窮也）乃僞對曰滇岸即滇吾隴西語不正耳帝窮驗知之怒而免林官會涼州刺史又奏林臧罪遂下獄死謁者郭襄代領校尉事到隴西聞涼州羌盛還詣闕抵罪於是復省校尉官滇吾子東吾立以父降漢乃入居塞內謹愿自守而諸弟迷吾等數爲寇盜肅宗建初元年安夷縣吏略妻卑湳種羌婦吏爲其夫所殺安夷長宗延追之出塞（安夷縣名屬金城郡）種人恐見誅遂共殺延而與勒姐及吾良二種相結爲寇隴西太守孫純遣從事李睦及金城兵會和羅谷與卑湳等戰斬首虜數百人後拜故度遼將軍吳棠領護羌校尉居安夷二年夏迷吾遂與諸衆聚兵欲叛出塞金城太守郝崇追之戰於荔谷崇兵大敗崇輕騎得脫死者二千餘人於是諸種及屬國盧水胡悉與相應吳棠不能制坐徵免武威太守傅育代爲校尉移居臨羌迷吾又與封養種豪布橋等五萬餘人共寇隴西漢陽於是遣行車騎將軍馬防長水校尉耿恭副討破之於是臨洮索西迷吾等悉降防乃築索西城（故城在今洮州）徙隴西南部都尉戍之悉復諸亭候至元和三年迷吾復與弟號吾諸雜種反畔秋號吾先輕入寇隴西界郡督烽掾李章追之生得號吾將詣郡號吾曰獨殺我無損於羌誠得生歸必悉罷兵不復犯塞隴西太守張紆權宜放遣羌即爲解散各歸故地迷吾退居河北歸義城傅育不欲失信伐之乃募人鬬諸羌胡羌胡不肯遂復叛出塞更依迷吾章和元年育上請發隴西張掖酒泉各五千人諸郡太守將之育自領漢陽金城五千人合二萬兵與諸郡剋期擊之令隴西兵據河南張掖酒泉兵遮其西並未及會育軍獨進迷吾聞之徙廬落去育選精騎三千窮追之夜至建威南三兜谷去虜數里須旦擊之不設備迷吾乃伏兵三百人夜突育營營中驚壞散走育下馬手戰殺十餘人而死死者八百八十人及諸郡兵到羌遂引去育北地人也顯宗初爲臨羌長與捕虜將軍馬武等擊羌滇吾功冠諸軍及在武威威聲聞於匈奴食祿數十年秩奉盡贍給知友妻子不免操井臼肅宗下詔追褒美之封其子毅爲明進侯七百戶以隴西太守張紆代爲校尉將萬人屯臨羌迷吾既殺傅育狃忕邊利（狃忕貫習也狃音女九反忕音時制反）章和元年復與諸種步騎七千人入金城塞張紆遣從事司馬防將千餘騎及金城兵會

戰於木乘谷迷吾兵敗走因譯使欲降紆納之遂將衆人詣臨羌縣紆設兵大會施毒酒中羌飲醉紆因自擊伏兵起（劉攽曰案文當云自擊鼓起伏兵）誅殺酋豪八百餘人斬迷吾等五人頭以祭冢復放兵擊在山谷間者斬首四百餘人得生口二千餘人迷吾子迷唐及其種人向塞號哭與燒何當煎當闐等相結以子女及金銀聘納諸種解仇交質將五千人寇隴西塞太守寇盱與戰於白石迷唐不利引還大小榆谷北招屬國諸胡會集附落種衆熾盛張紆不能討永元元年紆坐徵以張掖太守鄧訓代爲校尉稍以賞賂離間之由是諸種少解東吾子東號立是時號吾將其種人降校尉鄧訓遣兵擊迷唐迷唐去大小榆谷徙居頗巖谷和帝永元四年訓病卒蜀郡太守聶尚代爲校尉尚見前人累征不克欲以文德服之乃遣譯使招呼迷唐使還居大小榆谷迷唐既還遣祖母卑缺詣尚尚自送至塞下爲設祖道令譯田汜等五人護送至廬落迷唐因而反叛遂與諸種共生屠裂汜等以血盟詛復寇金城塞五年尚坐徵免居延都尉貫友代爲校尉友以迷唐難用德懷終於叛亂乃遣譯使搆離諸種誘以財貨由是解散友乃遣兵出塞攻迷唐於大小榆谷獲首虜八百餘人收麥數萬斛遂夾逢留大河築城塢作大航造河橋欲渡河擊迷唐迷唐乃率部落遠依賜支河曲至八年友病卒漢陽太守史充代爲校尉充至遂發湟中羌胡出塞擊迷唐而羌迎敗充兵殺數百人明年充坐徵代郡太守吳祉代爲校尉其秋迷唐率八千人寇隴西殺數百人乘勝深入脅塞內諸種羌共爲寇盜衆羌復悉與相應合步騎三萬人擊破隴西兵殺大夏長（大夏縣名屬隴西郡）遣行征西將軍劉尚越騎校尉趙代副將北軍五營黎陽雍營三輔積射及邊兵羌胡三萬人討之（五營即五校也雍營即扶風都尉屯也黎陽營解見南匈奴傳也）尚屯狄道代屯枹罕尚遣司馬寇盱監諸郡兵四面並會迷唐懼棄老弱奔入臨洮南尚等追至高山迷唐窮迫率其精強大戰盱斬虜千餘人得牛馬羊萬餘頭迷唐引去漢兵死傷亦多不能復追乃還入塞明年尚代並坐畏懦徵下獄免謁者王信領尚營屯枹罕謁者耿譚領代營屯白石譚乃設購賞諸種頗來內附迷唐恐乃請降信譚遂受降罷兵遣迷唐詣闕其餘種人不滿二千飢窘不立入居金城和帝令迷唐將其種人還大小榆谷迷唐以爲漢作河橋兵來無常故地不可復居辭以種人飢餓不肯遠出吳祉等乃多賜迷唐金帛令糴穀市畜促使出塞種人更懷猜驚十二年遂復背叛乃脅將湟中諸胡寇鈔而去王信耿譚吳祉皆坐徵以酒泉太守周鮪代爲校尉明年迷唐復還賜支河曲初累姐種附漢迷唐怨之遂擊殺其酋豪由是與諸種爲讎黨援益疎其秋迷唐復將兵向塞周鮪與金城太守侯霸及諸郡兵屬國湟中月氏諸胡隴西牢姐羌合三萬人出塞至允川與迷唐戰周鮪還營自守唯侯霸兵陷陳斬首四百餘級羌衆折傷種人瓦解降者六千餘口分徙漢陽安定隴西迷唐遂弱其種衆不滿千人遠踰賜支河首依發羌居明年周鮪坐畏懦徵侯霸代爲校尉安定降羌燒何種脅諸羌數百人反叛郡兵擊滅之悉沒入弱口爲奴婢時西海及大小榆谷左右無復羌寇隃麋相曹鳳上言（隃麋縣名屬右扶風）西戎爲害前世所患臣不能紀古且以近事言之自建武以來其犯法者常從燒當種起所以然者以其居大小榆谷土地肥美又近塞內諸種易以爲非難以攻伐南得鍾存以廣其衆北阻大河因以爲固又有西海魚鹽之利緣山濱水以廣田畜故能彊大常雄諸種恃其權勇招誘羌胡今者衰困黨援壞沮親屬離叛餘勝兵者不過數百逃亡棲竄遠依發羌臣愚以爲宜及此時建復西海郡縣規固二榆廣設屯田隔塞羌胡交關之路遏絕狂狡窺欲之源又植穀富邊省委輸之役國家可以無西方之憂於是拜鳳爲金城西部都尉將徙士屯龍耆（龍耆即龍支也今鄯州縣）後金城長史上官鴻上開置歸義建威屯田二十七部侯霸復上置東西邯屯田五部（邯水名邯分流左右在今廓州）增留逢二部帝皆從之列屯夾河合三十四部其功垂立至永初中諸羌叛乃罷迷唐失衆病死有一子來降戶不滿數千

東號子麻奴立初隨父降居安定時諸降羌布在郡縣皆爲吏人豪右所徭役積以愁怨安帝永初元年夏遣騎都尉王弘發金城隴西漢陽羌數百千騎征西域弘迫促發遣羣羌懼遠屯不還行到酒泉多有散叛諸郡各發兵徼遮或覆其廬落於是勒姐當煎大豪東岸等愈驚遂同時奔潰麻奴兄弟因此遂與種人俱西出塞先零別種滇零與鍾羌諸種大爲寇掠斷隴道時羌歸附既久無復器甲或持竹竿木枝以代戈矛或負板案以爲楯或執銅鏡以象兵郡縣畏懦不能制冬遣車騎將軍鄧騭征西校尉任尚副將五營及三河三輔汝南南陽潁川太原上黨兵合五萬人屯漢陽明年春諸郡兵未及至鍾羌數千人先擊敗騭軍於冀西殺千餘人校尉侯霸坐衆羌反叛徵免以西域都護段禧代爲校尉其冬騭使任尚及從事中郎司馬鈞率諸郡兵與滇零等數萬人戰於平襄（平襄縣名屬漢陽郡）尚軍大敗死者八千餘人於是滇零等自稱天子於北地招集武都參狼上郡西河諸雜種衆遂大盛東犯趙魏南入益州殺漢中太守董炳遂寇鈔三輔斷隴道湟中諸縣粟石萬錢百姓死亡不可勝數朝廷不能制而轉運難劇遂詔騭還師留任尚屯漢陽爲諸軍節度朝廷以鄧太后故迎拜騭爲大將軍封任尚樂亭侯食邑三百戶三年春復遣騎都尉任仁督諸郡屯兵救三輔仁戰每不利衆羌乘勝漢兵數挫當煎勒姐種攻沒破羌縣鍾羌又沒臨洮縣生得隴西南部都尉明年春滇零遣人寇褒中（褒中縣名屬漢中郡）燔燒郵亭大掠百姓於是漢中太守鄭勤移屯褒中軍營久出無功有廢農桑乃詔任尚將吏兵還屯長安罷遣南陽潁川汝南吏士置京兆虎牙都尉於長安扶風都尉於雍如西京三輔都尉故事（西京左輔都尉都高陵右輔都尉都郿也）時羌復攻褒中鄭勤欲擊之主簿段崇諫以爲虜乘勝鋒不可當宜堅守待之勤不從出戰大敗死者三千餘人段崇及門下史王宗原展以身扞刃與勤俱死於是徙金城郡居襄武（襄武縣名屬隴西郡）任仁戰累敗而兵士放縱檻車徵詣廷尉詔獄死段禧病卒復以前校尉侯霸代之遂移居張掖五年春任尚坐無功徵免羌遂入寇河東至河內百姓相驚多奔南度河使北軍中候朱寵將五營士屯孟津詔魏郡趙國常山中山繕作塢候六百一十六所羌既轉盛而二千石令長多內郡人並無戰守意皆爭上徙郡縣以避寇難朝廷從之遂移隴西徙襄武（縣名屬隴西郡）安定徙美陽（縣名屬右扶風）北地徙池陽（縣名屬左馮翊）上郡徙衙（縣名屬馮翊衙音牙）百姓戀土不樂去舊遂乃刈其禾稼發徹室屋夷營壁破積聚時連旱蝗飢荒而驅蹙劫略流離分散隨道死亡或棄捐老弱或爲人僕妾喪其大半復以任尚爲侍御史擊衆羌於上黨羊頭山破之（羊頭山在上黨郡穀遠縣）誘殺降者二百餘人乃罷孟津屯其秋漢陽人杜琦及弟季貢同郡王信等與羌通謀聚衆入上邽城琦自稱安漢將軍於是詔購募得琦首者封列侯賜錢百萬羌胡斬琦者賜金百斤銀二百斤漢陽太守趙博遣刺客杜習刺殺琦封習討姦侯賜錢百萬而杜季貢王信等將其衆據樗泉營侍御史唐喜領諸郡兵討破之斬王信等六百餘級沒入妻子五百餘人收金銀綵帛一億已上杜季貢亡從滇零六年任尚復坐徵免滇零死子零昌代立年尚幼少同種狼莫爲其計策以杜季貢爲將軍別居丁奚城七年夏騎都尉馬賢與侯霸掩擊零昌別部牢羌於安定首虜千人得驢騾駱駝馬牛羊二萬餘頭以畀得者（畀音必四反）元初元年春遣兵屯河內通谷衝要三十三所皆作塢壁設鳴鼓零昌遣兵寇雍城又號多與當煎勒姐大豪共脅諸種分兵鈔掠武都漢中巴郡板楯蠻將兵救之漢中五官掾程信率壯士與蠻共擊破之號多退走還斷隴道與零昌通謀侯霸馬賢將湟中吏人及降羌胡於枹罕擊之斬首二百餘級涼州刺史皮楊擊羌於狄道大敗死者八百餘人楊坐徵免侯霸病卒漢陽太守龐參代爲校尉參以恩信招誘之二年春號多等率衆七千餘人詣參降遣詣闕賜號多侯印綬遣之參始還居令居通河西道而零昌種衆復分寇益州遣中郎將尹就將南陽兵因發益部諸郡屯兵擊零昌黨呂叔都等至秋蜀人陳省羅橫應募刺殺叔都皆封侯賜錢又使屯騎校尉班雄屯三輔遣左馮翊司馬鈞行征西將軍督右扶風仲光安定太守杜恢北地太守盛包京兆虎牙都尉耿溥右扶風都尉皇甫旗等合八千餘人又龐參將羌胡兵七千餘人與鈞分道並北擊零昌參兵至勇士東爲杜季貢所敗（勇士縣名屬天水郡）於是引退鈞等獨進攻拔丁奚城大克獲杜季貢率衆僞逃鈞令光恢包等收羌禾稼光等違鈞節度散兵深入羌乃設伏要擊之鈞在城中怒而不救光並沒死者三千餘人鈞乃遁還坐徵自殺參以失期軍敗抵罪以馬賢代領校尉事後遣任尚爲中郎將將羽林緹騎五營子弟三千五百人代班雄屯三輔尚臨行懷令虞詡說尚曰使君頻奉國命討逐寇賊三州屯兵二十餘萬人棄農桑疲苦徭役而未有功效勞費日滋若此出不克誠爲使君危之尚曰憂惶久矣不知所如詡曰兵法弱不攻強走不逐飛自然之勢也今虜皆馬騎日行數百來如風雨去如絕弦以步追之勢不相及所以曠而無功也爲使君計者莫如罷諸郡兵各令出錢數千二十人共市一馬如此可捨甲冑馳輕兵以萬騎之衆逐數千之虜追尾掩截（尾猶尋也）其道自窮便人利事大功立矣尚大喜即上言用其計乃遣輕騎鈔擊杜季貢於丁奚城斬首四百餘級獲牛馬羊數千頭明年夏度遼將軍鄧遵率南單于及左鹿蠡王須沈萬騎擊零昌於靈州（縣名屬北地郡）斬首八百餘級封須沈爲破虜侯金印紫綬賜金帛各有差任尚遣兵擊破先零羌於丁奚城秋築馮翊北界候塢五百所任尚又遣假司馬募陷陳士擊零昌於北地殺其妻子得牛馬羊二萬頭燒其廬落斬首七百餘級得僭號文書及所沒

諸將印綬四年春尙遣當闐種羌榆鬼等五人刺殺杜季貢封榆鬼爲破羌侯其夏尹就以不能定益州坐徵抵罪以益州刺史張喬領尹就軍屯招誘叛羌稍稍降散秋任尙復募効功種號封刺殺零昌封號封爲羌王冬任尙將諸郡兵與馬賢並進北地擊狼莫賢先至安定青石岸狼莫逆擊敗之會尙兵到高平(縣名屬安定郡)因合勢俱進狼莫等引退乃轉營迫之至北地相持六十餘日戰於富平河上大破之(富平縣屬北地郡)斬首五千級還得所掠人男女千餘人牛馬驢羊駱駝十餘萬頭狼莫逃走於是西河虔人種羌萬一千口詣鄧遵降五年鄧遵募上郡全無種羌雕何等刺殺狼莫賜雕何爲羌侯封遵武陽侯三千戶遵以太后從弟故爵封優大任尙與遵爭功又詐增首級受賕枉法臧千萬已上檻車徵弃市沒入田廬奴婢財物自零昌狼莫死後諸羌瓦解三輔益州無復寇儆自羌叛十餘年閒兵連師老不暫寧息軍旅之費轉運委輸用二百四十餘億府帑空竭延及內郡邊民死者不可勝數并涼二州遂至虛耗六年春勒姐種與隴西種羌號良等通謀欲反馬賢逆擊之於安故斬號良及種人數百級皆降散永寧元年春上郡沈氏種羌五千餘人復寇張掖其夏馬賢將萬人擊之初戰失利死者數百人明日復戰破之斬首千八百級獲生口千餘人馬牛羊以萬數餘虜悉降時當煎種大豪飢五等以賢兵在張掖乃乘虛寇金城賢還軍追之出塞斬首數千級而還燒當燒何種聞賢軍還率三千餘人復寇張掖殺長吏初飢五同種大豪盧忽忍良等千餘戶別留允街而首施兩端(首施猶首鼠也)建光元年春馬賢率兵召盧忽斬之因放兵擊其種人首虜二千餘人掠馬牛羊十萬頭忍良等皆亡出塞璽書封賢安亭侯食邑千戶忍良等以麻奴兄弟本燒當世嫡而賢撫恤不至常有怨心秋遂相結共脅將諸種步騎三千人寇湟中攻金城諸縣賢將先零種赴擊之戰於牧苑兵敗死者四百餘人麻奴等又敗武威張掖郡兵於令居因脅將先零沈氏諸種四千餘戶緣山西走寇武威賢追到鸞鳥招引之(鸞鳥縣名屬武威郡鸞音爵)諸種降者數千麻奴南還湟中延光元年春賢追到湟中麻奴出塞度河賢復追擊戰破之種衆散遁詣涼州刺史宗漢降麻奴等孤弱飢困其年冬將種衆三千餘戶詣漢陽太守耿种降安帝假金印紫綬賜金銀綵繒各有差是歲虔人種羌與上郡胡反攻穀羅城度遼將軍耿夔將諸郡兵及烏桓騎赴擊破之三年秋隴西郡始還狄道焉麻奴弟犀苦立順帝永建元年隴西鍾羌反校尉馬賢將七千餘人擊之戰於臨洮斬首千餘級皆率種人降進封賢都鄉侯自是涼州無事至四年尙書僕射虞詡上疏曰臣聞子孫以奉祖爲孝君上以安民爲明此高宗周宣所以上配湯武也禹貢雍州之域厥田惟上且沃野千里穀稼殷積又有龜茲鹽池以爲民利(上郡龜茲縣有鹽官即雍州之域也)水草豐美土宜產牧牛馬銜尾羣羊塞道北阻山河乘阸據險因渠以溉水舂河漕(水舂即水碓也)用功省少而軍糧饒足故孝武皇帝及光武築朔方開西河置上郡皆爲此也而遭元元無妄之災衆羌內潰(前書音義曰無妄者無所望也萬物無所望於天災異之大也)郡縣兵荒二十餘年夫棄沃壤之饒損自然之財不可謂利離河山之阻守無險之處難以爲固今三郡未復園陵單外(前書音義曰園陵謂長安諸陵園也單外謂無守固)而公卿選懦容頭過身(前書音義選懦柔怯也懦音而掾反)張解設難但計所費不圖其安宜開聖德考行所長書奏帝乃復三郡使謁者郭璜督促徙者各歸舊縣繕城郭置候驛既而激河浚渠爲屯田省內郡費歲一億計遂令安定北地上郡及隴西金城常儲穀粟令周數年馬賢以犀苦兄弟數背叛因繫質於令居其冬賢坐徵免右扶風韓皓代爲校尉明年犀苦詣皓自言求歸故地皓復不遣因轉湟中屯田置兩河間以逼羣羌皓復坐徵張掖太守馬續代爲校尉兩河間羌以屯田近之恐必見圖乃解仇詛盟各自儆備續欲先示恩信乃上移屯田還湟中羌意乃安至陽嘉元年以湟中地廣更增置屯田五部并爲十部二年夏復置隴西南部都尉如舊制(前書南部都尉都隴西郡臨洮縣)三年鍾羌良封等復寇隴西漢陽詔拜前校尉馬賢爲謁者鎭撫諸種馬續遣兵擊良封斬首數百級四年馬賢亦發隴西吏士及羌胡兵擊殺良封斬首千八百級獲馬牛羊五萬餘頭良封親屬並詣賢降賢復進擊鍾羌且昌且昌等率諸種十餘萬詣涼州刺史降永和元年馬續遷度遼將軍復以馬賢代爲校尉初武都塞上白馬羌攻破屯官反叛連年二年春廣漢屬國都尉擊破之斬首六百餘級馬賢又擊斬其渠帥飢指累祖等三百級於是隴右復平明年冬燒當種那離等三千餘騎寇金城塞馬賢將兵赴擊斬首四百餘級獲馬千四百匹那離等復西招羌胡殺傷吏民四年馬賢將湟中義從兵及羌胡萬餘騎掩擊那離等斬之獲首虜千二百餘級得馬騾羊十萬餘頭徵賢爲弘農太守以來機爲并州刺史劉秉爲涼州刺史並當之職大將軍梁商謂機等曰戎狄荒服蠻夷要服(荒服在九州之外也言其荒忽無常要服在九州之內侯衞之外言以文德要來之)言其荒忽無常而統領之道亦無常法臨事制宜略依其俗今三君素性疾惡(劉攽曰三君案時與二人語何緣得三明是二字)欲分明白黑孔子曰人而不仁疾之已甚亂也(論語文也鄭玄注云不仁之人當以風化之疾之已甚是又使之爲亂行)況戎狄乎其務安羌胡防其大故忍其小過機等天性虐刻遂不能從(虐或作膚膚薄也)到州之日多所擾發五年夏且凍傅難種羌等遂反叛攻金城與西塞及湟中雜種羌胡大寇三輔殺害長吏機秉並坐徵於是發京師近郡及諸州兵討之拜馬賢爲征西將軍以騎都尉耿叔副將左右羽林五校士及諸州郡兵十萬人屯漢陽又於扶風漢陽隴道作塢壁三百所置屯兵以保聚百姓且凍分遣種人寇武都燒隴關掠苑馬六年春馬賢將五六千騎擊之到射姑山(射音夜)賢軍敗賢及二子皆戰歿順帝愍之賜布三千匹穀千斛封賢孫光爲舞陽亭侯租入歲百萬遣侍御史督錄征西營兵存恤死傷於是東西羌遂大合鞏唐種三千餘騎寇隴西又燒園陵掠關中殺傷長吏郃陽令任頵追擊戰死(郃陽同州縣也頵音於筠反)遣中郎將龐浚募勇士千五百人頓美陽爲涼州援武威太守趙冲追擊鞏唐羌斬首四百餘級得馬牛羊驢萬八千餘頭羌二千餘人降詔冲督河西四郡兵爲節度罕種羌千餘寇北地北地太守賈福與趙冲擊之不利秋諸種八九千騎寇武威涼部震恐於是復徙安定居扶風北地居馮翊遣行車騎將軍執金吾張喬將左右羽林五校士及河內南陽汝南兵萬五千屯三輔漢安元年以趙冲爲護羌校尉冲招懷叛羌罕種乃率邑落五千餘戶詣冲降於是罷張喬軍屯唯燒何種三千餘落據參䜌北界(參䜌縣名屬安定郡䜌音力全反)三年夏趙冲與漢陽太守張貢掩擊之斬首千五百級得牛羊驢十八萬頭冬冲擊諸種斬首四千餘級詔冲一子爲郎冲復追擊於阿陽斬首八百級(阿陽縣屬漢陽郡)於是諸種前後三萬餘戶詣涼州刺史降建康元年春護羌從事馬玄遂爲諸羌所誘將羌衆亡出塞領護羌校尉衞瑤追擊玄等斬首八百餘級得牛馬羊二十餘萬頭趙冲復追叛羌到建威鸇陰河(續漢書建威作武威鸇陰縣名屬安定郡)軍渡未竟所將降胡六百餘人叛走冲將數百人追之遇羌伏兵與戰歿冲雖身死而前後多所斬獲羌由是衰耗永嘉元年封冲子愷義陽亭侯以漢陽太守張貢代爲校尉左馮翊梁並稍以恩信招誘之於是離湳狐奴等五萬餘戶詣並降隴右復平並大將軍冀之宗人封爲鄠侯邑二千戶自永和羌叛至乎是歲十餘年間費用八十餘億諸將多斷盜牢稟私自潤入(前書音義曰牢價直)皆以珍寶貨賂左右上下放縱不恤軍事士卒不得其死者白骨相望於野桓帝建和二年白馬羌寇廣漢屬國殺長吏是時西羌及湟中胡復畔爲寇益州刺史率板楯蠻討破之斬首招降二十萬人永壽元年校尉張貢卒以前南陽太守第五訪代爲校尉甚有威惠西垂無事延熹二年訪卒以中郎將段熲代爲校尉時燒當八種寇隴右熲擊大破之四年零吾復與先零及上郡沈氏牢姐諸種并力寇并涼及三輔會段熲坐事徵以濟南相胡閎代爲校尉閎無威略羌遂陸梁覆沒營塢寇患轉盛中郎將皇甫規擊破之五年沈氏諸種復寇張掖酒泉皇甫規招之皆降事已具規傳烏吾種復寇漢陽隴西金城諸郡兵共擊破之各還降附至冬滇那等五六千人復攻武威張掖酒泉燒民廬舍六年隴西太守孫羌擊破之斬首溺死三千餘人胡閎疾復以段熲爲校尉永康元年東羌岸尾等脅同種連寇三輔中郎將張奐追破斬之事已具奐傳當煎羌寇武威破羌將軍段熲復破滅之餘悉降散事已具熲傳靈帝建寧三年燒當羌奉使貢獻中平元年北地降羌先零種因黃巾大亂乃與漢中羌義從胡北宮伯玉等反寇隴右事已具董卓傳興平元年馮翊降羌反寇諸縣郭汜樊稠擊破之斬首數千級

自爰劍後子孫支分凡百五十種其九種在賜支河首以西及在蜀漢徼北前史不載口數唯參狼在武都勝兵數千人其五十二種衰少不能自立分散爲附落或絕滅無後或引而遠去其八十九種唯鍾最强勝兵十餘萬其餘大者萬餘人小者數千人更相鈔盜盛衰無常無慮順帝時勝兵合可二十萬人(無慮猶都凡也)發羌唐旄等絕遠未嘗往來氂牛白馬羌在蜀漢其種別名號皆不可紀知也建武十三年廣漢塞外白馬羌豪樓登等率種人五千餘戶內屬光武封樓登爲歸義君長至和帝永元六年蜀郡徼外大牂夷種羌豪造頭等率種人五十餘萬口內屬拜造頭爲邑君長賜印綬至安帝永初元年蜀郡徼外羌龍橋等六種萬七千二百八十口內屬明年蜀郡徼外羌薄申等八種三萬六千九百口復舉土內屬冬廣漢塞外參狼種羌二千四百口復來內屬桓帝建和二年白馬羌千餘人寇廣漢屬國殺長吏益州刺史率板楯蠻討破之

湟中月氏胡其先大月氏之別也舊在張掖酒泉地月氏王爲匈奴冒頓所殺餘種分散西踰葱領其羸弱者南入山阻依諸羌居止遂與共婚姻及驃騎將軍霍去

病破匈奴取西河地開湟中於是月氏來降與漢人錯居雖依附縣官而首施兩端其從漢兵戰鬬隨埶强弱被服飲食言語略與羌同亦以父名母姓爲種其大種有七勝兵合九千餘人分在湟中及令居又數百戶在張掖號曰義從胡中平元年與北宮伯玉等反殺護羌校尉冷徵金城太守陳懿遂寇亂隴右焉

論曰羌戎之患自三代尚矣漢世方之匈奴頗爲衰寡而中興以後邊難漸大朝規失綏御之和戎帥騫然諾之信其內屬者或倥偬於豪右之手或屈折於奴僕之勤塞候時清則憤怒而思禍桴革暫動則屬鞬以鳥驚桴擊鼓槌也革甲也鞬箭服也左傳晉文公曰右屬橐鞬鞬音紀言反 故永初之間羣種蜂起遂解仇嫌結盟詛招引山豪轉相嘯聚揭木爲兵負柴爲械毅馬揚埃陸梁於三輔建號稱制恣睢於北地前書班固曰乃始恣睢奮其威詐恣睢肆怒之貌也睢音火季反 東犯趙魏之郊南入漢蜀之鄙塞湟中斷隴道燒陵園剽城市傷敗踵係羽書日聞羽書即檄書也魏武奏事曰邊有警急即插羽以示急也 并涼之士特衝殘斃壯悍則委身於兵場女婦則徽纆而爲虜說文曰徽糾繩也纆索也 發冢露胔死生塗炭胔音才賜反 自西戎作逆未有陵斥上國若斯其熾也和熹以女君親政威不外接朝議憚兵力之損情存苟安或以邊州難援宜見捐棄或懼疽食浸淫莫知所限謀夫回遑猛士疑慮遂徙西河四郡之人雜寓關右之縣發屋伐樹塞其戀土之心燔破營積以防顧還之思於是諸將鄧隲任尚馬賢皇甫規張奐之徒爭設雄規更奉征討之命徵兵會衆以圖其隙馳騁東西奔救首尾搖動數州之境日耗千金之資至於假人增賦借奉侯王引金錢縑綵之珍徵糧粟鹽鐵之積所以賂遺購賞轉輸勞來之費前後數十巨萬或梟剋酋健摧破附落降俘載路牛羊滿山軍書未奏其利害而離叛之狀已言矣奏猶上也 故得不酬失功不半勞暴露師徒連年而無所勝官人屈竭烈士憤喪段熲受事專掌軍任資山西之猛性練戎俗之態情窮武思盡驍銳以事之被羽前登身當百死之陳前書楊雄曰蒙盾負羽也 蒙沒氷雪經履千折之道始殄西種卒定東寇若乃陷擊之所殲傷追走之所崩籍頭顱斷落於萬丈之山支革判解於重崖之上不可校計顱音盧廣雅曰顱頟也支謂四支革皮也 其能穿竄草石自脫於鋒鏃者百不一二而張奐盛稱戎狄一氣所生不宜誅盡流血汙野傷和致妖是何言之迂乎羌雖外患實深內疾若攻之不根是養疾痾於心腹也根謂盡其根本 惜哉寇敵略定矣而漢祚亦衰焉嗚呼昔先王疆理九土判別畿荒知夷貊殊性難以道御故斥遠諸華薄其貢職唯與辭要而已若二漢御戎之方失其本矣何則先零侵境趙充國遷之內地宣帝時後將軍趙充國擊先零還於金城郡置屬國以處降羌 當煎作寇馬文淵徙之三輔貪其暫安之埶信其馴服之情計日用之權宜忘經世之遠略豈夫識微者之爲乎故微子垂泣於象箸帝王紀曰紂作象箸箕子爲父師歎曰象箸不施於土簋不盛於菽藿必須犀玉之杯食熊蹯豹胎臣賢案史記及韓子並云箕子今云微子蓋誤 辛有浩歎於伊川也左傳曰周平王之東遷也大夫辛有適伊川見被髮而祭於野者曰不及百年此其戎乎後秦晉遷陸渾戎于伊川言中國之地不宜徙戎狄居之後將爲患也

贊曰金行氣剛播生西羌氐豪分種遂用殷疆虔劉隴北假僭涇陽涇陽縣屬安定郡 朝勞內謀兵憊外攘憊疾至也音白拜反

後漢書卷一百十七考證

西羌傳至於武丁征西羌鬼方三年乃克故其詩曰自彼氐羌莫敢不來王○臣德潛按商頌殷武之詩祀高宗之樂也首章叙其伐荆楚功二章言昔有成湯自彼氐羌云云蓋舉成湯時遠夷慕化以責荆楚非高宗時事范氏混而爲一矣

太丁之時注太丁武乙子也○監本作武丁子也臣會汾按武丁子爲祖庚祖庚弟爲祖甲祖甲子爲廩辛廩辛弟爲庚丁庚丁子爲武乙武乙子爲太丁則大丁乃武丁四世孫諸本俱誤今改正

督右扶風仲光○段熲傳注作种光

戰於富平河上○以本紀參校河上應作上河

後漢書卷一百十八

宋 宣城太守范曄撰

唐 章懷太子賢注

西域傳第七十八

西域

武帝時西域內屬有三十六國漢爲置使者校尉領護之前書曰自李廣利征討大宛之後田渠犂置使者領護營田以供使外國也 宣帝改曰都護宣帝時鄭吉以侍郎田渠犂發兵攻車師遷衞司馬使護鄯善以西南道其後匈奴日逐王降吉漢以吉前破車師後降日逐遂并令護車師以西北道號曰都護都護之置始自於吉也 元帝又置戊已二校尉屯田於車師前王庭漢官儀曰戊己中央鎮覆四方又開渠播種以爲厭勝故稱戊已焉車師有前王後王國也 哀平閒自相分割爲五十五國王莽篡位貶易侯王由是西域怨叛前書曰莽即位改匈奴單于印璽爲章和親遂絕西域亦瓦解焉 與中國遂絕並復役屬匈奴匈奴斂稅重刻諸國不堪命建武中皆遣使求內屬願請都護光武以天下初定未遑外事竟不許之會匈奴衰弱莎車王賢誅滅諸國賢死之後遂更相攻伐小宛精絕戎盧且末爲鄯善所幷且音子余反 渠勒皮山爲于寘所統悉有其地郁立單桓孤胡烏貪訾離爲車師所滅後其國並復立永平中北虜乃脅諸國共寇河西郡縣城門晝閉十六年明帝乃命將帥北征匈奴取伊吾盧地在今伊州伊吾縣也 置宜禾都尉以屯田遂通西域于寘諸國皆遣子入侍西域自絕六十五載乃復通焉明年始置都護戊已校尉及明帝崩焉耆龜茲龜茲讀曰丘慈下並同 攻沒都護陳睦悉覆其衆匈奴車師圍戊已校尉建初元年春酒泉太守段彭大破車師於交河城章帝不欲疲敝中國以事夷狄乃迎還戊已校尉不復遣都護二年復罷屯田伊吾匈奴因遣兵守伊吾地時軍司馬班超留于寘綏集諸國和帝永元元年大將軍竇憲大破匈奴二年憲因遣副校尉閻槃將二千餘騎掩擊伊吾破之三年班超遂定西域因以超爲都護居龜茲復置戊已校尉○劉攽曰置戊已校尉案戊已本兩校今此下文云又置戊部候則此時當但置戊校也車師傳注中云戊校尉所統又傳云戊校尉閻詳足明置戊校而已後人不知妄增己字亦非章懷以前失之 領兵五百人居車師前部高昌壁又置戊部候居車師後部候城相去五百里六年班超復擊破焉耆於是五十餘國悉納質內屬其條支安息諸國至于海瀕四萬里外皆重譯貢獻九年班超遣掾甘英窮臨西海而還續漢書甘英作甘菟 皆前世所不至山經所未詳莫不備其風土傳其珍怪焉於是遠國蒙奇兜勒皆來歸服遣使貢獻及孝和晏駕西域背畔安帝永初元年頻攻圍都護任尚段禧等禧音喜基反 朝廷以其險遠難相應赴詔罷都護自此遂棄西域北匈奴即復收屬諸國共爲邊寇十餘歲敦煌太守曹宗患其暴害元初六年乃上遣行長史索班將千餘人屯伊吾以招撫之於是車師前王及鄯善王來降數月北匈奴復率車師後部王共攻沒班等遂擊走其前王鄯善逼急求救於曹宗宗因此請出兵擊匈奴報索班之恥復欲進取西域鄧太后不許但令置護西域副校尉居敦煌復部營兵三百人羈縻而已其後北虜連與車師入寇河西朝廷不能禁議者因欲閉玉門陽關以絕其患玉門陽關二關名在敦煌西界 延光二年敦煌太守張璫上書陳三策以爲北虜呼衍王常展轉蒲類秦海之閒大秦國在西海西故曰秦海也 專制西域共爲寇鈔今以酒泉屬國吏士二千餘人集昆侖塞前書敦煌郡廣至縣有昆侖障也宜禾都尉居也廣至故城在今瓜州常樂縣東○劉攽曰注宜禾都尉居也案文也當作之 先擊呼衍王絕其根本因發鄯善兵五千人脅車師後部此上計也若不能出兵可置軍司馬將士五百人四郡供其犂牛穀食出據柳中此中計也武帝初置酒泉武威張掖敦煌列四郡據兩關焉柳中今西州縣也 如又不能則宜棄交河城收鄯善等悉使入塞此下計也朝廷下其議尚書陳忠上疏曰臣聞八蠻之寇莫甚北虜漢興高祖窘平城之圍太宗屈供奉之恥窘困也高帝自擊匈奴至平城爲冒頓單于圍於白登七日乃得解太宗文帝也賈誼上疏曰匈奴嫚侮侵掠而漢歲致金絮繒綵以奉之夷狄徵令是人主之操天子供貢是臣下之禮故云恥也 故孝武憤怒深惟久長之計命遣虎臣浮河絕漠窮破虜庭沙土曰漠直度曰絕也 當斯之役黔首隕於狼望之北財幣縻於盧山之壑狼望匈奴中地名也前書揚雄曰前代豈樂無量之費快心於狼望之北塡盧山之壑而不悔也 府庫單竭杼柚空虛算至舟車貲及六畜武帝時國用不足算至車船租及六畜言皆計其所得以出算軺車一算商賈車二算船五丈以上一算六畜無文以此言之無物不算 夫豈不懷慮久故也懷思也 遂開河西四郡以隔絕南羌前書云起敦煌酒泉張掖以隔婼羌裂匈奴之右臂也 收三十六國斷匈奴右臂是以單于孤特鼠竄遠藏至於宣元之世遂備蕃臣宣帝元帝時呼韓邪單于數入朝稱臣奉貢 關徼不閉羽檄不行由此察之戎狄可以威服難以化狎西域內附日久區區東望扣關者數矣此其不樂匈奴慕漢之效也今北虜已破車師勢必南攻鄯善棄而不救則諸國從矣若然則虜財賄益增膽勢益殖殖生也 威臨南羌與之交連如此河西四郡危矣河西既危不得不救則百倍之役興不貲之費發矣議者但念西域絕遠卹之煩費不見先世苦心勤勞之意也方今邊境守禦之具不精內郡武衞之備不脩敦煌孤危遠來告急復不輔助內無以慰勞吏民外無以威示百蠻蹙國減土經有明誡毛詩曰昔先王受命有如召公日辟國百里今也日蹙國百里也 臣以爲敦煌宜置校尉案舊增四郡屯兵以西撫諸國庶足折衝萬里震怖匈奴淮南子曰脩政於廟堂之上而折衝千里之外也 帝納之乃以班勇班勇班超之子 爲西域長史將弛刑士五百人西屯柳中勇遂破平車師自建武至于延光西域三絕三通順帝永建二年勇復擊降焉耆於是龜茲疏勒于寘莎車等十七國皆來服從而烏孫蔥嶺已西遂絕六年帝以伊吾舊膏腴之地傍近西域匈奴資之以爲鈔暴復令開設屯田如永元時事置伊吾司馬一人自陽嘉以後朝威稍損諸國驕放轉相陵伐元嘉二年長史王敬爲于寘所沒永興元年車師後王復反攻屯營雖有降首首猶服也音式救反 曾莫懲革自此寖以疎慢矣班固記諸

國風土人俗皆已詳備前書今撰建武以後其事異於先者以爲西域傳皆安帝末班勇所記云

西域內屬諸國東西六千餘里南北千餘里東極玉門陽關西至葱嶺其東北與匈奴烏孫相接南北有大山中央有河其南山東出金城與漢南山屬焉其河有兩源一出葱嶺東流（葱嶺山名也西河舊事云其山高大生葱故名）一出于窴南山下北流與葱嶺河合東注蒲昌海蒲昌海一名鹽澤去玉門三百餘里自敦煌西出玉門陽關涉鄯善北通伊吾千餘里自伊吾北通車師前部高昌壁千二百里自高昌壁北通後部金滿城五百里此其西域之門戶也故戊己校尉更互屯焉伊吾地宜五穀桑麻蒲萄其北又有柳中皆膏腴之地故漢常與匈奴爭車師伊吾以制西域焉自鄯善踰葱嶺出西諸國有兩道傍南山北陂河西行（衜河曰陂音彼義反下亦同史記曰陂山通道）至莎車爲南道南道西踰葱嶺則出大月氏安息之國也自車師前王庭隨北山陂河西行至疏勒爲北道北道西踰葱嶺出大宛康居奄蔡焉耆者出玉門經鄯善且末精絕三千餘里至拘彌

拘彌國居寧彌城去長史所居柳中四千九百里（續漢書曰寧彌國王本名拘彌）去洛陽萬二千八百里領戶二千一百七十三口七千二百五十一勝兵千七百六十人順帝永建四年于窴王放前殺拘彌王興自立其子爲拘彌王而遣使者貢獻於漢敦煌太守徐由上求討之帝赦于窴罪令歸拘彌國放前不肯陽嘉元年徐由遣疏勒王臣槃發二萬人擊于窴破之斬首數百級放兵大掠更立興宗人成國爲拘彌王而還至靈帝熹平四年于窴王安國攻拘彌大破之殺其王死者甚衆戊己校尉（劉攽曰案文多已字但是和帝以後事並多此一字也）西域長史各發兵輔立拘彌侍子定興爲王時人衆裁有千口其國西接于窴三百九十里

于窴國居西城去長史所居五千三百里去洛陽萬一千七百里領戶三萬二千口八萬三千勝兵三萬餘人建武末莎車王賢強盛攻幷于窴徙其王俞林爲驪歸王明帝永平中于窴將休莫霸反莎車自立爲于窴王休莫霸死兄子廣德立後遂滅莎車其國轉盛從精絕西北至疏勒十三國皆服從而鄯善王亦始強盛自是南道自葱嶺以東唯此二國爲大順帝永建六年于窴王放前遣侍子詣闕貢獻元嘉元年長史趙評在于窴病癰死評子迎喪道經拘彌拘彌王成國與于窴王建素有隙乃語評子云于窴王令胡醫持毒藥著創中故致死耳評子信之還入塞以告敦煌太守馬達明年以王敬代爲長史達令敬隱覈其事敬先過拘彌成國復說云于窴國人欲以我爲王今可因此罪誅建于窴必服矣敬貪立功名且受成國之說前到于窴設供具請建而陰圖之或以敬謀告建建不信曰我無罪王長史何爲欲殺我且日建從官屬數十人詣敬坐定建起行酒敬叱左右執之吏士並無殺建意官屬悉得突走時成國主簿秦牧隨敬在會持刀出曰大事已定何爲復疑卽前斬建于窴侯將輸僰等遂會兵攻敬敬持建頭上樓宣告曰天子使我誅建耳于窴侯將遂焚營舍燒殺吏士上樓斬敬懸首於市輸僰欲自立爲王國人殺之而立建子安國焉（劉攽曰案下文言輸僰死已經月此時安得云殺之蓋是不從字）馬達聞之欲將諸郡兵出塞擊于窴桓帝不聽徵達還而以宋亮代爲敦煌太守亮到開募于窴令自斬輸僰時輸僰死已經月乃斷死人頭送敦煌而不言其狀亮後知其詐而竟不能出兵于窴恃此遂驕自于窴經皮山至西夜子合德若焉

西夜國一名漂沙去洛陽萬四千四百里戶二千五百口萬餘勝兵三千人地生白草有毒國人煎以爲藥傅箭鏃所中卽死漢書中誤云（劉攽曰漢書中案漢當作前幷大秦國一字亦然）西夜子合是一國今各自有王（前書云西夜國王號子合國）

子合國居呼鞬谷（鞬音九言反）去疏勒千里領戶三百五十口四千勝兵千人

德若國領戶百餘口六百七十勝兵三百五十人東去長史居三千五百三十里去洛陽萬二千一百五十里與子合相接其俗皆同自皮山西南經烏秅（前書音義秅音鵶挐又云烏音一加反秅音直加反急言之如鵶挐也）涉懸度歷罽賓六十餘日行至烏弋山離國地方數千里時改名排持復西南馬行百餘日至條支

條支國城在山上周回四十餘里臨西海海水曲環其南及東北三面路絕唯西北隅通陸道土地暑溼出師子犀牛封牛孔雀大雀大雀其卵如甕轉北而東復馬行六十餘日至安息後役屬條支爲置大將監領諸小城焉

安息國居和櫝城去洛陽二萬五千里北與康居接南與烏弋山離接地方數千里小城數百戶口勝兵最爲殷盛其東界木鹿城號爲小安息去洛陽二萬里章帝章和元年遣使獻師子符拔符拔形似麟而無角和帝永元九年都護班超遣甘英使大秦抵條支臨大海欲度而安息西界船人謂英曰海水廣大往來者逢善風三月乃得度若遇遲風亦有二歲者故入海人皆齎三歲糧海中善使人思土戀慕數有死亡者英聞之乃止十三年安息王滿屈復獻師子及條支大鳥時謂之安息雀自安息西行三千四百里至阿蠻國從阿蠻西行三千六百里至斯賓國從斯賓南行度河又西南至于羅國九百六十里安息西界極矣自此南乘海乃通大秦其土多海西珍奇異物焉

大秦國一名犂鞬以在海西亦云海西國地方數千里有四百餘城小國役屬者數十以石爲城郭列置郵亭皆堊墍之（墍飾也音火旣反郭璞曰堊白土也音惡）有松柏諸木百草人俗力田作多種樹蠶桑皆髡頭而衣文繡乘輜軿白蓋小車出入擊鼓建旌旗幡幟所居城邑周圜百餘里城中有五宮相去各十里宮室皆以水精爲柱食器亦然其王日游一宮聽事五日而後徧常使一人持囊隨王車人有言事者卽以書投囊中王至宮發省理其枉直各有官曹文書置三十六將皆會議國事其王無有常人皆簡立賢者國中災異及風雨不時輒廢而更立受放者甘黜不怨其人民皆長大平正有類中國故謂之大秦土多金銀奇寶有夜光璧明月珠駭雞犀（抱朴子曰通天犀有白理如綖者以盛米置羣雞中雞欲往啄米至輒驚卻故南人名爲駭雞）珊瑚琥珀琉璃琅玕朱丹青碧刺金縷繡織成金縷罽雜色綾作黃金塗火浣布又有細布或言水羊毳野蠶繭所作也合會諸香煎其汁以爲蘇合凡外國諸珍異皆出焉以金銀爲錢銀錢十當金錢一與安息天竺交市於海中利有十倍其人質直市無二價穀食常賤國用富饒鄰國使到其界首者乘驛詣王都至則給以金錢其王常欲通使於漢而安息欲以漢繒綵與之交市故遮閡（閡音五代反）不得自達至桓帝延熹九年大秦王安敦遣使自日南徼外獻象牙犀角瑇瑁始乃一通焉其所表貢並無珍異疑傳者過焉或云其國西有弱水流沙近西王母所居處幾於日所入也漢書云從條支西行二百餘日近日所入則與今書異矣前世漢使皆自烏弋以還莫有至條支者也又云從安息陸道繞海北行出海西至大秦人庶連屬十里一亭三十里一置（置驛也）終無盜賊寇警而道多猛虎師子遮害行旅不百餘人齎兵器輒爲所食又言有飛橋數百里可度海北諸國所生奇異玉石諸物譎怪多不經故不記云（魚豢魏略曰大秦國俗多奇幻口中出火自縛自解跳十二丸巧妙非常）

大月氏國（氏音支下並同）居藍氏城（前書藍氏作監氏）西接安息四十九日行東去長史所居六千五百三十七里去洛陽萬六千三百七十里戶十萬口四十萬勝兵十餘萬人初月氏爲匈奴所滅遂遷於大夏分其國爲休密雙靡貴霜肸頓都密凡五部翖侯後百餘歲貴霜翖侯丘就卻攻滅四翖侯自立爲王國號貴霜王（劉攽曰案文多一王字）侵安息取高附地又滅濮達罽賓悉有其國丘就卻年八十餘死子閻膏珍代爲王復滅天竺置將一人監領之月氏自此之後最爲富盛諸國稱之皆曰貴霜王漢本其故號言大月氏云

高附國在大月氏西南亦大國也其俗似天竺而弱易服善賈販內富於財所屬無常天竺罽賓安息三國強則得之弱則失之而未嘗屬月氏漢書以爲五翖侯數非其實也後屬安息及月氏破安息始得高附

天竺國一名身毒在月氏之東南數千里俗與月氏同而卑溼暑熱其國臨大水乘象而戰其人弱於月氏脩浮圖道不殺伐遂以成俗（浮圖卽佛也）從月氏高附國以西南至西海東至磐起國皆身毒之地身毒有別城數百城置長別國數十國置王雖各小異而俱以身毒爲名其時皆屬月氏月氏殺其王而置將令統其人土出象犀瑇瑁金銀銅鐵鉛錫西與大秦通有大秦珍物又有細布好毾㲪（毾音它闔反㲪音登埤蒼曰毛席也釋名曰施之承大牀前小榻上登以上牀也）諸香石密胡椒薑黑鹽和帝時數遣使貢獻後西域反畔乃絕至桓帝延熹二年四年頻從日南徼外來獻世傳明帝夢見金人長大頂有光明以問羣臣或曰西方有神名曰佛其形長丈六尺而黃金色帝於是遣使天竺問佛道法遂於中國圖畫形像焉楚王英始信其術中國因此頗有奉其道者後桓帝好神數祀浮圖老子百姓稍有奉者後遂轉盛

東離國居沙奇城在天竺東南三千餘里大國也其土氣物類與天竺同列城數十皆稱王大月氏伐之遂臣服焉男女皆長八尺而怯弱乘象駱駝往來鄰國有寇乘象以戰

栗弋國屬康居出名馬牛羊蒲萄衆果其土水美故蒲萄酒特有名焉

嚴國在奄蔡北屬康居出鼠皮以輸之

奄蔡國改名阿蘭聊國居地城屬康居土氣溫和多楨松白草（前書音義曰白草草之白者又云似莠而細熟時正白牛馬所食焉）民俗衣服與康居同

莎車國西經蒲犂無雷至大月氏東去洛陽萬九百五十里匈奴單于因王莽之亂略有西域唯莎車王延最強不肯附屬元帝時嘗爲侍子長於京師慕樂中國亦

復參其典法常勑諸子當世奉漢家不可負也天鳳五年延死謚忠武王子康代立光武初康率傍國拒匈奴擁衞故都護吏士妻子千餘口檄書河西問中國動靜自陳思慕漢家建武五年河西大將軍竇融乃承制立康爲漢莎車建功懷德王西域大都尉五十五國皆屬焉九年康死謚宣成王弟賢代立攻破拘彌西夜國皆殺其王而立其兄康兩子爲拘彌西夜王十四年賢與鄯善王安並遣使詣闕貢獻於是西域始通葱嶺以東諸國皆屬賢十七年賢復遣使奉獻請都護天子以問大司空竇融以爲賢父子兄弟相約事漢款誠又至宜加號位以鎭安之帝乃因其使賜賢西域都護印綬及車旗黃金錦繡敦煌太守裴遵上言夷狄不可假以大權又令諸國失望詔書收還都護印綬更賜賢以漢大將軍印綬其使不肯易遵迫奪之賢由是始恨而猶詐稱大都護移書諸國諸國悉服屬焉號賢爲單于賢浸以驕橫重求賦稅數攻龜茲諸國諸國愁懼二十一年冬車師前王鄯善焉耆等十八國俱遣子入侍獻其珍寶及得見皆流涕稽首願得都護天子以中國初定北邊未服皆還其侍子厚賞賜之是時賢自負兵彊欲幷兼西域攻擊益甚諸國聞都護不出而侍子皆還大憂恐乃與敦煌太守檄願留侍子以示莎車言侍子見留都護尋出冀且息其兵裴遵以狀聞天子許之二十二年賢知都護不至遂遺鄯善王安書令絕通漢道安不納而殺其使賢大怒發兵攻鄯善安迎戰兵敗亡入山中賢殺略千餘人而去其冬賢復攻殺龜茲王遂兼其國鄯善焉耆諸國侍子久留敦煌愁思皆亡歸鄯善王上書願復遣子入侍更請都護都護不出誠迫於匈奴天子報曰今使者大兵未能得出如諸國力不從心東西南北自在也於是鄯善車師復附匈奴而賢益橫嬀塞王自以國遠遂殺賢使者賢擊滅之立其國貴人駟鞬爲嬀塞王賢又自立其子則羅爲龜茲王賢以則羅年少乃分龜茲爲烏壘國徙駟鞬爲烏壘王又更以貴人爲嬀塞王數歲龜茲國人共殺則羅駟鞬而遣使匈奴更請立王匈奴立龜茲貴人身毒爲龜茲王龜茲由是屬匈奴賢以大宛貢稅減少自將諸國兵數萬人攻大宛大宛王延留迎降賢因將還國徙拘彌王橋塞提爲大宛王而康居數攻之橋塞提在國歲餘亡歸賢復以爲拘彌王而遣延留還大宛使貢獻如常賢又徙于寘王俞林爲驪歸王立其弟位侍爲于寘王歲餘賢疑諸國欲畔召位侍及拘彌姑墨子合王盡殺之不復置正○劉攽曰案文正當作王但遣將鎭守其國位侍子戎亡降漢封爲守節侯莎車將君得在于寘暴虐百姓患之明帝永平三年其大人都末出城見野豕欲射之豕乃言曰無射我我乃爲汝殺君得都末因此卽與兄弟共殺君得而大人休莫霸復與漢人韓融等殺都末兄弟自立爲于寘王復與拘彌國人攻殺莎車將在皮山者引兵歸於是賢遣其太子國相將諸國兵二萬人擊休莫霸霸迎與戰莎車兵敗走殺萬餘人賢復發諸國數萬人自將擊休莫霸霸復破之斬殺過半賢脫身走歸國休莫霸進圍莎車中流矢死兵乃退于寘國相蘇榆勒等共立休莫霸兄子廣德爲王匈奴與龜茲諸國共攻莎車不能下廣德承莎車之敝使弟輔國侯仁將兵攻賢賢連被兵革乃遣使與廣德和先是廣德父拘在莎車數歲於是賢歸其父而以女妻之結爲昆弟廣德引兵去明年莎車相且運等且音子余反下同患賢驕暴密謀反城降于寘反音番于寘王廣德乃將諸國兵三萬人攻莎車賢城守使使謂廣德曰我還汝父與汝婦汝來擊我何爲廣德曰王我婦父也久不相見願各從兩人會城外結盟賢以問且運且運曰廣德女壻至親宜出見之賢乃輕出廣德遂執賢而且運等因內于寘兵虜賢妻子而井其國鎖賢將歸歲餘殺之匈奴聞廣德滅莎車遣五將發焉耆尉黎龜茲十五國兵三萬餘人圍于寘廣德乞降以其太子爲質約歲給罽絮冬匈奴復遣兵將賢質子不居徵立爲莎車王廣德又攻殺之更立其弟齊黎爲莎車王章帝元和三年○劉攽曰案文少一也字時長史班超發諸國兵擊莎車大破之由是遂降漢事已具班超傳

莎車東北至疏勒

疏勒國去長史所居五千里去洛陽萬三百里領戶二萬一千勝兵三萬餘人明帝永平十六年龜茲王建攻殺疏勒王成自以龜茲左侯兜題爲疏勒王冬漢遣軍司馬班超刼縛兜題而立成之兄子忠爲疏勒王忠後反畔超擊斬之事已具超傳安帝元初中疏勒王安國以舅臣磐有罪徙於月氏月氏王親愛之後安國死無子母持國政與國人共立臣磐同產弟子遺腹爲疏勒王臣磐聞之請月氏王曰安國無子種人微弱若立母氏我乃遺腹叔父也我當爲王月氏乃遣兵送還疏勒國人素敬愛臣磐又畏憚月氏卽共奪遺腹印綬迎臣磐立爲王更以遺腹爲磐稾城侯後莎車連畔于寘屬疏勒疏勒以强故得與龜茲于寘爲敵國焉順帝永建二年臣磐遣使奉獻帝拜臣磐爲漢大都尉兄子臣勳爲守國司馬五年臣磐遣侍子與大宛莎車使俱詣闕貢獻陽嘉二年臣磐復獻師子封牛至靈帝建寧元年疏勒王與漢大都尉於獵中爲其季父和得所射殺和得自立爲王三年凉州刺史孟佗遣從事任涉將敦煌兵五百人與戊己司馬曹寬○劉攽曰案文亦多己字西域長史張晏將焉耆龜茲車師前後部合三萬餘人討疏勒攻楨中城四十餘日不能下引去其後疏勒王連相殺害朝廷亦不能禁東北經尉頭溫宿姑墨龜茲至焉耆

焉耆國王居南河城北去長史所居八百里東去洛陽八千二百里戶萬五千口五萬二千勝兵二萬餘人其國四面有大山與龜茲相連道險阸易守有海水曲入四山之內周匝其城三十餘里永平末焉耆與龜茲共攻沒都護陳睦副校尉郭恂殺吏士二千餘人至永元六年都護班超發諸國兵討焉耆危須尉黎山國遂斬焉耆尉黎二王首傳送京師縣蠻夷邸蠻夷皆置邸以居之若今鴻臚寺也超乃立焉耆左侯元孟爲王尉黎危須山國皆更立其王至安帝時西域背畔延光中超子勇爲西域長史復討定諸國元孟與尉黎危須不降永建二年勇與敦煌太守張朗擊破之元孟乃遣子詣闕貢獻

蒲類國居天山西疏榆谷東南去長史所居千二百九十里去洛陽萬四百九十里戶八百餘口二千餘勝兵七百餘人廬帳而居逐水草頗知田作有牛馬駱駝羊畜能作弓矢國出好馬蒲類本大國也前西域屬匈奴而其王得罪單于單于怒徙蒲類人六千餘口內之匈奴右部阿惡地因號曰阿惡國南去車師後部馬行九十餘日人口貧羸逃亡山谷間故留爲國云○劉攽曰案此文不足當云其人口貧羸者逃亡山谷間故留爲國云少一其字一者字

移支國居蒲類地戶千餘口三千餘勝兵千餘人其人勇猛敢戰以寇鈔爲事皆被髮隨畜逐水草不知田作所出皆與蒲類同

東且彌國東去長史所居八百里去洛陽九千二百五十里戶三千餘口五千餘勝兵二千餘人廬帳居逐水草頗田作其所出有亦與蒲類同所居無常

車師前王居交河城河水分流繞城故號交河去長史所居柳中八十里東去洛陽九千一百二十里領戶千五百餘口四千餘勝兵二千人

後王居務塗谷去長史所居五百里去洛陽九千六百二十里領戶四千餘口萬五千餘勝兵三千餘人前後部及東且彌卑陸蒲類移支是爲車師六國北與匈奴接前部西通焉耆北道後部西通烏孫建武二十一年與鄯善焉耆遣子入侍光武遣還之乃附屬匈奴明帝永平十六年漢取伊吾盧通西域車師始復內屬匈奴遣兵擊之復降北虜和帝永元二年大將軍竇憲破北匈奴車師震慴前後王各遣子奉貢入侍並賜印綬金帛八年戊已校尉索頵欲廢後部王涿鞮立破虜侯細致涿鞮忿前王尉卑大賣己因反擊尉卑大獲其妻子明年漢遣將兵長史王林發涼州六郡兵及羌虜胡二萬餘人以討涿鞮入北匈奴漢軍追擊斬之立涿鞮弟農奇爲王至永寧元年後王軍就及母沙麻反畔殺後部司馬及敦煌行事司馬卽屬戊校尉所統也和帝時置戊己校尉鎭車師後部行事謂前行長史索班○劉攽曰注和帝置戊已校尉案此上文云司馬卽屬戊校尉所統是也下不合添一已字至安帝延光四年長史班勇擊軍就大破斬之順帝永建元年勇率後王農奇子加特奴及八滑等發精兵擊北虜呼衍王破之勇於是上立加特奴爲後王八滑爲後部親漢侯陽嘉三年夏車師後部司馬率加特奴等千五百人掩擊北匈奴於閶吾陸谷壞其廬落斬數百級獲單于母季母及婦女數百人季母叔母也牛羊十餘萬頭車千餘兩兵器什物甚衆四年春北匈奴呼衍王率兵侵後部帝以車師六國接近北虜爲西域蔽扞乃令敦煌太守發諸國兵及玉門關候伊吾司馬合六千三百騎救之掩擊北虜於勒山漢軍不利秋呼衍王復將二千人攻後部破之桓帝元嘉元年呼衍王將三千餘騎寇伊吾伊吾司馬毛愷遣吏兵五百人於蒲類海東與呼衍王戰悉爲所沒呼衍王遂攻伊吾屯城夏遣敦煌太守司馬達將敦煌酒泉張掖屬國吏士四千餘人救之出塞至蒲類海呼衍王聞而引去漢軍無功而還永興元年車師後部王阿羅多與戊部候嚴皓不相得遂忿戾反畔攻圍漢屯田且固城殺傷吏士後部候炭遮領餘人畔阿羅多詣漢吏降阿羅多迫急將其母妻子從百餘騎亡走北匈奴中敦煌太守宋亮上立後部故王軍就質子卑君爲後部王後阿羅多復從匈奴中還與卑君爭國頗收其國人戊校尉閻詳慮其招引北虜將亂西域乃開信告示許復爲王阿羅多乃詣詳降於是收奪所賜卑君印綬更立阿羅多爲王仍將卑君還敦煌以後部人三百帳別屬役之食其稅帳者猶中國之戶數也

論曰西域風土之載前古未聞也漢世張騫懷致遠之略前書張騫漢中人爲博望侯武帝時上言大夏及安息大宛之屬大國奇物誠得而以義屬之則地廣萬里帝縱之班超奮封侯之志超少時家貧投筆歎曰丈夫當如傳介子張騫立功西域以取封侯安能久事筆硯乎語見超傳終能立功西遐羈服外域自兵威之

所𢎘服賂之所懷誘莫不獻方奇納愛質露頂肘行東向而朝天子故設戊己之官分任其事建都護之帥總領其權先馴則賞籯金而賜龜綬（龜謂印文也漢舊儀曰銀印皆龜紐其文刻曰某官之章）後服則繫頭顙而釁北闕立屯田於膏腴之野列郵置於要害之路馳命走驛（劉攽曰驛案當作譯說同上）不絕於時月商胡販客日款於塞下其後甘英乃抵條支而歷安息臨西海以望大秦拒玉門陽關者四萬餘里靡不周盡焉若其境俗性智之優薄產載物類之區品川河領障之基源氣節涼暑之通隔梯山棧谷繩行沙度之道身熱首痛風災鬼難之域（前書杜欽曰罽賓本漢所立殺漢使者今悔過來順使者送至懸度歷大頭痛小頭痛之山赤土身熱之阪臨峥嶸不測之淵行者騎步相持繩索相引釋法顯游天竺記云西度流沙屢有熱風惡鬼過之必死葱嶺冬夏有雪有毒龍若犯之則風雨晦冥飛砂揚礫過此難者萬無一全也○劉攽曰注過此難者案過當作遇）莫不備寫情形審求根實至於佛道神化興自身毒而二漢方志莫有稱焉張騫但著地多暑濕乘象而戰班勇雖列其奉浮圖不殺伐而精文善法導達之功靡所傳述余聞之後說也其國則殷乎中土玉燭和氣（天竺國記云中天竺人殷樂無戶籍耕王地者輸地利又其土和適無冬夏之異草木常茂種田無時節爾雅曰四時和謂之玉燭）靈聖之所降集賢懿之所挺生（本行經曰釋迦菩薩在兜率天為諸天量無邊諸衆說法又觀我今何處成道利益衆生乃觀見宜於南閻浮提生有大利益又云誰中與我為父母者觀見宜於天竺刹利種迦毘羅城白淨王摩耶夫人可為父母又云四生之中何生利益觀見同衆生胎生我若化生諸外道等即誹謗我是幻術也爾時菩薩觀已示同諸天五衰相現命諸同侶波斯匿王等諸王中生皆作國王與我為檀越命阿難及諸人等同生為弟子命舍利佛等外道中生我成道時當受我化回邪入正又有無量衆生同隨菩薩於天竺受生多所利益也）神迹詭怪則理絕人區（維摩經曰以四大海水入一毛孔中不撓魚鼈等而彼大海本相如故又舍利佛住不思議菩薩斷取三千大千國界如陶家輪著右掌中擲過恒河沙國界之外其中衆生不覺不知又復還本處都不使人有往來相）感驗明顯則事出天外（涅槃經曰阿闍王令醉象蹋佛佛以慈善根力舒其五指遂為五師子見爾時醉象惶懼而退又五百羣賊劫奪人財波斯匿王收捉劓其兩目棄入阬中爾時羣賊若痛不已同時發聲念南無佛佛隨達摩佛以慈善根力雪山吹藥令入賊眼皆悉平復如本）而騫超無聞者豈其道閉往運數開叔葉乎不然何誣異之甚也漢自楚英始盛齋戒之祀桓帝又脩華蓋之飾將微義未譯而但神明之邪詳其清心釋累之訓空有兼遣之宗道書之流也（清心謂忘思慮也釋累謂去貪欲也不執著為空執著為有兼遣謂不空不有虛實兩忘也維摩詰云我及涅槃此二皆空老子云常無欲觀其妙常有欲觀其徼故曰道書之流也）且好仁惡殺蠲敝崇善所以賢達君子多愛其法焉然好大不經奇譎無已（維摩經曰爾時毘耶離有長者子名曰寶積與五百長者子俱持七寶蓋來詣佛所頭面禮足各以其蓋共供養佛佛威神力令諸寶蓋合成一蓋徧覆三千大千國界諸須彌山乃至日月星宿并十方諸佛說法皆現於寶蓋中又維摩詰三萬二千師子坐高廣入萬四千由旬高廣嚴淨來入維摩方丈室包容無所妨礙又四大海水入毛孔須彌山入芥子等也）雖鄒衍談天之辯莊周蝸角之論（史記曰談天衍劉向別錄曰鄒衍之所言五德終始天地廣大其書言天事故曰談天莊子曰有國於蝸之左角者曰觸氏有國於蝸之右角者曰蠻氏相與爭地而戰伏尸數萬逐北旬有五日而後反郭璞注爾雅云蝸牛音瓜談天言大蝸角喻小也）尚未足以槩其萬一又精靈起滅因報相尋若曉而昧者故通人多惑焉（精靈起滅謂死輪回無窮已因報相尋謂行有善惡各緣業報也）蓋導俗無方適物異會取諸同歸措夫疑說則大道通矣

贊曰逷矣西胡天之外區（逷遠也音它狄反尚書曰逷矣西土之人）土物琛麗人性淫虛不率華禮莫有典書若微神道何恤何拘（言無神道以制胡人則何猛之性何所憂懼何所拘忌也）

後漢書卷一百十九

宋　宣城太守范曄撰

唐　章懷太子賢注

南匈奴傳第七十九

南匈奴（前書直言匈奴傳不言南北今稱南者明其為北生義也以南單于向化尤深故舉其順者以冠之東觀記稱匈奴南單于列傳范曄因去其單于二字）

南匈奴醢落尸逐鞮單于比者（醢音火今反）呼韓邪單于之孫（前書曰單于者廣大之貌也言其象天單于然也呼韓邪即冒頓單于八代孫虛閭權渠單于子也名稽侯狦狦音山諫反東觀記曰單于北匈奴頭曼十八代孫臣賢案頭曼即冒頓單于父自頭曼單于至比父子相承十代以單于相傳乃十八代也○劉攽曰注單于北匈奴頭曼案北當作比）烏珠留若鞮單于之子也（匈奴謂孝為若鞮自呼韓邪單于降後與漢親密見漢帝謚常為孝慕之至其子復株累單于以下皆稱若鞮南單于比以下直稱鞮也）自呼韓邪後諸子以次立至比季父單于輿時以比為右薁鞬日逐王部領南邊及烏桓（薁音於六反鞬音九言反下並同）建武初彭寵反畔於漁陽單于與共連兵因復權立盧芳使入居五原（東觀記芳安定人屬國胡數千畔在參蠻芳從之詐姓劉氏自稱西平王會匈奴句林王將兵來降參蠻胡芳因隨入匈奴留數年單于以中國未定欲輔立之遣母樓且王求入五原與假號將軍李興等結謀興北至單于庭迎芳芳外倚匈奴內因興等故能廣略邊郡）光武初方平諸夏未遑外事（遑暇也）至六年始令歸德侯劉颯使匈奴匈奴亦遣使來獻漢復令中郎將韓統報命賂遺金幣以通舊好（舊好謂宣帝元帝之代與國和親）而單于驕倨自比冒頓（冒頓匈奴單于頭曼之子也即夏后氏之苗裔也其先曰淳維自淳維至頭曼千有餘歲冒頓當始皇之時為鳴鏑弑頭曼代立控弦三十餘萬強盛與諸夏為敵國倨慢無禮窘辱高祖戲侮呂后事見前書）對使者辭語悖慢（前書更始二年冬遣中郎將歸德侯颯大司馬護軍陳遵使匈奴授單于漢制璽綬單于輿驕謂遵颯曰匈奴本與漢為兄弟匈奴中亂孝宣帝輔立呼韓邪單于故稱臣以尊漢今漢亦大亂為王莽篡位匈奴亦出擊莽空其邊境令天下騷動思漢莽卒以敗而漢復興亦我力也當復尊我遵與颯相距單于終持此論語詞悖慢即此類也）帝待之如初初使命常通而匈奴數與盧芳共侵北邊九年遣大司馬吳漢等擊之經歲無功而匈奴轉盛鈔暴日增十三年遂寇河東州郡不能禁於是漸徙幽并邊人於常山關居庸關已東（前書代郡有常山關上谷郡居庸縣有關）匈奴左部遂復轉居塞內朝廷患之增緣邊兵郡數千人大築亭候脩烽火匈奴聞漢購求盧芳貪得財帛乃遣芳還降望得其賞而芳以自歸為功不稱匈奴所遣單于復恥言其計故賞遂不行由是大恨入寇尤深二十年遂至上黨扶風天水二十一年冬復寇上谷中山殺略鈔掠甚眾北邊無復寧歲（言緣邊之郡無安寧之歲）初單于弟右谷蠡王伊屠知牙師（谷音鹿蠡音離）以次當左賢王左賢王即是單于儲副單于欲傳其子遂殺知牙師知牙師者王昭君之子也昭君字嬙南郡人也（前書曰南郡秭歸人）初元帝時以良家子選入掖庭時呼韓邪來朝帝勑以宮女五人賜之昭君入宮數歲不得見御積悲怨乃請掖庭令求行呼韓邪臨辭大會帝召五女以示之昭君豐容靚飾光明漢宮顧景裴回竦動左右帝見大驚意欲留之而難於失信遂與匈奴生二子及呼韓邪死其前閼氏子代立欲妻之昭君上書求歸成帝勑令從胡俗遂復為後單于閼氏焉比見知牙師被誅出怨言曰以兄弟言之右谷蠡王次當立以子言之我前單于長子我當立遂內懷猜懼庭會稀闊單于疑之乃遣兩骨都侯監領比所部兵二十二年單于輿死子左賢王烏達鞮侯立為單于復死弟左賢王蒲奴立為單于比不得立既懷憤恨而匈奴中連年旱蝗赤地數千里草木盡枯人畜飢疫死耗大半（三分損二為大半）單于畏漢乘其敝乃遣使詣漁陽求和親於是遣中郎將李茂報命而比密遣漢人郭衡奉匈奴地圖二十三年詣西河太守求內附兩骨都侯頗覺其意會五月龍祠（前書曰匈奴法歲正月諸長小會單于庭祠五月大會龍城祭其先天地鬼神八月大會蹛林課校人畜計蹛音帶又音多）因白單于言薁鞬日逐夙來欲為不善若不誅且亂國時比弟漸將王在單于帳下聞之馳以報比比懼遂斂所主南邊八郡眾四五萬人待兩骨都侯還欲殺之骨都侯且到知其謀皆輕騎亡去以告單于單于遣萬騎擊之見比眾盛不敢進而還二十四年春八部大人共議立比為呼韓邪單于以其大父嘗依漢得安故欲襲其號於是款五原塞願永為藩蔽扞禦北虜帝用五官中郎將耿國議乃許之其冬比自立為呼韓邪單于（東觀記曰十二月癸丑匈奴始分為南北單于）二十五年春遣弟左賢王莫將兵萬餘人擊北單于弟薁鞬左賢王生獲之又破北單于帳下并得其眾合萬餘人馬七千匹牛羊萬頭北單于震怖卻地千里初帝造戰車可駕數牛上作樓櫓置於塞上以拒匈奴（櫓即樓也釋名曰樓無屋為櫓）時人見者或相謂曰讖言漢九世當卻北狄地千里豈謂此邪及是果拓地焉北部薁鞬骨都侯與右骨都侯率眾三萬餘人來歸南單于南單于復遣使詣闕奉藩稱臣獻國珍寶求使者監護遣侍子脩舊約二十六年遣中郎將段郴（丑吟反）副校尉王郁使南單于立其庭去五原西部塞八十里單于乃延迎使者使者曰單于當伏拜受詔單于顧望有頃乃伏稱臣拜訖令譯曉使者曰單于新立誠慙於左右願使者眾中無相屈折也骨都侯等見皆泣下郴等反命詔乃聽南單于入居雲中遣使上書獻駱駝二頭文馬十匹（杜預注左傳曰文馬畫馬為文也）夏南單于所獲北虜薁鞬左賢王將其眾及南部五骨都侯合三萬餘人畔歸去北庭三百餘里共立薁鞬左賢王為單于月餘日更相攻擊五骨都侯皆死左賢王遂自殺諸骨都侯子各擁兵自守秋南單于遣子入侍奉奏詣闕詔賜單于冠帶衣裳黃金璽盭緺綬（盭音戾草名以戾草染綬因以為名則漢諸侯王制戾綠色緺古蛙反說文曰紫青色也）安車羽蓋華藻駕駟寶劍弓箭黑節三駙馬二黃金錦繡繒布萬匹絮萬斤樂器鼓車棨戟甲兵飲食什器（有衣之戟曰棨）又轉河東米糒二萬五千斛牛羊三萬六千頭以贍給之令中郎將置安集掾史將弛刑五千人持兵弩隨單于所處參辭訟察動靜單于歲盡輒遣奉奏（劉攽曰案文少一使字）送侍子入朝中郎將從事一人將領詣闕漢遣謁者送前侍子還單于庭交會道路元正朝賀拜祠陵廟畢漢乃遣單于使令謁者將送賜綵繒千匹錦四端金十斤大官御食醬及橙橘龍眼荔支賜單于母及諸閼氏單于子及左右賢王左右谷蠡王骨都侯有功善者繒綵合萬匹歲以為常匈奴俗歲有三龍祠常以正月五月九月戊日祭天神南單于既內附兼祠漢帝因會諸部議國事走馬及駱駝為樂其大臣貴者左賢王次左谷蠡王次右賢王次右谷蠡王謂之四角次左右日逐王次左右溫禺鞮王次左右漸將王是為六角皆單于子弟次第當為單于者也異姓大臣左右骨都侯次左右尸逐骨都侯其餘日逐且渠當戶諸官號（且音子余反）各以權力優劣部眾多少為高下次第焉單于姓虛連題（前書曰單于姓攣鞮氏其國稱之曰撐犂孤塗單于匈奴謂天為撐犂謂子為孤塗與此不同）異姓有呼衍氏須卜氏丘林氏蘭氏（前書冒頓單于時大姓有呼衍氏蘭氏須卜氏三姓貴種也）四姓為國中名族常與單于婚姻呼衍氏為左蘭氏須卜氏為右主斷獄聽訟當決輕重口白單于無文書簿領焉冬前畔五骨都侯子復將其眾三千人歸南部北單于使騎追擊悉獲其眾南單于遣兵拒之逆戰不利於是復詔單于徙居西河美稷因使中郎將段郴及副校尉王郁留西河擁護之為設官府從事掾史令西河長史歲將騎二

千蓰刑五百人助中郎將衞護單于冬屯夏罷自後以爲常及悉復緣邊八郡南單于旣居西河亦列置諸部王助爲扞戍使韓氏骨都侯屯北地右賢王屯朔方當于骨都侯屯五原呼衍骨都侯屯雲中郞氏骨都侯屯定襄左南將軍屯鴈門栗籍骨都侯屯代郡皆領部衆爲郡縣偵羅耳目(偵音丑政反羅音力賀反猶今言探候偵羅也)北單于惶恐頗還所略漢人以示善意鈔兵每到南部下還過亭候輒謝曰自擊亡虜薁鞬日逐耳非敢犯漢人也二十七年北單于遂遣使詣武威求和親天子召公卿廷議不決皇太子言曰南單于新附北虜懼於見伐故傾耳而聽爭欲歸義耳今未能出兵而反交通北虜臣恐南單于將有志北虜降者且不復來矣帝然之告武威太守勿受其使二十八年北匈奴復遣使詣闕貢馬及裘更乞和親并請音樂又求率西域諸國胡客與俱獻見帝下三府議酬答之宜司徒掾班彪奏曰臣聞孝宣皇帝勑邊守尉曰匈奴大國多變詐交接得其情則却敵折衝應對入其數則反爲輕欺今北匈奴見南單于來附懼謀其國故數乞和親又遠驅牛馬與漢合市重遣名王多所貢獻斯皆外示富强以相欺誕也臣見其獻益重知其國益虛歸親愈數爲懼愈多然今旣未獲助南則亦不宜絕北羇縻之義禮無不答謂可頗加賞賜略與所獻相當明加曉告以前世呼韓邪郅支行事(呼韓單于稱臣受賞郅支單于背德受誅以此二者行事曉告之也郅支即呼韓兄名呼屠吾斯自立爲單于擊走呼韓邪單于者也)報答之辭令必有適(適猶所也言報答之辭必令得所也)今立稾草井上曰單于不忘漢恩追念先祖舊約欲脩和親以輔身安國計議甚高爲單于嘉之往者匈奴數有乖亂呼韓邪郅支自相讎隙並蒙孝宣皇帝垂恩救護故各遣侍子稱藩保塞其後郅支忿戾自絕皇澤而呼韓附親忠孝彌著及漢滅郅支(元帝時郅支坐殺使者谷吉都護甘延壽與副陳湯發西域兵誅斬之)遂保國傳嗣子孫相繼今南單于攜衆向南款塞歸命自以呼韓嫡長次第當立而侵奪失職猜疑相背數請兵將歸埽北庭策謀紛紜無所不至惟念斯言不可獨聽又以北單于比年貢獻欲脩和親故拒而未許將以成單于忠孝之義漢秉威信總率萬國日月所照皆爲臣妾殊俗百蠻義無親疏服順者襃賞畔逆者誅罰善惡之效呼韓郅支是也今單于欲脩和親款誠已達何嫌而欲率西域諸國俱來獻見西域國屬匈奴與屬漢何異單于數連兵亂國內虛耗貢物裁以通禮何必獻馬裘今齎雜繒五百匹弓鞬韇丸一矢四發遣遺單于(鞬音居言反方言云藏弓爲鞬藏箭爲韇丸即箭箙也發四矢曰發見儀禮也○劉攽曰正文矢四發遣遺單于案文多一遺字緣上文已有齎字也)又賜獻馬左骨都侯右谷蠡王雜繒各四百匹斬馬劒各一(尚方少府屬官作供御器物故有斬馬劒言劒利可以斬馬)單于前言先帝時所賜呼韓邪竽瑟空侯皆敗願復裁賜(言更請裁賜也)念單于國尚未安方厲武節以戰攻爲務竽瑟之用不如良弓利劒故未以齎(言不齎持往遺也)朕不愛小物於單于便宜所欲遣驛以聞帝悉納從之

二十九年賜南單于羊數萬頭三十一年北匈奴復遣使如前乃璽書報答賜以綵繒不遣使者單于比立九年薨中郞將段郴將兵赴弔祭以酒米分兵衞護之弟左賢王莫立帝遣使者齎璽書鎭慰拜授璽綬遺冠幘絳單衣三襲童子佩刀緄帶各一(童子刀謂小刀也說文曰緄織成帶也音古本反)又賜繒綵四千匹令賞賜諸王骨都侯已下其後單于薨弔祭慰賜以此爲常(弔祭其薨者慰其新立者)丘浮尤鞮單于莫中元元年立一年薨弟汗立伊伐於慮鞮單于汗中元二年立永平二年北匈奴護于丘率衆千餘人來降南部單于汗立二年薨單于比之子適立醢僮尸逐侯鞮單于適永平二年立五年冬北匈奴六七千騎入于五原塞遂寇雲中至原陽南單于擊却之(原陽縣名屬雲中郡)西河長史馬襄赴救虜乃引去單于適立四年薨單于莫子蘇立是爲丘除車林鞮單于數月復薨單于適之弟長立胡邪尸逐侯鞮單于長永平六年立時北匈奴猶盛數寇邊朝廷以爲憂會北單于欲合市遣使求和親顯宗冀其交通不復爲寇乃許之八年遣越騎司馬鄭衆北使報命而南部須卜骨都侯等知漢與北虜交使懷嫌怨欲畔密因北使令遣兵迎之鄭衆出塞疑有異伺候果得須卜使人乃上言宜更置大將以防二虜交通由是始置度遼營以中郞將吳棠行度遼將軍事副校尉來苗左校尉閻章右校尉張國將黎陽虎牙營士屯五原曼柏(漢官儀曰光武以幽冀幷州兵克定天下故於黎陽立營以謁者監領兵騎千人)又遣騎都尉秦彭將兵屯美稷其年秋北虜果遣二千騎候望朔方作馬革船欲度迎南部畔者以漢有備乃引去復數寇鈔邊郡焚燒城邑殺略甚衆河西城門晝閉帝患之十六年乃大發緣邊兵遣諸將四道出塞北征匈奴南單于遣左賢王信隨太僕祭彤及吳棠出朔方高闕攻皐林溫禺犢王於涿邪山虜聞漢兵來悉度漠去彤棠坐不至涿邪山免以騎都尉來苗行度遼將軍(○劉攽曰案文行某官當有事字此傳中凡十處少皆當益之)其年北匈奴入雲中遂至漁陽太守廉范擊卻之詔遣使者高弘發三郡兵追之無所得建初元年來苗遷濟陰太守以征西大將軍耿秉行度遼將軍(○劉攽曰案秉傳不爲大將軍又眞爲度遼此多一大字又行當作爲也)

時皐林溫禺犢王復將衆還居涿邪山南單于聞知遣輕騎與緣邊郡及烏桓兵出塞擊之斬首數百級降者三四千人其年南部苦蝗大飢肅宗稟給其貧人三萬餘口七年耿秉遷執金吾以張掖太守鄧鴻行度遼將軍八年北匈奴三木樓訾大人稽留斯等率三萬八千人馬二萬匹牛羊十餘萬款五原塞降元和元年武威太守孟雲上言北單于復願與吏人合市詔書聽雲遣驛使迎呼慰納之(○劉攽曰案驛當作譯見上)北單于乃遣大且渠伊莫訾王等(且音子余反下並同)驅牛馬萬餘頭來與漢賈客交易諸王大人或前至(○劉攽曰案文前當作齎)所在郡縣爲設官邸賞賜待遇之南單于聞乃遣輕騎出上郡遮略生口鈔掠牛馬驅還入塞二年正月北匈奴大人車利涿兵等亡來入塞凡七十三輩時北虜衰耗黨衆離畔南部攻其前丁零寇其後鮮卑擊其左西域侵其右不復自立乃遠引而去單于長立二十三年薨單于汗之子宣立伊屠於閭鞮單于宣元和二年立其歲單于遣兵千餘人獵至涿邪山卒與北虜溫禺犢王遇(卒音七忽反)因戰獲其首級而還冬孟雲上言北虜以前既和親而南部復往鈔掠北單于謂漢欺之謀欲犯塞謂宜還南所掠生口以慰安其意肅宗從太僕袁安議許之乃下詔曰昔獫狁獯粥之敵中國其所由來尚矣(周曰獫狁堯曰獯粥秦曰匈奴)往者雖有和親之名終無絲髮之效墝埆之人屢嬰塗炭(墝埆謂險要之地塗苦也墝音苦交反埆音苦角反)父戰於前子死於後弱女乘於亭障孤兒號於道路老母寡妻設虛祭飲泣淚想望歸魂於沙漠之表豈不哀哉(父戰於前已下前書賈捐之之辭詔增損用之也)傳曰江海所以能長百川者以其下之也(老子曰江海所以能爲百谷王者以其善下也)少加屈下尚何足病況今與匈奴君臣分定辭順約明貢獻累至豈宜違信自受其曲其勑度遼及領中郞將龐奮倍雇南部所得生口以還北虜(雇賞報也)其南部斬首獲生計功受賞如常科於是南單于復令薁鞬日逐王師子將輕騎數千出塞掩擊北虜復斬獲千人北虜衆以南部爲漢所厚又聞取降者歲數千人章和元年鮮卑入左地擊北匈奴大破之斬優留單于取其匈奴皮而還(○劉攽曰案匈奴一種安能盡取其皮明多匈奴二字或云取其單皮)北庭大亂屈蘭儲卑胡都須等五十八部口二十萬勝兵八千人詣雲中五原朔方北地降單于宣立三年薨單于長之弟屯屠何立休蘭尸逐侯鞮單于屯屠何章和二年立時北虜大亂加以飢蝗降者前後而至南單于將并北庭會肅宗崩竇太后臨朝其年七月單于上言臣累世蒙恩不可勝數孝章皇帝聖思遠慮遂欲

見成就故令烏桓鮮卑討北虜斬單于首級破壞其國今所新降虛渠等詣臣自言去歲三月中發虜庭北單于創刈南兵又畏丁令鮮卑(令音零)遯逃遠去依安侯河西今年正月骨都侯等復共立單于異母兄右賢王爲單于其人以兄弟爭立並各離散臣與諸王骨都侯及新降渠帥雜議方略皆曰宜及北虜分爭出兵討伐破北成南并爲一國令漢家長無北念又今月八日新降右須日逐鮮堂輕從虜庭遠來詣臣言北虜諸部多欲內顧但恥自發遣故未有至者若出兵奔擊必有響應今年不往恐復并壹臣伏念先父歸漢以來被蒙覆載嚴塞明候大兵擁護積四十年臣等生長漢地開口仰食歲時賞賜動輒億萬雖垂拱安枕慙無報效之地願發國中及諸部故胡新降精兵遣左谷蠡王師子左呼衍日逐王須訾將萬騎出朔方左賢王安國右大且渠王交勒蘇將萬騎出居延期十二月同會虜地臣將餘兵萬人屯五原朔方塞以爲拒守臣素愚淺又兵衆單少不足以防內外願遣執金吾耿秉度遼將軍鄧鴻及西河雲中五原朔方上郡太守并力而北令北地安定太守各屯要害冀因聖帝威神一舉平定臣國成敗要在今年已勑諸部嚴兵馬訖九月龍祠悉集河上唯陛下裁哀省察太后以示耿秉秉上言昔武帝單極天下欲臣虜匈奴未遇天時事遂無成宣帝之世會呼韓來降故邊人獲安中外爲一生人休息六十餘年及王莽篡位變更其號(漢賜單于印文曰匈奴單于璽無漢字王莽改曰新匈奴單于章)耗擾不止單于乃畔光武受命復懷納之緣邊壞郡得以還復烏桓鮮卑咸脇歸義威鎭四夷其效如此今幸遭天授北虜分爭以夷伐夷國家之利宜可聽許秉因自陳受恩分當出命效用太后從之永元元年以秉爲征西將軍與車騎將軍竇憲率騎八千與度遼兵及南單于衆三萬騎出朔方擊北虜大破之北單于奔走首虜二十餘萬人(○劉攽曰案文多一人字)事已具竇憲傳二年春鄧鴻遷大鴻臚以定襄太守皇甫稜行度遼將軍南單于復上求滅北庭於是遣左谷蠡王師子等將左右部八千騎出雞鹿塞(塞在朔方窳渾縣北窳音愈)中郞將耿譚遣從事將護之至涿邪山乃留輜重分爲二部各引輕兵兩道襲之左部北過西海至河雲北(河雲匈奴地名)右部從匈奴河水(○劉攽曰案匈河自是水名安出奴字)西繞天山南度甘微河二軍俱會夜圍北單于大驚(○劉攽曰案文少單于二字)率精兵千餘人合戰單于被創墮馬復上將輕騎數十遁走僅而免脫得其玉璽獲閼氏及男女五人斬首八千級生虜數千口而還是

時南部連剋獲納降黨衆最盛領戶三萬四千口二十三萬七千三百勝兵五萬一百七十故從事中郎將○劉攽曰案文多從字言故事如此置從事二人耿譚以新降者多上增從事十二人三年北單于復爲右校尉耿夔所破逃亡不知所在其弟右谷蠡王於除鞬自立爲單于將右溫禺鞬王骨都侯已下衆數千人止蒲類海遣使款塞大將軍竇憲上書立於除鞬爲北單于朝廷從之四年遣耿夔卽授璽綬賜玉劍四具羽蓋一駟○劉攽曰案玉劍四具非是當云玉具劍四又衍一駟字使中郎將任尚持節衞護屯伊吾如南單于故事方欲輔歸北庭會竇憲被誅五年於除鞬自畔還北帝遣將兵長史王輔以千餘騎與任尚共追誘將還斬之破滅其衆單于屯屠何立六年薨單于宣弟安國立單于安國永元五年立安國初爲左賢王而無稱譽左谷蠡王師子素勇黠多知前單于宣及屯屠何皆愛其氣決故數遣將兵出塞掩擊北庭還受賞賜天子亦加殊異是以國中盡敬師子而不附安國由是疾師子欲殺之其諸新降胡初在塞外數爲師子所驅掠皆多怨之安國因是委計降者與同謀議安國旣立爲單于師子以次轉爲左賢王覺單于與新降者有謀乃別居五原界單于每龍會議事師子輒稱病不往皇甫稜知之亦擁護不遣單于懷憤益甚六年春皇甫稜免以執金吾朱徽行度遼將軍時單于與中郎將杜崇不相平迺上書告崇崇諷西河太守令斷單于章無由自聞而崇因與朱徽上言南單于安國疏遠故胡親近新降欲殺左賢王師子及左臺且渠劉利等又右部降者謀共迫脅安國起兵背畔請西河上郡安定爲之儆備和帝下公卿議皆以爲蠻夷反覆雖難測知然大兵聚會必未敢動搖今宜遣有方略使者之單于庭與杜崇朱徽及西河太守幷力觀其動靜如無它變可令崇等就安國會其左右大臣責其部衆橫暴爲邊害者共平罪誅若不從命令爲權時方略事畢之後裁行客賜言以主客之禮裁量賜物不多與也亦足以威示百蠻帝從之於是徽崇遂發兵造其庭安國夜聞漢軍至大驚棄帳而去因舉兵及將新降者欲誅師子師子先知乃悉將廬落入曼柏城安國追到城下門閉不得入朱徽遣吏曉譬和之安國不聽城旣不下乃引兵屯五原崇徽因發諸郡騎追赴之急衆皆大恐安國舅骨都侯喜爲等慮幷被誅乃格殺安國安國王立一年單于適之子師子立亭獨尸逐侯鞮單于師子永元六年立降胡五六百人夜襲師子安集掾王恬將衞護士與戰破之於是新降胡遂相驚動

十五部二十餘萬人皆反畔脅立前單于屯屠何子薁鞬日逐王逢侯爲單于遂殺略吏人燔燒郵亭廬帳將軍重向朔方欲度漠北於是遣行車騎將軍鄧鴻越騎校尉馮柱行度遼將軍朱徽將左右羽林北軍五校士及郡國積射緣邊兵漢有跡射士言尋跡而射之積亦與跡同古字通也烏桓校尉任尚將烏桓鮮卑合四萬人討之時南單于及中郎將杜崇屯牧師城逢侯將萬餘騎攻圍之未下冬鄧鴻等至美稷逢侯乃乘氷度隘向滿夷谷南單于遣子將萬騎及杜崇所領四千騎與鄧鴻等追擊逢侯於大城塞斬首三千餘級得生口及降者萬餘人馮柱復分兵追擊其別部斬首四千餘級任尚率鮮卑大都護蘇拔廆胡罪反烏桓大人勿柯八千騎要擊逢侯於滿夷谷復大破之前後凡斬萬七千餘級逢侯遂率衆出塞漢兵不能追七年正月軍還馮柱將虎牙營留屯五原罷遣鮮卑烏桓羌胡兵封蘇拔廆爲率衆王又賜金帛鄧鴻還京師坐逗留失利下獄死按軍法逗留畏懦者斬後帝知朱徽杜崇失胡和又禁其上書以致反畔皆徵下獄死以鴈門太守龐奮行度遼將軍逢侯於塞外分爲二部自領右部屯涿邪山下左部屯朔方西北相去數百里八年冬左部胡自相疑畔還入朔方塞龐奮迎受慰納之其勝兵四千人弱小萬餘口悉降以分處北邊諸部南單于以其右溫禺犢王烏居戰溫禺犢王名烏居戰始與安國同謀欲考問之烏居戰將數千人遂復反畔出塞外山谷間爲吏民害秋龐奮馮柱與諸郡兵擊烏居戰其衆降於是徙烏居戰衆及諸還降者二萬餘人於安定北地馮柱還遷將作大匠逢侯部衆飢窮又爲鮮卑所擊無所歸竄逃去塞者絡繹不絕單于師子立四年薨單于長之子檀立萬氏尸逐鞮單于檀永元十年立十二年龐奮遷河南尹以朔方太守王彪行度遼將軍南單于比歲遣兵擊逢侯多所虜獲收還生口前後以千數逢侯轉困迫十六年北單于遣使詣闕貢獻願和親脩呼韓邪故約和帝以其舊禮不備未許之而厚加賞賜不答其使元興元年重遣使詣敦煌貢獻辭以國貧未能備禮願請大使當遣子入侍天子降大使至國卽遣子隨大使入侍時鄧太后臨朝亦不答其使但加賜而已永初三年安帝卽位之二年也夏漢人韓琮隨南單于入朝旣還說南單于云關東水潦人民飢餓死盡可擊也單于信其言遂起兵反畔攻中郎將耿种於美稷秋王彪卒冬遣行車騎將軍何熙副中郎龐雄擊之○劉攽曰案文少一將字四年春檀遣千餘騎寇常山中山以西域校尉梁慬行度遼將軍慬音勤與遼東

太守耿夔擊破之事已具慬傳單于見諸軍並進大恐怖顧讓韓琮曰汝言漢人死盡今是何等人也顧反也讓責也反顧責韓琮也乃遣使乞降許之單于脫帽徒跣對龐雄等拜陳道死罪於是赦之遇待如初乃還所鈔漢民男女及羌所略轉賣入匈奴中者合萬餘人南單于檀信韓琮之言起兵反旣被擊敗陳謝死罪還所鈔之男女五年梁慬免以雲中太守耿夔行度遼將軍元初元年安帝永初六年改爲元初元年夔免以烏桓校尉鄧遵爲度遼將軍遵皇太后之從弟故始爲眞將軍焉自置度遼將軍以來皆權行其事今始以鄧遵爲正度遼將軍此後更無行者也四年逢侯爲鮮卑所破部衆分散皆歸北虜五年春逢侯將百餘騎亡還詣朔方塞降鄧遵奏徙逢侯於潁川郡逢侯本是前單于屯屠何子右薁鞬日逐王諸降胡萬餘人脅立爲單于旣被鮮卑所破部衆分散若留在匈奴或恐更相招引故徙於潁川郡也建光元年安帝元初七年改爲永寧元年永寧二年改爲建光元年鄧遵免復以耿夔代爲度遼將軍時鮮卑寇邊夔與溫禺犢王呼尤徽將新降者連年出塞討擊鮮卑還復各令屯列衞要還使新降者屯列衞要而耿夔徵發煩劇新降者皆悉恨謀畔單于檀立二十七年薨弟拔立耿夔復免以太原太守法度代爲將軍○劉攽曰案一傳中處處皆云度遼將軍惟三處沒度遼字以後又復舉之明此三處脫漏也烏稽侯尸逐鞮單于拔延光三年立夏新降一部大人阿族等遂反畔脅呼尤徽欲與俱去呼尤徽曰我老矣受漢家恩寧死不能相隨衆欲殺之有救者得免阿族等遂將妻子輜重亡去中郎將馬翼遣兵與胡騎追擊破之斬首及自投河死者殆盡殆近也欲死盡所餘無幾獲馬牛羊萬餘頭冬法度卒四年漢陽太守傅衆代爲將軍其冬傅衆復卒永建元年順帝卽位之年以遼東太守龐參代爲將軍先是朔方以西障塞多不脩復鮮卑因此數寇南部殺漸將王匈奴有左右漸將王單于憂恐上言求復障塞順帝從之乃遣黎陽營兵出屯中山北界黎陽先置營兵以南單于求復障塞恐入侵擾亂置屯兵於中山北界舊中山郡今之定州是也定州者則在河北也增置緣邊諸郡兵列屯塞下敎習戰射單于拔立四年薨弟休利立去特若尸逐就單于休利永建三年立四年龐參遷大鴻臚以東平相宋漢代爲度遼將軍陽嘉二年漢遷太僕以烏桓校尉耿曄代爲度遼將軍永和元年陽嘉五年改爲永和元年曄病徵以護羌校尉馬續代爲度遼將軍五年夏南匈奴左部句龍王吾斯車紐等背畔率三千餘騎寇西河因復招誘右賢王合七八千騎圍美稷殺朔方代郡長史馬續與中郎將梁並烏桓校尉王元發緣邊兵及烏桓鮮卑羌胡合二萬餘人掩擊破之吾斯等遂更屯聚攻沒城邑天子遣使責讓單于開以恩義令相招降單于本不豫謀乃脫帽避帳詣並謝罪並以病

徵五原太守陳龜代爲中郎將龜以單于不能制下吾斯等攻沒城邑單于雖不預謀然不能制下卽是不堪其任逼迫之單于及其弟左賢王皆自殺單于休利立十三年龜又欲徙單于近親於內郡而降者遂更狐疑龜坐下獄死陳龜逼迫單于及弟皆令自殺又欲徙其親近者遂致狐疑此則陳龜之由也大將軍梁商以羌胡新反黨衆初合難以兵服宜用招降乃上表曰匈奴寇畔自知罪極窮鳥困獸皆知救死況種類繁熾不可單盡單亦盡也猶書云謨謀孔安國曰謨亦謀也卽是古書之重語今轉運日增三軍疲苦虛內給外非中國之利竊見度遼將軍馬續素有謀謨且典邊日久深曉兵要每得續書與臣策合宜令續深溝高壁以恩信招降宣示購賞明其期約如此則醜類可服醜等也國家無事矣帝從之乃詔續招降畔虜商又移書續等曰中國安寧忘戰日久良騎野合交鋒接矢決勝當時戎狄之所長而中國之所短也強弩乘城堅營固守以待其衰中國之所長而戎狄之所短也若夫平原易地輕車突騎則匈奴之衆易撓亂也勁弩長戟射疏及遠則匈奴之弓不能格也堅甲利刃長短相雜游弩往來什伍俱前則匈奴之兵不能當也材官騶發矢道同的則匈奴之革笥木薦不能支也下馬地鬭劍戟相接去就相薄則匈奴之足不能給也此中國之長技也以此觀之匈奴之長技三中國之長技五並具朝錯三章之兵體因梁商論其長短故備錄之此乃兵家之要宜務先所長以觀其變設購開賞宣示反悔勿貪小功以亂大謀續及諸郡並各遵行於是右賢王部抑鞮等萬三千口詣續降秋句龍吾斯等立句龍王車紐爲單于東引烏桓西收羌戎及諸胡等數萬人攻破京兆虎牙營虎牙營卽京兆虎牙都尉也西羌傳云置虎牙都尉於長安扶風都尉於雍漢官儀曰涼州近羌數犯三輔京兆虎牙扶風都尉將兵衞護園陵也殺上郡都尉及軍司馬遂寇掠并涼幽冀四州乃徙西河治離石離石卽西河之屬縣也上郡治夏陽朔方治五原移朔方就五原郡冬遣中郎將張耽將幽州烏桓諸郡營兵擊畔虜車紐等戰於馬邑斬首三千級獲生口及兵器牛羊甚衆車紐等將諸豪帥骨都侯乞降而吾斯猶率其部曲與烏桓寇鈔六年春馬續率鮮卑五千騎到穀城擊之斬首數百級張耽性勇銳而善撫士卒軍中皆爲用命遂繩索相懸上通天山大破烏桓悉斬其渠帥還得漢民獲其畜生財物夏馬續復免以城門校尉吳武代爲將軍漢安元年順帝永和七年改爲漢安元年也秋吾斯與薁鞮臺耆且渠伯德等復掠幷部薁鞮或作薁鞬前書兩字通今依前書不改也呼蘭若尸逐就單于兜樓儲先在京師漢安二年立之天子臨軒大鴻臚持節拜授璽綬引上殿賜青蓋駕駟鼓車安車駙馬騎玉具刀劍什物玉具標首鐔衞盡用玉爲之給綵布二千匹賜單于閼氏以下金錦錯雜具軿車馬二乘遣行中郎將持節護送單于歸南庭詔太常大鴻臚與諸國侍子於廣陽

城門外廣陽洛陽城西面南頭門祖會饗賜作樂角抵百戲角抵之戲則魚龍爵馬之屬言兩兩相當亦角而爲抵對即今之鬭用古之角抵也○劉攽曰注今之鬭用案用當作角順帝幸胡桃宮臨觀之冬中郎將馬寔募刺殺句龍吾斯送首洛陽建康元年漢安三年改爲建康元年進擊餘黨斬首千二百級烏桓七十萬餘口皆詣寔降車重牛羊不可勝數單于兜樓儲立五年薨伊陵尸逐就單于居車兒建和元年立桓帝即位之年至永壽元年桓帝永興三年改爲永壽元年匈奴左薁鞬臺耆且渠伯德等復畔寇鈔美稷安定屬國都尉張奐擊破降之事已具奐傳延熹元年桓帝之年南單于諸部並畔遂與烏桓鮮卑寇緣邊九郡以張奐爲北中郎將討之單于諸部悉降奐以單于不能統理國事乃拘之上立左谷蠡王張奐上書請立左谷蠡王爲單于也桓帝詔曰春秋大居正春秋法五始之要故經曰元年春王正月言王者即位之年宜大開恩宥其居車兒即是桓帝即位之建和元年立自立以來一心向化宜寬宥之居車兒一心向化何罪而黜其遣還單于居車兒立二十五年薨子某立凡言某者史失其名故稱某以記之夷狄無字既無典謚故某者即是其名○劉攽曰注案此是兩說中間當有一說二字屠特若尸逐就單于某熹平元年立熹平靈帝之元年六年單于與中郎將臧旻出鴈門擊鮮卑檀石槐大敗而還是歲單于薨子呼徵立單于呼徵光和元年靈帝熹平七年改爲光和元年立二年中郎將張脩與單于不相能脩擅斬之更立右賢王羌渠爲單于脩以不先請而擅誅殺檻車徵詣廷尉抵罪前書注曰抵至也殺人者死張脩擅斬單于欲故至其罪也單于羌渠光和二年立中平四年靈帝光和七年改爲中平前中山太守張純反畔遂率鮮卑寇邊郡靈帝詔發南匈奴兵配幽州牧劉虞討之單于遣左賢王將騎詣幽州國人恐單于發兵無已五年右部醢落與休著各胡白馬銅等十餘萬人反攻殺單于單于羌渠立十年子右賢王於扶羅立於扶羅即是前趙劉元海之祖也其元海爲亂晉之首持至尸逐侯單于於扶羅中平五年立國人殺其父者遂畔共立須卜骨都侯爲單于而於扶羅詣闕自訟會靈帝崩天下大亂單于將數千騎與白波賊合兵寇河內諸郡時民皆保聚鈔掠無利而兵遂挫傷復欲歸國國人不受乃止河東遂止河東平陽也須卜骨都侯爲單于一年而死南庭遂虛其位以老王行國事單于於扶羅立七年死弟呼廚泉立於扶羅即劉元海之祖呼廚泉即元海之叔祖單于呼廚泉興平二年獻帝初平五年改爲興平元年○劉攽曰案下文立字當屬此句立以兄被逐不得歸國數爲鮮卑所鈔建安元年帝自長安東歸右賢王去卑與白波賊帥韓暹等侍衛天子拒擊李傕郭汜及車駕還洛陽又徙遷許然後歸國謂歸河東平陽也二十一年單于來朝曹操因留於鄴留呼廚泉於鄴而遣去卑歸平陽監其五部國而遣去卑歸監其國焉

論曰漢初遭冒頓凶黠種衆强熾高祖威加四海而窘平城之圍前書云高祖自將兵三十二萬擊韓王信先至平城冒頓縱兵三十萬騎圍帝於白登七日漢兵中外不得相救餉故歌曰平城之事甚大苦七日不食不能彎弓弩得陳平秘計然後得免也太宗政鄰刑措不雪憤辱之恥前書贊曰斷獄四百幾致刑措幾近也今言政鄰刑措鄰亦近也逮孝武亟興邊略有志匈奴赫然命將戎旗星屬如衆星之相連屬言其多候列郊甸火通甘泉列置候兵於近郊畿天子在甘泉宮而烽火時到甘泉宮也而猶鳴鏑揚塵出入畿內鳴鏑即匈奴之箭也謂匈奴白羊樓煩王在河南去京師一千餘里古者王畿千里言匈奴寇邊即出入畿內世宗逐樓煩白羊始得河南之地以爲朔方今夏州是也按夏州去京師一千二百里至於窮竭武力單用天財單盡也言盡用天下之財歷紀歲以攘之寇雖頗折而漢之疲耗略相當矣漢武好征戶口減半即是死亡與殺匈奴相當也宣帝値虜庭分爭呼韓邪來臣乃權納懷柔因爲邊衛虜庭分爭謂五單于國呼韓邪遂來臣服因請款關承爲邊衛前書云日逐王薄胥堂爲屠耆單于呼揭王爲呼揭單于薁鞬王爲車犂單于烏藉都尉爲烏藉單于并呼韓邪凡五單于也罷關徼之儆息兵民之勞匈奴既降北庭不儆備勞者並得休息也龍駕帝服鳴鐘傳鼓於清渭之上案前書宣帝甘露二年正月呼韓邪朝甘泉宮漢寵以殊禮位在諸侯王上贊謁者稱臣而不名禮畢使者導單于宿長平上自甘泉宿池陽宮詔單于毋謁左右當戶及羣臣皆列觀及諸蠻夷君長王侯數萬人咸迎於渭橋下夾道陳上登渭橋咸稱萬歲○劉攽曰注贊謁者案文多一者字南面而朝單于朔方無復匹馬之蹤匈奴既降朔方易水之地更無匈奴匹馬之蹤也六十餘年矣後王莽陵篡擾動戎夷自宣帝甘露二年至平帝末年北邊無匈奴之警王莽陵篡之後狼心復生前書贊曰三世稱賓於漢庭是時邊城晏閉牛馬布野三世無犬吠之警黎庶忘干戈之役後六十餘歲之間遭王莽篡位始開邊隙三世謂元帝成帝各爲一世哀平二帝皆元帝之孫共爲一世故三世也王莽篡政始開邊隙也續以更始之亂方夏幅裂更始無道擾亂方內諸夏如布帛之裂也自是匈奴得志狼心復生乘間侵佚害流傍境及中興之初更通舊好及光武中興更通宣元之舊好報命連屬金幣載道報命相屬言其往來不絕金帛常載於道言其賞遺常行而單于驕踞益橫內暴滋深世祖二年令中郎將韓統報命賂遺金帛以通舊好而單于驕踞自比冒頓對使者辭語悖慢也世祖以用事諸華未遑沙塞之外遑暇也恐愧思難徒報謝而已雖得驕踞悖慢之詞而恐其羞愧思其患難但以善言報謝而已徒但也因徙幽并之民增邊屯之卒徙幽并之人增益邊屯之戍卒及關東稍定隴蜀已清其猛夫扞將莫不頓足攘手爭言衛霍之事爭言衛青霍去病世宗之代北伐匈奴之事也帝方厭兵間修文政未之許也帝厭其用兵欲修文政未許猛夫扞將之事其後匈奴爭立日逐來奔願修呼韓之好以禦北狄之衝比季父單于輿以比爲右薁鞬日逐王日逐即南匈奴單于比也奉藩稱臣永爲外扞天子總攬羣策和而納焉總攬羣臣之策善均從衆與之和同而納其降款也乃詔有司開北鄙擇肥美之地量水草以處之馳中郎之使盡法度以臨之制衣裳備文物加璽紱之綬正單于之名於是匈奴分破始有南北二庭焉讎釁既深互伺便隙控弦抗戈覘望風塵雲屯烏散更相馳突至於陷潰創傷者靡歲或寧而漢之塞地晏然矣由南北二庭自相馳突而漢之塞地晏然無事矣後亦頗爲出師并兵窮討命竇憲耿夔之徒前後並進皆用果譎設奇數異道同會究掩其窟穴躡北追奔單走北也三千餘里北虜烏孫遂奔漢北乃空其地三千餘里也遂破龍祠焚罽幕阬十角梏閼氏械在手曰梏音古督反銘功封石倡呼而還爲勒石立銘於燕然山猶前書霍去病登臨瀚海封狼居胥山也單于震懾屏氣蒙氈遁走於烏孫之地而漢北空矣漢北既空宜即遷南虜以居之若因其時埶及其虛曠還南虜於陰山歸河西於內地河西虜衆居之于時遂爲邊境若還南虜於陰山即爲內地也上申光武權宜之略下防戎羯亂華之變戎羯之亂興於永嘉之年績勒燕然乃居永元之歲中人以上始可貢其將來竇憲庸才寧可責其謀慮使耿國之筭不謬於當世建武二十四年八部大人共立比爲呼韓邪單于款五原塞願永爲藩蔽扞禦北方帝用五官中郎將耿國議乃許之也袁安之議見從於後王竇憲欲立北單于安議不許也平易正直若此其弘也若從耿國袁安之議即言平易正直之道如此之弘遠也而竇憲矜三捷之效忽經世之規狼戾不端專行威惠三捷言勝也自矜功伐專行威惠爲臣不忠即其人也又章和二年竇太后臨朝單于屯屠何上言宜及北虜分爭出兵討伐破北成南并爲一國令漢家長無北念既威北邊即宜撫成南部更請存立其何感者遂復更立北虜反其故庭永元三年將軍竇憲上書請立於除鞬爲北單于朝廷從之四年即授璽綬方欲輔歸北庭會竇憲被誅五年於除鞬自畔還北帝遣將兵長史王輔誘誅之並恩兩護以私已福棄蔑天公言竇憲斬日逐刑石紀功即宜減其北庭以資南部重存亂緒滋生孽栽南北俱存即是並恩兩護以私已福乃招其禍斯則棄蔑天公之事也天公謂天子也前書云老禿翁何爲首鼠兩端禿翁即天翁也高祖云幾敗乃公事乃公即汝公也悖史直筆將復存其質言也坐樹大鯁永言前載何恨憤之深乎由竇憲請立北庭遂使匈奴滋蔓即是坐樹大鯁永言前事深可恨哉載事也自後經綸失方畔服不一其爲疢毒胡可單言單盡也單與殫同也降及後世翫爲常俗終於吞噬神鄉丘墟帝宅嗚呼千里之差興自毫端失得之原百世不磨矣既勒燕然之後若復南虜於漢北引侍子於京師混并匈奴之區使得專爲一部則荒服無忿爭之跡邊服息征伐之勤此之不行遂爲巨蠹自單于比入居西河美稷之後種類繁昌難以驅逼魏武雖分其衆爲五部然大率皆居晉陽暨乎左賢王豹之子劉元海假稱天號縱盜中原吞噬神鄉丘墟帝宅愍懷二帝沈沒虜庭差之毫端一至於此百代無滅誠可痛心也

贊曰匈奴既分謂分爲南北庭也羽書稀聞徵書有急即插鳥羽其上也野心難悔終亦紛紜紛紜之事具如上解

劉攽曰章懷注書時分與諸臣此卷不知誰値之最爲淺陋不與前同亦疑其將終篇故特草草耳後之讀者將以爲傳寫之誤聊記之云

後漢書卷一百十九考證

南匈奴傳以征西大將軍耿秉行度遼將軍事劉攽曰按秉傳眞爲度遼行當作爲○何焯曰下文云鄧遵始眞爲度遼則耿秉耿夔傳言拜者皆行度遼事行不當作爲

單于每龍會議事○何焯曰龍下當有庭字

棄蔑天公注天公謂天子也○何焯曰李云天公弟謂天子猶大公耳困學紀聞云劉貢父東漢刊誤謂列傳第七十九注最淺陋今觀注引前書謂禿翁即天公其謬甚矣

後漢書卷一百二十

宋　宣　城　太　守　范　曄　撰

唐　章　懷　太　子　賢　注

烏桓鮮卑列傳第八十

烏桓

烏桓者本東胡也漢初匈奴冒頓滅其國餘類保烏桓山因以爲號焉俗善騎射弋獵禽獸爲事隨水草放牧居無常處以穹廬爲舍東開向日食肉飲酪以毛毳爲衣鄭玄注周禮曰毛之細者爲毳也貴少而賤老其性悍塞說文曰悍勇也塞謂不通怒則殺父兄而終不害其母以母有族類父兄無相仇報故也有勇健能理決鬬訟者推爲大人無世業相繼邑落各有小帥數百千落自爲一部大人有所召呼則刻木爲信雖無文字而部衆不敢違犯氏姓無常以大人健者名字爲姓大人以下各自畜牧營產不相徭役其嫁娶則先略女通情杜預注左傳曰不以道取爲略或半歲百日然後送牛馬羊畜以爲聘幣壻隨妻還家妻家無尊卑旦旦拜之而不拜其父母爲妻家僕役一二年間妻家乃厚遣送女居處財物一皆爲辦其俗妻後母報寡嫂死則歸其故夫計謀從用婦人唯鬬戰之事乃自決之父子男女相對踞蹲以髡頭爲輕便婦人至嫁時乃養髮分爲髻著句決飾以金碧猶中國有簂步搖簂音吉悔反字或爲幗婦人首飾也續漢輿服志曰公卿列侯夫人紺繒幗釋名云皇后首飾上有垂珠步則搖之婦人能刺韋作文繡織氀毼廣雅曰氀毼罽也氀音力于反毼音胡達反男子能作弓矢鞍勒勒馬銜也鍛金鐵爲兵器其土地宜穄及東牆東牆似蓬草實如穄子至十月而熟見鳥獸孕乳以別四節俗貴兵死斂屍以棺有哭泣之哀至葬則歌舞相送肥養一犬以彩繩纓牽并取死者所乘馬衣物皆燒而送之言以屬累犬屬累乃託付也屬音之欲反累音力瑞反使護死者神靈歸赤山赤山在遼東西北數千里如中國人死者魂神歸岱山也博物志太山天帝孫也主召人魂東方萬物始故知人生命敬鬼神祠

天地日月星辰山川及先大人有健名者祠用牛羊畢皆燒之其約法違大人言者罪至死若相賊殺者令部落自相報不止詣大人告之聽出馬牛羊以贖死其自殺父兄則無罪若亡畔爲大人所捕者邑落不得受之皆徙逐於雍狂之地沙漠之中其土多蝮蛇在丁令西南烏孫東北焉（前書音義曰丁令匈奴別種也令音零）烏桓自爲冒頓所破衆遂孤弱常臣伏匈奴歲輸牛馬羊皮過時不具輒沒其妻子及武帝遣驃騎將軍霍去病擊破匈奴左地因徙烏桓於上谷漁陽右北平遼東五郡塞外爲漢偵察匈奴動靜（偵視也音丑政反）其大人歲一朝見於是始置護烏桓校尉秩二千石擁節監領之使不得與匈奴交通昭帝時烏桓漸彊乃發匈奴單于冢墓以報冒頓之怨匈奴大怒乃東擊破烏桓大將軍霍光聞之因遣度遼將軍范明友將二萬騎出遼東邀匈奴而虜已引去明友乘烏桓新敗遂進擊之斬首六千餘級獲其三王首而還由是烏桓復寇幽州明友輒破之宣帝時乃稍保塞降附及王莽篡位欲擊匈奴興十二部軍使東域將嚴尤領烏桓丁令兵屯代郡皆質其妻子於郡縣烏桓不便水土懼久屯不休數求謁去莽不肯遣遂自亡畔還爲抄盜而諸郡盡殺其質由是結怨於莽匈奴因誘其豪帥以爲吏餘者皆羈縻屬之光武初烏桓與匈奴連兵爲寇代郡以東尤被其害居止近塞朝發穹廬暮至城郭五郡民庶家受其辜至於郡縣損壞百姓流亡其在上谷塞外白山者最爲強富建武二十一年遣伏波將軍馬援將三千騎出五院關掩擊之（關在代郡）烏桓逆知悉相率逃走追斬百級而還烏桓復尾擊援後援遂晨夜奔歸比入塞馬死者千餘匹二十二年匈奴國亂烏桓承弱擊破之匈奴轉北徙數千里漢南地空帝乃以幣帛賂烏桓二十五年遼西烏桓大人郝旦等九百二十二人率衆向化詣闕朝貢獻奴婢牛馬及弓虎豹貂皮是時四夷朝賀絡驛而至天子乃命大會勞饗賜以珍寶烏桓或願留宿衞於是封其渠帥爲侯王君長者八十一人皆居塞內布於緣邊諸郡令招來種人給其衣食遂爲漢偵候助擊匈奴鮮卑時司徒掾班彪上言烏桓天性輕黠好爲寇賊若久放縱而無總領者必復侵掠居人但委主降掾史（蓋當時權置也下兵馬掾亦同也）恐非所能制臣愚以爲宜復置烏桓校尉誠有益於附集省國家之邊慮帝從之於是始復置校尉於上谷甯城（甯城縣名）（前書甯縣作寧史記甯亦作寧寧甯兩字通也）開營府并領鮮卑賞賜質子歲時互市焉及明章和三世皆保塞無事安帝永初三

年夏漁陽烏桓與右北平胡千餘寇代郡上谷秋鴈門烏桓率衆王無何允（劉攽曰案魏志名無何而已無允字此下文降時亦無之緣下有乞字遂此誤有允也）與鮮卑大人丘倫等及南匈奴骨都侯合七千騎寇五原與太守戰於九原高渠谷（九原縣名屬五原郡）漢兵大敗殺郡長吏乃遣車騎將軍何熙度遼將軍梁慬等擊大破之無何乞降鮮卑走還塞外是後烏桓稍復親附拜其大人戎朱廆爲漢都尉（廆音胡罪反）順帝陽嘉四年冬烏桓寇雲中遮截道上商賈車牛千餘兩度遼將軍耿曄率二千餘人追擊不利又戰於沙南斬首五百級（沙南縣屬雲中郡有蘭池城）烏桓遂圍曄於蘭池城於是發積射士二千人度遼營千人配上郡屯以討烏桓烏桓乃退永和五年烏桓大人阿堅羌渠等與南匈奴左部句龍吾斯反畔中郎將張耽擊破斬之餘衆悉降桓帝永壽中朔方烏桓與休著屠各並畔中郎將張奐擊平之延熹九年夏烏桓復與鮮卑及南匈奴鮮卑寇緣邊九郡俱反張奐討之皆出塞去靈帝初烏桓大人上谷有難樓者九千餘落遼西有丘力居者衆五千餘落皆自稱王又遼東蘇僕延衆千餘落自稱峭王（峭音七笑反）右北平烏延衆八百餘落自稱汗魯王並勇健而多計策中平四年前中山太守張純畔入丘力居衆中自號彌天安定王遂爲諸郡烏桓元帥寇掠青徐幽冀四州五年以劉虞爲幽州牧虞購募斬純首北州乃定獻帝初平中丘力居死子樓班年少從子蹋頓有武略代立（蹋音大蠟反）總攝三郡衆皆從其號令建安初冀州牧袁紹與前將軍公孫瓚相持不決蹋頓遣使詣紹求和親遂遣兵助擊瓚破之紹矯制賜蹋頓難樓蘇僕延烏延等皆以單于印綬後難樓蘇僕延率其部衆奉樓班爲單于蹋頓爲王然蹋頓猶秉計策廣陽人閻柔少沒烏桓鮮卑中爲其種人所歸信柔乃因鮮卑衆殺烏桓校尉邢舉而代之袁紹因寵慰柔以安北邊及紹子尚敗奔蹋頓時幽冀吏人奔烏桓者十萬餘戶尚欲憑其兵力復圖中國會曹操平河北閻柔率鮮卑烏桓歸附操即以柔爲校尉建安十二年曹操自征烏桓大破蹋頓於柳城斬之首虜二十餘萬人袁尚與樓班烏延等皆走遼東遼東太守公孫康並斬送之其餘衆萬餘落悉徙居中國云

鮮卑

鮮卑者亦東胡之支也別依鮮卑山故因號焉其言語習俗與烏桓同唯婚姻先髡頭以季春月大會於饒樂水上（水在今營州北）飲讌畢然後配合又禽獸異於中國者野馬原羊角端牛以角爲弓俗謂之角端弓者（郭璞注爾雅曰原羊似吳羊而大角出西方前書音義曰角端似牛角可爲弓）又有貂豽鼲子皮毛柔蠕（豽音女滑反鼲音胡昆反貂鼲並鼠屬豽猴屬也）故天下以爲名裘漢初亦爲冒頓所破遠竄遼東塞外與烏桓相接未常通中國焉光武初匈奴強盛率鮮卑與烏桓寇抄北邊殺略吏人無有寧歲建武二十一年鮮卑與匈奴入遼東太守祭肜擊破之斬獲殆盡事已具肜傳由是震怖及南單于附漢北虜孤弱二十五年鮮卑始通驛使（劉攽曰案驛當作譯見上）其後都護偏何等詣祭肜求自效功因令擊北匈奴左伊育訾部斬首二千餘級其後偏何連歲出兵擊北虜還輒持首級詣遼東受賞賜三十年鮮卑大人於仇賁滿頭等率種人詣闕朝賀慕義內屬帝封於仇賁爲王滿頭爲侯時漁陽赤山烏桓歆志賁等數寇上谷永平元年祭肜復賂偏何擊歆志賁破斬之於是鮮卑大人皆來歸附並詣遼東受賞賜青徐二州給錢歲二億七千萬爲常明章二世保塞無事和帝永元中大將軍竇憲遣右校尉耿夔擊破匈奴北單于逃走鮮卑因此轉徙據其地匈奴餘種留者尚有十餘萬落皆自號鮮卑鮮卑由此漸盛九年遼東鮮卑攻肥如縣（肥如縣故城在今平州也）太守祭參坐沮敗下獄死十三年遼東鮮卑寇右北平因入漁陽漁陽太守擊破之延平元年鮮卑復寇漁陽太守張顯率數百人出塞追之兵馬掾嚴授諫曰前道險阻賊埶難量宜且結營先令輕騎偵視之顯意甚銳怒欲斬之因復進兵遇虜伏發士卒悉走唯授力戰身被十創手殺數人而死顯中流矢主簿衞福功曹徐咸皆自投赴顯俱歿陣鄧太后策書褒歎賜顯錢六十萬以家二人爲郎授福咸各錢十萬除一子爲郎安帝永初中鮮卑大人燕荔陽詣闕朝賀鄧太后賜燕荔陽王印綬赤車參駕令止烏桓校尉所居甯城下通胡市因築南北兩部質館（築館以受降質）鮮卑邑落百二十部各遣入質是後或降或畔與匈奴烏桓更相攻擊元初二年秋遼東鮮卑圍無慮縣（無慮縣屬遼東郡也）州郡合兵固保清野鮮卑無所得（清野謂收斂積聚不令寇得之也）復攻扶黎營殺長吏（扶黎縣屬遼東屬國故城在今營州東南）四年遼西鮮卑連休等遂燒塞門寇百姓烏桓大人於秩居等與連休有宿怨共郡兵奔擊大破之斬首千三百級悉獲其生口牛馬財物五年秋代郡鮮卑萬餘騎遂穿塞入寇分攻城邑燒官寺殺長吏而去乃發緣邊甲卒黎陽營兵屯上谷以備之冬鮮卑入上谷攻居庸關復發緣邊諸郡黎陽營兵積射士步騎二萬人屯列衝要六年秋鮮卑入馬城塞殺長吏（馬城縣名屬代郡也）度遼將軍鄧遵發積射士三千人及中郎將馬續率南單于與遼西右北平兵馬會出塞追擊鮮卑大破之獲生口及牛羊財物甚衆又發積射士三千人馬三千匹詣度遼營屯守永寧元年遼西鮮卑大人烏倫其至鞬率衆詣鄧遵降奉貢獻詔封烏倫爲率衆王其至鞬爲率衆侯賜綵繒各有差建光元年秋其至鞬復畔寇居庸雲中太守成嚴擊之兵敗散功曹楊穆以身捍嚴與俱戰歿鮮卑於是圍烏桓校尉徐常於馬城度遼將軍耿夔與幽州刺史龐參發廣陽漁陽涿郡甲卒分爲兩道救之常夜得潛出與夔等并力並進攻賊圍解之鮮卑既累殺郡守膽意轉盛控弦數萬騎延光元年冬復寇鴈門定襄遂攻太原掠殺百姓二年冬其至鞬自將萬餘騎入東領候分爲數道攻南匈奴於曼柏（縣名屬五原郡也）薁鞬日逐王戰死殺千餘人三年秋復寇高柳擊破南匈奴殺漸將王順帝永建元年秋鮮卑其至鞬寇代郡太守李超戰死明年春中郎將張國遣從事將南單于兵步騎萬餘人出塞擊破之獲其資重二千餘種時遼東鮮卑六千餘騎亦寇遼東玄菟烏桓校尉耿曄發緣邊諸郡兵及烏桓率衆王出塞擊之斬首數百級大獲其生口牛羊財物鮮卑乃率種衆三萬人詣遼東乞降三年四年鮮卑頻寇漁陽朔方六年秋耿曄遣司馬將胡兵數千人出塞擊破之冬漁陽太守又遣烏桓兵擊之斬首八百級獲牛馬生口烏桓豪人扶漱官勇健（漱音所救反）每與鮮卑戰輒陷敵詔賜號率衆君陽嘉元年冬耿曄遣烏桓親漢都尉戎朱廆率衆王侯咄歸等（劉攽曰案魏志此衆字作將字言率將胡王等出塞後乃封爲率衆王侯長也）出塞抄擊鮮卑大斬獲而還賜咄歸等已下爲率衆王侯長賜綵繒各有差鮮卑後寇遼東屬國於是曄乃移屯遼東無慮城拒之二年春匈奴中郎將趙稠遣從事將南匈奴骨都侯夫沈等出塞擊鮮卑破之斬獲甚衆詔賜夫沈金印紫綬及縑綵各有差秋鮮卑穿塞入馬城代郡太守擊之不能克後其至鞬死鮮卑抄盜差稀桓帝時鮮卑檀石槐者其父投鹿侯初從匈奴軍三年其妻在家生子投鹿侯歸怪欲殺之妻言嘗晝行聞雷震仰天視而雹入其口因吞之遂妊身十月而產此子必有奇異且宜長視投鹿侯不聽遂棄之妻私語家令收養焉名檀石槐年十四五勇健有智略異部大人抄取其外家牛羊檀石槐單騎追擊之所向無前悉還得所亡者由是部落畏服乃施法禁平曲直無敢犯者遂推以爲大人檀石槐乃立庭於彈汗山歠仇水上（歠音昌悅反）去

爲柳北三百餘里兵馬甚盛東西部大人皆歸焉因南抄緣邊北拒丁零東卻夫餘西擊烏孫盡據匈奴故地東西萬四千餘里網羅山川水澤鹽池永壽二年秋檀石槐遂將三四千騎寇雲中延熹元年鮮卑寇北邊冬使匈奴中郎將張奐率南單于出塞擊之斬首二百級二年復入鴈門殺數百人大抄掠而去六年夏千餘騎寇遼東屬國九年夏遂分騎數萬人入緣邊九郡並殺掠吏人於是復遣張奐擊之鮮卑乃出塞去朝廷積患之而不能制遂遣使持印綬封檀石槐爲王欲與和親檀石槐不肯受而寇抄滋甚乃自分其地爲三部從右北平東至遼東接夫餘濊貊二十餘邑爲東部從右北平以西至上谷十餘邑爲中部從上谷以西至敦煌烏孫二十餘邑爲西部各置大人主領之皆屬檀石槐靈帝立幽并涼三州緣邊諸部無歲不被鮮卑寇抄殺略不可勝數熹平三年冬鮮卑入北地太守夏育率休著屠各追擊破之遷育爲護烏桓校尉五年鮮卑寇幽州六年夏鮮卑寇三邊秋夏育上言鮮卑寇邊自春以來三十餘發請徵幽州諸郡兵出塞擊之一冬二春必能禽滅朝廷未許先是護羌校尉田晏坐事論刑被原欲立功自效乃請中常侍王甫求得爲將甫因此議遣兵與育并力討賊帝乃拜晏爲破鮮卑中郎將大臣多有不同乃召百官議朝堂議郎蔡邕議曰書戒猾夏湯伐鬼方尚書舜典曰蠻夷猾夏寇賊姦宄猾亂也易既濟九三爻辭曰高宗伐鬼方三年而克之前書淮南王安曰鬼方小蠻夷也音義曰鬼方遠方也周有獫狁蠻荆之師詩小雅曰顯允方叔征伐獫狁蠻荆來威漢有闐顏瀚海之事武帝使大將軍衛青擊匈奴至闐顏山斬首萬餘級使霍去病擊匈奴封狼居胥山登臨瀚海也征討殊類所由尚矣然而時有同異埶有可否故謀有得失事有成敗不可齊也武帝情存遠略志闢四方南誅百越北討強胡西伐大宛東并朝鮮因文景之蓄藉天下之饒數十年間官民俱匱乃興鹽鐵酒榷之利設告緡重稅之令武帝使東郭咸陽等領天下鹽鐵敢私鑄錢實鹽者鈦左趾榷事也官自賣酒人不得賣也又算緡錢率緡錢二千而算一令各以其物自占不悉藏人告緡以半與之音義曰緡絲也用以貫錢故曰緡錢一算百二十也民不堪命起爲盜賊關東紛擾道路不通武帝天漢二年泰山琅邪羣盜徐勃等阻山攻城道路不通繡衣直指之使奮鈇鉞而並出武帝使直指使者暴勝之等衣繡杖斧分道逐捕也既而覺悟乃息兵罷役封丞相爲富人侯封丞相車千秋爲富人侯以明休息思富養人故主父偃曰夫務戰勝窮武事未有不悔者也武帝時齊相主父偃諫伐匈奴之辭夫以世宗神武將帥良猛財富充實○劉攽曰案富字當作賦所拓廣遠猶有悔焉況今人財並乏事劣昔時乎自匈奴遁逃鮮卑強盛據其故地稱兵十萬才力勁健意智益生加以關塞不嚴禁網多漏精金良鐵皆爲賊有漢人逋逃爲之謀主兵利馬疾過於匈奴昔段熲良將習兵善戰有事西羌猶十餘年今育晏才策未必過熲鮮卑種衆不弱于曩時而虛計二載自許有成若禍結兵連豈得中休當復徵發衆人轉運無已是爲耗竭諸夏并力蠻夷夫邊垂之患手足之蚧搔中國之困胷背之瘭疽蚧音介搔音新到反埤蒼曰瘭音必燒反杜預注左傳曰疽猶惡創也方今郡縣盜賊尚不能禁況此醜虜而可伏乎昔高祖忍平城之耻呂后棄慢書之詬詬耻也音許豆反方之於今何者爲甚天設山河秦築長城漢起塞垣所以別內外異殊俗也苟無蹙國內侮之患則可矣蹙國解見西域傳豈與蟲螘校寇計爭往來哉雖或破之豈可殄盡而方今本朝爲之旰食乎旰晚也左傳伍子胥曰楚君大夫其旰食乎○劉攽曰今本朝案文今當作令夫專勝者未必克挾疑者未必敗衆所謂危聖人不任朝議有嫌明主不行也昔淮南王安諫伐越曰天子之兵有征無戰言其莫敢校也校報也如使越人蒙死以逆執事廝輿之卒前書音義曰廝微也輿衆也有一不備而歸者雖得越王之首而猶爲大漢羞之而欲以齊民易醜虜皇威辱外夷就如其言猶已危矣況乎得失不可量邪昔珠崖郡反孝元皇帝納賈捐之言而下詔曰珠崖背畔今議者或曰可討或曰棄之朕日夜惟思羞威不行則欲誅之通於時變復憂萬民夫萬民之饑與遠蠻之不討何者爲大宗廟之祭凶年猶有不備況避不嫌之辱哉今關東大困無以相贍又當動兵非但勞民而已其罷珠崖郡此元帝所以發德音也夫恤民救急雖成郡列縣尚猶棄之況障塞之外未嘗爲民居者乎守邊之術李牧善其略史記李牧趙北邊良將也常居代鴈門備匈奴以便宜置吏市租不入幕府爲士卒費謹烽火邊燕失亡也保塞之論嚴尤申其要前書王莽發三十萬衆十道出擊匈奴莽將嚴尤諫曰匈奴爲害所從來久未聞上代有征之者也後世三家周秦漢征之然皆未有得上策者也周宣王時獫狁內侵至于涇陽命將出征之盡境而還是得中策武帝選將練兵深入遠戍兵連禍結三十餘年是爲下策秦始皇不忍小恥築長城之固以喪社稷是爲無策班固曰若乃征伐之功秦漢行事嚴尤論之當矣遺業猶在文章具存循二子之策守先帝之規臣曰可矣帝不從左傳曰楚大夫薳啓彊對楚靈王曰晉之事君臣曰可矣遂遣夏育出高柳田晏出雲中匈奴中郎將臧旻率南單于出鴈門各將萬騎三道出塞二千餘里檀石槐命三部大人各率衆逆戰育等大敗喪其節傳輜重各將數千騎奔還死者十七八三將檻車徵下獄贖爲庶人冬鮮卑寇遼西元和元年冬又寇酒泉緣邊莫不被毒種衆日多田畜射獵不足給食檀石槐乃自徇行見烏集秦水廣從數百里水停不流從音子用反其中有魚不能得之聞倭善網捕於是東擊倭人國得千餘家徙置秦水上令捕魚以助糧食光和中檀石槐死時年四十五子和連代立和連才力不及父亦數爲寇抄性貪淫斷法不平衆畔者半後出攻北地廉人善弩射者廉縣名屬北地郡射中和連即死其子騫曼年小兄子魁頭立後騫曼長大與魁頭爭國衆遂離散魁頭死弟步度根立自檀石槐後諸大人遂世相傳襲

論曰四夷之暴其埶互彊矣匈奴熾於隆漢西羌猛於中興而靈獻之閒二虜迭盛石槐驍猛盡有單于之地蹋頓凶桀公據遼西之土其陵跨中國結患生人者靡世而寧焉然制御上略歷世無聞周漢之策僅得中下將天之冥數以至於是乎

贊曰二虜首施鯁我北垂道暢則馴時薄先離

後漢書卷一百二十考證

鮮卑傳野馬原羊○何焯校本原改羱

時漁陽赤山烏桓歆志賁等○歆魏志注中作欽

湯伐鬼方○臣德潛按此又誤以高宗爲湯

各將數千騎奔還○數千通鑑作數十爲是

見烏集秦水廣從數百里○烏集魏志注中作烏侯

後漢書注補志序　梁剡令劉昭

臣昭曰昔司馬遷作史記爰建八書班固因廣是曰十志天人經緯帝政紘維區分源奧開廓著述創藏山之秘寶肇刊石之遐貫誠有繁於春秋亦自敏於改作至乎永平執簡東觀紀傳雖顯書志未聞推檢舊記先有地理張衡欲存炳發未有成功靈憲精遠天文已煥自蔡邕大弘鳴條寔多紹宣協妙元阜律曆以詳承洽伯始禮儀克舉郊廟社稷祭祀該明輪騑冠章車服贍列於是應譙纘其業董巴襲其軌司馬續書總爲八志律曆之篇仍乎洪邕所構車服之本即依董蔡所立儀祀得於往制百官就乎故簿並籍據前脩以濟一家者也王教之要國典之源粲然略備可得而知矣既接繼班書通其流貫體裁淵深雖難踰等序致膚約有傷懸越後之名史弗能罷意叔駿之書是謂十典矜緩殺青竟亦不成二子平業俱稱麗富華轍亂亡典則偕泯雅言邃義於是俱絕沈松因循尤解功創時改見句非更搜求加藝文以矯前棄流書品採自近錄初平永嘉圖籍焚喪塵消煙滅焉識其限借南晉之新虛爲東漢之故實是以學者亦無取焉范曄後漢良誠跨衆氏序或未周志遂全闕國史鴻曠須寄勤閑天才富博猶俟改具若草昧厥始無相憑據窮其身世少能已畢遷有承考之言固深資父之力太初以前班用馬史十志所因寔多往制升入校部出二十載續志昭表以助其間成父述者夫何易哉況曄思雜風塵心撓成毀弗克員就豈以茲乎夫辭潤婉贍可得起改覈求見事必應寫襲故序例所論備精與奪及語八志頗褒其美雖出拔前羣歸相沿也又尋本書當作禮樂志其天文五行百官車服爲名則同此外諸篇不著紀傳律曆郡國必依往式曄遺書自序應徧作諸志前漢有者悉欲備製卷中發論以正得失書雖未明其大旨也曾臺雲構所缺過乎榱桷爲山霞高不終踰乎一簣鬱絕斯作吁可痛哉徒懷纘緝理慙鉤遠迺借舊志注以補之狹見寡陋匪同博遠及其所值微得論列分爲三十卷以合范史求於齊工執曰文類比茲闕恨庶賢乎已昔褚先生補子長之削少馬氏接孟堅之不畢相成之義古有之矣引彼先志又何猜焉而歲代逾邈立言湮散義存廣求一隅未覩兼鍾律之妙素揖校讎參曆筭之微有慙證辯星候祕阻圖緯藏嚴是須甄明每用疑略時或有見頗邀傍遇非覽正部事乖詳密令行禁止此書外絕其有琉漏諒不足誚

景祐元年九月祕書丞余靖上言國子監所印兩漢書文字舛譌恐誤後學臣謹參括衆本旁據他書列而辯之望行刊正詔送翰林學士張觀等詳定聞奏又命國子監直講王洙與靖偕赴崇文院讎對謹按後漢明帝詔班固陳宗尹敏孟冀作世祖本紀及建武時功臣列傳後有劉珍李充雜作建武已後至永初間紀傳又命伏無忌黃景作諸王王子恩澤侯并單于西羌地理志又邊韶崔寔朱穆曹壽作皇后外戚傳百官表及順帝功臣傳成一百一十四篇號曰漢紀嘉平中馬日磾蔡邕楊彪盧植續爲東觀漢紀吳武陵太守謝承作漢書一百三十卷晉散騎常侍薛瑩作後漢紀一百卷泰始中祕書丞司馬彪始取衆說首光武至孝獻作續漢書又散騎常侍華嶠刪定東觀記爲漢後書九十七篇祠部郎謝沈作後漢書一百二十二卷祕書監袁山松作一百卷至宋宣城太守范曄益集諸家作十紀十志八十列傳凡百篇十志未成曄被誅至梁世有剡令劉昭者補成之唐章懷太子賢詔集當時學者右庶子張太安洗馬劉訥言洛州司戶參軍革希玄學士許叔牙成玄一史藏諸周寶寧等同註范曄後漢書儀鳳初上之詔付祕書省傳之至今靖洙悉取館閣諸本參校二年

九月校畢凡增五百一十二字損一百四十三字改正四百一十一字

原任詹事臣浩謹言按范氏後漢書隋志云九十七卷唐志云九十二卷論贊五卷今論贊附於紀傳共九十卷蓋自唐章懷作注付秘書省傳之至今其篇第如此唐志又云賢注後漢書一百卷以紀傳中分上下卷者凡十也劉昭注補志三十卷陳振孫云本別爲一書至乾興初孫奭建議校勘補亡借圖館閣書目乃直以爲百二十卷今考經籍志云後漢書一百二十五卷范氏本劉昭注則志之合於書亦不自奭始矣晁以道謂范書創爲后紀及采風俗通抱朴子詭譎事失史之體按呂后有紀見於前書不可謂創何焯云東京諸后臨朝者六范書自合史家之變未可議也王喬左慈附見於方術原未予立傳又何譏焉陳氏又云劉昭所注乃司馬彪續漢書之八志今考章懷注所引續漢書文多與志同其言足信然先范氏而有作者若劉珍之東觀記謝承薛瑩華嶠謝沈袁山松諸家之書張瑩之漢南記今無一存者而彪書之志以附於漢書而傳非其幸歟范氏既未嘗爲序卷目皆後人所定一志而分爲數帙一傳而並列數人皆非史氏之舊馬班可作當不謂然然作者便於編輯讀者便於檢稽不啻爲晉宋以後史書導之先路矣茲奉
勅校勘監本漶漫剝落有他本可據者釐而正之疑不可考者仍之刊誤諸家在景祐以前者間爲補綴自吳仁傑刊誤補遺而下有前人所未及發者亦分別采輯以備參考刊刻既竣臣浩復與同事諸臣詳審校勘錄爲後漢書考證若干條汲深而後知綆之短掃迅而後知葉之多爲悚爲慚罔知所措臣謹識

原任詹事臣陳浩庶子臣朱良裘侍讀臣齊召南洗馬臣陸宗楷編修臣孫人龍原任編修臣杭世駿檢討臣萬松齡恩貢生臣曾尚渭等奉
勅恭校刊

三國志

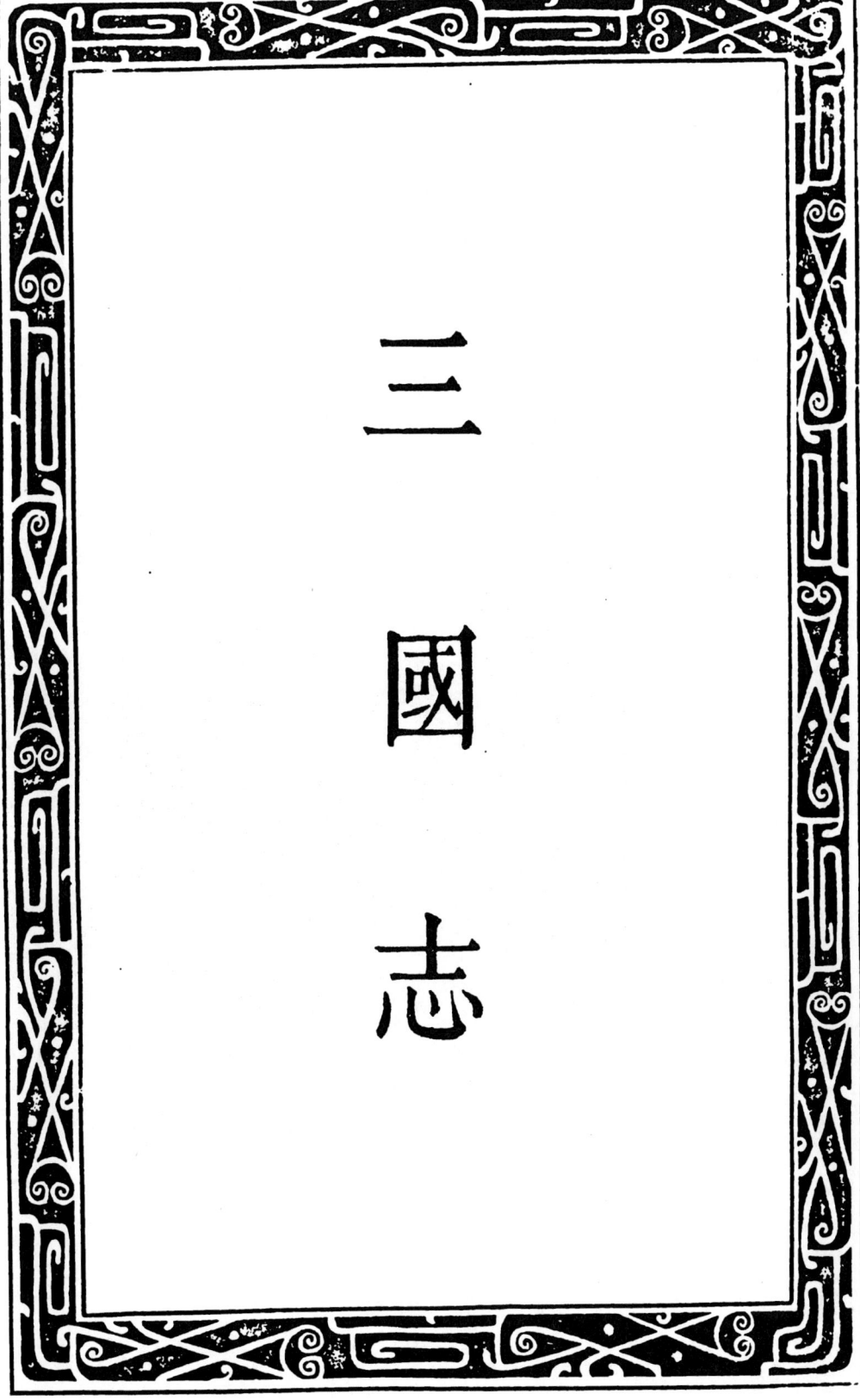

上三國志注表

臣松之言臣聞智周則萬理自賓鑒遠則物無遺照雖盡性窮微深不可識至於緒餘所寄則必接乎麤迹是以體備之量猶曰好察邇言畜德之厚在於多識往行伏惟陛下道該淵極神超妙物暉光日新郁哉彌盛雖一貫墳典怡心玄賾猶復降懷近代博觀興廢將以總括前蹤貽誨來世臣前被詔使采三國異同以注陳壽國志壽書銓敘可觀事多審正誠遊覽之苑囿近世之嘉史然失在于畧時有所脫漏臣奉旨尋詳務在周悉上搜舊聞傍摭遺逸按三國雖歷年不遠而事關漢晉首尾所涉出入百載注記分錯每多舛互其壽所不載事宜存錄者則罔不畢取以補其闕或同說一事而辭有乖雜或出事本異疑不能判並皆抄內以備異聞若乃紕繆顯然言不附理則隨違矯正以懲其妄其時事當否及壽之小失頗以愚意有所論辯自就撰集已垂期月寫校始訖謹封上呈竊惟績事以衆色成文蜜蠭以兼采爲味故能使絢素有章甘踰本質臣寔頑乏顧慙二物雖自罄勵分絕藻績既謝淮南食時之敏又微狂簡斐然之作淹留無成祇穢翰墨不足以上酬聖旨少塞愆責愧懼之深若墜淵谷謹拜表以聞隨用流汗臣松之誠惶誠恐頓首頓首死罪謹言

元嘉六年七月二十四日中書侍郎西鄉侯臣裴松之上

三國志目錄

魏書

蜀書

先主子永　先主子理
後主太子璿
三十五卷
諸葛亮 子喬 瞻 董厥 樊建
三十六卷
關羽　張飛
馬超　黃忠
趙雲
三十七卷
龐統　法正
三十八卷
許靖　麋竺
孫乾　簡雍
伊籍　秦宓
三十九卷
董和　劉巴
馬良 弟謖　陳震
董允 陳祗 黃皓　呂乂
四十卷
劉封　彭羕
廖立　李嚴
劉琰　魏延
楊儀
四十一卷
霍峻　王連
向朗 兄子寵　張裔
楊洪　費詩
四十二卷
杜微　周羣 張裕
杜瓊　許慈
孟光　來敏
尹默　李譔
譙周　郤正
四十三卷
黃權　李恢
呂凱　馬忠
王平　張嶷
四十四卷
蔣琬 子斌 劉敏 斌弟顯　費禕
姜維

四十五卷
鄧芝　張翼
宗預 廖化　楊戲 王嗣 衞繼 常播
吳書
四十六卷
孫堅　孫策
四十七卷
吳主權
四十八卷 三嗣主
孫亮　孫休
孫晧
四十九卷
劉繇 子基　太史慈
士燮 子徽 燮弟壹 䵋 匡
五十卷 妃嬪
孫破虜吳夫人 夫人弟景　吳主權謝夫人
吳主權徐夫人 祖父真 真子琨　吳主權步夫人
吳主權王夫人　吳主權王夫人
吳主權潘夫人　孫亮全夫人
孫休朱夫人　孫和何姬
孫晧滕夫人
五十一卷 宗室
孫靜 子瑜 皎 奐　孫賁 子鄰
孫輔　孫翊
孫匡　孫韶
孫桓
五十二卷
張昭 子承 休 弟子奮　顧雍 子邵 承 邵子譚
諸葛瑾 少子融　步騭 少子闡
五十三卷
張紘 子玄 玄子尚　嚴畯 裴玄
程秉 徵崇　闞澤 唐固
薛綜 子珝 瑩
五十四卷
周瑜　魯肅
呂蒙
五十五卷
程普　黃蓋
韓當　蔣欽
周泰　陳武 子表

董襲　甘寧
凌統　徐盛
潘璋　丁奉
五十六卷
朱治　朱然 子績
呂範 子據　朱桓 子異
五十七卷
虞翻 子汜 忠 聳 昺　陸績
張溫　駱統
陸瑁　吾粲
朱據
五十八卷
陸遜 子抗
五十九卷 吳主五子
孫登　孫慮
孫和　孫霸
孫奮
六十卷
賀齊　全琮
呂岱　周魴
鍾離牧
六十一卷
潘濬　陸凱 弟胤
六十二卷
是儀　胡綜 徐詳
六十三卷
吳範　劉惇
趙達
六十四卷
諸葛恪　滕胤
孫峻 留贊　孫綝
濮陽興
六十五卷
王蕃　樓玄
賀邵　韋曜
華覈

三國志目錄考證
武帝操○臣照按史家之例帝曰本紀臣曰列傳始自
馬遷述於班固晉書則以十六國爲載紀歷代未之
有改也惟三國志既無本紀之稱并無列傳之目不
別異吳蜀以他稱統名之曰三國志然則陳壽之意
亦可見矣紫陽生於南宋其過比於蜀漢故諄諄以
正統與蜀作詩曰晉史自帝魏後賢盍更張然豈真
抑揄陳壽哉今考證悉遵壽原書例不書紀傳等字
管寧附胡昭王烈張琗焦先○臣浩按管寧傳似應先
王烈次張琗次胡昭至焦先乃裴松之注中之人非
本傳正文也不應附見
龐淯附母娥親○臣浩按本傳作母娥無親字其或以
注所引烈女傳作娥親而後人加之耶抑本名娥親
而傳偶脫之耶
裴潛附子秀○臣龍官按裴潛之子秀其事實詳於裴
注於潛本傳無所及不應附見宜衍

魏志卷一

晉著作郎巴西中正安漢陳　壽撰
宋太中大夫國子博士聞喜裴松之注

武帝 操

太祖武皇帝沛國譙人也姓曹諱操字孟德漢相國參
之後 太祖一名吉利小字阿瞞王沈魏書曰其先出於黃帝當高陽世陸終之子曰安是爲曹姓周武王
克殷存先世之後封曹俠於邾春秋之世與於盟會逮
至戰國爲楚所滅子孫分流或家于沛漢高祖之起曹
參以功封平陽侯世襲爵土絕
而復紹至今適嗣國於容城
桓帝世曹騰爲中常侍
大長秋封費亭侯 司馬彪續漢書曰騰父節字元偉素
以仁厚稱鄰人有亡豕者與節豕相
類詣門認之節不與爭後所亡豕自還其家豕主人大
慙送所認豕并辭謝節節笑而受之由是鄉黨貴歎焉
長子伯興次子仲興次子叔興騰字季興少除黃門從
官永寧元年鄧太后詔黃門令選中黃門從官年少溫
謹者配皇太子書騰應其選太子特親愛騰飲食賞賜
與衆有異順帝即位爲小黃門遷至中常侍大長秋在
省闥三十餘年歷事四帝未嘗有過好進達賢能終無
所毀傷其所稱薦若陳留虞放邊韶南陽延固張溫弘
農張奐頴川堂谿典等皆致位公卿而不伐其善蜀郡
太守因計吏修敬於騰益州刺史种暠於函谷關搜得
其牋上太守并奏騰內臣外交所不當爲請免官治罪
帝曰牋自外來騰書不出非其罪也乃寢暠奏騰不以
介意常稱歎暠以爲暠得事上之節暠後爲司徒語人
曰今日爲公乃曹常侍恩也騰之行事皆此類也桓帝
即位以騰先帝舊臣忠孝彰著封費亭侯
加位特進太和三年追尊騰曰高皇帝
養子嵩嗣官
至太尉莫能審其生出本末 續漢書曰嵩字巨高質性敦慎所在忠孝爲司隸校
尉靈帝擢拜大司農大鴻臚代崔烈爲太尉黃初元年
追尊嵩曰太皇帝吳人作曹瞞傳及郭頒世語並云嵩
夏侯氏之子夏侯惇之叔父太祖於惇爲從父兄弟
嵩生太祖 太祖少機警有權

數而任俠放蕩不治行業故世人未之奇也曹瞞傳云太祖少好飛鷹走狗游蕩無度其叔父數言之於嵩太祖患之後逢叔父於路乃陽敗面喎口叔父怪而問其故太祖曰卒中惡風叔父以告嵩嵩驚愕呼太祖太祖口貌如故嵩問曰叔父言汝中風已差乎太祖曰初不中風但失愛於叔父故見罔耳嵩乃疑焉自後叔父有所告嵩終不復信太祖於是益得肆意矣唯梁國橋玄南陽何顒異焉玄謂太祖曰天下將亂非命世之才不能濟也能安之者其在君乎魏書曰太尉橋玄世名知人覩太祖而異之曰吾見天下名士多矣未有若君者也君善自持吾老矣願以妻子爲託由是聲名益重續漢書曰玄字公祖嚴明有才略長於人物張璠漢紀曰玄歷位中外以剛斷稱謙儉下士不以王爵私親光和中爲太尉以久病策罷拜太中大夫卒家貧乏產業柩無所殯當世以此稱爲名臣世語曰玄謂太祖曰君未有名可交許子將太祖乃造子將子將納焉由是知名孫盛異同雜語云太祖嘗私入中常侍張讓室讓覺之乃舞手戟於庭踰垣而出才武絕人莫之能害博覽羣書特好兵法抄集諸家兵法名曰接要又注孫武十三篇皆傳於世嘗問許子將我何如人子將不答固問之子將曰子治世之能臣亂世之姦雄太祖大笑年二十舉孝廉爲郎除洛陽北部尉遷頓丘令曹瞞傳曰太祖初入尉廨繕治四門造五色棒縣門左右各十餘枚有犯禁者不避豪彊皆棒殺之後數月靈帝愛幸小黃門蹇碩叔父夜行即殺之京師斂迹莫敢犯者近習寵臣咸疾之然不能傷於是共稱薦之故遷爲頓丘令徵拜議郎魏書曰太祖從妹夫㶏彊侯宋奇被誅從坐免官後以能明古學復徵拜議郎先是大將軍竇武太傅陳蕃謀誅閹官反爲所害太祖上書陳武等正直而見陷害姦邪盈朝善人壅塞其言甚切靈帝不能用是後詔書勑三府舉奏州縣政理無效民爲作謠言者免罷之三公傾邪皆希世見用貨賂並行彊者爲怨不見舉奏弱者守道多被陷毀太祖疾之是歲以災異博問得失因此復上書切諫說三公所舉奏專回避貴戚之意奏上天子感寤以示三府責讓之諸以謠言徵者皆拜議郎是後政教日亂豪猾益熾多所摧毀太祖知不可匡正遂不復獻言光和末黃巾起拜騎都尉討潁川賊遷爲濟南相國有十餘縣長吏多阿附貴戚贓汙狼籍於是奏免其八禁斷淫祀姦宄逃竄郡界肅然魏書曰長吏受取貪饕依倚貴勢歷前相不見舉聞太祖到皆奏免之小大震怖姦宄遁逃竄入他郡政教大行一郡清平初城陽景王劉章以有功於漢故其國爲立祠青州諸郡轉相倣效濟南尤盛至六百餘祠賈人或假二千石輿服導從作倡樂奢侈日甚民坐貧窮歷世長吏無敢禁絕者太祖到皆毀壞祠屋止絕官吏民不得祠祀及至秉政遂除姦邪鬼神之事世之淫祀由此遂絕久之徵還爲東郡太守不就稱疾歸鄉里魏書曰於是權臣專朝貴戚橫恣太祖不能違道取容數數干忤恐爲家禍遂乞留宿衛拜議郎常託疾病輒告歸鄉里築室城外春夏習讀書傳秋冬弋獵以自娛樂頃之冀州刺史王芬南陽許攸沛國周旌等連結豪傑謀廢靈帝立合肥侯以告太祖太祖拒之芬等遂敗司馬彪九州春秋曰於是陳蕃子逸與術士平原襄楷會於芬坐楷曰天文不利宦者黃門常侍貴族滅矣逸喜芬曰若然者芬願驅除於是與攸等結謀靈帝欲北巡河間舊宅芬等謀因此作難上書言黑山賊攻劫郡縣求得起兵會北方有赤氣東西竟天太史上言當有陰謀不宜北行帝乃止勑芬罷兵俄而徵之芬懼自殺魏書載太祖拒芬辭曰夫廢立之事天下之至不祥也古人有權成敗計輕重而行之者伊尹霍光是也伊尹懷至忠之誠據宰臣之勢處官司之上故進退廢置計從事立及至霍光受託國之任藉宗臣之位內因太后秉政之重外有羣卿同欲之勢昌邑即位日淺未有貴寵朝乏讜臣議出密近故計行如轉圜事成如摧朽今諸君徒見曩者之易未覩當今之難諸君自度結衆連黨何若七國合肥之貴孰若吳楚而造作非常欲望必克不亦危乎金城邊章韓遂殺刺史郡守以叛衆十餘萬天下騷動徵太祖爲典軍校尉會靈帝崩太子即位太后臨朝大將軍何進與袁紹謀誅宦官

太后不聽進乃召董卓欲以脅太后魏書曰太祖聞而笑之曰閹豎之官古今宜有但世主不當假之權寵使至於此既治其罪當誅元惡一獄吏足矣何必紛紛召外將乎欲盡誅之事必宣露吾見其敗也卓未至而進見殺卓到廢帝爲弘農王而立獻帝京都大亂卓表太祖爲驍騎校尉欲與計事太祖乃變易姓名間行東歸魏書曰太祖以卓終必覆敗遂不就拜逃歸鄉里從數騎過故人成皋呂伯奢伯奢不在其子與賓客共劫太祖取馬及物太祖手刃擊殺數人世語曰太祖過伯奢伯奢出行五子皆在備賓主禮太祖自以背卓命疑其圖己手劍夜殺八人而去孫盛雜記曰太祖聞其食器聲以爲圖己遂夜殺之既而悽愴曰寧我負人毋人負我遂行出關過中牟爲亭長所疑執詣縣邑中或竊識之爲請得解世語曰中牟疑是亡人見拘於縣時掾亦已被卓書唯功曹心知是太祖以世方亂不宜拘天下雄儁因白令釋之卓遂殺太后及弘農王太祖至陳留散家財合義兵將以誅卓冬十二月始起兵於己吾世語曰陳留孝廉衛茲以家財資太祖使起兵衆有五千人是歲中平六年也

初平元年春正月後將軍袁術冀州牧韓馥英雄記曰馥字文節潁川人爲御史中丞董卓舉爲冀州牧於時冀州民人殷盛兵糧優足袁紹之在勃海馥恐其興兵遣數部從事守之不得動搖東郡太守橋瑁詐作京師三公移書與州郡陳卓罪惡云見逼迫無以自救企望義兵解國患難馥得移請諸從事問曰今當助袁氏邪助董卓邪治中從事劉子惠曰今興兵爲國何謂袁董馥自知言短而有慙色子惠復言兵者凶事不可爲首今宜往視他州有發動者然後和之冀州於他州不爲弱也他人功未有在冀州之右者也馥然之馥乃作書與紹道卓之惡聽其舉兵豫州刺史孔伷英雄記曰伷字公緒陳留人張璠漢紀載鄭泰說卓云孔公緒能清談高論噓枯吹生兗州刺史劉岱岱劉繇之兄事見吳志河內太守王匡英雄記曰匡字公節泰山人輕財好施以任俠聞辟大將軍何進府進符使還州里發彊弩五百西詣京師會進敗匡還州里起家拜河內太守謝承後漢書曰匡少與蔡邕善其年爲卓軍所敗走還泰山收集勁勇得數千人欲與張邈合匡先殺執金吾胡母班班親屬不勝憤怒與太祖并勢共殺匡勃海太守袁紹陳留太守張邈東郡太守橋瑁英雄記曰瑁字元偉玄族子先爲兗州刺史甚有威惠山陽太守袁遺遺字伯業紹從兄爲長安令河間張超嘗薦遺於太尉朱儁稱遺有冠世之懿幹時之量其忠允亮直固天下之所共聞也若乃包羅載籍管綜百氏登高能賦覩物知名求之今日邈焉靡儔事在超集英雄記曰紹後用遺爲揚州刺史爲袁術所敗太祖稱長大而能勤學者惟吾與袁伯業耳語在文帝典論濟北相鮑信信事見子勛傳同時俱起兵衆各數萬推紹爲盟主太祖行奮武將軍二月卓聞兵起乃徙天子都長安卓留屯洛陽遂焚宮室是時紹屯河內邈岱瑁遺屯酸棗術屯南陽伷屯潁川馥在鄴卓兵彊紹等莫敢先進太祖曰舉義兵以誅暴亂大衆已合諸君何疑向使董卓聞山東兵起倚王室之重據二周之險東向以臨天下雖以無道行之猶足爲患今焚燒宮室劫遷天子海內震動不知所歸此天亡之時也一戰而天下定矣不可失也遂引兵西將據成皋邈遣將衛茲分兵隨太祖到滎陽汴水遇卓將徐榮與戰不利士卒死傷甚多太祖爲流矢所中所乘馬被創從弟洪以馬與太祖得夜遁去榮見太祖所將兵少力戰盡日謂酸棗未易攻也亦引兵還太祖

到酸棗諸軍兵十餘萬日置酒高會不圖進取太祖責讓之因爲謀曰諸君聽吾計使勃海引河內之衆臨孟津酸棗諸將守成皋據敖倉塞轘轅大谷全制其險使袁將軍率南陽之軍軍丹析入武關以震三輔皆高壘深壁勿與戰益爲疑兵示天下形勢以順誅逆可立定也今兵以義動持疑而不進失天下之望竊爲諸君恥之邈等不能用太祖兵少乃與夏侯惇等詣揚州募兵刺史陳溫丹陽太守周昕與兵四千餘人還到龍亢士卒多叛魏書曰兵謀叛夜燒太祖帳太祖手劍殺數十人餘皆披靡乃得出營其不叛者五百餘人至銍建平復收兵得千餘人進屯河內劉岱與橋瑁相惡岱殺瑁以王肱領東郡太守袁紹與韓馥謀立幽州牧劉虞爲帝太祖拒之魏書載太祖答紹曰董卓之罪暴於四海吾等合大衆興義兵而遠近莫不響應此以義動故也今幼主微弱制於姦臣未有昌邑亡國之釁而一旦改易天下其孰安之諸君北面我自西向紹又嘗得一玉印於太祖坐中舉向其肘太祖由是笑而惡焉魏書曰太祖大笑曰吾不聽汝也紹復使人說太祖曰今袁公勢盛兵彊二子已長天下羣英孰踰於此太祖不應由是益不直紹圖誅滅之二年春紹馥遂立虞爲帝虞終不敢當夏四月卓還長安秋七月袁紹脅韓馥取冀州黑山賊于毒白繞眭固等眭申隨反十餘萬衆略魏郡東郡王肱不能禦太祖引兵入東郡擊白繞於濮陽破之袁紹因表太祖爲東郡太守治東武陽

三年春太祖軍頓丘毒等攻東武陽太祖乃引兵西入山攻毒等本屯魏書曰諸將皆以爲當還自救太祖曰孫臏救趙而攻魏耿弇欲走西安攻臨菑使賊聞我西而還武陽自解也不還我能敗其本屯虜不能拔武陽必矣遂乃行毒聞之棄武陽還太祖要擊眭固又擊匈奴於夫羅於內黃皆大破之魏書曰於夫羅者南單于子也中平中發匈奴兵於夫羅率以助漢會本國反殺南單于於夫羅遂將其衆留中國因天下撓亂與西河白波賊合破太原河內抄略諸郡爲寇夏四月司徒王允與呂布共殺卓卓將李傕郭汜等殺允攻布布敗東出武關傕等擅朝政青州黃巾衆百萬入兗州殺任城相鄭遂轉入東平劉岱欲擊之鮑信諫曰今賊衆百萬百姓皆震恐士卒無鬭志不可敵也觀賊衆羣輩相隨軍無輜重唯以鈔略爲資今不若畜士衆之力先爲固守彼欲戰不得攻又不能其勢必離散後選精銳據其要害擊之可破也岱不從遂與戰果爲所殺世語曰岱既死陳宮謂太祖曰州今無主而王命斷絕宮請說州中明府尋往牧之資之以收天下此霸王之業也宮說別駕治中曰今天下分裂而州無主曹東郡命世之才也若迎以牧州必寧生民鮑信等亦謂之然信乃與州吏萬潛等至東郡迎太祖領兗州牧遂進兵擊黃巾於壽張東信力戰鬭死僅而破之魏書曰太祖將步騎千餘人行視戰地卒抵賊營戰不利死者數百人引還賊尋前進黃巾爲賊久數乘勝兵皆精悍太祖舊兵少新兵不習練舉軍皆懼太祖被甲嬰冑親巡將士明勸賞罰衆乃復奮承間討擊賊稍折退賊乃移書太祖曰昔在濟南毀壞神壇其道乃與

中黃太乙同似若知道今更迷惑漢行已盡黃家當立天之大運非君才力所能存也太祖見檄書呵罵之數開示降路遂設奇伏晝夜會戰戰輒禽獲賊乃退走購求信喪不得衆乃刻木如信形狀祭而哭焉追黃巾至濟北乞降冬受降卒三十餘萬男女百餘萬口收其精銳者號爲青州兵袁術與紹有隙術求援於公孫瓚瓚使劉備屯高唐單經屯平原陶謙屯發干以逼紹太祖與紹會擊皆破之

四年春軍鄄城荊州牧劉表斷術糧道術引軍入陳留屯封丘黑山餘賊及於夫羅等佐之術使將劉詳屯匡亭太祖擊詳術救之與戰大破之術退保封丘遂圍之未合術走襄邑追到太壽決渠水灌城走寧陵又追之走九江夏太祖還軍定陶下邳闕宣聚衆數千人自稱天子徐州牧陶謙與共舉兵取泰山華費略任城秋太祖征陶謙下十餘城謙守城不敢出是歲孫策受袁術使渡江數年間遂有江東

興平元年春太祖自徐州還初太祖父嵩去官後還譙董卓之亂避難琅邪爲陶謙所害故太祖志在復讐東伐世語曰嵩在泰山華縣太祖令泰山太守應劭送家詣兗州劭兵未至陶謙密遣數千騎掩捕嵩家以爲劭迎不設備謙兵至殺太祖弟德於門中嵩懼穿後垣先出其妾妾肥不能得出嵩逃于廁與妾俱被害闔門皆死劭懼棄官赴袁紹後太祖定冀州劭時已死韋曜吳書曰太祖迎嵩輜重百餘兩陶謙遣都尉張闓將騎二百衛送闓於泰山華費間殺嵩取財物因奔淮南太祖歸咎於陶謙故伐之夏使荀彧程昱守鄄城復征陶謙拔五城遂略地至東海還過郯謙將曹豹與劉備屯郯東要太祖太祖擊破之遂攻拔襄賁所過多所殘戮孫盛曰夫伐罪弔民古之令軌罪謙之由而殘其屬部過矣會張邈與陳宮叛迎呂布郡縣皆應荀彧程昱保鄄城范東阿二縣固守太祖乃引軍還布到攻鄄城不能下西屯濮陽太祖曰布一旦得一州不能據東平斷亢父泰山之道乘險要我而乃屯濮陽吾知其無能爲也遂進軍攻之布出兵戰先以騎犯青州兵青州兵奔太祖陣亂馳突火出墜馬燒左手掌司馬樓異扶太祖上馬遂引去袁暐獻帝春秋曰太祖圍濮陽濮陽大姓田氏爲反間太祖得入城燒其東門示無反意及戰軍敗布騎得太祖而不知是問曰曹操何在太祖曰乘黃馬走者是也布騎乃釋太祖而追黃馬者門火猶盛太祖突火而出未至營止諸將未與太祖相見皆怖太祖乃自力勞軍令軍中促爲攻具進復攻之與布相守百餘日蝗蟲起百姓大餓布糧食亦盡各引去秋九月太祖還鄄城布到乘氏爲其縣人李進所破東屯山陽於是紹使人說太祖欲連和太祖新失兗州軍食盡將許之程昱止太祖太祖從之冬十月太祖至東阿是歲穀一斛五十餘萬錢人相食乃罷吏兵新募者陶謙死劉備代之

二年春襲定陶濟陰太守吳資保南城未拔會呂布至又擊破之夏布將薛蘭李封屯鉅野太祖攻之布救蘭

蘭敗布走遂斬蘭等布復從東緡與陳宮將萬餘人來戰時太祖兵少設伏縱奇兵擊大破之魏書曰於是兵皆出取麥在者不能千人屯營不固太祖乃令婦人守陴悉兵拒之屯西有大隄其南樹木幽深布疑有伏乃相謂曰曹操多譎勿入伏中引軍屯南十餘里明日復來太祖隱兵隄裏出半兵隄外布益進乃令輕兵挑戰既合伏兵乃悉乘隄步騎並進大破之獲其鼓車追至其營而還布夜走太祖復攻拔定陶分兵平諸縣布東奔劉備張邈從布使其弟超將家屬保雍丘秋八月圍雍丘冬十月天子拜太祖兗州牧十二月雍丘潰超自殺夷邈三族邈詣袁術請救爲其衆所殺兗州平遂東畧陳地是歲長安亂天子東遷敗于曹陽渡河幸安邑

建安元年春正月太祖軍臨武平袁術所置陳相袁嗣降太祖將迎天子諸將或疑荀彧程昱勸之乃遣曹洪將兵西迎衞將軍董承與袁術將萇奴拒險洪不得進汝南潁川黃巾何儀劉辟黃邵何曼等衆各數萬初應袁術又附孫堅二月太祖進軍討破之斬辟邵等儀及其衆皆降天子拜太祖建德將軍夏六月遷鎭東將軍封費亭侯秋七月楊奉韓暹以天子還洛陽獻帝春秋曰天子初至洛陽幸城西故中常侍趙忠宅使張楊繕治宮室名殿曰揚安殿八月帝乃遷居奉別屯梁太祖遂至洛陽衞京都暹遁走天子假太祖節鉞錄尚書事獻帝紀曰又領司隸校尉洛陽殘破董昭等勸太祖都許九月車駕出轘轅而東以太祖爲大將軍封武平侯自天子西遷朝廷日亂至是宗廟社稷制度始立張璠漢紀曰初天子敗于曹陽欲浮河東下侍中太史令王立曰自去春太白犯鎭星於牛斗過天津熒惑又逆行守北河不可犯也由是天子遂不北渡河將自軹關東出立又謂宗正劉艾曰前太白守天關與熒惑會金火交會革命之象也漢祚終矣晉魏必有興者立後數言於帝曰天命有去就五行不常盛代火者土也承漢者魏也能安天下者曹姓也唯委任曹氏而已公聞之使人語立曰知公忠於朝廷然天道深遠幸勿多言自梁欲要之不及冬十月公征奉奉南奔袁術遂攻其梁屯拔之於是以袁紹爲太尉紹恥班在公下不肯受公乃固辭以大將軍讓紹天子拜公司空行車騎將軍是歲用棗祗韓浩等議始興屯田魏書曰自遭荒亂率乏糧穀諸軍並起無終歲之計饑則寇畧飽則棄餘瓦解流離無敵自破者不可勝數袁紹之在河北軍人仰食桑椹袁術在江淮取給蒲蠃民人相食州里蕭條公曰夫定國之術在於彊兵足食秦人以急農兼天下孝武以屯田定西域此先代之良式也是歲乃募民屯田許下得穀百萬斛於是州郡例置田官所在積穀征伐四方無運糧之勞遂兼滅羣賊克平天下呂布襲劉備取下邳備來奔程昱說公曰觀劉備有雄才而甚得衆心終不爲人下不如早圖之公曰方今收英雄時也殺一人而失天下之心不可張濟自關中走南陽濟死從子繡領其衆

二年春正月公到宛張繡降既而悔之復反公與戰軍敗爲流矢所中長子昂弟子安民遇害魏書曰公所乘馬名絕影爲流矢所中傷頰及足并中公右臂世語曰昂不能騎進馬於公公故免而昂遇害公乃引兵還舞陰繡將騎來鈔公擊破之繡奔穰與劉表合公謂諸將曰吾降張繡等失不便取其質以至于此吾知所以敗諸卿觀之自今已後不復敗矣遂還許世語曰舊制三公領兵入見皆交戟叉頸而前初公將討張繡入覲天子時始復此制公自此不復朝見袁術欲稱帝於淮南使人告呂布布收其使上其書術怒攻布爲布所破秋九月術侵陳公東征之術聞公自來棄軍走留其將橋蕤李豐梁綱樂就公到擊破蕤等皆斬之術走渡淮公還許公之自舞陰還也南陽章陵諸縣復叛爲繡公遣曹洪擊之不利還屯葉數爲繡表所侵冬十一月公自南征至宛魏書曰臨淯水祠亡將士歔欷流涕衆皆感慟表將鄧濟據湖陽攻拔之生禽濟湖陽降攻舞陰下之

三年春正月公還許初置軍師祭酒三月公圍張繡於穰夏五月劉表遣兵救繡以絕軍後獻帝春秋曰袁紹叛卒詣公云田豐使紹早襲許若挾天子以令諸侯四海可指麾而定公乃解繡圍公將引還繡兵來公軍不得進連營稍前公與荀彧書曰賊來追吾雖日行數里吾策之到安衆破繡必矣到安衆繡與表兵合守險公軍前後受敵公乃夜鑿險爲地道悉過輜重設奇兵會明賊謂公爲遁也悉軍來追乃縱奇兵步騎夾攻大破之秋七月公還許荀彧問公前以策賊必破何也公曰虜遏吾歸師而與吾死地戰吾是以知勝矣呂布復爲袁術使高順攻劉備公遣夏侯惇救之不利備爲順所敗九月公東征布冬十月屠彭城獲其相侯諧進至下邳布自將騎逆擊大破之獲其驍將成廉追至城下布恐欲降陳宮等沮其計求救於術勸布出戰戰又敗乃還固守攻之不下時公連戰士卒罷欲還用荀攸郭嘉計遂決泗沂水以灌城月餘布將宋憲魏續等執陳宮舉城降生禽布宮皆殺之太山臧霸孫觀吳敦尹禮昌豨各聚衆布之破劉備也霸等悉從布布敗獲霸等公厚納待遂割青徐二州附于海以委焉分琅邪東海北海爲城陽利城昌慮郡初公爲兗州以東平畢諶爲別駕張邈之叛也邈劫諶母弟妻子公謝遣之曰卿老母在彼可去諶頓首無二心公嘉之爲之流涕既出遂亡歸及布破諶生得衆爲諶懼公曰夫人孝於其親者豈不亦忠於君乎吾所求也以爲魯相魏書曰袁紹宿與故太尉楊彪大長秋梁紹少府孔融有隙欲使公以他過誅之公曰當今天下土崩瓦解雄豪並起輔相君長人懷怏怏各有自爲之心此上下相疑之秋也雖以無嫌待之猶懼未信如有所除則誰不自危且夫起布衣在塵垢之間爲庸人之所陵陷可勝怨乎高祖赦雍齒之讎而羣情以安如何忘之紹以爲公外託公義內實離異深懷怨望臣松之以爲楊彪亦曾爲魏武所困幾至于死孔融竟不免於誅戮豈所謂先行其言而後從之哉非知之難其在行之信矣

四年春二月公還至昌邑張楊將楊醜殺楊眭固又殺醜以其衆屬袁紹屯射犬夏四月進軍臨河使史渙曹仁渡河擊之固使楊故長史薛洪河內太守繆尚留守自將兵北迎紹求救與渙仁相遇犬城交戰大破之斬固公遂濟河圍射犬洪尚率衆降封爲列侯還軍敖倉以魏种爲河內太守屬以河北事初公舉种孝廉兗州叛公曰唯魏种且不棄孤也及聞种走公怒曰种不南走越北走胡不置汝也既下射犬生禽种公曰唯其才也釋其縛而用之是時袁紹既并公孫瓚兼四州之地衆十餘萬將進軍攻許諸將以爲不可敵公曰吾知紹之爲人志大而智小色厲而膽薄忌克而少威兵多而分畫不明將驕而政令不一土地雖廣糧食雖豐適足以爲吾奉也秋八月公進軍黎陽使臧霸等入青州破齊北海東安留于禁屯河上九月公還許分兵守官渡冬十一月張繡率衆降封列侯十二月公軍官渡袁術自敗於陳稍困袁譚自青州遣迎之術欲從下邳北過公遣劉備朱靈要之會術病死程昱郭嘉聞公遣備言於公曰劉備不可縱公悔追之不及備之未東也陰與董承等謀反至下邳遂殺徐州刺史車胄舉兵屯沛遣劉岱王忠擊之不克獻帝春秋曰備謂岱等曰使汝百人來其無如我何曹公自來未可知耳魏武故事曰岱字公山沛國人以司空長史從征伐有功封列侯魏畧曰王忠扶風人少爲亭長三輔亂忠飢乏噉人隨輩南向武關値婁子伯爲荊州遣迎北方客人忠不欲去因率等伍逆擊之奪其兵聚衆千餘人以歸公拜忠中郎將從征討五官將知忠嘗噉人因從駕出行令俳取冢間髑髏繫著忠馬鞍以爲歡笑廬江太守劉勳率衆降封爲列侯

五年春正月董承等謀泄皆伏誅公將自東征備諸將皆曰與公爭天下者袁紹也今紹方來而棄之東紹乘人後若何公曰夫劉備人傑也今不擊必爲後患孫盛魏氏春秋云答諸將曰劉備人傑也將生憂寡人臣松之以爲史之記言既多潤色故前載所述有非實者矣後之作者又生意改之於失實也不亦彌遠乎凡孫盛製書多用左氏以易舊文如此者非一嗟乎後之學者將何取信哉且魏武方以天下勵志而用夫差分死之言尤非其類袁紹雖有大志而見事遲必不動也郭嘉亦勸公遂東擊備破之生禽其將夏侯博備走奔紹獲其妻子備將關羽屯下邳復進攻之羽降昌豨叛爲備又攻破之公還官渡紹卒不出二月紹遣郭圖淳于瓊顏良攻東郡太守劉延於白馬紹引兵至黎陽將渡河夏四月公北救延荀攸說公曰今兵少不敵分其勢乃可公到延津若將渡兵向其後者紹必西應之然後輕兵襲白馬掩其不備顏良可禽也公從之紹聞兵渡卽分兵西應之公乃引軍兼行趣白馬未至十餘里良大驚來逆戰使張遼關羽前登擊破斬良遂解白馬圍徙其民循河而西紹於是渡河追公軍至延津南公勒兵駐營南阪下使登壘望之曰可五六百騎有頃復白騎稍多步兵不可勝數公曰勿復白乃令騎解鞍放馬是時白馬輜重就道諸將以爲敵騎多不如還保營荀攸曰此所以餌敵如何去之紹騎將文醜與劉備將五六千騎前後至諸將復白可上馬公曰未也有頃騎至稍多或分趣輜重公曰可矣乃皆上馬時騎不滿六百遂縱兵擊大破之斬醜良醜皆紹名將也再戰悉禽紹軍大震公還軍官渡紹進保陽武關羽亡歸劉備八月紹連營稍前依沙堆爲屯東西數十里公亦分營與相當合戰不利習鑿齒漢晉春秋曰許攸說紹曰公無與操相攻也急分諸軍持之而徑從他道迎天子則事立濟矣紹不從曰吾要當先圍取之攸怒時公兵不滿萬傷者十二三臣松之以爲魏武初起兵已有衆五千自後百戰百勝敗者十二三而已矣但一破黃巾受降卒三十餘萬餘所吞并不可悉紀雖征戰損傷未應如此之少也夫結營相守異於摧鋒決戰本紀云紹衆十餘萬屯營東西數十里魏太祖雖機變無方畧不世出安有以數千之兵而得逾時相抗者哉以理而言竊謂不然紹爲屯數十里公能分營與相當此兵不得甚少一也紹若有十倍之衆理應當悉力圍守使出入斷絕而公使徐晃等擊其運車公又自出擊淳于瓊等揚旌往還曾無抵閡明紹力不能制是不得甚少二也諸書皆云公坑紹衆八萬或云七萬夫八萬人奔散非八千人所能縛而紹之大衆皆拱手就戮何緣力能制之是不得甚少三也將記述者欲以少見奇非其實錄也按鍾繇傳云公與紹相持繇爲司隸送馬二千餘匹以給軍本紀及世語並云公時有騎六百餘匹繇馬爲安在哉紹復進臨官渡起土山地道公亦於內作之以相應紹射營中矢如雨下行者皆蒙楯衆大懼時公糧少與荀彧書議欲還許彧以爲紹悉衆聚官渡欲與公決勝敗公以至弱當至彊若不能制必爲所乘是天下之大機也且紹布衣之雄耳能聚人而不能用夫以公之神武明哲而輔以大順何向而不濟公從之孫策聞公與紹相持乃謀襲許未發爲刺客所殺汝南降賊劉辟等叛應紹畧許下紹使劉備助辟公使曹仁擊破之備走遂破辟屯袁紹運穀車數千乘至公用荀攸計遣徐晃史渙邀擊大破之盡燒其車公與紹相拒連月雖比戰斬將然衆少糧盡士卒疲乏公謂運者曰却十五日爲汝破紹不復勞汝矣冬十月紹遣車運穀使淳于瓊等五人將兵萬餘人送之宿紹營北四十里紹謀臣許攸貪財紹不能足來奔因說公擊瓊等左右疑之荀攸賈詡勸公公乃留曹洪守自將步騎五千人夜往會明至瓊等望見公兵少出陣門外公急擊之瓊退保營遂攻之紹遣騎救瓊左右或言賊騎稍近請分兵拒之公怒曰賊在背後乃白士卒皆殊死戰大破瓊等皆斬之曹瞞傳曰公聞攸來跣出迎之撫掌笑曰子卿遠來吾事濟矣既入坐謂公曰袁氏軍盛何以待之今有幾糧乎公曰尚可支一歲攸曰無是更言之又曰可支半歲攸曰足下不欲破袁氏邪何言之不實也公曰向言戲之耳其實可一月爲之柰何攸曰公孤軍獨守外無救援而糧穀已盡此危急之日也今袁氏輜重有萬餘乘在故市烏巢屯軍無嚴備今以輕兵襲之不意而至燔其積聚不過三日袁氏自敗也公大喜乃選精銳步騎皆用袁軍旗幟銜枚縛馬口夜從間道出人抱

東薪所歷道有問者語之曰袁公恐曹操鈔畧後軍遣兵以益備聞者信以爲然皆自若既至圍屯大放火營中驚亂大破之盡燔其糧穀寶貨斬督將眭元進騎督韓莒子呂威璜趙叡等首割得將軍淳于仲簡鼻未死殺士卒千餘人皆取鼻牛馬割脣舌以示紹軍將士皆怛懼時有夜得仲簡將以詣麾下公謂曰何爲如是仲簡曰勝負自天何用爲問乎公意欲不殺許攸曰明旦鑒於鏡此益不忘人乃殺之紹初聞公之擊瓊謂長子譚曰就彼攻瓊等吾攻拔其營彼固無所歸矣乃使張郃高覽攻曹洪郃等聞瓊破遂來降紹衆大潰紹及譚棄軍走渡河追之不及盡收其輜重圖書珍寶虜其衆獻帝起居注曰公上言大將軍鄴侯袁紹前與冀州牧韓馥立故大司馬劉虞刻作金璽遣故任長史畢瑜詣虞爲說命錄之數又紹與臣書云可都鄄城當有所立擅鑄金銀印孝廉計吏皆往詣紹從弟濟陰太守敘與紹書云今海內喪敗天意實在我家神應有徵當在尊兄南兄臣下欲使即位南兄言以年則北兄長以位則北兄重便欲送璽會曹操斷道紹宗族累世受國重恩而凶逆無道乃至於此輒勒兵馬與戰官渡乘聖朝之威得斬紹大將淳于瓊等八人首遂大破潰紹與子譚輕身迸走凡斬首七萬餘級輜重財物巨億公收紹書中得許下及軍中人書皆焚之魏氏春秋曰公云當紹之彊孤猶不能自保而況衆人乎冀州諸郡多舉城邑降者初桓帝時有黃星見於楚宋之分遼東殷馗馗古逵字見三蒼善天文言後五十歲當有真人起於梁沛之間其鋒不可當至是凡五十年而公破紹天下莫敵矣

六年夏四月揚兵河上擊紹倉亭軍破之紹歸復收散卒攻定諸叛郡縣九月公還許紹之未破也使劉備略汝南汝南賊共都等應之遣蔡揚擊都不利爲都所破公南征備備聞公自行走奔劉表都等皆散

七年春正月公軍譙令曰吾起義兵爲天下除暴亂舊土人民死喪略盡國中終日行不見所識使吾悽愴傷懷其舉義兵已來將士絕無後者求其親戚以後之授土田官給耕牛置學師以教之爲存者立廟使祀其先人魂而有靈吾百年之後何恨哉遂至浚儀治睢陽渠遣使以太牢祀橋玄褒賞令載公祀文曰故太尉橋公誕敷明德汎愛博容國念明訓士思令謨靈幽體翳邈哉晞矣吾以幼年逮升堂室特以頑鄙之姿爲大君子所納增榮益觀皆由獎助猶仲尼稱不如顏淵李生之厚歎賈復士死知己懷此無忘又承從容約誓之言徂沒之後路有經由不以斗酒隻雞過相沃酹車過三步腹痛勿怪雖臨時戲笑之言非至親之篤好胡肯爲此辭乎匪謂靈忿能詒己疾懷舊惟顧念之悽愴奉命東征屯次鄉里北望貴土乃心陵墓裁致薄奠公其尚饗進軍官渡紹自軍破後發病歐血夏五月死小子尚代譚自號車騎將軍屯黎陽秋九月公征之連戰譚尚數敗退固守

八年春三月攻其郭乃出戰擊大破之譚尚夜遁夏四月進軍鄴五月還許留賈信屯黎陽己酉令曰司馬法將軍死綏魏書曰綏卻也有前一尺無卻一寸故趙括之母乞不坐括是古之將者軍破於外而家受罪於內也自命將征行但賞功而不罰罪非國典也其令諸將出征敗軍者抵罪失利者免官爵魏書載庚申令曰議者或以軍吏雖有功能德行不足堪任郡國之選所謂可與適道未可與權管仲曰使賢者食於能則上尊鬭士食於功則卒輕於死二者設於國則天下治未聞無能之人不鬭之士並受祿賞而可以立功興國者也故明君不官無功之臣不賞不戰之士治平尚德行有事賞功能論者之言一似管窺虎歟秋七月令曰喪亂已來十有五年後生者不見仁義禮讓之風吾甚傷之其令郡國各修文學縣滿五百戶置校官選其鄉之俊造而教學之庶幾先王之道不廢而有以益於天下八月公征劉表軍西平公之去鄴而南也譚尚爭冀州譚爲尚所敗走保平原尚攻之急譚遣辛毗乞降請救諸將皆疑荀攸勸公許之魏書曰公云我攻呂布表不爲寇官渡之役不救袁紹此自守之賊也宜爲後圖譚尚狡猾當乘其亂縱譚挾詐不終束手使我破尚偏收其地利自多矣乃許之公乃引軍還冬十月到黎陽爲子整與譚結婚臣松之案紹死至此過周五月耳譚雖出後其伯不爲紹服三年而於再朞之內以行吉禮悖矣魏武或以權宜與之約言今云結婚未必便以此年成禮尚聞公北乃釋平原還鄴東平呂曠呂翔叛尚屯陽平率其衆降封爲列侯魏書曰譚之圍解陰以將軍印綬假曠曠受印送之公公曰我固知譚之有小計也欲使我攻尚得以其間略民聚衆比尚之破可得自彊以乘我弊也尚破我盛何弊之乘乎

九年春正月濟河遏淇水入白溝以通糧道二月尚復攻譚留蘇由審配守鄴公進軍到洹水由降既至攻鄴爲土山地道武安長尹楷屯毛城通上黨糧道夏四月留曹洪攻鄴公自將擊楷破之而還尚將沮鵠守邯鄲沮音菹河朔間今猶有此姓鵠沮授子也又擊拔之易陽令韓範涉長梁岐舉縣降賜爵關內侯五月毀土山地道作圍塹決漳水灌城城中餓死者過半秋七月尚還救鄴諸將皆以爲此歸師人自爲戰不如避之公曰尚從大道來當避之若循西山來者此成禽耳尚果循西山來臨滏水爲營曹瞞傳曰遣候者數部前後參之皆曰定從西道已在邯鄲公大喜會諸將曰孤已得冀州諸君知之乎皆曰不知公曰諸君方見不久也夜遣兵犯圍公逆擊破走之遂圍其營未合尚懼故豫州刺史陰夔及陳琳乞降公不許爲圍益急尚夜遁保祁山追擊之其將馬延張顗等臨陣降衆大潰尚走中山盡獲其輜重得尚印綬節鉞使尚降人示其家城中崩沮八月審配兄子榮夜開所守城東門內兵配逆戰敗生禽配斬之鄴定公臨祀紹墓哭之流涕慰勞紹妻還其家人寶物賜雜繒絮廩食之孫盛云昔者先王之爲誅賞也將以懲惡勸善永彰鑒戒紹因世艱危遂懷逆謀上議神器下干國紀薦社汙宅古之制也而乃盡哀於逆臣之冢加恩於饕餮之室爲政之道於斯躓矣夫匿怨友人前哲所恥稅驂舊館義無虛涕苟道乖好絕何哭之有昔漢高失之於項氏魏武遵謬於此舉豈非百慮之一失也初紹與公共起兵紹問公曰若事不輯則方面何所可據公曰足下意以爲何如紹曰吾南據河北阻燕代兼戎狄之衆南向以爭天下庶可以濟乎公曰吾任天下之智力以道御之無所不可傅子曰太祖又云湯武之王豈同土哉若以險固爲資則不能應機而變化也九月令曰河北罹袁氏之難其令無出今年租賦重豪彊兼并之法百姓喜悅魏書載公令曰有國有家者不患寡而患不均不患貧而患不安袁氏之治也使豪彊擅恣親戚兼并下民貧弱代出租賦衒鬻家財不足應命審配宗族至乃藏匿罪人爲逋逃主欲望百姓親附甲兵彊盛豈可得邪其收田租畝四升戶出絹二匹綿二斤而已他不得擅興發郡國守相明檢察之無令彊民有所隱藏而弱民兼賦也天子以公領冀州牧公讓還兗州公之圍鄴也譚略取甘陵安平勃海河間尚敗還中山譚攻之尚奔故安遂并其衆公遺譚書責以負約與之絕婚女還然後進軍譚懼拔平原走保南皮十二月公入平原略定諸縣

十年春正月攻譚破之斬譚誅其妻子冀州平魏書曰公攻譚旦及日中不決公乃自執桴鼓士卒咸奮應時破陷下令曰其與袁氏同惡者與之更始令民不得復私讎禁厚葬皆一之於法是月袁熙大將焦觸張南等叛攻熙尚熙尚奔三郡烏丸觸等舉其縣降封爲列侯初討譚時民亡椎冰臣松之以爲討譚時川渠水凍使民椎冰以通船民憚役而亡令不得降頃之亡民有詣門首者公謂曰聽汝則違令殺汝則誅首歸深自藏無爲吏所獲民垂泣而去後竟捕得夏四月黑山賊張燕率其衆十餘萬降封爲列侯故安趙犢霍奴等殺幽州刺史涿郡太守三郡烏丸攻鮮于輔於獷平續漢書郡國志曰獷平縣名屬漁陽郡秋八月公征之斬犢等乃渡潞河救獷平烏丸奔走出塞九月令曰阿黨比周先聖所疾也聞冀州俗父子異部更相毀譽昔直不疑無兄世人謂之盜嫂第五伯魚三娶孤女謂之撾婦翁王鳳擅權谷永比之申伯王商忠議張匡謂之左道此皆以白爲黑欺天罔君者也吾欲整齊風俗四者不除吾以爲羞冬十月公還鄴初袁紹以甥高幹領并州牧公之拔鄴幹降遂以爲刺史幹聞公討烏丸乃以州叛執上黨太守舉兵守壺關口遣樂進李典擊之幹還守壺關城

十一年春正月公征幹幹聞之乃留其別將守城走入匈奴求救於單于單于不受公圍壺關三月拔之幹遂走荊州上洛都尉王琰捕斬之秋八月公東征海賊管承至淳于遣樂進李典擊破之承走入海島割東海之襄賁郯戚以益琅邪省昌慮郡魏書載十月乙亥令曰夫治世御衆建立輔弼誡在面從詩稱聽用我謀庶無大悔斯實君臣懇懇之求也吾充重任每懼失中頻年以來不聞嘉謀豈吾開延不勤之咎邪自今以後諸掾屬治中別駕常以月旦各言其失吾將覽焉三郡烏丸承天下亂破幽州略有漢民合十餘萬戶袁紹皆立其酋豪爲單于以家人子爲己女妻焉遼西單于蹋頓尤彊爲紹所厚故尚兄弟歸之數入塞爲害公將征之鑿渠自呼沲入泒水泒音孤名平虜渠又從泃河口泃音句鑿入潞河名泉州渠以通海

十二年春二月公自淳于還鄴丁酉令曰吾起義兵誅暴亂于今十九年所征必克豈吾功哉乃賢士大夫之力也天下雖未悉定吾當要與賢士大夫共定之而專饗其勞吾何以安焉其促定功行封於是大封功臣二十餘人皆爲列侯其餘各以次受封及復死事之孤輕重各有差魏書載公令曰昔趙奢竇嬰之爲將也受賜千金一朝散之故能濟成大功永世流聲吾讀其文未嘗不慕其爲人也與諸將士大夫共從戎事幸賴賢人不愛其謀羣士不遺其力是以夷險平亂而吾得竊大賞戶邑三萬追思竇嬰散金之義今分所受租與諸將掾屬及故戍於陳蔡者庶以疇答衆勞不擅大惠也宜差死事之孤以租穀及之若年殷用足租奉畢入將大與衆人悉共饗之將北征三郡烏丸諸將皆曰袁尚亡虜耳夷狄貪而無親豈能爲尚用今深入征之劉備必說劉表以襲許萬一爲變事不可悔惟郭嘉策表必不能任備勸公行夏五月至無終秋七月大水傍海道不通田疇請爲鄉導公從之引軍出盧龍塞塞外道絕不通乃塹山堙谷五百餘里經白檀歷平剛涉鮮卑庭東指柳城未至二百里虜乃知之尚熙與蹋頓遼西單于樓班右北平單于能臣抵之等將數萬騎逆軍八月登白狼山卒與虜遇衆甚盛公車重在後被甲者少左右皆懼公登高望虜陣不整乃縱兵擊之使張遼爲先鋒虜衆大崩斬蹋頓及名王已下胡漢降者二十餘萬口遼東單于速僕丸及遼西北平諸豪棄其種人與尚熙奔遼東衆尚有數千騎初遼東太守公孫康恃遠不服及公破烏丸或說公遂征之尚兄弟可禽也公曰吾方使康斬送尚熙首不煩兵矣九月公引兵自柳城還曹瞞傳曰時寒且旱二百里無復水軍又乏食殺馬數千匹以爲糧鑿地入三十餘丈乃得水既還科問前諫者衆莫知其故人人皆懼公皆厚賞之曰孤前行乘危以徼倖雖得之天所佐也故不可以爲常諸君之諫萬安之計是以相賞後勿難言之康即斬尚熙及速僕丸等傳其首諸將或問公還而康斬送尚熙何也公曰彼素畏尚等吾急之則并力緩之則自相圖其勢然也十一月至易水代郡烏丸行單于普富盧上郡烏丸行單于那樓將其名王來賀

十三年春正月公還鄴作玄武池以肄舟師肄以四反三蒼曰肄習也漢罷三公官置丞相御史大夫夏六月以公爲丞相獻帝起居注曰使太常徐璆即授印綬御史大夫不領中丞置長史一人先賢行狀曰璆字孟平廣陵人少履清爽立朝正色歷任城汝南東海三郡所在化行被徵當還爲袁術所劫術僭號欲授以上公之位璆終不爲屈術死後璆得術璽致之漢朝拜衞尉太常公爲丞相以位讓璆焉秋七月公南征劉表八月表卒其子琮代屯襄陽劉備屯樊九月公到新野琮遂降備走夏口公進軍江陵下令荊州吏民與之更始乃論荊州服從之功侯者十五人以劉表大將文聘爲江夏太守使統本兵引用荊州名士韓嵩鄧義等衞恒四體書勢序曰上谷王次仲善隸書始爲楷法至靈帝好書世多能者而師宜官爲最甚矜其能每書輒削焚其札梁鵠乃益爲版而飲之酒候其醉而竊其札鵠卒以攻書至選部尚書於是公欲爲洛陽令鵠以爲北部尉鵠後依劉表及荊州平公募求鵠鵠懼自縛詣門署軍假司馬使在祕書以勤書自效公嘗懸著帳中及以

釘壁玩之謂勝宜官鵠字孟黃安定人魏宮殿題署皆鵠書也皇甫謐逸士傳曰汝南王儁字子文少爲范滂許章所識與南陽岑晊善公之爲布衣特愛儁儁亦稱公有治世之具及袁紹與弟術喪母歸葬汝南儁與公會之會者三萬人公於外密語儁曰天下將亂爲亂魁者必此二人也欲濟天下爲百姓請命不先誅此二子亂今作矣儁曰如卿之言濟天下者舍卿復誰相對而笑儁爲人外靜而內明不應州郡三府之命公車徵不到避地居武陵歸儁者一百餘家帝之都許復徵爲尙書又不就劉表見紹彊陰與紹通儁謂表曰曹公天下之雄也必能興霸道繼桓文之功者也今乃釋近而就遠如有一朝之急遙望漠北之救不亦難乎表不從儁年六十四以壽終於武陵公聞而哀傷及平荆州自臨江而迎喪改葬于江陵表爲先賢也益州牧劉璋始受徵役遣兵給軍十二月孫權爲備攻合肥公自江陵征備至巴丘遣張憙救合肥權聞憙至乃走公至赤壁與備戰不利於是大疫吏士多死者乃引軍還備遂有荆州江南諸郡山陽公載記曰公船艦爲備所燒引軍從華容道步歸遇泥濘道不通天又大風悉使羸兵負草塡之騎乃得過羸兵爲人馬所蹈藉陷泥中死者甚衆軍旣得出公大喜諸將問之公曰劉備吾儔也但得計少晚向使早放火吾徒無類矣備尋亦放火而無所及孫盛異同評曰案吳志劉備先破公軍然後權攻合肥而此記云權先攻合肥後有赤壁之事二者不同吳志爲是

十四年春三月軍至譙作輕舟治水軍秋七月自渦入淮出肥水軍合肥辛未令曰自頃已來軍數征行或遇疫氣吏士死亡不歸家室怨曠百姓流離而仁者豈樂之哉不得已也其令死者家無基業不能自存者縣官勿絕廩長吏存卹撫循以稱吾意置揚州郡縣長吏開芍陂屯田十二月軍還譙

十五年春下令曰自古受命及中興之君曷嘗不得賢人君子與之共治天下者乎及其得賢也曾不出閭巷豈幸相遇哉上之人不求之耳今天下尙未定此特求賢之急時也孟公綽爲趙魏老則優不可以爲滕薛大夫若必廉士而後可用則齊桓其何以霸世今天下得無有被褐懷玉而釣於渭濱者乎又得無盜嫂受金而未遇無知者乎二三子其佐我明揚仄陋唯才是舉吾得而用之冬作銅爵臺魏武故事載公十二月己亥令曰孤始舉孝廉年少自以本非巖穴知名之士恐爲海內人之所見凡愚欲爲一郡守好作政教以建立名譽使世士明知之故在濟南始除殘去穢平心選舉違迕諸常侍以爲彊豪所忿恐致家禍故以病還去官之後年紀尙少顧視同歲中年有五十未名爲老內自圖之從此却去二十年待天下淸乃與同歲中始舉者等耳故以四時歸鄉里於譙東五十里築精舍欲秋夏讀書冬春射獵求底下之地欲以泥水自蔽絕賓客往來之望然不能得如意後徵爲都尉遷典軍校尉意遂更欲爲國家討賊立功欲望封侯作征西將軍然後題墓道言漢故征西將軍曹侯之墓此其志也而遭値董卓之難興舉義兵是時合兵能多得耳然常自損不欲多之所以然者兵多意盛與彊敵爭倘更爲禍始故汴水之戰數千後還到揚州更募亦復不過三千人此其本志有限也後領兗州破降黃巾三十萬衆又袁術僭號於九江下皆稱臣名門曰建號門衣被皆爲天子之制兩婦預爭爲皇后志計已定人有勸術使遂卽帝位露布天下答言曹公尙在未可也後孤討禽其四將獲其人衆遂使術窮亡解沮發病而死及至袁紹據河北兵勢彊盛孤自度勢實不敵之但計投死爲國以義滅身足垂於後幸而破紹梟其二子又劉表自以爲宗室包藏姦心乍前乍卻以觀世事據有荆州孤復定之遂平天下身爲宰相人臣之貴已極意望已過矣今孤言此若爲自大欲人言盡故無諱耳設使國家無有孤不知當幾人稱帝幾人稱王或者人見孤彊盛又性不信天命之事恐私心相評言有不遜之志妄相忖度每用耿耿齊桓晉文所以垂稱至今日者以其兵勢廣大猶能奉事周室也論語云三分天下有其二以服事殷周之德可謂至德矣夫能以大事小也昔樂毅走趙趙王欲與之圖燕樂毅伏而垂泣對曰臣事昭王猶事大王臣若獲戾放在他國沒世然後已不忍謀趙之徒隸況燕後嗣乎胡亥之殺蒙恬也恬曰自吾先人及至子孫積信於秦三世矣今臣將兵三十餘萬其勢足以背叛然自知必死而守義者不敢辱先人之教以忘先王也孤每讀此二人書未嘗不愴然流涕也孤祖父以至孤身皆當親重之任可謂見信者矣以及子植兄弟過於三世矣孤非徒對諸君說此也常以語妻妾皆令深知此意孤謂之言顧我萬年之後汝曹皆當出嫁欲令傳道我心使他人皆知之孤此言皆肝鬲之要也所以勤勤懇懇敍心腹者見周公有金縢之書以自明恐人不信之故然欲孤便爾委捐所典兵衆以還執事歸就武平侯國實不可也何者誠恐己離兵爲人所禍也旣爲子孫計又己敗則國家傾危是以不得慕虛名而處實禍此所不得爲也前朝恩封三子爲侯固辭不受今更欲受之非欲復以爲榮欲以爲外援爲萬安計孤聞介推之避晉封申胥之逃楚賞未嘗不舍書而歎有以自省也奉國威靈仗鉞征伐推弱以克彊處小而禽大意之所圖動無違事心之所慮何向不濟遂蕩平天下不辱主命可謂天助漢室非人力也然封兼四縣食戶三萬何德堪之江湖未靜不可讓位至於邑土可得而辭今上還陽夏柘苦三縣戶二萬但食武平萬戶且以分損謗議少減孤之責也

十六年春正月天子命公世子丕爲五官中郎將置魏書曰庚辰天子報減戶五千分所讓三縣萬五千封三子植爲平原侯據爲范陽侯豹爲饒陽侯食邑各五千戶官屬爲丞相副太原商曜等以大陵叛遣夏侯淵徐晃圍破之張魯據漢中三月遣鍾繇討之公使淵等出河東與繇會是時關中諸將疑繇欲自襲馬超遂與韓遂楊秋李堪成宜等叛遣曹仁討之超等屯潼關公勅諸將關西兵精悍堅壁勿與戰秋七月公西征魏書曰議者多言關西兵彊習長矛非精選前鋒則不可以當也公謂諸將曰戰在我非在賊也賊雖習長矛將使不得以刺諸君但觀之耳與超等夾關而軍公急持之而潛遣徐晃朱靈等夜渡蒲阪津據河西爲營公自潼關北渡未濟超赴船急戰校尉丁斐因放牛馬以餌賊賊亂取牛馬公乃得渡曹瞞傳曰公將過河前隊適渡超等奄至公猶坐胡床不起張郃等見事急共引公入船河水急比渡流四五里超等騎追射之矢下如雨諸將見軍敗不知公所在皆惶懼至見乃悲喜或流涕公大笑曰今日幾爲小賊所困乎循河爲甬道而南賊退拒渭口公乃多設疑兵潛以舟載兵入渭爲浮橋夜分兵結營於渭南賊夜攻營伏兵擊破之超等屯渭南遣信求割河以西請和公不許九月進軍渡渭曹瞞傳曰時公軍每渡渭輒爲超騎所衝突營不得立地又多沙不可築壘婁子伯說公曰今天寒可起沙爲城以水灌之可一夜而成公從之乃多作縑囊以運水夜渡兵作城比明城立由是公軍盡得渡渭或疑于時九月水未應凍臣松之案魏書公軍八月至潼關閏月北渡河則其年閏八月也至此容可大寒邪超等數挑戰又不許固請割地求送任子公用賈詡計僞許之韓遂請與公相見公與遂父同歲孝廉又與遂同時儕輩於是交馬語移時不及軍事但說京都舊故拊手歡笑旣罷超等問遂公何言遂曰無所言也超等疑之魏書曰公後日復與遂等會語諸將曰公與虜交語不宜輕脫可爲木行馬以爲防遏公然之賊將見公悉於馬上拜秦胡觀者前後重沓公笑謂賊曰汝欲觀曹公邪亦猶人也非有四目兩口但多智耳胡前後大觀又列鐵騎五千爲十重陣精光耀日賊益震懼他日公又與遂書多所點竄如遂改定者超等愈疑遂公乃與克日會戰先以輕兵挑之戰良久乃縱虎騎夾擊大破之斬成宜李堪等遂超等走涼州楊秋奔安定關中平諸將或問公曰初賊守潼關渭北道缺不從河東擊馮翊而反守潼關引日而後北渡何也公曰賊守潼關若吾入河東賊必引守諸津則西河未可渡吾故盛兵向潼關賊悉衆南守西河之備虛故二將得擅取西河然後引軍北渡賊不能與吾爭西河者以有二將之軍也連車樹柵爲甬道而南臣松之按漢高祖二年與楚戰滎陽京索之間築甬道屬河以取敖倉粟應劭曰恐敵鈔輜重故築垣牆如街巷也今魏武不築垣牆但連車樹柵以扞兩面既爲不可勝且以示弱渡渭爲堅壘虜至不出所以驕之也故賊不爲營壘而求割地吾順言許之所以從其意使自安而不爲備因畜士卒之力一旦擊之所謂疾雷不及掩耳兵之變化固非一道也始賊每一部到公輒有喜色賊破之後諸將問其故公答曰關中長遠若賊各依險阻征之不一二年不可定也今皆來集其衆雖多莫相歸服軍無適主一舉可滅爲功差易吾是以喜冬十月軍自長安北征楊秋圍安定秋降復其爵位使留撫其民人魏略曰楊秋黃初中遷討寇將軍位特進封臨涇侯以壽終十二月自安定還留夏侯淵屯長安

十七年春正月公還鄴天子命公贊拜不名入朝不趨劍履上殿如蕭何故事馬超餘衆梁興等屯藍田使夏侯淵擊平之割河內之蕩陰朝歌林慮東郡之衛國頓丘東武陽發干鉅鹿之廮陶曲周南和廣平之任城趙之襄國邯鄲易陽以益魏郡冬十月公征孫權

十八年春正月進軍濡須口攻破權江西營獲權都督公孫陽乃引軍還詔書并十四州復爲九州夏四月至鄴五月丙申天子使御史大夫郗慮持節策命公爲魏公續漢書曰慮字鴻豫山陽高平人少受業於鄭玄建安初爲侍中虞溥江表傳曰獻帝嘗特見慮及少府孔融問融曰鴻豫何所優長融曰可與適道未可與權慮舉笏曰融昔宰北海政散民流其權安在也遂與融互相長短以致不睦公以書和解之慮從光祿勳遷爲大夫曰朕以不德少遭愍凶越在西土遷于唐衛當此之時若綴旒然公羊傳曰君若贅旒然贅猶綴也何休云旒旗旒也以旒譬者言爲下所執持東西也宗廟乏祀社稷無位羣凶覬覦分裂諸夏率土之民朕無獲焉卽我高祖之命將墜於地朕用夙興假寐震悼于厥心曰惟祖惟父股肱先正文侯之命曰亦惟先正鄭玄云先正先臣謂公卿大夫也其孰能恤朕躬乃誘天衷誕育丞相保乂我皇家弘濟于艱難朕實賴之今將授君典禮其敬聽朕命昔者董卓初興國難羣臣釋位以謀王室左氏傳曰諸侯釋位以間王政服虔曰言諸侯釋其私政而佐王室君則攝進首啓戎行此君之忠于本朝也後及黃巾反易天常侵我三州延及平民君又翦之以寧東夏此又君之功也韓暹楊奉專用威命君則致討克黜其難遂遷許都造我京畿設官兆祀不失舊物天地鬼神於是獲乂此又君之功也袁術僭逆肆於淮南懾憚君靈用丕顯謀蘄陽之役橋蕤授首稜威南邁術以隕潰此又君之功也迴戈東征呂布就戮乘轅將返張楊殂斃眭固伏罪張繡稽服此又君之功也袁紹逆亂天常謀危社稷憑恃其衆稱兵內侮當此之時王師寡弱天下寒心莫有固志君執大節精貫白日奮其武怒運其神策致屆官渡大殲醜類詩曰致天之屆于牧之野鄭玄云屆極也鴻範曰鯀則殛死俾我國家拯於危墜此又君之功也濟師洪河拓定四州袁譚高幹咸梟其首海盜奔迸黑山順軌此又君之功也烏丸三種崇亂二世袁尚因之逼據塞北束馬縣車一征而滅此又君之功也劉表背誕不供貢職王師首路威風先逝百城八郡交臂屈膝此又君之功也馬超成宜同惡相濟濱據河潼求逞所欲殄之渭南獻馘萬計遂定邊境撫和戎狄此又君之功也鮮卑丁零重譯而至單于白屋請吏率職此又君之功也君有定天下之功重之以明德班敘海內宣美風俗旁施勤教恤慎刑獄吏無苛政民無懷慝敦崇帝族表繼絕世舊德前功罔不咸秩雖伊尹格于皇天周公光于四海方之蔑如也朕聞先王並建明德胙之以土分之以民崇其寵章備其禮物所以藩衛王室左右厥世也其在周成管蔡不靜懲難念功乃使邵康公賜齊太公履東至于海西至于河南至于穆陵北至于無棣五侯九伯實得征之世祚太師以表東海爰及襄王亦有楚人不供王職又命晉文登爲侯伯錫以二輅虎賁鈇鉞秬鬯弓矢大啓南陽世作盟主故周室之不壞繫二國是賴今君稱丕顯德明保朕躬奉答天命導揚弘烈綏爰九域莫不率俾盤庚曰綏爰有衆鄭玄曰爰於也安隱於其衆也君奭曰海隅出日罔不率俾率循也俾使也四海之隅日出所照無不循度而可使也功高于伊周而賞卑於齊晉朕甚恧焉朕以眇眇之身託于兆民之上永思厥艱若涉淵冰非君攸濟朕無任焉今以冀州之河東河內魏郡趙國中山常山鉅鹿安平甘陵平原凡十郡封君爲魏公錫君玄土苴以白茅爰契爾龜用建冢社昔在周室畢公毛公入爲卿佐周邵師保出爲二伯外內之任君實宜之其以丞相領冀州牧如故又加君九錫其敬聽朕命以君經緯禮律爲民軌儀使安職業無或遷志是用錫君大輅戎輅各一玄牡二駟君勸分務本穡人昏作盤庚曰墮農自安不昏作勞鄭玄云昏勉也粟帛滯積大業惟興是用錫君袞冕

之服赤舄副焉君敦尚謙讓俾民興行少長有禮上下咸和是用錫君軒縣之樂六佾之舞君翼宣風化爰發四方遠人革面華夏充實是用錫君朱戶以居君研其明哲思帝所難官才任賢羣善必舉是用錫君納陛以登君秉國之鈞正色處中纖毫之惡靡不抑退是用錫君虎賁之士三百人君糾虔天刑章厥有罪 糾虔天刑語出國語韋昭注曰糾察也虔敬也刑法也 犯關干紀莫不誅殛是用錫君鈇鉞各一君龍驤虎視旁眺八維掩討逆節折衝四海是用錫君彤弓一彤矢百玈弓十玈矢千君以溫恭爲基孝友爲德明允篤誠感於朕思是用錫君秬鬯一卣珪瓚副焉魏國置丞相已下羣卿百寮皆如漢初諸侯王之制往欽哉敬服朕命簡恤爾衆時亮庶功用終爾顯德對揚我高祖之休命 後漢尚書左丞潘勗之辭也勗字元茂陳留中牟人魏書載公令曰夫受九錫廣開土宇周公其人也漢之異姓八王者與高祖俱起布衣剏定王業其功至大吾何可比之前後三讓於是中軍師陵樹亭侯荀攸前軍師東武亭侯鍾繇左軍師涼茂右軍師毛玠平虜將軍華鄉侯劉勳建武將軍清苑亭侯劉若伏波將軍高安鄉侯夏侯惇揚武將軍都亭侯王忠奮威將軍樂鄉侯劉展建忠將軍昌鄉亭侯鮮于輔奮武將軍安國亭侯程昱大中大夫都鄉侯賈詡軍師祭酒千秋亭侯董昭都亭侯薛洪南鄉亭侯董蒙關內侯王粲傅巽祭酒王選袁渙王朗張承任藩杜襲中護軍國明亭侯曹洪中領軍萬歲亭侯韓浩行驍騎將軍安平亭侯曹仁領護軍將軍王圖長史萬潛謝奐袁霸等勸進曰自古三代胙臣以土受命中興封秩輔佐皆所以褒功賞德爲國藩衞也往者天下崩亂羣凶豪起顛越跋扈之險不可忍言明公奮身出命以徇其難誅二袁篡盜之逆滅黃巾賊亂之類殄夷首逆芟撥荒穢沐浴霜露二十餘年書契以來未有若此功者昔周公承文武之迹受已成之業高枕墨筆拱揖羣后商奄之勤不過二年呂望因三分有二之形據八百諸侯之勢暫把旄鉞一時指麾然皆大啓土宇跨州兼國周公八子並爲侯伯白牡騂剛郊祀天地典策備物擬則王室榮章寵盛如此之弘也逮至漢興佐命之臣張耳吳芮其功至薄亦連城開地南面稱孤此皆明君達主行之於上賢臣聖宰受之於下三代令典漢帝明制今比勞則周呂逸計功則張吳微論制則齊魯重言地則長沙多然則魏國之封九錫之榮況於舊賞猶懷玉而被褐也且列侯諸將幸攀龍驥得竊微勞佩紫懷黃蓋以百數亦將因此傳之萬世而明公獨辭賞於上將使其下懷不自安上違聖朝歡心下失冠帶至望忘輔弼之大業信匹夫之細行攸等所大懼也於是公勑外爲章但受魏郡攸等復曰伏見魏國初封聖朝發慮稽謀羣寮然後策命而明公久違上指不卽大禮今既虔奉詔命副順衆望又欲辭多當少讓九受一是猶漢朝之賞不行而攸等之請未許也昔齊魯之封奄有東海疆域井賦四百萬家基隆業廣易以立功故能成翼戴之勳立一匡之績今魏國雖有十郡之名猶減於曲阜計其戶數不能參半以藩衞王室立垣樹屏猶未足也且聖上覽亡秦無輔之禍懲曩日震蕩之艱託建忠賢廢墜是爲願明公恭承帝命無或拒違公乃受命魏書載公上書謝曰臣蒙先帝厚恩致位郎署受性疲怠意望畢足非敢希望高位庶幾顯達會董卓作亂義當死難故敢奮身出命摧鋒率衆遂値千載之運奉役目下當二袁炎沸侵侮之際陛下與臣寒心同憂顧瞻京師進受猛敵常恐君臣俱陷虎口誠不自意能全首領賴祖宗靈祐醜類夷滅得使微臣竊名其間陛下加恩授以上相封爵寵祿豐大弘厚生平之願實不望也口與心計幸且待罪保持列侯遺付子孫自託聖世永無憂責不意陛下乃發盛意開國備錫以貺愚臣地比齊魯禮同藩王非臣無功所宜膺據歸情上聞不蒙聽許嚴詔切至誠使臣心俯仰逼迫伏自惟省列在大臣命制王室身非己有豈敢自私遂其愚意亦將黜退令就初服今奉疆土備數藩翰非敢遠期慮有後世至於父子相誓終身灰軀盡命報塞厚恩天威在顏悚懼受詔 秋七月始建魏社稷宗廟天子娉公三女爲貴人少者待年於國 獻帝起居注曰使使持節行太常大司農安陽亭侯王邑齎璧帛玄纁絹五萬匹之鄴納娉介者五人皆以議郎行大夫事副介一人 九月作金虎臺鑿渠引漳水入白溝以通河冬十月分魏郡爲東西部置都尉十一月初置尚書侍中六卿 魏氏春秋曰以荀攸爲尚書令涼茂爲僕射毛玠崔琰常林徐奕何夔爲尚書王粲杜襲衞覬和洽爲侍中 馬超在漢陽復因羌胡爲害氐王千萬叛應超屯興國使夏侯淵討之

十九年春正月始耕籍田南安趙衢漢陽尹奉等討超梟其妻子超奔漢中韓遂徙金城入氐王千萬部率羌胡萬餘騎與夏侯淵戰擊大破之遂走西平淵與諸將攻興國屠之省安東永陽郡安定太守毋丘興將之官公戒之曰羌胡欲與中國通自當遣人來慎勿遣人往善人難得必將教羌胡妄有所請求因欲以自利不從便爲失異俗意從之則無益事興至遣校尉范陵至羌中陵果教羌使自請爲屬國都尉公曰吾預知當爾非聖也但更事多耳 獻帝起居注曰使行太常事大司農安陽侯王邑與宗正劉艾皆持節介者五人齎束帛駟馬及給事黃門侍郎掖庭丞中常侍二人迎二貴人于魏公國二月癸亥又於魏公宗廟授二貴人印綬甲子詣魏公宮延秋門迎貴人升車魏遣郎中令少府博士御府乘黃廄令丞相掾屬侍送貴人癸酉二貴人至洧倉中遣侍中丹將冗從虎賁前後駱驛往迎之乙亥二貴人入宮御史大夫中二千石將大夫議郎會殿中魏國二卿及侍中中郎二人與漢公卿並升殿宴 三月天子使魏公位在諸侯王上改授金璽赤紱遠游冠 獻帝起居注曰使左中郎將楊宣亭侯裴茂持節印授之 秋七月公征孫權 九州春秋曰參軍傅幹諫曰治天下之大具有二文與武也用武則先威用文則先德威德足以相濟而後王道備矣往者天下大亂上下失序明公用武攘之十平其九今未承王命者吳與蜀也吳有長江之險蜀有崇山之阻難以威服易以德懷愚以爲可且按甲寢兵息軍養士分土定封論功行賞若此則內外之心固有功者勸而天下知制矣然後漸興學校以導其善性而長其義節公神武震於四海若修文以濟之則普天之下無思不服矣今舉十萬之衆頓之長江之濱若賊負固深藏則士馬不能逞其能奇變無所用則大威有屈而敵心未能服矣唯明公思虞舜舞干戚之義全威養德以道制勝公不從軍遂無功幹字彥材北地人終於丞相倉曹屬有子曰玄 初隴西宋建自稱河首平漢王聚衆枹罕改元置百官三十餘年遣夏侯淵自興國討之冬十月屠枹罕斬建涼州平公自合肥還十一月漢皇后伏氏坐昔與父故屯騎校尉完書云帝以董承被誅怨恨公辭甚醜惡發聞后廢黜死兄弟皆伏法 曹瞞傳曰公遣華歆勒兵入宮收后后閉戶匿壁中歆壞戶發壁牽后出帝時與御史大夫郗慮坐后被髮徒跣過執帝手曰不能復相活邪帝曰我亦不自知命在何時也帝謂慮曰郗公天下寧有是邪遂將后殺之完及宗族死者數百人 十二月公至孟津天子命公置旄頭宮殿設鍾虡乙未令曰夫有行之士未必能進取進取之士未必能有行也陳平豈篤行蘇秦豈守信邪而陳平定漢業蘇秦濟弱燕由此言之士有偏短庸可廢乎有司明思此義則士無遺滯官無廢業矣又曰夫刑百姓之命也而軍中典獄者或非其人而任以三軍死生之事吾甚懼之其選明達法理者使持典刑於是置理曹掾屬

二十年春正月天子立公中女爲皇后省雲中定襄五原朔方郡郡置一縣領其民合以爲新興郡三月公西征張魯至陳倉將自武都入氐氐人塞道先遣張郃朱靈等攻破之夏四月公自陳倉以出散關至河池氐王竇茂衆萬餘人恃險不服五月公攻屠之西平金城諸將麴演蔣石等共斬送韓遂首 典略曰遂字文約始與同郡邊章俱著名西州章爲督軍從事遂奉計詣京師何進宿聞其名特與相見遂說進使誅諸閹人進不從乃求歸會涼州宋揚北宮玉等反舉章遂爲主章尋病卒遂爲揚等所劫不得已遂阻兵爲亂積三十二年至是乃死年七十餘矣劉艾靈帝紀曰章一名元 秋七月公至陽平張魯使弟衞與將楊昂等據陽平關橫山築城十餘里攻之不能拔乃引軍還賊見大軍退其守備解散公乃密遣解㯁高祚等乘險夜襲大破之斬其將楊任進攻衞衞等夜遁魯潰奔巴中公軍入南鄭盡得魯府庫珍寶 魏書曰軍自武都山行千里升降險阻軍人勞苦公於是大饗莫不忘其勞 巴漢皆降復漢寧郡爲漢中分漢中之安陽西城爲西城郡置太守分錫上庸郡置都尉八月孫權圍合肥張遼李典擊破之九月巴七姓夷王朴胡賨邑侯杜濩舉巴夷賨民來附 孫盛曰朴音浮濩音戶 於是分巴郡以胡爲巴東太守濩爲巴西太守皆封列侯天子命公承制封拜諸侯守相 孔衍漢魏春秋曰天子以公典任於外臨事之賞或宜速疾乃命公得承制封拜諸侯守相詔曰夫軍之大事在茲賞罰勸善懲惡宜不旋時故司馬法曰賞不逾日者欲民速覩爲善之利也昔在中興鄧禹入關承制拜軍祭酒李文爲河東太守來歙又承制拜高峻爲通路將軍察其本傳皆非先請明臨事刻印也斯則世祖神明權達損益蓋所用速示威懷而著鴻勳也其春秋之義大夫出疆有專命之事苟所以利社稷安國家而已況君秉任二伯師尹九有實征夷夏軍行藩甸之外失得在於斯須之間停賞俟詔以滯世務固非朕之所圖也自今已後臨事所甄當加寵號者其便刻印章假授咸使忠義得相獎勵勿有疑焉 冬十月始置名號侯至五大夫與舊列侯關內侯凡六等以賞軍功 魏書曰置名號侯爵十八級關中侯爵十七級皆金印紫綬又置關內外侯十六級銅印龜紐墨綬五大夫十五級銅印環紐亦墨綬皆不食租與舊列侯關內侯凡六等臣松之以爲今之虛封蓋自此始 十一月魯自巴中將其餘衆降封魯及五子皆爲列侯劉備襲劉璋取益州遂據巴中遣張郃擊之十二月公自南鄭還留夏侯淵屯漢中 是行也侍中王粲作五言詩以美其事曰從軍有苦樂但問所從誰所從神且武安得久勞師相公征關右赫怒振天威一舉滅獯虜再舉服羌夷西收邊地賊忽若俯拾遺陳賞越山嶽酒肉踰川坻軍中多饒飫人馬皆溢肥徒行兼乘還空出有餘資拓土三千里往反速如飛歌舞入鄴城所願獲無違

二十一年春二月公還鄴 魏書曰辛未有司以太牢告至策勳于廟甲午始春祠令曰議者以爲祠廟上殿當解履吾受錫命帶劍不解履上殿今有事于廟而解履是尊先公而替王命敬父祖而簡君王故吾不敢解履上殿也又臨祭就洗以手擬水而不盥夫盥以潔爲敬未聞擬向不盥之禮且祭神如在故吾親受水而盥也又降神禮訖下階就幕而立須奏樂畢竟似若不愆烈祖遲祭不速訖也故吾坐俟樂闋送神乃起也受胙納神以授侍中此爲敬恭不終實也古者親執祭事故吾親納于神終抱而歸也仲尼曰雖違衆吾從下誠哉斯言也 三月壬寅公親耕籍田 魏書曰有司奏四時講武於農隙漢承秦制三時不講唯十月都試車馬幸長水南門會五營士爲八陣進退名曰乘之今金革未偃士民素習自今已後可無四時講武但以立秋擇吉日大朝車騎號曰治兵上合禮名下承漢制奏可 夏五月天子進公爵爲魏王 獻帝傳載詔曰自古帝王雖號稱相變爵等不同至乎褒崇元勳建立功德光啓氏姓延于子孫庶姓之與親豈有殊焉昔我聖祖受命剏業肇基造我區夏鑒古今之制通爵等之差盡封山川以立藩屏使異姓親戚並列土地據國而王所以保乂天命安固萬嗣歷世承平臣主無事世祖中興而時有難易是以曠年數百無異姓諸侯王之位朕以不德繼序弘業遭率土分崩羣兇縱毒自西徂東辛苦卑約當此之際唯恐溺入于難以羞先帝之聖德賴皇天之靈俾君秉義奮身震迅神武捍朕於艱難獲保宗廟華夏遺民含氣之倫莫不蒙焉君勤過稷禹忠侔伊周而掩之以謙讓守之以彌恭是以往者初開魏國錫君土宇懼君之違命慮君之固辭故且懷志屈意封君爲上公欲以欽順高義須俟勳績韓遂宋建南結巴蜀羣逆合從圖危社稷君復命將龍驤虎奮梟其元首屠其窟棲暨至西征陽平之役親擐甲冑深入險阻芟夷蟊賊殄其凶醜盪定西陲懸旌萬里聲教遠振寧我區夏蓋唐虞之盛三后樹功文武之興旦奭作輔二祖成業英豪佐命夫以聖哲之君事爲已任猶錫土班瑞以報功臣豈有如朕寡德仗君以濟而賞典不豐將何以答神祇慰萬民哉今進君爵爲魏王使使持節行御史大夫宗正劉艾奉策璽玄土之社苴以白茅金虎符第一至第五竹使符第一至第十君其正王位以丞相領冀州牧如故其上魏公璽綬符策敬服朕命簡恤爾衆克綏庶績以揚我祖宗之休命魏王上書三辭詔三報不許又手詔曰大聖以功德爲高美以忠和爲典訓故勳業垂名使百世可希行道制義使力行可效是以勳烈無窮休光茂著稷契載元首之聰明周邵因文武之智用雖經營庶官仰歎俯思其對豈有若君者哉朕惟古人之功美之如彼思君忠勤之績茂之如此是以每將鏤符析瑞陳禮命冊寤寐慨然自忘守文之不德焉今君重違朕命固辭懇切非所以稱朕心而訓後世也其抑志搴節勿復固辭四體書勢序曰梁鵠以公爲北部尉曹瞞傳曰爲尚書右丞司馬建公所舉及公爲王召建公到鄴與歡飲謂建公曰孤今日可復作尉否建公曰昔舉大王時適可作尉耳王大笑建公名防司馬宣王之父臣松之案司馬彪序傳建公不爲右丞疑此不然而王隱晉書云趙王篡位欲尊祖爲帝博士馬平議稱京兆府君昔舉魏武帝爲北部尉賊不犯界如此則爲有徵 代郡烏丸行單于普富盧與其侯王來朝天子命王女爲公主食湯沐邑秋七月匈奴南單于呼廚泉將其名王來朝待以客禮遂留魏使右賢王去卑監其國八月以大理鍾繇爲相國 魏書曰始置奉常宗正官 冬十月治兵 魏書曰王親執金鼓以令進退 遂征孫權十一月至譙

二十二年春正月王軍居巢二月進軍屯江西郝谿權在濡須口築城拒守遂逼攻之權退走三月王引軍還留夏侯惇曹仁張遼等屯居巢夏四月天子命王設天子旌旗出入稱警蹕五月作泮宮六月以軍師華歆爲御史大夫 魏書曰初置衞尉官秋八月令曰昔伊摯傅說出於賤人管仲桓公賊也皆用之以興蕭何曹參縣吏也韓信陳平負汙辱之名有見笑之恥卒能成就王業聲著千載吳起貪將殺妻自信散金求官母死不歸然在魏秦人不敢東向在楚則三晉不敢南謀今天下得無有至德之人放在民間及果勇不顧臨敵力戰若文俗之吏高才異質或堪爲將守負汙辱之名見笑之行或不仁不孝而有治國用兵之術其各舉所知勿有所遺 冬十月天子命王冕十有二旒乘金根車駕六馬設五時副車以五官中郎將丕爲魏太子劉備遣張飛馬超吳蘭等屯下辯遣曹洪拒之

二十三年春正月漢太醫令吉本與少府耿紀司直韋晃等反攻許燒丞相長史王必營 魏武故事載令曰領長史王必是吾披荊

賴時吏也忠能勤事心如鐵石國之良吏也蹉跌久未辟之捨騏驥而弗乘焉遑遑而更求哉故敬辟之已署所宜便以領長史統事如故必與潁川典農中郎將嚴匡討斬之三輔決錄注曰時有京兆金禕字德禕自以世為漢臣自日磾討莽何羅忠誠顯著名節累葉覩漢祚將移謂可季興乃喟然發憤遂與耿紀韋晃吉本本子邈邈弟穆等結謀紀字季行少有美名為丞相掾王甚敬異之遷侍中守少府邈字文然穆字思然以禕慷慨有日磾之風又與王必善因以閒之若殺必欲挾天子以攻魏南援劉備時關羽彊盛而王在鄴留必典兵督許中事文然等率雜人及家僮千餘人夜燒門攻必禕遣人為內應射必中肩必不知攻者為誰以素與禕善走投禕夜喚德禕禕家不知是必謂為文然等錯應曰王長史已死乎卿曹事立矣必乃更他路奔或曰必欲投禕其帳下督謂必曰今日事竟知誰門而投入乎扶必奔南城會天明必猶在文然等衆散故敗後十餘日必竟以創死獻帝春秋曰收紀晃等將斬之紀呼魏王名曰恨吾不自生意竟為羣兒所誤耳晃頓首搏頰以至於死山陽公載記曰王聞王必死盛怒召漢百官詣鄴令救火者左不救火者右衆人以為救火者必無罪皆附左王以為不救火者非助亂救火乃實賊也皆殺之曹洪破吳蘭斬其將任夔等五月張飛馬超走漢中陰平氐強端斬吳蘭傳其首夏四月代郡上谷烏丸無臣氐等叛遣鄢陵侯彰討破之魏書載王令曰去冬天降疾癘民有凋傷軍興于外墾田損少吾甚憂之其令吏民男女女年七十已上無夫子若年十二已下無父母兄弟及目無所見手不能作足不能行而無妻子父兄產業者廩食終身幼者至十二止貧窮不能自贍者隨口給貸老耄須待養者年九十已上復不事家一人六月令曰古之葬者必居瘠薄之地其規西門豹祠西原上為壽陵因高為基不封不樹周禮冢人掌公墓之地凡諸侯居左右以前卿大夫居後漢制亦謂之陪陵其公卿大臣列將有功者宜陪壽陵其廣為兆域使足相容秋七月治兵遂西征劉備九月至長安冬十月宛守將侯音等反執南陽太守劫略民吏保宛初曹仁討關羽屯樊城是月使仁圍宛

二十四年春正月仁屠宛斬音曹瞞傳曰是時南陽間苦繇役音於是執太守東里衰與吏民共反與關羽連和南陽功曹宗子卿往說音曰足下順民心舉大事遠近莫不望風然執郡將逆而無益何不遣之吾與子共勠力比曹公軍來關羽兵亦至矣音從之即釋遣太守子卿因夜踰城亡出遂與太守收餘民圍音會曹仁軍至共滅之夏侯淵與劉備戰於陽平為備所殺三月王自長安出斜谷軍遮要以臨漢中遂至陽平備因險拒守九州春秋曰時王欲還出令曰雞肋官屬不知所謂主簿楊修便自嚴裝人驚問修何以知之修曰夫雞肋棄之如可惜食之無所得以比漢中知王欲還也夏五月引軍還長安秋七月以夫人卞氏為王后遣于禁助曹仁擊關羽八月漢水溢灌禁軍軍沒羽獲禁遂圍仁使徐晃救之九月相國鍾繇坐西曹掾魏諷反免世語曰諷字子京沛人有惑衆才傾動鄴都鍾繇由是辟焉大軍未反諷潛結徒黨又與長樂衞尉陳禕謀襲鄴未及期禕懼告之太子誅諷坐死者數十人王昶家誡曰濟陰魏諷而此云沛人未詳冬十月軍還洛陽曹瞞傳曰王更修治北部尉廨令過於舊孫權遣使上書以討關羽自效王自洛陽南征羽未至晃攻羽破之羽走仁圍解王軍摩陂魏略曰孫權上書稱臣稱說天命王以權書示外曰是兒欲踞吾著爐火上邪侍中陳羣尚書桓階奏曰漢自安帝已來政去公室國統數絕至於今者唯有名號尺土一民皆非漢有期運久已盡歷數久已終非適今日也是以桓靈之間諸明圖緯者皆言漢行氣盡黃家當興殿下應期十分天下而有其九以服事漢羣生注望遐邇怨歎是故孫權在遠稱臣此天人之應異氣齊聲臣愚以為虞夏不以謙辭殷周不吝誅放畏天知命無所與讓也魏氏春秋曰夏侯惇謂王曰天下咸知漢祚已盡異代方起自古已來能除民害為百姓所歸者即民主也今殿下即戎三十餘年功德著於黎庶為天下所依歸應天順民復何疑哉王曰施於有政是亦為政若天命在吾吾為周文王矣曹瞞傳及世語並云桓階勸王正位夏侯惇以為宜先滅蜀蜀亡則吳服二方既定然後遵舜禹之軌王從之及至王薨惇追恨前言發病卒孫盛評曰夏侯惇恥為漢官求受魏印桓階方惇有義直之節考其傳記世語為妄矣

二十五年春正月至洛陽權擊斬羽傳其首庚子王崩於洛陽年六十六世語曰太祖自漢中至洛陽起建始殿伐濯龍祠而樹血曹瞞傳曰王使工蘇越徙美梨掘之根傷盡出血越白狀王躬自視而惡之以為不祥還遂寢疾遺令曰天下尚未安定未得遵古也葬畢皆除服其將兵屯戍者皆不得離屯部有司各率乃職斂以時服無藏金玉珍寶謚曰武王二月丁卯葬高陵魏書曰太祖自統御海內芟夷羣醜其行軍用師大較依孫吳之法而因事設奇譎敵制勝變化如神自作兵書十萬餘言諸將征伐皆以新書從事臨事又手為節度從令者克捷違教者負敗與虜對陳意思安閑如不欲戰然及至決機乘勝氣勢盈溢故每戰必克軍無幸勝知人善察難眩以偽拔于禁樂進於行陳之間取張遼徐晃於亡虜之內皆佐命立功列為名將其餘拔出細微登為牧守者不可勝數是以剏造大業文武並施御軍三十餘年手不捨書晝則講武策夜則思經傳登高必賦及造新詩被之管絃皆成樂章才力絕人手射飛鳥躬禽猛獸嘗於南皮一日射雉獲六十三頭及造作宮室繕治器械無不為之法則皆盡其意雅性節儉不好華麗後宮衣不錦繡侍御履不二采帷帳屏風壞則補納茵蓐取溫無有緣飾攻城拔邑得靡麗之物則悉以賜有功勳勞宜賞不吝千金無功望施分毫不與四方獻御與羣下共之常以送終之制襲稱之數繁而無益俗又過之故預自制終亡衣服四篋而已傅子曰太祖愍嫁娶之奢僭公女適人皆以皁帳從婢不過十人張華博物志曰漢世安平崔瑗瑗子寔弘農張芝芝弟昶並善草書而太祖亞之桓譚蔡邕善音樂馮翊山子道王九真郭凱等善圍棋太祖皆與埒能又好養性法亦解方藥招引方術之士廬江左慈譙郡華佗甘陵甘始陽城郄儉無不畢至又習啖野葛至一尺亦得少多飲鴆酒傅子曰漢末王公多委王服以幅巾為雅是以袁紹崔豹之徒雖為將帥皆著縑巾魏太祖以天下凶荒資財乏匱擬古皮弁裁縑帛以為帢合於簡易隨時之義以色別其貴賤于今施行可謂軍容非國容也曹瞞傳曰太祖為人佻易無威重好音樂倡優在側常以日達夕被服輕綃身自佩小鞶囊以盛手巾細物時或冠帢帽以見賓客每與人談論戲弄言誦盡無所隱及歡悅大笑至以頭沒杯案中肴膳皆沾汙巾幘其輕易如此然持法峻刻諸將有計畫勝出己者隨以法誅之及故人舊怨亦皆無餘其所刑殺輒對之垂涕嗟痛之終無所活初袁忠為沛相嘗欲以法治太祖沛國桓邵亦輕之及在兗州陳留邊讓言議頗侵太祖太祖殺讓族其家忠邵俱避難交州太祖遣使就太守士燮盡族之桓邵得出首拜謝於庭中太祖謂曰跪可解死邪遂殺之常出軍行經麥中令士卒無敗麥犯者死騎士皆下馬付麥以相持於是太祖馬騰入麥中敕主簿議罪主簿對以春秋之義罰不加於尊太祖曰制法而自犯之何以帥下然孤為軍帥不可自殺請自刑因援劍割髮以置地又有幸姬常從晝寢枕之臥告之曰須臾覺我姬見太祖臥安未即寤及自覺棒殺之常討賊廩穀不足私謂主者曰如何主者曰可以小斛以足之太祖曰善後軍中言太祖欺衆太祖謂主者曰特當借君死以厭衆不然事不解乃斬之取首題徇曰行小斛盜官穀斬之軍門其酷虐變詐皆此之類也

評曰漢末天下大亂雄豪並起而袁紹虎眎四州彊盛莫敵太祖運籌演謀鞭撻宇內擥申商之法術該韓白之奇策官方授材各因其器矯情任算不念舊惡終能總御皇機克成洪業者惟其明略最優也抑可謂非常之人超世之傑矣

魏志卷一考證

太祖武皇帝○臣清植按此書於曹操始稱太祖及漢帝遷許以操為大將軍則改稱公蓋天子三公稱公也既進爵為王則改稱王即曹丕未篡之先亦稱王而已明其為漢王公也為漢王公而卒乃帝其為篡也章矣陳壽仕晉而晉繼魏故微其辭以寓其旨若孫權則雖篡後猶權之耳惟先主始終皆稱先主無易辭以此知陳壽意中隱以正統予蜀如綱目之指故脩王通曰使陳壽不美於春秋遷固之罪言其體雖襲史漢之舊而書法則容有合於春秋也

字孟德漢相國參之後注太祖一名吉利○太平御覽太祖上有曹瞞傳曰四字　臣龍官按裴注所引皆有書名此為脫落無疑

封費亭侯注騰父節字元偉○臣明楷按宦官有曹節曹騰之父亦名節名同耳

莫能審其生出本末注嵩夏侯氏之子○前學士臣何焯曰夏侯惇之子楙尚清河公主淵子衡亦娶曹氏則謂嵩夏侯氏子者敵國傳聞蓋不足信

其在君乎注抄集諸家兵法名曰接要○臣明楷按接似應作節或以祖名節而諱之與

拜騎都尉討潁川賊遷為濟南相○臣清植按魏武故事所載十二月己亥令操先在濟南後徵為都尉此拜騎都尉乃在濟南相之先似當以操自敘為正

長吏多阿附貴戚贓汙狼籍於是奏免其八○太平御覽八下有九字

河內太守王匡注班親屬不勝憤怒與太祖并勢共殺匡○臣清植按後文所列諸人屯兵處獨缺王匡鮑信名位微又其傳曰協規太祖其統屬於操無疑匡所以闕如必是見并於操如謝承之說

布到乘氏為其縣人李進所破○宋本作李進

太祖軍臨武平○太平御覽無平字

汝南潁川黃巾何儀劉辟黃邵何曼等衆各數萬初應袁術又附孫堅二月太祖進軍討破之斬辟邵等○臣龍官按建安五年汝南降賊劉辟等叛應紹則此時未得斬也又于禁傳亦云斬辟邵等疑有誤何焯校本衍辟字良是

公將引還穰兵來公軍不得進○太平御覽來下有追字

固使楊故長史薛洪河內太守繆尚留守○繆文選作繆

遺劉岱王忠擊之不克注令俳取冢間髑髏擊著忠馬鞍○元修本無著字

為子整與譚結婚注未必便以此年成禮○臣清植按明年九月明記女還而後進兵則其成禮於此時必矣操譚惡得與論禮哉

東平呂曠呂翔叛尚○袁紹傳俱作翔監本誤作詳今改正

尚懼故豫州刺史陰夔及陳琳乞降○尚懼下當有遣字

夏六月以公為丞相注璆字孟平○後漢書作孟玉和洽傳注中又作孟本

冬作銅爵臺注以及子植兄弟○何焯曰文類作子桓植字乃桓字傳寫之訛對臣下不以稱子之字為嫌觀陳思王傳注中諸令屢稱子建則此為子桓決也

馬超遂與韓遂楊秋李堪成宜等叛○監本作李墕後云斬成宜李堪等又馬超張魯傳皆作堪則作李墕誤也今改正

九月進軍渡渭注可起沙為城以水灌之可一夜而成○可一夜而成五字太平御覽作須臾氷堅如鐵石功不達曙百堵皆立雖金湯之固未能過也二十四字

策命公為魏公○何焯曰魏公之命及丕禪授之際但錄冊書而不著其偽讓承祚之微詞所以殊於它史也

對揚我高祖之休命注於是中軍師王夌謝亭侯荀攸○何焯曰王字衍文夌謝當為陵樹荀攸本傳冀州平太祖表封為陵樹亭侯也

但更事多耳注使行太常事大司農安陽侯王邑○安陽下疑脫亭字

兄弟皆伏法注完及宗族死者數百人○何焯曰完字衍完死在十四年

二十一年春二月公還鄴注此為敬恭不終實也○文類作終不實也

漢太醫令吉本○後漢書作吉平

必與潁川典農中郎將嚴匡討斬之注或曰必欲投禕○或曰諸本誤作王曰以上下文考之當是兩說傳疑作或曰為是

執南陽太守劫略民吏保宛○宋本民吏作吏民

仁屠宛斬音注音於是執太守東里袞○通鑑作東里

袞

二月丁卯葬高陵注是以袁紹崔豹之徒○臣良裘按豹當作鈞宋書禮志可據鈞與袁紹起兵山東見後漢書崔駰傳

魏志卷二

晉著作郎巴西中正安漢陳壽撰

宋太中大夫國子博士聞喜裴松之注

文帝丕

文皇帝諱丕，字子桓，武帝太子也。中平四年冬，生於譙。魏書曰：帝生時，有雲氣青色而圜如車蓋當其上，終日，望氣者以為至貴之證，非人臣之氣。年八歲，能屬文。有逸才，遂博貫古今經傳諸子百家之書，善騎射，好擊劒。舉茂才，不行。獻帝起居注曰：建安十五年，為司徒趙溫所辟。太祖表溫辟臣子弟，選舉故不以實，使侍中守光祿勳郗慮持節奉策免溫官。建安十六年，為五官中郎將、副丞相。二十二年，立為魏太子。魏略曰：太祖不時立太子，太子自疑。是時有高元呂者，善相人，乃呼問之，對曰：「其貴乃不可言。」問：「壽幾何？」元呂曰：「其壽，至四十當有小苦，過是無憂也。」後無幾而立為皇太子，至年四十而薨。太祖崩，嗣位為丞相、魏王。袁宏漢紀載漢帝詔曰：「魏太子丕：昔皇天授乃顯考以翼我皇家，遂攘除羣凶，拓定九州，弘功茂績，光于宇宙，朕用垂拱負扆二十有餘載。天不憖遺一老，永保余一人，早世潛神，哀悼傷切。丕奕世宣明，宣秉文武，紹熙前緒。今使使持節御史大夫華歆奉策詔授丕丞相印綬、魏王璽紱，領冀州牧。方今外有遺虜，遐夷未賓，旗鼓猶在邊境，干戈不得韜刃，斯乃播揚洪烈，立功垂名之秋也。豈得脩諒闇之禮，究曾、閔之志哉？其敬服朕命，抑弭憂懷，旁祗厥緒，時亮庶功，以稱朕意。於戲，可不勉與！」尊王后曰王太后。改建安二十五年為延康元年。元年二月，魏書曰：庚戌，令曰：「關津所以通商旅，池苑所以禦災荒，設禁重稅，非所以便民；其除池籞之禁，輕關津之稅，皆復什一。」辛亥，賜諸侯王將相已下大將粟萬斛，帛千匹，金銀各有差等。遣使者循行郡國，有違理掊克暴虐者，舉其罪。壬戌，以太中大夫賈詡為太尉，御史大夫華歆為相國，大理王朗為御史大夫。置散騎常侍、侍郎各四人，其宦人為官者不得過諸署令；為金策著令，藏之石室。初，漢熹平五年，黃龍見譙，光祿大夫橋玄問太史令單颺：「此何祥也？」颺曰：「其國後當有王者興，不及五十年，亦當復見。天事恒象，此其應也。」內黃殷登默而記之。至四十五年，登尚在。三月，黃龍見譙，登聞之曰：「單颺之言，其驗茲乎！」魏書曰：王召見登，謂之曰：「昔成風聞楚丘之繇而敬事季友，鄧晨信少公之言而自納光武。登以篤老，服膺占術，記識天道，豈有是乎！」賜登穀三百斛，遣歸家。己卯，以前將軍夏侯惇為大將軍。濊貊、扶餘單于、焉耆、于闐王皆各遣使奉獻。魏書曰：丙戌，令史官奏修重黎、羲和之職，欽若昊天，歷象日月星辰，以奉天時。臣松之案：魏書有是言而不聞其職也。丁亥，令曰：「故尚書僕射毛玠、奉常王修、涼茂、郎中令袁渙、少府謝奐、萬潛、中尉徐奕、國淵等，皆忠直在朝，履蹈仁義，並早世而子孫陵遲，惻然愍之，其皆拜子男為郎中。」夏四月丁巳，饒安縣言白雉見。魏書曰：賜饒安田租，勃海郡百戶牛酒，大酺三日；太常以太牢祠宗廟。庚午，大將軍夏侯惇薨。魏書曰：王素服幸鄴東城門發哀。孫盛曰：在禮，天子哭同姓於宗廟門之外。哭於城門，失其所也。五月戊寅，天子命王追尊皇祖太尉曰太王，夫人丁氏曰太王后，封王子叡為武德侯。魏略曰：以侍中鄭稱為武德侯傅，令曰：「龍淵、太阿出昆吾之金，和氏之璧由井里之田；礱之以砥礪，錯之以他山，故能致連城之價，為命世之寶。學亦人之砥礪也。稱篤學大儒，勉以經學輔侯，宜旦夕入侍，曜明其志。」是月，馮翊山賊鄭甘、王照率衆降，皆封列侯。魏書曰：初，鄭甘、王照及盧水胡率其屬來降，王得降書以示朝曰：「前欲有令吾討鮮卑者，吾不從而降；又有欲使吾及今秋討盧水胡者，吾不聽，今又降。昔魏武侯一謀而當，有自得之色，見譏李悝。吾今說此，非自是也，徒以為坐而降之，其功大於動兵革也。」酒泉黃華、張掖張進等各執太守以叛。金城太守蘇則討進，斬之。華降。華後為兗州刺史，見王淩傳。六月辛亥，治兵于東郊，魏書曰：公卿相儀，王御華蓋，視金鼓之節。庚午，遂南征。魏略曰：王將出征，度支中郎將新平霍性上疏諫曰：「臣聞文王與紂之事，是時天下括囊無咎，凡百君子，莫肯用訊。今大王體則乾坤，廣開四聰，使賢愚各建所規，伏惟先王功無與比，而今能言之類，不稱為德。故聖人曰得百姓之歡心。兵書曰戰，危事也。是以六國力戰，彊秦承弊，豳王不爭，周道用興。愚謂大王且當委重本朝而守其雌，抗威虎臥，功業可成。而今創基，便復起兵，兵者凶器，必有凶擾，擾則思亂，亂出不意。臣謂此危危於累卵。昔夏啟隱神，三年易有不遠而復，論有不改，誠願大王揆古察今，深謀遠慮，與三事大夫算其長短。臣沐浴先王之遇，又初改政，復受重任，雖知言觸龍鱗，阿諛近福，竊感所誦，危而不持。」奏通，帝怒，遣刺姦就考，竟殺之。既而悔之，追原不及。秋七月庚辰，令曰：「軒轅有明臺之議，放勛有衢室之問，皆所以廣詢於下也。管子曰：黃帝立明臺之議者，上觀於賢也；堯有衢室之問者，下聽於民也；舜有告善之旌，而主不蔽也；禹立建鼓於朝，而備訴訟也；湯有總街之廷，以觀民非也；武王有靈臺之囿，而賢者進也。此古聖帝明王所以有而勿失，得而勿忘也。百官有司，其務以職盡規諫，將率陳軍法，朝士明制度，牧守申政事，縉紳考六藝，吾將兼覽焉。」孫權遣使奉獻。蜀將孟達率衆降。魏略載王自手筆令曰：「吾前遣使宣國威靈，而達即來。吾惟春秋襃儀父，即封拜，以為新城太守，近復有扶老攜幼首向王化者。吾聞風沙之民，自縛其君以歸神農，豳國之衆，襁負其子而入豐鎬，斯豈駕迫之所致哉？乃風化動其情而仁義感其衷，歡心內發使之然也。以此而推，西南將萬里無外，權、備將與誰守死乎？」武都氐王楊僕率種人內附，居漢陽郡。甲午，軍次於譙，大饗六軍及譙父老百姓于邑東。魏書曰：設伎樂百戲，令曰：「先王皆樂其所生，禮不忘其本。譙，霸王之邦，真人本出，其復譙租稅二年。」三老吏民上壽，日夕而罷。丙申，親祠譙陵。孫盛曰：昔者先王之以孝治天下也，內節天性，外施四海，存盡其敬，亡極其哀，思慕諒闇，寄政冢宰，故曰三年之喪，自天子達於庶人。夫然，故在三之義惇，臣子之恩篤，雍熙之化隆，經國之道固，聖人之所以通天地，厚人倫，顯至教，敦風俗，斯萬世不易之典，百王服膺之制也。是故喪禮素冠，鄶人著庶見之譏，宰予降朞，仲尼發不仁之歎，子頹忘戚，君子以為樂禍，魯侯易服，春秋知其不終，豈不以墜至痛之誠心，喪哀樂之大節者哉？故雖三季之末，七雄之弊，猶未有廢縗斬於旬朔之間，釋麻杖於反哭之日者也。逮于漢文，變易古制，人道之紀，一旦而廢，縗素奪於至尊，四海散其遏密，義感闕於羣后，大化墜於君親；雖心存貶約，慮在經綸，至於樹德垂聲，崇化變俗，固以道薄於當年，風頹於百代矣。且武王載主而牧野不陳，晉襄墨縗而三帥為俘，應務濟功，服其焉害？魏王既追漢制，替其大禮，處莫重之哀而設饗宴之樂，居貽厥之始而墮王化之基，及至受禪，顯納二女，忘其至恤以誣先聖之典，天心喪矣，將何以終？是以知王齡之不遐，卜世之期促也。八月，石邑縣言鳳皇集。冬十月癸卯，令曰：「諸將征伐，士卒死亡者或未收斂，吾甚哀之；其告郡國給槥櫝殯斂，送致其家，官為設祭。」槥音衞。漢書高祖八月令曰：士卒從軍死，為槥。應劭曰：槥，小棺也，今謂之櫝。應璩百一詩曰：槥車在道路，征夫不得休。陸機大墓賦曰：觀細木而悶遲，睹洪櫝而念槥。丙午，行至曲蠡。漢帝以衆望在魏，乃召羣公卿士，袁宏漢紀載漢帝詔曰：「朕在位三十有二載，遭天下蕩覆，幸賴祖宗之靈，危而復存。然仰瞻天文，俯察民心，炎精之數既終，行運在乎曹氏。是以前王既樹神武之績，今王又光曜明德以應其期，是歷數昭明，信可知矣。夫大道之行，天下為公，選賢與能，故唐堯不私於厥子，而名播於無窮，朕羨而慕焉，今其追踵堯典，禪位于魏王。」告祠高廟。使兼御史大夫張音持節奉璽綬禪位，冊曰：「咨爾魏王：昔者帝堯禪位於虞舜，舜亦以命禹，天命不于常，惟歸有德。漢道陵遲，世失其序，降及朕躬，大亂茲昏，羣凶肆逆，宇內顛覆。賴武王神武，拯茲難於四方，惟清區夏，以保綏我宗廟，豈予一人獲乂，俾九服實受其賜。今王欽承前緒，光于乃德，恢文武之大業，昭爾考之弘烈。皇靈降瑞，人神告徵，誕惟亮采，師錫朕命，僉曰爾度克協于虞舜，用率我唐典，敬遜爾位。於戲！天之歷數在爾躬，允執其中，天祿永終；君其祗順大禮，饗茲萬國，以肅承天命。」獻帝傳載禪代衆事曰：左中郎將李伏表魏王曰：「昔先王初建魏國，在境外者聞之未審，皆以為拜王。武都李庶、姜合羈旅漢中，謂臣曰：必為魏公，未便王也。定天下者，魏公子桓，神之所命，當合符讖，以應天人之位。臣以合辭語鎮南將軍張魯，魯亦問合：知書所出？合曰：孔子玉版也。天子歷數，雖百世可知。是後月餘，有亡人來，寫得冊文，卒如合辭。合長於內學，關右知名。魯雖有懷國之心，沈溺異道變化，不果寤合之言。後密與臣議策質，國人不協，或欲西通，魯即怒曰：寧為魏公奴，不為劉備上客也。言發惻痛，誠有由然。合先迎王師，往歲病亡於鄴。自臣在朝，每為所親宣說此意，時未有宜，弗敢顯言。殿下即位初年，禎祥衆瑞，日月而至，有命自天，昭然著見。然聖德洞達，符表豫明，實乾坤挺慶，萬國作孚。臣每慶賀，欲言合驗；事君盡禮，人以為諂。況臣名行穢賤，入朝日淺，言為罪尤，自抑而已。今洪澤被四表，靈恩格天地，海內翕習，殊方歸服，兆應並集，以揚休命，始終允臧。臣不勝喜舞，謹具表通。」王令曰：「以示外。薄德之人，何能致此，未敢當也。斯誠先王至德通于神明，固非人力也。」魏王侍中劉廙、辛毗、劉曄、尚書令桓階、尚書陳矯、陳羣、給事黃門侍郎王毖、董遇等言：「臣伏讀左中郎將李伏上事，考圖緯之言，以效神明之應，稽之古代，未有不然者也。故堯稱歷數在躬，璇璣以明天道；周武未戰而赤烏銜書；漢祖未兆而神母告符；孝宣仄微，字成木葉；光武布衣，名已勒讖。是天之所命以著聖哲，非有言語之聲，芬芳之臭，可得而知也，徒縣象以示人，微物以效意耳。自漢德之衰，漸染數世，桓、靈之末，皇極不建，暨于大亂，二十餘年。天之不泯，誕生明聖，以濟其難，是以符讖先著，以彰至德。殿下踐阼未朞，而靈象變於上，羣瑞應於下，四方不羈之民，歸心向義，唯懼在後，雖典籍所傳，未若今之盛也。臣妾遠近，莫不鳧藻。」王令曰：「犂牛之駁似虎，莠之幼似禾，事有似是而非者，今日是矣。覩斯言事，良重吾不德。」於是尚書僕射宣告官寮，咸使聞知。辛亥，太史丞許芝條魏代漢見讖緯於魏王曰：「易傳曰：聖人受命而王，黃龍以戊己日見。七月四日戊寅，黃龍見，此帝王受命之符瑞最著明者也。又曰：初六，履霜，陰始凝也。又有積蟲大穴天子之宮，厥咎然，今蝗蟲見，應之也。又曰：聖人以德親比天下，仁恩洽普，厥應麒麟以戊己日至，厥應聖人受命。又曰：聖人清淨行中正，賢人福至民從命，厥應麒麟來。春秋漢含孳曰：漢以魏，魏以徵。春秋玉版讖曰：代赤者魏公子。春秋佐助期曰：漢以許昌失天下。故白馬令李雲上事曰：許昌氣見於當塗高，當塗高者當昌於許。當塗高者，魏也；象魏者，兩觀闕是也；當道而高大者魏。魏當代漢。今魏基昌於許，漢徵絕於許，乃今效見，如李雲之言，許昌相應也。佐助期又曰：漢以蒙孫亡。說者以蒙孫漢二十四帝，童蒙愚昏，以弱亡。或以雜文為蒙其孫當失天下，以為漢帝非正嗣，少時為董侯，名不正，蒙亂之荒惑，其子孫以弱亡。孝經中黃讖曰：日載東，絕火光。不橫一，聖聰明。四百之外，易姓而王。天下歸功，致太平，居八甲；共禮樂，正萬民，嘉樂家和雜。此魏王之姓諱，著見圖讖。易運期讖曰：言居東，西有午，兩日並光日居下。其為主，反為輔。五八四十，黃氣受，眞人出。言午，許字。兩日，昌字。漢當以許亡，魏當以許昌。今際會之期在許，是其大效也。易運期又曰：鬼在山，禾女連，王天下。臣聞帝王者，五行之精；易姓之符，代興之會，以七百二十年為一軌。有德者過之，至於八百，無德者不及，至四百載。是以周家八百六十七年，夏家四百數十年，漢行夏正，迄今四百二十六歲。又高祖受命，數雖起乙未，然其兆徵始於獲麟。獲麟以來七百餘年，天之歷數將以盡終。帝王之興，不常一姓。太微中，黃帝坐常明，而赤帝坐常不見，以為黃家興而赤家衰，凶亡之漸。自是以來四十餘年，又熒惑失色不明十有餘年。建安十年，彗星先除紫微，二十三年，復掃太微。新天子氣見東南以來，二十三年，白虹貫日，月蝕熒惑，比年己亥、壬子、丙午日蝕，皆水滅火之象也。殿下即位，初踐阼，德配天地，行合神明，恩澤盈溢，廣被四表，格於上下。是以黃龍數見，鳳皇仍翔，麒麟皆臻，白虎效仁，前後獻見於郊甸；甘露醴泉，奇獸神物，衆瑞並出。斯皆帝王受命易姓之符也。昔黃帝受命，風后受河圖；舜、禹有天下，鳳皇翔，洛出書；湯之王，白鳥為符；文王為西伯，赤鳥銜丹書；武王伐殷，白魚升舟；高祖始起，白蛇為徵。巨跡瑞應，皆為聖人興。觀漢前後之大災，今茲之符瑞，察圖讖之期運，摽河洛之所甄，未若今大魏之最美也。夫得歲星者，道始興。昔武王伐殷，歲在鶉火，有周之分野也。高祖入秦，五星聚東井，有漢之分野也。今茲歲星在大梁，有魏之分野也。而天之瑞應，並集來臻，四方歸附，襁負而至，兆民欣戴，咸樂嘉慶。春秋大傳曰：周公何以不之魯？蓋以為雖有繼體守文之君，不害聖人受命而王。周公反政，尸子以為孔子非之，以為周公不聖，不為兆民也。京房作易傳曰：凡為王者，惡者去之，弱者奪之。易姓改代，天命應常，人謀鬼謀，百姓與能。伏惟殿下體堯舜之盛明，膺七百之禪代，當湯武之期運，值天命之移授，河洛所表，圖讖所載，昭然明白，天下學士所共見也。臣職在史官，考符察徵，圖讖效見，際會之期，謹以上聞。」王令曰：「昔周文三分天下有其二，以服事殷，仲尼歎其至德；公旦履天子之籍，聽天下之斷，終然復子明辟，書美其人。吾雖德不及二聖，敢忘高山景行之義哉？若夫唐堯、舜、禹之蹟，皆以聖質茂德處之，故能上和靈祇，下寧萬姓，流稱今日。今吾德至薄也，人至鄙也，遭遇際會，幸承先王餘業，恩未被四海，澤未及天下，雖傾倉府以振魏國百姓，猶寒者未盡煖，饑者未盡飽，夙夜憂懼，弗敢遑寧，庶欲保全髮齒，長守今日，以沒于地，以全魏國，下見先王，以塞負荷之責。望狹志局，守此而已；雖屢蒙祥瑞，當之戰惶，五色無主。若芝之言，豈所聞乎？心慄手悼，書不成字，辭不宣口。吾間作詩曰：『喪亂悠悠過紀，白骨從橫萬里，哀哀下民靡恃，吾將佐時整理，復子明辟致仕。』庶欲守此辭以自終，卒不虛言也。宜宣示遠近，使昭赤心。」於是侍中辛毗、劉曄、散騎常侍傅巽、衞臻、尚書令桓階、尚書陳矯、陳羣、給事中博士騎都尉蘇林、董巴等奏曰：「伏見太史丞許芝上魏國受命之符，令書懇切，允執謙讓，雖舜、禹、湯、文，義無以過。然古先哲王所以受天命而不辭者，誠急遵皇天之意，副兆民之望，弗得已也。且易曰：觀乎天文以察時變，觀乎人文以化成天下。又曰：天垂象，見吉凶，聖人則之；河出圖，洛出書，聖人效之。以為天文因人而變，至于河洛之書，著於洪範，則殷、周效而用之矣。斯言誠帝王之明符，天道之大要也。是以由德應錄者代興於前，失道數盡者迭廢於後，傳譏萇弘欲支天之所壞，而說蔡墨『雷乘乾』之說，明神器之存亡，非人力所能建也。今漢室衰替，帝綱墮墜，天子之詔，歇滅無聞，皇天將捨舊而命新，百姓既去漢而為魏，昭然著明，是可知也。先王撥亂平世，將建洪基；至於殿下，以至德當歷數之運，即位以來，天應人事，粲然大備，神靈圖籍，兼仍往古，休徵嘉兆，跨越前代；是芝所取中黃、運期姓緯之讖，斯文乃著於前世，與漢並見。由是言之，天命久矣，非殿下所得而拒之也。神明之意，候望懽享，兆民顒顒，咸注嘉願，惟殿下覽圖籍之明文，急天下之公義，輒宣令外內，布告州郡，使知符命著明，而殿下謙虛之意。」令曰：「下四方以明孤款心，是也。至於覽餘辭，豈余所謂哉？寧所堪哉？諸卿指論，未若孤自料之審也。夫虛談謬稱，鄙薄所弗當也。且聞比來東征，經郡縣，歷屯田，百姓面有饑色，衣或裋褐不完，罪皆在孤；是以上慙衆瑞，下愧士民。由斯言之，德尚未堪偏王，何言帝者也！宜止息此議，無重吾不德，使逝之後，不愧後之君子。」癸丑，宣告羣寮。督軍御史中丞司馬懿、侍御史鄭渾、羊祕、鮑勛、武周等言：「令如左。伏讀太史丞許芝上符命事，臣等聞有唐世衰，天命在虞，虞氏世衰，天命在夏，然則天地之靈，歷數之運，去就之符，惟德所在。故孔子曰：鳳鳥不至河不出圖吾已矣夫今漢室衰自安和冲質以來國統屢絕桓靈荒淫祿去公室此乃天命去就非一朝一夕其所由來久矣殿下踐阼至德廣被格于上下天人咸應符瑞並臻考之舊史未有若今日之盛夫大人者先天而天弗違後天而奉天時天時已至而猶謙讓者舜禹所不為也故生民蒙救濟之惠羣類受育長之施今八方顒顒大小注望皇天乃眷神人同謀十分而九以委質義過周文所謂過恭也臣妾上下伏所不安令曰世之所不足者道義也所有餘者苟安也常人之性賤所不足貴所有餘故曰不患無位患所以立孤雖寡德庶自免於常人之貴夫石可破而不可奪堅丹可磨而不可奪赤丹石微物尚保斯質況吾託士人之末列曾受教於君子哉且於陵子仲以仁為富柏成子高以義為貴鮑焦感子貢之言棄其蔬而槁死薪者讓季札失辭皆委重而弗視吾獨何人昔周武大聖也使叔旦盟膠鬲於四內使召公約微子於共頭故伯夷叔齊相與笑之曰昔神農氏之有天下不以人之壞自成不以人之卑自高以周之伐殷以暴易暴吾德非周武而義慙夷齊庶欲遠苟望之失道立丹石之不奪邁於陵之所富蹈柏成之所貴執鮑焦之貞至遵薪者之清節故曰三軍可奪帥匹夫不可奪志吾之斯志豈可奪哉乙卯冊詔魏王禪代天下曰惟延康元年十月乙卯皇帝曰咨爾魏王夫命運否泰依德升降三代卜年著于春秋是以天命不于常帝王不一姓由來尚矣漢道陵遲為日已久安順已降世失其序沖質短祚三世無嗣皇綱肇虧帝典頹沮暨于朕躬天降之災遭無妄厄運之會值炎精幽昧之期變興輦轂禍由閹宦董卓乘釁惡甚澆豷劫遷省御太僕宮廟遂使九州幅裂彊敵虎爭華夏鼎沸蝮蛇塞路當斯之時尺土非復漢有一夫豈復朕民幸賴武王德膺符運奮揚神武芟夷兇暴清定區夏保乂皇家今王纘承前緒至德光昭御衡不迷布德優遠聲教被四海仁風扇鬼區是以四方效珍人神響應天之歷數實在爾躬昔虞舜有大功二十而放勳禪以天下大禹有疏導之績而重華禪以帝位漢承堯運有傳聖之義加順靈祇紹天明命釐降二女以嬪于魏使使持節行御史大夫事太常音奉皇帝璽綬王其永君萬國敬御天威允執其中天祿永終敬之哉於是尚書令桓階等奏曰漢氏以天子位禪之陛下陛下以聖明之德歷數之序承漢之禪允當天心夫天命弗可得辭兆民之望弗可得違臣請會列侯諸將羣臣陪隸發璽書順天命具禮儀列奏令曰當議孤終不當承之意而已猶猥還方有令尚書令等又奏曰昔堯舜禪於文祖至漢氏以師征受命畏天之威不敢怠遑便即位行在所之地今當受禪代之命宜會百寮羣司六軍之士皆在行位使咸覩天命營中促狹可於平敞之處設壇場奉答休命臣輒與侍中常侍會議禮儀太史官擇吉日訖復奏令曰吾殊不敢當之外亦何豫事也侍中劉廙常侍衛臻等奏議曰漢氏遵唐堯公天下之議陛下以聖德膺歷數之運天人同歡靡不得所宜順靈符速踐皇阼問太史丞許芝今月十七日己未直成可受禪命輒治壇場之處所當施行別奏令曰屬出見外便設壇場斯何謂乎今當辭讓不受詔也但於帳前發璽書威儀如常且天寒罷作壇士使歸既發璽書王令曰當奉還璽綬為讓章吾豈奉此詔承此貺邪昔堯讓天下於許由子州支甫舜亦讓於善卷石戶之農北人無擇或退而耕潁之陽或辭以幽憂之疾或遠入山林莫知其處或攜子入海終身不反或以為辱自投深淵且顏燭懼太璞之不完守知足之明分王子搜樂丹穴之潛處被熏而不出柳下惠不以三公之貴易其介曾參不以晉楚之富易其仁斯九士者咸高節而尚義輕富而賤貴故書名千載于今稱焉求仁得仁仁豈在遠孤獨何為不如哉義有蹈東海而逝不奉漢朝之詔也亟為上章還璽綬宣之天下使咸聞焉己未宣告羣寮下魏又下天下輔國將軍清苑侯劉若等百二十人上書曰伏讀令書深執克讓聖意懇惻至誠外昭臣等有所不安何者石戶北人匹夫狂狷行不合義事不經見者是以史遷謂之不然誠非聖明所當希慕且有虞不逆放勳之禪夏禹亦無辭位之語故傳曰舜陟帝位若固有之斯誠聖人知天命不可逆歷數弗可辭也伏惟陛下應乾符運至德發聞升昭于天是三靈降瑞人神以和休徵雜沓萬國響應雖欲勿用將焉避之而固執謙虛違天逆衆慕匹夫之微分背上聖之所蹈違經讖之明文信百氏之穿鑿非所以奉答天命光慰衆望也臣等昧死以請輒整頓壇場至吉日受命如前奏分別寫令宣下王令曰昔柏成子高辭夏禹而匿野潁陽讓魯幣而遠跡夫以王者之重諸侯之貴而二子忽之何則其節高也故烈士徇榮名義夫高貞介雖蔬食瓢飲樂在其中是以仲尼師王駘而子產嘉申徒今諸卿皆孤股肱心腹足以明孤而今咸若斯則諸卿遊於形骸之內而孤求為形骸之外其不相知未足多怪亟為上章還璽綬勿復紛紛也輔國將軍等一百二十人又奏曰臣聞符命不虛見衆心弗可違故孔子曰周公其為不聖乎以天下讓是天地日月輕去萬物也是以舜嚮天下不拜而受命今火德氣盡炎上數終帝遷明德祚隆大魏符瑞昭哲受命既固光天之下神人同應雖有虞儀鳳成周躍魚方今之事未足以喻而陛下違天命以飾小行逆人心以守私志上忤皇穹眷命之旨中忘聖人達節之數下孤人臣翹首之望非所以揚聖道之高衡乘無窮之懿勳也臣等聞事君有獻可替否之道奉上有逆鱗固爭之義臣等敢以死請令曰夫古聖王之治也至德合乾坤惠澤均造化禮教優乎昆蟲仁恩洽乎草木日月所照戴天履地含氣有生之類靡不被服清風沐浴玄德是以金革不起苛慝不作風雨應節禎祥觸類而見今百姓寒者未煖飢者未飽鰥者未室寡者未嫁權備尚存未可舞以干戚方將整以齊斧戎役未息於外士民未安於內耳未聞康哉之歌目未覩擊壤之戲嬰兒未可託於高巢餘糧未可以宿於田畝人事未備至於此也夜未曜景星治未通真人河未出龍馬山未出象車藁莢未植階庭萐莆未生庖廚王母未獻白環渠搜未見珍裘靈瑞未效又如彼也昔東戶季子容成大庭軒轅赫胥之君咸得以此就功勤名今諸卿獨不可少假孤精心竭慮以和天人以格至理使彼衆事備羣瑞效然後安乃議此乎何遽相愧迫之如是也速為讓章上還璽綬無重吾不德也侍中劉廙等奏曰伏惟陛下以大聖之純懿當天命之歷數觀天象則符瑞著明考圖緯則文義煥炳察人事則四海齊心稽前代則異世同歸而固拒禪命未踐尊位聖意懇惻臣等敢不奉詔輒具章遣使者奉令曰泰伯三以天下讓人無得而稱焉仲尼歎其至德孤獨何人庚申魏王上書曰皇帝陛下奉被今月乙卯璽書伏聽冊命五內驚震精爽散越不知所處臣前上還相位退守藩國聖恩聽許臣雖無古人量德度身自定之志保己存性實其私願不寤陛下猥損過謬之命發不世之詔以加無德之臣且聞堯禪重華舉其克諧之德舜授文命采其齊聖之美猶下咨四岳上觀璿璣今臣德非虞夏行非二君而承曆數之諮應選授之命內自揆撫無德以稱且許由匹夫猶拒帝位善卷布衣而逆虞詔臣雖鄙蔽敢忘守節以當大命不勝至願謹拜章陳情使行相國永壽少府糞土臣毛宗奏并上璽綬辛酉給事中博士蘇林董巴上表曰天有十二次以為分野王公之國各有所屬周在鶉火魏在大梁歲星行歷十二次國天子受命諸侯以封周文王始受命歲在鶉火至武王伐紂十三年歲星復在鶉火故春秋傳曰武王伐紂歲在鶉火歲之所在即我有周之分野也昔光和七年歲在大梁武王始受命為將討黃巾是歲改年為中平元年建安元年歲復在大梁始拜大將軍十三年復在大梁始拜丞相今二十五年歲復在大梁陛下受命此魏得歲與周文王受命相應今年青龍在庚子詩推度災曰庚者更也子者滋也聖命天下治又曰王者布德於子治成於丑此言今年天更命聖人制治天下布德於民也魏以改制天下與時協矣顓頊受命歲在豕韋衛居其地亦在豕韋故春秋傳曰衛顓頊之墟也今十月斗之建則顓頊受命之分也始魏以十月受禪此同符始祖受命之驗也魏之氏族出自顓頊與舜同祖見於春秋世家舜以土德承堯之火今魏亦以土德承漢之火於行運會於堯舜授受之次臣聞天之去就固有常分聖人當之昭然不疑故堯捐骨肉而禪有虞終無恡色舜發畎畝而君天下若固有之其相受授間不替漏天下已傳矣所以急天命者不可一日無君也今漢期運已終妖異絕之已審陛下受天之命符瑞告徵丁寧詳悉反覆備至雖言語相喻無以代此今既發詔書璽綬未御固執謙讓上逆天命下違民望臣謹按古之典籍參以圖緯魏之行運及天道所在即尊之驗在於今年此月昭晰分明唯陛下遷思易慮以時即位顯告天帝而告天下然後改正朔易服色正大號天下幸甚令曰凡斯皆宜聖德故曰苟非其人道不虛行天瑞雖彰須德而光吾德薄之人胡足以當之今讓將遂見聽許內咸使聞知壬戌冊詔曰皇帝問魏王言遣宗奉庚申書到所稱引聞之朕惟漢家世踰二十年過四百運周數終行祚已訖天心已移兆民望絕天之所廢有自來矣今大命有所底止神器當歸聖德違衆不順逆天不祥王其體有虞之盛德應歷數之嘉會是以禎祥告符圖讖表錄神人同應受命咸宜朕畏上帝致位于王天不可違衆不可拒且重華不逆堯命大禹不辭舜位若夫由卷匹夫不載聖籍固非皇材帝器所當稱慕今使音奉皇帝璽綬王其陟帝位無逆朕命以祗奉天心焉於是尚書令桓階等奏曰今漢使音奉璽書到臣等以為天命不可稽神器不可瀆周武中流有白魚之應不待師而大號已建舜受大麓桑蔭未移而已陟帝位皆所以祗承天命若此之速也故無固讓之義不以守節為貴必道信於神靈符合於天地而已易曰其受命如響無有遠近幽深遂知來物非天下之至精其孰能與於此今陛下應期運之數為皇天所子而復稽滯於辭讓低回於大號非所以則天地之道副萬國之望臣等敢以死請輒勑有司脩治壇場擇吉日受禪命發璽綬令曰冀三讓而不見聽何汲汲於斯乎甲子魏王上書曰奉今月壬戌璽書重被聖命伏聽冊告肝膽戰悸不知所措天下神器禪代重事故堯將禪舜納于大麓舜之命禹玄圭告功烈風不迷九州攸平詢事考言然後乃命而猶執謙讓于德不嗣況臣頑固質非二聖乃應天統受終明詔敢守微節歸志箕山不勝大願謹拜表陳情使并奉上璽綬侍中劉廙等奏曰臣等聞聖帝不違時明主不逆人故易稱通天下之志斷天下之疑伏惟陛下體有虞之上聖承土德之行運當亢陽明夷之會應漢氏祚終之數合契皇極同符兩儀是以聖瑞表徵天下同應歷運去就深切著明論之天命無所與議比之時宜無所與爭故受命之期時清日晏曜靈施光休氣雲蒸是乃天道悅懌民心欣戴而仍見閉拒於禮何居且羣生不可一日無主神器不可以斯須無統故臣有違君以成業下有矯上以立事臣等敢不重以死請王令曰天下重器王者正統以聖德當之猶有懼心吾何人哉且公卿未至乏主斯豈小事且宜以待固讓之後乃當更議其可耳丁卯冊詔魏王曰天訖漢祚辰象著明朕祗天命致位于王仍陳歷數於詔冊喻符運於翰墨神器不可以辭拒皇位不可以謙讓稽於天命至於再三且四海不可一日曠主萬幾不可以斯須無統故建大業者不拘小節知天命者不繫細物是以舜受大業之命而無遜讓之辭聖人達節不亦遠乎今使音奉皇帝璽綬王其欽承以答天下嚮應之望焉相國華歆太尉賈詡御史大夫王朗及九卿上言曰臣等被召到伏見太史丞許芝左中郎將李伏所上圖讖符命侍中劉廙等宣叙衆心人靈同謀又漢朝知陛下聖化通于神明聖德參于虞夏因瑞應之備至聽歷數之所在遂獻璽綬固讓尊號能言之倫莫不抃舞河圖洛書天命瑞應人事協于天時民言協于天叙而陛下性秉勞謙體尚克讓明詔懇切未肯聽許臣妾小人莫不伊邑臣等聞自古及今有天下者不常在乎一姓考以德勢則盛衰在乎彊弱論以終始則廢興在乎期運唐虞歷數不在厥子而在舜禹舜禹雖懷克讓之意迫羣后執玉帛而朝之兆民懷欣戴而歸之率土揚謳謠而詠之故其守節之拘不可得而常處達節之權不可得而久避是以或遜位而不恡或受禪而不辭不恡者未必厭皇寵不辭者未必渴帝祚各迫天命而不得以已既禪之後則唐氏之子為賓于有虞虞氏之冑為客于夏代然則禪代之義非獨受之者實應天福授之者亦與有餘慶焉漢自章和之後世多變故稍以陵遲洎乎孝靈不恒其心虐賢害仁聚斂無度政在嬖豎視民如讎遂令上天震怒百姓從風如歸當時則四海鼎沸既沒則禍發宮庭寵勢并竭帝室遂卑若在帝舜之末節猶擇聖代而授之荊人抱玉璞猶思良工而刊之況漢國既往莫之能匡推器移君委之聖哲固其宜也漢朝委質既願禪禮之速定也天祚率土必將有主主率土者非陛下其孰能任之所謂論德無與為比考功無推讓矣天命不可久稽民望不可久違臣等慺慺不勝大願伏請陛下割撝謙之志修受禪之禮副人神之意慰外內之願令曰以德則孤不足以時則戎虜未滅若以羣賢之靈得保首領終君魏國於孤足矣若孤者胡足以辱四海至乎天瑞人事皆先王聖德遺慶孤何有焉是以未敢聞命己巳魏王上書曰臣聞舜有賓于四門之勳乃受禪于陶唐禹有存國七百之功乃承祿於有虞臣以蒙蔽德非二聖猥當天統不敢聞命敢屢抗疏畧陳私願庶章通紫庭得全微節情達宸極永守本志而音重復銜命申制詔臣臣實戰惕不發璽書而音迫於嚴詔不敢復命願陛下馳傳騁驛召音還臺不勝至誠謹使宗奉書相國歆太尉詡御史大夫朗及九卿奏曰臣等伏讀詔書於悒益甚臣等聞易稱聖人奉天時論語云君子畏天命天命有去就然後帝者有禪代是以唐之禪虞命在爾躬虞之順唐謂之受終堯知天命去已故不得不禪舜知歷數在躬故不敢不受不得不禪奉天時也不敢不受畏天命也漢朝雖承季末陵遲之餘猶務奉天命以則堯之道是以願禪帝位而歸二女而陛下正於大魏受命之初抑虞夏之達節尚延陵之讓退而所枉者大所直者小所詳者輕所畧者重中人凡士猶為陛下陋之沒者有靈則重華必忿憤於蒼梧之神墓大禹必鬱悒於會稽之山陰武王必不悅於商陵之玄宮矣是以臣等敢以死請且漢政在閹官祿去帝室七世矣遂集矢石于其宮殿而二京為之丘墟當是之時四海蕩覆天下分崩武王親衣甲而冠冑沐雨而櫛風為民請命則活萬國為世撥亂則致升平鳩民而立長築宮而置吏元元無過罔于前業而始有造於華夏陛下即位光昭文德以翊武功勤恤民隱視之如傷懼者寧之勞者息之寒者以煖饑者以充遠人以恩復服寇敵以恩降邁恩種德光被四表稽古篤茂于放勳網漏吞舟弘乎周文是以布政未朞人神並和皇天則降甘露而臻四靈后土則挺芝草而吐醴泉虎豹鹿兔皆素其色雉鳩燕雀亦白其羽連理之木同心之瓜五采之魚珍祥瑞物雜沓於其間者無不畢備古人有言微禹吾其魚乎微大魏則臣等之白骨交橫于曠野矣伏省羣臣外內前後章奏所以陳叙陛下之符命者莫不條河洛之圖書據天地之瑞應因漢朝之款誠宣萬方之景附可謂信矣省矣三王無以及五帝無以加民命之懸於魏邦三十有餘年矣此乃千世時至之會萬載一遇之秋達節廣度宜昭於斯際拘牽小節不施於此時久稽天命罪在臣等輒營壇場具禮儀擇吉日昭告昊天上帝秩羣神之禮須禋祭畢會羣寮於朝堂議年號正朔服色當施行上復令曰昔者大舜飯糗茹草將終身焉斯則孤之前志也及至承堯禪被珍裘妻二女若固有之斯則順天命也羣公卿士誠以天命不可拒民望不可違孤亦曷以辭焉庚午冊詔魏王曰昔堯以配天之德秉六合之重猶覩歷運之數移於有虞委讓帝位忽如遺跡今天既訖我漢命乃眷北顧帝皇之業實在大魏朕守空名以竊古義顧視前事猶有慙德而王遜讓至於三四朕用懼焉夫不辭萬乘之位者知命達節之數也虞夏之君處之不疑故勳烈垂于萬載美名傳於無窮今遣守尚書令侍中顗喻王其速陟帝位以順天人之心副朕之大願於是尚書令桓階等奏曰今漢氏之命已四至而陛下前後固辭臣等伏以為上帝之臨聖德期運之隆大魏斯豈數載傳稱周之有天下非甲子之朝殷之去帝位非牧野之日也故詩序商湯追本玄王之至述姬周上錄后稷之生是以受命既固厥德不回漢氏衰廢行次已絕三辰垂其徵史官著其驗耆老記先古之占百姓協謠謳之聲陛下應天受禪當速即壇場柴燎上帝誠不宜久停神器拒億兆之願臣輒下太史令擇元辰今月二十九日可登壇受命請詔王公羣卿具條禮儀別奏令曰可

乃為壇於繁陽庚午王升壇即阼百官陪位事訖降壇視燎成禮而反改延康為黃初大赦

獻帝傳曰辛未魏王登壇受禪公卿列侯諸將匈奴單于四夷朝者數萬人陪位燎祭天地五嶽四瀆曰皇帝臣丕敢用玄牡昭告于皇皇后帝漢歷世二十有四踐年四百二十有六四海困窮王綱不立五緯錯行靈祥並見推術數者慮之古道咸以為天之歷數運終茲世凡諸嘉祥民神之意比昭有漢數終之極魏家受命之符漢主以神器宜授於臣憲章有虞致位于丕丕震畏天命雖休勿休羣公庶尹六事之人外及將士洎于蠻夷君長僉曰天命不可以辭拒神器不可以久曠羣臣不可以無主萬幾不可以無統丕祗承皇象敢不欽承卜之守龜兆有大橫筮之三易兆有革兆謹擇元日與羣寮登壇受帝璽綬告類于爾大神唯爾有神尚饗永吉兆民之望祚于有魏世享遂制詔三公上古之始有君也必崇恩化以美風俗然百姓順教而刑辟厝焉今朕承帝王之緒其以延康元年為黃初元年議改正朔易服色殊徽號同律度量承土行大赦天下自殊死以下諸不當得赦皆赦除之魏氏春秋曰帝升壇禮畢顧謂羣臣曰舜禹之事吾知之矣干寶搜神記曰宋大夫邢史子臣明于天道周敬王之三十七年景公問曰天道其何祥對曰後五十年五月丁亥臣將死死後五年五月丁卯吳將亡亡後五年君將終終後四百年邾王天下俄而皆如其言所云邾王天下者謂魏之興也邾曹姓魏亦曹姓皆邾之後其年數則錯未知邢史失其數邪將年代久遠注記者傳而有謬也

黃初元年十一月癸酉以河內之山陽邑萬戶奉漢帝為山陽公行漢正朔以天子之禮郊祭上書不稱臣京都有事于太廟致胙封公之四子為列侯追尊皇祖太王曰太皇帝考武王曰武皇帝尊王太后曰皇太后賜男子爵人一級為父後及孝悌力田人二級以漢諸侯王為崇德侯列侯為關中侯以潁陰之繁陽亭為繁昌縣封爵增位各有差改相國為司徒御史大夫為司空奉常為太常郎中令為光祿勳大理為廷尉大農為大司農郡國縣邑多所改易更授匈奴南單于呼廚泉魏

璽綬，賜青蓋車、乘輿、寶劍、玉玦。十二月，初營洛陽宮，戊午，幸洛陽。臣松之案：諸書記是時帝居北宮，以建始殿朝羣臣，門曰承明，陳思王植詩曰「謁帝承明廬」是也。至明帝時，始於漢南宮崇德殿處起太極、昭陽諸殿。魏書曰：以夏數爲得天，故即用夏正，而服色尚黃。魏略曰：詔以漢火行也，火忌水，故洛去「水」而加「隹」。魏於行次爲土，土，水之牡也，水得土而乃流，土得水而柔，故除「隹」加「水」，變「雒」爲「洛」。是歲長水校尉戴陵諫不宜數行弋獵，帝大怒；陵減死罪一等。

二年春正月，郊祀天地、明堂。甲戌，校獵至原陵，遣使者以太牢祠漢世祖。乙亥，朝日于東郊。臣松之以爲禮天子以春分朝日，秋分夕月。尋此年正月郊祀，有月無日，乙亥朝日，則有日無月，蓋文之脫也。案明帝朝日夕月，皆如禮文，故知此紀爲脫者也。初令郡國口滿十萬者，歲察孝廉一人；其有秀異，無拘戶口。辛巳，分三公戶邑，封子弟各一人爲列侯。壬午，復潁川郡一年田租。魏書載詔曰：潁川，先帝所由起兵征伐也。官渡之役，四方瓦解，遠近顧望，而此郡守義，丁壯荷戈，老弱負糧。昔漢祖以秦中爲國本，光武恃河內爲王基。今朕復於此登壇受禪，天以此郡翼成大魏。改許縣爲許昌縣。以魏郡東部爲陽平郡，西部爲廣平郡。魏略曰：改長安、譙、許昌、鄴、洛陽爲五都；立石表，西界宜陽，北循太行，東北界陽平，南循魯陽，東界郯，爲中都之地。令天下聽內徙，復五年，後又增其復。詔曰：昔仲尼資大聖之才，懷帝王之器，當衰周之末，無受命之運，在魯、衞之朝，教化乎洙、泗之上，悽悽焉，遑遑焉，欲屈己以存道，貶身以救世。于時王公終莫能用之，乃退考五代之禮，修素王之事，因魯史而制春秋，就太師而正雅頌，俾千載之後，莫不宗其文以述作，仰其聖以成謀，咨可謂命世之大聖，億載之師表者也。遭天下大亂，百祀墮壞，舊居之廟，毀而不修，褒成之後，絕而莫繼，闕里不聞講頌之聲，四時不覩烝嘗之位，斯豈所謂崇禮報功，盛德百世必祀者哉！其以議郎孔羨爲宗聖侯，邑百戶，奉孔子祀。令魯郡修起舊廟，置百戶吏卒以守衞之，又於其外廣爲室屋以居學者。春三月，加遼東太守公孫恭爲車騎將軍。初復五銖錢。夏四月，以車騎將軍曹仁爲大將軍。五月，鄭甘復叛，遣曹仁討斬之。六月庚子，初祀五嶽四瀆，咸秩羣祀。魏書：甲辰，以京師宗廟未成，帝親祀武皇帝于建始殿，躬執饋奠，如家人之禮。丁卯，夫人甄氏卒。戊辰晦，日有食之，有司奏免太尉，詔曰：災異之作，以譴元首，而歸過股肱，豈禹、湯罪己之義乎？其令百官各虔厥職，後有天地之眚，勿復劾三公。秋八月，孫權遣使奉章，并遣于禁等還。丁巳，使太常邢貞持節拜權爲大將軍，封吳王，加九錫。冬十月，授楊彪光祿大夫。魏書曰：己亥，公卿朝朔旦，并引故漢太尉楊彪，待以客禮，詔曰：「夫先王制几杖之賜，所以賓禮黃耇褒崇元老也。昔孔光、卓茂皆以淑德高年，受茲嘉賜。公故漢宰臣，乃祖已來，世著名節，年過七十，行不踰矩，可謂老成人矣，所宜寵異以章舊德。其賜公延年杖及馮几；謁請之日，便使杖入，又可使著鹿皮冠。」彪辭讓不聽，竟著布單衣、皮弁以見。續漢書曰：彪見漢祚將終，自以累世爲三公，恥爲魏臣，遂稱足攣，不復行。積十餘年，帝即王位，欲以爲太尉，令近臣宣旨。彪辭曰：「嘗以漢朝爲三公，值世衰亂，不能立尺寸之益，若復爲魏臣，於國之選，亦不爲榮也。」帝不奪其意。黃初四年，詔拜光祿大夫，秩中二千石，朝見位次三公，如孔光故事。彪上章固讓，帝不聽，又爲門施行馬，致吏卒，以優崇之。年八十四，以六年薨。子脩，事見陳思王傳。以穀貴，罷五銖錢。魏書曰：十一月辛未，鎮西將軍曹真命衆將及州郡兵討破叛胡治元多、盧水、封賞等，斬首五萬餘級，獲生口十萬，羊一百一十一萬口，牛八萬，河西遂平。帝初聞胡決水灌顯美，謂左右諸將曰：「昔隗囂灌略陽，而光武因其疲弊，進兵滅之。今胡決水灌顯美，其事正相似，破胡事今至不久。」旬日，破胡告檄到，上大笑曰：「吾策之於帷幕之內，諸將奮擊於萬里之外，其相應若合符節。前後克獲，未有如此也。」己卯，以大將軍曹仁爲大司馬。十二月，行東巡。是歲築陵雲臺。

三年春正月丙寅朔，日有蝕之。庚午，行幸許昌宮。詔曰：今之計、孝，古之貢士也；十室之邑，必有忠信，若限年然後取士，是呂尚、周晉不顯於前世也。其令郡國所選，勿拘老幼；儒通經術，吏達文法，到皆試用。有司糾故不以實者。魏書曰：癸亥，孫權上書，說「劉備支黨四萬人，馬二千匹，出秭歸，請往掃撲，以克捷爲效」。帝報曰：「昔隗囂之弊，禍發栒邑，子陽之禽，變起扞關，將軍其亢厲威武，勉蹈奇功，以稱吾意。」二月，鄯善、龜茲、于闐王各遣使奉獻，詔曰：西戎即敘，氐羌來王，詩書美之。頃者西域外夷並款塞內附，應劭漢書注曰：款，叩也；皆叩塞門來服從。其遣使者撫勞之。是後西域遂通，置戊己校尉。三月乙丑，立齊公叡爲平原王，帝弟鄢陵公彰等十一人皆爲王。初制封王之庶子爲鄉公，嗣王之庶子爲亭侯，公之庶子爲亭伯。甲戌，立皇子霖爲河東王。甲午，行幸襄邑。夏四月戊申，立鄄城侯植爲鄄城王。癸亥，行還許昌宮。五月，以荊、揚、江表八郡爲荊州，孫權領牧故也；荊州江北諸郡爲郢州。閏月，孫權破劉備于夷陵。初，帝聞備兵東下，與權交戰，樹柵連營七百餘里，謂羣臣曰：「備不曉兵，豈有七百里營可以拒敵者乎！苞原隰險阻而爲軍者爲敵所禽，此兵忌也。孫權上事今至矣。」後七日，破備書到。秋七月，冀州大蝗，民饑，使尚書杜畿持節開倉廩以振之。八月，蜀大將黃權率衆降。魏書曰：權及領南郡太守史郃等三百一十八人，詣荊州刺史奉上所假印綬、棨戟、幢麾、牙門、鼓車，權等詣行在所。帝置酒設樂，引見於承光殿。權、郃等人人前自陳，帝爲論說軍旅成敗去就之分，諸將無不喜悅。賜權金帛、車馬、衣裘、帷帳、妻妾，下及偏裨皆有差。拜權爲侍中、鎮南將軍，封列侯，即日召使驂乘；及封史郃等四十二人皆爲列侯，爲將軍郎將百餘人。九月甲午，詔曰：夫婦人與政，亂之本也。自今以後，羣臣不得奏事太后，后族之家不得當輔政之任，又不得橫受茅土之爵；以此詔傳後世，若有背違，天下共誅之。孫盛曰：夫經國營治，必憑俊喆之輔，賢達令德，必居參亂之任，故雖周室之盛，有婦人與焉。然則坤道承天，南面罔二，三從之禮，謂之至順，至於號令自天子出，奏事專行，非古義也。昔在申、呂，實匡有周。苟以天下爲心，惟德是杖，則親疏之授，至公一也，何至后族而必斥遠之哉？二漢之季世王道陵遲，故令外戚憑寵，職爲亂階。於此自時昏道喪，運祚將移，縱無王、呂之難，豈乏田、趙之禍乎？而後世觀其若此，深懷酖毒之戒也。至於魏文，遂發一概之詔，可謂有識之爽言，非帝者之宏議。庚子，立皇后郭氏。賜天下男子爵人二級；鰥寡篤癃及貧不能自存者賜穀。冬十月甲子，表首陽山東爲壽陵，作終制曰：禮，國君即位爲椑，存不忘亡也。椑音扶歷反。臣松之按：禮，天子諸侯之棺，各有重數；棺之親身者曰椑。昔堯葬穀林，通樹之，禹葬會稽，農不易畝，呂氏春秋：堯葬於穀林，通樹之；舜葬於紀市，不變其肆；禹葬會稽，不變人徒。故葬於山林，則合乎山林。封樹之制，非上古也，吾無取焉。壽陵因山爲體，無爲封樹，無立寢殿，造園邑，通神道。夫葬也者，藏也，欲人之不得見也。骨無痛痒之知，冢非棲神之宅，禮不墓祭，欲存亡之不黷也。爲棺槨足以朽骨，衣衾足以朽肉而已。故吾營此丘墟不食之地，欲使易代之後不知其處。無施葦炭，無藏金銀銅鐵，一以瓦器，合古塗車、芻靈之義。棺但漆際會三過，飯含無以珠玉，無施珠襦玉匣，諸愚俗所爲也。季孫以璵璠斂，孔子歷級而救之，譬之暴骸中原。宋公厚葬，君子謂華元、樂莒不臣，以爲棄君於惡。漢文帝之不發，霸陵無求也；光武之掘，原陵封樹也。霸陵之完，功在釋之；原陵之掘，罪在明帝。是釋之忠以利君，明帝愛以害親也。忠臣孝子，宜思仲尼、丘明、釋之之言，鑒華元、樂莒、明帝之戒，存於所以安君定親，使魂靈萬載無危，斯則賢聖之忠孝矣。自古及今，未有不亡之國，亦無不掘之墓也。喪亂以來，漢氏諸陵無不發掘，至乃燒取玉匣金縷，骸骨并盡，是焚如之刑，豈不重痛哉！禍由乎厚葬封樹。「桑、霍爲我戒」，不亦明乎？其皇后及貴人以下，不隨王之國者，有終沒皆葬澗西，前又以表其處矣。蓋舜葬蒼梧，二妃不從，延陵葬子，遠在嬴博，魂而有靈，無不之也，一澗之間，不足爲遠。若違今詔，妄有所變改造施，吾爲戮尸地下，戮而重戮，死而重死。臣子爲蔑死君父，不忠不孝，使死者有知，將不福汝。其以此詔藏之宗廟，副在尚書、秘書、三府。是月，孫權復叛。復郢州爲荊州。帝自許昌南征，諸軍兵並進，權臨江拒守。十一月辛丑，行幸宛。庚申晦，日有食之。是歲穿靈芝池。

四年春正月，詔曰：喪亂以來，兵革未戢，天下之人，互相殘殺。今海內初定，敢有私復讎者皆族之。築南巡臺于宛。三月丙申，行自宛還洛陽宮。癸卯，月犯心中央大星。魏書曰：丙午，詔曰：「孫權殘害民物，朕以寇不可長，故分命猛將三道並征。今征東諸軍與權黨呂範等水戰，則斬首四萬，獲船萬艘。大司馬據守濡須，其所禽獲亦以萬數。中軍、征南，攻圍江陵，左將軍張郃等舳艫直渡，擊其南渚，賊赴水溺死者數千人，又爲地道攻城，城中外雀鼠不得出入，此几上肉耳！而賊中癘氣疾病，夾江塗地，恐相染污。昔周武伐殷，旋師孟津，漢祖征隗囂，還軍高平，皆知天時而度賊情也。且成湯解三面之網，天下歸仁。今開江陵之圍，以緩成死之禽。且休力役，罷省繇戍，畜養士民，咸使安息。」丁未，大司馬曹仁薨。是月大疫。夏五月，有鵜鶘鳥集靈芝池，詔曰：此詩人所謂污澤也。曹詩「刺恭公遠君子而近小人」，今豈有賢智之士處于下位乎？否則斯鳥何爲而至？其博舉天下儁德茂才、獨行君子，以答曹人之刺。魏書曰：辛酉，有司奏造二廟，立太皇帝廟，大長秋特進侯與高祖合祭，親盡以次毀；特立武皇帝廟，四時享祀，爲魏太祖，萬載不毀也。六月甲戌，任城王彰薨于京都。甲申，太尉賈詡薨。太白晝見。是月大雨，伊、洛溢流，殺人民，壞廬宅。魏書曰：十月乙未，太常以特牛一告祠于郊。臣松之按：魏郊祀奏中，尚書盧毓議祀厲殃事云「具犧牲祭器，如前後師出告郊之禮」。如此，則魏氏出師，皆告郊也。秋八月丁卯，以廷尉鍾繇爲太尉。魏書曰：有司奏改漢氏宗廟安世樂曰正世樂，嘉至樂曰迎靈樂，武德樂曰武頌樂，昭容樂曰昭業樂，雲翹舞曰鳳翔舞，育命舞曰靈應舞，武德舞曰武頌舞，文昭舞曰大昭舞，五行舞曰大武舞。辛未，校獵于滎陽，遂東巡，論征孫權功，諸將已下進爵增戶各有差。九月甲辰，行幸許昌宮。魏書曰：十二月丙寅，賜山陽公夫人湯沐邑，公女曼爲長樂郡公主，食邑各五百戶。是夕，甘露降芳林園。臣松之按：芳林園即今華林園，齊王芳即位，改爲華林。

五年春正月，初令謀反大逆乃得相告，其餘皆勿聽治；敢妄相告，以其罪罪之。三月，行自許昌還洛陽宮。夏四月，立太學，制五經課試之法，置春秋穀梁博士。五月，有司以公卿朝朔望日，因奏疑事，聽斷大政，論辨得失。秋七月，行東巡，幸許昌宮。八月，爲水軍，親御龍舟，循蔡、潁，浮淮，幸壽春。揚州界將吏士民，犯五歲刑已下，皆原除之。九月，遂至廣陵，赦青、徐二州，改易諸將守。冬十月乙卯，太白晝見。行還許昌宮。魏書載癸酉詔曰：「近之不綏，何遠之懷？今事多而民少，上下相弊以文法，百姓無所措其手足。昔泰山之哭者，以爲苛政甚於猛虎，吾佩儒者之風，服聖人之遺教，豈可以目翫其辭，行違其誡者哉？廣議輕刑，以惠百姓。」十一月庚寅，以冀州饑，遣使者開倉廩振之。戊申晦，日有食之。十二月，詔曰：先王制禮，所以昭孝事祖，大則郊社，其次宗廟，三辰五行，名山大川，非此族也，不在祀典。叔世衰亂，崇信巫史，至乃宮殿之內，戶牖之間，無不沃酹，甚矣其惑也。自今，其敢設非祀之祭，巫祝之言，皆以執左道論，著于令典。是歲穿天淵池。

六年春二月，遣使者循行許昌以東盡沛郡，問民所疾苦，貧者振貸之。魏略載詔曰：「昔軒轅建四面之號，周武稱予有亂臣十人，斯蓋先聖所以體國君民，亮成天工，多賢爲貴也。今內有公卿以鎮京師，外設牧伯以監四方，至於元戎出征，則軍中宜有柱石之賢帥，輜重所在，又宜有鎮守之重臣，然後車駕可以周行天下，無內外之慮。吾今當征賊，欲守之積年。其以尚書令潁鄉侯陳羣爲鎮軍大將軍，尚書僕射西鄉侯司馬懿爲撫軍大將軍。若吾臨江授諸將方略，則撫軍當留許昌，督後諸軍，錄後臺文書事；鎮軍隨車駕，當董督衆軍，錄行尚書事；皆假節鼓吹，給中軍兵騎六百人。吾欲去江數里，築宮室，往來其中，見賊可擊之形，便出奇兵擊之；若或未可，則當舒六軍以遊獵，饗賜軍士。」三月，行幸召陵，通討虜渠。乙巳，還許昌宮。并州刺史梁習討鮮卑軻比能，大破之。辛未，帝爲舟師東征。五月戊申，幸譙。壬戌，熒惑入太微。六月，利成郡兵蔡方等以郡反，殺太守徐質。遣屯騎校尉任福、步兵校尉段昭與青州刺史討平之；其見脅略及亡命者，皆赦其罪。秋七月，立皇子鑒爲東武陽王。八月，帝遂以舟師自譙循渦入淮，從陸道幸徐九月築東巡臺冬十月行幸廣陵故城臨江觀兵戎卒十餘萬旌旗數百里魏書載帝於馬上爲詩曰觀兵臨江水水流何湯湯戈矛成山林玄甲曜日光猛將懷暴怒膽氣正從橫誰云江水廣一葦可以航不戰屈敵虜戢兵稱賢良古公宅岐邑實始翦殷商孟獻營虎牢鄭人懼稽顙充國務耕殖先零自破亡興農淮泗間築室都徐方量宜運權略六軍咸悅康豈如東山詩悠悠多憂傷是歲大寒水道冰舟不得入江乃引還十一月東武陽王鑒薨十二月行自譙過梁遣使以大牢祀故漢太尉橋玄

七年春正月將幸許昌許昌城南門無故自崩帝心惡之遂不入壬子行還洛陽宮三月築九華臺夏五月丙辰帝疾篤召中軍大將軍曹真鎮軍大將軍陳羣征東大將軍曹休撫軍大將軍司馬宣王竝受遺詔輔嗣主遣後宮淑媛昭儀已下歸其家丁巳帝崩于嘉福殿時年四十魏書曰殯於崇華殿前六月戊寅葬首陽陵自殯及葬皆以終制從事魏書春秋曰明帝將送葬曹真陳羣王朗等以暑熱固諫乃止孫盛曰夫窀穸之事孝子之極痛也人倫之道於斯莫重故天子七月而葬同軌畢至夫以義感之情猶盡臨隧之哀況乎天性發中敦禮者重之哉魏氏之德仍世不基矣昔華元厚葬君子以爲棄君於惡羣等之諫棄孰甚焉鄄城侯植爲誄曰惟黃初七年五月七日大行皇帝崩嗚呼哀哉于時天震地駭崩山隕霜陽精薄景五緯錯行百姓吁嗟萬國悲傷若喪考妣恩過慕唐擗踊郊野仰想穹蒼僉曰何辜早世殞喪嗚呼哀哉悲夫大行忽焉光滅永棄萬國雲往雨絕承問荒忽惛懵哽咽袖鋒抽刃歎自僵斃追慕三良甘心同穴感惟南風惟以鬱滯終於偕沒指景自誓考諸先記尋之哲言生若浮寄惟德可論朝聞夕逝孔志所存皇雖一沒天祿永延何以述德表之素旃何以詠功宣之管絃乃作誄曰皓皓太素兩儀始分中和產物肇有人倫爰暨三皇寔秉道真降逮五帝繼以懿純三代制作踵武立勳季嗣不維網漏于秦崩樂滅學儒坑禮焚二世而殲漢氏乃因弗求古訓嬴政是遵王綱帝典闃爾無聞末光幽昧道究運遷乾坤迴歷簡聖授賢乃眷大行屬以黎元龍飛啟祚合契上玄正行定紀改號革年明明赫赫受命于天仁風偃物德以禮宣詳惟聖質嶷在幼妍庶幾六典學不過庭潛心無罔亢志青冥才秀藻朗如玉之瑩聽察無形其剛如金其貞如瓊如冰之潔如砥之平爵公無私戮違無輕心鏡萬機攬照下情思良股肱嘉昔伊呂搜揚側陋舉湯代禹拔才巖穴取士蓬戶唯德是榮弗拘禰祖宅土之表道義是圖弗營厥險六合是虞齊契共遵下以純民恢拓規矩克紹前人科條品制褒貶以因乘殷之輅行夏之辰金根黃屋翠葆龍鱗紱冕崇麗衡紞維新尊肅禮容瞻之若神方牧妙舉欽於恤民虎將荷節鎮彼四鄰朱旗所勦九壤被震疇克不若孰敢不臣懸旌海表萬里無塵虜備凶徹鳥殪江岷權若涸魚乾腊矯鱗肅慎納貢越裳效珍條支絕域侍子內賓德儕先皇功侔太古上靈降瑞黃初叔祜河龍洛龜陵波遊下平鈞應繩神鸞翔舞數莢階除系風扇暑皓獸素禽飛走郊野神鍾寶鼎形自舊土雲英甘露滌塗被宇靈芝冒沼朱華陰渚回回凱風祁祁甘雨稼我黍稷惠我嬪君戶蒙慈父圖致太和洽德全義將登介山先皇作儷鐫石紀勳兼錄衆瑞方隆封禪歸功天地賓禮百靈勳命視規望祭四嶽燎封奉柴肅于南郊宗祀上帝三牲既供夏禘秋嘗元侯佐祭獻璧奉璋鸞輿幽藹龍旂太常爰迄太廟鐘鼓鍠鍠頌德詠功八佾鏘鏘皇祖既饗烈考來享神具醉止降茲福祥天地震蕩大行康之三辰暗昧大行光之皇紘絕維大行綱之神器莫統大行當之禮樂廢弛大行張之仁義陸沈大行揚之潛龍隱鳳大行翔之疏狄遐康大行匡之在位七載元功仍舉將永太和絕跡三五宜作物師長爲神主壽終金石等算東父如何奄忽摧身后土俾我煢煢靡瞻靡顧嗟嗟皇穹胡寧忍務嗚呼哀哉明監吉凶體遠存亡深垂典制申之嗣皇聖上虔奉是順是將乃剏玄宇基爲首陽擬迹穀林追堯慕唐合山同陵不樹不疆塗車芻靈珠玉靡藏百神警侍來賓幽堂耕禽田獸望魂之翔於是俟大隧之致功兮練元辰之淑禎潛華體於粹宮兮馮正殿以居靈顧望嗣之號咷兮存臨者之悲聲悼晏駕之旣疾兮感容車之速征浮飛魂於輕霄兮就黃墟以滅形背三光之昭晰兮歸玄宅之冥冥嗟一往之不反兮痛閟闥之長扃咨遠臣之眇眇兮感凶諱以怛驚心孤絕而靡告兮紛流涕而交頸思恩榮以橫奔兮閡闕塞之嶢崢顧衰絰以輕舉兮迫關防之我嬰欲高飛而遙逝兮憚天網之遠經遙投骨於山足兮報恩養於下庭慨拊心而自悼兮懼施重而命輕嗟微軀之是效兮甘九死而忘生幾司命之役籍兮先黃髮而隕零天蓋高而察卑兮冀神明之我聽獨鬱伊而莫愬兮追顧景而憐形奏斯文以寫思兮結翰墨以敷誠嗚呼哀哉

初帝好文學以著述爲務自所勒成垂百篇又使諸儒撰集經傳隨類相從凡千餘篇號曰皇覽魏書曰帝初在東宮疫癘大起時人彫傷帝深感歎與素所敬者大理王朗書曰生有七尺之形死惟一棺之土唯立德揚名可以不朽其次莫如著篇籍疫癘數起士人彫落余獨何人能全其壽故論撰所著典論詩賦蓋百餘篇集諸儒於肅城門內講論大義侃侃無倦常嘉漢文帝之爲君寬仁玄默務欲以德化民有賢聖之風時文學諸儒或以爲孝文雖賢其於聰明通達國體不如賈誼帝由是著太宗論曰昔有苗不賓重華舞以干戚尉佗稱帝孝文撫以恩德吳王不朝錫之几杖以撫其意而天下賴安乃弘三章之教愷悌之化欲使曩時累息之民得闊步高談無危懼之心若賈誼之才敏籌畫國政特賢臣之器管晏之姿豈若孝文大人之量哉三年之中以孫權不服復頒太宗論於天下明示不願征伐也他日又從容言曰顧我亦有所不取於漢文帝者三殺薄昭幸鄧通愼夫人衣不曳地集上書囊爲帳帷以爲漢文儉而無法舅后之家但當養育以恩而不當假借以權旣觸罪法又不得不害矣其欲秉持中道以爲帝王儀表者如此胡沖吳歷曰帝以素書所著典論及詩賦餉孫權又以紙寫一通與張昭

評曰文帝天資文藻下筆成章博聞彊識才藝兼該典論帝自敘曰初平之元董卓殺主鴆后蕩覆王室是時四海旣困中平之政兼惡卓之凶逆家家思亂人人自危山東牧守咸以春秋之義衛人討州吁于濮言人人皆得討賊於是大興義兵名豪大俠富室強族飄揚雲會萬里相赴兗豫之師戰于滎陽河內之甲軍於孟津卓遂遷大駕西都長安而山東大者連郡國中者嬰城邑小者聚阡陌以還相吞滅會黃巾盛於海岱山寇暴於并冀乘勝轉攻席卷而南鄉邑望煙而奔城郭覩塵而潰百姓死亡暴骨如莽余時年五歲上以世方擾亂教余學射六歲而知射又教余騎馬八歲而能騎射矣以時之多故每征余常從建安初上南征荊州至宛張繡降旬日而反亡兄孝廉子脩從兄安民遇害時余年十歲乘馬得脫夫文武之道各隨時而用生于中平之季長於戎旅之間是以少好弓馬于今不衰逐禽輒十里馳射常百步日多體健心每不厭建安十年始定冀州濊貊貢良弓燕代獻名馬時歲之暮春勾芒司節和風扇物弓燥手柔草淺獸肥與族兄子丹獵於鄴西終日手獲麞鹿九雉兔三十後軍南征次曲蠡尚書令荀彧奉使犒軍見余談論之末彧言聞君善左右射此實難能余言執事未覩夫項發口縱俯馬蹄而仰月支也彧喜笑曰乃爾余曰埒有常徑的有常所雖每發輒中非至妙也若馳平原赴豐草要狡獸截輕禽使弓不虛彎所中必洞斯則妙矣是時軍祭酒張京在坐顧彧拊手曰善余又學擊劍閱師多矣四方之法各異唯京師爲善桓靈之間有虎賁王越善斯術稱於京師河南史阿言昔與越遊具得其法余從阿學之精熟嘗與平虜將軍劉勳奮威將軍鄧展等共飲宿聞展善有手臂曉五兵又稱其能空手入白刃余與論劍良久謂言將軍法非也余顧嘗好之又得善術因求與對時酒酣耳熱方食芊蔗便以爲杖下殿數交三中其臂左右大笑展意不平求更爲之余言吾法急屬難相中面故齊臂耳展言願復一交余知其欲突以取交中也因僞深進展果尋前余卻腳鄛正截其顙坐中驚視余還坐笑曰昔陽慶使淳于意去其故方更授以秘術今余亦願鄧將軍捐棄故技更受要道也一坐盡歡夫事不可自謂已長余少曉持復自謂無對俗名雙戟爲坐鐵室鑲楯爲蔽木戶後從陳國袁敏學以單攻複每爲若神對家不知所出先日若逢敏於狹路直決耳余於他戲弄之事少所喜唯彈棊略盡其巧少爲之賦昔京師先工有馬合鄉侯東方安世張公子常恨不得與彼數子者對上雅好詩書文籍雖在軍旅手不釋卷每每定省從容常言人少好學則思專長則善忘長大而能勤學者唯吾與袁伯業耳余是以少誦詩論及長而備歷五經四部史漢諸子百家之言靡不畢覽博物志曰帝善彈棊能用手巾角時有一書生又能低頭以所冠著葛巾角撇棊若加之曠大之度勵以公平之誠邁志存道克廣德心則古之賢主何遠之有哉

魏志卷二考證

文帝丕生於譙注建安十五年爲司徒趙溫所辟○臣浩按後漢書獻帝紀及溫本傳俱作十三年

庚午遂南征注幽王不爭周道用興○監本作幽王○臣良裘按幽王謂太王也作幽王非又類宋本俱作幽今改正

居漢陽郡注吾前遣使宣國威靈○宋本作日前遣使

冬十月癸卯○諸本作十一月癸卯　臣龍官按後云黃初元年十一月癸酉一月中有癸卯不得又有癸酉且注中明云十月乙卯又云今月十七日己未又云今十月斗之建則癸卯乃十月朔也作十一月誤

饗茲萬國以肅承天命注周武未戰而赤烏銜書○宋本作赤鳥

又注春秋玉版讖曰代赤眉者魏公子○宋本無眉字

又注日載東絕火光不橫一聖聰明○宋書絕作紀　臣清植按火光者炎也炎漢之運至是而終宋書絕作紀非是不橫一者丕也故下文曰魏王姓諱見於圖讖也

又注其爲主反爲輔○宋書反作及　臣清植按主反爲輔者言漢反臣於魏也作及非是

又注心慄手悼○悼疑作掉

又注明神器之存亡非人力所能逮也○監本逮誤作建今改正

又注周之伐殷以恭也○恭疑作暴

又注劫遷省御太僕宮廟○臣良裘按太僕二字於義無處其或火撲二字之譌與

又注今月十七日己未宜成可受禪命○臣明楷按三少帝紀高貴鄉公注自敘始生顧辭曰乙未直成予生又曰厥日直成應嘉名也漢書王莽傳以戊辰直定即眞天子位師古云以建除之次其日當定直成之義大抵如是作宜成似誤

又注王子搜樂丹穴之潛處被薰而不出○臣龍官按諸本俱作被重非據莊子讓王篇改正

又注奉今月戊戌璽書○臣明楷按十月中無戊戌前云壬戌册詔疑戊戌乃壬戌之譌

咨可謂命世之大聖億載之師表者也○文類咨作茲

春三月加遼東太守公孫恭爲車騎將軍○臣浩按前已有春正月此處春字宜衍

擐鹿宅注尚書盧毓議祀厲殃事云○臣明楷按祀厲宋本作厲殃何焯曰殃字是殃字之誤作祀厲殃事於本文義較顯

三月行幸召陵通討虜渠○監本訛作召陸今改正

皆以終制從事注恩過慕唐○藝文作思慕過唐

又注歎自僵斃○本集作欲自僵斃

又注感惟南風○文類作感恨南風

又注求光幽昧○宋本作末光幽昧

又注正行定紀○文類作五行定紀

又注金根黃屋○監本誤作黃根金屋今改正

又注權若涸魚○監本誤作土若涸魚今改正

又注黃初叔祜○臣浩按叔祜似當作俶祜俶始也祜福也言黃初始受福也

又注追顧景而憐形○宋本追作迫

號曰皇覽注集諸儒於肅城門內○太平御覽作肅成門內

才藝兼該注以時之多故每征余常從○太平御覽作以時之多難故每征伐余乘馬常從

又注鑲楯爲蔽木戶○太平御覽作兩鑲爲閒木戶

魏志卷三

晉　著作郎巴西中正安漢陳　壽撰

宋　太中大夫國子博士聞喜裴松之注

明帝叡

明皇帝諱叡字元仲文帝太子也生而太祖愛之常令在左右魏書曰帝生數歲而有岐嶷之姿武皇帝異之曰我基於爾三世矣每朝宴會同與侍中近臣並列帷幄好學多識特留意於法理年十五封武德侯黃初二年爲齊公三年爲平原王以其母誅故未建爲嗣魏略曰文帝以郭后無子詔使子養帝帝以母不以道終意甚不平後不獲已乃敬事郭后旦夕因長御問起居郭后亦自以無子遂加慈愛文帝始以帝不悅有意欲以他姬子京兆王爲嗣故久不拜太子魏末傳曰帝常從文帝獵見子母鹿文帝射

殺鹿母使帝射鹿子帝不從曰陛下已殺其母臣不忍復殺其子因涕泣文帝即放弓箭以此深奇之而樹立之意定七年夏五月帝病篤乃立爲皇太子丁巳即皇帝位大赦尊皇太后曰太皇太后皇后曰皇太后諸臣封爵各有差世語曰帝與朝士素不接即位之後羣下想側聽聞風采居數日獨見侍中劉曄語盡日衆人側聽曄既出問何如曄曰秦始皇漢孝武之儔才具微不及耳癸未追謚母甄夫人曰文昭皇后壬辰立皇弟蕤爲陽平王八月孫權攻江夏郡太守文聘堅守朝議欲發兵救之帝曰權習水戰所以敢下船陸攻者幾掩不備也今已與聘相持夫攻守勢倍終不可久也先時遣治書侍御史荀禹慰勞邊方禹到於江夏發所經縣兵及所從步騎千人乘山舉火權退走辛巳立皇子冏爲清河王吳將諸葛瑾張霸等寇襄陽撫軍大將軍司馬宣王討破之斬霸征東大將軍曹休又破其別將於尋陽論功行賞各有差冬十月清河王冏薨十二月以太尉鍾繇爲太傅征東大將軍曹休爲大司馬中軍大將軍曹眞爲大將軍司徒華歆爲太尉司空王朗爲司徒鎭軍大將軍陳羣爲司空撫軍大將軍司馬宣王爲驃騎大將軍

太和元年春正月郊祀武皇帝以配天宗祀文皇帝於明堂以配上帝分江夏南部置江夏南部都尉西平麴英反殺臨羌令西都長遣將軍郝昭鹿磐討斬之二月辛未帝耕於藉田辛巳立文昭皇后寢廟於鄴丁亥朝日于東郊夏四月乙亥行五銖錢甲申初營宗廟秋八月夕月于西郊冬十月丙寅治兵于東郊焉耆王遣子入侍十一月立皇后毛氏賜天下男子爵人二級鰥寡孤獨不能自存者賜穀十二月封后父毛嘉爲列侯新城太守孟達反詔驃騎將軍司馬宣王討之三輔決錄曰伯郎涼州人名不令休其注曰伯郎姓孟名他扶風人靈帝時中常侍張讓專朝政讓監奴典護家事他仕不遂乃盡以家財賂監奴與共結親積年家業爲之破盡衆奴皆慙問他所欲他曰欲得卿曹拜耳奴被恩久皆許諾時賓客求見讓者門下車常數百乘或累日不得通他最後到衆奴伺其至皆迎車而拜徑將他車獨入衆人悉驚謂他與讓善爭以珍物遺他他得之盡以賂讓讓大喜他又以蒲桃酒一斛遺讓即拜涼州刺史他生達少入蜀其處蜀事迹在劉封傳魏略曰達以延康元年率部曲四千餘家歸魏文帝時初即王位既宿知有達聞其來甚悅令貴臣有識察者往觀之還曰將帥之才也或曰卿相之器也王益欽達逆與達書曰近日有命未足達旨何者昔伊摯背商而歸周百里去虞而入秦樂毅感鴟夷以蟬蛻王遵識逆順以去就皆審興廢之符效知成敗之必然故丹青畫其形容良史載其功勳聞卿姿度純茂器量優絕當騁能明時收名傳記令者翻然濯鱗清流甚相嘉樂虛心西望依依若舊下筆屬辭歡心從之昔虞卿入趙再見取相陳平就漢一觀參乘孤今於卿情過於往故致所御馬物以昭忠愛又曰今者海內清定萬里一統三垂無邊塵之警中夏無狗吠之虞以是弛罔闊禁與世無疑保官空虛初無資任卿來相就當明孤意愼勿令家人繽紛道路以親駭疏也若卿欲來相見且當先安部曲有所保固然後徐徐輕騎來東達既至譙進見閑雅才辯過人衆莫不屬目又王近出乘小輦執達手撫其背戲之曰卿得無爲劉備刺客邪遂與同載又加拜散騎常侍領新城太守委以西南之任時衆臣或以爲待之太猥又不宜委以方任王聞之曰吾保其無他亦譬以蒿箭射蒿中耳達既爲文帝所寵又與桓階夏侯尚親善及文帝崩時桓階尚皆卒達自以羇旅久在疆埸心不自安諸葛亮聞之陰欲誘達數書招之達與相報答魏興太守申儀與達有隙密表達與蜀潛通帝未之信也司馬宣王遣參軍梁幾察之又勸其入朝達驚懼遂反干寶晉紀曰達初入新城登白馬塞歎曰劉封申耽據金城千里而失之乎

二年春正月宣王攻破新城斬達傳其首魏略曰宣王誘達將李輔及達甥鄧賢賢等開門納軍達被圍旬有六日而敗焚其首于洛陽四達之衢分新城之上庸武靈巫縣爲上庸郡錫縣爲錫郡蜀大將諸葛亮寇邊天水南安安定三郡吏民叛應亮魏書曰是時朝臣未知計所出帝曰亮阻山爲固今者自來既合兵書致人之術且亮貪三郡知進而不知退今因此時破亮必也乃部勒兵馬步騎五萬拒亮遣大將軍曹眞都督關右並進兵右將軍張郃擊亮於街亭大破之亮敗走三郡平丁未行幸長安魏略載帝露布天下并班告益州曰劉備背恩自竄巴蜀諸葛亮棄父母之國阿殘賊之黨神人被毒惡積身滅亮外慕立孤之名而內貪專擅之實劉升之兄弟守空城而已亮又侮易益土虐用其民是以利狼宕渠高定青羌莫不瓦解爲亮讎敵而亮反裘負薪裏盡毛殫刖趾適屨刻肌傷骨反更稱說自以爲能行兵於井底游步於牛蹄自朕即位三邊無事猶哀憐天下數遣兵革且欲四海之者老長後生之孤幼先移風於禮樂次講武於農隙置亮畫外未以爲虞而亮懷李熊愚勇之智不思荊邯度德之戒驅略吏民盜利祁山王師方振膽破氣奪馬謖高祥望旗奔敗虎臣逐北蹈尸涉血亮也小子震驚朕師猛銳踊躍咸思長驅朕惟率土莫非王臣師之所處荊棘生焉不欲使十室之邑忠信貞良與夫淫昏之黨共受塗炭故先開示以昭國誠勉思變化無滯亂邦巴蜀將吏士民諸爲亮所劫迫公卿已下皆聽束手夏四月丁酉還洛陽宮魏略曰是時訛言云帝已崩從駕群臣迎立雍丘王植京師自卞太后羣公盡懼及帝還皆私察顏色卞太后悲喜欲推始言者帝曰天下皆言將何所推赦繫囚非殊死以下乙巳論討亮功封爵增邑各有差五月大旱六月詔曰尊儒貴學王教之本也自頃儒官或非其人將何以宣明聖道其高選博士才任侍中常侍者申勑郡國貢士以經學爲先秋九月曹休率諸軍至皖與吳將陸議戰於石亭敗績乙酉立皇子穆爲繁陽王庚子大司馬曹休薨冬十月詔公卿近臣舉良將各一人十一月司徒王朗薨十二月諸葛亮圍陳倉曹眞遣將軍費曜等拒之魏略曰先是使將軍郝昭築陳倉城會亮至圍昭不能拔昭字伯道太原人爲人雄壯少入軍爲部曲督數有戰功爲雜號將軍遂鎭守河西十餘年民夷畏服亮圍陳倉使昭鄉人靳詳於城外遙說之昭於樓上應詳曰魏家科法卿所練也我之爲人卿所知也我受國恩多而門戶重卿無可言者但有必死耳卿還謝諸葛便可攻也詳以昭語告亮亮又使詳重說昭言兵不敵無爲空自破滅昭謂詳曰前言已定矣我識卿耳箭不識也詳乃去亮自以有衆數萬而昭兵纔千餘人又度東救未能便到乃進兵攻昭起雲梯衝車以臨城昭於是以火箭逆射其雲梯梯然梯上人皆燒死昭又以繩連石磨壓其衝車衝車折亮乃更爲井闌百尺以射城中以土丸填塹欲直攀城昭又於內築重牆亮又爲地突欲踊出於城裏昭又於城內穿地橫截之晝夜相攻拒二十餘日亮無計救至引退詔嘉昭善守賜爵列侯及還帝引見慰勞之顧謂中書令孫資曰卿鄉里乃有爾曹快人爲將灼如此朕復何憂乎仍欲大用之會病亡遺令戒其子凱曰吾爲將知將不可爲也吾數發冢取其木以爲攻戰具又知厚葬無益於死者也汝必斂以時服且人生有處所耳死復何在耶今去本墓遠東西南北在汝而已

三年夏四月元城王禮薨六月癸卯繁陽王穆薨戊申追尊高祖大長秋曰高皇帝夫人吳氏曰高皇后秋七月詔曰禮皇后無嗣擇建支子以繼大宗則當纂正統而奉公義何得復顧私親哉漢宣繼昭帝後加悼考以皇號哀帝以外藩援立而董宏等稱引亡秦或誤時朝既尊恭皇立廟京都又寵藩妾使比長信敘昭穆於前殿並四位於東宮僭差無度人神弗祐而非罪師丹忠正之諫用致丁傅焚如之禍自是之後相踵行之昔魯文逆祀罪由夏父宋國非度譏在華元其令公卿有司深以前世行事爲戒後嗣萬一有由諸侯入奉大統則當明爲人後之義敢爲佞邪導諛時君妄建非正之號以干正統謂考爲皇稱妣爲后則股肱大臣誅之無赦其書之金策藏之宗廟著于令典冬十月改平望觀曰聽訟觀帝常言獄者天下之性命也每斷大獄常幸觀臨聽之初洛陽宗廟未成神主在鄴廟十一月廟始成使太常韓暨持節迎高皇帝太皇帝武帝文帝神主于鄴十二月己丑至奉安神主于廟臣松之按黃初四年有司奏立二廟太皇帝大長秋與文帝之高祖共一廟特立武帝廟百世不毀今此無高祖神主蓋以親盡毀也此則魏初唯立親廟祀四室而已至景初元年始定七廟之制孫盛曰事亡如存祭如神在迎遷神主正斯宜矣癸卯大月氏王波調遣使奉獻以調爲親魏大月氏王

四年春二月壬午詔曰世之質文隨教而變兵亂以來經學廢絕後生進趣不由典謨豈訓導未洽將進用者不以德顯乎其郎吏學通一經才任牧民博士課試擢其高第者亟用其浮華不務道本者皆罷退之戊子詔太傅三公以文帝典論刻石立於廟門之外癸巳以大將軍曹眞爲大司馬驃騎將軍司馬宣王爲大將軍遼東太守公孫淵爲車騎將軍夏四月太傅鍾繇薨六月戊子太皇太后崩丙申省上庸郡秋七月武宣卞后祔葬於高陵詔大司馬曹眞大將軍司馬宣王伐蜀八月辛巳行東巡遣使者以特牛祠中嶽魏書曰行過繁昌使執金吾臧霸行太尉事以特牛祠受禪壇臣松之按漢紀章帝元和三年詔高邑縣祠即位壇五成陌此縣祠門戶此雖前代已行故事然爲壇以祀天而壇非神也今無事於上帝而致祀於虛壇未詳所據乙未幸許昌宮九月大雨伊洛河漢水溢詔眞等班師冬十月乙卯行還洛陽宮庚申令罪非殊死聽贖各有差十一月太白犯歲星十二月辛未改葬文昭甄后于朝陽陵丙寅詔公卿舉賢良

五年春正月帝耕于藉田三月大司馬曹眞薨諸葛亮寇天水詔大將軍司馬宣王拒之自去冬十月至此月不雨辛巳大雩夏四月鮮卑附義王軻比能率其種人及丁零大人兒禪詣幽州貢名馬復置護匈奴中郎將秋七月丙子以亮退走封爵增位各有差魏書曰初亮出議者以爲亮軍無輜重糧必不繼不擊自破無爲勞兵或欲自芟上邽左右生麥以奪賊食帝皆不從前後遣兵增宣王軍又勅使護麥宣王與亮相持賴得此麥以爲軍糧乙酉皇子殷生大赦八月詔曰古者諸侯朝聘所以敦睦親親協和萬國也先帝著令不欲使諸王在京都者謂幼主在位母后攝政防微以漸關諸盛衰也朕惟不見諸王十有二載悠悠之懷能不興思其令諸王及宗室公侯各將適子一人朝後有少主母后在宮者自如先帝令申明著于令十一月乙酉月犯軒轅大星戊戌晦日有蝕之十二月甲辰月犯鎭星戊午太尉華歆薨

六年春二月詔曰古之帝王封建諸侯所以藩屛王室也詩不云乎懷德維寧宗子維城秦漢繼周或彊或弱俱失厥中大魏創業諸王開國隨時之宜未有定制非所以永爲後法也其改封諸侯王皆以郡爲國三月癸酉行東巡所過存問高年鰥寡孤獨賜穀帛乙亥月犯軒轅大星夏四月壬寅行幸許昌宮甲子初進新果于廟五月皇子殷薨追封謚安平哀王秋七月以衞尉董昭爲司徒九月行幸摩陂治許昌宮起景福承光殿冬十月殄夷將軍田豫帥衆討吳將周賀於成山殺賀十一月丙寅太白晝見有星孛于翼近太微上將星庚寅陳思王植薨十二月行還許昌宮

青龍元年春正月甲申青龍見郟之摩陂井中二月丁酉幸摩陂觀龍於是改年改摩陂爲龍陂賜男子爵人二級鰥寡孤獨無出今年租賦三月甲子詔公卿舉賢良篤行之士各一人夏五月壬申詔祀故大將軍夏侯惇大司馬曹仁車騎將軍程昱於太祖廟庭魏書載詔曰昔先王之禮於功臣存則顯其爵祿沒則祭于大烝故漢氏功臣祀於廟庭大魏元功之臣功勳優著終始休明者其皆依禮祀之於是以惇等配享之戊寅北海王蕤薨閏月庚寅朔日有蝕之丁酉改封宗室女非諸王女皆爲邑主詔諸郡國山川不在祠典者勿祠六月洛陽宮鞠室災保塞鮮卑大人步度根與叛鮮卑大人軻比能私通并州刺史畢軌表輒出軍以外威比能內鎭步度根帝省表曰步度根以爲比能所誘有自疑心今軌出軍適使二部驚合爲一何所威鎭乎促勅軌以出軍者愼勿越塞過句注也比詔書到軌已進軍屯陰館遣將軍蘇尚董弼追鮮卑比能遣子將千餘騎迎步度根部落與尚弼相遇戰於樓煩二將沒步度根部落皆叛出塞與比能合寇邊遣驍騎將軍秦朗將中軍討之虜乃走漠北秋九月安定保塞匈奴大人胡薄居姿職等叛司馬宣王遣將軍胡遵等追討破降之冬十月步度根部落大人戴胡阿狼泥等詣并州降朗引軍還魏氏春秋曰朗字元明新興人獻帝傳曰朗父名宜祿爲呂布使詣袁術術妻以漢宗室女其前妻杜氏留下邳布之被圍關羽屢請於太祖求以杜氏爲妻太祖

疑其有色，及城陷，太祖見之，乃自納之。宜祿歸降，以爲銍長。及劉備走小沛，張飛隨之，過謂宜祿曰：「人取汝妻，而爲之長，乃蚩蚩若是邪！隨我去乎？」宜祿從之數里，悔欲還，飛殺之。朗隨母氏畜于公宮，太祖甚愛之，每坐席謂賓客曰：「世有人愛假子如孤者乎？」魏略曰：朗遊諸侯間，歷武、文之世而無尤也。及明帝即位，以爲內官，爲驍騎將軍、給事中，每車駕出入，朗常隨從。時明帝喜發舉，數有以輕微而致大辟者，朗終不能有所諫止，又未嘗進一善人，帝亦以是親愛；每顧問之，多呼其小字阿蘇，數加賞賜，爲起大第於京城中。四方雖知朗無能爲益，猶以附近至尊，多賂遺之，富均公侯。世語曰：朗子秀，勁厲能直言，爲晉武帝博士。魏略以朗與孔桂俱在佞倖篇。桂字叔林，天水人也。建安初，數爲將軍楊秋使詣太祖，太祖表拜騎都尉。桂性便辟，曉博奕、蹹鞠，故太祖愛之，每在左右，出入隨從。桂察太祖意，喜樂之時，因言次曲有所陳，事多見從，數得賞賜，人多饋遺，桂由此侯服玉食。太祖既愛桂，五官將及諸侯亦皆親之。其後桂見太祖久不立太子，而有意於臨菑侯，因更親附臨菑侯而簡於五官將，將甚銜之。及太祖薨，文帝即王位，未及致其罪。黃初元年，隨例轉拜駙馬都尉。而桂私受西域貨賂，許爲人事。事發，有詔收問，遂殺之。魚豢曰：爲上者不虛授，處下者不虛受，然後外無伐檀之歎，內無尸素之刺，雍熙之美著，太平之律顯矣。而佞倖之徒，但姑息人主，至乃無德而榮，無功而祿，如是焉得不使中正日廢，傾邪滋多乎！以武皇帝之慎賞，明皇帝之持法，而猶有若此等人，而況下斯者乎？十二月，公孫淵斬送孫權所遣使張彌、許晏首，以淵爲大司馬樂浪公。世語曰：幷州刺史畢軌送漢故度遼將軍范明友鮮卑奴，年三百五十歲，言語飲食如常人。奴云：「霍顯，光後小妻。明友妻，光前妻女。」博物志曰：時京邑有一人，失其姓名，食啖兼十許人，遂肥不能動。其父曾作遠方長吏，官徙送彼縣，令故義傳供食之；一二年中，一鄉中稱爲之儉。傅子曰：時太原發冢破棺，棺中有一生婦人，將出與語，生人也。送之京師，問其本事，不知也。視其冢上樹木可三十歲，不知此婦人三十歲常生於地中邪？將一朝欻生，偶與發冢者會也？

二年春二月乙未，太白犯熒惑。癸酉，詔曰：「鞭作官刑，所以糾慢怠也，而頃多以無辜死。其減鞭杖之制，著于令。」三月庚寅，山陽公薨，帝素服發哀，遣使持節典護喪事。己酉，大赦。夏四月，大疫。崇華殿災。丙寅，詔有司以太牢告祠文帝廟。追謚山陽公爲漢孝獻皇帝，葬以漢禮。獻帝傳曰：帝變服，率羣臣哭之，使使持節行司徒太常和洽弔祭，又使持節行大司空大司農崔林監護喪事。詔曰：「蓋五帝之事尚矣，仲尼盛稱堯、舜巍巍蕩蕩之功者，以爲禪代乃大聖之懿事也。山陽公深識天祿永終之運，禪位文皇帝以順天命。先帝命公行漢正朔，郊天祀祖以天子之禮，言事不稱臣，此舜事堯之義也。昔放勳殂落，四海如喪考妣，遏密八音，明喪葬之禮同於王者也。今有司奏喪禮比諸侯王，此豈古之遺制而先帝之至意哉？今謚公漢孝獻皇帝。」使太尉具以一太牢告祠文帝廟，曰：「叡聞夫禮也者，反本修古，不忘厥初，是以先代之君，尊尊親親，咸有尚焉。今山陽公寢疾棄國，有司建言喪紀之禮視諸侯王。叡惟山陽公昔知天命永終於己，深觀歷數允在聖躬，傳祚禪位，尊我民主，斯乃陶唐懿德之事也。黃初受終，命公于國，行漢正朔，郊天祀祖，禮樂制度率乃漢舊，斯亦舜、禹明堂之義也。上考遂初，皇極攸建，允熙克讓，莫朗于茲。蓋子以繼志嗣訓爲孝，臣以配命欽述爲忠，故詩稱『匪棘其猶，聿追來孝』，書曰『前人受命，茲不忘大功』。叡敢不奉承徽典，以昭皇考之神靈。今追謚山陽公曰孝獻皇帝，冊贈璽紱。命司徒司空持節弔祭護喪，光祿大鴻臚爲副，將作大匠、復土將軍營成陵墓，及置百官羣吏，車旗服章喪葬禮儀，一如漢氏故事；喪葬所供羣官之費，皆仰大司農。立其後嗣爲山陽公，以通三統，永爲魏賓。」於是贈冊曰：「嗚呼，昔皇天降戾於漢，俾逆臣董卓，播厥凶虐，焚滅京都，劫遷大駕。于時六合雲擾，姦雄熛起。帝自西京，徂唯求定，臻茲洛邑。疇咨聖賢，聿改乘轅，又遷許昌，武皇帝是依。歲在玄枵，皇師肇征，迄于鶉尾，十有八載，羣寇殲殄，九域咸乂。惟帝念功，祚茲魏國，大啓土宇。爰及文皇帝，齊聖廣淵，仁聲旁流，柔遠能邇，殊俗向義，乾精承祚，坤靈吐曜，稽極玉衡，允膺曆數，度于軌儀，克厭帝心。乃仰欽七政，俯察五典，弗采四嶽之謀，不俟師錫之舉，幽贊神明，承天禪位。祚建朕躬，統承洪業。蓋聞昔帝堯，元愷既舉，凶族未流，登舜百揆，然後百揆時序，內平外成，授位明堂，退終天祿，故能冠德百王，表功嵩嶽。自往迄今，彌歷七代，歲暨三千，而大運來復，庸命底績，纂我民主，作建皇極。念重光，紹咸池，韶夏，超羣后之遐蹤，邈商周之慙德，可謂高朗令終，昭明洪烈之懿盛者矣。非夫漢、魏與天地合德，與四時合信，動和民神，格于上下，其孰能至於此乎？朕惟孝獻享年不永，欽若顧命，考之典謨，恭述皇考先靈遺意，闡崇弘謚，奉成聖美，以章希世同符之隆，以傳億載不朽之榮。魂而有靈，嘉茲弘休。嗚呼哀哉！」八月壬申，葬于山陽國，陵曰禪陵，置園邑。葬之日，帝制錫衰弁絰，哭之慟。適孫桂氏鄉侯康嗣立爲山陽公。是月，諸葛亮出斜谷，屯渭南，司馬宣王率諸軍拒之。詔宣王：「但堅壁拒守以挫其鋒，彼進不得志，退無與戰，久停則糧盡，虜略無所獲，則必走矣。走而追之，以逸待勞，全勝之道也。」魏氏春秋曰：亮既屢遣使交書，又致巾幗婦人之飾，以怒宣王。宣王將出戰，辛毗杖節奉詔，勒宣王及軍吏以下，乃止。宣王見亮使，唯問其寢食及其事之煩簡，不問戎事。使對曰：「諸葛公夙興夜寐，罰二十已上，皆親覽焉；所啖食不過數升。」宣王曰：「亮體斃矣，其能久乎！」五月，太白晝見。孫權入居巢湖口，向合肥新城，又遣將陸議、孫韶各將萬餘人入淮、沔。六月，征東將軍滿寵進軍拒之。寵欲拔新城守，致賊壽春，帝不聽，曰：「昔漢光武遣兵縣據略陽，終以破隗囂，先帝東置合肥，南守襄陽，西固祁山，賊來輒破於三城之下者，地有所必爭也。縱權攻新城，必不能拔。勑諸將堅守，吾將自往征之，比至，恐權走也。」秋七月壬寅，帝親御龍舟東征，權攻新城，將軍張穎等拒守力戰，帝軍未至數百里，權遁走，議、韶等亦退。羣臣以爲大將軍方與諸葛亮相持未解，車駕可西幸長安。帝曰：「權走，亮膽破，大將軍以制之，吾無憂矣。」遂進軍幸壽春，錄諸將功，封賞各有差。八月己未，大曜兵，饗六軍，遣使者持節犒勞合肥、壽春諸軍。辛巳，行還許昌宮。司馬宣王與亮相持，連圍積日，亮數挑戰，宣王堅壘不應。會亮卒，其軍退還。冬十月乙丑，月犯鎮星及軒轅。戊寅，月犯太白。十一月，京都地震，從東南來，隱隱有聲，搖動屋瓦。十二月，詔有司刪定大辟，減死罪。

三年春正月戊子，以大將軍司馬宣王爲太尉。己亥，復置朔方郡。京都大疫。丁巳，皇太后崩。乙亥，隕石于壽光縣。三月庚寅，葬文德郭后，營陵于首陽陵澗西，如終制。顧愷之啓蒙注曰：魏時人有開周王冢者，得殉葬女子，經數日而有氣，數月而能語，年可二十。送詣京師，郭太后愛養之。十餘年，太后崩，哀思哭泣，一年餘而死。是時，大治洛陽宮，起昭陽、太極殿，築總章觀。百姓失農時，直臣楊阜、高堂隆等各數切諫，雖不能聽，帝優容之。魏略曰：是年起太極諸殿，築總章觀，高十餘丈，建翔鳳於其上；又於芳林園中起陂池，楫櫂越歌；又於列殿之北，立八坊，諸才人以次序處其中，貴人夫人以上，轉南附焉，其秩石擬百官之數。帝常遊宴在內，乃選女子知書可付信者六人，以爲女尚書，使典省外奏事，處當畫可。自貴人以下至尚保，及給掖庭灑埽，習伎歌者，各有千數。通引穀水過九龍殿前，爲玉井綺欄，蟾蜍含受，神龍吐出。使博士馬均作司南車，水轉百戲。歲首建巨獸，魚龍曼延，弄馬倒騎，備如漢西京之制，築閶闔諸門闕外罘罳。太子舍人張茂以吳、蜀數動，諸將出征，而帝盛興宮室，留意於玩飾，賜與無度，帑藏空竭；又錄奪士女前已嫁爲吏民妻者，還以配士，既聽以生口自贖，又簡選其有姿色者內之掖庭，乃上書諫曰：「臣伏見詔書，諸士女嫁非士者，一切錄奪，以配戰士，斯誠權時之宜，然非大化之善者也。臣請論之。陛下，天之子也，百姓吏民，亦陛下之子也。禮，賜君子小人不同日，所以殊貴賤也。吏屬君子，士爲小人，今奪彼以與此，亦無以異於奪兄之妻妻弟也，於父母之恩偏矣。又詔書聽得以生口年紀、顏色與妻相當者自代，故富者則傾家盡產，貧者舉假貸貰，貴買生口以贖其妻；縣官以配士爲名而實內之掖庭，其醜惡者乃出與士。得婦者未必有懽心，而失妻者必有憂色，或窮或愁，皆不得志。夫君有天下而不得萬姓之懽心者，鮮不危殆。且軍師在外數千萬人，一日之費非徒千金，舉天下之賦以奉此役，猶將不給，況復有宮庭非員無錄之女，椒房母后之家，賞賜橫與，內外交引，其費半軍。昔漢武帝好神仙，信方士，掘地爲海，封土爲山，賴是時天下爲一，莫敢與爭者耳。自衰亂以來，四五十載，馬不捨鞍，士不釋甲，每一交戰，血流丹野，創痍號痛之聲，于今未已。猶彊寇在疆，圖危魏室。陛下不兢兢業業，念崇節約，思所以安天下者，而乃奢靡是務，中尚方純作玩弄之物，炫燿後園，建承露之盤，斯誠快耳目之觀，然亦足以騁寇讎之心矣。惜乎，舍堯舜之節儉，而爲漢武之侈事，臣竊爲陛下不取也。願陛下沛然下詔，萬機之事有無益而有損者悉除去之，以所除無益之費，厚賜將士父母妻子之飢寒者，問民所疾而除其所惡，實倉廩，繕甲兵，恪恭以臨天下。如是，吳賊面縛，蜀虜輿櫬，不待誅而自服，太平之路可計日而待也。陛下可無勞神思於海表，軍師高枕，戰士備員。今羣公皆結舌，而臣所以不敢不獻瞽言者，臣昔上要言，散騎奏臣書以聽諫篇爲善，詔曰『是也』，擢臣爲太子舍人；且臣作書譏爲人臣不能諫諍，今有可諫之事而臣不諫，此爲作書虛妄而不能言也。臣年五十，常恐至死無以報國，是以投軀沒身，冒昧以聞，惟陛下裁察。」書通，上顧左右曰：「張茂恃鄉里，故也。」以事付散騎而已。茂字彥林，沛人。秋七月，洛陽崇華殿災。八月庚午，立皇子芳爲齊王，詢爲秦王。丁巳，行還洛陽宮。命有司復崇華，改名九龍殿。冬十月己酉，中山王袞薨。壬申，太白晝見。十一月丁酉，行幸許昌宮。魏氏春秋曰：是歲，張掖郡刪丹縣金山玄川溢涌，寶石負圖，狀象靈龜，廣一丈六尺，長一丈七尺一寸，圍五丈八寸，立于川西。有石馬七，其一仙人騎之，其一羈絆，其五有形而不善成。有玉匣關蓋於前，上有玉字，玉玦二，璜一。麒麟在東，鳳鳥在南，白虎在西，犧牛在北，馬自中布列四面，色皆蒼白。其南有五字，曰「上上三天王」；又曰「述大金，大討曹，金但取之，金立中，大金馬一匹在中，大吉開壽，此馬甲寅述水」，凡中字六，金字十；又有若八卦及列宿孛彗之象焉。世語曰：又有一雞象。搜神記曰：初，漢元、成之世，先識之士有言曰：「魏年有和，當有開石於西三千餘里，繫五馬，文曰『大討曹』。」及魏之初興也，張掖之柳谷，有開石焉，始見於建安，形成於黃初，文備於太和，周圍七尋，中高一仞，蒼質素章，龍馬、麟鹿、鳳皇、仙人之象，粲然咸著，此一事者，魏、晉代興之符也。至晉泰始三年，張掖太守焦勝上言，以留郡本國圖校今石文，文字多少不同，謹具圖上。按其文有五馬象，其一有人平上幘，執戟而乘之，其一有若馬形而不成，其字有金，有中，有大司馬，有王，有大吉，有正，有開壽，其一成行，曰「金當取之」。漢晉春秋曰：氐池縣大柳谷口夜激波涌溢，其聲如雷，曉而有蒼石立水中，長一丈六尺，高八尺，白石畫之，爲十三馬，一牛，一鳥，八卦玉玦之象，皆隆起，其文曰「大討曹，適水中，甲寅」。帝惡其討也，使鑿去爲「計」，以蒼石窒之，宿昔而白石滿焉。至晉初，其文愈明，馬象皆煥徹如玉焉。

四年春二月，太白復晝見，月犯太白，又犯軒轅一星，入太微而出。夏四月，置崇文觀，徵善屬文者以充之。五月乙卯，司徒董昭薨。丁巳，肅慎氏獻楛矢。六月壬申，詔曰：「有虞氏畫象而民弗犯，周人刑錯而不用。朕從百王之末，追望上世之風，邈乎何相去之遠？法令滋章，犯者彌多，刑罰愈衆，而姦不可止。往者按大辟之條，多所蠲除，思濟生民之命，此朕之至意也。而郡國蔽獄，一歲之中尚過數百，豈朕訓導不醇，俾民輕罪，將苛法猶存，爲之陷穽乎？有司其議獄緩死，務從寬簡，及乞恩者，或辭未出而獄以報斷，非所以究理盡情也。其令廷尉及天下獄官，諸有死罪具獄以定，非謀反及手殺人，亟語其親治，有乞恩者，使與奏當文書俱上，朕將思所以全之。其布告天下，使明朕意。」秋七月，高句驪王宮斬送孫權使胡衛等首，詣幽州。甲寅，太白犯軒轅大星。冬十月己卯，行還洛陽宮。甲申，有星孛于大辰。乙酉，又孛于東方。十一月己亥，彗星見，犯宦者天紀星。十二月癸巳，司空陳羣薨。乙未，行幸許昌宮。

景初元年春正月壬辰，山茌縣言黃龍見。茌音仕狸反。於是有司奏，以爲魏得地統，宜以建丑之月爲正。三月，定曆改年爲孟夏四月。魏書曰：初，文皇帝即位，以受禪于漢，因循漢正朔弗改。帝在東宮著論，以爲五帝三王雖同氣共祖，禮不相襲，正朔自宜改變，以明受命之運。及即位，優游者久之，史官復著言宜改，乃詔三公、特進、九卿、中郎將、大夫、博士、議郎、千石、六百石博議，議者或不同。帝據古典，甲子詔曰：「夫太極運三辰，五星於上，元氣轉三統五行於下。登降周旋，終則又始。故仲尼作春秋，於三微之月，每月稱王，以明三正迭相爲首。今推三統之次，魏得地統，當以建丑之月爲正月。考之羣藝，厥義章矣。其改青龍五年三月爲景初元年四月。」服色尚黃，犧牲用白，戎事乘黑首白馬，建大赤之旗，朝會建大白之旗。臣松之按：魏爲土行，故服色尚黃。行殷之時，以建丑爲正，故犧牲旂旗一用殷禮。禮記云：「夏后氏尚黑，故戎事乘驪，牲用玄；殷人尚白，戎事乘翰，牲用白；周人尚赤，戎事乘騵，牲用騂。」鄭玄云：「夏后氏以建寅爲正，物生色黑；殷以建丑爲正，物牙色白；周以建子爲正，物萌色赤。翰，白色馬也。易曰『白馬翰如』。周禮巾車職：『建大赤以朝，大白以即戎。』此則周以正色之旗以朝，以先代之旗即戎。今魏用殷禮，變周之制，故建大白以朝，大赤即戎。」改太和曆曰景初曆。其春夏秋冬孟仲季月，雖與正歲不同，至於郊祀、迎氣、礿祠、烝嘗、巡狩、蒐田、分至啓閉、班宣時令、中氣早晚、敬授民事，皆以正歲斗建爲曆數之序。五月己巳，行還洛陽宮。己丑，大赦。六月戊申，京都地震。己亥，以尚書令陳矯爲司徒，尚書左僕射衞臻爲司空。丁未，分魏興之魏陽、錫郡之安富、上庸爲上庸郡。省錫郡，以錫縣屬魏興郡。有司奏：武皇帝撥亂反正，爲魏太祖，樂用武始之舞。文皇帝應天受命，爲魏高祖，樂用咸熙之舞。帝制作興治，爲魏烈祖，樂用章武之舞。三祖之廟，萬世不毀。其餘四廟，親盡迭毀，如周后稷、文、武廟祧之制。孫盛曰：夫謚以表行，廟以存容，皆於既沒然後著焉，所以原始要終，以示百世也。未有當年而逆制祖宗，未終而豫自尊顯。昔華樂以厚斂致譏，周人以豫凶違禮，魏之羣司，於是乎失正。秋七月丁卯，司徒陳矯薨。孫權遣將朱然等二萬人圍江夏郡，荊州刺史胡質等擊之，然退走。初，權遣使浮海與高句驪通，欲襲遼東。遣幽州刺史毌丘儉率諸軍及鮮卑、烏丸屯遼東南界，璽書徵公孫淵。淵發兵反，儉進軍討之，會連雨十日，遼水大漲，詔儉引軍還。右北平烏丸單于寇婁敦、遼西烏丸都督王護留等居遼東，率部衆隨儉內附。己卯，詔遼東將吏士民爲淵所脅畧不得降者一切赦之辛卯太白晝見淵自儉還遂自立爲燕王置百官稱紹漢元年詔青兗幽冀四州大作海船九月冀兗徐豫四州民遇水遣侍御史循行沒溺死亡及失財產者在所開倉振救之庚辰皇后毛氏卒冬十月丁未月犯熒惑癸丑葬悼毛后于愍陵乙卯營洛陽南委粟山爲圜丘魏書載詔曰蓋帝王受命莫不恭承天地以章神明尊祀世統以昭功德故先代之典既著則禘郊祖宗之制備也昔漢氏之初承秦滅學之後采摭殘缺以備郊祀自甘泉后土雍宮五畤神祇兆位多不見經是以制度無常一彼一此四百餘年廢無禘祀古代之所更立者遂有闕焉曹氏系世出自有虞氏今祀圜丘以始祖帝舜配號圜丘曰皇皇帝天方丘所祭曰皇皇后地以舜妃伊氏配天郊所祭曰皇天之神以太祖武皇帝配地郊所祭曰皇地之祇以武宣后配宗祀皇考高祖文皇帝於明堂以配上帝至晉泰始二年并圜丘方丘二至之祀於南北郊十二月壬子冬至始祀丁巳分襄陽臨沮宜城旍陽邔邔音其己反四縣置襄陽南部都尉己未有司奏文昭皇后立廟京都分襄陽郡之鄀葉縣屬義陽郡魏畧曰是歲徙長安諸鍾簴駱駝銅人承露盤盤折銅人重不可致留于霸城大發銅鑄作銅人二號曰翁仲列坐於司馬門外又鑄黃龍鳳凰各一龍高四丈鳳高三丈餘置內殿前起土山於芳林園西北陬使公卿羣僚皆負土成山樹松竹雜木善草於其上捕山禽雜獸置其中漢晉春秋曰帝徙盤盤折聲聞數十里金狄或泣因留於霸城魏畧載司徒軍議掾河東董尋上書諫曰臣聞古之直士盡言於國不避死亡故周昌比高祖於桀紂劉輔譬趙后於人婢天生忠直雖白刃沸湯往而不顧者誠爲時主愛惜天下也建安以來野戰死亡或門殫戶盡雖有存者遺孤老弱若今宮室狹小當廣大之猶宜隨時不妨農務況乃作無益之物黃龍鳳凰九龍承露盤土山淵池此皆聖明之所不興也其功參倍於殿舍三公九卿侍中尚書天下至德皆知非道而不敢言者以陛下春秋方剛心畏雷霆今陛下既尊羣臣顯以冠冕被以文繡載以華輿所以異於小人而使穿方舉土面目垢黑沾體塗足衣冠了鳥毀國之光以崇無益甚非謂也孔子曰君使臣以禮臣事君以忠無忠無禮國何以立故有君不君臣不臣上下不通心懷鬱結使陰陽不和災害屢降凶惡之徒因間而起誰當爲陛下盡言事者乎又誰當千萬乘以死爲戲乎臣知言出必死而臣自比於牛之一毛生既無益死亦何損秉筆流涕心與世辭臣有八子臣死之後累陛下矣將奏沐浴既通帝曰董尋不畏死邪主者奏收尋有詔勿問後爲貝丘令清省得民心二年春正月詔太尉司馬宣王帥衆討遼東干寶晉紀曰帝問宣王度淵將何計以待君宣王對曰淵棄城預走上計也據遼水拒大軍其次也坐守襄平此爲成禽耳帝曰然則三者何出對曰唯明智審量彼我乃預有所割棄此既非淵所及又謂今往縣遠不能持久必先拒遼水後守也帝曰往還幾日對曰往百日攻百日還百日以六十日爲休息如此一年足矣魏名臣奏載散騎常侍何曾表曰臣聞先王制法必於全慎故建官授任則置假輔陳師命將則立監貳宣命遣使則設介副臨敵交刃則參御右盡以盡謀思之功防安危之變也是以在險當難則權足相濟隕缺不預則手足相代其爲固防至深至遠及至漢氏亦循舊章韓信伐趙張耳爲貳馬援討越劉隆副軍前世之迹著在篇志今懿奉辭誅罪步騎數萬道路迴阻四千餘里雖假天威有征無戰或潛遁消散日月無常期人非金石遠慮詳備誠宜有副今北邊諸將及懿所督皆爲僚屬名位不殊素無定分卒有變急不相鎮攝存不忘亡聖達所戒宜選大臣名將威重宿著者盛其禮秩遣詣懿軍進同謀畧退爲副佐雖有萬一不虞之災軍主有儲則無患矣毌丘儉志記云時以儉爲宣王副也二月癸卯以太中大夫韓暨爲司徒癸丑月犯心距星又犯心中央大星夏四月庚子司徒韓暨薨壬寅分沛國蕭相竹邑符離蘄銍龍亢山桑洨虹洨音胡交反虹音絳十縣爲汝陰郡宋縣陳郡苦縣皆屬譙郡以

沛杼秋公丘彭城豐國廣戚并五縣爲沛王國庚戌大赦五月乙亥月犯心距星又犯中央大星魏書載戊子詔曰昔漢高祖創業光武中興謀除殘暴功昭四海而墳陵崩頹童兒牧豎踐蹈其上非大魏尊崇所承代之意也其表高祖光武陵四面百步不得使民耕牧樵採六月省漁陽郡之狐奴縣復置安樂縣秋八月燒當羌王芒中注詣等叛涼州刺史率諸郡攻討斬注詣首癸丑有彗星見張宿漢晉春秋曰史官言於帝曰此周之分野也洛邑惡之於是大修禳禱之術以厭焉魏書曰九月蜀陰平太守廖惇反攻守善羌侯宕蕈營雍州刺史郭淮遣廣魏太守王贇南安太守游奕將兵討惇淮上書贇奕等分兵夾山東西圍落賊表破在旦夕帝曰兵勢惡離促詔淮敕奕諸別營非要處者還令據便地詔敕未到奕軍爲惇所破贇爲流矢所中死丙寅司馬宣王圍公孫淵於襄平大破之傳淵首于京都海東諸郡平冬十一月錄討淵功太尉宣王以下增邑封爵各有差初帝議遣宣王討淵發卒四萬人議臣皆以爲四萬兵多役費難供帝曰四千里征伐雖云用奇亦當任力不當稍計役費遂以四萬人行及宣王至遼東霖雨不得時攻羣臣或以爲淵未可卒破宜詔宣王還帝曰司馬懿臨危制變擒淵可計日待也卒皆如所策壬午以司空衞臻爲司徒司隸校尉崔林爲司空閏月月犯心中央大星十二月乙丑帝寢疾不豫辛巳立皇后賜天下男子爵人二級鰥寡孤獨穀以燕王宇爲大將軍甲申免以武衞將軍曹爽代之漢晉春秋曰帝以燕王宇爲大將軍使與領軍將軍夏侯獻武衞將軍曹爽屯騎校尉曹肇驍騎將軍秦朗等對輔政中書監劉放令孫資久專權寵爲朗等素所不善懼有後害陰圖間之而宇常在帝側故未得有言甲申帝氣微宇下殿呼曹肇有所議未還而帝少間惟曹爽獨在放知之呼資與謀資曰不可動也放曰俱入鼎鑊何不可之有乃突前見帝垂泣曰陛下氣微若有不諱將以天下付誰帝曰卿不聞用燕王耶放曰陛下忘先帝詔敕藩王不得輔政且陛下方病而曹肇秦朗等便與才人侍疾者言戲燕王擁兵南面不聽臣等入此即豎刁趙高也今皇太子幼弱未能統政外有強暴之寇內有勞怨之民陛下不遠慮存亡而近係恩舊委祖宗之業付二三凡士寢疾數日外內擁隔社稷危殆而已不知此臣等所以痛心也帝得放言大怒曰誰可任者放資乃舉爽代宇又白宜詔司馬宣王使相參帝從之放資出曹肇入泣涕固諫帝使肇敕停肇出戶放資趨而往復說止帝又從其言放曰宜爲手詔帝曰我困篤不能放即上牀執帝手強作之遂齎出大言曰有詔免燕王宇等官不得停省中於是宇肇獻朗相與泣而歸第初青龍三年中壽春農民妻自言爲天神所下命爲登女當營衞帝室蠲邪納福飲人以水及以洗瘡或多愈者於是立館後宮下詔稱揚甚見優寵及帝疾飲水無驗於是殺焉三年春正月丁亥太尉宣王還至河內帝驛馬召到引入臥內執其手謂曰吾疾甚以後事屬君君其與爽輔少子吾得見君無所恨宣王頓首流涕魏畧曰帝既從劉放計召司馬宣王自力爲詔既封顧呼宮中常所給使者曰辟邪來汝持我此詔授太尉也辟邪馳去先是燕王爲帝畫計以爲關中事重宜便道遣宣王從河內西還事以施行宣王得前詔斯須復得後手筆疑京師有變乃馳到入見帝勞問訖乃召齊秦二王以示宣王別指齊王謂宣王曰此是也君諦視之勿誤也又教齊王令前抱宣王頸魏氏春秋曰時太子芳年八歲秦王九歲在于御側帝執宣王手目太子曰死乃復可忍朕忍死待君君其與爽輔此宣王曰陛下不見先帝屬臣以陛下乎

卽日帝崩于嘉福殿魏書曰殯于九龍前殿時年三十六臣松之案魏武以建安九年八月定鄴文帝始納甄后明帝應以十年生計至此年正月整三十四年耳時改正朔以故年十二月爲今年正月可彊名三十五年不得三十六也癸丑葬高平陵魏書曰帝容止可觀望之儼然自在東宮不交朝臣不問政事唯潛思書籍而已卽位之後褒禮大臣料簡功能眞僞不得相貿務絕浮華譖毀之端行師動衆論決大事謀臣將相咸服帝之大畧性特彊識雖左右小臣官簿性行名跡所履及其父兄子弟一經耳目終不遺忘含垢藏疾容受直言聽受吏民士庶上書一月之中至數十百封雖文辭鄙陋猶覽省究竟意無厭倦孫盛曰聞之長老魏明帝天姿秀出立髮垂地口吃少言而沉毅好斷初諸公受遺輔導帝皆以方任處之政自己出而優禮大臣開容善直雖犯顏極諫無所摧戮其君人之量如此之偉也然不思建德垂風不固維城之基至使大權偏據社稷無衞悲夫

評曰明帝沉毅斷識任心而行蓋有君人之至槩焉于時百姓彫弊四海分崩不先聿修顯祖闡拓洪基而遽追秦皇漢武宮館是營格之遠猷其殆疾乎

魏志卷三考證

明帝叡詔驃騎將軍司馬宣王討之注保官空虛初無資任○何焯曰魏志凡鎭守部曲將及外州長吏並納質任有家口應從坐者收繫保官此資當作質

又注時諧尚皆卒○諸本俱作桓尚皆卒臣龍官按上云與桓階夏侯尚親善則作階尚爲是

分新城之上庸武靈巫縣爲上庸郡○何焯曰靈當作陵又按宋刻一本無巫字

曹眞遣將軍費曜等拒之注以土冗塡塹欲直攀城○土冗宋本通鑑俱作土丸

申明著于令○監本令譌作今今改正

帝優容之注過九龍殿前○各本無殿字據通鑑增

又注使博士馬均作司南車○杜夔傳注馬均作馬鈞此均字疑悞司南車監本譌作司馬軍今改正

而郡國蔽獄一歲之中尚過數百○蔽宋本作斃

春正月壬辰山茌縣言黃龍見○太平御覽作太山茌縣

屬義陽郡注九龍承露盤○何焯曰何平叔景福殿賦云建凌雲之層盤浚虞淵之靈沼清露瀼瀼渌水浩浩以此書參証則魏人又自作承露仙人掌也李善注凌雲盤名蓋魏有凌雲臺又有凌雲盤

詔太尉司馬宣王帥衆討遼東注隕缺不預則手足相代○臣良裘按晉書何曾傳作則才足相代以上句文義諳之似當作才

復置安樂縣○置監本訛作致今改正

魏志卷四

晉著作郎巴西中正安漢陳壽撰

宋太中大夫國子博士聞喜裴松之注

齊王芳　高貴鄉公髦　陳留王奐

齊王諱芳字蘭卿明帝無子養王及秦王詢宮省事祕莫有知其所由來者魏氏春秋曰或云任城王楷子青龍三年立爲齊王景初三年正月丁亥朔帝病甚乃立爲皇太子是日卽皇帝位大赦尊皇后曰皇太后大將軍曹爽太尉司馬宣王輔政詔曰朕以眇身繼承洪業煢煢在疚靡所控告大將軍太尉奉受末命夾輔朕躬司徒司空冢宰元輔總率百寮以寧社稷其與羣卿大夫勉勗乃心稱朕意焉諸所興作宮室之役皆以遺詔罷之官奴婢六十已上免爲良人二月西域重譯獻火浣布詔大將軍太尉臨試以示百寮異物志曰斯調國有火洲在南海中其土有野火春夏自生秋冬自死有木生於其中而不消也枝皮更活秋冬火死則皆枯瘁其俗常冬采其皮以爲布色小青黑若塵垢汚之便投火中則更鮮明也傅子曰漢桓帝時大將軍梁冀以火浣布爲單衣常大會賓客冀陽爭酒失杯而汙之僞怒解衣曰燒之布得火煒曄赫然如燒凡布垢盡火滅粲然絜白若用灰水焉搜神記曰崐崘之墟有炎火之山山上有鳥獸草木皆生於炎火之中故有火浣布非此山草木之皮枲則其鳥獸之毛也漢世西域舊獻此布中間久絕至魏初時人疑其無有文帝以爲火性酷烈無含生之氣著之典論明其不然之事絕智者之聽及明帝立詔三公曰先帝昔著典論不朽之格言其刊石于廟門之外及太學與石經並以永示來世至是西域使至而獻火浣布焉於是刊滅此論而天下笑之臣松之昔從征西至洛陽歷觀舊物見典論石在太學者尚存而廟門外無之問諸長老云晉初受禪卽用魏廟移此石於太學非兩處立也竊謂此言爲不然又東方朔神異經曰南荒之外有火山長三十里廣五十里其中皆生不燼之木晝夜火燒得暴風不猛猛雨不滅火中有鼠重百斤毛長二尺餘細如絲可以作布常居火中色洞赤時時出外而色白以水逐而沃之卽死績其毛織以爲布丁丑詔曰太尉體道正直盡忠三世南擒孟達西破蜀虜東滅公孫淵功蓋海內昔周成建保傅之官近漢顯宗崇寵鄧禹所以優隆儁乂必有尊也其以太尉爲太傅持節統兵都督諸軍事如故三月以征東將軍滿寵爲太尉夏六月以遼東東沓縣吏民渡海居齊郡界以故縱城爲新沓縣以居徙民秋七月上始親臨朝聽公卿奏事八月大赦冬十月以鎭南將軍黃權爲車騎將軍十二月詔曰烈祖明皇帝以正月棄背天下臣子永惟忌日之哀其復用夏正雖違先帝通三統之義斯亦禮制所由變改也又夏正於數爲得天正其以建寅之月爲正始元年正月以建丑月爲後十二月

正始元年春二月乙丑加侍中中書監劉放侍中中書令孫資爲左右光祿大夫丙戌以遼東汶北豐縣民流徙渡海規齊郡之西安臨菑昌國縣界爲新汶南豐縣以居流民自去冬十二月至此月不雨丙寅詔令獄官亟平寃枉理出輕微羣公卿士讜言嘉謀各悉乃心夏

四月車騎將軍黃權薨秋七月詔曰易稱損上益下節以制度不傷財不害民方今百姓不足而御府多作金銀雜物將奚以為今出黃金銀物百五十種千八百餘斤銷冶以供軍用八月車駕巡省洛陽界秋稼賜高年力田各有差

二年春二月帝初通論語使太常以太牢祭孔子於辟雍以顏淵配夏五月吳將朱然等圍襄陽之樊城太傅司馬宣王率衆拒之干寶晉紀曰吳將全琮寇芍陂朱然孫倫五萬人圍樊城諸葛瑾步隲寇柤中琮已破走而樊圍急宣王曰柤中民夷十萬隔在水南流離無主樊城被攻歷月不解此危事也請自討之議者咸言賊遠圍樊城不可拔挫於堅城之下有自破之勢宜長策以御之宣王曰軍志有之將能而御之此為縻軍不能而任之此為覆軍今疆埸騷動民心疑惑是社稷之大憂也六月督諸軍南征車駕送津陽城門外宣王以南方暑溼不宜持久使輕騎挑之然不敢動於是乃令諸軍休息洗沐簡精銳募先登申號令示必攻之勢然等聞之乃夜遁追至三州口大殺獲六月辛丑退己酉以征東將軍王淩為車騎將軍冬十二月南安郡地震

三年春正月東平王徽薨三月太尉滿寵薨秋七月甲申南安郡地震乙酉以領軍將軍蔣濟為太尉冬十二月魏郡地震

四年春正月帝加元服賜羣臣各有差夏四月乙卯立皇后甄氏大赦五月朔日有蝕之既秋七月詔祀故大司馬曹真曹休征南大將軍夏侯尚太常桓階司空陳羣太傅鍾繇車騎將軍張郃左將軍徐晃前將軍張遼右將軍樂進太尉華歆司徒王朗驃騎將軍曹洪征西將軍夏侯淵後將軍朱靈文聘執金吾臧霸破虜將軍李典立義將軍龐德武猛校尉典韋於太祖廟庭冬十二月倭國女王俾彌呼遣使奉獻

五年春二月詔大將軍曹爽率衆征蜀夏四月朔日有蝕之五月癸巳講尚書經通使太常以太牢祠孔子於辟雍以顏淵配賜太傅大將軍及侍講者各有差丙午大將軍曹爽引軍還秋八月秦王詢薨九月鮮卑內附置遼東屬國立昌黎縣以居之冬十一月癸卯詔祀故尚書令荀攸於太祖廟庭臣松之以為故魏氏配饗不及荀彧蓋以其末年異議又位非魏臣故也至於升程昱而遺郭嘉先鍾繇而後荀攸則未詳厥趣也徐佗謀逆而許褚心動忠誠之至遠同於日磾且潼關之危非褚不濟褚之功烈有過典韋今祀韋而不及褚又所未達也己酉復秦國為京兆郡十二月司空崔林薨

六年春二月丁卯南安郡地震丙子以驃騎將軍趙儼為司空夏六月儼薨八月丁卯以太常高柔為司空癸巳以左光祿大夫劉放為驃騎將軍右光祿大夫孫資為衛將軍冬十一月祫祭太祖廟始祀前所論佐命臣二十一人十二月辛亥詔故司徒王朗所作易傳令學者得以課試乙亥詔曰明日大會羣臣其令太傅乘輿上殿

七年春二月幽州刺史毌丘儉討高句驪夏五月討濊貊皆破之韓那奚等數十國各率種落降秋八月戊申詔曰屬到市觀見所斥賣官奴婢年皆七十或癃疾殘病所謂天民之窮者也且官以其力竭而復鬻之進退無謂其悉遣為良民若有不能自存者郡縣振給之臣松之案帝初即位有詔官奴婢六十以上免為良人既有此詔則宜遂為永制七八年間而復貨年七十者且七十奴婢及癃疾殘病竝非可售之物而鬻之於市此皆事之難解己酉詔曰吾乃當以十九日親祠而昨出已見治道得雨當復更治徒棄功夫每念百姓力少役多夙夜存心道路但當期於通利聞乃撾捶老小務崇脩飾疲困流離以至哀歎吾豈安乘此而行致馨德於宗廟邪自今已後明申勑之冬十二月講禮記通使太常以太牢祀孔子於辟雍以顏淵配習鑿齒漢晉春秋曰是年吳將朱然入柤中斬獲數千柤中民吏萬餘家渡沔司馬宣王謂曹爽曰若便令還必復致寇宜權留之爽曰今不脩守沔南留民沔北非長策也宣王曰不然凡物置之安地則安危地則危故兵書曰成敗形也安危勢也形勢御衆之要不可不審設令賊以二萬人斷沔水三萬人與沔南諸軍相持萬人陸鈔柤中君將何以救之爽不聽卒令還然後襲破之袁淮言於爽曰吳楚之民脆弱寡能英才大賢不出其土比技量力不足與中國相抗然自上世以來常為中國患者蓋以江漢為池舟楫為用利則陸鈔不利則入水攻之道遠中國之長技無所用之也孫權自十數年以來大敗江北者治甲兵精其守禦數出盜竊敵遠其水陸交平土此中國所願聞也夫用兵者貴以飽待饑以逸擊勞師不欲久行不欲遠守少則固力專則彊當今宜捐淮漢以南退却避之若賊能入居中央來侵邊境則隨其所短中國之長技得用矣若不敢來則邊境得安無鈔盜之憂矣使我國富兵彊政脩民一陵其國不足為遠矣今襄陽孤在漢南賊循漢而上則斷而不通一戰而勝則不攻而自服故置之無益於國亡之不足為辱自江夏已東淮南諸郡三后已來其所亡幾何以近賊疆界易鈔掠之故哉若徙之淮北遠絕其間則民人安樂何鳴吠之驚乎遂不徙

八年春二月朔日有蝕之夏五月分河東之汾北十縣為平陽郡秋七月尚書何晏奏曰善為國者必先治其身治其身者慎其所習所習正則其身正其身正則不令而行所習不正則其身不正其身不正則雖令不從是故為人君者所與游必擇正人所觀覽必察正象放鄭聲而弗聽遠佞人而弗近然後邪心不生而正道可弘也季末闇主不知損益斥遠君子引近小人忠良疏遠便辟褻狎亂生近暱譬之社鼠考其昏明所積以然故聖賢諄諄以為至慮舜戒禹曰鄰哉鄰哉言慎所近也周公戒成王曰其朋其朋言慎所與也詩云一人有慶兆民賴之可自今以後御幸式乾殿及游豫後園皆大臣侍從因從容戲宴兼省文書詢謀政事講論經義為萬世法冬十二月散騎常侍諫議大夫孔乂奏曰禮天子之宮有斲礱之制無朱丹之飾宜循禮復古今天下已平君臣之分明陛下但當不懈于位平公正之心審賞罰以使之可絕後園習騎乘馬出必御輦乘車天下之福臣子之願也晏乂咸因闕以進規諫

九年春二月衛將軍中書令孫資癸巳驃騎將軍中書監劉放三月甲午司徒衛臻各遜位以侯就第位特進四月以司空高柔為司徒光祿大夫徐邈為司空固辭不受秋九月以車騎將軍王淩為司空冬十月大風發屋折樹

嘉平元年春正月甲午車駕謁高平陵孫盛魏世籍曰高平陵在洛水南大石山去洛城九十里太傅司馬宣王奏免大將軍曹爽爽弟中領軍羲武衛將軍訓散騎常侍彥官以侯就第戊戌有司奏收黃門張當付廷尉考實其辭爽與謀不軌又尚書丁謐鄧颺何晏司隸校尉畢軌荊州刺史李勝大司農桓範皆與爽通姦謀夷三族語在爽傳丙午大赦丁未以太傅司馬宣王為丞相固讓乃止孔衍漢魏春秋曰詔使太常王觀冊命太傅為丞相增邑萬戶羣臣奏事不得稱名如漢霍光故事太傅上書辭讓曰臣親受顧命憂深責重憑賴天威摧弊姦凶贖罪為幸功不足論又三公之官聖王所制著之典禮至於丞相始自秦政漢氏因之無復變改今三公之官皆備橫復寵臣違越先典革聖明之經襲秦漢之路雖在異人臣所宜正況當臣身而不固爭四方議者將謂臣何書十餘上詔乃許之復加九錫之禮太傅又言太祖有大功大德漢氏崇重故加九錫此乃歷代異事非後代之君臣所得議也又辭不受夏四月乙丑改年丙子太尉蔣濟薨冬十二月辛卯以司空王淩為太尉庚子以司隸校尉孫禮為司空

二年夏五月以征西將軍郭淮為車騎將軍冬十月以特進孫資為驃騎將軍十一月司空孫禮薨十二月甲辰東海王霖薨乙未征南將軍王昶渡江掩攻吳破之

三年春正月荊州刺史王基新城太守陳泰攻吳破之降者數千口二月置南郡之夷陵縣以居降附三月以尚書令司馬孚為司空四月甲申以征南將軍王昶為征南大將軍壬辰大赦丙午聞太尉王淩謀廢帝立楚王彪太傅司馬宣王東征淩五月甲寅淩自殺六月彪賜死秋七月壬戌皇后甄氏崩辛未以司空司馬孚為太尉戊寅太傅司馬宣王薨以衛將軍司馬景王為撫軍大將軍錄尚書事乙未葬懷甄后于太清陵庚子驃騎將軍孫資薨十一月有司奏諸功臣應饗食於太祖廟者更以官為次太傅司馬宣王功高爵尊最在上十二月以光祿勳鄭沖為司空

四年春正月癸卯以撫軍大將軍司馬景王為大將軍二月立皇后張氏大赦夏五月魚二見于武庫屋上漢晉春秋曰初孫權築東興隄以遏巢湖後征淮南壞不復脩是歲諸葛恪帥軍更於隄左右結山挾築兩城使全端留略守之引軍而還諸葛誕言於司馬景王曰致人而不致於人者此之謂也今因其內侵使文舒逼江陵仲恭向武昌以羈吳之上流然後簡精卒攻兩城比救至可大獲也景王從之冬十一月詔征南大將軍王昶征東將軍胡遵鎮南將軍毌丘儉等征吳十二月吳大將軍諸葛恪拒戰大破衆軍於東關不利而還漢晉春秋曰毌丘儉王昶聞東軍敗各燒屯走朝議欲貶黜諸將景王曰我不聽公休以至於此此我過也諸將何罪悉原之時司馬文王為監軍統諸軍唯削文王爵而已是歲雍州刺史陳泰求勑并州并力討胡景王從之未集而鴈門新興二郡以為將遠役遂驚反景王又謝朝士曰此我過也非玄伯之責於是魏人愧悅人思其報習鑿齒曰司馬大將軍引二敗以為己過過消而業隆可謂智矣夫民忘其敗而下思其報雖欲不康其可得邪若乃諱敗推過歸咎萬物常執其功而隱其喪上下離心賢愚解體是楚再敗而晉再克也謬之甚矣君人者苟統斯理而以御國則朝無秕政身靡留愆行失而名揚兵挫而戰勝雖百敗可也況於再乎

五年夏四月大赦五月吳太傅諸葛恪圍合肥新城詔太尉司馬孚拒之漢晉春秋曰是時姜維亦出圍狄道司馬景王問虞松曰今東西有事二方皆急而諸將意沮若之何松曰昔周亞夫堅壁昌邑而吳楚自敗事有似弱而彊或似彊而弱不可不察也今恪悉其銳衆足以肆暴而坐守新城欲以致一戰耳若攻城不拔請戰不得師老衆疲勢將自走諸將之不徑進乃公之利也姜維有重兵而縣軍應恪投食我麥非深根之寇也且謂我并力於東西方必虛是以徑進今若使關中諸軍倍道急赴出其不意殆將走矣景王曰善乃使郭淮陳泰悉關中之衆解狄道之圍勑毌丘儉等案兵自守以新城委吳姜維聞淮進兵軍食少乃退屯隴西界秋七月恪退還是時張特守新城魏略曰特字子產涿郡人先時領牙門給事鎮東諸葛誕誕不以為能也欲遣還護軍會毌丘儉代誕遂使特屯守合肥新城及諸葛恪圍城特與將軍樂方等三軍衆合有三千人吏兵疾病及戰死者過半而恪起土山急攻城將陷不可護特乃謂吳人曰今我無心復戰也然魏法被攻過百日而救不至者雖降家不坐也自受敵以來已九十餘日矣此城中本有四千餘人而戰死者已過半城雖陷尚有半人不欲降我當還為相語之條名別善惡明日早送名且持我印綬去以為信乃投其印綬以與之吳人聽其辭而不取印綬不攻頃之特還乃夜徹諸屋材柵補其缺為二重明日謂吳人曰我但有鬬死耳吳人大怒進攻之不能拔遂引去朝廷嘉之加雜號將軍封列侯又遷安豐太守八月詔曰故中郎西平郭脩砥節厲行秉心不回乃者蜀將姜維寇鈔脩郡為所執略往歲偽大將軍費禕驅率羣衆陰圖闚闟道經漢壽請會衆賓脩於廣坐之中手刃擊禕勇過聶政功逾介子可謂殺身成仁釋生取義者矣夫追加襃寵所以表揚忠義祚及後胤所以奬勸將來其追封脩為長樂鄉侯食邑千戶諡曰威侯子襲爵加拜奉車都尉賜銀千鉼絹千匹以光寵存亡永垂來世焉魏氏春秋曰脩字孝先素有業行著名西州姜維劫之脩不為屈劉禪以為左將軍脩欲刺禪而不得親近每因慶賀且拜且前為禪左右所遏事輒不克故殺禕焉臣松之以為古之舍生取義者必有理存焉或感恩懷德投命無悔或利害有機奮發以應會詔所稱聶政介子是也事非斯類則陷乎妄作矣魏之與蜀雖為敵國非有趙襄滅智之仇燕丹危亡之急且劉禪凡下之主費禕中才之相二人存亡固無關於興喪郭脩在魏西州之男子耳始獲於蜀既不能抗節不辱於魏又無食祿之責不為時主所使而無故規規然糜身於非所義無所加功無所立可謂折柳樊圃其狂也且此之謂也自帝即位至于是歲郡國縣道多所置省俄或還復不可勝紀

六年春二月己丑鎮東將軍毌丘儉上言昔諸葛恪圍合肥新城城中遣士劉整出圍傳消息為賊所得考問所傳語整曰諸葛公欲活汝汝可具服整罵曰死狗此何言也我當必死為魏國鬼不苟求活逐汝去也欲殺

我者便速殺之終無他辭又遣士鄭像出城傳消息或以語恪恪遣馬騎尋圍跡索得像還四五人的頭面縛將繞城表勅語像使大呼言大軍已還洛不如早降像不從其言更大呼城中曰大軍近在圍外壯士努力賊以刃築其口使不得言像遂大呼令城中聞知整像為兵能守義執節子弟宜有差異詔曰夫顯爵所以褒元功重賞所以寵烈士整像召募通使越蹈重圍冒突白刃輕身守信不幸見獲抗節彌厲揚六軍之大勢安城守之懼心臨難不顧畢志傳命昔解揚執楚有隕無貳齊路中大夫以死成命方之整像所不能加今追賜整像爵關中侯各除士名使子襲爵如部曲將死事科庚戌中書令李豐與皇后父光祿大夫張緝等謀廢易大臣以太常夏侯玄為大將軍事覺諸所連及者皆伏誅辛亥大赦三月廢皇后張氏夏四月立皇后王氏大赦五月封后父奉車都尉王夔為廣明鄉侯光祿大夫位特進妻田氏為宣陽鄉君秋九月大將軍司馬景王將謀廢帝以聞皇太后世語及魏氏春秋並云此秋姜維寇隴右時安東將軍司馬文王鎮許昌徵還擊維至京師帝於平樂觀以臨軍過中領軍許允與左右小臣謀因文王辭殺之勒其衆以退大將軍已書詔於前文王入帝方食栗優人雲午等唱曰青頭雞青頭雞青頭雞者鴨也帝懼不敢發文王引兵入城景王因是謀廢帝臣松之案夏侯玄傳及魏略許允此年春與李豐事相連豐既誅即出允為鎮北將軍未發以放散官物收付廷尉徙樂浪追殺之允此秋不得故為領軍而建此謀甲戌太后令曰皇帝芳春秋已長不親萬機耽淫內寵沈漫女德日延倡優縱其醜謔迎六宮家人留止內房毀人倫之敘亂男女之節恭孝日虧悖傲滋甚不可以承天緒奉宗廟使兼太尉高柔奉策用一元大武告于宗廟遣芳歸藩于齊以避皇位魏書曰是日景王承皇太后令詔公卿中朝大臣會議羣臣失色景王流涕曰皇太后令如是諸君其若王室何咸曰昔伊尹放太甲以寧殷霍光廢昌邑以安漢夫權定社稷以濟四海二代行之於古明公當之於今今日之事亦唯公命景王曰諸君所以望師者重師安所避之於是乃與羣臣共為奏永寧宮曰守尚書令太尉長社侯臣孚大將軍武陽侯臣師司徒萬歲亭侯臣柔司空文陽亭侯臣沖行征西安東將軍新城侯臣昭光祿大夫關內侯臣邕太常臣晏衞尉昌邑侯臣偉太僕臣嶷廷尉定陵侯臣繁大鴻臚臣芝大司農臣祥少府臣褒永寧衞尉臣楨永寧太僕臣閎大長秋臣模司隸校尉潁昌侯臣曾河南尹蘭陵侯臣肅城門校尉臣慮中護軍永安亭侯臣望武衞將軍安壽亭侯臣演中堅將軍平原侯臣德中壘將軍昌武亭侯臣廙屯騎校尉關內侯臣陔步兵校尉臨晉侯臣建射聲校尉安陽鄉侯臣溫越騎校尉睢陽侯臣初長水校尉關內侯臣超侍中臣小同臣顗臣酆博平侯臣表侍中中書監安陽亭侯臣誕散騎常侍臣瓌臣儀關內侯臣芝尚書僕射光祿大夫高樂亭侯臣毓尚書關內侯臣觀臣嘏長合鄉侯臣亮臣贊臣騫中書令臣康御史中丞臣鈐博士臣範臣峻等稽首言臣等聞天子者所以濟育羣生永安萬國三祖勳烈光被六合皇帝即位纂繼洪業春秋已長未親萬機耽淫內寵沈漫女色廢捐講學棄辱儒士日延小優郭懷袁信等於建始芙蓉殿前裸袒遊戲使與保林女尚等為亂親將後宮瞻觀又於廣望觀上使懷信等於觀下作遼東妖婦嬉褻過度道路行人掩目帝於觀上以為讌笑於陵雲臺曲中施帷見九親婦女帝臨宣曲觀呼懷信使入帷共飲酒懷信等更行酒婦女皆醉戲侮無別使保林李華劉勳等與懷信等戲清商令令狐景呵華勳曰諸女上左右人各有官職何以得爾華勳數讒毀景帝常喜以彈彈人以此恚景彈景不避首目景語帝曰先帝持門戶急今陛下日將妃后遊戲無度至乃共觀倡優裸袒為亂不可令皇太后聞景不愛死為陛下計耳帝言我作天子不得自在邪太后何與我事使人燒鐵灼景身體皆爛甄后崩後帝欲立王貴人為皇后太后更欲外求帝恚語景等魏家前後立皇后皆從所愛耳太后必違我意知我當往不也後卒待張皇后疏薄太后遭合陽君喪帝日在後園倡優音樂自若不數往定省清商丞龐熙諫帝皇太后至孝今遭重憂水漿不入口陛下當數往寬慰不可但在此作樂帝言我自爾誰能奈我何皇太后還北宮殺張美人及禺婉帝恚望語景等太后橫殺我所寵愛此無復母子恩數往至故處啼哭私使暴室厚殯棺不令太后知也每見九親婦女有美色或留以付清商帝至後園竹間戲或與從官攜手共行熙白從官不宜與至尊相提挈帝怒復以彈彈熙日遊後園每有外文書入帝不省左右曰出帝亦不索視太后令帝常在式乾殿上講學不欲使行來帝徑去太后來問輒詐令黃門答言在耳景熙等畏恐不敢復止更共諂媚帝肆行昏淫敗人倫之敘亂男女之節恭孝彌頹凶德浸盛臣等憂懼傾覆天下危墜社稷雖殺身斃命不足以塞責今帝不可以承天緒臣請依漢霍光故事收帝璽綬帝本以齊王踐祚宜歸藩于齊使司徒臣柔持節與有司以太牢告祀宗廟臣謹昧死以聞奏可是日遷居別宮年二十三使者持節送衞營齊王宮於河內重門制度皆如藩國之禮魏略曰景王將廢帝遣郭芝入白太后太后與帝對坐芝謂帝曰大將軍欲廢陛下立彭城王據帝乃起去太后不悅芝曰太后有子不能教今大將軍意已成又勒兵於外以備非常但當順旨將復何言太后曰我欲見大將軍口有所說芝曰何可見邪但當速取璽綬太后意折乃遣傍侍御取璽綬著坐側芝出報景王景王甚歡又遣使者授齊王印綬當出就西宮帝受命遂載王車與太后別垂涕始從太極殿南出羣臣送者數十人太尉司馬孚悲不自勝餘多流涕王出後景王又使使者請璽綬太后曰彭城王我之季叔也今來立我當何之且明皇帝當絕嗣乎吾以為高貴鄉公者文皇帝之長孫明皇帝之弟子於禮小宗有後大宗之義其詳議之景王乃更召羣臣以皇太后令示之乃定迎高貴鄉公是時太常已發二日待璽綬於溫事定又請璽綬太后令曰我見高貴鄉公小時識之明日我自欲以璽綬手授之丁丑令曰東海王霖高祖文皇帝之子霖之諸子與國至親高貴鄉公髦有大成之量其以為明皇帝嗣魏書曰景王復與羣臣共奏永寧宮曰臣等聞人道親親故尊祖尊祖故敬宗禮大宗無嗣則擇支子之賢者為人後者為之子也東海定王子高貴鄉公文皇帝之孫宜承正統以嗣烈祖明皇帝後率土有賴萬邦幸甚臣請徵公詣洛陽宮奏可使中護軍望兼太常河南尹肅持節與少府褒尚書亮侍中表等奉法駕迎公于元城魏世譜曰晉受禪封齊王為邵陵縣公年四十三泰始十年薨謚曰厲公

高貴鄉公諱髦字彥士文帝孫東海定王霖子也正始五年封郯縣高貴鄉公少好學夙成齊王廢公卿議迎立公十月己丑公至于玄武館羣臣奏請舍前殿公以先帝舊處避止西廂羣臣又請以法駕迎公公不聽庚寅公入于洛陽羣臣迎拜西掖門南公下輿將答拜儐者請曰儀不拜公曰吾人臣也遂答拜至止車門下輿左右曰舊乘輿入公曰吾被皇太后徵未知所為遂步至太極東堂見于太后其日即皇帝位於太極前殿百僚陪位者欣欣焉魏氏春秋曰公神明爽儁德音宣朗罷朝景王私曰上何如主也鍾會對曰才同陳思武類太祖景王曰若如卿言社稷之福也詔曰昔三祖神武聖德應天受祚齊王嗣位肆行非度顛覆厥德皇太后深惟社稷之重延納宰輔之謀用替厥位集大命于余一人以眇眇之身託于王公之上夙夜祗畏懼不能嗣守祖宗之大訓恢中興之弘業戰戰兢兢如臨于谷今羣公卿士股肱之輔四方征鎮宣力之佐皆積德累功忠勤帝室庶憑先祖先父有德之臣左右小子用保乂皇家俾朕蒙闇垂拱而治蓋聞人君之道德厚侔天地潤澤施四海先之以慈愛示之以好惡然後教化行於上兆民聽於下朕雖不德昧於大道思與宇內共臻茲路書不云乎安民則惠黎民懷之大赦改元減乘輿服御後宮用度及罷尚方御府百工技巧靡麗無益之物

正元元年冬十月壬辰遣侍中持節分適四方觀風俗勞士民察冤枉失職者癸巳假大將軍司馬景王黃鉞入朝不趨奏事不名劍履上殿戊戌黃龍見于鄴井中甲辰命有司論廢立定策之功封爵增邑進位班賜各有差

二年春正月乙丑鎮東將軍毌丘儉揚州刺史文欽反戊戌大將軍司馬景王征之癸未車騎將軍郭淮薨閏月己亥破欽於樂嘉欽遁走遂奔吳甲辰安風淮津都尉斬儉傳首京都世語曰大將軍奉天子征儉至項儉既破天子先還臣松之檢諸書都無此事至諸葛誕反司馬文王始挾太后及帝與俱行耳故發詔引漢二祖及明帝親征以為前比知明帝已後始有此行也案張璠虞溥郭頒皆晉之令史璠頒出為官長溥鄱陽內史璠撰後漢紀雖似未成辭藻可觀溥著江表傳亦粗有條貫惟頒撰魏晉世語蹇乏全無宮商最為鄙劣以時有異事故頗行於世干寶孫盛等多采其言以為晉書其中虛錯如此者往往而有之壬子復特赦淮南士民諸為儉欽所詿誤者以鎮南將軍諸葛誕為鎮東大將軍司馬景王薨于許昌二月丁巳以衞將軍司馬文王為大將軍錄尚書事甲子吳大將孫峻等衆號十萬至壽春諸葛誕拒擊破之斬吳左將軍留贊獻捷于京都三月立皇后卞氏大赦夏四月甲寅封后父卞隆為列侯甲戌以征南大將軍王昶為驃騎將軍秋七月以征東大將軍胡遵為衞將軍鎮東大將軍諸葛誕為征東大將軍八月辛亥蜀大將軍姜維寇狄道雍州刺史王經與戰洮西經大敗還保狄道城辛未以長水校尉鄧艾行安西將軍與征西將軍陳泰并力拒維戊辰復遣太尉司馬孚為後繼九月庚子講尚書業終賜執經親授者司空鄭沖侍中鄭小同等各有差甲辰姜維退還冬十月詔曰朕以寡德不能式遏寇虐乃令蜀賊陸梁邊陲洮西之戰至取負敗將士死亡計以千數或沒命戰場冤魂不反或牽掣虜手流離異域吾深痛愍為之悼心其令所在郡典農及安撫夷二護軍各部大吏慰卹其門戶無差賦役一年其力戰死事者皆如舊科勿有所漏十一月甲午以隴右四郡及金城連年受敵或亡叛投賊其親戚留在本土者不安皆特赦之癸丑詔曰往者洮西之戰將吏士民或臨陣戰亡或沉溺洮水骸骨不收棄於原野吾常痛之其告征西安西將軍各令部人於戰處及水次鉤求屍喪收斂藏埋以慰存亡

甘露元年春正月辛丑青龍見軹縣井中乙巳沛王林薨魏氏春秋曰二月丙辰帝宴羣臣於太極東堂與侍中荀顗尚書崔贊袁亮鍾毓給事中中書令虞松等並講述禮典遂言帝王優劣之差帝慕夏少康因問顗等曰有夏既衰后相殆滅少康收集夏衆復禹之績高祖拔起隴畝驅帥豪儁芟夷秦項包舉寓內斯二主可謂殊才異略命世大賢者也考其功德誰宜為先顗等對曰夫天下重器王者天授聖德應期然後能受命創業至於階緣前緒興復舊績造之與因難易不同少康功德雖美猶為中興之君與世祖同流可也至如高祖臣等以為優帝曰自古帝王功德言行互有高下未必創業者皆優紹繼者咸劣也湯武高祖雖俱受命賢聖之分所覺縣殊少康殷宗中興之美夏啟周成守文之盛論德較實方諸漢祖吾見其優未聞其劣顧所遇之時殊故所名之功異耳少康生於滅亡之餘降為諸侯之隸崎嶇逃難僅以身免能布其德而兆其謀卒滅過戈克復禹績祀夏配天不失舊物非至德弘仁豈濟斯勳漢祖因土崩之勢仗一時之權專任智力以成功業行事動靜多違聖檢為人子則數危其親為人君則囚繫賢相為人父則不能衞子身沒之後社稷幾傾若與少康易時或未能復大禹之績也推此言之宜高夏康而下漢祖矣諸卿具論詳之翌日丁巳講業既畢顗亮等議曰三代建國列土而治當其衰弊無土崩之勢可懷以德難屈以力逮至戰國強弱相兼去道德而任智力故秦之弊可以力爭少康布德仁者之英也高祖任智策者之儁也仁智不同二帝殊矣詩書述殷中宗高宗皆列大雅少康功美過於二宗其為大雅明矣少康為優宜如詔旨贊袁亮等議曰少康雖積德累仁然上承大禹遺澤餘慶內有虞仍之援外有靡艾之助寒浞讒慝不德於民澆殪無親外內棄之以此有國蓋有所因至於漢祖起自布衣率烏合之士以成帝者之業論德則少康優課功則高祖多語資則少康易校時則高祖難帝曰諸卿論少康因資高祖創造誠有之矣然未知三代之世任德濟勳如彼之難秦項之際任力成功如此之易且太上立德其次立功漢祖功高未若少康盛德之茂也且夫仁者必有勇誅暴必用武少康武烈之威豈必降於高祖哉但夏書淪亡舊文殘缺故勳美闕而罔載唯有伍員粗述大略其言復禹之績不失舊物祖述聖業舊章不愆自非大雅兼才孰能與於此向令墳典具存行事詳備亦豈有異同之論哉於是羣臣咸悅服中書令松進曰少康之事去世久遠其文昧如是以自古及今議論之士莫有言者德美隱而不宣陛下既垂心遠鑒考詳古昔又發德音贊明少康之美使顯於千載之上宜錄以成篇永垂于後帝曰吾學不博所聞淺狹懼於所論未獲其宜縱有可采億則屢中又不足貴無乃致笑後賢彰吾闇昧乎於是侍郎鍾會退論次焉夏四月庚戌賜大將軍司馬文王袞冕之服赤舄副焉丙辰帝幸太學問諸儒曰聖人幽贊神明仰觀俯察始作八卦後聖重之為六十四立爻以極數凡斯大義罔有不備而夏有連山殷有歸藏周曰周易易之書其故何也易博士淳于俊對曰包羲因燧皇之圖而制八卦神農演之為六十四黃帝堯舜通其變三代隨時質文各繇其事故易者變易也名曰連山似山出內氣連天地也歸藏者萬事莫不歸藏於其中也帝又曰若使包羲因燧皇而作易孔子何以不云燧人氏沒包羲氏作乎俊不能答帝又問曰孔子作彖象鄭玄作注雖聖賢不同其所釋經義一也今彖象不與經文相連而注連之何也俊對曰鄭玄合彖象於經者欲使學者尋省易了也帝曰若鄭玄合之於學誠便則孔子曷為不合以了學者乎俊對曰孔

子恐其與文王相亂是以不合此聖人以不合爲謙帝曰若聖人以不合爲謙則鄭玄何獨不謙邪俊對曰古義弘深聖問奥遠非臣所能詳盡帝又問曰繫辭云黄帝堯舜垂衣裳而天下治此包羲神農之世爲無衣裳但聖人化天下何殊異爾邪俊對曰三皇之時人寡而禽獸衆故取其羽皮而天下用足及至黄帝人衆而禽獸寡是以作爲衣裳以濟時變也帝又問乾爲天而復爲金爲玉爲老馬與細物並邪俊對曰聖人取象或遠或近近取諸物遠則天地講易畢復命講尚書帝問曰鄭玄云稽古同天言堯同於天也王肅云堯順考古道而行之二義不同何者爲是博士庾峻對曰先儒所執各有乖異臣不足以定之然洪範稱三人占從二人之言賈馬及肅皆以爲順考古道以洪範言之肅義爲長帝曰仲尼言唯天爲大唯堯則之堯之大美在乎則天順考古道非其至也今發篇開義以明聖德而舍其大更稱其細豈作者之意邪峻對曰臣奉遵師説未喻大義至於折中裁之聖思次及四嶽舉鯀帝又問曰夫大人者與天地合其德與日月合其明思無不周明無不照今王肅云堯意不能明鯀是以試用如此聖人之明有所未盡邪峻對曰雖聖人之弘猶有所未盡故禹曰知人則哲惟帝難之然卒能改授聖賢緝熙庶績亦所以成聖也帝曰夫有始有卒其唯聖人若不能始何以爲聖其言惟帝難之然卒能改授蓋謂知人聖人所難非不盡之言也經云知人則哲能官人若堯疑鯀試之九年官人失敘何得謂之聖哲峻對曰臣竊觀經傳聖人行事不能無失是以堯失之四凶周公失之二叔仲尼失之宰予帝曰堯之任鯀九載無成汨陳五行民用昏墊至於仲尼失之宰予言行之間輕重不同也至於周公管蔡之事亦尚書所載皆博士所當通也峻對曰此皆先賢所疑非臣寡見所能究論次及有鰥在下曰虞舜帝問曰當堯之時洪水爲害四凶在朝宜速登賢聖濟斯民之時也舜年在既立聖德光明而久不進用何也峻對曰堯咨嗟求賢欲遜巳位嶽曰否德忝帝位堯復使嶽揚舉仄陋然後薦舜薦舜之本實由於堯此蓋聖人欲盡衆心也帝曰堯既聞舜而不登用又時忠臣亦不進達乃使嶽揚仄陋而後薦舉非急於用聖恤民之謂也峻對曰非臣愚見所能逮及於是復命講禮記帝問曰太上立德其次務施報爲治何由而教化各異皆脩何政而能致於立德施而不報乎博士馬照對曰太上立德謂三皇五帝之世以德化民其次報施謂

三王之世以禮爲治也帝曰二者致化薄厚不同將主有優劣邪時使之然乎照對曰誠由時有樸文故化有薄厚也帝集載帝自敘始生禎祥曰昔帝王之生或有禎祥蓋所以彰顯神異也惟予小子支胤末流謬爲臺衡之所推也豈敢自比於前喆聊記錄以示後世焉其辭曰惟正始三年九月辛未朔二十五日乙未直成予生于時也天氣清明日月輝光爰有黄氣煙煴於堂照曜室宅其色煒煒相而論之曰未者爲土氣之行也厥曰直成應嘉名也煙煴之氣神之精也無災無害蒙神靈也齊王不弟顛覆厥度羣公受予紹繼皇祚以眇眇之身質性頑固未能涉道而遵大路臨深履氷涕泗憂懼古人有云懼則不亡伊予小子曷敢怠荒庶不忝辱永奉烝嘗傳暢晉諸公贊曰帝常與中護軍司馬望侍中王沈散騎常侍裴秀黄門侍郎鍾會等講宴於東堂幷屬文論名秀爲儒林丈人沈爲文籍先生望會亦各有名號帝性急請召欲速秀等在内職到得及時以望在外特給追鋒車虎賁卒五人每有集會望輒奔馳而至五月鄴及上谷並言甘露降夏六月丙午改元爲甘露乙丑青龍見元城縣界井中秋七月己卯衞將軍胡遵薨癸未安西將軍鄧艾大破蜀大將姜維於上邽詔曰兵未極武醜虜摧破斬首獲生動以萬計自頃戰克無如此者今遣使者犒賜將士大會臨饗飲宴終日稱朕意焉八月庚午命大將軍司馬文王加號大都督奏事不名假黄鉞癸酉以太尉司馬孚爲太傅九月以司徒高柔爲太尉冬十月以司空鄭冲爲司徒尚書左僕射盧毓爲司空

二年春二月青龍見温縣井中三月司空盧毓薨夏四月癸卯詔曰玄菟郡高顯縣吏民反叛長鄭熙爲賊所殺民王簡負擔熙喪晨夜星行遠致本州忠節可嘉其特拜簡爲忠義都尉以旌殊行甲子以征東大將軍諸葛誕爲司空五月辛未帝幸辟雍會命羣臣賦詩侍中和逌尚書陳騫等作詩稽留有司奏免官詔曰吾以暗昧愛好文雅廣延詩賦以知得失而乃爾紛紜良用反仄其原逌等主者宜勑自今以後羣臣皆當玩習古義脩明經典稱朕意焉乙亥諸葛誕不就徵發兵反殺揚州刺史樂綝丙子赦淮南將吏士民爲誕所詿誤者丁丑詔曰諸葛誕造爲凶亂盪覆揚州昔黥布逆叛漢祖親戎隗囂違戾光武西伐及烈祖明皇帝躬征吳蜀皆所以奮揚赫斯震耀威武也今宜皇太后與朕暫共臨戎速定醜虜時寧東夏己卯詔曰諸葛誕造構逆亂迫脅忠義平寇將軍臨渭亭侯龐會騎督偏將軍路蕃各將左右斬門突出忠壯勇烈所宜加異其進會爵鄉侯蕃封亭侯六月乙巳詔吳使持節都督夏口諸軍事鎮軍將軍沙羨侯孫壹賊之枝屬位爲上將畏天知命深鑒禍福翻然舉衆遠歸大國雖微子去殷樂毅遁燕無以加之其以壹爲侍中車騎將軍假節交州牧吳侯開府辟召儀同三司依古侯伯八命之禮袞冕赤舄事從豐厚臣松之以爲壹畏逼歸命事無可嘉格以古義欲蓋而彌彰者也當時之宜未得遠遵式典固應量

才受賞足以醻其來情而已至乃光錫八命禮同台鼎不亦過乎於招攜致遠又無取焉何者若使彼之將守與時無嫌終不悅於殊寵坐生叛心以叛而愧辱孰甚焉如其憂危將及非奔不免則必逃死苟存無希榮利矣然則高位厚禄何爲者哉魏初有孟達黄權在晉有孫秀孫楷達權爵賞比壹爲輕秀楷禮秩優異尤甚及至吳平而降黜數等不承權輿豈不緣在始失中乎甲子詔曰今車駕駐項大將軍恭行天罰前臨淮浦昔相國大司馬征討皆與尚書俱行今宜如舊乃令散騎常侍裴秀給事黄門侍郎鍾會咸與大將軍俱行秋八月詔曰昔燕剌王謀反韓誼等諫而死漢朝顯登其子諸葛誕創造凶亂主簿宣隆部曲督秦絜秉節守義臨事固爭爲誕所殺所謂無比干之親而受其戮者其以隆絜子爲騎都尉加以贈賜光示遠近以殊忠義九月大赦冬十二月吳大將全端全懌等率衆降

三年春二月大將軍司馬文王陷壽春城斬諸葛誕三月詔曰古者克敵收其屍以爲京觀所以懲昏逆而章武功也漢孝武元鼎中改桐鄉爲聞喜新鄉爲獲嘉以著南越之亡大將軍親揔六戎營據丘頭内夷羣凶外殄寇虜功濟兆民聲振四海克敵之地宜有令名其改丘頭爲武丘明以武平亂後世不忘亦京觀二邑之義也夏五月命大將軍司馬文王爲相國封晉公食邑八郡加之九錫文王前後九讓乃止六月丙子詔曰昔南陽郡山賊擾攘欲刼質故太守東里袞功曹應余獨身捍袞遂免於難余顛沛殞斃殺身濟君其下司徒署余孫倫吏使蒙伏節之報楚國先賢傳曰余字子正天姿方毅志尚仁義建安二十三年爲郡功曹是時吳蜀不賓疆埸多虞宛將侯音扇動山民保城以叛余與太守東里袞當擾攘之際迸竄得出音即遣騎追逐去城十里相及賊便射袞飛矢交流余前以身當箭被七創因謂追賊曰侯音狂佞造爲凶逆大軍尋至誅夷在近謂卿曹本是善人素無惡心當思反善何爲受其指揮我以身代君以被重創若身死君全隕沒無恨因仰天號哭泣涕血淚俱下賊見其義烈釋袞不害賊去之後余亦命絶征南將軍曹仁討平音表余行狀幷脩祭醊太祖聞之嗟嘆良久下荆州復表門閭賜穀千斛袞後爲于禁司馬見魏略游説傳辛卯大論淮南之功封爵行賞各有差秋八月甲戌以驃騎將軍王昶爲司空丙寅詔曰夫養老興教三代所以樹風化垂不朽也必有三老五更以崇至敬乞言納誨著在惇史然後六合承流下觀而化宜妙簡德行以充其選關内侯王祥履仁秉義雅志淳固關内侯鄭小同温恭孝友帥禮不忒其以祥爲三老小同爲五更車駕親率羣司躬行古禮焉漢晉春秋曰帝乞言於祥祥對曰昔者明王禮樂既備加之以忠誠忠誠之發形于言行夫大人者行動乎天地天且弗違況於人乎祥事别見呂虔傳小同鄭玄孫也玄别傳曰玄有子爲孔融吏舉孝廉融之被圍往赴爲賊所害有遺腹子以丁卯日生而玄以丁卯歲生故名曰小同魏名臣奏載太尉華歆表曰臣聞勵俗宣化莫先於表善班禄叙爵莫美於顯能是以楚人思子文之治復命其胤漢室嘉江公之德用顯其世伏見故漢大司農北海鄭玄當時之學名冠華夏爲世儒宗文皇帝旌錄先賢拜玄適孫小同以爲郎中長假在家小同年踰三十少有令質學綜六經行著鄉邑海岱之人莫不嘉其

自然美其氣量迹其所履有質直不渝之性然而恪恭靜默色養其親不治可見之美不鬻人間之名斯誠清時所宜式叙前後明詔所斟酌而求也臣老病委頓無益視聽謹具以聞魏氏春秋曰小同詣司馬文王文王有密疏未之屏也如廁還謂之曰卿見吾疏乎對曰否文王猶疑而鴆之卒鄭玄注文王世子曰三老五更各一人皆年老更事致仕者也注樂記曰皆老人更知三德五事者也蔡邕明堂論曰更應作叟叟長老之稱字與更相似書者遂誤以爲更嫂字女傍叟今亦以爲更以此驗知應爲叟也臣松之以爲邕謂更爲叟誠爲有似而諸儒莫之從未知孰是是歲青龍黄龍仍見頓丘冠軍陽夏縣界井中

四年春正月黄龍二見寧陵縣界井中漢晉春秋曰是時龍仍見咸以爲吉祥帝曰龍者君德也上不在天下不在田而數屈於井非嘉兆也仍作潛龍之詩以自諷司馬文王見而惡之夏六月司空王昶薨秋七月陳留王峻薨冬十月丙寅分新城郡復置上庸郡十一月癸卯車騎將軍孫壹爲婢所殺

五年春正月朔日有蝕之夏四月詔有司率遵前命復進大將軍司馬文王位爲相國封晉公加九錫五月己丑高貴鄉公卒年二十漢晉春秋曰帝見威權日去不勝其忿乃召侍中王沈尚書王經散騎常侍王業謂曰司馬昭之心路人所知也吾不能坐受廢辱今日當與卿自出討之王經曰昔魯昭公不忍季氏敗走失國爲天下笑今權在其門爲日久矣朝廷四方皆爲之致死不顧逆順之理非一日也且宿衞空闕兵甲寡弱陛下何所資用而一旦如此無乃欲除疾而更深之邪禍殆不測宜見重詳帝乃出懷中版令投地曰行之決矣正使死何所懼況不必死邪於是入白太后沈業奔走告文王文王爲之備帝遂帥僮僕數百鼓譟而出文王弟屯騎校尉伷入遇帝於東止車門左右呵之伷衆奔走中護軍賈充又逆帝戰於南闕下帝自用劒衆欲退太子舍人成濟問充曰事急矣當云何充曰畜養汝等正謂今日今日之事無所問也濟即前刺帝刃出於背文王聞大驚自投於地曰天下其謂我何太傅孚奔往枕帝股而哭哀甚曰殺陛下者臣之罪也臣松之以爲習鑿齒書雖最後出然述此事差有次第故先載習語以其餘所言微異者次其後世語曰王沈王業馳告文王尚書王經以正直不出因沈業申意晉諸公贊曰沈業將出呼王經經不從曰吾子行矣干寶晉紀曰成濟問賈充曰事急矣若之何充曰公畜養汝等爲今日之事也夫何疑濟曰然乃抽戈犯蹕魏氏春秋曰戊子夜帝自將冗從僕射李昭黄門從官焦伯等下陵雲臺鎧仗授兵欲因際會自出討文王會雨有司奏却日遂見王經等出黄素詔於懷曰是可忍也孰不可忍也今日便當決行此事入白太后遂拔劒升輦帥殿中宿衛蒼頭官僮擊戰鼓出雲龍門賈充自外而入帝師潰散猶稱天子手劒奮擊衆莫敢逼充帥厲將士騎督成倅弟成濟以矛進帝崩于師時暴雨雷霆晦冥魏末傳曰賈充呼帳下督成濟謂曰司馬家事若敗汝等豈復有種乎何不出擊倅兄弟二人乃帥帳下人出顧曰當殺邪執邪充曰殺之兵交帝曰放仗大將軍士皆放仗濟兄弟因前刺帝帝倒車下皇太后令曰吾以不德遭家不造昔援立東海王子髦以爲明帝嗣見其好書疏文章冀可成濟而情性暴戾日月滋甚吾數呵責遂更忿恚造作醜逆不道之言以誣謗吾遂隔絶兩宮其所言道不可忍聽非天地所覆載吾即密有令語大將軍不可以奉宗廟恐顛覆社稷死無面目以見先帝大將軍以其尚幼謂當改心爲善殷勤執據而此兒忿戾所行益甚舉弩遥射吾宮祝當令中吾項箭親墮吾前吾語大將軍不可不廢之前後數十此兒具聞自知罪重便圖爲弑逆賂遣吾左右人令因吾服藥密行酖毒重相設

計事已覺露直欲因際會舉兵入西宮殺吾出取大將軍呼侍中王沈散騎常侍王業國語曰業武陵人後爲晉中護軍尚書王經出懷中黃素詔示之言今日便當施行吾之危殆過於累卵吾老寡豈復多惜餘命邪但傷先帝遺意不遂社稷顛覆爲痛耳賴宗廟之靈沈業即馳語大將軍得先嚴警而此兒便將左右出雲龍門雷戰鼓躬自拔刃與左右雜衞共入兵陣間爲前鋒所害此兒既行悖逆不道而又自陷大禍重令吾悼心不可言昔漢昌邑王以罪廢爲庶人此兒亦宜以民禮葬之當令內外咸知此兒所行又尚書王經凶逆無狀其收經及家屬皆詣廷尉庚寅太傅孚大將軍文王太尉柔司徒沖稽首言伏見中令故高貴鄉公悖逆不道自陷大禍依漢昌邑王罪廢故事以民禮葬臣等備位不能匡救禍亂式遏姦逆奉令震悚肝心悼慄春秋之義王者無外而書襄王出居於鄭不能事母故絕之於位也今高貴鄉公肆行不軌幾危社稷自取傾覆人神所絕葬以民禮誠當舊典然臣等伏惟殿下仁慈過隆雖存大義猶垂哀矜臣等之心實有不忍以爲可加恩以王禮葬之太后從之漢晉春秋曰丁卯葬高貴鄉公于洛陽西北三十里瀍澗之濱下車數乘不設旌旐百姓相聚而觀之曰是前日所殺天子也或掩面而泣悲不自勝臣松之以爲若但下車數乘不設旌旐何以爲王禮葬乎斯蓋惡之過言所謂不如是之甚者使使持節行中護軍中壘將軍司馬炎北迎常道鄉公璜嗣明帝後辛卯羣公奏太后曰殿下聖德光隆寧濟六合而猶稱令與藩國同請自今殿下令書皆稱詔制如先代故事癸卯大將軍固讓相國晉公九錫之寵太后詔曰夫有功不隱周易大義成人之美古賢所尚今聽所執出表示外以章公之謙光焉戊申大將軍文王上言高貴鄉公率將從駕人兵拔刃鳴金鼓向臣所止懼兵刃相接即勑將士不得有所傷害違令以軍法從事騎督成倅弟太子舍人濟橫入兵陣傷公遂至隕命輒收濟行軍法臣聞人臣之節有死無二事上之義不敢逃難前者變故卒至禍同發機誠欲委身守死唯命所裁然惟本謀乃欲上危皇太后傾覆宗廟臣忝當大任義在安國懼雖身死罪責彌重欲遵伊周之權以安社稷之難即駱驛申勑不得迫近輦輿而濟遽入陣間以致大變哀怛痛恨五內摧裂不知何地可以隕墜科律大逆無道父母妻子同產皆斬濟凶戾悖逆干國亂紀罪不容誅輒勑侍御史收濟家屬付廷尉結正其罪魏氏春秋曰成濟兄弟不即伏罪袒而升屋醜言悖慢自下射之乃殪太后詔曰夫五刑之罪莫大於不孝夫人有子不孝尚告治之此兒豈復成人主邪吾婦人不達大義以謂濟不得便爲大逆也然大將軍志意懇切發言惻愴故聽如所奏當班下遠近使知本末也世語曰初青龍中石苞鬻鐵於長安得見司馬宣王宣王知焉後擢爲尚書郎歷青州刺史鎮東將軍甘露中入朝當還辭高貴鄉公留中盡日文王遣人要令過文王問苞何淹留也苞曰非常人也明日發至滎陽數日而難作六月癸丑詔曰古者人君之爲名字難犯而易諱今常道鄉公諱字甚難避其朝臣博議改易列奏

陳留王諱奐字景明武帝孫燕王宇子也甘露二年封安次縣常道鄉公高貴鄉公卒公卿議迎立公六月甲寅入於洛陽見皇太后是日即皇帝位於太極前殿大赦改年賜民爵及穀帛各有差

景元元年夏六月丙辰進大將軍司馬文王位爲相國封晉公增封二郡并前滿十加九錫之禮一如前奏諸羣從子弟其未有侯者皆封亭侯賜錢千萬帛萬匹文王固讓乃止己未故漢獻帝夫人節薨帝臨于華林園使使持節追謚夫人爲獻穆皇后及葬車服制度皆如漢氏故事癸亥以尚書右僕射王觀爲司空冬十月觀薨十一月燕王上表賀冬至稱臣詔曰古之王者或有所不臣王將宜依此義表不稱臣乎又當爲報夫後大宗者降其私親況所繼者重邪若便同之臣妾亦情所未安其皆依禮典處當務盡其宜有司奏以爲禮莫崇於尊祖制莫大於正典陛下稽德期運撫臨萬國紹大宗之重隆三祖之基伏惟燕王體尊戚屬正位藩服躬秉虔肅率路恭德以先萬國其於正典闡濟大順所不得制聖朝誠宜崇以非常之制奉以不臣之禮臣等平議以爲燕王章表可聽如舊式中詔所施或存好問準之義類則宴覲之族也可少順聖敬加崇儀稱示不敢斥宜曰皇帝敬問大王侍御至於制書國之正典朝廷所以辨章公制宜昭軌儀於天下者也宜循法故曰制詔燕王凡詔命制書奏事上書諸稱燕王者可皆上平其非宗廟助祭之事皆不得稱王名奏事上書文書及吏民皆不得觸王諱以彰殊禮加于羣后上遵正典尊祖之制俯順聖敬烝烝之心二者不愆禮實宜之可普告施行十二月甲申黃龍見華陰縣井中甲午以司隸校尉王祥爲司空

二年夏五月朔日有蝕之秋七月樂浪外夷韓濊貊各率其屬來朝貢八月戊寅趙王幹薨甲寅復命大將軍進爵晉公加位相國備禮崇錫一如前詔又固辭乃止

三年春二月青龍見於軹縣井中夏四月遼東郡言肅慎國遣使重譯入貢獻其國弓三十張長三尺五寸楛矢長一尺八寸石砮三百枚皮骨鐵雜鎧二十領貂皮四百枚冬十月蜀大將姜維寇洮陽鎮西將軍鄧艾拒之破維於侯和維遁走是歲詔祀故軍祭酒郭嘉於太祖廟廷

四年春二月復命大將軍進位爵賜一如前詔又固辭乃止夏五月詔曰蜀蕞爾小國土狹民寡而姜維虐用其衆曾無廢志往歲破敗之後猶復耕種沓中刻剝衆羌勞役無已民不堪命夫兼弱攻昧武之善經致人而不致於人兵家之上略蜀所恃賴唯維而已因其遠離巢窟用力爲易今使征西將軍鄧艾督帥諸軍趣甘松沓中以羅取維雍州刺史諸葛緒督諸軍趣武都高樓首尾蹴討若擒維便當東西並進掃滅巴蜀也又命鎮西將軍鍾會由駱谷伐蜀秋九月太尉高柔薨冬十月甲寅復命大將軍進位爵賜一如前詔癸酉立皇后卞氏十一月大赦自鄧艾鍾會率衆伐蜀所至輒克是月蜀主劉禪詣艾降巴蜀皆平十二月庚戌以司徒鄭沖爲太保壬子分益州爲梁州癸丑特赦益州士民復除租賦之半五年乙卯以征西將軍鄧艾爲太尉鎮西將軍鍾會爲司徒皇太后崩

咸熙元年春正月壬戌檻車徵鄧艾甲子行幸長安壬申使使者以璧幣祀華山是月鍾會反於蜀爲衆所討鄧艾亦見殺二月辛卯特赦諸在益土者庚申葬明元郭后三月丁丑以司空王祥爲太尉征北將軍何曾爲司徒尚書左僕射荀顗爲司空己卯進晉公爵爲王封十郡并前二十漢晉春秋曰晉公既進爵爲王太尉王祥司徒何曾司空荀顗並詣王顗曰相王尊重何侯與一朝之臣皆已盡敬今日便當相率而拜無所疑也祥曰相國位勢誠爲尊貴然要是魏之宰相吾等魏之三公公王相去一階而已班列大同安有天子三公可輒拜人者損魏朝之望虧晉王之德君子愛人以禮吾不爲也及入顗遂拜而祥獨長揖王謂祥曰今日然後知君見顧之重丁亥封劉禪爲安樂公夏五月庚申相國晉王奏復五等爵甲戌改年癸未追命舞陽宣文侯爲晉宣王舞陽忠武侯爲晉景王六月鎮西將軍衞瓘上雍州兵於成都縣獲璧玉印各一印文似成信字依周成王歸禾之義宣示百官藏于相國府孫盛曰昔公孫述自以起成都號曰成二玉之文殆述所作也初自平蜀之後吳寇屯逼永安遣荊豫諸軍掎角赴救七月賊皆遁退八月庚寅命中撫軍司馬炎副貳相國事以同魯公拜後之義癸巳詔曰前逆臣鍾會構造反亂聚集征行將士劫以兵威始吐姦謀發言桀逆逼脅衆人皆使下議倉卒之際莫不驚懾相國左司馬夏侯和騎士曹屬朱撫時使在成都中領軍司馬賈輔郎中羊琇各參會軍事和琇撫皆抗節不撓拒會凶言臨危不顧詞指正烈輔語散將王起說會姦逆凶暴欲盡殺將士又云相國已率三十萬衆西行討會欲以稱張形勢感激衆心起出以輔言宣語諸軍遂使將士益懷奮勵宜加顯寵以彰忠義其進和輔爵爲鄉侯琇撫爵關內侯起宣傳輔言告令將士所宜賞異其以起爲部曲將癸卯以衞將軍司馬望爲驃騎將軍九月戊午以中撫軍司馬炎爲撫軍大將軍辛未詔曰吳賊政刑暴虐賦歛無極孫休遣使鄧句勑交阯太守鎖送其民發以爲兵吳將呂興因民心憤怒又承王師平定巴蜀即糾合豪傑誅除句等驅逐太守長吏撫和吏民以待國命九真日南郡聞興去逆即順亦齊心響應與興協同興移書日南州郡開示大計兵臨合浦告以禍福遣都尉唐譜等詣進乘縣因南中都督護軍霍弋上表自陳又交阯將吏各上表言興創造事業大小承命郡有山寇入連諸郡懼其計異各有攜貳權時之宜以興爲督交阯諸軍事上大將軍定安縣侯乞賜褒獎以慰邊荒乃心欵誠形於辭旨昔儀父朝魯春秋所美竇融歸漢待以殊禮今國威遠震撫懷六合方包舉殊裔混一四表興首向王化舉衆稽服萬里馳義請吏帥職宜加寵遇崇其爵位既使興等懷忠感悅遠人聞之必皆競勸其以興爲使持節都督交州諸軍事南中大將軍封定安縣侯得以便宜從事先行後上策命未至興爲下人所殺冬十月丁亥詔曰昔聖帝明王靜亂濟世保大定功文武殊塗勳烈同歸是故或舞干戚以訓不庭或陳師旅以威暴慢至於愛民全國康惠庶類必先脩文教示之軌儀不得已然後用兵此盛德之所同也往者季漢分崩九土顛覆劉備孫權乘間作禍三祖綏寧中夏日不暇給遂使遺寇僭逆歷世幸賴宗廟威靈宰輔忠武爰發四方拓定庸蜀役不浹時一征而克自頃江表衰弊政刑荒闇巴漢平定孤危無援交荊揚越靡然向風今交阯僞將呂興已帥三郡萬里歸命武陵邑侯相嚴等糾合五縣請爲臣妾豫章廬陵山民舉衆叛吳以助北將軍爲號又孫休病死主帥改易國內乖違人各有心僞將施績賊之名臣懷疑自猜深見忌惡衆叛親離莫有固志自古及今未有亡徵若此之甚若六軍震曜南臨江漢吳會之域必扶老攜幼以迎王師必然之理也然興動大衆猶有勞費宜告喻威德開示仁信始知順附和同之利相國參軍事徐紹水曹掾孫彧昔在壽春並見虜獲紹本僞南陵督才質開壯彧孫權支屬忠良見事其遣紹南還以彧爲副宣揚國命告喻吳人諸所示語皆以事實若其覺悟不損征伐之計蓋廟勝長筭自古之

道也其以紹兼散騎常侍加奉車都尉封都亭侯或兼給事黃門侍郎賜爵關內侯紹等所賜妾及男女家人在此者悉聽自隨以明國恩不必使還以開廣大信丙午命撫軍大將軍新昌鄉侯炎爲晉世子是歲罷屯田官以均政役諸典農皆爲太守都尉皆爲令長勸募蜀人能內移者給廩二年復除二十歲安彌福祿縣各言嘉禾生

二年春二月甲辰朐䏰縣獲靈龜以獻歸之于相國府庚戌以虎賁張脩昔於成都馳馬至諸營言鍾會反逆以至沒身賜脩弟倚爵關內侯夏四月南深澤縣言甘露降吳遣使紀陟弘璆請和五月詔曰相國晉王誕敷神慮光被四海震燿武功則威蓋殊荒流風邁化則旁洽無外愍卹江表務存濟育戢武崇仁示以威德文告所加承風嚮慕遣使納獻以明委順方寶纖珍歡以效意而王謙讓之至一皆簿送非所以慰副初附從其款願也孫晧諸所獻致其皆還送歸之于王以協古義王固辭乃止又命晉王冕十有二旒建天子旌旗出警入蹕乘金根車六馬備五時副車置旄頭雲罕樂舞八佾設鍾虡宮縣進王妃爲王后世子爲太子王子王女王孫爵命之號如舊儀癸未大赦秋八月辛卯相國晉王薨壬辰晉太子炎紹封襲位揔攝百揆備物典冊一皆如前是月襄武縣言有大人見三丈餘跡長三尺二寸白髮著黃單衣黃巾拄杖呼民王始語云今當太平九月乙未大赦戊午司徒何曾爲晉丞相癸亥以驃騎將軍司馬望爲司徒征東大將軍石苞爲驃騎將軍征南大將軍陳騫爲車騎將軍乙亥葬晉文王閏月庚辰康居大宛獻名馬歸于相國府以顯懷萬國致遠之勳十二月壬戌天祿永終歷數在晉詔羣公卿士具儀設壇于南郊使使者奉皇帝璽綬冊禪位于晉嗣王如漢魏故事甲子使使者奉策遂改次于金墉城而終館于鄴時年二十魏世譜曰封帝爲陳留王年五十八太安元年崩謚曰元皇帝

評曰古者以天下爲公唯賢是與後代世位立子以適若適嗣不繼則宜取旁親明德若漢之文宣者斯不易之常準也明帝既不能然情繫私愛撫養嬰孩傳以大器託付不專必參枝族終於曹爽誅夷齊王替位高貴公才慧夙成好問尚辭蓋亦文帝之風流也然輕躁忿肆自蹈大禍陳留王恭已南面宰輔統政仰遵前式揖讓而禪遂饗封大國作賓于晉比之山陽班寵有加焉

魏志卷四考證

齊王芳六月辛丑退己酉以征東將軍王淩爲車騎將軍○己酉監本作己卯臣龍官按本月有辛丑不得有己卯據王淩傳芍陂之戰淩率諸軍爭塘力戰連日賊退即封南鄉侯遷車騎將軍其非他月可知是以從作己酉本

秋七月詔祀故大司馬曹真曹休○真監本誤作直今改正

詔祀故尚書令荀攸于太祖廟庭注先鍾繇而後荀攸○文類作先鍾華華蓋譌歆也

冬十二月散騎常侍諫議大夫孔晏又奏曰○臣浩按孔乂字元儁見後倉慈傳注中下文晏乂咸因闕以進規諫謂何晏及乂也此晏字疑衍

荊州刺史王基新城太守陳泰攻吳破之○臣明楷按陳泰正始中爲并州刺史嘉平初代郭淮爲雍州刺史未嘗典新城何有與王基同破吳之事或作州泰鄧艾傳中州泰注云宣王擢爲新城太守是其人與

不利而還注是歲雍州刺史陳泰求勅并州并力討胳○臣浩按東軍之敗與并州無涉注中所引明是二事宋本作幷力討胡則胳字爲胡字之譌也

遣芳歸藩于齊以避皇位注廷尉定陵侯臣繁大鴻臚臣芝大司農臣祥少府臣褒○何焯曰繁當作毓鍾毓也本傳可攷褒當作袤鄭袤也時爲少府

高貴鄉公髦乙丑鎮東將軍毋丘儉揚州刺史文欽反戊戌大將軍司馬景王征之癸未車騎將軍郭淮薨○何焯曰按乙丑癸未之中不應有戊戌當是戊辰之譌

辛未以長水校尉鄧艾行安西將軍與征西將軍陳泰并力拒維戊辰復遣太尉司馬孚爲後繼○何焯曰戊辰不應在辛未後殆傳錄者倒其文耳

乙巳沛王林薨注后相殆減○太平御覽殆作殄

又注舊章不愆○各本作不行臣艮裘按此蓋本不愆不忘率由舊章之意作不行于文義未順何焯校本亦曰行疑作愆今改正

名曰連山似山出內氣連天地也○太平御覽作似山出內雲氣

至于折中裁之聖思○太平御覽折中上有文質二字

高貴鄉公卒年二十注文王弟屯騎校尉伷入還帝於東止車門○弟監本訛作第今改正

散騎常侍王業注國語曰業武陵人○何焯曰國語當作世語

陳留王奐準之義類則晏覲之族也○何焯曰禮文王世子篇曰與族燕則公與父兄齒又曰公族朝于內朝東面北上臣有貴者以齒所謂燕覲之族按此則宴當作燕後世宴燕字通用故耳

癸丑特赦益州士民復除租賦之半五年乙卯以征西將軍鄧艾爲太尉鎮西將軍鍾會爲司徒○各本俱誤以五年爲紀年之五年臣明楷按景元四年十一月巴蜀平十二月加鄧艾鍾會等爵並非隔年之事蓋此復除租賦之半五年即如文帝黃初二年注中令天下聽內徙復五年之意

咸熙元年春正月壬戌檻車徵鄧艾○監本作壬辰臣龍官按前乙卯後甲子中間不應有壬辰作壬戌爲是今據何焯校本改正

陳留王恭己南面輔宰統政○元本作宰輔統政太平御覽文類同

魏志卷五

晉　著作郎巴西中正安漢陳　壽撰

宋太中大夫國子博士聞喜裴松之注

武宣卞皇后　文昭甄皇后

文德郭皇后　明悼毛皇后

明元郭皇后

易稱男正位乎外女正位乎內男女正天地之大義也古先哲王莫不明后妃之制順天地之德故二妃嬪嬀虞道克隆任姒配姬周室用熙廢興存亡恒此之由春秋說云天子十二女諸侯九女考之情理不易之典也而末世奢縱肆其侈欲至使男女怨曠感動和氣惟色是崇不本淑懿故風教陵遲而大綱毀泯豈不惜哉嗚呼有國有家者其可以永鑒矣漢制帝祖母曰太皇太后帝母曰皇太后帝妃曰皇后其餘內官十有四等魏因漢法母后之號皆如舊制自夫人以下世有增損太祖建國始命王后其下五等有夫人有昭儀有婕妤有容華有美人文帝增貴嬪淑媛脩容順成良人明帝增淑妃昭華脩儀除順成官太和中始復命夫人登其位於淑妃之上自夫人以下爵凡十二等貴嬪夫人位次皇后爵無所視淑妃位視相國爵比諸侯王淑媛位視御史大夫爵比縣公昭儀比縣侯昭華比鄉侯脩容比亭侯脩儀比關內侯婕妤視中二千石容華視真二千石美人視比二千石良人視千石

武宣卞皇后琅邪開陽人文帝母也本倡家魏書曰后以漢延熹三年十二月己巳生齊郡白亭有黃氣滿室移日父敬侯怪之以問卜者王旦旦曰此吉祥也年二十太祖於譙納后爲妾後隨太祖至洛及董卓爲亂太祖微服東出避難袁術傳太祖凶問時太祖左右至洛者皆欲歸后止之曰曹君吉凶未可知今日還家明日若在何面目復相見也正使禍至共死何苦遂從后言太祖聞而善之建安初丁夫人廢遂以后爲繼室諸子無母者太祖皆令后養之魏略曰太祖始有丁夫人又劉夫人生子脩及清河長公主劉早終丁養子脩子脩亡於穰丁常言將我兒殺之都不復念遂哭泣無節太祖忿之遣歸家欲其意折後太祖就見之夫人方織外人傳云公至夫人踞機如故太祖到撫其背曰顧我共載歸乎夫人不顧又不應太祖卻行立於戶外復云得無尚可邪遂不應太祖曰真訣矣遂與絕欲其家嫁之其家不敢初丁夫人既爲嫡加有子脩丁視后母子不足后爲繼室不念舊惡因太祖出行常四時使人饋遺又私迎之延以上坐而已下之迎來送去有如昔日丁謝曰廢放之人夫人何能常爾邪其後丁亡后請太祖殯葬許之乃葬許城南後太祖病困自慮不起歎曰我前後行意於心未曾有所負也假令死而有靈子脩若問我母所在我將何辭以荅魏書曰后性約儉不尚華麗無文繡珠玉器皆黑漆太祖常得名璫數具命后自選一具后取其中者太祖問其故對曰取其上者爲貪取其下者爲僞故取其中者文帝爲太子左右長御賀后曰將軍拜太子天下莫不歡喜后當傾府藏賞賜后曰王自以丕年大故用爲嗣我但當以免無教導之過爲幸耳亦何爲當重賜遺乎長御還具以語太祖太祖悅曰怒不變容喜不失節故是最爲難二十四年拜爲王后策曰夫人卞氏撫養諸子有母儀之德今進位王后太子諸侯陪位羣卿上壽減國內死罪一等二十五年太祖崩文帝即王位尊后曰王太后及踐阼尊后曰皇太后稱永壽宮魏書曰后以國用不足減損御食諸金銀器物皆去之東阿王植太后少子最愛之後植犯法爲有司所奏文帝令太后弟子奉車都尉蘭持公卿議白太后太后曰不意此兒所作如是汝還語帝不可以我故壞國法及自見帝不以爲言臣松之案文帝夢磨錢欲使文滅而更愈明以問周宣宣荅曰此陛下家事雖意欲爾而太后不聽則太后用意不得如此書所言也魏書又曰太后每隨軍征行見高年白首輒住車呼問賜與絹帛對之涕泣曰恨父母不及我時也太后每見外親不假以顏色常言居處當務節儉不當望賞賜念自佚也外舍當怪吾遇之太薄吾自有常度故也吾事武帝四五十年行儉日久不能自變爲奢有犯科禁者吾且能加罪一等耳莫望錢米恩貸也帝爲太后弟秉起第第成太后幸第請諸家外親設下廚無異膳太后左右菜食粟飯無魚肉其儉如此明帝即位尊太后曰太皇太后黃初中文帝欲追封太后父母尚書陳羣奏曰陛下以聖德應運受命創業革制當永爲後式案典籍之文無婦人分土命爵之制在禮典婦因夫爵秦違古法漢氏因之非先王之令典也帝曰此議是也其勿施行以作著詔下藏之臺閣永爲後式至太和四年春明帝乃追謚太后祖父廣曰開陽恭侯父遠曰敬侯祖母周封

陽都君及恭侯夫人皆贈印綬其年五月后崩七月合葬高陵初太后弟秉以功封都鄉侯黃初七月進封開陽侯邑千二百戶為昭烈將軍魏略曰初卞后弟秉當建安時得為別部司馬后常對太祖怨言太祖答言但得與我作婦弟不為多邪后又欲太祖給其錢帛太祖又曰但汝盜與不為足邪故訖太祖世秉官不移財亦不益秉薨子蘭嗣少有才學魏略曰蘭獻賦讚述太子德美太子報曰賦者言事類之所附也頌者美盛德之形容也故作者不虛其辭受者必當其實蘭此賦豈吾實哉昔吾丘壽王一陳寶鼎何武等徒以歌頌猶受金帛之賜蘭事雖不諒義足嘉也今賜牛一頭由是遂見親敬為奉車都尉游擊將軍加散騎常侍蘭薨子暉嗣魏略曰明帝時蘭見外有二難而帝留意於宮室常因侍從數切諫帝雖不能從猶納其誠款後蘭苦酒消渴時帝信巫女用水方使人持水賜蘭蘭不肯飲詔問其意蘭言治病自當以方藥何信於此帝為變色而蘭終不服後渴稍甚以至於亡故時人見蘭好直言謂帝面折之而蘭自殺其實不然又分秉爵封蘭弟琳為列侯官至步兵校尉蘭子隆女為高貴鄉公皇后隆以后父為光祿大夫位特進封睢陽鄉侯妻王為顯陽鄉君追封隆前妻劉為順陽鄉君后親母故也琳女又為陳留王皇后時琳已沒封琳妻劉為廣陽鄉君

文昭甄皇后中山無極人明帝母漢太保甄邯後也世吏二千石父逸上蔡令后三歲失父魏書曰逸娶常山張氏生三男五女長男豫早終次儼舉孝廉大將軍掾曲梁長次堯舉孝廉長女姜次脫次道次榮次即后后以漢光和五年十二月丁酉生每寢寐家中髣髴見如有人持玉衣覆其上者常共怪之逸薨加號慕內外益奇之後相者劉良相后及諸子良指后曰此女貴乃不可言后自少至長不好戲弄年八歲外有立騎馬戲者家人諸姊皆上閣觀之后獨不行諸姊怪問之后答言此豈女人之所觀邪年九歲喜書視字輒識數用諸兄筆硯兄謂后言汝當習女工用書為學當作女博士邪后答言聞古者賢女未有不學前世成敗以為己誡不知書何由見之後天下兵亂加以饑饉百姓皆賣金銀珠玉寶物時后家大有儲穀頗以買之后年十餘歲白母曰今世亂而多買寶物匹夫無罪懷璧為罪又左右皆饑乏不如以穀振給親族鄰里廣為恩惠也舉家稱善即從后言魏略曰后年十四喪中兄儼悲哀過制事寡嫂謙敬事處其勞拊養儼子慈愛甚篤后母性嚴待諸婦有常后數諫母兄不幸早終嫂年少守節顧留一子以大義言之待之當如婦愛之宜如女母感后言流涕便令后與嫂共止寢息坐起常相隨恩愛益密建安中袁紹為中子熙納之熙出為幽州后留養姑及冀州平文帝納后於鄴有寵生明帝及東鄉公主魏略曰熙出在幽州后留侍姑及鄴城破紹妻及后共坐皇堂上文帝入紹舍見紹妻及后后怖以頭伏姑膝上紹妻兩手自搏文帝謂曰劉夫人云何如此令新婦舉頭姑乃捧后令仰文帝就視見其顏色非凡稱歎之太祖聞其意遂為迎取世語曰太祖下鄴文帝先入袁尚府有婦人被髮垢面垂涕立紹妻劉後文帝問之劉答是熙妻顧攬髮髻以巾拭面姿貌絕倫既過劉謂后不憂死矣遂見納有寵魏書曰后寵愈隆而彌自挹損後宮有寵者勸勉之其無寵者慰誨之每因閑宴常勸帝言昔黃帝子孫蕃育蓋由妾媵眾多乃獲斯祚耳所願廣求淑媛以豐繼嗣帝心嘉焉其後帝欲遣任氏后請於帝曰任既鄉黨名族德色妾等不及也如何遣之帝曰任性狷急不婉順前後忿吾非一是以遣之耳后流涕固請曰妾受敬遇之恩眾人所知必謂任之出是妾之由上懼有見私之譏下受專寵之罪願重留意帝不聽遂出之十六年七月太祖征關中武宣皇后從留孟津帝居守鄴時武宣皇后體小不安后不得定省憂怖晝夜泣涕左右驟以差問告后猶不信曰夫人在家故疾每動輒歷時今疾便差何速也此欲慰我意耳憂愈甚後得武宣皇后還書說疾已

平復后乃懽悅十七年正月大軍還鄴后朝武宣皇后望幄座悲喜感動左右武宣皇后見后如此亦泣且謂之曰新婦謂吾前病如昔時困邪吾時小小耳十餘日即差不當視我顏色乎嗟歎曰此真孝婦也二十一年十月太祖東征武宣皇后文帝及明帝東鄉公主皆從時后以病留鄴二十二年九月大軍還武宣皇后左右侍御見后顏色豐盈怪問之曰后與二子別久下流之情不可為念而后顏色更盛何也后笑答之曰諱等自隨夫人我當何憂后之賢明以禮自持如此延康元年正月文帝即王位六月南征后留鄴黃初元年十月帝踐阼踐阼之後山陽公奉二女以嬪于魏郭后李陰貴人並愛幸后愈失意有怨言帝大怒二年六月遣使賜死葬于鄴魏書曰有司奏建長秋宮帝璽書迎后詣行在所后上表曰妾聞先代之興所以饗國久長垂祚後嗣無不由后妃焉故必審選其人以興內教令踐阼之初誠宜登進賢淑統理六宮妾自省愚陋不任粢盛之事加以寢疾敢守微志璽書三至而后三讓言甚懇切時盛暑帝欲須秋涼乃更迎后會后疾遂篤夏六月丁卯崩于鄴帝哀痛咨嗟策贈皇后璽綬臣松之以為春秋之義內大惡諱小惡不書文帝之不立甄氏及加殺害事有明審魏史若以為大惡邪則宜隱而不言若謂為小惡邪則不應假為之辭而崇飾虛文乃至於是異乎所聞於舊史推此而言其稱卞甄諸后言行之善皆難以實論陳氏刪落良有以也明帝即位有司奏請追諡使司空王朗持節奉策以太牢告祠于陵又別立寢廟魏書載三公奏曰蓋孝敬之道篤乎其親乃四海所以成化天地所以明察是謂生則致其養歿則光其靈誦述以盡其美宣揚以顯其名者也今陛下以聖懿之德紹承洪業至孝烝烝通於神明遭罹殷憂每勞謙讓先帝遷神山陵大禮既備至於先后未有顯諡伏惟先后恭讓著於幽微至行顯於不言化流邦國德侔二南故能膺神靈嘉祥為大魏世妃雖夙年登遐萬載之後永播融烈后妃之功莫得而尚也案諡法聖聞周達曰昭德明有功曰昭昭者光明之至盛久而不昧者也宜上尊諡曰文昭皇后是月三公又奏曰自古周人始祖后稷又特立廟以祀姜嫄今文昭皇后之於萬嗣聖德至化豈有量哉夫以皇家世祀之尊而克讓允恭固推盛位神靈遷化而無寢廟以承享禮非所以報顯德昭孝敬也稽之古制宜依周禮先妣別立寢廟並奏可之太和元年三月以中山魏昌之安城鄉戶千追封逸諡曰敬侯適孫像襲爵四月初營宗廟掘地得玉璽方一寸九分其文曰天子羨思慈親明帝為之改容以太牢告廟又嘗夢見后於是差次舅氏親疏高下敘用各有差賞賜累鉅萬以像為虎賁中郎將是月后母薨帝制緦服臨喪百僚陪位四年十一月以后舊陵庳下使像兼太尉持節詣鄴昭告后土十二月改葬朝陽陵像還遷散騎常侍青龍二年春追謚后兄儼曰安城鄉穆侯夏吳賊寇揚州以像為伏波將軍持節監諸將東征還復為射聲校尉三年薨追贈衛將軍改封魏昌縣謚曰貞侯子暢嗣又封暢弟溫韡豔皆為列侯四年改逸儼本封皆曰魏昌侯謚因故封儼世婦劉為東鄉君又追封逸世婦張為安喜君景初元年夏有司議定七廟冬又奏曰蓋帝王之興既有受命之君又有聖妃協于神靈然後克昌厥世以成王業焉昔高辛氏卜其四妃之子皆有天下而帝摯陶唐商周代興周人上推后稷以配皇天追述王初本之姜嫄特立宮廟世世享嘗周禮所謂奏夷則歌中呂舞大濩以享先妣者也詩人頌之

曰厥初生民時維姜嫄言王化之本生民所由又曰閟宮有侐實實枚枚赫赫姜嫄其德不回詩禮所稱姬宗之盛其美如此大魏期運繼于有虞然崇弘帝道三代彌隆廟祧之數實與周同今武宣皇后文德皇后各配無窮之祚至於文昭皇后膺天靈符誕育明聖功濟生民德盈宇宙開諸後嗣乃道化之所興也寢廟特祀亦姜嫄之閟宮也而未著不毀之制懼論功報德之義萬世或闕焉非所以昭孝示後世也文昭廟宜世世享祀奏樂與祖廟同永著不毀之典以播聖善之風於是與七廟議並勒金策藏之金匱帝思念舅氏不已暢尚幼景初末以暢為射聲校尉加散騎常侍又特為起大第車駕親自臨之又於其後園為像母起觀廟名其里曰渭陽里以追思母氏也嘉平三年正月暢薨追贈車騎將軍謚曰恭侯子紹嗣太和六年明帝愛女淑薨追封謚淑為平原懿公主為之立廟取后亡從孫黃與合葬追封黃列侯以夫人郭氏從弟悳為之後承甄氏姓封悳為平原侯襲公主爵孫盛曰於禮婦人既無封爵之典況於孩末而可建以大邑乎悳自異族援繼非類匪功匪親而襲母爵違情背典於此為甚陳羣雖抗言揚皐引事比並然皆不能極陳先王之禮明封建繼嗣之義忠至之辭猶有闕乎詩云赫赫師尹民具爾瞻宰輔之職其可略哉晉諸公贊曰悳字彥孫司馬景王輔政以女妻悳妻早亡文王復以女繼室即京兆長公主景文二王欲自結於郭后是以頻繁為婚悳雖無才學而恭謹謙順甄溫字仲舒與郭建及悳等皆后族以事宜見寵咸熙初封郭建為臨渭縣公悳廣安縣公邑皆千八百戶溫本國侯進為輔國大將軍加侍中領射聲校尉悳鎮軍大將軍泰始元年晉受禪加建悳溫三人位特進悳為人貞素加以世祖姊夫是以遂貴當世悳暮年官更轉為宗正遷侍中太康中大司馬齊王攸當之藩悳與左衛將軍王濟共諫時人嘉之世祖以此望悳由此出悳為大鴻臚加侍中光祿大夫尋疾薨贈中軍大將軍開府侍中如故諡恭公子喜嗣喜精粹有器美歷中書郎右衛將軍侍中位至輔國大將軍加散騎常侍喜與國姻親而經趙王倫齊王冏事故能不豫際會良以其才短然亦以退靜免之青龍中又封后從兄子毅及像弟三人皆為列侯毅數上疏陳時政官至越騎校尉嘉平中復封暢子二人為列侯后兄儼孫女為齊王皇后后時已沒封后母為廣樂鄉君

文德郭皇后安平廣宗人也祖世長吏魏書曰父永官至南郡太守諡敬侯母姓董氏即堂陽君生三男二女長男浮高唐令次女昱次即后后弟都弟成后以漢中平元年三月乙卯生生而有異常后少而父永奇之曰此乃吾女中王也遂以女王為字早失二親喪亂流離沒在銅鞮侯家太祖為魏公時得入東宮后有智數時時有所獻納文帝定為嗣后有謀焉太子即王位后為夫人及踐阼為貴嬪甄后之死由后之寵也黃初三年將登后位文帝欲立為后中郎棧潛上疏曰在昔帝王之治天下不惟外輔亦有內助治亂所由盛衰從之故西陵配黃英娥降媯並以賢明流芳上世桀奔南巢禍階妹喜紂以炮烙怡悅

妲己是以聖哲慎立元妃必取先代世族之家擇其令淑以統六宮虔奉宗廟陰教聿脩易曰家道正而天下定由內及外先王之令典也春秋書宗人釁夏云無以妾為夫人之禮齊桓誓命于葵丘亦曰無以妾為妻今後宮嬖寵常亞乘輿若因愛登后使賤人暴貴臣恐後世下陵上替開張非度亂自上起也文帝不從遂立為皇后魏書曰后上表謝曰妾無皇英釐降之節又非姜任思齊之倫誠不足以假充女君之盛位處中饋之重后自在東宮及即尊位雖有異寵心愈恭肅供養永壽宮以孝聞是時柴貴人亦有寵后教訓獎導之後宮諸貴人時有過失常彌覆之有譴讓輒為帝言其本末帝或大有所怒至為之頓首請罪是以六宮無怨性儉約不好音樂常慕漢明德馬后之為人后蚤喪兄弟以從兄表繼永後拜奉車都尉后外親劉斐與他國為婚后聞之敕曰諸親戚嫁娶自當與鄉里門戶匹敵者不得因勢彊與他方人婚也后姊子孟武還鄉里求小妻后止之遂敕諸家曰今世婦女少當配將士不得因緣取以為妾也宜各自慎無為罰首魏書曰后常敕戒表武等曰漢氏椒房之家少能自全者皆由驕奢可不慎乎五年帝東征后留許昌永始臺時霖雨百餘日城樓多壞有司奏請移止后曰昔楚昭王出游貞姜留漸臺江水至使者迎而無符不去卒沒今帝在遠吾幸未有是患而便移止奈何羣臣莫敢復言六年帝東征吳至廣陵后留譙宮時表留宿衛欲遏水取魚后曰水當通運漕又少材木奴客不在目前當復私取官竹木作梁遏今奉車所不足者豈魚乎明帝即位尊后為皇太后稱永安宮太和四年詔封表安陽亭侯又進爵鄉侯增邑并前五百戶遷中壘將軍以表子詳為騎都尉其年帝追諡太后父永為安陽鄉敬侯母董為都鄉君遷表昭德將軍加金紫位特進表第二子訓為騎都尉及孟武母卒欲厚葬起祠堂太后止之曰自喪亂以來墳墓無不發掘皆由厚葬也首陽陵可以為法青龍三年春后崩于許昌以終制營陵三月庚寅葬首陽陵西魏略曰明帝既嗣立追痛甄后之薨故太后以憂暴崩甄后臨沒以帝屬李夫人及太后崩夫人乃說甄后見譖之禍不獲大斂被髮覆面帝哀恨流涕命殯葬太后皆如甄后故事漢晉春秋曰初甄后之誅由郭后之寵及殯令被髮覆面以糠塞口遂立郭后使養明帝帝知之心常懷忿數泣問甄后死狀郭后曰先帝自殺何以責問我且汝為人子可追讎死父為前母枉殺後母邪明帝怒遂逼殺之敕殯者使如甄后故事魏書載哀策曰維青龍二年三月壬申皇太后梓宮啟殯將葬于首陽之西陵哀子皇帝叡親奉冊祖載遂親遣奠叩心擗踊號咷仰訴痛靈魂之遷幸悲容車之向路背三光以潛翳就黃壚而安厝嗚呼哀哉昔二女妃虞帝道以彰三母嬪周聖善彌光既多受祉享國延長哀哀慈妣興化閨房龍飛紫極作合聖皇不虞中年暴罹災殃愍予小子煢煢摧傷魂雖永逝定省曷望嗚呼哀哉帝進表爵為觀津侯增邑五百并前千戶遷詳為駙馬都尉四年追改封永為觀津敬侯世婦董為堂陽君追諡后兄浮為梁里亭戴侯都為武城亭孝侯成為新樂亭定侯皆使使者奉策祠以太牢

表䲹子詳嗣又分表爵封詳弟述爲列侯詳䲹子釗嗣

明悼毛皇后河內人也黃初中以選入東宮明帝時爲平原王進御有寵出入與同輿輦及卽帝位以爲貴嬪太和元年立爲皇后后父嘉拜騎都尉后弟曾郎中初明帝爲王始納河內虞氏爲妃帝卽位虞氏不得立爲后太皇卞太后慰勉焉虞氏曰曹氏自好立賤未有能以義擧者也然后職內事君聽外政其道相由而成苟不能以善始未有能令終者也殆必由此亡國喪祀矣虞氏遂絀還鄴宮進嘉爲奉車都尉曾騎都尉寵賜隆渥頃之封嘉博平鄉侯遷光祿大夫曾駙馬都尉嘉本典虞車工卒暴富貴明帝令朝臣會其家飮宴其容止擧動甚蚩騃語輒自謂侯身時人以爲笑孫盛曰古之王者必求令淑以對揚至德恢王化於關雎致淳風於麟趾及臻三季並亂茲緒義以情溺位由寵昏貴賤無章下陵上替興衰隆廢皆是物也魏自武王暨于烈祖三后之升起自幽賤本旣卑矣何以長世詩云絺兮綌兮淒其以風其此之謂矣後又加嘉位特進曾遷散騎侍郎青龍三年嘉薨追贈光祿大夫改封安國侯增邑五百并前千戶謚曰節侯四年追封后母夏爲野王君帝之幸郭元后也后愛寵日弛景初元年帝游後園召才人以上曲宴極樂元后曰宜延皇后帝弗許乃禁左右使不得宣后知之明日帝見后后曰昨日游宴北園樂乎帝以左右泄之所殺十餘人賜后死然猶加謚葬愍陵遷曾散騎常侍後徙爲羽林虎賁中郎將原武典農

明元郭皇后西平人也世河右大族黃初中本郡反叛遂沒入宮明帝卽位甚見愛幸拜爲夫人叔父立爲騎都尉從父芝爲虎賁中郎將帝疾困遂立爲皇后齊王卽位尊后爲皇太后稱永寧宮追封謚太后父滿爲西都定侯以立子建紹其爵封太后母杜爲郃陽君芝遷散騎常侍長水校尉魏略曰諸郭之中芝最壯直先時自以他功封爵立宣德將軍皆封列侯建兄悳出養甄氏悳及建俱爲鎭護將軍皆封列侯並掌宿衛直三主幼弱宰輔統政與奪大事皆先咨啓於太后而後施行毌丘儉鍾會等作亂咸假其命而以爲辭焉景元四年十二月崩五年二月葬高平陵西晉諸公贊曰建字叔始有器局而彊問泰始中疾病子嘏嗣爲給事中

許曰魏后妃之家雖云富貴未有若衰漢乘非其據宰割朝政者也鑒往易軌於斯爲美追覩陳羣之議棧潛之論適足以爲百王之規典垂憲範乎後葉矣

魏志卷五考證

武宣卞皇后父遠曰敬侯祖母周封陽都君及恭侯夫人○臣明楷按上文云追謚太后祖父廣曰開陽恭侯下云及恭侯夫人恭侯夫人卽后祖母也然則祖母周祖字衍文

文昭甄皇后生明帝及東鄉公主注紹妻及后共坐室堂上○宋本室作皇

襲公主爵注悳鎭軍大將軍○元本作悳領鎭軍大將軍

魏志卷六

晉　著作郎巴西中正安漢陳　壽撰

宋　太中大夫國子博士聞　喜裴松之注

董卓　李傕　郭汜　袁紹　子譚　尚

袁術　劉表

董卓字仲穎隴西臨洮人也英雄記曰卓父君雅由微官爲潁川綸氏尉有三子長子擢字孟高早卒次卽卓卓弟旻字叔穎少好俠嘗游羌中盡與諸豪帥相結後歸耕於野而豪帥有來從之者卓與俱還殺耕牛與相宴樂諸豪帥感其意歸相斂得雜畜千餘頭以贈卓吳書曰郡召卓爲吏使監領盜賊胡嘗出鈔多虜民人涼州刺史成就辟卓爲從事使領兵騎討捕大破之斬獲千計并州刺史段熲薦卓公府司徒袁隗辟爲掾漢桓帝末以六郡良家子爲羽林郎卓有材武膂力少比雙帶兩鞬左右馳射爲軍司馬從中郎將張奐征并州有功拜郎中賜縑九千匹卓悉以分與吏士遷廣武令蜀郡北部都尉西域戊已校尉免徵拜并州刺史河東太守英雄記曰卓數討羌胡前後百餘戰遷中郎將討黃巾軍敗抵罪韓遂等起涼州復爲中郎將西拒遂於望垣硤北爲羌胡數萬人所圍糧食乏絕卓僞欲捕魚堰其還道當所渡水爲池使水渟滿數十里默從堰下過其軍而決堰比羌胡聞知追逐水已深不得渡時六軍上隴西五軍敗績卓獨全衆而還屯住扶風拜前將軍封斄鄉侯徵爲并州牧靈帝紀曰中平五年徵卓爲少府敕以營吏士屬左將軍皇甫嵩詣行在所卓上言涼州擾亂鯨鯢未滅此臣奮發効命之秋吏士踊躍戀恩念報各遮臣車辭聲懇惻未得卽路也輒且行前將軍事盡心慰卹効力行陣六年以卓爲并州牧又敕以吏兵屬皇甫嵩卓復上言臣掌戎十年士卒大小相狎彌久戀臣畜養之恩爲國家奮一旦之命乞將之州効力邊陲卓再違詔敕會爲何進所召靈帝崩少帝卽位大將軍何進與司隸校尉袁紹謀誅諸閹官太后不從進乃召卓使將兵詣京師并密令上書曰中常侍張讓等竊幸乘寵濁亂海內昔趙鞅興晉陽之甲以逐君側之惡臣輒鳴鐘鼓如洛陽卽討讓等欲以脅迫太后卓未至進敗漢記曰進字遂高南陽人太后異母兄也進本屠家子父曰真真死後進以妹倚黃門得入掖庭有寵光和三年立爲皇后進由是貴幸中平元年黃巾起拜進大將軍典畧載卓表曰臣伏惟天下所以有逆不止者各由黃門常侍張讓等侮慢天常操擅王命父子兄弟並據州郡一書出門便獲千金京畿諸郡數百萬膏腴美田皆屬讓等至使怨氣上蒸妖賊蠭起臣前奉詔討於扶羅將士饑乏不肯渡河皆言欲詣京師先誅閹豎以除民害從臺閣求乞資直臣隨慰撫以至新安臣聞揚湯止沸不如滅火去薪潰癰雖痛勝於養肉及溺呼船悔之無及中常侍段珪等劫帝走小平津卓遂將其衆迎帝於北芒還宮張璠漢記曰帝以八月庚午爲諸黃門所劫步出穀門走至河上諸黃門旣投河死時帝年十四陳留王年九歲兄弟獨夜步行欲還宮闇暝逐螢火而行數里得民家以露車載送辛未公卿以下與卓共迎帝於北芒阪下獻帝春秋曰先是童謠曰侯非侯王非王千乘萬騎走北芒卓時適至屯顯陽苑聞帝當還率衆迎帝典略曰帝望見卓兵涕泣羣公謂卓曰有詔郤兵卓曰公諸人爲國大臣不能匡正王室至使國家播蕩何郤兵之有遂俱入城獻帝紀曰卓與帝語語不可了乃更與陳留王語問禍亂由起王答自初至終無所遺失卓大喜乃有廢立意英雄記曰河南中部掾閔貢扶帝及陳留王上至雒舍止帝獨乘一馬陳留王與貢共乘一馬從雒舍南行公卿百官奉迎於北芒阪下故太尉崔烈在前導卓將步騎數千來迎烈呵使避卓罵烈曰晝夜三百里來何云避我不能斷卿頭邪前見帝曰陛下令常侍小黃門作亂乃爾以取禍敗爲負不小邪又趨陳留王曰我董卓也從我抱來乃於貢抱中取王英雄記曰一本云王不就卓抱卓與王併馬而行也時進弟車騎將軍苗爲進衆所殺英雄記云苗太后之同母兄先嫁朱氏之子進部曲將吳匡素怨苗不與進同心又疑其與宦官同謀乃令軍中曰殺大將軍者卽車騎也遂引兵與卓弟旻共攻殺苗於朱爵闕下進苗部曲無所屬皆詣卓卓又使呂布殺執金吾丁原并其衆故京都兵權唯在卓九州春秋曰卓初入洛陽步騎不過三千自嫌兵少不爲遠近所服率四五日輒夜遣兵出四城門明日陳旌鼓而入宣言云西兵復入至洛中人不覺謂卓兵不可勝數先是進遣騎都尉太山鮑信所在募兵適至信謂紹曰卓擁彊兵有異志今不早圖將爲所制及其初至疲勞襲之可禽也紹畏卓不敢發信遂還鄉里於是以久不雨策免司空劉弘而卓代之俄遷太尉假節鉞虎賁遂廢帝爲弘農王尋又殺王及何太后立靈帝少子陳留王是爲獻帝獻帝紀曰卓謀廢帝會羣臣於朝堂議曰大者天地其次君臣所以爲治今皇帝闇弱不可以奉宗廟爲天下主欲依伊尹霍光故事立陳留王何如尚書盧植曰案尚書太甲旣立不明伊尹放之桐宮昌邑王立二十七日罪過千餘故霍光廢之今上富於春秋行未有失非前事之比也卓怒罷坐欲誅植侍中蔡邕勸之得免九月甲戌卓復大會羣臣曰太后逼迫永樂太后令以憂死逆婦姑之禮無孝順之節天子幼質軟弱不君昔伊尹放太甲霍光廢昌邑著在典籍僉以爲善今太后宜如太甲皇帝宜如昌邑陳留王仁孝宜卽皇帝祚獻帝起居注載策曰孝靈皇帝不究高宗眉壽之祚早棄臣子皇帝承紹海內側望而帝天姿輕佻威儀不恪在喪慢惰衰如故焉凶德旣彰淫穢發聞損辱神器忝汚宗廟皇太后教無母儀統政荒亂永樂太后暴崩衆論惑焉三綱之道天地之紀而乃有闕罪之大者陳留王協聖德偉茂規矩邈然豐下兌上有堯圖之表居喪哀戚言不及邪岐嶷之性有周成之懿休聲美稱天下所聞宜承洪業爲萬世統可以承宗廟廢皇帝爲弘農王皇太后還政尚書讀冊畢羣臣莫有言尚書丁宮曰天禍漢室喪亂弘多昔祭仲廢忽立突春秋大其權今大臣量宜爲社稷計誠合天人請稱萬歲卓以太后見廢故公卿以下不布服會葬素衣而已卓遷相國封郿侯贊拜不名劍履上殿又封卓母爲池陽君置家令丞卓旣率精兵來適值帝室大亂得專廢立據有武庫甲兵國家珍寶威震天下卓性殘忍不仁遂以嚴刑脅衆睚眦之隙必報人不自保魏書曰卓所願無極語賓客曰我相貴無上也英雄記曰卓欲震威侍御史擾龍宗詣卓白事不解劍立撾殺之京師震動發何苗棺出其尸枝解節棄於道邊又收苗母舞陽君殺之棄尸於苑枳落中不復收斂嘗遣軍到陽城時適二月社民各在其社下悉就斷其男子頭駕其車牛載其婦女財物以所斷頭繫車轅軸連軫而還洛云攻賊大獲稱萬歲入開陽城門焚燒其頭以婦女與甲兵爲婢妾至於姦亂宮人公主其凶逆如此初卓信任尚書周毖城門校尉伍瓊等用其所擧韓馥劉岱孔伷張資張邈等出宰州郡而馥等至官皆合兵將以討卓卓聞之以爲毖瓊等通情賣已皆斬之英雄記曰毖字仲遠武威人瓊字德瑜汝南人謝承後漢書曰伍孚字德瑜少有大節爲郡門下書佐其本邑長有罪太守使孚出教敕曹下督郵收之孚不肯受教伏地諫曰君雖不君臣不可不臣明府奈何令孚受教敕外收本邑長乎更授他吏太守奇而聽之後大將軍何進辟爲東曹屬稍遷侍中河南尹越騎校尉董卓作亂百僚震慄孚著小鎧於朝服裏挾佩刀見卓欲伺便刺殺之語闋辭去卓送至閤中孚因出刀刺之卓多力退郤不中卽收孚卓曰卿欲反邪孚大言曰汝非吾君吾非汝臣何反之有汝亂國篡主罪盈惡大今是吾死日故來誅姦賊耳恨不車裂汝於市朝以謝天下遂殺孚謝承記孚字及本郡則與瓊同而致死事乃與孚異也不知孚爲瓊之別名爲別有伍孚也蓋未詳之河南太守王匡遣泰山兵屯河陽津將以圖卓卓遣疑兵若將於平陰度者潛遣銳衆從小平北渡繞擊其後大破之津北死者略盡卓以山東豪傑並起恐懼不寧初平元年二月乃徙天子都長安焚燒洛陽宮室悉發掘陵墓取寶物華嶠漢書曰卓欲遷都長安召公卿以下大議司徒楊彪曰昔盤庚五遷殷民胥怨故作三篇以曉天下之民而海內安穩無故移都恐百姓驚動麋沸蟻聚爲亂卓曰關中肥饒故秦得并吞六國今徙西京設令關東豪彊敢有動者以我彊兵蹙之可使詣滄海彪曰海內動之甚易安之甚難又長安宮室壞敗不可卒復卓曰武帝時居杜陵南山下有成瓦窯數千處引涼州材木東下以作宮室爲功不難卓意不得便作色曰公欲沮我計邪邊章韓約有書來欲令朝廷必徙都若大兵來下我不能復相救公便可與袁氏西行彪曰西方自彪道徑也顧未知天下何如耳議罷卓敕司隸校尉宣播以災異劾奏因策免彪續漢書曰太尉黃琬司徒楊彪司空荀爽俱詣卓卓言昔高祖都關中十一世後中興更都洛陽從光武至今復十一世案石苞室讖宜復還都長安坐中皆驚愕無敢應者彪曰遷都改制天下大事皆當因民之心隨時之宜昔盤庚五遷殷民胥怨故作三篇以曉之往者王莽篡逆變亂五常更始赤眉之時焚燒長安殘害百姓民人流亡百無一在光武受命更都洛邑此其宜也今方建立聖主光隆漢祚而無故捐宮廟棄園陵恐百姓驚愕不解此意必麋沸蟻聚以致擾亂石苞室讖妖邪之書豈可信用卓作色曰楊公欲沮國家計邪關東方亂所在賊起崤函險固國之重防又隴右取材功夫不難杜陵南山下有孝武故陶處作塼瓦一朝可辦宮室官府蓋何足言百姓小民何足與議若有前郤我以大兵驅之豈得自在百家皆恐怖失色琬謂卓曰此大事楊公之語得無重思卓罷坐卽日令司隸奏彪及琬皆免官大駕卽西卓部兵燒洛陽城外面百里又自將兵燒南北宮及宗廟府庫民家城內埽地珍盡又收諸富室以罪惡沒入其財物無辜而死者不可勝計獻帝紀曰卓獲山東兵以豬膏塗布十餘匹用纏其身然後燒之先從足起獲袁紹豫州從事李延煮殺之卓所愛胡恃寵放縱爲司隸校尉趙謙所殺卓大怒曰我愛狗尚不欲令人呵之而況人乎乃召司隸都官撾殺之卓至西京爲太師號曰尙父乘青蓋金華車爪畫兩轓時人號曰竿摩車魏書曰言其逼天子也獻帝紀曰卓旣爲太師復欲稱尙父以問蔡邕邕曰昔武王受命太公爲師輔佐周室以伐無道是以天下尊之稱爲尙父今公之功德誠爲巍巍宜須關東悉定車駕東還然後議之乃止京師地震卓又問邕邕對曰地動陰盛大臣踰制之所致也公乘青蓋車遠近以爲非宜卓從之更乘金華皂蓋車也卓

弟旻爲左將軍封鄠侯兄子璜爲侍中中軍校尉典兵宗族內外並列朝廷英雄記曰卓侍妾懷抱中子皆封侯弄以金紫孫女名白時尚未笄封爲渭陽君於郿城東起壇從廣二丈餘高五六尺使白乘軒金華青蓋車都尉中郎將刺史二千石在郿者各令乘軒簪筆爲白導從之壇上使兄子璜爲使者授印綬公卿見卓謁拜車下卓不爲禮召呼三臺尚書以下自詣卓府啓事山陽公載記曰初卓爲前將軍皇甫嵩爲左將軍俱征韓遂各不相下後卓徵爲少府幷州牧兵當屬嵩卓大怒及爲太師嵩爲御史中丞拜於車下卓問嵩義眞服未乎嵩曰安知明公乃至於是卓曰鴻鵠固有遠志但燕雀自不知耳嵩曰昔與明公俱爲鴻鵠不意今日變爲鳳皇耳卓笑曰卿早服今日可不拜也張璠漢紀曰卓抵其手謂皇甫嵩曰義眞怖未乎嵩對曰明公以德輔朝廷大慶方至何怖之有若淫刑以逞將天下皆懼豈獨嵩乎卓默然遂與嵩和解築郿塢高與長安城埒積穀爲三十年儲英雄記曰郿去長安二百六十里云事成雄據天下不成守此足以畢老嘗至郿行塢公卿已下祖道於橫門外橫音光卓豫施帳幔飲誘降北地反者數百人於坐中先斷其舌或斬手足或鑿眼或鑊煑之未死偃轉杯案閒會者皆戰慄亡失匕箸而卓飲食自若太史望氣言當有大臣戮死者故太尉張溫時爲衞尉素不善卓心怨之因天有變欲以塞咎使人言溫與袁術交關遂笞殺之傅子曰靈帝時牓門賣官於是太尉段熲司徒崔烈太尉樊陵司空張溫之徒皆入錢上千萬下五百萬以買三公熲數征伐有大功烈有北州重名溫有傑才陵能偶時皆一時顯士猶以貨取位而況於劉囂唐珍張顥之黨乎風俗通曰司隸劉囂以黨諸常侍致位公輔續漢書曰唐珍中常侍唐衡弟張顥中常侍張奉弟法令苛酷愛憎淫刑更相被誣冤死者千數百姓嗷嗷道路以目魏書曰卓使司隸校尉劉囂籍吏民有爲子不孝爲臣不忠爲吏不清爲弟不順有應此者皆身誅財物沒官於是愛憎互起民多冤死悉椎破銅人鍾虡及壞五銖錢更鑄爲小錢大五分無文章肉好無輪郭不磨鑢於是貨輕而物貴穀一斛至數十萬自是後錢貨不行三年四月司徒王允尚書僕射士孫瑞卓將呂布共謀誅卓是時天子有疾新愈大會未央殿布使同郡騎都尉李肅等將親兵十餘人僞著衞士服守掖門布懷詔書卓至肅等格卓卓驚呼布所在布曰有詔遂殺卓夷三族主簿田景前趨卓尸布又殺之凡所殺三人餘莫敢動英雄記曰時有謠言曰千里草何靑靑十日卜猶不生又作董逃之歌又有道士書布爲呂字以示卓卓不知其爲呂布也卓當入會陳列步騎自營至宮朝服導引行其中馬躓不前卓心怪欲止布勸使行乃衷甲而入卓旣死當時日月淸淨微風不起旻璜等及宗族老弱悉在郿皆還爲其羣下所斫射卓母年九十走至塢門曰乞脫我死卽斬首袁氏門生故吏改殯諸袁死於郿者斂聚董氏尸於其側而焚之暴卓尸於市卓素肥膏流浸地草爲之丹守尸吏暝以爲大炷置卓臍中以爲燈光明達旦如是積日後卓故部曲收所燒者灰幷以一棺棺之葬於郿卓塢中金有二三萬斤銀八九萬斤珠玉錦綺奇玩雜物皆山崇阜積不可知數長安士庶咸相慶賀諸阿附卓者皆下獄死謝承漢書曰蔡邕在王允坐聞卓死有歎惜之音允責邕曰卓國之大賊殺主殘臣天地所不祐人神所同疾君爲王臣世受漢恩國主危難曾不倒戈卓受天誅而更嗟痛乎便收付廷尉邕謝允曰雖以不忠猶識大義古今安危耳所厭聞口所常玩豈當背國而向卓也狂瞽之詞謬出患入願黥首爲刑以繼漢史公卿惜邕才咸共諫允允曰昔武帝不殺司馬遷使作謗書流於後世方今國

祚中衰戎馬在郊不可令佞臣執筆在幼主左右後令吾徒並受謗議遂殺邕臣松之以爲蔡邕雖爲卓所親任情必不黨卓不知卓之姦凶爲天下所毒聞其死亡理無歎惜縱復令然不應反言於王允之坐斯殆謝承之妄記也史遷紀傳博有奇功於世而云王允謂孝武應早殺遷此非識者之言但遷爲不隱孝武之失直書其事耳何謗之有乎王允之忠正可謂內省不疚者矣旣無懼於謗且欲殺邕當論邕應死與不豈可慮其謗已而枉戮善人哉此皆誣罔不通之甚者張璠漢紀曰初蔡邕以言事見徙名聞天下義動志士及還內寵惡之邕恐乃亡命海濱往來依太山羊氏積十年卓爲太尉辟爲掾以高第爲侍御史治書三日中遂至尚書後遷巴東太守卓上留拜侍中至長安爲左中郎將卓重其才厚遇之每有朝廷事常令邕具草及允將殺邕時名士多爲之言允悔欲止而邕已死初卓女壻中郎將牛輔典兵別屯陝分遣校尉李傕郭汜張濟略陳留潁川諸縣卓死呂布使李肅至陝欲以詔命誅輔輔等逆與肅戰肅敗走弘農布誅肅魏書曰輔恇怯失守不能自安常把辟兵符以鈇鑕致其旁欲以自強見客先使相者相之知有反氣與不又筮知吉凶然後乃見之中郎將董越來就輔輔使筮之得兌下離上筮者曰火勝金外謀內之卦也卽時殺越獻帝紀云筮人常爲越所鞭故因此以報之其後輔營兵有夜叛出者營中驚輔以爲皆叛乃取金寶獨與素所厚友胡赤兒等五六人相隨踰城北渡河赤兒等利其金寶斬首送長安比傕等還輔已敗衆無所依欲各散歸旣無赦書而聞長安中欲盡誅涼州人憂恐不知所爲用賈詡策遂將其衆而西所在收兵比至長安衆十餘萬九州春秋曰傕等在陝皆恐怖急擁兵自守胡文才楊整修皆涼州大人而司徒王允素所不善也及李傕之敗允乃呼文才整修使東解釋之不假借以溫顏謂曰關東鼠子欲何爲邪卿往呼之於是二人往實召兵而還與卓故部曲樊稠李蒙王方等合圍長安城十日城陷與布戰城中布敗走傕等放兵略長安老少殺之悉盡死者狼籍誅殺卓者尸王允於市張璠漢紀曰布兵敗駐馬靑瑣門外謂允曰公可以去允曰安國家吾之上願也若不獲則奉身以死朝廷幼主恃我而已臨難苟免吾不爲也努力謝關東諸公以國家爲念傕汜入長安城屯南宮掖門殺太僕魯旭大鴻臚周奐城門校尉崔烈越騎校尉王頎吏民死者不可勝數司徒王允挾天子上宣平城門避兵傕等於城門下拜伏地叩頭帝謂傕等曰卿無作威福而乃放兵縱橫欲何爲乎傕等曰董卓忠於陛下而無故爲呂布所殺臣等爲卓報讎弗敢爲逆也請事竟詣廷尉受罪允窮逼出見傕傕誅允及妻子宗族十餘人長安城中男女大小莫不流涕允字子師太原祁人也少有大節郭泰見而奇之曰王生一日千里王佐之才也泰雖先達遂與定交三公並辟歷豫州刺史辟荀爽孔融爲從事遷河南尹尚書令及爲司徒其所以扶持王室甚得大臣之節自天子以下皆倚賴焉卓亦推信之委以朝廷華嶠曰夫士以正立以謀濟以義成若王允之推董卓而分其權伺其間而弊其罪當此之時天下之難解矣本之皆主於忠義也故推卓不爲失正分權不爲不義伺間不爲狙詐是以謀濟義成而歸於正也葬卓於郿大風暴雨震卓墓水流入藏漂其棺槨傕爲車騎將軍池陽侯領司隸校尉假節汜爲後將軍美陽侯稠爲右將軍萬年侯傕汜稠擅朝政英雄記曰傕北地人汜張掖人一名多濟爲驃騎將軍平陽侯屯弘農是歲韓遂馬騰等降率衆詣長安以遂爲鎭西將軍遣還涼州騰征西將軍屯郿侍中馬宇與諫議大夫种邵左中郎將劉範等謀欲使騰襲長安已爲內應以誅傕等騰引兵至長平觀宇等謀泄出奔槐里稠擊騰騰敗走還涼州又

攻槐里宇等皆死時三輔民尚數十萬戶傕等放兵劫略攻剽城邑人民饑困二年閒相啖食略盡獻帝記曰是時新遷都宮人多亡衣服帝欲發御府繒以與之李傕弗欲曰宮中有衣胡爲復作邪詔賣廄馬百餘匹御府大司農出雜繒二萬匹與所賣廄馬直賜公卿以下及貧民不能自存者李傕曰我邸閣儲偫少乃悉載置其營賈詡曰此上意不可拒傕不從之諸將爭權遂殺稠幷其衆九州春秋曰馬騰韓遂之敗樊稠追至陳倉遂語稠曰天地反覆未可知也本所爭者非私怨王家事耳與足下州里人今雖小違要當大同欲相與善語以別邂逅萬一不如意後可復相見乎俱郤騎前接馬交臂相加共語良久而別傕兄子利隨稠利還告傕韓樊交馬語不知所道意愛甚密傕以是疑稠與韓遂私和而有異意稠欲將兵東出關從傕索益兵因請稠會議便於坐殺稠汜與傕轉相疑戰鬭長安中典略曰傕數設酒請汜或留汜止宿汜妻懼傕與汜婢妾而奪己愛思有以離閒之會傕送饋妻乃以豉爲藥汜將食妻曰食從外來儻或有故遂擿藥示之曰一棲不二雄我固疑將軍之信李公也他日傕復請汜大醉汜疑傕藥之絞糞汁飲之乃解於是遂生嫌隙而治兵相攻傕質天子於營燒宮殿城門略官寺盡收乘輿服御物置其家獻帝起居注曰初汜謀迎天子幸其營夜有亡告傕者傕使兄子暹將數千兵圍宮以車三乘迎天子楊彪曰自古帝王無在人臣家者舉事當合天下心諸君作此非是也暹曰將軍計定矣於是天子一乘貴人伏氏一乘賈詡左靈一乘其餘皆步從是日傕復移乘輿幸北塢使校尉監塢門內外隔絕諸侍臣皆有饑色時盛暑熱人盡寒心帝求米五斛牛骨五具以賜左右傕曰朝餔上飯何用米爲乃與腐牛骨皆臭不可食帝大怒欲詰責之侍中楊琦上封事曰傕邊鄙之人習於夷風今又自知所犯悖逆常有怏怏之色欲輔車駕幸黃白城以紓其憤臣願陛下忍之未可顯其罪也帝納之初傕屯黃白城故謀欲徙之傕以司徒趙溫不與己同乃內溫塢中溫聞傕欲移乘輿與傕書曰公前託爲董公報讎然實屠陷王城殺戮大臣天下不可家見而戶釋也今爭睚眦之隙以成千鈞之讎民在塗炭各不聊生曾不改寤遂成禍亂朝廷仍下明詔欲令和解詔命不行恩澤日損而復欲輔乘輿於黃白城此誠老夫所不解也於易一過爲過再爲涉三而弗改滅其頂凶不如早共和解引兵還屯上安萬乘下全生民豈不幸甚傕大怒欲遣人害溫其從弟應溫故掾也諫之數日乃止帝聞溫與傕書問侍中常洽曰傕弗知臧否溫言太切可爲寒心對曰李應已解之矣帝乃悅傕使公卿詣汜請和汜皆執之華嶠漢書曰汜饗公卿議欲攻傕楊彪曰羣臣共鬭一人劫天子一人質公卿此可行乎汜怒欲手刃之中郎將楊密及左右多諫汜乃歸之相攻擊連月死者萬數獻帝起居注曰傕性喜鬼怪左道之術常有道人及女巫歌謳擊鼓下神祠祭六丁符劾厭勝之具無所不爲又於朝廷省門外爲董卓作神坐數以牛羊祠之訖過省閣問起居求入見傕帶三刀手復與鞭合持一刃侍中侍郎見傕帶仗皆惶恐亦帶劍持刀先入在帝側傕對帝或言明陛下或言明帝爲帝說郭汜無狀帝亦隨其意答應之傕喜出言明陛下眞賢聖主意遂自信自謂良得天子歡心也雖然猶不欲令近臣帶劍在帝邊謂人言此曹子將欲圖我邪而皆持刀也侍中李禎傕州里素與傕通語所以持刀者軍中不可不爾此國家故事傕意乃解天子以謁者僕射皇甫酈涼州舊姓有專對之才遣令和傕汜酈先詣汜汜受詔命詣傕傕不肯曰我有呂布之功輔政四年三輔清靜天下所知也郭多盜馬虜耳何敢乃欲與吾等邪必欲誅之君爲涼州人觀吾方略士衆足辦多不多又劫質公卿所爲如是而君苟欲利郭多李傕有膽自知之酈答曰昔有窮后羿恃其善射不思患難以至於斃近董公之彊明將軍目所見內有王公以爲內主外有董旻承璜以爲鯁毒呂布受恩而反圖之斯須之間頭縣竿端此有勇而無謀也今將軍身爲上將把鉞杖節子孫握權宗族荷寵國家好爵而皆據之今郭多劫質公卿將軍脅至尊誰爲輕重邪張濟與郭多楊定有謀又爲冠帶所附楊奉白波帥耳猶知將軍所爲非是將軍雖拜寵之猶不肯盡力也傕不納酈言而呵之令出酈出詣省門白傕不肯從詔辭語不順侍中胡邈爲傕所幸呼傳詔者令飾其辭又謂酈曰李將軍於卿不薄又皇甫公爲太尉李將軍力也酈答曰胡敬才卿爲國家常伯輔弼之臣也語言如此寧可用邪邈曰念卿失李將軍意恐不易耳我與卿何事者酈言我累

世受恩身又常在幃幄君辱臣死當坐國家爲李傕所殺則天命也天子聞酈答語切恐傕聞之便敕遣酈酈裁出營門傕遣虎賁王昌呼之昌知酈忠直縱令去還答傕言追之不及天子使左中郎將李固持節拜傕爲大司馬在三公之右傕自以爲得鬼神之力乃厚賜諸巫傕將楊奉與傕軍吏宋果等謀殺傕事泄遂將兵叛傕傕衆叛稍衰弱張濟自陝和解之天子乃得出至新豐霸陵閒獻帝起居注曰初天子出到宣平門當度橋汜兵數百人遮橋問是天子邪車不得前傕兵數百人皆持大戟在乘輿車左右侍中劉艾大呼云是天子也使侍中楊琦高舉車帷帝言諸兵汝不卻何敢迫近至尊邪汜等兵乃卻旣度橋士衆咸呼萬歲郭汜復欲脅天子還都郿天子奔奉營奉擊汜破之汜走南山奉及將軍董承以天子還洛陽傕汜悔遣天子復相與和追及天子於弘農之曹陽奉急招河東故白波帥韓暹胡才李樂等合與傕汜大戰奉兵敗傕等縱兵殺公卿百官略宮人入弘農獻帝記曰時尚書令士孫瑞爲亂兵所害三輔決錄注曰瑞字君榮扶風人世爲學門瑞少傳家業博達無所不通仕歷顯位卓旣誅遷大司農爲國三老每三公缺瑞常在選中太尉周忠皇甫嵩司徒淳于嘉趙溫司空楊彪張喜等爲公皆辭讓瑞天子都許追論瑞功封子萌澹津亭侯萌字文始亦有才學與王粲善臨當就國粲作詩以贈萌萌有答在粲集中天子走陝北渡河失輜重步行唯皇后貴人從至大陽止人家屋中獻帝記曰初議者欲令天子浮河東下太尉楊彪曰臣弘農人從此已東有三十六灘非萬乘所當從也劉艾曰臣前爲陝令知其危險有師猶有傾危況今無師太尉謀是也乃止及當北渡使李樂具船天子步行趍河岸岸高不得下董承等謀欲以馬羈相續以繫帝腰時中宮僕伏德扶中宮一手持十疋絹乃取德絹連續爲輦行軍校尉尚弘多力令弘居前負帝乃得下登船其餘不得渡者甚衆復遣船收諸不得渡者皆爭攀船船上人以刃櫟斷其指舟中之指可掬奉暹等遂以天子都安邑御乘牛車太尉楊彪太僕韓融近臣從者十餘人以暹爲征東才爲征西樂征北將軍並與奉承持政遣融至弘農與傕汜等連和還所略宮人公卿百官及乘輿車馬數乘是時蝗蟲起歲旱無穀從官食棗菜魏書曰乘輿時居棘籬中門戶無關閉天子與羣臣會兵士伏籬上觀互相鎭壓以爲笑諸將專權或擅笞殺尚書司隸校尉出入民兵抵擲之諸將或遣婢詣省閤或自齎酒啖過天子飲侍中不通喧呼罵詈遂不能止又競表拜諸營壁民爲部曲求其禮遺醫師走卒皆爲校尉御史刻印不供乃以錐畫示有文字或不時得也諸將不能相率上下亂糧食盡奉暹承乃以天子還洛陽出箕關下軹道張楊以食迎道路拜大司馬語在楊傳天子入洛陽宮室燒盡街陌荒蕪百官披荊棘依丘牆閒州郡各擁兵自爲莫有至者饑窮稍甚尚書郎以下自出樵采或饑死牆壁閒太祖乃迎天子都許暹奉不能奉王法各出奔寇徐揚閒爲劉備所殺英雄記曰備誘奉與相見因於坐上執之暹失奉勢孤時欲走還幷州爲杼秋屯帥張宣所邀殺董承從太祖歲餘誅建安二年遣謁者僕射裴茂率關西諸將誅傕夷三族典略曰傕頭至有詔高縣汜爲其將五習所襲死於郿濟饑餓至南陽寇略爲穰人所殺從子繡攝其衆才樂留河東才爲怨家所殺樂病死遂騰自還涼州更相寇後騰入爲衞尉子超領其部曲十六年超與關中諸將及遂等反太祖征破之

語在武紀遂奔金城爲其將所殺超據漢陽騰坐夷三族趙衢等舉義兵討超超走漢中從張魯後奔劉備死於蜀

袁紹字本初汝南汝陽人也高祖父安爲漢司徒自安以下四世居三公位由是勢傾天下華嶠漢書曰安字邵公好學有威重明帝時爲楚郡太守治楚王獄所申理者四百餘家皆蒙全濟安遂爲名臣章帝時至司徒生蜀郡太守京京弟敞爲司空京子湯太尉湯四子長子平平弟成左中郎將並早卒成弟逢逢弟隗皆爲公魏書曰自安以下皆博愛容衆無所揀擇賓客入其門無賢愚皆得所欲爲天下所歸紹即逢之庶子術異母兄也出後成爲子英雄記曰成字文開壯健有部分貴戚權豪自大將軍梁冀以下皆與結好言無不從故京師爲作諺曰事不諧問文開紹有姿貌威容能折節下士士多附之太祖少與交焉以大將軍掾爲侍御史英雄記曰紹生而父死二公愛之幼使爲郎弱冠除濮陽長有清名遭母喪服竟又追行父服凡在冢廬六年禮畢隱居洛陽不妄通賓客非海內知名不得相見又好游俠與張孟卓何伯求吳子卿許子遠伍德瑜等皆爲奔走之友不應辟命中常侍趙忠謂諸黃門曰袁本初坐作聲價不應呼召而養死士不知此兒欲何所爲乎紹叔父隗聞之責數紹曰汝且破我家紹於是乃起應大將軍之命臣松之案魏書云紹逢之庶子出後伯父成如此記所言則似實成所生夫人追服所生禮無其文況於所後而可以行之二書未詳孰是稍遷中軍校尉至司隸靈帝崩太后兄大將軍何進與紹謀誅諸閹官續漢書曰紹使客張津說進曰黃門常侍秉權日久又永樂太后與諸常侍專通財利將軍宜整頓天下爲海內除患進以爲然遂與紹結謀太后不從乃召董卓欲以脅太后常侍黃門聞之皆詣進謝唯所錯置時紹勸進便可於此決之至于再三而進不許令紹使洛陽方略武吏檢司諸宦者又令紹弟虎賁中郎將術選溫厚虎賁二百人當入禁中代持兵黃門陛守門戶中常侍段珪等矯太后命召進入議遂殺之宮中亂九州春秋曰初紹說進曰黃門常侍累世太盛威服海內前竇武欲誅之而反爲所害但坐言語漏泄以五營士爲兵五營士生長京師服畏中人而竇氏反用其鋒遂果叛走歸黃門是以自取破滅今將軍以元舅之尊二府並領勁兵其部曲將吏皆英雄名士樂盡死力事在掌握天贊其時也今爲天下誅除貪穢功勳顯著垂名後世雖周之申伯何足道哉今大行在前殿將軍以詔書領兵衛守可勿入宮進納其言後更狐疑紹懼進之改變脅進曰今交構已成形勢已露將軍何爲不早決之事留變生後機禍至進不從遂敗術將虎賁燒南宮嘉德殿青瑣門欲以迫出珪等珪等不出劫帝及帝弟陳留王走小平津紹既斬宦者所署司隸校尉許相遂勒兵捕諸閹人無少長皆殺之或有無鬚而誤死者至自發露形體而後得免宦者或有行善自守而猶見及其濫如此死者二千餘人急追珪等珪等悉赴河死帝得還宮董卓呼紹議欲廢帝立陳留王是時紹叔父隗爲太傅紹僞許之曰此大事出當與太傅議卓曰劉氏種不足復遺紹不應橫刀長揖而去獻帝春秋曰卓欲廢帝謂紹曰皇帝沖闇非萬乘之主陳留王猶勝今欲立之人有少智大或癡亦知復何如爲當且爾卿不見靈帝乎念此令人憤毒紹曰漢家君天下四百許年恩澤深渥兆民戴之來久今帝雖幼沖未有不善宣聞天下公欲廢適立庶恐衆不從公議也卓謂紹曰豎子天下事豈不決我我今爲之誰敢不從爾謂董卓刀爲不利乎紹曰天下健者豈唯董公引佩刀橫揖而出臣松之以爲紹于時與卓未構嫌隙故卓與之諮謀若但以言議不同便罵爲豎子而有推刃之心及紹復答屈彊爲甚卓又安能容忍而不加害乎且如紹此言進非亮正退違詭遜而顯其競爽之旨以觸哮闞之鋒有志功業者理豈然哉此語妄之甚矣紹既出遂亡奔冀州侍中周毖城門校尉伍瓊議郎何顒等皆名士也卓信之而陰爲紹乃說卓曰夫廢立大事非常人所及紹不達大體恐懼故出奔非有他志也今購之急勢必爲變袁氏樹恩四世門生故吏徧於天下若收豪傑以聚徒衆英雄因之而起則山東非公之有也不如赦之拜一郡守則紹喜於免罪必無患矣卓以爲然乃拜紹勃海太守封邟鄉侯紹遂以勃海起兵將以誅卓語在武紀紹自號車騎將軍主盟與冀州牧韓馥立幽州牧劉虞爲帝遣使奉章詣虞虞不敢受後馥軍安平爲公孫瓚所敗瓚遂引兵入冀州以討卓爲名內欲襲馥馥懷不自安英雄記曰逢紀說紹曰將軍舉大事而仰人資給不據一州無以自全紹答云冀州兵彊吾士飢乏設不能辦無所容立紀曰可與公孫瓚相聞導使來南擊取冀州公孫必至而馥懼矣因使說利害爲陳禍福馥必遜讓於此之際可據其位紹從其言而瓚果來會卓西入關紹還軍延津因馥惶遽使陳留高幹潁川荀諶等說馥曰公孫瓚乘勝來向南而諸郡應之袁車騎引軍東向此其意不可知竊爲將軍危之馥曰爲之柰何諶曰公孫提燕代之卒其鋒不可當袁氏一時之傑必不爲將軍下夫冀州天下之重資也若兩雄并力兵交於城下危亡可立而待也夫袁氏將軍之舊且同盟也當今爲將軍計莫若舉冀州以讓袁氏袁氏得冀州則瓚不能與之爭必厚德將軍冀州入於親交是將軍有讓賢之名而身安於泰山也願將軍勿疑馥素恇怯因然其計馥長史耿武別駕閔純治中李歷諫馥曰冀州雖鄙帶甲百萬穀支十年袁紹孤客窮軍仰我鼻息譬如嬰兒在股掌之上絕其哺乳立可餓殺柰何乃欲以州與之馥曰吾袁氏故吏且才不如本初度德而讓古人所貴諸君獨何病焉從事趙浮程奐請以兵拒之馥又不聽乃讓紹九州春秋曰馥遣都督從事趙浮程奐將彊弩萬張屯河陽浮等聞馥欲以冀州與紹自孟津馳東下時紹尚在朝歌清水口浮等從後來船數百艘衆萬餘人整兵鼓夜過紹營紹甚惡之浮等到謂馥曰袁本初軍無斗糧各已離散雖有張楊於扶羅新附未肯爲用不足敵也小從事等請自以見兵拒之旬日之間必土崩瓦解明將軍但當開閤高枕何憂何懼馥不從乃避位出居趙忠故舍遣子齎冀州印綬於黎陽與紹紹遂領冀州牧從事沮授沮音菹說紹曰將軍弱冠登朝則播名海內值廢立之際則忠義奮發單騎出奔則董卓懷怖濟河而北則勃海稽首振一郡之卒撮冀州之衆威震河朔名重天下雖黃巾猾亂黑山跋扈舉軍東向則青州可定還討黑山則張燕可滅回衆北首則公孫必喪震脅戎狄則匈奴必從橫大河之北合四州之地收英雄之才擁百萬之衆迎大駕於西京復宗廟於洛邑號令天下以討未復以此爭鋒誰能敵之比及數年此功不難紹喜曰此吾心也即表授爲監軍奮威將軍獻帝傳曰沮授廣平人少有大志多權略仕州別駕舉茂才歷二縣令又爲韓馥別駕表拜騎都尉袁紹得冀州又辟焉英雄記曰是時年號初平紹字本初自以爲年與字合必能克平禍亂卓遣執金吾胡母班將作大匠吳修齎詔書喻紹紹使河內太守王匡殺之漢末名士錄曰班字季皮太山人少與山陽度尚東平張邈等八人並輕財赴義振濟人士世謂之八廚謝承後漢書曰班王匡之妹夫董卓使班奉詔到河內解釋義兵匡受袁紹旨收班繫獄欲殺之以徇軍班與匡書云自古以來未有下土諸侯舉兵向京師者劉向傳曰擲鼠忌器器猶忌之況卓今處宮闕之內以天子爲藩屏幼主在宮如何可討僕與太傅馬公太僕趙岐少府陰修俱受詔命關東諸郡雖實嫉卓猶以銜奉王命不敢玷辱而足下獨囚僕於獄欲以釁鼓此悖暴無道之甚者也僕與董卓有何親戚義豈同惡而足下張虎狼之口吐長蛇之毒恚卓遷怒何甚酷哉死人之所難然恥爲狂夫所害若亡者有靈當訴足下於皇天夫婚姻者禍福之機今日著矣曩爲一體今爲血讎亡人二女則君之甥身沒之後慎勿令臨僕尸骸也匡得書抱班二子而泣班遂死於獄班嘗見太山府君及河伯事在搜神記語多不載卓聞紹得關東乃悉誅紹宗族太傅隗等當是時豪俠多附紹皆思爲之報州郡蠭起莫不假其名馥懷懼從紹索去往依張邈英雄記曰紹以河內朱漢爲都官從事漢先時爲馥所不禮內懷怨恨且欲邀迎紹意擅發城郭兵圍守馥第拔刃登屋馥走上樓收得馥大兒槌折兩腳紹亦立收漢殺之馥猶憂怖故報紹索去後紹遣使詣邈有所計議與邈耳語馥在坐上謂見圖構無何起至溷自殺英雄記曰公孫瓚擊青州黃巾賊大破之還屯廣宗改易守令冀州長吏無不望風響應開門受之紹自往征瓚合戰於界橋南二十里瓚步兵二萬餘人爲方陳騎爲兩翼左右各五千餘匹白馬義從爲中堅亦分作兩校左射右右射左旌旗鎧甲光照天地紹令麴義以八百兵爲先登彊弩千張夾承之紹自以步兵數萬結陳於後義久在涼州曉習羌鬭兵皆驍銳瓚見其兵少便放騎欲陵蹈之義兵皆伏楯下不動未至數十步乃同時俱起揚塵大叫直前衝突彊弩雷發所中必倒臨陳斬瓚所署冀州刺史嚴綱甲首千餘級瓚軍敗績步騎奔走不復還營義追至界橋瓚殿兵還戰橋上義復破之遂到瓚營拔其牙門營中餘衆皆復散走紹在後未到橋十數里下馬發鞍見瓚已破不爲設備惟帳下彊弩數十張大戟士百餘人自隨瓚部迸騎二千餘匹卒至便圍紹數重弓矢雨下別駕從事田豐扶紹欲卻入空垣紹以兜鍪撲地曰大丈夫當前鬭死而入牆間豈可得活乎彊弩乃亂發多所殺傷瓚騎不知是紹亦稍引卻會麴義來迎乃散去瓚每與虜戰常乘白馬追不虛發數獲戎捷虜相告云當避白馬因虜所忌簡其白馬數千匹選騎射之士號爲白馬義從一曰胡夷健者常乘白馬瓚有健騎數千多乘白馬故以號焉紹既破瓚引軍南到薄落津方與賓客諸將共會聞魏郡兵反與黑山賊于毒共覆鄴城遂殺太守栗成賊十餘部衆數萬人聚會鄴中坐上諸客有家在鄴者皆憂怖失色或起啼泣紹容貌不變自若也賊陶升者故內黃小吏也有善心獨將部衆踰西城入閉守州門不內他賊以車載紹家及諸衣冠在州內者身自扞衛送到斥丘乃還紹到遂屯斥丘以陶升爲建義中郎將乃引軍入朝歌鹿場山蒼巖谷討于毒圍攻五日破之斬毒及長安所署冀州牧壺壽遂尋山北行薄擊諸賊左髭丈八等皆斬之又擊劉石青牛角黃龍左校郭大賢李大目于氐根等皆屠其屯壁奔走得脫斬首數萬級紹復還屯鄴初平四年天子使太傅馬日磾太僕趙岐和解關東岐別詣河北紹出迎於百里上拜奉帝命岐住紹營移書告瓚瓚遣使具與紹書曰趙太僕以周召之德銜命來征宣揚朝恩示以和睦曠若開雲見日何喜如之昔賈復寇恂亦爭士卒欲相危害遇光武之寬親俱陛見同輿共出時人以爲榮自省邊鄙得與將軍共同此福此誠將軍之眷而瓚之幸也麴義後恃功而驕恣紹乃殺之初天子之立非紹意及在河東紹遣潁川郭圖使焉圖還說紹迎天子都鄴紹不從獻帝傳云沮授說紹曰將軍累葉輔弼世濟忠義今朝廷播越宗廟毀壞觀諸州郡外託義兵內圖相滅未有存主恤民者且今州城粗定宜迎大駕安宮鄴都挾天子而令諸侯畜士馬以討不庭誰能禦之紹悅將從之郭圖淳于瓊曰漢室陵遲爲日久矣今欲興之不亦難乎且今英雄據有州郡衆動萬計所謂秦失其鹿先得者王若迎天子以自近動輒表聞從之則權輕違之則拒命非計之善者也授曰今迎朝廷至義也又於時宜大計也若不早圖必有先人者也夫權不失機功在速捷將軍其圖之紹弗能用案此書稱郭圖之計則與本傳違也會太祖迎天子都許收河南地關中皆附紹悔欲令太祖徙天子都鄄城以自密近太祖拒之天子以紹爲太尉轉爲大將軍封鄴侯獻帝春秋曰紹恥班在太祖下怒曰曹操當死數矣我輒救存之今乃背恩挾天子以令我乎太祖聞而以大將軍讓於紹紹讓侯不受頃之擊破瓚於易京并其衆典略曰自此紹貢御希慢私使主簿耿苞密白曰赤德衰盡袁爲黃胤宜順天意紹以苞密白事示軍府將吏議者咸以苞爲妖妄宜誅紹乃殺苞以自解九州春秋曰紹延徵北海鄭玄而不禮趙融聞之曰賢人者君子之望也不禮賢是失君子之望也夫有爲之君不敢失萬民之歡心況於君子乎失君子之望難乎以有爲矣英雄記載太祖作董卓歌辭云德行不虧缺變故自難常鄭康成行酒伏地氣絕郭景圖命盡於園桑如此之文則玄無病而卒餘書不見故載錄之出長子譚爲青州沮授諫紹必爲禍始紹不聽曰孤欲令諸兒各據一州也九州春秋載授諫辭曰世稱一兔走衢萬人逐之一人獲之貪者悉止分定故也且年均以賢德均則卜古之制也願上惟先代成敗之戒下思逐兔分定之義紹曰孤欲令四兒各據一州以觀其能授出曰禍其始此乎譚始至青州爲都督未爲刺史後太祖拜爲刺史其土自河而西蓋不過平原而已遂北排田楷東攻孔融曜兵海隅是時百姓無主欣戴之矣然信用羣小好受近言肆志奢淫不知稼穡之艱難華彥孔順皆姦佞小人也信以爲腹心王脩等備官而已然能接待賓客慕名敬士使婦弟領兵在內至令草竊市井而外虜掠田野別使兩將募兵下縣有賂者見免無者見取貧弱者多乃至於竄伏丘野之中放兵捕索如獵鳥獸邑有萬戶者著籍不盈數百收賦納稅參分不入一招命賢士不就不趨赴軍期安居族黨亦不能罪也又以中子熙爲幽州甥高幹爲并州衆數十萬以審配逢紀統軍事田豐荀諶許攸爲謀主顏良文醜爲將率簡精卒十萬騎萬匹將攻許世語曰紹步卒五萬騎八千孫盛評曰案魏武謂崔琰曰昨案貴州戶籍可得三十萬衆由此推之但冀州勝兵已如此況兼幽并及青州乎紹之大舉必悉師而起十萬近之矣獻帝傳曰紹將南師沮授田豐諫曰師出歷年百姓疲弊倉庾無積賦役方殷此國之深憂也宜先遣使獻捷天子務農逸民若不得通乃表曹氏隔我王路然後進屯黎陽漸營河南益作舟船繕治器械分遣精騎鈔其邊鄙令彼不得安我取其逸三年之中事可坐定也審配郭圖曰兵書之法十圍五攻敵則能戰今以明公之神武跨河朔之彊衆以伐曹氏譬若覆手今不時取後難圖也授曰蓋救亂誅暴謂之義兵恃衆憑彊謂之驕兵兵義無敵驕者先滅曹氏迎天子安宮許都今舉師南向於義則違且廟勝之策不在彊弱曹氏法令既行士卒精練非公孫瓚坐受圍者也今棄萬安之術而興無名之兵竊爲公懼之圖等曰武王伐紂不曰不義況兵加曹氏而云無名且公師武臣竭力將士憤怒人思自騁而不及時早定大業慮之失也夫天與弗取反受其咎此越之所以霸吳之所以亡也監軍之計計在持牢而非見時知機之變也紹從之圖等因是譖授監統內外威震三軍若其浸盛何以制之夫臣與主不同者昌主與臣同者亡此黃石之所忌也且御衆於外不宜知內紹疑焉乃分監軍爲三都督使授及郭圖淳于瓊各典一軍遂合而南先是太祖遣劉備詣徐州拒袁術術死備殺刺史車冑引軍屯沛紹遣騎佐之太祖遣劉岱王忠擊之不克建安五年太祖自東征備田豐說紹襲太祖後紹辭以子疾不許豐舉杖擊地曰夫遭難遇之機而以嬰兒之病失其會惜哉太祖

至擊破備，備奔紹。魏氏春秋載紹檄州郡文曰：蓋聞明主圖危以制變，忠臣慮難以立權。曩者彊秦弱主，趙高執柄，專制朝命，威福由己，終有望夷之禍，汙辱至今。及臻呂后，祿、產專政，擅斷萬機，決事省禁，下陵上替，海內寒心。於是絳侯、朱虛興威奮怒，誅夷逆亂，尊立太宗，故能道化興隆，光明顯融，此則大臣立權之明表也。司空曹操祖父騰，故中常侍，與左悺、徐璜並作妖孽，饕餮放橫，傷化虐民。父嵩，乞匄攜養，因贓假位，輿金輦璧，輸貨權門，竊盜鼎司，傾覆重器。操贅閹遺醜，本無令德，僄狡鋒俠，好亂樂禍。幕府昔統鷹揚，掃夷凶逆，續遇董卓侵官暴國，於是提劍揮鼓，發命東夏，方收羅英雄，棄瑕錄用，故遂與操參咨策略，謂其鷹犬之才，爪牙可任。至乃愚佻短慮，輕進易退，傷夷折衄，數喪師徒。幕府輒復分兵命銳，修完補輯，表行東郡太守、兗州刺史，被以虎文，授以偏師，獎就威柄，冀獲秦師一克之報。而操遂乘資跋扈，肆行酷烈，割剝元元，殘賢害善。故九江太守邊讓，英才俊逸，天下知名，以直言正色，論不阿諂，身被梟懸之戮，妻孥受灰滅之咎。自是士林憤痛，民怨彌重，一夫奮臂，舉州同聲，故躬破於徐方，地奪於呂布，彷徨東裔，蹈據無所。幕府唯彊幹弱枝之義，且不登叛人之黨，故復援旌擐甲，席卷赴征，金鼓響震，布衆破沮，拯其死亡之患，復其方伯之任，是則幕府無德於兗土之民，而有大造於操也。後會鑾駕東反，羣虜亂政。時冀州方有北鄙之警，匪遑離局，故使從事中郎徐勛就發遣操，使繕修郊廟，翊衞幼主。而便放志專行，脅遷省禁，卑侮王宮，敗法亂紀，坐召三臺，專制朝政，爵賞由心，刑戮在口，所愛光五宗，所惡滅三族，羣談者蒙顯誅，腹議者蒙隱戮，道路以目，百寮鉗口，尚書記朝會，公卿充員品而已。故太尉楊彪，歷典二司，享國極位，操因睚眦，被以非罪，榜楚并兼，五毒俱至，觸情放慝，不顧憲章。又議郎趙彥，忠諫直言，議有可納，故聖朝含聽，改容加錫，操欲迷奪時權，杜絕言路，擅收立殺，不俟報聞。又梁孝王先帝母弟，墳陵尊顯，松柏桑梓，猶宜恭肅，而操率將校吏士親臨發掘，破棺裸尸，略取金寶，至令聖朝流涕，士民傷懷。又署發丘中郎將、摸金校尉，所過隳突，無骸不露。身處三公之官，而行桀虜之態，殄國虐民，毒流人鬼。加其細政苛慘，科防互設，繒繳充蹊，坑穽塞路，舉手挂網羅，動足蹈機陷，是以兗、豫有無聊之民，帝都有吁嗟之怨。歷觀古今書籍所載，貪殘虐烈無道之臣，於操為甚。幕府方詰外姦，未及整訓，加意含覆，冀可彌縫。而操豺狼野心，潛包禍謀，乃欲撓折棟梁，孤弱漢室，除滅中正，專為梟雄。往歲伐鼓北征，討公孫瓚，彊禦桀逆，拒圍一年。操因其未破，陰交書命，欲託助王師，以相掩襲，故引兵造河，方舟北濟。會其行人發露，瓚亦梟夷，故使鋒芒挫縮，厥圖不果。屯據敖倉，阻河為固，乃欲以螳蜋之斧，禦隆車之隧。幕府奉漢威靈，折衝宇宙，長戟百萬，胡騎千羣，奮中黃、育、獲之材，騁良弓勁弩之勢，并州越太行，青州涉濟、漯，大軍汎黃河以角其前，荊州下宛、葉而掎其後，雷震虎步，並集虜庭，若舉炎火以焚飛蓬，覆滄海而沃熛炭，有何不消滅者哉？當今漢道陵遲，綱弛紀絕，操以精兵七百，圍守宮闕，外稱陪衞，內以拘執，懼其篡逆之禍，因斯而作。乃忠臣肝腦塗地之秋，烈士立功之會也，可不勗哉！此陳琳之辭。紹進軍黎陽，遣顏良攻劉延於白馬。沮授又諫紹：「良性促狹，雖驍勇不可獨任。」紹不聽。太祖救延，與良戰，破斬良。獻帝傳曰：紹臨發，沮授會其宗族，散資財以與之，曰：「夫勢在則威無不加，勢亡則不保一身，哀哉！」其弟宗曰：「曹公士馬不敵，君何懼焉！」授曰：「以曹兗州之明略，又挾天子以為資，我雖克公孫，衆實疲弊，而將驕主忲，軍之破敗，在此舉也。揚雄有言，『六國蚩蚩，為嬴弱姬』，今之謂也。」紹渡河，壁延津南，使劉備、文醜挑戰。太祖擊破之，斬醜，再戰，禽紹大將。紹軍大震。獻帝傳曰：紹將濟河，沮授諫曰：「勝負變化，不可不詳。今宜留屯延津，分兵官渡，若其克獲，還迎不晚，設其有難，衆弗可還。」紹弗從。授臨濟歎曰：「上盈其志，下務其功，悠悠黃河，吾其不反乎！」遂以疾辭。紹恨之，乃省其所部兵，屬郭圖。太祖還官渡。沮授又曰：「北兵數衆而果勁不及南，南穀虛少而貨財不及北；南利在於急戰，北利在於緩搏。宜徐持久，曠以日月。」紹不從。連營稍前，逼官渡，合戰，太祖軍不利，復壁。紹為高櫓，起土山，射營中，營中皆蒙楯，衆大懼。太祖乃為發石車，擊紹樓，皆破，紹衆號曰霹靂車。魏氏春秋曰：以古有矢石，又傳言「旝動而鼓」，說曰「旝，發石也」，於是造發石車。紹為地道，欲襲太祖營。太祖輒於內為長塹以拒之，又遣奇兵襲擊紹運車，大破之，盡焚其穀。太祖與紹相持日久，百姓疲乏，多叛應紹，軍食乏。會紹遣淳于瓊等將兵萬餘人北迎運車，沮授說紹：「可遣將蔣奇別為支軍於表，以斷曹公之鈔。」紹復不從。瓊宿烏巢，去紹軍四十里。太祖乃留曹洪守，自將步騎五千候夜潛往攻瓊。紹遣騎救之，敗走。破瓊等，悉斬之。太祖還，未至營，紹將高覽、張郃等率其衆降。紹衆大潰，紹與譚單騎退渡河。餘衆偽降，盡坑之。張璠漢紀云：殺紹卒凡八萬人。沮授不及紹渡，為人所執，詣太祖，獻帝傳云：授大呼曰：「授不降也，為軍所執耳！」太祖與之有舊，逆謂授曰：「分野殊異，遂用圮絕，不圖今日乃相禽也！」授對曰：「冀州失策，以取奔北。授智力俱困，宜其見禽耳。」太祖曰：「本初無謀，不用君計，今喪亂過紀，國家未定，當相與圖之。」授曰：「叔父、母、弟，縣命袁氏，若蒙公靈，速死為福。」太祖歎曰：「孤早相得，天下不足慮。」太祖厚待之，後謀還袁氏，見殺。初，紹之南也，田豐說紹曰：「曹公善用兵，變化無方，衆雖少，未可輕也，不如以久持之。將軍據山河之固，擁四州之衆，外結英雄，內修農戰，然後簡其精銳，分為奇兵，乘虛迭出，以擾河南，救右則擊其左，救左則擊其右，使敵疲於奔命，民不得安業；我未勞而彼已困，不及二年，可坐克也。今釋廟勝之策，而決成敗於一戰，若不如志，悔無及也。」紹不從。豐懇諫，紹怒甚，以為沮衆，械繫之。紹軍既敗，或謂豐曰：「君必見重。」豐曰：「若軍有利，吾必全，今軍敗，吾其死矣。」紹還，謂左右曰：「吾不用田豐言，果為所笑。」遂殺之。先賢行狀曰：豐字元皓，鉅鹿人，或云勃海人。豐天姿瓌傑，權略多奇，少喪親，居喪盡哀，日月雖過，笑不至矧。博覽多識，名重州黨。初辟太尉府，舉茂才，遷侍御史。閹宦擅朝，英賢被害，豐乃棄官歸家。袁紹起義，卑辭厚幣以招致豐，豐以王室多難，志存匡救，乃應紹命，以為別駕。勸紹迎天子，紹不納。紹後用豐謀，以平公孫瓚。逢紀憚豐亮直，數讒之於紹，紹遂忌豐。紹軍之敗也，土崩奔北，師徒略盡，軍皆拊膺而泣曰：「向令田豐在此，不至於是也。」紹謂逢紀曰：「冀州人聞吾軍敗，皆當念吾，惟田別駕前諫止吾，與衆不同，吾亦慙見之。」紀復曰：「豐聞將軍之退，拊手大笑，喜其言之中也。」紹於是有害豐之意。初，太祖聞豐不從戎，喜曰：「紹必敗矣。」及紹奔遁，復曰：「向使紹用田別駕計，尚未可知也。」孫盛曰：觀田豐、沮授之謀，雖良、平何以過之？故君貴審才，臣尚量主；君用忠良，則伯王之業隆，臣奉闇后，則覆亡之禍至：存亡榮辱，常必由茲。豐知紹將敗，敗則己必死，甘冒虎口以盡忠規，烈士之於所事，慮不存己。夫諸侯之臣，義有去就，況豐與紹非純臣乎！詩云「逝將去汝，適彼樂土」，言去就之道可也。紹外寬雅，有局度，憂喜不形於色，而內多忌害，皆此類也。冀州城邑多叛，紹復擊定之。自軍敗後發病，七年，憂死。紹愛少子尚，貌美，欲以為後而未顯。典論曰：譚長而惠，尚少而美。紹妻劉氏愛尚，數稱其才，紹亦奇其貌，欲以為後，未顯而紹死。劉氏性酷妒，紹死，僵尸未殯，寵妾五人，劉盡殺之。以為死者有知，當復見紹於地下，乃髡頭墨面以毀其形。尚又為盡殺死者之家。審配、逢紀與辛評、郭圖爭權，配、紀與尚比，評、圖與譚比。衆以譚長，欲立之。配等恐譚立而評等為己害，緣紹素意，乃奉尚代紹位。譚至，不得立，自號車騎將軍。由是譚、尚有隙。太祖北征譚、尚。譚軍黎陽，尚少與譚兵，而使逢紀從譚。譚求益兵，配等議不與。譚怒，殺紀。英雄記曰：紀字元圖。初，紹去董卓出奔，與許攸及紀俱詣冀州，紹以紀聰達有計策，甚親信之，與共舉事。後審配任用，與紀不睦。或有讒配於紹，紹問紀，紀稱「配天性烈直，古人之節，不宜疑之」。紹曰：「君不惡之邪？」紀答曰：「先日所爭者私情，今所陳者國事。」紹善之，卒不廢配。配由是更與紀為親善。太祖渡河攻譚，譚告急於尚。尚欲分兵益譚，恐譚遂奪其衆，乃使審配守鄴，尚自將兵助譚，與太祖相拒於黎陽。自二月至九月，大戰城下，譚、尚敗走，入城守。太祖將圍之，乃夜遁。追至鄴，收其麥，拔陰安，引軍還許。太祖南征荊州，軍至西平。譚、尚遂舉兵相攻，譚敗奔平原。尚攻之急，譚遣辛毗詣太祖請救。太祖乃還救譚，十月至黎陽。魏氏春秋載劉表遺譚書曰：「天篤降害，禍難殷流，尊公殂殞，四海悼心。賢胤承統，遐邇屬望，咸欲展布旅力，以投盟主，雖亡之日，猶存之年也。何寤青蠅飛于竿旌，無極游於二壘，使股肱分為二體，背膂絕為異身！昔三王五伯，下及戰國，父子相殘，蓋有之矣。然或欲以成王業，或欲以定霸功，或欲以顯宗主，或欲以固冢嗣，未有棄親即異，扤其本而能崇業濟功，垂祚後世者也。若齊襄復九世之讎，士匄卒荀偃之事，是故春秋美其義，君子稱其信。夫伯游之恨於齊，未若太公之忿曹；宣子之承業，未若仁君之繼統也。且君子之違難不適讎國，豈可忘先君之怨，棄至親之好，為萬世之戒，遺同盟之恥哉！冀州不弟之傲，既已然矣；仁君當降志辱身，以匡國為務；雖見憎於夫人，未若鄭莊之於姜氏；兄弟之嫌，未若重華之於象傲也。然莊公有大隧之樂，象受有鼻之封。願棄捐前忿，遠思舊義，復為母子昆弟如初。」又遺尚書曰：「知變起辛、郭，禍結同生，追閼伯、實沈之蹤，忘常棣死喪之義，親尋干戈，僵尸流血，聞之哽咽，雖存若亡。昔軒轅有涿鹿之戰，周武有商、奄之師，皆所以翦除穢害而定王業，非強弱之事爭，喜怒之忿也。故雖滅親不為尤，誅兄不傷義。今二君初承洪業，纂繼前軌，進有國家傾危之慮，退有先公遺恨之負，當唯義是務，唯國是康。何者？金木水火以剛柔相濟，然後克得其和，能為民用。今青州天性峭急，迷於曲直。仁君度數弘廣，綽然有餘，當以大包小，以優容劣，先除曹操以卒先公之恨，事定之後，乃議曲直之計，不亦善乎！若留神遠圖，克己復禮，當振旆長驅，共獎王室，若迷而不反，違而無改，則胡夷將有誚讓之言，況我同盟，復能戮力為君之役哉？此韓盧、東郭自困於前而遺田父之獲者也。憤踊鶴望，冀聞和同之聲。若其泰也，則袁族其與漢升降乎！如其否也，則同盟永無望矣。」譚、尚盡不從。漢晉春秋載審配獻書於譚曰：「春秋之義，國君死社稷，忠臣死王命。苟有圖危宗廟，敗亂國家，王綱典律，親疏一也。是以周公垂泣而蔽管、蔡之獄，季友歔欷而行鍼叔之鴆。何則？義重人輕，事不得已也。昔衞靈公廢蒯聵而立輒，蒯聵為不道，入戚以篡，衞師伐之。春秋傳曰：『以石曼姑之義，為可以拒之。』是以蒯聵終獲叛逆之罪，而曼姑永享忠臣之名。父子猶然，豈況兄弟乎！昔先公廢絀將軍以續賢兄，立我將軍以為適嗣，上告祖靈，下書譜牒，先公謂將軍為兄子，將軍謂先公為叔父，海內遠近，誰不備聞？且先公即世之日，我將軍斬衰居廬，而將軍齋于堊室，出入之分，於斯益明。是時兇臣逢紀，妄畫蛇足，曲辭諂媚，交亂懿親，將軍奮赫然之怒，誅不旋時，將軍亦奉命承旨，加以淫刑。自是之後，癰疽破潰，骨肉無絲髮之嫌，自疑之臣，皆保生全之福。故悉遣彊胡，簡命名將，料整器械，選擇戰士，殫府庫之財，竭食土之實，其所以供奉將軍，何求而不備？君臣相率，共衞旌麾，戰為鷹行，賦為幣主，雖傾倉覆庫，翦剝民物，上下欣戴，莫敢告勞。何則？推戀戀忠赤之情，盡家家肝腦之計，脣齒輔車，不相為賜。謂為將軍心合意同，混齊一體，必當并威偶勢，禦寇寧家。何圖凶險讒慝之人，造飾無端，誘導姦利，至令將軍翻然改圖，忘孝友之仁，聽豺狼之謀，誣先公廢立之言，違近者在喪之位，悖紀綱之理，不顧逆順之節，橫易冀州之主，欲當先公之繼。遂放兵鈔撥，屠城殺吏，交尸盈原，裸民滿野，或有髡鬄髮膚，割截支體，冤魂痛於幽冥，創痍號於草棘。又乃圖獲鄴城，許賜秦胡財物婦女，豫有分界。或聞告令吏士云：『孤雖有老母，輒使身體完具而已。』聞此言者，莫不驚愕失氣，悼心揮涕，使太夫人憂哀憤懣於堂室，我州君臣士友假寐悲歎，無所措其手足；念欲靜師拱默以聽執事之圖，則懼違春秋死命之節，貽太夫人不測之患，隕先公高世之業。且三軍憤慨，人懷私怒，我將軍辭不獲已，以及館陶之役。是時外為禦難，內實乞罪，既不見赦，而屠戮各二三其心，臨陣叛戾。我將軍進退無功，首尾受敵，引軍奔避，不敢告辭。亦謂將軍當少垂親親之仁，貺以緩追之惠，而乃尋蹤躡軌，無所逃命。困獸必鬭，以干行陣，而將軍師旅土崩瓦解，此非人力，乃天意也。是後又望將軍改往修來，克己復禮，追還孔懷如初之愛；而縱情肆怒，趣破家門，企踵鶴立，連結外讎，散鋒放火，播增毒螫，烽煙相望，涉血千里，遺城厄民，引領悲怨，雖欲勿救，惡得已哉！故遂引軍東轅，保正疆埸，雖近郊壘，未侵境域，然望旌麾，能不永歎？配等備先公家臣，奉廢立之命。而圖等干國亂家，禮有常刑。故奮敝州之賦，以除將軍之疾，若乃天啓于心，早行其誅，則我將軍匍匐悲號於將軍股掌之上，配等亦袒躬布體以待斧鉞之刑。若必不悛，有以國斃，圖頭不縣，軍不旋踵。願將軍詳度事宜，錫以環玦。」典略曰：譚得書悵然，登城而泣。既劫於郭圖，亦以兵鋒累交，遂戰不解。尚聞太祖北，釋平原還鄴。其將呂曠、呂翔叛尚歸太祖，譚復陰刻將軍印假曠、翔。太祖知譚詐，與結婚以安之，乃引軍還。尚使審配、蘇由守鄴，復攻譚平原。太祖進軍將攻鄴，到洹水，去鄴五十里，由欲為內應，謀泄，與配戰城中，敗，出奔太祖。太祖遂進攻之，為地道，配亦於內作塹以當之。配將馮禮開突門，內太祖兵三百餘人，配覺之，從城上以大石擊突中柵門，柵門閉，入者皆沒。太祖遂圍之，為塹，周四十里，初令淺，示若可越。配望而笑之，不出爭利。太祖一夜掘之，廣深二丈，決漳水以灌之，自五月至八月，城中餓死者過半。尚聞鄴急，將兵萬餘人還救之，依西山來，東至陽平亭，去鄴十七里，臨滏水，舉火以示城中，城中亦舉火相應。配出兵城北，欲與尚對決圍。太祖逆擊之，敗還，尚亦破走，依曲漳為營，太祖遂圍之。未合，尚懼，遣陰夔、陳琳乞降，不聽。尚還走濫口，進復圍之急，其將馬延等臨陣降，衆大潰，尚奔中山。盡收其輜重，得尚印綬節鉞及衣物，以示其家，城中崩沮。配兄子榮守東門，夜開門內太祖兵，與配戰城中，生禽配。配聲氣壯烈，終無撓辭，見者莫不歎息。遂斬之。先賢行狀曰：配字正南，魏郡人，少忠烈慷慨，有不可犯之節。袁紹領冀州，委以腹心之任，以為治中別駕，并總幕府。初，譚之去，皆呼辛毗、郭圖家得出，而辛評家獨被收。及配兄子開城門內兵，時配在城東南角樓上，望見太祖兵入，忿辛、郭壞敗冀州，乃遣人馳詣鄴獄，指殺仲治家。是時，辛毗在軍，聞門開，馳走詣獄，欲解其兄家，兄家已死。是日，生縛配，將詣帳下，辛毗等逆以馬鞭擊其頭，罵之曰：「奴，汝今日真死矣！」配顧曰：「狗輩，正由汝曹破我冀州，恨不得殺汝也！且汝今日能殺生我邪？」有頃，公引見，謂配：「知誰開卿城門？」配曰：「不知也。」曰：「自卿子榮耳。」配曰：「小兒不足用乃至此！」公復謂曰：「曩日孤之行圍，何弩之多也？」配曰：「恨其少耳！」公曰：「卿忠於袁氏父子，亦自不得不爾也。」有意欲活之。配既無撓辭，而辛毗等號哭不已，乃殺之。初，冀州人張子謙先降，素與配不善，笑謂配曰：「正南，卿竟何如我？」配厲聲曰：「汝為降虜，審配為忠臣，雖死，豈若汝生邪！」臨行刑，叱持兵者令北向，曰：「我君在北。」樂資山陽公載記及袁暐獻帝春秋並云太祖兵入城，審配戰於門中，既敗，逃于井中，於井獲之。臣松之以為配一代之烈士，袁氏之死臣，豈當數窮之日，方逃身於井，此之難信，誠為易了。不知資、暐之徒竟為何人，未能識別然否，而輕弄翰墨，妄生異端，以行其書。如此之類，正足以誣罔視聽，疑誤後生矣。寔史籍之罪人，達學之所不取者也。高幹以并州降，復以幹為刺史。太祖之圍鄴也，譚略取甘陵、安平、勃海、河間，攻尚於中山。尚走故安從熙，譚悉收其衆。太祖將討之，譚乃拔平原，并南皮，自屯龍湊。十二月，太祖軍其門，譚不出，夜遁奔南皮臨清河而屯十年正月攻拔之斬譚及圖等熙尚爲其將焦觸張南所攻奔遼西烏丸觸自號幽州刺史驅率諸郡太守令長背袁向曹陳兵數萬殺白馬盟令曰違命者斬衆莫敢語各以次歃至別駕韓珩曰吾受袁公父子厚恩今其破亡智不能救勇不能死於義闕矣若乃北面於曹氏所弗能爲也一坐爲珩失色觸曰夫興大事當立大義事之濟否不待一人可卒珩志以勵事君高幹叛執上黨太守舉兵守壺口關遣樂進李典擊之未拔十一年太祖征幹幹乃留其將夏昭鄧升守城自詣匈奴單于求救不得獨與數騎亡欲南奔荊州上洛都尉捕斬之（典論曰上洛都尉王琰獲高幹以功封侯其妻哭於室以爲琰富貴將更娶妾媵而奪己愛故也）十二年太祖至遼西擊烏丸尚熙與烏丸逆軍戰敗走奔遼東公孫康誘斬之送其首（典略曰尚爲人有勇力欲奪取康衆與熙謀曰今到康必相見欲與兄手擊之有遼東猶可以自廣也康亦心計曰今不取熙尚無以爲說於國家乃先置其精勇於廄中然後請熙尚熙尚入康伏兵出皆縛之坐於凍地尚寒求席熙曰頭顱方行萬里何席之爲遂斬首譚字顯思熙字顯奕尚字顯甫吳書曰尚有弟名買與尚俱走遼東曹瞞傳云買尚兄子未詳）太祖高韓珩節屢辟不至卒於家（先賢行狀曰珩字子佩代郡人清粹有雅量少喪父母奉養兄姊宗族稱孝悌焉）

袁術字公路司空逢子紹之從弟也以俠氣聞舉孝廉除郎中歷職內外後爲折衝校尉虎賁中郎將董卓之將廢帝以術爲後將軍術亦畏卓之禍出奔南陽會長沙太守孫堅殺南陽太守張咨術得據其郡南陽戶口數百萬而術奢淫肆欲徵斂無度百姓苦之既與紹有隙又與劉表不平而北連公孫瓚紹與瓚不和而南連劉表其兄弟攜貳舍近交遠如此（吳書曰時議者以靈帝失道使天下叛亂少帝幼弱爲賊臣所立又不識母氏所出幽州牧劉虞宿有德望紹等欲立之以安當時使人報術術觀漢室衰陵陰懷異志故外託公義以拒紹紹復與術書曰前與韓文節共建永世之道欲海內見再興之主今西名有幼君無血脈之屬公卿以下皆媚事卓安可復信但當使兵往屯關要皆自蹙死於西東立聖君太平可冀如何有疑又室家見戮不念子胥可復北面乎違天不祥願詳思之術答曰聖主聰叡有周成之質賊卓因危亂之際威服百寮此乃漢家小厄之會亂尚未厭復欲興之乃云今主無血脈之屬豈不誣乎先人以來奕世相承忠義爲先太傅公仁慈惻隱雖知賊卓必爲禍害以信徇義不忍去也門戶滅絕死亡流漫幸蒙遠近來相赴助不因此時上討國賊下刷家恥而圖於此非所聞也又曰室家見戮可復北面此卓所爲豈國家哉君命天也天不可讐況非君命乎懷懷赤心志在滅卓不識其他）引軍入陳留太祖與紹合擊大破術軍術以餘衆奔九江殺揚州刺史陳溫領其州（臣松之案英雄記陳溫字元悌汝南人先爲揚州刺史自病死袁紹遣袁遺領州敗散奔沛國爲兵所殺袁術更用陳瑀爲揚州瑀字公瑋下邳人瑀既領州而術敗於封丘南向壽春瑀拒術不納術退保陰陵更合軍攻瑀瑀懼走歸下邳如此則溫不爲術所殺與本傳不同）以張勳橋蕤等爲大將李傕入長安欲結術爲援以術爲左將軍封陽翟侯假節遣太傅馬日磾因循行拜授術奪日磾節拘留不遣（三輔決錄注曰日磾字翁叔馬融之族子少傳融業以才學進與楊彪盧植蔡邕等典校中書歷位九卿遂登台輔獻帝春秋曰術從日磾借節觀之因奪不還備軍中千餘人使促辟之日磾謂術曰卿家先世諸公辟士云何而言促之謂公府掾可劫得乎從術求去而術留之不遣既以失節屈辱憂恚而死）時沛相下邳陳珪故太尉球弟子也術與珪俱公族子孫少共交游書與珪曰昔秦失其政天下羣雄爭而取之兼智勇者卒受其歸今世事紛擾復有瓦解之勢矣誠英乂有爲之時也與足下舊交豈肯左右之乎若集大事子實爲吾心膂珪中子應時在下邳術並脅質應圖必致珪珪答書曰昔秦末世肆暴恣情虐流天下毒被生民下不堪命故遂土崩今雖季世未有亡秦苛暴之亂也曹將軍神武應期興復典刑將撥平凶慝清定海內信有徵矣以爲足下當戮力同心匡翼漢室而陰謀不軌以身試禍豈不痛哉若迷而知反尚可以免吾備舊知故陳至情雖逆於耳肉骨之惠也欲吾營私阿附有犯死不能也興平二年冬天子敗於曹陽術會羣下謂曰今劉氏微弱海內鼎沸吾家四世公輔百姓所歸欲應天順民於諸君意如何衆莫敢對主簿閻象進曰昔周自后稷至于文王積德累功參分天下有其二猶服事殷明公雖奕世克昌未若有周之盛漢室雖微未若殷紂之暴也術嘿然不悅用河內張炯之符命遂僭號（典略曰術以袁姓出陳陳舜之後以土承火得應運之次又見讖文云代漢者當塗高也自以名字當之乃建號稱仲氏）以九江太守爲淮南尹置公卿祠南北郊荒侈滋甚後宮數百皆服綺縠餘粱肉（九州春秋曰司隸馮方女國色也避亂揚州術登城見而悅之遂納焉甚愛幸諸婦害其寵語之曰將軍貴人有志節當時時涕泣憂愁必長見敬重馮氏以爲然後見術輒垂涕術以有心志益哀之諸婦人因共絞殺懸之廁梁術誠以爲不得志而死乃厚加殯斂）而士卒凍餒江淮間空盡人民相食術前爲呂布所破後爲太祖所敗奔其部曲雷薄陳蘭於灊山復爲所拒憂懼不知所出將歸帝號於紹欲至青州從袁譚發病道死（魏書曰術歸帝號於紹曰漢之失天下久矣天子提挈政在家門豪雄角逐分裂疆宇此與周之末年七國分勢無異卒彊者兼之耳加袁氏受命當王符瑞炳然今君擁有四州民戶百萬以彊則無與比大論德則無與比高曹操欲扶衰拯弱安能續絕命救已滅乎紹陰然之吳書曰術既爲雷薄等所拒留住三日士衆絕糧乃還至江亭去壽春八十里問廚下尚有麥屑三十斛時盛暑欲得蜜漿又無蜜坐櫺牀上歎息良久乃大咤曰袁術至於此乎因頓伏牀下嘔血斗餘遂死）妻子依術故吏廬江太守劉勳孫策破勳復見收視術女入孫權宮子燿拜郎中燿女又配於權子奮

劉表字景升山陽高平人也少知名號八俊（張璠漢紀曰表與同郡人張隱薛郁王訪宣靖公褚恭劉祗田林爲八交或謂之八顧漢末名士錄云表與汝南陳翔字仲麟范滂字孟博魯國孔昱字世元勃海苑康字仲真山陽檀敷字文友張儉字元節南陽岑晊字公孝爲八友謝承漢書曰表受學於同郡王暢暢爲南陽太守行過乎儉表時年十七進諫曰奢不僭上儉不逼下蓋中庸之道是故蘧伯玉恥獨爲君子府君若不師孔聖之明訓而慕夷齊之末操無乃皎然自遺於世暢答曰以約失之者鮮矣且以矯俗也）長八尺餘姿貌甚偉以大將軍掾爲北軍中侯靈帝崩代王叡爲荊州刺史是時山東兵起表亦合兵軍襄陽（司馬彪戰略曰劉表之初爲荊州也江南宗賊盛袁術屯魯陽盡有南陽之衆吳人蘇代領長沙太守貝羽爲華容長各阻兵作亂表初到單馬入宜城而延中廬人蒯良蒯越襄陽人蔡瑁與謀表曰宗賊甚盛而衆不附袁術因之禍今至矣吾欲徵兵恐不集其策安出良曰衆不附者仁不足也附而不治者義不足也苟仁義之道行百姓歸之如水之趣下何患所至之不從而問興兵與策乎表顧問越越曰治平者先仁義治亂者先權謀兵不在多在得人也袁術勇而無斷蘇代貝羽皆武人不足慮宗賊帥多貪暴爲下所患越有所素養者使示之以利必以衆來君誅其無道撫而用之一州之人有樂存之心聞君盛德必襁負而至矣兵集衆附南據江陵北守襄陽荊州八郡可傳檄而定術等雖至無能爲也表曰子柔之言雍季之論也異度之計臼犯之謀也遂使越遣人誘宗賊至者五十五人皆斬之襲取其衆或即授部曲唯江夏賊張虎陳生擁衆據襄陽表乃使越與龐季單騎往說降之江南遂悉平）袁術之在南陽也與孫堅合從欲襲奪表州使堅攻表堅爲流矢所中死軍敗術遂不能勝表李傕郭汜入長安欲連表爲援乃以表爲鎮南將軍荊州牧封成武侯假節天子都許表雖遣使貢獻然北與袁紹相結治中鄧義諫表表不聽（漢晉春秋曰表答義曰內不失貢職外不背盟主此天下之達義也治中獨何怪乎）義辭疾而退終表之世張濟引兵入荊州界攻穰城爲流矢所中死荊州屬官皆賀表曰濟以窮來主人無禮至於交鋒此非牧意牧受弔不受賀也使人納其衆衆聞之喜遂服從長沙太守張羨叛表（英雄記曰張羨南陽人先作零陵桂陽長甚得江湘間心然性屈彊不順表薄其爲人不甚禮也羨由是懷恨遂叛表焉）表圍之連年不下羨病死長沙復立其子懌表遂攻幷懌南收零桂北據漢川地方數千里帶甲十餘萬（英雄記曰州界羣寇既盡表乃開立學官博求儒士使綦毋闓宋忠等撰定五經章句謂之後定）太祖與袁紹方相持於官渡紹遣人求助表許之而不至亦不佐太祖欲保江漢間觀天下變從事中郎韓嵩別駕劉先說表曰豪傑並爭兩雄相持天下之重在於將軍將軍若欲有爲起乘其弊可也若不然固將擇所從將軍擁十萬之衆安坐而觀望夫見賢而不能助請和而不得此兩怨必集於將軍將軍不得中立矣夫以曹公之明哲天下賢俊皆歸之其勢必舉袁紹然後稱兵以向江漢恐將軍不能禦也故爲將軍計者不若舉州以附曹公曹公必重德將軍長享福祚垂之後嗣此萬全之策也表大將蒯越亦勸表表狐疑乃遣嵩詣太祖以觀虛實嵩還深陳太祖威德說表遣子入質表疑嵩反爲太祖說大怒欲殺嵩考殺隨嵩行者知嵩無他意乃止（傅子曰初表謂嵩曰今天下大亂未知所定曹公擁天子都許君爲我觀其釁嵩對曰聖達節者也次守節者也夫事君爲君君臣名定以死守之今策名委質唯將軍所命雖赴湯蹈火死無辭也以嵩觀之曹公至明必濟天下將軍能上順天子下歸曹公必享百世之利楚國實受其祐使嵩可也設計未定嵩使京師天子假嵩一官則天子之臣而將軍之故吏耳在君爲君則嵩守天子之命義不得復爲將軍死也唯將軍重思無負嵩表遂使之果如所言天子拜嵩侍中遷零陵太守還稱朝廷曹公之德也表以爲懷貳大會寮屬數百人陳兵見嵩盛怒持節將斬之數曰韓嵩敢懷貳邪衆皆恐欲令嵩謝嵩不動謂表曰將軍負嵩嵩不負將軍具陳前言表怒不已其妻蔡氏諫之曰韓嵩楚國之望也且其言直誅之無辭表乃弗誅而囚之）表雖外貌儒雅而心多疑忌皆此類也劉備奔表表厚待之然不能用（漢晉春秋曰太祖之始征柳城劉備說表使襲許表不從及太祖還謂備曰不用君言故失此大會也備曰今天下分裂日尋干戈事會之來豈有終極乎若能應之於後者則此未足爲恨也）建安十三年太祖征表未至表病死初表及妻愛少子琮欲以爲後而蔡瑁張允爲之支黨乃出長子琦爲江夏太守衆遂奉琮爲嗣琦與琮遂爲讎隙（典論曰表疾病琦還省疾琦性慈孝瑁允恐琦見表父子相感更有託後之意謂曰將軍命君撫臨江夏爲國東藩其任至重今釋衆而來必見譴怒傷親之歡心以增其疾非孝敬也遂遏于戶外使不得見琦流涕而去）越嵩及東曹掾傅巽等說琮歸太祖琮曰今與諸君據全楚之地守先君之業以觀天下何爲不可乎巽對曰逆順有大體彊弱有定勢以人臣而拒人主逆也以新造之楚而禦國家其勢弗當也以劉備而敵曹公又弗當也三者皆短欲以抗王兵之鋒必亡之道也將軍自料何與劉備琮曰吾不若也巽曰誠以劉備不足禦曹公乎則雖保楚之地不足以自存也誠以劉備足禦曹公乎則備不爲將軍下也願將軍勿疑太祖軍到襄陽琮舉州降備走奔夏口（傅子曰巽字公悌瓌偉博達有知人鑒辟公府拜尚書郎後客荊州以說劉琮之功賜爵關內侯文帝時爲侍中大和中卒巽在荊州目龐統爲半英雄證裴潛終以清行顯統遂附劉備見待次於諸葛亮潛位至尚書令並有名德及在魏魏諷以才智聞巽謂之必反卒如其言巽弟子嘏別有傳漢晉春秋曰王威說劉琮曰曹操得將軍既降劉備已走必解弛無備輕行單進若給威奇兵數千徼之於險操可獲也獲操即威震天下坐而虎步中夏雖廣可傳檄而定非徒收一勝之功保守今日而已此難遇之機不可失也琮不納搜神記曰建安初荊州童謠曰八九年間始欲衰至十三年無孑遺言自中興以來荊州獨全及劉表爲牧民又豐樂至建安八年九年當始衰始衰者謂劉表妻死諸將並零落也十三年無孑遺者表又死因以喪破也是時華容有女子忽啼呼云荊州將有大喪言語過差縣以爲妖言繫獄月餘忽於獄中哭曰劉荊州今日死華容去州數百里即遣馬吏驗視而劉表果死縣乃出之續又歌吟曰不意李立爲貴人後無幾太祖平荊州以涿郡李立字建賢爲荊州刺史）太祖以琮爲青州刺史封列侯（魏武故事載令曰楚有江漢山川之險後服先彊與秦爭衡荊州則其故地劉鎮南久用其民矣身沒之後諸子鼎峙雖終難全猶可引日青州刺史琮心高志潔智深慮廣輕榮重義薄利厚德蔑萬里之業忽三軍之衆篤中正之體敦令名之譽上耀先君之遺塵下圖不朽之餘祚鮑永之棄并州竇融之離五郡未足以喻也雖封列侯一州之位猶恨此寵未副其人而比有籙求還州監史雖尊秩祿未優今聽所執表琮爲諫議大夫參同軍事）蒯越等侯者十五人越爲光祿勳（傅子曰越蒯通之後也深中足智魁傑有雄姿大將軍何進聞其名辟爲東曹掾越勸進誅諸閹官進猶豫不決越知進必敗求出爲汝陽令佐劉表平定境內表得以彊大詔書拜章陵太守封樊亭侯荊州平太祖與荀彧書曰不喜得荊州喜得蒯異度耳建安十九年卒臨終與太祖書託以門戶太祖報書曰死者反生生者不愧孤少所舉行之多矣魂而有靈亦將聞孤此言也）嵩大鴻臚（先賢行狀曰嵩字德高義陽人少好學貧不改操知世將亂不應三公之命與同好數人隱居於酈西山中黃巾起嵩避難南方劉表逼以爲別駕轉從事中郎表郊祀天地嵩正諫不從漸見違忤奉使到許事在前註荊州平嵩疾病就在所拜授大鴻臚印綬）羲侍中（羲章陵人）先尚書令其餘多至大官（零陵先賢傳曰先字始宗博學彊記尤好黃老言明習漢家典故爲劉表別駕奉章詣許見太祖時賓客並會太祖問先劉牧如何郊天

也先對曰劉牧託漢室肺腑處牧伯之位而遭王道未平羣凶塞路抱玉帛而無所聘頫修章表而不獲達御是以郊天祀地昭告赤誠太祖曰羣凶爲誰先曰舉目皆是太祖曰今孤有熊羆之士步騎十萬奉辭伐罪誰敢不服先曰漢道陵遲羣生憔悴既無忠善之士翼載天子綏寧海內使萬邦歸德而阻兵安忍曰莫己若即豈尤智伯復見於今也太祖嘿然拜先武陵大夫荊州平先始爲漢尚書後爲魏國尚書令先甥同郡周不疑字元直零陵人先賢傳稱不疑幼有異才聰明敏達太祖欲以女妻之不疑不敢當太祖愛子倉舒夙有才智謂可與不疑爲儔及倉舒卒太祖心忌不疑欲除之文帝諫以爲不可太祖曰此人非汝所能駕御也乃遣刺客殺之摯虞文章志曰不疑死時年十七著文論四首世語曰表死後八十餘年至晉太康中表冢見發表及妻身形如生芬香聞數里

評曰董卓狼戾賊忍暴虐不仁自書契已來殆未之有也英雄記曰昔大人見臨洮而銅人鑄臨洮生卓而銅人毀世有卓而大亂作大亂作而卓身滅抑有以也袁術奢淫放肆榮不終已自取之也臣松之以爲桀紂無道秦莽縱虐皆多歷年所然後衆惡乃著董卓自竊權柄至于隕斃計其日月未盈三周而禍崇山岳毒流四海其殘賊之性寔豺狼不若書契未有斯言爲當但評既曰賊忍又云不仁賊忍不仁於辭爲重袁術無豪芒之功纖介之善而猖狂于時妄自尊立固義夫之所扼腕人鬼之所同疾雖復恭儉節用而猶必覆亡不暇而評但云奢淫不終未足見其大惡袁紹劉表咸有威容器觀知名當世表跨蹈漢南紹鷹揚河朔然皆外寬內忌好謀無決有才而不能用聞善而不能納廢嫡立庶舍禮崇愛至於後嗣顛蹙社稷傾覆非不幸也昔項羽背范增之謀以喪其王業紹之殺田豐乃甚於羽遠矣

魏志卷六考證

董卓取寶物注引京州材木東下以作宮室○監本訛作凉川今改正

諸阿附卓者皆下獄死注初蔡邕以言事見徙○各本俱誤作以言事見從今據後漢書改正

汜與傕轉相疑戰鬭長安中注汜妻懼傕與汜婢妾而奪己愛○袁宏漢紀婢妾下多私字

相攻擊連月注傕不肯曰我有呂布之功○冊府我有下多討字

畧宮人入弘農注瑞字君榮扶風人○後漢書作字君榮

至大陽止人家屋中注有師猶有傾覆況今無師○後漢書作舊故河師猶時有傾覆

袁紹由是勢傾天下注京子湯太尉○監本作京子陽今據漢書改正

横刀長揖而去注非萬乘之主○監本訛作萬機今改正

合四州之地收英雄之才○監本訛作合四川之地今改正

將作大匠吳修○後漢書作吳脩

擊破備備奔紹注奬就威柄冀獲秦師一克之報而操遂乘資跋扈肆行酷烈○監本奬就訛奬賊酷烈誤酷裂今俱照陳琳本集改正

又注甲侮王宮○臣浩按後漢書作甲侮王僚此宮字或官字之訛

紹衆號曰霹靂車注說曰旝發石也○太平御覽說曰作說文曰

十月至黎陽注雖亡之日猶存之年也○監本訛作猶存之願也今改正

又注孤雖有老母輙使身體完具而已○輙宋本作趣

見者莫不歎息遂斬之注曰自卿文榮耳配曰小兒不足用乃至此○臣明楷按上正文云配兄子榮守東門夜開門內太祖兵則此文字疑爲子字之譌

公孫康誘斬之送其首注尚寒求席熙曰頭顱方行萬里何席之爲○後漢書熙曰作康曰

袁術以張勳橋蕤等爲大將○監本作大將軍呂布傳云遣大將張勳攻布軍字衍文今改正

術奪日磾節拘留不遣注備軍中千餘人使促辟之○通鑑作條軍中十餘人

劉表備走奔夏口注言自中興以來荊州獨全○何焯日中興當作中平

太祖以琮爲青州刺史封列侯注楚有江漢山川之險後服先彊與秦爭衡○監本服誤復據何焯校本改正

表跨蹈漢南紹鷹揚河朔○監本脫表字今添

魏志卷七

晉著作郎巴西中正安漢陳　壽撰

宋太中大夫國子博士聞喜裴松之注

呂布　張邈陳登　臧洪陳容

呂布字奉先五原郡九原人也以驍武給并州刺史丁原爲騎都尉屯河內以布爲主簿大見親待靈帝崩原將兵詣洛陽英雄記曰原字建陽本出自寒家爲人麤略有武勇善騎射爲南縣吏受使不辭難有警急追寇虜輒在其前裁知書少有吏用與何進謀誅諸黃門拜執金吾進敗董卓入京都將爲亂欲殺原并其兵衆卓以布見信於原誘布令殺原布斬原首詣卓卓以布爲騎都尉甚愛信之誓爲父子布便弓馬膂力過人號爲飛將稍遷至中郎將封都亭侯卓自以遇人無禮恐人謀已行止常以布自衞然卓性剛而褊忿不思難嘗小失意拔手戟擲布布拳捷避之詩曰無拳無勇職爲亂階注拳力也爲卓顧謝卓意亦解由是陰怨卓卓常使布守中閤布與卓侍婢私通恐事發覺心不自安先是司徒王允以布州里壯健厚接納之後布詣允陳卓幾見殺狀時允與僕射士孫瑞密謀誅卓是以告布使爲內應布曰奈如父子何允曰君自姓呂本非骨肉今憂死不暇何謂父子布遂許之手刃刺卓語在卓傳允以布爲奮威將軍假節儀比三司進封溫侯共秉朝政布自殺卓後畏惡涼州人涼州人皆怨由是李傕等遂相結還攻長安城英雄記曰郭汜在城北布開城門將兵就汜言且却兵但身決勝負汜布乃獨共對戰布以矛刺中汜汜後騎遂前救汜汜布遂各兩罷布不能拒傕等遂入長安卓死後六旬布亦敗臣松之案英雄記曰諸書布以四月二十三日殺卓六月一日敗走時又無閏不及六旬將數百騎出武關欲詣袁術布自以殺卓爲術報讐欲以德之術惡其反覆拒而不受北詣袁紹紹與布擊張燕於常山燕精兵萬餘騎數千布有良馬曰赤兔曹瞞傳曰時人語曰人中有呂布馬中有赤兔常與其親近成廉魏越等陷鋒突陳遂破燕軍而求益兵衆將士鈔掠紹患忌之布覺其意從紹求去紹恐還爲己害遣壯士夜掩殺布不獲事露布走河內英雄記曰布自以有功於袁氏輕傲紹下諸將以爲擅相署置不足貴也布求還洛紹假布領司隸校尉外言當遣內欲殺布明日當發紹遣甲士三十人辭以送布布使止於帳側僞使人於帳中鼓箏紹兵臥布無何出帳去而兵不覺夜半兵起亂斫布床被謂爲已死明日紹訊問知布尚在乃閉城門布遂引去與張楊合紹令衆追之皆畏布莫敢逼近者英雄記曰楊及部曲諸將皆受傕汜購募共圖布布聞之謂楊曰布卿州里也卿殺布於卿弱不如賣布可極得汜傕爵寵楊於是外許汜傕內實保護布汜傕患之更下大封詔書以布爲潁川太守

張邈字孟卓東平壽張人也少以俠聞振窮救急傾家無愛士多歸之太祖袁紹皆與邈友辟公府以高第拜騎都尉遷陳留太守董卓之亂太祖與邈首舉義兵汴水之戰邈遣衞茲將兵隨太祖袁紹既爲盟主有驕矜色邈正議責紹紹使太祖殺邈太祖不聽責紹曰孟卓親友也是非當容之今天下未定不宜自相危也邈知之益德太祖太祖之征陶謙勑家曰我若不還往依孟卓後還見邈垂泣相對其親如此呂布之捨袁紹從張楊也過邈臨別把手共誓紹聞之大恨邈畏太祖終爲紹擊已也心不自安興平元年太祖復征謙邈弟超與太祖將陳宮從事中郎許汜王楷共謀叛太祖宮說邈曰今雄傑並起天下分崩君以千里之衆當四戰之地撫劒顧眄亦足以爲人豪而反制於人不以鄙乎今州軍東征其處空虛呂布壯士善戰無前若權迎之共牧兗州觀天下形勢俟時事之變通此亦縱橫之一時也邈從之太祖初使宮將兵留屯東郡遂以其衆東迎布爲兗州牧據濮陽郡縣皆應唯鄄城東阿范爲太祖守太祖引軍還與布戰於濮陽太祖軍不利相持百餘日是時歲旱蟲蝗少穀百姓相食布東屯山陽二年間太祖乃盡復收諸城擊破布於鉅野布東奔劉備英雄記曰布見備甚敬之謂備曰我與卿同邊地人也布見關東起兵欲誅董卓布殺卓東出關東諸將無安布者皆欲殺布耳請備於帳中坐婦牀上令婦向拜酌酒飲食名備爲弟備見布語言無常外然之而內不說邈從布留超將家屬屯雍丘太祖攻圍數月屠之斬超及其家邈詣袁術請救未至自爲其兵所殺獻帝春秋曰袁術議稱尊號邈謂術曰漢據火德絕而復揚德澤豐流誕生明公公居輔處中入則享于上席出則爲衆目之所屬華霍不能增其高淵泉不能同其量可謂巍巍蕩蕩無與爲貳何爲捨此而欲稱制恐福不盈眥禍將溢世莊周之稱郊祭犧牛養飼經年衣以文繡宰執鸞刀以入廟門當此之時求爲孤犢不可得也按本傳邈詣術未至而死而此云諫稱尊號未詳孰是備東擊術布襲取下邳備還歸布布遣備屯小沛布自稱徐州刺史英雄記曰布初入徐州書與袁術術報書曰昔董卓作亂破壞王室禍害術門戶術舉兵關東未能屠裂卓將軍誅卓送其頭首爲術埽滅讎恥使術明目於當世死生不愧其功一也昔將金元休向兗州甫詣封部爲曹操逆所拒破流離迸走幾至滅亡將軍破兗州術復明目於遐邇其功二也術生年已來不聞天下有劉備備乃舉兵與術對戰術憑將軍威靈得以破備其功三也將軍有三大功在術術雖不敏奉以生死將軍連年攻戰軍糧苦少今送米二十萬斛迎逢道路非直此止當駱驛復致若兵器戰具佗所乏少大小唯命布得書大喜遂造下邳典略曰元休名尚京兆人也尚與同郡韋休甫第五文休俱著名號爲三休尚獻帝初爲兗州刺史東之郡而太祖已臨兗州尚南依袁術術僭號欲以尚爲太尉不敢顯言私使人諷之尚無屈意術亦不敢彊也建安初尚逃還爲術所害其後尚喪與太傅馬日磾喪俱至京師天子嘉尚忠烈爲之咨嗟詔百官弔祭拜子瑋郎中而日磾不與焉英雄記曰布水陸東下軍到下邳西四十里備中郎將丹陽許耽夜遣司馬章誑來詣布言張益德與下邳相曹豹共爭益德殺豹城中大亂不相信丹陽兵有千人屯西白城門內聞將軍來東大小踊躍如復更生將軍兵向城西門丹陽軍便開門內將軍矣布遂夜進晨到城下天明丹陽兵悉開門內布兵布於門上坐步騎放火大破益德兵獲備妻子軍資及部曲將吏士家口建安元年六月夜半時布將河內郝萌反將兵入布所治下邳府詣廳事閤外同聲大呼攻閤閤堅不得入布不知反者爲誰直牽婦科頭袒衣相將從溷上排壁出詣都督高順營直排順門入順問將軍有所隱不布言河內兒聲順言此郝萌也順即嚴兵入府弓弩並射萌衆萌衆亂走天明還故營萌將曹性反萌與對戰萌刺傷性性斫萌一臂順斫萌首牀輿性送詣布布問性言萌受袁術謀謀者悉誰性言陳宮同謀時宮在坐上面赤傍人悉覺之布以宮大將不問也性言萌常以此問性言呂將軍大將有神不可擊也不意萌狂惑不止布謂性曰卿健兒也善養視之創愈使安撫萌故營領其衆術遣將紀靈等步騎三萬攻備備求救於布布諸將謂布曰將軍常欲殺備今可假手於術布曰不然術若破備則北連太山諸將吾爲在術圍中不得不救也便嚴步兵千騎二百馳往赴備靈等聞布至皆斂兵不敢復攻布於沛西南一里安屯遣鈴下請靈等靈等亦請布共飲食布謂靈等曰玄德布弟也弟爲諸君所困故來救之布性不喜合鬭但喜解鬭耳布令門候於營門中舉一隻戟布言

諸君觀布射戟小支一發中者諸軍當解去不中可留
決鬭布舉弓射戟正中小支諸將皆驚言將軍天威也
明日復歡會然後各罷術欲結布爲援乃爲子索布女
布許之術遣使韓胤以僭號議告布并求迎婦沛相陳
珪恐術布成婚則徐揚合從將爲國難於是往說布曰
曹公奉迎天子輔讚國政威靈命世將征四海將軍宜
與協同策謀圖太山之安今與術結婚受天下不義之
名必有累卵之危布亦怨術初不已受也女已在塗追
還絕婚械送韓胤梟首許市珪欲使子登詣太祖布不
肯遣會使者至拜布左將軍布大喜卽聽登往并令奉
章謝恩英雄記曰初天子在河東有手筆版書召布來迎布軍無畜積不能自致遣使上書朝廷以布
爲平東將軍封平陶侯使人於山陽界亡失文字太祖又手書厚加慰勞布說起迎天子當平定天下意并詔
書購捕公孫瓚袁術韓暹楊奉等布大喜復遣使上書於天子曰臣本當迎大駕知曹操忠孝奉迎都許臣前
與操交兵今操保傅陛下臣爲外將欲以兵自隨恐有嫌疑是以待罪徐州進退未敢自寧答太祖曰布獲罪
之人分爲誅首手命慰勞厚見褒獎重見購捕袁術等詔書布當以命爲效太祖更遣奉車都尉王則爲使者
齎詔書又封平東將軍印綬來拜布太祖又手書與布曰山陽屯送將軍所失大封國家無好金孤自取家好
金更相爲作印國家無紫綬自取所帶紫綬以藉心將軍所使不良袁術稱天子將軍止之而使不通章朝廷
信將軍使復重上以相明忠誠布乃遣登奉章謝恩并以一好綬答太祖登見太祖因陳布
勇而無計輕於去就宜早圖之太祖曰布狼子野心誠
難久養非卿莫能究其情也卽增珪秩中二千石拜登
廣陵太守臨別太祖執登手曰東方之事便以相付令
登陰合部衆以爲內應始布因登求徐州牧登還布怒
拔戟斫机曰卿父勸吾協同曹公絕婚公路今吾所求
無一獲而卿父子並顯重爲卿所賣耳卿爲吾言其說
云何登不爲動容徐喻之曰登見曹公言待將軍譬如
養虎當飽其肉不飽則將噬人公曰不如卿言也譬如
養鷹饑則爲用飽則揚去其言如此布意乃解術怒與
韓暹楊奉等連勢遣大將張勳攻布布謂珪曰今致術
軍卿之由也爲之柰何珪曰暹奉與術卒合之軍耳策
謀不素定不能相維持子登策之比之連鷄勢不俱棲
可解離也布用珪策遣人說暹奉使與己并力共擊術
軍軍資所有悉許暹奉於是暹奉從之勳大破敗九州春秋載布與暹奉書曰二將軍拔大駕來東有元功於國當
書勳竹帛萬世不朽今袁術造逆當共誅討奈何與賊臣還共伐布布有殺董卓之功與二將軍俱爲功臣可
因今共擊破術建功於天下此時不可失也暹奉得書卽迴計從布布進軍去勳等營百步暹奉兵同時並發
斬十將首殺傷墮水死者不可勝數英雄記曰布後又與暹奉二軍向壽春水陸並進所過虜略到鍾離大獲
而還旣渡淮北留書與術曰足下恃軍彊盛常言猛將武士欲相吞滅每抑止之耳布雖無勇虎步淮南一時
之間足下鼠竄壽春無出頭者猛將武士爲悉何在足下喜爲大言以誣天下天下之人安可盡誣古者兵交
使在其間造策者非布先唱也相去不遠可復相聞布渡畢術自將步騎五千揚兵淮上布騎皆於水北大咍
笑之而還時有東海蕭建爲琅邪相治莒保城自守不與布通布與建書曰天下舉兵本以誅董卓布殺卓
來詣關東欲求兵西迎大駕光復洛京諸將自還相攻

莫肯念國布五原人也去徐州五千餘里乃在天西北角今不來共爭天東南之地莒與下邳相去不遠宜當
共通君如自遂以爲郡郡作帝縣縣自王也昔樂毅攻齊呼吸下齊七十餘城唯莒卽墨二城不下所以然者
中有田單故也布雖非樂毅君亦非田單可取布書與智者詳共議之建得書卽遣主簿齎牋上禮貢良馬五
匹建尋爲臧霸所襲破得建資實布聞之自將步騎向莒高順諫曰將軍躬殺董卓威震夷狄端坐顧眄遠近
自然畏伏不宜輕自出軍如或不捷損名非小布不從霸畏布引還抄暴果登城拒守布不能拔引還下邳霸
後復與布和建安三年布復叛爲術遣高順攻劉備於沛破
之太祖遣夏侯惇救備爲順所敗太祖自征布至其城
下遺布書爲陳禍福布欲降陳宮等自以負罪深沮其
計獻帝春秋曰太祖軍至彭城陳宮謂布宜逆擊之以逸擊勞無不克也布曰不如待其來攻蹙著泗水中
及太祖軍攻之急布於白門樓上謂軍士曰卿曹無相困我自首當明公陳宮曰逆賊曹操何等明公今日降
之若卵投石豈可得全也布遣人求救於術術自將千餘騎出戰敗
走還保城不敢出英雄記曰布遣許汜王楷告急於術術曰布不與我女理自當敗何爲復
來相聞邪汜楷曰明上今不救布爲自敗耳布破明上亦破也術時僭號故呼爲明上術乃嚴兵爲布作聲援
布恐術爲女不至故不遣兵救也以綿纏女身縛著馬上夜自送女出與術與太祖守兵相觸格射不得過復
還城布欲令陳宮高順守城自將騎斷太祖糧道布妻謂曰將軍自出斷曹公糧道是也宮順素不和將軍一
出宮順必不同心共城守也如有蹉跌將軍當如何自立乎願將軍諦計之無爲宮等所誤也妾昔在長安已
爲將軍所棄賴得龐舒私藏妾身耳今不須顧妾也布得妻言愁悶不能自決魏氏春秋曰陳宮謂布曰曹公
遠來勢不能久若將軍以步騎出屯爲勢於外宮將餘衆閉守於內若向將軍宮引兵而攻其背若來攻城將
軍爲救於外不過旬日軍食必盡擊之可破布然之布妻曰昔曹氏待公臺如赤子猶舍而來今將軍厚公臺
不過於曹公而欲委全城捐妻子孤軍遠出若一旦有變妾豈得爲將軍妻哉布乃止術亦不能
救布雖驍猛然無謀而多猜忌不能制御其黨但信諸
將諸將各異意自疑故每戰多敗太祖塹圍之三月上
下離心其將侯成宋憲魏續縛陳宮將其衆降九州春秋曰初
布騎將侯成遣客牧馬十五匹客悉驅馬去向沛城欲歸劉備成自將騎逐之悉得馬還諸將合禮賀成成釀
五六斛酒獵得十餘頭豬未飲食先持半豬五斗酒自入詣布前跪言閒蒙將軍恩逐得所失馬諸將來相賀
自釀少酒獵得豬未敢飲食先奉上微意布大怒曰布禁酒卿釀酒諸將共飲食作兄弟共謀殺布邪成大懼
而去棄所釀酒還諸將禮由是自疑會太祖圍下邳成遂領衆降布與其麾下登白門
樓兵圍急乃下降遂生縛布布曰縛太急小緩之太祖
曰縛虎不得不急也布請曰明公所患不過於布今已
服矣天下不足憂明公將步令布將騎則天下不足定
也太祖有疑色劉備進曰明公不見布之事丁建陽及
董太師乎太祖頷之布因指備曰是兒最叵信者英雄記曰
布謂太祖曰布待諸將厚也諸將臨急皆叛布耳太祖曰卿背妻愛諸將婦何以爲厚布默然獻帝春秋曰布
問太祖明公何瘦太祖曰君何以識孤布曰昔在洛會溫氏園太祖曰然孤忘之矣所以瘦恨不早相得故也
布曰齊桓舍射鉤使管仲相今使布竭股肱之力爲公前驅可乎布縛急謂劉備曰玄德卿爲坐客我爲執虜
不能一言以相寬乎太祖笑曰何不相語而訴明使君乎意欲活之命使寬縛主簿王必趨進曰布勍虜也其
衆近在外不可寬也太祖曰本欲相緩主簿復不聽如之何於是縊殺布布與宮順
等皆梟首送許然後葬之英雄記曰順爲人清白有威嚴不飲酒不受饋遺所將七
百餘兵號爲千人鎧甲具皆精練齊整每所攻擊無不破者名爲陷陳營順每諫布言凡破家亡國非無忠
臣明智者也但患不見用耳將軍舉動不肯詳思輒喜言誤誤不可數也布知其忠然不能用布從郝萌反後

更疏順以親續有內外之親悉奪順所將兵以與續及當攻戰故令順將續所領兵順亦終無恨意太祖
之禽宮也問宮欲活老母及女不宮對曰宮聞孝治天
下者不絕人之親仁施四海者不乏人之祀老母在公
不在宮也太祖召養其母終其身嫁其女魚氏典略曰陳宮字公臺
東郡人也剛直烈壯少與海內知名之士皆相連結及天下亂始隨太祖後自疑乃從呂布爲布畫策布每不
從其計下邳敗軍士執布及宮太祖皆見之與語平生故布有求活之言太祖謂宮曰公臺卿平常自謂智計
有餘今竟何如宮顧指布曰但坐此人不從宮言以至於此若其見從亦未必爲禽也太祖笑曰今日之事當
如何宮曰爲臣不忠爲子不孝死自分也太祖曰卿如是柰卿老母何宮曰宮聞將以孝治天下者不害人之
親老母之存否在明公也太祖曰若卿妻子何宮曰宮聞將施仁政於天下者不絕人之祀妻子之存否亦在
明公也太祖未復言宮曰請出就戮以明軍法遂趨出不可止太祖泣而送之宮不還顧宮死後太祖待其家
皆厚於初陳登者字元龍在廣陵有威名又掎角呂布有功
加伏波將軍年三十九卒後許汜與劉備並在荊州牧
劉表坐表與備共論天下人汜曰陳元龍湖海之士豪
氣不除備謂表曰許君論是非表曰欲言非此君爲善
士不宜虛言欲言是元龍名重天下備問汜君言豪寧
有事邪汜曰昔遭亂過下邳見元龍元龍無客主之意
久不相與語自上大牀臥使客臥下牀備曰君有國士
之名今天下大亂帝主失所望君憂國忘家有救世之
意而君求田問舍言無可采是元龍所諱也何緣當與
君語如小人欲臥百尺樓上臥君於地何但上下牀之
間邪表大笑備因言曰若元龍文武膽志當求之於古
耳造次難得比也先賢行狀曰登忠亮高爽沈深有大略少有扶世濟民之志博覽載籍雅
有文藝舊典文章莫不貫綜年二十五舉孝廉除東陽長養耆育孤視民如傷是時世荒民饑州牧陶謙表登
爲典農校尉乃巡土田之宜盡鑿溉之利秔稻豐積奉使到許太祖以登爲廣陵太守令陰合衆以圖呂布登
在廣陵明審賞罰威信宣布海賊薛州之羣萬有餘戶束手歸命未及期年功化以就百姓畏而愛之登曰此
可用矣太祖到下邳登率郡兵爲軍先驅時登諸弟在下邳城中布乃質執登三弟欲求和同登執意不撓進
圍日急布刺姦張弘懼於後累夜將登三弟出就登布旣伏誅登以功加拜伏波將軍甚得江淮間歡心於是
有吞滅江南之志孫策遣軍攻登於匡琦城賊初到旌甲覆水羣下咸以今賊衆十倍於郡兵恐不能抗可引
軍避之與其空城水人居陸不能久處必尋引去登厲聲曰吾受國命來鎮此土昔馬文淵之在斯位能南平
百越北滅羣狄吾旣不能遏除凶慝何逃寇之爲邪吾其出命以報國仗義以整亂天道與順克之必矣乃閉
門自守示弱不與戰將士銜聲寂若無人登乘城望形勢知其可擊乃申令將士宿整兵器昧爽開南門引軍
詣賊營步騎抄其後賊周章方結陳不得還船登手執軍鼓縱兵乘之賊遂大破皆棄船迸走登乘勝追奔斬
虜以萬數賊忿喪軍尋復大興兵向登登以兵不敵使功曹陳矯求救於太祖登密去城十里治軍營處所令
多取柴薪兩束一聚相去十步縱橫成行令夜俱起火火然其聚城上稱慶若大軍到賊望火驚潰登勒兵追
奔斬首萬級遷登爲東城太守廣陵吏民佩其恩德共拔郡隨登老弱繈負而追之登曉語令還曰太守在卿
郡頻致吳寇幸而克濟諸卿何患無令君乎孫權遂跨有江外太祖每臨大江而歎恨不早用陳元龍計而令
封豕養其爪牙文帝追美登功拜登息肅爲郎中
臧洪字子源廣陵射陽人也父旻歷匈奴中郎將中山
太原太守所在有名謝承漢書曰旻有幹事才達於從政爲漢良吏初從徐州從事辟司
徒府除盧奴令冀州舉尤異遷揚州刺史丹陽太守是時邊方有警羌胡出寇三府舉能遷旻匈奴中郎將討

賊有功徵拜議郎還京師見太尉袁逢逢問其西域諸國土地風俗人物種數旻具答言西域本三十六國後
分爲五十五稍散至百餘國其國大小道里近遠人數多少風俗燥溼山川草木鳥獸異物各種不與中國同
者悉口陳其狀手畫地形逢奇其才歎息言雖班固作西域傳何以加此旻轉拜長水校尉終太原太守洪
體貌魁梧有異於人舉孝廉爲郎時選三署郎以補縣
長琅邪趙昱爲莒長東萊劉繇下邑長東海王朗菑丘
長洪卽丘長靈帝末棄官還家太守張超請洪爲功曹
董卓殺帝圖危社稷洪說超曰明府歷世受恩兄弟並
據大郡今王室將危賊臣未梟此誠天下義烈報恩效
命之秋也今郡境尚全吏民殷富若動枹鼓可得二萬
人以此誅除國賊爲天下倡先義之大者也超然其言
與洪西至陳留見兄邈計事邈亦素有心會于酸棗邈
謂超曰聞弟爲郡守政教威恩不由己出動任臧洪洪
者何人超曰洪才略智數優超超甚愛之海內奇士也
邈卽引見洪與語大異之致之於劉兗州公山孔豫州
公緒皆與洪親善乃設壇場方共盟誓諸州郡更相讓
莫敢當咸共推洪洪乃升壇操槃歃血而盟曰漢室不
幸皇綱失統賊臣董卓乘釁縱害禍加至尊虐流百姓
大懼淪喪社稷剪覆四海兗州刺史岱豫州刺史伷陳
留太守邈東郡太守瑁廣陵太守超等糾合義兵並赴
國難凡我同盟齊心戮力以致臣節殞首喪元必無二
志有渝此盟俾墜其命無克遺育皇天后土祖宗明靈
實皆鑒之洪辭氣慷慨涕泣橫下聞其言者雖卒伍廝
養莫不激揚人思致節臣松之案于時此盟止有劉岱等五人而已魏氏春秋橫內劉
表等數人皆非事實表保據江漢身未嘗出境何由得與洪同壇而盟乎頃之諸軍莫適先
進而食盡衆散超遣洪詣大司馬劉虞謀值公孫瓚之
難至河閒遇幽冀二州交兵使命不達而袁紹見洪又
奇重之與結分合好會青州刺史焦和卒紹使洪領青
州以撫其衆九州春秋曰初平中焦和爲青州刺史是時英雄並起黃巾寇暴和務及同盟俱入
京畿不暇爲民保障引軍踰河而西未久而袁曹二公與卓將戰於滎陽敗績黃巾遂廣暴亂城邑和不能禦
然軍器尚利戰士尚衆而耳目偵邏不設恐動之言妄至望寇奔走未嘗接風塵交旗鼓也欲作陷冰丸沈河
令賊不得渡禱祈羣神求用兵必利蓍筮常陳於前巫祝不去於側入見其清談干雲出則渾亂命不可知州
遂蕭條悉爲丘墟也洪在州二年羣盜奔走紹歎其能徙爲東郡
太守治東武陽太祖圍張超於雍丘超言唯恃臧洪當
來救吾衆人以爲袁曹方睦而洪爲紹所表用必不敗
好招禍遠來赴此超曰子源天下義士終不背本者但
恐見禁制不相及逮耳洪聞之果徒跣號泣並勒所領
兵又從紹請兵馬求欲救超而紹終不聽許超遂族滅
洪由是怨紹絕不與通紹興兵圍之歷年不下紹令洪
邑人陳琳書與洪喻以禍福責以恩義洪答曰隔闊相
思發於寤寐幸相去步武之間耳而以趣舍異規不得

相見其爲愴恨可爲心哉前日不遺比辱雅貺述叙禍福公私切至所以不卽奉答者旣學薄才鈍不足塞詰亦以吾子攜負側室息肩主人家在東州僕爲仇敵以是事人雖披中情墮肝膽猶身疏有罪言甘見怪方首尾不救何能恤人且以子之才窮該典籍豈將闇於大道不達余趣哉然猶復云云者僕以是知足下之言信不由衷將以救禍也必欲算計長短辯諮是非是非之論言滿天下陳之更不明不言無所損又言傷告絕之義非吾所恐行也是以捐棄紙筆一無所答亦冀遙忖其心知其計定不復渝變也重獲來命援引古今紛紜六紙雖欲不言焉得已哉僕小人也本因行役寇竊大州恩深分厚寧樂今日自還接刃每登城勒兵望主人之旗鼓感故友之周旋撫弦搦矢不覺流涕之覆面也何者自以輔佐主人無以爲悔主人相接過絕等倫當受任之初自謂究竟大事共尊王室豈悟天子不悅本州見侵郡將遘牖里之厄陳留克創兵之謀謀計棲遲喪忠孝之名杖策攜背虧交友之分揆此二者與其不得已喪忠孝之名與虧交友之道輕重殊塗親疏異畫故便收淚告絕若使主人少垂故人住者側席去者克己不汲汲於離友信刑戮以自輔則僕抗季札之志不爲今日之戰矣何以效之昔張景明親登壇喢血奉辭奔走卒使韓牧讓印主人得地然後但以拜章朝主賜爵獲傳之故旋時之間不蒙觀過之貸而受夷滅之禍臣松之案英雄記云袁紹使張景明郭公則高元才等說韓馥使讓冀州然馥之讓位景明亦有其功其餘之事未詳呂奉先討卓來奔請兵不獲告去何罪復見斫刺濱于死亡劉子璜奉使踰時辭不獲命畏威懷親以詐求歸可謂有志忠孝無損霸道者也然輒僵斃麾下不蒙虧除臣松之案公孫瓚表列紹罪過云紹與故虎牙將軍劉勳首共造兵勳仍有效而以小忿枉害於勳紹罪七也疑此是子璜也僕雖不敏又素不能原始見終覩微知著竊度主人之心豈謂三子宜死罰當刑中哉實且欲一統山東增兵討讐懼戰士狐疑無以沮勸故抑廢王命以崇承制慕義者蒙榮待放者被戮此乃主人之利非游士之願也故僕鑒戒前人困窮死戰僕雖下愚亦嘗聞君子之言矣此實非吾心也乃主人招焉凡吾所以背棄國民用命此城者正以君子之違不適敵國故也是以獲罪主人見攻踰時而足下更引此義以爲吾規無乃辭同趨異非吾子所爲休戚者哉吾聞之也義不背親忠不違君故東宗本州以爲親援中扶郡將以安社稷一舉二得以徽忠孝何以爲非而足下欲使吾輕本破家均君主人主人之於我也年爲吾兄分爲篤友道乖告去以安君親可謂順矣若子之言則包胥宜致命於伍員不當號哭於秦庭矣苟區區於攘患不知言乖乎道理矣足下或者見城圍不解救兵未至感婚姻之義惟平生之好以屈節而苟生勝守義而傾覆也昔晏嬰不降志於白刃南史不曲筆以求生故身著圖象名垂後世況僕據金城之固驅士民之力散三年之畜以爲一年之資匡困補乏以悅天下何圖築室反耕哉但懼秋風揚塵伯珪馬首南向張揚飛燕膂力作難北鄙將告倒縣之急股肱奏乞歸之誠耳主人當鑒我曹輩反旌退師治兵鄴垣何宜久辱盛怒暴威於吾城下哉足下譏吾恃黑山以爲救獨不念黃巾之合從邪加飛燕之屬悉以受王命矣昔高祖取彭越於鉅野光武創基兆於綠林卒能龍飛中興以成帝業苟可輔主興化夫何嫌哉況僕親奉承璽書與之從事行矣孔璋足下徼利於境外臧洪授命於君親吾子託身於盟主臧洪策名於長安子謂余身死而名滅僕亦笑子生死而無聞焉悲哉本同而末離努力努力夫復何言紹見洪書知無降意增兵急攻城中糧穀以盡外無彊救洪自度必不免呼吏士謂曰袁氏無道所圖不軌且不救洪郡將洪於大義不得不死念諸君無事空與此禍可先城未敗將妻子出將吏士民皆垂泣曰明府與袁氏本無怨隙今爲本朝郡將之故自致殘困吏民何忍當舍明府去也初尚掘鼠煮筋角後無可復食者主簿啓內廚米三斗請中分稍以爲糜粥洪歎曰獨食此何爲使作薄粥衆分歠之殺其愛妾以食將士將士咸流涕無能仰視者男女七八千人相枕而死莫有離叛城陷紹生執洪紹素親洪盛施帷幔大會諸將見洪謂曰臧洪何相負若此今日服未洪據地瞋目曰諸袁事漢四世五公可謂受恩今王室衰弱無扶翼之意欲因際會希冀非望多殺忠良以立姦威洪親見呼張陳留爲兄則洪府君亦宜爲弟同共戮力爲國除害何爲擁衆觀人屠滅惜洪力劣不能推刃爲天下報仇何謂服乎紹本愛洪意欲令屈服原之見洪辭切知終不爲己用乃殺之徐衆三國評曰洪敦天下名義救舊君之危其恩足以感人情義足以勵薄俗然袁亦知己親友致位州郡雖非君臣且實盟主旣受其命義不應貳袁曹方睦夾輔皇室呂布反覆無義志在逆亂而邈超擅立布爲州牧其於王法乃一罪人也曹公討之袁氏弗救未爲非理也洪本不當就袁請兵又不當還爲怨讐爲洪計者苟力所不足可奔他國以求赴救若謀力未展以待事機則宜徐更觀釁效死於超何必誓守窮城而無變通身死殄民功名不立良可哀也洪邑人陳容少爲書生親慕洪隨洪爲東郡丞城未敗洪遣出紹令在坐見洪當死起謂紹曰將軍舉大事欲爲天下除暴而專先誅忠義豈合天意臧洪發舉爲郡將奈何殺之紹慙左右使人牽出謂曰汝非臧洪儔空復爾爲容顧曰夫仁義豈有常蹈之則君子背之則小人今日寧與臧洪同日而死不與將軍同日而生復見殺在紹坐者無不歎息竊相謂曰如何一日殺二烈士先是洪遣司馬二人出求救於呂布比還城已陷皆赴敵死

評曰呂布有虓虎之勇而無英奇之略輕狡反覆唯利是視自古及今未有若此不夷滅也昔漢光武謬於龐萌近魏太祖亦蔽於張邈知人則哲唯帝難之信矣陳登臧洪並有雄氣壯節登降年夙隕功業未遂洪以兵弱敵彊烈志不立惜哉

魏志卷七考證

呂布以驍武給并州刺史丁原爲騎都尉屯河內以布爲主簿○何焯曰爲騎都尉上當更有一原字

張邈勳大破敗注造策者非布先唱也○造策元本作告策

又注霸畏布引還抄暴○何焯曰疑作畏布抄暴衍引還二字

布遣人求救于術術自將千餘騎出戰敗走○臣明楷按此二句應作布遣人求救于術自將千餘騎出戰下術字疑衍

然後葬之注鎧甲鬬具皆精練齊整○監本鬬誤作鬭今改正

臧洪洪在州二年羣盜奔走紹歎其能○後漢書作紹憚其能

不蒙虧除注紹與故虎牙將軍劉勳○監本訛作劉動今改正

魏志卷八

晉著作郎巴西中正安漢陳壽撰

宋太中大夫國子博士聞喜裴松之注

公孫瓚 陶謙 張楊

公孫度子康 康子晃 淵 康弟恭

張燕 張繡 張魯

公孫瓚字伯珪遼西令支人也令音郎定反支音其兒反爲郡門下書佐有姿儀大音聲故太守器之以女妻焉典略曰瓚性辯慧每白事不肯稍入常總說數曹事無有忘誤太守奇其才遣詣涿郡盧植讀經後復爲郡吏劉太守坐事徵詣廷尉瓚爲御車身執徒養及劉從日南瓚具米肉於北芒上祭先人舉觴祝曰昔爲人子今爲人臣當詣日南日南瘴氣或恐不還與先人辭於此再拜慷慨而起時見者莫不歔欷劉道得赦還瓚以孝廉爲郎除遼東屬國長史嘗從數十騎出行塞見鮮卑數百騎瓚乃退入空亭中約其從騎曰今不衝之則死盡矣瓚乃自持矛兩頭施刃馳出刺胡殺傷數十人亦亡其從騎半遂得免鮮卑懲艾後不敢復入塞遷爲涿令光和中涼州賊起發幽州突騎三千人假瓚都督行事傳使將之軍到薊中漁陽張純誘遼西烏丸丘力居等叛劫略薊中自號將軍九州春秋曰純自號彌天將軍安定王略吏民攻右北平遼西屬國諸城所至殘破瓚將所領追討純等有功遷騎都尉屬國烏丸貪至王率種人詣瓚降遷中郎將封都亭侯進屯屬國與胡相攻擊五六年丘力居等鈔略青徐幽冀四州被其害瓚不能禦朝議以宗正東海劉伯安旣有德義昔爲幽州刺史恩信流著戎狄附之若使鎭撫可不勞衆而定乃以劉虞爲幽州牧吳書曰虞東海恭王之後也遭世衰亂又與時主疏遠仕縣爲戶曹吏以能治身奉職召爲郡吏以孝廉爲郎累遷至幽州刺史轉甘陵相甚得東土戎狄之心後以疾歸家常降身隱約與邑黨州閭同樂共卹等齊有無不以名位自殊鄉曲咸共宗之時鄉曲有所訴訟不以詣吏自投虞平之虞以情理爲之論制皆大小敬從不以爲恨嘗有失牛者骨體毛色與虞牛相似因以爲是虞牛虞便推與之後主自得本牛乃還謝罪會甘陵復亂吏民思虞治行復以爲甘陵相甘陵大治徵拜尚書令光祿勳以公族有禮更爲宗正英雄記曰虞爲博平令治正推平高尚純樸境內無盜賊災害不生時鄰縣接壤蝗蟲爲害至博平界飛過不入魏書曰虞在幽州清靜儉約以禮義化民靈帝時南宮災吏遷補州郡者皆責助治宮錢或一千萬或二千萬富者以私財辦或發民錢以備之貧而清慎者無以充調或至自殺靈帝以虞清貧特不使出錢虞到遣使至胡中告以利害責使送純首丘力居等聞虞至喜各遣譯自歸瓚害虞有功乃陰使人徼殺胡使胡知其情間行詣虞虞上罷諸屯兵但留瓚將步騎萬人屯右北平純乃棄妻子逃入鮮卑爲其客王政所殺送首詣虞封政爲列侯虞以功卽拜太尉封襄賁侯英雄記曰虞讓太尉因薦衞尉趙謨益州牧劉焉豫州牧黃琬南陽太守羊續並任爲公會董卓至洛陽遷虞大司馬瓚奮武將軍封薊侯關東義兵起卓遂劫帝西遷徵虞爲太傅道路隔塞信命不得至袁紹韓馥議以爲少帝制於姦臣天下無所歸心虞宗室知名民之望也遂推虞爲帝遣使詣虞虞終不肯受紹等復勸虞領尚書事承制封拜虞又不聽然猶與紹等連和九州春秋曰紹馥使故樂浪太守甘陵張岐齎議詣虞使卽尊號虞厲聲呵岐曰卿敢出此言乎忠孝之道旣不能濟孤受國恩天下擾亂未能竭命以除國恥望諸州郡烈義之士勠力西面援迎幼主而乃妄造逆謀欲塗汚忠臣邪吳書曰馥以書與袁術云帝非孝靈子欲依絳灌誅廢少主迎立代王故事稱虞功德治行華夏少二當今公室枝屬皆莫能及又云昔光武去定王五世以大司馬領河北耿弇馮異勸卽尊號卒代更始今劉公自恭王枝別其數亦五以大司馬領幽州牧此其與光武同是時有四星會于箕尾馥稱讖云神人將在燕分又言濟陰男子

王定得玉印，文曰「虞爲天子」，又見兩日出於代郡，謂虞當代立。紹又別書報術。是時術陰有不臣之心，不利國家有長主，外託公義以答拒之。紹亦使人私報虞，虞以國有正統，非人臣所宜言，固辭不許；乃欲圖奔匈奴以自絕，紹等乃止。虞於是奉職脩貢，愈益恭肅；諸外國羌胡有所貢獻，道路不通，皆爲傳送，致之京師。

虞子和爲侍中，在長安。天子思東歸，使和僞逃卓，潛出武關詣虞，令將兵來迎。和道經袁術，爲說天子意。術利虞爲援，留和不遣，許兵至俱西，令和爲書與虞。虞得和書，乃遣數千騎詣和。瓚知術有異志，不欲遣兵，止虞，虞不可。瓚懼術聞而怨之，亦遣其從弟越將千騎詣術以自結，而陰教術執和，奪其兵，由是虞、瓚益有隙。和逃術來北，復爲紹所留。是時術遣孫堅屯陽城拒卓，紹使周昂奪其處。術遣越與堅攻昂，不勝，越爲流矢所中死。瓚怒曰：「余弟死，禍起於紹。」遂出軍屯磐河，將以報紹。紹懼，以所佩勃海太守印綬授瓚從弟範，遣之郡，欲以結援。範遂以勃海兵助瓚，破青、徐黃巾，兵益盛；進軍界橋。

典略載瓚表紹罪狀曰：「臣聞皇羲以來，始有君臣上下之事，張化以導民，刑罰以禁暴。今行車騎將軍袁紹，託其先軌，寇竊人爵，既性暴亂，厥行淫穢。昔爲司隸校尉，會值國家喪禍之際，太后承攝，何氏輔政，紹專爲邪媚，不能舉直，至令丁原焚燒孟津，招來董卓，造爲亂根，紹罪一也。卓既入雒而主見質，紹不能權謀以濟君父，而棄置節傳，迸竄逃亡，忝辱爵命，背上不忠，紹罪二也。紹爲勃海，當攻董卓，而默選戎馬，不告父兄，至使太傅門戶，太僕母子，一旦而斃，不仁不孝，紹罪三也。紹既興兵，涉歷二年，不恤國難，廣自封殖，乃多以資糧專爲不急，割剝富室，收考責錢，百姓吁嗟，莫不痛怨，紹罪四也。韓馥之迫，竊其虛位，矯命詔恩，刻金印玉璽，每下文書，皁囊施檢，文曰『詔書一封，邟鄉侯印』。昔新室之亂，漸以卽眞，今紹所施，擬而方之，紹罪五也。紹令崔巨業候視星日，財貨賂遺，與共飲食，剋期會合，攻鈔郡縣，此豈大臣所當宜爲？紹罪六也。紹與故虎牙都尉劉勳首共造兵，勳仍有效，又降服張楊，而以小忿枉害于勳，信用讒慝，殺害有功，紹罪七也。紹又上故上谷太守高焉、故甘陵相姚貢，橫責其錢，錢不備畢，二人并命，紹罪八也。春秋之義，子以母貴。紹母親爲婢使，紹實微賤，不可以爲人後，以義不宜，乃據豐隆之重，任忝汙王爵，損辱袁宗，紹罪九也。又長沙太守孫堅，前領豫州刺史，驅走董卓，掃除陵廟，其功莫大；紹令周昂盜居其位，斷絕堅糧，令不得入，使卓不被誅，紹罪十也。臣又每得後將軍袁術書，云紹非術類也。紹之罪戾，雖南山之竹不能載。昔姬周政弱，王道陵遲，天子遷都，諸侯背叛，於是齊桓立柯亭之盟，晉文爲踐土之會，伐荊楚以致菁茅，誅曹衞以彰無禮。臣雖闒茸，名非先賢，蒙被朝恩，當此重任，職在鈇鉞，奉辭伐罪，輒與諸將州郡兵討紹等。若事克捷，罪人斯得，庶續桓文忠誠之效，攻戰形狀，前後續上。」遂興兵與紹對戰，紹不勝。

紹以嚴綱爲冀州，田楷爲青州，單經爲兗州，置諸郡縣。紹軍廣川，令將麴義先登與瓚戰，生禽綱。瓚軍敗走勃海，與範俱還薊，於大城東南築小城，與虞相近，稍相恨望。虞懼瓚爲變，遂舉兵襲瓚。虞爲瓚所敗，出奔居庸。瓚攻拔居庸，生獲虞，執虞還薊。會卓死，天子遣使者段訓增虞邑，督六州；瓚遷前將軍，封易侯。瓚誣虞欲稱尊號，脅訓斬虞。

魏氏春秋曰：初，劉虞和輯戎狄，瓚以胡夷難御，當因不賓而討之，今加財賞，必益輕漢，效一時之名，非久長深慮。故虞所賞賜，瓚輒鈔奪。虞數請會，稱疾不往。至是戰敗，虞欲討之，告東曹掾右北平魏攸。攸曰：「今天下引領，以公爲歸，謀臣爪牙，不可無也。瓚文武才力足恃，雖有小惡，固宜容忍。」乃止。後一年，攸病死。虞又與官屬議，密令衆襲瓚。瓚部曲放散在外，自懼敗，掘東城門欲走。虞兵無部伍，不習戰，又愛民屋，敕令勿燒，故瓚得放火，因以精銳衝突。虞衆大潰，奔居庸城。瓚攻及家屬以還，殺害州府，衣冠善士殆盡。典略曰：瓚暴虞於市而祝曰：「若應爲天子者，天當降雨救之。」時盛暑，竟日不雨，遂殺虞。英雄記曰：虞之見殺，故常山相孫瑾、掾張逸、張瓚等忠義奮發，相與就虞，罵瓚極口，然後同死。

瓚上訓爲幽州刺史。瓚遂驕矜，記過忘善，多所賊害。

英雄記曰：瓚統內外，衣冠子弟有材秀者，必抑困使在窮苦之地。或問其故，答曰：「今取衣冠家子弟及善士富貴之，皆自以爲職當得之，不謝人善也。」所寵遇驕恣者，類多庸兒，若故卜數師劉緯臺、販繒李移子、賈人樂何當等三人，與之定兄弟之誓，自號爲伯，謂三人者爲仲叔季，富皆巨億，或取其女以配己子，常稱古者曲周、灌嬰之屬以譬也。

虞從事漁陽鮮于輔、齊周、騎都尉鮮于銀等，率州兵欲報瓚，以燕國閻柔素有恩信，共推柔爲烏丸司馬。柔招誘烏丸、鮮卑，得胡漢數萬人，與瓚所置漁陽太守鄒丹戰于潞北，大破之，斬丹。袁紹又遣麴義及虞子和，將兵與輔合擊瓚。瓚軍數敗，乃走還易京固守。

英雄記曰：先是有童謠曰：「燕南垂，趙北際，中央不合大如礪，惟有此中可避世。」瓚以易當之，乃築京固守。瓚別將有爲敵所圍，義不救也。其言曰：「救一人，使後將恃救不力戰；今不救此，後將當念在自勉。」是以袁紹始北擊之時，瓚南界上別營自度守則不能自固，又知必不見救，是以或自殺其將帥，或爲紹兵所破，遂令紹軍徑至其門。臣松之以爲童謠之言，無不皆驗；至如此記，似若無徵。謠言之作，蓋令瓚終始保易，無事遠略。而瓚因破黃巾之威，意志張遠，遂置三州刺史，圖滅袁氏，所以致敗也。

爲圍塹十重，於塹裏築京，皆高五六丈，爲樓其上；中塹爲京，特高十丈，自居焉，積穀三百萬斛。

英雄記曰：瓚諸將家家各作高樓，樓以千計。瓚作鐵門，居樓上，屏去左右，婢妾侍側，汲上文書。

瓚曰：「昔謂天下事可指麾而定，今日視之，非我所決，不如休兵，力田畜穀。兵法，百樓不攻。今吾樓櫓千重，食盡此穀，足知天下之事矣。」欲以此弊紹。紹遣將攻之，連年不能拔。

漢晉春秋曰：袁紹與瓚書曰：「孤與足下，既有前盟舊要，申之以討亂之誓，愛過夷、叔，分著丹青，謂爲旅力同軌，足踐齊、晉，故解印釋紱，以北帶南，分割膏腴，以奉執事，此非孤赤情之明驗邪？豈寤足下棄烈士之高義，尋禍亡之險蹤，輒而改慮，以好易怨，盜遣士馬，犯暴豫州。始聞甲卒在南，親臨戰陣，懼於飛矢迸流，狂刃橫集，以重足下之禍，徙增孤子之咎也，故爲薦書懇惻，冀可改悔。而足下超然自逸，矜其威詐，謂天罔可吞，豪雄可滅，果令貴弟殞於鋒刃之端，斯言猶在於耳，而足下曾不尋討禍源，克心罪己，苟欲逞其無疆之怒，不顧逆順之津，匿怨害民，騁於余躬，遂躍馬控弦，處我疆土，毒遍生民，辜延白骨。孤辭不獲已，以登界橋之役。是時足下兵氣霆震，駿馬電發；僕師徒肇合，機械不嚴，彊弱殊科，衆寡異論，假天之助，小戰大克，遂陵躡奔背，因壘館穀，此非天威棐諶，福豐有禮之符表乎？足下志猶未厭，乃復糾合餘燼，率我蛑賊，以焚燒勃海。孤又不獲寧，用及龍河之師。羸兵前誘，大軍未濟，而足下膽破衆散，不鼓而敗，兵衆擾亂，君臣並奔。此又足下之爲，非孤之咎也。自此以後，禍隙彌深，孤之師旅，不勝其忿，遂至積尸爲京，頭顱滿野，愍彼無辜，未嘗不慨然失涕也。後比得足下書，辭意婉約，有改往脩來之言。僕既欣於舊好克復，且愍兆民之不寧，每輒引師南駕，以順簡書。弗盈一時，而北邊羽檄之文，未嘗不至。孤是用痛心疾首，靡所錯情。夫處三軍之帥，當列將之任，宜令怒如嚴霜，喜如時雨，臧否好惡，坦然可觀。而足下二三其德，彊弱易謀，急則曲躬，緩則放逸，行無定端，言無質要，爲壯士者固若此乎！既乃殘殺老弱，幽土憤怨，衆叛親離，孑然無黨。又烏丸、濊貊，皆足下同州，僕與之殊俗，各奮迅激怒，爭爲鋒銳；又東西鮮卑，舉踵來附。此非孤德所能招，乃足下驅而致之也。夫當荒危之世，處干戈之險，內違同盟之誓，外失戎狄之心，兵興州壤，禍發蕭牆，將以定霸，不亦難乎！前以西山陸梁，出兵平討，會麴義餘殘，畏誅逃命，故遂住大軍，分兵撲蕩，此兵孤之前行，乃界橋搴旗拔壘，先登制敵者也。始聞足下鐫金紆紫，命以元帥，謂當因茲奮發，以報孟明之恥，是故戰夫引領，竦望旌旆，怪遂含光匿影，寂爾無聞，卒臻屠滅，相爲惜之。夫有平天下之怒，希長世之功，權御師徒，帶養戎馬，叛者無討，服者不收，威懷並喪，何以立名？今舊京克復，天罔云補，罪人斯亡，忠幹翼化，華夏儼然，望於穆之作，將戢干戈，放散牛馬，足下獨何守區區之士，保軍內之廣，甘惡名以速朽，亡令德之久長？壯而籌之，非良策也。宜釋憾除嫌，敦我舊好。若斯言之玷，皇天是聞。」瓚不答，而增脩戎備。謂關靖曰：「當今四方虎爭，無有能坐吾城下相守經年者明矣，袁本初其若我何！」

建安四年，紹悉軍圍之。瓚遣子求救於黑山賊，復欲自將突騎直出，傍西南山，擁黑山之衆，陸梁冀州，橫斷紹後。長史關靖說瓚曰：「今將軍將士，皆已土崩瓦解，其所以能相守持者，顧戀其居處老小，以將軍爲主耳。將軍堅守曠日，袁紹要當自退；自退之後，四方之衆必復可合也。若將軍今舍之而去，軍無鎭重，易京之危，可立待也。將軍失本，孤在草野，何所成邪！」瓚遂止不出。

英雄記曰：關靖字士起，太原人。本酷吏也，諂而無大謀，特爲瓚所信幸。

救至，欲內外擊紹。遣人與子書，刻期兵至，舉火爲應。

典略曰：瓚遣行人文則齎書告子續曰：「袁氏之攻，似若神鬼，鼓角鳴於地中，梯衝舞吾樓上。日窮月蹙，無所聊賴。汝當碎首於張燕，速致輕騎，到者當起烽火於北，吾當從內出。不然，吾亡之後，天下雖廣，汝欲求安足之地，其可得乎！」獻帝春秋曰：瓚夢薊城崩，知必敗，乃遣間使與續書。紹候者得之，使陳琳更其書曰：「蓋聞在昔衰周之世，僵尸流血，以爲不然，豈意今日身當其衝！」其餘語與典略所載同。

紹候者得其書，如期舉火。瓚以爲救兵至，遂出欲戰。紹設伏擊，大破之，復還守。紹爲地道，突壞其樓，稍至中京。

英雄記曰：袁紹分部攻者掘地爲道，穿穴其樓下，稍稍施木柱之，度足達半，便燒所施之柱，樓輒傾倒。

瓚自知必敗，盡殺其妻子，乃自殺。

漢晉春秋曰：關靖曰：「前若不止將軍，未必不濟。吾聞君子陷人於危，必同其難，豈可獨生乎！」乃策馬赴紹軍而死。紹悉送其首於許。

鮮于輔將其衆奉王命。以輔爲建忠將軍，督幽州六郡。太祖與袁紹相拒於官渡，閻柔遣使詣太祖受事，遷護烏丸校尉。而輔身詣太祖，拜左度遼將軍，封亭侯，遣還鎭撫本州。

魏略曰：輔從太祖於官渡。袁紹破走，太祖喜，顧謂輔曰：「前歲本初送公孫瓚頭來，孤自視忽然耳，而今克之，此既天意，亦二三子之力。」

太祖破南皮，柔將部曲及鮮卑獻名馬以奉軍，從征三郡烏丸，以功封關內侯。

魏略曰：太祖甚愛閻柔，每謂之曰：「我視卿如子，亦欲卿視我如父也。」柔由此自託於五官將，如兄弟。

輔亦率其衆從。文帝踐阼，拜輔虎牙將軍，柔度遼將軍，皆進封縣侯，位特進。

陶謙字恭祖，丹楊人。

吳書曰：謙父，故餘姚長。謙少孤，始以不羈聞於縣中。年十四，猶綴帛爲幡，乘竹馬而戲，邑中兒僮皆隨之。故蒼梧太守同縣甘公出遇之塗，見其容貌，異而呼之，住車與語，甚悅，因許妻以女。甘公夫人聞之，怒曰：「妾聞陶家兒敖戲無度，如何以女許之？」公曰：「彼有奇表，長必大成。」遂妻之。

少好學，爲諸生，仕州郡，舉茂才，除盧令，

吳書曰：謙性剛直，有大節，少察孝廉，拜尚書郎，除舒令。郡守張磐，同郡先輩，與謙父友，意殊親之，而謙恥爲之屈。與衆還城，因以公事進見，坐罷，磐常私還入與謙飲宴，或拒不爲留。常以舞屬謙，謙不爲起，固彊之，乃舞，舞又不轉。磐曰：「不當轉邪？」曰：「不可轉，轉則勝人。」由是不樂，卒以搆隙。謙在官清白，無以糾舉，祠靈星，有贏錢五百，欲以臧之。謙委官而去。

遷幽州刺史，徵拜議郎，參車騎將軍張溫軍事，西討韓遂。

吳書曰：會西羌寇邊，皇甫嵩爲征西將軍，表請武將。召拜謙揚武都尉，與嵩征羌，大破之。後邊章、韓遂爲亂，司空張溫銜命征討；又請謙爲參軍事，接遇甚厚，而謙輕其行事，心懷不服。及軍罷還，百寮高會，溫屬謙行酒，謙衆辱溫。溫怒，徙謙於邊。或說溫曰：「陶恭祖本以材略見重於公，一朝以醉飲過失，不蒙容貸，遠棄不毛，厚德不終，四方人士安所歸望！不如釋憾除恨，克復初分，於以遠聞德美。」溫然其言，乃追還謙。謙至，或人謂謙曰：「足下輕辱三公，罪自己作，今蒙釋宥，德莫厚矣；宜降志卑辭以謝之。」謙曰：「諾。」又謂溫曰：「陶恭祖今深自罪責，思在變革。謝天子禮畢，必詣公門。公宜見之，以慰其意。」時溫於宮門見謙，謙仰曰：「謙自謝朝廷，豈爲公邪？」溫曰：「恭祖癡病尚未除邪？」遂爲之置酒，待之如初。

會徐州黃巾起，以謙爲徐州刺史，擊黃巾，破走之。董卓之亂，州郡起兵，天子都長安，四方斷絕，謙遣使間行致貢獻，遷安東將軍、徐州牧，封溧陽侯。是時，徐州百姓殷盛，穀米豐贍，流民多歸之。而謙背道任情：廣陵太守琅邪趙昱，徐方名士也，以忠直見疏；

謝承漢書曰：昱年十三，母嘗病，經涉三月。昱慘戚消瘠，至目不交睫，握粟出卜，祈禱泣血，鄉黨稱其孝。就處士東莞綦毋君受公羊傳，兼該羣業。至歷年潛志，不闚園圃，親疏希見其面。時入定省父母，須臾卽還。高絜廉正，抱禮而立，清英儼恪，莫干其志；旌善以興化，殫邪以矯俗。州郡請召，常稱病不應。國相檀謨、陳遵共召，不起；或興盛怒，終不迴意。舉孝廉，除莒長，宣揚五教，政爲國表。會黃巾作亂，陸梁五郡，郡縣發兵，以爲先辦。徐州刺史巴祇表功第一，當受遷賞，昱深以爲恥，委官還家。徐州牧陶謙初辟別駕從事，辭疾遜遁。謙重令揚州從事會稽吳範宣旨，昱守意不移；欲威以刑罰，然後乃起。舉茂才，遷廣陵太守。賊笮融從臨淮見討，迸入郡界，昱將兵拒戰，敗績見害。

曹宏等讒慝小人也，謙親任之。刑政失和，良善多被其害，由是漸亂。下邳闕宣自稱天子，謙初與合從寇鈔，後遂殺宣，并其衆。初平四年，太祖征謙，攻拔十餘城，至彭城大戰。謙兵敗走，死者萬數，泗水爲之不流。謙退守郯。太祖以糧少引軍還。

吳書曰：曹公父於泰山被殺，歸咎於謙。欲伐謙而畏其彊，乃表令州郡一時罷兵。詔曰：「今海內擾攘，州郡起兵，征夫勞瘁，寇難未弭，或將吏不良，因緣討捕，侵侮黎民，離害者衆；風聲流聞，震蕩城邑，丘牆懼於橫暴，貞良化爲羣惡，此何異乎抱薪救焚，扇火止沸哉！今四民流移，託身他方，攜白首於山野，棄稚子於溝壑，顧故鄉而哀歎，向阡陌而流涕，饑厄困苦，亦已甚矣。雖悔往者之迷謬，思奉教於今日，然兵連衆結，鋒鏑一交，朝解夕散，見係虜是，以阻兵屯據，欲止而不敢散也。詔書到，其各罷遣甲士，還親農桑，惟留常員吏以供官署，慰示遠近，咸使聞知。」謙被詔，乃上書曰：「臣聞懷遠柔服，非德不集；克難平亂，非兵不濟。是以涿鹿、阪泉、三苗之野有五帝之師，昆吾、商奄、四國之伐有王者之旅。自古在昔，未有不揚威以弭亂，震武以止暴者也。臣前初以黃巾亂治，受策長驅，匪遑啓處。雖憲章勑戒，奉宣威靈，敬行天誅，每伐輒克，然妖寇類衆，殊不畏死，父兄殲殪，子弟羣起，治屯連兵，至今爲患。若承命解甲，弱國自虛，釋武備以資亂，損官威以益寇。今日兵罷，明日難必至，上忝朝廷寵授之本，下令羣凶日月滋蔓，非所以彊幹弱枝，遏惡止亂之務也。臣雖愚蔽，忠恕不昭，抱恩念報，所不忍行。輒勒部曲，申令警備，出芟彊寇，惟力是視。入宣德澤，躬奉職事，冀效微勞，以贖罪負。」又曰：「華夏沸擾，于今未弭，包茅不入，職貢多闕，寤寐憂歎，無日敢寧。誠思貢獻必至，萬蓋獲通，然後銷鋒解甲，臣之願也。臣前調穀百萬斛，已在水次，輒勑兵衞送。」曹公得謙上事，知不罷兵，乃進攻彭城，多殺人民。謙引兵擊之，青州刺史田楷亦以兵救謙。公引兵還。臣松之案此時天子在長安，曹公尚未秉政。罷兵之詔，不得由曹氏出。

興平元年，復東征，略定琅邪、東海諸縣。謙恐，欲走歸丹楊。會張邈叛迎呂布，太祖還擊布。是歲，謙病死。

吳書曰：謙死時，年六十三，張昭等爲之哀辭曰：「猗歟使君，君侯將軍，膺秉懿德，允武允文，體足剛直，守以溫仁。令舒及盧，遺愛于民；牧幽暨徐，甘棠是均。憬憬夷貊，賴侯以清；蠢蠢妖寇，匪侯不寧。唯帝念績，爵命以章，既牧且侯，啓土溧陽。遂升上將，受號安東，將平世難，社稷是崇。降年不永，奄忽殂薨，喪覆失恃，民知困窮。曾不旬日，五郡潰崩，哀我人斯，將誰仰憑？追思靡及，仰叫皇穹。嗚呼哀哉！」謙二子：商、應，皆不仕。

張楊字稚叔，雲中人也。以武勇給并州，爲武猛從事。靈帝末，天下亂，帝以所寵小黃門蹇碩爲西園上軍校尉，軍京都，欲以禦四方，徵天下豪傑以爲偏裨。太祖及袁

紹等皆爲校尉屬之靈帝紀曰以虎賁中郎將袁紹爲中軍校尉屯騎校尉鮑鴻爲下軍校尉議郎曹操爲典軍校尉趙融馮芳爲助軍校尉夏牟淳于瓊爲左右校尉并州刺史丁原遣楊將兵詣碩爲假司馬靈帝崩碩爲何進所殺楊復爲進所遣歸本州募兵得千餘人因留上黨擊山賊進敗董卓作亂楊遂以所將攻上黨太守於壺關不下略諸縣衆至數千人山東兵起欲誅卓袁紹至河內楊與紹合復與匈奴單于於夫羅屯漳水單于欲叛紹楊不從單于執楊與俱去紹使將麴義追擊於鄴南破之單于執楊至黎陽攻破度遼將軍耿祉軍衆復振卓以楊爲建義將軍河內太守天子之在河東楊將兵至安邑拜安國將軍封晉陽侯楊欲迎天子還洛諸將不聽楊還野王建安元年楊奉董承韓暹挾天子還舊京糧乏楊以糧迎道路遂至洛陽謂諸將曰天子當與天下共之幸有公卿大臣楊當捍外難何事京都遂還野王卽拜爲大司馬英雄記曰楊性仁和無威刑下人謀反發覺對之涕泣輒原不問楊素與呂布善太祖之圍布楊欲救之不能乃出兵東市遙爲之勢其將楊醜殺楊以應太祖楊將眭固殺醜將其衆欲北合袁紹太祖遣史渙邀擊破之於犬城斬固盡收其衆也典略曰固字白兔既殺楊醜軍屯射犬時有巫誡固曰將軍字兔而此邑名犬兔見犬其勢必驚宜急移去固不從遂戰死

公孫度字升濟本遼東襄平人也度父延避吏居玄菟任度爲郡吏時玄菟太守公孫琙子豹年十八歲早死度少時名豹又與琙子同年琙見而親愛之遣就師學爲取妻後舉有道除尚書郎稍遷冀州刺史以謠言免同郡徐榮爲董卓中郎將薦度爲遼東太守度起玄菟小吏爲遼東郡所輕先時屬國公孫昭守襄平令召度子康爲伍長度到官收昭笞殺於襄平市郡中名豪大姓田韶等宿遇無恩皆以法誅所夷滅百餘家郡中震慄東伐高句驪西擊烏丸威行海外初平元年度知中國擾攘語所親吏柳毅陽儀等曰漢祚將絕當與諸卿圖王耳魏書曰度語毅儀讖書云孫登當爲天子太守姓公孫字升濟升卽登也時襄平延里社生大石長丈餘下有三小石爲之足或謂度曰此漢宣帝冠石之祥而里名與先君同社主土地明當有土地而三公爲輔也度益喜故河內太守李敏郡中知名惡度所爲恐爲所害乃將家屬入于海度大怒掘其父冢剖棺焚屍誅其宗族晉陽秋曰敏子追求敏出塞越二十餘年不娶州里徐邈責之曰不孝莫大於無後何可終身不娶乎乃娶妻生子胤而遣妻常如居喪之禮不勝憂數年而卒胤生不識父母及有識蔬食哀戚亦如三年之喪以祖父不知存亡設主奉之由是知名仕至司徒臣松之案本傳云敏將家入海而復與子相失未詳其故分遼東郡爲遼西中遼郡置太守越海收東萊諸縣置營州刺史自立爲遼東侯平州牧追封父延爲建義侯立漢二祖廟承制設壇墠於襄平城南郊祀天地藉田治兵乘鸞路九旒旄頭羽騎太祖表度爲武威將軍封永寧鄉侯度曰我王遼東何永寧也藏印綬武庫度死子康嗣位以永寧鄉侯封弟恭是歲建安九年也十二年太祖征三郡烏丸屠柳城袁尚等奔遼東康斬送尚首語在武紀封康襄平侯拜左將軍康死子晃淵等皆小衆立恭爲遼東太守文帝踐阼遣使卽拜恭爲車騎將軍假節封平郭侯追贈康大司馬初恭病陰消爲閹人劣弱不能治國太和二年淵脅奪恭位明帝卽位拜淵揚烈將軍遼東太守淵遣使南通孫權往來賂遺吳書載淵表權曰臣伏惟天地反易遭無妄之運王路未夷傾側擾攘自先人以來歷事漢魏階緣際會爲國效節繼世享任得守藩表猶知符命未有攸歸每感厚恩頻辱顯使退念人臣交不越境是以固守所執拒違前使雖義無二信敢忘大恩陛下鎮撫長存小國前後裴校尉葛都尉等到奉被敕誡聖旨彌密重紈累素幽明備著所以申示之事言提其耳臣晝則謳吟宵則發夢終身誦之志不知足季末凶荒乾坤否塞兵車未戢人民蕩析仰此天命將有眷顧私從一隅永瞻雲日今魏家不能採錄忠善褒功臣之後乃令讒訟得行其志聽幽州刺史東萊太守誑誤之言猥興州兵圖害臣郡臣不負魏而魏絕之蓋聞人臣有去就之分田饒適齊樂毅走趙以不得事主故保有道之君陳平歐況亦觀時變卒歸於漢勒名帝籍伏惟陛下德不再出時不世遇是以慺慺慕自納望遠覛險有如近易誠願神謨蚤定洪業奮六師之勢收河洛之地爲聖代宗天下幸甚魏略曰國家知淵兩端而恐遼東吏民爲淵所誤故公文下遼東因赦之曰告遼東玄菟將校吏民逆賊孫權遭遇亂階因其先人劫略州郡遂成羣凶自擅江表含垢藏疾冀其可化故割地王權使南面稱孤位以上將禮以九命權親叉手北向稽顙假人臣之寵受人臣之榮未有如權者也狼子野心告令難移卒歸反覆背恩叛主滔天逆神乃敢僭號恃江湖之險阻王誅未加比年已來復遠遣船越渡大海多持貨物誑誘邊民邊民無知與之交關長吏以下莫肯禁止至使周賀浮舟百艘沈滯津岸貿遷有無既不疑拒齎以名馬又使宿舒隨賀通好十室之邑猶有忠信陷君於惡春秋所書也今遼東玄菟奉事國朝紆青拖紫以千百爲數戴纓垂緌咸佩印綬曾無匡正納善之言龜玉毀於匱虎兕出於柙是誰之過歟國朝爲子大夫羞之昔狐突有言父教子貳何以事君策名委質貳乃辟也今乃阿順邪謀脅從姦惑豈獨父兄之教不詳子弟之舉習非而已哉若苗穢害田隨風烈火芝艾俱焚安能自別乎且又此事固然易見不及鑒古成敗書傳所載也江南海北有萬里之限遼東君臣無怵惕之患利則義所不利貴則義所不貴此爲厭安樂之居求危亡之禍賤忠貞之節重背叛之名蠻貊之長猶知愛禮以此事人亦難爲顏且又宿舒無罪擠使入吳奉不義之使始與家訣涕泣而行及至賀死之日覆衆成山舒雖脫死魂魄離身何所逼迫乃至於此今忠臣烈將咸忿遼東反覆攜貳皆欲乘桴浮海期於肆意朕爲天下父母加念天下新定既不欲勞動干戈遠涉大川費役如彼又悼邊陲遺餘黎民迷誤如此故遣郎中衞慎邵瑁等且先奉詔示意若股肱忠良能效節立信以輔時君反邪就正以建大功福莫大焉儻恐自嫌已爲惡逆所見染汙不敢倡言永懷伊戚其諸與賊使交通皆赦除之與之更始權遣使張彌許晏等齎金玉珍寶立淵爲燕王淵亦恐權遠不可恃且貪貨物誘致其使悉斬送彌晏等首魏略載淵表曰臣前遣校尉宿舒郎中令孫綜甘言厚禮以誘吳賊幸賴天道福助大魏使此賊虜暗然迷惑違戾羣下不從衆諫承信臣言遠遣船使多將士卒來致封拜臣之所執得如本志雖憂罪釁私懷幸甚賊衆本號萬人舒綜伺察可七八千人到沓津僞使者張彌許晏與中郎將萬泰校尉裴潛將吏兵四百餘人齎文書命服什物下到臣郡泰潛別齎致遺貨物欲因市馬軍將賀達虞咨領餘衆在船所臣本欲須涼節乃取彌等而彌等人兵衆多見臣不便承受吳命意有猜疑懼其先作變態妄生卽進兵圍取斬彌晏等首級其吏從兵衆皆士伍小人給使東西不得自由面縛乞降不忍誅殺輒聽納受徙充邊城別遣將韓起等率將三軍馳行至沓使領長史柳遠設賓主禮誘請達咨三軍潛伏以待其下又驅羣馬貨物欲與交市達咨懷疑不下使諸市買者五六百人下欲交市起等金鼓始震鋒矢亂發斬首三百餘級被創赴水沒溺者可二百餘人其散走山谷來歸降及藏竄饑餓死者不在數中得銀印銅印兵器資貨不可勝數謹遣西曹掾公孫珩奉送賊權所假臣節印綬符策九錫什物及彌等僞節印綬首級又曰宿舒孫綜前到吳賊權問臣家內小大舒綜對臣有三息脩別屬亡弟權敢姦巧便擢拜命謹封送印綬符策臣雖無昔人洗耳之風慙爲賊權汙損所加既行天誅猶有餘忿又曰臣父康昔殺權使結爲讎隙今乃譎欺遣使誘致令權傾心虛國竭誠遠命上卿寵授極位震動南土備盡禮數又權待舒綜契闊委曲君臣上下畢歡竭情而令四使見殺梟示萬里士衆流離屠戮津渚恥辱遠布痛辱彌天權之怨疾將刻肌骨若天衰其業使至喪隕權將內傷憤激而死若期運未訖將播毒螫必恐長虵來爲寇害徐州諸屯及城陽諸郡與相接近如有船衆後年向海門得其消息乞速告臣使得備豫又臣門戶受恩實深實重自臣承事以來連被榮寵殊特無量分當隕越竭力致死而臣狂愚意計迷闇不卽禽賊以至見疑前章表所陳情趣事勢實但欲罷弊此賊使困自絕誠不敢背累世之恩附僭盜之虜也而後愛憎之人緣事加誣僞生節目卒令明聽疑於市虎移恩改愛興動威怒幾至沉沒長爲負忝幸賴慈恩猶垂三宥使得補過解除愆責如天威遠加不見假借早當麋碎辱先廢祀何緣自明建此微功臣既喜於事捷得自申展悲於疇昔至此變故餘怖踴躍未敢便寧唯陛下既崇春日生全之仁除忿塞隙抑弭纖介推今亮往察臣本心長令抱戴銜分三泉又曰臣被服光榮恩情未報而以罪釁自招譴怒分當卽戮爲衆所笑所以越典詭常僞通於吳誠自念窮迫報效未立而爲天威督罰所加長恐奄忽不得自洗故敢自闕替廢於一年遣使誘吳知其必來權之求郡積有年歲初無倡答一言之應今權得使來必不疑至此一舉果如所規上卿大衆貪赫豐盛財貨賂遺傾國極位到見禽取流離死亡千有餘人滅絕不反此誠暴猾賊之鋒摧矜夸之巧昭示天下破損其業足以懲之矣臣之慺慺念效於國雖有非常之過亦有非常之功願陛下原其踰闕之愆采其毫毛之善使得國恩保全終始矣明帝於是拜淵大司馬封樂浪公持節領郡如故魏名臣奏載中領軍夏侯獻表曰公孫淵昔年敢違王命廢絕計貢者實挾兩端既恃阻險又怙孫權故敢跋扈恣睢海外宿舒親見賊權軍衆府庫知其弱少不足憑恃是以決計斬賊之使又高句驪濊貊與淵爲仇並爲寇鈔今外失吳援內有胡寇心知國家能從陸道勢不得不懷惶懼之心因斯之時宜遣使示以禍福奉車都尉鬷弘武皇帝時始奉使命開通道路文皇帝卽位欲通使命遣弘將妻子還歸鄉里賜其車牛絹百匹弘以受恩歸死國朝無有還意乞留妻子身奉使命公孫康遂稱臣妾以弘奉使稱意賜爵關內侯弘性果烈乃心於國夙夜拳拳念自竭效冠族子孫少好學問博通書記多所關涉口論速捷辯而不俗附依典誥若出胷臆加仕本部常在人右彼方士人素所敬服若當遣使以爲可使弘行弘乃自舊土習其國俗爲說利害辯足以動其意明足以見其事才足以行之辭足以見信若其計從雖酈生之降齊王陸賈之說尉佗亦無以遠過也欲進遠路不宜釋騏驥將已篤疾不宜廢扁鵲願察愚言也使者至淵設甲兵爲軍陣出見使者又數對國中賓客出惡言吳書曰魏遣使者傅容聶夔拜淵爲樂浪公淵計吏從洛陽還語淵曰使者左駿伯使皆擇勇力者非凡人也淵由是疑怖容夔至住學館中淵先以步騎圍之乃入受拜容夔大怖由是還洛言狀景初元年乃遣幽州刺史毌丘儉等齎璽書徵淵淵遂發兵逆於遼隧與儉等戰儉等不利而還淵遂自立爲燕王置百官有司遣使者持節假鮮卑單于璽封拜邊民誘呼鮮卑侵擾北方魏書曰淵知此變非獨出儉遂爲備遣使謝吳自稱燕王求爲與國然猶令官屬上書自直於魏曰大司馬長史臣郭昕參軍臣柳甫等七百八十九人言奉被今年七月己卯詔書伏讀懇切精魄散越不知身命所當投措昕等伏自惟省螻蟻小醜器非時用遭值千載被受公孫淵祖考以來光明之德惠澤沾渥滋潤榮華無寸尺之功有負乘之累遂蒙褒獎登名天府並以駑蹇附龍託驥紆青拖紫飛騰雲梯感恩惟報死不擇地臣等聞明君在上聽政采言人臣在下得無隱情是以因緣訴讓冒犯瀝究郡在藩表密邇不羈平昔三州轉輸費調以供賞賜歲用累億虛耗中國然猶跋扈虔劉邊陲烽火相望羽檄相逮城門晝閉路無行人州郡兵戈奔散覆沒淵祖父度初來臨郡承受荒殘開日月之光建神武之略聚烏合之民掃地爲業威震耀于殊俗德澤被于羣生遼土之不壞實度是賴孔子曰微管仲吾其被髮左衽向不遭度則郡早爲丘墟而民係於虜庭矣遺風餘愛永存不朽度既薨殂吏民感慕欣戴子康尊而奉之康踐統洪緒克壯徽猷文昭武烈邁德種仁乃心京輦翼翼虔恭佐國平亂效績紛紜功隆事大熙載王府度康當值武皇帝休明之會合策明之計夾輔漢室降身委質卑己事魏匪虛小厭大畏而服焉乃慕託高風懷仰盛懿也武皇帝亦虛心接納待以不次功無巨細每不見忘又命之曰海北土地割以付君世世子孫實得有之皇天后土實聞德音臣庶小大豫在下風奉以周旋不敢失墜淵生有蘭石之姿少含愷悌之訓允文允武忠惠且直生民欽仰莫弗懷愛淵纂戎祖考君臨萬民爲國以禮淑化流行獨見先覩羅結遐方勤王之義覩險如夷世載忠亮不隕厥名孫權慕義不遠萬里連年遣使欲自結援雖見絕殺不念舊惡纖纖往來求成恩好淵執節彌固不爲利迴守志匪石確乎彌堅備懼丹心未見保明乃卑辭厚幣誘致權使梟截獻馘以示無二吳雖在遠水道通利舉帆便至無所隔限淵不顧敵讎之深念存人臣之節絕彊吳之歡昭事魏之心靈武明鑒普天咸聞陛下嘉美洪烈懿茲武功誕錫休命寵亞齊魯下及陪臣普受介福誠以天覆之恩當卒終始得竭股肱永保祿位不虞一旦橫被殘酷惟有養之厚念積累之效悲思不遂痛切見棄舉國號咷拊膺泣血夫三軍所伐蠻夷戎狄驕逆不虔於是致武不關義國反受誅討蓋聖王之制五服之域有不供職則脩文德而又不至然後征伐淵小心翼翼恪恭于位勤事奉上可謂勉矣盡忠竭節還被患禍小弁之作離讒之興皆由此也就或佞邪盜言孔甘猶當清覽憎而知善讒巧似直或亂聖聽尚望文告使知所由若信有罪當垂三宥若不改寤計功減降當在八議而潛軍伺襲大兵奄至舞戈長驅奮擊遼土犬馬惡死況於人類吏民昧死挫辱王師淵雖冤枉方臨危殆猶恃聖恩悵然重奔冀必姦臣矯制妄肆威虐乃謂臣等曰漢安帝建光元年遼東屬國都尉龐奮受二月乙未詔書曰收幽州刺史馮煥玄菟太守姚光推案無乙未詔書遣侍御史幽州牧考姦臣矯制者今刺史或儻謬承矯制乎臣等議以爲刺史與兵搖動天下所非矯制必是詔命淵乃俛仰歎息自傷無罪深惟土地所以養人竊慕古公杖策之岐乃欲投冠釋紱逝歸林麓臣等維持誓之以死屯守府門不聽所執而七營虎士五部蠻夷各懷素飽不謀同心奮臂大呼排門遁出近郊農民釋其耨鎛伐薪制梃改案爲楯奔馳赴難軍旅行成雖蹈湯火死不顧生淵雖見孤棄怨而不怒比遣敕軍勿得干犯及手書告語懇惻至誠而吏士凶悍不可解散期於畢命投死無悔淵懼吏士不從教令乃躬驅驚自往化解僅乃止之一飯之惠匹夫所死況淵累葉信結百姓恩著民心自先帝初興爰暨陛下榮淵累葉豐功懿德策名褒揚辯著廊廟勝衣舉履誦詠明文以爲口實埋而掘之古人所恥小白重耳衰世諸侯猶慕著信以隆霸業詩美文王作孚萬邦論語稱仲尼去食存信信之爲德固亦大矣今吳蜀共帝鼎足而居天下搖蕩無所統一臣等每爲陛下懼此危心淵據金城之固仗和睦之民國殷兵彊可以橫行策名委質守死善道忠至義盡爲九州表方今二敵闚闞未知孰定是之不戒而淵是害茹柔吐剛非王者之道也臣等雖鄙誠竊恥之若無天乎臣一郡吉凶尚未可知若云有天亦何懼焉臣等聞仕於家者二世則主之三世則君之臣等生於荒裔之土出於圭竇之中無大援於魏世隸於公孫氏報生與賜在於死力昔蒯通言直漢祖赦其誅鄭詹辭順晉文原其死臣等頑愚不達大節苟執一介披露肝膽言逆龍鱗罪當萬死惟陛下恢崇撫育亮其控告使疏遠之臣永有保恃二年春遣太尉司馬宣王征淵六月軍至遼東漢晉春秋曰公孫淵自立稱紹漢元年聞魏人將討復稱臣於吳乞兵北伐以自救吳人欲戮其使羊衜曰不可是肆匹夫之怒而捐霸王之計也不如因而厚之遣奇兵潛往以要其成若魏伐淵不克而我軍遠赴是恩結遐夷義蓋萬里若兵連不解首尾離隔則我虜其傍郡驅略而歸亦足以致天之罰報雪曩事矣權曰善乃勒兵大出謂淵使曰請俟後問當從簡書必與弟同休戚共存亡雖隕于中原吾所甘心也又曰司馬懿所向無前深爲弟憂也淵遣將軍卑衍楊祚等步騎數萬

屯遼隧圍塹二十餘里宣王軍至令衍逆戰宣王遣將軍胡遵等擊破之宣王令軍穿圍引兵東南向而急東北卽趨襄平衍等恐襄平無守夜走諸軍進至首山淵復遣衍等迎軍殊死戰復擊大破之遂進軍造城下爲圍塹會霖雨三十餘日遼水暴長運船自遼口徑至城下雨霽起土山脩櫓爲發石連弩射城中淵窘急糧盡人相食死者甚多將軍楊祚等降八月丙寅夜大流星長數十丈從首山東北墜襄平城東南壬午淵衆潰與其子脩將數百騎突圍東南走大兵急擊之當流星所墜處斬淵父子城破斬相國以下首級以千數傳淵首洛陽遼東帶方樂浪玄菟悉平初淵家數有怪犬冠幘絳衣上屋炊有小兒蒸死甑中襄平北市生肉長圍各數尺有頭目口喙無手足而動搖占曰有形不成有體無聲其國滅亡始度以中平六年據遼東至淵三世凡五十年而滅魏略曰始淵兄晃爲恭任子在洛聞淵劫奪恭位謂淵終不可保數自表聞欲令國家討淵帝以淵已秉權故因而撫之及淵叛遂以國法繫晃晃雖有前言冀不坐然內以骨肉知淵破則己從及淵首到晃自審必死與其子相對啼哭時上亦欲活之而有司以爲不可遂殺之

張燕常山眞定人也本姓褚黃巾起燕合聚少年爲羣盜在山澤間轉攻還眞定衆萬餘人博陵張牛角亦起衆自號將兵從事與燕合燕推牛角爲帥俱攻廮陶牛角爲飛矢所中被創且死令衆奉燕告曰必以燕爲帥牛角死衆奉燕故改姓張燕剽捍捷速過人故軍中號曰飛燕其後人衆寖廣常山趙郡中山上黨河內諸山谷皆相通其小帥孫輕王當等各以部衆從燕衆至百萬號曰黑山靈帝不能征河北諸郡被其害燕遣人至京都乞降拜燕平難中郎將九州春秋曰張角之反也黑山白波黃龍左校牛角五鹿羝根苦蝤劉石平漢大洪司隸緣城羅市雷公浮雲飛燕白爵楊鳳于毒等各起兵大者二三萬小者不減數千靈帝不能討乃遣使拜楊鳳爲黑山校尉領諸山賊得舉孝廉計吏後遂彌漫不可復數典略曰黑山黃巾諸帥本非冠蓋自相號字謂騎白馬者爲張白騎謂輕捷者爲張飛燕謂聲大者爲張雷公其饒鬚者則自稱于羝根其眼大者自稱李大目張璠漢記云又有左校郭大賢左髭丈八三部也是後董卓遷天子於長安天下兵數起燕遂以其衆與豪傑相結袁紹與公孫瓚爭冀州燕遣將杜長等助瓚與紹戰爲紹所敗人衆稍散太祖將定冀州燕遣使求佐王師拜平北將軍率衆詣鄴封安國亭侯邑五百戶燕薨子方嗣方薨子融嗣陸機晉惠帝起居注曰門下通事令史張林飛燕之曾孫林與趙王倫爲亂未及周年位至尚書令衛將軍封郡公尋爲倫所殺

張繡武威祖厲人驃騎將軍濟族子也邊章韓遂爲亂涼州金城麴勝襲殺祖厲長劉雋繡爲縣吏閒伺殺勝郡內義之遂招合少年爲邑中豪傑董卓敗濟與李傕等擊呂布爲卓報仇語在卓傳繡隨濟以軍功稍遷至建忠將軍封宣威侯濟屯弘農士卒饑餓南攻穰爲流矢所中死繡領其衆屯宛與劉表合太祖南征軍淯水繡等舉衆降太祖納濟妻繡恨之太祖聞其不悅密有殺繡之計計漏繡掩襲太祖太祖軍敗二子沒繡還保穰傅子曰繡有所親胡車兒勇冠其軍太祖愛其健手以金與之繡聞之疑太祖欲因左右刺之遂反吳書曰繡降用賈詡計乞徙軍就高道道由太祖屯中繡又曰車少而重乞得使兵各被甲太祖信繡皆聽之繡乃嚴兵入屯掩太祖太祖不備故敗太祖比年攻之不克太祖拒袁紹於官渡繡從賈詡計復以衆降語在詡傳繡至太祖執其手與歡宴爲子均取繡女拜揚武將軍官渡之役繡力戰有功遷破羌將軍從破袁譚於南皮復增邑凡二千戶是時天下戶口減耗十裁一在諸將封未有滿千戶者而繡特多從征烏丸於柳城未至薨謚曰定侯魏略曰五官將數因請會發怒曰君殺吾兄何忍持面視人邪繡心不自安乃自殺子泉嗣坐與魏諷謀反誅國除

張魯字公祺沛國豐人也祖父陵客蜀學道鵠鳴山中造作道書以惑百姓從受道者出五斗米故世號米賊陵死子衡行其道衡死魯復行之益州牧劉焉以魯爲督義司馬與別部司馬張脩將兵擊漢中太守蘇固魯遂襲脩殺之奪其衆焉死子璋代立以魯不順盡殺魯母家室魯遂據漢中以鬼道教民自號師君其來學道者初皆名鬼卒受本道已信號祭酒各領部衆多者爲治頭大祭酒皆教以誠信不欺詐有病自首其過大都與黃巾相似諸祭酒皆作義舍如今之亭傳又置義米肉懸於義舍行路者量腹取足若過多鬼道輒病之犯法者三原然後乃行刑不置長吏皆以祭酒爲治民夷便樂之雄據巴漢垂三十年典略曰熹平中妖賊大起三輔有駱曜光和中東方有張角漢中有張脩駱曜教民緬匿法角爲太平道脩爲五斗米道太平道者師持九節杖爲符祝教病人叩頭思過因以符水飲之得病或日淺而愈者則云此人信道其或不愈則爲不信道脩法略與角同加施靜室使病者處其中思過又使人爲姦令祭酒祭酒主以老子五千文使都習號爲姦令爲鬼吏主爲病者請禱請禱之法書病人姓名說服罪之意作三通其一上之天著山上其一埋之地其一沉之水謂之三官手書使病者家出米五斗以爲常故號曰五斗米師實無益於治病但爲淫妄然小人昏愚競共事之後角被誅脩亦亡及魯在漢中因其民信行脩業遂增飾之敎使作義舍以米肉置其中以止行人又教使自隱有小過者當治道百步則罪除又依月令春夏禁殺又禁酒流移寄在其地者不敢不奉臣松之謂張脩應是張衡非典略之失則傳寫之誤漢末力不能征遂就寵魯爲鎭民中郎將領漢寧太守通貢獻而已民有地中得玉印者羣下欲尊魯爲漢寧王魯功曹巴西閻圃諫魯曰漢川之民戶出十萬財富土沃四面險固上匡天子則爲桓文次及竇融不失富貴今承制署置勢足斬斷不煩於王願且不稱勿爲禍先魯從之韓遂馬超之亂關西民從子午谷奔之者數萬家建安二十年太祖乃自散關出武都征之至陽平關魯欲舉漢中降其弟衞不肯率衆數萬人拒關堅守太祖攻破之遂入蜀魏名臣奏載董昭表曰武皇帝承涼州從事及武都降人之辭說張魯易攻陽平城下南北山相遠不可守也信以爲然及往臨履不如所聞乃歎曰他人商度少如人意攻陽平山上諸屯旣不時拔士卒傷夷者多武皇帝意沮便欲抜軍截山而還遣故大將軍夏侯惇將軍許褚呼山上兵還會前軍未還夜迷惑誤入賊營賊便退散侍中辛毗劉曄等在兵後語惇褚言官兵已據得賊要屯賊已散走猶不信之惇前自見乃還白武皇帝進兵定之幸而克獲此近事吏士所知又楊暨表曰武皇帝始征張魯以十萬之衆身親臨履指授方略因就民麥以爲軍糧張衞之守蓋不足言地險守易雖有精兵虎將勢不能施對兵三日欲抽軍還言作軍三十年一朝持與人如何此計已定天祚大魏魯守自壞因以定之世語曰魯遣五官掾降弟衞橫山築陽平城以拒王師不得進魯走巴中軍糧盡太祖將還西曹掾東郡郭諶曰不可魯已降留使旣未反衞雖不同偏攜可攻縣軍深入以進必克退必不免太祖疑之夜有野麋數千突壞衞營軍大驚夜高祚等誤與衞衆遇祚等多鳴鼓角會衆衞懼以爲大軍見掩遂降魯聞陽平已陷將稽顙圃又曰今以迫往功必輕不如依杜濩赴朴胡相拒然後委質功必多於是乃奔南山入巴中左右欲悉燒寶貨倉庫魯曰本欲歸命國家而意未達今之走避銳鋒非有惡意寶貨倉庫國家之有遂封藏而去太祖入南鄭甚嘉之又以魯本有善意遣人慰喩魯盡將家出太祖逆拜魯鎭南將軍待以客禮封閬中侯邑萬戶封魯五子及閻圃等皆爲列侯臣松之以爲張魯雖有善心要爲敗而後降今乃寵以萬戶五子皆封侯過矣習鑿齒曰魯欲稱王而閻圃諫止之今封圃爲列侯夫賞罰者所以懲惡勸善也苟其可以明軌誡於物無遠近幽深矣今閻圃諫魯勿王而太祖追封之將來之人孰不思順塞其本源而末流自止此之謂與若乃不明於此而重燋爛之功豐爵厚賞止於死戰之士則民利於有亂俗競於殺伐阻兵仗力干戈不戢矣太祖之此封可謂知賞罰之本雖湯武居之無以加也魏略曰黃初中增圃爵邑在禮請中後十餘歲病死晉書云西戎司馬閻纘圃孫也爲子彭祖取魯女魯薨謚之曰原侯子富嗣魏略曰劉雄鳴者藍田人也少以采藥射獵爲事常居覆車山下每晨夜出行雲霧中以識道不迷而時人因謂之能爲雲霧郭李之亂人多就之建安中附屬州郡州郡表薦爲小將馬超等反不肯從超破之後詣太祖太祖執其手謂之曰孤方入關夢得一神人卽卿也乃厚禮之表拜爲將軍遣令迎其部黨部黨不欲降遂劫以反諸亡命皆往依之有衆數千人據武關道口太祖遣夏侯淵討破之雄鳴南奔漢中漢中破窮無所之乃復歸降太祖捉其鬚曰老賊眞得汝矣復其官徙勃海時又有程銀侯選李堪皆河東人也興平之亂各有衆千餘家建安十六年並與馬超合超破走堪臨陣死銀選南入漢中漢中破詣太祖降皆復官爵

評曰公孫瓚保京坐待夷滅度殘暴而不節淵仍業以載凶祇足覆其族也陶謙昏亂而憂死張楊授首於臣下皆擁據州郡曾匹夫之不若固無可論者也燕繡魯舍羣盜列功臣去危亡保宗祀則於彼爲愈焉

魏志卷八考證

公孫瓚故太守器之以女妻焉○何焯曰据後漢書注所引魏志作侯太守蓋繫太守以侯氏者所以別下劉太守也宋本亦作侯

日南瘴氣或恐不還○監本誤作鄣氣今改正

紹使周昂奪其處術遣越與堅攻昂○周昂後漢書作周昕

投瓚從弟範遣之郡欲以結援○宋本作欲以自結援

進軍界橋注紹又上故上谷太守高焉故甘陵相姚貢橫責其錢○又上上字或爲止字之訛

多所賊害注自號爲伯三人者爲仲叔季○北宋本三人上多一謂字

連年不能拔注遂躍馬控弦處我疆土○控弦一作橫弦疆土一作疆上

救至欲內外擊紹遣人與子書○監本作遣人與手書注有引瓚遣人告子續之文作與子書爲是今改正

舉火爲應注乃遣間使與續書紹候者得之使陳琳更其書曰○何焯曰更其書者所以譎瓚在昔袁周二十四字後漢書卽作瓚與續書發端者近之非琳所更也

陶謙舉茂才除盧令注固疆之及舞又不轉○太平御覽作固疆之乃舞舞又不轉

張楊單于執楊至黎陽○執楊北宋本作與楊

公孫度悉斬送彌晏等首注魏略載淵表曰○魏略北宋本作魏書

謗呼鮮卑侵擾北方注邊陲烽火相望○監本譔鋒火今改正

又注合策明之計夾輔漢室○策明疑應作策名

又注奔馳赴難軍旅行成○冊府作軍旅成行

張燕燕薨子方嗣方薨子融嗣○別本無方薨下五字

張魯封魯五子及閻圃等皆爲列侯注黃初中增圃爵邑在禮請中○監本作在禮爲中毛本作在禮謂中

臣明楷按蜀志劉封傳注詔轉儀拜樓船將軍在禮請中請猶奉朝請之請毛本監本均失之今改正

魏志卷九

晉　著作郎巴西中正安漢陳　壽撰

宋　太中大夫國子博士聞喜裴松之注

夏侯惇韓浩 史渙　夏侯淵　曹仁弟純　曹洪

曹休子肇　曹眞子爽 羲 訓 彥 何晏 鄧颺 丁謐 畢軌 李勝 桓範

夏侯尚子玄

夏侯惇字元讓沛國譙人夏侯嬰之後也年十四就師學人有辱其師者惇殺之由是以烈氣聞太祖初起惇常爲裨將從征伐太祖行奮武將軍以惇爲司馬別屯白馬遷折衝校尉領東郡太守太祖征陶謙留惇守濮

陽張邈叛迎呂布太祖家在鄄城惇輕軍往赴適與布會交戰布退還遂入濮陽襲得惇軍輜重遣將僞降共執持惇責以寶貨惇軍中震恐惇將韓浩乃勒兵屯惇營門召軍吏諸將皆案甲當部不得動諸營乃定遂詣惇所叱持質者曰汝等凶逆乃敢執劫大將軍復欲望生邪且吾受命討賊寧能以一將軍之故而縱汝乎因涕泣謂惇曰當奈國法何促召兵擊持質者持質者惶遽叩頭言我但欲乞資用去耳浩數責皆斬之惇既免太祖聞之謂浩曰卿此可爲萬世法乃著令自今已後有持質者皆當并擊勿顧質由是劫質者遂絕孫盛曰案光武紀建武九年盜劫陰貴人母弟吏以不得拘質迫盜盜遂殺之也然則合擊者乃古制也自安順已降政教陵遲劫質不避王公而有司莫能遵奉國憲者浩始復斬之故魏武嘉焉太祖自徐州還惇從征呂布爲流矢所中傷左目魏略曰時夏侯淵與惇俱爲將軍軍中號惇爲盲夏侯惇惡之每照鏡恚怒輒撲鏡於地復領陳留濟陰太守加建武將軍封高安鄉侯時大旱蝗蟲起惇乃斷太壽水作陂身自負土率將士勸種稻民賴其利轉領河南尹太祖平河北爲大將軍後拒鄴破遷伏波將軍領尹如故使得以便宜從事不拘科制建安十二年錄惇前後功增封邑千八百戶并前二千五百戶二十一年從征孫權還使惇都督二十六軍留居巢賜伎樂名倡令曰魏絳以和戎之功猶受金石之樂況將軍乎二十四年太祖軍擊破呂布軍於摩陂召惇常與同載特見親重出入臥內諸將莫得比也拜前將軍魏書曰時諸將皆受魏官號惇獨漢官乃上疏自陳不當不臣之禮太祖曰吾聞太上師臣其次友臣夫臣者貴德之人也區區之魏而臣足以屈君乎惇固請乃拜爲前將軍督諸軍還壽春徙屯召陵文帝即王位拜惇大將軍數月薨惇雖在軍旅親迎師受業性清儉有餘財輒以分施不足資之於官不治產業謚曰忠侯子充嗣帝追思惇功欲使子孫畢侯分惇邑千戶賜惇七子二孫爵皆關內侯惇弟廉及子楙素自封列侯初太祖以女妻楙即清河公主也楙歷位侍中尚書安西鎮東將軍假節魏略曰楙字子林惇中子也文帝少與楙親及即位以爲安西將軍持節承夏侯淵處都督關中楙性無武略而好治生至太和二年明帝西征人有白楙者遂召還爲尚書楙在西時多畜伎妾公主由此與楙不和其後群弟不遵禮度楙數切責弟懼見治乃共構楙以誹謗公主奏之有詔收楙帝意欲殺之以問長水校尉京兆段默默以爲此必清河公主與楙不睦出於譖構冀不推實耳且伏波與先帝有定天下之功宜加三思帝意解曰吾亦以爲然乃發詔推問爲公主作表者果其羣弟子臧子江所構也充薨子廙嗣廙薨子劭嗣晉陽秋曰泰始二年高安鄉侯夏侯佐卒惇之孫也嗣絕詔曰惇魏之元功勳書竹帛昔庭堅不祀猶或悼之況朕受禪於魏而可以忘其功臣哉宜擇惇近屬劭封之

韓浩者河內人及沛國史渙與浩俱以忠勇顯浩至中護軍渙至中領軍皆掌禁兵封列侯魏書曰韓浩字元嗣漢末起兵縣近山藪多寇浩聚徒衆爲縣藩衛太守王匡以爲從事將兵拒董卓於盟津時浩舅杜陽爲河陰令卓執之使招浩浩不從袁術聞而壯之以爲騎都尉夏侯惇聞其名請與相見大奇之使領兵從征伐時大議損益浩以爲當急田太祖善之遷護軍太祖欲討柳城領軍史渙以爲道遠深入非完計也欲與浩共諫浩曰今兵勢彊盛威加四海戰勝攻取無不如志不以此時遂除天下之患將爲後憂且公神武舉無遺策吾與君爲中軍主不宜沮衆遂從破柳城改其官爲中護軍置長史司馬從討張魯魯降議者以浩智略足以綏邊欲留使都督諸軍鎮漢中太祖曰吾安可以無護軍乃與俱還其見親任如此及薨太祖愍惜之無子以養子榮嗣史渙字公劉少任俠有雄氣太祖初起以客從行中軍校尉從征伐常監諸將見親信轉拜中領軍十四年薨子靜嗣

夏侯淵字妙才惇族弟也太祖居家曾有縣官事淵代引重罪太祖營救之得免魏略曰時兗豫大亂淵以饑乏棄其幼子而活亡弟孤女太祖起兵以別部司馬騎都尉從遷陳留潁川太守及與袁紹戰於官渡行督軍校尉紹破使督兗豫徐州軍糧時軍食少淵傳饋相繼軍以復振昌豨反遣于禁擊之未拔復遣淵與禁并力遂擊豨降其十餘屯豨詣禁降淵還拜典軍校尉魏書曰淵爲將赴急疾常出敵之不意故軍中爲之語曰典軍校尉夏侯淵三日五百六日一千濟南樂安黃巾徐和司馬俱等攻城殺長吏淵將泰山齊平原郡兵擊大破之斬和平諸縣收其糧穀以給軍士十四年以淵爲行領軍太祖征孫權還使淵督諸將擊廬江叛者雷緒緒破又行征西護軍督徐晃擊太原賊攻下二十餘屯斬賊帥商曜屠其城從征韓遂等戰於渭南又督朱靈平隃麋汧氐與太祖會安定降楊秋十七年太祖乃還鄴以淵行護軍將軍督朱靈路招等屯長安擊破南山賊劉雄降其衆圍遂超餘黨梁興於鄠拔之斬興封博昌亭侯馬超圍涼州刺史韋康於冀淵救康未到康敗去冀二百餘里超來逆戰軍不利汧氐反淵引軍還十九年趙衢尹奉等謀討超姜敘起兵鹵城以應之衢等譎說超使出擊敘於後盡殺超妻子超奔漢中還圍祁山敘等急求救諸將議者欲須太祖節度淵曰公在鄴反覆四千里比報敘等必敗非救急也遂行使張郃督步騎五千在前從陳倉狹道入淵自督糧在後郃至渭水上超將氐羌數千逆郃未戰超走郃進軍收超軍器械淵到諸縣皆已降韓遂在顯親淵欲襲取之遂走淵收遂軍糧追至略陽城去遂二十餘里諸將欲攻之或言當攻興國氐淵以爲遂兵精興國城固攻不可卒拔不如擊長離諸羌長離諸羌多在遂軍必歸救其家若羌獨守則孤救長離則官兵得與野戰可必虜也淵乃留督將守輜重輕兵步騎到長離攻燒羌屯斬獲甚衆諸羌在遂軍者各還種落遂果救長離與淵軍對陳諸將見遂衆惡之欲結營作塹乃與戰淵曰我轉鬬千里今復作營塹則士衆罷弊不可久賊雖衆易與耳乃鼓之大破遂軍得其旌麾還略陽進軍圍興國氐王千萬逃奔馬超餘衆降轉擊高平屠各皆散走收其糧穀牛馬乃假淵節初枹罕宋建因涼州亂自號河首平漢王太祖使淵帥諸將討建淵至圍枹罕月餘拔之斬建及所置丞相已下淵別遣張郃等平河關渡河入小湟中河西諸羌盡降隴右平太祖下令曰宋建造爲亂逆三十餘年淵一舉滅之虎步關右所向無前仲尼有言吾與爾不如也二十一年增封三百戶并前八百戶還擊武都氐羌下辯收氐穀十餘萬斛太祖西征張魯淵等將涼州諸將侯王已下與太祖會休亭太祖每引見羌胡以淵畏之會魯降漢中平以淵行都護將軍督張郃徐晃等平巴郡太祖還鄴留淵守漢中即拜淵征西將軍二十三年劉備軍陽平關淵率諸將拒之相守連年二十四年正月備夜燒圍鹿角淵使張郃護東圍自將輕兵護南圍備挑郃戰郃軍不利淵分所將兵半助郃爲備所襲淵遂戰死謚曰愍侯初淵雖數戰勝太祖常戒曰爲將當有怯弱時不可但恃勇也將當以勇爲本行之以智計但知任勇一匹夫敵耳淵妻太祖內妹長子衡尚太祖弟海陽哀侯女恩寵特隆衡襲爵轉封安寧亭侯黃初中賜中子霸太和中賜霸四弟爵皆關內侯霸正始中爲討蜀護軍右將軍進封博昌亭侯素爲曹爽所厚聞爽誅自疑亡入蜀以淵舊勳赦霸子徙樂浪郡魏略曰霸字仲權淵爲蜀所害故霸常切齒欲有報蜀意黃初中爲偏將軍子午之役霸召爲前鋒進至興勢圍安營在曲谷中蜀人望知其是霸也指下兵攻之霸手戰鹿角間賴救至然後解後爲右將軍屯隴西其養士和戎並得其歡心至正始中代夏侯儒爲征蜀護軍統屬征西時征西將軍夏侯玄於霸爲從子而玄於曹爽爲外弟及司馬宣王誅曹爽遂召玄玄來東霸聞曹爽被誅而玄又徵以爲禍必轉相及心既內恐又霸先與雍州刺史郭淮不和而淮代玄爲征西霸益不安故遂奔蜀南趨陰平而失道入窮谷中糧盡殺馬步行足破臥巖石下使人求道未知何之蜀聞之乃使人迎霸初建安五年時霸從妹年十三四在本郡出行樵採爲張飛所得飛知其良家女遂以爲妻產息女爲劉禪皇后故淵之初亡飛妻請而葬之及霸入蜀禪與相見釋之曰卿父自遇害於行間耳非我先人之手刃也指其兒子以示之曰此夏侯氏之甥也厚加爵寵霸弟威官至兗州刺史世語曰威字季權任俠貴歷荊兗二州刺史子駿幷州刺史次子莊淮南太守莊子湛字孝若以才博文章至南陽相散騎常侍莊晉景陽皇后姊夫也由此一門侈盛於時威弟惠樂安太守文章敘錄曰惠字稚權幼以才學見稱善屬奏議歷散騎黃門侍郎與鍾毓數有辯駁事多見從遷燕相樂安太守年三十七卒惠弟和河南尹世語曰和字義權清辯有才論歷河南尹太常淵第三子稱第五子榮從孫湛爲其序曰稱字叔權自孺子而好合聚童兒爲之渠帥戲必爲軍旅戰陳之事有違者輒嚴以鞭捶衆莫敢逆淵陰奇之使讀項羽傳及兵書不肯曰能則自爲耳安能學人年十六淵與之田見奔虎稱驅馬逐之禁之不可一箭而倒名聞太祖太祖把其手喜曰我得汝矣與文帝爲布衣之交每讌會氣陵一坐辯士不能屈世之高名者多從之游年十八卒弟榮字幼權幼聰惠七歲能屬文誦書日千言經目輒識之文帝聞而請焉賓客百餘人人一奏刺悉書其鄉邑名氏世所謂爵里刺也客示之一寓目使之遍談不謬一人帝深奇之漢中之敗榮年十三左右提之走不肯曰君親在難焉所逃死乃奮劍而戰遂沒陣衡薨子績嗣爲虎賁中郎將績薨子襃嗣

曹仁字子孝太祖從弟也魏書曰仁祖襃潁川太守父熾侍中長水校尉少好弓馬弋獵後豪傑並起仁亦陰結少年得千餘人周旋淮泗之間遂從太祖爲別部司馬行厲鋒校尉太祖之破袁術仁所斬獲頗多從征徐州仁常督騎爲軍前鋒別攻陶謙將呂由破之還與大軍合彭城大破謙軍從攻費華即墨開陽謙遣別將救諸縣仁以騎擊破之太祖征呂布仁別攻句陽拔之生獲布將劉何太祖平黃巾迎天子都許仁數有功拜廣陽太守太祖器其勇略不使之郡以議郎督騎太祖征張繡仁別徇旁縣虜其男女三千餘人太祖軍還爲繡所追軍不利士卒喪氣仁率厲將士甚奮太祖壯之遂破繡太祖與袁紹久相持於官渡紹遣劉備徇濦彊諸縣多舉衆應之自許以南吏民不安太祖以爲憂仁曰南方以大軍方有目前急其勢不能相救劉備以彊兵臨之其背叛固宜也備新將紹兵未能得其用擊之可破也太祖善其言遂使將騎擊備破走之仁盡復收諸叛縣而還紹遣別將韓荀鈔斷西道仁擊荀於雞洛山大破之由是紹不敢復分兵出復與史渙等鈔紹運車燒其糧穀河北既定從圍壺關太祖令曰城拔皆坑之連月不下仁言於太祖曰圍城必示之活門所以開其生路也今公告之必死將人自爲守且城固而糧多攻之則士卒傷守之則引日久今頓兵堅城之下以攻必死之虜非良計也太祖從之城降於是錄仁前後功封都亭侯從平荊州以仁行征南將軍留屯江陵拒吳將周瑜瑜將數萬衆來攻前鋒數千人始至仁登城望之乃募得三百人遣部曲將牛金逆與挑戰賊多金兵少遂爲所圍長史陳矯俱在城上望見金等垂沒左右皆失色仁意氣奮怒甚謂左右取馬來矯等共援持之謂仁曰賊衆盛不可當也假使棄數百人何苦而將軍以身赴之仁不應遂被甲上馬將其麾下壯士數十騎出城去賊百餘步迫溝矯等以爲仁當住溝上爲金形勢也仁徑渡溝直前衝入賊圍金等乃得解餘衆未盡出仁復直還突之拔出金兵亡其數人賊衆乃退矯等初見仁出皆懼及見仁還乃歎曰將軍眞天人也三軍服其勇太祖益壯之轉封安平亭侯太祖討馬超以仁行安西將軍督諸將拒潼關破超渭南蘇伯田銀反以仁行驍騎將軍都督七軍討銀等破之復以仁行征南將軍假節屯樊鎮荊州侯音以宛叛略傍縣衆數千人仁率諸軍攻破音斬其首還屯樊即拜征南將軍關羽攻樊時漢水暴溢于禁等七軍皆沒禁降羽仁人馬數千人守城城不沒者數板

羽乘船臨城，圍數重，外內斷絕，糧食欲盡，救兵不至。仁激厲將士，示以必死，將士感之皆無二。徐晃救至，水亦稍減，晃從外擊羽，仁得潰圍出，羽退走。仁少時不脩行檢，及長爲將，嚴整奉法令，常置科於左右，案以從事。鄢陵侯彰北征烏丸，文帝在東宮，爲書戒彰曰：「爲將奉法，不當如征南邪！」及即王位，拜仁車騎將軍，都督荆、揚、益州諸軍事，進封陳侯，增邑二千，并前三千五百戶。追賜仁父熾謚曰陳穆侯，置守冢十家。後召還屯宛。孫權遣將陳邵據襄陽，詔仁討之。仁與徐晃攻破邵，遂入襄陽，使將軍高遷等徙漢南附化民於漢北，文帝遣使即拜仁大將軍。又詔仁移屯臨潁，遷大司馬，復督諸軍據烏江，還屯合肥。黃初四年薨，謚曰忠侯。魏書曰：仁時年五十六。傅子曰：曹大司馬之勇，賁、育弗加也。張遼其次焉。子泰嗣，官至鎮東將軍，假節，轉封甯陵侯。泰薨，子初嗣。又分封泰弟楷、範，皆爲列侯，而牛金官至後將軍。

仁弟純，英雄記曰：純字子和。年十四而喪父，與同產兄仁別居。承父業，富於財，僮僕人客以百數，純綱紀督御，不失其理，鄉里咸以爲能。好學問，敬愛學士，學士多歸焉，由是爲遠近所稱。年十八，爲黃門侍郎。二十，從太祖到襄邑募兵，遂常從征戰。初以議郎參司空軍事，督虎豹騎從圍南皮。袁譚出戰，士卒多死。太祖欲緩之，純曰：「今千里蹈敵，進不能克，退必喪威；且縣師深入，難以持久。彼勝而驕，我敗而懼，以懼敵驕，必可克也。」太祖善其言，遂急攻之，譚敗。純麾下騎斬譚首。及北征三郡，純部騎獲單于蹋頓。以前後功封高陵亭侯，邑三百戶。從征荆州，追劉備於長坂，獲其二女輜重，收其散卒。進降江陵，從還譙。建安十五年薨。文帝即位，追謚曰威侯。魏書曰：純所督虎豹騎，皆天下驍銳，或從百人將補之，太祖難其帥。純以選爲督，撫循甚得人心。及卒，有司白選代，太祖曰：「純之比，何可復得！吾獨不中督邪？」遂不選。子演嗣，官至領軍將軍，正元中進封平樂鄉侯。演薨，子亮嗣。

曹洪字子廉，太祖從弟也。魏書曰：洪伯父鼎爲尚書令，任洪爲蘄春長。太祖起義兵討董卓，至滎陽，爲卓將徐榮所敗。太祖失馬，賊追甚急，洪下，以馬授太祖，太祖辭讓，洪曰：「天下可無洪，不可無君。」遂步從到汴水，水深不得渡，洪循水得船，與太祖俱濟，還奔譙。揚州刺史陳溫素與洪善，洪將家兵千餘人，就溫募兵，得廬江上甲二千人，東到丹陽復得數千人，與太祖會龍亢。太祖征徐州，張邈舉兖州叛迎呂布。時大饑荒，洪將兵在前，先據東平、范，聚糧穀以繼軍。太祖討邈、布於濮陽，布破走，遂據東阿，轉擊濟陰、山陽、中牟、陽武、京、密十餘縣，皆拔之。以前後功拜鷹揚校尉，遷揚武中郎將。天子都許，拜洪諫議大夫。別征劉表，破表別將於舞陽、陰葉、堵陽、博望，有功，遷厲鋒將軍，封國明亭侯。累從征伐，拜都護將軍。文帝即位，爲衞將軍，遷驃騎將軍，進封野王侯，益邑千戶，并前二千一百戶，位特進；後徙封都陽侯。始，洪家富而性吝嗇，文帝少時假求不稱，常恨之，遂以舍客犯法，下獄當死。羣臣並救莫能得。卞太后謂郭后曰：「令曹洪今日死，吾明日敕帝廢后矣。」於是泣涕屢請，乃得免官削爵土。魏略曰：文帝收洪，時曹真在左右，請之曰：「今誅洪，洪必以真爲譖也。」帝曰：「我自治之，卿何豫也？」會卞太后責怒帝，言「梁、沛之間，非子廉無有今日」。詔乃釋之。猶尚沒入其財產。太后又以爲言，後乃還之。初，太祖爲司空時，以己率下，每歲發調，使本縣平貲。于時譙令平洪貲財與公家等，太祖曰：「我家貲那得如子廉邪！」文帝在東宮，嘗從洪貸絹百匹，洪不稱意。及洪犯法，自分必死，既得原，喜，上書謝曰：「臣少不由道，過在人倫，長竊非任，遂蒙含貸。性無檢度知足之分，而有豺狼無厭之質，老惛倍貪，觸突國網，罪迫三千，不在赦宥，當就辜誅，棄諸市朝。猶蒙天恩，骨肉更生，臣仰覩天日，俯慙神靈，慙懼怖悸，不能雖經以自裁，謹塗顙闕門，拜章陳情。」洪先帝功臣，時人多爲觖望。明帝即位，拜後將軍，更封樂城侯，邑千戶，位特進，復拜驃騎將軍。太和六年薨，謚曰恭侯。子馥嗣侯。初，太祖分洪戶封子震列侯。洪族父瑜，脩慎篤敬，官至衞將軍，封列侯。

曹休字文烈，太祖族子也。天下亂，宗族各散去鄉里。休年十餘歲，喪父，獨與一客擔喪假葬，攜將老母，渡江至吳。魏書曰：休祖父嘗爲吳郡太守。休於太守舍見壁上祖父畫像，下榻拜涕泣，同坐者皆嘉歎焉。以太祖舉義兵，易姓名轉至荆州，閒行北歸，見太祖。太祖謂左右曰：「此吾家千里駒也。」使與文帝同止，見待如子。常從征伐，使領虎豹騎宿衞。劉備遣將吳蘭屯下辯，太祖遣曹洪征之，以休爲騎都尉，參洪軍事。太祖謂休曰：「汝雖參軍，其實帥也。」洪聞此令，亦委事於休。備遣張飛屯固山，欲斷軍後。衆議狐疑，休曰：「賊實斷道者，當伏兵潛行。今乃先張聲勢，此其不能也。宜及其未集，促擊蘭，蘭破則飛自走矣。」洪從之，進兵擊蘭，大破之，飛果走。太祖拔漢中諸軍還長安，拜休中領軍。文帝即王位，爲領軍將軍，錄前後功，封東陽亭侯。夏侯惇薨，以休爲鎮南將軍，假節都督諸軍事，車駕臨送，上乃下輿執手而別。孫權遣將屯歷陽，休到，擊破之，又別遣兵渡江，燒賊蕪湖營數千家。遷征東將軍，領揚州刺史，進封安陽鄉侯。魏書曰：休喪母至孝。帝使侍中奪喪服，使飲酒食肉，休受詔而形體益憔悴。乞歸譙葬母，帝復遣越騎校尉薛喬奉詔節其憂哀，使歸家治喪，一宿便葬，葬訖詣行在所。帝見，親自寬慰之。其見愛重如此。帝征孫權，以休爲征東大將軍，假黃鉞，督張遼等及諸州郡二十餘軍，擊權大將呂範等於洞浦，破之。拜揚州牧。明帝即位，進封長平侯。吳將審悳屯皖，休擊破之，斬悳首，吳將韓綜、翟丹等前後率衆詣休降。增邑四百，并前五千五百戶，遷大司馬，都督揚州如故。太和二年，帝爲二道征吳，遣司馬宣王從漢水下，督休諸軍向尋陽。賊將僞降，休深入，戰不利，退還宿石亭。軍夜驚，士卒亂，棄甲兵輜重甚多。休上書謝罪，帝遣屯騎校尉楊暨慰喻，禮賜益隆。休因此癰發背薨，謚曰壯侯。子肇嗣。世語曰：肇字長思。肇有當世才度，爲散騎常侍、屯騎校尉。明帝寢疾，方與燕王宇等屬以後事。帝意尋變，詔肇以侯歸第。正始中薨，追贈衞將軍。子興嗣。初，文帝分休戶三百封肇弟纂爲列侯，後爲殄吳將軍，薨，追贈前將軍。張隱文士傳曰：肇孫攄，字顏遠，少厲志操，博學有才藻。仕晉，辟公府，歷洛陽令，有能名。大司馬齊王冏輔政，攄與齊人左思俱爲記室督。從中郎出爲襄陽太守、征南司馬。值天下亂，攄討賊，向吳，戰敗死。

曹真字子丹，太祖族子也。太祖起兵，真父邵募徒衆，爲州郡所殺。魏略曰：真本姓秦，養曹氏。或云其父伯南夙與太祖善。興平末，袁術部黨與太祖攻劫，太祖出，爲寇所追，走入秦氏，伯南開門受之。寇問太祖所在，答云：「我是也。」遂害之。由此太祖思其功，故變其姓。魏書曰：邵以忠篤有才智，爲太祖所親信。初平中，太祖興義兵，邵募徒衆，從太祖周旋。時豫州刺史黃琬欲害太祖，太祖避之而邵獨遇害。太祖哀真少孤，收養與諸子同，使與文帝共止。常獵，爲虎所逐，顧射虎，應聲而倒。太祖壯其鷙勇，使將虎豹騎。討靈丘賊，拔之，封靈壽亭侯。以偏將軍將兵擊劉備別將於下辯，破之，拜中堅將軍。從至長安，領中領軍。是時，夏侯淵沒於陽平，太祖憂之。以真爲征南護軍，督徐晃等破劉備別將高詳於陽平。太祖自至漢中，拔出諸軍，使真至武都迎曹洪等還屯陳倉。文帝即王位，以真爲鎮西將軍，假節都督雍、涼州諸軍事。錄前後功，進封東鄉侯。張進等反於酒泉，真遣費耀討破之，斬進等。黃初三年還京都，以真爲上軍大將軍，都督中外諸軍事，假節鉞。與夏侯尚等征孫權，擊牛渚屯，破之。轉拜中軍大將軍，加給事中。七年，文帝寢疾，真與陳羣、司馬宣王等受遺詔輔政。明帝即位，進封邵陵侯。臣松之案：真父名邵，封邵陵侯，若非書誤，則事不可論。遷大將軍。諸葛亮圍祁山，南安、天水、安定三郡反應亮。帝遣真督諸軍軍郿，遣張郃擊亮將馬謖，大破之。安定民楊條等略吏民保月支城，真進軍圍之。條謂其衆曰：「大將軍自來，吾願早降耳。」遂自縛出。三郡皆平。真以亮懲於祁山，後出必從陳倉，乃使將軍郝昭、王生守陳倉，治其城。明年春，亮果圍陳倉，已有備而不能克。增邑，并前二千九百戶。四年，朝洛陽，遷大司馬，賜劍履上殿，入朝不趨。真以「蜀連出侵邊境，宜遂伐之。數道並入，可大克也」。帝從其計。真當發西討，帝親臨送。真以八月發長安，從子午道南入。司馬宣王泝漢水，當會南鄭。諸軍或從斜谷道，或從武威入。會大霖雨三十餘日，或棧道斷絕，詔真還軍。真少與宗人曹遵、鄉人朱讚並事太祖。遵、讚早亡，真愍之，乞分所食邑封遵、讚子。詔曰：「大司馬有叔向撫孤之仁，篤晏平久要之分。君子成人之美，聽分真邑賜遵、讚子爵關內侯，各百戶。」真每征行，與將士同勞苦，軍賞不足，輒以家財班賜，士卒皆願爲用。真病還洛陽，帝自幸其第省疾。真薨，謚曰元侯。子爽嗣。帝追思真功，詔曰：「大司馬蹈履忠節，佐命二祖，內不恃親戚之寵，外不驕白屋之士，可謂能持盈守位，勞謙其德者也。其悉封真五子羲、訓、則、彥、皚皆爲列侯。」初，文帝分真邑二百戶，封真弟彬爲列侯。

爽字昭伯，少以宗室謹重，明帝在東宮，甚親愛之。及即位，爲散騎侍郎，累遷城門校尉，加散騎常侍，轉武衞將軍，寵待有殊。帝寢疾，乃引爽入臥內，拜大將軍，假節鉞，都督中外諸軍事，錄尚書事，與太尉司馬宣王並受遺詔輔少主。明帝崩，齊王即位，加爽侍中，改封武安侯，邑萬二千戶，賜劍履上殿，入朝不趨，贊拜不名。丁謐畫策，使爽白天子發詔，轉宣王爲太傅，外以名號尊之，內欲令尚書奏事，先來由己，得制其輕重也。魏書曰：爽使弟羲爲表曰：「臣亡父真，奉事三朝，入備冢宰，出爲上將。先帝以臣肺腑遺緒，獎飭拔擢，典兵禁省，進無忠恪積累之行，退無羔羊自公之節。先帝聖體不豫，臣雖奔走侍疾，膏藥會無精誠翼日之應。猥與太尉懿俱受遺詔，且慙且懼，靡所底告。臣聞虞舜序賢，以稷、契爲先，成湯褒功，以伊、呂爲首，審選博舉，優劣得所，斯誠輔世長民之大經，錄勳報功之令典，自古以來未之或闕。今臣虛闇，位冠朝首，顧惟越次，中心愧惕，敢竭愚情，陳寫至實。夫天下之達道者三，謂德、爵、齒也。懿本以高明中正，處上司之位，名足鎮衆，義足率下，一也。包懷大略，允文允武，仍立征伐之勳，遐邇歸功，二也。萬里旋旆，親受遺詔，翼亮皇家，內外所向，三也。加之耆艾，紀綱邦國，體練朝政；論德則過於吉甫、樊仲，課功則踰於方叔、召虎：凡此數者，懿實兼之。臣抱空名而處其右，天下之人將謂臣以宗室見私，知進而不知退。陛下岐嶷，克明克類，如有以察臣之言，臣以爲宜以懿爲太傅、大司馬，上昭陛下進賢之明，中顯懿身文武之實，下使愚臣免於謗誚。」於是帝使中書監劉放、令孫資爲詔曰：「昔吳漢佐光武，有征定四方之功，爲大司馬，名稱于今。太尉體履正直，功蓋海內，先帝本以前後欲更其位者，輒不彌久，是以遲遲不施行耳。今大將軍薦太尉宜爲大司馬，既合先帝本旨，又放推讓，進德尚勳，乃欲明賢良、辨等列、順長少也。雖旦、奭之屬宗師，呂望之念在引領，以處其下，何以過哉！朕甚嘉焉。朕惟先帝固知君子樂天知命，纖芥細疑，不足爲忌，當顧柏人、彭亡之文，故用低佪，有意未遂耳！斯亦先帝敬重大臣，恩愛深厚之至也。昔成王建保傅之官，近漢顯宗以鄧禹爲太傅，皆所以優崇儁乂，必有尊也。其以太尉爲太傅。」爽弟羲爲中領軍，訓武衞將軍，彥散騎常侍侍講，其餘諸弟皆以列侯侍從，出入禁闥，貴寵莫盛焉。南陽何晏、鄧颺、李勝、沛國丁謐、東平畢軌咸有聲名，進趣於時，明帝以其浮華，皆抑黜之；及爽秉政，乃復進敘，任爲腹心。颺等欲令爽立威名於天下，勸使伐蜀，爽從其言，宣王止之不能禁。正始五年，爽乃西至長安，大發卒六七萬人，從駱谷入。是時，關中及氐、羌轉輸不能供，牛馬騾驢多死，民夷號泣道路。入谷行數百里，賊因山爲固，兵不得進。爽參軍楊偉爲爽陳形勢，宜急還，不然將敗。世語曰：偉字世英，馮翊人。明帝治宮室，偉諫曰：「今作宮室，斬伐生民墓上松柏，毀壞碑獸石柱，辜及亡人，傷孝子心，不可以爲後世之法則。」颺與偉爭於爽前，偉曰：「颺、勝將敗國家事，可斬也。」爽不悅，乃引軍還。漢晉春秋曰：司馬宣王謂夏侯玄曰：「春秋責大德重，昔武皇帝再入漢中，幾至大敗，君所知也。今興平路勢至

（險蜀已先據若進不獲戰退見徼絕覆軍必矣將何以任其責玄懼言於爽引軍退費禕進兵據三嶺以截爽爽爭嶮苦戰僅乃得過所發牛馬運轉者死失略盡羌胡怨歎而關右悉虛耗矣）初爽以宣王年德並高恒父事之不敢專行及晏等進用咸共推戴說爽以權重不宜委之於人乃以晏颺謐為尚書晏典選舉軌司隸校尉勝河南尹諸事希復由宣王宣王遂稱疾避爽（初宣王以爽魏之肺腑每推先之爽以宣王名重亦引身卑下當時稱焉丁謐畢軌等既進用數言于爽曰宣王有大志而甚得民心不可以推誠委之由是爽恒猜防焉禮貌雖存而諸所興造皆不復由宣王宣王力不能爭且懼其禍故避之）晏等專政共分割洛陽野王典農部桑田數百頃及壞湯沐地以為產業承勢竊取官物因緣求欲州郡有司望風莫敢忤旨晏等與廷尉盧毓素有不平因毓吏微過深文致毓法使主者先收毓印綬然後奏聞其作威如此爽飲食車服擬於乘輿尚方珍玩充牣其家妻妾盈後庭又私取先帝才人七八人及將吏師工鼓吹良家子女三十三人皆以為伎樂詐作詔書發才人五十七人送鄴臺使先帝婕妤教習為伎擅取太樂樂器武庫禁兵作窟室綺疏四周數與晏等會其中縱酒作樂羲深以為大憂數諫止之又著書三篇陳驕淫盈溢之致禍敗辭旨甚切不敢斥爽託戒諸弟以示爽爽知其為己發也甚不悅羲或時以諫喻不納涕泣而起宣王密為之備九年冬李勝出為荊州刺史往詣宣王宣王稱疾困篤示以羸形勝不能覺謂之信然（魏末傳曰爽等令勝辭宣王并伺察焉宣王見勝勝自陳無他功勞橫蒙時恩當為本州詣闕拜辭不悟加恩得蒙引見宣王令兩婢侍邊持衣衣落復上指口言渴求飲婢進粥宣王持盃飲粥粥皆流出沾胸勝愍然為之涕泣謂宣王曰今主上尚幼天下恃賴明公然衆情謂明公方舊風疾發何意尊體乃爾宣王徐更寬言才令氣息相屬說年老沈疾死在旦夕君當屈并州并州近胡好善為之恐不復相見如何勝曰當還忝本州非并州宣王乃復陽為昏謬曰君方到并州努力自愛錯亂其辭狀如荒語勝復曰當忝荊州非并州也宣王乃若微悟者謂勝曰懿年老意荒忽不解君言今還為本州刺史盛德壯烈好建功勳今當與君別自顧氣力轉微後必不更會因欲自力設薄主人生死共別令師昭兄弟結君為友不可相舍去副懿區區之心因流涕哽咽勝亦長歎答曰輒當承教須待勑命勝辭出與爽等相見說太傅語言錯誤口不攝盃指南為北又云吾當作并州吾答言當還為荊州非并州也徐徐與語有識人時乃知當還為荊州耳又欲設主人祖送不可舍去宜須待之更向爽等垂淚云太傅患不可復濟令人愴然）十年正月車駕朝高平陵爽兄弟皆從（世語曰初爽兄弟數俱出游桓範謂曰總萬機典禁兵不宜並出若有閉城門誰復內入者爽曰誰敢爾邪由此不復並行至是乃盡出也）宣王部勒兵馬先據武庫遂出屯洛水浮橋奏爽曰臣昔從遼東還先帝詔陛下秦王及臣升御牀把臣臂深以後事為念臣言二祖亦屬臣以後事此自陛下所見無所憂苦萬一有不如意臣當以死奉明詔黃門令董箕等才人侍疾者皆所聞知今大將軍爽背棄顧命敗亂國典內則僭擬外專威權破壞諸營盡據禁兵羣官要職皆置所親殿中宿衛歷世舊人皆復斥出欲置新人以樹

私計根據槃牙縱恣日甚外既如此又以黃門張當為都監專共交關看察至尊候伺神器離間二宮傷害骨肉天下洶洶人懷危懼陛下但為寄坐豈得久安此非先帝詔陛下及臣升御牀之本意也臣雖朽邁敢忘往言昔趙高極意秦氏以滅呂霍早斷漢祚永世此乃陛下之大鑒臣受命之時也太尉臣濟尚書令臣孚等皆以爽為有無君之心兄弟不宜典兵宿衛奏永寧宮皇太后令勑臣如奏施行臣輒勑主者及黃門令罷爽羲訓吏兵以侯就第不得逗留以稽車駕敢有稽留便以軍法從事臣輒力疾將兵屯洛水浮橋伺察非常（世語曰初宣王勒兵從闕下趣武庫當爽門人逼車住爽妻劉怖出至廳事謂帳下守督曰公在外今兵起如何督曰夫人勿憂乃上門樓引弩注箭欲發將孫謙在後牽止之曰天下事未可知如此者三宣王遂得過去）爽得宣王奏事不通迫窘不知所為（干寶晉紀曰爽留車駕宿伊水南伐木為鹿角發屯甲兵數千人以為衛魏末傳曰宣王語弟孚陛下在外不可露宿促送帳幔太官食具詣行在所）大司農沛國桓範聞兵起不應太后召矯詔開平昌門拔取劍戟略將門候南奔爽宣王知曰範畫策爽必不能用範計範說爽使車駕幸許昌招外兵爽兄弟猶豫未決範重謂羲曰當今日卿門戶求貧賤復可得乎且匹夫持質一人尚欲望活今卿與天子相隨令於天下誰敢不應者羲猶不能納侍中許允尚書陳泰說爽使早自歸罪爽於是遣允泰詣宣王歸罪請死乃通宣王奏事（干寶晉書曰桓範出赴爽宣王謂蔣濟曰智囊往矣濟曰範則智矣駑馬戀棧豆爽必不能用也世語曰宣王使許允陳泰解語爽蔣濟亦與書達宣王之旨又使爽所信殿中校尉尹大目謂爽唯免官而已以洛水為誓爽信之罷兵魏氏春秋曰爽既罷兵曰我不失作富家翁範哭曰曹子丹佳人生汝兄弟犢耳何圖今日坐汝等族滅矣）遂免爽兄弟以侯還第（魏末傳曰爽兄弟歸家勑洛陽縣發民八百人使尉部圍爽第四角角作高樓令人在上望視爽兄弟舉動爽計窮愁悶持彈到後園中樓上人便唱言故大將軍東南行爽還廳事上與兄弟共議未知宣王意深淺作書與宣王曰賤子爽哀惶恐怖無狀招禍分受屠滅前遣家人迎糧于今未反數日乏匱當煩見餉以繼旦夕宣王得書大驚即答書曰初不知乏糧甚懷踧踖令致米一百斛并肉脯鹽豉大豆尋送爽兄弟不達變數即便喜歡自謂不死）初張當私以所擇才人張何等與爽疑其有姦收當治罪當陳爽與晏等陰謀反逆並先習兵須三月中欲發於是收晏等下獄會公卿朝臣廷議以為春秋之義君親無將將而必誅爽以支屬世蒙殊寵親受先帝握手遺詔託以天下而包藏禍心蔑棄顧命乃與晏颺及當等謀圖神器範黨同罪人皆為大逆不道於是收爽羲訓晏颺謐軌勝範當等皆伏誅夷三族（魏略曰鄧颺字玄茂鄧禹後也少得士名於京師明帝時為尚書郎除洛陽令坐事免拜中郎又入兼中書郎初颺與李勝等為浮華友及在中書浮華事發被斥出遂不復用正始初乃出為潁川太守轉大將軍長史遷侍中尚書颺為人好貨前在內職許臧艾授以顯官艾以父妾與颺故京師為之語曰以官易富鄧玄茂每所薦達多如此故何晏選舉不得人頗由颺之不公忠遂同其罪蓋由交友非其才魏略曰丁謐字彥靖父斐字文侯初斐隨太祖太祖以斐鄉里特饒愛之斐性好貨數請

求犯法輒得原宥為典軍校尉總攝內外每所陳說多見從之建安末從太祖征吳斐隨行自以家牛羸困乃私易官牛為人所白被收送獄奪官其後太祖問斐曰文侯印綬所在斐亦知見戲對曰以易餅耳太祖笑顧謂左右曰東曹毛掾數白此家欲令我重治我非不知此人不清良有以也我之有斐譬如人家有盜狗而善捕鼠盜雖有小損而完我囊貯遂復斐官聽用如初後數歲病亡謐少不肯交游但博觀書傳為人沈毅頗有才略太和中常住鄴借人空屋居其中而諸王亦欲借之不知謐已得直開門入謐望見王交腳臥而不起而呼其奴客曰此何等人促呵使去王怒其無禮還具上言明帝收謐繫鄴獄以其功臣子原出後帝聞其有父風召拜度支郎中曹爽宿與相親時爽為武衛將軍數為帝稱其可大用會帝崩爽輔政乃拔謐為散騎常侍遂轉尚書謐為人外似疏略而內多忌其在臺閣有所彈駮臺中患之事不得行又其意輕貴多所忽略雖與何晏鄧颺等同位而皆少之唯以勢屈於爽爽亦敬之言無不從故于時謗書謂臺中有三狗二狗崖柴不可當一狗憑默作疽囊三狗謂何鄧丁也默者爽小字也其意言三狗皆欲嚙人而謐尤甚也爽使郭太后出居別宮及遣樂安王使北詣鄴又遣文欽令還淮南皆謐之計司馬宣王由是特深恨之畢軌字昭先父字子禮建安中為典農校尉軌以才能少有名聲明帝在東宮時軌在文學中黃初末出為長史明帝即位入為黃門郎子尚公主居處殷富遷并州刺史其在并州名為驕豪時雜虜數為暴害吏民軌輒出軍擊鮮卑軻比能失利中護軍蔣濟表曰畢軌前失既往不咎但恐是後難可以再凡人材有長短不可彊成軌文雅志意自為美器今失并州換置他州若入居顯職不毀其德於國事實善此安危之要唯聖恩察之至正始中入為中護軍轉侍中尚書遷司隸校尉素與曹爽善每言於爽多見從之李勝字公昭父休字子朗有智略張魯前為鎮北將軍休為司馬家南鄭時漢中有甘露降子朗見張魯精兵數萬人有四塞之固遂建言赤氣久衰黃家當興欲魯舉號魯不聽會魯破太祖以其勸魯內附賜爵關內侯署散官騎從詣鄴至黃初中仕歷上黨鉅鹿二郡太守後以年老還拜議郎勝少游京師雅有才智與曹爽善明帝禁浮華而人白勝堂有四窗八達各有主名用是被收以其所連引者多故得原禁錮數歲帝崩曹爽輔政勝為洛陽令夏侯玄為征西將軍以勝為長史玄亦宿與勝厚駱谷之役議從勝出由是司馬宣王不悅於勝累遷滎陽太守河南尹勝前後所宰守未嘗不稱職為尹歲餘廳事前屠蘇壞令人更治之小材一枚激墮正揭受符吏石虎頭斷之後旬日遷為荊州刺史未及之官而敗也桓範字元則世為冠族建安末入丞相府延康中為羽林左監以有文學與王象等典集皇覽明帝時為中領軍尚書遷征虜將軍東中郎將使持節都督青徐諸軍事治下邳與徐州刺史鄒岐爭屋引節欲斬岐為岐所奏不直坐免還復為兗州刺史怏怏不得意又聞當轉為冀州牧是時冀州統屬鎮北而鎮北將軍呂昭才實仕進本在範後範謂其妻仲長曰我寧作諸卿向三公長跪耳不能為呂子展屈也其妻曰君前在東坐欲擅斬徐州刺史衆人謂君難為作下今復羞為呂屈是復難為作上也範忿其言觸實乃以刀環撞其腹妻時懷孕遂墮胎死範亦竟稱疾不赴冀州正始中拜大司農範前在臺閣號為曉事及為司農又以清省稱範嘗抄撮漢書中諸雜事自以意斟酌之名曰世要論蔣濟為太尉嘗與範會社下羣卿列坐有數人範懷其所撰欲以示濟謂當虛心觀之範出其書以示左右左右傳之以示濟濟不肯視範心恨之因論他事乃發怒謂濟曰我祖薄德公輩何似邪濟性雖強毅亦知範剛毅睨而不應各罷範於沛郡仕次在曹真後于時曹爽輔政以範鄉里老宿於九卿中特敬之然不甚親也及宣王起兵閉城門以範為曉事乃指召之欲使領中領軍範欲應召而其子諫之以為車駕在外不如南出範疑有頃兒又促之範欲去而司農丞吏皆止範範不從乃突出至平昌城門城門已閉門候司蕃故範舉吏也範呼之舉手中版以示之矯曰有詔召我卿促開門蕃欲求見詔書範呵之言卿非我故吏邪何以敢爾乃開之範出城顧謂蕃曰太傅圖逆卿從我去蕃徒行不能及遂避側範南見爽勸爽兄弟以天子詣許昌徵四方以自輔爽疑羲又無言範自謂羲曰事昭然卿用讀書何為邪於今日卿等門戶倒矣俱不言範又謂羲曰卿別營近在闕南洛陽典農治在城外呼召如意今詣許昌不過中宿許昌別庫足相被假所憂當在穀食而大司農印章在我身羲兄弟默然不從中夜至五鼓爽乃投刀於地謂諸從駕羣臣曰我度太傅意亦不過欲令我兄弟向己也我獨有以不合於遠近耳遂進謂帝曰陛下作詔免臣官報皇太后令範知爽首免而己必坐唱義也範乃曰老子今茲坐卿兄弟族矣爽

等既免帝還宮遂令範隨從到洛水浮橋北望見宣王下車叩頭而無言宣王呼範姓曰桓大夫何為爾邪車駕入宮有詔範還復位範詣闕拜章謝待報會司蕃詣鴻臚自首具說範前出所道宣王乃忿然曰誣人以反於法何應主者曰科律反受其罪乃收範於闕下時人持範甚急範謂部官曰徐之我亦義士耳遂送廷尉世語曰初爽夢二虎銜雷公雷公若二升椀放著庭中爽惡之以問占者靈臺丞馬訓曰憂兵訓退告其妻曰爽將以兵亡不出旬日漢晉春秋曰安定皇甫謐以九年冬夢至洛陽自廟出見車騎甚衆以物呈廟云誅大將軍曹爽寤而以告其邑人邑人曰君欲作曹人之夢乎朝無公孫彊如何且爽兄弟典重兵又權尚書事誰敢謀之謐曰爽無叔振鐸之請苟失天機則離矣何恃於彊昔漢之閻顯倚母后之尊權國威命可謂至重矣閹人十九人一旦尸之況爽兄弟乎世語曰初爽出司馬魯芝留在府聞有事將營騎斫津門出赴爽爽誅擢為御史中丞及爽解印綬將出主簿楊綜止之曰公挾主握權捨此以至東市乎爽不從有司奏綜導爽反宣王曰各為其主也宥之以為尚書郎芝字世英扶風人也以後仕進至特進光祿大夫綜字初伯後為安東將軍司馬文王長史臣松之案夏侯湛為芝銘及干寶晉紀並云爽既誅宣王即擢芝為并州刺史以綜為安東參軍與世語不同）嘉平中紹功臣世封真族孫熙為新昌亭侯邑三百戶以奉真後（干寶晉紀曰蔣濟以曹真之勳力不宜絕祀故以熙為後濟又病其言之失信於爽發病卒）晏何進孫也母尹氏為太祖夫人晏長於宮省又尚公主少以才秀知名好老莊言作道德論及諸文賦著述凡數十篇（晏字平叔魏略曰太祖為司空時納晏母并收養晏其時秦宜祿兒阿蘇亦隨母在公家並見寵如公子蘇即朗也蘇性謹慎而晏無所顧憚服飾擬於太子故文帝特憎之每不呼其姓字嘗謂之為假子晏尚主又好色故黃初時無所事任及明帝立頗為冗官至正始初曲合於曹爽亦以才能故爽用為散騎侍郎遷侍中尚書晏前以尚主得賜爵為列侯又其母在內晏性自喜動靜粉白不去手行步顧影晏為尚書主選舉其宿與之有舊者多被拔擢魏末傳曰晏婦金鄉公主即晏同母妹公主賢謂其母沛王太妃曰晏為惡日甚將何保身母笑曰汝得無妒晏耶俄而晏死有一男年五六歲宣王遣人錄之晏母歸藏其子王宮中向使者搏頰乞白活之使者具以白宣王宣王亦聞晏婦有先見之言心常嘉之且為沛王故特原不殺魏氏春秋曰初夏侯玄何晏等名盛於時司馬景王亦預焉晏嘗曰唯深也故能通天下之志夏侯泰初是也唯幾也故能成天下之務司馬子元是也惟神也不疾而速不行而至吾聞其語未見其人蓋欲以神況諸己也初宣王使晏與治爽等獄晏窮治黨與冀以獲宥宣王曰凡有八族晏疏丁鄧等七姓宣王曰未也晏窮急乃曰豈謂晏乎宣王曰是也乃收晏臣松之案魏末傳云晏取其同母妹為妻此搢紳所不忍言雖楚王之妻媦不是甚也已設令此言出於舊史猶將莫之或信況底下之書乎案諸王傳沛王出自杜夫人所生晏母姓尹公主若與沛王同生焉得言與晏同母皇甫謐列女傳曰爽從弟文叔妻譙郡夏侯文寧之女名令女文叔早死服闋自以年少無子恐家必嫁己乃斷髮以為信其後家果欲嫁之令女聞即復以刀截兩耳居止常依爽及爽被誅曹氏盡死令女叔父上書與曹氏絕婚彊迎令女歸時文寧為梁相憐其少執義又曹氏無遺類冀其意沮乃微使人諷之令女歎且泣曰吾亦惟之許之是也家以為信防之少懈令女於是竊入寢室以刀斷鼻蒙被而臥其母呼與語不應發被視之血流滿牀席舉家驚惶奔往視之莫不酸鼻或謂之曰人生世間如輕塵棲弱草耳何至辛苦乃爾且夫家夷滅已盡守此欲誰為哉令女曰聞仁者不以盛衰改節義者不以存亡易心曹氏前盛之時尚欲保終況今衰亡何忍棄之禽獸之行吾豈為乎司馬宣王聞而嘉之聽使乞子字養為曹氏後名顯于世）

夏侯尚字伯仁淵從子也文帝與之親友（魏書曰尚有籌畫智略文帝器之與為布衣之交）太祖定冀州尚為軍司馬將騎從征伐後為五官將文學魏國初建遷黃門侍郎代郡胡叛遣鄢陵侯彰征討之以尚參彰軍事定代地還太祖崩於洛陽尚持節奉梓宮還鄴并錄前功封平陵亭侯拜散騎

常侍遷中領軍文帝踐阼更封平陵鄉侯遷征南將軍
領荊州刺史假節都督南方諸軍事尚奏劉備別軍在
上庸山道險難彼不我虞若以奇兵潛行出其不意則
獨克之勢也遂勒諸軍擊破上庸平三郡九縣遷征南
大將軍孫權雖稱藩尚益脩攻討之備權後果有貳心
黃初三年車駕幸宛使尚率諸軍與曹眞共圍江陵權
將諸葛瑾與尚軍對江瑾渡入江中渚而分水軍於江
中尚夜多持油船將步騎萬餘人於下流潛渡攻瑾諸
軍夾江燒其舟船水陸並攻破之城未拔會大疫詔勑
尚引諸軍還益封六百戶并前千九百戶假鉞進爲牧
荊州殘荒外接蠻夷而與吳阻漢水爲境舊民多居江
南尚自上庸通道西行七百餘里山民蠻夷多服從者
五六年間降附數千家五年徙封昌陵鄉侯尚有愛妾
嬖幸寵奪適室適室曹氏女也故文帝遣人絞殺之尚
悲感發病恍惚既葬埋妾不勝思見復出視之文帝聞
而恚之曰杜襲之輕薄尚良有以也然以舊臣恩寵不
衰六年尚疾篤還京都帝數臨幸執手泣尚薨謚曰悼
侯魏書載詔曰尚自少侍從盡誠竭節雖云異姓其猶骨肉是以入爲腹心出當爪牙智略深敏謀謨過人不幸早殞命也柰何贈征南大將軍昌陵侯印綬子玄嗣又分尚戶三百賜尚
弟子奉爵關內侯玄字太初少知名弱冠爲散騎黃門
侍郎嘗進見與皇后弟毛曾並坐玄恥之不悅形之於
色明帝恨之左遷爲羽林監正始初曹爽輔政玄爽之
姑子也累遷散騎常侍中護軍世語曰玄世名知人爲中護軍拔用武官參戟牙門無非俊傑多牧州典郡立法垂教于今皆爲後式太傅司馬宣王問以時事
玄議以爲夫官才用人國之柄也故銓衡專於臺閣上
之分也孝行存乎閭巷優劣任之鄉人下之敘也夫欲
清教審選在明其分敘不使相涉而已何者上過其分
則恐所由之不本而干勢馳騖之路開下踰其敘則恐
天爵之外通而機權之門多矣夫天爵下通是庶人議
柄也機權多門是紛亂之原也自州郡中正品度官才
之來有年載矣緬緬紛紛未聞整齊豈非分敘參錯各
失其要之所由哉若令中正但考行倫輩倫輩當行均
斯可官矣何者夫孝行著於家門豈不忠恪於在官乎
仁恕稱於九族豈不達於爲政乎義斷行於鄉黨豈不
堪於事任乎三者之類取於中正雖不處其官名斯任
官可知矣行有大小比有高下則所任之流亦煥然明
別矣奚必使中正干銓衡之機於下而執機柄者有所
委仗於上上下交侵以生紛錯哉且臺閣臨下考功校
否衆職之屬各有官長旦夕相考莫究於此閭閻之議
以意裁處而使匠宰失位衆人驅駭欲風俗清靜其可

得乎天臺縣邈衆所絕意所得至者更在側近孰不脩
飾以要所求所求有路則脩己家門者已不如自達於
鄉黨矣自達鄉黨者已不如自求之於州邦矣苟開之
有路而患其飾眞離本雖復嚴責中正督以刑罰猶無
益也豈若使各帥其分官長則各以其屬能否獻之臺
閣臺閣則據官長能否之第參以鄉閭德行之次擬其
倫比勿使偏頗中正則唯考其行迹別其高下審定輩
類勿使升降臺閣總之如其所簡或有參錯則其責負
自在有司官長所第中正輩擬比隨次率而用之如其
不稱責負在外然則內外相參得失有所互相形檢孰
能相飾斯則人心定而事理得庶可以靜風俗而審官
才矣又以爲古之建官所以濟育羣生統理民物也故
爲之君長以司牧之司牧之主欲一而專一則官任定
而上下安專則職業脩而事不煩夫事簡業脩上下相
安而不治者未之有也先王建萬國雖其詳未可得而
究然分疆畫界各守土境則非重累羈絆之體也下考
殷周五等之敘徒有小大貴賤之差亦無君官臣民而
有二統互相牽制者也夫官統不一則職業不脩職業
不脩則事何得而簡事之不簡則民何得而靜民之不
靜則邪惡並興而姦僞滋長故先王達其如此故專其
職司而一其統業始自秦世不師聖道私以御職姦以
待下懼宰官之不脩立監牧以董之畏督監之容曲設
司察以糾之宰牧相累監察相司人懷異心上下殊務
漢承其緒莫能匡改魏室之隆日不暇及五等之典雖
難卒復可粗立儀準以一治制今之長吏皆君吏民橫
重以郡守累以刺史若郡所攝唯在大較則與州同無
爲再重宜省郡守但任刺史刺史職存則監察不廢郡
吏萬數還親農業以省煩費豐財殖穀一也大縣之才
皆堪郡守是非之訟每生意異順從則安直已則爭夫
和羹之美在於合異上下之益在能相濟順從乃安此
琴瑟一聲也蕩而除之則官省事簡二也又幹郡之吏
職監諸縣營護黨親鄉邑舊故如有不副而因公掣頓
民之困弊咎生於此若皆并合則亂原自塞三也今承
衰弊民人彫落賢才鮮少任事者寡郡縣良吏往往非
一郡受縣成其劇在下而吏之上選郡當先足此爲親
民之吏專得底下吏者民命而常頑鄙今如并之吏多
選清良者造職大化宣流民物獲寧四也制使萬戶之
縣名之郡守五千以上名之都尉千戶以下令長如故
自長以上考課遷用轉以能升所牧亦增此進才効功
之敘也若經制一定則官才有次治功齊明五也若省

郡守縣皆徑達事不擁隔官無留滯三代之風雖未可
必簡一之化庶幾可致便民省費在於此矣又以爲文
質之更用猶四時之迭興也王者體天理物必因弊而
濟通之時彌質則文之以禮時泰侈則救之以質今承
百王之末秦漢餘流世俗彌文宜大改之以易民望今
科制自公列侯以下位從大將軍以上皆得服綾錦羅
綺紈素金銀飾鏤之物自是以下雜綵之服通于賤人
雖上下等級各示有差然朝臣之制已得侔至尊矣玄
黃之采已得通於下矣欲使市不鬻華麗之色商不通
難得之貨工不作雕刻之物不可得也是故宜大理其
本準度古法文質之宜取其中則以爲禮度車輿服章
皆從質樸禁除末俗華麗之事使幹朝之家有位之室
不復有錦綺之飾無兼采之服纖巧之物自上以下至
於樸素之差示有等級而已勿使過一二之覺若夫功
德之賜上恩所特加皆表之有司然後服用之夫上之
化下猶風之靡草樸素之教興於本朝則彌侈之心自
消於下矣宣王報書曰審官擇人除重官改服制皆大
善禮鄉閭本行朝廷考事大指如所示而中間一相承
習卒不能改秦時無刺史但有郡守長吏漢家雖有刺
史奉六條而已故刺史稱傳車其吏言從事居無常治
吏不成臣其後轉更爲官司耳昔賈誼亦患服制漢文
雖身服弋綈猶不能使上下如意恐此三事當待賢能
然後了耳玄又書曰漢文雖身衣弋綈而不革正法度
內外有僭擬之服寵臣受無限之賜由是觀之似指立
在身之名非篤齊治制之意也今公侯命世作宰追蹤
上古將隆至治抑末正本若制定於上則化行於衆矣
夫當宜改之時留殷勤之心令發之日下之應也猶響
尋聲耳猶垂謙謙曰待賢能此伊周不正殷姬之典也
竊未喻焉頃之爲征西將軍假節都督雍涼州諸軍事
魏略曰玄既遷司馬景王代爲護軍護軍總統諸將任主武官選舉前後當此官者不能止貨賂故蔣濟爲護軍時有謠言欲求牙門當得千匹百人督五百宣王與濟善間以問濟濟無以解之因戲曰洛中市買一錢不足則不行遂相對歡笑玄代濟故不能止絕人事及景王之代玄整頓法令人莫犯者與曹爽共
興駱谷之役時人譏之爽誅徵玄爲大鴻臚數年徙太
常玄以爽抑絀內不得意中書令李豐雖宿爲大將軍
司馬景王所親待然私心在玄遂結皇后父光祿大夫
張緝謀欲以玄輔政豐既內握權柄子尚公主又與緝
俱馮翊人故緝信之豐陰令弟兗州刺史翼求入朝欲
使將兵入并力起會翼求朝不聽嘉平六年二月當拜
貴人豐等欲因御臨軒諸門有陛兵誅大將軍以玄代
之以緝爲驃騎將軍豐密語黃門監蘇鑠永寧署令樂

敦冗從僕射劉賢等曰卿諸人居內多有不法大將軍
嚴毅累以爲言張當可以爲誡鑠等皆許以從命魏書曰玄
素貴以爽故廢黜居常怏怏不得意中書令李豐與玄及后父光祿大夫張緝陰謀爲亂緝與豐同郡傾巧人也以東莞太守召爲后家亦不得意故皆同謀初豐自以身處機密息韜又以列侯給事中尚齊長公主有內外之重心不自安密謂韜曰玄既爲海內重人加以當大任年時方壯而永見廢又親曹爽外弟於大將軍有嫌吾得玄書深以爲憂緝有才用棄兵馬大郡還坐家巷各不得志欲使汝以密計告之緝嘗病創臥豐遣韜省病韜屏人語緝曰韜尚公主父子在機近大將軍秉事常恐不見明信太常亦懷深憂君侯雖有后父之尊安危未可知皆與韜家同慮者也韜父欲與君侯謀之緝默然良久曰同舟之難吾焉所逃此大事不捷即禍及宗族韜於是往報豐密語黃門監蘇鑠等蘇鑠等答豐惟君侯計豐言曰今拜貴人諸營兵皆屯門陛下臨軒因此便共迫脅將羣寮人兵就誅大將軍卿等當共密白此意鑠等曰陛下儻不從人柰何豐等曰事有權宜臨時若不信聽便當劫將去耳那得不從鑠等許諾豐曰此族滅事卿等密之事成卿等皆當封侯常侍也豐復密以告玄緝緝遣子邈與豐相結同謀起事世語曰豐遣子韜以謀報玄玄曰宜詳之耳而不以告也
大將軍微聞其謀請豐相見豐不知而往卽殺之世語曰大
將軍聞豐謀舍人王羕請以命請豐豐若無備情屈勢迫必來若不來羕一人足以制之若知謀泄以衆挾輪長戟自衛徑入雲龍門挾天子登陵雲臺臺上有三千人仗鳴鼓會衆如此羕所不及也大將軍乃遣羕以車迎之豐見劫迫隨羕而至魏氏春秋曰大將軍責豐豐知禍及遂正色曰卿父子懷姦將傾社稷惜吾力劣不能相禽滅耳大將軍怒使勇士以刀環築豐腰殺之魏略曰豐字安國故衞尉李義子也黃初中以父任召隨軍始爲白衣時年十七八在鄴下名爲清白識別人物海內翕然莫不注意後隨軍在許昌聲稱日隆其父不願其然遂令閉門勑使斷客初明帝在東宮豐在文學中及卽尊位得吳降人問江東聞中國名士爲誰降人云聞有李安國者是時豐爲黃門郎明帝問左右安國所在左右以豐對帝曰豐名乃被於吳越邪後轉騎都尉給事中帝崩後爲永寧太僕以名過其實能用少也正始中遷侍中尚書僕射豐在臺省常多託疾時臺制疾滿百日當解祿豐疾未滿數十日輒暫起已復臥如是數歲初豐子韜以選尚公主豐雖外辭之內不甚憚也豐弟翼及偉仕數歲間並歷郡守豐嘗於人中顯誡二弟言當用榮位爲及司馬宣王久病偉爲二千石荒於酒亂新平扶風二郡而豐不召衆人以爲恃寵曹爽專政豐依違二公間無有適莫故于時有謗書曰曹爽之勢熱如湯太傅父子冷如漿李豐兄弟如游光其意以爲豐雖外示清淨而內圖事有似於游光也及宣王奏誅爽住車闕下與豐相聞豐怖遽氣索足委地不能起至嘉平四年宣王終後中書令缺大將軍諮問朝臣誰可補者或指向豐豐雖知此非顯選而自以連婚國家思附至尊因伏不辭遂奏用之豐爲中書二歲帝比每獨召與語不知所說景王知其議己請豐豐不以實告乃殺之其事祕豐前後仕歷三朝不以家計爲意仰俸廩而已韜雖尚公主豐常約勑不得有所侵取時得賜錢帛輒以外施親族及得賜宮人多與子弟而豐皆以與諸外甥及死後有司籍其家家無餘積魏氏春秋曰夜送豐尸付廷尉廷尉鍾毓不受曰非法官所治也以其狀告且勑之乃受帝怒將問豐死意太后懼呼帝入乃止遣使收翼世語曰翼後妻散騎常侍荀廙姊謂翼曰中書事發可及書未至赴吳何爲坐取死亡左右可共同赴水火者誰翼思未答妻曰君在大州不知可與同死生者去亦不免翼曰二兒小吾不去今但從坐身死二兒必免果如翼言翼子斌楊駿外甥也晉惠帝初爲河南尹與駿俱死見晉書
事下有司收玄緝鑠敦賢等送廷尉世語
曰玄至廷尉不肯下辭廷尉鍾毓自臨治玄玄正色責毓曰吾當何辭卿爲令史責人也卿便爲吾作毓以其名士節高不可屈而獄當竟夜爲作辭令與事相附流涕以示玄玄視頷之而已毓弟會年少於玄玄不與交是日於毓坐狎玄玄不受孫盛雜語曰玄在囹圄會因欲狎而友玄玄正色曰鍾君何相偪如此也廷尉
鍾毓奏豐等謀迫脅至尊擅誅冢宰大逆無道請論如
法於是會公卿朝臣廷尉議咸以爲豐等各受殊寵典
綜機密緝承外戚椒房之尊玄備世臣並居列位而包

藏禍心構圖凶逆交關閹豎授以姦計畏憚天威不敢顯謀乃欲要君脅上肆其詐虐謀誅良輔擅相建立將以傾覆京室顛危社稷毓所正皆如科律報毓施行詔書齊長公主先帝遺愛原其三子死命於是豐玄緝敦賢等皆夷三族魏書曰豐子韜以尚主賜死獄中其餘親屬徙樂浪郡玄格量弘濟臨斬東市顏色不變舉動自若時年四十六魏略曰玄自從西還不交人事不蓄華妍魏氏春秋曰初夏侯霸將奔蜀呼玄欲與之俱玄曰吾豈苟存自客於寇虜乎遂還京師太傅薨許允謂玄曰無復憂矣玄歎曰士宗卿何不見事乎此人猶能以通家年少遇我子元子上不吾容也玄嘗著樂毅張良及本無肉刑論辭旨通遠咸傳於世玄之執也衛將軍司馬文王流涕請之大將軍曰卿忘會趙司空葬乎先是司空趙儼薨大將軍兄弟會葬賓客以百數玄時後至衆賓客咸越席而迎大將軍由是惡之臣松之案曹爽以正始五年伐蜀時玄已為關中都督至十年爽誅滅後方還洛耳案少帝紀司空趙儼以六年亡玄則無由得會儼葬若云玄入朝紀傳又無其事斯近妄不實正元中紹功臣世封尚從孫本為昌陵亭侯邑三百戶以奉尚後初中領軍高陽許允與豐玄親善先是有詐作尺一詔書以玄為大將軍允為太尉共錄尚書事有何人天未明乘馬以詔版付允門吏曰有詔因便馳走允即投書燒之不以開呈司馬景王後豐等事覺徙允為鎮北將軍假節督河北諸軍事未發以放散官物收付廷尉徙樂浪道死魏略曰允字士宗世冠族父據仕歷典農校尉郡守允少與同郡崔贊俱發名於冀州召入軍明帝時為尚書選曹郎與陳國袁侃對同坐職事皆收送獄詔旨嚴切當有死者正直者為重允謂侃曰卿功臣之子法應八議不憂死也侃知其指乃為受重允刑竟復吏出為郡守稍遷為侍中尚書中領軍允聞李豐等被收欲往見大將軍已出門回遑不定中道還取褲豐等已收訖大將軍聞允前遽怪之曰我自收豐等不知士大夫何為怱怱乎是時朝臣遽者多耳而衆人咸以為意在允也會鎮北將軍劉靜卒朝廷以允代靜已受節傳出止外舍大將軍與允書曰鎮北雖少事而都典一方念足下震華鼓建朱節歷本州此所謂著繡晝行也允心甚悅與臺中相聞欲易其鼓吹旌旗其兄子素頗聞衆人說允前見嫌意戒允但當趣耳用是為邪允曰卿俗士不解我以榮國耳故求之帝以允當出乃詔會羣臣羣臣皆集帝特引允以自近允前為侍中顧當與帝別涕泣歔欷會訖罷出詔促允令去會有司奏允前擅以厨錢穀乞諸俳及其官屬故遂收送廷尉考問竟故減死徙邊允以嘉平六年秋徙妻子不得自隨行道未到以其年冬死魏氏春秋曰允為吏部郎選郡守明帝疑其所用非次召入將加罪允妻阮氏跣出謂曰明主可以理奪難以情求允領之而入帝怒詰之允對曰某郡太守雖限滿文書先至年限在後日限在前帝前取事視之乃釋遣出望其衣敗曰清吏也賜之允之出為鎮北也喜謂其妻曰吾知免矣妻曰禍見於此何免之有允善相印將拜以印不善使更刻之如此者三允曰印雖始成而已被辱問送印者果懷之而墜於廁相印書曰相印法本出陳長文長文以語韋仲將印工楊利從仲將受法以語許士宗利以法術占吉凶十可中八九仲將問長文從誰得法長文曰本出漢世有相印相笏經又有鷹經牛經馬經印工宗養以法語程申伯是故有一十二家相法傳於世允妻阮氏賢明而醜允始見愕然交禮畢無復入意妻遣婢覘之云有客姓桓妻曰是必桓範將勸使入也既而範果勸之允入須臾便起妻捉裾留之允顧謂婦曰婦有四德卿有其幾婦曰新婦所乏唯容士有百行君有其幾許曰皆備婦曰士有百行以德為首君好色不好德何謂皆備允有慚色知其非凡遂雅相親重生二子奇猛少有令聞允後為景王所誅門生走入告其婦婦正在機神色不變曰早知爾耳門生欲藏其子婦曰無預諸兒事後移居墓所景王遣鍾會看之若才藝德能及父當收兒以語母母答汝等雖佳才具不多率胸懷與會語便自無憂不須極哀會止便止又可多少問朝事兒從之會反命具以狀對卒免其禍皆母之教也雖會之識鑒而輸賢婦之智也果慶及後嗣追封子孫而已世語曰允二子奇字子泰猛字子豹並有治理才學晉元康中奇為司隸校尉猛幽州刺史傅暢晉諸公贊曰猛禮樂儒雅當時最優奇子遐字思祖有才幹至侍中猛子式字儀祖至濮陽內史平原太守清河王經亦與允俱稱冀州名士甘露中為尚書坐高貴鄉公事誅始經為郡守經母謂經曰汝田家子今仕至二千石物太過不祥可以止矣經不能從歷二州刺史司隸校尉終以致敗世語曰經字彥偉初為江夏太守大將軍曹爽附絹二十匹令交市於吳經不發書棄官歸母問歸狀經以實對母以經典兵馬而擅去對送吏杖經五十爽聞不復罪經為司隸校尉辟河內向雄為都官從事王業之出不申經竟以及難經刑於東市雄哭之感動一市刑及經母雍州故吏皇甫晏以家財收葬焉漢晉春秋曰經被收辭母母顏色不變笑而應曰人誰不死往所以不止汝者恐不得其所也以此并命何恨之有哉晉武帝太始元年詔曰故尚書王經雖身陷法辟然守志可嘉門戶堙沒意常愍之其賜經孫郎中允友人同郡崔贊亦嘗以處世太盛戒允云荀綽冀州記曰贊子洪字良伯清恪有匪躬之志為晉吏部尚書大司農

評曰夏侯曹氏世為婚姻故惇淵仁洪休尚真等並以親舊肺腑貴重於時左右勳業咸有効勞爽德薄位尊沈溺盈溢此固大易所著道家所忌也玄以規格局度世稱其名然與曹爽中外繾綣榮位如斯曾未聞匡弼其非援致良才舉茲以論焉能免之乎

魏志卷九考證

夏侯惇二十四年太祖軍擊破呂布軍於摩陂○臣明楷按布已死于建安三年此時無與太祖交兵之事又按武帝紀云二十四年王自洛陽南征羽未至晃攻羽破之羽走仁圍解王軍摩陂此呂布二字疑為關羽二字之誤然各本皆同

安西鎮東將軍假節注乃共構楙以誹謗公主奏之有詔收楙○公主宋本作令主

夏侯淵擊破南山賊劉雄降其衆○臣浩按張魯傳注云劉雄鳴據武關道口太祖遣夏侯淵討破之雄鳴南奔漢中是其人也此作劉雄疑脫鳴字

姜敘起兵鹵城以應之○何焯曰西縣屬漢陽西古作鹵此鹵字與楊阜傳皆訛為鹵

霸弟威官至兗州刺史注莊晉景陽皇后姊夫也○何焯曰陽當作羊此晉景獻皇后也

曹仁譚敗純麾下騎斬譚首級北征三部○毛本作斬譚首及北征三郡

曹洪與太祖會龍亢○監本誤作龍元今改正

曹休遣司馬宣王從漢水下督休諸軍向尋陽○何焯曰當作休督諸軍宣王與休並為上將分道而進宣王方從西道當吳上流則東軍之向晉陽者不得而兼督也

曹真得制其輕重也注乃欲明賢良辨等列順長少也○北宋本長少作少長

此乃陛下之大鑒臣受命之時也○受疑當作授

夷三族注以官易富鄢元茂○臣浩按通志畧作以官易婦為是臧艾以父妾與颺故為此語也

又注蓋由交友非奇才○一本作非其才

又注丁謐字彥靖○太平御覽靖作靜

又注二狗崖柴不可當一狗憑默作疽囊○何焯曰崖柴藝文作啀喍玉篇啀狗欲嚙也類篇又作啀則偏旁無口字者或古人假借通用默太平御覽作黙

又注明帝禁浮華而人白勝堂有四窗八達各有主名用是被收○臣龍官按堂有四窗八達未必能得罪或堂字為黨字之誤諸葛誕注云以元疇四人為四聰誕備八人為八達是其証也窗與聰古字通用

著述凡數十篇注又其母在內○北宋本作又以其母在內

夏侯尚至於樸素之差示有等級而已勿使過一二之覺○覺何焯云疑作較

時年四十六注元之執也衛將軍司馬文王流涕請之○何焯曰以三少帝紀證之文王於時為安東將軍非衛將軍也

徙樂浪道死注某郡太守雖限滿文書先至年限在後日限在前○太平御覽日限在前上多某守雖後四字

終以致敗注王業之出不申經竟以及難○臣明楷按高貴鄉公卒注云王沈王業馳告文王尚書王經以正直不出因沈業申意則此竟字當作意字

魏志卷十

晉著作郎巴西中正安漢陳　壽撰

宋太中大夫國子博士聞喜裴松之注

荀彧子惲顗孫甝　荀攸　賈詡

荀彧字文若潁川潁陰人也祖父淑字季和朗陵令當漢順桓之間知名當世有子八人號曰八龍彧父緄濟南相叔父爽司空續漢書曰淑有高才王暢李膺皆以為師為朗陵侯相號稱神君張璠漢紀曰淑博學有高行與李固李膺同志友善拔李昭於小吏友黃叔度於幼童以賢良方正徵對策譏切梁氏出補朗陵侯相卒官八子儉緄靖燾詵爽肅旉爽字慈明幼好學年十二通春秋論語耽思經典不應徵命積十數年董卓秉政復徵爽爽欲遁去吏持之急詔下郡即拜平原相行至苑陵又追拜光祿勳視事三日策拜司空爽起自布衣九十五日而至三公淑舊居西豪里縣令苑康曰昔高陽氏有才子八人署其里為高陽里時字叔慈亦有至德名幾亞爽隱居終身皇甫謐逸士傳或問許子將靖與爽孰賢子將曰二人皆玉也慈明外朗叔慈內潤彧年少時南陽何顒異之曰王佐才也典略曰中常侍唐衡欲以女妻汝南傅公明公明不娶轉以與彧父緄慕衡勢為彧娶之彧為論者所譏臣松之案漢紀云唐衡以桓帝延熹七年死計彧于時年始二歲則彧婚之日衡之沒久矣慕勢之言為不然也臣松之又以為緄八龍之一必非苟得者也將有逼而然何云慕勢哉昔鄭忽以違齊致譏雋生以拒霍見美致譏在於失援見美嘉其處遠並無交至之害故得各全其志耳至於閹豎用事四海屏氣左悺唐衡殺生在口故于時諺云左迴天唐獨坐言威權莫二也順之則六親以安忤違則大禍立至斯誠以存易亡蒙恥期全之日昔蔣詡姻于王氏無損清高之操緄之此婚庸何傷乎永漢元年舉孝廉拜守宮令董卓之亂求出補吏除亢父令遂棄官歸謂父老曰潁川四戰之地也天下有變常為兵衝宜亟去之無久留鄉人多懷土猶豫會冀州牧同郡韓馥遣騎迎之莫有隨者彧獨將宗族至冀州而袁紹已奪馥位待彧以上賓之禮彧弟諶及同郡辛評郭圖皆為紹所任彧度紹終不能成大事時太祖為奮武將軍在東郡初平二年彧去紹從太祖太祖悅曰吾之子房也以為司馬時年二十九是時董卓威陵天下太祖以問彧彧曰卓暴虐已甚必以亂終無能為也卓遣李傕等出關東所過虜略至潁川陳留而還鄉人留者多見殺略明年太祖領兗州牧後為鎮東將軍彧常以司馬從興平元年太祖征陶謙任彧留事會張邈陳宮以兗州反潛迎呂布布既至邈乃使劉翊告彧曰呂將軍來助曹使君擊陶謙宜亟供其軍食衆疑惑彧知邈為亂即勒兵設備馳召東郡太守夏侯惇而兗州諸城皆應布矣時太祖悉軍攻謙留守兵少而督將大吏多與邈宮通謀惇至其夜誅謀叛者數十人衆乃定豫州刺史郭貢帥衆數萬來至城下或言與呂布同謀衆甚懼貢求見彧彧將往惇曰君一州鎮也往必危不可彧曰貢與邈等分非素結也今來速計必未定及其未定說之縱不為用可使中立若先疑之彼將怒而成計貢見彧無懼意謂鄄城未易攻遂引兵去又與程昱計使說范東阿卒全三城以待太祖太祖自徐州還擊布濮陽布東走二年夏太祖軍乘氏大饑人相食陶謙死太祖欲遂取徐州還乃定布彧曰昔高祖保關中光武據河內皆深根固本以制天下進足以勝敵退足以堅守故雖有困敗而終濟大業將軍本以兗州首事平山東之難百姓無不歸心悅服且河濟天下之要地也今雖殘壞猶易以自保是亦將軍之關中河內也不可以不先定今以破李封薛蘭若分兵東擊陳宮宮必不敢西顧以其閒勒兵收熟麥約食畜穀一舉而布可破也破布然後南結揚州共討袁術

以臨淮泗若舍布而東多留兵則不足用少留兵則民皆保城不得樵採布乘虛寇暴民心益危唯鄄城范衞可全其餘非己之有是無兗州也若徐州不定將軍當安所歸乎且陶謙雖死徐州未易亡也彼懲往年之敗將懼而結親相爲表裏今東方皆以收麥必堅壁清野以待將軍將軍攻之不拔略之無獲不出十日則十萬之衆未戰而自困耳臣松之以爲于時徐州未平兗州又叛而云十萬之衆雖是抑抗之言要非寡弱之稱益知官渡之役不得云兵不滿萬也前討徐州威罰實行曹瞞傳云自京師遭董卓之亂人民流移東出多依彭城間遇太祖至坑殺男女數萬口於泗水水爲不流陶謙帥其衆軍武原太祖不得進引軍從泗南攻取慮睢陵夏丘諸縣皆屠之雞犬亦盡墟邑無復行人其子弟念父兄之恥必人自爲守無降心就能破之尚不可有也夫事固有棄此取彼者以大易小可也以安易危可也權一時之勢不患本之不固可也今三者莫利願將軍熟慮之太祖乃止大收麥復與布戰分兵平諸縣布敗走兗州遂平建安元年太祖擊破黃巾漢獻帝自河東還洛陽太祖議奉迎都許或以山東未平韓暹楊奉新將天子到洛陽北連張楊未可卒制彧勸太祖曰昔高祖東伐爲義帝縞素而天下歸心自天子播越將軍首唱義兵徒以山東擾亂未能遠赴關右然猶分遣將帥蒙險通使雖禦難于外乃心無不在王室是將軍匡天下之素志也今車駕旋軫義士有存本之思百姓感舊而增哀誠因此時奉主以從民望大順也秉至公以服雄傑大略也扶弘義以致英俊大德也天下雖有逆節必不能爲累明矣韓暹楊奉其敢爲害若不時定四方生心後雖慮之無及太祖遂至洛陽奉迎天子都許天子拜太祖大將軍進彧爲漢侍中守尚書令常居中持重典略曰彧折節下士坐不累席其在臺閣不以私欲撓意彧有羣從一人才行實薄或謂彧以君當事不可不以某爲議郎邪彧笑曰官者所以表才也若如來言衆人其謂我何邪其持心平正皆類此太祖雖征伐在外軍國事皆與彧籌焉典略曰彧爲人偉美又平原禰衡傳曰衡字正平建安初自荊州北游許都恃才傲逸臧否過差見不如己者不與語人皆以是憎之唯少府孔融高貴其才上書薦之曰淑質貞亮英才卓犖初涉藝文升堂覩奧目所一見輒誦於口耳所暫聞不忘於心性與道合思若有神弘羊心計安世默識以衡準之誠不足怪衡時年二十四是時許都雖新建尚饒人士衡嘗書一刺懷之字漫滅而無所適或問之曰何不從陳長文司馬伯達乎衡曰卿欲使我從屠沽兒輩也又問曰當今許中誰最可者衡曰大兒有孔文舉小兒有楊德祖又問曹公荀令君趙盪寇皆足蓋世乎衡稱曹公不甚多又見荀有儀容趙有腹尺因荅曰文若可借面弔喪稚長可使監厨請客其意以爲荀但有貌趙健啖肉也於是衆人皆切齒衡知衆不悅將南還荊州裝束臨發衆人爲祖道先設供帳於城南自共相誡曰衡數不遜今因其後到以不起報之及衡至衆人皆坐不起衡乃號咷大哭衆又問其故衡曰行屍柩之間能不悲乎衡南見劉表表甚禮之將軍黃祖屯夏口祖子射與衡善隨到夏口祖嘉其才每在坐席有異賓介使與衡談後衡驕蹇荅祖言俳優饒言祖以爲罵己也大怒顧伍伯捉頭出左右遂扶以去拉而殺之臣松之以本傳不稱彧容貌故載典略與衡傳以見之又潘勗爲彧碑文稱彧瓌姿奇表張衡文士傳曰孔融數薦衡於太祖欲與相見而衡疾惡之意常憤懣因狂疾不肯往而數有言論太祖聞其名圖欲辱之乃錄爲鼓吏後至八月朝大宴賓客並會時鼓吏擊鼓過皆當脫其故服易著新衣次衡衡擊爲漁陽參撾容態不常音節殊妙坐上賓客聽之莫不慷慨過衡不易衣吏呵之衡乃當太祖前次脫衣裸身而立徐徐乃著褌帽畢復擊鼓參撾而顏色不怍太祖大笑告四坐曰本欲辱衡衡反辱孤至今有漁陽參撾自衡造也融深責數衡并宣太祖意欲令與太祖相見衡許之曰當爲卿往至十月朝融先見太祖說衡欲求見至日晏衡著布單衣疏巾履坐太祖營門外以杖捶地數罵太祖太祖敕外廐急具精馬三匹并騎二人謂融曰禰衡豎子乃敢爾孤殺之無異於雀鼠顧此人素有虛名遠近所聞今日殺之人將謂孤不能容今送與劉表視卒當何如乃令騎以衡置馬上兩騎扶送至南陽傅子曰衡辯於言而剋於論見荊州牧劉表日所以自結於表者甚至表悅之以爲上賓衡稱表之美盈口而論表左右不廢繩墨於是左右因形而譖之曰衡稱將軍之仁西伯不過也唯以爲不能斷終不濟者必由此也是言實指表智短而非衡所言也表不詳察遂疏衡而逐之衡以交絕於劉表智窮於黃祖身死名滅爲天下笑者譖之者有形也太祖問彧誰能代卿爲我謀者彧言荀攸鍾繇先是彧言策謀士進戲志才志才卒又進郭嘉太祖以彧爲知人諸所進達皆稱職唯嚴象爲揚州韋康爲涼州後敗亡三輔決錄曰象字文則京兆人少聰博有膽智以督軍御史中丞詣揚州討袁術會術病卒因以爲揚州刺史建安五年爲孫策廬江太守李術所殺時年三十八象同郡趙岐作三輔決錄恐時人不盡其意故隱其書唯以示象康字元將亦京兆人孔融與康父端書曰前日元將來淵才亮茂雅度弘毅偉世之器也昨日仲將又來懿性貞實文敏篤誠保家之主也不意雙珠近出老蚌甚珍貴之端從涼州牧徵爲太僕康代爲涼州刺史時人榮之後爲馬超所圍堅守歷時救軍不至遂爲超所殺仲將名誕見劉邵傳自太祖之迎天子也袁紹內懷不服紹既并河朔天下畏其彊太祖方東憂呂布南拒張繡而繡敗太祖軍於宛紹益驕與太祖書其辭悖慢太祖大怒出入動靜變於常衆皆謂以失利於張繡故也鍾繇以問彧彧曰公之聰明必不追咎往事殆有他慮則見太祖問之太祖乃以紹書示彧曰今將討不義而力不敵何如彧曰古之成敗者誠有其才雖弱必彊苟非其人雖彊易弱劉項之存亡足以觀矣今與公爭天下者唯袁紹爾紹貌外寬而內忌任人而疑其心公明達不拘唯才所宜此度勝也紹遲重少決失在後機公能斷大事應變無方此謀勝也紹御軍寬緩法令不立士卒雖衆其實難用公法令既明賞罰必行士卒雖寡皆爭致死此武勝也紹憑世資從容飾智以收名譽故士之寡能好問者多歸之公以至仁待人推誠心不爲虛美行己謹儉而與有功者無所恡惜故天下忠正效實之士咸願爲用此德勝也夫以四勝輔天子扶義征伐誰敢不從紹之彊其何能爲太祖悅彧曰不先取呂布河北亦未易圖也太祖曰然吾所惑者又恐紹侵擾關中亂羌胡南誘蜀漢是我獨以兗豫抗天下六分之五也爲將柰何彧曰關中將帥以十數莫能相一唯韓遂馬超最彊彼見山東方爭必各擁衆自保今若撫以恩德遣使連和相持雖不能久安比公安定山東足以不動鍾繇可屬以西事則公無憂矣三年太祖既破張繡東禽呂布定徐州遂與袁紹相拒孔融謂彧曰紹地廣兵彊田豐許攸智計之士也爲之謀審配逢紀盡忠之臣也任其事顏良文醜勇冠三軍統其兵殆難克乎彧曰紹兵雖多而法不整田豐剛而犯上許攸貪而不治審配專而無謀逢紀果而自用此二人留知後事若攸家犯其法必不能縱也不縱攸必爲變顏良文醜一夫之勇耳可一戰而禽也五年與紹連戰太祖保官渡紹圍之太祖軍糧方盡書與彧議欲還許以引紹彧曰今軍食雖少未若楚漢在滎陽成皋間也是時劉項莫肯先退先退者勢屈也公以十分居一之衆畫地而守之扼其喉而不得進已半年矣情見勢竭必將有變此用奇之時不可失也太祖乃住遂以奇兵襲紹別屯斬其將淳于瓊等紹退走審配以許攸家不法收其妻子攸怒叛紹顏良文醜臨陣授首田豐以諫見誅皆如彧所策六年太祖就穀東平之安民糧少不足與河北相支欲因紹新破以其閒擊討劉表彧曰今紹敗其衆離心宜乘其困遂定之而背兗豫遠師江漢若紹收其餘燼承虛以出人後則公事去矣太祖復次于河上紹病死太祖渡河擊紹子譚尚而高幹郭援侵略河東關右震動鍾繇帥馬騰等擊破之語在繇傳八年太祖錄彧前後功表封彧爲萬歲亭侯彧別傳載太祖表曰臣聞慮爲功首謀爲賞本野績不越廟堂戰多不踰國勳是故曲阜之錫不後營丘蕭何之土先於平陽珍策重計古今所尚侍中守尚書令彧積德累行少長無悔遭世紛擾懷忠念治臣自始舉義兵周游征伐與彧戮力同心左右王略發言授策無施不效彧之功業臣由以濟用披浮雲顯光日月陛下幸許彧左右機近忠恪祗順如履薄冰研精極銳以撫庶事天下之定彧之功也宜享高爵以彰元勳彧固辭無野戰之勞不通太祖表與彧書曰與君共事以來立朝廷君之相爲匡弼君之相爲舉人君之相爲建計君之相爲密謀亦以多矣夫功未必皆野戰也願君勿讓彧乃受九年太祖拔鄴領冀州牧或說太祖宜復古置九州則冀州所制者廣大天下服矣太祖將從之彧言曰若是則冀州當得河東馮翊扶風西河幽并之地所奪者衆前日公破袁尚禽審配海內震駭必人人自恐不得保其土地守其兵衆也今使分屬冀州將皆動心且人多說關右諸將以閉關之計今聞此以爲必以次見奪一旦生變雖有善守者轉相脅爲非則袁尚得寬其死而袁譚懷貳劉表遂保江漢之間天下未易圖也願公急引兵先定河北然後修復舊京南臨荊州責貢之不入則天下咸知公意人人自安天下大定乃議古制此社稷長久之利也太祖遂寢九州議是時荀攸常爲謀主彧兄衍以監軍校尉守鄴都督河北事太祖之征袁尚也高幹密遣兵謀襲鄴衍逆覺盡誅之以功封列侯零陵先賢傳曰衍字休若彧第三兄諶字友若事見袁紹傳陳羣與孔融論汝潁人物羣曰荀文若公達休若友若仲豫當今並無對衍子紹位至太僕紹子融字伯雅與王弼鍾會俱知名爲洛陽令參大將軍軍事與弼會論易老義傳於世諶子閎字仲茂爲太子文學掾時有甲乙疑論閎與鍾繇王朗袁渙議各不同文帝與繇書曰袁王國士更爲脣齒荀閎勁悍往來銳師真君侯之勍敵左右之深憂也終黃門侍郎閎從孫惲字景文太子中庶子亦知名與賈充共定音律又作易集解仲豫名悅朗陵長儉之少子彧從父兄也張璠漢紀稱悅清虛沈靜善於著述建安初爲秘書監侍中被詔刪漢書作漢紀三十篇因事以明臧否致有典要其書大行於世太祖以女妻彧長子惲後稱安陽公主彧及攸並貴重皆謙沖節儉祿賜散之宗族知舊家無餘財十二年復增彧邑千戶合二千戶彧別傳曰太祖又表曰昔袁紹侵入郊甸戰於官渡時兵少糧盡圖欲還許書與彧議彧不聽臣建宜住之便恢進討之規更起臣心易其愚慮遂摧大逆覆取其衆此彧覩勝敗之機略不世出也及紹破敗臣糧亦盡以爲河北未易圖也欲南討劉表彧復止臣陳其得失臣用反旆遂吞凶族克平四州向使臣退於官渡紹必鼓行而前有傾覆之形無克捷之勢後若南征委棄兗豫利既難要將失本據彧之二策以亡爲存以禍致福謀殊功異臣所不及也是以先帝貴指蹤之功薄搏獲之賞古人尚帷幄之規下攻拔之捷前所賞錄未副彧巍巍之勳乞重平議疇其戶邑彧深辭讓太祖報之曰君之策謀非但所表二事前後謙沖欲慕魯連先生乎此聖人達節者所不貴也昔介子推有言竊人之財猶謂之盜況君密謀安衆光顯於孤者以百數乎以二事相還而復辭之何取謙亮之多邪太祖欲表彧爲三公彧使荀攸深讓至于十數太祖乃止太祖將伐劉表問彧策安出彧曰今華夏已平南土知困矣可顯出宛葉而間行輕進以掩其不意太祖遂行會表病死太祖直趨宛葉如彧計表子琮以州逆降十七年董昭等謂太祖宜進爵國公九錫備物以彰殊勳密以諮彧彧以爲太祖本興義兵以匡朝寧國秉忠貞之誠守退讓之實君子愛人以德不宜如此太祖由是心不能平會征孫權表請彧勞軍于譙因輒留彧以侍中光祿大夫持節參丞相軍事太祖軍至濡須彧疾留壽春以憂薨時年五十諡曰敬明年太祖遂爲魏公矣魏氏春秋曰太祖饋彧食發之乃空器也於是飲藥而卒咸熙二年贈彧太尉彧別傳曰彧自爲尚書令常以書陳事臨薨皆焚毀之故奇策密謀不得盡聞也是時征役草創制度多所興復彧嘗言於太祖曰昔舜分命禹稷契皐陶以揆庶績敎化征伐並時而用及高祖之初金革方殷猶舉民能善敎訓者叔孫通習禮儀於戎旅之間世祖有投戈講藝息馬論道之事君子無終食之間違仁今公外定武功內興文學使干戈戢睦大道流行國難方弭六禮俱洽此姬旦宰周之所以速平也既立德立功而又兼立言誠仲尼述作之意顯制度於當時揚名於後世豈不盛哉若須武事畢而後制作以稽治化於事未敏宜集天下大才通儒考論六經刊定傳記存古今之學除其煩重以一聖眞並隆禮學漸敎化則王道兩濟彧從容與太祖論治道如此之類甚衆太祖常嘉納之彧德行周備非正道不用心名重天下莫不以爲儀表海內英儁咸宗焉司馬宣王常稱書傳遠事吾自耳目所從聞見逮百數十年間賢才未有及荀令君者也前後所舉者命世大才邦邑則荀攸鍾繇陳羣海內則司馬宣王及引致當世知名郗慮華歆王朗荀悅杜襲辛毗趙儼之儔終爲卿相以十數人取士不以一揆戲志才郭嘉等有負俗之譏杜畿簡傲少文皆以智策舉之終各顯名荀攸後爲魏尚書令亦推賢進士太祖曰二荀令之論人久而益信吾沒世不忘鍾繇以爲顏子既沒能備九德不貳其過唯荀彧然或問繇曰君雅重荀君比之顏子自以不及可得聞乎曰夫明君師臣其次友之以太祖之聰明每有大事常先諮之荀君是則古師友之義也吾等受命而行猶或不盡相去顧不遠邪獻帝春秋曰董承之誅伏后與父完書言司空殺董承帝方爲報怨完得書以示彧彧惡之久隱而不言完以示妻

弟樊普普封以呈太祖太祖陰爲之備彧後恐事覺欲自發之因求使至鄴勸太祖以女配帝太祖曰今朝廷有伏后吾女何得以配上吾以微功見錄位爲宰相豈復賴女寵乎彧曰伏后無子性又凶邪往常與父書言辭醜惡可因此廢也太祖曰卿昔何不道之彧陽驚曰昔已嘗爲公言也太祖曰此豈小事而吾忘之彧又驚曰誠未語公邪昔公在官渡與袁紹相持恐增內顧之念故不言爾太祖曰官渡事後何以不言彧無對謝闕而已太祖以此恨彧而外含容之故世莫得知至董昭建立魏公之議彧意不同欲言之於太祖及賫璽書犒軍飲饗禮畢彧留請閒太祖知彧欲言封事揖而遣之彧遂不得言彧卒於壽春壽春亡者告孫權言太祖使彧殺伏后彧不從故自殺權以露布於蜀劉備聞之曰老賊不死禍亂未已臣松之案獻帝春秋云彧欲發伏后事而求使至鄴而方誣太祖云昔已嘗言言既無徵迴託以官渡之虞俛仰之間辭情頓屈雖在庸人猶不至此何以玷累賢哲哉凡諸云云皆出自鄙俚可謂以吾儕之言而厚誣君子者矣袁暐虛罔之類此最爲甚也子惲嗣侯官至虎賁中郎將初文帝與平原侯植並有擬論文帝曲禮事彧及彧卒惲又與植善而與夏侯尚不穆文帝深恨惲惲早卒子甝霬霬音虞以外甥故猶寵待惲弟俁御史中丞俁弟詵大將軍從事中郎皆知名早卒荀氏家傳曰惲字長倩俁字叔倩詵字曼倩俁子寓字景伯世語曰寓少與裴楷王戎杜默俱有名京邑仕晉位至尚書名見顯著子羽嗣位至尚書詵弟顗咸熙中爲司空晉陽秋曰顗字景倩幼爲姊夫陳羣所異博學洽聞意思慎密司馬宣王見顗奇之曰荀令君之子也近見袁偘亦曜卿之子也擢拜散騎侍郎顗佐命晉室位至太尉封臨淮康公嘗難鍾會易無互體見稱於世顗弟粲字奉倩何劭爲粲傳曰粲字奉倩粲諸兄並以儒術論議而粲獨好言道常以爲子貢稱夫子之言性與天道不可得聞然則六籍雖存固聖人之糠粃粲兄俁難曰易亦云聖人立象以盡意繫辭焉以盡言則微言胡爲不可得而聞見哉粲答曰蓋理之微者非物象之所舉也今稱立象以盡意此非通于意外者也繫辭焉以盡言此非言乎繫表者也斯則象外之意繫表之言固蘊而不出矣及當時能言者不能屈也又論父彧不如從兄攸彧立德高整軌儀以訓物而攸不治外形愼密自居而已粲以此言善攸諸兄怒而不能迴也太和初到京邑與傅嘏談嘏善名理而粲尚玄遠宗致雖同倉卒時或有格而不相得意裴徽通彼我之懷爲二家騎驛頃之粲與嘏善夏侯玄亦親常謂嘏玄曰子等在世塗間功名必勝我但識劣我耳嘏難曰能盛功名者識也天下孰有本不足而末有餘者邪粲曰功名者志局之所獎也然則志局自一物耳固非識之所獨濟也我以能使子等爲貴然未必齊子等所爲也粲常以婦人者才智不足論自宜以色爲主驃騎將軍曹洪女有美色粲於是聘焉容服帷帳甚麗專房歡宴歷年後婦病亡未殯傅嘏往喭粲粲不哭而神傷嘏問曰婦人才色並茂爲難子之娶也遺才而好色此自易遇今何哀之甚粲曰佳人難再得顧逝者不能有傾國之色然未可謂之易遇痛悼不能已歲餘亦亡時年二十九粲簡貴不能與常人交接所交皆一時俊傑至葬夕赴者裁十餘人皆同時知名士也哭之感慟路人惲子甝嗣爲散騎常侍進爵廣陽鄉侯年三十薨子頵嗣荀氏家傳曰頵字溫伯爲羽林右監早卒頵子崧字景猷晉陽秋稱崧少有志操雅好文學孝義和愛在朝恪勤位至左右光祿大夫開府儀同三司崧子羡字令則淸和有才尚公主少歷顯位年二十八爲北中郎將徐兗二州刺史假節都督徐兗青三州諸軍事在任十年遇疾解職卒於家追贈驃騎將軍羡孫伯子今御史中丞也霬官至中領軍薨謚曰貞侯追贈驃騎將軍子愷嗣霬妻司馬景王文王之妹也二王皆與親善咸熙中開建五等霬以著勳前朝改封愷南頓子荀氏家傳曰愷晉武帝時爲侍中干寶晉紀曰武帝使侍中荀顗和嶠俱至東宮觀察太子顗還稱太子德識進茂而嶠云聖質如初孫盛曰遣荀勖其餘語則同臣松之案和嶠爲侍中荀顗亡沒久矣荀勖位亞台司不與嶠同班無緣方稱侍中二書所云皆爲非也考其時位愷寔當之愷位至征西大將軍愷兄憺少府弟悝護軍將軍追贈車騎大將軍

荀攸字公達彧從子也祖父曇廣陵太守荀氏家傳曰曇字元智兄昱字伯脩張璠漢紀稱昱曇並傑俊有殊才昱與李膺王暢杜密等號爲八俊位至沛相攸父彝州從事彝於彧爲從祖兄弟攸少孤及曇卒故吏張權求守曇墓攸年十三疑之謂叔父衢曰此吏有非常之色殆將有姦衢寤乃推問果殺人亡命由是異之魏書曰攸年七八歲衢曾醉誤傷攸耳而攸出入遊戲常避護不欲令衢見衢後聞之乃驚其夙智如此荀氏家傳曰衢子祈字伯旗與族父愔俱著名祈與孔融論肉刑愔與孔融論聖人優劣並在融集祈位至濟陰太守愔後徵有道至丞相祭酒何進秉政徵海內名士攸等二十餘人攸到拜黃門侍郎董卓之亂關東兵起卓徙都長安攸與議郎鄭泰何顒侍中种輯越騎校尉伍瓊等謀曰董卓無道甚於桀紂天下皆怨之雖資彊兵實一匹夫耳今直刺殺之以謝百姓然後據殽函輔王命以號令天下此桓文之舉也事垂就而覺收顒攸繫獄顒憂懼自殺張璠漢紀曰顒字伯求少與郭泰賈彪等遊學洛陽泰等與同風好顒顯名太學於是中朝名臣太傅陳蕃司隸李膺等皆深接之及黨事起顒亦名在其中乃變名姓亡匿汝南間所至皆交結其豪桀顒既奇太祖而知荀彧袁紹慕之與爲奔走之友是時天下士大夫多遇黨難顒常歲再三私入洛陽從紹計議爲諸窮窘之士解釋患禍而袁術亦豪俠與紹爭名顒未嘗造術術深恨之漢末名士錄曰術嘗於衆坐數顒三罪曰王德彌先覺儁老名德高亮而伯求疏之是一罪也許子遠凶淫之人性行不純而伯求親之是二罪也郭賈寒窶無他資業而伯求肥馬輕裘光曜道路是三罪也陶丘洪曰王德彌大賢而短於濟時許子遠雖不純而赴難不憚濡足伯求舉善則以德彌爲首濟難則以子遠爲宗且伯求嘗爲虞偉高手刃復仇義名奮發其怨家積財巨萬文馬百駟而欲使伯求羸牛疲馬頓伏道路此爲披其胸而假仇敵之刃也術意猶不平後與南陽宗承會於闕下術發怒曰何伯求凶德也吾當殺之承曰何生英俊之士足下善遇之使延令名於天下術乃止後黨禁除解辟司空府每三府掾屬會議顒策謀有餘議者皆自以爲不及遷北軍中候董卓以爲長史後荀彧爲尚書令遣人迎叔父司空爽喪使并置顒尸而葬之於爽冢傍攸言論飲食自若會卓死得免魏書云攸使人說卓得免與此不同棄官歸復辟公府舉高第遷任城相不行攸以蜀漢險固人民殷盛乃求爲蜀郡太守道絕不得至駐荊州太祖迎天子都許遺攸書曰方今天下大亂智士勞心之時也而顧觀變蜀漢不已久乎於是徵攸爲汝南太守入爲尚書太祖素聞攸名與語大悅謂荀彧鍾繇曰公達非常人也吾得與之計事天下當何憂哉以爲軍師建安三年從征張繡攸言於太祖曰繡與劉表相恃爲彊然繡以遊軍仰食於表表不能供也勢必離不如緩軍以待之可誘而致也若急之其勢必相救太祖不從遂進軍之穰與戰繡急表果救之軍不利太祖謂攸曰不用君言至是乃設奇兵復戰大破之是歲太祖自宛征呂布魏書曰議者云表繡在後而還襲呂布其危必也攸以爲表繡新破勢不敢動布驍猛又恃袁術若縱橫淮泗間豪傑必應之今乘其初叛衆心未附往可破也太祖曰善比行布以敗劉備而臧霸等應之至下邳布敗退固守攻之不拔連戰士卒疲太祖欲還攸與郭嘉說曰呂布勇而無謀今三戰皆北其銳氣衰矣三軍以將爲主主衰則軍無奮意夫陳宮有智而遲今及布氣之未復宮謀之未定進急攻之布可拔也乃引沂泗灌城城潰生禽布後從救劉延於白馬攸畫策斬顏良語在武紀太祖拔白馬還遣輜重循河而西袁紹渡河追卒與太祖遇諸將皆恐說太祖還保營攸曰此所以禽敵奈何去之太祖目攸而笑遂以輜重餌賊賊競奔之陣亂乃縱步騎擊大破之斬其騎將文醜太祖遂與紹相拒於官渡軍食方盡攸言於太祖曰紹運車旦暮至其將韓莫銳而輕敵擊可破也臣松之案諸書韓莫或作韓猛或云韓若未詳孰是太祖曰誰可使攸曰徐晃可乃遣晃及史渙邀擊破走之燒其輜重會許攸來降言紹遣淳于瓊等將萬餘兵迎運糧將驕卒惰可要擊也衆皆疑唯攸與賈詡勸太祖太祖乃留攸及曹洪守太祖自將攻破之盡斬瓊等紹將張郃高覽燒攻櫓降紹遂棄軍走郃之來洪疑不敢受攸謂洪曰郃計不用怒而來君何疑乃受之七年從討袁譚尚於黎陽明年太祖方征劉表譚尚爭冀州譚遣辛毗乞降請救太祖將許之以問羣下羣下多以爲表彊宜先平之譚尚不足憂也攸曰天下方有事而劉表坐保江漢之間其無四方志可知矣袁氏據四州之地帶甲數萬紹以寬厚得衆借使二子和睦以守其成業則天下之難未息也今兄弟遘惡此勢不兩全若有所并則力專力專則難圖也及其亂而取之天下定矣此時不可失也太祖曰善乃許譚和親遂還擊破尚其後譚叛從斬譚於南皮冀州平太祖表封攸曰軍師荀攸自初佐臣無征不從前後克敵皆攸之謀也於是封陵樹亭侯十二年下令大論功行封太祖曰忠正密謀撫寧內外文若是也公達其次也增邑四百并前七百戶魏書曰太祖自柳城還過攸舍稱述攸前後謀謨勞勳曰今天下事略已定矣孤願與賢士大夫共饗其勞昔高祖使張子房自擇邑三萬戶今孤亦欲君自擇所封焉轉爲中軍師魏國初建爲尚書令攸深密有智防自從太祖征伐常謀謨帷幄時人及子弟莫知其所言魏書曰攸姑子辛韜曾問攸說太祖取冀州時事攸曰佐治爲袁譚乞降王師自往平之吾何知焉自是韜及內外莫敢復問軍國事也太祖每稱曰公達外愚內智外怯內勇外弱內彊不伐善無施勞智可及愚不可及雖顏子甯武不能過也文帝在東宮太祖謂曰荀公達人之師表也汝當盡禮敬之攸曾病世子問病獨拜牀下其見尊異如此攸與鍾繇善繇言我每有所行反覆思惟自謂無以易以咨公達輒復過人意公達前後凡畫奇策十二唯繇知之繇撰集未就會薨故世不得盡聞也臣松之案攸亡後十六年鍾繇乃卒撰攸奇策亦有何難而年造八十猶云未就遂使攸從征機策之謀不傳於世惜哉攸從征孫權道薨太祖言則流涕魏書曰時建安十九年攸年五十八計其年大彧六歲魏書載太祖令曰孤與荀公達周遊二十餘年無毫毛可非者又曰荀公達眞賢人也所謂溫良恭儉讓以得之孔子稱晏平仲善與人交久而敬之公達其人也傅子曰或問近世大賢君子答曰荀令君之仁荀軍師之智斯可謂近世大賢君子矣荀令君仁以立德明以舉賢行無諂黷謀能應機孟軻稱五百年而有王者興其間必有命世者其荀令君乎太祖稱荀令君之進善不進不休荀軍師之去惡不去不止也長子緝有攸風早沒次子適嗣無子絕黃初中紹封攸孫彪爲陵樹亭侯邑三百戶後轉封丘陽亭侯正始中追謚攸曰敬侯

賈詡字文和武威姑臧人也少時人莫知唯漢陽閻忠異之謂詡有良平之奇九州春秋曰中平元年車騎將軍皇甫嵩既破黃巾威震天下閻忠時罷信都令說嵩曰夫難得而易失者時也時至而不旋踵者機也故聖人常順時而動智者必因機以發今將軍遭難得之運蹈易解之機而踐運不撫臨機不發將何以享大名乎嵩曰何謂也忠曰天道無親百姓與能故有高人之功者不受庸主之賞今將軍授鉞於初春收功於末冬兵動若神謀不再計旬日之間神兵電埽攻堅易於折枯摧敵甚於湯雪七州席卷屠三十六萬方夷黃巾之師除邪害之患或封戶刻石南向以報德威震本朝風馳海外是以羣雄迴首百姓企踵雖湯武之舉未有高於將軍者身建高人之功北面以事庸主將何以圖安嵩曰心不忘忠何爲不安忠曰不然昔韓信不忍一飡之遇而棄三分之利拒蒯通之忠忽鼎跱之勢利劍已揣其喉乃歎息而悔所以見烹於兒女也今主勢弱於劉項將軍權重於淮陰指麾可以振風雲叱咤足以興雷電赫然奮發因危抵頹崇恩以綏前附振武以臨後服徵冀方之士動七州之衆羽檄先馳於前大軍震響於後蹈跡漳河飲馬孟津舉天網以網羅京都誅閹官之罪除羣怨之積忿解久危之倒懸如此則攻守無堅城不招必影從雖兒童可使奮空拳以致力女子可使其搴裳以用命況厲智能之士因迅風之勢則大功不足合八方不足同也功業已就天下已順乃燎于上帝告以天命混齊六合南面以制移神器於己家推亡漢以定祚實神機之至決風發之良時也夫木朽不彫世衰難佐將軍雖欲委忠難佐之朝彫畫朽敗之木猶逆坂而走丸必不可也方今權宦羣居同惡如市主上不自由詔命在左右如有主聽不察機事不先必嬰後悔亦無及矣嵩不從忠乃亡去英雄記曰涼州賊王國等起兵共劫忠爲主統三十六部號車騎將軍忠感慨發病而死察孝廉爲郎疾病去官西還至汧道遇叛氐同行數十人皆爲所執詡曰我段公外孫也汝別埋我我家必厚贖之時太尉段熲昔久爲邊將威震西土故詡假以懼氐氐果不敢害與盟而送之其餘悉死詡實非段甥權以濟事咸此類也董卓之入洛陽詡以太尉掾爲平津都尉遷討虜校尉卓壻中郎將牛輔屯陝詡在輔軍卓敗輔又死衆恐懼校尉李傕郭汜張濟等欲解散閒行歸鄉里詡曰聞長安中議欲盡誅涼州人而諸君棄衆單行即一亭長能束君矣不如率衆而西所在收兵以攻長安爲董公報仇幸而事濟奉國家以征天下若不濟走未後也衆以爲然傕乃西攻長安語在卓傳臣松之以爲傳稱仁人之言其利溥哉然則不仁之言理必反是夫仁功難著而亂源易成是故有禍機一發而殃流百世者矣當是時元惡既梟天地始開致使厲階重結大梗殷流邦國遭殄悴之哀黎民嬰周餘之酷豈不由賈詡片言乎詡之罪也一何大哉自古兆亂未有如此之甚後詡爲左馮翊傕等欲以功侯之詡曰此救命之計何功之有固辭不受又以爲尚書僕射詡曰尚書僕射官之師長天下所望詡名不素重非所以服人也縱詡昧於榮利柰

國朝何乃更拜詡尚書典選舉多所匡濟傕等親而憚之獻帝記曰郭汜樊稠與傕等相違戾欲鬭者數矣詡輒以道理責之頗受詡言魏書曰詡典選舉多選舊名以爲令僕論者以此多詡會母喪去官拜光祿大夫傕汜等鬭長安中獻帝記曰傕等與詡議迎天子置其營中詡曰不可脅天子非義也傕不聽張繡謂詡曰此中不可久處君胡不去詡曰吾受國恩義不可背卿自行我不能也傕復請詡爲宣義將軍獻帝記曰傕時召羌胡數千人先以御物繒綵與之又許以宮人婦女欲令攻郭汜羌胡數來闚省門曰天子在中邪李將軍許我宮人美女今皆安在帝患之使詡爲之方計詡乃密呼羌胡大帥飲食之許以封爵重寶於是皆引去傕由此衰弱傕等和出天子祐護大臣詡有力焉獻帝記曰天子既東而李傕來追王師敗績司徒趙溫太常王偉衛尉周忠司隸榮邵皆爲傕所嫌欲殺之詡謂傕曰此皆天子大臣卿柰何害之傕乃止天子既出詡上還印綬是時將軍段煨屯華陰典畧曰煨在華陰時脩農事不虜畧天子東還煨迎道貢遺周急獻帝記曰後以煨爲大鴻臚光祿大夫建安十四年以壽終與詡同郡遂去傕託煨詡素知名爲煨軍所望煨內恐其見奪而外奉詡禮甚備詡愈不自安張繡在南陽詡陰結繡繡遣人迎詡詡將行或謂詡曰煨待君厚矣君安去之詡曰煨性多疑有忌詡意禮雖厚不可恃久將爲所圖我去必喜又望吾結大援於外必厚吾妻子繡無謀主亦願得詡則家與身必俱全矣詡遂往繡執子孫禮煨果善視其家詡說繡與劉表連和傅子曰詡南見劉表表以客禮待之詡曰表平世三公才也不見事變多疑無決無能爲也太祖比征之一朝引軍退繡自追之詡謂繡曰不可追也追必敗繡不從進兵交戰大敗而還詡謂繡曰促更追之更戰必勝繡謝曰不用公言以至於此今已敗柰何復追詡曰兵勢有變亟往必利繡信之遂收散卒赴追大戰果以勝還問詡曰繡以精兵追退軍而公曰必敗退以敗卒擊勝兵而公曰必尅悉如公言何其反而皆驗也詡曰此易知耳將軍雖善用兵非曹公敵也軍雖新退曹公必自斷後追兵雖精將既不敵彼士亦銳故知必敗曹公攻將軍無失策力未盡而退必國內有故已破將軍必輕軍速進縱留諸將斷後諸將雖勇亦非將軍敵故雖用敗兵而戰必勝也繡乃服是後太祖拒袁紹於官渡紹遣人招繡幷與詡書結援繡欲許之詡顯於繡坐上謂紹使曰歸謝袁本初兄弟不能相容而能容天下國士乎繡驚懼曰何至於此竊謂詡曰若此當何歸詡曰不如從曹公繡曰袁彊曹弱又與曹爲讎從之如何詡曰此乃所以宜從也夫曹公奉天子以令天下其宜從一也紹彊盛我以少衆從之必不以我爲重曹公衆弱其得我必喜其宜從二也夫有霸王之志者固將釋私怨以明德於四海其宜從三也願將軍無疑繡從之率衆歸太祖太祖見之喜執詡手曰使我信重於天下者子也表詡爲執金吾封都亭侯遷冀州牧冀

州未平留參司空軍事袁紹圍太祖於官渡太祖糧方盡問詡計焉出詡曰公明勝紹勇勝紹用人勝紹決機勝紹有此四勝而半年不定者但顧萬全故也必決其機須臾可定也太祖曰善乃并兵出圍擊紹三十餘里營破之紹軍大潰河北平太祖領冀州牧徙詡爲太中大夫建安十三年太祖破荆州欲順江東下詡諫曰明公昔破袁氏今收漢南威名遠著軍勢既大若乘舊楚之饒以饗吏士撫安百姓使安土樂業則可不勞衆而江東稽服矣太祖不從軍遂無利臣松之以爲詡之謀未合當時之宜于時韓馬之徒尚狠顧關右魏武不得安坐郢都以威懷吳會亦已明矣彼荆州者孫劉之所必爭也荆人服劉主之雄姿憚孫權之武畧爲日既久誠非曹氏諸將所能抗禦故曹仁守江陵敗不旋踵何撫安之得行稽服之可期將此既新平江漢威懾揚越資劉表水戰之具藉荆楚楫櫂之手實震蕩之良會廓定之大機不乘此取吳將安俟哉至於赤壁之敗蓋有運數實由疾疫大興以損淩厲之鋒凱風自南用成焚如之勢天實爲之豈人事哉然則魏武之東下非失算也詡之此規爲無當矣魏武後克平張魯蜀中一日數十驚劉備雖斬之而不能止由不用劉曄之計以失席卷之會斤石既差悔無所及卽亦此事之類也世咸謂劉計爲是卽愈見賈言之非也太祖後與韓遂馬超戰於渭南超等索割地以和并求任子詡以爲可僞許之又問詡計策詡曰離之而已太祖曰解一承用詡謀語在武紀卒破遂超詡本謀也是時文帝爲五官將而臨菑侯植才名方盛各有黨與有奪宗之議文帝使人問詡自固之術詡曰願將軍恢崇德度躬素士之業朝夕孜孜不違子道如此而已文帝從之深自砥礪太祖又嘗屏除左右問詡詡嘿然不對太祖曰與卿言而不答何也詡曰屬適有所思故不卽對耳太祖曰何思詡曰思袁本初劉景升父子也太祖大笑於是太子遂定詡自以非太祖舊臣而策謀深長懼見猜嫌闔門自守退無私交男女嫁娶不結高門天下之論智計者歸之文帝卽位以詡爲太尉魏畧曰文帝得詡之對太祖故卽位首登上司荀勖別傳曰晉司徒闕武帝問其人於勖答曰三公具瞻所歸不可用非其人昔魏文帝用賈詡爲三公孫權笑之進爵魏壽鄉侯增邑三百幷前八百戶又分邑二百封小子訪爲列侯以長子穆爲駙馬都尉帝問詡曰吾欲伐不從命以一天下吳蜀何先對曰攻取者先兵權建本者尚德化陛下應期受禪撫臨率土若綏之以文德而俟其變則平之不難矣吳蜀雖蕞爾小國依阻山水劉備有雄才諸葛亮善治國孫權識虛實陸遜見兵勢據險守要汎舟江湖皆難卒謀也用兵之道先勝後戰量敵論將故舉無遺策臣竊料羣臣無備權對雖以天威臨之未見萬全之勢也昔舜舞干戚而有苗服臣以爲當今宜先文後武文帝不納後興江陵之役士卒多死詡年七十七薨諡曰肅侯子穆嗣歷位郡守穆薨子模嗣世語曰模晉惠帝時爲散騎常侍護軍將軍模子胤胤弟龕從弟疋皆至大官並顯於晉也

評曰荀彧清秀通雅有王佐之風然機鑒先識未能充其志也世之論者多譏彧協規魏氏以傾漢祚君臣易位實彧之由雖晚節立異無救運移功既違義識亦疚焉陳氏此評蓋亦同乎世識臣松之以爲斯言之作誠未得其遠大者也彧豈不知魏武之志氣非衰漢之貞臣哉良以于時王道旣微橫流已極雄豪虎視人懷異心不有撥亂之資仗順之略則漢室之亡忽諸黔首之類殄矣夫欲翼讚時英一匡屯運非斯人之與而誰與哉是故經綸急病若救身首用能動于嶮中至于大亨蒼生蒙舟航之接劉宗延二紀之祚豈非荀生之本圖仁恕之遠致乎及至霸業既隆翦漢迹著然後亡身殉節以申素情全大正於當年布誠心於百代可謂任重道遠志行義立謂之未充其殆誣歟荀攸賈詡庶乎算無遺策經達權變其良平之亞歟臣松之以爲列傳之體以事類相從張子房青雲之士誠非陳平之倫然漢之謀臣良平而已若不共列則餘無所附故前史合之蓋其宜也魏氏如詡之儔其比幸多詡不編程郭之篇而與二荀並列失其類矣且攸詡之爲人其猶夜光之與蒸燭乎其照雖均質則異焉今荀賈之評共同一稱尤失區別之宜也

魏志卷十考證

荀彧叔爽司空注以賢良方正徵對策譏切梁氏○監本訛作議切梁氏今改正

太祖議奉迎都許○臣清植按奉迎之後用董昭勸乃都許耳其初未有都許之議也事見武紀甚明此都許二字乃史家隨筆之誤

彧勸太祖曰昔高祖東伐爲義帝縞素而天下歸心○何焯曰太平御覽高祖東伐上有晉文納周襄王而諸侯願從十一字

進彧爲漢侍中守尚書令○臣清植按史於彧官獨書漢蓋原其本志非魏純臣與攸詡等異

皆與彧籌焉注衡著布單衣疏巾履○北宋本作疏布履

韋康爲凉州後敗亡注懿性貞實文憨篤誠保家之主也○臣明楷按憨訓傷此係孔融讚仲將之言于義無取疑是憖字憖卽敏又與憨通輾轉而訛也

又注端從凉州牧徵爲太僕○監本牧誤攸今改正

以功封列侯注諶子閎字仲茂爲太子文學掾○監本訛作字學掾今改正

又注閎從孫煇字景文○臣龍官按閎荀彧第四兄諶之子也其從孫似不應與彧子惲同名疑有誤

以彰殊勳啓以諮彧○北宋本作啓以詔諮彧

明年太祖遂爲魏公矣○臣清植按史家此言所以原彧本志也先臣光地曰朱子謂陳羣爲賊佐命詞嚴而義正荀攸賈詡自應入此列彧之侍中原是漢官未嘗仕操操建國稱魏則彧死而後操爲之其阻董昭以致殺身一節亦自可取彧之罪當從末減

荀攸袁氏據四州之地帶甲數萬○毛本作百萬何焯校本作十萬

賈詡謂詡有良平之奇○太平御覽作良平之計

注七州席卷居三十六萬方○何焯曰萬字疑衍想因下方字而妄增加也

文帝卽位以詡爲太尉注文帝德詡之對太祖故卽位首登上司○德監本作得

未能充其志也注世之論者○此處疑當有書名或前人姓氏名今脫落

又注橫流已極○監本作橫流已及今改正

魏志卷十一

晉著作郎巴西中正安漢陳壽撰

宋太中大夫國子博士聞喜裴松之注

袁渙 張範弟承 涼茂 國淵 田疇

王脩 邴原 管寧胡昭 王烈 張臶 焦先

袁渙字曜卿陳郡扶樂人也父滂爲漢司徒袁宏漢紀曰滂字公熙純素寡欲終不言人之短當權寵之盛或以同異致禍滂獨中立於朝故愛憎不及焉當時諸公子多越法度而渙清靜舉動必以禮郡命爲功曹郡中姦吏皆自引去後辟公府舉高第遷侍御史除譙令不就劉備之爲豫州舉渙茂才後避地江淮間爲袁術所命術每有所咨訪渙常正議術不能抗然敬之不敢不禮也頃之呂布擊術於阜陵渙往從之遂復爲布所拘留布初與劉備和親後離隙布欲使渙作書詈辱備渙不可再三彊之不許布大怒以兵脅渙曰爲之則生不爲則死渙顏色不變笑而應之曰渙聞唯德可以辱人不聞以罵使彼固君子邪且不恥將軍之言彼誠小人邪將復將軍之意則辱在此不在於彼且渙他日之事劉將軍猶今日之事將軍也如一旦去此復罵將軍可乎布乃止布破渙得歸太祖袁氏世紀曰布之破也陳羣父子時亦在布之軍見太祖皆拜渙獨高揖不爲禮太祖甚嚴憚之時太祖又給衆官車各數乘使取布軍中物唯其所欲衆人皆重載唯渙取書數百卷資糧而已衆人聞之大慙渙謂所親曰脫我以行陳令軍發足以爲行糧而已不以此爲我有由是厲名也大悔根之太祖益以此重焉渙言曰夫兵者凶器也不得已而用之鼓之以道德征之以仁義兼撫其民而除其害夫然故可與之死而可與之生自大亂以來十數年矣民之欲安甚於倒懸然而暴亂未息者何也意者政失其道歟渙聞明君善於救世故世亂則齊之以義時僞則鎮之以樸世異事變治國不同不可不察也夫制度損益此古今之不必同者也若夫兼愛天下而反之於正雖以武平亂而濟之以德誠百王不易之道也公明哲超世古之所以得其民者公旣勤之矣今之所以失

其民者公旣戒之矣海內頼公得免於危亡之禍然而民未知義其惟公所以訓之則天下幸甚太祖深納焉拜爲沛南部都尉是時新募民開屯田民不樂多逃亡渙白太祖曰夫民安土重遷不可卒變易以順行難以逆動宜順其意樂之者乃取不欲者勿彊太祖從之百姓大悅遷爲梁相渙每勅諸縣務存鰥寡高年表異孝子貞婦常談曰世治則禮詳世亂則禮簡全在斟酌之間耳方今雖擾攘難以禮化然在吾所以爲之爲政崇教訓恕思而後行外溫柔而內能斷魏書曰穀熟長呂岐善朱淵袁津遣使行學還召用之與相見出署淵師友祭酒津決疑祭酒淵等因各歸家不受署岐大怒將吏民收淵等皆抶殺之議者多非焉渙教勿劾主簿孫徵等以爲淵等罪不足死長吏無專殺之義孔子稱唯器與名不可以假人謂之師友而加大戮刑名相伐不可以訓渙教曰主簿以不請爲罪此則然矣謂淵等罪不足死則非也夫師友之名古今有之然有君之師友有士大夫之師友夫君置師友之官者所以敬其臣也有罪加於刑焉國之法也今不論其罪而謂之戮師友斯失之矣主簿取弟子戮師之名而加君誅臣之實非其類也夫聖哲之治觀時而動故不必循常將有權也間者世亂民陵其上雖務尊君卑臣猶或未也而反長世之過不亦謬乎遂不劾以病去官百姓思之後徵爲諫議大夫丞相軍祭酒前後得賜甚多皆散盡之家無所儲終不問產業乏則取之於人不爲皦察之行然時人服其清魏國初建爲郎中令行御史大夫事渙言於太祖曰今天下大難已除文武並用長久之道也以爲可大收篇籍明先聖之教以易民視聽使海內斐然向風則遠人不服可以文德來之太祖善其言時有傳劉備死者羣臣皆賀渙以嘗爲備舉吏獨不賀居官數年卒太祖爲之流涕賜穀二千斛一教以太倉穀千斛賜郎中令之家一教以垣下穀千斛與曜卿家外不解其意教曰以太倉穀者官法也以垣下穀者親舊也又帝聞渙昔拒呂布之事問渙從弟敏渙勇怯何如敏對曰渙貌似和柔然其臨大節處危難雖賁育不過也渙子侃亦精粹閑素有父風歷位郡守尚書袁氏世紀曰渙有四子侃寓奧準侃字公然論議清當柔而不犯善與人交在廢興之間人之所趣務者常謙退不爲也時人以是稱之歷位黃門選部郎號爲清平稍遷至尚書早卒寓字宣厚精辯有機理好道家之言少被病未官而卒奧字公榮行足以厲俗言約而理當終於光祿勳準字孝尼忠信公正不恥下問唯恐人之不勝己以世事多險故常恬退而不敢求進著書十餘萬言論治世之務爲易周官詩傳及論五經滯義聖人之微言以傳於世此準之自序也荀綽九州記稱準有儁才泰始中爲給事中袁氏子孫世有名位貴達至今初渙從弟霸公恪有功幹魏初爲大司農及同郡何夔並知名於時而霸子亮夔子曾與侃復齊聲友善亮貞固有學行疾何晏鄧颺等著論以譏切之位至河南尹尚書晉諸公贊曰亮子粲字儀祖文學博識累爲儒官至尚書霸弟徽以儒素稱遭天下亂避難交州司徒辟不至袁宏漢紀曰初天下將亂渙慨然歎曰漢室陵遲亂無日矣苟天下擾攘逃將安之若天未喪道民以義存唯強而有禮可以庇身乎徽曰古人有言知機其神乎見機而作君子所以元吉也天理盛衰漢其亡矣夫有大功必有大

事此又君子之所深識退藏於密者也且兵革旣興外患必衆徽將遠迹山海以求免身及亂作各行其志徽弟敏有武藝而好水功官至河隄謁者

張範字公儀河內脩武人也祖父歆爲漢司徒父延爲太尉太傅袁隗欲以女妻範範辭不受性恬靜樂道忽於榮利徵命無所就弟承字公先亦知名以方正徵拜議郎遷伊闕都尉董卓作亂承欲合徒衆與天下共誅卓承弟昭時爲議郎適從長安來謂承曰今欲誅卓衆寡不敵且起一朝之謀戰阡陌之民士不素撫兵不練習難以成功卓阻兵而無義固不能久不若擇所歸附待時而動然後可以如志承然之乃解印綬間行歸家與範避地揚州袁術備禮招請範稱疾不往術不彊屈也遣承與相見術問曰昔周室陵遲則有桓文之霸秦失其政漢接而用之今孤以土地之廣士民之衆欲徼福齊桓擬迹高祖何如承對曰在德不在彊夫能用德以同天下之欲雖由匹夫之資而興霸王之功不足爲難若苟僭擬干時而動衆之所棄誰能興之術不悅是時太祖將征冀州術復問曰今曹公欲以弊兵數千敵十萬之衆可謂不量力矣子以爲何如承乃曰漢德雖衰天命未改今曹公挾天子以令天下雖敵百萬之衆可也術作色不懌承去之太祖平冀州遣使迎範範以疾留彭城遣承詣太祖太祖表以爲諫議大夫範子陵及承子戩爲山東賊所得範直詣賊請二子賊以陵還範範謝曰諸君相還兒厚矣夫人情雖愛其子然吾憐戩之小請以陵易之賊義其言悉以還範太祖自荊州還範得見於陳以爲議郎參丞相軍事甚見敬重太祖征伐常令範及邴原留與世子居守太祖謂文帝舉動必諮此二人世子執子孫禮救恤窮乏家無所餘中外孤寡皆歸焉贈遺無所逆亦終不用及去皆以還之建安十七年卒魏國初建承以丞相參軍祭酒領趙郡太守政化大行太祖將西征徵承參軍事至長安病卒魏書曰文帝即位以範子參爲郎中承孫劭晉中護軍與舅楊駿俱被誅事見晉書

涼茂字伯方山陽昌邑人也少好學論議常據經典以處是非太祖辟爲司空掾舉高第補侍御史時泰山多盜賊以茂爲泰山太守旬月之間襁負而至者千餘家博物記曰襁織縷爲之廣八寸長尺二以約小兒於背上負之而行轉爲樂浪太守公孫度在遼東擅留茂不遣之官然茂終不爲屈度謂茂及諸將曰聞曹公遠征鄴無守備今吾欲以步卒三萬騎萬匹直指鄴誰能禦之諸將皆曰然臣松之案此傳云公孫度聞曹公遠征鄴無守備則太祖定鄴後也案度以建安九年卒太祖亦以此年定鄴自後遠征唯有北征柳城耳征柳城之年度已不復在矣又顧謂茂曰於君意何如茂答曰比者海

內大亂社稷將傾將軍擁十萬之衆安坐而觀成敗夫爲人臣者固若是邪曹公憂國家之危敗愍百姓之苦毒率義兵爲天下誅殘賊功高而德廣可謂無二矣以海內初定民始安集故未責將軍之罪耳而將軍乃欲稱兵西向則存亡之效不崇朝而決將軍其勉之諸將聞茂言皆震動良久度曰涼君言是也後徵還爲魏郡太守甘陵相所在有績文帝爲五官將茂以選爲長史遷左軍師魏國初建遷尚書僕射後爲中尉奉常文帝在東宮茂復爲太子太傅甚見敬禮卒官英雄記曰茂名在八友中

國淵字子尼樂安蓋人也師事鄭玄玄別傳曰淵始未知名玄稱之曰國子尼美才也吾觀其人必爲國器後與邴原管寧等避亂遼東魏書曰淵篤學好古在遼東常講學於山巖士人多推慕之由此知名旣還舊土太祖辟爲司空掾屬每於公朝論議常直言正色退無私焉太祖欲廣置屯田使淵典其事淵屢陳損益相土處民計民置吏明功課之法五年中倉廩豐實百姓競勸樂業太祖征關中以淵爲居府長史統留事田銀蘇伯反河間銀等旣破後有餘黨皆應伏法淵以爲非首惡請不行刑太祖從之賴淵得生者千餘人破賊文書舊以一爲十及淵上首級如其實數太祖問其故淵曰夫征討外寇多其斬獲之數者欲以大武功且示民聽也河間在封域之內銀等叛逆雖克捷有功淵竊恥之太祖大悅遷魏郡太守時有投書誹謗太祖疾之欲必知其主淵請留其本書而不宣露其書多引二京賦淵勅功曹曰此郡旣大今在都輦而少學問者其簡開解年少欲遣就師功曹差三人臨遣引見訓以所學未及二京賦博物之書也世人忽略少有其師可求能讀者從受之又密喻旨旬日得能讀者遂往受業吏因請使作箋比方其書與投書人同手收攝案問具得情理遷太僕居列卿位布衣蔬食祿賜散之舊故宗族恭儉自守卒官魏書曰太祖以其子泰爲郎

田疇字子泰右北平無終人也好讀書善擊劍初平元年義兵起董卓遷帝于長安幽州牧劉虞歎曰賊臣作亂朝廷播蕩四海俄然莫有固志身備宗室遺老不得自同於衆今欲奉使展效臣節安得不辱命之士乎衆議咸曰田疇雖年少多稱其奇疇時年二十二矣虞乃備禮請與相見大悅之遂署爲從事具其車騎將行疇曰今道路阻絕寇虜縱橫稱官奉使爲衆所指名願以私行期於得達而已虞從之疇乃歸自選其家客與年少之勇壯慕從者二十騎俱往虞自出祖而遣之先賢行狀曰疇將行引虞密與議疇因說虞曰今帝主幼弱奸臣擅命表上須報懼失事機且公孫瓚阻兵安忍不早圖

之必有後悔虞不聽旣取道疇乃更上西關出塞傍北山直趣朔方循間徑去遂至長安致命詔拜騎都尉疇以爲天子方蒙塵未安不可以荷佩榮寵固辭不受朝廷高其義三府並辟皆不就得報馳還未至虞已爲公孫瓚所害疇至謁祭虞墓陳發章表哭泣而去瓚聞之大怒購求獲疇謂曰汝何自哭劉虞墓而不送章報於我也疇答曰漢室衰頹人懷異心唯劉公不失忠節章報所言於將軍未美恐非所樂聞故不進也且將軍方舉大事以求所欲旣滅無罪之君又讎守義之臣誠行此事則燕趙之士將皆蹈東海而死耳豈忍有從將軍者乎瓚壯其對釋不誅也拘之軍下禁其故人莫得與通或說瓚曰田疇義士君弗能禮而又囚之恐失衆心瓚乃縱遣疇疇得北歸率舉宗族他附從數百人埽地而盟曰君仇不報吾不可以立於世遂入徐無山中營深險平敞地而居躬耕以養父母百姓歸之數年間至五千餘家疇謂其父老曰諸君不以疇不肖遠來相就衆成都邑而莫相統一恐非久安之道願推擇其賢長者以爲之主皆曰善同僉推疇疇曰今來在此非苟安而已將圖大事復怨雪恥竊恐未得其志而輕薄之徒自相侵侮偷快一時無深計遠慮疇有愚計願與諸君共施之可乎皆曰可疇乃爲約束相殺傷犯盜諍訟之法法重者至死其次抵罪二十餘條又制爲婚姻嫁娶之禮興舉學校講授之業班行其衆衆皆便之至道不拾遺北邊翕然服其威信烏丸鮮卑並各遣譯使致貢遺疇悉撫納令不爲寇袁紹數遣使招命又即授將軍印因安輯所統疇皆拒不受紹死其子尚又辟焉疇終不行疇常忿烏丸昔多賊殺其郡冠蓋有欲討之意而力未能建安十二年太祖北征烏丸未至先遣使辟疇又命田豫喻指疇戒其門下趣治嚴門人謂曰昔袁公慕君禮命五至君義不屈今曹公使一來而君若恐弗及者何也疇笑而應之曰此非君所識也遂隨使者到軍署司空戶曹掾引見諮議明日出令曰田子泰非吾所宜吏者即奉茂才拜爲蓨令不之官隨軍次無終時方夏水雨而濱海洿下濘滯不通虜亦遮守蹊要軍不得進太祖患之以問疇疇曰此道秋夏每常有水淺不通車馬深不載舟船爲難久矣舊北平郡治在平岡道出盧龍達于柳城自建武以來陷壞斷絕垂二百載而尚有微徑可從今虜將以大軍當由無終不得進而退懈弛無備若嘿回軍從盧龍口越白檀之險出空虛之地路近而便掩其不備蹋頓之首可不戰而禽也太祖曰善乃引軍

還而署大木表於水側路傍曰方今暑夏道路不通且俟秋冬乃復進軍虜候騎見之誠以為大軍去也太祖令疇將其衆為鄉導上徐無山出盧龍歷平岡登白狼堆去柳城二百餘里虜乃驚覺單于身自臨陣太祖與交戰遂大斬獲追奔逐北至柳城軍還入塞論功行封封疇亭侯邑五百戶

先賢行狀載太祖表論疇功曰文雅優備忠武又著和於撫下慎於事上量時度理進退合義幽州始擾胡漢交萃蕩析離居靡所依懷疇率宗人避難於無終山北拒盧龍南守要害清靜隱約耕而後食人民化從咸共資奉及袁紹父子威力加於朔野遠結烏丸與為首尾前後召疇終不陷撓後臣奉命軍次易縣疇長驅自到陳討胡之勢猶廣武之建燕策薛公之度淮南又使部曲持臣露布出誘胡衆漢民或因亡來烏丸聞之震蕩王旅出塞塗由山中九百餘里疇帥兵五百啟導山谷遂滅烏丸蕩平塞表疇文武有效節義可嘉誠應寵賞以旌其美

疇自以始為居難率衆遁逃志義不立反以為利非本意也固讓太祖知其至心許而不奪

魏書載太祖令曰昔伯成棄國夏后不奪將欲使高尚之士優賢之主不止於一世也其聽疇所執

遼東斬送袁尚首令三軍敢有哭之者斬疇以嘗為尚所辟乃往弔祭太祖亦不問

臣松之以為田疇不應袁紹父子之命以其非正也故盡規魏祖建盧龍之策致使袁尚奔迸授首遼東皆疇之由也既已明其為賊胡為復弔祭其首乎若以嘗被辟命義在其中則不應為人設謀使其至此也疇此舉止良為進退無當與王脩哭袁譚貌同而心異也

疇盡將其家屬及宗人三百餘家居鄴太祖賜疇車馬穀帛皆散之宗族知舊從征荊州還太祖追念疇功殊美恨前聽疇之讓曰是成一人之志而虧王法大制也於是乃復以前爵封疇

先賢行狀載太祖令曰蓨令田疇至節高尚遭值州里戎夏交亂引身深山研精味道百姓從之以成都邑袁賊之盛命召不屈慷慨守志以徼真主及孤奉詔征定河北遂服幽都將定胡寇時加禮命疇即受署陳建攻胡蹊路所由率齊山民一時向化開塞導送供承使役路近而便令虜不意斬蹋頓於白狼遂長驅於柳城疇有力焉及軍入塞將圖其功表封亭侯食邑五百而疇懇惻前後辭賞出入三載歷年未賜此為成一人之高甚違王典失之多矣宜從表封無久留吾過

疇上疏陳誠以死自誓太祖不聽欲引拜之至於數四終不受有司劾疇狷介違道苟立小節宜免官加刑太祖重其事依違者久之乃下世子及大臣博議世子以疇同於子文辭祿申胥逃賞宜勿奪以優其節尚書令荀彧司隸校尉鍾繇亦以為可聽

魏書載世子議曰昔薳敖逃祿傳載其美所以激濁世厲貪夫賢於尸祿素餐之人也故可得而小不可得而毀至於田疇方斯近矣免官加刑於法為重魏略載教曰昔夷齊棄爵而譏武王可謂愚闇孔子猶以為求仁得仁疇之所守雖不合道但欲清高耳使天下悉如疇志即墨翟兼愛尚同之事而老聃使民結繩之道也外議雖善為復使令司隸以決之魏書載荀彧議以為君子之道或出或處期於為善而已故匹夫守志聖人各因而成之鍾繇以為原思辭粟仲尼不與子路拒牛謂之止善雖可以激清勵濁猶不足多也疇雖不合大義有益推讓之風宜如世子議臣松之案呂氏春秋魯國之法魯人有為臣妾於諸侯有能贖之者取其金於府子貢贖人而辭不取金孔子曰賜失之矣自今以來魯人不贖矣子路拯溺者其人拜之以牛子路受之孔子曰魯人必拯溺矣案此語不與繇所引者相應未詳為繇之事誤邪而將別有所出

太祖猶欲侯之疇素與夏侯惇善太祖語惇曰且往以情喻之自從君所言無告吾意也惇就疇宿如太祖所戒疇揣知其指不復發言惇臨去乃拊疇背曰田君主意殷勤曾不能顧乎疇答曰是何言之過也疇負義逃竄之人耳蒙恩全活為幸多矣豈可賣盧龍之塞以易賞祿哉縱國私疇疇獨不愧於心乎將軍雅知疇者猶復如此若必不得已請願效死刎首於前言未卒涕泣橫流惇具答太祖太祖喟然知不可屈乃拜為議郎年四十六卒子又早死文帝踐阼高疇德義賜疇從孫續爵關內侯以奉其嗣

王脩字叔治北海營陵人也年七歲喪母母以社日亡來歲鄰里社脩感念母哀甚鄰里聞之為之罷社年二十游學南陽止張奉舍奉舉家得疾病無相視者脩親隱恤之病愈乃去初平中北海孔融召以為主簿守高密令高密孫氏素豪俠人客數犯法民有相劫者賊入孫氏吏不能執脩將吏民圍之孫氏拒守吏民畏憚不敢近脩令吏民敢有不攻者與同罪孫氏懼乃出賊由是豪彊懾服舉孝廉脩讓邴原融不聽

融集有融答脩教曰原之賢也吾已知之矣昔高陽氏有才子八人堯不能用舜實舉之原可謂不患無位之士以遺後賢不亦可乎脩重辭融答曰掾清身絜己歷試諸難謀而鮮過惠訓不倦余嘉乃勳應乃懿德用升爾于王庭其可辭乎

時天下亂遂不行頃之郡中有反者脩聞融有難夜往奔融賊初發融謂左右曰能冒難來唯王脩耳言終而脩至復署功曹時膠東多賊寇復令脩守膠東令膠東人公沙盧宗彊自為營塹不肯應發調脩獨將數騎徑入其門斬盧兄弟公沙氏驚愕莫敢動脩撫慰其餘由是寇少止融每有難脩雖休歸家無不至融常賴脩以免袁譚在青州辟脩為治中從事別駕劉獻數毀短脩後獻以事當死脩理之得免時人益以此多焉袁紹又辟脩除即墨令後復為譚別駕紹死譚尚有隙尚攻譚譚軍敗脩率吏民往救譚譚喜曰成吾軍者王別駕也譚之敗劉詢起兵漯陰諸城皆應譚歎息曰今舉州背叛豈孤之不德邪脩曰東萊太守管統雖在海表此人不反必來後十餘日統果棄其妻子來赴譚妻子為賊所殺譚更以統為樂安太守譚復欲攻尚脩諫曰兄弟還相攻擊是敗亡之道也譚不悅然知其忠節後又問脩計安出脩曰夫兄弟者左右手也譬人將鬬而斷其右手而曰我必勝若是者可乎夫棄兄弟而不親天下其誰親之屬有讒人固將交鬬其間以求一朝之利願明使君塞耳勿聽也若斬佞臣數人復相親睦以禦四方可以橫行天下譚不聽遂與尚相攻擊請救於太祖太祖既破冀州譚又叛太祖遂引軍攻譚於南皮脩時運糧在樂安聞譚急將所領兵及諸從事數十人往赴譚至高密聞譚死下馬號哭曰無君焉歸遂詣太祖乞收葬譚屍太祖欲觀脩意默然不應脩復曰受袁氏厚恩若得收斂譚屍然後就戮無所恨太祖嘉其義聽之

傅子曰太祖既誅袁譚梟其首令曰敢哭之者戮及妻子於是王叔治田子泰相謂曰生受辟命亡而不哭非義也畏死亡義何以立世遂造其首而哭之哀動三軍軍正白行其戮太祖曰義士也赦之臣松之案田疇傳疇為袁尚所辟不被譚命傅子合而言之有違事實

以脩為督軍糧還樂安譚之破諸城皆服唯管統以樂安不從命太祖命脩取統首脩以統亡國之忠臣因解其縛使詣太祖太祖悅而赦之袁氏政寬在職勢者多畜聚太祖破鄴籍沒審配等家財物貲以萬數及破南皮閱脩家穀不滿十斛有書數百卷太祖歎曰士不妄有名乃禮辟為司空掾行司金中郎將遷魏郡太守為治抑彊扶弱明賞罰百姓稱之

魏略曰脩為司金中郎將陳黃白異議因奏記曰脩聞枳棘之林無梁柱之質涓流之水無洪波之勢是以在職七年忠讜不昭於時功業不見於事欣於所受俯慚不報未嘗不長夜起坐中飯釋餐何者力少任重不堪而懼也謹貢所議如左太祖甚然之乃與脩書曰君澡身浴德流聲本州忠能成績為世美談名實相副過人甚遠孤以心知君至深至熟非徒耳目而已也察觀先賢之論多以鹽鐵之利足贍軍國之用昔孤初立司金之官念非屈君餘無可者故與君教曰昔遏父陶正民賴其器用及子嬀滿建侯于陳近桑弘羊位至三公此君元龜之兆先告者也是孤用君之本言也或恐衆人未曉此意自是以來在朝之士每得一顯選常舉君為首及聞袁軍師衆賢之議以為不宜越君然孤執心將有所底以軍師之職閑於司金至於建功重於軍師孤之精誠足以達君君之察孤足以不疑但恐傍人淺見以蠡測海為蛇畫足將言前後百選輒不用之而使此君沉滯冶官張甲李乙尚猶先之此主人意待之不優之效也孤懼有此空聲冒實淫鼃亂耳假有斯事亦庶鍾期不失聽也若其無也過備何害昔宣帝察少府蕭望之才任宰相故復出之令為馮翊從正卿往似於左遷上使侍中宣意曰君守平原日淺故復試君三輔非有所間也孤揆先主中宗之意誠備此事既君崇勳業以副孤意公叔文子與臣俱升獨何人哉後無幾而還魏郡太守

魏國既建為大司農郎中令太祖議行肉刑脩以為時未可行太祖採其議徙為奉常其後嚴才反與其徒屬數十人攻掖門脩聞變召車馬未至便將官屬步至宮門太祖在銅爵臺望見之曰彼來者必王叔治也相國鍾繇謂脩舊京城有變九卿各居其府脩曰食其祿焉避其難居府雖舊非赴難之義頃之病卒官子忠官至東萊太守散騎常侍初脩識高柔於弱冠異王基於童幼終皆遠至世稱其知人

王隱晉書曰脩一子名儀字朱表高亮雅直司馬文王為安東儀為司馬東關之敗文王曰近日之事誰任其咎儀曰責在軍帥文王怒曰司馬欲委罪於孤耶遂殺之子裒字偉元少立操尚非禮不動身長八尺四寸容貌絕異痛父不以命終絕世不仕立屋墓側以教授為務旦夕常至墓前拜輒悲號斷絕墓前有一柏樹裒常所攀援涕泣所著樹色與凡樹不同讀詩至哀哀父母生我劬勞未嘗不反覆流涕泣下沾襟家貧躬耕計口而田度身而蠶諸生有密為裒刈麥者裒遂棄之自是莫敢復佐刈者裒門人為本縣所役求裒為屬裒曰卿學不足以庇身吾德薄不足以蔭卿屬之何益且吾不提筆已四十年矣乃步擔乾飯兒負鹽豉門徒從者千餘人安丘令以為見己整衣出迎之於門裒乃下道至土牛磬折而立云門生為縣所役故來送別執手涕泣而去令即放遣諸生一縣以為恥同縣管彥少有才力未知名裒獨以為當自達常友愛之男女各始生共許為婚彥果為西夷校尉裒後更以女嫁人彥弟馥問裒裒曰吾薄志畢願山藪自處姊妹皆遠吉凶斷絕以此自誓賢兄子葬父於帝都此則洛陽之人也豈吾欲婚之本指邪馥曰嫂齊人也當還臨淄裒曰安有葬父河南隨妻還齊用意如此何婚之有遂不婚邴春者根矩之後也少立志操寒苦自居負笈遊學身不停家鄉邑翕然以為能係其先也裒以為春性險狹慕名意多終必不成及後春果無學業流離遠外有識以此歸之裒常以為人所行其當歸於善道不可以己所能而責人所不能也有致遺者皆不受及洛都傾覆寇賊蠭起裒宗親悉欲移江東裒戀墳壠賊大盛乃南達泰山郡裒戀土不肯去賊害之漢晉春秋曰裒與濟南劉兆字延世俱以不仕顯名裒以父為文王所濫殺終身不應徵聘未嘗西向坐以示不臣於晉也魏略純固傳以脂習王脩龐淯文聘成公英郭憲單固七人為一傳其脩淯聘三人自各有傳成公英別見張既傳單固見王淩傳餘習憲二人列於脩傳後也脂習字元升京兆人也中平中仕郡公府辟舉高第除太醫令天子西遷及東詣許昌習常隨從與少府孔融親善太祖為司空威德日盛而融故以舊意書疏倨傲習常責融欲令改節融不從會融被誅當時許中百官先與融親善者莫敢收恤而習獨往撫而哭之曰文舉卿捨我死我當復與誰語者哀歎無已太祖聞之收習欲理之尋以其事直見原徙許東土橋下習後見太祖陳謝前愆太祖呼其字曰元升卿故慷慨因問其居處以新移徙賜穀百斛黃初中詔欲用之以其年老然嘉其敦舊有欒布之節賜拜中散大夫還家年八十餘卒郭憲字幼簡西平人為其郡右姓建安中為郡功曹州辟不就以仁篤為一郡所歸至十七年韓約失衆從羌中還依憲衆人多欲取約以徼功而憲皆責怒之言人窮來歸我云何欲危之遂擁護厚遇之其後約病死而田樂陽逵等就斬約頭當送之逵等欲條疏憲名憲不肯在名中言我尚不忍生圖之豈忍取死人以要功乎逵等乃止時太祖方攻漢中在武都而逵等送約首到太祖宿聞憲名及視條疏怪不在中以問逵等逵具以情對太祖歎其志義乃并表列與逵等並賜爵關內侯由是名震隴右黃初元年病亡正始初國家追嘉其事復賜其子爵關內侯

邴原字根矩北海朱虛人也少與管寧俱以操尚稱州府辟命皆不就黃巾起原將家屬入海住鬱洲山中時孔融為北海相舉原有道原以黃巾方盛遂至遼東與同郡劉政俱有勇略雄氣遼東太守公孫度畏惡欲殺之盡收捕其家政得脫度告諸縣敢有藏政者與同罪政窘急往投原

魏氏春秋曰政投原曰窮鳥入懷原曰安知斯懷之可入邪

原匿之月餘時東萊太史慈當歸原因以政付之既而謂度曰將軍前日欲殺劉政以其為己害今政已去君之害豈不除哉度曰然原曰君之畏政者以其有智也今政已免智將用矣尚奚拘政之家不若赦之無重怨度乃出之原又資送政家皆得歸故郡原在遼東一年中往歸原居者數百家游學之士教授之聲不絕後得歸太祖辟為司空掾原女早亡時太祖愛子倉舒亦沒太祖欲求合葬原辭曰合葬非禮也原之所以自容於明公公之所以待原者以能守訓典而不易也若聽明公之命則是凡庸也明公焉以為哉太祖乃止徙署丞相徵事

獻帝起居注曰建安十五年初置徵事二人原與平原王烈俱以選補

崔琰為東曹掾記讓曰徵事邴原議郎張範皆秉德純懿志行忠方清靜足以厲俗貞固足以幹事所謂龍翰鳳翼國之重寶舉而用之不仁者遠代涼茂為五官將長史閉門自守非公事不出太祖征吳原從行卒

原別傳曰原十一而喪父家貧早孤鄰有書舍原過其旁而泣師問曰童子何悲原曰孤者易傷貧者易感夫書者必皆具有父兄者一則羨其不孤二則羨其得學心中惻然而為涕零也師亦哀原之言而為之泣曰欲書可耳答曰無錢資師曰童子苟有志我徒相

教不求資也於是遂就書一冬之間誦孝經論語自在童亂之中嶷然有異及長金玉其行欲遠遊學詣安丘孫崧崧辭曰君鄉里鄭君君知之乎原答曰然崧曰鄭君學覽古今博聞彊識鉤深致遠誠學者之師模也君乃舍之躡屣千里所謂以鄭為東家丘者也君似不知而曰然何原曰先生之說誠可謂苦藥良鍼矣然猶未達僕之微趣也人各有志所規不同故乃有登山而采玉者有入海而採珠者豈可謂登山者不知海之深入海者不知山之高哉君謂僕以鄭為東家丘君以僕為西家愚夫邪崧辭謝焉又曰兗豫之士吾多所識未有若君者當以書相分原重其意難辭之持書而別原心以為求師啟學志高者通非若交游待分而成也書何為哉乃藏書於家而行原舊能飲酒自行之後八九年間酒不向口單步負笈苦身持力至陳留則師韓子助潁川則宗陳仲弓汝南則交范孟博涿郡則親盧子幹臨別師友以原不飲酒會米肉送原原曰本能飲酒但以荒思廢業故斷之耳今當遠別因見貺餞可一飲讌於是共坐飲酒終日不醉歸以書還孫崧解不致書之意後為郡所召署功曹主簿時魯國孔融在郡教選計當任公卿之才乃以鄭玄為計掾彭璆為計吏原為計佐融有所愛一人常盛嗟歎之後恚望欲殺之朝吏皆請時其人亦在坐叩頭流血而融意不解原獨不為請融謂原曰衆皆請而君何獨不原對曰明府於某本不薄也常言歲終當舉之此所謂吾一子也如是朝吏受恩未有在某前者矣而今乃欲殺之明府愛之則引而方之於子憎之則推之而欲危其身原愚不知明府以何愛之以何惡之融曰某生於微門吾成就其兄弟拔擢而用之某今孤負恩施夫善則進之惡則誅之固君道也往者應仲遠為泰山太守舉一孝廉旬月之間而殺之夫君人者厚薄何常之有原對曰仲遠舉孝廉殺之其義焉在夫孝廉國之俊選也舉之若是則殺之非也若殺之是則舉之非也詩云彼己之子不遂其媾蓋譏之也語云愛之欲其生惡之欲其死既欲其生又欲其死是惑也仲遠之惑甚矣明府奚取焉融乃大笑曰吾直戲耳原又曰君子於其言出乎身加乎民言行君子之樞機也安有欲殺人而可以為戲者哉融無以答是時漢朝陵遲政以賄成原乃將家人入鬱洲山中郡舉有道融書喻原曰脩性保真清虛守高危邦不入久潛樂土王室多難西遷鎬京聖朝勞謙疇咨儁乂我徂求定策命懇惻國之將隕嫠不恤緯家之將亡緹縈跋涉彼匹婦也猶執此義實望根矩仁為己任授手援溺振民於難乃或晏晏居息莫我肯顧謂之君子固如此乎根矩根矩可以來矣原遂到遼東遼東多虎原之邑落獨無虎患原嘗行而得遺錢拾以繫樹枝此錢既不見取而繫錢者愈多問其故答者謂之神樹原惡其由己而成淫祀乃辯之於是里中遂斂其錢以為社供後原欲歸鄉里止於三山孔融書曰隨會在秦賈季在翟諮仰靡所歎息增懷頃知來至近在三山詩不云乎來歸自鎬我行永久今遣五官掾奉問榜人舟楫之勞禍福動靜告慰亂階未已阻兵之雄若棊弈爭梟原於是遂復反還積十餘年後乃遁還南行已數日而度乃覺度知原之不可復追也因曰邴君所謂雲中白鶴非鶉鷃之網所能羅矣又吾自遣之勿復求也遂免危難自反國土原於是講述禮樂吟詠詩書門徒數百服道數十時鄭玄以博學洽聞注解典籍故儒雅之士集焉原亦以高遠清白頤志淡泊口無擇言身無擇行故英偉之士向焉是時海內清議云青州有邴鄭之學魏太祖為司空辟原署東閤祭酒太祖北伐三郡單于還住昌國燕士大夫酒酣太祖曰孤反鄴守諸君必將來迎今日明旦度皆至矣其不來者獨有邴祭酒耳言訖未久而原先至門下通謁太祖大驚喜攬履而起遠出迎原曰賢者誠難測度孤謂君將不能來而遠自屈誠副饑虛之心謁訖而出軍中士大夫詣原者數百人太祖怪而問之時荀文若在坐對曰獨可省問邴原耳太祖曰此君名重乃亦傾士大夫心文若曰此一世異人士之精藻公宜盡禮以待之太祖曰固孤之宿心也自是之後見敬益重原雖在軍歷署常以病疾高枕里巷終不當事又希會見河內張範名公之子也其志行有與原符甚相親敬令曰邴原名高德大清規邈世魁然而峙不為孤用聞張子頗欲學之吾恐造之者富隨之者貧也魏太子為五官中郎將天下向慕賓客如雲而原獨守道持常自非公事不妄舉動太祖微使人從容問原原曰吾聞國危不事冢宰君老不奉世子此典制也於是乃轉五官長史令曰子弱不才懼其難正貪欲相屈以匡勵之雖云利賢能不恧惡太子燕會衆賓百數十人太子建議曰君父各有篤疾有藥一丸可救一人當救君邪父邪衆人紛紜或父或君時原在坐不與此論太子諮之於原原勃然對曰父也太子亦不復難之

是後大鴻臚鉅鹿張泰河南尹扶風龐迪以清賢稱

荀綽冀州記曰鉅鹿張貔字邵虎祖父泰字伯陽有名於魏父邈字叔遼遼東太守著名自然好學論在嵇康集為人弘深有遠識恢恢然使求之者莫之能測也官歷二官元康初為城陽太守未行而卒

永寧太僕東郡張閣以簡質聞杜恕著家戒稱閣曰張子臺視之似鄙樸人然其心中不知天地間何者為美何者為好敦然似如與陰陽合德者作人如此自可不富貴然而患禍當何從而來世有高亮如子臺皆多力慕體之不如也

管寧字幼安北海朱虛人也

傅子曰齊相管仲之後也昔田氏有齊而管氏去之或適魯或適楚漢興有管少卿為燕令始家朱虛世有名節九世而生寧

年十六喪父中表愍其孤貧咸共贈賵悉辭不受稱財以送終長八尺美須眉與平原華歆同縣邴原相友俱游學於異國並敬善陳仲弓天下大亂聞公孫度令行於海外遂與原及平原王烈等至於遼東度虛館以候之既往見度乃廬於山谷時避難者多居郡南而寧居北示無遷志後漸來從之太祖為司空辟寧度子康絕命不宣

傅子曰寧往見度語唯經典不及世事還乃因山為廬鑿坏為室越海避難者皆來就之而居旬月而成邑遂講詩書陳俎豆飾威儀明禮讓非學者無見也由是度安其賢民化其德邴原性剛直清議以格物度已下心不安之寧謂原曰潛龍以不見成德言非其時皆招禍之道也密遣令西還度庶子康代居郡外以將軍太守為號而內實有王心卑己崇禮欲官寧以自鎮輔而終莫敢發言其敬憚如此皇甫謐高士傳曰寧所居屯落會井汲者或男女雜錯或爭井鬭鬩寧患之乃多買器分置井傍汲以待之又不使知來者得而怪之問知寧所為乃各相責不復鬭訟鄰有牛暴寧田者寧為牽牛著涼處自為飲食過於牛主牛主得牛大慙若犯嚴刑是以左右無鬭訟之聲禮讓移於海表

王烈者字彥方於時名聞在原寧之右辭公孫度長史商賈自穢太祖命為丞相掾徵事未至卒於海表

先賢行狀曰烈通識達道秉義不回以潁川陳太丘為師二子為友時潁川荀慈明賈偉節李元禮韓元長皆就陳君學見烈器業過人歎服所履亦與相親由是英名著於海內道成德立還歸舊廬遂遭父喪泣淚三年遇歲饑饉路有餓死烈乃分釜庾之儲以救邑里之命是以宗族稱孝鄉黨歸仁以典籍娛心育人為務遂建學校敦崇庠序其誘人也皆因其性氣誨之以道使之從善遠惡益者不自覺而大化隆行皆成寶器門人出入容止可觀時在市井行步有異人皆別之州閭成競為善時國中有盜牛者牛主得之盜者曰我邂逅迷惑從今已後將為改過子既已赦宥幸無使王烈聞之人或有以告烈者烈以布一端遺之或問此人既為盜畏君聞之反與之布何也烈曰昔秦穆公人盜其駿馬食之乃賜之酒盜者不愛其死以救穆公之難今此盜人能悔其過懼吾聞之是知恥惡知恥惡則善心將生故與布勸為善也間年之中行路老父擔重人代擔行數十里欲至家置而去問姓名不以告頃之老父復行失劍於路有人行而遇之欲置而去懼後人得之劍主於是永失欲取而購募或恐差錯遂守之至暮劍主還見之前者代擔人也老父擥其袂問曰子前者代吾擔不得姓名今子復守吾劍於路未有若子之仁請子告吾姓名吾將以告王烈乃語之而去老父以告烈烈曰世有仁人吾未之見遂使人推之乃昔時盜牛人也烈歎曰韶樂九成虞賓以和人能有感乃至於斯也遂使國人表其閭而異之時人或訟曲直將質於烈或至塗而反或望廬而還皆相推以直不敢使烈聞之時國主皆親驂乘適烈私館疇諮政令察孝廉三府並辟皆不就會董卓作亂避地遼東躬秉農器編於四民布衣蔬食不改其樂東域之人奉之若君時衰世弊議真者少國黨之人互相讒謗自避世在東國者多為人所害烈居之歷年未嘗有患使遼東強不凌弱衆不暴寡商賈之人市不二價太祖累徵召遼東為解而不遣以建安二十三年寢疾年七十八而終

中國少安客人皆還唯寧晏然若將終焉黃初四年詔公卿舉獨行君子司徒華歆薦寧文帝即位徵寧遂將家屬浮海還郡公孫恭送之南郊加贈服物自寧之東也度康恭前後所資遺皆受而藏諸既已西渡盡封還之

傅子曰是時康又已死嫡子不立而立弟恭恭懦弱而康孽子淵有雋才寧曰廢嫡立庶下有異心亂之所由起也乃將家屬乘海即受徵寧在遼東積三十七年乃歸其後淵果襲奪恭位叛國家而南連吳僭號稱王明帝使相國宣文侯征滅之遼東之死者以萬計如寧所籌寧之歸也海中遇暴風船皆沒唯寧乘船自若時夜風晦冥船人盡惑莫知所泊望見有火光輒趣之得島島無居人又無火燼行人咸異焉以為神光之祐也皇甫謐曰積善之應也

詔以寧為太中大夫固辭不受

傅子曰寧上書天子且以疾辭曰臣聞傳說發夢以感殷宗呂尚啟兆以動周文以通神之才悟於聖主用能匡佐帝業克成大勳臣之器朽實非其人雖貪清時釋體蟬蛻內省頑病日薄西山惟陛下聽野人山藪之願使老者得盡微命書奏帝親覽焉

明帝即位太尉華歆遜位讓寧

傅子曰司空陳羣又薦寧曰臣聞王者顯善以消惡故湯舉伊尹不仁者遠伏見徵士北海管寧行為世表學任人師清儉足以激濁貞正足以矯時前雖徵命禮未優備昔司空荀爽家拜光祿先儒鄭玄即授司農若加備禮庶必可致至延西序坐而論道必能昭明古今有益大化

遂下詔曰太中大夫管寧耽懷道德服膺六藝清虛足以侔古廉白可以當世曩遭王道衰缺浮海遁居大魏受命則襁負而至斯蓋應龍潛升之道聖賢用舍之義而黃初以來徵命屢下每輒辭疾拒違不至豈朝廷之政與生殊趣將安樂山林往而不能反乎夫以姬公之聖而耇德不降則鳴鳥弗聞

尚書君奭曰耇造德不降我則鳴鳥不聞矧曰其有能格鄭玄曰耇老也造成也詩云小子有造老成德之人不降志與我並在位則鳴鳥之聲不得聞況乃曰有能德格於天者乎言必無也鳴鳥謂鳳也

以秦穆之賢猶思詢乎黃髮況朕寡德曷能不願聞道于子大夫哉今以寧為光祿勳禮有大倫君臣之道不可廢也望必速至稱朕意焉又詔青州刺史曰寧抱道懷真潛翳海隅比下徵書違命不至盤桓利居高尚其事雖有素履幽人之貞而失考父茲恭之義使朕虛心引領歷年其何謂邪徒欲懷安必肆其志不惟古人亦有翻然改節以隆斯民乎日逝月除時方已過澡身浴德將以曷為仲尼有言吾非斯人之徒與而誰與哉其命別駕從事郡丞掾奉詔以禮發遣寧詣行在所給安車吏從茵蓐道上厨食上道先奏寧稱草莽臣上疏曰臣海濱孤微罷農無伍祿運幸厚橫蒙陛下纂承洪緒德侔三皇化溢有唐久荷渥澤積祀一紀不能仰答陛下恩養之福沈委篤痾寢疾彌留逋違臣隸顛倒之節夙宵戰怖無地自厝臣元年十一月被公車司馬令所下州郡八月甲申詔書徵臣更賜安車衣被茵蓐以禮發遣光寵並臻優命屢至怔營竦息悼心失圖思自陳聞申展愚情而明詔抑割不令稍脩章表是以鬱滯訖于今日誠謂乾覆恩有紀極不意靈潤彌以隆赫奉今年二月被州郡所下三年十二月辛酉詔書重賜安車衣服別駕從事與郡功曹以禮發遣又特被璽書以臣為光祿勳躬秉勞謙引喻周秦損上益下受詔之日精魄飛散靡所投死臣重自省揆德非園綺而蒙安車之榮功無竇融而蒙璽封之寵槀梲駑下荷棟梁之任垂沒之命獲九棘之位懼有朱博鼓妖之眚又年疾日侵有加無損不任扶輿進路以塞元責望慕閶闔徘徊闕庭謹拜章陳情乞蒙哀省抑恩聽放無令骸骨填於衢路自黃初至於青龍徵命相仍常以八月賜牛酒詔書問青州刺史程喜寧為守節高乎審老疾尫頓邪喜上言寧有族人管貢為州吏與寧鄰比臣常使經營消息貢說寧常著皁帽布襦袴布裙隨時單複出入閨庭能自任杖不須扶持四時祠祭輒自力彊改加衣服著絮巾故在遼東所有白布單衣親薦饌饋跪拜成禮寧少而喪母不識形象常特加觴泫然流涕又居宅離水七八十步夏時詣水中澡灑手足闚於園圃臣揆寧前後辭讓之意獨自以生長潛逸耆艾智衰是以棲遲每執謙退此寧志行所欲必全不為守高

高士傳曰管寧自越海及歸常坐一木榻積五十餘年未嘗箕股其榻上當膝處皆穿

正始二年太僕陶丘一永寧衛尉孟觀侍中孫邕中書侍郎王基薦寧曰臣聞龍鳳隱耀應德而臻明哲潛遁俟時而動是以鸑鷟鳴岐周道隆興四皓為佐漢帝用康伏見太中大夫管寧應二儀之中和總九德之純懿含章素質冰絜淵清玄虛澹泊與道逍遙娛心黃老游志六藝升堂入室究其閫奧韜古今於胸懷包道德之機要中平之際黃巾陸梁華夏傾蕩王綱弛頓遂避時難乘桴越海羈旅遼東三十餘年在乾之姤匿景藏光嘉遁養浩韜韞儒墨潛化傍流暢於殊俗黃初四年高祖文皇帝疇諮羣公思求儁乂故司徒華歆舉寧應選公車特徵振翼遐裔翻然來翔行遇屯厄遭罹疾病即拜太中大夫烈祖明皇帝嘉美其德登為光祿勳寧疾彌留未能進道今寧舊疾已瘳行年八十志無衰倦環堵蓽門偃息窮巷飯鬻餬口并日而食吟詠詩書不改其樂困而能通遭難必濟經危蹈險不易其節金聲玉色久而彌彰揆其終始殆天所祚當贊大魏輔亮雍熙袞職有闕羣下屬望昔高宗刻象營求賢哲周文啟龜以卜良佐況寧前朝所表名德已著而久栖遲未時引致非所以奉遵明訓繼成前志也陛下踐阼纂承洪緒聖敬日躋超越周成每發德音動諮師傅若繼二祖招賢故典賓禮儁邁以廣緝熙濟濟之化侔於前代寧清高恬泊擬跡前軌德行卓絕海內無偶歷觀前世玉帛所命申公枚乘周黨樊

英之儔測其淵源覽其清濁未有厲俗獨行若寧者也誠宜束帛加璧備禮徵聘仍授几杖延登東序敷陳墳索坐而論道上正璇璣協和皇極下阜羣生彝倫攸敘必有可觀光益大化若寧固執匪石守志箕山追迹洪崖參蹤巢許斯亦聖朝同符唐虞優賢揚歷垂聲千載今文尚書曰優賢揚歷謂揚其所歷試左思魏都賦曰優賢著於揚歷也雖出處殊塗俯仰異體至於興治美俗其揆一也於是特具安車蒲輪束帛加璧聘焉會寧卒時年八十四拜子邈郎中後爲博士初寧妻先卒知故勸更娶寧曰每省曾子王駿之言意常嘉之豈自遭之而違本心哉傅子曰寧以衰亂之時世多妄變氏族者違聖人之制非禮命姓之意故著氏姓論以原本世系文多不載每所居姻親知舊鄰里有困窮者家儲雖不盈檐石必分以贍救之與人子言教以孝與人弟言訓以悌言及人臣誨以忠貌甚恭言甚順觀其行邈然若不可及即之熙熙然甚柔而溫因其事而導之於善是以漸之者無不化焉寧之亡天下知與不知聞之無不嗟歎醇德之所感若此不亦至乎時鉅鹿張臶字子明潁川胡昭字孔明亦養志不仕臶少游太學學兼內外後歸鄉里袁紹前後辟命不應移居上黨并州牧高幹表除樂平令不就徙遁常山門徒且數百人遷居任縣太祖爲丞相辟不詣太和中詔求隱學之士能消災復異者郡累上臶發遣老病不行廣平太守盧毓到官三日綱紀白承前致版謁臶毓教曰張先生所謂上不事天子下不友諸侯者也豈此版謁所可光飾哉但遣主簿奉書致羊酒之禮青龍四年辛亥詔書張掖郡玄川溢涌激波奮蕩寶石負圖狀像靈龜宅于川西嶷然磐峙蒼質素章麟鳳龍馬煥炳成形文字告命粲然著明太史令高堂隆上言古皇聖帝所未嘗蒙實有魏之禎命東序之世寶尚書顧命篇曰大玉夷玉天球河圖在東序注曰河圖圖出於河帝王聖者之所受事班天下任令于綽連齎以問臶臶密謂綽曰夫神以知來不追已往禎祥先見而後廢興從之漢已久亡魏已得之何所追興徵祥乎此石當今之變異而將來之禎瑞也正始元年戴鵀之鳥巢臶門陰臶告門人曰夫戴鵀陽鳥而巢門陰此凶祥也乃援琴歌詠作詩二篇旬日而卒時年一百五歲是歲廣平太守王肅至官教下縣曰前在京都聞張子明來至問之會其已亡致痛惜之此君篤學隱居不與時競以道樂身昔絳縣老人屈在泥塗趙孟升之諸侯用睦愍其耄勤好道而不蒙榮寵書到遣吏勞問其家顯題門戶務加殊異以慰既往以勸將來胡昭始避地冀州亦辭袁紹之命遁還鄉里太祖爲司空丞相頻加禮辟昭往應命既至自陳一介野生無軍國之用歸誠求去太祖曰人各有志出處異趣勉卒雅尚義不相屈昭乃轉居陸渾山中躬耕樂道以經籍自娛閭里敬而愛之高士傳曰初晉宣帝爲布衣時與昭有舊同郡周生等謀害帝昭聞而步陟險邀生於崤澠之間止生生不肯昭泣與結誠生感其義乃止昭因與斫棗樹共盟而別昭雖有陰德於帝口終不言人莫知之信行著於鄉黨建安十六年百姓聞馬超叛避兵入山者千餘家饑乏漸相劫略昭常遜辭以解之是以寇難消息衆咸宗焉故其所居部落中三百里無相侵暴者建安二十三年陸渾長張固被書調丁夫當給漢中百姓惡憚遠役並懷擾擾民孫狼等因興兵殺縣主簿作爲叛亂縣邑殘破固率將十餘吏卒依昭住止招集遺民安復社稷狼等遂南附關羽羽授印給兵還爲賊寇到陸渾南長樂亭自相約誓言胡居士賢者也一不得犯其部落一川賴昭咸無怵惕天下安輯徙宅宜陽高士傳曰幽州刺史杜恕嘗過昭所居草廬之中言事論理辭義謙敬恕甚重焉太尉蔣濟辟不就正始中驃騎將軍趙儼尚書黃休郭彝散騎常侍荀顗鍾毓太僕庾嶷案庾氏譜嶷字劭然潁川人子纂字玄默晉尚書陽翟子弟遁字德先太中大夫遁曾孫亮字元昌爲世盛門侍中峻河南尹純皆遁之子豫州牧長史顗遁之孫太尉文康公亮司空冰皆遁之曾孫貴達至今弘農太守何楨等文士傳曰楨字元幹廬江人有文學器幹容貌甚偉歷幽州刺史廷尉入晉爲尚書光祿大夫楨子龕後將軍勗車騎將軍撫豫州刺史其餘多至大官自後累世昌阜司空文穆公充惲之孫也貴達至今遞薦昭曰天眞高絜老而彌篤玄虛靜素有夷皓之節宜蒙徵命以厲風俗高士傳曰朝廷以戎車未息徵命之事且須後之昭以故不卽徵後顗休復與庾嶷薦昭有詔訪於本州評議侍中韋誕駮曰禮賢徵士王政之所重也古者考行於鄉今顗等位皆常伯納言嶷爲卿佐足以取信附下罔上忠臣之所不行也昭宿德耆艾遺逸山林世所高尚誠宜嘉異乃從誕議也至嘉平二年公車特徵會卒年八十九拜子纂郎中初昭善史書與鍾繇邯鄲淳衞覬韋誕並有名尺牘之迹動見模楷焉傅子曰胡徵君怡怡無不愛也雖僕隸必加禮焉外同乎俗內秉純絜心非其好王公不能屈年八十而不倦於書籍者吾於胡徵君見之矣時有隱者焦先河東人也魏略曰先字孝然中平末白波賊起時先年二十餘與同郡侯武陽相隨武陽年小有母先與相扶接避白波東客揚州取婦建安初來西還武陽詣太陽占戶先留陝界至十六年關中亂先失家屬獨竄於河渚間食草飲水無衣履時大陽長朱南望見之謂爲亡士欲遣船捕取武陽語縣此狂癡人耳遂注其籍給廩日五升後有疫病人多死者縣常使埋藏童兒豎子皆輕易之然其行不踐邪徑必循阡陌及其捃拾不取大穗饑不苟食寒不苟衣結草以爲裳科頭徒跣每出見婦人則隱翳須去乃出自作一瓜牛廬淨掃其中營木爲牀布草蓐其上至天寒時構火以自炙呻吟獨語饑則出爲人客作飽食而已不取其直又出於道中邂逅與人相遇輒下道藏匿或問其故常言草茅之人與狐兔同羣不肯妄語太和青龍中嘗持一杖南渡淺河水輒獨云未可也由是人頗疑其不狂至嘉平中太守賈穆初之官故過其廬先見穆再拜穆與語不應與食不食穆謂之曰國家使我來爲卿作君我食卿卿不肯食我與卿語卿不應我如是我不中爲卿作君當去耳先乃曰寧有是邪遂不復語其明年大發卒將伐吳有竊問先今討吳何如先不肯應而謬歌曰祝衄祝衄非魚非肉更相追逐本心爲當殺牂羊更殺其羖䍽邪郡人不知其謂會諸軍敗好事者乃推其意疑牂羊謂吳羖䍽謂魏於是後人僉謂之隱者也議郎河東董經特嘉異節與先非故人密往觀之經到乃奮其白鬚爲如與之有舊者謂曰阿先闊乎念共避白波時不先熟視而不言經素知其昔受武陽恩因復曰念武陽不邪先乃曰已報之矣經又復挑欲與語遂不肯復應後歲餘病亡時年八十九矣高士傳曰世莫知先所出或言生乎漢末自陝居太陽無父母兄弟妻子見漢室衰乃自絕不言及魏受禪常結草爲廬於河之湄獨止其中冬夏恒不著衣臥不設席又無草蓐以身親土其體垢污皆如泥漆五形盡露不行人間或數日一食欲食則爲人賃作人以衣衣之乃使限功受直足得一食輒去人欲多與終不肯取亦有數日不食時行不由邪徑目不與女子逆視口未嘗言雖有驚急不與人語遺以食物皆不受河東太守杜恕嘗以衣服迎見而不與語司馬景王聞而使安定太守董經因事過視又不肯語經以爲大賢其後野火燒其廬先因露寢遭冬雪大至先袒臥不移人以爲死就視如故不以爲病人莫能審其意度年可百歲餘乃卒或問皇甫謐曰焦先何人曰吾不足以知之也考之於表可略而言矣夫世之所常趣者榮味也形之所不可釋者衣裳也身之所不可離者室宅也口之不能已者言語也心之不可絕者親戚也今焦先棄榮味釋衣服離室宅絕親戚閉口不言曠然以天地爲棟宇闇然合至道之前出羣形之表入玄寂之幽一世之人不足以挂其意四海之廣不能以回其顧妙乎與夫三皇之先者同矣結繩已來未及其至也豈羣言之所能彷彿常心之所得測量哉彼行人所不能行堪人所不能堪犯寒暑不以傷其性居曠野不以恐其形遭驚急不以迫其慮離榮愛不以累其心損視聽不以汙其耳目舍足於不損之地居身於獨立之處延年歷百壽越期頤雖上識不能尚也自羲皇已來一人而已矣魏氏春秋曰故梁州刺史耿黼以先爲仙人也北地傅玄謂之性同禽獸蓋爲之傳而莫能測之魏略又載扈累及寒貧者累字伯重京兆人也初平中山東人有青牛先生字正方客三輔曉知星歷風角鳥情常食青葙芫華年似如五六十者人或親識之謂其已百餘歲矣初累年四十餘隨正方遊學人謂之得其術有婦無子建安十六年三輔亂又隨正方南入漢中漢中壞正方入蜀累與相失隨徙民詣鄴遭疾喪其婦至黃初元年又徙詣洛陽遂不復娶婦獨居道側以甎爲障施一廚牀食宿其中晝日潛思夜則仰視星宿吟詠內書人或問之閉口不肯言至嘉平中年八九十裁若四五十者縣官以其孤老給廩日五升五升不足頗行傭作以裨糧糧盡復出人與不取食不求美衣弊緼故後一二年病亡寒貧者本姓石字德林安定人也建安初客三輔是時長安有宿儒欒文博者門徒數千德林亦就學始精詩書後好內事於衆輩中最玄默至十六年關中亂南入漢中初不治產業不畜妻孥常讀老子五千文及諸內書晝夜吟詠到二十五年漢中破隨衆還長安遂癡愚不復識人食不求味冬夏常衣弊布連結衣體如無所勝目如無所見獨居窮巷小屋無親里人與之衣食不肯取郡縣以其鰥窮給廩日五升食不足頗行乞乞不取多人問其姓字又不肯言故因號之曰寒貧也或素有與相知者往存恤之輒拜跪由是人謂其不癡車騎將軍郭淮以意氣呼之問其所欲亦不肯言淮因與脯糒及衣不取其衣取其脯一胊一升而止臣松之案魏略云焦先及揚沛並作瓜牛廬止其中以爲瓜當作蝸蝸牛螺蟲之有角者也俗或呼爲黃犢先等作圜舍形如蝸牛蔽故謂之蝸牛廬莊子曰有國於蝸之左角者曰觸氏有國於右角者曰蠻氏時相與爭地而戰伏尸數萬逐北旬有五日而後反謂此物也

評曰袁渙邴原張範躬履清蹈進退以道臣松之以爲蹈猶履也躬履清蹈近非言乎蓋是貢禹兩龔之匹涼茂國淵亦其次也張承名行亞範可謂能弟矣田疇抗節王脩忠貞足以矯俗管寧淵雅高尚確然不拔張臶胡昭闔門守靜不營當世故并錄焉

魏志卷十一考證

袁渙袁渙字曜卿○何焯曰渙當作煥今太康縣猶有魏袁煥碑 臣浩按蜀志許靖傳亦作煥

外溫柔而內能斷注遣使行學還召用之○監本脫還字今添

魏國初建爲郎中令行御史大夫事○監本脫爲字今添

涼茂少好學論議常據經典○常據北宋本作多據

田疇好讀書善擊劍○宋本無善字

庾乃備禮請與相見○宋本無相字

又即授將軍印因安輯所統疇皆拒不留○毛本作皆拒不當元本作皆拒不受

又命田預喻指○預北宋本作豫

邑五百戶注蕩析離居靡所依懷○蕩析監本誤作傷析今改正

司隸校尉鍾繇亦以爲可聽注至于田疇方斯近矣○北宋本作方斯遠矣

王脩賊入孫氏吏不能執○太平御覽作吏不能得

百姓稱之注魏畧曰脩爲司金中郎將○太平御覽作河北始開冶以脩爲司金中郎將多河北下六字

世稱其知人注讀詩至哀哀父母生我勞瘁○北宋本讀詩上多一每字

又注郭憲字幼簡西平人爲其郡右姓○北宋本無其字

又注而田樂陽逵等就斬約頭○逵北宋本作達

邴原原從行卒注當以書相分○ 臣明楷按分字于文義晦冊府作介蓋謂孫崧以兗豫士多相識欲以書爲介紹而先容之下文非若交游之待分而成也亦當作介其誤同

又注某今孤負恩施○監本脫今字今添

又注舉之若是則殺之非也○監本脫則字 臣浩按此二語與下句若殺之是則舉之非也爲對舉之文今照別本添

又注原嘗行而得遺錢拾以繫樹枝○監本作拾以繫樹枝別本作拾于義較長今改正

河南尹扶風龐迪○何焯校本作龐廸

管寧王烈者字彥方○何焯曰本爲彥考後漢書注可据北宋本亦作考

皆受而藏諸既己西渡盡封還之○宋本無既字

而失考父茲恭之義○茲當作滋

宜蒙徵命以厲風俗注昭宿德耆艾遺逸山林世所高尚誠宜嘉異○宋本無世所高尚四字

至嘉平二年公車特徵會卒年八十九○北宋本作嘉平二年

動見模楷焉注遭冬雪大至先袒臥不移人以爲死就視如生○宋本作就視如故今改正

又注先等作圜舍形如蝸牛蔽故謂之蝸牛廬○宋本作形如蝸牛廬無蔽字及故謂之蝸牛五字

魏志卷十二

晉著作郎巴西中正安漢陳　壽撰
宋太中大夫國子博士聞喜裴松之注

崔琰孔融婁圭 許攸 毛玠 徐奕 何夔
邢顒 鮑勛 司馬芝

崔琰字季珪清河東武城人也少樸訥好擊劒尚武事年二十三鄉移爲正始感激讀論語韓詩至年二十九乃結公孫方等就鄭玄受學學未朞徐州黃巾賊攻破北海玄與門人到不其山避難時穀糴縣乏玄罷謝諸生琰既受遣而寇盜充斥西道不通於是周旋青徐兗豫之郊東下壽春南望江湖自去家四年乃歸以琴書自娛大將軍袁紹聞而辟之時士卒橫暴掘發丘壠琰諫曰昔孫卿有言士不素教甲兵不利雖湯武不能以戰勝今道路暴骨民未見德宜勅郡縣掩骼埋胔示憯怛之愛追文王之仁紹以爲騎都尉後紹治兵黎陽次于延津琰復諫曰天子在許民望助順不如守境述職以寧區宇紹不聽遂敗于官渡及紹卒二子交爭爭欲得琰琰稱疾固辭由是獲罪幽於囹圄賴陰夔陳琳營救得免太祖破袁氏領冀州牧辟琰爲別駕從事謂琰曰昨案戶籍可得三十萬衆故爲大州也琰對曰今天下分崩九州幅裂二袁兄弟親尋干戈冀方蒸庶暴骨原野未聞王師仁聲先路存問風俗救其塗炭而校計甲兵唯此爲先斯豈鄙州士女所望於明公哉太祖改容謝之于時賓客皆伏失色太祖征并州留琰傅文帝於鄴世子仍出田獵變易服乘志在驅逐琰書諫曰蓋聞盤于游田書之所戒魯隱觀魚春秋譏之此周孔之格言二經之明義殷鑒夏后詩稱不遠子卯不樂禮以爲忌此又近者之得失不可不深察也袁族富彊公子寬放盤游滋侈義聲不聞哲人君子俄有色斯之志熊羆壯士墮於吞噬之用固所以擁徒百萬跨有河朔無所容足也今邦國殄瘁惠康未洽士女企踵所思者德況公親御戎馬上下勞慘世子宜遵大路慎以行正思經國之高略內鑒近戒外揚遠節深惟儲副以身爲寶而猥襲虞旅之賤服忽馳騖而陵險志雉兔之小娛忘社稷之爲重斯誠有識所以惻心也唯世子燔翳捐褶以塞衆望不令老臣獲罪於天世子報曰昨奉嘉命惠示雅數欲使燔翳捐褶翳已壞矣褶亦去焉後有此比蒙復誨諸太祖爲丞相琰復爲東西曹掾屬徵事初授東曹時教曰君有伯夷之風史魚之直貪夫慕名而清壯士尚稱而厲斯可以率時者已故授東曹往踐厥職

魏國初建拜尚書時未立太子臨菑侯植有才而愛太祖狐疑以函令密訪於外唯琰露板答曰蓋聞春秋之義立子以長加五官將仁孝聰明宜承正統琰以死守之植琰之兄女壻也太祖貴其公亮喟然歎息世語曰植妻衣繡太祖登臺見之以違制命還家賜死遷中尉琰聲姿高暢眉目疏朗鬚長四尺甚有威重朝士瞻望而太祖亦敬憚焉先賢行狀曰琰清忠高亮雅識經遠推方直道正色於朝魏氏初載委授銓衡總齊清議十有餘年文武羣才多所明拔朝廷歸高天下稱平琰嘗薦鉅鹿楊訓雖才好不足而清貞守道太祖即禮辟之後太祖爲魏王訓發表稱贊功伐褒述盛德時人或笑訓希世浮僞謂琰爲失所舉琰從訓取表草視之與訓書曰省表事佳耳時乎時乎會當有變時琰本意譏論者好譴呵而不尋情理也有白琰此書傲世怨謗者太祖怒曰諺言生女耳耳非佳語會當有變時意指不遜於是罰琰爲徒隸使人視之辭色不撓太祖令曰琰雖見刑而通賓客門若市人對賓客虯鬚直視若有所瞋遂賜琰死魏略曰人得琰書以裹幘籠持其籠行都道中時有與琰宿不平者遙見琰名著幘籠從而視之遂白之太祖以爲琰腹誹心謗乃收付獄髡刑輸徒前所白琰者又復白之云琰爲徒虯鬚直視心似不平時太祖亦以爲然遂欲殺之乃使清公大吏往經營琰敕吏曰三日期消息琰不悟後數日吏故白琰平安公忿然曰崔琰必欲使孤行刀鋸乎吏以是敎告琰琰謝吏曰我殊不宜不知公意至此也遂自殺始琰與司馬朗善晉宣王方壯琰謂朗曰子之弟聰哲明允剛斷英跱殆非子之所及也臣松之案跱或作特竊謂英特爲是也朗以爲不然而琰每秉此論琰從弟林少無名望雖姻族猶多輕之而琰常曰此所謂大器晚成者也終必遠至涿郡孫禮盧毓始入軍府琰又名之曰孫疏亮亢烈剛簡能斷盧清警明理百鍊不消皆公才也後林禮毓咸至鼎輔及琰友人公孫方宋階早卒琰撫其遺孤恩若己子其鑒識篤義類皆如此魏略曰明帝時崔林嘗與司空陳羣共論冀州人士稱琰爲首羣以智不存身貶之林曰大丈夫爲有邂逅耳即如卿諸人良足貴乎

初太祖性忌有所不堪者魯國孔融融字文舉續漢書曰融孔子二十世孫也高祖父尚鉅鹿太守父宙太山都尉融幼有異才時河南尹李膺有重名勅門下簡通賓客非當世英賢及通家子孫弗見也融年十餘歲欲觀其爲人遂造膺門語門者曰我李君通家子孫也膺見融問曰高明父祖嘗與僕周旋乎融曰然先君孔子與君先人李老君同德比義而相師友則融與君累世通家也衆坐奇之僉曰異童子也太中大夫陳煒後至同坐以告煒煒曰人小時了了者大亦未必奇也融答曰即如所言君之幼時豈實慧乎膺大笑顧謂曰高明長大必爲偉器山陽張儉以中正爲中常侍侯覽所忿覽爲刊章下州郡捕儉儉與融兄褒有舊亡投褒遇褒出時融年十六儉以其少不告也融知儉長者有窘迫色謂曰吾獨不能爲君主邪因留舍藏之後事泄國相以下密就掩捕儉得脫走登時收融及褒送獄融曰保納藏舍者融也融當坐之褒曰彼來求我罪我之由非弟之過我當坐之兄弟爭死郡縣疑不能決乃上讞詔書令褒坐焉融由是名震遠近與平原陶丘洪陳留邊讓並以俊秀爲後進冠蓋融持論經理不及讓等而逸才宏博過之司徒大司馬辟舉高第累遷北軍中候虎賁中郎將北海相時年二十八承黃巾殘破之後修復城邑崇學校設庠序舉賢才顯儒士以彭璆爲方正邴原爲有道王修爲孝廉告高密縣爲鄭玄特立一鄉名爲鄭公鄉又國人無後及四方游士有死亡者皆爲棺木以殯葬之郡人甄子然孝行知名早卒融恨不及之乃令配食縣社其禮賢如此在郡六年劉備表融領青州刺史建安元年徵還爲將作大匠遷少府每朝會訪對輒爲議主諸卿大夫寄名而已司馬彪九州春秋曰融在北海自以智能優贍溢才命世當時豪俊皆不能及亦自許大志且欲舉軍曜甲與羣賢要功自於海岱結殖根本不肯碌碌如平居郡守事方伯赴期會而已然其所任用好奇取異皆輕剽之才至於稽古之士謬爲恭敬禮之雖備不與論國事也高密鄭玄稱之鄭公執子孫禮及高談敎令盈溢官曹辭氣溫雅可玩而誦論事考實難可悉行但能張磔綱羅其自理甚疏租賦少稽一朝殺五部督郵姦民汚吏猾亂朝市亦不能治幽州精兵亂至徐州卒到城下舉國皆恐融直出說之令無異志遂與別校謀夜覆幽州幽州軍敗悉有其衆無幾時還復叛亡黃巾將至融大飲醇酒躬自上馬禦之淶水之上寇令上部與融相拒兩翼徑涉水直到所治城城潰融不得入轉至南縣左右稍叛連年傾覆事無所濟遂不能保障四境棄郡而去後徙徐州以北海相自還領青州刺史治郡北陲欲附山東外接遼東得戎馬之利建樹根本孤立一隅不與共也于時曹袁公孫共相首尾戰士不滿數百穀不至萬斛王子法劉孔慈凶辯小才信爲腹心左承祖劉義遜清儁之士備在坐席而已言此民望不可失也承祖勸融自託彊國融不聽而殺之義遜棄去遂爲袁譚所攻自春至夏城小寇衆流矢雨集然融憑几安坐讀書論議自若城壞衆亡身奔山東室家爲譚所虜張璠漢紀曰融在郡八年僅以身免帝初都許融以爲宜略依舊制定王畿正司隸所部爲千里之封乃引公卿上書言其義是時天下草創曹袁之權未分融所建明不識時務又天性氣爽頗推平生之意狎侮太祖太祖制酒禁而融書嘲之曰天有酒旗之星地列酒泉之郡人有旨酒之德故堯不飲千鍾無以成其聖且桀紂以色亡國今令不禁婚姻也太祖外雖寬容而內不能平御史大夫郗慮知旨以法免融官歲餘拜太中大夫雖居家失勢而賓客日滿其門愛才樂酒常歎曰坐上客常滿樽中酒不空吾無憂矣虎賁士有貌似蔡邕者融每酒酣輒引與同坐曰雖無老成人尚有典刑其好士如此續漢書曰太尉楊彪與袁術婚姻術僭號太祖與彪有隙因是執彪將殺焉融聞之不及朝服往見太祖曰楊公累世清德四葉重光周書父子兄弟罪不相及況以袁氏之罪乎易稱積善餘慶但欺人耳太祖曰國家之意也融曰假使成王欲殺召公則周公可得言不知邪今天下纓緌搢紳之士所以瞻仰明公者以明公聰明仁智輔相漢朝舉直措枉致之雍熙耳今橫殺無辜則海內觀聽誰不解體孔融魯國男子明日便當褰衣而去不復朝矣太祖意解遂理出彪魏氏春秋曰袁紹之敗也融與太祖書曰武王伐紂以妲己賜周公太祖以融學博謂書傳所紀後見問之對曰以今度之想其當然耳十三年融對孫權使有訕謗之言坐棄市二子年八歲時方弈棊融被收端坐不起左右曰而父見執不起何也二子曰安有巢毀而卵不破者乎遂俱見殺融有高名清才世多哀之太祖懼遠近之議也乃令曰太中大夫孔融既伏其罪矣然世人多採其虛名少於核實見融浮艷好作變異眩其誑詐不復察其亂俗也此州人說平原禰衡受傳融論以爲父母與人無親譬若缾器寄盛其中又言若遭飢饉而父不肖寧贍活餘人融違天反道敗倫亂理雖肆市朝猶恨其晚更以此事列上宣示諸軍將校掾屬皆使聞見世語曰融二子皆齠齔融見收顧謂二子曰何以不辭二子俱曰父尚如此復何所辭以爲必俱死也臣松之以爲世語云融二子不辭知必俱死猶差可安如孫盛之言誠所未譬八歲小兒能玄了禍福聰明特達卓然既遠則其憂樂之情宜其有過成人安有見父收執而曾無變容弈棊不起若在暇豫者乎昔申生就命言不忘父不以己身將死而廢念父之情也父安猶尚若茲而況於顚沛哉盛以此爲美談無乃賊夫人之子與蓋由好奇情多而不知言之傷理南陽許攸魏略曰攸字子遠少與袁紹及太祖善初平中隨紹在冀州嘗在坐席言議官渡之役諫紹勿與太祖相攻語在紹傳紹自以彊盛必欲極其兵勢攸知不可爲謀乃亡詣太祖紹破走及後得冀州攸有功焉攸自恃勳勞時與太祖相戲每在席不自限齊至呼太祖小字曰某甲卿不得我不得冀州也太祖笑曰汝言是也然內嫌之其後從行出鄴東門顧謂左右曰此家非得我則不得出入此門也人有白者遂見收之婁圭皆以恃舊不虔見誅魏略曰婁圭字子伯少與太祖有舊初平中在荊州北界合衆後詣太祖太祖以爲大將不使典兵常在坐席言議及河北平定隨在冀州其後太祖從諸子出游子伯時亦隨從子伯顧謂左右曰此家父子如今日爲樂也人有白者太祖以爲有腹誹意遂收治之吳書曰子伯少有猛志嘗歎息曰男兒居世會當得數萬兵千匹騎著後耳儕輩笑之後坐藏亡命被繫當死得踰獄出捕者追之急子伯乃變衣服如助捕者吏不能覺遂以得免會天下義兵起子伯亦合衆與劉表相依後歸曹公遂爲所用軍國大計常與焉劉表亡曹公向荊州表子琮降以節迎曹公諸將皆疑詐曹公以問子伯子伯曰天下擾攘各貪王命以自重今以節來是必至誠曹公曰大善遂進兵寵秩子伯家累千金曰婁子伯富樂於孤但勢不如孤耳從破馬超等子伯功爲多曹公常歎曰子伯之計孤不及也後與南郡習授同載見曹公出授曰父子如此何其快耶子伯曰居世間當自爲之而但觀他人乎授乃白之遂見誅魚豢曰古人有言得鳥者羅之一目也然張一目之羅終不得鳥矣鳥能遠飛遠飛者六翮之力也然無衆毛之助則飛不遠矣以此推之大魏之作雖有功臣亦未必非茲輩胥附之由也而琰最爲世所痛惜至今冤之世語曰琰兄孫諒字士文以簡素稱仕晉爲尚書大鴻臚荀綽冀州記云諒即琰之孫也

毛玠字孝先陳留平丘人也少爲縣吏以清公稱將避亂荊州未至聞劉表政令不明遂往魯陽太祖臨兗州辟爲治中從事玠語太祖曰今天下分崩國主遷移生民廢業饑饉流亡公家無經歲之儲百姓無安固之志難以持久今袁紹劉表雖士民衆彊皆無經遠之慮未有樹基建本者也夫兵義者勝守位以財宜奉天子以令不臣修耕植畜軍資如此則霸王之業可成也太祖敬納其言轉幕府功曹太祖爲司空丞相玠嘗爲東曹掾與崔琰並典選舉其所舉用皆清正之士雖於時有盛名而行不由本者終莫得進務以儉率人由是天下之士莫不以廉節自勵雖貴寵之臣輿服不敢過度太祖歎曰用人如此使天下人自治吾復何爲哉文帝爲五官將親自詣玠屬所親眷玠答曰老臣以能守職幸得免戾今所說人非遷次是以不敢奉命大軍還鄴議所并省玠請謁不行時人憚之咸欲省東曹乃共白曰舊西曹爲上東曹爲次宜省東曹太祖知其情令曰日出於東月盛於東凡人言方亦復先東何以省東曹遂省西曹初太祖平柳城班所獲器物特以素屏風素馮几賜玠曰君有古人之風故賜君古人之服玠居顯位常布衣蔬食撫育孤兄子甚篤賞賜以振施貧族家無所餘遷右軍師魏國初建爲尚書僕射復典選舉先賢行狀曰玠雅亮公正在官清恪其典選舉拔貞實斥華僞進遜行抑阿黨諸宰官治民功績不著而私財豐足者皆免黜停廢久不選用于時四海翕然莫不勵行至乃長吏還者垢面羸衣常乘柴車軍吏入府朝服徒行人擬壺飧之絜家象灌園之操貴者無穢欲之累賤者絕姦貨之求吏絜於上俗移乎下民到于今稱之時太子未定而臨菑侯植有寵玠密諫曰近者袁紹以嫡庶不分覆宗滅國廢立大事非所宜聞後羣僚會玠起更衣太祖目指曰此古所謂國之司直我之周昌也崔琰既死玠內不悅後有白玠者出見黥面反者其妻子沒爲官奴婢玠言曰使天不雨者蓋此也太祖大怒收玠付獄大理鍾繇詰玠曰自古聖帝明王罪及妻子書云

左不共左右不共右子則孥戮女司寇之職男子入于罪隸女子入于舂槀漢律罪人妻子沒爲奴婢黥面漢法所行黥墨之刑存於古典今真奴婢祖先有罪雖歷百世猶有黥面供官一以寬良民之命二以宥并罪之辜此何以負於神明之意而當致旱案典謀急恒寒若舒恒燠若寬則亢陽所以爲旱玠之吐言以爲寬邪以爲急也急當陰霖何以反旱成湯聖世野無生草周宣令主旱魃爲虐亢旱以來積三十年歸咎黥面爲相值不衞人伐邢師興而雨罪惡無徵何以應天玠譏謗之言流於下民不悅之聲上聞聖聽玠之吐言勢不獨語時見黥面凡爲幾人黥面奴婢所識知邪何緣得見對之歎言時以語誰見答云何以何日月於何處所事已發露不得隱欺具以狀對玠曰臣聞蕭生縊死困於石顯賈子放外讒在絳灌白起賜劍於杜郵晁錯致誅於東市伍員絶命於吳都斯數子者或妬其前或害其後臣垂齠執簡累勤取官職在機近人事所竄屬臣以私無勢不絶語臣以寃無細不理人情淫利爲法所禁法禁於利勢能害之青蠅橫生爲臣作謗謗臣之人勢不在他昔王叔陳生爭正王廷宣子平理命舉其契是非有宜曲直有所春秋嘉焉是以書之臣不言此無有時人說臣此言必有徵要乞蒙宣子之辨而求王叔之對若臣以曲聞卽刑之日方之安駟之贈賜劍之來比之重賞之惠謹以狀對時桓階和洽進言救玠玠遂免黜卒于家孫盛曰魏武於是失政刑矣易稱明折庶獄傳有舉直措枉庶獄明則國無怨民枉直當則民無不服未有徵青蠅之浮聲信浸潤之譖訴可以丕釐四海惟清緝熙者也昔者漢高獄蕭何出復相之玠之一責永見擯放二主度量豈不殊哉太祖賜棺器錢帛拜子機郎中

徐奕字季才東莞人也避難江東孫策禮命之奕改姓名微服還本郡太祖爲司空辟爲掾屬從西征馬超超破軍還時關中新服未甚安留奕爲丞相長史鎭撫西京西京稱其威信轉爲雍州刺史復還爲東曹屬丁儀等見寵於時並害之而奕終不爲動魏書曰或謂奕曰夫以史魚之直孰與蘧伯玉之智丁儀方貴重宜思所以下之奕曰以公明聖儀豈得久行其僞乎且姦以事君者吾所能禦也子寧以他規我傅子曰武皇帝至明也崔琰徐奕一時清賢皆以忠信顯於魏朝丁儀間之徐奕失位而崔琰被誅出爲魏郡太守太祖征孫權徙爲留府長史謂奕曰君之忠亮古人不過也然微太嚴昔西門豹佩韋以自緩夫能以柔弱制剛彊者望之於君也今使君統留事孤無復還顧之憂也魏國既建爲尚書復典選舉遷尚書令太祖征漢中魏諷等謀反中尉楊俊左遷太祖歎曰諷所以敢生亂心以吾爪牙之臣無遏姦防謀者故也安得如諸葛豐者使代俊乎桓階曰徐奕其人也太祖乃以奕爲中尉手令曰昔楚有子玉文公爲之側席而坐汲黯在朝淮南爲之折謀詩稱邦之司直君之謂與在職數月疾篤乞退拜諫議大夫卒魏書曰文帝每與朝臣會同未嘗不嗟歎思奕之爲人奕無子詔以其族子統爲郎以奉奕後

何夔字叔龍陳郡陽夏人也曾祖父熙漢安帝時官至車騎將軍華嶠漢書曰熙字孟孫少有大志不拘小節身長八尺五寸體貌魁梧善爲容儀舉孝廉爲謁者贊拜殿中音動左右和帝偉之歷位司隸校尉大司農永初二年南單于與烏丸俱反以熙行車騎將軍征之累有功烏丸請降單于復稱臣如舊會熙暴疾卒夔幼喪父與母兄居以孝友稱長八尺三寸容貌矜嚴魏書曰漢末閹官用事夔從父衡爲尚書有直言由是在黨中諸父兄皆禁錮夔歎曰天地閉賢人隱故不應宰司之命避亂淮南後袁術至壽春辟之夔不應然遂爲術所留久之術與橋蕤俱攻圍蘄陽蘄陽爲太祖固守術以夔彼郡人欲脅令說蘄陽夔謂術謀臣李業曰昔柳下惠聞伐國之謀而有憂色曰吾聞伐國不問仁人斯言何爲至於我哉遂遁匿灊山術知夔終不爲已用乃止術從兄山陽太守遺母夔從姑也是以雖恨夔而不加害建安二年夔將還鄉里度術必急追乃間行得免明年到本郡頃之太祖辟爲司空掾屬時有傳袁術軍亂者太祖問夔曰君以爲信不夔對曰天之所助者順人之所助者信術無信順之實而望天人之助此不可以得志於天下夫失道之主親戚叛之而況於左右乎以夔觀之其亂必矣太祖曰爲國失賢則亡君不爲術所用亂不亦宜乎太祖性嚴掾屬公事往往加杖夔常畜毒藥誓死無辱是以終不見及孫盛曰夫君使臣以禮臣事君以忠是以上下休嘉道光化洽公府掾屬古之造士也必擢時雋搜揚英逸得其人則論道之任非其才則覆餗之患至苟有疵釁刑黜可也加其捶扑之罰肅以小懲之戒豈道之以德齊之以禮之謂與然士之出處宜度德投趾可不之節必審於所蹈故高尚之徒抗心於青雲之表豈王侯之所能臣名器之所羈紲哉自非此族委身世塗否泰榮辱制之由時故箕子安於孥戮柳下夷於三黜蕭何周勃亦在縲紲夫豈不辱君命故也夔知時制而甘其寵挾藥要君以避微恥詩云唯此褊心何夔其有焉放之可也宥之非也出爲城父令魏書曰自劉備叛後東南多變太祖以陳羣爲酇令夔爲城父令諸縣皆用名士以鎭撫之其後吏民稍定遷長廣太守郡濱山海黃巾未平豪傑多背叛袁譚就加以官位長廣縣人管承徒衆三千餘家爲寇害議者欲舉兵攻之夔曰承等非生而樂亂也習於亂不能自還未被德教故不知反善今兵迫之急彼恐夷滅必并力戰攻之既未易拔雖勝必傷吏民不如徐喻以恩德使容自悔可不煩兵而定乃遣郡丞黃珍往爲陳成敗承等皆請服夔遣吏成弘領校尉長廣縣丞等郊迎奉牛酒詣郡牟平賊從錢衆亦數千夔率郡兵與張遼共討定之東牟人王營衆三千餘家脅昌陽縣爲亂夔遣吏王欽等授以計略使離散之旬月皆平定是時太祖始制新科下州郡又收租稅緜絹夔以郡初立近以師旅之後不可卒繩以法乃上言曰自喪亂已來民人失所今雖小安然服教日淺所下新科皆以明罰勅法齊一大化也所領六縣疆域初定加以饑饉若一切齊以科禁恐或有不從教者有不從教者不得不誅則非觀民設教隨時之意也先王辨九服之賦以殊遠近制三典之刑以平治亂愚以爲此郡宜依遠域新邦之典其民間小事使長吏臨時隨宜上不背正法下以順百姓之心比及三年民安其業然後齊之以法則無所不至矣太祖從其言徵還參丞相軍事海賊郭祖寇暴樂安濟南界州郡苦之太祖以夔前在長廣有威信拜樂安太守到官數月諸城悉平入爲丞相東曹掾夔言於太祖曰自軍興以來制度草創用人未詳其本是以各引其類時忘道德夔聞以賢制爵則民慎德以庸制祿則民興功以爲自今所用必先核之鄉閭使長幼順敍無相踰越顯忠直之賞明公實之報則賢不肖之分居然別矣又可修保舉故不以實之令使有司別受其負在朝之臣時受教與曹並選者各任其責上以觀朝臣之節下以塞爭競之源以督羣下以率萬民如是則天下幸甚太祖稱善魏國既建拜尚書僕射魏書曰時丁儀兄弟方進寵儀與夔不合尚書傅巽謂夔曰儀不相好已甚子友毛玠玠等儀已害之矣子宜少下之夔曰爲不義適足害其身焉能害人且懷姦佞之心立於明朝其得久乎夔終不屈志儀後果以凶僞敗文帝爲太子以涼茂爲太傅夔爲少傅特命二傅與尚書東曹並選太子諸侯官屬茂卒以夔代茂每月朔太傅入見太子太子正法服而禮焉他日無會儀夔遷太僕太子欲與辭宿戒供夔無往意乃與書請之夔以國有常制遂不往其履正如此然於節儉之世最爲豪汰文帝踐阼封成陽亭侯邑三百戶疾病屢乞遜位詔報曰蓋禮賢親舊帝王之常務也以親則君有輔弼之勳焉以賢則君有醇固之茂焉夫有陰德者必有陽報今君疾雖未瘳神明聽之矣君其卽安以順朕意薨謚曰靖侯子曾嗣咸熙中爲司徒干寶晉紀曰曾字穎考正元中爲司隸校尉時毌丘儉孫女適劉氏以孕繫廷尉女母荀爲武衞將軍荀顗所表活既免辭詣廷尉乞爲官婢以贖女命曾使主簿程咸爲議曰大魏承秦漢之弊未及革制所以追戮已出之女誠欲殄醜類之族也若已產育則成他家之母於法則不足懲姦亂之源於情則傷孝子之恩男不御罪於他族而女獨嬰戮於二門非所以哀矜女弱均法制之大分也臣以爲在室之女可從父母之刑既醮之婦使從夫家之戮朝廷從之乃定律令晉諸公讚曰曾以高雅稱加性純孝位至太宰封朗陵縣公年八十餘薨謚曰元公子劭嗣劭字敬祖才識深博有經國體儀位亦至太宰謚康公子岐嗣劭庶兄遵字思祖有幹能少經清職終於太僕遵子綏字伯蔚亦以幹事稱永嘉中爲尚書爲司馬越所殺傅子稱曾及荀顗曰以文王之道事其親者其潁昌何侯乎其荀侯乎古稱曾閔今日荀何內盡其心以事其親外崇禮讓以接天下孝子百世之宗仁人天下之令也有能行仁孝之道者君子之儀表矣

邢顒字子昂河間鄚人也舉孝廉司徒辟皆不就易姓字適右北平從田疇游積五年而太祖定冀州顒謂疇曰黃巾起來二十餘年海內鼎沸百姓流離今聞曹公法令嚴民厭亂矣亂極則平請以身先遂裝還鄉里田疇曰邢顒民之先覺也乃見太祖求爲鄉導以克柳城太祖辟顒爲冀州從事時人稱之曰德行堂堂邢子昂除廣宗長以故將喪棄官有司舉正太祖曰顒篤於舊君有一致之節勿問也更辟司空掾除行唐令勸民農桑風化大行入爲丞相門下督遷左馮翊病去官是時太祖諸子高選官屬令曰侯家吏宜得淵深法度如邢顒輩遂以爲平原侯植家丞顒防閑以禮無所屈撓由是不合庶子劉楨書諫植曰家丞邢顒北土之彥少秉高節玄靜澹泊言少理多眞雅士也楨誠不足同貫斯人並列左右而楨禮遇殊特顒反疏簡私懼觀者將謂君侯習近不肖禮賢不足採庶子之春華忘家丞之秋實爲上招謗其罪不小以此反側後參丞相軍事轉東曹掾初太子未定而臨菑侯植有寵丁儀等並贊翼其美太祖問顒顒對曰以庶代宗先世之戒也願殿下深重察之太祖識其意後遂以爲太子少傅遷太傅文帝踐阼爲侍中尚書僕射賜爵關內侯出爲司隸校尉徙太常黃初四年薨子友嗣晉諸公贊曰顒曾孫喬字曾伯有體量局幹美於當世歷清職元康中與劉漢俱爲尚書吏部郎稍遷至司隸校尉

鮑勛字叔業泰山平陽人也漢司隸校尉鮑宣九世孫宣後嗣有從上黨徙泰山者遂家焉勛父信靈帝時爲騎都尉大將軍何進遣東募兵後爲濟北相協規太祖身以遇害語在董卓傳武帝紀魏書曰信父丹官至少府侍中世以儒雅顯少有大節寬厚愛人沈毅有謀大將軍何進辟拜騎都尉遣歸募兵得千餘人還到成皋而進已遇害信至京師董卓亦始到信知卓必爲亂勸袁紹襲卓紹畏卓不敢發語在紹傳信乃引軍還鄉里收徒衆二萬騎七百輜重五千餘乘是歲太祖始起兵於己吾信與弟韜以兵應太祖太祖與袁紹表信行破虜將軍韜裨將軍時紹衆最盛豪傑多向之信獨謂太祖曰夫略不世出能總英雄以撥亂反正者君也苟非其人雖彊必斃君殆天之所啓遂深自結納太祖亦親異焉汴水之敗信被創韜在陳戰亡紹劫奪韓馥位遂據冀州信言於太祖曰姦臣乘釁蕩覆王室英雄奮節天下嚮應者義也今紹爲盟主因權專利將自生亂是復有一卓也若抑之則力不能制祇以遘難又何能濟且可規大河之南以待其變太祖善之太祖爲東郡太守表信爲濟北相會黃巾大衆入州界劉岱欲與戰信止之岱不從遂敗語在武紀太祖以賊恃勝而驕欲設奇兵挑擊之於壽張先與信出行戰地後步軍未至而卒與賊遇遂接戰信殊死戰以救太祖太祖僅得潰圍出信遂沒時年四十一雖遭亂起兵家本修儒治身至儉而厚養將士居無餘財士以此歸之建安十七年太祖追錄信功表封勛兄邵新都亭侯魏書曰邵有父風太祖嘉之加拜駙馬都尉使持節邵薨子融嗣辟勛丞相掾魏書曰勛清白有高節知名於世二十二年立太子以勛爲中庶子徙黃門侍郎出爲魏郡西部都尉太子郭夫人弟爲曲周縣吏斷盜官布法應棄市太祖

時在譙太子留鄴數手書爲之請罪勛不敢擅縱具列上勛前在東宮守正不撓太子固不能悅及重此事恚望滋甚會郡界休兵有失期者密勅中尉奏免勛官久之拜侍御史延康元年太祖崩太子卽王位勛以駙馬都尉兼侍中文帝受禪勛每陳今之所急唯在軍農寬惠百姓臺榭苑囿宜以爲後文帝將出游獵勛停車上疏曰臣聞五帝三王靡不明本立敎以孝治天下陛下仁聖惻隱有同古烈臣冀當繼蹤前代令萬世可則也如何在諒闇之中修馳騁之事乎臣冒死以聞唯陛下察焉帝手毀其表而竟行獵中道頓息問侍臣曰獵之爲樂何如八音也侍中劉曄對曰獵勝於樂勛抗辭曰夫樂上通神明下和人理隆治致化萬邦咸乂故移風易俗莫善於樂況獵暴華蓋於原野傷生育之至理櫛風沐雨不以時隙哉昔魯隱觀漁於棠春秋譏之雖陛下以爲務愚臣所不願也因奏劉曄佞諛不忠阿順陛下過戲之言昔梁丘據取媚於遄臺曄之謂也請有司議罪以淸皇朝帝怒作色罷還卽出勛爲右中郎將黃初四年尙書令陳羣僕射司馬宣王並擧勛爲宮正宮正卽御史中丞也帝不得已而用之百寮嚴憚罔不肅然六年秋帝欲征吳羣臣大議勛面諫曰王師屢征而未有所克者蓋以吳蜀脣齒相依憑阻山水有難拔之勢故也往年龍舟飄蕩隔在南岸聖躬蹈危臣下破膽此時宗廟幾至傾覆爲百世之戒今又勞兵襲遠日費千金中國虛耗令黠虜玩威臣竊以爲不可帝益忿之左遷勛爲治書執法帝從壽春還屯陳留郡界太守孫邕見出過勛時營壘未成但立標埒邕邪行不從正道軍營令史劉曜欲推之勛以塹壘未成解止不擧大軍還洛陽曜有罪勛奏絀遣而曜密表勛私解邕事詔曰勛指鹿作馬收付廷尉廷尉法議正刑五歲三官駮依律罰金二斤帝大怒曰勛無活分而汝等敢縱之收三官已下付刺姦當令十鼠同穴太尉鍾繇司徒華歆鎭軍大將軍陳羣侍中辛毗尚書衞臻守廷尉高柔等並表勛父信有功於太祖求請勛罪帝不許遂誅勛勛內行既修廉而能施死之日家無餘財後二旬文帝亦崩莫不爲勛歎恨

司馬芝字子華河內溫人也少爲書生避亂荊州於魯陽山遇賊同行者皆棄老弱走芝獨坐守老母賊至以刃臨芝芝叩頭曰母老唯在諸君賊曰此孝子也殺之不義遂得免害以鹿車推載母居南方十餘年躬耕守節太祖平荊州以芝爲管長時天下草創多不奉法郡主簿劉節舊族豪俠賓客千餘家出爲盜賊入亂吏治頃之芝差節客王同等爲兵掾史據白節家前後未嘗給繇若至時藏匿必爲留負芝不聽與節書曰君爲大宗加股肱郡而賓客每不與役既衆庶怨望或流聲上聞今條同等爲兵幸時發遣兵已集郡而節藏同等因令督郵以軍興詭責縣縣掾史窮困乞代同行芝乃馳檄濟南具陳節罪太守郝光素敬信芝卽以節代同行青州號芝以郡主簿爲兵遷廣平令征虜將軍劉勳貴寵驕豪又芝故郡將賓客子弟在界數犯法勳與芝書不著姓名而多所屬託芝不報其書一皆如法後勳以不軌誅交關者皆獲罪而芝以見稱魏略曰勳字子臺琅邪人中平末爲沛國建平長與太祖有舊後爲廬江太守爲孫策所破自歸太祖封列侯遂從在散伍議中勳兄爲豫州刺史病亡兄子威又代從政勳自恃與太祖有宿日驕慢數犯法又誹謗爲李申成所白收治并免威官遷大理正有盜官練置都廁上者吏疑女工收以付獄芝曰夫刑罪之失失在苛暴今贓物先得而後訊其辭若不勝掠或至誣服誣服之情不可以折獄且簡而易從大人之化也不失有罪庸世之治耳今宥所疑以隆易從之義不亦可乎太祖從其議歷甘陵沛陽平太守所在有績黃初中入爲河南尹抑彊扶弱私請不行會內官欲以事託芝不敢發言因芝妻伯父董昭昭猶憚芝不爲通芝爲敎與羣下曰蓋君能設敎不能使吏必不犯也吏能犯敎而不能使君必不聞也夫設敎而犯君之劣也犯敎而聞吏之禍也君劣於上吏禍於下此政事所以不理也可不各勉之哉於是下吏莫不自勵門下循行嘗疑門幹盜簪幹辭不符曹執爲獄芝敎曰凡物有相似而難分者自非離婁鮮能不惑就其實然循行何忍重惜一簪輕傷同類乎其寢勿問明帝卽位賜爵關內侯頃之特進曹洪乳母當與臨汾公主侍者共事無澗神臣松之案無澗山名在洛陽東北繫獄卞太后遣黃門詣府傳令芝不通輒勅洛陽獄考竟而上疏曰諸應死罪者皆當先表須報前制書禁絕淫祀以正風俗今當等所犯妖刑辭語始定黃門吳達詣臣傳太皇太后令臣不敢通懼有救護速聞聖聽若不得已以垂宿留由事不早竟是臣之罪是以冒犯常科輒勅縣考竟擅行刑戮伏須誅罰帝手報曰省表明卿至心欲奉詔書以權行事是也此乃卿奉詔之意何謝之有後黃門復往愼勿通也芝居官十一年數議科條所不便者其在公卿間直道而行會諸王來朝與京都人交通坐免後爲大司農先是諸典農各部吏民末作治生以要利入芝奏曰王者之治崇本抑末務農重穀王制無三年之儲國非其國也管子區言以積穀爲急方今二虜未滅師旅不息國家之要唯在穀帛武皇帝特開屯田之官專以農桑爲業建安中天下倉廩充實百姓殷足自黃初以來聽諸典農治生各爲部下之計誠非國家大體所宜也夫王者以海內爲家故傳曰百姓不足君誰與足富足之由在於不失天時而盡地力今商旅所求雖有加倍之顯利然於一統之計已有不貲之損不如墾田益一畝之收也夫農民之事田自正月耕種耘鋤條桑耕熯種麥穫刈築場十月乃畢治廩繫橋運輸租賦除道理梁墐塗室屋以是終歲無日不爲農事也今諸典農各言留者爲行者宗田計課其力勢不得不爾不有所廢則當素有餘力臣愚以爲不宜復以商事雜亂專以農桑爲務於國計爲便明帝從之每上官有所召問常先見掾史爲斷其意故敎其所以答塞之狀皆如所度芝性亮直不矜廉隅與賓客談論有不可意便面折其短退無異言卒於官家無餘財自魏迄今爲河南尹者莫及芝芝亡子岐嗣從河南丞轉廷尉正遷陳留相梁郡有繫囚多所連及數歲不決詔書徙獄於岐屬縣縣請豫治牢具岐曰今囚有數十旣巧詐難符且已倦楚毒其情易見豈當復久處囹圄邪及囚至詰之皆莫敢匿詐一朝決竟遂超爲廷尉是時大將軍爽專權尚書何晏鄧颺等爲之輔翼南陽圭泰嘗以言迕指考繫廷尉颺訊獄將致泰重刑岐數颺曰夫樞機大臣王室之佐旣不能輔化成德齊美古人而乃肆其私忿枉論無辜使百姓危心非此焉在颺於是慙怒而退岐終恐久獲罪以疾去官居家未朞而卒年三十五子肇嗣肇晉太康中爲冀州刺史尚書見百官志

評曰徐奕何夔邢顒貴尚峻厲爲世名人毛玠淸公素履司馬芝忠亮不傾庶乎不吐剛茹柔崔琰高格最優鮑勛秉正無虧而皆不免其身惜哉大雅貴旣明且哲虞書尚直而能溫自非兼才疇克備諸

魏志卷十二考證

崔琰遂賜琰死注人得琰書以裹幘籠持其籠行都道中○宋本無持其籠三字毛本都作部

魯國孔融注郡人甄子然孝行知名○宋本作鄭子然

又注太祖外雖寬容而內不能平○宋本寬容下有之字

婁圭皆以恃舊不虔見誅注後坐藏亡命被繫當死○監本訛坐贓今改正

何夔官至車騎將軍注和帝佳之○一本作和帝偉之

司馬芝今條同等爲兵幸時發遣○條北宋本作調

會內官欲以事托芝○何焯校本作曹內官

魏志卷十三

晉著作郎巴西中正安漢陳壽撰

宋太中大夫國子博士聞喜裴松之注

鍾繇子毓 華歆 王朗子肅

鍾繇字元常潁川長社人也先賢行狀曰鍾皓字季明溫良篤愼博學詩律教授門生千有餘人爲郡功曹時太丘長陳寔爲西門亭長皓深獨敬異寔少皓十七歲常禮待與同分義會辟公府臨辭太守問誰可代君皓曰明府欲必得其人西門亭長可用寔曰鍾君似不察人爲意不知何獨識我皓爲司徒掾公出道路泥濘導從惡其相灑去公車絕遠公椎軾言司徒今日爲獨行耳還府向閤鈴下不扶令揖掾屬公奮手不顧時擧府掾屬皆投劾出皓爲西曹掾卽開府門分布曉語已出者曰臣下不能得自直於君若司隸擧繩墨以公失宰相之禮又不勝任諸君終身何所任邪掾屬以故皆止都官果移西曹掾問空府去意皓召都官吏以見掾屬名示之乃止前後九辟三府遷南鄉林慮長不之官時郡中先輩爲海內所歸者蒼梧太守定陵陳稚叔故黎陽令潁陰荀淑及皓少府李膺常宗此三人曰荀君淸識難尚陳鍾至德可師膺之姑爲皓兄之妻生子覲與膺年齊並有令名覲又好學慕古有退讓之行爲童幼時膺祖太尉脩言覲似我家性國有道不廢國無道免於刑戮者也復以膺妹妻之覲辟州宰未嘗屈就膺謂覲曰孟軻以爲人無好惡是非之心非人也弟於人何太無皂白邪覲嘗以膺之言白皓皓曰元禮祖公在位諸父並盛韓公之甥故得然耳國武子好昭人過以爲怨本今豈其時保身全家汝道是也覲早亾膺雖荷功名位至卿佐而卒隕身世禍皓年六十九終於家皓二子迪敷並以黨錮不仕繇則迪之孫嘗與族父瑜俱至洛陽道遇相者曰此童有貴相然當厄于水努力愼之行未十里度橋馬驚墮水幾死瑜以相者言中益貴繇而供給資費使得專學擧孝廉謝承漢書曰南陽陰脩爲潁川太守以旌賢擢俊爲務擧五官掾張仲方正察功曹鍾繇主簿荀彧主記掾張禮賊曹掾杜祐孝廉荀攸計吏郭圖爲吏以光國朝除尚書郎陽陵令以疾去辟三府爲廷尉正黃門侍郎是時漢帝在西京李傕郭汜等亂長安中與關東斷絕太祖領兗州牧始遣使上書世語曰太祖遣使從事王必致命天子傕汜等以爲關東欲自立天子今曹操雖有使命非其至實議留太祖使拒絕其意繇說傕汜等曰方今英雄並起各矯命專制唯曹兗州乃心王室而逆其忠款非所以副將來之望也傕汜等用繇言厚加答報由是太祖使命遂得通太祖既數聽荀彧之稱繇又聞其說傕汜益虛心後傕脅天子繇與尚書郎韓斌同策謀天子得出

長安繇有力焉拜御史中丞遷侍中尚書僕射并錄前功封東武亭侯時關中諸將馬騰韓遂等各擁彊兵相與爭太祖方有事山東以關右爲憂乃表繇以侍中守司隸校尉持節督關中諸軍委之以後事特使不拘科制繇至長安移書騰遂等爲陳禍福騰遂各遣子入侍太祖在官渡與袁紹相持繇送馬一千餘匹給軍太祖與繇書曰得所送馬甚應其急關右平定朝廷無西顧之憂足下之勳也昔蕭何鎮守關中足食成軍亦適當爾其後匈奴單于作亂平陽繇率諸軍圍之未拔而袁尚所置河東太守郭援到河東衆甚盛諸將議欲釋之去繇曰袁氏方彊援之來關中陰與之通所以未悉叛者顧吾威名故耳若棄而去示之以弱所在之民誰非寇讎縱吾欲歸其得至乎此爲未戰先自敗也且援剛愎好勝必易吾軍若渡汾爲營及其未濟擊之可大克也張既說馬騰會擊援騰遣子超將精兵逆之援至果輕渡汾衆止之不從濟水未半擊大破之司馬彪戰略曰袁尚遣高幹郭援將兵數萬人與匈奴單于寇河東遣使與馬騰韓遂等連和騰等陰許之傅幹說騰曰古人有言順道者昌逆德者亡曹公奉天子誅暴亂法明國治上下用命有義必賞無義必罰可謂順道矣袁氏背王命驅胡虜以陵中國寬而多忌仁而無斷兵雖彊實失天下心可謂逆德矣今將軍既事有道不盡其力陰懷兩端欲以坐觀成敗吾恐成敗既定奉辭責罪將軍先爲誅首矣於是騰懼幹曰智者轉禍爲福今曹公與袁氏相持而高幹郭援獨制河東曹公雖有萬全之計不能禁河東之不危也將軍誠能引兵討援內外擊之其勢必舉是將軍一舉斷袁氏之臂解一方之急曹公必重德將軍將軍功名竹帛不能盡載也唯將軍審所擇騰曰敬從教於是遣子超將精兵萬餘人并將遂等兵與繇會擊援等大敗之斬援降單于語在既傳其後河東衛固作亂與張晟張琰及高幹等並爲寇繇又率諸將討破之魏略曰詔徵河東太守王邑邑以天下未定心不願徵而吏民亦戀邑郡掾衛固及中郎將范先等各詣繇求乞邑而詔已拜杜畿爲太守畿已入界繇不聽先等促邑交符邑佩印綬徑從河北詣許自歸繇時治在洛陽自以威禁失督司之法乃上書自劾曰臣前上言故鎮北將軍領河東太守安陽亭侯王邑巧辟治官犯突科條事當推劾檢實姦詐被詔書當如所糾以其歸罪故加寬赦又臣上言吏民大小各懷顧望謂邑當還拒太守杜畿今皆反悔共迎畿之官謹按文書臣以空虛被蒙拔擢入充近侍兼典機衡忝膺重任總統偏方既無德政以惠民物又無威刑以檢不恪至使邑違犯詔書郡掾衛固誑迫吏民訟訴之言交驛道路漸失其禮不虔王命今雖反悔醜聲流聞咎皆由臣威刑不攝臣又疾病前後歷年氣力日微尸素重祿曠廢職任罪明法正謹按侍中守司隸校尉東武亭侯鍾繇幸得蒙恩以斗筲之才仍見拔擢顯從近密銜命督使明知詔書深疾長吏政教寬弱檢下無刑久病淹滯衆職荒頓法令失張邑雖違科當必繩正法既舉文書操彈失理至乃使邑遠詣闕廷隳忝使命挫傷爪牙而固誑迫吏民拒畿連月今雖反悔犯順失正海內凶赫罪一由繇威刑闇弱又繇久病不任所職非繇大臣當所宜爲繇輕慢憲度不畏詔令不與國同心爲臣不忠無所畏忌大爲不敬又不承用詔書奉詔不謹又聽明蔽塞爲下所欺弱不勝任數罪謹以劾臣請法車徵詣廷尉治繇罪大鴻臚削爵土臣久嬰篤疾涉夏盛劇命縣呼吸不任部官輒以文書付功曹從事馬適議免冠徒跣伏須罪誅詔不聽自天子西遷洛陽人民單盡繇徙關中民又招納亡叛以充之數年間民戶稍實太祖征關中得以爲資表繇爲前軍師魏國初建爲大理

遷相國文帝在東宮賜繇五熟釜爲之銘曰於赫有魏作漢藩輔厥相惟鍾實幹心膂靖恭夙夜匪遑安處百寮師師楷茲度矩魏略曰繇爲相國以五熟釜鼎範因太子鑄之釜成太子與繇書曰昔有黃三鼎周之九寶咸以一體使調一味豈若斯釜五味時芳蓋鼎之烹飪以饗上帝以養聖賢昭德祈福莫斯之美故非大人莫之能造故非斯器莫宜盛德今之嘉釜有逾茲美夫周之尸臣宋之考父衛之孔悝晉之魏顆彼四臣者並以功德勒名鍾鼎今執事寅亮大魏以隆聖化堂堂之德於斯爲盛誠太常之所宜銘彝器之所宜勒故作斯銘勒之釜口庶可贊揚洪美垂之不朽臣松之按漢書郊祀志孝宣時美陽得鼎京兆尹張敞上議曰按鼎有刻書曰王命尸臣官此栒邑主事之臣栒音荀賜爾旂鸞黼黻琱戈尸臣拜首稽首曰敢對揚天子丕顯休命此殆周之所以褒賜大臣大臣子孫刻銘其先功藏之於宮廟也考父銘見左氏傳孔悝銘在禮記事顯故不載國語曰昔克潞之役秦來圖敗晉功魏顆以其身追秦師于輔氏親止杜回其勳銘于景鐘至于今不遺其子孫不可不興也太子所稱四銘者也魏略曰後太祖征漢中太子在孟津聞繇有玉玦欲得之而難公言密使臨菑侯轉因人說之繇即送之太子與繇書曰夫玉以比德君子見美詩人晉之垂棘魯之璵璠宋之結綠楚之和璞價越萬金貴重都城有稱疇昔流聲將來是以垂棘出晉虞虢雙禽和璧入秦相如抗節竊見玉書稱美玉白若截肪黑譬純漆赤擬雞冠黃侔蒸栗側聞斯語未覩厥狀雖德非君子義無詩人高山景行私所慕仰然四寶邈焉以遠秦漢未聞有良匹是以求之曠年未遇厥真私願不果飢渴未副近見南陽宗惠叔稱君侯昔有美玦聞之驚喜笑與抃俱當自白書恐傳言未審是以令舍弟子建因荀仲茂轉言鄙旨乃不忽遺厚見周稱鄴騎既到寶玦初至捧跪發匣爛然滿目猥以蒙鄙之姿得觀希世之寶不煩一介之使不損連城之價既有秦昭章臺之觀而無藺生詭奪之誑嘉貺益腆敢不欽承繇報書曰昔忝近任并得賜玦尚方耆老頗識舊物名其符采必得處所以爲執事有珍此者是以鄙之用未奉貢幸而紆意實以悅懌在昔和氏殷勤忠篤而繇待命是懷愧恥數年坐西曹掾魏諷謀反策罷就第魏略曰孫權稱臣斬送關羽太子書報繇繇答書曰臣同郡故司空荀爽言人當道情愛我者一何可愛憎我者一何可憎顧念孫權了更嫵媚太子又書曰得報知喜南方至於荀公之清談孫權之嫵媚執書嗢噱不能離手若權復點當折以汝南許劭月旦之評權優游二國俯仰荀許亦已足矣文帝即王位復爲大理及踐阼改爲廷尉進封崇高鄉侯遷太尉轉封平陽鄉侯時司徒華歆司空王朗並先世名臣文帝罷朝謂左右曰此三公者乃一代之偉人也後世殆難繼矣陸氏異林曰繇嘗數月不朝會意性異常或問其故云常有好婦來美麗非凡問者曰必是鬼物可殺之婦人後往不即前止戶外繇問何以繇曰公有相殺意繇曰無此乃勤勤呼之乃入繇意恨有不忍之心然猶斫之傷髀婦人即出以新綿拭血竟路明日使人尋跡之至一大冢木中有好婦人形體如生人著白練衫丹繡裲襠傷左髀以裲襠中綿拭血叔父清河太守說如此清河陸雲也明帝即位進封定陵侯增邑五百并前千八百戶遷太傅繇有膝疾拜起不便時華歆亦以高年疾病朝見皆使載輿車虎賁舁上殿就坐是後三公有疾遂以爲故事初太祖下令使平議死刑可宮割者繇以爲古之肉刑更歷聖人宜復施行以代死刑議者以爲非悅民之道遂寢及文帝臨饗羣臣詔謂大理欲復肉刑此誠聖王之法公卿當善共議議未定會有軍事復寢太和中繇上疏曰大魏受命繼蹤虞夏孝文革法不合古道先帝聖德固天所縱墳典之業一以貫之是以繼世仍發明詔思復古刑爲一代法連有軍事遂未施行陛下遠追二祖遺

意惜斬趾可以禁惡恨入死之無辜乃明習律令與羣臣共議出本當右趾而入大辟者復行此刑書云皇帝清問下民鰥寡有辭于苗此言堯當除蚩尤有苗之刑先審問於下民之有辭者也若今蔽獄之時訊問三槐九棘羣吏萬民使如孝景之令其當棄市欲斬右趾者許之其黥劓左趾宮刑者自如孝文易以髡笞能有姦者率年二十至四五十雖斬其足猶任生育今天下人少於孝文之世下計所全歲三千人張蒼除肉刑所殺歲以萬計臣欲復肉刑歲生三千人子貢問能濟民可謂仁乎子曰何事於仁必也聖乎堯舜其猶病諸又曰仁遠乎哉我欲仁斯仁至矣若誠行之斯民永濟書奏詔曰太傅學優才高留心政事又於刑理深遠此大事公卿羣僚善共平議司徒王朗議以爲繇欲輕減大辟之條以增益刖刑之數此即起偃爲豎化尸爲人矣然臣之愚猶有未合微異之意夫五刑之屬著在科律自有減死一等之法不死即爲減施行已久不待遠假斧鑿於彼肉刑然後有罪次也前世仁者不忍肉刑之慘酷是以廢而不用不用已來歷年數百今復行之恐所減之文未彰於萬民之目而肉刑之問已宣於寇讎之耳非所以來遠人也今可按繇所欲輕之死罪使減死之髡刖嫌其輕者可倍其居作之歲數內有以生易死不訾之恩外無以刖易釱駭耳之聲議者百餘人與朗同者多帝以吳蜀未平且寢袁宏曰夫人心樂全而不能常全蓋利用之物觸於外而嗜慾之情動於內也於是有進取貪競之行希求放肆之事進取不已不能充其嗜慾則苟且徼倖之所生也希求無厭無以愜其慾則姦偽忿怒之所興也先王知其如此而欲救其弊或先德化以陶其心其心不化然後加以刑辟書曰百姓不親五品不遜汝作司徒而敬敷五教蠻夷猾夏寇賊姦宄汝作士五刑有服然則德刑之設參而用之者也三代相因其義詳焉周禮使墨者守門劓者守關宮者守內刖者守囿此肉刑之制可得而論者也荀卿亦云殺人者死傷人者刑百王之所同未有知其所由來者也夫殺人者死而相殺者不已是大辟可以懲未殺不能使天下無殺也傷人者刑而害物者不息是黥劓可以懼未刑不能使天下無刑也故將欲止之莫若先以德化夫罪過彰著然後入于刑辟是將殺人者不必死欲傷人者不必刑縱而弗化則陷於刑辟故刑之所制在於不可移之地禮教則不然明其善惡所以潛勸其情消之於未殺也示之恥辱所以內愧其心治之於未傷也故過微而不至於著罪薄而不及於刑終入辟者非教化之所得也故雖殘一物之生刑一人之體是除天下之害夫何傷哉率斯道也風化可以漸淳刑罰可以少其理然也苟不能化其心而專任刑罰民失義方動罹刑網求世休和焉可得哉周成康豈按三千之文而致刑錯之美乎蓋德化漸漬有由也漢初懲酷刑之弊務寬厚之論公卿大夫相與恥言人過文帝登朝加以玄默張武受賂賜金以愧其心吳王不朝崇禮以訓其失是以吏民樂業風流篤厚斷獄四百幾致刑錯豈非德刑兼用已然之效哉世之欲言刑罰之用不先德教之益失之遠矣今大辟之罪與古同制免死已下不過五歲既釋鉗鎖復齒于人是以民無恥惡數爲姦盜故刑徒多而亂不治也苟教之所去罰當其罪一離刀鋸沒身不齒鄰里且猶恥之而況于鄉黨乎而況朝廷乎如此則風沙趙高之儔無施其惡矣古者察其言觀其行而善惡彰然則君子之去刑辟固已遠矣過誤不幸則八議之所宥也若夫卞和史遷之冤淫刑之

所及也苟失其道或不免于大辟而況肉刑哉漢書斬右趾及殺人先自告吏坐受賕守官物而即盜之已論而復有笞罪皆棄市此班固所謂當生而令死者也今不忍刻截之慘而安斬絕之悲此最治體之所先有國所宜改者也太和四年繇薨帝素服臨弔謚曰成侯魏書曰有司議謚以爲繇昔爲廷尉辨理刑獄決嫌明疑民無怨者猶于張之在漢也詔曰太傅功高德茂位爲師保論行賜謚當先依此敘廷尉于張之德耳乃策謚曰成侯子毓嗣初文帝分毓戶邑封繇弟演及子劭孫豫列侯

毓字稚叔年十四爲散騎侍郎機捷談笑有父風太和初蜀相諸葛亮圍祁山明帝欲西征毓上疏曰夫策貴廟勝功尚帷幄不下殿堂之上而決勝千里之外車駕宜鎮守中土以爲四方威勢之援今大軍西征雖有百倍之威於關中之費所損非一且盛暑行師詩人所重實非至尊動軔之時也遷黃門侍郎時大興洛陽宮室車駕便幸許昌天下當朝正許昌許昌偪狹於城南以氈爲殿備設魚龍曼延民罷勞役毓諫以爲水旱不時帑藏空虛凡此之類可須豐年又上宜復關內開荒地使民肆力於農事遂施行正始中爲散騎侍郎大將軍曹爽盛夏興軍伐蜀蜀拒守軍不得進爽方欲增兵毓與書曰竊以爲廟勝之策不臨矢石王者之兵有征無戰誠以干戚可以服有苗退舍足以納原寇不必縱吳漢於江關騁韓信於井陘也見可而進知難而退蓋自古之政惟公侯詳之爽無功而還後以失爽意徙侍中廷尉聽君父已沒臣子得爲理謗及士爲侯其妻不復配嫁毓所創也正元中毌丘儉文欽反毓持節至揚豫州班行赦令告諭士民還爲尚書諸葛誕反大將軍司馬文王議自詣壽春討誕會吳大將孫壹率衆降或以爲吳新有釁必不能復出軍東兵已多可須後問毓以爲夫論事料敵當以己度人今誕舉淮南之地以與吳國孫壹所率口不至千兵不過三百吳之所失蓋爲無幾若壽春之圍未解而吳國之內轉安未可必其不出也大將軍曰善遂將毓行臣松之以爲諸葛誕舉淮南以與吳孫壹率三百人以歸魏謂吳有釁本非有理之言毓之此議蓋何足稱耳淮南既平爲青州刺史加後將軍遷都督徐州諸軍事假節又轉都督荊州景元四年薨追贈車騎將軍謚曰惠侯子駿嗣毓弟會自有傳

華歆字子魚平原高唐人也高唐爲齊名都衣冠無不游行市里歆爲吏休沐出府則歸家闔門議論持平終不毀傷人魏略曰歆與北海邴原管寧俱游學三人相善時人號三人爲一龍歆爲龍頭原爲龍腹寧爲龍尾臣松之以爲邴根矩之徽猷懿望不必有愧華公管幼安含德高蹈又恐弗當爲尾魏略此言未可以定其先後也同郡陶丘洪亦知名自以明見過歆時王芬與豪傑謀廢靈帝魏書稱芬有大名於天下語在武紀芬陰呼歆洪共

定計洪欲行歆止之曰夫廢立大事伊霍之所難芬性疎而不武此必無成而禍將及族子其無往洪從歆言而止後芬果敗洪乃服舉孝廉除郎中病去官靈帝崩何進輔政徵河南鄭泰潁川荀攸及歆等歆到爲尚書郎董卓遷天子長安歆求出爲下邽令病不行遂從藍田至南陽華嶠譜敘曰歆少以高行顯名避西京之亂與同志鄭泰等六七人閒步出武關道遇一丈夫獨行願得俱皆哀欲許之歆獨曰不可今已在危險之中禍福患害義猶一也無故受人不知其義既以受之若有進退可中棄乎衆不忍卒與俱行此丈夫中道墮井皆欲棄之歆曰已與俱矣棄之不義相率共還出之而後別去衆乃大義之時袁術在穰留歆歆說術使進軍討卓術不能用歆欲棄去會天子使太傅馬日磾安集關東日磾辟歆爲掾東至徐州詔卽拜歆豫章太守以爲政清靜不煩吏民感而愛之魏略曰揚州刺史劉繇死其衆願奉歆爲主歆以爲因時擅命非人臣之宜衆守之連月卒謝遣之不從孫策略地江東歆知策善用兵乃幅巾奉迎策以其長者待以上賓之禮胡沖吳歷曰孫策擊豫章先遣虞翻說歆歆答曰久在江表常欲北歸孫會稽來吾便去也翻還報策策乃進軍歆葛巾迎策策謂歆曰府君年德名望遠近所歸策年幼稚宜脩子弟之禮便向歆拜華嶠譜敘曰孫策略有揚州盛兵徇豫章一郡大恐官屬請出郊迎教曰無然策稍進復白發兵又不聽及策至一府皆造閤請出避之乃笑曰今將自來何遽避之有頃門下白曰孫將軍至請見乃前與歆共坐議良久夜乃別去義士聞之皆長歎息而心自服也遂親執子弟之禮禮爲上賓是時四方賢士大夫避地江南者甚衆皆出其下人人望風每策大會坐上莫敢先發言歆時起更衣則論議讙譁歆能劇飲至石餘不亂衆人微察常以其整衣冠爲異江南號之曰華獨坐虞溥江表傳曰孫策在椒丘遣虞翻說歆翻既去歆請功曹劉壹入議壹勸歆住城遣檄迎軍歆曰吾雖劉刺史所置上用猶是剖符吏也今從卿計恐死有餘責矣壹曰王景興既漢朝所用且爾時會稽人衆盛彊猶見原恕明府何慮於是夜逆作檄明旦出城遣吏齎迎策便進軍與歆相見待以上賓接以朋友之禮孫盛曰夫大雅之處世也必先審隱顯之期以定出處之分否則括囊以保其身泰則行義以達其道歆既無夷皓韜邈之風又失王臣匪躬之操故撓心於邪儒之說交臂於陵肆之徒位奪於一豎節墮於當時昔許蔡失位不得列於諸侯州公實來魯人以爲賤恥方之於歆咎孰大焉後策死太祖在官渡表天子徵歆孫權欲不遣歆謂權曰將軍奉王命始交好曹公分義未固使僕得爲將軍效心豈不有益乎今空留僕是爲養無用之物非將軍之良計也權悅乃遣歆賓客舊人送之者千餘人贈遺數百金歆皆無所拒密各題識至臨去悉聚諸物謂諸賓客曰本無拒諸君之心而所受遂多念單車遠行將以懷璧爲罪願賓客爲之計衆乃各留所贈而服其德歆至拜議郎參司空軍事入爲尚書轉侍中代荀彧爲尚書令太祖征孫權表歆爲軍師魏國既建爲御史大夫文帝卽王位拜相國封安樂鄉侯及踐阼改爲司徒魏書曰文帝受禪歆登壇相儀奉皇帝璽綬以成受命之禮華嶠譜敘曰文帝受禪朝臣三公已下並受爵位歆以形色忤時徙爲司徒而不進爵魏文帝久不懌以問尚書令陳羣曰我應天受禪百辟羣后莫不人人悅喜形于聲色而相國及公獨有不怡者何也羣起離席長跪曰臣與相國曾臣漢朝心雖悅喜義形其色亦懼陛下實應且憎帝大悅遂重異之歆素清貧祿賜以振施親戚故人家無擔石之儲公卿嘗並賜沒入生口唯歆出而嫁之帝歎息孫盛曰盛聞慶賞威刑必宗於主權宜宥怨出自人君子路私饋仲尼毀其食器田氏盜施春秋書以爲譏斯褒貶之成言已然之顯義也孥戮之家國刑所肅受賜之室乾施所加若在哀矜理無偏宥歆居股肱之任同元首之重則當公言皇朝以彰天澤而默受嘉賜獨爲君子既犯作福之嫌又違必去之義可謂匹夫之仁蹈道則未也魏書曰歆性周密舉動詳慎常以爲人臣陳事務以諷諫合道爲貴就有所言不敢顯露故其事多不見華嶠譜敘曰歆淡於財欲前後寵賜諸公莫及然終不殖產業陳羣常歎曰若華公可謂通而不泰清而不介者矣傅子曰或問今之君子曰袁郎中積德行儉華太尉積德居順其智可及也其清不可及也事上以忠濟下以仁晏嬰行父何以加諸下詔曰司徒國之儁老所與和陰陽理庶事也今大官重膳而司徒蔬食甚無謂也特賜御衣及爲其妻子男女皆作衣服魏書曰又賜奴婢五十人三府議舉孝廉本以德行不復限以試經歆以爲喪亂以來六籍墮廢當務存立以崇王道夫制法者所以經盛衰今聽孝廉不以經試恐學業遂從此而廢若有秀異可特徵用患於無其人何患不得哉帝從其言黃初中詔公卿舉獨行君子歆舉管寧帝以安車徵之明帝卽位進封博平侯增邑三百戶并前千三百戶轉拜太尉列異傳曰歆爲諸生時嘗宿人門外主人婦夜產有頃兩吏詣門便辟易却相謂曰公在此踌躇良久一吏曰籍當定奈何得住乃前向歆拜相將入出並行共語曰當與幾歲一人曰當三歲天明歆去後欲驗其事至三歲故往問兒消息果已死歆乃自知當爲公臣松之按晉陽秋說魏舒少時寄宿事亦如之以爲理無二人俱有此事將由傳者不同今寧信列異歆稱病乞退讓位於寧帝不許臨當大會乃遣散騎常侍繆襲奉詔喻指曰朕新莅庶事一日萬幾懼聽斷之不明賴有德之臣左右朕躬而君屢以疾辭位夫量主擇君不居其朝委榮棄祿不究其位古人固有之矣顧以爲周公伊尹則不然絜身徇節常人爲之不望之於君君其力疾就會以惠予一人將立席机筵命百官總己以須君到朕然後御坐又詔襲須歆必起乃還歆不得已乃起太和中遣曹真從子午道伐蜀車駕東幸許昌歆上疏曰兵亂以來過踰二紀大魏承天受命陛下以聖德當成康之隆宜弘一代之治紹三王之迹雖有二賊負險延命苟聖化日躋遠人懷德將襁負而至夫兵不得已而用之故戢而時動臣誠願陛下先留心於治道以征伐爲後事且千里運糧非用兵之利越險深入無獨克之功如聞今年徵役頗失農桑之業爲國者以民爲基民以衣食爲本使中國無飢寒之患百姓無離土之心則天下幸甚二賊之釁可坐而待也臣備位宰相老病日篤犬馬之命將盡恐不復奉望鑾蓋不敢不竭臣子之懷唯陛下裁察帝報曰君深慮國計朕甚嘉之賊憑恃山川二祖勞於前世猶不克平朕豈敢自多謂必滅之哉諸將以爲不一探取無由自弊是以觀兵以闚其釁若天時未至周武還師乃前事之鑒朕敬不忘所戒時秋大雨詔真引軍還太和五年歆薨謚曰敬侯魏書云歆時年七十五子表嗣初文帝分歆户邑封歆弟緝列侯表咸熙中爲尚書華嶠譜敘曰歆有三子表字偉容年二十餘爲散騎侍郎時同僚諸郎共平尚書事年少並兼厲鋒氣要召名譽尚書事至或有不便故遺漏不視及傳書者去卽入深文論駮惟表不然事來有不便輒與尚書共論盡其意主者固執不得已然後共奏議司空陳泰等以此稱之仕晉歷太子少傅太常稱疾致仕拜光祿大夫性清淡常慮天下退理司徒李胤司隸王密等常稱曰若此人者不可得而貴不可得而賤不可得而踈中子博歷三縣內史治有名跡少子周黃門侍郎常山太守博學有文思中年遇疾終于家表有三子長子廙字長駿晉諸公贊曰廙有文翰歷位尚書令太子少傅追贈光祿大夫開府嶠字叔駿有才學撰後漢書世稱爲良史爲祕書監尚書澹字玄駿最知名爲河南尹廙三子昆字敬倫清粹有檢爲尚書薈字敬叔世語稱薈貴正恒字敬則以通理稱昆尚書薈河南尹恒左光祿大夫開府澹子軼字彥夏有當世才志爲江州刺史

王朗字景興東海郡人也以通經拜郎中除菑丘長師太尉楊賜賜薨棄官行服舉孝廉辟公府不應徐州刺史陶謙察朗茂才時漢帝在長安關東兵起朗爲謙治中與別駕趙昱等說謙曰春秋之義求諸侯莫如勤王今天子越在西京宜遣使奉承王命謙乃遣昱奉章至長安天子嘉其意拜謙安東將軍以昱爲廣陵太守朗會稽太守朗家傳曰會稽舊祀秦始皇刻木爲像與夏禹同廟朗到官以爲無德之君不應見祀於是除之居郡四年惠愛在民孫策渡江略地朗功曹虞翻以爲力不能拒不如避之朗自以身爲漢吏宜保城邑遂舉兵與策戰敗績浮海至東治策又追擊大破之朗乃詣策策以儒雅詰讓而不害獻帝春秋曰孫策率軍如閩越討朗朗泛舟浮海欲走交州爲兵所逼遂詣軍降策令使者詰朗曰問逆賊故會稽太守王朗朗受國恩當官云何不惟報德而阻兵安忍大軍征討幸免梟夷不自掃屏復聚黨衆屯住郡境遠勞王誅卒不悟順捕得云降庶以欺詐用全首領得爾與不具以狀對朗稱禽虜對使者曰朗以瑣才誤竊朝私受爵不讓以遘罪網前見征討畏死苟免因治人物寄命須臾又迫大兵惶怖北引從者疾患死亡略盡獨與老母共乘一欐流矢始交便棄欐就俘稽顙自首於征役之中朗惶惑不達自稱降虜緣前迷謬致詰懟懼朗愚淺駑怯畏威自驚又無良介不早自歸於破亡之中然後委命下隸身輕罪重死有餘辜申脰就鞅蹴足入絆叱咤聽聲東西是命雖流移窮困朝不謀夕而收卹親舊分多割少行義甚著太祖表徵之朗自曲阿展轉江海積年乃至朗被徵未至孔融與朗書曰世路隔塞情問斷絕感懷增思前見章表知尊揚武罪己之迹自投東裔同鯀之罰覽省未周涕隕潸然主上寬仁貴德宥過曹公輔政思賢並立策書屢下殷勤款至知櫂舟浮海息駕廣陵不意黃熊突出羽淵也談笑有期勉行自愛漢晉春秋曰孫策之始得朗也譴讓之使張昭私問朗朗誓不屈策忿而不敢害也留置曲阿建安三年太祖表徵朗策遣之太祖問曰孫策何以得至此邪朗曰策勇冠一世有儁才大志張子布民之望也北面而相之周公瑾江淮之傑攘臂而爲其將謀而有成所規不細終爲天下大賊非徒狗盜而已拜諫議大夫參司空軍事朗家傳曰朗少與沛國名士劉陽交友陽爲莒令年未三十而卒故後世鮮聞初陽以漢室漸衰知太祖有雄才恐爲漢累意欲除之而事不會及太祖貴求其嗣子甚急其子惶窘走伏無所陽親舊雖多莫敢藏者朗乃納受積年及從會稽還又數開解太祖久乃赦之陽門戶由是得全魏國初建以軍祭酒領魏郡太守遷少府奉常大理務在寬恕罪疑從輕鍾繇明察當法俱以治獄見稱魏略曰太祖請同會啁朗曰不能效君昔在會稽折杭米飯也朗仰而歎曰宜適難值太祖問云何朗曰如朗昔者未可折而折如明公今日可折而不折也太祖以孫權稱臣遣貢諮朗朗答曰孫權前幾自詭躬討虜以補前愆後疏稱臣以明無二牙歎屈膝言鳥告歡明珠南金遠珍必至情見乎辭效著乎功三江五湖爲沼于魏西吳東越化爲國民鄢郢旣拔荊門自開席卷巴蜀形勢已成重休累慶雜沓相隨承旨之日撫掌擊節情之畜者辭不能宣文帝卽王位遷御史大夫封安陵亭侯上疏勸育民省刑曰兵起已來三十餘年四海盪覆萬國殄瘁賴先王芟除寇賊扶育孤弱遂令華夏復有綱紀鳩集兆民于茲魏土使封鄙之內雞鳴狗吠達於四境蒸庶欣欣喜遇升平今遠方之寇未賓兵戎之役未息誠令復除足以懷遠人良宰足以宣德澤阡陌咸修四民殷熾必復過於曩時而富於平日矣易稱敕法書著祥刑一人有慶兆民賴之慎法獄之謂也昔曹相國以獄市爲寄路溫舒疾治獄之吏夫治獄者得其情則無冤死之囚丁壯者得盡地力則無饑饉之民窮老者得仰食倉廩則無餧餓之殍嫁娶以時則男女無怨曠之恨胎養必全則孕者無自傷之哀新生必復則孩者無不育之累壯而後役則幼者無離家之思二毛不戎則老者無頓伏之患醫藥以療其疾寬繇以樂其業威罰以抑其彊恩仁以濟其弱振貸以贍其乏十年之後既笄者必盈巷二十年之後勝兵者必滿野矣及文帝踐阼改爲司空進封樂平鄉侯魏名臣奏載朗節省奏曰詔問所宜損益必謂東京之事也若夫西京雲陽汾陰之大祭千有五百之羣祀通天之臺入阿房之宮齋必百日養犧五載牛則三千其重玉則七千其器文綺以飾重席童女以翳舞醱酎必貫三時而後成樂人必三千四百而後備內宮美人數至近千學官博士七千餘人中廄則騑騄馬六萬餘匹外牧則扈養二萬而馬十之執金吾從騎六百走卒倍焉太常行陵車千乘大官賜官奴婢六千長安城內治民爲政者三千中二千石蔽罪斷刑者二十有五獄政充事猥威儀繁富隆於三代近過禮中夫所以極奢者大抵多受之於秦餘旣違蕭栗懇誠之本掃地簡易之指又失替質而損文避泰而從約之趣豈夫當今隆興盛明之時祖述堯舜之際割奢務儉之政除繁崇省之令詳刑愼罰之教所宜希慕哉及夫寢廟日一太牢之祀郡國並立宗廟之法丞相御史大夫官屬吏從之數若此之輩旣已屢改於哀平之前不行光武之後矣謹按圖牒所改奏在天地及五帝六宗宗廟社稷旣已因前代之兆域矣夫天地則掃地而祭其餘則皆壇而埒之矣明堂所以祀上帝靈臺所以觀天文辟雍所以脩禮樂太學所以集儒林高禖所以祈休祥又所以察時務揚教化稽古先民開誕慶祚舊時皆在國之陽並高棟夏屋足以肆饗射望雲物七郊雖尊祀尙有門宇便坐足以避風雨可須軍罷年豐以漸修治舊時虎賁羽林五營兵及衛士并合雖且萬人或商賈惰游子弟或農野謹鈍之人雖有乘制之處不講戎陣旣不簡練又希更寇雖名實不副難以備急有警而後募兵軍行而後運糧或乃兵旣久屯而不務營佃不脩器械無有貯聚一隅馳羽檄則三面並荒擾此亦漢氏近世之失而不可式者也當今諸夏已安而巴蜀在畫外雖未得偃武而弢甲放馬而戢兵宜因年之大豐遂寄軍政於農事吏士小大並勤稼穡止則成井里於廣野動則成校隊於六軍省其暴繇贍其衣食易稱悅以使民民忘其勞悅以犯難民忘其死今之謂矣糧畜於食勇畜於勢雖坐曜烈威而衆未動畫外之蠻必復稽顙以求改往而效用矣若畏威效用不戰而定則賢於交兵而後威立接刃而後功成遠矣若姦凶不革遂迷不反猶欲以其所虐用之民待大魏投命報養之士然後徐以前歌後舞樂征之衆臨彼倒戟折矢樂服之羣伐腐摧枯未足以爲之喻時帝頗出游獵或昏夜還宮朗

上疏曰夫帝王之居外則飾周衞內則重禁門將行則設兵而後出幄稱警而後踐墀張弧而後登輿清道而後奉引遮列而後轉轂靜室而後息駕皆所以顯至尊務戒慎垂法教也近日車駕出臨捕虎日昃而行及昏而反違警蹕之常法非萬乘之至慎也帝報曰覽表雖魏絳稱虞箴以諷晉悼相如陳猛獸以戒漢武未足以喻方今二寇未殄將帥遠征故時入原野以習戎備至於夜還之戒已詔有司施行王朗集載朗爲大理時上主簿趙郡張登昔爲本縣主簿值黑山賊圍郡登與縣長王儁帥吏兵七十二人直往赴救與賊交戰吏兵散走儁殆見害登手格一賊以全儁命又守長夏逸爲督郵所枉登身受考掠理逸之罪義濟二君宜加顯異太祖以所急者多未遑擢敘至黃初初朗又與太尉鍾繇連名表聞兼稱登在職勤勞詔曰登忠義彰著在職功勤名位雖卑直亮宜顯饗膳近任當得此吏今以登爲太官令初建安末孫權始遣使稱藩而與劉備交兵詔議當興師與吳并取蜀不朗議曰天子之軍重於華岱誠宜坐曜天威不動若山假使權親與蜀賊相持搏戰曠日智均力敵兵不速決當須軍興以成其勢者然後宜選持重之將承寇賊之要相時而後動擇地而後行一舉可無餘事今權之師未動則助吳之軍無爲先征且雨水方盛非行軍動衆之時帝納其計黃初中鵜鶘集靈芝池詔公卿舉獨行君子朗薦光祿大夫楊彪且稱疾讓位於彪帝乃爲彪置吏卒位次三公詔曰朕求賢於君而未得君乃翻然稱疾非徒不得賢更開失賢之路增玉鉉之傾無乃居其室出其言不善見違於君子乎君其勿有後辭朗乃起孫權欲遣子登入侍不至是時車駕徙許昌大興屯田欲舉軍東征朗上疏曰昔南越守善嬰齊入侍遂爲冢嗣還君其國康居驕黠情不副辭都護奏議以爲宜遣侍子以黜無禮且吳濞之禍萌於子入隗囂之叛亦不顧子往者聞權有遣子之言而未至今六軍戒嚴臣恐輿人未暢聖旨當謂國家愠於登之逋留是以爲之興師設師行而登乃至則爲所動者至大所致者至細猶未足以爲慶設其傲狠殊無入志懼彼輿論之未暢者並懷伊邑臣愚以爲宜勅別征諸將各明奉禁令以慎守所部外曜烈威內廣耕稼使泊然若山澹然若淵勢不可動計不可測是時帝以成軍遂行權子不至車駕臨江而還魏書曰車駕既還詔三公曰三世爲將道家所忌窮兵黷武古有成戒況連年水旱士民損耗而功作倍於前勞役兼於昔進不滅賊退不和民夫屋漏在上知之在下然迷而知反失道不遠過而能改謂之不過今將休息棲備高山沉權九淵割除擯棄投之畫外車駕當以今月中旬到譙淮漢衆軍亦各還反不煩西歸矣明帝即位進封蘭陵侯增邑五百并前千二百戶使至鄴省文昭皇后陵見百姓或有不足是時方營修宮室朗上疏曰陛下即位已來恩詔屢布百姓萬民莫不欣欣臣頃

奉使北行往反道路聞衆徭役其可得蠲除省減者甚多願陛下重留日昃之聽以計制寇昔大禹將欲拯天下之患故乃先卑其宮室儉其衣食用能盡有九州弼成五服句踐欲廣其禦兒之疆禦兒吳界邊戍之地名馘夫差於姑蘇故亦約其身以及家儉其家以施國用能囊括五湖席卷三江取威中國定霸華夏漢之文景亦欲恢弘祖業增崇洪緒故能割意於百金之臺昭儉於弋綈之服內減太官而不受貢獻外省徭賦而務農桑用能號稱升平幾致刑錯孝武之所以能奮其軍勢拓其外境誠因祖考畜積素足故能遂成大功霍去病中才之將猶以匈奴未滅不治第宅明卹遠者略近事外者簡內自漢之初及其中興皆於金革略寢之後然後鳳闕猥閌德陽並起今當建始之前足用列朝會崇華之後足用序內官華林天淵足用展游宴若且先成閶闔之象魏使足用列遠人之朝貢者修城池使足用絕踰越成國險其餘一切且須豐年一以勤耕農爲務習戎備爲事則國無怨曠戶口滋息民充兵強而寇戎不賓緝熙不作未之有也轉爲司徒時屢失皇子而後宮就館者少朗上疏曰昔周文十五而有武王遂享十子之祚以廣諸姬之胤武王既老而生成王成王是以鮮於兄弟此二王者各樹聖德無以相過比其子孫之祚則不相如蓋生育有早晚所產有衆寡也陛下既德祚兼彼二聖春秋高於姬文育武之時矣而子發未舉於椒蘭之奧房藩王未繁於掖庭之衆室以成王爲喻雖未爲晚取譬伯邑則不爲夙周禮六宮內官百二十人而諸經常說咸以十二爲限至於秦漢之末或以千百爲數矣然雖彌猥而就時於吉館者或甚鮮明百斯男之本誠在於一意不但在於務廣也老臣慺慺願國家同祚於軒轅之五五而未及周文之二五用爲伊邑且少小常苦被褥泰溫泰溫則不能便柔膚弱體是以難可防護而易用感慨若常令少小之緼袍不至於甚厚則必咸保金石之性而比壽於南山矣帝報曰夫忠至者辭篤愛重者言深君既勞思慮又手筆將順三復德音欣然無量朕繼嗣未立以爲君憂欽納至言思聞良規朗著易春秋孝經周官傳奏議論記咸傳於世魏略曰朗本名嚴後改爲朗魏書曰朗高才博雅而性嚴整慷慨多威儀恭儉節約自婚姻中表禮贄無所受常譏世俗有好施之名而不卹窮賤故用財以周急爲先太和二年薨謚曰成侯子肅嗣初文帝分朗戶邑封一子列侯朗乞封兄子詳

肅字子雍年十八從宋忠讀太玄而更爲之解肅父朗與許靖書云肅生於會稽黃初中爲散騎黃門侍郎太和三年拜散騎常侍四年大司馬曹眞征蜀肅上疏曰前志有之千里饋糧士有饑色樵蘇後爨師不宿飽此謂平塗之行軍者也又況於深入阻險鑿路而前則其爲勞必相百也今又加之以霖雨山坂峻滑衆逼而不展糧縣而難繼實行軍者之大忌也聞曹眞發已踰月而行裁半谷治道功夫戰士悉作是賊偏得以逸而待勞乃兵家之所憚也言之前代則武王伐紂出關而復還論之近事則武文征權臨江而不濟豈非所爲順天知時通於權變者哉兆民知聖上以雨水艱劇之故休而息之後日有釁乘而用之則所謂悅以犯難民忘其死者矣於是遂罷又上疏宜遵舊禮爲大臣發哀薦果宗廟事皆施行又上疏陳政本曰除無事之位損不急之祿止浮食之費并從容之官使官必有職職任其事事必受祿祿代其耕乃往古之常式當今之所宜也官寡而祿厚則公家之費鮮進仕之志勸進仕之志勸各展才力莫相倚杖敷奏以言明試以功能之與否簡在帝心是以唐虞之設官分職申命公卿各以其事然後惟龍爲納言猶今尚書也以出內帝命而已夏殷不可得而詳甘誓曰六事之人明六卿亦典事者也周官則備矣五日視朝公卿大夫並進而司士辨其位焉其記曰坐而論道謂之王公作而行之謂之士大夫乃漢之初依擬前代公卿皆親以事升朝故高祖躬追反走之周昌武帝遙可奏奏之汲黯宣帝使公卿五日一朝成帝始置尚書五人自是陵遲朝禮遂闕可復五日視朝之儀使公卿尚書各以事進廢禮復興光宣聖緒誠所謂名美而實厚者也青龍中山陽公薨漢主也肅上疏曰昔唐禪虞虞禪夏皆終三年之喪然後踐天子之尊是以帝號無虧君禮猶存今山陽公承順天命允答民望進禪大魏退處賓位公之奉魏不敢不盡節魏之待公優崇而不臣既至其薨櫬斂之制輿徒之飾皆同之於王者是故遠近歸仁以爲盛美且漢總帝皇之號號曰皇帝有別稱帝無別稱皇則皇是其差輕者也故當高祖之時土無二王其父見在而使稱皇明非二王之嫌也況今以贈終可使稱皇以配其謚明帝不從使稱帝乃追謚曰漢孝獻皇帝孫盛曰化合神者曰皇德合天者曰帝是故三皇創號五帝次之然則皇之爲稱妙於帝矣肅謂爲輕不亦謬乎臣松之以爲上古謂皇皇后帝次言三五先皇後帝誠如盛言然漢氏諸帝雖尊父爲皇其實則貴而無位高而無民比之於帝得不謂之輕乎魏因漢禮名號無改孝獻之崩豈得遠考古義肅之所云蓋就漢制而爲言耳謂之爲謬乃是譏漢非難肅也後肅以常侍領秘書監兼崇文觀祭酒景初間宮室盛興民失農業期信不敦刑殺倉卒肅上疏曰大魏承百王之極生民無幾干戈未

戢誠宜息民而惠之以安靜遐邇之時也夫務畜積而息疲民在於省徭役而勤稼穡今宮室未就功業未訖運漕調發轉相供奉是以丁夫疲於力作農者離其南畝種穀者寡食穀者衆舊穀既沒新穀莫繼斯則有國之大患而非備豫之長策也今見作者三四萬人九龍可以安聖體其內足以列六宮顯陽之殿又向將畢惟泰極已前功夫尚大方向盛寒疾疢或作誠願陛下發德音下明詔深愍役夫之疲勞厚矜兆民之不贍取常食廩之士非急要者之用選其丁壯擇留萬人使一朞而更之咸知息代有日則莫不悅以即事勞而不怨矣計一歲有三百六十萬夫亦不爲少當一歲成者聽且三年分遣其餘使皆即農無窮之計也倉有溢粟民有餘力以此興功何功不立以此行化何化不成夫信之於民國家大寶也仲尼曰自古皆有死民非信不立夫區區之晉國微微之重耳欲用其民先示以信是故原雖將降顧信而歸用能一戰而霸于今見稱前車駕當幸洛陽發民爲營有司命以營成而罷既成又利其功力不以時遣有司徒營其目前之利不顧經國之體臣愚以爲自今以後儻復使民宜明其令使必如期若有事以次寧復更發無或失信凡陛下臨時之所行刑皆有罪之吏宜死之人也然衆庶不知謂爲倉卒故願陛下下之於吏而暴其罪鈞其死也無使汙于宮掖而爲遠近所疑且人命至重難生易殺氣絕而不續者也是以聖賢重之孟軻稱殺一無辜以取天下仁者不爲也漢時有犯蹕驚乘輿馬者廷尉張釋之奏使罰金文帝怪其輕而釋之曰方其時上使誅之則已今下廷尉廷尉天下之平也一傾之天下用法皆爲輕重民安所措其手足臣以爲大失其義非忠臣所宜陳也廷尉者天子之吏也猶不可以失平而天子之身反可以惑謬乎斯重於爲己而輕於爲君不忠之甚也周公曰天子無戲言言則史書之工誦之士稱之言猶不戲而況行之乎故釋之之言不可不察周公之戒不可不法也又陳諸鳥獸無用之物而有芻穀人徒之費皆可蠲除帝嘗問曰漢桓帝時白馬令李雲上書言帝者諦也是帝欲不諦當何得不死肅對曰但爲言失逆順之節原其本意皆欲盡心念存補國且帝者之威過於雷霆殺一匹夫無異螻蟻寬而宥之可以示容受切言廣德宇於天下故臣以爲殺之未必爲是也帝又問司馬遷以受刑之故內懷隱切著史記非貶孝武令人切齒對曰司馬遷記事不虛美不隱惡劉向楊雄服其善敘事有良史

之才謂之實錄漢武帝聞其述史記取孝景及已本紀覽之於是大怒削而投之於今此兩紀有錄無書後遭李陵事遂下遷蠶室此爲隱切在孝武而不在於史遷也正始元年出爲廣平太守公事徵還拜議郎頃之爲侍中遷太常時大將軍曹爽專權任用何晏鄧颺等肅與太尉蔣濟司農桓範論及時政肅正色曰此輩卽弘恭石顯之屬復稱說邪爽聞之戒何晏等曰當共愼之公卿已比諸君前世惡人矣坐宗廟事免後爲光祿勳時有二魚長尺集于武庫之屋有司以爲吉祥肅曰魚生於淵而亢於屋介鱗之物失其所也邊將其殆有棄甲之變乎其後果有東關之敗徙爲河南尹嘉平六年持節兼太常奉法駕迎高貴鄉公于元城是歲白氣經天大將軍司馬景王問肅其故肅答曰此蚩尤之旗也東南其有亂乎君若修己以安百姓則天下樂安者歸德唱亂者先亾矣明年春鎭東將軍毋丘儉揚州刺史文欽反景王謂肅曰霍光感夏侯勝之言始重儒學之士良有以也安國寧主其術焉在肅曰昔關羽率荆州之衆降于禁於漢濱遂有北向爭天下之志後孫權襲取其將士家屬羽士衆一旦瓦解今淮南將士父母妻子皆在內州但急往禦衞使不得前必有關羽士崩之勢矣景王從之遂破儉欽後遷中領軍加散騎常侍增邑三百并前二千二百戶甘露元年薨門生縗經者以百數追贈衞將軍諡曰景侯子惲嗣惲薨無子國絕景元四年封肅子恂爲蘭陵侯咸熙中開建五等以肅著勳前朝改封恂爲承子世語曰恂字良夫有通識在朝忠正歷河南尹侍中所居有稱乃心存公有匪躬之節爲令袁毅餽以駿馬知其貪財不受毅竟以黷貨而敗建立二學崇明五經皆恂所建卒時年四十餘贈車騎將軍肅女適司馬文王卽文明皇后生晉武帝齊獻王攸晉諸公贊曰恂兄弟八人其達者虔字恭祖以功幹見稱位至尙書弟愷字君夫少有才力而無行檢與衞尉石崇友善俱以豪侈於世終於後將軍虔子康隆仕亦宦達爲後世所重初肅善賈馬之學而不好鄭氏采會同異爲尚書詩論語三禮左氏解及撰定父朗所作易傳皆列於學官其所論駮朝廷典制郊祀宗廟喪紀輕重凡百餘篇時樂安孫叔然臣松之案叔然與晉武帝同名故稱其字授學鄭玄之門人稱東州大儒徵爲秘書監不就肅集聖證論以譏短玄叔然駮而釋之及作周易春秋例毛詩禮記春秋三傳國語爾雅諸注又著書十餘篇自魏初徵士燉煌周生烈臣松之案此人姓周生名烈何晏論語集解有烈義例餘所著述見晉武帝中經簿明帝時大司農弘農董遇等亦歷注經傳頗傳於世魏略曰遇字季直性質訥而好學興平中關中擾亂與兄季中依將軍段煨采稆負販而常挾持經書投閒習讀其兄笑之而遇不改及建安初王綱小設郡舉孝廉稍遷黃門侍郎是時漢帝委政太祖遇旦夕侍講爲天子所愛信至二十二年許中百官矯制遇雖不與謀猶被錄詣鄴轉爲冗散常從太祖西征道

由孟津過弘農王冢太祖疑欲謁顧問左右左右莫對遇乃越第進曰春秋之義國君卽位未踰年而卒未成爲君弘農王卽阼既淺又爲暴臣所制降在蕃國不應謁太祖乃過黃初中出爲郡守明帝時入爲侍中大司農數年病亡初遇善治老子爲老子作訓注又善左氏傳更爲作朱墨別異人有從學者遇不肯教而云必當先讀百徧言讀書百徧而義自見從學者云苦渴無日遇言當以三餘或問三餘之意遇言冬者歲之餘夜者日之餘陰雨者時之餘也由是諸生少從遇學無傳其朱墨者魏略曰遇子綏位至秘書監亦有才學齊王時功臣董艾卽綏之子也魏略以遇及賈洪邯鄲淳薛夏隗禧蘇林樂詳等七人爲儒宗其序曰從初平之元至建安之末天下分崩人懷苟且綱紀旣衰儒道尤甚至黃初元年之後新主乃復始掃除太學之灰炭補舊石碑之缺壞備博士之員錄依漢甲乙以考課申告州郡有欲學者皆遣詣太學太學始開有弟子數百人至太和青龍中中外多事人懷避就雖性非解學多求詣太學太學諸生有千數而諸博士率皆麤疏無以教弟子弟子本亦避役竟無能習學冬來春去歲歲如是又雖有精者而臺閣舉格太高加不念統其大義而問字指墨法點注之間百人同試度者未十是以志學之士遂復陵遲而末求浮虛者各競逐也正始中有詔議圜丘普延學士是時郎官及司徒領吏二萬餘人雖復分布見在京師者尚且萬人而應書與議者略無幾人又是時朝堂公卿以下四百餘人其能操筆者未有十人多皆相從飽食而退嗟夫學業沈隕乃至於此是以私心常區區貴乎數公者各處荒亂之際而能守志彌敦者也賈洪字叔業京兆新豐人也好學有才而特精於春秋左傳建安初仕郡舉計掾應州辟時州中自參軍事以下百餘人唯洪與馮翊嚴苞交通材學最高洪歷守三縣令所在輒開除廄舍親授諸生後馬超反超劫洪將詣華陰使作露布洪不獲已爲作之司隸鍾繇在東識其文曰此賈洪作也及超破走太祖召洪署軍謀掾猶以其前爲超作露布文故不卽敍晚乃出爲陰泉長延康中轉爲白馬王相善能談戲王彪亦雅好文學常師宗之過於三卿數歲病亡亡時年五十餘時人爲之恨仕不至二千石而嚴苞亦歷守二縣黃初中以高才入爲秘書丞數奏文賦文帝異之出爲西平太守卒官薛夏字宣聲天水人也博學有才天水舊有姜閻任趙四姓常推於郡中而夏爲單家不爲降屈四姓欲共治之夏乃游逃東詣京師太祖宿聞其名甚禮遇之後四姓又使囚遙引夏關移潁川收捕繫獄時太祖已在冀州聞夏爲本郡所質撫掌曰夏無罪也漢陽兒輩直欲殺之耳乃告潁川使理出之召署軍謀掾文帝又嘉其才黃初中爲秘書丞帝每與夏推論書傳未嘗不終日也每呼之不名而謂之薛君夏居甚貧帝又顧其衣薄解所御服袍賜之其後征東將軍曹休來朝時帝方與夏有所咨論而外啓休到帝引入坐定帝顧夏言之於休曰此君秘書丞天水薛宣聲也宜共談其見遇如此尋欲用之會文帝崩至太和中嘗以公事移蘭臺蘭臺自以臺也而秘書署耳謂夏爲不得儀也推使當有坐者夏報之曰蘭臺爲外臺秘書爲內閣臺閣一也何不相移之有蘭臺屈無以折自是之後遂以爲常後數歲病亡勑其子無還天水隗禧字子牙京兆人也世單家少好學初平中三輔亂禧南客荆州不以荒擾擔負經書每以採稆餘日則諷誦之太祖定荆州召署軍謀掾黃初中爲譙王郎中王宿聞其儒者常虛心從學禧亦敬恭以授王由是大得賜遺以病還拜郎中年八十餘以老處家就之學者甚多禧旣明經又善星官常仰瞻天文歎息謂魚豢曰天下兵戈尚猶未息如之何豢又嘗從問左氏傳禧答曰欲知幽微莫若易人倫之紀莫若禮多識山川草木之名莫若詩左氏直相斫書耳不足精意也豢因從問詩禧說齊韓魯毛四家義不復執文有如諷誦又撰作諸經解數十萬言未及繕寫而得聾後數歲病亡也其邯鄲淳事在王粲傳蘇林事在劉劭高堂隆傳樂詳事在杜畿傳魚豢曰學之資於人也其猶藍之染於素乎故雖仲尼猶曰吾非生而知之者況凡品哉且世人所以不貴學者必見夫有誦詩三百而不能專對於四方故也余以爲是則下科耳不當顧中庸以上材質適等而加之以文乎今此數賢者略余之所識也檢其事能誠不多也但以守學不輟乃上爲帝王所嘉下爲國家名儒非由學乎由是觀之學其胡可以已哉

評曰鍾繇開達理幹華歆淸純德素王朗文博富贍誠皆一時之俊偉也魏氏初祚肇登三司盛矣夫王肅亮直多聞能析薪哉劉寔以爲肅方於事上而好下佞己

此一反也性嗜榮貴而不求苟合此二反也吝惜財物而治身不穢此三反也

魏志卷十三考證

鍾繇潁川長社人也注諸君終身何所任邪○監本作何所任也此係鍾皓曉語掾屬之詞似反詰語氣作邪字爲是今依別本改正

又注國武子好昭人過以爲怨本今豈其時○昭國語作招音翹

又率諸將討破之注至乃使邑遠詣闕庭隳忝使命○監本闕庭作關廷此指王邑佩印綬徑從河北詣許自歸而言作關廷誤今依別本改正

詔謂太祖欲復肉刑此誠聖王之法○太祖北宋本作大理

夫五刑之屬著在科律科律自有減死一等之法○宋本無下科律二字

謚曰成侯注猶于張之在漢也○猶監本作由猶由古字通用今從宋本作猶

明帝欲西征毓上疏曰○太平御覽作欲親西征 臣浩按毓疏皆係止帝親征之辭疑監本脫落親字

且盛暑行師詩人所重實非至尊動軔之時也○動軔太平御覽作順動

以寵爲殿備設魚龍蔓延○蔓當作曼

正始中爲散騎侍郎○ 臣明楷 按上云毓年十四爲散騎侍郎太和中已遷黃門侍郎矣此時安得又爲散騎侍郎胡昭傳云正始中散騎常侍荀顗鍾毓侍郎其常侍之誤與

後以失爽意徙侍中出爲魏郡太守○何焯曰從當作從時侍中在常侍上不應忤爽而反得美遷當是解其近職出之外郡耳不書毓爲侍中于前者史省文

及士爲侯其妻不復配嫁○太平御覽作不復改嫁

華歆改爲司徒注奉皇帝璽綬以成受命之禮○璽綬北宋本作璽紱

王朗王朗字景興東海郡人也○北宋本作東海郯人通志畧同

進封樂平鄉侯注醲酎必貫三時而後成○各本俱作酎 臣明楷 按酎音宙說文曰三重醇酒也西京雜記漢制嘗以正月作酒八月乃熟名曰酎所謂必貫三時而後成也今改正

可使稱皇以配其謚明帝不從使稱帝○監本作明帝不從使稱皇 臣龍官 按文義當作使稱帝蓋王肅之意止欲其稱皇而明帝不從之也

亦歷注經傳頗傳於世注唯洪與馮翊嚴苞交通材學最高洪歷守三縣令○嚴苞交通太平御覽作嚴苞字文通材學最高下多故衆爲之語曰州中曄曄賈叔業辨論洶洶嚴文通二十字

又注王宿聞其儒者常虛心從學○監本常誤作當今改正

魏志卷十四

晉著作郎巴西中正安漢陳　壽撰

宋太中大夫國子博士聞喜裴松之注

程昱 孫曉　郭嘉　董昭　劉曄　蔣濟

劉放 孫資

程昱字仲德東郡東阿人也長八尺三寸美鬚髯黃巾起縣丞王度反應之燒倉庫縣令踰城走吏民負老幼東奔渠丘山昱使人偵視度度等得空城不能守出城西五六里止屯昱謂縣中大姓薛房等曰今度等得城郭不能居其勢可知此不過欲虜掠財物非有堅甲利兵攻守之志也今何不相率還城而守之且城高厚多穀米今若還求令共堅守度必不能久攻可破也房等以爲然吏民不肯從曰賊在西但有東耳昱謂房等愚民不可計事乃密遣數騎舉幡於東山上令房等望見大呼言賊已至便下山趣城吏民奔走隨之求得縣令遂共城守度等來攻城不能下欲去昱率吏民開城門急擊之度等破走東阿由此得全初平中兗州刺史劉岱辟昱昱不應是時岱與袁紹公孫瓚和親紹令妻子居岱所瓚亦遣從事范方將騎助岱後紹與瓚有隙瓚擊破紹軍乃遣使語岱令遣紹妻子使與紹絕別勑范方若岱不遣紹家將騎還吾定紹將加兵於岱岱議連日不決別駕王彧白岱程昱有謀能斷大事岱乃召見昱問計昱曰若棄紹近援而求瓚遠助此假人於越以救溺子之說也夫公孫瓚非袁紹之敵也今雖壞紹軍終爲紹所禽夫趣一朝之權而不慮遠計將軍終敗岱從之范方將其騎歸未至瓚大爲紹所破岱表昱爲騎都尉昱辭以疾劉岱爲黃巾所殺太祖臨兗州辟昱昱將行其鄉人謂曰何前後之相背也昱笑而不應太祖與語說之以昱守壽張令太祖征徐州使昱與荀彧留守鄄城張邈等叛迎呂布郡縣響應惟鄄城范東阿不

動布軍降者言陳宮欲自將兵取東阿又使氾嶷取范吏民皆恐彧謂昱曰今兗州反惟有此三城宮等以重兵臨之非有以深結其心三城必動君民之望也歸而說之殆可昱乃歸過范說其令靳允曰聞呂布執君母弟妻子孝子誠不可爲心今天下大亂英雄並起必有命世能息天下之亂者此智者所詳擇也得主者昌失主者亡陳宮叛迎呂布而百城皆應似能有爲然以君觀之布何如人哉夫布麤中少親剛而無禮匹夫之雄耳宮等以勢假合不能相君也兵雖衆終必無成曹使君智略不世出殆天所授君必固范我守東阿則田單之功可立也孰與違忠從惡而母子俱亡乎唯君詳慮之允流涕曰不敢有二心時氾嶷已在縣允乃見嶷伏兵刺殺之歸勒兵守徐衆評曰允於曹公未成君臣母至親也於義應去昔王陵母爲項羽所拘母以高祖必得天下因自殺以固陵志明心無所係然後可以成事人盡死之節衞公子開方仕齊積年不歸管仲以爲不懷其親安能愛君不可以爲相是以求忠臣必於孝子之門允宜先救至親徐庶母爲曹公所得劉備乃遣庶歸欲爲天下者恕人子之情也曹公亦宜遣允昱又遣別騎絕倉亭津陳宮至不得渡昱至東阿東阿令棗祗已率厲吏民拒城堅守又兗州從事薛悌與昱協謀卒完三城以待太祖太祖還執昱手曰微子之力吾無所歸矣乃表昱爲東平相屯范魏書曰昱少時常夢上泰山兩手捧日昱私異之以語荀彧及兗州反賴昱得完三城於是彧以昱夢白太祖太祖曰卿當終爲吾腹心昱本名立太祖乃加其上日更名昱也太祖與呂布戰於濮陽數不利蝗蟲起乃各引去於是袁紹使人說太祖連和欲使太祖遷家居鄴太祖新失兗州軍食盡將許之時昱使適還引見因言曰竊聞將軍欲遣家與袁紹連和誠有之乎太祖曰然昱曰意者將軍殆臨事而懼不然何慮之不深也夫袁紹據燕趙之地有并天下之心而智不能濟也將軍自度能爲之下乎將軍以龍虎之威可爲韓彭之事邪今兗州雖殘尚有三城能戰之士不下萬人以將軍之神武與文若昱等收而用之霸王之業可成也願將軍更慮之太祖乃止魏略載昱說太祖曰昔田橫齊之世族兄弟三人更王據千里之齊擁百萬之衆與諸侯並南面稱孤既而高祖得天下而橫顧爲降虜當此之時橫豈可爲心哉太祖曰然此誠丈夫之至辱也昱曰昱愚不識大旨以爲將軍之志不如田橫田橫齊一壯士耳猶羞爲高祖臣今聞將軍欲遣家往鄴將北面而事袁紹夫以將軍之聰明神武而反不羞爲袁紹之下竊爲將軍恥之其後語與本傳略同天子都許以昱爲尚書兗州尚未安集復以昱爲東中郎將領濟陰太守都督兗州事劉備失徐州來歸太祖昱說太祖殺備太祖不聽語在武紀後又遣備至徐州要擊袁術昱與郭嘉說太祖曰公前日不圖備昱等誠不及也今借之以兵必有異心太祖悔追之不及會術病死備至徐州遂殺車胄舉兵背太祖頃之昱遷振威將軍袁紹在黎陽將南渡時昱有七百兵守鄄城太祖聞之使人告昱欲益二千兵昱不肯曰袁紹擁十萬衆自以所向無前今見昱兵少必輕易不來攻若益昱兵過則不可不攻攻之必克徒兩損其勢願公無疑太祖從之紹聞昱兵少果不往太祖謂賈詡曰程昱之膽過於賁育昱收山澤亡命得精兵數千人乃引軍與太祖會黎陽討袁譚袁尚譚尚破走拜昱奮武將軍封安國亭侯太祖征荊州劉備奔吳論者以爲孫權必殺備昱料之曰孫權新在位未爲海內所憚曹公無敵於天下初舉荊州威震江表權雖有謀不能獨當也劉備有英名關羽張飛皆萬人之敵也權必資之以禦我難解勢分備資以成又不可得而殺也權果多與備兵以禦太祖是後中夏漸平太祖拊昱背曰兗州之敗不用君言吾何以至此宗人奉牛酒大會昱曰知足不辱吾可以退矣乃自表歸兵闔門不出魏書曰太祖征馬超文帝留守使昱參軍事田銀蘇伯等反河間遣將軍賈信討之賊有千餘人請降議者皆以爲宜如舊法昱曰誅降者謂在擾攘之時天下雲起故圍而後降者不赦以示威天下開其利路使不至於圍也今天下略定且在邦域之中此必降之賊殺之無所威懼非前日誅降之意臣以爲不可誅也縱誅之宜先啓聞衆議者曰軍事有專無請昱不答文帝起入待引見昱曰君有所不盡邪昱曰凡專命者謂有臨時之急呼吸之間者耳今此賊制在賈信之手無朝夕之變故老臣不願將軍行之也文帝曰君慮之善卽白太祖太祖果不誅太祖還聞之甚說謂昱曰君非徒明於軍計又善處人父子之間昱性剛戾與人多迕人有告昱謀反太祖賜待益厚魏國既建爲衞尉與中尉邢貞爭威儀免文帝踐阼復爲衞尉進封安鄉侯增邑三百戶并前八百戶分封少子延及孫曉列侯方欲以爲公會薨帝爲流涕追贈車騎將軍諡曰肅侯魏書曰昱時年八十世語曰初太祖乏食昱略其本縣供三日糧頗雜以人脯由是失朝望故位不至公子武嗣武薨子克嗣克薨子良嗣曉嘉平中爲黃門侍郎世語曰曉字季明有通識時校事放橫曉上疏曰周禮云設官分職以爲民極春秋傳曰天有十日人有十等愚不得臨賢賤不得臨貴於是並建聖哲樹之風聲明試以功九載考績各修厥業思不出位故欒書欲拯晉侯其子不聽死人橫於街路邴吉不問上不責非職之功下不務分外之賞吏無兼統之勢民無二事之役斯誠爲國要道治亂所由也遠覽典志近觀秦漢雖官名改易職司不同至於崇上抑下顯分明例其致一也初無校事之官干與庶政者也昔武皇帝大業草創衆官未備而軍旅勤苦民心不安乃有小罪不可不察故置校事取其一切耳然檢御有方不至縱恣也此霸世之權宜非帝王之正典其後漸蒙見任復爲疾病轉相因仍莫正其本遂令上察宮廟下攝衆司官無局業職無分限隨意任情唯心所適法造於筆端不依科詔獄成於門下不顧覆訊其選官屬以謹慎爲粗疏以謥詷爲賢能其治事以刻暴爲公嚴以循理爲怯弱外則託天威以爲聲勢內則聚羣姦以爲腹心大臣恥與分勢含忍而不言小人畏其鋒芒鬱結而無告至使尹摸公於目下肆其姦慝罪惡之著行路皆知纖惡之過積年不聞既非周禮設官之意又非春秋十等之義也今外有公卿將校總統諸署內有侍中尚書綜理萬幾司隸校尉督察京輦御史中丞董攝宮殿皆高選賢才以充其職申明科詔以督其違若此諸賢猶不足任校事小吏益不可信若此諸賢各思盡忠校事區區亦復無益若更高選國士以爲校事則是中丞司隸重增一官耳若如舊選尹摸之姦今復發矣進退推筭無所用之昔桑弘羊爲漢求利卜式以爲獨烹弘羊天乃可雨若使政治得失必感天地臣恐水旱之災未必非校事之由也曹恭公遠君子近小人國風託以爲刺衞獻公舍大臣與小臣謀定姜謂之有罪縱令校事有益於國以禮義言之尚傷大臣之心況姦回暴露而復不罷是衮闕不補迷而不返也於是遂罷校事官曉遷汝南太守年四十餘薨曉別傳曰曉大著文章多亡失今之存者不能十分之一

郭嘉字奉孝潁川陽翟人也傅子曰嘉少有遠量漢末天下將亂自弱冠匿名迹密交結英雋不與俗接故時人多莫知惟識達者奇之年二十七辟司徒府初北見袁紹謂紹謀臣辛評郭圖曰夫智者審於量主故百舉百全而功名可立也袁公徒欲效周公之下士而未知用人之機多端寡要好謀無決欲與共濟天下大難定霸王之業難矣於是遂去之先是時潁川戲志才籌畫士也太祖甚器之早卒太祖與荀彧書曰自志才亡後莫可與計事者汝潁固多奇士誰可以繼之彧薦嘉召見論天下事太祖曰使孤成大業者必此人也嘉出亦喜曰眞吾主也表爲司空軍祭酒傅子曰太祖謂嘉曰本初擁冀州之衆青并從之地廣兵彊而數爲不遜吾欲討之力不敵如何對曰劉項之不敵公所知也漢祖唯智勝項羽雖彊終爲所禽嘉竊料之紹有十敗公有十勝雖兵彊無能爲也紹繁禮多儀公體任自然此道勝一也紹以逆動公奉順以率天下此義勝二也漢末政失於寬紹以寬濟寬故不攝公糾之以猛而上下知制此治勝三也紹外寬內忌用人而疑之所任唯親戚子弟公外易簡而內機明用人無疑唯才所宜不間遠近此度勝四也紹多謀少決失在後事公策得輒行應變無窮此謀勝五也紹因累世之資高議揖讓以收名譽士之好言飾外者多歸之公以至心待人推誠而行不爲虛美以儉率下與有功者無所吝士之忠正遠見而有實者皆願爲用此德勝六也紹見人飢寒恤念之形於顏色其所不見慮或不及也所謂婦人之仁耳公於目前小事時有所忽至於大事與四海接恩之所加皆過其望雖所不見慮之所周無不濟也此仁勝七也紹大臣爭權讒言惑亂公御下以道浸潤不行此明勝八也紹是非不可知公所是進之以禮所不是正之以法此文勝九也紹好爲虛勢不知兵要公以少克衆用兵如神軍人恃之敵人畏之此武勝十也太祖笑曰如卿所言孤何德以堪之也嘉又曰紹方北擊公孫瓚可因其遠征東取呂布不先取布若紹爲寇布爲之援此深害也太祖曰然征呂布三戰破之布退固守時士卒疲倦太祖欲引軍還嘉說太祖急攻之遂禽布語在荀攸傳傅子曰太祖欲引軍還嘉曰昔項籍七十餘戰未嘗敗北一朝失勢而身死國亡者恃勇無謀故也今布每戰輒敗氣衰力盡內外失守布之威力不及項籍而困敗過之若乘勝攻之此成禽也太祖曰善魏書曰劉備來奔以爲豫州牧或謂太祖曰備有英雄志今不早圖後必爲患太祖以問嘉嘉曰有是然公提劍起義兵爲百姓除暴推誠仗信以招俊傑猶懼其未也今備有英雄名以窮歸己而害之是以害賢爲名則智士將自疑回心擇主公誰與定天下夫除一人之患以沮四海之望安危之機不可不察太祖笑曰君得之矣傅子曰初劉備來降太祖以客禮待之使爲豫州牧嘉言於太祖曰備有雄才而甚得衆心張飛關羽者皆萬人之敵也爲之死用嘉觀之備終不爲人下其謀未可測也古人有言一日縱敵數世之患宜早爲之所時太祖奉天子以號令天下方招懷英雄以明大信未得從嘉謀會太祖使備要擊袁術嘉與程昱俱駕而諫太祖曰放備變作矣時備已去遂舉兵以叛太祖恨不用嘉之言案魏書所云與傅子正反也孫策轉鬬千里盡有江東聞太祖與袁紹相持於官渡將渡江北襲許衆聞皆懼嘉料之曰策新并江東所誅皆英豪雄傑能得人死力者也然策輕而無備雖有百萬之衆無異於獨行中原也若刺客伏起一人之敵耳以吾觀之必死於匹夫之手策臨江未濟果爲許貢客所殺傅子曰太祖欲速征劉備議者懼軍出袁紹襲其後進不得戰而退失所據語在武紀太祖疑以問嘉嘉勸太祖曰紹性遲而多疑來必不速備新起衆心未附急擊之必敗此存亡之機不可失也太祖曰善遂東征備備敗奔紹紹果不出臣松之案武紀決計征備量紹不出皆出自太祖此云用嘉計則爲不同又本傳稱嘉料孫策輕佻必死於匹夫之手誠爲明於見事然自非上智無以知其死在何年也今正以襲許年死此蓋事之偶合從破袁紹紹死又從討譚尚於黎陽連戰數克諸將欲乘勝遂攻之嘉曰袁紹愛此二子莫適立也有郭圖逢紀爲之謀臣必交鬬其間還相離也急之則相持緩之而後爭心生不如南向荊州若征劉表者以待其變變成而後擊之可一舉定也太祖曰善乃南征軍至西平譚尚果爭冀州譚爲尚軍所敗走保平原遣辛毗乞降太祖還救之遂從定鄴又從攻譚於南皮冀州平封嘉洧陽亭侯傅子曰河北既平太祖多辟召青冀幽并知名之士漸臣使之以爲省事掾屬皆嘉之謀也太祖將征袁尚及三郡烏丸諸下多懼劉表使劉備襲許以討太祖嘉曰公雖威震天下胡恃其遠必不設備因其無備卒然擊之可破滅也且袁紹有恩於民夷而尚兄弟生存今四州之民徒以威附德施未加舍而南征尚因烏丸之資招其死主之臣胡人一動民夷俱應以生蹋頓之心成覬覦之計恐青冀非己之有也表坐談客耳自知才不足以御備重任之則恐不能制輕任之則備不爲用雖虛國遠征公無憂矣太祖遂行至易嘉言曰兵貴神速今千里襲人輜重多難以趣利且彼聞之必爲備不如留輜重輕兵兼道以出掩其不意太祖乃密出盧龍塞直指單于庭虜卒聞太祖至惶怖合戰大破之斬蹋頓及名王已下尚及兄熙走遼東嘉深通有筭略達於事情太祖

曰惟奉孝爲能知孤意年三十八自柳城還疾篤太祖問疾者交錯及薨臨其喪哀甚謂荀攸等曰諸君年皆孤輩也唯奉孝最少天下事竟欲以後事屬之而中年夭折命也夫乃表曰軍祭酒郭嘉自從征伐十有一年每有大議臨敵制變臣策未決嘉輒成之平定天下謀功爲高不幸短命事業未終追思嘉勳實不可忘可增邑八百戶并前千戶魏書載太祖表曰臣聞褒忠寵賢未必當身念功惟績恩隆後嗣是以楚宗孫叔顯封厥子岑彭既沒爵及支庶故軍祭酒郭嘉忠良淵淑體通性達每有大議發言盈庭執中處理動無遺策自在軍旅十有餘年行同騎乘坐共幄席東禽呂布西取眭固斬袁譚之首平朔土之衆踰越險塞盪定烏丸震威遼東以梟袁尚雖假天威易爲指麾至於臨敵發揚誓命凶逆克殄勳實由嘉方將表顯短命早終上爲朝廷悼惜良臣下自毒恨喪失奇佐宜追增嘉封并前千戶褒亡爲存厚往勸來也謚曰貞侯子奕嗣魏書稱奕通達見理奕字伯益見王昶家誡後太祖征荊州還於巴丘遇疾疫燒船歎曰郭奉孝在不使孤至此傳子曰太祖又云哀哉奉孝痛哉奉孝惜哉奉孝初陳羣非嘉不治行檢數廷訴嘉嘉意自若太祖愈益厚之然以羣能持正亦悅焉傳子曰太祖與荀彧書追傷嘉曰郭奉孝年不滿四十相與周旋十二年阻險艱難皆共罹之又以其通達見世事無所凝滯欲以後事屬之何意卒爾失之悲痛傷心今表增其子滿千戶然何益亡者追念之感深且奉孝乃知孤者也天下人相知者少又以此痛惜奈何奈何又與彧書曰追惜奉孝不能去心其人見時事兵事過絕於人又人多畏病南方有疫常言吾往南方則不生還然與共論計云當先定荊此爲不但見計之忠厚必欲立功分棄命定事人心乃爾何得使人忘之奕爲太子文學早薨子深嗣深薨子獵嗣世語曰嘉孫敞字泰中有才識位散騎常侍

董昭字公仁濟陰定陶人也舉孝廉除廮陶長柏人令袁紹以爲參軍事紹逆公孫瓚於界橋鉅鹿太守李邵及郡冠蓋以瓚兵彊皆欲屬瓚紹聞之使昭領鉅鹿問禦以何術對曰一人之微不能消衆謀欲誘致其心唱與同議及得其情乃當權以制之耳計在臨時未可得言時郡右姓孫伉等數十人專爲謀主驚動吏民昭至郡僞作紹檄告郡云得賊羅候安平張吉辭當攻鉅鹿賊故孝廉孫伉等爲應檄到收行軍法惡止其身妻子勿坐昭案檄告令皆卽斬之一郡惶恐乃以次安慰遂皆平集事訖白紹紹稱善會魏郡太守栗攀爲兵所害紹以昭領魏郡太守時郡界大亂賊以萬數遣使往來交易市買昭厚待之因用爲間乘虛掩討輒大克破二日之中羽檄三至昭弟訪在張邈軍中邈與紹有隙紹受讒將致罪於昭昭欲詣漢獻帝至河內爲張楊所留因楊上還印綬拜騎都尉時太祖領兗州遣使詣楊欲令假塗西至長安楊不聽昭說楊曰袁曹雖爲一家勢不久羣曹今雖弱然實天下之英雄也當故結之況今有緣宜通其上事并表薦之若事有成永爲深分楊於是通太祖上事表薦太祖昭爲太祖作書與長安諸將李傕郭汜等各隨輕重致殷勤楊亦遣使詣太祖太祖遺楊犬馬金帛遂與西方往來天子在安邑昭從河內往詔拜議郎建安元年太祖定黃巾于許遣使詣河東會天子還洛陽韓暹楊奉董承及楊各違戾不和昭以奉兵馬最彊而少黨援作太祖書與奉曰吾與將軍聞名慕義便推赤心今將軍拔萬乘之艱難反之舊都翼佐之功超世無儔何其休哉方今羣凶猾夏四海未寧神器至重事在維輔必須衆賢以清王軌誠非一人所能獨建心腹四肢實相恃賴一物不備則有闕焉將軍當爲內主吾爲外援今吾有糧將軍有兵有無相通足以相濟死生契闊相與共之奉得書喜悅語諸將軍曰兗州諸軍近在許耳有兵有糧國家所當依仰也遂共表太祖爲鎮東將軍襲父爵費亭侯昭遷符節令太祖朝天子於洛陽引昭並坐問曰今孤來此當施何計昭曰將軍興義兵以誅暴亂入朝天子輔翼王室此五霸之功也此下諸將人殊意異未必服從今留匡弼事勢不便惟有移駕幸許耳然朝廷播越新還舊京遠近跂望冀一朝獲安今復徙駕不厭衆心夫行非常之事乃有非常之功願將軍算其多者太祖曰此孤本志也楊奉近在梁耳聞其兵精得無爲孤累乎昭曰奉少黨援將獨委質鎮東費亭之事皆奉所定又聞書命申束足以見信宜時遣使厚遺答謝以安其意說京都無糧欲車駕暫幸魯陽魯陽近許轉運稍易可無縣乏之憂奉爲人勇而寡慮必不見疑比使往來足以定計奉何能爲累太祖曰善卽遣使詣奉徙大駕至許奉由是失望與韓暹等到定陵鈔暴太祖不應密往攻其梁營降誅卽定奉暹失衆東降袁術三年昭遷河南尹時張楊爲其將楊醜所殺楊長史薛洪河內太守繆尚城守待紹救太祖令昭單身入城告諭洪尚等卽日舉衆降以昭爲冀州牧太祖令劉備拒袁術昭曰備勇而志大關羽張飛爲之羽翼恐備之心未可得論也太祖曰吾已許之矣備到下邳殺徐州刺史車冑反太祖自征備徙昭爲徐州牧袁紹遣將顏良攻東郡又徙昭爲魏郡太守從討良良死後進圍鄴城袁紹同族春卿爲魏郡太守在城中其父元長在揚州太祖遣人迎之昭書與春卿曰蓋聞孝者不背親以要利仁者不忘君以狥私志士不探亂以徼幸智者不詭道以自危足下大君昔避內難南游百越非疏骨肉樂彼吳會智者深識獨或宜然曹公愍其守志清恪離羣寡儔故特遣使江東或迎或送今將至矣就令足下處偏平之地依德義之主居有泰山之固身爲喬松之偶以義言之猶宜背彼向此舍民趣父也且邾儀父始與隱公盟魯人嘉之而不書爵然則王所未命爵尊不成春秋之義也況足下今日之所託者乃危亂之國所受者乃矯誣之命乎苟不逞之與羣而厥父之不恤不可以言孝忘祖宗所居之本朝安非正之奸職難可以言忠忠孝並替難以言智又足下昔日爲曹公所禮辟夫戚族人而疏所生內所寓而外王室懷邪祿而叛知己遠福祚而近危亡棄明義而收大恥不亦可惜邪若能翻然易節奉帝養父委身曹公忠孝不墜榮名彰矣宜深留計早決良圖鄴旣定以昭爲諫議大夫後袁尚依烏丸蹋頓太祖將征之患軍糧難致鑿平虜泉州二渠入海通運昭所建也太祖表封千秋亭侯轉拜司空軍祭酒後昭建議宜修古建封五等太祖曰建設五等者聖人也又非人臣所制吾何以堪之昭曰自古以來人臣匡世未有今日之功有今日之功未有久處人臣之勢者也今明公恥有慙德而未盡善樂保名節而無大責德美過於伊周此至德之所極也然太甲成王未必可遭今民難化甚於殷周處大臣之勢使人以大事疑已誠不可不重慮也明公雖邁威德明法術而不定其基爲萬世計猶未至也定基之本在地與人宜稍建立以自藩衞明公忠節穎露天威在顏耿弇牀下之言朱英無妄之論不得過耳昭受恩非凡不敢不陳獻帝春秋曰昭與列侯諸將議以丞相宜進爵國公九錫備物以彰殊勳書與荀彧曰昔周旦呂望當姬氏之盛因二聖之業輔翼成王之幼功勳若彼猶受上爵錫土開宇末世田單驅彊齊之衆報弱燕之怨收城七十迎復襄王襄王加賞於單使東有掖邑之封西有菑上之虞前世錄功濃厚如此今曹公遭海內傾覆宗廟焚滅躬擐甲冑周旋征伐櫛風沐雨且三十年芟夷羣凶爲百姓除害使漢室復存劉氏奉祀方之曩者數公若太山之與丘垤豈同日而論乎今徙與列將功臣並侯一縣此豈天下所望哉後太祖遂受魏公魏王之號皆昭所創及關羽圍曹仁於樊孫權遣使辭以遣兵西上欲掩取羽江陵公安累重羽失二城必自奔走樊軍之圍不救自解乞密不漏令羽有備太祖詰羣臣羣臣咸言宜當密之昭曰軍事尚權期於合宜宜應權以密而內露之羽聞權上若還自護圍則速解便獲其利可使兩賊相對銜持坐待其弊秘而不露使權得志非計之上又圍中將吏不知有救計糧怖懼儻有他意爲難不小露之爲便且羽爲人彊梁自恃二城守固必不速退太祖曰善卽勑救將徐晃以權書射著圍裏及羽屯中圍裏聞之志氣百倍羽果猶豫權軍至得其二城羽乃破敗文帝卽王位拜昭將作大匠及踐阼遷大鴻臚進封右鄉侯二年分邑百戶賜昭弟訪爵關內侯徙昭爲侍中三年征東大將軍曹休臨江在洞浦口自表願將銳卒虎步江南因敵取資事必克捷若其無臣不須爲念帝恐休便渡江驛馬詔止時昭侍側因曰竊見陛下有憂色獨以休濟江故乎今者渡江人情所難就休有此志勢不獨行當須諸將臧霸等旣富且貴無復他望但欲終其天年保守祿祚而已何肯乘危自投死地以求徼倖苟霸等不進休意自沮臣恐陛下雖有勑渡之詔猶必沈吟未便從命也是後無幾暴風吹賊船悉詣休等營下斬首獲生賊遂迸散詔勑諸軍促渡軍未時進賊救船遂至大駕幸宛征南大將軍夏侯尚等攻江陵未拔時江水淺狹尚欲乘船將步騎入渚中安屯作浮橋南北往來議者多以爲城必可拔昭上疏曰武皇帝智勇過人而用兵畏敵不敢輕之若此也夫兵好進惡退常然之數平地無險猶尚艱難就當深入還道宜利兵有進退不可如意今屯渚中至深也浮橋而濟至危也一道而行至狹也三者兵家所忌而今行之賊頻攻橋誤有漏失渚中精銳非魏之有將轉化爲吳矣臣私慼之忘寢與食而議者怡然不以爲憂豈不惑哉加江水向長一旦暴增何以防禦就不破賊尚當自完柰何乘危不以爲懼事將危矣惟陛下察之帝悟昭言卽詔尚等促出賊兩頭並前官兵一道引去不時得泄將軍石建高遷僅得自免軍出旬日江水暴長帝曰君論此事何其審也正使張陳當之何以復加五年徙封成都鄉侯拜太常其年徙光祿大夫給事中從大駕東征七年還拜太僕明帝卽位進爵樂平侯邑千戶轉衞尉分邑百戶賜一子爵關內侯太和四年行司徒事六年拜眞昭上疏陳末流之弊曰凡有天下者莫不貴尚敦樸忠信之士深疾虛僞不眞之人者以其毀教亂治敗俗傷化也近魏諷則伏誅建安之末曹偉則斬戮黃初之始伏惟前後聖詔深疾浮僞欲以破散邪黨常用切齒而執法之吏皆畏其權勢莫能糾擿毀壞風俗侵欲滋甚竊見當今年少不復以學問爲本專更以交游爲業國士不以孝悌清脩爲首乃以趨勢游利爲先合黨連羣互相褒歎以毀訾爲罰戮用黨譽爲爵賞附己者則歎之盈言不附者則爲作瑕釁至乃相謂今世何憂不度邪但求人道不勤羅之不博耳又何患其不知己矣但當吞之以藥而柔調耳又聞或有使奴客名作在職家人冒之出入往來禁奧交通書疏有所探問凡此諸事皆法之所不取刑之所不赦雖諷偉之罪無以加也帝於是發切詔斥免諸葛誕鄧颺等昭年八十一薨謚曰定侯子冑嗣冑

歷位郡守九卿

劉曄字子揚淮南成悳人也悳音德漢光武子阜陵王延後也父普母脩產渙及曄渙九歲曄七歲而母病困臨終戒渙曄以普之侍人有諂害之性身死之後懼必亂家汝長大能除之則吾無恨矣曄年十三謂兄渙曰亡母之言可以行矣渙曰那可爾曄即入室殺侍者徑出拜墓舍內大驚白普普怒遣人追曄曄還拜謝曰亡母顧命之言敢受不請擅行之罰普心異之遂不責也汝南許劭名知人避地揚州稱曄有佐世之才揚士多輕俠狡桀有鄭寶張多許乾之屬各擁部曲寶最驍果才力過人一方所憚欲驅略百姓越赴江表以曄高族名人欲彊逼曄使唱導此謀曄時年二十餘心內憂之而未有緣會太祖遣使詣州有所案問曄往見爲論事勢要將與歸駐止數日寶果從數百人齎牛酒來候使曄令家僮將其衆坐中門外爲設酒飯與寶於內宴飲密勒健兒令因行觴而斫寶寶性不甘酒視候甚明觴者不敢發曄因自引取佩刀斫殺寶斬其首以令其軍云曹公有令敢有動者與寶同罪衆皆驚怖走還營營有督將精兵數千懼其爲亂曄即乘寶馬將家僮數人詣寶營門呼其渠帥喻以禍福皆叩頭開門內曄曄撫慰安懷咸悉悅服推曄爲主曄覩漢室漸微已爲支屬不欲擁兵遂委其部曲與廬江太守劉勳勳怪其故曄曰寶無法制其衆素以鈔略爲利僕宿無資而整齊之必懷怨難久故相與耳時勳兵彊於江淮之間孫策惡之遣使卑辭厚幣以書說勳曰上繚宗民數欺下國忿之有年矣擊之路不便願因大國伐之上繚甚實得之可以富國請出兵爲外援勳信之又得策珠寶葛越喜悅外內盡賀而曄獨否勳問其故對曰上繚雖小城堅池深攻難守易不可旬日而舉則兵疲於外而國內虛策乘虛而襲我則後不能獨守是將軍進屈於敵退無所歸若軍必出禍今至矣勳不從興兵伐上繚策果乘其後勳窮踧遂奔太祖太祖至壽春時廬江界有山賊陳策衆數萬人臨險而守先時遣偏將致誅莫能禽克太祖問羣下可伐與不咸云山峻高而谿谷深隘守易攻難又無之不足爲損得之不足爲益曄曰策等小豎因亂赴險遂相依爲彊耳非有爵命威信相服也往者偏將資輕而中國未夷故策敢據險以守今天下略定後伏先誅夫畏死趨賞愚知所同故廣武君爲韓信畫策謂其威名足以先聲後實而服鄰國也豈況明公之德東征西怨先開賞募大兵臨之令宣之日軍門啓而虜自潰矣太祖笑曰卿言近之遂遣猛將在前大軍在後至則克策如曄所度太祖還辟曄爲司空倉曹掾傅子曰太祖徵曄及蔣濟胡質等五人皆揚州名士每舍亭傳未曾不講所以見重內論國邑先賢禦賊固守行軍進退之宜外料敵之變化彼我虛實戰爭之術夙夜不解而曄獨臥車中終不一言濟怪而問之曄答曰對明主非精神不接精神可學而得乎及見太祖太祖果問揚州先賢賊之形勢四人爭對待次而言再見如此太祖每和悅而曄終不一言四人笑之後一見太祖止無所復問曄乃設遠言以動太祖太祖適知便止若是者三其旨趣以爲遠言宜微精神獨見以盡其機不宜於猥坐說也太祖已探見其心矣坐罷尋以四人爲令而授曄以心腹之任每有疑事輒以函問曄至一夜數十至耳太祖征張魯轉曄爲主簿既至漢中山峻難登軍食頗乏太祖曰此妖妄之國耳何能爲有無吾軍少食不如速還便自引歸令曄督後諸軍使以次出曄策魯可克加糧道不繼雖出軍猶不能皆全馳白太祖不如致攻遂進兵多出弩以射其營魯奔走漢中遂平曄進曰明公以步卒五千將誅董卓北破袁紹南征劉表九州百郡十并其八威震天下勢慴海外今舉漢中蜀人望風破膽失守推此而前蜀可傳檄而定劉備人傑也有度而遲得蜀日淺蜀人未附也今舉漢中蜀人震恐其勢自傾以公之神明因其傾而壓之無不克也若小緩之諸葛亮明於治而爲相關羽張飛勇冠三軍而爲將蜀民既定據險守要則不可犯矣今不取必爲後憂太祖不從傅子曰居七日蜀降者說蜀中一日數十驚備雖斬之而不能安也太祖延問曄曰今尚可擊不曄曰今已小定未可擊也大軍遂還曄自漢中還爲行軍長史兼領軍延康元年蜀將孟達率衆降達有容儀才觀文帝甚器愛之使達爲新城太守加散騎常侍曄以爲達有苟得之心而恃才好術必不能感恩懷義新城與吳蜀接連若有變態爲國生患文帝竟不易後達終於叛敗傅子曰初太祖時魏諷有重名自卿相以下皆傾心交之其後孟達去劉備歸文帝論者多稱有樂毅之量曄一見諷達而皆云必反卒如其言黃初元年以曄爲侍中賜爵關內侯詔問羣臣令料劉備當爲關羽出報吳不衆議咸云蜀小國耳名將唯羽羽死軍破國內憂懼無緣復出曄獨曰蜀雖狹弱而備之謀欲以威武自彊勢必用衆以示其有餘且關羽與備義爲君臣恩猶父子羽死不能爲興軍報敵於終始之分不足後備果出兵擊吳吳悉國應之而遣使稱藩朝臣皆賀獨曄曰吳絕在江漢之表無內臣之心久矣陛下雖齊德有虞然醜虜之性未有所感因難求臣必難信也彼必外迫內困然後發此使耳可因其窮襲而取之夫一日縱敵數世之患不可不察也備軍敗退吳禮敬轉廢帝欲興衆伐之曄以爲彼新得志上下齊心而阻帶江湖必難倉卒帝不聽傅子曰孫權遣使求降帝以問曄曄對曰權無故求降必內有急權前襲殺關羽取荊州四郡備怒必大興師伐之外有彊寇衆心不安又恐中國承其釁而伐之故委地求降一以卻中國之兵二則假中國之援以彊其衆而疑敵人權善用兵見策知變其計必出於此今天下三分中國十有其八吳蜀各保一州阻山依水有急相救此小國之利也今還自相攻天亡之也宜大興師徑渡江襲其內蜀攻其外我襲其內吳之亡不出旬月矣吳亡則蜀孤若割吳半蜀固不能久存況蜀得其外我得其內乎帝曰人稱臣降而伐之疑天下欲來者心必以爲懼其殆不可孤何不且受吳降而襲蜀之後乎對曰蜀遠吳近又聞中國伐之便還軍不能止也今備已怒故興兵擊吳聞我伐吳知吳必亡必喜而進與我爭割吳地必不改計抑怒救吳必然之勢也帝不聽遂受吳降即拜權爲吳王曄又進曰不可先帝征伐天下兼其八威震海內陛下受禪即真德合天地聲暨四遠此實然之勢非卑臣頌言也權雖有雄才故漢驃騎將軍南昌侯耳官輕勢卑士民有畏中國心不可彊迫與成所謀也不得已受其降可進其將軍號封十萬戶侯不可即以爲王也夫王位去天子一階耳其禮秩服御相亂也彼直爲侯江南士民未有君臣之義也我信其僞降就封殖之崇其位號定其君臣是爲虎傅翼也權既受王位卻蜀兵之後外盡禮事中國使其國內皆聞之內爲無禮以怒陛下陛下赫然發怒興兵討之乃徐告其民曰我委身事中國不愛珍貨重寶隨時貢獻不敢失臣禮也無故伐我必欲殘我國家俘我民人子女以爲僮隸僕妾吳民無緣不信其言也信其言而感怒上下同心戰加十倍矣又不從遂即拜權爲吳王權將陸議大敗劉備殺其兵八萬餘人備僅以身免權外禮愈卑而內行不順果如曄言五年幸廣陵泗口命荊揚州諸軍並進會羣臣問權當自來不咸曰陛下親征權恐怖必舉國而應又不敢以大衆委之臣下必自將而來曄曰彼謂陛下欲以萬乘之重牽己而超越江湖者在於別將必勒兵待事未有進退也大駕停住積日權果不至帝乃旋師云卿策之是也當念爲吾滅二賊不可但知其情而已明帝即位進爵東亭侯邑三百戶詔曰尊嚴祖考所以崇孝表行也追本敬始所以篤教流化也是以成湯文武實造商周詩書之義追尊稷契歌頌有娀姜嫄之事明盛德之源流受命所由興也自我魏室之承天序既發迹於高皇太皇帝而功隆於武皇文皇帝至於高皇之父處士君潛脩德讓行動神明斯乃乾坤所福饗光靈所從來也而精神幽遠號稱罔記非所謂崇孝重本也其令公卿已下會議號謚曄議曰聖帝孝孫之欲褒崇先祖誠無量已然親疏之數遠近之降蓋有禮紀所以割斷私情克成公法爲萬世式也周王所以上祖后稷者以其佐唐有功名在祀典故也至於漢氏之初追謚之義不過其父上比周室則大魏發迹自高皇始下論漢氏則追謚之禮不及其祖此誠往代之成法當今之明義也陛下孝思中發誠無已已然君舉必書所以慎於禮制也以爲追尊之義宜齊高皇而已尚書衞臻與曄議同事遂施行遼東太守公孫淵奪叔父位擅自立遣使表狀曄以爲公孫氏漢時所用遂世官相承水則由海陸則阻山故胡夷絕遠難制而世權日久今若不誅後必生患若懷貳阻兵然後致誅於事爲難不如因其新立有黨有仇先其不意以兵臨之開設賞募可不勞師而定也後淵竟反曄在朝略不交接時人或問其故曄答曰魏室即阼尚新智者知命俗或未咸僕在漢爲支葉於魏備腹心寡偶少徒於宜未失也太和六年以疾拜太中大夫有閒爲大鴻臚在位二年遜位復爲太中大夫薨謚曰景侯子寓嗣傅子曰曄事明皇帝又大見親重帝將伐蜀朝臣內外皆曰不可曄入與帝議因曰可伐出與朝臣言因曰不可伐曄有膽智言之皆有形中領軍楊暨帝之親臣又重曄持不可伐蜀之議最堅每從內出輒過曄曄講不可之意後暨從駕行天淵池帝論伐蜀事暨切諫帝曰卿書生焉知兵事暨謙謝曰臣出自儒生之末陛下過聽拔臣羣萃之中立之六軍之上臣有微心不敢不盡言臣言誠不足采侍中劉曄先帝謀臣常曰蜀不可伐帝曰曄與吾言蜀可伐暨曰曄可召質也詔召曄至帝問曄終不言後獨見曄責帝曰伐國大謀也臣得與聞大謀常恐眯夢漏泄以益臣罪焉敢向人言之夫兵詭道也軍事未發不厭其密也陛下顯然露之臣恐敵國已聞之矣於是帝謝之曄見出責暨曰夫釣者中大魚則縱而隨之須可制而後牽則無不得也人主之威豈徒大魚而已子誠直臣然計不足采不可不精思也暨亦謝之曄能應變持兩端如此或惡曄於帝曰曄不盡忠善伺上意所趨而合之陛下試與曄言皆反意而問之若皆與所問反者是曄常與聖意合也復每問皆同者曄之情必無所復逃矣帝如言以驗之果得其情從此疏焉曄遂發狂出爲大鴻臚以憂死諺曰巧詐不如拙誠信矣以曄之明智權計若居之以德義行之以忠信古之上賢何以加諸獨任才智不與世士相經緯內不推心事上外困於俗卒不能自安於天下豈不惜哉少子陶亦高才而薄行官至平原太守王弼傳曰淮南人劉陶善論縱橫爲當時所推傅子曰陶字季冶善名稱有大辯曹爽時爲選部郎鄧颺之徒稱之以爲伊呂當此之時其人意陵青雲謂玄曰仲尼不聖何以知其然智者圖國天下羣愚如弄一丸於掌中而不能得天下玄以其言大惑不復詳難也謂之曰天下之質變無常也今見卿窮矣爽之敗退居里舍乃謝其言之過干寶晉紀曰毌丘儉之起也大將軍以問陶陶答依違大將軍怒曰卿平生與吾論天下事至於今日而更不盡乎乃出爲平原太守又追殺之

蔣濟字子通楚國平阿人也仕郡計吏州別駕建安十三年孫權率衆圍合肥時大軍征荊州遇疾疫唯遣將軍張喜單將千騎過領汝南兵以解圍頗復疾疫濟乃密白刺史僞得喜書云步騎四萬已到雩婁遣主簿迎喜三部使齎書語城中守將一部得入城二部爲賊所得權信之遽燒圍走城用得全明年使於譙太祖問濟曰昔孤與袁本初對官渡徙燕白馬民民不得走賊亦不敢鈔今欲徙淮南民何如濟對曰是時兵弱賊彊不徙必失之自破袁紹北拔柳城南向江漢荊州交臂威震天下民無他志然百姓懷土實不樂徙懼必不安太祖不從而江淮間十餘萬衆皆驚走吳後濟使詣鄴太祖迎見大笑曰本但欲使避賊乃更驅盡之拜濟丹陽太守大軍南征還以溫恢爲揚州刺史濟爲別駕令曰季子爲臣吳宜有君今君還州吾無憂矣民有誣告濟爲謀叛主率者太祖聞之指前令與左將軍于禁沛相封仁等曰蔣濟寧有此事有此事吾爲不知人也此必愚民樂亂妄引之耳促理出之辟爲丞相主簿西曹屬令曰舜舉皋陶不仁者遠臧否得中望於賢屬矣關羽圍樊襄陽太祖以漢帝在許近賊欲徙都司馬宣王及

濟說太祖曰于禁等爲水所沒非戰攻之失於國家大計未足有損劉備孫權外親內疏關羽得志權必不願也可遣人勸躡其後許割江南以封權則樊圍自解太祖如其言權聞之即引兵西襲公安江陵羽遂見禽文帝即王位轉爲相國長史及踐阼出爲東中郎將濟請留詔曰高祖歌曰安得猛士守四方天下未寧要須良臣以鎮邊境如其無事乃還鳴玉未爲後也濟上萬幾論帝善之入爲散騎常侍時有詔征南將軍夏侯尚曰卿腹心重將特當任使恩施足死惠愛可懷作威作福殺人活人尚以示濟濟既至帝問曰卿所聞見天下風教何如濟對曰未有他善但見亡國之語耳帝忿然作色而問其故濟具以答因曰夫作威作福書之明誡天子無戲言古人所慎惟陛下察之於是帝意解遣追取前詔黃初三年與大司馬曹仁征吳濟別襲羨溪仁欲攻濡須洲中濟曰賊據西岸列船上流而兵入洲中是爲自內地獄危亡之道也仁不從果敗仁薨復以濟爲東中郎將代領其兵詔曰卿兼資文武志節忼愾常有超越江湖吞吳會之志故復授將率之任頃之徵爲尚書車駕幸廣陵濟表水道難通又上三州論以諷帝帝不從於是戰船數千皆滯不得行議者欲就留兵屯田濟以爲東近湖北臨淮若水盛時賊易爲寇不可安屯帝從之車駕即發還到精湖水稍盡盡留船付濟船本歷適數百里中濟更鑿地作四五道蹴船令聚豫作土豚遏斷湖水皆引後船一時開遏入淮中帝還洛陽謂濟曰事不可不曉吾前決謂分卒燒船於山陽池中卿於後致之略與吾俱至譙又每得所陳實入吾意自今討賊計畫善思論之明帝即位賜爵關內侯大司馬曹休帥軍向皖濟表以爲深入虜地與權精兵對而朱然等在上流乘休後臣未見其利也軍至皖吳出兵安陸濟又上疏曰今賊示形於西必欲并兵圖東宜急詔諸軍往救之會休軍已敗盡棄器仗輜重退還吳欲塞夾口遏救兵至是以官軍得不沒遷爲中護軍時中書監令號爲專任濟上疏曰大臣太重者國危左右太親者身蔽古之至戒也往者大臣秉事外內扇動陛下卓然自覽萬幾莫不祗肅夫大臣非不忠也然威權在下則衆心慢上勢之常也陛下既已察之於大臣願無忘於左右左右忠正遠慮未必賢於大臣至於便辟取合或能工之今外所言輒云中書雖使恭慎不敢外交但有此名猶惑世俗況實握事要日在目前儻因疲倦之間有所割制衆臣見其能推移於事即亦因時而向之一有此端因當內設自完以此衆語私招所交爲之內援若此臧否毀譽必有所興功負賞罰必有所易直道而上者或壅曲附左右者反達因微而入緣形而出意所狎信不復猜覺此宜聖智所當早聞外以經意則形際自見或恐朝臣畏言不合而受左右之怨莫適以聞臣竊亮陛下潛神默思公聽並觀若事有未盡於理而物有未周於用將改曲易調遠與黃唐角功近昭武文之迹豈近習而已哉然人君猶不可悉天下事以適己明當有所付三官任一臣非周公旦之忠又非管夷吾之公則有弄機敗官之敝當今柱石之士雖少至於行稱一州智效一官忠信竭命各奉其職可並驅策不使聖明之朝有專吏之名也詔曰夫骨鯁之臣人主之所仗也濟才兼文武服勤盡節每軍國大事輒有奏議忠誠奮發吾甚壯之就遷爲護軍將軍加散騎常侍司馬彪戰略曰太和六年明帝遣平州刺史田豫乘海渡幽州刺史王雄陸道并攻遼東蔣濟諫曰凡非相吞之國不侵叛之臣不宜輕伐伐之而不制是驅使爲賊故曰虎狼當路不治狐狸先除大害小害自已今海表之地累世委質歲選計考不乏職貢議者先之正使一舉便克得其民不足益國得其財不足爲富儻不如意是爲結怨失信也帝不聽豫行竟無成而還景初中外勤征役內務宮室怨曠者多而年穀飢儉濟上疏曰陛下方當恢崇前緒光濟遺業誠未得高枕而治也今雖有十二州至於民數不過漢時一大郡二賊未誅宿兵邊陲且耕且戰怨曠積年宗廟宮室百事草創農桑者少衣食者多今其所急務唯當息耗百姓不至甚弊弊攰之民儻有水旱百萬之衆不爲國用凡使民必須農隙不奪其時夫欲大興功之君先料其民力而燠休之勾踐養胎以待用昭王恤病以雪仇故能以弱燕服彊齊羸越滅勁吳今二敵不攻不滅不事即侵當身不除百世之責也以陛下聖明神武之略舍其緩者專心討賊臣以爲無難矣又歡娛之躭害於精爽神太用則竭形太勞則弊願大簡賢妙足以充百斯男者其冗散未齒且悉分出務在清靜詔曰微護軍吾弗聞斯言也漢晉春秋曰公孫淵聞魏將來討復稱臣於孫權乞兵自救帝問濟孫權其救遼東乎濟曰彼知官備以固利不可得深入則非力所能淺入則勞而無獲權雖子弟在危猶將不動況異域之人兼以往者之辱乎今所以外揚此聲者譎其行人疑於我我之不克冀折後事已耳然沓渚之間去淵尚遠若大軍相持事不速決則權之淺規或能輕兵掩襲未可測也齊王即位徙爲領軍將軍進爵昌陵亭侯列異傳曰濟爲領軍其婦夢見亡兒涕泣曰死生異路我生時爲卿相子孫今在地下爲泰山伍伯憔悴困辱不可復言今太廟西謳士孫阿今見召爲泰山令願母爲白侯屬阿令轉我得樂處言訖母忽然驚寤明日以白濟濟曰夢爲爾耳不足怪也明日暮復夢曰我來迎新君止在廟下未發之頃暫得來歸新君明日日中當發臨發多事不復得歸永辭於此侯氣彊難感悟故自訴於母願重啓侯何惜不一試驗之遂道阿之形狀言甚備悉天明母重啓侯雖云夢不足怪此何太適適亦何惜不一驗之濟乃遣人詣太廟下推問孫阿果得之形狀證驗悉如兒言濟涕泣曰幾負吾兒於是乃見孫阿具語其事阿不懼當死而喜得爲泰山令惟恐濟言不信也曰若如節下言阿之願也不知賢子欲得何職濟曰隨地下樂者與之阿曰輒當奉教乃厚賞之言訖遣還濟欲速知其驗從領軍門至廟下十步安一人以傳阿消息辰時傳阿心痛巳時傳阿劇日中傳阿亡濟泣曰雖哀吾兒之不幸且喜亡者有知後月餘兒復來語母曰已得轉爲錄事矣遷太尉初侍中高堂隆論郊祀事以魏爲舜後推舜配天濟以爲舜本姓嬀其苗曰田非曹之先著文以追詰隆臣松之案蔣濟立郊議稱曹騰碑文云曹氏族出自邾魏書述曹氏胤緒亦如之魏武作家傳自云曹叔振鐸之後故陳思王作武帝誄曰於穆武王胄稷胤周此其不同者也及至景初明帝從高堂隆議謂魏爲舜後後魏爲禪晉文稱昔我皇祖有虞則其異彌甚尋濟難隆及與尚書繆襲往反並有理據文多不載濟亦未能定氏族所出但謂魏非舜後而橫祀非族降黜太祖不配正天皆爲謬妄然于時竟莫能正濟又難鄭玄注祭法云有虞以上尚德禘郊祖宗配用有德自夏已下稍用其姓氏濟曰夫虯龍神於獺獺自祭其先不祭虯龍也騶虞白虎仁於豺豺自祭其先不祭騶虞虎也如玄之說有虞已上豺獺之不若邪臣以爲祭法所云見疑學者久矣鄭玄不考正其違而就通其義濟豺獺之譬雖似俳諧然其義旨有可求焉是時曹爽專政丁謐鄧颺等輕改法度會有日蝕變詔羣臣問其得失濟上疏曰昔大舜佐治戒在比周周公輔政慎於其朋齊侯問災晏嬰對以布惠魯君問異臧孫答以緩役應天塞變乃實人事今二賊未滅將士暴露已數十年男女怨曠百姓貧苦夫爲國法度惟命世大才乃能張其綱維以垂于後豈中下之吏所宜改易哉終無益於治適足傷民望宜使文武之臣各守其職率以清平則和氣祥瑞可感而致也以隨太傅司馬宣王屯洛水浮橋誅曹爽等進封都鄉侯邑七百戶濟上疏曰臣忝寵上司而爽敢包藏禍心此臣之無任也太傅奮獨斷之策陛下明其忠節罪人伏誅社稷之福也夫封寵慶賞必加有功今論謀則臣不先知語戰則非臣所率而上失其制下受其弊臣備宰司民所具瞻誠恐冒賞之漸自此而興推讓之風由此而廢固辭不許孫盛曰蔣濟之辭邑可謂不負心矣語曰不爲利回不爲義疚蔣濟其有焉是歲薨諡曰景侯世語曰初濟隨司馬宣王屯洛水浮橋濟書與曹爽言宣王旨惟免官而已爽遂誅滅濟病其言之失信發病卒子秀嗣秀薨子凱嗣咸熙中開建五等以濟著勳前朝改封凱爲下蔡子

劉放字子棄涿郡人漢廣陽順王子西鄉侯宏後也歷郡綱紀舉孝廉遭世大亂時漁陽王松據其土放往依之太祖克冀州放說松曰往者董卓作逆英雄並起阻兵擅命人自封殖惟曹公能拔拯危亂翼戴天子奉辭伐罪所向必克以二袁之彊守則淮南冰消戰則官渡大敗乘勝席卷將清河朔威刑既合大勢以見速至者漸福後服者先亡此乃不俟終日馳騖之時也昔黥布棄南面之尊仗劍歸漢誠識廢興之理審去就之分也將軍宜投身委命厚自結納松然之會太祖討袁譚於南皮以書招松松舉雍奴泉州安次以附之放爲松答太祖書其文甚麗太祖既善之又聞其說由是遂辟放建安十年與松俱至太祖大悅謂放曰昔班彪依竇融而有河西之功今一何相似也乃以放參司空軍事歷主簿記室出爲郃陽祋祤祋音都活反祤音詡贊令魏國既建與太原孫資俱爲秘書郎先是資亦歷縣令參丞相軍事資別傳曰資字彥龍幼而岐嶷三歲喪二親長於兄嫂講肄太學博覽傳記同郡王允一見而奇之太祖爲司空又辟資會兄爲鄉人所害資手刃報讎乃將家屬避地河東敘遂不應命尋復爲本郡所命以疾辭友人河東賈逵謂資曰足下抱逸羣之才值舊邦傾覆主將殷勤千里延頸宜崇古賢桑梓之義而久盤桓拒違君命斯猶曜和璧於秦王之庭而塞以連城之價耳竊爲足下不取也資感其言遂往應之到署功曹舉計吏尚書令荀彧見資歎曰北州承喪亂已久謂其賢智零落今日乃復見孫計君乎表留以爲尚書郎辭以家難得還河東文帝即位放資轉爲左丞數月放徙爲令黃初初改秘書爲中書以放爲監資爲令各加給事中放賜爵關內侯資爲關中侯遂掌機密三年放進爵魏壽亭侯資關內侯明帝即位尤見寵任同加散騎常侍進放爵西鄉侯資樂陽亭侯資別傳曰諸葛亮出在南鄭時議者以爲可因大發兵就討之帝意亦然以問資資曰昔武皇帝征南鄭取張魯陽平之役危而後濟又自往拔出夏侯淵軍數言南鄭直爲天獄中斜谷道爲五百里石穴耳言其深險喜出淵軍之辭也又武皇帝聖於用兵察蜀賊棲於山巖視吳虜竄於江湖皆撓而避之不責將士之力不爭一朝之忿誠所謂見勝而戰知難而退也今若進軍就南鄭討亮道既險阻計用精兵又轉運鎮守南方四州遏禦水賊凡用十五六萬人必當復更有所發興天下騷動費力廣大此誠陛下所宜深慮夫守戰之力力役參倍但以今日見兵分命大將據諸要險威足以震懾彊寇鎮靜疆埸將士虎睡百姓無事數年之間中國日盛吳蜀二虜必自罷弊帝由是止時吳人彭綺又舉義江南議者以爲因此伐之必有所克帝問資資曰鄱陽宗人前後數有舉義者衆弱謀淺旋輒乖散昔文皇帝嘗密論賊形勢言洞浦殺萬人得船千數數日間船人復會江陵被圍歷月權裁以千數百兵住東門而其土地無崩解者是有法禁上下相持之明驗也以此推綺懼未能爲權腹心大疾也綺果尋敗亡太和末吳遣將周賀浮海詣遼東招誘公孫淵帝欲邀討之朝議多以爲不可惟資決行策果大破之進爵左鄉侯魏氏春秋曰烏丸校尉田豫帥西部鮮卑泄歸泥等出塞討軻比能智鬱築鞬破之還至馬邑故城比能帥三萬騎圍豫帝聞之計未有所出如中書省以問監令令孫資對曰上谷太守閻志柔弟也爲比能素所歸信令馳詔使說此能可不勞師而自解矣帝從之比能果釋豫而還放善爲書檄三祖詔命有所招喻多放所爲青龍初孫權與諸葛亮連和欲俱出爲寇邊候得權書放乃改易其辭往往換其本文而傅合之與征東將軍滿寵若欲歸化封以示亮亮騰與吳大將步騭等騭等以見權權懼亮自疑深自解說是歲俱加侍中光祿大夫資別傳曰是時孫權諸葛亮號稱劇賊無歲不有軍征而帝總攝羣下內圖禦寇之計外規廟勝之畫資皆管之然自以受腹心常讜事於帝曰動大衆舉大事宜與羣下共之既以示明且於探求爲廣既朝臣會議資奏當其是非擇其善者推成之終不顯已之德也若衆人有譴過及愛憎之說輒復爲請解以塞譖潤之端如征東將軍滿寵涼州刺史徐邈並有譖毀之者資皆盛陳其素行使卒無纖介寵邈得保其功名者資之力也初資在邦邑名出同類之右鄉人司空掾田豫梁相宗艷皆妒害之而楊豐黨附豫等專爲資構造謗端怨隙甚重資既不以爲言而終無恨意豫等慚服求釋宿憾結爲婚姻資謂之曰吾無憾心不知所釋此爲鄉黨自薄之卿自厚之耳乃爲長子宏取其女及當顯位而田豫老疾在家資遇之甚厚又

致其子於本郡以爲孝廉而揚曁子後爲尚方吏帝以職事譴怒欲致之法資請活之其不念舊惡如此景初二年遼東平定以參謀之功各進爵封本縣放方城侯資中都侯其年帝寢疾欲以燕王宇爲大將軍及領軍將軍夏侯獻武衞將軍曹爽屯騎校尉曹肇驍騎將軍秦朗共輔政宇性恭良陳誠固辭帝引見放資入卧內問曰燕王正爾爲放資對曰燕王實自知不堪大任故耳帝曰曹爽可代宇不放資因贊成之又深陳宜速召太尉司馬宣王以綱維皇室帝納其言即以黃紙授放作詔放資既出帝意復變詔止宣王勿使來尋更見放資曰我自召太尉而曹肇等反使吾止之幾敗吾事命更爲詔帝獨召爽與放資俱受詔命遂免宇獻肇朗官太尉亦至登牀受詔然後帝崩世語曰放資久典機任獻肇心內不平殿中有鷄棲樹二人相謂此亦久矣其能復幾指謂放資放資懼故勸帝召宣王帝作手詔令給使辟邪至以授宣王宣王在汲獻等先詔令於軹關西還長安辟邪又至宣王疑有變呼辟邪具問乃乘追鋒車馳至京師帝問放資誰可與太尉對者放曰曹爽帝曰堪其事不爽在左右流汗不能對放躡其足耳之曰臣以死奉社稷曹肇弟纂爲大將軍司馬燕王頗失指肇出纂見驚曰上不安云何悉共出宜還已暮放資宣詔宮門不得復內肇等罷燕王肇明日至門不得入懼詣廷尉以處事失宜免帝謂獻曰吾已差便出獻流涕而出亦免案世語所云樹置先後與本傳不同資別傳曰帝詔資曰吾年稍長又歷觀書傳中皆歎息無所不念圖萬年後計莫過使親人廣據職勢兵任又重今射聲校尉缺久欲得親人誰可用者資曰陛下思深遠誠非愚臣所及書傳所載皆聖聽所究向使漢高不知平勃能安劉氏孝武不識金霍付屬以事殆不可言文皇帝始召曹眞還時親詔臣以重慮及至晏駕陛下即阼猶有曹休外內之望賴遺日月御勒不傾使各守分職纖介不間以此推之親臣貴戚雖當據勢握兵宜使輕重素定若諸侯典兵力均衡平寵齊愛等則不相爲服不相爲服則意有異同今五營所領見兵常不過數百選授校尉如其輩類爲有疇匹至於重大之任能有所維綱者宜以聖意簡擇如平勃金霍劉章等一二人漸殊其威重使相鎮固於事爲善帝曰然如卿言當爲吾遠慮所圖今日可參平勃侔金霍雙劉章者其誰哉資曰臣聞知人則哲惟帝難之唐虞之聖凡所進用明試以功陳平初事漢祖絳灌等謗平有受金盜嫂之罪周勃以吹簫引彊始事高祖亦未知名也高祖察其行然後知可付以大事霍光給事中二十餘年小心謹愼乃見親信日磾夷狄以至孝質直特見擢用左右尚曰妄得一胡兒而重貴之平勃雖安漢嗣其終勃被反名平劣自免於呂須之讒上官桀桑弘羊與霍光爭權幾成禍亂此誠知人之不易爲臣之難也又所簡擇當得陛下所親當得陛下所信誠非愚臣之所能識別臣松之以爲孫劉于時號爲專任制斷機密政事無不綜之資放被託付之問當安危所斷而更依違其對無有適莫受人親任理豈得然案本傳及諸書並云放資稱贊曹爽勸召宣王魏室之亡禍基於此資之別傳出自其家欲以是言掩其大失然恐負國之玷終莫能磨也齊王即位以放資決定大謀增邑三百放并前千一百資千戸封愛子一人亭侯次子騎都尉餘子皆郎中正始元年更加放左光祿大夫資右光祿大夫金印紫綬儀同三司六年放轉驃騎資衞將軍領監令如故七年復封子一人亭侯各年老遜位以列侯朝朔望位特進資別傳曰大將軍爽專事多變易舊章資歎曰吾累世蒙寵加以豫聞託令不能匡弼特事可以免受素餐之祿邪遂固稱疾九年二月乃賜詔曰君掌機密三十餘年經營庶事勤著前朝暨朕統位勤賴良謀是以褒崇寵章同之三事外帥羣官內望讜言屬以年耆疾篤上還印綬前後鄭重辭旨懇切天地以大順成德君子以善恕成仁重以職事違奪君志今聽所執賜錢百萬使兼光祿勳少府親策詔君養疾于第君其勉進醫藥頤神和氣以永無疆之祚置舍人官騎加以日秩肴酒之膳焉曹爽誅後復以資爲侍中領中書令嘉平二年放薨諡曰敬侯子正嗣臣松之案頭責子羽曰士卿劉許字文生正之弟也與張華六人並稱文辭可觀意思詳序晉惠帝世爲越騎校尉資復遜位歸第就拜驃騎將軍轉侍中特進如故三年薨諡曰貞侯子宏嗣放才計優資而自修不如也放資既善承順主上又未嘗顯言得失抑辛毗而助王思以是獲譏於世然時因羣臣諫諍扶贊其義并時密陳損益不專導諛言云及咸熙中開建五等以放資著勳前朝改封正方城子宏離石子案孫氏譜宏爲南陽太守宏子楚字子荊晉陽秋曰楚鄉人王濟豪俊公子也爲本州大中正訪問銓邑人品狀至楚濟曰此人非卿所能名自狀之曰天才英博亮拔不羣楚位至討虜護軍馮翊太守楚子洵潁川太守洵子盛字安國給事中秘書監盛從父弟綽字興公廷尉正楚及盛綽並有文藻盛又善言名理諸所論著並傳於世

評曰程昱郭嘉董昭劉曄蔣濟才策謀略世之奇士雖清治德業殊於荀攸而籌畫所料是其倫也劉放文翰孫資勤愼並管喉舌權聞當時雅亮非體是故譏諛之聲每過其實矣

魏志卷十四考證

程昱太祖乃止注據千里之齊擁百萬之衆○北宋本作據千里之地

孫權新在位未爲海內所憚○太平御覽作孫權新立

年四十餘薨注今之存者不能十分之一○一北宋本作二

郭嘉果爲許貢客所殺注此存亡之機不可失也○北宋本作不可不測

又注又本傳稱自嘉料孫策輕佻○自宋本作臣

董昭昭欲詣漢獻帝至河內爲張楊所留○臣龍官按此時不應稱獻疑爲見字之譌

劉曄因難求臣必難信也○必宋本作心

蔣濟太祖問之指前令與左將軍于禁沛相封仁曰○各本作指有令臣明楷按此蓋太祖謂蔣濟無謀叛之事而信前令之不虛作前令爲是

弊敳之民○敳毛本作勎臣明楷按勎音貴力乏也敳音溪險也似應作勎又顏氏書證篇曰勎即皴倦之皴或者敳其皴字之譌與

劉放資樂陽亭侯注天下騷動○監本誤要動毛本誤擾動今改正

魏志卷十五

晉著作郎巴西中正安漢陳壽撰

宋太中大夫國子博士聞喜裴松之注

劉馥 司馬朗 梁習 張旣 溫恢

賈逵子充 李孚 楊沛

劉馥字元穎沛國相人也避亂揚州建安初說袁術將戚寄秦翊使率衆與俱詣太祖太祖悅之辟爲司徒掾後孫策所置廬江太守李述攻殺揚州刺史嚴象廬江梅乾雷緒陳蘭等聚衆數萬在江淮間郡縣殘破太祖方有袁紹之難謂馥可任以東南之事遂表爲揚州刺史馥旣受命單馬造合肥空城建立州治南懷緒等皆安集之貢獻相繼數年中恩化大行百姓樂其政流民越江山而歸者以萬數於是聚諸生立學校廣屯田興治芍陂及茹陂七門吳塘諸堨以溉稻田官民有畜又高爲城壘多積木石編作草苫數千萬枚益貯魚膏數千斛爲戰守備建安十三年卒孫權率十萬衆攻圍合肥城百餘日時天連雨城欲崩於是以苫蓑覆之夜然脂照城外視賊所作而爲備賊以破走揚州士民益追思之以爲雖董安于之守晉陽不能過也及陂塘之利至今爲用馥子靖黃初中從黃門侍郎遷廬江太守詔曰卿父昔爲彼州今卿復據此郡可謂克負荷者也轉任河內遷尚書賜爵關內侯出爲河南尹散騎常侍應璩書與靖曰入作納言出臨京任富民之術日引月長藩落高峻絕穿窬之心五種別出遠水火之災農器必具無失時之闕蠶麥有苦備之用無雨濕之虞封符指期無流連之吏鰥寡孤獨蒙廩振之實加之以明擿幽微重之以秉憲不撓有司供承王命百里垂拱仰辦雖昔趙張三王之治未足以方也靖爲政類如此初雖如碎密終於百姓便之有馥遺風母喪去官後爲大司農衞尉進封廣陸亭侯邑三百戶上疏陳儒訓之本曰夫學者治亂之軌儀聖人之大教也自黃初以來崇立太學二十餘年而寡有成者蓋由博士選輕諸生避役高門子弟恥非其倫故夫學者雖有其名而無其人雖設其教而無其功宜高選博士取行爲人表經任人師者掌教國子依遵古法使二千石以上子孫年從十五皆入太學明制黜陟榮辱之路其經明行修者則進之以崇德荒教廢業者則退之以懲惡舉善而教不能則勸浮華交游不禁自息矣闡弘大化以綏未賓六合承風遠人來格此聖人之教致治之本也後遷鎮北將軍假節都督河北諸軍事靖以爲經常之大法莫善於守防使民夷有別遂開拓邊守屯據險要又修廣戾渠陵大堨水溉灌薊南北三更種稻邊民利之嘉平六年薨追贈征北將軍進封建成鄉侯謚曰景侯子熙嗣晉陽秋曰劉弘字叔和熙之弟也弘與晉世祖同年居同里以舊恩屢登顯位自靖至弘世不曠名而有政事才晉西朝之末弘爲車騎大將軍開府荊州刺史假節都督荊交廣州諸軍事封新城郡公其在江漢值王室多難得專命一方盡其器能推誠羣下厲以公義簡刑獄務農桑每有興發手書郡國丁寧款密故莫不感悅顚倒奔赴咸曰得劉公一紙書賢於十部從事也時帝在長安命弘得選用宰守徵士武陵伍朝高尚其事牙門將皮初有勳江漢弘上朝爲零陵太守初爲襄陽太守詔書以襄陽顯郡初資名輕淺以弘壻夏侯陟爲襄陽弘曰夫統天下者當與天下同心治一國者當與一國推實吾統荊州十郡安得十女壻然後爲治哉乃表陟姻親舊制不得相監臨事初勳宜見酬報聽之衆益服其公當廣漢太守辛冉以天子蒙塵四方雲擾進從橫計於弘弘怒斬之時人莫不稱善晉諸公讚曰于時天下雖亂荊州安全弘有劉景升保有江漢之志不附太傅司馬越越甚銜之會弘病卒子璠北中郎將

司馬朗字伯達河內溫人也司馬彪序傳曰朗祖父儁字元異博學好古倜儻有大度長八尺三寸腰帶十圍儀狀魁岸與衆有異鄉黨宗族咸景附焉位至潁川太守父防字建公性質直公方雖閒居宴處威儀不忒雅好漢書名臣列傳所諷誦者數十萬言少仕州郡歷官洛陽令京兆尹以年老轉拜騎都尉養志閭巷闔門自守諸子雖冠成人不命曰進不敢進不命曰坐不敢坐不指有所問不敢言父子之間肅如也年七十一建安二十四年終有子八人朗最長次即晉宣皇帝也九歲人有道其父字者朗曰慢人親者不敬其親者也客謝之十二試經爲童子郎監試者以其身體壯大疑朗匿年劾問朗曰朗之內外累世長大朗雖稚弱無仰高之風損年以求早成非志所爲也監試者異之後關東兵起故冀州刺史李邵家居野王近山險欲徙居溫朗謂邵曰脣齒之喻豈唯虞虢溫與野王即是也今去彼而居此是爲避朝亡之期耳且君國人之望也今寇未至而先徙帶山之縣必駭是搖動民之心而開姦宄之原也竊爲郡內憂之邵不從邊山之民果亂內徙或爲寇鈔是時董卓遷天子都長安卓因留洛陽朗父防爲治書御史當徙西以四方雲擾乃遣朗將家屬還本縣或有告朗欲逃亡者執以詣卓卓謂朗曰卿與吾亡兒同歲幾大相負朗因曰明公以高世之德遭陽九之會清除羣穢廣舉賢士此誠虛心垂慮將興至治也威德以隆功業以著而兵難日起州郡鼎沸郊境之內民不安業捐棄居產流亡藏竄雖四關設禁重加刑戮猶不絕息此朗之所以於邑也願明公監觀往事少加三思卽榮名並於日月伊周不足侔也卓曰吾亦悟之卿言有意臣松之案朗此對但爲稱述卓功德未相箴誨而已了不自申釋而卓便云吾亦悟之卿言有意客主之辭如爲不相酬塞也朗知卓必亡恐見留卽散財物以賂遺卓用事者求歸鄉里到謂父老曰董卓悖逆爲天下所讎此忠臣義士奮發之時也郡與京都境壤相接洛東有成皋北界大河天下興義兵者若未得進其勢必停於此此乃四分

五裂戰爭之地，難以自安，不如及道路尚通，舉宗東到黎陽。黎陽有營兵，趙威孫鄉里舊婚，爲監營謁者，統兵馬，足以爲主。若後有變，徐復觀望未晚也。父老戀舊，莫有從者，惟同縣趙咨，將家屬俱與朗往焉。後數月，關東諸州郡起兵，衆數十萬，皆集滎陽及河內。諸將不能相一，縱兵鈔略，民人死者且半。久之，關東兵散，太祖與呂布相持於濮陽，朗乃將家還溫。時歲大饑，人相食，朗收恤宗族，教訓諸弟，不爲衰世解業。年二十二，太祖辟爲司空掾屬，除成皋令，以病去，復爲堂陽長。其治務寬惠，不行鞭杖，而民不犯禁。先時，民有徙充都內者，後縣調當作船，徙民恐其不辦，乃相率私還助之，其見愛如此。遷元城令，入爲丞相主簿。朗以爲天下土崩之勢，由秦滅五等之制，而郡國無蒐狩習戰之備故也。今雖五等未可復行，可令州郡並置兵，外備四夷，內威不軌，於策爲長。又以爲宜復井田。往者以民各有累世之業，難中奪之，是以至今。今承大亂之後，民人分散，土業無主，皆爲公田，宜及此時復之。議雖未施行，然州郡領兵，朗本意也。遷兖州刺史，政化大行，百姓稱之。雖在軍旅，常麤衣惡食，儉以率下。雅好人倫典籍，鄉人李覿等盛得名譽，朗常顯貶下之；後覿等敗，時人服焉。鍾繇、王粲著論云：「非聖人不能致太平。」朗以爲「伊、顏之徒雖非聖人，使得數世相承，太平可致」。魏書曰：文帝善朗論，命秘書錄其文。孫盛曰：繇既失之，朗亦未爲得也。昔湯舉伊尹，而不仁者遠矣。易稱顏氏之子，其殆庶幾乎！有不善未嘗不知，知之未嘗復行。由此而言，聖人之與大賢，行藏道一，舒卷斯同，御世垂法，理無降異；升泰之美，豈俟積世哉？「善人爲邦百年，亦可以勝殘去殺」，又曰「不踐跡，亦不入于室」，數世之論，其在斯乎！方之大賢，固有間矣。建安二十二年，與夏侯惇、臧霸等征吳。到居巢，軍士大疫，朗躬巡視，致醫藥。遇疾卒，時年四十七。遺命布衣幅巾，斂以時服，州人追思之。魏書曰：朗臨卒，謂將士曰：「刺史蒙國恩厚，督師萬里，微功未效，而遭此疫癘，既不能自救，辜負國恩。身沒之後，其布衣幅巾，斂以時服，勿違吾志也。」明帝即位，封朗子遺昌武亭侯，邑百戶。朗弟孚又以子望繼朗後。遺薨，望子洪嗣。晉諸公贊曰：望字子初，孚之長子。有才識，早知名。咸熙中位至司徒，入晉，封義陽王，遷太尉、大司馬。時孚爲太宰，父子居上公位，自中代已來未之有也。洪字孔業，封河間王。初，朗所與俱徙趙咨，官至太常，爲世好士。咨字君初。子酆，字子晉，驃騎將軍，封東平陵公。並見百官名志。

梁習字子虞，陳郡柘人也，爲郡綱紀。太祖爲司空，辟召爲漳長，累轉乘氏、海西、下邳令，所在有治名。還爲西曹令史，遷爲屬。并土新附，習以別部司馬領并州刺史。時承高幹荒亂之餘，胡狄在界，張雄跋扈，吏民亡叛，入其部落；兵家擁衆，作爲寇害，更相扇動，往往棊跱。習到官，誘喻招納，皆禮召其豪右，稍稍薦舉，使詣幕府；豪右已盡，乃次發諸丁彊以爲義從；又因大軍出征，分請以爲勇力。吏兵已去之後，稍移其家，前後送鄴，凡數萬口；其不從命者，興兵致討，斬首千數，降附者萬計。單于恭順，名王稽顙，部曲服事供職，同於編戶。邊境肅清，百姓布野，勤勸農桑，令行禁止。貢達名士，咸顯於世，語在常林傳。太祖嘉之，賜爵關內侯，更拜爲真。長老稱詠，以爲自所聞識，刺史未有及習者。建安十八年，州并屬冀州，更拜議郎、西部都督從事，統屬冀州，總故部曲。又使於上黨取大材供鄴宮室。習表置屯田都尉二人，領客六百夫，於道次耕種菽粟，以給人牛之費。後單于入侍，西北無虞，習之績也。魏略曰：鮮卑大人育延，常爲州所畏，而一旦將其部落五千餘騎詣習，求互市。習念不聽則恐其怨，若聽到州下，又恐爲所略，於是乃許之往與會空城中交市。遂敕郡縣，自將治中以下軍往就之。市易未畢，市吏收縛一胡。延騎皆驚，上馬彎弓，圍習數重，吏民惶怖，不知所施。習乃徐呼市吏，問縛胡意，而胡實侵犯人。習乃使譯呼延，延到，習責延曰：「汝胡自犯法，吏不侵汝，汝何爲使諸騎驚駭邪？」遂斬之，餘胡破膽不敢動。是後無寇虜。至二十二年，太祖拔漢中，諸軍還到長安，因留騎督太原烏丸王魯昔，使屯池陽，以備盧水。昔有愛妻，住在晉陽。昔既思之，又恐遂不得歸，乃以其部五百騎叛還并州，留其餘騎置山谷間，而單騎獨入晉陽，盜取其妻。已出城，州郡乃覺。吏民又畏昔善射，不敢追。習乃令從事張景，募鮮卑使逐昔。昔馬負其妻，重騎行遲，未及與其衆合，而爲鮮卑所射死。始，太祖聞昔叛，恐其爲亂於北邊，會聞已殺之，大喜，以習前後有策略，封爲關內侯。文帝踐阼，復置并州，復爲刺史，進封申門亭侯，邑百戶；政治常爲天下最。太和二年，徵拜大司農。習在州二十餘年，而居處貧窮，無方面珍物，明帝異之，禮賜甚厚。四年，薨，子施嗣。初，濟陰王思與習俱爲西曹令史。思因直日白事，失太祖指。太祖大怒，教召主者，將加重辟。時思近出，習代往對，已被收執矣，思乃馳還，自陳己罪，罪應受死。太祖歎習之不言，思之識分，曰：「何意吾軍中有二義士乎？」臣松之以爲習與王思，同寮而已，親非骨肉，義非刎頸，而以身代思，受不測之禍，以之爲義，無乃乖先哲之雅旨乎！史遷云「死有重於太山，有輕於鴻毛」，故君子不爲苟存，不爲苟亡。若使思不引分，主不加恕，則所謂自經於溝瀆而莫之知也。習之死義者，豈其然哉！後同時擢爲刺史，思領豫州。思亦能吏，然苛碎無大體，官至九卿，封列侯。魏略苛吏傳曰：思與薛悌、郤嘉俱從微起，官位略等。三人中，悌差挾儒術，所在名爲閑省。嘉與思事行相似。文帝詔曰：「薛悌駮吏，王思、郤嘉純吏也，各賜關內侯，以報其勤。」思爲人雖煩碎，而曉練文書，敬賢禮士，傾意形勢，亦以是顯名。正始中，爲大司農，年老目瞑，瞋怒無度，下吏嗷然不知何據。性少信，時有吏父病篤，近在外舍，自白求假。思疑其不實，發怒曰：「世有思婦病母者，豈此謂乎！」遂不與假。吏父明日死，思無恨意。其爲刻薄類如此。思又性急，嘗執筆作書，蠅集筆端，驅去復來，如是再三。思恚怒，自起逐蠅不能得，還取筆擲地，蹋壞之。時有丹陽施畏、魯郡倪顗、南陽胡業亦爲刺史、郡守，時人謂之苛暴。又有高陽劉類，歷位宰守，苛慝尤甚，以善修人事，不廢於世。嘉平中，爲弘農太守。吏二百餘人，不與休假，專使爲不急。過無輕重，輒捽其頭，又亂杖撾之，牽出復入，如是數四。乃使人掘地求錢，所在市里，皆有孔穴。又外託簡省，每出行，陽敕督郵不得使官屬曲修禮敬，而陰識不來者，輒發怒中傷之。性又少信，每遣大吏出，輒使小吏隨覆察之，白日常自於牆壁間闚閃，夜使幹廉察諸曹，復以幹不足信，又遣鈴下及奴婢使轉相檢驗。嘗案行，宿止民家。民家二狗逐猪，猪驚走，頭插柵間，號呼良久。類以爲外之吏擅共飲食，不復徵察，便使伍伯曳五官掾孫弼入，頓頭責之。弼以實對，類自愧不詳，因託問以他事。民尹昌，年垂百歲，聞類出行當經過，謂其兒曰：「扶我迎府君，我欲陳恩。」兒扶昌在道左。類望見，呵其兒曰：「用是死人，使來見我？」其視人無禮，皆此類也。舊俗，民謗官長者有三不肯，謂遷、免與死也。類在弘農，吏民患之，乃題其門曰「劉府君有三不肯」。類雖聞之，猶不能自改。其後安東將軍司馬文王西征，路經弘農，弘農人告類荒耄不任宰郡，乃召入爲五官中郎將。

張既字德容，馮翊高陵人也。年十六，爲郡小吏。魏略曰：既世單家富，爲人有容儀。少小工書疏，爲郡門下小吏，而家富。自惟門寒，念無以自達，乃常畜好刀筆及版奏，伺諸大吏有乏者輒給與，以是見識焉。後歷右職，舉孝廉，不行。太祖爲司空，辟，未至，舉茂才，除新豐令，治爲三輔第一。袁尚拒太祖於黎陽，遣所置河東太守郭援、并州刺史高幹及匈奴單于取平陽，發使西與關中諸將合從。司隸校尉鍾繇遣既說將軍馬騰等，既爲言利害，騰等從之。騰遣子超將兵萬餘人，與繇會擊幹、援，大破之，斬援首。幹及單于皆降。其後幹復舉并州反。河內張晟衆萬餘人無所屬，寇崤、澠間，河東衛固、弘農張琰各起兵以應之。太祖以既爲議郎，參繇軍事，使西徵諸將馬騰等，皆引兵會擊晟等，破之，斬琰、固首，幹奔荊州。封既武始亭侯。太祖將征荊州，而騰等分據關中。太祖復遣既喻騰等，令釋部曲求還。騰已許之而更猶豫，既恐爲變，乃移諸縣促儲偫，二千石郊迎，騰不得已，發東。太祖表騰爲衛尉，子超爲將軍，統其衆。後超反，既從太祖破超於華陰，西定關右。以既爲京兆尹，招懷流民，興復縣邑，百姓懷之。魏國既建，爲尚書，出爲雍州刺史。太祖謂既曰：「還君本州，可謂衣繡晝行矣。」從征張魯，別從散關入討叛氐，收其麥以給軍食。魯降，既說太祖拔漢中民數萬戶以實長安及三輔。其後與曹洪破吳蘭於下辯，又與夏侯淵討宋建，別攻臨洮、狄道，平之。是時，太祖徙民以充河北，隴西、天水、南安民相恐動，擾擾不安，既假三郡人爲將吏者休課，使治屋宅，作水碓，民心遂安。太祖將拔漢中守，恐劉備北取武都氐以逼關中，問既。既曰：「可勸使北出就穀以避賊，前至者厚其寵賞，則先者知利，後必慕之。」太祖從其策，乃自到漢中引出諸軍，令既之武都，徙氐五萬餘落出居扶風、天水界。三輔決錄注曰：既爲兒童，爲郡功曹游殷察異之，引既過家，既敬諾。殷先歸，敕家具設賓饌。及既至，殷妻笑曰：「若其悖乎！張德容童昏小兒，何異客哉！」殷曰：「卿勿怪，乃方伯之器也。」殷遂與既論霸王之略。饗訖，以子楚託之；既謙不受，殷固託之，既以殷邦之宿望，難違其旨，乃許之。殷先與司隸校尉胡軫有隙，軫誣構殺殷。殷死月餘，軫得疾患，自說但言「伏罪，伏罪，游功曹將鬼來」。於是遂死。于時關中稱曰：「生有知人之明，死有貴神之靈。」子楚字仲允，爲蒲阪令。太祖定關中時，漢興郡缺，太祖以問既，既稱楚才兼文武，遂以爲漢興太守。後轉隴西。魏略曰：楚爲人慷慨，歷位宰守，所在以恩德爲治，不好刑殺。太和中，諸葛亮出隴右，吏民騷動。天水、南安太守各棄郡東下，楚獨據隴西，召會吏民，謂之曰：「太守無恩德。今蜀兵至，諸郡吏民皆已應之，此亦諸卿富貴之秋也。太守本爲國家守郡，義在必死，卿諸人便可取太守頭持往。」吏民皆涕淚，言「死生當與明府同，無有二心」。楚復言：「卿曹若不願，我爲卿畫一計：今東二郡已去，必將寇來，但可共堅守。若國家救到，寇必去，是爲一郡守義，人人獲爵寵也。若官救不到，蜀攻日急，爾乃取太守以降，未爲晚也。」吏民遂城守。而南安果將蜀兵，就攻隴西。楚聞賊到，乃遣長史馬顒出門設陣，而自於城上曉諭蜀帥，言：「卿能斷隴，使東兵不上，一月之中，則隴西吏人不攻自服；卿若不能，虛自疲弊耳。」使顒鳴鼓擊之，蜀人乃去。後十餘日，諸軍上隴，諸葛亮破走。南安、天水皆坐應亮破滅，兩郡守各獲重刑，而楚以功封列侯，長史掾屬皆賜拜。帝嘉其治，詔特聽朝，引上殿。楚爲人短小而大聲，自爲吏，初不朝覲，被詔登階，不知儀式。帝令侍中贊引，呼「隴西太守前」，楚當言「唯」，而大應稱「諾」。帝顧之而笑，遂勞勉之。罷會，自表乞留宿衛，拜駙馬都尉。楚不學問，而性好游遨音樂，乃畜歌者，琵琶、箏、簫，每行來將以自隨。所在樗蒱、投壺，歡欣自娛。數歲，復出爲北地太守，年七十餘卒。是時，武威顏俊、張掖和鸞、酒泉黃華、西平麴演等並舉郡反，自號將軍，更相攻擊。俊遣使送母及子詣太祖爲質，求助。太祖問既，既曰：「俊等外假國威，內生傲悖，計定勢足，後即反耳。今方事定蜀，且宜兩存而鬬之，猶卞莊子之刺虎，坐收其斃也。」太祖曰：「善。」歲餘，鸞遂殺俊，武威王祕又殺鸞。是時不置涼州，自三輔距西域皆屬雍州。文帝即王位，初置涼州，以安定太守鄒岐爲刺史。張掖張進執郡守舉兵拒岐，黃華、麴演各逐故太守，舉兵以應之。既進兵爲護羌校尉蘇則聲勢，故則得以有功。既進爵都鄉侯。涼州盧水胡伊健妓妾、治元多等反，河西大擾。帝憂之，曰：「非既莫能安涼州。」乃召鄒岐，以既代之。詔曰：「昔賈復請擊郾賊，光武笑曰：『執金吾擊郾，吾復何憂？』卿謀略過人，今則其以便宜從事，勿復先請。」遣護軍夏侯儒、將軍費曜等繼其後。既至金城，欲渡河，諸將守以爲兵少道險，未可深入。既曰：「道雖險，非井陘之隘，夷狄烏合，無左車之計，今武威危急，赴之宜速。」遂渡河。賊七千餘騎逆拒軍於鸇陰口，既揚聲軍從鸇陰，乃潛由且次出至武威。胡以爲神，引還顯美。既已據武威，曜乃至，儒等猶未達。既勞賜將士，欲進軍擊胡。諸將皆曰：「士卒疲倦，虜衆氣銳，難與爭鋒。」既曰：「今軍無見糧，當因敵爲資。若虜見兵合，退依深山，追之則道險窮餓，兵還則出候寇鈔。如此，兵不得解，所謂『一日縱敵，患在數世』也。」遂前軍顯美。胡騎數千，因大風欲放火燒營，將士皆恐。既夜藏精卒三千人爲伏，使參軍成公英督千餘騎挑戰，勑使陽退。胡果爭奔之，因發伏截其後，首尾進擊，大破之，斬首獲生以萬數。魏略曰：成公英，金城人也。中平末，隨韓約爲腹心。建安中，約從華陰破走，還湟中，部黨散去，唯英獨從。典略曰：韓遂在湟中，其壻閻行欲殺遂以降，夜攻遂不下。遂歎息曰：「丈夫困厄，乃起婚姻乎！」謂英曰：「今親戚離叛，人衆轉少，當從羌中西南詣蜀耳。」英曰：「興軍數十年，今雖罷敗，何有棄其門而依於人乎！」遂曰：「吾年老矣，子欲何施？」英曰：「曹公不能遠來，獨夏侯爾。夏侯之衆，不足以追我，又不能久留；且息肩於羌中，以須其去。招呼故人，綏會羌胡，猶可以有爲也。」遂從其計，時隨從者男女尚數千人。遂宿有恩於羌，羌衛護之。及夏侯淵還，使閻行留後，乃合羌胡數萬將攻行，行欲走，會遂死，英降。太祖見英甚喜，以爲軍師，封列侯。從行出獵，有三鹿走過前，公命英射之，三發三中，皆應弦而倒。公抵掌謂之曰：「但韓文約可爲盡節，而孤獨不可乎？」英乃下馬而跪曰：「不欺明公，假使英本主人在，實不來此也。」遂流涕哽咽。公嘉其敦舊，遂親敬之。延康、黃初之際，河西有逆謀，詔遣英佐涼州，平隴右，病卒。魏略曰：閻行，金城人也，後名豔，字彥明，少有健名始爲小將隨韓約建安初約與馬騰相攻擊騰子超亦號爲健行常刺超矛折因以折矛撾超項幾殺之至十四年爲約所使詣太祖太祖厚遇之表拜爲太守行因請令其父入宿衛西還見約宜謂約云謝文約鄉始起兵時自有所逼我所具明也當早來共匡輔國朝行因謂約曰行亦爲將軍興軍以來三十餘年民兵疲瘁所處又狹宜早自附是以前在鄴自啓當令老父詣京師誠謂將軍亦宜遣一子以示丹赤約曰且可復觀望數歲中後遂遣其子與行父母俱東會約西討張猛留行守舊營而馬超等結反謀舉約爲都督及約還超謂約曰前鍾司隸任超使取將軍關東人不可復信也今超棄父以將軍爲父將軍亦當棄子以超爲子行諫約不欲令與超合約謂行曰今諸將不謀而同似有天數乃東詣華陰及太祖與約交馬語行在其後太祖望謂行曰當念作孝子及超等破走行隨約還金城太祖聞行前意故但誅約子孫在京師者乃手書與行曰觀文約所爲使人笑來吾前後與之書無所不說如此何可復忍卿父諫議自平安也雖然牢獄之中非養親之處且又官家亦不能久爲人養老也約聞行父獨在欲使并遇害以一其心乃彊以少女妻行行不獲已太祖果疑行會約使行別領西平郡遂勒其部曲與約相攻擊行不勝乃將家人東詣太祖太祖表拜列侯帝甚悅詔曰卿踰河歷險以勞擊逸以寡勝衆功過南仲勤踰吉甫此勳非但破胡乃永寧河右使吾長無西顧之念矣徙封西鄉侯增邑二百并前四百戶酒泉蘇衡反與羌豪鄰戴及丁令胡萬餘騎攻邊縣既與夏侯儒擊破之衡及鄰戴等皆降遂上疏請與儒治左城築障塞置烽候邸閣以備胡魏略曰儒字俊林夏侯尚從弟初爲鄢陵侯彰驍騎司馬宣王爲征南將軍都督荊豫州正始二年朱然圍樊城城中守將乙修等求救甚急儒進屯鄧塞以兵少不敢進但作鼓吹設導從去然六七里翱翔而還使修等遙見之數數如是月餘及太傅到乃俱進然等走時謂儒爲怯或以爲曉以少疑衆得聲救之宜儒猶以此召還爲太僕西羌恐率衆二萬餘落降其後西平麴光等殺其郡守諸將欲擊之既曰唯光等造反郡人未必悉同若便以軍臨之吏民羌胡必謂國家不別是非更使皆相持著此爲虎傅翼也光等欲以羌胡爲援今先使羌胡鈔擊重其賞募所虜獲者皆以畀之外沮其勢內離其交必不戰而定乃檄告諭諸羌爲光等所詿誤者原之能斬賊帥送首者當加封賞於是光部黨斬送光首其餘咸安堵如故既臨二州十餘年政惠著聞其所禮辟扶風龐延天水楊阜安定胡遵酒泉龐淯敦煌張恭周生烈等終皆有名位魏略曰初既爲郡小吏功曹徐英嘗自鞭既三十英字伯濟馮翊著姓建安初爲蒲阪令英性剛爽自見族氏勝既於鄉里名行在前加以前辱既雖知既貴顯終不肯求於既既雖得志亦不顧計本原猶欲與英和嘗因醉欲親狎英英故抗意不納英由此遂不復進用故時人善既不挾舊怨而壯英之不撓黃初四年薨詔曰昔荀桓子立勳翟土晉侯賞以千室之邑馮異輸力漢朝光武封其二子故涼州刺史張既能容民畜衆使羣羌歸土可謂國之良臣不幸薨隕朕甚愍之其賜小子翁歸爵關內侯明帝即位追謚曰肅侯子緝嗣緝以中書郎稍遷東莞太守嘉平中女爲皇后徵拜光祿大夫位特進妻向爲安城鄉君緝與中書令李豐同謀誅語在夏侯玄傳魏略曰緝字敬仲太和中爲溫令名有治能會諸葛亮出緝上便宜詔以問中書令孫資資以爲有籌略遂召拜騎都尉遣參征蜀軍軍罷入爲尚書郎以稱職爲明帝所識帝以爲緝之才能多所堪任試呼相者相之相者云不過二千石帝曰何材如是而位至二千石乎及在東莞領兵數千人緝性吝於財而矜於勢一旦以女徵去郡還坐里舍悒悒躁擾數爲國家陳擊吳蜀形勢又嘗對司馬大將軍料諸葛恪雖得勝於邊土見誅不久大將軍問其故緝云威震其主功蓋一國欲不死可得乎及恪從合肥還吳果殺之大將軍聞恪死謂衆人曰諸葛恪多輩耳近張敬仲縣論恪以爲必見殺今果然如此敬仲之智爲勝恪也緝與李豐通家又居相側近豐時取急出子藐往見之有所咨道豐被收事與緝連遂收送廷尉賜死獄中其諸子皆并誅緝孫殷晉永興中爲梁州刺史見晉書

溫恢字曼基太原祁人也父恕爲涿郡太守卒恢年十五送喪還歸鄉里內足於財恢曰世方亂安以富爲一朝盡散振施宗族州里高之比之郇越舉孝廉爲廩丘長鄢陵廣川令彭城魯相所在見稱入爲丞相主簿出爲揚州刺史太祖曰甚欲使卿在親近顧以爲不如此州事大故書云股肱良哉庶事康哉得無當得蔣濟爲治中邪時濟見爲丹陽太守乃遣濟還州又語張遼樂進等曰揚州刺史曉達軍事動靜與共咨議建安二十四年孫權攻合肥是時諸州皆屯戍恢謂兗州刺史裴潛曰此間雖有賊不足憂而畏征南方有變今水生而子孝縣軍無有遠備關羽驍銳乘利而進必將爲患於是有樊城之事詔書召潛及豫州刺史呂貢等潛等緩之恢密語潛曰此必襄陽之急欲赴之也所以不爲急會者不欲驚動遠衆一二日必有密書促卿進道張遼等又將被召遼等素知王意後召前至卿受其責矣潛受其言置輜重更爲輕裝速發果被促令遼等尋各見召如恢所策文帝踐阼以恢爲侍中出爲魏郡太守數年遷涼州刺史持節領護羌校尉道病卒時年四十五詔曰恢有柱石之質服事先帝功勤明著及爲朕執事忠於王室故授之以萬里之任任之以一方之事如何不遂吾甚愍之賜恢子生爵關內侯生早卒爵絕恢卒後汝南孟建爲涼州刺史有治名官至征東將軍魏略曰建字公威少與諸葛亮俱遊學亮後出祁山答司馬宣王書使杜子緒宣意於公威也

賈逵字梁道河東襄陵人也自爲兒童戲弄常設部伍祖父習異之曰汝大必爲將率口授兵法數萬言魏略曰逵世爲著姓少孤家貧冬常無袴過其妻兄柳孚宿其明無何著孚袴去故時人謂之通健初爲郡吏守絳邑長郭援之攻河東所經城邑皆下逵堅守援攻之不拔乃召單于并軍急攻之城將潰絳父老與援要不害逵絳人既潰援聞逵名欲使爲將以兵劫之逵不動左右引逵使叩頭逵叱之曰安有國家長吏爲賊叩頭援怒將斬之絳吏民聞將殺逵皆乘城呼曰負要殺我賢君寧俱死耳左右義逵多爲請遂得免魏略曰援捕得逵逵不肯拜謂援曰王府君臨郡積年不知足下曷爲者也援怒曰促斬之諸將覆護乃囚於壺關閉著土窖中以車輪蓋上使人固守方將殺之逵從窖中謂守者曰此間無健兒邪而當使義士死此中乎時有祝公道者與逵非故人而適聞其言愍其守正危厄乃夜盜往引出折械遣去不語其名姓初逵過皮氏曰爭地先據者勝及圍急知不免乃使人間行送印綬歸郡且曰急據皮氏援既并絳衆將進兵逵恐其先得皮氏乃以他計疑援謀人祝奧援由是留七日郡從逵言故得無敗孫資別傳曰資舉河東計吏到許薦於相府曰逵在絳邑帥厲吏民與賊郭援交戰力盡而敗爲賊所俘挺然直志顏辭不屈忠言聞於大衆烈節顯於當時雖古之直髮據鼎罔以加也其才兼文武誠時之利用魏略曰郭援破後逵乃知前出己者爲祝公道公道河南人也後坐他事當伏法逵救之力不能解爲之改服焉後舉茂才除澠池令高幹之反張琰將舉兵以應之逵不知其謀往見琰聞變起欲還恐見執乃爲琰畫計如與同謀者琰信之時縣寄治蠡城城塹不固逵從琰求兵修城諸欲爲亂者皆不隱其謀故逵得盡誅之遂修城拒琰琰敗逵以喪祖父去官司徒辟爲掾以議郎參司隸軍事太祖征馬超至弘農曰此西道之要以逵領弘農太守召見計事大悅之謂左右曰使天下二千石悉如賈逵吾何憂其後發兵逵疑屯田都尉藏亡民都尉自以不屬郡言語不順逵怒收之數以罪撾折腳坐免然太祖心善逵以爲丞相主簿魏略曰太祖欲征吳而大霖雨三軍多不願行太祖知其然恐外有諫者教曰今孤戒嚴未知所之有諫者死逵受教謂其同寮三主簿曰今實不可出而教如此不可不諫也乃建諫草以示三人三人不獲已皆署名入白事太祖怒收逵等當送獄取造意者逵即言我造意遂走詣獄獄吏以逵主簿也不即著械謂獄吏曰促械我尊者且疑我在近職求緩於卿今將遣人來察我逵著械適訖而太祖果遣家中人就獄視逵既而教曰逵無惡意原復其職始逵爲諸生略覽大義取其可用最好春秋左傳及爲牧守常自課讀之月常一遍逵前在弘農與典農校尉爭公事不得理乃發憤生癭後所病稍大自啓願欲令醫割之太祖惜逵忠恐其不活教謝主簿吾聞十人割癭九人死逵猶行其意而癭愈大逵本名衢後改爲逵太祖征劉備先遣逵至斜谷觀形勢道逢水衡載囚人數十車逵以軍事急輒竟重者一人皆放其餘太祖善之拜諫議大夫與夏侯尚並掌軍計太祖崩洛陽逵典喪事魏略曰時太子在鄴鄢陵侯未到士民頗苦勞役又有疾癘於是軍中騷動羣寮恐天下有變欲不發喪逵建議爲不可秘乃發哀令內外皆入臨臨訖各安敘不得動而青州軍擅擊鼓相引去衆人以爲宜禁止之不從者討之逵以爲方大喪在殯嗣王未立宜因而撫之乃爲作長檄告所在給其廩食時鄢陵侯彰行越騎將軍從長安來赴問逵先王璽綬所在逵正色曰太子在鄴國有儲副先王璽綬非君侯所宜問也遂奉梓宮還鄴文帝即王位以鄴縣戶數萬在都下多不法乃以逵爲鄴令月餘遷魏郡太守魏略曰初魏郡官屬頗以公事期會有所急切會聞逵當爲郡舉府皆詣縣門外及遷書到逵出門而郡官屬悉當門謁逵於車下逵抵掌曰詣治所何宜如是大軍出征復爲丞相主簿祭酒逵嘗坐人爲罪王曰叔向猶十世宥之況逵功德親在其身乎從至黎陽津渡者亂行逵斬之乃整至譙以逵爲豫州刺史魏略曰逵爲豫州進曰臣守天門出入六年天門始開而臣在外唯殿下爲兆民計無違天人之望是時天下初復州郡多不攝逵曰州本以御史出監諸郡以六條詔書察長吏二千石已下故其狀皆言嚴能鷹揚有督察之才不言安靜寬仁有愷悌之德也今長吏慢法盜賊公行州知而不糾天下復何取正乎兵曹從事受前刺史假逵到官數月乃還考竟其二千石以下阿縱不如法者皆舉奏免之帝曰逵真刺史矣布告天下當以豫州爲法賜爵關內侯州南與吳接逵明斥候繕甲兵爲守戰之備賊不敢犯外修軍旅內治民事遏鄢汝造新陂又斷山溜長谿水造小弋陽陂又通運渠二百餘里所謂賈侯渠者也黃初中與諸將並征吳破呂範於洞浦進封陽里亭侯加建威將軍明帝即位增邑二百戶并前四百戶時孫權在東關當豫州南去江四百餘里每出兵爲寇輒西從江夏東從廬江國家征伐亦由淮沔是時州軍在項汝南弋陽諸郡守境而已權無北方之虞東西有急并軍相救故常少敗逵以爲宜開直道臨江若權自守則二方無救若二方無救則東關可取乃移屯潦口陳攻取之計帝善之吳將張嬰王崇率衆降太和二年帝使逵督前將軍滿寵東莞太守胡質等四軍從西陽直向東關曹休從皖司馬宣王從江陵逵至五將山休更表賊有請降者求深入應之詔宣王駐軍逵東與休合進逵度賊無東關之備必并軍於皖休深入與賊戰必敗乃部署諸將水陸並進行二百里得生賊言休戰敗權遣兵斷夾石諸將不知所出或欲待後軍逵曰休兵敗於外路絕於內進不能戰退不得還安危之機不及終日賊以軍無後繼故至此今疾進出其不意此所謂先人以奪其心也賊見吾兵必走若待後軍賊已斷險兵雖多何益乃兼道進軍多設旗鼓爲疑兵賊見逵軍遂退逵據夾石以兵糧給休休軍乃振初逵與休不善黃初中文帝欲假逵節休曰逵性剛素侮易諸將不可爲督帝乃止及夾石之敗微逵休軍幾無救也魏略曰休怨逵進遲乃呵責逵遂使主者敕豫州刺史往拾棄仗逵恃心直謂休曰本爲國家作豫州刺史不來相爲拾棄仗也乃引軍還遂與休更相表奏朝廷雖知逵直猶以休爲宗室任重兩無所非也魏書云休猶挾前意欲以後期罪逵逵終無言時人以此多逵習鑿齒曰夫賢人者外身虛己內以下物嫌忌之名何由而生乎有嫌忌之名者必與物爲對存勝負於己身者也若以其私憾敗國殄民彼雖傾覆於我何利我苟無利乘之曷爲以是稱說臧獲之心耳今忍其私忿而急彼之憂冒難犯危而免之於害使功顯於明君惠施於百姓身登於君子之塗義愧於敵人之心雖豺虎猶將不覺所復而況於曹休乎然則濟彼之危所以成我之勝不計宿憾所以服彼之心公義既成私利亦弘可謂善爭矣在於未能忘勝之流不由於此而能濟勝者未之有也會病篤謂左右曰受國厚恩恨不斬孫權以下見先帝喪事一不得有所修作薨謚曰肅侯魏書曰逵時年五十五子充嗣豫州吏民追思之爲刻石立祠青龍中帝東征乘輦入逵祠詔曰昨過項見賈逵碑像念之愴然古人有言患名之

不立不患年之不長逵存有忠勳沒而見思可謂死而不朽者矣其布告天下以勸將來魏略曰甘露二年車駕東征屯項復入逵祠下詔曰逵沒有遺愛歷世見祀追聞風烈朕甚嘉之昔先帝東征亦幸于此親發德音褒揚逵美徘徊之心益有慨然夫禮賢之義或掃其墳墓或修其門閭所以崇敬也其掃除祠堂有穿漏者補治之充咸熙中為中護軍晉諸公贊曰充字公閭甘露中為大將軍長史高貴鄉公之難司馬文王賴充以免為晉室元功之臣位至太宰封魯公諡曰武公魏略列傳以逵及李孚楊沛三人為一卷今列孚沛二人繼逵後耳孚字子憲鉅鹿人也興平中本郡人民饑困孚為諸生當種薤欲以成計有從索者亦不與一莖亦不自食故時人謂能行意後為吏建安中袁尚領冀州以孚為主簿後尚與其兄譚爭鬥尚出軍詣平原留別駕審配守鄴城孚隨尚行會太祖圍鄴尚還欲救鄴行未到尚疑鄴中守備少復欲令配知外動止與孚議所遣孚答尚言今使小人往恐不足以知外內且恐不能自達孚請自往尚問孚當何所得孚曰聞鄴圍甚堅多人則覺以為直當將三騎足矣尚從其計孚自選溫信者三人不語所之皆敕使具脯糧不得持兵仗各給快馬遂辭尚來南所在止亭傳及到梁淇使從者斫問事杖三十枚繫著馬邊自著平上幘將三騎投暮詣鄴下是時大將軍雖有禁令而芻牧者多故孚因此夜到以鼓一中自稱都督歷北圍循表而東從東圍表又循圍而南步步呵責守圍將士隨輕重行其罰遂歷太祖營前徑南過從南圍角西折當章門復責怒守圍者收縛之因開其圍馳到城下呼城上人城上人以繩引孚孚得入配等見孚悲喜鼓譟稱萬歲守圍者以狀聞太祖笑曰此非徒得入也方且復得出孚事訖欲得還而顧外圍必急不可復冒謂己使命當速乃陰心計請配曰今城中穀少無用老弱為也不如驅出之以省穀也配從其計乃復夜簡別得數千人皆使持白幡從三門並出降又使人人持火孚乃無何將本所從作降人服隨輩夜出時守圍將士聞城中悉降火光照曜但共觀火不復視圍孚出北門遂從西北角突圍得去其明太祖聞孚已得出抵掌笑曰果如吾言也孚北見尚尚甚歡喜會尚不能救鄴破走至中山而袁譚又追擊尚尚走孚與尚相失遂詣譚譚復為主簿東還平原太祖進攻譚譚戰死孚還城城中雖必降尚擾亂未安孚權宜欲得見太祖乃騎詣牙門稱冀州主簿李孚欲口白密事太祖見之孚叩頭謝太祖問其所白孚言今城中強弱相陵心皆不定以為宜令新降為內所識信者宣傳明教公謂孚曰卿便還宜之孚跪請教公曰便以卿意宣也孚還入城宣教各安故業不得相侵陵城中以安乃還報公以孚為良足用也會為所間裁署冗散出守解長名為嚴能稍遷至司隸校尉時年七十餘矣其於精斷無衰而術略不損於故終於陽平太守孚本姓馮後改為李楊沛字孔渠馮翊萬年人也初平中為公府令史以牒除為新鄭長興平末人多饑窮沛課民益畜乾椹收䝤豆閱其有餘以補不足如此積得千餘斛藏在小倉會太祖為兗州刺史西迎天子所將千餘人皆無糧過新鄭沛謁見乃皆進乾椹太祖甚喜及太祖輔政遷沛為長社令時曹洪賓客在縣界徵調不肯如法沛先撾折其腳遂殺之由此太祖以為能累遷九江東平樂安太守並有治迹坐與督軍爭鬥髡刑五歲輸作未竟會太祖出征在譙聞鄴下頗不奉科禁乃發教選鄴令當得嚴能如楊沛比故沛從徒中起為鄴令已拜太祖見之問曰以何治鄴沛曰竭盡心力奉宣科法太祖曰善顧謂坐席曰諸君此可畏也賜其生口十人絹百匹既欲以勵之且以報乾椹也沛辭去未到而軍中豪右曹洪劉勳等畏沛名遣家騎馳告子弟使各自檢敕沛為令數年以功能轉為護羌都尉十六年馬超反大軍西討沛隨軍都督孟津渡事太祖已南過其餘未畢而中黃門前渡忘持行軒私北還取之從吏求小船欲獨先渡吏呵不肯黃門與吏爭言沛問黃門有疏邪黃門云無疏沛怒曰何知汝不欲逃邪遂使人捽其頭與杖欲捶之而逸得去衣幘皆裂壞自訴於太祖太祖曰汝不死為幸矣由是聲名益振及關中破代張既領京兆尹黃初中儒雅並進而沛本以事能見用遂以議郎冗散里巷沛前後宰歷城守不以私計介意又不肯以事貴人故身退之後家無餘積治疾於家借舍從兒無他奴婢後占河南夕陽亭部荒田二頃起瓜牛廬居止其中其妻子凍餓沛病亡鄉人親友及故吏民為殯葬也

評曰自漢季以來刺史總統諸郡賦政于外非若曩時司察之而已太祖創基迄終魏業此皆其流稱譽有名實者也咸精達事機威恩兼著故能肅齊萬里見述于後也

魏志卷十五考證

劉馥後孫策所置廬江太守李述〇述吳志作術

興治芍陂及茹陂〇茹陂太平御覽作茄陂

故夫學者雖有其名而無其人〇人冊府作實

又修廣戾陂〇何焯曰水經注作戾陵堨車箱渠據此當作戾陵渠爲是攷元康中所立碑具詳

司馬朗雖在軍旅常麤衣惡食〇監本脫旅字照毛本添麤太平御覽作惡

爲世好士注杏字君初子鄧字子晉驃騎將軍封東平陵公並見百官名志〇北宋本作子鄧字仲子多仲字並見百官名無志字

梁習張雄跋扈〇何焯校本作雄張倉慈傳大姓雄張

張既語在夏侯元傳注何材如是而位至二千石乎〇尋翫文義至當作止

賈逵國家征伐亦由淮汭〇太平御覽作淮沛

充咸熙中爲中護軍注孚本姓馮復改爲李〇北宋本作後改爲李

魏志卷十六

晉著作郎巴西中正安漢陳壽撰

宋太中大夫國子博士聞喜裴松之注

任峻 蘇則 杜畿 鄭渾 倉慈

任峻字伯達河南中牟人也漢末擾亂關東皆震中牟令楊原愁恐欲棄官走峻說原曰董卓首亂天下莫不側目然而未有先發者非無其心也勢未敢耳明府若能唱之必有和者原曰為之柰何峻曰今關東有十餘縣能勝兵者不減萬人若權行河南尹事總而用之無不濟矣原從其計以峻為主簿峻乃為原表行尹事使諸縣堅守遂發兵會太祖起關東入中牟界衆不知所從峻獨與同郡張奮議舉郡以歸太祖峻又別收宗族及賓客家兵數百人願從太祖太祖大悅表峻為騎都尉妻以從妹甚見親信太祖每征伐峻常居守以給軍是時歲饑旱軍食不足羽林監潁川棗祗建置屯田太祖以峻為典農中郎將數年中所在積粟倉廩皆滿官渡之戰太祖使峻典軍器糧運賊數寇鈔絕糧道乃使千乘為一部十道方行為複陳以營衛之賊不敢近軍國之饒起於棗祗而成於峻魏武故事載令曰故陳留太守棗祗天性忠能始共舉義兵周旋征討後袁紹在冀州亦貪祗欲得之祗深附託於孤使領東阿令呂布之亂兗州皆叛惟范東阿完在由祗以兵據城之力也後大軍糧乏得東阿以繼祗之功也及破黃巾定許得賊資業當興立屯田時議者皆言當計牛輸穀佃科以定施行後祗白以為僦牛輸穀大收不增穀有水旱災除大不便反覆來說孤猶以為當如故大收不可復改易祗猶執之孤不知所從使與荀令君議時故軍祭酒侯聲云科取官牛為官田計如祗議於官便於客不便聲懷此云云以疑令君祗猶自信據計畫還白執分田之術孤乃然之使為屯田都尉施設田業其時歲則大收後遂因此大田豐足軍用摧滅羣逆克定天下以隆王室祗興其功不幸早沒追贈以郡猶未副之今重思之祗宜受封稽留至今孤之過也祗子處中宜加封爵以祀祗為不朽之事文士傳曰祗本姓棘先人避難易為棗孫據字道彥晉冀州刺史據子嵩字臺產散騎常侍並有才名多所著述嵩兄腆字玄方襄陽太守亦有文采太祖以峻功高乃表封為都亭侯邑三百戶遷長水校尉峻寬厚有度而見事理每有所陳太祖多善之於饑荒之際收卹朋友孤遺中外貧宗周急繼乏信義見稱建安九年薨太祖流涕者久之子先嗣先薨無子國除文帝追錄功臣諡峻曰成侯復以峻中子覽為關內侯

蘇則字文師扶風武功人也少以學行聞舉孝廉茂才辟公府皆不就起家為酒泉太守轉安定武都魏書曰則剛直疾惡常慕汲黯之為人魏略曰則世為著姓興平中三輔亂饑窮避難北地客安定依富室師亮亮待遇不足則慨然歎曰天下會安當不久爾必還為此郡守折庸輩士也後與馮翊吉茂等隱於郡南太白山中以書籍自娛及為安定太守而師亮等皆欲逃走則聞之豫使人解語以禮報之所在有威名太祖征張魯過其郡見則悅之使為軍導魯破則綏定下辯諸氐通河西道徙為金城太守是時喪亂之後吏民流散饑窮戶口損耗則撫循之甚謹外招懷羌胡得其牛羊以養貧老與民分糧而食旬月之間流民皆歸得數千家乃明為禁令有干犯者輒戮其從教者必賞親自教民耕種其歲大豐收由是歸附者日多李越以隴西反則率羌胡圍越越即請服太祖崩西平麴演叛稱護羌校尉則勒兵討之演恐乞降文帝以其功加則護羌校尉賜爵關內侯魏名臣奏載文帝令問雍州刺史張既曰試守金城太守蘇則既有綏民平夷之功聞又出軍西定湟中為河西作聲勢吾甚嘉之則之功效為可加爵邑未邪封爵重事故以問卿密白意且勿宣露也既答曰金城郡昔為韓遂所見屠剝死喪流亡或竄戎狄或陷寇亂戶不滿五百則到官內撫彫殘外鳩離散今見戶千餘又梁燒雜種羌昔與遂同惡遂斃之後越出障塞則前後招懷歸就郡者三千餘落皆卹以威恩為官効用西平麴演等倡造邪謀則尋出軍臨其項領演即歸命送質破絕賊糧則既有卹民之效又能和戎狄盡忠效節遭遇聖明有功必錄若則加爵邑誠足以勸忠臣勵風俗也後演復結旁郡為亂張掖張進執太守杜通酒泉黃華不受太守辛機進華皆自稱太守以應之又武威三種胡並寇鈔道路斷絕武威太守毋丘興告急於則時雍涼諸豪皆驅略羌胡以從進等郡人咸以為進不可當又將軍郝昭魏平先是各屯守金城亦受詔不得西度則乃見郡中大吏及昭等與羌豪帥謀曰今賊雖盛然皆新合或有脅從未必同心因釁擊之善惡必離離而歸我我增而彼損矣既獲益衆之實且有倍氣之勢率以進討破之必矣若待大軍曠日持久善人無歸必合於惡善惡既合勢難卒離雖有詔命違而合權專之可也於是昭等從之乃發兵救武威降其三種胡與興擊進於張掖演聞之將步騎三千迎則辭來助軍而實欲為變則誘與相見因斬之出以徇軍其黨皆散走則遂與諸軍圍張掖破之斬進及其支黨衆皆降演軍敗華懼出所執乞降河西平乃還金城進封都亭侯邑三百戶徵拜侍中與董昭同寮昭嘗枕則膝臥則推下之曰蘇則之膝非佞人之枕也初則及臨菑侯植聞魏氏代漢皆發服悲哭文帝聞植如此而不聞則也帝在洛陽嘗從容言曰吾應天受禪而聞有哭者何也則謂為見問鬚髯悉張欲正論以對侍中傅巽掐則曰不謂卿也於是乃止魏略曰舊儀侍中親省起居故俗謂之執虎子始則同郡吉茂者是時仕甫歷縣令遷為冗散茂見則之日仕進不止執虎子則笑曰我誠不能效汝蹇蹇驅鹿車馳也初則在金城聞漢帝禪位以為崩也乃發喪後聞其在自以不審意頗默然臨菑侯植自傷失先帝意亦怨激而哭其後文帝出游追恨臨菑顧謂左右曰人心不同當我登大位之時天下有哭者時從臣知帝此言有為而發也而則以為為己欲下馬謝侍中傅巽目之乃悟孫盛曰夫士不事其所非不非其所事趣舍出處而豈徒哉則既策名新朝委質異代而方懷二心生忿欲奮爽言豈大雅君子去就之分哉詩云士也罔極二三其德士之二三猶喪妃偶況人臣乎文帝問則曰前破酒泉張掖西域通使燉煌獻徑寸大珠可復求市益得不則對曰若陛下化洽中國德流沙漠即不求自至求而得之不足貴也帝默然後則從行獵槎桎拔失鹿帝大怒踞牀拔刀悉收督吏將斬之則稽首曰臣聞古之聖王不以禽獸害人今陛下方隆唐堯之化而以獵戲多殺羣吏愚臣以為不可敢以死請帝曰卿直臣也遂皆赦之然以此見憚黃初四年左遷東平相未至道病薨諡曰剛侯子怡嗣怡薨無子弟愉襲封愉咸熙中為尚書愉字休豫歷位太常光祿大夫見晉百官名山濤啟事稱愉忠篤有智意臣松之案愉子紹字世嗣為吳王師石崇妻紹之兄女也紹有詩在金谷集紹弟慎左衛將軍

杜畿字伯侯京兆杜陵人也傅子曰畿漢御史大夫杜延年之後延年父周自南陽徙茂陵延年徙杜陵子孫世居焉少孤繼母苦之以孝聞年二十為郡功曹守鄭縣令縣囚繫數百人畿親臨獄裁其輕重盡決遣之雖未悉當郡中奇其年少而有大志也舉孝廉除漢中府丞會天下亂遂棄官客荊州建安中乃還荀彧進之太祖傅子曰畿自荊州還後至許見侍中耿紀語終夜尚書令荀彧與紀比屋夜聞畿言異之旦遣人謂紀曰有國士而不進何以居位既見畿知之如舊相識者遂進畿於朝太祖以畿為司空司直遷護羌校尉使持節領西平太守魏略曰畿少有大志在荊州數歲繼母亡後以三輔開通負其母喪北歸道為賊所劫略衆人奔走畿獨不去賊射之畿請賊曰卿欲得財耳今我無物用射我何為邪賊乃止畿到鄉里京兆尹張時河東人也與畿有舊署為功曹嫌其闊達不助留意於諸事言此家疏誕不中功曹也畿竊云不中功曹中河東太守也太祖既定河北而高幹舉并州反時河東太守王邑被徵河東人

衛固范先外以請邑爲名而內實與幹通謀太祖謂荀彧曰關西諸將恃險與馬征必爲亂張晟寇殽澠間南通劉表固等因之吾恐其爲害深河東被山帶河四鄰多變當今天下之要地也君爲我舉蕭何寇恂以鎮之彧曰杜畿其人也傅子曰彧稱畿勇足以當大難智能應變其可試之於是遂拜畿爲河東太守固等使兵數千人絕陝津畿至不得渡太祖遣夏侯惇討之未至或謂畿曰宜須大兵畿曰河東有三萬戶非皆欲爲亂也今兵迫之急欲爲善者無主必懼而聽於固固等勢專必以死戰討之不勝四鄰應之天下之變未息也討之而勝是殘一郡之民也且固等未顯絕王命外以請故君爲名必不害新君吾單車直往出其不意固爲人多計而無斷必僞受吾吾得居郡一月以計縻之足矣遂詭道從郖津度郖音豆魏略曰初畿與衞固少相侮狎固常輕畿畿嘗與固博而爭道畿嘗謂固曰仲堅我今作河東也固褰衣罵之及畿之官而固爲郡功曹張時故任京兆畿迎司隸與時會華陰時畿相見於儀當各持版時歎曰昨日功曹今爲郡將軍也范先欲殺畿以威衆傅子曰先云既欲爲虎而惡食人肉失所以爲虎矣今不殺必爲後患且觀畿去就於門下斬殺主簿已下三十餘人畿舉動自若於是固曰殺之無損徒有惡名且制之在我遂奉之畿謂衞固范先曰衞范河東之望也吾仰成而已然君臣有定義成敗同之大事當共平議以固爲都督行丞事領功曹將校吏兵三千餘人皆范先督之固等喜雖陽事畿不以爲意固欲大發兵畿患之說固曰夫欲爲非常之事不可動衆心今大發兵衆必擾不如徐以貲募兵固以爲然從之遂爲貲調發數十日乃定諸將貪多應募而少遣兵又入喻固等曰人情顧家諸將掾史可分遣休息急緩召之不難固等惡逆衆心又從之於是善人在外陰爲己援惡人分散各還其家則衆離矣會白騎攻東垣高幹入濩澤上黨諸縣殺長吏弘農執郡守固等密調兵未至畿知諸縣附己因出單將數十騎赴張辟拒守吏民多舉城助畿者比數十日得四千餘人固等與幹晟共攻畿不下略諸縣無所得會大兵至幹晟敗固等伏誅其餘黨與皆赦之使復其居業是時天下郡縣皆殘破河東最先定少耗減畿治之崇寬惠與民無爲民嘗辭訟有相告者畿親見爲陳大義遣令歸諦思之若意有所不盡更來詣府鄉邑父老自相責怒曰有君如此奈何不從其教自是少有辭訟班下屬縣舉孝子貞婦順孫復其繇役隨時慰勉之漸課民畜牸牛草馬下逮雞豚犬豕皆有章程百姓勤農家家豐實畿乃曰民富矣不可不教也於是冬月脩戎講武又開學宮親自執經教授郡中化之魏略曰博士樂詳由畿而升至今河東特多儒者則畿之由矣韓遂馬超之叛也弘農馮翊多舉縣邑以應之河東雖與賊接民無異心太祖西征至蒲阪與賊夾渭爲軍軍食一仰河東及賊破餘畜二十餘萬斛太祖下令曰河東太守杜畿孔子所謂禹吾無間然矣增秩中二千石太祖征漢中遣五千人運運者自率勉曰人生有一死不可負我府君終無一人逃亡其得人心如此杜氏新書曰平虜將軍劉勳爲太祖所親貴震朝廷嘗從畿求大棗畿拒以他故後勳伏法太祖得其書歎曰杜畿可謂不媚於竈者也稱畿功美以下州郡曰昔仲尼之於顏子每言不能不歎既情愛發中又宜率馬以驥今吾亦冀衆人仰高山慕景行也魏國既建以畿爲尚書事平更有令曰昔蕭何定關中寇恂平河內卿有其功間將授卿以納言之職顧念河東吾股肱郡充實之所足以制天下故且煩卿臥鎮之畿在河東十六年常爲天下最文帝即王位賜爵關內侯徵爲尚書及踐祚進封豐樂亭侯邑百戶魏略曰初畿在郡被書錄寡婦是時他郡或有已自相配嫁依書皆錄奪啼哭道路畿但取寡者故所送少及趙儼代畿而所送多文帝問畿前君所送何少今何多也畿對曰臣前所錄皆亡者妻今儼送生人婦也帝及左右顧而失色守司隸校尉帝征吳以畿爲尚書僕射統留事其後帝幸許昌畿復居守受詔作御樓船於陶河試船遇風沒帝爲之流涕魏氏春秋曰初畿嘗見童子謂之曰司命使我召子畿固請之童子曰今將爲君求相代者君其慎勿言卒忽然不見至此二十年矣畿乃言之其日而卒時年六十二詔曰昔冥勤其官而水死稷勤百穀而山死韋昭國語注稱毛詩傳曰冥契六世孫也爲夏水官勤於其職而死於水稷周棄也勤播百穀死於黑水之山故尚書僕射杜畿於孟津試船遂至覆沒忠之至也朕甚愍焉追贈太僕諡曰戴侯子恕嗣傅子曰畿與太僕李恢東安太守郭智有好恢子豐交結英儁以才智顯於天下智子沖有內實而無外觀州里弗稱也畿爲尚書僕射二人各脩子孫禮見畿既退畿歎曰孝懿無子非徒無子殆將無家君謀爲不死也其子足繼其業時人皆以畿爲誤恢死後豐爲中書令父子兄弟皆誅沖爲代郡太守卒繼父業世乃服畿知人魏略曰李豐父名義與此不同義蓋恢之別名也恕字務伯太和中爲散騎黃門侍郎杜氏新書曰恕少與馮翊李豐俱爲父任總角相善及各成人豐砥礪名行以要世譽而恕誕節直意與豐殊趣豐竟馳名一時京師之士多爲之游說而當路者或以豐名過其實而恕被褐懷玉也由此爲豐所不善恕亦任其自然不力行以合時豐已顯仕朝廷恕猶居家自若明帝以恕大臣子擢拜散騎侍郎數月轉補黃門侍郎恕推誠以質不治飾少無名譽及在朝不結交援專心向公每政有得失常引綱維以正言於是侍中辛毗等器重之時公卿以下大議損益恕以爲古之刺史奉宣六條以清淨爲名威風著稱今可勿令領兵以專民事俄而鎮北將軍呂昭又領冀州世語曰昭字子展東平人長子巽字長悌爲相國掾有寵於司馬文王次子安字仲悌與嵇康善與康俱被誅次子粹字季悌河南尹粹子預字景虞御史中丞乃上疏曰帝王之道莫尚乎安民安民之術在於豐財豐財者務本而節用也方今二賊未滅戎車亟駕此自熊虎之士展力之秋也然搢紳之儒橫加榮慕搤腕抗論以孫吳爲首州郡牧守咸共忽恤民之術脩將率之事農桑之民競干戈之業不可謂務本帑藏歲虛而制度歲廣民力歲衰而賦役歲興不可謂節用今大魏奄有十州之地而承喪亂之弊計其戶口不如往昔一州之民然而二方僭逆北虜未賓三邊遘難繞天略帀所以統一州之民經營九州之地其爲艱難譬策羸馬以取道里豈可不加意愛惜其力哉以武皇帝之節儉府藏充實猶不能十州擁兵郡且二十也今荊揚青徐幽并雍涼緣邊諸州皆有兵矣其所恃內充府庫外制四夷者惟兗豫司冀而已臣前以州郡典兵則專心軍功不勤民事宜別置將守以盡治理之務而陛下復以冀州寵秩呂昭冀州戶口最多田多墾闢又有桑棗之饒國家徵求之府誠不當復任以兵事也若以北方當須鎮守自可專置大將以鎮安之計所置吏士之費與兼官無覺然昭於人才尚復易中朝苟乏人兼才者勢不獨多以此推之知國家以人擇官不爲官擇人也官得其人則政平訟理政平故民富實訟理故囹圄虛空陛下踐阼天下斷獄百數十人歲歲增多至五百餘人矣民不益多法不益峻以此推之非政教陵遲牧守不稱之明效歟往年牛死通率天下十能損二麥不半收秋種未下若二賊游魂於疆埸飛芻輓粟千里不及究此之術豈在彊兵乎武士勁卒愈多愈多愈病耳夫天下猶人之體腹心充實四支雖病終無大患今兗豫司冀亦天下之腹心也是以愚臣慺慺實願四州之牧守獨脩務本之業以堪四支之重然孤論難持犯欲難成衆怨難積疑似難分故累載不爲明主所察凡言此者類皆疏賤疏賤之言實未易聽若使善策必出於親貴固不犯四難以求忠愛此古今之所常患也時又大議考課之制以考內外衆官恕以爲用不盡其人雖才且無益所存非所務所務非世要上疏曰書稱明試以功三考黜陟誠帝王之盛制使有能者當其官有功者受其祿譬猶烏獲之舉千鈞良樂之選驥足也雖歷六代而考績之法不著闕七聖而課試之文不垂臣誠以爲其法可粗依其詳難備舉故也語曰世有亂人而無亂法若使法可專任則唐虞可不須稷契之佐殷周無貴伊呂之輔矣今奏考功者陳周漢之法爲綴京房之本旨可謂明考課之要矣於以崇揖讓之風興濟濟之治臣以爲未盡善也其欲使州郡考士必由四科皆有事效然後察舉試辟公府爲親民長吏轉以功次補郡守者或就增秩賜爵此最考課之急務也臣以爲便當顯其身用其言使其爲課州郡之法法具施行立必信之賞施必行之罰至於公卿及內職大臣亦當俱以其職考課之也古之三公坐而論道內職大臣納言補闕無善不紀無過不舉且天下至大萬幾至衆誠非一明所能徧照故君爲元首臣爲股肱明其一體相須而成也是以古人稱廊廟之材非一木之枝帝王之業非一士之略由是言之焉有大臣守職辨課可以致雍熙者哉且布衣之交猶有務信誓而蹈水火感知己而披肝膽徇聲名而立節義者況於束帶立朝致位卿相所務者非特匹夫之信所感者非徒知己之惠所徇者豈聲名而已乎諸蒙寵祿受重任者不徒欲舉明主於唐虞之上而已身亦欲厠稷契之列是以古人不患於念治之心不盡患於自任之意不足此誠人主使之然也唐虞之君委任稷契夔龍而責成功及其罪也殛鯀而放四凶今大臣親奉明詔給事目下其有夙夜在公恪勤特立當官不撓貴勢執平不阿所私危言危行以處朝廷者自明主所察也若尸祿以爲高拱嘿以爲智當官苟在於免負立朝不忘於容身潔行遜言以處朝廷者亦明主所察也誠使容身保位無放退之辜而盡節在公抱見疑之勢公義不脩而私議成俗雖仲尼爲謀猶不能盡一才又況於世俗之人乎今之學者師商韓而上法術競以儒家爲迂闊不周世用此最風俗之流弊創業者之所致慎也後考課竟不行杜氏新書曰時李豐爲常侍黃門郎袁侃見轉爲吏部郎荀俁出爲東郡太守三人皆恕之同班友善樂安廉昭以才能拔擢頗好言事恕上疏極諫曰伏見尚書郎廉昭奏左丞曹璠以罰當關不依詔坐判問又云諸當坐者別奏尚書令陳矯自奏不敢辭罰亦不敢以處重爲恭意至懇惻臣竊愍然爲朝廷惜之夫聖人不擇世而興不易民而治然而生必有賢智之佐者蓋進之以道帥之以禮故也古之帝王之所以能輔世長民者莫不遠得百姓之懽心近盡羣臣之智力誠使今朝任職之臣皆天下之選而不能盡其力不可謂能使人若非天下之選亦不可謂能官人陛下憂勞萬幾或親燈火而庶事不康刑禁日弛豈非股肱不稱之明效歟原其所由非獨臣有不盡忠亦主有不能使百里奚愚於虞而智於秦豫讓苟容中行而著節智伯斯則古人之明驗矣今臣言一朝皆不忠是誣一朝也然其事類可推而得陛下感帑藏之不充實而軍事未息至乃斷四時之賦衣薄御府之私穀帥由聖意舉朝稱明與聞政事密勿大臣寧有懇懇憂此者乎騎都尉王才幸樂人孟思所爲不法振動京都而其罪狀發於小吏公卿大臣初無一言自陛

下踐阼以來司隸校尉御史中丞寧有舉綱維以督姦宄使朝廷肅然者邪若陛下以爲今世無良才朝廷乏賢佐豈可追望稷契之遐蹤坐待來世之儁乂乎今之所謂賢者盡有大官而享厚祿矣然而奉上之節未立向公之心不一者委任之責不專而俗多忌諱故也臣以爲忠臣不必親親臣不必忠何者以其居無嫌之地而事得自盡也今有疏者毀人不實其所毀而必曰私報所憎譽人不實其所譽而必曰私愛所親左右或因之以進憎愛之說非獨毀譽有之政事損益亦皆有嫌陛下當思所以闡廣朝臣之心篤厲有道之節使之自同古人望與竹帛耳反使如廉昭者擾亂其間臣懼大臣遂將容身保位坐觀得失爲來世戒也昔周公戒魯侯曰無使大臣怨乎不以不言賢愚明皆當世用也堯數舜之功稱去四凶不言大小有罪則去也今者朝臣不自以爲不能以陛下爲不任也不自以爲不智以陛下爲不問也陛下何不遵周公之所以用大舜之所以去使侍中尚書坐則侍帷幄行則從華輦親對詔問所陳必達則羣臣之行能否皆可得而知忠能者進闇劣者退誰敢依違而不自盡以陛下之聖明親與羣臣論議政事使羣臣人得自進人自以爲親人思所以報賢愚能否在陛下之所用以此治事何事不辦以此建功何功不成每有軍事詔書常曰誰當憂此者邪吾當自憂耳近詔又曰憂公忘私者必不然但先公後私卽自辦也伏讀明詔乃知聖思究盡下情然亦怪陛下不知其本而憂其末也人之能否實有本性雖臣亦以爲朝臣不盡稱職也明主之用人也使能者不敢遺其力而不能者不得處非其任選舉非其人未必爲有罪也舉朝共容非其人乃爲怪耳陛下知其不盡力也而代之憂其職知其不能也而教之治其事豈徒主勞而臣逸哉雖聖賢並世終不能以此爲治也陛下又患臺閣禁令之不密人事請屬之不絕聽伊尹作迎客出入之制選司徒更惡吏以守寺門威禁由之實未得爲禁之本也昔漢安帝時少府竇嘉辟廷尉郭躬無罪之兄子猶見舉奏章劾紛紛近司隸校尉孔羨辟大將軍狂悖之弟而有司嘿爾望風希指甚於受屬選舉不以實人事之大者也臣松之案大將軍司馬宣王也晉書云宣王第五弟名通爲司隸從事疑恕所云狂悖者通子順封龍陽亭侯晉初受禪以不達天命守節不移削爵土徙武威嘉有親戚之寵躬非社稷重臣猶倘如此以今況古陛下自不督必行之罰以絕阿黨之原耳伊尹之制與惡吏守門非治世之具也使臣之言少蒙察納何患於姦不削滅而養若昭等乎夫糾擿姦宄忠事也然而世憎小人行之者以其不顧道理而苟求容進也若陛下不復考其終始必以違衆迕世爲奉公密行白人爲盡節焉有通人大才而更不能爲此邪誠顧道理而弗爲耳使天下皆背道而趨利則人主之所最病者陛下將何樂焉胡不絕其萌乎夫先意承旨以求容美率皆天下淺薄無行義者其意務在於適人主之心而已非欲治天下安百姓也陛下何不試變業而示之彼豈執其所守以違聖意哉夫人臣得人主之心安業也處尊顯之官榮事也食千鍾之祿厚實也人臣雖愚未有不樂此而喜于迕者也迫於道自彊耳誠以爲陛下當憐而佑之少委任焉如何反錄昭等傾側之意而忽若人者乎今者外有伺隙之寇內有貧曠之民陛下當大計天下之損益政事之得失誠不可以怠也恕在朝八年其論議亢直皆此類也

出爲弘農太守數歲轉趙相魏略曰恕在弘農寬和有惠愛及遷以孟康代恕爲弘農康字公休安平人黃初中以於郭后有外屬并受九親賜拜遂轉爲散騎侍郎是時散騎皆以高才英儒充其選而康獨緣妃嬙雜在其間故于時皆共輕之號爲阿九康既無才敏因在宂官博讀書傳後遂有所彈駮其文義雅而切要衆人乃更加意正始中出爲弘農領典農校尉康到官清己奉職嘉善而矜不能省息獄訟緣民所欲因而利之郡領吏二百餘人涉春遣休常四分遣一事無宿諾時出案行皆豫敕督郵平水不得令屬官遣人探候脩設曲敬又不欲煩損吏民常豫敕吏卒行各持鎌所在自刈馬草不止亭傳露宿樹下又所從常不過十餘人郡帶道路其諸過賓客自非公法無所出給若知舊造之自出於家康之始拜衆人雖知其有志量以其未嘗宰牧不保其能也而康恩澤治能乃爾吏民稱歎焉嘉平末從渤海太守徵入爲中書令後轉爲監以疾去官杜氏新書曰恕遂去京師營宜陽一泉塢因其壘塹之固小大家焉明帝崩時人多爲恕言者起家爲河東太守歲餘遷淮北都督護軍復以疾去恕所在務存大體而已其樹惠愛益得百姓歡心不及於畿項之拜御史中丞恕在朝廷以不得當世之和故屢在外任復出爲幽州刺史加建威將軍使持節護烏丸校尉時征北將軍程喜屯薊尚書袁侃等戒恕曰程申伯處先帝之世傾田國讓於青州足下今俱杖節使共屯一城宜深有以待之而恕不以爲意至官未期有鮮卑大人兒不由關塞徑將數十騎詣州州斬所從來小子一人無表言上喜於是劾奏恕下廷尉當死以父畿勤事水死免爲庶人徙章武郡是歲嘉平元年杜氏新書曰喜欲恕折節謝己諷司馬宋權示之以微意恕答權書曰況示委曲夫法天下事以善意相待無不致快也以不善意相待無不致嫌隙也而議者言凡人天性皆不善不當待以善意更墮其調中僕得此輩便欲歸蹈滄海乘桴耳不能自諸在其間也然以年五十二不見廢棄頗亦遺明達君子亮其本心若不見亮使人刳心著地正與數斤肉相似何足有所明故終不自解說程征北功名宿著在僕前甚多有人出征北乎若令下官事無大小咨而後行則非上司彈繩之意若咨而不從又非上下相順之宜故推一心任一意直而行之耳殺胡之事天下謂之是邪是僕諧也呼爲非邪僕自受之無所怨咎程征北明之亦善不明之亦善諸君子自共爲其心耳不在僕言也喜於是遂深文劾恕恕倜儻任意而思不防患終致此敗初恕從趙郡還陳留阮武亦從清河太守徵俱自薄廷尉謂恕曰相觀才性可以由公道而持之不厲器能可以處大官而求之不順才學可以述古今而志之不一此所謂有其才而無其用今向閑暇可試潛思成一家言在章武遂著體論八篇杜氏新書曰以爲人倫之大綱莫重於君臣立身之基本莫大於言行安上理民莫精於政法勝殘去殺莫善於用兵夫禮也者萬物之體也萬物皆得其體無有不善故謂之體論又著興性論一篇蓋興於爲己也四年卒於徙所甘露二年河東樂詳年九十餘上書訟畿之遺績朝廷感焉詔封恕子預爲豐樂亭侯邑百戶魏略曰樂詳字文載少好學建安初詳聞公車司馬令南郡謝該善左氏傳乃從南陽步詣該問疑難諸要今左氏樂氏問七十二事詳所撰也所問既了而歸鄉里時杜畿爲太守亦甚好學署詳文學祭酒使教後進於是河東學業大興至黃初中徵拜博士于時太學初立有博士十餘人學多偏狹又不熟悉略不親教備員而已惟詳五業並授其或難解質而不解詳無愠色以杖畫地牽譬引類至忘寢食以是獨擅名於遠近詳學既精悉又善推步三五別授詔與太史典定律歷太和中轉拜騎都尉詳學優能少故歷三世竟不出爲宰守至正始中以年老罷歸於舍本國宗族歸之門徒數千人恕奏議論駮皆可觀掇其切世大事著于篇杜氏新書曰恕弟理字務仲少而機察精要譏奇之故名之曰理年二十一而卒弟寬字務叔清虛玄靜敏而好古以名臣門戶少長京師而篤志博學絕於世務其意欲探賾索隱由此顯名當塗之士多交焉舉孝廉除郎中年四十二而卒經傳之義多所論駮皆草創未就惟刪集禮記及春秋左氏傳解今存于世預字元凱司馬宣王女婿王隱晉書稱預智謀淵博明於理亂常稱德者非所以企及立功立言所庶幾也大觀羣典謂公羊穀梁詭辯之言又非先儒說左氏未究丘明意而橫以二傳亂之乃錯綜微言著春秋左氏經傳集解又參考衆家謂之釋例又作盟會圖春秋長歷備成一家之學至老乃成尚書郎摯虞甚重之曰左丘明本爲春秋作傳而左傳遂自孤行釋例本爲傳設而所發明何但左傳故亦孤行預有大功名於晉室位至征南大將軍開府封當陽侯食邑八千戶子錫字世嘏尚書左丞晉諸公贊曰嘏有器局頗從兄斌字世將亦有才望爲黃門郎爲趙王倫所枉殺嘏子乂字洪治少有令名爲丹陽丞早卒阮武者亦拓落大才也案阮氏譜武父諶字士信徵辟無所就造三禮圖傳於世杜氏新書曰武字文業闊達博通淵雅之士位止清河太守武弟炳字叔文河南尹精意醫術撰藥方一部炳子坦字弘舒晉太子少傅平東將軍坦弟柯字士度荀綽兗州記曰坦出紹伯父亡兄當襲爵父愛柯言名傳之遂承封時幼小不能讓及長悔恨遂幅巾而居後雖出身未嘗釋也性純篤閑雅好禮無違存心經誥博學合聞遷爲濮陽王文學遷領軍長史喪官王衍時爲領軍哭之甚慟

鄭渾字文公河南開封人也高祖父衆衆父興皆爲名儒續漢書曰興字少贛諫議大夫衆字子師大司農渾兄泰與荀攸等謀誅董卓爲揚州刺史卒張璠漢紀曰泰字公業少有才略多謀計知天下將亂陰交結豪傑家富於財有田四百頃而食常不足名聞山東舉孝廉三府辟公車徵皆不就何進輔政徵用名士以泰爲尚書侍郎加奉車都尉進將誅黃門欲召董卓爲助泰謂進曰董卓彊忍寡義志欲無饜若借之朝政授之大事將肆其心以危朝廷以明公之威德據阿衡之重任秉意獨斷誅除有罪誠不待卓以爲資援也且事留變生其鑒不遠又爲陳時之要務進不能用乃棄官去謂穎川人荀攸曰何公未易輔也進尋見害卓果專權廢帝關東義兵起卓會議大發兵羣寮咸憚卓莫敢忤旨泰恐其彊益將難制乃曰夫治在德不在兵也卓不悅曰如此兵無益邪衆人莫不變容爲泰震慄泰乃詭辭而對曰非以無益以山東不足加兵也今山東議欲起兵州郡相連人衆相動非不能也然中國自光武以來無雞鳴狗吠之驚百姓忘戰日久仲尼有言不教民戰是謂棄之雖衆不能爲害一也明公出自西州少爲國將閑習軍事數踐戰場名稱當世以此威民民懷懾服二也袁本初公卿子弟生處京師體長婦人張孟卓東平長者坐不窺堂孔公緒能清談高論噓枯吹生無軍帥之才負霜露之勤臨鋒履刃決敵雌雄皆非明公敵三也察山東之士力能跨馬控弦勇等孟賁捷齊慶忌信有聊城之守策有良平之謀可任以偏師責以成功未聞有其人者四也就有其人王爵不相加婦姑位不定各恃衆怙力將人人棊時以觀成敗不肯同心共膽率徒旅進五也關西諸郡北接上黨太原馮翊扶風安定自頃以來數與胡戰婦女載戟挾矛弦弓負矢況其悍夫以此當山東忘戰之民譬驅羣羊向虎狼其勝可必六也且天下之權勇今見在者不過并涼匈奴屠各湟中義從八種西羌皆百姓素所畏服而明公權以爲爪牙壯夫震慄況小醜乎七也又明公之將帥皆中表腹心周旋日久自三原狹口以來恩信醇著忠誠可遠任智謀可特使以此當山東解合之虛誕實不相若八也夫戰有三亡以亂攻治者亡以邪攻正者亡以逆攻順者亡今明公秉國政平討夷凶官忠義克立以三德待於三亡奉辭伐罪誰人敢禦九也東州有鄭康成學該古今儒生之所以集北海邴根矩清高直亮羣士之楷式彼諸將若詢其計畫案典校之彊弱燕趙齊梁非不盛終見滅於秦吳楚七國非不衆而不敢踰滎陽況今德政之赫赫股肱之邪欲造亂以徼不義者必不相然讚成其凶謀十也若十事少有可采無事徵兵以驚天下使患役之民相聚爲非棄德恃衆以輕威重卓乃悅以泰爲將軍統諸軍擊關東或謂卓曰鄭泰智略過人而結謀山東今資之士馬使就其黨竊爲明公懼之卓收其兵馬留拜議郎後又與王允謀共誅卓泰脫身自武關走東歸後將軍袁術以爲揚州刺史未至官道卒時年四十一渾將泰小子袤避難淮南袁術賓禮甚厚渾知術必敗時華歆爲豫章太守素與泰善渾乃渡江投歆太祖聞其篤行召爲掾復遷下蔡長邵陵令天下未定民皆剽輕不念產殖其生子無以相活率皆不舉渾所在奪其漁獵之具課使耕桑又兼開稻田重去子之法民初畏罪後稍豐給無不舉贍所育男女多以鄭爲字辟爲丞相掾屬遷左馮翊時梁興等略吏民五千餘家爲寇鈔諸縣不能禦皆恐懼寄治郡下議者悉以爲當移就險渾曰興等破散竄在山阻雖有隨者率脅從耳今當廣開降路宣喻恩信而保險自守此示弱也乃聚斂吏民治城郭爲守禦之備遂發民逐賊明賞罰與要誓其所得獲十以七賞百姓大悅皆願捕賊多得婦女財物賊之失妻子者皆還求降渾責其得他婦女然後還其妻子於是轉相寇盜黨與離散又遣吏民有恩信者分布山谷告喻出者相繼乃使諸縣長吏各還本治以安集之興等懼將餘衆聚鄜城太祖使夏侯淵就助郡擊之渾率吏民前登斬興及其支黨又賊靳富等脅將夏陽長邵陵令幷其吏民入礩山渾復討擊破富等獲二縣長吏將其所略還及趙青龍者殺左內史程休渾聞遣壯士就梟其首前後歸附四千餘家由是山賊皆平民安產業轉爲上黨太守太祖征漢中以渾爲京兆尹渾以百姓新集爲制移居之法使兼復者與單輕者相伍溫信者與孤老爲比勤稼穡明禁令以發姦者由是民安於農而盜賊止息及大軍入漢中運轉軍糧爲最又遣民田漢中無逃亡者太祖益嘉之復入爲丞相掾文帝卽位爲侍御史加駙馬都尉遷陽平沛郡二太

守郡界下溼患水澇百姓飢乏渾於蕭相二縣界興陂遏開稻田郡人皆以為不便渾曰地勢洿下宜溉灌終有魚稻經久之利此豐民之本也遂躬率吏民興立功夫一冬間皆成比年大收頃畝歲增租入倍常民賴其利刻石頌之號曰鄭陂轉為山陽魏郡太守其治放此又以郡下百姓苦乏材木乃課樹榆為籬並益樹五果榆皆成藩五果豐實入魏郡界村落齊整如一民得財足用饒明帝聞之下詔稱述布告天下遷將作大匠渾清素在公妻子不免於飢寒及卒以子崇為郎中晉陽秋曰泰子袞字材叔泰與華歆荀攸善見袞曰鄭公業為不亡矣初為臨菑侯文學稍遷至光祿大夫泰始七年以袞為司空固辭不受終於家子默字思玄晉諸公贊曰默遵守家業以篤素稱位至太常默弟質舒詡皆為卿默子球清直有理識尚書右僕射領選球弟豫為尚書

倉慈字孝仁淮南人也始為郡吏建安中太祖開募屯田於淮南以慈為綏集都尉黃初末為長安令清約有方吏民畏而愛之太和中遷燉煌太守郡在西陲以喪亂隔絕曠無太守二十歲大姓雄張遂以為俗前太守尹奉等循故而已無所匡革慈到抑挫權右撫恤貧羸甚得其理舊大族田地有餘而小民無立錐之土慈皆隨口割賦稍稍使畢其本直先是屬城獄訟衆猥縣不能決多集治下慈躬往省閱料簡輕重自非殊死但鞭杖遣之一歲決刑曾不滿十人又常日西域雜胡欲來貢獻而諸豪族多逆斷絕既與貿遷欺詐侮易多不得分明胡常怨望慈皆勞之欲詣洛者為封過所欲從郡還者官為平取輒以府見物與共交市使吏民護送道路由是民夷翕然稱其德惠數年卒官吏民悲感如喪親戚圖畫其形思其遺像及西域諸胡聞慈死悉共會聚於戊己校尉及長吏治下發哀或有以刀畫面以明血誠又為立祠遙共祠之魏略曰天水王遷承代慈雖循其迹不能及也金城趙基承遷後復不如遷至嘉平中安定皇甫隆代基為太守初燉煌不甚曉田常灌溉滀水使極濡洽然後乃耕又不曉作耬犁用水及種人牛功力既費而收穀更少隆到教作耬犁又教衍溉歲終率計其所省庸力過半得穀加五又燉煌俗婦人作裙攣縮如羊腸用布一匹隆又禁改之所省復不訾故燉煌人以為隆剛斷嚴毅不及於慈至於勤恪愛惠為下興利可以亞之

自太祖迄于咸熙魏郡太守陳國吳瓘清河太守樂安任燠京兆太守濟北顏斐弘農太守太原令狐邵濟南相魯國孔乂或哀矜折獄或推誠惠愛或治身清白或擿姦發伏咸為良二千石瓘燠事行無所見魏略曰顏斐字文林有才學丞相召為太子洗馬黃初轉為黃門侍郎後為京兆太守始京兆從馬超破後民人多不專於農殖又歷數四二千石取解目前亦不為民作久遠計斐到官乃令屬縣整阡陌樹桑果是時民多無車牛斐又課民以閑月取車材使轉相教匠作車又課民無牛者令畜豬狗賣以買牛始者民以為煩一二年間家家有丁車大牛又起文學聽吏民欲讀書者復其小徭又於府下起菜園使吏役閑鉏治又課民當輸租時車牛各因便致薪兩束為冬寒冰炙筆硯於是風化大行吏不煩民民不求吏京兆與馮翊扶風接界二郡道路既穢塞田疇又荒萊人民飢凍而京兆皆整頓開明豐富常為雍州十郡最斐又清己仰奉而已於是吏民恐其遷轉也至青龍中司馬宣王在長安立軍市而軍中吏士多侵侮縣民斐以白宣王宣王乃發怒召軍市候便於斐前杖一百時長安典農與斐共坐以為斐宜謝乃私推築斐斐不肯謝良久乃曰斐意觀明公受分陝之任乃欲一齊衆庶必非有所左右也而典農竊見推築欲令斐謝假令斐謝是更為不得明公意也宣王遂嚴持吏士自是之後軍營郡縣各得其分後數歲遷為平原太守吏民啼泣遮道車不得前步步稽留十餘日乃出界東行至崤而疾困斐素心戀京兆其家人從者見斐病甚勸之言平原當自勉厲作健斐曰我心不願平原汝曹等呼我何不言京兆邪遂卒還平原京兆聞之皆為流涕為立碑于今稱頌之也令狐邵字孔叔父仕漢為烏丸校尉建安初袁氏在冀州邵去本郡家居鄴九年暫出到武安毛城中會太祖破鄴遂圍毛城城破執邵等十餘人皆當斬太祖閱見之疑其衣冠也問其祖考而識其父乃解放署軍謀掾仍歷宰守從丞相主簿出為弘農太守所在清如冰雪妻子希至官省舉善而教恕以待人不好獄訟與下無忌是時郡無知經者乃歷問諸吏有欲遠行就師輒假遣令詣河東就樂詳學經粗明乃還因設文學由是弘農學業轉興至黃初初徵拜羽林郎遷虎賁中郎將三歲病亡始邵族子愚為白衣時常有高志衆人謂愚必榮令狐氏而邵獨以為愚性倜儻不修德而願大必滅我宗愚聞邵言其心不平及邵為虎賁郎將而愚仕進已多所更歷所在有名稱愚見邵因從容言次微激之曰先時聞大人謂愚為不繼愚今竟云何邪邵熟視而不答也然私謂其妻子曰公治性度猶如故也以吾觀之終當敗滅但不知我久當坐之不邪將遂汝曹耳邵沒之後十餘年間愚為兗州刺史果與王淩謀廢立家屬誅滅邵子華時為弘農郡丞以屬疏得不坐案孔氏譜孔乂字元儁孔子之後曾祖疇字元矩陳相漢桓帝立老子廟於苦縣之賴鄉畫孔子像於壁疇為陳相立孔子碑於像前今見存乂父祖皆二千石乂為散騎常侍上疏規諫語在三少帝紀至大鴻臚子恂字士信晉平東將軍衛尉也

評曰任峻始興義兵以歸太祖闢土殖穀倉庾盈溢庸績致矣蘇則威以平亂既政事之良又矯矯剛直風烈足稱杜畿寬猛克濟惠以康民鄭渾倉慈恤理有方抑皆魏代之名守乎恕屢陳時政經論治體蓋有可觀焉

魏志卷十六考證

任峻太祖以峻為典農中郎將數年中所在積粟○中郎將下太平御覽引此有募百姓屯田於許下得穀百萬斛郡國列置田官十九字

蘇則愉咸熙中為尚書注石崇妻紹之兄女也○兄女宋本作女兄

杜畿遂詭道從郖津度注昨日功曹今為郡將軍也○軍字疑衍

計所置吏士之費與兼官無覺○覺宋本作異

閼七聖而課試之文不垂○監本閼誤作闕照冑府改正

後考課竟不行注三人皆恕之同班友善○監本誤作二人今改正

樂安廉昭以才能拔擢頗好言事○宋本無言字

數歲轉趙相注康既無才敏因在冗官博讀書傳○宋本作康既才敏無無字

邑百戶注乃從南陽步詣該○後漢書注作乃從南陽步步詣許從該

掇其切世大事著于篇注弟寬字務叔○弟寬監本作子寬臣龍官按恕字務伯理字務仲寬字務叔皆兄弟也韓愈杜中散墓志亦云畿季子寬可知子字為弟字之譌今改正

又注預從兄斌○斌宋本作武

鄭渾為揚州刺史卒注後又與王允謀共誅卓○後漢書作與何顒荀攸共謀誅卓

與等破散寬在山阻○監本山阻誤作山陽今改正

脅將夏陽長邵陵令并其吏民入䃭山○何焯曰渾為司隸部左馮翊夏陽乃其屬城若邵陵則屬汝南郡為豫州刺史部內與左馮翊無涉此因前有渾為邵陵令之文而誤耳其地當去夏陽不遠或郃陽之誤耶

倉慈慈躬往省閱料簡輕重○料簡太平御覽作斟酌

魏郡太守陳國吳瓘○太平御覽作吳璀

咸為良二千石注又課民無牛者令畜豬狗賣以買牛○太平御覽作令畜豬貴時賣以買牛

又注到武安毛城中○武安太平御覽作安邑

經論治體○論宋本作綸臣照按經綸本易屯象傳而古本易有作經論字者綸亦可作論

魏志卷十七

晉　著作郎巴西中正安漢陳　壽撰

宋太中大夫國子博士聞喜裴松之注

張遼　樂進　于禁　張郃　徐晃

張遼字文遠鴈門馬邑人也本聶壹之後以避怨變姓少為郡吏漢末并州刺史丁原以遼武力過人召為從事使將兵詣京都何進遣詣河北募兵得千餘人還進敗以兵屬董卓卓敗以兵屬呂布遷騎都尉布為李傕所敗從布東奔徐州領魯相時年二十八太祖破呂布於下邳遼將其衆降拜中郎將賜爵關內侯數有戰功遷裨將軍袁紹破別遣遼定魯國諸縣與夏侯淵圍昌豨於東海數月糧盡議引軍還遼謂淵曰數日已來每行諸圍豨輒屬目視遼又其射矢更稀此必豨計猶豫故不力戰遼欲挑與語儻可誘也乃使謂豨曰公有命使遼傳之豨果下與遼語遼為說太祖神武方以德懷四方先附者受大賞豨乃許降遼遂單身上三公山入豨家拜妻子豨歡喜隨詣太祖太祖遣豨還責遼曰此非大將法也遼謝曰以明公威信著於四海遼奉聖旨豨必不敢害故也從討袁譚袁尚於黎陽有功行中堅將軍從攻尚於鄴尚堅守不下太祖還許使遼與樂進拔陰安徙其民河南復從攻鄴鄴破遼別徇趙國常山招降緣山諸賊及黑山孫輕等從攻袁譚譚破別將徇海濱破遼東賊柳毅等還鄴太祖自出迎遼引共載以遼為盪寇將軍復別擊荊州定江夏諸縣還屯臨潁封都亭侯從征袁尚於柳城卒與虜遇遼勸太祖戰氣甚奮太祖壯之自以所持麾授遼遂擊大破之斬單于蹋頓傅子曰太祖將征柳城遼諫曰夫許天下之會也今天子在許公遠北征若劉表遣劉備襲許據之以號令四方公之勢去矣太祖策表必不能任備遂行也時荊州未定復遣遼屯長社臨發軍中有謀反者夜驚亂起火一軍盡擾遼謂左右曰勿動是不一營盡反必有造變者欲以動亂人耳乃令軍中其不反者安坐遼將親兵數十人中陣而立有頃定即得首謀者殺之陳蘭梅成以氐六縣叛太祖遣于禁臧霸等討成遼督張郃朱蓋等討蘭成偽降禁禁還成遂將其衆就蘭轉入灊山灊中有天柱山高峻二十餘里道險狹步徑裁通蘭等壁其上遼欲進諸將曰兵少道險難用深入遼曰此所謂一與一勇者得前耳遂進到山下安營攻之斬蘭成首盡虜其衆太祖論諸將功曰登天山履峻險以取蘭成盪寇功也增邑假節太祖既征孫權還使遼與樂進李典等將七千餘人屯合肥太祖征張魯教與護軍薛悌署函邊曰賊至乃發俄而權率十萬衆圍合肥乃共發教教曰若孫權至者張李將軍出戰樂將軍守護軍勿得與戰諸將皆疑遼曰公遠征在外比救至彼破我必矣是以教指及其未合逆擊之折其盛勢以安衆心然後可守也成敗之機在此一戰諸君何疑李典亦與遼同於是遼夜募敢從之士得八百人椎牛饗將士明日大戰平旦遼被甲持戟先登陷陣殺數十人斬二將大呼自名衝壘入至權麾下權大驚衆不知所為走登高冢以長戟自守遼叱權下戰權不敢動望見遼所將衆少乃聚圍遼數重遼左右麾圍直前急擊圍開遼將麾下數十人得出餘衆

號呼曰將軍棄我乎遼復還突圍拔出餘衆權人馬皆披靡無敢當者自旦戰至日中吳人奪氣還修守備衆心乃安諸將咸服權守合肥十餘日城不可拔乃引退遼率諸軍追擊幾復獲權太祖大壯遼拜征東將軍孫盛曰夫兵固詭道奇正相資若乃命將出征推轂委權或賴率然之形或憑掎角之勢羣帥不和則棄師之道也至於合肥之守縣弱無援專任勇者則好戰生患專任怯者則懼心難保且彼衆我寡必懷貪墮以致命之兵擊貪墮之卒其勢必勝勝而後守守則必固是以魏武推選方員參以同異爲之密教節宣其用事至而應若合符契妙矣夫建安二十一年太祖復征孫權到合肥循行遼戰處歎息者良久乃增遼兵多留諸軍徙屯居巢關羽圍曹仁於樊會權稱藩召遼及諸軍悉還救仁遼未至徐晃已破關羽仁圍解遼與太祖會摩陂遼軍至太祖乘輦出勞之還屯陳郡文帝卽王位轉前將軍魏書曰王賜遼帛千匹穀萬斛分封兄汎及一子列侯孫權復叛遣遼還屯合肥進遼爵都鄉侯給遼母輿車及兵馬送遼家詣屯敕遼母至導從出迎所督諸軍將吏皆羅拜道側觀者榮之文帝踐阼封晉陽侯增邑千戶并前二千六百戶黃初二年遼朝洛陽宮文帝引遼會建始殿親問破吳意狀帝歎息顧左右曰此亦古之召虎也爲起第舍又特爲遼母作殿以遼所從破吳軍應募步卒皆爲虎賁孫權復稱藩遼還屯雍丘得疾帝遣侍中劉曄將太醫視疾虎賁問消息道路相屬疾未瘳帝迎遼就行在所車駕親臨執其手賜以御衣太官日送御食疾小差還屯孫權復叛帝遣遼乘舟與曹休至海陵臨江權甚憚焉勅諸將張遼雖病不可當也愼之是歲遼與諸將破權將呂範遼病遂篤薨於江都帝爲流涕謚曰剛侯子虎嗣六年帝追念遼典在合肥之功詔曰合肥之役遼典以步卒八百破賊十萬自古用兵未之有也使賊至今奪氣可謂國之爪牙矣其分遼典邑各百戶賜一子爵關內侯虎爲偏將軍薨子統嗣

樂進字文謙陽平衞國人也容貌短小以膽烈從太祖爲帳下吏遣還本郡募兵得千餘人還爲軍假司馬陷陳都尉從擊呂布於濮陽張超於雍丘橋蕤於苦皆先登有功封廣昌亭侯從征張繡於安衆圍呂布於下邳破別將擊眭固於射犬攻劉備於沛皆破之拜討寇校尉渡河攻獲嘉還從擊袁紹於官渡力戰斬紹將淳于瓊從擊譚尚於黎陽斬其大將嚴敬行游擊將軍別擊黃巾破之定樂安郡從圍鄴鄴定從擊袁譚於南皮先登入譚東門譚敗別攻雍奴破之建安十一年太祖表漢帝稱進及于禁張遼曰武力既弘計略周備質忠性一守執節義每臨戰功常爲督率奮彊突固無堅不陷自援枹鼓手不知倦又遣別征統御師旅撫衆則和奉令無犯當敵制決靡有遺失論功紀用宜各顯寵於是禁爲虎威進折衝遼盪寇將軍進別征高幹從北道入上黨回出其後幹等還守壺關連戰斬首幹堅守未下會太祖自征之乃拔太祖征管承軍淳于遣進李典擊之承破走逃入海島海濱平荊州未服遣屯陽翟後從平荊州留屯襄陽擊關羽蘇非等皆走之南郡諸縣山谷蠻夷詣進降又討劉備臨沮長杜普旌陽長梁太皆大破之後從征孫權假進節太祖還留進與張遼李典屯合肥增邑五百并前凡千二百戶以進數有功分五百戶封一子列侯進遷右將軍建安二十三年薨謚曰威侯子綝嗣綝果毅有父風官至揚州刺史諸葛誕反掩襲殺綝詔悼惜之追贈衞尉謚曰愍侯子肇嗣

于禁字文則泰山鉅平人也黃巾起鮑信招合徒衆禁附從焉及太祖領兗州禁與其黨俱詣爲都伯屬將軍王朗朗異之薦禁才任大將軍太祖召見與語拜軍司馬使將兵詣徐州攻廣威拔之拜陷陳都尉從討呂布於濮陽別破布二營於城南又別將破高雅於須昌從攻壽張定陶離狐圍張超於雍丘皆拔之從征黃巾劉辟黃邵等屯版梁邵等夜襲太祖營禁帥麾下擊破之斬辟邵等盡降其衆遷平虜校尉從圍橋蕤於苦斬蕤等四將從至宛降張繡繡復叛太祖與戰不利軍敗還舞陰是時軍亂各間行求太祖禁獨勒所將數百人且戰且引雖有死傷不相離虜追稍緩禁徐整行隊鳴鼓而還未至太祖所道見十餘人被創裸走禁問其故曰爲青州兵所劫初黃巾降號青州兵太祖寬之故敢因緣爲略禁怒令其衆曰青州兵同屬曹公而還爲賊乎乃討之數之以罪青州兵遽走詣太祖自訴禁既至先立營壘不時謁太祖或謂禁青州兵已訴君矣宜促詣公辨之禁曰今賊在後追至無時不先爲備何以待敵且公聰明譖訴何緣徐鑿塹安營訖乃入謁具陳其狀太祖悅謂禁曰淯水之難吾其急也將軍在亂能整討暴堅壘有不可動之節雖古名將何以加之於是錄禁前後功封益壽亭侯復從攻張繡於穰禽呂布於下邳別與史渙曹仁攻眭固於射犬破斬之太祖初征袁紹紹兵盛禁願爲先登太祖壯之乃選步騎二千人使禁將守延津以拒紹太祖引軍還官渡劉備以徐州叛太祖東征之紹攻禁禁堅守紹不能拔復與樂進等將步騎五千擊紹別營從延津西南緣河至汲獲嘉二縣焚燒保聚三十餘屯斬首獲生各數千降紹將何茂王摩等二十餘人太祖復使禁別將屯原武擊紹別營於杜氏津破之遷裨將軍後從還官渡太祖與紹連營起土山相對紹射營中士卒多死傷軍中懼禁督守土山力戰氣益奮紹破遷偏將軍冀州平昌豨復叛遣禁征之禁急進攻豨豨與禁有舊詣禁降諸將皆以爲豨已降當送詣太祖禁曰諸君不知公常令乎圍而後降者不赦夫奉法行令事上之節也豨雖舊友禁可失節乎自臨與豨訣隕涕而斬之是時太祖軍淳于聞而歎曰豨降不詣吾而歸禁豈非命邪益重禁臣松之以爲圍而後降法雖不赦囚而送之未爲違命禁曾不爲舊交希冀萬一而肆其好殺之心以戾衆人之議所以卒爲降虜死加惡謚宜哉東海平拜禁虎威將軍後與臧霸等攻梅成張遼張郃等討陳蘭禁到成舉衆三千餘人降旣降復叛其衆奔蘭遼等與蘭相持軍食少禁運糧前後相屬遼遂斬蘭成增邑二百戶并前千二百戶是時禁與張遼樂進張郃徐晃俱爲名將太祖每征伐咸遞行爲軍鋒還爲後拒而禁持軍嚴整得賊財物無所私入由是賞賜特重然以法御下不甚得士衆心太祖常恨朱靈欲奪其營以禁有威重遣禁將數十騎齎令書徑詣靈營奪其軍靈及其部衆莫敢動乃以靈爲禁部下督衆皆震服其見憚如此遷左將軍假節鉞分邑五百戶封一子列侯建安二十四年太祖在長安使曹仁討關羽於樊又遣禁助仁秋大霖雨漢水溢平地水數丈禁等七軍皆沒禁與諸將登高望水無所回避羽乘大船就攻禁等禁遂降惟龐悳不屈節而死太祖聞之哀歎者久之曰吾知禁三十年何意臨危處難反不及龐悳邪會孫權禽羽獲其衆禁復在吳文帝踐阼權稱藩遣禁還帝引見禁鬚髮皓白形容憔顇泣涕頓首帝慰喻以荀林父孟明視故事魏書載制曰昔荀林父敗績於邲孟明喪師於殽秦晉不替使復其位其後晉獲狄土秦霸西戎區區小國猶尚若斯而況萬乘乎樊城之敗水災暴至非戰之咎其復禁等官拜爲安遠將軍欲遣使吳先令北詣鄴謁高陵帝使豫於陵屋畫關羽戰克龐悳憤怒禁降服之狀禁見慙恚發病薨子圭嗣封益壽亭侯謚禁曰厲侯

張郃字儁乂河間鄚人也漢末應募討黃巾爲軍司馬屬韓馥馥敗以兵歸袁紹紹以郃爲校尉使拒公孫瓚瓚破郃功多遷寧國中郎將太祖與袁紹相拒於官渡漢晉春秋曰郃說紹曰公雖連勝然勿與曹公戰也密遣輕騎鈔絕其南則兵自敗矣紹不從之紹遣將淳于瓊等督運屯烏巢太祖自將急擊之郃說紹曰曹公兵精往必破瓊等瓊等破則將軍事去矣宜急引兵救之郭圖曰郃計非也不如攻其本營勢必還此爲不救而自解也郃曰曹公營固攻之必不拔若瓊等見禽吾屬盡爲虜矣紹但遣輕騎救瓊而以重兵攻太祖營不能下太祖果破瓊等紹軍潰圖慙又更譖郃曰郃快軍敗出言不遜郃懼乃歸太祖臣松之案武紀及袁紹傳並云袁紹使張郃高覽攻太祖營郃等聞淳于瓊破遂來降紹衆於是大潰是則緣郃等降而後紹軍壞也至如此傳爲紹軍先潰懼郭圖之譖然後歸太祖爲參錯不同矣太祖得郃甚喜謂曰昔子胥不早寤自使身危豈若微子去殷韓信歸漢邪拜郃偏將軍封都亭侯授以衆從攻鄴拔之又從擊袁譚於渤海別將軍圍雍奴大破之從討柳城與張遼俱爲軍鋒以功遷平狄將軍別征東萊討管承又與張遼討陳蘭梅成等破之從破馬超韓遂於渭南圍安定降楊秋與夏侯淵討鄜賊梁興及武都氐又破馬超平宋建太祖征張魯先遣郃督諸軍討興和氐王竇茂太祖從散關入漢中又先遣郃督步卒五千於前通路至陽平魯降太祖還留郃與夏侯淵等守漢中拒劉備郃別督諸軍降巴東巴西二郡徙其民於漢中進軍宕渠爲備將張飛所拒引還南鄭拜盪寇將軍劉備屯陽平郃屯廣石備以精卒萬餘分爲十部夜急攻郃郃率親兵搏戰備不能克其後備於走馬谷燒都圍淵救火從他道與備相遇交戰短兵接刃淵遂沒郃還陽平魏略曰淵雖爲都督劉備憚郃而易淵及殺淵備曰當得其魁用此何爲邪當是時新失元帥恐爲備所乘三軍皆失色淵司馬郭淮乃令衆曰張將軍國家名將劉備所憚今日事急非張將軍不能安也遂推郃爲軍主郃出勒兵安陳諸將皆受郃節度衆心乃定太祖在長安遣使假郃節太祖遂自至漢中劉備保高山不敢戰太祖乃引出漢中諸軍郃還屯陳倉文帝卽王位以郃爲左將軍進爵都鄉侯及踐阼進封鄚侯詔郃與曹眞討安定盧水胡及東羌召郃與眞並朝許宮遣南與夏侯尚擊江陵郃別督諸軍渡江取洲上屯塢明帝卽位遣南屯荊州與司馬宣王擊孫權別將劉阿等追至祁口交戰破之諸葛亮出祁山加郃位特進遣督諸軍拒亮將馬謖於街亭謖依阻南山不下據城郃絕其汲道擊大破之南安天水安定郡反應亮郃皆破平之詔曰賊亮以巴蜀之衆當虓虎之師將軍被堅執銳所向克定朕甚嘉之益邑千戶并前四千三百戶司馬宣王治水軍於荊州欲順沔入江伐吳詔郃督關中諸軍往受節度至荊州會冬水淺大船不得行乃還屯方城諸葛亮復出急攻陳倉帝驛馬召郃到京都帝自幸河南城置酒送郃遣南北軍士三萬及分遣武衞虎賁使衞郃因問郃曰遲將軍到亮得無已得陳倉乎郃知亮縣軍無穀不能久攻對曰比臣未到亮已走矣屈指計亮糧

不至十日郃晨夜進至南鄭亮退詔郃還京都拜征西
車騎將軍郃識變數善處營陣料戰勢地形無不如計
自諸葛亮皆憚之郃雖武將而愛樂儒士嘗薦同鄉卑
湛經明行修詔曰昔祭遵爲將奏置五經大夫居軍中
與諸生雅歌投壺今將軍外勤戎旅內存國朝朕嘉將
軍之意今擢湛爲博士諸葛亮復出祁山詔郃督諸將
西至略陽亮還保祁山郃追至木門與亮軍交戰飛矢
中郃右膝薨（魏略曰亮軍退司馬宣王使郃追之郃曰軍法圍城必開出路歸軍勿追宣王不聽郃不得已遂進蜀軍乘高布伏弓弩亂發矢中郃髀）諡曰壯侯子雄嗣郃前後征
伐有功明帝分郃戶封郃四子列侯賜小子爵關內侯
徐晃字公明河東楊人也爲郡吏從車騎將軍楊奉討
賊有功拜騎都尉李傕郭汜之亂長安也晃說奉令與
天子還洛陽奉從其計天子渡河至安邑封晃都亭侯
及至洛陽韓暹董承日爭鬬晃說奉令歸太祖奉欲從
之後悔太祖討奉於梁晃遂歸太祖太祖授晃兵使擊
卷（卷音墟權反）原武賊破之拜裨將軍從征呂布別降布將
趙庶李鄒等與史渙斬眭固於河內從破劉備又從破
顏良拔白馬進至延津破文醜拜偏將軍與曹洪擊㶏
彊賊祝臂破之又與史渙擊袁紹運車於故市功最多
封都亭侯太祖既圍鄴破邯鄲易陽令韓範僞以城降
而拒守太祖遣晃攻之晃至飛矢城中爲陳成敗範悔
晃輒降之既而言於太祖曰二袁未破諸城未下者傾
耳而聽今日滅易陽明日皆以死守恐河北無定時也
願公降易陽以示諸城則莫不望風太祖善之別討毛
城設伏兵掩擊破三屯從破袁譚於南皮討平原叛賊
克之從征蹋頓拜橫野將軍從征荊州別屯樊討中廬
臨沮宜城賊又與滿寵討關羽於漢津與曹仁擊周瑜
於江陵十五年討太原反者圍太陵拔之斬賊帥商曜
韓遂馬超等反關右遣晃屯汾陰以撫河東賜牛酒令
上先人墓太祖至潼關恐不得渡召問晃晃曰公盛兵
於此而賊不復別守蒲阪知其無謀也今假臣精兵（臣松
之云案晃于時未應稱臣傳寫者誤也）渡蒲阪津爲軍先置以截其裏賊
可禽也太祖曰善使晃以步騎四千人渡津作塹柵未
成賊梁興夜將步騎五千餘人攻晃晃擊走之太祖軍
得渡遂破超等使晃與夏侯淵平隃麋汧諸氐與太祖
會安定太祖還鄴使晃與夏侯淵平鄜夏陽餘賊斬梁
興降三千餘戶從征張魯別遣晃討攻櫝仇夷諸山氐
皆降之遷平寇將軍解將軍張順圍擊賊陳福等三十
餘屯皆破之太祖還鄴留晃與夏侯淵拒劉備於陽平
備遣陳式等十餘營絕馬鳴閣道晃別征破之賊自投

山谷多死者太祖聞甚喜假晃節令曰此閤道漢中之
險要咽喉也劉備欲斷絕外內以取漢中將軍一舉克
奪賊計善之善者也太祖遂自至陽平引出漢中諸軍
復遣晃助曹仁討關羽屯宛會漢水暴溢于禁等沒羽
圍仁於樊又圍將軍呂常於襄陽晃所將多新卒以羽
難與爭鋒遂前至陽陵陂屯太祖復還遣將軍徐商呂
建等詣晃令曰須兵馬集至乃俱前賊屯偃城晃到詭
道作都塹示欲截其後賊燒屯走晃得偃城兩面連營
稍前去賊圍三丈所未攻太祖前後遣殷署朱蓋等凡
十二營詣晃賊圍頭有屯又別屯四冢晃揚聲當攻圍
頭屯而密攻四冢羽見四冢欲壞自將步騎五千出戰
晃擊之退走遂追陷與俱入圍破之或自投沔水死太
祖令曰賊圍塹鹿角十重將軍致戰全勝遂陷賊圍多
斬首虜吾用兵三十餘年及所聞古之善用兵者未有
長驅徑入敵圍者也且樊襄陽之在圍過於莒即墨將
軍之功踰孫武穰苴晃振旅還摩陂太祖迎晃七里置
酒大會太祖舉卮酒勸晃且勞之曰全樊襄陽將軍之
功也時諸軍皆集太祖案行諸營士卒咸離陣觀而晃
軍營整齊將士駐陣不動太祖歎曰徐將軍可謂有周
亞夫之風矣文帝即王位以晃爲右將軍進封逯鄉侯
及踐阼進封楊侯與夏侯尚討劉備於上庸破之以晃
鎮陽平徙封陽平侯明帝即位拒吳將諸葛瑾於襄陽
增邑二百并前三千一百戶病篤遺令斂以時服性儉
約畏慎將軍常遠斥候先爲不可勝然後戰追奔爭利
士不暇食常歎曰古人患不遭明君今幸遇之當以功
自效何用私譽爲終不廣交援太和元年薨諡曰壯侯
子蓋嗣蓋薨子霸嗣明帝分晃戶封晃子孫二人列侯
初清河朱靈爲袁紹將太祖之征陶謙紹使靈督三營
助太祖戰有功紹所遣諸將各罷歸靈曰靈觀人多矣
無若曹公者此乃眞明主也今已遇復何之遂留不去
所將士卒慕之皆隨靈留靈後遂爲好將名亞晃等至
後將軍封高唐亭侯（九州春秋曰初清河季雍以鄃叛袁紹而降公孫瓚瓚遣兵衛之紹遣靈攻之靈家在城中瓚將靈母弟置城上誘呼靈靈望城涕泣曰丈夫一出身與人豈復顧家耶遂力戰拔之生禽雍而靈家皆死魏書曰靈字文博太祖既平冀州遣靈將新兵五千人騎千匹守許南太祖戒之曰冀州新兵數乘寬緩暫見齊整意尚怏怏卿名先有威嚴善以道寬之不然即有變靈至陽翟中郎將程昂等果反即斬昂以狀聞太祖手書曰兵中所以爲危險者外對敵國內有姦謀不測之變昔鄧禹中分光武軍西行而有宗歆馮愔之難後將二十四騎還洛陽禹豈以是減損哉來書懇惻多引咎過未必如所云也文帝即位封靈鄃侯增其戶邑詔曰將軍佐命先帝典兵歷年威過方邵功踰絳灌圖籍所美何以加焉朕受天命帝有海內元功之將社稷之臣皆朕所與同福共慶傳之無窮者也今封鄃侯富貴不歸故鄉如夜行衣繡若平常所志願勿難言靈謝曰高唐宿所願於是更封高唐侯薨諡曰威侯子術嗣）

評曰太祖建茲武功而時之良將五子爲先于禁最號
毅重然弗克其終張郃以巧變爲稱樂進以驍果顯名
而鑒其行事未副所聞或注記有遺漏未如張遼徐晃
之備詳也

魏志卷十七考證

張遼遼督張郃朱蓋等討蘭○朱宋本作牛
拜征東將軍注是以魏武推選方員○太平御覽作雜
選武力
樂進遣進李典擊之○宋本遣進下多與字
于禁以荀林父孟明視故事注匡匡小國猶尚若斯○
宋本作尙猶若斯
徐晃至後將軍封高唐亭侯○臣明楷按注引魏書云
文帝即位封靈鄃侯又云於是更封高唐侯亭字宜
衍

魏志卷十八

晉著作郎巴西中正安漢陳　壽撰
宋太中大夫國子博士聞喜裴松之注

李典　李通　臧霸（孫觀）　文聘　呂虔
許褚　典韋　龐悳　龐淯（母娥親）
閻溫（張恭　恭子就）

李典字曼成山陽鉅野人也典從父乾有雄氣合賓客
數千家在乘氏初平中以衆隨太祖破黃巾於壽張又
從擊袁術征徐州呂布之亂太祖遣乾還乘氏慰勞諸
縣布別駕薛蘭治中李封招乾欲俱叛乾不聽遂殺乾
太祖使乾子整將乾兵與諸將擊蘭封蘭封破從平兗
州諸縣有功稍遷青州刺史整卒典從潁陰令爲中郎
將將整軍（魏書曰典少好學不樂兵事乃就師讀春秋左氏傳博觀羣書太祖善之故試以治民之政）遷離狐太守時太祖與袁紹相拒官渡典率宗族及
部曲輸穀帛供軍紹破以典爲裨將軍屯安民太祖擊
譚尚於黎陽使典與程昱等以船運軍糧會尚遣魏郡
太守高蕃將兵屯河上絕水道太祖勑典昱若船不得
過下從陸道典與諸將議曰蕃軍少甲而恃水有懈怠
之心擊之必克軍不內御苟利國家專之可也宜亟擊
之昱亦以爲然遂北渡河攻蕃破之水道得通劉表使

劉備北侵至葉太祖遣典從夏侯惇拒之備一旦燒屯
去惇率諸軍追擊之典曰賊無故退疑必有伏南道窄
狹草木深不可追也惇不聽與于禁追之典留守惇等
果入賊伏裏戰不利典往救備望見救至乃散退從圍
鄴鄴定與樂進圍高幹於壺關擊管承於長廣皆破之
遷捕虜將軍封都亭侯典宗族部曲三千餘家居乘氏
自請願徙詣魏郡太祖笑曰卿欲慕耿純邪典謝曰典
駑怯功微而爵寵過厚誠宜舉宗陳力加以征伐未息
宜實郊遂之內以制四方非慕純也遂徙部曲宗族萬
三千餘口居鄴太祖嘉之遷破虜將軍與張遼樂進屯
合肥孫權率衆圍之遼欲奉敎出戰進典遼皆素不睦
遼恐其不從典慨然曰此國家大事顧君計何如耳吾
可以私憾而忘公義乎乃率衆與遼破走權增邑百戶
并前三百戶典好學問貴儒雅不與諸將爭功敬賢士
大夫恂恂若不及軍中稱其長者年三十六薨子禎嗣
文帝踐阼追念合肥之功增禎邑百戶賜典一子爵關
內侯邑百戶諡典曰愍侯
李通字文達江夏平春人也（魏略曰通小字萬億）以俠聞於江汝
之間與其郡人陳恭共起兵於朗陵衆多歸之時有周
直者衆二千餘家與恭通外和內違通欲圖殺直而恭
難之通知恭無斷乃獨定策與直克會酒酣殺直衆人
大擾通率恭誅其黨帥盡并其營後恭妻弟陳郃殺恭
而據其衆通攻破郃軍斬郃首以祭恭墓又生禽黃巾
大帥吳霸而降其屬遭歲大饑通傾家振施與士分糟
糠皆爭爲用由是盜賊不敢犯建安初通舉衆詣太祖
于許拜通振威中郎將屯汝南西界太祖討張繡劉表
遣兵以助繡太祖軍不利通將兵夜詣太祖太祖得以
復戰通爲先登大破繡軍拜裨將軍封建功侯分汝南
二縣以通爲陽安都尉通妻伯父犯法朗陵長趙儼收
治致之大辟是時殺生之柄決於牧守通妻子號泣以
請其命通曰方與曹公戮力義不以私廢公喜儼執憲
不阿與爲親交太祖與袁紹相拒於官渡紹遣使拜通
征南將軍劉表亦陰招之通皆拒焉通親戚部曲流涕
曰今孤危獨守以失大援亡可立而待也不如亟從紹
通按劍以叱之曰曹公明哲必定天下紹雖彊盛而任
使無方終爲之虜耳吾以死不貳即斬紹使送印綬詣
太祖又擊羣賊瞿恭江宮沈成等皆破殘其衆送其首
遂定淮汝之地改封都亭侯拜汝南太守時賊張赤等
五千餘家聚桃山通攻破之劉備與周瑜圍曹仁於江
陵別遣關羽絕北道通率衆擊之下馬拔鹿角入圍且

戰且前以迎仁軍勇冠諸將通道得病薨時年四十二追增邑二百戶并前四百戶文帝踐阼謚曰剛侯詔曰昔袁紹之難自許蔡以南人懷異心通秉義不顧使攜貳率服朕甚嘉之不幸早薨子基雖已襲爵未足酬其庸勳基兄緒前屯樊城又有功世篤其勞以基為奉義中郎將緒平虜中郎將以寵異焉王隱晉書曰緒子秉字玄胄有俊才為時人所貴官至秦州刺史秉嘗答司馬文王問因以為家誡曰昔侍坐於先帝時有三長吏俱見臨辭出上曰為官長當清當慎當勤修此三者何患不治乎並受詔既出上顧謂吾等曰相誡勑正當爾不侍坐眾賢莫不贊善上又問必不得已於斯三者何先或對曰清固為本次復問吾對曰清慎之道相須而成必不得已慎乃為大夫清者不必慎慎者必自清亦由仁者必有勇勇者不必有仁是以易稱括囊無咎藉用白茅皆慎之至也上曰卿言得之耳可舉近世能慎者誰乎諸人各未知所對吾乃舉故太尉荀景倩尚書董仲連僕射王公仲並可謂為慎上曰此諸人者溫恭朝夕執事有恪亦各其慎也然天下之至慎其惟阮嗣宗乎每與之言言及玄遠而未曾評論時事臧否人物真可謂至慎矣吾每思此言亦足以為明誡凡人行事年少立身不可不慎勿輕論人勿輕說事如此則悔吝何由而生患禍無從而至矣秉子重字茂曾少知名歷位吏部郎平陽太守晉諸公贊曰重以清尚稱相國趙王倫以重望取為右司馬重以倫將為亂辭疾不就倫逼之不已重遂不復自活至於困篤扶曳受拜數日卒贈散騎常侍重二弟尚字茂仲矩字茂約永嘉中並典郡矩至江州刺史重子式字景則官至侍中

臧霸字宣高泰山華人也父戒為縣獄掾據法不聽太守欲所私殺太守大怒令收戒詣府時送者百餘人霸年十八將客數十人徑於費西山中要奪之送者莫敢動因與父俱亡命東海由是以勇壯聞黃巾起霸從陶謙擊破之拜騎都尉遂收兵於徐州與孫觀吳敦尹禮等並聚眾霸為帥屯於開陽太祖之討呂布也霸等將兵助布既禽布霸自匿太祖募索得霸見而悅之使霸招吳敦尹禮孫觀觀兄康等皆詣太祖太祖以霸為琅邪相敦利城禮東莞觀北海康城陽太守割青徐二州委之於霸太祖之在兗州以徐翕毛暉為將兗州亂翕暉皆叛後兗州定翕暉亡命投霸太祖語劉備令語霸送二人首霸謂備曰霸所以能自立者以不為此也霸受公生全之恩不敢違命然王霸之君可以義告願將軍為之辭備以霸言白太祖太祖歎息謂霸曰此古人之事而君能行之孤之願也乃皆以翕暉為郡守時太祖方與袁紹相拒而霸數以精兵入青州故太祖得專事紹不以東方為念太祖破袁譚於南皮霸等會賀霸因求遣子弟及諸將父兄家屬詣鄴太祖曰諸君忠孝豈復在是昔蕭何遣子弟入侍而高祖不拒耿純焚室輿櫬以從而光武不逆吾將何以易之哉東州擾攘霸等執義征暴清定海岱功莫大焉皆封列侯霸為都亭侯加威虜將軍又與于禁討昌豨與夏侯淵討黃巾餘賊徐和等有功遷徐州刺史沛國公武周為下邳令霸敬異周身詣令舍部從事謥詷不法周得其罪便收考竟霸益以善周從討孫權先登再入巢湖攻居巢破之張遼之討陳蘭霸別遣至皖討吳將韓當使權不得救蘭當遣兵逆霸霸與戰於逢龍當復遣兵邀霸於夾石與戰破之還屯舒權遣數萬人乘船屯舒口分兵救蘭聞霸軍在舒遁還霸夜追之比明行百餘里邀賊前後擊之賊窘急不得上船赴水者甚衆由是賊不得救蘭遼遂破之霸從討孫權於濡須口與張遼為前鋒行遇霖雨大軍先及水遂長賊船稍進將士皆不安遼欲去霸止之曰公明於利鈍寧肯捐吾等邪明日果有令遼至以語太祖太祖善之拜揚威將軍假節後權乞降太祖還留霸與夏侯惇等屯居巢文帝即王位遷鎮東將軍進爵武安鄉侯都督青州諸軍事及踐阼進封開陽侯徙封良成侯與曹休討吳賊破呂範於洞浦徵為執金吾位特進每有軍事帝常咨訪焉魏略曰霸一名奴寇孫觀名嬰子吳敦名黯奴尹禮名盧兒建安二十四年霸遣別軍在洛會太祖崩霸所部及青州兵以為天下將亂皆鳴鼓擅去文帝即位以曹休都督青徐霸謂休曰國家未肯聽霸耳若假霸步騎萬人必能橫行江表休言之於帝帝疑霸軍前擅去今意壯乃爾遂東巡因霸來朝而奪其兵明帝即位增邑五百并前三千五百戶薨謚曰威侯子艾嗣魏書曰艾少以才理稱為黃門郎歷位郡守艾官至青州刺史少府艾薨謚曰恭侯子權嗣霸前後有功封子三人列侯賜一人爵關內侯霸一子舜字太伯晉散騎常侍見武帝百官名此百官名不知誰所撰也皆有題目稱舜才穎條暢識贊時宜也而孫觀亦至青州刺史假節從太祖討孫權戰被創薨子毓嗣亦至青州刺史魏書曰孫觀字仲臺泰山人與臧霸俱起討黃巾拜騎都尉太祖破呂布使霸招觀兄弟皆厚遇之與霸俱戰伐觀常為先登征定青徐羣賊功次於霸封呂都亭侯康亦以功封列侯與太祖會南皮遣子弟入居鄴拜觀偏將軍遷青州刺史從征孫權於濡須口假節攻權為流矢所中傷左足力戰不顧太祖勞之曰將軍被創深重而猛氣益奮不當為國愛身乎轉振威將軍創甚遂卒

文聘字仲業南陽宛人也為劉表大將使禦北方表死其子琮立太祖征荊州琮舉州降呼聘欲與俱聘曰聘不能全州當待罪而已太祖濟漢聘乃詣太祖太祖問曰來何遲邪聘曰先日不能輔弼劉荊州以奉國家荊州雖沒常願據守漢川保全土境生不負於孤弱死無愧於地下而計不得已以至於此實懷悲慙無顏早見耳遂欷歔流涕太祖為之愴然曰仲業卿真忠臣也厚禮待之授聘兵使與曹純追討劉備於長阪太祖先定荊州江夏與吳接民心不安乃以聘為江夏太守使典北兵委以邊事賜爵關內侯孫盛曰資父事君忠孝道一臧霸少有孝烈之稱文聘著垂泣之誠是以魏武一面委之以二方之任豈直壯武見知於倉卒之間哉與樂進討關羽於尋口有功進封延壽亭侯加討逆將軍又攻羽輜重於漢津燒其船於荊城文帝踐阼進爵長安鄉侯假節與夏侯尚圍江陵使聘別屯沔口止石梵自當一隊禦賊有功遷後將軍封新野侯孫權以五萬衆自圍聘於石陽甚急聘堅守不動權住二十餘日乃解去聘追擊破之魏略曰孫權嘗自將數萬衆卒至時大雨城柵崩壞人民散在田野未及補治聘聞權到不知所施乃思惟莫若潛默可以疑之乃勑城中人使不得見又自臥舍中不起權果疑之語其部黨曰北方以此人忠臣也故委之以此郡今我至而不動此不有密圖必當有外救遂不敢攻而去魏略此語與本傳反增邑五百戶并前千九百戶聘在江夏數十年有威恩名震敵國賊不敢侵分聘戶邑封聘子岱為列侯又賜聘從子厚爵關內侯聘薨謚曰壯侯岱又先亡聘養子休嗣卒子武嗣嘉平中譙郡桓禺為江夏太守清儉有威惠名亞於聘

呂虔字子恪任城人也太祖在兗州聞虔有膽策以為從事將家兵守湖陸襄陵校尉杜松部民炅母等作亂與昌豨通太祖以虔代松虔到招誘炅母渠率及同惡數十人賜酒食簡壯士伏其側虔察炅母等皆醉使伏兵盡格殺之撫其餘衆羣賊乃平太祖以虔領泰山太守郡接山海世亂聞民人多藏竄袁紹所置中郎將郭祖公孫犢等數十輩保山為寇百姓苦之虔將家兵到郡開恩信祖等黨屬皆降服諸山中亡匿者盡出安土業簡其彊者補戰士泰山由是遂有精兵冠名州郡濟南黃巾徐和等所在劫長吏攻城邑虔引兵與夏侯淵會擊之前後數十戰斬首獲生數千人太祖使督青州諸郡兵以討東萊羣賊李條等有功太祖令曰夫有其志必成其事蓋烈士之所徇也卿在郡以來禽姦討暴百姓獲安躬蹈矢石所征輒克昔寇恂立名於汝穎耿弇建策於青兗古今一也舉茂才加騎都尉典郡如故虔在泰山十數年甚有威惠文帝即王位加裨將軍封益壽亭侯遷徐州刺史加威虜將軍請琅邪王祥為別駕民事一以委之世多其能任賢孫盛雜記曰祥字休徵性至孝後母苛虐每欲危害祥祥色養無怠盛寒之月後母曰吾思食生魚祥脫衣將剖冰求之少頃堅冰解下有魚躍出因奉以供時人以為孝感之所致也供養三十餘年母終乃仕以淳誠貞粹見重於時王隱晉書曰祥始出仕年過五十矣稍遷至司隸校尉高貴鄉公入學以祥為三老遷司空太尉司馬文王初為晉王司空荀顗要祥盡敬祥不從語在三少帝紀武帝踐阼拜祥為太保封睢陵公泰始四年年八十九薨祥弟覽字玄通光祿大夫晉諸公贊稱覽率素有至行覽子孫繁衍頗有賢才相繼奕世之盛古今少比焉討利城叛賊斬獲有功明帝即位徙封萬年亭侯增邑二百并前六百戶虔薨子翻嗣翻薨子桂嗣

許褚字仲康譙國譙人也長八尺餘腰大十圍容貌雄毅勇力絕人漢末聚少年及宗族數千家共堅壁以禦寇時汝南葛陂賊萬餘人攻褚壁褚衆少不敵力戰疲極兵矢盡乃令壁中男女聚治石如杅斗者置四隅褚飛石擲之所值皆摧碎賊不敢進糧乏偽與賊和以牛與賊易食賊來取牛牛輒奔還褚乃出陳前一手逆曳牛尾行百餘步賊衆驚遂不敢取牛而走由是淮汝陳梁間聞皆畏憚之太祖徇淮汝褚以衆歸太祖太祖見而壯之曰此吾樊噲也即日拜都尉引入宿衞諸從褚俠客皆以為虎士從征張繡先登斬首萬計遷校尉從討袁紹於官渡時常從士徐他等謀為逆以褚常侍左右憚之不敢發伺褚休下日他等懷刀入褚至下舍心動即還侍他等不知入帳見褚大驚愕他色變褚覺之即擊殺他等太祖益親信之出入同行不離左右從圍鄴力戰有功賜爵關內侯從討韓遂馬超於潼關太祖將北渡臨濟河先渡兵獨與褚及虎士百餘人留南岸斷後超將步騎萬餘人來奔太祖軍矢下如雨褚白太祖賊來多今兵渡已盡宜去乃扶太祖上船賊戰急軍爭濟船重欲沒褚斬攀船者左手舉馬鞍蔽太祖船工為流矢所中死褚右手並泝船僅乃得渡是日微褚幾危其後太祖與遂超等單馬會語左右皆不得從唯將褚超負其力陰欲前突太祖素聞褚勇疑從騎是褚乃問太祖曰公有虎侯者安在太祖顧指褚褚瞋目盻之超不敢動乃各罷後數日會戰大破超等褚身斬首級遷武衞中郎將武衞之號自此始也軍中以褚力如虎而癡故號曰虎癡是以超問虎侯至今天下稱焉皆謂其姓名也褚性謹慎奉法質重少言曹仁自荊州來朝謁太祖未出入與褚相見於殿外仁呼褚入便坐語褚曰王將出便還入殿仁意恨之或以責褚曰征南宗室重臣降意呼君君何故辭褚曰彼雖親重外藩也褚備內臣衆談足矣入室何私乎太祖聞愈愛待之遷中堅將軍太祖崩褚號泣歐血文帝踐阼進封萬歲亭侯遷武衞將軍都督中軍宿衞禁兵甚親近焉初褚所將為虎士者從征伐太祖以為皆壯士也同日拜為將其後以功為將軍封侯者數十人都尉校尉百餘人皆劍客也明帝即位進牟鄉侯邑七百戶賜子爵一人關內侯褚薨謚曰壯侯子儀嗣褚兄定亦以軍功封為振威將軍都督徼道虎賁太和中帝思褚忠孝下詔褒贊復賜褚子孫二人爵關內侯儀為鍾會所殺泰始初子綜嗣

典韋陳留己吾人也形貌魁梧旅力過人有志節任俠襄邑劉氏與睢陽李永為讎韋為報之永故富春長備衞甚謹韋乘車載雞酒偽為候者門開懷匕首入殺永并殺其妻徐出取車上刀戟步出永居近市一市盡駭

追者數百莫敢近行四五里遇其伴轉戰得脫由是爲豪傑所識初平中張邈舉義兵韋爲士屬司馬趙寵牙門旗長大人莫能勝韋一手建之寵異其才力後屬夏侯惇數斬首有功拜司馬太祖討呂布於濮陽布有別屯在濮陽西四五十里太祖夜襲比明破之未及還會布救兵至三面掉戰時布身自搏戰自旦至日昳數十合相持急太祖募陷陣韋先占將應募者數千人皆重衣兩鎧棄楯但持長矛撩戟時西面又急韋進當之賊弓弩亂發矢至如雨韋不視謂等人曰虜來十步乃白之等人曰十步矣又曰五步乃白等人懼疾言虜至矣韋手持十餘戟大呼起所抵無不應手倒者布衆退會日暮太祖乃得引去拜韋都尉引置左右將親兵數百人常繞大帳韋既壯武其所將皆選卒每戰鬬常先登陷陳遷爲校尉性忠至謹重常晝立侍終日夜宿帳左右稀歸私寢好酒食飲噉兼人每賜食於前大飲長歠左右相屬數人益乃供太祖壯之韋好持大雙戟與長刀等軍中爲之語曰帳下壯士有典君提一雙戟八十斤太祖征荊州至宛張繡迎降太祖甚悅延繡及其將帥置酒高會太祖行酒韋持大斧立後刃徑尺太祖所至之前韋輒舉斧目之竟酒繡及其將帥莫敢仰視後十餘日繡反襲太祖營太祖出戰不利輕騎引去韋戰於門中賊不得入兵遂散從他門並入時韋校尚有十餘人皆殊死戰無不一當十賊前後至稍多韋以長戟左右擊之一叉入輒十餘矛摧左右死傷者略盡韋被數十創短兵接戰賊前搏之韋雙挾兩賊擊殺之餘賊不敢前韋復前突賊殺數人創重發瞋目大罵而死賊乃敢前取其頭傳觀之覆軍就視其軀太祖退住舞陰聞韋死爲流涕募間取其喪親自臨哭之遣歸葬襄邑拜子滿爲郎中車駕每過常祠以中牢太祖思韋拜滿爲司馬引自近文帝卽王位以滿爲都尉賜爵關內侯

龐悳字令明南安狟道人也 狟音桓 少爲郡吏州從事初平中從馬騰擊反羌叛氐數有功稍遷至校尉建安中太祖討袁譚尚於黎陽譚遣郭援高幹等略取河東太祖使鍾繇率關中諸將討之悳隨騰子超拒援幹於平陽悳爲軍鋒進攻援幹大破之親斬援首 魏略曰悳手斬一級不知是援戰罷之後衆人皆言援死而不得其首援鍾繇之甥悳晚後於鞬中出一頭繇見之而哭悳謝繇繇曰援雖我甥乃國賊也卿何謝之 拜中郎將封都亭侯後張白騎叛於弘農悳復隨騰征之破白騎於兩殽間每戰常陷陣却敵勇冠騰軍後騰徵爲衞尉悳留屬超太祖破超於渭南悳隨超亡入漢陽保冀城後復隨超奔漢中從張魯太祖定漢中悳隨衆降太祖素聞其驍勇拜立義將軍封關門亭侯邑三百戶侯音衞開等以宛叛悳將所領與曹仁共攻拔宛斬音開遂南屯樊討關羽樊下諸將以悳兄在漢中頗疑之 魏略曰悳從兄名柔時在蜀 悳常曰我受國恩義在效死我欲身自擊羽今年我不殺羽羽當殺我後親與羽交戰射羽中額時悳常乘白馬羽軍謂之白馬將軍皆憚之仁使悳屯樊北十里會天霖雨十餘日漢水暴溢樊下平地五六丈悳與諸將避水上隄羽乘船攻之以大船四面射隄上悳被甲持弓箭不虛發將軍董衡部曲將董超等欲降悳皆收斬之自平旦力戰至日過中羽攻益急矢盡短兵接戰悳謂督將成何曰吾聞良將不怯死以苟免烈士不毀節以求生今日我死日也戰益怒氣愈壯而水浸盛吏士皆降悳與麾下將一人五伯二人彎弓傅矢乘小船欲還仁營水盛船覆失弓矢獨抱船覆水中爲羽所得立而不跪羽謂曰卿兄在漢中我欲以卿爲將不早降何爲悳罵羽曰豎子何謂降也魏王帶甲百萬威振天下汝劉備庸才耳豈能敵耶我寧爲國家鬼不爲賊將也遂爲羽所殺太祖聞而悲之爲之流涕封其二子爲列侯文帝卽王位乃遣使就悳墓賜謚策曰昔先軫喪元王蠋絕脰隕身徇節前代美之惟侯式昭果毅蹈難成名聲溢當時義高在昔寡人愍焉謚曰壯侯又賜子會等四人爵關內侯邑各百戶會勇烈有父風官至中尉將軍封列侯 王隱蜀記曰鍾會平蜀前後鼓吹迎悳屍喪還葬鄴冢中身首如生臣松之案悳死於樊城文帝卽位又遣使至悳墓所則其屍喪不應在蜀此王隱之虛說也

龐淯字子異酒泉表氏人也初以涼州從事守破羌長會武威太守張猛反殺刺史邯鄲商猛令曰敢有臨商喪死不赦淯聞之棄官晝夜奔走號哭喪所訖詣猛門衷匕首欲因見以殺猛猛知其義士勑遣不殺由是以忠烈聞 魏略曰猛兵欲來縛淯猛聞之歎曰猛以殺刺史爲罪此人以至忠爲名如又殺之何以勸一州履義之士邪遂使行服典略曰張猛字叔威本燉煌人也猛父奐桓帝時仕歷郡守中郎將太常遂居華陰終因葬焉建安初猛仕郡爲功曹是時河西四郡以去涼州治遠隔以河寇上書求別置州詔以陳留人邯鄲商爲雍州刺史別典四郡時武威太守缺詔又以猛父昔在河西有威名乃以猛補之商猛俱西初猛與商同歲每相戲侮及共之官行道更相責望暨到商欲誅猛猛覺之遂勒兵攻商商治舍與猛側近商聞兵至恐怖登屋呼猛字曰叔威汝欲殺我耶然我死者有知汝亦族矣請和解尙可乎猛因呼曰來商踰屋就猛猛因責數之語畢以商屬督郵督郵錄商閉置傳舍後商欲逃事覺遂殺之是歲建安十四年也至十五年將軍韓遂自上討猛猛發兵遣軍東拒其吏民畏遂乃反共攻猛初奐爲武威太守時猛方在孕母夢帶奐印綬登樓而歌旦以告奐奐訊占夢者曰夫人方生男後當復臨此郡其必死官乎及猛被攻自知必死曰使死者無知則已矣若有知豈使吾頭東過華陰歷先君之墓乎乃登樓自燒而死 太守徐揖請爲主簿後郡人黃昂反圍城淯棄妻子夜踰城出圍告急於張掖燉煌二郡初疑未肯發兵淯欲伏劒二郡感其義遂爲與兵軍未至而郡城邑已陷揖死淯乃收斂揖喪送還本郡行服三年乃還太祖聞之辟爲掾屬文帝踐阼拜駙馬都尉遷西海太守賜爵關內侯後徵拜中散大夫薨子曾嗣初淯外祖父趙安爲同縣李壽所殺淯舅兄弟三人同時病死壽家喜淯母娥自傷父讎不報乃幃車袖劒白日刺壽於都亭前訖徐詣縣顏色不變曰父讎已報請受戮祿福長尹嘉解印綬縱娥娥不肯去遂彊載還家會赦得免州郡歎貴刊石表閭 皇甫謐列女傳曰酒泉烈女龐娥親者表氏龐子夏之妻祿福趙君安之女也君安爲同縣李壽所殺娥親有男弟三人皆欲報讎壽深以爲備會遭災疫三人皆死壽聞大喜請會宗族共相慶賀云趙氏彊壯已盡唯有女弱何足復憂防備懈弛娥親子淯出行聞壽此言還以啓娥親娥親旣素有報讎之心及聞壽言感激愈深愴然隕涕曰李壽汝莫喜也終不活汝戴履天地爲吾門戶吾三子之羞也焉知娥親不手刃殺汝而自徼倖邪陰市名刀挾長持短晝夜哀酸志在殺壽壽爲人凶豪聞娥親之言更乘馬帶刀鄉人皆畏憚之比鄰有徐氏婦憂娥親不能制恐逆見中害每諫止之曰李壽男子也凶惡有素加今備衞在身趙雖有猛烈之志而彊弱不敵邂逅不制則爲重受禍於壽絕滅門戶痛辱不輕也願詳舉動爲門戶之計娥親曰父母之讎不同天地共日月者也李壽不死娥親視息世間活復何求今雖三弟早死門戶泯絕而娥親猶在豈可假手於人哉若以卿心況我則李壽不可得殺論我之心壽必爲我所殺明矣夜數磨礪所持刀訖扼腕切齒悲涕長歎家人及鄰里咸共笑之娥親謂左右曰卿等笑我直以我女弱不能殺壽故也要當以壽頸血汚此刀刃令汝輩見之遂棄家事乘鹿車伺壽至光和二年二月上旬以白日清時於都亭之前與壽相遇便下車扣壽馬叱之壽驚愕迴馬欲走娥親奮刀斫之幷傷其馬馬驚壽擠道邊溝中娥親尋復就地斫之探中樹蘭折所持刀壽被創未死娥親因前欲取壽所佩刀殺壽壽護刀瞋目大呼跳梁而起娥親廼挺身奮手左抵其額右椿其喉反覆盤旋應手而倒遂拔其刀以截壽頭持詣都亭歸罪有司徐步詣獄辭顏不變時祿福長壽陽尹嘉不忍論娥親卽解印綬去官弛法縱之娥親曰讎塞身死妾之明分也治獄制刑君之常典也何敢貪生以枉官法鄉人聞之傾城奔往觀者如堵焉莫不爲之悲喜慷慨嗟歎也守尉不敢公縱陰語使去以便宜自匿娥親抗聲大言曰枉法逃死非妾本心今讎人已雪死則妾分乞得歸法以全國體雖復萬死於娥親畢足不敢貪生爲明廷負也尉故不聽所執娥親復言曰匹婦雖微猶知憲制殺人之罪法所不縱今旣犯之義無可逃乞就刑戮隕身朝市肅明王法娥親之願也辭氣愈厲面無懼色尉知其難奪彊載還家涼州刺史周洪酒泉太守劉班等並共表上稱其烈義刊石立碑顯其門閭太常弘農張奐貴尙所履以束帛二十端禮之海內聞之者莫不改容贊善高大其義故黃門侍郎安定梁寬追述娥親爲其作傳玄晏先生以爲父母之讎不與共天地蓋男子之所爲也而娥親以女弱之微念父辱之酷痛感讎黨之凶言奮劒仇頸人馬俱摧塞亡父之怨魂雪三弟之永恨近古以來未之有也詩云修我戈矛與子同仇娥親之謂也

閻溫字伯儉天水西城人也以涼州別駕守上邽令馬超走奔上邽郡人任養等舉衆迎之溫止之不能禁乃馳還州超復圍州所治冀城甚急州乃遣溫密出告急於夏侯淵賊圍數重溫夜從水中潛出明日賊見其迹遣人追遮之於顯親界得溫執還詣超超解其縛謂曰今成敗可見足下爲孤城請救而執於人手義何所施若從吾言反謂城中東方無救此轉禍爲福之計也不然今爲戮矣溫僞許之超乃載溫詣城下溫向城大呼曰大軍不過三日至勉之城中皆泣稱萬歲超怒數之曰足下不爲命計邪溫不應時超攻城久不下故徐誘溫冀其改意復謂溫曰城中故人有欲與吾同者不溫又不應遂切責之溫曰夫事君有死無貳而卿乃欲令長者出不義之言吾豈苟生者乎超遂殺之先是河右擾亂隔絕不通燉煌太守馬艾卒官府又無丞功曹張恭素有學行郡人推行長史事恩信甚著乃遣子就東詣太祖請太守時酒泉黃華張掖張進各據其郡欲與恭艾并勢就至酒泉爲華所拘執劫以白刃就終不回私與恭疏曰大人率厲燉煌忠義顯然豈以就在困厄之中而替之哉昔樂羊食子李通覆家經國之臣寧懷妻孥邪今大軍垂至但當促兵以掎之耳願不以下流之愛使就有恨於黃壤也恭卽遣從弟華攻酒泉沙頭乾齊二縣恭又連兵尋繼華後以爲首尾之援別遣鐵騎二百迎吏官屬東緣酒泉北塞徑出張掖北河逢迎太守尹奉於是張進須黃華之助華欲救進西顧恭兵恐急擊其後遂詣金城太守蘇則降就竟平安奉得之官黃初二年下詔褒揚賜恭爵關內侯拜西域戊己校尉數歲徵還將授以侍臣之位而以子就代焉恭至燉煌固辭疾篤太和中卒贈執金吾就後爲金城太守父子著稱於西州 世語曰就子斅字祖文弘毅有幹正晉武帝世爲廣漢太守王濬在益州受中制募兵討吳無虎符斅收濬從事列上由此召斅還帝責斅何不密啓而便收從事斅曰蜀漢絕遠劉備嘗用之輒收臣猶以爲輕帝善之官至匈奴中郎將斅子固字元安有斅風爲黃門郎早卒斅一本作勃魏略勇俠傳載孫賓碩祝公道楊阿若鮑出等四人賓碩雖漢人而魚豢編之魏書蓋以其人接魏事義相類故也論其行節皆龐淯之流其祝公道一人已見賈逵傳今列賓碩等三人于後孫賓碩者北海人也家素貧當漢桓帝時常侍左悺唐衡等權侔人主延熹中衡弟爲京兆虎牙都尉秩比二千石而統屬郡衡初之官不脩敬於京兆尹入門不持版郡功曹趙息呵廊下曰虎牙儀如屬城何得放臂入府門促收其主簿衡弟顧促取版旣入見尹尹欲脩主人敕外爲市買息又啟云左悺子弟來爲虎牙非德選不足爲特酤買宜隨中舍菜食而已及其到官遣吏奉牋謝尹息又敕門言無常見此無陰兒輩子弟邪用其牋記爲通乎晚乃通之又不得卽令報衡弟皆知之甚恚欲滅諸趙因書與衡求爲京兆尹旬月之間得爲之息自知前過乃逃走時息從父仲臺見爲涼州刺史於是衡爲詔徵仲臺遣歸遂詔中都官及郡部督郵捕諸趙尺兒以上及仲臺皆殺之有藏者與同罪時息從父岐爲皮氏長聞有家禍因從官舍逃走之河間變姓字又轉詣北海著絮巾布褲常於市中販胡餅賓碩時年二十餘乘犢車將騎入市觀見岐疑其非常人也因問之曰自有餅邪販之邪岐曰販之賓碩曰買幾錢賣幾錢岐曰買三十賣亦三十賓碩曰視處士之望非似賣餅者殆有故乃開車後戶顧所將兩騎令下馬扶上之時岐以爲是唐氏耳目也甚怖面失色賓碩閉車後戶下前襜謂之曰視處士狀貌旣非販餅者加今面色變動卽不有重怨則當亡命我北海孫賓碩也闔門百口又有百歲老母在堂勢能相度者也終不相負必語我以實岐乃具告之賓碩遂載岐驅歸住車門外先入白母言今日出得死友在外當來入拜乃出延岐入椎牛鍾酒快相娛樂一二日因載著別田舍藏置複壁中後數歲唐衡及弟皆死岐乃得出還本郡三府並辟展轉仕進至郡守刺史太僕而賓碩亦從此顯名於東國仕至豫州刺史初平末賓碩以東方饑荒南客荊州至興平中趙岐以太僕持節使安慰天下南詣荊州乃復與賓碩相遇相對流涕岐爲劉表陳其

本末由是益顯賓碩頃之賓碩病亡岐在南爲行喪也楊阿若後名豐字伯陽酒泉人少游俠常以報仇解怨爲事故時人爲之號曰東市相斫楊阿若西市相斫楊阿若至建安年中太守徐揖誅郡中强族黃氏時黃昂得脫在外乃以其家粟金數斛募衆得千餘人以攻揖揖城守豐時在外以昂爲不義乃告揖捐妻子走詣張掖求救會張掖又反殺太守而昂亦陷城殺揖二郡合勢昂恚豐不與己同乃重募取豐欲令張掖以麻繫豐頭生致之豐遂逃走武威太守張猛假豐爲都尉使齎檄告酒泉聽豐爲揖報讐豐遂單騎入南羌中合衆得千餘騎從樂涫南山中出指趣郡城未到三十里皆令騎下馬曳柴揚塵酒泉郡人望見塵起以爲東大兵到遂破散昂獨走出羌捕得昂豐謂昂曰卿前欲生繫我頸今反爲我所繫云何昂慙謝豐遂殺之時黃華在東又還領郡豐畏華復走依燉煌至黃初中河西興復黃華降豐乃還郡郡舉孝廉州表其義勇詔即拜駙馬都尉後二十餘年病亡鮑出字文才京兆新豐人也少游俠興平中三輔亂出與老母兄弟五人家居本縣以饑餓留其母守舍相將行採蓬實合得數升使其二兄初雅及其弟成持歸爲母作食獨與小弟在後採蓬初等到家而噉人賊數十人已略其母以繩貫其手掌驅去初等怖恐不敢追逐須臾出從後到知母爲賊所略欲追賊兄弟皆云賊衆當如何出怒曰有母而使賊貫其手將去煑噉之用活何爲乃攘臂結衽獨追之行數里及賊賊望見出乃共布列待之出到回從一頭斫賊四五人賊走復合聚圍出出跳越圍斫之又殺十餘人時賊分布驅出母前去賊連擊出不勝乃走與前輩合出復追擊之還見其母與比舍嫗同貫相連出遂復奮擊賊賊問出曰卿欲何得出責數賊指其母以示之賊乃解還出母比舍嫗獨不解遙望出求哀出復斫賊賊謂出曰已還卿母何爲不止出又指求哀嫗此我嫂也賊復解還之出得母還遂相扶侍客南陽建安五年關中始開出來北歸而其母不能步行兄弟欲共輿之出以輿車歷山險危不如負之安穩乃以籠盛其母獨自負之到鄉里鄉里士大夫嘉其孝烈欲薦州郡郡辟召出出曰田民不堪冠帶至青龍中母年百餘歲乃終出時年七十餘行喪如禮于今年八九十才若五六十者魚豢曰昔孔子歎顏回以爲三月不違仁者蓋觀其心耳孰如孫祝菜色於市里顛倒於牢獄據有實事哉且夫濮陽周氏不敢匿迹魯之朱家不問情實是何也懼禍之及且心不安也而太史公猶貴其竟脫季布豈若二賢厥義多乎今故遠收孫祝而近錄楊鮑既不欲其泯滅且敦薄俗至於鮑出不染禮教心痛意發起於自然跡雖在編戶與篤烈君子何以異乎若夫楊阿若少稱任俠長遂蹈義自西徂東摧討逆節可謂勇力而有仁者也

評曰李典貴尚儒雅義忘私隙美矣李通臧霸文聘呂虔鎮衞州郡並著威惠許褚典韋折衝左右抑亦漢之樊噲也龐悳授命叱敵有周苛之節龐淯不憚伏劍而誠感鄰國閻溫向城大呼齊解路之烈焉

魏志卷十八考證

臧霸沛國公武周爲下邳令○臣良裘按李質傳注引虞預晉書曰武周字伯南沛國竹邑人此公字疑衍

行遇霖雨大軍先及水遂長賊船稍進○太平御覽先及作先反稍進作稍近

呂虔世多其能任賢注祥脫衣將剖冰求之有少堅冰解○宋本有少下多頃字

許褚褚右手並泝船僅乃得渡○泝太平御覽作棹

典韋徐出取車上刀戟步出○太平御覽步出作步去

韋先占將應募者數千人○太平御覽作數十人

龐悳將軍董衡部曲將董超等欲降○董超等太平御覽作統超等

麗淯刋石表閭注恐逆見中害○逆監本訛作返今改正

閻溫父子著稱于西州注息又啓云左悺子弟來爲虎牙○臣浩按上云衡弟爲京兆虎牙都尉此云左悺子弟誤當作唐衡子弟或衡悺子弟

又注及其到官遣吏奉牋謝尹○監本訛作遣吏今改正

又注觀處士狀貌既非販餅者加今面色變動○監本加今訛作乃今今改正

又注時黃昂得脫在外乃以其家粟金數斛募衆得千餘人○其家監本誤作昂家今改正

又注乃攘臂結衽獨追之○太平御覽作獨持楯追之

魏志卷十九

晉著作郎巴西中正安漢陳壽撰

宋太中大夫國子博士聞喜裴松之注

任城威王彰　陳思王植　蕭懷王熊

任城威王彰字子文少善射御膂力過人手格猛獸不避險阻數從征伐志意慷慨太祖常抑之曰汝不念讀書慕聖道而好乘汗馬擊劍此一夫之用何足貴也課彰讀詩書彰謂左右曰丈夫一爲衞霍將十萬騎馳沙漠驅戎狄立功建號耳何能作博士邪太祖嘗問諸子所好使各言其志彰曰好爲將太祖曰爲將奈何對曰被堅執銳臨難不顧爲士卒先賞必行罰必信太祖大笑建安二十一年封鄢陵侯二十三年代郡烏丸反以彰爲北中郎將行驍騎將軍臨發太祖戒彰曰居家爲父子受事爲君臣動以王法從事爾其戒之彰北征入涿郡界叛胡數千騎卒至時兵馬未集唯有步卒千人騎數百匹用田豫計固守要隙虜乃退散彰追之身自搏戰射胡騎應弦而倒者前後相屬戰過半日彰鎧中數箭意氣益厲乘勝逐北至于桑乾臣松之案桑乾縣屬代郡今北虜居之號爲索干之都去代二百餘里長史諸將皆以爲新涉遠士馬疲頓又受節度不得過代不可深進違令輕敵彰曰率師而行唯利所在何節度乎胡走未遠追之必破從令縱敵非良將也遂上馬令軍中後出者斬一日一夜與虜相及擊大破之斬首獲生以千數彰乃倍常科大賜將士將士無不悅喜時鮮卑大人軻比能將數萬騎觀望彊弱見彰力戰所向皆破乃請服北方悉平時太祖在長安召彰詣行在所彰自代過鄴太子謂彰曰卿新有功今西見上宜勿自伐應對常若不足者彰到如太子言歸功諸將太祖喜持彰鬚曰黃鬚兒竟大奇也魏畧曰太祖在漢中而劉備棲於山頭使劉封下挑戰太祖罵曰賣履舍兒長使假子拒汝公乎待呼我黃鬚來令擊之乃召彰彰晨夜進道西到長安而太祖已還從漢中而歸彰鬚黃故以呼之太祖東還以彰行越騎將軍留長安太祖至洛陽得疾驛召彰未至太祖崩魏畧曰彰至謂臨菑侯植曰先王召我者欲立汝也植曰不可不見袁氏兄弟乎文帝即王位彰與諸侯就國魏畧曰太子嗣立既葬遣彰之國始彰自以先王見任有功冀因此遂見授用而聞當隨例意甚不悅不待遣而去時以鄢陵瘠薄使治中牟及帝受禪因封爲中牟王是後大駕幸許昌北州諸侯上下皆畏彰之剛嚴每過中牟不敢不速詔曰先王之道庸勳親親並建母弟開國承家故能藩屏大宗禦侮厭難彰前受命北伐清定朔土厥功茂焉增邑五千并前萬戶黃初二年進爵爲公三年立爲任城王四年朝京都疾薨于邸謚曰威魏氏春秋曰初彰問璽綬將有異志故來朝不即得見彰忿怒暴薨至葬賜鑾輅龍旂虎賁百人如漢東平王故事子楷嗣徙封中牟五年改封任城縣太和六年復改封任城國食五縣二千五百戶青龍三年楷坐私遣官屬詣中尚方作禁物削縣二千戶正始七年徙封濟南三千戶正元景元初連增邑凡四千四百戶楷泰始初爲崇化少府見百官名

陳思王植字子建年十歲餘誦讀詩論及辭賦數十萬言善屬文太祖嘗視其文謂植曰汝倩人邪植跪曰言出爲論下筆成章顧當面試奈何倩人時鄴銅爵臺新成太祖悉將諸子登臺使各爲賦植援筆立成可觀太祖甚異之陰澹魏紀載植賦曰從明后而嬉游兮登層臺以娛情見太府之廣開兮觀聖德之所營建高門之嵯峨兮浮雙闕乎太清立中天之華觀兮連飛閣乎西城臨漳水之長流兮望園果之滋榮仰春風之和穆兮聽百鳥之悲鳴天雲垣其既立兮家願得而獲逞揚仁化於宇內兮盡肅恭於上京惟桓文之爲盛兮豈足方乎聖明休矣美矣惠澤遠揚翼佐我皇家兮寧彼四方同天地之規量兮齊日月之暉光永貴尊而無極兮等年壽於東王云云太祖深異之性簡易不治威儀輿馬服飾不尚華麗每進見難問應聲而對特見寵愛建安十六年封平原侯十九年徙封臨菑侯太祖征孫權使植留守鄴戒之曰吾昔爲頓丘令年二十三思此時所行無悔於今今汝年亦二十三矣可不勉與植既以才見異而丁儀丁廙楊脩等爲之羽翼太祖狐疑幾爲太子者數矣而植任性而行不自彫勵飲酒不節文帝御之以術矯情自飾宮人左右並爲之說故遂定爲嗣二十二年增植邑五千并前萬戶植嘗乘車行馳道中開司馬門出太祖大怒公車令坐死由是重諸侯科禁而植寵日衰魏武故事載令曰始者謂子建兒中最可定大事又令曰自臨菑侯植私出開司馬門至金門令吾異目視此兒矣又令曰諸侯長史及帳下吏知吾出輒將諸侯行意否從子建私開司馬門來吾都不復信諸侯也恐吾適出便復私出故攝將行不可恒使吾爾誰爲心腹也太祖既慮終始之變以楊脩頗有才策而又袁氏之甥也於是以罪誅脩植益內不自安典畧曰楊脩字德祖太尉彪子也謙恭才博建安中舉孝廉除郎中丞相請署倉曹屬主簿是時軍國多事脩總知外內事皆稱意自魏太子已下並爭與交好又是時臨菑侯植以才捷愛幸來意投脩數與脩書書曰數日不見思子爲勞想同之也僕少好辭賦迄至于今二十有五年矣然今世作者可畧而言也昔仲宣獨步於漢南孔璋鷹揚於河朔偉長擅名於青土公幹振藻於海隅德璉發迹於大魏足下高視於上京當此之時人人自謂握靈蛇之珠家家自謂抱荊山之玉也吾王於是設天網以該之頓八紘以掩之今盡集茲國矣然此數子猶不能飛翰絕迹一舉千里也以孔璋之才不閑辭賦而多自謂與司馬長卿同風譬畫虎不成還爲狗者也前爲書嘲之反作論盛道僕贊其文夫鍾期不失聽于今稱之吾亦不敢妄歎者畏後之嗤余也世人著述不能無病僕常好人譏彈其文有不善者應時改定昔丁敬禮嘗作小文使僕潤飾之僕自以才不能過若人辭不爲也敬禮云卿何所疑難乎文之佳麗吾自得之後世誰相知定吾文者邪吾常歎此達言以爲美談昔尼父之文辭與人通流至於制春秋游夏之徒不能錯一字過此而言不病者吾未之見也蓋有南威之容乃可以論於淑媛有龍淵之利乃可以議於割斷劉季緒才不逮於作者而好詆呵文章掎摭利病昔田巴毀五帝罪三王呰五伯於稷下一旦而服千人魯連一說使終身杜口劉生之辯未若田氏今之仲連求之不難可無歎息乎人各有所好尚蘭茝蓀蕙之芳衆人之所好而海畔有逐臭之夫咸池六英之發衆人所樂而墨翟有非之之論豈可同哉今往僕少小所著辭賦一通相與夫街談巷說必有可采擊轅之歌有應風雅匹夫之思未易輕棄也辭賦小道固未足以揄揚大義彰示來世也昔楊子雲先朝執戟之臣耳猶稱壯夫不爲也吾雖薄德位爲藩侯猶庶幾戮力上國流惠下民建永世之業流金石之功豈徒以翰墨爲勳績辭頌爲君子哉若吾志不果吾道不行亦將采史官之實錄辯時俗之得失定仁義之衷成一家之言雖未能藏之名山將以傳之同好此要之白首豈可以今日論乎其言之不作恃惠子之知我也明早相迎書不盡懷脩答曰不侍數日若彌年載豈獨愛顧之隆使係仰之情深邪損辱嘉命蔚矣其文誦讀反覆雖風雅頌不復過也若仲宣之擅江表陳氏之跨冀域徐劉之顯青豫應生之發魏國斯皆然矣至如脩者聽采風聲仰德不暇目周章於省覽何惶駭於高視哉伏惟君侯少長貴盛體旦發之質有聖善之教遠近觀者徒謂能宣昭懿德光贊大業而已不謂復能兼覽傳記留思文章今乃含王超陳度越數子矣觀者駭視而拭目聽者傾首而聳耳非夫體通性達受之自然其誰能至於此乎又嘗親見執事握牘持筆有所造作若成誦在心借書於手曾不斯須少留思慮仲尼日月無所踰焉脩之仰望殆如此矣是以對鶡而辭作暑賦彌日而不獻見西施之容歸憎其貌者也伏想執事不知其然猥受顧賜教使刊定春秋之成莫能損益呂氏淮南字直千金然而弟子箝口市人拱手者聖賢卓犖固所以殊絕凡庸也今之賦頌古詩之流不更孔公風雅無別耳脩家子雲老不曉事彊著一書悔其少作若此仲山周旦之徒則皆有諐乎君侯忘聖賢之顯迹述鄙宗之過言竊以爲未之思也若乃不忘經國之大美流千載之英聲銘功景鐘書名竹帛此自雅量素所蓄也豈與文章相妨害哉輒受所惠竊備矇瞍誦歌而已敢忘惠施以忝莊氏季緒瑣瑣何足以云其相往來如此甚數植後以驕縱見疏而植故連綴脩不止脩亦不敢自絕至二十四年秋公以脩前後漏泄言教交關諸侯乃收殺之脩臨死謂故人曰我固自以死之晚也其意以爲坐曹植也脩死後百餘日而太祖薨太子立遂有天下初脩以所得王髦劍奉太子太子常服之及即尊位在洛陽從容出宮追思脩之過薄也撫其劍駐車顧左右曰此楊德祖昔所說王髦劍也髦今焉在及召見之賜髦穀帛摯虞文章志曰劉季緒名脩劉表子官至東安太守著詩賦頌六篇臣松之案呂氏春秋曰人有臭者其兄弟妻妾皆莫能與居其人自若而居海上海上人有悅其臭者晝

夜闌之而不能去此植所云逐臭之夫也田巴事出魯連子亦見皇覽文多故不載世語曰脩年二十五以名公子有才能爲太祖所器與丁儀兄弟皆欲以植爲嗣太子患之以車載廢簏內朝歌長吳質與謀脩以白太祖未及推驗太子懼告質質曰何患明日復以簏受絹車內以惑之脩必復重白重白必推而無驗則彼受罪矣世子從之脩果白而無人太祖由是疑焉脩與賈逵王淩並爲主簿而爲植所友每當就植慮事有闕忖度太祖意豫作答教十餘條勑門下教出以次答教裁出答已入太祖怪其捷推問始泄太祖遣太子及植各出鄴城一門密勑門不得出以觀其所爲太子至門不得出而還脩先戒植若門不出侯侯受王命可斬守者植從之故脩遂以交搆賜死脩子囂囂子準皆知名於晉世囂泰始初爲典軍將軍受心膂之任早卒準字始丘惠帝末爲冀州刺史荀綽冀州記曰準見王綱不振遂縱酒不以官事爲意逍遙卒歲而已成都王知準不治猶以其爲名士惜而不責召以爲軍謀祭酒府散停家關東諸侯議欲以準補三事以示懷賢尚德之舉事未施行而卒準子嶠字國彥髦字士彥並爲後出之俊準與裴頠樂廣善遣往見之頠性弘方愛嶠之有高韻謂準曰嶠當及卿然髦少減也廣性淸淳愛髦之有神檢謂準曰嶠自及卿然髦尤精出準歎曰我二兒之優劣乃裴樂之優劣也評者以爲嶠雖有高韻而神檢不逮廣言爲得傳暢云嶠似準而疎弟俊字惠彥最淸出嶠髦皆爲二千石俊太傅掾

二十四年曹仁爲關羽所圍太祖以植爲南中郎將行征虜將軍欲遣救仁呼有所勑戒植醉不能受命於是悔而罷之魏氏春秋曰植將行太子飲焉偪而醉之王召植植不能受王命故王怒也

文帝卽王位誅丁儀丁廙幷其男口魏略曰丁儀字正禮沛郡人也父沖宿與太祖親善時隨乘輿見國家未定乃與太祖書曰足下平生常喟然有匡佐之志今其時矣是時張楊適還河內太祖得其書乃引軍迎天子東詣許以沖爲司隸校尉後數來過諸將飲酒美不能止醉爛腸死太祖以沖前見開導常德之聞儀爲令士雖未見欲以愛女妻之以問五官將五官將曰女人觀貌而正禮目不便誠恐愛女未必悅也以爲不如與伏波子楙太祖從之尋辟儀爲掾到與論議嘉其才朗曰丁掾好士也卽使其兩目盲尚當與女何況但眇是吾兒誤我時儀亦恨不得尚公主而與臨菑侯親善數稱其奇才太祖旣有意欲立植而儀又共贊之及太子立欲治儀罪轉儀爲右刺姦掾欲儀自裁而儀不能乃對中領軍夏侯尚叩頭求哀尚爲涕泣而不能救後遂因職事收付獄殺之廙字敬禮儀之弟也文士傳曰廙少有才姿博學洽聞初辟公府建安中爲黃門侍郎廙嘗從容謂太祖曰臨菑侯天性仁孝發於自然而聰明智達其殆庶幾至於博學淵識文章絕倫當今天下之賢才君子不問少長皆願從其游而爲之死實天之所以鍾福於大魏而永授無窮之祚也欲以勸動太祖太祖答曰植吾愛之安能若卿言吾欲立之爲嗣何如廙曰此國家之所以興衰天下之所以存亡非愚劣瑣賤者所敢與及廙聞知臣莫若於君知子莫若於父至於君不論明闇父不問賢愚而能常知其臣子者何蓋由相知非一事相盡非一旦一夕況明公加之以聖哲習之以人子今發明達之命吐永安之言可謂上應天命下合人心得之於須臾垂之於萬世者也廙不避斧鉞之誅敢不盡言太祖深納之

植與諸侯並就國黃初二年監國謁者灌均希指奏植醉酒悖慢劫脅使者有司請治罪帝以太后故貶爵安鄉侯魏書載詔曰植朕之同母弟朕於天下無所不容而況植乎骨肉之親捨而不誅其改封植其年改封鄄城侯三年立爲鄄城王邑二千五百戶四年徙封雍丘王其年朝京都上疏曰臣自抱釁歸藩刻肌刻骨追思罪戾晝分而食夜分而寢誠以天網不可重離聖恩難可再恃竊感相鼠之篇無禮遄死之義形影相弔五情愧赧以罪棄生則違古賢夕改之勸忍活苟全則犯詩人胡顏之譏伏惟陛下德象天地恩隆父母施暢春風澤如時雨是以不別荊棘者慶雲之惠也七子均養者尸鳩之仁也舍罪責功者明君之舉也矜愚愛能者慈父之恩也是以愚臣徘徊於恩澤而不能自棄者也前奉詔書臣等絕朝心離志絕自分黃耇無復執珪之望不圖聖詔猥垂齒召至止之日馳心輦轂僻處西館未奉闕廷踊躍之懷瞻望反仄謹拜表獻詩二篇其辭曰於穆顯考時惟武皇受命于天寧濟四方朱旗所拂九土披攘玄化滂流荒服來王超商越周與唐比蹤篤生我皇奕世再聰武則肅烈文則時雍受禪炎漢臨君萬邦萬邦既化率由舊則廣命懿親以藩王國帝曰爾侯君茲青土奄有海濱方周于魯車服有輝旗章有敘濟濟雋乂我弼我輔伊予小子恃寵驕盈舉挂時網動亂國經作藩作屏先軌是墮傲我皇使犯我朝儀國有典刑我削我黜將寘于理元兇是率明明天子時篤同類不忍我刑暴之朝肆違彼執憲哀予小子改封兗邑于河之濱股肱弗置有君無臣荒淫之闕誰弼予身煢煢僕夫于彼冀方嗟予小子乃罹斯殃赫赫天子恩不遺物冠我玄冕要我朱紱光大使我榮華剖符授玉王爵是加仰齒金璽俯執聖策皇恩過隆祗承怵惕咨我小子頑凶是嬰逝慙陵墓存愧闕廷匪敢傲德寔恩是恃威靈改加足以沒齒昊天罔極性命不圖常懼顛沛抱罪黃壚願蒙矢石建旗東嶽庶立豪氂微功自贖危軀授命知足免戾甘赴江湘奮戈吳越天啓其衷得會京畿遲奉聖顏如渴如饑心之云慕愴矣其悲天高聽卑皇肯照微又曰肅承明詔應會皇都星陳夙駕秣馬脂車命彼掌徒肅我征旅朝發鸞臺夕宿蘭渚芒芒原隰祁祁士女經彼公田樂我稷黍爰有樛木重陰匪息雖有糇糧饑不遑食望城不過面邑匪游僕夫警策平路是由玄駟藹藹揚鑣漂沫流風翼衡輕雲承蓋涉澗之濱緣山之隈遵彼河滸黃阪是階西濟關谷或降或升騑驂倦路再寢再興將朝聖皇匪敢晏寧弭節長騖指日遄征前驅舉燧後乘抗旌輪不輟運鸞無廢聲爰暨帝室稅此西墉嘉詔未賜朝覲莫從仰瞻城閾俯惟闕廷長懷永慕憂心如酲帝嘉其辭義優詔答勉之魏略曰初植未到關自念有過宜當謝帝乃留其從官屬著關東單將兩三人微行入見清河長公主欲因主謝而關吏以聞帝使人逆之不得見太后以爲自殺也對帝泣會植科頭負鈇鑕徒跣詣闕下帝及太后乃喜及見之帝猶嚴顏色不與語又不使冠履植伏地泣涕太后爲不樂詔乃聽復王服魏氏春秋曰是時待遇諸國法峻任城王暴薨諸王旣懷友于之痛植及白馬王彪還國欲同路東歸以敘隔闊之思而監國使者不聽植發憤告離而作詩曰謁帝承明廬逝將歸舊疆清晨發皇邑日夕過首陽伊洛廣且深欲濟川無梁汎舟越洪濤怨彼東路長回顧戀城闕引領情內傷大谷何寥廓山樹鬱蒼蒼霖雨泥我塗流潦浩縱橫中田絕無軌改轍登高岡脩阪造雲日我馬玄以黃玄黃猶能進我思鬱以紆鬱紆將何念親愛在離居本圖相與偕中更不克俱鴟梟鳴衡軛豺狼當路衢蒼蠅間白黑讒巧反親疏欲還絕無蹊攬轡止踟躕踟躕亦何留相思無終極秋風發微涼寒蟬鳴我側原野何蕭條白日忽西匿孤獸走索群銜草不遑食歸鳥赴高林翩翩厲羽翼感物傷我懷撫心長太息太息將何爲天命與我違奈何念同生一往形不歸孤魂翔故域靈柩寄京師存者忽復過亡沒身自衰人生處一世忽若朝露晞年在桑榆間影響不能追自顧非金石咄唶令心悲心悲動我神棄置莫復陳丈夫志四海萬里猶比鄰恩愛苟不虧在遠分日親何必同衾幬然後展慇懃倉卒骨肉情能不懷苦辛苦辛何慮思天命信可疑虛無求列仙松子久吾欺變故在斯須百年誰能持離別永無會執手將何時王其愛玉體俱享黃髮期收淚卽長塗援筆從此辭

六年帝東征還過雍丘幸植宮增戶五百太和元年徙封浚儀二年復還雍丘植常自憤怨抱利器而無所施上疏求自試曰臣聞士之生世入則事父出則事君事父尚於榮親事君貴於興國故慈父不能愛無益之子仁君不能畜無用之臣夫論德而授官者成功之君也量能而受爵者畢命之臣也故君無虛授臣無虛受虛授謂之謬舉虛受謂之尸祿詩之素餐所由作也昔二虢不辭兩國之任其德厚也旦奭不讓燕魯之封其功大也今臣蒙國重恩三世于今矣正值陛下升平之際沐浴聖澤潛潤德教可謂厚幸矣而竊位東藩爵在上列身被輕煖口厭百味目極華靡耳倦絲竹者爵重祿厚之所致也退念古之授爵祿者有異於此皆以功勤濟國輔主惠民今臣無德可述無功可紀若此終年無益國朝將挂風人彼己之譏是以上慙玄冕俯愧朱紱方今天下一統九州晏如而顧西有違命之蜀東有不臣之吳使邊境未得脫甲謀士未得高枕者誠欲混同宇內以致太和也故啓滅有扈而夏功昭成克商奄而周德著今陛下以聖明統世將欲卒文武之功繼成康之隆簡賢授能以方叔召虎之臣鎭御四境爲國爪牙者可謂當矣然而高鳥未挂於輕繳淵魚未縣於鉤餌者恐釣射之術或未盡也昔耿弇不俟光武亟擊張步言不以賊遺於君父故車右伏劍於鳴轂雍門刎首於齊境若此二士豈惡生而尚死哉誠忿其慢主而陵君也劉向說苑曰越甲至齊雍門狄請死之齊王曰鼓鐸之聲未聞矢石未交長兵未接子何務死知爲人臣之禮邪雍門狄對曰臣聞之昔者王田於囿左轂鳴車右請死之王曰子何爲死車右曰爲其鳴吾君也王曰左轂鳴者工師之罪也子何事之有焉車右曰吾不見工師之乘而見其鳴吾君也遂刎頸而死有是乎王曰有之雍門狄曰今越甲至其鳴吾君豈左轂之下哉車右可以死左轂而臣獨不可以死越甲邪遂刎頸而死是日越人引軍而退七十里曰齊王有臣鈞如雍門狄疑使越社稷不血食遂歸齊王葬雍門狄以上卿之禮夫君之寵臣欲以除患興利臣之事君必以殺身靖亂以功報主也昔賈誼弱冠求試屬國請係單于之頸而制其命終軍以妙年使越欲得長纓纓其王羈致北闕此二臣豈好爲誇主而燿世哉志或鬱結欲逞其才力輸能於明君也昔漢武爲霍去病治第辭曰匈奴未滅臣無以家爲固夫憂國忘家捐軀濟難忠臣之志也今臣居外非不厚也而寢不安席食不遑味者伏以二方未克爲念伏見先武皇帝武臣宿將年耆卽世者有聞矣雖賢不乏世宿將舊卒猶習戰陣竊不自量志在效命庶立毛髮之功以報所受之恩若使陛下出不世之詔效臣錐刀之用使得西屬大將軍當一校之隊若東屬大司馬統偏舟之任必乘危蹈險騁舟奮驪突刃觸鋒爲士卒先雖未能禽權馘亮庶將虜其雄率殲其醜類必效須臾之捷以滅終身之愧使名挂史筆事列朝策雖身分蜀境首縣吳闕猶生之年也如微才弗試沒世無聞徒榮其軀而豐其體生無益於事死無損於數虛荷上位而忝重祿禽息鳥視終於白首此徒圈牢之養物非臣之所志也流聞東軍失備師徒小衄輟食棄餐奮袂攘衽撫劍東顧而心已馳於吳會矣臣昔從先武皇帝南極赤岸東臨滄海西望玉門北出玄塞伏見所以行軍用兵之勢可謂神妙矣故兵者不可豫言臨難而制變者也志欲自效於明時立功於聖世每覽史籍觀古忠臣義士出一朝之命以徇國家之難身雖屠裂而功銘著於鼎鍾名稱垂於竹帛未嘗不拊心而歎息也臣聞明主使臣不廢有罪故奔北敗軍之將用秦魯以成其功臣松之案秦用敗軍之將事顯故不注魯連與燕將書曰曹子爲魯將三戰三北而亡地五百里向使曹子計不反顧義不旋踵刎頸而死則亦不免爲敗軍之將矣曹子棄三北之恥而退與魯君計桓公朝天下會諸侯曹子以一劍之任枝桓公之心於壇坫之上顏色不變辭氣不悖三戰之所亡一朝而復之天下震動諸侯驚駭威加吳越若此二士者非不能成小廉而行小節也絕纓盜馬之臣赦楚趙以濟其難臣松之案楚莊掩絕纓之罪事亦顯故不書秦穆公有赦盜馬事趙則未聞蓋以秦亦趙姓故互文以避上秦字也臣竊感先帝早崩威王棄世臣獨何人以堪長久常恐先朝露塡溝壑墳土未乾而身名並滅臣聞騏驥長鳴則伯樂照其能盧狗悲號則韓國知其才是以效之齊楚之路以逞千里之任試之狡兔之捷以驗搏噬之用今臣志狗馬之微功竊自惟度終無伯樂韓國之舉是以於邑而竊自痛者也夫臨博而企竦聞樂而竊抃者或有賞音而識道也昔毛遂趙之陪隸猶假錐囊之喻以寤主立功何況巍巍大魏多士之朝而無慷慨死難之臣乎夫自衒自媒者士女之醜行也干時求進者道家之明忌也而臣敢陳聞於陛下者誠與國分形同氣憂患共之者也冀以塵霧之微補益山海熒燭末光增輝日月是以敢冒其醜而獻其忠魏略曰植雖上此表猶疑不見用故曰夫人貴生者非貴其養體好服終竟年壽也貴在其代天而理物也夫爵祿者非虛張者也有功德然後應之當矣無功而爵厚無德而祿重或人以爲榮而壯夫以爲恥故太上立德其次立功蓋功德者所以垂名也名者不滅士之所利故孔子有夕死之論孟軻有棄生之義彼一聖一賢豈不願久生哉志或有不展也是用喟然求試必立功也嗚呼言之未用欲使後之君子知吾意者

也
三年徙封東阿五年復上疏求存問親戚因致其意
曰臣聞天稱其高者以無不覆地稱其廣者以無不載
日月稱其明者以無不照江海稱其大者以無不容故
孔子曰大哉堯之爲君惟天爲大惟堯則之夫天德之
於萬物可謂弘廣矣蓋堯之爲教先親後疏自近及遠
其傳曰克明峻德以親九族九族既睦平章百姓及周
之文王亦崇厥化其詩曰刑于寡妻至于兄弟以御于
家邦是以雍雍穆穆風人詠之昔周公弔管蔡之不咸
廣封懿親以藩屏王室傳曰周之宗盟異姓爲後誠骨
肉之恩爽而不離親親之義寔在敦固未有義而後其
君仁而遺其親者也伏惟陛下資帝唐欽明之德體文
王翼翼之仁惠洽椒房恩昭九族羣后百寮番休遞上
執政不廢於公朝下情得展於私室親理之路通慶弔
之情展誠可謂恕己治人推惠施恩者矣至於臣者人
道絕緒禁錮明時臣竊自傷也不敢過望交氣類脩人
事敘人倫近且婚媾不通兄弟乖絕吉凶之問塞慶弔
之禮廢恩紀之違甚於路人隔閡之異殊於胡越今臣
以一切之制永無朝覲之望至於注心皇極結情紫闥
神明知之矣然天實爲之謂之何哉退惟諸王常有戚
戚具爾之心願陛下沛然垂詔使諸國慶問四節得展
以敘骨肉之歡恩全怡怡之篤義妃妾之家膏沐之遺
歲得再通齊義於貴宗等惠於百司如此則古人之所
歎風雅之所詠復存於聖世矣臣伏自惟省無錐刀之
用及觀陛下之所拔授若以臣爲異姓竊自料度不後
於朝士矣若得辭遠遊戴武弁解朱組佩青紱駙馬奉
車趣得一號安宅京室執鞭珥筆出從華蓋入侍輦轂
承答聖問拾遺左右乃臣丹誠之至願不離於夢想者
也遠慕鹿鳴君臣之宴中詠常棣匪他之誡下思伐木
友生之義終懷蓼莪罔極之哀每四節之會塊然獨處
左右惟僕隸所對惟妻子高談無所與陳發義無所與
展未嘗不聞樂而拊心臨觴而歎息也臣伏以爲犬馬
之誠不能動人譬人之誠不能動天崩城隕霜臣初信
之以臣心況徒虛語耳若葵藿之傾葉太陽雖不爲之
回光然向之者誠也竊自比於葵藿若降天地之施垂
三光之明者實在陛下臣聞文子曰不爲福始不爲禍
先今之否隔友于同憂而臣獨倡言者竊不願於聖世
使有不蒙施之物有不蒙施之物必有慘毒之懷故柏
舟有天只之怨谷風有棄予之歎故伊尹恥其君不爲
堯舜孟子曰不以舜之所以事堯事其君者不敬其君
者也臣之愚蔽固非虞伊至於欲使陛下崇光被時雍
之美宣緝熙章明之德者是臣慺慺之誠竊所獨守實
懷鶴立企佇之心敢復陳聞者冀陛下儻發天聰而垂
神聽也詔報曰蓋教化所由各有隆弊非皆善始而惡
終也事使之然故夫忠厚仁及草木則行葦之詩作恩
澤衰薄不親九族則角弓之章刺今令諸國兄弟情禮
簡怠妃妾之家膏沐疏略朕縱不能敦而睦之王援古
喻義備悉矣何言精誠不足以感通哉夫明貴賤崇親
親禮賢良順少長國之綱紀本無禁固諸國通問之詔
也矯枉過正下吏懼譴以至于此耳已敕有司如王所
訴植復上疏陳審舉之義曰臣聞天地協氣而萬物生
君臣合德而庶政成五帝之世非皆智三季之末非皆
愚用與不用知與不知也既時有舉賢之名而無得賢
之實必各援其類而進矣諺曰相門有相將門有將夫
相者文德昭者也將者武功烈者也文德昭則可以匡
國朝致雍熙稷契夔龍是也武功烈則可以征不庭威
四夷南仲方叔是矣昔伊尹之爲媵臣至賤也呂尚之
處屠釣至陋也及其見舉於武湯周文誠道合志同玄
謨神通豈復假近習之薦因左右之介哉書曰有不世
之君必能用不世之臣用不世之臣必能立不世之功
殷周二王是矣若夫齷齪近步遵常守故安足爲陛下
言哉故陰陽不和三光不暢官曠無人庶政不整者三
司之責也疆埸騷動方隅內侵沒軍喪衆干戈不息者
邊將之憂也豈可虛荷國寵而不稱其任哉故任益隆
者負益重位益高者責益深書稱無曠庶官詩有職思
其憂此其義也陛下體天真之淑聖登神機以繼統冀
聞康哉之謌偃武行文之美而數年以來水旱不時民
困衣食師徒之發歲歲增調加東有覆敗之軍西有殪
沒之將至使蚌蛤浮翔於淮泗鼲鼬讙譁於林木臣每
念之未嘗不輟食而揮餐臨觴而搤腕矣昔漢文發代
疑朝有變宋昌曰內有朱虛東牟之親外有齊楚淮南
琅邪此則磐石之宗願王勿疑臣伏惟陛下遠覽姬文
二虢之援中慮周成召畢之輔下存宋昌磐石之固昔
騏驥之於吳阪可謂困矣及其伯樂相之孫郵御之形
體不勞而坐取千里蓋伯樂善御馬明君善御臣伯樂
馳千里明君致太平誠任賢使能之明效也若朝司惟
良萬機內理武將行師方難克弭陛下可得雍容都城
何事勞動鑾駕暴露於邊境哉臣聞羊質虎皮見草則
悅見豺則戰忘其皮之虎也今置將不良有似於此故
語曰患爲之者不知知之者不得爲也昔樂毅奔趙心
不忘燕廉頗在楚思爲趙將臣生乎亂長乎軍又數承
教于武皇帝伏見行師用兵之要不必取孫吳而闇與
之合竊揆之於心常願得一奉朝覲排金門蹈玉陛列
有職之臣賜須臾之問使臣得一散所懷攄舒蘊積死
不恨矣被鴻臚所下發士息書期會甚急又聞豹尾已
建戎軒鶩駕陛下將復勞玉躬擾挂神思臣誠竦息不
遑寧處願得策馬執鞭首當塵露撮風后之奇接孫吳
之要追慕卜商起予左右效命先驅畢命輪轂雖無大
益冀有小補然天高聽遠情不上通徒獨望青雲而拊
心仰高天而歎息耳屈平曰國有驥而不知乘焉皇皇
而更索昔管蔡放誅周召作弼叔魚陷刑叔向匡國三
監之釁臣自當之二南之輔求必不遠華宗貴族藩王
之中必有應斯舉者故傳曰無周公之親不得行周公
之事唯陛下少留意焉近者漢氏廣建藩王豐則連城
數十約則饗食祖祭而已未若姬周之樹國五等之品
制也若扶蘇之諫始皇淳于越之難周青臣可謂知時
變矣夫能使天下傾耳注目者當權者是矣故謀能移
主威能懾下豪右執政不在親戚權之所在雖疏必重
勢之所去雖親必輕蓋取齊者田族非呂宗也分晉者
趙魏非姬姓也惟陛下察之苟吉專其位凶離其患者
異姓之臣也欲國之安祈家之貴存共其榮沒同其禍
者公族之臣也今反公族疏而異姓親臣竊惑焉臣聞
孟子曰君子窮則獨善其身達則兼善天下今臣與陛
下踐冰履炭登山浮澗寒溫燥濕高下共之豈得離陛
下哉不勝憤懣拜表陳情若有不合乞且藏之書府不
便滅棄臣死之後事或可思若有豪釐少挂聖意者乞
出之朝堂使夫博古之士糾臣表之不合義者如是則
臣願足矣帝輒優文答報魏畧曰是後大發士息及取諸國士植以近前諸國士息
已見發其遺孤稚弱在者無幾而復被取乃上書曰臣聞古者聖君與日月齊其明四時等其信是以戮凶無
重賞善無輕怒若驚霆喜若時雨恩不中絕教無二可以此臨朝則臣下知所死矣受任在萬里之外審主之
所以受官必己之所以投命雖有構會之徒泊然不以爲懼者蓋君臣相信之明效也昔章子爲齊將人有告
之反者威王曰不然左右曰王何以明之王曰聞章子改葬死母彼尚不欺死父顧當叛生君乎此君之信臣
也昔管仲親射桓公後幽囚從魯檻車載使少年挽而送齊管仲知桓公之必用己懼魯之悔謂少年曰吾爲
汝唱汝爲和聲和聲宜走於是管仲唱之少年走而和之日行數百里宿昔而至至則相齊此臣之信君也臣
初受封策書曰植受茲青社封于東土以屏翰皇家爲魏藩輔而所得兵百五十人皆年在耳順或不踰矩虎
賁官騎及親事凡二百餘人正復不老皆使年壯備有不虞檢校乘城顧不足以自救況皆復耄耋罷曳乎而
名爲魏東藩使屏翰王室臣竊自羞矣就之諸國國有士子合不過五百人伏以爲三軍益損不復賴此方外
不定必當須辦者臣願將部曲倍道奔赴夫妻負襁子弟懷糧蹈鋒履刃以徇國難何但習業小兒哉愚誠以
揮涕增河鼷鼠飲海於朝萬無損益於臣家計甚有廢損又臣士息前後三送兼人已竭惟尚有小兒七八歲
已上十六七已還三十餘人今部曲皆年耆臥在牀席非糜不食眼不能視氣息裁屬者凡三十七人疲瘵風
靡疾盲聾聵者二十三人惟正須此小兒大者可備宿衞雖不足以禦寇粗可以警小盜小者未堪大使爲可
使耘鉏穢草驅護鳥雀休候人則一事廢一日獵則衆業散不親自經營則功不攝常自躬親不委下吏而已
陛下聖仁恩詔三至士子給國長不復發明詔之下有若皦日保金石之恩必明神之信畫然自固如天如地
定習業者並復見送晻若晝晦悵然失圖伏以爲陛下既爵臣百寮之右居藩國之任爲置卿士屋名爲宮冢
名爲陵不使其危居獨立無異於凡庶若柏成欣於野耕子仲樂於灌園蓬戶茅牖原憲之宅也陋巷簞瓢顏
子之居也臣才不見效用常慨然執斯志焉若陛下聽臣悉還部曲罷官屬省監官使解璽釋紱追柏成子仲
之業營顏淵原憲之事居子臧之廬宅延陵之室如此雖進無成功退有可守身死之日猶松喬也然伏度國
朝終未肯聽臣之若是固當羈絆於世繩維繫於祿位懷屑屑之小憂執無已之百念安得蕩然肆志逍遙於
宇宙之外哉此顧未從陛下必欲崇親親篤骨肉潤白骨而榮枯木者惟遂仁德以副前恩詔皆遂還之其
年冬詔諸王朝六年正月其二月以陳四縣封植爲陳
王邑三千五百戶植每欲求別見獨談論及時政幸冀
試用終不能得既還悵然絕望時法制待藩國既自峻
迫寮屬皆賈豎下才兵人給其殘老大數不過二百人
又植以前過事事復減半十一年中而三徙都常汲汲
無歡遂發疾薨時年四十一植常爲瑟調歌辭曰吁嗟此轉蓬居世何獨然長
去本根逝夙夜無休閑東西經七陌南北越九阡卒遇回風起吹我入雲間自謂終天路忽焉下沈淵驚飈接
我出故歸彼中田當南而更北謂東而反西宕宕當何依忽亡而復存飄颻周八澤連翩歷五山流轉無恒處
誰知吾苦艱願爲中林草秋隨野火燔糜滅豈不痛願與林葉連孫盛曰異哉魏氏之封建也不度先王之典
不思藩屏之術違敦睦之風背維城之義漢初之封或權侔人主雖云不度時勢然也魏氏諸侯陋同匹夫雖
懲七國矯枉過也且魏之代漢非積德之由風澤既微六合未一而彫翦枝幹委權異族勢同瘣木危若巢幕
不嗣忽諸非天喪也五等之制萬世不易之典六代興亡曹冏論之詳矣遺令薄葬以小子
志保家之主也欲立之初植登魚山臨東阿喟然有終
焉之心遂營爲墓子志嗣徙封濟北王景初中詔曰陳
思王昔雖有過失既克己慎行以補前闕且自少至終
篇籍不離于手誠難能也其收黃初中諸奏植罪狀公
卿已下議尚書中書祕書三府大鴻臚者皆削除之撰
錄植前後所著賦頌詩銘雜論凡百餘篇副藏內外志
累增邑并前九百九十戶志別傳曰志字允恭好學有才行晉武帝爲中撫軍迎常
道鄉公于鄴志夜與帝相見帝與語從暮至旦甚器之及受禪改封鄄城公發詔以志爲樂平太守歷章武趙
郡遷散騎常侍國子博士後轉博士祭酒及齊王攸當之藩下禮官議崇錫之典志歎曰安有如此之才如此
之親而不得樹本助化而遠出海隅者乎乃建議以諫辭旨甚切帝大怒免志官後復爲散騎常侍志遭母憂
居喪盡哀因得疾病喜怒失常太康九年卒謚曰定公
蕭懷王熊早薨黃初二年追封謚蕭懷公太和三年又
追進爵爲王青龍二年子哀王炳嗣食邑二千五百戶
六年薨無子國除

評曰任城武藝壯猛有將領之氣陳思文才富豔足以
自通後葉然不能克讓遠防終致攜隙傳曰楚則失之
矣而齊亦未爲得也其此之謂歟魚豢曰諺言貧不學儉卑不學恭非人性
分也勢使然耳此實然之勢信不虛矣假令太祖防遏植等在於疇昔此賢之心何緣有窺望乎彰之挾恨尚
無所至至於植者乃令楊脩以倚注遇害丁儀以希意族滅哀夫余每覽植之華采思若有神以此推之太祖
之動心亦良有以也

魏志卷十九考證

任城威王彰率師而行唯利所在○太平御覽作率師專行

陳思王植而植寵日衰注恐吾適出便復私出故攝將行不可恒使吾爾誰爲心腹也○爾冊府作以 臣淸植按此文甚拗玩其大意蓋謂恐吾出時諸侯中便復有私出如子建開司馬門之爲者故欲管攝而盡將之以行旣有所不可而留之則又不可信類如此故曰恒使吾以誰爲心腹作以字於義較順

內不自安注其人自若而居海上○宋本作自苦

又注每當就植慮事有闕○一本作慮事有闕

昊天罔極性命不圖○性命文選作生命

優詔答勉之注自念有過宜當謝帝○宜監本訛作宣今改正

又注何必同衾幬然後展殷勤○文選此下多憂思成疾疢無乃兒女仁二句

退念古之授爵祿者○授文選作受

必以殺身靖亂以功報主也○監本靖訛作靜今改正

欲得長纓纓其王羈致北闕○文選作長纓占其王

熒燭末光增輝日月○文選作螢燭 臣照按螢古字作熒熒小火也以虫尾有光故名後世乃易火從虫

偃武行文之美○衍文冊府作修文

賜須臾之間使臣得一散所懷○冊府作賜須臾之間

時年四十一注危若巢幕○若監本訛作共今改正

魏志卷二十

晉 著作郎 巴西 中正 安 漢 陳 壽 撰

宋 太中大夫 國子博士 聞 喜 裴 松之 注

武文世王公

豐愍王昂 相殤王鑠 鄧哀王沖
彭城王據 燕王宇 沛穆王林
中山恭王袞 濟陽懷王玹 陳留恭王峻
范陽閔王矩 趙王幹 臨邑殤公子上
楚王彪 剛殤公子勤 穀城殤公子乘
郿戴公子整 靈殤公子京 樊安公均
廣宗殤公子棘 東平靈王徽 樂陵王茂
贊哀王協 北海悼王蕤 東武陽懷王鑒
東海定王霖 元城哀王禮 邯鄲懷王邕
清河悼王貢 廣平哀王儼

武皇帝二十五男卞皇后生文皇帝任城威王彰陳思王植蕭懷王熊劉夫人生豐愍王昂相殤王鑠環夫人生鄧哀王沖彭城王據燕王宇杜夫人生沛穆王林中山恭王袞秦夫人生濟陽懷王玹陳留恭王峻尹夫人生范陽閔王矩王昭儀生趙王幹孫姬生臨邑殤公子上楚王彪剛殤公子勤李姬生穀城殤公子乘郿戴公子整靈殤公子京周姬生樊安公均劉姬生廣宗殤公子棘宋姬生東平靈王徽趙姬生樂陵王茂

豐愍王昂字子脩弱冠舉孝廉隨太祖南征爲張繡所害無子黃初二年追封謚曰豐悼公三年以樊安公均子琬奉昂後封中都公其年徙封長子公五年追加昂號曰豐悼王太和三年改昂謚曰愍王嘉平六年以琬襲昂爵爲豐王正元景元中累增邑并前二千七百戶琬薨謚曰恭王子廉嗣

相殤王鑠早薨太和三年追封謚青龍元年子愍王潛嗣其年薨二年子懷王偃嗣邑二千五百戶四年薨無子國除正元二年以樂陵王茂子陽都鄉公竦繼鑠後

鄧哀王沖字倉舒少聰察岐嶷生五六歲智意所及有若成人之智時孫權曾致巨象太祖欲知其斤重訪之羣下咸莫能出其理沖曰置象大船之上而刻其水痕所至稱物以載之則校可知矣太祖大悅卽施行焉時軍國多事用刑嚴重太祖馬鞍在庫而爲鼠所齧庫吏懼必死議欲面縛首罪猶懼不免沖謂曰待三日中然後自歸沖於是以刀穿單衣如鼠齧者謬爲失意貌有愁色太祖問之沖對曰世俗以爲鼠齧衣者其主不吉今單衣見齧是以憂戚太祖曰此妄言耳無所苦也俄而庫吏以齧鞍聞太祖笑曰兒衣在側尚齧況鞍縣柱乎一無所問沖仁愛識達皆此類也凡應罪戮而爲沖微所辨理賴以濟宥者前後數十魏書曰沖每見當刑者輒探覩其寃枉之情而微理之及勤勞之吏以過誤觸罪常爲太祖陳說宜寬宥之辨察仁愛與性俱生容貌姿美有殊於衆故特見寵異臣松之以容貌姿美一類之言而分以爲三亦敘屬之一病也太祖數對羣臣稱述有欲傳後意年十三建安十三年疾病太祖親爲請命及亡哀甚文帝寬喻太祖太祖曰此我之不幸而汝曹之幸也孫盛曰春秋之義立嫡以長不以賢沖雖存也猶不宜立況其旣沒而發斯言乎詩云無易由言魏武其易之也言則流涕爲娉甄氏亡女與合葬贈騎都尉印綬命宛侯據子琮奉沖後二十二年封琮爲鄧侯黃初二年追贈謚沖曰鄧哀侯又追加號爲公魏書載策曰惟黃初二年八月丙午皇帝曰咨爾鄧哀侯沖昔皇天鍾美於爾俾聰哲之才成於弱年當永享顯祚克成厥終如何不祿早世天命不享有四海並建親親以藩王室惟爾不逮斯榮且葬禮未備追悼之懷愴然攸傷今遷葬于高陵使使持節兼謁者僕射郎中陳承追賜號曰鄧公祠以大牢魂而有靈休茲寵榮嗚呼哀哉魏略曰文帝常言家兄孝廉自其分也若使倉舒在我亦無天下三年進琮爵徙封冠軍公四年徙封己氏公太和五年加沖號曰鄧哀王景初元年琮坐於中尚方作禁物削戶三百貶爵爲都鄉侯三年復爲己氏公正始七年轉封平陽公景初正元景元中累增邑并前千九百戶

彭城王據建安十六年封范陽侯二十二年徙封宛侯黃初二年進爵爲公三年爲章陵王其年徙封義陽文帝以南方下溼又以環太妃彭城人徙封彭城又徙封濟陰五年詔曰先王建國隨時而制漢祖增秦所置郡至光武以天下損耗并省郡縣以今比之益不及焉其改封諸王皆爲縣王據改封定陶縣太和六年改封諸王皆以郡爲國據復封彭城景初元年據坐私遣人詣中尚方作禁物削縣二千戶魏書載璽書曰制詔彭城王有司奏王遣司馬董和齎珠玉來到京師中尚方多作禁物交通工官出入近署踰侈非度慢令違制繩王以法朕用憮然不寧于心王以懿親之重處藩輔之位典籍日陳於前勤誦不輟於側加雅素奉脩恭肅敬慎務在蹈道孜孜不衰豈忘率意正身考終厥行哉若然小疵或謬于細人忽不覺悟以斯爲失耳書云惟聖罔念作狂惟狂克念作聖古人垂誥乃至於此故君子思心無斯須遠道焉常慮所以累德者而去之則德明矣開心所以爲塞者而通之則心夷矣愼行所以爲尤者而脩之則行全矣三者王之所能備也今詔有司宥王削縣二千戶以彰八柄與奪之法昔羲文作易著休復之語仲尼論行旣過能改王其改行茂昭斯義率意無怠三年復所削戶邑正元景元中累增邑并前四千六百戶

燕王宇字彭祖建安十六年封都鄉侯二十二年改封魯陽侯黃初二年進爵爲公三年爲下邳王五年改封單父縣太和六年改封燕王明帝少與宇同止常愛異之及卽位寵賜與諸王殊青龍三年徵入朝景初元年還鄴二年夏復徵詣京都冬十二月明帝疾篤拜宇爲大將軍屬以後事受署四日宇深固讓帝意亦變遂免宇官三年夏還鄴景初正元景元中累增邑并前五千五百戶常道鄉公奐宇之子入繼大宗

沛穆王林建安十六年封饒陽侯二十二年徙封譙黃初二年進爵爲公三年爲譙王五年改封譙縣七年徙封鄄城太和六年改封沛景初正元景元中累增邑并前四千七百戶林薨子緯嗣案嵇氏譜嵇康妻林子之女也

中山恭王袞建安二十一年封平鄉侯少好學年十餘歲能屬文每讀書文學左右常恐以精力爲病數諫止之然性所樂不能廢也二十二年徙封東鄉侯其年又改封贊侯黃初二年進爵爲公官屬皆賀袞曰夫生深宮之中不知稼穡之艱難多驕逸之失諸賢旣慶其休宜輔其闕每兄弟游娛袞獨覃思經典文學防輔相與言曰受詔察公舉錯有過當奏及有善亦宜以聞不可匿其美也遂共表稱陳袞美袞聞之大驚懼責讓文學曰脩身自守常人之行耳而諸君乃以上聞是適所以增其負累也且如有善何患不聞而遽共如是是非益我者其戒愼如此三年爲北海王其年黃龍見鄴西漳水袞上書贊頌詔賜黃金十斤詔曰昔唐叔歸禾東平獻頌斯皆骨肉贊美以彰懿親王研精墳典耽味道眞文雅煥炳朕甚嘉之王其克愼明德以終令聞四年改封贊王七年徙封濮陽太和二年就國尚約儉教敕妃妾紡績織紝習爲家人之事五年冬入朝六年改封中山初袞來朝犯京都禁青龍元年有司奏袞詔曰王素敬愼邂逅至此其以議親之典議之有司固執詔削縣二戶七百五十魏書載璽書曰制詔中山王有司奏王乃者來朝犯交通京師之禁朕惟親親之恩用寢吏議然法者所與天下共也不可得廢今削王縣二戶七百五十夫克己復禮聖人稱仁朝過夕改君子與之王其誡諸無貳咎悔也袞憂懼戒敕官屬愈謹帝嘉其意二年復所削縣三年秋袞得疾病詔遣太醫視疾殿中虎賁齎手詔賜珍膳相屬又遣太妃沛王林並就省疾袞疾困敕令官屬曰吾寡德忝寵大命將盡吾旣好儉而聖朝著終誥之制爲天下法吾氣絕之日自殯及葬務奉詔書昔衞大夫蘧瑗葬濮陽吾望其墓常想其遺風願託賢靈以弊髮齒營吾兆域必往從之禮男子不卒婦人之手亟以時成東堂堂成名之曰遂志之堂輿疾往居之又令世子曰汝幼少未聞義方早爲人君但知樂不知苦不知苦必將以驕奢爲失也接大臣務以禮雖非大臣老者猶宜答拜事兄以敬恤弟以慈兄弟有不良之行當造膝諫之諫之不從流涕喻之喻之不改乃白其母若猶不改當以奏聞并辭國土與其守寵罹禍不若貧賤全身也此亦謂大罪惡耳其微過細故當掩覆之嗟爾小子愼脩乃身奉聖朝以忠貞事太妃以孝敬閨闈之內奉令于太妃閫閾之外受教於沛王無怠乃心以慰予靈其年薨詔沛王林留訖葬使大鴻臚持節典護喪事宗正弔祭贈賵甚厚凡所著文章二萬餘言才不及陳思王而好與之侔子孚嗣景初正元景元中累增邑并前三千四百戶

濟陽懷王玹建安十六年封西鄉侯早薨無子二十年以沛王林子贊襲玹爵邑早薨無子文帝復以贊弟壹紹玹後黃初二年改封濟陽侯四年進爵爲公太和四年追進玹爵謚曰懷公六年又進號曰懷王追謚贊曰西鄉哀侯壹薨謚曰悼公子恒嗣景初正元景元中累增邑并前千九百戶

陳留恭王峻字子安建安二十一年封郿侯二十二年徙封襄邑黃初二年進爵爲公三年爲陳留王五年改封襄邑縣太和六年又封陳留甘露四年薨子澳嗣景

初正元景元中累增邑并前四千七百戶

范陽閔王矩早薨無子建安二十二年以樊安公均子敏奉矩後封臨晉侯黃初三年追封謚矩爲范陽閔公五年改封敏范陽王七年徙封句陽太和六年追進矩號曰范陽閔王改封敏琅邪王景初正元景元中累增邑并前三千四百戶敏薨謚曰原王子焜嗣

趙王幹建安二十年封高平亭侯二十二年徙封賴亭侯其年改封弘農侯黃初二年進爵徙封燕公魏略曰幹一名良良本陳妾子良生而陳氏死太祖令王夫人養之良年五歲而太祖疾困遺令語太子曰此兒三歲亡母五歲失父以累汝也太子由是親待隆於諸弟良年小常呼文帝爲阿翁帝謂良曰我汝兄耳文帝又愍其如是每爲涕泣臣松之案此傳以母貴賤爲次不計兄弟之年故楚王彪年雖大傳在幹後尋朱建平傳知彪大幹二十歲三年爲河間王五年改封樂城縣七年徙封鉅鹿太和六年改封趙王幹母有寵於太祖及文帝爲嗣幹母有力文帝臨崩有遺詔是以明帝常加恩意青龍二年私通賓客爲有司所奏賜幹璽書誡誨之曰易稱開國承家小人勿用詩著大車惟塵之誡自太祖受命創業深睹治亂之源鑒存亡之機初封諸侯訓以恭慎之至言輔以天下之端士常稱馬援之遺誡重諸侯賓客交通之禁乃使與犯妖惡同夫豈以此薄骨肉哉徒欲使子弟無過失之愆士民無傷害之悔耳高祖踐阼祗慎萬機申著諸侯不朝之令朕感詩人常棣之作嘉采菽之義亦緣詔文曰若有詔得詣京都故命諸王以朝聘之禮而楚中山並犯交通之禁趙宗戴捷咸伏其辜近東平王復使屬官歐壽張吏有司舉奏朕裁削縣令有司以曹纂王喬等因九族時節集會王家或非其時皆違禁防朕惟王幼少有恭順之素加受先帝顧命欲崇恩禮延乎後嗣況近在王之身乎且自非聖人孰能無過已詔有司宥王之失古人有言戒慎乎其所不睹恐懼乎其所不聞莫見乎隱莫顯乎微故君子慎其獨焉叔父茲率先聖之典以纂乃先帝之遺命戰戰兢兢靖恭厥位稱朕意焉景初正元景元中累增邑并前五千戶

臨邑殤公子上早薨太和五年追封謚無後

楚王彪字朱虎建安二十一年封壽春侯黃初二年進爵徙封汝陽公三年封弋陽王其年徙封吳王五年改封壽春縣七年徙封白馬太和五年冬朝京都六年改封楚初彪來朝犯禁青龍元年爲有司所奏詔削縣三戶千五百二年大赦復所削縣景初三年增戶五百并前三千戶嘉平元年兗州刺史令狐愚與太尉王淩謀迎彪都許昌語在淩傳乃遣傳及侍御史就國案驗收治諸相連及者廷尉請徵彪治罪於是依漢燕王旦故事使兼廷尉大鴻臚持節賜彪璽書切責之使自圖焉孔衍漢魏春秋載璽書曰夫先王行賞不遺仇讎用戮不違親戚至公之義也故周公流涕而決二叔之罪孝武傷懷而斷昭平之獄古今常典也惟王國之至親作藩于外不能祗奉王度表率宗室而謀於姦邪乃與太尉王淩兗州刺史令狐愚構通逆謀圖危社稷有悖忒之心無忠孝之意宗廟有靈王其何面目以見先帝朕深痛王自陷罪辜既得王情深用憮然有司奏王當就大理朕惟公族甸師之義不忍肆王市朝故遣使者賜書王自作孽匪由於他燕剌之事宜足以觀王其自圖之彪乃自殺妃及諸子皆免爲庶人徙平原彪之官屬以下及監國謁者坐知情無輔導之義皆伏誅國除爲淮南郡正元元年詔曰故楚王彪背國附姦身死嗣替雖自取之猶哀矜焉夫含垢藏疾親親之道也其封彪世子嘉爲常山眞定王景元元年增邑并前二千五百戶臣松之案嘉入晉封高邑公元康中與石崇俱爲國子博士嘉後爲東莞太守崇爲征虜將軍監青徐軍事屯於下邳嘉以詩遺崇曰文武應時用兼才在明哲嗟嗟我石生爲國之俊傑入侍於皇闥出則登九列威檢肅青徐風發宣吳裔疇昔謬同位情至過魯衞分離踰十載思遠心增結願子鑒斯誠寒暑不踰契崇答曰昔常接羽儀俱游青雲中敦道訓冑子儒化渙以融同聲無異響故使恩愛隆豈惟敦初好歘分在令終孔不陋九夷老氏適西戎逍遙滄海隅可以保王躬世事非所務周公不足夢玄寂令神王是以守至沖王隱晉書載吏部郎李重啓云魏氏宗室屈滯每聖恩所存東莞太守曹嘉才幹學義不及志翕而良素修潔性業踰之又已歷二郡臣以爲優先代之後可以嘉爲員外散騎侍郎

剛殤公子勤早薨太和五年追封謚無後

穀城殤公子乘早薨太和五年追封謚無後

郿戴公子整奉從叔父郎中紹後建安二十二年封郿侯二十三年薨無子黃初二年追進爵謚曰戴公以彭城王據子範奉整後三年封平氏侯四年徙封成武太和三年進爵爲公青龍三年薨謚曰悼公無後四年詔以範弟東安鄉公闡爲郿公奉整後正元景元中累增邑并前千八百戶

靈殤公子京早薨太和五年追封謚無後

樊安公均奉叔父薊恭公彬後建安二十二年封樊侯二十四年薨子抗嗣黃初二年追進公爵謚曰樊安公三年徙封抗薊公四年徙封屯留公景初元年薨謚曰定公子諶嗣景初正元景元中累增邑并前千九百戶

廣宗殤公子棘早薨太和五年追封謚無後

東平靈王徽奉叔父朗陵哀侯玉後建安二十二年封歷城侯黃初二年進爵爲公三年爲廬江王四年徙封壽張王五年改封壽張縣太和六年改封東平青龍二年徽使官屬檛壽張縣吏爲有司所奏詔削縣一戶五百其年復所削縣正始三年薨子翕嗣景初正元景元中累增邑并前三千四百戶臣松之案翕入晉封廩丘公魏宗室之中名次鄄城公至泰始二年翕遣世子琨奉表來朝詔曰翕秉德履道魏宗之良今琨遠至其假世子印綬加騎都尉賜服一具錢十萬隨才敍用翕撰解寒食散方與皇甫謐所撰並行於世

樂陵王茂建安二十二年封萬歲亭侯二十三年改封平輿侯黃初三年進爵徙封乘氏公七年徙封中丘茂性傲佷少無寵於太祖及文帝世又獨不王太和元年徙封聊城公其年爲王詔曰昔象之爲虐至甚而大舜猶侯之有鼻近漢氏淮南阜陵皆爲亂臣逆子而猶或及身而復國或至子而錫土有虞建之於上古漢文明章行之乎前代斯皆敦敍親親之厚義也聊城公茂少不閑禮教長不務善道先帝以爲古之立諸侯也皆命賢者故姬姓有未必侯者是以獨不王茂太皇太后數以爲言如聞茂頃來少知悔昔之非欲脩善將來君子與其進不保其往也今封茂爲聊城王以慰太皇太后下流之念六年改封曲陽王正始三年東平靈王薨茂稱嗌痛不肯發哀居處出入自若有司奏除國土詔削縣一戶五百五年徙封樂陵詔以茂租奉少諸子多復所削戶又增戶七百嘉平正元景元中累增邑并前五千戶

文皇帝九男甄氏皇后生明帝李貴人生贊哀王協潘淑媛生北海悼王蕤朱淑媛生東武陽懷王鑒仇昭儀生東海定王霖徐姬生元城哀王禮蘇姬生邯鄲懷王邕張姬生清河悼王貢宋姬生廣平哀王儼

贊哀王協早薨太和五年追封謚曰經殤公青龍二年更追改號謚三年子殤王尋嗣景初三年增戶五百并前三千戶正始九年薨無子國除

北海悼王蕤黃初七年明帝即位立爲陽平縣王太和六年改封北海青龍元年薨二年以琅邪王子贊奉蕤後封昌鄉公景初二年立爲饒安王正始七年徙封文安正元景元中累增邑并前三千五百戶

東武陽懷王鑒黃初六年立其年薨青龍三年賜謚無子國除

東海定王霖黃初三年立爲河東王六年改封館陶縣明帝即位以先帝遺意愛寵霖異於諸國而霖性麤暴閨門之內婢妾之間多所殘害太和六年改封東海嘉平元年薨子啓嗣景初正元景元中累增邑并前六千二百戶高貴鄉公髦霖之子也入繼大宗

元城哀王禮黃初二年封秦公以京兆郡爲國三年改爲京兆王六年改封元城王太和三年薨五年以任城王楷子悌嗣禮後六年改封梁王景初正元景元中累增邑并前四千五百戶

邯鄲懷王邕黃初二年封淮南公以九江郡爲國三年進爲淮南王四年改封陳六年改封邯鄲太和三年薨五年以任城王楷子溫嗣邕後六年改封魯陽景初正元景元中累增邑并前四千四百戶

清河悼王貢黃初三年封四年薨無子國除

廣平哀王儼黃初三年封四年薨無子國除

評曰魏氏王公既徒有國土之名而無社稷之實又禁防壅隔同於囹圄位號靡定大小歲易骨肉之恩乖常棣之義廢爲法之弊一至于此乎袁子曰魏興承大亂之後民人損減不可則以古始於是封建侯王皆使寄地空名而無其實王國使有老兵百餘人以衞其國雖有王侯之號而乃儕於匹夫縣隔千里之外無朝聘之儀鄰國無會同之制諸侯游獵不得過三十里又爲設防輔監國之官以伺察之王侯皆思爲布衣而不能得既違宗國藩屏之義又虧親戚骨肉之恩魏氏春秋載宗室曹冏上書曰臣聞古之王者必建同姓以明親親必樹異姓以明賢賢故傳曰庸勳親親昵近尊賢書曰克明俊德以親九族詩云懷德維寧宗子維城由是觀之非賢無與興功非親無與輔治夫親親之道專用則其漸也微弱賢賢之道偏任則其弊也劫奪先聖知其然也故博求親疏而並用之近則有宗盟藩衞之固遠則有仁賢輔弼之助盛則有與共其治衰則有與守其土安則有與享其福危則有與同其禍夫然故能有其國家保其社稷歷紀長久本支百世也今魏尊尊之法雖明親親之道未備詩不云乎鶺鴒在原兄弟急難以斯言之明兄弟相救於喪亂之際同心於憂禍之間雖有鬩牆之忿不忘禦侮之事何則憂患同也今則不然或任而不重或釋而不任一旦疆埸稱警關門反拒股肱不扶胷心無衞臣竊惟此寢不安席思獻丹誠貢策朱闕謹撰合所聞敍論成敗論曰昔夏殷周歷世數十而秦二世而亡何則三代之君與天下共其民故天下同其憂秦王獨制其民故傾危而莫救夫與民共其樂者人必憂其憂與民同其安者人必拯其危先王知獨治之不能久也故與人共治之知獨守之不能固也故與人共守之兼親疏而兩用參同異而並建是以輕重足以相鎮親疏足以相衞并兼路塞逆節不生及其衰也桓文帥禮苞茅不貢齊師伐楚宋不城周晉戮其宰王綱弛而復張諸侯懈而復肅二霸之後寖以陵遲吳楚憑江負固方城雖心希九鼎而畏迫宗姬姦情散於胷懷逆謀消於脣吻斯豈非信重親戚任用賢能枝葉碩茂本根賴之與自此之後轉相攻伐吳并於越晉分爲三魯滅於楚鄭兼於韓暨于戰國諸姬微矣惟燕衞獨存然皆弱小西迫彊秦南畏齊楚憂懼滅亡匪遑相恤至於王赧降爲庶人猶枝幹相持得居虛位海內無主四十餘年秦據勢勝之地騁譎詐之術征伐關東蠶食九國至於始皇乃定天位曠日若彼用力若此豈非深固根蒂不拔之道乎易曰其亡其亡繫于苞桑周德其可謂當之矣秦觀周之弊以爲小弱見奪於是廢五等之爵立郡縣之官棄禮樂之教任苛刻之政子弟無尺寸之封功臣無立錐之地內無宗子以自毗輔外無諸侯以爲藩衞仁心不加於親戚惠澤不流於枝葉譬猶芟刈股肱獨任胷腹浮舟江海捐棄楫櫂觀者爲之寒心而始皇晏然自以爲關中之固金城千里子孫帝王萬世之業也豈不悖哉是時淳于越諫曰臣聞殷周之王封子弟功臣千有餘城今陛下君有海內而子弟爲匹夫卒有田常六卿之臣而無輔弼何以相救事不師古而能長久者非所聞也始皇聽李斯偏說而絀其議至於身死之日無所寄付委天下之重於凡夫之手託廢立之命於姦臣之口至令趙高之徒誅鉏宗室胡亥少習刻薄之教長遭凶父之業不能改制易法寵任兄弟而乃師譚申商諮謀趙高自幽深宮委政讒賊身殘望夷求爲黔首豈可得哉遂乃郡國離心衆庶潰叛勝廣倡之於前劉項斃之於後向使始皇納淳于之策抑李斯之論割裂州國分王子弟封三代之後報功臣之勞士有常君民有定主枝葉相扶首尾爲用雖使子孫有失道之行時人無湯武之賢姦謀未發而身已屠戮何區區之陳項而復得措其手足哉故漢祖奮三尺之劍驅烏集之衆五年之中遂成帝業自開闢以來其興立功勳未有若漢祖之易也夫伐深根者難爲功摧枯朽者易爲力理勢然也漢監秦之失封殖子弟及諸呂擅權圖危劉氏而天下所以不傾動百姓所以不易心者徒以諸侯彊大盤石膠固東牟朱虛受命於內齊代吳楚作衞於外故也向使高祖踵亡秦之法忽先王之制則天下已傳非劉氏有也然高祖封建地過古制大者跨州兼郡小者連城數十上下無別權侔京室故有吳楚七國之患賈

誼曰諸侯彊盛長亂起姦夫欲天下之治安莫若衆建諸侯而少其力令海內之勢若身之使臂臂之使指則下無背叛之心上無誅伐之事文帝不從至於孝景猥用晁錯之計削黜諸侯親者怨恨疏者震恐吳楚倡謀五國從風兆發高帝衅鍾文景由寬之過制急之不漸故也所謂末大必折尾大難掉尾同於體猶或不從況乎非體之尾其可掉哉武帝從主父之策下推恩之令自是之後齊分爲七趙分爲六淮南三割梁代五分遂以陵遲子孫微弱衣食租稅不預政事或以酎金免削或以無後國除至於成帝王氏擅朝劉向諫曰臣聞公族者國之枝葉枝葉落則本根無所庇廕方今同姓疏遠母黨專政排擯宗室孤弱公族非所以保守社稷安固國嗣也其言深切多所稱引成帝雖悲傷歎息而不能用至于哀平異姓秉權假周公之事而爲田常之亂高拱而竊天位一朝而臣四海漢宗室王侯解印釋紱貢奉社稷猶懼不得爲臣妾或乃爲之符命頌莽恩德豈不哀哉由斯言之非宗子獨忠孝於惠文之間而叛逆於哀平之際也徒權輕勢弱不能有定耳賴光武皇帝挺不世之姿禽王莽於已成紹漢嗣於既絕斯豈非宗子之力也而曾不監秦之失策襲周之舊制踵亡國之法而僥倖無疆之期至于桓靈閹豎執衡朝無死難之臣外無同憂之國君孤立於上臣弄權於下本末不能相御身首不能相使由是天下鼎沸姦凶並爭宗廟焚爲灰燼宮室變爲榛藪居九州之地而身無所安處悲夫魏太祖武皇帝躬聖明之資兼神武之略恥王綱之廢絕愍漢室之傾覆龍飛譙沛鳳翔兗豫掃除凶逆翦滅鯨鯢迎帝西京定都潁邑德動天地義感人神漢氏奉天禪位大魏大魏之興于今二十有四年矣觀五代之存亡而不用其長策覩前車之傾覆而不改於轍迹子弟王空虛之地君有不使之民宗室竄於閭閻不聞邦國之政權均匹夫勢齊凡庶內無深根不拔之固外無盤石宗盟之助非所以安社稷爲萬世之業也且今之州牧郡守古之方伯諸侯皆跨有千里之土兼軍武之任或比國數人或兄弟並據而宗室子弟曾無一人間廁其間與相維持非所以彊幹弱枝備萬一之虞也今之用賢或超爲名都之主或爲偏師之帥而宗室有文者必限小縣之宰有武者必置百人之上使夫廉高之士畢志於衡軛之內才能之人恥與非類爲伍非所以勸進賢能褒異宗室之禮也夫泉竭則流涸根朽則葉枯枝繁者蔭根條落者本孤故語曰百足之蟲至死不僵以扶之者衆也此言雖小可以譬大且墉基不可倉卒而成威名不可一朝而立皆爲之有漸建之有素譬之種樹久則深固其本根茂盛其枝葉若造次徙於山林之中植於宮闕之下雖壅之以黑墳煖之以春日猶不救於枯槁而何暇繁育哉夫樹猶親戚土猶士民建置不久則輕下慢上平居猶懼其離叛危急將若之何是以聖王安而不逸以慮危也存而設備以懼亡也故疾風卒至而無摧拔之憂天下有變而無傾危之患矣冏中常侍兄叔興之後少帝族祖也是時天子幼稚冏冀以此論感悟曹爽爽不能納

魏志卷二十考證

鄧哀王沖智意所及〇意元本作慧

時孫權曾致巨象太祖欲知其斤重訪之羣下咸莫能出其理沖曰置象大船之上而刻其水痕所至〇何焯曰按孫策以建安五年死時孫權初統事至建安十五年權遣步隲爲交州刺史士燮率兄弟奉承節度此後或能致巨象而倉舒已于建安十三年前死矣知此事之妄飾也置船刻水疑筭數中本有此法

彭城王據削縣二千戶注列書載璽書曰〇列書疑作

魏書

中山恭王衮衮獨譚思經典〇譚疑當作覃

楚王彪元年爲有司所奏〇元年上疑脫青龍二字

增邑并前二千五百戶注同聲無異響〇響毛本作嚮

東平靈王徽奉叔父朗陵哀侯王後〇王一本作玉

爲法之弊一至于此乎注蠶食九國〇蠶食元本作蠶食

又注而乃師譚申商〇譚文選作謨

又注踵亡國之法而徼倖無疆之期〇亡監本誤王今改正

魏志卷二十一

晉著作郎巴西中正安漢陳　壽撰

宋太中大夫國子博士聞喜裴松之注

王粲　徐幹　陳琳　阮瑀　應瑒　劉楨　邯鄲淳　繁欽　路粹　丁儀　丁廙　楊脩　荀緯　應璩　阮籍　嵇康　桓威　吳質

衞覬　潘勗　王象　劉廙　劉劭　繆襲　仲長統

蘇林　韋誕　夏侯惠　傅嘏　孫該　杜摯

王粲字仲宣山陽高平人也曾祖父龔祖父暢皆爲漢三公張璠漢紀曰龔字伯宗有高名於天下順帝時爲太尉初山陽太守薛勤喪妻不哭將殯臨之曰幸不爲夭復何恨哉及龔妻卒龔與諸子並杖行服時人或兩譏焉暢字叔茂名在八俊靈帝時爲司空以水災免而李膺亦免歸故郡二人以直道不容當時天下以暢膺爲高士諸危言危行之徒皆推宗之願涉其流惟恐不及會連有災異而言事者皆言三公非其人宜因其變以暢代之則禍辭必至由是宦豎深怨之及膺誅死而暢遂廢終于家父謙爲大將軍何進長史進以謙名公之冑欲與爲婚見其二子使擇焉謙弗許以疾免卒于家獻帝西遷粲徙長安左中郎將蔡邕見而奇之時邕才學顯著貴重朝廷常車騎填巷賓客盈坐聞粲在門倒屣迎之粲至年既幼弱容狀短小一坐盡驚邕曰此王公孫也有異才吾不如也吾家書籍文章盡當與之年十七司徒辟詔除黃門侍郎以西京擾亂皆不就乃之荊州依劉表表以粲貌寢而體弱通侻不甚重也臣松之曰貌寢謂貌負其實也通侻者簡易也表卒粲勸表子琮令歸太祖文士傳載粲說琮曰僕有愚計願進之於將軍可乎琮曰吾所願聞也粲曰天下大亂豪傑並起在倉卒之際彊弱未分故人各各有心耳當此之時家家欲爲帝王人人欲爲公侯觀古今之成敗能先見事機者則恒受其福今將軍自度何如曹公邪琮不能對粲復曰如粲所聞曹公故人傑也雄略冠時智謀出世摧袁氏於官渡驅孫權於江外逐劉備於隴右破烏丸於白登其餘梟夷蕩定者往往如神不可勝計今日之事去就可知也將軍能聽粲計卷甲倒戈應天順命以歸曹公曹公必重德將軍保全宗長享福祚垂之後嗣此萬全之策也粲遭亂流離託命此州蒙將軍父子重顧敢不盡言琮納其言臣松之案孫權自此以前尚與中國和同未嘗交兵何云驅權於江外乎魏武以十三年征荊州劉備却後數年方入蜀備身未嘗涉於隴右而於征荊州之年便云逐備於隴右既已乖錯又白登在平城亦魏武所不經北征烏丸與白登永不相豫以此知張騭假僞之辭而不覺其虛之自露也凡騭虛僞妄作不可覆疏如此類者不可勝紀太祖辟爲丞相掾賜爵關內侯太祖置酒漢濱粲奉觴賀曰方今袁紹起河北仗大衆志兼天下然好賢而不能用故奇士去之劉表雍容荊楚坐觀時變自以爲西伯可規士之避亂荊州者皆海內之儁傑也表不知所任故國危而無輔明公定冀州之日下車即繕其甲卒收其豪傑而用之以橫行天下及平江漢引其賢儁而置之列位使海內回心望風而願治文武並用英雄畢力此三王之舉也後遷軍謀祭酒魏國既建拜侍中博物多識問無不對時舊儀廢弛興造制度粲恒典之摯虞決疑要注曰漢末喪亂絕無玉珮魏侍中王粲識舊珮始復作之今之玉珮受法於粲也初粲與人共行讀道邊碑人問曰卿能闇誦乎曰能因使背而誦之不失一字觀人圍棊局壞粲爲覆之棊者不信以帊蓋局使更以他局爲之用相比校不誤一道其彊記默識如此性善算作算術略盡其理善屬文舉筆便成無所改定時人常以爲宿構然正復精意覃思亦不能加也典略曰粲才既高辯論應機鍾繇王朗等雖各爲魏卿相至於朝廷奏議皆閣筆不能措手著詩賦論議垂六十篇建安二十一年從征吳二十二年春道病卒時年四十一粲二子爲魏諷所引誅後絕文章志曰太祖時征漢中聞粲子死歎曰孤若在不使仲宣無後始文帝爲五官將及平原侯植皆好文學粲與北海徐幹字偉長廣陵陳琳字孔璋陳留阮瑀字元瑜汝南應瑒字德璉瑒音徒哽反一音暢也東平劉楨字公幹並見友善幹爲司空軍謀祭酒掾屬五官將文學先賢行狀曰幹清玄體道六行脩備聰識洽聞操翰成章輕官忽祿不耽世榮建安中太祖特加旌命以疾休息後除上艾長又以疾不行琳前爲何進主簿進欲誅諸宦官太后不聽進乃召四方猛將並使引兵向京城欲以劫恐太后琳諫進曰易稱即鹿無虞諺有掩目捕雀夫微物尚不可欺以得志況國之大事其可以詐立乎今將軍總皇威握兵要龍驤虎步高下在心以此行事無異於鼓洪爐以燎毛髮但當速發雷霆行權立斷違經合道天人順之而反釋其利器更徵於他大兵合聚彊者爲雄所謂倒持干戈授人以柄必不成功祇爲亂階進不納其言竟以取禍琳避難冀州袁紹使典文章袁氏敗琳歸太祖太祖謂曰卿昔爲本初移書但可罪狀孤而已惡惡止其身何乃上及父祖邪琳謝罪太祖愛其才而不咎瑀少受學於蔡邕建安中都護曹洪欲使掌書記瑀終不爲屈太祖並以琳瑀爲司空軍謀祭酒管記室文士傳曰太祖雅聞瑀名辟之不應連見偪促乃逃入山中太祖使人焚山得瑀送至召入太祖時征長安大延賓客怒瑀不與語使就技人列瑀善解音能鼓琴遂撫弦而歌因造歌曲曰奕奕天門開大魏應期運青蓋巡九州在東西人怨士爲知己死女爲悅者玩恩義苟敷暢他人焉能亂爲曲既捷音聲殊妙當時冠坐太祖大悅臣松之案魚氏典略摯虞文章志並云瑀建安初辭疾避役不爲曹洪屈得太祖召即投杖而起不得有逃入山中焚之乃出之事也又典略載太祖初征荊州使瑀作書與劉備及征馬超又使瑀作書與韓遂此二書今具存至長安之前遂等破走太祖始以十六年得入關耳而張騭云初得瑀時太祖在長安此又乖戾瑀以十七年卒太祖十八年策爲魏公而云瑀歌舞辭稱大魏應期運愈知其妄又其辭云他人焉能亂了不成語瑀之吐屬必不如此軍國書檄多琳瑀所作也典略曰琳作諸書及檄草成呈太祖太祖先苦頭風是日疾發臥讀琳所作翕然而起曰此愈我病數加厚賜太祖嘗使瑀作書與韓遂時太祖適近出瑀隨從因於馬上具草書成呈之太祖攬筆欲有所定而竟不能增損琳徙門下督瑀爲倉曹掾屬瑒楨各被太祖辟爲丞相掾屬瑒轉爲平原侯庶子後爲五官將文學華嶠漢書曰瑒祖奉字世叔才敏善諷誦故世稱應世叔讀書五行俱下著後序十餘篇爲世儒者延熹中至司隸校尉子劭字仲遠亦博學多識尤好事諸所撰述風俗通等凡百餘篇辭雖不典世服其博聞續漢書曰劭又著中漢輯敘漢官儀及禮儀故事凡十一種百三十六卷朝廷制度百官儀式所以不亡者由劭記之官至泰山太守劭弟珣字季瑜司空掾即瑒之父楨以不敬被刑刑竟署吏文士傳曰楨父名梁字曼山一名恭少有清才以文學見貴終於野王令典略曰文帝常賜楨廓落帶其後師死欲借取以爲像因書嘲楨云夫物因人爲貴故在賤者之手不御至尊之側今雖取之勿嫌其不反也楨荅曰楨聞荊山之璞曜元后之寶隨侯之珠燭衆士之好南垠之金登窈窕之首鼲貂之尾綴侍臣之幘此四寶者伏朽石之下潛汙泥之中而揚光千載之上發彩疇昔之外亦皆未能初自接於至尊也夫尊者所服卑者所脩也貴者所御賤者所先也故夏屋初成而大匠先立其下嘉禾始熟而農夫先嘗其粒恨楨所帶無他妙飾若實殊異尚可納也楨辭旨巧妙皆如是由是特爲諸公子所親愛其後太子嘗請諸文學酒酣坐歡命夫人甄氏出拜坐中衆人咸伏而楨獨平視太祖聞之乃收楨減死輸作咸著文賦數十篇瑀以十七年卒幹琳瑒楨二十二年卒文帝書與元城令吳質曰昔年疾疫親故多離其災徐陳應劉一時俱逝觀古今文人類不護細行鮮能以名節自立而偉長獨懷文抱質恬淡寡欲有箕山之志可謂彬彬君子矣著中論二十餘篇辭義典雅足傳于後德璉常斐然有述作意其才學足以著書美志不遂良可痛惜孔璋章表殊健微爲繁富公幹有逸氣但未遒耳元瑜書記翩翩致足樂也仲宣獨自善於辭賦惜其體弱不起其文至於所善古人無以遠過也昔伯牙絕弦於鍾期仲尼覆醢于子路痛知音之難遇傷門人之莫逮也諸子但爲未及古人自一時之儁也典論曰今之文人魯國孔融北海徐幹廣陵陳琳山陽王粲陳留阮瑀汝南應瑒東平劉楨斯七子者於學無所遺於辭無所假咸自以騁騏驥於千里仰齊足而並馳粲長於辭賦幹時有逸氣然非粲匹也如粲之初征登樓槐賦征思幹之玄猿漏卮圓扇橘賦雖張蔡不過也然於他文未能稱是琳瑀之章表書記今之儁也應瑒和而不壯劉楨壯而不密孔融體氣高妙有過人者然不能持論理不勝辭至于雜以嘲戲及其所善揚班之儔也自潁川邯鄲淳魏略曰淳一名竺字子叔博學有才章又善蒼雅蟲篆許氏字指初平時從三輔客荊州荊州內附太祖素聞其名召與相見甚敬異之時五官將博延英儒亦宿聞淳名因啓淳欲使在文學官屬中會臨菑侯植亦求淳太祖遣淳詣植植初得淳甚喜延入坐不先與談時天暑熱植因呼常從取水自澡訖傅粉遂科頭拍袒胡舞五椎鍛跳丸擊劍誦俳優小說數千言訖謂淳曰邯鄲生何如邪於是乃更著衣幘整儀容與淳評說混元造化之端品物區別之意然後論羲皇以來賢聖名臣烈士優劣之差次頌古今文章賦誄及當官政事宜所先後又論用武行兵倚伏之勢乃命廚宰酒炙交至坐席默然無與伉者及暮淳歸對其所知歎植之材謂之天人而于時世子未立太祖俄有意於植而淳屢稱植材由是五官將頗不悅及黃初初以淳爲

博士給事中淳作投壺賦千餘言奏之文帝以爲工賜帛千匹繁欽繁音婆典畧曰欽字休伯以文才機辯少得名於汝潁欽既長於書記又善爲詩賦其所與太子書記喉轉意率皆巧麗爲丞相主簿建安二十三年卒陳留路粹典畧曰粹字文蔚少學於蔡邕初平中隨車駕至三輔建安初以高才與京兆嚴像擢拜尚書郎像以兼有文武出爲揚州刺史粹後爲軍謀祭酒與陳琳阮瑀等典記室及孔融有過太祖使粹爲奏承指數致融罪其大畧言融昔在北海見王室不寧招合徒衆欲圖不軌言我大聖之後也而滅於宋有天下者何必卯金刀又云融爲九列不遵朝儀禿巾微行唐突宮掖又與白衣禰衡言論放蕩衡與融更相贊揚衡謂融曰仲尼不死也融答曰顏淵復生凡說融諸如此輩辭語甚多融誅之後人覩粹所作無不嘉其才而畏其筆也至十九年粹轉爲祕書令從大軍至漢中坐違禁賤請驢伏法太子素與粹善聞其死爲之歎惜及即位特用其子爲長史魚豢曰尋省往者魯連鄒陽之徒援譬引類以解締結誠彼時文辯之雋也今覽王繁阮陳路諸人前後文旨亦何昔不若哉其所以不論者時世異耳余又竊怪其不甚見用以問大鴻臚卿韋仲將仲將云仲宣傷於肥戇休伯都無格檢元瑜病於體弱孔璋實自麤疏文蔚性頗忿鷙如是彼爲非徒以脂燭自煎糜也其不高蹈蓋有由矣然君子不責備於一人譬之朱漆雖無楨幹其爲光澤亦壯觀也沛國丁儀丁廙弘農楊脩河內荀緯等亦有文采而不在此七人之例儀廙事並在陳思王傳荀勗文章敘錄曰緯字公高少喜文學建安中召署軍謀掾魏太子庶子稍遷至散騎常侍越騎校尉年四十二黃初四年卒瑒弟璩璩子貞咸以文章顯璩官至侍中貞咸熙中參相國軍事文章敘錄曰璩字休璉博學好屬文善爲書記文明帝世歷官散騎常侍齊王即位稍遷侍中大將軍長史曹爽秉政多違法度璩爲詩以諷焉其言雖頗諧合多切時要世共傳之復爲侍中典著作嘉平四年卒追贈衞尉貞字吉甫少以才聞能談論正始中夏侯玄盛有名勢貞嘗在玄坐作五言詩玄嘉玩之舉高第歷顯位晉武帝爲撫軍大將軍以貞參軍事晉室踐阼遷太子中庶子散騎常侍又以儒學與太尉荀顗撰定新禮事未施行泰始五年卒貞弟純純子紹永嘉中爲黃門侍郎爲司馬越所殺純弟秀秀子詹鎮南大將軍江州刺史瑀子籍才藻豔逸而倜儻放蕩行己寡欲以莊周爲模則官至步兵校尉籍字嗣宗魏氏春秋曰籍曠達不羈不拘禮俗性至孝居喪雖不率常檢而毀幾至滅性兗州刺史王昶請與相見終日不得與言昶愧歎之自以不能測也太尉蔣濟聞而辟之後爲尚書郎曹爽參軍以疾歸田里歲餘爽誅太傅及大將軍乃以爲從事中郎後朝論以其名高欲顯崇之籍以世多故祿仕而已聞步兵校尉缺廚多美酒營人善釀酒求爲校尉遂縱酒昏酣遺落世事嘗登廣武觀楚漢戰處乃歎曰時無英才使豎子成名乎時率意獨駕不由徑路車迹所窮輒慟哭而反籍少時嘗游蘇門山蘇門山有隱者莫知姓名有竹實數斛杵臼而已籍從之與談太古無爲之道及論五帝三王之義蘇門生蕭然曾不經聽籍乃對之長嘯清韻響亮蘇門生逌爾而笑籍既降蘇門生亦嘯若鸞鳳之音焉至是籍乃假蘇門先生之論以寄所懷其歌曰日沒不周西月出丹淵中陽精蔽不見陰光代爲雄亭亭在須臾厭厭將復隆富貴俯仰間貧賤何必終又歎曰天地解兮六合開星辰隕兮日月頹我騰而上將何懷籍口不論人過而自然高邁故爲禮法之士何曾等深所讎疾大將軍司馬文王常保持之卒以壽終子渾字長成世語曰渾以閑濟寡欲知名京邑爲太子庶子早卒時又有譙郡嵇康文辭壯麗好言老莊而尚奇任俠至景元中坐事誅康字叔夜案嵇氏譜康父昭字子遠督軍糧治書侍御史兄喜字公穆晉揚州刺史宗正喜爲康傳曰家世儒學少有儁才曠邁不羣高亮任性不脩名譽寬簡有大量學不師授博洽多聞長而好老莊之業恬靜無欲性好服食常採御上藥善屬文論彈琴詠詩自足於懷抱之中以爲神仙者稟之自然非積學所致至於導養得理以盡性命若安期彭祖之倫可以善求而得也著養生篇知自厚者所以喪其所生其求益者必失其性超然獨達遂放世事縱意於塵埃之表撰錄上古以來聖賢隱逸遁心遺名者集爲傳贊自混沌至于管寧凡百一十有九人蓋求之於宇宙之內而發之乎千載之外者矣故世人莫得而名焉虞預晉書曰康家本姓奚會稽人先自會稽遷于譙之銍縣改爲嵇氏取稽字之上山以爲姓蓋以志其本也一曰銍有嵇山家于其側遂氏焉魏氏春秋曰康寓居河內之山陽縣與之遊者未嘗見其喜慍之色與陳留阮籍河內山濤河南向秀籍兄子咸琅邪王戎沛人劉伶相與友善遊於竹林號爲七賢鍾會爲大將軍所昵聞康名而造之會名公子以才能貴幸乘肥衣輕賓從如雲康方箕踞而鍛會至不爲之禮康問會曰何所聞而來何所見而去會曰有所聞而來有所見而去會深銜之大將軍嘗欲辟康康既有絕世之言又從子不善避之河東或云避世及山濤爲選曹郎舉康自代康答書拒絕因自說不堪流俗而非薄湯武大將軍聞而怒焉初康與東平呂昭子巽及巽弟安親善會巽淫安妻徐氏而誣安不孝囚之安引康爲證康義不負心保明其事安亦至烈有濟世志力鍾會勸大將軍因此除之遂殺安及康康臨刑自若援琴而鼓既而歎曰雅音於是絕矣時人莫不哀之康之采藥於汲郡共北山中見隱者孫登康欲與之言登默然不對踰年將去康曰先生竟無言乎登乃曰子才多識寡難乎免於今之世及遭呂安事爲詩自責曰欲寡其過謗議沸騰性不傷物頻致怨憎昔慙柳下今愧孫登內負宿心外赧良朋康所著諸文論六七萬言皆爲世所玩詠康別傳云孫登謂康曰君性烈而才儁其能免乎稱康臨終之言曰袁孝尼嘗從吾學廣陵散吾每固之不與廣陵散於今絕矣與盛所記不同又晉陽秋云康見孫登登對之長嘯踰時不言康辭還曰先生竟無言乎登曰惜哉此二書皆孫盛所述而自爲殊異如此康集目錄曰登字公和不知何許人無家屬於汲縣北山土窟中得之夏則編草爲裳冬則被髮自覆好讀易鼓琴見者皆親樂之每所止家輒給其衣服飲食得無辭讓世語曰毋丘儉反康有力且欲起兵應之以問山濤濤曰不可儉亦已敗臣松之案本傳云康以景元中坐事誅而干寶孫盛習鑿齒諸書皆云正元二年司馬文王反自樂嘉殺嵇康呂安蓋緣世語云康欲舉兵應毋丘儉故謂破儉便應殺康也其實不然山濤爲選官欲舉康自代康書告絕事之明審者也案濤行狀濤始以景元二年除吏部郎耳景元與正元相較七八年以濤行狀檢之如本傳爲審又鍾會傳亦云會作司隸校尉時誅康會作司隸景元中也干寶云呂安兄巽善於鍾會巽爲相國掾俱有寵於司馬文王故遂抵安罪尋文王以景元四年鍾鄧平蜀後始授相國位若巽爲相國掾時陷安焉得以破毋丘儉年殺嵇呂此又干寶疏謬自相違伐也康子紹字延祖少知名山濤啓以爲祕書郎稱紹平簡溫敏有文思又曉音當成濟者帝曰紹如此便可以爲丞不足復爲郎也遂歷顯位晉諸公贊曰紹與山濤子簡弘農楊準同好友善而紹最有忠正之情以侍中從惠帝北伐成都王王師敗績百官奔走惟紹獨以身扞衛遂死於帝側故累見褒崇追贈太尉諡曰忠穆公景初中下邳桓威出自孤微年十八而著渾輿經依道以見意從齊國門下書佐司徒署吏後爲安成令吳質濟陰人以文才爲文帝所善官至振威將軍假節都督河北諸軍事封列侯魏畧曰質字季重以才學通博爲五官將及諸侯所禮愛質亦善處其兄弟之間若前世樓君卿之遊五侯矣及河北平定大將軍爲世子質與劉楨等並在坐席楨坐譴之際質出爲朝歌長後遷元城令其後大軍西征太子南在孟津小城與質書曰季重無恙途路雖局官守有限願言之懷良不可任足下所治僻左書問致簡益用增勞每念昔日南皮之遊誠不可忘既妙思六經逍遙百氏彈棊閒設終以博弈高談娛心哀箏順耳馳騖北場旅食南館浮甘瓜於清泉沈朱李於寒水皦日既沒繼以朗月同乘並載以遊後園輿輪徐動賓從無聲清風夜起悲笳微吟樂往哀來愴然傷懷余顧而言茲樂難常足下之徒咸以爲然今果分別各在一方元瑜長逝化爲異物每一念至何時可言方今蕤賓紀辰景風扇物天氣和暖衆果具繁時駕而遊北遵河曲從者鳴笳以啟路文學託乘於後車節同時異物是人非我勞如何今遣騎到鄴故使枉道相過行矣自愛二十三年太子又與質書曰歲月易得別來行復四年三年不見東山猶歎其遠況乃過之思何可支雖書疏往反未足解其勞結昔年疾疫親故多離其災徐陳應劉一時俱逝痛何可言邪昔日遊處行則同輿止則接席何嘗須臾相失每至觴酌流行絲竹並奏酒酣耳熱仰而賦詩當此之時忽然不自知樂也謂百年己分長共相保何圖數年之間零落畧盡言之傷心頃撰其遺文都爲一集觀其姓名已爲鬼錄追思昔遊猶在心目而此諸子化爲糞壤可復道哉觀古今文人類不護細行鮮能以名節自立而偉長獨懷文抱質恬淡寡欲有箕山之志可謂彬彬君子矣著中論二十餘篇成一家之業辭義典雅足傳于後此子爲不朽矣德璉常斐然有述作意其才學足以著書美志不遂良可痛惜間歷觀諸子之文對之抆淚既痛逝者行自念也孔璋章表殊健微爲繁富公幹有逸氣但未遒耳至其五言詩妙絕當時元瑜書記翩翩致足樂也仲宣獨自善於辭賦惜其體弱不足起其文至於所善古人無以遠過也昔伯牙絕弦於鍾期仲尼覆醢於子路愍知音之難遇傷門人之莫逮也諸子但爲未及古人自一時之儁也今之存者已不逮矣後生可畏來者難誣然吾與足下不及見也行年已長大所懷萬端時有所慮至乃通夕不瞑何時復類昔日已成老翁但未白頭耳光武言年已三十在軍十年所更非一吾德雖不及年與之齊以犬羊之質服虎豹之文無衆星之明假日月之光動見瞻觀何時易邪恐永不復得爲昔日遊也少壯真當努力年一過往何可攀援古人思秉燭夜遊良有以也頃何以自娛頗復有所造述不東望於邑裁書敘心臣松之以本傳雖略載太子此書美辭多被刪落今故悉取魏畧所述以備其文太子即王位又與質書曰南皮之遊存者三人烈祖龍飛或將或侯今惟吾子棲遲下仕從我游處獨不及門瓶罄罍恥能無懷愧路不云遠今復相聞初曹眞曹休亦與質等俱在渤海游處時休眞亦以宗親並受爵封出爲列將而質故爲長史王顧質有望故稱二人以慰之始質爲單家少游遨貴戚間蓋不與鄉里相沈浮故雖已出官本國猶不與之士名有天下文帝徵質與車駕會洛陽到拜北中郎將封列侯使持節督幽并諸軍事治信都太和中入朝質自以不爲本郡所饒謂司徒董昭曰我欲溺鄉里耳昭曰君且止我年八十不能老爲君溺攢也世語曰魏王嘗出征世子及臨菑侯植並送路側植稱述功德發言有章左右屬目王亦悅焉世子悵然自失吳質耳曰王當行流涕可也及辭世子泣而拜王及左右咸歔欷於是皆以植辭多華而誠心不及也質別傳曰帝嘗召質及曹休歡會命郭后出見質等帝曰卿仰諦視之其至親如此質黃初五年朝京師詔上將軍及特進以下皆會質所太官給供具酒酣質欲盡歡時上將軍曹眞性肥中領軍朱鑠性瘦質召優使說肥瘦眞負貴恥見戲怒謂質曰卿欲以部曲將遇我邪驃騎將軍曹洪輕車將軍王忠言將軍必欲使上將軍服肥即自宜爲瘦眞愈恚拔刀瞋目言俳敢輕脫吾斬爾遂罵坐質案劍曰曹子丹汝非屠机上肉吳質吞爾不搖喉咀爾不搖牙何敢恃勢驕邪鑠因起曰陛下使吾等來樂卿耳乃至此邪質顧叱之曰朱鑠敢壞坐諸將軍皆還坐鑠性急愈恚還拔劍斬地遂便罷也及文帝崩質思慕作詩曰愴愴懷殷憂殷憂不可居徙倚不能坐出入步踟躕念蒙聖主恩榮爵與衆殊自謂永終身志氣甫當舒何意中見棄棄我歸黃壚煢煢靡所恃淚下如連珠隨沒無所益身死名不書慷慨自儼儷庶幾烈丈夫太和四年入爲侍中時司空陳羣錄尚書事帝初親萬幾質以輔弼大臣安危之本對帝盛稱驃騎將軍司馬懿忠智至公社稷之臣也陳羣從容之士非國相之才處重任而不親事帝甚納之明日有切詔以督責羣而天下以司空不如長文即羣言無實也質其年夏卒質先以怙威肆行諡曰醜侯質子應仍上書論枉至正元中乃改諡威侯應字溫舒晉尚書應子康字子仲知名於時亦至大位

衞覬字伯儒河東安邑人也少夙成以才學稱太祖辟爲司空掾屬除茂陵令尚書郎太祖征袁紹而劉表爲紹援關中諸將又中立益州牧劉璋與表有隙覬以治書侍御史使益州令璋下兵以綴表軍至長安道路不通覬不得進遂留鎮關中時四方大有還民關中諸將多引爲部曲覬書與荀彧曰關中膏腴之地頃遭荒亂人民流入荊州者十萬餘家聞本土安寧皆企望思歸而歸者無以自業諸將各競招懷以爲部曲郡縣貧弱不能與爭兵家遂彊一旦變動必有後憂夫鹽國之大寶也自亂來放散宜如舊置使者監賣以其直益市犂牛若有歸民以供給之勤耕積粟以豐殖關中遠民聞之必日夜競還又使司隸校尉留治關中以爲之主則諸將日削官民日盛此彊本弱敵之利也彧以白太祖太祖從之始遣謁者僕射監鹽官司隸校尉治弘農關中服從乃白召覬還稍遷尚書魏書曰初漢朝遷移臺閣舊事散亂自都許之後漸有綱紀覬以古義多所正定是時關西諸將外雖懷附內未可信司隸校尉鍾繇求以三千兵入關外託討張魯內以脅取質任太祖使荀彧問覬覬以爲西方諸將皆豎夫屈起無雄天下意苟安樂目前而已今國家厚加爵號得其所志非有大故不憂爲變也宜爲後圖若以兵入關中當討張魯魯在深山道徑不通彼必疑之一相驚動地險衆彊殆難爲慮或以覬議呈太祖太祖初善之而以繇自典其任遂從繇議兵始進而關右大叛太祖自親征僅乃平之死者萬計太祖悔不從覬議由是益重覬魏國既建拜侍中與王粲並典制度文帝即王位徙爲尚書頃之還漢朝爲侍郎勸贊禪代之義爲文誥之詔文帝踐阼復爲尚書封陽吉亭侯明帝即位進封閿鄉侯三百戶閿音閺覬奏曰九章之律自古所傳斷定刑罪其意微妙百里長吏皆宜知律刑法者國家之所貴重而私議之所輕賤獄吏者百姓之所縣命而選用者之所卑下王政之弊未必不由此也請置律博士轉相教授事遂施行時百姓凋匱而役務方殷覬上疏曰夫變情厲性彊所不能人臣言之既不易人主受之又艱難且人之所樂者富貴顯榮也所惡者貧賤死亡也然此四者君上之所制也君愛之則富貴顯榮君惡之則貧賤死亡順指者愛所由來逆意者惡所從至也故人臣皆爭順指而避逆意非破家爲國殺身成君者誰能犯顏色觸忌諱建一言開一說哉陛下留意察之則臣下之情可見矣今議者多好悅耳其言政治則比陛下於堯舜其言征伐則比二虜於貍鼠臣以爲不然昔漢文之時諸侯彊大賈誼累息以爲至危況今四海之內分而爲三羣士陳力各爲其主其來降者未肯言舍邪就正咸稱迫於困急是與六國分治無以爲異也當今千里無烟遺民困苦陛下不善留意將遂凋弊難可復振禮天子之器必有金玉之飾飲食之肴必有八珍之味至於凶荒則徹膳降服然則奢儉之節必視世之豐約也武皇帝之時後宮食不過一肉衣不用錦繡茵蓐不緣飾器物無丹漆用能平定天下遺福子孫此皆陛下之所親覽也當今之務宜君臣上下並用籌策計校府庫量入爲出深思句踐滋民之術由恐不及而尚方所造金銀之物漸更增廣工役不輟侈靡日崇帑藏日竭昔漢武信求神仙之道謂當得雲表之露以餐玉屑故立僊掌以承高露陛下通明每所非笑漢武有求於露而由尚見非陛下無求於露而空設之不益於好而糜費功夫誠皆聖慮所宜裁制也覬歷漢魏時獻忠言率如此受詔典著作又爲魏官儀凡所撰述數十篇好古文鳥篆隸草無所不善建安末尚書右丞河南潘勗文章志曰勗字元茂初名芝改名勗後避

譚或曰易獻帝時爲尚書郎遷右丞詔以易前在二千石曹才敏兼通明習舊事敕并領本曹數加特賜二十年遷東海相未發留拜尚書左丞其年病卒時年五十餘魏公九錫策命易所作也易子滿平原太守亦以學行稱滿子尼字正叔尼別傳曰尼少有清才文辭溫雅初應州辟後以父老歸供養居家十餘年父終晚乃出仕尼嘗贈陸機詩機答之其四句曰猗歟潘生世篤其藻仰儀前文丕隆祖考位終太常尼從父岳字安仁岳別傳曰岳美姿容夙以才穎發名其所著述清綺絕倫爲黃門侍郎爲孫秀所殺尼岳文翰並見重於世尼從子滔字湯仲晉諸公贊滔以博學才量爲名永嘉末爲河南尹遇害黃初時散騎常侍河內王象亦與覬並以文章顯王象事別見楊俊傳覬薨諡曰敬侯子瓘嗣瓘咸熙中爲鎮西將軍晉陽秋曰瓘字伯玉清貞有名理少爲傅嘏所知弱冠爲尚書郎遂歷位內外爲晉尚書令司空太保惠帝初輔政爲楚王瑋所害世語曰瓘與扶風內史燉煌索靖並善草書瓘子恆字巨山黃門侍郎恆子璪字叔寶有盛名爲太子洗馬早卒

劉廙字恭嗣南陽安衆人也年十歲戲於講堂上潁川司馬德操拊其頭曰孺子孺子黃中通理寧自知不廙兄望之有名於世荊州牧劉表辟爲從事而其友二人皆以讒毀爲表所誅望之又以正諫不合投傳告歸廙謂望之曰趙殺鳴犢仲尼回輪劉向新序曰趙簡子欲專天下謂其相曰趙有犢犨晉有鐸鳴魯有孔丘吾殺三人者天下可王也於是乃召犢犨鐸鳴而問政焉已即殺之使使者聘孔子於魯以胖牛肉迎於河上使者謂船人曰孔子即上船中河必流而殺之孔子至使者致命進胖牛之肉孔子仰天而歎曰美哉水乎洋洋乎使丘不濟此水者命也夫子路趨而進曰敢問何謂也孔子曰夫犢犨鐸鳴晉國之賢大夫也趙簡子未得意之時須而後從政及其得意也殺之黃龍不反于涸澤鳳皇不離其罻羅故刳胎焚林則麒麟不臻覆巢破卵則鳳皇不翔竭澤而漁則龜龍不見鳥獸之於不仁猶知避之況丘乎故虎嘯而谷風起龍興而景雲見擊庭鍾於外而黃鍾應於內夫物類之相感精神之相應若響之應聲影之象形故君子違傷其類者今彼已殺吾類矣何爲之此乎於是遂回車不渡而還今兄既不能法柳下惠和光同塵於內則宜模范蠡遷化於外坐而自絕於時殆不可也望之不從尋復見害廙懼奔揚州廙別傳載廙道路爲牋謝劉表曰考匆過蒙分遇榮授之顯未有管狐桓文之烈孤德隕命精誠不遂兄望之見禮在昔既無堂構昭前之績中規不密用墜禍辟斯乃明神弗祐天降之災悔吝之負哀號靡及廙之愚淺言行多違懼有浸潤三至之間考剝之變已衰望之之責猶存必傷天慈既往之分門戶殲滅取笑明哲是用迸竄永涉川路即日到廬江尋陽昔鍾儀有南音之操椒舉有班荊之思雖遠猶邇敢忘前施傅子曰表既殺望之荊州士人皆自危也夫表之本心於望之不輕也以直迕情而讒言得入者以無容直之度也據全楚之地不能以成功者未必不由此也夫叔世之君以成名丁公顯高祖以受戮二主之度遠也若不遠其度惟褔心是從難乎以容民畜衆矣遂歸太祖太祖辟爲丞相掾屬轉五官將文學文帝器之命廙通草書廙答書曰初以尊卑不踰禮之常分也是以貪守區區之節不敢脩草必如嚴命誠知勞謙之素不貴殊異若彼之高而惇白屋如斯之好苟使郭隗不輕於燕九九不忽於齊樂毅自至霸業以隆戰國策曰有以九九求見齊桓公桓公不納其人曰九九小術而君納之況大於九九者乎於是桓公設庭燎之禮而見之居無幾隰朋自遠而至齊遂以霸虧匹夫之節成巍巍之美雖愚不敏何敢以辭魏國初建爲黃門侍郎太祖在長安欲親征蜀廙上疏曰聖人不以智輕俗王者不以人廢言故能成功於千載者必以近察遠智周於獨斷者不恥於下問亦欲博采必盡於衆也且韋茲非能言之物而聖賢引以自匡臣才智闇淺願自比於韋茲昔樂毅能用弱燕破大齊而不能以輕兵定即墨者夫自爲計者雖弱必固欲自潰者雖彊必敗也自殿下起軍以來三十餘年敵無不破彊無不服今以海內之兵百勝之威而孫權負險於吳劉備不賓於蜀夫夷狄之臣不當冀州之卒權備之籍不比袁紹之業然本初以亡而二寇未捷非闇弱於今而智武於昔也斯自爲計者與欲自潰者異勢耳故文王伐崇三駕不下歸而脩德然後服之秦爲諸侯所征必服及兼天下東向稱帝匹夫大呼而社稷用隳是力斃於外而不邺民於內也臣恐邊寇非六國之敵而世不乏才士崩之勢此不可不察也天下有重得有重失勢可得而我勤之此重得也勢不可得而我勤之此重失也於今之計莫若料四方之險擇要害之處而守之選天下之甲卒隨方面而歲更焉殿下可高枕於廣夏潛思於治國廣農桑事從節約脩之旬年則國富民安矣太祖遂進前而報廙曰非但君當知臣臣亦當知君今欲使吾坐行西伯之德恐非其人也魏諷反廙弟偉爲諷所引當相坐誅太祖令曰叔向不坐弟虎古之制也特原不問廙別傳曰初廙弟偉與諷善廙戒之曰夫交友之美在於得賢不可不詳而世之交者不審擇人務合黨衆違先聖人交友之義此非厚己輔仁之謂也吾觀魏諷不脩德行而專以鳩合爲務華而不實此直攪世沽名者也卿其慎之勿復與通偉不從故及於難徙署丞相倉曹屬廙上疏謝曰臣罪應傾宗禍應覆族遭乾坤之靈值時來之運揚湯止沸使不燋爛起煙於寒灰之上生華於已枯之木物不答施於天地子不謝生於父母可以死效難用筆陳廙別傳載廙表論治道曰昔者周有亂臣十人有婦人焉九人而已孔子稱才難不其然乎明賢者難得也況亂弊之後百姓凋盡士之存者蓋亦無幾股肱大職及州郡督司邊方重任雖備其官亦未得人也此非選者之不用意蓋才匱使之然耳況於長吏以下羣職小任能皆簡練備得其人也其計莫如督之以法不爾而數轉易往來不已送迎之煩不可勝計轉易之間輒有姦巧既於其事不省而爲政者亦以其不得久安之故知惠益不得成於已而苟且之可免於患皆將不念盡心於邺民而夢想於聲譽此非所以爲政之本意也今之所以爲黜陟者近頗以州郡之毀譽聽往來之浮言耳亦皆得其事實而課其能否也長吏之所以爲佳者奉法也憂公也邺民也此三事者或州郡有所不便往來者有所不安而長吏執之不已於治雖得計其聲譽未爲美屈而從人於治雖失計其聲譽必集也長吏皆知黜陟之在於此也亦何能不去本而就末哉以爲長吏皆宜使少久足使自展歲課之能三年總計乃加黜陟課之皆當以事不得依名事者皆以戶口率其墾田之多少及盜賊發興民之亡叛者爲得負之計如此行之則無能之吏脩名無益有能之人無名無損法之一行雖無部司之監姦譽妄毀可得而盡事上太祖甚善之廙著書數十篇及與丁儀共論刑禮皆傳於世文帝即王位爲侍中賜爵關內侯黃初二年卒廙別傳云時年四十二無子帝以弟子阜嗣案劉氏譜阜字伯陵陳留太守阜子喬字仲彥晉陽秋曰喬有贊世志力惠帝末爲豫州刺史喬胄肖丕顯貴盛至今

劉劭字孔才廣平邯鄲人也建安中爲計吏詣許太史上言正旦當日蝕劭時在尚書令荀彧所坐者數十人或云當廢朝或云宜卻會劭曰梓慎裨竈古之良史猶占水火錯失天時禮記曰諸侯旅見天子及門不得終禮者四日蝕在一然則聖人垂制不爲變豫廢朝禮者或災消異伏或推術謬誤也彧善其言敕朝會如舊日亦不蝕晉永和中廷尉王彪之與揚州刺史殷浩書曰太史上元日合朔談者或有疑應卻會與不昔建元元年亦元日合朔庾車騎寫劉孔才所論以示八座于時朝議有謂孔才所論爲不得禮議荀令從之是勝人之一失也何者禮云諸侯旅見天子入門不得終禮而廢者四太廟火日蝕后之喪雨霑服失容尋此四事之指自謂諸侯雖已入門而卒暴有之則不得終禮非爲先存其事而徼倖史官推術錯謬故不豫廢朝禮也夫三辰有災莫大日蝕史官告譴而無懼容不脩豫防之禮而廢消救之術方大饗華夷君臣相慶豈是將處天災罪己之謂且檢之事實合朔之儀至尊靜躬殿堂不聽政事冕服御坐門闥之制與元會禮異自不得兼行則當權其事宜合朔之禮不輕於元會元會有可卻之準合朔無可廢之義謂應依建元故事卻元會浩從之竟卻會御史大夫郗慮辟劭會慮免拜太子舍人遷祕書郎黃初中爲尚書郎散騎侍郎受詔集五經羣書以類相從作皇覽明帝即位出爲陳留太守敦崇教化百姓稱之徵拜騎都尉與議郎庾嶷荀詵等定科令作新律十八篇著律略論遷散騎常侍時聞公孫淵受孫權燕王之號議者欲留淵計吏遣兵討之劭以爲昔袁尚兄弟歸淵父康康斬送其首是淵先世之效忠也又所聞虛實未可審知古者要荒未服脩德而不征重勞民也宜加寬貸使有以自新後淵果斬送權使張彌等首劭嘗作趙都賦明帝美之詔劭作許都洛都賦時外興軍旅內營宮室劭作二賦皆諷諫焉青龍中吳圍合肥時東方吏士皆分休征東將軍滿寵表請中軍兵并召休將士須集擊之劭議以爲賊衆新至心專氣銳寵以少人自戰其地若便進擊不必能制寵求待兵未有所失也以爲可先遣步兵五千精騎三千軍前發揚聲進道震曜形勢騎到合肥疏其行隊多其旌鼓曜兵城下引出賊後擬其歸路要其糧道賊聞大軍來騎斷其後必震怖遁走不戰自破賊矣帝從之兵比至合肥賊果退還時詔書博求衆賢散騎侍郎夏侯惠薦劭曰伏見常侍劉劭深忠篤思體周於數凡所錯綜源流弘遠是以羣才大小咸取所同而斟酌焉故性實之士服其平和良正清靜之人慕其玄虛退讓文學之士嘉其推步詳密法理之士明其分數精比意思之士知其沉深篤固文章之士愛其著論屬辭制度之士貴其化略較要策謀之士贊其明思通微凡此諸論皆取適已所長而舉其支流者也臣數聽其清談覽其篤論漸漬歷年服膺彌久實爲朝廷奇其器量以爲若此人者宜輔翼機事納謀幃幄當與國道俱隆非世俗所常有也惟陛下垂優游之聽使劭承清閑之歡得自盡於前則德音上通煇燿日新矣臣松之以爲凡相稱薦率多溢美之辭能不違中者或寡矣惠之稱劭云玄虛退讓及明思通微近於過矣景初中受詔作都官考課劭上疏曰百官考課王政之大較然而歷代弗務是以治典闕而未補能否混而相蒙陛下以上聖之宏略愍王綱之弛頹神慮內鑒明詔外發臣奉恩曠然得以啓矇輒作都官考課七十二條又作說略一篇臣學寡識淺誠不足以宣暢聖旨著定典制又以爲宜制禮作樂以移風俗著樂論十四篇事成未上會明帝崩不施行正始中執經講學賜爵關內侯凡所撰述法論人物志之類百餘篇卒追贈光祿勳子琳嗣劭同時東海繆襲亦有才學多所述敘官至尚書光祿勳先賢行狀曰繆斐字文雅該覽經傳事親色養徵博士六辟公府漢帝在長安公卿博舉名儒時舉斐任侍中並無所就即襲父也文章志曰襲字熙伯辟御史大府歷事魏四世正始六年年六十卒子悅字孔懌晉光祿大夫襲孫紹播徵胤等並皆顯達襲友人山陽仲長統漢末爲尚書郎早卒著昌言詞佳可觀省襲撰統昌言表稱統字公理少好學博涉書記贍於文辭年二十餘游學青徐并冀之間與交者多異之并州刺史高幹素貴有名招致四方游士多歸焉統過幹幹善待遇之訪以世事統謂幹曰君有雄志而無雄才好士而不能擇人所以爲君深戒也幹雅自多不納統言統去之無幾而幹敗并冀之士以是識統大司農常林與統共在上黨爲臣道統性倜儻敢直言不矜小節每列郡命召輒稱疾不就默語無常時人或謂之狂漢帝在許尚書令荀彧領典樞機好士愛奇聞統名啓召以爲尚書郎後參太祖軍事復還爲郎延康元年卒時年四十餘統每論說古今世俗行事發憤歎息輒以爲論名曰昌言凡二十四篇散騎常侍陳留蘇林魏略曰林字孝友博學多通古今字指凡諸書傳文間危疑林皆釋之建安中爲五官將文學甚見禮待黃初中爲博士給事中文帝作典論所稱蘇林者是也以老歸第國家每遣人就問之數加賜遺年八十餘卒光祿大夫京兆韋誕文章敘錄曰誕字仲將太僕端之子有文才善屬辭章建安中爲郡上計吏特拜郎中稍遷侍中中書監以光祿大夫遜位年七十五卒于家初邯鄲淳衞覬及誕並善書有名覬孫恆撰四體書勢其序古文曰自秦用篆書焚燒先典而古文絕矣漢武帝時魯恭王壞孔子宅得尚書春秋論語孝經時人已不復知有古文謂之科斗書漢世祕藏希得見之魏初傳古文者出於邯鄲淳敬侯寫淳尚書後以示淳而淳不別至正始中立三字石經轉失淳法因科斗之名遂效其形太康元年汲縣民盜發魏襄王冢得策書十餘萬言案敬侯所書猶有髣髴敬侯謂覬也其序篆書曰秦時李斯號爲工篆諸山及銅人銘皆斯書也漢建初中扶風曹喜少異於斯而亦稱善邯鄲淳師焉略究其妙韋誕師淳而不及也太和中誕爲武都太守以能書留補侍中魏氏寶器銘題皆誕書云漢末又有蔡邕采斯喜之法爲古今雜形然精密閑理不如淳也其序隸書已累見武紀又曰師宜官爲大字邯鄲淳爲小字梁鵠謂淳得次仲法然鵠之用筆盡其勢矣其序草書曰漢興而有草書不知作者姓名至章帝時齊相杜度號善作篇後有崔瑗崔寔亦皆稱工杜氏結字甚安而書體微瘦崔氏甚得筆勢而結字小疏弘農張伯英者因而轉精其巧凡家之衣帛必書而後練之臨池學書池水盡黑下筆必爲楷則號忽忽不暇草寸紙不見遺至今世人尤寶之韋仲將謂之草聖伯英弟文舒者次伯英又有姜孟穎梁孔達田彥和及韋仲將之徒皆伯英弟子有名於世然殊不及文舒也樂安太守譙國夏侯惠惠淵子事在淵傳陳郡太守任城孫該文章敘錄曰該字公達彊志好學年二十上計掾召爲郎中著魏書遷博士司徒右長史復還入著作景元二年卒官郎中令河東杜摯等亦著文賦頗傳於世文章敘錄曰摯

字德魯初上笳賦署司徒軍謀吏後舉孝廉除郎中轉補校書摯與毋丘儉鄉里相親故爲詩與儉求仙人藥一丸欲以感切儉求助也其詩曰騏驥馬不試婆娑槽櫪間壯士志未伸坎軻多辛酸伊摯爲媵臣呂望身操竿夷吾困商販甯戚對牛歎食其處監門淮陰飢不餐買臣老負薪妻畔呼不還釋之宦十年位不增故官才非八子倫而與齊其患無知不在此袁盎未有言被此雋病久榮衞動不安聞有韓衆藥信來給一丸儉答曰鳳鳥翔京邑哀鳴有所思才爲聖世出德音何不怡八子未遭遇今者遭明時胡康出壟畝楊偉無根基飛騰沖雲天奮迅協光熙駿驥骨法異伯樂觀知之但當養羽翮鴻舉必有期體無纖微疾安用問良醫聯翩輕栖集還爲燕雀嗤韓衆藥雖良或更不能治悠悠千里情薄言答嘉詩信心感諸中中實不在辭摯竟不得遷卒于秘書虞江何氏家傳曰明帝時有譙人胡康年十五以異才見送又陳損益求試劇縣詔特引見衆論翕然號爲神童詔付秘書使博覽典籍帝以問秘書丞何禎康才何如禎答曰康雖有才性質不端必有負敗後果以過見譴臣松之案魏朝自微而顯者不聞胡康疑是孟康康事見杜恕傳楊偉見曹爽傳

傅嘏字蘭石北地泥陽人傅介子之後也伯父巽黃初中爲侍中尚書傅子曰嘏祖父睿代郡太守父充黃門侍郎嘏弱冠知名傅子曰是時何晏以材辯顯於貴戚之間鄧颺好變通合徒黨鬻聲名於閭閻而夏侯玄以貴臣子少有重名爲之宗主求交於嘏而不納也嘏友人荀粲有清識遠心然猶怪之謂嘏曰夏侯泰初一時之傑虛心交子合則好成不合則怨至二賢不睦非國之利此藺相如所以下廉頗也嘏答之曰泰初志大其量能合虛聲而無實才何平叔言遠而情近好辯而無誠所謂利口覆邦國之人也鄧玄茂有爲而無終外要名利內無關鑰貴同惡異多言而妬前多言多釁妬前無親以吾觀此三人者皆敗德也遠之猶恐禍及況昵之乎司空陳羣辟爲掾時散騎常侍劉劭作考課法事下三府嘏難劭論曰蓋聞帝制宏深聖道奧遠苟非其才則道不虛行神而明之存乎其人暨乎王略虧頹而曠載罔綴微言既沒六籍泯玷何則道弘致遠而衆才莫晞也案劭考課論雖欲尋前代黜陟之文然其制度略以闕亡禮之存者惟有周典外建侯伯藩屏九服內立列司筦齊六職士有恒貴官有定則百揆均任四民殊業故考績可理而黜陟易通也大魏繼百王之末承秦漢之烈制度之流靡所脩采自建安以來至于青龍神武撥亂肇基皇祚埽除凶逆芟夷遺寇旌旗卷舒日不暇給及經邦治戎權法並用百官羣司軍國通任隨時之宜以應政機以古施今事雜義殊難得而通也所以然者制宜經遠或不切近法應時務不足垂後夫建官均職清理民物所以立本也循名考實糾勵成規所以治末也本綱未舉而造制末呈國略不崇而考課是先懼不足以料賢愚之分精幽明之理也昔先王之擇才必本行於州閭講道於庠序行具而謂之賢道脩則謂之能鄉老獻賢能于王王拜受之舉其賢者出使長之科其能者入使治之此先王收才之義也方今九州之民爰及京城未有六鄉之舉其選才之職專任吏部案品狀則實才未必當任薄伐則德行未爲敘如此則殿最之課未盡人才述綜王度敷贊國式體深義廣難得而詳也正始初除尚書郎遷黃門侍郎時曹爽秉政何晏爲吏部尚書嘏謂爽弟羲曰何平叔外靜而內銛巧好利不念務本吾恐必先惑子兄弟仁人將遠而朝政廢矣晏等遂與嘏不平因微事以免嘏官起家拜滎陽太守不行太傅司馬宣王請爲從事中郎曹爽誅爲河南尹傅子曰河南尹內掌帝都外統京畿兼古六鄉六遂之士其民異方雜居多豪門大族商賈胡貊天下四方會利之所聚而姦之所生前尹司馬芝舉其綱而太簡次尹劉靜綜其目而太密後尹李勝毀常法以收一時之聲嘏立司馬氏之綱統裁劉氏之綱目以經緯之李氏所毀以漸補之郡有七百吏半非舊也河南俗黨五官掾功曹典選職皆授其本國人無用異邦人者嘏各舉其良而對用之官曹分職而後以次考核之其治以德教爲本然持法有恒簡而不可犯見理識情獄訟不加檟楚而得其實不爲小惠有所薦達及大有益於民事皆隱其端迹若不由己出故當時無赫赫之名吏民久而後安之遷尚書嘏常以爲秦始罷侯置守設官分職不與古同漢魏因循以至于今然儒生學士咸欲錯綜以三代之禮禮弘致遠不應時務事與制違名實未附故歷代而不至於治者蓋由是也欲大改定官制依古正本今遇帝室多難未能革易時論者議欲自伐吳三征獻策各不同詔以訪嘏嘏對曰昔夫差陵齊勝晉威行中國終禍姑蘇齊閔兼土拓境闢地千里身蹈顛覆有始不必善終古之明效也孫權自破關羽并荊州之後志盈欲滿凶宄以極是以宣文侯深建宏圖大舉之策今權以死託孤於諸葛恪若矯權苛暴蠲其虐政民免酷烈偷安新惠外內齊慮有同舟之懼雖不能終自保完猶足以延期挺命於深江之外矣而議者或欲汎舟徑濟橫行江表或欲四道並進攻其城壘或欲大佃疆埸觀釁而動誠皆取賊之常計也然自治兵以來出入三載非掩襲之軍也賊之爲寇幾六十年矣君臣僞立吉凶共患又喪其元帥上下憂危設令列船津要堅城據險橫行之計殆難捷也惟進軍大佃最差完牢兵出民表寇鈔不犯坐食積穀不煩運士乘釁討襲無遠勞費此軍之急務也昔樊噲願以十萬之衆橫行匈奴季布面折其短今欲越長江涉虜庭亦向時之喻也未若明法練士錯計於全勝之地振長策以禦敵之餘燼斯必然之數也司馬彪戰略載嘏此對詳於本傳今悉載之以盡其意彪曰嘉平四年四月孫權死征南大將軍王昶征東將軍胡遵鎮南將軍毋丘儉等表請征吳朝廷以三征計異詔訪尚書傅嘏嘏對曰昔夫差勝齊陵晉威行中國不能以免姑蘇之禍齊閔辟土兼國開地千里不足以救顛覆之敗有始不必善終古事之明效也孫權自破蜀兼平荊州之後志盈欲滿罪戮忠良誅及胤嗣元凶已極相國宣文侯先識取亂侮亡之義深建宏圖大舉之策今權已死託孤於諸葛恪若矯權苛暴蠲其虐政民免酷烈偷安新惠外內齊慮有同舟之懼雖不能終自保完猶足以延期挺命於深江之表矣而議者或欲汎舟徑渡橫行江表收民略地因糧於寇或欲四道並進臨之以武誘間攜貳待其崩壞或欲進軍大佃偪其項領積穀觀釁相時而動凡此三者皆取賊之常計也然施之當機則功成名立苟不應節必貽後患自治兵以來出入三載非掩襲之軍也賊喪元帥利存退守若撰飾舟楫羅船津要堅城清野以防卒攻橫行之計殆難必施賊之爲寇幾六十年君臣僞立吉凶同患若恪蠲其弊天去其疾崩潰之應不可卒待今邊壤之守與賊相遠賊設羅落又持重密間諜不行耳目無聞夫軍無耳目校察未詳而舉大衆以臨巨險此爲希幸徼功先戰而後求勝非全軍之長策也唯有進軍大佃最差完牢可詔昶遵等擇地居險審所錯置及令三方一時前守奪其肥壤使還耕塉土一也兵出民表寇鈔不犯二也招懷近路降附日至三也羅落遠設間構不來四也賊退其守羅落必淺佃作易之五也坐食積穀士不運輸六也釁隙時聞討襲速決七也凡此七者軍事之急務也不據則賊擅便資據之則利歸於國不可不察也夫屯壘相偪形勢已交智勇得陳巧拙得用策之而知得失之計角之而知有餘不足虜之情僞將焉所逃夫以小敵大則役煩力竭以貧敵富則斂重財匱故敵逸能勞之飽能飢之此之謂也然後盛衆厲兵以震之參惠倍賞以招之多方廣似以疑之由不虞之道以間其不戒比及三年左提右挈虜必冰散瓦解安受其弊可坐算而得也昔漢氏歷世常患匈奴朝臣謀士早朝晏罷介冑之將則陳征伐搢紳之徒咸言和親勇奮之士思展搏噬故樊噲願以十萬之衆橫行匈奴季布面折其短李信求以二十萬獨舉楚人而果辱秦軍今諸將有陳越江陵險獨步虜庭即亦向時之類也以陛下聖德輔相忠賢法明士練錯計於全勝之地振長策以禦之虜之崩潰必然之數故兵法曰屈人之兵而非戰也拔人之城而非攻也若釋廟勝必然之理而行萬一不必全之路誠愚臣之所慮也故謂大佃而偪之計最長時不從嘏言其年十一月詔昶等征吳五年正月諸葛恪拒戰大破衆軍於東關後吳大將諸葛恪新破東關乘勝揚聲欲向青徐朝廷將爲之備嘏議以爲淮海非賊輕行之路又昔孫權遣兵入海漂浪沈溺略無子遺恪豈敢傾根竭本寄命洪流以徼乾沒乎漢書張湯傳曰湯始爲小吏乾沒與長安富賈田甲魚翁叔之屬交私服虔說曰乾沒射成敗也如淳曰得利爲乾失利爲沒臣松之以虔直以乾沒爲射成敗而不說乾沒之義於理猶爲未暢淳以得利爲乾又不可了愚謂乾讀宜爲乾燥之乾蓋謂有所徼射不計乾燥之與沈沒而爲之恪不過遣偏率小將素習水軍者乘海泝淮示動青徐恪自并兵來向淮南耳後恪果圖新城不克而歸嘏常論才性同異鍾會集而論之傅子曰嘏既達治好正而有清理識要好論才性原本精微尠能及之司隸校尉鍾會年甚少嘏以明智交會臣松之案傅子前云嘏了夏侯之必敗不與之交而此云與鍾會善愚以爲夏侯玄以名重致患釁由外至鍾會以利動取敗禍自己出然則夏侯之危兆難睹而鍾氏之敗形易照也嘏若了夏侯之必危而不見鍾會之將敗則爲識有所蔽難以言通若皆如其不終而情有彼此是爲厚薄由于愛憎奚豫於成敗哉以愛憎爲厚薄又虧於雅體矣傅子此論非所以益嘏也嘉平末賜爵關內侯高貴鄉公卽尊位進封武鄉亭侯正元二年春毋丘儉文欽作亂或以司馬景王不宜自行可遣太尉孚往惟嘏及王肅勸之景王遂行漢晉春秋曰嘏固勸景王行景王未從嘏重言曰淮楚兵勁而儉等負力遠鬭其鋒未易當也若諸將戰有利鈍大勢一失則公事敗矣是時景王新割目瘤創甚聞嘏言蹶然而起曰我請輿疾而東以嘏守尚書僕射俱東儉欽破敗嘏有謀焉及景王薨嘏與司馬文王徑還洛陽文王遂以輔政語在鍾會傳世語曰景王疾甚以朝政授傅嘏嘏不敢受及薨嘏祕不發喪以景王命召文王於許昌領公軍焉孫盛評曰晉宣景文王之相魏也權重相承王業基矣豈蕞爾傅嘏所宜間厠世語所云斯不然矣會由是有自矜色嘏戒之曰子志大其量而勳業難爲也可不慎哉嘏以功進封陽鄉侯增邑六百戶并前千二百戶是歲薨時年四十七追贈太常諡曰元侯傅子曰初李豐與嘏同州少有顯名早歷大官內外稱之嘏又不善也謂同志曰豐飾僞而多疑矜小失而昧於權利若處庸庸者可也自任機事遭明者必死豐後爲中書令與夏侯玄俱禍卒如嘏言嘏自少與冀州刺史裴徽散騎常侍荀粲善徽粲早亡又與鎮北將軍何曾司空陳泰尚書僕射荀顗後將軍鍾毓並善相與綜朝事俱爲名臣子祗嗣咸熙中開建五等以嘏著勳前朝改封祗涇原子晉諸公贊曰祗字子莊嘏少子也晉永嘉中至司空祗子宣字世弘世語稱宣以公正知名位至御史中丞宣弟暢字世道祕書丞沒在胡中著晉諸公贊及晉公卿禮秩故事

評曰昔文帝陳王以公子之尊博好文采同聲相應才士並出惟粲等六人最見名目而粲特處常伯之官興一代之制然其沖虛德宇未若徐幹之粹也衞覬亦以多識典故相時王之式劉劭該覽學籍文質周洽劉廙以清鑒著傅嘏用才達顯云臣松之以爲傅嘏識量名輩寔當時高流而此評但云用才達顯既於題目爲拙又不足以見嘏之美也

魏志卷二十一考證

王粲亦不能加也注鍾繇王朗等雖各爲魏卿相○各宋本作名

自頴川邯鄲淳注乃更著衣幘整儀容○監本脫儀字今添

繁欽注其所與太子書記喉轉意○記下疑有脫文

陳留路粹注諸如此輩辭語甚多○輩宋本作章

至景元中坐事誅注取稽字之上山以爲姓○元本作加山以爲姓多加字

封列侯注其後大將軍西征太子南在孟津小城○大將軍將字疑衍

又注我年八十不能老爲君溺攢也○攢宋本作積

劉廙雖用筆陳注屈而從人於治雖失計其聲譽必集也○屈監本譌作闕今改正

劉劭日亦不蝕注豈是將處天災罪已之謂○處監本譌作虔今改正

受詔集五經羣書以類相從作皇覽○臣明楷按楊俊傳注引魏略云王象領祕書監受詔撰皇覽數歲而成又文帝紀云使諸儒撰集經傳隨類相從凡千餘篇號曰皇覽則劉劭王象俱在撰集之列非專出一手也

著昌言詞佳可觀省○佳元本作皆

光祿大夫京兆韋誕注杜氏結字甚安而書體微瘦○結本或作然誤

亦著文賦頗傳于世注魏朝自微而顯者不聞胡康疑是孟康○何焯曰孟康郭后外屬始仕見輕晚爲良二千石又冀部安平人當時自有胡康也

傳嘏士有恒貴官有定則○毛本作土有恒貢

未有六鄉之舉○監本譌六卿今改正

任薄伐則德行未爲敘○何焯曰薄伐疑作簿閥謂官

簿閥閱也

爲河南尹注天下四方會利之所聚而姦之所生○太平御覽無方字

又注太尹劉靜綜其目而太密○臣浩按劉靖者劉馥之子也曾爲河南尹傳稱其爲政初雖如碎密終于百姓便之有馥遺風則此靜當爲靖字之誤

謚曰元侯注相與綜朝事俱爲名臣○相與監本訛作相友今改正

魏志卷二十二

晉著作郎巴西中正安漢陳　壽撰

宋太中大夫國子博士聞喜裴松之注

桓階　陳羣子泰　陳矯　徐宣　衞臻　盧毓

桓階字伯緒長沙臨湘人也魏書曰階祖父超父勝皆歷典州郡勝爲尚書著名南方仕郡功曹太守孫堅舉階孝廉除尚書郎父喪還鄉里會堅擊劉表戰死階冒難詣表乞堅喪表義而與之後太祖與袁紹相拒於官渡表舉州以應紹階說其太守張羨曰夫舉事而不本於義未有不敗者也故齊桓率諸侯以尊周晉文逐叔帶以納王今袁氏反此而劉牧應之取禍之道也明府必欲立功明義全福遠禍不宜與之同也羨曰然則何向而可階曰曹公雖弱仗義而起救朝廷之危奉王命而討有罪孰敢不服今若舉四郡保三江以待其來而爲之內應不亦可乎羨曰善乃舉長沙及旁三郡以拒表遣使詣太祖太祖大悅會紹與太祖連戰軍未得南而表急攻羨羨病死城陷階遂自匿久之劉表辟爲從事祭酒欲妻以妻妹蔡氏階自陳已結婚拒而不受因辭疾告退太祖定荊州聞其爲張羨謀也異之辟爲丞相掾主簿遷趙郡太守魏國初建爲虎賁中郎將侍中時太子未定而臨菑侯植有寵階數陳文帝德優齒長宜爲儲副公規密諫前後懇至魏書稱階諫曰今太子位冠羣子名昭海內仁聖達節天下莫不聞而大王甫以植而問臣臣誠惑之於是太祖知階篤於守正深益重焉又毛玠徐奕以剛蹇少黨而爲西曹掾丁儀所不善儀屢言其短賴階左右以自全保其將順匡救多此類也遷尚書典選舉曹仁爲關羽所圍太祖遣徐晃救之不解太祖欲自南征以問羣下羣下皆謂王不亟行今敗矣階獨曰大王以仁等爲足以料事勢不也曰能大王恐二人遺力邪曰不然則何爲自往日吾恐虜衆多而晃等勢不便耳階曰今仁等處重圍之中而守死無貳者誠以大王遠爲之勢也夫居萬死之地必有死爭之心內懷死爭外有彊救大王案六軍以示餘力何憂於敗而欲自往太祖善其言駐軍於摩陂賊遂退文帝踐阼遷尚書令封高鄉亭侯加侍中階疾病帝自臨省謂曰吾方託六尺之孤寄天下之命於卿勉之徙封安樂鄉侯邑六百戶又賜階三子爵關內侯祐以嗣子不封病卒又追贈關內侯後階疾篤遣使者卽拜太常薨帝爲之流涕謚曰貞侯子嘉嗣以階弟纂爲散騎侍郎賜爵關內侯嘉尚升遷亭公主會嘉平中以樂安太守與吳戰於東關軍敗沒謚曰壯侯子翊嗣世語曰階孫陵字元徽有名於晉武帝世至熒陽太守卒

陳羣字長文潁川許昌人也祖父寔父紀叔父諶皆有盛名寔字仲弓紀字元方諶字季方魏書曰寔德冠當時紀諶並名重於世寔爲太丘長遭黨錮隱居荊山遠近宗師之靈帝崩何進輔政引用天下名士徵寔欲以爲參軍以老病遂不屈節諶爲司空掾早卒紀歷位平原相侍中大鴻臚著書數十篇世謂之陳子寔之亡也司空荀爽太僕令韓融並制緦麻執子孫禮四方至者車數千乘自太原郭泰等無不造門傳子曰寔亡天下致弔會其葬者三萬人制縗麻者以百數先賢行狀曰大將軍何進遣屬弔祠謚曰文範先生于時寔紀高名並著而諶又配之世號曰三君每宰府辟命率皆同時羔鴈成羣丞掾交至豫州百姓皆圖畫寔紀諶之形象羣爲兒時寔常奇異之謂宗人父老曰此兒必興吾宗魯國孔融高才倨傲年在紀羣之間先與紀友後與羣交更爲紀拜由是顯名劉備臨豫州辟羣爲別駕時陶謙病死徐州迎備備欲往羣說備曰袁術尚彊今東必與之爭呂布若襲將軍之後將軍雖得徐州事必無成備遂東與袁術戰布果襲下邳遣兵助術大破備軍備恨不用羣言舉茂才除柘令不行隨紀避難徐州屬呂布破太祖辟羣爲司空西曹掾屬時有薦樂安王模下邳周逵者太祖辟之羣封還教以爲模逵穢德終必敗太祖不聽後模逵皆坐姦宄誅太祖以謝羣羣薦廣陵陳矯丹陽戴乾太祖皆用之後吳人叛乾忠義死難矯遂爲名臣世以羣爲知人除蕭贊長平令父卒去官後以司徒掾舉高第爲治書侍御史轉參丞相軍事魏國既建遷爲御史中丞時太祖議復肉刑令曰安得通理君子達於古今者使平斯事乎昔陳鴻臚以爲死刑有可加於仁恩者正謂此也御史中丞能申其父之論乎羣對曰臣父紀以爲漢除肉刑而增加笞本興仁惻而死者更衆所謂名輕而實重者也名輕則易犯實重則傷民書曰惟敬五刑以成三德易著劓刖滅趾之法所以輔政助教懲惡息殺也且殺人償死合於古制至於傷人或殘毀其體而裁翦毛髮非其理也若用古刑使淫者下蠶室盜者刖其足則永無淫放穿踰之姦矣夫三千之屬雖未可悉復若斯數者時之所患宜先施用漢律所殺殊死之罪仁所不及也其餘逮死者可以刑殺如此則所刑之與所生足以相貿矣今以笞死之法易不殺之刑是重人支體而輕人軀命也時鍾繇與羣議同王朗及議者多以爲未可行太祖深善繇羣言以軍事未罷顧衆議故且寢羣轉爲侍中領丞相東西曹掾在朝無適無莫雅仗名義不以非道假人文帝在東宮深敬器焉待以交友之禮常歎曰自吾有回門人日以親及卽王位封羣昌武亭侯徙爲尚書制九品官人之法羣所建也及踐阼遷尚書僕射加侍中徙尚書令進爵潁鄉侯帝征孫權至廣陵使羣領中領軍帝還假節都督水軍還許昌以羣爲鎮軍大將軍領中護軍錄尚書事帝寢疾羣與曹眞司馬宣王等並受遺詔輔政明帝卽位進封潁陰侯增邑五百幷前千三百戶與征東大將軍曹休中軍大將軍曹眞撫軍大將軍司馬宣王並開府頃之爲司空故錄尚書事是時帝初莅政羣上疏曰詩稱儀刑文王萬邦作孚又曰刑于寡妻至于兄弟以御于家邦道自近始而化洽於天下自喪亂已來干戈未戢百姓不識王教之本懼其陵遲已甚陛下當盛魏之隆荷二祖之業天下想望至治唯有以崇德布化惠恤黎庶則兆民幸甚夫臣下雷同是非相蔽國之大患也若不和睦則有讎黨有讎黨則毀譽無端毀譽無端則眞僞失實不可不深防備有以絕其源流太和中曹眞表欲數道伐蜀從斜谷入羣以爲太祖昔到陽平攻張魯多收豆麥以益軍糧魯未下而食猶乏今既無所因且斜谷阻險難以進退轉運必見鈔截多留兵守則損戰士不可不熟慮也帝從羣議眞復表從子午道羣又陳其不便幷言軍事用度之計詔以羣議下眞眞據之遂行會霖雨積日羣又以爲宜詔眞還帝從之後皇女淑薨追封謚平原懿公主羣上疏曰長短有命存亡有分故聖人制禮或抑或致以求厥中防墓有不脩之儉嬴博有不歸之魂夫大人動合天地垂之無窮又大德不踰閑動爲師表故也八歲下殤禮所不備況未期月而以成人禮送之加爲制服舉朝素衣朝夕哭臨自古已來未有此比而乃復自往視陵親臨祖載願陛下抑割無益有損之事但悉聽羣臣送葬乞車駕不行此萬國之至望也聞車駕欲幸摩陂實到許昌二宮上下皆悉俱東舉朝大小莫不驚怪或言欲以避衰或言欲於便處移殿舍或不知何故臣以爲吉凶有命禍福由人移徙求安則亦無益若必當移避繕治金墉城西宮及孟津別宮皆可權時分止可無舉宮暴露野次廢損盛節蠶農之要又賊地聞之以爲大衰加所煩費不可計量且由吉士賢人當盛衰處安危秉道信命非徙其家以寧鄉邑從其風化無恐懼之心況乃帝王萬國之主靜則天下安動則天下擾行止動靜豈可輕脫哉帝不聽青龍中營治宮室百姓失農時羣上疏曰禹承唐虞之盛猶卑宮室而惡衣服況今喪亂之後人民至少比漢文景之時不過一大郡臣松之案漢書地理志云元始二年天下戶口最盛汝南郡爲大郡有三十餘萬戶則文景之時不能如是多也案晉太康三年地記晉戶有三百七十七萬吳蜀戶不能居半以此言之魏雖始承喪亂方晉亦當無乃大殊長文之言於是爲過加邊境有事將士勞苦若有水旱之患國家之深憂也且吳蜀未滅社稷不安宜及其未動講武勸農有以待之今舍此急而先宮室臣懼百姓遂困將何以應敵昔劉備自成都至白水多作傳舍興費人役太祖知其疲民也今中國勞力亦吳蜀之所願此安危之機也惟陛下慮之帝答曰王者宮室亦宜並立滅賊之後但當罷守耳豈可復興役邪是故君之職蕭何之大略也羣又曰昔漢祖唯與項羽爭天下羽已滅宮室燒焚是以蕭何建武庫太倉皆是要急然猶非其壯麗今二虜未平誠不宜與古同也孫盛曰周禮天子之宮有斲礱之制然質文之飾與時推移漢承周秦之弊宜敦簡約之化而何崇飾宮室示侈後嗣此乃武帝千門萬戶所以大興豈無所復增之謂邪況乃魏氏方有吳蜀之難四海罹塗炭之艱而述蕭何之過議以爲令軌豈不惑於大道而昧得失之辨哉使百代之君眩於奢侈之中何之由矣詩云斯言之玷不可爲也其斯之謂乎夫人之所欲莫不有辭況乃天王莫之敢違前欲壞武庫謂不可不壞也後欲置之謂不可不置也若必作之固非臣下辭言所屈若少留神卓然回意亦非臣下之所及也漢明帝欲起德陽殿鍾離意諫卽用其言後乃復作之殿成謂羣臣曰鍾離尚書在不得成此殿也夫王者豈憚一臣蓋爲百姓也今臣曾不能少凝聖聽不及意遠矣帝於是有所減省初太祖時劉廙坐弟與魏諷謀反當誅羣言之太祖太祖曰廙名臣也吾亦欲赦之乃復位廙深德羣羣曰夫議刑爲國非爲私也且自明主之意吾何知焉其弘博不伐皆此類也青龍四年薨謚曰靖侯子泰嗣帝追思羣功德分羣戶邑封一子列侯魏書曰羣前後數密陳得失每上封事輒削其草時人及其子弟莫能知也論者或譏羣居位拱默正始中詔撰羣臣上書以爲名臣奏議朝士乃見羣諫事皆歎息焉袁子曰或云故少府楊阜豈非忠臣哉見人主之非則勃然怒而觸之與人言未嘗不道也豈非所謂王臣蹇蹇匪躬之故者歟答曰然可謂直士忠則吾不知也夫仁者愛人施於君謂之忠施於親謂之孝忠孝者其本一也故仁愛之至者君親有過諫而不入求之反覆不得已而言不忍宣也今爲人臣見人主失道直詆其非而播揚其惡可謂直士未爲忠臣也故司空陳羣則不然其談論終日未嘗言人主之非書數十上而外人不知君子謂羣於是乎長者矣

泰字玄伯青龍中除散騎侍郎正始中徙游擊將軍爲幷州刺史加振威將軍使持節護匈奴中郎將懷柔夷

民甚有威惠京邑貴人多寄寶貨因泰市奴婢泰皆挂之於壁不發其封及徵爲尚書悉以還之嘉平初代郭淮爲雍州刺史加奮威將軍蜀大將軍姜維率衆依麴山築二城使牙門將句安李歆等守之聚羌胡質任等寇偪諸郡征西將軍郭淮與泰謀所以禦之泰曰麴城雖固去蜀險遠當須運糧羌夷患維勞役必未肯附今圍而取之可不血刃而拔其城雖其有救山道阻險非行兵之地也淮從泰計使泰率討蜀護軍徐質南安太守鄧艾等進兵圍之斷其運道及城外流水安等挑戰不許將士困窘分糧聚雪以稽日月維果來救出自牛頭山與泰相對泰曰兵法貴在不戰而屈人今絕牛頭維無反道則我之禽也勑諸軍各堅壘勿與戰遣使白淮欲自南渡白水循水而東使淮趣牛頭截其還路可并取維不惟安等而已淮善其策進率諸軍軍洮水維懼遁走安等孤縣遂皆降淮薨泰代爲征西將軍假節都督雍涼諸軍事後年雍州刺史王經白泰云姜維夏侯霸欲三道向祁山石營金城求進兵爲翅使涼州軍至枹罕討蜀護軍向祁山泰量賊勢終不能三道且兵勢惡分涼州未宜越境報經審其定問知所趣向須東西勢合乃進時維等數將萬人至枹罕趣狄道泰勑經進屯狄道須軍到乃規取之泰進軍陳倉會經所統諸軍於故關與賊戰不利經輒渡洮泰以經不堅據狄道必有他變並遣五營在前泰率諸軍繼之經已與維戰大敗以萬餘人還保狄道城餘皆奔散維乘勝圍狄道泰軍上邽分兵守要晨夜進前鄧艾胡奮王祕亦到卽與艾祕等分爲三軍進到隴西艾等以爲王經精卒破衂於西賊衆大盛乘勝之兵旣不可當而將軍以烏合之卒繼敗軍之後將士失氣隴右傾蕩古人有言蝮蛇螫手壯士解其腕孫子曰兵有所不擊地有所不守蓋小有所失而大有所全故也今隴右之害過於蝮蛇狄道之地非徒不守之謂姜維之兵是所辟之鋒不如割險自保觀釁待弊然後進救此計之得者也泰曰姜維提輕兵深入正欲與我爭鋒原野求一戰之利王經當高壁深壘挫其銳氣今乃與戰使賊得計走破王經封之狄道若維以戰克之威進兵東向據櫟陽積穀之實放兵收降招納羌胡東爭關隴傳檄四郡此我之所惡也而維以乘勝之兵挫峻城之下銳氣之卒屈力致命攻守勢殊客主不同兵書云脩櫓轒轀三月乃成拒堙三月而後已誠非輕軍遠入維之詭謀倉卒所辦縣軍遠僑糧穀不繼是我速進破賊之時也所謂疾雷不及掩耳自然之勢也洮水帶其表維等在其內今乘高據勢臨其項領不戰必走寇不可縱圍不可久君等何言如此遂進軍度高城嶺潛行夜至狄道東南高山上多舉烽火鳴鼓角狄道城中將士見救者至皆憤踊維始謂官救兵當須衆集乃發而卒聞已至謂有奇變宿謀上下震懼自軍之發隴西也以山道深險賊必設伏泰詭從南道維果三日施伏臣松之案此傳云謂救兵當須衆集而卒聞已至謂有奇變上下震懼此則救至出於不意若不知救至何故伏兵深險乃經三日乎設伏相伺非不知之謂此皆語之不通也定軍潛行卒出其南維乃緣山突至泰與交戰維退還涼州軍從金城南至沃干阪泰與經共密期當共向其還路維等聞之遂遁城中將士得出經歎曰糧不至旬向不應機舉城屠裂覆喪一州矣泰慰勞將士前後遣還更差軍守並治城壘還屯上邽初泰聞經見圍以州軍將士素皆一心加得保城非維所能卒傾表上進軍晨夜速到還衆議以經奔北城不足自固維若斷涼州之道兼四郡民夷據關隴之險敢能沒經軍而屠隴右宜須大兵四集乃致攻討大將軍司馬文王曰昔諸葛亮常有此志卒亦不能事大謀遠非維所任也且城非倉卒所拔而糧少爲急征西速救得上策矣泰每以一方有事輒以虛聲擾動天下故希簡白上事驛書不過六百里司馬文王語荀顗曰玄伯沈勇能斷荷方伯之重救將陷之城而不求益兵又希簡上事必能辦賊故也都督大將不當爾邪後徵泰爲尚書右僕射典選舉加侍中光祿大夫吳大將孫峻出淮泗以泰爲鎮軍將軍假節都督淮北諸軍事詔徐州監軍已下受泰節度峻退軍還轉爲左僕射諸葛誕作亂壽春司馬文王率六軍軍丘頭泰總署行臺司馬景王文王皆與泰親友及沛國武陔亦與泰善文王問陔曰玄伯何如其父司空也陔曰通雅博暢能以天下聲敎爲已任者不如也明統簡至立功立事過之泰前後以功增邑二千六百戶賜子弟一人亭侯二人關內侯景元元年薨追贈司空謚曰穆侯干寶晉紀曰高貴鄉公之殺司馬文王會朝臣謀其故太常陳泰不至使其舅荀顗召之顗至告以可否泰曰世之論者以泰方於舅今舅不如泰也子弟內外咸共逼之垂涕而入王待之曲室謂曰玄伯卿何以處我對曰誅賈充以謝天下文王曰爲吾更思其次泰曰泰言惟有進於此不知其次文王乃不更言魏氏春秋曰帝之崩也太傅司馬孚尚書右僕射陳泰枕帝尸於股號哭盡哀時大將軍入于禁中泰見之悲慟大將軍亦對之泣謂曰玄伯其如我何泰曰獨有斬賈充少可以謝天下耳大將軍久之曰卿更思其他泰曰豈可使泰復發後言遂歐血薨臣松之案本傳泰不爲太常未詳干寶所由知之孫盛改易泰言雖爲小勝然檢盛言諸所改易皆非別有異聞率更自以意制多不如舊凡記言之體當使若出其口辭勝而違實固君子所不取況復不勝而徒長虛妄哉案博物記曰太丘長陳寔寔子鴻臚紀紀子司空羣羣子泰四世於漢魏二朝並有重名而其德漸漸小減時人爲其語曰公慙卿卿慙長子恂嗣恂薨無嗣弟溫紹封咸熙中開建五等以泰著勳前朝改封溫爲愼子案陳氏譜羣之後名位遂微諶孫佐官至青州刺史佐弟坦廷尉佐子準太尉封廣陵郡公準弟戴徵及從弟堪並至大位準孫逵字林道有譽江左爲西中郎將追贈衞將軍

陳矯字季弼廣陵東陽人也避亂江東及東城辭孫策袁術之命還本郡太守陳登請爲功曹使矯詣許謂曰許下論議待吾不足足下相爲觀察還以見誨矯還曰聞遠近之論頗謂明府驕而自矜登曰夫閨門雍穆有德有行吾敬陳元方兄弟淵淸玉潔有禮有法吾敬華子魚清脩疾惡有識有義吾敬趙元達博聞彊記奇逸卓犖吾敬孔文舉雄姿桀出有王霸之略吾敬劉玄德所敬如此何驕之有餘子瑣瑣亦焉足錄哉登雅意如此而深敬友矯郡爲孫權所圍於匡奇登令矯求救於太祖矯說太祖曰鄙郡雖小形便之國也若蒙救援使爲外藩則吳人剉謀徐方永安武聲遠震仁愛滂流未從之國望風景附崇德養威此王業也太子奇矯欲留之矯辭曰本國倒縣本奔走告急縱無申胥之效敢忘弘演之義乎劉向新序曰齊桓公求婚於衞衞不與而嫁於許衞爲狄所伐桓公不救至於國滅君死懿公屍爲狄人所食惟有肝在懿公有臣曰弘演遠使反致命於肝曰君爲其內臣爲其外乃刳腹內肝而死齊桓公曰衞有臣若此而尙滅寡人無有亡無日矣乃救衞定其君太祖乃遣赴救吳軍旣退登多設間伏勒兵追奔大破之太祖辟矯爲司空掾屬除相令征南長史彭城樂陵太守魏郡西部都尉曲周民父病以牛禱縣結正棄市矯曰此孝子也表赦之遷魏郡太守時繫囚千數至有歷年矯以爲周有三典之制漢約三章之法今惜輕重之理而忽久繫之患可謂謬矣悉自覽罪狀一時論決大軍東征入爲丞相長史軍還復爲魏郡轉西曹屬從征漢中還爲尙書行前未到鄴太祖崩洛陽羣臣拘常以爲太子卽位當須詔命矯曰王薨于外天下惶懼太子宜割哀卽位以繫遠近之望且又愛子在側彼此生變則社稷危矣卽具官備禮一日皆辦明旦以王后令策太子卽位大赦蕩然文帝曰陳季弼臨大節明略過人信一時之俊傑也帝旣踐阼轉署吏部封高陵亭侯遷尙書令明帝卽位進爵東鄉侯邑六百戶車駕嘗卒至尙書門矯跪問帝曰陛下欲何之帝曰欲案行文書耳矯曰此自臣職分非陛下所宜臨也若臣不稱其職則請就黜退陛下宜還帝慙回車而反其亮直如此世語曰劉曄以先進見幸因譖矯專權矯懼以問長子本本不知所出次子騫曰主上明聖大人大臣今若不合不過不作公耳後數日帝見矯矯又問二子騫曰陛下意解故見大人也旣入盡日帝曰劉曄構君朕有以迹君朕心故已了以金五餠授之矯辭帝曰豈以爲小惠君已知朕心顧君妻子未知故也帝憂社稷問矯司馬公忠正可謂社稷之臣乎矯曰朝廷之望社稷未知也加侍中光祿大夫遷司徒景初元年薨謚曰貞侯魏氏春秋曰矯本劉氏子出嗣舅氏而婚于本族徐宣每非之庭議其闕太祖惜矯才量欲擁全之乃下令曰喪亂已來風敎彫薄謗議之言難用褒貶自建安五年已前一切勿論其以斷前誹議者以其罪罪之子本嗣歷位郡守九卿所在操綱領舉大體能使羣下自盡有統御之才不親小事不讀法律而得廷尉之稱優於司馬岐等精練文理遷鎮北將軍假節都督河北諸軍事薨子粲嗣本弟騫咸熙中爲車騎將軍案晉書曰騫字休淵爲晉佐命功臣至太傅封高平郡公初矯爲郡功曹使過泰山泰山太守東郡薛悌異之結爲親友戲謂矯曰以郡吏而交二千石鄰國君屈從陪臣游不亦可乎悌後爲魏郡及尚書令皆承代矯云世語曰悌字孝威年二十二以兗州從事爲太山太守初太祖定冀州以悌及東平王國爲左右長史後至中領軍並悉忠貞練事爲世吏表

徐宣字寶堅廣陵海西人也避亂江東又辭孫策之命還本郡與陳矯並爲綱紀二人齊名而私好不協然俱見器於太守陳登與登並心於太祖海西淮浦二縣民作亂都尉衞彌令梁習夜奔宣家密送免之太祖遣督軍扈質來討賊以兵少不進宣潛見責之示以形勢質乃進破賊太祖辟爲司空掾屬除東緍發干令遷齊郡太守入爲門下督從到壽春會馬超作亂大軍西征太祖見官屬曰今當遠征而此方未定以爲後憂宜得清公大德以鎮統之乃以宣爲左護軍留統諸軍還爲丞相東曹掾出爲魏郡太守太祖崩洛陽羣臣入殿中發哀或言易諸城守用譙沛人宣厲聲曰今者遠近一統人懷效節何必譙沛而沮宿衞者心文帝聞曰所謂社稷之臣也帝旣踐阼爲御史中丞賜爵關內侯徙城門校尉旬月遷司隸校尉轉散騎常侍從至廣陵六軍乘舟風浪暴起帝船回倒宣病在後陵波而前羣寮莫先至者帝壯之遷尙書明帝卽位封津陽亭侯邑二百戶中領軍桓範薦宣曰臣聞帝王用人度世授才爭奪之時以策略爲先分定之後以忠義爲首故晉文行舅犯之計而賞雍季之言呂氏春秋曰昔晉文公將與楚人戰於城濮召咎犯而問曰楚衆我寡奈何而可咎犯對曰臣聞繁禮之君不足於文繁戰之君不足於詐君亦詐之而已文公以咎犯言告雍季雍季曰竭澤而漁豈不得魚而明年無魚焚藪而田豈不得獸而明年無獸詐僞之道雖今偷可後將無復非長術也文公用咎犯之言而敗楚人於城濮反而爲賞雍季在上左右諫曰城濮之功咎犯之謀也君用其言而後其身或者不可乎文公曰雍季之言百代之利也咎犯之言一時之務也焉有以一時之務先百代之利乎高祖用陳平之智而託後於周勃也竊見尚書徐宣體忠厚之行秉直亮之性清雅特立不拘世俗確然難動有社稷之節歷位州郡所在稱職今僕射缺宣行掌後事腹心任重莫宜宣者帝遂以宣爲左僕射後加侍中光祿大夫車駕幸許昌總統留事帝還主者奏呈文書詔曰吾省與僕射何異竟不視尚方令坐猥見考竟

宣上疏陳威刑大過又諫作宮殿窮盡民力帝皆手詔嘉納宣曰七十有縣車之禮今已六十八可以去矣乃固辭疾遜位帝終不許青龍四年薨遺令布衣疏巾斂以時服詔曰宣體履至實直內方外歷在三朝公亮正色有託孤寄命之節可謂柱石臣也常欲倚以台輔未及登之惜乎大命不永其追贈車騎將軍葬如公禮謚曰貞侯子欽嗣

衞臻字公振陳留襄邑人也父茲有大節不應三公之辟太祖之初至陳留茲曰平天下者必此人也太祖亦異之數詣茲議大事從討董卓戰于滎陽而卒太祖每涉郡境輒遣使祠焉先賢行狀曰茲字子許不爲激詭之行不徇流俗之名明慮淵深規畧宏遠爲車騎將軍何苗所辟司徒楊彪再加旌命董卓作亂漢室傾蕩太祖到陳留始與茲相見遂同盟計興武事茲答曰亂生久矣非兵無以整之且言兵之興者自今始矣深見廢興首贊弘謀合兵三千人從太祖入滎陽力戰終日失利身歿郭林宗傳曰茲弱冠與同郡圉文生俱稱盛德林宗與二人共至市子許買物隨價讐直文生訾呵減價乃取林宗曰子許少欲文生多情此二人非徒兄弟乃父子也後文生以穢貨見損茲以烈節垂名夏侯惇爲陳留太守舉臻計吏命婦出宴臻以爲末世之俗非禮之正惇怒執臻既而赦之後爲漢黃門侍郎東郡朱越謀反引臻太祖令曰孤與卿君同共舉事加欽令問始聞越言固自不信及得荀令君書具亮忠誠會奉詔命聘貴人于魏因表留臻參丞相軍事追錄臻父舊勳賜爵關內侯轉爲戶曹掾文帝卽王位爲散騎常侍及踐阼封安國亭侯時羣臣並頌魏德多抑損前朝臻獨明禪授之義稱揚漢美帝數目臻曰天下之珍當與山陽共之遷尚書轉侍中吏部尚書帝幸廣陵行中領軍從征東大將軍曹休表得降賊辭孫權已在濡須口臻曰權恃長江未敢亢衡此必畏怖僞辭耳考核降者果守將詐所作也明帝卽位進封康鄉侯後轉爲右僕射典選舉如前加侍中中護軍蔣濟遺臻書曰漢祖遇亡虜爲上將周武拔漁父爲太師布衣厮養可登王公何必守文試而後用臻答曰古人遺智慧而任度量須考績而加黜陟今子同牧野於成康喻斷蛇於文景好不經之舉開拔奇之津將使天下馳騁而起矣諸葛亮寇天水臻奏宜遣奇兵入散關絕其糧道乃以臻爲征蜀將軍假節督諸軍事到長安亮退還復職加光祿大夫是時帝方隆意於殿舍臻數切諫及殿中監擅收蘭臺令史臻奏案之詔曰殿舍不成吾所留心卿推之何臻上疏曰古制侵官之法非惡其勤事也誠以所益者小所墮者大也臣每察校事類皆如此懼羣司將遂越職以至陵遲矣亮又出斜谷征南上朱然等軍已過荆城臻曰然吳之驍將必下從權且爲勢以綴征南耳權果召然入居巢進攻合肥帝欲自東征臻曰權外示應亮內實觀望且合肥城固不足爲慮車駕可無親征以省六軍之費帝到壽陽而權竟退幽州刺史毋丘儉上疏曰陛下卽位已來未有可書吳蜀恃險未可卒平聊可以此方無用之士克定遼東臻曰儉所陳皆戰國細術非王者之事也吳頻歲稱兵寇亂邊境而猶案甲養士未果尋致討者誠以百姓疲勞故也且淵生長海表相承三世外撫戎夷內脩戰射而儉欲以偏軍長驅朝至夕卷知其妄矣儉行軍遂不利臻遷爲司空徙司徒正始中進爵長垣侯邑千戶封一子列侯初太祖久不立太子而方奇貴臨菑侯丁儀等爲之羽翼勸臻自結臻以大義拒之及文帝卽位東海王霖有寵帝問臻平原侯何如臻稱明德美而終不言曹爽輔政使夏侯玄宣指欲引臻入守尚書令及爲弟求婚皆不許固乞遜位詔曰昔干木偃息義壓彊秦留侯頤神不忘楚事讜言嘉謀望不吝焉賜宅一區位特進秩如三司薨追贈太尉謚曰敬侯子烈嗣咸熙中爲光祿勳臣松之案舊事及傳咸集烈終於光祿勳烈二弟京楷皆二千石楷子權字伯輿晉大司馬汝南王亮輔政以權爲尚書郎傳咸與亮牋曰衞伯輿貴妃兄子誠有才章應作臺郎然未得東宮官屬東宮官屬前患楊駿親理塞路今有伯輿復越某作郎一犬吠形羣犬吠聲懼於舉吠遂至回聽權作左思吳都賦敘及注敘粗有文辭至於爲注了無所發明直爲塵穢紙墨不合傳寫也

盧毓字子家涿郡涿人也父植有名於世續漢書曰植字子幹少事馬融與鄭玄同門相友植剛毅有大節常喟然有濟世之志不苟合取容不應州郡命召建寧中徵博士出補九江太守以病去官作尚書章句禮記解詁稍遷侍中尚書張角起以植爲北中郎將征角失利抵罪頃之復以爲尚書張讓劫少帝奔小平津植手劒責數讓等讓等皆放兵垂泣謝罪遂自殺董卓議欲廢帝衆莫敢對植獨正言語在卓傳植以老病去位隱居上谷軍都山初平三年卒太祖北征柳城過涿郡令告太守曰故北中郎將盧植名著海內學爲儒宗士之楷模乃國之楨幹也昔武王入殷封商容之閭鄭喪子產而仲尼隕涕孤到此州嘉其餘風春秋之義賢者之後有異於人敬遣丞掾脩墳墓并致薄醊以彰厥德植有四子毓最小毓十歲而孤遇本州亂二兄死難當袁紹公孫瓚交兵幽冀饑荒養寡嫂孤兄子以學行見稱文帝爲五官將召毓署門下賊曹崔琰舉爲冀州主簿時天下草創多逋逃故重士亡法罪及妻子亡士妻白等始適夫家數日未與夫相見大理奏棄市毓駮之曰夫女子之情以接見而恩生成婦而義重故詩云未見君子我心傷悲亦既見止我心則夷又禮未廟見之婦而死歸葬女氏之黨以未成婦也今白等生有未見之悲死有非婦之痛而吏議欲肆之大辟則若同牢合巹之後罪何所加且記曰附從輕言附人之罪以輕者爲比也又書云與其殺不辜寧失不經恐過重也苟以白等皆受禮聘已入門庭刑之爲可殺之爲重太祖曰毓執之是也又引經典有意使抓歎息由是爲丞相法曹議令史轉西曹議令史魏國既建爲吏部郎文帝踐阼徙黃門侍郎出爲濟陰相梁譙二郡太守帝以譙舊鄉故大徙民充之以爲屯田而譙土地墝瘠百姓窮困毓愍之上表徙民於梁國就沃衍失帝意雖聽毓所表心猶恨之遂左遷毓使將徙民爲睢陽典農校尉毓心在利民躬自臨視擇居美田百姓賴之遷安平廣平太守所在有惠化青龍二年入爲侍中先是散騎常侍劉劭受詔定律未就毓上論古今科律之意以爲法宜一正不宜有兩端使姦吏得容情及侍中高堂隆數以宮室事切諫帝不悅毓進曰臣聞君明則臣直古之聖王恐不聞其過故有敢諫之鼓近臣盡規此乃臣等所以不及隆隆諸生名爲狂直陛下宜容之在職三年多所駮爭詔曰官人秩才聖帝所難必須良佐進可替否侍中毓稟性貞固心平體正可謂明試有功不懈于位者也其以毓爲吏部尚書使毓自選代曰得如卿者乃可毓舉常侍鄭冲帝曰文和吾自知之更舉吾所未聞者乃舉阮武孫邕帝於是用邕前此諸葛誕鄧颺等馳名譽有四窓八達之誚帝疾之時舉中書郎詔曰得其人與否在盧生耳選舉莫取有名名如畫地作餠不可啖也毓對曰名不足以致異人而可以得常士常士畏教慕善然後有名非所當疾也愚臣既不足以識異人又主者正以循名案常爲職但當有以驗其後故古者敷奏以言明試以功今考績之法廢而以毀譽相進退故眞僞渾雜虛實相蒙帝納其言卽詔作考課法會司徒缺毓舉處士管寧帝不能用更問其次毓對曰敦篤至行則太中大夫韓暨亮直清方則司隸校尉崔林貞固純粹則太常常林帝乃用暨毓於人及選舉先舉性行而後言才黃門李豐嘗以問毓毓曰才所以爲善也故大才成大善小才成小善今稱之有才而不能爲善是才不中器也豐等服其言齊王卽位賜爵關內侯時曹爽秉權將樹其黨徙毓僕射以侍中何晏代毓頃之出毓爲廷尉司隸畢軌又枉奏免官衆論多訟之乃以毓爲光祿勳爽等見收太傅司馬宣王使毓行司隸校尉治其獄復爲吏部尚書加奉車都尉封高樂亭侯轉爲僕射故典選舉加光祿大夫高貴鄉公卽位進封大梁鄉侯封一子高亭侯毋丘儉作亂大將軍司馬景王出征毓綱紀後事加侍中正元三年疾病遜位遷爲司空固推驃騎將軍王昶光祿大夫王觀司隸校尉王祥詔使使者卽授印綬進爵封容城侯邑二千三百戶甘露二年薨謚曰成侯孫藩嗣毓子欽珽咸熙中欽爲尚書珽泰山太守世語曰欽字子若珽字子笏欽泰始中爲尚書僕射領選咸寧四年卒追贈衞將軍開府虞預晉書曰欽少居名位不顧財利清虛淡薄動修禮典同郡張華家單少孤不爲鄉邑所知惟欽貴異焉欽子浮字子雲晉諸公贊曰張華博識多聞無物不知浮高朗經博有美於華起家太子舍人病疽截手遂廢朝廷器重之就家以爲國子博士遷祭酒永平中爲祕書監珽及子皓志並至尚書志子諶字子諒溫嶠表稱諶清飭有文思諶別傳曰諶善著文章洛陽傾覆北投劉琨琨以爲司空從事中郎琨敗諶歸段末波元帝之初累召爲散騎中書侍郎不得南赴永和六年卒於胡胡中子孫過江妖賊帥盧循諶之曾孫

評曰桓階識覩成敗才周當世陳羣動仗名義有清流雅望泰弘濟簡至允克堂構矣魏世事統臺閣重內輕外故八座尚書卽古六卿之任也陳徐衞盧久居斯位矯宣剛斷骨鯁臻毓規鑒清理咸不忝厥職云

魏志卷二十二考證

陳羣南安太守鄧艾○南安監本作汝南臣明楷按鄧艾傳云出參征西軍事遷南安太守非汝南也今改正

陳矯復爲魏郡轉西曹屬○毛本無轉字宋本無郡字

衞臻輒遣使祠焉注後文生以穢貨見損○監本損誤捐今改正

盧毓白等始適夫家數日未與夫相見○太平御覽作皆未與夫相見

在職三年多所駮爭○太平御覽作多所駁易

名如畫地作餠○太平御覽作有名如畫地作餠多有字

珽泰山太守注清飭有文思○清飭毛本作清出

魏志卷二十三

晉著作郎巴西中正安漢陳壽撰

宋太中大夫國子博士聞喜裴松之注

和洽 常林 楊俊 杜襲

趙儼 裴潛子秀

和洽字陽士汝南西平人也舉孝廉大將軍辟皆不就袁紹在冀州遣使迎汝南士大夫洽獨以冀州土平兵彊英桀所利四戰之地本初乘資雖能彊大然雄豪四起全未可必也荆州劉表無他遠志愛人樂士土地險阻山夷民弱易依倚也遂與親舊俱南從表表以上賓

待之洽曰所以不從本初辟爭地也昏世之主不可親近久而阽危臣松之案漢書文紀曰阽於死亡食貨志曰阽危若是注曰阽音鹽如屋簷近邊易墮之意也一曰臨危曰阽必有讒慝間其中者遂南度武陵太祖定荊州辟爲丞相掾屬時毛玠崔琰並以忠清幹事其選用先尚儉節洽言曰天下大器在位與人不可以一節儉也儉素過中自以處身則可以此節格物所失或多今朝廷之議吏有著新衣乘好車者謂之不清長吏過營形容不飾衣裘弊壞者謂之廉絜至令士大夫故汙辱其衣藏其輿服朝府大吏或自挈壺餐以入官寺夫立教觀俗貴處中庸爲可繼也今崇一概難堪之行以檢殊塗勉而爲之必有疲瘁古之大教務在通人情而已凡激詭之行則容隱僞矣孫盛曰昔先王御世觀民設教雖質文因時損益代用至於車服禮秩貴賤等差其歸一揆魏承漢亂風俗侈泰誠宜仰思古制訓以約簡使奢不陵肆儉足中禮進無蜉蝣之刺退免采莫之譏如此則治道隆而頌聲作矣夫矯枉過正則巧僞滋生以克訓下則民志險隘非聖王所以陶化民物閑邪存誠之道和洽之言於是允矣魏國既建爲侍中後有白毛玠謗毀太祖太祖見近臣怒甚洽陳玠素行有本求案實其事罷朝太祖令曰今言事者白玠不但謗吾也乃復爲崔琰觖望此損君臣恩義妄爲死友怨歎殆不可忍也昔蕭曹與高祖並起微賤致功立勳高祖每在屈笮二相恭順臣道益彰所以祚及後世也和侍中比求實之所以不聽欲重參之耳洽對曰如言事者言玠罪過深重非天地所覆載臣非敢曲理玠以枉大倫也以玠出羣吏之中特見拔擢顯在首職歷年荷寵剛直忠公爲衆所憚不宜有此然人情難保要宜考覈兩驗其實今聖恩垂含垢之仁不忍致之于理更使曲直之分不明疑自近始太祖曰所以不考欲兩全玠及言事者耳洽對曰玠信有謗上之言當肆之市朝若玠無此言事者加誣大臣以誤主聽二者不加檢覈臣竊不安太祖曰方有軍事安可受人言便考之邪狐射姑刺陽處父於朝此爲君之誡也太祖克張魯洽陳便宜以時拔軍徙民可省置守之費太祖未納其後竟徙民棄漢中出爲郎中令文帝踐阼爲光祿勳封安城亭侯明帝即位進封西陵鄉侯邑二百戶太和中散騎常侍高堂隆奏時風不至而有休廢之氣必有司不勤職事以失天常也詔書謙虛引咎博諮異同洽以爲民稀耕少浮食者多國以民爲本民以穀爲命故費一時之農則失育命之本是以先王務蠲煩費以專耕農自春夏以來民窮於役農業有廢百姓囂然時風不至未必不由此也消復之術莫大於節儉太祖建立洪業奉師徒之費供軍賞之用吏士豐於資食倉府衍於穀帛由不飾無用之宮絕浮華之費方今之要固在息省勞煩之役損除他餘之務以爲軍戎之儲三邊守禦宜在備豫料賊虛實蓄士養衆算廟勝之策明攻取之謀詳詢衆庶以求厥中若謀不素定輕弱小敵軍人數舉舉而無庸所謂悅武無震古人之誡也轉爲太常清貧守約至賣田宅以自給明帝聞之加賜穀帛薨謚曰簡侯子禽嗣禽音離禽弟適才爽開濟官至廷尉吏部尚書晉諸公贊曰和嶠字長輿適之子也少知名以雅重稱常慕其舅夏侯玄之爲人厚自封植嶷然不羣於黃門郎遷中書令轉尚書愍懷太子初立以嶠爲少保加散騎常侍家產豐富擬於王公而性至儉吝嶠同母弟郁素無名嶠輕侮之以此爲損卒於官贈光祿大夫郁以公彊當世致位尚書令洽同郡許混者許劭子也清醇有鑒識明帝時爲尚書劭字子將汝南先賢傳曰召陵謝子微高才遠識見劭年十八時乃歎息曰此則希世出衆之偉人也劭始發明樊子昭於鬻幘之肆出虞永賢於牧豎召李叔才鄉閭之間擢郭子瑜鞍馬之吏援楊孝祖舉和陽士茲六賢者皆當世之令懿也其餘中流之士或舉之於淹滯或顯之于童齒莫不賴劭顧歎之榮凡所拔育顯成令德者不可殫記其探擿僞行抑損虛名則周之單襄無以尚也劭宗人許栩沈沒榮利致位司徒舉宗莫不匍匐栩門承風而驅官以賄成惟劭不過其門廣陵徐孟本來臨汝南聞劭高名請爲功曹饕餮放流絜士盈朝袁紹公族好名爲濮陽長棄官來還有副車從騎將入郡界紹乃歎曰吾之輿服豈可使許子將見之乎遂單車而歸辟公府掾拜鄢陵令方正徵皆不就避亂江南所歷之國必翔而後集終于豫章時年四十六有子曰混顯名魏世

常林字伯槐河內溫人也年七歲有父黨造門問林伯先在否汝何不拜林曰雖當下客臨子字父何拜之有於是咸共嘉之魏略曰林少單貧雖貧自非手力不取之於人性好學漢末爲諸生帶經耕鉏其妻常自餉饋之林雖在田野其相敬如賓太守王匡起兵討董卓遣諸生於屬縣微伺吏民罪負便收之考責錢穀贖罪稽遲則夷滅宗族以崇威嚴林叔父撾客爲諸生所白匡怒收治舉宗惶怖不知所責多少懼繫者不救林往見匡同縣胡毋彪曰王府君以文武高才臨吾鄙郡鄙郡表裏山河土廣民殷又多賢能惟所擇用今主上幼沖賊臣虎據華夏震慄雄才奮用之秋也若欲誅天下之賊扶王室之微智者望風應之若響克亂在和何征不捷苟無恩德任失其人覆亡將至何暇匡翼朝廷崇立功名乎君其藏之因說叔父見拘之意彪即書責匡匡原林叔父林乃避地上黨耕種山阿當時旱蝗林獨豐收盡呼比鄰升斗分之依故河間太守陳延壁陳馮二姓舊族冠冕張楊利其婦女貪其資貨林率其宗族爲之策謀見圍六十餘日卒全堡壁并州刺史高幹表爲騎都尉林辭不受後刺史梁習薦州界名士林及楊俊王淩王象荀緯太祖皆以爲縣長林宰南和治化有成超遷博陵太守幽州刺史所在有績文帝爲五官將林爲功曹太祖西征田銀蘇伯反幽冀扇動文帝欲親自討之林曰昔忝博陵又在幽州賊之形勢可料度也北方吏民樂安厭亂服化已久守善者多銀伯犬羊相聚智小謀大不能爲害方今大軍在遠外有彊敵將軍爲天下之鎮也輕動遠舉雖克不武文帝從之遣將往伐應時克滅出爲平原太守魏郡東部都尉入爲丞相東曹屬魏國既建拜尚書文帝踐阼遷少府封樂陽亭侯魏略曰林性既清白當官又嚴少府寺與鴻臚對門時崔林爲鴻臚崔性闊達不與林同數數聞林撾吏聲不以爲可林夜撾吏不勝痛叫呼敖敖徹曙明日崔出門與林車相遇乃嘲林曰聞卿爲廷尉爾邪林不覺答曰不也崔曰卿不爲廷尉昨夜何故考囚乎林大慚然不能自止轉大司農明帝即位進封高陽鄉侯徙光祿勳太常晉宣王以林鄉邑耆德每爲之拜或謂林曰司馬公貴重君宜止之林曰司馬公自欲敦長幼之叙爲後生之法貴非吾之所畏拜非吾之所制也言者踧踖而退魏略曰初林少與司馬京兆善太傅每見林輒欲跪林止之曰公尊貴矣止也及司徒缺太傅有意欲以林補之案魏略此語與本傳反臣松之以爲林之爲人不畏權貴者也論其然否謂本傳爲是時論以林節操清峻欲致之公輔而林遂稱疾篤拜光祿大夫年八十三薨追贈驃騎將軍葬如公禮謚曰貞侯子旹嗣爲太山太守坐法誅旹弟靜紹封案晉書諸葛誕反大將軍東征旹坐稱疾爲司馬文王所法魏略以林及吉茂沐並時苗四人爲清介傳吉茂字叔暢馮翊池陽人也世爲著姓好書不恥惡衣惡食而恥一物之不知建安初關中始平茂與扶風蘇則共入武功南山隱處精思數歲州舉茂才除臨汾令居官清靜吏民不忍欺轉爲武德侯庶子二十二年坐其宗人吉本等起事被收先是科禁內學及兵書而茂皆有匿不送官及其被收不知當坐本等顧謂其左右曰我坐書也會鍾相國證茂本服第已絕故得不坐後以茂爲武陵太守不之官轉酇相以國省拜議郎景初中病亡自茂修行從少至長冬則被裘夏則短褐行則步涉食則茨藿臣役妻子室如懸磬其或饋遺一不肯受雖不以此高人亦心疾不義而貴且富者先時國家始制九品各使諸郡選置中正差敘自公卿以下至于郎吏功德材行所任茂同郡護羌校尉王琰前數爲郡守不名爲清白而琰子嘉仕歷諸縣亦復爲通人嘉時還爲散騎郎馮翊郡移嘉爲中正嘉敘茂雖在上第而狀甚下云德優能少茂慍曰痛乎我效汝父子冠幘劫人邪初茂同產兄黃以十二年中從公府掾爲長陵令是時科禁長吏擅去官而黃聞司徒趙溫薨自以爲故吏違科奔喪爲司隸鍾繇所收遂伏法茂時爲白衣始有清名於三輔以爲兄坐追義而死怨怒不肯哭至歲終繇舉茂議者以爲茂必不就及舉既到而茂就之故時人或以茂爲畏繇或以茂爲髦士也沐並字德信河間人也少孤苦袁紹父子時始爲名吏有志介嘗過姊姊爲殺雞炊黍而不留也然爲人公果不畏彊禦丞相召署軍謀掾黃初中爲成皋令校事劉肇出過縣遣人呼縣吏求索槀穀是時蝗旱官無有見未辨之間肇人從入並之閤下呴呼罵吏並怒因躧履提刀而出多從吏卒欲收肇肇覺知驅走具以狀聞有詔肇爲牧司爪牙吏而並欲收縛無所忌憚自恃清名邪遂收欲殺之肇髡決減死刑竟復吏由是放散十餘年至正始中爲三府長史時吳使朱然諸葛瑾攻圍樊城遣船兵於峴山東斫材牂牁人兵作食有先熟者呼後熟者言共食來後熟者答言不也呼者曰汝欲作沐德信邪其名流布播於異域如此雖自華夏不知者以爲前世人也爲長史八年晚出爲濟陰太守召還拜議郎年六十餘自慮身無常豫作終制戒其子以儉葬曰告雲儀等夫禮者生民之始教而百世之中庸也故力行者則爲君子不務者終爲小人然非聖人莫能履其從容也是以富貴者有驕奢之過而貧賤者譏於固陋於是養生送死苟竊非禮由斯觀之陽虎璵璠甚於暴骨桓魋石槨不如速朽此言儒學撥亂反正鳴鼓矯俗之大義也未是夫窮理盡性陶冶變化之實論也若能原始要終以天地爲一區萬物爲芻狗該覽玄通求形景之宗同禍福之素一死生之命吾有慕於道矣夫道之爲物惟怳惟忽壽爲欺魄夭爲鳧沒身淪有無與神消息含悅陰陽甘夢太極奚以棺槨爲牢衣裳爲纏尸繫地下長幽桎梏豈不哀哉昔莊周闊達無所適莫又楊王孫裸體貴不久容耳至夫末世緣生怨死之徒乃有含珠鱗柙玉牀象衽殺人以徇壙穴之內錮以紵絮藉以蜃炭千載僵燥託類神仙於是大教陵遲競於厚葬謂莊子爲放蕩以王孫爲戮屍豈復識古有衣薪之鬼而野有狐狸之齒乎哉吾以材質滓濁汙於清流昔忝國恩歷試宰守所在無效代匠傷指很跋首尾無以雪恥如不可求從吾所好今年過耳順奄忽無常苟得獲沒即以吾身襲於王孫矣上冀以贖市朝之逋罪下以親道化之靈祖爾幼昏未知臧否若將逐俗抑廢吾志私稱從令未必爲孝而犯魏顆聽治之賢爾爲棄父之命誰或矜之使死而有知吾將屍視至矣嘉平中病甚臨困又敕豫掘戒氣絕令二人舉尸即埳絕哭泣之聲止婦女之送禁弔祭之賓無設摶治粟米之奠又戒後亡者不得入藏不得封樹妻子皆遵之時苗字德胄鉅鹿人也少清白爲人疾惡建安中入丞相府出爲壽春令令行風靡揚州治在其縣時蔣濟爲治中苗以初至往謁濟濟素嗜酒適會其醉不能見苗苗恚恨還刻木爲人署曰酒徒蔣濟置之牆下旦夕射之州郡雖知其所爲不恪然以其履行過人無若之何又其始之官乘薄軬車黃牸牛布被囊居官歲餘牛生一犢及其去留其犢謂主簿曰令來時本無此犢犢是淮南所生有也羣吏曰六畜不識父自當隨母苗不聽時人皆以爲激然由此名聞天下還爲太官令領其郡中正定九品於敘人才不能寬然紀人之短雖在久遠銜之不置如所忿蔣濟者仕進至太尉濟不以苗前毀已爲嫌苗亦不以濟貴更屈意爲令數歲不肅而治遷典農中郎將年七十餘以正始中病亡也

楊俊字季才河內獲嘉人也受學陳留邊讓讓器異之俊以兵亂方起而河內處四達之衢必爲戰場乃扶持老弱詣京密山間同行者百餘家俊振濟貧乏通共有無宗族知故爲人所略作奴僕者凡六家俊皆傾財贖之司馬宣王年十六七與俊相遇俊曰此非常之人也又司馬朗早有聲名其族兄芝衆未之知惟俊言曰芝雖夙望不及朗實理但有優耳俊轉避地并州本郡王象少孤特爲人僕隸年十七八見使牧羊而私讀書因被箠楚俊嘉其才質即贖象著家娉娶立屋然後與別太祖除俊曲梁長入爲丞相掾屬舉茂才安陵令遷南陽太守宣德教立學校吏民稱之徙爲征南軍師魏國既建遷中尉太祖征漢中魏諷反於鄴俊自劾詣行在所俊以身方罪免牋辭太子太子不說曰楊中尉便去何太高遠邪遂被書左遷平原太守文帝踐阼復在南陽時王象爲散騎常侍薦俊曰伏見南陽太守楊俊秉純粹之茂質履忠肅之弘量體仁足以育物篤實足以動衆克長後進惠訓不倦外寬內直仁而有斷自初彈冠所歷垂化再守南陽恩德流著殊鄰異黨繦負而至今境守清靜無所展其智能宜還本朝宣力輦轂熙帝之載俊自少及長以人倫自任同郡審固陳留衞恂本皆出自兵伍俊資拔獎致咸作佳士後固歷位郡守恂御史縣令其明鑒行義多此類也初臨菑侯與俊善太祖適嗣未定密訪羣司俊雖並論文帝臨菑才分所長不適有所據當然稱臨菑猶美文帝常以恨之黃初二年車駕至宛以市不豐樂發怒收俊尚書僕射司馬宣王常侍王象荀緯請俊叩頭流血帝不許俊曰吾知罪

矣遂自殺衆寃痛之 世語曰俊三孫覽字公質汝陰太守宣字公彥尚書晉東海王越舅也覽子沈字宣弘散騎常侍魏略曰王象字羲伯既爲俊所知拔果有才志建安中與同郡荀緯等俱爲魏太子所禮待及王粲陳琳阮瑀路粹等亡後新出之中惟象才最高魏有天下拜象散騎侍郎遷爲常侍封列侯受詔撰皇覽使象領祕書監象從延康元年始撰集數歲成藏於祕府合四十餘部部有數十篇通合八百餘萬字象既性器和厚又文采溫雅用是京師歸美稱爲儒宗車駕南巡未到宛有詔百官不得干豫郡縣及車駕到而宛令不解詔旨閉市門帝聞之忿然曰吾是寇邪乃收宛令及太守楊俊詔問尚書漢明帝殺幾二千石時象見詔文知俊必不免乃當帝前叩頭流血竟面請俊減死一等帝不答欲釋入禁中象引帝衣帝顧謂象曰我知楊俊與卿本末耳今聽卿是無我也卿寧無俊邪無我邪象以帝言切乃縮手帝遂入決俊法然後乃出象自恨不能濟俊遂發病死

杜襲字子緒潁川定陵人也曾祖父安祖父根著名前世 先賢行狀曰安年十歲名稱鄉黨至十三入太學號曰神童既名知人清高絕俗洛陽令周紆數候安安常逃避不見時貴戚慕安高行多有與書者輒不發以慮後患常鑿壁藏書後諸與書者果有大罪推捕所與交通者吏至門安乃發壁出書印封如故當時皆嘉其慮遠三府並辟公車特徵拜宛令先是宛有報讎者其令不忍致理將與俱亡縣中豪彊有告其處者致捕得安深疾惡之到官治戮肆之於市漢有司繩彈遂自免後徵拜巴郡太守率身正下以禮化俗以病卒官時服薄斂素器不漆子自將車州郡賢之表章墳墓根舉孝廉除郎中時和熹鄧后臨朝外戚橫恣安帝長大猶未歸政根乃與同時郎上書直諫鄧后怒收根等伏誅誅者皆絹囊盛於殿上撲地執法者以根德重事公默語行事人使不加力誅訖車載城外根以撲輕得蘇息遂閉目不動經三日乃密起逃竄爲宜城山中酒家客積十五年酒家知其賢常厚敬待鄧后崩安帝謂根久死以根等忠直普下天下錄見誅者子孫根乃自出徵詣公車拜符節令或問根往日遭難天下同類知故不少何至自苦如此根答曰周旋人間非絕迹之處邂逅發露禍及親知故不爲也遷濟陰太守以德讓爲政風移俗改年七十八以壽終棺不加漆斂以時服長吏下車常先詣安根墓致祠 襲避亂荊州劉表待以賓禮同郡繁欽數見奇於表襲喻之曰吾所以與子俱來者徒欲龍蟠幽藪待時鳳翔豈謂劉牧當爲撥亂之主而規長者委身哉子若見能不已非吾徒也吾其與子絕矣欽慨然曰請敬受命襲遂南適長沙建安初太祖迎天子都許襲逃還鄉里太祖以爲西鄂長縣濵南境寇賊縱橫時長吏皆斂民保城郭不得農業野荒民困倉庾空虛襲自知恩結於民乃遣老弱各分散就田業留丁彊備守吏民歡悅會荊州出步騎萬人來攻城襲乃悉召縣吏民任拒守者五十餘人與之要誓其親戚在外欲自營護者恣聽遣出皆叩頭願致死於是身執矢石率與戮力吏民感恩咸爲用命臨陣斬數百級而襲衆死者三十餘人其餘十八人盡被創賊得入城襲帥傷痍吏民決圍得出死喪略盡而無反背者遂收散民徙至摩陂營吏民慕而從之如歸 九州春秋曰建安六年劉表攻西鄂西鄂長杜子緒帥縣男女嬰城而守時南陽功曹栢孝長亦在城中聞兵攻聲恐懼入室閉戶牽被覆頭相攻半日稍敢出面其明側立而聽二日往出戶問消息至四五日乃更負楯親鬬語子緒曰勇可習也 司隸鍾繇表拜議郎參軍事荀彧又薦襲太祖以爲丞相軍祭酒魏國既建爲侍中與王粲和洽並用粲彊識博聞故太祖游觀出入多得驂乘至其見敬不及洽襲嘗獨見至于夜半粲性躁競起坐曰不知公對杜襲道何等也洽笑答曰天下事豈有盡邪卿晝侍可矣悒悒於此欲兼之乎後襲領丞相長史隨太祖到漢中討張魯太祖還拜襲駙馬都尉留督漢中軍事綏懷開導百姓自樂出徙洛鄴者八萬餘口夏侯淵爲劉備所沒軍喪元帥將士失色襲與張郃郭淮糾攝諸軍事權宜以郃爲督以一衆心三軍遂定太祖東還當選留府長史鎮守長安主者所選皆不當太祖令曰釋騏驥而不乘焉皇皇而更索遂以襲爲留府長史駐關中時將軍許攸擁部曲不附太祖而有慢言太祖大怒先欲伐之羣臣多諫可招懷攸共討彊敵太祖橫刀於膝作色不聽襲入欲諫太祖逆謂之曰吾計以定卿勿復言襲曰若殿下計是邪臣方助殿下成之若殿下計非邪雖成宜改之殿下逆臣令勿言之何待下之不闡乎太祖曰許攸慢吾如何可置乎襲曰殿下謂許攸何如人邪太祖曰凡人也襲曰夫惟賢知賢惟聖知聖凡人安能知非凡人邪方今豺狼當路而狐狸是先人將謂殿下避彊攻弱進不爲勇退不爲仁臣聞千鈞之弩不爲鼷鼠發機萬石之鍾不以莛撞起音今區區之許攸何足以勞神武哉太祖曰善遂厚撫攸攸即歸服時夏侯尚暱於太子情好至密襲謂尚非益友不足殊待以聞太祖文帝初甚不悅後乃追思語在尚傳其柔而不犯皆此類也文帝即王位賜爵關內侯及踐阼爲督軍糧御史封武平亭侯更爲督軍糧執法入爲尚書明帝即位進封平陽鄉侯諸葛亮出秦川大將軍曹真督諸軍拒亮徙襲爲大將軍軍師分邑百戶賜兄基爵關內侯真薨司馬宣王代之襲復爲軍師增邑三百并前五百五十戶以疾徵還拜太中大夫薨追贈少府謚曰定侯子會嗣

趙儼字伯然潁川陽翟人也避亂荊州與杜襲繁欽通財同計合爲一家太祖始迎獻帝都許儼謂欽曰曹鎮東應期命世必能匡濟華夏吾知歸矣建安二年年二十七遂扶持老弱詣太祖太祖以儼爲朗陵長縣多豪猾無所畏忌儼取其尤甚者收縛案驗皆得死罪儼既囚之乃表府解放自是威恩並著時袁紹舉兵南侵遣使招誘豫州諸郡諸郡多受其命惟陽安郡不動而都尉李通急錄戶調儼見通曰方今天下未集諸郡並叛懷附者復收其緜絹小人樂亂能無遺恨且遠近多虞不可不詳也通曰紹與大將軍相持甚急左右郡縣背叛乃爾若緜絹不調送觀聽者必謂我顧望有所須待也儼曰誠亦如君慮然當權其輕重小緩調當爲君釋此患乃書與荀彧曰今陽安郡當送緜絹道路艱阻必致寇害百姓困窮鄰城並叛易用傾蕩乃一方安危之機也且此郡人執守忠節在險不貳微善必賞則爲義者勸善爲國者藏之於民以爲國家宜垂慰撫所斂緜絹皆俾還之彧報曰輒白曹公公文下郡緜絹悉以還民上下歡喜郡內遂安入爲司空掾屬主簿 魏略曰太祖北拒袁紹時遠近無不私遺牋記通意於紹者儼與領陽安太守李通同治通亦欲遣使儼爲陳紹必敗意通乃止及紹破走太祖使人搜閱紹記室惟不見通書疏陰知儼必爲之計乃曰此必趙伯然也臣松之案魏武紀破紹後得許下軍中人書皆焚之若故使人搜閱知其有無則非所以安人情也疑此語爲不然 時于禁屯潁陰樂進屯陽翟張遼屯長社諸將任氣多共不協使儼并參三軍每事訓喻遂相親睦太祖征荊州以儼領章陵太守徙都督護軍護于禁張遼張郃朱靈李典路招馮楷七軍復爲丞相主簿遷扶風太守太祖徙出故韓遂馬超等兵五千餘人使平難將軍殷署等督領以儼爲關中護軍盡統諸軍羌虜數來寇害儼率署等追到新平大破之屯田客呂並自稱將軍聚黨據陳倉儼復率署等攻之賊即破滅時被書差千二百兵往助漢中守署督送之行者卒與室家別皆有憂色署發後一日儼慮其有變乃自追至斜谷口人人慰勞又深戒署還宿雍州刺史張既舍署軍復前四十里兵果叛亂未知署吉凶而儼自隨步騎百五十人皆與叛者同部曲或婚姻得此問各驚被甲持兵不復自安儼欲還既等以爲今本營黨已擾亂一身赴之無益可須定問儼曰雖疑本營與叛者同謀要當聞行者變乃發之又有欲善不能自定宜及猶豫促撫寧之且爲之元帥既不能安輯身受禍難命也遂去行三十里止放馬息盡呼所從人喻以成敗慰勵懇切皆慷慨曰死生當隨護軍不敢有二前到諸營各召料簡諸姦結叛者八百餘人散在原野惟取其造謀魁率治之餘一不問郡縣所收送皆放遣乃即相率還降儼密白宜遣將詣大營請舊兵鎮守關中太祖遣將軍劉柱將二千人當須到乃發遣而事露諸營大駭不可安喻儼謂諸將曰舊兵既少東兵未到是以諸營圖爲邪謀若成變爲難不測因其狐疑當令早決遂宣言當差留新兵之溫厚者千人鎮守關中其餘悉遣東便見主者內諸營兵名籍案累重立差別之留者意定與儼同心其當去者亦不敢動儼一日盡遣上道因使所留千人分布羅落之東兵尋至乃復脅喻并徙千人令相及共東凡所全致二萬餘口 孫盛曰盛聞爲國以禮民非信不立周成不棄桐葉之言晉文不違伐原之誓故能隆刑措之道建一匡之功儼既許留千人使效心力始雖權也宜以信終兵威既集而又逼徙信義喪矣何以臨民 關羽圍征南將軍曹仁於樊儼以議郎參仁軍事南行平寇將軍徐晃俱前既到羽圍仁遂堅餘救兵未到晃所督不足解圍而諸將呵責晃促救儼謂諸將曰今賊圍素固水潦猶盛我徒卒單少而仁隔絕不得同力此舉適所以弊內外耳當今不若前軍偪圍遣諜通仁使知外救以勵將士計北軍不過十日尚足堅守然後表裏俱發破賊必矣如有緩救之戮余爲諸軍當之諸將皆喜便作地道箭飛書與仁消息數通北軍亦至并勢大戰羽軍既退舟船猶據沔水襄陽隔絕不通而孫權襲取羽輜重羽聞之即走南還仁會諸將議咸曰今因羽危懼必可追禽也儼曰權邀羽連兵之難欲掩制其後顧羽還救恐我承其兩疲故順辭求效乘釁因變以觀利鈍耳今羽已孤迸更宜存之以爲權害若深入追北權則改虞於彼將生患於我矣王必以此爲深慮仁乃解嚴太祖聞羽走恐諸將追之果疾勑仁如儼所策文帝即王位爲侍中頃之拜駙馬都尉領河東太守典農中郎將黃初三年賜爵關內侯孫權寇邊征東大將軍曹休統五州軍禦之徵儼爲軍師權衆退軍還封宜土亭侯轉爲度支中郎將遷尚書從征吳到廣陵復留爲征東軍師明帝即位進封都鄉侯邑六百戶監荊州諸軍事假節會疾不行復爲尚書出監豫州諸軍事轉大司馬軍師入爲大司農齊王即位以儼監雍涼諸軍事假節轉征蜀將軍又遷征西將軍都督雍涼正始四年老疾求還徵爲驃騎將軍 魏略曰舊故四征有官廚財籍遷轉之際無不因緣而儼又手上車發到霸上忘持其常所服藥雍州聞之乃追送雜藥材數箱儼笑曰人言語殊不易我偶問所服藥耳何用是爲邪遂不取 遷司空薨謚曰穆侯子亭嗣初儼與同郡辛毗陳羣杜襲並知名號曰辛陳杜趙云

裴潛字文行河東聞喜人也 魏略曰潛世爲著姓父茂仕靈帝時歷縣令郡守尚書建安初以奉使率導關中諸將討李傕有功封列侯潛少不脩細行由此爲父所不禮 避亂荊州劉表待以賓禮潛私謂所親王粲司馬芝曰劉牧非霸王之才乃欲西伯自處其敗無日矣遂南適長沙太祖定荊州以潛參丞相軍事出歷三縣令入爲倉曹屬太祖問潛曰卿前與劉備俱在荊州卿以備才略何如潛曰使居中國能亂人而不能爲治也若乘間守險足以爲一方主時代郡大亂以潛爲代郡太守烏丸王及其大人凡三人各自稱單于專制郡事前太守莫能治正太祖欲授潛精兵以鎮討之潛辭曰代郡戶口殷衆士馬控弦動有萬數單于自知放橫日久內不自安今多將兵往必懼而拒境少將則不見憚宜以計謀圖之不

可以兵威迫也遂單車之郡單于驚喜潛撫之以靜單于以下脫帽稽顙悉還前後所略婦女器械財物潛案誅郡中大吏與單于爲表裏者郝溫郭端等十餘人北邊大震百姓歸心在代三年還爲丞相理曹掾太祖褒稱治代之功潛曰潛於百姓雖寬於諸胡爲峻今計者必以潛爲理過嚴而事加寬惠彼素驕恣過寬必弛旣弛又將攝之以法此訟爭所由生也以勢料之代必復叛於是太祖深悔還潛之速後數十日三單于反問至乃遣鄢陵侯彰爲驍騎將軍征之潛出爲沛國相遷兗州刺史太祖次摩陂歎其軍陳齊整特加賞賜文帝踐祚入爲散騎常侍出爲魏郡潁川典農中郎將奏通貢舉比之郡國由是農官進仕路泰遷荊州刺史賜爵關內侯明帝卽位入爲尚書出爲河南尹轉太尉軍師大司農封清陽亭侯邑二百戶入爲尚書令奏正分職料簡名實出事使斷官府者百五十餘條喪父去官拜光祿大夫正始五年薨追贈太常謚曰貞侯魏略曰時遠近皆云當爲公會病亡始潛自感所生微賤無舅氏又爲父所不禮卽折節仕進雖多所更歷清省恪然每之官不將妻子妻子貧乏織藜芘以自供又潛爲兗州時嘗作一胡牀及其去也留以掛柱又以父在京師出入薄軬車羣弟之田廬常步行家人小大或并日而食其家敎上下相奉事有似於石奮其履檢校度自魏興少能及者潛爲人材博有雅要容然但如此而已終槩所推進故世歸其絜而不宗其餘子秀嗣遺令儉葬墓中惟置一坐瓦器數枚其餘一無所設秀咸熙中爲尚書僕射文章敘錄曰秀字季彥弘通博濟八歲能屬文遂知名大將軍曹爽辟喪父服終推財與兄弟年二十五遷黃門侍郎爽誅以故吏免遷衞國相累遷散騎常侍尚書僕射令光祿大夫咸熙中晉文王始建五等命秀典爲制度封廣川侯晉室受禪進左光祿大夫改封鉅鹿公遷司空著易及樂論又畫地域圖十八篇傳行于世盟會圖及典治官制皆未成年四十八泰始七年薨謚元公配食宗廟少子頠字逸民襲封荀綽冀州記曰頠爲人弘雅有遠識博學稽古履行高整自少知名歷位太子中庶子侍中尚書元康末爲尚書左僕射趙王倫以其望重畏而惡之知其不與賈氏同心猶被枉害臣松之案陸機惠帝起居注稱頠雅有遠量當朝名士也又曰民之望也頠理具淵博贍於論難著崇有貴無二論以矯虛誕之弊文辭精富爲世名論子嵩字道文荀綽稱嵩有父祖風爲中書郎早卒頠從父弟邈字景聲有儁才爲太傅司馬越從事中郎假節監中外營諸軍事潛少弟徽字文季冀州刺史有高才遠度善言玄妙事見荀粲傳嘏王弼管輅諸傳徽長子黎字伯宗一名演遊擊將軍次康字仲豫太子左衞率次楷字叔則侍中中書令光祿大夫開府次綽字季舒黃門侍郎早卒追贈長水校尉康楷綽皆爲名士而楷才望最重晉諸公贊曰康有弘量綽以明達爲稱楷少與琅邪王戎俱爲掾發名鍾會致之大將軍司馬文王曰裴楷清通王戎簡要文王卽辟爲掾進歷顯位謝鯤爲樂廣傳稱楷儁朗有識具當時獨步黎子苞秦州刺史康子純黃門侍郎次盾徐州刺史次邵有器望晉元帝爲安東將軍邵爲長史侍中王曠與司馬越書曰裴邵在此雖不治事然識量弘達此下人士大敬附之次廓中壘將軍楷子瓚中書郎次憲豫州刺史綽子遐太傅主簿瓚遐並有盛名早卒晉諸公贊稱憲有清識魏略列傳以徐福嚴幹李義張既游楚梁習趙儼裴潛韓宣黃朗十人共卷其既習儼潛四人自有傳徐福事在諸葛亮傳游楚事在張既傳餘幹等四人載之於後嚴幹字公仲李義字孝懿皆馮翊東縣人也馮翊東縣舊無冠族故二人並單家其器性皆重厚當中平末同年二十餘幹好擊劍義好辨護事馮翊甲族桓田吉郭及故侍中鄭文信等頗以其各有器實共紀識之會三輔亂人多流宕而幹義不去與諸知故相浮沈採樵自活建安初關中始開詔分馮翊西數縣爲左內史郡治高陵以東數縣爲本郡治臨晉義於縣分當西屬義謂幹曰西縣兒曹不可與爭坐席今當共作方牀耳遂相附結皆仕東郡爲右職司隸辟幹不至歲終郡舉幹孝廉義上計掾義留京師爲平陵令遷冗從僕射遂歷顯職遷魏封十郡請義以爲軍祭酒又爲魏尚書左僕射及文帝卽位拜諫議大夫執金吾衞尉卒官義子豐字宣國見夏侯玄傳幹以孝廉拜蒲阪令病去官復舉至孝爲公車司馬令爲州所請詔拜議郎還參州事會以建策捕高幹又追錄前討郭援功封武鄉侯遷弘農太守及馬超反幹郡近超民人分散超破爲漢陽太守遷益州刺史以道不通黃初中轉爲五官中郎將明帝時遷永安太僕數歲卒始李義以直道推誠於人故于時陳羣等與之齊好雖無他材力而終仕進不頓躓幹從破亂之後更折節學問特善春秋公羊司隸鍾繇不好公羊而好左氏謂左氏爲大官而謂公羊爲賣餅家故數與幹共辯析長短繇爲人機捷善持論而幹訥口臨時屈無以應繇謂幹曰公羊高竟爲左丘明服矣幹曰直故吏爲明使君服耳公羊未肯也韓宣字景然渤海人也爲人短小建安中丞相召署軍謀掾冗散在鄴嘗於鄴出入宮於東掖門內與臨菑侯植相遇時天新雨地有泥潦宣欲避之闕潦不得去乃以扇自障住於道邊植嫌宣旣不去又不爲禮乃駐車使其常從問宣何官宣云丞相軍謀掾也植又問曰應得唐突列侯否宣曰春秋之義王人雖微列于諸侯之上未聞宰士而爲下土諸侯禮也植又曰卽如所言爲人父吏見其子應有禮否宣又曰於禮臣子一例也而宣年又長植知其枝柱難窮乃釋去具爲太子言以爲辯黃初中爲尚書郎嘗以職事當受罰於殿前已縛束杖未行文帝輦過問此爲誰左右對曰尚書郎勃海韓宣也帝追念前臨菑侯所說乃寤曰是子建所道韓宣邪特原之遂解其縛時天大寒宣前以當受杖豫脫袴纏褌面縛及其原褌腰不下乃趨而去帝目而送之笑曰此家有瞻諦之士也後出爲清河東郡太守明帝時爲尚書大鴻臚數歲卒宣前後當官在能否之間然善以己恕人始南陽韓暨以宿德在宣前爲大鴻臚暨爲人賢及宣在後亦稱職故鴻臚中爲之語曰大鴻臚小鴻臚前後治行曷相如案本志宣名都不見惟魏略有此傳而世語列於名臣之流黃朗字文達沛郡人也爲人弘通有性實父爲本縣卒朗感其如此抗志游學由是爲方國及其郡士大夫所禮異與東平右姓王惠陽爲硏交惠陽親拜朗母於牀下朗始仕黃初中爲長吏遷長安令會喪母不赴復爲魏令遷襄城典農中郎將涿郡太守以明帝時疾病卒始朗爲君長自以父故常忌不呼鈴下伍伯而呼其姓字至於忿怒亦終不言朗旣仕至二千石而惠陽亦歷長安令酒泉太守故時人謂惠陽外似麤疏而內堅密能不顧朗之本末事朗母如己母爲通度也魚豢曰世稱君子之德其猶龍乎蓋以其善變也昔長安市儈有劉仲始者一爲市吏所辱乃感激蹋其尺折之遂行學問經明行脩流名海內後以有道徵不肯就衆人歸其高余以爲前世偶有此耳而今徐福復參之若皆非似龍之志也其何能至於此哉李推至道張工度主韓見識異黃能拔萃各著根於石上而垂陰乎千里亦未爲易也游翁慷慨展布腹心全軀保郡見延帝王又放陸生優游宴戲亦一賢也梁趙及裴雖張楊不足至於檢已老而益明亦難能也

評曰和洽清和幹理常林素業純固楊俊人倫行義杜襲溫粹識統趙儼剛毅有度裴潛平恒貞幹皆一世之美士也至林能不繫心於三司以大夫告老美矣哉

魏志卷二十三考證

和洽洽獨以冀州土平兵彊○毛本兵彊作民彊

必有讒慝間其中者○毛本無必字

太祖定荊州○定監本訛作奪今改正

天下大器在位與人不可以一節儉也○冊府作不可以一節論也

所謂悅武無震古人之誠也○悅武冊府作玩武 臣照按國語云武不可覿文不可匿覿武無震匿文不詳此必引此語自當作覿悅玩二字俱非

明帝時爲尚書注召李叔才鄉閭之間○叔宋本作淑

又注莫不賴劭顧歎之榮○毛本作顧採

又注劭宗人許栩沉沒榮利致位司徒○何焯曰按後漢書言劭從祖敬敬子訓訓子相並爲三公相以能諂事宦官故自致台司封侯數遣請劭劭惡其薄行終不候之栩疑相之誤也靈帝初爲三公者亦有許栩史不詳其何所人建寧元年由大鴻臚爲司空二年免時許訓爲司徒四年訓免橋玄代之是年栩代玄爲司徒名輩在子將之前蓋先賢傳失之也

常林旹弟靜紹封注未是夫窮理盡性陶冶變化之實論也○是冊府作臻

又注於敘人才不能寬○太平御覽作至於敘人才不能寬大

杜襲彊識博聞○元本彊上有槩字

嘗獨見至於夜半○元本嘗上多一襲字

時將軍許攸擁部曲不附太祖○此非南陽許攸也太平御覽作許遊

增邑三百戶○毛本無戶字

趙儼太祖遣將軍劉柱將二千人當須到乃發遣○二千人下通鑑有往字

舊兵旣少東兵未到○東兵監本誤策兵今改正

如有緩救之戮余爲諸軍當之○諸軍通鑑作諸君

便作地道箭飛書與仁○箭字上太平御覽多射字

孫權寇邊征東大將軍曹休統五州軍禦之○監本作曹仁 臣明楷按曹休傳云帝征孫權以休爲征東大將軍仁未嘗爲征東也監本誤今改正

轉大司馬軍師入爲大司農○大司馬監本訛作大司農今改正

裴潛謚曰貞侯注潛爲人材博有雅要容○要字疑衍

咸熙中爲尚書僕射注餘幹等四人載之於後○監本作徐韓等四人 臣明楷按此卽指下嚴幹李義韓宣黃朗等四人也且上文已云徐福事在諸葛亮傳不應又云徐韓監本誤今改正

又注馮翊甲族桓田吉郭○桓田監本誤桓甲今改正

魏志卷二十四

晉著作郎巴西中正安漢陳壽撰

宋太中大夫國子博士聞喜裴松之注

韓暨 崔林 高柔 孫禮 王觀

韓暨字公至南陽堵陽人也楚國先賢傳曰暨韓王信之後祖術河東太守父純南郡太守同縣豪右陳茂譖暨父兄幾致大辟暨陽不以爲言庸賃積資陰結死士遂追呼尋禽茂以首祭父墓由是顯名舉孝廉司空辟皆不就乃變名姓隱居避亂魯陽山中山民合黨欲行寇掠暨散家財以供牛酒請其渠帥爲陳安危山民化之終不爲害避袁術命召徙居山都之山荊州牧劉表禮辟遂遁逃南居孱陵界所在見敬愛而表深恨之暨懼應命除宜城長太祖平荊州辟爲丞相士曹屬後遷樂陵太守徙監冶謁者舊時冶作馬排蒲拜反爲排以吹炭每一熟石用馬百匹更作人排又費功力暨乃因長流爲水排計其利益三倍於前在職七年器用充實制書褒歎就加司金都尉班亞九卿文帝踐阼封宜城亭侯黃初七年遷太常進封南鄉亭侯邑二百戶時新都洛陽制度未備而宗廟主祏祏音石春秋傳曰命我先人典司宗祏宗廟所以藏主石室者皆在鄴都暨奏請迎鄴四廟神主建立洛陽廟四時蒸嘗親奉粢盛崇明正禮廢去淫祀多所匡正在官八年以疾遜位景初二年春詔曰太中大夫韓暨澡身浴德志節高絜年踰八十守道彌固可謂純篤老而益劭者也其以暨爲司徒夏四月薨遺令斂以時服葬爲土藏謚曰恭侯楚國先賢傳曰暨臨終遺書曰夫俗奢者示之以儉儉則節之以禮歷見前代送終過制失之甚矣若爾曹敬聽吾言斂以時服葬以土藏穿畢便葬送以瓦器愼勿有增益又上疏曰生有益於民死猶不害於民況臣備位台司在職日淺未能宣揚聖德以廣益黎庶寢疾彌留奄卽幽冥方今百姓農務不宜勞役乞不令洛陽吏民供設喪具懼國典有常使臣私願不得展從謹冒以聞惟蒙哀許帝得表嗟歎乃詔曰故司徒韓暨積德履行忠以立朝至於黃髮直亮不虧旣登三事望獲毗輔之助如何奄忽天命不永曾參臨沒易簀以禮晏嬰尚儉遣車降制今司徒知命遺言卹民必欲崇約可謂善始令終者也其喪禮所設皆如故事勿有所闕特賜溫明祕器衣一稱五時朝服玉具劍佩子肇嗣肇薨子邦嗣楚國先賢傳曰邦字長林少有才學晉武帝時爲野王令有稱績爲新城太守坐舉野王故吏爲新城計吏武帝大怒遂殺邦暨次子繇高陽太守繇子洪侍御史洪子壽字德貞晉諸公贊曰自暨已下世治素業壽能敦尚家風性尤忠厚早歷清職惠帝踐阼爲散騎常侍遷守河南尹病卒贈驃騎將軍壽妻賈充女充無後以壽子謐爲嗣弱冠爲祕書監侍中性驕佚而才出衆少子蔚亦有器望並爲趙王倫所誅韓氏遂滅

崔林字德儒清河東武城人也少時晚成宗族莫知惟從兄琰異之太祖定冀州召除鄔長貧無車馬單步之官太祖征壺關問長吏德政最者幷州刺史張陟以林對於是擢爲冀州主簿徙署別駕丞相掾屬魏國旣建稍遷御史中丞文帝踐阼拜尚書出爲幽州刺史北中

郎將吳質統河北軍事涿郡太守王雄謂林別駕曰吳中郎將上所親重國之貴臣也杖節統事州郡莫不奉牋致敬而崔使君初不與相聞若以邊塞不脩斬卿使君寧能護卿邪別駕具以白林林曰刺史視去此州如脫屣寧當相累邪此州與胡虜接宜鎭之以靜擾之則動其逆心特爲國家生北顧憂以此爲寄在官一期寇竊寢息（案王氏譜雄字元伯太保祥之宗也魏名臣表載安定太守孟達薦雄曰臣聞明君以求賢爲業忠臣以進善爲效故易稱拔茅連茹傳曰舉爾所知臣不自量竊慕其義臣昔以人乏謬充備部職時涿郡太守王雄爲西部從事與臣同僚雄天性良固果而有謀歷試三縣政成人和及在近職奉宣威恩懷柔有術清愼持法臣往年出使經過雄郡自說特受陛下拔擢之恩常勵節精心思投命爲効言辭激揚情趣款惻臣雖愚闇不識眞僞以謂雄才兼資文武忠烈之性踰越倫輩今涿郡領戶三千孤寡之家參居其半北有守兵藩衞之固誠不足舒雄智力展其勤幹也臣受恩深厚無以報國不勝慺慺淺見之情謹冒陳聞詔曰昔蕭何薦韓信鄧禹進吳漢惟賢知賢也雄有膽智技能文武之姿吾宿知之今便以參散騎之選方使少在吾門下知指歸便大用之矣天下之士欲使皆先歷散騎然後出據州郡是吾本意也雄後爲幽州刺史子渾涼州刺史次乂平北將軍司徒安豐侯戎渾之子太尉武陵侯衍荊州刺史澄皆乂之子）猶以不事上司左遷河間太守清論多爲林怨也（魏名臣奏載侍中辛毗奏曰昔桓階爲尙書令以崔林非尙書才遷以爲河間太守與此傳不同）遷大鴻臚龜茲王遣侍子來朝朝廷嘉其遠至褒賞其王甚厚餘國各遣子來朝間使連屬林恐所遣或非眞的權取疏屬賈胡因通使命利得印綬而道路護送所損滋多勞所養之民資無益之事爲夷狄所笑此曩時之所患也乃移書燉煌喩指并錄前世待遇諸國豐約故事使有恒常明帝卽位賜爵關內侯轉光祿勳司隸校尉屬郡皆罷非法除過員吏林爲政推誠簡存大體是以去後每輒見思散騎常侍劉劭作考課論制下百僚林議曰案周官考課其文備矣自康王以下遂以陵遲此卽考課之法存乎其人也及漢之季其失豈在乎佐吏之職不密哉方今軍旅或猥或卒備之以科條申之以內外增減無常固難一矣且萬目不張舉其綱衆毛不整振其領皋陶仕虞伊尹臣殷不仁者遠五帝三王未必如一而各以治亂易曰易簡而天下之理得矣太祖隨宜設辟以遺來今不患不法古也以爲今之制度不爲疏闊惟在守一勿失而已若朝臣能任仲山甫之重式是百辟則孰敢不肅景初元年司徒司空並缺散騎侍郎孟康薦林曰夫宰相者天下之所瞻效誠宜得秉忠履正本德杖義之士足爲海內所師表者竊見司隸校尉崔林稟自然之正性體高雅之弘量論其所長以比古人忠直不回則史魚之儔清儉守約則季文之匹也牧守州郡所在而治及爲外司萬里肅齊誠台輔之妙器袞職之良才也後年遂爲司空封安陽亭侯邑六百戶三公封列侯自林始也（臣松之以爲漢封丞相邑爲荀悅所譏魏封三公其失同也）頃之又進封安陽鄉侯魯相上言漢舊立孔子廟褒成侯歲時奉祠辟雍行禮必祭先師王家出穀春秋祭祀今宗聖侯奉嗣未有命祭之禮宜給牲牢長吏奉祀尊爲貴神制三府議博士傅祗以春秋傳言立在祀典則孔子是也宗聖適足繼絕世章盛德耳至於顯立言崇明德則宜如魯相所上林議以爲宗聖侯亦以王命祀不爲未有命也周武王封黃帝堯舜之後及立三恪禹湯之世不列于時復特命他官祭也今周公已上達於三皇忽焉不祀而其禮經亦存其言今獨祀孔子者以世近故也以大夫之後特受無疆之祀禮過古帝義踰湯武可謂崇明報德矣無復重祀於非族也（臣松之以爲孟軻稱宰我之辭曰以予觀夫子賢於堯舜遠矣又曰生民以來未有盛於孔子者也斯非通賢之格言商較之定準乎雖妙極則同萬聖猶一然淳薄異時質文殊用或當時則榮沒則已焉是以遺風所被實有深淺若乃經緯天人立言垂制百王莫之能違彝倫資之以立誠一人而已耳周監二代斯文爲盛然於六經之道未能及其精致加以聖賢不興曠年五百道化陵夷憲章殆滅若使時無孔門則周典幾乎息矣夫能光明先王之道以成萬世之功齊天地之無窮等日月之久照豈不有踰於羣聖哉林曾無史遷洞想之誠梅眞慷慨之志而守其蓬心以塞明義可謂多見其不知量也）明帝又分林邑封一子列侯正始五年薨謚曰孝侯子述嗣（晉諸公贊曰述弟隨晉尙書僕射爲人亮濟趙王倫篡位隨與其事倫敗隨亦廢錮而卒林孫瑋性率而疏至太子右衞率也初林識拔同郡王經於民伍之中卒爲名士世以此稱之）

高柔字文惠陳留圉人也父靖爲蜀郡都尉（陳留耆舊傳曰靖高祖父固不仕王莽世爲淮陽太守所害以烈節垂名固子愼字孝甫敦厚少華有沈深之量撫育孤兄子五人恩義甚篤琅邪相何英嘉其行履以女妻焉英卽車騎將軍熙之父也愼歷二縣令東萊太守老病歸家草屋蓬戶甕缶無儲其妻謂之曰君累經宰守積有年歲何能不少爲儲畜以遺子孫乎愼曰我以勤身清名爲之基以二千石遺之不亦可乎子式至孝常盡力供養永初中螟蝗爲害獨不食式麥圍令周彊以表州郡太守楊舜舉式孝子讓不行後以孝廉爲郎次子昌昌弟賜並爲刺史郡守式子弘孝廉弘生靖）柔留鄉里謂邑中曰今者英雄並起陳留四戰之地也曹將軍雖據兗州本有四方之圖未得安坐守也而張府君先得志於陳留吾恐變乘間作也欲與諸君避之衆人皆以張邈與太祖善柔又年少不然其言柔從兄幹袁紹甥也（謝承漢書曰幹字元才才志弘邈文武秀出父躬蜀郡太守祖賜司隸校尉案陳留耆舊傳及謝承書幹應爲柔從父非兄也未知何者爲誤）在河北呼柔柔舉宗從之會靖卒於西州時道路艱澁兵寇縱橫而柔冒艱險詣蜀迎喪辛苦荼毒無所不嘗三年乃還太祖平袁氏以柔爲管長縣中素聞其名姦吏數人皆自引去柔教曰昔邴吉臨政吏嘗有非猶尙容之況此諸吏於吾未有失乎其召復之咸還皆自勵咸爲佳吏高幹旣降頃之以并州叛柔自歸太祖太祖欲因事誅之以爲刺姦令史處法允當獄無留滯辟爲丞相倉曹屬（魏氏春秋曰柔旣處法平允又夙夜匪懈至擁膝抱文書而寢太祖嘗夜微出觀察諸吏見柔哀之徐解裘覆柔而去自是辟焉）太祖欲遣鍾繇等討張魯柔諫以爲今猥遣大兵西有韓遂馬超謂爲已舉將相扇動作逆宜先招集三輔三輔苟平漢中可傳檄而定也繇入關遂超等果反魏國初建爲尙書郎轉拜丞相理曹掾令曰夫治定之化以禮爲首撥亂之政以刑爲先是以舜流四凶族皋陶作士漢祖除秦苛法蕭何定律掾清識平當明于憲典勉恤之哉鼓吹宋金等在合肥亡逃舊法軍征士亡考竟其妻子太祖患猶不息更重其刑金有母妻及二弟皆給官主者奏盡殺之柔啓曰士卒亡軍誠在可疾然竊聞其中時有悔者愚謂乃宜貸其妻子一可使賊中不信二可使誘其還心正如前科固已絕其意望而猥復重之柔恐自今在軍之士見一人亡逃誅將及已亦且相隨而走不可復得殺也此重刑非所以止亡乃所以益走耳太祖曰善卽止不殺金母弟蒙活者甚衆遷爲潁川太守復還爲法曹掾時置校事盧洪趙達等使察羣下柔諫曰設官分職各有所司今置校事旣非居上信下之旨又達等數以憎愛擅作威福宜檢治之太祖曰卿知達等恐不如吾也要能刺舉而辨衆事使賢人君子爲之則不能也昔叔孫通用羣盜良有以也達等後姦利發太祖殺之以謝於柔文帝踐阼以柔爲治書侍御史賜爵關內侯轉加治書執法民間數有誹謗妖言帝疾之有妖言輒殺而賞告者柔上疏曰今妖言者必戮告之者輒賞旣使過誤無反善之路又將開凶狡之羣相誣罔之漸誠非所以息姦省訟緝熙治道也昔周公作誥稱殷之祖宗咸不顧小人之怨在漢太宗亦除妖言誹謗之令臣愚以爲宜除妖謗賞告之法以隆天父養物之仁帝不卽從而相誣告者滋甚帝乃下詔敢以誹謗相告者以所告者罪罪之於是遂絕校事劉慈等自黃初初數年之間舉吏民姦罪以萬數柔皆請懲虛實其餘小小挂法者不過罰金四年遷爲廷尉魏初三公無事又希與朝政柔上疏曰天地以四時成功元首以輔弼興治成湯仗阿衡之佐文武憑旦望之力逮至漢初蕭曹之儔並以元勳代作心膂此皆明王聖主任臣於上賢相良輔股肱於下也今公輔之臣皆國之棟梁民所具瞻而置之三事不使知政遂各偃息養高鮮有進納誠非朝廷崇用大臣之義大臣獻可替否之謂也古者刑政有疑輒議於槐棘之下自今之後朝有疑議及刑獄大事宜數以咨訪三公三公朝朔望之日又可特延入講論得失博盡事情庶有裨起天聽弘益大化帝嘉納焉帝以宿嫌欲枉法誅治書執法鮑勛而柔固執不從詔命帝怒甚遂召柔詣臺遣使者承指至廷尉考竟勛勛死乃遣柔還寺明帝卽位封柔延壽亭侯時博士執經柔上疏曰臣聞遵道重學聖人洪訓褒文崇儒帝者明義昔漢末陵遲禮樂崩壞雄戰虎爭以戰陣爲務遂使儒林之羣幽隱而不顯太祖初興愍其如此在於撥亂之際並使郡縣立教學之官高祖卽位遂闡其業興復辟雍州立課試於是天下之士復聞庠序之教親俎豆之禮焉陛下臨政允迪叡哲敷弘大猷光濟先軌雖夏啓之承基周成之繼業誠無以加也然今博士皆經明行脩一國清選而使遷除限不過長懽非所以崇顯儒術帥勵怠惰也孔子稱舉善而教不能則勸故楚禮申公學士銳精漢隆卓茂搢紳競慕臣以爲博士者道之淵藪六藝所宗宜隨學行優劣待以不次之位敦崇道教以勸學者於化爲弘帝納之後大興殿舍百姓勞役廣采衆女充盈後宮後宮皇子連天繼嗣未育柔上疏曰二虜狡猾潛自講肄謀動干戈未圖束手宜畜養將士繕治甲兵以逸待之而頃興造殿舍上下勞擾若使吳蜀知人虛實通謀并勢復俱送死甚不易也昔漢文惜十家之資不營小臺之娛去病慮匈奴之害不遑治第之事況今所損者非惟百金之費所憂者非徒北狄之患乎可粗成見所營立以充朝宴之儀乞罷作者使得就農二方平定復可徐興昔軒轅以二十五子傳祚彌遠周室以姬國四十歷年滋多陛下聰達窮理盡性而頃皇子連多夭逝熊羆之祥又未感應羣下之心莫不悒戚周禮天子后妃以下百二十人嬪嬙之儀旣以盛矣竊聞後庭之數或復過之聖嗣不昌殆能由此臣愚以爲可妙簡淑媛以備內官之數其餘盡遣還家且以育精養神專靜爲寶如此則螽斯之徵可庶而致矣帝報曰知卿忠允乃心王室輒克昌言他復以聞時獵法甚峻宜陽典農劉龜竊於禁內射兔其功曹張京詣校事言之帝匿京名收龜付獄柔表請告者名帝大怒曰劉龜當死乃敢獵吾禁地送龜廷尉廷尉便當考掠何復請告者主名吾豈妄收龜邪柔曰廷尉天下之平也安得以至尊喜怒而毀法乎重復爲奏辭指深切帝意寤乃下京名卽還訊各當其罪時制吏遭大喪者百日後皆給役有司徒吏解弘遭父喪後有軍事受勑當行以疾病爲辭詔怒曰汝非曾閔何言毀邪促收考竟柔見弘信甚羸劣奏陳其事宜加寬貸帝乃詔曰孝哉弘也其原之初公孫淵兄晃爲叔父恭任內侍先淵未反數陳其變及淵謀逆帝不忍市斬欲就獄

殺之柔上疏曰書稱用罪伐厥死用德彰厥善此王制之明典也晃及妻子叛逆之類誠應梟縣勿使遺育而臣竊聞晃先數自歸陳淵禍萌雖爲凶族原心可恕夫仲尼亮司馬牛之憂祁奚明叔向之過在昔之美義也臣以爲晃信有言宜貸其死苟自無言便當市斬今進不赦其命退不彰其罪閉著囹圄使自引分四方觀國或疑此舉也帝不聽竟遣使齎金屑飲晃及其妻子賜以棺衣殯斂於宅孫盛曰聞五帝無誥誓之文三王無盟祝之事然則盟誓之文始自三季質任之作起於周微夫貞夫之一則天地可動機心內萌則鷗鳥不下況信不足焉而求物之必附情猜生於我而望彼之必懷何異挾冰求溫抱炭希涼者哉且夫要功之倫陵肆之類莫不背情任計昧利忘親縱懷慈孝之愛或慮傾身之禍是以周鄭交惡漢高請羹隗囂捐子馬超背父其爲酷恐如此之極也安在其因質委誠取任永固哉世主若能遠覽先王閑邪之至道近鑒狡肆狥利之凶心勝之以解網之仁致之以來蘇之惠耀之以雷霆之威潤之以時雨之施則不恭可斂衽於一朝炰烋可屈膝於象魏矣何必拘厥親以來其情通所愛以制其命乎苟不能然而仗夫計術籠之以權數檢之以一切雖覽一室而庶徵於四海法生鄙局冀或半之暫益自不得不有不恐之刑以遂孥戮之罰亦猶瀆盟由乎一人而云俾墜其師無克遺育之言耳豈得復引四罪不及之典司馬牛獲宥之義乎假令任者皆不保其父兄親有二三之言曲哀其意而悉活之則長人子危親自存之悖子弟雖質必無刑戮之憂父兄雖逆終無勦絕之慮柔不究明此術非盛王之道宜開張遠義蠲此近制而陳法內之刑以申一人之命可謂心存小善非王者之體古者殺人之中又有仁焉刑之於獄未爲失也臣松之以爲辨章事理貴得當時之宜無爲虛唱大言而終歸無用浮誕之論不切於實猶若畫魑魅之象而躓於犬馬之形也質任之興非防近世況三方鼎峙遼東偏遠羈其親屬以防未然不爲非矣柔謂晃有先言之善宜蒙原心之宥而盛責柔不能開張遠理蠲此近制不達此言竟爲何謂若云猜防爲非質任宜廢是謂應大明先王之道不預任者生死也晃之爲任歷年已久豈得於殺活之際方論至理之本是何異叢棘既繁事須判決空論刑措之美無聞當不之實哉其爲迂闊亦已甚矣漢高事窮理迫權以濟親而總之酷恐之科既已大有所涵且自古已來未有子弟妄告父兄以圖全身者自有之悖未之或聞晃以兄告弟而其事果驗謂晃應殺將以遏防若言之亦死不言亦死豈不杜歸善之心失正刑之中哉若趙括之母以先請獲免鍾會之兄以密言全子古今此比蓋爲不少晃之前言事同斯例而獨遇否閉良可哀哉是時殺禁地鹿者身死財產沒官有能覺告者厚加賞賜柔上疏曰聖王之御世莫不以廣農爲務儉用爲資夫農廣則穀積用儉則財畜畜財積穀而有憂患之虞者未之有也古者一夫不耕或爲之饑一婦不織或爲之寒中間已來百姓供給衆役親田者既減加頃復有獵禁羣鹿犯暴殘食生苗處處爲害所傷不貲民雖障防力不能禦至如滎陽左右周數百里歲略不收元元之命實可矜傷方今天下生財者甚少而麋鹿之損者甚多卒有兵戎之役凶年之災將無以待之惟陛下覽先聖之所念愍稼穡之艱難寬放民間使得捕鹿遂除其禁則衆庶永濟莫不悅豫矣魏名臣奏載柔上疏曰臣深思陛下所以不早取此鹿者誠欲使極蕃息然後大取以爲軍國之用然臣竊以爲今鹿但有日耗終無從得多也何以知之今禁地廣輪且千餘里臣下計無慮其中有虎大小六百頭狼有五百頭狐萬頭使大虎一頭三日食一鹿一虎一歲百二十鹿是爲六百頭虎一歲食七萬二千頭鹿也使十狼日共食一鹿是爲五百頭狼一歲共食萬八千頭鹿鹿子始生未能善走使十狐一日共食一子比至健走一月之間是爲萬狐一月共食鹿子三萬頭也大凡一歲所食十二萬頭其鵰鶚所害臣置不計以此推之終無從得多不如早取之爲便也頃之護軍營士竇禮近出不還營以爲亡表言逐捕沒其妻盈及男女爲官奴婢盈連至州府稱寃自訟莫有省者乃辭詣廷尉柔問曰汝何以知夫不亡盈垂泣對曰夫少單特養一老嫗爲母事甚恭謹又哀兒女撫視不離非是輕狡不顧室家者也柔重問曰汝夫不與人有怨讎乎對曰夫良善與人無讎又曰汝夫不與人交錢財乎對曰嘗出錢與同營士焦子文求不得時子文適坐小事繫獄柔乃見子文問所坐言次曰汝頗曾舉人錢不子文曰自以單貧初不敢舉人錢物也柔察子文色動遂曰汝昔舉竇禮錢何言不邪子文怪知事露應對不次柔曰汝已殺禮便宜早服子文於是叩頭具首殺禮本末埋藏處所柔便遣吏卒承子文辭往掘禮即得其屍詔書復盈母子爲平民班下天下以禮爲戒在官二十三年轉爲太常旬日遷司空後徙司徒太傅司馬宣王奏免曹爽皇太后詔召柔假節行大將軍事據爽營太傅謂柔曰君爲周勃矣爽誅進封萬歲鄉侯高貴鄉公即位進封安國侯轉爲太尉常道鄉公即位增邑并前四千前後封二子亭侯景元四年年九十薨謚曰元侯孫渾嗣咸熙中開建五等以柔等著勳前朝改封渾昌陸子晉諸公贊曰柔長子雋大將軍掾次誕歷三州刺史太僕誕放率不倫而決烈過人次光字宣茂少習家業明練法理晉武帝世爲黃沙御史與中丞同遷守廷尉後即眞兄誕與光異操謂光小節常輕侮之而光事誕愈謹終於尚書令追贈司空

孫禮字德達涿郡容城人也太祖平幽州召爲司空軍謀掾初喪亂時禮與母相失同郡馬台求得禮母禮推家財盡以與台台後坐法當死禮私導令踰獄自首既而曰臣無逃亡之義徑詣刺姦主簿溫恢恢嘉之具白太祖各減死一等後除河間郡丞稍遷滎陽都尉魯山中賊數百人保固險阻爲民作害乃徙禮爲魯相禮至官出俸穀發吏民募首級招納降附使還爲間應時平泰歷山陽平原平昌琅邪太守從大司馬曹休征吳於夾石口禮諫以爲不可深入不從而敗遷陽平太守入爲尚書明帝方脩宮室而節氣不和天下少穀禮固爭罷役詔曰敬納讜言促遣民作時李惠監作復奏留一月有所成訖禮徑至作所不復重奏稱詔罷民帝奇其意而不責也帝獵於大石山虎趨乘輿禮投鞭下馬欲奮劒斫虎詔令禮上馬明帝臨崩之時以曹爽爲大將軍宜得良佐於牀下受遺詔拜禮大將軍長史加散騎常侍禮亮直不撓爽弗便也以爲揚州刺史加伏波將軍賜爵關內侯吳大將全琮帥數萬衆來侵寇時州兵休使在者無幾禮躬勒衞兵禦之戰於芍陂自旦及暮將士死傷過半禮犯蹈白刃馬被數創手秉枹鼓奮不顧身賊衆乃退詔書慰勞賜絹七百匹禮爲死事者設祀哭臨哀號發心皆以絹付亡者家無以入身徵拜少府出爲荊州刺史遷冀州牧太傅司馬宣王謂禮曰今清河平原爭界八年更二刺史靡能決之虞芮待文王而了宜善令分明禮曰訟者據墟墓爲驗聽者以先老爲正而老者不可加以榎楚又墟墓或遷就高敞或徙避仇讎如今所聞雖皐陶猶將爲難若欲使必也無訟當以烈祖初封平原時圖決之何必推古問故以益辭訟昔成王以桐葉戲叔虞周公便以封之今圖藏在天府便可於坐上斷也豈待到州乎宣王曰是也當別下圖禮到案圖宜屬平原而曹爽信清河言下書云圖不可用當參異同禮上疏曰管仲霸者之佐其器又小猶能奪伯氏駢邑使沒齒無怨言臣受牧伯之任奉聖朝明圖驗地著之界界實以王翁河爲限而鄃以馬丹候爲驗詐以鳴犢河爲界假虛訟訴疑誤臺閣竊聞衆口鑠金浮石沉木三人成市虎慈母投其杼今二郡爭界八年一朝決之者緣有解書圖畫可得尋案擿校也平原在兩河向東上其間有爵隄爵隄在高唐西南所爭地在高唐西北相去二十餘里可謂長歎息流涕者也案解與圖奏而鄃不受詔此臣軟弱不勝其任臣亦何顏尸祿素餐輒束帶著履駕車待放爽見禮奏大怒劾禮怨望結刑五歲在家期年衆人多以爲言除城門校尉時匈奴王劉靖部衆彊盛而鮮卑數寇邊乃以禮爲并州刺史加振武將軍使持節護匈奴中郎將往見太傅司馬宣王有忿色而無言宣王曰卿得并州少邪恚理分界失分乎今當遠別何不懽也禮曰何明公言之乖細也禮雖不德豈以官位往事爲意邪本謂明公齊蹤伊呂匡輔魏室上報明帝之託下建萬世之勳今社稷將危天下兇兇此禮之所以不悅也因涕泣橫流宣王曰且止忍不可忍爽誅後入爲司隸校尉凡臨七郡五州皆有威信遷司空封大利亭侯邑一百戶禮與盧毓同郡時輩而情好不睦爲人雖互有長短然名位略齊云嘉平二年薨謚曰景侯孫元嗣

王觀字偉臺東郡廩丘人也少孤貧厲志太祖召爲丞相文學掾出爲高唐陽泉酇任令所在稱治文帝踐阼入爲尚書郎廷尉監出爲南陽涿郡太守涿北接鮮卑數有寇盜觀令邊民十家已上屯居築京候時或有不願者觀乃假遣朝吏使歸助子弟不與期會但敕事訖各還於是吏民相率不督自勸旬日之中一時俱成守禦有備寇鈔以息明帝即位下詔書使郡縣條爲劇中平者主者欲言郡爲中平觀教曰此郡濱近外虜數有寇害云何不爲劇邪主者曰若郡爲外劇恐於明府有任子觀曰夫君者所以爲民也今郡在外劇則於役條當有降差豈可爲太守之私而負一郡之民乎遂言爲外劇郡後送任子詣鄴時觀但有一子而又幼弱其公心如此觀治身清素帥下以儉僚屬承風莫不自勵明帝幸許昌召觀爲治書侍御史典行臺獄時多有倉卒喜怒而觀不阿意順指太尉司馬宣王請觀爲從事中郎遷爲尚書出爲河南尹徙少府大將軍曹爽使材官張達斫家屋材及諸私用之物觀聞知皆錄奪以沒官少府統三尚方御府內藏玩弄之寶爽等奢放多有干求憚觀守法乃徙爲太僕司馬宣王誅爽使觀行中領軍據爽弟羲營賜爵關內侯復爲尚書加駙馬都尉高貴鄉公即位封中鄉亭侯頃之加光祿大夫轉爲右僕射常道鄉公即位進封陽鄉侯增邑千戶并前二千五百戶遷司空固辭不許遣使即第拜授就官數日上送印綬輒自輿歸里舍薨于家遺令藏足容棺不設明器不封不樹謚曰肅侯子悝嗣咸熙中開建五等以觀著勳前朝改封悝膠東子

評曰韓暨處以靜居行化出以任職流稱崔林簡樸知能高柔明於法理孫禮剛斷伉厲王觀清勁貞白咸克致公輔及暨年過八十起家就列柔保官二十年元老終位比之徐邈常林於茲爲疚矣

魏志卷二十四考證

韓暨在職七年○太平御覽作一年

崔林寇竊寢息注安定太守孟達○臣浩按此與蜀降人爲新城太守者同名姓

牧守州郡所在而治○州郡監本訛作州部今改正

子述嗣注隨與其事○監本訛作共事今改正

高柔舉吏民姦罪以萬數柔皆請懲虛實○宋本作舉吏姦罪無民字

乞罷作者使得就農○乞監本訛作訖今改正

常出錢與同營士焦子文求不得○太平御覽作久求不得多久字

孫禮明帝方脩宮室而節氣不和○宮室太平御覽作臺省

禮固爭罷役○太平御覽作禮固爭固罷役

魏志卷二十五

晉 著 作 郎 巴 西 中 正 安 漢 陳　壽 撰

宋 太 中 大 夫 國 子 博 士 聞 喜 裴 松 之 注

辛毗　楊阜　高堂隆 棧潛

辛毗字佐治潁川陽翟人也其先建武中自隴西東遷毗隨兄評從袁紹太祖為司空辟毗毗不得應命及袁尚攻兄譚於平原譚使毗詣太祖求和英雄記曰譚尚戰於外門譚軍敗奔北郭圖說譚曰今將軍國小兵少糧匱勢弱顯甫之來久則不敵愚以為可呼曹公來擊顯甫曹公至必先攻鄴顯甫還救將軍引兵而西自鄴以北皆可虜得若顯甫軍破其兵奔亡又可斂取以拒曹公曹公遠僑而來糧餉不繼必自逃去比此之際趙國以北皆我之有亦足與曹公為對矣不然不諧譚始不納後遂從之問圖誰可使圖荅辛佐治可譚遂遣毗詣太祖太祖將征荊州次于西平毗見太祖致譚意太祖大悅後數日更欲先平荊州使譚尚自相弊他日置酒毗望太祖色知有變以語郭嘉嘉白太祖太祖謂毗曰譚可信尚必可克不毗對曰明公無問信與詐也直當論其勢耳袁氏本兄弟相伐非謂他人能間其間乃謂天下可定於已也今一旦求救於明公此可知也顯甫見顯思困而不能取此力竭也兵革敗於外謀臣誅於內兄弟讒鬩國分為二連年戰伐而介胄生蟣蝨加以旱蝗饑饉並臻國無囷倉行無裹糧天災應於上人事困於下民無愚智皆知土崩瓦解此乃天亡尚之時也兵法稱有石城湯池帶甲百萬而無粟者不能守也今往攻鄴尚不還救即不能自守還救即譚踵其後以明公之威應困窮之敵擊疲弊之寇無異迅風之振秋葉矣天以袁尚與明公明公不取而伐荊州荊州豐樂國未有釁仲虺有言取亂侮亡方今二袁不務遠略而內相圖可謂亂矣居者無食行者無糧可謂亡矣朝不謀夕民命靡繼而不綏之欲待他年他年或登又自知亡而改脩厥德失所以用兵之要矣今因其請救而撫之利莫大焉且四方之寇莫大於河北河北平則六軍盛而天下震太祖曰善乃許譚平次于

黎陽明年攻鄴克之表毗為議郎久之太祖遣都護曹洪平下辯使毗與曹休參之令曰昔高祖貪財好色而良平匡其過失今佐治文烈憂不輕矣軍還為丞相長史文帝踐阼遷侍中賜爵關內侯時議改正朔毗以魏氏遵舜禹之統應天順民至於湯武以戰伐定天下乃改正朔孔子曰行夏之時左氏傳曰夏數為得天正何必期於相反帝善而從之帝欲徙冀州士家十萬戶實河南時連蝗民饑羣司以為不可而帝意甚盛毗與朝臣俱求見帝知其欲諫作色以見之皆莫敢言毗曰陛下欲徙士家其計安出帝曰卿謂我徙之非邪毗曰誠以為非也帝曰吾不與卿共議也毗曰陛下不以臣不肖置之左右廁之謀議之官安得不與臣議邪臣所言非私也乃社稷之慮也安得怒臣帝不答起入內毗隨而引其裾帝遂奮衣不還良久乃出曰佐治卿持我何太急邪毗曰今徙既失民心又無以食也帝遂徙其半嘗從帝射雉帝曰射雉樂哉毗曰於陛下甚樂而於羣下甚苦帝默然後遂為之稀出上軍大將軍曹真征朱然于江陵毗行軍師還封廣平亭侯帝欲大興軍征吳毗諫曰吳楚之民險而難禦道隆後服道洿先叛自古患之非徒今也今陛下祚有海內夫不賓者其能久乎昔尉佗稱帝子陽僭號歷年未幾或臣或誅何則違逆之道不久全而大德無所不服也方今天下新定土廣民稀夫廟算而後出軍猶臨事而懼況今廟算有闕而欲用之臣誠未見其利也先帝屢起銳師臨江而旋今六軍不增於故而復循之此未易也今日之計莫若脩范蠡之養民法管仲之寄政則充國之屯田明仲尼之懷遠十年之中彊壯未老童齓勝戰兆民知義將士思奮然後用之則役不再舉矣帝曰如卿意更當以虜遺子孫邪毗對曰昔周文王以紂遺武王惟知時也苟時未可容得已乎帝竟伐吳至江而還明帝即位進封潁鄉侯邑三百戶時中書監劉放令孫資見信於主制斷時政大臣莫不交好而毗不與往來毗子敞諫曰今劉孫用事衆皆影附大人宜小降意和光同塵不然必有謗言毗正色曰主上雖未稱聰明不為闇劣吾之立身自有本末就與劉孫不平不過令吾不作三公而已何危害之有焉有大丈夫欲為公而毀其高節者邪冗從僕射畢軌表言尚書僕射王思精勤舊吏忠亮計略不如辛毗毗宜代思帝以訪放資放資對曰陛下用思者誠欲取其効力不貴虛名也毗實亮直然性剛而專聖慮所當深察也遂不用出為衞尉帝方脩殿舍百姓勞

役毗上疏曰竊聞諸葛亮講武治兵而孫權市馬遼東量其意指似欲相左右備豫不虞古之善政而今者宮室大興加連年穀麥不收詩云民亦勞止迄可小康惠此中國以綏四方唯陛下為社稷計帝報曰二虜未滅而治宮室直諫者立名之時也夫王者之都當及民勞兼辦使後世無所復增是蕭何為漢規摹之略也今卿為魏重臣亦宜解其大歸帝又欲平北芒令於其上作臺觀則見孟津毗諫曰天地之性高高下下今而反之既非其理加以損費人功民不堪役且若九河盈溢洪水為害而丘陵皆夷將何以禦之帝乃止魏略曰諸葛亮圍祁山不克引退張郃追之為流矢所中死帝惜郃臨朝而歎曰蜀未平而郃死將若之何司空陳羣曰郃誠良將國所依也毗心以為郃雖可惜然已死不當內弱主意而示外以不大也乃持羣曰陳公是何言歟當建安之末天下不可一日無武皇帝也及委國祚而文皇帝受命黃初之世亦謂不可無文皇帝也及委棄天下而陛下龍興今國內所少豈張郃乎陳羣曰亦誠如辛毗言帝笑曰陳公可謂善變矣臣松之以為擬人必於其倫取譬宜引其類故君子於其言無所苟而已矣毗欲弘廣主意當舉若張遼之疇安有於一將之死而可以祖宗為譬哉非所宜言莫過於茲進違其類退似諂佞佐治剛正之體不宜有此魏略既已難信習氏又從而載之竊謂斯人受誣不少青龍二年諸葛亮率衆出渭南先是大將軍司馬宣王數請與亮戰明帝終不聽是歲恐不能禁乃以毗為大將軍軍師使持節六軍皆肅準毗節度莫敢犯違魏略曰宣王數數欲進攻毗禁不聽宣王雖能行意而每屈於毗亮卒復還為衞尉薨謚曰肅侯子敞嗣咸熙中為河內太守世語曰敞字泰雍官至衞尉毗女憲英適太常泰山羊耽外孫夏侯湛為其傳曰憲英聰明有才鑒初文帝與陳思王爭為太子既而文帝得立抱毗頸而喜曰辛君知我喜不毗以告憲英憲英歎曰太子代君主宗廟社稷者也代君不可以不戚主國不可以不懼宜戚而喜何以能久魏其不昌乎弟敞為大將軍曹爽參軍司馬宣王將誅爽因爽出閉城門大將軍司馬魯芝將爽府兵犯門斬關出城門赴爽來呼敞俱去敞懼問憲英曰天子在外太傅閉城門人云將不利國家於事可得爾乎憲英曰天下有不可知然以吾度之太傅殆不得不爾明皇帝臨崩把太傅臂以後事付之此言猶在朝士之耳且曹爽與太傅俱受寄託之任而獨專權勢行以驕奢於王室不忠於人道不直此舉不過以誅曹爽耳敞曰然則事就乎憲英曰得無殆就爽之才非太傅之偶也敞曰然則敞可以無出乎憲英曰安可以不出職守人之大義也凡人在難猶或恤之為人執鞭而棄其事不祥不可也且為人死為人任親昵之職也從衆而已敞遂出宣王果誅爽事定之後敞歎曰吾不謀於姊幾不獲於義逮鍾會為鎮西將軍憲英謂從子羊祜曰鍾士季何故西出祜曰將為滅蜀也憲英曰會在事縱恣非持久處下之道吾畏其有他志也祜曰季母勿多言其後會請子琇為參軍憲英憂曰他日見鍾會之出吾為國憂之矣今日難至吾家此國之大事必不得止也琇固請司馬文王文王不聽憲英語琇曰行矣戒之古之君子入則致孝於親出則致節於國在職思其所司在義思其所立不遺父母憂患而已軍旅之間可以濟者其惟仁恕乎汝其慎之琇竟以全身憲英年至七十有九泰始五年卒楊阜字義山天水冀人也魏略曰阜少與同郡尹奉次曾趙昂偉章俱發名偉章次曾與阜俱為涼州從事以州從事為牧韋端使詣許拜安定長史阜還關右諸將問袁曹勝敗孰在阜曰袁公寬而不斷好謀而少決不斷則無威少決則失後事今雖彊終不能成大業曹公有雄才遠略決機無疑法一而兵精能

用度外之人所任各盡其力必能濟大事者也長史非其好遂去官而端徵為太僕其子康代為刺史辟阜為別駕察孝廉辟丞相府州表留參軍事馬超之戰敗渭南也走保諸戎太祖追至安定而蘇伯反河間將引軍東還阜時奉使言於太祖曰超有信布之勇甚得羌胡心西州畏之若大軍還不嚴為之備隴上諸郡非國家之有也太祖善之而軍還倉卒為備不周超率諸戎渠帥以擊隴上郡縣隴上郡縣皆應之惟冀城奉州郡以固守超盡兼隴右之衆而張魯又遣大將楊昂以助之凡萬餘人攻城阜率國士大夫及宗族子弟勝兵者千餘人使從弟岳於城上作偃月營與超接戰自正月至八月拒守而救兵不至州遣別駕閻溫循水潛出求救為超所殺於是刺史太守失色始有降超之計阜流涕諫曰阜等率父兄子弟以義相勵有死無二田單之守不固於此也棄垂成之功陷不義之名阜以死守之遂號哭刺史太守卒遣人請和開城門迎超超入拘岳於冀使楊昂殺刺史太守阜內有報超之志而未得其便頃之阜以喪妻求葬假阜外兄姜敘屯歷城阜少長敘家見敘母及敘說前在冀中時事歔欷悲甚敘曰何為乃爾阜曰守城不能完君亡不能死亦何面目以視息於天下馬超背父叛君虐殺州將豈獨阜之憂責一州士大夫皆蒙其恥君擁兵專制而無討賊心此趙盾所以書弒君也超彊而無義多釁易圖耳敘母慨然敕從阜計計定外與鄉人姜隱趙昂尹奉姚瓊孔信武都人李俊王靈結謀定討超約使從弟謨至冀語岳并結安定梁寬南安趙衢龐恭等約誓既明十七年九月與敘起兵於鹵城超聞阜等兵起自將出而衢寬等解岳閉冀城門討超妻子超襲歷城得敘母敘母罵之曰汝背父之逆子殺君之桀賊天地豈久容汝而不早死敢以面目視人乎超怒殺之阜與超戰身被五創宗族兄弟死者七人超遂南奔張魯隴右平定太祖封討超之功侯者十一人賜阜爵關內侯阜讓曰君存無扞難之功君亡無死節之効於義當絀於法當誅超又不死無宜苟荷爵祿太祖報曰君與羣賢共建大功西土之人以為美談子貢辭賞仲尼謂之止善君其剖心以順國命姜敘之母勸敘早發明智乃爾雖楊敞之妻蓋不過此賢哉賢哉良史紀錄必不墜於地矣皇甫謐列女傳曰姜敘母者天水姜伯奕之母也建安中馬超攻冀害涼州刺史韋康州人悽然莫不感憤敘為撫夷將軍擁兵屯歷敘姑子楊阜故為康從事同等十餘人皆略屬超陰相結為康報仇未有間會阜妻死辭超寧歸西因過至歷候敘母說康被害及冀中之難相對泣良久姜敘舉室感悲敘母曰咄伯奕韋使君遇難豈一州之恥亦汝之負豈獨

義山哉汝無顧我事淹變生人誰不死死國忠義之大者但當速發我自爲汝當之不以餘年累汝也因勅敍與阜參議許諾分人傳語鄉里尹奉趙昂及安定梁寬等令敍先衆兵叛超超怒必自來擊敍寬等因從後閉門約誓已定敍遂進兵入鹵昂奉守祁山超聞果自出擊敍寬等從後閉冀門超失據過鹵敍守鹵超因進至歷歷中見超往以爲敍軍還又傳聞超已走奔漢中故歷無備及超入歷執敍母母怒罵超超被罵大怒即殺敍母及其子燒城而去阜等以狀聞太祖甚嘉之手令褒揚語如本傳臣松之案謐稱阜爲敍姑子而本傳云敍爲阜外兄與今名內外爲不同謐又載趙昂妻曰趙昂妻異者故益州刺史天水趙偉璋妻王氏女也昂爲羌道令留異在西會同郡梁雙反攻破西城害異兩男異女英年六歲獨與異在城中異見兩男已死又恐爲雙所侵引刀欲自刎顧英而歎曰身死爾棄當誰恃哉吾聞西施蒙不潔之服則人掩鼻況我貌非西施乎乃以溷糞塗麻而被之鄙食瘠形自春至冬雙與州郡和異竟以是免難昂遣吏迎之未至三十里止謂英曰婦人無符信保傳則不出房闈昭姜沈流伯姬待燒毋讀其傳心壯其節今吾遭亂不能死將何以復見諸姑所以偷生不死惟憐汝耳今官舍已近吾去汝死矣遂飲毒藥而絕時適有解毒藥良湯撅口灌之良久迺蘇建安中昂轉參軍事從居冀會馬超攻冀異躬著布韝佐昂守備又悉脫所佩環黼黻以賞戰士及超攻急城中饑困刺史韋康素仁愍吏民傷殘欲與超和昂諫不聽歸以語異異曰君有爭臣大夫有專利之義專不爲非也焉知救兵不到關隴哉當共勉卒高勳全節致死不可從也比昂還康與超和超遂背約害康又劫昂質其嫡子月於南鄭欲要昂以爲己用然心未甚信超妻楊聞異節行請與讌終日異欲信昂於超以濟其謀謂楊曰昔管仲入齊立九合之功由余適秦穆公成霸方今社稷初定治亂在於得人涼州士馬迺可與中夏爭鋒不可不詳也楊深感之以爲忠於己遂與異重相接結昂所以得信於超全功免禍者異之力也及昂與楊阜等結謀討超告異曰吾謀如是事必萬全當奈月何異厲聲應曰忠義立於身雪君父之大恥喪元不足爲重況一子哉夫項託顏淵豈復百年貴義存耳昂曰善遂共閉門逐超超奔漢中從張魯得兵還異復與昂保祁山爲超所圍三十日救兵到乃解超卒殺異子月凡自冀城之難至于祁山昂出九奇異輒參焉太祖征漢中以阜爲益州刺史還拜金城太守未發轉武都太守郡濱蜀漢阜請依龔遂故事安之而已會劉備遣張飛馬超等從沮道趣下辯而氐雷定等七部萬餘落反應之太祖遣都護曹洪禦超等超等退還洪置酒大會令女倡著羅縠之衣蹋鼓一坐皆笑阜厲聲責洪曰男女之別國之大節何有於廣坐之中裸女人形體雖桀紂之亂不甚於此遂奮衣辭出洪立罷女樂請阜還坐肅然憚焉及劉備取漢中以逼下辯太祖以武都孤遠欲移之恐吏民戀土阜威信素著前後徙民氐使居京兆扶風天水界者萬餘戶徙郡小槐里百姓襁負而隨之爲政舉大綱而已下不忍欺也文帝問侍中劉曄等武都太守何如人也皆稱阜有公輔之節未及用會帝崩在郡十餘年徵拜城門校尉阜常見明帝著帽被縹綾半褎袖阜問帝曰此於禮何法服也帝默然不答自是不法服不以見阜遷將作大匠時初治宮室發美女以充後庭數出入弋獵秋大雨震電多殺鳥雀阜上疏曰臣聞明主在上羣下盡辭堯舜聖德求非索諫大禹勤功務卑宮室成湯遭旱歸咎責己周文刑於寡妻以御家邦漢文躬行節儉身衣弋綈此皆能昭令問貽厥孫謀者也伏惟陛下奉武皇帝開拓之大業守文皇帝克終之元緒誠宜思齊往古聖賢之善治總觀季世放盪之惡政所謂善治者務儉約重民力也所謂惡政者從心恣欲觸情而發也惟陛下稽古世代之初所以明赫及季世所以衰弱至于泯滅近覽漢末之變足以動心誡懼矣曩使桓靈不廢高祖之法文景之恭儉太祖雖有神武於何所施其能邪而陛下何由處斯尊哉今吳蜀未定軍旅在外願陛下動則三思慮而後行重慎出入以往鑒來言之若輕成敗甚重頃者天雨又多卒暴雷電非常至殺鳥雀天地神明以王者爲子也政有不當則見災譴克己內訟聖人所記惟陛下慮患無形之外慎明纖微之初法漢孝文出惠帝美人令得自嫁頃所調送小女遠聞不令宜爲後圖諸所繕治務從約節書曰九族既睦協和萬國事思厥宜以從中道精心計謀省息費用吳蜀以定爾乃上安下樂九親熙熙如此以往祖考心歡堯舜其猶病諸今宜開大信於天下以安衆庶以示遠人時雍丘王植怨於不齒藩國至親法禁峻密故阜又陳九族之義焉詔報曰間得密表先陳往古明王聖主以諷闇政切至之辭款誠篤實退思補過將順匡救備至悉矣覽思苦言吾甚嘉之後遷少府是時大司馬曹真伐蜀遇雨不進阜上疏曰昔文王有赤烏之符而猶日仄不暇食武王白魚入舟君臣變色而動得吉瑞猶尚憂懼況有災異而不戰竦者哉今吳蜀未平而天屢降變陛下宜深有以專精應答側席而坐思示遠以德綏邇以儉間者諸軍始進便有天雨之患稽閡山險以積日矣轉運之勞擔負之苦所費以多若有不繼必違本圖傳曰見可而進知難而退軍之善政也徒使六軍困於山谷之間進無所略退又不得非主兵之道也武王還師殷卒以亡知天期也今年凶民饑宜發明詔損膳減服技巧珍玩之物皆可罷之昔邵信臣爲少府於無事之世而奏罷浮食今者軍用不足益宜節度帝即召諸軍還後詔大議政治之不便於民者阜議以爲致治在於任賢興國在於務農若舍賢而任所私此忘治之甚者也廣開宮館高爲臺榭以妨民務此害農之甚者也百工不敦其器而競作奇巧以合上欲此傷本之甚者也孔子曰苛政甚於猛虎今守功文俗之吏爲政不通治體苟好煩苛此亂民之甚者也當今之急宜去四甚並詔公卿郡國舉賢良方正敦樸之士而選用之此亦求賢之一端也阜又上疏欲省宮人諸不見幸者乃召御府吏問後宮人數吏守舊令對曰禁密不得宣露阜怒杖吏一百數之曰國家不與九卿爲密反與小吏爲密乎帝聞而愈敬憚阜帝愛女淑未期而天帝痛之甚追封平原公主立廟洛陽葬於南陵將自臨送阜上疏曰文皇帝武宣皇后崩陛下皆不送葬所以重社稷備不虞也何至孩抱之赤子而可送葬也哉帝不從帝既新作許宮又營洛陽宮殿觀閣阜上疏曰堯尚茅茨而萬國安其居禹卑宮室而天下樂其業及至殷周或堂崇三尺度以九筵耳古之聖帝明王未有極宮室之高麗以彫弊百姓之財力者也桀作璇室象廊紂爲傾宮鹿臺以喪其社稷楚靈以築章華而身受其禍秦始皇作阿房而殃及其子天下叛之二世而滅夫不度萬民之力以從耳目之欲未有不亡者也陛下當以堯舜禹湯文武爲法則夏桀殷紂楚靈秦皇爲深誡高高在上實監后德慎守天位以承祖考巍巍大業猶恐失之不夙夜敬止允恭卹民而乃自暇自逸惟宮臺是侈是飾必有顛覆危亡之禍易曰豐其屋蔀其家闚其戶闃其無人王者以天下爲家言豐屋之禍至於家無人也方今二虜合從謀危宗廟十萬之軍東西奔赴邊境無一日之娛農夫廢業民有饑色陛下不以是爲憂而營作宮室無有已時使國亡而臣可以獨存臣又不言也臣松之以爲忠至之道以亡己爲理是以匡救其惡不爲身計而阜表云使國亡而臣可以獨存臣又不言此則發憤爲己豈爲國哉斯言也豈不傷讜烈之義爲一表之病乎君作元首臣爲股肱存亡一體得失同之孝經曰天子有爭臣七人雖無道不失其天下臣雖駑怯敢忘爭臣之義言不切至不足以感寤陛下陛下不察臣言恐皇祖烈考之祚將墜于地使臣身死有補萬一則死之日猶生之年也謹叩棺沐浴伏俟重誅奏御天子感其忠言手筆詔答每朝廷會議阜常侃然以天下爲己任數諫爭不聽乃屢乞遜位未許會卒家無餘財孫豹嗣

高堂隆字升平泰山平陽人魯高堂生後也少爲諸生泰山太守薛悌命爲督郵郡督軍與悌爭論名悌而呵之隆按劒叱督軍曰昔魯定見侮仲尼歷階趙彈秦箏相如進缶臨臣名君義之所討也督軍失色悌驚起止之後去吏避地濟南建安十八年太祖召爲丞相軍議掾後爲歷城侯徽文學轉爲相徽遭太祖喪不哀反游獵馳騁隆以義正諫甚得輔導之節黃初中爲堂陽長以選爲平原王傅王即尊位是爲明帝以隆爲給事中博士駙馬都尉帝初踐阼羣臣或以爲宜饗會隆曰唐虞有遏密之哀高宗有不言之思是以至德雍熙光于四海以爲不宜爲會帝敬納之遷陳留太守犢民酉牧年七十餘有至行舉爲計曹掾帝嘉之特除郎中以顯焉徵隆爲散騎常侍賜爵關內侯魏略曰太史上漢歷不及天時因更推步弦望朔晦爲太和歷帝以隆學問優深於天文又精乃詔使隆與尚書郎楊偉太史待詔駱祿參共推校偉祿是太史隆故據舊歷更相劾奏紛紜數歲偉稱祿得日蝕而月晦不盡隆不得日蝕而月晦盡詔從太史隆所爭雖不得而遠近猶知其精微也青龍中大治殿舍西取長安大鐘隆上疏曰昔周景王不儀刑文武之明德忽公旦之聖制既鑄大錢又作大鐘單穆公諫而弗聽伶州鳩對而弗從遂迷不反周德以衰良史記焉以爲永鑒然今之小人好說秦漢之奢靡以盪聖心求取亡國不度之器勞役費損以傷德政非所以興禮樂之和保神民之休也是日帝幸上方隆與卞蘭從帝以隆表授蘭使難隆曰興衰在政樂何爲也化之不明豈鐘之罪隆曰夫禮樂者爲治之大本也故簫韶九成鳳皇來儀雷鼓六變天神以降政是以平刑是以錯和之至也新聲發響商辛以隕大鐘既鑄周景以弊存亡之機恒由斯作安在廢興之不階也君舉必書古之道也作而不法何以示後聖王樂聞其闕故有箴規之道忠臣願竭其節故有匪躬之義也帝稱善遷侍中猶領太史令崇華殿災詔問隆此何咎於禮寧有祈禳之義乎隆對曰夫災變之法皆所以明教戒也惟率禮脩德可以勝之易傳曰上不儉下不節孽火燒其室又曰君高其臺天火爲災此人君苟飾宮室不知百姓空竭故天應之以旱火從高殿起也上天降鑒故譴告陛下陛下宜增崇人道以答天意昔太戊有桑穀生於朝武丁有雊雉登於鼎皆聞災恐懼側身脩德三年之後遠夷朝貢故號之曰中宗高宗此則前代之明鑒也今案舊占災火之發皆以臺榭宮室爲誡然今宮室之所以充廣者實由宮人猥多之故宜簡擇留其淑懿如周之制罷省其餘此則祖己之所以訓高宗高宗之所以享遠號也詔問隆吾聞漢武帝時栢梁災而大起宮殿以厭之其義云何隆對曰臣聞西京栢梁既災越巫陳方建章是經以厭火祥乃夷越之巫所爲非聖賢之明訓也五行志曰栢梁災其後有江充巫蠱衛太子事如志之言越巫建章無所厭也孔子曰災者修類應行精祲相感以戒人君是以聖主覩災責躬退而修德以消復之今宜罷散民役宮室之制務從約節內足以待風雨外足以講禮儀清埽所災之處不敢於此有所立作萐莆嘉禾必生此地以報陛下虔恭之德豈可疲民之力竭民之財實非所以致符瑞而懷遠人也帝遂復崇華殿時郡國有九龍見故改曰九龍殿陵霄闕始構有鵲巢其上帝以問隆對曰詩云惟鵲有巢惟鳩居之今興宮室起陵霄闕而鵲巢

之此宮室未成身不得居之象也天意若曰宮室未成將有他姓制御之斯乃上天之戒也夫天道無親惟與善人不可不深防不可不深慮夏商之季皆繼體也不欽承上天之明命惟讒諂是從廢德適欲故其亡也忽焉太戊武丁覩災竦懼祗承天戒故其興也勃焉今若休罷百役儉以足用增崇德政動遵帝則除普天之所患興兆民之所利三王可四五帝可六豈惟殷宗轉禍爲福而已哉臣備腹心苟可以繁祉聖躬安存社稷臣雖灰身破族猶生之年也豈憚忤逆之災而令陛下不聞至言乎於是帝改容動色是歲有星孛于大辰隆上疏曰凡帝王徙都立邑皆先定天地社稷之位敬恭以奉之將營宮室則宗廟爲先廄庫爲次居室爲後今圜丘方澤南北郊明堂社稷神位未定宗廟之制又未如禮而崇飾居室士民失業外人咸云宮人之用與興戎軍國之費所盡畧齊民不堪命皆有怨怒書曰天聰明自我民聰明天明畏自我民明威與人作頌則嚮以五福民怒吁嗟則威以六極言天之賞罰隨民言順民心也是以臨政務在安民爲先然後稽古之化格于上下自古及今未嘗不然也夫采椽卑宮唐虞大禹之所以垂皇風也玉臺瓊室夏癸商辛之所以犯昊天也今之宮室實違禮度乃更建立九龍華飾過前天彗章灼始起於房心犯帝坐而干紫微此乃皇天子愛陛下是以發教戒之象始卒皆于尊位殷勤鄭重欲必覺寤陛下斯乃慈父懇切之訓宜崇孝子祗聳之禮以率先天下以昭示後昆不宜有忽以重天怒時軍國多事用法深重隆上疏曰夫拓跡垂統必俟聖明輔世匡治亦須良佐用能庶績其凝而品物康乂也夫移風易俗宣明道化使四表同風回首面內德教光熙九服慕義固非俗吏之所能也今有司務糾刑書不本大道是以刑用而不措俗弊而不敦宜崇禮樂班敘明堂脩三雍大射養老營建郊廟尊儒士舉逸民表章制度改正朔易服色布愷悌尚儉素然後備禮封禪歸功天地使雅頌之聲盈于六合緝熙之化混于後嗣斯蓋至治之美事不朽之貴業也然九域之內可揖讓而治尚何憂哉不正其本而救其末譬猶棼絲非政理也可命羣公卿士通儒造具其事以爲典式隆又以爲改正朔易服色殊徽號異器械自古帝王所以神明其政變民耳目故三春稱王明三統也於是敷演舊章奏而改焉帝從其議改青龍五年春三月爲景初元年孟夏四月服色尚黃犧牲用白從地正也遷光祿勳帝愈增崇宮殿彫飾觀閣鑿太行之石英采榖城之文石起景陽山於芳林之園建昭陽殿於太極之北鑄作黃龍鳳皇奇偉之獸飾金墉陵雲臺陵霄闕百役繁興作者萬數公卿以下至于學生莫不展力帝乃躬自掘土以率之而遼東不朝悼皇后崩天作淫雨冀州水出漂沒民物隆上疏切諫曰蓋天地之大德曰生聖人之大寶曰位何以守位曰仁何以聚人曰財然則士民者乃國家之鎮也穀帛者乃士民之命也穀帛非造化不育非人力不成是以帝耕以勸農后桑以成服所以昭事上帝告虔報施也昔在伊唐世值陽九厄運之會洪水滔天使鯀治之績用不成乃舉文命隨山刊木前後歷年二十二載災眚之甚莫過於彼力役之興莫久於此堯舜君臣南面而已禹敷九州庶士庸勳各有等差君子小人物有服章今無若時之急而使公卿大夫並與廝徒共供事役聞之四夷非嘉聲也垂之竹帛非令名也是以有國有家者近取諸身遠取諸物嫗煦養育故稱愷悌君子民之父母今上下勞役疾病凶荒耕稼者寡饑饉荐臻無以卒歲宜加愍卹以救其困臣觀在昔書籍所載天人之際未有不應也是以古先哲王畏上天之明命循陰陽之逆順矜矜業業惟恐有違然後治道用興德與神符災異既發懼而脩政未有不延期流祚者也爰及末葉闇君荒主不崇先王之令軌不納正士之直言以遂其情志恬忽變戒未有不尋踐禍難至於顛覆者也天道既著請以人道論之夫六情五性同在於人嗜欲廉貞各居其一及其動也交爭于心欲彊質弱則縱濫不禁精誠不制則放溢無極夫情之所在非好則美而美好之集非人力不成非穀帛不立情苟無極則人不堪其勞物不充其求勞求並至將起禍亂故不割情無以相供仲尼云人無遠慮必有近憂由此觀之禮義之制非苟拘分將以遠害而與治也今吳蜀二賊非徒白地小虜聚邑之寇乃據險乘流跨有士衆僭號稱帝欲與中國爭衡今若有人來告權備並脩德政復履清儉輕省租賦不治玩好動咨耆賢事遵禮度陛下聞之豈不惕然惡其如此以爲難卒討滅而爲國憂乎若使告者曰彼二賊並爲無道崇侈無度役其士民重其徵賦下不堪命吁嗟日甚陛下聞之豈不勃然忿其困我無辜之民而欲速加之誅其次豈不幸彼疲弊而取之不難乎苟如此則可易心而度事義之數亦不遠矣且秦始皇不築道德之基而築阿房之宮不憂蕭墻之變而修長城之役當其君臣爲此計也亦欲立萬世之業使子孫長有天下豈意一朝匹夫大呼而天下傾覆哉故臣以爲使先代之君知其所行必將至於敗則弗爲之矣是以亡國之主自謂不亡然後至於亡賢聖之君自謂將亡然後至於不亡昔漢文帝稱爲賢主躬行約儉惠下養民而賈誼方之以爲天下倒縣可爲痛哭者一可爲流涕者二可爲長歎息者三況今天下彫弊民無儋石之儲國無終年之畜外有彊敵六軍暴邊內興土功州郡騷動若有寇警則臣懼版築之士不能投命虜庭矣又將吏奉祿稍見折減方之於昔五分居一諸受休者又絕廩賜不應輸者今皆出半此爲官入兼多於舊其所出與參少於昔而度支經用更每不足牛肉小賦前後相繼反而推之凡此諸費必有所在且夫祿賜穀帛人主所以惠養吏民而爲之司命者也若今有廢是奪其命矣既得之而又失之此生怨之府也周禮天府掌九賦之則以給九式之用入有其分出有其所不相干乘而用各足各足之後乃以式貢之餘供王玩好又上用財必考于司會（會音膾）今陛下所與共坐廊廟治天下者非三司九列則臺閣近臣皆腹心造膝宜在無諱若見豐省而不敢以告從命奔走惟恐不勝是則具臣非鯁輔也昔李斯教秦二世曰爲人主而不恣睢命之曰天下桎梏二世用之秦國以覆斯亦滅族是以史遷議其不正諫而爲世誡書奏帝覽焉謂中書監令曰觀隆此奏使朕懼哉隆疾篤口占上疏曰曾子有疾孟敬子問之曾子曰鳥之將死其鳴也哀人之將死其言也善臣寢疾病有增無損常懼奄忽忠欵不昭臣之丹誠豈惟曾子願陛下少垂省覽渙然改往事之過謬勃然興來事之淵塞使神人響應殊方慕義四靈效珍玉衡曜精則三王可邁五帝可越非徒繼體守文而已也臣常疾世主莫不思紹堯舜湯武之治而蹈踵桀紂幽厲之跡莫不嗤笑季世惑亂亡國之主而不登踐虞夏殷周之軌悲夫以若所爲求若所致猶緣木求魚煎水作冰其不可得明矣尋觀三代之有天下也聖賢相承歷載數百尺土莫非其有一民莫非其臣萬國咸寧九有有截鹿臺之金巨橋之粟無所用之仍舊南面夫何爲哉然癸辛之徒恃其旅力知足以拒諫才足以飾非諂諛是尚臺觀是崇淫樂是好倡優是說作靡靡之樂安濮上之音上天不蠲眷然回顧宗國爲墟不夷于隸紂縣白旗桀放鳴條天子之尊湯武有之豈伊異人皆明王之胄也且當六國之時天下殷熾秦既兼之不脩聖道乃搆阿房之宮築長城之守矜夸中國威服百蠻天下震竦道路以目自謂本支百葉永垂洪暉豈悟二世而滅社稷崩圮哉近漢孝武乘文景之福外攘夷狄內興宮殿十餘年間天下囂然乃信越巫懟天還怒起建章之宮千門萬戶卒致江充妖蠱之變至於宮室乖離父子相殘殃咎之毒禍流數世臣觀黃初之際天兆其戒異類之鳥育長燕巢口爪胷赤此魏室之大異也宜防鷹揚之臣於蕭牆之內可選諸王使君國典兵往往棊跱鎮撫皇畿翼亮帝室昔周之東遷晉鄭是依漢呂之亂實賴朱虛斯蓋前代之明鑒夫皇天無親惟德是輔民詠德政則延期過歷下有怨歎掇錄授能由此觀之天下之天下非獨陛下之天下也臣百疾所鍾氣力稍微輒自輿出歸還里舍若遂沈淪魂而有知結草以報詔曰生廉侔伯夷直過史魚執心堅白謇謇匪躬如何微疾未除退身里舍昔邴吉以陰德疾除而延壽貢禹以守節疾篤而濟愈生其強飯專精以自持隆卒遺令薄葬斂以時服（習鑿齒曰高堂隆可謂忠臣矣君侈每思諫其惡將死不忘憂社稷正辭動於昏主明戒驗於身後謇諤足以勵物德音沒而彌彰可不謂忠且智乎詩云聽用我謀庶無大悔又曰曾是莫聽大命以傾其高堂隆之謂也）初太和中中護軍蔣濟上疏曰宜遵古封禪詔曰聞濟斯言使吾汗出流足事寢歷歲後遂議修之使隆撰其禮儀帝聞隆沒歎息曰天不欲成吾事高堂生舍我亡也子琛嗣爵始景初中帝以蘇林秦靜等並老恐無能傳業者乃詔曰昔先聖既沒而其遺言餘教著於六藝六藝之文禮又爲急弗可斯須離者也末俗背本所由來久故閔子譏原伯之不學荀卿醜秦世之坑儒儒學既廢則風化曷由興哉方今宿生巨儒並各年高教訓之道孰爲其繼昔伏生將老漢文帝嗣以鼂錯穀梁寡疇宣帝承以士郎其科郎吏高才解經義者三十人從光祿勳隆散騎常侍林博士靜分受四經三禮主者具爲設課試之法夏侯勝有言士病不明經術經術苟明其取青紫如俯拾地芥耳今學者有能究極經道則爵祿榮寵不期而至可不勉哉數年隆等皆卒學者遂廢初任城棧潛太祖世歷縣令（潛字彥皇見虞據書林）嘗督守鄴城時文帝爲太子耽樂田獵晨出夜還潛諫曰王公設險以固其國都城禁衛用戒不虞大雅云宗子維城無俾城壞又曰猶之未遠是用大諫若逸于遊田晨出昏歸以一日從禽之娛而忘無垠之釁愚竊惑之太子不悅然自後游出差簡黃初中文帝將立郭貴嬪爲皇后潛上疏諫語在后妃傳明帝時衆役並興戚屬疏斥潛上疏曰天生蒸民而樹之君所以覆燾羣生熙育兆庶故方制四海匪爲天子裂土分疆匪爲諸侯也始

自三皇爰暨唐虞咸以博濟加于天下醇德以洽黎元頼之三王既微降逮于漢治日益少喪亂弘多自時厥後亦罔克乂太祖濬哲神武芟除暴亂克復王綱以開帝業文帝受天明命廓恢皇基踐阼七載每事未遑陛下聖德纂承洪緒宜崇晏晏與民休息而方隅匪寧征夫遠戍有事海外縣旌萬里六軍騷動水陸轉運百姓舍業日費千金大興殿舍功作萬計徂來之松刊山窮谷怪石珷玞浮于河淮都圻之內盡爲甸服當供稾秸銍粟之調而爲苑囿擇禽之府盛林莽之穢豐鹿兔之藪傷害農功地繁茨棘災疫流行民物大潰上減和氣嘉禾不植臣聞文王作豐經始勿亟百姓子來不日而成靈沼靈囿與民共之今宮觀崇侈彫鏤極妙忘有虞之總期思殷辛之瓊室禁地千里舉足投網麗擬阿房役百乾谿臣恐民力彫盡下不堪命也昔秦據殽函以制六合自以德高三皇功兼五帝欲號諡至萬葉而二世顛覆願爲黔首由枝幹既杌本實先拔也蓋聖王之御世也克明俊德庸勳親親俊乂在官則功業可隆親親顯用則安危同憂深根固本並爲幹翼雖歷盛衰內外有輔昔成王幼沖未能莅政周呂召畢並在左右今既無衞侯康叔之監分陝所任又非旦奭東宮未建天下無副願陛下留心關塞永保無極則海內幸甚後爲燕中尉辭疾不就卒

許曰辛毗楊阜剛亮公直正諫匪躬亞乎汲黯之高風焉高堂隆學業脩明志在匡君因變陳戒發於懇誠忠矣哉及至必改正朔俾魏祖虞所謂意過其通者歟

魏志卷二十五考證

辛毗帝乃止注習氏又從而載之○習氏監本訛作習文今改正

楊阜叙母慨然勑從阜計○北宋本作敕叙從阜

阜常見明帝著帽被縹綾半褎袖○何焯曰帽上宋書有繡字臣照按褎卽古袖字褎應作褏

十萬之軍東西奔赴○奔赴監本訛作奔走今改正

高堂隆好說秦漢之奢靡以盪聖心○盪毛本作蕩

陛下宜增崇人道以答天意○監本意上多之字照毛本衍

而崇飾居室○居室北宋本作宮室

使雅頌之聲盈于六合緝熙之化混于後嗣○混冊府作流

今若有人來告權備並脩德政○臣龍官按景初中先主劉備己甍陛疏不應又稱權備當爲禪字之誤

周禮天府掌九賦之則以給九式之用○臣明楷按周禮太府掌九貢九賦九功之貳以受其貨賄之入則九賦太府職也此云天府疑誤九賦監本訛作九伐今改正

不夷于隸○此句疑有誤或下夷訛作不夷也

宣帝承以士郞○士郞宋本作十郞

魏志卷二十六

晉著作郞巴西中正安漢陳壽撰

宋太中大夫國子博士聞喜裴松之注

滿寵　田豫　牽招　郭淮

滿寵字伯寧山陽昌邑人也年十八爲郡督郵時郡內李朔等各擁部曲害于平民太守使寵糾焉朔等請罪不復鈔畧守高平令縣人張苞爲郡督郵貪穢受取干亂吏政寵因其來在傳舍率吏卒出收之詰責所犯卽日考竟遂棄官歸太祖臨兗州辟爲從事及爲大將軍辟署西曹屬爲許令時曹洪宗室親貴有賓客在界數犯法寵收治之洪書報寵寵不聽洪白太祖太祖召許主者寵知將欲原乃速殺之太祖喜曰當事不當爾邪故太尉楊彪收付縣獄尚書令荀彧少府孔融等並屬寵但當受辭勿加考掠寵一無所報考訊如法數日求見太祖言之曰楊彪考訊無他辭語當殺者宜先彰其罪此人有名海內若罪不明必大失民望竊爲明公惜之太祖卽日赦出彪初彧融聞考掠彪皆怒及因此得了更善寵臣松之以爲楊公積德之門身爲名臣縱有愆負猶宜保祐況淫刑所濫而可加其楚掠乎若理應考訊荀孔二賢豈其妄有相請屬哉寵以此爲能酷吏之用心耳雖有後善何解前虐時袁紹盛於河朔而汝南紹之本郡門生賓客布在諸縣擁兵拒守太祖憂之以寵爲汝南太守寵募其服從者五百人率攻下二十餘壁誘其未降渠帥於坐上殺十餘人一時皆平得戶二萬兵二千人令就田業建安十三年從太祖征荊州大軍還留寵行奮威將軍屯當陽孫權數擾東陲復召寵還爲汝南太守賜爵關內侯關羽圍襄陽寵助征南將軍曹仁屯樊城拒之而左將軍于禁等軍以霖雨水長爲羽所沒羽急攻樊城樊城得水往往崩壞衆皆失色或謂仁曰今日之危非力所支可及羽圍未合乘輕船夜走雖失城尚可全身寵曰山水速疾冀其不久關羽遣別將已在郟下自許以南百姓擾擾羽所以不敢遂進者恐吾軍掎其後耳今若遁去洪河以南非復國家有也君宜待之仁曰善寵乃沈白馬與軍人盟誓會徐晃等救至寵力戰有功羽遂退進封安昌亭侯文帝卽王位遷揚武將軍破吳於江陵有功更拜伏波將軍屯新野大軍南征到精湖寵帥諸軍在前與賊隔水相對寵勑諸將曰今夕風甚猛賊必來燒軍宜爲其備諸軍皆警夜半賊果遣十部伏夜來燒寵掩擊破之進封南鄉侯黃初三年假寵節鉞五年拜前將軍明帝卽位進封昌邑侯太和二年領豫州刺史三年春降人稱吳大嚴揚聲欲詣江北獵孫權欲自出寵度其必襲西陽而爲之備權聞之退還秋使曹休從廬江南入合肥令寵向夏口寵上疏曰曹休雖明果而希用兵今所從道背湖旁江易進難退此兵之窪地也若入無彊口宜深爲之備寵表未報休遂深入賊果從無彊口斷夾石要休還路休戰不利退走會朱靈等從後來斷道與賊相遇賊驚走休軍乃得還是歲休甍寵以前將軍代都督揚州諸軍事汝南兵民戀慕大小相率奔隨道路不可禁止護軍表上欲殺其爲首者詔使寵將親兵千人自隨其餘一無所問四年拜寵征東將軍其冬孫權揚聲欲至合肥寵表召兗豫諸軍皆集賊尋退還被詔罷兵寵以爲今賊大舉而還非本意也此必欲僞退以罷吾兵而倒還乘虛掩不備也表不罷兵後十餘日權果更來到合肥城不克而還其明年吳將孫布遣人詣揚州求降辭云道遠不能自致乞兵見迎刺史王淩騰布書請兵馬迎之寵以爲必詐不與兵而爲淩作報書曰知識邪正欲避禍就順去暴歸道甚相嘉尚今欲遣兵相迎然計兵少則不足相衞多則事必遠聞且先密計以成本志臨時節度其宜寵會被書當入朝勑留府長史若淩欲往迎勿與兵也淩於後索兵不得乃單遣一督將步騎七百人往迎之布夜掩擊督將迸走死傷過半初寵與淩共事不平淩支黨毀寵疲老悖謬故明帝召之既至體氣康彊見而遣還世語曰王淩表寵年過耽酒不可居方任帝將召寵給事中郭謀曰寵爲汝南太守豫州刺史二十餘年有勳方岳及鎮淮南吳人憚之若不如所表將爲所闚可令還朝問以方事以察之帝從之寵既至進見飲酒至一石不亂帝慰勞之遣還寵屢表求留詔報曰昔廉頗彊食馬援據鞍今君未老而自謂已老何與廉馬之相背邪其思安邊境惠此中國明年吳將陸遜向廬江論者以爲宜速赴之寵曰廬江雖小將勁兵精守則經時又賊舍船二百里來後尾空縣尚欲誘致今宜聽其遂進但恐走不可及耳整軍趨揚宜口賊聞大兵東下卽夜遁時權歲有來計

青龍元年寵上疏曰合肥城南臨江湖北遠壽春賊攻圍之得據水爲勢官兵救之當先破賊大輩然後圍乃得解賊往甚易而兵往救之甚難宜移城內之兵其西三十里有奇險可依更立城以固守此爲引賊平地而掎其歸路於計爲便護軍將軍蔣濟議以爲既示天下以弱且望賊煙火而壞城此爲未攻而自拔一至於此劫畧無限必以淮北爲守帝未許寵重表曰孫子言兵者詭道也故能而示之以弱不能驕之以利示之以懾此爲形實不必相應也又曰善動敵者形之今賊未至而移城卻內此所謂形而誘之也引賊遠水擇利而動舉得於外則福生於內矣尚書趙咨以寵策爲長詔遂報聽其年權自出欲圍新城以其遠水積二十日不敢下船寵謂諸將曰權得吾移城必於其衆中有自大之言今大舉來欲要一切之功雖不敢至必當上岸耀兵以示有餘乃潛遣步騎六千伏肥城隱處以待之權果上岸耀兵寵伏軍卒起擊之斬首數百或有赴水死者明年權自將號十萬至合肥新城寵馳往赴募壯士數十人折松爲炬灌以麻油從上風放火燒賊攻具射殺權弟子孫泰賊於是引退三年春權遣兵數千家佃於江北至八月寵以爲田向收熟男女布野其屯衞兵去城遠者數百里可掩擊也遣長史督三軍循江東下摧破諸屯焚燒穀物而還詔美之因以所獲盡爲將士賞景初二年以寵年老徵還遷爲太尉寵不治產業家無餘財詔曰君典兵在外專心憂公有行父祭遵之風賜田十頃穀五百斛錢二十萬以明淸忠儉約之節焉寵前後增邑凡九千六百戶封子孫二人亭侯正始三年甍謚曰景侯子偉嗣偉以格度知名官至衞尉世語曰偉字公衡偉子長武有寵風年二十四爲大將軍掾高貴鄉公之難以掾守閶闔掖門司馬文王弟安陽亭侯幹欲入幹妃偉妹也長武謂幹曰此門近公且來無有入者可從東掖門幹遂從之文王問幹入何遲幹言其故參軍王羨亦不得入恨之既而羨因王左右啓王滿掾斷門不內人宜推劾壽春之役偉從文王至許以疾不進子從求還省疾事定乃從歸由此內見恨收長武考死杖下偉免爲庶人時人寃之偉弟子奮晉元康中至尚書令司隸校尉寵偉長武奮皆長八尺荀綽冀州記曰奮性清平有識檢晉諸公贊曰奮體量通雅有寵風也

田豫字國讓漁陽雍奴人也劉備之奔公孫瓚也豫時年少自託於備備甚奇之備爲豫州刺史豫以母老求歸備涕泣與別曰恨不與君共成大事也公孫瓚使豫守東州令瓚將王門叛瓚爲袁紹將萬餘人來攻衆懼欲降豫登城謂門曰卿爲公孫所厚而去意有所不得已也今還作賊乃知卿亂人耳夫挈瓶之智守不假器吾既受之矣何不急攻乎門慙而退瓚雖知豫有權謀而不能任也瓚敗而鮮于輔爲國人所推行太守事素

善。豫以爲長史。時雄傑並起，輔莫知所從。豫謂輔曰：「終能定天下者，必曹氏也。宜速歸命，無後禍期。」輔從其計，用受封寵。太祖召豫爲丞相軍謀掾，除潁陰、朗陵令，遷弋陽太守，所在有治。鄢陵侯彰征代郡，以豫爲相。軍次易北，虜伏騎擊之，軍人擾亂，莫知所爲。豫因地形，回車結圜陣，弓弩持滿於內，疑兵塞其隙。胡不能進，散去。追擊，大破之，遂前平代，皆豫策也。遷南陽太守。先時，郡人侯音反，衆數千人在山中爲羣盜，大爲郡患。前太守收其黨與五百餘人，表奏皆當死。豫悉見諸繫囚，慰喻開其自新之路，一時破械遣之。諸囚皆叩頭，願自效，即相告語，羣賊一朝解散，郡內清靜。具以狀上，太祖善之。文帝初，北狄彊盛，侵擾邊塞，乃使豫持節護烏丸校尉，牽招、解儁并護鮮卑。自高柳以東，濊貊以西，鮮卑數十部，比能、彌加、素利割地統御，各有分界；乃共要誓，皆不得以馬與中國市。豫以戎狄爲一，非中國之利，乃先構離之，使自爲讎敵，互相攻伐。素利違盟，出馬千匹與官，爲比能所攻，求救於豫。豫恐遂相兼并，爲害滋深，宜救善討惡，示信衆狄。單將銳卒，深入虜庭，胡人衆多，鈔軍前後，斷截歸路。豫乃進軍，去虜十餘里結屯營，多聚牛馬糞然之，從他道引去。胡見煙火不絕，以爲尚在，去行數十里乃知之。追豫到馬城，圍之十重。豫密嚴，使司馬建旌旗，鳴鼓吹，將步騎從南門出，胡人皆屬目往赴之。豫將精銳自北門出，鼓譟而起，兩頭俱發，出虜不意，虜衆散亂，皆棄弓馬步走，追討二十餘里，僵尸蔽地。又烏丸王骨進桀黠不恭，豫因出塞案行，單將麾下百餘騎入進部。進逆拜，遂使左右斬進，顯其罪惡以令衆。衆皆怖慴不敢動，便以進弟代進。自是胡人破膽，威震沙漠。山賊高艾，衆數千人，寇鈔，爲幽、冀害，豫誘使鮮卑素利部斬艾，傳首京都。封豫長樂亭侯。爲校尉九年，其御夷狄，恒摧抑兼并，乖散彊猾。凡逋亡姦宄，爲胡作計不利官者，豫皆搆刺攪離，使凶邪之謀不遂，聚居之類不安。事業未究，而幽州刺史王雄支黨欲令雄領烏丸校尉，毀豫亂邊，爲國生事。遂轉豫爲汝南太守，加殄夷將軍。太和末，公孫淵以遼東叛，帝欲征之而難其人，中領軍楊暨舉豫應選。臣松之案：暨字休先，滎陽人，事見劉曄傳。暨子肇，晉荊州刺史。山濤啓事稱肇有才能。肇子灝字道元，次歆字公嗣。灝子咸字長文，次經字仲武，皆見潘岳集。乃使豫以本官督青州諸軍，假節往討之。會吳賊遣使與淵相結，帝以賊衆多，又以渡海，詔豫使罷軍。豫度賊船垂還，歲晚風急，必畏漂浪，東隨無岸，當赴成山。成山無藏船之處，輒便循海，案行地形，及諸山島，徼截險要，列兵屯守。自入成山，登漢武之觀。賊還，果遇惡風，船皆觸山沉沒，波蕩着岸，無所逃竄，盡虜其衆。初，諸將皆笑於空地待賊，及賊破，競欲與謀，求入海鉤取浪船。豫懼窮虜死戰，皆不聽。初，豫以太守督青州，青州刺史程喜內懷不服，軍事之際，多相違錯。喜知帝寶愛明珠，乃密上：「豫雖有戰功而禁令寬弛，所得器仗珠金甚多，放散皆不納官。」由是功不見列。後孫權號十萬衆攻新城，征東將軍滿寵欲率諸軍救之。豫曰：「賊悉衆大舉，非徒投射小利，欲質新城以致大軍耳。宜聽使攻城，挫其銳氣，不當與爭鋒也。城不可拔，衆必罷怠；罷怠然後擊之，可大克也。若賊見計，必不攻城，勢將自走。若便進兵，適入其計。又大軍相向，當使難知，不當使自畫也。」豫輒上狀，天子從之。會賊遁走。後吳復來寇，豫往拒之，賊即退。諸軍夜驚，云：「賊復來！」豫臥不起，令衆：「敢動者斬。」有頃，竟無賊。景初末，增邑三百，并前五百戶。正始初，遷使持節護匈奴中郎將，加振威將軍，領并州刺史。外胡聞其威名，相率來獻。州界寧肅，百姓懷之。徵爲衞尉。屢乞遜位，太傅司馬宣王以爲豫克壯，書喻未聽。豫書答曰：「年過七十而以居位，譬猶鍾鳴漏盡而夜行不休，是罪人也。」遂固稱疾篤。拜太中大夫，食卿祿。年八十二薨。子彭祖嗣。魏略曰：豫罷官歸，居魏縣。會汝南遣健步詣征北，感豫宿恩，過拜之。豫爲殺雞炊黍，送詣至陌頭，謂之曰：「罷老苦汝來過，無能有益，若何？」健步愍其貧羸，流涕而去，還爲故吏民說之。汝南爲具資數千匹，遣人餉豫，豫一不受。會病亡，戒其妻子曰：「葬我必於西門豹邊。」妻子難之，言：「西門豹古之神人，那可葬於其邊乎？」豫言：「豹所履行與我敵等耳，使死而有靈，必與我善。」妻子從之。汝南聞其死也，悲之，既爲畫像，又就爲立碑銘。豫清約儉素，賞賜皆散之將士。每胡狄私遺，悉簿藏官，不入家；家常貧匱。雖殊類，咸高豫節。魏略曰：鮮卑素利等數來客見，多以牛馬遺豫，豫轉送官。胡以爲前所與豫物顯露，不如持金。乃密懷金三十斤，謂豫曰：「願避左右，我欲有所道。」豫從之，胡因跪曰：「我見公貧，故前後遺公牛馬，公輒送官，今密以此上公，可以爲家資。」豫張袖受之，答其厚意。胡去之後，皆悉付外，具以狀聞。於是詔褒之曰：「昔魏絳開懷以納戎賂，今卿舉袖以受狄金，朕甚嘉焉。」乃即賜絹五百匹。豫得賜，分以其半藏小府，後胡復來，以半與之。嘉平六年，下詔褒揚，賜其家錢穀。語在徐邈傳。

牽招字子經，安平觀津人也。年十餘歲，詣同縣樂隱受學。後隱爲車騎將軍何苗長史，招隨卒業。值京都亂，苗、隱見害，招俱與隱門生史路等觸蹈鋒刃，共殯斂隱屍，送喪還歸。道遇寇鈔，路等皆悉散走。賊欲斫棺取釘，招垂淚請赦。賊義之，乃釋而去，由此顯名。冀州牧袁紹辟爲督軍從事，兼領烏丸突騎。紹舍人犯令，招先斬乃白，紹奇其意而不見罪也。紹卒，又事紹子尚。建安九年，太祖圍鄴，尚遣招至上黨，督致軍糧。未還，尚破走，到中山。時尚外兄高幹爲并州刺史，招以并州左有恒山之險，右有大河之固，帶甲五萬，北阻彊胡，勸幹迎尚，并力觀變。幹既不能，而陰欲害招。招聞之，間行而去，道隔不得追尚，遂東詣太祖。太祖領冀州，辟爲從事。太祖將討袁譚，而柳城烏丸欲出騎助譚。太祖以招嘗領烏丸，遣詣柳城。到，值峭王嚴，以五千騎當遣詣譚。又遼東太守公孫康自稱平州牧，遣使韓忠齎單于印綬往假峭王。峭王大會羣長，忠亦在坐。峭王問招：「昔袁公言受天子之命，假我爲單于；今曹公復言當更白天子，假我真單于；遼東復持印綬來。如此，誰當爲正？」招答曰：「昔袁公承制得有所拜假，中間違錯，天子命曹公代之，言當白天子，更假真單于，是也。遼東下郡，何得擅稱拜假也？」忠曰：「我遼東在滄海之東，擁兵百萬，又有扶餘、濊貊之用；當今之勢，彊者爲右，曹操獨何得爲是也？」招呵忠曰：「曹公允恭明哲，翼戴天子，伐叛柔服，寧靜四海，汝君臣頑嚚，今恃險遠，背違王命，欲擅拜假，侮弄神器，方當屠戮，何敢慢易咎毀大人！」便捉忠頭頓築，拔刀欲斬之。峭王驚怖，徒跣抱招，以救請忠，左右失色。招乃還坐，爲峭王等說成敗之效，禍福所歸；皆下席跪伏，敬受敕教，便辭遼東之使，罷所嚴騎。太祖滅譚於南皮，署招軍謀掾，從討烏丸，至柳城。拜護烏丸校尉。還鄴。遼東送袁尚首，縣在馬市，招覩之悲感，設祭頭下。太祖義之，舉爲茂才。從平漢中，太祖還，留招爲中護軍。事罷，還鄴，拜平虜校尉，將兵督青、徐州郡諸軍事，擊東萊賊，斬其渠率，東土寧靜。文帝踐阼，拜招使持節護鮮卑校尉，屯昌平。是時，邊民流散山澤，又亡叛在鮮卑中者，處有千數。招廣布恩信，招誘降附。建義中郎將公孫集等，率將部曲，咸各歸命；使還本郡。又懷來鮮卑素利、彌加等十餘萬落，皆令款塞。大軍欲征吳，召招還，至，值軍罷，拜右中郎將，出爲鴈門太守。郡在邊陲，雖有候望之備，而寇鈔不斷。招既教民戰陣，又表復烏丸五百餘家租調，使備鞍馬，遠遣偵候。虜每犯塞，勒兵逆擊，來輒摧破，於是吏民膽氣日銳，荒野無虞。又搆間離散，使虜更相猜疑。鮮卑大人步度根、泄歸泥等與軻比能爲隙，將部落三萬餘家詣郡附塞。敕令還擊比能，殺比能弟苴羅侯，及叛烏丸歸義侯王同、王寄等，大結怨讎。是以招自出，率將歸泥等討比能於雲中故郡，大破之。招通河西鮮卑附頭等十餘萬家，繕治陘北故上館城，置屯戍以鎮內外，夷虜大小，莫不歸心。諸亡叛雖親戚不敢藏匿，咸悉收送。於是野居晏閉，寇賊靜息。招乃簡選有才識者，詣太學受業，還相授教，數年中庠序大興。郡所治廣武，井水鹹苦，民皆擔輦遠汲流水，往反七里。招準望地勢，因山陵之宜，鑿原開渠，注水城內，民賴其益。明帝即位，賜爵關內侯。太和二年，護烏丸校尉田豫出塞，爲軻比能所圍於故馬邑城，移招求救。招即整勒兵馬，欲赴救豫。并州以常憲禁招，招以爲節將見圍，不可拘於吏議，自表輒行。又並馳布羽檄，稱陳形勢，云當西北掩取虜家，然後東行，會誅虜身。檄到，豫軍踊躍。又遺一通於虜蹊要，虜即恐怖，種類離散。軍到故平城，便皆潰走。比能復大合騎來，到故平州塞北。招潛行撲討，大斬首級。招以蜀虜諸葛亮數出，而比能狡猾，能相交通，表爲防備，議者以爲縣遠，未之信也。會亮時在祁山，果遣使連結比能。比能至故北地石城，與相首尾。帝乃詔招，使從便宜討之。時比能已還漠南，招與刺史畢軌議曰：「胡虜遷徙無常。若勞師遠追，則遲速不相及。若欲潛襲，則山溪艱險，資糧轉運，難以密辦。可使守新興、鴈門二牙門，出屯陘北，外以鎮撫，內令兵田，儲畜資糧，秋冬馬肥，州郡兵合，乘釁征討，計必全克。」未及施行，會病卒。招在郡十二年，威風遠振。其治邊之稱，次於田豫，百姓追思之。而漁陽傅容在鴈門有名績，繼招後在遼東，又有事功云。招子嘉嗣。次子弘，亦猛毅有招風，以隴西太守隨鄧艾伐蜀有功，咸熙中爲振威護軍。嘉與晉司徒李胤同母，早卒。按晉書，弘後爲揚州、涼州刺史，以果烈死事於邊。嘉子秀，字成叔，荀綽冀州記曰：秀有儁才，性豪俠，有氣，弱冠得美名，於太康中爲衞瓘、崔洪、石崇等所提攜，以新安令博士爲司空從事中郎。與帝舅黃門侍郎王愷素相輕侮，愷諷司隸荀愷令都官誣奏秀夜在道中載高平國守士田興妻。秀即表訴被誣陷之由，論愷穢行，文辭尤厲，于時朝臣雖多證明秀，名譽由是而損。後張華請爲長史，稍遷至尚書。河間王以秀爲平北將軍，假節在馮翊，遇害。世人玩其辭賦，惜其材幹。

郭淮字伯濟，太原陽曲人也。按郭氏譜：淮祖全，大司農；父縕，鴈門太守。建安中舉孝廉，除平原府丞。文帝爲五官將，召淮署爲門下賊曹，轉爲丞相兵曹議令史，從征漢中。太祖還，留征西將軍夏侯淵拒劉備，以淮爲淵司馬。淵與備戰，淮時有疾不出。淵遇害，軍中擾擾，淮收散卒，推盪寇將軍張郃爲軍主，諸營乃定。其明日，備欲渡漢水來攻。諸將議衆寡不敵，備便乘勝，欲依水爲陣以拒之。淮曰：「此示弱而不足挫敵，非算也。不如遠水爲陣，引而致之，半濟而後擊，備可破也。」既陣，備疑不渡，淮遂堅守，示無還心。以狀聞，太祖善之，假郃節，復以淮爲司馬。文帝即王位，賜爵關內侯，轉爲鎮西長史。又行征羌護軍，護左將軍張郃、冠軍將軍楊秋討山賊鄭甘、盧水叛胡，皆破平之。關中始定，民得安業。黃初元年，奉使賀文帝踐阼，而道路得疾，故計遠近爲稽留。及羣臣歡會，帝正色責之曰：「昔禹會諸侯於塗山，防風後至，便行大戮。今溥天同慶，而卿最留遲何也淮對曰臣聞五帝先敎導民以德夏后政衰始用刑辟今臣遣唐虞之世是以自知免於防風之誅也帝悅之擢領雍州刺史封射陽亭侯五年爲眞安定羌大帥辟蹏反討破降之每羌胡來降淮輒先使人推問其親理男女多少年歲長幼及見一一知其欵曲訊問周至咸稱神明太和二年蜀相諸葛亮出祁山遣將軍馬謖至街亭高詳屯列柳城張郃擊謖淮攻詳營皆破之又破隴西名羌唐蹏於枹罕加建威將軍五年蜀出鹵城是時隴右無穀議欲關中大運淮以威恩撫循羌胡家使出穀平其輸調軍食用足轉揚武將軍靑龍二年諸葛亮出斜谷並田于蘭坑是時司馬宣王屯渭南淮策亮必爭北原宜先據之議者多謂不然淮曰若亮跨渭登原連兵北山隔絕隴道搖蕩民夷此非國之利也宣王善之淮遂屯北原塹壘未成蜀兵大至淮逆擊之後數日亮盛兵西行諸將皆謂欲攻西圍淮獨以爲此見形於西欲使官兵重應之必攻陽遂耳其夜果攻陽遂有備不得上正始元年蜀將姜維出隴西淮遂進軍追至彊中維退遂討羌迷當等按撫柔氐三千餘落拔徙以實關中遷左將軍涼州休屠胡梁元碧等率種落二千餘家附雍州淮奏請使居安定之高平爲民保障其後因置西川都尉轉拜前將軍領州如故五年夏侯玄伐蜀淮督諸軍爲前鋒淮度勢不利輒拔軍出故不大敗還假淮節八年隴西南安金城西平諸羌餓何燒戈伐同蛾遮塞等相結叛亂攻圍城邑南招蜀兵涼州名胡治無戴復叛應之討蜀護軍夏侯霸督諸軍屯爲翅淮軍始到狄道議者僉謂宜先討定枹罕內平惡羌外折賊謀淮策維必來攻霸遂入渢中轉南迎霸維果攻爲翅會淮軍適至維遁退進討叛羌斬餓何燒戈降服者萬餘落九年遮塞等屯河關白土故城據河拒軍淮見形上流密於下渡兵據白土城擊大破之治無戴圍武威家屬留在西海淮進軍趣西海欲掩取其累重會無戴折還與戰於龍夷之北破走之令居惡虜在石頭山之西當大道止斷絕王使淮還過討大破之姜維出石營從彊川乃西迎治無戴留陰平太守廖化於成重山築城斂破羌保質淮欲分兵取之諸將以維衆西接彊胡化以據險分軍兩持兵勢轉弱進不制維退不拔化非計也不如合而俱西及胡蜀未接絕其內外此伐交之兵也淮曰今往取化出賊不意維必狠顧比維自致足以定化且使維疲於奔命兵不遠西而胡交自離此一舉而兩全之策也乃別遣夏侯霸等追維於沓中淮自率諸軍就攻化等維果馳還救化皆如淮計進封都鄕侯嘉平元年遷征西將軍都督雍涼諸軍事是歲與雍州刺史陳泰協策降蜀牙門將句安等於翅上二年詔曰昔漢川之役幾至傾覆淮臨危濟難功書王府在關右三十餘年外征寇虜內綏民夷比歲以來摧破廖化禽虜句安功績顯著朕甚嘉之今以淮爲車騎將軍儀同三司持節都督如故進封陽曲侯邑凡二千七百八十戶分三百戶封一子亭侯世語曰淮妻王凌之妹凌誅妹當從坐御史往收督將及羌胡渠帥數千人叩頭請淮表留妻淮不從妻上道莫不流涕人人扼腕欲劫留之淮五子叩頭流血請淮淮不忍視乃命左右追妻於是追者數千騎數日而還淮以書白司馬宣王曰五子哀母不惜其身若無其母是無五子無五子亦無淮也今輒追還若於法未通當受罪於主者覲展在近書至宣王亦宥之正元二年薨追贈大將軍謚曰貞侯子統嗣統官至荊州刺史薨子正嗣咸熙中開建五等以淮著勳前朝改封汾陽子晉諸公贊曰淮弟配字仲南有重名位至城陽太守裴秀賈充皆配女婿子展字泰舒有器度幹用歷職著績終於太僕次弟豫字泰寧相國參軍知名早卒女適王衍配弟鎮字季南謁者僕射鎮子奕字泰業山濤啓事稱奕高簡有雅量歷位雍州刺史尚書

評曰滿寵立志剛毅勇而有謀田豫居身淸白規畧明練牽招秉義壯烈威績顯著郭淮方策精詳垂問秦雍而豫位止小州招終於郡守未盡其用也

魏志卷二十六考證

滿寵賊必來燒軍宜爲其備○燒軍太平御覽作燒營

乃潛遣步騎六千伏肥城隱處以待之○肥城通鑑作肥水

遣長史督二軍○宋本作遣長吏督三軍

田豫鮮卑數十部比能彌加素利○太平御覽素利下有等字

東隨無岸當赴成山○通鑑東隨作東道

郭淮太原陽曲人也注父縕鴈門太守○北宋本縕作蘊

既陣備疑不渡○太平御覽作不敢渡

蜀兵大至淮逆擊之○太平御覽作逆擊走之

魏志卷二十七・

晉　著　作　郎　巴　西　中　正　安　漢　陳　壽　撰

宋　太　中　大　夫　國　子　博　士　聞　喜　裴　松　之　注

徐邈　胡質子威　王昶　王基

徐邈字景山燕國薊人也太祖平河朔召爲丞相軍謀掾試守奉高令入爲東曹議令史魏國初建爲尚書郎時科禁酒而邈私飮至於沈醉校事趙達問以曹事邈曰中聖人達白之太祖太祖甚怒度遼將軍鮮于輔進曰平日醉客謂酒淸者爲聖人濁者爲賢人邈性修愼偶醉言耳竟坐得免刑後領隴西太守轉爲南安文帝踐阼歷譙相平陽安平太守潁川典農中郎將所在著稱賜爵關內侯車駕幸許昌問邈曰頗復中聖人不邈對曰昔子反斃於穀陽御叔罰於飮酒臣嗜同二子不能自懲時復中之然宿瘤以醜見傳而臣以醉見識帝大笑顧左右曰名不虛立遷撫軍大將軍軍師明帝以涼州絕遠南接蜀寇以邈爲涼州刺史使持節領護羌校尉至値諸葛亮出祁山隴右三郡反邈輒遣參軍及金城太守等擊南安賊破之河右少雨常苦乏穀邈上脩武威酒泉鹽池以收虜穀又廣開水田募貧民佃之家家豐足倉庫盈溢乃支度州界軍用之餘以市金帛犬馬通供中國之費以漸收斂民間私仗藏之府庫然後率以仁義立學明訓禁厚葬斷淫祀進善黜惡風化大行百姓歸心焉西域流通荒戎入貢皆邈勛也討叛羌柯吾有功封都亭侯邑三百戶加建威將軍邈與羌胡從事不問小過若犯大罪先告部帥使知應死者乃斬以徇是以信服畏威賞賜皆散與將士無入家者妻子衣食不充天子聞而嘉之隨時供給其家彈邪繩枉州界肅淸正始元年還爲大司農遷爲司隸校尉百寮敬憚之公事去官後爲光祿大夫數歲卽拜司空邈歎曰三公論道之官無其人則缺豈可以老病忝之哉遂固辭不受嘉平元年年七十八以大夫薨于家用公禮葬謚曰穆侯子武嗣六年朝廷追思淸節之士詔曰夫顯賢表德聖王所重擧善而敎仲尼所美故司空徐邈征東將軍胡質衞尉田豫皆服職前朝歷事四世出統戎馬入贊庶政忠淸在公憂國忘私不營產業身沒之後家無餘財朕甚嘉之其賜邈等家穀二千斛錢三十萬布告天下邈同郡韓觀曼游有鑒識器幹與邈齊名而在孫禮盧毓先爲豫州刺史甚有治功卒官魏名臣奏載黃門侍郎杜恕表稱韓觀王昶信有兼才高官重任不但三州盧欽著書稱邈曰徐公志高行潔才博氣猛其施之也高而不狷潔而不介博而守約猛而能寬聖人以淸爲難而徐公之所易也或問欽徐公當武帝之時人以爲通自在涼州及還京師人以爲介何也欽答曰往者毛孝先崔季珪等用事貴淸素之士于時皆變易車服以求名高而徐公不改其常故人以爲通比來天下奢靡轉相倣效而徐公雅尙自若不與俗同故前日之通乃今日之介也是世人之無常而徐公之有常也

胡質字文德楚國壽春人也少與蔣濟朱績俱知名於江淮間仕州郡蔣濟爲別駕使見太祖太祖問曰胡通達長者也寧有子孫不濟曰有子曰質規模大略不及於父至於精良綜事過之案胡氏譜通達名敏以方正徵太祖卽召質爲頓丘令縣民郭政通於從妹殺其夫程他郡吏馮諒繫獄爲證政與妹皆耐掠隱抵諒不勝痛自誣當反其罪質至官察其情色更詳其事檢驗具服入爲丞相東曹議令史州請爲治中將軍張遼與其護軍武周有隙遼見刺史溫恢求請質質辭以疾遼出謂質曰僕委意於君何以相辜如此質曰古人之交也取多知其不貪奔北知其不怯聞流言而不信故可終也武伯南身爲雅士往者將軍稱之不容於口今以睚眦之恨乃成嫌隙睚五賣反眦士賣反况質才薄豈能終好是以不願也遼感言復與周平虞預晉書曰周字伯南沛國竹邑人位至光祿大夫子陔字元夏陔及二弟韶茂皆總角見稱並有器望雖鄕人諸父未能覺其多少時同郡劉公榮名知人嘗造周周謂曰卿有知人之明欲使三兒見卿卿爲目高下以效郭許之鑒公榮乃自詣陔兄弟與共言語觀其舉動出語周曰君三子皆國士也元夏器量最優有輔佐之風展力仕宦可爲亞公叔夏季夏不減常伯納言也陔少出仕宦歷職內外泰始初爲吏部尚書遷左僕射右光祿大夫開府儀同三司卒於官陔以在魏已爲大臣本非佐命之數懷遜讓不得已而居位故在官職無所荷任夙夜恭思而已終始全潔當世以爲美談韶歷二官吏部郎山濤啓事稱韶淸白有誠終於散騎常侍茂侍中尚書潁川荀愷宣帝外孫世祖姑子自負貴戚要與茂交茂拒而不答由是見怒元康元年楊駿被誅愷時爲尚書僕射以茂駿之姨弟陷爲駿黨遂枉見殺衆咸冤痛之太祖辟爲丞相屬黃初中徙吏部郎爲常山太守遷任東莞士盧顯爲人所殺質曰此士無讎而有少妻所以死乎悉見其比居年少書吏李若見問而色動遂窮詰情狀若卽自首罪人斯得每軍功賞賜皆散之於衆無入家者在郡九年吏民便安將士用命遷荊州刺史加振威將軍賜爵關內侯吳大將朱然圍樊城質輕軍赴之議者皆以爲賊盛不可迫質曰樊城卑下兵少故當進軍爲之外援不然危矣遂勒兵臨圍城中乃安遷征東將軍假節都督靑徐諸軍事廣農積穀有兼年之儲置東征臺且佃且守又通渠諸郡利舟楫嚴設備以待敵海邊無事性沈實內察不以其節檢物所在見思嘉平二年薨家無餘財惟有賜衣書篋而已軍師以聞追進封陽

陵亭侯邑百戶諡曰貞侯子威嗣六年詔書褒述質清行賜其家錢穀語在徐邈傳威咸熙中官至徐州刺史晉陽秋曰威字伯虎少有志尚厲操清白質之爲荊州也威自京都省之家貧無車馬僮僕威自驅驢單行拜見父停廐中十餘日告歸臨辭質賜其絹一匹爲道路糧威跪曰大人清白不審於何得此絹質曰是吾俸祿之餘故以爲汝糧耳威受之辭歸每至客舍自放驢取樵炊爨食畢復隨旅進道往還如是質帳下都督素不相識先其將歸請假還家陰資裝百餘里要之因與爲伴每事佐助經營之又少進飲食行數百里威疑之密誘問乃知其都督也因取向所賜絹答謝而遣之後因他信具以白質質杖其都督一百除吏名其父子清慎如此於是名譽著聞歷位宰牧晉武帝賜見論邊事語及平生帝歎其父清謂威曰卿清孰與父清威對曰臣不如也帝曰以何爲不如對曰臣父清恐人知臣清恐人不知是臣不如者遠也官至前將軍青州刺史太康元年卒追贈鎮東將軍威弟熊字季象征南將軍威子奕字次孫平東將軍並以潔行垂名有殊績歷三郡守所在有名卒於安定

王昶字文舒太原晉陽人也案王氏譜昶伯父柔字叔優父澤字季道郭林宗傳曰叔優季道幼少之時聞林宗有知人之鑒共往候之請問才行所宜以自處業林宗笑曰卿二人皆二千石才也雖然叔優當以仕宦顯季道宜以經術進若違才易務亦不至也叔優等從其言叔優至北中郎將季道代郡太守少與同郡王凌俱知名凌年長昶兄事之文帝在東宮昶爲太子文學遷中庶子文帝踐阼徙散騎侍郎爲洛陽典農時都畿樹木成林昶斫開荒萊勤勸百姓墾田特多遷兗州刺史明帝卽位加揚烈將軍賜爵關內侯昶雖在外任心存朝廷以爲魏承秦漢之弊法制苛碎不大釐改國典以準先王之風而望治化復興不可得也乃著治論略依古制而合於時務者二十餘篇又著兵書十餘篇言奇正之用孫子兵法曰兵以正合以奇勝奇正還相生若循環之無窮青龍中奏之其爲兄子及子作名字皆依謙實以見其意故兄子默字處靜沈字處道其子渾字玄沖深字道沖遂書戒之曰夫人爲子之道莫大於寶身全行以顯父母此三者人知其善而或危身破家陷於滅亡之禍者何也由所祖習非其道也夫孝敬仁義百行之首行之而立身之本也孝敬則宗族安之仁義則鄉黨重之此行成於內名著於外者也人若不篤於至行而背本逐末以陷浮華焉以成朋黨焉浮華則有虛僞之累朋黨則有彼此之患此二者之戒昭然著明而循覆車滋衆逐末彌甚皆由惑當時之譽昧目前之利故也夫富貴聲名人情所樂而君子或得而不處何也惡不由其道耳患人知進而不知退知欲而不知足故有困辱之累悔吝之咎語曰如不知足則失所欲故知足之足常足矣覽往事之成敗察將來之吉凶未有干名要利欲而不厭而能保身持家永全福祿者也欲使汝曹立身行己遵儒者之教履道家之言故以玄默沖虛爲名欲使汝曹顧名思義不敢違越也古者盤杅有銘几杖有誡俯仰察焉用無過行況在己名可不戒之哉夫物速成則疾亡晚就則善終朝華之草夕而零落松栢之茂隆寒不衰是以大雅君子惡速成戒闕黨也若范匄對秦客至武子擊之折其委笄惡其掩人也國語曰范文子暮退於朝武子曰何暮也對曰有秦客廋辭於朝大夫莫之能對也吾知三焉武子怒曰大夫非不能也讓父兄也爾童子而三掩人於朝吾不在晉國亡無日也擊之以杖折其委笄臣松之案對秦客者范燮也此云范匄蓋誤也夫人有善鮮不自伐有能者寡不自矜伐則掩人矜則陵人掩人者人亦掩之陵人者人亦陵之故三郤爲戮於晉王叔負罪於周不惟矜善自伐好爭之咎乎故君子不自稱非以讓人惡其蓋人也夫能屈以爲伸讓以爲得弱以爲彊鮮不遂矣夫毀譽愛惡之原而禍福之機也是以聖人愼之孔子曰吾之於人誰毀誰譽如有所譽必有所試又曰子貢方人賜也賢乎哉我則不暇以聖人之德猶尙如此況庸庸之徒而輕毀譽哉昔伏波將軍馬援戒其兄子言聞人之惡當如聞父母之名耳可得而聞口不可得而言也斯戒至矣臣松之以爲援之此誡可謂切至之言不刊之訓也凡道人過失蓋謂居室之愆人未之知則由己而發者也若乃行事得失已暴於世因其善惡卽以爲誡方之於彼則有愈焉然援誡稱龍伯高之美言杜季良之惡致使事徹時主季良以敗言之傷人孰大於此與其所誡自相違伐人或毀己當退而求之於身若已有可毀之行則彼言當矣若已無可毀之行則彼言妄矣當則無怨於彼妄則無害於身又何反報焉且聞人毀己而忿者惡醜聲之加人也人報者滋甚不如默而自脩己也諺曰救寒莫如重裘止謗莫如自脩斯言信矣若與是非之士凶險之人近猶不可況與對校乎其害深矣夫虛僞之人言不根道行不顧言其爲浮淺較可識別而世人惑焉猶不檢之以言行也近濟陰魏諷山陽曹偉皆以傾邪敗沒熒惑當世挾持姦慝驅動後生雖刑於鈇鉞大爲炯戒然所汙染固以衆矣可不愼與世語曰黃初中孫權通章表偉以白衣登江上與權交書求賂欲以交結京師故誅之若夫山林之士夷叔之倫甘長饑於首陽安赴火於緜山雖可以激貪勵俗然聖人不可爲吾亦不願也今汝先人世有冠冕惟仁義爲名守愼爲稱孝悌於閨門務學於師友吾與時人從事雖出處不同然各有所取潁川郭伯益好尙通達敏而有知其爲人弘曠不足輕貴有餘得其人重之如山不得其人忽之如草吾以所知親之昵之不願兒子爲之伯益名奕郭嘉之子北海徐偉長不治名高不求苟得澹然自守惟道是務其有所是非則託古人以見其意當時無所褒貶吾敬之重之願兒子師之東平劉公幹博學有高才誠節有大意然性行不均少所拘忌得失足以相補吾愛之重之不願兒子慕之臣松之以爲文舒復擬則文淵顯言人之失魏諷曹偉事陷惡逆著以爲誡差無可尤至若郭伯益劉公幹雖其人皆往善惡有定然既友之於昔不宜復毀之於今而乃形于翰墨永傳後葉於舊交則違久要之義於子孫則揚人前世之惡於夫鄙懷深所不取善乎東方之誡子也以首陽爲拙柳下爲工寄旨古人無傷當時方之馬王不亦遠哉樂安任昭先淳粹履道內敏外恕推逊恭讓處不避洿悋而義勇在朝忘身吾友之善之願兒子遵之昭先名嘏別傳曰嘏樂安博昌人世爲著姓夙智早成鄉人爲之語曰蔣氏翁任氏童父旐字子旟以至行稱漢末黃巾賊起天下饑荒人民相食寇到博昌聞旐姓字乃相謂曰宿聞任子旟天下賢人也今雖作賊那可入其鄉邪遂相帥而去由是聲聞遠近州郡並招舉孝廉歷酸棗祝阿令嘏八歲喪母號泣不絕聲自然之哀同於成人故幼以至性見稱年十四始學疑不再問三年中誦五經皆究其義兼包羣言無不綜覽於時學者號之神童遂遇荒亂家貧賣魚會官稅魚魚貴數倍嘏取直如常又與人共買生口各雇八匹後生口家來贖時價直六十匹共買者欲隨時價取贖嘏自取本價八匹共買者慙亦還取本價比居者擅耕嘏地數十畝種之人以語嘏嘏曰我自以借之耳耕者聞之慙謝還地及邑中爭訟皆詣嘏質之然後意厭其子弟有不順者父兄竊數之曰汝所行豈可令任君知邪其禮教所化率皆如此會太祖創業召海內至德嘏應其舉爲臨菑侯庶子相國東曹屬尚書郎文帝時爲黃門侍郎每納忠言輒手書懷本自在禁省歸書不封帝嘉其淑慎累遷東郡趙郡河東太守所在化行有遺風餘教嘏爲人淳粹愷悌虛己若不足恭敬如有長其脩身履義皆沈默潛行不顯其美故時人少得稱之著書三十八篇凡四萬餘言嘏卒後故吏東郡程威趙國劉固河東上官崇等錄其事行及所著書奏之詔下秘書以貫羣言若引而伸之觸類而長之汝其庶幾舉一隅耳及其用財先九族其施舍務周急其出入存故老其論議貴無貶其進仕尙忠節其取人務道實其處勢戒驕淫其貧賤愼無戚其進退念合宜其行事加九思如此而已吾復何憂哉青龍四年詔欲得有才智文章謀慮淵深料遠若近視昧而察籌不虛運策弗徒發端一小心清脩密靜乾乾不解志尙在公者無限年齒勿拘貴賤卿校已上各舉一人太尉司馬宣王以昶應選正始中轉在徐州封武觀亭侯遷征南將軍假節都督荊豫諸軍事昶以爲國有常衆戰無常勝地有常險守無常勢今屯宛去襄陽三百餘里諸軍散屯船在宣池有急不足相赴乃表徙治新野習水軍於三州廣農墾殖倉穀盈積嘉平初太傅司馬宣王既誅曹爽乃奏博問大臣得失昶陳治略五事其一欲崇道篤學抑絕浮華使國子入太學而脩庠序其二欲用考試考試猶準繩也未有舍準繩而意正曲直廢黜陟而空論能否也其三欲令居官者久於其職有治績則就增位賜爵其四欲約官實祿勵以廉恥不使與百姓爭利其五欲絕侈靡務崇節儉令衣服有章上下有叙儲穀畜帛反民於樸詔書褒讚因使撰百官考課事昶以爲唐虞雖有黜陟之文而考課之法不垂周制冢宰之職大計羣吏之治而誅賞又無校比之制由此言之聖主明於任賢畧舉黜陟之體以委達官之長而揔其統紀故能否可得而知也其大指如此二年昶奏孫權流放良臣適庶分爭可乘釁而制吳蜀白帝夷陵之間黚巫秭歸房陵皆在江北民夷與新城郡接可襲取也乃遣新城太守州泰襲巫秭歸房陵荊州刺史王基詣夷陵昶詣江陵兩岸引竹絙爲橋渡水擊之賊奔南岸鑿七道並來攻於是昶使積弩同時俱發賊大將施績夜遁入江陵城追斬數百級昶欲引致平地與合戰乃先遣五軍案大道發還使賊望見以喜之以所獲鎧馬甲首馳環城以怒之設伏兵以待之績果追軍與戰克之績遁走斬其將鍾離茂許旻收其甲首旗鼓珍寶器仗振旅而還王基州泰皆有功於是遷昶征南大將軍儀同三司進封京陵侯毌丘儉文欽作亂引兵拒儉欽有功封二子亭侯關內侯進位驃騎將軍諸葛誕反昶據夾石以逼江陵持施績全熙使不得東誕既誅詔曰昔孫臏佐趙直湊大梁西兵驟進亦所以成東征之勢也增邑千戶并前四千七百戶遷司空持節都督如故甘露四年薨諡曰穆侯子渾嗣咸熙中爲越騎校尉案晉書曰自越騎入晉累居方任平吳有功封一子江陵侯位至司徒渾子濟字武子有儁才令望爲河南尹太僕早卒追贈驃騎將軍渾弟深冀州刺史深弟湛字處沖汝南太守湛子承字安期東海內史承子述字懷祖尚書令衛將軍述子坦之字文度北中郎將徐兗二州刺史昶諸子中湛最有德譽而承亦自爲名士述及坦之並顯重於世爲時盛門云自湛已下事見晉陽秋也

王基字伯輿東萊曲城人也少孤與叔父翁居翁撫養甚篤基亦以孝稱年十七郡召爲吏非其好也遂去入琅邪界游學黃初中察孝廉除郎中是時青土初定刺史王凌特表請基爲別駕後召爲秘書郎凌復請還頃之司徒王朗辟基凌不遣朗書劾州曰凡家臣之良則升于公輔公臣之良則入于王職是故古者侯伯有貢士之禮今州取宿衞之臣留秘閣之吏所希聞也凌猶不遣凌流稱青土蓋亦由基協和之輔也大將軍司馬宣王辟基未至擢爲中書侍郎明帝盛脩宮室百姓勞瘁基上疏曰臣聞古人以水喻民曰水所以載舟亦所以覆舟故在民上者不可以不戒懼夫民逸則慮易苦則思難是以先王居之以約儉俾不至於生患昔顏淵云東野子之御馬力盡矣而求進不已是以知其將敗今事役勞苦男女離曠願陛下深察東野之弊留意舟水之喻息奔駟於未盡節力役於未困昔漢有天下至孝文時唯有同姓諸侯而賈誼憂之曰置火積薪之下而寢其上因謂之安也今寇賊未殄猛將擁兵檢之則無以應敵久之則難以遺後當盛明之世不務以除患若子孫不競社稷之憂也使賈誼復起必深切於曩時矣散騎常侍王肅著諸經傳解及論定朝儀改易鄭玄舊說而基據持玄義常與抗衡遷安平太守公事去官

大將軍曹爽請爲從事中郎出爲安豐太守郡接吳寇爲政清嚴有威惠明設防備敵不敢犯加討寇將軍吳嘗大發衆集建業揚聲欲入攻揚州刺史諸葛誕使基策之基曰昔孫權再至合肥一至江夏其後全琮出廬江朱然寇襄陽皆無功而還今陸遜等已死而權年老內無賢嗣中無謀主權自出則懼內釁卒起癰疽發潰遣將則舊將已盡新將未信此不過欲補定支黨還自保護耳後權竟不能出時曹爽專柄風化陵遲基著時要論以切世事以疾徵還起家爲河南尹未拜爽伏誅基嘗爲爽官屬隨例罷其年爲尚書出爲荆州刺史加揚烈將軍隨征南王昶擊吳基別襲步協於夷陵協閉門自守基示以攻形而實分兵取雄父邸閣收米三十餘萬斛虜安北將軍譚正納降數千口於是移其降民置夷陵縣賜爵關內侯基又表城上昶徙江夏治之以偪夏口由是賊不敢輕越江明制度整軍農兼脩學校南方稱之時朝廷議欲伐吳詔基量進趣之宜基對曰夫兵動而無功則威名折於外財用窮於內故必全而後用也若不資通川聚糧水戰之備則雖積兵江內無必渡之勢矣今江陵有沮漳二水溉灌膏腴之田以千數安陸左右陂池沃衍若水陸並農以實軍資然後引兵詣江陵夷陵分據夏口順沮漳資水浮穀而下賊知官兵有經久之勢則拒天誅者意沮而向王化者益固然後率合蠻夷以攻其內精卒勁兵以討其外則夏口以上必拔而江外之郡不守如此吳蜀之交絕交絕而吳禽矣不然兵出之利未可必矣於是遂止司馬景王新統政基書戒之曰天下至廣萬幾至猥誠不可不矜矜業業坐而待旦也夫志正則衆邪不生心靜則衆事不躁思慮審定則教令不煩親用忠良則遠近協服故知和遠在身定衆在心許允傅嘏袁侃崔贊皆一時正士有直質而無流心可與同政事者也景王納其言高貴鄉公卽尊位進封常樂亭侯毋丘儉文欽作亂以基爲行監軍假節統許昌軍適與景王會於許昌景王曰君籌儉等何如基曰淮南之逆非吏民思亂也儉等誑脅迫懼畏目下之戮是以尚羣聚耳若大兵臨偪必土崩瓦解儉欽之首不終朝而縣於軍門矣景王曰善乃令基居軍前議者咸以儉欽慓悍難與爭鋒詔基停駐基以爲儉等舉軍足以深入而久不進者是其詐僞已露衆心疑沮也今不張示威形以副民望而停軍高壘有似畏懦非用兵之勢也若或虜畧民人又州郡兵家爲賊所得者更懷離心儉等所迫脅者自顧罪重不敢

復還此爲錯兵無用之地而成姦宄之源吳寇因之則淮南非國家之有譙沛汝豫危而不安此計之大失也軍宜速進據南頓南頓有大邸閣計足軍人四十日糧保堅城因積穀先人有奪人之心此平賊之要也基屢請乃聽進據㶏水既至復言曰兵聞拙速未覩工遲之久方今外有彊寇內有叛臣若不時決則事之深淺未可測也議者多欲將軍持重將軍持重是也停軍不進非也持重非不行之謂也進而不可犯耳今據堅城保壁壘以積實資虜縣運軍糧甚非計也景王欲須諸軍集到猶尚未許基曰將在軍君令有所不受彼得則利我得亦利是謂爭城南頓是也遂輒進據南頓儉等從項亦爭欲往發十餘里聞基先到復還保項時兗州刺史鄧艾屯樂嘉儉使文欽將兵襲艾基知其勢分進兵偪項儉衆遂敗欽等已平遷鎮南將軍都督豫州諸軍事領豫州刺史進封安樂鄉侯上疏求分戶二百賜叔父子喬爵關內侯以報叔父拊育之德有詔特聽諸葛誕反基以本官行鎮東將軍都督揚豫諸軍事時大軍在項以賊兵精詔基歛軍堅壘基累啓求進討會吳遣朱異來救誕軍於安城基又被詔引諸軍轉據北山基謂諸將曰今圍壘轉固兵馬向集但當精脩守備以待越逸而更移兵守險使得放縱雖有智者不能善後矣遂守便宜上疏曰今與賊家對敵當不動如山若遷移依險人心搖蕩於勢大損諸軍並據深溝高壘衆心皆定不可傾動此御兵之要也書奏報聽大將軍司馬文王進屯丘頭分部圍守各有所統基督城東城南二十六軍文王勑軍吏入鎮南部界一不得有所遣城中食盡晝夜攻壘基輒拒擊破之壽春既拔文王與基書曰初議者云云求移者甚衆時未臨履亦謂宜然將軍深算利害獨秉固志上違詔命下拒衆議終至制敵禽賊雖古人所述不是過也文王欲遣諸將輕兵深入招迎唐咨等子弟因釁有蕩覆吳之勢基諫曰昔諸葛恪乘東關之勝竭江表之兵以圍新城城既不拔而衆死者太半姜維因洮上之利輕兵深入糧餉不繼軍覆上邽夫大捷之後上下輕敵輕敵則慮難不深今賊新敗於外又內患未弭是其脩備設慮之時也且兵出踰年人有歸志今俘馘十萬罪人斯得自歷代征伐未有全兵獨克如今之盛者也武皇帝克袁紹於官渡自以其獲已多不復追奔懼挫威也文王乃止以淮南初定轉基爲征東將軍都督揚州諸軍事進封東武侯基上疏固讓歸功參佐由是長史司馬等七人皆侯是歲基母卒

詔秘其凶問迎基父豹喪合葬洛陽追贈豹北海太守甘露四年轉爲征南將軍都督荆州諸軍事常道鄉公卽尊位增邑千戶并前五千七百戶前後封子二人亭侯關內侯景元二年襄陽太守表吳賊鄧由等欲來歸化基被詔當因此震蕩江表基疑其詐馳驛陳狀且曰嘉平以來累有內難當今之務在於鎮安社稷綏寧百姓未宜動衆以求外利文王報書曰凡處事者多曲相從順鮮能確然共盡理實誠感忠愛每見規示輒敬依來指後由等竟不降司馬彪戰畧載基此事詳於本傳曰景元二年春三月襄陽太守胡烈表上吳賊鄧由李光等同謀十八屯欲來歸化遣將張吳鄧生幷送質任克期欲令郡軍臨江迎拔大將軍司馬文王啓聞詔征南將軍王基部分諸軍使烈督萬人徑造沮水荆州義陽南屯宜城承書夙發若由等如期到者便當因此震蕩江表基疑賊詐降誘致官兵馳驛止文王說由等可疑之狀且當淸澄未宜便舉重兵深入應之又曰夷陵東道當由車御至赤岸乃得渡沮西道當出箭谿口乃趣平土皆山險狹竹木叢蔚卒有要害弩馬不陳今者筋角弩弱水潦方降廢盛農之務徼難必之利此事之危者也昔子午之役兵行數百里而値霖雨橋閣破壞後糧腐敗前軍縣乏姜維深入不待輜重士衆饑餓覆軍上邽文欽唐咨舉吳重兵昧利壽春身沒不反此皆近事之鑒戒也嘉平以來累有內難當今之宜當鎮安社稷撫寧上下力農務本懷柔百姓未宜動衆以求外利也得之未足爲多失之傷損威重文王累得基書意疑尋勑諸軍已上道者且權停住所在須後節度基又言於文王曰昔漢祖納酈生之說欲封六國寤張良之謀而趣銷印基謀慮淺短誠不及留侯亦懼襄陽有食其之謬文王於是遂罷軍嚴後由等果不降是歲基薨追贈司空謚曰景侯子徽嗣早卒咸熙中開建五等以基著勳前朝改封基孫廙而以東武餘邑賜一子爵關內侯晉室踐阼下詔曰故司空王基既著德立勳又治身清素不營產業久在重任家無私積可謂身沒行顯足用勵俗者也其以奴婢二人賜其家

評曰徐邈淸尚弘通胡質素業貞粹王昶開濟識度王基學行堅白皆掌統方任垂稱著績可謂國之良臣時之彥士矣

魏志卷二十七考證

徐邈西域流通荒戎入貢○流通太平御覽作通流

皆服職前朝歷事四世○職宋本作質

王昶又著兵書十餘篇言奇正之用注若循環之無窮○窮毛本作端

其有所是非則託古人以見其意○有所監本訛作所有今改正

不願兒子慕之注於夫鄙懷○宋本作於鄙夫懷

顧兒子遵之注夙智早成○宋本作夙智性成

又注比居者擅耕蝦地○監本脫者字今添

今屯苑去襄陽三百餘里○苑疑作宛

王基吳嘗大發衆集建業揚聲欲入攻揚州○攻通鑑作寇

雖有智者不能善後矣○太平御覽作善其後矣多其字

今與賊家對敵○太平御覽作今與賊交利對敵

文王勅軍吏入鎮南部界一不得有所遣○遣宋本作譴

後由等竟不降注皆山險狹○册府皆山路險狹

又注兵行數百里而値淋雨○宋本淋作霖

魏志卷二十八

晉著作郎巴西中正安漢陳壽撰

宋太中大夫國子博士聞喜裴松之注

王淩令狐愚 毌丘儉 諸葛誕唐咨

鄧艾州泰 鍾會王弼

王淩字彥雲太原祁人也叔父允爲漢司徒誅董卓卓將李傕郭汜等爲卓報仇入長安殺允盡害其家淩及兄晨時年皆少踰城得脫亡命歸鄉里淩舉孝廉爲發干長魏畧曰淩爲長遇事髡刑五歲當道掃除時太祖車過問此何徒左右以狀對太祖曰此子師兄子也所坐亦公耳於是主者選爲驍騎主簿稍遷至中山太守所在有治太祖辟爲丞相掾屬文帝踐阼拜散騎常侍出爲兗州刺史與張遼等至廣陵討孫權臨江夜大風吳將呂範等船漂至北岸淩與諸將逆擊捕斬首虜獲舟船有功封宜成亭侯加建武將軍轉在青州是時海濱乘喪亂之後法度未整淩布政施教賞善罰惡甚有綱紀百姓稱之不容於口後從曹休征吳與賊遇於夾石休軍失利淩力戰決圍休得免難仍徙爲揚豫州刺史咸得軍民之歡心始至豫州旌先賢之後求未顯之士各有條教意義甚美初淩與司馬朗賈逵友善及臨兗豫繼其名跡正始初爲征東將軍假節都督揚州諸軍事二年吳大將全琮數萬衆寇芍陂淩率諸軍逆討與賊爭塘力戰連日賊退走進封南鄉侯邑千三百五十戶遷車騎將軍儀同三司是時淩外甥令狐愚以才能爲兗州刺史屯平阿舅甥並典兵專淮南之重淩就遷爲司空司馬宣王既誅曹爽進淩爲太尉假節鉞淩愚密協計謂齊王不任天位楚王彪長而才欲迎立彪都許昌嘉平元年九月愚遣將張式至白馬與彪相問往來淩又遣舍人勞精詣洛陽語子廣廣言廢立大事勿爲禍先漢晉春秋曰淩愚謀以帝幼制於彊臣不堪爲主楚王彪長而才欲迎立之以興曹氏淩使人告廣廣曰凡舉大事應本人情今曹爽以驕奢失民何平叔虛而不治丁畢桓鄧雖並有宿望皆專競於世加變易朝典政令數改所存

雖高而事不下接民習於舊衆莫之從故雖勢傾四海聲震天下同日斬戮名士減半而百姓安之莫或之哀失民故也今懿情雖量事未有逆而擢用賢能廣樹勝己脩先朝之政令副衆心之所求爽之所以為惡者彼莫不必改夙夜匪懈以恤民為先父子兄弟並握兵要未易亡也淩不從臣松之以為如此言之類皆前史所不載而猶出習氏且制言法體不似於昔疑悉鑿齒所自造者也其十一月，愚復遣式詣彪，未還，會愚病死。魏書曰愚字公治本名淩黃初中為和戎護軍烏丸校尉田豫討胡有功小違節度愚以法繩之帝怒械繫愚免官治罪詔曰淩何愚遂以名之正始中為曹爽長史後出為兗州刺史魏略曰楚王彪有智勇初東郡有譌言云白馬河出妖馬夜過官牧邊鳴呼衆馬皆應明日見其迹大如斛行數里還入河中又有謠言白馬素羈西南馳其誰乘者朱虎騎楚王小字朱虎故愚與王淩陰謀立楚王乃先使人通意於王言使君謝王天下事不可知願王自愛彪亦陰知其意答言謝使君知厚意也二年，熒惑守南斗，淩謂：「斗中有星，當有暴貴者。」魏略曰淩聞東平民浩詳知星呼問詳詳疑淩有所挾欲悅其意不言吳當有死喪而言淮南楚分也今吳楚同占當有王者興故淩計遂定三年春，吳賊塞涂水。淩欲因此發大嚴，諸軍表求討賊；詔報不聽。淩陰謀滋甚，遣將軍楊弘以廢立事告兗州刺史黃華，華、弘連名以白太傅司馬宣王。宣王將中軍乘水道討淩，先下赦赦淩罪，又將尚書廣東，使為書喻淩，大軍掩至百尺逼淩。淩自知勢窮，乃乘船單出迎宣王，遣掾王彧謝罪，送印綬、節鉞。軍到丘頭，淩面縛水次。宣王承詔遣主簿解縛反服，見淩，慰勞之，還印綬、節鉞，遣步騎六百人送還京都。淩至項，飲藥死。魏略載淩與太傅書曰卒聞神軍密發已在百尺雖知命窮盡遲於相見身首分離不以為恨前後遣使有書未得還報企踵西望無物以譬昨遣書之後便乘船來相迎宿丘頭旦發於浦口奉被露布赦書又得二十三日況累紙誨示聞命驚愕五內失守不知何地可以自處僕久忝朝恩歷試無效統御戎馬董齊東夏事有闕廢中心犯義罪在三百妻子同縣無所禱矣不圖聖恩天覆地載橫蒙視息復覩日月亡甥令狐愚攜惑群小之言僕即時呵抑使不得竟其語既人已知神明所鑒夫非事無陰卒至發露知此梟夷之罪也生我者父母活我者子也又重曰身陷刑罪謬蒙赦宥今遣掾送印綬頂至當如詔書自縛歸命雖足下私之官法有分及到如書太傅使人解其縛淩既蒙赦加怙舊好不復自疑徑乘小船自趣太傅太傅使人逆止之住船淮中相去十餘丈淩知見外乃遙謂太傅曰卿直以折簡召我我當敢不至邪而乃引軍來乎太傅曰以卿非肯逐折簡者故也淩曰卿負我太傅曰我寧負卿不負國家遂使人送來西淩自知罪重試索棺釘以觀太傅意太傅給之淩行到項夜呼掾屬與決曰行年八十身名並滅邪遂自殺干寶晉紀曰淩到項見賈逵祠在水側淩呼曰賈梁道王淩固忠於魏之社稷者唯爾有神知之其年八月太傅有疾夢淩逵為厲甚惡之遂薨宣王遂至壽春。張式等皆自首，乃窮治其事。彪賜死，諸相連者悉夷三族。魏略載山陽單固字恭夏為人有器實正始中兗州刺史令狐愚與固父伯龍善辟以為別駕固不樂為州吏辭以疾愚禮意愈厚固不欲應固母夏侯氏謂固曰使君與汝父久善故命汝不止汝亦固當仕進自可往耳固不獲已遂往與兼治中從事楊康並為愚腹心後愚與王淩通謀康固皆知其計會愚病康應司徒召詣洛陽固亦以疾解康在京師露其事太傅乃東取王淩到壽春固見太傅太傅問曰卿知其事為邪固對不知太傅曰且置近事問卿令狐反乎固又曰無而楊康白事事與固連遂收捕固及家屬皆繫廷尉考實數十固故云無有太傅錄楊康與固對相詰固辭窮乃罵康曰老傭既負使君又滅我族顧汝當活邪辭定事上須報廷尉以舊皆聽得與其母妻子相見固見其母不仰視其母知其慚也字謂之曰恭夏汝本自不欲應州郡也我強故耳汝為人吏自當爾耳此自門戶衰我無恨也汝本意與我語固終不仰又不語以至於死初楊康自以白其事冀得封拜後以辭頗參錯亦并斬臨刑俱出獄固又罵康曰老奴汝死自分耳若令死者有知汝何面目以行地下也

朝議咸以為春秋之義，齊崔杼、鄭歸生皆加追戮，陳尸斲棺，載在方策。淩、愚罪宜如舊典。乃發淩、愚冢，剖棺，暴尸於所近市三日，燒其印綬、朝服，親土埋之。干寶晉紀曰兗州武吏東平馬隆託為愚家客以私財更殯葬行服三年種植松柏一州之士媿之進弘、華爵為鄉侯。廣有志尚學行，死時年四十餘。魏氏春秋曰廣字公淵弟飛梟金虎並才武過人太傅嘗從容問蔣濟濟曰淩文武俱贍當今無雙廣等志力有美於父耳退而悔之告所親曰吾此言滅人門宗矣魏末傳曰淩少子字明山最知名善書多技藝人得其書皆以為法走向太原追軍及之時有飛鳥集桑樹隨枝低卬舉弓射之即倒追人乃止不復進明山投親家食家告吏乃就執之

毌丘儉字仲恭，河東聞喜人也。父興，黃初中為武威太守，伐叛柔服，開通河右，名次金城太守蘇則。討賊張進及討叛胡有功，封高陽鄉侯。魏名臣奏載雍州刺史張既表曰河右遐遠喪亂彌久武威當諸郡路道喉轄之要加民夷雜處數有兵難領太守毌丘興到官內撫吏民外懷羌胡卒使柔附為官效用黃華張進初圖逆亂扇動左右興志氣忠烈臨難不顧為將校民夷陳說禍福言則涕泣於時男女萬口咸懷感激形毀髮亂誓心致命尋率精兵蹋脅張掖濟拔領太守杜通西海太守張睦張掖番和驪靬二縣吏民及郡雜胡棄惡詣興興皆安卹使盡力田興每所歷盡竭心力誠國之良吏殿下即位留心萬幾苟有毫毛之善必有賞錄臣伏緣聖旨指陳其事入為將作大匠。儉襲父爵，為平原侯文學。明帝即位，為尚書郎，遷羽林監。以東宮之舊，甚見親待。出為洛陽典農。時取農民以治宮室，儉上疏曰：「臣愚以為天下所急除者二賊，所急務者衣食。誠使二賊不滅，士民饑凍，雖崇美宮室，猶無益也。」遷荊州刺史。青龍中，帝圖討遼東，以儉有幹策，徙為幽州刺史，加度遼將軍，使持節，護烏丸校尉。率幽州諸軍至襄平，屯遼隧。右北平烏丸單于寇婁敦、遼西烏丸都督率衆王護留等，昔隨袁尚奔遼東者，率衆五千餘人降。寇婁敦遣弟阿羅槃等詣闕朝貢，封其渠率二十餘人為侯、王，賜輿馬繒采各有差。公孫淵逆與儉戰，不利，引還。明年，帝遣太尉司馬宣王統中軍及儉等衆數萬討淵，定遼東。儉以功進封安邑侯，食邑三千九百戶。正始中，儉以高句驪數侵叛，督諸軍步騎萬人出玄菟，從諸道討之。句驪王宮將步騎二萬人，進軍沸流水上，大戰梁口，梁音渴宮連破走。儉遂束馬縣車，以登丸都，屠句驪所都，斬獲首虜以千數。句驪沛者名得來，數諫宮，臣松之按東夷傳沛者句驪國之官名宮不從其言。得來歎曰：「立見此地將生蓬蒿。」遂不食而死，舉國賢之。儉令諸軍不壞其墓，不伐其樹，得其妻子，皆放遣之。宮單將妻子逃竄。儉引軍還。六年，復征之，宮遂奔買溝。儉遣玄菟太守王頎追之，世語曰頎字孔碩東萊人晉永嘉中大賊王彌頎之孫過沃沮千有餘里，至肅慎氏南界，刻石紀功，刊丸都之山，銘不耐之城。諸所誅納八千餘口，論功受賞，侯者百餘人。穿山溉灌，民賴其利。遷左將軍，假節，監豫州諸軍事，領豫州刺史，轉為鎮南將軍。諸葛誕戰於東關，不利，乃令誕、儉對換。誕為鎮南，都督豫州。儉為鎮東，都督揚州。吳太傅諸葛恪圍合肥新城，儉與文欽禦之，太尉司馬孚督中軍東解圍，恪退還。

初，儉與夏侯玄、李豐等厚善。揚州刺史前將軍文欽，曹爽之邑人也，驍果麤猛，數有戰功，好增虜獲，以徼寵賞，多不見許，怨恨日甚。儉以計厚待欽，情好歡洽。欽亦感戴，投心無貳。正元二年正月，有彗星數十丈，西北竟天，起於吳楚之分。儉、欽喜，以為己祥。遂矯太后詔，罪狀大將軍司馬景王，移諸郡國，舉兵反。迫脅淮南將守諸別屯者，及吏民大小，皆入壽春城，為壇於城西，歃血稱兵為盟，分老弱守城，儉、欽自將五六萬衆渡淮，西至項。儉堅守，欽在外為游兵。儉欽等表曰故相國懿匡輔魏室歷事忠貞故烈祖明皇帝授以寄託之任懿戮力盡節以寧華夏又以齊王聰明無有穢德乃心勤盡忠以輔上天下賴之懿欲討滅二虜以安宇內始分軍糧克時同舉未成而薨齊王以懿有輔己大功故遂使師承統懿業委以大事而師以盛年在職無疾託病坐擁彊兵無有臣禮朝臣非之義士譏之天下所聞其罪一也懿造計取賊多春軍糧克期有日師為大臣當除國難又為人子當卒父業哀聲未絕而便罷息為臣不忠為子不孝其罪二也賊退過東關坐自起衆三征同進喪衆敗績歷年軍實一旦而盡致使賊來天下騷動死傷流離其罪三也賊舉國悉衆號五十萬來向壽春圖詣洛陽會太尉孚與臣等建計乃杜塞要險不與爭鋒還固新城淮南將士衝鋒履刃晝夜相守勤瘁百日死者塗地自魏有軍已來為難苦甚莫過於此而師遂意自由不論封賞權勢自在無所領錄其罪四也故中書令李豐等以師無人臣節欲議退之師知而請豐其夕拉殺載尸埋棺豐等為大臣帝王腹心擅加酷暴死無罪名師有無君之心其罪五也懿每歎說齊王自堪人主君臣之義定奉事以來十有五載始欲歸政按行武庫詔問禁兵不得妄出師自知姦慝人神所不佑矯廢君主加之以罪孚師之叔父性甚仁孝追送齊王悲不自勝羣臣皆怒而師懷忍不顧大義其罪六也又故光祿大夫張緝無罪而誅夷其妻子并及其母后逼恐至尊彊督遣臨時哀愕莫不傷痛而師稱慶反以歡喜其罪七也陛下踐阼聰明神武事經聖心欲從省約天下聞之莫不歡慶而師不自改悔脩復臣禮而方徵兵募士毀壞宮內列侯自衛陛下即阼初不朝覲陛下欲臨幸師舍以省其疾復拒不通不奉法度其罪八也近者領軍許允當為鎮北以廚錢給賜而師舉奏加辟雖云流徙道路餓殺天下聞之莫不哀傷其罪九也三方之守一朝闕廢多選精兵以自營衛五營領兵闕而不補多載器仗充聚本營天下所聞人懷憤怨譌言盈路以疑海內其罪十也多休守兵以占高第以空虛四表欲擅彊勢以逞姦心募取屯田加其復賞阻兵安忍壞亂舊法合聚諸藩王公以著鄴欲悉誅之一旦舉事廢主天不長惡使目腫不成其罪十一也臣等先人皆隨從太祖武皇帝征討凶暴獲成大功與高祖文皇帝即受漢禪開國承家猶堯舜相傳也臣與安豐護軍鄭翼廬江護軍呂宣太守張休淮南太守丁尊督守合肥護軍王休等議各以累世受恩千載風塵思盡軀命以完全社稷安主為效斯義苟立雖焚妻子吞炭漆身死而不恨也按師之罪宜加大辟以彰姦慝春秋之義一世為善十世宥之懿有大功海內所書依古典議廢師以侯就第弟昭忠肅寬明樂善好士有高世君子之度忠誠為國不與師同臣等碎首所保可以代師輔導聖躬太尉孚忠孝小心所宜親寵授以保傅護軍散騎常侍望忠公親事當官稱能奉迎乘輿有宿衛之功可為中領軍春秋之義大義滅親故周公誅弟石碏戮子季友鴆兄上為國計下全宗族殛鯀用禹聖人明典古今所稱乞陛下下臣等所奏朝堂博議臣言當道使師遜位避賢者罷兵去備如三皇舊法則天下協同若師負勢恃衆不自退者臣等率將所領晝夜兼行惟命是授臣等今日所奏惟欲使大魏永存使陛下得行君意遠絕亡之禍百姓安全六合一體使忠臣義士不愧於三皇五帝耳臣恐兵起天下擾亂臣輒上事移三征及州郡國典農各安慰所部吏民不得妄動謹具以狀聞惟陛下愛養精神明慮危害以寧海內師專權用勢賞罰自由聞臣等舉衆必下詔禁絕關津使驛書不通擅復徵調有所收捕此乃師詔非陛下詔書在所皆不得復承用臣等道遠懼文書不得皆通輒臨時賞罰以便宜從事須定集上也大將軍統中外軍討之，別使諸葛誕督豫州諸軍從安風津擬壽春，征東將軍胡遵督青、徐諸軍出於譙宋之間，絕其歸路。大將軍屯汝陽，使監軍王基督前鋒諸軍據南頓以待之。令諸軍皆堅壁勿與戰。儉、欽進不得鬬，退恐壽春見襲，不得歸，計窮不知所為。淮南將士，家皆在北，衆心沮散，降者相屬，惟淮南新附農民為之用。大將軍遣兗州刺史鄧艾督泰山諸軍萬餘人至樂嘉，示弱以誘之，大將軍尋自洙至。欽不知，果夜來欲襲艾等，會明，見大軍兵馬盛，乃引還。魏氏春秋曰欽中子俶小字鴦年尚幼勇力絕人謂欽曰及其未定擊之可破也於是分為二隊夜夾攻軍俶率壯士先至大呼大將軍軍中震擾欽後期不應會明俶退欽亦引還魏末傳曰殿中人姓尹字大目小為曹氏家奴常在帝側大將軍將俱行大目知大將軍一目已突出啓云文欽本是明公腹心但為人所誤耳又天子鄉里大目昔為文欽所信乞得追解語之令還與公復好大將軍聽遣大目單身往乘大馬被鎧冑追文欽遙相與語大目心實欲曹氏安謬言君侯何苦若不可復忍數日中也欲使欽解其旨欽殊不悟乃更厲聲罵大目汝先帝家人不念報恩而反與司馬師作逆不顧上天天不佑汝乃張弓傅矢欲射大目大目涕泣曰世事敗矣善自努力也大將軍縱驍騎追擊，大破之，欽遁走。

是日，儉聞欽戰敗，恐懼夜走，衆潰。比至慎縣，左右人兵稍棄儉去，儉獨與小弟秀及孫重藏水邊草中。安風津都尉部民張屬就射殺儉，傳首京都。屬封侯。秀、重走入吳。將士諸為儉、欽所迫脅者，悉歸降。欽與郭淮書曰大將軍昭伯與太傅伯俱受顧命登牀把臂託付天下此遠近所知後以勢利乃絕其祀及其親黨皆一時之後可為痛心奈何奈何公侯侍與大司馬公恩分著義貫金石當此之時想念痛有不可堪也王太尉嫌其專朝潛欲舉兵事竟不就復受誅夷害及楚王想甚追恨太傅既亡然其子師繼承父業肆其虐暴日月滋甚放主殺后殘戮忠良包藏禍心遂至篡弒此可忍也孰不可忍欽以名義大故事君有節忠憤內發忘寢與食無所吝顧也會毌丘子邦自與父書說公侯盡事主之義欲奮白髮同符太公惟須東問影響相應問之日能不慷慨是以不顧妻孥之痛即與毌丘鎮東舉義兵三萬餘人西趨京師欲扶持王室掃除姦逆企踵西望不得聲問魯望高子不足喻急夫當仁不讓況救君之難度道遠艱故不果期要耳然同舟共濟安危勢同禍痛已連非言飾所解自公侯所明也共事曹氏積祖累朝行道之人皆所知見然在朝之士冒利偷生烈士所恥公侯所賤賈豎所不忍為也況當塗之士邪軍屯住項小人以閏月十六日別進兵就於樂嘉城討師師之徒衆尋時崩潰其所斬截不復當原但當長驅徑至京師而流言先至毌丘不復詳之更謂小人為誤諸軍便爾瓦解毌丘還走追尋釋解無所及小人還項復遇王基等十二軍追尋毌丘進兵討之即時克破所向全勝要那後無繼何孤軍梁昌進退失所還據壽春壽春復走狼狽關無復他計惟當歸命大吳借兵乞食繼踵伍員耳不若僕隸如何快心復君之讎永使曹氏少享血食此亦大國之所佑念也想公侯不使程嬰杵臼擅名於前代而使大魏獨無鷹揚之士與今大吳敦崇大義深見愍悼僕於國大分連接遠同一勢日欲俱舉分分中國不願偏取以為己有公侯必欲共忍帥胸懷宜廣大勢恐秦川之卒不可孤舉今者之計宜屈己伸人託命歸漢東西俱舉爾乃可克定師黨耳深思鄙言若愚計可從宜使漢軍克制期要使六合校考與周召同封以託付兒孫此亦非小事也大丈夫寧處其落落是以遠呈忠心時望嘉應時郭淮已卒欽未知故有此書世語曰毌丘儉之誅黨與七百餘人傳侍御史杜友治獄惟舉首事十人餘皆奏散友字季子東郡人仕晉冀州刺史河南

（尹子默字世玄，歷吏部郎衞尉。）儉子甸爲治書侍御史，先時知儉謀將發，私出將家屬逃走新安靈山上，別攻下之，夷儉三族。（世語曰：甸字子邦，有名京邑。齊王之廢也，甸謂儉曰：「大人居方嶽重任，國傾覆而晏然自守，將受四海之責。」儉然之。大將軍惡其爲人也。及儉起兵，問屈頓所在，云不來，無能爲也。儉初起兵，遣子宗四人入吳。太康中，吳平，宗兄弟皆還中國。宗字子仁，有儉風，至零陵太守。宗子奧，巴東監軍、益州刺史。習鑿齒曰：毋丘儉感明帝之顧命，故爲此役。君子謂毋丘儉事雖不成，可謂忠臣矣。夫竭節而赴義者我也，成之與敗者時也，我苟無時，成何可必乎？忘我而不自必，乃所以爲忠也。古人有言：死者復生，生者不愧。若毋丘儉，可謂能不愧也。）欽亡入吳，吳以欽爲都護、假節、鎮北大將軍、幽州牧、譙侯。（欽降吳表曰：稟命不幸，常隸魏國，兩絕於天，雖側伏隅都，自知無路。司馬師滔天作逆，廢害二主，辛、癸、高、莽，惡不足喻。欽累世受魏恩，烏鳥之情，竊懷憤踊，在三之義，期於弊仆。前與毋丘儉、郭淮等俱舉義兵，當共討師，掃除凶孽，誠臣慺慺愚管所執。智慮淺薄，徵節不騁，進無所依，悲痛切心，退惟不能扶翼本朝，抱愧俛仰，靡所自厝，冒緣古義，固有所歸，庶假天威，得展萬一，僵仆之日，亦所不恨。輒相率將歸命聖化，慙愧苟生，非辭所陳。謹上還所受魏使持節、前將軍、山桑侯印綬。臨表惶惑，伏須罪誅。魏書曰：欽字仲若，譙郡人。父稷，建安中爲騎將，有勇力。欽少以名將子，材武見稱。魏諷反，欽坐與諷辭語相連，及下獄，掠笞數百，當死，太祖以稷故赦之。太和中，爲五營校督，出爲牙門將。欽性剛暴無禮，所在倨傲陵上，不奉官法，輒見奏遣，明帝抑之。後復以爲淮南牙門將，轉爲廬江太守、鷹揚將軍。王淩奏欽貪殘，不宜撫邊，求免官治罪，由是徵欽還。曹爽以欽鄉里，厚養待之，不治欽事。復遣還廬江，加冠軍將軍，貴寵踰前。欽以故益驕，好自矜伐，以壯勇高人，頗得虛名於三軍。曹爽誅後，進欽爲前將軍以安其心，後代諸葛誕爲揚州刺史。自曹爽之誅，欽常內懼，與諸葛誕相惡，無所與謀。會誕去兵，毋丘儉往，乃陰共結謀。戰敗走，晝夜間行，追者不及，遂得入吳，孫峻厚待之。欽雖在他國，不能屈節下人，自呂據、朱異等諸大將皆憎疾之，惟峻常左右之。）

諸葛誕字公休，琅邪陽都人，諸葛豐後也。初以尚書郎爲滎陽令，（魏氏春秋曰：誕爲郎，與僕射杜畿試船陶河，遭風覆沒，誕亦俱溺。虎賁浮河救誕，誕曰：「先救杜侯。」誕飄于岸，絕而後蘇。）入爲吏部郎。人有所屬託，輒顯其言而承用之，後有當否，則公議其得失以爲褒貶，自是羣僚莫不慎其所舉。累遷御史中丞尚書，與夏侯玄、鄧颺等相善，收名朝廷，京都翕然。言事者以誕、颺等脩浮華，合虛譽，漸不可長。明帝惡之，免誕官。（世語曰：是時當世俊士散騎常侍夏侯玄、尚書諸葛誕、鄧颺之徒，共相題表，以玄、疇四人爲四聰，誕、備八人爲八達，中書監劉放子熙、孫資子密、吏部尚書衞臻子烈三人，咸不及比，以父居勢位，容之爲三豫，凡十五人。帝以構長浮華，皆免官廢錮。）會帝崩，正始初，玄等並任職，復以誕爲御史中丞尚書，出爲揚州刺史，加昭武將軍。王淩之陰謀也，太傅司馬宣王潛軍東伐，以誕爲鎮東將軍、假節都督揚州諸軍事，封山陽亭侯。諸葛恪興東關，遣誕督諸軍討之，與戰，不利。還，徙爲鎮南將軍。後毋丘儉、文欽反，遣使詣誕，招呼豫州士民。誕斬其使，露布天下，令知儉、欽凶逆。大將軍司馬景王東征，使誕督豫州諸軍，渡安風津向壽春。儉、欽之破也，誕先至壽春。壽春中十餘萬口，聞儉、欽敗，恐誅，悉破城門出，流迸山澤，或散走入吳。以誕久在淮南，乃復以爲鎮東大將軍、儀同三司、都督揚州。吳大將孫峻、呂據、留贊等聞淮南亂，會文欽往，乃帥衆將欽徑至壽春。時誕諸軍已至，城不可攻，乃走。誕遣將軍蔣班追擊之，斬贊，傳首，收其印節。進封高平侯，邑三千五百戶，轉爲征東大將軍。誕既與玄、颺等至親，又王淩、毋丘儉累見夷滅，懼不自安，傾帑藏振施以結衆心，厚養親附及揚州輕俠者數千人爲死士。（魏書曰：誕賞賜過度，有犯死罪者，虧制以活之。）甘露元年冬，吳賊欲向徐堨，計誕所督兵馬足以待之，而復請十萬衆守壽春，又求臨淮築城以備寇，內欲保有淮南。朝廷微知誕有自疑心，以誕舊臣，欲入度之。二年五月，徵爲司空。誕被詔書，愈恐，遂反。召會諸將，自出攻揚州刺史樂綝，殺之。（世語曰：司馬文王既秉朝政，長史賈充以爲宜遣參佐慰勞四征，於是遣充至壽春。充還啓文王：「誕再在揚州，有威名，民望所歸。今徵，必不來，禍小事淺；不徵，事遲禍大。」乃以爲司空。書至，誕曰：「我作公當在王文舒後，今便爲司空！不遣使者，健步齎書，使以兵付樂綝，此必綝所爲。」乃將左右數百人至揚州，揚州人欲閉門，誕叱曰：「卿非我故吏邪！」徑入，綝逃上樓，就斬之。魏末傳曰：賈充與誕相見，談說時事，因謂誕曰：「洛中諸賢，皆願禪代，君所知也。君以爲云何？」誕厲色曰：「卿非賈豫州子？世受魏恩，如何負國，欲以魏室輸人乎？非吾所忍聞。若洛中有難，吾當死之。」充默然。誕既被徵，請諸牙門置酒飲宴，呼牙門從兵，皆賜酒令醉，謂衆人曰：「前作千人鎧仗始成，欲以擊賊，今當還洛，不復得用，欲暫出，將見人游戲，須臾還耳；諸君且止。」乃嚴鼓將士七百人出。樂綝聞之，閉州門。誕歷南門宣言曰：「當還洛邑，暫出游戲，揚州何爲閉門見備？」前至東門，東門復閉，乃使兵緣城攻門，州人悉走，因風放火，焚其府庫，遂殺綝。誕表曰：「臣受國重任，統兵在東。揚州刺史樂綝專詐，說臣與吳交通，又言被詔當代臣位，無狀日久。臣奉國命，以死自立，終無異端。忿綝不忠，輒將步騎七百人，以今月六日討綝，即日斬首，函頭驛馬傳送。若聖朝明臣，臣即魏臣；不明臣，臣即吳臣。不勝發憤，有日謹拜表陳，愚悲感泣血，哽咽斷絕，不知所如，乞朝廷察臣至誠。」臣松之以爲魏末傳所言，率皆鄙陋。疑誕表言曲不至於此也。）斂淮南及淮北郡縣屯田口十餘萬官兵，揚州新附勝兵者四五萬人，聚穀足一年食，閉城自守。遣長史吳綱將小子靚至吳請救。（世語曰：黃初末，吳人發長沙王吳芮冢，以其塼於臨湘爲孫堅立廟。芮容貌如生，衣服不朽。後豫發者見吳綱，曰：「君何類長沙王吳芮，但微短耳。」綱瞿然曰：「是先祖也，君何由見之？」見者言所由。綱曰：「更葬不？」答曰：「即更葬矣。」自芮之卒年至冢發，四百餘年，綱，芮之十六世孫矣。）吳人大喜，遣將全懌、全端、唐咨、王祚等，率三萬衆，密與文欽俱來應誕。以誕爲左都護、假節、大司徒、驃騎將軍、青州牧、壽春侯。是時鎮南將軍王基始至，督諸軍圍壽春，未合。咨、欽等從城東北，因山乘險，得將其衆突入城。六月，車駕東征，至項。大將軍司馬文王督中外諸軍二十六萬衆，臨淮討之。大將軍屯丘頭。使基及安東將軍陳騫等四面合圍，表裏再重，塹壘甚峻。又使監軍石苞、兗州刺史州泰等，簡銳卒爲游軍，備外寇。欽等數出犯圍，逆擊走之。吳將朱異再以大衆來迎誕等，渡黎漿水，泰等逆與戰，每摧其鋒。孫綝以異戰不進，怒而殺之。城中食轉少，外救不至，衆無所恃。將軍蔣班、焦彝，皆誕爪牙計事者也，棄誕，踰城自歸大將軍。（漢晉春秋曰：蔣班、焦彝言於諸葛誕曰：「朱異等以大衆來而不能進，孫綝殺異而歸江東，外以發兵爲名，而內實坐須成敗，其歸可見矣。今宜及衆心尚固，士卒思用，并力決死，攻其一面，雖不能盡克，猶可有全者。」文欽曰：「江東乘戰勝之威久矣，未有難北方者也。況公今舉十餘萬之衆內附，而欽與全端等皆同居死地，父兄子弟俱在江表，就孫綝不欲，主上及其親戚豈肯乎？且中國無歲無事，軍民並疲，今守我一年，勢力已困，異圖生心，變故將起，以往準今，可計日而望也。」班、彝固勸之，欽怒，而誕欲殺班。二人懼，且知誕之必敗也，十一月，乃相攜而降。）大將軍乃使反間，以奇變說全懌等，懌等率其衆數千人開門來出。城中震懼，不知所爲。三年正月，誕、欽、咨等大爲攻具，晝夜五六日攻南圍，欲決圍而出。（漢晉春秋曰：文欽曰：「蔣班、焦彝謂我不能出而走，全端、全懌又率衆逆降，此敵無備之時也，可以戰矣。」誕及唐咨等皆以爲然，遂共悉衆出攻。）圍上諸軍，臨高以發石車火箭逆燒破其攻具，弩矢及石雨下，死傷者蔽地，血流盈塹。復還入城，城內食轉竭，降出者數萬口。欽欲盡出北方人，省食，與吳人堅守，誕不聽，由是爭恨。欽素與誕有隙，徒以計合，事急愈相疑。欽見誕計事，誕遂殺欽。欽子鴦及虎將兵在小城中，聞欽死，勒兵馳赴之，衆不爲用。鴦、虎單走，踰城出，自歸大將軍。軍吏請誅之，大將軍令曰：「欽之罪不容誅，其子固應當戮，然鴦、虎以窮歸命，且城未拔，殺之是堅其心也。」乃赦鴦、虎，使將兵數百騎馳巡城，呼語城內云：「文欽之子猶不見殺，其餘何懼？」表鴦、虎爲將軍，各賜爵關內侯。城內喜且擾，又日饑困，誕、咨等智力窮。大將軍乃自臨圍，四面進兵，同時鼓譟登城，城內無敢動者。誕窘急，單乘馬，將其麾下突小城門出。大將軍司馬胡奮部兵逆擊，斬誕，傳首，夷三族。誕麾下數百人，坐不降見斬，皆曰：「爲諸葛公死，不恨。」其得人心如此。（干寶晉紀曰：數百人拱手爲列，每斬一人，輒降之，竟不變，至盡，時人比之田橫。吳將于詮曰：「大丈夫受命其主，以兵救人，既不能克，又束手於敵，吾弗取也。」乃免冑冒陳而死。）唐咨、王祚及諸裨將皆面縛降，吳兵萬衆，器仗軍實山積。

初圍壽春，議者多欲急攻之，大將軍以爲：「城固而衆多，攻之必力屈，若有外寇，表裏受敵，此危道也。今三叛相聚於孤城之中，天其或者將使同就戮，吾當以全策縻之，可坐而制也。」誕以二年五月反，三年二月破滅。六軍按甲，深溝高壘，而誕自困，竟不煩攻而克。（干寶晉紀曰：初，壽春每歲雨潦，淮水溢，常淹城邑。故文王之築圍也，誕笑之曰：「是固不攻而自敗也。」及大軍之攻，亢旱踰年。城既陷，是日大雨，圍壘皆毀。誕子靚，字仲思，吳平還晉。靚子恢，字道明，位至尚書令，追贈左光祿大夫開府。）及破壽春，議者又以爲淮南仍爲叛逆，吳兵室家在江南，不可縱，宜悉坑之。大將軍以爲古之用兵，全國爲上，戮其元惡而已。吳兵就得亡還，適可以示中國之弘耳。一無所殺，分布三河近郡以安處之。唐咨本利城人。黃初中，利城郡反，殺太守徐箕，推咨爲主。文帝遣諸軍討破之，咨走入海，遂亡至吳，官至左將軍，封侯、持節。誕、欽屠戮，咨亦生禽，三叛皆獲，天下快焉。（傅子曰：宋建椎牛禱賽，終自焚滅。文欽日祠祭事天，斬於人手。諸葛誕夫婦聚會神巫，淫祀求福，伏尸淮南，舉族誅夷。此天下所共見，足爲明鑒也。）拜咨安遠將軍，其餘裨將咸假號位，吳衆悅服。江東感之，皆不誅其家。其淮南將吏士民諸爲誕所脅略者，惟誅其首逆，餘皆赦之。聽鴦、虎收斂欽喪，給其車牛，致葬舊墓。（習鑿齒曰：自是天下畏威懷德矣。君子謂司馬大將軍於是役也，可謂能以德攻矣。夫建業者異矣，各有所尚，而不能兼併也。故窮武之雄斃於不仁，存義之國喪於懦退，今一征而禽三叛，大虜吳衆，席卷淮浦，俘馘十萬，可謂壯矣。而未及安坐，喪王基之功，種惠吳人，結異類之情，寵鴦葬欽，忘疇昔之隙，不咎誕衆，使揚士懷愧，功高而人樂其成，業廣而敵懷其德，武昭既敷，文算又洽，推此道也，天下其孰能當之哉？鴦一名俶。晉諸公贊曰：俶後爲將軍，破涼州虜，名聞天下。太康中爲東夷校尉、假節，當之職，入辭武帝，帝見而惡之，託以他事免俶官。東安公繇，諸葛誕外孫，欲殺俶，因誅楊駿，誣俶謀逆，遂夷三族。）

鄧艾字士載，義陽棘陽人也。少孤，太祖破荊州，徙汝南，爲農民養犢。年十二，隨母至潁川，讀故太丘長陳寔碑，文言「文爲世範，行爲士則」，艾遂自名範，字士則。後宗族有與同者，故改焉。爲都尉學士，以口吃，不得作幹佐。爲稻田守叢草吏。同郡吏父憐其家貧，資給甚厚，艾初不稱謝。每見高山大澤，輒規度指畫軍營處所，時人多笑焉。後爲典農綱紀，上計吏，因使見太尉司馬宣王。宣王奇之，辟之爲掾，（世語曰：鄧艾少爲襄城典農部民，與石苞皆年十二三。謁者陽翟郭玄信，武帝監軍郭誕元奕之子。建安中，少府吉本起兵許都，玄信坐被刑在家，從典農司馬求入御，以艾、苞與御，行十餘里，與語，悅之，謂二人皆當遠至爲佐相。艾後爲典農功曹，奉使詣宣王，由此見知，遂被拔擢。）遷尚書郎。時欲廣田畜穀，爲滅賊資，使艾行陳、項已東至壽春。艾以爲「田良水少，不足以盡地利，宜開河渠，可以引水澆溉，大積軍糧，又通漕運之道」。乃著濟河論以喻其指。又以爲「昔破黃巾，因爲屯田，積穀於許都以制四方。今三隅已定，事在淮南，每大軍征舉，運兵過半，功費巨億，以爲大役。陳、蔡之間，上下田良，可省許昌左右諸稻田，并水東下。令淮北屯二萬人，淮南三萬人，十二分休，常有四萬人，且田且守。水豐常收三倍於西，計除衆費，歲完五百萬斛以爲軍資。六七年間，可積三千萬斛於淮上，此則十萬之衆五年食也。以此乘吳，無往而不克矣」。宣王善之，事皆施行。正始二年，乃開廣漕渠，每東南有事，大軍興衆，泛舟而下，達于江、淮，資食有儲而無水害，艾所建也。出參征西軍事，遷南安太守。嘉平元年，與征西將軍郭淮拒蜀偏將軍姜維。維退，淮因西擊羌。艾曰：「賊去未遠，或能復還，宜分諸軍以備不虞。」於是留艾屯白水北。三日，維遣廖化自白水南向艾結營。艾謂諸將曰：「維今卒還，吾軍人少，法當來渡而不作橋。此維使化持吾，令不得還。維必自東襲取洮城。」洮城在水北，去艾屯六十里。艾即夜潛軍徑到，維果來渡，而艾先至據城，得以不敗。賜爵關內侯，加討寇將軍，後遷城陽太守。是時并州右賢王劉豹并爲一部，艾上言曰：「戎狄獸心，不以義親，彊則侵暴，弱則內附，故周宣有玁狁之寇，漢祖有平城之困每匈奴一盛為前代重患自單于在外莫能牽制長卑誘而致之使來入侍由是羌夷失統合散無主以單于在內萬里順軌今單于之尊日疏外土之威寖重則胡虜不可不深備也聞劉豹部有叛胡可因叛割為二國以分其勢去卑功顯前朝而子不繼業宜加其子顯號使居鴈門離國弱寇追錄舊勳此御邊長計也又陳羌胡與民同處者宜以漸出之使居民表崇廉恥之教塞姦宄之路大將軍司馬景王新輔政多納用焉遷汝南太守至則尋求昔所厚已吏父久已死遣吏祭之重遺其母舉其子與計吏艾所在荒野開闢軍民並豐諸葛恪圍合肥新城不克退歸艾言景王曰孫權已沒大臣未附吳名宗大族皆有部曲阻兵仗勢足以建命恪新秉國政而內無其主不念撫恤上下以立根基競於外事虐用其民悉國之衆頓於堅城死者萬數載禍而歸此恪獲罪之日也昔子胥吳起商鞅樂毅皆見任時君主沒而敗況恪才非四賢而不慮大患其亡可待也恪歸果見誅遷兗州刺史加振威將軍上言曰國之所急惟農與戰國富則兵彊兵彊則戰勝然農者勝之本也孔子曰足食足兵食在兵前也上無設爵之勸則下無財畜之功今使考績之賞在於積粟富民則交游之路絕浮華之原塞矣高貴鄉公即尊位進封方城亭侯毌丘儉作亂遣健步齎書欲疑惑大衆艾斬之兼道進軍先趣樂嘉城作浮橋司馬景王至遂據之文欽以後大軍破敗於城下艾追之至丘頭欽奔吳吳大將軍孫峻等號十萬衆將渡江鎮東將軍諸葛誕遣艾據肥陽艾以與賊勢相遠非要害之地輒移屯附亭遣泰山太守諸葛緒等於黎漿拒戰遂走之其年徵拜長水校尉以破欽等功進封方城鄉侯行安西將軍解雍州刺史王經圍於狄道姜維退駐鍾提乃以艾為安西將軍假節領護東羌校尉議者多以為維力已竭未能更出艾曰洮西之敗非小失也破軍殺將倉廩空虛百姓流離幾於危亡今以策言之彼有乘勝之勢我有虛弱之實一也彼上下相習五兵犀利我將易兵新器仗未復二也彼以船行吾以陸軍勞逸不同三也狄道隴西南安祁山各當有守彼專為一我分為四四也彼南安隴西因食羌穀若趣祁山熟麥千頃為之縣餌五也賊有黠數其來必矣頃之維果向祁山聞艾已有備乃回從董亭趣南安艾據武城山以相持維與艾爭險不克其夜渡渭東行緣山趣上邽艾與戰於段谷大破之甘露元年詔曰逆賊姜維連年狡黠民夷騷動西土不寧艾籌畫有方忠勇奮發斬將十數馘首千計國威震於巴蜀武聲揚於江岷今以艾為鎮西將軍都督隴右諸軍事進封鄧侯分五百戶封子忠為亭侯二年拒姜維於長城維退還遷征西將軍前後增邑凡六千六百戶景元三年又破維於侯和維卻保沓中四年秋詔諸軍征蜀大將軍司馬文王皆指授節度使艾與維相綴連雍州刺史諸葛緒要維令不得歸艾遣天水太守王頎等直攻維營隴西太守牽弘等邀其前金城太守楊欣等詣甘松維聞鍾會諸軍已入漢中引退還欣等追躡於彊川口大戰維敗走聞雍州已塞道屯橋頭從孔函谷入北道欲出雍州後諸葛緒聞之卻還三十里維入北道三十餘里聞緒軍卻尋還從橋頭過緒趣截維較一日不及維遂東引還守劍閣鍾會攻維未能克艾上言今賊摧折宜遂乘之從陰平由邪徑經漢德陽亭趣涪出劍閣西百里去成都三百餘里奇兵衝其腹心劍閣之守必還赴涪則會方軌而進劍閣之軍不還則應涪之兵寡矣軍志有之曰攻其不備出其不意今掩其空虛破之必矣冬十月艾自陰平道行無人之地七百餘里鑿山通道造作橋閣山高谷深至為艱險又糧運將匱頻於危殆艾以氈自裹推轉而下將士皆攀木緣崖魚貫而進先登至江由蜀守將馬邈降蜀衛將軍諸葛瞻自涪還綿竹列陳待艾艾遣子惠唐亭侯忠等出其右司馬師纂等出其左忠纂戰不利並退還曰賊未可擊艾怒曰存亡之分在此一舉何不可之有乃叱忠纂等將斬之忠纂馳還更戰大破之斬瞻及尚書張遵等首進軍到雒劉禪遣使奉皇帝璽綬為箋詣艾請降艾至成都禪率太子諸王及羣臣六十餘人面縛輿櫬詣軍門艾執節解縛焚櫬受而宥之檢御將士無所虜畧綏納降附使復舊業蜀人稱焉輒依鄧禹故事承制拜禪行驃騎將軍太子奉車諸王駙馬都尉蜀羣司各隨高下拜為王官或領艾官屬以師纂領益州刺史隴西太守牽弘等領蜀中諸郡使於緜竹築臺以為京觀用彰戰功士卒死事者皆與蜀兵同共埋藏艾深自矜伐謂蜀士大夫曰諸君賴遭某故得有今日耳如遇吳漢之徒已殄滅矣又曰姜維自一時雄兒也與某相值故窮耳有識者笑之十二月詔曰艾曜威奮武深入虜庭斬將搴旗梟其鯨鯢使僭號之主稽首係頸歷世逋誅一朝而平兵不踰時戰不終日雲徹席卷蕩定巴蜀雖白起破彊楚韓信克勁趙吳漢禽子陽亞夫滅七國計功論美不足比勳也其以艾為太尉增邑二萬戶封子二人亭侯各食邑千戶袁子曰諸葛亮重人也而驟用蜀兵此知小國弱民難以久存也今國家一舉而滅蜀自征伐之功未有如此之速者也方鄧艾以萬人入江由之危險鍾會以二十萬衆留劒閣而不得進三軍之士已饑艾雖戰勝克將使劉禪數日不降則二將之軍難以反矣故功業如此之難也國家前有壽春之役後有滅蜀之勞百姓貧而倉廩虛故小國之慮在於時立功以自存大國之慮在於既勝而力竭成功之後戒懼之時也艾言司馬文王曰兵有先聲而後實者今因平蜀之勢以乘吳吳人震恐席卷之時也然大舉之後將士疲勞不可便用且徐緩之留隴右兵二萬人蜀兵二萬人煮鹽興冶為軍農要用並作舟船豫順流之事然後發使告以利害吳必歸化可不征而定也今宜厚劉禪以致孫休安士民以來遠人若便送禪於京都吳以為流徙則於向化之心不勸宜權停留須來年秋冬比爾吳亦足平以為可封禪為扶風王錫其資財供其左右郡有董卓塢為之宮舍爵其子為公侯食郡內縣以顯歸命之寵開廣陵城陽以待吳人則畏威懷德望風而從矣文王使監軍衛瓘喻艾事當須報不宜輒行艾重言曰銜命征行奉指授之策元惡既服至於承制拜假以安初附謂合權宜今蜀舉衆歸命地盡南海東接吳會宜早鎮定若待國命往復道途延引日月春秋之義大夫出疆有可以安社稷利國家專之可也今吳未賓勢與蜀連不可拘常以失事機兵法進不求名退不避罪艾雖無古人之節終不自嫌以損于國也鍾會胡烈師纂等皆白艾所作悖逆變釁以結詔書檻車徵艾魏氏春秋曰艾仰天歎曰艾忠臣也一至此乎白起之酷復見於今日矣父子既囚鍾會至成都先送艾然後作亂會已死艾本營將士追出艾檻車迎還瓘遣田續等討艾遇於緜竹西斬之子忠與艾俱死餘子在洛陽者悉誅徙艾妻子及孫於西域漢晉春秋曰初艾之下江由也以續不進欲斬既而捨之及瓘遣續謂曰可以報江由之辱矣杜預言於衆曰伯玉其不免乎身為名士位望已高既無德音又不御下以正是小人而乘君子之器將何以堪其責乎瓘聞之不俟駕而謝世語曰師纂亦與艾俱死纂性急少恩死之日體無完皮初艾當伐蜀夢坐山上而有流水以問殄虜護軍爰邵邵曰按易卦山上有水曰蹇蹇繇曰蹇利西南不利東北孔子曰蹇利西南往有功也不利東北其道窮也往必克蜀殆不還乎艾憮然不樂荀綽冀州記曰邵起自幹吏位至衞尉長子翰河東太守中子敞大司農少子倩字君幼寬厚有器局勤於當世歷位冀州刺史太子右衞率翰子俞字世都清貞貴素辯於論議採公孫龍之辭以談微理少有能名辟太尉府稍歷顯位至侍中中書令遷為監臣松之按蹇彖辭云蹇利西南往得中也不云有功下云利見大人往有功也泰始元年晉室踐阼詔曰昔太尉王淩謀廢齊王而王竟不足以守位征西將軍鄧艾矜功失節實應大辟然被書之日罷遣人衆束手受罪比於求生遂為惡者誠復不同今大赦得還若無子孫者聽使立後令祭祀不絕三年議郎段灼上疏理艾曰艾心懷至忠而荷反逆之名平定巴蜀而受夷滅之誅臣竊悼之惜哉言艾之反也艾性剛急輕犯雅俗不能協同朋類故莫肯理之臣敢言艾不反之狀昔姜維有斷隴右之志艾脩治備守積穀彊兵值歲凶旱艾為區種身被烏衣手執耒耜以率將士上下相感莫不盡力艾持節守邊所統萬數而不難僕虜之勞士民之役非執節忠勤孰能若此故落門段谷之戰以少擊多摧破彊賊先帝知其可任委艾廟勝授以長策艾受命忘身束馬縣車自投死地勇氣陵雲士衆乘勢使劉禪君臣面縛叉手屈膝艾功名以成當書之竹帛傳祚萬世七十老公反欲何求艾誠恃養育之恩心不自疑矯命承制權安社稷雖違常科有合古義原心定罪本在可論鍾會忌艾威名搆成其事忠而受誅信而見疑頭縣馬市諸子并斬見之者垂泣聞之者歎息陛下龍興闡弘大度釋諸嫌忌受誅之家不拘敘用昔秦民憐白起之無罪吳人傷子胥之冤酷皆為立祠今天下民人為艾悼心痛恨亦猶是也臣以為艾身首分離捐棄草土宜收尸喪還其田宅以平蜀之功紹封其孫使闔棺定謚死無餘恨赦冤魂於黃泉收信義於後世葬一人而天下慕其行埋一魂而天下歸其義所為者寡而悅者衆矣九年詔曰艾有功勳受罪不逃刑而子孫為民隸朕常愍之其以嫡孫朗為郎中艾在西時脩治障塞築起城塢泰始中羌虜大叛頻殺刺史涼州道斷吏民安全者皆保艾所築塢焉世語曰咸寧中積射將軍樊震為西戎牙門得見辭武帝問震所由進震自陳曾為鄧艾伐蜀時帳下將遂尋問艾震具申艾之忠言之流涕先是以艾孫朗為丹水令由此遷為定陵令次孫千秋有時望光祿大夫王戎辟為掾永嘉中朗為新都太守未之官在襄陽失火朗及母妻子舉室燒死惟子韜子行得免千秋先卒二子亦燒死艾州里時輩南陽州泰亦好立功業善用兵官至征虜將軍假節都督江南諸軍事景元二年薨追贈衞將軍謚曰壯侯世語曰初荊州刺史裴潛以泰為從事司馬宣王鎮宛潛數遣詣宣王由此為宣王所知及征孟達泰又導軍遂辟泰泰頻喪考妣祖九年居喪宣王留缺待之至三十六日擢為新城太守宣王為泰會使尚書鍾繇調泰君釋褐登宰府三十六日擁麾蓋守兵馬郡乞兒乘小車一何駛乎泰曰誠有此君名公之子少有文采故守吏職獼猴騎土牛又何遲也衆賓咸悅後歷位兗豫州刺史所在有籌算績效

鍾會字士季潁川長社人太傅繇小子也少敏惠夙成會為其母傳曰夫人張氏字昌蒲太原茲氏人太傅定陵成侯之命婦也世長吏二千石夫人少喪父母充成侯家脩身正行非禮不動為上下所稱述貴妾孫氏攝嫡專家心害其賢數讒毀無所不至孫氏辨博有智巧言足以飾非成過然竟不能傷也及妊娠愈更嫉妒乃置藥食中夫人中食覺而吐之瞑眩者數日或曰何不向公言之答曰嫡庶相害破家危國古今以為鑒誡假如公信我衆誰能明其事彼以心度我謂我必言固將先我事由彼發顧不快耶遂稱疾不見孫氏果謂成侯曰妾欲其得男故飲以得男之藥反謂毒之成侯曰得男藥佳事闇於食中與人非人情也遂訊侍者具服孫氏由是得罪出成侯問夫人何能不言夫人言其故成

侯大驚益以此賢之黃初六年生會恩寵愈隆成侯既出孫氏更納正嫡賈氏臣松之按鍾繇于時老矣而方納正室蓋禮所云宗子雖七十無無主婦之義也魏氏春秋曰會母見寵於繇繇爲之出其夫人卞太后以爲言文帝詔繇復之繇恚憤將引鴆弗獲餐椒致噤帝乃止中護軍蔣濟著論謂觀其眸子足以知人會年五歲繇遣見濟濟甚異之曰非常人也及壯有才數技藝而博學精練名理以夜續晝由是獲聲譽正始中以爲秘書郎遷尚書中書侍郎世語曰司馬景王命中書令虞松作表再呈輒不可意命松更定以經時松思竭不能改心存之形於顏色會察其有憂問松松以實答會取視爲定五字松悅服以呈景王王曰不當爾邪誰所定也松曰鍾會向亦欲啓之會公見問不敢饕其能王曰如此可大用可令來會問松王所能松曰博學明識無所不貫會乃絕賓客精思十日平旦入見至鼓二乃出出後王獨拊手歎息曰此真王佐材也松字叔茂陳留人九江太守邊讓外孫松弱冠有才從司馬宣王征遼東宣王命作檄及破賊作露布松從還宣王辟爲掾時年二十四遷中書郎遂至太守松子濬字顯弘晉廷尉臣松之以爲鍾會名公之子聲譽夙著弱冠登朝已歷顯位景王爲相何容不悉而方於定虞松表然後乃蒙接引乎設使先不相識但見五字而便知可大用雖聖人其猶病諸而況景王哉高貴鄉公即尊位賜爵關內侯毋丘儉作亂大將軍司馬景王東征會從典知密事衛將軍司馬文王爲大軍後繼景王薨於許昌文王總統六軍會謀謨帷幄時中詔勑尚書傅嘏以東南新定權留衛將軍屯許昌爲內外之援令嘏率諸軍還會與嘏謀使嘏表上輒與衛將軍俱發還到雒水南屯住於是朝廷拜文王爲大將軍輔政會遷黃門侍郎封東武亭侯邑三百戶甘露二年徵諸葛誕爲司空時會喪寧在家策誕必不從令馳白文王文王以事已施行不復追改會時遭所生母喪其母傳曰夫人性矜嚴明於教訓會雖童稚勤見規誨年四歲授孝經七歲誦論語八歲誦詩十歲誦尚書十一誦易十二誦春秋左氏傳國語十三誦周禮禮記十四誦成侯易記十五使入太學問四方奇文異訓謂會曰學猥則倦倦則意怠吾懼汝之意怠故以漸訓汝今可以獨學矣雅好書籍涉歷衆書特好易老子每讀易孔子說鳴鶴在陰勞謙君子藉用白茅不出戶庭之義每使會反覆讀之曰易三百餘爻仲尼特說此者以謙恭愼密樞機之發行已至要榮身所由故也順斯術已往足爲君子矣正始八年會爲尚書郎夫人執會手而誨之曰汝弱冠見敘人情不能不自足則損在其中矣勉思其戒是時大將軍曹爽專朝政日縱酒沈醉會兄侍中毓宴還言其事夫人曰樂則樂矣然難久也居上不驕制節謹度然後乃無危溢之患今奢僭若此非長守富貴之道嘉平元年車駕朝高平陵會爲中書郎從行相國宣文侯始舉兵衆人恐懼而夫人自若中書令劉放侍郎衛瓘夏侯和等家皆怪問夫人一子在危難之中何能無憂答曰大將軍奢僭無度吾常疑其不安太傅義不危國必爲大將軍舉耳吾兒在帝側何憂聞且出兵無他重器其勢必不久戰果如其言一時稱明會歷機密十餘年頗豫政謀夫人謂曰昔范氏少子爲趙簡子設伐邾之計事從民悅可謂功矣然其母以爲乘僞作詐末業鄙事必不能久其識本深遠非近人所言吾常樂其爲人汝居心正吾知免矣但當脩所志以輔益時化不忝先人耳常言人誰能皆體自然但力行不倦抑亦其次雖接鄙賤必以言信取與之間分畫分明或問此無乃小乎答曰君子之行皆積小以致高大若以小善爲無益而弗爲此乃小人之事耳希通慕大者吾所不好會自幼少衣不過靑紬親營家事自知恭儉然見得思義臨財必讓會前後賜錢帛數百萬計悉送供公家之用一無所取年五十有九甘露二年二月暴疾薨比葬天子有手詔命大將軍高都侯厚加賵贈喪事無巨細一皆供給議者以爲公侯有夫人有世婦有妻有妾所謂外命婦也依春秋成風定姒之義宜崇典禮不得總稱妾名於是稱成侯命婦殯葬之事有取於古制禮也及誕反車駕住項文王至壽春會復從行初吳大將全琮孫權之婚親重臣也琮子懌孫靜從子端翩緝等皆將兵來救誕懌兄子輝儀留建業與其家內爭訟攜其母將部曲數十家渡江自歸文王會建策密爲輝儀作書使輝儀所親信齎入城告懌等說吳中怒懌等不能拔壽春欲盡誅諸將家故逃來歸命懌等恐懼遂將所領開東城門出降皆蒙封寵城中由是乖離壽春之破會謀居多親待日隆時人謂之子房軍還遷爲太僕固辭不就以中郎在大將軍府管記室事爲腹心之任以討諸葛誕功進爵陳侯屢讓不受詔曰會典綜軍事參同計策料敵制勝有謀謨之勳而推寵固讓辭指款實前後累重志不可奪夫成功不處古人所重其聽會所執以成其美遷司隸校尉雖在外司時政損益當世與奪無不綜典嵇康等見誅皆會謀也文王以蜀大將姜維屢擾邊陲料蜀國小民疲資力單竭欲大舉圖蜀惟會亦以爲蜀可取豫共籌度地形考論事勢景元三年冬以會爲鎮西將軍假節都督關中諸軍事文王勑青徐兗豫荊揚諸州並使作船又令唐咨作浮海大船外爲將伐吳者四年秋乃下詔使鄧艾諸葛緒各統諸軍三萬餘人艾趣甘松沓中連綴維緒趣武街橋頭絕維歸路會統十餘萬衆分從斜谷駱谷入先命牙門將許儀在前治道會在後行而橋穿馬足陷於是斬儀儀者許褚之子有功王室猶不原貸諸軍聞之莫不震竦蜀令諸圍皆不得戰退還漢樂二城守魏興太守劉欽趣子午谷諸軍數道平行至漢中蜀監軍王含守樂城護軍蔣斌守漢城兵各五千會使護軍荀愷前將軍李輔各統萬人愷圍漢城輔圍樂城會徑過西出陽安口遣人祭諸葛亮之墓使護軍胡烈等行前攻破關城得庫藏積穀姜維自沓中還至陰平合集士衆欲赴關城未到聞其已破退趣白水與蜀將張翼廖化等合守劍閣拒會會移檄蜀將吏士民曰往者漢祚衰微率土分崩生民之命幾於泯滅太祖武皇帝神武聖哲撥亂反正拯其將墜造我區夏高祖文皇帝應天順民受命踐祚烈祖明皇帝奕世重光恢拓洪業然江山之外異政殊俗率土齊民未蒙皇化此三祖所以顧懷遺恨也今主上聖德欽明紹隆前緒宰輔忠肅明允劬勞王室布政垂惠而萬邦協和施德百蠻而肅愼致貢悼彼巴蜀獨爲匪民愍此百姓勞役未已是以命授六師龔行天罰征西雍州鎮西諸軍五道並進古之行軍以仁爲本以義治之王者之師有征無戰故虞舜舞干戚而服有苗周武有散財發廩表閭之義今鎮西奉辭銜命攝統戎重庶弘文告之訓以濟元元之命非欲窮武極戰以快一朝之政故畧陳安危之要其敬聽話言益州先主以命世英才興兵朔野困躓冀徐之郊制命紹布之手太祖拯而濟之與隆大好中更背違棄同即異諸葛孔明仍規秦川姜伯約屢出隴右勞動我邊境侵擾我氐羌方國家多故未遑修九伐之征也今邊境乂清方內無事蓄力待時并兵一向而巴蜀一州之衆分張守備難以禦天下之師段谷侯和沮傷之氣難以敵堂堂之陣比年以來曾無寧歲征夫勤瘁難以當子來之民此皆諸賢所親見也蜀相壯見禽於秦公孫述授首於漢九州之險是非一姓此皆諸賢所備聞也明者見危於無形智者窺禍於未萌是以微子去商長爲周賓陳平背項立功於漢豈晏安酖毒懷祿而不變哉今國朝隆天覆之恩宰輔弘寬恕之德先惠後誅好生惡殺往者吳將孫壹舉衆內附位爲上司寵秩殊異文欽唐咨爲國大害叛主讎賊還爲戎首咨因逼禽獲欽二子還降皆將軍封侯咨與聞國事壹等窮踧歸命猶加盛寵況巴蜀賢知見機而作者哉誠能深鑒成敗邈然高蹈投跡微子之蹤錯身陳平之軌則福同古人慶流來裔百姓士民安堵舊業農不易畝市不回肆去累卵之危就永安之福豈不美歟若偷安旦夕迷而不反大兵一發玉石皆碎雖欲悔之亦無及已其詳擇利害自求多福各具宣布咸使聞知鄧艾追姜維到陰平簡選精銳欲從漢德陽入江由左儋道詣緜竹趣成都與諸葛緒共行緒以本受節度邀姜維西行非本詔遂進軍前向白水與會合會遣將軍田章等從劍閣西徑出江油未至百里章先破蜀伏兵三校艾使章先登遂長驅而前會與緒軍向劍閣會欲專軍勢密白緒畏懦不進檻車徵還軍悉屬會按百官名緒入晉爲太常崇禮衛尉子沖廷尉荀綽兗州記曰沖子銓字德林玫字仁林並知名顯達銓兗州刺史玫侍中御史中丞進攻劍閣不克引退蜀軍保險拒守艾遂至緜竹大戰斬諸葛瞻維等聞瞻已破率其衆東入于巴會乃進軍至涪遣胡烈田續龐會等追維艾進軍向成都劉禪詣艾降遣使勑維等令降於會維至廣漢郪縣令兵悉放器仗送節傳於胡烈便從東道詣會降會上言曰賊姜維張翼廖化董厥等逃死遁走欲趣成都臣輒遣司馬夏侯咸護軍胡烈等徑從劍閣出新都大渡截其前參軍爰彰將軍句安等躡其後參軍皇甫闓將軍王買等從涪南出衝其腹臣據涪縣爲東西勢援維等所統步騎四五萬人擐甲厲兵塞川塡谷數百里中首尾相繼憑恃其衆方軌而西臣勑咸闓等令分兵據勢廣張羅罔南杜走吳之道西塞成都之路北絕越逸之徑四面雲集首尾並進蹊路斷絕走伏無地臣又手書申喻開示生路羣寇困逼知命窮數盡解甲投戈面縛委質印綬萬數資器山積昔舜舞干戚有苗自服牧野之師商旅倒戈有征無戰帝王之盛業全國爲上破國次之全軍爲上破軍次之用兵之令典陛下聖德侔蹤前代翼輔忠明齊軌公旦仁育羣生義征不譓殊俗向化無思不服師不踰時兵無血刃萬里同風九州共貫臣輒奉宣詔命導揚恩化復其社稷安其閭伍舍其賦調弛其征役訓之德禮以移其風示之軌儀以易其俗百姓欣欣人懷逸豫后來其蘇義無以過會於是禁檢士衆不得鈔畧虛已誘納以接蜀之羣司與維情好歡甚世語曰夏侯霸奔蜀蜀朝問司馬公如何德霸曰自當作家門京師俊士有日鍾士季其人管朝政吳蜀之憂也漢晉春秋曰初夏侯霸降蜀姜維問之曰司馬懿既得彼政當復有征伐之志不霸曰彼方營立家門未遑外事有鍾士季者其人雖少終爲吳蜀之憂然非非常之人亦不能用也後十五年而會果滅蜀按習鑿齒此言非出他書故採用世語而附益也十二月詔曰會所向摧弊前無彊敵緘制衆城罔羅迸逸蜀之豪帥面縛歸命謀無遺策舉無廢功凡所降誅動以萬計全勝獨克有征無戰拓平西夏方隅清晏其以會爲司徒進封縣侯增邑萬戶封子二人亭侯邑各千戶會內有異志因鄧艾承制專事密白艾有反狀世語曰會善效人書於劍閣要艾章表白事皆易其言令辭指悖傲多自矜伐又毀文王報書手作以疑之也於是詔書檻車徵艾司馬文王懼艾或不從命勑會並進軍成都監軍衛瓘在會前行以文王手筆令宣喻艾軍艾軍皆釋仗遂收艾入檻車會所憚惟艾艾旣禽而會尋至獨統大衆威震西土自謂功名蓋世不可復爲人下加猛將銳卒皆在已手遂謀反欲使姜維等皆將蜀兵出斜谷會自將大衆隨其後旣至長安令騎士從陸道步兵從水道順流浮渭入河以爲五日可到孟津與騎會洛陽一旦天下可定也會得文王書云恐鄧艾或不就徵今遣中護軍賈充將步騎萬人徑入斜谷屯樂城吾自將十萬屯長安相見在近會得書驚呼所親語之曰但取鄧艾相國知我能獨辦之今來大重必覺我異矣便當速發事成可得天下不成退保蜀漢不失作劉備也我自淮南以來畫無遺策四海所共知也我欲持此安歸乎會以五年正月十五日至其明日悉請護軍郡守牙門騎督以上及蜀之故官爲太后發喪於蜀朝堂矯太后遺詔使會起兵廢文王皆班示坐上人使下議訖書版署置更使所親信代領諸軍所請羣官悉閉著益州諸曹屋中城門宮門皆閉嚴兵圍守會帳

下督丘建本屬胡烈烈薦之文王會請以自隨任愛之建愍烈獨坐啓會使聽內一親兵出取飲食諸牙門隨例各內一人烈紿語親兵及疏與其子曰丘建密說消息會已作大坑白棓數千棓與棒同欲悉呼外兵入人賜白帢苦洽反拜爲散騎以次棓殺坑中諸牙門親兵亦咸說此語一夜傳相告皆徧或謂會可盡殺牙門騎督以上會猶豫未决十八日日中烈軍兵與烈兒雷鼓出門諸軍兵不期皆鼓譟出曾無督促之者而爭先赴城時方給與姜維鎧仗白外有匈匈聲似失火有頃白兵走向城會驚謂維曰兵來似欲作惡當云何維曰但當擊之耳會遣兵悉殺所閉諸牙門郡守內人共舉机以柱門兵斫門不能破斯須門外倚梯登城或燒城屋蟻附亂進矢下如雨牙門郡守各緣屋出與其卒兵相得姜維率會左右戰手殺五六人衆旣格斬維爭赴殺會會時年四十將士死者數百人晉諸公贊曰胡烈兒名淵字世元遵之孫也遵安定人以才兼文武累居藩鎭至車騎將軍子奮字玄威亦歷方任女爲晉武帝貴人有寵太康中以奮爲尚書僕射加鎭軍大將軍開府弟廣字宣祖少府次烈字玄武秦州刺史次岐字玄嶷并州刺史廣子喜涼州刺史淵小字鵠鵠時年十八旣殺會救父名震遠近後爲趙王倫篡位三王興義倫使淵與張泓將兵禦齊王屢破齊軍會成都戰克淵乃歸降伏法初艾爲太尉會爲司徒皆持節都督諸軍如故咸未受命而斃會兄毓以四年冬薨會竟未知問會兄子邕隨會與俱死會所養兄子毅及峻辿敕遷反等下獄當伏誅司馬文王表天子下詔曰峻等祖父繇三祖之世極位台司佐命立勳饗食廟庭父毓歷職內外幹事有績昔楚思子文之治不滅鬬氏之祀晉錄成宣之忠用存趙氏之後以會邕之罪而絕繇毓之類吾有愍然峻辿兄弟特原有官爵者如故惟毅及邕息伏法或曰毓曾密啓司馬文王言會挾術難保不可專任故宥峻等漢晉春秋曰文王嘉其忠亮笑荅毓曰若如卿言必不以及宗矣初文王欲遣會伐蜀西曹屬邵悌求見曰今遣鍾會率十餘萬衆伐蜀愚謂會單身無重任不若使餘人行文王笑曰我寧當復不知此邪蜀爲天下作患使民不得安息我今伐之如指掌耳而衆人皆言蜀不可伐夫人心豫怯則智勇並竭智勇並竭而彊使之適爲敵禽耳惟鍾會與人意同今遣會伐蜀必可滅蜀滅蜀之後就如卿所慮當何所能一辦邪凡敗軍之將不可以語勇亡國之大夫不可與圖存心膽已破故也若蜀已破遺民震恐不足與圖事中國將士各自思歸不肯與同也若作惡祇自族滅耳卿不須憂此愼莫使人聞也及會白鄧艾不軌文王將西悌復曰鍾會所統五六倍於鄧艾但可勅會取艾不足自行文王曰卿忘前時所言邪而更云可不須行乎雖爾此言不可宣也我要自當以信意待人但人不當負我我豈可先人生心哉近日賈護軍問我言頗疑鍾會不我答言如今遣卿行寧可復疑卿邪賈亦無以易我語也我到長安則自了矣軍至長安會果已死咸如所策按咸熙元年百官名邵悌字元伯陽平人漢晉春秋曰文王聞鍾會功曹向雄之收葬會也召而責之曰往者王經之死卿哭於東市而我不問今鍾會躬爲叛逆而又輒收葬若復相容其如王法何雄曰昔先王掩骼埋胔仁流朽骨當時豈先卜其功罪而後收葬哉今王誅旣加於法已備雄感義收葬教亦無闕法立於上教弘於下以此訓物雄曰可矣何必使雄背死違生以立於時殿下讐對枯骨捐之中野百歲之後爲臧獲所笑豈仁賢所掩哉王悅與宴談而遣之習鑿齒曰向伯茂可謂勇於蹈義也哭王經而哀感市人葬鍾會而義動明主彼皆忠烈奮勁知義而往非存生也若使經會處世或身在急難而有不赴者乎故尋其奉死之心可以見事生之情覽其忠貞之節足以愧背義之士矣王加禮而遣可謂明達也會嘗論易無互體才性同異及會死後於會家得書二十篇名曰道論而實刑名家也其文似會初會弱冠與山陽王弼並知名弼好論儒道辭才逸辯注易及老子爲尚書郎年二十餘卒弼字輔嗣何劭爲其傳曰弼幼而察惠年十餘好老氏通辯能言父業爲尚書郎時裴徽爲吏部郎弼未弱冠往造焉徽一見而異之問弼曰夫無者誠萬物之所資也然聖人莫肯致言而老子申之無已者何弼曰聖人體無無又不可以訓故不說也老子是有者也故恒言無所不足尋亦爲傅嘏所知于時何晏爲吏部尚書甚奇弼歎之曰仲尼稱後生可畏若斯人者可與言天人之際乎正始中黃門侍郎累缺晏旣用賈充裴秀朱整又議用弼時丁謐與晏爭衡致高邑王黎於曹爽爽用黎於是以弼補臺郎初除覲爽請閒爽爲屏左右而弼與論道移時無所他及爽以此嗤之時爽專朝政黨與共相進用弼通儁不治名高尋黎無幾時病亡爽用王沈代黎弼遂不得在門下晏爲之歎恨弼在臺旣淺事功亦雅非所長益不留意焉淮南人劉陶善論縱橫爲當時所推每與弼語嘗屈弼弼天才卓出當其所得莫能奪也性和理樂游宴解音律善投壺其論道附會文辭不如何晏自然有所拔得多晏也頗以所長笑人故時爲士君子所疾弼與鍾會善會論議以校練爲家然每服弼之高致何晏以爲聖人無喜怒哀樂其論甚精鍾會等述之弼與不同以爲聖人茂於人者神明也同於人者五情也神明茂故能體沖和以通無五情同故不能無哀樂以應物然則聖人之情應物而無累於物者也今以其無累便謂不復應物失之多矣弼注易潁川人荀融難弼大衍義弼荅其意白書以戲之曰夫明足以尋極幽微而不能去自然之性顏子之量孔父之所預在然遇之不能無樂喪之不能無哀又常狹斯人以爲未能以情從理者也而今乃知自然之不可革是足下之量雖已定乎胸懷之內然而隔踰旬朔何其相思之多乎故知尼父之於顏子可以無大過矣弼注老子爲之指略致有理統注道略論注易往往有高麗言太原王濟好談病老莊嘗云見弼易注所悟者多然弼爲人淺而不識物情初與王黎荀融善黎奪其黃門郎於是恨黎與融亦不終正始十年曹爽廢以公事免其秋遇癘疾亡時年二十四無子絕嗣弼之卒也晉景王聞之嗟歎者累日其爲高識所惜如此孫盛曰易之爲書窮神知化非天下之至精其孰能與於此世之注解殆皆妄也況弼以附會之辨而欲籠統玄旨者乎故其敘浮義則麗辭溢目造陰陽則妙賾無聞至於六爻變化羣象所效日時歲月五氣相推弼皆擯落多所不關雖有可觀者焉恐將泥夫大道博物記曰初王粲與族兄凱俱避地荊州劉表欲以女妻粲而嫌其形陋而用率以凱有風貌乃以妻凱凱生業業即劉表外孫也蔡邕有書近萬卷末年載數車與粲粲亡後相國掾魏諷謀反粲子與焉旣被誅邕所與書悉入業業字長緒位至謁者僕射子宏字正宗司隸校尉宏弼之兄也魏氏春秋曰文帝旣誅粲二子以業嗣粲

評曰王凌風節格尚毌丘儉才識拔幹諸葛誕嚴毅威重鍾會精練策數咸以顯名致茲榮任而皆心大志迂不慮禍難變如發機宗族塗地豈不謬惑邪鄧艾矯然彊壯立功立事然闇於防患咎敗旋至豈遠知乎諸葛恪而不能近自見此蓋古人所謂目論者也史記曰越王無彊與中國爭彊當楚威王時越北伐齊齊威王使人說越云越王不納齊使者曰幸也越之不亡也吾不貴其用智之如目見毫毛而不自見其睫也今王知晉之失而不自知越之失是目論也

魏志卷二十八考證

王凌宣王將中軍乘水道討凌○何焯曰此中軍猶言禁軍不及徵調外軍故以中軍進也

宣王遂至壽春注太傅曰且置近事問卿令狐及乎固又曰無○臣明楷按及字不可解疑爲反字之誤蓋謂令狐愚與王凌通謀之事單固知情也

毌丘儉封高陽鄉侯注領太守毌丘興到官○領元本作頃

盛乃引還注欽中子淑小字鴦○毛本作小名鴦

又注君侯何若若不可復忍數日中也○册府作何若無下若字

悉歸降注大將軍昭伯與太傅伯俱受顧命○臣浩按昭伯曹爽字太傅伯伯字疑衍或爲昔字之譌

又注曰欲俱舉分分中國○分分元本作瓜分

夷儉三族注及儉起兵問屈頓所在○屈頓宋本作屈順

吳以欽爲都護假節鎭北大將軍幽州牧譙侯注司馬師滔天作逆廢害二主○何焯曰此表後人僞作高貴鄉公之弒昭事也何得預言二主乎

諸葛誕免誕官注以玄疇四人爲四聰誕備八人爲八達○通鑑玄疇作玄等誕備作誕等

自出攻揚州刺史樂綝殺之注誕再在揚州有威名○再在毛本作再任

血流盈塹○毛本作血流盈野

致葬舊墓注夫建業者異矣○通鑑異矣作異道

又注喪王基之功○喪通鑑作賞下同

鄧艾令淮北屯二萬人淮南三萬人十二分休常有四千人且田且守○四千監本訛作四萬臣龍官按淮北二萬淮南三萬共五萬人以十二分休計之止應四千有奇不得云四萬也今改正

可積三千萬斛于淮上○淮上晉書食貨志作淮北

宣王善之事皆施行○事皆施行太平御覽作皆如艾計下有遂北臨淮水自鍾離西南横石以西盡沘水沘旁脂切四百餘里五里置一營營六十人且田且守兼修廣淮揚百尺二渠上引河流下引淮穎大理諸陂於穎南穎北穿渠三百餘里漑田二萬頃淮南淮北皆相連接自壽春到京師農官兵田雞犬之聲阡陌相屬凡九十七字下接每東南有事云云

阻兵仗勢足以建命○建疑作違

輒移屯附亭○附亭元本作陽亭

彼以船行吾以陸軍○陸軍疑作陸運

出劍閣西百里○太平御覽作四百里

乃叱忠纂出將斬之○宋本無出字北宋本出作等

並作舟船豫順流之事○豫下元本多備字

徙艾妻子及孫於西域注瓘聞之不候駕而謝○候宋本作俟

艾憮然不樂○憮監本誤撫今改正

艾有功勳受罪不逃刑而子孫爲民隸○民北宋本作萌

諡曰壯侯注宣王爲泰會使尚書鍾繇調泰○臣浩按鍾繇已卒于太和四年疑調泰者當是鍾毓又按何焯曰檢毓傳正元中乃爲尚書齊王初方官黃門侍郎世語當是稱其後來所歷之職若當泰典郡時毓已先踐八座恐不得屈滯相啁矣世語所記疑其不實

鍾會遷尚書中書侍郎注松思竭不能改心存之○元本作心苦之

不復追改注中書令劉放侍郎衞瓘夏侯和等○劉放監本訛作劉表今改正

又注汝君心正吾知免矣○監本免誤勉今改正

今鎭西奉辭衘命攝統戎重○戎重文選作戎車

蜀相壯見禽於秦○壯文選作莊

以次棓殺坑中○通鑑作內坑中多內字

就如卿所慮當何所能一辦邪○通鑑作何憂其不能辦耶

魏志卷二十九

晉著作郎巴西中正安漢陳　壽撰

宋太中大夫國子博士聞喜裴松之注

華佗（吳普 樊阿）　杜夔　朱建平　周宣　管輅

華佗字元化沛國譙人也一名旉（臣松之案古敷字與旉相似寫書者多不能別尋佗字元化其名宜爲旉也）游學徐土兼通數經沛相陳珪舉孝廉太尉黃琬辟皆不就曉養性之術時人以爲年且百歲而貌有壯容又精方藥其療疾合湯不過數種心解分劑不復稱量煑熟便飲語其節度舍去輒愈若當灸不過一兩處每處七八壯病亦應除若當針亦不過一兩處下針言當引某許若至語人病者言已到應便拔針病亦行差若病結積在內針藥所不能及當須刳割者便飲其麻沸散須臾便如醉死無所知因破取病若在腸中便斷腸湔洗縫腹膏摩四五日差不痛人亦不自寤一月之間即平復矣

故甘陵相夫人有娠六月腹痛不安佗視脉曰胎已死矣使人手摸知所在在左則男在右則女人云在左於是爲湯下之果下男形即愈

縣吏尹世苦四支煩口中乾不欲聞人聲小便不利佗曰試作熱食得汗則愈不汗後三日死即作熱食而不汗出佗曰藏氣已絕於內當啼泣而絕果如佗言

府吏兒尋李延共止俱頭痛身熱所苦正同佗曰尋當下之延當發汗或難其異佗曰尋外實延內實故治之宜殊即各與藥明旦並起

鹽瀆嚴昕與數人共候佗適至佗謂昕曰君身中佳否昕曰自如常佗曰君有急病見於面莫多飲酒坐畢歸行數里昕卒頭眩墮車人扶將還載歸家中宿死

故督郵頓子獻得病已差詣佗視脉曰尚虛未得復勿爲勞事御內即死臨死當吐舌數寸其妻聞其病除從百餘里來省之止宿交接中間三日發病一如佗言

督郵徐毅得病佗往省之毅謂佗曰昨使醫曹吏劉租針胃管訖便苦欬嗽欲臥不安佗曰刺不得胃管誤中肝也食當日減五日不救遂如佗言

東陽陳叔山小男二歲得疾下利常先啼日以羸困問佗佗曰其母懷軀陽氣內養乳中虛冷兒得母寒故令不時愈佗與四物女宛丸十日即除

彭城夫人夜之廁蠆螫其手呻呼無賴佗令溫湯近熱漬手其中卒可得寐但旁人數爲易湯湯令煖之其旦即愈

軍吏梅平得病除名還家家居廣陵未至二百里止親人舍有頃佗偶至主人許主人令佗視平佗謂平曰君早見我可不至此今疾已結促去可得與家相見五日卒應時歸如佗所刻

佗行道見一人病咽塞嗜食而不得下家人車載欲往就醫佗聞其呻吟駐車往視語之曰向來道邊有賣餅家蒜齏大酢從取三升飲之病自當去即如佗言立吐虵一枚縣車邊欲造佗佗尚未還小兒戲門前逆見自相謂曰似逢我公車邊病是也疾者前入坐見佗北壁縣此虵輩約以十數

又有一郡守病佗以爲其人盛怒則差乃多受其貨而不加治無何棄去留書罵之郡守果大怒令人追捉殺佗郡守子知之屬使勿逐守瞋恚既甚吐黑血數升而愈

又有一士大夫不快佗云君病甚當破腹取然君壽亦不過十年病不能殺君忍病十歲壽俱當盡不足故自刳裂士大夫不耐痛癢必欲除之佗遂下手所患尋差十年竟死

廣陵太守陳登得病胷中煩懣面赤不食佗脉之曰府君胃中有蟲數升欲成內疽食腥物所爲也即作湯二升先服一升斯須盡服之食頃吐出三升許蟲赤頭皆動半身是生魚膾也所苦便愈佗曰此病後三期當發遇良醫乃可濟救依期果發動時佗不在如言而死

太祖聞而召佗佗常在左右太祖苦頭風每發心亂目眩佗針鬲隨手而差（佗別傳曰有人病兩脚躄不能行轝詣佗佗望見云已飽針灸服藥矣不復須看脉便使解衣點背數十處相去或一寸或五寸縱邪不相當言灸此各十壯灸創愈即行後灸處夾脊一寸上下行端直均調如引繩也）

李將軍妻病甚呼佗視脉曰傷娠而胎不去將軍言聞實傷娠胎已去矣佗曰案脉胎未去也將軍以爲不然佗舍去婦稍小差百餘日復動更呼佗佗曰此脉故事有胎前當生兩兒一兒先出血出甚多後兒不及生母不自覺旁人亦不寤不復迎遂不得生胎死血脉不復歸必燥著母脊故使多脊痛今當與湯并針一處此死胎必出湯針既加婦痛急如欲生者佗曰此死胎久枯不能自出宜使人探之果得一死男手足完具色黑長可尺所

佗之絕技凡類此也然本作士人以醫見業意常自悔後太祖親理得病篤重使佗專視佗曰此近難濟恒事攻治可延歲月佗久遠家思歸因曰當得家書方欲暫還耳到家辭以妻病數乞期不反太祖累書呼又勑郡縣發遣佗恃能厭食事猶不上道太祖大怒使人往檢若妻信病賜小豆四十斛寬假限日若其虛詐便收送之於是傳付許獄考驗首服荀彧請曰佗術實工人命所縣宜含宥之太祖曰不憂天下當無此鼠輩耶遂考竟佗佗臨死出一卷書與獄吏曰此可以活人吏畏法不受佗亦不彊索火燒之佗死後太祖頭風未除太祖曰佗能愈此小人養吾病欲以自重然吾不殺此子亦終當不爲我斷此根原耳及後愛子倉舒病困太祖歎曰吾悔殺華佗令此兒彊死也

初軍吏李成苦欬嗽晝夜不寤時吐膿血以問佗佗言君病腸臃欬之所吐非從肺來也與君散兩錢當吐二升餘膿血訖快自養一月可小起好自將愛一年便健十八歲當一小發服此散亦行復差若不得此藥故當死復與兩錢散成得藥去五六歲親中人有病如成者謂成曰卿今彊健我欲死何忍無急去藥（臣松之案古語以藏爲去）以待不祥先持貸我我差爲卿從華佗更索成與之已故到譙適値佗見收怱怱不忍從求後十八歲成病竟發無藥可服以至於死（佗別傳曰人有在青龍中見山陽太守廣陵劉景宗景宗說中平日數見華佗其治病手脉之候其驗若神琅邪劉勳爲河內太守有女年幾二十左脚膝裏上有瘡癢而不痛瘡愈數十日復發如此七八年迎佗使視佗曰是易治之當得稻糠黃色犬一頭好馬二匹以繩繫犬頸使走馬牽犬馬極輒易計馬走三十餘里犬不能行復令步人拖曳計向五十里乃以藥飲女女即安臥不知人因取大刀斷犬腹近後脚之前以所斷之處向瘡口令去二三寸停之須臾有若蛇者從瘡中而出便以鐵椎橫貫蛇頭蛇在皮中動搖良久須臾不動乃牽出長三尺許純是蛇但有眼處而無童子又逆鱗耳以膏散著瘡中七日愈又有人苦頭眩頭不得舉目不得視積年佗使悉解衣倒懸令頭去地一二寸濡布拭身體令周匝候視諸脉盡出五色佗令弟子數人以鈹刀決脉五色血盡視赤血乃下以膏摩被覆汗自出周匝飲以亭歷犬血散立愈又有婦人長病經年世謂寒熱注病者冬十一月中佗令坐石槽中平旦用寒水汲灌云當滿百始七八灌會戰欲死灌者懼欲止佗令滿數將至八十灌熱氣乃蒸出囂囂高二三尺滿百灌佗乃使然火溫牀厚覆良久汗洽出著粉汗燥便愈又有人病腹中半切痛十餘日中鬢眉墮落佗曰是脾半腐可刳腹養治也使飲藥令臥破腹就視脾果半腐壞以刀斷之刮去惡肉以膏傅瘡飲之以藥百日平復）

廣陵吳普彭城樊阿皆從佗學普依準佗治多所全濟佗語普曰人體欲得勞動但不當使極爾動搖則穀氣得消血脉流通病不得生譬猶戶樞不朽是也是以古之仙者爲導引之事熊頸鴟顧引輓腰體動諸關節以求難老吾有一術名五禽之戲一曰虎二曰鹿三曰熊四曰猨五曰鳥亦以除疾並利蹄足以當導引體中不快起作一禽之戲沾濡汗出因上著粉身體輕便腹中欲食普施行之年九十餘耳目聰明齒牙完堅阿善針術凡醫咸言背及胷藏之間不可妄針針之不過四分而阿針背入一二寸巨闕胷藏針下五六寸而病輒皆瘳阿從佗求可服食益於人者佗授以漆葉青黏散漆葉屑一升青黏屑十四兩以是爲率言久服去三蟲利五藏輕體使人頭不白阿從其言壽百餘歲漆葉處所而有青黏生於豐沛彭城及朝歌云（佗別傳曰青黏者一名地節一名黃芝主理五藏益精氣本出於迷入山者見仙人服之以告佗佗以爲佳語阿阿又祕之近者人見阿之壽而氣力彊盛怪之遂責阿所服因醉亂誤道之法一施人多服者皆有大驗文帝典論論郤儉等事曰潁川郤儉能辟穀餌伏苓甘陵甘始亦善行氣老有少容廬江左慈知補導之術並爲軍吏初儉之至市伏苓價暴數倍議郎安平李覃學其辟穀餐伏苓飲寒水中泄利殆至隕命後始來衆人無不鴟視狼顧呼吸吐納軍謀祭酒弘農董芬爲之過差氣閉不通良久乃蘇左慈到又競受其補導之術至寺人嚴峻往從問受閹豎眞無事於斯人之逐聲乃至於是光和中北海王和平亦好道術自以當仙濟南孫邕少事之從至京師會和平病死邕因葬之東陶有書百餘卷藥數囊悉以送之後弟子夏榮言其尸解邕至今恨不取其寶書仙藥劉向惑於鴻寶之說君游眩於子政之言古今愚謬豈唯一人哉東阿王作辯道論曰世有方士吾王悉所招致甘陵有甘始廬江有左慈陽城有郤儉始能行氣導引慈曉房中之術儉善辟穀悉號三百歲卒所以集之於魏國者誠恐斯人之徒接姦宄以欺衆行妖慝以惑民豈復欲觀神仙於瀛洲求安期於海島釋金輅而履雲輿棄六驥而美飛龍哉自家王與太子及余兄弟咸以爲調笑不信之矣然始等知上遇之有恒奉不過於員吏賞不加於無功海島難得而游六黻難得而佩終不敢進虛誕之言出非常之語余常試郤儉絕穀百日躬與之寢處行步起居自若也夫人不食七日則死而儉乃如是然不必益壽可以療疾而不憚饑饉焉左慈善修房內之術差可終命然自非有志至精莫能行也甘始者老而有少容自諸術士咸共歸之然始辭繁寡實頗有怪言余常辟左右獨與之談問其所行溫顏以誘之美辭以導之始語余吾本師姓韓字世雄嘗與師於南海作金前後數四投數萬斤金於海又言諸梁時西域胡來獻香罽腰帶割玉刀時悔不取也又言車師之西國兒生擘背出脾欲其食少而弩行也又言取鯉魚五寸一雙令其一著藥俱投沸膏中有藥者奮尾鼓鰓游行沉浮有若處淵其一者已熟而可噉余時問言率可試不言是藥去此逾萬里當出塞始不自行不能得也言不盡於此頗難悉載故粗舉其巨怪者始若遭秦始皇漢武帝則復爲徐市欒大之徒也）

杜夔字公良河南人也以知音爲雅樂郎中平五年疾去官州郡司徒禮辟以世亂奔荊州荊州牧劉表令與孟曜爲漢主合雅樂樂備表欲庭觀之夔諫曰今將軍號不爲天子合樂而庭作之無乃不可乎表納其言而止後表子琮降太祖太祖以夔爲軍謀祭酒參太樂事因令創制雅樂夔善鍾律聰思過人絲竹八音靡所不能惟歌舞非所長時散郎鄧靜尹齊善詠雅樂歌師尹胡能歌宗廟郊祀之曲舞師馮肅服養曉知先代諸舞夔總統研精遠考諸經近采故事教習講肄備作樂器紹復先代古樂皆自夔始也黃初中爲太樂令協律都尉漢鑄鍾工柴玉巧有意思形器之中多所造作亦爲時貴人見知夔令玉鑄銅鍾其聲韻清濁多不如法數毀改作玉甚厭之謂夔清濁任意頗拒捍夔夔玉更相白於太祖太祖取所鑄鍾雜錯更試然知夔爲精而玉之妄也於是罪玉及諸子皆爲養馬士文帝愛待玉又嘗令夔與左顛等於賓客之中吹笙鼓琴夔有難色由是帝意不悅後因他事繫夔使顛等就學夔自謂所習者雅仕宦有本意猶不滿遂黜免以卒弟子河南邵登張泰桑馥各至太樂丞下邳陳頏司律中郎將自左延年等雖妙於音咸善鄭聲其好古存正莫及夔（時有扶風馬鈞巧思絕世傅玄序之曰馬先生天下之名巧也少而游豫不自知其爲巧也當此之時言不及巧焉可以言知乎爲博士居貧乃思綾機之變不言而世人知其巧矣舊綾機五十綜者五十躡六十綜者六十躡先生患其喪功費日乃皆易以十二躡其奇文異變因感而作者猶自然之成形陰陽之無窮此輪扁之對不可以言言者又焉可以言校也先生爲給事中與常侍高堂隆驍騎將軍秦朗爭論於朝言及指南車二子謂古無指南車記言之虛也先生曰古有之未之思耳夫何遠之有二子哂之曰先生名鈞字德衡鈞者器之模而衡者所以定物之輕重輕重無準而莫不模哉先生曰虛爭空言不如試之易效也於是二子遂以白明帝詔先生作

之而指南車成此一異也又不可以言者也從是天下服其巧矣居京都城內有地可爲園患無水以灌之乃作翻車令童兒轉之而灌水自覆更入更出其巧百倍於常此二異也其後人有上百戲者能設而不能動也帝以問先生可動否對曰可動帝曰其巧可益否對曰可益受詔作之以大木彫構使其形若輪平地施之潛以水發焉設爲女樂舞象至令木人擊鼓吹簫作山嶽使木人跳丸擲劍緣絙倒立出入自在百官行署舂磨鬬雞變巧百端此三異也先生見諸葛亮連弩曰巧則巧矣未盡善也言作之可令加五倍又患發石車敵人之於樓邊縣溼牛皮中之則墮石不能連屬而至欲作一輪縣大石數十以機鼓輪爲常則以斷縣石飛擊敵城使首尾電至嘗試以車輪縣瓴甓數十飛之數百步矣有裴子者上國之士也精通見理聞而哂之乃難先生先生口屈不對裴子自以爲難得其要言之不已傅子謂裴子曰子所長者言也所短者巧也馬氏所長者巧也所短者言也以子所長擊彼所短則不得不屈以子所短難彼所長則必有所不解者矣夫巧天下之微事也有所不解而難之不已其相擊刺必已遠矣心乖於內口屈於外此馬氏所以不對也傅子見安鄉侯言及裴子之論安鄉侯又與裴子同傅子曰聖人具體備物取人不以一揆也有以神取之者有以言取之者有以事取之者有以神取之者不言而誠心先達德行顏淵之倫是也以言取之者以變辯是非言語宰我子貢是也以事取之者若政事冉有季路文學子游子夏雖聖人之明盡物如有所用必有所試然則試冉季以政試游夏以學矣游夏猶然況自此而降者乎何者懸言物理不可以言盡也施之於事言之難盡而試之易知也今若馬氏所欲作者國之精器軍之要用也費十尋之木勞二人之力不經時而是非定難試易驗之事而輕以言抑人異能此猶以已智任天下之事不易其道以遇難盡之物此所以多廢也馬氏所作因變而得是則初所言者不皆是矣其不皆是因不用之是不世之巧無由出也夫同情者相妬同事者相害中人所不能免也故君子不以人害人必以考試爲衡石廢衡石而不用此美玉所以見誣爲石荊和所以抱璞而哭之也於是安鄉侯悟遂言之武安侯武安侯忽之不果試也此既易試之事又馬氏巧名已定猶忽而不察況幽深之才無名之璞乎後之君子其鑒之哉馬先生之巧雖古公輸般墨翟王爾近漢世張平子不能過也公輸般墨翟皆見用於時乃有益於世平子雖爲侍中馬先生雖給事省中俱不典工官巧無益於世用人不當其才聞賢不試以事良可恨也裴子者裴秀安鄉侯者曹羲也武安侯者曹爽也

朱建平沛國人也善相術於閭巷之間效驗非一太祖爲魏公聞之召爲郎文帝爲五官將坐上會客三十餘人文帝問己年壽又令徧相衆賓建平曰將軍當壽八十至四十時當有小厄願謹護之謂夏侯威曰君四十九位爲州牧而當有厄厄若得過可年至七十致位公輔謂應璩曰君六十二位爲常伯而當有厄先此一年當獨見一白狗而旁人不見也謂曹彪曰君據藩國至五十七當厄於兵宜善防之初潁川荀攸鍾繇相與親善攸先亡子幼繇經紀其門戶欲嫁其妾與人書曰吾與公達曾共使朱建平相建平曰荀君雖少然當以後事付鍾君吾時啁之曰惟當嫁卿阿騖耳何意此子竟早隕沒戲言遂驗乎今欲嫁阿騖使得善處追思建平之妙雖唐舉許負何以復加也文帝黃初七年年四十病困謂左右曰建平所言八十謂晝夜也吾其決矣頃之果崩夏侯威爲兗州刺史年四十九十二月上旬得疾念建平之言自分必死豫作遺令及送喪之備咸使素辦至下旬轉差垂以平復三十日日昃請紀綱大吏設酒曰吾所苦漸平明日鷄鳴年便五十建平之戒眞必過矣威罷客之後合瞑疾動夜半遂卒璩六十一爲侍中直省內欻見白狗問之衆人悉無見者於是數聚會并急游觀田里飲宴自娛過期一年六十三卒曹彪封楚王年五十七坐與王淩通謀賜死凡說此輩無不如言不能具詳故粗記數事惟相司空王昶征北將軍程喜中領軍王肅有蹉跌云肅年六十二疾篤衆醫並以爲不愈肅夫人問以遺言肅云建平相我踰七十位至三公今皆未也將何慮乎而肅竟卒建平又善相馬文帝將出取馬外入建平道遇之語曰此馬之相今日死矣帝將乘馬馬惡衣香驚齧文帝膝帝大怒卽便殺之建平黃初中卒

周宣字孔和樂安人也爲郡吏太守楊沛夢人曰八月一日曹公當至必與君杖飲以藥酒使宣占之是時黃巾賊起宣對曰夫杖起弱者藥治人病八月一日賊必除滅至期賊果破後東平劉楨夢蛇生四足穴居門中使宣占之宣曰此爲國夢非君家之事也當殺女子而作賊者頃之女賊鄭姜遂俱夷討以蛇女子之祥足非蛇之所宜故也文帝問宣曰吾夢殿屋兩瓦墮地化爲雙鴛鴦此何謂也宣對曰後宮當有暴死者帝曰吾詐卿耳宣對曰夫夢者意耳苟以形言便占吉凶言未畢而黃門令奏宮人相殺無幾帝復問曰我昨夜夢青氣自地屬天宣對曰天下當有貴女子寃死是時帝已遣使賜甄后璽書聞宣言而悔之遣人追使者不及帝復問曰吾夢摩錢文欲令滅而更愈明此何謂邪宣悵然不對帝重問之宣對曰此自陛下家事雖意欲爾而太后不聽是以文欲滅而明耳時帝欲治弟植之罪偪於太后但加貶爵以宣爲中郎屬太史嘗有問宣曰吾昨夜夢見芻狗其占何也宣答曰君欲得美食耳有頃出行果遇豐膳後又問宣曰昨夜復夢見芻狗何也宣曰君欲墮車折脚宜戒慎之頃之果如宣言後又問宣昨夜復夢見芻狗何也宣曰君家欲失火當善護之俄遂火起語宣曰前後三時皆不夢也聊試君耳何以皆驗邪宣對曰此神靈動君使言故與眞夢無異也又問宣曰三夢芻狗而其占不同何也宣曰芻狗者祭神之物故君始夢當得餘食也祭祀旣訖則芻狗爲車所轢故中夢當墮車折脚也芻狗旣車轢之後必載以爲樵故後夢憂失火也宣之敍夢凡此類也十中八九世以比建平之相矣其餘效故不次列明帝末卒

管輅字公明平原人也容貌粗醜無威儀而嗜酒飲食言戲不擇非類故人多愛之而不敬也輅別傳曰輅年八九歲便喜仰視星辰得人輒問其名夜不能寐父母常禁之猶不可止自言我年雖小然眼中喜視天文常云家鷄野鵠猶尚知時況於人乎與鄰比兒共戲土壤中輒畫地作天文及日月星辰每答言說事語皆不常宿學耆人不能折之皆知其當有大異之才及成人果明周易仰觀風角占相之道無不精微體性寬大多所含受憎己不讐愛己不褒每欲以德報怨常謂忠孝信義人之根本不可不厚廉介細直士之浮飾不足爲務也自言知我者稀則我貴矣安能斷江漢之流爲激石之清樂與季主論道不欲與漁父同舟此吾志也其事父母孝篤兄弟順愛士友皆仁和發中終無所闕臧否之士晚亦服焉父爲琅邪卽丘長時年十五來至官舍讀書始讀詩論語及易本便開淵布筆辭義斐然于時黌上有遠方及國內諸生四百餘人皆服其才也琅邪太守單子春雅有材度聞輅一黌之儁欲得見輅父卽遣輅造之大會賓客百餘人坐上有能言之士輅問子春府君名士加有雄貴之姿輅旣年少膽未堅剛若欲相觀懼失精神請先飲三升清酒然後而言之子春喜之便酌三升清酒獨使飲之酒盡之後問子春今欲與輅爲對者若府君四座之士邪子春曰吾欲自與卿旗鼓相當輅言始讀詩論易本學問微淺未能上引聖人之道陳秦漢之事但欲論金木水火土鬼神之情耳子春言此最難者而卿以爲易邪於是唱大論之端遂經於陰陽文采葩流枝葉橫生少引聖籍多發天然子春及衆士互共攻劫論難鋒起而輅人人答對言皆有餘至日向暮酒食不行子春語衆人曰此年少盛有材氣聽其言論正似司馬犬子游獵之賦何其磊落雄壯英神以茂必能明天文地理變化之數不徒有言也於是發聲徐州號之神童

父爲利漕利漕民郭恩兄弟三人皆得躄疾使輅筮其所由輅曰卦中有君本墓墓中有女鬼非君伯母當叔母也昔饑荒之世當有利其數升米者排著井中嘖嘖有聲推一大石下破其頭孤魂寃痛自訴於天於是恩涕泣服罪輅別傳曰利漕民郭恩字義博有才學善周易春秋又能仰觀輅就義博讀易數十日中意便開發言難踰師於此分蓍下卦用思精妙占黌上諸生疾病死亡貧富喪衰初無差錯莫不驚怪謂之神人也又從義博學仰觀三十日中通夜不臥語義博君但相語墟落處所耳至於推運會論災異自當出吾天分學未一年義博反從輅問易及天文事要義博每聽輅語未嘗不推机慷慨自言登聞君至論之時忘我篤疾明闇之不相逮何其遠也義博設主人獨請輅具告辛苦自說兄弟三人俱得躄疾不知何故試相爲作卦知其所由若有咎殃者天道赦人當爲吾祈福於神明勿有所愛兄弟俱行此爲更生輅便作卦思之未詳會日夕因留宿至中夜語義博曰吾以此得之旣言其事義博悲涕沾衣曰皇漢之末實有斯事君不名主諱也我不得言禮也兄弟躄來三十餘載脚如棘子不可復治但願不及子孫耳輅言火形不絕水形無餘不及後也

廣平劉奉林婦病困已買棺器時正月也使輅占曰命在八月辛卯日日中之時林謂必不然而婦漸差至秋發動一如輅言輅別傳曰鮑子春爲列人令有明思才理與輅相見曰聞君爲劉奉林卜婦死亡日何其詳妙試爲論其意義輅論爻象之旨說變化之義若規圓矩方無不合也子春自言吾少好譚易又喜分蓍可謂盲者欲視白黑聾者欲聽清濁苦而無功也聽君語後自視體中眞爲憒憒者也

輅往見安平太守王基基令作卦輅曰當有賤婦人生一男兒墮地便走入竈中死又牀上當有一大蛇銜筆小大共視須臾去之也又烏來入室中與鷰共鬬鷰死烏去有此三怪基大驚問其吉凶輅曰直官舍久遠魑魅魍魎爲怪耳兒生便走非能自走直宋無忌之妖將其入竈也大蛇銜筆直老書佐耳烏與鷰鬬直老鈴下耳今卦中見象而不見其凶知非妖咎之徵自無所憂也後卒無患輅別傳曰基與輅共論易數日中大以爲喜樂語輅言俱相聞善卜定共清論君一時異才當上竹帛也輅爲基出卦知其無咎因謂基曰昔高宗之鼎非雉所鴝殷之階庭非木所生而野鳥一鴝武丁爲高宗桑穀暫生大戊以興焉知三事不爲吉祥願府君安身養德從容光大勿以知神奸汙累天眞

信都令家婦女驚恐更互疾病使輅筮之輅曰君此堂西頭有兩死男子一男持矛一男持弓箭頭在壁內脚在壁外持矛者主刺頭故頭重痛不得舉也持弓箭者主射胷腹故心中縣痛不得飲食也晝則浮游夜來病人故使驚恐也於是掘徙骸骨家中皆愈輅別傳曰王基卽遣信都令還掘其室中入地八尺果得二棺一棺中有矛一棺中有角弓及箭箭久遠木皆消爛但有鐵及角完耳及徙骸骨去城一十里埋之無復疾病基曰吾少好讀易玩之以久不謂神明之數其妙如此便從輅學易推論天文輅每開變化之象演吉凶之兆未嘗不纖微委曲盡其精神基曰始聞君言如何可得終以皆亂此自天授非人力也於是藏周易絕思慮不復學卜筮之事輅鄉里乃太原問輅君往者爲王府君論怪云老書佐爲蛇老鈴下爲烏此本皆人何化之微賤乎爲見於爻象出君意乎輅言苟非性與天道何由背爻象而任胷心者乎夫萬物之化無有常形人之變異無有常體或大爲小或小爲大固無優劣夫萬物之化一例之道也是以夏鯀天子之父趙王如意漢祖之子而鯀爲黃熊如意爲蒼狗斯亦至尊之位而爲黔喙之類也況蛇者協辰巳之位烏者棲太陽之精此乃騰黑之明象白日之流景如書佐鈴下各以微軀化爲蛇烏不亦過乎

清河王經去官還家輅與相見經曰近有一怪大不喜之欲煩作卦卦成輅曰爻吉不爲怪也君夜在堂戶前有一流光如燕爵者入居懷中殷殷有聲內神不安解衣彷徉招呼婦人覓索餘光經大笑曰實如君言輅曰吉遷官之徵也其應行至頃之經爲江夏太守輅別傳曰經欲使輅卜而有疑難之言輅笑而答之曰君侯州里達人何言之鄙昔司馬季主有言夫卜者必法天地象四時順仁義伏羲作八卦周文王三百八十四爻而天下治病者或以愈且死或以生患或以免事或以成嫁女娶妻或以生長豈直數千錢哉以此推之急務也苟道之明聖賢不讓況吾小人敢以爲難彥緯欷手謝輅前言戲之耳於是輅爲作卦其言皆驗經每論輅以爲得龍雲之精能養和通幽者非徒合會之才也

輅又至郭恩家有飛鳩來在梁頭鳴甚悲輅曰當有老公從東方來攜豚一頭酒一壺主人雖喜當有小故明日果有客如所占恩使客節酒戒肉慎火而射雞作食箭從樹間激中數歲女子手流血驚怖輅別傳曰義博從輅學鳥鳴之候輅言君雖好道天才旣少又不解音律恐難爲師也輅爲說八風之變五音之數以律呂爲衆鳥之商六甲爲時日之端反覆譴曲出入無窮義博靜然沈思馳精數日卒無所得義博言才不出位難以追徵於此遂止

輅至安德令劉長仁家有鳴鵲來在閣屋上其聲甚急輅曰鵲言東北有婦昨殺夫牽引西家人夫離婁候不過日在虞淵之際告者至矣到時果有東北同伍民來告鄰婦手殺其夫詐言西家人與夫有嫌來殺我壻輅別傳曰勃海劉長仁有辯才初雖聞輅能曉鳥鳴後每見難輅曰夫生民之音曰言鳥獸之音曰鳴故言者則有知之貴靈鳴者則無知之賤名何由以鳥鳴爲語亂神明之所異也孔子曰吾不與鳥獸同羣明其賤也輅答曰夫天雖有大象而不能言故運星精於上流神明於下驗風雲以表異役鳥獸以通靈表異者必有浮沈之候通靈者必有宮商之應是以宋襄失德六鷁並退伯姬將焚鳥唱其災四國未火融風已發赤鳥夾日殃在荊楚此乃上天之所使自然之明符考之律呂則音聲有本求之人事則吉凶不失昔在秦祖以功受封葛盧聽音著在春秋斯皆典謨之實非聖賢之虛名也商之將興由一燕卵也文王受命丹鳥銜書此乃聖人之靈祥周室之休祚何賤之有乎夫鳴鳥之聽精在鶉火妙在八神自非斯倫猶子路之於死生也長仁言君辭雖茂華而不實未

敢之信須臾有鳴鵲之驗長仁乃服輅至列人典農王弘直許有飄風高三尺餘從申上來在庭中幢幢回轉息以復起良久乃止直以問輅輅曰東方當有馬吏至恐父哭子如何明日膠東吏到直子果亡直問其故輅曰其日乙卯則長子之候也木落於申斗建申申破寅死喪之候也日加午而風發則馬之候也離爲文章則吏之候也申未爲虎虎爲大人則父之候也有雄雉飛來登直內鈴柱頭直大以不安令輅作卦輅曰到五月必遷時三月也至期直果爲渤海太守輅別傳曰輅又曰夫風以時動爻以象應時者神之驛使象者時之形表一時其道不足爲難王弘直亦大學問有道術皆不能精問輅風之推變乃可爾乎輅言此但風之毛髮何足爲異若夫列宿不守衆神亂行八風橫起怒氣電飛山崩石飛樹木摧傾揚塵萬里仰不見天鳥獸藏竄兆民駭驚於是使梓愼之徒登高臺望風氣分災異刻期日然後知神思遐幽靈風可懼館陶令諸葛原遷新興太守輅往祖餞之賓客並會原自起取燕卵蠭窠鼅鼄著器中使射覆卦成輅曰第一物含氣須變依乎宇堂雄雌以形翅翼舒張此燕卵也第二物家室倒縣門戶衆多藏精育毒得秋乃化此蠭窠也第三物觳觫長足吐絲成羅尋網求食利在昏夜此鼅鼄也舉坐驚喜輅別傳曰諸葛原字景春亦學士好卜筮數與輅共射覆不能窮之景春與輅有榮厚之分因輅餞之大有高譚之客諸人多聞其善卜仰觀不知其有大異之才於是先與輅共論聖人著作之源又敘五帝三王受命之符輅解景春微旨遂開張戰地示以不固藏匿孤虛以待來攻景春奔北軍師摧衂自言吾覩卿旌旗城池已壞也其欲戰之士於此鳴鼓角舉雲梯弓弩大起牙旗雨集然後登城曜威開門受敵上論五帝如江如漢下論三王如翰如其英者若春華之俱發其攻者若秋風之落葉聽者眩惑不達其義言者收聲莫不心服雖白起之坑趙卒項羽之塞濉水無以尚之于時客皆欲面縛銜璧求束手於軍鼓之下輅猶總干山立未便許之至明日離別之際然後有腹心始終一時海內俊士八九人矣蔡元才在朋友中最有清才在衆人中言本聞卿作狗何意爲龍輅言潛陽未變非卿所知焉有狗耳得聞龍聲乎景春言今當遠別會後何期且復共一射覆輅占旣皆中景春大笑卿爲我論此卦意釋我心懷輅爲開爻散理分賦形象言徵辭合妙不可述景春及衆客莫不言聽後論之美勝於射覆之樂景春與輅別戒以二事言卿性樂酒量雖溫克然不可保寧當節之卿有水鏡之才所見者妙仰觀雖神禍如膏火不可不愼持卿叡才遊於雲漢之間不憂不富貴也輅言酒不可極才不可盡吾欲持酒以禮持才以愚何患之有也輅族兄孝國居在斥丘輅往從之與二客會客去後輅謂孝國曰此二人天庭及口耳之間同有凶氣異變俱起雙魂無宅輅別傳曰輅又曰厚味腊毒天精幽夕坎爲棺槨兌爲喪車流魂于海骨歸於家少許時當並死也復數十日二人飲酒醉夜共載車牛驚下道入漳河中皆卽溺死也當此之時輅之鄰里外戶不閉無相偷竊者清河太守華表召輅爲文學掾安平趙孔曜薦輅於冀州刺史裴徽曰輅雅性寬大與世無忌仰觀天文則同妙甘公石申俯覽周易則齊思季主今明使君方垂神幽藪留神九皋輅宜蒙陰和之應得及羽儀之時徽於是辟爲文學從事引與相見大善友之徙部鉅鹿遷治中別駕初應州召與弟季儒共載至武城西自卦吉凶語儒云當在故城中見三貍爾者乃顯前到河西故城角正見三貍共踞城側兄弟並喜正始九年舉秀才輅別傳曰輅爲華清河所召爲北黌文學一時士友無不歎慕安平趙孔曜明敏有思識與輅有管鮑之分故從發干來就郡黌上與輅相見言卿腹中汪汪故時死人今生人無雙當去俗騰飛翱翔昊蒼云何在此聞卿消息使吾食不甘味也冀州裴使君才理清明能釋玄虛每論易及老莊之道未嘗不注精於嚴翟之徒也又眷吾意重能相明信者今當故往爲卿陳感虎開石之誠輅言吾非四淵之龍安能使白日晝陰卿若能動東風興朝雲吾志所不讓也於是遂至冀州見裴使君使君言君顏色何以消減於故邪孔曜言體中無藥石之疾然見清河郡內有一騏驥拘絷後廐歷年去王良伯樂百八十里不得騁天骨起風塵以此憔悴耳使君言騏驥今何在也孔曜言平原管輅字公明年三十六雅性寬大與世無忌可謂士雄仰觀天文則能同妙甘公石申俯覽周易則能思齊季主遊步道術開神無窮可爲士英抱荊山之璞懷夜光之寶而爲清河郡所錄北黌文學可謂痛心疾首也使君方欲流精九皋垂神幽藪欲令明主不獨治逸才不久滯高風遐被莫不草靡宜使輅特蒙陰和之應得及羽儀之時必能翼宣隆化揚聲九圍也裴使君聞言則慷慨曰何乃爾邪雖在大州未見異才可用釋人鬱悶者思還京師得共論道耳況草間自有清妙之才乎如此便相爲取之莫使騏驥更爲凡馬荊山反成凡石卽檄召輅爲文學從事一相見清論終日不覺罷倦天時大熱移牀在庭前樹下乃至雞向晨然後出再相見便轉爲鉅鹿從事三見轉治中四見轉爲別駕至十月舉爲秀才輅辭裴使君使君言丁鄧二尚書有經國才略於物理不精也何尚書神明精微言皆巧妙巧妙之志殆破秋毫君當愼之自言不解易九事必當以相問比至洛宜善精其理也輅言何若巧妙以攻難之才遊形之表未入於神夫入神者當步天元推陰陽探玄虛極幽明然後覽道無窮未暇細言若欲差次老莊而參爻象愛微辯而興浮藻可謂射侯之巧非能破秋毫之妙也若九事皆至義者不足勞思也若陰陽者精之以久輅去之後歲朝當有時刑大風風必摧破樹木若發於乾者必有天威不足共清譚者十二月二十八日吏部尚書何晏請之鄧颺在晏許晏謂輅曰聞君著爻神妙試爲作一卦知位當至三公不又問連夢見青蠅數十頭來在鼻上驅之不肯去有何意故輅曰夫飛鴞天下賤鳥及其在林食椹則懷我好音況輅心非草木敢不盡忠昔元凱之弼重華宣慈惠和周公之翼成王坐而待旦故能流光六合萬國咸寧此乃履道休應非卜筮之所明也今君侯位重山岳勢若雷電而懷德者鮮畏威者衆殆非小心翼翼多福之仁又鼻者艮此天中之山臣松之案相書謂鼻之所在爲天中鼻有山象故曰天中之山也高而不危所以長守貴今青蠅臭惡而集之焉位峻者顚輕豪者亡不可不思害盈之數盛衰之期是故山在地中曰謙雷在天上曰壯謙則裒多益寡壯則非禮不履未有損已而不光大行非而不傷敗願君侯上追文王六爻之旨下思尼父彖象之義然後三公可決青蠅可驅也颺曰此老生之常譚輅答曰夫老生者見不生常譚者見不譚晏曰過歲更當相見輅別傳曰輅爲何晏所請果共論易九事九事皆明晏曰君論陰陽此世無雙時鄧颺與晏共坐颺言君見謂善易而語初不及易中辭義何故也輅尋聲答之曰夫善易者不論易也晏含笑而讚之可謂要言不煩也因請輅爲卦輅旣稱引鑒戒晏謝之曰知幾其神乎古人以爲難交疏而吐其誠今人以爲難君今一面而盡二難之道可謂明德惟馨詩不云乎中心藏之何日忘之輅還邑舍具以此言語舅氏舅氏責輅言太切至輅曰與死人語何所畏邪舅大怒謂輅狂悖歲朝西北風大塵埃蔽天十餘日聞晏颺皆誅然後舅乃服輅別傳曰舅夏大夫問輅前見何鄧之日爲已有凶氣未也輅言與禍人共會然後知神明交錯吉人相近又知聖賢求精之妙夫鄧之行步則筋不束骨脈不制肉起立傾倚若無手足謂之鬼躁何之視候則魂不守宅血不華色精爽煙浮容若槁木謂之鬼幽故鬼躁者爲風所收鬼幽者爲火所燒自然之符不可以蔽也輅後因得休裴使君問何平叔一代才名其實何如輅曰其才若盆盎之水所見者清不見者濁神在廣博志不務學弗能成才欲以盆盎之水求一山之形形不可得則智由此惑故說老莊則巧而多華說易生義則美而多僞華則道浮僞則神虛得上才則淺而流絕得中才則遊精而獨出輅以爲少功之才也裴使君曰誠如來論吾數與平叔共說老莊及易常覺其辭妙於理不能折之又時人吸習皆歸服之焉益令不了相見得清言然後灼灼耳始輅過魏郡太守鍾毓共論易義輅因言卜可知君生死之日毓使筮其生日月如言無蹉跌毓大愕然曰君可畏也死以付天不以付君遂不復筮毓問輅天下當太平否輅曰方今四九天飛利見大人神武升建王道大明何憂不平毓未解輅言無幾曹爽等誅乃覺寤云輅別傳曰魏郡太守鍾毓清逸有才難輅易二十餘事自以爲難之至精也輅尋聲投響言無留滯分張爻象義皆殊妙毓卽謝輅輅卜知毓生日月毓愕然曰聖人運神通化連屬事物何聰明乃爾輅言幽明同化死生一道悠悠太極終而復始文王損命不以爲憂仲尼曳杖不以爲懼緒煩蓍筮宜盡其意毓曰生者好事死者惡事哀樂之分吾所不能齊且以付天不以付君也石苞爲鄴典農與輅相見問曰聞君鄉里翟文燿能隱形其事可信乎輅言此但陰陽蔽匿之數苟得其數則四岳可藏河海可逃況以七尺之形游變化之內散雲霧以幽身布金水以滅迹術足數成不足爲難苞曰欲聞其妙君且善論其數也輅言夫物不精不爲神數不妙不爲術故精者神之所合妙者智之所遇合之幾微可以性通難以言論是故魯班不能說其手離朱不能說其目非言之難孔子曰書不盡言言之細也言不盡意意之微也斯皆神妙之謂也請舉其大體以驗之夫白日登天運景萬里無物不照及其入地一炭之光不可得見三五盈月清耀燭夜可以遠望及其在晝明不如鏡今逸日月者必陰陽之數陰陽之數通於萬類鳥獸猶化況於人乎夫得數者妙得神者靈非徒生者有驗死亦有徵是以杜伯乘火氣以流精彭生託水變以立形是故生者能出亦能入死者能顯亦能幽此物之精氣化之游魂人鬼相感數使之然也苞曰目見陰陽之理不過於君君何以不隱輅曰夫陵虛之鳥愛其清高不願江漢之魚淵沼之魚樂其濡溼不易騰風之鳥由性異而分不同也僕自欲正身以明道直已以親義見數不以爲異知術不以爲奇夙夜研幾孳孳溫故而索隱行怪未暇斯務也平原太守劉邠取印囊及山雞毛著器中使筮輅曰內外方員五色成文含寶守信出則有章此印囊也高岳巖巖有鳥朱身羽翼玄黃鳴不失晨此山雞毛也邠曰此郡官舍連有變怪使人恐怖其理何由輅曰或因漢末之亂兵馬擾攘軍尸流血汙染丘山故因昏夕多有怪形也明府道德高妙自天祐之願安百祿以光休寵輅別傳曰故郡將劉邠字令元清和有思理好易而不能精與輅相見意甚喜歡自說注易向訖也輅言今明府欲勞不世之神經緯大道誠富美之秋然輅以爲注易之急急於水火水火之難登時之驗易之清濁延于萬代不可不先定其神而後垂明思也自旦至今聽采聖論未有易之一分易安可注也輅不解古之聖人何以處乾位於西北坤位於西南夫乾坤者天地之象然天地至大爲神明君父覆載萬物生長無首何以安處二位與六卦同列乾之象彖曰大哉乾元萬物資始乃統天夫統者屬也尊莫大焉何由有別位也邠依易繫詞諸爲之理以爲注不得其要輅尋聲下難事皆窮析曰夫乾坤者易之祖宗變化之根源今明府論清濁者有疑疑則無神恐非注易之符也輅於此爲論八卦之道及爻象之精大論開廓衆化相連邠所解者皆以爲妙所不解者皆以爲神自說欲注易八年用思勤苦歷載靡寧定相得至論此才不及易不愛久勞喜承雅言如此相爲高枕偃息矣欲從輅學射覆輅言今明府以虛神於注易亦宜絕思於靈蓍靈蓍者二儀之明數陰陽之幽契施之於道則定天下吉凶用之於術則收天下毫纖纖微未可以爲易也邠曰以爲術者易之近數欲求其端耳若如來論何事於斯留輅五日不遑恤官但共清譚邠自言數與何平叔論易及老莊之道至於精神遐流與化周旋清若金水鬱若山林非君侶也邠又曰此郡官舍連有變怪變怪多形使人怖恐君似當達此數者其理何由也輅言此郡所以名平原者本有原山無木石與地自然含陰不能吐雲含陽不能激風陰陽雖弱猶有微神微神不眞多聚凶姦以類相求魍魎成羣或因漢末兵馬擾攘軍尸流血汙染丘岳彊魂相感變化無常故因昏夕之時多有怪形也昔夏禹文明不怪於黃龍周武信時不惑於暴風今明府道德高妙神不懼妖自天祐之吉無不利願安百祿以光休寵也邠曰聽雅論爲近其理每有變怪輒聞鼓角聲音或見弓劍形象夫以土山之精伯有之魂實能合會干犯明靈也邠問輅易言剛健篤實輝光日新斯爲同不也輅曰不同之名朝旦爲輝日中爲光晉諸公贊曰邠本名炎犯晉太子諱改爲邠位至太子僕子粹字純嘏侍中次宏字終嘏太常次漢字仲嘏光祿大夫漢清沖有貴識名亞樂廣宏子咸徐州刺史次耽晉陵內史耽子眞長尹丹陽爲中興名士也清河令徐季龍使人行獵令輅筮其所得輅曰當獲小獸復非食禽雖有爪牙微而不彊雖有文章蔚而不明非虎非雉其名曰貍獵人暮歸果如輅言季龍取十三種物著大篋中使輅射云器中藉藉有十三種物先說雞子後道蠶蛹遂一一名之惟以梳爲枇耳輅別傳曰清河令徐季龍字開明有才機與輅相見共論龍動則景雲起虎嘯則谷風至以爲火星者龍參星者虎火出則雲應參出則風到此乃陰陽之感化非龍虎之所致也輅言夫論難當先審其本然後求其理理失則機謬機謬則榮辱之主若以參星爲虎則谷風更爲寒霜之風寒霜之風非東風之名是以龍者陽精以潛爲陰幽靈上通和氣感神二物相扶故能興雲夫虎者陰精而居於陽依木長嘯動於巽林二氣相感故能運風若磁石之取鐵不見其神而金自來有徵應以相感也況龍有潛飛之化虎有文明之變招雲召風何足爲疑季龍言夫龍之在淵不過一井之底虎之悲嘯不過百步之中形象淺弱所通者近何能劑景雲而馳東風輅言君不見陰陽燧在掌握之中形不出手乃上引太陽之火下引太陰之水噓吸之間煙景以集苟精氣相感縣象應乎二燧苟不相感則二女同居志不相得自然之道無有遠近季龍言世有軍事則感雞雉先鳴其道何由復有他占惟在雞雉而已輅言貴人有事其應在天在天則日月星辰也兵動民憂其應在物在物則山林鳥獸也夫雞者兌之畜金者兵之精雉者離之鳥獸者武之神故太白揚輝則雞鳴熒惑流行則雉驚各感數而動又兵之神道布在六甲六甲推移其占無常是以晉柩牛呴果有西軍鴻嘉石鼓鳴則有兵不專近在於雞雉也季龍言魯昭公八年有石言於晉師曠以爲作事不時怨讟動於民則有非言之物而言於理爲合不輅言晉平奢泰崇飾宮室斬伐林木殘破金石民力旣盡怨及山澤神痛人感二精並作金石同氣則兌爲口舌口舌之妖動于靈石傳曰輕百姓飾城郭則金不從革此之謂也季龍欽嘉留輅經數日輅占獵旣驗季龍曰君雖神妙但不多藏物耳何能皆得之輅言吾與天地參神蓍龜通靈抱日月而游杳冥極變化而覽未然況茲近物能蔽聰明季龍大笑君旣不謙又念窮在近矣輅言君尚未識謙言焉能論道夫天地者則乾坤之卦蓍龜者則卜筮之數日月者離坎之象變化者陰陽之爻杳冥者神化之源未然者幽冥之先此皆周易之紀綱何僕之不謙季龍於是取十三種物欲以窮之輅射之皆中季龍乃歎曰作者之謂聖述者之謂明豈此之謂乎輅隨軍西行過毌丘儉墓下倚樹哀吟精神不樂人問其故輅曰林木雖茂無形可久碑誄雖美無後可守玄武藏頭蒼龍無足白虎銜尸朱雀悲哭四危以備法當滅族不過二載其應至矣卒如其言後得休過清河

倪太守時天旱，倪問輅雨期，輅曰今夕當雨。是日暘燥，晝無形似，府丞及令在坐，咸謂不然。到鼓一中，星月皆沒，風雲並起，竟成快雨。於是倪盛脩主人禮，共爲歡樂。輅別傳曰：輅與倪清河相見，既刻雨期，倪猶未信。輅曰：夫造化之所以爲神，不疾而速，不行而至。十六日壬子，直滿，畢星中已有水氣，水氣之發，動於卯辰，此必至之應也。又天昨檄召五星，宣布星符，刺下東井，告命南箕，使召雷公、電父、風伯、雨師，羣岳吁陰，衆川激精，雲漢垂澤，蛟龍含靈，爗爗朱電，吐咀杳冥，殷殷雷聲，噓吸雨靈，習習谷風，六合皆同，欬唾之間，品物流形。天有常期，道有自然，不足爲難也。倪曰：譚高信寡，相爲憂之。於是便留輅，往請府丞及清河令，若夜雨者當爲啖二百斤犢肉，若不雨當住十日。輅曰：言念費損！至日向暮，了無雲氣，衆人並嗤輅。輅言樹上已有少女微風，樹間又有陰鳥和鳴，又少男風起，衆鳥和翔，其應至矣。須臾，果有艮風鳴鳥。日未入，東南有山雲樓起。黃昏之後，雷聲動天。到鼓一中，星月皆沒，風雲並興，玄氣四合，大雨河傾。倪調輅言：誤中耳，不爲神也。輅曰：誤中與天期，不亦工乎！正元二年，弟辰謂輅曰：「大將軍待君意厚，冀當富貴乎？」輅長歎曰：「吾自知有分直耳，然天與我才明，不與我年壽，恐四十七八間，不見女嫁兒娶婦也。若得免此，欲作洛陽令，可使路不拾遺，枹鼓不鳴。但恐至太山治鬼，不得治生人，如何！」辰問其故，輅曰：「吾額上無生骨，眼中無守精，鼻無梁柱，脚無天根，背無三甲，腹無三壬，此皆不壽之驗。又吾本命在寅，加月食夜生。天有常數，不可得諱，但人不知耳。吾前後相當死者過百人，略無錯也。」是歲八月，爲少府丞。明年二月卒，年四十八。輅別傳曰：既有明才，遭朱陽之運，于時名勢赫奕，若火猛風疾。當塗之士，莫不枝附葉連。賓客如雲，無多少皆爲設食，賓無貴賤，候之以禮。京城紛紛，非徒歸其名勢而已，然亦懷其德焉。向不夭命，輅之榮華，非世所測也。弟辰嘗欲從輅學卜及仰觀事，輅言卿不可敎耳。夫卜非至精不能見其數，非至妙不能覩其道，孝經、詩、論，足爲三公，無用知之也。於是遂止。子弟無能傳其術者。辰敘曰：夫晉魏之士，見輅道術神妙，占候無錯，以爲有隱書及象甲之數。辰每觀輅書傳，惟有易林、風角及鳥鳴、仰觀星書三十餘卷，世所共有。然輅獨在少府官舍，無家人子弟隨之，其亡沒之際，好奇不哀喪者，盜輅書，惟餘易林、風角及鳥鳴書還耳。夫術數有百數十家，其書有數千卷，書不少也。然而世鮮名人，皆由無才，不由無書也。裴冀州、何鄧二尚書及鄉里劉太常、潁川兄弟，以輅稟受天才，明陰陽之道，吉凶之情，一得其源，遂涉其流，亦不爲難，常歸服之。輅自言與此五君共語，使人精神淸發，昏不暇寐。自此以下，殆白日欲寢矣。又自言當世無所願，欲得與魯梓愼、鄭裨竈、晉卜偃、宋子韋、楚甘公、魏石申共登靈臺，披神圖，步三光，明災異，運蓍龜，決狐疑，無所復恨也。辰不以闇淺，得因孔懷之親，數與輅有所諮論。至於辯人物，析臧否，說近義，彈曲直，拙而不工也。若敷皇羲之典，揚文孔之辭，周流五曜，經緯三度，口滿聲溢，微言風集，若仰眺飛鴻，漂漂兮景沒，若俯臨深溪，杳杳兮精絕；偪以攻難，而失其端，欲受學求道，尋以迷昏，無不扼腕椎指，追響長歎也。昔京房雖善卜及風律之占，卒不免禍，而輅自知四十八當亡，可謂明哲相殊。又京房目見遘讒之黨，耳聽青蠅之聲，面諫不從，而猶道路紛紜。輅處魏晉之際，藏智以朴，卷舒有時，妙不見求，愚不見遺，可謂知幾相邈也。京房上不量萬乘之主，下不避佞諂之徒，欲以天文洪範，利國利身，困不能用，卒陷大刑，可謂枯龜之餘智，膏燭之末景，豈不哀哉！世人多以輅疇之京房，辰不敢許也。至於仰察星辰，俯定吉凶，遠期不失年歲，近期不失日月，辰以甘石之妙不先也。射覆名物，見術流速，東方朔不過也。觀骨形而審貴賤，覽形色而知生死，許負、唐舉不超也。若夫疏風氣而探微候，聽鳥鳴而識神機，亦一代之奇也。向使輅官達爲宰相大臣，膏腴流於明世，華曜列乎竹帛，使幽驗皆舉，秘言不遺，千載之後，有道者必信而貴之，無道者必疑而怪之。信者以妙過眞，夫妙與神合者，得神則無所惑也。恨輅才長命短，道貴時賤，親賢遐潛，不宜於良史，而爲鄙弟所見追述，既自闇濁，又從來久遠，所載卜占事，雖不識本卦，堪拾殘餘，十得二焉。至於仰觀靈曜，說魏晉興衰，及五運浮沉，兵甲災異，十不收一。無源何以成河？無根何以季榮？雖秋菊可採，不及春英，臨文慷慨，伏用哀歎。將來君子，幸以高明求其義焉。往孟荊州爲列人典農，常問亡兄，昔東方朔射覆，得何卦，正知守宮蜥蜴二物者？亡兄於此爲安卦生象，辭喻交錯，微義豪起，變化相推，會於辰已，分別龍蛇，各使有理。言絕之後，孟荊州長歎息曰：吾聞君論，精神騰躍，殆欲飛散，何其汪汪乃至於斯邪！臣松之案：辰所稱鄉里劉太常者，謂劉實也。辰撰輅傳，實時爲太常，潁川則實弟智也。實、智並以儒學爲名，無能言之。世語稱實博辯，猶不足以並裴、何之流也。又案輅自說云本命在寅，則建安十五年生也。至正始九年，應三十九，而傳云三十六；以正元三年卒，應四十七，傳云四十八；皆爲不相應也。近有閻續伯者，名纘，該微通物，有良史風，爲天下補綴遺脫，敢以所聞列于篇左，皆從受之於大人先哲，足以取信者，冀免虛誣之譏云爾。嘗受辰傳所謂劉太常者曰：輅始見聞，由於爲鄉婦卜亡牛，云當在西面窮墻中，縣頭上向。教婦人令視諸丘冢中，果得牛。婦人因以爲藏已，詣官案驗，乃知以術知。故裴冀州遂聞焉。又云：路中小人失妻者，輅爲卜，教使明旦於東陽城門中伺候擔豚人，牽與共鬭。具如言，牽豚逸走，即共追之，豚入人舍，突破主人甕，婦從甕中出。劉侯云甚多此類，辰所載故十一二耳。劉侯云：辰，孝廉才也。中書令史紀玄龍，輅鄉里人，云輅在田舍，嘗候遠鄰，主人患數失火。輅卜，教使明日於南陌上伺，當有一角巾諸生，駕黑牛故車，必引留，爲設賓主，此能消之。即從輅戒。諸生有急求去，不聽，遂留當宿，意大不安，以爲圖已。主人罷入，生乃把刀出門，倚兩薪積間，側立假寐。欻有一小物直來過前，如獸，手中持火，以口吹之。生驚，舉刀斫，正斷腰，視之則狐。自此主人不復有災。前長廣太守陳承祐口受城門校尉華長駿語云：昔其父爲清河太守時，召輅作吏，駿與少小，後以鄉里，遂加恩意，常與同載，周旋具知其事，云諸要驗，三倍於傳。辰既短才，又年縣小，又多在田舍，故益不詳。辰仕宦至州主簿、部從事，太康之初物故。駿又云：輅卜亦不悉中，十得七八。駿問其故，輅云：理無差錯，來卜者或言不足以宣事實，故使爾。華城門夫人者，魏故司空涿郡盧公女也，得疾連年不差。華家時居西城下南纏里中，三廄在其東南。輅卜當有師從東方來，自言能治，便聽之，必得其力。後無何，有南征廄騶，當充甲卒，來詣盧公，占能治女郎。公卽表請留之，專使其子將詣華氏療疾。初用散藥，後復用丸治，尋有效。卽奏除騶名，以補太醫。又云：隨輅父在利漕時，有治下屯民捕鹿者，其晨行還，見毛血，人取鹿處來詣廄告輅。輅爲卦語云：此有盜者，是汝東巷中第三家也。汝徑往門前，伺無人時，取一瓦子，密發其碓屋東頭第七椽，以瓦著下，不過明日食時，自送還汝。其夜，盜者父病頭痛，壯熱疾煩，然亦來詣輅卜。輅爲發祟，盜者具服。輅令擔皮肉藏還著故處，病當自愈。乃密敎鹿主往取。又語使復往，如前舉椽棄瓦。盜父亦差。又都尉治內史有失物者，輅使明晨於寺門外看，當逢一人，使指天畫地，舉手四向，自當得之。暮，果獲於故處矣。

評曰：華佗之醫診，杜夔之聲樂，朱建平之相術，周宣之相夢，管輅之術筮，誠皆玄妙之殊巧，非常之絕技矣。昔史遷著扁鵲、倉公、日者之傳，所以廣異聞而表奇事也。故存錄云爾。

魏志卷二十九考證

華佗時人以爲年且百歲而貌有壯容○册府以爲下有仙字

昨使醫曹吏劉租○北宋本作劉祖

佗恃能厭食事猶不上道○食字疑衍

生於豐沛彭城及朝歌云注行妖惡以惑民○毛本作妖隱

又注吾本師姓韓字世雄○後漢書注中作字稚

又注欲其食少而弩行也○後漢書注中作努行

杜夔夔善鍾律聰思過人○聰思册府作聰慧

其好古存正莫及夔注況幽深之才無名之樸乎○樸宋本作璞臣照按無名之樸本老子宋本作璞非

管輅故人多愛之而不敬也注便開淵布筆辭義斐然○開淵册府作開胸元本作開紙

又注互共攻劫○攻劫册府作攻詰

郭恩兄弟三人皆得躄疾○太平御覽此下有不知何故四字

昔饑荒之世當有利其數升米者○數升太平御覽作數手

兒生便走非能自走直宋無忌之妖將其入竈也○何焯曰急就篇注古有仙人宋無忌此云妖未詳宋無忌見封禪書索隱引白澤圖云火之精曰宋無忌蓋其人火仙也以入竈故指爲火之妖

經爲江夏太守注君備州里達人○元本君備作君侯

翅翼舒張○太平御覽作分翅舒張

舉坐驚喜○太平御覽作驚歎

注諸人多聞其善卜○諸人監本誤作知人今改正

殆非小心翼翼多福之仁○仁太平御覽作人

毓大愕然曰君可畏也死以付天○太平御覽作君可畏人也命以付天

願安百祿以光休寵注輅于此爲論八卦之道及爻象之精○監本爲論八卦下又重八卦二字衍文今去

魏志卷三十

晉著作郎巴西中正安漢陳壽撰

宋太中大夫國子博士聞喜裴松之注

烏丸 鮮卑 東夷 夫餘 高句麗 東沃沮 挹婁 濊 馬韓 辰韓 弁辰 倭人

書載「蠻夷猾夏」，詩稱「玁狁孔熾」，久矣其爲中國患也。秦、漢以來，匈奴久爲邊害。孝武雖外事四夷，東平兩越、朝鮮，西討貳師、大宛，開邛苲、夜郎之道，然皆在荒服之外，不能爲中國輕重。而匈奴最逼於諸夏，胡騎南侵則三邊受敵，是以屢遣衛、霍之將，深入北伐，窮追單于，奪其饒衍之地。後遂保塞稱藩，世以衰弱。建安中，呼廚泉南單于入朝，遂留內侍，使右賢王撫其國，而匈奴折節，過於漢舊。然烏丸、鮮卑稍更彊盛，亦因漢末之亂，中國多事，不遑外討，故得擅漢南之地，寇暴城邑，殺略人民，北邊仍受其困。會袁紹兼河北，乃撫有三郡烏丸，寵其名王而收其精騎。其後尚、熙又逃于蹋頓。蹋頓又驍武，邊長老皆比之冒頓，恃其阻遠，敢受亡命，以控百蠻。太祖潛師北伐，出其不意，一戰而定之，夷狄懾服，威振朔土。遂引烏丸之衆服從征討，而邊民得用安息。後鮮卑大人軻比能復制御羣狄，盡收匈奴故地，自雲中、五原以東抵遼水，皆爲鮮卑庭。數犯塞寇邊，幽、并苦之。田豫有馬城之圍，畢軌有陘北之敗。青龍中，帝乃聽王雄，遣劒客刺之。然後種落離散，互相侵伐，彊者遠遁，弱者請服。由是邊陲差安，漢南少事，雖時頗鈔盜，不能復相扇動矣。烏丸、鮮卑卽古所謂東胡也。其習俗、前事，撰漢記者已錄而載之矣。故但舉漢末魏初以來，以備四夷之變云。魏書曰：烏丸者，東胡也。漢初，匈奴冒頓滅其國，餘類保烏丸山，因以爲號焉。俗善騎射，隨水草放牧，居無常處，以穹廬爲宅，皆東向。日弋獵禽獸，食肉飲酪，以毛毳爲衣。貴少賤老，其性悍驁，怒則殺父兄，而終不害其母，以母有族類，父兄以己爲種，無復報者故也。常推募勇健能理決鬬訟相侵犯者爲大人，邑落各有小帥，不世繼也。數百千落自爲一部，大人有所召呼，刻木爲信，邑落傳行，無文字，而部衆莫敢違犯。氏姓無常，以大人健者名字爲姓。大人以下，各自畜牧治產，不相徭役。其嫁娶皆先私通，略將女去，或半歲百日，然後遣媒人送馬牛羊以爲聘娶之禮。壻隨妻歸，見妻家無尊卑，旦起皆拜，而不自拜其父母。爲妻家僕役二年，妻家乃厚遣送女，居處財物，一出妻家。故其俗從婦人計，至戰鬬時，乃自決之。父子男女，相對蹲踞，悉髡頭以爲輕便。婦人至嫁時乃養髮，分爲髻，著句決，飾以金碧，猶中國有冠步搖也。父兄死，妻後母執嫂；若無執嫂者，則己子以親之次妻伯叔焉，死則歸其故夫。俗識鳥獸孕乳，時以四節，耕種常以布穀鳴爲候。地宜青穄、東牆。東牆似蓬草，實如葵子，至十月熟。能作白酒，而不知作麴蘗。米常仰中國。大人能作弓矢鞍勒，鍛金鐵爲兵器，能刺韋作文繡，織縷氈毼。有病，知以艾灸，或燒石自熨，燒地臥上，或隨痛病處，以刀決脈出血，及祝天地山川之神，無鍼藥。貴兵死，斂屍有棺，始死則哭，葬則歌舞相送。肥養犬，以采繩嬰牽，并取亡者所乘馬、衣物、生時服飾，皆燒以送之。特屬累犬，使護死者神靈歸乎赤山。赤山在遼東西北數千里，如中國人以死之魂神歸泰山也。至葬日，夜聚親舊員坐，牽犬馬歷位，或歌哭者，擲肉與之。使二人口誦呪文，使死者魂神徑至，歷險阻，勿令橫鬼遮護，達其赤山，然後殺犬馬衣物燒之。敬鬼神，祠天地日月星辰山川，及先大人有健名者，亦同祠以牛羊，祠畢皆燒之。飲食必先祭。其約法，違大人言死，盜不止死。其相賊殺，令部落自相報，相報不止，詣大人平之，有罪者出牛羊以贖死命，乃止。自殺其父兄無罪。其亡叛爲大人所捕者，諸邑落不肯受，皆逐使至雍狂地。地無山，有沙漠、流水、草木，多蝮蛇，在丁令之西南，烏孫之東北，以窮困之。自其先爲匈奴所破之後，人衆孤弱，爲匈奴臣服，常歲輸牛馬羊，過時不具，輒虜其妻子。至匈奴壹衍鞮單于時，烏丸轉彊，發掘匈奴單于冢，將以報冒頓所破之恥。壹衍鞮單于大怒，發二萬騎以擊烏丸。大將軍霍光聞之，遣度遼將軍范明友將三萬騎出遼東追擊匈奴。比明友兵至，匈奴已引去。烏丸新被匈奴兵，乘其衰弊，遂進擊烏丸，斬首六千餘級，獲三王首還。後數復犯塞，明友輒征破之。至王莽末，並與匈奴爲寇。光武定天下，遣伏波將軍馬援將三千騎，從五原關出塞征之，無利，而殺馬千餘匹。烏丸遂盛，鈔擊匈奴，匈奴轉徙千里，漢南地空。建武二十五年，烏丸大人郝旦等九千餘人率衆詣闕，封其渠帥爲侯王者八十餘人，使居塞內，布列遼東屬國、遼西、右北平、漁陽、廣陽、上谷、代郡、鴈門、太原朔方諸郡界，招來種人，給其衣食，置校尉以領護之，遂爲漢偵備，擊匈奴、鮮卑。至永平中，漁陽烏丸大人欽志賁帥種人叛，鮮卑還爲寇害，遼東太守祭肜募殺志賁，遂破其眾。至安帝時，漁陽、右北平、鴈門烏丸率眾王無何等復與鮮卑、匈奴合，鈔略代郡、上谷、涿郡、五原，乃以大司農何熙行車騎將軍，左右羽林五營士，發緣邊七郡黎陽營兵合二萬人擊之。匈奴降，鮮卑、烏丸各還塞外。是後烏丸稍復親附，拜其大人戎末廆爲都尉。至順帝時，戎末廆率將王侯咄歸、去延等從烏丸校尉耿曄出塞擊鮮卑有功，還皆拜爲率眾王，賜束帛。

漢末，遼西烏丸大人丘力居，眾五千餘落，上谷烏丸大人難樓，眾九千餘落，各稱王，而遼東屬國烏丸大人蘇僕延，眾千餘落，自稱峭王，右北平烏丸大人烏延，眾八百餘落，自稱汗魯王，皆有計策勇健。中山太守張純叛入丘力居眾中，自號彌天安定王，爲三郡烏丸元帥，寇略青、徐、幽、冀四州，殺略吏民。靈帝末，以劉虞爲幽州牧，募胡斬純首，北州乃定。後丘力居死，子樓班年小，從子蹋頓有武略，代立，總攝三王部，眾皆從其教令。袁紹與公孫瓚連戰不決，蹋頓遣使詣紹求和親，助紹擊瓚，破之。紹矯制賜蹋頓、難峭王、汗魯王印綬，皆以爲單于。

英雄記曰：紹遣使卽拜烏丸三王爲單于，皆安車、華蓋、羽旄、黃屋、左纛。版文曰：「使持節大將軍督幽、青、并領冀州牧阮鄉侯紹，承制詔遼東屬國率眾王頒下、烏丸遼西率眾王蹋頓、右北平率眾王汗盧維：乃祖慕義遷善，款塞內附，北捍玁狁，東拒濊貊，世守北陲，爲百姓保障，雖時侵犯王略，命將徂征厥罪，率不旋時，悔愆變改，方之外夷，最又聰惠者也。始有千夫長、百夫長以相統領，用能悉乃心，克有勳力於國家，稍受王侯之命。自我王室多故，公孫瓚作難，殘夷厥土之君，以侮天慢主，是以四海之內，並執干戈以衛社稷。三王奮氣裔土，忿姦憂國，控弦與漢兵爲表裏，誠甚忠孝，朝所嘉焉。然而虎兕長蛇，相隨塞路，王官爵命，否而無聞。夫有勳不賞，俾勤者怠。今遣行謁者楊林，齎單于璽綬車服，以對爾勞。其各綏靜部落，教以謹慎，無使作凶作慝。世復爾祀位，長爲百蠻長。厥有咎有不臧者，泯於爾祿，而喪於乃庸，可不勉乎！烏丸單于都護部眾，左右單于受其節度，他如故事。」

後樓班大，峭王率其部眾奉樓班爲單于，蹋頓爲王。然蹋頓多畫計策。廣陽閻柔，少沒烏丸、鮮卑中，爲其種所歸信。柔乃因鮮卑眾，殺烏丸校尉邢舉代之，紹因寵慰以安北邊。後袁尚敗奔蹋頓，憑其勢，復圖冀州。會太祖平河北，柔帥鮮卑、烏丸歸附，遂因以柔爲校尉，猶持漢使節，治廣寗如舊。建安十一年，太祖自征蹋頓於柳城，潛軍詭道，未至百餘里，虜乃覺。尚與蹋頓將眾逆戰於凡城，兵馬甚盛。太祖登高望虜陣，抑軍未進，觀其小動，乃擊破其眾，臨陣斬蹋頓首，死者被野。速附丸、樓班、烏延等走遼東，遼東悉斬，傳送其首。其餘遺迸皆降。及幽州、并州柔所統烏丸萬餘落，悉徙其族居中國，帥從其侯王大人種眾與征伐。由是三郡烏丸爲天下名騎。

魏略曰：景初元年秋，遣幽州刺史毌丘儉率眾軍討遼東。右北平烏丸單于寇婁敦、遼西烏丸都督率眾王護留葉，昔隨袁尚奔遼西，聞儉軍至，率眾五千餘人降。寇婁敦遣弟阿羅獎等詣闕朝貢，封其渠帥三十餘爲王，賜輿馬繒采各有差。

鮮卑

魏書曰：鮮卑亦東胡之餘也，別保鮮卑山，因號焉。其言語習俗與烏丸同。其地東接遼水，西當西城。常以季春大會，作樂水上，嫁女娶婦，髡頭飲宴。其獸異於中國者，野馬、羱羊、端牛。端牛角爲弓，世謂之角端者也。又有貂、豽、鼲子，皮毛柔蠕，故天下以爲名裘。鮮卑自爲冒頓所破，遠竄遼東塞外，不與餘國爭衡，未有名通於漢，而由自與烏丸相接。至光武時，南北單于更相攻伐，匈奴損耗，而鮮卑遂盛。建武三十年，鮮卑大人於仇賁率種人詣闕朝貢，封於仇賁爲王。永平中，祭肜爲遼東太守，誘賂鮮卑，使斬叛烏丸欽志賁等首，於是鮮卑自燉煌、酒泉以東邑落大人，皆詣遼東受賞賜，青、徐二州給錢，歲二億七千萬以爲常。和帝時，鮮卑大都護校尉廆帥部眾從烏丸校尉任尚擊叛者，封校尉廆爲率眾王。殤帝延平中，鮮卑乃東入塞，殺漁陽太守張顯。安帝時，鮮卑大人燕荔陽入朝，漢賜鮮卑王印綬，赤車參駕，止烏丸校尉所治甯下。通胡市，因築南北兩部質宮，受邑落質者二十部。是後或反或降，或與匈奴、烏丸相攻擊。安帝末，發緣邊步騎二萬餘人，屯列衝要。後鮮卑八九千騎穿代郡及馬城塞入，害長吏。漢遣度遼將軍鄧遵、中郎將馬續出塞追破之。鮮卑大人烏倫、其至鞬等七千餘人詣遵降，封烏倫爲王，其至鞬爲侯，賜采帛。遵去後，其至鞬復反，圍烏丸校尉於馬城，度遼將軍耿夔及幽州刺史救解之。其至鞬遂盛，控弦數萬騎，數道入塞，趣五原寧貊，攻匈奴南單于，殺左奧鞬日逐王。順帝時，復入塞，殺代郡太守。漢遣黎陽營兵屯中山，緣邊郡兵屯塞下，調五營弩帥令教戰射，南單于將步騎萬餘人助漢擊却之。後烏丸校尉耿曄將率眾王出塞擊鮮卑，多斬首虜，於是鮮卑三萬餘落詣遼東降。匈奴及北單于遁逃後，餘種十餘萬落，詣遼東雜處，皆自號鮮卑兵。投鹿侯從匈奴軍三年，其妻在家，有子。投鹿侯歸，怪欲殺之。妻言：「嘗晝行聞雷震，仰天視而電入其口，因吞之，遂妊身，十月而產，此子必有奇異，且長之。」投鹿侯固不信。妻乃語家，令收養焉，號檀石槐，長大勇健，智略絕眾。年十四五，異部大人卜賁邑鈔取其外家牛羊，檀石槐策騎追擊，所向無前，悉還得所亡，由是部落畏服。施法禁，曲直，莫敢犯者，遂推以爲大人。檀石槐既立，乃爲庭於高柳北三百餘里彈汙山歠仇水上，東西部大人皆歸焉。兵馬甚盛，南鈔漢邊，北拒丁令，東卻夫餘，西擊烏孫，盡據匈奴故地，東西萬二千餘里，南北七千餘里，罔羅山川、水澤、鹽池甚廣。漢患之，桓帝時使匈奴中郎將張奐征之，不克。乃更遣使者齎印綬，卽封檀石槐爲王，欲與和親。檀石槐拒不肯受，寇鈔滋甚。乃分其地爲中東西三部。從右北平以東至遼，遼東接夫餘、貊爲東部，二十餘邑，其大人曰彌加、闕機、素利、槐頭。從右北平以西至上谷爲中部，十餘邑，其大人曰柯最、闕居、慕容等，爲大帥。從上谷以西至燉煌，西接烏孫爲西部，二十餘邑，其大人曰置鞬落羅、日律推演、宴荔游等，皆爲大帥，而制屬檀石槐。至靈帝時，大鈔略幽、并二州。緣邊諸郡，無歲不被其毒。熹平六年，遣護烏丸校尉夏育，破鮮卑中郎將田晏，匈奴中郎將臧旻與南單于出鴈門塞，三道並進，徑二千餘里征之。檀石槐帥部眾逆擊，旻等敗走，兵馬還者什一而已。鮮卑眾日多，田畜射獵，不足給食。後檀石槐乃案行烏侯秦水，廣袤數百里，停不流，中有魚而不能得。聞汗人善捕魚，於是檀石槐東擊汗國，得千餘家，徙置烏侯秦水上，使捕魚以助糧。至于今，烏侯秦水上有汗人數百戶。檀石槐年四十五死，子和連代立。和連材力不及父，而貪淫，斷法不平，眾叛者半。靈帝末年數爲寇鈔，攻北地，北地庶人善弩射者射中和連，和連卽死。其子騫曼小，兄子魁頭代立。魁頭既立後，騫曼長大，與魁頭爭國，眾遂離散。魁頭死，弟步度根代立。自檀石槐死後，諸大人遂世世相襲也。

步度根既立，眾稍衰弱，中兄扶羅韓亦別擁眾數萬爲大人。建安中，太祖定幽州，步度根與軻比能等因烏丸校尉閻柔上貢獻。後代郡烏丸能臣氐等叛，求屬扶羅韓，扶羅韓將萬餘騎迎之。到桑乾，氐等議，以爲扶羅韓部威禁寬緩，恐不見濟，更遣人呼軻比能。比能卽將萬餘騎到，當共盟誓。比能便於會上殺扶羅韓，扶羅韓子泄歸泥及部眾悉屬比能。比能自以殺歸泥父，特又善遇之。步度根由是怨比能。文帝踐祚，田豫爲烏丸校尉，持節并護鮮卑，屯昌平。步度根遣使獻馬，帝拜爲王。後數與軻比能更相攻擊，步度根部眾稍寡弱，將其眾萬餘落保太原、鴈門郡。步度根乃使人招呼泄歸泥曰：「汝父爲比能所殺，不念報仇，反屬怨家。今雖厚待汝，是欲殺汝計也。不如還我，我與汝是骨肉至親，豈與仇等？」由是歸泥將其部落逃歸步度根，比能追之弗及。至黃初五年，步度根詣闕貢獻，厚加賞賜，是後一心守邊，不爲寇害，而軻比能眾遂彊盛。明帝卽位，務欲綏和戎狄，以息征伐，羈縻兩部而已。至青龍元年，比能誘步度根深結和親，於是步度根將泄歸泥及部眾悉保比能，寇鈔并州，殺略吏民。帝遣驍騎將軍秦朗征之，歸泥叛比能，將其部眾降，拜歸義王，賜幢麾、曲蓋、鼓吹，居并州如故。步度根爲比能所殺。

軻比能本小種鮮卑，以勇健，斷法平端，不貪財物，眾推以爲大人。部落近塞，自袁紹據河北，中國人多亡叛歸之，教作兵器鎧楯，頗學文字。故其勒御部眾，擬則中國，出入弋獵，建立旌麾，以鼓節爲進退。建安中，因閻柔上貢獻。太祖西征關中，田銀反河間，比能將三千餘騎隨柔擊破銀。後代郡烏丸反，比能復助爲寇害，太祖以鄢陵侯彰爲驍騎將軍，北征，大破之，比能走出塞，後復通貢獻。延康初，比能遣使獻馬，文帝亦立比能爲附義王。黃初二年，比能出諸魏人在鮮卑者五百餘家，還居代郡。明年，比能帥部落大人小子代郡烏丸修武盧等三千餘騎，驅牛馬七萬餘口交市，遣魏人千餘家居上谷。後與東部鮮卑大人素利及步度根三部爭鬭，更相攻擊。田豫和合，使不得相侵。五年，比能復擊素利，豫帥輕騎徑進掎其後。比能使別小帥瑣奴拒豫，豫進討，破走之，由是懷貳。乃與輔國將軍鮮于輔書曰：「夷狄不識文字，故校尉閻柔保我於天子。我與素利爲讎，往年攻擊之，而田校尉助素利。我臨陣使瑣奴往，聞使君來，卽便引軍退。步度根數數鈔盜，又殺我弟，而誣我以鈔盜。我夷狄雖不知禮義，兄弟子孫受天子印綬，牛馬尚知美水草，況我有人心邪！將軍當保明我於天子。」輔得書以聞，帝復使豫招納安慰。比能眾遂彊盛，控弦十餘萬騎。每鈔略得財物，均平分付，一決目前，終無所私，故得眾死力，餘部大人皆敬憚之，然猶未能及檀石槐也。太和二年，豫遣譯夏舍詣比能女壻鬱築鞬部，舍爲鞬所殺。其秋，豫將西部鮮卑蒲頭、泄歸泥出塞討鬱築鞬，大破之。還至馬城，比能自將三萬騎圍豫七日。上谷太守閻志，柔之弟也，素爲鮮卑所信。志往解喻，卽解圍去。後幽州刺史王雄并領校尉，撫以恩信。比能數款塞，詣州奉貢獻。至青龍元年，比能誘納步度根，使叛并州，與結和親，自勒萬騎迎其累重於陘北。并州刺史畢軌遣將軍蘇尚、董弼等擊之，比能遣子將騎與尚等會戰於樓煩，臨陣害尚、弼。至三年中，雄遣勇士韓龍刺殺比能，更立其弟。素利、彌加、厥機皆爲大人，在遼西、右北平、漁陽塞外，道遠，初不爲邊患，然其種眾多於比能。建安中，因閻柔上貢獻，通市，太祖皆表寵以爲王。厥機死，又立其子沙末汗爲親漢王。延康初，又各遣使獻馬。文帝立素利、彌加爲歸義王。素利與比能更相攻擊。太和二年，素利死。子小，以弟成律歸爲王，代攝其眾。

書稱「東漸於海，西被於流沙」。其九服之制，可得而言也。然荒域之外，重譯而至，非足跡車軌所及，未有知其國俗殊方者也。自虞暨周，西戎有白環之獻，東夷有肅慎之貢，皆曠世而至，其遐遠也如此。及漢氏遣張騫使西域，窮河源，經歷諸國，遂置都護以總領之，然後西域之事具存，故史官得詳載焉。魏興，西域雖不能盡至，其大國龜茲、于寘、康居、烏孫、疏勒、月氏、鄯善、車師之屬，無歲不奉朝貢，略如漢氏故事。而公孫淵仍父祖三世有遼東，天子爲其絕域，委以海外之事，遂隔斷東夷，不得通於諸夏。景初中，大興師旅，誅淵，又潛軍浮海，收樂浪、帶方之郡，而後海表謐然，東夷屈服。其後高句麗背叛，又遣偏師致討，窮追極遠，踰烏丸、骨都，過沃沮，踐肅慎之庭，東臨大海。長老說有異面之人，近日之所出，遂周觀諸國，采其法俗，小大區別，各有名號，可得詳紀。雖夷狄之邦，而俎豆之象存。中國失禮，求之四夷，猶信。故撰次其國，列其同異，以接前史之所未備焉。

夫餘在長城之北，去玄菟千里，南與高句麗，東與挹婁，西與鮮卑接，北有弱水，方可二千里。戶八萬，其民土著，有宮室、倉庫、牢獄。多山陵、廣澤，於東夷之域最平敞。土地宜五穀，不生五果。其人麤大，性彊勇謹厚，不寇鈔。國有君王，皆以六畜名官，有馬加、牛加、豬加、狗加、大使、大使者、使者。邑落有豪民，名下戶皆爲奴僕。諸加別主四出，道大者主數千家，小者數百家。食飲皆用俎豆，會同、拜爵、洗爵，揖讓升降。以殷正月祭天，國中大會，連日飲食歌舞，名曰迎鼓，於是時斷刑獄，解囚徒。在國衣尚白，白布大袂，袍、袴，履革鞜。出國則尚繒繡錦罽，大人加狐狸、狖白、黑貂之裘，以金銀飾帽。譯人傳辭，皆跪，手據地竊語。用刑嚴急，殺人者死，沒其家人爲奴婢。竊盜一責十二。男女淫，婦人妒，皆殺之。尤憎妒，已殺，尸之國南山上，至腐爛。女家欲得，輸牛馬乃與之。兄死妻嫂，與匈奴同俗。其國善養牲，出名馬、赤玉、貂狖、美珠。珠大者如酸棗。以弓矢刀矛爲兵，家家自有鎧仗。國之耆老自說古之亡人。作城柵皆員，有似牢獄。行道晝夜無老幼皆歌，通日聲不絕有軍事亦祭天殺牛觀蹄以占吉凶蹄解者爲凶合者爲吉有敵諸加自戰下戶俱擔糧飲食之其死夏月皆用冰殺人殉葬多者百數厚葬有棺無槨魏略曰其俗停喪五月以久爲榮其祭亡者有生有熟喪主不欲速而他人彊之常諍引以此爲節其居喪男女皆純白婦人着布面衣去環珮大體與中國相彷彿也夫餘本屬玄菟漢末公孫度雄張海東威服外夷夫餘王尉仇台更屬遼東時句麗鮮卑彊度以夫餘在二虜之間妻以宗女尉仇台死簡位居立無適子有孽子麻余位居死諸加共立麻余牛加兄子名位居爲大使輕財善施國人附之歲歲遣使詣京都貢獻正始中幽州刺史毌丘儉討句麗遣玄菟太守王頎詣夫餘位居遣大加郊迎供軍糧季父牛加有二心位居殺季父父子籍沒財物遣使薄斂送官舊夫餘俗水旱不調五穀不熟輒歸咎於王或言當易或言當殺麻余死其子依慮年六歲立以爲王漢時夫餘王葬用玉匣常豫以付玄菟郡王死則迎取以葬公孫淵伏誅玄菟庫猶有玉匣一具今夫餘庫有玉璧珪瓚數代之物傳世以爲寶耆老言先代之所賜也魏略曰其國殷富自先世以來未嘗破壞其印文言濊王之印國有故城名濊城蓋本濊貊之地而夫餘王其中自謂亡人抑有似也魏略曰舊志又言昔北方有槀離之國者其王者侍婢有身王欲殺之婢云有氣如雞子來下我故有身後生子王捐之於溷中豬以喙噓之徙置馬閑馬以氣噓之不死王疑以爲天子也乃令其母收畜之名曰東明常令牧馬東明善射王恐奪其國也欲殺之東明走南至施掩水以弓擊水魚鼈浮爲橋東明得度魚鼈乃解散追兵不得渡東明因都王夫餘之地

高句麗在遼東之東千里南與朝鮮濊貊東與沃沮北與夫餘接都於丸都之下方可二千里戶三萬多大山深谷無原澤隨山谷以爲居食澗水無良田雖力佃作不足以實口腹其俗節食好治宮室於所居之左右立大屋祭鬼神又祀靈星社稷其人性凶急喜寇鈔其國有王其官有相加對盧沛者古雛加主簿優台丞使者皁衣先人尊卑各有等級東夷舊語以爲夫餘別種言語諸事多與夫餘同其性氣衣服有異本有五族有涓奴部絕奴部順奴部灌奴部桂婁部本涓奴部爲王稍微弱今桂婁部代之漢時賜鼓吹技人常從玄菟郡受朝服衣幘高句麗令主其名籍後稍驕恣不復詣郡於東界築小城置朝服衣幘其中歲時來取之今胡猶名此城爲幘溝漊溝漊者句麗名城也其置官有對盧則不置沛者有沛者則不置對盧王之宗族其大加皆稱古雛加涓奴部本國主今雖不爲王適統大人得稱古雛加亦得立宗廟祀靈星社稷絕奴部世與王婚加古雛之號諸大加亦自置使者皁衣先人名皆達於王如卿大夫之家臣會同坐起不得與王家使者皁衣先人同列其國中大家不佃作坐食者萬餘口下戶遠擔米糧魚鹽供給之其民喜歌舞國中邑落暮夜男女羣聚相就歌戲無大倉庫家家自有小倉名之爲桴京其人絜清自喜善藏釀跪拜申一脚與夫餘異行步皆走以十月祭天國中大會名曰東盟其公會衣服皆錦繡金銀以自飾大加主簿頭著幘如幘而無後其小加著折風形如弁其國東有大穴名隧穴十月國中大會迎隧神還於國東上祭之置木隧於神坐無牢獄有罪諸加評議便殺之沒入妻子爲奴婢其俗作婚姻言語已定女家作小屋於大屋後名壻屋壻暮至女家戶外自名跪拜乞得就女宿如是者再三女父母乃聽使就小屋中宿傍頓錢帛至生子已長大乃將婦歸家其俗淫男女已嫁娶便稍作送終之衣厚葬金銀財幣盡於送死積石爲封列種松柏其馬皆小便登山國人有氣力習戰鬬沃沮東濊皆屬焉又有小水貊句麗作國依大水而居西安平縣北有小水南流入海句麗別種依小水作國因名之爲小水貊出好弓所謂貊弓是也王莽初發高句麗兵以伐胡不欲行彊迫遣之皆亡出塞爲寇盜遼西大尹田譚追擊之爲所殺州郡縣歸咎於句麗侯騶嚴尤奏言貊人犯法罪不起於騶且宜安慰今猥被之大罪恐其遂反莽不聽詔尤擊之尤誘期句麗侯騶至而斬之傳送其首詣長安莽大悅布告天下更名高句麗爲下句麗當此時爲侯國漢光武帝八年高句麗王遣使朝貢始見稱王至殤安之間句麗王宮數寇遼東更屬玄菟遼東太守蔡風玄菟太守姚光以宮爲二郡害興師伐之宮詐降請和二郡不進宮密遣軍攻玄菟焚燒候城入遼隧殺吏民後宮復犯遼東蔡風輕將吏士追討之軍敗沒宮死子伯固立順桓之間復犯遼東寇新安居鄉又攻西安平於道上殺帶方令略得樂浪太守妻子靈帝建寧二年玄菟太守耿臨討之斬首虜數百級伯固降屬遼東嘉平中伯固乞屬玄菟公孫度之雄海東也伯固遣大加優居主簿然人等助度擊富山賊破之伯固死有二子長子拔奇小子伊夷模拔奇不肖國人便共立伊夷模爲王自伯固時數寇遼東又受亡胡五百餘家建安中公孫康出軍擊之破其國焚燒邑落拔奇怨爲兄而不得立與涓奴加各將下戶三萬餘口詣康降還住沸流水降胡亦叛伊夷模伊夷模更作新國今日所在是也拔奇遂往遼東有子留句麗國今古雛加駮位居是也其後復擊玄菟玄菟與遼東合擊大破之伊夷模無子淫灌奴部生子名位宮伊夷模死立以爲王今句麗王宮是也其曾祖名宮生能開目視其國人惡之及長大果凶虐數寇鈔國見殘破今王生墮地亦能開目視人句麗呼相似爲位似其祖故名之爲位宮位宮有力勇便鞍馬善獵射景初二年太尉司馬宣王率衆討公孫淵宮遣主簿大加將數千人助軍正始三年宮寇西安平其五年爲幽州刺史毌丘儉所破語在儉傳

東沃沮在高句麗蓋馬大山之東濱大海而居其地形東北狹西南長可千里北與挹婁夫餘南與濊貊接戶五千無大君王世世邑落各有長帥其言語與句麗大同時時小異漢初燕亡人衞滿王朝鮮時沃沮皆屬焉漢武元封二年伐朝鮮殺滿孫右渠分其地爲四郡以沃沮城爲玄菟郡後爲夷貊所侵徙郡句麗西北今所謂玄菟故府是也沃沮還屬樂浪漢以土地廣遠在單單大領之東分置東部都尉治不耐城別主領東七縣時沃沮亦皆爲縣漢光武六年省邊郡都尉由此罷其後皆以其縣中渠帥爲縣侯不耐華麗沃沮諸縣皆爲侯國夷狄更相攻伐唯不耐濊侯至今猶置功曹主簿諸曹皆濊民作之沃沮諸邑落渠帥皆自稱三老則故縣國之制也國小迫於大國之間遂臣屬句麗句麗復置其中大人爲使者使相主領又使大加統責其租賦貊布魚鹽海中食物千里擔負致之又送其美女以爲婢妾遇之如奴僕其土地肥美背山向海宜五穀善田種人性質直彊勇少牛馬便持矛步戰食飲居處衣服禮節有似句麗魏略曰其嫁娶之法女年十歲已相設許壻家迎之長養以爲婦至成人更還女家女家責錢錢畢乃復還壻其葬作大木槨長十餘丈開一頭作戶新死者皆假埋之才使覆形皮肉盡乃取骨置槨中舉家皆共一槨刻木如生形隨死者爲數又有瓦鑑置米其中編縣之於槨戶邊毌丘儉討句麗句麗王宮奔沃沮遂進師擊之沃沮邑落皆破之斬獲首虜三千餘級宮奔北沃沮北沃沮一名置溝婁去南沃沮八百餘里其俗南北皆同與挹婁接挹婁喜乘船寇鈔北沃沮畏之夏月恒在山巖深穴中爲守備冬月氷凍船道不通乃下居村落王頎別遣追討宮盡其東界問其耆老海東復有人不耆老言國人嘗乘船捕魚遭風見吹數十日東得一島上有人言語不相曉其俗常以七月取童女沈海又言有一國亦在海中純女無男又說得一布衣從海中浮出其身如中國人衣其兩袖長三丈又得一破船隨波出在海岸邊有一人項中復有面生得之與語不相通不食而死其域皆在沃沮東大海中

挹婁在夫餘東北千餘里濱大海南與北沃沮接未知其北所極其土地多山險其人形似夫餘言語不與夫餘句麗同有五穀牛馬麻布人多勇力無大君長邑落各有大人處山林之間常穴居大家深九梯以多爲好土氣寒劇於夫餘其俗好養豬食其肉衣其皮冬以豬膏塗身厚數分以御風寒夏則裸袒以尺布隱其前後以蔽形體其人不絜作溷在中央人圍其表居其弓長四尺力如弩矢用楛長尺八寸青石爲鏃古之肅慎氏之國也善射射人皆入因矢施毒人中皆死出赤玉好貂今所謂挹婁貂是也自漢以來臣屬夫餘夫餘責其租賦重以黃初中叛之夫餘數伐之其人衆雖少所在山險鄰國人畏其弓矢卒不能服也其國便乘船寇盜鄰國患之東夷飲食類皆用俎豆唯挹婁不法俗最無綱紀也

濊南與辰韓北與高句麗沃沮接東窮大海今朝鮮之東皆其地也戶二萬昔箕子既適朝鮮作八條之教以教之無門戶之閉而民不爲盜其後四十餘世朝鮮侯准僭號稱王陳勝等起天下叛秦燕齊趙民避地朝鮮數萬口燕人衞滿魋結夷服復來王之漢武帝伐滅朝鮮分其地爲四郡自是之後胡漢稍別無大君長自漢已來其官有侯邑君三老統主下戶其耆老舊自謂與句麗同種其人性愿慤少嗜欲有廉恥不請句麗言語法俗大抵與句麗同衣服有異男女衣皆著曲領男子繫銀花廣數寸以爲飾自單單大山領以西屬樂浪自領以東七縣都尉主之皆以濊爲民後省都尉封其渠帥爲侯今不耐濊皆其種也漢末更屬句麗其俗重山川山川各有部分不得妄相涉入同姓不婚多忌諱疾病死亡輒捐棄舊宅更作新居有麻布蠶桑作緜曉候星宿豫知年歲豐約不以珠玉爲寶常用十月節祭天晝夜飲酒歌舞名之爲舞天又祭虎以爲神其邑落相侵犯輒相罰責生口牛馬名之爲責禍殺人者償死少寇盜作矛長三丈或數人共持之能步戰樂浪檀弓出其地其海出班魚皮土地饒文豹又出果下馬漢桓時獻之臣松之按果下馬高三尺乘之可於果樹下行故謂之果下見博物志魏都賦正始六年樂浪太守劉茂帶方太守弓遵以領東濊屬句麗興師伐之不耐侯等舉邑降其八年詣闕朝貢詔更拜不耐濊王居處雜在民間四時詣郡朝謁二郡有軍征賦調供給役使遇之如民

韓在帶方之南東西以海爲限南與倭接方可四千里

有三種一曰馬韓二曰辰韓三曰弁韓辰韓者古之辰國也馬韓在西其民土著種植知蠶桑作緜布各有長帥大者自名爲臣智其次爲邑借散在山海間無城郭有爰襄國牟水國桑外國小石索國大石索國優休牟涿國臣濆沽國伯濟國速盧不斯國日華國古誕者國古離國怒藍國月支國咨離牟盧國素謂乾國古爰國莫盧國卑離國占離卑國臣釁國支侵國狗盧國卑彌國監奚卑離國古蒲國致利鞠國冉路國兒林國駟盧國內卑離國感奚國萬盧國辟卑離國臼斯烏旦國一離國不彌國支半國狗素國捷盧國牟盧卑離國臣蘇塗國莫盧國古臘國臨素半國臣雲新國如來卑離國楚山塗卑離國一難國狗奚國不雲國不斯濆邪國爰池國乾馬國楚離國凡五十餘國大國萬餘家小國數千家總十餘萬戶辰王治月支國臣智或加優呼臣雲遣支報安邪踧支濆臣離兒不例拘邪秦支廉之號其官有魏率善邑君歸義侯中郎將都尉伯長侯準既僭號稱王爲燕亡人衛滿所攻奪魏略曰昔箕子之後朝鮮侯見周衰燕自尊爲王欲東略地朝鮮侯亦自稱爲王欲興兵逆擊燕以尊周室其大夫禮諫之乃止使禮西說燕燕止之不攻後子孫稍驕虐燕乃遣將秦開攻其西方取地二千餘里至滿潘汗爲界朝鮮遂弱及秦幷天下使蒙恬築長城到遼東時朝鮮王否立畏秦襲之略服屬秦不肯朝會否死其子準立二十餘年而陳項起天下亂燕齊趙民愁苦稍稍亡往準準乃置之於西方及漢以盧綰爲燕王朝鮮與燕界於浿水及綰反入匈奴燕人衛滿亡命爲胡服東度浿水詣準降說準求居西界故中國亡命爲朝鮮藩屛準信寵之拜以博士賜以圭封之百里令守西邊滿誘亡黨衆稍多乃詐遣人告準言漢兵十道至求入宿衛遂還攻準準與滿戰不敵也將其左右宮人走入海居韓地自號韓王魏略曰其子及親留在國者因冒姓韓氏準王海中不與朝鮮相往來其後絕滅今韓人猶有奉其祭祀者漢時屬樂浪郡四時朝謁魏略曰初右渠未破時朝鮮相歷谿卿以諫右渠不用東之辰國時民隨出居者二千餘戶亦與朝鮮貢蕃不相往來至王莽地皇時廉斯鑡爲辰韓右渠帥聞樂浪土地美人民饒樂亡欲來降出其邑落見田中驅雀男子一人其語非韓人問之男子曰我等漢人名戶來我等輩千五百人伐材木爲韓所擊得皆斷髮爲奴積三年矣鑡曰我當降漢樂浪汝欲去不戶來曰可辰鑡因將戶來出詣含資縣縣言郡郡卽以鑡爲譯從芩中乘大船入辰韓逆取戶來降伴輩尚得千人其五百人已死鑡時曉謂辰韓汝還五百人若不者樂浪當遣萬兵乘船來擊汝辰韓曰五百人已死我當出贖直耳乃出辰韓萬五千人牟韓布萬五千匹鑡收取直還郡表鑡功義賜冠幘田宅子孫數世至安帝延光四年時故受復除桓靈之末韓濊彊盛郡縣不能制民多流入韓國建安中公孫康分屯有縣以南荒地爲帶方郡遣公孫模張敞等收集遺民興兵伐韓濊舊民稍出是後倭韓遂屬帶方景初中明帝密遣帶方太守劉昕樂浪太守鮮于嗣越海定二郡諸韓國臣智加賜邑君印綬其次與邑長其俗好衣幘下戶詣郡朝謁皆假衣幘自服印綬衣幘千有餘人部從事吳林以樂浪本統韓國分割辰韓八國以與樂浪吏譯轉有異同臣智激韓忿攻帶方郡崎離營時太守弓遵樂浪太守劉茂興兵伐之遵戰死二郡遂滅韓其俗少綱紀國邑雖有主帥邑落雜居不能善相制御無跪拜之禮居處作草屋土室形如冢其戶在上舉家共在中無長幼男女之別其葬有棺無槨不知乘牛馬牛馬盡於送死以瓔珠爲財寶或以綴衣爲飾或以縣頸垂耳不以金銀錦繡爲珍其人性彊勇魁頭露紒如炅兵衣布袍足履革蹻蹋其國中有所爲及官家使築城郭諸年少勇健者皆鑿脊皮以大繩貫之又以丈許木鍤之通日嚾呼作力不以爲痛旣以勸作且以爲健常以五月下種訖祭鬼神羣聚歌舞飲酒晝夜無休其舞數十人俱起相隨踏地低昂手足相應節奏有似鐸舞十月農功畢亦復如之信鬼神國邑各立一人主祭天神名之天君又諸國各有別邑名之爲蘇塗立大木縣鈴鼓事鬼神諸亡逃至其中皆不還之好作賊其立蘇塗之義有似浮屠而所行善惡有異其北方近郡諸國差曉禮俗其遠處直如囚徒奴婢相聚無他珍寶禽獸草木略與中國同出大栗大如梨又出細尾雞其尾皆長五尺餘其男子時時有文身又有州胡在馬韓之西海中大島上其人差短小言語不與韓同皆髡頭如鮮卑但衣韋好養牛及豬其衣有上無下略如裸勢乘船往來市買中韓

辰韓在馬韓之東其耆老傳世自言古之亡人避秦役來適韓國馬韓割其東界地與之有城柵其言語不與馬韓同名國爲邦弓爲弧賊爲寇行酒爲行觴相呼皆爲徒有似秦人非但燕齊之名物也名樂浪人爲阿殘東方人名我爲阿謂樂浪人本其殘餘人今有名之爲秦韓者始有六國稍分爲十二國

弁辰亦十二國又有諸小別邑各有渠帥大者名臣智其次有險側次有樊濊次有殺奚次有借邑有已柢國不斯國弁辰彌離彌凍國弁辰接塗國勤耆國難彌離彌凍國弁辰古資彌凍國弁辰古淳是國冉奚國弁辰半路國弁樂奴國軍彌國弁軍彌國弁辰彌烏邪馬國如湛國弁辰甘路國戶路國州鮮國馬延國弁辰狗邪國弁辰走漕馬國弁辰安邪國馬延國弁辰瀆盧國斯盧國優中國弁辰韓合二十四國大國四五千家小國六七百家總四五萬戶其十二國屬辰王辰王常用馬韓人作之世世相繼辰王不得自立爲王魏略曰明其爲流移之人故爲馬韓所制土地肥美宜種五穀及稻曉蠶桑作縑布乘駕牛馬嫁娶禮俗男女有別以大鳥羽送死其意欲使死者飛揚魏略曰其國作屋橫累木爲之有似牢獄也國出鐵韓濊倭皆從取之諸市買皆用鐵如中國用錢又以供給二郡俗喜歌舞飲酒有瑟其形似筑彈之亦有音曲兒生便以石壓其頭欲其褊今辰韓人皆褊頭男女近倭亦文身便步戰兵仗與馬韓同其俗行者相逢皆住讓路

弁辰與辰韓雜居亦有城郭衣服居處與辰韓同言語法俗相似祠祭鬼神有異施竈皆在戶西其瀆盧國與倭接界十二國亦有王其人形皆大衣服絜清長髮亦作廣幅細布法俗特嚴峻

倭人在帶方東南大海之中依山島爲國邑舊百餘國漢時有朝見者今使譯所通三十國從郡至倭循海岸水行歷韓國乍南乍東到其北岸狗邪韓國七千餘里始度一海千餘里至對馬國其大官曰卑狗副曰卑奴母離所居絕島方可四百餘里土地山險多深林道路如禽鹿徑有千餘戶無良田食海物自活乘船南北市糴又南渡一海千餘里名曰瀚海至一大國官亦曰卑狗副曰卑奴母離方可三百里多竹木叢林有三千許家差有田地耕田猶不足食亦南北市糴又渡一海千餘里至末盧國有四千餘戶濱山海居草木茂盛行不見前人好捕魚鰒水無深淺皆沈沒取之東南陸行五百里到伊都國官曰爾支副曰泄謨觚柄渠觚有千餘戶世有王皆統屬女王國郡使往來常所駐東南至奴國百里官曰兕馬觚副曰卑奴母離有二萬餘戶東行至不彌國百里官曰多模副曰卑奴母離有千餘家南至投馬國水行二十日官曰彌彌副曰彌彌那利可五萬餘戶南至邪馬壹國女王之所都水行十日陸行一月官有伊支馬次曰彌馬升次曰彌馬獲支次曰奴佳鞮可七萬餘戶自女王國以北其戶數道里可略載其餘旁國遠絕不可得詳次有斯馬國次有已百支國次有伊邪國次有都支國次有彌奴國次有好古都國次有不呼國次有姐奴國次有對蘇國次有蘇奴國次有呼邑國次有華奴蘇奴國次有鬼國次有爲吾國次有鬼奴國次有邪馬國次有躬臣國次有巴利國次有支惟國次有烏奴國次有奴國此女王境界所盡其南有狗奴國男子爲王其官有狗古智卑狗不屬女王自郡至女王國萬二千餘里男子無大小皆黥面文身自古以來其使詣中國皆自稱大夫夏后少康之子封於會稽斷髮文身以避蛟龍之害今倭水人好沈沒捕魚蛤文身亦以厭大魚水禽後稍以爲飾諸國文身各異或左或右或大或小尊卑有差計其道里當在會稽東冶之東其風俗不淫男子皆露紒以木緜招頭其衣橫幅但結束相連略無縫婦人被髮屈紒作衣如單被穿其中央貫頭衣之種禾稻紵麻蠶桑緝績出細紵縑緜其地無牛馬虎豹羊鵲兵用矛楯木弓木弓短下長上竹箭或鐵鏃或骨鏃所有無與儋耳朱崖同倭地溫暖冬夏食生菜皆徒跣有屋室父母兄弟臥息異處以朱丹塗其身體如中國用粉也食飲用籩豆手食其死有棺無槨封土作冢始死停喪十餘日當時不食肉喪主哭泣他人就歌舞飲酒已葬舉家詣水中澡浴以如練沐其行來渡海詣中國恒使一人不梳頭不去蟣蝨衣服垢汙不食肉不近婦人如喪人名之爲持衰若行者吉善共顧其生口財物若有疾病遭暴害便欲殺之謂其持衰不謹出眞珠青玉其山有丹其木有柟杼豫樟楺櫪投橿烏號楓香其竹篠簳桃支有薑橘椒蘘荷不知以爲滋味有獮猴黑雉其俗舉事行來有所云爲輒灼骨而卜以占吉凶先告所卜其辭如令龜法視火坼占兆其會同坐起父子男女無別人性嗜酒魏略曰其俗不知正歲四時但記春耕秋收爲年紀見大人所敬但搏手以當跪拜其人壽考或百年或八九十年其俗國大人皆四五婦下戶或二三婦婦人不淫不妬忌不盜竊少爭訟其犯法輕者沒其妻子重者滅其門戶及親族尊卑各有差序足相臣服收租賦有邸閣國國有市交易有無使大倭監之自女王國以北特置一大率檢察諸國畏憚之常治伊都國於國中有如刺史王遣使詣京都帶方郡諸韓國及郡使倭國皆臨津搜露傳送文書賜遺之物詣女王不得差錯下戶與大人相逢道路逡巡入草傳辭說事或蹲或跪兩手據地爲之恭敬對應聲曰噫比如然諾其國本亦以男子爲王住七八十年倭國亂相攻伐歷年乃共立一女子爲王名曰卑彌呼事鬼道能惑衆年已長大無夫壻有男弟佐治國自爲王以來少有見者以婢千人自侍唯有男子一人給飲食傳辭出入居處宮室樓觀城柵嚴設常有人持兵守衛女王國東渡海千餘里復有國皆倭種又有侏儒國在其南人長三四尺去女王四千餘里又有裸國黑齒國復在其東南船行一年可至參問倭地絕在海中洲島之上或絕或連周旋可五千餘里景初二年六月倭女王遣大夫難升米等詣郡求詣天子朝獻太守劉夏遣吏將送詣京都其年十二月詔書報倭女王曰制詔親魏倭王卑彌呼帶方太守劉夏遣使送汝大夫難升米次使都市牛利奉汝所獻男生口四人女生口六人班布二匹二丈以到汝所在踰遠乃遣使貢獻是汝之忠孝我甚哀汝

今以汝爲親魏倭王假金印紫綬裝封付帶方太守假授汝其綏撫種人勉爲孝順汝來使難升米牛利涉遠道路勤勞今以難升米爲率善中郎將牛利爲率善校尉假銀印青綬引見勞賜遣還今以絳地交龍錦五匹臣松之以爲地應爲綈漢文帝着皁衣謂之弋綈是也此字不體非魏朝之失則傳寫者誤也絳地縐粟罽十張蒨絳五十匹紺青五十匹荅汝所獻貢直又特賜汝紺地句文錦三匹細班華罽五張白絹五十匹金八兩五尺刀二口銅鏡百枚眞珠鉛丹各五十斤皆裝封付難升米牛利還到錄受悉可以示汝國中人使知國家哀汝故鄭重賜汝好物也正始元年太守弓遵遣建中校尉梯儁等奉詔書印綬詣倭國拜假倭王并齎詔賜金帛錦罽刀鏡采物倭王因使上表荅謝詔恩其四年倭王復遣使大夫伊聲耆掖邪狗等八人上獻生口倭錦絳青縑緜衣帛布丹木𤝔短弓矢掖邪狗等壹拜率善中郎將印綬其六年詔賜倭難升米黃幢付郡假授其八年太守王頎到官倭女王卑彌呼與狗奴國男王卑彌弓呼素不和遣倭載斯烏越等詣郡說相攻擊狀遣塞曹掾史張政等因齎詔書黃幢拜假難升米爲檄告喻之卑彌呼以死大作冢徑百餘步徇葬者奴婢百餘人更立男王國中不服更相誅殺當時殺千餘人復立卑彌呼宗女壹與年十三爲王國中遂定政等以檄告喻壹與壹與遣倭大夫率善中郎將掖邪狗等二十人送政等還因詣臺獻上男女生口三十人貢白珠五千孔青大句珠二枚異文雜錦二十匹

評曰史漢著朝鮮兩越東京撰錄西羌魏世匈奴遂衰更有烏丸鮮卑爰及東夷使譯時通記述隨事豈常也哉魏略曰西戎傳曰氐人有王所從來久矣自漢開益州置武都郡排其種人分竄山谷間或在福祿或在汧隴左右其種非一稱槃瓠之後或號青氐或號白氐或號蚺氐此蓋蟲之類而處中國人即其服色而名之也其自相號曰盍稚各有王侯多受中國封拜近去建安中興國氐王阿貴白項氐王千萬各有部落萬餘至十六年從馬超爲亂超破之後阿貴爲夏侯淵所攻滅千萬西南入蜀其部落不能去皆降國家分徙其前後兩端者置扶風美陽今之安夷撫夷二部護軍所典是也其太守善分留天水南安界今之廣平魏郡所守是也其俗語不與中國同及羌雜胡同各自有姓姓如中國之姓矣其衣服尚青絳俗能織布善田種畜養豕牛馬驢騾其婦人嫁時着衽露其緣飾之制有似羌衽露有似中國袍皆編髮多知中國語由與中國錯居故也其自還種落間則自氐語其嫁娶有似於羌此蓋乃昔所謂西戎在於街冀豲道者也今雖都統於郡國然故自有王侯在其虛落間又故武都地陰平街左右亦有萬餘落貲虜本匈奴也匈奴名奴婢爲貲始建武時匈奴衰分去其奴婢亡匿在金城武威酒泉北黑水西河東西畜牧逐水草鈔盜涼州部落稍多有數萬不與東部鮮卑同也其種非一有大胡有丁令或頗有羌雜處由本亡奴婢故也當漢魏之際其大人有檀柘死後其枝大人南近在廣魏令居界有禿瑰來數反爲涼州所殺今有劭提或降來或遁去常爲西州道路患也燉煌西域之南山中從婼羌西至葱嶺數千里有月氏餘種葱茈羌白馬黃牛羌各有酋豪北與諸國接不知其道里廣狹傳聞黃牛羌各有種類孕身六月生南與白馬羌鄰西域諸國漢初開其道時有三十六後分爲五十餘從建武以來更相吞滅於今有二十道從燉煌玉門關入西域前有二道今有三道從玉門關西出經婼羌轉西越葱嶺經縣度入大月氏爲南道從玉門關西出發都護井回三隴沙北頭經居盧倉從沙西井轉西北過龍堆到故樓蘭轉西詣龜茲至葱嶺爲中道從玉門關西北出經橫坑辟三隴沙及龍堆出五船北到車師界戊己校尉所治高昌轉西與中道合龜茲爲新道凡西域所出有前史已具詳今故略說南道西行且志國小宛國精絕國樓蘭國皆并屬鄯善也戎盧國扞彌國渠勒國皮冗國皆并屬于寘罽賓國大夏國高附國天竺國皆并屬大月氏臨兒國浮屠經云其國王生浮屠浮屠太子也父曰屑頭邪母云莫邪浮屠身服色黃髮青如青絲乳青毛蛉赤如銅始莫邪夢白象而孕及生從母左脅出生而有結墮地能行七步此國在天竺城中天竺又有神人名沙律昔漢哀帝元壽元年博士弟子景盧受大月氏王使伊存口受浮屠經曰復立者其人也浮屠所載臨蒲塞桑門伯聞疏問白疏聞比丘晨門皆弟子號也浮屠所載與中國老子經相出入蓋以爲老子西出關過西域之天竺教胡浮屠屬弟子別號合有二十九不能詳載故略之如此車離國一名禮惟特一名沛隸王在天竺東南三千餘里其地卑溼暑熱其王治沙奇城有別城數十人民怯弱月氏天竺擊服之其地東西南北數千里人民男女皆長一丈八尺乘象槖駝以戰今月氏役稅之盤越國一名漢越王在天竺東南數千里與益部相近其人小與中國人等蜀人賈似至焉南道而西極轉東南盡矣中道西行尉梨國危須國山王國皆并屬焉耆姑墨國溫宿國尉頭國皆并屬龜茲也楨中國莎車國竭石國渠沙國西夜國依耐國滿犂國億若國榆令國捐毒國休脩國琴國皆并屬疏勒自是以西大宛安息條支烏弋烏弋一名排持此四國次在西本國也無增損前世謬以爲條支在大秦西今其實在東前世又謬以爲彊於安息今更役屬之號爲安息西界前世又謬以爲弱水在條支西今弱水在大秦西前世又謬以爲從條支西行二百餘日近日所入今從大秦西近日所入大秦國一號犂靬在安息條支西大海之西從安息界安谷城乘船直截海西遇風利二月到風遲或一歲無風或三歲其國在海西故俗謂之海西有河出其國西又有大海海西有遲散城從國下直北至烏丹城西南又渡一河乘船一日乃過西南又渡一河一日乃過凡有大都三卻從安谷城陸道直北行之海北復直西行之海西復直南行經之烏遲散城渡一河乘船一日乃過周迴繞海凡當渡大海六日乃到其國國有小城邑合四百餘東西南北數千里其王治濱側河海以石爲城郭其土地有松柏槐梓竹葦楊柳梧桐百草民俗田種五穀畜乘有馬騾驢駱駝桑蠶俗多奇幻口中出火自縛自解跳十二丸巧妙其國無常主國中有災異輒更立賢人以爲王而生放其故王王亦不敢怨其俗人長大平正似中國人而胡服自云本中國一別也常欲通使於中國而安息圖其利不能得過其俗能胡書其制度公私宮室爲重屋旌旗擊鼓白蓋小車郵驛亭置如中國從安息繞海北到其國人民相屬十里一亭三十里一置終無盜賊但有猛虎獅子爲害行道不羣則不得過其國置小王數十其王所治城周回百餘里有官曹文書王有五宮一宮間相去十里其王平旦之一宮聽事至日暮一宿明日復至一宮五日一周置三十六將每議事一將不至則不議也王出行常使從人持一韋囊自隨有白言者受其辭投囊中還宮乃省爲決理以水晶作宮柱及器物作弓矢其別枝封小國曰澤散王曰驢分王曰且蘭王曰賢督王曰汜復王曰于羅王其餘小王國甚多不能一一詳之也國出細絺作金銀錢金錢一當銀錢十有織成細布言用水羊毳名曰海西布此國六畜皆出水或云非獨用羊毛也亦用木皮或野繭絲作織成氍毹毾㲪罽帳之屬皆好其色又鮮於海東諸國所作也又常利得中國絲解以爲胡綾故數與安息諸國交市於海中海水苦不可食故往來者希到其國中山出九色次玉石一曰青二曰赤三曰黃四曰白五曰黑六曰綠七曰紫八曰紅九曰紺今伊吾山中有九色石即其類陽嘉三年時疏勒王臣槃獻海西青石金帶各一又今西域舊圖云罽賓條支諸國出琦石即次玉石也大秦多金銀銅鐵鉛錫神龜白馬朱髦駭雞犀瑇瑁玄熊赤螭辟毒鼠大貝車渠瑪瑙南金翠爵羽翮象牙符采玉明月珠夜光珠眞白珠虎珀珊瑚赤白黑綠黃青紺縹紅紫十種流離璆琳琅玕水精玫瑰雄黃雌黃碧五色玉黃白黑綠紫紅絳紺金黃縹留黃十種氍毹五色毾㲪五色九色首下毾㲪金縷繡雜色綾金塗布緋持布發陸布緋持渠布火浣布阿羅得布巴則布度代布溫宿布五色桃布絳地金織帳五色斗帳一微木二蘇合狄提迷迷兜納白附子薰陸鬱金芸膠薰草木十二種香大秦道既從海北陸通又循海而南與交趾七郡外夷比又有水道通益州永昌故永昌出異物前世但論有水道不知有陸道今其略如此其民人戶數不能備詳也自葱領西此國最大置諸小王甚多故錄其屬大者矣澤散王屬大秦其治在海中央北至驢分水行半歲風疾時一月到最與安息安谷城相近西南詣大秦都不知里數驢分王屬大秦其治去大秦都二千里從驢分城西之大秦渡海飛橋長二百三十里渡海道西南行繞海直西行且蘭王屬大秦從思陶國直南渡河乃直西行之且蘭三千里道出河南乃西行從且蘭復直西行之汜復國六百里南道會汜復乃西南之賢督國且蘭汜復直南乃有積石積石南乃有大海出珊瑚眞珠且蘭汜復斯賓阿蠻北有一山東西行大秦海西東各有一山皆南北行賢督王屬大秦其治東北去汜復六百里汜復王屬大秦其治東北去于羅三百四十里渡海也于羅屬大秦其治在汜復東北渡河從于羅東北又渡河斯羅東北又渡河斯羅國屬安息與大秦接也大秦西有海水海水西有河水河水西南北行有大山西有赤水赤水西有白玉山白玉山有西王母西王母西有脩流沙流沙西有大夏國堅沙國屬繇國月氏國四國西有黑水所傳聞西之極矣北新道西行東至且彌國西且彌國單桓國畢陸國蒲陸國烏貪國皆并屬車師後部王王治於頼城魏賜其王壹多雜守魏侍中號大都尉受魏王印轉西北則烏孫康居本國無增損也北烏伊別國在康居北又有柳國又有巖國又有奄蔡國一名阿蘭皆與康居同俗西與大秦東南與康居接其國多名貂畜牧逐水草臨大澤故時羈屬康居今不屬也呼得國在葱嶺北烏孫西北康居東北勝兵萬餘人隨畜牧出好馬有貂堅昆國在康居西北勝兵三萬人隨畜牧亦多貂有好馬丁令國在康居北勝兵六萬人隨畜牧出名鼠皮白昆子青昆子皮此上三國堅昆中央俱去匈奴單于庭安習水七千里南去車師六國五千里西南去康居界三千里西去康居王治八千里或以爲此丁令即匈奴北丁令也而北丁令在烏孫西似其種別也又匈奴北有渾窳國有屈射國有丁令國有隔昆國有新棃國明北海之南自復有丁令非此烏孫之西丁令也烏孫長老言北丁令有馬脛國其人音聲似鴈鶩從膝以上身頭人也膝以下生毛馬脛馬蹄不騎馬而走疾馬其爲人勇健敢戰也短人國在康居西北男女皆長三尺人衆甚多去奄蔡諸國甚遠康居長老傳聞常有商度此國去康居可萬餘里魚豢議曰俗以爲營廷之魚不知江海之大浮游之物不知四時之氣是何也以其所在者小與其生之短也余今汎覽外夷大秦諸國猶尚曠若發蒙矣況夫鄒衍之所推出大易太玄之所測度乎徒限處牛蹄之涔又無彭祖之年無緣託景風以迅游載騕褭以遐觀但勞眺乎三辰而飛思乎八荒耳

魏志卷三十考證

烏丸故得擅漢南之地○臣浩按漢南疑當作漠南蓋就彼言之漠以南也下皮是邊陲差安漢南少事誤同

故但舉漢末魏初以來以備四夷之變云注悉禿頭以爲輕便○禿一本作髡何焯曰按說文鬄字注云大人曰髡小人曰鬄

又注父兄死妻後母執嫂○執後漢書作報下同

又注俗識鳥獸孕乳時以四節○後漢書作以別四節多別字

又注能刺韋作文繡織縷氈毼○氈毼後漢書作㲪毼無縷字

又注烏丸大人郝旦等○旦北宋本後漢書俱作且

又注漁陽烏丸大人欽志○後漢書欽作歆

紹矯制賜蹋頓難峭王汗魯王印綬○臣龍官按據上文則難下當有樓字照注則難字宜衍

後樓班大峭王率其部衆○元本作後難樓及峭王率其部衆

憑其勢復圖冀州○元本作借兵欲復圖冀州

太祖登高望虜陣柳軍未進○柳疑作抑

鮮卑注東接遼水西當西城○元本西城作西域

又注常以季春大會作樂水上○後漢書作以季春月大會於饒樂水上注云水在今營州北

又注而由自與烏桓相接○由字宜衍

又注築南北兩部質宮○質宮元本作質館

又注嘉平六年遣護烏丸校尉夏育破鮮卑○臣明楷按嘉平疑當作熹平此叙靈帝時事熹平乃本書齊王芳年號也

又注乃投行烏侯秦水○烏侯後漢書作烏柔

又注聞汗人善捕魚○汗人後漢書作倭人下有倭人國

夫餘有豪民名下戶皆爲奴僕○名毛本宋本俱作民

抑有似也注王疑以爲天子也○太平御覽天子作天生

又注南至施掩水○後漢書作施淹水

濊朝鮮侯淮僭號稱王○淮後漢書作準

不請句麗言語法俗大抵與句麗同○請疑當作諸

韓濆活國○活宋本作沽

支半國○宋本支作友

莫盧國○臣良裘按馬韓有兩莫盧國疑有一重出或有誤字

四時朝謁注辰鑡因將戶來來出詣含資縣○辰鑡辰字來出來字疑皆衍

又注乃出辰韓萬五千人牟韓布萬五千匹○牟韓疑作弁韓

弁辰亦十二國○此弁辰疑作弁韓下別有弁辰

豈常也哉注魏略曰西戎傳曰○上曰字衍

又注高昌轉西與中道合龜茲爲新道○新道毛本作西道

又注精絕國○毛本作絕精國

又注髮青如青絲乳青毛蛉赤如銅○世說注作髮如青絲爪如銅

又注復立者其人也○世說注復立作復豆

又注一名漢越王在天竺東南○王各本俱誤作正今從宋本作王

又注烏弋一名排持○北宋本作排特

又注度伐布温宿布○毛本作度代布温色布

蜀志卷一

晉著作郎巴西中正安漢陳　壽撰

宋太中大夫國子博士聞喜裴松之注

二牧 劉焉 子璋

劉焉字君郎江夏竟陵人也漢魯恭王之後裔章帝元和中徙封竟陵支庶家焉焉少仕州郡以宗室拜中郎後以師祝公喪去官（臣松之案祝公司徒祝恬也）居陽城山積學教授舉賢良方正辟司徒府歷雒陽令冀州刺史南陽太守宗正太常焉覩靈帝政治衰缺王室多故乃建議言刺史太守貨賂爲官割剝百姓以致離叛可選清名重臣以爲牧伯鎮安方夏焉內求交阯牧欲避世難議未即行侍中廣漢董扶私謂焉曰京師將亂益州分野有天子氣焉聞扶言意更在益州會益州刺史郤儉賦歛煩擾謠言遠聞（儉郤正祖也）而并州殺刺史張益梁州殺刺史耿鄙焉謀得施出爲監軍使者領益州牧封陽城侯當收儉治罪（續漢書曰是時用劉虞爲幽州劉焉爲益州劉表爲荊州賈琮爲冀州虞等皆海內清名之士或從列卿尚書以選爲牧伯各以本秩居任舊典傳車參駕施赤爲帷裳臣松之案靈帝崩後義軍起孫堅殺荊州刺史王叡然後劉表爲荊州不與焉同時也漢靈帝紀曰帝引見焉宣示方略加以賞賜勑焉爲益州刺史前刺史劉雋郤儉皆貪殘放濫取受狼籍元元無聊呼嗟充野焉到便收攝行法以示萬姓勿令漏露使癰疽決潰爲國生梗焉受命而行以道路不通住荊州東界）扶亦求爲蜀郡西部屬國都尉及太倉令會巴西趙韙去官俱隨焉（陳壽益部耆舊傳曰董扶字茂安少從師學兼通數經善歐陽尚書又事聘士楊厚究極圖讖遂至京師游覽太學還家講授弟子自遠而來永康元年日有蝕之詔舉賢良方正之士策問得失左馮翊趙謙等舉扶扶以病不詣遂於長安上封事遂稱疾篤歸家前後宰府十辟公車三徵再舉賢良方正博士有道皆不就名稱尤重大將軍何進表薦扶曰資游夏之德述孔氏之風內懷焦董消復之術方今并涼騷擾西戎蠢叛宜勑公車特詔以異禮諮謀奇策於是靈帝徵扶卽拜侍中在朝稱爲儒宗甚見器重求爲蜀郡屬國都尉扶出一歲而靈帝崩天下大亂後去官年八十二卒于家始扶發辭抗論益部少雙故號曰致止言人莫能當所至而談止也後丞相諸葛亮問秦宓以扶所長宓曰董扶襃秋毫之善貶纖芥之惡）是時涼州逆賊馬相趙祇等於緜竹縣自號黃巾合聚疾疫之民一二日中得數千人先殺緜竹令李升吏民翕集合萬餘人便前破雒縣攻益州殺儉又到蜀郡犍爲旬月之間破壞三郡相自稱天子衆以萬數州從事賈龍素領兵數百人在犍爲東界攝歛吏民得千餘人攻相等數日破走州界清靜龍乃選吏卒迎焉焉徙治緜竹撫納離叛務行寬惠陰圖異計張魯母始以鬼道又有少容常往來焉家故焉遣魯爲督義司馬住漢中斷絕谷閣殺害漢使焉上書言米賊斷道不得復通又託他事殺州中豪彊王咸李權等十餘人以立威刑（益部耆舊雜記曰李權字伯豫爲臨邛長子福見犍爲楊戲輔臣贊）犍爲太守任岐及賈龍由此反攻焉焉擊殺岐龍（英雄記曰劉焉起兵不與天下討董卓保州自守犍爲太守任岐自稱將軍與從事陳超舉兵擊焉焉擊破之董卓使司徒趙謙將兵向州說校尉賈龍使引兵還擊焉焉出青羌與戰故能破殺岐龍等皆蜀郡人）焉意漸盛造作乘輿車具千餘乘荊州牧劉表表上焉有似子夏在西河疑聖人之論時焉子範爲左中郎將誕治書御史璋爲奉車都尉皆從獻帝在長安（英雄記曰範聞父焉爲益州牧董卓所徵發皆不至收範兄弟三人鏁械於郿塢爲陰獄以繫之）惟小子別部司馬瑁素隨焉獻帝使璋曉諭焉焉留璋不遣（典略曰時璋爲奉車都尉在京師焉託疾召璋璋自表省焉焉遂留璋不還）時征西將軍馬騰屯郿而反焉及範與騰通謀引兵襲長安範謀泄奔槐里騰敗退還涼州範應時見殺於是收誕行刑（英雄記曰範從長安亡之馬騰營從焉求兵焉使校尉孫肇將兵往助之敗於長安）議郎河南龐羲與焉通家乃募將焉諸孫入蜀時焉被天火燒城車具蕩盡延及民家焉徙治成都既痛其子又感祅災興平元年癰疽發背而卒州大吏趙韙等貪璋溫仁共上璋爲益州刺史詔書因以爲監軍使者領益州牧以韙爲征東中郎將率衆擊劉表（英雄記曰焉死子璋代爲刺史會長安拜潁川扈瑁爲刺史入漢中荊州別駕劉闔璋將沈彌婁發甘寧反擊璋不勝走入荊州璋使趙韙進攻荊州屯朐䏰[illegible]反）

璋字季玉既襲焉位而張魯稍驕恣不承順璋璋殺魯母及弟遂爲讎敵璋累遣龐羲等攻魯所破魯部曲多在巴西故以羲爲巴西太守領兵禦魯（英雄記曰龐羲與璋有舊又免璋諸子於難故璋厚德羲以羲爲巴西太守遂專權勢）後羲與璋情好攜隙趙韙稱兵內向衆散見殺皆由璋明斷少而外言入故也（英雄記曰先是南陽三輔人流入益州數萬家收以爲兵名曰東州兵璋性寬柔無威略東州人侵暴舊民璋不能禁政令多闕益州頗怨趙韙素得人心璋委任之韙因民怨謀叛乃厚賂荊州請和陰結州中大姓與俱起兵還擊璋蜀郡廣漢犍爲皆應韙璋馳入成都城守東州人畏威咸同心并力助璋皆殊死戰遂破反者進攻韙於江州韙將龐樂李異反殺韙軍斬韙漢獻帝春秋曰漢朝聞益州亂遣五官中郎將牛亶爲益州刺史徵璋爲卿不至）璋聞曹公征荊州已定遣河內陰溥致敬於曹公加璋振威將軍兄瑁平寇將軍瑁狂疾物故（臣松之案魏臺訪物故之義高堂隆答曰聞之先師物無也故事也言無復所能於事也）璋復遣別駕從事蜀郡張肅送叟兵三百人并雜御物於曹公曹公拜肅爲廣漢太守璋復遣別駕張松詣曹公曹公時已定荊州走先主不復存錄松松以此怨會曹公軍不利於赤壁兼以疫死松還疵毀曹公勸璋自絕（漢晉春秋曰張松見曹公曹公方自矜伐不存錄松松歸乃勸璋自絕習鑿齒曰昔齊桓一矜其功而叛者九國曹操暫自驕伐而天下三分皆勤之於數十年之內而棄之於俯仰之頃豈不惜乎是以君子勞謙日昃慮以下人功高而居之以謙勢尊而守之以卑情近於物故雖貴而人不厭其重德洽群生故業廣而天下愈欣其慶夫然故能有其富貴保其功業隆顯當時傳福百世何驕矜之有哉君子是以知曹操之不能遂兼天下者也）因說璋曰劉豫州使君之肺腑可與交通璋皆然之遣法正連好先主尋又令正及孟達送兵數千助先主守禦正遂還後松復說璋曰今州中諸將龐羲李異等皆恃功驕豪欲有外意不得豫州則敵攻其外民攻其內必敗之道也璋又從之遣法正請先主璋主簿黃權陳其利害從事廣漢王累自倒縣於州門以諫璋一無所納勑在所供奉先主先主入境如歸先主至江州北由墊江水（墊音徒協反）詣涪（音浮）去成都三千六十里是歲建安十六年也璋率步騎三萬餘人車乘帳幔精光曜日往就與會先主所將將士更相之適歡飲百餘日璋資給先主使討張魯然後分別（吳書曰璋以米二十萬斛騎千匹車千乘繒絮錦帛以資送劉備）明年先主至葭萌還兵南向所在皆克十九年進圍成都數十日城中尚有精兵三萬人穀帛支一年吏民咸欲死戰璋言父子在州二十餘年無恩德以加百姓攻戰三年肌膏草野者以璋故也何心能安遂開城出降羣下莫不下淚遂遷璋于南郡公安盡歸其財物及故佩振威將軍印綬孫權殺關羽取荊州以璋爲益州牧駐秭歸璋卒南中豪率雍闓據益州反附於吳權復以璋子闡爲益州刺史處交益界首丞相諸葛亮平南土闡還吳爲御史中丞（吳書曰闡一名緯爲人恭恪輕財愛義有仁讓之風後疾終于家）初璋長子循妻龐羲女也先主定蜀羲爲左將軍司馬璋時從羲啓留循先主以爲奉車中郎將是以璋二子之後分在吳蜀

評曰昔魏豹聞許負之言則納薄姬於室（孔衍漢魏春秋曰許負河內溫縣之婦人漢高祖封爲明雌亭侯臣松之以爲今東人呼母爲負衍以許負爲婦人如爲有似然漢高祖時封皆列侯未有鄉亭之爵疑此封爲不然）劉歆見圖讖之文則名字改易終於不免其身而慶鍾二主此則神明不可虛要天命不可妄冀必然之驗也而劉焉聞董扶之辭則心存益土聽相者之言則求婚吳氏遽造輿服圖竊神器其惑甚矣璋才非人雄而據土亂世負乘致寇自然之理其見奪取非不幸也（張璠曰劉璋愚弱而守善言斯亦宋襄公徐偃王之徒未爲無道之主也張松法正雖君臣之義不正然固已委名附質進不顯陳事勢若韓嵩劉先之說劉表退不告絕奔亡若陳平韓信之去項羽而兩端攜貳爲謀不忠罪之次也）

蜀志卷一考證

二牧○何焯曰二牧不從董袁羣雄之例而列蜀志首非夷昭烈于割據也王者之興先有驅除許云慶鍾二主卽以漢家故事明統緒所歸天祚眞主卽二牧爵不得以妄干耳其文則若霸國之書其義莫非天子之事遺臣故主之思淵矣哉臣清植案焉璋以枝葉之親而陰懷攘竊之志漢帝既嘗收戮其二子則亦與於叛亂之數者也蜀志之首二牧所以明先主之取益於義爲可又豈以董扶所謂益州分野有天子氣者爲季興受命之符臣焯之論確矣而未盡也

劉焉字君郎○一本作君朗

以宗室拜中郎○後漢書作郎中

而并州殺刺史張益梁州殺刺史耿鄙○張益宋本作張壹後漢書作張懿梁州後漢書作涼州

及太倉令會巴西趙韙棄官俱隨焉○會字疑衍

注子弟自遠而來○元本作弟子自遠而至

合聚疾疫之民○疾疫宋本作疲役

吏民翕集○監本訛作翕習今改正

州從事賈龍素領兵數百人在犍爲東界○領兵華陽國志作領家兵

龍乃選吏卒迎焉焉徙治緜竹○何焯曰東漢益州刺史治雒縣焉以郤儉被殺故徙治緜竹緜竹西漢都尉所治也

張魯母始以鬼道又有少容○後漢書少容作姿色何焯曰所謂少容蓋能久視之意范欲醜之甚其詞耳

皆從獻帝在長安注鏁械於郿塢爲陰獄以繫之○繫監本訛作擊今改正

劉璋璋累遣龐羲等攻魯所破○通鑑攻魯下多數爲二字

由墊江水詣涪去成都三千六十里○臣明楷按鄧艾傳云徑漢德陽亭趣涪出劍閣西百里去成都三百餘里此云涪至成都三千餘里似不應如此之遠三千或三百之訛也

蜀志卷二

晉著作郎巴西中正安漢陳　壽撰

宋太中大夫國子博士聞喜裴松之注

先主劉備

先主姓劉諱備字玄德涿郡涿縣人漢景帝子中山靖王勝之後也勝子貞元狩六年封涿縣陸城亭侯坐酎金失侯因家焉典略曰備本臨邑侯枝屬也先主祖雄父弘世仕州郡雄舉孝廉官至東郡范令先主少孤與母販履織席爲業舍東南角籬上有桑樹生高五丈餘遙望見童童如小車蓋往來者皆怪此樹非凡或謂當出貴人漢晉春秋曰涿人李定云此家必出貴人先主少時與宗中諸小兒於樹下戲言吾必當乘此羽葆蓋車叔父子敬謂曰汝勿妄語滅吾門也年十五母使行學與同宗劉德然遼西公孫瓚俱事故九江太守同郡盧植德然父元起常資給先主與德然等元起妻曰各自一家何能常爾邪起曰吾宗中有此兒非常人也而瓚深與先主相友瓚年長先主以兄事之先主不甚樂讀書喜狗馬音樂美衣服身長七尺五寸垂手下膝顧自見其耳少語言善下人喜怒不形於色好交結豪俠年少爭附之中山大商張世平蘇雙等貲累千金販馬周旋於涿郡見而異之乃多與之金財先主由是得用合徒衆靈帝末黃巾起州郡各舉義兵先主率其屬從校尉鄒靖討黃巾賊有功除安喜尉典畧曰平原劉子平知備有武勇時張純反叛青州被詔遣從事將兵討純過平原子平薦備於從事遂與相隨遇賊於野備中創陽死賊去後故人以車載之得免後以軍功爲中山安喜尉督郵以公事到縣先主求謁不通直入縛督郵杖二百解綬繫其頸著馬柳五葬反棄官亡命典畧曰其後州郡被詔書其有軍功爲長吏者當沙汰之備疑在遣中督郵至縣當遣備備素知之聞督郵在傳舍備欲求見督郵督郵稱疾不肯見備備恨之因還治將吏卒更詣傳舍突入門言我被府君密教收督郵遂就牀縛之將出到界自解其綬以繫督郵頸縛之著樹鞭杖百餘下欲殺之督郵求哀乃釋去之頃之大將軍何進遣都尉毋丘毅詣丹陽募兵先主與俱行至下邳遇賊力戰有功除爲下密丞復去官後爲高唐尉遷爲令英雄記云靈帝末年備嘗在京師復與曹公俱還沛國募召合衆會靈帝崩天下大亂備亦起軍從討董卓爲賊所破往奔中郎將公孫瓚瓚表爲別部司馬使與青州刺史田楷以拒冀州牧袁紹數有戰功試守平原令後領平原相郡民劉平素輕先主恥爲之下使客刺之客不忍刺語之而去其得人心如此魏書曰劉平結客刺備備不知而待客甚厚客以狀語之而去是時人民飢饉屯聚鈔暴備外禦寇難內豐財施士之下者必與同席而坐同簋而食無所簡擇衆多歸焉袁紹攻公孫瓚先主與田楷東屯齊曹公征徐州徐州牧陶謙遣使告急於田楷楷與先主俱救之時先主自有兵千餘人及幽州烏丸雜胡騎又畧得飢民數千人既

到謙以丹陽兵四千益先主先主遂去楷歸謙謙表先主爲豫州刺史屯小沛謙病篤謂別駕麋竺曰非劉備不能安此州也謙死竺率州人迎先主先主未敢當下邳陳登謂先主曰今漢室陵遲海內傾覆立功立事在於今日彼州殷富戶口百萬欲屈使君撫臨州事先主曰袁公路近在壽春此君四世五公海內所歸君可以州與之登曰公路驕豪非治亂之主今欲爲使君合步騎十萬上可以匡主濟民成五霸之業下可以割地守境書功於竹帛若使君不見聽許登亦未敢聽使君也北海相孔融謂先主曰袁公路豈憂國忘家者邪冢中枯骨何足介意今日之事百姓與能天與不取悔不可追先主遂領徐州獻帝春秋曰陳登等遣使詣袁紹曰天降災沴禍臻鄙州州將殂殞生民無主恐懼姦雄一旦承隙以貽盟主日昃之憂輒共奉故平原相劉備府君以爲宗主永使百姓知有依歸方今寇難縱橫不遑釋甲謹遣下吏奔告于執事紹答曰劉玄德弘雅有信義今徐州樂戴之誠副所望也袁術來攻先主先主拒之於盱眙淮陰曹公表先主爲鎮東將軍封宜城亭侯是歲建安元年也先主與術相持經月呂布乘虛襲下邳下邳守將曹豹反閒迎布布虜先主妻子先主轉軍海西英雄記曰備留張飛守下邳引兵與袁術戰於淮陰石亭更有勝負陶謙故將曹豹在下邳張飛欲殺之豹衆堅營自守使人招呂布布取下邳張飛敗走備聞之引兵還北至下邳兵潰收散卒東取廣陵與袁術戰又敗楊奉韓暹寇徐揚閒先主邀擊盡斬之先主求和於呂布布還其妻子先主遣關羽守下邳先主還小沛英雄記曰備軍在廣陵飢餓困敗吏士大小自相啖食窮餓侵偪欲還小沛遂使吏請降布布令備還州并勢擊術具刺史車馬童僕發遣備妻子部曲家屬於泗水上祖道相樂魏書曰諸將謂布曰備數反覆難養宜早圖之布不聽以狀語備備心不安而求自託使人說布求屯小沛布乃遣之復合兵得萬餘人呂布惡之自出兵攻先主先主敗走歸曹公曹公厚遇之以爲豫州牧將至沛收散卒給其軍糧益與兵使東擊布布遣高順攻之曹公遣夏侯惇往不能救爲順所敗復虜先主妻子送布曹公自出東征英雄記曰建安三年春布使人齎金欲詣河內買馬爲備兵所鈔布由是遣中郎將高順北地太守張遼等攻備九月遂破沛城備單身走獲其妻息十月曹公自征布備於梁國界中與曹公相遇遂隨公俱東征助先主圍布於下邳生禽布先主復得妻子從曹公還許表先主爲左將軍禮之愈重出則同輿坐則同席袁術欲經徐州北就袁紹曹公遣先主督朱靈路招要擊術未至術病死先主未出時獻帝舅車騎將軍董承辭受帝衣帶中密詔當誅曹公臣松之案董承漢靈帝母董太后之姪於獻帝爲丈人蓋古無丈人之名故謂之舅也先主未發是時曹公從容謂先主曰今天下英雄唯使君與操耳本初之徒不足數也先主方食失匕箸華陽國志云于時正當雷震備因謂操曰聖人云迅雷風烈必變良有以也一震之威乃可至於此也遂與承及長水校尉种輯將軍吳子蘭王子服等同謀會見使未發事覺承等皆伏誅獻帝起居注曰

承等與備謀未發而備出承謂服曰郭多有數百兵壞李傕數萬人但足下與吾同不耳昔呂不韋之門須子楚而後高今吾與子由是也服曰惶懼不敢當且兵又少承曰舉事訖得曹公成兵顧不足邪服曰今京師豈有所任乎承曰長水校尉种輯議郎吳碩是吾腹心辦事者遂定計先主據下邳靈等還先主乃殺徐州刺史車冑留關羽守下邳而身還小沛胡沖吳歷曰曹公數遣親近密覘諸將有賓客酒食者輒因事害之備時閉門將人種蕪菁曹公使人闚門既去備謂張飛關羽曰吾豈種菜者乎曹公必有疑意不可復留其夜開後柵與飛等輕騎俱去所得賜遺衣服悉封留之乃往小沛收合兵衆臣松之案魏武帝遣先主統諸將要擊袁術郭嘉等並諫魏武不從其事顯然非因種菜遁逃而去如胡沖所云何乖僻之甚乎東海昌霸反郡縣多叛曹公爲先主衆數萬人遣孫乾與袁紹連和曹公遣劉岱王忠擊之不克五年曹公東征先主先主敗績魏書曰是時公方有急於官渡乃分留諸將屯官渡自勒精兵征備備初謂公與大敵連不得東而候騎卒至言曹公自來備大驚然猶未信自將數十騎出望公軍見麾旌便棄衆而走曹公盡收其衆虜先主妻子并禽關羽以歸先主走青州青州刺史袁譚先主故茂才也將步騎迎先主先主隨譚到平原譚馳使白紹紹遣將道路奉迎身去鄴二百里與先主相見魏書曰備歸紹紹父子傾心敬重駐月餘日所失亡士卒稍稍來集曹公與袁紹相拒於官渡汝南黃巾劉辟等叛曹公應紹紹遣先主將兵與辟等畧許下關羽亡歸先主曹公遣曹仁將兵擊先主先主還紹軍陰欲離紹乃說紹南連荊州牧劉表紹遣先主將本兵復至汝南與賊龔都等合衆數千人曹公遣蔡陽擊之爲先主所殺曹公既破紹自南擊先主先主遣麋竺孫乾與劉表相聞表自郊迎以上賓禮待之益其兵使屯新野荊州豪傑歸先主者日益多表疑其心陰禦之九州春秋曰備住荊州數年嘗於表坐起至廁見髀裏肉生慨然流涕還坐表怪問備備曰吾常身不離鞍髀肉皆消今不復騎髀裏肉生日月若馳老將至矣而功業不建是以悲耳世語曰備屯樊城劉表禮焉憚其爲人不甚信用曾請備宴會蒯越蔡瑁欲因會取備備覺之僞如廁潛遁出所乘馬名的盧騎的盧走墮襄陽城西檀溪水中溺不得出備急曰的盧今日厄矣可努力的盧一踊三丈遂得過乘浮渡河中流而追者至以表意謝之曰何去之速乎孫盛曰此不然之言備時羈旅客主勢殊若有此變豈敢晏然終表之世而無釁故乎此皆世俗妄說非事實也使拒夏侯惇于禁等於博望久之先主設伏兵一旦自燒屯僞遁惇等追之爲伏兵所破十二年曹公北征烏丸先主說表襲許表不能用漢晉春秋曰曹公自柳城還表謂備曰不用君言故爲失此大會備曰今天下分裂日尋干戈事會之來豈有終極乎若能應之於後者則此未足爲恨也曹公南征表會表卒英雄記曰表病上備領荊州刺史魏書曰表病篤託國於備顧謂曰我兒不才而諸將並零落我死之後卿便攝荊州備曰諸子自賢君其憂病或勸備宜從表言備曰此人待我厚今從其言人必以我爲薄所不忍也臣松之以爲表夫妻素愛琮捨適立庶情計久定無緣臨終舉荊州以授備此亦不然之言子琮代立遣使請降先主屯樊不知曹公卒至至宛乃聞之遂將其衆去過襄陽諸葛亮說先主攻琮荊州可有先主曰吾不忍也孔衍漢魏春秋曰劉琮乞降不敢告備備亦不知久之乃覺遣所親問琮琮令宋忠詣備宣旨是時曹公在宛備乃大驚

駭謂忠曰卿諸人作事如此不早相語今禍至方告我不亦太劇乎引刀向忠曰今斷卿頭不足以解忿亦恥大丈夫臨別復殺卿輩遣忠去乃呼部曲議或勸備劫將琮及荊州吏士徑南到江陵備答曰劉荊州臨亡託我以孤遺背信自濟吾所不爲死何面目以見劉荊州乎乃駐馬呼琮琮懼不能起琮左右及荊州人多歸先主典畧曰備過辭表墓遂涕泣而去比到當陽衆十餘萬輜重數千兩日行十餘里別遣關羽乘船數百艘使會江陵或謂先主曰宜速行保江陵今雖擁大衆被甲者少若曹公兵至何以拒之先主曰夫濟大事必以人爲本今人歸吾吾何忍棄去習鑿齒曰先主雖顛沛險難而信義愈明勢偪事危而言不失道追景升之顧則情感三軍戀赴義之士則甘與同敗觀其所以結物情者豈徒投醪撫寒含蓼問疾而已哉其終濟大業不亦宜乎曹公以江陵有軍實恐先主據之乃釋輜重輕軍到襄陽聞先主已過曹公將精騎五千急追之一日一夜行三百餘里及於當陽之長坂先主棄妻子與諸葛亮張飛趙雲等數十騎走曹公大獲其人衆輜重先主斜趨漢津適與羽船會得濟沔遇表長子江夏太守琦衆萬餘人與俱到夏口先主遣諸葛亮自結於孫權江表傳曰孫權遣魯肅弔劉表二子并令與備相結肅未至而曹公已濟漢津肅故進前與備相遇於當陽因宣權旨論天下事勢致殷勤之意且問備曰豫州今欲何至備曰與蒼梧太守吳巨有舊欲往投之肅曰孫討虜聰明仁惠敬賢禮士江表英豪咸歸附之已據有六郡兵精糧多足以立事今爲君計莫若遣腹心使自結於東崇連和之好共濟世業而云欲投吳巨巨是凡人偏在遠郡行將爲人所併豈足託乎備大喜進住鄂縣即遣諸葛亮隨肅詣孫權結同盟誓權遣周瑜程普等水軍數萬與先主并力江表傳曰備從魯肅計進住鄂縣之樊口諸葛亮詣吳未還備聞曹公軍下恐懼日遣邏吏於水次候望權軍吏望見瑜船馳往白備備曰何以知之非青徐軍邪吏對曰以船知之備遣人慰勞之瑜曰有軍任不可得委署儻能屈威誠副其所望備謂關羽張飛曰彼欲致我我今自結託於東而不往非同盟之意也乃乘單舸往見瑜問曰今拒曹公深爲得計戰卒有幾瑜曰三萬人備曰恨少瑜曰此自足用豫州但觀瑜破之備欲呼魯肅等共會語瑜曰受命不得妄委署若欲見子敬可別過之又孔明已俱來不過三兩日到也備雖深愧異瑜而心未許之能必破北軍也故差池在後將二千人與羽飛俱未肯係瑜蓋爲進退之計也孫盛曰劉備雄才處必亡之地告急於吳而獲奔助無緣復顧望江渚而懷後計江表傳之言當是吳人欲專美之辭與曹公戰於赤壁大破之焚其舟船先主與吳軍水陸並進追到南郡時又疾疫北軍多死曹公引歸江表傳曰周瑜爲南郡太守分南岸地以給備備別立營於油江口改名爲公安劉表吏士見從北軍多叛來投備備以瑜所給地少不足以安民後從權借荊州數郡先主表琦爲荊州刺史又南征四郡武陵太守金旋長沙太守韓玄桂陽太守趙範零陵太守劉度皆降三輔決錄注曰金旋字元機京兆人歷位黃門郎漢陽太守徵拜議郎遷中郎將領武陵太守爲備所攻劫死子禕事見魏武本紀廬江雷緒率部曲數萬口稽顙琦病死羣下推先主爲荊州牧治公安江表傳曰備立營於油口改名公安權稍畏之進妹固好先主至京見權綢繆恩紀山陽公載記曰備還謂左右曰孫車騎長上短下其難爲下吾不可以再見之乃晝夜兼行臣松之案魏書載劉備與孫權語與蜀志述諸葛亮與權語正同劉備未破魏軍之前尚未與孫權相見不得有此說故知蜀志爲是權遣使云欲共取蜀或以爲宜報聽許吳終不能越荊有蜀蜀地可爲己有荊州主簿殷

觀進曰若爲吳先驅進未能克蜀退爲吳所乘卽事去矣今但可然贊其伐蜀而自說新據諸郡未可興動吳必不敢越我而獨取蜀如此進退之計可以收吳蜀之利先主從之權果輟計遷觀爲別駕從事獻帝春秋曰孫權欲與備共取蜀遣使報備曰米賊張魯居王巴漢爲曹操耳目規圖益州劉璋不武不能自守若操得蜀則荊州危矣今欲先攻取璋進討張魯首尾相連一統吳楚雖有十操無所憂也備欲自圖蜀拒答不聽曰益州民富彊土地險阻劉璋雖弱足以自守張魯虛僞未必盡忠於操今暴師於蜀漢轉運於萬里欲使戰克攻取舉不失利此吳起不能定其規孫武不能善其事也曹操雖有無君之心而有奉主之名議者見操失利於赤壁謂其力屈無復遠志也今操三分天下已有其二將欲飲馬於滄海觀兵於吳會何肯守此坐須老乎今同盟無故自相攻伐借樞於操使敵承其隙非長計也權不聽遣孫瑜率水軍住夏口備不聽軍過謂瑜曰汝欲取蜀吾當被髮入山不失信於天下也使關羽屯江陵張飛屯秭歸諸葛亮據南郡備自住孱陵權知備意因召瑜還

十六年益州牧劉璋遙聞曹公將遣鍾繇等向漢中討張魯內懷恐懼別駕從事蜀郡張松說璋曰曹公兵彊無敵於天下若因張魯之資以取蜀土誰能禦之者乎璋曰吾固憂之而未有計松曰劉豫州使君之宗室而曹公之深讎也善用兵若使之討魯魯必破魯破則益州彊曹公雖來無能爲也璋然之遣法正將四千人迎先主前後賂遺以巨億計正因陳益州可取之策吳書曰備前見張松後得法正皆厚以恩意接納盡其殷勤之歡因問蜀中闊狹兵器府庫人馬衆寡及諸要害道里遠近松等具言之又畫地圖山川處所由是盡知益州虛實也先主留諸葛亮關羽等據荊州將步卒數萬人入益州至涪璋自出迎相見甚歡張松令法正白先主及謀臣龐統進說便可於會所襲璋先主曰此大事也不可倉卒璋推先主行大司馬領司隸校尉先主亦推璋行鎭西大將軍領益州牧璋增先主兵使擊張魯又令督白水軍先主并軍三萬餘人車甲器械資貨甚盛是歲璋還成都先主北到葭萌未卽討魯厚樹恩德以收衆心明年曹公征孫權權呼先主自救先主遣使告璋曰曹公征吳吳憂危急孫氏與孤本爲脣齒又樂進在青泥與關羽相拒今不往救羽進必大克轉侵州界其憂有甚於魯魯自守之賊不足慮也乃從璋求萬兵及資寶欲以東行璋但許兵四千其餘皆給半魏書曰備因激怒其衆曰吾爲益州征彊敵師徒勤瘁不遑寧居今積帑藏之財而悋於賞功望士大夫爲出死力戰其可得乎張松書與先主及法正曰今大事垂可立如何釋此去乎松兄廣漢太守肅懼禍逮己白璋發其謀於是璋收斬松嫌隙始構矣益部耆舊雜記曰張肅有威儀容貌甚偉松爲人短小放蕩不治節操然識達精果有才幹劉璋遣詣曹公曹公不甚禮松主簿楊脩深器之白公辟松公不納脩以公所撰兵書示松松宴飲之間一看便闇誦脩以此益奇之璋勑關戍諸將文書勿復關通先主先主大怒召璋白水軍督楊懷責以無禮斬之乃使黃忠卓膺勒兵向璋先主徑至關中質諸將并士卒妻子引兵與忠膺等進到涪據其城璋遣劉璝冷苞張任鄧賢等拒先主於涪皆破敗退保綿竹益部耆舊雜記曰張任蜀郡人家世寒門少有膽勇有志節仕州爲從事璋復遣李嚴督綿竹諸軍嚴率衆降先主先主軍益強分遣諸將平下屬縣諸葛亮張飛趙雲等將兵泝流定白帝江州江陽惟關羽留鎭荊州先主進軍圍雒時璋子循守城被攻且一年

十九年夏雒城破益部耆舊雜記曰劉璋遣張任劉璝率精兵拒捍先主於涪爲先主所破退與璋子循守雒城任勒兵出於鴈橋戰復敗禽任先主聞任之忠勇令軍降之任厲聲曰老臣終不復事二主矣乃殺之先主歎息焉進圍成都數十日璋出降傳子曰初劉備襲蜀丞相掾趙戩曰劉備其不濟乎拙於用兵每戰必敗奔亡不暇何以圖人蜀雖小區險固四塞獨守之國難卒并也徵士傅幹曰劉備寬仁有度能得人死力諸葛亮達治知變正而有謀而爲之相張飛關羽勇而有義皆萬人之敵而爲之將此三人者皆人傑也以備之略三傑佐之何爲不濟也典略曰趙戩字叔茂京兆長陵人也質而好學言稱詩書愛恤於人不論疏密辟公府入爲尚書選部郎董卓欲以所私並充臺閣戩拒不聽卓怒召戩欲殺之觀者皆爲戩懼而戩自若及見卓引辭正色陳說是非卓雖凶戾屈而謝之遷平陵令故將王允被害莫敢近者戩弃官收斂之三輔亂戩客荊州劉表以爲賓客曹公平荊州執戩手曰何相見之晚也遂辟爲掾後爲五官將司馬相國鍾繇長史年六十餘卒蜀中殷盛豐樂先主置酒大饗士卒取蜀城中金銀分賜將士還其穀帛先主復領益州牧諸葛亮爲股肱法正爲謀主關羽張飛馬超爲爪牙許靖麋竺簡雍爲賓友及董和黃權李嚴等本璋之所授用也吳壹費觀等又璋之婚親也彭羕又璋之所排擯也劉巴者宿昔之所忌恨也皆處之顯任盡其器能有志之士無不競勸

二十年孫權以先主已得益州使使報欲得荊州先主言須得涼州當以荊州相與權忿之乃遣呂蒙襲奪長沙零陵桂陽三郡先主引兵五萬下公安令關羽入益陽是歲曹公定漢中張魯遁走巴西先主聞之與權連和分荊州江夏長沙桂陽東屬南郡零陵武陵西屬引軍還江州遣黃權將兵迎張魯張魯已降曹公曹公使夏侯淵張郃屯漢中數數犯暴巴界先主令張飛進兵宕渠與郃等戰於瓦口破郃等收兵還南鄭先主亦還成都

二十三年先主率諸將進兵漢中分遣將軍吳蘭雷銅等入武都皆爲曹公軍所沒先主次于陽平關與淵郃等相拒

二十四年春自陽平南渡沔水緣山稍前於定軍山勢作營淵將兵來爭其地先主命黃忠乘高鼓譟攻之大破淵軍斬淵郃及曹公所署益州刺史趙顒等曹公自長安舉衆南征先主遙策之曰曹公雖來無能爲也我必有漢川矣及曹公至先主斂衆拒險終不交鋒積月不拔亡者日多夏曹公果引軍還先主遂有漢中遣劉封孟達李平等攻申耽於上庸秋羣下上先主爲漢中王表於漢帝曰平西將軍都亭侯臣馬超左將軍領長史鎭軍將軍臣許靖營司馬臣龐羲議曹從事中郎軍議中郎將臣射援三輔決錄注曰援字文雄扶風人也其先本姓謝與北地諸謝同族始祖謝服爲將軍出征天子以謝服非令名改爲射子孫氏焉兄堅字文固少有美名辟公府爲黃門侍郎獻帝之初三輔饑亂堅去官與弟援南入蜀依劉璋璋以堅爲長史劉備代璋以堅爲廣漢蜀郡太守援亦少有名行太尉皇甫嵩賢其才而以女妻之丞相諸葛亮以援爲祭酒遷從事中郎卒官軍師將軍臣諸葛亮盪寇將軍漢壽亭侯臣關羽征虜將軍新亭侯臣張飛征西將軍臣黃忠鎭遠將軍臣賴恭揚武將軍臣法正興業將軍臣李嚴等一百二十人上言曰昔唐堯至聖而四凶在朝周成仁賢而四國作難高后稱制而諸呂竊命孝昭幼沖而上官逆謀皆馮世寵藉履國權窮凶極亂社稷幾危非大舜周公朱虛博陸則不能流放禽討安危定傾伏惟陛下誕姿聖德統理萬邦而遭厄運不造之艱董卓首難蕩覆京畿曹操階禍竊執天衡皇后太子鴆殺見害剝亂天下殘毀民物久令陛下蒙塵憂厄幽處虛邑人神無主遏絕王命厭昧皇極欲盜神器左將軍領司隸校尉豫荊益三州牧宜城亭侯備受朝爵秩念在輸力以殉國難覩其機兆赫然憤發與車騎將軍董承同謀誅操將安國家克寧舊都會承機事不密令操游魂得遂長惡殘泯海內臣等每懼王室大有閻樂之禍小有定安之變趙高使閻樂殺二世王莽廢孺子以爲定安公夙夜惴惴戰慄累息昔在虞書敦序九族周監二代封建同姓詩著其義歷載長久漢興之初割裂疆土尊王子弟是以卒折諸呂之難而成太宗之基臣等以備肺腑枝葉宗子藩翰心存國家念在弭亂自操破於漢中海內英雄望風蟻附而爵號不顯九錫未加非所以鎭衛社稷光昭萬世也奉辭在外禮命斷絕昔河西太守梁統等值漢中興限於山河位同權均不能相率咸推竇融以爲元帥卒立效績摧破隗囂今社稷之難急於隴蜀操外吞天下內殘羣寮朝廷有蕭牆之危而禦侮未建可爲寒心臣等輒依舊典封備漢中王拜大司馬董齊六軍糾合同盟掃滅凶逆以漢中巴蜀廣漢犍爲爲國所署置依漢初諸侯王故典夫權宜之制苟利社稷專之可也然後功成事立臣等退伏矯罪雖死無恨遂於沔陽設壇場陳兵列衆羣臣陪位讀奏訖御王冠於先主先主上言漢帝曰臣以具臣之才荷上將之任董督三軍奉辭于外不能掃除寇難靖匡王室久使陛下聖教陵遲六合之內否而未泰惟憂反側疢如疾首曩者董卓造爲亂階自是之後羣兇縱橫殘剝海內賴陛下聖德威靈人臣同應或忠義奮討或上天降罰暴逆並殪以漸冰消惟獨曹操久未梟除侵擅國權恣心極亂臣昔與車騎將軍董承圖謀討操機事不密承見陷害臣播越失據忠義不果遂得使操窮凶極逆主后戮殺皇子鴆害雖糾合同盟念在奮力懦弱不武歷年未效常恐殞沒孤負國恩寤寐永歎夕惕若厲今臣羣寮以爲在昔虞書敦敘九族庶明勵翼鄭玄注曰庶衆也勵作也敘次序也序九族而親之以衆明作羽翼之臣也五帝損益此道不廢周監二代並建諸姬實賴晉鄭夾輔之福高祖龍興尊王子弟大啟九國卒斬諸呂以安太宗今操惡直醜正寔繁有徒包藏禍心篡盜已顯既宗室微弱帝族無位斟酌古式依假權宜上臣大司馬漢中王臣伏自三省受國厚恩荷任一方陳力未效所獲已過不宜復忝高位以重罪謗羣寮見逼迫臣以義臣退惟寇賊不梟國難未已宗廟傾危社稷將墜成臣憂責碎首之負若應權通變以寧靖聖朝雖赴水火所不得辭敢慮常宜以防後悔輒順衆議拜受印璽以崇國威仰惟爵號位高寵厚俯思報效憂深責重驚怖累息如臨于谷盡力輸誠獎厲六師率齊羣義應天順時撲討凶逆以寧社稷以報萬分謹拜章因驛上還所假左將軍宜城亭侯印綬於是還治成都拔魏延爲都督鎭漢中典略曰備於是起館舍築亭障從成都至白水關四百餘區時關羽攻曹公將曹仁禽于禁於樊俄而孫權襲殺羽取荊州

二十五年魏文帝稱尊號改年曰黃初或傳聞漢帝見害先主乃發喪制服追諡曰孝愍皇帝是後在所並言衆瑞日月相屬故議郎陽泉侯劉豹青衣侯向舉偏將軍張裔黃權大司馬屬殷純益州別駕從事趙莋治中從事楊洪從事祭酒何宗議曹從事杜瓊勸學從事張爽尹默譙周等上言臣聞河圖洛書五經讖緯孔子所甄驗應自遠謹案洛書甄曜度曰赤三日德昌九世會備合爲帝際洛書寶號命曰天度帝道備稱皇以統握契百成不敗洛書錄運期曰九侯七傑爭命民炊骸道路籍籍履人頭誰使主者玄且來孝經鉤命決錄曰帝三建九會備臣父羣未亡時言西南數有黃氣直立數丈見來積年時時有景雲祥風從璿璣下來應之此爲異瑞又二十一年中數有氣如旗從西竟東中天而行圖書曰必有天子出其方加是年太白熒惑填星常從歲星相追近漢初興五星從歲星謀歲星主義漢位在西義之上方故漢法常以歲星候人主當有聖主起於此州以致中興時許帝尚存故羣下不敢漏言頃者熒

惑復追歲星見在胃昴畢昴畢爲天綱經曰帝星處之衆邪消亡聖諱豫覩推揆期驗符合數至若此非一臣聞聖王先天而天不違後天而奉天時故應際而生與神合契願大王應天順民速即洪業以寧海內太傅許靖安漢將軍糜竺軍師將軍諸葛亮太常賴恭光祿勳黃權少府王謀等上言曹丕篡弒湮滅漢室竊據神器劫迫忠良酷烈無道人鬼忿毒咸思劉氏今上無天子海內惶惶靡所式仰羣下前後上書者八百餘人咸稱述符瑞圖讖明徵間黃龍見武陽赤水九日乃去孝經援神契曰德至淵泉則黃龍見龍者君之象也易乾九五飛龍在天大王當龍升登帝位也又前關羽圍樊襄陽襄陽男子張嘉王休獻玉璽璽潛漢水伏於淵泉暉景燭燿靈光徹天夫漢者高祖本所起定天下之國號也大王襲先帝軌跡亦興於漢中也今天子玉璽神光先見璽出襄陽漢水之末明大王承其下流授與大王以天子之位瑞命符應非人力所致昔周有烏魚之瑞咸曰休哉二祖受命圖書先著以爲徵驗今上天告祥羣儒英俊並進河洛孔子讖記咸悉具至伏惟大王出自孝景皇帝中山靖王之胄本支百世乾祇降祚聖姿碩茂神武在躬仁覆積德愛人好士是以四方歸心焉考省靈圖啟發讖緯神明之表名諱昭著宜即帝位以纂二祖紹嗣昭穆天下幸甚臣等謹與博士許慈議郎孟光建立禮儀擇令辰上尊號即皇帝位於成都武擔之南蜀本紀曰武都有丈夫化爲女子顏色美好蓋山精也蜀王娶以爲妻不習水土疾病欲歸國蜀王留之無幾物故蜀王發卒之成都擔土於成都郭中葬蓋地數畝高七丈號曰武擔也臣松之案武擔山名在成都西北蓋以乾位在西北故就之以即阼爲文曰惟建安二十六年四月丙午皇帝備敢用玄牡昭告皇天上帝后土神祇漢有天下歷數無疆曩者王莽篡盜光武皇帝震怒致誅社稷復存今曹操阻兵安忍戮殺主后滔天泯夏罔顧天顯操子丕載其凶逆竊居神器羣臣將士以爲社稷隳廢備宜修之嗣武二祖龔行天罰備雖否德懼忝帝位詢于庶民外及蠻夷君長僉曰天命不可以不答祖業不可以久替四海不可以無主率土式望在備一人備畏天明命又懼漢邦將湮于地謹擇元日與百寮登壇受皇帝璽綬修燔瘞告類于天神惟神饗祚于漢家永綏四海魏書曰備聞曹公薨遣掾韓冉奉書弔并致賻贈之禮文帝惡其因喪求好勑荊州刺史斬冉絕使命典略曰備遣軍謀掾韓冉齎書弔并貢錦布冉稱疾住上庸上庸致其書適會受終有詔報答以引致之備得報書遂稱制章武元年夏四月大赦改年以諸葛亮爲丞相許靖爲司徒置百官立宗廟祫祭高皇帝以下臣松之以爲先主雖云出自孝景而世數悠遠昭穆難明既紹漢祚不知以何帝爲元祖以立親廟于時英賢作輔儒生在官宗廟制度必有憲章而載記闕略良可恨哉五月立皇后吳氏子禪爲皇太子六月以子永爲魯王理爲梁王車騎將軍張飛爲其左右所害初先主忿孫權之襲關羽將東征秋七月遂帥諸軍伐吳孫權遣書請和先主盛怒不許吳將陸議李異劉阿等屯巫秭歸將軍吳班馮習自巫攻破異等軍次秭歸武陵五谿蠻夷遣使請兵

二年春正月先主軍還秭歸將軍吳班陳式水軍屯夷陵夾江東西岸二月先主自秭歸率諸將進軍緣山截嶺於夷道猇許交反亭駐營自佷音恒山通武陵遣侍中馬良安慰五谿蠻夷咸相率響應鎮北將軍黃權督江北諸軍與吳軍相拒於夷陵道夏六月黃氣見自秭歸十餘里中廣數十丈後十餘日陸議大破先主軍於猇亭將軍馮習張南等皆沒先主自猇亭還秭歸收合離散兵遂棄船舫由步道還魚復改魚復縣曰永安吳遣將軍李異劉阿等踵躡先主軍屯駐南山秋八月收兵還巫司徒許靖卒冬十月詔丞相亮營南北郊於成都孫權聞先主住白帝甚懼遣使請和先主許之遣太中大夫宗瑋報命冬十二月漢嘉太守黃元聞先主疾不豫舉兵拒守

三年春二月丞相亮自成都到永安三月黃元進兵攻臨邛縣遣將軍陳曶音笏討元元軍敗順流下江爲其親兵所縛生致成都斬之先主病篤託孤於丞相亮尚書令李嚴爲副夏四月癸巳先主殂于永安宮時年六十三諸葛亮集載先主遺詔勑後主曰朕初疾但下痢耳後轉雜他病殆不自濟人五十不稱夭年已六十有餘何所復恨不復自傷但以卿兄弟爲念射君到說丞相歎卿智量甚大增修過於所望審能如此吾復何憂勉之勉之勿以惡小而爲之勿以善小而不爲惟賢惟德能服於人汝父德薄勿效之可讀漢書禮記閒暇歷觀諸子及六韜商君書益人意智聞丞相爲寫申韓管子六韜一通已畢未送道亡可自更求聞達臨終時呼魯王與語吾亡之後汝兄弟父事丞相令卿與丞相共事而已亮上言於後主曰伏惟大行皇帝邁仁樹德覆燾無疆昊天不弔寢疾彌留今月二十四日奄忽升遐臣妾號咷若喪考妣乃顧遺詔事惟太宗動容損益百寮發哀滿三日除服到葬期復如禮其郡國太守相都尉縣令長三日便除服臣亮親受勑戒震畏神靈不敢有違臣請宣下奉行五月梓宮自永安還成都諡曰昭烈皇帝秋八月葬惠陵葛洪神仙傳曰仙人李意其蜀人也傳世見之云是漢文帝時人先主欲伐吳遣人迎意其意其到先主禮敬之問以吉凶意其不答而求紙筆畫作兵馬器仗數十紙已便一一以手裂壞之又畫作一大人掘地埋之便徑去先主大不喜而自出軍征吳大敗還忿恥發病死衆人乃知其意其畫作大人而埋之者即是言先主死意

評曰先主之弘毅寬厚知人待士蓋有高祖之風英雄之器焉及其舉國託孤於諸葛亮而心神無貳誠君臣之至公古今之盛軌也機權幹畧不逮魏武是以基宇亦狹然折而不撓終不爲下者抑揆彼之量必不容己非唯競利且以避害云爾

蜀志卷二考證

先主劉備勝子貞元狩六年封涿縣陸城亭侯○臣浩按漢書王子侯表陸城侯貞元朔二年六月甲午封十五年元鼎五年坐酎金免此云元狩六年恐誤

還爲令注備嘗在京師復與曹公俱還沛國○復宋本作後

先主轉軍海西注北至下邳兵潰○北至通鑑作比至

先主還小沛注饑餓困敗○敗宋本作踧

先主敗走歸曹公曹公厚遇之○厚監本訛作後今改正

而身還小沛注其夜開後柵與飛等輕騎俱去○柵宋本作栅

曹公遣蔡陽擊之○陽宋本作楊

曹公南征表會表卒○臣明楷按武帝紀建安十三年秋七月公南征劉表八月表卒此云南征表繫於十二年誤恐上更有脫文也

先主遣諸葛亮自結于孫權注與蒼梧太守吳臣有舊○吳臣疑作吳巨下同

治公安注備立營於油口改名公安○監本誤作公安縣今改正　臣浩按油口宜作油江口然此注已見于前曹公引歸之下此處不應重出

先主亦推璋持鎮西大將軍領益州牧○持通鑑作行宋本同

璋出降注及見卓引辭正色○引太平御覽作列

分遣將軍吳蘭雷銅等入成都○成都二字疑有誤

大破淵軍斬淵郃○臣龍官按張郃死於建興九年此云淵郃恐誤通鑑無郃字何焯曰華陽國志云斬夏侯淵張郃率吏民內徙則此郃及曹公所署益州刺史趙顒等之下爲有脫字郃字非衍也通鑑刪郃字而以斬淵屬下及字讀亦誤

追諡曰孝愍皇帝○臣清植按綱目既以蜀漢爲正統則當以此諡爲正今綱目中不書愍而書獻蓋猶沿通鑑之誤

即皇帝位于成都武擔之南注高七丈○宋本作高十丈

又懼漢邦將湮于地○邦疑作祚

祫祭高皇帝以下注宗廟制度必有憲章而載記闕略○臣清植按光武中興繼體元帝故成哀平三帝以及南頓君以上四親皆別立廟先主行輩尊於孝愍又當別有四親之廟故裴注云然但是時舊都未復諸事草創所謂祫祭高皇帝以下者殆循東京同堂異室之制而行之耳至于稽古禮文之事疑未遑暇故隋王通曰諸葛亮而無死禮樂其有興乎蓋指此類未必記載之有闕略也

蜀志卷三

晉著作郎巴西中正安漢陳　壽撰

宋太中大夫國子博士聞喜裴松之注

後主劉禪

後主諱禪字公嗣先主子也建安二十四年先主爲漢中王立爲王太子及即尊號册曰惟章武元年五月辛巳皇帝若曰太子禪朕遭漢運艱難賊臣篡盜社稷無主格人羣正以天明命朕繼大統今以禪爲皇太子以承宗廟祗肅社稷使使持節丞相亮授印綬敬聽師傅行一物而三善皆得焉可不勉與禮記曰行一物而三善者惟世子而已其齒於學之謂也鄭玄曰物猶事也三年夏四月先主殂於永安宮五月後主襲位於成都時年十七尊皇后曰皇太后大赦改元是歲魏黃初四年也魏略曰初備在小沛不意曹公卒至遑遽棄家屬後奔荊州禪時年數歲竄匿隨人西入漢中爲人所賣及建安十六年關中破亂扶風人劉括避亂入漢中買得禪問知其良家子遂養爲子與娶婦生一子初禪與備相失時識其父字玄德比舍人有姓簡者及備得益州而簡爲將軍備遣簡到漢中舍都邸禪乃詣簡簡相檢訊事皆符驗簡喜以語張魯魯爲洗沐送詣益州備乃立以爲太子初備以諸葛亮爲太子太傅及禪立以亮爲丞相委以諸事謂亮曰政由葛氏祭則寡人亮亦以禪未閑於政遂總內外臣松之案二主妃子傳曰後主生於荊州後主傳云初即帝位年十七則建安十二年生也十三年敗於長阪備棄妻子走趙雲傳曰雲身抱弱子以免即後主也如此備與禪未嘗相失也又諸葛亮以禪立之明年領益州牧其年與主簿杜微書曰朝廷今年十八與禪傳相應理當非虛而魚豢云備敗於小沛禪時年始生及奔荊州能識其父字玄德計當五六歲備則敗於小沛時建安五年也至禪初立首尾二十四年禪應過三十矣以事相驗理不得然此則魏略之妄說乃至二百餘言異也又案諸書記及諸葛亮集亮亦不爲太子太傅

建興元年夏牂牁太守朱褒擁郡反魏氏春秋曰初益州從事常房行部聞褒將有異志收其主簿按問殺之褒怒攻殺房誣以謀反諸葛亮誅房諸子徙其四弟於越巂欲以安之臣松之案以爲房爲褒所誣執政所宜澄察安有妄殺不辜以悅姦慝斯殆妄矣先是益州郡有大姓雍闓反流太守張裔於吳據郡不賓越巂夷王高定亦背叛是歲立皇后張氏遣尚書郎鄧芝固好於吳吳王孫權與蜀和親使聘是歲通好

二年春務農殖穀閉關息民

三年春三月丞相亮南征四郡四郡皆平改益州郡爲建寧郡分建寧永昌郡爲雲南郡又分建寧牂牁爲興古郡十二月亮還成都

四年春都護李嚴自永安還住江州築大城今巴郡故城是

五年春丞相亮出屯漢中營沔北陽平石馬諸葛亮集載禪三月下詔曰朕聞天地之道福仁而禍淫善積者昌惡積者喪古今常數也是以湯武脩德而王桀紂極暴而亡曩者漢祚中微網漏凶慝董卓造難震蕩京畿曹操階禍竊執天衡殘剝海內懷無君之心子丕孤豎敢尋亂階盜據神器更姓改物世濟其凶當此之時皇極幽昧天下無主則我帝命隕越於下昭烈皇帝體明叡之德光演文武應乾坤之運出身平難經營四方人鬼同謀百姓與能兆民欣戴奉順符讖建位易號丕承天序補弊興衰存復祖業膺誕皇綱不墜於地萬國未靜早世遐殂朕以幼沖繼統鴻基未習保傅之訓而嬰祖宗之重六合壅否社稷不建永惟所以念在匡救光載前緒未有攸濟朕甚懼焉是以夙興夜寐不敢自逸每從菲薄以益國用勸分務穡以阜民財授方任能以參其聽斷私降意以養將士欲奮劍長驅指討凶逆朱旗未舉而丕復隕喪斯所謂不然我薪而自焚也殘類餘醜又支天禍恣睢河洛阻兵未弭諸葛丞相弘毅忠壯忘身憂國先帝託以天下以勗朕躬今授之以旄鉞之重付之以專命之權統領步騎二十萬衆董督元戎龔行天伐除患寧亂克復舊都在此行也昔項籍總一彊衆跨州兼土所務者大然卒敗垓下死於東城宗族如焚爲笑千載皆不以義陵上虐下故也今賊效尤天人所怨奉時宜速庶憑炎精祖宗威靈相助之福所向必克吳王孫權同恤災患潛軍合謀掎角其後涼州諸國王各遣月支康居胡侯支富康植等二十餘人詣受節度大軍北出便欲率將兵馬奮戈先驅天命既集人事又至師貞勢并必無敵矣夫王者之兵有征無戰尊而且義莫敢抗也故鳴條之役軍不血刃牧野之師商人倒戈今旍麾首路其所經至亦不欲窮兵極武有能棄邪從正簞食壺漿以迎王師者國有常典封寵大小各有品限及魏之宗族枝葉中外有能規利害審逆順之數來詣降者皆原除之昔輔果絕親於智氏而蒙全宗之福微子去殷項伯歸漢皆受茅土之慶此前世之明驗也若其迷沈不反將助亂人不式王命戮及妻孥罔有攸赦廣宣恩威貸其元帥弔其殘民他如詔書律令丞相其露布天下使稱朕意焉

六年春亮出攻祁山不克冬復出散關圍陳倉糧盡退魏將王雙率軍追亮亮與戰破之斬雙還漢中

七年春亮遣陳式攻武都陰平遂克定二郡冬亮徙府營於南山下原上築漢樂二城是歲孫權稱帝與蜀約盟共交分天下

八年秋魏使司馬懿由西城張郃由子午曹真由斜余奢反谷欲攻漢中丞相亮待之於城固赤阪大雨道絕真等皆還是歲魏延破魏雍州刺史郭淮于陽谿徙魯王永爲甘陵王梁王理爲安平王皆以魯梁在吳分界故也

九年春二月亮復出軍圍祁山始以木牛運魏司馬懿張郃救祁山夏六月亮糧盡退軍郃追至青封與亮交戰被箭死秋八月都護李平廢徙梓潼郡漢晉春秋曰冬十月江陽至江州有鳥從江南飛渡江北不能達墮水死者以千數

十年亮休士勸農於黃沙作流馬木牛畢教兵講武

十一年冬亮使諸軍運米集於斜谷口治斜谷邸閣是歲南夷劉冑反將軍馬忠破平之

十二年春二月亮由斜谷出始以流馬運秋八月亮卒于渭濱征西大將軍魏延與丞相長史楊儀爭權不和舉兵相攻延敗走斬延首儀率諸軍還成都大赦以左將軍吳壹爲車騎將軍假節督漢中以丞相留府長史蔣琬爲尚書令總統國事

十三年春正月中軍師楊儀廢徙漢嘉郡夏四月進蔣琬位爲大將軍

十四年夏四月後主至湔臣松之案湔縣名也屬蜀郡音翦登觀阪看汶水之流旬日還成都徙武都氐王苻健及氐民四百餘戶於廣都

十五年夏六月皇后張氏薨

延熙元年春正月立皇后張氏大赦改元立子璿爲太子子瑤爲安定王冬十一月大將軍蔣琬出屯漢中

二年春三月進蔣琬位爲大司馬

三年春使越嶲太守張嶷平定越嶲郡

四年冬十月尚書令費禕至漢中與蔣琬諮論事計歲盡還

五年春正月監軍姜維督偏軍自漢中還屯涪縣

六年冬十月大司馬蔣琬自漢中還住涪十一月大赦以尚書令費禕爲大將軍

七年閏月魏大將軍曹爽夏侯玄等向漢中鎮北大將軍王平拒興勢圍大將軍費禕督諸軍往赴救魏軍退夏四月安平王理卒秋九月禕還成都

八年秋八月皇太后薨十二月大將軍費禕至漢中行圍守

九年夏六月費禕還成都秋大赦冬十一月大司馬蔣琬卒魏略曰琬卒禪乃自攝國事

十年涼州胡王白虎文治無戴等率衆降衛將軍姜維迎逆安撫居之于繁縣是歲汶山平康夷反維往討破平之

十一年夏五月大將軍費禕出屯漢中秋涪陵屬國民夷反車騎將軍鄧芝往討皆破平之

十二年春正月魏誅大將軍曹爽等右將軍夏侯霸來降夏四月大赦秋衛將軍姜維出攻雍州不克而還將軍句安李韶降魏

十三年姜維復出西平不克而還

十四年夏大將軍費禕還成都冬復北駐漢壽大赦

十五年吳王孫權薨立子琮爲西河王

十六年春正月大將軍費禕爲魏降人郭脩所殺于漢壽夏四月衛將軍姜維復率衆圍南安不克而還

十七年春正月姜維還成都大赦夏六月維復率衆出隴西冬拔狄道河間臨洮三縣民居于綿竹繁縣

十八年春姜維還成都夏復率諸軍出狄道與魏雍州刺史王經戰于洮西大破之經退保狄道城維卻住鍾題

十九年春進姜維位爲大將軍督戎馬與鎮西將軍胡濟期會上邽濟失誓不至秋八月維爲魏大將軍鄧艾所破于上邽維退軍還成都是歲立子瓚爲新平王大赦

二十年聞魏大將軍諸葛誕據壽春以叛姜維復率衆出駱谷至芒水是歲大赦

景耀元年姜維還成都史官言景星見於是大赦改年宦人黃皓始專政吳大將軍孫綝廢其主亮立琅邪王休

二年夏六月立子諶爲北地王恂爲新興王虔爲上黨王

三年秋九月追謚故將軍關羽張飛馬超龐統黃忠

四年春三月追謚故將軍趙雲冬十月大赦

五年春正月西河王琮卒是歲姜維復率衆出侯和爲鄧艾所破還住沓中

六年夏魏大興徒衆命征西將軍鄧艾鎮西將軍鍾會雍州刺史諸葛緒數道並攻於是遣左右車騎將軍張翼廖化輔國大將軍董厥等拒之大赦改元爲炎興冬鄧艾破衛將軍諸葛瞻於綿竹用光祿大夫譙周策降於艾奉書曰限分江漢遇值深遠階緣蜀土斗絕一隅干運犯冒漸苒歷載遂與京畿攸隔萬里每惟黃初中文皇帝命虎牙將軍鮮于輔宣溫密之詔申三好之恩開示門戶大義炳然而否德暗弱竊貪遺緒俛仰累紀未率大教天威既震人鬼歸能之數怖駭王師神武所次敢不革面順以從命輒勑羣帥投戈釋甲官府帑藏一無所毀百姓布野餘糧棲畝以俟后來之惠全元元之命伏惟大魏布德施化宰輔伊周含覆藏疾謹遣私署侍中張紹光祿大夫譙周駙馬都尉鄧良奉齎印綬請命告誠敬輸忠款存亡勑賜惟所裁之輿櫬在近不復縷陳是日北地王諶傷國之亡先殺妻子次以自殺漢晉春秋曰後主將從譙周之策北地王諶怒曰若理窮力屈禍敗必及便當父子君臣背城一戰同死社稷以見先帝可也後主不納遂送璽綬是日諶哭於昭烈之廟先殺妻子而後自殺左右無不爲涕泣者紹良與艾相遇於雒縣艾得書大喜即報書王隱蜀記曰艾報書云王綱失道羣英並起龍戰虎爭終歸真主此蓋天命去就之道也自古聖帝爰逮漢魏受命而王者莫不在乎中土河出圖洛出書聖人則之以興洪業其不由此未有不顛覆者也隗囂憑隴而亡公孫述據蜀而滅此皆前世覆車之鑒也聖上明哲宰相忠賢將比隆黃軒侔功往代銜命來征思聞嘉響果煩來使告以德音此非人事豈天啟哉昔微子歸周實爲上賓君子豹變義存大易來辭謙沖以禮輿櫬皆前哲歸命之典也全國爲上破國次之自非通明智達何以見王者之義乎禪又遣太常張峻益州別駕汝超受節度遣太僕蔣顯有命勑姜維又遣尚書郎李虎送士民簿領戶二十八萬男女口九十四萬帶甲將士十萬二千吏四萬人米四十餘萬斛金銀各二千斤錦綺綵絹各二十萬匹餘物稱此遣紹良先還艾至城北後主輿櫬自縛詣軍壘門艾解縛焚櫬延請相見晉諸公贊曰劉禪乘騾車詣艾不具亡國之禮因承制拜後主爲驃騎將軍諸圍守悉被後主勑然後降下艾使後主止其故宮身往造焉資嚴未發明年春正月艾見收鍾會自涪至成都作亂會既死蜀中軍衆鈔略死喪狼籍數日乃安集後主舉家東遷既至洛陽策命之曰惟景元五年三月丁亥皇帝臨軒使太常嘉命劉禪爲安樂縣公於戲其進聽朕命蓋統天載物以咸寧爲大光宅天下以時雍爲盛故孕育羣生者君人之道也乃順承天者坤元之義也上下交暢然後萬物協和庶類獲乂乃者漢氏失統六合震擾我太祖承運龍興弘濟八極是用應天順民撫有區夏于時乃考因羣傑虎爭九服不靜乘間阻遠保據庸蜀遂使西隅殊封方外壅隔自是已來干戈不戢元元之民不得保安其性幾將五紀朕永惟祖考遺志思在綏緝四海率土同軌故爰整六師耀威梁益公恢崇德度深秉大正不憚屈身委質以愛民全國爲貴降心回慮應機豹變履信思順以享左右無疆之休豈不遠歟朕嘉與君公長饗顯祿用考咨前訓開國胙土率遵舊典錫茲玄牡苴以白茅永爲魏藩輔往欽哉公其祗服朕命克廣德心以終乃顯烈食邑萬戶賜絹萬匹奴婢百人他物稱是子孫爲三都尉封侯者五十餘人尚書令樊建侍中張紹光祿大夫譙周祕書令郤正殿中督張通並封列侯漢晉春秋曰司馬文王與禪宴爲之作故蜀技旁人皆爲之感愴而禪喜笑自若王謂賈充曰人之無情乃可至於是乎雖使諸葛亮在不能輔之久全而況姜維邪充曰不如是殿下何由并之他日王問禪曰頗思蜀否禪曰此間樂不思蜀郤正聞之求見禪曰若王後問宜泣而答曰先人墳墓遠在隴蜀乃心西悲無日不思因閉其目會王復問對如前王曰何乃似郤正語邪禪驚視曰誠如尊命左右皆笑公太始七年薨於洛陽蜀記云謚曰思公子恂嗣

評曰後主任賢相則爲循理之君惑閹豎則爲昏闇之后傳曰素絲無常唯所染之信矣哉禮國君繼體踰年改元而章武之三年則革稱建興考之古義體理爲違又國不置史注記無官是以行事多遺災異靡書諸葛亮雖達於爲政凡此之類猶有未周焉然經載十二而年名不易軍旅屢興而赦不妄下不亦卓乎自亮沒後茲制漸虧優劣著矣華陽國志曰丞相亮時有言公惜赦者亮答曰治世以大德不以小惠故匡衡吳漢不願爲赦先帝亦言吾周旋陳元方鄭康成間每見啟告治亂之道悉矣曾不語赦也若劉景

升季玉父子歲歲赦宥何益於治臣松之以為赦不妄下誠為可稱至於年名不易猶所未達案建武建安之號皆久而不改未聞前史以為美談經載十二蓋何足云豈別有他意求之未至乎亮歿後延熙之號數盈二十茲制漸虧事又不然也

蜀志卷三考證

後主劉禪是歲魏黃初四年也注晉乃洗沐○宋本作乃為洗浴

又注祭則寡人○監本則訛即今改正

又注備則敗於小沛時建安五年也○則字疑衍

營沔北陽平石馬注萬國未靜○宋本靜作定

又注每從菲薄以益國用○每從毛本作每崇

七年閏月○毛本作七年春閏二月

涪陵屬國民夷反車騎將軍鄧芝往討○鄧芝監本訛作鄧艾今改正

十五年吳王孫權薨○不書吳主恐字誤

大將軍費禕為魏降人郭修所殺○監本誤郭循今改正

拔狄道河間臨洮三縣民○河間當作河關姜維傳誤同

與鎮西將軍胡濟期會上邽○鎮西毛本作征西

立子瓚為新平王○瓚監本訛作贊今改正

偕緣蜀土○偕毛本作偕

天威既震人鬼歸能之數怖駭王師○人鬼歸能句上下疑有闕文

而章武之三年則革稱建興考之古義體理為違○臣清植按是時皇綱解紐先主遠喪民志必生惶惑未踰年而改元雖違古義實遵漢舊藉此以新視聽而悚遠邇莫民心以濟大業應權通變計宜出此史家以是議亮毋乃失之拘乎

蜀志卷四

晉 著作郎巴西中正安漢陳 壽撰

宋太中大夫國子博士聞喜裴松之注

先主甘后 穆后 後主敬哀后 張后

劉永 劉理

後主太子璿

先主甘皇后沛人也先主臨豫州住小沛納以為妾先主數喪嫡室常攝內事隨先主於荊州產後主值曹公軍至追及先主於當陽長阪于時困偪棄后及後主賴趙雲保護得免於難后卒葬于南郡章武二年追謚皇思夫人遷葬於蜀未至而先主殂隕丞相亮上言皇思夫人履行修仁淑慎其身大行皇帝昔在上將嬪配作合載育聖躬大命不融大行皇帝存時篤義垂恩念皇思夫人神柩在遠飄颻特遣使者奉迎會大行皇帝崩今皇思夫人神柩以到又梓宮在道園陵將成安厝有期臣輒與太常臣賴恭等議禮記曰立愛自親始教民孝也立敬自長始教民順也不忘其親所由生也春秋之義母以子貴昔高皇帝追尊太上昭靈夫人為昭靈皇后孝和皇帝改葬其母梁貴人尊號曰恭懷皇后孝愍皇帝亦改葬其母王夫人尊號曰靈懷皇后今皇思夫人宜有尊號以慰寒泉之思輒與恭等案謚法宜曰昭烈皇后詩曰穀則異室死則同穴禮云上古無合葬中古後因時方有故昭烈皇后宜與大行皇帝合葬臣請太尉告宗廟布露天下具禮儀別奏制曰可

先主穆皇后陳留人也兄吳壹少孤壹父素與劉焉有舊是以舉家隨焉入蜀焉有異志而聞善相者相后當大貴焉時將子瑁自隨遂為瑁納后瑁死后寡居先主既定益州而孫夫人還吳漢晉春秋曰先主入益州吳遣迎孫夫人夫人欲將太子歸吳諸葛亮使趙雲勒兵斷江留太子乃得止羣下勸先主娉后先主疑與瑁同族法正進曰論其親疏何與晉文之於子圉乎於是納后為夫人習鑿齒曰夫婚姻人倫之始王化之本匹夫猶不可以無禮而況人君乎晉文廢禮行權以濟其業故子犯曰有求於人必先從之將奪其國何有於妻非無故而違禮教者也今先主無權事之偪而引前失以為譬非導其君以堯舜之道者先主從之過矣建安二十四年立為漢中王后章武元年夏五月策曰朕承天命奉至尊臨萬國今以后為皇后遣使持節丞相亮授璽綬承宗廟母天下皇后其敬之哉建興元年五月後主即位尊后為皇太后稱長樂宮壹官至車騎將軍封縣侯延熙八年后薨合葬惠陵孫盛蜀世譜曰壹孫喬沒李雄中三十年不為雄屈也

後主敬哀皇后車騎將軍張飛長女也章武元年納為太子妃建興元年立為皇后十五年薨葬南陵

後主張皇后前后敬哀之妹也建興十五年入為貴人延熙元年春正月策曰朕統承大業君臨天下奉郊廟社稷今以貴人為皇后使行丞相事左將軍向朗持節授璽綬勉修中饋恪肅禋祀皇后其敬之哉咸熙元年隨後主遷于洛陽漢晉春秋曰魏以蜀宮人賜諸將之無妻者李昭儀曰我不能二三屈辱乃自殺

劉永字公壽先主子後主庶弟也章武元年六月使司徒靖立永為魯王策曰少子永受茲青土朕承天序繼統大業遵修稽古建爾國家封于東土奄有龜蒙世為藩輔嗚呼恭朕之詔惟彼魯邦一變適道風化存焉人之好德世茲懿美王其秉心率禮綏爾士民是饗是宜其戒之哉建興八年改封為甘陵王初永憎宦人黃皓皓既信任用事譖構永於後主後主稍疏外永至不得朝見者十餘年咸熙元年永東遷洛陽拜奉車都尉封為鄉侯

劉理字奉孝亦後主庶弟也與永異母章武元年六月使司徒靖立理為梁王策曰小子理朕統承漢序祗順天命遵修典秩建爾于東為漢藩輔惟彼梁土畿甸之邦民狎教化易導以禮往悉乃心懷保黎庶以永爾國王其敬之哉建興八年改封理為安平王延熙七年卒謚曰悼王子哀王胤嗣十九年卒子殤王承嗣二十年卒景耀四年詔曰安平王先帝所命三世早夭國嗣頽絕朕用傷悼其以武邑侯輯襲王位輯理子也咸熙元年東遷洛陽拜奉車都尉封鄉侯

後主太子璿字文衡母王貴人本敬哀張皇后侍人也延熙元年正月策曰在昔帝王繼體立嗣副貳國統古今常道今以璿為皇太子昭顯祖宗之威命使行丞相事左將軍朗持節授印綬其勉修茂質祗恪道義諮詢典禮敬友師傅斟酌眾善翼成爾德可不務修以自勖哉時年十五景耀六年冬蜀亡咸熙元年正月鍾會作亂於成都璿為亂兵所殺孫盛蜀世譜曰璿弟瑤琮瓚諶恂璩六人蜀敗諶自殺餘皆內徙值永嘉大亂子孫絕滅唯永孫玄奔蜀李雄偽署安樂公以嗣禪後永和三年討李勢盛參戎行見玄於成都也

評曰易稱有夫婦然後有父子夫人倫之始恩紀之隆莫尚於此矣是故紀錄以究一國之體焉

蜀志卷四考證

劉永策曰少子永受茲青土○少子疑當作小子

後主太子璿璿為亂兵所殺○殺宋本作害

蜀志卷五

晉 著作郎巴西中正安漢陳 壽撰

宋太中大夫國子博士聞喜裴松之注

諸葛亮 子喬 瞻 董厥 樊建

諸葛亮字孔明琅邪陽都人也漢司隸校尉諸葛豐後也父珪字君貢漢末為太山郡丞亮早孤從父玄為袁術所署豫章太守玄將亮及亮弟均之官會漢朝更選朱皓代玄玄素與荊州牧劉表有舊往依之獻帝春秋曰初豫章太守周術病卒劉表上諸葛玄為豫章太守治南昌漢朝聞周術死遣朱皓代玄皓從揚州太守劉繇求兵擊玄玄退屯西城皓入南昌建安二年正月西城民反殺玄送首詣繇此書所云與本傳不同玄卒亮躬耕隴畝好為梁父吟漢晉春秋曰亮家于南陽之鄧縣在襄陽城西二十里號曰隆中身長八尺每自比於管仲樂毅時人莫之許也惟博陵崔州平潁川徐庶元直與亮友善謂為信然按崔氏譜州平太尉烈子均之弟也魏略曰亮在荊州以建安初與潁川石廣元徐元直汝南孟公威等俱游學三人務於精熟而亮獨觀其大略每晨夜從容常抱膝長嘯而謂三人曰卿三人仕進可至刺史郡守也三人問其所至亮但笑而不言後公威思鄉里欲北歸亮謂之曰中國饒士大夫遨遊何必故鄉邪臣松之以為魏略此言謂諸葛亮為公威計者可也若謂兼為己言可謂未達其心矣老氏稱知人者智自知者明凡在賢達之流固必兼而有焉以諸葛亮之鑒識豈不能自審其分乎夫其高吟俟時情見乎言志氣所存既已定於其始矣若使游步中華騁其龍光豈夫多士所能沉翳哉委質魏氏展其器能誠非陳長文司馬仲達所能頡頏而況於餘哉苟不患功業不就道之不行雖志恢宇宙而終不北向者蓋以權御已移漢祚將傾方將翊贊宗傑以興微繼絕克復為己任故也豈其區區利在邊鄙而已乎此相如所謂鵷鶵已翔於寥廓而羅者猶視於藪澤者矣公威名建在魏亦貴達時先主屯新野徐庶見先主先主器之謂先主曰諸葛孔明者臥龍也將軍豈願見之乎襄陽記曰劉備訪世事於司馬德操德操曰儒生俗士豈識時務識時務者在乎俊傑此間自有伏龍鳳雛備問為誰曰諸葛孔明龐士元也先主曰君與俱來庶曰此人可就見不可屈致也將軍宜枉駕顧之由是先主遂詣亮凡三往乃見因屏人曰漢室傾頹姦臣竊命主上蒙塵孤不度德量力欲信大義於天下而智術淺短遂用猖獗至于今日然志猶未已君謂計將安出亮答曰自董卓已來豪傑並起跨州連郡者不可勝數曹操比於袁紹則名微而眾寡然操遂能克紹以弱為彊者非惟天時抑亦人謀也今操已擁百萬之眾挾天子以令諸侯此誠不可與爭鋒孫權據有江東已歷三世國險而民附賢能為之用此可與為援而不可圖也荊州北據漢沔利盡南海東連吳會西通巴蜀此用武之國而其主不能守此殆天所以資將軍將軍豈有意乎益州險塞沃野千里天府之土高祖因之以成帝業劉璋闇弱張魯在北民殷國富而不知存恤智能之士思得明君將軍既帝室之胄信義著於四海總攬英雄思賢如渴若跨有荊益保其巖阻西和諸戎南撫夷越外結好孫權內修政理天下有變則命一上將將荊州之軍以向宛洛將軍身率益州之眾以出秦川百姓孰敢不簞食壺漿以迎將軍者乎誠如是則霸業可成漢室可興矣先主曰善於是與亮情好日密關羽張飛等不悅先主解之曰孤之有孔明猶魚之有水也願諸君勿復言羽飛乃止魏略曰劉備屯於樊城是時曹公方定河北亮知荊州次當受敵而劉表性緩不曉軍事亮乃北行見備備與亮非舊又以其年少以諸生意待之坐集既畢眾賓皆去而亮獨留備亦不問其所欲言備性好結毦時適有人以髦牛尾與備者備因手自結之亮乃進曰明將軍當復有遠志但結毦而已邪備知亮非常人也乃投毦而言曰是何言與我聊以忘憂耳亮遂言曰將軍度劉鎮南孰與曹公邪備曰不及亮又曰將軍自度何如也備曰亦不如曰今皆不及而將軍之眾不過數千人以此待敵得無非計乎備曰我亦愁之當若之何亮曰今荊州非少人也而著籍者

寡乎居發調則人心不悅可語鎮南令國中凡有游戶皆使自實因錄以益衆可也備從其計故衆遂强備由此知亮有英略乃以上客禮之九州春秋所言亦如之臣松之以爲亮表云先帝不以臣卑鄙猥自枉屈三顧臣於草廬之中諮臣以當世之事則非亮先詣備明矣雖聞見異辭各生彼此然乖背至是亦良爲可怪劉表長子琦亦深器亮表受後妻之言愛少子琮不悅於琦琦每欲與亮謀自安之術亮輒拒塞未與處畫琦乃將亮游觀後園共上高樓飲宴之間令人去梯因謂亮曰今日上不至天下不至地言出子口入於吾耳可以言未亮答曰君不見申生在內而危重耳在外而安乎琦意感悟陰規出計會黃祖死得出遂爲江夏太守俄而表卒琮聞曹公來征遣使請降先主在樊聞之率其衆南行亮與徐庶並從爲曹公所追破獲庶母庶辭先主而指其心曰本欲與將軍共圖王霸之業者以此方寸之地也今已失老母方寸亂矣無益於事請從此別遂詣曹公魏略曰庶先名福本單家子少好任俠擊劍中平末嘗爲人報讎白堊突面被髮而走爲吏所得問其姓名閉口不言吏乃於車上立柱維磔之擊鼓以令於市鄽莫敢識者而其黨伍共篡解之得脫於是感激棄其刀戟更疎巾單衣折節學問始詣精舍諸生聞其前作賊不肯與共止福乃卑躬早起常獨掃除動靜先意聽習經業義理精熟遂與同郡石韜相親愛初平中中州兵起乃與韜南客荊州到又與諸葛亮特相善及荊州內附孔明與劉備相隨去福與韜俱來北至黃初中韜仕歷郡守典農校尉福至右中郎將御史中丞逮大和中諸葛亮出隴右聞元直廣元仕財如此歎曰魏殊多士邪何彼二人不見用乎庶後數年病卒有碑在彭城今猶存焉先主至於夏口亮曰事急矣請奉命求救於孫將軍時權擁軍在柴桑觀望成敗亮說權曰海內大亂將軍起兵據有江東劉豫州亦收衆漢南與曹操並爭天下今操芟夷大難略已平矣遂破荊州威震四海英雄無所用武故豫州遁逃至此將軍量力而處之若能以吳越之衆與中國抗衡不如早與之絕若不能當何不案兵束甲北面而事之今將軍外託服從之名而內懷猶豫之計事急而不斷禍至無日矣權曰苟如君言劉豫州何不遂事之乎亮曰田橫齊之壯士耳猶守義不辱況劉豫州王室之胄英才蓋世衆士慕仰若水之歸海若事之不濟此乃天也安能復爲之下乎權勃然曰吾不能舉全吳之地十萬之衆受制於人吾計決矣非劉豫州莫可以當曹操者然豫州新敗之後安能抗此難乎亮曰豫州軍雖敗於長阪今戰士還者及關羽水軍精甲萬人劉琦合江夏戰士亦不下萬人曹操之衆遠來疲弊聞追豫州輕騎一日一夜行三百餘里此所謂强弩之末勢不能穿魯縞者也故兵法忌之曰必蹶上將軍且北方之人不習水戰又荊州之民附操者偪兵勢耳非心服也今將軍誠能命猛將統兵數萬與豫州協規同力破操軍必矣操軍破必北還如此則荊吳之勢彊鼎足之形成矣成敗之機在於今日權

大悅卽遣周瑜程普魯肅等水軍三萬隨亮詣先主并力拒曹公袁子曰張子布薦亮於孫權亮不肯留人問其故曰孫將軍可謂人主然觀其度能賢亮而不能盡亮吾是以不留臣松之以爲袁孝尼著文立論甚重諸葛之爲人至如此言則失之殊遠觀亮君臣相遇可謂希世一時終始以分誰能間之寧有中違斷金甫擇主設使權盡其量便當翻然去就乎葛生行已豈其然哉關羽爲曹公所獲遇之甚厚可謂能盡其用矣猶義不背本曾謂孔明之不若雲長乎曹公敗于赤壁引軍歸鄴先主遂收江南以亮爲軍師中郎將使督零陵桂陽長沙三郡調其賦稅以充軍實零陵先賢傳云亮時住臨烝建安十六年益州牧劉璋遣法正迎先主使擊張魯亮與關羽鎮荊州先主自葭萌還攻璋亮與張飛趙雲等率衆泝江分定郡縣與先主共圍成都成都平以亮爲軍師將軍署左將軍府事先主外出亮常鎮守成都足食足兵二十六年羣下勸先主稱尊號先主未許亮說曰昔吳漢耿弇等初勸世祖卽帝位世祖辭讓前後數四耿純進言曰天下英雄喁喁冀有所望如不從議者士大夫各歸求主無爲從公也世祖感純言深至遂然諾之今曹氏篡漢天下無主大王劉氏苗族紹世而起今卽帝位乃其宜也士大夫隨大王久勤苦者亦欲望尺寸之功如純言耳先主於是卽帝位策亮爲丞相曰朕遭家不造奉承大統兢兢業業不敢康寧思靖百姓懼未能綏於戲丞相亮其悉朕意無怠輔朕之闕助宣重光以照明天下君其勗哉亮以丞相錄尚書事假節張飛卒後領司隸校尉蜀記曰晉初扶風王駿鎮關中司馬高平劉寶長史滎陽桓隰諸官屬士大夫共論諸葛亮于時譚者多譏亮託身非所勞困蜀民力小謀大不能度德量力金城郭沖以爲亮權智英略有踰管晏功業未濟論者惑焉條亮五事隱沒不聞於世者寶等亦不能復難扶風王慨然善沖之言臣松之以爲亮之異美誠所願聞然沖之所說實皆可疑謹隨事難之如左其一事曰亮刑法峻急刻剝百姓自君子小人咸懷怨歎法正諫曰昔高祖入關約法三章秦民知德今君假借威力跨據一州初有其國未垂惠撫且客主之義宜相降下願緩刑弛禁以慰其望亮答曰君知其一未知其二秦以無道政苛民怨匹夫大呼天下土崩高祖因之可以弘濟劉璋暗弱自焉以來有累世之恩文法羈縻互相承奉德政不舉威刑不肅蜀土人士專權自恣君臣之道漸以陵替寵之以位位極則賤順之以恩恩竭則慢所以致弊實由於此吾今威之以法法行則知恩限之以爵爵加則知榮榮恩並濟上下有節爲治之要於斯而著難曰案法正在劉主前死今稱法正諫則劉主在也諸葛職爲股肱事歸元首劉主之世亮又未領益州慶賞刑政不出於己尋沖所述亮答專自有其能有違人臣自處之宜以亮謙順之體殆必不然又云亮刑法峻急刻剝百姓未聞善政以刻剝爲稱其二事曰曹公遣刺客見劉備方得交接開論伐魏形勢甚合備計稍欲親近刺者尚未得便會既而亮入魏客神色失措亮因而察之亦知非常人須臾客如廁備謂亮曰向得奇士足以助君補益亮問所在備曰起者其人也亮徐歎曰觀客色動而神懼視低而忤數姦形外漏邪心內藏必曹氏刺客也追之已越牆而走難曰凡爲刺客皆暴虎馮河死而無悔者也劉主有知人之鑒而惑於此客則此客亦一時之奇士也又語諸葛云足以助君補益則亦諸葛之流亞也凡如諸葛之儔鮮有爲人作刺客者矣時主亦當惜其器用必不投之死地也且此人不死要應顯達爲魏竟是誰乎何其寂蔑而無聞章武三年春先主於永安病篤召亮於成都屬以後事謂亮曰君才十倍曹丕必能安國終定大事若嗣子可輔

輔之如其不才君可自取亮涕泣曰臣敢竭股肱之力效忠貞之節繼之以死先主又爲詔勑後主曰汝與丞相從事事之如父孫盛曰夫杖道扶義體存信順然後能匡主濟功終定大業語曰弈者舉棊不定猶不勝其偶況量君之才否而二三其節可以摧服彊鄰囊括四海者乎備之命亮亂孰甚焉世或有謂備欲以固委付之人且以一蜀人之志君子曰不然苟所寄忠賢則不須若斯之誨如非其人不宜啓篡逆之塗是以古之顧命必貽話言詭僞之辭非託孤之謂幸值劉禪闇弱無猜險之性諸葛威略足以檢衛異端故使異同之心無由自起耳不然殆生疑隙不逞之釁謂之爲權不亦惑哉建興元年封亮武鄉侯開府治事頃之又領益州牧政事無巨細咸決於亮南中諸郡並皆叛亂亮以新遭大喪故未便加兵且遣使聘吳因結和親遂爲與國亮集曰是歲魏司徒華歆司空王朗尚書令陳羣太史令許芝謁者僕射諸葛璋各有書與亮陳天命人事欲使舉國稱藩亮遂不報書作正議曰昔在項羽起不由德雖處華夏秉帝者之勢卒就湯鑊爲後永戒魏不審鑒今次之矣免身爲幸戒在子孫而二三子各以耆艾之齒承僞指而進書有若崇竦莽之功亦將偪于元禍苟免者邪昔世祖之創迹舊基奮羸卒數千摧莽彊旅四十餘萬於昆陽之郊夫據道討淫不在衆寡及至孟德以其譎勝之力舉數十萬之師救張郃於陽平勢窮慮悔僅能自脫辱其鋒銳之衆遂喪漢中之地深知神器不可妄獲旋還未至感毒而死子桓淫逸繼之以篡縱使二三子多逞蘇張詭靡之說奉進驩兜滔天之辭欲以誣毀唐帝諷解禹稷所謂徒喪文藻煩勞翰墨者矣夫大人君子之所不爲也又軍誡曰萬人必死橫行天下昔軒轅氏整卒數萬制四方定海內況以數十萬之衆據道而臨有罪可得干擬者哉三年春亮率衆南征詔賜亮金鈇鉞一具曲蓋一前後羽葆鼓吹各一部虎賁六十人事在亮集其秋悉平軍資所出國以富饒漢晉春秋曰亮在南中所在戰捷聞孟獲者爲夷漢並所服募生致之既得使觀於營陣之間問曰此軍何如獲對曰向者不知虛實故敗今蒙賜觀看營陣若秖如此卽定易勝耳亮笑縱使更戰七縱七禽而亮猶遣獲獲止不去曰公天威也南人不復反矣遂至滇池南中平皆卽其渠率而用之或以諫亮亮曰若留外人則當留兵兵留則無所食一不易也加夷新傷破父兄死喪留外人而無兵者必成禍患二不易也又夷累有廢殺之罪自嫌釁重若留外人終不相信三不易也今吾欲使不留兵不運糧而綱紀粗定夷漢粗安故耳乃治戎講武以俟大舉五年率諸軍北駐漢中臨發上疏曰先帝創業未半而中道崩殂今天下三分益州疲弊此誠危急存亡之秋也然侍衞之臣不懈於內忠志之士忘身於外者蓋追先帝之殊遇欲報之於陛下也誠宜開張聖聽以光先帝遺德恢弘志士之氣不宜妄自菲薄引喻失義以塞忠諫之路也宮中府中俱爲一體陟罰臧否不宜異同若有作姦犯科及爲忠善者宜付有司論其刑賞以昭陛下平明之理不宜偏私使內外異法也侍中侍郎郭攸之費禕董允等此皆良實志慮忠純是以先帝簡拔以遺陛下愚以爲宮中之事事無大小悉以咨之然後施行必能裨補闕漏有所廣益將軍向寵性行淑均曉暢軍事試用於昔日先帝稱之曰能是以衆議舉寵爲督愚以爲營中之事悉以咨之必能使行陣和睦優劣得所親賢臣遠小人此先漢所以興隆也親小人遠賢臣此後漢所以傾頹也先帝在時每與臣論此事未嘗不歎息痛恨於桓靈也侍

中尚書長史參軍此悉貞良死節之臣願陛下親之信之則漢室之隆可計日而待也臣本布衣躬耕於南陽苟全性命於亂世不求聞達於諸侯先帝不以臣卑鄙猥自枉屈三顧臣於草廬之中諮臣以當世之事由是感激遂許先帝以驅馳後值傾覆受任於敗軍之際奉命於危難之間爾來二十有一年矣臣松之案劉備以建安十三年敗遣亮使吳亮以建興五年抗表北伐自傾覆至此整二十年然則備始與亮相遇在敗軍之前一年時也先帝知臣謹慎故臨崩寄臣以大事也受命以來夙夜憂勤恐託付不效以傷先帝之明故五月渡瀘深入不毛漢書地理志曰瀘惟水出牂牁郡句町縣今南方已定兵甲已足當獎率三軍北定中原庶竭駑鈍攘除姦凶興復漢室還于舊都此臣所以報先帝而忠陛下之職分也至於斟酌損益進盡忠言則攸之禕允之任也願陛下託臣以討賊興復之效不效則治臣之罪以告先帝之靈責攸之禕允等之慢以彰其咎陛下亦宜自謀以諮諏善道察納雅言深追先帝遺詔臣不勝受恩感激今當遠離臨表涕零不知所言遂行屯于沔陽郭沖三事曰亮屯于陽平遣魏延諸軍并兵東下亮惟留萬人守城晉宣帝率二十萬衆拒亮而與延軍錯道徑至前當亮六十里所偵候白宣帝說亮在城中兵少力弱亮亦知宣帝垂至已與相偪欲前赴延軍相去又遠回迹反追勢不相及將士失色莫知其計亮意氣自若勑軍中皆臥旗息鼓不得妄出菴幔又令大開四城門掃地卻灑宣帝常謂亮持重而猥見勢弱疑其有伏兵於是引軍北趣山明日食時亮謂參佐拊手大笑曰司馬懿必謂吾怯將有彊伏循山走矣候邏還白如亮所言宣帝後知深以爲恨難曰案陽平在漢中亮初屯陽平宣帝尚爲荊州都督鎮宛城至曹真死後始與亮於關中相抗禦耳魏嘗遣宣帝自宛由西城伐蜀值霖雨不果此之前後無復有於陽平交兵事就如沖言宣帝既舉二十萬衆已知亮兵少力弱若疑其有伏兵正可設防持重何至便走乎案魏延傳云延每隨亮出輒欲請兵萬人與亮異道會于潼關亮制而不許延常謂亮爲怯歎己才用之不盡也亮尚不以延爲萬人別統豈得如沖言頓使將重兵在前而以輕弱自守乎且沖與扶風王言顯彰宣帝之短對子毀父理所不容而云扶風王慨然善沖之言故知此書舉引皆虛六年春揚聲由斜谷道取郿使趙雲鄧芝爲疑軍據箕谷魏大將軍曹真舉衆拒之亮身率諸軍攻祁山戎陣整齊賞罰肅而號令明南安天水安定三郡叛魏應亮關中響震魏略曰始國家以蜀中惟有劉備備既死數歲寂然無聞是以略無備預而卒聞亮出朝野恐懼隴右祁山尤甚故三郡同時應亮魏明帝西鎮長安命張郃拒亮亮使馬謖督諸軍在前與郃戰于街亭謖違亮節度舉動失宜大爲郃所破亮拔西縣千餘家還于漢中郭沖四事曰亮出祁山隴西南安二郡應時降圍天水拔冀城虜姜維驅略士女數千人還蜀人皆賀亮亮顏色愀然有戚容謝曰普天之下莫非漢民國家威力未舉使百姓困於豺狼之吻一夫有死皆亮之罪以此相賀能不爲愧於是蜀人咸知亮有吞魏之志非惟拓境而已難曰亮有吞魏之志久矣不始於此衆人方知也且于時師出無成傷缺而反者衆三郡歸降而不能有姜維天水之匹夫耳獲之則於魏何損拔西縣千家不補街亭所喪以何爲功而蜀人相賀乎戮謖以謝衆上疏曰臣以弱才叨竊非據親秉旄鉞以厲三軍不能訓章明法臨事而懼至有街亭違命之闕箕谷不戒之失

咎皆在臣授任無方臣明不知人恤事多闇春秋責帥臣職是當請自貶三等以督厥咎於是以亮爲右將軍行丞相事所總統如前

漢晉春秋曰或勸亮更發兵者亮曰大軍在祁山箕谷皆多於賊而不能破賊爲賊所破者則此病不在兵少也在一人耳今欲減兵省將明罰思過校變通之道於將來若不能然者雖兵多何益自今已後諸有忠慮於國但勤攻吾之闕則事可定賊可死功可蹻足而待矣於是考微勞甄烈壯引咎責躬布所失於天下厲兵講武以爲後圖戎士簡練民忘其敗矣亮聞孫權破曹休魏兵東下關中虛弱十一月上言曰先帝慮漢賊不兩立王業不偏安故託臣以討賊也以先帝之明量臣之才故知臣伐賊才弱敵強也然不伐賊王業亦亡惟坐待亡孰與伐之是故託臣而弗疑也臣受命之日寢不安席食不甘味思惟北征宜先入南故五月渡瀘深入不毛并日而食臣非不自惜也顧王業不可得偏全於蜀都故冒危難以奉先帝之遺意也而議者謂爲非計今賊適疲於西又務於東兵法乘勞此進趨之時也謹陳其事如左高帝明並日月謀臣淵深然涉險被創危然後安今陛下未及高帝謀臣不如良平而欲以長計取勝坐定天下此臣之未解一也劉繇王朗各據州郡論安言計動引聖人羣疑滿腹衆難塞胸今歲不戰明年不征使孫策坐大遂并江東此臣之未解二也曹操智計殊絕於人其用兵也髣髴孫吳然困於南陽險於烏巢危於祁連偪於黎陽幾敗北山殆死潼關然後僞定一時耳況臣才弱而欲以不危而定之此臣之未解三也曹操五攻昌霸不下四越巢湖不成任用李服而李服圖之委夏侯而夏侯敗亡先帝每稱操爲能猶有此失況臣駑下何能必勝此臣之未解四也自臣到漢中中間期年耳然喪趙雲陽羣馬玉閻芝丁立白壽劉郃鄧銅等及曲長屯將七十餘人突將無前賨叟青羌散騎武騎一千餘人此皆數十年之內所糾合四方之精銳非一州之所有若復數年則損三分之二也當何以圖敵此臣之未解五也今民窮兵疲而事不可息事不可息則住與行勞費正等而不及今圖之欲以一州之地與賊持久此臣之未解六也夫難平者事也昔先帝敗軍於楚當此時曹操拊手謂天下以定然後先帝東連吳越西取巴蜀舉兵北征夏侯授首此操之失計而漢事將成也然後吳更違盟關羽毀敗秭歸蹉跌曹丕稱帝凡事如是難可逆見臣鞠躬盡力死而後已至於成敗利鈍非臣之明所能逆覩也於是有散關之役此表亮集所無出張儼默記

冬亮復出散關圍陳倉曹真拒之亮糧盡而還魏將王雙率騎追亮亮與戰破之斬雙七年亮遣陳式攻武都陰平魏雍州刺史郭淮率衆欲擊式亮自出至建威淮退遂平二郡詔策亮曰街亭之役咎由馬謖而君引愆深自貶抑重違君意聽順所守前年燿師馘斬王雙今歲爰征郭淮遁走降集氐羌興復二郡威震凶暴功勳顯然方今天下騷擾元惡未梟君受大任幹國之重而久自挹損非所以光揚洪烈矣今復君丞相君其勿辭

漢晉春秋曰是歲孫權稱尊號其羣臣以並尊二帝來告議者咸以爲交之無益而名體弗順宜顯明正義絕其盟好亮曰權有僭逆之心久矣國家所以略其釁情者求掎角之援也今若加顯絕讎我必深便當移兵東戍與之角力須并其土乃議中原彼賢才尚多將相緝穆未可一朝定也頓兵相持坐而須老使北賊得計非算之上者昔孝文卑辭匈奴先帝優與吳盟皆應權通變弘思遠益非匹夫之爲分者也今議者咸以權利在鼎足不能并力且志望以滿無上岸之情推此皆似是而非也何者其智力不侔故限江自保權之不能越江猶魏賊之不能渡漢非力有餘而利不取也若大軍致討彼高當分裂其地以爲後規下當略民廣境示武於內非端坐者也若就其不動而睦於我我之北伐無東顧之憂河南之衆不得盡西此之爲利亦已深矣權僭之罪未宜明也乃遣衞尉陳震慶權正號

九年亮復出祁山以木牛運

漢晉春秋曰亮圍祁山招鮮卑軻比能比能等至故北地石城以應亮於是魏大司馬曹真有疾司馬宣王自荊州入朝魏明帝曰西方事重非君莫可付者乃使西屯長安督張郃費曜戴陵郭淮等宣王使曜陵留精兵四千守上邽餘衆悉出西救祁山郃欲分兵駐雍郿宣王曰料前軍能獨當之者將軍言是也若不能當而分爲前後此楚之三軍所以爲黥布禽也遂進亮分兵留攻自逆宣王于上邽郭淮費曜等徼亮亮破之因大芟刈其麥與宣王遇于上邽之東斂兵依險軍不得交亮引而還宣王尋亮至于鹵城張郃曰彼遠來逆我請戰不得謂我利在不戰欲以長計制之也且祁山知大軍以在近人情自固可止屯於此分爲奇兵示出其後不宜進前而不敢偪坐失民望也今亮縣軍食少亦行去矣宣王不從故尋亮既至又登山掘營不肯戰賈栩魏平數請戰因曰公畏蜀如虎奈天下笑何宣王病之諸將咸請戰五月辛巳乃使張郃攻無當監何平於南圍自案中道向亮亮使魏延高翔吳班赴拒大破之獲甲首三千級玄鎧五千領角弩三千一百張宣王還保營

糧盡退軍與魏將張郃交戰射殺郃

郭冲五事曰魏明帝自征蜀幸長安遣宣王督張郃諸軍雍涼勁卒三十餘萬潛軍密進規向劍閣亮時在祁山旌旗利器守在險要十二更下在者八萬時魏軍始陳幡兵適交參佐咸以賊衆強盛非力不制宜權停下兵一月以并聲勢亮曰吾統武行師以大信爲本得原失信古人所惜去者束裝以待期妻子鶴望而計日雖臨征難義所不廢皆催遣令去於是去者感悅願留一戰住者憤踊思致死命相謂曰諸葛公之恩死猶不報也臨戰之日莫不拔刃爭先以一當十殺張郃卻宣王一戰大剋此信之由也難曰臣松之案亮前出祁山魏明帝身至長安耳此年不復自來且亮大軍在關隴魏人何由得越亮徑向劍閣亮既出戰場本無久住之規而方休兵還蜀皆非經通之言孫盛習鑿齒搜求異同罔有所遺而並不多載冲言知其乖剌多矣

十二年春亮悉大衆由斜谷出以流馬運據武功五丈原與司馬宣王對於渭南亮每患糧不繼使己志不伸是以分兵屯田爲久住之基耕者雜於渭濱居民之間而百姓安堵軍無私焉

漢晉春秋曰亮自至數挑戰宣王亦表固請戰使衞尉辛毗持節以制之姜維謂亮曰辛佐治仗節而到賊不復出矣亮曰彼本無戰情所以固請戰者以示武於其衆耳將在軍君命有所不受苟能制吾豈千里而請戰邪魏氏春秋曰亮使至問其寢食及其事之煩簡不問戎事使對曰諸葛公夙興夜寐罰二十以上皆親覽焉所噉食不至數升宣王曰亮將死矣

相持百餘日其年八月亮疾病卒于軍時年五十四

魏書曰亮糧盡勢窮憂恚歐血一夕燒營遁走入谷道發病卒漢晉春秋曰亮卒于郭氏塢晉陽秋曰有星赤而芒角自東北西南流投于亮營三投再還往大還小俄而亮卒臣松之以爲亮在渭濱魏人躡跡勝負之形未可測量而云歐血蓋因亮自亡而自誇大也夫以孔明之略豈爲仲達歐血乎及至劉琨喪師與晉元帝箋亦云亮軍敗歐血此則引虛記以爲言也其云入谷而卒緣蜀人入谷發喪故也

及軍退宣王案行其營壘處所曰天下奇才也

漢晉春秋曰楊儀等整軍而出百姓奔告宣王宣王追焉姜維令儀反旗鳴鼓若將向宣王者宣王乃退不敢偪於是儀結陣而去入谷然後發喪宣王之退也百姓爲之諺曰死諸葛走生仲達或以告宣王宣王曰吾能料生不便料死也

亮遺命葬漢中定軍山因山爲墳冢足容棺斂以時服不須器物詔策曰惟君體資文武明叡篤誠受遺託孤匡輔朕躬繼絕興微志存靖亂爰整六師無歲不征神武赫然威鎮八荒將建殊功於季漢參伊周之巨勳如何不弔事臨垂克遘疾隕喪朕用傷悼肝心若裂夫崇德序功紀行命謚所以光昭將來刊載不朽今使使持節左中郎將杜瓊贈君丞相武鄉侯印綬謚君爲忠武侯魂而有靈嘉茲寵榮嗚呼哀哉嗚呼哀哉初亮自表後主曰成都有桑八百株薄田十五頃子弟衣食自有餘饒至於臣在外任無別調度隨身衣食悉仰於官不別治生以長尺寸若臣死之日不使內有餘帛外有贏財以負陛下及卒如其所言亮性長於巧思損益連弩木牛流馬皆出其意推演兵法作八陣圖咸得其要云

魏氏春秋曰亮作八務七戒六恐五懼皆有條章以訓厲臣子又損益連弩謂之元戎以鐵爲矢矢長八寸一弩十矢俱發亮集載作木牛流馬法曰木牛者方腹曲頭一腳四足頭入領中舌著於腹載多而行少宜可大用不可小使特行者數十里羣行者二十里也曲者爲牛頭雙者爲牛腳橫者爲牛領轉者爲牛足覆者爲牛背方者爲牛腹垂者爲牛舌曲者爲牛肋刻者爲牛齒立者爲牛角細者爲牛鞅攝者爲牛鞦軸牛仰雙轅人行六尺牛行四步載一歲糧日行二十里而人不大勞流馬尺寸之數肋長三尺五寸廣三寸厚二寸二分左右同前軸孔分墨去頭四寸徑中二寸前腳孔分墨二寸去前軸孔四寸五分廣一寸前杠孔去前腳孔分墨二寸七分孔長二寸廣一寸後軸孔去前杠分墨一尺五分大小與前同後腳孔分墨去後軸孔三寸五分大小與前同後杠孔去後腳孔分墨二寸七分後載剋去後杠孔分墨四寸五分前杠長一尺八寸廣二寸厚一寸五分後杠與等板方囊二枚厚八分長二尺七寸高一尺六寸五分廣一尺六寸每枚受米二斛三斗從上杠孔去肋下七寸前後同上杠孔去下杠孔分墨一尺三寸孔長一寸五分廣七分八孔同前後四腳廣二寸厚一寸五分形制如象靬長四寸徑面四寸三分孔徑中三腳杠長二尺一寸廣一寸五分厚一寸四分同杠耳

亮言教書奏多可觀別爲一集景耀六年春詔爲亮立廟於沔陽

襄陽記曰亮初亡所在各求爲立廟朝議以禮秩不聽百姓遂因時節私祭之於道陌上言事者或以爲可聽立廟於成都者後主不從步兵校尉習隆中書郎向充等共上表曰臣聞周人懷召伯之德甘棠爲之不伐越王思范蠡之功鑄金以存其像自漢興已來小善小德而圖形立廟者多矣況亮德範遐邇勳蓋季世興王室之不壞實斯人是賴而蒸嘗止於私門廟像闕而莫立使百姓巷祭戎夷野祀非所以存德念功述追在昔者也今若盡順民心則瀆而無典建之京師又偪宗廟此聖懷所以惟疑也臣愚以爲宜因近其墓立之於沔陽使所親屬以時賜祭凡其臣故吏欲奉祠者皆限至廟斷其私祀以崇正禮於是始從之

秋魏鎮西將軍鍾會征蜀至漢川祭亮之廟令軍士不得於亮墓所左右芻牧樵採亮弟均官至長水校尉亮子瞻嗣爵

襄陽記曰黃承彥者高爽開列爲沔南名士謂諸葛孔明曰聞君擇婦身有醜女黃頭黑色而才堪相配孔明許即載送之時人以爲笑樂鄉里爲之諺曰莫作孔明擇婦止得阿承醜女

諸葛氏集目錄

開府作牧第一　權制第二
南征第三　北出第四
計算第五　訓厲第六
綜覈上第七　綜覈下第八
雜言上第九　雜言下第十
貴和第十一　兵要第十二
傳運第十三　與孫權書第十四
與諸葛瑾書第十五　與孟達書第十六
廢李平第十七　法檢上第十八
法檢下第十九　科令上第二十
科令下第二十一　軍令上第二十二
軍令中第二十三　軍令下第二十四

右二十四篇凡十萬四千一百一十二字

臣壽等言臣前在著作郎侍中領中書監濟北侯臣荀勗中書令關內侯臣和嶠奏使臣定故蜀丞相諸葛亮故事亮毗佐危國負阻不賓然猶存錄其言恥善有遺誠是大晉光明至德澤被無疆自古以來未之有倫也輒刪除複重隨類相從凡爲二十四篇篇名如右亮少有逸羣之才英霸之器身長八尺容貌甚偉時人異焉遭漢末擾亂隨叔父玄避難荊州躬耕于野不求聞達時左將軍劉備以亮有殊量乃三顧亮於草廬之中亮深謂備雄姿傑出遂解帶寫誠厚相結納及魏武帝南征荊州劉琮舉州委質而備失勢衆寡無立錐之地亮時年二十七乃建奇策身使孫權求援吳會權既宿服仰備又覩亮奇雅甚敬重之即遣兵三萬人以助備備得用與武帝交戰大破其軍乘勝克捷江南悉平後備又西取益州益州既定以亮爲軍師將軍備稱尊號拜亮爲丞相錄尚書事及備殂沒嗣子幼弱事無巨細亮皆專之於是外連東吳內平南越立法施度整理戎旅工械技巧物究其極科教嚴明賞罰必信無惡不懲無善不顯至於吏不容奸人懷自厲道不拾遺彊不侵弱風化肅然也當此之時亮之素志進欲龍驤虎視苞括四海退欲跨陵邊疆震蕩宇內又自以爲無身之日則未有能蹈涉中原抗衡上國者是以用兵不戢屢耀其武然亮才於治戎爲長奇謀爲短理民之幹優於將略而所與對敵或值人傑加衆寡不侔攻守異體故雖連年動衆未能有克昔蕭何薦韓信管仲舉王子城父皆忖己之長未能兼有故也亮之器能政理抑亦管蕭之亞匹也而時之名將無城父韓信故使功業陵遲大義不及邪蓋天命有歸不可以智力爭也青龍二年春亮帥衆出武功分兵屯田爲久駐之基其秋病卒黎庶追思以爲口實至今梁益之民咨述亮者言猶在耳雖甘棠之詠召公鄭人之歌子產無以遠譬也孟軻有云以逸道使民雖勞不怨以生道殺人雖死不忿信矣論者或怪亮文彩不豔而過於丁寧周至臣愚以爲咎繇大賢也周公聖人也考之尚書咎繇之謨略而雅周公之誥煩而悉何則咎繇與舜禹共談周公與羣下矢誓故也亮所與言盡衆人凡士故其文指不得及遠也然其聲教遺言皆經事綜物公誠之心形于文墨足以知其人之意理而有補於當世伏惟陛下邁蹤古聖蕩然無忌故雖敵國誹謗之言咸肆其辭而無所革諱所以明大通之道也謹錄寫上詣著作臣壽誠惶誠恐頓首頓首死罪死罪

泰始十年二月一日癸巳平陽侯相臣陳壽上

喬字伯松亮兄瑾之第二子也本字仲慎與兄元遜俱

有名於時論者以爲喬才不及兄而性業過之初亮未有子求喬爲嗣瑾啓孫權遣喬來西亮以喬爲己適子故易其字焉拜爲駙馬都尉隨亮至漢中亮與兄瑾書曰喬本當還成都今諸將子弟皆得傳運思惟宜同榮辱今使喬督五六百兵與諸子弟傳於谷中書在亮集年二十五建興元年卒子攀官至行護軍翊武將軍亦早卒諸葛恪見誅於吳子孫皆盡而亮自有胄裔故攀還復爲瑾後

瞻字思遠建興十二年亮出武功與兄瑾書曰瞻今已八歲聰慧可愛嫌其早成恐不爲重器耳年十七尚公主拜騎都尉其明年爲羽林中郎將屢遷射聲校尉侍中尚書僕射加軍師將軍瞻工書畫彊識念蜀人追思亮咸愛其才敏每朝廷有一善政佳事雖非瞻所建倡百姓皆傳相告曰葛侯之所爲也是以美聲溢譽有過其實景耀四年爲行都護衞將軍與輔國大將軍南鄉侯董厥並平尚書事六年冬魏征西將軍鄧艾伐蜀自陰平由景谷道旁入瞻督諸軍至涪停住前鋒破退還住綿竹艾遣書誘瞻曰若降者必表爲琅邪王瞻怒斬艾使遂戰大敗臨陣死時年三十七衆皆離散艾長驅至成都瞻長子尚與瞻俱沒干寶曰瞻雖智不足以扶危勇不足以拒敵而能外不負國內不改父之志忠孝存焉華陽國志曰尚歎曰父子荷國重恩不早斬黃皓以致傾敗用生何爲乃馳赴魏軍而死次子京及攀子顯等咸熙元年內移河東案諸葛氏譜云京字行宗晉泰始起居注載詔曰諸葛亮在蜀盡其心力其子瞻臨難而死義天下之善士也其孫京隨才署吏後爲郿令尚書僕射山濤啓事曰郿令諸葛京祖父亮遇漢亂分隔父子在蜀雖不達天命要爲盡心所事京治郿自復有稱臣以爲宜以補東宮舍人以明事人之理副梁益之論京位至廣州刺史

董厥者丞相亮時爲府令史亮稱之曰董令史良士也吾每與之言思慎宜適徙爲主簿亮卒後稍遷至尚書僕射代陳祗爲尚書令遷大將軍平臺事而義陽樊建代焉案晉百官表董厥字龔襲亦義陽人建字長元延熙二十四年以校尉使吳值孫權病篤不自見建權問諸葛恪曰樊建何如宗預也恪對曰才識不及預而雅性過之後爲侍中守尚書令自瞻厥建統事姜維常征伐在外宦人黃皓竊弄機柄咸共將護無能匡矯孫盛異同記曰瞻厥等以維好戰無功國內疲弊宜表後主召還爲益州刺史奪其兵權蜀長老猶有瞻表以閻宇代維故事晉永和三年蜀史常璩說長老云陳壽嘗爲瞻吏爲瞻所辱故因此事歸惡黃皓而云瞻不能匡矯也然建特不與皓和好往來蜀破之明年厥建俱詣京都同爲相國參軍其秋並兼散騎常侍使蜀慰勞漢晉春秋曰樊建爲給事中晉武帝問諸葛亮之治國建對曰聞惡必改而不矜過賞罰之信足感神明帝曰善哉使我得此人以自輔豈有今日之勞乎建稽首曰臣竊聞天下之論皆謂鄧艾見枉陛下知而不理此豈馮唐之所謂雖得頗牧而不能用者乎帝笑曰吾方欲明之卿言起我意於是發詔治艾焉

評曰諸葛亮之爲相國也撫百姓示儀軌約官職從權制開誠心布公道盡忠益時者雖讎必賞犯法怠慢者雖親必罰服罪輸情者雖重必釋游辭巧飾者雖輕必戮善無微而不賞惡無纖而不貶庶事精練物理其本循名責實虛僞不齒終於邦域之內咸畏而愛之刑政雖峻而無怨者以其用心平而勸戒明也可謂識治之良才管蕭之亞匹矣然連年動衆未能成功蓋應變將畧非其所長歟袁子曰或問諸葛亮何如人也袁子曰張飛關羽與劉備俱起爪牙腹心之臣而武人也晚得諸葛亮因以爲佐相而羣臣悅服劉備足信亮足重故也及其受六尺之孤攝一國之政事凡庸之君專權而不失禮行君事而國人不疑如此卽以爲君臣百姓之心欣戴之矣行法嚴而國人悅服用民盡其力而下不怨及其兵出入如賓行不寇芻蕘者不獵如在國中其用兵也止如山進退如風兵出之日天下震動而人心不憂亮死至今數十年國人歌思如周人之思召公也孔子曰雍也可使南面諸葛亮有焉又問諸葛亮始出隴右南安天水安定三郡人反應之若亮速進則三郡非中國之有也而亮徐行不進旣而官兵上隴三郡復亮無尺寸之功失此機何也袁子曰蜀兵輕銳良將少亮始出未知中國彊弱是以疑而嘗之且大會者不求近功所以不進也曰何以知其疑也袁子曰初出遲重屯營重復後轉降未進兵欲戰亮勇而能鬬三郡反而不速應此其疑徵也曰何以知其勇而能鬬也袁子曰亮之在街亭也前軍大破亮屯去數里不救官兵相接又徐行此其勇也亮之行軍安靜而堅重安靜則易動堅重則可以進退亮法令明賞罰信士卒用命赴險而不顧此所以能鬬也曰亮帥數萬之衆其所興造若數十萬之功是其奇者也所至營壘井竈圊溷藩籬障塞皆應繩墨一月之行去之如始至勞費而徒爲飾好何也袁子曰蜀人輕脫亮故堅用之曰何以明其然也袁子曰亮治實而不治名志大而所欲遠非求近速者也曰亮好治官府次舍橋梁道路此非急務何也袁子曰小國賢才少故欲其尊嚴也亮之治蜀田疇辟倉廩實器械利蓄積饒朝會不譁路無醉人夫本立故末治有餘力而後及小事此所以勸其功也曰子之論諸葛亮則有證也以亮之才而少其功何也袁子曰亮持本者也其於應變則非所長也故不敢用其短曰然則吾子美之何也袁子曰此固賢者之遠矣安可以備體責也夫能知所短而不用此賢者之大也知所短則知所長矣夫前識與言而不中亮之所不用也此吾之所謂可也吳大鴻臚張儼作默記其述佐篇論亮與司馬宣王書曰漢朝傾覆天下崩壞豪傑之士競希神器魏氏跨中土劉氏據益州並稱兵海內爲世霸王諸葛司馬二相遭值際會託身盟主或收功於蜀漢或冊名於伊洛丕備旣沒後嗣繼統各受保阿之任輔翼幼主不負然諾之誠亦一國之宗臣霸王之賢佐也歷前世以觀近事二相優劣可得而詳也孔明起巴蜀之地蹈一州之土方之大國其戰士人民蓋有九分之一也而以貢贄大吳抗對北敵至使耕戰有伍刑法整齊提步卒數萬長驅祁山慨然有飲馬河洛之志仲達據天下十倍之地仗兼并之衆據牢城擁精銳無禽敵之意務自保全而已使彼孔明自來自去若此人不亡終其志意連年運思刻日興謀則涼雍不解甲中國不釋鞌勝負之勢亦已決矣昔子產治鄭諸侯不敢加兵蜀相其近之矣方之司馬不亦優乎或曰兵者凶器戰者危事也有國者不務保安境內綏靜百姓而好開闢土地征伐天下未爲得計也諸葛丞相誠有匡佐之才然處孤絕之地戰士不滿五萬自可閉關守險君臣無事空勞師旅無歲不征未能進尺寸之地開帝王之基而使國內受其荒殘西土苦其役調魏司馬懿才用之衆未易可輕量敵而進兵家所慎若丞相必有以策之則未見坦然之勳若無策以裁之則非明哲之謂海內歸向之意也余竊疑焉請聞其說答曰蓋聞湯以七十里文王以百里之地而有天下皆用征伐而定之揖讓而登王位者惟舜禹而已今蜀魏爲敵戰之國勢不俱王自操備時彊弱縣殊而備猶出兵陽平禽夏侯淵羽圍襄陽將降曹仁生獲于禁當時北邊大小憂懼孟德身出南陽樂進徐晃等爲救圍不卽解故蔣子通言彼時有徙許渡河之計會國家襲取南郡羽乃解軍玄德與操智力多少士衆衆寡用兵行軍之道不可同年而語猶能暫以取勝是時又無大吳掎角之勢也今仲達之才減於孔明當時之勢異於曩日玄德尚與抗衡孔明何以不可出軍而圖敵邪昔樂毅以弱燕之衆兼從五國之兵長驅彊齊下七十餘城今蜀漢之卒不少燕軍君臣之接信於樂毅加以國家爲脣齒之援東西相應首尾如蛇形勢重大不比於五國之兵也何憚於彼而不可哉夫兵以奇勝制敵以智土地廣狹人馬多少未可偏恃也余觀彼治國之體當時旣肅整遺教在後及其辭意懇切陳進取之圖忠謀謇謇義形於主雖古之管晏何以加之乎蜀記曰晉永興中鎭南將軍劉弘至隆中觀亮故宅立碣表閭命太傅掾犍爲李興爲文曰天子命我于沔之陽聽鼓鞞而永思庶先哲之遺光登隆山以遠望軾諸葛之故鄉蓋神物應機大器無方通人靡滯大德不常故谷風發而騶虞嘯雲雷升而潛鱗驤摯解褐於三聘尼得招而褰裳管豹變於受命貢感激以回莊異徐生之摘寶釋卧龍於深藏偉劉氏之傾蓋嘉吾子之周行夫有知己之主則有竭命之良固所以三分我漢鼎跨帶我邊荒抗衡我北面馳騁我魏疆者也英哉吾子獨含天靈豈神之祇豈人之精何思之深何德之清異世通夢恨不同生推子八陣不在孫吳木牛之奇則亦般模神弩之功一何微妙千井齊甃又何祕要昔在顛夭有名無迹孰若吾儕良籌妙畫臧文旣沒以言見稱又未若子言行並徽夷吾反坫樂毅不終奚比於爾明哲守沖臨終受寄讓過許由負扆莅事民言不流刑中於鄭教美于魯蜀民知恥河渭安堵匪皐則伊寧彼管晏豈徒聖宣慷慨屢歎昔爾之隱卜惟此宅仁智所處能無規廓日居月諸時殞其夕誰能不沒貴有遺格惟子之勳移風來世詠歌餘典懦夫將厲遐哉邈矣厥規卓矣凡若吾子難可究已暘昔之乖萬里殊塗今我來思覿爾故墟漢高歸魂於豐沛太公五世而反周想魍魎以髣髴冀影響之有餘魂而有靈豈其識諸王隱晉書云李興密之子一名安

蜀志卷五考證

諸葛亮父珪字君貢○君貢一本作子貢

好爲梁父吟○何焯曰蔡中郎琴頌云梁父悲吟周公越裳武鄉之志其有取於此乎今所傳之詞蓋非其作

謂爲信然注太尉烈子○烈監本誤作列今改正

遂詣曹公注聞元直廣元仕財如此○各本俱作聞元直麗仕元財如此 臣良裘按廣元卽石廣元也麗士元何嘗仕魏耶今改正

并力拒曹公注袁孝尼著文立論○監本訛作孝居今改正

後傾司隸校尉注則此客亦一時之奇士也○亦元本作必

事之如父注欲以固委付之人○宋本人作誠

國以富饒注亮在南中○宋本在作至

又注聞孟獲者爲夷漢並所服○宋本無並字

深入不毛注瀘津水○監本訛作瀘惟水 臣龍官按水經注禁水北注瀘津水則惟字實爲津字之訛

責攸之禕允等之慢以彰其咎○ 臣浩按文選此句上有若無興德之言六字董允傳中摘此表亦具載此句不知亮傳何獨脫之也

春秋責帥臣職是當○華陽國志作職臣是當

所總統如前注使孫策坐大遂并江東○ 臣浩按此下疑有脫文

又注幾敗北山○監本訛作伯山今改正

又注自臣到漢中中間期年耳然喪趙雲○何焯曰按趙雲以建興七年卒散關之役乃在六年後人或据此疑此表爲僞非也以元遜傳觀之自明第此表乃劇論事勢之盡非若發漢中時所陳得以激厲士衆不妨宣洩於外失之蜀而傳之吳或伯松寫留箱篋元遜鈔致之於身後耳集不載者益明武侯之愼非由陳氏之疏 臣明楷按箕谷失利在六年之春散關之役在六年之冬雲以信臣宿將使其尚在自當復出其必歿於是冬之前無疑也雲傳稱七年卒當爲六年之誤

又注而不及今圖之○及今毛本作及虛本集作及蚤

君其勿辭注便當褰兵東戍與之角力○戍當作伐也

又注非匹夫之爲分者比○分毛本作忿

又注且志望以滿無上進之情○上進毛本作上岸

射殺郃注亮旣出戰場本無久住之規○旣出宋本作旣在

亮子瞻嗣爵注莫作孔明擇婦止得阿承醜女○止宋本作正

諸葛喬隨亮至漢中年二十五建興元年卒○ 臣龍官按亮傳云五年率諸軍北駐漢中則此稱元年誤也當作六年

諸葛瞻其明年爲羽林中郎將○監本羽林訛作翰林今改正

內移河東注位至廣州刺史○廣州宋本作江州

董厥延熙二十四年以校尉使吳值孫權病篤○ 臣明楷按後主傳延熙十五年吳王孫權薨此何以云二十四年值孫權病篤也且延熙止二十年明年卽改景耀所云二十四年亦誤此二字宜衍

蓋應變將略非其所長歟注卽以爲君臣百姓之心欣戴之矣○君臣疑作羣臣

又注亮始出未知國中彊弱○國中宋本作中國

又注遭值際會託身盟主○盟主冊府作明主

又注木牛之奇則亦般模○宋本作則非般模言非前人所規也

蜀志卷六

晉著作郎巴西中正安漢陳　壽撰

宋太中大夫國子博士聞喜裴松之注

關羽　張飛　馬超　黃忠　趙雲

關羽字雲長本字長生河東解人也亡命奔涿郡先主於鄉里合徒衆而羽與張飛爲之禦侮先主爲平原相以羽飛爲別部司馬分統部曲先主與二人寢則同牀恩若兄弟而稠人廣坐侍立終日隨先主周旋不避艱險（蜀記曰曹公與劉備圍呂布於下邳關羽啓公布使秦宜祿行求救乞娶其妻公許之臨破又屢啓於公公疑其有異色先遣迎看因自留之羽心不自安此與魏氏春秋所說無異也）先主之襲殺徐州刺史車冑使羽守下邳城行太守事（魏書云以羽領徐州）而身還小沛建安五年曹公東征先主奔袁紹曹公禽羽以歸拜爲偏將軍禮之甚厚紹遣大將軍顏良攻東郡太守劉延於白馬曹公使張遼及羽爲先鋒擊之羽望見良麾蓋策馬刺良於萬衆之中斬其首還紹諸將莫能當者遂解白馬圍曹公卽表封羽爲漢壽亭侯初曹公壯羽爲人而察其心神無久留之意謂張遼曰卿試以情問之既而遼以問羽羽歎曰吾極知曹公待我厚然吾受劉將軍厚恩誓以共死不可背之吾終不留吾要當立效以報曹公乃去遼以羽言報曹公曹公義之（傅子曰遼欲白太祖恐太祖殺羽不白非事君之道乃歎曰公君父也羽兄弟耳遂白之太祖曰事君不忘其本天下義士也度何時能去遼曰羽受公恩必立效報公而後去也）及羽殺顏良曹公知其必去重加賞賜羽盡封其所賜拜書告辭而奔先主於袁軍左右欲追之曹公曰彼各爲其主勿追也（臣松之以爲曹公知羽不留而心嘉其志去不遣追以成其義自非有王霸之度孰能至於此乎斯實曹氏之休美）從先主就劉表表卒曹公定荊州先主自樊將南渡江別遣羽乘船數百艘會江陵曹公追至當陽長阪先主斜趣漢津適與羽船相值共至夏口（蜀記曰初劉備在許與曹公共獵獵中衆散羽勸備殺公備不從及至夏口飄颻江渚羽怒曰往日獵中若從羽言可無今日之困備曰是時亦爲國家惜之耳若天道輔正安知此不爲福邪臣松之以爲備後與董承等結謀但事泄不克諧耳若爲國家惜曹公其如此言何羽若果有此勸而備不肯從者將以曹公腹心親戚實繁有徒事不宿構非造次所行曹雖可殺身必不免故以計而止何惜之有乎既往之事故託爲雅言耳）孫權遣兵佐先主拒曹公曹公引兵退歸先主收江南諸郡乃封拜元勳以羽爲襄陽太守盪寇將軍駐江北先主西定益州拜羽董督荊州事羽聞馬超來降舊非故人羽書與諸葛亮問超人才可誰比類亮知羽護前乃答之曰孟起兼資文武雄烈過人一世之傑黥彭之徒當與益德並驅爭先猶未及髯之絕倫逸羣也羽美鬚髯故亮謂之髯羽省書大悅以示賓客羽嘗爲流矢所中貫其左臂後創雖愈每至陰雨骨常疼痛醫曰矢鏃有毒毒入于骨當破臂作創刮骨去毒然後此患乃除耳羽便伸臂令醫劈之時羽適請諸將飲食相對臂血流離盈於盤器而羽割炙引酒言笑自若二十四年先主爲漢中王拜羽爲前將軍假節鉞是歲羽率衆攻曹仁於樊曹公遣于禁助仁秋大霖雨漢水汎溢禁所督七軍皆沒禁降羽羽又斬將軍龐悳梁郟陸渾羣盜或遙受羽印號爲之支黨羽威震華夏曹公議徙許都以避其銳司馬宣王蔣濟以爲關羽得志孫權必不願也可遣人勸權躡其後許割江南以封權則樊圍自解曹公從之先是權遣使爲子索羽女羽罵辱其使不許婚權大怒（典略曰羽圍樊權遣使求助之勑使莫速進又遣主簿先致命於羽羽忿其淹遲又自已得于禁等乃罵曰狢子敢爾如使樊城拔吾不能滅汝邪權聞之知其輕己僞手書以謝羽許以自往臣松之以爲荊吳雖外睦而內相猜防故權之襲羽潛師密發按呂蒙傳云伏精兵於䑨䑩之中使白衣搖櫓作商賈服以此言之羽不求助於權權必不語羽當往也若許相援助何故匿其形迹乎）又南郡太守麋芳在江陵將軍傅士仁屯公安素皆嫌羽自輕己羽之出軍芳仁供給軍資不悉相救羽言還當治之芳仁咸懷懼不安於是權陰誘芳仁芳仁使人迎權而曹公遣徐晃救曹仁（蜀記曰羽與晃宿相愛遙共語但說平生不及軍事須臾晃下馬宣令得關雲長頭賞金千斤羽驚怖謂晃曰大兄是何言邪晃曰此國之事耳）羽不能克引軍退還權已據江陵盡虜羽士衆妻子羽軍遂散權遣將逆擊羽斬羽及子平于臨沮（蜀記曰權遣將軍擊羽獲羽及子平權欲活羽以敵劉曹左右曰狼子不可養後必爲害曹公不卽除之自取大患乃議徙都今豈可生乃斬之臣松之按吳書孫權遣將潘璋逆斷羽走路羽至卽斬且臨沮去江陵二三百里豈容不時殺羽方議其生死乎又云權欲活羽以敵劉曹此之不然可以絕智者之口吳歷曰權送羽首於曹公以諸侯禮葬其屍骸）追諡羽曰忠義侯（蜀記曰羽初出軍圍樊夢豬嚙其足語子平曰吾今年衰矣然不得還江表傳云羽好左氏傳諷誦略皆上口）子興嗣興字安國少有令問丞相諸葛亮深器異之弱冠爲侍中中監軍數歲卒子統嗣尚公主官至虎賁中郎將卒無子以興庶子彝續封（蜀記曰龐德子會隨鍾鄧伐蜀蜀破盡滅關氏家）

張飛字益德涿郡人也少與關羽俱事先主羽年長數歲飛兄事之先主從曹公破呂布隨還許曹公拜飛爲中郎將先主背曹公依袁紹劉表表卒曹公入荊州先主奔江南曹公追之一日一夜及於當陽之長阪先主聞曹公卒至棄妻子走使飛將二十騎拒後飛據水斷橋瞋目橫矛曰身是張益德也可來共決死敵皆無敢近者故遂得免先主既定江南以飛爲宜都太守征虜將軍封新亭侯後轉在南郡先主入益州還攻劉璋飛與諸葛亮等泝流而上分定郡縣至江州破璋將巴郡太守嚴顏生獲顏飛呵顏曰大軍至何以不降而敢拒戰顏答曰卿等無狀侵奪我州我州但有斷頭將軍無有降將軍也飛怒令左右牽去斫頭顏色不變曰斫頭便斫頭何爲怒邪飛壯而釋之引爲賓客（華陽國志曰初先主入蜀至巴郡顏拊心歎曰此所謂獨坐窮山放虎自衞也）飛所過戰克與先主會于成都益州既平賜諸葛亮法正飛及關羽金各五百斤銀千斤錢五千萬錦千匹其餘頒賜各有差以飛領巴西太守曹公破張魯留夏侯淵張郃守漢川郃別督諸軍下巴西欲徙其民於漢中進軍宕渠蒙頭盪石與飛相拒五十餘日飛率精卒萬餘人從他道邀郃軍交戰山道迮狹前後不得相救飛遂破郃郃棄馬緣山獨與麾下十餘人從間道退引軍還南鄭巴土獲安先主爲漢中王拜飛爲右將軍假節章武元年遷車騎將軍領司隸校尉進封西鄉侯策曰朕承天序嗣奉洪業除殘靖亂未燭厥理今寇虜作害民被荼毒思漢之士延頸鶴望朕用怛然坐不安席食不甘味整軍誥誓將行天罰以君忠毅侔蹤召虎名宣遐邇故特顯命高墉進爵兼司于京其誕將天威柔服以德伐叛以刑稱朕意焉詩不云乎匪疚匪棘王國來極肇敏戎功用錫爾祉可不勉歟初飛雄壯威猛亞於關羽魏謀臣程昱等咸稱羽飛萬人之敵也羽善待卒伍而驕於士大夫飛愛敬君子而不恤小人先主常戒之曰卿刑殺既過差又日鞭撾健兒而令在左右此取禍之道也飛猶不悛先主伐吳飛當率兵萬人自閬中會江州臨發其帳下將張達范彊殺飛持其首順流而奔孫權飛營都督表報先主先主聞飛都督之有表也曰噫飛死矣追諡飛曰桓侯長子苞早夭次子紹嗣官至侍中尚書僕射苞子遵爲尚書隨諸葛瞻於綿竹與鄧艾戰死

馬超字孟起右扶風茂陵人也父騰靈帝末與邊章韓遂等俱起事於西州初平三年遂騰率衆詣長安漢朝以遂爲鎮西將軍遣還金城騰爲征西將軍遣屯郿後騰襲長安敗走退還涼州司隸校尉鍾繇鎮關中移書遂騰爲陳禍福騰遣超隨繇討郭援高幹於平陽超將龐悳親斬援首後騰與韓遂不和求還京畿於是徵爲衞尉以超爲偏將軍封都亭侯領騰部曲（典略曰騰字壽成馬援後也桓帝時其父字子碩嘗爲天水蘭干尉後失官因留隴西與羌錯居家貧無妻遂娶羌女生騰騰少貧無產業常從鄣山中斫材木負販詣城市以自供給騰爲人長八尺餘身體洪大而鼻雄異而性賢厚人多敬之靈帝末涼州刺史耿鄙任信姦吏民王國等及氐羌反叛州郡募發民中有勇力者欲討之騰在募中州郡異之署爲軍從事典領部衆討賊有功拜軍司馬後以功遷偏將軍又遷征西將軍常屯汧隴之間初平中拜征東將軍是時西州少穀騰自表軍人多乏求就穀於池陽遂移屯長平岸頭而將王承等恐騰爲己害乃攻騰營時騰近出無備遂破走西上會三輔亂不復來東而與鎮西將軍韓遂結爲異姓兄弟始甚相親後轉以部曲相侵又更爲讎敵騰攻遂遂走合衆還攻騰殺騰妻子連兵不解建安之初國家綱紀弛乃使司隸校尉鍾繇涼州牧韋端和解之徵騰還屯槐里轉拜爲前將軍假節封槐里侯北備胡寇東備白騎待士進賢矜救民命三輔甚安愛之十五年徵爲衞尉騰自見年老遂入宿衞初曹公爲丞相辟騰長子超不就超後爲司隸校尉督軍從事討郭援爲飛矢所中乃以囊囊其足而戰破斬援首詔拜徐州刺史後拜諫議大夫及騰之入因詔拜爲偏將軍使領騰營又拜超弟休奉車都尉休弟鐵騎都尉徙其家屬皆詣鄴惟超獨留）超既統衆遂與韓遂合從及楊秋李堪成宜等相結進軍至潼關曹公與遂超單馬會語超負其多力陰欲突前捉曹公曹公左右將許褚瞋目盼之超乃不敢動曹公用賈詡謀離間超遂更相猜疑軍以大敗（山陽公載記曰初曹公軍在蒲阪欲西渡超謂韓遂曰宜於渭北拒之不過二十日河東穀盡彼必走矣遂曰可聽令渡蹙於河中顧不快耶超計不得施曹公聞之曰馬兒不死吾無葬地也）超走保諸戎曹公追至安定會北方有事引軍東還楊阜說曹公曰超有信布之勇甚得羌胡心若大軍還不嚴爲其備隴上諸郡非國家之有也超果率諸戎以擊隴上郡縣隴上郡縣皆應之殺涼州刺史韋康據冀城有其衆超自稱征西將軍領幷州牧督涼州軍事康故吏民楊阜姜敍梁寬趙衢等合謀擊超阜敍起於鹵城超出攻之不能下寬衢閉冀城門超不得入進退狼狽乃奔漢中依張魯魯不足與計事內懷於邑聞先主圍劉璋於成都密書請降（典略曰建安十六年超與關中諸將侯選程銀李堪張橫梁興成宜馬玩楊秋韓遂等凡十部俱反其衆十萬同據河潼建列營陣是歲曹公西征與超等戰於河渭之交超等敗走超至安定遂奔涼州詔收滅超家屬超復敗於隴上後奔漢中張魯以爲都講祭酒欲妻之以女或諫魯曰有人若此不愛其親焉能愛人魯乃止初超未反時其小婦弟种留三輔及超敗种先入漢中正旦种上壽於超超搥胷吐血曰闔門百口一旦同命今二人相賀邪後數從魯求兵欲北取涼州魯遣往無利又魯將楊白等欲害其能超遂從武都逃入氐中轉奔往蜀是歲建安十九年也）先主遣人迎超超將兵徑到城下城中震怖璋卽稽首（典略曰備聞超至喜曰我得益州矣乃使人止超而潛以兵資之超到令引軍屯城北超至未一旬而成都潰）以超爲平西將軍督臨沮因爲前都亭侯（山陽公載記曰超因見備待之厚與備言常呼備字關羽怒請殺之備曰人窮來歸我卿等怒以呼我字故而殺之何以示於天下也張飛曰如是當示之以禮明日大會請超入羽飛並杖刀立直超顧坐席不見羽飛見其直也乃大驚遂一不復呼備字明日歎曰我今乃知其所以敗爲呼人主字幾爲關羽張飛所殺自後乃尊事備臣松之按以爲超以窮歸備受其爵位何容傲慢而呼備字且備之入蜀留關羽鎮荊州羽未嘗在益土也故羽聞馬超歸降以書問諸葛亮超人才可誰比類不得如書所云羽焉得與張飛立直乎凡人行事皆謂其可也知其不可則不行之矣超若果呼備字亦謂於理宜爾也就令羽請殺超超不應聞但見二子立直何由便知以呼字之故云幾爲關張所殺乎言不經理深可忿疾也袁暐樂資等諸所記載穢雜虛謬若此之類殆不可勝言也）先主爲漢中王拜超爲左將軍假節章武元年遷驃騎將軍領涼州牧進封斄鄉侯策曰朕以不德獲繼至尊奉承宗廟曹操父子世載其罪朕用慘怛疢如疾首海內怨憤歸正反本暨於氐羌率服獯鬻慕義以君信著北土威武並昭是以委任授君抗颺虓虎兼董萬里求民之瘼其明宣朝化懷保遠邇肅慎賞罰以篤漢祜以對于天下二年卒時年四十七臨沒上疏曰臣門宗二百餘口爲孟德所誅畧盡惟有從弟岱當爲微宗血食

之繼深託陛下餘無復言追謚超曰威侯子承嗣岱位至平北將軍進爵陳倉侯超女配安平王理
典畧曰初超之入蜀其庶妻董及子秋留依張魯魯敗曹公得之以董賜閻圃以秋付魯魯自手殺之

黃忠字漢升南陽人也荆州牧劉表以爲中郎將與表從子磐共守長沙攸縣及曹公克荆州假行裨將軍仍就故任統屬長沙太守韓玄先主南定諸郡忠遂委質隨從入蜀自葭萌受任還攻劉璋忠常先登陷陳勇毅冠三軍益州既定拜爲討虜將軍建安二十四年於漢中定軍山擊夏侯淵淵衆甚精忠摧鋒必進勸率士卒金鼓振天歡聲動谷一戰斬淵淵軍大敗遷征西將軍是歲先主爲漢中王欲用忠爲後將軍諸葛亮說先主曰忠之名望素非關馬之倫也而今便令同列馬張在近親見其功尚可喻指關遥聞之恐必不悅得無不可乎先主曰吾自當解之遂與羽等齊位賜爵關內侯明年卒追謚剛侯子敘早没無後

趙雲字子龍常山眞定人也本屬公孫瓚瓚遣先主爲田楷拒袁紹雲遂隨從爲先主主騎
雲別傳曰雲身長八尺姿顔雄偉爲本郡所舉將義從吏兵詣公孫瓚時袁紹稱冀州牧瓚深憂州人之從紹也善雲來附嘲雲曰聞貴州人皆願袁氏君何獨迴心迷而能反乎雲答曰天下訩訩未知孰是民有倒懸之厄鄙州論議從仁政所在不爲忽袁公私明將軍也遂與瓚征討時先主亦依託瓚每接納雲雲得深自結託雲以兄喪辭瓚暫歸先主知其不反捉手而別雲辭曰終不背德也先主就袁紹雲見於鄴先主與雲同床眠臥密遣雲合募得數百人皆稱劉左將軍部曲紹不能知遂隨先主至荆州
及先主爲曹公所追於當陽長阪棄妻子南走雲身抱弱子卽後主也保護甘夫人卽後主母也皆得免難遷爲牙門將軍先主入蜀雲留荆州
雲別傳曰初先主之敗有人言雲已北去者先主以手戟擿之曰子龍不棄我走也頃之雲至從平江南以爲偏將軍領桂陽太守代趙範範寡嫂曰樊氏有國色範欲以配雲雲辭曰相與同姓卿兄猶我兄固辭不許時有人勸雲納之雲曰範迫降耳心未可測天下女不少遂不取範果逃走雲無纖介先是與夏侯惇戰於博望生獲夏侯蘭蘭是雲鄉里人少小相知雲白先主活之薦蘭明於法律以爲軍正雲不用自近其愼慮類如此先主入益州雲領留營司馬此時先主孫夫人以權妹驕豪多將吳吏兵縱橫不法先主以雲嚴重必能整齊特任掌內事權聞備西征大遣舟船迎妹而夫人內欲將後主還吳雲與張飛勒兵截江乃得後主還
先主自葭萌還攻劉璋召諸葛亮亮率雲與張飛等俱泝江西上平定郡縣至江州分遣雲從外水上江陽與亮會於成都成都既定以雲爲翊軍將軍
雲別傳曰益州既定時議欲以成都中屋舍及城外園地桑田分賜諸將雲駮之曰霍去病以匈奴未滅無用家爲令國賊非但匈奴未可求安也須天下都定各反桑梓歸耕本土乃其宜耳益州人民初罹兵革田宅皆可歸還令安居復業然後可役調得其歡心先主卽從之夏侯淵敗曹公爭漢中地運米北山下數千萬囊黃忠以爲可取雲兵隨忠取米忠過期不還雲將數十騎輕行出圍迎視忠等値曹公揚兵大出雲爲公前鋒所擊方戰其大衆至勢偪遂前突其陳且鬬且却公軍散已復合雲陷敵還趣圍將張著被創雲復馳馬還營迎著公軍追至圍此時沔陽長張翼在雲圍內翼欲閉門拒守而雲入營更大開門偃旗息鼓公軍疑雲有伏兵引去雲擂鼓震天惟以戎弩於後射公軍公軍驚駭自相蹂踐墮漢水中死者甚多先主明旦自來至雲營圍視昨戰處曰子龍一身都是膽也作樂飲宴至瞑軍中號雲爲虎威將軍孫權襲荆州先主大怒欲討權雲諫曰國賊是曹操非孫權也且先滅魏則吳自服操身雖斃子丕篡盜當因衆心早圖關中居河渭上流以討凶逆關東義士必裹糧策馬以迎王師不應置魏先與吳戰兵勢一交不得卒解也先主不聽遂東征留雲督江州先主失利於秭歸雲進兵至永安吳軍已退
建興元年爲中護軍征南將軍封永昌亭侯遷鎭東將軍五年隨諸葛亮駐漢中明年亮出軍揚聲由斜谷道曹眞遣大衆當之亮令雲與鄧芝往拒而身攻祁山雲芝兵弱敵彊失利於箕谷然斂衆固守不至大敗軍退貶爲鎭軍將軍
雲別傳曰亮曰街亭軍退兵將不復相錄箕谷軍退兵將初不相失何故亮答曰雲身自斷後軍資什物略無所棄兵將無緣相失雲有軍資餘絹亮使分賜將士雲曰軍事無利何爲有賜其物請悉入赤岸府庫須十月爲冬賜亮大善之
七年卒追謚順平侯

初先主時惟法正見謚後主時諸葛亮功德蓋世蔣琬費禕荷國之重亦見謚陳祗寵待特加殊獎夏侯霸遠來歸國故復得謚於是關羽張飛馬超龐統黃忠及雲乃追謚時論以爲榮
雲別傳載後主詔曰雲昔從先帝功積既著朕以幼沖涉塗艱難賴恃忠順濟於危險夫謚所以敘元勳也外議雲宜謚大將軍姜維等議以爲雲昔從先帝勞績既著經營天下遵奉法度功效可書當陽之役義貫金石忠以衛上君念其賞禮以厚下臣忘其死死者有知足以不朽生者感恩足以殞身謹按謚法柔賢慈惠曰順執事有班曰平克定禍亂曰平應謚雲曰順平侯
雲子統嗣官至虎賁中郎督行領軍次子廣牙門將隨姜維沓中臨陣戰死

評曰關羽張飛皆稱萬人之敵爲世虎臣羽報效曹公飛義釋嚴顔並有國士之風然羽剛而自矜飛暴而無恩以短取敗理數之常也馬超阻戎負勇以覆其族惜哉能因窮致泰不猶愈乎黃忠趙雲彊摯壯猛並作爪牙其灌滕之徒歟

乾隆四十一年七月二十六日內閣奉
上諭關帝在當時力扶炎漢志節凜然乃史書所謚並非嘉名陳壽於蜀漢有嫌所撰三國志多存私見遂不爲之論定豈得謂公從前曾奉
世祖章皇帝
諭旨封爲忠義神武大帝以褒揚盛烈朕復於乾隆三十二年降旨加靈佑二字用示尊崇夫以神之義烈忠誠海內咸知敬祀而正史猶存舊謚隱寓譏評非所以傳信萬世也今當抄錄四庫全書不可相沿陋習所有志內關帝之謚應改爲忠義第本傳相沿日久民間所行必廣難於更易著交武英殿將此旨刊載傳末用垂久遠其官版及內府陳設書籍並著改刊此旨一體增入欽此

蜀志卷六考證

關羽紹遣大將軍顏良攻東郡太守劉延於白馬○軍字疑衍

將軍傅士仁屯公安○臣浩按楊戲輔臣贊注士仁字君義廣陽人也吳主孫權傳云獲將軍士仁呂蒙傳亦云遂到南郡士仁糜芳皆降是士仁卽其姓字此傳獨加傅字誤也

馬超領騰部曲注署爲軍行事典領部衆○軍行事元本作軍從事

黃忠黃忠字漢升○太平御覽作漢叔

趙雲爲先主主騎注善雲來附○善元本作喜

以雲爲翊軍將軍注雲兵隨忠取米○太平御覽作雲遣兵多遣字

蜀志卷七

晉著作郎巴西中正安漢陳　壽撰

宋太中大夫國子博士聞喜裴松之注

龐統　法正

龐統字士元襄陽人也少時樸鈍未有識者潁川司馬徽淸雅有知人鑒統弱冠往見徽徽採桑於樹上坐統在樹下共語自晝至夜徽甚異之稱統當爲南州士之冠冕由是漸顯
襄陽記曰諸葛孔明爲臥龍龐士元爲鳳雛司馬德操爲水鏡皆龐德公語也德公襄陽人孔明每至其家獨拜牀下德公初不令止德操嘗造德公値其渡沔上祀先人墓德操徑入其室呼德公妻子使速作黍徐元直向云有客當來就我與龐公譚其妻子皆羅列拜於堂下奔走供設須臾德公還直入相就不知何者是客也德操年小德公十歲兄事之呼作龐公故世人遂謂龐公是德公名非也德公字山民亦有令名娶諸葛孔明小姊爲魏黃門吏部郎早卒子渙字世文晉太康中爲牂牁太守統德公從子也少未有識者惟德公重之年十八使往見德操德操與語既而歎曰德公誠知人此實盛德也
後郡命爲功曹性好人倫勤於長養每所稱述多過其才時人怪而問之統答曰當今天下大亂雅道陵遲善人少而惡人多方欲興風俗長道業不美其譚卽聲名不足慕企不足慕企而爲善者少矣今拔十失五猶得其半而可以崇邁世教使有志者自勵不亦可乎吳將周瑜助先主取荆州因領南郡太守瑜卒統送喪至吳吳人多聞其名及當西還並會昌門陸績顧劭全琮皆往統曰陸子可謂駑馬有逸足之力顧子可謂駑牛能負重致遠也
張勃吳錄曰或問統曰如所目陸子爲勝乎統曰駑馬雖精所致一人耳駑牛一日行三百里所致豈一人之重哉劭就統宿語因問卿名知人吾與卿孰愈統曰陶冶世俗甄綜人物吾不及卿論帝王之祕策攬倚伏之要最吾似有一日之長劭安其言而親之
謂全琮曰卿好施慕名有似汝南樊子昭
蔣濟萬機論云許子將褒貶不平以拔樊子昭而抑許文休劉曄曰子昭拔自賈豎年至耳順退能守靜進能不苟濟答曰子昭誠自長幼完潔然觀其臿齒牙樹頰胲吐脣吻自非文休敵也胲音改
雖智力不多亦一時之佳也績劭謂統曰使天下太平當與卿共料四海之士深與統相結而還先主領荆州統以從事守耒陽令在縣不治免官吳將魯肅遺先主書曰龐士元非百里才也使處治中別駕之任始當展其驥足耳諸葛亮亦言之於先主先主見與善譚大器之以爲治中從事
江表傳曰先主與統從容宴語問曰卿爲周公瑾功曹孤到吳聞此人密有白事勸仲謀相留有之乎在君爲君卿其無隱統對曰有之備歎息曰孤時危急當有所求故不得不往殆不免周瑜之手天下智謀之士所見畧同耳時孔明諫孤莫行其意獨篤亦慮此也孤以仲謀所防在北當賴孤爲援故決意不疑此誠出於險塗非萬全之計也
親待亞於諸葛亮遂與亮並爲軍師中郎將
九州春秋曰統說備曰荆州荒殘人物殫盡東有吳孫北有曹氏鼎足之計難以得志今益州國富民彊戶口百萬四部兵馬所出必具寶貨無求於外今可權借以定大事備曰今指與吾爲水火者曹操也操以急吾以寬操以暴吾以仁操以譎吾以忠每與操反事乃可成耳今以小故而失信義於天下者吾所不取也統曰權變之時固非一道所能定也兼弱攻昧五伯之事逆取順守報之以義事定之後封以大國何負於信今日不取終爲人利耳備遂行
亮留鎭荆州統隨從入蜀益州牧劉璋與先主會涪統進策曰今因此會便可執之則將軍無用兵之勞而坐定一州也先主曰初入他國恩信未著此不可也璋既還成都先主當爲璋北征漢中統復說曰陰選精兵晝夜兼道徑襲成都璋既不武又素無預備大軍卒至一舉便定此上計也楊懷高沛璋之名將各杖彊兵據守關頭聞數有牋諫璋使發遣將軍還荆州將軍未至遣與相聞說荆州有急欲還救之並使裝束外作歸形此二子既服將軍英名又喜將軍之去計必乘輕騎來見將軍因此執之進取其兵乃向成都此中計也退還白帝連引荆州徐還圖

之此下計也若沉吟不去將致大困不可久矣先主然其中計卽斬懷沛還向成都所過輒克於涪大會置酒作樂謂統曰今日之會可謂樂矣統曰伐人之國而以爲歡非仁者之兵也先主醉怒曰武王伐紂前歌後舞非仁者邪卿言不當宜速起出於是統逡巡引退先主尋悔請還統復故位初不顧謝飲食自若先主謂曰向者之論阿誰爲失統對曰君臣俱失先主大笑宴樂如初習鑿齒曰夫霸王者必體仁義以爲本仗信順以爲宗一物不具則其道乖矣今劉備襲奪璋土權以濟業負信違情德義具愆雖功由是隆宜大傷其敗譬斷手全軀何樂之有龐統懼斯言之泄宣知其君之必悟故衆中匡其失而不脩常謙之道矯然太當盡其蹇諤之風夫上失而能正是有臣也納勝而無執是從理也有臣則陛隆堂高從理則羣策畢擧一言而三善兼明暫諫而義彰百代可謂達乎大體矣若惜其小失而廢大益矜此過言自絕遠讜能成業濟務者未之有也臣松之以爲謀襲劉璋計雖出於統然違義成功本由詭道心旣內疚則歡情自戢故聞備稱樂之言不覺率爾而對也備宴酣失時事同樂禍自比武王曾無愧色此備有非而統無失其云君臣俱失蓋分謗之言耳習氏所論雖大旨無乖然推演之辭近爲流宕也進圍雒縣統率衆攻城爲流矢所中卒時年三十六先主痛惜言則流涕拜統父議郎遷諫議大夫諸葛亮親爲之拜追賜統爵關內侯諡曰靖侯統子宏字巨師剛簡有臧否輕傲尚書令陳祗爲祗所抑卒於涪陵太守統弟林以荊州治中從事參鎭北將軍黃權征吳值軍敗隨權入魏魏封列侯至鉅鹿太守襄陽記曰林婦同郡習禎妹禎事在楊戲輔臣贊曹公之破荊州林婦與林分隔守養弱女十有餘年後林隨黃權降魏始復集聚魏文帝聞而賢之賜牀帳衣服以顯其義節

法正字孝直右扶風郿人也祖父眞有清節高名三輔決錄注曰眞字高卿少明五經兼通讖緯學無常師名有高才常幅巾見扶風守守曰哀公雖不肖猶臣仲尼柳下惠不去父母之邦欲相屈爲功曹何如眞曰以明府見待有禮故四時朝覲若欲吏使之眞將在北山之北南山之南矣扶風守遂不敢以爲吏初眞年未弱冠父在南郡步往候父已欲去父留之待正旦使觀朝吏會會者數百人眞於窗中闚其與父語畢問眞孰賢眞曰曹掾胡廣有公卿之量其後廣果歷九卿三公之位世以服眞之知人前後徵辟皆不就友人郭正美之號曰玄德先生年八十九中平五年卒正父衍字季謀司徒掾廷尉左監建安初天下饑荒正與同郡孟達俱入蜀依劉璋久之爲新都令後召署軍議校尉旣不任用又爲其州邑俱僑客者所謗無行志意不得益州別駕張松與正相善忖璋不足與有爲常竊歎息松於荊州見曹公還勸璋絕曹公而自結先主璋曰誰可使者松乃擧正正辭讓不得已而往正旣還爲松稱說先主有雄畧密謀協規願共戴奉而未有緣後因璋聞曹公欲遣將征張魯之有懼心也松遂說璋宜迎先主使之討魯復令正銜命正旣宣指陰獻策於先主曰以明將軍之英才乘劉牧之懦張松州之股肱以響應於內然後資益州之殷富馮天府之險阻以此成業猶反掌也先主然之泝江而西與璋會涪北至葭萌南還取璋鄭度說璋曰華陽國志曰度廣漢人爲州從事左將軍縣軍襲我兵不滿萬士衆未附野穀是資軍無輜重其計莫若盡驅巴西梓潼民內涪水以西其倉廩野穀一皆燒除高壘深溝靜以待之彼至請戰勿許久無所資不過百日必將自走走而擊之則必禽耳先主聞而惡之以問正正曰終不能用無可憂也璋果如正言謂其羣下曰吾聞拒敵以安民未聞動民以避敵也於是黜度不用其計及軍圍雒城正牋與璋曰正受性無術盟好違損懼左右不明本末必並歸咎蒙恥沒身辱及執事是以捐身於外不敢反命恐聖聽穢惡其聲故中間不有牋敬顧念宿遇瞻望悢悢然惟前後披露腹心自從始初以至於終實不藏情有所不盡但愚闇策薄精誠不感以致于此耳今國事已危禍害在速雖捐放於外言足憎尤猶貪極所懷以盡餘忠明將軍本心正之所知也實爲區區不欲失左將軍之意而卒至於是者左右不達英雄從事之道謂可違信黷誓而以意氣相致日月相遷趨求順耳悅目隨阿遂指不圖遠慮爲國深計故也事變旣成又不量彊弱之勢以爲左將軍縣遠之衆糧穀無儲欲得以多擊少曠日相持而從關至此所歷輒破離宮別屯日自零落雒下雖有萬兵皆壞陣之卒破軍之將若欲爭一旦之戰則兵將勢力實不相當各欲遠期計糧者今此營守已固穀米已積而明將軍土地日削百姓日困敵對遂多所供遠曠愚意計之謂必先竭將不復以持久也空爾相守猶不相堪今張益德數萬之衆已定巴東入犍爲界分平資中德陽三道並侵將何以禦之本爲明將軍計者必謂此軍縣遠無糧饋運不及兵少無繼今荊州道通衆數十倍加孫車騎遣弟及李異甘寧等爲其後繼若爭客主之勢以土地相勝者今此全有巴東廣漢犍爲過半已定巴西一郡復非明將軍之有也計益州所仰惟蜀蜀亦破壞三分亡二吏民疲困思爲亂者十戶而八若敵遠則百姓不能堪役敵近則一旦易主矣廣漢諸縣是明比也又魚復與關頭實爲益州福禍之門今二門悉開堅城皆下諸軍並破兵將俱盡而敵家數道並進已入心腹坐守都雒存亡之勢昭然可見斯乃大畧其外較耳其餘屈曲難以辭極也以正下愚猶知此事不可復成況明將軍左右明智用謀之士豈當不見此數哉旦夕偷幸求容取媚不慮遠圖莫肯盡心獻良計耳若事窮勢迫將各索生求濟門戶展轉反覆與今計異不爲明將軍盡死難也而尊門猶當受共憂正雖獲不忠之謗然心自謂不負聖德顧惟分義實竊痛心左將軍從本舉來舊心依依實無薄意愚以爲可圖變化以保尊門十九年進圍成都璋蜀郡太守許靖將踰城降事覺不果璋以危亡在近故不誅靖璋旣稽服先主以此薄靖不用也正說曰天下有獲虛譽而無其實者許靖是也然今主公始創大業天下之人不可戶說靖之浮稱播流四海若其不禮天下之人以是謂主公爲賤賢也宜加敬重以眩遠近追昔燕王之待郭隗先主於是乃厚待靖孫盛曰夫禮賢崇德爲邦之要道封墓式閭先王之令軌故必以體行英邈高義冠世然後可以延視四海振服羣黎苟非其人道不虛行靖處室則友于不穆出身則受位非所語信則夷險易心論識則殆爲釁首安在其可寵先而有以感致者乎若乃浮虛是崇偸薄斯榮則秉直杖義之士將何以禮之正務眩惑之術違貴尙之風譬之郭隗非其倫矣臣松之以爲郭隗非賢猶以權計蒙寵況文休名聲夙著天下謂之英偉雖末年有瑕而事不彰徹若不加禮何以釋遠近之惑乎法正以靖方隗未爲不當而盛以封墓式閭爲難何其迂哉然則燕昭亦非豈唯劉翁至於友于不穆失由子將尋蔣濟之論知非文休之尤盛又譏其受任非所將謂仕於董卓卓初秉政顯擢賢俊受其策爵者森然皆是文休爲選官在卓未至之前後遷中丞不爲超越以此爲貶則荀爽陳紀之儔皆應擯棄於世矣以正爲蜀郡太守揚武將軍外統都畿內爲謀主一飡之德睚眦之怨無不報復擅殺毀傷已者數人或謂諸葛亮曰法正於蜀郡太縱橫將軍宜啓主公抑其威福亮答曰主公之在公安也北畏曹公之彊東憚孫權之逼近則懼孫夫人生變於肘腋之下當斯之時進退狼跋法孝直爲之輔翼令翻然翺翔不可復制如何禁止法正使不得行其意邪初孫權以妹妻先主妹才捷剛猛有諸兄之風侍婢百餘人皆親執刀侍立先主每入衷心常凜凜亮又知先主雅愛信正故言如此孫盛曰夫威福自下亡家害國之道刑縱於寵毀政亂理之源安可以功臣而極其陵肆嬖幸而藉其國柄者哉故顚頡雖勤不免違命之刑楊干雖親猶加亂行之戮夫豈不愛王憲故也諸葛氏之言於是乎失政刑矣二十二年正說先主曰曹操一舉而降張魯定漢中不因此勢以圖巴蜀而留夏侯淵張郃屯守身遽北還此非其智不逮而力不足也必將內有憂偪故耳今策淵郃才畧不勝國之將帥舉衆往討則必可克之克之日廣農積穀觀釁伺隙上可以傾覆寇敵尊獎王室中可以蠶食雍涼廣拓境土下可以固守要害爲持久之計此蓋天以與我時不可失也先主善其策乃率諸將進兵漢中正亦從行二十四年先主自陽平南渡沔水緣山稍前於定軍興勢作營淵將兵來爭其地正曰可擊矣先主命黃忠乘高鼓譟攻之大破淵軍淵等授首曹公西征聞正之策曰吾故知玄德不辦有此必爲人所教也臣松之以爲蜀與漢中其由脣齒也劉主之智豈不及此將計畧未展正先發之耳夫聽用嘉謀以成功業霸王之主誰不皆然魏武以爲人所教亦豈劣哉此蓋恥恨之餘辭非測實之常言也先主立爲漢中王以正爲尚書令護軍將軍明年卒時年四十五先主爲之流涕者累日諡曰翼侯賜子邈爵關內侯官至奉車都尉漢陽太守諸葛亮與正雖好尚不同以公義相取亮每奇正智術先主旣稱尊號將東征孫權以復關羽之恥羣臣多諫一不從章武二年大軍敗績還住白帝亮歎曰法孝直若在則能制主上令不東行就復東行必不傾危矣

評曰龐統雅好人流經學思謀于時荊楚謂之高俊法正著見成敗有奇畫策筭然不以德素稱也擬之魏臣統其荀彧之仲叔正其程郭之儔儷邪先主與曹公爭勢有不便宜退而先主大怒不肯退無敢諫者矢下如雨正乃往當先主前先主云孝直避箭正曰明公親當矢石況小人乎先主乃曰孝直吾與汝俱去遂退

蜀志卷七考證

龐統由是漸顯注司馬德操爲水鏡○毛本作氷鏡

又注德公字山民亦有令名娶諸葛孔明小姊爲魏黃門吏部郎○臣明楷按後漢書注作德公子字山民可知仕魏者非德公也此脫去子字不然幾疑德公爲遁操不終矣或字字卽爲子字之誤

可謂駑牛能負重致遠也注駑牛一日行三百里○元修本作三十里

有似汝南樊子昭注退能守靜進能不苟○退能監本訛作退難今改正

法正以明將軍之英才乘劉牧之懦○宋本懦下有弱字

顧念宿遇瞻望悢悢○監本悢悢作恨恨今改正

日月相遷○相遷監本訛作相選今改正

必爲人所教也注將計畧未展正先發之耳○將元本作特

又注非測實之常言也○常宋本作當

正其程郭之儔儷耶注先主與曹公爭○臣龍官按此注當在上節必不傾危矣之下但不知所引何書也

蜀志卷八

晉 著作郎巴西中正安漢陳　壽撰

宋太中大夫國子博士聞　喜裴松之注

許靖　麋竺　孫乾　簡雍　伊籍　秦宓

許靖字文休，汝南平輿人。少與從弟劭俱知名，並有人倫臧否之稱，而私情不協。劭為郡功曹，排擯靖不得齒敍，以馬磨自給。潁川劉翊為汝南太守，乃舉靖計吏，察孝廉，除尚書郎，典選舉。靈帝崩，董卓秉政，以漢陽周毖為吏部尚書，與靖共議謀，進退天下之士，沙汰穢濁，顯拔幽滯。進用潁川荀爽、韓融、陳紀等為公、卿、郡守，拜尚書韓馥為冀州牧，侍中劉岱為兗州刺史，潁川張咨為南陽太守，陳留孔伷為豫州刺史，東郡張邈為陳留太守，而遷靖巴郡太守，不就，補御史中丞。馥等到官，各舉兵還向京都，欲以誅卓。卓怒毖曰：「諸君言當拔用善士，卓從君計，不欲違天下人心。而諸君所用人，至官之日，還來相圖，卓何用相負！」叱毖令出，於外斬之。靖從兄陳相瑒，又與伷合規，靖懼誅，奔伷。（蜀記云：靖後自表曰：「黨賊求生，情所不忍；守官自危，死不成義。竊念古人當難詭常，權以濟其道。」）伷卒，依揚州刺史陳禕。禕死，吳郡都尉許貢、會稽太守王朗素與靖有舊，故往保焉。靖收恤親里，經紀振贍，出於仁厚。孫策東渡江，皆走交州以避其難，靖身坐岸邊，先載附從，疏親悉發，乃從後去，當時見者莫不歎息。既至交阯，交阯太守士燮厚加敬待。陳國袁徽以寄寓交州，徽與尚書令荀彧書曰：「許文休英才偉士，智略足以計事。自流宕已來，與群士相隨，每有患急，常先人後己，與九族中外同其饑寒。其紀綱同類，仁恕惻怛，皆有效事，不能復一二陳之耳。」鉅鹿張翔（萬機論云：翔字元鳳。）銜王命使交部，乘勢募靖，欲與誓要，靖拒而不許。靖與曹公書曰：「世路戎夷，禍亂遂合，駑怯偷生，自竄蠻貊，成闊十年，吉凶禮廢。昔在會稽，得所貽書，辭旨款密，久要不忘。迫於袁術方命圮族，扇動群逆，津塗四塞，雖縣心北風，欲行靡由。正禮師退，術兵前進，會稽傾覆，景興失據，三江五湖，皆為虜庭。臨時困厄，無所控告。便與袁沛、鄧子孝等浮涉滄海，南至交州。經歷東甌、閩、越之國，行經萬里，不見漢地，漂薄風波，絕糧茹草，饑殍荐臻，死者大半。既濟南海，與領守兒孝德相見，知足下忠義奮發，整勑元戎，西迎大駕，巡省中嶽。承此休問，且悲且喜，即與袁沛及徐元賢復共嚴裝，欲北上荊州。會蒼梧諸縣夷、越蠭起，州府傾覆，道路阻絕，元賢被害，老弱並殺。靖尋循渚岸五千餘里，復遇疾癘，伯母隕命，并及群從，自諸妻子，一時略盡。復相扶持，前到此郡，計為兵害及病亡者，十遺一二，生民之艱，辛苦之甚，豈可具陳哉！（臣松之以為孔子稱「賢者避世，其次避地」，蓋貴其識見安危，去就得所也。許靖羈客會稽，閭閻之士，孫策之來，於靖何為？而乃汎萬里之海，入疫癘之鄉，致使尊弱塗炭，百罹備經，可謂自貽矣。謀臣若斯，難以言智。孰若安時處順，端拱吳、越，與張昭、張紘之儔同保元吉者哉？）懼卒顛仆，永為亡虜，憂瘁慘慘，忘寢與食。欲附奉朝貢使，自獲濟通，歸死闕庭，而荊州水陸無津，交部驛使斷絕，欲上益州，復有峻防，故官長吏一不得入。前令交阯太守士威彥，深相分託於益州兄弟，又靖亦自與書，辛苦懇惻，而復寂寞，未有報應。雖仰瞻光靈，延頸企踵，何由假翼自致哉？知聖主允明，顯授足下專征之任，凡諸逆節，多所誅討，想力競者一心，順從者同規矣。又張子雲昔在京師，志匡王室，今雖臨荒域，不得參與本朝，亦國家之藩鎮，足下之外援也。（子雲名津，南陽人，為交州刺史。見吳志。）若荊楚平和，王澤南至，足下忽有聲命於子雲，勤見保屬，令得假途由荊州出，不然，當復相紹介於益州兄弟，使相納受。儻天假其年，人緩其禍，得歸死國家，解逋逃之負，泯軀九泉，將復何恨！若時有險易，事有利鈍，人命無常，隕沒不達者，則永銜罪責，入於九泉。昔營丘翼周，杖鉞專征，博陸佐漢，虎賁警蹕。（漢書霍光傳曰：光出都肄郎羽林，道上稱警蹕。未詳虎賁所出也。）今日足下扶危持傾，為國柱石，秉師望之任，兼霍光之重，五侯九伯，制御在手，自古及今，人臣之尊未有及足下者也。夫爵高者憂深，祿厚者責重，足下據爵高之任，當責重之地，言出於口，即為賞罰，意之所存，便為禍福。行之得道，即社稷用寧；行之失道，即四方散亂。國家安危，在於足下；百姓之命，縣於執事。自華及夷，顒顒注望。足下任此，豈可不遠覽載籍廢興之由，榮辱之機，棄忘舊惡，寬和群司，審量五材，為官擇人？苟得其人，雖讎必舉；苟非其人，雖親不授。以寧社稷，以濟下民，事立功成，則繫音於管絃，勒勳於金石，願君勉之！為國自重，為民自愛。」翔恨靖之不自納，搜索靖所寄書疏，盡投之于水。後劉璋遂使使招靖，靖來入蜀。璋以靖為巴郡、廣漢太守。南陽宋仲子於荊州與蜀郡太守王商書曰：「文休倜儻瑰瑋，有當世之具，足下當以為指南。」（益州耆舊傳曰：商字文表，廣漢人，以才學稱，聲問著於州里。劉璋辟為治中從事。是時王塗隔絕，州之牧伯猶七國之諸侯也，而璋懦弱多疑，不能黨信大臣。商奏記諫璋，璋頗感悟。初，韓遂與馬騰作亂關中，數與璋父焉交通信，騰子超復與璋相聞，有連蜀之意。商謂璋曰：「超勇而不仁，見得不思義，不可以為脣齒。老子曰：『國之利器，不可以示人。』今之益部，士美民豐，寶物所出，斯乃狡夫所欲傾覆，超等所以西望也。若引而近之，則由養虎而自遺患矣。」璋從其言，乃拒絕之。荊州牧劉表及儒者宋忠咸聞其名，遺書與商敘致殷勤。許靖號為臧否，至蜀見商而稱之曰：「設使商生於華夏，雖王景興無以加也。」璋以商為蜀郡太守。成都禽堅有至孝之行，商表其墓，追贈孝廉。又與嚴君平、李弘立祠作銘，以旌先賢。修學廣農，百姓便之。在郡十載，卒於官，許靖代之。）建安十六年，轉在蜀郡。（山陽公載記曰：建安十七年，漢立皇子熙為濟陰王，懿為山陽王，敦為東海王。靖聞之曰：「將欲歙之，必固張之；將欲取之，必固與之。其孟德之謂乎！」）十九年，先主克蜀，以靖為左將軍長史。先主為漢中王，靖為太傅。及即尊號，策靖曰：「朕獲奉洪業，君臨萬國，夙宵惶惶，懼不能綏。百姓不親，五品不遜，汝作司徒，其敬敷五教，在寬。君其勖哉！秉德無怠，稱朕意焉。」靖雖年逾七十，愛樂人物，誘納後進，清談不倦。丞相諸葛亮皆為之拜。章武二年卒。子欽，先靖夭沒。欽子游，景耀中為尚書。始靖兄事潁川陳紀，與陳郡袁渙、平原華歆、東海王朗等親善，歆、朗及紀子群，魏初為公輔大臣，咸與靖書，申陳舊好，情義款至，文多故不載。（魏略王朗與文休書曰：「文休足下：消息平安，甚善甚善。豈意脫別三十餘年而無相見之緣乎！詩人比一日之別於歲月，豈況悠悠歷累紀之年者哉！自與子別，若沒而復浮，若絕而復連者數矣。而今而後，居升平之京師，攀附於飛龍之聖主；儕輩略盡，幸得老與足下並為遺種之叟，而相去數千里，加有邅蹇之隔，時聞消息於風聲，託舊情於思想，眇眇異處，與異世無以異也。往者隨軍到荊州，見鄧子孝、桓元將，粗聞足下動靜，云夫子既在益州，執職領郡，德素規矩，老而不墮。是時侍宿武皇帝於江陵劉景升聽事之上，共道足下於通夜，拳拳飢渴，誠無已也。自天子在東宮，及即位之後，每會群賢，論天下髦儁之見在者，豈獨人盡易為英，士鮮易取，最故乃猥以原壤之朽質，感夫子之情聽。每敘足下，以為謀首，豈其注意，乃復過於前世，書曰『人惟求舊』，易稱『同聲相應，同氣相求』，劉將軍之與大魏，兼而兩之，總此二義。前世邂逅，以同為睽，非武皇帝之旨；頃者蹉跌，其泰而否，亦非足下之意也。深思書、易之義，利結分於宿好，故遣降者送吳所獻致名馬、貂、罽，得因無嫌。道初開通，展敘舊情，以達聲問。久闊情慉，非夫筆墨所能寫陳，亦想足下同其志念。今者親生男女凡有幾人？年並幾何？僕連失一男一女，今有二男：大男名肅，年二十九，生於會稽；小兒裁歲餘。臨書愴恨，有懷緬然。」又曰：「過聞受終於文祖之言於尚書，又聞歷數在躬，允執其中之文於論語，豈自意得於老耄之齒，正值天命受於聖主之會，親見三讓之弘辭，觀眾瑞之總集，睹升堂穆穆之盛禮，瞻燔燎焜曜之青煙；於時忽自以為處唐、虞之運，際於紫微之天庭也。徒慨不得攜子之手，共列於世有二子之數，以聽有唐『欽哉』之命也。子雖在裔土，想亦極目而迴望，側耳而遐聽，延頸而鶴立也。昔汝南陳公初拜，不依故常，讓上卿於李元禮。以此推之，吾宜退身以避子位也。苟得避子以竊讓名，然後綬帶委質，游談於平、勃之間，與子共陳往時避地之艱辛，樂酒酣讌，高談大噱，亦足遺憂而忘老。捉筆陳情，隨以喜笑。」又曰：「前夏有書而未達，今重有書，而并致前問。皇帝既深悼劉將軍之早世，又愍其孤之不易，又惜使足下孔明等士人氣類之徒，遂沈溺於羌夷異種之間，永與華夏乖絕，而無朝聘中國之期緣，瞻睎故土桑梓之望也，故復運慈念而勞仁心，重下明詔以發德音，申勑朗等，使重為書與足下等，以明殷勤之聖意。亦足悟海岱之所常在，知百川之所宜注矣。昔伊尹去夏而就殷，陳平違楚而歸漢，猶曜德於阿衡，著功於宰相。若足下能弼人之遺孤，定人之猶豫，去非常之偽號，事受命之大魏，客主兼不世之榮名，上下蒙不朽之常耀，功與事並，聲與勳著，考績效，足以超越伊、呂矣。既承詔直，且服舊之情，情不能已。若不言足下之所能，陳足下之所見，則無以宣明詔命，弘光大之恩，敘宿昔夢想之思。若天啟眾心，子導蜀意，誠此意有攜手之期。若險路未夷，子謀不從，則懼聲問或否，復面何由！前後二書，言每及斯，希不切然有動於懷。足下周游江湖，以暨南海，歷觀夷俗，可謂徧矣；想子之心，結思華夏，可謂深矣。為身擇居，猶願中土；為主擇居，安豈可以不繫意於京師，而持疑於荒裔乎？詳思愚言，速示還報也。」）

麋竺字子仲，東海朐人也。祖世貨殖，僮客萬人，貲產鉅億。（搜神記曰：竺嘗從洛歸，未達家數十里，路傍見一婦人，從竺求寄載。行可數里，婦謝去，謂竺曰：「我天使也，當往燒東海麋竺家，感君見載，故以相語。」竺因私請之。婦曰：「不可得不燒。如此，君可馳去，我當緩行，日中火當發。」竺乃還家，遽出財物，日中而火大發。）後徐州牧陶謙辟為別駕從事。謙卒，竺奉謙遺命，迎先主於小沛。建安元年，呂布乘先主之出拒袁術，襲下邳，虜先主妻子。先主轉軍廣陵海西，竺於是進妹於先主為夫人，奴客二千，金銀貨幣以助軍資；于時困匱，賴此復振。後曹公表竺領嬴郡太守，（曹公集載公表曰：「泰山郡界廣遠，舊多輕悍，權時之宜，可分五縣為嬴郡，揀選清廉以為守將。偏將軍麋竺，素履忠貞，文武昭烈，請以竺領嬴郡太守，撫慰吏民。」）竺弟芳為彭城相，皆去官，隨先主周旋。先主將適荊州，遣竺先與劉表相聞，以竺為左將軍從事中郎。益州既平，拜為安漢將軍，班在軍師將軍之右。竺雍容敦雅，而幹翮非所長。是以待之以上賓之禮，未嘗有所統御。然賞賜優寵，無與為比。芳為南郡太守，與關羽共事，而私好攜貳，叛迎孫權，羽因覆敗。竺面縛請罪，先主慰諭以兄弟罪不相及，崇待如初。竺慙恚發病，歲餘卒。子威，官至虎賁中郎將。威子照，虎騎監。自竺至照，皆便弓馬，善射御云。

孫乾字公祐，北海人也。先主領徐州，辟為從事，（鄭玄傳云：玄薦乾於州。乾被辟命，玄所舉也。）後隨從周旋。先主之背曹公，遣乾自結袁紹，將適荊州，乾又與麋竺俱使劉表，皆如意指。後表與袁尚書，說其兄弟分爭之變，曰：「每與劉左將軍、孫公祐共論此事，未嘗不痛心入骨，相為悲傷也。」其見重如此。先主定益州，乾自從事中郎為秉忠將軍，見禮次麋竺，與簡雍同等。頃之，卒。

簡雍字憲和，涿郡人也。少與先主有舊，隨從周旋。先主至荊州，雍與麋竺、孫乾同為從事中郎，常為談客，往來使命。先主入益州，劉璋見雍，甚愛之。後先主圍成都，遣雍往說璋，璋遂與雍同輿而載，出城歸命。先主拜雍為昭德將軍。優游風議，性簡傲跌宕，在先主坐席，猶箕踞傾倚，威儀不肅，自縱適；諸葛亮已下則獨擅一榻，項枕臥語，無所為屈。時天旱禁酒，釀者有刑。吏於人家索得釀具，論者欲令與作酒者同罰。雍與先主游觀，見一男女行道，謂先主曰：「彼人欲行淫，何以不縛？」先主曰：「卿何以知之？」雍對曰：「彼有其具，與欲釀者同。」先主大笑，而原欲釀者。雍之滑稽，皆此類也。（或曰：雍本姓耿，幽州人語謂耿為簡，遂隨音變之。）

伊籍字機伯，山陽人也。少依邑人鎮南將軍劉表。先主之在荊州，籍常往來自託。表卒，遂隨先主南渡江，從入益州。益州既定，以籍為左將軍從事中郎，見待亞於簡雍、孫乾等。遣東使於吳，孫權聞其才辯，欲逆折以辭。籍適入拜，權曰：「勞事無道之君乎？」籍即對曰：「一拜一起，未足為勞。」籍之機捷，類皆如此，權甚異之。後遷昭文將軍，與諸葛亮、法正、劉巴、李嚴共造蜀科；蜀科之制，由此五人焉。

秦宓字子勑廣漢緜竹人也少有才學州郡辟命輒稱疾不往奏記州牧劉焉薦儒士任定祖曰昔百里蹇叔以耆艾而定策甘羅子奇以童冠而立功故書美黃髮而易稱顏淵固知選士用能不拘長幼明矣乃者以來海內察舉率多英儁而遺舊齒衆論不齊異同相半此乃承平之翔步非亂世之急務也夫欲救危撫亂修己以安人則宜卓犖超倫與時殊趣震驚鄰國駭動四方上當天心下合人意天人既和內省不疚雖遭凶亂何憂何懼昔楚葉公好龍神龍下之好僞徹天何況於眞今處士任安仁義直道流名四遠如令見察則一州斯服昔湯舉伊尹不仁者遠何武貢二龔雙名竹帛故貪尋常之高而忽萬仞之嵩樂面前之飾而忘天下之譽斯誠往古之所重愼也甫欲鑿石索玉剖蚌求珠今乃隨和炳然有如皎日復何疑哉誠知晝不操燭日有餘光但餘情區區貪陳所見益部耆舊傳曰安廣漢人少事聘士楊厚究極圖籍游覽京師還家講授與董扶俱以學行齊聲郡請功曹州辟治中別駕終不久居舉孝廉茂才太尉載辟除博士公車徵皆稱疾不就州牧劉焉表薦安味精道度厲節高邈揆其器量國之元寶宜處弼疑之輔以消非常之咎玄纁之禮所宜招命王塗隔塞遂無聘命年七十九建安七年卒門人慕仰爲之碑銘後丞相亮問秦宓以安所長宓曰記人之善忘人之過劉璋時宓同郡王商爲治中從事與宓書曰貧賤困苦亦何時可以終身卞和衒玉以耀世宜一來與州尊相見宓答書曰昔堯優許由非不弘也洗其兩耳楚聘莊周非不廣也執竿不顧易曰確乎其不可拔夫何衒之有且以國君之賢子爲良輔不以是時建蕭張之策未足爲智也僕得曝背乎隴畝之中誦顏氏之簞瓢詠原憲之蓬戶時翺翔於林澤與沮溺之等儔聽玄猨之悲吟察鶴鳴於九皐安身爲樂無憂爲福處空虛之名居不靈之龜知我者希則我貴矣斯乃僕得志之秋也何困苦之戚焉後商爲嚴君平李弘立祠宓與書曰疾病伏匿甫知足下爲嚴李立祠可謂厚黨勤類者也觀嚴文章冠冒天下由夷逸操山嶽不移使楊子不歎固自昭明如李仲元不遭法言令名必淪其無虎豹之文故也可謂攀龍附鳳者矣如楊子雲潛心著述有補於世泥蟠不滓行參聖師于今海內談詠厥辭邦有斯人以耀四遠怪子替茲不立祠堂蜀本無學士文翁遣相如東受七經還教吏民於是蜀學比於齊魯故地里志曰文翁倡其教相如爲之師漢家得士盛於其世仲舒之徒不達封禪相如制其禮夫能制禮造樂移風易俗非禮所秩有益於世者乎雖有王孫之累猶孔子大齊桓之霸公羊賢叔術之讓僕亦善長卿之化宜立祠堂速定其銘先是李權從宓借戰國策宓曰

戰國從橫用之何爲權曰仲尼嚴平會聚衆書以成春秋指歸之文故海以合流爲大君子以博識爲弘宓報曰書非史記周圖仲尼不采道非虛無自然嚴平不演海以受淤歲一蕩清君子博識非禮不視今戰國反覆儀秦之術殺人自生亡人自存經之所疾故孔子發憤作春秋大乎居正復制孝經廣陳德行杜漸防萌預有所抑是以老氏絕禍於未萌豈不信邪成湯大聖覩野魚而有獵逐之失定公賢者見女樂而棄朝事臣松之案書傳曾定公無善可稱宓謂之賢者淺學所未達也若此輩類焉可勝陳道家法曰不見所欲使心不亂是故天地貞觀日月貞明其直如矢君子所履洪範記災發於言貌何戰國之譎權乎哉或謂宓曰足下欲自比於巢許四皓何故揚文藻見瓌穎乎宓答曰僕文不能盡言言不能盡意何文藻之有揚乎昔孔子三見哀公言成七卷事蓋有不可嘿嘿也劉向七略曰孔子三見哀公作三朝記七篇今在大戴禮臣松之案中經部有孔子三朝八卷一卷目錄餘者所謂七篇接輿行且歌論家以光篇漁父詠滄浪賢者以耀章此二人者非有欲於時者也夫虎生而文炳鳳生而五色豈以五采自飾畫哉天性自然也蓋河洛由文興六經由文起君子懿文德采藻其何傷以僕之愚猶恥革子成之誤況賢於己者乎臣松之案今論語作棘子成子成曰君子質而已矣何以文爲屈於子貢之言故謂之誤也先主既定益州廣漢太守夏侯纂請宓爲師友祭酒領五官掾稱曰仲父宓稱疾臥在茅舍纂將功曹古朴主簿王普厨膳即宓第宴談宓臥如故纂問朴曰至於貴州養生之具實絕餘州矣不知士人何如餘州也朴對曰乃自先漢以來其爵位者或不如餘州耳至於著作爲世師式不負於餘州也嚴君平見黃老作指歸揚雄見易作太玄見論語作法言司馬相如爲武帝制封禪之文于今天下所共聞也纂曰仲父何如宓以簿擊頰簿手版也曰願明府勿以仲父之言假於小草民請爲明府陳其本紀蜀有汶阜之山江出其腹帝以會昌神以建福故能沃野千里河圖括地象曰岷山之地上爲東井絡帝以會昌神以建福上爲天井左思蜀都賦曰遠則岷山之精上爲井絡天地運期而會昌景福肸蠁而興作淮濟四瀆江爲其首此其一也禹生石紐今之汶山郡是也帝王世紀曰鯀納有莘氏女曰志是爲修己上山行見流星貫昴夢接意感又吞神珠臆圮胸坼而生禹於石紐譙周蜀本紀曰禹本汶山廣柔縣人也生於石紐其地名刳兒坪見世帝紀昔堯遭洪水鯀所不治禹疏江決河東注于海爲民除害生民已來功莫先者此其二也天帝布治房心決政參伐參伐則益州分野三皇乘祇車出谷口今之斜谷是也蜀記曰三皇乘祇車出谷口未詳宓所由知爲斜谷也此便鄙州之阡陌明府以雅意論之何若於天下乎於是纂逡巡無以復答益州

辟宓爲從事祭酒先主既稱尊號將東征吳宓陳天時必無其利坐下獄幽閉然後貸出建興二年丞相亮領益州牧選宓迎爲別駕尋拜左中郎將長水校尉吳遣使張溫來聘百官皆往餞焉衆人皆集而宓未往亮累遣使從之溫曰彼何人也亮曰益州學士也及至溫問曰君學乎宓曰五尺童子皆學何必小人溫復問曰天有頭乎宓曰有之溫曰在何方也宓曰在西方詩曰乃眷西顧以此推之頭在西方溫曰天有耳乎宓曰天處高而聽卑詩云鶴鳴九皐聲聞于天若其無耳何以聽之溫曰天有足乎宓曰有詩云天步艱難之子不猶若其無足何以步之溫曰天有姓乎宓曰有溫曰何姓宓曰姓劉溫曰何以知之答曰天子姓劉故以此知之溫曰日生於東乎宓曰雖生於東而沒於西答問如響應聲而出於是溫大敬服宓之文辯皆此類也遷大司農四年卒初宓見帝系之文五帝皆同一族宓辯其不然之本又論皇帝王霸養龍之說甚有通理譙允南少時數往諮訪記錄其言於春秋然否論文多故不載

評曰許靖夙有名譽既以篤厚爲稱又以人物爲意雖行事舉動未悉允當蔣濟以爲大較廊廟器也萬機論論許子將曰許文休者大較廊廟器也而子將貶之若實不貴之是不明也誠令知之蓋善人也麋竺孫乾簡雍伊籍皆雍容風議見禮於世秦宓始慕肥遯之高而無若愚之實然專對有餘文藻壯美可謂一時之才士矣

蜀志卷八考證

許靖仁恕惻怛○惻怛宋本作惻隱

并及羣從自諸妻子一時略盡○冊府作洎諸妻子

豈可具陳哉注謀臣若斯難以言智○臣龍官按謀臣疑當作謀身蓋議文休避地交州室家顛沛無保身之哲也

知聖主允明○允冊府作光

虎賁警蹕注先出都肆即羽林道上稱警蹕○肆宜作肄

文多故不載注過閱受終於文祖之言○過冊府作愚

又注既深悼劉將軍之早世○臣青槐按本傳靖於章武二年卒此書乃在先主既喪之後則靖不及見矣豈異國乖隔靖雖歿而朗不知耶諸葛亮集云朗等有書與亮陳天命人事亮不答而作正議此書當是一時事

又注既承詔直且服舊之情○直字疑

麋竺益州既平拜爲安漢將軍○既平太平御覽作既定

秦宓如令見察則一州斯服○令冊府作今

僕文不能盡言言不能盡意○冊府作僕聞書不能盡言言不能盡意

參伐則益州分野○何焯曰漢書地理志蜀系秦分繞於輿鬼東井參伐乃魏地星也此云參伐則益州分野未詳

蔣濟以爲大較廊廟器也注誠令知之蓋善人也○臣明楷按善人或疑作人善然此句文義殊晦夫文休本廊廟之器而子將貶之不知則咎在不明知之又近於蔽善兩無當也

蜀志卷九

晉著作郎巴西中正安漢陳壽撰

宋太中大夫國子博士聞喜裴松之注

董和　劉巴　馬良弟謖　陳震

董允陳祗黃皓　呂乂

董和字幼宰南郡枝江人也其先本巴郡江州人漢末和率宗族西遷益州牧劉璋以爲牛鞞音髀江原長成都令蜀土富實時俗奢侈貨殖之家侯服玉食婚姻葬送傾家竭產和躬率以儉惡衣蔬食防遏踰僭爲之軌制所在皆移風變善畏而不犯然縣界豪彊憚和嚴法說璋轉和爲巴東屬國都尉吏民老弱相攜乞留和者數千人璋聽留二年還遷益州太守其淸約如前與蠻夷從事務推誠心南土愛而信之先主定蜀徵和爲掌軍中郎將與軍師將軍諸葛亮並署左將軍大司馬府事獻可替否共爲歡交自和居官食祿外牧殊域內幹機衡二十餘年死之日家無儋石之財亮後爲丞相教與羣下曰夫參署者集衆思廣忠益也若遠小嫌難相違覆曠闕損矣違覆而得中猶棄弊蹻而獲珠玉然人心苦不能盡惟徐元直處茲不惑又董幼宰參署七年事有不至至于十反來相啓告苟能慕元直之十一幼宰

之殷勤有忠於國則亮可少過矣又曰昔初交州平屢聞得失後交元直勤見啓誨前參事於幼宰每言則盡後從事於偉度數有諫止雖姿性鄙暗不能悉納然與此四子終始好合亦足以明其不疑於直言也其追思和如此。偉度者姓胡名濟義陽人爲亮主簿有忠藎之效故見褒述亮卒爲中典軍統諸軍封成陽亭侯遷中監軍前將軍督漢中假節領兖州刺史至右驃騎將軍濟弟博歷長水校尉尚書

劉巴字子初零陵烝陽人也少知名零陵先賢傳曰巴祖父曜蒼梧太守父祥江夏太守盪寇將軍時孫堅舉兵討董卓以南陽太守張咨不給軍糧殺之祥與同心南陽士民由此怨祥舉兵攻之與戰敗亡劉表亦素不善祥拘巴欲殺之數遣祥故所親信人密詐謂巴曰劉牧欲相危害可相隨逃之如此再三巴輒不應具以報表表乃不殺巴年十八郡署戶曹史主記主簿劉先主欲遣周不疑就巴學巴答曰昔游荆北時涉師門記問之學不足紀名內無楊朱守靜之術外無墨翟務時之風猶天之南箕虛而不用賜書乃欲令賢甥摧鸞鳳之艷遊燕雀之宇將何以啓明之哉愧於有若無實若虛何以堪之荆州牧劉表連辟及舉茂才皆不就表卒曹公征荆州先主奔江南荆楚羣士從之如雲而巴北詣曹公曹公辟爲掾使招納長沙零陵桂陽零陵先賢傳曰曹公敗於烏林還北時欲遣桓階階辭不如巴巴謂曹公曰劉備據荆州不可也公曰備如相圖孤以六軍繼之也會先主略有三郡巴不得反使遂遠適交阯零陵先賢傳云巴往零陵事不成欲游交州道還京師時諸葛亮在臨烝巴與亮書曰乘危歷險到值思義之民自與之衆承天之心順物之性非余身謀所能勸動若道窮數盡將託命於滄海不復顧荆州矣亮追謂曰劉公雄才蓋世據有荆土莫不歸德天人去就已可知矣足下欲何之巴曰受命而來不成當還此其宜也足下何言邪先主深以爲恨巴復從交阯至蜀零陵先賢傳曰巴入交阯更姓爲張與交阯太守士燮計議不合乃由牂牁道去爲益州郡所拘留太守欲殺之主簿曰此非常人不可殺也主簿請自送至州見益州牧劉璋璋父焉昔爲巴父祥所舉孝廉見巴驚喜每大事輒以咨訪臣松之案劉焉在漢靈帝時已經宗正太常出爲益州牧祥始以孫堅作長沙時爲江夏太守不得舉焉爲孝廉明也俄而先主定益州巴辭謝罪負先主不責零陵先賢傳曰璋遣法正迎劉備巴諫曰備雄人也入必爲害不可內也既入巴復諫曰若使備討張魯是放虎於山林也璋不聽巴閉門稱疾備攻成都令軍中曰其有害巴者誅及三族及得巴甚喜而諸葛孔明數稱薦之先主辟爲左將軍西曹掾零陵先賢傳曰張飛嘗就巴宿巴不與語飛遂忿恚諸葛亮謂巴曰張飛雖實武人敬慕足下主公今方收合文武以定大事足下雖天素高亮宜少降意也巴曰大丈夫處世當交四海英雄如何與兵子共語乎備聞之怒曰孤欲定天下而子初專亂之其欲還北假道於此豈欲成孤事邪備又曰子初才智絕人如孤可任用之非孤者難獨任也亮亦曰運籌策於帷幄之中吾不如子初遠矣若提枹鼓會軍門使百姓喜勇當與人議之耳初攻劉璋備與士衆約若事定府庫百物孤無預焉及拔成都士衆皆捨干戈赴諸藏競取寶物軍用不足備甚憂之巴曰易耳但當鑄直百錢平諸物賈令吏爲官市備從之數月之間府庫充實建安二十四年先主爲漢中王巴爲尚書後代法正爲尚書令躬履清儉不治產業又自以歸附非素懼見猜嫌恭默守靜退無私交非公事不言零陵先賢傳曰是時中夏人情未一聞備在蜀四方延頸而備銳意欲即眞巴以爲如此示天下不廣且欲緩之與主簿雍茂諫備備以他事殺茂由是遠人不復至矣先主稱尊號昭告于皇天上帝后土神祇凡諸文誥策命皆巴所作也章武二年卒卒後魏尚書僕射陳羣與丞相諸葛亮書問巴消息稱曰劉君子初甚敬重焉零陵先賢傳曰輔吳將軍張昭嘗對孫權論巴褊阨不當拒張飛太甚權曰若令子初隨世沈浮容悅玄德交非其人何足稱爲高士乎

馬良字季常襄陽宜城人也兄弟五人並有才名鄉里爲之諺曰馬氏五常白眉最良良眉中有白毛故以稱之先主領荆州辟爲從事及先主入蜀諸葛亮亦從後往良留荆州與亮書曰聞雒城已拔此天祚也尊兄應期贊世配業光國魄兆見矣臣松之以爲良蓋與亮結爲兄弟或相與有親亮年長良故呼亮爲尊兄耳夫變用雅慮審貴垂明於以簡才宜適其時若乃和光悅遠邁德天壤使時閑於聽世服於道齊高妙之音正鄭衛之聲並利於事無相奪倫此乃管絃之至牙曠之調也雖非鍾期敢不擊節先主辟良爲左將軍掾後遣使吳良謂亮曰今銜國命協穆二家幸爲良介於孫將軍亮曰君試自爲文良即爲草曰寡君遣掾馬良通聘繼好以紹昆吾豕韋之勳其人吉士荆楚之令鮮於造次之華而有克終之美願降心存納以慰將命權敬待之先主稱尊號以良爲侍中及東征吳遣良入武陵招納五溪蠻夷蠻夷渠帥皆受印號咸如意會先主敗績於夷陵良亦遇害先主拜良子秉爲騎都尉良弟謖字幼常以荆州從事隨先主入蜀除緜竹成都令越嶲太守才器過人好論軍計丞相諸葛亮深加器異先主臨薨謂亮曰馬謖言過其實不可大用君其察之亮猶謂不然以謖爲參軍每引見談論自晝達夜襄陽記曰建興三年亮征南中謖送之數十里亮曰雖共謀之歷年今可更惠良規謖對曰南中恃其險遠不服久矣雖今日破之明日復反耳今公方傾國北伐以事彊賊彼知官勢內虛其叛亦速若殄盡遺類以除後患既非仁者之情且又不可倉卒也夫用兵之道攻心爲上攻城爲下心戰爲上兵戰爲下願公服其心而已亮納其策赦孟獲以服南方故終亮之世南方不敢復反建興六年亮出軍向祁山時有宿將魏延吳壹等論者皆言以爲宜令爲先鋒而亮違衆拔謖統大衆在前與魏將張郃戰于街亭爲郃所破士卒離散亮進無所據退軍還漢中謖下獄物故亮爲之流涕良死時年三十六謖年三十九襄陽記曰謖臨終與亮書曰明公視謖猶子謖視明公猶父願深惟殛鯀興禹之義使平生之交不虧於此謖雖死無恨於黃壤也于時十萬之衆爲之垂涕亮自臨祭待其遺孤若平生蔣琬後詣漢中謂亮曰昔楚殺得臣然後文公喜可知也天下未定而戮智計之士豈不惜乎亮流涕曰孫武所以能制勝於天下者用法明也是以楊干亂法魏絳戮其僕四海分裂兵交方始若復廢法何用討賊邪習鑿齒曰諸葛亮之不能兼上國也豈不宜哉夫晉人規林父之後濟故廢法而收功楚成闇得臣之益己故殺之以重敗今蜀僻陋一方才少上國而殺其俊傑退收駑下之用明法勝才不師三敗之道將以成業不亦難乎且先主誡謖之不可大用豈不謂其非才也亮受誡而不獲奉承明謖之難廢也爲天下宰匠欲大收物之力而不量才節任隨器付業知之大過則違明主之誡裁之失中即殺有益之人難乎其可與言智者也

陳震字孝起南陽人也先主領荆州牧辟爲從事部諸郡隨先主入蜀蜀既定爲蜀郡北部都尉因易郡名爲汶山太守轉在犍爲建興三年入拜尚書遷尚書令奉命使吳七年孫權稱尊號以震爲衛尉賀權踐阼諸葛亮與兄瑾書曰孝起忠純之性老而益篤及其贊述東西歡樂和合有可貴者震入吳界移關侯曰東之與西驛使往來冠蓋相望申盟初好日新其事東尊應保聖祚告燎受符剖判土宇天下響應各有所歸於此時也以同心討賊則何寇不滅哉西朝君臣引領欣賴震以不才得充下使奉聘敘好踐界踊躍入則如歸獻子適魯犯其山諱春秋譏之望必啓告使行人睦焉即日張旍誥衆各自約誓順流漂疾國典異制懼或有違幸必斟誨示其所宜震到武昌孫權與震升壇歃盟交分天下以徐豫幽青屬吳并涼冀兗屬蜀其司州之土以函谷關爲界震還封城陽亭侯九年都護李平坐誣罔廢諸葛亮與長史蔣琬侍中董允書曰孝起前臨至吳爲吾說正方腹中有鱗甲鄉黨以爲不可近吾以爲鱗甲者但不當犯之耳不圖復有蘇張之事出於不意可使孝起知之十三年震卒子濟嗣

董允字休昭掌軍中郎將和之子也先主立太子允以選爲舍人徙洗馬後主襲位遷黃門侍郎丞相亮將北征住漢中慮後主富於春秋朱紫難別以允秉心公亮欲任以宮省之事上疏曰侍中郭攸之費禕侍郎董允等先帝簡拔以遺陛下至於斟酌規益進盡忠言則其任也愚以爲宮中之事事無大小悉以咨之必能裨補闕漏有所廣益若無興德之言則戮允等以彰其慢亮尋請禕爲參軍允遷爲侍中領虎賁中郎將統宿衛親兵攸之性素和順備員而已楚國先賢傳曰攸之南陽人以器業知名於時獻納之任允皆專之矣允處事爲防制甚盡匡救之理後主常欲采擇以充後宮允以爲古者天子后妃之數不過十二今嬪嬙已具不宜增益終執不聽後主益嚴憚之尚書令蔣琬領益州刺史上疏以讓費禕及允又表允內侍歷年翼贊王室宜賜爵土以褒勳勞允固辭不受後主漸長大愛宦人黃皓皓便辟佞慧欲自容入允常上則正色匡主下則數責於皓皓畏允不敢爲非終允之世皓位不過黃門丞允嘗與尚書令費禕中典軍胡濟等共期游宴嚴駕已辦而郎中襄陽董恢詣允脩敬恢年少官微見允停出逡巡求去允不許曰本所以出者欲與同好游談也今君已自屈方展闊積捨此之談就彼之宴非所謂也乃命解驂禕等罷駕不行其守正下士凡此類也襄陽記曰董恢字休緒襄陽人入蜀以宣信中郎副費禕使吳孫權嘗大醉問禕曰楊儀魏延牧豎小人也雖嘗有鳴吠之益於時務然既已任之勢不得輕若一朝無諸葛亮必爲禍亂矣諸君憒憒曾不知防慮於此豈所謂貽厥孫謀乎禕愕然四顧視不能即答恢目禕曰可速言儀延之不協起於私忿耳而無黥韓難御之心也今方埽除彊賊混一函夏功以才成業由才廣若捨此不任防其後患是猶備有風波而逆廢舟楫非長計也權大笑樂諸葛亮聞之以爲知言還未滿三日辟爲丞相府屬遷巴郡太守臣松之案漢晉春秋亦載此語不云董恢所教辭亦小異此二書俱出習氏而不同若此本傳云恢年少官微若已爲丞相府屬出作巴郡則官不微矣以此疑習氏之言爲不審的也延熙六年加輔國將軍七年以侍中守尚書令爲大將軍費禕副貳九年卒華陽國志曰時蜀人以諸葛亮蔣琬費禕及允爲四相一號四英也陳祗代允爲侍中與黃皓互相表裏皓始預政事祗死後皓從黃門令爲中常侍奉車都尉操弄威柄終至覆國蜀人無不追思允及鄧艾至蜀聞皓姦險收閉將殺之而皓厚賂艾左右得免祗字奉宗汝南人許靖兄之外孫也少孤長於靖家弱冠知名稍遷至選曹郎矜厲有威容多技藝挾數術費禕甚異之故超繼允內侍呂乂卒祗又以侍中守尚書令加鎮軍將軍大將軍姜維雖班在祗上常率衆在外希親朝政祗上承主指下接閹豎深見信愛權重於維景耀元年卒後主痛惜發言流涕乃下詔曰祗統職一紀柔嘉維則幹肅有章和義利物庶績允明命不融遠朕用悼焉夫存有令問則亡加美謚謚曰忠侯賜子粲爵關內侯拔次子裕爲黃門侍郎自祗之有寵後主追怨允日深謂爲自輕由祗媚茲一人皓搆閒浸潤故耳允孫宏晉巴西太守臣松之以爲陳羣子泰陸遜子抗傳皆以子繫父不別載姓及王肅杜恕張承顧劭之流莫不皆然惟董允獨否未詳其意當以允名位優重事迹踰父故邪夏侯玄陳表並有騎角之美而亦如泰者魏書總名此卷云諸夏侯曹傳故不復稍加品藻陳武與表俱至偏將軍以位不相過故也

呂乂字季陽南陽人也父常送故將軍劉焉入蜀值王路隔塞遂不得還乂少孤好讀書鼓琴初先主定益州置鹽府校尉較鹽鐵之利後校尉王連請乂及南陽杜祺南鄉劉幹等並爲典曹都尉乂遷新都緜竹令乃心隱卹百姓稱之爲一州諸城之首遷巴西太守丞相諸葛亮連年出軍調發諸郡多不相救乂募取兵五千人詣亮慰喻檢制無逃竄者徙爲漢中太守兼領督農供繼軍糧亮卒累遷廣漢蜀郡太守蜀郡一都之會戶口衆多又亮卒之後士伍亡命更相重冒姦巧非一乂到官爲之防禁開喻勸導數年之中漏脫自出者萬餘口後入爲尚書代董允爲尚書令衆事無留門無停賓乂歷職內外治身儉約謙靖少言爲政簡而不煩號爲清能然持法刻深好用文俗吏故居大官名聲損於郡縣延熙十四年卒子辰景耀中爲成都令辰弟雅謁者雅清厲有文才著格論十五篇杜祺歷郡守監軍大將軍司馬劉幹官至巴西太守皆與乂親善亦有當時之稱

而儉素守法不及於乂

評曰董和蹈羔羊之素劉巴履淸尚之節馬良貞實稱爲令士陳震忠恪老而益篤董允匡主義形於色皆蜀臣之良矣呂乂臨郡則垂稱處朝則被損亦黃薛之流亞矣

蜀志卷九考證

劉巴少知名注劉表亦素不善祥拘巴欲殺之○臣清權按本傳下文云荊州牧劉表連辟及舉茂才皆不就則表初未必有欲殺巴之事也零陵先賢傳蓋傳訛之誤

又注郡署戶曹史主記主簿劉先主欲遣周不疑就巴學○臣浩按主記疑作主計劉先主主字宜衍劉表傳中別駕劉先是其人也

巴復從交阯至蜀注乃由牂牁道去○道去元本作遁去

先主辟爲左將軍西曹掾注足下雖天素高亮宜少降意也○元本作天分素高亮多分字

非公事不言注與主簿雍茂諫備備以他事殺茂○臣清權按本傳下文凡諸文誥策命皆巴所作則先主之稱尊號巴未必以爲非也零陵先賢傳蓋勦敵國謗誹之辭亦不足信

馬良亮猶不然以謖爲參軍○宋本作亮猶謂不然多謂字

呂乂雅淸厲有文才著格論十五篇○格論毛本作恪論

蜀志卷十

晉 著 作 郞 巴 西 中 正 安漢陳 壽撰

宋 太 中 大 夫 國 子 博 士 聞 喜 裴松之注

劉封 彭羕 廖立 李嚴 劉琰

魏延 楊儀

劉封者本羅侯寇氏之子長沙劉氏之甥也先主至荊州以未有繼嗣養封爲子及先主入蜀自葭萌還攻劉璋時封年二十餘有武藝氣力過人將兵俱與諸葛亮張飛等泝流西上所在戰克益州既定以封爲副軍中郞將初劉璋遣扶風孟達副法正各將兵二千人使迎先主先主因令達并領其衆留屯江陵蜀平後以達爲宜都太守建安二十四年命達從秭歸北攻房陵房陵太守蒯祺爲達兵所害達將進攻上庸先主陰恐達難獨任乃遣封自漢中乘沔水下統達軍與達會上庸上庸太守申耽舉衆降遣妻子及宗族詣成都先主加耽征北將軍領上庸太守員鄉侯如故以耽弟儀爲建信將軍西城太守遷封爲副軍將軍自關羽圍樊城襄陽連呼封達令發兵自助封達辭以山郡初附未可動搖不承羽命會羽覆敗先主恨之又封與達忿爭不和封尋奪達鼓吹達既懼罪又忿恚封遂表辭先主率所領降魏魏略載達辭先主表曰伏惟殿下將建伊呂之業追桓文之功大事草創假勢吳楚是以有爲之士深覩歸趣臣委質已來愆戾山積臣猶自知況於君乎今王朝以興英俊鱗集臣內無輔佐之器外無將領之才列次功臣誠自愧也臣聞范蠡識微浮於五湖咎犯謝罪逡巡於河上夫際會之間請命乞身何則欲潔去就之分也況臣卑鄙無元功巨勳自繫於時竊慕前賢早思遠恥昔申生至孝見疑於親子胥至忠見誅於君蒙恬拓境而被大刑樂毅破齊而遭讒佞臣每讀其書未嘗不慷慨流涕而親當其事益以傷絕何者則州覆敗大臣失節百無一還惟臣尋事自致房陵上庸而復乞身自放於外伏想殿下聖恩感悟愍臣之心悼臣之舉臣誠小人不能始終知而爲之敢謂非罪臣每聞交絕無惡聲去臣無怨辭臣過奉教於君子願君王勉之也魏文帝善達之姿才容觀以爲散騎常侍建武將軍封平陽亭侯合房陵上庸西城三郡爲新城郡以達領新城太守遣征南將軍夏侯尚右將軍徐晃與達共襲封達與封書曰古人有言疏不間親新不加舊此謂上明下直讒慝不行也若乃權君譎主賢父慈親猶有忠臣蹈功以罹禍孝子抱仁以陷難種商白起孝已伯奇皆其類也其所以然非骨肉好離親親樂患也或有恩移愛易亦有讒間其間雖忠臣不能移之於君孝子不能變之於父者也勢利所加改親爲讎況非親親乎故申生衞伋禦寇楚建稟受形之氣當嗣立之正而猶如此今足下與漢中王道路之人耳親非骨血而據勢權義非君臣而處上位征則有偏任之威居則有副軍之號遠近所聞也自立阿斗爲太子已來有識之人相爲寒心如使申生從子輿之言必爲太伯衞伋聽其弟之謀無彰父之譏也且小白出奔入而爲霸重耳踰垣卒以克復自古有之非獨今也夫智貴免禍明尚夙達僕揆漢中王慮定於內疑生於外矣慮定則心固疑生則心懼亂禍之興作未曾不由廢立之間也私怨人情不能不見恐左右必有以間於漢中王矣然則疑成怨聞其發若踐機耳今足下在遠尚可假息一時若大軍遂進足下失據而還竊相爲危之昔微子去殷智果別族違難背禍猶皆如斯國語曰智宣子將以瑤爲後智果曰不如宵也宣子曰宵也佷對曰宵之佷在面瑤之佷在心瑤之賢於人者五其不逮者一也美鬚長大則賢射御足力則賢技藝畢給則賢巧文辯惠則賢彊毅果敢則賢如是而甚不仁以五者賢陵人而不仁行之其誰能待之若果立瑤也智宗必滅不聽智果別族于太史氏爲輔氏及智氏亡惟輔果在焉今足下棄父母而爲人後非禮也知禍將至而留之非智也見正不從而疑之非義也自號爲丈夫爲此三者何所貴乎以足下之才棄身來東繼嗣羅侯不爲背親也北面事君以正綱紀不爲棄舊也怒不致亂以免危亡不爲徒行也加陛下新受禪命虛心側席以德懷遠若足下翻然內向非但與僕爲倫受三百戶封繼統羅國而已當更剖符大邦爲始封之君陛下大軍金鼓以震當轉都宛鄧若二敵不平軍無還期足下宜因此時早定良計易有利見大人詩有自求多福行矣今足下勉之無使狐突閉門不出封不從達言申儀叛封封破走還成都申耽降魏魏假耽懷集將軍徙居南陽儀魏興太守封眞鄉侯屯洵口魏略曰申儀兄名耽字義舉初在西平上庸間聚衆數千家後與張魯通又遣使詣曹公曹公加其號爲將軍因使領上庸都尉至建安末爲蜀所攻以其郡西屬黃初中儀復來還詔即以兄故號加儀因拜魏興太守封列侯太和中儀與孟達不和數上言達有貳心於蜀及達反儀絕蜀道使救不到達死後儀詣宛見司馬宣王宣王勸使來朝儀至京師詔轉儀拜樓船將軍在禮請中封既至先主責封之侵陵達又不救羽諸葛亮慮封剛猛易世之後終難制御勸先主因此除之於是賜封死使自裁封歎曰恨不用孟子度之言先主爲之流涕達本字子敬避先主叔父敬改之封子林爲牙門將咸熙元年內移河東達子興爲議督軍是歲徙還扶風

彭羕字永年廣漢人身長八尺容貌甚偉姿性驕傲多所輕忽惟敬同郡秦子勑薦之於太守許靖曰昔高宗夢傳說周文求呂尚爰及漢祖納食其於布衣此乃帝王之所以倡業垂統緝熙厥功也今明府稽古皇極允執神靈體公劉之德行勿翦之惠清廟之作於是乎始褒貶之義於是乎興然而六翮未之備也伏見處士緜竹秦宓膺山甫之德履雋生之直枕石漱流吟詠縕袍偃息於仁義之途恬惔於浩然之域高概節行守貞不虧雖古人潛遁蔑以加旃若明府能招致此人必有忠讜落落之譽豐功厚利建跡之勳然後紀功於王府飛聲於來世不亦美哉羕仕州不過書佐後又爲衆人所謗毀於州牧劉璋璋髡鉗羕爲徒隷會先主入蜀泝流北行羕欲納說先主乃往見龐統統與羕非故人又適有賓客羕徑上統牀臥謂統曰須客罷當與卿善談統客既罷往就羕坐羕又先責統食然後共語因留信宿至于經日統大善之而法正宿自知羕遂並致之先主先主亦以爲奇數令羕宣傳軍事指授諸將奉使稱意識遇日加成都既定先主領益州牧拔羕爲治中從事羕起徒步一朝處州人之上形色囂然自矜得遇滋甚諸葛亮雖外接待羕而內不能善屢密言先主羕心大志廣難可保安先主既敬信亮加察羕行事意以稍疏左遷羕爲江陽太守羕聞當遠出私情不悅往詣馬超超問羕曰卿才具秀拔主公相待至重謂卿當與孔明孝直諸人齊足並驅寧當外授小郡失人本望乎羕曰老革荒悖可復道邪揚雄方言曰㦤鰓乾都耆革老也郭璞注曰皆老者皮色枯瘁之形也臣松之以爲皮去毛曰革古者以革爲兵故語稱兵革革猶兵也羕罵備爲老革猶言老兵也又謂超曰卿爲其外我爲其內天下不足定也超羈旅歸國常懷危懼聞羕言大驚默然不答羕退具表羕辭於是收羕付有司羕於獄中與諸葛亮書曰僕昔有事於諸侯以爲曹操暴虐孫權無道振威闇弱其惟主公有霸王之器可與興業致治故乃翻然有輕舉之志會公來西僕因法孝直自衒鬻龐統斟酌其間遂得詣公於葭萌指掌而譚論治世之務講霸王之義建取益州之策公亦宿慮明定即相然贊遂舉事焉僕於故州不免凡庸憂於罪罔得遭風雲激矢之中求君得君志行名顯從布衣之中擢爲國士盜竊茂才分子之厚誰復過此臣松之以爲分子之厚者羕言劉主分兒子厚恩施之於己故其書後語云負我慈父罪有百死也羕一朝狂悖自求葅醢爲不忠不義之鬼乎先民有言左手據天下之圖右手刎咽喉愚夫不爲也況僕頗別菽麥者哉所以有怨望意者不自度量苟以爲首興事業而有投江陽之論不解主公之意意卒感激頗以被酒侻失老語此僕之下愚薄慮所致主公實未老也且夫立業豈在老少西伯九十寧有衰志負我慈父罪有百死至於內外之言欲使孟起立功北州戮力主公共討曹操耳寧敢有他志邪孟起說之是也但不分別其間痛人心耳昔每與龐統共相誓約庶託足下末蹤盡心於主公之業追名古人載勳竹帛統不幸而死僕敗以取禍自我墮之將復誰怨足下當世伊呂也宜善與主公計事濟其大猷天明地察神祇有靈復何言哉貴使足下明僕本心耳行矣努力自愛自愛羕竟誅死時年三十七

廖音理救反立字公淵武陵臨沅人先主領荊州牧辟爲從事年未三十擢爲長沙太守先主入蜀諸葛亮鎭荊土孫權遣使通好於亮因問士人皆誰相經緯者亮答曰龐統廖立楚之良才當贊興世業者也建安二十年權遣呂蒙奄襲南三郡立脫身走自歸先主先主素識待之不深責也以爲巴郡太守二十四年先主爲漢中王徵立爲侍中後主襲位徙長水校尉立本意自謂才名宜爲諸葛亮之貳而更游散在李嚴等下常懷怏怏後

丞相掾李邵蔣琬至立計曰軍當遠出卿諸人好諦其事昔先主不取漢中走與吳人爭南三郡卒以三郡與吳人徒勞役吏士無益而還既亡漢中使夏侯淵張郃深入于巴幾喪一州後至漢中使關侯身死無孑遺上庸覆敗徒失一方是羽怙恃勇名作軍無法直以意突耳故前後數喪師衆也如向朗文恭凡俗之人耳恭作治中無綱紀朗昔奉馬良兄弟謂爲聖人今作長史素能合道中郎郭演長從人者耳不足以經大事而作侍中今弱世也欲任此三人爲不然也王連流俗苟作掊克使百姓疲弊以致今日邵琬具白其言於諸葛亮亮表立曰長水校尉廖立坐自貴大臧否羣士公言國家不任賢達而任俗吏又言萬人率者皆小子也誹謗先帝疵毁衆臣人有言國家兵衆簡練部伍分明者立舉頭視屋憤咤作色曰何足言凡如是者不可勝數羊之亂羣猶能爲害況立託在大位中人以下識眞僞邪亮集有亮表曰立奉先帝無忠孝之心守長沙則開門就敵領巴郡則有闇昧闒茸其事隨大將軍則誹謗譏訶侍梓宮則挾刃斷人頭於梓宮之側陛下卽位之後普增職號立隨比爲將軍面語臣曰我何宜在諸將軍中不表我爲卿上當在五校臣答將軍者隨大比耳至於卿者正方亦未爲卿也且宜處五校自是之後快快懷恨詔曰三苗亂政有虞流宥廖立狂惑朕不忍刑亟徙不毛之地於是廢立爲民徙汶山郡立躬率妻子耕殖自守聞諸葛亮卒垂泣歎曰吾終爲左衽矣後監軍姜維率偏軍經汶山往詣立稱立意氣不衰言論自若立遂終於徙所妻子還蜀

李嚴字正方南陽人也少爲郡職吏以才幹稱荊州牧劉表使歷諸郡縣曹公入荊州時嚴宰秭歸遂西詣蜀劉璋以爲成都令復有能名建安十八年署嚴爲護軍拒先主於緜竹嚴率衆降先主先主拜嚴裨將軍成都既定爲犍爲太守興業將軍二十三年盜賊馬秦高勝等起事於郪音妻合聚部伍數萬人到資中縣時先主在漢中嚴不更發兵但率將郡士五千人討之斬秦勝等首枝黨星散悉復民籍又越嶲夷率高定遣軍圍新道縣嚴馳往赴救賊皆破走加輔漢將軍領郡如故章武二年先主徵嚴詣永安宮拜尚書令三年先主疾病嚴與諸葛亮並受遺詔輔少主以嚴爲中都護統內外軍事留鎮永安建興元年封都鄉侯假節加光祿勳四年轉爲前將軍以諸葛亮欲出軍漢中嚴當知後事移屯江州留護軍陳到駐永安皆統屬嚴嚴與孟達書曰吾與孔明俱受寄託憂深責重思得良伴亮亦與達書曰部分如流趨捨罔滯正方性也其見貴重如此諸葛亮集有嚴與亮書勸亮宜受九錫進爵稱王亮答書曰吾與足下相知久矣可不復相解足下方誨以光國戒之以勿拘之道是以未得默已吾本東方下士誤用於先帝位極人臣祿賜百億今討賊未效知己未答而方寵齊晉坐自貴大非其義也若滅魏斬叡帝還故居與諸子並升雖十命可受況於九邪八年遷驃騎將軍以曹眞欲三道向漢川亮命嚴將二萬人赴漢中亮表嚴子豐爲江州都督督軍典嚴後事亮以明年當出軍命嚴以中都護署府事嚴改名爲平九年春亮軍祁山平催督運事秋夏之際值天霖雨運糧不繼平遣參軍狐忠督軍成藩喻指呼亮來還亮承以退軍平聞軍退乃更陽驚說軍糧饒足何以便歸欲以解己不辦之責顯亮不進之愆也又表後主說軍僞退欲以誘賊與戰亮具出其前後手筆書疏本末平違錯章灼平辭窮情竭首謝罪負於是亮表平曰自先帝崩後平所在治家尚爲小惠安身求名無憂國之事臣當北出欲得平兵以鎮漢中平窮難縱橫無有來意而求以五郡爲巴州刺史去年臣欲西征欲令平主督漢中平說司馬懿等開府辟召臣知平鄙情欲因行之際偪臣取利也是以表平子豐督主江州隆崇其遇以取一時之務平至之日都委諸事羣臣上下皆怪臣待平之厚也正以大事未定漢室傾危伐平之短莫若褒之然謂平情在於榮利而已不意平心顛倒乃爾若事稽留將致禍敗是臣不敏言多增咎亮公文上尚書曰平爲大臣受恩過量不思忠報橫造無端危恥不辦迷罔上下論獄棄科導人爲姦狹情志狂若無天地自度姦露嫌心遂生聞軍臨至西嚮託疾還沮漳軍臨至沮復還江陽平參軍狐忠勤諫乃止今篡賊未滅社稷多難國事惟和可以克捷不可苞含以危大業輒與行中軍師車騎將軍都鄉侯臣劉琰使持節前軍師征西大將軍領涼州刺史南鄭侯臣魏延前將軍都亭侯臣袁綝左將軍領荊州刺史高陽鄉侯臣吳壹督前部右將軍玄鄉侯臣高翔督後部後將軍安樂亭侯臣吳班領長史綏軍將軍臣楊儀督左部行中監軍揚武將軍臣鄧芝行前監軍征南將軍臣劉巴行中護軍偏將軍臣費禕行前護軍偏將軍漢成亭侯臣許允行左護軍篤信中郎將臣丁咸行右護軍偏將軍臣劉敏行護軍征南將軍當陽亭侯臣姜維行中典軍討虜將軍臣上官雝行中參軍昭武中郎將臣胡濟行參軍建義將軍臣閻晏行參軍偏將軍臣爨習行參軍裨將軍臣杜義行參軍武略中郎將臣杜祺行參軍綏戎都尉臣盛勃領從事中郎武略中郎將臣樊岐等議輒解平任免官祿節傳印綬符策削其爵土乃廢平爲民徙梓潼郡諸葛亮又與平子豐教曰吾與君父子戮力以獎漢室此神明所聞非但人知之也表都護典漢中委君於東關者不與人議也謂至心感動終始可保何圖中乖乎昔楚卿屢絀亦乃克復思道則福應自然之數也願寬慰都護勤追前闕今雖解任形業失故奴婢賓客百數十人君以中郎參軍居府方之氣類猶爲上家若都護思負一意君與公琰推心從事者否可復通逝可復還也詳思斯戒明吾用心臨書長歎涕泣而已十二年平聞亮卒發病死平常冀亮當自補復策後人不能故以激憤也習鑿齒曰昔管仲奪伯氏駢邑三百沒齒而無怨言聖人以爲難諸葛亮之使廖立垂泣李平致死豈徒無言而已哉夫水至平而邪者取法鏡至明而醜者亡怒水鏡之所以能窮物而無怨者以其無私也水鏡無私猶以免謗況大人君子懷樂生之心流矜恕之德法行於不可不用刑加乎自犯之罪爵之而非私誅之而不怒天下有不服者乎諸葛亮於是可謂能用刑矣自秦漢以來未之有也豐官至朱提太守蘇林漢書音義曰朱音銖提音如北方人名士曰提也

劉琰字威碩魯國人也先主在豫州辟爲從事以其宗姓有風流善談論厚親待之遂隨從周旋常爲賓客先主定益州以琰爲固陵太守後主立封都鄉侯班位每亞李嚴爲衞尉中軍師後將軍遷車騎將軍然不豫國政但領兵千餘隨丞相亮諷議而已車服飲食號爲侈靡侍婢數十皆能爲聲樂又悉教誦讀魯靈光殿賦建興十年與前軍師魏延不和言語虛誕亮責讓之琰與亮牋謝曰琰稟性空虛本薄操行加有酒荒之病自先帝以來紛紜之論殆將傾覆頗蒙明公本其一心在國原其身中穢垢扶持全濟致其祿位以至今日間者迷醉言有違錯慈恩含忍不致之於理使得全完保育性命雖必克己責躬改過投死以誓神靈無所用命則靡寄顏於是亮遣琰還成都官位如故琰失志慌惚十二年正月琰妻胡氏入賀太后太后令特留胡氏經月乃出胡氏有美色琰疑其與後主有私呼卒五百撾胡至於以履搏面而後棄遣胡具以告言琰琰坐下獄有司議曰卒非撾妻之人面非受履之地琰竟棄市自是大臣妻母朝慶遂絕

魏延字文長義陽人也以部曲隨先主入蜀數有戰功遷牙門將軍先主爲漢中王遷治成都當得重將以鎮漢川衆論以爲必在張飛飛亦以心自許先主乃拔延爲督漢中鎮遠將軍領漢中太守一軍盡驚先主大會羣臣問延曰今委卿以重任卿居之欲云何延對曰若曹操舉天下而來請爲大王拒之偏將十萬之衆至請爲大王吞之先主稱善衆咸壯其言先主踐尊號進拜鎮北將軍建興元年封都亭侯五年諸葛亮駐漢中更以延爲督前部領丞相司馬涼州刺史八年使延西入羌中魏後將軍費瑤雍州刺史郭淮與延戰于陽谿延大破淮等遷爲前軍師征西大將軍假節進封南鄭侯延每隨亮出輒欲請兵萬人與亮異道會于潼關如韓信故事亮制而不許延常謂亮爲怯歎恨己才用之不盡魏略曰夏侯楙爲安西將軍鎮長安亮於南鄭與羣下計議延曰聞夏侯楙少主壻也怯而無謀今假延精兵五千負糧五千直從襃中出循秦嶺而東當子午而北不過十日可到長安楙聞延奄至必乘船逃走長安中惟有御史京兆太守耳橫門邸閣與散民之穀足周食也比東方相合聚尚二十許日而公從斜谷來必足以達如此則一舉而咸陽以西可定矣亮以爲此縣危不如安從坦道可以平取隴右十全必克而無虞故不用延計延既善養士卒勇猛過人又性矜高當時皆避下之唯楊儀不假借延延以爲至忿有如水火十二年亮出北谷口延爲前鋒出亮營十里延夢頭上生角以問占夢趙直直詐延曰夫麒麟有角而不用此不戰而賊欲自破之象也退而告人曰角之爲字刀下用也頭上用刀其凶甚矣秋亮病困密與長史楊儀司馬費禕護軍姜維等作身殁之後退軍節度令延斷後姜維次之若延或不從命軍便自發亮適卒祕不發喪儀令禕往揣延意指延曰丞相雖亡吾自見在府親官屬便可將喪還葬吾自當率諸軍擊賊云何以一人死廢天下之事邪且魏延何人當爲楊儀所部勒作斷後將乎因與禕共作行留部分令禕手書與己連名告下諸將禕紿延曰當爲君還解楊長史長史文吏稀更軍事必不違命也禕出門馳馬而去延尋悔追之已不及矣延遣人覘儀等遂使欲案亮成規諸營相次引軍還延大怒纔儀未發率所領徑先南歸所過燒絕閣道延儀各相表叛逆一日之中羽檄交至後主以問侍中董允留府長史蔣琬琬允咸保儀疑延儀等槎山通道晝夜兼行亦繼延後延先至據南谷口遣兵逆擊儀等儀等令何平在前禦延平叱延先登曰公亡身尚未寒汝輩何敢乃爾延士衆知曲在延莫爲用命軍皆散延獨與其子數人逃亡奔漢中儀遣馬岱追斬之致首於儀儀起自踏之曰庸奴復能作惡不遂夷延三族初蔣琬率宿衞諸營赴難北行行數十里延死問至乃旋原延意不北降魏而南還者但欲除殺儀等平日諸將素不同冀時論必當以代亮本指如此不便背叛魏略曰諸葛亮病謂延等云我之死後但謹自守愼勿復來也令延攝行己事密持喪去延遂匿之行至褒口乃發喪亮長史楊儀宿與延不和見延攝行軍事懼爲所害乃張言延欲舉衆北附遂率其衆攻延延本無此心不戰軍走追而殺之臣松之以爲此蓋敵國傳聞之言不得與本傳爭審

楊儀字威公襄陽人也建安中爲荊州刺史傅羣主簿背羣而詣襄陽太守關羽羽命爲功曹遣奉使西詣先主先主與語論軍國計策政治得失大悅之因辟爲左將軍兵曹掾及先主爲漢中王拔儀爲尚書先主稱尊號東征吳儀與尚書令劉巴不睦左遷遙署弘農太守建興三年丞相亮以爲參軍署府事將南行五年隨亮漢中八年遷長史加綏軍將軍亮數出軍儀常規畫分部籌度糧穀不稽思慮斯須便了軍戎節度取辦於儀亮深惜儀之才幹憑魏延之驍勇常恨二人之不平不忍有所偏廢也十二年隨亮出屯谷口亮卒于敵場儀既領軍還又誅討延自以爲功勳至大宜當代亮秉政呼都尉趙正以周易筮之卦得家人默然不悅而亮平生密指以儀性狷狹意在蔣琬琬遂爲尚書令益州刺史儀至拜爲中軍師無所統領從容而已初儀爲先主尚書琬爲尚書郎後雖俱爲丞相參軍長史儀每從行當其勞劇自爲年官先琬才能踰之於是怨憤形于聲色歎咤之音發於五內時人畏其言語不節莫敢從也爲後軍師費禕往慰省之儀對禕恨望前後云云又語

禕曰往者丞相亡沒之際吾若舉軍以就魏氏處世寧當落度如此邪令人追悔不可復及禕密表其言十三年廢儀爲民徙漢嘉郡儀至徙所復上書誹謗辭指激切遂下郡收儀儀自殺其妻子還蜀楚國先賢傳云儀兄慮字威方少有德行爲江南冠冕州郡禮召諸公辟請皆不能屈年十七夭鄉人宗貴號曰德行楊君

評曰劉封處嫌疑之地而思防不足以自衞彭羕廖立以才拔進李嚴以幹局達魏延以勇畧任楊儀以當官顯劉琰舊仕並咸貴重覽其舉措迹其規矩招禍取咎無不自己也

蜀志卷十考證

劉封猶皆如斯注美鬚長大則賢○鬚宋本作鬢

又注智果別族于太史氏爲輔氏○宋本太史下無氏字

彭羕豐功厚利建跡之勳○之勳元本作立勳

頗以被酒侻失老語○侻元本作脫

廖立後丞相掾李邵蔣琬至○臣明楷按楊戲輔臣贊注云李邵字永南建興元年丞相亮辟爲西曹掾此作李郃未詳孰是

李嚴平遣參軍狐忠督軍成藩○狐忠卽馬忠少養外家姓狐後乃復姓成藩毛本作成平

言多增咎注行前監軍征南將軍臣劉巴○臣明楷按此別一劉巴若子初已卒于章武二年且并未嘗爲征南將軍也

故以憤激也注鏡至明而醜者亡怒○亡元本作忘

魏延先主爲漢中王遷治成都○遷疑當作還

延大怒纔儀未發○纔字疑誤

楊儀爲後軍師費禕往慰省之○爲宋本作惟

蜀志卷十一

晉著作郎巴西中正安漢陳　壽撰

宋太中大夫國子博士聞喜裴松之注

霍峻　王連　向朗兄子寵　張裔　楊洪　費詩

霍峻字仲邈南郡枝江人也兄篤於鄉里合郡曲數百人篤卒荊州牧劉表令峻攝其衆表卒峻率衆歸先主先主以峻爲中郎將先主自葭萌南還襲劉璋留峻守葭萌城張魯遣將楊帛誘峻求共守城峻曰小人頭可得城不可得帛乃退去後璋將扶禁向存等帥萬餘人由閬水上攻圍峻且一年不能下峻城中兵纔數百人伺其怠隙選精銳出擊大破之卽斬存首先主定蜀嘉峻之功乃分廣漢爲梓潼郡以峻爲梓潼太守裨將軍在官三年年四十卒還葬成都先主甚悼惜乃詔諸葛亮曰峻旣佳士加有功於國欲行酹遂親率羣僚臨會弔祭因留宿墓上當時榮之子弋字紹先先主末年爲太子舍人後主踐祚除謁者丞相諸葛亮北駐漢中請爲記室使與子喬共周旋游處亮卒爲黃門侍郎後主立太子璿以弋爲中庶子璿好騎射出入無度弋援引古義盡言規諫甚得切磋之體後爲參軍庲降屯副貳都督又轉護軍統事如前時永昌郡夷獠恃險不賓數爲寇害乃以弋領永昌太守率偏軍討之遂斬其豪帥破壞邑落郡界寧靜遷監軍翊軍將軍領建寧太守還統南郡事景耀六年進號安南將軍是歲蜀并于魏弋與巴東領軍襄陽羅憲各保全一方舉以內附咸因仍前任寵待有加漢晉春秋曰霍弋聞魏軍來弋欲赴成都後主以備敵旣定不聽及成都不守弋素服號哭大臨三日諸將咸勸宜速降弋曰今道路隔塞未詳主之安危大故去就不可苟也若主上與魏和見遇以禮則保境而降不晚也若萬一危辱吾將以死拒之何論遲速邪得後主東遷之問始率六郡將守上表曰臣聞人生於三事之如一惟難所在則致其命今臣國敗主附守死無所是以委質不敢有二晉文王善之又拜南中都督委以本任後遣將兵救援呂興平交阯日南九眞三郡功封列侯進號崇賞焉弋孫彪晉越嶲太守襄陽記曰羅憲字令則父蒙避亂於蜀官至廣漢太守憲少以才學知名年十三能屬文後主立太子爲太子舍人遷庶子尚書吏部郎以宣信校尉再使於吳吳人稱美焉時黃皓預政衆多附之憲獨不與同皓恚左遷巴東太守時右大將軍閻宇都督巴東爲領軍後主拜憲爲宇副貳魏之伐蜀召宇西還留宇二千人令憲守永安城尋聞成都敗城中擾動江邊長吏皆棄城走憲斬稱成都亂者一人百姓乃定得後主委質問至乃帥所統臨于都亭三日吳聞蜀敗起兵西上外託救援內欲襲憲憲曰本朝傾覆吳爲脣齒不恤我難而徼其利背盟違約且漢已亡吳何得久寧能爲吳降虜乎保城繕甲告誓將士厲以節義莫不用命吳聞鍾鄧敗百城無主有兼蜀之志而巴東固守兵不得過使步協率衆而西憲臨江拒射不能禦遣參軍楊宗突圍北出告急安東將軍陳騫又送文武印綬任子詣晉王協攻城憲出與戰大破其軍孫休怒復遣陸抗等帥衆三萬人增憲之圍被攻凡六月日而救援不到城中疾病大半或說憲奔走之計憲曰夫爲人主百姓所仰危不能安急而棄之君子不爲也畢命於此矣陳騫言於晉王遣荊州刺史胡烈救憲抗等引退晉王卽委前任拜憲凌江將軍封萬年亭侯會武陵四縣舉衆叛吳以憲爲武陵太守巴東監軍泰始元年改封西鄂縣侯憲遣妻子居洛陽武帝以子襲爲給事中三年冬入朝進位冠軍將軍假節四年三月從帝宴于華林園詔問蜀大臣子弟後問先輩宜時叙用者憲薦蜀郡常忌杜軫壽良巴西陳壽南郡高軌南陽呂雅許國江夏費恭琅琊諸葛京汝南陳裕卽皆叙用咸顯於世憲還襲取吳之巫城因上伐吳之策憲方亮嚴正待士不倦輕財好施不治產業六年薨贈安南將軍諡曰烈侯子襲以陵江將軍統部曲早卒追贈廣漢太守襲子徽順陽內史永嘉五年爲王如所殺此作獻名與本傳不同未詳孰是也

王連字文儀南陽人也劉璋時入蜀爲梓潼令先主起事葭萌進軍來南連閉城不降先主義之不彊偪也及成都旣平以連爲什邡令轉在廣都所居有績遷司鹽校尉較鹽鐵之利利入甚多有禆國用於是簡取良才以爲官屬若呂乂杜祺劉幹等終皆至大官自連所拔也遷蜀郡太守興業將軍領鹽府如故建興元年拜屯騎校尉領丞相長史封平陽亭侯時南方諸郡不賓諸葛亮將自征之連諫以爲此不毛之地疫癘之鄉不宜以一國之望冒險而行亮慮諸將才不及己意欲必往而連言輒懇至故停留者久之會連卒子山嗣官至江陽太守

向朗字巨達襄陽宜城人也襄陽記曰朗少師事司馬德操與徐元直韓德高龐士元皆親善荊州牧劉表以爲臨沮長表卒歸先主先主定江南使朗督秭歸夷道巫山夷陵四縣軍民事蜀旣平以朗爲巴西太守頃之轉任牂牁又徙房陵後主踐阼爲步兵校尉代王連領丞相長史丞相亮南征朗留統後事五年隨亮漢中朗素與馬謖善謖逃亡朗知情不舉亮恨之免官還成都數年爲光祿勳亮卒後徙左將軍追論舊功封顯明亭侯位特進初朗少時雖涉獵文學然不治素檢以吏能見稱自去長史優游無事垂三十年臣松之案朗坐馬謖免長史則建興六年中也朗至延熙十年卒整二十年耳此云三十字之誤也乃更潛心典籍孜孜不倦年踰八十猶手自校書刊定謬誤積聚篇卷於時最多開門接賓誘納後進但講論古義不干時事以是見稱上自執政下及童冠皆敬重焉延熙十年卒襄陽記曰朗遺言戒子曰傳稱師克在和不在衆此言天地和則萬物生君臣和則國家平九族和則動得所求靜得所安是以聖人守和以存以亡也吾楚國之小子耳而早喪所天爲二兄所誘養使其性行不隨祿利以墮今但貧耳貧非人患惟和爲貴汝其勉之子條嗣景耀中爲御史中丞襄陽記曰條字文豹亦博學多識入晉爲江陽太守南中軍司馬朗兄子寵先主時爲牙門將秭歸之敗寵營特完建興元年封都亭侯後爲中部督典宿衞兵諸葛亮當北行表與後主曰將軍向寵性行淑均曉暢軍事試用於昔先帝稱之曰能是以衆論舉寵爲督愚以爲營中之事悉以咨之必能使行陣和睦優劣得所也遷中領軍延熙三年征漢嘉蠻夷遇害寵弟充歷射聲校尉尚書襄陽記曰魏咸熙元年六月鎮南將軍衞瓘至於成都得璧玉印各一枚文似成信字魏人宣示百官藏于相國府充聞之曰吾聞譙周之言先帝諱備其訓具也後主諱禪其訓授也如言劉已具矣當授與人也今中撫軍名炎而漢年極於炎興瑞出成都而藏之於相國府此殆天意也是歲拜充爲梓潼太守明年十二月而晉武帝卽尊位炎興於是乎徵焉孫盛曰昔公孫述自以起成都號曰成氏二玉之文殆述所作乎

張裔字君嗣蜀郡成都人也治公羊春秋博涉史漢汝南許文休入蜀謂裔幹理敏捷是中夏鍾元常之倫也劉璋時舉孝廉爲魚復長還州署從事領帳下司馬張飛自荊州由墊江入璋授裔兵拒張飛於德陽陌下軍敗還成都爲璋奉使詣先主先主許以禮其君而安其人也裔還城門乃開先主以裔爲巴郡太守還爲司金中郎將典作農戰之器先是益州郡殺太守正昂耆率雍闓恩信著於南土使命周旋遠通孫權乃以裔爲益州太守徑往至郡闓遂趑趄不賓假鬼教曰張府君如瓠壺外雖澤而內實麤不足殺令縛與吳於是遂送裔於權會先主薨諸葛亮遣鄧芝使吳亮令芝言次可從權請裔裔自至吳數年流徙伏匿權未之知也故許芝遣裔裔臨發權乃引見問裔曰蜀卓氏寡女亡奔司馬相如貴土風俗何以乃爾乎裔對曰愚以爲卓氏之寡女猶賢於買臣之妻權又謂裔曰君還必用事西朝終不作田父於閭里也將何以報我裔對曰裔負罪而歸將委命有司若蒙徼倖得全首領五十八已前父母之年也自此已後大王之賜也權言笑歡悅有器裔之色裔出閤深悔不能陽愚卽便就船倍道兼行權果追之裔已入永安界數十里追者不能及旣至蜀丞相亮以爲參軍署府事又領益州治中從事亮出駐漢中裔以射聲校尉領留府長史常稱曰公賞不遺遠罰不阿近爵不可以無功取刑不可以貴勢免此賢愚之所以僉忘其身者也其明年北詣亮諮事送者數百車乘盈路裔還書與所親曰近者涉道晝夜接賓不得寧息人自敬丞相長史男子張君嗣附之疲倦欲死其談啁流速皆此類也臣松之以爲談啁貴於機捷書疏可容留意今因書疏之巧以著談啁之速非其理也少與犍爲楊恭友善恭早死遺孤未數歲裔迎留與分屋而居事恭母如母恭之子息長大爲之娶婦買田宅產業使立門戶撫恤故舊振贍衰宗行義甚至加輔漢將軍領長史如故建興八年卒子毣嗣毣音忙角反見字林曰毣思貌也歷三郡監軍翊軍將軍毣弟郁太子中庶子

楊洪字季休犍爲武陽人也劉璋時歷部諸郡先主定蜀太守李嚴命爲功曹嚴欲徙郡治舍洪固諫不聽遂辭功曹請退嚴欲薦洪於州爲蜀郡從事先主爭漢中急書發兵軍師將軍諸葛亮以問洪洪曰漢中則益州咽喉存亡之機會若無漢中則無蜀矣此家門之禍也方今之事男子當戰女子當運發兵何疑時蜀郡太守法正從先主北行亮於是表洪領蜀郡太守衆事皆辦遂使卽眞頃之轉爲益州治中從事先主旣稱尊號征吳不克還住永安漢嘉太守黃元素爲諸葛亮所不喜聞先主疾病懼有後患舉郡反燒臨邛城時亮東行省疾成都單虛是以元益無所憚洪卽啓太子遣其親兵使將軍陳曶鄭綽討元衆議以爲元若不能圍成都當由越嶲據南中洪曰元素性凶暴無他恩信何能辦此不過乘水東下冀主上平安面縛歸死如其有異奔吳求活耳勑曶綽但於南安峽口遮卽便得矣曶綽承洪

言果生獲元洪建興元年賜爵關內侯復爲蜀郡太守忠節將軍後爲越騎校尉領郡如故五年丞相亮北住漢中欲用張裔爲留府長史問洪何如洪對曰裔天姿明察長於治劇才誠堪之然性不公平恐不可專任不如留向朗朗情僞差少裔隨從目下效其器能於事兩善初裔少與洪親善裔流放在吳洪臨裔郡裔子郁給郡吏微過受罰不特原假裔後還聞之深以爲恨與洪情好有損及洪見亮出至裔許具說所言裔答洪曰公留我了矣明府不能止時人或疑洪意自欲作長史或疑洪知裔自嫌不願裔處要職典後事也後裔與司鹽校尉岑述不和至于忿恨亮與裔書曰君昔在栢下營壞吾之用心食不知味後流迸南海相爲悲歎寢不安席及其來還委付大任同奬王室自以爲與君古之石交也石交之道舉讎以相益割骨肉以相明猶不相謝也況吾但委意於元儉而君不能忍邪論者由是明洪無私洪少不好學問而忠清款亮憂公如家事繼母至孝六年卒官始洪爲李嚴功曹嚴未至犍爲而洪已爲蜀郡洪迎門下書佐何祗有才策功幹舉郡吏數年爲廣漢太守時洪亦尙在蜀郡是以西土咸服諸葛亮能盡時人之器用也益部耆舊傳雜記曰每朝會祗次洪坐嘲祗曰君馬何駛祗曰故吏馬不敢駛但明府未著鞭耳衆傳之以爲笑祗字君肅少寒貧爲人寬厚通濟體甚壯大又能飲食好聲色不持節儉故時人少貴之者常夢井中生桑以問占夢趙直直曰桑非井中之物會當移植然桑字四十下八君壽恐不過此祗笑言得此足矣初往郡後爲督軍從事時諸葛亮用法峻密陰聞祗游戲放縱不勤所職嘗奄往錄獄衆人咸爲祗懼祗密聞之夜張燈火見囚讀諸解狀諸葛晨往祗悉已闇誦答對解釋無所凝滯亮甚異之出補成都令時郫縣令缺以祗兼二縣二縣戶口猥多切近都治饒諸姦穢每比人常眠睡值其覺寤輒得姦詐衆咸畏祗之發擿或以爲有術無敢欺者使人投算祗聽其讀而心計之不差升合其精如此汶山夷不安以祗爲汶山太守民夷服信遷廣漢後夷反叛辭令得前何府君乃能安我耳時難屈祗拔祗族人爲汶山復得安轉祗爲犍爲年四十八卒如直所言後有廣漢王離字伯元亦以才幹顯爲督軍從事推法平當稍遷代祗爲犍爲太守治有美績號稱明不及祗而文采過之也

費詩字公舉犍爲南安人也劉璋時爲緜竹令先主攻緜竹時詩先舉城降成都既定先主領益州牧以詩爲督軍從事出爲牂牁太守還爲州前部司馬先主爲漢中王遣詩拜關羽爲前將軍羽聞黃忠爲後將軍羽怒曰大丈夫終不與老兵同列不肯受拜詩謂羽曰夫立王業者所用非一昔蕭曹與高祖少小親舊而陳韓亡命後至論其班列韓最居上未聞蕭曹以此爲怨今漢王以一時之功隆崇於漢室然意之輕重寧當與君侯齊乎且王與君侯譬猶一體同休等戚禍福共之愚爲君侯不宜計官號之高下爵祿之多少爲意也僕一介之使銜命之人君侯不受拜如是便還但相爲惜此舉動恐有後悔耳羽大感悟遽卽受拜後羣臣議欲推漢中王稱尊號詩上疏曰殿下以曹操父子偪主篡位故乃羈旅萬里糾合士衆將以討賊今大敵未克而先自立恐人心疑惑昔高祖與楚約先破秦者王及屠咸陽獲子嬰猶懷推讓況今殿下未出門庭便欲自立邪愚臣誠不爲殿下取也由是忤指左遷部永昌從事習鑿齒曰夫創本之君須大定而後正己纂統之主須速建以係衆心是故惠公朝虜而子圉夕立更始尙存而光武舉號夫豈忘主徽利社稷之故也今先主糾合義兵將以討賊賊彊禍大主沒國喪二祖之廟絕而不祀苟非親賢孰能紹此嗣祖配天非咸陽之譬杖正討逆何推讓之有於此時也不知速尊有德以奉大統使民欣反正世覩舊物杖順者齊心附逆者同懼可謂闇惑矣其黜降也宜哉臣松之以爲鑿齒論議惟此議最善建興三年隨諸葛亮南行歸至漢陽縣降人李鴻來詣亮亮見鴻時蔣琬與詩在坐鴻曰閒過孟達許適見王冲從南來言往者達之去就明公切齒欲誅達妻子賴先主不聽耳達曰諸葛亮見顧有本末終不爾也盡不信冲言委仰明公無復已已亮謂琬詩曰還都當有書與子度相聞詩進曰孟達小子昔事振威不忠後又背叛先主反覆之人何足與書邪亮默然不答亮欲誘達以爲外援竟與達書曰往年南征歲未及還適與李鴻會於漢陽承知消息慨然永歎以存足下平素之志豈徒空託名榮貴爲華離乎嗚呼孟子斯實劉封侵陵足下以傷先主待士之義又鴻道王冲造作虛語云足下量度吾心不受冲說尋表明之言追平生之好依依東望故遣有書達得亮書數相交通辭欲叛魏魏遣司馬宣王征之卽斬滅達亮亦以達無款誠之心故不救助也蔣琬秉政以詩爲諫議大夫卒於家王冲者廣漢人也爲牙門將統屬江州督李嚴爲嚴所疾懼罪降魏魏以冲爲樂陵太守孫盛蜀世譜曰詩子立晉散騎常侍自後益州諸費有名位者多是詩之後也

評曰霍峻孤城不傾王連固節不移向朗好學不倦張裔膚敏應機楊洪乃心忠公費詩率意而言皆有可紀焉以先主之廣濟諸葛之準繩詩吐直言猶用陵遲況庸后乎哉

蜀志卷十一考證

霍峻兄篤於鄉里合郡曲數百人○郡曲宋本作部曲

寵待有加注高陽呂雅○元本高陽作南陽

向朗歷射聲校尉尙書注鎭南將軍衞瓘○臣明楷按魏志衞覬傳云子瓘咸熙中爲鎭西將軍此作鎭南字誤

又注孫盛曰昔公孫述云云○臣龍官按此語已見于魏志陳留王奐咸熙元年注中此爲重出

楊洪君昔在栢下○宋本作柏下

況吾但委意於元儉而君不能忍耶○委意監本訛作委憶今改正

能盡時人之器用也注初往郡後爲督軍從事○往郡疑作仕郡

又注後夷反叛辭令得前何府君乃能安我耳時難屈祗拔祗族人爲汶山復得安○太平御覽反叛辭下多曰字時難下多復字爲下多之字

費詩羽聞黃忠爲後將軍羽怒曰○太平御覽無下羽字

今漢王以一時之功隆崇於漢室○臣浩按漢王太平御覽作漢中王漢室疑當作漢升黃忠字也

左遷部永昌從事注夫創本之君須大定而後正已纂統之主須速建以係衆心○監本訛作須大定俟速建今改正

豈徒空托名榮貴爲華離乎○華離冊府作乖離

蜀志卷十二

晉著作郎巴西中正安漢陳壽撰

宋太中大夫國子博士聞喜裴松之注

杜微　周羣張裕　杜瓊　許慈　孟光　來敏

尹默　李譔　譙周　郤正

杜微字國輔梓潼涪人也少受學於廣漢任安劉璋辟爲從事以疾去官及先主定蜀微常稱聾閉門不出建興二年丞相亮領益州牧選迎皆妙簡舊德以秦宓爲別駕五梁爲功曹微爲主簿微固辭轝而致之旣至亮引見微微自陳謝亮以微不聞人語於坐上與書曰服聞德行飢渴歷時清濁異流無緣咨覯王元泰李伯仁王文儀楊季休丁君幹李永南兄弟文仲寶等每歎高志未見如舊猥以空虛統領貴州德薄任重慘慘憂慮朝廷主公今年始十八天姿仁敏愛德下士天下之人思慕漢室欲與君因天順民輔此明主以隆季興之功著勳於竹帛也以謂賢愚不相爲謀故自割絕守勞而已不圖自屈也微自乞老病求歸亮又與書答曰曹丕篡弒自立爲帝是猶土龍芻狗之有名也欲與羣賢因其邪僞以正道滅之怪君未有相誨便欲求還於山野丕又大興勞役以向吳楚今因丕多務且以閉境勤農育養民物並治甲兵以待其挫然後伐之可使兵不戰民不勞而天下定也君但當以德輔時耳不責君軍事何爲汲汲欲求去乎其敬微如此拜爲諫議大夫以從其志五梁者字德山犍爲南安人也以儒學節操稱從議郎遷諫議大夫五官中郎將

周羣字仲直巴西閬中人也父舒字叔布少學術於廣漢楊厚名亞董扶任安數被徵終不詣時人有問春秋讖曰代漢者當塗高此何謂也舒曰當塗高者魏也鄉黨學者私傳其語羣少受學於舒專心候業於庭中作小樓家富多奴常令奴更直於樓上視天災纔見一氣卽白羣羣自上樓觀之不避晨夜故凡有氣候無不見之者是以所言多中州牧劉璋辟以爲師友從事續漢書曰建安七年越巂有男子化爲女人時羣言哀帝時亦有此將易代之祥也至二十五年獻帝果封于山陽十二年十月有星孛于鶉尾荊州分野羣以爲荊州牧將死而失土明年秋劉表卒曹公平荊州十七年十二月星孛于五諸侯羣以爲西方專據土地者皆將失土是時劉璋據益州張魯據漢中韓遂據涼州宋建據枹罕明年冬曹公遣偏將擊涼州十九年獲宋建韓遂逃于羌中被殺其年秋璋失益州二十年秋曹公攻漢中張魯降先主定蜀署儒林校尉先主欲與曹公爭漢中問羣羣對曰當得其地不得其民也若出偏軍必不利當戒愼之時州後部司馬蜀郡張裕亦曉占候而天才過羣裕字南和諫先主曰不可爭漢中軍必不利先主竟不用裕言果得地而不得民也遣將軍吳蘭雷銅等入武都皆沒不還悉如羣言於是舉羣茂才裕又私語人曰歲在庚子天下當易代劉氏祚盡矣主公得益州九年之後寅卯之間當失之人密白其言初先主與劉璋會涪時裕爲璋從事侍坐其人饒鬚先主嘲之曰昔吾居涿縣特多毛姓東西南北皆諸毛也涿令稱曰諸毛繞涿居乎裕卽答曰昔有作上黨潞長遷爲涿令涿令者去官還家時人與書欲署潞則失涿欲署涿則失潞乃署曰潞涿君先主無鬚故裕以此及之先主常銜其不遜加忿其漏言乃顯裕諫爭漢中不驗下獄將誅之諸葛亮表請其罪先主答曰芳蘭生門不得不鉏裕遂棄市後魏氏之立先主之薨皆如裕所刻又曉相術每舉鏡視面自知刑死未嘗不撲之于地也羣卒子巨頗傳其術

杜瓊字伯瑜蜀郡成都人也少受學於任安精究安術劉璋時辟爲從事先主定益州領牧以瓊爲議曹從事後主踐阼拜諫議大夫遷左中郎將大鴻臚太常爲人靜默少言闔門自守不與世事蔣琬費禕等皆器重之雖學業入深初不視天文有所論說後進通儒譙周常問其意瓊答曰欲明此術甚難須當身視識其形色不可信人也晨夜苦劇然後知之復憂漏泄不如不知是

以不復視也周因問曰昔周徵君以為當塗高者魏也其義何也瓊答曰魏闕名也當塗而高聖人取類而言耳又問周曰寧復有所怪邪周曰未達也瓊又曰古者名官職不言曹始自漢已來名官盡言曹吏言屬曹卒言侍曹此殆天意也瓊年八十餘延熙十三年卒著韓詩章句十餘萬言不教諸子內學無傳業者周緣瓊言乃觸類而長之曰春秋傳著晉穆侯名太子曰仇弟曰成師師服曰異哉君之名子也嘉耦曰妃怨耦曰仇今君名太子曰仇弟曰成師始兆亂矣兄其替乎其後果如服言及漢靈帝名二子曰史侯董侯既立為帝後皆免為諸侯與師服言相似也先主諱備其訓具也後主諱禪其訓授也如言劉已具矣當授與人也意者甚於穆侯靈帝之名子後宦人黃皓弄權於內景耀五年宮中大樹無故自折周深憂之無所與言乃書柱曰眾而大期之會具而授若何復言曹者眾也魏者大也眾而大天下其當會也具而授如何復有立者乎蜀既亡咸以周言為驗周曰此雖已所推尋然有所因由杜君之辭而廣之耳殊無神思獨至之異也

許慈字仁篤南陽人也師事劉熙善鄭氏學治易尚書三禮毛詩論語建安中與許靖等俱自交州入蜀時又有魏郡胡潛字公興不知其所以在益土潛雖學不沾洽然卓犖彊識祖宗制度之儀喪紀五服之數皆指掌畫地舉手可采先主定蜀承喪亂歷紀學業衰廢乃鳩合典籍沙汰眾學慈潛並為博士與孟光來敏等典掌舊文值庶事草創動多疑議慈潛更相克伐謗讟忿爭形於聲色書籍有無不相通借時尋楚撻以相震攇攇虛偃反其矜己妒彼乃至於此先主愍其若斯羣僚大會使倡家假為二子之容傚其訟鬩之狀酒酣樂作以為嬉戲初以辭義相難終以刀杖相屈用感切之潛先沒慈後主世稍遷至大長秋卒孫盛曰蜀少人士故慈潛等並見載述子勛傳其業復為博士

孟光字孝裕河南洛陽人漢太尉孟郁之族續漢書云郁中常侍孟賁之弟靈帝末為講部吏獻帝遷都長安遂逃入蜀劉焉父子待以客禮博物識古無書不覽尤銳意三史長於漢家舊典好公羊春秋而譏呵左氏每與來敏爭此二義光常譊譊讙咋譊音奴交反讙音休袁反咋音徂格反先主定益州拜為議郎與許慈等並掌制度後主踐阼為符節令屯騎校尉長樂少府遷大司農延熙九年秋大赦光於眾中責大將軍費禕曰夫赦者偏枯之物非明世所宜有也衰弊窮極必不得已然後乃可權而行之耳今主上仁賢百僚稱職有何旦夕之危倒縣之急而數施非常之恩以惠姦宄之惡乎又鷹隼始摯而更原宥有罪上犯天時下違人理老夫耄朽不達治體竊謂斯法難以經久豈具瞻之高美所望於明德哉禕但顧謝踧踖而已光之指摘痛癢多如是類故執政重臣心不能悅爵位不登每直言無所回避為代所嫌太常廣漢鐔承華陽國志曰承字公文歷郡守少府光祿勳河東裴儁等年資皆在光後而登據上列處光之右蓋以此也傅暢裴氏家記曰儁字奉先魏尚書令潛弟也儁姊夫為蜀中長史儁送之時年十餘歲遂遭漢末大亂不復得還既長知名為蜀所推重也子越字令緒為蜀督軍蜀破遷還洛陽拜議郎後進文士祕書郎郤正數從光諮訪光問正太子所習讀并其情性好尚正答曰奉親虔恭夙夜匪懈有古世子之風接待羣僚舉動出於仁恕光曰如君所道皆家戶所有耳吾今所問欲知其權略智調何如也正曰世子之道在於承志竭歡既不得妄有所施為且智調藏於胸懷權略應時而發此之有無焉可豫設也光解正慎宜不為放談乃曰吾好直言無所回避每彈射利病為世人所譏嫌省君意亦不甚好吾言然語有次今天下未定智意為先智意雖有自然然不可力彊致也此儲君讀書寧當傚吾等竭力博識以待訪問如博士探策講試以求爵位邪當務其急者正深謂光言為然後光坐事免官年九十餘卒

來敏字敬達義陽新野人來歙之後也父豔為漢司空華嶠後漢書曰豔好學下士開館養徒眾少歷顯位靈帝時位至司空漢末大亂敏隨姊夫奔荊州姊夫黃琬是劉璋祖母之姪故璋遣迎琬妻敏遂俱與姊入蜀常為璋賓客涉獵書籍善左氏春秋尤精於倉雅訓詁好是正文字先主定益州署敏典學校尉及立太子以為家令後主踐阼為虎賁中郎將丞相亮住漢中請為軍祭酒輔軍將軍坐事去職亮集有教曰將軍來敏對上官顯言新人有何功德而奪我榮資與之邪諸人共憎我何故如是敏年老狂悖生此怨言昔成都初定議者以為來敏亂羣先帝以新定之際故遂含容無所禮用後劉子初選以為太子家令先帝不悅而不忍拒也後主即位吾闇於知人遂復擢為將軍祭酒違議者之審見背先帝所疏外自謂能以敦厲薄俗帥之以義今既不能表退職使閉門思愆亮卒後還成都為大長秋又免後累遷為光祿大夫復坐過黜前後數貶削皆以語言不節舉動違常也時孟光亦以樞機不慎議論干時然猶愈於敏俱以其耆宿學士見禮於世而敏荊楚名族東宮舊臣特加優待是故廢而復起後以敏為執慎將軍欲令以官重自警戒也年九十七景耀中卒子忠亦博覽經學有敏風與尚書向充等並能協贊大將軍姜維維善之以為參軍

尹默字思潛梓潼涪人也益部多貴今文而不崇章句默知其不博乃遠游荊州從司馬德操宋仲子等受古學皆通諸經史又專精於左氏春秋自劉歆條例鄭眾賈逵父子陳元方服虔注說咸略誦述不復按本先主定益州領牧以為勸學從事及立太子以默為僕射以左氏傳授後主後主踐阼拜諫議大夫丞相亮住漢中請為軍祭酒亮卒還成都拜太中大夫卒子宗傳其業為博士宋仲子後在魏魏略曰其子與魏諷謀反伏誅魏太子答王朗書曰昔石厚與州吁游父碏知其與亂韓子昵田蘇穆子知其好仁故君子游必有方居必就士誠有以也嗟乎宋忠無石子先識之明老罹此禍今雖欲願行滅親之誅立純臣之節尚可得邪

李譔字欽仲梓潼涪人也父仁字德賢與同縣尹默俱游荊州從司馬徽宋忠等學譔具傳其業又從默講論義理五經諸子無不該覽加博好技藝算術卜數醫藥弓弩機械之巧皆致思焉始為州書佐尚書令史延熙元年後主立太子以譔為庶子遷為僕射轉中散大夫右中郎將猶侍太子太子愛其多知甚悅之然體輕脫好戲嘲故世不能重也著古文易尚書毛詩三禮左氏傳太玄指歸皆依準賈馬異於鄭玄與王氏殊隔初不見其所述而意歸多同景耀中卒時又有漢中陳術字申伯亦博學多聞著釋問七篇益部耆舊傳及志位歷三郡太守

譙周字允南巴西西充國人也父𡸁字榮始治尚書兼通諸經及圖緯州郡辟請皆不應州就假師友從事周幼孤與母兄同居既長耽古篤學家貧未嘗問產業誦讀典籍欣然獨笑以忘寢食研精六經尤善書札頗曉天文而不以留意諸子文章非心所存不悉偏視也身長八尺體貌素朴性推誠不飾無造次辯論之才然潛識內敏建興中丞相亮領益州牧命周為勸學從事蜀記曰周初見亮左右皆笑既出有司請推笑者亮曰孤尚不能忍況左右乎亮卒於敵庭周在家聞問即便奔赴尋有詔書禁斷惟周以速行得達大將軍蔣琬領刺史徙為典學從事總州之學者後主立太子以周為僕轉家令時後主頗出游觀增廣聲樂周上疏諫曰昔王莽之敗豪傑並起跨州據郡欲弄神器於是賢才智士思望所歸未必以其勢之廣狹惟其德之薄厚也是故於時更始公孫述及諸有大眾者多已廣大然莫不快情恣欲怠於為善游獵飲食不恤民物世祖初入河北馮異等勸之曰當行人所不能為遂務理冤獄節儉飲食動遵法度故北州歌歎聲布四遠於是鄧禹自南陽追之吳漢寇恂未識世祖遙聞德行遂以權計舉漁陽上谷突騎迎于廣阿其餘望風慕德者邳彤耿純劉植之徒至于輿病齎棺繈負而至者不可勝數故能以弱為彊屠王郎吞銅馬折赤眉而成帝業也及在洛陽嘗欲小出車駕已御銚期諫曰天下未寧臣誠不願陛下細行數出即時還車及征隗囂潁川盜起世祖還洛陽但遣寇恂往恂曰潁川以陛下遠征故姦猾起叛未知陛下還恐不時降陛下自臨潁川賊必即降遂至潁川竟如恂言故非急務欲小出不敢至於急務欲自安不為故帝者之欲善也如此故傳曰百姓不徒附誠以德先之也今漢遭厄運天下三分雄哲之士思望之時也陛下天姿至孝喪踰三年言及隕涕雖曾閔不過也敬賢任才使之盡力有踰成康故國內和一大小勠力臣所不能陳然臣不勝大願願復廣人所不能者夫輓大重者其用力苦不眾拔大艱者其善術不廣且承事宗廟者非徒求福祐所以率民尊上也至於四時之祀或有不臨池苑之觀或有仍出臣之愚滯私不自安夫憂責在身者不暇盡樂先帝之志堂構未成誠非盡樂之時願省減樂官後宮所增造但奉脩先帝所施下為子孫節儉之教徙為中散大夫猶侍太子于時軍旅數出百姓彫瘁周與尚書令陳祗論其利害退而書之謂之仇國論其辭曰因餘之國小而肇建之國大並爭於世而為仇敵因餘之國有高賢卿者問於伏愚子曰今國事未定上下勞心往古之事能以弱勝彊者其術何如伏愚子曰吾聞之處大無患者恒多慢處小有憂者恒思善多慢則生亂思善則生治理之常也故周人養民以少取多句踐卹眾以弱斃彊此其術也賢卿曰曩者項彊漢弱相與戰爭無日寧息然項羽與漢約分鴻溝為界各欲歸息民張良以為民志既定則難動也尋帥追羽終斃項氏豈必由文王之事乎肇建之國方有疾疢我因其隙陷其邊陲覬增其疾而斃之也伏愚子曰當殷周之際王侯世尊君臣久固民習所專深根者難拔據固者難遷當此之時雖漢祖安能杖劍鞭馬而取天下乎當秦罷侯置守之後民疲秦役天下土崩或歲改主或月易公鳥驚獸駭莫知所從於是豪彊並爭虎裂狼分疾搏者獲多遲後者見吞今我與肇建皆傳國易世矣既非秦末鼎沸之時實有六國並據之勢故可為文王難為漢祖夫民疲勞則騷擾之兆生上慢下暴則瓦解之形起諺曰射幸數跌不如審發是故智者不為小利移目不為意似改步時可而後動數合而後舉故湯武之師不再戰而克誠重民勞而度時審也如遂極武黷征土崩勢生不幸遇難雖有智者將不能謀之矣若乃奇變從橫出入無間衝波截

轍超谷越山不由舟楫而濟盟津者我愚子也實所不及後遷光祿大夫位亞九列周雖不與政事以儒行見禮時訪大議輒據經以對而後生好事者亦咨問所疑焉景耀六年冬魏大將軍鄧艾克江由長驅而前而蜀本謂敵不便至不作城守調度及聞艾已入陰平百姓擾擾皆迸山野不可禁制後主使羣臣會議計無所出或以爲蜀之與吳本爲和國宜可奔吳或以爲南中七郡阻險斗絶易以自守宜可奔南惟周以爲自古已來無寄他國爲天子者也今若入吳固當臣服且政理不殊則大能吞小此數之自然也由此言之則魏能并吳吳不能并魏明矣等爲小稱臣孰與爲大再辱之恥何與一辱且若欲奔南則當早爲之計然後可果今大敵以近禍敗將及羣小之心無一可保恐發足之日其變不測何至南之有乎羣臣或難周曰今艾以不遠恐不受降如之何周曰方今東吳未賓事勢不得不受之受之後不得不禮若陛下降魏魏不裂土以封陛下者周請身詣京都以古義爭之衆人無以易周之理後主猶疑於入南周上疏曰或說陛下以北兵深入有欲適南之計臣愚以爲不安何者南方遠夷之地平常無所供爲猶數反叛自丞相亮南征兵勢偪之窮乃幸從是後供出官賦取以給兵以爲愁怨此患國之人也今以窮迫欲往依恃恐必復反叛一也北兵之來非但取蜀而已若奔南方必因人勢衰及時赴追二也若至南方外當拒敵內供服御費用張廣他無所取耗損諸夷必甚甚必速叛三也昔王郎以邯鄲僭號時世祖在信都畏偪於郎欲棄還關中邳彤諫曰明公西還則邯鄲城民不肯捐父母背城主而千里送公其亡叛可必也世祖從之遂破邯鄲今北兵至陛下南行誠恐邳彤之言復信於今四也願陛下早爲之圖可獲爵土若遂適南勢窮乃服其禍必深易曰亢之爲言知得而不知喪知存而不知亡知得失存亡而不失其正者其惟聖人乎言聖人知命而不苟必也故堯舜以子不善知天有授而求授人子雖不肖禍尚未萌而迎授與人況禍以至乎故微子以殷王之昆面縛銜璧而歸武王豈所樂哉不得已也於是遂從周策劉氏無虞一邦蒙賴周之謀也孫綽評曰譙周說後主降魏可乎曰自爲天子而乞降請命何恥之深乎夫爲社稷死則死之爲社稷亡則亡之先君正魏之篡不與同天矣推過於其父俛首而事讎可謂苟存豈大居正之道哉孫盛曰春秋之義國君死社稷卿大夫死位況稱天子而可辱於人乎周謂萬乘之君偷生苟免亡禮希利要冀微榮惑矣且以事勢言之理有未盡何者禪雖庸主實無桀紂之酷戰雖屢北未有土崩之亂縱不能君臣固守背城借一自可退次東鄙以思後圖是時羅憲以重兵據白帝霍弋以强卒鎮夜郎蜀土險狹山水峻隔絶巘激湍非步卒所涉若悉取舟楫保據江州徵兵南中乞師東國如此則姜廖五將自然雲從吳之二師承命電赴何投寄之無所而慮於必亡邪魏師之來褰國大舉欲追則舟楫靡資欲留則師老多虞且屈伸有會情勢代起徐因思奮之民以攻驕惰之卒此越王所以敗闔閭田單所以摧騎劫也何爲匆匆遽自囚虜下堅壁於敵人致斫石之至恨哉葛生有云事之不濟則已耳安能復爲之下壯哉斯言可以立懦夫之志矣觀古燕齊荊越之敗或國覆主滅或魚懸鳥竄終能建功立事康復社稷豈曰天助抑人謀也向使懷苟存之計納譙周之言何邦基之能構令名之可獲哉禪既闇主周實駑臣方之申包田單范蠡大夫種不亦遠乎時晉文王爲魏相國以周有全國之功封陽城亭侯又下書辟周周發至漢中困疾不進咸熙二年夏巴郡文立從洛陽還蜀過見周周語次因書板示立曰典午忽兮月酉没兮典午者謂司馬也月酉者謂八月也至八月而文王果崩華陽國志曰文立字廣休少治毛詩三禮兼通羣書刺史費禕命爲從事入爲尚書郎復辟爲大將軍東曹掾稍遷尚書蜀并于魏梁州建首爲别駕從事舉秀才晉泰始二年拜濟陰太守遷太子中庶子立上言故蜀大官及盡忠死事者子孫雖仕郡國或有不才同之齊民爲劇又諸葛亮蔣琬費禕等子孫流徙中畿各宜量才叙用以慰巴蜀之心傾吳人之望事皆施行轉散騎常侍獻可替否多所補納稍遷衞尉中朝服其賢雅爲時名卿咸寧末卒立章奏詩賦論誦凡數十篇晉室踐祚累下詔所在發遣周周遂輿疾詣洛泰始三年至以疾不起就拜騎都尉周乃自陳無功而封求還爵土皆不聽許五年予嘗爲本郡中正清定事訖求休還家往與周别周語予曰昔孔子七十二劉向揚雄七十一而没今吾年過七十庶慕孔子遺風可與劉揚同軌恐不出後歲必便長逝不復相見矣疑周以術知之假此而言也六年秋爲散騎常侍疾篤不拜至冬卒晉陽秋曰詔曰朕甚悼之賜朝服一具衣一襲錢十五萬周息熙上言周臨終屬熙曰久抱疾未曾朝見若國恩賜朝服衣物者勿以加身當還舊墓道險行難豫作輕棺殯斂已畢上還所賜詔還衣服給棺直凡所著述撰定法訓五經論古史考書之屬百餘篇益部耆舊傳曰益州刺史董榮圖畫周像於州學命從事李通頌之曰抑抑譙侯好古述儒寶道懷眞鑒世盈虛雅名美迹終始是書我后欽賢無言不譽攀諸前哲丹青是圖嗟爾來葉鑒茲顯模周三子熙賢同少子同頗好周業亦以忠篤質素爲行舉孝廉除錫令東宮洗馬召不就周長子熙熙子秀字元彥晉陽秋曰秀性清靜不交於世知將大亂豫絶人事從兄弟及諸親里不與相見州郡辟命及李雄盜蜀安車徵秀又雄叔父驤驤子壽辟命皆不應常冠鹿皮躬耕山藪永和三年安西將軍桓溫平蜀表薦秀曰臣聞大朴既虧則高尚之標顯道衰時昏則忠貞之義彰故有洗耳投淵以振玄邈之風亦有秉心矯迹以惇在三之節是以上代之君莫不崇重斯軌所以篤俗訓民靜一流競伏惟大晉應符御世運無常通時有屯蹇神州丘墟三方圮裂兔罝絶響於中林白駒無聞於空谷斯有識之所悼心大雅之所歎息者也陛下聖德嗣興方恢天緒臣昔奉役有事西土鯨鯢既縣思宣大化訪諸故老搜揚潛逸庶武羅於羿浞之墟想王蠋於亡齊之境竊聞巴西譙秀植操貞固抱德肥遁揚清渭波于時皇極遘道消之會羣黎蹈顛沛之艱中華有顧瞻之哀幽谷無遷喬之望凶命屢招姦威仍偪身寄虎吻危同朝露而能抗節玉立誓不降辱杜門絶跡不面僞庭進免襲勝亡身之禍退無薛方詭對之譏雖園綺之棲商洛管寧之默遼海方之於秀殆無以過于今西土以爲美談夫旌德禮賢化道之所先崇表殊節聖哲之上務方今六合未康豺狼當路遺黎偷薄義聲弗聞益宜振起道義之徒以敦流遁之弊若秀蒙蒲帛之徵足以鎮靜頹風軌訓囂俗幽遐仰流九服知化矣及蕭敬叛亂避難宕渠川中獠人宗族馮依者以百數秀年八十衆人以其篤老欲代之負擔秀拒曰各有老弱當先營救吾氣力自足堪此不以垂朽之年累諸君也後十餘年卒於家

郤正字令先河南偃師人也祖父儉靈帝末爲益州刺史爲盜賊所殺會天下大亂故正父揖因留蜀揖爲大將軍孟達營都督隨達降魏爲中書令史正本名纂少以父死母嫁單煢隻立而安貧好學博覽墳籍弱冠能屬文入爲秘書吏轉爲令史遷郎至令性澹於榮利而尤耽意文章自司馬王揚班傅張蔡之儔遺文篇賦及當世美書善論益部有者則鑽鑿推求略皆寓目自在內職與宦人黃皓比屋周旋經三十年皓從微至貴操弄威權正既不爲皓所愛亦不爲皓所憎是以官不過六百石而免於憂患依則先儒假文見意號曰釋譏其文繼於崔駰達旨其辭曰或有譏余者曰聞之前記夫事與時並名與功偕然則名之與事前哲之急務也是故創制作範匪時不立流稱垂名匪功不記名必須功而乃顯事亦俟時以行止身没名滅君子所恥是以達人研道探賾索微觀天運之符表考人事之盛衰辨者馳說智者應機謀夫演略武士奮威雲合霧集風激電飛量時揆宜用取世資小屈大申存公忽私雖尺枉而尋直終揚光以發輝也今三方鼎跱九有未乂悠悠四海嬰丁禍敗嗟道義之沈塞愍生民之顛沛此誠聖賢拯救之秋烈士樹功之會也吾子以高朗之才珪璋之質兼覽博闚留心道術無遠不致無幽不悉挺身取命幹茲奧祕躊躇紫闥喉舌是執九考不移有入無出尚書曰三載考績三考黜陟幽明九考則二十七年究古今之眞僞計時務之得失雖時獻一策偶進一言釋彼官責慰此素飧固未能輸竭忠款盡瀝胷肝排方入直惠彼黎元俾吾徒草鄙並有聞焉也盍亦綏衡緩轡回軌易塗輿安駕肆思馬斯徂審厲揭以投濟要夷庚之赫憮播秋蘭以芳世副吾徒之彼圖不亦盛與余聞而歎曰嗚呼有若云乎邪夫人心不同實若其面子雖光麗既美且豔管闚筐舉守厥所見未可以言八紘之形埒信萬事之精練也或人率爾仰而揚衡曰是何言與是何言與余應之曰虞帝以面從爲戒孔聖以悅己爲尤若子之言良我所思將爲吾子論而釋之昔在鴻荒矇昧肇初三皇應籙五帝承符爰曁夏商前典攸書姬衰道缺霸者翼扶嬴氏慘虐吞嚼八區於是從横雲起狙詐如星奇邪蠭動智故萌生或飾眞以讎僞或挾邪以干榮或詭道以要上或鬻技以自矜背正崇邪棄直就佞忠無定分義無常經故鞅法窮而慼作斯義敗而姦成呂門大而宗滅韓辯立而身刑夫何故哉利回其心寵耀其目赫赫龍章鑠鑠車服媮幸苟得如反如仄淫邪荒迷恣睢自極和鸞未調而身在轅側庭宁未踐而棟折榱覆天收其精地縮其澤人弔其躬鬼芟其額初升高岡終隕幽壑朝含榮潤夕爲枯魄是以賢人君子深圖遠慮畏彼咎戾超然高舉寧曳尾於塗中穢濁世之休譽彼豈輕主慢民而忽於時務哉蓋易著行止之戒詩有靖恭之歎乃神之聽之而道使之然也自我大漢應天順民政治之隆皓若陽春俯憲坤典仰式乾文播皇澤以熙世揚茂化之醲醇君臣履度各守厥眞上垂詢納之弘下有匡救之責士無虛華之寵民有一行之迹粲乎亹亹尚此忠益然而道有隆窊物有興廢有聲有寂有光有翳朱陽否於素秋玄陰抑於孟春羲和逝而望舒係運氣匿而耀靈陳冲質不承桓靈墜敗英雄雲布豪傑蓋世家挾殊議人懷異計故從横者欻披其胷狙詐者暫吐其舌也今天綱已綴德樹西鄰丕顯祖之宏規縻好爵於士人典五教以訓俗豐九德以濟民肅明祀以祈祭幾皇道以輔眞雖跱者未一僞者未分聖人垂戒蓋均無貧故君臣協美於朝黎庶欣戴於野動若重規靜若疊矩濟濟偉彥元凱之倫也有過必知顏子之仁也侃侃庶政冉季之治也鷹揚鷙騰伊望之事也總羣俊之上略含薛氏之三計敷張陳之祕策故力征以勤世援華英而不遑豈暇脩枯籜於榛穢哉然吾不才在朝累紀託身所天心焉是恃樂滄海之廣深歎嵩嶽之高跱聞仲尼之贊商感鄉校之益已彼平仲之和羹亦進可而替否故矇冒瞽說時有攸獻譬遒人之有采於市閭游童之吟詠乎疆畔庶以增廣福祥輸力規諫若其合也則以闇協明進應靈符如其違也自我常分退守己愚進退任數不矯不誣循性樂天夫何恨諸此其所以旣入不出有而若無者也狹屈氏之常醒濁漁父之必醉溷柳季之卑辱褊夷叔之高懟合不以得違不以失得不充詘失不慘悸不樂前以顧軒不就後以慮輊不鬻譽以干澤不辭愆以忌絀何責之釋何飧之卹何方之排何直之入九考不移固其所執也方今朝士山積髦俊成羣猶鱗介之潛乎巨海毛羽之集乎鄧林游禽逝不爲之尠浮鮐臻不爲之殷且陽靈幽於唐葉陰精應爲商時陽旰請而洪災息桑林禱而甘澤滋淮南子曰禹爲水以身請於陽盱之河湯苦旱以身禱於桑林之際聖人之憂民如此其明矣呂氏春秋曰昔殷湯克夏桀而天下大旱三年不收湯乃以身禱於桑林曰余一人有罪無及萬方萬方有罪在余一人無以一人之不敏使上帝毀傷民之大命湯於是翦其髮攦其爪自以爲犧牲用祈福於上帝民乃甚悅雨乃大至行止有道啓塞有期我師遺訓不怨不尤委命恭已我又何辭辭窮

路單將反初節綜墳典之流芳尋孔氏之遺藝綴微辭以存道憲先軌而投制韙叔肸之優游美疎氏之遐逝收止足以言歸汎浩然以容裔欣環堵以恬娛免咎悔於斯世顧兹心之未泰懼末塗之泥滯仍求激而增憤肆中懷以告誓昔九方考精於至貴秦牙沉思於殊形淮南子曰秦穆公謂伯樂曰子之年長矣子姓有可使求馬者乎對曰良馬者可以形容筋骨相也相天下之馬者若滅若沒若失若亡其一若此馬者絕塵弭轍臣之子皆下才也可告以良馬而不可告以天下之馬臣有所與共儋纆采薪九方堙此其相馬非臣之下也請見之穆公見之使之求馬三月而反報曰已得馬矣在於沙丘穆公曰何馬也對曰牝而黃使人往取之牡而驪穆公不悅召伯樂而問之曰敗矣子之所使求馬者也毛物牝牡尚弗能知又何馬之能知伯樂喟然太息曰一至此乎是乃所以千萬里臣而無數者也若堙之所觀者天機也得其精而忘其麤在其內而忘其外見其所見不見其所不見視其所視而遺其所不視若彼之所相者乃有貴乎馬者馬至而果天下之馬也淮南子又曰伯樂寒風秦牙葛青所相各異其知馬一也蓋九方觀其精秦牙察其形薛燭察寶以飛譽越絕書曰昔越王勾踐有寶劍五枚閱於天下客有能相劍者名薛燭王召而問之吾有寶劍五請以示子乃取豪曹巨闕薛燭曰皆非也又取純鈞湛盧燭曰觀其鈔爛爛如列宿之行觀其光渾渾如水之將溢於塘觀其文渙渙如冰將釋此所謂純鈞邪王曰是也王曰客有直之者有市之鄉二駿馬千匹千戶之都二可乎薛燭曰不可當造此劍之時赤堇之山破而出錫若邪之溪涸而出銅雨師掃灑雷公擊鼓太一下觀天精下之歐冶乃因天之精悉其伎巧一曰純鈞二曰湛盧今赤堇之山已合若邪之溪深而不測歐冶子已死雖傾城量金珠玉竭河猶不得此一物有市之鄉三駿馬千匹千戶之都二亦何足言與瓠梁託弦以流聲淮南子曰瓠巴鼓瑟而鱏魚聽之又曰瓠梁之歌可隨也而以歌者不可為也齊隸拊髀以濟文臣松之曰按此謂孟嘗君田文下坐客能作雞鳴以濟其厄者也凡作雞鳴必先拊髀以傚雞之拊翼也楚客潛寇以保荊淮南子曰楚將子發好求技道之士楚有善為偷者往見曰聞君求技道之士臣偷也願以技備一卒子發聞之衣不及帶冠不暇正出見而禮之左右諫曰偷者天下之盜也何為禮之君曰此非左右之所得與後無幾何齊興兵伐楚子發將師以當之兵三却楚賢大夫皆盡其計而悉其誠齊師愈強於是卒偷進請曰臣有薄技願為君行之君曰諾偷即夜出解齊將軍之幬帳而獻之子發使人歸之曰卒有出採薪者得將軍之帳使使歸於執事明日又復往取枕子發又使歸之明日又復往取簪子發又使歸之齊師聞之大駭將軍與軍吏謀曰今日不去楚軍恐取吾頭矣即旋師而去雍門援琴而挾說桓譚新論曰雍門周以琴見孟嘗君孟嘗君曰先生鼓琴亦能令文悲乎對曰臣之所能令悲者先貴而後賤昔富而今貧擯壓窮巷不交四鄰不若身材高妙懷質抱真逢讒羅謗怨結而不得信不若交歡而結愛無怨而生離遠赴絕國無相見期不若幼無父母壯無妻兒出以野澤為鄰入用堀穴為家困於朝夕無所假貸若此人也但聞飛鳥之號秋風鳴條則傷心矣臣一為之援琴而長太息未有不悽惻而涕泣者也今若足下居則廣廈高堂連闥洞房下羅帷來清風倡優在前諂諛侍側揚激楚舞鄭妾流聲以娛耳練色以淫目水戲則舫龍舟建羽旗鼓釣乎不測之淵野游則登平原馳廣囿強弩下高鳥勇士格猛獸置酒娛樂沉醉忘歸方此之時視天地曾不若一指雖有善鼓琴未能動足下也孟嘗君曰固然雍門周曰然臣竊為足下有所常悲夫角帝而困秦者君也連五國而伐楚者又君也天下未嘗無事不從即衡從成則楚王衡成則秦帝夫以秦楚之強而報弱薛猶磨蕭斧而伐朝菌也有識之士莫不為足下寒心天道不常盛寒暑更進退千秋萬歲之後宗廟必不血食高臺既已傾曲池又已平墳墓生荊棘狐狸穴其中游兒牧豎躑躅其足而歌其上曰孟嘗君之尊貴亦猶若是乎於是孟嘗君喟然太息涕淚承睫而未下雍門周引琴而鼓之徐動宮徵叩角羽終而成曲孟嘗君遂歔欷而就之曰先生鼓琴令文立若亡國之人也韓哀秉轡而馳名呂氏春秋曰韓哀作御王褒聖主得賢臣頌曰及至駕齧膝參乘旦王良執靶韓哀附輿縱馳騁騖忽如景靡過都越國蹶如歷覽追奔電逐遺風周流八極萬里一息何其遼哉人馬相得也盧敖翱翔乎玄闕若士竦身於雲清淮南子曰盧敖游乎北海經乎太陰入乎玄闕至於蒙穀之上見一士焉深目而玄準戾頸而鳶肩豐上而殺下軒然方迎風而舞顧見盧敖慢然下其臂遯逃乎碑下盧敖俯而視之方卷龜殼而食合梨盧敖乃與之語曰惟敖為背羣離黨窮觀於六合之外者非敖而已乎敖幼而好游長不喻解周行四極惟北陰之不闚今卒睹夫子於是子殆可與敖為交乎若士者齤然而笑曰嘻乎子中州之民寧肯而遠至此此猶光乎日月而戴列星陰陽之所行四時之所生此其比夫不名之地猶窔奧也若我南遊乎罔㝗之野北息乎沉墨之鄉西窮冥冥之黨東貫鴻濛之光此其下無地而上無天聽焉無聞視焉則眴此其外猶有沈沈之汜其餘一舉而千萬里吾猶未能之在今子游始至於此乃語窮觀豈不亦遠哉然子處矣吾與汗漫期於九垓之上吾不可以久若士舉臂而竦身遂入雲中盧敖仰而視之弗見乃止曰吾比夫子也猶黃鵠之與壤蟲終日行不離咫尺自以為遠不亦悲哉余實不能齊技於數子故乃靜然守己而自寧景耀六年後主從譙周之計遣使請降於鄧艾其書正所造也明年正月鍾會作亂成都後主東遷洛陽時擾攘倉卒蜀之大臣無翼從者惟正及殿中督汝南張通捨妻子單身隨侍後主賴正相導宜適舉動無闕乃慨然歎息恨知正之晚時論嘉之賜爵關內侯泰始中除安陽令遷巴西太守泰始八年詔曰正昔在成都顛沛守義不違忠節及見受用盡心幹事有治理之績其以正為巴西太守咸寧四年卒凡所著述詩論賦之屬垂百篇

評曰杜微脩身隱靜不役當世庶幾夷皓之槩周羣占天有徵杜瓊沈默慎密諸生之純也許孟來李博涉多聞尹默精於左氏雖不以德業為稱信皆一時之學士譙周詞理淵通為世碩儒有董揚之規郤正文辭粲爛有張蔡之風加其行止君子有取焉二子處晉事少在蜀事多故著于篇張璠以為譙周所陳降魏之策蓋素料劉禪懦弱心無害戾故得行也如遇忿肆之人雖無他算然矜殉鄙恥或發怒妄誅以立一時之威快其斯須之意者此亦夷滅之禍云

蜀志卷十二考證

杜微且以閑境勸農育養民物○勸元本作勸

許慈慈後主世稍遷至大長秋○何焯曰大長秋掌奉宣中宮命西京或用士人中興常用宦者今皆用通經之士為之則可以修周官內宰之職且仁篤通大經四小經三郎在中土亦烏可無述耶

孟光漢太尉孟郁之族○郁後漢書靈帝紀作馘

光解正慎宜不為放談○宜疑作密

此儲君讀書寧當傚吾等竭力博識○儲君監本訛諸君今改正

尹默自劉歆條例鄭衆賈逵父子陳元方服虔注說○臣浩按後漢書云陳元字長孫父欽習左氏春秋事黎陽賈護與劉歆同時而別自名家元少傳父業為之訓詁與范升爭立左氏學據此則此云陳元方多方字疑為傳寫之譌也

譙周故周人養民以少取多勾踐卹衆以弱斃彊○周人宋本作周文

當秦罷侯置守之後民疲秦役○當秦宋本作及秦

至冬卒注若國恩賜朝服衣物者勿以加身○臣清植按周雖勸降然不仕魏晉至臨終所囑又如此則其勸降也蓋度蜀國之義非後主所辦故姑以此為全君計耳觀夫譏其君以榮其身者則有間矣

周長子熙熙子秀字元彥○何焯曰元彥之去承祚遠矣此十字疑皆裴注之文臣龍官按上文既云周三子熙賢同此又云周長子熙于文義似贅其為裴注無疑

郤正播秋蘭以芳世副吾徒之彼圖○彼圖冊府作披圖

不弼譽以干澤不辭愆以忌絀○弼元本作徽

楚客潛寇以保荊注偷即夜出解齊將軍之幬帳而獻之子發○元修本作解齊將軍之幬帳多幬字

雍門援琴而挾說注鼓鈞乎不測之淵○鈞宋本作釣

若士竦身於雲清注敖幼而好游長不喻解○宋本作至長不渝

又注此其外猶有沈沈之汜○沈沈宋本作汰沃

又注盧敖仰而視之弗見乃止○宋本乃止下有駕止杯治悖若有喪也九字

蜀志卷十三

晉　著作郎巴西中正安漢陳　壽撰

宋　太中大夫國子博士聞喜裴松之注

黃權　李恢　呂凱　馬忠　王平　張嶷

黃權字公衡巴西閬中人也少為郡吏州牧劉璋召為主簿時別駕張松建議宜迎先主使伐張魯權諫曰左將軍有驍名今請到欲以部曲遇之則不滿其心欲以賓客禮待則一國不容二君若客有泰山之安則主有累卵之危可但閉境以待河清璋不聽竟遣使迎先主出權為廣漢長及先主襲取益州將帥分下郡縣郡縣望風景附權閉城堅守須劉璋稽服乃詣降先主先主假權偏將軍徐衆評曰權既忠諫於主又閉城拒守得事君之禮武王下車封比干之墓表商容之閭所以大顯忠賢之士而明示所貴之先主假權將軍善矣然猶薄少未彰忠義之高節而大勸為善者之心及曹公破張魯魯走入巴中權進曰若失漢中則三巴不振此為割蜀之股臂也於是先主以權為護軍率諸將迎魯魯已還南鄭北降曹公然卒破杜濩朴胡殺夏侯淵據漢中皆權本謀也先主為漢中王猶領益州牧以權為治中從事及稱尊號將東伐吳權諫曰吳人悍戰又水軍順流進易退難臣請為先驅以嘗寇陛下宜為後鎮先主不從以權為鎮北將軍督江北軍以防魏師先主自在江南及吳將軍陸議乘流斷圍南軍敗績先主引退而道隔絕權不得還故率將所領降于魏有司執法白收權妻子先主曰孤負黃權權不負孤也待之如初臣松之以為漢武用虛罔之言滅李陵之家劉主拒憲司所執宥黃權之室二主得失縣邈遠矣詩云樂只君子保艾爾後其劉主之所謂也魏文帝謂權曰君捨逆效順欲追蹤陳韓邪權對曰臣過受劉主殊遇降吳不可還蜀無路是以歸命且敗軍之將免死為幸何古人之可慕也文帝善之拜為鎮南將軍封育陽侯加侍中使之陪乘蜀降人或云誅權妻子權知其虛言未便發喪漢魏春秋曰文帝詔令發喪權答曰臣與劉葛推誠相信明臣本志疑惑未實請須後得審問果如所言及先主薨問至魏羣臣咸賀而權獨否文帝察權有局量欲試驚之遣左右詔權未至之間累催相屬馬使奔馳交錯於道官屬侍從莫不碎魄而權舉止顏色自若後領益州刺史徙占河南大將軍司馬宣王深器之問權曰蜀中有卿輩幾人權答曰不圖明公見顧之重也宣王與諸葛亮書曰黃公衡快士也每坐起歎述足下不去口實景初三年蜀延熙二年權遷車騎將軍儀同三司蜀記曰魏明帝問權天下鼎立當以何地為正權對曰當以天文為正往者熒惑守心而文皇帝崩吳蜀二主平安此其徵也明年卒諡曰景侯子邕嗣邕無子絕權留蜀子崇為尚書郎隨衛將軍諸葛瞻拒鄧艾到涪縣瞻盤桓未進崇屢勸瞻宜速行據險無令敵得入平地瞻猶豫未納崇至于流涕會艾長驅而前瞻却戰至緜竹崇帥厲軍士期於必死臨陳見殺

李恢字德昂建寧俞元人也仕郡督郵姑夫爨習為建伶令有違犯之事恢坐習免官太守董和以習方土大姓寢而不許華陽國志曰習後官至領軍後貢恢於州涉道未至聞先主自葭萌還攻劉璋恢知璋之必敗先主必成乃託名郡使北詣先主遇於緜竹先主嘉之從至雒城遣恢至漢中交好馬超超遂從命成都既定先主領益州牧以恢為功曹書佐主簿後為亡虜所誣引恢謀反有司

執送先主明其不然更遷恢爲別駕從事章武元年庲降都督鄧方卒先主問恢誰可代者恢對曰人之才能各有長短故孔子曰其使人也器之且夫明主在上則臣下盡情是以先零之役趙充國曰莫若老臣臣竊不自揆惟陛下察之先主笑曰孤之本意亦已在卿矣遂以恢爲庲降都督使持節領交州刺史住平夷縣臣松之訊之蜀人云庲降地名去蜀二千餘里時未有寧州號爲南中立此職以總攝之晉泰始中始分爲寧州先主薨高定恣睢於越嶲雍闓跋扈於建寧朱襃反叛於牂牁丞相亮南征先由越嶲而恢案道向建寧諸縣大相糾合圍恢軍於昆明時恢衆少敵倍又未得亮聲息紿謂南人曰官軍糧盡欲規退還吾中間久斥鄉里乃今得旋不能復北欲還與汝等同計謀故以誠相告南人信之故圍守怠緩於是恢出擊大破之追犇逐北南至槃江東接牂牁與亮聲勢相連南土平定恢軍功居多封漢興亭侯加安漢將軍後軍還南夷復叛殺害守將恢身往撲討鉏盡惡類徙其豪帥于成都賦出叟濮耕牛戰馬金銀犀革充繼軍資于時費用不乏建興七年以交州屬吳解恢刺史更領建寧太守以還居本郡徙居漢中九年卒子遺嗣恢弟子球羽林右部督隨諸葛瞻拒鄧艾臨陳授命死于緜竹

呂凱字季平永昌不韋人也孫盛蜀世譜曰初秦徙呂不韋子弟宗族於蜀漢漢武帝時開西南夷置郡縣徙呂氏以充之因曰不韋縣仕郡五官掾功曹時雍闓等聞先主薨於永安驕黠滋甚都護李嚴與闓書六紙解喻利害闓但答一紙曰蓋聞天無二日土無二王今天下鼎立正朔有三是以遠人惶惑不知所歸也其桀慢如此闓又降於吳吳遙署闓爲永昌太守永昌既在益州郡之西道路壅塞與蜀隔絕而郡太守改易凱與府丞蜀郡王伉帥厲吏民閉境拒闓闓數移檄永昌稱說云云凱答檄曰天降喪亂奸雄乘釁天下切齒萬國悲悼臣妾大小莫不思竭筋力肝腦塗地以除國難伏惟將軍世受漢恩以爲當躬聚黨衆率先啓行上以報國家下不負先人書功竹帛遺名千載何期臣僕吳越背本就末乎昔舜勤民事隕于蒼梧書籍嘉之流聲無窮崩于江浦何足可悲文武受命成王乃平先帝龍興海內望風宰臣聰睿自天降康而將軍不覩盛衰之紀成敗之符譬如野火在原蹈履河冰火滅冰泮將何所依附曩者將軍先君雍侯造怨而封竇融知興歸志世祀皆流名後葉世歌其美今諸葛丞相英才挺出深覩未萌受遺託孤翊贊季興與衆無忌錄功忘瑕將軍若能翻然改圖易跡更步古人不難追鄙土何足宰哉蓋聞楚國不恭齊桓是責夫差僭號晉人不長況臣於非主誰肯歸之邪竊惟古義臣無越境之交是以前後有來無往重承告示發憤忘食故略陳所懷惟將軍察焉

凱威恩內著爲郡中所信故能全其節及丞相亮南征討闓既發在道而闓已爲高定部曲所殺亮至南上表曰永昌郡吏呂凱府丞王伉等執忠絕域十有餘年雍闓高定偪其東北而凱等守義不與交通臣不意永昌風俗敦直乃爾以凱爲雲南太守封陽遷亭侯會爲叛夷所害子祥嗣而王伉亦封亭侯爲永昌太守蜀世譜曰呂祥後爲晉南夷校尉祥子及孫世爲永昌太守李雄破寧州諸呂不肯附舉郡固守王伉等亦守正節

馬忠字德信巴西閬中人也少養外家姓狐名篤後乃復姓改名忠爲郡吏建安末舉孝廉除漢昌長先主東征敗績猇亭巴西太守閻芝發諸縣兵五千人以補遺闕遣忠送往先主已還永安見忠與語謂尚書令劉巴曰雖亡黃權復得狐篤此爲世不乏賢也建興元年丞相亮開府以忠爲門下督三年亮入南拜忠牂牁太守郡丞朱襃反叛亂之後忠撫育卹理甚有威惠八年召爲丞相參軍副長史蔣琬署留府事又領州治中從事明年亮出祁山忠詣亮所經營戎事軍還督將軍張嶷等討汶山郡叛羌十一年南夷豪帥劉胄反擾亂諸郡徵庲降都督張翼還以忠代翼忠遂斬胄平南土加忠監軍奮威將軍封博陽亭侯初建寧郡殺太守正昂縛太守張裔於吳故都督常駐平夷縣至忠乃移治味縣處民夷之閒又越嶲郡亦久失土地忠率將太守張嶷開復舊郡由此就加安南將軍進封彭鄉亭侯延熙五年還朝因至漢中見大司馬蔣琬宣傳詔旨加拜鎮南大將軍七年春大將軍費禕北禦魏敵留忠成都平尚書事禕還忠乃歸南十二年卒子修嗣修弟恢恢子義晉建寧太守

忠爲人寬濟有度量但詼啁大笑忿怒不形於色然處事能斷威恩並立是以蠻夷畏而愛之及卒莫不自致喪庭流涕盡哀爲之立廟祀迄今猶在張表時名士清望踰忠閻宇宿有功幹於事精勤繼踵在忠後其威風稱績皆不及忠益部耆舊傳曰張表肅子也華陽國志云表張松子未詳閻宇字文平南郡人也

王平字子均巴西宕渠人也本養外家何氏後復姓王隨杜濩朴胡詣洛陽假校尉從曹公征漢中因降先主拜牙門將裨將軍建興六年屬參軍馬謖先鋒謖舍水上山舉措煩擾平連規諫謖不能用大敗於街亭衆盡星散惟平所領千人鳴鼓自持魏將張郃疑其伏兵不往偪也於是平徐徐收合諸營遺迸率將士而還丞相亮既誅馬謖及將軍張休李盛奪將軍黃襲等兵平特見崇顯加拜參軍統五部兼當營事進位討寇將軍封亭侯九年亮圍祁山平別守南圍魏大將軍司馬宣王攻亮張郃攻平平堅守不動郃不能克十二年亮卒於武功軍退還魏延作亂一戰而敗平之功也遷後典軍安漢將軍副車騎將軍吳壹住漢中又領漢中太守十五年進封安漢侯代壹督漢中延熙元年大將軍蔣琬住沔陽平更爲前護軍署琬府事六年琬還住涪拜平前監軍鎮北大將軍統漢中七年春魏大將軍曹爽率步騎十餘萬向漢川前鋒已在駱谷時漢中守兵不滿三萬諸將大驚或曰今力不足以拒敵聽當固守漢樂二城遇賊令入比爾間涪軍足得救關平曰不然漢中去涪垂千里賊若得關便爲禍也今宜先遣劉護軍杜參軍據興勢平爲後拒若賊分向黃金平率千人下自臨之比爾間涪軍行至此計之上也惟護軍劉敏與平意同即便施行涪諸軍及大將軍費禕自成都相繼而至魏軍退還如平本策是時鄧芝在東馬忠在南平在北境咸著名迹平生長戎旅手不能書其所識不過十字而口授作書皆有意理使人讀史漢諸紀傳聽之備知其大義往往論說不失其指遵履法度言不戲謔從朝至夕端坐徹日憮無武將之體然性狹侵疑爲人自輕以此爲損焉十一年卒子訓嗣初平同郡漢昌句句古侯反扶忠勇寬厚數有戰功功名爵位亞平官至左將軍封宕渠侯華陽國志曰後張翼廖化並爲大將軍時人語曰前有王句後有張廖

張嶷字伯岐巴西郡南充國人也益部耆舊傳曰嶷出自孤微而少有通壯之節弱冠爲縣功曹先主定蜀之際山寇攻縣縣長捐家逃亡嶷冒白刃攜負夫人夫人得免由是顯名州召爲從事時郡內士人龔祿姚伷位二千石當世有聲名皆與嶷友善建興五年丞相亮北住漢中廣漢緜竹山賊張慕等鈔盜軍資劫略吏民嶷以都尉將兵討之嶷度其鳥散難以戰禽乃詐與和親克期置酒酒酣嶷身率左右因斬慕等五十餘級渠帥悉殄尋其餘類旬日清泰後得疾病困篤家素貧匱廣漢太守蜀郡何祗名爲通厚嶷宿與疎闊乃自轝詣祗託以治疾祗傾財醫療數年除愈其黨道信義皆此類也拜爲牙門將屬馬忠北討汶山叛羌南平四郡蠻夷輒有籌畫戰克之功益部耆舊傳曰嶷受兵馬三百人隨馬忠討叛羌嶷別督數營在先至他里邑所在高峻嶷隨山立上四五里羌於要厄作石門於門上施牀積石於其上過者下石槌擊之無不糜爛嶷度不可得攻乃使譯告曉之曰汝汶山諸種反叛傷害良善天子命將討滅惡類汝等若稽顙過軍資給糧費福祿永隆其報百倍若終不從大兵致誅雷擊電下雖追悔之亦無益也耆帥得命即出詣嶷給糧過軍軍前討餘種餘種聞他里已下悉恐怖失所或迎軍出降或奔竄山谷放兵攻擊軍以克捷後南夷劉胄又反以馬忠爲督庲降討胄嶷復屬焉戰鬬常冠軍首遂斬胄平南事訖牂牁興古獠種復反忠令嶷領諸營往討嶷內招降得二千人悉傳詣漢中十四年武都氐王苻健請降遣將軍張尉往迎過期不到大將軍蔣琬深以爲念嶷平之曰苻健求附款至必無他變素聞健弟狡黠又夷狄不能同功將有乖離是以稽留耳數日問至健弟果將四百戶就魏獨健來從初越嶲郡自丞相亮討高定之後叟夷數反殺太守龔祿焦璜是後太守不敢之郡只住安定縣去郡八百餘里其郡徒有名而已時論欲復舊郡除嶷爲越嶲太守嶷將所領往之郡誘以恩信蠻夷皆服頗來降附北徼捉馬最驍勁不承節度嶷乃往討生縛其帥魏狼又解縱告喻使招懷餘類表拜狼爲邑侯種落三千餘戶皆安土供職諸種聞之多漸降服嶷以功賜爵關內侯蘇祁邑君冬逢逢弟隗渠等已降復反嶷誅逢逢妻旄牛王女嶷以計原之而渠逃入西徼渠剛猛捷悍爲諸種深所畏憚遣所親二人詐降嶷實取消息嶷覺之許以重賞使爲反間二人遂合謀殺渠渠死諸種皆安又斯都耆帥李求承昔手殺龔祿嶷求募捕得數其宿惡而誅之始嶷以郡郛宇頹壞更築小塢在官三年徙還故郡繕治城郭夷種男女莫不致力定莋臺登卑水三縣去郡三百餘里舊出鹽鐵及漆而夷徼久自固食嶷率所領奪取署長吏焉嶷之到定莋定莋率豪狼岑槃木王舅甚爲蠻夷所信任忿嶷自侵不自來詣嶷使壯士數十直往收致撻而殺之持尸還種厚加賞賜喻以狼岑之惡且曰無得妄動動即殄矣種類咸面縛謝過嶷殺牛饗宴重申恩信遂獲鹽鐵器用周贍漢嘉郡界旄牛夷種類四千餘戶其率狼路欲爲姑壻冬逢報怨遣叔父離將逢衆相度形勢嶷逆遣親近齎牛酒勞賜又令離姊逆逢妻宣暢意旨離既受賜并見其姊姊弟歡悅悉率所領將詣嶷嶷厚加賞待遣還旄牛由是輒不爲患郡有舊道經旄牛中至成都既平且近自旄牛絕道已百餘年更由安上既險且遠嶷遣左右齎貨幣賜路重令路姑喻意路乃率兄弟妻子悉詣嶷嶷與盟誓開通舊道千里肅清復古亭驛奏封路爲旄牛畇毗王遣使將路朝貢後主於是加嶷撫戎將軍領郡如故嶷初見費禕爲大將軍恣性汎愛待信新附太過嶷書戒之曰昔岑彭率師來歙杖節咸見害於刺客今明將軍位尊權重宜鑒前事少以爲警後禕果爲魏降人郭修所害吳太傅諸葛恪以初破魏軍大興兵衆以圖攻取侍中諸葛瞻丞相亮之子恪從弟也嶷與書曰東主初崩帝

實劣弱太傅受寄託之重亦何容易親以周公之才猶有管蔡流言之變霍光受任亦有燕蓋上官逆亂之謀賴成昭之明以免斯難耳昔每聞東主殺生賞罰不牟下人又今以垂沒之命卒召太傅屬以後事誠實可慮加吳楚剽急乃昔所記而太傅離少主履敵庭恐非良計長算之術也雖云東家綱紀肅然上下輯睦百有一失非明者之慮邪取古則今今則古也自非郎君進忠言於太傅誰復有盡言者也旋軍廣農務行德惠數年之中東西並舉實爲不晚願深採察恪竟以此夷族嶷識見多如是類在郡十五年邦域安穆屢乞求還乃徵詣成都夷民戀慕扶轂泣涕過旄牛邑邑君襁負來迎及追尋至蜀郡界其督率隨嶷朝貢者百餘人嶷至拜盪寇將軍慷慨壯烈士人咸多貴之然放蕩少禮人亦以此譏焉益部耆舊傳曰時車騎將軍夏侯霸謂嶷曰雖與足下疏闊然託心如舊宜明此意嶷答曰僕未知子子未知我大道在彼何云託心乎願三年之後徐陳斯言有識之士以爲美談是歲延熙十七年也魏狄道長李簡密書請降衛將軍姜維率嶷等因簡之資以出隴西益部耆舊傳曰嶷風溼固疾至都寖篤扶杖然後能起李簡請降衆議狐疑而嶷曰必然姜維之出時論以嶷初還股疾不能在行中由是嶷自乞肆力中原致身敵庭臨發辭後主曰臣當值聖明受恩過量加以疾病在身常恐一朝隕沒辜負榮遇天不違願得豫戎事若涼州克定臣爲藩表守將若有未捷殺身以報後主慨然爲之流涕既到狄道簡悉率城中吏民出迎軍軍前與魏將徐質交鋒嶷臨陣隕身然其所殺傷亦過倍既亡封長子瑛西鄉侯次子護雄襲爵南土越嶲民夷聞嶷死無不悲泣爲嶷立廟四時水旱輒祀之益部耆舊傳曰余觀張嶷儀貌辭令不能駭人而其策略足以入算果烈足以立威爲臣有忠誠之節處類有亮直之風而動必顧典後主深崇之雖古之英士何以遠踰哉蜀世譜曰嶷孫奕晉梁州刺史

評曰黃權弘雅思量李恢公亮志業呂凱守節不回馬忠擾而能毅尚書曰擾而毅鄭玄注曰擾馴也致果曰毅王平忠勇而嚴整張嶷識斷明果咸以所長顯名發迹遇其時也

蜀志卷十三考證

黃權少爲郡吏○毛本作郡史

且敗軍之將免死爲幸何古人之可慕也○太平御覽為幸作焉幸可慕作可纂

權遷車騎將軍儀同三司注往者熒惑守心○臣明楷按宋書天文志云三國史並無熒惑守心之文黃初六年五月十六日壬戌熒惑入太微至二十七日癸酉乃出疑是入太微非守心也

宜速行據險毋令敵得入平地○元本無地字

李恢任郡督郵○任元本作仕

馬忠至忠乃移治味縣處民夷之間○味宜作昧音昧

張嶷而夷徼久自固食○固後漢書作錮

昔每聞東主殺生賞罰不牟下人○牟宋本作任

其偕督率隨嶷朝貢者百餘人○宋本作其督相率隨嶷朝貢者百餘人

蜀志卷十四

晉　著作郎巴西中正安漢陳　壽撰

宋太中大夫國子博士聞喜裴松之注

蔣琬子斌　劉敏　斌弟顯　費禕　姜維

蔣琬字公琰零陵湘鄉人也弱冠與外弟泉陵劉敏俱知名琬以州書佐隨先主入蜀除廣都長先主嘗因游觀奄至廣都見琬衆事不理時又沈醉先主大怒將加罪戮軍師將軍諸葛亮請曰蔣琬社稷之器非百里之才也其爲政以安民爲本不以修飾爲先願主公重加察之先主雅敬亮乃不加罪倉卒但免官而已琬見推之後夜夢有一牛頭在門前流血滂沲意甚惡之呼問占夢趙直直曰夫見血者事分明也牛角及鼻公字之象君位必當至公大吉之徵也頃之爲什邡令先主爲漢中王琬入爲尚書郎建興元年丞相亮開府辟琬爲東曹掾舉茂才琬固讓劉邕陰化龐延廖淳亮教答曰思惟背親捨德以殄百姓衆人既不隱於心實又使遠近不解其義是以君宜顯其功舉以明此選之清重也遷爲參軍五年亮住漢中琬與長史張裔統留府事八年代裔爲長史加撫軍將軍亮數外出琬常足食足兵以相供給亮每言公琰託志忠雅當與吾共贊王業者也密表後主曰臣若不幸後事宜以付琬亮卒以琬爲尚書令俄而加行都護假節領益州刺史遷大將軍錄尚書事封安陽亭侯時新喪元帥遠近危悚琬出類拔萃處羣僚之右既無戚容又無喜色神守舉止有如平日由是衆望漸服延熙元年詔琬曰寇難未弭曹叡驕凶遼東三郡苦其暴虐遂相糾結與之離隔叡大興衆役還相攻伐曩秦之亡勝廣首難今有此變斯乃天時君其治嚴總帥諸軍屯住漢中須吳舉動東西掎角以乘其釁又命琬開府明年就加爲大司馬東曹掾楊戲素性簡略琬與言論時不應答或欲搆戲於琬曰公與戲語而不見應戲之慢上不亦甚乎琬曰人心不同各如其面面從後言古人之所誡也戲欲贊吾是邪則非其本心欲反吾言則顯吾之非是以默然是戲之快也又督農楊敏曾毀琬曰作事憒憒誠非及前人或以白琬主者請推治敏琬曰吾實不如前人無可推也主者重據聽不推則乞問其憒憒之狀琬曰苟其不如則事不當理事不當理則憒憒矣復何問邪後敏坐事繫獄衆人猶懼其必死琬心無適莫得免重罪其好惡存道皆此類也琬以爲昔諸葛亮數闚秦川道險運艱竟不能克不若乘水東下乃多作舟船欲由漢沔襲魏興上庸會舊疾連動未時得行而衆論咸謂如不克捷還路甚難非長策也於是遣尚書令費禕中監軍姜維等喻指琬承命上疏曰芟穢弭難臣職是掌自臣奉辭漢中已經六年臣既闇弱加嬰疾疢規方無成夙夜憂慘今魏跨帶九州根蔕滋蔓平除未易若東西并力首尾掎角雖未能速得如志且當分裂蠶食先摧其枝黨然吳期二三連不克果俯仰惟艱實忘寢食輒與費禕等議以涼州胡塞之要進退有資賊之所惜且羌胡乃心思漢如渴又昔偏軍入羌郭淮破走算其長短以爲事首宜以姜維爲涼州刺史若維征行銜持河右臣當帥軍爲維鎮繼今涪水陸四通惟急是應若東北有虞赴之不難由是琬遂還住涪疾轉增劇至九年卒諡曰恭子斌嗣爲綏武將軍漢城護軍魏大將軍鍾會至漢城與斌書曰巴蜀賢智文武之士多矣至於足下諸葛思遠譬諸草木吾氣類也桑梓之敬古今所敦西到欲奉瞻尊大君公侯墓當洒埽墳塋奉祠致敬願告其所在斌答書曰知惟臭味意眷之隆雅託通流未拒來謂也亡考昔遭疾疢亡於涪縣卜云其吉遂安厝之知君西邁乃欲屈駕脩敬墳墓視予猶父顏子之仁也聞命感愴以增情思會得斌書報嘉歎意義及至涪如其書云後主既降鄧艾斌詣會於涪待以交友之禮隨會至成都爲亂兵所殺斌弟顯爲太子僕會亦愛其才學與斌同時死劉敏左護軍揚威將軍與鎮北大將軍王平俱鎮漢中魏遣大將軍曹爽襲蜀時議者或謂但可守城不出拒敵必自引退敏以爲男女布野農穀栖畝若聽敵入則大事去矣遂帥所領與平據興勢多張旗幟彌亘百餘里會大將軍費禕從成都至魏軍即退敏以功封雲亭侯

費禕字文偉江夏鄳人也鄳音盲少孤依族父伯仁伯仁姑益州牧劉璋之母也璋遣使迎仁仁將禕遊學入蜀會先主定蜀禕遂留益土與汝南許叔龍南郡董允齊名時許靖喪子允與禕欲共會其葬所允白父和請車和遣開後鹿車給之允有難載之色禕便從前先上及至喪所諸葛亮及諸貴人悉集車乘甚鮮允猶神色未泰而禕晏然自若持車人還和問之知其如此乃謂允曰吾常疑汝於文偉優劣未別也而今而後吾意了矣先主立太子禕與允俱爲舍人遷庶子後主踐位爲黃門侍郎丞相亮南征還羣寮於數十里逢迎年位多在禕右而亮特命禕同載由是衆人莫不易觀亮以初從南歸以禕爲昭信校尉使吳孫權性既滑稽嘲啁無方諸葛恪羊衜等才博果辯論難鋒至禕辭順義篤據理以答終不能屈禕別傳曰孫權每別酌好酒以飲禕視其已醉然後問以國事并論當世之務辭難累至禕輒辭以醉退而撰次所問事事條答無所遺失權甚器之謂禕曰君天下淑德必當股肱蜀朝恐不能數來也禕別傳曰權乃以手中常所執寶刀贈之禕答曰臣以不才何以堪明命然刀所以討不庭禁暴亂者也但願大王勉建功業同獎漢室臣雖闇弱終不負東顧還遷爲侍中亮北住漢中請禕爲參軍以奉使稱旨頻煩至吳建興八年轉爲中護軍後又爲司馬值軍師魏延與長史楊儀相憎惡每至並坐爭論延或舉刃擬儀儀泣涕橫集禕常入其坐間諫喻分別終亮之世各盡延儀之用者禕匡救之力也亮卒禕爲後軍師頃之代蔣琬爲尚書令禕別傳曰于時軍國多事公務煩猥禕識悟過人每省讀書記舉目暫視已究其意旨其速數倍於人終亦不忘常以朝晡聽事其間接納賓客飲食嬉戲加之博弈每盡人之歡事亦不廢董允代禕爲尚書令欲斅禕之所行旬日之中事多愆滯允乃歎曰人才力相縣若此甚遠此非吾之所及也聽事終日猶有不暇爾琬自漢中還涪禕遷大將軍錄尚書事延熙七年魏軍次于興勢假禕節率衆往禦之光祿大夫來敏至禕許別求共圍棊于時羽檄交馳人馬擐甲嚴駕已訖禕與敏留意對戲色無厭倦敏曰向聊觀試君耳君信可人必能辦賊者也禕至敵遂退封成鄉侯殷基通語曰司馬懿誅曹爽禕設甲乙論平其是非甲以爲曹爽兄弟凡品庸人苟以宗子枝屬得蒙顧命之任而驕奢僭逸交非其人私樹朋黨謀以亂國懿奮誅討一朝殄盡此所以稱其任副士民之望也乙以爲懿感曹仲付己不一豈爽與相干事勢不專以此陰成疵瑕初無忠告侃爾之訓一朝屠戮讒其不意豈大人經國篤本之事乎若爽信有謀主之心大逆已構而發兵之日更以芳委爽兄弟懿父子從後閉門舉兵蹙而向芳必無悉寧忠臣爲君深慮之謂乎以此推之爽無大惡明矣若懿以爽奢僭廢之刑之可也滅其尺口被以不義絕子丹血食及何晏子魏之親甥亦與同戮爲僭濫不當矣琬固讓州職禕復領益州刺史禕當國功名略與琬比禕別傳曰禕雅性謙素家不積財兒子皆令布衣素食出入不從車騎無異凡人十一年出住漢中自琬及禕雖自身在外慶賞威刑皆遙先諮斷然後乃行其推任如此後十四年夏還成都成都望氣者云都邑無宰相位故冬復北屯漢壽延熙十五年命禕開府十六年歲首大會魏降人郭脩在坐禕歡飲沈醉爲脩手刃所

害諡曰敬侯子承嗣爲黄門侍郎承弟恭尚公主（禕別傳曰恭爲尚書郎顯名當世早卒）禕長女配太子璿爲妃

姜維字伯約天水冀人也少孤與母居好鄭氏學（傅子曰維爲人好立功名陰養死士不修布衣之業）仕郡上計掾州郡爲從事以父冏昔爲郡功曹值羌戎叛亂身衛郡將沒於戰場賜維官中郎參本郡軍事建興六年丞相諸葛亮軍向祁山時天水太守適出案行維及功曹梁緒主簿尹賞主記梁虔等從行太守聞蜀軍垂至而諸縣響應疑維等皆有異心於是夜亡保上邽維等覺太守去追遲至城門城門已閉不納維等相率還冀冀亦不入維維等乃俱詣諸葛亮會馬謖敗於街亭亮拔將西縣千餘家及維等還故維遂與母相失（魏略曰天水太守馬遵將維及諸官屬隨雍州刺史郭淮偶自西至洛門案行會聞亮已到祁山淮顧遵曰是欲不善遂驅東還上邽遵念所治冀縣界乎西偏又恐吏民樂亂遂亦隨淮去時維謂遵曰明府當還冀遵謂維等曰卿諸人回復信皆賊也各自行維亦無如遵何而家在冀遂與郡吏上官子脩等還冀冀中吏民見維等大喜便令見亮二人不獲已乃共詣亮亮見大悅未及遣迎冀中人會亮前鋒爲張郃費繇等所破遂將維等却縮維不得還遂入蜀諸軍攻冀皆得維母妻子亦以維本無去意故不沒其家但繫保官以延之此語與本傳不同）亮辟維爲倉曹掾加奉義將軍封當陽亭侯時年二十七亮與留府長史張裔參軍蔣琬書曰姜伯約忠勤時事思慮精密考其所有永南季常諸人不如也其人涼州上士也又曰須先教中虎步兵五六千人姜伯約甚敏於軍事既有膽義深解兵意此人心存漢室而才兼於人畢教軍事當遣詣宮覲見主上（孫盛雜記曰初姜維詣亮與母相失復得母書令求當歸維曰良田百頃不在一畝但有遠志不在當歸也）後遷中監軍征西將軍十二年亮卒維還成都爲右監軍輔漢將軍統諸軍進封平襄侯延熙元年隨大將軍蔣琬住漢中琬既遷大司馬以維爲司馬數率偏軍西入六年遷鎮西大將軍領涼州刺史十年遷衞將軍與大將軍費禕共錄尚書事是歲汶山平康夷反維率衆討定之又出隴西南安金城界與魏大將軍郭淮夏侯霸等戰於洮西胡王治無戴等舉部落降維將還安處之十二年假維節復出西平不克而還維自以練西方風俗兼負其才武欲誘諸羌胡以爲羽翼謂自隴以西可斷而有也每欲興軍大舉費禕常裁制不從與其兵不過萬人（漢晉春秋曰費禕謂維曰吾等不如丞相亦已遠矣丞相猶不能定中夏況吾等乎且不如保國治民敬守社稷如其功業以俟能者無以爲希冀徼倖而決成敗於一舉若不如志悔之無及）十六年春禕卒夏維率數萬人出石營經董亭圍南安魏雍州刺史陳泰解圍至洛門維糧盡退還明年加督中外軍事復出隴西守狄道長李簡舉城降進圍襄武與魏將徐質交鋒斬首破敵魏軍敗退維乘勝多所降下拔河間狄道臨洮三縣民還後十八年復與車騎將軍夏侯霸等俱出狄道大破魏雍州刺史王經於洮西經衆死者數萬人經退保狄道城維圍之魏征西將軍陳泰進兵解圍維却住鍾題十九年春就遷維爲大將軍更整勒戎馬與鎮西大將軍胡濟期會上邽濟失誓不至故維爲魏大將鄧艾所破於段谷星散流離死者甚衆衆庶由是怨讟而隴已西亦騷動不寧維謝過引負求自貶削爲後將軍行大將軍事二十年魏征東大將軍諸葛誕反於淮南分關中兵東下維欲乘虛向秦川復率數萬人出駱谷徑至沈嶺時長城積穀甚多而守兵乃少聞維方到衆皆惶懼魏大將軍司馬望拒之鄧艾亦自隴右皆軍于長城維前住芒水皆倚山爲營望艾傍渭堅圍維數下挑戰望艾不應景耀元年維聞誕破敗乃還成都復拜大將軍初先主留魏延鎮漢中皆實兵諸圍以禦外敵敵若來攻使不得入及興勢之役王平捍拒曹爽皆承此制維建議以爲錯守諸圍雖合周易重門之義然適可禦敵不獲大利不若使聞敵至諸圍皆斂兵聚穀退就漢樂二城使敵不得入平且重關鎮守以捍之有事之日令游軍並進以伺其虛敵攻關不克野無散穀千里縣糧自然疲乏引退之日然後諸城並出與游軍并力搏之此殄敵之術也於是令督漢中胡濟却住漢壽監軍王含守樂城護軍蔣斌守漢城又於西安建威武衛石門武城建昌臨遠皆立圍守五年維率衆出漢侯和爲鄧艾所破還住沓中維本羈旅託國累年攻戰功績不立而宦官黄皓等弄權於內右大將軍閻宇與皓協比而皓陰欲廢維樹宇維亦疑之故自危懼不復還成都（華陽國志曰維惡黄皓恣擅啟後主欲殺之後主曰皓趨走小臣耳往董允切齒吾常恨之君何足介意維見皓枝附葉連懼於失言遜辭而出後主勅皓詣維陳謝維說皓求沓中種麥以避內逼爾）六年維表後主聞鍾會治兵關中欲規進取宜並遣張翼廖化督諸軍分護陽安關口陰平橋頭以防未然皓徵信鬼巫謂敵終不自致啟後主寢其事而羣臣不知及鍾會將向駱谷鄧艾將入沓中然後乃遣右車騎廖化詣沓中爲維援左車騎張翼輔國大將軍董厥等詣陽安關口以爲諸圍外助比至陰平聞魏將諸葛緒向建威故住待之月餘維爲鄧艾所摧還住陰平鍾會攻圍漢樂二城遣別將進攻關口蔣舒開城出降傅僉格鬬而死（漢晉春秋曰蔣舒將出降乃詭謂傅僉曰今賊至不擊而閉城自守非良圖也僉曰受命保城惟全爲功今違命出戰若喪師負國死無益矣舒曰子以保城獲全爲功我以出戰克敵爲功請各行其志遂率衆出僉謂其戰也至陰平以降胡烈烈乘虛襲城僉格鬬而死魏人義之蜀記曰蔣舒爲武興督在事無稱蜀命人代之因留舒助漢中守舒恨故開城出降）會攻樂城不能克聞關口已下長驅而前翼厥甫至漢壽維化亦舍陰平而退適與翼厥合皆還保劒閣以拒會會與維書曰公侯以文武之德懷邁世之略功濟巴漢聲暢華夏遠近莫不歸名每惟疇昔嘗同大化吳札鄭僑能喻斯好維不答書列營守險會不能克糧運縣遠將議還歸而鄧艾自陰平由景谷道傍入遂破諸葛瞻於緜竹後主請降於艾艾前據成都維等初聞瞻破或聞後主欲固守成都或聞欲東入吳或聞欲南入建寧於是引軍由廣漢郪道以審虛實尋被後主勅令乃投戈放甲詣會於涪軍前將士咸怒拔刀斫石（干寶晉記云會謂維曰來何遲也維正色流涕曰今日見此爲速矣會甚奇之）會厚待維等皆權還其印號節蓋會與維出則同轝坐則同席謂長史杜預曰以伯約比中土名士公休太初不能勝也（世語曰時蜀官屬皆天下英俊無出維右）會既構鄧艾艾檻車徵因將維等詣成都自稱益州牧以叛（漢晉春秋曰會陰懷異圖維見而知其心謂可構成擾亂以圖克復也乃詭說會曰聞君自淮南以來算無遺策晉道克昌皆君之力今復定蜀威德振世民高其功主畏其謀欲以此安歸乎夫韓信不背漢於擾攘以見疑於既平大夫種不從范蠡於五湖卒伏劒而妄死彼豈闇主愚臣哉利害使之然也今君大功既立大德已著何不法陶朱公泛舟絕迹全功保身登峨嵋之嶺而從赤松游乎會曰君言遠矣我不能行且爲今之道或未盡於此也維曰其他則君智力之所能無煩於老夫矣由是情好歡甚華陽國志曰維教會誅北來諸將既死徐欲殺會盡坑魏兵還復蜀祚密書與後主曰願陛下忍數日之辱臣欲使社稷危而復安日月幽而復明孫盛晉陽秋曰盛以永和初從安西將軍平蜀見諸故老及姜維既降之後密與劉禪表疏說欲僞服事鍾會因殺之以復蜀土會事不捷遂至泯滅蜀人于今傷之盛以爲古人云非所困而困焉名必辱非所據而據焉身必危既辱且危死期將至其姜維之謂乎鄧艾之入江由士衆鮮少維進不能奮節緜竹之下退不能總帥五將擁衛蜀主思後圖之計而乃反覆於逆順之間希違情於難冀之會以衰弱之國而屢觀兵於三秦已滅之邦冀理外之奇舉不亦闇哉臣松之以爲盛之譏維又爲不當于時鍾會大衆既造劒閣維與諸將列營守險會不得進已議還計全蜀之功幾乎立矣但鄧艾詭道傍入出於其後諸葛瞻既敗成都自潰維若回兵救內則會乘其背當時之勢焉得兩濟而責維不能奮節緜竹擁衛蜀主非其理也會欲盡坑魏將以舉大事授維重兵使爲前驅若令魏將皆死兵事在維手殺會復蜀不爲難也夫功成理外然後爲奇不可以事有差牙而抑謂不然設使田單之計邂逅不會復可謂之愚闇哉）欲授維兵五萬人使爲前驅魏將士憤發殺會及維維妻子皆伏誅（世語曰維死時見剖膽如斗大）郤正著論論維曰姜伯約據上將之重處羣臣之右宅舍弊薄資財無餘側室無妾媵之褻後庭無聲樂之娛衣服取供輿馬取備飲食節制不奢不約官給費用隨手消盡察其所以然者非以激貪厲濁抑情自割也直謂如是爲足不在多求凡人之談常譽成毀敗扶高抑下咸以姜維投厝無所身死宗滅以是貶削不復料擿異乎春秋褒貶之義矣如姜維之樂學不倦清素節約自一時之儀表也（孫盛曰異哉郤氏之論也夫士雖百行操業萬殊至於忠孝義節百行之冠冕也姜維策名魏室而外奔蜀朝違君徇利不可謂忠捐親苟免不可謂孝害加舊邦不可謂義敗不死難不可謂節且德政未敷而疲民以逞居禦侮之任而致敵喪守於夫智勇莫可云也凡斯六者維無一焉實有魏之逋臣亡國之亂相而云人之儀表斯亦惑矣縱維好書而微自藻潔豈異夫盜者分財之義而程鄭降階之善也臣松之以爲郤正此論取其可稱不謂維始終行事皆可準則也所云一時儀表止在好學與儉素耳本傳及魏略皆云維本無叛心以急逼歸蜀盛相譏貶惟可責其背母餘既過苦又非所以難郤正也）維昔所俱至蜀梁緒官至大鴻臚尹賞執金吾梁虔大長秋皆先蜀亡沒

評曰蔣琬方整有威重費禕寬濟而博愛咸承諸葛之成規因循而不革是以邊境無虞邦家和一然猶未盡治小之宜居靜之理也（臣松之以爲蔣費爲相克遵畫一未嘗徇功妄動有所虧喪外郤駱谷之師內保寧緝之實治小之宜居靜之理何以過於此哉今譏其未盡而不著其事故使覽者不知所謂也）姜維粗有文武志立功名而翫衆黷旅明斷不周終致隕斃老子有云治大國者猶烹小鮮況於區區蕞爾而可屢擾乎哉（干寶曰姜維爲蜀相國亡主辱弗之死而死於鍾會之亂惜哉非死之難處死之難也是以古之烈士見危授命投節如歸非不愛死也固知命之不長而懼不得其所也）

蜀志卷十四考證

費禕由是衆人莫不易觀○太平御覽無人字

魏降人郭脩在坐○監本訛作郭循今改正

姜維仕郡上計掾州郡爲從事○州郡疑作州辟

冀亦不入維○毛本維下多等字

與鎮西大將軍胡濟期會上邽○此胡濟又一人非胡偉度也

維前住芒水○監本誤作亡水楊戲傳誤同皆據鄧艾傳改正

平且重關鎮守以捍之○監本且誤日今改正

傅僉格鬬而死注蜀命人代之○命宋本作令

吳札鄭僑能喻斯好○鄭僑監本誤鄭有今改正

自稱益州牧以叛注徐欲殺會盡坑魏兵還復蜀祚○監本誤遠復蜀祚今改正

又注設使田單之計邂逅不會○不會元本作不集

蜀志卷十五

晉著作郎巴西中正安漢陳壽撰

宋太中大夫國子博士聞喜裴松之注

鄧芝 張翼 宗預（廖化） 楊戲（王嗣 常播 衛繼）

鄧芝字伯苗義陽新野人漢司徒禹之後也漢末入蜀未見知待時益州從事張裕善相芝往從之裕謂芝曰君年過七十位至大將軍封侯芝聞巴西太守龐羲好士往依焉先主定益州芝爲郫邸閣督先主出至郫與語大奇之擢爲郫令遷廣漢太守所在清嚴有治績入爲尚書先主薨於永安先是吳王孫權請和先主累遣

朱瑋費禕等與相報答丞相諸葛亮深慮權聞先主殂隕恐有異計未知所如芝見亮曰今主上幼弱初在位宜遣大使重申吳好亮答之曰吾思之久矣未得其人耳今日始得之芝問其人爲誰亮曰卽使君也乃遣芝修好於權權果狐疑不時見芝芝乃自表請見權曰臣今來亦欲爲吳非但爲蜀也權乃見之語芝曰孤誠願與蜀和親然恐蜀主幼弱國小勢偪爲魏所乘不自保全以此猶豫耳芝對曰吳蜀二國四州之地大王命世之英諸葛亮亦一時之傑也蜀有重險之固吳有三江之阻合此二長共爲脣齒進可并兼天下退可鼎足而立此理之自然也大王今若委質於魏魏必上望大王之入朝下求太子之內侍若不從命則奉辭伐叛蜀必順流見可而進如此江南之地非復大王之有也權默然良久曰君言是也遂自絕魏與蜀連和遣張溫報聘於蜀蜀復令芝重往權謂芝曰若天下太平二主分治不亦樂乎芝對曰夫天無二日土無二王如并魏之後大王未深識天命者也君各茂其德臣各盡其忠將提枹鼓則戰爭方始耳權大笑曰君之誠款乃當爾邪權與亮書曰丁厷掞張掞音夷念反或作艷臣松之案漢書禮樂志曰長離前掞光耀明左思蜀都賦摛藻掞天庭孫權蓋謂丁厷之言多浮艷也陰化不盡和合二國唯有鄧芝及亮北住漢中以芝爲中監軍揚武將軍亮卒遷前軍師前將軍領兗州刺史封陽武亭侯頃之爲督江州權數與芝相聞饋遺優渥延熙六年就遷爲車騎將軍後假節十一年涪陵國人殺都尉反叛芝率軍征討卽梟其渠帥百姓安堵華陽國志曰芝征涪陵見玄猨緣山芝性好弩手自射猨中之猨拔其箭卷木葉塞其創芝曰嘻吾違物之性其將死矣一曰芝見猨抱子在樹上引弩射之中猨母其子爲拔箭以木葉塞創芝乃歎息投弩水中自知當死十四年卒芝爲大將軍二十餘年賞罰明斷善卹卒伍身之衣食資仰於官不苟素儉然終不治私產妻子不免饑寒死之日家無餘財性剛簡不飾意氣不得士類之和於時人少所敬貴唯器異姜維云子良襲爵景耀中爲尚書左選郎晉朝廣漢太守

張翼字伯恭犍爲武陽人也高祖父司空浩曾祖父廣陵太守綱皆有名迹益部耆舊傳曰浩字叔明治律春秋游學京師與廣漢鐔粲漢中李郃蜀郡張霸共結爲友善大將軍鄧隲辟浩稍遷尚書僕射出爲彭城相薦隱士閭丘遵等徵拜廷尉延光三年安帝議廢太子唯浩與太常桓焉太僕來歷議以爲不可順帝初立拜浩司空年八十三卒續漢書曰綱字文紀少以三公子經明行脩舉孝廉不就司徒辟以高第爲侍御史漢安元年拜光祿大夫與侍中杜喬等八人同日受詔持節分出案行天下貪廉墨綬有罪便收刺史二千石以驛表聞威惠清忠名振郡國號曰八儁是時大將軍梁冀侵擾百姓喬等七人皆奉命四出唯綱獨埋車輪於洛陽都亭不去曰豺狼當路安問狐狸遂上書曰大將軍梁冀河南尹不疑蒙外戚之援荷國厚恩以芻蕘之姿安居阿保不能敷揚五教翼贊日月而專爲封豕長蛇肆其貪饕甘心好貨縱恣無厭多樹諂諛以害忠良誠天威所不赦大辟所宜加也謹條其無君之心十五事於左皆忠臣之所切齒也書奏御京師震竦時冀妹爲皇后內寵方盛冀兄弟權重於人主順帝雖知綱言不誣然無心治冀冀深恨綱會廣陵賊張嬰等衆數萬人殺刺史二千石冀欲陷綱乃諷尚書以綱爲廣陵太守若不爲嬰所殺則欲以法中之前太守往輒多請兵及綱受拜詔問當得兵馬幾何綱對曰無用兵馬遂單車之官徑詣嬰壘門示以禍福嬰大驚懼走欲閉門綱又於門外罷遣吏兵留所親者十餘人以書語其長老素爲嬰所信者請與相見問以本變因示以詔恩使還請嬰嬰見綱意誠卽出見綱綱延置上坐問其疾苦禮畢乃謂之曰前後二千石多非其人杜塞國恩肆其私求鄉郡遠天子不能朝夕聞也故民人相聚以避害二千石信有罪矣爲之者乃非義也忠臣不欺君以自榮孝子不損父以求福天子聖人欲文德以來之故使太守來思以爵祿相榮不願以刑也今誠轉禍爲福之時也若聞義不服天子赫然發怒大兵雲合豈不危乎宜深計其利害嬰聞泣曰荒裔愚人數爲二千石所侵枉不堪其困故遂相聚偷生明府仁及草木乃嬰等更生之澤但恐投兵之日不免孥戮耳綱曰豈其然乎要之以天地誓之以日月方當相顯以爵位何禍之有乎嬰曰苟赦其罪得全首領以就農畝則抱戴沒齒爵祿非所望也嬰雖爲大賊起於狂暴自以爲必死及得綱言曠然開明乃辭還營明日遂將所部萬餘人與妻子面縛詣綱降綱悉釋縛慰納謂嬰曰卿諸人一旦解散方垂盪然當條名上之必受封賞嬰曰乞歸故業不願以穢名汙明時也綱以其至誠乃各從其意親爲安處居宅子弟欲爲吏者隨才任職欲爲民者勸以農桑田業並豐南州晏然論功綱當封爲冀所遏絕故不得侯天子美其功徵欲用之嬰等上書乞留在郡二歲建康元年病卒官時年三十六嬰等三百餘人皆衰杖送綱喪至犍爲葬訖爲起冢立祠四時奉祭思慕如喪考妣天子追念不已下詔褒揚除一子爲郎先主定益州領牧翼爲書佐建安末舉孝廉爲江陽長徙涪陵令遷梓潼太守累遷至廣漢蜀郡太守建興九年爲庲降都督綏南中郎將翼性持法嚴不得殊俗之歡心耆率劉胄背叛作亂翼舉兵討胄胄未破會被徵當還羣下咸以爲宜便馳騎卽罪翼曰不然吾以蠻夷蠢動不稱職故還耳然代人未至吾方臨戰場當運糧積穀爲滅賊之資豈可以黜退之故而廢公家之務乎於是統攝不懈代到乃發馬忠因其成基以破殄胄丞相亮聞而善之亮出武功以翼爲前軍都督領扶風太守亮卒拜前領軍追論討劉胄功賜爵關內侯延熙元年入爲尚書稍遷督建威假節進封都亭侯征西大將軍十八年與衞將軍姜維俱還成都維議復出軍唯翼庭爭以爲國小民勞不宜黷武維不聽將翼等行進翼位鎮南大將軍維至狄道大破魏雍州刺史王經經衆死於洮水者以萬計翼曰可止矣不宜復進進或毀此大功維大怒曰爲蛇畫足維竟圍經於狄道城不能克自翼建異論維心與翼不善然常牽率同行翼亦不得已而往景耀二年遷左車騎將軍領冀州刺史六年與維咸在劍閣共詣降鍾會于涪明年正月隨會至成都爲亂兵所殺華陽國志曰翼子微篤志好學官至廣漢太守

宗預字德豔南陽安衆人也建安中隨張飛入蜀建興初丞相亮以爲主簿遷參軍右中郎將及亮卒吳慮魏或承衰取蜀增巴丘守兵萬人一欲以爲救援二欲以事分割也蜀聞之亦益永安之守以防非常預將命使吳孫權問預曰東之與西譬猶一家而聞西更增白帝之守何也預對曰臣以爲東益巴丘之戍西增白帝之守皆事勢宜然俱不足以相問也權大笑嘉其抗直甚愛待之見敬亞於鄧芝費禕遷爲侍中徙尚書延熙十年爲屯騎校尉時車騎將軍鄧芝自江州還來朝謂預曰禮六十不服戎而卿甫受兵何也預答曰卿七十不還兵我六十何爲不受邪臣松之以爲芝以年啁預是不自顧然預之此答觸人所忌載之記牒近爲煩文芝性驕傲自大將軍費禕等皆避下之而預獨不爲屈預復東聘吳孫權捉預手涕泣而別曰君每銜命結二國之好今君年長孤亦衰老恐不復相見遺預大珠一斛吳歷曰預臨別謂孫權曰蜀土僻小雖云鄰國東西相賴吳不可無蜀蜀不可無吳君臣憑恃唯陛下重垂神慮又自說年老多病恐不復得奉聖顏孫盛曰夫帝王之保唯道與義道義既建雖小可大殷周是也苟任詐力雖彊必敗秦項是也況乎居偏鄙之城恃山水之固而欲連橫萬里永相資賴哉昔九國建合從之計而秦人卒併六合囂述營輔車之謀而光武終兼隴蜀夫以九國之彊隴漢之大莫能相救坐觀屠覆何者道德之基不固而彊弱之心難一故也而云吳不可無蜀蜀不可無吳豈不諂哉乃還遷後將軍督永安就拜征西大將軍賜爵關內侯景耀元年以疾徵還成都後爲鎮軍大將軍領兗州刺史時都護諸葛瞻初統朝事廖化過預欲與預共詣瞻許預曰吾等年踰七十所竊已過但少一死耳何求於年少輩而屑屑造門邪遂不往

廖化字元儉本名淳襄陽人也爲前將軍關羽主簿羽敗屬吳思歸先主乃詐死時人謂爲信然因攜持老母晝夜西行會先主東征遇於秭歸先主大悅以化爲宜都太守先主薨爲丞相參軍後爲督廣武稍遷至右車騎將軍假節領并州刺史封中鄉侯以果烈稱官位與張翼齊而在宗預之右漢晉春秋曰景耀五年姜維率衆出狄道廖化曰兵不戢必自焚伯約之謂也知不出敵而力少於寇用之無厭何以能立詩云不自我先不自我後今日之事也咸熙元年春化預俱內徙洛陽道病卒

楊戲字文然犍爲武陽人也少與巴西程祁公弘巴郡楊汰季儒蜀郡張表伯達並知名戲每推祁以爲冠首丞相亮深識之戲年二十餘從州書佐爲督軍從事職典刑獄論法決疑號爲平當府辟爲屬主簿亮卒爲尚書右選部郎刺史蔣琬請爲治中從事史琬以大將軍開府又辟爲東曹掾遷南中郎參軍副貳庲降都督領建寧太守以疾徵還成都拜護軍監軍出領梓潼太守入爲射聲校尉所在清約不煩延熙二十年隨大將軍姜維出軍至芒水戲素心不服維酒後言笑每有傲弄之辭維外寬內忌意不能堪軍還有司承旨奏戲免爲庶人後景耀四年卒戲性雖簡惰省略未嘗以甘言加人過情接物書符指事希有盈紙然篤於舊故居誠存厚與巴西韓儼黎韜童幼相親厚後儼痼疾廢頓韜無行見捐戲經紀振卹恩好如初又時人謂譙周無當世才少歸敬者唯戲重之嘗稱曰吾等後世終自不如此長兒也有識以此貴戲張表有威儀風觀始名位與戲齊後至尚書督庲降後將軍先戲沒祁汰各早死戲同縣後進有李密者字令伯華陽國志曰密祖父光朱提太守父早亡母何氏更適人密見養於祖母治春秋左氏傳博覽多所通涉機警辨捷事祖母以孝聞其侍疾則泣涕側息日夜不解帶膳飲湯藥必自口嘗本郡禮命不應州辟從事尚書郎大將軍主簿太子洗馬奉使聘吳吳主問蜀馬多少對曰官用有餘人間自足吳主與羣臣汎論道義謂寧爲人弟密曰願爲人兄吳主曰何以爲兄密曰爲兄供養之日長吳主及羣臣皆稱善蜀平後征西將軍鄧艾聞其名請爲主簿及書招欲與相見皆不往以祖母年老心在色養晉武帝立太子徵爲太子洗馬詔書累下郡縣偪遣於是密上書曰臣以險釁夙遭閔凶生孩六月慈父見背行年四歲舅奪母志祖母劉愍臣孤弱躬見撫養臣少多疾病九歲不行零丁孤苦至於成立旣無伯叔終鮮兄弟門衰祚薄晚有兒息外無期功彊近之親內無應門五尺之童煢煢孑立形影相弔而劉早嬰疾病常在牀蓐臣侍湯藥未曾廢離逮奉聖朝沐浴清化前太守臣逵察臣孝廉後刺史臣榮舉臣秀才臣以供養無主辭不赴命詔書特下拜臣郎中尋蒙國恩除臣洗馬猥以微賤當侍東宮非臣隕首所能上報臣具以表聞辭不就職詔書切峻責臣逋慢郡縣偪迫催臣上道州司臨門急於星火臣欲奉詔奔馳則劉病日篤苟順私情則告訴不許臣之進退實爲狼狽伏惟聖朝以孝治天下凡在故老猶蒙矜愍況臣孤苦特爲尤甚且臣少仕僞朝歷職郎署本圖宦達不矜名節今臣亡國賤俘至微至陋猥蒙拔擢寵命優渥豈敢盤桓有所希冀但以劉日薄西山氣息奄奄人命危淺朝不慮夕臣無祖母無以至今日祖母無臣亦無以終餘年母孫二人更相爲命是以區區不敢廢遠臣密今年四十有四祖母劉今年九十有六是臣盡節於陛下之日長報養劉之日短也烏鳥私情願乞終養臣之辛苦非徒蜀之人士及二州牧伯所見明知皇天后土實所共鑒願陛下矜愍愚誠聽臣微志庶劉僥倖保卒餘年臣生當隕首死當結草臣不勝犬馬怖懼之情武帝覽表曰密不空有名也嘉其誠款賜奴婢二人下郡縣供養其祖母奉膳及祖母卒服終從尚書郎爲河內溫縣令政化嚴明中山諸王每過溫縣必責求供給溫吏民患之及密至中山王過縣欲求芻茭薪蒸密牋引高祖過沛賓禮老幼桑梓之供一無煩擾伏惟明王孝思維則動識先戒本國望風式歌且舞誅求之碎所未聞命自後諸王過不敢有煩隴西王司馬子舒深敬友密而貴勢之家憚其公直密去官爲州大中正性方直不曲意勢位後失荀勗張華指左遷漢中太守諸王多以爲冤一年去官年六十四卒著述理論十篇安東將軍胡熊與皇甫士安並善之戲以延熙四年著季漢輔臣贊其所頌述今多載于蜀書是以記之於左自此之後卒者則不追謚故或有應見稱紀而不在乎篇者也其戲之所贊而今不作傳者余皆注疏本末於其辭下可以粗知其髣髴云爾

昔文王歌德武王歌興夫命世之主樹身行道非唯一時亦由開基植緒光于來世者也自我中漢之末王綱棄柄雄豪並起役殷難結生人塗地於是世主感而慮之初自燕代則仁聲洽著行自齊魯則英風播流寄業荊郢則臣主歸心顧援吳越則賢愚賴風奮威巴蜀則萬里肅震厲師庸漢則元寇斂迹故能承高祖之始兆復皇漢之宗祀也然而姦凶懟險天征未加猶孟津之翔師復須戰於鳴條也天祿有終奄忽不豫雖攝歸一

統萬國合從者當時儁乂扶攜翼戴明德之所懷致也
蓋濟濟有可觀焉遂乃並述休風動于後聽其辭曰
皇帝遺植爰滋八方別自中山靈精是鍾順期挺生傑
起龍驤始于燕代伯豫君荆吳越憑賴望風請盟挾巴
跨蜀庸漢以并乾坤復秩宗祀惟寧躡基履迹播德芳
聲華夏思美西伯其音開慶來世歷載攸興
贊昭烈皇帝
忠武英高獻策江濱攀吳連蜀權我世眞受遺阿衡整
武齊文敷陳德教理物移風賢愚競心僉忘其身誕靜
邦內四裔以綏屢臨敵庭實耀其威研精大國恨於未
夷
贊諸葛丞相
司徒清風是咨是臧識愛人倫孔音鏘鏘
贊許司徒
關張赳赳出身匡世扶翼儁上雄壯虎烈藩屏左右翻
飛電發濟于艱難贊主洪業侔迹韓耿齊聲雙德交待
無禮並致姦慝悼惟輕慮隕身匡國
贊關雲長張益德
驃騎奮起連橫合從首事三秦保據河潼宗計於朝或
異或同敵以乘釁家破軍亡乖道反德託鳳攀龍
贊馬孟起
翼侯良謀料世興衰委質于主是訓是諮暫思經筭覩
事知機
贊法孝直
軍師美至雅氣曄曄致命明主忠情發臆惟此義宗亡
身報德
贊龐士元
將軍敦壯摧鋒登難立功立事于時之幹
贊黃漢升
掌軍清節亢然恒常讜言惟司民思其綱
贊董幼宰
安遠彊志允休允烈輕財果壯當難不惑以少禦多殊
方保業
贊鄧孔山孔山名方南郡人也以荆州從事隨先
主入蜀蜀既定爲犍爲屬國都尉因易郡名爲朱
提太守選爲安遠將軍庲降都督住南昌縣章武
二年卒失其行事故不爲傳
揚威才幹欷歔文武當官理任衎衎辯舉圖殖財施有
義有叙
贊費賓伯賓伯名觀江夏鄳人也劉璋母觀之族
姑璋又以女妻觀觀建安十八年參李嚴軍拒先
主於緜竹與嚴俱降先主既定益州拜爲裨將軍
後爲巴郡太守江州都督建興元年封都亭侯加
振威將軍觀爲人善於交接都護李嚴性自矜高
護軍輔匡等年位與嚴相次而嚴不與親褻觀年
少嚴二十餘歲而與嚴通狎如時輩云年三十七
卒失其行事故不爲傳
屯騎主舊固節不移既就初命盡心世規軍資所恃是
辨是裨
贊王文儀
尚書清尚勑行整身抗志存義味覽典文倚其高風好
侔古人
贊劉子初
安漢雍容或婚或賓見禮當時是謂循臣
贊麋子仲
少府修慎王元泰名謀漢嘉人也有容止操行劉璋時
爲巴郡太守還爲州治中從事先主定益州領牧以爲
別駕先主爲漢中王用荆楚宿士零陵賴恭爲太常南
陽黃柱爲光祿勳謀爲少府建興初賜爵關內侯後代
賴恭爲太常恭柱謀皆失其行事故不爲傳恭子厷爲
丞相西曹令史隨諸葛亮於漢中早夭亮甚惜之與留
府長史參軍張裔蔣琬書曰令史失賴厷掾屬喪楊顒
爲朝中損益多矣顒亦荆州人也後大將軍蔣琬問張
休曰漢嘉前輩有王元泰今誰繼者休對曰至於元泰
州里無繼況鄙郡乎其見重如此襄陽記曰楊顒字子
昭楊儀宗人也入蜀爲巴郡太守丞相諸葛亮主簿亮
嘗自校簿書顒直入諫曰爲治有體上下不可相侵請
爲明公以作家譬之今有人使奴執耕稼婢典炊爨雞
主司晨犬主吠盜牛負重載馬涉遠路私業無曠所求
皆足雍容高枕飲食而已忽一旦盡欲以身親其役不
復付任勞其體力爲此碎務形疲神困終無一成豈其
智之不如奴婢雞狗哉失爲家主之法也是故古人稱
坐而論道謂之王公作而行之謂之士大夫故邴吉不
問橫道死人而憂牛喘陳平不言知錢穀之數云自有
主者彼誠達於位分之體也今明公爲治乃躬自校簿
書流汗竟日不亦勞乎亮謝之後爲東曹屬典選舉顒
死亮垂泣三日鴻臚明眞何彥英名宗蜀郡郫人也事
廣漢任安學精究安術與杜瓊同師而名問過之劉璋
時爲犍爲太守先主定益州領牧辟爲從事祭酒後援
引圖讖勸先主即尊號踐阼之後遷爲大鴻臚建興中
卒失其行事故不爲傳子雙字漢偶滑稽談笑有淳于
髡東方朔之風爲雙柏長早卒諫議隱行儒林天文宣
班大化或首或林
贊王元泰何彥英杜輔國周仲宣
車騎高勁惟其泛愛以弱制強不陷危墜
贊吳子遠子遠名壹陳留人也隨劉焉入蜀劉璋
時爲中郎將將兵拒先主於涪詣降先主定益州
以壹爲護軍討逆將軍納壹妹爲夫人章武元年
爲關中都督建興八年與魏延入南安界破魏將
費瑤徙亭侯進封高陽鄉侯遷左將軍十二年丞
相亮卒以壹督漢中車騎將軍假節領雍州刺史
進封濟陽侯十五年卒失其行事故不爲傳壹族
弟班字元雄大將軍何進官屬吳匡之子也以豪
俠稱官位常與壹相亞先主時爲領軍後主世稍
遷至驃騎將軍假節封緜竹侯
安漢宰南奮擊舊鄉翦除蕪穢惟刑以張廣遷蠻濮國
用用強
贊李德昂
輔漢惟聰既機且惠因言遠思切問近對贊時休美和
我業世
贊張君嗣
鎭北敏思籌畫有方導師禳穢遂事成章偏任東隅承
命不祥哀悲本志放流殊疆
贊黃公衡
越騎惟忠厲志自祇職于內外念公忘私
贊楊季休
征南厚重征西忠克統時選士猛將之烈
贊趙子龍陳叔至叔至名到汝南人也自豫州隨
先主名位常亞趙雲俱以忠勇稱建興初官永安
都督西將軍封亭侯
鎭南粗強輔元弼名匡襄陽人也隨先主入蜀益州既
定爲巴郡太守建興中徙鎭南爲右將軍封中鄉侯監
軍尙篤劉南和名邕義陽人也隨先主入蜀益州既定
爲江陽太守建興中稍遷至監軍後將軍賜爵關內侯
卒子式嗣少子武有文與樊建齊名官亦至尙書並豫
戎任任自封裔
贊輔元弼劉南和
司農性才敷述允章藻麗辭理斐斐有光
贊秦子敕
正方受遺豫闘後綱不陳不僉造此異端斥逐當時任
業以喪
贊李正方
文長剛粗臨難受命折衝外禦鎭保國境不協不和志
節言亂疾終惜始實惟厥性
贊魏文長
威公狷狹取異衆人閑則及理逼則傷侵舍順入凶大
易之云
贊楊威公
季常良實文經勤類士元言規處仁聞計文經士元皆
失其名實行事郡縣處仁本名存南陽人也以荆州從
事隨先主入蜀南攻至雒以爲廣漢太守存素不服龐
統統中矢卒先主發言嘉歎存曰統雖盡忠可惜然違
大雅之義先主怒曰統殺身成仁更爲非也免存官頃
之病卒失其行事故不爲傳孔休文祥或才或臧孔休
名觀爲荆州主簿別駕從事見先主傳失其郡縣文祥
名禎襄陽人也隨先主入蜀歷雒郫令南廣漢太守失
其行事子忠官至尙書郎襄陽記曰習禎有風流善談
論名亞龐統而在馬良之右子忠亦有名忠子隆爲步
兵校尉掌校祕書播播述志楚之蘭芳
贊馬季常衞文經韓士元張處仁殷孔休習文祥
國山休風國山名甫廣漢郪人也好人流言議劉璋時
爲州書佐先主定蜀後爲緜竹令還爲荆州議曹從事
隨先主征吳軍敗於秭歸遇害子祐有父風官至尙書
右選郎丞南耽思丞南名邵廣漢郪人也先主定蜀後
爲州書佐部從事建興元年丞相亮辟爲西曹掾亮南
征留邵爲治中從事是歲卒華陽國志曰邵兄邈字漢
南劉璋時爲牛鞞長先主領牧爲從事正旦命行酒得
進見讓先主曰振威以將軍宗室肺腑委以討賊元功
未效先寇而滅邈以將軍之取鄙州甚爲不宜也先主
日知其不宜何以不助之邈曰匪不敢也力不足耳有
司將殺之諸葛亮爲請得免久之爲犍爲太守丞相參
軍安漢將軍建興六年亮西征馬謖在前敗績亮將殺
之邈諫以秦赦孟明用伯西戎楚誅子玉二世不競失
亮意還蜀十二年亮卒後主素服發哀三日邈上疏曰
呂祿霍禹未必懷反叛之心孝宣不好爲殺臣之君直
以臣懼其偪主畏其威故姦萌生亮身杖強兵狼顧虎
視五大不在邊臣常危之今亮殞沒蓋宗族得全西戎
靜息大小爲慶後主怒下獄誅之盛衡承伯言藏言時
盛衡名勳承伯名齊皆巴西閬中人也勳劉璋時爲州
書佐先主定蜀辟爲左將軍屬後轉州別駕從事卒齊

為太守張飛功曹飛貢之先主為尚書郎建興中從事丞相掾遷廣漢太守復為飛參軍亮卒為尚書勳齊皆以才幹自顯見歸信於州黨不如姚伷伷字子緒亦閬中人先主定益州後為功曹書佐建興元年為廣漢太守丞相亮北駐漢中辟為掾並進文武之士亮稱曰忠益者莫大於進人進人者各務其所尚今姚掾並存剛柔以廣文武之用可謂博雅矣願諸掾各希此事以屬其望遷為參軍亮卒稍遷為尚書僕射時人服其真誠篤粹延熙五年卒在作贊之後孫德果銳孫德名福梓潼涪人也先主定益州後為書佐西充國長成都令建興元年徙巴西太守為江州督揚威將軍入為尚書僕射封平陽亭侯延熙初大將軍蔣琬出征漢中福以前監軍領司馬卒益部耆舊雜記曰諸葛亮於武功病篤後主遣福省侍遂因諮以國家大計福往具宣聖旨聽亮所言至別去數日忽馳思未盡其意遂却騎馳還見亮亮語福曰孤知君還意近日言語雖彌日有所不盡更來一決耳君所問者公琰其宜也福謝前實失不諮請公如公百年後誰可任大事者故輒還耳乞復請蔣琬之後誰可任者亮曰文偉可以繼之又復問其次亮不答福還奉使稱旨福為人精識果銳敏於從政子驤字叔龍亦有名官至尚書郎廣漢太守偉南篤常偉南名朝永南兄郡功曹舉孝廉臨邛令入為別駕從事隨先主東征吳章武二年卒於永安益部耆舊雜記曰朝又有一弟早亡各有才望時人號之李氏三龍華陽國志曰羣下上先主為漢中王其文朝所造也臣松之案耆舊所記以朝邵及早亡者為三龍邈之狂直不得在此數德緒義彊志壯氣剛德緒名祿巴西安漢人也先主定益州為郡從事牙門將建興三年為越巂太守隨丞相亮南征為蠻夷所害時年三十一弟衡景耀中為領軍義彊名士廣漢郪人國山從兄也從先主入蜀後舉孝廉為符節長遷牙門將出為宕渠太守徙在犍為會丞相亮南征轉為益州太守將南行為蠻夷所害濟濟修志蜀之芬香

贊王國山李永南馬盛衡馬承伯李孫德李偉南龔德緒王義彊

休元輕寇損時致害休元名習南郡人隨先主入蜀先主東征吳習為領軍統諸軍大敗於猇亭文進奮身同此顛沛文進名南亦自荊州隨先主入蜀領兵從先主征吳與習俱死時又有義陽傅肜先主退軍斷後拒戰兵人死盡吳將語肜令降肜罵曰吳狗何有漢將軍降者遂戰死拜子僉為左中郎後為關中都督景耀六年又臨危授命論者嘉其父子奕世忠義蜀記載晉武帝詔曰蜀將軍傅僉前在關城身拒官軍致死不顧僉父肜復為劉備戰亡天下之善一也豈由彼此以為異僉息著募後沒入奚官免為庶人患生一人至於弘大

贊馮休元張文進

江陽剛烈立節明君兵合遇寇不屈其身單夫隻役隕命於軍

贊程季然季然名畿巴西閬中人也劉璋時為漢昌長縣有賨人種類剛猛昔從高祖以定關中巴西太守龐羲以天下擾亂郡宜有武衞頗招合部曲有讒於璋說羲欲叛者璋陰疑之羲聞甚懼將謀自守遣畿子郁宣旨索兵自助畿報曰郡合部曲本不為叛雖有交搆要在盡誠若必以懼遂懷異志非畿之所聞并敕郁曰我受州恩當為州牧盡節汝為郡吏當為太守效力不得以吾故有異志也羲使人告畿曰爾子在郡不從太守家將及禍畿曰昔樂羊為將飲子之羹非父子無恩大義然也今雖復己子吾必飲之羲知畿必不為己厚陳謝於璋以致無咎璋聞之遷畿江陽太守先主領益州牧辟為從事祭酒後隨先主征吳遇大軍敗績泝江而還或告之曰後追已至解船輕去乃可以免畿曰吾在軍未曾為敵走況從天子而見危哉追人遂及畿船畿身執戟戰敵船有覆者衆大至共擊之乃死

公弘後生卓爾奇精夭命二十悼恨未呈

贊程公弘弘名祁季然之子也

古之奔臣禮有來偪怨興同官不顧大德靡有匡救倍成奔北自絕于人作笑二國

麋芳士仁郝普潘濬麋芳字子方東海人也為南郡太守士仁字君義廣陽人也為將軍住公安統屬關羽與羽有隙叛迎孫權郝普字子大義陽人先主自荊州入蜀以普為零陵太守為吳將呂蒙所譎開城詣蒙潘濬字承明武陵人也先主入蜀以為荊州治中典留州事亦與關羽不穆孫權襲羽遂入吳普至廷尉濬至太常封侯

益部耆舊雜記載王嗣常播衞繼三人皆劉氏王蜀時人故錄于篇

王嗣字承宗犍為資中人也其先延熙世以功德顯著舉孝廉稍遷西安圍督汶山太守加安遠將軍綏集羌胡咸悉歸服諸種素桀惡者皆來首降嗣待以恩信時北境得以寧靜大將軍姜維每出北征羌胡出馬牛羊氈毦及義穀裨軍糧國賴其資遷鎮軍故領郡後從維北征為流矢所傷數月卒戎夷會葬贈送數千人號呼涕泣嗣為人美厚篤至衆所愛信嗣子及孫羌胡見之如骨肉或結兄弟恩至於此

常播字文平蜀郡江原人也播仕縣主簿功曹縣長廣都朱游建興十五年中被上官誣劾以逋沒官穀當論重罪播詣獄訟爭身受數千杖肌膚刻爛毒痛慘至更歷三獄幽閉二年有餘每將考掠吏先驗問播不答言但急行罰無所多問辭終不撓事遂分明長免刑戮時唯主簿楊玩亦證明其事與播辭同衆咸嘉播忘身為君節義抗烈舉孝廉除郪長年五十餘卒書於舊德傳後縣令潁川趙敦圖其像贊頌之

衞繼字子業漢嘉嚴道人也兄弟五人繼父為縣功曹繼為兒時與兄弟隨父游戲庭寺中縣長蜀郡成都張君無子數命功曹呼其子省弄甚憐愛之張因言宴之間語功曹欲乞繼功曹即許之遂養為子繼敏達夙成學識通博進仕州郡歷職清顯而其餘兄弟四人各無堪當世者父恒言己之將衰張明府將盛也時法禁以異姓為後故復為衞氏屢遷拜奉車都尉大尚書忠篤信厚為衆所敬鍾會之亂遇害成都

評曰鄧芝堅貞簡亮臨官忘家張翼亢姜維之銳宗預禦孫權之嚴咸有可稱楊戲商略意在不羣然智度有短殆罹世難云

蜀志卷十五考證

鄧芝先主累遣宋瑋費禕等與相報答○宋瑋先主傳作宗瑋

張翼高祖父司空浩○浩後漢書作晧

宗預權大笑喜其抗直○抗直太平御覽作盡直通鑑作盡直

遺預大珠一斛注夫帝王之保唯道與義○保元本作寶

楊戲楊戲字文然○戲華陽國志作義

祁汝各早死注戲同縣後進有李密者○文選李密一名虔

贊王元泰何彥英杜輔國周仲宣○輔國毛本作國輔

贊程季然注吾在軍未曾為敵走○曾華陽國志作習

衞繼屢遷拜奉車都尉大尚書○大字疑衍

吳志卷一

晉著作郎巴西中正安漢陳壽撰

宋太中大夫國子博士聞喜裴松之注

孫堅 孫策

孫堅字文臺吳郡富春人蓋孫武之後也吳書曰堅世仕吳家于富春葬於城東冢上數有光怪雲氣五色上屬於天曼延數里衆皆往觀視父老相謂曰是非凡氣孫氏其興矣及母懷妊堅夢腸出繞吳昌門寤而懼之以告鄰母鄰母曰安知非吉徵也堅生容貌不凡性闊達好奇節少為縣吏年十七與父共載船至錢唐會海賊胡玉等從匏里上掠取賈人財物方於岸上分之行旅皆住船不敢進堅謂父曰此賊可擊請討之父曰非爾所圖也堅行操刀上岸以手東西指麾若分部人兵以羅遮賊狀賊望見以為官兵捕之即委財物散走堅追斬得一級以還父大驚由是顯聞府召署假尉會稽妖賊許昌起於句章自稱陽明皇帝靈帝紀曰昌以其父為越王也與其子韶扇動諸縣衆以萬數堅以郡司馬募召精勇得千餘人與州郡合討破之是歲熹平元年也刺史臧旻列上功狀詔書除堅鹽瀆丞數歲徙盱眙丞又徙下邳丞江表傳曰堅歷佐三縣所在有稱吏民親附鄉里知舊好事少年往來者常數百人堅接撫待養有若子弟焉中平元年黃巾賊帥張角起於魏郡託有神靈遣八使以善道教化天下而潛相連結自稱黃天泰平三月甲子三十六萬一旦俱發天下響應燔燒郡縣殺害長吏獻帝春秋曰角稱天公將軍角弟寶稱地公將軍寶弟梁稱人公將軍漢遣車騎將軍皇甫嵩中郎將朱儁將兵討擊之儁表請堅為佐軍司馬鄉里少年隨在下邳者皆願從堅又募諸商旅及淮泗精兵合千許人與儁并力奮擊所向無前吳書曰堅乘勝深入於西華失利堅被創墮馬臥草中軍衆分散不知堅所在堅所騎驄馬馳還營踣地呼鳴將士隨馬於草中得堅堅還營十數日創少愈乃復出戰汝潁賊困迫走保宛城堅身當一面登城先入衆乃蟻附遂大破之儁具以狀聞上拜堅別部司馬續漢書曰儁字公偉會稽人少好學為郡功曹察孝廉舉進士漢朝以討黃巾功拜車騎將軍累遷河南尹董卓見儁外甚親納而心忌之儁亦陰備焉關東兵起卓議移都儁輒止卓卓雖憚儁然貪其名重乃表拜太僕以自副儁被召不肯受拜因進曰國不宜遷必孤天下望成山東之結臣不見其可也有司詰曰召君受拜而君拒之不問徙事而君陳之何也儁曰副相國非臣所堪也遷都非計臣之所急也辭所不堪進臣所急臣之所宜也有司曰遷都之事初無此計也就有未露何所受聞儁曰相國董卓為臣說之臣聞之於相國有司不能屈朝廷稱服焉後為太尉李傕郭汜相攻劫質天子公卿儁性剛即發病而卒邊章韓遂作亂涼州中郎將董卓拒討無功中平三年遣司空張溫行車騎將軍西討章等溫表請堅與參軍事屯長安溫以詔書召卓卓良久乃詣溫溫責讓卓卓對應不順堅時在坐前耳語謂溫曰卓不怖罪而鴟張大語宜以召不時至陳軍法斬之溫曰卓素著威名於隴蜀之間今日殺之西行無依堅曰明公親率天兵威震天下何賴於

卓觀卓所言不假明公輕上無禮一罪也章遂跋扈經年當以時進討而卓云未可沮軍疑衆二罪也卓受任無功應召稽留而軒昂自高三罪也古之名將仗鉞臨衆未有不斷斬以示威者也是以穰苴斬莊賈魏絳戮楊干今明公垂意於卓不卽加誅虧損威刑於是在矣溫不忍發舉乃曰君且還卓將疑人堅因起出章遂聞大兵向至黨衆離散皆乞降軍還議者以軍未臨敵不斷功賞然聞堅數卓三罪勸溫斬之無不歎息拜堅議郎時長沙賊區星自稱將軍衆萬餘人攻圍城邑乃以堅爲長沙太守到郡親率將士施設方略旬月之間克破星等魏書曰堅到郡郡中震服任用良吏勑吏曰謹遇良善治官曹文書必循治以盜賊付太守周朝郭石亦帥徒衆起於零桂與星相應遂越境尋討三郡肅然漢朝錄前後功封堅烏程侯吳錄曰是時廬江太守陸康從子作宜春長爲賊所攻遣使求救於堅堅整嚴救之主簿進諫堅答曰太守無文德以征伐爲功越界攻討以全異國以此獲罪何媿海內乎乃進兵往救賊聞而走靈帝崩卓擅朝政橫恣京城諸州郡並興義兵欲以討卓江表傳曰堅聞之拊膺歎曰張公昔從吾言朝廷今無此難也堅亦舉兵荊州刺史王叡素遇堅無禮堅過殺之案王氏譜叡字通耀晉太保祥伯父也吳錄曰叡先與堅共擊零桂賊以堅武官言頗輕之及叡舉兵欲討卓素與武陵太守曹寅不相能揚言當先殺寅寅懼詐作案行使者光祿大夫溫毅檄移堅說叡罪過令收行刑訖以狀上堅卽承檄勒兵襲叡叡聞兵至登樓望之遣問欲何爲堅前部答曰兵久戰勞苦所得賞不足以爲衣服詣使君更乞資直耳叡曰刺史豈有所吝便開庫藏使自入視之知有所遺不兵進及樓下叡見堅驚曰兵自求賞孫府君何以在其中堅曰被使者檄誅君叡曰我何罪堅曰坐無所知叡窮迫刮金飲之而死比至南陽衆數萬人南陽太守張咨聞軍至晏然自若英雄記曰咨字子議潁川人亦知名獻帝春秋曰袁術表堅假中郎將堅到南陽移檄太守請軍糧咨以問綱紀綱紀曰堅鄰郡二千石不應調發咨遂不與堅以牛酒禮咨咨明日亦答詣堅酒酣長沙主簿入白堅前移南陽而道路不治軍資不具請收主簿推問意故咨大懼欲去兵陳四周不得出有頃主簿復入白堅南陽太守稽停義兵使賊不時討請收出案軍法從事便牽咨於軍門斬之郡中震慄無求不獲吳歷曰初堅至南陽咨既不給軍糧又不肯見堅堅欲進兵恐有後患乃詐得急疾舉軍震惶迎呼巫醫禱祀山川遣所親人說咨言病困欲以兵付咨咨聞之心利其兵卽將步騎五六百人詣營省堅堅臥與相見無何卒然而起按劍罵咨遂執斬之此語與本傳不同前到魯陽與袁術相見術表堅行破虜將軍領豫州刺史遂治兵於魯陽城當進軍討卓遣長史公仇稱將兵從事還州督促軍糧施帳幔於城東門外祖道送稱官屬並會卓遣步騎數萬人逆堅輕騎數十先到堅方行酒談笑勑部曲整頓行陣無得妄動後騎漸益堅徐罷坐導引入城乃謂左右曰向堅所以不卽起者恐兵相蹈藉諸君不得入耳卓兵見堅士衆甚整不敢攻城乃引還英雄記曰初堅討董卓到梁縣之陽人卓亦遣兵步騎五千迎之陳郡太守胡軫爲大督護呂布爲騎督其餘步騎將校都督者甚衆軫

字文才性急預宣言曰今此行也要當斬一青綬乃整齊耳諸將聞而惡之軍到廣成去陽人城數十里日暮士馬疲極當止宿又本受卓節度宿廣成秣馬飲食以夜進兵投曉攻城諸將惡憚軫欲賊敗其事布等宣言陽人城中賊已走當追尋之不然失之矣便夜進軍城中守備甚設不可掩襲於是吏士饑渴人馬甚疲且夜至又無壍壘釋甲休息而布又宣言相驚云城中賊出來軍衆擾亂奔走皆棄甲失鞍馬行十餘里定無賊會天明便還拾取兵器欲進攻城城守已固穿壍已深軫等不能攻而還堅移屯梁東大爲卓軍所攻堅與數十騎潰圍而出堅常著赤罽幘乃脫幘令親近將祖茂著之卓騎爭逐茂故堅從閒道得免茂困迫下馬以幘冠冢間燒柱因伏草中卓騎望見圍繞數重定近覺是柱乃去堅復相收兵合戰於陽人大破卓軍梟其都督華雄等是時或閒堅於術術懷疑不運軍糧江表傳曰或謂術曰堅若得洛不可復制此爲除狼而得虎也故術疑之陽人去魯陽百餘里堅夜馳見術畫地計校曰所以出身不顧上爲國家討賊下爲將軍家門之私讎堅與卓非有骨肉之怨也而將軍受譖潤之言還相嫌疑江表傳載堅語曰大勳垂捷而軍糧不繼此吳起所以歎泣於西河樂毅所以遺恨於垂成也願將軍深思之術踧踖卽調發軍糧堅還屯卓憚堅猛壯乃遣將軍李傕等來求和親令堅列疏子弟任刺史郡守者許表用之堅曰卓逆天無道蕩覆王室今不夷汝三族縣示四海則吾死不瞑目豈將與乃和親邪復進軍大谷拒雒九十里山陽公載記曰卓謂長史劉艾曰關東軍敗數矣皆畏孤無能爲也惟孫堅小戇頗能用人當語諸將使知忌之孤昔與周慎西征慎圍邊韓於金城孤語張溫求引所將兵爲慎作後駐溫不聽孤時上言其形勢知慎必不克臺今有本末事未報溫又使孤討先零叛羌以爲西方可一時蕩定孤皆知其不然而不得止遂行留別部司馬劉靖將步騎四千屯安定以爲聲勢叛羌更還欲截歸道孤小擊輒開畏安定有兵故也虜謂安定當數萬人不知但靖也時又上章言狀而孫堅隨周慎行謂慎求將萬兵造金城使慎以二萬作後駐邊韓城中無宿穀當於外運畏慎大兵不敢輕與堅戰而堅兵足以斷其運道兒曹用必還羌谷中涼州或能定也溫旣不能用其孤慎又不用堅自攻金城壞其外垣馳使語溫自以克在旦夕溫時亦自以計中也而渡遼兒果斷葵園愼棄輜重走果如孤策臺以此封孤都鄉侯堅以佐軍司馬所見與人同自爲可耳艾曰堅雖時見計故自不如李傕郭汜閒在美陽亭北將千騎步與虜合殆死亡失印綬此不爲能也卓曰堅時烏合義從兵不如虜精且戰有利鈍但當論山東大勢終無所至耳艾曰山東兒驅略百姓以作寇逆其鋒不如人堅甲利兵彊弩之用又不如人亦安得久卓曰然但殺二袁劉表孫堅天下自服從孤耳卓尋徙都西入關焚燒雒邑堅乃前入至雒修諸陵平塞卓所發掘江表傳曰舊京空虛數百里中無煙火堅前入城惆悵流涕吳書曰堅入洛埽除漢宗廟祠以太牢堅軍城南甄官井上旦有五色氣舉軍驚怪莫有敢汲堅令人入井探得漢傳國璽文曰受命于天既壽永昌方圜四寸上紐交五龍上一角缺初黃門張讓等作亂劫天子出奔左右分散掌璽者以投井中山陽公載記曰袁術將僭號聞堅得傳國璽乃拘堅夫人而奪之江表傳曰案漢獻帝起居注云天子從河上還得六璽於閣上又太康之初孫皓送金璽六枚無有玉明其僞也虞喜志林曰天子六璽者文曰皇帝之璽皇帝行璽皇帝信璽天子之璽天子行璽天子信璽此六璽所封事異故文字不同獻帝起居注云從河上還得六璽於閣上此之謂也傳國璽者乃漢高祖所佩秦皇帝璽世世傳受號曰傳國璽案傳國璽不在六璽之數安得總其說乎應氏漢官皇甫世紀其論六璽文義皆符漢宮傳國璽文曰受命于天既壽且康康永昌二字爲錯未知兩家何者爲得金玉之精率有光氣加以神器祕寶輝耀益彰蓋一代之奇觀將來之異聞而以不解之故彊謂之僞不亦誣乎陳壽爲破虜

傳亦除此說俱或起居注不知六璽殊名與傳國爲七者也吳時無能刻玉故天子以金爲璽璽雖以金於玉文不異吳降而送璽者送天子六璽曩所得玉璽乃古人遺印不可施用天子之璽今以無有爲難不通其義者耳臣松之以爲孫堅於興義之中最有忠烈之稱若得漢神器而潛匿不言此爲陰懷異志豈所謂忠臣者乎吳史欲以爲國華而不知損堅之令德如其果然以傳子孫縱非六璽之數要非常人所畜孫皓之降亦不得但送六璽而寶藏傳國也受命于天奚取於歸命之堂若如喜言則此璽今尚在孫門匹夫懷璧猶曰有罪而況斯物哉訖引軍還住魯陽吳錄曰是時關東州郡務相兼并以自彊大袁紹遣會稽周昂爲豫州刺史來襲取州堅慨然歎曰同舉義兵將救社稷逆賊垂破而各若此吾當誰與戮力乎言發涕下昂字仁明周昕之弟也會稽典錄曰初曹公興義兵遣人要喁卽收合兵衆得二千人從公征伐以爲軍師後與堅爭豫州屢戰失利會次兄九江太守昂爲袁術所攻喁往助之軍敗還鄉里爲許貢所害初平三年術使堅征荊州擊劉表表遣黃祖逆於樊鄧之間堅擊破之追渡漢水遂圍襄陽單馬行峴山爲祖軍士所射殺典略曰堅悉其衆攻表表閉門夜遣將黃祖潛出發兵祖將兵欲還堅逆與戰祖敗走竄峴山中堅乘勝夜追祖祖部兵從竹木間暗射堅殺之吳錄曰堅時年三十七英雄記曰堅以初平四年正月七日死又云劉表將呂公將兵緣山向堅堅輕騎尋山討公公兵下石中堅頭應時腦出物故其不同如此也兄子賁帥將士衆就術術復表賁爲豫州刺史堅四子策權翊匡權既稱尊號諡堅曰武烈皇帝吳錄曰尊堅廟曰始祖墓曰高陵志林曰堅有五子策權翊匡吳氏所生少子朗庶生也一名仁策字伯符堅初興義兵策將母徙居舒與周瑜相友收合士大夫江淮間人咸向之江表傳曰堅爲朱儁所表爲佐軍留家著壽春策年十餘歲已交結知名聲譽發聞有周瑜者與策同年亦英達夙成聞策聲聞自舒來造焉便推結分好義同斷金勸策徙居舒策從之堅薨還葬曲阿已乃渡江居江都魏書曰策當嗣侯讓與弟匡徐州牧陶謙深忌策策舅吳景時爲丹陽太守策乃載母徙曲阿與呂範孫河俱就景因緣召募得數百人興平元年從袁術術甚奇之以堅部曲還策吳歷曰初策在江都時張紘有母喪策數詣紘咨以世務曰方今漢祚中微天下擾攘英雄儁傑各擁衆營私未有能扶危濟亂者也先君與袁氏共破董卓功業未遂卒爲黃祖所害策雖暗稚竊有微志欲從袁揚州求先君餘兵就舅氏於丹陽收合流散東據吳會報讎雪恥爲朝廷外藩君以爲何如紘答曰既素空劣方居衰經之中無以奉贊盛略策曰君高名播越遠近懷歸今日事計決之於君何得不紆慮啓告副其高山之望若微志得展血讎得報此乃君之勳力策心所望也因涕泣橫流顏色不變紘見策忠壯內發辭令慷慨感其志言乃答曰昔周道陵遲齊晉並興王室已寧諸侯貢職今君紹先侯之軌有驍武之名若投丹陽收兵吳會則荊揚可一讎敵可報據長江奮威德誅除羣穢匡輔漢室功業侔於桓文豈徒外藩而已哉方今世亂多難若功成事立當與同好俱南濟也策曰一與君同符合契有永固之分今便行矣以老母弱弟委付於君策無復回顧之憂江表傳曰策徑到壽春見袁術涕泣而言曰亡父昔從長沙入討董卓與明使君會於南陽同盟結好不幸遇難勳業不終策感惟先人舊恩欲自憑結願明使君垂察其誠術甚貴異之然未肯還其父兵術謂策曰孤始用貴舅爲丹陽太守賢從伯陽爲都尉彼精兵之地可還依召募策遂詣丹陽依舅得數百人而爲涇縣大帥祖郎所襲幾至危殆於是復往見術術以堅餘兵千餘人還策太傅馬日磾杖節安集關東在壽春以禮辟策表拜懷義校尉術大將喬蕤張勳皆傾心敬焉術常歎曰使術有子如孫郎死復何恨策騎士有罪逃入術營隱於內廄策指使人就斬之訖詣術謝術曰兵人好叛當共疾之何爲謝也由是軍

中益畏憚之術初許策爲九江太守已而更用丹陽陳紀後術欲攻徐州從廬江太守陸康求米三萬斛康不與術大怒策昔曾詣康康不見使主簿接之策常銜恨術遣策攻康謂曰前錯用陳紀每恨本意不遂今若得康廬江眞卿有也策攻康拔之術復用其故吏劉勳爲太守策益失望先是劉繇爲揚州刺史州舊治壽春壽春術已據之繇乃渡江治曲阿時吳景尚在丹陽策從兄賁又爲丹陽都尉繇至皆迫逐之景賁退舍歷陽繇遣樊能于麋陳橫屯江津張英屯當利口以距術術自用故吏琅邪惠衢爲揚州刺史更以景爲督軍中郎將與賁共將兵擊英等連年不克策乃說術乞助景等平定江東江表傳曰策說術云家有舊恩在東願助舅討橫橫江拔因投本土召募可得三萬兵以佐明使君匡濟漢室術知其恨而以劉繇據曲阿王朗在會稽謂策未必能定故許之術表策爲折衝校尉行殄寇將軍兵財千餘騎數十匹賓客願從者數百人比至歷陽衆五六千策母先自曲阿徙於歷陽策又從母阜陵渡江轉鬬所向皆破莫敢當其鋒而軍令整肅百姓懷之江表傳曰策渡江攻繇牛渚營盡得邸閣糧穀戰具是歲興平二年也時彭城相薛禮下邳相笮融依繇爲盟主禮據秣陵城融屯縣南策先攻融融出兵交戰斬首五百餘級融卽閉門不敢動因渡江攻禮禮突走而樊能于麋等復合衆襲奪牛渚屯策聞之還攻破能等獲男女萬餘人復下攻融爲流矢所中傷股不能乘馬因自輿還牛渚營或叛告融曰孫郎被箭已死融大喜卽遣將于茲鄉策策遣步騎數百挑戰設伏於後賊出擊之鋒刃未接而僞走賊追入伏中乃大破之斬首千餘級策因往到融營下令左右大呼曰孫郎竟云何賊於是驚怖夜遁融聞策尚在更深溝高壘繕治守備策以融所屯地勢險固乃舍去攻破繇別將於海陵轉攻湖孰江乘皆下之策爲人美姿顏好笑語性闊達聽受善於用人是以士民見者莫不盡心樂爲致死劉繇棄軍遁逃諸郡守皆捐城郭奔走江表傳曰策時年少雖有位號而士民皆呼爲孫郎百姓聞孫郎至皆失魂魄長吏委城郭竄伏山草及至軍士奉令不敢虜略雞犬菜茹一無所犯民乃大悅競以牛酒詣軍劉繇既走策入曲阿勞賜將士遣將陳寶詣阜陵迎母及弟發恩布令告諸縣其劉繇笮融等故鄉部曲來降首者一無所問樂從軍者一身行復除門戶不樂者勿彊也旬日之閒四面雲集得見兵二萬餘人馬千餘匹威震江東形勢轉盛吳人嚴白虎等衆各萬餘人處處屯聚吳景等欲先擊破虎等乃至會稽策曰虎等羣盜非有大志此成禽耳遂引兵渡浙江據會稽屠東冶乃攻破虎等吳錄曰時有烏程鄒他錢銅及前合浦太守嘉興王晟等各聚衆萬餘或數千引兵撲討皆攻破之策母吳氏曰晟與汝父有升堂見妻之分今其諸子兄弟皆已梟夷獨餘一老翁何足復憚乎乃舍之餘咸族誅策自討虎虎高壘堅守使其弟輿請和許之輿請獨與策會面約既會策引白刃斫席輿體動策笑曰聞卿能坐躍勦捷不常聊戲卿耳輿曰我見刃乃然策知其無能也乃以手戟投之立死輿有勇力虎衆以其死也甚懼進攻破之虎奔餘杭投許昭於虜中程普請擊昭策曰許昭有義於舊君有誠於故友此丈夫之志也乃舍之臣松之案許昭有義於舊君謂濟盛憲也事見後注有誠於故友則受嚴白虎也盡更置長吏策自領會稽太守復以吳景爲丹陽太守以孫賁爲豫章太守分豫章爲廬陵郡以賁弟輔爲廬陵太守丹陽朱治爲吳郡太守彭城張昭廣陵張紘

秦松陳端等爲謀主江表傳曰策遣奉正都尉劉由五官掾高承奉章詣許拜獻方物時袁術僭號策以書責而絕之吳錄載策使張紘爲書曰蓋上天垂司過之星聖王建敢諫之鼓設非謬之備急箴闕之言何哉凡有所長必有所短也去冬傳有大計無不悚懼旋知供備貢獻萬夫解惑頃聞建議復欲追遵前圖即事之期便有定月益使憮然想是流妄設其必爾民何望乎曩日之舉義兵也天下之士所以響應者董卓擅廢置害太后弘農王略烝宮人發掘園陵暴逆至此故諸州郡雄豪聞聲慕義神武外振卓遂內殲元惡既斃幼主東顧俾保傅宣命欲令諸軍振旅於河北通謀黑山曹操放毒東徐劉表稱亂南荊公孫瓚炰烋北幽劉繇決力江滸劉備爭盟淮隅是以未獲承命櫜弓戢戈也今備繇既破操等飢餒謂當與天下合謀以誅醜類捨而不圖有自取之志非海內所望一也昔成湯伐桀稱有夏多罪武王伐紂曰殷有罪罰重哉此二主者雖有聖德宜當君世如使不遭其時亦無由興矣幼主非有惡於天下徒以春秋尚少脅於彊臣若無過而奪之懼未合於湯武之事二也卓雖狂狡至廢主自與亦猶未也而天下聞其桀虐攘臂同心而疾之以中土希戰之兵當邊地勁悍之虜所以斯須游魂也今四方之人皆玩敵而便戰鬬矣可得而勝者以彼亂而我治彼逆而我順也見當世之紛若欲大舉以臨之適足趣禍三也天下神器不可虛干必須天贊與人力也殷湯有白鳩之祥周武有赤烏之瑞漢高有星聚之符世祖有神光之徵皆因民困悴於桀紂之政毒苦於秦莽之役故能芟去無道致成其志今天下非患於幼主未見受命之應驗而欲一旦卒然登即尊號未之或有四也天子之貴四海之富誰不欲焉義不可勢不得耳陳勝項籍王莽公孫述之徒皆南面稱孤莫之能濟帝王之位不可橫冀五也幼主岐嶷若除其偪去其鯁必成中興之業夫致主於周成之盛自受旦奭之美此誠所望於尊明也縱使幼主有他改異猶望推宗室之譜屬論近親之賢良以紹劉統以固漢宗皆所以書功金石圖形丹青流慶無窮垂聲管絃捨而不爲爲其難者想明明之素必所不忍六也五世爲相權之重勢之盛天下莫得而比焉忠貞者必曰宜夙夜思惟所以扶國家之顛頓念社稷之危殆以奉祖考之志以報漢室之恩其忽履道之節而彊進取之欲者將曰天下之人非家吏則門生也孰不從我四方之敵非吾匹則吾役也誰能違我盍乘累世之勢起而取之哉二者殊數不可不詳察七也所貴於聖哲者以其審於機宜慎於舉措若難圖之事難保之勢以激眾攀敵之氣以生眾人之心公義既不可私計不利明哲不處八也世人多惑於圖緯而牽非類比合文字以悅所事苟以阿上惑眾終有後悔者自往迄今未嘗無之不可不深擇而熟思九也九者尊明所見之餘耳庶備起予補所遺忘忠言逆耳幸留神聽典畧云張昭之辭臣松之以爲張昭雖名重然不如紘之文也此書必紘所作曹公表策爲討逆將軍封爲吳侯江表傳曰建安二年夏漢朝遣議郎王輔奉戊辰詔書曰董卓逆亂凶國害民先將軍堅念在平討雅意未遂厥美著聞策遵善道求福不回今以策爲騎都尉襲爵烏程侯領會稽太守又詔勑曰故左將軍袁術不顧朝恩坐創凶逆造合虛偽欲因兵亂詭詐百姓聞其言以爲不然定得使持節平東將軍領徐州牧溫侯布上術所造惑眾妖妄知術鴟梟之性遂其無道修治王宮署置公卿郊天祀地殘民害物爲禍深酷布前後上策乃心本朝欲還討術爲國效節乞加顯異夫懸賞俟功惟勤是與故便寵授承襲前邑重以大郡榮耀兼至是策輸力竭命之秋也其亟與布及行吳郡太守安東將軍陳瑀戮力一心同時赴討策自以統領兵馬但以騎都尉領郡爲輕欲得將軍號乃使人諷輔輔便承制假策明漢將軍是時陳瑀屯海西策奉詔治嚴當與布瑀參同形勢行到錢塘瑀陰圖襲策遣都尉萬演等密渡江使持印傳三十餘紐賊與丹陽宣城涇陵陽始安黟歙諸險縣大帥祖郎焦已及吳郡烏程嚴白虎等使爲內應伺策軍發欲攻取諸郡策覺之遣呂範徐逸攻瑀於海西大破瑀獲其吏士妻子四千人山陽公載記曰瑀單騎走冀州自歸袁紹紹以爲故安都尉吳錄載策上表謝曰臣以固陋孤特邊陲陛下廣播高澤不遺細節以臣襲爵兼典名郡仰榮寵顧所不克堪興平二年十二月二十日於吳郡曲阿得袁術所呈表以臣行殄寇將軍至被詔書乃知詐擅雖輒捐廢猶用悚悸臣年十七喪失所怙懼有不任堂構之鄙以忝析薪之戒誠無去病十八建功世祖列將弱冠佐命臣初領兵年未弱冠雖駑懦不武然思竭微命惟術狂惑爲惡深重臣憑威靈奉辭罰罪庶必獻捷以報所授臣松之案本傳云孫堅以初平三年卒策以建安五年卒策死時年二十六計堅之亡策應十八

而此表云十七則爲不符張璠漢紀及吳歷並以堅初平二年死此爲是而本傳誤也江表傳曰建安三年策又遣使貢方物倍於元年所獻其年制書轉拜討逆將軍改封吳侯後術死長史楊弘大將張勳等將其眾欲就策廬江太守劉勳要擊悉虜之收其珍寶以歸策聞之僞與勳好盟勳新得術眾時豫章上繚宗民萬餘家在江東策勸勳攻取之勳既行策輕軍晨夜襲拔廬江勳眾盡降勳獨與麾下數百人自歸曹公江表傳曰策被詔勑與司空曹公衞將軍董承益州牧劉璋等并力討袁術劉表軍嚴當進會術死術從弟胤女壻黃猗等畏懼曹公不敢守壽春乃共舁術棺柩扶其妻子及部曲男女就劉勳於皖城勳糧食少無以相振乃遣從弟偕告糴於豫章太守華歆歆郡素少穀遣吏將偕就海昏上繚使諸宗帥共出三萬斛米以與偕偕往歷月纔得數千斛偕乃報勳具說形狀使勳來襲取之勳得偕書便潛軍到海昏邑下宗帥知之空壁逃匿勳了無所得時策西討黃祖行及石城聞勳輕身詣海昏便分遣從兄賁輔率八千人於彭澤待勳自與周瑜率二萬人步襲皖城即克之得術百工及鼓吹部曲三萬餘人并術勳妻子表用汝南李術爲廬江太守給兵三千人以守皖皆徙所得人東詣吳賁輔又於彭澤破勳勳走入楚江從尋陽步上到置馬亭聞策等已克皖乃投西塞至沂築壘自守告急於劉表求救於黃祖祖遣太子射船軍五千人助勳策復就攻大破勳勳與偕北歸曹公射亦遁走策收得勳兵二千餘人船千艘遂前進夏口攻黃祖時劉表遣從子虎南陽韓晞將長矛五千來爲黃祖前鋒策與戰大破之吳錄載策表曰臣討黃祖以十二月八日到祖所屯沙羨縣劉表遣將助祖並來趣臣臣以十一日平旦部所領江夏太守行建威中郎將周瑜領桂陽太守行征虜中郎將呂範領零陵太守行蕩寇中郎將程普行奉業校尉孫權行先登校尉韓當行武鋒校尉黃蓋等同時俱進身跨馬櫟陳手擊急鼓以齊戰勢吏士奮激踊躍百倍心精意果各競用命越渡重塹迅疾若飛火放上風兵激煙下弓弩並發流矢雨集日加辰時祖乃潰爛鋒刃所截猋火所焚前無生寇惟祖迸走獲其妻息男女七人斬虎狼韓晞已下二萬餘級其赴水溺者一萬餘口船六千餘艘財物山積雖表未禽祖宿狡猾爲表腹心出作爪牙表之鴟張以祖氣息而祖家屬部曲掃地無餘表孤特之虜成鬼行尸誠皆聖朝神武遠振臣討有罪得效微勤是時袁紹方彊而策并江東曹公力未能逞且欲撫之吳歷曰曹公聞策平定江南意甚難之常呼猘兒難與爭鋒也乃以弟女配策小弟匡又爲子章取賁女皆禮辟策弟權翊又命揚州刺史嚴象舉權茂才建安五年曹公與袁紹相拒於官渡策陰欲襲許迎漢帝吳錄曰時有高岱者隱於餘姚策命出使會稽丞陸昭逆之策虛己候焉聞其善左傳乃自玩讀欲與論講或謂之曰高岱以將軍但英武而已無文學之才若與論傳而或云不知者則某言符矣又謂岱曰孫將軍爲人惡勝己者若每問當言不知乃合意耳如皆辨義此必危殆岱以爲然及與論傳或答不知策果怒以爲輕己乃囚之知交及時人皆露坐爲請策登樓望見數里中塡滿策惡其收眾心遂殺之岱字孔文吳郡人也受性聰達輕財貴義其友士拔奇取於未顯所友八人皆世之英偉也太守盛憲以爲上計舉孝廉許貢來領郡岱將憲避難於許昭家求救於陶謙謙未即救岱憔悴泣血水漿不入口謙感其忠壯有申包胥之義許爲出軍以書與貢岱得謙書以還而貢已囚其母吳人大小皆爲危竦以貢宿忿往必見害岱言在君則爲君且母在牢獄期於當往若得入見事自當解遂通書自白貢即與相見才辭敏捷好自陳謝貢登時出其母岱將見貢語友人張允沈暱令豫具船以貢必悔當追逐之出便將母乘船易道而逃貢須臾遣人追之令追者若及於船江上便殺之已過則止使與岱錯道遂免被誅時年三十餘江表傳曰時有道士琅邪于吉先寓居東方往來吳會立精舍燒香讀道書制作符水以治病吳會人多事之策嘗於郡城門樓上集會諸將賓客吉乃盛服杖小函漆畫之名爲仙人鏵趨度門下諸將賓客三分之二下樓迎拜之掌賓者禁呵不能止策即令收之諸事之者悉使婦女入見策母請救之母謂策曰于先生亦助軍作福醫護將士不可殺之策曰此子妖妄能幻惑眾心遠使諸將不復相顧君臣之禮盡委策下樓拜之

不可不除也諸將復連名通白事陳乞之策曰昔南陽張津爲交州刺史舍前聖典訓廢漢家法律嘗著絳帕頭鼓琴燒香讀邪俗道書云以助化卒爲南夷所殺此甚無益諸君但未悟耳今此子已在鬼籙勿復費紙筆也即催斬之縣首於市諸事之者尚不謂其死而云尸解焉復祭祀求福志林曰初順帝時琅邪宮崇詣闕上師于吉所得神書於曲陽泉水上白素朱界號太平青領道凡百餘卷順帝至建安中五六十歲于吉是時近已百年年在耄悼禮不加刑又天子巡狩問百年者就而見之敬齒以親愛聖王之至教也吉罪不及死而暴加酷刑是乃謬誅非所以爲美也喜推考桓王之薨建安五年四月四日是時曹袁相攻未有勝負案夏侯元讓與石威則書袁紹破後也書云授孫賁以長沙業張津以零桂此爲桓王於前亡張津於後死不得相讓譬言津之死意矣臣松之案太康八年廣州大中正王範上交廣二州春秋建安六年張津猶爲交州牧江表傳之虛如志林所云搜神記曰策欲渡江襲許與吉俱行時大旱所在熇厲策催諸將士使速引船或身自早出督切見將吏多在吉許策因此激怒言我爲不如于吉邪而先趨務之便使收吉至呵問之曰天旱不雨道塗艱澀不時得過故自早出而卿不同憂戚安坐船中作鬼物態敗吾部伍今當相除令人縛置地上暴之使請雨若能感天日中雨者當原赦不爾行誅俄而雲氣上蒸膚寸而合比至日中大雨總至溪澗盈溢將士喜悅以爲吉必見原並往慶慰策遂殺之將士哀惜共藏其尸天夜忽更興雲覆之明旦往視不知所在案江表傳搜神記于吉事不同未詳孰是寄治兵部署諸將未發會爲故吳郡太守許貢客所殺先是策殺貢貢小子與客亡匿江邊策單騎出卒與客遇客擊傷策江表傳曰廣陵太守陳登治射陽登即瑀之從兄子也策前西征登陰復遣間使以印綬與嚴白虎餘黨圖爲後害以報瑀見破之辱策歸復討登軍到丹徒須待運糧策性好獵將步騎數出策驅馳逐鹿所乘馬精駿從騎絕不能及初吳郡太守許貢上表於漢帝曰孫策驍雄與項籍相似宜加貴寵召還京邑若被詔不得不還若放於外必作世患策候吏得貢表以示策策請貢相見以責讓貢貢辭無表策即令武士絞殺之貢奴客潛民間欲爲貢報讎獵日卒有三人即貢客也策問爾等何人答云是韓當兵在此射鹿耳策曰當兵吾皆識之未嘗見汝等因射一人應弦而倒餘二人怖急便舉弓射策中頰後騎尋至皆刺殺之九州春秋曰策聞曹公北征柳城悉起江南之眾自號大司馬將北襲許恃其勇行不設備故及於難孫盛異同評曰凡此數書各有所失孫策雖威行江外略有六郡然黃祖乘其上流陳登間其心腹且深險彊宗未盡歸復曹袁虎爭勢傾山海策豈暇遠師汝潁而遷帝於吳越哉斯蓋庸人之所鑒見況策達於事勢者乎又案袁紹以建安五年至黎陽而策以四月遇害而志云策聞曹公與紹相拒於官渡謬矣伐登之言爲有證也又江表傳說策悉識韓當軍士疑此爲詐便射殺一人夫三軍將士或有新附策爲大將何能悉識以所不識便射殺之非其論也又策見殺在五年柳城之役在十二年九州春秋乖錯尤甚矣臣松之案傳子亦云曹公征柳城將襲許記述若斯何其疏哉然孫盛所譏未爲悉是黃祖始被策破魂氣未反但劉表君臣本無兼并之志雖在上流何辨規擬吳會策之此舉理應先圖陳登但舉兵所在不止登而已于時彊宗驍帥祖郎嚴虎之徒禽滅已盡所餘山越蓋何足慮然則策之所規未可謂之不暇也若使策志獲從大權在手淮泗之間所在皆可都何必畢志江外其當遷帝於揚越哉案魏武紀武帝以建安四年已出屯官渡策未死之前久與袁紹交兵則國志所云不爲謬也許貢客無聞之小人而能感識恩遇臨義忘生卒然奮發有侔古烈矣詩云君子有徽猷小人與屬貢客其有焉創甚請張昭等謂曰中國方亂夫以吳越之眾三江之固足以觀成敗公等善相吾弟呼權佩以印綬謂曰舉江東之眾決機於兩陳之間與天下爭衡卿不如我舉賢任能各盡其心以保江東我不如卿至夜卒時年二十六吳歷曰策既被創醫言可治當好自將護百日勿動策引鏡自照謂左右曰面如此尚可復建功立事乎推几大奮創皆分裂須臾卒搜神記曰策既殺于吉每獨坐彷彿見吉在左右意深惡之頗有失常後治創方差而引鏡自照見吉在鏡中顧而弗見如是再三因撲鏡大叫創皆崩裂須臾而死權稱尊號追諡策曰長沙桓王

封子紹爲吳侯後改封上虞侯紹卒子奉嗣孫晧時訛言謂奉當立誅死

評曰孫堅勇摯剛毅孤微發跡導溫戮卓山陵杜塞有忠壯之烈策英氣傑濟猛銳冠世覽奇取異志陵中夏然皆輕佻果躁隕身致敗且割據江東策之基兆也而權尊崇未至子止侯爵於義儉矣孫盛曰孫氏兄弟皆明略絕羣創基立事策之由也且臨終之日顧命委權夫意氣之間猶有頤況天倫之篤愛豪達之英鑒豈吝名號於既往違本之至實哉抑將遠思虛盈之數而慎其名器者乎正本定名爲國之大防杜絕疑貳消釁之良謨是故隱矜義終致羽父之禍宋宣懷仁卒有殤公之哀皆存小善而不達經綸之圖求譽當年而不思貽厥之可謂輕千乘之國蹈道則未也孫氏因擾攘之際得其縱橫之志業非積德之基邦無磐石之固勢一則祚可終情乖則禍亂塵起安可不防微於未兆慮難將來哉策爲首事之君有吳開國之主將相在列其舊也而嗣子弱劣析薪弗荷奉之則魯桓田市之作崇之則與夷子馮之禍與是以正名定本使貴賤邈然後國無陵肆之責後嗣罔猜忌之嫌羣情絕異之論不逞杜覬覦之心於情雖違於事雖儉至於括遼圖永保維城可謂爲之于其未有治之于其未亂者也陳氏之評其未達乎

吳志卷一考證

孫堅三十六萬一旦俱發○臣龍官按萬宜作方想時傳寫誤方爲万因正万爲萬魏志賈詡傳注居三十六萬方則又多一萬字也

卓對應不顧○對應宋本作應對

明公親率天兵威震天下○天兵宋本作王兵

晏然自若注吝字子議○毛本作子儀

拒雒九十里注兒曹用必還羌谷中涼州或能定也兒曹以下疑有脫文

平塞卓所發掘注旦有五色氣○文選作每旦有五色氣

爲祖軍士所射殺注劉表將呂公○後漢書劉表傳注中引英雄記作呂介

孫策堅薨還葬曲阿○何焯曰按此云還葬曲阿而吳主傳太元元年秋八月大書吳高陵松柏斯拔參之謝勛請置守冢之表則文臺定葬于吳也

以堅部曲還策注遂詣丹陽依舅得數百人○依舅監本誤依舊今改正

乃攻破虎等注策引白刃斫席○白刃太平御覽作白創

又注虎衆以其死也甚懼○以宋本作聞

策以書責而絕之注卓雖狂狡至廢主自與亦猶未也○毛本作廢主自典

封爲吳侯注遣議郎王輔○王輔宋本作王誧下同

又注聞其言以爲不然○北宋本作始聞其言多始

字

又注瑀陰襲圖策○疑作陰圖襲策

又注仰榮寵顧所不克堪○宋本作仰榮顧寵

勳獨與麾下數百人自歸曹公注斬虎狼韓晞已下二萬餘級○臣明楷按前江表傳云時劉表遣從子虎南陽韓晞將長矛五千來爲黃祖前鋒則此虎卽表從子也狼字宜衍

又爲子章取賁女○章當作彰鄢陵侯也

策陰欲襲許迎漢帝注名爲仙人鏵○一本作仙人鐮

年二十六注推几大奮創皆分裂須臾卒○推几宋本作椎几須臾卒北宋本作其夜卒

吳志卷二

晉著作郎巴西中正安漢陳壽撰

宋太中大夫國子博士聞喜裴松之注

孫權

孫權字仲謀兄策既定諸郡時權年十五以爲陽羨長江表傳曰堅爲下邳丞時權生方頤大口目有精光堅異之以爲有貴象及堅亡策起事江東權常隨從性度弘朗仁而多斷好俠養士始有知名侔於父兄矣每參同計謀策甚奇之自以爲不及也每請會賓客常顧權曰此諸君汝之將也郡察孝廉州舉茂才行奉義校尉漢以策遠修職貢遣使者劉琬加錫命琬語人曰吾觀孫氏兄弟雖各才秀明達然皆祿祚不終惟中弟孝廉形貌奇偉骨體不恒有大貴之表年又最壽爾試識之

建安四年從策征廬江太守劉勳勳破進討黃祖於沙羨

五年策薨以事授權權哭未及息策長史張昭謂權曰孝廉此寧哭時邪且周公立法而伯禽不師非欲違父時不得行也臣松之按禮記曾子問子夏曰三年之喪金革之事無避也者禮與初有司與孔子曰吾聞諸老聃曰昔者魯公伯禽有爲爲之也鄭氏注曰周人卒哭而致事時有徐戎作難伯禽卒哭而征之急王事也昭所云伯禽不師蓋謂此也況今姦宄競逐豺狼滿道乃欲哀親戚顧禮制是猶開門而揖盜未可以爲仁也乃改易權服扶令上馬使出巡軍是時惟有會稽吳郡丹陽豫章廬陵然深險之地猶未盡從而天下英豪在州郡賓旅寄寓之士以安危去就爲意未有君臣之固張昭周瑜等謂權可與共成大業故委心而服事焉曹公表權爲討虜將軍領會稽太守屯吳使丞之郡行文書事待張昭以師傅之禮而周瑜程普呂範等爲將率招延俊秀聘求名士魯肅諸葛瑾等始爲賓客分部諸將鎮撫山越討不從命江表傳曰初策表用李術爲廬江太守策亡之後術不肯事權而多納其亡叛權移書求索術報曰有德見歸無德見叛不應復還權大怒乃以狀白曹公曰嚴刺史昔爲公所用又是州舉將而李術凶惡輕犯漢制殘害州司肆其無道宜速誅滅以懲醜類今欲討之進爲國朝掃除鯨鯢退爲舉將報塞怨讎此天下達義夙夜所甘心術必懼誅復詭說求救明公所居阿衡之任海內所瞻願勅執事勿復聽受是歲舉兵攻術於皖城術閉門自守求救於曹公曹公不救糧食乏盡婦女或丸泥而吞之遂屠其城梟術首徙其部曲三萬餘人

七年權母吳氏薨

八年權西伐黃祖破其舟軍惟城未克而山寇復動還過豫章使呂範平鄱陽會稽程普討樂安太史慈領海昏韓當周泰呂蒙等爲劇縣令長

九年權弟丹陽太守翊爲左右所害以從兄瑜代翊吳錄曰是時權大會官寮沈友有所是非令人扶出謂曰人言卿欲反友知不得脫乃曰主上在許有無君之心者可謂非反乎殺之友字子正吳郡人年十一華歆行風俗見而異之因呼曰沈郎可登車語乎友逡巡却曰君子講好會宴以禮今仁義陵遲聖道漸壞先生銜命將以裨補先王之教整齊風俗而輕脫威儀猶負薪救火無乃更崇其熾乎歆慙曰自桓靈以來雖多英彥未有幼童若此者弱冠博學多所貫綜善屬文辭兼好武事注孫子兵法又辯於口每所至衆人皆默然莫與爲對咸言其筆之妙舌之妙刀之妙三者皆過絕於人權以禮聘既至論王霸之略當時之務權斂容敬焉陳荊州宜并之計納之正色立朝清議峻厲爲庸臣所譖誣以謀反權亦以終不爲已用故害之時年二十九

十年權使賀齊討上饒分爲建平縣

十二年西征黃祖虜其人民而還

十三年春權復征黃祖祖先遣舟兵拒軍都尉呂蒙破其前鋒而凌統董襲等盡銳攻之遂屠其城祖挺身亡走騎士馮則追梟其首虜其男女數萬口是歲使賀齊討黟歙黟音伊歙音攝分歙爲始新新定吳錄曰晉改新定爲遂安黎陽休陽縣吳錄曰晉改休陽爲海寧以六縣爲新都郡荊州牧劉表死魯肅乞奉命弔表二子且以觀變肅未到而曹公已臨其境表子琮舉衆以降劉備欲南濟江肅與相見因傳權旨爲陳成敗備進住夏口使諸葛亮詣權權遣周瑜程普等行是時曹公新得表衆形勢甚盛諸議者皆望風畏懼多勸權迎之江表傳載曹公與權書曰近者奉辭伐罪旄麾南指劉琮束手今治水軍八十萬衆方與將軍會獵於吳權得書以示羣臣莫不響震失色惟瑜肅執拒之議意與權同瑜普爲左右督各領萬人與備俱進遇於赤壁大破曹公軍公燒其餘船引退士卒饑疫死者大半備瑜等復追至南郡曹公遂北還留曹仁徐晃於江陵使樂進守襄陽時甘寧在江陵爲仁黨所圍用呂蒙計留凌統以拒仁以其半救寧軍以勝反權自率衆圍合肥使張昭攻九江之當塗昭兵不利權攻城踰月不能下曹公自荊州還遣張喜將騎赴合肥未至權退

十四年瑜仁相守歲餘所殺傷甚衆仁委城走權以瑜爲南郡太守劉備表權行車騎將軍領徐州牧備領荊州牧屯公安

十五年分豫章爲鄱陽郡分長沙爲漢昌郡以魯肅爲太守屯陸口

十六年權徙治秣陵明年城石頭改秣陵爲建業聞曹公將來侵作濡須塢

十八年正月曹公攻濡須權與相拒月餘曹公望權軍歎其齊肅乃退吳歷曰曹公出濡須作油船夜渡洲上權以水軍圍取得三千餘人其沒溺者亦數千人權數挑戰公堅守不出權乃自來乘輕船從濡須口入公軍諸將皆以爲是挑戰者欲擊之公曰此必孫權欲身見吾軍部伍也勅軍中皆精嚴弓弩不得妄發權行五六里迴還作鼓吹公見舟船器仗軍伍整肅喟然歎曰生子當如孫仲謀劉景升兒子若豚犬耳權爲牋與曹公說春水方生公宜速去別紙言足下不死孤不得安曹公語諸將曰孫權不欺孤乃徹軍還魏略曰權乘大船來觀軍公使弓弩亂發箭著其船船偏重將覆權因迴船復以一面受箭箭均船平乃還初曹公恐江濱郡縣爲權所略徵令內移民轉相驚自廬江九江蘄春廣陵戶十餘萬皆東渡江江西遂虛合肥以南惟有皖城

十九年五月權征皖城閏月克之獲廬江太守朱光及參軍董和男女數萬口是歲劉備定蜀權以備已得益州令諸葛瑾從求荊州諸郡備不許曰吾方圖涼州涼州定乃盡以荊州與吳耳權曰此假而不反而欲以虛辭引歲遂置南三郡長吏關羽盡逐之權大怒乃遣呂蒙督鮮于丹徐忠孫規等兵二萬取長沙零陵桂陽三郡使魯肅以萬人屯巴丘巴丘今曰巴陵以禦關羽權住陸口爲諸軍節度蒙到二郡皆服惟零陵太守郝普未下會備到公安使關羽將三萬兵至益陽權乃召蒙等使還助肅蒙使人誘普普降盡得三郡將守因引軍還與孫皎潘璋并魯肅兵並進拒羽於益陽未戰會曹公入漢中備懼失益州使使求和權令諸葛瑾報更尋盟好遂分荊州長沙江夏桂陽以東屬權南郡零陵武陵以西屬備備歸而曹公已還權反自陸口遂征合肥合肥未下徹軍還兵皆就路權與凌統甘寧等在津北爲魏將張遼所襲統等以死扞權權乘駿馬越津橋得去獻帝春秋曰張遼問吳降人向有紫髯將軍長上短下便馬善射是誰降人答曰是孫會稽遼及樂進相遇言不早知之急追自得舉軍歎恨江表傳曰權乘駿馬上津橋橋南已見徹丈餘無版谷利在馬後使權持鞍緩控利於後著鞭以助馬勢遂得超度權既得免卽拜利都亭侯谷利者本左右給使也以謹直爲親近監性忠果亮烈言不苟且權愛信之

二十一年冬曹公次于居巢遂攻濡須

二十二年春權令都尉徐詳詣曹公請降公報使修好誓重結婚

二十三年十月權將如吳親乘馬射虎於庱亭庱音摛陵反馬爲虎所傷權投以雙戟虎却廢常從張世擊以戈獲之

二十四年關羽圍曹仁於襄陽曹公遣左將軍于禁救之會漢水暴起羽以舟兵盡虜禁等步騎三萬送江陵惟城未拔權內憚羽外欲以爲己功牋與曹公乞以討羽自效曹公且欲使羽與權相持以鬭之驛傳權書使曹仁以弩射示羽羽猶豫不能去閏月權征羽先遣呂蒙襲公安獲將軍士仁蒙到南郡南郡太守麋芳以城降蒙據江陵撫其老弱釋于禁之囚陸遜別取宜都獲秭歸枝江夷道還屯夷陵守峽口以備蜀關羽還當陽西保麥城權使誘之羽僞降立幡旗爲象人於城上因遁走兵皆解散尚十餘騎權先使朱然潘璋斷其徑路十二月璋司馬馬忠獲羽及其子平都督趙累等於章鄉遂定荊州是歲大疫盡除荊州民租稅曹公表權爲驃騎將軍假節領荊州牧封南昌侯權遣校尉梁寓奉貢于漢及令王惇市馬又遣朱光等歸魏略曰梁寓字孔儒吳人也權遣寓觀望曹公曹公因以爲掾尋遣南還

二十五年春正月曹公薨太子丕代爲丞相魏王改年爲延康秋魏將梅敷使張儉求見撫納南陽陰酇筑陽筑音逐山都中廬五縣民五千家來附冬魏嗣王稱尊號改元爲黃初二年四月劉備稱帝於蜀魏略曰權聞魏文帝受禪而劉備稱帝乃呼問知星者己分野中星氣何如遂有僭意而以位次尚少無以威衆又欲先卑而後踞之爲卑則可以假寵後踞則必致討致討然後可以怒衆衆怒然後可以自大故深絕蜀而專事魏權自公安都鄂改名武昌以武昌下雉尋陽陽新柴桑沙羨六縣爲武昌郡五月建業言甘露降八月城武昌下令諸將曰夫存不忘亡安必慮危古之善教昔雋不疑漢之名臣於安平之世而刀劍不離於身蓋君子之於武備不可以已況今處身疆畔豺狼交接而可輕忽不思變難哉頃聞諸將出入各尚謙約不從人兵甚非備慮愛身之謂夫保己遺名以安君親孰與危辱宜深警戒務崇其大副孤意焉自魏文帝踐阼權使命稱藩及遣于禁等還十一月策命權曰蓋聖王之法以德設爵以功制祿勞大者祿厚德盛者禮豐故叔旦有夾輔之勳太公有鷹揚之功並啓土宇并受備物所以表章元功殊異賢哲也近漢高祖受命之初分裂膏腴以王八姓斯則前世之懿事後王之元龜也朕以不德承運革命君臨

萬國秉統天機思齊先代坐而待旦惟君天資忠亮命世作佐深覩歷數達見廢興遠遣行人浮于潛漢禹貢曰沱潛既道注曰水自江出爲沱漢爲潛望風影附抗疏稱藩兼納纖絺南方之貢普遣諸將來還本朝忠肅內發款誠外昭信著金石義蓋山河朕甚嘉焉今封君爲吳王使使持節太常高平侯貞授君璽綬策書金虎符第一至第五左竹使符第一至第十以大將軍使持節督交州領荊州牧事錫君青土苴以白茅對揚朕命以尹東夏其上故驃騎將軍南昌侯印綬符策今又加君九錫其敬聽後命以君綏安東南綱紀江外民夷安業無或攜貳是用錫君大輅戎輅各一玄牡二駟君務財勸農倉庫盈積是用錫君袞冕之服赤舄副焉君化民以德禮教興行是用錫君軒縣之樂君宣導休風懷柔百越是用錫君朱戶以居君運其才謀官方任賢是用錫君納陛以登君忠勇並奮清除姦慝是用錫君虎賁之士百人君振威陵邁宣力荊南梟滅凶醜罪人斯得是用錫君鈇鉞各一君文和於內武信於外是用錫君彤弓一彤矢百玈弓十玈矢千君以忠肅爲基恭勤爲德是用錫君秬鬯一卣圭瓚副焉欽哉敬敷訓典以服朕命以勗相我國家永終爾顯烈江表傳曰權羣臣議以爲宜稱上將軍九州伯不應受魏封權曰九州伯於古未聞也昔沛公亦受項羽拜爲漢王此蓋時宜耳復何損邪遂受之孫盛曰昔伯夷叔齊不屈有周魯仲連不爲秦民夫以匹夫之志猶義不辱況列國之君三分天下而可二三其節或臣或否乎余觀吳蜀咸稱奉漢至於漢代莫能固秉臣節君子是以知其不能克昌厥後卒見吞於大國也向使權從羣臣之義終身稱漢將豈不義悲六合仁感百世哉是歲劉備帥軍來伐至巫山秭歸使使誘導武陵蠻夷假與印傳許之封賞於是諸縣及五谿民皆反爲蜀權以陸遜爲督督朱然潘璋等以拒之遣都尉趙咨使魏魏帝問曰吳王何等主也咨對曰聰明仁智雄略之主也帝問其狀咨曰納魯肅於凡品是其聰也拔呂蒙於行陣是其明也獲于禁而不害是其仁也取荊州而兵不血刃是其智也據三州虎視於天下是其雄也屈身於陛下是其略也吳書曰咨字德度南陽人博聞多識應對辯捷權爲吳王擢中大夫使魏魏文帝善之嘲咨曰吳王頗知學乎咨曰吳王浮江萬艘帶甲百萬任賢使能志存經略雖有餘閒博覽書傳歷史籍採奇異不效書生尋章摘句而已帝曰吳可征不咨對曰大國有征伐之兵小國有備禦之固又曰吳難魏不咨曰帶甲百萬江漢爲池何難之有又曰吳如大夫者幾人咨曰聰明特達者八九十人如臣之比車載斗量不可勝數咨頻載使北人敬異權聞而嘉之拜騎都尉咨言曰觀北方終不能守盟今日之計朝廷承漢四百之際應東南之運宜改年號正服色以應天順民權納之帝欲封權子登權以登年幼上書辭封重遣西曹掾沈珩陳謝并獻方物吳書曰珩字仲山吳郡人少綜經藝尤善春秋內外傳權以珩有智謀能專對乃使至魏魏文帝問曰吳嫌魏東向乎珩曰不嫌曰何以曰信恃舊盟言歸于好是以不嫌若魏渝盟自有豫備又問聞太子當來寧然乎珩曰臣在東朝朝不坐宴不與若此之議無所聞也文帝善之乃引珩自近談語終日珩隨事響應無

所屈服珩還言曰臣密參侍中劉曄數爲賊設姦計終不久愨臣聞兵家舊論不恃敵之不我犯恃我之不可犯今爲朝廷慮之且當省息他役惟務農桑以廣軍資修繕舟車增作戰具令皆兼盈撫養兵民使各得其所覽延英俊獎勵將士則天下可圖矣以奉使有稱封永安鄉侯官至少府立登爲王太子江表傳曰是歲魏文帝遣使求雀頭香大貝明珠象牙犀角瑇瑁孔雀翡翠鬬鴨長鳴雞羣臣奏曰荊揚二州貢有常典魏所求珍玩之物非禮也宜勿與權曰昔惠施尊齊爲王客難之曰公之學去尊今王齊何其倒也惠子曰有人於此欲擊其愛子之頭而石可以代之子頭所重而石所輕也以輕代重何爲不可乎方有事於西北江表元元恃主爲命非我愛子邪彼所求者於我瓦石耳孤何惜焉彼在諒闇之中而所求若此寧可與言禮哉皆具以與之

黃武元年春正月陸遜部將軍宋謙等攻蜀五屯皆破之斬其將三月鄱陽言黃龍見蜀軍分據險地前後五十餘營遜隨輕重以兵應拒自正月至閏月大破之臨陣所斬及投兵降首數萬人劉備奔走僅以身免吳歷曰權以使聘魏具上破備獲印綬及首級所得土地并表將吏功勤宜加爵賞之意文帝報使致鼲子裘明光鎧騑馬又以素書所作典論及詩賦與權魏書載詔答曰老虜邊窟越險深入曠日持久內迫罷弊外困智力故見身於雞頭分兵擬西陵其計不過謂可轉足前迹以搖動江東根未著地摧折其支雖未刳備五藏使身首分離其所降誅亦足使虜部衆兇懼昔吳漢先燒荊門後發夷陵而子陽無所逃其死來歙始襲略陽文叔喜之而知隗囂無所施其巧今討此虜正似其事將軍勉建方略務全獨克

初權外託事魏而誠心不款魏欲遣侍中辛毗尚書桓階往與盟誓并徵任子權辭讓不受秋九月魏乃命曹休張遼臧霸出洞口曹仁出濡須曹真夏侯尚張郃徐晃圍南郡權遣呂範等督五軍以舟軍拒休等諸葛瑾潘璋楊粲救南郡朱桓以濡須督拒仁時揚越蠻夷多未平集內難未弭故權卑辭上書求自改厲若罪在難除必不見置當奉還土地民人乞寄命交州以終餘年文帝報曰君生於擾攘之際本有從橫之志降身奉國以享茲祚自君策名已來貢獻盈路討備之功國朝仰成埋而掘之古人之所恥國語曰狸埋之狸掘之是以無成功朕之與君大義已定豈樂勞師遠臨江漢廊廟之議王者所不得專三公上君過失皆有本末朕以不明雖有曾母投杼之疑猶冀言者不信以爲國福故先遣使者犒勞又遣尚書侍中踐修前言以定任子君遂設辭不欲使進議者怪之魏略載魏三公奏曰臣聞枝大者披心尾大者不掉有國有家之所愼也昔漢承秦弊天下新定大國之王臣節未盡以蕭張之謀不備錄之至使六王前後反叛已而伐之戎車不輟又文景守成忘戰戢役驕縱吳楚養虺成蛇既爲社稷大憂蓋前事之不忘後事之師也吳王孫權幼豎小子無尺寸之功遭遇兵亂因父兄之緒少蒙翼卵昫伏之恩長含鴟梟反逆之性背棄天地罪惡積大復與關羽更相覘伺逐利見便挾爲卑辭先帝知權姦以求用時以于禁敗於水災等當討羽因以委權先帝委裒下席權不盡心誠在惻怛欲因大喪寡弱王室希託董桃傳先帝令秉未得報許擅取襄陽及見驅逐乃更折節邪辟之態巧言如流雖重驛累使發遣禁等內包隗囂顧望之姦外欲緩誅支仰蜀賊聖朝含弘既加不忍優而赦之與之更始猥乃割地王之使南面稱孤兼官累位禮備九命名馬百駟以成其勢光寵顯赫古今無二權爲犬羊之姿橫被虎豹之文不思靜力致死之節以報無量不世之恩臣每見所下權前後章表又以愚意揆察權旨自以阻帶江湖負固不服狃忕累世詐僞成功上

有尉佗英布之計下誦伍被屈彊之辭終非不侵不叛之臣以爲晁錯不發削弱王侯之謀則七國同衡禍久而大蒯通不決襲歷下之策則田橫自慮罪深變重臣謹考之周禮九伐之法平權凶惡逆節萌生見罪十五昔九黎亂德黃帝加誅項羽罪十漢祖不捨權所犯罪釁明白非仁恩所養宇宙所容臣請免權官鴻臚削爵土捕治罪敢有不從移兵進討以明國典好惡之常以靜三州元元之苦其十五條文多不載又前都尉浩周勸君遣子乃實朝臣交謀以此卜君君果有辭外引隗囂遣子不終內喻竇融守忠而已世殊時異人各有心浩周之還口陳指麾益令議者發明衆嫌終始之本無所據杖故遂俛仰從羣臣議今省上事款誠深至心用慨然悽愴動容卽日下詔敕諸軍但深溝高壘不得妄進若君必效忠節以解疑議登身朝到夕召兵還此言之誠有如大江魏略曰浩周字孔異上黨人建安中仕爲蕭令至徐州刺史後領護于禁軍軍沒爲關羽所得權襲羽并得周甚禮之及文帝卽王位權乃遣周爲牋魏王曰昔討關羽獲于將軍卽白先王當發遣之此乃奉款之心不言而發先王未深留意而謂權中間復有異圖愚情慺慺用未果決遂値先王委離國祚殿下承統下情始通公私契闊未獲備舉是令本誓未卽昭顯梁寓傳命委曲周至深知殿下以爲意望權之赤心不敢有他願垂明恕保權所執謹遣浩周東里袞至情至實皆周等所具又曰權本性空薄文武不昭昔承父兄成軍之緒得爲先王所見獎飾遂因國恩撫綏東土而中間寡慮庶事不明畏威忘德以取重戾先王恩仁不忍遐棄旣釋其宿罪且開明信誰致命虜廷梟獲關羽功效淺薄未報萬一事業未究先王卽世殿下踐阼威仁流邁私懼情願未蒙昭察梁寓來到具知殿下不遂疏遠必欲撫錄追本先緒權之得此欣然踊躍心開目明不勝其慶權世受寵遇分義深篤今日之事永執一心惟察慺慺重垂含覆又曰先王以權推誠已驗軍當引還故除合肥之守著南北之信令權長驅不復後顧近得守將周泰全琮等白事過月六日有馬步七百徑到橫江又督將馬和復將四百人進到居巢琮等聞有兵馬渡江視之爲兵馬所擊臨時交鋒大相殺傷卒得此問情用恐懼權實在遠不豫聞約敕無素敢謝其罪又聞張征東朱橫海今復還合肥先王盟要由來未久且權自度未獲罪釁不審今者何以發起牽軍遠次事業未訖甫當爲國討除賊備重聞斯問深使失圖凡遠人所恃在於明信願殿下克卒前分開示坦然使權誓命得卒本規凡所願言周等所當傳也初東里袞爲于禁軍司馬前與周俱沒又俱還到有部皆見之帝問周等周以爲權必臣服而東里袞謂其不可必服帝悅周言以爲有以知之是歲冬魏王受漢禪遣使以權爲吳王詔使周與使者俱往周旣致詔命時與權私宴謂權曰陛下未信王遣子入侍也周以闔門百口明之權因字謂周曰浩孔異卿乃以舉家百口保我我當何言邪遂流涕霑襟及與周別又指天爲誓周還之後權不遣子而設辭帝乃久留其使到八月權上書謝又與周書曰自道路開通不忘修意旣新奉國命加知起居假歸河北故使情問不獲果至望想之勞曷云其已孤以空闇分信不昭中間招罪以取棄絕幸蒙國恩復見赦宥喜乎與君克卒本圖傳不云乎雖不能始善終可也又曰昔君之來欲令遣子入侍于時傾心歡以承命徙以登年幼欲假年歲之間耳而赤情未蒙昭信遂見討責常用慙怖自頃國恩復加開導忘其前愆取其後效喜得因此尋竟本誓前已有表具說遣子之意想君假還已知之也又今子當入侍而未有妃耦昔君念之以爲可上連綴宗室若子夏侯氏雖中間自棄常奉戢在心當垂宿念爲之先後使獲攀龍附驥永自固定其爲分惠豈有量哉如是欲遣孫長緒與小兒俱入奉行禮聘成之在君又曰小兒年弱加教訓不足念當與爲之緜然父子恩情豈有已邪又欲遣張子布追輔護之孤性無餘凡所欲爲今盡宜露權恐赤心不先暢達是以具爲君說之宜明所以於是詔曰權前對浩周自陳不敢自遠樂委質長爲外臣又前後辭旨頭尾擊地此鼠子自知不能保爾許地也又今與周書請以十二月遣子復欲遣孫長緒張子布隨子俱來彼二人皆權股肱心腹也又欲爲子於京師求婦此權無異心之明效也帝旣信權甘言且謂周爲得其眞而權但華僞竟無遣子意自是之後帝旣彰權罪周亦見疏遠終身不用權遂改年臨江拒守冬十一月大風範

等兵溺死者數千餘軍還江南曹休使臧霸以輕船五百敢死萬人襲攻徐陵燒攻城車殺略數千人將軍全琮徐盛追斬魏將尹盧殺獲數百十二月權使大中大夫鄭泉聘劉備于白帝始復通也江表傳曰權云近得玄德書已深引咎求復舊好前所以名西爲蜀者以漢帝尚存故耳今漢已廢自可名爲漢中王也吳書曰鄭泉字文淵陳郡人博學有奇志而性嗜酒其閑居每日願得美酒滿五百斛船以四時甘脆置兩頭反覆沒飲之憊卽住而啖肴膳酒有斗升減隨卽益之不亦快乎權以爲郎中嘗與之言卿好於衆中面諫或失禮敬寧畏龍鱗乎對曰臣聞君明臣直今值朝廷上下無諱實恃洪恩不畏龍鱗後侍讌權乃怖之使提出付有司促治罪泉臨出屢顧權呼還笑曰卿言不畏龍鱗何以臨出而顧乎對曰實恃恩覆知無死憂至當出閤感惟威靈不能不顧耳使蜀劉備問曰吳王何以不答吾書得無以吾正名不宜乎泉曰曹操父子陵轢漢室終奪其位殿下旣爲宗室有維城之責不荷戈執殳爲海內率先而於是自名未合天下之議是以寡君未復書耳備甚慙恧泉臨卒謂同類曰必葬我陶家之側庶百歲之後化而成土幸見取爲酒壺實獲我心矣然猶與魏文帝相往來至後年乃絕是歲改夷陵爲西陵

二年春正月曹眞分軍據江陵中州是月城江夏山改四分用乾象歷江表傳曰權推五德之運以爲土行用未祖辰臘志林曰土行以辰臘得其數矣土盛於戌而以未祖其義非也土生於未故未爲坤初是以月令建未之月祖黃精於郊祖用其盛今祖用其始豈應運乎三月曹仁遣將軍常彫等以兵五千乘油船晨渡濡須中州仁子泰因引軍急攻朱桓桓兵拒之遣將軍嚴圭等擊破彫等是月魏軍皆退夏四月權羣臣勸卽尊號權不許江表傳曰權辭讓曰漢家堙替不能存救亦何心而競乎羣臣稱天命符瑞固重以請權未之許而謂將相曰往年孤以玄德方向西鄙故先命陸遜選衆以待之聞北部分欲以助孤孤內嫌其有挾若不受其拜是相折辱而趣其速發便當與西俱至二處受敵於孤爲劇故自抑按就其封王低屈之趣諸君似未之盡今故以此相解耳劉備薨于白帝吳書曰權遣立信都尉馮熙聘于蜀弔備喪也熙字子柔潁川人馮異之後也權之爲車騎熙歷東曹掾使蜀還爲中大夫後使于魏文帝問曰吳王若欲修宿好宜當厲兵江關縣旍巴蜀而聞復遣修好必有變故熙曰臣聞西使直報問且以觀釁非有謀也又曰聞吳國比年災旱人物彫損以大夫之明觀之何如熙對曰吳王體量聰明善於任使賦政施役每事必咨敬養賓旅親賢愛士賞不擇怨仇而罰必加有罪臣下感恩懷德惟忠與義帶甲百萬穀帛如山稻田沃野民無饑歲所謂金城湯池彊富之國也以臣觀之輕重之分未可量也帝不悅以陳羣與熙同郡使羣誘之啗以重利熙不爲迴送至摩陂欲困苦之後又召還未至熙懼見迫不從必危身辱命乃引刀自刺御者覺之不得死權聞之垂涕曰此與蘇武何異竟死於魏五月曲阿言甘露降先是戲口守將晉宗殺將王直以衆叛如魏魏以爲蘄春太守數犯邊境六月權令將軍賀齊督糜芳劉邵等襲蘄春邵等生虜宗十一月蜀使中郎將鄧芝來聘吳歷曰蜀致馬二百匹錦千端及方物自是之後聘使往來以爲常吳亦致方土所出以答其厚意焉

三年夏遣輔義中郎將張溫聘于蜀秋八月赦死罪九月魏文帝出廣陵望大江曰彼有人焉未可圖也乃還干寶晉紀曰魏文帝之在廣陵吳人大駭乃臨江爲疑城自石頭至于江乘車以木楨衣以葦席加采飾焉一夕而成魏人自江西望甚憚之遂退軍權令趙達算之曰曹丕走矣雖然吳衰庚子歲權曰幾何達屈指而計之曰五十八年權曰今日之憂不暇及遠此子孫事也吳錄曰是歲蜀主又遣鄧芝來聘重結盟好權謂芝曰山民作亂江邊守兵多徹慮曹丕乘空弄態而反求和議者以爲內有不暇幸來求和於我有利宜當與通以自

并定恐西州不能明孤赤心用致嫌疑孤土地邊外間隙萬端而長江巨海皆當防守丕觀釁而動惟不見便寧得忘此復有他圖

四年夏五月丞相孫邵卒吳錄曰邵字長緒北海人長八尺爲孔融功曹融稱曰廊廟才也從劉繇於江東及權統事數陳便宜以爲應納貢聘權即從之拜廬江太守遷車騎長史黃武初爲丞相威遠將軍封陽羡侯張溫暨豔奏其事邵辭位請罪權釋令復職年六十三卒志林曰吳之創基邵爲首相史無其傳竊嘗怪之嘗問劉聲叔聲叔博物君子也云推其名位自應立傳項竣吳孚時已有注記此云與張惠恕不能後韋氏作史蓋惠恕之黨故不見書六月以太常顧雍爲丞相吳書曰以尚書令陳化爲太常化字元耀汝南人博覽衆書氣幹剛毅長七尺九寸雅有威容爲郎中令使魏魏文帝因酒酣嘲問曰吳魏峙立誰將平一海內者乎化對曰易稱帝出乎震加聞先哲知命舊說紫蓋黃旗運在東南帝曰昔文王以西伯王天下豈復在東乎化曰周之初基太伯在東是以文王能興於西帝笑無以難心奇其辭使畢當還禮送甚厚權以化奉命光國拜犍爲太守置官屬頃之遷太常兼尚書令正色立朝勑子弟廢田業絕治產仰官廩祿不與百姓爭利妻早亡化以古事爲鑒乃不復娶權聞而貴之以其年壯勑宗正妻以宗室女化固辭以疾權不違其志年出七十乃上疏乞骸骨遂爰居章安卒於家長子熾字公熙少有志操能計算衞將軍全琮表稱熾任大將軍赴召道卒皖口言木連理冬十二月鄱陽賊彭綺自稱將軍攻沒諸縣衆數萬人是歲地連震吳錄曰是冬魏文帝至廣陵臨江觀兵兵有十餘萬旌旗彌數百里有渡江之志權嚴設固守時大寒冰舟不得入江帝見波濤洶湧歎曰嗟乎固天所以隔南北也遂歸孫韶又遣將高壽等率敢死之士五百人於徑路夜要之帝大驚壽等獲副車羽蓋以還

五年春令曰軍興日久民離農畔父子夫婦不能相卹孤甚愍之今北虜縮竄方外無事其下州郡有以寬息是時陸遜以所在少穀表令諸將增廣農畝權報曰甚善今孤父子親自受田車中八牛以爲四耦雖未及古人亦欲與衆均等其勞也秋七月權聞魏文帝崩征江夏圍石陽不克而還蒼梧言鳳皇見分三郡惡地十縣置東安郡吳錄曰郡治富春也以全琮爲太守平討山越冬十月陸遜陳便宜勸以施德緩刑寬賦息調又云忠讜之言不能極陳求容小臣數以利聞權報曰夫法令之設欲以遏惡防邪儆戒未然也焉得不有刑罰以威小人乎此爲先令後誅不欲使有犯者耳君以爲太重者孤亦何利其然但不得已而爲之耳今承來意當重諮謀務從其可且近臣有盡規之諫親戚有補察之箴所以匡君正主明忠信也書載予違汝弼汝無面從孤豈不樂忠言以自裨補邪而云不敢極陳何得爲忠讜哉若小臣之中有可納用者寧得以人廢言而不採擇乎但諂媚取容雖闇亦所明識也至於發調者徒以天下未定事以衆濟若徒守江東修崇寬政兵自足用復用多爲顧坐自守可陋耳若不豫調恐臨時未可便用也又孤與君分義特異榮戚實同來表云不敢隨衆容身苟免此實甘心所望於君也於是令有司盡寫科條使郎中褚逢齎以就遜及諸葛瑾意所不安令損益之是歲分交州置廣州俄復舊江表傳曰權於武昌新裝大船名爲長安試泛之釣臺圻時風大盛谷利令柂工取樊口權曰當張頭取羅州利拔刀向柂工曰不取樊口者斬工即轉柂入樊口風遂猛不可行乃還權曰阿利畏水何怯也利跪曰大王萬乘之主輕於不測之淵戲於猛浪之中船樓裝高邂逅顛危柰社稷何是以利輒敢以死爭權於是貴重之自此後不復名之常呼曰谷

六年春正月諸將獲彭綺閏月韓當子綜以其衆降魏

七年春三月封子慮爲建昌侯罷東安郡夏五月鄱陽太守周魴僞叛誘魏將曹休秋八月權至皖口使將軍陸遜督諸將大破休於石亭大司馬呂範卒是歲改合浦爲珠官郡江表傳曰是歲將軍翟丹叛如魏權恐諸將畏罪而亡乃下令曰自今諸將有重罪三然後議

黃龍元年春公卿百司皆勸權正尊號夏四月夏口武昌竝言黃龍鳳皇見丙申南郊即皇帝位吳錄載權告天文曰皇帝臣權敢用玄牡昭告于皇皇后帝漢享國二十有四世歷年四百三十有四行氣數終祿祚運盡普天弛絕率土分崩孽臣曹丕遂奪神器丕子叡繼世作慝淫名亂制權生於東南遭值期運承乾秉戎志在平世奉辭行罰舉足爲民羣臣將相州郡百城執事之人咸以爲天意已去於漢漢氏已絕祀於天皇帝位虛郊祀無主休徵嘉瑞前後雜沓歷數在躬不得不受權畏天命不敢不從謹擇元日登壇燎祭即皇帝位惟爾有神饗之左右有吳永終天祿是日大赦改年追尊父破虜將軍堅爲武烈皇帝母吳氏爲武烈皇后兄討逆將軍策爲長沙桓王吳王太子登爲皇太子將吏皆進爵加賞初興平中吳中童謠曰黃金車班蘭耳闓昌門出天子昌門吳西郭門夫差所作五月使校尉張剛管篤之遼東六月蜀遣衞尉陳震慶權踐位權乃參分天下豫青徐幽屬吳兗冀并涼屬蜀其司州之土以函谷關爲界造爲盟曰天降喪亂皇綱失敘逆臣乘釁劫奪國柄始於董卓終於曹操窮凶極惡以覆四海至令九州幅裂普天無統民神痛怨靡所戾止及操子丕桀逆遺醜薦作姦回偷取天位而叡么麽尋丕凶蹟阻兵盜土未伏厥誅昔共工亂象而高辛行師三苗干度而虞舜征焉今日滅叡禽其徒黨非漢與吳將復誰任夫討惡翦暴必聲其罪宜先分裂奪其土地使士民之心各知所歸是以春秋晉侯伐衞先分其田以畀宋人斯其義也且古建大事必先盟誓故周禮有司盟之官尚書有告誓之文漢之與吳雖信由中然分土裂境宜有盟約諸葛丞相德威遠著翼戴本國典戎在外信感陰陽誠動天地重復結盟廣誠約誓使東西士民咸共聞知故立壇殺牲昭告神明再歃加書副之天府天高聽下靈威棐諶司慎司盟羣神羣祀莫不臨之自今日漢吳既盟之後勠力一心同討魏賊救危恤患分災共慶好惡齊之無或攜貳若有害漢則吳伐之若有害吳則漢伐之各守分土無相侵犯傳之後葉克終若始凡百之約皆如載書信言不豔實居于好有渝此盟創禍先亂違貳不協慆慢天命明神上帝是討是督山川百神是糾是殛俾墜其師無克祚國于爾大神其明鑒之秋九月權遷都建業因故府不改館徵上大將軍陸遜輔太子登掌武昌留事

二年春正月魏作合肥新城詔立都講祭酒以教學諸子遣將軍衞溫諸葛直將甲士萬人浮海求夷洲及亶洲亶洲在海中長老傳言秦始皇帝遣方士徐福將童男童女數千人入海求蓬萊神山及仙藥止此洲不還世相承有數萬家其上人民時有至會稽貨布會稽東縣人海行亦有遭風流移至亶洲者所在絕遠卒不可得至但得夷洲數千人還

三年春二月遣太常潘濬率衆五萬討武陵蠻夷衞溫諸葛直皆以違詔無功下獄誅夏有野蠶成繭大如卵由拳野稻自生改爲禾興縣中郎將孫布詐降以誘魏將王淩淩以軍迎布冬十月權以大兵潛伏於阜陵俟之淩覺而走會稽南始平言嘉禾生十二月丁卯大赦改明年元也

嘉禾元年春正月建昌侯慮卒三月遣將軍周賀校尉裴潛乘海之遼東秋九月魏將田豫要擊斬賀于成山冬十月魏遼東太守公孫淵遣校尉宿舒閬中令孫綜稱藩於權并獻貂馬權大悅加淵爵位江表傳曰是冬羣臣以權未郊祀奏議曰頃者嘉瑞屢臻遠國慕義天意人事前後備集宜修郊祀以承天意權曰郊祀當於土中今非其所於何施此重奏曰普天之下莫非王土王者以天下爲家昔周文武郊於酆鎬非必土中權曰武王伐紂即阼於鎬京而郊其所也文王未爲天子立郊於酆見何經典復書曰伏見漢書郊祀志匡衡奏從甘泉河東郊於酆權曰文王性謙讓處諸侯之位明未郊也經傳無明文匡衡俗儒意說非典籍正義不可用也志林曰吳王糾駮郊祀之奏追貶匡衡謂之俗儒凡在見者莫不慨然以爲統盡物理達於事宜至於稽之典籍乃更不通毛氏之說云堯見天因邰而生后稷故國之於邰命便事天故詩曰后稷肇祀庶無罪悔以迄于今言自后稷以來皆得祭天猶魯人郊祀也是以棫樸之作有積燎之薪文王郊酆經有明文匡衡豈俗而枉之哉文王雖未爲天子然三分天下而有其二伐崇戡黎祖伊奔告天既棄殷乃眷西顧太伯三讓以有天下文王爲王於義何疑然則匡衡之奏有所未盡按世宗立甘泉汾陰之祠皆出方士之言非據經典者也方士以甘泉汾陰黃帝祭天地之處故孝武因之遂立二畤漢治長安而甘泉在北謂就乾位而衡云武帝居甘泉祭於南宮此既誤矣祭汾陰在水之脽呼爲澤中而匡衡云東之少陽失其本意此自吳事於傳無非恨無辯正之辭故著之云脽音誰見漢書音義

二年春正月詔曰朕以不德肇受元命夙夜兢兢不遑假寢思平世難救濟黎庶上答神祇下慰民望是以眷眷勤求俊傑將與戮力共定海內苟在同心與之偕老今使持節督幽州領青州牧遼東太守燕王久嚙賊虜隔在一方雖乃心於國其路靡緣今因天命遠遣二使款誠顯露章表殷勤朕之得此何喜如之雖湯遇伊尹周獲呂望世祖未定而得河右方之今日豈復是過普天一統於是定矣書不云乎一人有慶兆民賴之其大赦天下與之更始其明下州郡咸使聞知特下燕國奉宣詔恩令普天率土備聞斯慶三月遣舒綜還使太常張彌執金吾許晏將軍賀達等將兵萬人金寶珍貨九錫備物乘海授淵江表傳載權詔曰故魏使持節車騎將軍遼東太守平樂侯天地失序皇極不建元惡大憝作害于民海內分崩羣生堙滅雖周餘黎民靡有孑遺方之今日亂有甚焉朕受歷數君臨萬國夙夜戰戰念在弭難若涉淵水罔知攸濟是以把旄仗鉞翦除凶虐自東徂西靡遑寧處苟力所及民無災害雖賊虜遺種未伏辜誅猶繫囚枯木待時而斃惟將軍天姿特達兼包文武觀時覩變審於去就踰越險阻顯致赤心肇建大計爲天下先元勳巨績侔於古人雖昔竇融背棄隴右卒占西河以定光武休名美實豈復是過欽嘉雅尚朕實欣之自古聖帝明王建化垂統以爵褒德以祿報功功大者祿厚德盛者禮崇故周公有夾輔之勞太師有鷹揚之功並啓土宇兼受備物今將軍規萬年之計建百世之業絕僭逆之虜順天人之肅濟成洪業功無與比齊魯之事奚足言哉詩不云乎無言不讎無德不報今以幽青二州十七郡七十縣封君爲燕王使持節守太常張彌授君璽綬策書金虎符第一至第五竹使符第一至第十錫君玄土苴以白茅爰契爾龜用錫冢社方有戎事典統兵馬以大將軍曲蓋麾幢督幽州青州牧遼東太守如故今加君九錫其敬聽後命以君三世相承保綏一方寧集四郡訓及異俗民夷安業無或攜貳是用錫君大輅戎輅玄牡二駟君務在勸農嗇人成功倉庫盈積官民俱豐是用錫君袞冕之服赤舄副焉君正化以德敬下以禮敦義崇謙內外咸和是用錫君軒縣之樂君宣導休風懷保邊遠遠人迴面莫不影附是用錫君朱戶以居君運其才略官方任賢顯直措枉羣善必舉是用錫君虎賁之士百人君戎馬整齊威震遐方糾虔天刑彰厥有罪是用錫君鈇鉞各一君文和於內武信於外禽討逆節折衝掩難是用錫君彤弓一彤矢百玈弓十玈矢千君忠勤有效溫恭爲德明允篤誠感于朕心是用錫君秬鬯一卣珪瓚副焉欽哉敬茲訓典寅亮天工相我國家永終爾休舉朝大臣自丞相雍已下皆諫以爲淵未可信而寵待太厚但可遣吏兵數百護送舒綜權終不聽臣松之以爲權愎諫違衆信淵意了非有攻伐之規重複之慮宣達錫命乃用萬人是何不愛其民昏虐之甚乎此役也非惟闇塞實爲無道淵果斬彌等送其首于魏沒其兵資權大怒欲自征淵江表傳載權怒曰朕年六十世事難易靡所不嘗近爲鼠子所前却令人氣涌如山不自截鼠子頭以擲于海無顏復臨萬國就令顛沛不以爲恨尚書僕射薛綜等切諫乃止是歲權向合肥新城遣將軍全琮征六安皆不克還吳書曰初張彌許晏等俱到襄平官屬從者四百許人淵欲圖彌晏先分其人衆置遼東諸縣以中使秦旦張羣杜德黃彊等及吏兵六十人置玄菟郡玄菟郡在遼東北相去二百里太守王贊領戶二百兼重可三四百人旦等皆舍於民家仰其飲食積四十許日旦與彊等議曰吾人遠辱國命自棄於此與死亡何異今觀此郡形勢甚弱若一旦同心焚燒城郭殺其長吏爲國報恥然後伏死足以無恨孰與偷生苟活長爲囚虜乎彊等然之於是陰相約結當用八月十九日夜發其日中時爲部中張松所告贊便會士衆閉城門旦羣德彊等皆踰城得走時羣病疽創著膝不及輩旅德常扶接與俱崎嶇山谷行六七百里創益困不復能前臥草中相守悲泣羣曰吾不幸創甚死亡無日卿諸人宜速進道冀有所達空相守俱死於窮谷之中何益也德曰萬里流離死生共之不忍相委於是推旦彊使前德獨留守羣捕菜果食之旦彊別數日得達句驪王宮因宣詔於句驪王宮及其主簿詔言有賜爲遼東所攻奪宮等大喜即受詔命使人隨旦還迎羣德其年宮遣皁衣二十五人送旦等還奉表稱臣貢貂皮千枚鶡雞皮十具旦等見權悲喜不能自勝權義之皆拜校尉閒一年遣使者謝宏中書陳恂拜宮爲單于加賜衣服珍寶恂等到安平口先遣校尉陳奉前見宮而宮受魏幽州刺史諷旨令以吳使自效奉聞之倒還宮遣主簿笮咨帶固等出安平與宏相見宏即縛得三十餘人質之宮於是謝罪上馬數百匹宏乃遣咨固奉詔書賜物與宮是時宏船小載馬八十匹而還

三年春正月詔曰兵久不輟民困於役歲或不登其寬諸逋勿復督課夏五月權遣陸遜諸葛瑾等屯江夏沔口孫韶張承等向廣陵淮陽權率大衆圍合肥新城是時蜀相諸葛亮出武功權謂魏明帝不能遠出而帝遣兵助司馬宣王拒亮自率水軍東征未至壽春權退還孫韶亦罷秋八月以諸葛恪爲丹陽太守討山越九月朔隕霜傷穀冬十一月太常潘濬平武陵蠻夷事畢還武昌詔復曲阿爲雲陽丹徒爲武進廬陵賊李桓羅厲等爲亂

四年夏遣呂岱討桓等秋七月有雹魏使以馬求易珠璣翡翠瑇瑁權曰此皆孤所不用而可得馬何苦而不聽其交易

五年春鑄大錢一當五百詔使吏民輸銅計銅畀直設盜鑄之科二月武昌言甘露降於禮賓殿輔吳將軍張昭卒中郎將吾粲獲李桓將軍唐咨獲羅厲等自十月不雨至於夏冬十月彗星見于東方鄱陽賊彭旦等爲亂

六年春正月詔曰夫三年之喪天下之達制人情之極痛也賢者割哀以從禮不肖者勉而致之世治道泰上下無事君子不奪人情故三年不逮孝子之門至於有事則殺禮以從宜要絰而處事故聖人制法有禮無時則不行遭喪不奔非古也蓋隨時之宜以義斷恩也前故設科長吏在官當須交代而故犯之雖隨糾坐猶已廢曠方事之殷國家多難凡在官司宜各盡節先公後私而不恭承甚非謂也中外羣僚其更平議務令得中詳爲節度顧譚議以爲奔喪立科輕則不足以禁孝子之情重則本非應死之罪雖嚴刑益設違奪必少若偶有犯者加其刑則恩所不忍有減則法廢不行愚以爲長吏在遠苟不告語勢不得知比選代之間若有傳者必加大辟則長吏無廢職之負孝子無犯重之刑將軍胡綜議以爲喪紀之禮雖有典制苟無其時所不得行方今戎事軍國異容而長吏遭喪知有科禁公敢干突苟念聞憂不奔之恥不計爲臣犯禁之罪此由科防本輕所致忠節在國孝道立家出身爲臣焉得兼之故爲忠臣不得爲孝子宜定科文示以大辟若故違犯有罪無赦以殺止殺行之一人其後必絶丞相雍奏從大辟其後吳令孟宗喪母奔赴已而自拘於武昌以聽刑陸遜陳其素行因爲之請權乃減宗一等後不得以爲比因此遂絶二月陸遜討彭旦等其年皆破之冬十月遣衛將軍全琮襲六安不克諸葛恪平山越事畢北屯廬江

赤烏元年春鑄當千大錢夏呂岱討廬陵賊畢還陸口秋八月武昌言麒麟見有司奏言麒麟者太平之應宜改年號詔曰間者赤烏集於殿前朕所親見若神靈以爲嘉祥者改年宜以赤烏爲元羣臣奏曰昔武王伐紂有赤烏之祥君臣觀之遂有天下聖人書策載述最詳者以爲近事既嘉親見又明也於是改年步夫人卒追贈皇后初權信任校事呂壹壹性苛慘用法深刻太子登數諫權不納大臣由是莫敢言後壹姦罪發露伏誅權引咎責躬乃使中書郎袁禮告謝諸大將因問時事所當損益禮還復有詔責數諸葛瑾步騭朱然呂岱等曰袁禮還云與子瑜子山義封定公相見竝以時事當有所先後各自以不掌民事不肯便有所陳悉推之伯言承明伯言承明見禮泣涕懇惻辭旨辛苦至乃懷執危怖有不自安之心聞此悵然深自刻怪何者夫惟聖人能無過行明者能自見耳人之舉厝何能悉中獨當已有以傷拒衆意忽不自覺故諸君有嫌難耳不爾何緣乃至於此乎自孤興軍五十年所役賦凡百皆出於民天下未定孽類猶存士民勤苦誠所貫知然勞百姓事不得已耳與諸君從事自少至長髮有二色以謂表裹足以明露公私分計足用相保盡言直諫所望諸君拾遺補闕孤亦望之昔衛武公年過志壯勤求輔弼每獨歎責江表傳曰權又云天下無粹白之狐而有粹白之裘衆之所積也夫能以駁致純不惟積乎故能用衆力則無敵於天下矣能用衆智則無畏於聖人矣且布衣韋帶相與交結分成好合尙汚垢不異今日諸君與孤從事雖君臣義存猶謂骨肉不復是過榮福喜戚相與共之忠不匿情智無遺計事統是非諸君豈得從容而已哉同船濟水將誰與易齊桓諸侯之霸者耳有善管子未嘗不歎有過未嘗不諫諫而不得終諫不止今孤自省無桓公之德而諸君諫諍未出於口仍執嫌難以此言之孤於齊桓良優未知諸君於管子何如耳久不相見因事當笑共定大業整齊天下當復有誰凡百事要所當損益樂聞異計匡所不逮

二年春江表傳載權正月詔曰郎吏者宿衛之臣古之命士也間者所用頗非其人自今選三署皆依四科不得以虛辭相飾三月遣使者羊衜鄭胄將軍孫怡之遼東擊魏守將張持高慮等虜得男女文士傳曰胄字敬先沛國人父札才學博達權爲驃騎將軍以札爲從事中郎與張昭孫邵共定朝儀胄其少子有文武姿局少知名舉賢良稍遷建安太守呂壹賓客於郡犯法胄收付獄考竟壹懷恨後密譖胄權大怒召胄還潘濬陳表竝爲請得釋後拜宣信校尉往救公孫淵已爲魏所破還遷執金吾子豐字曼季有文學操行與陸雲善與雲詩稱往反司空張華辟未就卒臣松之聞孫怡者東州人非權之宗也零陵言甘露降夏五月城沙羡冬十月將軍蔣祕南討夷賊祕所領都督廖式殺臨賀太守嚴綱等自稱平南將軍與弟潛共攻零陵桂陽及搖動交州蒼梧鬱林諸郡衆數萬人遣將軍呂岱唐咨討之歲餘皆破

三年春正月詔曰蓋君非民不立民非穀不生頃者以來民多征役歲又水旱年穀有損而吏不良侵奪民時以致饑困自今以來督軍郡守其謹察非法當農桑時以役事擾民者舉正以聞夏四月大赦詔諸郡縣治城郭起譙樓穿塹發渠以備盜賊冬十一月民饑詔開倉廩以賑貧窮

四年春正月大雪平地深三尺鳥獸死者大半夏四月遣衛將軍全琮略淮南決芍陂燒安城邸閣收其人民威北將軍諸葛恪攻六安琮與魏將王淩戰于芍陂中郎將秦晃等十餘人戰死車騎將軍朱然圍樊大將軍諸葛瑾取柤中漢晉春秋曰零陵太守殷札言於權曰今天棄曹氏喪誅累見虎爭之際而幼童涖事陛下身自御戎取亂侮亡宜滌荊揚之地舉彊羸之數使彊者執戟羸者轉運西命益州軍于隴右授諸葛瑾朱然大衆指事襄陽陸遜朱桓別征壽春大駕入淮揚歷青徐襄陽壽春困於受敵長安以西務對蜀軍許洛之衆勢必分離掎角瓦解民必內應將帥對向或失便宜一軍敗績則三軍離心便當秣馬脂車陵蹈城邑乘勝逐北以定華夏若不悉軍動衆循前輕舉則不足大用易於屢退民疲威消時往力竭非出兵之策也權弗能用之五月太子登卒是月魏太傅司馬宣王救樊六月軍還閏月大將軍瑾卒秋八月陸遜城邾

五年春正月立子和爲太子大赦改禾興爲嘉興百官奏立皇后及四王詔曰今天下未定民物勞瘁且有功者或未錄饑寒者尙未恤猥割土壤以豐子弟崇爵位以寵妃妾孤甚不取其釋此議三月海鹽縣言黃龍見夏四月禁進獻御減大官膳秋七月遣將軍聶友校尉陸凱以兵三萬討珠崖儋耳是歲大疫有司又奏立后及諸王八月立子霸爲魯王

六年春正月新都言白虎見諸葛恪征六安破魏將謝順營收其民人冬十一月丞相顧雍卒十二月扶南王范旃遣使獻樂人及方物是歲司馬宣王率軍入舒諸葛恪自皖遷于柴桑

七年春正月以上大將軍陸遜爲丞相秋宛陵言嘉禾生是歲步騭朱然等各上疏云自蜀還者咸言欲背盟與魏交通多作舟船繕治城郭又蔣琬守漢中聞司馬懿南向不出兵乘虛以犄角之反委漢中還近成都事已彰灼無所復疑宜爲之備權揆其不然曰吾待蜀不薄聘享盟誓無所負之何以致此又司馬懿前來入舒旬日便退蜀在萬里何知緩急而便出兵乎昔魏欲入漢川此間始嚴亦未舉動會聞魏還而止蜀寧可復以此有疑邪又人家治國舟船城郭何得不護今此間治軍寧復欲以禦蜀邪人言若不可信朕爲諸君破家保之蜀竟自無謀如權所籌江表傳載權詔曰督將亡叛而殺其妻子是使妻去夫子棄父甚傷義教自今勿殺也

八年春二月丞相陸遜卒夏雷霆犯宮門柱又擊南津大橋楹茶陵縣鴻水溢出流漂居民二百餘家秋七月將軍馬茂等圖逆夷三族吳歷曰茂本淮南鍾離長而爲王淩所失叛歸吳吳以爲征西將軍九江太守外部督封侯領千兵權數出苑中與公卿諸將射茂與兼符節令朱貞無難督虞欽牙門將朱志等合計伺權在苑中公卿諸將在門未入令貞持節宣詔悉收縛之茂引兵入苑擊權分據宮中及石頭遣人報魏事覺皆族之八月大赦遣校尉陳勳將屯田及作士三萬人鑿句容中道自小其至雲陽西城通會市作邸閣

九年春二月車騎將軍朱然征魏柤中斬獲千餘夏四月武昌言甘露降秋九月以驃騎步騭爲丞相車騎朱然爲左大司馬衛將軍全琮爲右大司馬鎮南呂岱爲上大將軍威北將軍諸葛恪爲大將軍江表傳曰是歲權詔曰謝宏往日陳鑄大錢云以廣貨故聽之今聞民意不以爲便其省息之鑄爲器物官勿復出也私家有者勅以輸藏計畀其直勿有所枉也

十年春正月右大司馬全琮卒江表傳曰是歲權遣諸葛壹僞叛以誘諸葛誕誕以步騎一萬迎壹於高山權出涂中遂至高山潛軍以待之誕覺而退二月權適南宮三月改作太初宮諸將及州郡皆義作江表傳載權詔曰建業宮乃朕從京來所作將軍府寺耳材柱率細皆以腐朽常恐損壞今未復西可徙武昌宮材瓦更繕治之有司奏言曰武昌宮已二十八歲恐不堪用宜下所在通更伐致權曰大禹以卑宮爲美今軍事未已所在多賦若更通伐妨損農桑徙武昌材瓦自可用也夏五月丞相步騭卒冬十月赦死罪

十一年春正月朱然城江陵二月地仍震江表傳載權詔曰朕以寡德過奉先祀莅事不聰獲譴靈祇夙夜祇戒若不終日羣僚其各厲精思朕過失勿有所諱三月宮成夏四月雨雹雲陽言黃龍見五月鄱陽言白虎仁瑞應圖曰白虎仁者王者不暴虐則仁虎不害也詔曰古者聖王積行累善修身行道以有天下故符瑞應之所以表德也朕以不明何以臻茲書云雖休勿休公卿百司其勉修所職以匡不逮

十二年春三月左大司馬朱然卒四月有兩烏銜鵲墮東館丙寅驃騎將軍朱據領丞相燎鵲以祭吳錄曰六月戊戌寶鼎出臨平湖八月癸丑白鳩見於章安

十三年夏五月日至熒惑入南斗秋七月犯魁第二星而東八月丹陽句容及故鄣寧國諸山崩鴻水溢詔原逋責給貸種食廢太子和處故鄣魯王霸賜死冬十月魏將文欽僞叛以誘朱異權遣呂據就異以迎欽異等持重欽不敢進十一月立子亮爲太子遣軍十萬作堂邑涂塘以淹北道十二月魏大將軍王昶圍南郡荊州刺史王基攻西陵遣將軍戴烈陸凱往拒之皆引還庚闕

楊都賦注曰烽火以炬置孤山頭皆緣江相望或百里或五十三十里寇至則舉以相告一夕可行萬里孫權時令暮舉火於西陵鼓三竟達吳郡南沙是歲神人授書告以改年立后
太元元年夏五月立皇后潘氏大赦改年初臨海羅陽縣有神自稱王表吳錄曰羅陽今安固縣周旋民間語言飲食與人無異然不見其形又有一婢名紡績是月遣中書郎李崇齎輔國將軍羅陽王印綬迎表表隨崇俱出與崇及所在郡守令長談論崇等無以易所歷山川輒遣婢與其神相聞秋七月崇與表至權於蒼龍門外爲立第舍數使近臣齎酒食往表說水旱小事往往有驗孫盛曰盛聞國將興聽於民國將亡聽於神權年老志衰讒臣在側廢嫡立庶以妾爲妻可謂多涼德矣而偽設符命求福妖邪將亡之兆不亦顯乎秋八月朔大風江海涌溢平地深八尺吳高陵松柏斯拔郡城南門飛落冬十一月大赦權祭南郊還寢疾吳錄曰權得風疾十二月驛徵大將軍恪拜爲大子太傅詔省繇役減征賦除民所患苦
二年春正月立故太子和爲南陽王居長沙子奮爲齊王居武昌子休爲琅邪王居虎林二月大赦改元爲神鳳皇后潘氏薨諸將吏數詣王表請福表亡去夏四月權薨時年七十一謚曰大皇帝秋七月葬蔣陵傅子曰孫策爲人明果獨斷勇蓋天下以父堅戰死少而合其兵將以報讐轉鬬千里盡有江南之地誅其名豪威行鄰國及權繼其業有張子布以爲腹心有陸議諸葛瑾步騭以爲股肱有呂範朱然以爲爪牙分任受職乘間伺隙兵不妄動故戰少敗而江南安
評曰孫權屈身忍辱任才尚計有句踐之奇英人之傑矣故能自擅江表成鼎峙之業然性多嫌忌果於殺戮暨臻末年彌以滋甚至于讒說殄行胤嗣廢斃馬融注尚書曰殄絕也絕君子之行豈所謂貽厥孫謀以燕翼子者哉其後葉陵遲遂致覆國未必不由此也臣松之以爲孫權橫廢無罪之子雖爲兆亂然國之傾覆自由暴晧若權不廢和晧爲世適終至滅亡有何異哉此則喪國由於昏虐不在於廢黜也設使亮保國祚休不早死則晧不得立晧不得立則吳不亡矣

吳志卷二考證
孫權多勸權迎之注旄麾南指○北宋本作旌麾南指
時甘寧在江陵爲仁黨所圍○江陵宋本作夷陵
羽以舟兵盡虜禁等步騎三萬送江陵○太平御覽作生虜禁等多生字
又遣朱光等歸注曹公因以爲掾尋遣南還○宋本作尋遣還南
冬魏嗣王稱尊號四月劉備稱帝於蜀○臣清植按於丕書嗣王書稱尊明其爲漢之王而僭稱尊也於先主則書名書稱帝而已卽此亦見此書之書法不苟
注魏啓曰○魏啓疑作魏略
屈身於陛下是其略也注吳書○疑脫曰字
幷獻方物注少總經藝○總宋本作綜
僅以身免注其計不過謂可轉是前迹以搖動江東○轉是宋本作轉足
議者怪之注背棄天地○宋本作背棄天施
又注狃挾累世○狃挾宋本作狃忕
又注以爲晁錯不發削弱王侯之謀○北宋本以爲上多臣字
有如大江注又篤將馬和復將四百人進到居巢○篤將疑作督將
又注惟恐赤心不先暢達○不先冊府作不克
又注又欲爲子於京師求婦此權異心之明效也○臣龍官按下云帝旣信權甘言且謂周爲得其眞則此詔語非謂權有異心也此權下疑脫無字諸本俱同惟冊府作無異心是
改四分用乾象歷注土盛於戌而以未祀其義非也○未祀宋本作未祖
劉備薨于白帝注乃引刀自刺○太平御覽自刺下多中乳房三字
十一月蜀使中郎將鄧芝來聘○宋本十一月上有冬字臣清植按後主傳云遣尚書郎鄧芝固好於吳芝本傳於時芝正入爲尚書此作中郎將蓋異國紀錄之悞而編史者因之
以太常顧雍爲丞相注勸子弟廢田業絕治產○勸宋本作勅
分三郡惡地十縣置東安郡○何焯曰三郡上不著丹陽吳會疑是脫文
韓當子琮以其衆降魏○琮當作綜
魏遼東太守公孫淵遣校尉宿舒閬中令孫綜稱藩於權○閬中令通鑑作郎中令
加淵爵位注羣臣以權未郊祀奏議○何焯曰宋書五行志云權稱帝三十年竟不於建業創七廟但有父堅一廟遠在長沙而郊禋禮缺末年雖一南郊而北郊遂無聞焉及三江五湖衡霍會稽皆吳楚之望亦不見秩反禮羅陽妖神以求福助
又注復書曰○應作復奏曰
又注故國之於郎命便事天○便宋本作使
又注庶無罪悔以羌於今○監本訛作罪侮據詩改正
皆不克還注而宮受魏幽州刺史諷旨令以吳使自效奉聞之到還○到還宋本作倒還
虜得男女注文士傳曰○監本誤文字傳今改正
又注父札才學博達權爲驃騎將軍以札爲從事中郎與張昭孫邵共定朝儀○臣浩按張昭傳注引吳錄曰昭與孫紹滕胤鄭禮等採周漢撰定朝儀孫紹此作孫邵鄭禮此作鄭札疑有一誤
又注與雲詩詞往反○毛本作與雲詩相往反
三年春正月詔曰○宋本作春二月
年穀有損而吏不良○宋本作而吏或不良多或字
大將軍諸葛瑾取相中注零陵太守殷札言於權曰○臣明楷按殷札疑作殷禮張溫傳載權罪溫令曰又殷禮者本占候召而溫先後乞將到蜀又顧邵傳稱雲陽殷禮官零陵太守合二傳參校作禮爲是蓋禮之於札爲傳寫而互異也
又注授諸葛瑾朱然大衆指事襄陽○通鑑作直指襄陽
又人家治國舟船城郭何得不護○監本作不獲臣龍官按文義當作護卽指上多作舟船繕治城郭而言謂此不過爲保護境土之常非有他意也今改正
人言若不可信○若宋本作苦
將軍馬茂等圖逆夷三族注伺權在苑守公卿諸將在門未入○宋本作伺權在苑中
鑿句容中道自小其至雲陽西城通會市作邸閣○何焯曰今道當是孫氏所鑿雲陽卽今丹陽

吳志卷三
晉 著作郞巴西中正安漢陳 壽撰
宋 太中大夫國子博士聞喜裴松之注
孫亮 孫休 孫晧

孫亮字子明權少子也權春秋高而亮最少故尤留意姊全公主嘗譖太子和子母心自不安因倚權意欲豫自結數稱述全尙女勸爲亮納赤烏十三年和廢權遂立亮爲太子以全氏爲妃太元元年夏亮母潘氏立爲皇后冬權寢疾徵大將軍諸葛恪爲太子太傅會稽太守滕胤爲太常並受詔輔太子明年四月權薨太子卽尊號大赦改元是歲於魏嘉平四年也閏月以恪爲帝太傅胤爲衞將軍領尚書事上大將軍呂岱爲大司馬諸文武在位皆進爵班賞冗官加等冬十月太傅恪率軍遏巢湖巢音勦了反城東興使將軍全端守西城都尉留略守東城十二月朔丙申大風雷電魏使將軍諸葛誕胡遵等步騎七萬圍東興將軍王昶攻南郡毌丘儉向武昌甲寅恪以大兵赴敵戊午兵及東興交戰大破魏軍殺將軍韓綜桓嘉等是月雷雨天災武昌端門改作端門又災內殿臣松之案孫權赤烏十年詔徙武昌宮材瓦以繕治建康宮而此猶有端門內殿吳錄云諸葛恪有遷都意更起武昌宮今所災者恪所新作
二年春正月丙寅立皇后全氏大赦庚午王昶等皆退二月軍還自東興大行封賞三月恪率軍伐魏夏四月圍新城大疫兵卒死者大半秋八月恪引軍還冬十月大饗武衞將軍孫峻伏兵殺恪於殿堂大赦以峻爲丞相封富春侯十一月有大鳥五見於春申明年改元
五鳳元年夏大水秋吳侯英謀殺峻英覺自殺冬十一月星茀於斗牛江表傳曰是歲交阯稗草化爲稻
二年春正月魏鎮東將軍毌丘儉前將軍文欽以淮南之衆西入戰於樂嘉閏月壬辰峻及驃騎將軍呂據左將軍留贊率兵襲壽春軍及東興聞欽等敗壬寅兵進於槖皐欽詣峻降淮南餘衆數萬口來奔魏諸葛誕入壽春峻引軍還二月及魏將軍曹珍遇於高亭交戰珍敗績留贊爲誕別將蔣班所敗於菰陂贊及將軍孫楞蔣修等皆遇害三月使鎮南將軍朱異襲安豐不克秋七月將軍孫儀張怡林恂等謀殺峻發覺儀自殺恂等伏辜陽羨離里山大石自立使衞尉馮朝城廣陵拜將軍吳穰爲廣陵太守留略爲東海太守是歲大旱十二月作太廟以馮朝爲監軍使者督徐州諸軍事民饑軍士怨畔
太平元年春吳歷曰正月爲權立廟稱太祖廟二月朔建業火峻用征北大將軍文欽計將征魏八月先遣欽及驃騎呂據車騎劉纂鎮南朱異前將軍唐咨軍自江都入淮泗九月丁亥峻卒以從弟偏將軍綝爲侍中武衞將軍領中外諸軍事召還據等聞綝代峻大怒已丑大司馬呂岱卒壬辰太白犯南斗據欽咨等表薦衞將軍滕胤爲丞相綝不聽癸卯更以胤爲大司馬代呂岱駐武昌據引兵還欲討綝綝遣使以詔書告喻欽咨等使取據冬十月丁未遣孫憲及丁奉施寬等以舟兵逆據於江都遣將軍劉丞督步騎攻胤胤兵敗夷滅已酉大赦改元辛亥獲呂據於新州十一月以綝爲大將軍假節封永康侯

孫慮與將軍王惇謀殺綝，事覺，綝殺惇，迫慮令自殺。十二月，使五官中郎將刁玄告亂於蜀。

二年春二月甲寅，大雨，震電。乙卯，雪，大寒。以長沙東部爲湘東郡，西部爲衡陽郡，會稽東部爲臨海郡，豫章東部爲臨川郡。夏四月，亮臨正殿，大赦，始親政事。綝所表奏，多見難問，又科兵子弟年十八已下十五已上，得三千餘人，選大將子弟年少有勇力者爲之將帥。亮曰：「吾立此軍，欲與之俱長。」日於苑中習焉。吳歷曰：亮數出中書視孫權舊事，問左右侍臣：「先帝數有特制，今大將軍問事，但令我書可邪！」亮後出西苑，方食生梅，使黃門至中藏取蜜漬梅，蜜中有鼠矢，召問藏吏，藏吏叩頭。亮問吏曰：「黃門從汝求蜜邪？」吏曰：「向求，實不敢與。」黃門不服，侍中刁玄、張邠啓：「黃門、藏吏辭語不同，請付獄推盡。」亮曰：「此易知耳。」令破鼠矢，矢裏燥。亮大笑謂玄、邠曰：「若矢先在蜜中，中外當俱濕，今外濕裏燥，必是黃門所爲。」黃門首服，左右莫不驚悚。江表傳曰：亮使黃門以銀椀并蓋就中藏吏取交州所獻甘蔗餳。黃門先恨藏吏，以鼠矢投餳中，啓言藏吏不謹。亮呼吏持餳器入，問曰：「此器既蓋之，且有掩覆，無緣有此，黃門將有恨於汝邪？」吏叩頭曰：「嘗從某求宮中莞席，宮席有數，不敢與。」亮曰：「必是此也。」覆問黃門，具首伏。即於目前加髡鞭，斥付外署。臣松之以爲鼠矢新者，亦表裏皆濕。黃門取新矢則無以得其姦也，緣遇燥矢，故成亮之慧。然猶謂吳歷此言不如江表傳爲實也。五月，魏征東大將軍諸葛誕以淮南之衆保壽春城，遣將軍朱成稱臣上疏，又遣子靚、長史吳綱諸牙門子弟爲質。六月，使文欽、唐咨、全端等步騎三萬救誕。朱異自虎林率衆襲夏口，夏口督孫壹奔魏。秋七月，綝率衆救壽春，次於鑊里，朱異至自夏口，綝使異爲前部督，與丁奉等將介士五萬解圍。八月，會稽南部反，殺都尉。鄱陽、新都民爲亂，廷尉丁密、步兵校尉鄭胄、將軍鍾離牧率軍討之。朱異以軍士乏食引還，綝大怒，九月朔己巳，殺異於鑊里。辛未，綝自鑊里還建業。甲申，大赦。十一月，全緒子褘、儀以其母奔魏。十二月，全端、懌等自壽春城詣司馬文王。

三年春正月，諸葛誕殺文欽。三月，司馬文王克壽春，誕及左右戰死，將吏已下皆降。秋七月，封故齊王奮爲章安侯。詔州郡伐宮材。自八月沈陰不雨四十餘日。亮以綝專恣，與太常全尚、將軍劉丞謀誅綝。九月戊午，綝以兵取尚，遣弟恩攻殺丞於蒼龍門外，召大臣會宮門，黜亮爲會稽王，時年十六。

孫休字子烈，權第六子。年十三，從中書郎射慈、郎中盛沖受學。太元二年正月，封琅邪王，居虎林。四月，權薨，休弟亮承統，諸葛恪秉政，不欲諸王在濱江兵馬之地，徙休於丹陽郡。太守李衡數以事侵休，休上書乞徙他郡，詔徙會稽。居數歲，夢乘龍上天，顧不見尾，覺而異之。孫亮廢，己未，孫綝使宗正孫楷與中書郎董朝迎休。休初聞問，意疑，楷、朝具述綝等所以奉迎本意，留一日二夜，遂發。十月戊寅，行至曲阿，有老公干休叩頭曰：「事久變生，天下喁喁，願陛下速行。」休善之。是日，進及布塞亭。武衛將軍恩行丞相事，率百僚以乘輿法駕迎於永昌亭，築宮，以武帳爲便殿，設御坐。己卯，休至，望便殿止住，使孫楷先見恩。楷還，休乘輦進，羣臣再拜稱臣。休升便殿，謙不即御坐，止東廂。戶曹尚書前即階下讚奏，丞相奉璽符。休三讓，羣臣三請。休曰：「將相諸侯咸推寡人，寡人敢不承受璽符。」羣臣以次奉引，休就乘輿，百官陪位，綝以兵千人迎於半野，拜於道側，休下車答拜。即日，御正殿，大赦，改元。是歲，於魏甘露三年也。

永安元年冬十月壬午，詔曰：「夫褒德賞功，古今通義。其以大將軍綝爲丞相、荊州牧，增食五縣。武衛將軍恩爲御史大夫、衛將軍、中軍督，封縣侯。威遠將軍授爲右將軍、縣侯。偏將軍幹雜號將軍、亭侯。長水校尉張布輔導勤勞，以布爲輔義將軍，封永康侯。董朝親迎，封爲鄉侯。」又詔曰：「丹陽太守李衡，以往事之嫌，自拘有司。夫射鉤斬袪，在君爲君，遣衡還郡，勿令自疑。」襄陽記曰：衡字叔平，本襄陽卒家子也，漢末入吳爲武昌庶民。聞羊衜有人物之鑒，往干之，衜曰：「多事之世，尚書劇曹郎才也。」是時校事呂壹操弄權柄，大臣畏偪，莫有敢言，衜曰：「非李衡無能困之者。」遂共薦爲郎。權引見，衡口陳壹姦短數千言，權有愧色。數月，壹被誅，而衡大見顯擢。後常爲諸葛恪司馬，幹恪府事。恪被誅，求爲丹陽太守。時孫休在郡治，衡數以法繩之。妻習氏每諫衡，衡不從。會休立，衡憂懼，謂妻曰：「不用卿言，以至於此。」遂欲奔魏。妻曰：「不可。君本庶民耳，先帝相拔過重，既數作無禮，而復逆自猜嫌，逃叛求活，以此北歸，何面見中國人乎？」衡曰：「計何所出？」妻曰：「琅邪王素好善慕名，方欲自顯於天下，終不以私嫌殺君明矣。可自囚詣獄，表列前失，顯求受罪。如此，乃當逆見優饒，非但直活而已。」衡從之，果得無患，又加威遠將軍，授以棨戟。衡每欲治家，妻輒不聽，後密遣客十人於武陵龍陽汎洲上作宅，種甘橘千株。臨死，敕兒曰：「汝母惡吾治家，故窮如是。然吾州里有千頭木奴，不責汝衣食，歲上一匹絹，亦可足用耳。」衡亡後二十餘日，兒以白母，母曰：「此當是種甘橘也，汝家失十戶客來七八年，必汝父遣爲宅。汝父恆稱太史公言，『江陵千樹橘，當封君家』。吾答曰：『且人患無德義，不患不富，若貴而能貧，方好耳，用此何爲！』」吳末，衡甘橘成，歲得絹數千匹，家道殷足。晉咸康中，其宅上枯樹猶在。己丑，封孫晧爲烏程侯，晧弟德錢唐侯，謙永安侯。江表傳曰：羣臣奏立皇后、太子，詔曰：「朕以寡德，奉承洪業，莅事日淺，恩澤未敷，加后妃之號，嗣子之位，非所急也。」有司又固請，休謙虛不許。十一月甲午，風四轉五復，蒙霧連日。綝一門五侯，皆典禁兵，權傾人主，有所陳述，敬而不違，於是益恣。休恐其有變，數加賞賜。丙申，詔曰：「大將軍忠款內發，首建大計以安社稷，卿士內外，咸贊其議，並有勳勞。昔霍光定計，百僚同心，無復是過。亟案前日與議定策告廟人名，依故事應加爵位者，促施行之。」戊戌，詔曰：「大將軍掌中外諸軍事，事統煩多，其加衛將軍、御史大夫恩侍中，與大將軍分省諸事。」壬子，詔曰：「諸吏家有五人，三人兼重爲役，父兄在都，子弟給郡縣吏，既出限米，軍出又從，至於家事無經護者，朕甚愍之。其有五人，三人爲役，聽其父兄所欲留，爲留一人，除其米限，軍出不從。」又曰：「諸將吏奉迎陪位在永昌亭者，皆加位一級。」頃之，休聞綝逆謀，陰與張布圖計。十二月戊辰臘，百僚朝賀，公卿升殿，詔武士縛綝，即日伏誅。己巳，詔以左將軍張布討姦臣，加布爲中軍督，封布弟惇爲都亭侯，給兵三百人，惇弟恂爲校尉。詔曰：「古者建國，教學爲先，所以道世治性，爲時養器也。自建興以來，時事多故，吏民頗以目前趨務，去本就末，不循古道。夫所尚不淳，則傷化敗俗。其案古置學官，立五經博士，核取應選，加其寵祿，科見吏之中及將吏子弟有志好者，各令就業。一歲課試，差其品第，加以位賞。使見之者樂其榮，聞之者羨其譽。以敦王化，以隆風俗。」

二年春正月，震電。三月，備九卿官，詔曰：「朕以不德，託於王公之上，夙夜戰戰，忘寢與食。今欲偃武修文，以崇大化。推此之道，當由士民之贍，必須農桑。管子有言：『倉廩實，知禮節；衣食足，知榮辱。』夫一夫不耕，有受其饑，一婦不織，有受其寒；饑寒並至而民不爲非者，未之有也。自頃年以來，州郡吏民及諸營兵，多違此業，皆浮船長江，賈作上下，良田漸廢，見穀日少，欲求大定，豈可得哉？亦由租入過重，農人利薄，使之然乎！今欲廣開田業，輕其賦稅，差科彊羸，課其田畝，務令優均，官私得所，使家給戶贍，足相供養，則愛身重命，不犯科法，然後刑罰不用，風俗可整。以羣僚之忠賢，若盡心於時，雖太古盛化，未可卒致，漢文升平，庶幾可及。及之則臣主俱榮，不及則損削侵辱，何可從容俯仰而已？諸卿尚書，可共咨度，務取便佳。田桑已至，不可後時。事定施行，稱朕意焉。」

三年春三月，西陵言赤烏見。秋，用都尉嚴密議，作浦里塘。會稽郡謠言王亮當還爲天子，而亮宮人告亮使巫禱祠，有惡言。有司以聞，黜爲候官侯，遣之國。道自殺，衛送者伏罪。吳錄曰：或云休鴆殺之。至晉太康中，吳故少府丹陽戴顒迎亮喪，葬之賴鄉。以會稽南部爲建安郡，分宜都置建平郡。吳歷曰：是歲得大鼎于建德縣。

四年夏五月，大雨，水泉涌溢。秋八月，遣光祿大夫周奕、石偉巡行風俗，察將吏清濁，民所疾苦，爲黜陟之詔。楚國先賢傳曰：石偉字公操，南郡人。少好學，修節不怠，介然獨立，有不可奪之志。舉茂才、賢良方正，皆不就。孫休即位，特徵偉，累遷至光祿勳。及晧即位，朝政昏亂，偉乃辭老耄痛疾，乞身，就拜光祿大夫。吳平，建威將軍王戎親詣偉，太康二年詔曰：「吳故光祿大夫石偉，秉志清白，皓首不渝，雖處危亂，廉節可紀。年已過邁，不堪遠涉，其以偉爲議郎，加二千石秩，以終厥世。」偉乃陽狂及盲，不受晉爵。年八十三，太熙元年卒。九月，布山言白龍見。是歲，安吳民陳焦死，埋之，六日更生，穿土中出。

五年春二月，白虎門北樓災。秋七月，始新言黃龍見。八月壬午，大雨震電，水泉涌溢。乙酉，立皇后朱氏。戊子，立子𩅦爲太子，大赦。吳錄載休詔曰：「人之有名，以相紀別，長爲作字，憚其名耳。禮，名子欲令難犯易避，五十稱伯仲，古或一字。今人競作好名好字，又令相配，所行不副，此瞽字伯明者也。孤常哂之。或師友父兄所作，或自己爲；師友尚可，父兄猶非，自爲最不謙。孤今爲四男作名字：太子名𩅦，𩅦音如湖水灣澳之灣，字莔，莔音如迄今之迄；次子名𩃎，𩃎音如兕觥之觥，字䨦，䨦音如玄礥首之礥；次子名壾，壾音如草莽之莽，字昷，昷音如舉物之舉；次子名𠅮，𠅮音如褒衣下寬大之褒，字㲀，㲀音如有所擁持之擁。此都不與世所用者同，故鈔舊文會合作之。夫書八體損益，因事而生，今造此名字，既不相配，又字但一，庶易棄避，其普告天下，使咸聞知。」臣松之以爲傳稱「名以制義，義以出禮，禮以體政，政以治民，是以政成而民則；易則生亂」，斯言之作，豈虛也哉！然欲令難犯，何患無名，而乃造無況之字，制不典之音，違明誥於前修，垂嗤騃於後代，不亦異乎！是以墳土未乾而妻子絕滅。師服之言，於是乎徵矣。冬十月，以衛將軍濮陽興爲丞相，廷尉丁密、光祿勳孟宗爲左右御史大夫。休以丞相興及左將軍張布有舊恩，委之以事，布典宮省，興關軍國。休銳意於典籍，欲畢覽百家之言，尤好射雉，春夏之閒常晨出夜還，唯此時舍書。休欲與博士祭酒韋曜、博士盛沖講論道藝，曜、沖素皆切直，布恐入侍，發其陰失，令己不得專，因妄飾說以拒遏之。休答曰：「孤之涉學，羣書略徧，所見不少也；其明君闇主，姦臣賊子，古今賢愚成敗之事，無不覽也。今曜等入，但欲與論講書耳，不爲從曜等始更受學也。縱復如此，亦何所損？君特當以曜等恐道臣下姦變之事，以此不欲令入耳。如此之事，孤已自備之，不須曜等然後乃解也。此都無所損，君意特有所忌故耳。」布得詔陳謝，重自序述，又言懼妨政事。休答曰：「書籍之事，患人不好，好之無傷也。此無所爲非，而君以爲不宜，是以孤有所及耳。王務學業，其流各異，不相妨也。不圖君今日在事，更行此於孤也，良所不取。」布拜表叩頭，休答曰：「聊相開悟耳，何至叩頭乎！如君之忠誠，遠近所知。往者所以相感，今日之巍巍也。詩云：『靡不有初，鮮克有終。』終之實難，君其終之。」初休爲王時，布爲左右將督，素見信愛，及至踐阼，厚加寵待，專擅國勢，多行無禮，自嫌瑕短，懼曜、沖言之，故尤患忌。休雖解此旨，心不能悅，更恐其疑懼，竟如布意，廢其講業，不復使沖等入。是歲，使察戰到交阯調孔爵、大豬。臣松之案：察戰，吳官號，今揚都有察戰巷。

六年夏四月，泉陵言黃龍見。五月，交阯郡吏呂興等反，殺太守孫諝。諝先是科郡上手工千餘人送建業，而察戰至，恐復見取，故興等因此扇動兵民，招誘諸夷也。冬十月，蜀以魏見伐來告。癸未，建業石頭小城火，燒西南百八十丈。甲申，使大將軍丁奉督諸軍向魏壽春，將軍留平別詣施績於南郡，議兵所向，將軍丁封、孫異如沔中，皆救蜀。蜀主劉禪降魏問至，然後罷。呂興既殺孫諝，使使如魏，請太守及兵。丞相興建取屯田萬人以爲兵。分武陵爲天門郡。吳歷曰：是歲青龍見于長沙，白燕見于慈胡，赤雀見于豫章。

七年春正月大赦二月鎮軍陸抗撫軍步協征西將軍留平建平太守盛曼率衆圍蜀巴東守將羅憲夏四月魏將新附督王稚浮海入句章略長吏賞林及男女二百餘口將軍孫越徼得一船獲三十人秋七月海賊破海鹽殺司鹽校尉駱秀使中書郎劉川發兵廬陵豫章民張節等爲亂衆萬餘人魏使將軍胡烈步騎二萬侵西陵以救羅憲陸抗等引軍退復分交州置廣州壬午大赦癸未休薨江表傳曰休寢疾口不能言乃手書呼丞相濮陽興入令子䨲出拜之休把興臂而指䨲以託之時年三十諡曰景皇帝葛洪抱朴子曰吳景帝時戍將於廣陵掘諸冢取版以治城所壞甚多復發一大冢內有重閣戶扇皆樞轉可開閉四周爲徼道通車其高可以乘馬又鑄銅爲人數十枚長五尺皆大冠朱衣執劍列侍靈座皆刻銅人背後石壁言殿中將軍或言侍郎常侍似公王之冢破其棺棺中有人鬢已斑白衣冠鮮明面體如生人棺中雲母厚尺許以白玉璧三十枚藉尸兵人輩共舉出死人以倚冢壁有一玉長一尺許形似冬瓜從死人懷中透出墮地兩耳及鼻孔中皆有黃金如棗許大此則骸骨有假物而不朽之効也

孫晧字元宗權孫和子也一名彭祖字晧宗孫休立封晧爲烏程侯遣就國西湖民景養相晧當大貴晧陰喜而不敢泄休薨是時蜀初亡而交阯攜叛國內震懼貪得長君左典軍萬或昔爲烏程令與晧相善稱晧才識明斷是長沙桓王之疇也又加之好學奉遵法度屢言之於丞相濮陽興左將軍張布興布說休妃太后朱欲以晧爲嗣朱曰我寡婦人安知社稷之慮苟吳國無隕宗廟有賴可矣於是遂迎立晧時年二十三改元大赦是歲於魏咸熙元年也

元興元年八月以上大將軍施績大將軍丁奉爲左右大司馬張布爲驃騎將軍加侍中諸增位班賞一皆如舊九月貶太后爲景皇后追諡父和曰文皇帝尊母何爲太后十月封休太子䨲爲豫章王次子汝南王次子梁王次子陳王立皇后滕氏江表傳曰晧初立發優詔恤士民開倉廩振貧乏科出宮女以配無妻禽獸擾於苑者皆放之當時翕然稱爲明主晧既得志麤暴驕盈多忌諱好酒色大小失望興布竊悔之或以譖晧十一月誅興布十二月孫休葬定陵封后父滕牧爲高密侯吳歷曰牧本名密避丁密改名牧丁密避牧改名爲固舅何洪等三人皆列侯是歲魏置交阯太守之郡晉文帝爲魏相國遣昔吳壽春城降將徐紹孫彧銜命齎書陳事勢利害以申喻晧漢晉春秋載晉文王與晧書曰聖人稱有君臣然後有上下禮義是故大必字小小必事大然後上下安服羣生獲所逮至末塗純德既毀勦民之命以爭彊於天下違禮順之至理則仁者弗由也方今主上聖明覆幬無外僕備位宰輔屬當國重唯華夏乖殊方隅圮裂六十餘載金革亟動無年不戰暴骸喪元困悴罔定每用悼心坐以待旦將欲止戈興仁爲百姓請命故分命偏師平定蜀漢役未經年全軍獨克於時猛將謀夫朝臣庶士咸以奉天時之宜就既征之軍藉吞敵之勢宜遂回旗東指以臨吳境舟師泛江順流而下陸軍南轅取徑四郡兼成都之械漕巴漢之粟然後以中軍整旅二方雲會未及浹辰可使江表底平南夏順軌然國朝深惟伐蜀之舉雖有靜難之功亦悼蜀民獨罹其害戰於緜竹者自元帥以下並受斬戮伏尸蔽地血流丹野一之於前猶追恨不忍況重之於後乎是故旋師按甲思與南邦共全百姓之命夫料力忖勢度資量險遠考古昔廢興之理近鑒西蜀安危之效隆德保祚去危即順屈己以寧四海者仁哲之高致也履危偷安隕德覆祚而不稱於後世者非智者之所居也今朝廷遣徐紹孫彧獻書喻懷若書御於前必少留意回慮革筭結歡弭兵共爲一家惠矜吳會施及中土豈不泰哉此昭心之大願也敢不承受若不獲命則普天率土期於大同雖重干戈固不獲已也

甘露元年三月晧遣使隨紹或報書曰知以高世之才處宰輔之任漸導之功勤亦至矣孤以不德階承統緒思與賢良共濟世道而以壅隔未有所緣嘉意允著深用依依今遣光祿大夫紀陟五官中郎將弘璆宣明至懷江表傳曰晧書兩頭言白稱名言而不著姓吳錄曰陟字子上丹陽人初爲中書郎孫峻使詰南陽王和令其引分陟密使令正辭自理峻怒陟懼閉門不出孫休時父亮爲尚書令而陟爲中書令每朝會詔以屏風隔其座出爲豫章太守干寶晉紀曰陟璆奉使如魏入境而問諱入國而問俗壽春將王布示之馬射既而問之曰吳之君子亦能斯乎陟曰此軍人騎士肄業所及士大夫君子未有爲之者矣布大慙既至魏帝見之使儐問曰來時吳王何如陟對曰來時皇帝臨軒百寮陪位御膳無恙晉文王饗之百寮畢會使儐者告曰某者安樂公也某者匈奴單于也陟曰西王失土爲君王所禮位同三代莫不感義匈奴邊塞難羈之國君王懷之親在坐席此誠威恩遠著又問吳之戍備幾何對曰自西陵以至江都五千七百里又問曰道里甚遠難爲堅固對曰疆界雖遠而其險要必爭之地不過數四猶人雖有八尺之軀靡不受患其護風寒亦數處耳文王善之厚爲之禮臣松之以爲人有八尺之體靡不受患防護風寒豈唯數處取譬若此未足稱能若曰譬如金城萬雉所急防者四門而已方陟此對不猶愈乎吳錄曰晧以諸父與和相連及者家屬皆徙東冶唯陟以有密旨特封子孚都亭侯孚弟曠字思遠入仕晉驃騎將軍弘璆曲阿人弘咨之孫權外甥也璆後至中書令太子少傅紹行到濡須召還殺之徙其家屬建安始有白紹稱美中國者故也夏四月蔣陵言甘露降於是改元大赦秋七月晧逼殺景后朱氏亡不在正殿於苑中小屋治喪衆知其非疾病莫不痛切又送休四子於吳小城尋復追殺大者二人九月從西陵督步闡表徙都武昌御史大夫丁固右將軍諸葛靚鎮建業陟璆至洛遇晉文帝崩十一月乃遣還晧至武昌又大赦以零陵南部爲始安郡桂陽南部爲始興郡十二月晉受禪

寶鼎元年正月遣大鴻臚張儼五官中郎將丁忠弔祭晉文帝及還儼道病死吳錄曰儼字子節吳人也弱冠知名歷顯位以博聞多識拜大鴻臚使於晉晧謂儼曰今南北通好以君爲有出境之才故相屈行對曰皇皇者華蒙其榮耀無古人延譽之美磨厲鋒鍔思不辱命既至車騎將軍賈充尚書令裴秀侍中荀勗等欲傲以所不知而不能屈尚書僕射羊祜尚書何禎並結縞帶之好忠說晧曰北方守戰之具不設弋陽可襲而取晧訪羣臣鎮西大將軍陸凱曰夫兵不得已而用之耳且三國鼎立已來更相侵伐無歲寧居今彊敵新并巴蜀有兼土之實而遣使求親欲息兵役不可謂其求援於我今敵形勢方彊而欲徼幸求勝未見其利也車騎將軍劉纂曰天生五才誰能去兵譎詐相雄有自來矣若其有闕庸可棄乎宜遣間諜以觀其勢晧陰納纂言且以蜀新平故不行然遂自絕八月所在言得大鼎於是改年大赦以陸凱爲左丞相常侍萬彧爲右丞相冬十月永安山賊施但等聚衆數千人吳錄曰永安今武康縣也劫晧庶弟永安侯謙出烏程取孫和陵上鼓吹曲蓋比至建業衆萬餘人丁固諸葛靚逆之於牛屯大戰但等敗走獲謙謙自殺漢晉春秋曰初望氣者云荊州有王氣破揚州而建業宮不利故晧徙武昌遣使者發民掘荊州界大臣名家冢與山岡連者以厭之既聞但反自以爲徙土得計也使數百人鼓譟入建業殺但妻子云天子使荊州兵來破揚州賊以厭前氣分會稽爲東陽郡分吳丹陽爲吳興郡晧詔曰古者分土建國所以褒賞賢能廣樹藩屏秦毀五等爲三十六郡漢室初興闓立乃至百五因事制宜蓋無常數也今吳郡陽羨永安餘杭臨水及丹陽故鄣安吉原鄉於潛諸縣地勢水流之便悉注烏程既宜立郡以鎮山越且以藩衞明陵奉承大祭不亦可乎其亟分此九縣爲吳興郡治烏程以零陵北部爲邵陵郡十二月晧還都建業衞將軍滕牧留鎮武昌

二年春大赦右丞相萬彧上鎮巴丘夏六月起顯明宮太康三年地記曰吳有太初宮方三百丈權所起也昭明宮方五百丈晧所作也避晉諱故曰顯明吳歷云顯明在太初之東江表傳曰晧營新宮二千石以下皆自入山督攝伐木又破壞諸營大開園囿起土山樓觀窮極伎巧功役之費以億萬計陸凱固諫不從冬十二月晧移居之是歲分豫章廬陵長沙爲安成郡

二年春二月以左右御史大夫丁固孟仁爲司徒司空吳書曰初固爲尚書夢松樹生其腹上謂人曰松字十八公也後十八歲吾其爲公乎卒如夢焉秋九月晧出東關丁奉至合肥是歲遣交州刺史劉俊前部督修則等入擊交阯爲晉將毛炅等所破皆死兵散還合浦

建衡元年春正月立子瑾爲太子及淮陽東平王冬十月改年大赦十一月左丞相陸凱卒遣監軍虞汜威南將軍薛珝蒼梧太守陶璜由荊州監軍李勗督軍徐存從建安海道皆就合浦擊交阯

二年春萬彧還建業李勗以建安道不通利殺導將馮斐引軍還三月天火燒萬餘家死者七百人夏四月左大司馬施績卒殿中列將何定白少府李勗枉殺馮斐擅徹軍退還勗及徐存家屬皆伏誅秋九月何定將兵五千人上夏口獵都督孫秀奔晉是歲大赦

三年春正月晦晧舉大衆出華里晧母及妃妾皆行東觀令華覈等固爭乃還江表傳曰初丹陽刁玄使蜀得司馬徽與劉廙論運命歷數事玄詐增其文以誑國人曰黃旗紫蓋見於東南終有天下者荊揚之君乎又得國中降人言壽春下有童謠曰吳天子當上晧聞之喜曰此天命也即載其母妻子及後宮數千人從牛渚陸道西上云青蓋入洛陽以順天命行遇大雪道塗陷壞兵士被甲持仗百人共引一車寒凍殆死兵人不堪皆曰若遇敵便當倒戈耳晧聞之乃還是歲汜璜破交阯禽殺晉所置守將九眞日南皆還屬漢晉春秋曰初霍弋遣楊稷毛炅等戍與之誓曰若賊圍城未百日而降者家屬誅若過百日而城沒者刺史受其罪稷等日未滿而糧盡乞降於璜璜不許而給糧使守吳人並諫璜曰霍弋已死無能來者可須其糧盡然後乃受使彼來無罪而我取有義內訓吾民外懷鄰國不亦可乎稷等糧盡救不至乃納之華陽國志曰稷犍爲人稷等城中食盡死亡者半將軍王約反降吳人得入城獲稷等因之孫晧使送稷下都稷至合浦歐血死晉追贈交州刺史初毛炅與吳軍戰殺前部督修則則子允隨璜等以炅壯勇欲赦之而固求殺炅炅亦不爲璜等屈璜等怒面縛炅詰之曰晉兵賊炅厲聲曰吳狗何等爲賊吳人生剖其腹允割其心肝罵曰庸復作賊炅猶罵不止曰尚欲斬汝孫晧汝父何死狗也乃斬之晉武帝聞而哀矜卽詔使炅長子襲爵餘三子皆關內侯此與漢晉春秋所說不同大赦分交阯爲新昌郡諸將破扶嚴置武平郡以武昌督范愼爲太尉右大司馬丁奉司空孟仁卒吳錄曰仁字恭武江夏人也本名宗避晧字易焉少從南陽李肅學其母爲作厚褥大被或問其故母曰小兒無德致客學者多貧故爲廣被庶可得與氣類接也其讀書夙夜不懈肅奇之曰卿宰相器也初爲驃騎將軍朱據軍吏將母在營既不得志又夜雨屋漏因起涕泣以謝其母母曰但當勉之何足泣也據亦稍知之除爲鹽池司馬自能結網手以捕魚作鮓寄母母因以還之曰汝爲魚官而以鮓寄我非避嫌也遷吳令時皆不得將家之官每得時物來以寄母常不先食及聞母亡犯禁委官語在權傳特爲減死一等復使爲官蓋優之也楚國先賢傳曰宗母嗜筍冬節將至時筍尚未生宗入竹林哀歎而筍爲之出得以供母皆以爲至孝之所致感累遷光祿勳遂至公矣西苑言鳳皇集改明年元

鳳皇元年秋八月徵西陵督步闡闡不應據城降晉遣樂鄉都督陸抗圍取闡闡衆悉降闡及同計數十人皆夷三族大赦是歲右丞相萬彧被譴憂死徙其子弟於廬陵江表傳曰初晧游華里彧與丁奉留平密謀曰此行不急若至華里不歸社稷事重不得不自還此語頗泄晧聞知以彧等舊臣且以計忍而陰銜之後因會以毒酒飲彧傳酒人私減之又飲留平平覺之服他藥以解得不死彧自殺平憂懣月餘亦死何定姦穢發聞伏誅晧以其惡似張布追改定名爲布江表傳曰定汝南人本孫權給使也後出補吏定佞邪僭媚自表先帝舊人求還內侍晧以爲樓下都尉典知酤糴事專爲威福而晧信任委以衆事定爲子求少府李勗女不許定挾忿譖勗於晧晧尺口誅之焚其尸定又使諸將各上好犬皆千里遠求一犬至直數千匹御犬率具纓直錢一萬一犬一兵養以捕兔供廚所獲無幾吳人皆歸罪於定而晧以爲忠勤賜爵列侯吳歷曰中書郎奚熙譖宛陵令賀惠惠邵弟也遣使者徐粲訊治熙又譖粲顧護不卽決斷晧遣使就宛陵斬粲收惠付獄會赦得免

二年春三月以陸抗爲大司馬司徒丁固卒秋九月改封淮陽爲魯東平爲齊又封陳留章陵等九王凡十一王王給三千兵大赦晧愛妾或使人至市劫奪百姓財物司市中郎將陳聲素晧幸臣也恃晧寵遇繩之以法妾以愬晧晧大怒假他事燒鋸斷聲頭投其身於四望之下是歲太尉范愼卒

三年會稽妖言章安侯奮當爲天子臨海太守奚熙與會稽太守郭誕書非論國政誕但白熙書不白妖言送付建安作船會稽邵氏家傳曰邵疇字溫伯時爲誕功曹誕被收惶遽無以自明疇進曰疇今自在疇之事明府何憂遂詣吏自列云不白妖言事由於已非府君罪吏上疇辭晧怒猶盛疇慮誕卒不免遂自殺以證之臨亡置辭曰疇生長邊陲不閑教道得以門資廁身本郡踰越儕類位極朝右不能贊揚盛化養之以福今妖訛橫興干國亂紀疇以噂𠴲之語本非事實雖家誦人詠不足有慮天下重器而匹夫橫議疾其醜聲不忍聞見欲含垢藏疾不彰之翰筆鎭躁歸靜使之自息愚心勤勤每執斯旨故誕屈其所是默以見從此之爲愆實由於疇謹不敢逃死歸罪有司唯乞天鑒特垂清察吏收疇喪得辭以聞晧乃免誕大刑送付建安

作船疇亡時年四十晧嘉疇節義詔郡縣圖形廟堂遣三郡督何植收熙。熙發兵自衞，斷絕海道。熙部曲殺熙，送首建業，夷三族。秋七月，遣使者二十五人分至州郡，科出亡叛。大司馬陸抗卒。自改年及是歲，連大疫。分鬱林為桂林郡。天冊元年，吳郡言掘地得銀，長一尺，廣三分，刻上有年月字，於是大赦，改年。天璽元年，吳郡言臨平湖自漢末草穢壅塞，今更開通。長老相傳，此湖塞，天下亂，此湖開，天下平。又於湖邊得石函，中有小石，青白色，長四寸，廣二寸餘，刻上作皇帝字，於是改年，大赦。會稽太守車浚、湘東太守張詠不出算緡，就在所斬之，徇首諸郡。江表傳曰：浚在公清忠，值郡荒旱，民無資糧，表求振貸。晧謂浚欲樹私恩，遣人梟首。又尚書熊睦見晧酷虐，微有所諫，晧使人以刀環撞殺之，身無完肌。秋八月，京下督孫楷降晉。鄱陽言歷陽山石文理成字，凡二十云：楚九州渚，吳九州都，揚州士，作天子，四世治，太平始。江表傳曰：歷陽縣有石山臨水，高百丈，其三十丈所，有七穿駢羅，穿中色黃赤，不與本體相似，俗相傳謂之石印。又云，石印封發，天下當太平。下有祠屋，巫祝言石印神有三郎。時歷陽長表上言石印發，晧遣使以太牢祭歷山。巫言，石印三郎說「天下方太平」。使者作高梯，上看印文，詐以朱書石作二十字，還以啓晧。晧大喜曰：「吳當為九州作都、渚乎！從大皇帝及孤四世矣，太平之主，非孤復誰？」重遣使，以印綬拜三郎為王，又刻石立銘，褒贊靈德，以答休祥。又吳興陽羨山有空石，長十餘丈，名曰石室，在所表為大瑞。乃遣兼司徒董朝、兼太常周處至陽羨縣，封禪國山。明年改元，大赦，以協石文。

天紀元年夏，夏口督孫慎出江夏、汝南，燒略居民。初，騶子張俶多所譖白，累遷為司直中郎將，封侯，甚見寵愛，是歲姦情發聞，伏誅。江表傳曰：俶父會稽山陰縣卒也，知俶不良，上表云：「若用俶為司直，有罪乞不從坐。」晧許之。俶表立彈曲二十人，專糾司不法，於是愛惡相攻，互相謗告。彈曲承言，收繫囹圄，聽訟失理，獄以賄成。人民窮困，無所措手足。俶奢淫無厭，取小妻三十餘人，擅殺無辜，衆姦並發，父子俱見車裂。二年秋七月，立成紀、宣威等十一王，王給三千兵。大赦。三年夏，郭馬反。馬本合浦太守脩允部曲督。允轉桂林太守，疾病，住廣州，先遣馬將五百兵至郡安撫諸夷。允死，兵當分給，馬等累世舊軍，不樂離別。晧時又科實廣州戶口，馬與部曲將何典、王族、吳述、殷興等因此恐動兵民，合聚人衆，攻殺廣州督虞授。馬自號都督交、廣二州諸軍事、安南將軍，興廣州刺史，述南海太守。典攻蒼梧，族攻始興。漢晉春秋曰：先是，吳有說讖者曰：「吳之敗，兵起南裔，亡吳者公孫也。」晧聞之，文武職位至於卒伍有姓公孫者，皆徙於廣州，不令停江邊。及聞馬反，大懼曰：「此天亡也。」八月，以軍師張悌為丞相，牛渚都督何植為司徒，執金吾滕循為司空，未拜，轉鎮南將軍，假節領廣州牧，率萬人從東道討馬，與族遇於始興，未得前。馬殺南海太守劉略，逐廣州刺史徐旗。晧又遣徐陵督陶濬將七千人從西道，命交州牧陶璜部伍所領及合浦、鬱林諸郡兵，當與東西軍共擊馬。有鬼目菜生工人黃耇家，依緣棗樹，長丈餘，莖廣四寸，厚三分。又有買菜生工人吳平家，高四尺，厚三分，如枇杷形，上廣尺八寸，下莖廣五寸，兩邊生葉綠色。東觀案圖，名鬼目作芝草，買菜作平慮草，遂以耇為侍芝郎，平為平慮郎，皆銀印青綬。冬，晉命鎮東大將軍司馬伷向涂中，安東將軍王渾、揚州刺史周浚向牛渚，建威將軍王戎向武昌，平南將軍胡奮向夏口，鎮南將軍杜預向江陵，龍驤將軍王濬、廣武將軍唐彬浮江東下，太尉賈充為大都督，量宜處要，盡軍勢之中。陶濬至武昌，聞北軍大出，停駐不前。初，晧每宴會羣臣，無不咸令沈醉。置黃門郎十人，特不與酒，侍立終日，為司過之吏。宴罷之後，各奏其闕失，迕視之咎，謬言之愆，罔有不舉。大者即加威刑，小者輒以為罪。後宮數千，而采擇無已。又激水入宮，宮人有不合意者，輒殺流之。或剝人之面，或鑿人之眼。岑昬險諛貴幸，致位九列，好興功役，衆所患苦。是以上下離心，莫為晧盡力，蓋積惡已極，不復堪命故也。吳平後，晉侍中庾峻等問晧侍中李仁曰：「聞吳主披人面，刖人足，有諸乎？」仁曰：「以告者過也。君子惡居下流，天下之惡皆歸焉，蓋此事也。若信有之，亦不足怪。昔唐、虞五刑，三代七辟，肉刑之制，未為酷虐。晧為一國之主，秉殺生之柄，罪人陷法，加之以懲，何足多罪！夫受堯誅者不能無怨，受桀賞者不能無慕，此人情也。」又問曰：「云歸命侯乃惡人橫睛逆視，皆鑿其眼，有諸乎？」仁曰：「亦無此事，傳之者謬耳。曲禮曰視天子由袷以下，視諸侯由頤以下，視大夫由衡，視士則平面，得游目五步之內；視上於衡則傲，下於帶則憂，旁則邪。以禮視瞻，高下不可不慎，況人君乎哉？視人君相迕，是乃禮所謂傲慢；傲慢則無禮，無禮則不臣，不臣則犯罪，犯罪則陷不測矣。正使有之，將有何失？」凡仁所答，峻等皆善之，文多不悉載。四年春，立中山、代等十一王，大赦。濬、彬所至，則土崩瓦解，靡有禦者。預又斬江陵督伍延，渾復斬丞相張悌、丹楊太守沈瑩等，所在戰克。干寶晉紀曰：吳丞相軍師張悌、護軍孫震、丹楊太守沈瑩帥衆三萬濟江，圍成陽都尉張喬於楊荷橋，衆才七千，閉柵自守，舉白接告降。吳副軍師諸葛靚欲屠之，悌曰：「強敵在前，不宜先事其小；且殺降不祥。」靚曰：「此等以救兵未至而力少，故且偽降以緩我，非來伏也。因其無戰心而盡阬之，可以成三軍之氣。若舍之而前，必為後患。」悌不從，撫之而進。與討吳護軍張翰、揚州刺史周浚成陣相對。沈瑩領丹楊銳卒刀楯五千，號曰青巾兵，前後屢陷堅陣，於是以馳淮南軍，三衝不動。退引亂，薛勝、蔣班因其亂而乘之，吳軍以次土崩，將帥不能止，張喬又出其後，大敗吳軍於版橋，獲悌、震、瑩等。襄陽記曰：悌字巨先，襄陽人，少有名理，孫休時為屯騎校尉。魏伐蜀，吳人問悌曰：「司馬氏得政以來，大難屢作，智力雖豐，而百姓未服也。今又竭其資力，遠征巴蜀，兵勞民疲而不知恤，敗於不暇，何以能濟？昔夫差伐齊，非不克勝，所以危亡，不憂其本也，況彼之爭地乎！」悌曰：「不然。曹操雖功蓋中夏，威震四海，崇詐杖術，征伐無已，民畏其威，而不懷其德也。丕、叡承之，係以慘虐，內興宮室，外懼雄豪，東西驅馳，無歲獲安，彼之失民為日久矣。司馬懿父子，自握其柄，累有大功，除其煩苛而布其平惠，為之謀主而救其疾，民心歸之，亦已久矣。故淮南三叛而腹心不擾，曹髦之死，四方不動，摧堅敵如折枯，蕩異同如反掌，任賢使能，各盡其心，非智勇兼人，孰能如之？其威武張矣，本根固矣，羣情服矣，姦計立矣。今蜀閹宦專朝，國無政令，而玩戎黷武，民勞卒弊，競於外利，不脩守備。彼強弱不同，智算亦勝，因危而伐，殆其克乎！若其不克，不過無功，終無退北之憂，覆軍之慮也，何為不可哉？昔楚劒利而秦昭懼，孟明用而晉人憂，彼之得志，故我之大患也。」吳人笑其言，而蜀果降於魏。晉來伐吳，晧使悌督沈瑩、諸葛靚，帥衆三萬渡江逆之。至牛渚，沈瑩曰：「晉治水軍於蜀久矣，今傾國大舉，萬里齊力，必悉益州之衆浮江而下。我上流諸軍，無有戒備，名將皆死，幼少當任，恐邊江諸城，盡莫能禦也。晉之水軍，必至於此矣！宜畜衆力，待來一戰。若勝之日，江西自清，上方雖壞，可還取之。今渡江逆戰，勝不可保，若或摧喪，則大事去矣。」悌曰：「吳之將亡，賢愚所知，非今日也。吾恐蜀兵來至此，衆心必駭懼，不可復整。今宜渡江，可用決戰力爭。若其敗喪，則同死社稷，無所復恨。若其克勝，則北敵奔走，兵勢萬倍，便當乘威南上，逆之中道，不憂不破也。若如子計，恐行散盡，相與坐待敵到，君臣俱降，無復一人死難者，不亦辱乎！」遂渡江戰，吳軍大敗。諸葛靚與五六百人退走，使過迎悌，悌不肯去，靚自往牽之，謂曰：「且夫天下存亡有大數，豈卿一人所知，如何故自取死為？」悌垂涕曰：「仲思，今日是我死日也。且我作兒童時，便為卿家丞相所拔，常恐不得其死，負名賢知顧。今以身徇社稷，復何遁邪？莫牽曳之如是。」靚流涕放之，去百餘步，已見為晉軍所殺。吳錄曰：悌少知名，及處大任，希合時趣，將護左右，清論譏之。搜神記曰：臨海松陽人柳榮從悌至揚州，榮病死船中二日，時軍已上岸，無有埋之者，忽然大呼，言「人縛軍師！人縛軍師！」聲激揚，遂活。人問之，榮曰：「上天北斗門下，見人縛張悌，意中大愕，不覺大呼言，何以縛張軍師。門下人怒榮，叱逐使去。榮便去，怖懼，口餘聲發揚耳。」其日，悌戰死。榮至晉元帝時猶在。三月丙寅，殿中親近數百人叩頭請晧殺岑昬，晧惶憒從之。干寶晉紀曰：殿中親近數百人叩頭請晧曰：「北軍日近，而兵不舉刃，陛下將如之何！」晧曰：「何故？」對曰：「坐岑昬。」晧獨言：「若爾，當以奴謝百姓。」衆因曰：「唯！」遂並起收昬。晧駱驛追止，已屠之也。戊辰，陶濬從武昌還，即引見，問水軍消息，對曰：「蜀船皆小，今得二萬兵，乘大船戰，自足擊之。」於是合衆，授濬節鉞。明日當發，其夜衆悉逃走。而王濬順流將至，司馬伷、王渾皆臨近境。晧用光祿勳薛瑩、中書令胡沖等計，分遣使奉書於濬、伷、渾曰：「昔漢室失統，九州分裂，先人因時，略有江南，遂分阻山川，與魏乖隔。今大晉龍興，德覆四海。闇劣偷安，未喻天命。至於今者，猥煩六軍，衡蓋路次，遠臨江渚，舉國震惶，假息漏刻。敢緣天朝含弘光大，謹遣私署太常張夔等奉所佩印綬，委質請命，惟垂信納，以濟元元。」江表傳載晧將敗與舅何植書曰：「昔大皇帝以神武之略，奮三千之卒，割據江南，席卷交、廣，開拓洪基，欲祚之萬世。至孤末德，嗣守成緒，不能懷集黎元，多為咎闕，以違天度。闇昧之變，反謂之祥，致使南蠻逆亂，征討未克。聞晉大衆，遠來臨江，庶竭勞瘁，衆皆摧退，而張悌不反，喪軍過半。孤甚愧悵，於今無聊。得陶濬表云武昌以西並復不守。不守者，非糧不足，非城不固，兵將背戰耳。兵之背戰，豈怨兵邪？孤之罪也。天文縣變於上，士民憤歎於下，觀此事勢，危如累卵，吳祚終訖，何其局哉！天匪亡吳，孤所招也。瞑目黃壤，當復何顏見四帝乎！公其勗勉奇謨，飛筆以聞。」晧又遺羣臣書曰：「孤以不德，忝繼先軌。處位歷年，政教凶悖，遂令百姓久困塗炭，至使一朝歸命有道，社稷傾覆，宗廟無主，慚愧山積，沒有餘罪。自惟空薄，過偷尊號，才瑣質穢，任重王公，故周易有折鼎之誡，詩人有彼其之譏。自居宮室，仍抱篤疾，計有不足，思慮失中，多所荒替。邊側小人，因生酷虐，虐毒橫流，忠順被害。闇昧不覺，尋其壅蔽，孤負諸君，事已難圖，覆水不可收也。今大晉平治四海，勞心務於擢賢，誠是英俊展節之秋也。管仲極讎，桓公用之，良、平去楚，入為漢臣，舍亂就理，非不忠也。莫以移朝改朔，用損厥志。嘉勗休尚，愛敬動靜。夫復何言，投筆而已！」壬申，王濬最先到，於是受晧之降，解縛焚櫬，延請相見。晉陽秋曰：濬收其圖籍，領州四，郡四十三，縣三百一十三，戶五十二萬三千，吏三萬二千，兵二十三萬，男女口二百三十萬，米穀二百八十萬斛，舟船五千餘艘，後宮五千餘人。伷以晧致印綬於己，遣使送晧。晧舉家西遷，以太康元年五月丁亥集於京邑。四月甲申，詔曰：「孫晧窮迫歸降，前詔待之以不死，今晧垂至，意猶愍之，其賜號為歸命侯。進給衣服車乘，田三十頃，歲給穀五千斛，錢五十萬，絹五百匹，綿五百斤。」晧太子瑾拜中郎，諸子為王者，拜郎中。搜神記曰：吳以草創之國，信不堅固，邊屯守將，皆質其妻子，名曰保質。童子少年，以類相與嬉遊者，日有十數。永安二年三月，有一異兒，長四尺餘，年可六七歲，衣青衣，來從羣兒戲，諸兒莫之識也，皆問曰：「爾誰家小兒，今日忽來？」答曰：「見爾羣戲樂，故來耳。」詳而視之，眼有光芒，爚爚外射。諸兒畏之，重問其故。兒乃答曰：「爾惡我乎？我非人也，乃熒惑星也。將有以告爾：三公鉏，司馬如。」諸兒大驚，或走告大人，大人馳往觀之。兒曰：「舍爾去乎！」竦身而躍，即以化矣。仰而視之，若引一匹練以登天。大人來者，猶及見焉，飄飄漸高，有頃而沒。時吳政峻急，莫敢宣也。後五年而蜀亡，六年而晉興，至是而吳滅，司馬如矣。干寶晉紀曰：王濬治船於蜀，吾彥取其流柹以呈孫晧曰：「晉必有攻吳之計，宜增建平兵。建平不下，終不敢渡江。」晧弗從。陸抗之克步闡，晧意張大，乃使尚廣筮并天下，遇同人之頤，對曰：「吉。庚子歲，青蓋當入洛陽。」故晧不修其政，而恆有窺上國之志。是歲也實在庚子。

五年，晧死於洛陽。吳錄曰：晧以四年十二月死，時年四十二，葬河南縣界。

評曰：孫亮童孺而無賢輔，其替位不終，必然之勢也。休以舊愛宿恩，任用興、布，不能拔進良才，改絃易張，雖志善好學，何益救亂乎？又使既廢之亮不得其死，友于之義薄矣。晧之淫刑所濫，隕斃流黜者，蓋不可勝數。是以羣下人人惴恐，皆日日以冀，朝不謀夕。其熒惑巫祝，交致祥瑞，以為至急。昔舜、禹躬稼，至聖之德，猶或矢誓衆臣，予違女弼，或拜昌言，常若不及。況晧凶頑，肆行殘暴，忠諫者誅，讒諛者進，虐用其民，窮淫極侈，宜腰首分離，以謝百姓。既蒙不死之詔，復加歸命之寵，豈非曠蕩之恩，過厚之澤也哉！孫盛曰：夫古之立君，所以司牧羣黎，故必仰協乾坤，覆燾萬物；若乃淫虐是縱，酷被羣生，則天殛之，剿絕其祚，奪其南面之尊，加其獨夫之戮。是故湯、武抗鉞，不犯不順之譏；漢高奮劒，而無失節之議。何者？誠四海之酷讎，而人神之所擯故也。況晧罪為逋寇，虐過辛、癸，梟首素旗，猶不足以謝冤魂，洿室薦社，未足以紀暴迹，而乃優以顯命，寵錫仍加，豈龔行天罰，伐罪弔民之義乎？是以知僭逆之不懲，而凶酷之莫戒。詩云「取彼譖人，投畀豺虎」，聊譖猶然，矧僭虐乎？且神旗電埽，兵臨偽窟，理窮勢迫，然後請命，不赦之罪既彰，三驅之義又塞，極之權道，亦無取焉。陸機著辨亡論，言吳之所以亡，其上篇曰：昔漢氏失御，姦臣竊命，禍基京畿，毒遍宇內，皇綱弛紊，王室遂卑。於是羣雄蠭駭，義兵四合，吳武烈皇帝慷慨下國，電發荊南，權略紛紜，忠勇伯世，威稜則夷羿震蕩，兵交則醜虜授馘，遂掃清宗祊，蒸禋皇祖。於時雲興之將帶州，飆起之師跨邑，哮闞之羣風驅，熊羆之族霧集，雖兵以義合，同盟戮力，然皆包藏禍心，阻兵怙亂，或師無謀律，喪威稔寇，忠規武節，未有若此其著者也。武烈既沒，長沙桓王逸才命世，弱冠秀發，招攬遺老，與之述業。神兵東驅，奮寡犯衆，攻無堅城之將，戰無交鋒之虜。誅叛柔服而江外底定，飾法脩師而威德翕赫，賓禮名賢而張昭為之雄，交御豪俊而周瑜為之傑。彼二君子，皆弘敏而多奇，雅達而聰哲，故同方者以類附，等契者以氣集，而江東蓋多士矣。將北伐諸華，誅鉏干紀，旋皇輿於夷庚，反帝座於紫闥，挾天子以令諸侯，清天步而歸舊物，戎車既次，羣凶側目，大業未就，中世而隕。用集我大皇帝，以奇蹤襲於逸軌，叡心發乎令圖，從政咨於故實，播憲稽乎遺風，而加之以篤固，申之以節儉，疇咨俊茂，好謀善斷，束帛旅於丘園，旌命交於塗巷。故豪彥尋聲而響臻，志士希光而影騖，異人輻輳，猛士如林。於是張昭為師傅，周瑜、陸公、魯肅、呂蒙之疇入為腹心，出作股肱；甘寧、凌統、程普、賀齊、朱桓、朱然之徒奮其威，韓當、潘璋、黃蓋、蔣欽、周泰之屬宣其力；風雅則諸葛瑾、張承、步騭以名聲光國，政事則顧雍、潘濬、呂範、呂岱以器任幹職，奇偉則虞翻、陸績、張溫、張惇以諷議舉正，奉使則趙咨、沈珩以敏達延譽，術數則吳範、趙達以禨祥協德，董襲、陳武殺身以衞主，駱統、劉基強諫以補過，謀無遺算，舉不失策。故遂割據山川，跨制荊、吳，而與天下爭衡矣。魏氏常藉戰勝之威，率百萬之師，浮鄧塞之舟，下漢陰之衆，羽楫萬計龍躍順流銳騎千旅虎步原隰謀臣盈室武將連衡喟然有吞江滸之志一宇宙之氣而周瑜驅我偏師黜之赤壁喪旗亂轍僅而獲免收迹遠遁漢王亦馮帝王之號率巴漢之民乘危騁變結壘千里志報關羽之敗圖收湘西之地而我陸公亦挫之西陵覆師敗績困而後濟絕命永安續以濡須之寇臨川摧銳蓬籠之戰子輪不反由是二邦之將喪氣挫鋒勢衄財匱而吳藐然坐乘其弊故魏人請好漢氏乞盟遂躋天號鼎峙而立西屠庸蜀之郊北裂淮漢之涘東苞百越之地南括羣蠻之表於是講八代之禮蒐三王之樂告類上帝拱揖羣后虎臣毅卒循江而守長戟勁鎩望飆而奮庶尹盡規於上四民展業於下化協殊裔風衍遐圻乃俾一介行人撫巡外域巨象逸駿擾於外閑明珠瑋寶耀於內府珍瑰重跡而至奇玩應響而赴輶軒騁於南荒衝輣息於朔野齊民免干戈之患戎馬無晨服之虞而帝業固矣大皇既歿幼主蒞朝姦回肆虐景皇聿興虔修遺憲政無大闕守文之良主也降及歸命之初典刑未滅故老猶存大司馬陸公以文武熙朝左丞相陸凱以謇諤盡規而施績范慎以威重顯丁奉鍾離斐以武毅稱孟宗丁固之徒爲公卿樓玄賀邵之屬掌機事元首雖病股肱猶良爰及末葉羣公既喪然後黔首有瓦解之志皇家有土崩之釁歷命應化而微王師躡運而發卒散於陣民奔於邑城池無藩籬之固山川無溝阜之勢非有工輸雲梯之械智伯灌激之害楚子築室之圍燕人濟西之隊軍未浹辰而社稷夷矣雖忠臣孤憤烈士死節將奚救哉夫曹劉之將非一世之選向時之師無曩日之衆戰守之道抑有前符險阻之利俄然未改而成敗貿理古今詭趣何哉彼此之化殊授任之才異也其下篇曰昔三方之王也魏人據中夏漢氏有岷益吳制荊揚而奄交廣曹氏雖功濟諸華虐亦深矣其民怨矣劉公因險飾智功已薄矣其俗陋矣吳桓王基之以武太祖成之以德聰明睿達懿度深遠矣其求賢如不及恤民如稚子接士盡盛德之容親仁罄丹府之愛拔呂蒙於戎行識潘濬於係虜推誠信士不恤人之我欺量能受器不患權之我逼執鞭鞠躬以重陸公之威悉委武衞以濟周瑜之師卑宮菲食以豐功臣之賞披懷虛己以納謨士之算故魯肅一面而自託士燮蒙險而效命高張公之德而省游田之娛賢諸葛之言而割情欲之歡感陸公之規而除刑政之煩奇劉基之議而作三爵之誓屛氣跼蹐以伺子明之疾分滋損甘以育凌統之孤登壇慷慨歸魯肅之功削投惡言信子瑜之節是以忠臣競盡其謀志士咸得肆力洪規遠略固不厭夫區區者也故百官苟合庶務未遑初都建業羣臣請備禮秩天子辭而不許曰天下其謂朕何宮室輿服蓋慊如也爰及中葉天人之分既定百度之缺粗修雖醲化懿綱未齒乎上代抑其體國經民之具亦足以爲政矣地方幾萬里帶甲將百萬其野沃其民練其財豐其器利東負滄海西阻險塞長江制其區宇峻山帶其封域國家之利未見有弘於茲者矣借使中才守之以道善人御之有術敦率遺憲勤民謹政循定策守常險則可以長世永年未有危亡之患也或曰吳蜀脣齒之國蜀滅則吳亡理則然矣夫蜀蓋藩援之與國而非吳人之存亡也何則其郊境之接重山積險陸無長轂之徑川阨流迅水有驚波之艱雖有銳師百萬啓行不過千夫舳艫千里前驅不過百艦故劉氏之伐陸公喻之長蛇其勢然也昔蜀之初亡朝臣異謀或欲積石以險其流或欲機械以御其變天子總羣議而諮之大司馬陸公陸公以四瀆天地之所以節宣其氣固無可遏之理而機械則彼我之所共彼若棄長技以就所屈即荊揚而爭舟楫之用是天贊我也將謹守峽口以待禽耳逮步闡之亂憑寶城以延強寇重資幣以誘羣蠻於是大邦之衆雲翔電發縣旍江介築壘遵渚襟帶要害以止吳人之西而巴漢舟師沿江東下陸公以偏師三萬北據東坑深溝高壘案甲養威反虜踠跡待戮而不敢北闚生路彊寇敗績宵遁喪師大半分命銳師五千西禦水軍東西同捷獻俘萬計信哉賢人之謀豈欺我哉自是烽燧罕警封域寡虞陸公沒而潛謀兆吳釁深而六師駭夫太康之役衆未盛乎曩日之師廣州之亂禍有愈乎向時之難而邦家顚覆宗廟爲墟嗚呼人之云亡邦國殄瘁不其然與易曰湯武革命順乎天玄曰亂不極則治不形言帝王之因天時也古人有言曰天時不如地利易曰王侯設險以守其國言爲國之恃險也又曰地利不如人和在德不在險言守險之由人也吳之興也參而由焉孫卿所謂合其參者也及其亡也恃險而已又孫卿所謂舍其參者也夫四州之萌非無衆也大江之南非乏俊也山川之險易守也勁利之器易用也先政之業易循也功不興而禍遘者何哉所以用之者失也故先王達經國之長規審存亡之至數恭己以安百姓敦惠以致人和寬沖以誘俊乂之謀慈和以結士民之愛是以其安也則黎元與之同慶及其危也則兆庶與之共患安與衆同慶則其危不可得也危與下同患則其難不足卹也夫然故能保其社稷而固其土宇麥秀無悲殷之思黍離無愍周之感矣

吳志卷三考證

孫亮心自不安○太平御覽作心不自安

勸爲亮納○太平御覽作勸權爲亮納爲妃

閏月以恪爲帝太傅○臣龍官按以孫休永安元年與晧元興元年例之閏月上應有建興元年四字未有嗣君改元而不書其紀年之理

召還據等聞綝代峻大怒○臣浩按文義似應作召還據等據等聞綝代峻大怒應重書據等二字

日於苑中習焉注綝遇爍矢故成亮之慧○慧監本作惠今從毛本作慧然晉宋以下史慧惠多通用

詔州郡伐宮材○宮材毛本作官材

孫休有老公于休叩頭曰○于休宋本作千休

以會稽南郡爲建安郡○南郡宜作南部

大赦注政以治民是以政成而民則○治民宋本作正民民則宋本作民聽

又注然欲令難犯何患無名○宋本然作休

癸未休薨注休寢疾口不能言○監本訛作日不能言今改正

孫晧宣明至懷注孫休時父亮爲尚書令○孫休時太平御覽作景皇時

又注西王失土爲君王所禮○西王冊府作西主

儼道病死注衆其榮耀無古人延耆之美○太平御覽作衆其榮耀無古人延耆之美

九眞日南皆還屬注璜等怒面縛吳詰之曰晉兵賊○兵字疑衍

送付建安作船注吏收嚀喪○監本訛作更收嚀喪今改正

太平始注所有七穿騈羅穿中邑黃赤○七穿宋本作土穿

又注晧大喜曰吳當爲九州作都渚乎○宋本無爲字

是歲奸情發聞伏誅注俶表立彈曲二十人專糾司不法○表立監本訛作表正今改正

又注彈曲承言收繫囹圄○收繫監本訛作收累今改正

又注取小妻三十餘人○宋本三十作二十

所在戰克注悌不肯去親自往牽之謂曰且夫天下存亡有大數豈卿一人所知○臣明楷按且夫二字疑衍或爲巨先之譌巨先張悌字也下文悌曰仲思今日是我死日也明爲彼此相字

晧惶憒從之注晧殿中親近數百人叩頭請晧曰○謂晧宋本作請晧

延請相見注郡四十二○太平御覽作郡三十三

諸子爲王者拜郎中○太平御覽作皆拜郎中

五年晧死於洛陽○臣清植按蜀志於安樂公書曰公太始七年薨於洛陽而晧則書名書死亦見史法

昔舜禹躬稼至聖之德○稼字疑衍

過厚之澤也哉注則天人殛之○宋本無人字

又注遂掃清宗祊蒸禋皇祖○宗祊監本誤宗枋今改正

又注丁奉鍾離斐以武毅稱○何焯曰文選無鍾字注云魏將諸葛誕據壽春降魏人圍之使奉與黎斐解圍奉爲先登黎斐力戰拜左將軍黎與離音相近是一人但字不同臣浩按李善所見之本必可徵信但此斐字恐牧字之譌鍾離牧爲武陵太守以少衆討平五谿事在蜀并于魏之後作牧爲得也

又注分命銳師三千○宋本作五千

吳志卷四

晉著作郎巴西中正安漢陳　壽撰

宋太中大夫國子博士聞喜裴松之注

劉繇子基　太史慈　士燮子徽燮弟壹壹子匡

劉繇字正禮東萊牟平人也齊孝王少子封牟平侯子孫家焉繇伯父寵爲漢太尉續漢書曰繇祖父本師受經傳博學羣書號爲通儒舉賢良方正爲般長卒官寵字祖榮受父業以經明行脩舉孝廉光祿大夫察四行除東平陵令視事數年以母病棄官百姓士民攀輿拒輪充塞道路車不得前乃止亭輕服潛遁歸脩供養後辟大將軍府稍遷會稽太守正身率下郡中大治徵入爲將作大匠山陰縣民去治數十里有若邪中在山谷間五六老翁年皆七八十聞寵遷相率共送寵人齎百錢寵見勞來曰父老何乃自苦遠來皆對曰山谷鄙老生未嘗至郡縣他時吏發求不去民間或夜不絕狗吠竟夕民不得安自明府下車以來狗不夜吠吏稀至民間年老遭值聖化今聞當見棄去故勠力來送寵謝之爲選受一大錢故會稽號寵爲取一錢太守其清如是寵前後歷二郡八居九列四登三事家不藏賄無重寶器恆菲飲食薄衣服弊車羸馬號爲窶陋三去相位輒歸本土往來京師常下道脱驂過人莫知爲寵嘗欲止亭亭吏止之曰整頓傳舍以待劉公不可得止寵因過去其廉儉皆此類也以老病卒於家繇兄岱字公山歷位侍中兗州刺史續漢書曰繇父輿一名方山陽太守岱繇皆有雋才英雄記稱岱孝悌仁恕以虛己受人繇年十九從父韙爲賊所劫質繇簒取以歸由是顯名舉孝廉爲郎中除下邑長時郡守以貴戚託之遂棄官去州辟部濟南濟南相中常侍子貪穢不循繇奏免之平原陶丘洪薦繇欲令舉茂才刺史曰前年舉公山奈何復舉正禮乎洪曰若明使君用公山於前擢正禮於後所謂御二龍於長途騁騏驥於千里不亦可乎會辟司空掾除侍御史不就避亂淮浦詔書以爲揚州刺史時袁術在淮南繇畏憚不敢之州欲南渡江吳景孫賁迎置曲阿術圖爲僭逆攻沒諸郡縣繇遣樊能張英屯江邊以拒之以景賁術所授用乃迫逐使去於是術乃自置揚州刺史與景賁并力攻英能等歲餘不下漢命加繇爲牧振武將軍衆數萬人孫策東渡破英能等繇奔丹徒袁宏漢紀曰劉繇將奔會稽許子將曰會稽富實策之所貪且窮在海隅不可往也不如豫章北連豫壤西接荊州若收合吏民遣使貢獻與曹兗州相聞雖有袁公路隔在其間其人豺狼不能久也足下受王命孟德景升必相救濟繇從之遂泝江南保豫章駐彭澤笮融先至殺太守朱皓笮音壯力反獻帝春秋曰是歲繇屯彭澤又使融助晧討劉表所用太守諸葛玄許子將謂繇曰笮融出軍不顧命名義者也朱文明善推誠以信人宜使密防之融到果詐殺晧代領郡事入居郡中繇進討融爲融所破更復招合屬縣攻破融融敗走入山爲民所殺繇尋病卒時年四十二笮融者丹陽人初聚衆數百往依徐州牧陶謙謙使督廣陵彭城運漕遂放縱擅殺坐斷三郡委輸以自入乃大起浮圖祠以銅爲人黃金塗身衣以錦采垂銅槃九重下爲重樓閣道可容三千餘人悉課讀佛經令界內及旁郡人有好佛者聽受道復其他役以招致之由此遠近前後至者五千餘人戶每浴佛多設酒飯布席於路經數十里民人來觀及就食且萬人費以巨億計曹公攻陶謙徐土搔動融將男女萬口馬三千匹走廣陵廣陵太守趙昱待以賓禮先是彭城相薛禮爲陶謙所偪屯秣陵融利廣陵之衆因酒酣殺昱放兵大略因載而去過殺禮然後殺晧後策西伐江夏還過豫章收載繇喪善遇其家王朗遺策書曰劉正禮昔初臨州未能自達實賴尊門爲之先後用能濟江成治有所處定踐境之禮感分結意情在終始後以袁氏之嫌稍更乖刺更以同盟還爲讎敵原其本心實非所樂康寧之後常念渝平更成復踐宿好一爾分離款意不昭奄然殂隕可爲傷恨知敦以厲薄德以報怨收骨育孤哀亡愍存捐既往之猜保六尺之託誠深恩重分美名厚實也昔魯人雖有齊怨不廢喪紀春秋善之謂之得禮誠良史之所宜藉鄉校之所歎聞正禮元子致有志操想必有以殊異威盛刑行施之以恩不亦優哉繇長子基字敬輿年十四居繇喪盡禮故吏餽餉皆無所受吳書曰基遭多難嬰丁困苦潛處味道不以爲戚與羣弟居常夜臥早起妻妾希見其面諸弟敬憚事之猶父不妄交游門無雜賓姿容美好孫權愛敬之權爲驃騎將軍辟東曹掾拜輔義校尉建忠中郎將權爲吳王遷基大農權嘗宴飲騎都尉虞翻醉酒犯忤權欲殺之威

怒甚盛由基諫爭翻以得免權大暑時嘗於船中宴飲於船樓上值雷雨權以蓋自覆又命覆基餘人不得也其見待如此從郎中令權稱尊號改爲光祿勳分平尚書事年四十九卒後權爲子霸納基女賜第一區四時寵賜與全張比基二弟鑠尚皆騎都尉

太史慈字子義東萊黃人也少好學仕郡奏曹史會郡與州有隙曲直未分以先聞者爲善時州章已去郡守恐後之求可使者慈年二十一以選行晨夜取道到洛陽詣公車門見州吏始欲求通慈問曰君欲通章邪吏曰然問章安在曰車上慈曰章題署得無誤邪取來視之吏殊不知其東萊人也因爲取章慈已先懷刀便截敗之吏踊躍大呼言人壞我章慈將至車間與語曰向使君不以章相與吾亦無因得敗之是爲吉凶禍福等耳吾不獨受此罪豈若默然俱出去可以存易亡無事俱就刑辟吏言君爲郡敗吾章已得如意欲復亡爲慈答曰初受郡遣但來視章通與未耳吾用意太過乃相敗章今還亦恐以此見譴怒故俱欲去爾吏然慈言即日俱去慈既與出城因遁還通郡章州家聞之更遣吏通章有司以格章之故不復見理州受其短由是知名而爲州家所疾恐受其禍乃避之遼東北海相孔融聞而奇之數遣人訊問其母幷致餉遺時融以黃巾寇暴出屯都昌爲賊管亥所圍慈從遼東還母謂慈曰汝與孔北海未嘗相見至汝行後贍恤殷勤過於故舊今爲賊所圍汝宜赴之慈留三日單步徑至都昌時圍尚未密夜伺閒隙得入見融因求兵出斫賊融不聽欲待外救外救未有至者而圍日偪融欲告急平原相劉備城中人無由得出慈自請求行融曰今賊圍甚密衆人皆言不可卿意雖壯無乃實難乎慈對曰昔府君傾意於老母老母感遇遣慈赴府君之急固以慈有可取而來必有益也今衆人言不可慈亦言不可豈府君愛顧之義老母遣慈之意邪事已急矣願府君無疑融乃然之於是嚴行蓐食須明便帶鞬攝弓上馬將兩騎自隨各作一的持之開門直出外圍下左右人並驚駭兵馬互出慈引馬至城下塹內植所持的各一出射之射之畢徑入門明晨復如此圍下人或起或臥慈復植的射之畢復入門明晨復出如此無復起者於是下鞭馬直突圍中馳去比賊覺知慈行已過又射殺數人皆應弦而倒故無敢追者遂到平原說備曰慈東萊之鄙人也與孔北海親非骨肉比非鄉黨特以名志相好有分災共患之義今管亥暴亂北海被圍孤窮無援危在旦夕以君有仁義之名能救人之急故北海區區延頸恃仰使慈冒白刃突重圍從萬死之中自託於君惟君所以存之備斂容答曰孔北海知世間有劉備邪即遣精兵三千人隨慈賊聞兵至解圍散走融既得濟益奇貴慈曰卿吾之少友也事畢還啓其母母曰我喜汝有以報孔北海也揚州刺史劉繇與慈同郡慈自遼東還未與相見暫渡江到曲阿見繇未去會孫策至或勸繇可以慈爲大將軍繇曰我若用子義許子將不當笑我邪但使慈偵視輕重時獨與一騎卒遇策策從騎十三皆韓當宋謙黃蓋輩也慈便前鬬正與策對策刺慈馬而擥得慈項上手戟慈亦得策兜鍪會兩家兵騎並各來赴於是解散慈當與繇俱奔豫章而遁於蕪湖亡入山中稱丹陽太守是時策已平定宣城以東惟涇以西六縣未服慈因進住涇縣立屯府大爲山越所附策躬自攻討遂見囚執策即解縛捉其手曰寧識神亭時邪若卿爾時得我云何慈曰未可量也策大笑曰今日之事當與卿共之吳歷云慈於神亭戰敗爲策所執策素聞其名即解縛請見咨問進取之術慈答曰破軍之將不足與論事策曰昔韓信定計於廣武今策決疑於仁者君何辭焉慈曰州軍新破士卒離心若儻分散難復合聚欲出宣恩安集恐不合尊意策長跪答曰誠本心所望也明日中望君來還諸軍皆疑策曰太史子義青州名士以信義爲先終不欺策明日大請諸將豫設酒食立竿視影日中而慈至策大悅常與參論諸軍事臣松之按吳歷云慈於神亭戰敗爲策所得與本傳大異疑爲謬誤江表傳曰策謂慈曰聞卿昔爲太守劫州章赴文舉請詣玄德皆有烈義天下智士也但所託未得其人射鉤斬袪古人不嫌孤是卿知己勿憂不如意也出教曰龍欲騰翥先階尺木者也即署門下督還吳授兵拜折衝中郎將後劉繇亡於豫章士衆萬餘人未有所附策命慈往撫安焉江表傳曰策謂慈曰劉牧往責吾爲袁氏攻廬江其意頗猥理恕不足何者先君手下兵數千餘人盡在公路許孤志在立事不得不屈意於公路求索故兵再往纔得千餘人耳仍令孤攻廬江爾時事勢不得不爲行但其後不遵臣節自棄作邪僭事諫之不從丈夫義交苟有大故不得不離孤交求公路及絕之本末如此今劉繇表亡恨不及其生時與共論辯今兒子在豫章不知華子魚待遇何如其故部曲復依隨之否卿則州人昔又從事寧能往視其兒子並宣孤意於其部曲部曲樂來者便與俱來不樂來者且安慰之幷觀察子魚所以牧禦方規何似視廬陵鄱陽人民親附之否卿手下兵宜將多少自由意慈對曰慈有不赦之罪將軍量同桓文待遇過望古人報生以死期於盡節沒而後已今並息兵兵不宜多將數十人自足以往還也左右皆曰慈必北去不還策曰子義捨我當復與誰餞送昌門把腕別曰何時能還答曰不過六十日果如期而反江表傳曰策初遣慈議者紛紜謂慈未可信或云與華子魚州里恐留彼爲籌策或疑慈西託黃祖假路還北多言遣之非計策曰諸君語皆非也孤斷之詳矣太史子義雖氣勇有膽烈然非縱橫之人其心有士謨志經道義貴重然諾一以意許知己死亡不相負諸君勿復憂也慈從豫章還議者乃始服慈見策曰華子魚良德也然非籌略才無他方規自守而已又丹陽僮芝自擅廬陵詐言被詔書爲太守鄱陽民帥別立宗部阻兵守界不受子魚所遣長吏言我以別立郡須漢遣眞太守來當迎之耳子魚不但不能諧廬陵鄱陽近自海昏有上繚壁有五六千家相結聚作宗伍惟輸租布於郡耳發召一人遂不可得子魚亦覩視之而已策拊掌大笑仍有兼幷之志矣頃之遂定豫章劉表從子磐驍勇數爲寇於艾西安諸縣策於是分海昏建昌左右六縣以慈爲建昌都尉治海昏幷督諸將拒磐磐絕跡不復爲寇慈長七尺七寸美鬚髯猨臂善射弦不虛發嘗從策討麻保賊賊於屯裏緣樓上行詈以手持樓棼慈引弓射之矢貫手著棼圍外萬人莫不稱善其妙如此曹公聞其名遺慈書以篋封之發省無所道而但貯當歸孫權統事以慈能制磐遂委南方之事年四十一建安十一年卒吳書曰慈臨亡歎息曰丈夫生世當帶七尺之劒以升天子之階今所志未從奈何而死乎權甚悼惜之子亨官至越騎校尉吳書曰亨字元復歷尚書吳郡太守

士燮字威彥蒼梧廣信人也其先本魯國汶陽人至王莽之亂避地交州六世至燮父賜桓帝時爲日南太守燮少游學京師事潁川劉子奇治左氏春秋察孝廉補尚書郎公事免官父賜喪闋後舉茂材除巫令遷交阯太守弟壹初爲郡督郵刺史丁宮徵還京都壹侍送勤恪宮感之臨別謂曰刺史若待罪三事當相辟也後宮爲司徒辟壹比至宮已免黃琬代爲司徒甚禮遇壹董卓作亂壹亡歸鄉里吳書曰琬與卓相害而壹盡心於琬甚有聲稱卓惡之乃署教曰司徒掾士壹不得除用故歷年不遷會卓入關壹乃亡歸交州刺史朱符爲夷賊所殺州郡擾亂燮乃表壹領合浦太守次弟徐聞令䵋領九眞太守䵋音于鄙反見字林䵋弟武領海南太守燮體器寬厚謙虛下士中國士人往依避難者以百數耽玩春秋爲之注解陳國袁徽與尚書令荀彧書曰交阯士府君既學問優博又達於從政處大亂之中保全一郡二十餘年疆場無事民不失業羇旅之徒皆蒙其慶雖竇融保河西曷以加之官事小闋輒玩習書傳春秋左氏傳尤簡練精微吾數以咨問傳中諸疑皆有師說意思甚密又尚書兼通古今大義詳備聞京師古今之學是非忿爭今欲條左氏尚書長義上之其見稱如此燮兄弟並爲列郡雄長一州偏在萬里威尊無上出入鳴鍾磬備具威儀笳簫鼓吹車騎滿道胡人夾轂焚燒香者常有數十妻妾乘輜軿子弟從兵騎當時貴重震服百蠻尉他不足踰也葛洪神仙傳曰燮嘗病死已三日仙人董奉以一丸藥與服以水含之捧其頤搖消之食頃即開目動手顏色漸復半日能起坐四日復能語遂復常奉字君異候官人也武先病沒朱符死後漢遣張津爲交州刺史津後又爲其將區景所殺而荊州牧劉表遣零陵賴恭代津是時蒼梧太守史璜死表又遣吳巨代之與恭俱至漢聞張津死賜燮璽書曰交州絕域南帶江海上恩不宜下義壅隔知逆賊劉表又遣賴恭闚看南土今以燮爲綏南中郎將董督七郡領交阯太守如故後燮遣吏張旻奉貢詣京都是時天下喪亂道路斷絕而燮不廢貢職特復下詔拜安遠將軍封龍度亭侯後巨與恭相失舉兵逐恭恭走還零陵建安十五年孫權遣步騭爲交州刺史騭到燮率兄弟奉承節度而吳巨懷異心騭斬之權加燮爲左將軍建安末年燮遣子廞入質權以爲武昌太守燮壹諸子在南者皆拜中郎將燮又誘導益州豪姓雍闓等率郡人民使遙東附權益嘉之遷衞將軍封龍編侯弟壹偏將軍都鄉侯燮每遣使詣權致雜香細葛輒以千數明珠大貝流離翡翠瑇瑁犀象之珍奇物異果蕉邪龍眼之屬無歲不至壹時貢馬凡數百匹權輒爲書厚加寵賜以答慰之燮在郡四十餘歲黃武五年年九十卒權以交阯縣遠乃分合浦以北爲廣州呂岱爲刺史交阯以南爲交州戴良爲刺史又遣陳時代燮爲交阯太守岱留南海良與時俱前行到合浦而燮子徽自署交阯太守發宗兵拒良良留合浦交阯桓鄰燮舉吏也叩頭諫徽使迎良徽怒笞殺鄰鄰兄治子發又合宗兵擊徽徽閉門城守治等攻之數月不能下乃約和親各罷兵還而呂岱被詔誅徽自廣州將兵晝夜馳入過合浦與良俱前壹子中郎將匡與岱有舊岱署匡師友從事先移書交阯告喻禍福又遣匡見徽說令服罪雖失郡守保無他憂岱尋匡後至徽兄祗弟幹頌等六人肉袒奉迎岱謝令復服前至郡下明旦早施帳幔請徽兄弟以次入賓客滿坐岱起擁節讀詔書數徽罪過左右因反縛以出即皆伏誅傳首詣武昌孫盛曰夫柔遠能邇莫善於信保大定功莫善於義故齊桓創基德彰於柯會晉文始伯義顯於伐原故能九合一匡世主夏盟令問長世貽範百王呂岱師友士匡使通信誓徽兄弟肉袒推心委命岱因滅之以要功利君子是以知孫權之不能遠略而呂氏之祚不延者也壹䵋匡後出權原其罪及燮質子廞皆免爲庶人數歲壹䵋坐法誅廞病卒無子妻寡居詔在所月給俸米賜錢四十萬

評曰劉繇藻厲名行好尚臧否至於擾攘之時據萬里之土非其長也太史慈信義篤烈有古人之分士燮作守南越優游終世至子不慎自貽凶咎蓋庸才玩富貴而恃阻險使之然也

吳志卷四考證

劉繇繇伯父寵爲漢太尉注山陰縣民去治數十里○民各本俱訛作氏今改正

又注八居九列四登三事○毛本作入居九列

中常侍子貪穢不循○循冊府作脩

漢命加繇爲牧振武將軍衆萬餘人○宋本作衆數萬人

殺太守朱晧注笮融出軍不顧命名義者也○冊府無命字

因酒酣殺昱○監本誤阻誅殺昱今改正

後策西伐江夏○監本誤路住江夏今改正

太史慈州家聞之更遣吏通章○通章監本誤有章今改正

策命慈往撫安焉注但其後不違臣節○不違宋本作不遵

子亨官至越騎校尉○監本亨作享今改正

士燮壹亡歸鄉里注會卓入闕壹乃亡歸○闕疑作關

䵋弟武領海南太守○海南宋本作南海

尉他不足踰也注捧其頤搖稍之○臣龍官按搖稍二字不可解稍疑當作捎廣韻搖捎動也蓋謂捧其頭搖動之也

燮又誘導益州豪姓雍闓等率郡人民使遥東附○遥監本訛作搖今改正

蓋庸才玩富貴而恃阻險○毛本無阻字

吳志卷五

晉 著作郎巴西中正安漢陳 壽撰

宋 太中大夫國子博士聞喜裴松之注

孫破虜吳夫人 夫人弟景

吳主權謝夫人 權徐夫人 祖父眞 眞子琨

權步夫人 權王夫人

權王夫人 權潘夫人

孫亮全夫人 孫休朱夫人

孫和何姬 孫晧滕夫人

孫破虜吳夫人吳主權母也本吳人徙錢塘早失父母與弟景居孫堅聞其才貌欲娶之吳氏親戚嫌堅輕狡將拒焉堅甚以慙恨夫人謂親戚曰何愛一女以取禍乎如有不遇命也於是遂許爲婚生四男一女 搜神記曰初夫人孕而夢月入其懷既而生策及權在孕又夢日入其懷以告堅曰昔妊策夢月入我懷今也又夢日入我懷何也堅曰日月者陰陽之精極貴之象吾子孫其興乎 景常隨堅征伐有功拜騎都尉袁術上景領丹陽太守討故太守周昕遂據其郡孫策與孫河呂範依景合衆共討涇縣山賊祖郎郎敗走會景爲劉繇所迫復北依術術以爲督軍中郎將與孫賁共討樊能于糜於橫江又擊笮融薛禮於秣陵時策被創牛渚降賊復反景攻討盡禽之從討劉繇繇奔豫章策遣景賁到壽春報術術方與劉備爭徐州以景爲廣陵太守術後僭號策以書喻術術不納便絕江津不與通使人告景景卽委郡東歸策復以景爲丹陽太守漢遣議郎王誧 音普 銜命南行表景爲揚武將軍領郡如故及權少年統業夫人助治軍國甚有補益 會稽典錄曰策功曹魏騰以迕意見譴將殺之士大夫憂恐計無所出夫人乃倚大井而謂策曰汝新造江南其事未集方當優賢禮士捨過錄功魏功曹在公盡規汝今日殺之則明日人皆叛汝吾不忍見禍之及當先投此井中耳策大驚遽釋騰夫人智略權譎類皆如此 建安七年臨薨引見張昭等屬以後事合葬高陵 志林曰案會稽貢舉簿建安十二年到十三年闕無舉者云府君遭憂此則吳后以十二年薨也八年九年皆有貢舉斯甚分明 八年景卒官子奮授兵爲將封新亭侯卒 吳書曰權征荊州拜奮吳郡都督以鎭東方 子安嗣安坐黨魯王霸死奮弟祺 吳書曰祺與張溫顧譚友善權令關平辭訟事 封都亭侯卒子纂嗣纂妻卽滕胤女也胤被誅并遇害

吳主權謝夫人會稽山陰人也父煚漢尚書郎徐令 煚子承撰後漢書稱煚幼以仁孝爲行明達有令才弟貞履蹈法度篤學尚義舉孝廉建昌長卒官 權母吳爲權聘以爲妃愛幸有寵後權納姑孫徐氏欲令謝下之謝不肯由是失志早卒後十餘年弟承拜五官郎中稍遷長沙東部都尉武陵太守撰後漢書百餘卷 會稽典錄曰承字偉平博學洽聞嘗所知見終身不忘子崇揚威將軍崇弟勗吳郡太守並知名

吳主權徐夫人吳郡富春人也祖父眞與權父堅相親堅以妹妻眞生琨琨少仕州郡漢末擾亂去吏隨堅征伐有功拜偏將軍堅薨隨孫策討樊能于糜等於橫江擊張英於當利口而船少欲駐軍更求琨母時在軍中謂琨曰恐州家多發水軍來逆人則不利矣如何可駐邪宜伐蘆葦以爲泭佐船渡軍 泭音敷郭璞注方言曰泭水中簰也 琨具啟策策卽行之衆悉俱濟遂破英擊走笮融劉繇事業克定策表琨領丹陽太守會吳景委廣陵來東復爲丹陽守 江表傳曰初袁術遣從弟胤爲丹陽策令琨討而代之會景還以景前任丹陽寬仁得衆吏民所思而琨手下兵多策嫌其太重且方攻伐宜得琨衆乃復用景召琨還吳 琨以督軍中郎將領兵從破廬江太守李術封廣德侯遷平虜將軍後從討黃祖中流矢卒琨生夫人初適同郡陸尚尚卒權爲討虜將軍在吳聘以爲妃使母養子登後權遷移以夫人妬忌廢處吳積十餘年權爲吳王及卽尊號登爲太子羣臣請立夫人爲后權意在步氏卒不許後以疾卒兄矯嗣父琨侯討平山越拜偏將軍先夫人卒無子弟祚襲封亦以戰功至于蕪湖督平魏將軍

吳主權步夫人臨淮淮陰人也與丞相騭同族漢末其母攜將徙廬江廬江爲孫策所破皆東渡江以美麗得幸於權寵冠後庭生二女長曰魯班字大虎前配周瑜子循後配全琮少曰魯育字小虎前配朱據後配劉纂 吳歷曰纂先尚權中女早卒故又以小虎爲繼室 夫人性不妬忌多所推進故久見愛待權爲王及帝意欲以爲后而羣臣議在徐氏權依違者十餘年然宮內皆稱皇后親戚上疏稱中宮及薨臣下緣權指請追正名號乃贈印綬策命曰惟赤烏元年閏月戊子皇帝曰嗚呼皇后惟后佐命共承天地虔恭夙夜與朕均勞內教脩整禮義不愆寬容慈惠有淑懿之德民臣縣望遠近歸心朕以世難未夷大統未一緣后雅志每懷謙損是以于時未授名號亦必謂后降年有永永與朕躬對揚天休不寤奄忽大命近止朕恨本意不早昭顯傷后殂逝不終天祿愍悼之至痛于厥心今使使持節丞相醴陵亭侯雍奉策授號配食先后魂而有靈嘉其寵榮嗚呼哀哉葬於蔣陵

吳主權王夫人琅邪人也 吳書曰夫人父名盧九 夫人以選入宮黃武中得幸生孫和寵次步氏步氏薨後和立爲太子權將立夫人爲后而全公主素憎夫人稍稍譖毀及權寢疾言有喜色由是權深責怒以憂死和子晧立追尊夫人曰大懿皇后封三弟皆列侯

吳主權王夫人南陽人也以選入宮嘉禾中得幸生孫休及和爲太子和母貴重諸姬有寵者皆出居外夫人出公安卒因葬焉休卽位遣使追尊曰敬懷皇后改葬敬陵王氏無後封同母弟文雍爲亭侯

吳主權潘夫人會稽句章人也父爲吏坐法死夫人與姊俱輸織室權見而異之召充後宮得幸有娠夢有以龍頭授已者已以蔽膝受之遂生孫亮赤烏十三年亮立爲太子請出嫁夫人之姊權聽許之明年立夫人爲皇后性險妬容媚自始至卒譖害袁夫人等甚衆 吳錄曰袁夫人者袁術女也有節行而無子權數以諸姬子與養之輒不育及步夫人薨權欲立之夫人自以無子固辭不受 權不豫夫人使問中書令孫弘呂后專制故事侍疾疲勞因以羸疾諸宮人伺其昏臥共縊殺之託言中惡後事泄坐死者六七人權尋薨合葬蔣陵孫亮卽位以夫人姊壻譚紹爲騎都尉授兵亮廢紹與家屬送本郡廬陵

孫亮全夫人全尚女也尚從祖母公主愛之每進見輒與俱及潘夫人母子有寵全主自以與孫和母有隙乃勸權爲潘氏男亮納夫人亮遂爲嗣夫人立爲皇后以尚爲城門校尉封都亭侯代滕胤爲太常衞將軍進封永平侯錄尚書事時全氏侯有五人並典兵馬其餘爲侍郎騎都尉宿衞左右自吳興外戚貴盛莫及及魏大將諸葛誕以壽春來附而全懌全端全禕全儀等並因此際降魏全熙謀泄見殺由是諸全衰弱會孫綝廢亮爲會稽王後又黜爲候官侯夫人隨之國居候官尚將家屬徙零陵追見殺 吳錄曰亮妻惠解有容色居候官吳平乃歸永寧中卒

孫休朱夫人朱據女休姊公主所生也 臣松之以爲休妻其甥事同漢惠荀悅譏之已當故不復廣記 赤烏末權爲休納以爲妃休爲琅邪王隨居丹陽建興中孫峻專政公族皆患之全尚妻卽峻姊故惟全主祐焉初孫和爲太子時全主譖害王夫人欲廢太子立魯王朱主不聽由是有隙五鳳中孫儀謀殺峻事覺被誅全主因言朱主與儀同謀峻枉殺朱主休懼遣夫人還建業執手泣別既至峻遣還休太平中孫亮知朱主爲全主所害問朱主死意全主懼曰我實不知皆據二子熊損所白亮殺熊損損妻是峻妹也孫綝益忌亮遂廢亮立休永安五年立夫人爲皇后休卒羣臣尊夫人爲皇太后孫晧卽位月餘貶爲景皇后稱安定宮甘露元年七月見逼薨合葬定陵 搜神記曰孫峻殺朱主埋於石子岡歸命卽位將欲改葬之冢墓相亞不可識別而宮人頗識主亡時所著衣服乃使兩巫各住一處以伺其靈使察鑒之不得相近久時二人俱白見一女人年可三十餘上著青錦束頭紫白袷裳丹綈絲履從石子岡上半岡而以手抑膝長太息小住須臾更進一冢上便止徘徊良久奄然不見二人之言不謀而同於是開冢衣服如之

孫和何姬丹陽句容人也父遂本騎士孫權嘗游幸諸營而姬觀於道中權望見異之命宦者召入以賜子和生男權喜名之曰彭祖卽晧也太子和既廢後爲南陽王居長沙孫亮卽位孫峻輔政峻素媚事全主全主與和母有隙遂勸峻徙和居新都遣使賜死嫡妃張氏亦自殺何姬曰若皆從死誰當養孤遂拊育晧及其三弟晧卽位尊和爲昭獻皇帝 吳錄曰晧初尊和爲昭獻皇帝俄改曰文皇帝 何姬爲昭獻皇后稱升平宮月餘進爲皇太后封弟洪永平侯蔣溧陽侯植宣成侯洪卒子邈嗣爲武陵監軍爲晉所殺植官至大司徒吳末昏亂何氏驕僭子弟橫放百姓患之故民譌言晧久死立者何氏子云 江表傳曰晧以張布女爲美人有寵晧問曰汝父所在答曰賊以殺之晧大怒棒殺之後思其顏色使巧工刻木作美人形象恒置座側問左右布復有女否答曰布大女適故衞尉馮朝子純卽奪純妻入宮大有寵拜爲左夫人晝夜與夫人房宴不聽朝政使尚方以金作華燧步搖假髻以千數令宮人著以相撲朝成夕敗輒出更作工匠因緣偷盜府藏爲空會夫人死晧哀愍思念葬于苑中大作冢使工匠刻柏作木人內冢中以爲兵衞以金銀珍玩之物送葬不可稱計已葬之後晧治喪於內半年不出國人見葬太奢麗皆謂晧已死所葬者是也晧舅子何都顏狀似晧云都代立臨海太守奚熙信譌言舉兵欲還誅都都叔父備海督擊殺熙夷三族譌言乃息而人心猶疑

孫晧滕夫人故太常胤之族女也胤夷滅夫人父牧以疏遠徙邊郡孫休卽位大赦得還以牧爲五官中郎晧既封烏程侯聘牧女爲妃晧卽位立爲皇后封牧高密侯拜衞將軍錄尚書事後朝士以牧尊戚頗推令諫爭

而夫人寵漸衰晧滋不悅晧母何恒左右之又太史言於運歷后不可易晧信巫覡故得不廢常供養升平宮牧見遣居蒼梧郡雖爵位不奪其實裔也遂道路憂死長秋官僚備員而已受朝賀表疏如故而晧內諸寵姬佩皇后璽紱者多矣江表傳曰晧又使黃門備行州郡科取將吏家女其二千石大臣子女皆當歲歲言名年十五六一簡閱簡閱不中乃得出嫁後宮千數而採擇無已 天紀四年隨晧遷于洛陽

評曰易稱正家而天下定詩云刑于寡妻至于兄弟以御于家邦誠哉是言也遠觀齊桓近察孫權皆有識士之明傑人之志而嫡庶不分閨庭錯亂遺笑古今殃流後嗣由是論之惟以道義爲心平一爲主者然後克免斯累邪

吳志卷五考證

孫破虜吳夫人甚有補益注策功曹魏騰○太平御覽作魏騰 臣明楷按吳範傳作魏滕注引忤策幾殆賴太妃救得免事與此合蓋騰與滕音同勝則滕字之譌耳

吳主權徐夫人復爲丹陽守注乃復用景召現還矣○還矣宋本作還吳

弟祚襲封亦以戰功至于蕪湖督平魏將軍○漢丹楊郡蕪湖縣東晉始改名于湖此于字疑衍

吳主權潘夫人夢有以龍頭授己者○以毛本作似

孫亮全夫人尚將家屬從零陵道見殺○道宋本作追

孫和何姬植宣成侯○北宋本作宣城

立者何氏子云注臨海太守奚熙信譌言舉兵欲還誅都都叔父信爲備海督擊殺熙○宋本作舉兵欲還秣陵誅都多秣陵二字都叔父信作都叔父植

吳志卷六

晉 著 作 郎 巴 西 中 正 安漢陳 壽撰

宋太中大夫國子博士聞喜裴松之注

孫靜子瑜 皎 奐 孫賁子鄰 孫輔 孫翊 孫匡

孫韶 孫桓

孫靜字幼臺堅季弟也堅始舉事靜糾合鄉曲及宗室五六百人以爲保障衆咸附焉策破劉繇定諸縣進攻會稽遣人請靜靜將家屬與策會于錢唐是時太守王朗拒策於固陵策數度水戰不能克靜說策曰朗負阻城守難可卒拔查瀆南去此數十里而道之要徑也宜從彼據其內所謂攻其無備出其不意者也吾當自帥衆爲軍前隊破之必矣策曰善乃詐令軍中曰頃連雨水濁兵飲之多腹痛令促具甖缶數百口澄水至昏暮四維然火誑朗便分軍夜投查瀆道襲高遷屯臣松之案今永興縣有高遷橋查音祖加反 朗大驚遣故丹陽太守周昕等帥兵前戰策破昕等斬之遂定會稽會稽典錄曰昕字大明少游京師師事太傅陳蕃博覽羣書明於風角善推災異辟太尉府舉高第稍遷丹陽太守曹公起義兵昕前後遣兵萬餘人助公征伐袁術之在淮南也昕惡其淫虐絕不與通獻帝春秋曰袁術遣吳景攻昕未拔景乃募百姓敢從周昕者死不赦昕曰我則不德百姓何罪遂散兵還本郡表拜靜爲奮武校尉欲授之重任靜戀墳墓宗族不樂出仕求留鎮守策從之權統事就遷昭義中郎將終於家有五子暠瑜皎奐謙暠三子綽超恭超爲偏將軍恭生峻綽生綝

瑜字仲異以恭義校尉始領兵衆是時賓客諸將多江西人瑜虛心綏撫得其歡心建安九年領丹陽太守爲衆所附至萬餘人加綏遠將軍十一年與周瑜共討麻保二屯破之後從權拒曹公於濡須權欲交戰瑜說權持重權不從軍果無功遷奮威將軍領郡如故自溧陽徙屯牛渚瑜以永安人饒助爲襄安長無錫人顏連爲居巢長使招納廬江二郡各得降附濟陰人馬普篤學好古瑜厚禮之使二府將吏子弟數百人就受業遂立學宮臨饗講肄是時諸將皆以軍務爲事而瑜好樂墳典雖在戎旅誦聲不絕年三十九建安二十年卒瑜五子彌熙燿曼紘曼至將軍封侯

孫皎字叔朗始拜護軍校尉領衆二千餘人是時曹公數出濡須皎每赴拒號爲精銳遷都護征虜將軍代程普督夏口黃蓋及兄瑜卒又幷其軍賜沙羨雲杜南新市竟陵爲奉邑自置長吏輕財能施善於交結與諸葛瑾至厚委廬江劉靖以得失江夏李允以衆事廣陵吳碩河南張梁以軍旅而傾心親待莫不自盡皎嘗遣兵候獲魏邊將吏美女以進皎皎更其衣服送還之下令曰今所誅者曹氏其百姓何罪自今以往不得擊其老弱由是江淮間多歸附者嘗以小故與甘寧忿爭或以諫寧寧曰臣子一例征虜雖公子何可專行侮人邪吾值明主但當輸効力命以報所天誠不能隨俗屈曲矣權聞之以書讓皎曰自吾與北方爲敵中間十年初時相持年小今者且三十矣孔子言三十而立非但謂五經也授卿以精兵委卿以大任都護諸將於千里之外欲使如楚任昭奚恤揚威於北境非徒相使逞私志而已近聞卿與甘興霸飲因酒發作侵陵其人其人求屬呂蒙督中此人雖麤豪有不如人意時然其較略大丈夫也吾親之者非私之也吾親愛之卿疎憎之卿所爲每與吾違其可久乎夫居敬而行簡可以臨民愛人多容可以得衆二者尚不能知安可董督在遠禦寇濟難乎卿行長大特受重任上有遠方瞻望之視下有部曲朝夕從事何可恣意有盛怒邪人誰無過貴其能改宜追前愆深自咎責今故煩諸葛子瑜重宣吾意臨書摧愴心悲淚下皎得書上疏陳謝遂與寧結厚後呂蒙當襲南郡權欲令皎與蒙爲左右部大督蒙說權曰若至尊以征虜能宜用之以蒙能宜用蒙昔周瑜程普爲左右部督共攻江陵雖事決於瑜普自恃久將且俱是督遂共不睦幾敗國事此目前之戒也權寤謝蒙曰以卿爲大督命皎爲後繼禽關羽定荊州皎有力焉建安二十四年卒權追錄其功封子胤爲丹陽侯胤卒無子弟晞嗣領兵有罪自殺國除弟咨彌儀皆將軍封侯咨羽林督儀無難督咨爲滕胤所殺儀爲孫峻所害

孫奐字季明兄皎既卒代統其衆以揚武中郎將領江夏太守在事一年遵皎舊迹禮劉靖李允吳碩張梁及江夏閭舉等並納其善奐訥於造次而敏於當官軍民稱之黃武五年權攻石陽奐以地主使所部將軍鮮于丹帥五千人先斷淮道自帥吳碩張梁五千人爲軍前鋒降高城得三將大軍引還權詔使在前住駕過其軍見奐軍陣整齊權歎曰初吾憂其遲鈍今治軍諸將少能及者吾無憂矣拜揚威將軍封沙羨侯吳碩張梁皆裨將軍賜爵關內侯江表傳曰初權在武昌欲還都建業而慮水道泝流二千里一旦有警不相赴及以此懷疑及至夏口於塢中大會百官議之詔曰諸將吏勿拘位任其有計者爲國言之諸將或陳宜立柵夏口或言宜重設鐵鎖者權皆以爲非計時梁爲小將未有知名乃越席而進曰臣聞香餌引泉魚重幣購勇士今宜明樹賞罰之信遣將入沔與敵爭利形勢既成彼不敢干也使武昌有精兵萬人付智略者任將常使嚴整一旦有警應聲相赴作甘水城輕艦數千諸所宜用皆使備具如此開門延敵敵自不來矣權以梁計爲最得卽超增梁位後稍以功進至沔中督奐亦愛樂儒生復命部曲子弟就業後仕進朝廷者數十人年四十嘉禾三年卒子承嗣以昭武中郎將代統兵領郡赤烏六年卒無子封承庶弟壹奉奐後襲業爲將孫峻之誅諸葛恪也壹與全熙施績攻恪弟公安督融融自殺壹從鎮南遷鎮軍假節督夏口及孫綝誅滕胤呂據據胤皆壹之妹夫也壹弟封又知胤據謀自殺綝遣朱異潛襲壹異至武昌壹知其攻已率部曲千餘口過將胤妻奔魏魏以壹爲車騎將軍儀同三司封吳侯以故主芳貴人邢氏妻之邢美色妬忌下不堪命遂共殺壹及邢氏壹入魏黃初三年死

孫賁字伯陽父羌字聖壹堅同產兄也賁早失二親弟輔嬰孩賁自贍育友愛甚篤爲郡督郵守長堅於長沙舉義兵賁去吏從征伐堅薨賁攝帥餘衆扶送靈柩後袁術徙壽春賁又依之術從兄紹用會稽周昂爲九江太守紹與術不協術遣賁攻破昂於陰陵術表賁領豫州刺史轉丹陽都尉行征虜將軍討平山越爲揚州刺史劉繇所迫逐因將士衆還住歷陽頃之術復使賁與吳景共擊樊能張英等未能拔及策東渡助賁景破英能等遂進擊劉繇繇走豫章策遣賁景還壽春報術值術僭號署置百官除賁九江太守賁不就棄妻孥還江南江表傳曰袁術以吳景守廣陵策族兄香亦爲術所用作汝南太守而令賁爲將軍領兵在壽春策與景等書曰今征江東未知二三君意云何耳景卽棄守歸賁因而後免香以道遠獨不得還吳書曰香字文陽父孺字仲孺堅再從弟也仕郡主簿功曹香從堅征伐有功拜郎中後爲袁術驛騎加征南將軍死於壽春時策已平吳會二郡賁與策征廬江太守劉勳江夏太守黃祖軍旋聞繇病死過定豫章上賁領太守江表傳曰時丹陽僮芝自署廬陵太守策留賁弟輔領兵住南昌策謂賁曰兄今據豫章是扼僮芝之咽喉而守其門戶矣但當伺其形便因令國儀杖兵而進使公瑾爲作勢援一舉可定也後賁聞芝病卽如策計周瑜到巴丘輔遂得進據廬陵後封都亭侯建安十三年使者劉隱奉詔拜賁爲征虜將軍領郡如故在官十一年卒子鄰嗣鄰年九歲代領豫章進封都鄉侯吳書曰鄰字公達雅性精敏幼有令譽在郡垂二十年討平叛賊功績修理召還武昌爲繞帳督時太常潘濬掌荊州事重安長陳留舒燮有罪下獄濬嘗失燮欲寘之於法論者多有爲言濬猶不釋鄰謂濬曰舒伯膺兄弟爭死海內義之以爲美譚仲膺又有奉國舊意今君殺其子弟若天下一統青蓋北巡中州士人必問仲膺繼嗣答者云潘承明殺燮於事何如濬意卽解燮用得濟博物志曰仲膺名邵初伯膺親友爲人所殺仲膺爲報怨事覺兄弟爭死皆得免袁術時邵爲阜陵長亦見江表傳鄰遷夏口沔中督威遠將軍所居任職赤烏十二年卒子苗嗣苗弟旅及叔父安熙績皆歷列位吳歷曰鄰又有子曰述爲武昌督平荊州事震無難督譜城門校尉歆樂鄉督震後晉軍與張悌俱死賁曾孫惠字德施惠別傳曰惠好學有才智晉永寧元年赴齊王冏義以功封晉興侯辟大司馬賊曹屬冏驕矜僭侈天下失望惠獻言於冏諷以五難四不可勸令委讓萬機歸藩青岱辭甚深切冏不能納頃之果敗成都王穎召爲大將軍參軍是時穎將有事於長沙以陸機爲前鋒都督惠與機鄉里親厚憂其致禍謂之曰子盍讓都督於王粹乎機曰將謂吾避賊首鼠更速其害機旣戮二弟雲耽亦見殺惠甚傷恨之永興元年乘輿幸鄴司空東海王越治兵下邳惠以書干越詭其姓名自稱南岳逸民秦祕之勉以勤王匡世之略辭義甚美越省其書牓題道衢推求其人惠乃出見越卽以爲記室參軍專掌文疏豫參謀議每造書檄越或驛馬催之應命立成皆有辭旨累遷顯職後爲廣武將軍安豐內史年四十七卒惠文翰凡數十首

孫輔字國儀賁弟也以揚武校尉佐孫策平三郡策討丹陽七縣使輔西屯歷陽以拒袁術幷招誘餘民鳩合遺散又從策討陵陽生得祖郎等江表傳曰策旣平定江東逐袁胤袁術深怨策乃陰遣間使齎印綬與丹陽宗帥陵陽祖郎等使激動山越大合衆圖共攻策策自率將士討郎生獲之

策謂郎曰爾昔襲擊孤馬鞍令創軍立事除棄宿恨惟取能用與天下通耳非但汝汝莫恐怖郎叩頭謝罪即破械賜衣服署門下賊曹及軍還郎與太史慈俱在前導軍人以爲榮策西襲廬江太守劉勳輔隨從身先士卒有功策立輔爲廬陵太守撫定屬城分置長吏遷平南將軍假節領交州刺史遣使與曹公相聞事覺權幽繫之典略曰輔恐權不能保守江東因權出行東冶乃遣人齎書呼曹公行人以告權權乃還僞若不知與張昭共見輔權謂輔曰兄厭樂邪何爲呼他人輔云無是權因投書與昭昭示輔輔慙無辭乃悉斬輔親近分其部曲徙輔置東數歲卒子興昭偉昕皆歷列位

孫翊字叔弼權弟也驍悍果烈有兄策風太守朱治舉孝廉司空辟典略曰翊名儼性似策策臨卒張昭等謂策當以兵屬儼而策呼權佩以印綬建安八年以偏將軍領丹楊太守時年二十後卒爲左右邊鴻所殺鴻亦即誅吳歷載翊妻徐節行宜與嬀覽等事相次故列於後孫韶傳中子松爲射聲校尉都鄉侯吳錄曰松善與人交輕財好施鎮巴丘數咨陸遜以得失嘗有小過遜面責松松意色不平遜觀其少釋謂曰君過聽不以某鄙數見訪及是以承來意進盡言便變色何也松笑曰屬亦自忿行事有此豈有望邪黃龍三年卒蜀丞相諸葛亮與兄瑾書曰既受東朝厚遇依依於子弟又子喬良器爲之惻愴見其所與亮器物感用流涕其悼松如此由亮養子喬咨述故云

孫匡字季佐翊弟也舉孝廉茂才未試用卒時年二十餘江表傳曰曹休出洞口呂範率軍禦之時匡爲定武中郎將違範令放火燒損茅芒以乏軍用範即啓遣匡還吳權別其族爲丁氏禁固終身臣松之案本傳曰匡未試用卒時年二十餘而江表傳云呂範在洞口匡爲定武中郎將既爲定武非爲未試用且孫堅以初平二年卒洞口之役在黃初三年堅卒至此合三十一年匡時尚在本傳不得云卒時年二十餘也此蓋權別生弟朗江表傳誤以爲匡也朗之名位見三朝錄及虞喜志林也子泰曹氏之甥也爲長水校尉嘉禾三年從權圍新城中流矢死泰子秀爲前將軍夏口督秀公室至親握兵在外晧意不能平建衡二年晧遣何定將五千人至夏口獵先是民間僉言秀當見圖而定遠獵秀遂驚夜將妻子親兵數百人奔晉晉以秀爲驃騎將軍儀同三司封會稽公江表傳曰晧大怒追改秀姓曰厲千寶晉紀曰秀在晉朝初聞晧降羣臣畢賀秀稱疾不與南向流涕曰昔討逆弱冠以一校創業今後主舉江南而棄之宗廟山陵於此爲墟悠悠蒼天此何人哉朝廷美之晉諸公贊曰吳平降爲伏波將軍開府如故永寧中卒追贈驃騎開府子儉字仲節給事中

孫韶字公禮伯父河字伯海本姓俞氏亦吳人也孫策愛之賜姓爲孫列之屬籍吳書曰河堅族子也出後姑俞氏後復姓爲孫河質性忠直訥言敏行有氣幹能服勤少從堅征討常爲前驅後領左右兵典知內事待以腹心之任又從策平定吳會從權討李術術破拜威寇中郎將領廬江太守後爲將軍屯京城初孫權殺吳郡太守盛憲會稽典錄曰憲字孝章器量雅偉舉孝廉補尚書郎稍遷吳郡太守以疾去官孫策平定吳會誅其英豪憲素有高名策深忌之初憲與少府孔融善融憂其不免禍乃與曹公書曰歲月不居時節如流五十之年忽焉已至公爲始滿融又過二海內知識零落殆盡惟會稽盛孝章尚存其人困於孫氏妻孥湮沒單子獨立孤危愁苦若使憂能傷人此子不得復永年矣春秋傳曰諸侯有相滅亡者桓公不能救則桓公恥之今孝章實丈夫之雄也天下譚士依以揚聲而身不免於幽執命不期於旦夕是吾祖不當復論損益之友而朱穆所以絕交也公誠能馳一介之使加咫尺之書則孝章可致友道可弘也今之少年喜謗前輩或能譏平孝章孝章要爲有天下大名九牧之民所共稱歎燕君市駿馬之骨非欲以騁道里乃當以招絕足也惟公匡復漢室宗社將絕又能正之正之之術實須得賢珠玉無脛而自至者以人好之也況賢者之有足乎昭王築臺以尊郭隗隗雖小才而逢大遇竟能發明主之至心故樂毅自魏往劇辛自趙往鄒衍自齊往嚮使郭隗倒縣而王不解臨溺而王不拯則士亦將高翔遠引莫有北首燕路者矣凡所稱引自公所知而有云者欲公崇篤斯義也因表不悉由是徵爲騎都尉制命未至果爲權所害子匡奔魏位至征東司馬憲故孝廉嬀覽戴員亡匿山中孫翊爲丹楊皆禮致之覽爲大都督督兵員爲郡丞及翊遇害河馳赴宛陵責怒覽員以不能全權令使奸變得施二人議曰伯海與將軍疎遠而責我乃耳討虜若來吾屬無遺矣遂殺河使人北迎揚州刺史劉馥令住歷陽以丹陽應之會翊帳下徐元孫高傅嬰等殺覽員吳歷曰嬀覽戴員親近邊鴻等數爲翊所困常欲叛逆因吳主出征遂其奸計時諸縣令長並會見翊翊以妻徐氏頗曉卜翊入語徐吾明日欲爲長吏作主人卿試卜之徐言卦不能佳可須異日翊以長吏來久宜速遣乃大請賓客翊出入常持刀爾時有酒色空手送客鴻從後斫翊郡中擾亂無救翊者遂爲鴻所殺逆走入山徐氏購募追捕中宿乃得覽員歸罪殺鴻諸將皆知覽員所爲而力不能討覽入居軍府中悉取翊嬪妾及左右侍御欲復取徐恐逆之見害乃紿之曰乞須晦日設祭除服時月垂竟覽聽須祭畢徐潛使所親信語翊親近舊將孫高傅嬰等說覽已虜略婢妾今又欲見偪所以外許之者欲安其意以免禍耳欲立微計願二君哀救高嬰涕泣答言受府君恩遇所以不即死難者以死無益欲思惟事計事計未立未敢啓夫人耳今日之事實夙夜所懷也乃密呼翊時侍養者二十餘人以徐意語之共盟誓合謀到晦日設祭徐氏哭泣盡哀畢乃除服薰香沐浴更於他室安施幃帳言笑歡悅示無戚容大小悽愴怪其如此覽密覘視無復疑意徐呼高嬰與諸婢羅住戶內使人報覽說已除凶即吉惟府君敕命覽盛意入徐出戶拜覽適得一拜徐便大呼二君可起高嬰俱出共得殺覽餘人即就外殺員夫人乃還縗經奉覽員首以祭翊墓舉軍震駭以爲神異吳主續至悉族誅覽員餘黨擢高嬰爲牙門其餘皆加賜金帛殊其門戶韶年十七收河餘衆繕治京城起樓櫓修器備以禦敵權聞亂從椒丘還過定丹陽引軍歸吳夜至京城下營試攻驚之兵皆乘城傳檄備警讙聲動地頗射外人權使曉喻乃止明日見韶甚器之即拜承烈校尉統河部曲食曲阿丹徒二縣自置長吏一如河舊後爲廣陵太守偏將軍權爲吳王遷揚威將軍封建德侯權稱尊號爲鎮北將軍韶爲邊將數十年善養士卒得其死力常以警疆場遠斥候爲務先知動靜而爲之備故鮮有負敗青徐汝沛頗來歸附淮南濱江屯候皆撤兵遠徙徐泗江淮之地不居者各數百里自權西征還都武昌韶不進見者十餘年權還建業乃得朝覲權問青徐諸屯要害遠近人馬衆寡魏將帥姓名盡具識之所問咸對身長八尺儀貌都雅權歡悅曰吾久不見公禮不圖進益乃爾加領幽州牧假節赤烏四年卒子越嗣至右將軍越兄楷武衛大將軍臨成侯代越爲京下督楷弟異至領軍將軍奕宗正卿恢武陵太守天璽元年徵楷爲宮下鎮驃騎將軍初永安賊施但等劫晧弟謙襲建業或白楷二端不即赴討者晧數遣詰楷楷常惶怖而卒被召遂將妻子親兵數百人歸晉晉以爲車騎將軍封丹陽侯晉諸公贊曰吳平降爲渡遼將軍永安元年卒吳錄曰楷處事嚴整不如孫秀而人聞知名過也

孫桓字叔武河之子也吳書曰河有四子長助曲阿長次誼海鹽長並早卒次桓儀容端正器懷聰朗博學彊記能論議應對權常稱爲宗室顏淵擢爲武衛都尉從討關羽於華容誘羽餘黨得五千人牛馬器械甚衆年二十五拜安東中郎將與陸遜共拒劉備備軍衆甚盛彌山盈谷桓投刀奮命與遜勠力備遂敗走桓斬上兜道截其徑要備踰山越險僅乃得免忿恚歎曰吾昔初至京城桓尚小兒而今迫孤乃至此也桓以功拜建武將軍封丹徒侯下督牛渚作橫江塢會卒吳書曰桓弟俊字叔英性度恢弘才經文武爲定武中郎將屯戍薄落赤烏十三年卒子建襲爵平虜將軍少子慎鎮南將軍慎子丞字顯世文士傳曰丞好學有文章作螢火賦行於世爲黃門侍郎與顧榮俱爲侍臣歸命世內侍多得罪尤惟榮丞獨獲全常使二人記事丞答顧問乃下詔曰自今已後用侍郎皆當如今宗室丞顧榮曉也吳平赴洛爲范陽涿令甚有稱績永安中陸機爲成都王大都督請丞爲司馬與機俱被害

評曰夫親親恩義古今之常宗子維城詩人所稱況此諸孫或贊興初基或鎮據邊陲克堪厥任不忝其榮者乎故詳著云

吳志卷六考證

孫靜令促具甕缶數百口澄水至昏暮四維然火誑朗○四維然火宋本作羅以然火

壹入魏黃初三年死○臣明楷按孫亮傳云太平二年夏口督孫壹奔魏魏志高貴鄉公紀云甘露二年魏以壹爲侍中車騎將軍假節交州牧吳侯四年十一月癸卯車騎將軍孫壹爲婢所殺此云黃初三年死疑誤黃初二字或衍蓋壹以甘露二年奔魏甘露四年死適當三年則云壹入魏三年死于文義亦合也

孫賁賁不就棄妻孥還江南注景即棄守歸賁因而獲免○監本訛作因而後免今改正

鄰年九歲代領豫章進封都鄉侯○九歲無領郡理疑脫十字

濬當失獎欲寘之於法論者多有爲言○監本訛作多爲有言今改正

孫翊子松爲射聲校尉都鄉侯注君過聽不以某鄙數見訪及○監本訛作不以其鄙今改正

孫匡秀公室至親握兵在外○握兵毛本作提兵宋本作捉兵

孫桓作橫江塢會卒注慎子丞字顯世○丞晉書作拯下同又注皆當如今宗室○太平御覽作皆當令如宗室

吳志卷七

晉著作郎巴西中正安漢陳　壽撰

宋太中大夫國子博士聞喜裴松之注

張昭子承　休　奮　顧雍子邵　邵子譚　承

諸葛瑾少子融　步騭少子闡

張昭字子布彭城人也少好學善隸書從白侯子安受左氏春秋博覽衆書與琅邪趙昱東海王朗俱發名友善弱冠察孝廉不就與朗共論舊君諱事州里才士陳琳等皆稱善之時汝南主簿應劭議宜爲舊君諱論者皆互有異同事在風俗通昭著論曰客有見大國之議士君子之論云起元建武已來舊君名諱五十六人以爲後生不得協也取乎經論譬諸行事義高辭麗甚可嘉美愚意褊淺竊有疑焉蓋乾坤剖分萬物定形肇有父子君臣之經故聖人順天之性制禮尚敬在三之義君實食之在喪之哀君親臨之厚莫重焉恩莫大焉誠臣子所尊仰萬夫所天恃焉得而同之哉然親親有衰尊尊有殺故禮服上不盡高祖下不盡玄孫又傳記四世而緦麻服之窮也五世袒免降殺同姓也六世而親屬竭矣又曲禮有不逮事之義則不諱不諱者蓋名之謂屬絕之義不拘於協況乃古君五十六哉邾子會盟季友來歸不稱其名咸書字者是時魯人嘉之也何解臣子爲君父諱乎周穆王諱滿至定王時有王孫滿者其爲大夫是臣協君也又厲王諱胡及莊王之子名胡其比衆多夫類事建議經有明據傳有徵案然後進攻退守萬無奔北垂示百世永無咎失今應劭雖上尊舊君之名而下無所斷齊猶歸之疑云曲禮之篇疑事無質觀省上下闕義自證文辭可爲倡而不法將來何觀言聲一放猶拾瀋也過辭在前悔其何追刺史陶謙舉茂才不應謙以爲輕己遂見拘執昱傾身營救方以得免漢末大亂徐方士民多避難揚土昭皆南渡江孫策創業命昭爲長史撫軍中郎將升堂拜母如比肩之舊文武之事一以委昭吳書曰策得昭甚悅謂曰吾方有事四方以士人賢者上吾於子不得輕矣乃上爲校尉待以師友之禮昭每得北方士大夫書疏專歸美於昭昭欲嘿而不宣則懼有私宜之則恐非宜進退不安策聞之歡笑曰昔管子相齊一則仲父二則仲父而桓公爲霸者宗今子布賢我能用之其功名獨不在我乎策臨亡以弟權託昭昭率羣僚立而輔之吳歷曰策謂昭曰若仲謀不任事者君便自取之正復不克捷緩步西歸亦無所慮上表漢室下移屬城中外將校各令奉職權悲感未視事昭謂權曰夫爲人後者貴能負荷先軌克昌堂構以成勳業也

方今天下鼎沸羣盜滿山孝廉何得寢伏哀戚肆匹夫之情哉乃身自扶權上馬陳兵而出然後衆心知有所歸昭復爲權長史授任如前[吳書曰是時天下分裂擅命者衆孫策涖事日淺恩澤未洽一旦傾隕士民狼狽頗有同異及昭輔權綏撫百姓諸侯賓旅寄寓之士得用自安權每出征留昭鎮守領幕府事後黃巾賊起昭討平之權征合肥命昭別討匡琦又督領諸將攻破豫章賊率周鳳等於南城自此希復將帥常在左右爲謀謨臣權以昭舊臣待遇尤重]後劉備表權行車騎將軍昭爲軍師權每田獵常乘馬射虎虎常突前攀持馬鞍昭變色而前曰將軍何有當爾夫爲人君者謂能駕御英雄驅使羣賢豈謂馳逐於原野校勇於猛獸者乎如有一旦之患柰天下笑何權謝昭曰年少慮事不遠以此慚君然猶不能已乃作射虎車爲方目間不置蓋一人爲御自於中射之時有逸羣之獸輒復犯車而權每手擊以爲樂昭雖諫爭常笑而不答魏黃初二年遣使者邢貞拜權爲吳王貞入門不下車昭謂貞曰夫禮無不敬故法無不行而君敢自尊大豈以江南寡弱無方寸之刃故乎貞卽遽下車拜昭爲綏遠將軍封由拳侯[吳錄曰昭與孫紹滕胤鄭禮等採周漢撰定朝儀]權於武昌臨釣臺飲酒大醉權使人以水灑羣臣曰今日酣飲惟醉墮臺中乃當止耳昭正色不言出外車中坐權遣人呼昭還謂曰爲共作樂耳公何爲怒乎昭對曰昔紂爲糟丘酒池長夜之飲當時亦以爲樂不以爲惡也權默然有慙色遂罷酒初權當置丞相衆議歸昭權曰方今多事職統者責重非所以優之也後孫邵卒百寮復舉昭權曰孤豈爲子布有愛乎領丞相事煩而此公性剛所言不從怨咎將興非所以益之也乃用顧雍權既稱尊號昭以老病上還官位及所統領[江表傳曰權既卽尊位請會百官歸功周瑜昭舉笏欲褒贊功德未及言權曰如張公之計今已乞食矣昭大慙伏地流汗昭忠謇亮直有大臣節權敬重之然所以不相昭者蓋以昔駁周瑜魯肅等議爲非也臣松之以爲張昭勸迎曹公所存豈不遠乎夫其揚休正色委質孫氏誠以厄運初遘塗炭方始自策及權才略足輔是以盡誠匡弼以成其業上藩漢室下保民物鼎峙之計本非其志也曹公仗順而起功以義立冀以淸一諸華拓平荊郢大定之機在於此會若使昭議獲從則六合爲一豈有兵連禍結遂爲戰國之弊哉雖無功於孫氏有大當於天下矣昔竇融歸漢與國升降張魯降魏賞延于世況權舉全吳望風順服寵靈之厚其可測量哉然則昭爲人謀豈不忠且正乎]更拜輔吳將軍班亞三司改封婁侯食邑萬戶在里宅無事乃著春秋左氏傳解及論語注權嘗問衞尉嚴畯寧念小時所闇書不畯因誦孝經仲尼居昭曰嚴畯鄙生臣請爲陛下誦之乃誦君子之事上咸以昭爲知所誦昭每朝見辭氣壯厲義形於色曾以直言逆旨中不進見後蜀使來稱蜀德美而羣臣莫拒權歎曰使張公在坐彼不折自廢安復自誇乎明日遣中使勞問因請見昭昭避席謝權權跪止之昭坐定仰曰昔太后桓王不以老臣屬陛下而以陛下屬老臣是以思盡臣節以報厚恩使泯沒之後有可稱述而意慮淺短違逆盛旨自分幽淪長棄溝壑不圖復蒙引見得奉帷幄然臣愚心所以事國志在忠益畢命而已若乃變心易慮以偷榮取容此臣所不能也權辭謝焉權以公孫淵稱藩遣張彌許晏至遼東拜淵爲燕王昭諫曰淵背魏懼討遠來求援非本志也若淵改圖欲自明於魏兩使不反不亦取笑於天下乎權與相反覆昭意彌切權不能堪案刀而怒曰吳國士人入宮則拜孤出宮則拜君孤之敬君亦爲至矣而數於衆中折孤孤嘗恐失計昭熟視權曰臣雖知言不用每竭愚忠者誠以太后臨崩呼老臣於牀下遺詔顧命之言故在耳因涕泣橫流權擲刀致地與昭對泣然卒遣彌晏往昭忿言之不用稱疾不朝權恨之土塞其門昭又於內以土封之淵果殺彌晏權數慰謝昭昭固不起權因出過其門呼昭昭辭疾篤權燒其門欲以恐之昭更閉戶權使人滅火住門良久昭諸子共扶昭起權載以還宮深自克責昭不得已然後朝會[習鑿齒曰張昭於是乎不臣矣夫臣人者三諫不從則奉身而退身苟不絕何忿懟之有且秦穆違諫卒霸西戎晉文暫怒終成大業遺誓以悔過見錄狐偃無怨絕之辭君臣道泰上下俱榮今權悔往之非而求昭後益回慮降心不遠而復是其善也昭爲人臣不度權得道匡其後失夙夜匪懈以延來譽乃追忿不用歸罪於君閉戶拒命坐待焚滅豈不悖哉]昭容貌矜嚴有威風權常曰孤與張公言不敢妄也舉邦憚之年八十一嘉禾五年卒遺令幅巾素棺斂以時服權素服臨弔謚曰文侯[典略曰余曩聞劉荊州嘗自作書欲與孫伯符以示禰正平正平蚩之言如是爲欲使孫策帳下兒讀之邪將使張子布見乎如正平言以爲子布之才高乎雖然猶自蘊藉典雅不可謂之無筆迹也加聞吳中稱謂之仲父如此其人信一時之良幹恨其不於嵩岳等資而乃播殖於會稽]長子承已自封侯少子休襲爵昭弟子奮年二十造作攻城大攻車爲步騭所薦昭不願曰汝年尚少何爲自委於軍旅乎奮對曰昔童汪死難子奇治阿奮實不才耳於年不爲少也遂領兵爲將軍連有功效至平州都督封樂鄉亭侯承字仲嗣少以才學知名與諸葛瑾步騭嚴畯相友善權爲驃騎將軍辟西曹掾出爲長沙西部都尉討平山寇得精兵萬五千人後爲濡須都督奮威將軍封都鄉侯領部曲五千人承爲人壯毅忠讜能甄識人物拔彭城蔡款南陽謝景於孤微童幼後並爲國士款至衞尉景豫章太守[吳錄曰款字文德歷位內外以淸貞顯於當世後以衞尉領中書令封留侯二子條機條孫晧時位至尚書令太子少傅機爲臨川太守謝景事在孫登傳]又諸葛恪年少時衆人奇其英才承言終敗諸葛氏者元遜也勤於長進篤於物類凡在庶幾之流無不造門年六十七赤烏七年卒謚曰定侯子震嗣初承喪妻昭欲爲索諸葛瑾女承以相與有好難之權聞而勸焉遂爲婚[臣松之案承與諸葛瑾同以赤烏中卒計承年小瑾四歲耳]生女權爲子和納之權數令和修敬於承執子壻之禮震諸葛恪誅時亦死休字叔嗣弱冠與諸葛恪顧譚等俱爲太子登僚友以漢書授登[吳書曰休進授指摘文義分別事物並有章條每升堂宴飲酒酣樂作登輒降意與同歡樂休爲人解達登甚愛之常在左右]從中庶子轉爲右弼都尉權嘗游獵迨暮乃歸休上疏諫戒權大善之以示於昭及登卒後爲侍中拜羽林都督平三典軍事遷揚武將軍爲魯王霸友黨所譖與顧譚承俱以芍陂論功事休承與典軍陳恂通情詐增其伐並徙交州中書令孫弘佞僞險詖休素所忿[吳錄云弘會稽人也]弘因是譖訴下詔書賜休死時年四十一

顧雍字元歎吳郡吳人也[吳錄曰雍曾祖父奉字季鴻潁川太守]蔡伯喈從朔方還嘗避怨於吳雍從學琴書[江表傳曰雍從伯喈學專一淸靜敏而易教伯喈貴異之謂曰卿必成致今以吾名與卿故雍與伯喈同名由此也吳錄曰雍字元歎言爲蔡雍之所歎因以爲字焉]州郡表薦弱冠爲合肥長後轉在婁曲阿上虞皆有治迹孫權領會稽太守不之郡以雍爲丞行太守事討除寇賊郡界寧靜吏民歸服數年入爲左司馬權爲吳王累遷大理奉常領尚書令封陽遂鄉侯拜侯還寺而家人不知後聞乃驚黃武四年迎母於吳既至權臨賀之親拜其母於庭公卿大臣畢會後太子又往慶焉雍爲人不飲酒寡言語舉動時當權嘗歎曰顧君不言言必有中至飲宴歡樂之際左右恐有酒失而雍必見之是以不敢肆情權亦曰顧公在坐使人不樂其見憚如此是歲改爲太常進封醴陵侯代孫邵爲丞相平尚書事其所選用文武將吏各隨能所任心無適莫時訪逮民間及政職所宜輒密以聞若見納用則歸之於上不用終不宣泄權以此重之然於公朝有所陳及辭色雖順而所執者正權嘗咨問得失張昭因陳聽采聞頗以法令太稠刑罰微重宜有所蠲損權默然顧問雍曰君以爲何如雍對曰臣之所聞亦如昭所陳於是權乃議獄輕刑[江表傳曰權常令中書郎詣雍有所咨訪若合雍意事可施行卽與相反覆究而論之爲設酒食如不合意雍卽正色改容默然不言無所施設卽退告權曰顧公歡悅是事合宜也其不言者是事未平也孤當重思之其見敬信如此江邊諸將各欲立功自效多陳便宜有所掩襲權以訪雍雍曰臣聞兵法戒於小利此等所陳欲邀功名而爲其身非爲國也陛下宜禁制苟不足以曜威損敵所不宜聽也權從之軍國得失行事可不自非面見口未嘗言之]久之呂壹秦博爲中書典校諸官府及州郡文書壹等因此漸作威福遂造作榷酤障管之利舉罪糾姦纖介必聞重以深案醜誣毀短大臣排陷無辜雍等皆見舉白用被譴讓後壹姦罪發露收繫廷尉雍往斷獄壹以因見雍和顏色問其辭狀臨出又謂壹曰君意得無欲有所道壹叩頭無言時尚書郎懷敍面詈辱壹雍責敍曰官有正法何至於此[江表傳曰權嫁從女女顧氏甥故請雍父子及孫譚譚時爲選曹尚書見任貴重是日權極歡譚醉酒三起舞舞不知止雍內怒之明日召譚訶責之曰君王以含垢爲德臣下以恭謹爲節昔蕭何吳漢並有大功何每見高帝似不能言漢奉光武亦信恪勤汝之於國寧有汗馬之勞可書之事邪但階門戶之資遂見寵任耳何有舞不復知止雖爲酒後亦由恃恩忘敬謙虛不足損吾家者必爾也因背向壁臥譚立過一時乃見遣徐衆評曰雍不以呂壹見毀之故而和顏悅色誠長者矣然開引其意問所欲道此非也壹姦險亂法毀傷忠賢吳國寒心自太子登陸遜已下切諫不能得是以潘濬欲因會手劒之以除國患疾惡忠主義形於色而今乃發起令言若壹稱枉邪不申理則非錄獄本旨若承辭而奏之吳主儻以敬丞相所言而復原宥伯言承明不當悲慨哉懷本無私假無所爲嫌故詈辱之疾惡意耳惡不仁者其爲仁也季武子死曾點倚其門而歌子晳創發子產催令自裁以此言之雍不當責懷敍也]雍爲相十九年年七十六赤烏六年卒初疾微時權令醫趙泉視之拜其少子濟爲騎都尉雍聞悲曰泉善別死生吾必不起故上欲及吾目見濟拜也權素服臨弔謚曰肅侯長子邵早卒次子裕有篤疾少子濟嗣無後絕永安元年詔曰故丞相雍至德忠賢輔國以禮而侯統廢絕朕甚愍之其以雍次子裕襲爵爲醴陵侯以明著舊勳[吳錄曰裕一名穆終宜都太守裕子榮晉書曰榮字彥先爲東南名士仕吳爲黃門郎在晉歷顯位元帝初鎮江東以榮爲軍司馬禮遇甚重卒表贈侍中驃騎將軍儀同三司榮兄子禺字孟著少有名望爲散騎侍郎早卒吳書曰雍母弟徽字子歎少游學有脣吻孫權統事聞徽有才辯召署主簿嘗近出行見營軍將一男子至市行刑問之何罪云盜百錢徽語使住須臾馳詣闕陳啟方今蓄養士衆以圖北虜視此兵丁壯健兒且所盜少愚乞哀原權許而嘉之轉東曹掾或傳曹公欲東權謂徽曰卿孤腹心今傳孟德懷異意莫足使揣之卿爲吾行拜輔義都尉到北與曹公相見公具問境內消息徽應對婉順因說江東大豐山藪宿惡皆慕化爲善義出作兵公笑曰孤與孫將軍一結婚姻共輔漢室義如一家君何爲道此徽曰正以明公與主將義固磐石休戚共之必欲知江表消息是以及耳公厚待遣還權問定云何徽曰敵國隱情卒難探察然徽潛采聽方與袁譚交爭未有他意乃拜徽巴東太守欲大用之會卒子裕字季則少知名位至鎮東將軍雍族人悌字子通以孝悌廉正聞於鄉黨年十五爲郡吏除郎中稍遷偏將軍權末年嫡庶不分悌數與驃騎將軍朱據共陳禍福言辭切直朝廷憚之待妻有禮常夜入晨出希見其面嘗疾篤妻出省之悌命左右扶起冠幘加襲起對趨令妻還其貞潔不瀆如此悌父向歷四縣令年老致仕悌每得父書常灑掃整衣服更設几筵舒書其上拜跪讀之每句應諾畢復再拜若父有疾耗之問至則臨書垂涕聲語哽咽父以壽終悌飲漿不入口五日權爲作布衣一襲皆摩絮著之強令悌釋服悌雖以公議自割猶以不見父喪常畫壁作棺柩象設神座於下每對之哭泣服未闋而卒悌四子彥禮謙祕祕晉交州刺史祕子衆尚書僕射]

邵字孝則博覽書傳好樂人倫少與舅陸績齊名而陸遜張敦卜靜等皆亞焉[吳錄曰敦字叔方靜字玄風並吳郡人敦德量淵懿淸虛淡泊又善文辭孫權爲車騎將軍辟西曹掾轉主簿出補海昏令甚有惠化年三十二卒卜靜終於剡令]自州郡庶幾及四方人士往來相見或言議而去或結厚而別風聲流聞遠近稱之權妻以策女年二十七起家爲豫章太守下車祀先賢徐孺子之墓優待其後禁其淫祀非禮之祭者小吏姿質佳者輒令就學擇其先進擢置右職舉善以教風化大行初錢唐丁諝出於役伍陽羡張秉生於庶民烏程吾粲雲陽殷禮起乎微賤邵皆

拔而友之爲立聲譽秉遭大喪親爲制服結絰邵當之豫章發在近路值秉疾病時送者百數邵辭賓客曰張仲節有疾苦不能來別恨不見之暫還與訣諸君少時相待其留心下士惟善所在皆此類也謂至典軍中郎秉雲陽太守禮零陵太守禮子基作通語曰禮字德嗣弱不好弄潛識過人少爲郡吏年十九守吳縣丞孫權爲王召除郎中後與張溫俱使蜀諸葛亮甚稱歎之稍遷至零陵太守卒官文士傳曰禮子基無難督以才學知名著通語數十篇有三子巨字元大有才器初爲吳偏將軍統家部曲城夏口吳平後爲蒼梧太守少子祐字慶元吳郡太守粲太子少傅世以邵爲知人在郡五年卒官子譚承

譚字子默弱冠與諸葛恪等爲太子四友從中庶子轉輔正都尉陸機爲譚傳曰宣太子正位東宮天子方隆訓導之義妙簡俊彥講學左右時四方之儁畢集太傅諸葛恪雄奇蓋衆而譚以清識絕倫獨見推重自太尉范慎謝景羊衜之徒皆以秀稱其名而悉在譚下赤烏中代恪爲左節度吳書曰譚初踐官府上疏陳事權輒食稱善以爲過於徐詳雅性高亮不修意氣或以此望之然權鑒其能見待甚隆數蒙賞賜特見召請每省簿書未嘗下籌徒屈指心計盡發疑謬下吏以此服之加奉車都尉薛綜爲選曹尚書固讓譚曰譚心精體密貫道達微才照人物德允衆望誠非愚臣所可越先後遂代綜祖父雍卒數月拜太常代雍平尚書事是時魯王霸有盛寵與太子和齊衡譚上疏曰臣聞有國有家者必明嫡庶之端異尊卑之禮使高下有差階級踰邈如此則骨肉之恩生覬覦之望絕昔賈誼陳治安之計論諸侯之勢以爲勢重雖親必有逆節之累勢輕雖疏必有保全之祚故淮南親弟不終饗國失之於勢重也吳芮疏臣傳祚長沙得之於勢輕也昔漢文帝使慎夫人與皇后同席袁盎退夫人之座帝有怒色及盎辨上下之儀陳人彘之戒帝既悅懌夫人亦悟今臣所陳非有所偏誠欲以安太子而便魯王也由是霸與譚有隙時長公主壻衞將軍全琮子寄爲霸賓客寄素傾邪譚所不納先是譚弟承與張休俱北征壽春全琮時爲大都督與魏將王淩戰於芍陂軍不利魏兵乘勝陷沒五營將秦兒軍休承奮擊之遂駐魏師時琮羣子緒端亦並爲將因敵既住乃進擊之淩軍用退時論功行賞以爲駐敵之功大退敵之功小休承並爲雜號將軍緒端偏裨而已寄父子益恨共構會譚吳錄曰全琮父子屢言芍陂之役爲典軍陳恂詐增張休顧承之功而休承與恂通情休坐繫獄權爲譚故沉吟不決欲令譚謝而釋之及大會以問譚譚不謝而曰陛下讒言其興乎江表傳曰有司奏譚誣罔大不敬罪應大辟權以雍故不致法皆徙之譚坐徙交州幽而發憤著新言二十篇其知難篇蓋以自悼傷也見流二年年四十二卒於交阯

承字子直嘉禾中與舅陸瑁俱以禮徵權賜丞相雍書曰貴孫子直令問休休至與相見過於所聞爲君嘉之拜騎都尉領羽林兵後爲吳郡西部都尉與諸葛恪等共平山越別得精兵八千人還屯軍章阬拜昭義中郎將入爲侍中芍陂之役拜奮威將軍出領京下督數年與兄譚張休等俱徙交州年三十七卒

諸葛瑾字子瑜琅邪陽都人也吳書曰其先葛氏本琅邪諸縣人後徙陽都陽都先有姓葛者時人謂之諸葛因以爲氏瑾少游京師治毛詩尚書左氏春秋遭母憂居喪至孝事繼母恭謹甚得人子之道風俗通曰葛嬰爲陳涉將軍有功而誅孝文帝追錄封其孫諸縣侯因并氏焉此與吳書所說不同漢末避亂江東值孫策卒孫權姊壻曲阿弘咨見而異之薦之於權與魯肅等並見賓待後爲權長史轉中司馬建安二十年權遣瑾使蜀通好劉備與其弟亮俱公會相見退無私面與權談說諫喻未嘗切愕微見風采粗陳指歸如有未合則捨而及他徐復託事造端以物類相求於是權意往往而釋吳郡太守朱治權舉將也權曾有以望之而素加敬難自詰讓忿忿不解瑾揣知其故而不敢顯陳乃乞以意私自問遂於權前爲書泛論物理因以已心遙往忖度之畢以呈權權喜笑曰孤意解矣顏氏之德使人加親豈謂此邪權又怪校尉殷模罪至不測羣下多爲之言權怒益甚與相反覆惟瑾默然權曰子瑜何獨不言瑾避席曰瑾與殷模等遭本州傾覆生類殄盡棄墳墓攜老弱披草萊歸聖化在流隸之中蒙生成之福不能躬相督厲陳答萬一至令模孤負恩惠自陷罪戾臣謝過不暇誠不敢有言權聞之愴然乃曰特爲君赦之後從討關羽封宣城侯以綏南將軍代呂蒙領南郡太守住公安劉備東伐吳吳王求和瑾與備牋曰奄聞旗鼓來至白帝或恐議臣以吳王侵取此州危害關羽怨深禍大不宜答和此用心於小未留意於大者也試爲陛下論其輕重及其大小陛下若抑威損忿蹔省瑾言者計可立決不復咨之於羣后也陛下以關羽之親何如先帝荊州大小孰與海內俱應仇疾誰當先後若審此數易於反掌臣松之云以爲劉后以庸蜀爲關河荊楚爲維翰關羽揚兵沔漢志陵上國雖匡主定霸功未可必要爲威聲遠震有其經略孫權潛包禍心助魏除害是爲翦宗子勤王之師行曹公移都之計拯漢之規於茲而止義旗所指宜其在孫氏矣瑾以大義責備答之何患無辭且備羽相與有若四體股肱橫虧憤痛已深豈此奢闊之書所能迴駐哉載之於篇寔爲辭章之費時或言瑾別遣親人與備相聞權曰孤與子瑜有死生不易之誓子瑜之不負孤猶孤之不負子瑜也江表傳曰瑾之在南郡人有密讒瑾者此語頗流聞於外陸遜表保明瑾無此宜以散其意權報曰子瑜與孤從事積年恩如骨肉深相明究其爲人非道不行非義不言玄德昔遣孔明至吳孤嘗語子瑜曰卿與孔明同產且弟隨兄於義爲順何以不留孔明孔明若留從卿者孤當以書解玄德意自隨人耳子瑜答孤言弟亮以失身於人委質定分義無二心弟之不留猶瑾之不往也其言足貫神明今豈當有此乎孤前得妄語文疏即封示子瑜并手筆與子瑜即得其報論天下君臣大節一定之分孤與子瑜可謂神交非外言所間也知卿意至輒封來表以示子瑜使知卿意黃武元年遷左將軍督公安假節封宛陵侯吳錄曰曹真夏侯尚等圍朱然於江陵又分據中州瑾以大兵爲之救援瑾性弘緩推道任計畫無應卒倚伏之術兵久不解權以此望之及春水生潘璋等作水城於上流瑾進攻浮橋真等退走雖無大勳亦以全師保境爲功虞翻以狂直流徙惟瑾屢爲之說翻與所親書曰諸葛敦仁則天活物比蒙清論有以保分惡積罪深見忌殷重雖有祁老之救德無羊舌解釋難冀也瑾爲人有容貌思度于時服其弘雅權亦重之大事咨訪又別咨瑾曰近得伯言表以爲曹丕已死毒亂之民當望旌瓦解而更靜然聞皆選用忠良寬刑罰布恩惠薄賦省役以悅民心其患更深於操時孤以爲不然操之所行其惟殺伐小爲過差及離間人骨肉以爲酷耳至於御將自古少有比之於操萬不及也今叡之不如丕猶丕不如操也其所以務崇小惠必以其父新死自度衰微恐困苦之民一朝崩沮故彊屈曲以求民心欲以自安住耳寧是興隆之漸邪聞任陳長文曹子丹輩或文人諸生或宗室戚臣寧能御雄才虎將以制天下乎夫威柄不專則其事乖錯如昔張耳陳餘非不敦睦至於秉勢自還相賊乃事理使然也又長文之徒昔所以能守善者以操笮其頭畏操威嚴故竭心盡意不敢爲非耳逮丕繼業年已長大承操之後以恩情加之用能感義今叡幼弱隨人東西此曹等輩必當因此弄巧行態阿黨比周各助所附如此之日姦讒並起更相陷懟轉成嫌貳自爾已往羣下爭利主幼不御其爲敗也焉得久乎所以知其然者自古至今安有四五人把持刑柄而不離刺轉相蹄齧者也彊當陵弱弱當求援此亂亡之道也子瑜卿但側耳聽之伯言常長於計校恐此一事小短也臣松之以爲魏明帝一時明主政自已出孫權此論竟爲無徵而史載之者將以主幼國疑威柄不一亂亡之形有如權言宜其存錄以爲鑒戒或當以雖失之於明帝而事著於齊王齊王之世可不謂驗乎不敢顯斥抑足表之微辭權稱尊號拜大將軍左都護領豫州牧及呂壹誅權又有詔切磋瑾等語在權傳瑾輒因事以答辭順理正瑾子恪名盛當世權深器異之然瑾常嫌之謂非保家之子每以憂戚吳書曰初瑾爲大將軍而弟亮爲蜀丞相二子恪融皆典戎馬督領將帥族弟誕又顯名於魏一門三方爲冠蓋天下榮之瑾才略雖不及弟而德行尤純妻死不改娶有所愛妾生子不舉其篤慎皆如此赤烏四年年六十八卒遺命令素棺斂以時服事從省約恪已自封侯故弟融襲爵攝兵業駐公安吳書曰融字叔長生於寵貴少而驕樂學爲章句博而不精性寬容多技藝數以巾褐奉朝請後拜騎都尉赤烏中諸郡出部伍新都都尉陳表吳郡都尉顧承各率所領人會佃毗陵男女各數萬口表病死權以融代表後代父瑾領攝融部曲吏士親附之疆外無事秋冬則射獵講武春夏則延賓高會休吏假卒或不遠千里而造焉每會輒歷問賓客各言其能乃合榻促席量敵選對或有博奕或有攜蒱投壺弓彈部別類分於是甘果繼進清酒徐行融周流觀覽終日不倦融父兄質素雖在軍旅身無采飾而融錦罽文繡獨爲奢綺孫權薨徙奮威將軍後恪征淮南假融節令引軍入沔以擊西兵恪既誅遣無難督施寬就將軍施績孫壹全熙等取融融卒聞兵士至惶懼猶豫不能決計兵到圍城飲藥而死三子皆伏誅江表傳曰先是公安有靈鼉鳴童謠曰白鼉鳴龜背平南郡城中可長生守死不去義無成及恪被誅融果刮金印龜服之而死

步騭字子山臨淮淮陰人也吳書曰晉有大夫楊食采於步後有步叔與七十子師事仲尼秦漢之際有爲將軍者以功封淮陰侯騭其後也世亂避難江東單身窮困與廣陵衞旌同年相善俱以種瓜自給晝勤四體夜誦經傳吳書曰騭博研道藝靡不貫覽性寬雅沈深能降志辱身會稽焦征羌郡豪族吳錄曰征羌名矯嘗爲征羌令人客放縱騭與旌求食其地懼爲所侵乃共修刺奉瓜以獻征羌征羌方在內臥駐之移時旌欲委去騭止之曰本所以來畏其彊也而今舍去欲以爲高祇結怨耳良久征羌開牖見之身隱几坐帳中設席致地坐騭旌於牖外旌愈恥之騭辭色自若征羌作食身享大案殽膳重沓以小盤飯與騭旌惟菜茹而已旌不能食騭極飯致飽乃辭出旌怒騭曰何能忍此騭曰吾等貧賤是以主人以貧賤遇之固其宜也當何所恥吳錄曰衞旌字子旗官至尚書孫權爲討虜將軍召騭爲主記吳書曰歲餘騭以疾免與琅邪諸葛瑾彭城嚴畯俱游吳中並著聲名爲當時英俊除海鹽長還辟車騎將軍東曹掾吳書曰權爲徐州牧以騭爲治中從事舉茂才建安十五年出領鄱陽太守歲中徙交州刺史立武中郎將領武射吏千人便道南行明年追拜使持節征南中郎將劉表所置蒼梧太守吳巨陰懷異心外附內違騭降意懷誘請與相見因斬徇之威聲大震士燮兄弟相率供命南土之賓自此始也益州大姓雍闓等殺蜀所署太守正昂與燮相聞求欲內附騭因承制遣使宣恩撫納由是加拜平戎將軍封廣信侯延康元年權遣呂岱代騭騭將交州義士萬人出長沙會劉備東下武陵蠻夷蠢動權遂命騭上益陽備既敗績而零桂諸郡猶相驚擾處處阻兵騭周旋征討皆平之黃武二年遷右將軍左護軍改封臨湘侯五年假節徙屯漚口權稱尊號拜驃騎將軍領冀州牧是歲都督西陵代陸遜撫二境頃以冀州在蜀分解牧職時權太子登駐武昌愛人好善與騭書曰夫賢人君子所以興隆大化佐理時務者也受性闇蔽不達道數雖實區區欲盡心於明德歸分於君子至於遠近士人先後之宜猶或緬焉未之能詳傳曰愛之能勿勞乎忠焉能勿誨乎斯其義也豈非所望於

君子哉隲於是條于時事在荊州界者諸葛瑾陸遜朱然程普潘濬裴玄夏侯承衞旌李肅吳書曰肅字偉恭南陽人少以才聞善論議臧否得中甄奇錄異薦述後進題目品藻曲有條貫衆人以此服之權擢以爲選舉號爲得才求出補吏爲桂陽太守吏民悅服徵爲卿會卒知與不知並痛惜焉周條石幹十一人甄別行狀因上疏獎勸曰臣聞人君不親小事百官有司各任其職故舜命九賢則無所用心彈五弦之琴詠南風之詩不下堂廟而天下治也齊桓用管仲被髮載車齊國既治又致匡合近漢高祖擥三傑以興帝業西楚失雄俊以喪成功汲黯在朝淮南寢謀郅都守邊匈奴竄迹故賢人所在折衝萬里信國家之利器崇替之所由也方今王化未被於漢北河洛之濱尚有僭逆之醜誠擥英雄拔俊任賢之時也願明太子重以經意則天下幸甚後中書呂壹典校文書多所糾舉隲上疏曰伏聞諸典校擿抉細微吹毛求瑕重案深誣趣欲陷人以成威福無罪無辜橫受大刑是以使民跼天蹐地誰不戰慄昔之獄官惟賢是任故皐陶作士呂侯贖刑張于廷尉民無冤枉休泰之祚實由此興今之小臣動與古異獄以賄成輕忽人命歸咎于上爲國速怨夫一人吁嗟王道爲虧甚可仇疾明德慎罰哲人惟刑書傳所美自今蔽獄都下則宜諮顧雍武昌則陸遜潘濬平心專意務在得情隲黨神明受罪何恨又曰天子父天母地故宮室百官動法列宿若施政令欽順時節官得其人則陰陽和平七曜循度至於今日官寮多闕雖有大臣復不信任如此天地焉得無變故頻年枯旱亢陽之應也又嘉禾六年五月十四日赤烏二年正月一日及二十七日地皆震動地陰類臣之象陰氣盛故動臣下專政之故也夫天地見異所以警悟人主可不深思其意哉又曰丞相顧雍上大將軍陸遜太常潘濬憂深責重志在竭誠夙夜兢兢寢食不寧念欲安國利民建久長之計可謂心膂股肱社稷之臣矣宜各委任不使他官監其所司責其成效課其負殿此三臣者思慮不到則已豈敢專擅威福欺負所天乎又曰縣賞以顯善設刑以威姦任賢而使能審明於法術則何功而不成何事而不辨何聽而不聞何視而不覩哉若今郡守百里皆各得其人共相經緯如是庶政豈不康哉竊聞諸縣並有備吏吏多民煩俗以之弊但小人因緣銜命不務奉公而作威福無益視聽更爲民害愚以爲可一切罷省權亦覺悟遂誅呂壹隲前後薦達屈滯救解患難書數十上權雖不能悉納然時采其言多蒙濟賴吳錄云隲表言曰北降人王潛等說北相部伍圖以東向多作布囊欲以盛沙塞江以大向荊州夫備不豫設難以應卒宜爲之防權曰此曹衰弱何能有圖必不敢來若不如孤言當以牛千頭爲君作主人後有呂範諸葛恪爲說隲所言云每讀步隲表輒失笑此江與開闢俱生寧有可以沙囊塞理也赤烏九年代陸遜爲丞相猶誨育門生手不釋書被服居處有如儒生然門內妻妾服飾奢綺頗以此見譏在西陵二十年鄰敵敬其威信性寬弘得衆喜怒不形於聲色而外內肅然十一年卒子協嗣統隲所領加撫軍將軍協卒子璣嗣侯協弟闡繼業爲西陵督加昭武將軍封西亭侯鳳皇元年召爲繞帳督闡累世在西陵卒被徵命自以失職又懼有讒禍於是據城降晉遣璣與弟璿詣洛陽爲任晉以闡爲都督西陵諸軍事衞將軍儀同三司加侍中假節領交州牧封宜都公璣監江陵諸軍事左將軍加散騎常侍領廬陵太守改封江陵侯璿給事中宣威將軍封都鄉侯命車騎將軍羊祜荊州刺史楊肇往赴救闡孫皓使陸抗西行祜等遁退抗陷城斬闡等步氏泯滅惟璿紹祀頴川周昭著書稱步隲及嚴畯等曰古今賢士大夫所以失名喪身傾家害國者其由非一也然要其大歸摠其常患四者而已急論議一也爭名勢二也重朋黨三也務欲速四也急論議則傷人爭名勢則敗友重朋黨則蔽主務欲速則失德此四者不除未有能全也當世君子能不然者亦比有之豈獨古人乎然論其絕異未若顧豫章諸葛使君步丞相嚴衞尉張奮威之爲美也論語言夫子恂恂然善誘人又曰成人之美不成人之惡豫章有之矣望之儼然卽之也溫聽其言也厲使君體之矣恭而安威而不猛丞相履之矣學不求祿心無苟得衞尉奮威蹈之矣此五君者雖德實有差輕重不同至於趣舍大檢不犯四者俱一揆也昔丁諝出於孤家吾粲由於牧豎豫章揚其善以並陸全之列是以人無幽滯而風俗厚焉使君丞相衞尉三君昔以布衣俱相友善諸論者因各敍其優劣初先衞尉次丞相而後有使君也其後並事明主經營世務出處之才有不同先後之名須反其初此世常人所決勤薄也至於三君分好卒無虧損豈非古人交哉又魯橫江昔杖萬兵屯據陸口當世之美業也能與不能孰不願焉而橫江既亡衞尉應其選自以才非將帥深辭固讓終於不就後徙九列遷典八座榮不足以自曜祿不足以自奉至於二君皆位爲上將窮富極貴衞尉旣無求欲二君又不稱薦各守所志保其名好孔子曰君子矜而不爭羣而不黨斯有風矣又奮威之名亦三君之次也當一方之戍受上將之任與使君丞相不異也然歷國事論功勞實有先後故爵位之榮殊焉而奮威將處此決能明其部分心無失道之欲事無充詘之求每升朝堂循禮而動辭氣謇謇罔不惟忠叔嗣雖親貴言憂其敗蔡文至雖疏賤談稱其賢女配太子受禮若弔慷慨之趨惟篤人物成敗得失皆如所慮可謂守道見幾好古之士也若乃經國家當軍旅於馳騖之際立霸王之功此五者未爲過人至其純粹履道求不苟得升降當世保全名行邈然絕俗實有所師故粗論其事以示後之君子周昭者字恭遠與韋曜薛瑩華覈並述吳書後爲中書郎坐事下獄覈表救之孫休不聽遂伏法云

評曰張昭受遺輔佐功勳克舉忠謇方直動不爲己而以嚴見憚以高見外既不處宰相又不登師保從容閭巷養老而已以此明權之不及策也顧雍依杖素業而將之智局故能究極榮位諸葛瑾步隲並以德度規檢見器當世張承顧邵虛心長者好尚人物周昭之論稱之甚美故詳錄焉譚獻納在公有忠貞之節休承修志咸庶爲善愛惡相攻流播南裔哀哉

吳志卷七考證

張昭孤豈爲子布有愛乎領丞相事煩而此公性剛○領通鑑作顧

造作攻城大攻車○下攻字疑衍

顧雍雍從學琴書注故雍與伯喈同名由此也○毛本無由此二字

呂壹秦博爲中書典校諸官府及州郡文書○官府毛本作宮府

官有正法何至於此注是以潘濬欲同手劒之以除國患○欲同手劒之宋本作欲因會手劒之

邵字孝則○太平御覽作孝時

或言議而去或結厚而刎○世說注作或諷議而去或結友而刎

陽羨張秉生於庶民○太平御覽作生於民庶

烏程吾粲○毛本作吳粲何焯曰古書吾邱壽王多作虞邱而虞仲亦作吳仲庾信作吳明徹墓誌用吾彥事對吳起據此則吾與吳同

從中庶子轉輔正都尉注太傅諸葛恪等雄奇蓋衆○等宋本作以

還屯軍章阮○章阮宋本作章阬

諸葛瑾琅邪陽都人也注時人謂之諸葛○廣韻注作時人謂從居者爲諸葛

又注葛嬰爲陳涉將軍有功而誅孝文帝追錄其孫諸縣侯因井氏焉○何焯曰按孝文時侯者十八無姓葛者高祖封樂毅後于一鄉畧何功德而其孫乃食一縣此風俗通傳聞之謬也

易於反掌注紆曹公移都之計○各本紆俱作行今改正　臣龍官按當作紆當日雲長威震華夏孟德恐懼欲遷都以避之今荊州爲權所破羽死而操安還都之計可以緩也

比蒙清論有以保分○保分冊府作保全

比之於操萬不及也○比疑作不

步隲權遂命隲上益陽○遂監本訛作逆今改正

衞旌李肅注權擢以爲選舉號爲得才○太平御覽以爲下多選曹尚書四字

多蒙濟賴注後有呂範諸葛恪爲說隲所言○有疑作與

叔嗣雖親貴言憂其敗蔡文至雖疏賤談稱其賢○臣明楷按傳稱張承能甄識人物拔彭城蔡款又言終敗諸葛氏者元遜也叔嗣承弟休之字傳無憂敗之文叔嗣二字當作元遜蔡文至卽蔡款吳錄云款字文德此作文至卽名求義作文至於款更協文德誤也

周昭之論稱之甚美故詳錄焉○詳監本訛作辭今改正

吳志卷八

晉　著作郎巴西中正安漢陳　壽撰

宋太中大夫國子博士聞喜裴松之注

張紘子玄　玄子尚　嚴畯裴玄　程秉徵崇

闞澤唐固　薛綜子瑩

張紘字子綱廣陵人少游學京都吳書曰紘入太學事博士韓宗治京氏易歐陽尚書又於外黃從濮陽闓受韓詩及禮記左氏春秋還本郡舉茂才公府辟皆不就吳書曰大將軍何進太尉朱儁司空荀爽三府辟爲掾皆稱疾不就避難江東孫策創業遂委質焉表爲正議校尉吳書曰紘與張昭並與參謀常令一人居守一人從征討後呂布襲取徐州因爲之牧不欲令紘與策從事追舉茂才移書發遣紘紘心惡布恥爲之屈策亦

重惜紘欲以自輔答記不遣曰海產明珠所在爲寶楚雖有才晉實用之英偉君子所游見珍何必本州哉從討丹陽策身臨行陣紘諫曰夫主將乃籌謨之所自出三軍之所繫命也不宜輕脫自敵小寇願麾下重天授之姿副四海之望無令國內上下危懼建安四年策遣紘奉章至許宮留爲侍御史少府孔融等皆與親善吳書曰紘至與在朝公卿及知舊述策材略絕異平定三郡風行草偃加以忠敬款誠乃心王室時曹公爲司空欲加恩厚以悅遠人至乃優文褒崇改號加封辟紘爲掾舉高第補侍御史後以紘爲九江太守紘心戀舊恩思還反命以疾固辭曹公聞策薨欲因喪伐吳紘諫以爲乘人之喪既非古義若其不克成讎棄好不如因而厚之曹公從其言即表權爲討虜將軍領會稽太守曹公欲令紘輔權內附出紘爲會稽東部都尉吳書曰權初承統春秋方富太夫人以方外多難深懷憂勞數有優令辭謝付屬以輔助之義紘輒拜牋答謝思惟補察每有異事密計及章表書記與四方交結常令紘與張昭草創撰作紘以破虜有破走董卓扶持漢室之勳討逆平定江外建立大業宜有紀頌以昭公義既成呈權權省讀悲感曰君眞識孤家門閥閱也乃遣紘之部或以紘本受北任嫌其志趣不止於此權不以介意初琅邪趙昱爲廣陵太守察紘孝廉昱後爲笮融所殺紘甚傷憤而力不能討昱門戶絕滅及紘在東部遣主簿至琅邪設祭并求親戚爲之後以書屬琅邪相臧宣宣以趙宗中五歲男奉昱祀權聞而嘉之及討江夏以東部少事命紘居守遙領所職孔融遺紘書曰聞大軍西征足下留鎮不有居者誰守社稷深固折衝亦大勳也無乃李廣之氣循髮益怒樂一當單于以盡餘憤乎南北並定世將無事孫叔投戈絳灌俎豆亦在今日但用離析無緣會面爲愁歎耳道直途淸相見豈復難哉權以紘有鎮守之勞欲論功加賞紘厚自挹損不敢蒙寵權不奪其志每從容侍讌微言密指常有以規諷江表傳曰初權於羣臣多呼其字惟呼張昭曰張公紘曰東部所以重二人也後權以紘爲長史從征合肥吳書曰合肥城久不拔紘進計曰古之圍城開其一面以疑衆心今圍之甚密攻之又急誠懼并命戮力死戰之寇固難卒拔及救未至可小寬之以觀其變議者不同會救騎至數至圍下馳騁挑戰權率輕騎將往突敵紘諫曰夫兵者凶器戰者危事也今麾下恃盛壯之氣忽彊暴之虜三軍之衆莫不寒心雖斬將搴旗威震敵場此乃偏將之任非主將之宜也願抑賁育之勇懷霸王之計權納紘言而止既還明年將復出軍紘又諫曰自古帝王受命之君雖有皇靈佐於上文德播於下亦賴武功以昭其勳然而貴於時動乃後爲威耳今麾下值四百之厄有扶危之功宜且隱息師徒廣開播殖任賢使能務崇寬惠順天命以行誅可不勞而定也於是遂止不行紘建計宜出都秣陵權從之江表傳曰紘謂權曰秣陵楚武王所置名爲金陵地勢岡阜連石頭訪問故老云昔秦始皇東巡會稽經此縣望氣者云金陵地形有王者都邑之氣故掘斷連岡改名秣陵今處所具存地有其氣天之所命宜爲都邑權善其議未能從也後劉備之東宿於秣陵周觀地形亦勸權都之權曰智者意同遂都焉獻帝春秋云劉備至京謂孫權曰吳去此數百里即有警急赴救爲難將軍無意屯京乎權曰秣陵有小江百餘里可以安大船吾方理水軍當移據之備曰蕪湖近濡須亦佳也權曰吾欲圖徐州宜近下也臣松之以爲秣陵之與蕪湖道理所校無幾於北侵利便亦有何異而云欲闚徐州貪秣陵近下非其理也諸書皆云劉備勸都秣陵而此獨云權自欲都之又爲虛錯令還吳迎家道病卒臨困授子靖留牋曰自古有國有家者咸欲修德政以比隆盛世至於其治多不馨香非無忠臣賢佐闇於治體也由主不勝其情弗能用耳夫人情憚難而趨易好同而惡異與治道相反傳曰從善如登從惡如崩言善之難也人君承奕世之基據自然之勢操八柄之威甘易同之歡周禮太宰職曰以八柄詔王馭羣臣一曰爵以馭其貴二曰祿以馭其富三曰予以馭其幸四曰置以馭其行五曰生以馭其福六曰奪以馭其貧七曰廢以馭其罪八曰誅以馭其過無假取於人而忠臣挾難進之術吐逆耳之言其不合也不亦宜乎雖則有釁巧辯緣間眩於小忠戀於恩愛賢愚雜錯長幼失敘其所由來情亂之也故明君悟之求賢如饑渴受諫而不厭抑情損欲以義割恩上無偏謬之授下無希冀之望宜加三思含垢藏疾以成仁覆之大時年六十卒權省書流涕紘著詩賦銘誄十餘篇吳書曰紘見柟榴枕愛其文爲作賦陳琳在北見之以示人曰此吾鄉里張子綱所作也後紘見陳琳作武庫賦應機論與琳書深歎美之琳答曰自僕在河北與天下隔此間率少於文章易爲雄伯故使僕受此過差之譚非其實也今景興在此足下與子布在彼所謂小巫見大巫神氣盡矣紘既好文學又善楷篆書與孔融書自書融遺紘書曰前勞手筆多篆書每舉篇見字欣然獨笑如復覩其人也子玄官至南郡太守尚書江表傳曰玄淸介有高行而才不及紘玄子尚江表傳曰尚有俊才稱孫晧時爲侍郎以言語辯捷見知擢爲侍中中書令晧使尚鼓琴尚對曰素不能勑使學之後宴言次說琴之精妙尚因道晉平公使師曠作清角曠言吾君德薄不足以聽之晧意謂尚以斯喻己不悅後積他事下獄皆追以此爲詰環氏吳紀曰晧嘗問詩云汎彼柏舟惟柏中舟乎尚對曰詩言檜楫松舟則松亦中舟也又問鳥之大者惟鶴小者惟雀乎尚對曰大者有禿鶖小者有鷦鷯晧性忌勝己而尚談論每出其表積以致恨後問孤飲酒以方誰尚對曰陛下有百觚之量晧云尚知孔丘之不王而以孤方之因此發怒收尚尚書岑昏率公卿已下百餘人詣宮叩頭請尚罪得減死送建安作船久之又就加誅初紘同郡秦松字文表陳端字子正並與紘見待於孫策參與謀謨各早卒

嚴畯字曼才彭城人也少耽學善詩書三禮又好說文避亂江東與諸葛瑾步騭齊名友善性質直純厚其於人物忠告善道志存補益張昭進之於孫權權以爲騎都尉從事中郎及橫江將軍魯肅卒權以畯代肅督兵萬人鎮據陸口衆人咸爲畯喜畯前後固辭樸素書生不閑軍事非才而據咎悔必至發言慷慨至于流涕志林曰權又試畯騎上馬墮鞍權乃聽焉世嘉其能以實讓權爲吳王及稱尊號畯嘗爲衞尉使至蜀蜀相諸葛亮深善之不蓄祿賜皆散之親戚知故家常不充廣陵劉潁與畯有舊潁精學家巷權聞徵之以疾不就其弟略爲零陵太守卒官潁往赴喪權知其詐病急驛收錄畯亦馳語潁使還謝權權怒廢畯而潁得免罪久之以畯爲尚書令後卒吳書曰畯時年七十八二子凱英凱官至升平少府畯著孝經傳潮水論又與裴玄張承論管仲季路皆傳於世玄字彥黃下邳人也亦有學行官至太中大夫問子欽齊桓晉文夷惠四人優劣欽答所見與玄相反覆各有文理欽與太子登游處登稱其翰采

程秉字德樞汝南南頓人也逮事鄭玄後避亂交州與劉熙考論大義遂博通五經士燮命爲長史權聞其名儒以禮徵秉既到拜太子太傅黃武四年權爲太子登娉周瑜女秉守太常迎妃於吳權親幸秉船深見優禮既還秉從容進說登曰婚姻人倫之始王教之基是以聖王重之所以率先衆庶風化天下故詩美關雎以爲稱首願太子尊禮教於閨房存周南之所詠則道化隆於上頌聲作於下矣登笑曰將順其美匡救其惡誠所賴於傅君也病卒官著周易摘商書駮論語弼凡三萬餘言秉爲傅時率更令河南徵崇亦篤學立行云吳錄曰崇字子和治易春秋左氏傳兼善內術本姓李遭亂更姓遂隱於會稽躬耕以求其志好尚者從學所教不過數人輒止欲令其業必有成也所交結如丞相步騭等咸親焉嚴畯薦崇行足以厲俗學足以爲師初見太子登以疾賜不拜東宮官僚皆從諮詢太子數訪以異聞年七十而卒

闞澤字德潤會稽山陰人也家世農夫至澤好學居貧無資常爲人傭書以供紙筆所寫既畢誦讀亦遍追師論講究覽羣籍兼通歷數由是顯名察孝廉除錢唐長遷郴令孫權爲驃騎將軍辟補西曹掾及稱尊號以澤爲尚書嘉禾中爲中書令加侍中赤烏五年拜太子太傳領中書如故澤以經傳文多難得盡用乃斟酌諸家刊約禮文及諸注說以授二宮爲制行出入及見賓儀又著乾象歷注以正時日每朝廷大議經典所疑輒諮訪之以儒學勤勞封都鄉侯性謙恭篤慎官府小吏呼召對問皆爲抗禮人有非短口未嘗及容貌似不足者然所聞少窮權嘗問書傳篇賦何者爲美澤欲諷喻以明治亂因對賈誼過秦論最善權覽讀焉初以呂壹姦罪發聞有司窮治奏以大辟或以爲宜加焚裂用彰元惡權以訪澤澤曰盛明之世不宜復有此刑權從之又諸官司有所患疾欲增重科防以檢御臣下澤每曰宜依禮律其和而有正皆此類也吳錄曰虞翻稱澤曰闞生矯傑蓋蜀之楊雄又曰闞子儒術德行亦今之仲舒也初魏文帝即位權嘗從容問羣臣曰曹丕以盛年即位恐孤不能及之諸卿以爲何如羣臣未對澤曰不及十年丕其沒矣大王勿憂也權曰何以知之澤曰以字言之不十爲丕此其數也文帝果七年而崩臣松之計孫權年大文帝五歲其爲長幼也微耳六年冬卒權痛惜感悼食不進者數日澤州里先輩丹陽唐固亦修身積學稱爲儒者著國語公羊穀梁傳注講授常數十人權爲吳王拜固議郎自陸遜張溫駱統等皆拜之黃武四年爲尚書僕射卒吳錄曰固字子正卒時年七十餘矣

薛綜字敬文沛郡竹邑人也吳錄曰其先齊孟嘗君封於薛秦滅六國而失其祀子孫分散漢祖定天下過齊求孟嘗後得其孫陵國二人欲復其封陵國兄弟相推莫適受乃去之竹邑因家焉故遂氏薛自國至綜世典州郡爲著姓綜少明經善屬文有秀才少依族人避地交州從劉熙學士燮既附孫權召綜爲五官中郎除合浦交阯太守時交土始開刺史呂岱率師討伐綜與俱行越海南征及到九眞事畢還都守謁者僕射西使張奉於權前列尚書闞澤姓名以嘲澤澤不能答綜下行酒因勸酒曰蜀者何也有犬爲獨無犬爲蜀橫目苟身虫入其腹臣松之見諸書本苟身或作句身以爲既云橫目則宜曰句身奉曰不當復列君吳邪綜應聲曰無口爲天有口爲吳君臨萬邦天子之都於是衆坐喜笑而奉無以對其樞機敏捷皆此類也江表傳曰費禕聘于吳陛見公卿侍臣皆在坐酒酣禕與諸葛恪相對嘲難言及吳蜀禕問曰蜀字云何恪曰有水者濁無水者蜀橫目苟身虫入其腹禕復問吳字云何恪曰無口者天有口者吳下臨滄海天子帝都與本傳不同呂岱從交州召出綜懼繼岱者非其人上疏曰昔帝舜南巡卒於蒼梧秦置桂林南海象郡然則四國之內屬也有自來矣趙佗起番禺懷服百越之君珠官之南是也漢武帝誅呂嘉開九郡設交阯刺史以鎭監之山川長遠習俗不齊言語同異重譯乃通民如禽獸長幼無別椎結徒跣貫頭左衽長吏之設雖有若無自斯以來頗徙中國罪人雜居其間稍使學書粗知言語使驛往來觀見禮化及後錫光爲交阯任延爲九眞太守乃教其耕犂使之冠履爲設媒官始知聘娶建立學校導之經義由此已降四百餘年頗有似類自臣昔客始至之時珠崖除州縣嫁娶皆須八月引戶人民集會之時男女自相可適乃爲夫妻父母不能止交阯糜泠九眞都龐二縣皆兄死弟妻其嫂世以此爲俗長吏恣聽不能禁制日南郡男女倮體不以爲羞由此言之可謂蟲豸有靦面目耳然而土廣人衆阻險毒害易以爲亂難使從治縣官羈縻示令威服田戶之租賦裁取供辦貴致遠珍名珠香藥象牙犀角瑇瑁珊瑚琉璃鸚鵡翡翠孔雀奇物充備寶玩不必仰其賦入以益中國也然在九甸之外長吏之選類不精覈漢時法寬多自放恣故數反違法珠崖之廢起於長吏覩其好髮髠取爲髲及臣所見南海黃蓋爲日南太守下車以供設不豐撾殺主簿仍見驅逐九眞太守儋萌爲妻父周京作主人并請大吏酒酣作樂功曹番歆起舞屬京京不肯起歆猶迫彊萌忿杖歆亡於郡內歆弟苗帥衆攻府毒矢射萌萌至物故交阯太守士燮遣兵致討卒不能克又故刺史會稽朱符多以鄉人虞褒劉彥之徒分作長吏侵虐百姓彊賦於民黃魚一枚收稻一斛百姓怨叛山賊並出攻州突郡符走入海流離喪亡次得南陽張津與

荆州牧劉表爲隙兵弱敵彊歲歲興軍諸將厭患去留自在津小檢攝威武不足爲所陵侮遂至殺没後得零陵賴恭先輩仁謹不曉時事表又遣長沙吳巨爲蒼梧太守巨武夫輕悍不爲恭服所取相怨恨逐出恭求步騭是時津故將夷廖錢博之徒尚多騭以次鉏治綱紀適定會仍召出呂岱既至有士民之變越軍南征平討之日改置長吏章明王綱威加萬里大小承風由此言之綏邊撫裔實有其人牧伯之任既宜清能荒流之表禍福尤甚今日交州雖名粗定尚有高涼宿賊其南海蒼梧鬱林珠官四郡界未綏依作寇盜專爲亡叛逋逃之藪若岱不復南新刺史宜得精密檢攝八郡方畧智計能稍稍以漸能治高涼者假其威寵借之形勢責其成效庶幾可補復如但中人近守常法無奇數異術者則羣惡日滋久遠成害故國之安危在於所任不可不察也竊懼朝廷忽輕其選故敢竭愚情以廣聖思黃龍三年建昌侯慮爲鎮軍大將軍屯半州以綜爲長史外掌衆事內授書籍慮卒入守賊曹尚書遷尚書僕射時公孫淵降而復叛權盛怒欲自親征綜上疏諫曰夫帝王者萬國之元首天下之所繫命也是以居則重門擊柝以戒不虞行則清道案節以養威嚴蓋所以存萬安之福鎮四海之心昔孔子疾時託乘桴浮海之語季由斯喜拒以無所取才漢元帝欲御樓船薛廣德請刎頸以血染車何則水火之險至危非帝王所宜涉也諺曰千金之子坐不垂堂況萬乘之尊乎今遼東戎貊小國無城池之固備禦之術器械銖鈍犬羊無政往必禽克誠如明詔然其方土寒埆穀稼不殖民習鞍馬轉徙無常卒聞大軍之至自度不敵鳥驚獸駭長驅奔竄一人匹馬不可得見雖獲空城守之無益此不可一也加又洪流滉瀁有成山之難海行無常風波難免倏忽之間人船異勢雖有堯舜之德智無所施賁育之勇力不得設此不可二也加以鬱霧冥其上鹹水蒸其下善生流腫轉相洿染凡行海者稀無斯患此不可三也天生神聖顯以符瑞當乘平喪亂康此民物嘉祥日集海內垂定逆虜凶虐滅亡在近中國一平遼東自斃但當拱手以待耳今乃違必然之圖尋至危之阻忽九州之固肆一朝之忿既非社稷之重計又開闢以來所未嘗有斯誠羣僚所以傾身側息食不甘味寢不安席者也惟陛下抑雷霆之威忍赫斯之怒遵乘橋之安遠履冰之險則臣子賴祉天下幸甚時羣臣多諫權遂不行正月乙未權勑綜祝祖不得用常文綜承詔卒造文義信辭粲爛權曰復爲兩頭使滿三也綜復再祝辭令皆新衆咸稱善赤烏二年徙選曹尚書五年爲太子少傅領選職如故吳書曰後權賜綜紫綬囊綜陳讓紫色非所宜服權曰太子年少涉道日淺君當博之以文納之以禮茅土之封非君而誰是時綜以名儒居師傅之位仍兼選舉甚爲優重六年春卒凡所著詩賦難論數萬言名曰私載又定五宗圖述二京解皆傳於世子翊官至威南將軍征交阯還道病死漢晉春秋曰孫休時翊爲五官中郎將遣至蜀求馬及還休問蜀政得失對曰主闇而不知其過臣下容身以求免罪入其朝不聞正言經其野民皆菜色臣聞燕雀處堂子母相樂自以爲安也突決棟焚而燕雀怡然不知禍之將及其是之謂乎翊弟瑩字道言初爲祕府中書郎孫休即位爲散騎中常侍數年以病去官孫晧初爲左執法遷選曹尚書及立太子又領少傅建衡三年晧追嘆瑩父綜遺文且命瑩繼作瑩獻詩曰惟臣之先昔仕于漢奕世緜緜頗涉臺觀暨臣父綜遭時之難卯金失御邦家毀亂適茲樂土庶存子遺天啓其心東南是歸厥初流隸困于蠻垂大皇開基恩德遠施特蒙招命拯擢泥汙釋放巾褐受職剖符作守合浦在海之隅遷入京輦遂升機樞枯瘁更榮絕統復紀自微而顯非願之始亦惟寵遇心存足止重値文皇建號東宮乃作少傅光華益隆明明聖嗣至德謙崇禮遇兼加惟渥惟豐哀哀先臣念竭其忠洪恩未報委世以終嗟臣蔑賤惟昆及弟幸生幸育託綜遺體過庭既訓頑蔽難啓堂構弗克志存耦耕豈悟聖朝仁澤流盈追錄先臣愍其無成是濟是拔被以殊榮翊黍千里受命南征旌旗備物金革揚聲及臣斯陋實闇實微既顯前軌人物之機復傅東宮繼世荷輝才不逮先是忝是違乾德博好文雅是貴追悼亡臣冀存遺類如何愚亂曾無髣髴瞻彼舊寵顧此頑虛孰能恐媿臣實與居夙夜反側克心自論父子兄弟累世蒙恩死惟結草生誓殺身雖則灰隕無報萬分是歲何定建議鑿聖谿以通江淮晧令瑩督萬人往遂以多盤石難施功罷還出爲武昌左部督後定被誅晧追聖谿事下瑩獄徙廣州右國史華覈上疏曰臣聞五帝三王皆立史官敘錄功美垂之無窮漢時司馬遷班固咸命世大才所撰精妙與六經俱傳大吳受命建國南土大皇帝末年命太史令丁孚部中項峻始撰吳書孚峻俱非史才其所撰作不足紀錄至少帝時更差韋曜周昭薛瑩梁廣及臣五人訪求往事所共撰立備有本末昭廣先亡曜負恩蹈罪瑩出爲將復以過徙其書遂委滯迄今未撰奏臣愚淺才劣適可爲瑩等記注而已若使撰合必襲孚峻之跡懼墜大皇帝之元功損當世之盛美瑩涉學既博文章尤妙同寮之中瑩爲冠首今者見吏雖多經學記述之才如瑩者少是以慺慺爲國惜之實欲使卒垂成之功編於前史之末奏上之後退塡溝壑無所復恨晧遂召瑩還爲左國史頃之選曹尚書同郡繆禕以執意不移爲羣小所疾左遷衡陽太守既拜又追以職事見詰責拜表陳謝因過詣瑩復爲人所白云禕不懼罪多將賓客會聚瑩許乃收禕下獄徙桂陽瑩還廣州未至召瑩還復職是時法政多謬舉措煩苛瑩每上便宜陳緩刑簡役以濟育百姓事或施行遷光祿勳天紀四年晉軍征晧晧奉書於司馬伷王渾王濬請降其文瑩所造也瑩既至洛陽特先見敘爲散騎常侍答問處當皆有條理干寶晉紀曰武帝從容問瑩曰孫晧之所以亡者何也瑩對曰歸命侯臣晧之君吳也昵近小人刑罰妄加大臣大將無所親信人人憂恐各不自保危亡之釁實由於此帝遂問吳士存亡者之賢愚瑩各以狀對太康三年卒著書八篇名曰新議王隱晉書曰瑩子兼字令長清素有器宇資望故如上國不似吳人歷位二宮丞相長史元帝踐阼累遷丹陽尹尚書又爲太子少傅自綜至兼三世傳東宮

評曰張紘文理意正爲世令器孫策待之亞於張昭誠有以也嚴程闞生一時儒林也至峻辭榮濟舊不亦長者乎薛綜學識規納爲吳良臣及瑩纂蹈允有先風然於暴酷之朝屢登顯列君子殆諸

吳志卷八考證

張紘少游學京都○宋本無少字

出紘爲會稽東部都尉○何焯曰漢書地理志會稽但有西部南部都尉趙明誠金石錄有永平八年所造會稽東部都尉路君闕銘在未分吳郡之前蓋班書略之也其居是官者惟紘見于史焉

注宜有紀頌以昭公義○公義元本作公美

非無忠臣賢佐闇於治體也○闇疑作諳

紘著詩賦銘誄十餘篇注又善楷篆書與孔融書自書○元本作嘗與孔融書自書

玄子尚注江表傳曰稱尚有俊才○曰字疑衍

皆追以此爲詰注岑昏率公卿已下百餘人詣宮叩頭請罪尚得減死○宋本作叩頭請尚罪得減死

闞澤官府小吏呼召對問○宋本官府作宮府

薛綜召綜爲五官中郎○元本中郎下有將字

由此已降四百餘年頗有似類○臣浩按自錫光任延至此時尚未及三百年此云四百餘年疑誤

珠崖除州縣嫁娶皆須八月引戶人民集會之時○除一本作餘　臣龍官按文義似謂州縣之中猶存禮化除此之外則嫁娶由已不由父母也作餘非

不爲恭服所取相怨恨○冊府所字衍取作輙

昔孔子疾時託乘桴浮海之語○監本脫海字今添

頗涉臺觀○涉疑作陟

吳志卷九

晉　著作郎巴西中正安漢陳　壽撰

宋太中大夫國子博士聞喜裴松之注

周瑜　魯肅　呂蒙

周瑜字公瑾廬江舒人也從祖父景景子忠皆爲漢太尉謝承後漢書曰景字仲嚮少以廉能見稱以明學察孝廉辟公府後爲豫州刺史辟汝南陳蕃爲別駕潁川李膺荀緄杜密沛國朱寓爲從事皆天下英俊之士也稍遷至尚書令遂登太尉張璠漢紀曰景父榮章和世爲尚書令初景歷位牧守好善愛士每歲舉孝廉延請入上後堂與家人宴會如此者數四及贈送既備又選用其子弟常稱曰移臣作子於政何有先是司徒韓縯爲河內太守在公無私所舉一辭而已後亦不及其門戶曰我舉若可矣不令恩偏一家也當時論者或兩譏焉父異洛陽令瑜長壯有姿貌初孫堅興義兵討董卓徙家於舒堅子策與瑜同年獨相友善瑜推道南大宅以舍策升堂拜母有無通共瑜從父尚爲丹陽太守瑜往省之會策將東渡到歷陽馳書報瑜瑜將兵迎策策大喜曰吾得卿諧也遂從攻橫江當利皆拔之乃渡擊秣陵破笮融薛禮轉下湖孰江乘進入曲阿劉繇奔走而策之衆已數萬矣因謂瑜曰吾以此衆取吳會平山越已足卿還鎮丹陽瑜還頃之袁術遣從弟胤代尚爲太守而瑜與尚俱還壽春術欲以瑜爲將瑜觀術終無所成故求爲居巢長欲假塗東歸術聽之遂自居巢還吳是歲建安三年也策親自迎瑜授建威中郎將即與兵二千人騎五十匹江表傳曰策又給瑜鼓吹爲治館舍贈賜莫與爲比策令曰周公瑾英儁異才與孤有總角之好骨肉之分如前在丹陽發衆及船糧以濟大事論德酬功此未足以報者也瑜時年二十四吳中皆呼爲周郎以瑜恩信著於廬江出備牛渚後領春穀長頃之策欲取荊州以瑜爲中護軍領江夏太守從攻皖拔之時得橋公兩女皆國色也策自納大橋瑜納小橋江表傳曰策從容戲瑜曰橋公二女雖流離得吾二人作婿亦足爲歡復進尋陽破劉勳討江夏還定豫章廬陵留鎮巴邱臣松之案孫策于時始得豫章廬陵尚未能得定江夏瑜之所鎮應在今巴邱縣也與後所平巴邱處不同五年策薨權統事瑜將兵赴喪遂留吳以中護軍與長史張昭共掌衆事江表傳曰曹公

新破袁紹，兵威日盛，建安七年，下書責權質任子。權召羣臣會議，張昭、秦松等猶豫不能決，權意不欲遣質，乃獨將瑜詣母前定議，瑜曰：「昔楚國初封於荊山之側，不滿百里之地，繼嗣賢能，廣土開境，立基於郢，遂據荊揚，至於南海，傳業延祚，九百餘年。今將軍承父兄餘資，兼六郡之衆，兵精糧多，將士用命，鑄山爲銅，煮海爲鹽，境內富饒，人不思亂，汎舟舉帆，朝發夕到，士風勁勇，所向無敵，有何偪迫而欲送質？質一入，不得不與曹氏相首尾，與相首尾，則命召不得不往，便見制於人也。極不過一侯印，僕從十餘人，車數乘，馬數匹，豈與南面稱孤同哉？不如勿遣，徐觀其變。若曹氏能率義以正天下，將軍事之未晚；若圖爲暴亂，兵猶火也，不戢將自焚。將軍韜勇抗威，以待天命，何送質之有！」權母曰：「公瑾議是也。公瑾與伯符同年，小一月耳，我視之如子也，汝其兄事之。」遂不送質。十一年，督孫瑜等討麻保二屯，梟其渠帥，囚俘萬餘口，還備官亭。江夏太守黃祖遣將鄧龍將兵數千人入柴桑，瑜追討擊，生虜龍送吳。十三年春，權討江夏，瑜爲前部大督。其年九月，曹公入荊州，劉琮舉衆降，曹公得其水軍，船步兵數十萬，將士聞之皆恐。權延見羣下，問以計策。議者咸曰：「曹公豺虎也，然託名漢相，挾天子以征四方，動以朝廷爲辭，今日拒之，事更不順。且將軍大勢可以拒操者，長江也。今操得荊州，奄有其地，劉表治水軍，蒙衝鬭艦，乃以千數，操悉浮以沿江，兼有步兵，水陸俱下，此爲長江之險，已與我共之矣。而勢力衆寡，又不可論。愚謂大計不如迎之。」瑜曰：「不然。操雖託名漢相，其實漢賊也。將軍以神武雄才，兼仗父兄之烈，割據江東，地方數千里，兵精足用，英雄樂業，尚當橫行天下，爲漢家除殘去穢。況操自送死，而可迎之邪？請爲將軍籌之：今使北土已安，操無內憂，能曠日持久，來爭疆場，又能與我校勝負於船楫可乎？今北土既未平安，加馬超、韓遂尚在關西，爲操後患；且舍鞍馬，杖舟楫，與吳越爭衡，本非中國所長；又今盛寒，馬無藁草，驅中國士衆遠涉江湖之間，不習水土，必生疾病。此數四者，用兵之患也，而操皆冒行之。將軍禽操，宜在今日。瑜請得精兵三萬人，進住夏口，保爲將軍破之。」權曰：「老賊欲廢漢自立矣，徒忌二袁、呂布、劉表與孤耳。今數雄已滅，惟孤尚存，孤與老賊，勢不兩立。君言當擊，甚與孤合，此天以君授孤也。」江表傳曰：權拔刀斫前奏案曰：「諸將吏敢復有言當迎操者，與此案同！」及會罷之夜，瑜請見曰：「諸人徒見操書，言水步八十萬，而各恐懾，不復料其虛實，便開此議，甚無謂也。今以實校之，彼所將中國人，不過十五六萬，且軍已久疲，所得表衆，亦極七八萬耳，尚懷狐疑。夫以疲病之卒御狐疑之衆，衆數雖多，甚未足畏。得精兵五萬，自足制之，願將軍勿慮。」權撫背曰：「公瑾，卿言至此，甚合孤心。子布、文表諸人，各顧妻子，挾持私慮，深失所望；獨卿與子敬與孤同耳，此天以卿二人贊孤也。五萬兵難卒合，已選三萬人，船糧戰具俱辦，卿與子敬、程公便在前發，孤當續發人衆，多載資糧，爲卿後援。卿能辦之者誠決，邂逅不如意，便還就孤，孤當與孟德決之。」臣松之以爲建計拒曹公，實始魯肅。于時周瑜使鄱陽，肅勸權呼瑜，瑜使鄱陽還，但與肅闇同，故能共成大勳。本傳直云權延見羣下，問以計策，瑜擺撥衆人之議，獨言抗拒之計，了不云肅先有謀，殆爲攘肅之善也。時劉備爲曹公所破，欲引南渡江，與魯肅遇於當陽，遂共圖計，因進住夏口，遣諸葛亮詣權，權遂遣瑜及程普等與備并力逆曹公，遇於赤壁。時曹公軍衆已有疾病，初一交戰，公軍敗退，引次江北。瑜等在南岸。瑜部將黃蓋曰：「今寇衆我寡，難與持久。然觀操軍方連船艦，首尾相接，可燒而走也。」乃取蒙衝鬭艦數十艘，實以薪草，膏油灌其中，裹以帷幕，上建牙旗，先書報曹公，欺以欲降。江表傳載蓋書曰：「蓋受孫氏厚恩，常爲將帥，見遇不薄。然顧天下事有大勢，用江東六郡山越之人，以當中國百萬之衆，衆寡不敵，海內所共見也。東方將吏，無有愚智，皆知其不可，惟周瑜、魯肅偏懷淺戇，意未解耳。今日歸命，是其實計。瑜所督領，自易摧破。交鋒之日，蓋爲前部，當因事變化，效命在近。」曹公特見行人，密問之，口勅曰：「但恐汝詐耳。蓋若信實，當授爵賞，超於前後也。」又豫備走舸，各繫大船後，因引次俱前。曹公軍吏士皆延頸觀望，指言蓋降。蓋放諸船，同時發火。時風盛猛，悉延燒岸上營落。頃之，煙炎張天，人馬燒溺死者甚衆，軍遂敗退，還保南郡。江表傳曰：至戰日，蓋先取輕利艦十舫，載燥荻枯柴積其中，灌以魚膏，赤幔覆之，建旌旗龍幡於艦上。時東南風急，因以十艦最著前，中江舉帆，蓋舉火白諸校，使衆兵齊聲大叫曰：「降焉！」操軍人皆出營立觀。去北軍二里餘，同時發火，火烈風猛，往船如箭，飛埃絕爛，燒盡北船，延及岸邊營柴。瑜等率輕銳尋繼其後，雷鼓大進，北軍大壞，曹公退走。備與瑜等復共追。曹公留曹仁等守江陵城，徑自北歸。瑜與程普又進南郡，與仁相對，各隔大江。兵未交鋒，吳錄曰：備謂瑜云：「仁守江陵城，城中糧多，足爲疾害。使張益德將千人隨卿，卿分二千人追我，相爲從夏水入截仁後，仁聞吾入必走。」瑜以二千人益之。瑜即遣甘寧前據夷陵。仁分兵騎別攻圍寧。寧告急於瑜。瑜用呂蒙計，留凌統以守其後，身與蒙上救寧。寧圍既解，乃渡屯北岸，克期大戰。瑜親跨馬櫟陣，會流矢中右脅，瘡甚，便還。後仁聞瑜臥未起，勒兵就陣。瑜乃自興，案行軍營，激揚吏士，仁由是遂退。權拜瑜偏將軍，領南郡太守。以下雋、漢昌、劉陽、州陵爲奉邑，屯據江陵。劉備以左將軍領荊州牧，治公安。備詣京見權，瑜上疏曰：「劉備以梟雄之姿，而有關羽、張飛熊虎之將，必非久屈爲人用者。愚謂大計宜徙備置吳，盛爲築宮室，多其美女玩好，以娛其耳目，分此二人，各置一方，使如瑜者得挾與攻戰，大事可定也。今猥割土地以資業之，聚此三人，俱在疆場，恐蛟龍得雲雨，終非池中物也。」權以曹公在北方，當廣擥英雄，又恐備難卒制，故不納。是時劉璋爲益州牧，外有張魯寇侵，瑜乃詣京見權曰：「今曹操新折衂，方憂在腹心，未能與將軍連兵相事也。乞與奮威俱進取蜀，得蜀而并張魯，因留奮威固守其地，好與馬超結援。瑜還與將軍據襄陽以蹴操，北方可圖也。」權許之。瑜還江陵，爲行裝，而道於巴丘病卒，臣松之案：瑜欲取蜀，還江陵治嚴，所卒之處，應在今之巴陵，與前所鎮巴丘，名同處異也。時年三十六。權素服舉哀，感慟左右。喪當還吳，又迎之蕪湖，衆事費度，一爲供給。後著令曰：「故將軍周瑜、程普，其有人客，皆不得問。」初瑜見友於策，太妃又使權以兄奉之。是時權位爲將軍，諸將賓客爲禮尚簡，而瑜獨先盡敬，便執臣節。性度恢廓，大率爲得人，惟與程普不睦。江表傳曰：普頗以年長，數陵侮瑜。瑜折節容下，終不與校。普後自敬服而親重之，乃告人曰：「與周公瑾交，若飲醇醪，不覺自醉。」時人以其謙讓服人如此。初曹公聞瑜年少有美才，謂可游說動也，乃密下揚州，遣九江蔣幹往見瑜。幹有儀容，以才辯見稱，獨步江、淮之間，莫與爲對。乃布衣葛巾，自託私行詣瑜。瑜出迎之，立謂幹曰：「子翼良苦，遠涉江湖爲曹氏作說客邪？」幹曰：「吾與足下州里，中間別隔，遙聞芳烈，故來叙闊，并觀雅規，而云說客，無乃逆詐乎？」瑜曰：「吾雖不及夔、曠，聞弦賞音，足知雅曲也。」因延幹入，爲設酒食。畢，遣之曰：「適吾有密事，且出就館，事了，別自相請。」後三日，瑜請幹與周觀營中，行視倉庫軍資器仗訖，還宴飲，示之侍者服飾珍玩之物，因謂幹曰：「丈夫處世，遇知己之主，外託君臣之義，內結骨肉之恩，言行計從，禍福共之，假使蘇張更生，酈叟復出，猶撫其背而折其辭，豈足下幼生所能移乎？」幹但笑，終無所言。幹還，稱瑜雅量高致，非言辭所間。中州之士，亦以此多之。劉備之自京還也，權乘飛雲大船，與張昭、秦松、魯肅等十餘人共追送之，大宴會叙別。昭、肅等先出，權獨與備留語，因言次，歎瑜曰：「公瑾文武籌略，萬人之英，顧其器量廣大，恐不久爲人臣耳。」瑜之破魏軍也，曹公曰：「孤不羞走。」後書與權曰：「赤壁之役，值有疾病，孤燒船自退，橫使周瑜虛獲此名。」瑜威聲遠著，故曹公、劉備咸欲疑譖之。及卒，權流涕曰：「公瑾有王佐之資，今忽短命，孤何賴哉！」後權稱尊號，謂公卿曰：「孤非周公瑾，不帝矣。」瑜少精意於音樂，雖三爵之後，其有闕誤，瑜必知之，知之必顧，故時人謠曰：「曲有誤，周郎顧。」瑜兩男一女。女配太子登。男循尚公主，拜騎都尉，有瑜風，早卒。循弟胤，初拜興業都尉，妻以宗女，授兵千人，屯公安。黃龍元年，封都鄉侯，後以罪徙廬陵郡。赤烏二年，諸葛瑾、步騭連名上疏曰：「故將軍周瑜子胤，昔蒙粉飾，受封爲將，不能養之以福，思立功效，至縱情欲，招速罪辟。臣竊以瑜昔見寵任，入作心膂，出爲爪牙，銜命出征，身當矢石，盡節用命，視死如歸，故能摧曹操於烏林，走曹仁於郢都，揚國威德，華夏是震，蠢爾蠻荊，莫不賓服，雖周之方叔，漢之信布，誠無以尚也。夫折衝扞難之臣，自古帝王莫不貴重，故漢高帝封爵之誓曰『使黃河如帶，太山如礪，國以永存，爰及苗裔』；申以丹書，重以盟詛，藏于宗廟，傳于無窮，欲使功臣之後，世世相踵，非徒子孫，乃關苗裔，報德明功，勤勤懇懇，如此之至，欲以勸戒後人，用命之臣，死而無悔也。況於瑜身沒而未久，而其子胤降爲匹夫，益可悼傷。竊惟陛下欽明稽古，隆於興繼，爲胤歸訴，乞匄餘罪，還兵復爵，使失旦之雞，復得一鳴，抱罪之臣，展其後效。」權答曰：「腹心舊勳，與孤協事，公瑾有之，誠所不忘。昔胤年少，初無功勞，橫受精兵，爵以侯將，蓋念公瑾以及於胤也。而胤恃此，酗淫自恣，前後告喻，曾無悛改。孤於公瑾，義猶二君，樂胤成就，豈有已哉？迫胤罪惡，未宜便還，且欲苦之，使自知耳。今二君勤勤援引漢高河山之誓，孤用恧然。雖德非其疇，猶欲庶幾，事亦如爾，故未順旨。以公瑾之子，而二君在中間，苟使能改，亦何患乎！」瑾、騭表比上，朱然及全琮亦俱陳乞，權乃許之。會胤病死。瑜兄子峻亦以瑜元功爲偏將軍，領吏士千人。峻卒，全琮表峻子護爲將，權曰：「昔走曹操，拓有荊州，皆是公瑾，常不忘之。初聞峻亡，仍欲用護，聞護性行危險，用之適爲作禍，故便止之。孤念公瑾，豈有已乎？」

魯肅字子敬，臨淮東城人也。生而失父，與祖母居。家富於財，性好施與。爾時天下已亂，肅不治家事，大散財貨，摽賣田地，以賑窮弊結士爲務，甚得鄉邑歡心。周瑜爲居巢長，將數百人故過候肅，并求資糧。肅家有兩囷米，各三千斛，肅乃指一囷與周瑜，瑜益知其奇也，遂相親結，定僑札之分。袁術聞其名，就署東城長。肅見術無綱紀，不足與立事，乃攜老弱將輕俠少年百餘人，南到居巢就瑜。瑜之東渡，因與同行，吳書曰：肅體貌魁奇，少有壯節，好爲奇計。天下將亂，乃學擊劍騎射，招聚少年，給其衣食，往來南山中射獵，陰相部勒，講武習兵。父老咸曰：「魯氏世衰，乃生此狂兒！」後雄傑並起，中州擾亂，肅乃命其屬曰：「中國失綱，寇賊橫暴，淮、泗間非遺種之地，吾聞江東沃野萬里，民富兵彊，可以避害，寧肯相隨俱至樂土，以觀時變乎？」其屬皆從命。乃使細弱在前，彊壯在後，男女三百餘人行。州追騎至，肅等徐行，勒兵持滿，謂之曰：「卿等丈夫，當解大數。今日天下兵亂，有功弗賞，不追無罰，何爲相偪乎？」又自植盾，引弓射之，矢皆洞貫。騎既嘉肅言，且度不能制，乃相率還。肅渡江往見策，策亦雅奇之。留家曲阿，會祖母亡，還葬東城。劉子揚與肅友善，遺肅書曰：「方今天下豪傑並起，吾子姿才，尤宜今日。急還迎老母，無事滯於東城。近鄭寶者，今在巢湖，擁衆萬餘，處地肥饒，廬江閒人多依就之，況吾徒乎？觀其形勢，又可博集，時不可失，足下速之。」肅答然其計。葬畢還曲阿，欲北行。會瑜已徙肅母到吳，肅具以狀語瑜。時孫策已薨，權尚住吳，瑜謂肅曰：「昔馬援答光武云『當今之世，非但君擇臣，臣亦擇君』。今主人親賢貴士，納奇錄異，且吾聞先哲秘論，承運代劉氏者，必興于東南，推步事勢，當其歷數，終構帝基，以協天符，是烈士攀龍附鳳馳騖之秋。吾方達此，足下不須以子揚之言介意也。」肅從其言。瑜因薦肅才宜佐時，當廣求其比，以成功業，不可令去也。權即見肅，與語甚悅之。衆賓罷退，肅亦辭出，乃獨引肅還，合榻對飲。因密議曰：「今漢室傾危，四方雲擾，孤承父兄餘業，思有桓文之功。君既惠顧，何以佐之？」肅對曰：「昔高帝區區欲尊事義帝而不獲者，以項羽爲害也。今之曹操，猶昔項羽，將軍何由得爲桓文乎？肅竊料之，漢室不可復興，曹操不可卒除。爲將軍計，惟有鼎足江東，以觀天下之釁。規模如此，亦自無嫌。何者？北方誠多務也。因其多務，勦除黃祖，進伐劉表，竟長江所極，據而有之，然後建號帝王以圖天下，此高帝之業也。」權曰：「今盡力一方，冀以輔漢耳，此言非所及也。」張昭非肅謙下不足，頗訾毀之，云肅年少麤疏，未可用。權不以介意，益貴重之，賜肅母衣服幃帳居處雜物富擬其舊劉表死肅進說曰夫荊楚與國鄰接水流順北外帶江漢內阻山陵有金城之固沃野萬里士民殷富若據而有之此帝王之資也今表新亡二子素不輯睦軍中諸將各有彼此加劉備天下梟雄與操有隙寄寓於表表惡其能而不能用也若備與彼協心上下齊同則宜撫安與結盟好如有離違宜別圖之以濟大事肅請得奉命弔表二子并慰勞其軍中用事者及說備使撫表衆同心一意共治曹操備必喜而從命如其克諧天下可定也今不速往恐爲操所先權卽遣肅行到夏口聞曹公已向荊州晨夜兼道比至南郡而表子琮已降曹公備惶遽奔走欲南渡江肅徑迎之到當陽長阪與備會宣騰權旨及陳江東彊固勸備與權併力備甚歡悅時諸葛亮與備相隨肅謂亮曰我子瑜友也卽共定交備遂到夏口遣亮使權肅亦反命臣松之案劉備與權併力共拒中國皆肅之本謀又語諸葛亮曰我子瑜友也則亮已亟聞肅言矣而蜀書亮傳云亮以連橫之略說權權乃大喜如似此計始出於亮若二國史官各記所聞競欲稱揚本國容美各取其功今此二書同出一人而舛互若此非載述之體也會權得曹公欲東之問與諸將議皆勸權迎之而肅獨不言權起更衣肅追於宇下權知其意執肅手曰卿欲何言肅對曰向察衆人之議專欲誤將軍不足與圖大事今肅可迎操耳如將軍不可也何以言之今肅迎操操當以肅還付鄉黨品其名位猶不失下曹從事乘犢車從吏卒交游士林累官故不失州郡也將軍迎操欲安所歸願早定大計莫用衆人之議也權歎息曰此諸人持議甚失孤望今卿廓開大計正與孤同此天以卿賜我也魏書及九州春秋曰曹公征荊州孫權大懼魯肅實欲勸權拒曹公乃激說權曰彼曹公者實嚴敵也新并袁紹兵馬甚精乘戰勝之威伐喪亂之國克可必也不如遣兵助之且送將軍家詣鄴不然將危權大怒欲斬肅肅因曰今事已急卽有他圖何不遣兵助劉備而欲斬我乎權然之乃遣周瑜助備孫盛曰吳書及江表傳魯肅一見孫權便說拒曹公而論帝王之略劉表之死也又請使觀變無緣方復激說勸迎曹公也又是時勸迎者衆而云獨欲斬肅非其論也時周瑜受使至鄱陽肅勸追召瑜還遂任瑜以行事以肅爲贊軍校尉助畫方畧曹公破走肅卽先還權大請諸將迎肅肅將入閤拜權起禮之因謂曰子敬孤持鞍下馬相迎足以顯卿未肅趨進曰未也衆人聞之無不愕然就坐徐舉鞭言曰願至尊威德加乎四海總括九州克成帝業更以安車軟輪徵肅始當顯耳權撫掌歡笑後備詣京見權求都督荊州惟肅勸權借之共拒曹公漢晉春秋曰呂範勸留備肅曰不可將軍雖神武命世然曹公威力實重初臨荊州恩信未洽宜以借備使撫安之多操之敵而自爲樹黨計之上也權卽從之曹公聞權以土地業備方作書落筆於地周瑜病困上疏曰當今天下方有事役是瑜乃心夙夜所憂願至尊先慮未然然後康樂今旣與曹操爲敵劉備近在公安邊境密邇百姓未附宜得良將以鎭撫之魯肅智畧足任乞以代瑜瑜隕踣之日所懷盡矣江表傳載初瑜疾困與權牋曰瑜以凡才昔受討逆殊特之遇委以腹心遂荷榮任統御兵馬志執鞭弭自效戎行規定巴蜀次取襄陽憑賴威靈謂若在握至以不謹道遇暴疾昨自醫療日加無損人生有死脩短命矣誠不足惜但恨微志未展不復奉教命耳方今曹公在北疆埸未靜劉備寄寓有似養虎天下之事尚未知終始此朝士旰食之秋至尊垂慮之日也魯肅忠烈臨事不苟可以代瑜人之將死其言也善儻或可采瑜死不朽矣案此牋與本傳所載意旨雖同其辭乖異矣卽拜肅奮武校尉代瑜領兵瑜士衆四千餘人奉邑四縣皆屬焉令程普領南郡太守肅初住江陵後下屯陸口威恩大行衆增萬餘人拜漢昌太守偏將軍十九年從權破皖城轉橫江將軍先是益州牧劉璋綱維頹弛周瑜甘寧並勸權取蜀權以咨備備內欲自規乃僞報曰備與璋託爲宗室冀憑英靈以匡漢朝今璋得罪左右備獨竦懼非所敢聞願加寬貸若不獲請備當放髮歸於山林後備西圖璋留關羽守權曰猾虜乃敢挾詐及羽與肅鄰界數生狐疑疆埸紛錯肅常以歡好撫之備旣定益州權求長沙零桂備不承旨權遣呂蒙率衆進取備聞自還公安遣羽爭三郡肅住益陽與羽相拒肅邀羽相見各駐兵馬百步上但諸將軍單刀俱會肅因責數羽曰國家區區本以土地借卿家者卿家軍敗遠來無以爲資故也今已得益州旣無奉還之意但求三郡又不從命語未究竟坐有一人曰夫土地者惟德所在耳何常之有肅厲聲呵之辭色甚切羽操刀起謂曰此自國家事是人何知目使之去吳書曰肅欲與羽會語諸將疑恐有變議不可往肅曰今日之事宜相開譬劉備負國是非未決羽亦何敢重欲干命乃趨就羽羽曰烏林之役左將軍身在行間寢不脫介戮力破魏豈得徒勞無一塊壤而足下來欲收地邪肅曰不然始與豫州觀於長阪豫州之衆不當一校計窮慮極志勢摧弱圖欲遠竄望不及此主上矜愍豫州之身無有處所不愛土地士人之力使有所庇廕以濟其患而豫州私獨飾情愆德隳好今已藉手於西州矣又欲翦并荊州之土斯蓋凡夫所不忍行而況整領人物之主乎肅聞貪而棄義必爲禍階吾子屬當重任曾不能明道處分以義輔時而負恃弱衆以圖力爭師曲爲老將何獲濟羽無以答備遂割湘水爲界於是罷軍肅年四十六建安二十二年卒權爲舉哀又臨其葬諸葛亮亦爲發哀吳書曰肅爲人方嚴寡於玩飾內外節儉不務俗好治軍整頓禁令必行雖在軍陳手不釋卷又善談論能屬文辭思度弘遠有過人之明周瑜之後肅爲之冠權稱尊號臨壇顧謂公卿曰昔魯子敬嘗道此可謂明於事勢矣肅遺腹子淑旣壯濡須督張承謂終當到至永安中爲昭武將軍都亭侯武昌督建衡中假節遷夏口督所在嚴整有方幹鳳皇三年卒子睦襲爵領兵馬

呂蒙字子明汝南富陂人也少南渡依姊夫鄧當當爲孫策將數討山越蒙年十五六竊隨當擊賊當顧見大驚呵叱不能禁止歸以告蒙母母恚欲罰之蒙曰貧賤難可居脫誤有功富貴可致且不探虎穴安得虎子母哀而舍之時當職吏以蒙年小輕之曰彼豎子何能爲此欲以肉餧虎耳他日與蒙會又蚩辱之蒙大怒引刀殺吏出走逃邑子鄭長家出因校尉袁雄自首承間爲言策召見奇之引置左右數歲鄧當死張昭薦蒙代當拜別部司馬權統事料諸小將兵少而用薄者欲并合之蒙陰賖貰爲兵作絳衣行縢及簡日陳列赫然兵人練習權見之大悅增其兵從討丹陽所向有功拜平北都尉領廣德長從征黃祖祖令都督陳就逆以水軍出戰蒙勒前鋒親梟就首將士乘勝進攻其城祖聞就死委城走兵追禽之權曰事之克由陳就先獲也以蒙爲橫野中郎將賜錢千萬是歲又與周瑜程普等西破曹公於烏林圍曹仁於南郡益州將襲肅舉軍來附瑜表以肅兵益蒙蒙盛稱肅有膽用且慕化遠來於義宜益不宜奪也權善其言還肅兵瑜使甘寧前據夷陵曹仁分衆圍寧寧困急使使請救諸將以兵少不足分蒙謂瑜普曰留凌公績蒙與君行解圍釋急勢亦不久蒙保公績能十日守也又說瑜分遣三百人柴斷險道賊走可得其馬瑜從之軍到夷陵卽日交戰所殺過半敵夜遁去行遇柴道騎皆舍馬步走兵追蹙擊獲馬三百匹方船載還於是將士形勢自倍乃渡江立屯與相攻擊曹仁退走遂據南郡撫定荊州還拜偏將軍領尋陽令魯肅代周瑜當之陸口過蒙屯下肅意尚輕蒙或說肅曰呂將軍功名日顯不可以故意待也君宜顧之遂往詣蒙酒酣蒙問肅曰君受重任與關羽爲鄰將何計畧以備不虞肅造次應曰臨時施宜蒙曰今東西雖爲一家而關羽實熊虎也計安可不豫定因爲肅畫五策肅於是越席就之拊其背曰呂子明吾不知卿才畧所及乃至於此也遂拜蒙母結友而別江表傳曰初權謂蒙及蔣欽曰卿今並當塗掌事宜學問以自開益蒙曰在軍中常苦多務恐不容復讀書權曰孤豈欲卿治經爲博士邪但當令涉獵見往事耳卿言多務孰若孤孤少時歷詩書禮記左傳國語惟不讀易至統事以來省三史諸家兵書自以爲大有所益如卿二人意性朗悟學必得之寧當不爲乎宜急讀孫子六韜左傳國語及三史孔子言終日不食終夜不寢以思無益不如學也光武當兵馬之務手不釋卷孟德亦自謂老而好學卿何獨不自勉勗邪蒙始就學篤志不倦其所覽見舊儒不勝後魯肅上代周瑜過蒙言議常欲受屈肅拊蒙背曰吾謂大弟但有武畧耳至於今者學識英博非復吳下阿蒙蒙曰士別三日卽更刮目相待大兄今論何一稱穰侯乎兄今代公瑾旣難爲繼且與關羽爲鄰斯人長而好學讀左傳畧皆上口梗亮有雄氣然性頗自負好陵人今與爲對當有單複以卿待之密爲肅陳三策肅敬受之祕而不宣權常歎曰人長而進益如呂蒙蔣欽蓋不可及也富貴榮顯更能折節好學耽悅書傳輕財尚義所行可跡並作國士不亦休乎時蒙與成當宋定徐顧屯次比近三將死子弟幼弱權悉以兵并蒙蒙固辭陳啟顧等皆勤勞國事子弟雖小不可廢也書三上權乃聽蒙於是又爲擇師使輔導之其操心率如此魏使廬江謝奇爲蘄春典農屯皖田鄉數爲邊寇蒙使人誘之不從則伺隙襲擊奇遂縮退其部伍孫子才宋豪等皆攜負老弱詣蒙降後從權拒曹公於濡須數進奇計又勸權夾水口立塢所以備御甚精吳錄曰權欲作塢諸將皆曰上岸擊賊洗足入船何用塢爲呂蒙曰兵有利鈍戰無百勝如有邂逅敵步騎蹙人不暇及水其得入船乎權曰善遂作之曹公不能下而退曹公遣朱光爲廬江太守屯皖大開稻田又令閒人招誘鄱陽賊帥使作內應蒙曰皖田肥美若一收孰彼衆必增如是數歲操態見矣宜早除之乃具陳其狀於是權親征皖引見諸將問以計策吳書曰諸將皆勸作土山添攻具蒙趨進曰治攻具及土山必歷日乃成城備旣脩外救必至不可圖也且乘雨水以入若留經日水必向盡還道艱難蒙竊危之今觀此城不能甚固以三軍銳氣四面並攻不移時可拔及水以歸全勝之道也權從之蒙乃薦甘寧爲升城督督攻在前蒙以精銳繼之侵晨進攻蒙手執枹鼓士卒皆騰踊自升食時破之旣而張遼至夾石聞城已拔乃退權嘉其功卽拜廬江太守所得人馬皆分與之別賜尋陽屯田六百戶官屬三十人蒙還尋陽未期而廬陵賊起諸將討擊不能禽權曰鷙鳥累百不如一鶚復令蒙討之蒙至誅其首惡餘皆釋放復爲平民是時劉備令關羽鎭守專有荊土權命蒙西取長沙零桂三郡蒙移書二郡望風歸服惟零陵太守郝普城守不降而備自蜀親至公安遣羽爭三郡權時住陸口使魯肅萬人屯益陽拒羽而飛書召蒙使捨零陵急還助肅初蒙旣定長沙當之零陵過酃載南陽鄧玄之玄之者郝普之舊也欲令誘普及被書當還蒙祕之夜召諸將授以方畧晨當攻城顧謂玄之曰郝子太聞世間有忠義事亦欲爲之而不知時也左將軍在漢中爲夏侯淵所圍關羽在南郡今至尊身自臨之近者破樊本屯救酃逆爲孫規所破此皆目前之事君所親見也彼方首尾倒懸救死不給豈有餘力復營此哉今吾士卒精銳人思致命至尊遣兵相繼於道今子以旦夕之命待不可望之救猶牛蹄中魚冀賴江漢其不可恃亦明矣若子太必能一士卒之心保孤城之守尚能稽延旦夕以待所歸者可也今吾計力度慮而以攻此曾不移日而城必破城破之後身死何益於事而令百歲老母戴白受誅豈不痛哉度此家不得外問謂援可恃故至於此耳君可見之爲陳禍福玄之見普具宣蒙意普懼而聽之玄之先出報蒙普尋後當至蒙豫勅四將各選百人普出便入守城門須臾普出蒙迎執其手與俱下船語畢出書示之因拊手大笑普見書知備在公安而羽在益陽慙恨入地蒙留孫

河委以後事卽日引軍赴益陽劉備請盟權乃歸普等割湘水以零陵還之以尋陽陽新爲蒙奉邑師還遂征合肥既徹兵爲張遼等所襲蒙與凌統以死扞衛後曹公又大出濡須權以蒙爲督據前所立塢置彊弩萬張於其上以拒曹公曹公前鋒屯未就蒙攻破之曹公引退拜蒙左護軍虎威將軍魯肅卒蒙西屯陸口肅軍人馬萬餘盡以屬蒙又拜漢昌太守食下雋劉陽漢昌州陵與關羽分土接境知羽驍雄有并兼心且居國上流其勢難久初魯肅等以爲曹公尚存禍難始搆宜相輔協與之同仇不可失也蒙乃密陳計策曰今征虜守南郡潘璋住白帝蔣欽將游兵萬人循江上下應敵所在蒙爲國家前據襄陽如此何憂於操何賴於羽且羽君臣矜其詐力所在反覆不可以腹心待也今羽所以未便東向者以至尊聖明蒙等尚存也今不於彊壯時圖之一旦僵仆欲復陳力其可得邪權深納其策又聊復與論取徐州意蒙對曰今操遠在河北新破諸袁撫集幽冀未暇東顧徐土守兵聞不足言往自可克然地勢陸通驍騎所騁至尊今日得徐州操後旬必來爭雖以七八萬人守之猶當懷憂不如取羽全據長江形勢益張權尤以此言爲當及蒙代肅初至陸口外倍脩恩厚與羽結好後羽討樊留兵將備公安南郡蒙上疏曰羽討樊而多留備兵必恐蒙圖其後故也蒙常有病乞分士衆還建業以治疾爲名羽聞之必撤備兵盡赴襄陽大軍浮江晝夜馳上襲其空虛則南郡可下而羽可禽也遂稱病篤權乃露檄召蒙還陰與圖計羽果信之稍撤兵以赴樊魏使于禁救樊羽盡禽禁等人馬數萬託以糧乏擅取湘關米權聞之遂行先遣蒙在前蒙至尋陽盡伏其精兵𦪇𦨶中使白衣搖櫓作商賈人服晝夜兼行至羽所置江邊屯候盡收縛之是故羽不聞知遂到南郡士仁麋芳皆降吳書曰將軍士仁在公安拒守蒙令虞翻說之翻至城門謂守者曰吾欲與汝將軍語仁不肯相見乃爲書曰明者防禍於未萌智者圖患於將來知得知失可與爲人知存知亡足別吉凶大軍之行斥候不及施烽火不及舉此非天命必有內應將軍不先見時時至又不應之獨守縈帶之城而不降死戰則毀宗滅祀爲天下譏笑呂虎威欲徑到南郡斷絕陸道生路一塞案其地形將軍爲在箕舌上耳奔走不得免降則失義竊爲將軍不安幸熟思焉仁得書流涕而降翻謂蒙曰此譎兵也當將仁行留兵備城遂將仁至南郡南郡太守麋芳城守蒙以仁示之遂降吳錄曰初南郡城中失火頗焚燒軍器羽以責芳芳內畏懼權聞而誘之芳潛相和及蒙攻之乃以牛酒出降蒙入據城盡得羽及將士家屬皆撫慰約令軍中不得干歷人家有所求取蒙麾下士是汝南人取民家一笠以覆官鎧官鎧雖公蒙猶以爲犯軍令不可以鄉里故而廢法遂垂涕斬之於是軍中震慄道不拾遺蒙旦暮使親近存恤耆老問所不足疾病者給醫藥饑寒者賜衣糧羽府藏財寶皆封閉以待權至羽還在道路數使人與蒙相聞蒙輒厚遇其使周游城中家家致問或手書示信羽人還私相參訊咸知家門無恙見待過於平時故羽吏士無鬬心會權尋至羽自知孤窮乃走麥城西至漳鄉衆皆委羽而降權使朱然潘璋斷其徑路卽父子俱獲荊州遂定以蒙爲南郡太守封孱陵侯江表傳曰權於公安大會呂蒙以疾辭權笑曰禽羽之功子明謀也今大功已捷慶賞未行豈邑邑邪乃增給步騎鼓吹勅選虎威將軍官屬并南郡廬江二郡威儀拜畢還營兵馬導從前後鼓吹光耀于路賜錢一億黃金五百斤蒙固辭金錢權不許封爵未下會蒙疾發權時在公安迎置內殿所以治護者萬方募封內有能愈蒙疾者賜千金時有鍼加權爲之慘慼欲數見其顏色又恐勞動常穿壁瞻之見小能下食則喜顧左右言笑不然則咄唶夜不能寐病中瘳爲下赦令羣臣畢賀後更增篤權自臨視命道士於星辰下爲之請命年四十二遂卒於內殿時權哀痛甚爲之降損蒙未死時所得金寶諸賜盡付府藏勑主者命絕之日皆上還喪事務約權聞之益以悲感蒙少不脩書傳每陳大事常口占爲牋疏常以部曲事爲江夏太守蔡遺所白蒙無恨意及豫章太守顧邵卒權問所用蒙因薦遺奉職佳吏權笑曰君欲爲祁奚耶於是用之甘寧麤暴好殺既嘗失蒙意又時違權令權怒之蒙輒陳請天下未定鬬將如寧難得宜容忍之權遂厚寧卒得其用蒙子霸襲爵與守冢三百家復田五十頃霸卒兄琮襲侯琮卒弟睦嗣孫權與陸遜論周瑜魯肅及蒙曰公瑾雄烈膽略兼人遂破孟德開拓荊州邈焉難繼君今繼之公瑾昔要子敬來東致達於孤孤與宴語便及大略帝王之業此一快也後孟德因獲劉琮之勢張言方率數十萬衆水步俱下孤普請諸將咨問所宜無適先對至子布文表俱言宜遣使脩檄迎之子敬卽駮言不可勸孤急呼公瑾付任以衆逆而擊之此二快也且其決計策意出張蘇遠矣後雖勸吾借玄德地是其一短不足以損其二長也周公不求備於一人故孤忘其短而貴其長常以比方鄧禹也又子明少時孤謂不辭劇易果敢有膽而已及身長大學問開益籌略奇至可以次於公瑾但言議英發不及之耳圖取關羽勝於子敬子敬答孤書云帝王之起皆有驅除羽不足忌此子敬內不能辦外爲大言耳孤亦恕之不苟責也然其作軍屯營不失令行禁止部界無廢負路無拾遺其法亦美也

評曰曹公乘漢相之資挾天子而掃羣桀新盪荊城仗威東夏于時議者莫不疑貳周瑜魯肅建獨斷之明出衆人之表實奇才也呂蒙勇而有謀斷識軍計譎郝普禽關羽最其妙者初雖輕果妄殺終於克己有國士之量豈徒武將而已乎孫權之論優劣亦當故載錄焉

吳志卷九考證

周瑜皆爲漢太尉注景父榮章和世爲尚書令○後漢書作景祖父榮

又注我舉若可矣不令恩偏稱一家也○偏稱後漢書作偏積

瑜將兵迎策策大喜曰吾得卿諧也○元本作吾得卿事諧也

留鎮巴邱注與後所平巴邱處不同○臣明楷按本傳後云瑜還江陵爲行裝而道於巴邱病卒裴注云瑜所卒之處在今之巴陵與瑜所鎮之巴邱名同地異據此則平字當作卒

共掌衆事注土風勁勇所向無敵○土風毛本作士風

將士聞之皆恐懼延見羣下問以計策○毛本恐懼下有權字宋本元本并無懽字

老賊欲廢漢自立矣○通鑑自立下有久字

然觀操軍方連船艦首尾相接可燒而走也○宋本無方連二字

悉延燒岸上營落頃之煙炎漲天○太平御覽作熛炙張天熛謂飛火也

還保南郡注同時發火火烈風猛往船如箭飛埃絕爛燒盡北船延及岸邊營砦○發火毛本作舉火往船通鑑作船往絕爛毛本作絕燗營砦宋本作營柴

魯肅瑜之東渡因與同行注肅渡江往見策策亦雅奇之○臣清植按本傳後文肅以劉子揚言欲往依鄭寶周瑜勸止乃薦之於權則不得有先自見策之事以策之收納英儁若早見肅必不令其栖遲吳書所云蓋傳訛也

所懷盡矣注意旨雖同其辭乖異矣○乖冊府作微矣毛本作耳

目使之去注始與豫州觀於長阪○觀宋本作覲

又注而負恃弱衆以圖力爭○弱衆元本作强衆

呂蒙以蒙爲橫野中郎將賜錢千萬○元本作十萬

益州將襲肅舉軍來附○襲肅元本作龔肅

蒙謂瑜普曰○毛本作蒙謂諸將曰

權時住陸口使魯肅萬人屯益陽拒羽○監本訛作普肅今改正

今子以旦夕之命待不可望之救○臣浩按今子下疑脫太字子太郝普之字也

伏威東夏○毛本作東下

吳志卷十

晉著作郎巴西中正安漢陳壽撰

宋太中大夫國子博士聞喜裴松之注

程普　黃蓋　韓當　蔣欽　周泰　陳武子表

董襲　甘寧　凌統　徐盛　潘璋　丁奉

程普字德謀右北平土垠人也初爲州郡吏有容貌計畧善於應對從孫堅征伐討黃巾於宛鄧破董卓於陽人攻城野戰身被創夷堅薨復隨孫策在淮南從攻廬江拔之還俱東渡策到橫江當利破張英于麋等轉下秣陵湖熟句容曲阿普皆有功增兵二千騎五十四進破烏程石木波門陵傳餘杭普功爲多策入會稽以普爲吳郡都尉治錢唐後徙丹楊都尉居石城復討宣城涇安吳陵陽春穀諸賊皆破之策嘗攻祖郎大爲所圍普與一騎共蔽扞策驅馬疾呼以矛突賊賊披策因隨出後拜盪寇中郎將領零陵太守從討劉勳於尋陽進攻黃祖於沙羨還鎮石城策薨與張昭等共輔孫權遂周旋三郡平討不服又從征江夏還過豫章別討樂安樂安平定代太史慈備海昬與周瑜爲左右督破曹公於烏林又進攻南郡走曹仁拜裨將軍領江夏太守治沙羨食四縣先出諸將普最年長時人皆呼程公性好施與喜士大夫周瑜卒代領南郡太守權分荊州與劉備普復還領江夏遷盪寇將軍卒吳書曰普殺叛者數百人皆使投火卽日病癘百餘日卒權稱尊號追論普功封子咨爲亭侯

黃蓋字公覆零陵泉陵人也吳書曰故南陽太守黃子廉之後也枝葉分離自祖遷于零陵遂家焉蓋少孤嬰丁凶難辛苦備嘗然有壯志雖處貧賤不自同於凡庸常以負薪餘閒學書疏講兵事初爲郡吏察孝廉辟公府孫堅舉義兵蓋從之堅南破山賊北走董卓拜蓋別部司馬堅薨蓋隨策及權擐甲周旋蹈刃屠城諸山越不賓有寇難之縣輒用蓋爲守長石城縣吏特難檢御蓋乃署兩掾分主諸曹教曰令長不德徒以武功爲官不以文吏爲稱今賊寇未平

有軍旅之務一以文書委付兩掾當檢攝諸曹糾擿謬誤兩掾所署事入諾出若有姦欺終不加以鞭杖宜各盡心無爲衆先初皆怖威夙夜恭職久之吏以蓋不視文書漸容人事蓋亦嫌外懈怠時有所省各得兩掾不奉法數事乃悉請諸掾吏賜酒食因出事詰問兩掾辭屈皆叩頭謝罪蓋曰前已相勑終不以鞭杖相加非相欺也遂殺之縣中震慄後轉春穀長尋陽令凡守九縣所在平定遷丹陽都尉抑彊扶弱山越懷附蓋姿貌嚴毅善於養衆每所征討士卒皆爭爲先建安中隨周瑜拒曹公於赤壁建策火攻語在瑜傳吳書曰赤壁之役蓋爲流矢所中時寒墮水爲吳軍人所得不知其蓋也置廁牀中蓋自彊以一聲呼韓當當聞之曰此公覆聲也向之垂涕解易其衣遂以得生拜武鋒中郎將武陵蠻夷反亂攻守城邑乃以蓋領太守時郡兵才五百人自以不敵因開城門賊半入乃擊之斬首數百餘皆奔走盡歸邑落誅討魁帥附從者赦之自春訖夏寇亂盡平諸幽邃巴醴由誕邑侯君長皆改操易節奉禮請見郡境遂清後長沙益陽縣爲山賊所攻蓋又平討加偏將軍病卒于官蓋當官決斷事無留滯國人思之吳書曰又圖畫蓋形四時祠祭及權踐祚追論其功賜子柄爵關內侯

韓當字義公遼西令支人也令音郎定反支音巨兒反以便弓馬有膂力幸於孫堅從征伐周旋數犯危難陷敵禽虜爲別部司馬吳書曰當勤苦有功以軍旅陪隸分於英豪故爵位不加終於堅世爲別部司馬及孫策東渡從討三郡遷先登校尉授兵二千騎五十匹從征劉勳破黃祖還討鄱陽領樂安長山越畏服後以中郎將與周瑜等拒破曹公又與呂蒙襲取南郡遷偏將軍領永昌太守宜都之役與陸遜朱然等共攻蜀軍於涿鄉大破之徙威烈將軍封都亭侯曹真攻南郡當保東南在外爲帥厲將士同心固守又敬望督司奉遵法令權善之黃武二年封石城侯遷昭武將軍領冠軍太守後又加都督之號將敢死及解煩兵萬人討丹陽賊破之會病卒子綜襲侯領兵其年權征石陽以綜有憂使守武昌而綜淫亂不軌權雖以父故不問綜內懷懼吳書曰綜欲叛恐左右不從因諷使劫略示欲饒之轉相放效爲行旅大患後因詐言被詔以部曲爲寇盜見詰讓云將吏以下當並收治又言恐罪自及左右因曰惟當去耳遂共圖計以當葬父盡呼親戚姑姊悉以嫁將吏所幸婢妾皆賜與親近殺牛飲酒歃血與共盟誓載父喪將母家屬部曲男女數千人奔魏魏以爲將軍封廣陽侯數犯邊境殺害人民權常切齒東興之役綜爲前鋒軍敗身死諸葛恪斬送其首以白權廟

蔣欽字公奕九江壽春人也孫策之襲袁術欽隨從給事及策東渡拜別部司馬授兵與策周旋平定三郡又從定豫章調授葛陽尉歷三縣長討平盜賊遷西部都尉會稽冶賊呂合秦狼等爲亂欽將兵討擊遂禽合狼五縣平定從討越中郎將以經拘昭陽爲奉邑賀齊討黟賊欽督萬兵與齊并力黟賊平定從征合肥魏將張遼襲權於津北欽力戰有功遷盪寇將軍領濡須督後召還都拜津右護軍典領辭訟權嘗入其堂內母疏帳縹被妻妾布裙權歎其在貴守約即勑御府爲母作錦被改易帷帳妻妾衣服悉皆錦繡初欽屯宣城嘗討豫章賊蕪湖令徐盛收欽屯吏表斬之權以欽在遠不許盛由是自嫌於欽曹公出濡須欽與呂蒙持諸軍節度盛常畏欽因事害己而欽每稱其善盛既服德論者美焉江表傳曰權謂欽曰盛前白卿卿今舉盛欲慕祁奚邪欽對曰臣聞公舉不挾私怨盛忠而勤彊有膽略器用好萬人督也今大事未定臣當助國求才豈敢挾私恨以蔽賢乎權嘉之權討關羽欽督水軍入沔還道病卒權素服舉哀以蕪湖民二百戶田二百頃給欽妻子子壹封宣城侯領兵拒劉備有功還赴南郡與魏交戰臨陣卒壹無子弟休領兵後有罪失業

周泰字幼平九江下蔡人也與蔣欽隨孫策爲左右服事恭敬數戰有功策入會稽署別部司馬授兵權愛其爲人請以自給策討六縣山賊權住宣城使士自衞不能千人意尚忽略不治圍落而山賊數千人卒至權始得上馬而賊鋒刃已交於左右或斫中馬鞍衆莫能自定惟泰奮激投身衞權膽氣倍人左右由泰並能就戰賊既解散身被十二創良久乃蘇是日無泰權幾危殆策深德之補春穀長後從攻皖及討江夏還過豫章復補宜春長所在皆食其征賦從討黃祖有功後與周瑜程普拒曹公於赤壁攻曹仁於南郡荊州平定將兵屯岑曹公出濡須泰復赴擊曹公退留督濡須拜平虜將軍時朱然徐盛等皆在所部並不伏也權特爲案行至濡須塢因會諸將大爲酣樂權自行酒到泰前命泰解衣權手自指其創痕問以所起泰輒記昔戰鬭處以對畢使復服歡讌極夜其明日遣使者授以御蓋江表傳曰權把其臂因流涕交連字之曰幼平卿爲孤兄弟戰如熊虎不惜軀命被創數十膚如刻畫孤亦何心不待卿以骨肉之恩委卿以兵馬之重乎卿吳之功臣孤當與卿同榮辱等休戚幼平意快爲之勿以寒門自退也即勅以己常所用御幘青縑蓋賜之坐罷住駕使泰以兵馬導從出鳴鼓角作鼓吹於是盛等乃伏後權破關羽欲進圖蜀拜泰漢中太守奮威將軍封陵陽侯黃武中卒子邵以騎都尉領兵曹仁出濡須戰有功又從攻破曹休進位裨將軍黃龍二年卒弟承領兵襲侯

陳武字子烈廬江松滋人孫策在壽春武往脩謁時年十八長七尺七寸因從渡江征討有功拜別部司馬策破劉勳多得廬江人料其精銳乃以武爲督所向無前及權統事轉督五校仁厚好施鄉里遠方客多依託之尤爲權所親愛數至其家累有功勞進位偏將軍建安二十年從擊合肥奮命戰死權哀之自臨其葬江表傳曰權命以其愛妾爲殉復客二百家孫盛曰昔三良從秦穆秦師以之不征魏妾既出杜回以之僵仆禍福之報如此之效也權仗計任術以生從死世祚之促不亦宜乎子脩有武風年十九權召見獎厲拜別部司馬授兵五百人時諸將新兵多有逃叛而脩撫循得意不失一人權奇之拜爲校尉建安末追錄功臣後封脩都亭侯爲解煩督黃龍元年卒弟表字文奧武庶子也少知名與諸葛恪顧譚張休等並侍東宮皆共親友尚書暨豔亦與表善後豔遇罪時人咸自營護信厚言薄表獨不然士以此重之徙太子中庶子拜翼正都尉兄脩亡後表母不肯事脩母表謂其母曰兄不幸早亡表統家事當奉嫡母母若能爲表屈情承順嫡母者是至願也若母不能直當出別居耳表於大義公正如此由是二母感寤雍穆表以父死敵場求用爲將領兵五百人表欲得戰士之力傾意接待士皆愛附樂爲用命時有盜官物者疑無難士施明明素壯悍收考極毒惟死無辭廷尉以聞權以表能得健兒之心詔以明付表使自以意求其情實表便破械沐浴易其衣服厚設酒食歡以誘之明乃首服具列支黨表以狀聞權奇之欲全其名特爲赦明誅戮其黨遷表爲無難右部督封都亭侯以繼舊爵表皆陳讓乞以傳脩子延權不許嘉禾三年諸葛恪領丹陽太守討平山越以表領新安都尉與恪參勢初表所受賜復人得二百家在會稽新安縣表簡視其人皆堪好兵乃上疏陳讓乞以還官充足精銳詔曰先將軍有功於國國家以此報之卿何得辭焉表乃稱曰今除國賊報父之仇以人爲本空枉此勁銳以爲僮僕非表志也皆輒料取以充部伍所在以聞權甚嘉之下郡縣料正戶羸民以補其處表在官三年廣開降納得兵萬餘人事捷當出會鄱陽民吳遽等爲亂攻沒城郭屬縣搖動表便越界赴討遽以破敗遂降陸遜拜表偏將軍進封都鄉侯北屯章阬年三十四卒家財盡於養士死之日妻子露立太子登爲起屋宅子敖年十七拜別部司馬授兵四百人敖卒脩子延復爲司馬代敖延弟永將軍封侯始施明感表自變行爲善遂成健將致位將軍

董襲字元代會稽餘姚人長八尺武力過人謝承漢書稱襲志節慷慨武毅英烈孫策入郡襲迎於高遷亭策見而偉之到署門下賊曹時山陰宿賊黃龍羅周勃聚黨數千人策自出討襲身斬羅勃首還拜別部司馬授兵數千遷揚武都尉從策攻皖又討劉勳於尋陽伐黃祖於江夏策薨權年少初統事太妃憂之引見張昭及襲等問江東可保安不襲對曰江東地勢有山川之固而討逆明府恩德在民討虜承基大小用命張昭秉衆事襲等爲爪牙此地利人和之時也萬無所憂衆皆壯其言鄱陽賊彭虎等衆數萬人襲與淩統步騭蔣欽各別分討襲所向輒破虎等望見旌旗便散走旬日盡平拜威越校尉遷偏將軍建安十三年權討黃祖祖橫兩蒙衝挾守沔口以栟閭大紲繫石爲矴上有千人以弩交射飛矢雨下軍不得前襲與淩統俱爲前部各將敢死百人人被兩鎧乘大舸船突入蒙衝裏襲身以刀斷兩紲蒙衝乃橫流大兵遂進祖便開門走兵追斬之明日大會權舉觴屬襲曰今日之會斷紲之功也曹公出濡須襲從權赴之使襲督五樓船住濡須口夜卒暴風五樓船傾覆左右散走舸乞使襲出襲怒曰受將軍任在此備賊何等委去也敢復言此者斬於是莫敢干其夜船敗襲死權改服臨喪供給甚厚

甘寧字興霸巴郡臨江人也吳書曰寧本南陽人其先客於巴郡寧爲吏舉計掾補蜀郡丞頃之棄官歸家少有氣力好游俠招合輕薄少年爲之渠帥羣聚相隨挾持弓弩負毦帶鈴民聞鈴聲即知是寧吳書曰寧輕俠殺人藏舍亡命聞於郡中其出入步則陳車騎水則連輕舟侍從被文繡所如光道路住止常以繒錦維舟去或割棄以示奢也人與相逢及屬城長吏接待隆厚者乃與交歡不爾即放所將奪其資貨於長吏界中有所賊害作其發負至二十餘年止不攻劫頗讀諸子乃往依劉表因居南陽不見進用後轉托黃祖祖又以凡人畜之吳書曰寧將僮客八百人就劉表表儒人不習軍事時諸英豪各各起兵寧觀表事勢終必無成恐一朝土崩并受其禍欲東入吳黃祖在夏口軍不得過乃留依祖三年祖不禮之權討祖祖軍敗奔走追兵急寧以善射將兵在後射殺校尉淩操祖既得免軍罷還營待寧如初祖都督蘇飛數薦寧祖不用令人化誘其客客稍亡寧欲去恐不獲免獨憂悶不知所出飛知其意乃要寧爲之置酒謂曰吾薦子者數矣主不能用日月逾邁人生幾何宜自遠圖庶遇知己寧良久乃曰雖有其志未知所由飛曰吾欲白子爲邾長於是去就孰與臨阪轉丸乎寧曰幸甚飛白祖聽寧之縣招懷亡客并義從者得數百人於是歸吳周瑜呂蒙皆共薦達孫權加異同於舊臣寧陳計曰今漢祚日微曹操彌憍終爲篡盜南荊之地山陵形便江川流通誠是國之西勢也寧已觀劉表慮既不遠兒子又劣非能承業傳基者也至尊當早規之不可後操圖之圖之之計宜先取黃祖祖今年老昏耄已甚財穀並乏左右欺弄務於貨利侵求吏士吏士心怨舟船戰具頓廢不脩怠於耕農軍無法伍至尊今往其破可必一破祖

軍鼓行而西西據楚關大勢彌廣即可漸規巴蜀權深納之張昭時在位難曰吳下業業若軍果行恐必致亂寧謂昭曰國家以蕭何之任付君君居守而憂亂奚以希慕古人乎權舉酒屬寧曰興霸今年行討如此酒矣決以付卿卿但當勉建方略令必克祖則卿之功何嫌張長史之言乎權遂西果禽祖盡獲其士衆遂授寧兵屯當口（吳書曰初權破祖先作兩函欲以盛祖及蘇飛首飛令人告急於寧寧曰飛若不言吾豈忘之權爲諸將置酒寧下席叩頭血涕交流爲權言飛疇昔舊恩寧不値飛固已損骸於溝壑不得致命於麾下今飛罪當夷戮特從將軍乞其首領權感其言謂曰今爲君致之若走去何寧曰飛免分裂之禍受更生之恩逐之尙必不走豈當圖亡哉若爾寧頭當代入函權乃赦之）後隨周瑜拒破曹公於烏林攻曹仁於南郡未拔寧建計先徑進取夷陵往即得其城因入守之時手下有數百兵并所新得僅滿千人曹仁乃令五六千人圍寧寧受攻累日敵設高樓雨射城中士衆皆懼惟寧談笑自若遣使報瑜瑜用呂蒙計帥諸將解圍後隨魯肅鎮益陽拒關羽羽號有三萬人自擇選鋭士五千人投縣上流十餘里淺瀨云欲夜涉渡肅與諸將議寧時有三百兵乃曰可復以五百人益吾吾往對之保羽聞吾欬唾不敢涉水涉水即是吾禽肅便選千兵益寧寧乃夜往羽聞之住不渡而結柴營今遂名此處爲關羽瀨權嘉寧功拜西陵太守領陽新下雉兩縣後從攻皖爲升城督寧手持練身緣城爲吏士先卒破獲朱光計功呂蒙爲最寧次之拜折衝將軍後曹公出濡須寧爲前部督受敕出斫敵前營權特賜米酒衆殽寧乃料賜手下百餘人食食畢寧先以銀盌酌酒自飲兩盌乃酌與其都督都督伏不肯時持寧引白削置膝上呵謂之曰卿見知於至尊孰與甘寧甘寧尙不惜死卿何以獨惜死乎都督見寧色厲即起拜持酒通酌兵各一銀盌至二更時銜枚出斫敵敵驚動遂退寧益貴重增兵二千人（江表傳曰曹公出濡須號步騎四十萬臨江飲馬權率衆七萬應之使寧領三千人爲前部督權密勑寧使夜入魏軍寧乃選手下健兒百餘人徑詣曹公營下使拔鹿角踰壘入營斬得數十級北軍驚駭鼓譟舉火如星寧已還入營作鼓吹稱萬歲因夜見權權喜曰足以驚駭老子否聊以觀卿膽耳即賜絹千疋刀百口權曰孟德有張遼孤有興霸足相敵也停住月餘北軍便退）寧雖麤猛好殺然開爽有計略輕財敬士能厚養健兒健兒亦樂爲用命建安二十年從攻合肥會疫疾軍旅皆已引出唯車下虎士千餘人并呂蒙蔣欽凌統及寧從權逍遙津北張遼覘望知之即將步騎奄至寧引弓射敵與統等死戰寧厲聲問鼓吹何以不作壯氣毅然權尤嘉之（吳書曰凌統怨寧殺其父操寧常備統不與相見權亦命統不得讎之嘗於呂蒙舍會酒酣統乃以刀舞寧起曰寧能雙戟舞蒙曰寧雖能未若蒙之巧也因操刀持楯以身分之後權知統意因令寧將兵遂徙屯於半州）寧廚下兒曾有過走投呂蒙蒙恐寧殺之故不即還後寧齎禮禮蒙母臨當與升堂乃出廚下兒還寧寧許蒙不殺斯須還船縛置桑樹自挽弓射殺之畢勑船人更增舸纜解衣卧船中蒙大怒擊鼓會兵欲就船攻寧寧聞之故卧不起蒙母徒跣出諫蒙曰至尊待汝如骨肉屬汝以大事何有以私怒而欲攻殺甘寧寧死之日縱至尊不問汝是爲臣下非法蒙素至孝聞母言即豁然意釋自至寧船笑呼之曰興霸老母待卿食急上寧涕泣歔欷曰負卿與蒙俱還見母歡宴竟日寧卒權痛惜之子瓌以罪徙會稽無幾死

凌統字公績吳郡餘杭人也父操輕俠有膽氣孫策初興每從征伐常冠軍履鋒守永平長平治山越姦猾斂手遷破賊校尉及權統軍從討江夏入夏口先登破其前鋒輕舟獨進中流矢死統年十五左右多稱述者權亦以操死國事拜統別部司馬行破賊都尉使攝父兵後從擊山賊權破保屯先還餘麻屯萬人統與督張異等留攻圍之克日當攻先期統與督陳勤會飲酒勤剛勇任氣因督祭酒陵轢一坐舉罰不以其道統疾其侮慢面折不爲用勤怒詈統及其父操統流涕不答衆因罷出勤乘酒凶悖又於道路辱統統不忍引刀斫勤數日乃死及當攻屯統曰非死無以謝罪乃率厲士卒身當矢石所攻一面應時披壞諸將乘勝遂大破之還自拘於軍正權壯其果毅使得以功贖罪後權復征江夏統爲前鋒與所厚健兒數十人共乘一船常去大兵數十里行入右江斬黃祖將張碩盡獲船人還以白權引軍兼道水陸並集時呂蒙敗其水軍而統先搏其城於是大獲權以統爲承烈都尉與周瑜等拒破曹公於烏林遂攻曹仁遷爲校尉雖在軍旅親賢接士輕財重義有國士之風又從破皖拜盪寇中郎將領沛相與呂蒙等西取三郡反自益陽從往合肥爲右部督時權徹軍前部已發魏將張遼等奄至津北權使追還前兵兵去已遠勢不相及統率親近三百人陷圍扶扞權出敵已毀橋橋之屬者兩版權策馬驅馳統復還戰左右盡死身亦被創所殺數十人度權已免乃還橋敗路絕統被甲潛行權既御船見之驚喜統痛親近無反者悲不自勝權引袂拭之謂曰公績亡者已矣苟使卿在何患無人（吳書曰統創甚權遂留統於舟盡易其衣服其創賴得卓氏良藥故得不死）拜偏將軍倍給本兵時有薦同郡盛暹於權者以爲梗槩大節有過於統權曰且令如統足矣後召暹夜至時統已卧聞之攝衣出門執其手以入其愛善不害如此統以山中人尙多壯悍可以威恩誘也權令東占且討之命勑屬城凡統所求皆先給後聞統素愛士士亦慕焉得精兵萬餘人過本縣步入寺門見長吏懷三版恭敬盡禮親舊故人恩意益隆事畢當出會病卒時年四十九權聞之拊牀起坐哀不能自止數日減膳言及流涕使張承爲作銘誄二子烈封年各數歲權內養於宮愛待與諸子同賓客進見呼示之曰此吾虎子也及八九歲令葛光教之讀書十日一令乘馬追錄統功封烈亭侯還其故兵後烈有罪免封復襲爵領兵（孫盛曰觀孫權之養士也傾心竭思以求其死力泣周泰之夷殉陳武之妾請呂蒙之命育凌統之孤卑曲苦志如此之勤也是故雖令德無聞仁澤內著而能屈彊荊吳僭號年歲者抑有由也然霸王之道期於大者遠者是以先王建德義之基恢信順之宇制經略之綱明貴賤之序易簡而其親可久體全而其功可大豈委瑣近務邀利於當年哉語曰雖小道必有可觀者焉致遠恐泥其是之謂乎）

徐盛字文嚮琅邪莒人也遭亂客居吳以勇氣聞孫權統事以爲別部司馬授兵五百人守柴桑長拒黃祖祖子射嘗率數千人下攻盛盛時吏士不滿二百與相拒擊傷射吏士千餘人已乃開門出戰大破之射遂絕迹不復爲寇權以爲校尉蕪湖令復討臨成南阿山賊有功徙中郎將督校兵曹公出濡須從權禦之魏嘗大出横江盛與諸將俱赴討時乘蒙衝遇迅風船落敵岸下諸將恐懼未有出者盛獨將兵上突斫敵敵披退走有所傷殺風止便還權大壯之及權爲魏稱藩魏使邢貞拜權爲吳王權出都亭候貞貞有驕色張昭既怒而盛忿憤顧謂同列曰盛等不能奮身出命爲國家并許洛吞巴蜀而令吾君與貞盟不亦辱乎因涕泣橫流貞聞之謂其旅曰江東將相如此非久下人者也後遷建武將軍封都亭侯領廬江太守賜臨城縣爲奉邑劉備次西陵盛攻取諸屯所向有功曹休出洞口盛與呂範全琮渡江拒守遭大風船人多喪盛收餘兵與休夾江休使兵將就船攻盛盛以少禦多敵不能克各引軍退遷安東將軍封蕪湖侯後魏文帝大出有渡江之志盛建計從建業築圍作薄落圍上設假樓江中浮船諸將以爲無益盛不聽固立之文帝到廣陵望圍愕然彌漫數百里而江水盛長便引軍退諸將乃伏（干寶晉紀所云疑城已注孫權傳魏氏春秋云文帝歎曰魏雖有武騎千羣無所用也）黃武中卒子楷襲爵領兵

潘璋字文珪東郡發干人也孫權爲陽羡長始往隨權性博蕩嗜酒居貧好賖酤債家至門輒言後豪富相還權奇愛之因使召募得百餘人遂以爲將討山賊有功署別部司馬後爲吳大市刺姦盜賊斷絕由是知名遷豫章西安長劉表在荊州民數被寇自璋在事寇不入境比縣建昌起爲賊亂轉領建昌加武猛校尉討治惡民旬月盡平召合遺散得八百人將還建業合肥之役張遼奄至諸將不備陳武鬬死宋謙徐盛皆披走璋身次在後便馳進橫馬斬謙盛兵走者二人兵皆還戰權甚壯之拜偏將軍遂領百校屯半州權征關羽璋與朱然斷羽走道到臨沮住夾石璋部下司馬馬忠禽羽并羽子平都督趙累等權即分宜都至秭歸二縣爲固陵郡拜璋爲太守振威將軍封溧陽侯甘寧卒又并其軍劉備出夷陵璋與陸遜并力拒之璋部下斬備護軍馮習等所殺傷甚衆拜平北將軍襄陽太守魏將夏侯尚等圍南郡分前部三萬人作浮橋渡百里洲上諸葛瑾楊粲並會兵赴救未知所出而魏兵日渡不絕璋曰魏勢始盛江水又淺未可與戰便將所領到魏上流五十里伐葦數百萬束縛作大筏欲順流放火燒敗浮橋作筏適畢伺水長當下尙便引退璋下備陸口權稱尊號拜右將軍璋爲人麤猛禁令肅然好立功業所領兵馬不過數千而其所在常如萬人征伐止頓便立軍市他軍所無皆仰取足然性奢泰末年彌甚服物僭擬吏兵富者或殺取其財物數不奉法監司舉奏權惜其功而輒原不問嘉禾三年卒子平以無行徙會稽璋妻居建業賜田宅復客五十家

丁奉字承淵廬江安豐人也少以驍勇爲小將屬甘寧陸遜潘璋等數隨征伐戰鬬常冠軍每斬將搴旗身被創夷稍遷偏將軍孫亮即位爲冠軍將軍封都亭侯魏遣諸葛誕胡遵等攻東興諸葛恪率軍拒之諸將皆曰敵聞太傅自來上岸必遁走奉獨曰不然彼動其境內悉許洛兵大舉而來必有成規豈虛還哉無恃敵之不至恃吾有以勝之及恪上岸奉與將軍唐咨呂據留贊等俱從山西上奉曰今諸軍行遲若敵據便地則難與爭鋒矣乃辟諸軍使下道帥麾下三千人徑進時北風奉舉帆二日至遂據徐塘天寒雪敵諸將置酒高會奉見其前部兵少相謂曰取封侯爵賞正在今日乃使兵解鎧著冑持短兵敵人從而笑焉不爲設備奉縱兵斫之大破敵前屯會據等至魏軍遂潰遷滅寇將軍進封都亭侯魏將文欽來降以奉爲虎威將軍從孫峻至壽春迎之與敵追軍戰於高亭奉跨馬持矛突入其陣中斬首數百獲其軍器進封安豐侯太平二年魏大圍之遣朱異唐咨等往救復使奉與黎斐解圍奉爲先登屯於黎漿力戰有功拜左將軍孫休即位與張布謀欲誅孫綝布曰丁奉雖不能吏書而計略過人能斷大事休召奉告曰綝秉國威將行不軌欲與將軍誅之奉曰丞

相兄弟友黨甚盛恐人心不同不可卒制可因臘會有陛下兵以誅之也休納其計因會請綝奉與張布目左右斬之還大將軍加左右都護永安三年假節領徐州牧六年魏伐蜀奉率諸軍向壽春爲救蜀之勢蜀亡軍還休薨奉與丞相濮陽興等從萬彧之言共迎立孫晧遷右大司馬左軍師寶鼎三年晧命奉與諸葛靚攻合肥奉與晉大將石苞書搆而間之苞以徵還建衡元年奉復帥衆治徐塘因攻晉穀陽穀陽民知之引去奉無所獲晧怒斬奉導軍三年奉貴而有功漸以驕矜或有毁之者晧追以前出軍事徙奉家於臨川奉弟封官至後將軍先奉死

評曰凡此諸將皆江表之虎臣孫氏所厚待也以潘璋之不修權能忘過記功其保據東南宜哉陳表將家支庶而與冑子名人比翼齊衡拔萃出類不亦美乎

吳志卷十考證

程普增兵二千騎五十匹〇四疑作匹

韓當爲別部司馬注以軍旅陪隷分於英豪〇分疑作介

綜內懷懼注又言恐罪自及〇自及元本作及已

蔣欽孫策之襲袁術欽隨從給事〇臣明楷按孫策傳袁術僭號策止以書責而絕之未有襲術之事疑有誤

賀齊討黟賊欽督萬兵與齊并力〇黟賊疑作鄱賊

周泰惟泰奮擊投身衛權〇監本訛作奮激沒身今改正

遣使者授以御蓋注威平意快爲之勿以寒門自退也〇威平疑作幼平周泰字也

陳武收考極毒惟死無辭〇惟元本作雖

甘寧祖又以凡人畜之注祖三年不禮之〇毛本作三年祖不禮之

又注吾薦子者數矣主不能用〇臣龍官按各本俱作王不能用誤黃祖未嘗爲王也

遂投寧兵屯當口注今爲君致之若走去何〇致疑作置陳范二史此二字多通用若走去何監本訛作若走云何今改正

涉水卽是吾會〇元本作卽爲吾會

卽起拜時酒通酌兵各一銀盌〇毛本作卽起拜持酒太平御覽作大通酌兵各一銀盌多大字

權尤嘉之注因操刀持楯〇元本作操刀持猶

夌統復襲爵領兵注豈委璅近務邀利於當年哉〇監本訛作䠞璅臣龍官按䠞音腐謂折足也於璅義無涉當作委璅今改正

徐盛射遂絕迹不復爲寇〇元本作不敢爲寇

潘璋禁令肅然好立功業〇功業各本俱訛作功夫今改正

丁奉太平二年魏大圍之〇元修本太平二年下有魏大將軍諸葛誕據壽春來降十二字魏大圍之作魏人圍之

奉無所獲晧怒斬奉導軍三年〇三年下疑脫卒字

吳志卷十一

晉著作郎巴西中正安漢陳壽撰

宋太中大夫國子博士聞喜裴松之注

朱治　朱然子績　呂範子據　朱桓子異

朱治字君理丹陽故鄣人也初爲縣吏後察孝廉州辟從事隨孫堅征伐中平五年拜司馬從討長沙零桂等三郡賊周朝蘇馬等有功堅表治行都尉從破董卓於陽人入洛陽表治行督軍校尉特將步騎東助徐州牧陶謙討黃巾會堅薨治扶翼策依就袁術後知術政德不立乃勸策還平江東時太傅馬日磾在壽春辟治爲掾遷吳郡都尉是時吳景已在丹陽而策爲術攻廬江於是劉繇恐爲袁孫所幷遂搆嫌隙而策家門盡在州下治乃使人於曲阿迎太妃及權兄弟所以供奉輔護甚有恩紀治從錢唐欲進到吳吳郡太守許貢拒之於由拳治與戰大破之貢南就山賊嚴白虎治遂入郡領太守事策既走劉繇東定會稽權年十五治舉爲孝廉後策薨治與張昭等共尊奉權建安七年權表治爲九眞太守行扶義將軍割婁由拳無錫毗陵爲奉邑置長吏征討夷越佐定東南禽截黃巾餘類陳敗萬秉等黃武元年封毗陵侯領郡如故二年拜安國將軍金印紫綬徙封故鄣權歷位上將及爲吳王治每進見權常親迎執版交拜饗宴贈賜恩敬特隆至從行吏皆得奉贄私覿其見異如此初權弟翊性峭急喜怒快意治數責教諭以道義權從兄豫章太守賁女爲曹公子婦及曹公破荊州威震南土賁畏懼欲遣子入質治聞之求往見賁爲陳安危江表傳載治說賁曰破虜將軍昔率義兵入討董卓聲冠中夏義士壯之討逆繼世廓定六郡特以君侯骨肉至親器爲時生故表漢朝剖符大郡兼建將校仍關綜兩府榮冠宗室爲遠近所瞻加討虜聰明神武繼承洪業攬結英雄周濟世務軍衆日盛事業日隆雖昔蕭王之在河北無以加也必克成王基應運東南故劉玄德遠布腹心求見拯救此天下所共知也前在東聞道路之言云將軍有異趣良用憮然今曹公阻兵傾覆漢室幼帝流離百姓元元未知所歸而中國蕭條或百里無煙城邑空虛道殣相望士歎於外婦怨乎室加之以師旅因之以饑饉以此料之豈能越長江與我爭利哉將軍當斯時也而欲背骨肉之親違萬安之計割同氣之膚噉虎狼之口爲一女子改慮易圖失機毫釐差以千里豈不惜哉賁由此遂止權常歎治憂勤王事性儉約雖在富貴車服惟供事權優異之自令督軍御史典屬城文書治領四縣租稅而已然公族子弟及吳四姓多出仕郡郡吏常以千數治率數年一遣詣王府所遣數百人每歲時獻御權答報過厚是時丹陽深地頻有姦叛亦以年向老思戀土風自表屯故鄣鎭撫山越諸父老故人莫不詣門治皆引進與共飮宴鄉黨以爲榮在故鄣歲餘還吳黃武三年卒在郡三十一年年六十九子才素爲校尉領兵既嗣父爵遷偏將軍吳書曰才字君業爲人精敏善騎射權愛異之常侍從游戲少以父任爲武衛校尉領兵隨從征伐屢有功捷本郡議者以才少處榮貴未留意於鄉黨才乃歎曰我初爲將謂跨馬蹈敵當身履鋒足以揚名不知鄉黨復追迹其舉措乎於是更折節爲恭留意於賓客輕財尙義施不望報又學兵法名聲始聞於遠近會疾卒才弟紀權以策女妻之亦以校尉領兵紀弟緯萬歲皆早夭才子琬襲爵爲將至鎭西將軍

朱然字義封治姊子也本姓施氏初治未有子然年十三乃啓策乞以爲嗣策命丹陽郡以羊酒召然然到吳策優以禮賀然嘗與權同書學結恩愛至權統事以然爲餘姚長時年十九後遷山陰令加折衝校尉督五縣權奇其能分丹陽爲臨川郡然爲太守臣松之案此郡尋罷非今臨川郡授兵二千人會山賊盛起然平討旬月而定曹公出濡須然備大塢及三關屯拜偏將軍建安二十四年從討關羽別與潘璋到臨沮禽羽遷昭武將軍封西安鄉侯虎威將軍呂蒙病篤權問曰卿如不起誰可代者蒙對曰朱然膽守有餘愚以爲可任蒙卒權假然節鎭江陵黃武元年劉備舉兵攻宜都然督五千人與陸遜幷力拒備然別攻破備前鋒斷其後道備遂破走拜征北將軍封永安侯魏遣曹眞夏侯尙張郃等攻江陵魏文帝自住宛爲其勢援連屯圍城權遣將軍孫盛督萬人備州上立圍塢爲然外救郃渡兵攻盛盛不能拒卽時却退郃據州上圍守然中外斷絕權遣潘璋楊粲等解而圍不解時然城中兵多腫病堪戰者裁五千人眞等起土山鑿地道立樓櫓臨城弓矢雨注將士皆失色然宴如而無恐意方厲吏士伺間隙攻破兩屯魏攻圍然凡六月日未退江陵令姚泰領兵備城北門見外兵盛城中人少穀食欲盡因與敵交通謀爲內應垂發事覺然治戮泰尙等不能克乃徹攻退還由是然名震於敵國改封當陽侯六年權自率衆攻石陽及至旋師潘璋斷後夜出錯亂敵追擊璋璋不能禁然卽還住拒敵使前船得引極遠徐乃後發黃龍元年拜車騎將軍右護軍領兗州牧頃之以兗州在蜀分解牧職嘉禾三年權與蜀克期大舉權自向新城然與全琮各受斧鉞爲左右督會吏士疾病故未攻而退赤烏五年征柤中襄陽記曰柤音如租稅之租柤中在上黃界去襄陽一百五十里魏時夷王梅敷兄弟三人部曲萬餘家屯此分布在中廬宜城西山鄢沔二谷中土地平敞宜桑麻有水陸良田沔南之膏腴沃壤謂之柤中魏將蒲忠胡質各將數千人忠要遮險隘圖斷然後質爲忠繼援時然所督兵將先四出閒問不暇收合便將帳下見兵八百人逆掩忠戰不利質等皆退孫氏異同評曰魏志及江表傳云然以景初元年正始二年再出爲寇所破胡質蒲忠在景初元年魏志承魏書依違不說質等爲然所破而直云然退耳吳志說赤烏五年於魏爲正始三年魏將蒲忠與朱然戰忠不利質等皆退按魏少帝紀及孫權傳是歲並無事當是陳壽誤以吳嘉禾六年爲赤烏五年耳九年復征柤中魏將李興等聞然深入率步騎六千斷然後道然夜出逆之軍以勝反先是歸義馬茂懷姦覺誅權深忿之然臨行上疏曰馬茂小子敢負恩養臣今奉天威事蒙克捷欲令所獲震耀遠近方舟塞江使足可觀以解上下之忿惟陛下識臣先言責臣後效權時抑表不出然既獻捷羣臣上賀權乃舉酒作樂而出然表曰此家前初有表孤以爲難必今果如其言可謂明於見事也遣使拜然爲左大司馬右軍師然長不盈七尺氣候分明內行脩潔其所文采惟施軍器餘皆質素終日欽欽常在戰場臨急膽定尤過絕人雖世無事每朝夕嚴鼓兵在營者咸行裝就隊以此玩敵使不知所備故出輒有功諸葛瑾子融步騭子協雖各襲任權特復使然總爲大督又陸遜亦本功臣名將存者惟然莫與比隆寢疾二年後漸增篤權晝爲減膳夜爲不寐中使醫藥口食之物相望於道然每遣使表疾病消息權輒召見口自問訊入賜酒食出送布帛自創業功臣疾病權意之所鍾呂蒙凌統最重然其次矣年六十八赤烏十二年卒權素服舉哀爲之感慟子績嗣

績字公緒以父任爲郎後拜建忠都尉叔父才卒績領其兵隨太常潘濬討五溪以膽力稱遷偏將軍營下督領盜賊事持法不傾魯王霸注意交績嘗至其廨就之坐欲與結好績下地住立辭而不當然卒績襲業拜平魏將軍樂鄉督明年魏征南將軍王昶率衆攻江陵城不克而退績與奮威將軍諸葛融書曰昶遠來疲困馬無所食力屈而走此天助也今追之力少可引兵相繼吾欲破之於前足下乘之於後豈一人之功哉宜同斷金之義融答許績績便引兵及昶於紀南紀南去城三十里績先戰勝而融不進績後失利權深嘉績盛責怒

融融兄大將軍恪貴重故融得不廢初績與恪融不平及此事變爲隙益甚建興元年遷鎭東將軍二年春恪向新城要績幷力而留置半州使融兼其任冬恪融被害績復還樂鄉假節太平二年拜驃騎將軍孫綝秉政大臣疑貳績恐吳必擾亂而中國乘釁乃密書結蜀使爲幷兼之慮蜀遣右將軍閻宇將兵五千增白帝守以須績之後命永安初遷上大將軍都護督自巴丘上迄西陵元興元年就拜左大司馬初然爲治行喪竟乞復本姓權不許績以五鳳中表還爲施氏建衡二年卒

呂範字子衡汝南西陽人也少爲縣吏有容觀姿貌邑人劉氏家富女美範求之女母嫌欲勿與劉氏曰觀呂子衡寧當久貧者邪遂與之婚後避亂壽春孫策見而異之範遂自委昵將私客百人歸策時太妃在江都策遣範迎之徐州牧陶謙謂範爲袁氏覘候諷縣掠考範範親客健兒篡取以歸時唯範與孫河常從策跋涉辛苦危難不避策亦親戚待之每與升堂飲宴於太妃前後從策攻破廬江還俱東渡到橫江當利破張英于麋下小丹陽湖熟領湖熟相策定秣陵曲阿收笮融劉繇餘衆增範兵二千騎五十匹後領宛陵令討破丹陽賊還吳遷都督江表傳曰策從容獨與範棊範曰今將軍事業日大士衆日盛範在遠聞綱紀猶有不整者範願蹔領都督佐將軍部分之策曰子衡卿旣士大夫加手下已有大衆立功於外豈宜復屈小職知軍中細碎事乎範曰不然今捨本土而託將軍者非爲妻子也欲濟世務猶同舟涉海一事不牢卽俱受其敗此亦範計非但將軍也策笑無以答範出便釋褠著袴褶執鞭詣閤下啓事自稱領都督策乃授傳委以衆事由是軍中肅睦威禁大行是時下邳陳瑀自號吳郡太守住海西與彊族嚴白虎交通策自將討虎別遣範與徐逸攻瑀於海西梟其大將陳牧九州春秋曰初平三年揚州刺史陳禕死袁術使瑀領揚州牧後術爲曹公所敗於封丘南人叛瑀瑀拒之術走陰陵好辭以下瑀瑀不知權而又怯不卽攻術術於淮北集兵向壽春瑀懼使其弟公琰請和於術術執之而進瑀走歸下邳又從攻祖郎於陵陽太史慈於勇里七縣平定拜征虜中郎將征江夏還平鄱陽策薨奔喪于吳後權復征江夏範與張昭留守曹公至赤壁與周瑜等俱拒破之拜裨將軍領彭澤太守以彭澤柴桑歷陽爲奉邑劉備詣京見權範密請留備後遷平南將軍屯柴桑權討關羽過範館謂曰昔早從卿言無此勞也今當上取之卿爲我守建業權破羽還都武昌拜範建威將軍封宛陵侯領丹陽太守治建業督扶州以下至海轉以溧陽懷安寧國爲奉邑曹休張遼臧霸等來伐範督徐盛全琮孫韶等以舟師拒休等於洞口遷前將軍假節改封南昌侯時遭大風船人覆溺死者數千還軍拜揚州牧性好威儀州民如陸遜全琮及貴公子皆脩敬虔肅不敢輕脫其居處服飾於時奢靡然勤事奉法故權悅其忠不怪其侈江表傳曰人有白範與賀齊奢麗夸綺服飾僭擬王者權曰昔管仲踰禮桓公優而容之無損於霸今子衡公苗身無夷吾之失但其器械精好舟車嚴整耳此適足作軍容何損於治哉告者乃不敢復言初策使範典主財計權時年少私從有求範必關白不敢專許當時以此見望權守陽羨長有所私用策或料覆功曹周谷輒爲傳著簿書使無譴問權臨時悅之及後統事以範忠誠厚見信任以谷能欺更簿書不用也黃武七年範遷大司馬印綬未下疾卒權素服舉哀遣使者追贈印綬及還都建業權過範墓呼曰子衡言及流涕祀以太牢江表傳曰初權移都建業大會將相文武時謂嚴畯曰孤昔歎魯子敬比鄧禹呂子衡方吳漢閒卿諸人未平此論今定云何畯退席曰臣未解指趣謂肅範受饒褒歎過實權曰昔鄧仲華初見光武光武時受更始使撫河北行大司馬事耳未有帝王志也禹勸之以復漢業是禹開初議之端矣子敬英爽有殊略孤始與一語便及大計與禹相似故比之呂子衡忠篤亮直性雖好奢然以憂公爲先不足爲損避袁術自歸於兄兄作大將別領部曲故憂兄事乞爲都督辦護脩整加之恪勤與吳漢相類故方之皆有旨趣非孤私之也畯乃服範長子先卒次子據嗣

據字世議以父任爲郎後範寢疾拜副軍校尉佐領軍事範卒遷安軍中郎將數討山賊諸深惡劇地所擊皆破隨太常潘濬討五谿復有功朱然攻樊據與朱異破城外圍還拜偏將軍入補馬閑右部督遷越騎校尉太元元年大風江水溢流漸淹城門權使視水獨見據使人取大船以備害權嘉之拜盪魏將軍權寢疾以據爲太子右部督太子卽位拜右將軍魏出東興據赴討有功明年孫峻殺諸葛恪遷據爲驃騎將軍平西宮事五鳳二年假節與峻等襲壽春還遇魏將曹珍破之於高亭太平元年帥師侵魏未及淮聞孫峻死以從弟綝自代據大怒引軍還欲廢綝綝聞之使中書奉詔詔文欽劉纂唐咨等使取據又遣從兄慮以都下兵逆據於江都左右勸據降魏據曰恥爲叛臣遂自殺夷三族

朱桓字休穆吳郡吳人也孫權爲將軍桓給事幕府除餘姚長往遇疫癘穀食荒貴桓分部良吏隱親醫藥飧粥相繼士民感戴之遷盪寇校尉授兵二千人使部伍吳會二郡鳩合遺散期年之閒得萬餘人後丹陽鄱陽山賊蜂起攻沒城郭殺略長吏處處屯聚桓督領諸將周旋赴討應皆平定稍遷裨將軍封新城亭侯後代周泰爲濡須督黃武元年魏使大司馬曹仁步騎數萬向濡須仁欲以兵襲取州上僞先揚聲欲東攻美溪桓分兵將赴美溪旣發卒得仁進軍拒濡須七十里問桓遣使追還美溪兵兵未到而仁奄至時桓手下及所部兵在者五千人諸將業業各有懼心桓喻之曰凡兩軍交對勝負在將不在衆寡諸君聞曹仁用兵行師孰與桓邪兵法所以稱客倍而主人半者謂俱在平原無城池之守又謂士衆勇怯齊等故耳今仁旣非智勇加其士卒甚怯又千里步涉人馬罷困桓與諸軍共據高城南臨大江北背山陵以逸待勞爲主制客此百戰百勝之勢也雖曹丕自來尚不足憂況仁等邪桓因偃旗鼓外示虛弱以誘致仁仁果遣其子泰攻濡須城分遣將軍常雕督諸葛虔王雙等乘油船別襲中洲中洲者部曲妻子所在也仁自將萬人留橐皐復爲泰等後拒桓部兵將攻取油船或別擊雕等桓等身自拒泰燒營而退遂梟雕生虜雙送武昌臨陣斬溺死者千餘權嘉桓功封嘉興侯遷奮武將軍領彭城相黃武七年鄱陽太守周魴譎誘魏大司馬曹休休將步騎十萬至皖城以迎魴時陸遜爲元帥全琮與桓爲左右督各督三萬人擊休休知見欺當引軍還自負衆盛邀於一戰桓進計曰休本以親戚見任非智勇名將也今戰必敗敗必走走當由夾石挂車此兩道皆險阨若以萬兵柴路則彼衆可盡而休可生虜臣請將所部以斷之若蒙天威得以休自效便可乘勝長驅進取壽春割有淮南以規許洛此萬世一時不可失也權先與陸遜議遜以爲不可故計不施行黃龍元年拜桓前將軍領青州牧假節嘉禾六年魏廬江主簿呂習請大兵自迎欲開門爲應桓與衞將軍全琮俱以師迎旣至事露軍當引還城外有溪水去城一里所廣三十餘丈深者八九尺淺者半之諸軍勒兵渡去桓自斷後時廬江太守李膺整嚴兵騎欲須諸軍半渡因迫擊之及見桓節蓋在後卒不敢出其見憚如此是時全琮爲督權又令偏將軍胡綜宣傳詔命參與軍事琮以軍出無獲議欲部分諸將有所掩襲桓素氣高恥見部伍乃往見琮問行意感激發怒與琮校計琮欲自解因曰上自令胡綜爲督綜意以爲宜爾桓愈恚恨還乃使人呼綜綜至軍門桓出迎之顧謂左右曰我縱手汝等各自去有一人旁出語綜使還桓出不見綜知左右所爲因斫殺之桓佐軍進諫刺殺佐軍遂託狂發詣建業治病權惜其功能故不罪孫盛曰書云臣無作威作福作威作福則凶于而家害于而國桓之賊忍殆虎狼也人君且猶不可況將相乎語曰得一夫而失一國縱罪虧刑失孰大焉使子異攝領部曲令醫視護數月復遣還中洲權自出祖送謂曰今寇虜尚存王塗未一孤當與君共定天下欲令君督五萬人專當一面以圖進取想君疾未復發也桓曰天授陛下聖姿當君臨四海猥重任臣以除奸逆臣疾當自愈吳錄曰桓奉觴曰臣當遠去願一捋陛下鬚無所復恨權憑几前席桓進前捋鬚曰臣今日眞可謂捋虎鬚也權大笑桓性護前恥爲人下每臨敵交戰節度不得自由輒嗔恚憤激然輕財貴義兼以彊識與人一面數十年不忘部曲萬口妻子盡識之愛養吏士贍護六親俸祿產業皆與共分及桓疾困舉營憂戚年六十二赤烏元年卒吏士男女無不號慕又家無餘財權賜鹽五千斛以周喪事子異嗣

異字季文以父任除郎文士傳曰張惇子純與張儼及異俱童少往見驃騎將軍朱據據聞三人才名欲試之告曰老鄙相聞饑渴甚矣夫騕褭以迅驟爲功鷹隼以輕疾爲妙其爲吾各賦一物然後乃坐儼乃賦犬曰守則有威出則有獲韓盧宋鵲書名竹帛純賦席曰席以冬設簟爲夏施揖讓而坐君子攸宜異賦弩曰南嶽之幹鍾山之銅應機命中獲隼高墉三人各隨其目所見而賦之皆成而後坐據大歡悅後拜騎都尉代桓領兵赤烏四年隨朱然攻魏樊城建計破其外圍還拜偏將軍魏廬江太守文欽營住六安多設屯砦置諸道要以招誘亡叛爲邊寇害異乃身率其手下二千人掩破欽七屯斬首數百遷揚武將軍權與論攻戰辭對稱意權謂異從父驃騎將軍據曰本知季文膽定見之復過所聞十三年文欽詐降密書與異欲令自迎異表呈欽書因陳其僞不可便迎權詔曰方今北土未一欽云欲歸命宜且迎之若嫌其有譎者但當設計網以羅之盛重兵以防之耳乃遣呂據督二萬人與異幷力至北界欽果不降建興元年遷鎭南將軍是歲魏遣胡遵諸葛誕等出東興異督水軍攻浮梁壞之魏軍大破吳書曰異又隨諸葛恪圍新城城旣不拔異等皆言宜速還豫章襲石頭城不過數日可拔恪以書曉異異投書於地曰不用我計而用傒子言恪大怒立奪其兵遂廢還建業太平二年假節爲大都督救壽春圍不解還軍爲孫綝所枉害吳書曰綝要異相見將往恐陸抗止之異曰子通家人耳當何所疑乎遂往綝使力人於坐上取之異曰我吳國忠臣有何罪乎乃拉殺之

評曰朱治呂範以舊臣任用朱然朱桓以勇烈著聞呂據朱異施績咸有將領之才克紹堂構若範桓之越隘得以吉終至於據異無此之尤而反罹殃者所遇之時殊也

吳志卷十一考證

朱然諸葛瑾子融步隲子協雖各襲任○各宋本作名

績字公緒○公緒監本訛公績今改正

呂範策亦親戚待之○亦元本作以

還吳遷都督注範出便釋褠著袴褶執鞭詣閤下啓事日稱領都督○臣明楷按日稱疑作自稱上文呂範欲蹔領都督以策意未許故出而自稱也

祀以太牢注大會將相文武時謂嚴畯曰○時晉府作特

呂據獨見據使人取大船以備害○備害太平御覽作

備宮

朱桓卒得仁進軍拒濡須七十里問桓遣使追還羨溪兵○監本訛作七十里間　臣龍官按此當作問言仁揚聲攻羨溪實欲襲取濡須此時卒得其進軍音問也今改正

朱異本知季文猶定見之復過所聞○監本訛作愴　臣龍官按愴訓悶訓惡與語意不合應作猶言其狡猾也今改正

魏軍大破注不用我計而用侯子言○臣浩按侯子二字不可曉疑作侯子此朱異詈元遜之辭也

吳志卷十二

晉著作郎巴西中正安漢陳壽撰

宋太中大夫國子博士聞喜裴松之注

虞翻 子汜 忠 聳 昺　陸績　張溫　駱統　陸瑁

吾粲　朱據

虞翻字仲翔會稽餘姚人也

吳書曰翻少好學有高氣年十二客有候其兄者不過翻翻追與書曰僕聞虎魄不取腐芥磁石不受曲鍼過而不存不亦宜乎客得書奇之由是見稱

太守王朗命為功曹孫策征會稽翻時遭父喪衰絰詣府門朗欲就之翻乃脫衰入見勸朗避策朗不能用拒戰敗績亡走浮海翻追隨營護到東部候官候官長閉城不受翻往說之然後見納

吳書曰翻始欲送朗到廣陵朗惑王方平記言疾來邀我南岳相求故遂南行既至候官又欲投交州翻諫朗曰此妄書耳交州無南岳安所投乎乃止

朗謂翻曰卿有老母可以還矣

翻別傳曰朗使翻見豫章太守華歆圖起義兵翻未至豫章聞孫策向會稽翻乃還會遭父喪以臣使有節不敢過家星行追朗至候官朗遣翻還然後奔喪而傳云孫策之來翻衰絰詣府門勸朗避策則為大異

翻既歸策復命為功曹待以交友之禮身詣翻第

江表傳曰策書謂翻曰今日之事當與卿共之勿謂孫策作郡吏相待也

策好馳騁游獵翻諫曰明府用烏集之眾驅散附之士皆得其死力雖漢高帝不及也至於輕出微行從官不暇嚴吏卒長苦之夫君人者不重則不威故白龍魚服困於豫且白蛇自放劉季害之願少留意策曰君言是也然時有所思端坐悒悒有裨諶草創之計是以行耳

吳書曰策討山越斬其渠帥悉令左右分行逐賊獨騎與翻相得山中翻問左右安在策曰悉行逐賊翻曰危事也令策下馬此草深卒有驚急馬不及縈策但牽之執弓矢以步翻善用矛請在前行得平地勸策乘馬策曰卿無馬柰何答曰翻能步行日可二百里自征討以來吏卒無及翻者明府試躍馬翻能疏步隨之行一大道得一鼓吏策取角自鳴之部曲識聲小大皆出遂從周旋平定三郡江表傳曰策討黃祖旋軍欲過取豫章特請翻語曰華子魚自有名字然非吾敵也加聞其戰具甚少若不開門讓城金鼓一震不得無所傷害卿便在前具宣孤意翻即奉命辭行徑到郡請被褠葛巾與歆相見謂歆曰君自料名聲之在海內孰與鄙郡故王府君歆曰不及也翻曰豫章資糧多少器仗精否士民勇果孰與鄙郡又曰不如也翻曰討逆將軍智略超世用兵如神前走劉揚州君所親見南定鄙郡亦君所聞也今欲守孤城自料資糧已知不足不早為計悔無及也今大軍已次椒丘僕便還去明日日中迎檄不到者與君辭矣翻既去歆明旦出城遣吏迎策策既定豫章引軍還吳褒賜將士計功行賞謂翻曰孤昔再至壽春見馬日磾及與中州士大夫會語我東方人多才耳但恨學問不博語議之間有所不及耳孤意猶謂未耳卿博學洽聞故前欲令卿一詣許交見朝士以折中國妄語兒卿不願行便使子綱恐子綱不能結兒輩舌也翻曰翻是明府家寶而以示人人儻留之則去明府良佐故前不行耳策笑曰然因曰孤有征討事未得還府卿復以功曹為吾蕭何守會稽耳後三日便遣翻還郡臣松之以為王華二公於擾攘之時抗猛銳之鋒俱非所能欲之名德實高於朗而江表傳述翻說華云海內名聲孰與於王此言非也然王公拒戰華逆請服實由孫策初起名微眾寡故王能舉兵豈武勝哉策後威力轉盛勢不可敵華量力而止非必用仲翔之說也若使易地而居亦華戰王服耳按吳歷載翻謂歆曰竊聞明府與王府君齊名中州海內所宗雖在東垂常懷瞻仰歆答曰孤不如王會稽翻復問不審豫章精兵何如會稽對曰大不如也翻曰明府言不如王會稽謙光之譚耳精兵不如會稽實如尊教因述孫策才略殊異用兵之奇歆乃答云當去此說為勝也翻出歆遣使迎策二說有不同

翻出為富春長策薨諸長吏並欲出赴喪翻曰恐鄰縣山民或有姦變遠委城郭必致不虞因留制服行喪諸縣皆效之咸以安寧

吳書曰策薨權統事定武中郎將暠策之從兄也屯烏程整帥吏士欲取會稽會稽聞之使民守城以俟嗣主之命因令人告諭暠曰討逆明府不竟天年今攝事統眾宜在孝廉翻已與一郡吏士嬰城固守必欲出一旦之命為孝廉除害惟執事圖之於是暠退臣松之案此二書所說策亡之時翻猶為功曹與本傳不同

後翻州舉茂才漢召為侍御史曹公為司空辟皆不就

吳書曰翻聞曹公辟曰盜跖欲以餘財污良家邪遂拒不受

翻與少府孔融書并示以所著易注融答書曰聞延陵之理樂覩吾子之治易乃知東南之美者非徒會稽之竹箭也又觀象雲物察應寒溫原其禍福與神合契可謂探賾窮通者也會稽東部都尉張紘又與融書曰虞仲翔前頗為論者所侵美寶為質彫摩益光不足以損孫權以為騎都尉翻數犯顏諫爭權不能悅又性不協俗多見謗毀坐徙丹陽涇縣呂蒙圖取關羽稱疾還建業以翻兼知醫術請以自隨亦欲因此令翻得釋也後蒙舉軍西上南郡太守麋芳開城出降蒙未據郡城而作樂沙上翻謂蒙曰今區區一心者麋將軍也城中之人豈可盡信何不急入城持其管籥乎蒙即從之時城中有伏計賴翻謀不行關羽既敗權使翻筮之得兌下坎上節五爻變之臨翻曰不出二日必當斷頭果如翻言權曰卿不及伏羲可與東方朔為比矣魏將于禁為羽所獲繫在城中權至釋之請與相見他日權乘馬出引禁併行翻呵禁曰爾降虜何敢與吾君齊馬首乎欲抗鞭擊禁權呵止之後權於樓船會羣臣飲禁聞樂流涕翻又曰汝欲以偽求免邪權悵然不平

吳書曰後權與魏和欲遣禁還歸北翻復諫曰禁敗數萬眾身為降虜又不能死北習軍政得禁必不如所規還之雖無所損猶為放盜不如斬以令三軍示為人臣有二心者權不聽羣臣送禁翻謂禁曰卿勿謂吳無人吾謀適不用耳禁雖為翻所惡然猶盛歎翻魏文帝常為翻設虛坐

權既為吳王歡宴之末自起行酒翻伏地陽醉不持權去翻起坐權於是大怒手劍欲擊之侍坐者莫不遑遽惟大司農劉基起抱權諫曰大王以三爵之後手殺善士雖翻有罪天下孰知之且大王以能容賢畜眾故海內望風今一朝棄之可乎權曰曹孟德尚殺孔文舉孤於虞翻何有哉基曰孟德輕害士人天下非之大王躬行德義欲與堯舜比隆何得自喻於彼乎翻由是得免權因勑左右自今酒後言殺皆不得殺翻嘗乘船行與麋芳相逢芳船上人多欲令翻自避先驅曰避將軍船翻厲聲曰失忠與信何以事君傾人二城而稱將軍可乎芳闔戶不應而遽避之後翻乘車行又經芳營門吏閉門車不得過翻復怒曰當閉反開當開反閉豈得事宜邪芳聞之有慚色翻性疏直數有酒失權與張昭論及神仙翻指昭曰彼皆死人而語神仙世豈有仙人也權積怒非一遂徙翻交州雖處罪放而講學不倦門徒常數百人

翻別傳曰權即尊號翻因上書曰陛下膺明聖之德體舜禹之孝歷運當期順天濟物奉承策命臣獨抃舞罪棄兩絕拜賀無階仰瞻宸極且喜且悲臣伏自刻省命輕雀鼠性輶毫氂罪惡莫大不容于誅昊天罔極全宥九載退當念戮頻受生活復偷視息臣年耳順思咎憂憤形容枯悴髮白齒落雖未能死自悼終沒不見宮闕百官之富不覩皇輿金軒之飾仰觀巍巍眾民之謠傍聽鍾鼓侃然之樂永隕海隅棄骸絕域不勝悲慕逸豫大慶悅以忘罪

又為老子論語國語訓注皆傳於世

翻別傳曰翻初立易注奏上曰臣聞六經之始莫大陰陽是以伏羲仰天縣象而建八卦觀變動六爻為六十四以通神明以類萬物臣高祖父故零陵太守光少治孟氏易曾祖父故平輿令成纘述其業至臣祖父鳳為之最密臣先考故日南太守歆受本於鳳最有舊書世傳其業至臣五世前人通講多玩章句雖有祕說於經疏闊臣生遇世亂長於軍旅習經於枹鼓之間講論於戎馬之上蒙先師之說依經立注又臣郡吏陳桃夢臣與道士相遇放髮被鹿裘布易六爻撓其三以飲臣臣乞盡吞之道士言易道在天三爻足矣豈臣受命應當知經所覽諸家解不離流俗義有不當實輒悉改定以就其正孔子曰乾元用九而天下治聖人南面蓋取諸離斯誠天子所宜協陰陽致麟鳳之道矣謹正書副上惟不罪戾翻又奏曰經之大者莫過於易自漢初以來海內英才其讀易者解之率少至孝靈之際潁川荀諝號為知易臣得其注有愈俗儒至所說西南得朋東北喪朋顛倒反逆了不可知孔子歎易曰知變化之道者其知神之所為乎以美大衍四象之作而上為章首尤可怪笑又南郡太守馬融名有俊才其所解釋復不及諝孔子曰可與共學未可與適道豈不其然若乃北海鄭玄南陽宋忠雖各立注忠小差玄而皆未得其門難以示世又奏鄭玄解尚書違失事目臣聞周公制禮以辨上下孔子曰有君臣然後有上下有上下然後禮義有所錯是故尊君卑臣禮之大司也伏見故徵士北海鄭玄所注尚書以顧命康王執瑁古月似同從誤作同既不覺定復訓為杯謂之酒杯成王疾困憑几洮頹為濯以為澣衣成事洮字虛更作濯以從其非又古大篆卯字讀當為柳古柳卯同字而以為昧分北三苗北古別字又訓北言北猶別也若此之類誠可怪也玉人職曰天子執瑁以朝諸侯謂之酒杯天子頮面謂之澣衣古篆卯字反以為昧甚違不知蓋闕之義於此數事誤莫大焉宜命學官定此三事又馬融訓注亦以為同者大同天下今經益金就作銅字詁訓言天子副璽雖皆不得猶愈於玄然此不定臣沒之後而奮乎百世雖世有知者懷謙莫或奏正又玄所注五經違義尤甚者百六十七事不可不正行乎學校傳乎將來臣竊恥之翻放棄南方云自恨疏節骨體不媚犯上獲罪當長沒海隅生無可與語死以青蠅為弔客使天下一人知己者足以不恨以典籍自慰依易設象以占吉凶又以宋氏解玄頗有繆錯更為立注并著明揚釋宋以理其滯臣松之案翻云古大篆卯字讀當言柳古柳卯同字竊謂翻言為然故劉留聊柳同用此字以從聲故也與日辰卯字字同音異然漢書王莽傳論卯金刀故以為日辰之卯今未能詳正然世多亂之故翻所說云荀諝荀爽之別名

初山陰丁覽太末徐陵或在縣吏之中或眾所未識翻一見之便與友善終成顯名

會稽典錄曰覽字孝連八歲而孤家又單微清身立行用意不苟推財從弟以義讓稱仕郡至功曹守始平長為人精微絜淨門無雜賓孫權深貴待之未及擢用會病卒甚見痛惜殊其門戶覽子固字子賤本名密避亮諱改作固固在襁褓中闞澤見而異之曰此兒後必至公輔固少喪父獨與母居家貧守約色養致敬族弟孤弱與同寒溫翻與固同僚書曰丁子賤塞淵好德堂構克舉野無遺薪斯之為美其優矣令德之後惟此君嘉耳歷顯位孫休時固為左御史大夫孫皓即位遷司徒皓悖虐固與陸凱孟宗同心憂國年七十六卒子彌字欽遠仕晉至梁州刺史孫潭光祿大夫徐陵字元大歷三縣長所在著稱遷零陵太守時朝廷俟以列卿之位故翻書曰元大受上卿之遇叔向在晉未若於今其見重如此陵卒僮客土田或見侵奪駱統為陵家訟之求與丁覽卜清等為比權許焉陵子平字伯先童齔知名翻甚愛之屢稱歎焉諸葛恪為丹陽太守討山越以平威重思慮可與效力請平為丞稍遷武昌左部督傾心接物士卒皆為盡力初平為恪從事意甚薄及恪輔政待平益疏恪被害子建亡走為平部曲所得平使遣去別為佗軍所獲平兩婦歸宗敬奉情過乎厚其行義敦篤皆此類也

在南十餘年年七十卒

吳書曰翻雖在徙棄心不忘國常憂五谿宜討以遼東海絕聽人使來屬尚不足取今去人財以求馬既非國利又恐無獲欲諫不敢作表以示呂岱岱不報為愛憎所白復徙蒼梧猛陵江表傳曰後權遣將士至遼東於海中遭風多所沒失權悔之乃令曰昔趙簡子稱諸君之唯唯不如周舍之諤諤虞翻亮直善於盡言國之周舍也前使翻在此役不成促下問交州翻若尚存者給其人船發遣還都若以亡者送喪還本郡使兒子仕宦會翻已終

歸葬舊墓妻子得還

會稽典錄曰孫亮時有山陰朱育少好奇字凡所特達依體像類造作異字千名以上仕郡門下書佐太守濮陽興正旦宴見掾吏言次問太守昔聞朱潁川問士於鄭召公韓吳郡問士於劉聖博王景興問士於虞仲翔嘗見鄭劉二答而未覩仲翔對也欽聞國賢思覩盛美有日矣書佐寧識之乎育對曰往過習之昔初平末年王府君以淵妙之才超遷臨郡思賢嘉善樂采名俊問功曹虞翻曰聞玉出崑山珠生南海遠方異域各生珍寶且曾聞士人歎美貴邦舊多英俊徒以遠於京畿含香未越耳功曹雅好博古寧識其人邪翻對曰夫會稽上應牽牛之宿下當少陽之位東漸巨海西通五湖南暢無垠北渚浙江南山攸居實為州鎮昔禹會羣臣因以命之山有金木鳥獸之殷水有魚鹽珠蚌之饒海嶽精液善生俊異是以忠臣繼踵孝子連閭下及賢女靡不育焉王府君笑曰地勢然矣士女之名可悉聞乎翻對曰不敢及遠略言其近者耳往者孝子句章董黯盡心色養喪致其哀單身林野鳥獸歸懷怨親之辱白日報讎海內聞名昭然光著太中大夫山陰陳嚻漁則化盜居則讓鄰感侵退藩遂成義里攝養車嫗行足厲俗自揚子雲等上書薦之粲然傳世太尉山陰鄭公清亮質直不畏彊禦魯相山陰鍾離意稟殊特之姿孝家忠朝宰縣相國所在遺惠故取養有君子之謩魯國有丹書之信及陳宮賁齊皆上契天心功德治狀記在漢籍有道山陰趙曄徵士上虞王充各洪才淵懿學究道源著書垂藻駱驛百篇釋經傳之宿疑解當世之槃結或上窮陰陽之奧祕下據人情之歸極交阯刺史上虞綦毋俊拔濟一郡讓爵土之封決曹掾上虞孟英三世死義主簿句章梁宏功曹史餘姚駟勳主簿句章鄭雲皆敦終始之義引罪免居門下督盜賊餘姚伍隆鄭頤主簿任光章安小吏黃他身當白刃濟君於難揚州從事句章王脩委身授命垂聲來世河內太守上虞魏少英遭世屯蹇憂國忘家列在八俊為世英彥尚書烏傷楊喬桓帝妻以公主辭疾不納近故太尉上虞朱公天姿聰亮欽明神武策無失謨征無遺慮是以天下義兵思以為首上虞女子曹娥父溺江流投水而死立石碑紀炳然著顯王府君曰是既然矣潁川有巢許之逸軌吳有太伯之三讓貴郡雖士人紛紜於此足矣翻對曰故先言其近者耳若乃引上世之事及抗節之士亦有其人昔越王翳讓位逃於巫山之穴越人薰而出之斯非太伯之儔邪且太伯外來之君非其地人也若以外來言之則大禹亦巡於此而葬之矣鄞大里黃公絜己暴秦之世高祖即阼不能一致惠帝恭讓出則濟難徵士餘姚嚴遵王莽數聘抗節不行光武中興然後俯就矯手不拜志陵雲日皆著於傳籍較然彰明豈如巢許流俗遺譚不見經傳者哉王府君笑曰善哉話言也賢矣非君不著太守未之前聞也濮陽府君曰御史所云既聞其人亞斯已下書佐寧識之乎育曰瞻仰景行敢不識之近者太守上虞陳業絜身清行志懷霜雪貞亮之信同操柳下遭漢中微委棄祿位遁迹

黜欽以求其志高邈妙蹤天下所聞故桓文遺之尺牘之書比竟三高其聰明大略忠直謇諤則侍御史餘姚虞翻偏將軍烏傷駱統其淵懿純德則太子少傅山陰闞澤學通行茂作帝師儒其雄姿武毅立功當世則後將軍賀齊勳成績著其探極秘術言合神明則太史令上虞吳範其文章之士立言粲盛則御史中丞句章任奕鄱陽太守章安虞翔各馳文檄曄若春榮處士盧敘弟犯公憲自殺乞代吳寧斯敦山陰祁庚上虞樊正咸代父死罪其女則松陽柳朱永寧翟素或一醮守節喪身不顧或遭寇劫賊死不虧行皆近世之事尚在耳目府君曰皆海內之英也吾聞秦始皇二十五年以吳越地爲會稽郡治吳漢封諸侯王以何年復爲郡而分治於此育對曰劉賈爲荊王賈爲英布所殺又以劉濞爲吳王景帝四年濞反誅乃復爲郡治於吳元鼎五年除東越因以其地爲治并屬於此而立東部都尉後徙章安陽朔元年又從治鄞或有寇害復從句章到永建四年劉府君上書浙江之北以爲吳郡會稽還治山陰自永建四年歲在己巳以至今年積百二十九歲府君稱善是歲吳之太平三年歲在丁丑育後仕朝常在臺閣爲東觀令遙拜清河太守加位侍中推刺占射文藝多通

翻有十一子第四子汜最知名永安初從選曹郎爲散騎中常侍後爲監軍使者討扶嚴病卒會稽典錄曰汜字世洪生南海年十六父卒還鄉里孫綝廢幼主迎立琅邪王休休未至綝欲入宮圖爲不軌召百官會議皆惶怖失色汜唯唯而已汜對曰明公爲國伊周處將相之位擅廢立之威將上安宗廟下惠百姓大小踴躍自以伊霍復見今迎王未至而欲入宮如是羣下搖蕩衆聽疑惑非所以永終忠孝揚名後世也綝不懌竟立休休初即位汜與賀邵王蕃薛瑩俱爲散騎中常侍以討扶嚴功拜交州刺史冠軍將軍餘姚侯尋卒汜弟忠宜都太守會稽典錄曰忠字世方翻第五子貞固幹事好識人物造吳郡陸機於童齓之年稱上虞魏遷於無名之初終皆遠致爲著聞之士交同縣王岐於孤宦之族仕進先至宜都太守乃代之晉征吳忠與夷道監陸晏晏弟中夏督景堅守不下城潰被害子譚字思奧晉陽秋稱譚清貞有檢操外如退弱內堅正有膽幹仕晉歷位內外終於衛將軍追贈侍中左光祿大夫開府儀同三司聳越騎校尉累遷廷尉湘東河間太守會稽典錄曰聳字世龍翻第六子也清虛無欲進退以禮在吳歷清官入晉除河間相王素聞聳名厚敬禮之聳抽引人物務在幽隱孤陋之中時王岐難聳以高士所達必合秀異聳書與族子察曰世之取士曾不招未齒於丘園索良才於總猥所譽依已成所毀依已敗此吾所以歎息也聳疾俗喪祭無度弟昺卒祭以少牢酒飯而已當時族黨並遵行之昺廷尉尚書濟陰太守會稽典錄曰昺字世文翻第八子也少有儁才志仕吳黃門郎以捷對見異超拜尚書侍中晉軍來伐遣昺持節都督武昌已上諸軍事昺先上還節蓋印綬然後歸順在濟陰抑強扶弱甚著威風

陸績字公紀吳人也父康漢末爲廬江太守謝承後漢書曰康字季寧少惇孝悌勤脩操行太守李肅察孝廉肅後坐事伏法康斂尸送喪還潁川行服禮終舉茂才歷三郡太守所在稱治後拜廬江太守績年六歲於九江見袁術術出橘績懷三枚去拜辭墮地術謂曰陸郎作賓客而懷橘乎績跪答曰欲歸遺母術大奇之孫策在吳張昭張紘秦松爲上賓共論四海未泰須當用武治而平之績年少末坐遙大聲言曰昔管夷吾相齊桓公九合諸侯一匡天下不用兵車孔子曰遠人不服則脩文德以來之今論者不務道德懷取之術而惟尚武績雖童蒙竊所未安也昭等異焉績容貌雄壯博學多識星歷算數無不該覽虞翻舊齒名盛龐統荊州令士年亦差長皆與績友善孫權統事辟爲奏曹掾以直道見憚出爲鬱林太守加偏將軍給兵二千人績既有躄疾又意在儒雅非其志也雖有軍事著述不廢作渾天圖注易釋玄皆傳於世豫自知亡日乃爲辭曰有漢志士吳郡陸績幼敦詩書長玩禮易受命南征遘疾遇厄遭命不幸嗚呼悲隔又曰從今已去六十年之外車同軌書同文恨不及見也年三十二卒長子宏會稽南部都尉次子叡長水校尉績於鬱林所生女名曰鬱生適張溫弟白姚信集有表稱之曰臣聞唐虞之政舉善而教旌德擢異三王所先是以忠臣烈士顯名國朝淑婦貞女表迹家閭蓋所以闡崇化業廣殖清風使苟有令性幽明俱著苟懷懿姿士女同榮故王蠋建寒松之節而齊王表其里義姑立殊絕之操而魯侯高其門臣切見鬱林太守陸績女子鬱生少履貞特之行幼立匪石之節年始十三適同郡張白侍廟三月婦禮未卒白遭罹家禍遷死異郡鬱生抗聲昭節義形於色冠蓋交橫誓而不許奉白姊妹嶮巇之中蹈履水火志懷霜雪義心固於金石體信貫於神明送終以禮邦士慕則臣聞昭德以行顯行以爵苟非名爵則勸善不嚴故士之有誄魯人志其勇杞婦見書齊人哀其哭乞蒙聖朝斟酌前訓上開天聰下垂坤厚褒鬱生以義姑之號以厲兩髦之節則皇風穆暢士女改觀矣

張溫字惠恕吳郡人也父允以輕財重士名顯州郡爲孫權東曹掾卒溫少脩節操容貌奇偉權聞之以問公卿曰溫當今與誰爲比大司農劉基曰可與全琮爲輩太常顧雍曰基未詳其爲人也溫當今無輩權曰如是張允不死也徵到延見文辭占對觀者傾竦權改容加禮罷出張昭執其手曰老夫託意君宜明之拜議郎選曹尚書徙太子太傅甚見信重時年三十二以輔義中郎將使蜀權謂溫曰卿不宜遠出恐諸葛孔明不知吾所以與曹氏通意以故屈卿行若山越都除便欲大構於蜀行人之義受命不受辭也溫對曰臣入無腹心之規出無專對之用懼無張老延譽之功又無子產陳事之效然諸葛亮達見計數必知神慮屈申之宜加受朝廷天覆之惠推亮之心必無疑貳溫至蜀詣闕拜章曰昔高宗以諒闇昌殷祚於再興成王以幼沖隆周德於太平功冒溥天聲貫罔極今陛下以聰明之姿等契往古總百揆於良佐參列精之炳燿遐邇望風莫不欣賴吳國勤任旅力清澄江滸願與有道平一宇內委心協規有如河水軍事興煩使役乏少是以忍鄙倍之羞使下臣溫通致情好陛下敦崇禮義未便恥忽臣自入遠境及即近郊頻蒙勞來恩詔輒加以榮自懼悚怛若驚譴奉所齎函書一封蜀甚貴其才還頃之使入豫章部伍出兵事業未究權既陰銜溫稱美蜀政又嫌其聲名大盛衆庶炫惑恐終不爲己用思有以中傷之會暨豔事起遂因此發舉豔字子休亦吳郡人也溫引致之以爲選曹郎至尚書豔性狷厲好爲清議見時郎署混濁淆雜多非其人欲臧否區別賢愚異貫彈射百僚覈選三署率皆貶高就下降損數等其守故者十未能一其居位貪鄙志節汙卑者皆以爲軍吏置營府以處之而怨憤之聲積浸潤之譖行矣競言豔及選曹郎徐彪專用私情憎愛不由公理吳錄曰彪字仲虞廣陵人也豔彪皆坐自殺溫宿與豔彪同意數交書疏聞問往還即罪溫權幽之有司下令曰昔令召張溫虛己待之既至顯授有過舊臣何圖凶醜專挾異心昔暨豔父兄附于惡逆寡人無忌故進而任之欲觀豔何如察其中間形態果見而溫與之結連死生豔所進退皆溫所爲頭角更相表裏共爲腹背非溫之黨即就疵瑕爲之生論又前任溫董督三郡指撝吏客及殘餘兵時恐有事欲令速歸故授棨戟獎以威柄乃便到豫章表討宿惡寡人信受其言特以繞帳帳下解煩兵五千人付之後聞曹丕自出淮泗故豫勑溫有急便出而溫悉內諸將布於深山被命不至賴丕自退不然已往豈可深計又殷禮者本占候召而溫先後乞將到蜀扇揚異國爲之譚論又禮之還當親本職而令守尚書戶曹郎如此署置在溫而已又溫語賈原當薦卿作御史語蔣康當用卿代賈原專衒賈國恩爲已形勢揆其奸心無所不爲不忍暴於市朝今斥還本部以給厮吏嗚呼溫也免罪爲幸將軍駱統表理溫曰伏惟殿下天生明德神啓聖心招髦秀於四方置俊乂於宮朝多士既受普篤之恩張溫又蒙最隆之施而溫自招罪譴孤負榮遇念其如此誠可悲疚然臣周旋之間爲國觀聽深知其狀故密陳其理溫實心無他情事無逆迹但年紀尚少鎮重尚淺而戴赫烈之寵體卓偉之才亢臧否之譚效褒貶之議於是務勢者妬其寵爭名者嫉其才玄默者非其譚瑕釁者諱其議此臣下所當詳辨明朝所當究察也昔賈誼至忠之臣也漢文大明之君也然而絳灌一言賈誼遠退何者疾之者深譖之者巧也然而誤聞於天下失彰於後世故孔子曰爲君難爲臣不易也溫雖智非從橫武非虓虎然其弘雅之素英秀之德文章之采論議之辨卓躒冠羣煒曄曜世世人未有及之者也故論溫才即可惜言罪則可恕若忍威烈以赦盛德宥賢才以敦大業固明朝之休光四方之麗觀也國家之於暨豔不內之忌族猶等之平民是故先見用於朱治次見舉於衆人中見任於明朝亦見交於溫也君臣之義義之最重朋友之交交之最輕者也國家不嫌於豔爲最重之義是以溫亦不嫌與豔爲最輕之交也時世寵之於上溫竊親之於下也夫宿惡之民放逸山險則爲勁寇將置平土則爲健兵故溫念在欲取宿惡以除勁寇之害而增健兵之銳也但自錯落功不副言然計其送兵以比許晏數之多少溫不減之用之彊羸溫不下之至於遲速溫不後之故得及秋冬之月赴有警之期不敢忘恩而遺力也溫之到蜀共譽殷禮雖臣無境外之交亦有可原也境外之交謂無君命而私相從非國事而陰相聞者也若以命行既脩君好因叙已情亦使臣之道也故孔子使鄰國則有私覿之禮季子聘諸夏亦有燕譚之義也古人有言欲知其君觀其所使見其下之明明知其上之赫赫溫若譽禮能使彼歎之誠所以昭我臣之多良明使之得其人顯國美於異境揚君命於他邦是以晉趙文子之盟于宋也稱隋會於屈建楚王孫圉之使于晉也譽左史於趙鞅亦向他國之輔而歎本邦之臣經傳美之以光國而不譏之以外交也王靖內不憂時外不趨事溫彈之不私推之不假於是與靖遂爲大怨此其盡節之明驗也靖兵衆之勢幹任之用皆勝於賈原蔣康溫尚不容私以安於靖豈敢賣恩以協原康邪又原在職不勤當事不堪溫數對以醜色彈以急聲若其誠欲賣恩作亂則亦不必貪原也凡此數者校之於事既不合參之於衆亦不驗臣竊念人君雖有聖哲之姿非常之智然以一人之身御兆民之衆從層宮之內瞰四國之外照羣下之情求萬機之理猶未易周也固當聽察羣下之言以廣聰明之烈今者人非溫既殷勤臣是溫又契闊辭則俱巧意則俱至各自言欲爲國誰其言欲爲私倉卒之間猶難即別然以殿下之聰叡察講論之曲直若潛神留思纖粗研核情何嫌而不宣事何昧而不昭哉溫非親臣臣非愛溫者也昔之君子皆抑私忿以增君明彼獨行之於前臣恥廢之於後故遂發宿懷於今日納愚言於聖德實盡心於明朝非有念於溫身也權終不納後六年溫病卒二弟祗白亦有才名與溫俱廢會稽典錄曰餘姚虞俊歎曰張惠恕才多智少華而不實怨之所聚有覆家之禍吾見其兆矣諸葛亮聞俊憂溫意未之信及溫放黜亮乃歎俊之有先見亮初聞溫敗未知其故思之數日曰吾已得之矣其人於清濁太明善惡太分臣松之以爲莊周云名者公器也不可以多取張溫之廢豈其取名之多乎多之爲弊古賢既知之矣是以遠見之士退藏於密不使名浮於德不以華傷其實既不能被褐韞寶挫廉逃譽使才映一世聲蓋人上沖用之道庸可暂替溫則反之能無敗乎權既疾溫名盛而駱統方驟言其美至云卓躒冠羣煒曄曜世世人未有及之者也斯何異燎之方盛又撝膏以熾之哉文士傳曰溫姊妹三人皆有節行爲溫事已嫁者皆見錄奪其中妹先適顧承官以許嫁丁氏成婚有日遂飲藥而死吳朝嘉歎鄉人圖畫爲之贊頌云

駱統字公緒會稽烏傷人也父俊官至陳相爲袁術所害謝承後漢書曰俊字孝遠有文武才幹少爲郡吏察孝廉補尚書郎擢拜陳相值袁術僭號兄弟忿爭天下鼎沸羣賊並起陳與比界姦慝四布俊厲威武保疆境賊不敢犯養濟百姓災害不生歲獲豐稔後術軍衆饑困就俊求糧俊疾惡術初不應答術怒密使人殺俊統母改適爲華歆小妻統

時八歲遂與親客歸會稽其母送之拜辭上車面而不顧其母泣涕於後御者曰夫人猶在也統曰不欲增母思故不顧耳事適母甚謹時饑荒鄕里及遠方客多有困乏統爲之飲食衰少其姊仁愛有行寡居無子見統甚哀之數問其故統曰士大夫糟糠不足我何心獨飽姊曰誠如是何不告我而自苦若此乃自以私粟與統又以告母母亦賢之遂使分施由是顯名孫權以將軍領會稽太守統年二十試爲烏程相民戶過萬咸歎其惠理權嘉之召爲功曹行騎都尉妻以從兄輔女統志在補察苟所聞見夕不待旦常勸權以尊賢接士勤求損益饗賜之日可人人別進問其燥濕加以密意誘諭使言察其志趣令皆感恩戴義懷欲報之心權納用焉出爲建忠郎將領武射吏三千人及淩統死復領其兵是時徵役繁數重以疫癘民戶損耗統上疏曰臣聞君國者以據疆土爲彊富制威福爲尊貴曜德義爲榮顯永世胄爲豐祚然財須民生彊賴民力威恃民勢福由民殖德俟民茂義以民行六者旣備然後應天受祚保族宜邦書曰衆非后無能胥以寧后非衆無以辟四方推是言之則民以君安君以民濟不易之道也今彊敵未殄海內未乂三軍有無已之役江境有不釋之備徵賦調數由來積紀加以殃疫死喪之災郡縣荒虛田疇蕪曠聽聞屬城民戶浸寡又多殘老少有丁夫聞此之日心若焚燎思尋所由小民無知旣有安土重遷之性且又前後出爲兵者生則困苦無有溫飽死則委棄骸骨不反是以尤用戀本畏遠同之於死每有徵發羸謹居家重累者先見輸送小有財貨傾居行賂不顧窮盡輕剽者則迸入險阻黨就羣惡百姓虛竭嗷然愁擾愁擾則不營業不營業則致窮困致窮困則不樂生故口腹急則姦心動而攜叛多也又聞民間非居處小能自供生產兒子多不起養屯田貧兵亦多棄子天則生之而父母殺之旣懼干逆和氣感動陰陽且惟殿下開基建國乃無窮之業也彊鄰大敵非造次所滅疆場常守非期月之戍而兵民減耗後生不育非所以歷遠年致成功也夫國之有民猶水之有舟停則以安擾則以危愚而不可欺弱而不可勝是以聖王重焉禍福由之故與民消息觀時制政方今長吏親民之職惟以辦具爲能取過目前之急少復以恩惠爲治副稱殿下天覆之仁勤恤之德者官民政俗日以彫弊漸以陵遲勢不可久夫治疾及其未篤除患貴其未深願殿下少以萬機餘閑留神思省補復荒虛深圖遠計育殘餘之民阜人財之用參曜三光等崇天地臣統之大願足以死而不朽矣權感統言深加意焉以隨陸遜破蜀軍於宜都遷偏將軍黃武初曹仁攻濡須使別將常雕等襲中洲統與嚴圭共拒破之封新陽亭侯後爲濡須督數陳便宜前後書數十上所言皆善文多故不悉載尤以占募在民間長惡敗俗生離叛之心急宜絕置權與相反覆終遂行之年三十六黃武七年卒

陸瑁字子璋丞相遜弟也少好學篤義陳國陳融陳留濮陽逸沛郡蔣纂廣陵袁迪等皆單貧有志就瑁遊處迪孫曄字思光作獻帝春秋云迪與張紘等俱過江迪父綏爲太傅掾張超之討董卓以綏領廣陵事瑁割少分甘與同豐約及同郡徐原爰居會稽素不相識臨死遺書託以孤弱瑁爲起立墳墓收導其子又瑁從父績早亡二男一女皆數歲以還瑁迎攝養至長乃別州郡辟舉皆不就時尚書暨豔盛明臧否差斷三署頗揚人闇昧之失以顯其謫瑁與書曰夫聖人嘉善矜愚忘過記功以成美化加今王業始建將一大統此乃漢高棄瑕錄用之時也若令善惡異流貴汝潁月旦之評誠可以厲俗明教然恐未易行也宜遠模仲尼之汎愛中則郭泰之弘濟近有益於大道也豔不能行卒以致敗嘉禾元年公車徵瑁拜議郎選曹尚書孫權忿公孫淵之巧詐反覆欲親征之瑁上疏諫曰臣聞聖王之御遠夷羈縻而已不常保有故古者制地謂之荒服言慌惚無常不可保也今淵東夷小醜屏在海隅雖託人面與禽獸無異國家所爲不愛貨寶遠以加之者非嘉其德義也誠欲誘納愚弄以規其馬耳淵之驕黠恃遠負命此乃荒貊常態豈足深怪昔漢諸帝亦嘗銳意以事外夷馳使散貨充滿西域雖時有恭從然其使人見害財貨并沒不可勝數今陛下不忍悁悁之忿欲越巨海身踐其土羣臣愚議竊謂不安何者北寇與國壤地連接苟有間隙應機而至夫所以越海求馬曲意於淵者爲赴目前之急除腹心之疾也而更棄本追末捐近治遠忿以改規激以動衆斯乃猾虜所願聞非大吳之至計也又兵家之術以功役相疲勞逸相待得失之間所覺輒多且沓渚去淵道里尚遠今到其岸兵勢三分使彊者進取次當守船又次運糧行人雖多難得悉用加以單步負糧經遠深入賊地多馬邀截無常若淵狙詐與北未絕動衆之日脣齒相濟若實孑然無所憑賴其畏怖遠迸或難卒滅使天誅稽於朔野山虜承間而起恐非萬安之長慮也權未許瑁重上疏曰夫兵革者固前代所以誅暴亂威四夷也然其役皆在姦雄已除天下無事從容廟堂之上以餘議議之耳至于中夏鼎沸九域槃牙之時率須深根固本愛力惜費務自休養以待鄰敵之闕未有正於此時舍近治遠以疲軍旅者也昔尉佗叛逆僭號稱帝于時天下乂安百姓殷阜帶甲之數糧食之積可謂多矣然漢文猶以遠征不易重興師旅告喻而已今凶桀未殄疆場猶警雖蚩尤鬼方之亂故當以緩急差之未宜以淵爲先願陛下抑威住計暫寧六師潛神嘿規以爲後圖天下幸甚權再覽瑁書嘉其詞理端切遂不行初瑁同郡聞人敏見待國邑優於宗脩惟瑁以爲不然後果如其言赤烏二年瑁卒子喜亦涉文籍好人倫孫晧時爲選曹尚書吳錄曰喜字文仲瑁第二子也入晉爲散騎常侍瑁孫曄字士光至車騎將軍儀同三司曄弟玩字士瑤晉陽秋稱玩器量淹雅位至司空追贈太尉

吾粲字孔休吳郡烏程人也吳錄曰粲生數歲孤城嫗見之謂其母曰是兒有卿相之骨孫河爲縣長粲爲小吏河深奇之河後爲將軍得自選長吏表粲爲曲阿丞遷爲長史治有名迹雖起孤微與同郡陸遜卜靜等比肩齊聲矣孫權爲車騎將軍召爲主簿出爲山陰令還爲參軍校尉黃武元年與呂範賀齊等俱以舟師拒魏將曹休於洞口值天大風諸船綆紲斷絕漂沒著岸爲魏軍所獲或覆沒沈溺其大船尚存者水中生人皆攀緣號呼他吏士恐船傾沒皆以戈矛撞擊不受粲與黃淵獨令船人以承取之左右以爲船重必敗粲曰船敗當俱死耳人窮柰何棄之粲淵所活者百餘人還遷會稽太守召處士謝譚爲功曹譚以疾不詣粲教曰夫應龍以屈伸爲神鳳皇以嘉鳴爲貴何必隱形於天外潛鱗於重淵者哉粲募合人衆拜昭義中郎將與呂岱討平山越入爲屯騎校尉少府遷太子太傅遭二宮之變抗言執正明嫡庶之分欲使魯王霸出駐夏口遣楊竺不得令在都邑又數以消息語陸遜遜時駐武昌連表諫爭由此爲霸竺等所譖害下獄誅

朱據字子範吳郡吳人也有姿貌膂力又能論難黃武初徵拜五官郎中補侍御史是時選曹尚書暨豔疾貪汙在位欲沙汰之據以爲天下未定宜以功覆過棄瑕取用舉清厲濁足以沮勸若一時貶黜懼有後咎豔不聽卒敗權咨嗟將率發憤歎息追思呂蒙張溫以爲據才兼文武可以繼之由是拜建義校尉領兵屯湖孰黃龍元年權遷都建業徵據尚公主拜左將軍封雲陽侯謙虛接士輕財好施祿賜雖豐而常不足用嘉禾中始鑄大錢一當五百後據部曲應受三萬緡工王遂詐而受之典校呂壹疑據實取考問主者死於杖下據哀其無辜厚棺斂之壹又表據吏爲據隱故厚其殯權數責問據據無以自明藉草待罪數月典軍吏劉助覺言王遂所取權大感寤曰朱據見枉況吏民乎乃窮治壹罪賞助百萬赤烏九年遷驃騎將軍遭二宮搆爭據擁護太子言則懇至義形於色守之以死殷基通語載據爭曰臣聞太子國之本根雅性仁孝天下歸心今卒責之將有一朝之慮昔晉獻用驪姬而申生不存漢武信江充而戾太子冤死臣竊懼太子不堪其憂雖立思子之宮無所復及矣遂左遷新都郡丞未到中書令孫弘譖潤據因權寢疾弘爲詔書追賜死時年五十七孫亮時二子熊損各復領兵爲全公主所譖皆死永安中追錄前功以熊子宣襲爵雲陽侯尚公主孫晧時宣至驃騎將軍

評曰虞翻古之狂直固難免乎末世然權不能容非曠宇也陸績之於楊玄是仲尼之左丘明老聃之嚴周矣以瑚璉之器而作守南越不亦賊夫人歟張溫才藻俊茂而智防未備用致艱患駱統抗明大義辭切理至值權方閉不開陸瑁篤義規諫君子有稱焉吾粲朱據遭罹屯蹇以正喪身悲夫

吳志卷十二考證

虞翻是以行耳注翻能步行日可二百里○毛本作三百里

又注行一大道得一鼓吏○宋本作行及大道

咸以安寧注必欲出一旦之命爲孝廉除害執事圖之○執事上宋本多惟字

門徒常數百人注奉承策命○策命宋本作革命

皆傳於世注又奏鄭元解尚書違失事因○事因宋本作事目

又注又以宋氏解元頗有繆錯更爲立法○立法北宋本作立注

年七十卒注以遼東海絕○海絕疑作絕海

妻子得還注昔禹會羣臣因以命之○羣臣疑作羣后

又注或上窮陰陽之奧秘下據人情之歸極○據宋本作攄

又注鄮莫候反主簿任光○各本俱訛鄮漠侯 臣龍官按鄮莫候反音茂縣名屬會稽即今之寧波慈谿與此正合乃貿訛爲貿卩訛爲刂遂并莫候反而訛之矣今改正

又注故桓文遺之尺牘之書比竟三高○竟字疑三高未詳 臣清植按此句詞旨不明三高疑指上文所

引越王翳鄮大里黃公餘姚嚴遵而言比竟三高或當作竟比三高
又注其文章之事○事宋本作士
討扶嚴病卒注擅廢立之威勢上安宗廟下惠百姓○勢宋本作將
汜弟忠宜都太守注忠子譚字思奧○北宋本譚作潭
昺廷尉尚書濟陰太守注昺字子文○北宋本作世文
張溫吳郡人也○毛本作吳郡吳人也
徵到延見文辭占對觀者傾竦○延見太平御覽作延見
竪性狷厲○太平御覽作峭厲
納愚言於聖德○聖德疑作聖聽
陸瑁又瑁從父績早亡一男一女皆數歲以還○臣艮表按陸績傳云長子宏次子叡此作一男疑誤
吾粲吳郡烏程人也注粲生數歲孤城嫗見之謂其母曰是兒有卿相之骨○臣明楷按趙達傳注云孤城鄭嫗能相人此云孤城嫗即其人也疑脫一鄭字但孤城或當作菰城烏程縣舊固名爲菰城也

吳志卷十三

晉著作郎巴西中正安漢陳　壽撰
宋太中大夫國子博士聞喜裴松之注

陸遜　子抗

陸遜字伯言吳郡吳人也本名議世江東大族陸氏世頌曰遜祖紆字叔盤敏淑有思學守城門校尉父駿字季才淳懿信厚爲邦族所懷官至九江都尉遜少孤隨從祖廬江太守康在官袁術與康有隙將攻康康遣遜及親戚還吳遜年長於康子績數歲爲之綱紀門戶孫權爲將軍遜年二十一始仕幕府歷東西曹令史出爲海昌屯田都尉并領縣事陸氏祠堂像贊曰海昌今鹽官縣也縣連年亢旱遜開倉穀以振貧民勸督農桑百姓蒙賴時吳會稽丹陽多有伏匿遜陳便宜乞與募焉會稽山賊大帥潘臨舊爲所在毒害歷年不禽遜以手下召兵討治深險所向皆服部曲已有二千餘人鄱陽賊帥尤突作亂復往討之拜定威校尉軍屯利浦權以兄策女配遜數訪世務遜建議曰方今英雄棊跱豺狼闚望克敵寧亂非衆不濟而山寇舊惡依阻深地夫腹心未平難以圖遠可大部伍取其精銳權納其策以爲帳下右部督會丹陽賊帥費棧受曹公印綬扇動山越爲作內應權遣遜討棧棧支黨多而主兵少遜乃益施牙幢分布鼓角夜潛山谷間鼓譟而前應時破散遂部伍東三郡彊者爲兵羸者補戶得精卒數萬人宿惡盪除所過肅清還屯蕪湖會稽太守淳于式表遜枉取民人愁擾所在遜後詣都言次稱式佳吏權曰式白君而君薦之何也遜對曰式意欲養民是以白遜若遜復毀式以亂聖聽不可長也權曰此誠長者之事顧人不能爲耳呂蒙稱疾詣建業遜往見之謂曰關羽接境如何遠下後不當可憂也蒙曰誠如來言然我病篤遜曰羽矜其驍氣陵轢於人始有大功意驕志逸但務北進未嫌於我有相聞病必益無備今出其不意自可禽制下見至尊宜好爲計蒙曰羽素勇猛既難爲敵且已據荊州恩信大行兼始有功膽勢益盛未易圖也蒙至都權問誰可代卿者蒙對曰陸遜意思深長才堪負重觀其規慮終可大任而未有遠名非羽所忌無復是過若用之當令外自韜隱內察形便然後可克權乃召遜拜偏將軍右部督代蒙遜至陸口書與羽曰前承觀釁而動以律行師小舉大克一何巍巍敵國敗績利在同盟聞慶拊節想遂席卷共獎王綱近以不敏受任來西延慕光塵思稟良規又曰于禁等見獲遐邇欣歎以爲將軍之勳足以長世雖昔晉文城濮之師淮陰拔趙之略蔑以尚茲聞徐晃等步騎駐旌闚望麾葆操猾虜也忿不思難恐潛增衆以逞其心雖云師老猶有驍悍且戰捷之後常苦輕敵古人杖術軍勝彌警願將軍廣爲方計以全獨克僕書生疏遲忝所不堪喜鄰威德樂自傾盡雖未合策猶可懷也儻明注仰有以察之羽覽遜書有謙下自託之意意大安無復所嫌遜具啓形狀陳其可禽之要權乃潛軍而上使遜與呂蒙爲前部至即克公安南郡遜徑進領宜都太守拜撫邊將軍封華亭侯備宜都太守樊友委郡走諸城長吏及蠻夷君長皆降遜請金銀銅印以假授初附是歲建安二十四年十一月也遜遣將軍李異謝旌等將三千人攻蜀將詹晏陳鳳異將水軍旌將步兵斷絕險要即破晏等生降得鳳又攻房陵太守鄧輔南鄉太守郭睦大破之秭歸大姓文布鄧凱等合夷兵數千人首尾西方遜復部旌討破布凱布凱脫走蜀以爲將遜令人誘之布帥衆還降前後斬獲招納凡數萬計權以遜爲右護軍鎮西將軍進封婁侯吳書曰權嘉遜功德欲殊顯之雖爲上將軍列侯猶欲令歷本州舉命乃使揚州牧呂範就辟別駕從事舉茂才時荊州士人新還仕進或未得所遜上疏曰昔漢高受命招延英異光武中興羣俊畢至苟可以熙隆道教者未必遠近今荊州始定人物未達臣愚慺慺乞普加覆載抽拔之恩令並獲自進然後四海延頸思歸大化權敬納其言黃武元年劉備率大衆來向西界權命遜爲大都督假節督朱然潘璋宋謙韓當徐盛鮮于丹孫桓等五萬人拒之備從巫峽建平連圍至夷陵界立數十屯以金錦爵賞誘動諸夷使將軍馮習爲大督張南爲前部輔匡趙融廖淳傅彤等各爲別督先遣吳班將數千人於平地立營欲以挑戰諸將皆欲擊之遜曰此必有譎且觀之吳書曰諸將並欲迎擊備遜以爲不可曰備舉軍東下銳氣始盛且乘高守險難可卒攻攻之縱下猶難盡克若有不利損我大勢非小故也今但且獎厲將士廣施方略以觀其變若此間是平原曠野當恐有顚沛交馳之憂今緣山行軍勢不得展自當罷於木石之間徐制其弊耳諸將不解以爲遜畏之各懷憤恨備知其計不可乃引伏兵八千從谷中出遜曰所以不聽諸君擊班者揣之必有巧故也遜上疏曰夷陵要害國之關限雖爲易得亦復易失失之非徒損一郡之地荊州可憂今日爭之當令必諧備干天常不守窟穴而敢自送臣雖不材憑奉威靈以順討逆破壞在近尋備前後行軍多敗少成推此論之不足爲戚臣初嫌之水陸俱進今反舍船就步處處結營察其布置必無他變伏願至尊高枕不以爲念也諸將並曰攻備當在初今乃令入五六百里相銜持經七八月其諸要害皆以固守擊之必無利矣遜曰備是猾虜更嘗事多其軍始集思慮精專未可干也今住已久不得我便兵疲意沮計不復生掎角此寇正在今日乃先攻一營不利諸將皆曰空殺兵耳遜曰吾已曉破之之術乃勑各持一把茅以火攻拔之一爾勢成通率諸軍同時俱攻斬張南馮習及胡王沙摩柯等首破其四十餘營備將杜路劉寧等窮逼請降備升馬鞍山陳兵自繞遜督促諸軍四面蹙之土崩瓦解死者萬數備因夜遁驛人自擔燒鐃鎧斷後僅得入白帝城其舟船器械水步軍資一時略盡尸骸漂流塞江而下備大慚恚曰吾乃爲遜所折辱豈非天邪初孫桓別討備前鋒於夷道爲備所圍求救於遜遜曰未可諸將曰孫安東公族見圍已困奈何不救遜曰安東得士衆心城牢糧足無可憂也待吾計展欲不救安東安東自解及才畧大施備果奔潰桓後見遜曰前實怨不見救定至今日乃知調度自有方耳當禦備時諸將軍或是孫策時舊將或公室貴戚各自矜恃不相聽從遜案劒曰劉備天下知名曹操所憚今在境界此彊對也諸君並荷國恩當相輯睦共翦此虜上報所受而不相順非所謂也僕雖書生受命主上國家所以屈諸君使相承望者以僕有尺寸可稱能忍辱負重故也各任其事豈復得辭軍令有常不可犯矣及至破備計多出遜諸將乃服權聞之曰君何以初不啓諸將違節度者邪遜對曰受恩深重任過其才又此諸將或任腹心或堪爪牙或是功臣皆國家所當與共克定大事者臣雖駑懦竊慕相如寇恂相下之義以濟國事權大笑稱善加拜遜輔國將軍領荊州牧即改封江陵侯又備既住白帝徐盛潘璋宋謙等各競表言備必可禽乞復攻之權以問遜遜與朱然駱統以爲曹丕大合士衆外託助國討備內實有姦心謹決計輒還無幾魏軍果出三方受敵也吳錄曰劉備聞魏軍大出書與遜云賊今已在江陵吾將復東將軍謂其能然不遜答曰但恐軍新破創痍未復始求通親且當自補未暇窮兵耳若不推算欲復以傾覆之餘遠送以來者無所逃命備尋病亡子禪襲位諸葛亮秉政與權連和時事所宜權輒令遜語亮并刻權印以置遜所權每與禪亮書常過示遜輕重可否有所不安便令改定以印封行之七年權使鄱陽太守周魴譎魏大司馬曹休休果舉衆入皖乃召遜假黃鉞爲大都督逆休陸機爲遜銘曰魏大司馬曹休侵我北鄙乃假公黃鉞統御六師及中軍禁衛而攝行王事主上執鞭百司屈膝吳錄曰假遜黃鉞吳王親執鞭以見之休既覺知恥見欺誘自恃兵馬精多遂交戰遜自爲中部令朱桓全琮爲左右翼三道俱進果衝休伏兵因驅走之追亡逐北徑至夾石斬獲萬餘牛馬騾驢車乘萬兩軍資器械略盡休還疽發背死諸軍振旅過武昌權令左右以御蓋覆遜入出殿門凡所賜遜皆御物上珍於時莫與爲比遣還西陵黃龍元年拜上大將軍右都護是歲權東巡建業留太子皇子及尚書九官徵遜輔太子并掌荊州及豫章三郡事董督軍國時建昌侯慮於堂前作鬭鴨欄頗施小巧遜正色曰君侯宜勤覽經典以自新益用此何爲慮即時毀徹之射聲校尉松於公子中最親戲兵不整遜對之髡其職吏南陽謝景善劉廙先刑後禮之論遜呵景曰禮之長於刑久矣廙以細辯而詭先聖之教皆非也君今侍東宮宜遵仁義以彰德音若彼之談不須講也遜雖身在外乃心於國上疏陳時事曰臣以爲科法嚴峻下犯者多頃年以來將吏罹罪雖不慎可責然天下未一當圖進取小宜恩貸以安下情且世務日興良能爲先自不姦穢入身難忍之過乞復顯用展其力效此乃聖王忘過記功以成王業昔漢高舍陳平之愆用其奇略終建勳祚功垂千載夫峻法嚴刑非帝王之隆業有罰無恕非懷遠之弘規也權欲遣偏師取夷州及珠崖皆以諮遜遜上疏曰臣愚以爲四海未定當須民力以濟時務今兵興歷年見衆損減陛下憂勞聖慮忘寢與食將遠規夷州以定大事臣反覆思惟未見其利萬里襲取風波難

測民易水土必致疾疫今驅見衆經涉不毛欲益更損欲利反害又珠崖絕險民猶禽獸得其民不足濟事無其兵不足虧衆今江東見衆自足圖事但當畜力而後動耳昔桓王創基兵不一旅而開大業陛下承運拓定江表臣聞治亂討逆須兵爲威農桑衣食民之本業而干戈未戢民有饑寒臣愚以爲宜育養士民寬其租賦衆克在和義以勸勇則河渭可平九有一統矣權遂征夷州得不補失及公孫淵背盟權欲往征遜上疏曰淵憑險恃固拘留大使名馬不獻實可讎忿蠻夷猾夏未染王化鳥竄荒裔拒逆王師至令陛下爰赫斯怒欲勞萬乘汎輕越海不慮其危而涉不測方今天下雲擾羣雄虎爭英豪踊躍張聲大視陛下以神武之姿誕膺期運破操烏林敗備西陵禽羽荊州斯三虜者當世雄傑皆摧其鋒聖化所綏萬里草偃方蕩平華夏總一大猷今不忍小忿而發雷霆之怒違垂堂之戒輕萬乘之重此臣之所惑也臣聞志行萬里者不中道而輟足圖四海者匪懷細以害大彊寇在境荒服未庭陛下乘桴遠征必致闚𨵦感至而憂悔之無及若使大事時捷則淵不討自服今乃遠惜遼東衆之與馬奈何獨欲捐江東萬安之本業而不惜乎乞息六師以威大虜早定中夏垂曜將來權用納焉嘉禾五年權北征使遜與諸葛瑾攻襄陽遜遣親人韓扁齎表奉報還遇敵於沔中鈔邏得扁瑾聞之甚懼書與遜云大駕已旋賊得韓扁具知吾闊狹且水乾宜當急去遜未答方催人種葑豆與諸將弈棋射戲如常瑾曰伯言多智略其當有以自來見遜遜曰賊知大駕以旋無所復慼得專力於吾又已守要害之處兵將意動且當自定以安之施設變術然後出耳今便示退賊當謂吾怖仍來相蹙必敗之勢也乃密與瑾立計令瑾督舟船遜悉上兵馬以向襄陽城敵素憚遜遽還赴城瑾便引船出遜徐整部伍張拓聲勢步趨船敵不敢干軍到白圍託言住獵潛遣將軍周峻張梁等擊江夏新市安陸石陽石陽市盛峻等奄至人皆捐物入城城門噎不得關敵乃自斫殺己民然後得閩斬首獲生凡千餘人（臣松之以爲遜慮孫權已退魏得專力於己既能張拓形勢使敵不敢犯方舟順流無復怵惕矣何爲復潛遣諸將奄襲小縣致令市人駭奔自相傷害俘馘千人未足損魏徒使無事之民橫罹荼酷與諸葛渭濱之師何其殊哉用兵之道既違失律之凶宜應其祚無三世及孫而滅豈此之餘殃哉）其所生得皆加營護不令兵士干擾侵侮將家屬來者使就料視若亡其妻子者即給衣糧厚加慰勞發遣令還或有感慕相攜而歸者鄰境懷之（臣松之以爲此無異殘林覆巢而全其遺鷇曲惠小仁何補大虐）江夏功曹趙濯弋陽備將裴生及夷王梅頤等並帥支黨來附遜遜傾財帛周贍經恤

又魏江夏太守逯式（逯音錄）兼領兵馬頗作邊害而與北舊將文聘子休宿不協遜聞其然即假作答式書云得報懇惻知與休久結嫌隙勢不兩存欲來歸附輒以密呈來書表聞撰衆相迎宜潛速嚴更示定期以書置界上式兵得書以見式式惶懼遂自送妻子還洛由是吏士不復親附遂以免罷（臣松之以爲邊將爲害蓋其常事使遜式得罪代者亦復如之自非狡焉思肆將成大患何足虧損雅慮尚爲小詐哉以斯爲美又所不取）六年中郎將周祗乞於鄱陽召募事下問遜遜以爲此郡民易動難安不可與召恐致賊寇而祗固陳取之郡民吳遽等果作賊殺祗攻沒諸縣豫章廬陵宿惡民並應遽爲寇遜自聞輒討即破遽等相率降遜料得精兵八千餘人三郡平時中書典校呂壹竊弄權柄擅作威福遜與太常潘濬同心憂之言至流涕後權誅壹深以自責語在權傳時謝淵謝厷等各陳便宜欲興利改作（會稽典錄曰謝淵字休德少修德操躬秉耒耜既無慼容又不易慮由是知名舉孝廉稍遷至建武將軍雖在戎旅猶垂意人物駱統子名秀破門庭之謗衆論狐疑莫能證明淵聞之歎息曰公緒早夭同盟所哀聞其子志行明辯而被闇昧之謗望諸夫子烈然高斷而各懷遲疑非所望也秀卒見明無復瑕玷終爲顯士淵之力也吳歷稱云謝厷才辯有計術）以事下遜遜議曰國以民爲本彊由民力財由民出夫民殷國弱民瘠國彊者未之有也故爲國者得民則治失之則亂若不受利而令盡用立效亦爲難也是以詩歎宜民宜人受祿于天乞垂聖恩寧濟百姓數年之間國用少豐然後更圖赤烏七年代顧雍爲丞相詔曰朕以不德應期踐運王塗未一姦宄充路夙夜戰懼不遑鑒寐惟君天資聰叡明德顯融統任上將匡國弭難夫有超世之功者必膺光大之寵懷文武之才者必荷社稷之重昔伊尹隆湯呂尚翼周內外之任君實兼之今以君爲丞相使使持節守太常傅常授印綬君其茂昭明德脩乃懿績敬服王命綏靖四方於乎總司三事以訓羣寮可不敬與君其勗之其州牧都護領武昌事如故先是二宮並闕中外職司多遣子弟給侍全琮報遜遜以爲子弟苟有才不憂不用不宜私出以要榮利若其不佳終爲取禍且聞二宮勢敵必有彼此此古人之厚忌也琮子寄果阿附魯王輕爲交構遜書與琮曰卿不師日磾而宿留阿寄終爲足下門戶致禍矣琮既不納更以致隙及太子有不安之議遜上疏陳太子正統宜有盤石之固魯王藩臣當使寵秩有差彼此得所上下獲安謹叩頭流血以聞書三四上及求詣都欲口論適庶之分以匡得失既不聽許而遜外生顧譚顧承姚信並以親附太子枉見流徙太子太傅吾粲坐數與遜交書下獄死權累遣中使責讓遜遜憤恚致卒時年六十三家無餘財初暨豔造營府之論遜諫戒之以爲必禍又謂諸葛恪曰在我前者吾必奉之同升在我下者則扶持之今觀君氣陵其上意蔑乎下非安德之基也又廣陵楊竺少獲聲名而遜謂之終敗勸竺兄穆令與別族其先覩如此長子延早夭次子抗襲爵孫休時追謚遜曰昭侯

抗字幼節孫策外孫也遜卒時年二十拜建武校尉領遜衆五千人送葬東還詣都謝恩孫權以楊竺所白遜二十事問抗禁絕賓客中使臨詰抗無所顧問事事條答權意漸解赤烏九年遷立節中郎將與諸葛恪換屯柴桑抗臨去皆更繕完城圍葺其牆屋居廬桑果不得妄敗恪入屯儼然若新而恪柴桑故屯頗有毀壞深以爲慙太元元年就都治病病差當還權涕泣與別謂曰吾前聽用讒言與汝父大義不篤以此負汝前後所問一焚滅之莫令人見也建興元年拜奮威將軍太平二年魏將諸葛誕舉壽春降拜抗爲柴桑督赴壽春破魏牙門將偏將軍遷征北將軍永安二年拜鎮軍將軍都督西陵自關羽至白帝三年假節孫晧即位加鎮軍大將軍領益州牧建衡二年大司馬施績卒拜抗都督信陵西陵夷道樂鄉公安諸軍事治樂鄉抗聞都下政令多闕憂深慮遠乃上疏曰臣聞德均則衆者勝寡力侔則安者制危蓋六國所以兼并於彊秦西楚所以北面於漢高也今敵跨制九服非徒關右之地割據九州豈但鴻溝以西而已國家外無連國之援內非西楚之彊庶政陵遲黎民未乂而議者所恃徒以長川峻山限帶封域此乃守國之末事非智者之所先也臣每遠惟戰國存亡之符近覽劉氏傾覆之釁考之典籍驗之行事中夜撫枕臨餐忘食昔匈奴未滅去病辭館漢道未純賈生哀泣況臣王室之出世荷光寵身名否泰與國同感死生契闊義無苟且夙夜憂怛念至情慘夫事君之義犯而勿欺人臣之節匪躬是殉謹陳時宜十七條如左十七條失本故不載時何定弄權閹官預政抗上疏曰臣聞開國承家小人勿用靖譖庸回唐書攸戒是以雅人所以怨刺仲尼所以歎息也春秋已來爰及秦漢傾覆之釁未有不由斯者也小人不明理道所見既淺雖使竭情盡節猶不足任況其姦心素篤而憎愛移易哉苟患失之無所不至今委以聰明之任假以專制之威而冀雍熙之聲作肅清之化立不可得也方今見吏殊才雖少然或冠冕之胄少漸道教或清苦自立資能足用自可隨才授職抑黜羣小然後俗化可清庶政無穢也鳳皇元年西陵督步闡據城以叛遣使降晉抗聞之日部分諸軍令將軍左奕吾彥蔡貢等徑赴西陵敕軍營更築嚴圍自赤谿至故市內以圍闡外以禦寇晝夜催切如敵以至衆甚苦之諸將咸諫曰今及三軍之銳亟以攻闡比晉救至闡必可拔何事於圍而以弊士民之力乎抗曰此城處勢既固糧穀又足且所繕脩備禦之具皆抗所宿規今反身攻之既非可卒克且北救必至至而無備表裏受難何以禦之諸將咸欲攻闡抗每不許宜都太守雷譚言至懇切抗欲服衆聽令一攻攻果無利圍備始合晉車騎將軍羊祜率師向江陵諸將咸以抗不宜上抗曰江陵城固兵足無所憂患假令敵沒江陵必不能守所損者小如使西陵槃結則南山羣夷皆當擾動則所憂慮難可而言也吾寧棄江陵而赴西陵況江陵牢固乎初江陵平衍道路通利抗敕江陵督張咸作大堰遏水漸漬平中以絕寇叛祜欲因所遏水浮船運糧揚聲將破堰以通步軍抗聞使咸亟破之諸將皆惑屢諫不聽祜至當陽聞堰敗乃改船以車運大費損功力晉巴東監軍徐胤率水軍詣建平荊州刺史楊肇至西陵抗令張咸固守其城公安督孫遵巡南岸禦祜水軍督留慮鎮西將軍朱琬拒胤身率三軍憑圍對肇將軍朱喬營都督俞贊亡詣肇抗曰贊軍中舊吏知吾虛實者吾常慮夷兵素不簡練若敵攻圍必先此處即夜易夷民皆以舊將充之明日肇果攻故夷兵處抗命旋軍擊之矢石雨下肇衆傷死者相屬肇至經月計屈夜遁抗欲追之而慮闡畜力項領伺視間隙兵不足分於是但鳴鼓戒衆若將追者肇衆兇懼悉解甲挺走抗使輕兵躡之肇大破敗祜等皆引軍還抗遂陷西陵城誅夷闡族及其大將吏自此以下所請赦者數萬口修治城圍東還樂鄉貌無矜色謙沖如常故得將士歡心（晉陽秋曰抗與羊祜推僑札之好抗嘗遺祜酒祜飲之不疑抗有疾祜饋之藥抗亦推心服之于時以爲華元子反復見於今漢晉春秋曰羊祜既歸增修德信以懷吳人陸抗每告其邊戍曰彼專爲德我專爲暴是不戰而自服也各保分界無求細益而已於是吳晉之間餘糧棲畝而不犯牛馬逸而入境可宣告而取也沔上獵吳獲晉人先傷者皆送而相還抗嘗疾求藥於祜祜以成合與之曰此上藥也近始自作未及服以君疾急故相致抗得而服之諸將或諫抗不答孫晧聞二境交和以詰於抗抗曰夫一邑一鄉不可以無信義之人而況大國乎臣不如是正足以彰其德耳於祜無傷也或以祜抗爲失臣節兩譏之習鑿齒曰夫理勝者天下之所保信順者萬人之所宗雖大猷既喪義聲久淪狙詐馳於當塗權略周乎急務負力從橫之人臧獲牧豎之智未有不憑此以創功捨茲而獨立者也是故晉文退舍而原城請命穆子圍鼓訓之以力冷夫獻策而費人斯歸樂毅緩攻而風烈長流觀其所以服物制勝者豈徒威力相詐而已哉自今三家鼎足四十有餘年矣吳人不能越淮沔而進取中國中國不能陵長江以爭利者力均而智侔道不足以相傾也夫

殘彼而利我未若利我而無殘振武以懼物未若德廣而民懷匹夫猶不可以力服而況一國乎力服猶不如以德來而況不制乎是以羊祜恢大同之略思五兵之則齊其民人均其施澤振義網以羅彊吳明兼愛以革暴俗易生民之視聽驅不戰乎江表故能德音悅暢而襁負雲集殊鄰異域義讓交弘自吳之遇敵未有若此者也抗見國小主暴而晉德彌昌人積兼己之善而已無固本之規百姓懷嚴敵之德闔境有棄主之慮思所以鎮定民心緝寧外內奮其危弱抗權上國者莫若親行斯道以倖其勝使彼德靡加吾而此善流聞歸重邦國弘明遠風折衝於枕席之上校勝於帷幄之內傾敵而不以甲兵之力保國而不浚溝池之固信義感於寇讎丹懷體於先日豈設狙詐以危賢徇己身之私名貪外物之重我闇服之而不備者哉由是論之苟守局而保彊一卒之所能協數以相危小人之近事積詐以防物藏獲之餘慮威勝以求安明哲之所賤賢人君子所以拯世垂範舍此而取彼者其道良弘故也

加拜都護聞武昌左部督薛瑩徵下獄抗上疏曰夫俊乂者國家之良寶社稷之貴資庶政所以倫敘四門所以穆清也故大司農樓玄散騎中常侍王蕃少府李勗皆當世秀穎一時顯器既蒙初寵從容列位而並旋受誅殛或圮族替祀或投棄荒裔蓋周禮有赦賢之辟春秋有宥善之義書曰與其殺不辜寧失不經而蕃等罪名未定大辟以加心經忠義身被極刑豈不痛哉且已死之刑固無所識至乃焚爍流漂棄之水濱懼非先王之正典或甫侯之所戒也是以百姓哀聳士民同戚蕃勗永已悔亦靡及誠望陛下赦召玄出而頃聞薛瑩卒見逮錄瑩父綜納言先帝傅弼文皇及瑩承基內厲名行今之所坐罪在可宥臣懼有司未詳其事如復誅戮益失民望乞垂天恩原赦瑩罪哀矜庶獄清澄刑網則天下幸甚時師旅仍動百姓疲弊抗上疏曰臣聞易貴隨時傳美觀釁故有夏多罪而殷湯用師紂作淫虐而周武授鉞苟無其時玉臺有憂傷之慮孟津有反旆之軍今不務富國强兵力農畜穀使文武之才效展其用百揆之署無曠厥職明黜陟以厲庶尹審刑罰以示勸沮訓諸司以德而撫百姓以仁然後順天乘運席卷宇內而聽諸將徇名窮兵黷武動費萬計士卒彫瘁寇不爲衰而我已大病矣今爭帝王之資而昧十百之利此人臣之姦便非國家之良策也昔齊魯三戰魯人再克而亡不旋踵何則大小之勢異也況今師所克獲不補所喪哉且阻兵無衆古之明鑒誠宜暫息進取小規以畜士民之力觀釁伺隙庶無悔吝二年春就拜大司馬荊州牧三年夏疾病上疏曰西陵建平國之蕃表既處下流受敵二境若敵泛舟順流舳艫千里星奔電邁俄然行至非可恃援他部以救倒縣也此乃社稷安危之機非徒封疆侵陵小害也臣父遜昔在西垂陳言以爲西陵國之西門雖云易守亦復易失若有不守非但失一郡則荊州非吳有也如其有虞當傾國爭之臣往在西陵得涉遜迹前乞精兵三萬而至者循常未肯差赴自步闡以後益更損耗今臣所統千里受敵四處外禦彊對內懷百蠻而上下見兵財有數萬羸弊日久難以待變臣愚以爲諸王幼沖未統國事可且立傅相輔導賢姿無用兵馬以防要務又黃門豎官開立占募兵民怨役逋逃入占乞特詔簡閱一切料出以補疆埸受敵常處使臣所部足滿八萬省息衆務信其賞罰雖韓白復生無所展巧若兵不增此制不改而欲克諧大事此臣之所深慼也若臣死之後乞以西方爲屬願陛下思覽臣言則臣死且不朽秋遂卒子晏嗣晏及弟景玄機雲分領抗兵晏爲裨將軍夷道監天紀四年晉軍伐吳龍驤將軍王濬順流東下所至輒克終如抗慮景字士仁以尚公主拜騎都尉封毗陵侯既領抗兵拜偏將軍中夏督澡身好學著書數十篇也文士傳曰陸景母張承女諸葛恪外生恪誅景母坐見黜景少爲祖母所育養及祖母亡景爲之心喪三年二月壬戌晏爲王濬別軍所殺癸亥景亦遇害時年三十一景妻孫晧適妹與景俱張承外孫也景弟機字士衡雲字士龍機雲別傳曰晉太康末俱入洛造司空張華華一見而奇之曰伐吳之役利在獲二俊遂爲之延譽薦之諸公太傅楊駿辟機爲祭酒轉太子洗馬尚書著作郎雲爲吳王郎中令出宰浚儀甚有惠政吏民懷之生爲立祠後並歷顯位機天才綺練文藻之美獨冠於時雲亦善屬文清新不及機而口辯持論過之于時朝廷多故機雲並自結於成都王穎穎用機爲平原相雲清河內史尋轉雲右司馬甚見委仗無幾而與長沙王搆隙遂舉兵攻洛以機行後將軍督王粹牽秀等諸軍二十萬士龍著南征賦以美其事機吳人羇旅單宦頓居羣士之右多不厭服機屢戰失利死散過半初宦人孟玖頗所嬖幸乘寵豫權雲數言其短穎不能納玖又從而毀之是役也玖弟超亦領衆配機不奉軍令機繩之以法超宣言曰陸機將反及牽秀等譖機於穎以爲持兩端玖又搆之於內穎信之遣收機并收雲及弟耽並伏法機兄弟既江南之秀亦著名諸夏並以無罪夷滅天下痛惜之機文章爲世所重雲所著亦傳於世初抗之克步闡也誅及嬰孩識道者尤之曰後世必受其殃及機之誅三族無遺孫惠與朱誕書曰馬援擇君凡人所聞不意三陸相攜暴朝殺身傷名可爲悼歎事亦並在晉書

評曰劉備天下稱雄一世所憚陸遜春秋方壯威名未著摧而克之罔不如志予既奇遜之謀畧又歎權之識才所以濟大事也及遜忠誠懇至憂國亡身庶幾社稷之臣矣抗貞亮籌幹咸有父風奕世載美具體而微可謂克構者哉

吳志卷十三考證

陸遜得務北進未嫌於我○得務北宋本作但務

移歸大姓艾布鄧凱等○艾布毛本作文布

此必有譎且觀之注若此間是平原曠野當恐有顛沛交馳之憂○顛太平御覽作猋

備知其計不可○不可太平御覽作不行

及才略大施備果奔潰○才略宋本作方略

魏軍果出三方受敵也注若不推算○推算宋本作惟算

權使鄱陽太守孫魴譎魏大司馬曹休○臣明楷按孫魴疑當作周魴周魴爲鄱陽太守齎牋七條以誘曹休事詳周魴傳

自不姦穢入身難忍之過乞復顯用展其力效○自不元本作自非

夙夜戰懼不遑鑒寐○鑒寐元本作假寐

陸抗故得將士歡心注協數以相危○協數北宋本作挾數

審刑罰以示勸沮○刑罰北宋本作刑賞

吳志卷十四

晉 著作郎巴西中正安漢陳 壽撰

宋太中大夫國子博士聞喜裴松之注

孫登 孫慮 孫和 孫霸 孫奮

孫登字子高權長子也魏黃初二年以權爲吳王拜登東中郎將封萬戶侯登辭侯不受是歲立登爲太子選置師傅銓簡秀士以爲賓友於是諸葛恪張休顧譚陳表等以選入侍講詩書出從騎射權欲登讀漢書習知近代之事以張昭有師法重煩勞之乃令休從昭受讀還以授登登待接寮屬畧用布衣之禮與恪休譚等或同輿而載或共帳而寐太傅張溫言於權曰夫中庶子官最親密切問近對宜用雋德於是乃用表等爲中庶子後又以庶子禮拘復令整巾侍坐黃龍元年權稱尊號立爲皇太子以恪爲左輔休右弼譚爲輔正表爲翼正都尉是爲四友而謝景范慎刁玄羊衜等衜音道皆爲賓客於是東宮號爲多士吳錄曰慎字孝敬廣陵人竭忠知己之君纏綿三益之友時人榮之著論二十篇名曰矯非後爲侍中出補武昌左部督治軍整頓孫晧移都甚憚之詔曰慎勳德俱茂朕所敬憑宜登上公以副衆望以爲太尉慎自恨久爲將遂託老耄軍士戀之舉營爲之隕涕鳳皇三年卒子耀嗣玄丹陽人衜南陽人吳書曰衜初爲中庶子年二十時廷尉監隱蕃交結豪傑自衛將軍全琮等皆傾心敬待惟衜及宣詔郎豫章楊迪拒絕不與通時人咸怪之而蕃後叛逆衆乃服之江表傳曰登使侍中胡綜作賓友目曰英才卓越超踰倫匹則諸葛恪精識時機達幽究微則顧譚凝辯宏達言能釋結則謝景究學甄微游夏同科則范慎衜乃私駮綜曰元遜才而疏子嘿精而狠叔發辯而浮孝敬深而狹所言皆有指趣而衜卒以此言見咎不爲恪等所親後四人皆敗吳人謂衜之言有徵位至桂陽太守卒權遷都建業徵上大將軍陸遜輔登鎮武昌領宮府留事登或射獵當由徑道常遠避良田不踐苗稼至所頓息又擇空閑之地其不欲煩民如此嘗乘馬出有彈丸過左右求之有一人操彈佩丸咸以爲是辭對不服從者欲捶之登不聽使求過丸比之非類乃見釋又失盛水金馬盂覺得其主左右所爲不忍致罰呼責數之長遣歸家敕親近勿言後弟慮卒權爲之降損登晝夜兼行到賴鄉自聞即時召見見權悲泣因諫曰慮寢疾不起此乃命也方今朔土未一四海喁喁天戴陛下而以下流之念減損太官殽饌過於禮制臣竊憂惶權納其言爲之加膳住十餘日欲遣西還深自陳乞以久離定省子道有闕又陳陸遜忠勤無所顧憂權遂留焉嘉禾三年權征新城使登居守總知留事時年穀不豐頗有盜賊乃表定科令所以防禦甚得止姦之要初登所生庶賤徐夫人少有母養之恩後徐氏以妒廢處吳而步夫人最寵步氏有賜登不敢辭拜受而已徐氏使至所賜衣服必沐浴服之登將拜太子辭曰本立而道生欲立太子宜先立后權曰卿母安在對曰在吳權默然吳書曰弟和有寵於權登親敬待之如兄常有欲讓之心立凡二十一年年三十三卒臨終上疏曰臣以無狀嬰抱篤疾自省微劣懼卒隕斃臣不自惜念當委離供養埋胔后土長不復奉望宮省朝覲日月生無益於國死貽陛下重感以此爲哽結耳臣聞死生有命長短自天周晉顏回有上智之才而尚夭折況臣愚陋年過其壽生爲國嗣沒享榮祚於臣已多亦何悲恨哉方今大事未定逋寇未討萬國喁喁係命陛下危者望安亂者仰治願陛下棄忘臣身割下流之恩修黃老之術篤養神光加羞珍膳廣開神明之慮以定無窮之業則率土幸賴臣死無恨也皇子和仁孝聰哲德行清茂宜早建置以繫民望諸葛恪才畧博達器任佐時張休顧譚謝景皆通敏有識斷入宜委腹心出可爲爪牙范慎華融矯矯壯節有國士之風羊衜辯捷有專對之材刁玄優弘志履道真裴欽博記翰采足用蔣脩虞翻志節分明凡此諸臣或宜廊廟或任將帥皆練時事明習法令守信固義有不可奪之志此皆陛下日月所照選置臣宮得與從事備知情素敢以陳聞臣重惟當今方外多虞師旅未休當厲六軍以圖進取軍以人爲衆衆以財爲寶竊聞郡縣頗有荒殘民物凋弊姦亂萌生

是以法令繁滋刑辟重切臣聞爲政聽民律令與時推移誠宜與將相大臣詳擇時宜博采衆議寬刑輕賦均息力役以順民望陸遜忠勤於時出身憂國謇謇在公有匪躬之節諸葛瑾步騭朱然全琮朱據呂岱吾粲闞澤嚴畯張承孫怡忠於爲國通達治體可令陳上便宜蠲除苛煩愛養士馬撫循百姓五年之外十年之內遠者歸復近者盡力兵不血刃而大事可定也臣聞鳥之將死其鳴也哀人之將死其言也善故子囊臨終遺言戒時君子以爲忠豈況臣登其能已乎願陛下留意聽采臣雖死之日猶生之年也既絕而後書聞權益以摧感言則隕涕是歲赤烏四年也謝景時爲豫章太守不勝哀情棄官奔赴拜表自劾權曰君與太子從事異於他吏使中使慰勞聽復本職發遣還郡謚登曰宣太子吳書曰初葬句容置園邑奉守如法後三年改葬蔣陵子璠希皆早卒次子英封吳侯五鳳元年英以大將軍孫峻擅權謀誅峻事覺自殺國除吳歷曰孫和以無罪見殺衆庶皆懷憤歎前司馬桓慮因此招合將吏欲共殺峻立英事覺皆見殺英實不知謝景者字叔發南陽宛人在郡有治迹吏民稱之以爲前有顧劭其次即景數年卒官

孫慮字子智登弟也少敏惠有才藝權器愛之黃武七年封建昌侯後二年丞相雍等奏慮性聰體達所尚日新北方近漢宜進爵稱王權未許久之尚書僕射存上疏曰帝王之興莫不褒崇至親以光羣后故魯衞於周寵冠諸侯高帝五王封列于漢所以藩屏本朝爲國鎮衞建昌侯慮稟性聰敏才兼文武於古典制宜正名號陛下謙光未肯如舊羣寮大小咸用於邑方今奸宄恣睢金鼓未弭腹心爪牙惟親與賢輒與丞相雍等議咸以慮宜爲鎮軍大將軍授任偏方以光大業權乃許之於是假節開府治半州吳書載權詔曰期運擾亂凶邪肆虐威罰有序干戈不戢以慮氣志休懿武畧夙昭必能爲國佐定大業故授以上將之位顯以殊特之榮寵以兵馬之勞委以偏方之任外欲威振敵虜厭難萬里內欲鎮撫遠近慰卹將士誠慮建功立事竭命之秋也慮其內修文德外經武訓持盈若冲則滿而不溢敬慎乃心無忝所受慮以皇子之尊富於春秋遠近嫌其不能留意及至臨事遵奉法度敬納師友過於衆望年二十嘉禾元年卒無子國除

孫和字子孝慮弟也少以母王有寵見愛年十四爲置宮衞使中書令闞澤教以書藝好學下士甚見稱述赤烏五年立爲太子時年十九闞澤爲太傅薛綜爲少傅而蔡穎張純封俌嚴維等皆從容侍從吳書曰和少岐嶷有智意故權尤愛幸常在左右衣服禮秩雕玩珍異之賜諸子莫得比焉好文學善騎射承師涉學精識聰敏尊敬師傅愛好人物穎等每朝見進賀和常降意歡以待之講校經義綜察是非及訪諮朝臣考績行能以知優劣各有條貫後諸葛壹偽叛以誘魏將諸葛誕權潛軍待之和以權暴露外次又戰者凶事常憂勞憯怛不復會同飲食數上諫戒令持重務在全勝權還然後敢安張純字元基敦之子吳錄曰純少厲操行學博才秀切問捷對容止可觀拜郎中補廣德令治有異績擢爲太子輔義都尉是時有司頗以條書問事和以爲奸妄之人將因事錯意以生禍心不可長也表宜絕之又都督劉寶白庶子丁晏晏亦白寶和謂晏曰文武在事當能幾人因隙構薄圖相危害豈有福哉遂兩釋之使之從厚常言當世士人宜講脩術學校習射御以周世務而但交游博奕以妨事業非進取之謂後羣寮侍宴言及博弈以爲妨事費日而無益於用勞精損思而終無所成非所以進德修業積累功緒者也且志士愛日惜力君子慕其大者高山景行耻非其次夫以天地長久而人居其間有白駒過隙之喻年齒一暮榮華不再凡所患者其於人情所不能絕誠能絕無益之欲以奉德義之塗棄不急之務以修功業之基其於名行豈不善哉夫人情猶不能無嬉娛嬉娛之好亦在於飲宴琴書射御之間何必博弈然後爲歡乃命侍坐者八人各著論以矯之於是中庶子韋曜退而論奏和以示賓客時蔡穎好弈直事在署者頗斆焉故以此諷之是後王夫人與全公主有隙權嘗寢疾和祠祭於廟和妃叔父張休居近廟邀和過所居全公主使人覘視因言太子不在廟中專就妃家計議又言王夫人見上寢疾有喜色權由是發怒夫人憂死而和寵稍損懼於廢黜魯王霸覬覦滋甚陸遜吾粲顧譚等數陳適庶之義理不可奪全寄楊竺爲魯王霸支黨譖愬日興粲遂下獄誅譚徙交州權沈吟者歷年殷基通語曰初權既立和爲太子而封霸爲魯王初拜猶同宮室禮秩未分羣公之議以爲太子國王上下有序禮秩宜異於是分宮別僚而隙端開矣自侍御賓客造爲二端仇黨疑貳滋延大臣丞相陸遜大將軍諸葛恪太常顧譚驃騎將軍朱據會稽太守滕胤大都督施績尚書丁密等奉禮而行宗事太子驃騎將軍步騭鎮南將軍呂岱大司馬全琮左將軍呂據中書令孫弘等附魯王中外官僚將軍大臣舉國中分權患之謂侍中孫峻曰子弟不睦臣下分部將有袁氏之敗爲天下笑一人立者安得不亂於是有改嗣之規矣臣松之以爲袁紹劉表謂尚琮爲賢本有傳後之意異於孫權既以立和而復寵霸坐生亂階自構家禍方之袁劉昏悖甚矣步騭以德度著稱爲吳良臣而阿附於霸事同楊竺何其和既正位適庶分定就使才德不殊猶將義不黨庶況霸實無聞而和爲令嗣乎夫邪僻之人豈其舉體無善但一爲不善衆美皆亡耳騭若果有此事則其餘不足觀矣呂岱全琮之徒蓋所不足論耳後遂幽閉和於是驃騎將軍朱據尚書僕射屈晃率諸將吏泥頭自縛連日詣闕請和權登白爵觀見甚惡之勅據晃等無事忩忩權欲廢和立亮無難督陳正五營督陳象上書稱引晉獻公殺申生立奚齊晉國擾亂又據晃固諫不止權大怒族誅正象據晃牽入殿杖一百吳歷曰晃入口諫曰太子仁明顯聞四海今三方鼎跱實不宜搖動太子以生衆心願陛下少垂聖慮老臣雖死猶生之年叩頭流血辭氣不撓權不納晃言斥還田里孫晧即位詔曰故僕射屈晃志匡社稷忠諫亡身封晃子緒爲東陽亭侯弟幹恭爲立義都尉緒後亦至尚書僕射晃汝南人見胡冲答問吳書曰張純亦盡言極諫權幽之遂棄市竟徙和於故鄣羣司坐諫誅放者十數衆咸寃之吳書曰權寢疾意頗感寤欲徵和還立之全公主及孫峻孫弘等固爭之乃止太元二年正月封和爲南陽王遣之長沙吳書曰和之長沙行過蕪湖有鵲巢于帆檣故官寮聞之皆憂慘以爲檣末傾危非久安之象或言鵲巢之詩有積行累功以致爵位之言今王至德茂行復授國土儻神靈以此告寤人意乎四月權薨諸葛恪秉政恪即和妃張之舅也妃使黃門陳遷之建業上疏中宮幷致問於恪臨去恪謂遷曰爲我達妃期當使勝他人此言頗泄又恪有徙都意使治武昌宮民間或言欲迎和及恪被誅孫峻因此奪和璽綬徙新都又遣使者賜死和與妃張辭別張曰吉凶當相隨終不獨生活也亦自殺舉邦傷焉

孫休立封和子晧爲烏程侯自新都之本國休薨晧即阼其年追謚父和曰文皇帝改葬明陵置園邑二百家令丞奉守後年正月又分吳郡丹陽九縣爲吳興郡治烏程置太守四時奉祠有司奏言宜立廟京邑寶鼎二年七月使守大匠薛珝營立寢堂號曰清廟十二月遣守丞相孟仁太常姚信等備官僚中軍步騎二千人以靈輿法駕東迎神於明陵晧引見仁親拜送於庭吳書曰比仁還中使手詔日夜相繼奉問神靈起居動止巫覡言見和被服顏色如平生日晧悲喜涕淚悉召公卿尚書詣闕門下受賜靈輿當至使丞相陸凱奉三牲祭於近郊晧於金城外露宿明日望拜於東門之外其翌日拜廟薦祭歔欷悲感比七日三祭倡技晝夜娛樂有司奏言祭不欲數數則黷宜以禮斷情然後止吳歷曰和四子晧德謙俊孫休即位封德錢塘侯謙永安侯俊拜騎都尉晧在武昌吳興施但因民之不堪命聚萬餘人劫謙將至秣陵欲立之未至三十里住擇吉日但遣使以謙命詔丁固諸葛靚靚即斬其使但遂前到九里固靚出擊大破之但兵裸身無鎧甲臨陣皆披散謙獨坐車中遂生獲之固不敢殺以狀告晧晧酖之母子皆死俊張承外孫聰明辯惠爲遠近所稱晧又殺之

孫霸字子威和同母弟也和爲太子霸爲魯王寵愛崇特與和無殊頃之和霸不穆之聲聞於權耳權禁斷往來假以精學督軍使者羊衜上疏曰臣聞古之有天下者皆先顯別適庶封建子弟所以尊重祖宗爲國藩表也二宮拜授海內稱宜斯乃大吳興隆之基頃聞二宮並絕賓客遠近悚然大小失望竊從下風聽採衆論咸謂二宮智達英茂自正名建號於今三年德行內著美稱外昭西北二隅久所服聞謂陛下當副順遐邇所以歸德勤命二宮賓延四遠使異國聞聲思爲臣妾今既未垂意於此而發明詔省奪備衞抑絕賓客使四方禮敬不復得通雖實陛下敦尚古義欲令二宮專志於學不復顧慮觀聽小宜期於溫故博物而已然非臣下傾企喁喁之至願也或謂二宮不遵典式此臣所以寢息不寧就如所嫌猶宜補察密加斟酌不使遠近得容異言臣懼積疑成謗久將宣流而西北二隅去國不遠異同之語易以聞達聞達之日聲論當興將謂二宮有不順之愆不審陛下何以解之若無以解異國則亦無以釋境內境內守疑異國興謗非所以育巍巍鎮社稷也願陛下早發優詔使二宮周旋禮命如初則天清地晏萬國幸甚矣時全寄吳安孫奇楊竺等陰共附霸圖危太子譖毀既行太子以敗霸亦賜死流竺屍于江兄穆以數諫戒竺得免大辟猶徙南州霸賜死後又誅寄安奇等咸以黨霸構和故也霸二子基壹五鳳中封基爲吳侯壹宛陵侯基侍孫亮在內太平二年盜乘御馬收付獄亮問侍中刁玄曰盜乘御馬罪云何玄對曰科應死然魯王早終惟陛下哀原之亮曰法者天下所共何得阿以親親故邪當思惟可以釋此者奈何以情相迫乎玄曰舊赦有大小或天下亦有千里五百里赦隨意所及亮曰解人不當爾邪乃赦宮中基以得免孫晧即位追和霸舊隙削基壹爵土與祖母謝姬俱徙會稽烏傷縣

孫奮字子揚霸弟也母曰仲姬太元二年立爲齊王居武昌權薨太傅諸葛恪不欲諸王處江濱兵馬之地徙奮於豫章奮怒不從命又數越法度恪上牋諫曰帝王之尊與天同位是以家天下臣父兄四海之內皆爲臣妾仇讎有善不得不舉親戚有惡不得不誅所以承天理物先國後身蓋聖人立制百代不易之道也昔漢初興多王子弟至於太彊輒爲不軌上則幾危社稷下則骨肉相殘其後懲戒以爲大諱自光武以來諸王有制惟得自娛於宮內不得臨民干與政事其與交通皆有重禁遂以全安各保福祚此則前世得失之驗也近袁紹劉表各有國土土地非狹人衆非弱以適庶不分遂滅其宗祀此乃天下愚智所共嗟痛大行皇帝覽古戒今防芽遏萌慮於千載是以寢疾之日分遣諸王各早就國詔策殷勤科禁嚴峻其所戒勑無所不至誠欲上安宗廟下全諸王使百世相承無凶國害家之悔也大王宜上惟太伯順父之志中念河間獻王東海王彊恭敬之節下當裁抑驕恣荒亂以爲警戒而聞頃至武昌以來多違詔勑不拘制度擅發諸將兵治護宮室又左右常從有罪過者當以表聞公付有司而擅私殺事不明白大司馬呂岱親受先帝詔勑輔導大王既不承用其言令懷憂怖華錡先帝近臣忠良正直其所陳道當納用之而聞怒錡有收縛之語又中書楊融親受詔勑所當恭肅云正自不聽禁當如我何聞此之日大小驚

怪莫不寒心里語曰明鏡所以照形古事所以知今大王宜深以魯王爲戒改易其行戰戰兢兢盡敬朝廷如此則無求不得若棄忘先帝法教懷輕慢之心臣下寧負大王不敢負先帝遺詔寧爲大王所怨疾豈敢忘尊主之威而令詔勅不行於藩臣邪此古今正義大王所照知也夫福來有由禍來有漸漸生不憂將不可悔向使魯王早納忠直之言懷驚懼之慮享祚無窮豈有滅亡之禍哉夫良藥苦口惟疾者能甘之忠言逆耳惟達者能受之今者恪等慺慺欲爲大王除危殆於萌牙廣福慶之基原是以不自知言至願蒙三思奮得牋懼遂移南昌游獵彌甚官屬不堪命及恪誅奮下住蕪湖欲至建業觀變傳相謝慈等諫奮奮殺之慈字孝宗彭城人見禮論撰喪服圖及變除行於世坐廢爲庶人徙章安縣太平三年封爲章安侯江表傳載亮詔曰齊王奮前坐殺吏廢爲庶人連有赦令獨不見原縱未宜復王何以不侯又諸孫兒弟作將列在江渚孤有兄獨爾云何有司奏可就拜爲侯建衡二年孫晧左夫人王氏卒晧哀念過甚朝夕哭臨數月不出由是民間或謂晧死訛言奮與上虞侯奉當有立者奮母仲姬墓在豫章豫章太守張俊疑其或然掃除墳塋晧聞之車裂俊夷三族誅奮及其三子國除江表傳曰豫章吏十人乞代俊死晧不聽奮以此見疑本在章安徙還吳城禁錮使男女不得通婚或年三十四十不得嫁娶奮上表乞自比禽獸使男女自相配偶晧大怒遣察戰齎藥賜奮奮不受藥叩頭千下曰老臣自將兒子治生求活無豫國事乞丐餘年晧不聽父子皆飲藥死臣松之案建衡二年至奮之死孫晧即位尚猶未久若奮未被疑之前兒女年二十左右至奮死時不得年三十四十也若先已長大自失時未婚娶則不由晧之禁錮矣此雖欲增晧之惡然非實理

評曰孫登居心所存足爲茂美之德慮和並有好善之姿規自砥礪或短命早終或不得其死哀哉霸以庶干適奮不遵軌度固取危亡之道也然奮之誅夷橫遇飛禍矣

吳志卷十四考證

孫登拜登東中郎將封萬戶侯登辭侯不受○宋本作辭疾不受

於是東宮號爲多士注精識時機達幽究微則顧譚○太平御覽時機作知機

蔣脩虞譚志節分明○臣浩按下云此皆陛下日月所照選置臣宮得與從事則疏內所指之人皆青宮賓客虞譚未嘗屬跡宮僚且歿于交州已十餘年登疏胡爲及之此虞譚二字疑誤

孫慮尚書僕射存上疏曰○臣龍官按存上疑有脫文不然則失其姓也

孫和皆從容侍從注後諸葛豐僞叛以誘魏將諸葛誕○臣龍官按諸葛誕卽諸葛豐之後此何以云諸葛豐僞叛吳主赤烏十年傳注引江表傳作諸葛壹是豐字乃壹字之訛

是後王夫人與全公主隙○宋本隙上多有字

親拜送於庭注比仁還中使手詔曰使相繼奉問神靈○曰使相繼宋本作日夜相繼

孫霸孫霸字子威和同母弟也○臣明楷按妃嬪傳云吳主權王夫人生孫和本傳末云創基壹爵土與祖母謝姬俱徙會稽烏傷縣則和出自王霸出自謝矣此同母二字疑衍

闞達之日聲論當興○當興監本訛作富與今改正

霸二子基壹○臣浩按孫奐庶子亦名壹奐以宗室爲庶子命名豈有與大帝諸孫相同之理此壹字疑誤

吳志卷十五

晉　著作郎巴西中正安漢陳　壽撰

宋　太中大夫國子博士聞喜裴松之注

賀齊　全琮　呂岱　周魴　鍾離牧

賀齊字公苗會稽山陰人也虞預晉書曰賀氏本姓慶氏齊伯父純儒學有重名漢安帝時爲侍中江夏太守去官與江夏黃瓊漢中楊厚俱公車徵避安帝父孝德皇帝諱改爲賀氏齊父輔永寧長少爲郡吏守剡長縣吏斯從輕俠爲姦齊欲治之主簿諫曰從縣大族山越所附今日治之明日寇至齊聞大怒便立斬從從族黨遂相糾合衆千餘人舉兵攻縣齊率吏民開城門突擊大破之威震山越後太末豐浦民反轉守太末長誅惡養善期月盡平建安元年孫策臨郡察齊孝廉時王朗奔東治侯官長商升爲朗起兵策遣永寧長韓晏領南部都尉將兵討升以齊爲永寧長晏爲升所敗齊又代晏領都尉事升畏齊威名遣使乞盟齊因告喻爲陳禍福升遂送上印綬出舍求降賊帥張雅詹彊等不願升降反共殺升雅稱無上將軍彊稱會稽太守賊盛兵少未足以討齊住軍息兵雅與女壻何雄爭勢兩乖齊令越人因事交構遂致疑隙阻兵相圖齊乃進討一戰大破雅彊黨震懼率衆出降侯官既平而建安漢興南平復亂齊進兵建安立都尉府是歲八年也郡發屬縣五千兵各使本縣長將之皆受齊節度賊洪明洪進苑御吳免華當等五人率各萬戶連屯漢興吳五姓吳名五六千戶別屯大潭鄒臨六千戶別屯蓋竹大潭同出餘汗音干軍討漢興經餘汗齊以爲賊衆兵少深入無繼恐爲所斷令松陽長丁蕃留備餘汗蕃本與齊鄰城恥見部伍辭不肯留齊乃斬蕃於是軍中震慄無不用命遂分兵留備進討明等連大破之臨陣斬明其免當進御皆降轉擊蓋竹軍向大潭三將又降凡討治斬首六千級名帥盡禽復立縣邑料出兵萬人拜爲平東校尉十年轉討上饒分以爲建平縣十三年遷威武中郎將討丹陽黟歙時武彊葉鄉東陽豐浦四鄉先降齊表言以葉鄉爲始新縣而歙賊帥金奇萬戶屯安勒山毛甘萬戶屯烏聊山黟帥陳僕祖山等二萬戶屯林歷山林歷山四面壁立高數十丈徑路危狹不容刀楯賊臨高下石不可得攻軍住經日將吏患之齊身出周行觀視形便陰募輕捷士爲作鐵戈密於隱險賊所不備處以戈拓斬山爲緣道夜令潛上乃多縣布以援下人得上百數人四面流布俱鳴鼓角齊勒兵待之賊夜聞鼓聲四合謂大軍悉已得上驚懼惑亂不知所爲守路備險者皆走還依衆大軍因是直上大破僕等其餘皆降凡斬首七千抱朴子曰昔吳遣賀將軍討山賊賊中有善禁者每當交戰官軍刀劍不得拔弓弩射矢皆還自向輒致不利賀將軍長情有思乃曰吾聞金有刃者可禁蟲有毒者可禁其無刃之物無毒之蟲則不可禁彼必是能禁吾兵者也必不能禁無刃物矣乃多作勁木白棓選有力精卒五千人爲先登盡捉棓彼山賊恃其有善禁者丁不嚴備於是官軍以白棓擊之彼禁者果不復行所擊殺者萬計齊復表分歙爲新定黎陽休陽并黟歙凡六縣權遂割爲新都郡齊爲太守立府於始新加偏將軍十六年吳郡餘杭民郎稚合宗起賊復數千人齊出討之卽復破稚表言分餘杭爲臨水縣吳錄曰晉改爲臨安被命詣所在及當還郡權出祖道作樂舞象吳書曰權謂齊曰今定天下都中國使殊俗貢珍狡獸率舞非君誰與齊曰殿下以神武應期開王業臣幸遭際會得驅馳風塵之下佐助未行效鷹犬之用臣之願也若殊俗貢珍狡獸率舞宜在聖德非臣所能賜齊軿車駿馬罷坐住駕使齊就車齊辭不敢權使左右扶齊上車令導吏卒兵騎如在郡儀權望之笑曰人當努力非積行累勤此不可得去百餘步乃旋十八年豫章東部民彭材李玉王海等起爲賊亂衆萬餘人齊討平之誅其首惡餘皆降服揀其精健爲兵次爲縣戶遷奮武將軍二十年從權征合肥時城中出戰徐盛被創失矛齊引兵拒擊得盛所失江表傳曰權征合肥還爲張遼所掩襲於津北幾至危殆齊時率三千兵在津南迎權權既入大船會諸將飲宴齊下席涕泣而言曰至尊人主常當持重今日之事幾致禍敗羣下震怖若無天地願以此爲終身誡權自前收其淚曰大慙謹以尅心非但書諸紳也二十一年鄱陽民尤突受曹公印綬化民爲賊陵陽始安涇縣皆與突相應齊與陸遜討破突斬首數千餘黨震服丹陽三縣皆降料得精兵八千人拜安東將軍封山陰侯出鎮江上督扶州以上至皖黃武初魏使曹休來伐齊以道遠後至因住新市爲拒會洞口諸軍遭風流溺所亡中分將士失色賴齊未濟偏軍獨全諸將倚以爲勢齊性奢綺尤好軍事兵甲器械極爲精好所乘船雕刻丹鏤青蓋絳襜干櫓戈矛葩瓜文畫弓弩矢箭咸取上材蒙衝鬭艦之屬望之若山休等憚之遂引軍還遷後將軍假節領徐州牧初晉宗爲戲口將以衆叛如魏還爲蘄春太守圖襲安樂取其保質權以爲恥忿因軍初罷六月盛夏出其不意詔齊督麋芳鮮于丹等襲蘄春遂生虜宗後四年卒子達及弟景皆有令名爲佳將會稽典錄曰景爲滅賊校尉御衆嚴而有恩兵器精飾爲當時冠絕早卒達頗任氣多所犯迕故雖有征戰之勞而爵位不至然輕財貴義膽烈過人子質位至虎牙將軍景子邵別有傳

全琮字子璜吳郡錢唐人也父柔漢靈帝時舉孝廉補尚書郎右丞董卓之亂棄官歸州辟別駕從事詔書就拜會稽東部都尉孫策到吳柔舉兵先附策表柔爲丹陽都尉孫權爲車騎將軍以柔爲長史徙桂陽太守柔嘗使琮齎米數千斛到吳有所市易琮至皆散用空船而還柔大怒琮頓首曰愚以所市非急而士大夫方有倒懸之患故便振贍不及啓報柔更以奇之徐衆評曰禮子事父無私財又不敢私施所以避尊上也棄命專財而以邀名未盡父子之禮臣松之以爲子路問聞斯行諸子曰有父兄在琮輒散父財誠非子道然士類縣命憂在朝夕權其輕重以先人急斯亦馮諼市義汲黯振救之類全謂邀名或負其心是時中州士人避亂而南依琮居者以百數琮傾家給濟與共有無遂顯名遠近後權以爲奮威校尉授兵數千人使討山越因開募召得精兵萬餘人出屯牛渚稍遷偏將軍建安二十四年劉備將關羽圍樊襄陽琮上疏陳羽可討之計權時已與呂蒙陰議襲之恐事泄故寢琮表不答及禽羽權置酒公安顧謂琮曰君前陳此孤雖不相答今日之捷抑亦君之功也於是封陽華亭侯黃武元年魏以舟軍大出洞口權使呂範督諸將拒之軍營相望敵數以輕船鈔擊琮常帶甲仗兵伺候不休頃之敵數千人出江中琮擊破之梟其將軍尹盧遷琮綏南將軍進封錢唐侯四年假節領九江太守七年權到皖使琮與輔國將軍陸遜擊曹休破之於石亭是時丹陽吳會山民復爲寇賊攻沒屬縣權分三郡險地爲東安郡琮領太守吳錄曰琮時治富春至明賞罰招誘降附數年中得萬餘人權召琮還牛渚罷東安郡江表傳曰琮還經過錢唐修祭墳墓麾幢節蓋曜於舊里請會邑人平生知舊宗族六親施散惠與千有餘萬本土

以爲榮 黃龍元年遷衞將軍左護軍徐州牧 吳書曰初琮爲將甚勇決當敵臨難奮不顧身及作督帥養威持重每御軍常任計策不營小利江表傳曰權使子登出征已出軍次于安樂羣臣莫敢諫琮密表曰古來太子未嘗偏征也故從曰撫軍守曰監國今太子東出非古制也臣竊憂疑權即從之命登旋軍議者咸以爲琮有大臣之節也 尚公主嘉禾二年督步騎五萬征六安六安民皆散走諸將欲分兵捕之琮曰夫乘危徼倖舉不百全者非國家大體也今分兵捕民得失相半豈可謂全哉縱有所獲猶不足以弱敵而副國望也如或邂逅虧損非小與其獲罪琮寧以身受之不敢徼功以負國也赤烏九年遷右大司馬左軍師爲人恭順善於承顏納規言辭未嘗切迕初權將圍珠崖及夷州皆先問琮琮曰以聖朝之威何向而不克然殊方異域隔絕障海水土氣毒自古有之兵入民出必生疾病轉相汚染往者懼不能反所獲何可多致猥虧江岸之兵以冀萬一之利愚臣猶所不安權不聽軍行經歲士衆疾疫死者十有八九權深悔之後言次及之琮對曰當是時羣臣有不諫者臣以爲不忠琮既親重家族子弟並蒙寵貴賜累千金然猶謙虛接士貌無驕色十二年卒子懌嗣後襲業領兵救諸葛誕於壽春出城先降魏以爲平東將軍封臨湘侯懌兄子禕儀靜等亦降魏皆歷郡守列侯 吳書曰琮長子緒幼知名奉朝請出授兵稍遷揚武將軍牛渚督孫亮即位遷鎮北將軍東關之役緒與丁奉建議引兵先出以破魏軍封一子亭侯年四十四卒次子寄坐阿黨魯王霸賜死小子吳孫權外孫封都鄉侯

呂岱字定公廣陵海陵人也爲郡縣吏避亂南渡孫權統事岱詣幕府出守吳丞權親斷諸縣倉庫及囚繫長丞皆見責岱處法應問甚稱權意召署錄事出補餘姚長召募精健得千餘人會稽東冶五縣賊呂合秦狼等爲亂權以岱爲督軍校尉與將軍蔣欽等將兵討之遂禽合狼五縣平定拜昭信中郎將 吳書曰建安十六年岱督郎將尹異等以兵二千人西誘漢中賊帥張魯到漢興寋城魯嫌疑斷道事計不立權遂召岱還 建安二十年督孫茂等十將從取長沙三郡又安成攸永新茶陵四縣吏共入陰山城合衆拒岱岱攻圍即降三郡克定權留岱鎮長沙安成長吳碭及中郎將袁龍等首尾關羽復爲反亂碭據攸縣龍在醴陵權遣橫江將軍魯肅攻攸碭得突走岱攻醴陵遂禽斬龍遷廬陵太守延康元年代步隲爲交州刺史到州高涼賊帥錢博乞降岱因承制以博爲高涼西郡都尉又鬱林夷賊攻圍郡縣岱討破之是時桂陽湞陽賊王金合衆於南海界上首亂爲害權又詔岱討之生縛金傳送詣都斬首獲生凡萬餘人遷安南將軍假節封都鄉侯交阯太守士燮卒權以燮子徽爲安遠將軍領九眞太守以校尉陳時代燮岱表分海南三郡爲交州以將軍戴良爲刺史海東四郡爲廣州岱自爲刺史遣良與時南入而徽不承命舉兵戍海口以拒良等岱於是上疏請討徽罪督兵三千人晨夜浮海或謂岱曰徽藉累世之恩爲一州所附未易輕也岱曰今徽雖懷逆計未虞吾之卒至若我潛軍輕舉掩其無備破之必也稽留不速使得生心嬰城固守七郡百蠻雲合響應雖有智者誰能圖之遂行過合浦與良俱進徽聞岱至果大震怖不知所出即率兄弟六人肉袒迎岱岱皆斬送其首徽大將甘醴桓治等率吏民攻岱岱奮擊大破之進封番禺侯於是除廣州復爲交州如故岱既定交州復進討九眞斬獲以萬數又遣從事南宣國化暨徼外扶南林邑堂明諸王各遣使奉貢權嘉其功進拜鎮南將軍黃龍三年以南土清定召岱還屯長沙漚口 王隱交廣記曰吳後復置廣州以南陽滕脩爲刺史或語脩蝦鬚長一丈脩不信其人後故至東海取蝦鬚長四丈四尺封以示脩脩乃服之 會武陵蠻夷蠢動岱與太常潘濬共討定之嘉禾三年權令岱領潘璋士衆屯陸口後徙蒲圻四年廬陵賊李桓路合會稽東冶賊隨春南海賊羅厲等一時並起權復詔岱督劉纂唐咨等分部討擊春即時首降岱拜春偏將軍使領其衆遂爲列將桓厲等皆見斬獲傳首詣都權詔岱曰厲負險作亂自致梟首桓凶狡反覆已降復叛前後討伐歷年不禽非君規略誰能梟之忠武之節於是益著元惡既除大小震懾其餘細類埽地族矣自今已去國家永無南顧之虞三郡晏然無怵惕之驚又得惡民以供賦役重用歎息賞不踰月國之常典制度所宜君其裁之潘濬卒岱代濬領荊州文書與陸遜並在武昌故督蒲圻頃之廖式作亂攻圍城邑零陵蒼梧鬱林諸郡擾擾岱自表輒行星夜兼路權遣使追拜岱交州牧及遣諸將唐咨等駱驛相繼攻討一年破之斬式及遣諸所僞署臨賀太守費楊等并其支黨郡縣悉平復還武昌時年已八十然體素精勤躬親王事奮威將軍張承與岱書曰昔旦奭翼周二南作歌今則足下與陸子也忠勤相先勞謙相讓功以權成化與道合君子歎其德小人悅其美加以文書鞅掌賓客終日罷不舍事勞不言倦又知上馬輒自超乘不由跨躡如此足下過廉頗也何其事事快也周易有之禮言恭德言盛足下何有盡此美耶及陸遜卒諸葛恪代遜權乃分武昌爲兩部岱督右部自武昌上至蒲圻遷上大將軍拜子凱副軍校尉監兵蒲圻孫亮即位拜大司馬岱清身奉公所在可述初在交州歷年不餉家妻子飢乏權聞之歎息以讓羣臣曰呂岱出身萬里爲國勤事家門內困而孤不早知股肱耳目其責安在於是加賜錢米布絹歲有常限始岱親近吳郡徐源慷慨有才志岱知其可成賜巾褠與共言論後遂薦拔官至侍御史源性忠壯好直言岱時有得失源輒諫諍又公論之人或以告岱岱歎曰是我所以貴德淵者也及源死岱哭之甚哀曰德淵呂岱之益友今不幸岱復於何聞過談者美之太平元年年九十六卒子凱嗣遺令殯以素棺疏巾布褠葬送之制務從約儉凱皆奉行之

周魴字子魚吳郡陽羨人也少好學舉孝廉爲寧國長轉在懷安錢唐大帥彭式等蟻聚爲寇以魴爲錢唐侯相旬月之間斬式首及其支黨遷丹陽西部都尉黃武中鄱陽大帥彭綺作亂攻沒屬城乃以魴爲鄱陽太守與胡綜戮力攻討遂生禽綺送詣武昌加昭義校尉被命密求山中舊族名帥爲北敵所聞知者令譎挑魏大司馬揚州牧曹休魴荅恐民帥小醜不足杖任事或漏泄不能致休乞遣親人齎牋七條以誘休其一曰魴以千載徼幸得備州民遠隔江川敬恪未顯瞻望雲景天實爲之精誠微薄名位不昭雖懷焦渴曷緣見明狐死首丘人情戀本而逼所制奉覿禮違每獨矯首西顧未嘗不寤寐勞歎展轉反側也今因隙穴之際得陳宿昔之志非神啓之豈能致此不勝翹企萬里託命謹遣親人董岑邵南等託叛奉牋時事變故列於別紙惟明公君侯垂日月之光照遠民之趣永令歸命者有所戴賴其二曰魴遠在邊隅江汜分絕恩澤教化未蒙撫及而於山谷之間遙陳所懷懼以大義未見信納夫物有感激計因變生古今同揆魴仕東典郡始願已獲銘心立報永矣無貳豈圖頃者中被橫譴禍在漏刻危於投卵進有離合去就之宜退有誣罔枉死之咎雖志行輕微存沒一節顧非其所能不悵然敢緣古人因知所歸拳拳輸情陳露肝膈乞降春天之潤哀拯其急不復猜疑絕其委命事之宣泄受罪不測一則傷慈損計二則杜絕向化者心惟明使君遠覽前世矜而愍之留神所質速賜祕報魴當候望舉動俟須嚮應其三曰魴所代故太守廣陵王靖往者亦以郡民爲變以見譴責靖勤自陳釋而終不解因立密計欲北歸命不幸事露誅及嬰孩魴既目見靖事且觀東主一所非薄嫌不復厚雖或暫舍終見翦除今又令魴領郡者是欲責後效必殺魴之趣也雖尚視息憂惕焦灼未知軀命竟在何時人居世間猶白駒過隙而常抱危怖其可言乎推當陳愚重自披盡懼以卑賤未能采納願明使君小垂詳察忖度其言今此郡民雖外名降首而故在山草看伺空隙欲復爲亂爲亂之日魴命訖矣東主頃者潛部分諸將圖欲北進呂範孫韶等入淮全琮朱桓趨合肥諸葛瑾步隲朱然到襄陽陸議潘璋等討梅敷東主中營自掩石陽別遣從弟孫奐治安陸城修立邸閣輦貲運糧以爲軍儲又命諸葛亮進指關西江邊諸將無復在者才留三千所兵守武昌耳若明使君以萬兵從皖南首江渚魴便從此率厲吏民以爲內應此方諸郡前後舉事垂成而敗者由無外援使其然耳若北軍臨境傳檄屬城思詠之民誰不企踵願明使君上觀天時下察人事中參蓍龜則足昭往言之不虛也其四曰所遣董岑邵南少長家門親之信之有如兒子是以特令齎牋託叛爲辭目語心計不宜脣齒骨肉至親無有知者又已勑之到州當言往降欲北叛來者得傳之也魴建此計任之於天若其濟也則有生全之福邂逅泄漏則受夷滅之禍常中夜仰天告誓星辰精誠之微豈能上感然事急孤窮惟天是訴耳遣使之日載生載死形存氣亡魄爽恍惚私恐使君未深保明岑南二人可留其一以爲後信一齎教還教還故當言悔叛還首東主有常科悔叛還者皆自原罪如是彼此俱塞永無端原縣命西望涕筆俱下其五曰鄱陽之民實多愚勁帥之赴役未即應人倡之爲變聞聲響抃今雖降首盤節未解山棲草藏亂心猶存而今東主圖興大衆舉國悉出江邊空曠屯塢虛損惟有諸刺姦耳若因是際而騷動此民一旦可得便會然要恃外援表裏機牙不爾以往無所成也今使君若從皖道進住江上魴當從南對岸歷口爲應若未徑到江岸可住百里上令此間民知北軍在彼即自善也此間民非苦飢寒而甘兵寇苦於征討樂得北屬但窮困舉事不時見應壽受其禍耳如使石陽及青徐諸軍首尾相銜牽綴往兵使不得速退者則善之善也魴生在江淮長於時事見其便利百舉百捷時不再來敢布腹心其六曰東主致恨前者不拔石陽今此後舉大合新兵并使潘濬發夷民人數甚多聞豫設科條當以新羸兵置前好兵在後攻城之日云欲以羸兵填塹使即時破雖未能然是事大趣也私恐石陽城小不能久留往兵明使君速垂救濟誠宜疾密王靖之變其鑒不遠今魴歸命非復在天正在明使君耳若見救以往則功可必成如見救不時則與靖等同禍前彭綺時聞旌麾在逢龍此郡民大小歡喜並思立効若留一月日

間事當大成恨去電速東得增衆專力討綺綺始敗耳願使君深察此言其七日今舉大事自非爵號無以勸之乞請將軍侯印各五十紐郎將印百紐校尉都尉印各二百紐得以假授諸魁帥獎厲其志并乞請幢麾數十以爲表幟使山兵吏民目瞻見之知去就之分已決承引所救畫定又彼此降叛日月有人潤狹之間輒得聞知今之大事事宜神密若省魴牋乞加隱秘伏知智度有常防慮必深魴懷憂震灼啓事蒸仍乞未罪惟魴因別爲密表曰方北有逋寇固阻河洛久稽王誅自擅朔土臣曾不能吐奇舉善上以光贊洪化下以輸展萬一憂心如擣假寐忘寢聖朝天覆含臣無効猥發優命勑臣以前誘致賊休恨不如計令於郡界求山谷魁帥爲北賊所聞知者令與北通臣伏思惟喜怖交集竊恐此人不可卒得假使得之懼不可信不如令臣譎休於計爲便此臣得以經年之冀願逢值千載之一會輒自督竭竭盡頑蔽撰立牋草以誑誘休者如別紙臣知無古人單複之術加卒奉大略公縢狼狽懼以輕愚忝負特施豫懷憂灼臣聞唐堯先天而天弗違博詢芻蕘以成盛勳朝廷神謨欲必致休於步度之中靈贊聖規休必自送使六軍囊括虜無孑遺威風電邁天下幸甚謹拜表以聞并呈牋草懼於淺局追用悚息被報施行休果信魴帥步騎十萬輜重滿道徑來入晥魴亦合衆隨陸遜橫截休休幅裂瓦解斬獲萬計魴初建密計時頻有郎官奉詔詰問諸事魴乃詣部郡門下因下髮謝故休聞之不復疑慮事捷軍旋權大會諸將歡宴酒酣謂魴曰君下髮載義成孤大事君之功名當書之竹帛加裨將軍賜爵關內侯徐衆評曰夫人臣立功効節雖非一塗然各有分也爲將執桴鼓則有必死之義志守則有不假器之義死必得所義在不苟魴爲郡守職在治民非君所命自占誘敵髡剔髮膚以徇功名雖事濟受爵非君子所美賊帥董嗣負阻劫鈔豫章臨川並受其害臣松之案孫亮太平二年始立臨川郡是時未有臨川吾粲唐咨嘗以三千兵攻守連月不能拔魴表乞罷兵得以便宜從事魴遣間諜授以方策誘狙殺嗣嗣弟怖懼詣武昌降於陸遜乞出平地自改爲善由是數郡無復憂惕魴在郡十三年卒賞善罰惡威恩並行子處亦有文武材幹天紀中爲東觀令無難督處預晉書曰處入晉爲御史中丞多所彈糾不避寵戚齊萬年反以處爲建威將軍西征衆寡不敵處臨陣慷慨奮不顧命遂死於戰場追贈平西將軍處子玘札皆有才力中興之初並見寵任其諸子姪悉處列位爲揚土豪右而札凶淫放恣爲百姓所苦泰寧中王敦誅之滅其族

鍾離牧字子幹會稽山陰人漢魯相意七世孫也會稽典錄曰牧父緒樓船都尉兄駰上計吏少與同郡謝贊吳郡顧譚齊名牧童齓時號爲遲訥駰常謂人曰牧必勝我不可輕也時人皆以爲不然少爰居永興躬自墾田種稻二十餘畝臨熟縣民有識認之牧曰本以田荒故墾之耳遂以稻與縣人縣長聞之召民繫獄欲繩以法牧爲之請長曰君慕承宮自行義事續漢書曰宮字少子琅邪人嘗在蒙陰山中耕種禾黍臨熟人就認之宮便推與而去由是發名位至左中郎將侍中僕爲民主當以法率下何得寢公憲而從君邪牧曰此是郡界緣君意顧故來暫住今以少稻而殺此民何心復留遂出裝還山陰長自往止之爲釋繫民民慙懼率妻子舂所取稻得六十斛米送還牧牧閉門不受民輸置道旁莫有取者牧由此發名徐衆評曰牧蹈長者之規問者曰如牧所行犯而不校又從而救之直而不有又還而不受可不謂之仁讓乎哉答曰異乎吾所聞原憲之問於孔子曰克伐怨欲不行焉可以爲仁乎孔子曰可以爲難矣仁則吾不知也惡不仁者其爲仁矣今小民不展四體而認人之稻不仁甚矣而牧推而與之又救其罪斯爲讓非其義所救非人非所謂惡不仁者苟不惡不仁安得爲仁哉蒼梧澆娶妻而美讓於其兄尾生篤信水至不去而死直躬好直證父攘羊申鳴奉法盡忠於君而執其父忠信直讓此四行者聖賢之所貴也然不貴蒼梧之讓非讓道也不取尾生之信非信所也不許直躬之直非直體也不嘉申鳴之忠非忠意也今牧犯而不校還而不取可以爲難矣未得爲仁讓也夫聖人以德報德以直報怨而牧欲以德報怨非也必不得已二者何從吾從孔子也赤烏五年從郎中補太子輔義都尉遷南海太守會稽典錄曰高涼賊率仍弩等破略百姓殘害吏民牧越界撲討旬日降服又揭陽縣賊率曾夏等衆數千人歷十餘年以侯爵雜繒千匹下書購募絕不可得牧遣使慰譬登皆首服自改爲良民始興太守羊衜與太常滕胤書曰鍾離子幹吾昔知之不熟定見其在南海威恩部伍智勇分明加操行清純有古人之風其見貴如此在郡四年以疾去職還爲丞相長史轉司直遷中書令會建安鄱陽新都三郡山民作亂出牧爲監軍使者討平之賊帥黃亂常俱等出其部伍以充兵役封秦亭侯拜越騎校尉永安六年蜀并于魏武陵五谿夷與蜀接界時論懼其叛亂乃以牧爲平魏將軍領武陵太守往之郡魏遣漢復縣長郭純試守武陵太守率涪陵民入蜀遷陵界屯于赤沙誘致諸夷邑君或起應純又進攻酉陽縣郡中震懼牧問朝吏曰西蜀傾覆邊境見侵何以禦之皆對曰今二縣山險諸夷阻兵不可以軍驚擾驚擾則諸夷盤結宜以漸安可遣恩信吏宣教慰勞牧曰不然外境內侵誑誘人民當及其根柢未深而撲取之此救火貴速之勢也勑外趣嚴掾史沮議者便行軍法撫夷將軍高尚說牧曰昔潘太常督兵五萬然後以討五谿夷耳又是時劉氏連和諸夷率化今既無往日之援而郭純已據遷陵而明府以三千兵深入尚未見其利也牧曰非常之事何得循舊卽率所領晨夜進道緣山險行垂二千里從塞上斬惡民懷異心者魁帥百餘人及其支黨凡千餘級純等散五谿平遷公安督揚武將軍封都鄉侯徙濡須督會稽典錄曰牧之在濡須深以進取可圖而不敢陳其策與侍中東觀令朱育宴慨然歎息育謂牧恨於策爵未副因謂牧曰朝廷諸君以際會坐取高官亭侯功無與比不肯在人下見顧者猶以於邑況於侯也牧笑而答曰卿之所言未獲我心也馬援有言人當功多而賞薄吾功不足錄而見寵已過當豈以爲恨國家不深相知而見害朝人是以默默不敢有所陳若其不然當建進取之計以報所受之恩不徒自守而已憤歎以此也育復曰國家已自知侯以侯之才無爲不成愚謂自可陳所懷牧曰武安君謂秦王云非成業難得賢難非得賢難用之難非用之難任之難武安君欲爲秦王并兼六國恐授事而不見任故先陳此言秦王旣許而不能卒隕將成之業賜劍杜郵今國家知吾不如秦王之知武安而害吾者有過范雎太皇帝時陸丞相討鄱陽以二千人授吾潘太常討武陵吾又有三千人而朝廷下議棄吾於彼使江渚諸督不復發兵相繼蒙國威靈自濟今日何爲常向使吾不料時度宜苟有所陳至見委以事不足兵勢終有敗績之患何無不成之有復以前將軍假節領武陵太守卒官家無餘財士民思之子禕嗣代領兵會稽典錄曰牧次子盛亦履恭讓爲尙書郎弟徇領兵爲將拜偏將軍戍西陵與監軍使者唐盛論地形勢謂宜城信陵爲建平援若不先城敵將先入盛以施績留建平智略名將屢經於彼無云當城之者不然徇計後半年晉果遣將修信陵城晉軍平吳徇領水軍督臨陳戰死也

評曰山越好爲叛亂難安易動是以孫權不遑外禦卑詞魏氏凡此諸臣皆克寧內難綏靜邦域者也呂岱清恪在公周魴譎略多奇鍾離牧蹈長者之規全琮有當世之才貴重於時然不檢奸子獲譏毀名云

吳志卷十五考證

賀齊山陰人也注避安帝父孝德皇帝諱○孝德皇下帝字疑爲後人妄增

縣吏斯從輕俠爲奸○斯太平御覽作期 臣良裘按斯姓從名然期亦姓也

令楊松長丁蕃留備餘汗○楊松疑作松楊

轉擊蓋竹軍向大潭三將又降○臣浩按三將疑作二將上云屯大潭蓋竹者吳五鄒臨也

險募輕捷士爲作鐵戈密於隱險賊所不備處以戈拓斬山爲緣道○鐵戈疑作鐵杙音亦所以緣而上也新安志作鐵弋以戈拓斬山作以戈拓塹無山字緣道下太平御覽有道成二字

凡斬首七千注吾聞金有刃者可禁○太平御覽引此吾聞下多雄黃勝五兵還丹能威敵十字

徐盛被創失矛齊引兵拒擊得盛所失○太平御覽引此作徐盛被創失牙齊引兵拒擊得盛所失牙

因住新市爲拒○住監本誤作往今改正

全琮更以奇之注斯亦馮諼市義○諼監本誤作媛今改正

呂岱以博爲高涼西郡都尉○西郡疑作西部

家門內困而孤不早知○太平御覽無門字

周魴乃以魴爲鄱陽太守與胡綜戮力攻討○太平御覽胡綜下多等字

遼隔江川敬恪未顯○未宋本作求

推當陳愚重自披盡○推疑作惟

鍾離牧從濡須督注育謂牧恨於策爵未副因謂牧曰○監本育謂牧下多日字今去

又注今日何爲常○句內疑有脫字

子禕嗣代領兵注謂宜城信陵爲建平援○北宋本作謂宜城信陵與建平接

吳志卷十六

晉著作郎巴西中正安漢陳　壽撰

宋太中大夫國子博士聞喜裴松之注

潘濬　陸凱弟胤

潘濬字承明武陵漢壽人也弱冠從宋仲子受學吳書曰濬爲人聰察對問有機理山陽王粲見而貴異之由是知名爲郡功曹年未三十荊州牧劉表辟爲部江夏從事時沙羨長贓穢不修濬按殺之一郡震竦後爲湘鄉令治甚有名劉備領荊州以濬爲治中從事備入蜀留典州事孫權殺關羽并荊土拜濬輔軍中郎將授以兵江表傳曰權克荊州將吏悉皆歸附而濬獨稱疾不見權遣人以牀就家輿致之濬伏面著牀席不起涕泣交橫哀咽不能自勝權慰勞與語呼其字曰承明昔觀丁父鄀俘也武王以爲軍帥彭仲爽申俘也文王以爲令尹此二人卿荊國之先賢也初雖見囚後皆擢用爲楚名臣卿獨不然未肯降意將以孤異古人之量耶使親近以手巾拭其面濬起下地拜謝卽以爲治中荊州諸軍事一以諮之武陵部從事樊伷誘導諸夷圖以武陵屬劉備外白差督督萬人往討之權不聽特召問濬濬答以五千兵往足可以擒伷權曰卿何以輕之濬曰伷是南陽舊姓頗能弄脣吻而實無辯論之才臣所以知之者伷昔嘗爲州人設饌比至日中食不可得而十餘自起此亦侏儒觀一節之驗也權大笑而納其言卽遣濬將五千往果斬平之遷奮威將軍封常遷亭侯吳書曰芮玄卒濬并領玄兵屯夏口玄字文表丹陽人父祉字宣嗣從孫堅征伐有功堅薦祉爲九江太守後轉吳郡所在有聲玄兄良字文鸞隨孫策平定江東策以爲會稽東部都尉卒玄領良兵拜奮武中郎將以功封溧陽侯權爲子登揀擇淑媛羣臣咸稱玄父祉兄良並以德義文武顯名三世故遂娉玄女爲妃焉黃武五年卒權甚愍惜之權稱尊號拜爲少府進封劉陽侯江表傳曰權數射雉濬諫權權曰相與別後時時暫出耳不復如往日之時也濬曰天下未定萬機務多射雉非急弦絕括破皆能爲害乞特爲臣故息置之濬出見雉翳故在乃手自撤壞之權由是自絕不復射雉遷太常五谿蠻夷叛亂盤結權假濬節督諸軍討之信賞必行法不可干斬首獲生蓋以萬數自是羣蠻衰弱一方寧靜吳書曰驃騎將軍步騭屯漚口求名募諸郡以增兵權以問濬濬曰豪將在民間耗亂爲害加騭有名勢在所所媚不可聽也權從之中郎將豫章徐宗有名士也嘗到京師與孔融交結然儒生誕節部曲寬縱不奉節度爲衆作殿濬遂斬之其奉法不憚私議皆此類也歸義隱蕃以口辯爲豪傑所善濬子翥亦與周旋饋餉之濬聞大怒疏責翥曰吾受國厚恩志報以命爾輩在都當念恭順親賢慕善何故與降虜交以糧餉之在遠聞此心震面熱惆悵累旬疏到急就往使受杖一百促責所餉當時人咸怪濬而蕃果圖叛誅夷衆乃歸服江表傳曰時濬姨兄零陵蔣琬爲蜀大將軍或有間濬於武陵太

守衞旍者云濬遣密使與琬相聞欲有自託之計旍以啓權權曰承明不爲此也即封旍表以示於濬而召旍還免官先是濬與陸遜俱駐武昌共掌留事還復故時校事呂壹操弄威柄奏按丞相顧雍右將軍朱據等皆見禁止黃門侍郎謝厷語次問壹顧公事何如壹答不能佳厷又問若此公免退誰當代之壹未答厷曰得無潘太常得之乎壹良久曰君語近之也厷謂曰潘太常常切齒於君但道遠無因耳今日代顧公恐明日便擊君矣壹大懼遂解散雍事濬求朝詣建業欲盡辭極諫至聞太子登已數言之而不見從濬乃大請百寮欲因會手刃殺壹以身當之爲國除患壹密聞知稱疾不行濬每進見無不陳壹之姦險也由此壹寵漸衰後遂誅戮權引咎責躬因誚讓大臣語在權傳赤烏二年濬卒子翥嗣濬女配建昌侯孫慮吳書曰翥字文龍拜騎都尉後代領兵早卒翥弟祕權以姊陳氏女妻之調湘鄉令襄陽記曰襄陽習溫爲荊州大公平大公平今之州都祕過辭於溫問曰先君昔因君侯當爲州里議主今果如其言不審州里誰當復相代者溫曰無過於君也後祕爲尚書僕射代溫爲公平甚得州里之譽

陸凱字敬風吳郡吳人也丞相遜族子也黃武初爲永興諸暨長所在有治迹拜建武都尉領兵雖統軍衆手不釋書好太玄論演其意以筮輒驗赤烏中除儋耳太守討珠崖斬獲有功還爲建武校尉五鳳二年討山賊陳毖於零陵斬毖克捷拜巴丘督偏將軍封都鄉侯轉爲武昌右部督與諸將共赴壽春還累遷盪魏綏遠將軍孫休卽位拜征北將軍假節領豫州牧孫晧立遷鎭西大將軍都督巴丘領荊州牧進封嘉興侯孫晧與晉平使者丁忠自北還說晧弋陽可襲凱諫止語在晧傳寶鼎元年遷左丞相晧性不好人視已羣臣侍見皆莫敢迕凱說晧曰夫君臣無不相識之道若卒有不虞不知所赴晧聽凱自視晧時徙都武昌揚土百姓泝流供給以爲患苦又政事多謬黎元窮匱凱上疏曰臣聞有道之君以樂樂民無道之君以樂樂身樂民者其樂彌長樂身者不久而亡夫民者國之根也誠宜重其食愛其命民安則君安民樂則君樂自頃年以來君威傷於桀紂君明闇於姦雄君惠閉於羣孼無災而民命盡無爲而國財空辜無罪賞無功使君有謬誤之愆天爲作妖而諸公卿媚上以求愛困民以求饒導君於不義敗政於淫俗臣竊爲痛心今鄰國交好四邊無事當務息役養士實其廩庫以待天時而更傾動天心攪擾萬姓使民不安大小呼嗟此非保國養民之術也臣聞吉凶在天猶影之在形響之在聲也形動則影動形止則影止此分數乃有所繫非在口之所進退也昔秦所以亡天下者但坐賞輕而罰重政刑錯亂民力盡於奢侈目眩於美色志濁於財寶邪臣在位賢哲隱藏百姓業業天下苦之是以遂有覆巢破卵之憂漢所以彊者躬行誠信聽諫納賢惠及負薪躬請巖穴廣采博察以成其謀此往事之明證也近者漢之衰末三家鼎立曹失綱紀晉有其政又益州危險兵多精彊閉門固守可保萬世而劉氏與奪乖錯賞罰失所君恣意於奢侈民力竭於不急是以爲晉所伐君臣見虜此目前之明驗也臣闇於大理文不及義智慧淺劣無復冀望竊爲陛下惜天下耳臣謹奏耳目所聞見百姓所爲煩苛刑政所爲錯亂願陛下息大功損百役務寬盪忽苛政又武昌土地實危險而塉确非王都安國養民之處船泊則沈漂陵居則峻危且童謠言寧飲建業水不食武昌魚寧還建業死不止武昌居臣聞翼星爲變熒惑作妖童謠之言生於天心乃以安居而比死足明天意知民所苦也臣聞國無三年之儲謂之非國而今無一年之畜此臣下之責也而諸公卿位處人上祿延子孫曾無致命之節匡救之術苟進小利於君以求容媚荼毒百姓不爲君計也自從孫弘造義兵以來耕種既廢所在無復輸入而分一家父子異役廩食日張畜積日耗民有離散之怨國有露根之漸而莫之恤也民力困窮鬻賣兒子調賦相仍日以疲極所在長吏不加隱括加有監官既不愛民務行威勢所在搔擾更爲煩苛民苦二端財力再耗此爲無益而有損也願陛下一息此輩矜哀孤弱以鎭撫百姓之心此猶魚鼈得免毒螫之淵鳥獸得離羅網之綱四方之民繈負而至矣如此民可得保先王之國存焉臣聞五音令人耳不聰五色令人目不明此無益於政有損於事者也自昔先帝時後宮列女及諸織絡數不滿百米有畜積貨財有餘先帝崩後幼景在位更改奢侈不蹈先迹伏聞織絡及諸徒坐乃有千數計其所長不足爲國財然坐食官廩歲歲相承此爲無益願陛下料出賦嫁給與無妻者如此上應天心下合地意天下幸甚臣聞殷湯取士於商賈齊桓取士於車轅周武取士於負薪大漢取士於奴僕明王聖主取士以賢不拘卑賤故其功德洋溢名流竹素非求顏色而取好服捷口容悅者也臣伏見當今內寵之臣位非其人任非其量不能輔國匡時羣黨相扶害忠隱賢願陛下簡文武之臣各勤其官州牧督將藩鎭方外公卿尚書務修仁化上助陛下下拯黎民各盡其忠拾遺萬一則康哉之歌作刑錯之理清願陛下留神思臣愚言時殿上列將何定佞巧便辟貴幸任事凱面責定曰卿見前後事主不忠傾亂國政寧有得以壽終者邪何以專爲姦邪穢塵天聽宜自改厲不然方見卿有不測之禍矣定大恨凱思中傷之凱終不以爲意乃心公家義形於色表疏皆指事不飾忠懇內發建衡元年疾病晧遣中書令董朝問所欲言凱陳何定不可任用宜授外任不宜委以國事奚熙小吏建起浦里田欲復嚴密故迹亦不可聽姚信樓玄賀邵張悌郭逴薛瑩滕修及族弟喜抗或清白忠勤或姿才卓茂皆社稷之楨幹國家之良輔願陛下重留神思訪以時務各盡其忠拾遺萬一遂卒時年七十二子禕初爲黃門侍郎出領部曲拜偏將軍凱亡後入爲太子中庶子右國史華覈表薦禕曰禕體質方剛器幹彊固董率之才魯肅不過及被召當下徑還赴都道由武昌曾不迴顧器械軍資一無所取在戎果毅臨財有節夫夏口賊之衝要宜選名將以鎭戍之臣竊思惟莫善於禕初晧常銜凱數犯顏忤旨加何定譖構非一既以重臣難繩以法又陸抗時爲大將在疆場故以計容忍抗卒後竟徙凱家於建安或曰寶鼎元年十二月凱與大司馬丁奉御史大夫丁固謀因晧謁廟欲廢晧立孫休子時左將軍留平領兵先驅故密語平平拒而不許誓以不泄是以所圖不果太史郎陳苗奏晧久陰不雨風氣迴逆將有陰謀晧深警懼云吳錄曰舊拜廟選兼大將軍領三千兵爲衞凱欲因此兵以圖之令選曹白用丁奉晧偶不欲曰更選凱令執據雖蹔兼然宜得其人晧曰用留平凱令其子禕以謀語平平素與丁奉有隙禕未及得宜凱旨平語禕曰聞野豬入丁奉營此凶徵也有喜色禕乃不敢言還因具啓凱故輟止予連從荊揚來者得凱所陳晧二十事博問吳人多云不聞凱有此表又按其文殊甚切直恐非晧之所能容忍也或以爲凱藏之篋笥未敢宣行病困晧遣董朝省問欲言因以付之虛實難明故不著于篇然愛其指擿晧事足爲後戒故鈔列于凱傳左云晧遣親近趙欽口詔報凱前表曰孤動必遵先帝有何不平君所諫非也又建業宮不利故避之而西宮室宇摧朽須謀移都何以不可徙乎凱上疏曰臣竊見陛下執政以來陰陽不調五星失晷職司不忠姦黨相扶是陛下不遵先帝之所致江表傳載凱此表曰臣拜受明詔心與氣結陛下何心之難晧意不聽之甚也夫王者之興受之於天修之由德豈在宮乎而陛下不諮之公輔便盛意驅馳六軍流離悲懼逆犯天地天地以災童歌其謠縱令陛下一身得安百姓愁勞何以用治此不遵先帝一也臣聞有國以賢爲本夏殺龍逢殷獲伊摯斯前世之明效今日之師表也中常侍王蕃黃中通理處朝忠謇斯社稷之重鎭大吳之龍逢也而陛下忿其苦辭惡其直對梟之殿堂尸骸暴棄邦內傷心有識悲悼咸以吳國夫差復存先帝親賢陛下反之是陛下不遵先帝二也臣聞宰相國之柱也不可不彊是故漢有蕭曹之佐先帝有顧步之相而萬彧瑣才凡庸之質昔從家隸超步紫闥於彧已豐於器已溢而陛下愛其細介不訪大趣榮以尊輔越尚舊臣賢良憤惋智士赫咤是不遵先帝三也先帝愛民過於嬰孩民無妻者以妾妻之見單衣者以帛給之枯骨不收而取埋之而陛下反之是不遵先帝四也昔桀紂滅由妖婦幽厲亂在嬖妾先帝覽之以爲身戒故左右不置淫邪之色後房無曠積之女今中宮萬數不備嬪嬙外多鰥夫女吟於中風雨逆度正由此起是不遵先帝五也先帝憂勞萬機猶懼有失陛下臨阼以來游戲後宮眩惑婦女乃令庶事多曠下吏容姦是不遵先帝六也先帝篤尚朴素服不純麗宮無高臺物不彫飾故國富民充姦盜不作而陛下徵調州郡竭民財力土被玄黃宮有朱紫是不遵先帝七也先帝外杖顧陸朱張內近胡綜薛綜是以庶績雍熙邦內清肅今者外非其任內非其人陳聲曹輔斗筲小吏先帝之所棄而陛下幸之是不遵先帝八也先帝每宴見羣臣抑損醇醲臣下終日無失慢之尤百寮庶尹並展所陳而陛下拘以視瞻之敬懼以不盡之酒夫酒以成禮過則敗德此無異商辛長夜之飲也是不遵先帝九也昔漢之桓靈親近宦豎大失民心今高通詹廉羊度黃門小人而陛下賞以重爵權以戰兵若江渚有難烽燧互起則度等之武不能禦侮明也是不遵先帝十也今宮女曠積而黃門復走州郡條牒民女有錢則舍無錢則取怨呼道路母子死訣是不遵先帝十一也先帝在時亦養諸王太子若取乳母其夫復役賜與錢財給其資糧時遣歸來視其弱息今則不然夫婦生離夫故作役兒從後死家爲空戶是不遵先帝十二也先帝歎曰國以民爲本民以食爲天衣其次也三者孤存之於心今則不然農桑並廢是不遵先帝十三也先帝簡士不拘卑賤任之鄉閭效之於事舉者不虛受者不妄今則不然浮華者登朋黨者進是不遵先帝十四也先帝戰士不給他役使春惟知農秋惟收稻江渚有事責其死效今之戰士供給衆役廩賜不贍是不遵先帝十五也夫賞以勸功罰以禁邪賞罰不中則士民散失今江邊將士死不見哀勞不見賞是不遵先帝十六也今在所監司已爲煩猥兼有內使擾亂其中一民十吏何以堪命昔景

帝時交阯反亂實由茲起是爲遵景帝之闕不遵先帝十七也夫校事吏民之仇也先帝末年雖有呂壹錢欽尋皆誅夷以謝百姓今復張立校曹縱吏言事是不遵先帝十八也先帝將居官者咸久於其位然後考績黜陟今州郡職司或莅政無幾便徵召遷轉迎新送舊紛紜道路傷財害民於是爲甚是不遵先帝十九也先帝每察竟解之奏常留心推按是以獄無寃囚死者吞聲今則違之是不遵先帝二十也若臣言可錄藏之盟府如其虛妄治臣之罪願陛下留意江表傳曰晧所行彌暴凱知其將亡上表曰臣聞惡不可積過不可長積惡長過喪亂之源也是以古人懼不聞非故設進善之旌立敢諫之鼓武公九十思聞警戒詩美其德士悅其行臣察陛下無思警戒之義而有積惡之漸臣深憂之此禍兆見矣故略陳其要寫盡愚懷陛下宜克己復禮述前德不可損棄臣言而放奢意意奢情至吏日欺民民離則上不信下下當疑上骨肉相克公子相奔臣雖愚闇於天命以心審之敗不過二十稔也臣常忿亡國之人夏桀殷紂亦不可使後人復忿陛下也臣受國恩奉朝三世復以餘年值遇陛下不能循俗與衆沈浮若比干伍員以忠見戮以正見疑自謂畢足無所餘恨灰身泉壤無負先帝願陛下九思社稷存焉初晧始起宮凱上表諫不聽凱重表曰臣聞宮功當起夙夜反側是以頻煩上事往往留中不見省報於邑歎息企想應罷昨食時被詔曰君所諫誠是大趣然未合鄙意如何此宮殿不利宜當避之乃可以妨勞役長坐不利宮乎父之不安子亦何倚臣拜紙詔伏讀一周不覺氣結於胸而涕泣雨集也臣年已六十九榮祿已重於臣過望復何所冀所以勤勤數進苦言者臣伏念大皇帝創基立業勞苦勤至白髮生於鬢膚黃耇被於甲冑天下始靜晏駕早崩自含息之類能言之倫無不歔欷如喪考妣幼主嗣統柄在臣下軍有連征之費民有彫殘之損賊臣干政公家空竭今彊敵當塗西州傾覆孤罷之民宜當畜養廣力肆業以備有虞且始從都屬有軍征戰士流離州郡擾擾而大功復起徵召四方斯非保國致治之漸也臣聞爲人主者攘災以德除咎以義故湯遭大旱身禱桑林熒惑守心宋景退殿是以旱魃銷亡妖星移舍今宮室之不利但當克己復禮篤湯宋之至道愍黎庶之困苦何憂宮之不安哉陛下不務修德而務築宮室若德之不修行之不貴雖殷辛之瑤臺秦王之阿房何止而不喪身覆國宗廟作墟乎夫興土功高臺榭旣致水旱民又多疾其不疑也爲父長安使子無倚此乃子離於父臣離於陛下之象也臣子一離雖念克骨茅茨不剪復何益焉是以大皇帝居於南宮自謂過於阿房故先朝大臣以爲宮室宜厚備衛非常大皇帝曰逆虜游魂當愛育百姓何聊趣於不急然臣下懇惻由不獲已故裁調近郡苟副衆心比當就功猶豫三年當此之時寇鈔懾威不犯我境師徒奔北且西阻岷漢南州無事尙猶沖讓未肯築宮況陛下危側之世又乏大皇帝之德可不慮哉願陛下留意臣不虛言

胤字敬宗凱弟也始爲御史尚書選曹郎太子和聞其名待以殊禮會全寄楊竺等阿附魯王霸與和分爭陰相譖搆胤坐收下獄楚毒備至終無他辭吳錄曰太子自懼黜廢而魯王覬覦益甚權時見楊竺辟左右而論霸之才竺深述霸有文武英姿宜爲嫡嗣於是權乃許立焉有給使伏于牀下具聞之以告太子胤當至武昌往辭太子太子不見而微服至其車上與共密議欲令陸遜表諫旣而遜有表極諫權疑竺泄之竺辭不服權使竺出尋其由竺白頃惟胤西行必其所道又遣問遜何由知之遜言胤所述召胤考問胤爲太子隱曰楊竺向臣道之遂共爲獄竺不勝痛毒服是所道初權疑竺泄之及服以爲果然乃斬竺後爲衡陽督軍都尉赤烏十一年交阯九眞夷賊攻沒城邑交部擾動以胤爲交州刺史安南校尉胤入南界喩以恩信務崇招納高涼渠帥黃吳等支黨三千餘家皆出降引軍而南重宣至誠遺以財幣賊帥百餘人民五萬餘家深幽不羈莫不稽顙交域清泰就加安南將軍復討蒼梧建陵賊破之前後出兵八千餘人以充軍用永安元年徵爲西陵督封都亭侯後轉左虎林中書丞華覈表薦胤曰胤天姿聰明才通行潔昔歷選曹遺迹可紀還在交州奉宣朝恩流民歸附海隅肅清蒼梧南海歲有舊風障氣之害風則折木飛砂轉石氣則霧鬱飛鳥不經自胤至州風氣絕息商旅平行民無疾疫田稼豐稔州治臨海海流秋鹹胤又畜水民得甘食惠風被化感人神遂憑天威招合遺散至被詔書當出民感其恩以忘戀土負老攜幼甘心景從衆無攜貳不煩兵衛自諸將合衆皆脅之以威未有如胤結以恩信者也銜命在州十有餘年賓帶殊俗寶玩所生而內無粉黛附珠之妾家無文甲犀象之珍方之今臣實難多得宜在輦轂股肱王室以贊唐虞康哉之頌江邊任輕不盡其才虎林選督堪之者衆若召還都寵以上司則天工畢修庶績咸熙矣胤卒子式嗣爲柴桑督揚武將軍天策元年與從兄禕俱徙建安天紀二年召還建業復將軍侯

評曰潘濬公淸割斷陸凱忠壯質直皆節槩梗梗有大丈夫格業胤身絜事濟著稱南土可謂良牧矣

吳志卷十六考證

潘濬一方寧靜注加隣有名勢在所所媚不可聽也○宋本在所下闕一字臣壆按在所言隣身所在也猶言所到之處人皆媚之云耳

濬女配建昌侯孫慮注先君昔因君侯當爲州里議主今果如其言○因疑作目

陸凱是以爲晉所伐君臣見虜○監本誤作爲晉所代今改正

務寬盪忽苛政○忽字疑誤元本作思庶政

今州郡職司○宋本作州縣

先帝每察竟解之奏常留心推按是以獄無寃囚○毛本作推接

願陛下留意注民離則上不信下下當疑上○當元本作常

又注臣聞爲人主者攘災以德○攘疑當作禳

陸胤蒼梧南海歲有舊風障氣之害○臣明楷按舊風障氣疑有誤觀下文折木飛砂轉石則舊風當作暴風霧鬱飛鳥不經則障氣當爲瘴氣也

吳志卷十七

晉 著作郎巴西中正安漢陳 壽 撰

宋太中大夫國子博士聞喜裴松之 注

是儀 胡綜 徐詳

是儀字子羽北海營陵人也本姓氏初爲縣吏後仕郡郡相孔融嘲儀言氏字民無上可改爲是乃遂改焉徐衆評曰古之建姓或以所生或以官或以祖皆有義體以明氏族故曰胙之以土而命之氏此先王之典也所以明本重始彰示功德子孫不忘也今離文析字橫生忌諱使儀易姓忘本誣祖不亦謬哉教人易姓從人改族融旣失之儀又不得也後依劉繇避亂江東繇軍敗儀徙會稽

孫權承攝大業優文徵儀到見親任專典機密拜騎都尉呂蒙圖襲關羽權以問儀儀善其計勸權聽之從討羽拜忠義校尉儀陳謝權令曰孤雖非趙簡子卿安得不自屈爲周舍邪旣定荊州都武昌拜裨將軍後封都亭侯守侍中欲復授兵儀自以非材固辭不受黃武中遣儀之皖就將軍劉邵欲誘致曹休休到大破之遷偏將軍入闕省尚書事外總平諸官兼領辭訟又令教諸公子書學大駕東遷太子登留鎮武昌使儀輔太子太子敬之事先諮詢然後施行進封都鄉侯後從太子還建業復拜侍中中執法平諸官事領辭訟如舊典校郎呂壹誣白故江夏太守刁嘉謗訕國政權怒收嘉繫獄悉驗問時同坐人皆怖畏壹並言聞之儀獨云無聞於是見窮詰累日詔旨轉厲羣臣爲之屏息儀對曰今刀鋸已在臣頸臣何敢爲嘉隱諱自取夷滅爲不忠之鬼顧以聞知當有本末據實答問辭不傾移權遂舍之嘉亦得免徐衆評曰是儀以羇旅異方客仕吳朝值讒邪殄行當嚴毅之威命縣漏刻之危機不雷同以害人不苟免以傷義可謂忠勇公正之士雖祁奚之免叔向慶忌之濟朱雲何以尚之忠不諂君勇不懾耸公不存私正不黨邪資此四德加之以文敏崇之以謙約履之以和順保傅二宮存身受名不亦宜乎蜀相諸葛亮卒權垂心西州遣儀使蜀申固盟好奉使稱意後拜尚書僕射南魯二宮初立儀以本職領魯王傅儀嫌二宮相近切乃上疏曰臣竊以魯王天挺懿德兼資文武當今之宜宜鎮四方爲國藩輔宣揚德美廣耀威靈乃國家之良規海內所瞻望但臣言辭鄙野不能究盡其意愚以二宮宜有降殺正上下之序明教化之本書三四上爲傅盡忠動輒規諫事上勤與人恭不治產業不受施惠爲屋舍財足自容鄰家有起大宅者權出望見問起大室者誰左右對曰似是儀家也權曰儀儉必非也問果他家其見知信如此服不精細食不重膳拯贍貧困家無儲畜權聞之幸儀舍求視蔬飯親嘗之對之歎息卽增俸賜益田宅儀累辭讓以恩爲戚時時有所進達未嘗言人之短權常責儀以不言事無所是非儀對曰聖主在上臣下守職懼於不稱實不敢以愚管之言上干天聽事國數十年未嘗有過呂壹歷白將相大臣或一人以罪聞者數四獨無以白儀權歎曰使人盡如是儀當安用科法爲及寢疾遺令素棺斂以時服務從省約年八十一卒

胡綜字偉則汝南固始人也少孤母將避難江東孫策領會稽太守綜年十四爲門下循行留吳與孫權共讀書策薨權爲討虜將軍以綜爲金曹從事從討黃祖拜鄂長權爲車騎將軍都京召綜還爲書部與是儀徐詳俱典軍國密事劉備下白帝權以見兵少使綜料諸縣得六千人立解煩兩部詳領左部綜領右部督吳將晉宗叛歸魏魏以宗爲蘄春太守去江數百里數爲寇害權使綜與賀齊輕行掩襲生虜得宗加建武中郎將魏拜權爲吳王封綜儀詳皆爲亭侯黃武八年夏黃龍見夏口於是權稱尊號因瑞改元又作黃龍大牙常在中軍諸軍進退視其所向命綜作賦曰乾坤肇立三才是生狼弧垂象實惟兵精聖人觀法是效是營始作器械爰求厥成黃農創代拓定皇基上順天心下息民災高辛誅共舜征有苗啓有甘師湯有鳴條周之牧野漢之垓下靡不由兵克定厥緒明明大吳實天生德神武是經惟皇之極乃自在昔黃虞是祖越歷五代繼世在下應期受命發迹南土將恢大繇革我區夏乃律天時制爲神軍取象太一五將三門疾則如電遲則如雲進止有度約而不煩四靈旣布黃龍處中周制日月實曰太常桀然特立六軍所望仙人在上鑒觀四方神實使之爲國休祥軍欲轉向黃龍先移金鼓不鳴寂然變施闇謨若神可謂祕奇在昔周室赤烏銜書今也大吳黃龍吐符合契河洛動與道俱天贊人和僉曰惟休蜀聞權踐阼遣使重申前好綜爲盟文文義甚美語在權傳權下都建業詳綜並爲侍中進封鄉侯兼左右領軍時魏降人或云魏都督河北振威將軍吳質頗見猜疑綜乃僞爲質作降文三條其一曰天綱弛絕四海分崩羣生憔悴士人播越兵寇所加邑無居民風塵烟火往往而處自三代以來大亂之極未有若今時者也臣質志薄處時無方繫於土壤不能飜飛遂爲曹氏執事戎役遠處河朔天衢隔絕雖望風慕義思託大命媿無因緣得展其志每往來者竊聽風化伏知陛下齊德乾坤同明日月神武之姿受之自然敷演皇極流化萬里自江以南戶受覆燾英雄俊傑上達之士莫不心歌腹詠樂在歸附者也今年六月末奉聞吉日龍興踐阼恢弘大繇

整理天綱將使遺民覩見定主昔武王伐殷殷民倒戈高祖誅項四面楚歌方之今日未足以喻臣質不勝昊天至願謹遣所親同郡黃定恭行奉表及託降叛間關求達其欲所陳載列于左其二曰昔伊尹去夏入商陳平委楚歸漢書功竹帛遺名後世世主不謂之背誕者以爲知天命也臣昔爲曹氏所見交接外託君臣內如骨肉恩義綢繆有合無離遂受偏方之任總河北之軍當此之時志望高大永與曹氏同死俱生惟恐功之不建事之不成耳及曹氏之亡後嗣繼立幼冲統政讒言彌興同儕者以勢相害異趣者得間其言而臣受性簡略素不下人視彼數子意實迫之此亦臣之過也遂爲邪議所見構會招致猜疑誣臣欲叛雖識眞者保明其心世亂讒勝餘嫌猶在常懼一旦橫受無辜憂心孔疚如履氷炭昔樂毅爲燕昭王立功於齊惠王即位疑奪其任遂去燕之趙休烈不虧彼豈欲二三其德蓋畏功名不建而懼禍之將及也昔遺魏郡周光以賈販爲名託叛南詣宣達密計時以倉卒未敢便有章奏使光口傳而已以爲天下大歸可見天意所在非吳復誰此方之民思爲臣妾延頸舉踵惟恐兵來之遲耳若使聖恩少加信納當以河北承望王師款心赤實天日是鑒而光去經年不聞咳唾未審此意竟得達不瞻望長歎日月以幾魯望高子何足以喻又臣今日見待稍薄蒼蠅之聲緜緜不絕必受此禍遲速事耳臣私度陛下未垂明慰者必以臣質貫穿仁義之道不行若此之事謂光所傳多虛少實或謂此中有他消息不知臣質搆讒見疑恐受大害也且臣質若有罪之日自當奔赴鼎鑊束身待罪此蓋人臣之宜也今日無罪橫見譖毀將有商鞅白起之禍尋惟事勢去亦宜也死而弗義不去何爲樂毅之出吳起之走君子傷其不遇未有非之者也願陛下推古況今不疑怪於臣質也又念人臣獲罪當如伍員奉己自效不當徼幸因事爲利然今與古厥勢不同南北悠遠江湖隔絕自不舉事何得濟免是以忘志士之節而思立功之義也且臣質又以曹氏之嗣非天命所在政弱刑亂柄奪於臣諸將專威於外各自爲政莫或同心士卒衰耗帑藏空虛綱紀毀廢上下並昏想前後數得降叛具聞此問兼弱攻昧宜應天時此實陛下進取之秋是以區區敢獻其計今若內兵淮泗據有下邳荊揚二州聞聲響應臣從河北席卷而南形勢一連根牙永固關西之兵繫於所衞青徐二州不敢徹守許洛餘兵衆不滿萬誰能來東與陛下爭者此誠千載一會之期可不深思而熟計乎及臣所在旣自多馬加諸羌胡常以三四月中美草時驅馬來出隱度今者可得三千餘匹陛下出軍當投此時多將騎士來就馬耳此皆先定所一二知凡兩軍不能相究虛實今此間實羸易可克定陛下舉動應者必多上定洪業使普天一統下令臣質建非常之功此乃天也若不見納此亦天也願陛下思之不復多陳其三曰昔許子遠舍袁就曹規畫計較應見納受遂破袁軍以定曹氏向使曹氏不信子遠懷疑猶豫不決於心則今天下袁氏有也願陛下思之間聞界上將閻浮趙楫欲歸大化唱和不速以取破亡今臣款款遠授其命若復懷疑不時舉動令臣孤絕受此厚禍即恐天下雖夫烈士欲立功者不敢復託命陛下矣願陛下思之皇天后土實聞其言此文旣流行而質已入爲侍中矣二年青州人隱蕃歸吳上書曰臣聞紂爲無道微子先出高祖寬明陳平先入臣年二十二委棄封域歸命有道賴蒙天靈得自全致臣至止有日而主者同之降人未見精別使臣微言妙旨不得上達於邑三歎曷惟其已謹詣闕拜章乞蒙引見權即召入蕃謝答問及陳時務甚有辭觀綜時侍坐權問何如綜對曰蕃上書大語有似東方朔巧捷詭辯有似禰衡而才皆不及權又問可堪何官綜對曰未可以治民且試以都輦小職權以蕃盛論刑獄用爲廷尉監左將軍朱據廷尉郝普稱蕃有王佐之才普尤與之親善常怨歎其屈後蕃謀叛事覺伏誅（吳錄曰蕃有口才魏明帝使詐叛如吳令求作廷尉職重案大臣以離間之旣爲廷尉監衆人以據普與蕃親善常車馬雲集賓客盈堂及至事覺蕃亡走捕得考問黨與無所言吳主使將入請曰何乃以肌肉爲人受毒乎蕃曰孫君丈夫圖事豈有無伴烈士死不足相牽耳遂閉口而死吳歷曰權問普卿前盛稱蕃又爲之怨望朝廷使蕃反叛皆卿之由）普見責自殺據禁止歷時乃解拜綜偏將軍兼左執法領辭訟遼東之事輔吳將軍張昭以諫權言辭切至權亦大怒其和協彼此使之無隙綜有力焉性嗜酒酒後歡呼極意或推引杯觴搏擊左右權愛其才弗之責也凡自權統事諸文誥策命鄰國書符略皆綜之所造也初以內外多事特立科長吏遭喪皆不得去而數有犯者權患之使朝臣下議綜議以爲宜定科文示以大辟行之一人其後必絕遂用綜言由是奔喪乃斷赤烏六年卒子沖嗣沖平和有文幹天紀中爲中書令（吳錄曰沖後仕晉尚書郎吳郡太守）徐詳者字子明吳郡烏程人也先綜死

評曰是儀徐詳胡綜皆孫權之時幹興事業者也儀清恪貞素詳數通使命綜文采才用各見信任辟之廣夏其榱椽之佐乎

吳志卷十七考證

是儀遷偏將軍入闕省尚書事○闕元本作關

胡綜黃龍見夏口於是權稱尊號○臣龍官按夏口毛本作擧口太平御覽作樊口擧口葢樊口之誤然吳主孫權傳云黃龍元年夏四月夏口武昌並見黃龍則太平御覽所云樊口未爲得也

乃自在昔黃虞是祖○乃自元本作乃闕

將恢大繇革我區夏○大繇疑作大猷下同

昔遣魏郡周光以賈販爲名○監本販誤敗今改正

吳志卷十八

晉　著作郎巴西中正安漢陳　壽撰

宋太中大夫國子博士聞喜裴松之注

吳範　劉惇　趙達

吳範字文則會稽上虞人也以治歷數知風氣聞於郡中舉有道詣京都世亂不行會孫權起於東南範委身服事每有災祥輒推數言狀其術多效遂以顯名初權在吳欲討黃祖範曰今茲少利不如明年明年戊子荊州劉表亦身死國亡權遂征祖卒不能克明年軍出行及尋陽範見風氣因詣船賀催兵急行至即破祖祖得夜亡權恐失之範曰未遠必生禽祖至五更中果得之劉表竟死荊州分割及壬辰歲範又白言歲在甲午劉備當得益州後呂岱從蜀還遇之白帝說備部衆離落死亡且半事必不克權以難範範曰臣所言者天道也而岱所見者人事耳備卒得蜀權與呂蒙謀襲關羽議之近臣多曰不可權以問範範曰得之後羽在麥城使使請降權問範曰竟當降否範曰彼有走氣言降詐耳權使潘璋邀其徑路覘候者還白羽已去範曰雖去不免問其期曰明日日中權立表下漏以待之及中不至權問其故範曰時尚未正中也頃之有風動帷範拊手曰羽至矣須臾外稱萬歲傳言得羽後權與魏爲好範曰以風氣言之彼以貌來其實有謀宜爲之備劉備盛兵西陵範曰後當和親終皆如言其占驗明審如此權以範爲騎都尉領太史令數從訪問欲知其決範祕惜其術不以至要語權權由是恨之（吳錄曰範獨心計所以見重者術術亡則身棄矣故終不言）初權爲將軍時範嘗白言江南有王氣亥子之間有大福慶權曰若終如言以君爲侯及立爲吳王範時侍宴曰昔在吳中嘗言此事大王識之邪權曰有之因呼左右以侯綬帶範範知權欲以厭當前言輒手推不受及後論功行封以範爲都亭侯詔臨當出權恚其愛道於己也刪除其名範爲人剛直頗好自稱然與親故交接有終始素與魏滕同邑相善滕嘗有罪權責怒甚嚴敢有諫者死範謂滕曰與汝偕死滕曰死而無益何用死爲範曰安能慮此坐觀汝邪乃髡頭自縛詣門下使鈴下以聞鈴下不敢曰必死不敢白範曰汝有子邪曰有曰使汝爲吳範死子以屬我鈴下曰諾乃排閤入言未卒權大怒欲便投以戟逡巡走出範因突入叩頭流血言與涕並良久權意釋乃免滕滕見範謝曰父母能生長我不能免我於死丈夫相知如汝足矣何用多爲（會稽典錄曰滕字周林祖父河內太守朗字少英列在八俊滕性剛直行不苟合雖遭困偪終不迴撓初亦忤策幾殆賴太妃救得免語見妃嬪傳歷歷山潘陽山陰三縣令鄱陽太守）黃武五年範病卒長子先死少子尚幼於是業絕權追思之募三州有能舉知術數如吳範趙達者封千戶侯卒無所得（吳錄曰範先知其死日謂權曰陛下某日當喪軍師權曰吾無軍師焉得喪之範曰陛下出軍臨敵須臣言而後行臣乃陛下之軍師也至其日果卒臣松之案範死時權未稱帝此云陛下非也）

劉惇字子仁平原人也遭亂避地客游廬陵事孫輔以明天官達占數顯於南土每有水旱寇賊皆先時處期無不中者輔異焉以爲軍師軍中咸敬事之號曰神明建安中孫權在豫章時有星變以問惇惇曰災在丹陽權曰何如曰客勝主人到某日當得聞是時邊鴻作亂卒如惇言惇於諸術皆善尤明太乙皆能推演其事窮盡要妙著書百餘篇名儒刁玄稱以爲奇惇亦寶愛其術不以告人故世莫得而明也

趙達河南人也少從漢侍中單甫受學用思精密謂東南有王者氣可以避難故脫身渡江治九宮一算之術究其微旨是以能應機立成對問若神至計飛蝗射隱伏無不中效或難達曰飛者固不可校誰知其然此殆妄耳達使其人取小豆數斗播之席上立處其數驗覆果信嘗過知故知故爲之具食食畢謂曰倉卒乏酒又無嘉肴無以敘意如何達因取盤中隻箸再三從橫之乃言卿東壁下有美酒一斛又有鹿肉三斤何以辭無時坐有他賓內得主人情主人慚曰以卿善射有無欲相試耳竟效如此遂出酒酣飲又有書簡上作千萬數著空倉中封之令達算之達處如數云但有名無實其精微若是達寶愛其術自闞澤殷禮皆名儒善士親屈節就學達祕而不告太史丞公孫滕少師事達勤苦累年達許教之者有年數矣臨當喻語而輒復止滕他日齎酒具候顏色拜跪而請達曰吾先人得此術欲圖爲帝王師至仕來三世不過太史郎誠不欲復傳之且此術微妙頭乘尾除一算之法父子不相語然以子篤好

不倦今眞以相授矣飲酒數行達起取素書兩卷大如手指達曰當寫讀此則自解也吾久廢不復省之今欲思論一過數日當以相與滕如期往至乃陽求索書驚言失之云女壻昨來必是渠所竊遂從此絕初孫權行師征伐每令達有所推步皆如其言權問其法達終不語由此見薄祿位不至吳書曰初權卽尊號令達算作天子之後當復幾年達曰高祖建元十二年陛下倍之權大喜左右稱萬歲果如達言達常笑謂諸星氣風術者曰當迴算帷幕不出戶牖以知天道而反晝夜暴露以望氣祥不亦難乎閒居無爲引算自校乃歎曰吾算訖盡某年月日其終矣達妻數見達效聞而哭泣達欲弭妻意乃更步算言向者謬誤耳尚未也後如期死權聞達有書求之不得乃錄問其女及發達棺無所得法術絕焉吳錄曰皇象字休明廣陵江都人幼工書時有張子並陳梁甫能書甫恨逋並恨峻象斟酌其間甚得其妙中國善書者不能及也嚴武字子卿衞尉畯再從子也圍棊莫與爲輩宋壽占夢十不失一曹不興善畫權使畫屛風誤落筆點素因就以作蠅旣進御權以爲生蠅舉手彈之孤城鄭嫗能相人及範惇達八人世皆稱妙謂之八絕云晉陽秋曰吳有葛衡字思眞明達天官能爲機巧作渾天使地居于中以機動之天轉而地止以上應晷度

評曰三子各於其術精矣其用思妙矣然君子算役心神宜於大者遠者是以有識之士舍彼而取此也孫盛曰夫玄覽未然逆鑒來事雖禆竈梓愼其猶病諸況術之下此者乎吳史書達知東南當有王氣故輕舉濟江魏承漢緒受命中畿達不能豫覩兆萌而流竄吳越又不知吝術之鄙見薄於時安在其能逆覩天道而審帝王之符瑞哉昔聖王觀天地之文以畫八卦之象故亹亹成於蓍策變化形乎六爻是以三易雖殊卦繇理一安有迴轉一籌可以鉤深測隱意對逆占而能遂知來物者乎流俗好異妄設神奇不幸之中仲尼所棄是以君子志其大者無所取諸臣松之以爲盛云君子志其大者無所取諸故評家之旨非新聲也其餘瓜識則皆爲非理自中原酷亂至于建安數十年間生民殆盡比至小康皆百死之餘耳江左雖有兵革不能如中國之甚也焉知達不算其安危知有多少利在東南以全其身乎而責不知魏氏將興流播吳越在京房之籌猶不能自免刑數況達但以祕術見薄在悔吝之間乎古之道術蓋非一方探賾之功豈惟六爻苟得其要則可以易而知之矣迴轉一籌胡足怪哉達之推算窮其要妙以知幽測隱何愧於古而以禆梓限之謂達爲妄非篤論也抱朴子曰時有葛仙公者每飲酒醉常入人家門前陂水中臥竟日乃出曾從吳主別到洌洲還遇大風百官船多沒仙公船亦沈淪吳主甚悵恨明日使人鉤求公船而登高以望焉久之見公步從水上來衣履不沾而有酒色旣見而言曰臣昨侍從而伍子胥見請暫過設酒忽忽不得卽委之又有姚光者有火術吳主身臨試之積荻數千束使光坐其上又以數千束荻裹之因猛風而燔之荻了盡謂光當以化爲燼而光端坐灰中振衣而起把一卷書吳主取其書視之不能解也又曰吳景帝有疾求覡視者得一人景帝欲試之乃殺鵝而埋於苑中築小屋施牀几以婦人屐履服物著其上乃使覡視之告曰若能說此冢中鬼婦人形狀者當加賞而卽信之矣竟日盡夕無言帝推問之急乃曰實不見有鬼但見一頭白鵝立墓上所以不卽白之疑是鬼神變化作此相當候其眞形而定無復移易不知何故不敢不以實上聞景帝乃厚賜之然則鵝死亦有鬼也葛洪神仙傳曰仙人介象字元則會稽人有諸方術吳主聞之徵象到武昌甚敬貴之稱爲介君爲起宅以御帳給之賜遺前後累千金從象學蔽形之術試還後宮及出殿門莫有見者又使象作變化種瓜菜百果皆立生可食吳主共論鱠魚何者最美象曰鯔魚爲上吳主曰論近道魚耳此出海中安可得邪象曰可得耳乃令人於殿庭中作方埳汲水滿之并求鉤象起餌之垂綸於埳中須臾果得鯔魚吳主驚喜問象曰可食不象曰故爲陛下取以作生鱠安敢取不可食之物乃使廚下切之吳主曰聞蜀使來得蜀薑作虀甚好恨爾時無此象曰蜀薑豈不易得願差所使者可付値吳主指左右一人以錢五十付之象書一符以著靑竹杖中使行人閉目騎杖杖止便買薑訖復閉目此人承其言騎杖須臾止已至成都不知是何處問人人言是蜀市中乃買薑于時吳使張溫先在蜀旣於市中相識甚驚便作書寄其家此人買薑畢捉書負薑騎杖閉目須臾已還到吳廚下切鱠適了臣松之以爲葛洪所記近爲惑衆其書文頗行世故撮取數事載之篇末也神仙之術詎可測量臣之臆斷以爲惑衆所謂夏蟲不知冷冰耳

吳志卷十八考證

吳範數從訪問欲知其決○決太平御覽作訣

評曰然君子算役心神宜於大者遠者○算役宋本作等役

吳志卷十九

晉 著作郎巴西中正安漢陳 壽 撰

宋太中大夫國子博士聞喜裴松之注

諸葛恪 滕胤 孫峻留贊 孫綝 濮陽興

諸葛恪字元遜瑾長子也少知名江表傳曰恪少有才名發藻岐嶷辯論應機莫與爲對權見而奇之謂瑾曰藍田生玉眞不虛也吳錄曰恪長七尺六寸少鬚眉折頞廣額大口高聲弱冠拜騎都尉與顧譚張休等侍太子登講論道藝並爲賓友從中庶子轉爲左輔都尉恪父瑾面長似驢孫權大會羣臣使人牽一驢入長檢其面題曰諸葛子瑜恪跪曰乞請筆益兩字因聽與筆恪續其下曰之驢舉坐歡笑乃以驢賜恪他日復見權問恪曰卿父與叔父孰賢對曰臣父爲優權問其故對曰臣父知所事叔父不知以是爲優權又大嘆命恪行酒至張昭前昭先有酒色不肯飲曰此非養老之禮也權曰卿其能令張公辭屈乃當飲之耳恪難昭曰昔師尚父九十秉旄仗鉞猶未告老也今軍旅之事將軍在後酒食之事將軍在先何謂不養老也昭卒無辭遂爲盡爵後蜀使至羣臣並會權謂使曰此諸葛恪雅好騎乘還告丞相爲致好馬恪因下謝權曰馬未至而謝何也恪對曰夫蜀者陛下之外廄今有恩詔馬必至也安敢不謝恪之才捷皆此類也恪別傳曰權嘗饗蜀使費禕先逆勅羣臣使至伏食勿起禕至權爲輟食而羣下不起禕嘲之曰鳳皇來翔騏驎吐哺驢騾無知伏食如故恪答曰爰植梧桐以待鳳皇有何燕雀自稱來翔何不彈射使還故鄉禕停食餅索筆作麥賦恪亦請筆作磨賦咸稱善焉權嘗問恪頃何以自娛而更肥澤恪對曰臣聞富潤屋德潤身臣非敢自娛修己而已又問卿何如滕胤恪答曰登階躡履臣不如胤廻籌轉策胤不如臣恪嘗獻權馬先鑣其耳范愼時在坐嘲恪曰馬雖大畜稟氣於天今殘其耳豈不傷仁恪答曰母之於女恩愛至矣穿耳附珠何傷於仁太子嘗嘲恪諸葛元遜可食馬矢恪曰願太子食雞卵權曰人令卿食馬矢卿使人食雞卵何也恪曰所出同耳權大笑江表傳曰曾有白頭鳥集殿前權曰此何鳥也恪曰白頭翁也張昭自以坐中最老疑恪以鳥戲之因曰恪欺陛下未嘗聞鳥名白頭翁者試使恪復求白頭母恪曰鳥名鸚母未必有對試使輔吳復求鸚父昭不能答坐中皆歡笑權甚異之欲試以事令守節度節度掌軍糧穀文書繁猥非其好也江表傳曰權爲吳王初置節度官使典掌軍糧非漢制也初用侍中偏將軍徐詳詳死將用恪諸葛亮聞恪代詳書與陸遜曰家兄年老而恪性疏今使典主糧穀糧穀軍之要最僕雖在遠竊用不安足下特爲啟至尊轉之遜以白權卽轉恪領兵恪以丹陽山險民多果勁雖前發兵徒得外縣平民而已其餘深遠莫能禽盡屢自求乞爲官出之三年可得甲士四萬衆議咸以丹陽地勢險阻與吳郡會稽新都鄱陽四郡鄰接周旋數千里山谷萬重其幽邃民人未嘗入城邑對長吏皆仗兵野逸白首於林莽逋亡宿惡咸共逃竄山出銅鐵自鑄甲兵俗好武習戰高尚氣力其升山赴險抵突叢棘若魚之走淵猨狖之騰木也時觀間隙出爲寇盜每致兵征伐尋其窟藏其戰則蠭至敗則鳥竄自前世以來不能羈也皆以爲難恪父瑾聞之亦以事終不逮歎曰恪不大興吾家將大赤吾族也恪盛陳其必捷權拜恪撫越將軍領丹陽太守授棨戟武騎三百拜畢命恪備威儀作鼓吹導引歸家時年三十二恪到府乃移書四部屬城長吏令各保其疆界明立部伍其從化平民悉令屯居乃分內諸將羅兵幽阻但繕藩籬不與交鋒候其穀稼將熟輒縱兵芟刈使無遺種舊穀旣盡新田不收平民屯居略無所入於是山民饑窮漸出降首恪乃復勑下曰山民去惡從化皆當撫慰徙出外縣不得嫌疑有所執拘臼陽長胡伉得降民周遺遺舊惡民困迫暫出內圖叛逆伉縛送言府恪以伉違敎遂斬以徇以狀表上民聞伉坐執人被戮知官惟欲出之而已於是老幼相攜而出歲期人數皆如本規恪自領萬人餘分給諸將權嘉其功遣尚書僕射薛綜勞軍綜先移恪等曰山越恃阻不賓歷世緩則首鼠急則狼顧皇帝赫然命將西征神策內授武師外震兵不染鍔甲不沾汗元惡旣梟種黨歸義蕩滌山藪獻戎十萬野無遺寇邑罔殘姦旣埽兇慝又充軍用藜蓧稂莠化爲善草魑魅魍魎更成虎士雖實國家威靈之所加亦信元帥臨履之所致也雖詩美執訊易嘉折首周之方召漢之衞霍豈足以談功軼古人勳超前世主上歡然遙用歎息感四牡之遺典思飮至之舊章故遣中臺近官迎致犒賜以旌茂功以慰劬勞拜恪威北將軍封都鄉侯恪乞率衆佃廬江皖口因輕兵襲舒掩得其民而還復遠遣斥候觀相徑要欲圖壽春權以爲不可赤烏中魏司馬宣王謀欲攻恪權方發兵應之望氣者以爲不利於是徙恪屯於柴桑與丞相陸遜書曰楊敬叔傳述清論以爲方今人物彫盡守德業者不能復幾宜相左右更爲輔車上熙國事下相珍惜又疾世俗好相謗毀使已成之器中有損累將進之徒意不歡笑聞此喟然誠獨擊節愚以爲君子不求備於一人自孔氏門徒大數三千其見異者七十二人至于子張子路子貢等七十之徒亞聖之德然猶各有所短師辟由喭賜不受命豈況下此而無所闕且仲尼不以數子之不備而引以爲友不以人所短棄其所長也加以當今取士宜寬於往古何者時務從橫而善人單少國家職司常苦不充苟令性不邪惡志在陳力便可獎就騁其所任若於小小宜適私行不足皆宜闊略不足縷責且士誠不可纖論苛克苛克則彼賢聖猶將不全況其出入者邪故曰以道望人則難以人望人則易賢愚可知自漢末以來中國士大夫如許子將輩所以更相謗訕或至於禍原其本起非爲大讐惟坐克己不能盡如禮而責人專以正義夫己不如禮則人不服責人以正義則人不堪內不服其行外不堪其責則不得不相怨相怨一生則小人得容其間得容其間則三至之言浸潤之譖紛錯交至雖使至明至親者處之猶難以自定況己爲隙且未能明者乎是故張陳至於血刃蕭朱不終其好本由於此而已夫不舍小過纖微相責久乃至於家戶爲怨一國無復全行之士也恪知遜以此嫌己故遂廣其理而贊其旨也會遜卒恪遷大將軍假節駐武昌代遜領荊州事久之權不豫而太子少乃徵恪以大將軍領太子太傅中書令孫弘領少傅權疾困召恪弘及太常滕胤將軍呂據侍中孫峻屬以後事吳書曰權寢疾議所付託時朝臣咸皆注意於恪而孫峻表恪器任輔政可付大事權嫌恪剛很自用峻以當今朝臣皆莫及遂固保之乃徵恪後引恪等見臥內受詔牀下權詔曰吾疾困矣恐不復相見諸事一以相委恪歔欷流涕曰臣等皆受厚恩當以死奉詔願陛下安精神損思慮無以外事爲念權詔有司諸事一統於恪惟殺生大事然後以聞爲治第館設陪衞羣臣百司拜揖之儀各有品序諸法令有不便者條列以聞權輒聽之中外翕然人懷歡欣翌日權薨弘素與恪不平懼爲恪所治祕權死問欲矯詔除恪峻以告恪恪請弘咨事於坐中誅之乃發喪制服與弟公安督融書曰今月十六日乙未大行皇帝委棄萬國

羣下大小莫不傷悼至吾父子兄弟並受殊恩非徒凡庸之隸是以悲慟肝心圮裂皇太子以丁酉踐尊號哀喜交并不知所措吾身受顧命輔相幼主竊自揆度才非博陸而受姬公負圖之託懼忝丞相輔漢之效恐損先帝委付之明是以憂懃惶惶所慮萬端且民惡其上動見瞻觀何時易哉今以頑鈍之姿處保傅之位艱多智寡任重謀淺誰爲脣齒近漢之世燕蓋交遘有上官之變以身值此何敢怡豫邪又弟所在與賊犬牙相錯當於今時整頓軍具率厲將士警備過常念出萬死無顧一生以報朝廷無忝爾先又諸將備守各有境界猶恐賊虜聞諱恣睢寇竊邊邑諸曹已別下約勑所部督將不得妄委所戍徑來奔赴雖懷愴怛不忍之心公義奪私伯禽服戎若苟違戾非徒小故以親正疏古人明戒也恪更拜太傅於是罷視聽息校官原逋責除關稅事崇恩澤衆莫不悅恪每出入百姓延頸思見其狀初權黃龍元年遷都建業二年築東興隄遏湖水後征淮南敗以內船由是廢不復脩恪以建興元年十月會衆於東興更作大隄左右結山俠築兩城各留千人使全端留畧守之引軍而還魏以吳軍入其疆土耻於受侮命大將胡遵諸葛誕等率衆七萬欲攻圍兩塢圖壞隄遏恪興軍四萬晨夜赴救遵等勑其諸軍作浮橋渡陣於隄上分兵攻兩城城在高峻不可卒拔恪遣將軍留贊呂據唐咨丁奉爲前部時天寒雪魏諸將會飲見贊等兵少而解置鎧甲不持矛戟但兜鍪刀楯倮身緣遏大笑之不卽嚴兵兵得上便鼓譟亂斫魏軍驚擾散走爭渡浮橋橋壞絕自投於水更相蹈藉樂安太守桓嘉等同時并沒死者數萬故叛將韓綜爲魏前軍督亦斬之獲車乘牛馬驢騾各數千資器山積振旅而歸進封恪陽都侯加荊揚州牧督中外諸軍事賜金一百斤馬二百匹繒布各萬匹恪遂有輕敵之心以十二月戰克明春復欲出軍漢晉春秋曰恪使司馬李衡往蜀說姜維令同舉曰古人有言聖人不能爲時時至亦不可失也今敵政在私門外內猜隔兵挫於外而民怨於內自曹操以來彼之亡形未有如今者也若大舉伐之使吳攻其東漢入其西彼救西則東虛重東則西輕以練實之軍乘虛輕之敵破之必矣維從之諸大臣以爲數出罷勞同辭諫恪恪不聽中散大夫蔣延或以固爭扶出恪乃著論諭衆意曰夫天無二日土無二王王者不務兼并天下而欲垂祚後世古今未之有也昔戰國之時諸侯自恃兵彊地廣互有救援謂此足以傳世人莫能危恣情從懷憚於勞苦使秦漸得自大遂以并之此旣然矣近者劉景升在荊州有衆十萬財穀如山不及曹操尚微與之力競坐觀其彊大吞滅諸袁北方都定之後操率三十萬衆來向荊州當時雖有智者不能復爲畫計於是景升兒子交臂請降遂爲囚虜凡敵國欲相吞卽仇讎欲相除也有讎而長之禍不在己則在後人不可不爲遠慮也昔伍子胥曰越十年生聚十年教訓二十年之外吳其爲沼乎夫差自恃彊大聞此邈然是以誅子胥而無備越之心至於臨敗悔之豈有及乎越小於吳尚爲吳禍況其彊大者邪昔秦但得關西耳尚以并吞六國今賊皆得秦趙韓魏燕齊九州之地地悉戎馬之鄉士林之藪今以魏比古之秦土地數倍以吳與蜀比古六國不能半之然今所以能敵之但以操時兵衆於今適盡而後生者未悉長大正是賊衰少未盛之時加司馬懿先誅王淩續自隕斃其子幼弱而專彼大任雖有智計之士未得施用當今伐之是其厄會聖人急於趨時誠謂今日若順衆人之情懷偷安之計以爲長江之險可以傳世不論魏之終始而以今日遂輕其後此吾所以長歎息者也自本以來務在產育今者賊民歲月繁滋但以尚小未可得用耳若復十數年後其衆必倍於今而國家勁兵之地皆已空盡唯有此見衆可以定事若不早用之端坐使老復十數年畧當損半而見子弟數不足言若賊衆一倍而我兵損半雖復使伊管圖之未可如何今不達遠慮者必以此言爲迂夫禍難未至而豫憂慮此固衆人之所迂也及於難至然後頓顙雖有智者又不能圖此乃古今所病非獨一時昔吳始以伍員爲迂故難至而不可救劉景升不能慮十年之後故無以詒其子孫今恪無具臣之才而受大吳蕭霍之任智與衆同思不經遠若不及今日爲國斥境俛仰年老而讎敵更彊欲刎頸謝責寧有補邪今聞衆人或以百姓尚貧欲務閑息此不知慮其大危而愛其小勤者也昔漢祖幸已自有三秦之地何不閉關守險以自娛樂空出攻楚身被創痍介冑生蟣蝨將士厭困苦豈甘鋒刃而忘安寧哉慮於長久不得兩存者耳每覽荊邯說公孫述以進取之圖近見家叔父表陳與賊爭競之計未嘗不喟然歎息也夙夜反側所慮如此故聊疏愚言以達二三君子之末若一朝隕歿志畫不立貴令來世知我所憂可思於後衆皆以恪此論欲必爲之辭然莫敢復難丹陽太守聶友素與恪善書諫恪曰大行皇帝本有遏東關之計計未施行今公輔贊大業成先帝之志寇遠自送將士憑賴威德出身用命一旦有非常之功豈非宗廟神靈社稷之福邪宜自案兵養銳觀釁而動今乘此勢欲復大出天時未可而苟任盛意私心以爲不安恪題論後爲書答友曰足下雖有自然之理然未見大數熟省此論可以開悟矣於是違衆出軍大發州郡二十萬衆百姓騷動始失人心恪意欲曜威淮南驅畧民人而諸將或難之曰今引軍深入疆埸之民必相率遠遁恐兵勞而功少不如止圍新城新城困救必至至而圖之乃可大獲恪從其計迴軍還圍新城攻守連月城不拔士卒疲勞因暑飲水泄下流腫病者大半死傷塗地諸營吏日白病者多恪以爲詐欲斬之自是莫敢言恪內惟失計而耻城不下忿形於色將軍朱異有所是非恪怒立奪其兵都尉蔡林數陳軍計恪不能用策馬奔魏魏知戰士罷病乃進救兵恪引軍而去士卒傷病流曳道路或頓仆坑壑或見畧獲存亡忿痛大小呼嗟而恪晏然自若出住江渚一月圖起田於潯陽詔召相銜徐乃旋師由此衆庶失望而怨黷興矣秋八月軍還陳兵導從歸入府館卽召中書令孫嘿厲聲謂曰卿等何敢妄數作詔嘿惶懼辭出因病還家恪征行之後曹所奏署令長職司一罷更選愈治威嚴多所罪責當進見者無不竦息又改易宿衞用其親近復勑兵嚴欲向青徐孫峻因民之多怨衆之所嫌構恪欲爲變與亮謀置酒請恪恪將見之夜精爽擾動通夕不寐明將盥漱聞水腥臭侍者授衣衣服亦臭恪怪其故易衣易水其臭如初意惆悵不悅嚴畢趨出犬銜引其衣恪曰犬不欲我行乎還坐頃刻乃復起犬又銜其衣恪令從者逐犬遂升車初恪將征淮南有孝子著縗衣入其閤中從者白之令外詰問孝子曰不自覺入時中外守備亦悉不見衆皆異之出行之後所坐廳事屋棟中折自新城出住東興有白虹見其船還拜蔣陵白虹復繞其車及將見駐車宮門峻已伏兵於帷中恐恪不時入事泄自出見恪曰使君若尊體不安自可須後峻當具白主上欲以嘗知恪恪答曰當自力入散騎常侍張約朱恩等密書與恪曰今日張設非常疑有他故恪省書而去未出路門逢太常滕胤恪曰卒腹痛不任入胤不知峻陰計謂恪曰君自行旋未見今上置酒請君君已至門宜當力進恪躊躇而還劒履上殿謝亮還坐設酒恪疑未飲峻因曰使君病未善平當有常服藥酒自可取之恪意乃安別飲所齎酒吳歷曰張約朱恩密疏告恪恪以示滕胤胤勸恪還恪曰峻小子何能爲邪但恐因酒食中人耳乃以藥酒入孫盛評曰恪與胤親厚約等疏非常大事勢應示胤共謀安危然恪性彊梁加素侮峻自不信故入豈胤微勸便爲之冒禍乎吳歷爲長酒數行亮還內峻起如廁解長衣著短服出曰有詔收諸葛恪吳錄曰峻提刀稱詔收恪亮起立曰非我所爲非我所爲乳母引亮還內吳歷云峻先引亮入然後出稱詔與本傳同臣松之以爲峻欲稱詔宜如本傳及吳歷不得如吳錄所云恪驚起拔劒未得而峻刀交下張約從旁斫峻裁傷左手峻應手斫約斷右臂武衞之士皆趨上殿峻曰所取者恪也今已死悉令復刃乃除地更飲搜神記曰恪入已被殺其妻在室使婢語曰汝何故血臭婢曰不也有頃愈劇又問婢曰汝眼目視瞻何以不常婢蹷然起躍頭至于棟攘臂切齒而言曰諸葛公乃爲孫峻所殺於是大小知恪死矣而吏兵尋至志林曰初權病篤召恪輔政臨去大司馬呂岱戒之曰世方多難子每事必十思恪答曰昔季文子三思而後行夫子曰再思可矣今君令恪十思明恪之劣也岱無以答當時咸謂之失言虞喜曰夫託以天下至重也以人臣行主威至難也兼二至而管萬機能勝之者鮮矣自非採納羣謀詢于芻蕘虛己受人恒若不足則功名不成勳績莫著況呂侯國之元耆智度經遠而甫以十思戒之而便以示劣見拒此元遜之疎乃機神不俱者也若因十思之義廣諮當世之務聞善速於雷動從諫急於風移豈得隕首殿堂死凶豎之刃世人奇其英辯造次可觀而哂呂侯無對爲陋不思安危終始之慮是樂春藻之繁華而忘秋實之甘口也昔魏人伐蜀蜀人禦之精嚴垂發六軍雲擾士馬擐甲羽檄交馳費禕時爲元帥荷國任重而與來敏圍棊意無厭倦敏臨別謂禕君必能辦賊者也言其明畧內定貌無憂色況長寧以爲君子臨事而懼好謀而成者且蜀爲蕞爾之國而方向大敵所規所圖唯守與戰何可矜已有餘晏然無戚斯乃性之寬簡不防細微卒爲降人郭脩所害豈非兆見於彼而禍成於此哉往聞長寧之甄文偉今覩元遜之逆呂侯二事體同故並而載之可以鏡誡于後永爲世鑒先是童謠曰諸葛恪蘆葦單衣篾鉤落於何相求成子閤成子閤者反語石子岡也建業南有長陵名曰石子岡葬者依焉鉤落者校飾革帶世謂之鉤絡帶恪果以葦席裹其身而篾束其腰投之於此岡吳錄曰恪時年五十一恪長子綽騎都尉以交關魯王事權遣付恪令更教誨恪鴆殺之中子竦長水校尉少子建步兵校尉聞恪誅車載其母而走峻遣騎督劉承追斬竦於白都建得渡江欲北走魏行數十里爲追兵所逮恪外甥都鄉侯張震及常侍朱恩等皆夷三族初竦數諫恪恪不從常憂懼禍及亡臨淮臧均表乞收葬恪曰臣聞震雷電激不崇一朝大風衝發希有極日然猶繼以雲雨因以潤物是則天地之威不可經日浹辰帝王之怒不宜訖情盡意臣以狂愚不知忌諱敢冒破滅之罪以邀風雨之會伏念故太傅諸葛恪得承祖考風流之烈伯叔諸父遭漢祚盡九州鼎立分託三方並履忠勤熙隆世業爰及於恪生長王國陶育聖化致名英偉服事累紀禍心未萌先帝委以伊周之任屬以萬機之事恪素性剛愎矜己陵人不能敬守神器穆靜邦內興功暴師未期三出虛耗士民空竭府藏專擅國憲廢易由意假刑劫衆大小屏息侍中武衞將軍都鄉侯俱受先帝囑寄之詔見其姦虐日月滋甚將恐蕩搖宇宙傾危社稷奮其威怒精貫昊天計慮先於神明智勇百於荊聶躬持白刃梟恪殿堂勳超朱虛功越東牟國之元害一朝大除馳首徇示六軍喜踊日月增光風塵不動斯實宗廟之神靈天人之同

驗也今恪父子三首縣市積日觀者數萬罵聲成風國
之大刑無所不震長老孩幼無不畢見人情之於品物
樂極則哀生見恪貴盛世莫與貳身處台輔中間歷年
今之誅夷無異禽獸觀訖情反能不憯然且已死之人
與土壤同域鑿掘斫刺無所復加願聖朝稽則乾坤怒
不極旬使其鄉邑若故吏民收以士伍之服惠以三寸
之棺昔項籍受殯葬之施韓信獲收斂之恩斯則漢高
發神明之譽也惟陛下敦三皇之仁垂哀矜之心使國
澤加於辜戮之骸復受不已之恩於以揚聲遐方沮勸
天下豈不弘哉昔欒布矯命彭越臣竊恨之不先請主
上而專名以肆情其得不誅實爲幸耳今臣不敢章宣
愚情以露天恩謹伏手書冒昧陳聞乞聖朝哀察於是
亮峻聽恪故吏斂葬遂求之於石子岡江表傳曰朝臣有乞爲恪立碑
以銘其勳績者博士盛沖以爲不應孫休曰盛夏出軍士卒傷損無尺寸之功不可謂能受託孤之任死於豎
子之手不可謂智沖議爲是遂寢始恪退軍還聶友知其將敗書與滕
胤曰當人彊盛河山可拔一朝羸縮人情萬端言之悲
歎恪誅後孫峻忌友欲以爲鬱林太守友發病憂死友
字文悌豫章人也吳錄曰友有脣吻少爲縣吏虞翻徙交州縣令使友送之翻與語而奇焉
爲書與豫章太守謝斐令以爲功曹郡時見有功曹斐見之問曰縣吏聶友可堪何職對曰此人縣間小吏耳
猶可堪曹佐斐曰論者以爲宜作功曹君其避之乃用爲功曹使至都諸葛恪友之時論謂顧子嘿子真其間
無所復容恪欲以友居其間由是知名後爲將討儋耳還拜丹陽太守年三十二卒
滕胤字承嗣北海劇人也伯父耽父冑與劉繇州里通
家以世擾亂渡江依繇孫權爲車騎將軍拜耽右司馬
以寬厚稱早卒無嗣冑善屬文權待以賓禮軍國書疏
常令損益潤色之亦不幸短命權爲吳王追錄舊恩封
胤都亭侯少有節操美儀容吳書曰胤年十二而孤單煢立能治身厲行爲人白
皙威儀可觀每正朔朝賀修勤在位大臣見者無不歎賞弱冠尚公主年三十起家
爲丹陽太守徙吳郡會稽所在見稱吳書曰胤上表陳及時宜及民間優
劣多所匡弼權以胤故增重公主之賜屢加存問胤每聽辭訟斷罪法察言觀色務盡情理人有窮寃悲苦之
言對之流涕太元元年權寢疾詣都留爲太常與諸葛恪等
俱受遺詔輔政孫亮即位加衞將軍恪將悉衆伐魏胤
諫恪曰君以喪代之際受伊霍之託入安本朝出摧彊
敵名聲振於海內天下莫不震動萬姓之心冀得蒙君
而息今猥以勞役之後興師出征民疲力屈遠主有備
若攻城不克野略無獲是喪前勞而招後責也不如案
甲息師觀隙而動且兵者大事事以衆濟衆苟不悅君
獨安之恪曰諸云不可者皆不見計算懷居苟安者也
而子復以爲然吾何望乎夫以曹芳闇劣而政在私門
彼之臣民固有離心今吾因國家之資藉戰勝之威則
何往而不克哉以胤爲都下督掌統留事胤白日接賓

客夜省文書或通曉不寐吳書曰胤寵任彌高接士愈勤表奏書疏皆自經意不以
委下
孫峻字子遠孫堅弟靜之曾孫也靜生暠暠生恭爲散
騎侍郎恭生峻少便弓馬精果膽決孫權末徙武衞都
尉爲侍中權臨薨受遺輔政領武衞將軍故典宿衞封
都鄉侯既誅諸葛恪遷丞相大將軍督中外諸軍事假
節進封富春侯滕胤以恪子竦妻父辭位峻曰鯀禹罪
不相及滕侯何爲峻胤雖內不沾洽而外相包容進胤
爵高密侯共事如前吳錄曰羣臣上奏共推峻爲太尉議胤爲司徒時有媚峻者以爲大
統宜在公族若滕胤爲亞公聲名素重衆心所附不可貳也乃表以峻爲丞相又不置御史大夫士人皆失望
矣峻素無重名驕矜險害多所刑殺百姓囂然又姦亂
宮人與公主魯班私通五鳳元年吳侯英謀殺峻英事
泄死二年魏毌丘儉文欽以衆叛與魏人戰於樂嘉峻
帥驃騎將軍呂據左將軍留贊襲壽春會欽敗降軍還
吳書曰留贊字正明會稽長山人少爲郡吏與黃巾賊帥吳桓戰手斬得桓贊一足被創遂屈不伸然性烈好
讀兵書及三史每覽古良將戰攻之勢輒對書獨歎因呼諸近親謂曰今天下擾亂英豪並起歷觀前世富貴
非有常人而我屈躄在閭巷之間存亡無以異今欲割引吾足幸不死而足伸幾復見用死則已矣親戚皆難
之有閒贊乃以刀自割其筋血流滂沱氣絕良久家人驚怖亦以既爾遂引申其足足申創愈以得蹉步凌統
聞之請與相見甚奇之乃表薦贊遂被試用有功稍遷屯騎校尉時事得失每常規諫好直言不阿旨權以
此憚之諸葛恪征東興贊爲前部合戰先陷陣大敗魏師遷左將軍孫峻征淮南授贊節拜左護軍未至壽春
道路病發峻令贊將車重先還魏將蔣班以步騎四千追贊贊病困不能整陣知必敗乃解曲蓋印綬付弟子
以歸曰吾自爲將破敵搴旗未嘗負敗今病困兵羸衆寡不敵汝速去矣俱死無益於國適所以快敵耳弟子
不肯受拔刀欲斫之乃去初贊爲將臨敵必先被髮叫天因抗音而歌左右應之畢乃進戰戰無不克及敗歎
曰吾戰有常術今病困若此固命也遂被害時年七十三衆庶痛惜焉二子略平並爲大將是歲蜀
使來聘將軍孫儀孫邵林恂等欲因會殺峻事泄儀等
自殺死者數十人并及公主魯育峻欲城廣陵朝臣知
其不可城而畏之莫敢言唯滕胤諫止不從而功竟不
就其明年文欽說峻征魏峻使欽與呂據車騎劉纂鎭
南朱異前將軍唐咨自江都入淮泗以圖青徐峻與胤
至石頭因餞之領從者百許人入據營據御軍齊整峻
惡之稱心痛去遂夢爲諸葛恪所擊恐懼發病死時年
三十八以後事付綝
孫綝字子通與峻同祖綝父綽爲安民都尉綝始爲偏
將軍及峻死爲侍中武衞將軍領中外諸軍事代知朝
政呂據聞之大恐與諸督將連名共表薦滕胤爲丞相
綝更以胤爲大司馬代呂岱駐武昌據引兵還使人報
胤欲共廢綝綝聞之遣從兄慮將兵逆據於江都使中
使勑文欽劉纂唐咨等合衆擊據遣侍中左將軍華融
中書丞丁晏告胤取據并喻胤宜速去意胤自以禍及
因留融晏勒兵自衞召典軍楊崇將軍孫咨告以綝爲

亂迫融等使有書難綝綝不聽表言胤反許將軍劉丞
以封爵使率兵騎急攻圍胤胤又劫融等使詐詔發兵
融等不從胤皆殺之文士傳曰華融字德蕤廣陵江都人祖父避亂居山陰蕋山下時皇
象亦寓居山陰吳郡張溫來就象學欲得所舍或告溫曰蕋山下有華德蕤者雖年少美有令志可舍也溫遂
止融家朝夕談講俄而溫爲選部尚書乃擢融爲太子庶子遂知名顯達融子諝黃門郎與融并見害諝弟譚
以才辯稱晉祕書監胤顏色不變談笑若常或勸胤引兵至蒼龍
門將士見公出必委綝就公時夜已半胤恃與據期又
難舉兵向宮乃約令部曲說呂侯以在近道故皆爲胤
盡死無離散者時大風比曉據不至綝兵大會遂殺胤
及將士數十人夷胤三族臣松之以爲孫綝雖凶虐滕胤宿無釁隙胤若且順綝
意出鎭武昌豈徒免當時之禍乃將永保元吉而犯機觸害自取夷滅悲夫綝遷大將軍假
節封永寧侯負貴倨傲多行無禮初峻從弟慮與誅諸
葛恪之謀峻厚之至右將軍無難督授節蓋平九官事
綝遇慮薄於峻時慮怒與將軍王惇謀殺綝綝殺惇慮
服藥死魏大將軍諸葛誕舉壽春叛保城請降吳遣文
欽唐咨全端全懌等帥三萬人救之魏鎭南將軍王基
圍誕欽等突圍入城魏悉中外軍二十餘萬增誕之圍
朱異帥三萬人屯安豐城爲文欽勢魏兗州刺史州泰
拒異於陽淵異敗退爲泰所追死傷二千人綝於是大
發卒出屯鑊里復遣異率將軍丁奉黎斐等五萬人攻
魏留輜重於都陸異屯黎漿遣將軍任度張震等募勇
敢六千人於屯西六里爲浮橋夜渡築偃月壘爲魏監
軍石苞及州泰所破軍却退就高異復作車箱圍趣五
木城苞泰攻異異敗歸而魏太山太守胡烈以奇兵五
千詭道襲都陸盡焚異資糧綝授兵三萬人使異死戰
異不從綝斬之於鑊里而遣弟恩救會誕敗引還綝既
不能拔出誕而喪敗士衆自戮名將莫不怨之綝以孫
亮始親政事多所難問甚懼還建業稱疾不朝築室于
朱雀橋南使弟威遠將軍據入蒼龍宿衞弟武衞將軍
恩偏將軍幹長水校尉闓分屯諸營欲以專朝自固亮
內嫌綝乃推魯育見殺本末責怒虎林督朱熊熊弟外
部督朱損不匡正孫峻乃命丁奉殺熊於虎林殺損於
建業綝入諫不從亮遂與公主魯班太常全尚將軍劉
承議誅綝亮妃綝從姊女也以其謀告綝綝率衆夜襲
全尚遣弟恩殺劉承於蒼龍門外遂圍宮江表傳曰亮召全尚息黃
門侍郎紀密謀曰孫綝專勢輕小於孤孤見勑之使速上岸爲唐咨等作援而留湖中不上岸一步又委罪朱
異擅殺功臣不先表聞築第橋南不復朝見此爲自任無復所畏不可久忍今規取之卿父作中軍都督使密
嚴整士馬孤當自出臨橋帥宿衞虎騎左右無難一時圍之作版詔勑綝所領皆解散不得舉手正爾自得之
無卿去但當使密耳卿宣詔語卿父勿令卿母知之女人既不曉大事且綝同堂姊邂逅泄漏誤孤非小也紀
承詔以告尚尚無遠慮以語紀母母使人密語綝綝夜發嚴兵廢亮比明兵已圍宮亮大怒上馬帶鞬執弓欲

出曰孤大皇帝之適子在位已五年誰敢不從者侍中近臣及乳母共牽攀止之乃不得出歎咤二日不食罵
其妻曰爾父憒憒敗我大事又呼紀紀曰臣父奉詔不謹負上無面目復見因自殺孫盛曰亮傳稱亮少聰慧
勢當先與紀謀不先令妻知也江表傳說漏泄有由於事爲詳矣使光祿勳孟宗告
廟廢亮召羣司議曰少帝荒病昏亂不可以處大位承
宗廟以告先帝廢之諸君若有不同者下異議皆震怖曰
唯將軍令綝遣中書郎李崇奪亮璽綬以亮罪狀班
遠近尚書桓彝不肯署名綝怒殺之漢晉春秋曰彝魏尚書令階之弟
吳錄曰晉武帝問薛瑩吳之名臣瑩對稱彝有忠貞之節典軍施正勸綝徵立琅
邪王休綝從之遣宗正楷奉書於休曰綝以薄才見授大
任不能輔導陛下頃月以來多所造立親近劉承悅於
美色發吏民婦女料其好者留於宮內取兵子弟十八
已下三千餘人習之苑中連日續夜大小呼嗟敗壞藏
中矛戟五千餘枚以作戲具朱據先帝舊臣子男熊損
皆承父之基以忠義自立昔殺小主自是大主所創帝
不復精其本末便殺熊損諫不見用諸下莫不側息帝
於宮中作小船三百餘艘成以金銀師工晝夜不息太
常全尚累世受恩不能督諸宗親而全端等委城就魏
尚位過重曾無一言以諫陛下而與敵往來使傳國消
息懼必傾危社稷推案舊典運集大王輒以今月二十
七日禽尚斬承以帝爲會稽王遣楷奉迎百寮喁喁立
住道側綝遣將軍孫耽送亮之國徙尚於零陵遷公主
於豫章綝意彌溢侮慢民神遂燒大橋頭伍子胥廟又
壞浮屠祠斬道人休既即位稱草莽臣詣闕上書曰臣
伏自省才非幹國因緣肺腑位極人臣傷錦敗駕罪負
彰露尋愆惟闕夙夜憂懼臣聞天命棐諶必就有德是
以幽厲失度周宣中興陛下聖德纂承大統宜得良輔
以協雍熙雖堯之盛猶求稷契之佐以協明聖之德古
人有言陳力就列不能者止臣雖自展竭無益庶政謹
上印綬節鉞退還田里以避賢路休引見慰喻又下詔
曰朕以不德守藩于外値茲際會羣公卿士暨于朕躬
以奉宗廟朕用憮然若涉淵冰大將軍忠計內發扶危
定傾安康社稷功勳赫然昔漢孝宣踐阼霍光尊顯褒
德賞功古今之通義也其以大將軍爲丞相荊州牧食
五縣恩爲御史大夫衞將軍據右將軍皆縣侯幹雜號
將軍亭侯闓亦封亭侯綝一門五侯皆典禁兵權傾人
主自吳國朝臣未嘗有也綝奉牛酒詣休休不受齎詣
左將軍張布酒酣出怨言曰初廢少主時多勸吾自爲
之者吾以陛下賢明故迎之帝非我不立今上禮見拒
是與凡臣無異當復改圖耳布以言聞休休銜之恐其
有變數加賞賜又復加恩侍中與綝分省文書或有告

綝懷怨侮上欲圖反者休執以付綝綝殺之由是愈懼因孟宗求出屯武昌休許焉盡勑所督中營精兵萬餘人皆令裝載所取武庫兵器咸令給與吳歷曰綝求中書兩郎典知荊州諸軍事主者奏中書不應外出休特聽之其所請求一皆給與將軍魏邈說休曰綝居外必有變武衛士施朔又告綝欲反有徵休密問張布布與丁奉謀於會殺綝永安元年十二月丁卯建業中謠言明會有變綝聞之不悅夜大風發木揚沙綝益恐戊辰臘會綝稱疾休彊起之使者十餘輩綝不得已將入衆止焉綝曰國家屢有命不可辭可豫整兵命府內起火因是可得速還遂入尋而火起綝求出休曰外兵自多不足煩丞相也綝起離席奉布目左右縛之綝叩頭曰願徙交州休曰卿何以不徙滕胤呂據綝復曰願沒爲官奴休曰何不以胤據爲奴乎遂斬之以綝首令其衆曰諸與綝同謀皆赦放仗者五千人闓乘船欲北降追殺之夷三族發孫峻棺取其印綬斲其木而埋之以殺魯育等故也綝死時年二十八休耻與峻綝同族特除其屬籍稱之曰故峻故綝云休又下詔曰諸葛恪滕胤呂據蓋以無罪爲峻綝兄弟所見殘害可爲痛心促皆改葬各爲祭奠其罹恪等事見遠徙者一切召還

濮陽興字子元陳留人也父逸漢末避亂江東官至長沙太守逸事見陸瑁傳興少有士名孫權時除上虞令稍遷至尚書左曹以五官中郎將使蜀還爲會稽太守時琅琊王休居會稽興深與相結及休卽位徵興爲太常衛將軍平軍國事封外黃侯永安三年都尉嚴密建丹陽湖田作浦里塘詔百官會議咸以爲用功多而田不保成唯興以爲可成遂會諸兵民就作功傭之費不可勝數士卒死亡或自賊殺百姓大怨之興遷爲丞相與休寵臣左將軍張布共相表裏邦內失望七年七月休薨左典軍萬彧素與烏程侯孫晧善乃勸興布於是興布廢休適子而迎立晧晧既踐阼加興侍郎領青州牧俄彧譖興布追悔前事十一月朔入朝晧因收興布徙廣州道追殺之夷三族

評曰諸葛恪才氣幹略邦人所稱然驕且吝周公無觀況在於恪矜己陵人能無敗乎若躬行所與陸遜及弟融之書則悔吝不至何尤禍之有哉滕胤厲脩士操遵蹈規矩而孫峻之時猶保其貴必危之理也峻綝凶豎盈溢固無足論者濮陽興身居宰輔慮不經國協張布之邪納萬彧之說誅夷其宜矣

吳志卷十九考證

諸葛恪乃移書四部屬城長吏○臣浩按四部當作四郡卽上文所謂與吳郡會稽新都鄱陽四郡鄰接者是也然諸本皆作四部

欲圖壽春權以爲不可○何焯曰以爲不可者蓋以此地南北襟喉雖得其地非十萬之衆不足屯守若魏傾國來爭恐致利鈍其後恪出新城欲卒此規又輕用大衆圖不以漸遂致師老民愁家族傾覆也

自本以來務在產育○句中疑有脫誤

乃除地更欲注費禕特爲元帥荷國任重○任重元本作重任

孫峻二年魏毋丘儉文欽以衆叛○毛本作魏將多將字

會欽敗降軍還注好讀兵書及三史○三史元本作三略

又注乃表薦贊遂被試用有戰功○冊府作累有戰功

是歲蜀使來聘將軍孫儀孫邵綝恂等欲因會殺峻○臣龍官按孫亮傳云五鳳二年秋七月將軍孫儀張怡林恂等謀殺峻發覺儀自殺恂等伏辜此云孫邵綝恂何也然各本皆同

孫綝綝聞之遣從兄慮將兵逆據於江都○慮三嗣主傳皆作憲下同

將士見公出必委綝就公○宋本作必皆委綝就公

遂圖宮注正爾自得之無鄉去但當使密耳○正爾自得之無句疑有誤

濮陽興晧既踐阼加興侍郎領青州牧○侍郎宋本作中郎

吳志卷二十

晉著作郎巴西中正安漢陳　壽撰

宋太中大夫國子博士聞喜裴松之注

王蕃　樓玄　賀邵　韋曜　華覈

王蕃字永元廬江人也博覽多聞兼通術藝始爲尚書郎去官孫休卽位與賀邵薛瑩虞汜俱爲散騎中常侍皆加駙馬都尉時論淸之遣使至蜀蜀人稱焉還爲夏口監軍孫晧初復入爲常侍與萬彧同官彧與晧有舊俗士挾侵謂蕃自輕又中書丞陳聲晧之嬖臣數譖毀蕃蕃體氣高亮不能承顏順旨時或迕意積以見責甘露二年丁忠使晉還晧大會羣臣蕃沈醉頓伏晧疑而不悅舉蕃出外頃之請還酒亦不解蕃性有威嚴行止自若晧大怒呵左右於殿下斬之衞將軍滕牧征西將軍留平請不能得江表傳曰晧用巫史之言謂建業宮不利乃西巡武昌仍有遷都之意恐羣臣不從乃大請會賜將吏問蕃射不主皮爲力不同科其義云何蕃思維未答卽於殿上斬蕃出登來山使親近將跳蕃首作虎跳狼爭咋齧之頭皆碎欲以示威使衆不敢犯也此與本傳不同吳錄曰晧每於會因酒酣輒令侍臣嘲謔公卿以爲笑樂萬彧既爲左丞相蕃嘲彧曰魚潛於淵出水喣沫何則物有本性不可橫處非分也彧出自谿谷羊質虎皮虛受光赫之寵跨越三九之位犬馬尤能識養將何以報厚施乎彧曰唐虞之朝無謬舉之才造父之門無駑蹇之質蕃上誕明選下訕楨幹亦何傷於日月適多見其不知量耳臣松之按本傳云丁忠使晉還晧爲大會於會中殺蕃檢忠從北還在此年之春彧時尙未爲丞相至秋乃爲相耳吳錄所言爲乖互不同丞相陸凱上疏曰常侍王蕃黃中通理知天知物處朝忠謇斯社稷之重鎭大吳之龍逢也昔事景皇納言左右景皇欽嘉歎爲異倫而陛下忿其苦辭惡其直對梟之殿堂尸骸暴棄郡內傷心有識悲悼其痛蕃如此蕃死時年三十九晧徙蕃家屬廣州二弟著延皆作佳器郭馬起事不爲馬用見害

樓玄字承先沛郡蘄人也孫休時爲監農御史孫晧卽位與王蕃郭連萬彧俱爲散騎中常侍出爲會稽太守入爲大司農舊禁中主者自用親近人作之彧陳親密近職宜用好人晧因勑有司求忠清之士以應其選遂用玄爲宮下鎭禁中侯主殿中事玄從九卿持刀侍衞正身率衆奉法而行應對切直數迕晧意漸見責怒後人誣白玄與賀邵相逢駐共耳語大笑謗訕政事遂被詔詰責送付廣州東觀令華覈上疏曰臣竊以治國之體其猶治家主田野者皆宜良信又宜得一人總其條目爲作維綱衆事乃理論語曰無爲而治者其舜也與恭己正南面而已言所任得其人故優游而自逸也今海內未定天下多事事無大小皆當關聞動經御坐勞損聖慮陛下既垂意博古綜極藝文加勤心好道隨節致氣宜得閑靜以展神思呼翕淸淳與天同極臣夙夜思惟諸吏之中任幹之事足委杖者無勝於樓玄玄清忠奉公冠冕當世衆服其操無與爭先夫淸者則心平而意直忠者惟正道而履之如玄之性終始可保乞陛下赦玄前愆使得自新擢之宰司責其後效使爲官擇人隨才授任則舜之恭己近亦可得晧疾玄名聲復從玄及子據付交阯將張奕使以戰自效陰別勑奕令殺之據到交阯病死玄一身隨奕討賊持刀步涉見奕輒拜奕未忍殺會奕暴卒玄殯斂奕於器中見勑書還便自殺江表傳曰晧遣將張奕追賜玄鴆奕以玄賢者不忍卽宣詔致藥玄陰知之謂奕曰當早告玄玄何惜邪卽服藥死臣松之以玄之淸高必不以安危易操無緣驟拜張奕以虧其節且禍機既發豈百拜所免江表傳所言於理爲長

賀邵字興伯會稽山陰人也吳書曰邵賀齊之孫景之子孫休卽位從中郎爲散騎中常侍出爲吳郡太守孫晧時入爲左典軍遷中書令領太子太傅晧凶暴驕矜政事日弊邵上疏諫曰古之聖王所以潛處重闈之內而知萬里之情垂拱衽席之上明照八極之際者任賢之功也陛下以至德淑姿統承皇業宜率身履道恭奉神器旌賢表善以康庶政自頃年以來朝列紛錯眞僞相貿上下空任文武曠位外無山嶽之鎭內無拾遺之臣佞諛之徒拊翼天飛干弄朝威盜竊榮利而忠良排墜信臣被害是以正士摧方而庸臣苟媚先意承指各希時趣人執反理之評士吐詭道之論遂使淸流變濁忠臣結舌陛下處九天之上隱百重之室言出風靡令行景從親洽寵媚之臣日聞順意之辭將謂此輩實賢而天下已平也臣心所不安敢不以聞臣聞興國之君樂聞其過荒亂之主樂聞其譽聞其過者過日消而福臻聞其譽者譽日損而禍至是以古之人君揖讓以進賢虛己以求過譬天位於乘犇以虎尾爲警戒至於陛下嚴刑法以禁直辭黜善士以逆諫臣眩燿毀譽之實沈淪近習之言昔高宗思佐夢寐得賢而陛下求之如忘忽之如遺故常侍王蕃忠恪在公才任輔弼以醉酒之間加之大戮近鴻臚葛奚先帝舊臣偶有逆迕昏醉之言耳三爵之後禮所不諱陛下猥發雷霆謂之輕慢飲之醇酒中毒隕命自是之後海內悼心朝臣失圖仕者以退爲幸居者以出爲福誠非所以保光洪緒熙隆道化也又何定本趨走小人僕隸之下身無錙銖之行能無鷹犬之用而陛下愛其佞媚假其威柄使定恃寵放恣自擅威福口正國議手弄天機上虧日月之明下塞君子之路夫小人求入必進姦利定間妄興事役發江邊戍兵以驅麋鹿結罝山陵芟夷林莽殫其九野之獸聚於重圍之內上無益時之分下有損耗之費而兵士罷於運送人力竭於驅逐老弱飢凍大小怨歎臣竊觀天變自比年以來陰陽錯謬四時逆節日食地震中夏隕霜參之典籍皆陰氣陵陽小人弄勢之所致也臣嘗覽書傳驗諸行事災祥之應所爲寒慄昔高宗修己以消鼎雉之異宋景崇德以退熒惑之變願陛下上懼皇天譴告之誚下追二君攘災之道遠覽前代任賢之功近寤今日謬授之失淸澄朝位旌叙俊乂放退佞邪抑奪姦勢如是之輩一勿復用廣延淹滯容受直辭祗承乾指敬奉先業則大化光敷天人望塞也傳曰國之興也視民如

赤子其亡也以民爲草芥陛下昔韜神光潛德東夏以聖哲茂姿龍飛應天四海延頸八方拭目以成康之化必隆於旦夕也自登位以來法禁轉苛賦調益繁中宮內豎分布州郡橫興事役競造姦利百姓罹杼軸之困黎民罷無已之求老幼飢寒家戶菜色而所在長吏迫畏罪負嚴法峻刑苦民求辦是以人力不堪家戶離散呼嗟之聲感傷和氣又江邊戍兵遠當以拓土廣境近當以守界備難宜時優育以待有事而徵發賦調煙至雲集衣不全裋褐食不贍朝夕出當鋒鏑之難入抱無聊之慼是以父子相棄叛者成行願陛下寬賦除煩振恤窮乏省諸不急盪禁約法則海內樂業大化普洽夫民者國之本食者民之命也今國無一年之儲家無經月之畜而後宮之中坐食者萬有餘人內有離曠之怨外有損耗之費使庫廩空於無用士民飢於糟糠又北敵注目伺國盛衰陛下不恃己之威德而怙敵之不來忽四海之困窮而輕虜之不爲難誠非長策廟勝之要也昔大皇帝勤身苦體創基南夏割據江山拓土萬里雖承天贊實由人力也餘慶遺祚至於陛下陛下宜勉崇德器以光前烈愛民養士保全先軌何可忽顯祖之功勳輕難得之大業忘天下之不振替興衰之巨變哉臣聞否泰無常吉凶由人長江之限不可久恃苟我不守一葦可航也昔秦建皇帝之號據殽函之阻德化不修法政苛酷毒流生民忠臣杜口是以一夫大呼社稷傾覆近劉氏據三關之險守重山之固可謂金城石室萬世之業任授失賢一朝喪沒君臣係頸共爲羈僕此當世之明鑒目前之炯戒也願陛下遠考前事近覽世變豐基彊本割情從道則成康之治興而聖祖之祚隆矣書奏晧深恨之邵奉公貞正親近所憚乃共譖邵與樓玄謗毀國事俱被詰責玄見送南州邵原復職後邵中惡風口不能言去職數月晧疑其託疾收付酒藏掠考千所邵卒無一語竟見殺害家屬徙臨海并下詔誅玄子孫是歲天冊元年也邵年四十九邵子循字彥先虞預晉書曰循丁家禍流放海濱吳平還鄉里節操高厲童齔不羣言行舉動必以禮讓好學博聞尤善三禮舉秀才除陽羨武康令顧榮陸機陸雲表薦循曰伏見吳興武康令賀循德量邃茂才鑒清遠服膺道素風操凝峻歷踐三城刑政肅穆守職下縣編名凡萃出自新邦朝無知己恪居遐外志不自營年時倏忽而邈無階緒實州黨愚智所爲悵然臣等並以凡才累授飾進被服恩澤忝豫朝末知良士後時而守局無言懼有蔽賢之咎是以不勝愚管謹冒死表聞久之召爲太子舍人石冰破揚州循亦合衆事平杜門不出陳敏作亂以循爲丹陽內史循稱疾固辭敏不敢逼於是江東豪右無不受敏爵位惟循與同郡朱誕不挂賊網後除吳國內史不就元皇帝爲鎮東將軍請循爲軍司馬帝爲晉王以循爲中書令固讓不受轉太常領太子太傅時朝廷初建動有疑議宗廟制度皆循所定朝野諮詢爲一時儒宗年六十太興二年卒追贈司空諡曰穆循諸所著論並傳於世子隰臨海太守

韋曜字弘嗣吳郡雲陽人也曜本名昭史爲晉諱改之少好學能屬文從丞相掾除西安令還爲尚書郎遷太子中庶子時蔡穎亦在東宮性好博奕太子和以爲無益命曜論之其辭曰蓋聞君子恥當年而功不立疾沒世而名不稱故曰學如不及猶恐失之是以古之志士悼年齒之流邁而懼名稱之不立也故勉精厲操晨興夜寐不遑寧息經之以歲月累之以日力若甯越之勤董生之篤漸漬德義之淵棲遲道藝之域且以西伯之聖姬公之才猶有日昃待旦之勞故能興隆周道垂名億載況在臣庶而可以已乎歷觀古今立功名之士皆有累積殊異之迹勞身苦體契闊勤思平居不墮其業窮困不易其素是以卜式立志於耕牧而黃霸受道於囹圄終有榮顯之福以成不朽之名故山甫勤於夙夜而吳漢不離公門豈有遊惰哉今世之人多不務經術好翫博弈廢事棄業忘寢與食窮日盡明繼以脂燭當其臨局交爭雌雄未決專精銳意心勞體倦人事曠而不修賓旅闕而不接雖有太牢之饌韶夏之樂不暇存也至或賭及衣物徙棊易行廉恥之意弛而忿戾之色發然其所志不出一枰之上所務不過方罫之間勝敵無封爵之賞獲地無兼土之實技非六藝用非經國立身者不階其術徵選者不由其道求之於戰陣則非孫吳之倫也考之於道藝則非孔氏之門也以變詐爲務則非忠信之事也以劫殺爲名則非仁者之意也而空妨日廢業終無補益是何異設木而擊之置石而投之哉且君子之居室也勤身以致養其在朝也竭命以納忠臨事且猶旰食而何博弈之足耽夫然故孝友之行立貞純之名彰也方今大吳受命海內未平聖朝乾乾務在得人勇略之士則受熊虎之任儒雅之徒則處龍鳳之署百行兼苞文武並騖博選良才旌簡髦俊設程試之科垂金爵之賞誠千載之嘉會百世之良遇也當世之士宜勉思至道愛功惜力以佐明時使名書史籍勳在盟府乃君子之上務當今之先急也夫一木之枰孰與方國之封枯棊三百孰與萬人之將衮龍之服金石之樂足以兼棊局而貿博弈矣假令世士移博弈之力而用之於詩書是有顏閔之志也用之於智計是有良平之思也用之於資貨是有猗頓之富也用之於射御是有將帥之備也如此則功名立而鄙賤遠矣和廢後爲黃門侍郎孫亮即位諸葛恪輔政表曜爲太史令撰吳書華覈薛瑩等皆與參同孫休踐祚爲中書郎博士祭酒命曜依劉向故事校定衆書又欲延曜侍講而左將軍張布近習寵幸事行多玷憚曜侍講儒士又性精確懼以古今警戒休意固爭不可休深恨布語在休傳然曜竟止不入孫晧即位封高陵亭侯遷中書僕射職省爲侍中常領左國史時所在承指數言瑞應晧以問曜曜答曰此人家筐篋中物耳又晧欲爲父和作紀曜執以和不登帝位宜名爲傳如是者非一漸見責怒曜益憂懼自陳衰老求去侍史二官乞欲成所造書以後業別有所付晧終不聽時有疾病醫藥監護持之愈急晧每饗宴無不竟日坐席無能否率以七升爲限雖不悉入口皆澆灌取盡曜素飲酒不過二升初見禮異時常爲裁減或密賜茶荈以當酒至於寵衰更見偪彊輒以爲罪又於酒後使侍臣難折公卿以嘲弄侵克發摘私短以爲歡時有愆過或誤犯晧諱輒見收縛至於誅戮曜以爲外相毀傷內長尤恨使不濟濟非佳事也故但示難問經義言論而已晧以爲不承用詔命意不忠盡遂積前後嫌忿收曜付獄是歲鳳皇二年也曜因獄吏上辭曰囚荷恩見哀無與爲比曾無芒氂有以上報孤辱恩寵自陷極罪念當灰滅長棄黃泉愚情慺慺竊有所懷貪令上聞囚昔見世間有古歷注其所紀載既多虛無在書籍者亦復錯謬囚尋按傳記考合異同采摭耳目所及以作洞紀起自庖犧至於秦漢凡爲三卷當起黃武以來別作一卷事尚未成又見劉熙所作釋名信多佳者然物類衆多難得詳究故時有得失而爵位之事又有非是愚以官爵今之所急不宜乖誤囚自忘至微又作官職訓及辯釋名各一卷欲表上之新寫始畢會以無狀幽囚待命泯沒之日恨不上聞謹以先死列狀乞上言祕府於外料取呈內以聞追懼淺蔽不合天聽抱怖雀息乞垂哀省曜冀以此求免而晧更怪其書之垢故又以詰曜曜對曰囚撰此書實欲表上懼有誤謬數數省讀不覺點污被問寒戰形氣吶吃謹追辭叩頭五百下兩手自搏而華覈連上疏救曜曰曜運值千載特蒙哀識以其儒學得與史官貂蟬內侍承合天問聖朝仁篤愼終追遠迎神之際垂涕勑曜曜愚惑不達不能敷宣陛下大舜之美而拘繫史官使聖趣不敘至行不彰實曜愚蔽當死之罪然臣慺慺見曜自少勤學雖老不倦探綜墳典溫故知新及意所經識古今行事外吏之中少過曜者昔李陵爲漢將軍敗不還而降匈奴司馬遷不加疾惡爲陵游說漢武帝以遷有良史之才欲使畢成所撰忍不加誅書卒成立垂之無窮今曜在吳亦漢之史遷也伏見前後符瑞彰著神指天應繼出累見一統之期庶不復久事平之後當觀時設制三王不相因禮五帝不相沿樂質文殊塗損益異體宜得曜輩依準古義有所改立漢氏承秦則有叔孫通定一代之儀曜之才學亦漢通之次也又吳書雖已有頭角敘贊未述昔班固作漢書文辭典雅後劉珍劉毅等作漢記遠不及固敘傳尤劣今吳書當垂千載編次諸史後之才士論次善惡非得良才如曜者實不可使闕不朽之書如臣頑蔽誠非其人曜年已七十餘數無幾乞赦其一等之罪爲終身徒使成書業永足傳示垂之百世謹通進表叩頭百下晧不許遂誅曜徙其家零陵子隆亦有文學也

華覈字永先吳郡武進人也始爲上虞尉典農都尉以文學入爲祕府郎遷中書丞蜀爲魏所并覈詣宮門發表曰間聞賊衆蟻聚向西境西境報險謂當無虞定聞陸抗表至成都不守臣主播越社稷傾覆昔衞爲翟所滅而桓公存之今道里長遠不可救振失委附之土棄貢獻之國臣以草芥竊懷不寧陛下聖仁恩澤遠撫卒聞如此必垂哀悼臣不勝忡悵之情謹拜表以聞孫晧即位封徐陵亭侯寶鼎二年晧更營新宮制度弘廣飾以珠玉所費甚多是時盛夏興工農守並廢覈上疏諫曰臣聞漢文之世九州晏然秦民喜去慘毒之苛政歸劉氏之寬仁省役約法與之更始分王子弟以藩漢室當此之時皆以爲泰山之安無窮之基也至於賈誼獨以爲可痛哭及流涕者三可爲長歎息者六乃曰當今之勢何異抱火於積薪之下而寢其上火未及然而謂之安其後變亂皆如其言臣雖下愚不識大倫竊以曩時之事揆今之勢誼云復數年間諸王方剛漢之傅相稱疾罷歸欲以此爲治雖堯舜不能安今大敵據九州之地有大半之衆習攻戰之餘術乘戎馬之舊勢欲與中國爭相吞之計其猶楚漢勢不兩立非徒漢之諸王淮南濟北而已誼之所欲痛哭比今爲緩抱火臥薪之喻於今而急大皇帝覽前代之如彼察今勢之如此故廣開農桑之業積不訾之儲恤民重役務養戰士是以大小感恩各思竭命期運未至早棄萬國自是之後彊臣專政上詭天時下違衆議忘安存之本邀一時之利數興軍旅傾竭府藏兵勞民困無時獲安今之存者乃創夷之遺衆哀苦之餘民耳遂使軍資空匱倉廩不實布帛之賜寒暑不周重以失業家戶不贍而北積穀養民專心東向無復他警蜀爲西藩土地險固加承先主

統御之術謂其守御足以長久不圖一朝奄至傾覆脣亡齒寒古人所懼交州諸郡國之南土交阯九眞二郡已没日南孤危存亡難保合浦以北民皆搖動因連避役多有離叛而備戍減少威鎭轉輕常恐呼吸復有變故昔海虜窺窬東縣多得離民地習海行狃於往年鈔盜無日今胷背有嫌首尾多難乃國朝之厄會也誠宜住建立之役先備豫之計勉墾殖之業爲飢乏之救惟恐農時將過東作向晩有事之日整嚴未辦若舍此急盡力功作卒有風塵不虞之變當委版築之役應烽燧之急驅怨苦之衆赴白刃之難此乃大敵所因爲資也如但固守曠日持久則軍糧必乏不待接刃而戰士已困矣昔太戊之時桑穀生庭懼而修德怪消殷興熒惑守心宋以爲災景公下從瞽史之言而熒惑退舍景公延年夫修德於身而感異類言發於口而通神明臣以愚蔽誤忝近署不能翼宣仁澤以感靈祇仰慙俯愧無所投處退伏思惟熒惑桑穀之異天示二主至如他餘錙介之妖近是門庭小神所爲驗之天地無有他變而徵祥符瑞前後屢臻明珠既覿白雀繼見萬億之祚實靈所挺以九域爲宅天下爲家不與編戶之民轉徙同也又今之宮室先帝所營卜土立基非爲不祥又楊市土地與宮連接若大功畢竟輿駕遷住門行之神皆當轉移猶恐長久未必勝舊屢遷不可留則有嫌此乃愚臣所以夙夜爲憂灼也臣省月令季夏之月不可以興土功不可以會諸侯不可以起兵動衆舉大事必有大殃今雖諸侯不會諸侯之軍與會無異六月戊己土行正王既不可犯加又農月時不可失昔魯隱公夏城中丘春秋書之垂爲後戒今築宮爲長世之洪基而犯天地之大禁襲春秋之所書廢敬授之上務臣以愚管竊所未安又恐所召離民或有不至討之則廢役興事不討日月滋慢若悉並到大衆聚會希無疾病且人心安則念善苦則怨叛江南精兵北土所難欲以十卒當東一人天下未定深可憂惜之如此宮成死叛五千則北軍之衆更增五萬若到萬人則倍益十萬病者有死亡之損叛者傳不善之語此乃大敵所以歡喜也今當角力中原以定彊弱正於際會彼益我損加以勞困此乃雄夫智士所以深憂臣聞先王治國無三年之儲曰國非其國安寧之世戒備如此況敵彊大而忽農忘畜今雖頗種殖間者大水沈没其餘存者當須耘穫而長吏怖期上方諸郡身涉山林盡力伐材廢農棄務士民妻拏羸小墾殖又薄若有水旱則永無所獲州郡見米當待有事冗食之衆仰官供濟若上下空乏運漕不供而北敵犯彊使周召更生良平復出不能爲陛下計明矣臣聞君明者臣忠主聖者臣直是以悽悽昧犯天威乞垂哀省書奏晧不納後遷東觀令領右國史覈上疏辭讓晧荅曰得表以東觀儒林之府當講校文藝處定疑難漢時皆名學碩儒乃任其職乞更選英賢聞之以卿研精墳典博覽多聞可謂悅禮樂敦詩書者也當飛翰騁藻光贊時事以越楊班張蔡之疇怪乃謙光厚自菲薄宜勉修所職以邁先賢勿復紛紛時倉廩無儲世俗滋侈覈上疏曰今寇虜充斥征伐未已居無積年之儲出無應敵之畜此乃有國者所宜深憂也夫財穀所生當出於民趨時務農國之上急而都下諸官所掌别異各自下調不計民力輒與近期長吏畏罪晝夜催民委舍佃事遑赴會日定送到都或蘊積不用而徒使百姓消力失時到秋收月督其限入奪其播殖之時而責其今年之稅如有逋懸則籍没財物故家戶貧困衣食不足宜暫息衆役專心農桑古人稱一夫不耕或受其飢一女不織或受其寒是以先王治國惟農是務軍興以來已向百載農人廢南畝之務女工停機杼之業推此揆之則蔬食而長飢薄衣而履冰者固不少矣臣聞主之所求於民者二民之所望於主者三二謂求其爲已勞也求其爲已死也三謂飢者能食之勞者能息之有功者能賞之民以致其二事而王失其三望者則怨心生而功不建今帑藏不實民勞役猥主之二求已備民之三望未報且飢者不待美饌而後飽寒者不俟狐貉而後溫爲味者口之奇文繡者身之飾也今事多而役繁民貧而俗奢百工作無用之器婦人爲綺靡之飾不勤麻枲並繡文黼黻轉相倣效恥獨無有兵民之家猶復逐俗内無擔石之儲而出有綾綺之服至於富賈商販之家重以金銀奢恣尤甚天下未平百姓不贍宜一生民之原豐穀帛之業而棄功於浮華之巧妨日於侈靡之事上無尊卑等級之差下有耗財費力之損今吏士之家少無子女多者三四少者一二通令戶有一女十萬家則十萬人人織績一歲一束則十萬束矣使四疆之内同心勠力數年之間布帛必積恣民五色惟所服用但禁綺繡無益之飾且美貌者不待華采以崇好豔姿者不待文綺以致愛五采之飾足以麗矣若極粉黛窮盛服未必無醜婦廢華采去文繡未必無美人也若實如論有之無益廢之無損者何愛而不暫禁以充府藏之急乎此救乏之上務富國之本業也使管晏復生無以易此漢之文景承平繼統天下已定四海無虞猶以彫文之傷農事錦繡之害女工開富國之利杜飢寒之本況今六合分乖豺狼充路兵不離疆甲不解帶而可以不廣生財之原充府藏之積哉晧以覈年老敕令草表覈不敢又勑作草文停立待之覈爲文曰咨覈小臣草芥凡庸遭眷値聖受恩特隆越從朽壤蟬蛻朝中熙光紫闥青瑣是憑毖挹清露沐浴凱風効無絲氂負闕山崇滋潤含垢恩貸累重穢質被榮局命得融欲報罔極委之皇穹聖恩雨注哀棄其尤猥命草對潤被下愚不敢違敕懼速罪誅冒承詔命魂逝形留覈前後陳便宜及貢薦良能解釋罪過書百餘上皆有補益文多不悉載天冊元年以微譴免數歲卒曜覈所論事章疏咸傳於世也

評曰薛瑩稱王蕃器量綽異弘博多通樓玄清白節操才理條暢賀邵厲志高絜機理清要韋曜篤學好古博見羣籍有記述之才胡沖以爲玄賀蕃一時清妙略無優劣必不得已玄宜在先邵當次之華覈文賦之才有過於曜而典誥不及也予觀覈數獻良規期於自盡庶幾忠臣矣然此數子處無妄之世而有名位強死其理得免爲幸耳

吳志卷二十考證

王蕃請不能得狂使親近將跳蕃首○跳字疑衍或作挑

樓元與王蕃郭連萬彧○郭連宋本作郭逴

賀邵會稽山陰人也注吳書曰邵賀齊之孫景之子○臣明楷按賀齊傳云子達及弟景皆有令名爲佳將則邵乃齊之從子非孫也

飮之醇酒中毒隕命○醇酒疑作酖酒

如是之輩一勿復用○是疑作定指上何定也

中宮内豎分布州郡○中宮疑作中官

宜時優育以待有事○時宋本作特

邵年四十九注石沭破揚州○沭元本作冰晉書亦作冰

又注於是江東豪右無不受敕爵位○於是宋本作於時

韋曜其所紀載紀多虛無在書籍者亦復錯謬○紀多虛無宋本作既多虛無

曜運值千載特蒙哀識○宋本無運字哀識宋本作表識

寶不可使闕不朽之書○闕元本作闞

華覈西境報險謂當無虞○報險宋本作艱險

抱火卧薪之喻於今而急○而急册府作爲急

討之則廢役興事不討日月滋慢○慢册府作蔓

爲味者口之奇文繡者身之飾也○爲味爲字疑有誤

臣龍官等謹言陳壽三國志體制簡核敘事質實可以繼馬班之武後儒爭訾其帝魏寇蜀夫壽本仕晉晉承魏祚奉命修史難於立言況壽並不帝魏寇蜀也三國各自爲書魏紀二字亦後人所誤加非壽之舊又蜀志首曰先主後主諱某迥非孫氏所能比並魏不云紀蜀著其諱可謂帝魏寇蜀乎而末復假楊戲贊以網羅全史且陰著中漢季漢名目于以見皇統斯在變例隱辭令後人自悟苦心千載若揭也但是書出漢入晉首尾幾及百年諸書紀載不無舛互而裴松之注更三倍於正文亥豕魯魚偭所不免臣龍官謹同臣浩臣良裘臣明楷等將監本別本與凡漢晉之書參互考訂悉心校勘并取前學士臣何焯所校本擇其引據精確者概行摘出逐卷分注簽爲考證計千有餘條臣等學識頑乏見聞固陋不足稱
旨愧懼交併謹識

原任詹事臣陳浩庶子臣朱良裘侍讀臣齊召南
編修臣孫人龍臣李龍官待詔臣盧明楷拔貢生
臣廖名揚奉
敕恭校刊

晉書

晉書目録

唐　太　宗　文　皇　帝　御　撰

右晉十二世十五帝一百五十六年
中朝四帝都洛陽五十四年

江左十一帝都建康一百二年有五涼四燕三秦二趙夏蜀十六國附其書起乙酉盡庚申

晉書目錄考證

唐太宗文皇帝御撰○貞觀中太宗勅史官房玄齡褚遂良許敬宗等纂錄晉書採取正典與舊說數十餘部及十六國僞史共爲紀志傳記又命李淳風等十三人分掌著述敬播等四人詳加考正太約類例多出於敬播而天文歷律則李淳風爲之今書中宣武紀與陸機王羲之傳乃太宗所御製也

晉書卷一

唐太宗文皇帝御撰

帝紀第一

宣帝

宣皇帝諱懿字仲達河內溫縣孝敬里人姓司馬氏其先出自帝高陽之子重黎爲夏官祝融歷唐虞夏商世序其職及周以夏官爲司馬其後程伯休父周宣王時以世官克平徐方錫以官族因而爲氏楚漢間司馬卬爲趙將與諸侯伐秦秦亡立爲殷王都河內漢以其地爲郡子孫遂家焉自卬八世生征西將軍鈞字叔平鈞生豫章太守量字公度量生潁川太守儁字元異儁生京兆尹防字建公帝卽防之第二子也少有奇節聰朗多大略博學洽聞伏膺儒教漢末大亂常慨然有憂天下心南郡太守同郡楊俊名知人見帝未弱冠以爲非常之器尚書清河崔琰與帝兄朗善亦謂朗曰君弟聰亮明允剛斷英特非子所及也漢建安六年郡舉上計掾魏武帝爲司空聞而辟之帝知漢運方微不欲屈節曹氏辭以風痺不能起居魏武使人夜往密刺之帝堅臥不動及魏武爲丞相又辟爲文學掾勅行者曰若復盤桓便收之帝懼而就職於是使與太子游處遷黃門侍郎轉議郎丞相東曹屬尋轉主簿從討張魯言於魏武曰劉備以詐力虜劉璋蜀人未附而遠爭江陵此機不可失也今若曜威漢中益州震動進兵臨之勢必瓦解因此之勢易爲功力聖人不能違時亦不失時矣魏武曰人苦無足既得隴右復欲得蜀言竟不從既而從討孫權破之軍還權遣使乞降上表稱臣陳說天命魏武帝曰此兒欲踞吾著爐炭上邪答曰漢運垂終殿下十分天下而有其九以服事之權之稱臣天人之意也虞夏殷周不以謙讓者畏天知命也

魏國既建遷太子中庶子每與大謀輒有奇策爲太子所信重與陳羣吳質朱鑠號曰四友遷爲軍司馬言於魏武曰昔箕子陳謀以食爲首今天下不耕者蓋二十餘萬非經國遠籌也雖戎甲未卷自宜且耕且守魏武納之於是務農積穀國用豐贍帝又言荆州刺史胡脩麤暴南鄉太守傅方驕奢並不可居邊魏武不之察及蜀將關羽圍曹仁於樊于禁等七軍皆沒脩方果降羽而仁圍甚急焉是時漢帝都許昌魏武以爲近賊欲徙河北帝諫曰禁等爲水所沒非戰守之所失於國家大計未有所損而便遷都既示敵以弱又淮沔之人大不安矣孫權劉備外親內疏羽之得意權所不願也可喻權所令掎其後則樊圍自解魏武從之權果遣將呂蒙西襲羽公安拔之羽遂爲蒙所獲魏武以荆州遺黎及屯田在潁川者逼近南寇皆欲徙之帝曰荆楚輕脫易動難安關羽新破諸爲惡者藏竄觀望今徙其善者既傷其意將令去者不敢復還從之其後諸亡者悉復業及魏武薨於洛陽朝野危懼帝紀綱喪事內外肅然乃奉梓宮還鄴

魏文帝卽位封河津亭侯轉丞相長史會孫權帥兵西過朝議以樊襄陽無穀不可以禦寇時曹仁鎮襄陽請召仁還宛帝曰孫權新破關羽此其欲自結之時也必不敢爲患襄陽水陸之衝禦寇要害不可棄也言竟不從仁遂焚棄二城權果不爲寇魏文悔之及魏受漢禪以帝爲尚書頃之轉督軍御史中丞封安國鄉侯

黃初二年督軍官罷遷侍中尚書右僕射

五年天子南巡觀兵吳疆帝留鎮許昌改封向鄉侯轉撫軍假節領兵五千加給事中錄尚書事帝固辭天子曰吾於庶事以夜繼晝無須臾寧息此非以爲榮乃分憂耳

六年天子復大興舟師征吳復命帝居守內鎮百姓外供軍資臨行詔曰吾深以後事爲念故以委卿曹參雖有戰功而蕭何爲重使吾無西顧之憂不亦可乎天子自廣陵還洛陽詔帝曰吾東撫軍當總西事吾西撫軍當總東事於是帝留鎮許昌及天子疾篤帝與曹眞陳羣等見於崇華殿之南堂並受顧命輔政詔太子曰有間此三公者愼勿疑之明帝卽位改封舞陽侯及孫權圍江夏遣其將諸葛瑾張霸并攻襄陽帝督諸軍討權走之進擊敗瑾斬霸并首級千餘遷驃騎將軍

太和元年六月天子詔帝屯于宛加督荆豫二州諸軍事初蜀將孟達之降也魏朝遇之甚厚帝以達言行傾巧不可任驟諫不見聽乃以達領新城太守封侯假節達於是連吳固蜀潛圖中國蜀相諸葛亮惡其反覆又慮其爲患達與太守申儀有隙亮欲促其事乃遣郭模詐降過儀因漏泄其謀達聞其謀漏泄將舉兵帝恐達速發以書喻之曰將軍昔棄劉備託身國家國家委將軍以疆埸之任任將軍以圖蜀之事可謂心貫白日蜀人愚智莫不切齒於將軍諸葛亮欲相破惟苦無路耳模之所言非小事也亮豈輕之而令宣露此殆易知耳達得書大喜猶與不決帝乃潛軍進討諸將言達與二賊交構宜觀望而後動帝曰達無信義此其相疑之時也當及其未定促決之乃倍道兼行八日到其城下吳蜀各遣其將向西城安橋木闌塞以救達帝分諸將以距之初達與亮書曰宛去洛八百里去吾一千二百里聞吾舉事當表上天子比相反覆一月間也則吾城已固諸軍足辦則吾所在深險司馬公必不自來諸將來吾無患矣及兵到達又告亮曰吾舉事八日而兵至城下何其神速也上庸城三面阻水達於城外爲木柵以自固帝渡水破其柵直造城下八道攻之旬有六日達甥鄧賢將李輔等開門出降斬達首傳京師俘獲萬餘人振旅還於宛乃勸農桑禁浮費南土悅附焉初申儀久在魏興專威疆埸輒承制刻印多所假授達既誅有自疑心時諸郡守以帝新克捷奉禮來賀皆聽之帝使人諷儀儀至問承制狀執之歸于京師又徙孟達餘衆七千餘家于幽州蜀將姚靜鄭他等帥其屬七千餘人來降時邊郡新附多無戶名魏朝欲加隱實屬帝朝于京師天子訪之於帝帝對曰賊以密網束下故下棄之宜弘以大綱則自然安樂又問二虜宜討何者爲先對曰吳以中國不習水戰故敢散居東關凡攻敵必扼其喉而椿其心夏口東關賊之心喉若爲陸軍以向皖城引權東下爲水戰軍向夏口乘其虛而擊之此神兵從天而墜破之必矣天子並然之復命帝屯于宛

四年遷大將軍加大都督假黃鉞與曹眞伐蜀帝自西城斫山開道水陸並進泝沔而上至于朐䏰拔其新豐縣軍次丹口遇雨班師明年諸葛亮寇天水圍將軍賈嗣魏平於祁山天子曰西方有事非君莫可付者乃使帝西屯長安都督雍梁二州諸軍事統車騎將軍張郃後將軍費曜征蜀護軍戴陵雍州刺史郭淮等討亮張郃勸帝分軍住雍郿爲後鎮帝曰料前軍獨能當之者將軍言是也若不能當而分爲前後此楚之三軍所以爲黥布禽也遂進軍隃麋亮聞大軍且至乃自帥衆將芟上邽之麥諸將皆懼帝曰亮慮多決少必安營自固然後芟麥吾得二日兼行足矣於是卷甲晨夜赴之亮望塵而遁帝曰吾倍道疲勞此曉兵者之所貪也亮不敢據渭水此易與耳進次漢陽與亮相遇帝列陣以待之使將牛金輕騎餌之兵才接而亮退追至祁山亮屯鹵城據南北二山斷水爲重圍帝攻拔其圍亮宵遁追擊破之俘斬萬計天子使使者勞軍增封邑時軍師杜襲督軍薛悌皆言明年麥熟亮必爲寇隴右無穀宜及冬豫運帝曰亮再出祁山一攻陳倉挫衄而反縱其後出不復攻城當求野戰必在隴東不在西也亮每以糧少爲恨歸必積穀以吾料之非三稔不能動矣於是表徙冀州農夫佃上邽興京兆天水南安監冶

青龍元年穿成國渠築臨晉陂溉田數千頃國以充實

二年亮又帥衆十餘萬出斜谷壘于郿之渭水南原天子憂之遣征蜀護軍秦朗督步騎二萬受帝節度諸將欲住渭北以待之帝曰百姓積聚皆在渭南此必爭之地也遂引軍而濟背水爲壘因謂諸將曰亮若勇者當出武功依山而東若西上五丈原則諸軍無事矣亮果上原將北渡渭帝遣將軍周當屯陽遂以餌之數日亮不動帝曰亮欲爭原而不向陽遂此意可知也遣將軍胡遵雍州刺史郭淮共備陽遂與亮會于積石臨原而戰亮不得進還于五丈原會有長星墜亮之壘帝知其必敗遣奇兵掎亮之後斬五百餘級獲生口千餘降者六百餘人時朝廷以亮僑軍遠寇利在急戰每命帝持重以候其變亮數挑戰帝不出因遺帝巾幗婦人之飾帝怒表請決戰天子不許乃遣骨鯁臣衞尉辛毗杖節爲軍師以制之後亮復來挑戰帝將出兵以應之毗杖節立軍門帝乃止初蜀將姜維聞毗來謂亮曰辛毗杖節而至賊不復出矣亮曰彼本無戰心所以固請者以示武於其衆耳將在軍君命有所不受苟能制吾豈千里而請戰邪帝弟孚書問軍事帝復書曰亮志大而不見機多謀而少決好兵而無權雖提卒十萬已墮吾畫中破之必矣與之對壘百餘日會亮病卒諸將燒營遁走百姓奔告帝出兵追之亮長史楊儀反旗鳴鼓若將距帝者帝以窮寇不之逼於是楊儀結陣而去經日乃行其營壘觀其遺事獲其圖書糧穀甚衆帝審其必死曰天下奇才也辛毗以爲尚未可知帝曰軍家所重軍書密計兵馬糧穀今皆棄之豈有人捐其五藏而可以生乎宜急追之關中多蒺蔾帝使軍士二千人著軟材平底木屐前行蒺蔾悉著屐然後馬步俱進追到赤岸乃知亮死審問時百姓爲之諺曰死諸葛走生仲達帝

聞而笑曰吾便料生不便料死故也先是亮使至帝問曰諸葛公起居何如食可幾米對曰三四升次問政事曰二十罰已上皆自省覽帝既而告人曰諸葛孔明其能久乎竟如其言亮部將楊儀魏延爭權儀斬延并其衆帝欲乘隙而進有詔不許

三年遷太尉累增封邑蜀將馬岱入寇帝遣將軍牛金擊走之斬千餘級武都氐王苻雙強端帥其屬六千餘人來降關東飢帝運長安粟五百萬斛于京師

四年獲白鹿獻之天子曰昔周公旦輔成王有素雉之貢今君受陝西之任有白鹿之獻豈非忠誠協符千載同契俾乂邦家以永厥休邪及遼東太守公孫文懿反徵帝詣京師天子曰此不足以勞君事欲必克故以相煩耳君度其行何計對曰棄城預走上計也據遼水以距大軍次計也坐守襄平此成擒耳天子曰其計將安出對曰惟明者能深度彼己豫有所棄此非其所及也今懸軍遠征將謂不能持久必先距遼水而後守此中下計也天子曰往還幾時對曰往百日還百日攻百日以六十日為休息一年足矣是時大脩宮室加之以軍旅百姓飢弊帝將即戎乃諫曰昔周公營洛邑蕭何造未央今宮室未備臣之責也然自河以北百姓困窮外內有役勢不並興宜假絕內務以救時急

景初二年帥牛金胡遵等步騎四萬發自京都車駕送出西明門詔弟孚子師送過溫賜以穀帛牛酒敕郡守典農已下皆往會焉見父老故舊讌飲累日帝歎息悵然有感為歌曰天地開闢日月重光遭遇際會畢力遐方將掃羣穢還過故鄉肅清萬里總齊八荒告成歸老待罪舞陽遂進師經孤竹越碣石次于遼水文懿果遣步騎數萬阻遼隧堅壁而守南北六七十里以距帝帝盛兵多張旗幟出其南賊盡銳赴之乃泛舟潛濟以出其北與賊營相逼沉舟焚梁傍遼水作長圍棄賊而向襄平諸將言曰不攻賊而作圍非所以示衆也帝曰賊堅營高壘欲以老吾兵也攻之正入其計此王邑所以恥過昆陽也古人曰敵雖高壘不得不與我戰者攻其所必救也賊大衆在此則巢窟虛矣我直指襄平則人懷內懼懼而求戰破之必矣遂整陣而過賊見兵出其後果邀之帝謂諸將曰所以不攻其營正欲致此不可失也乃縱兵逆擊大破之三戰皆捷賊保襄平進軍圍之初文懿聞魏師之出也請救於孫權權亦出兵遙為之聲援遺文懿書曰司馬公善用兵變化若神所向無前深為弟憂之會霖潦大水平地數尺三軍恐欲移營帝令軍中敢有言徙者斬都督令史張靜犯令斬之軍中乃定賊恃水樵牧自若諸將欲取之皆不聽司馬陳珪曰昔攻上庸八部並進晝夜不息故能一旬之半拔堅城斬孟達今者遠來而更安緩愚竊惑焉帝曰孟達衆少而食支一年吾將士四倍於達而糧不淹月以一月圖一年安可不速以四擊一正令半解猶當為之是以不計死傷與糧競也今賊衆我寡賊飢我飽水雨乃爾功力不設雖當促之亦何所為自發京師不憂賊攻但恐賊走今賊糧垂盡而圍落未合掠其牛馬抄其樵采此故驅之走也夫兵者詭道善因事變賊憑衆恃雨故雖飢困未肯束手當示無能以安之取小利以驚之非計也朝廷聞師遇雨咸請召還天子曰司馬公臨危制變計日禽之矣既而雨止遂合圍起土山地道楯櫓鉤橦發矢石雨下晝夜攻之時有長星色白有芒鬣自襄平城西南流于東北墜于梁水城中震慴文懿大懼乃使其所署相國王建御史大夫柳甫乞降請解圍面縛不許執建等皆斬之檄告文懿曰昔楚鄭列國而鄭伯猶肉袒牽羊而迎之孤為王人位則上公而建等欲孤解圍退舍豈楚鄭之謂邪二人老耄必傳言失旨已相為斬之若意有未已可更遣年少有明決者來文懿復遣侍中衞演乞剋日送任帝謂演曰軍事大要有五能戰當戰不能戰當守不能守當走餘二事惟有降與死耳汝不肯面縛此為決就死也不須送任文懿攻南圍突出帝縱兵擊敗之斬于梁水之上星墜之所既入城立兩標以別新舊焉男子年十五已上七千餘人皆殺之以為京觀僞公卿已下皆伏誅戮其將軍畢盛等二千餘人收戶四萬口三十餘萬初文懿篡其叔父恭位而囚之及將反將軍綸直賈範等苦諫文懿皆殺之帝乃釋恭之囚封直等之墓顯其遺嗣令曰古之伐國誅其鯨鯢而已諸為文懿所詿誤者皆原之中國人欲還舊鄉恣聽之時有兵士寒凍乞襦帝弗之與或曰幸多故襦可以賜之帝曰襦者官物人臣無私施也乃奏軍人年六十已上者罷遣千餘人將吏從軍死亡者致喪還家遂班師天子遣使者勞軍于薊增封食昆陽并前二縣初帝至襄平夢天子枕其膝曰視吾面俛視有異於常心惡之先是詔帝便道鎮關中及次白屋有詔召帝三日之間詔書五至手詔曰間側息望到到便直排閤入視吾面帝大遽乃乘追鋒車晝夜兼行自白屋四百餘里一宿而至引入嘉福殿臥內升御床帝流涕問疾天子執帝手目齊王曰以後事相託死乃復可忍吾忍死待君得相見無所復恨矣與大將軍曹爽並受遺詔輔少主及齊王即帝位遷侍中持節都督中外諸軍錄尚書事與爽各統兵三千人共執朝政更直殿中乘輿入殿爽欲使尚書奏事先由己乃言於天子徙帝為大司馬朝議以為前後大司馬累薨於位乃以帝為太傅入殿不趨贊拜不名劍履上殿如漢蕭何故事嫁娶喪葬取給於官以世子師為散騎常侍子弟三人為列侯四人為騎都尉帝固讓子弟官不受

魏正始元年春正月東倭重譯納貢焉耆危須諸國弱水以南鮮卑名王皆遣使來獻天子歸美宰輔又增帝封邑初魏明帝好脩宮室制度靡麗百姓苦之帝自遼東還役者猶萬餘人雕玩之物動以千計至是皆奏罷之節用務農天下欣賴焉

二年夏五月吳將全琮寇芍陂朱然孫倫圍樊城諸葛瑾步騭掠柤中帝請自討之議者咸言賊遠來圍樊不可卒拔挫於堅城之下有自破之勢宜長策以御之帝曰邊城受敵而安坐廟堂疆埸騷動衆心疑惑是社稷之大憂也六月乃督諸軍南征車駕送出津陽門帝以南方暑濕不宜持久使輕騎挑之然不敢動於是休戰士簡精銳募先登申號令示必攻之勢吳軍夜遁走追至三州口斬獲萬餘人收其舟船軍資而還天子遣侍中常侍勞軍于宛秋七月增封食郾臨潁并前四縣邑萬戶子弟十一人皆為列侯帝勳德日盛而謙恭愈甚以太常常林鄉邑舊齒見之每拜恒戒子弟曰盛滿者道家之所忌四時猶有推移吾何德以堪之損之又損之庶可以免乎

三年春天子追封謚皇考京兆尹為舞陽成侯三月奏穿廣漕渠引河入汴溉東南諸陂始大佃於淮北先是吳遣將諸葛恪屯皖邊鄙苦之帝欲自擊恪議者多以賊據堅城積穀欲引致官兵今懸軍遠攻其救必至進退不易未見其便帝曰賊之所長者水也今攻其城以觀其變若用其所長棄城奔走此為廟勝也若敢固守湖水冬淺船不得行勢必棄水相救由其所短亦吾利也

四年秋九月帝督諸軍擊諸葛恪車駕送出津陽門軍次于舒恪焚燒積聚棄城而遁帝以滅賊之要在於積穀乃大興屯守廣開淮陽百尺二渠又修諸陂於潁之南北萬餘頃自是淮北倉庾相望壽陽至于京師農官屯兵連屬焉

五年春正月帝至自淮南天子使持節勞軍尚書鄧颺李勝等欲令曹爽建立功名勸使伐蜀帝止之不可爽果無功而還

六年秋八月曹爽毀中壘中堅營以兵屬其弟中領軍羲帝以先帝舊制禁之不可冬十二月天子詔帝朝會乘輿升殿

七年春正月吳寇柤中夷夏萬餘家避寇北渡沔帝以沔南近賊若百姓奔還必復致寇宜權留之曹爽曰今不能修守沔南而留百姓非長策也帝曰不然凡物致之安地則安危地則危故兵書曰成敗形也安危勢也形勢御衆之要不可以不審設令賊以二萬人斷沔水三萬人與沔南諸軍相持萬人陸梁柤中將何以救之爽不從卒令還南賊果襲破柤中所失萬計

八年夏四月夫人張氏薨曹爽用何晏鄧颺丁謐之謀遷太后於永寧宮專擅朝政兄弟並典禁兵多樹親黨屢改制度帝不能禁於是與爽有隙五月帝稱疾不與政事時人為之謠曰何鄧丁亂京城

九年春三月黃門張當私出掖庭才人石英等十一人與曹爽為伎人爽晏謂帝疾篤遂有無君之心與當密謀圖危社稷期有日矣帝亦潛為之備爽之徒屬亦頗疑帝會河南尹李勝將莅荊州來候帝帝詐疾篤使兩婢侍持衣衣落指口言渴婢進粥帝不持杯飲粥皆流出霑胸勝曰衆情謂明公舊風發動何意尊體乃爾帝使聲氣纔屬說年老枕疾死在旦夕君當屈并州并州近胡善為之備恐不復相見以子師昭兄弟為託勝曰當還忝本州非并州帝乃錯亂其辭曰君方到并州勝復曰當忝荊州帝曰年老意荒不解君言今還為本州盛德壯烈好建功勳勝退告爽曰司馬公尸居餘氣形神已離不足慮矣他日又言曰太傅不可復濟令人愴然故爽等不復設備

嘉平元年春正月甲午天子謁高平陵爽兄弟皆從是日太白襲月帝於是奏永寧太后廢爽兄弟時景帝為中護軍將兵屯司馬門帝列陣闕下經爽門爽帳下督嚴世上樓引弩將射帝孫謙止之曰事未可知三注三止皆引其肘不得發大司農桓範出赴爽蔣濟言於帝曰智囊往矣帝曰爽與範內疏而智不及駑馬戀棧豆必不能用也於是假司徒高柔節行大將軍事領爽營謂柔曰君為周勃矣命太僕王觀行中領軍攝羲營帝親帥太尉蔣濟等勒兵出迎天子屯於洛水浮橋上奏曰先帝詔陛下秦王及臣升于御床握臣臂曰深以後事為念今大將軍爽背棄顧命敗亂國典內則僭擬外

專威權羣臣要職皆置所親宿衞舊人並見斥黜根據槃牙縱恣日甚又以黃門張當爲都監專共交關伺候神器天下洶洶人懷危懼陛下便爲寄坐豈得久安此非先帝詔陛下及臣升御床之本意也臣雖朽邁敢忘前言昔趙高極意秦是以亡呂霍早斷漢祚永延此乃陛下之殷鑒臣授命之秋也公卿羣臣皆以爽有無君之心兄弟不宜典兵宿衞奏皇太后皇太后勑如奏施行臣輒勑主者及黃門令罷爽羲訓吏兵各以本官侯就第若稽留車駕以軍法從事臣輒力疾將兵詣洛水浮橋伺察非常爽不通奏留車駕宿伊水南伐樹爲鹿角發屯兵數千人以守桓範果勸爽奉天子幸許昌移檄徵天下兵爽不能用而夜遣侍中許允尚書陳泰詣帝觀望風旨帝數其過失事止免官泰還以報爽勸之通奏帝又遣爽所信殿中校尉尹大目諭爽指洛水爲誓爽意信之桓範等援引古今諫說萬端終不能從乃曰司馬公正當欲奪吾權耳吾得以侯還第不失爲富家翁範拊膺曰坐卿滅吾族矣遂通帝奏既而有司劾黃門張當并發爽與何晏等反事乃收爽兄弟及其黨與何晏丁謐鄧颺畢軌李勝桓範等誅之蔣濟曰曹真之勳不可以不祀帝不聽初爽司馬魯芝主簿楊綜斬關奔爽及爽之將歸罪也芝綜泣諫曰公居伊周之任挾天子杖天威孰敢不從舍此而欲就東市豈不痛哉有司奏收芝綜科罪帝赦之曰以勸事君者二月天子以帝爲丞相增封潁川之繁昌鄢陵新汲父城并前八縣邑二萬戶奏事不名固讓丞相冬十二月加九錫之禮朝會不拜固讓九錫

二年春正月天子命帝立廟于洛陽置左右長史增掾屬舍人滿十人歲舉掾屬任御史秀才各一人增官騎百人鼓吹十四人封子彤平樂亭侯倫安樂亭侯帝以久疾不任朝請每有大事天子親幸第以諮訪焉兗州刺史令狐愚太尉王淩貳於帝謀立楚王彪

三年春正月王淩詐言吳人塞涂水請發兵以討之帝潛知其計不聽夏四月帝自帥中軍汎舟沿流九日而到甘城淩計無所出乃迎于武丘面縛水次曰淩若有罪公當折簡召淩何苦自來邪帝曰以君非折簡之客故耳即以淩歸于京師道經賈逵廟淩呼曰賈梁道王淩是大魏之忠臣惟爾有神知之至項仰鴆而死收其餘黨皆夷三族并殺彪悉錄魏諸王公置于鄴命有司監察不得交關天子遣侍中韋誕持節勞軍于五池帝至自甘城天子又使兼大鴻臚大僕庾嶷持節策命帝爲相國封安平郡公孫及兄子各一人爲列侯前後食邑五萬戶侯者十九人固讓相國郡公不受六月帝寢疾夢賈逵王淩爲祟甚惡之秋八月戊寅崩于京師時年七十三天子素服臨弔喪葬威儀依霍光故事追贈相國郡公弟孚表陳先志辭郡公及轀輬車九月庚申葬于河陰謚曰文貞後改謚文宣先是預作終制於首陽山爲土藏不墳不樹作顧命三篇斂以時服不設明器後終者不得合葬一如遺命晉國初建追尊曰宣王武帝受禪上尊號曰宣皇帝陵曰高原廟稱高祖帝內忌而外寬猜忌多權變魏武察帝有雄豪志聞有狼顧相欲驗之乃召使前行令反顧面正向後而身不動又嘗夢三馬同食一槽甚惡焉因謂太子丕曰司馬懿非人臣也必預汝家事太子素與帝善每相全佑故免帝於是勤於吏職夜以忘寢至於芻牧之間悉皆臨履由是魏武意遂安及平公孫文懿大行殺戮誅曹爽之際支黨皆夷及三族男女無少長姑姊妹女子之適人者皆殺之既而竟遷魏鼎云明帝時王導侍坐帝問前世所以得天下導乃陳帝創業之始及文帝末高貴鄉公事明帝以面覆牀曰若如公言晉祚復安得長遠迹其猜忍蓋有符於狼顧也

制曰夫天地之大黎元爲本邦國之貴元首爲先治亂無常興亡有運是故五帝之上居萬乘以爲憂三王已來處其憂而爲樂競智力爭利害大小相吞強弱相襲逮乎魏室三方鼎峙干戈不息氛霧交飛宣皇以天挺之姿應期佐命文以纘治武以稜威用人如在己求賢若不及情深阻而莫測性寬綽而能容和光同塵與時舒卷戢鱗潛翼思屬風雲飾忠於已詐之心延安於將危之命觀其雄略內斷英猷外決殄公孫於百日擒孟達於盈旬自以兵動若神謀無再計矣既而擁衆西舉與諸葛相持抑其甲兵本無鬭志遺其巾幗方發憤心杖節當門雄圖頓屈請戰千里詐欲示威且秦蜀之人勇懦非敵夷阻之路勞逸不同以此爭功其利可見而反閉軍固壘莫敢爭鋒生怯實而未前死疑虛而猶遁良將之道失在斯乎文帝之世輔翼權重許昌同蕭何之委崇華甚霍光之寄當謂竭誠盡節伊傅可齊及明帝將終棟梁是屬受遺二主佐命三朝既承忍死之託曾無殉生之報天子在外內起甲兵陵土未乾遽相誅戮貞臣之體寧若此乎盡善之方以斯爲惑夫征討之策豈東智而西愚輔佐之心何前忠而後亂故晉明掩面恥欺僞以成功石勒肆言笑姦回以定業古人有云積善三年知之者少爲惡一日聞於天下可不謂然乎雖自隱過當年而終見嗤後代亦猶竊鐘掩耳以衆人爲不聞銳意盜金謂市中爲莫覩故知貪於近者則遺遠溺於利者則傷名若不損己以益人則當禍人而福己順理而舉易爲力背時而動難爲功況以未成之晉基逼有餘之魏祚雖復道格區宇德被蒼生而天未啟時寶位猶阻非可以智競不可以力爭雖則慶流後昆而身終於北面矣

晉書卷一考證

宣帝紀其先出自帝高陽之子重黎爲夏官祝融○臣人龍按左傳重爲句芒黎爲祝融一出於少昊一出出於顓頊是重黎爲二人而史記楚世家及太史公自序竟以重黎爲一人此書及宋書備璀云大晉之德始自重黎皆昔人相沿之謬也

圍將軍賈嗣魏平於祁山○臣艮裘按三國志諸葛亮復出祁山賈詡魏平數請戰又亮使魏延等赴拒大破之此云賈嗣不作賈詡又下文亮望塵而遁及追擊破之等語俱與志異

晉書卷二

唐　太　宗　文　皇　帝　御　撰

帝紀第二

景帝

景皇帝諱師字子元宣帝長子也雅有風采沉毅多大略少流美譽與夏侯玄何晏齊名晏常稱曰惟幾也能成天下之務司馬子元是也魏景初中拜散騎常侍累遷中護軍爲選用之法舉不越功吏無私焉宣穆皇后崩居喪以至孝聞宣帝之將誅曹爽深謀祕策獨與帝潛畫文帝弗之知也將發夕乃告之既而使人覘之帝寢如常而文帝不能安席晨會兵司馬門鎮靜內外置陣甚整宣帝曰此子竟可也初帝陰養死士三千散在人間至是一朝而集衆莫知所出也事平以功封長平鄉侯食邑千戶尋加衞將軍及宣帝薨議者咸云伊尹既卒伊陟嗣事天子命帝以撫軍大將軍輔政

魏嘉平四年春正月遷大將軍加侍中持節都督中外諸軍錄尚書事命百官舉賢才明少長卹窮獨理廢滯諸葛誕毌丘儉王昶陳泰胡遵都督四方王基州泰鄧艾石苞典州郡盧毓李豐掌選舉傅嘏虞松參計謀鍾會夏侯玄王肅陳本孟康趙酆張緝預朝議四海傾注朝野肅然或有請改易制度者帝曰不識不知順帝之則詩人之美也三祖典制所宜遵奉自非軍事不得妄有改革

五年夏五月吳太傅諸葛恪圍新城朝議慮其分兵以寇淮泗欲戍諸水口帝曰諸葛恪新得政於吳欲徼一時之利并兵合肥以冀萬一不暇復爲青徐患也且水口非一多戍則用兵衆少戍則不足以禦寇恪果并力合肥卒如所度帝於是使鎮東將軍毌丘儉揚州刺史文欽等距之儉欽請戰帝曰恪卷甲深入投兵死地其鋒未易當且新城小而固攻之未可拔遂命諸將高壘以弊之相持數月恪攻城力屈死傷太半乃勑欽督銳卒趣合榆要其歸路儉帥諸將以爲後繼恪懼而遁欽逆擊大破之斬首萬餘級

正元元年春正月天子與中書令李豐后父光祿大夫張緝黃門監蘇鑠永寧署令樂敦冗從僕射劉寶賢等謀以太常夏侯玄代帝輔政帝密知之使舍人王羨以車迎豐豐見迫隨羨而至帝數之豐知禍及因肆惡言帝怒遣勇士以刀鐶築殺之逮捕玄緝等皆夷三族三月乃諷天子廢皇后張氏因下詔曰姦臣李豐等靖譖庸回陰構凶慝大將軍糾虔天刑致之誅辟周勃之克呂氏霍光之擒上官曷以過之其增邑九千戶并前四萬帝讓不受天子以玄緝之誅深不自安而帝亦慮難作潛謀廢立乃密諷魏永寧太后秋九月甲戌太后下令曰皇帝春秋已長不親萬幾耽淫內寵沉嫚女德日近倡優縱其醜虐迎六宮家人留止內房毀人倫之敘亂男女之節又爲羣小所迫將危社稷不可承奉宗廟帝召羣臣會議流涕曰太后令如是諸君其如王室何咸曰伊尹放太甲以寧殷霍光廢昌邑以安漢權定社稷以清四海二代行之於古明公當之於今今日之事惟命是從帝曰諸君見望者重安敢避之乃與羣公卿士共奏太后曰臣聞天子者所以濟育羣生永安萬國皇帝春秋已長未親萬幾日使小優郭懷袁信等裸袒淫戲又於廣望觀下作遼東妖婦道路行人莫不掩目清商令令狐景諫帝帝燒鐵炙之太后遭合陽君喪帝嬉樂自若清商丞龐熙諫帝帝勿聽太后還北宮殺張美人帝甚恚望熙諫帝怒復以彈彈熙每文書入帝不省視太后令帝在式乾殿講學帝又不從不可以承天序臣請依昔漢霍光故事收皇帝璽綬以齊王歸藩奏可於是有司以太牢策告宗廟王就乘輿副車羣臣從至西掖門帝泣曰先臣受歷世殊遇先帝臨崩託以遺

詔臣復忝重任不能獻可替否羣公卿士遠惟舊典爲社稷深計寧負聖躬使宗廟血食於是使使者持節衞送舍河內之重門誅郭懷袁信等是日與羣臣議所立帝曰方今宇宙未清二虜爭衡四海之主惟在賢哲彭城王據太祖之子以賢則仁聖明允以年則皇室之長天位至重不得其才不足以寧濟六合乃與羣公奏太后太后以彭城王先帝諸父於昭穆之序爲不次則烈祖之世永無承嗣東海定王明帝之弟欲立其子高貴鄉公髦帝固爭不獲乃從太后令遣使迎高貴鄉公於元城而立之改元曰正元天子受璽惰舉趾高帝聞而憂之及將大會帝訓於天子曰夫聖王重始正本敬初古人所慎也明當大會萬衆瞻穆穆之容公卿聽玉振之音詩云示人不佻是則是效易曰出其言善則千里之外應之雖禮儀周備猶宜加之以祗恪以副四海顒顒式仰癸己天子詔曰朕聞創業之君必須股肱之臣守文之主亦賴匡佐之輔是故文武以呂召彰受命之功宣王倚山甫享中興之業大將軍世載明德應期作輔遭天降險帝室多難齊王蒞政不迪率典公履義執忠以寧區夏式是百辟總齊庶事內摧寇虐外靜姦宄日昃憂勤劬勞夙夜德聲光于上下勳烈施于四方深惟大議首建明策權定社稷援立朕躬宗廟獲安億兆慶賴伊摯之保乂殷邦公旦之綏寧周室蔑以尚焉朕甚嘉之夫德茂者位尊庸大者祿厚古今之通義也其登位相國增邑九千并前四萬戶進號大都督假黃鉞入朝不趨奏事不名劍履上殿賜錢五百萬帛五千匹以彰元勳帝固辭相國又上書訓于天子曰荆山之璞雖美不琢不成其實顏冉之才雖茂不學不弘其量仲尼有云予非生而知之者好古敏以求之者也仰觀黃軒五代之主莫不有所稟則顓頊受學於綠圖高辛問道於柏招逮至周成旦望作輔故能離經辯志安道樂業夫然故君道明於上兆庶順於下刑措之隆實由於此宜遵先王下問之義使講誦之業屢聞於聽典謨之言日陳於側也時天子頗修華飾帝又諫曰履端初政宜崇玄樸並敬納焉十一月有白氣經天

二年春正月有彗星見于吳楚之分西北竟天鎮東大將軍毋丘儉揚州刺史文欽舉兵作亂矯太后令移檄郡國爲壇盟于西門之外各遣子四人質于吳以請救二月儉欽帥衆六萬渡淮而西帝會公卿謀征討計朝議多謂可遣諸將擊之王肅及尚書傅嘏中書侍郎鍾會勸帝自行戊午帝統中軍步騎十餘萬以征之倍道兼行召三方兵大會于陳許之郊甲申次于濦橋儉將史招李續相次來降儉欽移入項城帝遣荆州刺史王基進據南頓以逼儉帝深壁高壘以待東軍之集諸將請進軍攻其城帝曰諸君得其一未知其二淮南將士本無反志且儉欽欲蹈縱橫之迹習儀秦之說謂遠近必應而事起之日淮北不從史招李續前後瓦解內乖外叛自知必敗困獸思鬬速戰更合其志雖云必克傷人亦多且儉等欺誑將士詭變萬端小與持久詐情自露此不戰而克之也乃遣諸葛誕督豫州諸軍自安風向壽春征東將軍胡遵督青徐諸軍出譙宋之間絕其歸路帝屯汝陽遣兗州刺史鄧艾督太山諸軍進屯樂嘉示弱以誘之欽進軍將攻艾帝潛軍銜枚徑造樂嘉與欽相遇欽子鴦年十八勇冠三軍謂欽曰及其未定請登城鼓譟擊之可破也既謀而行三譟而欽不能應鴦退相與引而東帝謂諸將曰欽走矣命發銳軍以追之諸將皆曰欽舊將鴦少而銳引軍內入未有失利必不走也帝曰一鼓作氣再而衰三而竭鴦三鼓欽不應其勢已屈不走何待欽將遁鴦曰不先折其勢不得去也乃與驍騎十餘摧鋒陷陣所向皆披靡遂引去帝遣左長史司馬璉督驍騎八千翼而追之使將軍樂綝等督步兵繼其後比至沙陽頻陷欽陣弩矢雨下欽蒙楯而馳大破其軍衆皆投戈而降欽父子與麾下走保項儉聞欽敗棄衆宵遁淮南安風津都尉追儉斬之傳首京都欽遂奔吳淮南平初帝目有瘤疾使醫割之鴦之來攻也驚而目出懼六軍之恐蒙之以被痛甚嚙被敗而左右莫知焉閏月疾篤使文帝總統諸軍辛亥崩于許昌時年四十八二月帝之喪至自許昌天子素服臨弔詔曰公有濟世寧國之勳尅定禍亂之功重之以死王事宜加殊禮其令公卿議制有司議以爲忠安社稷功濟宇內宜依霍光故事追加大司馬之號以冠軍大將軍增邑五萬戶謚曰武公文帝表讓曰臣亡父不敢受丞相相國九命之禮亡兄不受相國之位誠以太祖常所階歷也今謚與二祖同必所祗懼昔蕭何張良霍光咸有匡佐之功何謚文終良謚文成光謚宣成必以文武爲謚請依何等就加詔許之謚曰忠武晉國既建追尊曰景王武帝受禪上尊號曰景皇帝陵曰峻平廟稱世宗

文帝

文皇帝諱昭字子上景帝之母弟也魏景初二年封新城鄉侯正始初爲洛陽典農中郎將值魏明奢侈之後帝錫除苛碎不奪農時百姓大悅轉散騎常侍大將軍曹爽之伐蜀也以帝爲征蜀將軍副夏侯玄出駱谷次于興勢蜀將王林夜襲帝營帝堅臥不動林退帝謂玄曰費禕以據險距守進不獲戰攻之不可宜亟旋軍以爲後圖爽等引旋禕果馳兵趣三嶺爭險乃得過遂還拜議郎及誅曹爽帥衆衞二宮以功增邑千戶蜀將姜維之寇隴右也征西將軍郭淮自長安距之進帝位安西將軍持節屯關中爲諸軍節度淮攻維別將句安於麴久而不決帝乃進據長城南趣駱谷以疑之維懼退保南鄭安軍絕援帥衆來降轉安東將軍持節鎮許昌及大軍討王淩帝督淮北諸軍事帥師會于項增邑三百戶假金印紫綬尋進號都督統征東將軍胡遵鎮東將軍諸葛誕伐吳戰于東關二軍敗績坐失侯蜀將姜維又寇隴右揚聲欲攻狄道以帝行征西將軍次長安雍州刺史陳泰欲先賊據狄道帝曰姜維攻羌收其質任聚穀作邸閣訖而復轉行至此正欲了塞外諸羌爲後年之資耳若實向狄道安肯宣露令外人知今揚聲言出此欲歸也維果燒營而去會新平羌胡叛帝擊破之遂耀兵靈州北虜震讋叛者悉降以功復封新城鄉侯高貴鄉公之立也以參定策進封高都侯增封二千戶毋丘儉文欽之亂大軍東征帝兼中領軍留鎮洛陽及景帝疾篤帝自京都省疾拜衞將軍景帝崩天子命帝鎮許昌尚書傅嘏帥六軍還京師帝用嘏及鍾會策自帥軍而還至洛陽進位大將軍加侍中都督中外諸軍錄尚書事輔政劍履上殿帝固辭不受

甘露元年春正月加大都督奏事不名夏六月進封高都公地方七百里加之九錫假斧鉞進號大都督劍履上殿又固辭不受秋八月庚申加假黃鉞增封三縣

二年夏五月辛未鎮東大將軍諸葛誕殺揚州刺史樂綝以淮南作亂遣子靚爲質於吳以請救議者請速伐之帝曰誕以毋丘儉輕疾傾覆今必外連吳寇此爲變大而遲吾當與四方同力以全勝制之乃表曰昔黥布叛逆漢祖親征隗囂違戾光武西伐烈祖明皇帝乘輿仍出皆所以奮揚赫斯震耀威武也陛下宜暫臨戎使將士得憑天威今諸軍可五十萬以衆擊寡蔑不克矣秋七月奉天子及皇太后東征徵兵青徐荆豫分取關中遊軍皆會淮北師次于項假廷尉何楨節使淮南宣慰將士申明逆順示以誅賞甲戌帝進軍丘頭吳使文欽唐咨全端全懌等三萬餘人來救誕諸將逆擊不能禦將軍李廣臨敵不進泰山太守常時稱疾不出並斬之以狗八月吳將朱異帥兵萬餘人留輜重於都陸輕兵至黎漿監軍石苞兗州刺史州泰禦之異退泰山太守胡烈以奇兵襲都陸焚其糧運苞泰復進擊異大破之異之餘卒餧甚食葛葉而遁吳人殺異帝曰異不得至壽春非其罪也而吳人殺之適以謝壽春而堅誕意使其猶望救耳若其不爾彼當突圍決一旦之命或謂大軍不能久省食減口冀有他變料賊之情不出此三者今當多方以亂之備其越逸此勝計也因命合圍分遣羸疾就穀淮北廩軍士大豆人三升欽聞之果喜帝愈羸形以示之多縱反間揚言吳救方至誕等益寬恣食俄而城中乏糧石苞王基並請攻之帝曰誕之逆謀非一朝一夕也聚糧完守外結吳人自謂足據淮南欽既同惡相濟必不便走今若急攻之損游軍之力外寇卒至表裏受敵此危道也今三叛相聚於孤城之中天其或者將使同戮吾當以長策縻之但堅守三面若賊陸道而來軍糧必少吾以游兵輕騎絕其轉輸可不戰而破外賊外賊破欽等必成擒矣全懌母孫權女也得罪於吳全端兄子禕及儀奉其母來奔儀兄靜時在壽春用鍾會計作禕儀書以誘靜靜兄弟五人帥其衆來降城中大駭

三年春正月壬寅誕欽等出攻長圍諸軍逆擊走之初誕欽內不相協及至窮蹙轉相疑貳會欽計事與誕忤誕手刃殺欽欽子鴦攻誕不克踰城降以爲將軍封侯使鴦巡城而呼帝見城上持弓者不發謂諸將曰可攻矣二月乙酉攻而拔之斬誕夷三族吳將唐咨孫曼孫彌徐部等帥其屬皆降表加爵位廩其餧疾或言吳兵必不爲用請坑之帝曰就令亡還適見中國之弘耳於是徙之三河夏四月歸于京師魏帝命改丘頭曰武丘以旌武功五月天子以并州之太原上黨西河樂平新興鴈門司州之河東平陽八郡地方七百里封帝爲晉公加九錫進位相國晉國置官司焉九讓乃止於是增邑萬戶食三縣諸子之無爵者皆封列侯秋七月奏錄先世名臣元功大勳之子孫隨才敘用

四年夏六月分荆州置二都督王基鎮新野州泰鎮襄陽使石苞都督揚州陳騫都督豫州鍾毓都督徐州宋鈞監青州諸軍事

景元元年夏四月天子復命帝爵秩如前又讓不受天子既以帝三世宰輔政非己出情不能安又慮廢辱將臨軒召百寮而行放黜五月戊子夜使冗從僕射李昭等發甲於陵雲臺召侍中王沉散騎常侍王業尚書王

經出懷中黃素詔示之戒嚴俟旦沉業馳告于帝帝召護軍賈充等爲之備天子知事泄帥左右攻相府稱有所討敢有動者族誅相府兵將止不敢戰賈充叱諸將曰公畜養汝輩正謂今日耳太子舍人成濟抽戈犯蹕刺之刃出於背天子崩于車中帝召百寮謀其故僕射陳泰不至帝遣其舅荀顗輿致之延于曲室謂曰玄伯天下其如我何泰曰惟腰斬賈充微以謝天下帝曰卿更思其次泰曰但見其上不見其次於是歸罪成濟而斬之太后令曰昔漢昌邑王以罪廢爲庶人此兒亦宜以庶人禮葬之使內外咸知其所行也殺尚書王經貳於我也庚寅帝奏曰故高貴鄉公帥從駕人兵拔刃鳴鼓向臣所臣懼兵刃相接卽勑將士不得有所傷害違令者以軍法從事騎督成倅弟太子舍人濟入兵陣傷公至隕臣聞人臣之節有死無貳事上之義不敢逃難前者變故卒至禍同發機誠欲委身守死惟命所裁然惟本謀乃欲上危皇太后傾覆宗廟臣忝當元輔義在安國卽駱驛申勑不得迫近輿輦而濟妄入陣間以致大變哀怛痛恨五內摧裂濟干國亂紀罪不容誅輒收濟家屬付廷尉太后從之夷濟三族與公卿議立燕王宇之子常道鄉公璜爲帝六月改元景辰天子進帝爲相國封晉公增十郡加九錫如初羣從子弟未侯者封亭侯賜錢千萬帛萬匹固讓乃止冬十一月吳吉陽督蕭慎以書詣鎮東將軍石苞僞降求迎帝知其詐也使苞外示迎之而內爲之備

二年秋八月甲寅天子使太尉高柔授帝相國印綬司空鄭沖致晉公茅土九錫固辭

三年夏四月蕭慎來獻楛矢石砮弓甲貂皮等天子命歸於大將軍府

四年春二月丁丑天子復命帝如前又固讓三月詔大將軍府增置司馬一人從事中郎二人舍人十人夏帝將伐蜀乃謀衆曰自定壽春已來息役六年治兵繕甲以擬二虜略計取吳作戰船通水道當用千餘萬功此十萬人百數十日事也又南土下溼必生疾疫今宜先取蜀三年之後因巴蜀順流之勢水陸竝進此滅虞定虢吞韓并魏之勢也計蜀戰士九萬居守成都及備他郡不下四萬然則餘衆不過五萬今絆姜維於沓中使不得東顧直指駱谷出其空虛之地以襲漢中彼若嬰城守險兵勢必散首尾離絕舉大衆以屠城散銳卒以略野劍閣不暇守險關頭不能自存以劉禪之闇而邊城外破士女內震其亡可知也征西將軍鄧艾以爲未有釁屢陳異議帝患之使主簿師纂爲艾司馬以喻之艾乃奉命於是徵四方之兵十八萬使鄧艾自狄道攻姜維於沓中雍州刺史諸葛緒自祁山軍于武街絕維歸路鎮西將軍鍾會帥前將軍李輔征蜀護軍胡烈等自駱谷襲漢中秋八月軍發洛陽大賚將士陳師誓衆將軍鄧敦謂蜀未可討帝斬以徇九月又使天水太守王頎攻維營隴西太守牽弘邀其前金城太守楊頎趣甘松鍾會分爲二隊入自斜谷使李輔圍王含於樂城又使步將易愷攻蔣斌於漢城會直指陽安護軍胡烈攻陷關城姜維聞之引還王頎追敗維於彊川維與張翼廖化合軍守劍閣鍾會攻之冬十月天子以諸侯獻捷交至乃申前命曰朕以寡德獲承天序嗣我祖宗之洪烈遭家多難不明于訓曩者奸逆屢興方寇內侮大懼淪喪四海以墮三祖之弘業惟公經德履哲明允廣深迪宣武文世作保傅以輔乂皇家櫛風沐雨周旋征伐劬勞王室二十有餘載毗翼前人乃斷大政克厭不端維安社稷暨儉欽之亂公綏援有衆分命與師統紀有方用緝寧淮浦其後巴蜀屢侵西土不靖公奇畫指授制勝千里是以段谷之戰乘釁大捷斬將搴旗效首萬計孫峻猾夏致寇徐方戎車首路威靈先邁黃鉞未啓鯨鯢竄迹孫壹搆隙自相疑阻幽鑒遠照奇策洞微遠人歸命作藩南夏爰授銳卒畢力戎行暨諸葛誕滔天作逆稱兵揚楚欽咨逋罪同惡相濟帥其蝥賊以入壽春憑阻淮山敢距王命公躬擐甲冑龔行天罰玄謀廟算遵養時晦奇兵震擊而朱異摧破神變應機而全琮稽服取亂攻昧而高墉不守兼九伐之弘略究五兵之正度用能戰不窮武而大敵殲潰旗不再麾而元憝授首收勍吳之儁臣係亡命之逋虜交臂屈膝委命下吏俘馘十萬積尸成京雪宗廟之滯恥拯兆庶之艱難掃平區域信威吳會遂戢干戈靖我疆土天地鬼神罔不獲乂乃者王室之難變起蕭墻賴公之靈弘濟艱險宗廟危而獲安社稷墜而復寧忠格皇天功濟六合是用疇咨古訓稽諸典籍命公崇位相國加于羣后啓土參墟封以晉域所以方軌齊魯翰屏帝室而公遠蹈謙損深履沖讓固辭策命至于八九朕重違讓德抑禮虧制以彰公志于今四載上闕在昔建侯之典下違兆庶具瞻之望惟公嚴虔王度闡濟大猷敦尚純樸省繇節用務稽勸分九野康乂耆叟荷崇養之德鰥寡蒙矜卹之施仁風興於中夏流澤布於遐荒是以東夷西戎南蠻北狄狂狡貪悍世爲寇讐者皆感義懷惠款塞內附或委命納貢或求置官司九服之外絕域之氓曠世所希至者咸浮海來享鼓舞王德前後至者八百七十餘萬口海隅幽裔無思不服雖西旅遠貢越裳九譯義無以踰維翼朕躬下匡萬國思靖殊方寧濟八極以庸蜀未賓蠻荊作猾潛謀獨斷整軍經武簡練將帥授以成策始踐賊境應時摧陷狂狡奔北首尾震潰禽其戎帥屠其城邑巴漢震疊江源雲徹地平天成誠在斯舉公有濟六合之勳加以茂德實總百揆允釐庶政敦五品以崇仁恢六典以敷訓而靖恭夙夜勞謙昧旦雖尙父之左右文武周公之勤勞王家罔以加焉昔先王選建明德光啓諸侯體國經野方制五等所以藩翼王畿垂祚百世也故齊魯之封於周爲弘山川土田邦畿七百官司典策制殊羣后惠襄之難桓文以翼戴之勞猶受錫命之禮咸用光疇大德作範于後惟公功邁於前烈而賞闕於舊式百辟於邑人神同恨焉豈可以公謙沖而久淹弘典哉今以并州之太原上黨西河樂平新興鴈門司州之河東平陽弘農雍州之馮翊凡十郡南至於華北至于陘東至于壺口西踰于河提封之數方七百里皆晉之故壤唐叔受之世作盟主實紀綱諸夏用率舊職爰胙茲土封公爲晉公命使持節兼司徒司隸校尉陔卽授印綬策書金獸符第一至第五竹使符第一至第十錫茲玄土苴以白茅建爾國家以永藩魏室昔在周召竝以公侯入作保傅其在近代酇侯蕭何實以相國光尹漢朝隨時之制禮亦宜之今進公位爲相國加綠綟綬又加公九錫其敬聽後命以公思弘大猷崇正典禮儀刑作範旁訓四方是用錫公大輅戎輅各一玄牡二駟公道和陰陽敬授人時嗇夫反本農殖維豐是用錫公袞冕之服赤舄副焉公光敷顯德惠下以和敬信思順庶尹允諧是用錫公軒懸之樂六佾之舞公鎮靖宇宙翼播聲教海外懷服荒裔款附殊方馳義諸夏順軌是用錫公朱戶以居公簡賢料材營求俊逸爰升多士寘彼周行是用錫公納陛以登公嚴恭寅畏底平四國式遏寇虐苛慝不作是用錫公武賁之士三百人公明慎用刑簡恤大中章厥天威以糾不虔是用錫公鈇鉞各一公爰整六軍典司征伐犯命凌正乃維誅殛是用錫公彤弓一彤矢百旅弓十旅矢千公饗祀蒸蒸孝思維則篤誠之至通于神明是用錫公秬鬯一卣珪瓚副焉晉國置官司以下率由舊式往欽哉祗服朕命弘敷訓典光澤庶方永終爾明德丕顯余一人之休命公卿將校皆詣府喻旨帝以禮辭讓司空鄭沖率羣官勸進曰伏見嘉命顯至竊聞明公固讓沖等眷眷實有愚心以爲聖王作制百代同風褒德賞功有自來矣昔伊尹有莘氏之媵臣耳一佐成湯遂荷阿衡之號周公藉已成之勢據旣安之業光宅曲阜奄有龜蒙呂尙磻溪之漁者也一朝指麾乃封營丘自是以來功薄而賞厚者不可勝數然賢哲之士猶以爲美談况自先相國以來世有明德翼輔魏室以綏天下朝無秕政人無謗言前者明公西征靈州北臨沙漠榆中以西望風震服羌戎來馳回首內向東誅叛逆全軍獨克禽閻閭之將虜輕銳之卒以萬萬計威加南海名懾三越宇內康寧苛慝不作是以時俗畏懷東夷獻舞故聖上覽乃昔以來禮典舊章開國光宅顯茲太原明公宜承奉聖旨受茲介福允當天人元功盛勳光光如彼國土嘉祚巍巍如此內外協同靡愆靡違由斯征伐則可朝服濟江埽除吳會西塞江源望祀岷山迴戈弭節以麾天下遠無不服邇無不肅令大魏之德光于唐虞明公盛勳超於桓文然後臨滄海而謝支伯登箕山而揖許由豈不盛乎至公至平誰與爲鄰何必勤勤小讓也哉帝乃受命十一月鄧艾帥萬餘人自陰平踰絕險至江油破蜀將諸葛瞻於綿竹斬瞻傳首進軍雒縣劉禪降天子命晉公以相國總百揆於是上節傳去侍中大都督錄尙書之號焉表鄧艾爲太尉鍾會爲司徒會潛謀叛逆因密使譖艾

咸熙元年春正月檻車徵艾乙丑帝奉天子西征次于長安是時魏諸王侯悉在鄴城命從事中郎山濤行軍司事鎮於鄴遣護軍賈充持節督諸軍據漢中鍾會遂反於蜀監軍衛瓘右將軍胡烈攻會斬之初會之伐蜀也西曹屬邵悌言於帝曰鍾會難信不可令行帝笑曰取蜀如指掌而衆人皆言不可唯會與吾意同滅蜀之後中國將士人自思歸蜀之遺黎猶懷震恐縱有異志無能爲也卒如所量景辰帝至自長安三月己卯進帝爵爲王增封并前二十郡夏五月癸未天子追加舞陽宣文侯爲晉宣王舞陽忠武侯爲晉景王秋七月帝奏司空荀顗定禮儀中護軍賈充正法律尙書僕射裴秀議官制太保鄭沖總而裁焉始建五等爵冬十月丁亥奏遣吳人相國參軍徐劭散騎常侍水曹屬孫彧使吳喻孫晧以平蜀之事致馬錦等物以示威懷景午天子命中撫軍新昌鄉侯炎爲晉世子

二年春二月甲辰朐䏰縣獻靈龜歸於相府夏四月孫晧使紀陟來聘且獻方物五月天子命帝冕十有二旒

建天子旌旗出警入蹕乘金根車駕六馬備五時副車置旄頭雲罕樂舞八佾設鍾虡宮懸位在燕王上進王妃爲王后世子爲太子王女王孫爵命之號皆如帝者之儀諸禁網煩苛及法式不便於時者帝皆奏除之晉國置御史大夫侍中常侍尙書中領軍衞將軍官秋八月辛卯帝崩于露寢時年五十五九月癸酉葬崇陽陵諡曰文王武帝受禪追尊號曰文皇帝廟稱太祖

史臣曰世宗以叡略創基太祖以雄才成務事殷之跡空存翦商之志彌遠三分天下功業在焉及踰劍銷氛浮淮靜亂桐宮胥怨或所不堪若乃體以名臣格之端揆周公流連於此歲魏武得意於玆日軒懸之樂大啓南陽師摯之圖於焉北面壯矣哉包舉天人者也爲帝之主不亦難乎

贊曰世宗繼文邦權未分三千之士其從如雲世祖無外靈關靜氛反雖討賊終爲弑君

晉書卷三

唐　太　宗　文　皇　帝　御　撰

帝紀第三

武帝

武皇帝諱炎字安世文帝長子也寬惠仁厚沈深有度量魏嘉平中封北平亭侯歷給事中奉車都尉中壘將軍加散騎常侍累遷中護軍假節迎常道鄉公於東武陽遷中撫軍進封新昌鄉侯及晉國建立爲世子拜撫軍大將軍開府副貳相國初文帝以景帝既宣帝之嫡早世無後以帝弟攸爲嗣特加愛異自謂攝居相位百年之後大業宜歸攸每曰此景王之天下也吾何與焉將議立世子屬意於攸何曾等固爭曰中撫軍聰明神武有超世之才髮委地手過膝此非人臣之相也由是遂定

咸熙二年五月立爲晉王太子八月辛卯文帝崩太子嗣相國晉王位下令寬刑宥罪撫衆息役國內行服三日是月長人見於襄武長三丈告縣人王始曰今當太平九月戊午以魏司徒何曾爲丞相鎮南將軍王沈爲御史大夫中護軍賈充爲衞將軍議郎裴秀爲尙書令光祿大夫皆開府十一月初置四護軍以統城外諸軍乙未令諸郡中正以六條舉淹滯一曰忠恪匪躬二曰孝敬盡禮三曰友于兄弟四曰潔身勞謙五曰信義可復六曰學以爲己是時晉德既洽四海宅心於是天子知歷數有在乃使太保鄭沖奉策曰咨爾晉王我皇祖有虞氏誕膺靈運受終于陶唐亦以命于有夏惟三后陟配于天而咸用光敷聖德自玆厥後天又輯大命于漢火德既衰乃眷命我高祖方軌虞夏四代之明顯我不敢知惟王乃祖乃父服膺明哲輔亮我皇家勳德光于四海格爾上下神祇罔不克順地平天成萬邦以乂應受上帝之命協皇極之中肆予一人祗承天序以敬授爾位歷數實在爾躬允執其中天祿永終於戲王其欽順天命率循訓典底綏四國用保天休無替我二皇之弘烈帝初以禮讓魏朝公卿何曾王沈等固請乃從之

泰始元年冬十二月景寅設壇于南郊百僚在位及匈奴南單于四夷會者數萬人柴燎告類于上帝曰皇帝臣炎敢用玄牡明告于皇皇后帝魏帝稽協皇運紹天明命以命炎昔者唐堯熙隆大道禪位虞舜舜又以禪禹邁德垂訓多歷年載暨漢德既衰太祖武皇帝撥亂濟時扶翼劉氏又用受命于漢粵在魏室仍世多故幾於顛墜寔賴有晉匡拯之德用獲保厥肆祀弘濟于艱難此則晉之有大造于魏也誕惟四方罔不祗順廓清梁岷包懷揚越八紘同軌祥瑞屢臻天人協應無思不服肆予憲章三后用集大命于玆炎維德不嗣辭不獲命於是羣公卿士百辟庶僚黎獻陪隸暨于百蠻君長僉曰皇天鑒下求人之瘼既有成命固非克讓所得距違天序不可以無統人神不可以曠主炎虔奉皇運寅畏天威敬簡元辰升壇受禪告類上帝永答衆望禮畢即洛陽宮幸太極前殿詔曰昔朕皇祖宣王聖哲欽明誕應期運熙帝之載肇啓洪基伯考景王履道宣猷緝熙諸夏至于皇考文王叡哲光遠允協靈祇應天順時受玆明命仁濟于宇宙功格于上下肆魏氏弘鑒于古訓儀刑于唐虞疇咨羣后爰輯大命于朕身予一人畏天之命用不敢違惟朕寡德負荷洪烈託于王公之上以君臨四海惴惴惟懼罔知所濟惟爾股肱爪牙之佐文武不貳之臣乃祖乃父實左右我先王光隆我大業思與萬國共饗休祚於是大赦改元賜天下爵人五級鰥寡孤獨不能自存者穀人五斛復天下租賦及關市之稅一年逋債宿負皆勿收除舊嫌解禁錮亡官失爵者悉復之丁卯遣太僕劉原告于太廟封魏帝爲陳留王邑萬戶居于鄴宮魏氏諸王皆爲縣侯追尊宣王爲宣皇帝景王爲景皇帝文王爲文皇帝宣王妃張氏爲宣穆皇后尊太妃王氏曰皇太后宮曰崇化封皇叔祖父孚爲安平王皇叔父幹爲平原王亮爲扶風王伷爲東莞王駿爲汝陰王肜爲梁王倫爲琅邪王皇弟攸爲齊王鑒爲樂安王幾爲燕王皇從伯父望爲義陽王皇從叔父輔爲渤海王晃爲下邳王瓌爲太原王珪爲高陽王衡爲常山王子文爲沛王泰爲隴西王權爲彭城王綏爲范陽王遂爲濟南王遜爲譙王睦爲中山王陵爲北海王斌爲陳王皇從父兄洪爲河間王皇從父弟楙爲東平王以驃騎將軍石苞爲大司馬封樂陵公車騎將軍陳騫爲高平公衞將軍賈充爲車騎將軍魯公尙書令裴秀爲鉅鹿公侍中荀勗爲濟北公太保鄭沖爲太傅壽光公太尉王祥爲太保睢陵公丞相何曾爲太尉朗陵公御史大夫王沈爲驃騎將軍博陵公司空荀顗爲臨淮公鎮北大將軍衞瓘爲菑陽公其餘增封進爵各有差文武普增位二等改景初歷爲太始歷臘以酉社以丑戊辰下詔大弘儉約出御府珠玉玩好之物頒賜王公以下各有差置中軍將軍以統宿衞七軍己巳詔陳留王載天子旌旗備五時副車行魏正朔郊祀天地禮樂制度皆如魏舊上書不稱臣賜山陽公劉康安樂公劉禪子弟一人爲駙馬都尉乙亥以安平王孚爲太宰假黃鉞大都督中外諸軍事詔曰昔王淩謀廢齊王而王竟不足以守位鄧艾雖矜功失節然束手受罪今大赦其家還使立後興滅繼絕約法省刑除魏氏宗室禁錮諸將吏遭三年喪者遣寧終喪百姓復其徭役罷部曲將吏長以下質任省郡國御調禁樂府靡麗百戲之技及雕文遊畋之具開直言之路置諫官以掌之是月鳳皇六青龍三白龍二麒麟各一見于郡國

二年春正月景戌遣兼侍中侯史光等持節四方循省風俗除禳祝之不在祀典者丁亥有司請建七廟帝重其役不許庚寅罷雞鳴鼓辛丑尊景皇帝夫人羊氏曰景皇后宮曰弘訓景午立皇后楊氏二月除漢宗室禁錮己未常山王衡薨詔曰五等之封皆錄舊勳本爲縣侯者傳封次子爲亭侯鄉侯爲關內侯亭侯爲關中侯皆食本戶十分之一丁丑郊祀宣皇帝以配天宗祀文皇帝於明堂以配上帝庚午詔曰古者百官官箴王闕然保氏特以諫諍爲職今之侍中常侍實處此位擇其能正色弼違匡救不逮者以兼此選三月戊戌吳人來弔祭有司奏爲答詔帝曰昔漢文光武懷撫尉佗公孫述皆未正君臣之儀所以羈縻未賓也皓遣使之始未知國慶但以書答之夏五月戊辰詔曰陳留王操尙謙沖每事輒表非所以優崇之也主者喻意非大事皆使王官表上之壬子驃騎將軍博陵公王沈卒六月壬申濟南王遂薨秋七月辛巳營太廟致荊山之木采華山之石鑄銅柱十二塗以黃金鏤以百物綴以明珠戊戌譙王遜薨景午晦日有食之八月景辰省右將軍官初帝雖從漢魏之制既葬除服而深衣素冠降席撤膳哀敬如喪者戊辰有司奏改服進膳不許遂禮終而後復吉及太后之喪亦如之九月乙未散騎常侍皇甫陶傅玄領諫官上書諫諍有司奏請寢之詔曰凡關言人主人臣所至難而苦不能聽納自古忠臣直士之所慷慨也每陳事出付主者多從深刻乃云恩貸當由主上是何言乎其詳評議戊戌有司奏大晉繼三皇之蹤踵舜禹之跡應天順時受禪有魏宜一用前代正朔服色皆如虞遵唐故事奏可冬十月景午朔日有食之丁未詔曰昔舜葬蒼梧農不易畝禹葬成紀市不改肆上惟祖考清簡之旨所徙陵十里內居人動爲煩擾一切停之十一月己卯倭人來獻方物并圜丘方丘於南北郊二至之祀合於二郊罷山陽公國督軍除其禁制己丑追尊景帝夫人夏侯氏爲景懷皇后辛卯遷祖禰神主于太廟十二月罷農官爲郡縣是歲鳳皇六青龍十黃龍九麒麟各一見于郡國

三年春正月癸丑白龍二見于弘農澠池丁卯立皇子衷爲皇太子詔曰朕以不德託于四海之上兢兢祇畏懼無以康濟寓內思與天下式明王度正本清源於置胥樹嫡非所先務又近世每建太子寬宥施惠之事間不獲已順從王公卿士之議耳方今世運垂平將陳之以德義示之以好惡使百姓蠲多幸之慮篤終始之行曲惠小仁故無取焉咸使知聞三月戊寅初令二千石得終三年喪丁未晝昏罷武衞將軍官以李憙爲太子太傅太山石崩夏四月戊午張掖太守焦勝上言氐池縣大柳谷口有玄石一所白畫成文實大晉之休祥圖之以獻詔以制幣告于太廟藏之天府秋八月罷都護將軍以其五署還光祿勳九月甲申詔曰古者以德詔爵以庸制祿雖下士猶食上農外足以奉公忘私內足以養親施惠今在位者祿不代耕非所以崇化之本也其議增吏俸賜王公以下帛各有差以太尉何曾爲太保義陽王望爲太尉司空荀顗爲司徒冬十月罷士卒遭父母喪者非在疆場皆得奔赴十二月徙宗聖侯孔

震爲奉聖亭侯山陽公劉康來朝禁星氣讖緯之學

四年春正月辛未以尚書令裴秀爲司空景戌律令成封爵賜帛各有差有星孛于軫丁亥帝耕于藉田戊子詔曰古設象刑而衆不犯今雖參夷而姦不絕何德刑相去之遠哉先帝深愍黎元哀矜庶獄乃命羣后考正典刑朕守遺業永惟保乂皇基思與萬國以無爲爲政方今陽春養物東作始興朕親率王公卿士耕藉田千畝又律令既就班之天下將以簡法務本惠育海內宜寬有罪使得自新其大赦天下長吏郡丞長史各賜馬一匹二月庚子增置山陽公國相郎中令陵令雜工宰人鼓吹車馬各有差罷中軍將軍置北軍中候官甲寅以東海劉倹有至行拜爲郎以中軍將軍羊祜爲尚書左僕射東莞王伷爲尚書右僕射三月戊子皇太后王氏崩夏四月戊戌太保睢陵公王祥薨己亥祔葬文明皇后王氏於崇陽陵罷振威揚威護軍官置左右積弩將軍六月甲申朔詔曰郡國守相三載一巡行屬縣必以春此古者所以述職宣風展義也見長吏觀風俗協禮律考度量存問耆老親見百年錄囚徒理冤枉詳察政刑得失知百姓所患苦無有遠近便若朕親臨之敦喻五教勸務農功勉勵學者思勤正典無爲百家庸末致遠必泥士庶有好學篤道孝弟忠信淸白異行者舉而進之有不孝敬於父母不長悌於族黨悖禮棄常不率法令者糾而罪之田疇闢生業修禮教設禁令行則長吏之能也人窮匱農事荒姦盜起刑獄煩下陵上替禮義不興斯長吏之否也若長吏在官公廉慮不及私正色直節不飾名譽者及身行貪穢諂黷求容公節不立而私門日富者竝謹察之揚淸激濁舉善彈違此朕所以垂拱總綱責成於良二千石也於戲戒哉秋七月太山石崩衆星西流戊午遣使者侯史光循行天下己卯謁崇陽陵九月青徐兗豫四州大水伊洛溢合於河開倉以振之詔曰雖詔有所欲及奏得可而於事不便者皆不可隱情冬十月吳將施績入江夏萬郁寇襄陽遣太尉義陽王望屯龍陂荊州刺史胡烈擊敗郁吳將顧容寇鬱林太守毛炅大破之斬其交州刺史劉俊將軍修則十一月吳將丁奉等出芍陂安東將軍汝陰王駿與義陽王望擊走之己未詔王公卿尹及郡國守相舉賢良方正直言之士十二月班五條詔書於郡國一曰正身二曰勤百姓三曰撫孤寡四曰敦本息末五曰去人事庚寅帝臨聽訟觀錄廷尉洛陽獄囚親平決焉扶南林邑各遣使來獻

五年春正月癸巳申戒郡國計吏守相令長務盡地利禁游食商販景申帝臨聽訟觀錄囚徒多所原遣青龍二見於滎陽二月以雍州隴右五郡及涼州之金城梁州之陽平置秦州辛巳白龍二見於趙國青徐兗三州水遣使振恤之壬寅以尚書左僕射羊祜都督荊州諸軍事征東大將軍衛瓘都督青州諸軍事東莞王伷爲鎮東大將軍都督徐州諸軍事丁亥詔曰古者歲書羣吏之能否三年而誅賞之諸令史前後但簡遣疎劣而無有勸進非黜陟之謂也其條勤能有稱尤異者歲以爲常吾將議其功勞己未詔蜀相諸葛亮孫京隨才署吏夏四月地震五月辛卯朔鳳皇見于趙國曲赦交阯九眞日南五歲刑六月鄴奚官督郭廙上疏陳五事以諫言甚切直擢爲屯留令西平人麴路伐登聞鼓言多祆謗有司奏棄市帝曰朕之過也捨而不問罷鎮軍將軍復置左右將軍官秋七月延羣公詢讜言九月有星孛于紫宮冬十月景子以汲郡太守王宏有政績賜穀千斛十一月追封謚皇弟兆爲城陽哀王以皇子景度嗣十二月詔州郡舉勇猛秀異之才

六年春正月丁亥朔帝臨軒不設樂吳將丁奉入渦口揚州刺史牽弘擊走之三月赦五歲刑已下夏四月白龍二見於東莞五月立壽安亭侯承爲南宮王六月戊午秦州刺史胡烈擊叛虜於萬斛堆力戰死之詔遣尚書石鑒行安西將軍都督秦州諸軍事與奮威護軍田章討之秋七月丁酉復隴右五郡遇寇害者租賦不能自存者稟貸之乙巳城陽王景度薨詔曰自泰始以來大事皆撰錄秘書寫副後有其事輒宜綴集以爲常丁未以汝陰王駿爲鎮西大將軍都督雍涼二州諸軍事九月大宛獻汗血馬焉耆來貢方物冬十一月幸辟雍行鄉飲酒之禮賜太常博士帛牛酒各有差立皇子東爲汝南王十二月吳夏口督前將軍孫秀帥衆來奔拜驃騎將軍開府儀同三司封會稽公戊辰復置鎮軍官

七年春正月景子皇太子冠賜王公以下帛各有差匈奴帥劉猛叛出塞二月孫晧帥衆趨壽陽遣大司馬望屯淮北以距之三月景戌司空鉅鹿公裴秀薨癸巳以中護軍王業爲尚書左僕射高陽王珪爲尚書右僕射孫秀部將何崇帥衆五千人來降夏四月九眞太守董元爲吳將虞汜所攻軍敗死之北地胡寇金城涼州刺史牽弘討之羣虜內叛圍弘於青山弘軍敗死之五月立皇子憲爲城陽王雍涼秦三州饑赦其境內殊死以下閏月大雩大官減膳詔交阯三郡南中諸郡無出今年戶調六月詔公卿以下舉將帥各一人辛丑大司馬義陽王望薨大雨霖伊洛河溢流居人四千餘家殺三百餘人有詔振貸給棺秋七月癸酉以車騎將軍賈充爲都督秦涼二州諸軍事吳將陶璜等圍交阯太守楊稷與鬱林太守毛炅及日南等三郡降於吳八月景戌以征東大將軍衛瓘爲征北大將軍都督幽州諸軍事景申城陽王憲薨分益州之南中四郡置寧州曲赦四郡殊死已下冬十月丁丑日有食之十一月丁巳衛公姬署薨十二月大雪罷中領軍并北軍中候以光祿大夫鄭袤爲司空

八年春正月監軍何楨討匈奴劉猛屢破之左部帥李恪殺猛而降癸亥帝耕于藉田二月乙亥禁彫文綺組非法之物壬辰太宰安平王孚薨詔內外羣官舉任邊郡者各三人帝與右將軍皇甫陶論事陶與帝爭言散騎常侍鄭徽表請罪之帝曰讜言謇諤所望於左右也人主常以阿媚爲患豈以爭臣爲損哉徽越職妄奏豈朕之意遂免徽官夏四月置後將軍以備四軍六月益州牙門張弘誣其刺史皇甫晏反殺之傳首京師弘坐伏誅夷三族壬辰大赦景申詔復隴右四郡遇寇害者田租秋七月以車騎將軍賈充爲司空九月吳西陵督步闡來降拜衛將軍開府儀同三司封宜都公吳將陸抗攻闡遣車騎將軍羊祜帥衆出江陵荊州刺史楊肇迎闡於西陵巴東監軍徐胤擊建平以救闡冬十月辛未朔日有食之十二月肇攻抗不克而還闡城陷爲抗所禽

九年春正月辛酉司空密陵侯鄭袤薨二月癸巳司徒樂陵公石苞薨立安平亭侯隆爲安平王三月立皇子祇爲東海王夏四月戊辰朔日有食之五月旱以太保何曾領司徒六月乙未東海王祇薨秋七月丁酉朔日有食之吳將魯淑圍弋陽征虜將軍王渾擊敗之罷五官左右中郎將弘訓大僕衛尉大長秋等官鮮卑寇廣寗殺略五千人詔聘公卿以下子女以備六宮采擇未畢權禁斷婚姻冬十月辛巳制女年十七父母不嫁者使長吏配之十一月丁酉臨宣武觀大閱諸軍甲辰乃罷

十年春正月辛亥帝耕于藉田閏月癸酉太傅壽光公鄭沖薨己卯高陽王珪薨庚辰太原王瓌薨丁亥詔曰嫡庶之別所以辨上下明貴賤而近世以來多皆內寵登妃后之職亂尊卑之序自今以後皆不得登用妾媵以爲嫡正二月分幽州五郡置平州三月癸亥日有食之夏四月己未太尉臨淮公荀顗薨六月癸巳臨聽訟觀錄囚徒多所原遣是夏大蝗秋七月景寅皇后楊氏崩壬午吳平虜將軍孟泰偏將軍王嗣等帥衆降八月涼州虜寇金城諸部鎮西將軍汝陰王駿討之斬其帥乞文泥等戊申葬元皇后于峻陽陵九月癸亥以大將軍陳騫爲太尉攻拔吳枳里城獲吳立信校尉莊祐吳將孫遵李承帥衆寇江夏太守嵇喜擊破之立河橋于富平津冬十一月立城東七里澗石橋庚午帝臨宣武觀大閱諸軍十二月有星孛于軫置藉田令立太原王子緝爲高陽王吳威北將軍嚴聰揚威將軍嚴整偏將軍朱買來降是歲鑿陝南山決河東注洛以通運漕

咸寧元年春正月戊午朔大赦改元二月以將士應已娶者多家有五女者給復辛酉以故鄴令夏謖有清稱賜穀百斛以奉祿薄賜公卿以下帛有差叛虜樹機能送質請降夏五月下邳廣陵大風拔木壞廬舍六月鮮卑力微遣子來獻吳人寇江夏西域戊己校尉馬循討叛鮮卑破之斬其渠帥戊申置太子詹事官秋七月甲申晦日有食之郡國螟八月壬寅沛王子文薨以故太傅鄭沖太尉荀顗司徒石苞司空裴秀驃騎將軍王沈安平獻王孚等及太保何曾司空賈充太尉陳騫中書監荀勗平南將軍羊祜齊王攸等皆列於銘饗九月甲子青州螟徐州大水冬十月乙酉常山王殷薨癸巳彭城王權薨十一月癸亥大閱於宣武觀至于己巳十二月丁亥追尊宣帝廟曰高祖景帝曰世宗文帝曰太祖是月大疫洛陽死者太半封裴頠爲鉅鹿公

二年春正月以疾疫廢朝賜諸散吏至于士卒絲各有差二月景戌河間王洪薨甲午赦五歲刑以下東夷八國歸化并州虜犯塞監并州諸軍事胡奮擊破之初燉煌太守尹璩卒州以燉煌令梁澄領太守事議郎令狐豐廢澄自領郡事豐死弟宏代之至是涼州刺史楊欣斬宏傳首洛陽先是帝不豫及瘳羣臣上壽詔曰每念頃遇疫氣死亡爲之愴然豈以一身之休息忘百姓之艱邪諸上禮者皆絕之夏五月鎮西大將軍汝陰王駿討北胡斬其渠帥吐敦立國子學庚午大雩六月癸丑薦荔枝于太廟甲戌有星孛于氐自春旱至于是月始雨吳京下督孫楷帥衆來降以爲車騎將軍封丹陽侯白龍二見于新興井中秋七月有星孛于大角吳臨平湖自漢末壅塞至是自開父老相傳云此湖塞天下亂此湖開天下平癸丑安平王隆薨東夷十七國內附河南魏郡暴水殺百餘人詔給棺鮮卑阿羅多等寇邊西

域戊巳校尉馬循討之斬首四千餘級獲生九千餘人於是來降八月庚辰河東平陽地震巳亥以太保何曾爲太傅太尉陳騫爲大司馬司空賈充爲太尉鎮東大將軍齊王攸爲司空有星孛于太微九月又孛于翼丁未起太倉於城東常平倉於東西市閏月荆州五郡水流四千餘家冬十月以汝陰王駿爲征西大將軍平南將軍羊祜爲征南大將軍丁卯立皇后楊氏大赦賜王公以下及于鰥寡各有差十一月白龍二見于梁國十二月徵處士安定皇甫謐爲太子中庶子封后父鎮軍將軍楊駿爲臨晉侯是月以平州刺史傅詢前廣平太守孟桓清白有聞詢賜帛二百匹桓百匹

三年春正月景子朔日有食之立皇子裕爲始平王安平穆王隆弟敦爲安平王詔曰宗室戚屬國之枝葉欲令奉率德義爲天下式然處富貴而能慎行者寡召穆公糾合兄弟而賦棠棣之詩此姬氏所以本支百世也今以衞將軍扶風王亮爲宗師所當施行皆諮之於宗師也庚寅始平王裕薨有星孛於西方使征北大將軍衞瓘討鮮卑力微三月平虜護軍文淑討叛虜樹機能等破之有星孛于胃乙未帝將射雉慮損麥苗而止夏五月戊子吳將邵凱夏祥帥衆七千餘人來降六月益梁八郡水殺三百餘人沒邸閣別倉秋七月以都督豫州諸軍事王渾爲都督揚州諸軍事中山王睦以罪廢爲丹水侯八月癸亥徙扶風王亮爲汝南王東莞王伷爲琅邪王汝陰王駿爲扶風王琅邪王倫爲趙王渤海王輔爲太原王太原王顒爲河間王北海王陵爲任城王陳王斌爲西河王汝南王柬爲南陽王濟南王耽爲中山王河間王威爲章武王立皇子瑋爲始平王允爲濮陽王該爲新都王遐爲清河王鉅平侯羊祜爲南城侯以汝南王亮爲鎮南大將軍大風拔樹暴寒且冰郡國五隕霜傷穀九月戊子以左將軍胡奮爲都督江北諸軍事兗豫徐靑荆益梁七州大水傷秋稼詔振給之立齊王子蕤爲遼東王贊爲廣漢王冬十一月景戌帝臨宣武觀大閱至于壬辰十二月吳將孫慎入江夏汝南略千餘家而去是歲西北雜虜及鮮卑匈奴五溪蠻夷東夷三國前後千餘輩各帥種人部落內附

四年春正月庚午朔日有食之三月甲申尙書左僕射盧欽卒辛酉以尙書右僕射山濤爲尙書左僕射東夷六國來獻夏四月蚩尤旗見於東井六月丁未陰平廣武地震甲子又震涼州刺史楊欣與虜若羅拔能等戰于武威敗績死之弘訓皇后羊氏崩秋七月巳丑祔葬景獻皇后羊氏于峻平陵庚寅高陽王緝薨癸巳范陽王綏薨荆揚郡國二十皆大水九月以太傅何曾爲太宰辛巳以尙書令李胤爲司徒冬十月以征北大將軍衞瓘爲尙書令揚州刺史應綽伐吳皖城斬首五千級焚穀米百八十萬斛十一月辛巳太醫司馬程據獻雉頭裘帝以奇技異服典禮所禁焚之於殿前甲申勑內外敢有犯者罪之吳昭武將軍劉翻厲武將軍祖始來降辛卯以尙書杜預都督荆州諸軍事征南大將軍羊祜卒十二月乙未西河王斌薨丁未太宰朗陵公何曾薨是歲東夷九國內附

五年春正月虜帥樹機能攻陷涼州乙丑使討虜護軍武威太守馬隆擊之二月甲午白麟見于平原三月匈奴都督拔奕虛帥部落歸化乙亥以百姓饑饉減御膳之半有星孛于柳夏四月又孛于女御大赦降除部曲督以下質任丁亥郡國八雨雹傷秋稼壞百姓廬舍秋七月有星孛于紫宮九月甲午麟見于河南冬十月戊寅匈奴餘渠都督獨雍等帥部落歸化汲郡人不準掘魏襄王冢得竹簡小篆古書十餘萬言藏于祕府十一月大舉伐吳遣鎮軍將軍琅邪王伷出涂中安東將軍王渾出江西建威將軍王戎出武昌平南將軍胡奮出夏口鎮南大將軍杜預出江陵龍驤將軍王濬廣武將軍唐彬率巴蜀之卒浮江而下東西凡二十餘萬以太尉賈充爲大都督行冠軍將軍楊濟爲副總統衆軍十二月馬隆擊叛虜樹機能大破斬之涼州平肅愼來獻楛矢石砮

太康元年春正月巳丑朔五色氣冠日癸丑王渾克吳尋陽賴鄉諸城獲吳威武將軍周興二月戊午王濬唐彬等剋丹陽城庚申又克西陵殺西陵都督鎮軍將軍留憲征南將軍成璩西陵監鄭廣壬戌濬又克夷道樂鄉城殺夷道監陸晏水軍都督陸景甲戌杜預克江陵斬吳江陵督王延平南將軍胡奮克江安於是諸軍並進樂鄉荆門諸戍相次來降乙亥以濬爲都督益梁二州諸軍事復下詔曰濬彬東下埽除巴丘與胡奮王戎共平夏口武昌順流長騖直造秣陵與奮戎審量其宜杜預當鎮靜零桂懷輯衡陽大兵既過荆州南境固當傳檄而定預當分萬人給濬七千給彬夏口既平奮宜以七千人給濬武昌既了戎當以六千人增彬太尉充移屯項總督諸方濬進破夏口武昌遂泛舟東下所至皆平王渾周浚與吳丞相張悌戰于版橋大敗之斬悌及其將孫震沈瑩傳首洛陽孫晧窮蹙請降送璽綬於琅邪王伷三月壬申王濬以舟師至于建鄴之石頭孫晧大懼面縛輿櫬降于軍門濬杖節解縛焚櫬送于京都收其圖籍得州四郡四十三縣三百一十三戶五十二萬三千吏三萬二千兵二十三萬男女口二百三十萬其牧守已下皆因吳所置除其苛政示之簡易吳人大悅乙酉大赦改元大酺五日恤孤老困窮夏四月河東高平雨雹傷秋稼遣兼侍中張側黃門侍郎朱震分使揚越慰其初附白麟見于頓丘三河魏郡弘農雨雹傷宿麥五月辛亥封孫晧爲歸命侯拜其太子爲中郎諸子爲郎中吳之舊望隨才擢敘孫氏大將戰亡之家徙於壽陽將吏渡江復十年百姓及百工復二十年景寅帝臨軒大會引晧升殿羣臣咸稱萬歲丁卯薦酃淥酒于太廟郡國六雹傷秋稼庚午詔諸士卒年六十以上罷歸于家庚辰以王濬爲輔國大將軍襄陽侯杜預當陽侯王戎安豐侯唐彬上庸侯賈充琅邪王伷以下增封於是論功行封賜公卿以下帛各有差六月丁丑初置翊軍校尉官封丹水侯睦爲高陽王甲申東夷十國歸化秋七月虜軻成泥寇西平浩亹殺督將以下三百餘人東夷二十國朝獻庚寅以尙書魏舒爲尙書右僕射八月車師前部遣子入侍己未封皇弟延祚爲樂平王白龍三見于永昌九月羣臣以天下一統屢請封禪帝謙讓弗許冬十月丁巳除五女復十二月戊辰廣漢王贊薨

二年春二月淮南丹陽地震三月景申安平王敦薨賜王公以下吳生口各有差詔選孫晧妓妾五千人入宮東夷五國朝獻夏六月東夷五國內附郡國十六雨雹大風拔樹壞百姓廬舍江夏泰山水流居人三百餘家秋七月上黨又暴風雨雹傷秋稼八月有星孛于張冬十月鮮卑慕容廆寇昌黎十一月壬寅大司馬陳騫薨有星孛于軒轅鮮卑寇遼西平州刺史鮮于嬰討破之

三年春正月丁丑罷秦州并雍州甲午以尙書張華都督幽州諸軍事三月安北將軍嚴詢敗鮮卑慕容廆於昌黎殺傷數萬人夏四月庚午太尉魯公賈充薨閏月景子司徒廣陸侯李胤薨癸丑白龍二見于濟南秋八月罷平州寧州刺史三年一入奏事九月東夷二十九國歸化獻其方物吳故將莞恭帛奉舉兵反攻害建鄴令遂圍揚州徐州刺史嵇喜討平之冬十二月甲申以司空齊王攸爲大司馬督靑州諸軍事鎮東大將軍琅邪王伷爲撫軍大將軍汝南王亮爲太尉光祿大夫山濤爲司徒尙書令衞瓘爲司空景申詔四方水旱甚者無出田租

四年春正月甲申以尙書右僕射魏舒爲尙書左僕射下邳王晃爲尙書右僕射戊午司徒山濤薨二月巳丑立長樂亭侯寔爲北海王三月辛丑朔日有蝕之癸丑大司馬齊王攸薨夏四月任城王陵薨五月巳亥大將軍琅邪王伷薨徙遼東王蕤爲東萊王六月增九卿禮秩牂牁獠二千餘落內屬秋七月壬子以尙書右僕射下邳王晃爲都督靑州諸軍事景寅兗州大水復其田租八月鄯善國遣子入侍假其歸義侯以隴西王泰爲尙書右僕射冬十一月戊午新都王該薨以尙書左僕射魏舒爲司徒十二月庚午大閱于宣武觀是歲河南及荆州揚州大水

五年春正月巳亥靑龍二見于武庫井中二月景寅立南宮王子玷爲長樂王壬辰地震夏四月任城魯國池水赤如血五月景午宣帝廟梁折六月初置黃沙獄秋七月戊申皇子恢薨任城梁國中山雨雹傷秋稼減天下戶課三分之一九月南安大風折木郡國五大水隕霜傷秋稼冬十一月甲辰太原王輔薨十二月庚午大赦林邑大秦國各遣使來獻閏月鎮南大將軍當陽侯杜預卒

六年春正月庚申朔以比歲不登免租貸宿負戊辰以征南大將軍王渾爲尙書左僕射尙書褚䂮都督揚州諸軍事楊濟都督荆州諸軍事三月郡國六隕霜傷桑麥夏四月扶南等十國來獻參離四千餘落內附郡國四旱十大水壞百姓廬舍秋七月巴西地震八月景戌朔日有食之減百姓綿絹三分之一白龍見于京兆以鎮軍大將軍王濬爲撫軍大將軍九月景子山陽公劉康薨冬十月南安山崩水出南陽郡獲兩足獸龜茲焉耆國遣子入侍十二月甲申大閱于宣武觀旬日而罷庚寅撫軍大將軍襄陽侯王濬卒

七年春正月甲寅朔日有食之乙卯詔曰比年災異屢發日蝕三朝地震山崩邦之不臧實在朕躬公卿大臣各上封事極言其故勿有所諱夏五月郡國十三旱鮮卑慕容廆寇遼東秋七月朱提山崩犍爲地震八月東夷十一國內附京兆地震九月戊寅驃騎將軍扶風王駿薨郡國八大水冬十一月壬子以隴西王泰都督關中諸軍事十二月遣侍御史巡遭水諸郡出後宮才人妓女以下三百七十人歸于家始制大臣聽終喪三年己亥河陰雨赤雪二頃是歲扶南等二十一國馬韓等十一國遣使來獻

八年春正月戊申朔日有食之太廟殿陷三月乙丑臨商觀震夏四月齊國大水隕霜傷麥六月魯國大風拔樹木壞百姓廬舍郡國八大水秋七月前殿地陷深數丈中有破船八月東夷二國內附九月改營太廟冬十月南康平固縣吏李豐反聚衆攻郡縣自號將軍十一月海安令蕭輔聚衆反十二月吳興人蔣迪聚黨反圍陽羨縣州郡捕討皆伏誅南夷扶南西域康居國各遣使來獻是歲郡國五地震

九年春正月壬申朔日有食之詔曰興化之本由政平訟理也二千石長吏不能勤恤人隱而輕挾私故與長吏刑獄又多貪濁煩撓百姓其勅刺史二千石糾其穢濁舉其公清有司議其黜陟令內外羣官舉清能拔寒素江東四郡地震二月尚書右僕射陽夏侯胡奮卒以尚書朱整爲尚書右僕射三月丁丑皇后親桑于西郊賜帛各有差壬辰初并二社爲一夏四月江南郡國八地震隴西隕霜傷宿麥五月義陽王奇有罪黜爲三縱亭侯詔內外羣官舉守令之才六月庚子朔日有食之徙章武王威爲義陽王郡國三十二大旱傷麥秋八月壬子星隕如雨詔郡國五歲刑以下決遣無留庶獄九月東夷七國詣校尉內附郡國二十四螟冬十二月癸卯立河間平王洪子英爲章武王戊申青龍黃龍各一見于魯國

十年夏四月以京兆太守劉霄陽平太守梁柳有政績各賜穀千斛郡國八隕霜太廟成乙巳遷神主于新廟帝迎于道左遂祫祭大赦文武增位一等作廟者二等丁未尚書右僕射廣興侯朱整卒癸丑崇聖殿災五月鮮卑慕容廆來降東夷十一國內附六月庚子山陽公劉瑾薨復置二社冬十月壬子徙南宮王承爲武邑王十一月景辰守尚書令左光祿大夫荀勗卒帝疾瘳賜王公以下帛有差含章殿鞠室火甲申以汝南王亮爲大司馬大都督假黃鉞改封南陽王柬爲秦王始平王瑋爲楚王濮陽王允爲淮南王並假節之國各統方州軍事立皇子乂爲長沙王穎爲成都王晏爲吳王熾爲豫章王演爲代王皇孫遹爲廣陵王立濮陽王子迪爲漢王始平王子儀爲毗陵王汝南王亮子羕爲西陽公徙扶風王暢爲順陽王暢弟歆爲新野公琅邪王覲弟澹爲東武公繇爲東安公漼爲廣陵公卷爲東莞公改諸王國相爲內史十二月庚寅太廟梁折是歲東夷絕遠三十餘國西南夷二十餘國來獻壬戌虜奚軻男女十萬口來降

太熙元年春正月辛酉朔改元乙巳以尚書左僕射王渾爲司徒司空衞瓘爲太保二月辛丑東夷七國朝貢琅邪王覲薨三月甲子以右光祿大夫石鑒爲司空夏四月辛丑以侍中車騎將軍楊駿爲太尉都督中外諸軍錄尚書事己酉帝崩于含章殿時年五十五葬峻陽陵廟號世祖帝宇量弘厚造次必於仁恕容納讜正未嘗失色於人明達善謀能斷大事故得撫寧萬國綏靜四方承魏氏奢侈革弊之後百姓思古之遺風乃厲以恭儉敦以寡慾有司嘗奏御牛青絲紖斷詔以青麻代之臨朝寬裕法度有恒高陽許允既爲文帝所殺允子奇爲太常丞帝將有事於太廟朝議以奇受害之門不欲接近請出爲長史帝乃追述允夙望稱奇之才擢爲祠部郎時論稱其夷曠平吳之後天下乂安遂怠於政術耽於遊宴寵愛后黨親貴當權舊臣不得專任彝章紊廢請謁行矣爰至末年知惠帝弗克負荷然恃皇孫聰睿故無廢立之心復慮非賈后所生終致危敗遂與腹心共圖後事說者紛然久而不定竟用王佑之謀遣太子母弟秦王柬都督關中楚王瑋淮南王允並鎭守要害以彊帝室又恐楊氏之偪復以佑爲北軍中候以典禁兵既而寢疾彌留至于大漸佐命元勳皆已先沒羣臣惶惑計無所從會帝小差有詔以汝南王亮輔政又欲令朝士之有名望年少者數人佐之楊駿祕而不宣帝復尋至迷亂楊后輒爲詔以駿輔政促亮進發帝尋小間問汝南王來未意欲見之有所付託左右答言未至帝遂困篤中朝之亂實始于斯矣

制曰武皇承基誕膺天命握圖御宇敷化導民以佚代勞以治易亂絕縑綸之貢去雕琢之飾制奢俗以變儉約止澆風而反淳朴雅好直言留心采擢劉毅裴楷以質直見容嵇紹許奇雖仇讎不棄仁以御物寬而得衆宏略大度有帝王之量焉於時民和俗靜家給人足聿修武用思啓封疆決神筭於深衷斷雄圖於議表馬隆西伐王濬南征師不延時獯虜削迹兵無血刃揚越爲墟通上代之不通服前王之未服禎祥顯應風教肅清天人之功成矣霸王之業大矣雖登封之禮讓而不爲驕泰之心因而斯起見土地之廣謂萬葉而無虞覩天下之安謂千年而永治不知處廣以思狹則廣可長廣居治而忘危則治無常治加之建立非所委寄失才志欲就於升平行先迎於禍亂是猶將適越者指沙漠以遵途欲登山者涉舟航而覓路所趣逾遠所尚轉難南北倍殊高下相反求其至也不亦難乎況以新集易動之基而無久安難拔之慮故賈充凶豎懷姦志以擁權楊駿豺狼苞禍心以專輔及乎宮車晚出諒闇未周藩翰變親以成疎連兵競滅其本棟梁回忠而起僞擁衆各舉其威曾未數年綱紀大亂海內版蕩宗廟播遷帝道王猷反居文身之俗神州赤縣翻成被髮之鄉棄所大以資人掩其小而自託爲天下笑其故何哉良由失愼於前所以貽患於後且知子者賢父知臣者明君子不肖則家亡臣不忠則國亂國亂不可以安也家亡不可以全也是以君子防其始聖人閑其端而世祖惑荀勗之奸謀迷王渾之僞策心屢移於衆口事不定於已啚元海當除而不除卒令擾亂區夏惠帝可廢而不廢終使傾覆洪基夫全一人者德之輕拯天下者功之重棄一子者忍之小安社稷者孝之大況乎資三世而成業延二孽以喪之所謂取輕德而捨重功畏小忍而忘大孝聖賢之道豈若斯乎雖則善始於初而乖令終於末所以殷勤史策不能無慷慨焉

晉書卷三考證

武帝紀二年春正月景戌○臣龍官按是年二月至六月所記日之干支往往錯亂如二月己未常山王衡薨丁丑郊祀配天宗祀配帝庚午詔選侍中常侍匡救不逮計己未至庚午距十二日庚午至丁丑又距八日不應丁丑反在前也又夏五月戊辰詔陳留王非大事皆使王官表上之壬子驃騎將軍博陵公王沈卒六月壬申濟南王遂薨計戊辰距壬子凡四十五日不應一月中有之或壬子與下壬申前後顚倒故耳

平南將軍胡奮出夏口○南監本誤西下文太康元年二月平南將軍胡奮尅江安本傳云以功累遷征南將軍今從三國志改正

晉書卷四

唐　太　宗　文　皇　帝　御　撰

帝紀第四

惠帝

孝惠皇帝諱衷字正度武帝第二子也泰始三年立爲皇太子時年九歲太熙元年四月己酉武帝崩是日皇太子卽皇帝位大赦改元爲永熙尊皇后楊氏曰皇太后立妃賈氏爲皇后夏五月辛未葬武皇帝於峻陽陵景子增天下位一等預喪事者二等復租調一年二千石已上皆封關中侯以太尉楊駿爲太傅輔政秋八月壬午立廣陵王遹爲皇太子以中書監何劭爲太子太師吏部尚書王戎爲太子太傅衞將軍楊濟爲太子太保遣南中郎將石崇射聲校尉胡奕長水校尉趙俊揚烈將軍趙歡將屯兵四出冬十月辛酉以司空石鑒爲太尉前鎭西將軍隴西王泰爲司空

永平元年春正月乙酉朔臨朝不設樂詔曰朕夙遭不造淹恤在疚賴祖宗遺靈宰輔忠賢得以眇身託于羣后之上昧於大道不明于訓戰戰兢兢夕惕若厲乃者哀迷之際三事股肱惟社稷之重率遵翼室之典猶欲長奉先皇之制是以有永熙之號然日月踰邁已涉新年開元易紀禮之舊章其改永熙二年爲永平元年乂詔子弟及郡官並不得謁陵景午皇太子冠丁未見于太廟二月甲寅賜王公已下帛各有差癸酉鎭南將軍楚王瑋鎭東將軍淮南王允來朝戊寅復置秘書監官三月辛卯誅太傅楊駿駿弟衞將軍珧太子太保濟中護軍張劭散騎常侍段廣楊邈左將軍劉預河南尹李斌中書令符俊東夷校尉文淑尚書武茂皆夷三族壬辰大赦改元賈后矯詔廢皇太后爲庶人徙于金墉城告于天地宗廟誅太后母龐氏壬寅徵大司馬汝南王亮爲太宰與太保衞瓘輔政以秦王柬爲大將軍東平王楙爲撫軍大將軍鎭南將軍楚王瑋爲衞將軍領北軍中候下邳王晃爲尚書令東安公繇爲尚書左僕射進封東安王督將侯者千八十一人庚戌免東安王繇及東平王楙繇徙帶方夏四月癸亥以征東將軍梁王肜爲征西大將軍都督關西諸軍事太子少傅阮坦爲平東將軍監青徐二州諸軍事己巳以太子太傅王戎爲尚書右僕射五月甲戌毗陵王軌薨壬午除天下戶調緜絹賜孝悌高年鰥寡力田者帛人三匹六月賈后矯詔使楚王瑋殺太宰汝南王亮太保菑陽公衞瓘乙丑以瑋擅害亮瓘殺之曲赦洛陽以廣陵王師劉寔爲太子太保司空隴西王泰錄尚書事秋七月分揚州荊州十郡爲江州八月庚申以趙王倫爲征東將軍都督徐兗二州諸軍事河間王顒爲北中郎將鎭鄴太子太師何劭爲都督豫州諸軍事鎭許昌徙長沙王乂爲常山王己巳進西陽公羕爵爲王辛未立隴西世子越爲東海王九月甲午大將軍秦王柬薨辛丑徵征西大將軍梁王肜爲衞將軍錄尚書事以趙王倫爲征西大將軍都督雍梁二州諸軍事冬十二月辛酉京師地震是歲東夷十七國南夷二十四部並詣校尉內附

二年春二月己酉賈后弒皇太后于金墉城秋八月壬

子大赦九月乙酉中山王耽薨冬十一月大疫是歲沛國雨雹傷麥

三年夏四月滎陽雨雹六月弘農郡雨雹深三尺冬十月太原王泓薨

四年春正月丁酉朔侍中太尉安昌公石鑒薨夏五月蜀郡山移淮南壽春洪水出山崩地陷壞城府及百姓廬舍匈奴郝散反攻上黨殺長吏六月壽春地大震死者二十餘家上庸郡山崩殺二十餘人秋八月郝散帥衆降馮翊都尉殺之上谷居庸上庸並地陷裂水泉涌出人有死者大饑九月景辰赦諸州之遭地災者甲午枉矢東北竟天是歲京師及郡國八地震

五年夏四月彗星見于西方孛于奎至軒轅六月金城地震東海雨雹深五寸秋七月下邳暴風壞廬舍九月鴈門新興太原上黨大風傷禾稼冬十月武庫火焚累代之寶十二月景戌新作武庫大調兵器丹陽雨雹有石生于京師宜年里是歲荆揚兗豫青徐等六州大水詔遣御史巡行振貸

六年春正月大赦司空下邳王晃薨以中書監張華爲司空太尉隴西王泰爲尚書令衞將軍梁王肜爲太子太保丁丑地震三月東海隕霜傷桑麥彭城呂縣有流血東西百餘步夏四月大風五月荆揚二州大水匈奴郝散弟度元帥馮翊北地馬蘭羌盧水胡反攻北地太守張損死之馮翊太守歐陽建與度元戰建敗績徵征西大將軍趙王倫爲車騎將軍以太子太保梁王肜爲征西大將軍都督雍梁二州諸軍事鎮關中秋八月雍州刺史解系又爲度元所破秦雍氐羌悉叛推氐帥齊萬年僭號稱帝圍涇陽冬十月乙未曲赦雍涼二州十一月景子遣安西將軍夏侯駿建威將軍周處等討萬年梁王肜屯好畤關中饑大疫

七年春正月癸丑周處及齊萬年戰於六陌王師敗績處死之夏五月魯國雨雹秋七月雍梁州疫大旱隕霜殺秋稼關中饑米斛萬錢詔骨肉相賣者不禁丁丑司徒京陵公王渾薨九月以尚書右僕射王戎爲司徒太子太師何劭爲尚書左僕射

八年春正月景辰地震詔發倉廩振雍州饑人三月壬戌大赦夏五月郊禖石破爲二秋九月荆豫揚徐冀等五州大水雍州有年

九年春正月左積弩將軍孟觀伐氐戰于中亭大破之獲齊萬年徵征西大將軍梁王肜錄尚書事以北中郎將河間王顒爲鎮西將軍鎮關中成都王穎爲鎮北大將軍鎮鄴夏四月鄴人張承基等妖言署置聚黨數千郡縣逮捕皆伏誅六月戊戌太尉隴西王泰薨秋八月以尚書裴頠爲尚書僕射冬十一月甲子朔日有蝕之京師大風發屋折木十二月壬戌廢皇太子遹爲庶人及其三子幽于金墉城殺太子母謝氏

永康元年春正月癸亥朔大赦改元己卯日有食之景子皇孫霖卒二月丁酉大風飛沙拔木三月尉氏雨血妖星見于南方癸未賈后矯詔害庶人遹于許昌夏四月辛卯日有蝕之癸巳梁王肜趙王倫矯詔廢賈后爲庶人司空張華尚書僕射裴頠皆遇害侍中賈謐及黨與數十人皆伏誅甲午倫矯詔大赦自爲相國都督中外諸軍如宣文輔魏故事追復故皇太子位丁酉以梁王肜爲太宰左光祿大夫何劭爲司徒右光祿大夫劉寔爲司空淮南王允爲驃騎將軍己亥趙王倫矯詔害賈庶人于金墉城五月己巳立皇孫臧爲皇太孫尚爲襄陽王六月壬寅葬愍懷太子于顯平陵撫軍將軍清河王遐薨癸卯震崇陽陵標秋八月淮南王允舉兵討趙王倫不剋允及其二子秦王郁漢王廸皆遇害曲赦洛陽平東將軍彭城王植薨改封吳王晏爲賓徒王以齊王冏爲平東將軍鎮許昌光祿大夫陳準爲太尉錄尚書事九月改司徒爲丞相以梁王肜爲之冬十月黃霧四塞十一月戊午大風飛砂石六日乃止甲子立皇后羊氏大赦大酺三日十二月彗星見于東方益州刺史趙廞與洛陽流人李庠害成都內史耿勝犍爲太守李密汶山太守霍固西夷校尉陳總據成都反

永寧元年春正月乙丑趙王倫篡帝位景寅遷帝於金墉城號曰太上皇改金墉曰永昌宮廢皇太孫臧爲濮陽王五星經天縱橫無常癸酉倫害濮陽王臧洛陽流人李特殺趙廞傳首京師三月平東將軍齊王冏起兵以討倫傳檄州郡屯于陽翟征北大將軍成都王穎征西大將軍河間王顒常山王乂豫州刺史李毅兗州刺史王彥南中郎將新野公歆皆舉兵應之衆數十萬倫遣其將閭和出伊闕張泓孫輔出堮坂以距冏孫會士猗許超出黃橋以距穎及穎將趙驤石超戰於湨水會等大敗棄軍走閏月景戌朔日有蝕之夏四月歲星晝見冏將何勗等擊張泓於陽翟大破之斬孫輔等辛酉左衞將軍王輿與尚書淮陵王漼勒兵入宮禽倫黨孫秀孫會許超士猗駱休等皆斬之逐倫歸第即日乘輿反正羣臣頓首謝罪帝曰非諸卿之過也癸亥詔曰朕以不德纂承皇統遠不能光濟大業靖綏四方近不能開明刑威式遏奸宄至使逆臣孫秀敢肆凶虐竊間王室遂奉趙王倫饕據天位鎮東大將軍齊王冏征北大將軍成都王穎征西大將軍河間王顒並以明德茂親忠規允著首建大策匡救國難尚書漼共立大謀左衞將軍王輿與羣公卿士協同謀略親勒本營斬秀及其二子前趙王倫爲秀所誤與其子等已詣金墉迎朕幽宮旋軫閶闔豈在予一人獨饗其慶宗廟社稷實有賴焉於是大赦改元孤寡賜穀五斛大酺五日誅趙王倫義陽王威九門侯質等及倫之黨與五月立襄陽王尚爲皇太孫六月戊辰大赦增吏位二等復封賓徒王晏爲吳王庚午東萊王蕤左衞將軍王輿謀廢齊王冏事泄蕤廢爲庶人輿伏誅夷三族甲戌以齊王冏爲大司馬都督中外諸軍事成都王穎爲大將軍錄尚書事河間王顒爲太尉罷丞相復置司徒官己卯以梁王肜爲太宰領司徒封齊王冏功臣葛旟牟平公路秀小黃公衞毅平陰公劉真安鄉公韓泰封丘公秋七月甲午立吳王晏子國爲漢王復封常山王乂爲長沙王八月大赦戊辰原徙邊者益州刺史羅尚討羌破之己巳徙南平王祥爲宜都王下邳王韡薨以東平王楙爲平東將軍都督徐州諸軍事九月追東安王繇復其爵丁丑封楚王瑋子範爲襄陽王冬十月流人李特反於蜀十二月司空何劭薨封齊王冏子冰爲樂安王英爲濟陽王超爲淮南王是歲郡國十二旱六蝗

太安元年春正月庚子安東將軍譙王隨薨三月癸卯赦司冀兗豫四州皇太孫尚薨夏四月彗星晝見五月乙酉侍中太宰領司徒梁王肜薨以右光祿大夫劉寔爲太傅太尉河間王顒遣將衙博擊李特於蜀爲特所敗遂陷梓潼巴西害廣漢太守張徵自號大將軍癸卯以清河王遐子覃爲皇太子賜孤寡帛大酺五日以齊王冏爲太師東海王越爲司空秋七月兗豫徐冀等四州大水冬十月地震十二月丁卯河間王顒表齊王冏窺伺神器有無君之心與成都王穎新野王歆范陽王虓同會洛陽請廢冏還第長沙王乂奉乘輿屯南止車門攻冏殺之幽其諸子于金墉城廢冏弟北海王寔大赦改元以長沙王乂爲太尉都督中外諸軍事封東萊侯繇子炤爲齊王

二年春正月甲子朔赦五歲刑三月李特攻陷益州荆州刺史宋岱擊特斬之傳首京師夏四月特子雄復據益州五月義陽蠻張昌舉兵反以山都人丘沈爲主改姓劉氏僞號漢建元神鳳攻破郡縣南陽太守劉彬平南將軍羊伊鎮南大將軍新野王歆並遇害六月遣荆州刺史劉弘等討張昌于方城王師敗績秋七月中書令卞粹侍中馮蓀河南尹李含等貳於長沙王乂乂疑而害之張昌陷江南諸郡武陵太守賈隆零陵太守孔紘豫章太守閻濟武昌太守劉根皆遇害昌別帥石冰寇揚州刺史陳徽與戰大敗諸郡盡沒臨淮人封雲舉兵應之自阜陵寇徐州八月河間王顒成都王穎舉兵討長沙王乂帝以乂爲大都督帥軍禦之庚申劉弘及張昌戰於清水斬之顒遣其將張方穎遣其將陸機牽秀石超等來逼京師乙丑帝幸十三里橋遣將軍皇甫商距方於宜陽己巳帝旋軍于宣武庚午舍于石樓天中裂無雲而雷九月丁丑帝次于河橋壬午皇甫商爲張方所敗甲申帝軍于芒山丁亥幸偃師辛卯舍于豆田癸巳尚書右僕射興晉侯羊玄之卒帝旋于城東景申進軍緱氏擊牽秀走之大赦張方入京城燒清明開陽二門死者萬計石超逼乘輿于緱氏冬十月壬寅帝旋于宮石超焚緱氏服御無遺丁未破牽秀范陽王虓于東陽門外戊申破陸機于建春門石超走斬其大將賈崇等十六人懸首銅駝街張方退屯十三里橋十一月辛巳星晝隕聲如雷王師攻方壘不利方決千金堨水碓皆涸乃發王公奴婢手舂給兵廩一品已下不從征者男子十三以上皆從役又發奴助兵號爲四部司馬公私窮蹙米石萬錢詔命所至一城而已壬寅夜赤氣竟天隱隱有聲景辰地震癸亥東海王越執長沙王乂幽於金墉城尋爲張方所害甲子大赦景寅揚州秀才周玘前南平內史王矩前吳興內史顧秘起義軍以討石冰冰退自臨淮趣壽陽征東將軍劉準遣廣陵度支陳敏擊冰李雄自郫城攻益州刺史羅尚尚委城而退雄盡有成都之地封鮮卑段勿塵爲遼西公

永興元年春正月景午尚書令樂廣卒成都王穎自鄴諷于帝乃大赦改元爲永安帝逼於河間王顒密詔雍州刺史劉沈秦州刺史皇甫重以討之沈舉兵攻長安爲顒所敗張方大掠洛中還長安於是軍中大餒人相食以成都王穎爲丞相穎遣從事中郎盛夔等以兵五萬屯十二城門殿中宿所忌者穎皆殺之以三部兵代宿衞二月乙酉廢皇后羊氏幽于金墉城黜皇太子覃復爲清河王三月陳敏攻石冰斬之揚徐二州平河間王顒表請立成都王穎爲太弟戊申詔曰朕以不德纂承鴻緒于茲十有五載禍亂滔天奸逆仍起至乃幽廢重宮宗廟圮絕成都王穎溫仁惠和剋平暴亂其以穎

爲皇太弟都督中外諸軍事丞相如故大赦賜鰥寡高年帛三匹大酺五日景辰盜竊太廟服器以太尉顒爲太宰太傅劉寔爲太尉六月新作三城門秋七月景申朔右衞將軍陳眕以詔召百寮入殿中因勒兵討成都王潁戊戌大赦復皇后羊氏及皇太子覃己亥司徒王戎東海王越高密王簡平昌公模吳王晏豫章王熾襄陽王範右僕射荀藩等奉帝北征至安陽衆十餘萬潁遣其將石超距戰己未六軍敗績于蕩陰矢及乘輿百官分散侍中嵇紹死之帝傷頰中三矢亡六璽帝遂幸超軍餒甚超進水左右奉秋桃超遣弟熙奉帝之鄴潁帥羣官迎謁道左帝下輿涕泣其夕幸于潁軍潁府有九錫之儀陳留王送貂蟬文衣鶡尾明日乃備法駕幸于鄴惟豫章王熾司徒王戎僕射荀藩從庚申大赦改元爲建武八月戊辰潁殺東安王繇張方復入洛陽廢皇后羊氏及皇太子覃匈奴左賢王劉元海反於離石自號大單于安北將軍王浚遣烏丸騎攻成都王潁于鄴大敗之潁與帝單車走洛陽服御分散倉卒上下無齎侍中黃門被囊中齎私錢三千詔貸用所在買飯以供宮人止食于道中客舍宮人有持升餘粇米飯及燥蒜鹽豉以進帝帝噉之御中黃門布被次獲嘉市麤米飯盛以瓦盆帝噉兩盂有老父獻蒸雞帝受之至溫將謁陵帝喪履納從者之履下拜流涕左右皆歔欷及濟河張方帥騎三千以陽燧青蓋車奉迎方拜謁帝躬止之辛巳大赦從者各有差冬十一月乙未方請帝謁廟因劫帝幸長安方以所乘車入殿中帝馳避後園竹中方逼帝升車左右中黃門鼓吹十二人步從惟中書監盧志侍側方以帝幸其壘帝令方具車載宮人寶物軍人因妻略後宮分爭府藏魏晉已來之積掃地無遺矣行次新安寒甚帝墮馬傷足尚書高光進面衣帝嘉之河間王顒帥官屬步騎三萬迎于霸上顒前拜謁帝下車止之以征西府爲宮唯僕射荀藩司隸劉暾太常鄭球河南尹周馥與其遺官在洛陽爲留臺承制行事號爲東西臺景午留臺大赦改元復爲永安辛丑復皇后羊氏李雄僭號成都王劉元海僭號漢王十二月丁亥詔曰天禍晉邦冢嗣莫繼成都王潁自在儲貳政績虧損四海失望不可承重其以王還第豫章王熾先帝愛子令聞日新四海注意今以爲皇太弟以隆我晉邦以司空越爲太傅與太宰顒夾輔朕躬司徒王戎參錄朝政光祿大夫王衍爲尚書左僕射安南將軍虓安北將軍濬平北將軍騰各守本鎮高密王簡爲鎮南將軍領司隸校尉權鎮洛陽東中郎將模爲寧北將軍都督冀州鎮于鄴鎮南大將軍劉弘領荊州以鎮南土周馥繆胤各還本部百官皆復職齊王冏前應還第長沙王乂輕陷重刑封其子紹爲樂平縣王以奉其嗣自頃戎車屢征勞費人力供御之物皆減三分之二戶調田租三分減一蠲除苛政愛人務本清通之後當還東京大赦改元以河間王都督中外諸軍事

二年春正月甲午朔帝在長安夏四月詔封樂平王紹爲齊王景子張方廢皇后羊氏六月甲子侍中司徒安豐侯王戎薨隴西太守韓稚攻秦州刺史張輔殺之李雄僭卽帝位國號蜀秋七月甲午尚書諸曹火燒崇禮闥東海王越嚴兵徐方將西迎大駕成都王潁部將公師藩等聚衆攻陷郡縣害陽平太守李志汲郡太守張延等轉攻鄴平昌公模遣將軍趙驤擊破之八月辛丑大赦驃騎將軍范陽王虓逐冀州刺史李義揚州刺史曹武殺丹陽太守朱建李雄遣其將李驤寇漢安車騎大將軍劉弘逐平南將軍彭城王釋于宛九月庚寅朔公師藩又害平原太守王景清河太守馮熊庚子豫州刺史劉喬攻范陽王虓於許昌敗之壬子以成都王潁爲鎮軍大將軍都督河北諸軍事鎮鄴河間王顒遣將軍呂朗屯洛陽冬十月景子詔曰得豫州刺史劉喬檄稱潁川太守劉輿迫脅驃騎將軍虓距逆詔令造搆凶逆擅劫郡縣合聚兵衆擅用苟晞爲兗州斷截王命鎮南大將軍荊州刺史劉弘平南將軍彭城王釋等其各勒所統逕會許昌與喬并力今遣右將軍張方爲大都督統精卒十萬建武將軍呂朗廣武將軍騫驅建威將軍刁默等爲軍前鋒共會許昌除輿兄弟丁丑使前車騎將軍石超北中郎將王闡討輿等赤氣見于北方東西竟天有星孛于北斗平昌公模遣將軍宋胄等屯河橋十一月立節將軍周權詐被檄自稱平西將軍復皇后羊氏洛陽令何喬攻權殺之復廢皇后十二月呂朗等東屯滎陽成都王潁進據洛陽張方劉弘等並按兵不能禦范陽王虓濟自官渡拔滎陽斬石超襲許昌破劉喬於蕭喬奔南陽右將軍陳敏舉兵反自號楚公矯稱被中詔從沔漢奉迎天子逐揚州刺史劉機丹陽太守王曠遣弟恢南略江州刺史應邈奔弋陽

光熙元年春正月戊子朔日有蝕之帝在長安河間王顒聞劉喬破大懼遂殺張方請和於東海王越越不聽宋胄等破潁將樓褒進逼洛陽潁奔長安甲子越遣其將祁弘宋胄司馬纂等迎帝三月東萊惤令劉柏根反自稱惤公襲臨淄高密王簡奔聊城王浚遣將討柏根斬之夏四月己巳東海王越屯于溫顒遣弘農太守彭隨北地太守刁默距祁弘等於湖五月枉矢西南流范陽國地燃可以爨壬辰祁弘等與刁默戰默大敗顒潁走南山奔于宛弘等所部鮮卑大掠長安殺二萬餘人是日日光四散赤如血甲午又如之己亥弘等奉帝還洛陽帝乘牛車行宮藉草公卿跋涉戊申驃騎范陽王虓殺司隸校尉邢喬己酉盜取太廟金匱及策文各四六月景辰朔至自長安升舊殿哀感流涕謁于太廟復皇后羊氏辛未大赦改元秋七月乙酉朔日有食之太廟吏賈苞盜太廟靈衣及劍伏誅八月以太傅東海王越錄尚書驃騎將軍范陽王虓爲司空九月頓丘太守馮嵩執成都王潁送之于鄴進東嬴公騰爵爲東燕王平昌公模爲南陽王冬十月司空范陽王虓薨虓長史劉輿害成都王潁十一月庚午帝崩于顯陽殿時年四十八葬太陽陵帝之爲太子也朝廷咸知不堪政事武帝亦疑焉嘗悉召東宮官屬使以尚書事令太子決之帝不能對賈妃遣左右代對多引古義給事張泓曰太子不學陛下所知今宜以事斷不可引書妃從之泓乃具草令帝書之武帝覽而大悅太子遂安及居大位政出羣下綱紀大壞貨賂公行勢位之家以貴陵物忠賢路絶讒邪得志更相薦舉天下謂之互市焉高平王沉作釋時論南陽魯褒作錢神論廬江杜嵩作任子春秋皆疾時之作也帝又嘗在華林園聞蝦蟆聲謂左右曰此鳴者爲官乎私乎或對曰在官地爲官在私地爲私及天下荒亂百姓餓死帝曰何不食肉糜其蒙蔽皆此類也後因食餅中毒而崩或云司馬越之鴆

史臣曰不才之子則天稱大權非帝出政遍宵人褒姒共叔帶並興襄后與犬戎俱運昔者丹朱不肖赧王逃責相彼凶德事關休咎方乎土梗以墜其情溽暑之氣將闌淫蠹之音罕記乃彰嗤笑用符顚隕豈通才俊彥猶形於前代增淫助虐獨擅於當今者歟物號忠良玆拔本人稱妖孽自此疏源長樂不祥承華非命生靈版蕩社稷丘墟古者敗國亡身分鑣共軫不有亂常則多庸暗豈明神喪其精魄武皇不知其子也

贊曰惠皇居尊臨朝聽言厥體斯昧其情則昬高臺望子長夜奚究金墉毀冕湯陰釋胄及爾皆亡滔天來遘

晉書卷五

唐　太　宗　文　皇　帝　御　撰

帝紀第五

孝懷帝

孝懷皇帝諱熾字豐度武帝第二十五子也太熙元年封豫章郡王屬孝惠之時宗室搆禍帝冲素自守門絶賓游不交世事專玩史籍有譽於時初拜散騎常侍及趙王倫篡見收倫敗爲射聲校尉累遷車騎大將軍都督青州諸軍事未之鎮永興元年改授鎮北大將軍都督鄴城守諸軍事十二月丁亥立爲皇太弟以清河王覃本太子也懼不敢當典書令廬陵脩肅曰二相經營王室志寧社稷儲貳之重宜歸時望親賢之舉非大王而誰清河幼弱未允衆心是以既升東宮復贊藩國今乘輿播越二宮久曠常恐氐羌飲馬於涇川蟻衆控弦於霸水宜及吉辰時登儲副上翼大駕早寧東京下允黔首喁喁之望帝曰卿吾之宋昌也乃從之

光熙元年十一月庚午孝惠帝崩羊皇后以於太弟爲嫂不得爲太后催清河王覃入已至尚書閤侍中華混等急召太弟癸酉卽皇帝位大赦尊皇后羊氏爲惠皇后居弘訓宮追尊所生太妃王氏爲皇太后立妃梁氏爲皇后十二月壬午朔日有食之己亥封彭城王植子融爲樂城縣王南陽王模殺河間王顒於雍谷辛丑以中書監溫羨爲司徒尚書左僕射王衍爲司空己酉葬孝惠皇帝于太陽陵李雄別帥李離寇梁州

永嘉元年春正月癸丑朔大赦改元除三族刑以太傅東海王越輔政殺御史中丞諸葛玫二月辛巳東萊人王彌起兵反寇青徐二州長廣太守宋羆東牟太守龐伉並遇害三月己未朔平東將軍周馥斬送陳敏首丁卯改葬武悼楊皇后庚午立豫章王詮爲皇太子辛未大赦庚辰東海王越出鎮許昌以征東將軍高密王簡爲征南大將軍都督荊州諸軍事鎮襄陽改封安北將軍東燕王騰爲新蔡王都督司冀二州諸軍事鎮鄴以征南將軍南陽王模爲征西大將軍都督秦雍梁益四州諸軍事鎮長安幷州諸郡爲劉元海所陷刺史劉琨獨保晉陽夏五月馬牧帥汲桑聚衆反敗魏郡太守馮嵩遂陷鄴城害新蔡王騰燒鄴宮火旬日不滅又殺前幽州刺史石尟於樂陵入掠平原山陽公劉秋遇害洛陽步廣里地陷有二鵝出色蒼者冲天白者不能飛建寧郡夷攻陷寧州死者三千餘人秋七月己酉朔東海王越進屯官渡以討汲桑己未以平東將軍琅邪王睿

爲安東將軍都督揚州江南諸軍事假節鎮建鄴八月己卯朔撫軍將軍苟晞敗汲桑於鄴甲辰曲赦幽并司冀兗豫等六州分荆州江州八郡爲湘州九月戊申苟晞又破汲桑陷其九壘辛亥有大星如日小者如斗自西方流於東北天盡赤俄有聲如雷始脩千金堨於許昌以通運冬十一月戊申朔日有蝕之甲寅以尚書右僕射和郁爲征北將軍鎮鄴十二月戊寅并州人田蘭薄盛等斬汲桑於樂陵甲午以前太傅劉寔爲太尉庚子以光祿大夫延陵公高光爲尚書令東海王越矯詔囚清河王覃于金墉城癸卯越自爲丞相以撫軍將軍苟晞爲征東大將軍

二年春正月景子朔日有蝕之丁未大赦二月辛卯清河王覃爲東海王越所害庚子石勒寇常山安北將軍王浚討破之三月東海王越鎮鄄城劉元海侵汲郡略有頓丘河內之地王彌寇青徐兗豫四州夏四月丁亥入許昌諸郡守將皆奔走五月甲子彌遂寇洛陽司徒王衍帥衆禦之彌退走秋七月甲辰劉元海寇平陽太守宋抽奔京師河東太守力戰死之八月丁亥東海王越自鄄城遷屯于濮陽九月石勒寇趙郡征北將軍和郁自鄴奔于衛國冬十月甲戌劉元海僭帝號于平陽仍稱漢十一月乙巳尚書令高光卒丁卯以太子少傅荀藩爲尚書令己酉石勒寇鄴魏郡太守王粹戰敗死之十二月辛未朔大赦立長沙王乂子碩爲長沙王尠爲臨淮王

三年春正月甲午彭城王釋薨三月戊申征南大將軍高密王簡薨以尚書左僕射山簡爲征南將軍都督荆湘交廣等四州諸軍事司隸校尉劉暾爲尚書左僕射丁巳東海王越歸京師乙丑勒兵入宮於帝側收近臣中書令繆播帝舅王延等十餘人並害之景寅曲赦河南郡丁卯太尉劉寔請老以司徒王衍爲太尉東海王越領司徒劉元海寇黎陽遣車騎將軍王堪擊之王師敗績于延津死者三萬餘人大旱江漢河洛皆竭可涉夏四月左積弩將軍朱誕叛奔于劉元海石勒攻陷冀州郡縣百餘壁秋七月戊辰當陽地裂三所各廣三丈長三百餘步辛未平陽人劉芒蕩自稱漢後誑誘羌戎僭帝號於馬蘭山支胡五斗叟郝索聚衆數千爲亂屯新豐與芒蕩合黨劉元海遣子聰及王彌寇上黨圍壺關并州刺史劉琨使兵救之爲聰所敗淮南內史王曠將軍施融曹超及聰戰又敗超融死之上黨太守龐淳以郡降賊九月景寅劉聰圍浚儀遣平北將軍曹武討之丁丑王師敗績東海王越入保京城聰至西明門越禦之戰于宣陽門外大破之石勒寇常山安北將軍王浚使鮮卑騎救之大破勒於飛龍山征西大將軍南陽王模使其將淳于定破劉芒蕩五斗叟並斬之使車騎將軍王堪平北將軍曹武討劉聰王師敗績堪奔還京師李雄別帥羅羨以梓潼歸順劉聰攻洛陽西明門不尅宜都夷道山崩荆湘二州地震冬十一月石勒陷長樂安北將軍王斌遇害因屠黎陽乞活帥李惲薄盛等帥衆救京師聰退走惲等又破王彌于新汲十二月乙亥夜有白氣如帶自地升天南北各二丈

四年春正月乙丑朔大赦二月石勒襲鄄城兗州刺史袁孚戰敗爲其部下所害勒又襲白馬車騎將軍王堪死之李雄將文碩殺雄大將軍李國以巴西歸順戊午吳興人錢璯反自稱平西將軍三月丞相倉曹屬周玘帥鄉人討璯斬之夏四月大水將軍祁弘破劉元海將劉靈曜于廣宗李雄陷梓潼兗州地震五月石勒寇汲郡執太守胡龍遂南濟河滎陽太守裴純奔建鄴大風折木地震幽并司冀秦雍等六州大蝗食草木牛馬毛皆盡六月劉元海死其子和嗣僞位和弟聰弒和而自立秋七月劉聰從弟曜及其將石勒圍懷詔征虜將軍宋抽救之爲曜所敗抽死之九月河內人樂仰執太守裴整叛降于石勒徐州監軍王隆自下邳棄軍奔于周馥雍州人王如舉兵反于宛殺害令長自號大將軍司雍二州牧大掠漢沔新平人龐寔馮翊人嚴嶷京兆人侯脫等各起兵應之征南將軍山簡荆州刺史王澄南中郎將杜蕤並遣兵援京師及如戰于宛諸軍皆大敗王澄獨以衆進至沶口衆潰而歸冬十月辛卯晝昏至于庚子大星西南墜有聲壬寅石勒圍倉垣陳留內史王讚擊敗之勒走河北壬子以驃騎將軍王浚爲司空平北將軍劉琨爲平北大將軍京師饑東海王越羽檄徵天下兵帝謂使者曰爲我語諸征鎮若今日尚可救後則無逮矣時莫有至者石勒陷襄城太守崔曠遇害遂至宛王浚遣鮮卑文鴦帥騎救之勒退浚又遣別將王申始討勒于汶石津大破之十一月甲戌東海王越帥衆出許昌以行臺自隨宮省無復守衛荒饉日甚殿內死人交橫府寺營署並掘塹自守盜賊公行枹鼓之音不絕越軍次項自領豫州牧以太尉王衍爲軍司丁丑流氐隗伯符等襲宜都太守嵇晞奔建鄴王申始攻劉曜王彌於瓶壘破之鎮東將軍周馥表迎大駕遷都壽陽越使裴碩討馥爲馥所敗走保東城請救於琅琊王睿襄陽大疫死者三千餘人加涼州刺史張軌安西將軍十二月征東大將軍苟晞攻王彌別帥曹嶷破之乙酉平陽人李洪帥流人入定陵作亂

五年春正月帝密詔苟晞討東海王越壬申晞爲曹嶷所破乙未越遣從事中郎將楊瑁徐州刺史裴盾共擊晞癸酉石勒入江夏太守楊珉奔于武昌乙亥李雄攻陷涪城梓潼太守譙登遇害湘州流人杜弢據長沙反戊寅安東將軍琅邪王睿使將軍甘卓攻鎮東將軍周馥於壽春馥衆潰庚辰太保平原王幹薨二月石勒寇汝南汝南王祐奔建鄴三月戊午詔下東海王越罪狀告方鎮討之以征東大將軍苟晞爲大將軍景子東海王越薨四月戊子石勒追東海王越喪及於東郡將軍錢端戰死軍潰太尉王衍吏部尚書劉望廷尉諸葛銓尚書鄭豫武陵王澹等皆遇害王公已下死者十餘萬人東海世子毗及宗室四十八王尋又沒于石勒賊王桑冷道陷徐州刺史裴盾遇害桑遂濟淮至于歷陽五月益州流人汝班梁州流人蹇撫作亂於湘州虜刺史荀眺南破零桂諸郡東掠武昌安城太守郭察邵陵太守鄭融衡陽內史滕育並遇害進司空王浚爲大司馬征西大將軍南陽王模爲太尉太子太傅傅祗爲司徒尚書令荀藩爲司空安東將軍琅邪王睿爲鎮東大將軍東海王越之出也使河南尹潘滔居守大將軍苟晞表遷都倉垣帝將從之諸大臣畏滔不敢奉詔且宮中及黃門戀資財不欲出至是饑甚人相食百官流亡者十八九帝召羣臣會議將行而警衛不備帝撫手歎曰如何曾無車輿乃使司徒傅祗出詣河陰脩理舟楫爲水行之備朝士數十人導從帝步出西掖門至銅駝街爲盜所掠不得進而還六月癸未劉曜王彌石勒同寇洛川王師頻爲賊所敗死者甚衆庚寅司空荀藩光祿大夫荀組奔轘轅太子左率溫畿夜開廣莫門奔小平津丁酉劉曜王彌入京師帝開華林園門出河陰藕池欲幸長安爲曜等所追及曜等遂焚燒宮廟逼辱妃后吳王晏竟陵王楙尚書左僕射和郁右僕射曹馥尚書閭丘沖袁粲王緄河南尹劉默等皆遇害百官士庶死者三萬餘人帝蒙塵於平陽劉聰以帝爲會稽公荀藩移檄州鎮以琅邪王爲盟主豫章王端東奔苟晞晞立爲皇太子自領尚書令具置官屬保梁國之蒙縣百姓饑儉米斛萬餘價秋七月大司馬王浚承制假立太子置百官署征鎮石勒寇穀陽沛王滋戰敗遇害八月劉聰使子粲攻陷長安太尉征西將軍南陽王模遇害長安遣人四千餘家奔漢中九月癸亥石勒襲陽夏至于蒙縣大將軍苟晞豫章王端並沒于賊冬十月勒寇豫州諸軍至江而還十一月猗盧寇太原平北將軍劉琨不能制徙五縣百姓於新興以其地居之

六年春正月帝在平陽劉聰寇太原故鎮南府牙門將胡亢聚衆寇荆土自號楚公二月壬子日有食之癸丑鎮東大將軍琅邪王睿上尚書檄四方以討石勒大司馬王浚移檄天下稱被中詔承制以荀藩爲太尉汝陰王熙爲石勒所害夏四月景寅征南將軍山簡卒秋七月歲星熒惑太白聚于牛斗石勒寇冀州劉粲寇晉陽平北將軍劉琨遣部將郝詵帥衆禦粲詵敗績死之太原太守高喬以晉陽降粲八月庚戌劉琨奔於常山辛亥陰平都尉董沖逐太守王鑒以郡叛降于李雄乙亥劉琨乞師于猗盧表盧爲代公九月己卯猗盧使子利孫赴琨不得進辛巳前雍州刺史賈疋討劉粲於三輔走之關中小定乃與衞將軍梁芬京兆太守梁綜共奉秦王鄴爲皇太子於長安冬十月猗盧自將六萬騎次于盆城十一月甲午劉粲遁走劉琨收其遺衆保于陽曲是歲大疫

七年春正月劉聰大會使帝著青衣行酒侍中庾珉號哭聰惡之丁未帝遇弒崩于平陽時年三十帝初誕有嘉禾生于豫章之南昌先是望氣者云豫章有天子氣其後竟以豫章爲皇太弟在東宮恂恂謙損接引朝士講論書籍及即位始遵舊制臨太極殿使尚書郎讀時令又於東堂聽政至於宴會輒與羣官論衆務考經籍黃門侍郎傅宣歎曰今日復見武帝之世矣秘書監荀崧又常謂人曰懷帝天姿清劭少著英猷若遭承平足爲守文佳主而繼惠帝擾亂之後東海專政無幽厲之釁而有流亡之禍

孝愍帝

孝愍皇帝諱鄴字彦旗武帝孫吳孝王晏之子也出繼後伯父秦獻王柬襲封秦王永嘉二年拜散騎常侍撫軍將軍及洛陽傾覆避難于滎陽密縣與舅荀藩荀組相遇自密南趨許潁豫州刺史閻鼎與前撫軍長史王毗司徒長史劉疇中書郎李昕及藩組等同謀奉帝歸于長安而疇等中塗復叛鼎追殺之藩組僅而獲免鼎遂挾帝乘牛車自宛趣武關頻遇山賊士卒亡散次于藍田鼎告雍州刺史賈疋疋遣州兵迎衞達于長安又使輔國將軍梁綜助守之時有玉龜出霸水神馬鳴城南焉六年九月辛巳奉秦王爲皇太子登壇告類建

宗廟社稷大赦加疋征西大將軍以秦州刺史南陽王保爲大司馬賈疋討賊張連遇害衆推始平太守麴允領雍州刺史爲盟主承制選置建興元年夏四月景午奉懷帝崩問舉哀成禮壬申即皇帝位大赦改元以衞將軍梁芬爲司徒雍州刺史麴允爲使持節領軍將軍錄尚書事京兆太守索綝爲尚書右僕射石勒攻龍驤將軍李惲於上白惲敗死之五月壬辰以鎭東大將軍琅邪王睿爲侍中左丞相大都督陝東諸軍事大司馬南陽王保爲右丞相大都督陝西諸軍事又詔二王曰夫陽九百六之災雖在盛世猶或遘之朕以幼沖纂承洪緒庶憑祖宗之靈羣公義士之力蕩滅凶寇拯拔幽宮瞻望未達肝心分裂昔周邵分陝姬氏以隆平王東遷晉鄭爲輔今左右丞相茂德齊聖國之昵屬當恃二公埽除鯨鯢奉迎梓宮克復中興令幽并兩州勒卒三十萬直造平陽右丞相宜帥秦涼梁雍武旅三十萬徑詣長安左丞相帥所領精兵二十萬徑造洛陽分遣前鋒爲幽并後駐赴同大限克成元勳又詔琅邪王曰朕以沖昧纂承洪緒未能梟夷凶逆奉迎梓宮枕戈煩冤肝心抽裂前得魏浚表知公帥先三軍已據壽春傳檄諸侯協齊威勢想今漸進已達洛陽涼州刺史張軌乃心王室連旗萬里已到汧隴梁州刺史張光亦遣巴漢之卒屯在駱谷秦川驍勇其會如林間遣使適還具知平陽定問云幽并隆盛餘胡衰破然猶恃險當須大舉未知公今所到是以息兵秣馬未便進軍今爲已至何許當須來旨便乘輿自出會除中原也公宜思弘謀猷勗濟遠略使山陵旋反四海有賴故遣殿中都尉劉蜀蘇馬等具宣朕意公茂德昵屬宣隆東夏恢融六合非公而誰但洛都陵廟不可空曠公宜鎭撫以綏山東右丞相當入輔弼追蹤周邵以隆中興也六月石勒害兗州刺史田徽是時山東郡邑相繼陷于勒秋八月癸亥劉蜀等達于揚州改建鄴爲建康改鄴爲臨漳杜弢寇武昌焚燒城邑弢別將王真襲沔陽荊州刺史周顗奔于建康九月司空荀藩薨于滎陽劉聰寇河南河南尹張髦死之冬十月荊州刺史陶侃討杜弢黨杜曾於石城爲曾所敗己巳大雨雹庚午大雪十一月流人楊武攻陷梁州十二月河東地震雨肉

二年春正月己巳朔黑霧著人如墨連夜五日乃止辛未辰時日隕于地又有三日相承出于西方而東行丁丑大赦楊武大略漢中遂奔李雄二月壬寅以司空王浚爲大司馬衞將軍荀組爲司空涼州刺史張軌爲太尉封西平郡公并州刺史劉琨爲大將軍三月癸酉石勒陷幽州殺侍中大司馬幽州牧博陵公王浚焚燒城邑害萬餘人杜弢別帥王真襲荊州刺史陶侃於林鄣侃奔灄中夏四月甲辰地震五月壬辰太尉領護羌校尉涼州刺史西平公張軌薨六月劉曜趙冉寇新豐諸縣安東將軍索綝討破之秋七月曜冉等又逼京都領軍將軍麴允討破之冉中流矢而死九月北中郎將劉演剋頓丘斬石勒所署太守邵攀景戌麟見襄平單于代公猗盧遣使獻馬蒲子馬生人

三年春正月盜殺晉昌太守趙珮吳興人徐馥害太守袁琇以侍中宋哲爲平東將軍屯華陰二月景子進左丞相琅邪王睿爲大都督督中外諸軍事右丞相南陽王保爲相國司空荀組爲太尉大將軍劉琨爲司空進封代公猗盧爲代王荊州刺史陶侃破王真於巴陵杜弢別將杜弘張彥與臨川內史謝摛戰于海昏摛敗績死之三月豫章內史周訪擊杜弘走之斬張彥於陳夏四月大赦五月劉聰寇并州六月盜發漢霸杜二陵及薄太后陵太后面如生得金玉綵帛不可勝紀時以朝廷草創服章多闕勑收其餘以實內府丁卯地震辛巳大赦勑雍州掩骼埋胔脩復陵墓有犯者誅及三族秋七月石勒陷濮陽害太守韓弘劉聰寇上黨劉琨遣將救之八月癸亥戰于襄垣王師敗績荊州刺史陶侃攻杜弢弢敗走道死湘州平九月劉曜寇北地命領軍將軍麴允討之冬十月允進攻青白城以豫州牧征東將軍索綝爲尚書僕射都督宮城諸軍事劉聰陷馮翊太守梁肅奔萬年十二月涼州刺史張寔送皇帝行璽一紐盜殺安定太守趙班

四年春三月代王猗盧薨其衆歸于劉琨夏四月丁丑劉曜寇上郡太守籍韋率其衆奔于南鄭涼州刺史張寔遣步騎五千來赴京都石勒陷廩丘北中郎將劉演出奔五月平夷太守雷炤害南廣太守孟桓帥二郡三千餘家叛降于李雄六月丁巳朔日有食之大蝗秋七月劉曜攻北地麴允帥步騎三萬救之王師不戰而潰北地太守麴昌奔于京師曜進至涇陽渭北諸城悉潰建威將軍魯充散騎常侍梁緯少府皇甫陽等皆死之八月劉曜逼京師內外斷絕鎭西將軍焦嵩平東將軍宋哲始平太守竺恢等同赴國難麴允與公卿守長安小城以自固散騎常侍華輯監京兆馮翊弘農上洛四郡兵東屯霸上鎭軍將軍胡崧帥城西諸郡兵屯遮馬橋並不敢進冬十月京師饑甚米斗金二兩人相食死者太半太倉有麴數十𩞄麴允屑爲粥以供帝至是復盡帝泣謂允曰今窘厄如此外無救援死於社稷是朕事也朕念將士暴離斯酷今欲因城未陷爲羞死之事庶令黎元免屠爛之苦行矣遣書朕意决矣十一月乙未使侍中宋敞送牋於曜帝乘羊車肉袒銜璧輿櫬出降羣臣號泣攀車執帝之手帝亦悲不自勝御史中丞吉朗自殺曜焚櫬受璧使宋敞奉帝還宮初有童謠曰天子何在豆田中時王浚在幽州以豆有藿殺隱士霍原以應之及帝如曜營營實在城東豆田壁辛丑帝蒙塵於平陽麴允及羣官並從劉聰假帝光祿大夫懷安侯壬寅聰臨殿帝稽首于前麴允伏地慟哭因自殺尚書梁允侍中梁濬散騎常侍嚴敦左丞臧振黃門侍郎任播張偉杜曼及諸郡守並爲曜所害華輯奔南山石勒圍樂平司空劉琨遣兵援之爲勒所敗樂平太守韓據出奔司空長史李弘以并州叛降于勒十二月甲申朔日有食之己未劉琨奔薊依段匹磾

五年春正月帝在平陽庚子虹霓彌天三日並照平東將軍宋哲奔江左李雄使其將李恭羅寅寇巴東二月劉聰使其將劉暢攻滎陽太守李距擊破之三月琅邪王睿承制改元稱晉王於建康夏五月景子日有食之秋七月大旱司冀青雍等四州螽蝗石勒亦競取百姓禾時人謂之胡蝗八月劉聰使趙固襲衞將軍華薈於定穎遂害之冬十月景子日有食之劉聰出獵令帝行車騎將軍戎服執戟爲導百姓聚而觀之故老或歔欷流涕聰聞而惡之聰後因大會使帝行酒洗爵反而更衣又使帝執蓋晉臣在坐者多失聲而泣尚書郎辛賓抱帝慟哭爲聰所害十二月戊戌帝遇弒崩于平陽時年十八帝之繼皇統也屬永嘉之亂天下崩離長安城中戶不盈百牆宇穨毀蒿棘成林朝廷無車馬章服唯桑版署號而已衆唯一旅公私有車四乘器械多闕運饋不繼巨猾滔天帝京危急諸侯無釋位之志征鎭闕勤王之舉故君臣窘迫以至殺辱云

史臣曰昔炎暉杪暮英雄多假於宗室金德韜華顛沛共推於懷愍樊陽寂寥兵車靡會豈力不足而情有餘乎喋喋遺萌苟存其主譬彼詩人愛其棠樹夫有非常之事而無非常之功詳觀發迹用非天啟是以輿棺齒劍可得而言焉于時五嶽三塗並皆淪寇龍州牛首故以立君股肱非挑戰之秋劉石有滔天之勢寮儀中斷嬰戈外絕兩京淪狄再駕徂戎周王隕首於驪峯衞公亡肝於淇上思爲一郡其可得乎干寶有言曰昔高祖宣皇帝以雄才碩量應時而仕值魏太祖創基之初籌畫軍國嘉謀屢中遂服輿軫驅馳三世性深阻若城府而能寬綽以容納行任數以御物而知人善采拔故賢愚咸懷大小畢力爾乃取鄧艾於農隙引州泰於行役委以文武各善其事故能西禽孟達東舉公孫內夷曹爽外襲王淩神略獨斷征伐四克維御羣后大權在己於是百姓與能大象始構世宗承基太祖繼業玄豐亂內欽誕寇外潛謀雖密而在機必兆淮浦再擾而許洛不震咸黜異圖用融前烈然後推轂鍾鄧長驅庸蜀三關電埽而劉禪入臣天符人事於是信矣始當非常之禮終受備物之錫至于世祖遂享皇極仁以厚下儉以足用和而不弛寬而能斷故民詠維新四海悅勸矣聿修祖宗之志思輯戰國之苦腹心不同公卿異議而獨納羊祜之策杖王杜之决役不二時江湘來同掩唐虞之舊域班正朔於八荒天下書同文車同軌牛馬被野餘糧委畝故于時有天下無窮人之諺雖太平未洽亦足以明吏奉其法民樂其生矣武皇既崩山陵未乾而楊駿被誅母后廢黜尋以二公楚王之變宗子無維城之助師尹無具瞻之貴至乃易天子以太上之號而有免官之謠民不見德惟亂是聞朝爲伊周夕成桀跖善惡陷於成敗毀譽脅於世利內外混淆庶官失才名實反錯天綱解紐國政迭移於亂人禁兵外散於四方方岳無鈞石之鎭關門無結草之固李辰石冰傾之於荊揚元海王彌撓之於青冀戎羯稱制二帝失尊何哉樹立失權託付非才四維不張而苟且之政多也夫作法於治其弊猶亂作法於亂誰能救之彼元海者離石之將兵都尉王彌者青州之散吏也蓋皆弓馬之士驅走之人非有吳先主諸葛孔明之能也新起之寇烏合之衆非吳蜀之敵也脫耒爲兵裂裳爲旗非戰國之器也自下逆上非鄰國之勢也然而擾天下如驅羣羊舉二都如拾遺芥將相王侯連頸以受戮后嬪妃主虜辱於戎卒豈不哀哉天下大器也羣生重畜也愛惡相攻利害相奪其勢常也若積水於防燎火于原未嘗暫靜也器大者不可以小道治勢重者不可以爭競擾古先哲王知其然也是以扞其大患而禦其大災百姓皆知上德之生己而不謂浚己以生也是以感而應之悅而歸之如晨風之鬱北林龍魚之趣藪澤也然後設禮文以理之斷刑罰以威之謹好惡以示之審禍福以喻之求明察以官之尊慈愛以固之故衆知向方皆樂其生而哀其死悅其教而安其俗君子勤禮小人盡力廉恥篤於

家閭邪僻消於胸懷故其民有見危以授命而不求生以害義又況可奮臂大呼聚之以干紀作亂乎基廣則難傾根深則難拔理節則不亂膠結則不遷是以昔之有天下者之所以長久也夫豈無僻主賴道德典刑以維持之也昔周之興也后稷生於姜嫄而天命昭顯文武之功起於后稷至於公劉遭夏人之亂去邰之豳身服厥勞至於大王爲戎翟所逼而不忍百姓之命杖策而去之故從之如歸市一年成邑二年成都三年五倍其初至于王季能貊其德音至于文王而維新其命由此觀之周家世積忠厚仁及草木內隆九族外尊事黃耇以成其福祿者也而其妃后躬行四教尊敬師傅服澣濯之衣修煩辱之事化天下以成婦道是以漢濱之女守潔白之志中林之士有純一之德始於憂勤終於逸樂以三聖之知伐獨夫之紂猶正其名教曰逆取順守及周公遭變陳后稷先公風化之所由致王業之艱難者則皆農夫女工衣食之事也故自后稷之始基靖民十五王而文始平之十六王而武始居之十八王而康克安之故其積基樹本經緯禮俗節理人情恤隱民事如此之纏緜也今晉之興也功烈於百王事捷於三代宣景遭多難之時誅庶孽以便事不及修公劉大王之仁也受遺輔政屢遇廢置故齊王不明不獲思庸於亳高貴沖人不得復子明辟也二祖逼禪代之期不暇待三分八百之會也是其創基立本異於先代者也加以朝寡純德之人鄉乏不貳之老風俗淫僻耻尚失所學者以老莊爲宗而黜六經談者以虛蕩爲辨而賤名檢行身者以放濁爲通而狹節信進仕者以苟得爲貴而鄙居正當官者以望空爲高而笑勤恪是以劉頌屢言治道傅咸每糾邪正皆謂之俗吏其倚杖虛曠依阿無心者皆名重海內若夫文王日旰不暇食仲山甫夙夜匪懈者蓋共嗤黜以爲灰塵矣由是毁譽亂於善惡之實情慝奔於貨欲之塗選者爲人擇官官者爲身擇利而執鈞當軸之士身兼官以十數大極其尊小錄其要而世族貴戚之子弟陵邁超越不拘資次悠悠風塵皆奔競之士列官千百無讓賢之舉子眞著崇讓而莫之省子雅制九班而不得用其婦女莊櫛織紝皆取成於婢僕未嘗知女工絲枲之業中饋酒食之事也先時而婚任情而動故皆不耻淫泆之過不拘妬忌之惡父兄不之罪也天下莫知非也又況責之聞四教於古修貞順於今以輔佐君子者哉禮法刑政於此大壞如水斯積而決其隄防如火斯畜而離其薪燎也國之將亡本必先顚其此之謂乎故觀阮籍之行而覺禮教崩弛之所由也察庾純賈充之爭而見師尹之多僻考平吳之功而知將帥之不讓思郭欽之謀而悟戎狄之有釁覽傅玄劉毅之言而得百官之邪核傅咸之奏錢神之論而覩寵賂之彰民風國勢如此雖以中庸之主治之辛有必見之於祭祀季札必得之於聲樂范燮必爲之請死賈誼必爲之痛哭又況我惠帝以放蕩之德臨之哉懷帝承亂得位羈於强臣愍帝奔播之後徒厠其虛名天下之政既去非命世之雄才不能取之矣淳耀之烈未渝故大命重集于中宗皇帝

贊曰懷佩玉璽愍居黃屋鼇墜三山鯨吞九服獯入金商穹居未央圜顱盡仆方趾咸僵大夫反首徒我平陽主憂臣哭于何不臧

晉書卷五考證

孝愍帝紀前得魏浚表○上文大司馬王浚移檄天下此魏字當是王字之訛

晉書卷六

唐　太　宗　文　皇　帝　御　撰

帝紀第六

元帝

元皇帝諱睿字景文宣帝曾孫琅邪恭王覲之子也咸寧二年生於洛陽有神光之異一室盡明所藉藁如始刈及長白豪生於日角之左隆準龍顏目有精曜顧眄煒如也年十五嗣位琅邪王幼有令聞及惠皇之際王室多故帝每恭儉退讓以免於禍沉敏有度量不顯灼然之跡故時人未之識焉惟侍中嵇紹異之謂人曰琅邪王毛骨非常殆非人臣之相也元康二年拜員外散騎常侍累遷左將軍從討成都王穎蕩陰之敗也叔父東安王繇爲穎所害帝懼禍及將出奔其夜月正明而禁衛嚴警帝無由得去甚窘迫有頃雲霧晦冥雷雨暴至徼者皆弛因得潛出穎先令諸關無得出貴人帝既至河陽爲津吏所止從者宋典後來以策鞭帝馬而笑曰舍長官禁貴人汝亦被拘邪吏乃聽過至洛陽迎太妃俱歸國東海王越之收兵下邳也假帝輔國將軍尋加平東將軍監徐州諸軍事鎭下邳俄遷安東將軍都督揚州諸軍事越西迎大駕留帝居守永嘉初用王導計始鎭建鄴以顧榮爲軍司馬賀循爲參佐王敦王導周顗刁協並爲腹心股肱賓禮名賢存問風俗江東歸心焉屬太妃薨于國自表奔喪葬畢還鎭增封宣城郡二萬戶加鎭東大將軍開府儀同三司受越命討征東將軍周馥走之及懷帝蒙塵於平陽司空荀藩等移檄天下推帝爲盟主江州刺史華軼不從使豫章內史周廣前江州刺史衞展討禽之愍帝即位加左丞相歲餘進位丞相大都督中外諸軍事遣諸將分定江東斬叛者孫弼於宣城平杜弢於湘州承制赦荆揚及西都不守帝出師露次躬擐甲冑移檄四方徵天下之兵尅日進討于時有玉冊見於臨安白玉麒麟神璽出於江寧其文曰長壽萬年日有重暈皆以爲中興之象焉

建武元年春二月辛巳平東將軍宋哲至宣愍帝詔曰遭運迍否皇綱不振朕以寡德奉承洪緒不能祈天永命紹隆中興至使凶胡敢帥犬羊逼迫京輦朕今幽塞窮城憂慮萬端恐一旦奔潰卿指詣丞相具宣朕意使攝萬幾時據舊都脩復陵廟以雪大恥三月帝素服出次舉哀三日西陽王羕及羣僚參佐州征牧守等上尊號帝不許羕等以死固請至于再三帝慨然流涕曰孤罪人也惟有蹈節死義以雪天下之恥庶贖鈇鉞之誅吾本琅邪王諸賢見逼不已乃呼私奴命駕將反國羣臣乃不敢逼請依魏晉故事爲晉王許之辛卯即王位大赦改元其殺祖父母父母及劉聰石勒不從此令諸參軍拜奉車都尉掾屬駙馬都尉辟掾屬百餘人時人謂之百六掾乃備百官立宗廟社稷於建康時四方競上符瑞帝曰孤負四海之責未能思愆何徵祥之有景辰立世子紹爲晉王太子以撫軍大將軍西陽王羕爲大保征南大將軍漢安侯王敦爲大將軍右將軍王導都督中外諸軍事驃騎將軍左長史刁協爲尚書左僕射封王子宣成公裒爲琅邪王六月景寅司空并州刺史廣武侯劉琨幽州刺史左賢王渤海公段匹磾領護烏丸校尉鎭北將軍劉翰單于廣寧公段辰遼西公段眷冀州刺史祝阿子邵續青州刺史廣饒侯曹嶷兗州刺史定襄侯劉演東夷校尉崔毖鮮卑大都督慕容廆等一百八十人上書勸進曰臣聞天生蒸民樹之以君所以對越天地司牧黎元聖帝明王監其若此知天地不可以乏饗故屈其身以奉之知蒸黎不可以無主故不得已而臨之社稷時難則戚藩定其傾郊廟或替則宗哲纂其祀是以弘振遐風式固萬世三五以降靡不由之伏惟高祖宣皇帝肇基景命世祖武皇帝遂造區夏三葉重光四聖繼軌惠澤侔於有虞卜世過於周氏自元康以來艱難繁興永嘉之際氛厲彌昏宸極失御登遐醜裔國家之危有若綴旒賴先后之德宗廟之靈皇帝嗣建舊物克甄誕授欽明服膺聰哲玉質幼彰金聲夙振冢宰攝其綱百辟輔其政四海想中興之美羣生懷來蘇之望不圖天不悔禍大災薦臻國未忘難寇害尋興逆胡劉曜縱逸西都敢肆犬羊陵虐天邑臣奉表使還乃承西朝以去年十一月不守主上幽劫復沉虜庭神器流離再辱荒逆臣每覽史籍觀之前載厄運之極古今未有苟在食土之毛含血之類莫不叩心絕氣行號巷哭況臣等荷寵三世位厠鼎司聞問震惶精爽飛越且驚且惋五情無主舉哀朔垂上下泣血臣聞昏明迭用否泰相濟天命無改歷數有歸或多難以固邦國或殷憂以啓聖明是以齊有無知之禍而小白爲五伯之長晉有驪姬之難而重耳以主諸侯之盟社稷靡安必將有以扶其危黔首幾絕必將有以繼其緒伏惟陛下玄德通於神明聖姿合於兩儀應命世之期紹千載之運符瑞之表天人有徵中興之兆圖讖垂典自京畿隕喪九服崩離天下嚻然無所歸懷雖有夏之遘夷羿宗姬之離犬戎蔑以過之陛下撫征江左奄有舊吳柔服以德伐叛以刑抗明威以攝不類杖大順以號宇內純化既敷則率土宅心義風既暢則遐方企踵百揆時叙於上四門穆穆於下昔少康之隆夏訓以爲美談宣王中興周詩以爲休詠況茂勳格于皇天淸暉光于四海蒼生顒然莫不欣戴聲教所加願爲臣妾者哉且宣皇之胤惟有陛下億兆攸歸曾無與二天祚大晉必將有主主晉祀者非陛下而誰是以邇無異言遠無異望謳歌者無不吟諷徽猷獄訟者無不思于聖德天地之際既交華夷之情允洽一角之獸連理之木以爲休徵者蓋有百數冠帶之倫要荒之衆不謀同辭者動以萬計是以臣等敢考天地之心因函夏之趣昧死上尊號願陛下存舜禹至公之情狹由巢抗矯之節以社稷爲務不以小行爲先以黔首爲憂不以克讓爲事上慰宗廟乃顧之懷下釋普天傾首之勤則所謂生繁華於枯荑育豐肌於朽骨神人獲安無不幸甚臣聞尊位不可久虛萬幾不可久曠虛之一日則尊位已殆曠之浹辰則萬幾以亂方今踵百王之季當陽九之會狡寇窺窬伺國瑕隙黎元波蕩無所繫心安可廢而不恤哉陛下雖欲逡巡其若宗廟何其若百姓何昔者惠公虜秦晉國震駭呂郤之謀欲立子圉外以絕敵人之志內

以固圖境之情故曰喪君有君羣臣輯睦好我者勸惡我者懼前事之不忘後代之元龜也陛下明並日月無幽不燭深謀遠猷出自胸懷不勝犬馬憂國之情遲覩人神開泰之路是以陳其乃誠布之執事臣等忝於方任久在遐外不得陪列闕庭與覩盛禮踊躍之懷南望罔極帝優令答之語在琨傳石勒將石季龍圍譙城平西將軍祖逖擊走之己巳帝傳檄天下曰逆賊石勒肆虐河朔逋誅歷載遊魂縱逸復遣凶黨石季龍犬羊之衆越河南渡縱其鴆毒平西將軍祖逖帥衆討擊應時潰散今遣車騎將軍琅邪王裒等九軍銳卒三萬水陸四道逕造賊場受逖節度有能梟季龍首者賞絹三千匹金五十斤封縣侯食邑二千戶又賊黨能梟送季龍首封賞亦同之七月散騎侍郎朱嵩尚書郎顧球卒帝痛之將爲舉哀有司奏舊尚書郎不在舉哀之例帝曰衰亂之弊特相痛悼於是遂舉哀哭之甚慟丁未梁王悝薨以太尉荀組爲司徒弛山澤之禁八月甲午封梁王世子翹爲梁王荊州刺史第五猗爲賊帥杜曾所推遂與曾同反九月戊寅王敦使武昌太守趙誘襄陽太守朱軌陵江將軍黃峻討猗爲其將杜曾所敗誘等皆死之石勒害京兆太守華譚梁州刺史周訪討杜曾大破之十月丁未琅邪王裒薨十一月甲子封汝南王子弼爲新蔡王丁卯以司空劉琨爲太尉置史官立太學是歲揚州大旱

太興元年春正月戊申朔臨朝懸而不樂三月癸丑愍帝崩問至帝斬縗居廬景辰百寮上尊號令曰孤以不德當厄運之極臣節未立匡救未舉夙夜所以忘寢食也今宗廟廢絕億兆無係羣官庶尹咸勉之以大政亦何敢辭輒敬從所執是日卽皇帝位詔曰昔我高祖宣皇帝誕應期運廓開王基景文皇帝奕世重光緝熙諸夏爰暨世祖應天順時受茲明命功格天地仁濟宇宙昊天不融降此鞠凶懷帝短世越去王都天禍薦臻大行皇帝崩殂社稷無奉肆羣后三司六事之人疇諮庶尹至于華戎致輯大命于朕躬予一人畏天之威用弗敢違遂登壇南嶽受終文祖焚柴頒瑞告類上帝惟朕寡德纘我洪緒若涉大川罔知攸濟惟爾股肱爪牙之佐文武熊羆之臣用能弼寧晉室輔予一人思與萬國共同休慶於是大赦改元文武增位二等庚午立王太子紹爲皇太子壬申詔曰昔之爲政者動人以行不以言應天以實不以文故我清靜而人自正其次聽言觀行明試以功其有政績可述刑獄得中人無怨訟久而日新及當官軟弱茹柔吐剛行身穢濁修飾時譽者各以名聞令在事之人仰鑒前烈同心戮力深思所以寬衆息役惠益百姓無廢朕命遠近禮贊一切斷之夏四月丁丑朔日有食之加大將軍王敦江州牧進驃騎將軍王導開府儀同三司戊寅初禁招魂葬乙酉西平地震五月癸丑使持節侍中都督太尉并州刺史廣武侯劉琨爲段匹磾所害六月旱帝親雩改丹陽內史爲丹陽尹甲申以尚書左僕射刁協爲尚書令平南將軍曲陵公荀崧爲尚書左僕射庚寅以滎陽太守李矩爲都督司州諸軍事司州刺史戊戌封皇子晞爲武陵王初置諫鼓謗木秋七月戊申詔曰王室多故姦凶肆暴皇綱弛墜顛覆大猷朕以不德統承洪緒夙夜憂危思改其弊二千石令長當祇奉舊憲正身明法抑齊豪強存恤孤獨隱實戶口勸課農桑州牧刺史當互相檢察不得顧私虧公長吏有志在奉公而不見進用者有貪惏穢濁而以財勢自安者若有不舉當受故縱蔽善之罪有而不知當受闇塞之責各明慎奉行劉聰死其子粲嗣僞位八月冀徐青三州蝗靳準弒劉粲自號漢王冬十月癸未加廣州刺史陶侃平南將軍劉曜僭卽皇帝位于赤壁十一月乙卯日夜出高三丈中有赤青珥新野王弼薨加大將軍王敦荊州牧庚申詔曰朕以寡德纂承洪緒上不能調和陰陽下不能濟育羣生災異屢興咎徵仍見壬子乙卯雷震暴雨蓋天災譴誡所以彰朕之不德也羣公卿士其各上封事具陳得失無有所諱將親覽焉新作聽訟觀故歸命侯孫晧子璠謀反伏誅十二月劉聰故將王騰馬忠等誅靳準送傳國璽於劉曜武昌地震丁丑封顯義亭侯渙爲琅邪王己卯琅邪王渙薨癸巳詔曰漢高經大梁美無忌之賢齊師入魯脩柳下惠之墓其吳之高德名賢或未旌錄者其條列以聞江東三郡饑遣使振給之彭城內史周撫殺沛國內史周默以反

二年春正月丁卯崇陽陵毀帝素服哭三日使冠軍將軍梁堪守太常馬龜等脩復山陵迎梓宮于平陽不尅而還二月太山太守徐龕斬周撫傳首京師夏四月龍驤將軍陳川以浚儀叛降于石勒太山太守徐龕以郡叛自號兗州刺史寇濟岱秦州刺史陳安叛降于劉曜五月癸丑太陽陵毀帝素服哭三日徐揚及江西諸郡蝗吳郡大饑平北將軍祖逖及石勒將石季龍戰于浚儀王師敗績壬戌詔曰天下凋弊加以災荒百姓困窮國用並匱吳郡饑人死者百數天生蒸黎而樹之以君選建明哲以左右之當深思以救其弊昔吳起爲楚悼王明法審令捐不急之官除廢公族疏遠以附益將士而國富兵強況今日之弊百姓凋困邪且當去非急之務非軍事所須者皆省之甲子梁州刺史周訪及杜曾戰于武當斬之禽第五猗六月景子加周訪安南將軍罷御府及諸郡丞置博士員五人己亥加太常賀循開府儀同三司秋七月乙丑太常賀循卒八月肅愼獻楛矢石砮徐龕寇東莞遣太子左衞率羊鑒行征虜將軍統徐州刺史蔡豹討之冬十月平北將軍祖逖使督護陳超襲石勒將桃豹超敗沒於陣十一月戊寅石勒僭卽王位國號趙十二月乙亥大赦詔百官各上封事并省衆役鮮卑慕容廆襲遼東東夷校尉平州刺史崔毖奔高句驪是歲南陽王保稱晉王於祁山三吳大饑

三年春正月丁酉朔晉王保爲劉曜所逼遷于桑城二月辛未石勒將石季龍寇猒次平北將軍冀州刺史邵續擊之續敗沒於陣三月慕容廆奉送玉璽三紐閏月以尚書周顗爲尚書僕射夏四月壬辰枉矢流于翼軫五月景寅孝懷帝太子詮遇害于平陽帝三日哭庚寅地震是月晉王保爲其將張春所害劉曜使陳安攻春滅之安因叛曜石勒將徐龕帥衆來降六月大水丁酉盜殺西中郎將護羌校尉涼州刺史西平公張寔寔弟茂嗣領平西將軍涼州刺史秋七月丁亥詔曰先公武王先考恭王臨君琅邪四十餘年惠澤加於百姓遺愛結於人情朕應天符創基江表兆庶宅心襁負子來琅邪國人在此者近有千戶今立爲懷德縣統丹陽郡昔漢高祖以沛爲湯沐邑光武亦復南頓優復之科一依漢氏故事祖逖部將衞策大破石勒別軍於汴水加逖爲鎭西將軍八月戊午尊敬王后虞氏爲敬皇后辛酉遷神主于太廟辛未梁州刺史安南將軍周訪卒皇太子釋奠于太學以湘州刺史甘卓爲安南將軍梁州刺史九月徐龕又叛降于石勒冬十月景辰徐州刺史蔡豹以畏懦伏誅王敦殺武陵內史向碩

四年春二月徐龕又帥衆來降鮮卑末波奉送皇帝信璽庚戌告于太廟乃受之癸亥日鬬三月置周易儀禮公羊博士癸酉以平東將軍曹嶷爲安東將軍夏四月辛亥帝親覽庶獄石勒攻猒次陷之撫軍將軍幽州刺史段匹磾沒于勒五月旱庚申詔曰昔漢二祖及魏武皆免良人武帝時涼州覆敗諸爲奴婢亦皆復籍此累代成規也其免中州良人遭難爲揚州諸郡僮客者以備征役秋七月大水甲戌以尚書戴若思爲征西將軍都督司兗豫并冀雍六州諸軍事司州刺史鎭合肥丹陽尹劉隗爲鎭北將軍都督青徐幽平四州諸軍事青州刺史鎭淮陰壬午以驃騎將軍王導爲司空八月常山崩九月壬寅鎭西將軍豫州刺史祖逖卒冬十月壬午以逖弟侍中約爲平西將軍豫州刺史十二月以慕容廆爲持節都督幽平二州東夷諸軍事平州牧封遼東郡公

永昌元年春正月乙卯大赦改元戊辰大將軍王敦舉兵於武昌以誅劉隗爲名龍驤將軍沈充帥衆應之三月徵征西將軍戴若思鎭北將軍劉隗還衞京都以司空王導爲前鋒大都督以戴若思爲驃騎將軍丹陽諸郡皆加軍號加僕射周顗尚書左僕射領軍王邃尚書右僕射以太子右衞率周筵行冠軍將軍統兵三千討沈充甲午封皇子昱爲琅邪王劉隗軍于金城右將軍周札守石頭帝親被甲徇六師於郊外遣平南將軍陶侃領江州安南將軍甘卓領荊州各帥所統以躡敦後四月敦前鋒攻石頭周札開城門應之奮威將軍侯禮死之敦據石頭戴若思劉隗帥衆攻之王導周顗郭逸虞潭等三道出戰六軍敗績尚書令刁協奔于江乘爲賊所害鎭北將軍劉隗奔于石勒遣使謂敦曰公若不忘本朝於此息兵則天下尚可共安也如其不然朕當歸於琅邪以避賢路辛未大赦敦乃自爲丞相都督中外諸軍錄尚書事封武昌郡公邑萬戶景子驃騎將軍秣陵侯戴若思尚書左僕射護軍將軍武城侯周顗爲敦所害敦將沈充陷吳國魏乂陷湘州吳國內史張茂湘州刺史譙王承並遇害五月壬申敦以太保西陽王羕爲太宰加司空王導尚書令乙亥鎭南大將軍甘卓爲襄陽太守周慮所害蜀賊張龍寇巴東建平太守柳純擊走之石勒遣騎寇河南六月旱秋七月王敦自加兗州刺史郗鑒爲安北將軍石勒將石季龍攻陷太山執守將徐龕兗州刺史郗鑒自鄒山退守合肥八月敦以其兄含爲衞將軍自領寧益二州都督琅邪太守孫默叛降于石勒冬十月大疫死者十二三己丑都督荊梁二州諸軍事平南將軍荊州刺史武陵侯王廙卒辛卯以下邳內史王邃爲征北將軍都督青徐幽平四州諸軍事鎭淮陰新昌太守梁碩起兵反京師大霧黑氣蔽天日月無光石勒攻陷襄城城父遂圍譙破祖約別軍約退據壽春十一月以司徒荀組爲太尉己酉太尉荀組薨罷司徒并丞相閏月己丑帝崩于內殿時年四十七葬建平陵廟號中宗帝性簡儉沖素容納直言虛

巳待物初鎮江東頗以酒廢事王導深以爲言帝命酌引觴覆之於此遂絕有司嘗奏太極殿廣室施絳帳帝曰漢文集上書皁囊爲帷遂令冬施青布夏施青練帷帳將拜貴人有司請市雀釵帝以煩費不許所幸鄭夫人衣無文綵從母弟王廙爲母立屋過制流涕止之然晉室遘紛皇輿播越天命未改人謀叶贊元戎屢動不出江畿經略區區僅全吳楚終於下陵上辱憂憤告謝恭儉之德雖充雄武之量不足始秦時望氣者云五百年後金陵有天子氣故始皇東遊以厭之改其地曰秣陵塹北山以絕其勢及孫權之稱號自謂當之孫盛以爲始皇逮于孫氏四百三十七載考其歷數猶爲未及元帝之渡江也乃五百二十六年眞人之應在於此矣咸寧初風吹大社樹折社中有青氣占者以爲東莞有帝者之祥由是徙封東莞王於琅邪即武王也及吳之亡王濬實先至建鄴而晧之降款遠歸璽於琅邪天意人事又符中興之兆太安之際童謠云五馬浮渡江一馬化爲龍及永嘉中歲鎮熒惑太白聚斗牛之間識者以爲吳越之地當興王者是歲王室淪覆帝與西陽汝南南頓彭城五王獲濟而帝竟登大位焉初玄石圖有牛繼馬後故宣帝深忌牛氏遂爲二榼共一口以貯酒焉帝先飲佳者而以毒酒鴆其將牛金而恭王妃夏侯氏竟通小吏牛氏而生元帝亦有符云

史臣曰晉氏不虞自中流外五胡扛鼎七廟隳尊滔天方駕則民懷其舊德者矣昔光武以數郡加名元皇以一州臨極豈武宣餘化猶暢於琅邪文景垂仁傳芳於南頓所謂後乎天時先諸人事者也驍章獻號高蓋成陰星斗呈祥金陵表慶陶士行擁三州之旅郢外以安王茂弘爲分陝之計江東可立或高旌未拂而遐心斯偃廻首朝陽仰希乾棟帝猶六讓不居七辭而不免也布帳練帷詳刑簡化抑揚前軌光啓中興古者私家不蓄甲兵大臣不爲威福王之常制以訓股肱中宗失馭强臣自亡齊斧兩京胡羯風埃相望雖復六月之駕無聞而鴻鴈之歌方遠享國無幾哀哉

明帝

明皇帝諱紹字道畿元皇帝長子也幼而聰哲爲元帝所寵異年數歲嘗坐置膝前屬長安使來因問帝曰汝謂日與長安孰遠對曰長安近不聞人從日邊來居然可知也元帝異之明日宴羣僚又問之對曰日近元帝失色曰何乃異間者之言乎對曰舉目則見日不見長安由是益奇之建興初拜東中郎將鎮廣陵元帝爲晉王立爲晉王太子及帝即尊號立爲皇太子性至孝有文武才略欽賢愛客雅好文辭當時名臣自王導庾亮溫嶠桓彝阮放等咸見親待嘗論聖人眞假之意導等不能屈又習武藝善撫將士于時東朝濟濟遠近屬心焉及王敦之亂六軍敗績帝欲帥將士決戰升車將出中庶子溫嶠固諫抽劍斬鞅乃止敦素以帝神武明略朝野之所欽信欲誣以不孝而廢焉大會百官而問溫嶠曰皇太子以何德稱聲色俱厲必欲使有言嶠對曰鉤深致遠蓋非淺局所量以禮觀之可稱爲孝矣衆皆以爲信然敦謀遂止

永昌元年閏月己丑元帝崩庚寅太子即皇帝位大赦尊所生荀氏爲建安郡君

太寧元年春正月癸巳黃霧四塞京師火李雄使其將李驤任回寇臺登將軍司馬玖死之越巂太守李釗漢嘉太守王載以郡叛降于驤二月葬元帝于建平陵帝徒跣至于陵所以特進華恒爲驃騎將軍都督石頭水陸軍事乙丑黃霧四塞景寅隕霜壬申又隕霜殺穀三月戊寅朔改元臨軒停饗宴之禮懸而不樂景戌隕霜殺草饒安東光安陵三縣災燒七千餘家死者萬五千人石勒攻陷下邳徐州刺史卞敦退保盱眙王敦獻皇帝信璽一紐敦將謀篡逆諷朝廷徵己帝乃手詔徵之夏四月敦下屯于湖轉司空王導爲司徒自領揚州牧巴東將軍柳純爲敦所害以尚書陳眕爲都督幽平二州諸軍事幽州刺史五月京師大水李驤等寇寧州刺史王遜遣將姚岳距戰於堂狼大破之梁碩攻陷交州刺史王諒死之六月壬子立皇后庾氏平南將軍陶侃遣參軍高寶攻梁碩斬之傳首京師進侃位征南大將軍開府儀同三司秋七月景子朔震太極殿柱是月劉曜攻陳安於隴城滅之八月以安北將軍郗鑒爲尚書令石勒將石季龍攻陷青州刺史曹嶷遇害冬十一月王敦以其兄征南大將軍含爲征東大將軍都督揚州江西諸軍事以軍事饑乏調刺史以下米各有差

二年春正月丁丑帝臨朝停饗宴之禮懸而不樂庚辰赦五歲刑以下術人李脫造妖書惑衆斬于建康市石勒將石季龍寇兗州刺史劉遐自彭城退保泗口三月劉曜將康平寇魏興及南陽夏五月王敦矯詔拜其子應爲武衛將軍兄含爲驃騎大將軍帝所親信常從督公乘雄冉曾並爲敦所害六月敦將舉兵內向帝密知之乃乘巴滇駿馬微行至于湖陰察敦營壘而出有軍士疑帝非常人又敦正晝寢夢日環其城驚起曰此必黃鬚鮮卑奴來也帝母荀氏燕代人帝狀類外氏鬚黃敦故謂帝云於是使五騎物色追帝帝亦馳去馬有遺糞輒以水灌之見逆旅賣食嫗以七寶鞭與之曰後有騎來可以此示也俄而追者至問嫗嫗曰去已遠矣因以鞭示之五騎傳玩稽留遂久又見馬糞冷以爲信遠而止不追帝僅而獲免丁卯加司徒王導大都督假節領揚州刺史以丹陽尹溫嶠爲中壘將軍與右將軍卞敦守石頭以光祿勳應詹爲護軍將軍假節督朱雀橋南諸軍事以尚書令郗鑒行衛將軍都督從駕諸軍事以中書監庾亮領左衛將軍以尚書卞壼行中軍將軍徵平北將軍徐州刺史王邃平西將軍豫州刺史祖約北中郎將兗州刺史劉遐奮武將軍臨淮太守蘇峻奮威將軍廣陵太守陶瞻等還衛京師帝次于中堂秋七月壬申朔敦遣其兄含及錢鳳周撫鄧岳等水陸五萬至于南𣂏溫嶠移屯水北燒朱雀桁以挫其鋒帝躬率六軍出次南皇堂至癸酉夜募壯士遣將軍段秀中軍司馬曹渾左衛參軍陳嵩鍾寅等甲卒千人渡水掩其未備平旦戰于越城大破之斬其前鋒將何康王敦憤惋而死前宗正虞潭起義師於會稽沈充帥萬餘人來會含等庚辰築壘于陵口丁亥劉遐蘇峻等帥精卒萬人以至帝夜見勞之賜將士各有差義興人周蹇殺敦所署太守劉芳平西將軍祖約逐敦所署淮南太守任台于壽春乙未賊衆濟水護軍將軍應詹帥建威將軍趙胤等距戰不利賊至宣陽門北中郎將劉遐蘇峻等自南塘橫擊大破之劉遐又破沈充于青溪景申賊燒營宵遁丁酉帝還宮大赦惟敦黨不原於是分遣諸將追其黨與悉平之封司徒王導爲始興郡公邑三千戶賜絹九千匹丹陽尹溫嶠建寧縣公尚書卞壼建興縣公中書監庾亮永昌縣公北中郎將劉遐泉陵縣公奮武將軍蘇峻邵陵縣公邑各一千八百戶絹各五千四百匹尚書令郗鑒高平縣侯護軍將軍應詹觀陽縣侯邑各千六百戶絹各四千八百匹建威將軍趙胤湘南縣侯右將軍卞敦益陽縣侯邑各千六百戶絹各三千二百匹其餘封賞各有差冬十月以司徒王導爲太保領司徒太宰西陽王羕領太尉應詹爲平南將軍都督江州諸軍事江州刺史劉遐爲監淮北諸軍事徐州刺史庾亮爲護軍將軍詔王敦羣從一無所問是時石勒將石生屯洛陽豫州刺史祖約退保壽陽十二月壬子帝謁建平陵從大祥之禮梁州太守夔亮益州太守李逷以興古叛降于李雄沈充故將顧颺反於武康攻燒城邑州縣討斬之

三年春二月戊辰復三族刑惟不及婦人三月幽州刺史段末波卒以弟牙嗣戊辰立皇子衍爲皇太子大赦增文武位二等大酺三日賜鰥寡孤獨帛人二匹癸巳徵處士臨海任旭會稽虞喜並爲博士夏四月詔曰大事初定其命維新其令太宰司徒已下詣都坐參議政道諸所因革務盡事中又詔曰湌直言引亮正想羣賢達吾此懷矣予違汝弼堯舜之相君臣也吾雖虛闇庶不距逆耳之談稷契之任君居之矣望共勗之己亥雨雹石勒將石良寇兗州刺史檀贇力戰死之將軍李矩等並衆潰而歸石勒盡陷司兗豫三州之地五月以征南大將軍陶侃爲征西大將軍都督荆湘雍梁四州諸軍事荆州刺史王舒爲安南將軍都督廣州諸軍事廣州刺史六月石勒將石季龍攻劉曜將劉岳於新安陷之以廣州刺史王舒爲都督湘州諸軍事湘州刺史湘州刺史劉顗爲平越中郎將都督廣州諸軍事廣州刺史大旱自正月不雨至于是月秋七月辛未以尚書令郗鑒爲車騎將軍都督青兗二州諸軍事假節鎮廣陵領軍將軍卞壼爲尚書令詔曰三恪二王世代之所重興滅繼絕政道之所先又宗室哲王有功勳於大晉受命之際者佐命功臣碩德名賢三祖所與共維大業咸開國祚土誓同山河者而並廢絕禋祀不傳甚用懷傷主者其詳議諸應立後者以聞又詔曰郊祀天地帝王之重事自中興以來惟南郊未曾北郊四時五郊之禮都不復設五嶽四瀆名山大川載在祀典應望秩者悉廢而未舉主者其依舊詳處八月詔曰昔周武克殷封比干之墓漢高過趙錄樂毅之後追顯既往以勸將來也吳時將相名賢之胄有能纂修家訓又忠孝仁義靜己守眞不聞于時者州郡中正亟以名聞勿有所遺閏月以尚書左僕射荀崧爲光祿大夫錄尚書事尚書鄧攸爲尚書左僕射壬午帝不豫召太宰西陽王羕司徒王導尚書令卞壼車騎將軍郗鑒護軍將軍庾亮領軍將軍陸曄丹陽尹溫嶠並受遺詔輔太子丁亥詔曰自古有死賢聖所同壽夭窮達歸於一槩亦何足特痛哉朕枕疾已久常慮忽然仰惟祖宗洪基不能克終堂構大恥未雪百姓塗炭所以有慨耳不幸之日斂以時服一遵先度務從簡約勞衆崇飾皆勿爲也衍以幼弱猥當大重當賴忠賢訓而成之昔周公匡輔成王霍氏擁育孝昭義存前典功冠二代豈非宗臣之道乎凡此公卿時之望也敬聽顧命任托付之重同心斷金以謀王

室諸方嶽征鎮刺史將守皆朕扞城推轂於外雖事有內外其致一也故不有行者誰扞牧圉譬若脣齒表裏相資宜戮力一心若合符契思美焉之美以緝事爲期百辟卿士其總已以聽於冢宰保祐沖幼弘濟艱難永令祖宗之靈寧於九天之上則朕没于地下無恨黃泉戊子帝崩于東堂年二十七葬武平陵廟號肅祖帝聰明有機斷尤精物理于時兵凶歲饑死疫過半虛弊既甚事極艱虞屬王敦挾震主之威將移神器帝崎嶇遵養以弱制強潛謀獨斷廓清大祲改授荊湘等四州以分上流之勢撥亂反正強本弱枝雖享國日淺而規模弘遠矣

史臣曰維揚作寓憑帶洪流楚江恒戰方城對敵不得不推誠將相以總戎麾樓船萬計兵倍王室處其利而無心者周公其人也威權外假嫌隙內興彼有順流之師此無強藩之援商逢九亂堯止八音明皇負圖屬在茲日運龍韜於掌握起天旆於江靡燎其餘燼有若秋原去衰絰而踐戎場斬鯨鯢而拜園闕鎮削威權州分江漢覆車不踐貽厥孫謀其後七十餘年終罹敬道之害或曰與亡存運非止上流豈創制不殊而弘之者異也

贊曰傾天起害猛獸呈災琅邪之子仁義歸來襲行趙璧命筆荊臺雲瞻北晦江望南開晉陽禦敵河西全壤胡寇雖艱靈心弗爽三方馳騖百蠻從響寶命還昌金輝載朗明后岐嶷軍書接要莽首晨懸董臍昏燎厥德不回餘風可劭

晉書卷六考證

元帝紀有司請市雀釵○雀監本譌萑 臣人龍按晉令六品以下得服雀釵據此改正

歲鎮熒惑太白聚斗牛之間○斗牛一本作牛女 臣宗楷按漢志星紀主吳越則斗牛女皆屬揚州但禹貢揚州之域天文分野斗牛居多今從閣本

晉書卷七

唐　太　宗　文　皇　帝　御　撰

帝紀第七

成帝

成皇帝諱衍字世根明帝長子也太寧三年三月戊辰立爲皇太子閏月戊子明帝崩己丑太子即皇帝位大赦增文武位二等賜鰥寡孤老帛人二匹尊皇后庾氏爲皇太后秋九月癸卯皇太后臨朝稱制司徒王導錄尚書事與中書令庾亮參輔朝政以撫軍將軍南頓王宗爲驃騎將軍領軍將軍汝南王祐爲衞將軍辛丑葬明帝於武平陵冬十一月癸巳朔日有食之廣陵相曹渾有罪下獄死

咸和元年春二月丁亥大赦改元大酺五日賜鰥寡孤老米人二斛京師百里內復一年夏四月石勒遣其將石生寇汝南汝南人執內史祖濟以叛甲子尚書左僕射鄧攸卒五月大水六月癸亥使持節散騎常侍監淮北諸軍事北中郎將徐州刺史泉陵公劉遐卒癸酉以車騎將軍郗鑒領徐州刺史征虜將軍郭默爲北中郎將假節監淮北諸軍劉遐部曲將李龍史迭奉遐子肇代遐位以距默臨淮太守劉矯擊破之斬龍傳首京師秋七月癸丑使持節都督江州諸軍事江州刺史平南將軍觀陽伯應詹卒八月以給事中前將軍丹陽尹溫嶠爲平南將軍假節都督江州刺史九月旱李雄將張龍寇涪陵執太守謝俊冬十月封魏武帝玄孫曹勱爲陳留王以紹魏景寅衞將軍汝南王祐薨己巳封皇弟岳爲吳王車騎將軍南頓王宗有罪伏誅貶其族爲馬氏免太宰西陽王羕降爲弋陽縣王庚辰赦百里內五歲以下刑是月劉曜將黃秀帛成寇酇平北將軍魏該帥衆奔襄陽十一月壬子大閱於南郊改定王侯國秩九分食一石勒將石聰攻壽陽不尅遂侵逡遒阜陵加司徒王導大司馬假黃鉞都督中外征討諸軍事以禦之歷陽太守蘇峻遣其將韓晃討石聰走之時大旱自六月不雨至於是月十二月濟岷太守劉闓殺下邳內史夏侯嘉叛降石勒梁王翹薨

二年春正月寧州秀才龐遺起義兵攻李雄將任回李謙等雄遣其將羅恒費黑救之寧州刺史尹奉遣裨將姚岳朱提太守楊術援遺戰于臺登岳等敗績術死之三月益州地震夏四月旱巳未豫章地震五月甲申朔日有蝕之景戌加豫州刺史祖約爲征西將軍戊子京師大水冬十月劉曜使其子胤侵枹罕遂略河南地十一月豫州刺史祖約歷陽太守蘇峻等反十二月辛亥蘇峻使其將韓晃入姑孰屠于湖壬子彭城王雄章武王休叛奔峻庚申京師戒嚴假護軍將軍庾亮節爲征討都督以右衞將軍趙胤爲冠軍將軍歷陽太守使與左將軍司馬流帥師距峻戰於慈湖流敗死之假驍騎將軍鍾雅節帥舟軍與趙胤爲前鋒以距峻景寅徙封琅邪王昱爲會稽王吳王岳爲琅邪王辛未宣城內史桓彝及峻戰於蕪湖彝軍敗績車騎將軍郗鑒遣廣陵相劉矩帥師赴京師

三年春正月平南將軍溫嶠帥師救京師次於尋陽遣督護王愆期西陽太守鄧嶽鄱陽太守紀睦爲前鋒征西大將軍陶侃遣督護龔登受嶠節度鍾雅趙胤等次慈湖王愆期鄧嶽等次直瀆丁未峻濟自橫江登牛渚二月庚戌峻至于蔣山假領軍將軍卞壼節帥六軍及峻戰於西陵王師敗績景辰峻攻青溪柵因風縱火王師又大敗尚書令領軍將軍卞壼丹陽尹羊曼黃門侍郎周導廬江太守陶瞻並遇害死者數千人庾亮又敗于宣陽門內遂擕其諸弟與郭默趙胤奔尋陽於是司徒王導右光祿大夫陸曄荀崧等衞帝於太極殿太常孔愉守宗廟賊乘勝麾戈接於帝座突入太后後宮左右侍人皆見掠奪是時太官唯有燒餘米數石以供御膳百姓號泣響震都邑丁巳峻矯詔大赦又以祖約爲侍中太尉尚書令自爲驃騎將軍錄尚書事吳郡太守庾冰奔于會稽三月景子皇太后庾氏崩夏四月石勒攻宛南陽太守王國叛降于勒壬申葬明穆皇后于武平陵五月乙未峻逼遷天子于石頭帝哀泣升車宮中慟哭峻以倉屋爲宮遣管商張瑾弘徽寇晉陵韓晃寇義興吳興太守虞潭與庾冰王舒等起義兵於三吳景午征西大將軍陶侃平南將軍溫嶠護軍將軍庾亮平北將軍魏該舟軍四萬次于蔡洲六月韓晃攻宣城內史桓彝力戰死之壬辰平北將軍雍州刺史魏該卒于師廬江太守毛寶攻賊合肥戍拔之秋七月祖約爲石勒將石聰所攻衆潰奔于歷陽石勒將石季龍攻劉曜於蒲坂八月曜及石季龍戰于高侯季龍敗績曜遂圍石生於洛陽九月戊申司徒王導奔于白石庚午陶侃使督護楊謙攻峻于石頭溫嶠庾亮陣于白石竟陵太守李陽距賊南偏峻輕騎出戰墜馬斬之衆遂大潰賊黨復立峻弟逸爲帥前交州刺史張璉據始興反進攻廣州鎮南司馬曾勰等擊破之冬十月李雄將張龍寇涪陵太守趙弼没於賊十二月乙未石勒敗劉曜於洛陽獲之是歲石勒將石季龍攻氐帥蒲洪於隴山降之

四年春正月帝在石頭賊將匡術以苑城歸順百官赴焉侍中鍾雅右衞將軍劉超謀奉帝出爲賊所害戊辰冠軍將軍趙胤遣將甘苗討祖約于歷陽敗之約奔於石勒其將牽騰帥衆降峻子碩攻臺城又焚太極東堂秘閣皆盡城中大饑米斗萬錢二月大雨霖景戌諸軍攻石頭李陽與蘇逸戰於祖浦陽軍敗建威長史滕含以銳卒擊之逸等大敗含奉帝御于溫嶠舟羣臣頓首號泣請罪弋陽王羕有罪伏誅丁亥大赦時兵火之後宮闕灰燼以建平園爲宮甲午蘇逸以萬餘人自延陵湖將入吳興乙未將軍王允之及逸戰于溧陽獲之壬寅以湘州并荊州劉曜太子毗與其大司馬劉胤帥百官奔于上邽關中大亂三月壬子以征西大將軍陶侃爲太尉封長沙郡公車騎將軍郗鑒爲司空封南昌縣公平南將軍溫嶠爲驃騎將軍開府儀同三司封始安郡公其餘封拜各有差庚午以右光祿大夫陸曄爲衞將軍開府儀同三司復封高密王紘爲彭城王以護軍將軍庾亮爲平西將軍都督揚州之宣城江西諸軍事假節領豫州刺史鎮蕪湖夏四月乙未驃騎將軍始安公溫嶠卒秋七月有星孛於西北會稽吳興宣城丹陽大水詔復遭賊郡縣租稅三年八月劉曜將劉胤等帥衆侵石生次於雍九月石勒將石季龍擊胤斬之進屠上邽盡滅劉氏坑其黨三千餘人冬十月廬山崩十二月壬辰右將軍郭默害平南將軍江州刺史劉胤太尉陶侃帥衆討默是歲天裂西北

五年春正月己亥大赦癸亥詔除諸將任子二月以尚書陸玩爲尚書左僕射孔愉爲右僕射夏五月旱且饑疫乙卯太尉陶侃擒郭默於尋陽斬之石勒將劉徵寇南沙都尉許儒遇害進入海虞六月癸巳初稅田畝三升秋八月石勒僭即皇帝位使其將郭敬寇襄陽南中郎將周撫退歸武昌中州流人悉降于勒郭敬遂寇襄陽屯于樊城九月造新宮始繕苑城甲辰徙樂成王欽爲河間王封彭城王紘子浚爲高密王冬十月丁丑幸司徒王導第置酒大會李雄將李壽寇巴東建平監軍毌丘奧太守楊謙退歸宜都十二月張駿稱臣於石勒

六年春正月癸巳劉徵復寇婁縣遂掠武進乙未進司徒郗鑒都督吳國諸軍事戊午以運漕不繼發王公已下千餘丁各運米六斛二月己丑以幽州刺史大單于段遼爲驃騎將軍三月壬戌朔日有蝕之癸未詔舉賢良直言之士夏四月旱六月景申復故河間王顒爵位

封彭城王植子融爲樂成王章武王混子珎爲章武王秋七月李雄將李壽侵陰平武都氐帥楊難敵降之八月庚子以左僕射陸玩爲尚書令

七年春正月辛未大赦三月西中郎將趙胤司徒中郎匡術攻石勒馬頭塢尅之勒將韓雍寇南沙及海虞夏四月勒將郭敬陷襄陽五月大水秋七月景辰詔諸養獸之屬損費者多一切除之太尉陶侃遣子平西參軍斌與南中郎將桓宣攻石勒將郭敬破之尅樊城竟陵太守李陽拔新野襄陽因而戍之冬十一月壬子朔進太尉陶侃爲大將軍詔舉賢良十二月庚戌帝遷于新宮

八年春正月辛亥朔詔曰昔大賊縱暴宮室焚蕩元惡雖翦未暇營築有司屢陳朝會逼狹遂作斯宮子來之勞不日而成既獲臨御大饗羣后九賓充庭百官象物知君子勤禮小人盡力矣思獨密網咸同斯會其赦五歲刑以下令諸郡舉力人能舉千五百斤以上者景寅李雄將李壽陷寧州刺史尹奉及建寧太守霍彪並降之癸酉以張駿爲鎮西大將軍景子石勒遣使致賂詔焚之夏四月詔封故新蔡王弼弟邈爲新蔡王以束帛徵處士尋陽翟湯會稽虞喜五月有星隕于肥鄉麒麟騶虞見于遼東乙未車騎將軍遼東公慕容廆卒子皝嗣位六月甲辰撫軍將軍王舒卒秋七月戊辰石勒死子弘嗣僞位其將石聰以譙來降冬十月石弘將石生起兵於關中稱秦州刺史遣使來降石弘將石季龍攻石朗於洛陽因進擊石生俱滅之十二月石生故部將郭權遣使請降

九年春正月隕石于涼州二以郭權爲鎮西將軍雍州刺史二月丁卯加鎮西大將軍張駿爲大將軍三月丁酉會稽地震夏四月石弘將石季龍使石斌攻郭權於郿陷之六月李雄死其兄子班嗣僞位乙卯大尉長沙公陶侃薨大旱詔太官徹膳省刑恤孤寡貶費節用辛未加平西將軍庾亮都督江荆豫益梁雍六州諸軍事秋八月大雩自五月不雨至于是月九月戊寅散騎常侍衞將軍江陵公陸曄卒冬十月李雄子期弒李班而自立班弟玝與其將焦會羅凱等並來降十一月石季龍弒石弘自立爲天王十二月丁卯以東海王冲爲車騎將軍琅邪王岳爲驃騎將軍蘭陵人朱縱斬石季龍將郭祥以彭城來降

咸康元年春正月庚午朔帝加元服大赦改元增文武位一等大酺三日賜鰥寡孤獨不能自存者米人五斛二月甲子帝親釋奠揚州諸郡饑遣使振給三月乙酉幸司徒府夏四月癸卯石季龍寇歷陽加司徒王導大司馬假黃鉞都督征討諸軍事以禦之癸丑帝觀兵于廣莫門分命諸將遣將軍劉仕救歷陽平西將軍趙胤屯慈湖龍驤將軍路永戍牛渚建武將軍王允之戍蕪湖司空郗鑒使廣陵相陳光帥衆衞京師賊退向襄陽戊午解嚴石季龍將石遇寇中廬南中郎將王國退保襄陽秋八月長沙武陵大水束帛徵處士翟湯郭翻冬十月乙未朔日有蝕之是歲大旱會稽餘姚尤甚米斗五百價人相賣

二年春正月辛巳彗星見于奎以吳國內史虞潭爲衞將軍二月筭軍用稅米空懸五十餘萬石尚書謝褒已下免官辛亥立皇后杜氏大赦增文武位一等庚申高句驪遣使貢方物三月旱詔太官減膳免所旱郡縣繇役戊寅大雩夏四月丁巳皇后見于太廟雨雹秋七月揚州會稽饑開倉振給冬十月廣州刺史鄧嶽遣督護王隨擊夜郎新昌太守陶協擊興古並尅之詔曰歷觀先代莫不褒崇明祀賓禮三恪故杞宋啓土光于周典宗姬侯衞垂美漢冊自頃喪亂庶邦殄悴周漢之後絕而莫繼其詳求衞公山陽公近屬有履行修明可以繼承其祀者依舊典施行新作朱雀浮桁十一月遣建威將軍司馬勳安集漢中爲李期將李壽所敗

三年春正月辛卯立太學夏六月旱冬十一月丁卯慕容皝自立爲燕王

四年春二月石季龍帥衆七萬擊段遼于遼西遼奔于平崗夏四月李壽弒李期僭即僞位國號漢石季龍爲慕容皝所敗癸丑加皝征北大將軍五月乙未以司徒王導爲太傅都督中外諸軍事司空郗鑒爲太尉征西將軍庾亮爲司空六月改司徒爲丞相以太傅王導爲之秋八月景午分寧州置安州

五年春正月辛丑大赦三月乙丑廣州刺史鄧嶽伐蜀建寧人孟彥執李壽將霍彪以降夏四月辛未征西將軍庾亮遣參軍趙松擊巴郡江陽獲石季龍將李閎黃桓等秋七月庚申使持節侍中丞相領揚州刺史始興公王導薨辛酉以護軍將軍何充錄尚書事八月壬午復改丞相爲司徒辛酉太尉南昌公郗鑒薨九月石季龍將夔安李農陷沔南張貉陷邾城因寇江夏義陽征虜將軍毛寶西陽太守樊俊義陽太守鄭進並死之夔安等進圍石城竟陵太守李陽距戰破之斬首五千餘級安乃退遂略漢東擁七千餘家遷于幽冀冬十二月景戌以驃騎將軍琅邪王岳爲司徒李壽將李奕寇巴東守將勞揚戰敗死之

六年春正月庚子使持節都督江豫益梁雍交廣七州諸軍事司空都亭侯庾亮薨辛亥以左光祿大夫陸玩爲司空二月慕容皝及石季龍將石成戰于遼西敗之獻捷于京師庚辰有星孛于太微三月丁卯大赦以車騎將軍東海王冲爲驃騎將軍李壽陷丹川守將孟彥劉齊李秋皆死之秋七月乙卯初依中興故事朔望聽政於東堂冬十月林邑獻馴象十一月癸卯復琅邪比漢豐沛

七年春二月甲午朔日有蝕之己卯慕容皝遣使求假燕王章璽許之三月戊戌杜皇后崩夏四月丁卯葬恭皇后于興平陵實編戶王公已下皆正土斷白籍秋八月辛酉驃騎將軍東海王冲薨九月罷太僕官冬十二月癸酉司空興平伯陸玩薨除樂府雜伎罷安州

八年春正月己未朔日有蝕之乙丑大赦三月初以武悼夏皇后配饗武帝廟夏六月庚寅帝不豫詔曰朕以眇年獲嗣洪緒託於王公之上於茲十有八年未能闡融政道翦除逋寇夙夜戰兢匪遑寧處今遘疾殆不興是用震悼于厥心千齡眇眇未堪艱難司徒琅邪王岳親則母弟體則仁長君人之風允塞時望肆爾王公卿士其輔之以祗奉祖宗明祀協和內外允執其中嗚呼敬之哉無墜祖宗之顯命壬辰引武陵王晞會稽王昱中書監庾冰中書令何充尚書令諸葛恢並受顧命癸巳帝崩于西堂時年二十二葬興平陵廟號顯宗帝少而聰敏有成人之量南頓王宗之誅也帝不之知及蘇峻平問庾亮曰常日白頭公何在亮對以謀反伏誅帝泣謂亮曰舅言人作賊便殺之人言舅作賊復若何亮懼變色庾懌嘗送酒於江州刺史王允之允之與犬犬斃懼而表之帝怒曰大舅已亂天下小舅復欲爾邪懌聞飲藥而死然少爲舅氏所制不親庶政及長頗留心萬幾務在簡約常欲於後園作射堂計用四十金以勞費乃止雄武之度雖有愧於前王恭儉之德足追蹤於前烈矣

康帝

康皇帝諱岳字世同成帝母弟也咸和元年封吳王二年徙封琅邪王九年拜散騎常侍加驃騎將軍咸康五年遷侍中司徒八年六月庚寅成帝不豫詔以琅邪王爲嗣癸巳成帝崩甲午即皇帝位大赦諸屯戍文武及二千石官長不得輙離所局而來奔赴己亥封成帝子丕爲琅邪王奕爲東海王時帝諒陰不言委政于庾冰何充秋七月景辰葬成皇帝于興平陵帝親奉奠於西階旣發引徒行至閶闔門升素輿至於陵所己未以中書令何充爲驃騎將軍八月辛丑彭城王紘薨以江州刺史王允之爲衞將軍九月詔琅邪國及府吏進位各有差冬十月甲午衞將軍王允之卒十二月增文武位二等壬子立皇后褚氏

建元元年春正月改元振恤鰥寡孤獨三月以中書監庾冰爲車騎將軍夏四月益州刺史周撫西陽太守曹據伐李壽敗其將李恒于江陽五月旱六月壬午又以束帛徵處士南陽翟湯會稽虞喜有司奏成帝崩一周請改素服御進膳如舊壬寅詔曰禮之降殺因時而寖興誠無常矣至于君親相準名教之重莫之改也權制之作蓋出近代雖曰適事實弊薄之始先王崇之後世猶怠而況因循又從輕降義弗可矣石季龍帥衆伐慕容皝皝大敗之秋七月石季龍將戴開帥衆來降丁巳詔曰慕容皝摧殄羯寇乃云死沒八萬餘人將是其天亡之始也中原之事宜加籌量且戴開已帥部黨歸順宜見慰勞其遣使詣安西驃騎諮謀諸軍事以輔國將軍琅邪內史桓溫爲前鋒小督假節帥衆入臨淮安西將軍庾翼爲征討大都督遷鎮襄陽庚申晉陵吳郡災八月李壽死子勢嗣僞位石季龍使其將劉寧攻陷狄道冬十月辛巳以車騎將軍庾冰都督荆江司雍益梁六州諸軍事江州刺史以驃騎將軍何充爲中書監都督揚豫二州諸軍事揚州刺史錄尚書事輔政以琅邪內史桓溫都督青徐兗三州諸軍事徐州刺史褚裒爲衞將軍領中書令十一月己巳大赦十二月石季龍侵張駿駿使其將軍謝艾拒之大戰于河西季龍敗績十二月高句驪遣使朝獻

二年春正月張駿遣其將和驎謝艾討南羌于闐和大破之二月慕容皝及鮮卑帥宇文歸戰于昌黎歸衆大敗奔于漠北四月張駿將張瓘敗石季龍將王擢于三交城秋八月景子進安西將軍庾翼爲征西將軍庚辰持節都督司雍梁三州諸軍事梁州刺史平北將軍竟陵公桓宣卒丁巳以衞將軍褚裒爲特進都督徐兗二州諸軍事兗州刺史鎮金城九月巴東太守楊謙擊李勢將申陽走之獲其將樂高景申立皇子聃爲皇太子戊戌帝崩于式乾殿時年二十三葬崇平陵初成帝有疾中書令庾冰自以舅氏當朝權侔人主恐異世之後戚屬將疎乃言國有彊敵宜立長君遂以帝爲嗣制度

年號再興中朝因改元曰建元或謂冰曰郭璞讖云立始之際丘山傾立者建也始者元也丘山諱也冰矍然旣而歎曰如有吉凶豈改易所能救乎至是果驗云

史臣曰肆虐滔天豈伊朝夕若乃詳刑不怨庶情猶仰又可以見逆順之機焉成帝因削弱之資守江淮之地政出渭陽聲乖威服凶徒旣縱神器阽危京華無敖庾之資宮室類咸陽之火桀犬吠堯封狐嗣亂方諸后羿曷若斯之甚也反我皇駕不有晉文之師繫于苞桑且賴陶公之力古之侯服不幸臣家天子宣遊則避宮北面聞諸遺策用爲恒範顯宗於王導之門歛衣前拜豈魯公受玉之卑乎帝亦克儉于躬庶能激揚流弊者也

贊曰惟皇夙表余舅爲毗勤於致寇拙於行師火及君屋兵纏帝帷石頭之駕海內含悲康后天賫居哀禮缛壁典方興降齡奚促

晉書卷七考證

成帝紀平南將軍觀陽伯應詹卒○明帝紀太寧二年封護軍將軍應詹觀陽縣侯此稱伯與前小異

晉書卷八

唐 太 宗 文 皇 帝 御 撰

帝紀第八

穆帝

穆皇帝諱聃字彭子康帝子也建元二年九月景申立爲皇太子戊戌康帝崩己亥太子卽皇帝位時年二歲大赦尊皇后爲皇太后壬寅皇太后臨朝攝政冬十月乙丑葬康皇帝於崇平陵十一月庚辰車騎將軍庾冰卒

永和元年春正月甲戌朔皇太后設白紗帷於太極殿抱帝臨軒改元甲申進鎭軍將軍武陵王晞爲鎭軍大將軍開府儀同三司以鎭軍將軍顧衆爲尚書右僕射夏四月壬戌詔會稽王昱錄尚書六條事五月戊寅大雩尚書令金紫光祿大夫建安伯諸葛恢卒六月癸亥地震秋七月庚午持節都督江荆司梁雍益寧七州諸軍事江州刺史征西將軍都亭侯庾翼卒翼部將于瓚戴羲等殺冠軍將軍曹據舉兵反安西司馬朱燾討平之八月豫州刺史路永叛奔于石季龍庚辰以輔國將軍徐州刺史桓溫爲安西將軍持節都督荆司雍益梁寧六州諸軍事領護南蠻校尉荆州刺史石季龍將路永屯于壽春九月景申皇太后詔曰今百姓勞弊其共思詳所以振卹之宜及歲常調非軍國要急者並宜停之冬十一月李勢將爨頠來奔涼州牧張駿伐焉耆降之

二年春正月景寅大赦己卯使持節侍中都督揚州諸軍事揚州刺史驃騎將軍錄尚書事都鄉侯何充卒二月癸丑以左光祿大夫蔡謨領司徒錄尚書六條事撫軍大將軍會稽王昱及謨並輔政三月景子以前司徒左長史殷浩爲建武將軍揚州刺史夏四月己酉朔日有蝕之五月景戌涼州牧張駿卒子重華嗣六月石季龍將王擢襲武街執張重華護軍胡宣又使麻秋孫伏都伐金城太守張冲降之重華將謝艾擊秋敗之秋七月以兗州刺史褚裒爲征北大將軍開府儀同三司冬十月地震十一月辛未安西將軍桓溫帥征虜將軍周撫輔國將軍譙王無忌建武將軍袁喬伐蜀拜表輒行十二月枉矢自東南流于西北其長竟天

三年春正月乙卯桓溫攻成都尅之丁亥李勢降益州平林邑范文攻陷日南害太守夏侯覽以尸祭天夏四月地震蜀人鄧定隗文舉兵反桓溫又擊破之使益州刺史周撫鎭彭模丁巳鄧定隗文復入據成都征虜將軍楊謙棄涪城退保德陽五月戊申進慕容皝爲安北將軍石季龍又使其將石寧麻秋等伐涼州次于曲柳張重華使將軍牛旋禦之退守枹罕六月辛酉大赦秋七月范文復陷日南害督護劉雄隗文立范賁爲帝八月戊午張重華將謝艾進擊麻秋大敗之九月地震冬十月乙丑假涼州刺史張重華大都督隴右關中諸軍事護羌校尉大將軍武都氐王楊初爲征南將軍雍州刺史平羌校尉仇池公並假節十二月振威護軍蕭敬文害征虜將軍楊謙攻涪城陷之遂取巴西通于漢中

四年夏四月范文寇九德多所殺害五月大水秋八月進安西將軍桓溫爲征西大將軍開府儀同三司封臨賀郡公西中郎將謝尚爲安西將軍九月景申慕容皝死子儁嗣僞位冬十月己未地震石季龍使其將苻健寇竟陵十二月豫章人黃韜自號孝神皇帝聚衆數千寇臨川太守庾條討平之

五年春正月辛巳朔大赦庚寅地震石季龍僭卽皇帝位於鄴二月征北大將軍褚裒使部將王龕北伐獲石季龍將支重夏四月益州刺史周撫龍驤將軍朱燾擊范賁獲之益州平封周撫爲建城公假慕容儁大將軍幽平二州牧大單于燕王征西大將軍桓溫遣督護滕畯討范文爲文所敗石季龍死子世嗣僞位五月石遵廢世而自立六月桓溫屯安陸遣諸將討河北石遵揚州刺史王浹以壽陽來降秋七月褚裒進次彭城遣部將王龕李邁及石遵將李農戰于代陂王師敗績王龕爲農所執李邁死之八月褚裒退屯廣陵西中郎將陳逵焚壽春而遁梁州刺史司馬勳攻石遵長城戍仇池公楊初襲西城皆破之冬十月石遵將石遇攻宛陷之執南陽太守郭啓司馬勳進次懸鉤石季龍故將麻秋距之勳退還梁州十一月景辰石鑒弑石遵而自立十二月己酉使持節都督徐兗二州諸軍事徐州刺史征北大將軍開府儀同三司都鄉侯褚裒卒以建武將軍吳國內史荀羨爲使持節監徐兗二州諸軍事北中郎將徐州刺史

六年春正月帝臨朝以褚裒喪故懸而不樂閏月冉閔弑石鑒僭稱天王國號魏鑒弟祗僭帝號于襄國丁丑彗星見于亢己丑加中軍將軍殷浩督揚豫徐兗青五州諸軍事假節氐帥苻洪遣使來降以爲氐王封廣川郡公假洪子健節監河北諸軍事右將軍封襄國縣公三月石季龍故將麻秋鴆殺苻洪于枋頭夏五月大水廬江太守袁眞攻合肥尅之六月石祗遣其弟琨攻冉閔將王泰於邯鄲琨師敗績秋八月輔國將軍譙王無忌薨苻健帥衆入關冬十一月冉閔圍襄國十二月免司徒蔡謨爲庶人是歲大疫

七年春正月丁酉日有蝕之辛丑鮮卑段龕以青州來降苻健僭稱王國號秦二月戊寅以段龕爲鎭北將軍封齊公石祗大敗冉閔於襄國夏四月梁州刺史司馬勳出步騎三萬自漢中入秦川與苻健戰于五丈原王師敗績加尚書令顧和開府儀同三司劉顯殺石祗五月祗兗州刺史劉啓自鄄城來奔秋七月尚書令左光祿大夫開府儀同三司顧和卒甲辰濤水入石頭溺死者數百人八月冉閔豫州牧張遇以許昌來降拜鎭西將軍九月峻陽太陽二陵崩甲辰帝素服臨於太極殿三日遣兼太常趙拔修復山陵冬十月雷雨震電十一月石祗將姚弋仲冉閔將魏脫各遣使來降以弋仲爲車騎將軍大單于封高陵郡公弋仲子襄爲平北將軍都督幷州諸軍事幷州刺史平鄉縣公脫爲安北將軍監冀州諸軍事冀州刺史十二月辛未征西大將軍桓溫帥衆北伐次于武昌而止時石季龍故將周成屯廩丘高昌屯野王樂立屯許昌李歷屯衛國皆相次來降

八年春正月辛卯日有蝕之劉顯僭帝號於襄國冉閔擊破殺之苻健僭帝號於長安二月峻平崇陽二陵崩戊辰帝臨三日遣殿中都尉王惠如洛陽以衛五陵鎭西將軍張遇反於許昌使其黨上官恩據洛陽樂弘攻督護戴施於倉垣三月使北中郎將荀羨鎭淮陰苻健別帥侵順陽太守薛珍擊破之夏四月冉閔爲慕容儁所滅儁僭帝號於中山稱燕安西將軍謝尚帥姚襄與張遇戰於許昌之誡橋王師敗績苻健使其弟雄襲遇虜之秋七月大雩石季龍故將王擢遣使請降拜征西將軍秦州刺史丁酉以鎭軍大將軍武陵王晞爲太宰撫軍大將軍會稽王昱爲司徒征西大將軍桓溫爲太尉八月平西將軍周撫討蕭敬文於涪城斬之冉閔子智以鄴降督護戴施獲其傳國璽送之文曰受天之命皇帝壽昌百僚畢賀九月冉智爲其將馬願所執降于慕容恪中軍將軍殷浩帥衆北伐次泗口遣河南太守戴施據石門滎陽太守劉遂戍倉垣冬十月秦州刺史王擢爲苻健所逼奔于涼州

九年春正月乙卯朔大赦張重華使王擢與苻健將苻雄戰擢師敗績景寅皇太后與帝同拜建平陵三月旱交州刺史阮敷討林邑范佛於日南破其五十餘壘夏四月以安西將軍謝尚爲尚書僕射五月大疫張重華復使王擢襲秦州取之仇池公楊初爲苻雄所敗秋七月丁酉地震有聲如雷八月遣兼太尉河間王欽修復五陵冬十月中軍將軍殷浩進次山桑使平北將軍姚襄爲前鋒襄叛反擊浩浩棄輜重退保譙城丁未涼州牧張重華卒子耀靈嗣是月張祚弑耀靈而自稱涼州牧十一月殷浩使部將劉啓王彬之討姚襄復爲襄所敗襄遂進據芍陂十二月加尚書僕射謝尚爲都督豫揚江西諸軍事領豫州刺史鎭歷陽

十年春正月己酉朔帝臨朝以五陵未復懸而不樂涼州牧張祚僭帝位冉閔降將周成舉兵反自宛陵襲洛陽辛酉河南太守戴施奔鮪渚丁卯地震有聲如雷二月己丑太尉征西將軍桓溫帥師伐關中廢揚州刺史殷浩爲庶人以前會稽內史王述爲揚州刺史夏四月己亥溫及苻健子萇戰于藍田大敗之五月江西乞活郭敞等執陳留內史劉仕而叛京師震駭以吏部尚書周閔爲中軍將軍屯于中堂豫州刺史謝尚自歷陽還衛京師六月苻健將苻雄悉衆及桓溫戰於白鹿原王師敗績秋九月辛酉桓溫糧盡引還

十一年春正月甲辰侍中汝南王統薨平羌校尉仇池公楊初爲其部將梁式所害初子國嗣位因拜鎭北將

軍秦州刺史齊公段龕襲慕容儁將榮國於郎山敗之夏四月壬申隕霜乙酉地震姚襄帥衆寇外黃冠軍將軍高季大破之五月丁未地又震六月苻健死其子生嗣僞位秋七月宋混張瓘弒張祚而立耀靈弟玄靚爲大將軍涼州牧遣使來降以吏部尚書周閔爲尚書左僕射領軍將軍王彪之爲尚書右僕射冬十月進豫州刺史謝尚督幷冀幽三州諸軍事鎭西將軍鎭馬頭十二月慕容恪帥衆寇廣固壬戌上黨人馮鴦自稱太守背苻生遣使來降

十二年春正月丁卯帝臨軒以皇太后母喪懸而不樂鎭北將軍段龕及慕容恪戰於廣固大敗之恪退據安平二月辛丑帝講孝經三月姚襄入于許昌以太尉桓溫爲征討大都督以討之秋八月己亥桓溫及姚襄戰於伊水大敗之襄走平陽徙其餘衆三千餘家於江漢之間執周成而歸使揚武將軍毛穆之督護陳午輔國將軍河南太守戴施鎭洛陽冬十月癸巳朔日有蝕之慕容恪攻段龕於廣固使北中郎將荀羨帥師次于琅邪以救之十一月遣兼司空散騎常侍車灌龍驤將軍袁眞等持節如洛陽修五陵十二月庚戌以有事於五陵告於太廟帝及郡臣皆服緦於太極殿臨三日是歲仇池公楊國爲其從父俊所殺俊自立

升平元年春正月壬戌朔帝加元服告于太廟始親萬幾大赦改元增文武位一等皇太后居崇德宮丁丑隕石于槐里一是月鎭北將軍齊公段龕爲慕容恪所陷遇害扶南天竺旃檀獻馴象詔曰昔先帝以殊方異獸或爲人患禁之今及其未至可令還本土三月帝講孝經壬申親釋奠于中堂夏五月庚午鎭西將軍謝尚卒苻生將苻眉苻堅擊姚襄戰于三原斬之六月苻堅殺苻生而自立以軍司謝奕爲使持節都督安西將軍豫州刺史秋七月苻堅將張平以幷州降遂以爲幷州刺史八月丁未立皇后何氏大赦賜孝弟鰥寡米人五斛逋租宿債皆勿收大酺三日冬十月皇后見于太廟十一月雷十二月以太常王彪之爲尚書左僕射

二年春正月司徒會稽王昱稽首歸政帝不許三月慕容儁陷冀州諸郡詔安西將軍謝奕北中郎將荀羨北伐三月伏飛督王饒獻鴆鳥帝怒鞭之二百使殿中御史焚其鳥於四達之衢夏五月大水有星孛于天船六月幷州刺史張平爲苻堅所逼帥衆三千奔于平陽堅追敗之慕容恪進據上黨冠軍將軍馮鴦以衆叛歸慕容儁儁盡陷河北之地秋八月安西將軍謝奕卒壬申以吳興太守謝萬爲西中郎將持節監司豫冀幷四州諸軍事豫州刺史以散騎常侍郗曇爲北中郎將持節都督徐兗青冀幽五州諸軍事徐兗二州刺史鎭下邳冬十月乙丑陳留王曹勱薨十一月庚子雷辛酉地震十二月北中郎將荀羨及慕容儁戰于山茌王師敗績

三年春三月甲辰詔以比年出軍糧運不繼王公已下十三戶借一人一年助運秋七月平北將軍高昌爲慕容儁所逼自白馬奔于滎陽冬十月慕容儁寇東阿遣西中郎將謝萬次下蔡北中郎將郗曇次高平以擊之王師敗績十一月戊子進揚州刺史王述爲衞將軍十二月又以中軍將軍琅邪王丕爲驃騎將軍東海王奕爲車騎將軍封武陵王晞子遵爲梁王交州刺史溫放之帥兵討林邑參黎耽潦並降之

四年春正月仇池公楊俊卒子世嗣景戌慕容儁死子暐嗣僞位二月鳳皇將九雛見于豐城秋七月以軍役繁興省用徹膳八月辛丑朔日有蝕之既冬十月天狗流于西南十一月封太尉桓溫爲南郡公溫弟沖爲豐城縣公子濟爲臨賀郡公鳳皇復見豐城衆鳥隨之

五年春正月戊戌大赦賜鰥寡孤獨不能自存者人米五斛北中郎將都督徐兗青冀幽五州諸軍事徐兗二州刺史郗曇卒二月以鎭軍將軍范汪爲都督青兗徐冀幽五州諸軍事安北將軍徐兗二州刺史平南將軍廣州刺史陽夏侯滕含卒夏四月大水太尉桓溫鎭宛使其弟豁將兵取許昌鳳皇見于沔北五月丁巳帝崩于顯陽殿時年十九葬永平陵廟號孝宗

哀帝

哀皇帝諱丕字千齡成帝長子也咸康八年封爲琅邪王永和元年拜散騎常侍十二年加中軍將軍升平三年除驃騎將軍五年五月丁巳穆帝崩皇太后令曰帝奄不救疾胤嗣未建琅邪王丕中興正統明德懋親昔在咸康屬當儲貳以年在幼沖未堪國難故顯宗高讓今義望情地莫與爲比其以王奉大統於是百官備法駕迎于琅邪第庚申卽皇帝位大赦壬戌詔曰朕獲承明命入纂大統顧惟先王宗廟蒸嘗無主太妃喪庭廓然靡寄悲痛感摧五內抽割宗國之尊情禮兼隆亂嗣之重義無與二東海王奕戚屬親近宜奉本統其以奕爲琅邪王秋七月戊午葬穆皇帝于永平陵慕容恪攻陷野王守將呂護退保滎陽八月己卯夜天裂廣數丈有聲如雷九月戊申立皇后王氏穆帝皇后何氏稱永安宮呂護叛奔于慕容暐冬十月安北將軍范汪有罪廢爲庶人十一月景辰詔曰顯宗成皇帝顧命以時事多艱弘高世之風樹德博重以隆社稷而國故不已康穆早世胤祚不融朕以寡德復承先緒感惟永慕悲痛兼摧夫昭穆之義固宜本之天屬繼體承基古今常道宜上嗣顯宗以脩本統十二月加涼州刺史張玄靚爲大都督隴右諸軍事護羌校尉西平公

隆和元年春正月壬子大赦改元甲寅減田稅畝收二升二月慕容暐將呂護傅末波攻陷小壘以逼洛陽二月辛未以輔國將軍吳國內史庾希爲北中郎將徐兗二州刺史鎭下邳前鋒監軍龍驤將軍袁眞爲西中郎將監護豫司幷冀四州諸軍事豫州刺史鎭汝南並假節景子章所生周氏爲皇太妃三月甲寅朔日有蝕之夏四月旱詔出輕繫振困乏丁丑梁州地震浩亹山崩呂護復寇洛陽乙酉輔國將軍河南太守戴施奔于宛五月丁巳遣北中郎將庾希竟陵太守鄧遐以舟師救洛陽秋七月呂護等退守小平津進琅邪王奕爲侍中驃騎大將軍開府鄧遐進屯新城庾希部將何謙及慕容暐將劉則戰于檀丘破之八月西中郎將袁眞進次汝南運米五萬斛以饋洛陽冬十月賜貧乏者米人五斛章武王珍薨十二月戊午朔日有蝕之詔曰戎旅路次未得輕簡賦役玄象失度亢旱爲患豈政事未洽將有版築渭濱之士邪其搜揚隱滯蠲除苛碎詳議法令咸從損要庾希自下邳退鎭山陽袁眞自汝南退鎭壽陽

興寧元年春二月己亥大赦改元三月壬寅皇太妃薨于琅邪第癸卯帝奔喪詔司徒會稽王昱總內外衆務夏四月慕容暐寇滎陽太守劉遠奔魯陽甲戌揚州地震湖瀆溢五月加征西大將軍桓溫侍中大司馬都督中外諸軍事錄尚書事假黃鉞復以西中郎將袁眞都督司冀幷三州諸軍事北中郎將庾希都督青州諸軍事癸卯慕容暐陷密城滎陽太守劉遠奔于江陵秋七月張天錫弒涼州刺史西平公張玄靚自稱大將軍護羌校尉涼州牧西平公丁酉葬章皇太妃八月有星孛于角亢入天市九月壬戌大司馬桓溫帥衆北伐癸亥以皇子生大赦冬十月甲申立陳留王世子恢爲王十一月姚襄故將張駿殺江州督護趙毗焚武昌略府藏以叛江州刺史桓沖討斬之是歲慕容暐將慕容塵攻陳留太守袁披于長平汝南太守朱斌承虛襲許昌尅之

二年春二月庚寅江陵地震慕容暐將慕容評襲許昌潁川太守李福死之評遂侵汝南太守朱斌遁于壽陽又進圍陳郡太守朱輔嬰城固守桓溫遣江夏相劉岵擊退之改左軍將軍爲遊擊將軍罷右軍前軍後軍將軍五校三將官癸卯帝親耕藉田三月庚戌朔大閱戶人嚴法禁稱爲庚戌制辛未帝不豫帝雅好黃老斷穀餌長生藥服食過多遂中毒不識萬幾崇德太后復臨朝攝政夏四月甲申慕容暐遣其將李洪侵許昌王師敗績于懸瓠朱斌奔于淮南朱輔退保彭城桓溫遣西中郎將袁眞江夏相劉岵等鑿陽儀道以通運溫帥舟師次于合肥慕容塵復屯許昌五月遷陳人于陸以避之戊辰以揚州刺史王述爲尚書令衞將軍以桓溫爲揚州牧錄尚書事壬申遣使喻溫入相溫不從秋七月丁卯復徵溫入朝八月溫至赭圻遂城而居之苻堅別帥侵河南慕容暐寇洛陽九月冠軍將軍陳祐留長史沈勁守洛陽帥衆奔新城

三年春正月庚申皇后王氏崩二月乙未以右將軍桓豁監荊州揚州之義城雍州之京兆諸軍事領南蠻校尉荊州刺史桓沖監江州荊州之江夏隨郡豫州之汝南西陽新蔡潁川六郡諸軍事南中郎將江州刺史領南蠻校尉並假節景申帝崩於西堂時年二十五葬安平陵

海西公

廢帝諱奕字延齡哀帝之母弟也咸康八年封爲東海王永和八年拜散騎常侍尋加鎭軍將軍升平四年拜車騎將軍五年改封琅邪王隆和初轉侍中驃騎大將軍開府儀同三司興寧三年二月景申哀帝崩無嗣丁酉皇太后詔曰帝遂不救厥疾艱禍仍臻遺緒泯然哀慟切心琅邪王奕明德茂親屬當儲嗣宜奉祖宗纂承大統便速正大禮以寧人神於是百官奉迎于琅邪第是日卽皇帝位大赦三月壬申葬哀皇帝于安平陵癸酉散騎常侍河間王欽薨景子慕容暐將慕容恪陷洛陽寧朔將軍竺瑤奔于襄陽冠軍長史揚武將軍沈勁死之夏六月戊子使持節都督益寧二州諸軍事鎭西將軍益州刺史建城公周撫卒秋七月匈奴左賢王衞辰右賢王曹轂帥衆二萬侵苻堅杏城己酉改封會稽王昱爲琅邪王壬子立皇后庾氏封琅邪王昱子昌明爲會稽王冬十月梁州刺史司馬勳反自稱成都王十一月帥衆入劒閣攻涪西夷校尉毋丘暐棄城而遁乙卯圍益州刺史周楚于成都桓溫遣江夏相朱序救之十二月戊戌以會稽內史王彪之爲尚書僕射

太和元年春二月己丑以涼州刺史張天錫爲大將軍都督隴右關中諸軍事西平郡公景申以宣城內史桓祕爲持節監梁益二州征討諸軍事三月辛亥新蔡王邈薨荊州刺史桓豁遣督護桓羆攻南鄭魏興人畢欽舉兵以應羆夏四月旱五月戊寅皇后庾氏崩朱序攻司馬勳於成都衆潰執勳斬之秋七月癸酉葬孝皇后于敬平陵九月甲午曲赦梁益二州冬十月辛丑苻堅將王猛楊安攻南鄉荊州刺史桓豁救之師次新野而猛安退以會稽王昱爲丞相十二月南陽人趙弘趙憶等據宛城反太守桓澹走保新野慕容暐將慕容厲陷魯郡高平

二年春正月北中郎將庾希有罪走入于海夏四月慕容暐將慕容塵寇竟陵太守羅崇擊破之苻堅將王猛寇涼州張天錫距之猛師敗績五月右將軍桓豁擊趙憶走之進獲慕容暐將趙槃送于京師秋九月以會稽內史郗愔爲都督徐兗青幽四州諸軍事平北將軍徐州刺史冬十月乙巳彭城王玄薨

三年春三月丁巳朔日有蝕之癸亥大赦夏四月癸巳雨雹大風折木秋八月壬寅尚書令衛將軍藍田侯王述卒

四年夏四月庚戌大司馬桓溫帥衆伐慕容暐秋七月辛卯暐將慕容垂帥衆距溫溫擊敗之九月戊寅桓溫裨將鄧遐朱序遇暐將傅末波於林渚又大破之戊子溫至枋頭景申以糧運不繼焚舟而歸辛丑慕容垂追敗溫後軍於襄邑冬十月大星西流有聲如雷己巳溫收散卒屯于山陽豫州刺史袁眞以壽陽叛十一月辛丑桓溫自山陽及會稽王昱會于涂中將謀後舉十二月遂城廣陵而居之

五年春正月己亥袁眞子雙之愛之害梁國內史朱憲汝南內史朱斌二月癸酉袁眞死陳郡太守朱輔立眞子瑾嗣事求救於慕容暐夏四月辛未桓溫部將竺瑤破瑾于武丘秋七月癸酉朔日有蝕之八月癸丑桓溫擊袁瑾於壽陽敗之九月苻堅將王猛伐慕容暐陷其上黨廣漢妖賊李弘與益州妖賊李金根聚衆反弘自稱聖王衆萬餘人梓潼太守周虓討平之冬十月王猛大破慕容暐將慕容評於潞川十一月猛剋鄴獲慕容暐盡有其地

六年春正月苻堅遣將王鑒來援袁瑾將軍桓伊逆擊大破之丁亥桓溫剋壽陽斬袁瑾三月壬辰監益寧二州諸軍事冠軍將軍益州刺史建城公周楚卒夏四月戊午大赦賜窮獨米人五斛苻堅將苻雅伐仇池仇池公楊纂降之六月京都及丹陽晉陵吳郡吳興臨海並大水秋八月以前寧州刺史周仕孫爲假節監益梁二州諸軍事益州刺史冬十月壬子高密王俊薨十一月癸卯桓溫自廣陵屯于白石丁未詣闕因圖廢立誣帝在藩夙有痿疾嬖人相龍計好朱靈寶等參侍內寢而二美人田氏孟氏生三男長欲封樹時人惑之溫因諷太后以伊霍之舉己酉集百官於朝堂宣崇德太后令曰王室艱難穆哀短祚國嗣不育儲宮靡立琅邪王奕親則母弟故以入纂大位不圖德之不建乃至於斯昏濁潰亂動違禮度有此三孽莫知誰子人倫道喪醜聲遐布既不可以奉守社稷敬承宗廟且昏孽並大便欲建樹儲藩誣罔祖宗傾移皇基是而可忍孰不可懷今廢奕爲東海王以王還第供衛之儀皆如漢朝昌邑故事但未亡人不幸罹此百憂感念存沒心焉如割社稷大計義不獲己臨紙悲塞如何可言於是百官入太極前殿卽日桓溫使散騎侍郎劉享收帝璽綬帝著白帢單衣步下西堂乘犢車出神獸門羣臣拜辭莫不歔欷侍御史殿中監將兵百人衛送東海第初桓溫有不臣之志欲先立功河朔以收時望及枋頭之敗威名頓挫遂潛謀廢立以長威權然憚帝守道恐招時議以宮闈重閟牀笫易誣乃言帝爲閹遂行廢辱初帝平生每以爲慮嘗召術人扈謙筮之卦成答曰晉室有盤石之固陛下有出宮之象竟如其言咸安二年正月降封帝爲海西縣公四月徙居吳縣勑吳國內史刁彝防衛又遣御史顧允監察之十一月妖賊盧悚遣弟子殿中監許龍晨到其門稱太后密詔奉迎興復帝初欲從之納保母諫而止龍曰大事將捷焉用兒女子言乎帝曰我得罪於此幸蒙寬宥豈敢妄動哉且太后有詔便應官屬來何獨使汝也汝必爲亂因叱左右縛之龍懼而走帝知天命不可再深慮橫禍乃杜塞聰明無思無慮終日酣暢耽于內寵有子不育庶保天年時人憐之爲作歌焉朝廷以帝安于屈辱不復爲虞太元十一年十月甲申薨于吳時年四十五

史臣曰孝宗因繈抱之姿用母氏之化中外無事十有餘年以武帝之才啟之疆場以文王之風被乎江漢則孔子所謂吾無間然矣哀皇寬惠可以爲君而鴆祀禳天用塵其德東海違許龍之駕屈放命之臣所謂柔弱勝剛彊得盡於天年者也

贊曰委裘稱化大孝爲宗遵彼聖善成茲允恭西旌玉壘北旆金墉還殷舊輿莫不來從哀后寬仁惟靈旣集海西多故時災見及彼異阿衡我非昌邑

晉書卷九

唐　太　宗　文　皇　帝　御　撰

帝紀第九

簡文帝

簡文皇帝諱昱字道萬元帝之少子也幼而岐嶷爲元帝所愛郭璞見而謂人曰興晉祚者必此人也及長清虛寡欲尤善玄言永昌元年元帝詔曰先公武王先考恭王君臨琅邪繼世相承國嗣未立蒸嘗靡主朕常悼心子昱仁明有智度可以虔奉宗廟以慰罔極之恩其封昱爲琅邪王食會稽宣城如舊咸和元年所生鄭夫人薨帝時年七歲號慕泣血固請服重元帝哀而許之故徙封會稽王拜散騎常侍九年遷右將軍加侍中咸康六年進撫軍將軍領祕書監建元元年夏五月癸丑康帝詔曰太常職奉天地兼掌宗廟其爲任也可謂重矣是以古今選建未嘗不妙簡時望兼之儒雅會稽王叔履尚清虛志道無倦優游上列諷議朝肆其領太常本官如故永和元年崇德太后臨朝進位撫軍大將軍錄尚書六條事二年驃騎何充卒康帝崩崇德太后詔帝專總萬機八年進位司徒固讓不拜穆帝始冠帝稽首歸政不許廢帝卽位以琅邪王絕嗣復徙封琅邪而封王子昌明爲會稽王帝固讓故雖封琅邪而不去會稽之號太和元年進位丞相錄尚書事入朝不趨贊拜不名劒履上殿給羽葆鼓吹班劒六十人又固讓及廢帝廢皇太后詔曰丞相錄尚書會稽王體自中宗明德劭令英秀玄虛神棲事外以具贍允塞故阿衡三世道化宣流人望攸歸爲日已久宜從天人之心以統皇極主者明依舊典以時施行於是大司馬桓溫率百官進太極前殿具乘輿法駕奉迎帝於會稽邸於朝堂變服著平巾幘單衣東向拜受璽綬

咸安元年冬十一月己酉卽皇帝位桓溫出次中堂令兵屯衛乙卯溫奏廢太宰武陵王晞及子總詔魏郡太守毛安之帥所領宿衛殿內改元爲咸安庚戌使兼太尉周頤告于太廟辛亥桓溫遣弟祕逼新蔡王晃詣西堂自列與太宰武陵王晞等謀反帝對之流涕溫皆收付廷尉癸丑殺東海王二子及其母初帝以沖虛簡貴歷宰三世溫素所敬憚及初卽位溫乃撰辭欲自陳述帝引見對之悲泣溫懼不能言至是有司承其旨奏誅武陵王晞帝不許溫固執至于再三帝手詔報曰若晉祚靈長公便宜奉行前詔如其大運去矣請避賢路溫覽之流汗變色不復敢言乙卯廢晞及其三子徙于新安景辰放新蔡王晃于衡陽戊午詔曰王室多故穆哀早世皇胤夙遷神器無主東海王以母弟近屬入纂大統嗣位經年昏闇亂常人倫虧喪大禍將及則我祖宗之靈靡知所託皇太后深懼皇基時定大計大司馬因順天人協同神略親帥羣后恭承明命雲霧既除皇極載清乃顧朕躬仰承洪緒雖伊尹之寧殷朝博陸之安漢室無以尚也朕以寡德猥居元首實懼眇然不克負荷戰戰兢兢罔知攸濟思與兆庶更始其大赦天下大酺五日增文武位二等孝順忠貞鰥寡孤獨米人五斛己未賜溫軍三萬人人布一匹米一斛庚申加大司馬桓溫爲丞相不受辛酉溫旋自白石因鎮姑孰以冠軍將軍毛武生都督荊州之沔中揚州之義城諸軍事十二月戊子詔以京都有經年之儲權停一年之運庚寅廢東海王奕爲海西公食邑四千戶辛卯初薦酃淥酒於太廟

二年春正月辛丑百濟林邑王各遣使貢方物二月苻堅伐慕容桓於遼東滅之三月丁酉詔曰朕居阿衡三世不能濟彼時雍乃至海西失德殆傾皇祚賴祖宗靈祇之德皇太后淑體應期藩輔忠賢百官戮力用能蕩氛霧於昊蒼耀晨輝於宇宙遂以眇身託于王公之上思賴羣賢以弼其闕夫敦本息末抑絕華競使清濁異流能否殊貫官無秕政士無謗讟不有懲勸則德禮焉施且彊寇未殄勞役未息自非軍國戎祀之要其華飾煩費之用皆省之夫肥遁窮谷之賢滑泥揚波之士雖抗志玄霄潛默幽岫貪屈高尚之道以隆協贊之美孰與自足山水棲遲丘壑徇匹夫之潔而忘兼濟之大邪古人不借賢於曩代朕所以虛想於今日內外百官各勤所司使善無不達惡無不聞令詩人無素餐之刺而吾獲虛心之求焉癸丑詔曰吾承祖宗洪基而昧于政道懼不能允釐天工克隆先業夕惕惟憂若涉泉冰賴

宰輔忠德道濟伊望羣后竭誠協契斷金內外盡匡翼之規文武致匪躬之節冀因斯道終克弘濟每念干戈未戢公私疲悴藩鎮有疆理之務征戍懷東山之勤或白首戎陣忠勞未敘或行役彌久擔石靡儲何嘗不昧旦晨興夜分忘寢雖未能撫而巡之且欲達其此心可遣大使詣大司馬幷問方伯逮于邊戍宣詔大饗求其所安又籌量賜給悉令周普乙卯詔曰往事故之後百度未充羣僚常俸並皆寡約蓋隨時之義也然退食在朝而祿不代耕非經通之制今資儲漸豐可籌量增俸騶虞見豫章夏四月徙海西公於吳縣西柴里追貶庾后曰夫人六月遣使拜百濟王餘句爲鎭東將軍領樂浪太守戊子前護軍將軍庾希舉兵反自海陵入京口晉陵太守卞耽奔于曲阿秋七月壬辰桓溫遣東海內史周少孫討希擒之斬于建康市乙未立會稽王昌明爲皇太子皇子道子爲琅邪王領會稽內史是日帝崩于東堂時年五十三葬高平陵廟號太宗遺詔以桓溫輔政依諸葛亮王導故事帝少有風儀善容止留心典籍不以居處爲意凝塵滿席湛如也嘗與桓溫及武陵王晞同載遊版橋溫遽令鳴鼓吹角車馳卒奔欲觀其所爲晞大恐求下車而帝安然無懼色溫由此憚服溫旣仗文武之任屢建大功加以廢立威振內外帝雖處尊位拱默守道而已常懼廢黜先是熒惑入太微尋而海西廢及帝登阼熒惑又入太微帝甚惡焉時中書郎郗超在直帝乃引入謂曰命之修短本所不計故當無復近日事邪超曰大司馬臣溫方內固社稷外恢經略非常之事臣以百口保之及超請急省其父帝謂之曰致意尊公家國之事遂至於此由吾不能以道匡衞愧歎之深言何能諭因詠庾闡詩云志士痛朝危忠臣哀主辱遂泣下霑襟帝雖神識恬暢而無濟世大略故謝安稱爲惠帝之流淸談差勝耳沙門支道林嘗言會稽有遠體而無遠神謝靈運迹其行事亦以爲赧獻之輩云

孝武帝

孝武皇帝諱曜字昌明簡文帝第三子也興寧三年七月甲申初封會稽王咸安二年秋七月乙未立爲皇太子是日簡文帝崩太子卽皇帝位詔曰朕以不造奄丁閔凶號天扣地靡知所訴煢然幼沖眇若綴旒深惟社稷之重大懼不克負荷仰憑祖宗之靈積德之祀先帝淳風玄化遺詠在民宰輔英賢勳隆德盛顧命之託寔賴匡訓羣后率職百寮勤政冀孤弱之躬有寄皇極之基不墜先恩遺惠播于四海思弘餘潤以康黎庶其大赦天下與民更始九月甲寅追尊皇妣會稽王妃曰順皇后冬十月丁卯葬簡文皇帝于高平陵十一月甲午妖賊盧悚晨入殿庭游擊將軍毛安之等討擒之是歲三吳大旱人多餓死詔所在振給苻堅陷仇池執秦州刺史楊世

寧康元年春正月己丑朔改元二月大司馬桓溫來朝三月癸丑詔除丹陽竹格等四桁稅夏五月旱秋七月己亥使持節侍中都督中外諸軍事丞相錄尚書大司馬揚州牧平北將軍徐兗二州刺史南郡公桓溫薨庚戌進右將軍桓豁爲征西將軍以江州刺史桓沖爲中軍將軍都督揚豫江三州諸軍事揚州刺史鎭姑孰八月壬子崇德太后臨朝攝政九月苻堅將楊安寇成都景申以尚書僕射王彪之爲尚書令吏部尚書謝安爲尚書僕射吳國內史刁彝爲北中郎將徐兗二州刺史鎭廣陵復置光祿勳大司農少府官冬十月西平公張天錫貢方物十一月苻堅將楊安陷梓潼及梁益二州刺史周仲孫帥騎五千南遁

二年春正月癸未朔大赦追封諡故會稽世子郁爲臨川獻王己酉北中郎將徐兗二州刺史刁彝卒二月癸丑以丹陽尹王坦之爲北中郎將徐兗二州刺史丁巳有星孛于女虛三月景戌彗星見于氐夏四月壬戌皇太后詔曰頃玄象忒愆上天表異仰觀斯變震懼于懷夫因變致休自古之道朕敢不尅意復心以思厭中又三吳奧壤股肱望郡而水旱併臻百姓失業夙夜惟憂不能忘懷宜時拯卹救其彫困三吳義興晉陵及會稽遭水之縣尤甚者全除一年租布其次聽除半年受振貸者卽以賜之五月蜀人張育自號蜀王帥衆圍成都遣使稱藩秋七月涼州地震山崩苻堅將鄧羌攻張育滅之八月以長秋將建權停婚姻九月丁丑有星孛于天市冬十一月己酉天門蜑賊攻郡太守王匪死之征西將軍桓豁遣師討平之長城人錢步射錢弘等作亂吳興太守朱序討平之癸酉鎭遠將軍桓石虔破苻堅將姚萇於墊江

三年春正月辛亥大赦夏五月景午北中郎將徐兗二州刺史藍田侯王坦之卒甲寅以中軍將軍揚州刺史桓沖爲鎭北將軍徐州刺史鎭丹徒尚書僕射謝安領揚州刺史秋八月癸巳立皇后王氏大赦加文武位一等九月帝講孝經冬十月癸酉朔日有蝕之十二月癸未神獸門災甲申皇太后詔曰頃日蝕告變水旱不適雖克己思救未盡其方其賜百姓窮者米人五斛癸巳帝釋奠于中堂祠孔子以顏回配

太元元年春正月壬寅朔帝加元服見于太廟皇太后歸政甲辰大赦改元景午帝始臨朝以征西將軍桓豁爲征西大將軍領軍將軍郗愔爲鎭軍大將軍中軍將軍桓沖爲車騎將軍加尚書僕射謝安中書監錄尚書事甲子謁建平等四陵夏五月癸丑地震甲寅詔曰頃者上天垂監譴告屢彰朕有懼焉震惕于心思所以議獄緩死赦過宥罪庶回大變與之更始於是大赦增文武位各一等六月封河間王欽子範之爲章武王秋七月苻堅將苟萇陷涼州虜刺史張天錫盡有其地乙巳除度田收租之制公王以下口稅米三斛蠲在役之身冬十月移淮北流人於淮南十一月己巳朔日有蝕之詔太官徹膳十二月苻堅使其將苻洛攻代執代王涉翼犍

二年春正月繼絕世紹功臣三月以兗州刺史朱序爲南中郎將梁州刺史監沔中諸軍鎭襄陽閏月壬午地震甲申暴風折木發屋夏四月己酉雨雹五月丁丑地震六月己巳暴風揚沙石林邑貢方物秋七月乙卯老人星見八月壬辰車騎將軍桓沖來朝丁未以尚書僕射謝安爲司徒景辰使持節都督荆梁寧益交廣六州諸軍事荆州刺史征西大將軍桓豁卒冬十月辛丑以車騎將軍桓沖都督荆江梁益寧交廣七州諸軍事領護南蠻校尉荆州刺史尚書王蘊爲徐州刺史督江南晉陵諸軍征西司馬謝玄爲兗州刺史廣陵相監江北諸軍壬寅散騎常侍左光祿大夫尚書令王彪之卒十二月庚寅以尚書王劭爲尚書僕射

三年春二月乙巳作新宮帝移居會稽王邸三月乙丑雷雨暴風發屋折木夏五月庚午陳留王曹恢薨六月大水秋七月辛巳帝入新宮乙酉老人星見南方

四年春正月辛酉大赦郡縣遭水旱者減租稅景子謁建平等七陵二月戊午苻堅使其子丕攻陷襄陽執南中郎將朱序又陷順陽三月大疫壬戌詔曰狡寇縱逸藩守傾沒疆場之虞事兼平日其內外衆官各悉心戮力以康庶事又年穀不登百姓多匱其詔御所供事從儉約九親供給衆官廩俸權可減半凡諸役費自非軍國事要皆宜停省以周時務癸未使右將軍毛武生帥師伐蜀夏四月苻堅將韋鍾陷魏興太守吉挹死之五月苻堅將句難彭超陷盱眙高密內史毛璪之爲賊所執六月大旱戊子征虜將軍謝玄及超難戰于君川大破之秋八月丁亥以左將軍王蘊爲尚書僕射乙未暴風揚沙石九月盜殺建安太守傅湛冬十二月己酉朔日有蝕之

五年春正月乙巳謁崇平陵夏四月大旱癸酉大赦五歲刑以下五月大水以司徒謝安爲衞將軍儀同三司六月甲寅震含章殿四柱并殺內侍二人甲子以比歲荒儉大赦自太元三年以前逋租宿債皆蠲除之其鰥寡窮獨孤老不能自存者人賜米五斛丁卯以驃騎將軍琅邪王道子爲司徒秋九月癸未皇后王氏崩冬十月九真太守李遜據交州反十一月乙酉葬定皇后于隆平陵

六年春正月帝初奉佛法立精舍於殿內引諸沙門以居之丁酉以尚書謝石爲尚書僕射初置督運御史官夏六月庚子朔日有蝕之揚荆江三州大水己巳改制度減煩費損吏士員七百人秋七月景子赦五歲刑已下甲午交阯太守杜瑗斬李遜交州平大饑冬十一月己亥以鎭軍大將軍郗愔爲司空會稽人檀元之反自號安東將軍鎭軍參軍謝藹之討平之十二月甲辰苻堅遣其襄陽太守閻震寇竟陵襄陽太守桓石虔討擒之

七年春三月林邑范熊遣使獻方物秋八月癸卯大赦九月東夷五國遣使來貢方物苻堅將都貴焚燒沔北田穀略襄陽百姓而去冬十月景子雷

八年春二月癸未黃霧四塞三月始興南康廬陵大水平地五丈丁巳大赦夏五月輔國將軍楊亮伐蜀拔五城擒苻堅將魏光秋七月鷹揚將軍郭洽及苻堅將張崇戰于武當大敗之八月苻堅帥衆渡淮遣征討都督謝石冠軍將軍謝玄輔國將軍謝琰西中郎將桓伊等距之九月詔司徒琅邪王道子錄尚書六條事冬十月苻堅弟融陷壽春乙亥諸將及苻堅戰于肥水大破之俘斬數萬計獲堅輿輦及雲母車十一月庚申詔衞將軍謝安勞旋師于金城壬子立陳留王世子靈誕爲陳留王十二月庚午以寇難初平大赦以中軍將軍謝石爲尚書令開酒禁始增百姓稅米口五石前句町王翟遼背苻堅舉兵於河南慕容垂自鄴與遼合遂攻堅子暉於洛陽仇池公楊世奔還隴右遣使稱藩

九年春正月庚子封武陵王孫寶爲臨川王戊午立新寧王晞子遵爲新寧王辛亥謁建平等四陵龍驤將軍劉牢之克譙城車騎將軍桓沖部將郭寶伐新城魏興上庸三郡降之二月辛巳使持節都督荆江梁寧益交

廣七州諸軍事車騎將軍荆州刺史桓沖卒慕容垂自洛陽與翟遼攻苻堅子丕於鄴三月以衞將軍謝安爲太保苻堅北地長史慕容泓平陽太守慕容沖並起兵背堅夏四月己卯增置太學生百人封張天錫爲西平公使竟陵太守趙統伐襄陽克之苻堅將姚萇背堅起兵於北地自立爲王國號秦六月癸丑朔崇德皇太后褚氏崩慕容泓爲其叔父沖所殺沖自稱皇太弟秋七月戊戌遣兼司空高密王純之修謁洛陽五陵己酉葬康獻皇后于崇平陵百濟遣使來貢方物苻堅及慕容沖戰于鄭西堅師敗績八月戊寅司空郗愔薨九月辛卯前鋒都督謝玄攻苻堅將兗州刺史張崇于鄄城克之甲午加太保謝安大都督揚江荆司豫徐兗青冀幽并梁益雍涼十五州諸軍事冬十月辛亥朔日有蝕之丁巳河間王曇之薨乙丑以玄象乖度大赦庚午立前新蔡王晃弟崇爲新蔡王苻堅青州刺史苻朗帥衆來降十二月苻堅將呂光稱制于河右自號酒泉公慕容沖僭卽皇帝位于阿房

十年春正月甲午謁諸陵二月立國學蜀郡太守任權斬苻堅益州刺史李平益州平三月滎陽人鄭燮以郡來降苻堅國亂使使奉表請迎龍驤將軍劉牢之及慕容垂戰于黎陽王師敗績夏四月景辰劉牢之與沛郡太守周次及垂戰于五橋澤王師又敗績壬戌太保謝安帥衆救苻堅五月大水苻堅留太子宏守長安奔于五將山六月宏來奔慕容沖入長安秋七月苻丕自枋頭西走龍驤將軍檀玄追之爲丕所敗旱饑丁巳老人星見八月甲午大赦丁酉使持節侍中中書監大都督十五州諸軍事衞將軍太保謝安薨庚子以琅邪王道子爲都督中外諸軍事是月姚萇殺苻堅而僭卽皇帝位九月呂光據姑臧自稱涼州刺史苻丕僭卽皇帝位于晉陽冬十月丁亥論淮肥之功追封謝安廬陵郡公封謝石南康公謝玄康樂公謝琰望蔡公桓伊永修公自餘封拜各有差是歲乞伏國仁自稱大單于秦河二州牧

十一年春正月辛未慕容垂僭卽皇帝位于中山壬午翟遼襲黎陽執太守滕恬之乙酉謁諸陵慕容沖將許木末殺慕容沖於長安三月大赦太山太守張願以郡叛降於翟遼夏四月以百濟王世子餘暉爲使持節都督鎮東將軍百濟王代王拓拔珪始改稱魏癸巳以尚書僕射陸納爲尚書左僕射譙王恬爲尚書右僕射六月己卯地震庚寅以前輔國將軍楊亮爲西戎校尉雍州刺史鎮衞山陵秋八月庚午封孔靖之爲奉聖亭侯奉宣尼祀丁亥安平王邃之薨翟遼寇譙龍驤將軍朱序擊走之冬十月慕容垂破苻丕於河東丕走東垣揚威將軍馮該擊斬之傳首京都甲申海西公奕薨十一月苻丕將苻登僭卽皇帝位於隴東

十二年春正月乙巳以豫州刺史朱序爲青兗二州刺史鎮淮陰丁未大赦壬子暴風發屋折木戊午慕容垂寇河東濟北太守温詳奔彭城翟遼遣子釗寇陳潁朱序擊走之夏四月戊辰尊夫人李氏爲皇太妃己丑雨雹高平人翟暢執太守徐含遠以郡降于翟遼六月癸卯東帛聘處士戴逵龔玄之秋八月辛巳立皇子德宗爲皇太子大赦增文武位二等大酺五日賜百官布帛各有差九月戊午復新寧王遵爲武陵王立梁王𤨯子和爲梁王冬十一月松滋太守王遐之討翟遼于洛口敗之

十三年夏四月戊午以青兗二州刺史朱序爲持節都督雍梁沔中九郡諸軍事雍州刺史譙王恬之爲鎮北將軍青兗二州刺史夏六月旱乞伏國仁死弟乾歸嗣僞位僭號河南王秋七月翟遼將翟發寇洛陽河南太守郭給距破之冬十二月戊子濤水入石頭毀大桁殺人乙未大風晝晦延賢堂災景申螽斯百堂客館驃騎庫皆災己亥加尚書令謝石衞將軍開府儀同三司庚子尚書令衞將軍開府儀同三司謝石薨

十四年春正月癸亥詔淮南所獲俘虜付諸作部者一皆散遣男女自相配匹賜百日廩其沒爲軍賞者悉贖出之以襄陽淮南饒沃地各立一縣以居之彭城妖賊劉黎僭稱皇帝於皇丘龍驤將軍劉牢之討平之二月扶南獻方物呂光僭號三河王夏四月甲辰彭城王弘之薨翟遼寇滎陽執太守張卓六月壬寅使持節都督荆益寧三州諸軍事荆州刺史桓石虔卒秋七月甲寅宣陽門四柱災八月姚萇襲破苻登獲其僞后毛氏丁亥汝南王義薨九月庚午以尚書左僕射陸納爲尚書令冬十二月乙巳雨木冰

十五年春正月乙亥鎮北將軍譙王恬之薨龍驤將軍劉牢之及翟遼張願戰于太山王師敗績征虜將軍朱序破慕容永於太行二月辛巳以中書令王恭爲都督青兗幽幷冀五州諸軍事前將軍青兗二州刺史三月己酉朔地震戊辰大赦秋七月丁巳有星孛于北河八月永嘉人李耽舉兵反太守劉懷之討平之己丑京師地震有星孛于北斗犯紫微沔中諸郡及兗州大水龍驤將軍朱序攻翟遼于滑臺大敗之張願來降九月丁未以吳郡太守王珣爲尚書僕射冬十二月己未地震

十六年春正月庚申改築太廟夏六月慕容永寇河南太守楊佺期擊破之己未章武王範之薨秋九月癸未以尚書右僕射王珣爲尚書左僕射以太子詹事謝琰爲尚書右僕射新廟成冬十一月姚萇敗苻登于安定

十七年春正月己巳朔大赦除逋租宿債夏四月齊國內史蔣喆殺樂安太守辟閭濬據青州反北平原太守辟閭渾討平之五月丁卯朔日有蝕之六月癸卯京師地震甲寅濤水入石頭毀大桁永嘉郡潮水湧起近海四縣人多死者乙卯大風折木戊午梁王龢薨慕容垂襲翟釗于黎陽敗之釗奔于慕容永秋七月丁丑太白晝見八月新作東宮冬十月丁酉太白晝見辛亥都督荆益寧三州諸軍事荆州刺史王忱卒十一月癸酉以黃門郞殷仲堪爲都督荆益梁三州諸軍事荆州刺史庚寅徙封琅邪王道子爲會稽王封皇子德文爲琅邪王十二月己未地震是歲自秋不雨至于冬

十八年春正月癸卯朔地震二月己未又地震三月翟釗寇河南夏六月己亥始興南康廬陵大水深五丈秋七月旱閏月妖賊司馬徽聚黨於馬頭山劉牢之遣部將討平之九月景戌龍驤將軍楊佺期擊氐帥楊佛嵩于潼谷敗之冬十月姚萇死子興嗣僞位

十九年夏六月壬子追尊會稽王太妃鄭氏爲簡文宣太后秋七月荆徐二州大水傷秋稼遣使振䘏之八月己巳尊皇太妃李氏爲皇太后宮曰崇訓慕容垂擊慕容永於長子斬之冬十月慕容垂遣其子惡奴寇廩丘東平太守韋簡及垂將尹國戰于平陸簡死之是歲苻登爲姚興所殺登太子崇奔于湟中僭稱皇帝

二十年春二月作宜太后廟甲寅散騎常侍光祿大夫開府儀同三司尚書令陸納卒三月庚辰朔日有蝕之夏六月荆徐二州大水十一月魏王拓拔珪擊慕容垂子寶于黍谷敗之

二十一年春正月造清暑殿三月慕容垂攻平城拔之夏四月新作永安宮丁卯雨雹慕容垂死子寶嗣僞位五月甲子以望蔡公謝琰爲尚書左僕射大水六月呂光僭卽天王位秋九月庚申帝崩于清暑殿時年三十五葬隆平陵帝幼稱聰悟簡文之崩也時年十歲至晡不臨左右進諫答曰哀至則哭何常之有謝安嘗歎以爲精理不減先帝既威權己出雅有人主之量既而溺於酒色殆爲長夜之飲末年長星見帝心甚惡之於華林園舉酒祝之曰長星勸汝一杯酒自古何有萬歲天子邪太白連年晝見地震水旱爲變者相屬醒日既少而傍無正人竟不能改焉時張貴人有寵年幾三十帝戲之曰汝以年當廢矣貴人潛怒向夕帝醉遂暴崩時道子昏惑元顯專權竟不推其罪人初簡文帝見讖云晉祚盡昌明及帝之在孕也李太后夢神人謂之曰汝生男以昌明爲字及產東方始明因以爲名焉簡文帝後悟乃流涕及爲清暑殿有識者以爲清暑反爲楚聲哀楚之徵也俄而帝崩晉祚自此傾矣

史臣曰前史稱不有廢也君何以興若乃天挺惟神光膺嗣位邁油雲而驤首濟沈川而能躍少康一旅之衆所以闡帝圖成湯七十之基所以興王業靜河海於既泄補穹圓於已紊事異於斯則弗由也簡皇以虛白之姿在屯如之會政自桓氏祭則寡人太宗晏駕寧康纂業天誘其衷姦臣自隕于時西踰劍岫而跨靈山北振長河而臨清洛荆吳戰旅嘯叱成雲名賢間出舊德斯在謝安可以鎮雅俗彪之足以正紀綱桓沖之夙夜王家謝玄之善斷軍事于時上天乃眷彊氐自泯五尺童子振袂臨江思所以挂旆天山封泥函谷而條綱弗垂威恩罕樹道子荒于朝政國寶彙以小人拜授之榮初非天旨鬻刑之貨自走權門毒賦年滋愁民歲廣是以聞人許榮馳書詣闕烈宗知其抗直而惡聞逆耳肆一醉於崇朝飛千觴於長夜雖復昌明表夢安聽神言而金行頹弛抑亦人事語曰大國之政未陵夷小邦之亂已傾覆也屬苻堅百六之秋棄肥水之衆帝號爲武不亦優哉

贊曰君若綴旒道非交泰簡皇凝寂不貽伊害孝武登朝姦雄自消燕之擊路鄭叔分鑣倡臨帝席酒勸天妖金風不競人事先彫

晉書卷十

唐　太　宗　文　皇　帝　御　撰

帝紀第十

安帝

安皇帝諱德宗字德宗孝武帝長子也太元十二年八月辛巳立爲皇太子二十一年九月庚申孝武帝崩辛酉太子卽皇帝位大赦癸亥以司徒會稽王道子爲太傅攝政冬十月甲申葬孝武皇帝于隆平陵大雪隆安元年春正月己亥朔帝加元服改元增文武位一等太傅會稽王道子稽首歸政以尚書左僕射王珣爲尚書

令領軍將軍王國寶爲尚書左僕射二月呂光將禿髮烏孤自稱大都督大單于國號南凉擊光將竇苟于金昌大破之甲寅尊皇太后李氏爲太皇太后戊午立皇后王氏三月呂光子纂爲乞伏乾歸所敗光建康太守段業自號凉州牧慕容寶敗魏師于薊夏四月甲戌兗州刺史王恭豫州刺史庾楷舉兵以討尚書左僕射王國寶建威將軍王緒爲名甲申殺國寶及緒以說于恭恭乃罷兵戊子大赦五月前司徒長史王廞以吳郡反王恭討平之慕容寶將慕容詳僭卽皇帝位于中山寶奔黃龍秋八月呂光爲其僕射楊軌散騎常侍郭黁所攻光子纂擊走之九月慕容寶將慕容麟斬慕容詳于中山因僭卽皇帝位冬十月慕容麟爲魏師所殺

二年春三月龍舟二災夏五月蘭汗弒慕容寶而自稱大將軍昌黎王秋七月慕容寶子盛斬蘭汗僭稱長樂王攝天子位兗州刺史王恭豫州刺史庾楷荆州刺史殷仲堪廣州刺史桓玄南蠻校尉楊佺期等舉兵反八月江州刺史王愉奔于臨川景子寧朔將軍鄧啓及慕容德將慕容法戰于管城王師敗績景戌慕容盛僭卽皇帝位於黃龍桓玄大敗王師于白石九月辛卯加太傅會稽王道子黃鉞遣征虜將軍會稽王世子元顯前將軍王珣右將軍謝琰討桓玄等己亥破庾楷于牛渚景午會稽王道子屯中堂元顯守石頭己酉前將軍王珣守北郊右將軍謝琰備宣陽門輔國將軍劉牢之次新亭使子敬宣擊敗恭恭奔曲阿長塘湖湖尉收送京師斬之於是遣太常殷茂喻仲堪及玄玄等走于尋陽冬十月新野言騶虞見景子大赦壬午仲堪等盟于尋陽推桓玄爲盟主十一月以琅邪王德文爲衞將軍開府儀同三司領軍將軍王雅爲尚書左僕射十二月己丑魏王珪卽尊位年號天興京兆人韋禮帥襄陽流人叛降于姚興己酉前新安太守杜烱反于京口會稽王世子元顯討斬之禿髮烏孤自稱武威王

三年春正月辛酉封宗室蘊爲淮陵王二月甲辰河間王國鎭薨林邑范達陷日南九眞遂寇交阯太守杜瑗討破之段業自稱凉王仇池公楊盛遣使稱藩獻方物三月己卯追尊所生陳夫人爲德皇太后夏四月乙未加尚書令王珣衞將軍以會稽王世子元顯爲揚州刺史六月戊子以琅邪王德文爲司徒慕容德陷青州害龍驤將軍辟閭渾遂僭卽皇帝位于廣固秋八月禿髮烏孤死其弟利鹿孤嗣僞位冬十月姚興陷洛陽執河南太守辛恭靜十一月甲寅妖賊孫恩陷會稽內史王凝之死之吳國內史桓謙臨海太守新蔡王崇義興太守魏隱並委官而遁吳興太守謝邈永嘉太守司馬逸皆遇害遣衞將軍謝琰輔國將軍劉牢之逆擊走之十二月桓玄襲江陵荆州刺史殷仲堪南蠻校尉楊佺期並遇害呂光立其太子紹爲天王自號太上皇是日光死呂纂弒紹而自立是歲荆州大水平地三丈

四年春正月乙亥大赦二月己丑有星孛于奎婁進至紫微三月彗星見於太微夏四月地震孫恩寇浹口五月景寅散騎常侍衞將軍東亭侯王珣卒己卯會稽內史謝琰爲孫恩所敗死之恩轉寇臨海六月庚辰朔日有蝕之旱輔國司馬劉裕破恩於南山恩將盧循陷廣陵死者三千餘人以琅邪王師何澄爲尚書左僕射秋七月壬子太皇太后李氏崩丁卯大赦是月姚興伐乞伏乾歸降之八月丁亥尚書右僕射王雅卒壬寅葬文太后于修平陵九月癸丑地震冬十一月寧朔將軍高雅之及孫恩戰于餘姚王師敗績以揚州刺史元顯爲後將軍開府儀同三司都督揚豫徐兗青幽冀幷荆江司雍梁益交廣十六州諸軍事前將軍劉牢之爲鎭北將軍封元顯子彥璋爲東海王十二月戊寅有星孛于天市是歲河右諸郡奉凉武昭王李玄盛爲秦凉二州牧凉公年號庚子

五年春二月景子孫恩復寇浹口呂超弒呂纂以其兄隆僭卽僞位三月甲寅衆星西流歷太微夏五月孫恩寇吳國內史袁山松死之沮渠蒙遜殺段業自號大都督北凉州牧六月甲戌孫恩至丹徒乙亥內外戒嚴百官入居于省冠軍將軍高素右衞將軍張崇之守石頭輔國將軍劉襲柵斷淮口丹陽尹司馬恢之戍南岸冠軍將軍桓謙輔國將軍司馬允之游擊將軍毛邃備白石左衞將軍王嘏領軍將軍孔安國屯中堂皇徵豫州刺史譙王尚之衞京師寧朔將軍高雅之擊孫恩於廣陵之郁洲爲賊所執秋七月段璣弒慕容盛盛叔父熙盡誅段氏因僭稱尊號九月呂隆降于姚興冬十月姚興帥師侵魏大敗而旋是歲饑禁酒

元興元年春正月庚午朔大赦改元以後將軍元顯爲驃騎大將軍征討大都督鎭北將軍劉牢之爲元顯前鋒前將軍譙王尚之爲後部以討桓玄二月景午帝戎服餞元顯于西池丁巳遣兼侍中齊王柔之以騶虞幡宣告荆江二州丁卯桓玄敗王師于姑孰譙王尚之齊王柔之並死之以右將軍吳隱之爲都督交廣二州諸軍事廣州刺史三月己巳劉牢之叛降于桓玄辛未王師敗績于新亭驃騎大將軍會稽王世子元顯東海王彥璋冠軍將軍毛泰游擊將軍毛邃並遇害壬申桓玄自爲侍中丞相錄尚書事以桓謙爲尚書僕射遷太傅會稽王道子于安成玄俄又自稱太尉揚州牧總百揆以琅邪王德文爲太宰臨海太守辛景擊孫恩斬之是月禿髮利鹿孤死弟傉檀嗣僞位秋七月乙亥新蔡王崇爲其奴所害八月庚子尚書下舍災冬十月冀州刺史劉軌叛奔于慕容德十二月庚申會稽王道子爲桓玄所害曲赦廣陵彭城大逆以下

二年春二月辛丑建武將軍劉裕破徐道覆于東陽乙卯桓玄自稱大將軍丁巳冀州刺史孫無終爲桓玄所害夏四月癸巳朔日有蝕之秋八月玄又自號相國楚王九月南陽太守庾仄起義兵爲玄所敗冬十一月壬午玄遷帝于永安宮癸未移太廟神主于琅邪國十二月壬辰玄篡位以帝爲平固王辛亥帝蒙塵于尋陽

三年春二月帝在尋陽庚寅夜濤水入石頭漂殺人戶乙卯建武將軍劉裕帥沛國劉毅東海何無忌等舉義兵景辰斬桓玄所署徐州刺史桓修于京口青州刺史桓弘于廣陵丁巳義師濟江三月戊午劉裕斬玄將吳甫之于江乘斬皇甫敷于羅落己未玄衆潰而逃庚申劉裕置留臺具百官壬戌桓玄司徒王謐推劉裕行鎭軍將軍徐州刺史都督揚徐兗豫青冀幽幷八州諸軍事假節劉裕以謐領揚州刺史錄尚書事辛酉劉裕誅尚書左僕射王愉愉子荆州刺史綏司州刺史溫詳辛未桓玄逼帝西上景戌密詔以幽逼於玄萬幾虛曠令武陵王遵依舊典承制總百官行事加侍中餘如故幷大赦謀反大逆已下惟桓玄一祖之後不宥夏四月己丑大將軍武陵王遵稱制總萬幾庚寅帝至江陵庚戌輔國將軍何無忌振武將軍劉道規及桓玄將庾稚何澹之戰于湓口大破之玄復逼帝東下五月癸酉冠軍將軍劉毅及桓玄戰于崢嶸洲又破之己卯帝復幸江陵辛巳荆州別駕王康產南郡太守王騰之奉帝居于南郡壬午督護馮遷斬桓玄於貊盤洲乘輿反正于江陵甲申詔曰姦凶篡逆自古有之朕不能式遏杜漸以致播越賴鎭軍將軍裕英略奮發忠勇絕世冠軍將軍毅等誠心宿著協同嘉謀義聲既振士庶效節社稷載安四海齊慶其大赦凡諸畏逼事屈逆命者一無所問戊寅奉神主入于太廟閏月己丑桓玄故將揚武將軍桓振陷江陵劉毅何無忌退守尋陽帝復蒙塵于賊營六月益州刺史毛璩討僞梁州刺史桓希斬之秋七月戊申永安皇后何氏崩八月癸酉祔葬穆帝章皇后于永平陵九月前給事中刁騁秘書丞王邁之謀反伏誅冬十月盧循寇廣州刺史吳隱之爲循所敗執始興相阮腆之而還慕容德死兄子超嗣僞位

義熙元年春正月帝在江陵南陽太守魯宗之起義兵襲破襄陽己丑劉毅次于馬頭桓振以帝屯于江津辛卯宗之破振將溫楷于柞溪進次紀南爲振所敗振武將軍劉道規擊桓謙走之乘輿反正帝與琅邪王幸道規舟戊戌詔曰朕以寡德夙纂洪緒不能緝熙遐邇式遏姦宄逆臣桓玄乘釁肆亂乃誣罔天人篡據極位朕躬播越淪胥荒裔宣皇之基眇焉以墜賴鎭軍將軍裕忠武英斷誠冠終古運謀機始貞賢協其契投淚誓衆義士感其心故霜戈一揮巨猾奔迸三率稜威大憝授首而孽振猖狂嗣凶荆郢幸天祚社稷義旗載捷狡徒沮潰朕獲反正斯實宗廟之靈勤王之勳豈朕一人獨享伊祜思與億兆幸茲更始其大赦改元唯玄振一祖及同黨不在原例賜百官爵二級鰥寡孤獨穀人五斛大酺五日二月丁巳留臺備乘輿法駕迎帝於江陵弘農太守戴寧之建威主簿徐惠子等謀反伏誅平西參軍譙縱害平西將軍益州刺史毛璩以蜀叛三月桓振復襲江陵荆州刺史司馬休之奔于襄陽建威將軍劉懷肅討振斬之帝至自江陵乙未百官詣闕請罪詔曰此非諸卿之過其還率職戊戌舉章皇后哀三日臨于西堂劉裕及何無忌等抗表遜位不許庚子以琅邪王德文爲大司馬武陵王遵爲太保加鎭軍將軍劉裕爲侍中車騎將軍都督中外諸軍事甲辰詔曰自頃國難之後人物彫殘常所供奉猶不改舊豈所以視人如傷禹湯歸過之誠哉可籌量減省夏四月劉裕旋鎭京口戊辰餞于東堂五月癸未禁絹扇及摴蒱游擊將軍章武王秀益州刺史司馬軌之謀反伏誅桓玄故將桓亮苻宏刁預寇湘州守將擊走之秋八月甲子封臨川王子修之爲會稽王冬十一月乞伏乾歸伐仇池仇池公楊盛大破之是歲凉武昭王玄盛遣使奉表稱藩

二年春正月益州刺史司馬榮期擊譙縱將譙子明于白帝破之夏五月封高密王子法蓮爲高陽王秋七月梁州刺史楊孜敬有罪伏誅冬十月論匡復之功封車騎將軍劉裕爲豫章郡公撫軍將軍劉毅南平郡公右將軍何無忌安成郡公自餘封賞各有差乙亥以左將軍孔安國爲尚書左僕射十二月盜殺零陵太守阮野

三年春二月己酉車騎將軍劉裕來朝誅東陽太守殷

仲文南蠻校尉殷叔文晉陵太守殷道叔、永嘉太守駱球己丑大赦除酒禁夏五月大水六月姚興將赫連勃勃僭稱天王于朔方國號夏秋七月戊戌朔日有蝕之汝南王遵之有罪伏誅八月遣冠軍將軍劉敬宣持節監征蜀諸軍事冬十一月赫連勃勃大敗禿髮傉檀傉檀奔于南山是歲高雲馮跋殺慕容熙雲僭卽帝位

四年春正月甲辰以琅邪王德文領司徒車騎將軍劉裕爲揚州刺史錄尚書事庚申侍中太保武陵王遵薨夏四月散騎常侍尚書左僕射孔安國卒甲午加吏部尚書孟昶尚書右僕射冬十一月辛卯雷梁州刺史楊思平有罪棄市癸丑大風拔樹是月禿髮傉檀僭卽凉王位十二月陳留王曹靈誕薨

五年春正月辛卯大赦戊戌以撫軍將軍劉毅爲衞將軍開府儀同三司加輔國將軍何無忌鎭南將軍庚戌尋陽地震二月慕容超將慕容興宗寇宿豫陽平太守劉千載南陽太守趙元並爲賊所執三月乙亥大雪平地數尺車騎將軍劉裕帥師伐慕容超夏六月景寅震于太廟劉裕大破慕容超于臨朐秋七月姚興將乞伏乾歸僭稱西秦王於苑川九月戊辰離班弒高雲雲將馮跋攻班殺之跋僭卽王位仍號燕冬十月魏清河王紹弒其主珪

六年春二月丁亥劉裕攻慕容超尅之齊地悉平是月廣州刺史盧循反寇江州三月禿髮傉檀及沮渠蒙遜戰于窮泉傉檀敗績壬申鎭南將軍江州刺史何無忌及循戰于豫章王師敗績無忌死之夏四月青州刺史諸葛長民兗州刺史劉藩并州刺史劉道憐乃入衞京師五月景子大風拔木戊子衞將軍劉毅及盧循戰于桑落洲王師敗績尚書左僕射孟昶懼自殺己未大赦乙丑循至淮口內外戒嚴大司馬琅邪王德文都督宮城諸軍事次中堂皇太尉劉裕次石頭梁王珍之屯南掖門冠軍將軍劉敬宣屯北郊輔國將軍孟懷玉屯南岸建武將軍王仲德屯越城廣武將軍劉懷默屯建陽門淮口築柤浦藥園廷尉三壘以距之景寅震太廟鴟尾秋七月庚申盧循遁走甲子使輔國將軍王仲德廣川太守劉鍾河間內史蒯恩等帥衆追之是月盧循寇荊州刺史劉道規雍州刺史魯宗之等敗之又破徐道覆于華容賊復走尋陽八月姚興將桓謙寇江陵劉道規敗之冬十一月蜀賊譙縱陷巴東守將溫祚時延祖死之十二月壬辰劉裕破盧循于豫章

七年春二月壬午右將軍劉藩斬徐道覆于始興傳首京師夏四月盧循走交州刺史杜慧度斬之秋七月丁卯以荊州刺史劉道規爲征西大將軍開府儀同三司冬十月沮渠蒙遜伐凉凉武昭王玄盛與戰敗之

八年春二月景子以吳興太守孔靖爲尚書右僕射三月甲寅山陰地陷四尺有聲如雷夏五月乞伏公府弒乞伏乾歸乾歸子熾盤誅公府僭卽僞位六月以平北將軍魯宗之爲鎭北將軍秋七月甲午武陵王季度薨庚子征西大將軍劉道規卒八月皇后王氏崩辛亥高密王純之薨九月癸酉葬僖皇后于休平陵己卯太尉劉裕害右將軍兗州刺史劉藩尚書左僕射謝混庚辰裕矯詔曰劉毅苞藏禍心構逆南夏藩混助亂志肆姦宄賴寧輔玄鑒撫機挫銳凶黨卽戮社稷乂安夫好生之德所因者本肆眚覃仁實賚玄澤況事興大憝禍自元凶其大赦天下唯劉毅不在其例普增文武位一等孝順忠義隱滯遺逸必令聞達己丑劉裕帥師討毅裕參軍王鎭惡陷江陵城毅自殺冬十一月沮渠蒙遜僭號河西王十二月以西陵太守朱齡石爲建威將軍益州刺史帥師伐蜀分荊州十郡置湘州是歲盧陵南康地四震

九年春三月景寅劉裕害前將軍諸葛長民及其弟輔國大將軍黎民從弟寧朔將軍秀之三月戊寅加劉裕鎭西將軍豫州刺史林邑范湖達寇九眞交州刺史杜慧度斬之夏四月壬戌罷臨沂湖熟皇后脂澤田四十頃以賜貧人弛湖池之禁封鎭北將軍魯宗之爲南陽郡公秋七月朱齡石克成都斬譙縱益州平九月封劉裕次子義眞爲桂陽公冬十二月安平王球之薨是歲高句麗倭國及西南夷銅頭大師並獻方物

十年春三月戊寅地震夏六月乞伏熾盤帥師伐禿髮傉檀滅之秋七月淮北大風壞廬舍九月丁巳朔日有蝕之林邑遣使來獻方物是歲城東府

十一年春正月荊州刺史司馬休之雍州刺史魯宗之並舉兵貳於劉裕裕帥師討之庚午大赦丁丑以吏部尚書謝裕爲尚書左僕射二月丁未姚興死子泓嗣僞位三月辛巳淮陵王蘊薨壬午劉裕及休之戰于江津休之敗奔襄陽夏四月乙卯青冀二州刺史劉敬宣爲其參軍司馬道賜所害五月甲申彗星二見甲午休之宗之出奔于姚泓論平蜀功封劉裕子義隆彭城公朱齡石豐城公己酉霍山崩出銅鍾六枚秋七月景戌京師大水壞太廟辛亥晦日有蝕之八月丁未尚書左僕射謝裕卒以尚書右僕射劉穆之爲尚書左僕射九月己亥大赦

十二年春正月姚泓使其將魯軌寇襄陽雍州刺史趙倫之擊走之二月加劉裕中外大都督夏六月赫連勃勃攻姚泓秦州陷之己酉新除尚書令都鄉亭侯劉柳卒秋八月劉裕及琅邪王德文帥衆伐姚泓景午大赦冬十月景寅姚泓將姚光以洛陽降己丑遣兼司空高密王恢之脩謁五陵

十三年春正月甲戌朔日有蝕之二月凉武昭王李玄盛薨世子士業嗣位爲凉州牧凉公三月龍驤將軍王鎭惡大破姚泓將姚紹于潼關夏劉裕敗魏將鵝青于河曲斬青裨將阿薄于是月凉公李士業大敗沮渠蒙遜于鮮支澗夏五月劉裕克潼關丁亥會稽王脩之薨六月癸亥林邑獻馴象白鸚鵡秋七月劉裕克長安執姚泓收其彝器歸諸京師南海賊徐道期陷廣州始興相劉謙之討平之冬十一月辛未左僕射前將軍劉穆之卒

十四年春正月辛巳大赦青州刺史沈田子害龍驤將軍王鎭惡于長安夏六月劉裕爲相國進封宋公冬十月以凉公士業爲鎭西將軍封酒泉公十一月赫連勃勃大敗王師于青泥北雍州刺史朱齡石焚長安宮殿奔于潼關尋又大潰齡石死之十二月戊寅帝崩于東堂時年三十七葬休平陵帝不惠自少及長口不能言雖寒暑之變無以辨也凡所動止皆非己出故桓玄之篡因此獲全初讖云昌明之後有二帝劉裕將爲禪代故密使王韶之縊帝而立恭帝以應二帝云

恭帝

恭帝諱德文字德文安帝母弟也初封琅邪王歷中軍將軍散騎常侍衞將軍開府儀同三司加侍中領司徒錄尚書六條事元興初遷車騎大將軍桓玄執政進位太宰加袞冕之服綠綟綬玄篡位以帝爲石陽縣公與安帝俱居尋陽及玄敗隨至江陵玄死桓振奄至躍馬奮戈直至階下瞋目謂安帝曰臣門戶何負國家而屠滅若是帝乃下牀謂振曰此豈我兄弟意邪振乃下馬致拜振平復爲琅邪王又領徐州刺史尋拜大司馬領司徒加殊禮義熙二年置左右長史司馬從事中郞四人加羽葆鼓吹十二年詔曰大司馬明德懋親太尉道勳光大並徽序彝倫燮和二氣髦俊引領思佐鼎飪而雅尚沖挹四門弗闢誠合大雅謙虛之道實違急賢贊世之務昔蒲輪載徵異人並出東平開府奇士霧臻濟濟之盛朕有欽焉可勑二府依舊辟召必將明敭俊乂嗣軌前賢矣於是始辟召掾屬時太尉裕都督中外諸軍詔曰大司馬地隆任重親賢莫貳雖府受節度可身無致敬劉裕之北征也帝上疏請帥所莅啓行戎路修敬山陵朝廷從之乃與裕俱發及有司以卽戎不得奉辭陵廟帝復上疏曰臣推轂閫外將革寒暑不獲展情埏遂私心罔極伏願天慈特垂聽許使臣微誠粗申卽路無恨許之及姚泓滅歸于京都十四年十二月戊寅安帝崩劉裕矯稱詔曰唯我有晉誕膺明命業隆九有光宅四海朕以不德屬當多難幸賴宰輔拯厥顚覆仍侍保祐克黜禍亂遂晃旒辰極混一六合方憑阿衡維新洪業而遘疾大漸將遂弗興仰惟祖宗靈命親賢是荷咨爾大司馬琅邪王體自先皇明德光懋屬惟儲貳衆望攸集其君臨晉邦奉系宗祀允執其中燮和天下闡揚末誥無廢我高祖之景命是日卽帝位大赦

元熙元年春正月壬辰朔改元以山陵未厝不朝會立皇后褚氏甲午徵劉裕還朝戊戌有星孛于太微西藩庚申葬安皇帝于休平陵帝受朝懸而不樂以驃騎將軍劉道憐爲司空秋八月劉裕移鎭壽陽以劉懷愼爲前將軍北徐州刺史鎭彭城九月劉裕自解揚州冬十月乙酉裕以其子桂陽公義眞爲揚州刺史十一月丁亥朔日有蝕之十二月辛卯裕加殊禮己卯太史奏黑龍四見于東方

二年夏六月壬戌劉裕至于京師傅亮承裕密旨諷帝禪位草詔請帝書之帝欣然謂左右曰晉氏久已失之今復何恨乃書赤紙爲詔甲子遂遜于琅邪第劉裕以帝爲零陵王居于秣陵行晉正朔車旗服色一如其舊有其文而不備其禮帝自是之後深慮禍機褚后常在帝側飲食所資皆出褚后故宋人莫得伺其隙宋永初二年九月丁丑裕使后兄叔度請后有間兵人踰垣而入弒帝于內房時年三十六謚恭皇帝葬沖平陵帝幼時性頗忍急及在藩國曾令善射者射馬爲戲既而有人云馬者國姓而自殺之不祥之甚帝亦悟甚悔之其後復深信浮屠道鑄貨千萬造丈六金像親於瓦官寺迎之步從十許里安帝既不惠帝每侍左右消息溫涼寢食之節以恭謹聞時人稱焉

始元帝以丁丑歲稱晉王置宗廟使郭璞筮之云享二百年自丁丑至禪代之歲年在庚申爲一百四歲然丁丑始係西晉庚申終入宋年所餘惟一百有二歲耳璞蓋以百二之期促故婉而倒之爲二百也

史臣曰安帝卽位之辰鍾無妄之日道子元顯並傾朝

政主昏臣亂未有如斯不亡者也雖有手握戎麾心存舊國廻首無良忽爲蕭散于是桓玄乘釁勢踰飈指六師咸泯隻馬徂遷是以宋高非典午之臣孫恩豈金行之寇若乃世過顛覆則恭皇斯甚於越之民詎燻丹穴會稽之侶寧歎入臣去皇屋而歸來灑丹書而不恨夫五運攸革三微數盡猶高秋彫候理之自然觀其搖落人有爲之流漣者也

贊曰安承流湎大盗斯張恭乃寓命他人是綱猶存周赧始立懷王虛尊假號異術同亡

晋書卷十考證

安帝紀慕容麟爲魏師所殺○綱目魏王珪及慕容麟戰大破走之及次年麟上尊號於慕容德復謀反德殺之則此云爲魏師所殺誤也

晋書卷十一

唐　太　宗　文　皇　帝　御　撰

志第一

天文上　天體　儀象　天文經星
二十八舍　二十八宿外星
天漢起沒　十二次度數　州郡躔次

昔在庖犧觀象察法以通神明之德以類天地之情可以藏往知來開物成務故易曰天垂象見吉凶聖人象之此則觀乎天文以示變者也尚書曰天聰明自我民聰明此則觀乎人文以成化者也是故政教兆於人理祥變應乎天文得失雖微罔不昭著然則三皇邁德七曜順軌日月無薄蝕之變星辰靡錯亂之妖黃帝創受河圖始明休咎故其星傳尚有存焉降在高陽乃命南正重司天北正黎司地爰洎帝嚳亦式序三辰唐虞則羲和繼軌有夏則昆吾紹德年代綿邈文籍靡傳至于殷之巫咸周之史佚格言遺記于今不朽其諸侯之史則魯有梓愼晋有卜偃鄭有裨竈宋有子韋齊有甘德楚有唐昧趙有尹皐魏有石申夫皆掌著天人各論圖驗其巫咸甘石之說後代所宗暴秦燔書六經殘滅天官星占存而不毁及漢景武之際司馬談父子繼爲史官著天官書以明天人之道其後中壘校尉劉向廣洪範災條作皇極論以參往之行事及班固敘漢史馬遷續述天文而蔡邕譙周各有撰錄司馬彪採之以繼前志今詳衆說以著于篇

古言天者有三家一曰蓋天二曰宣夜三曰渾天漢靈帝時蔡邕於朔方上書言宣夜之學絕無師法周髀術數具存考驗天狀多所違失惟渾天近得其情今史官候臺所用銅儀則其法也立八尺圓體而具天地之形以正黃道占察發斂以行日月以步五緯精微深妙百代不易之道也官有其器而無本書前志亦闕蔡邕所謂周髀者卽蓋天之說也其本庖犧氏立周天歷度其所傳則周公受於殷商周人志之故曰周髀髀股也股者表也其言天似蓋笠地法覆槃天地各中高外下北極之下爲天地之中其地最高而滂沲四隤三光隱映以爲晝夜天中高於外衡冬至日之所在六萬里北極下地高於外衡下地亦六萬里外衡高於北極下地二萬里天地隆高相從日去地恒八萬里日麗天而平轉分冬夏之間日所行道爲七衡六間每衡周經里數各依算術用句股重差推晷影極游以爲遠近之數皆得於表股者也故曰周髀又周髀家云天圓如張蓋地方如棊局天旁轉如推磨而左行日月右行隨天左轉故日月實東行而天牽之以西沒譬之於蟻行磨石之上磨左旋而蟻右去磨疾而蟻遲故不得不隨磨以左廻焉天形南高而北下日出高故見日入下故不見天之居如倚蓋故極在人北是其證也極在天之中而今在人北所以知天之形如倚蓋也日朝出陽中暮入陰中陰氣暗冥故沒不見也夏時陽氣多陰氣少陽氣光明與日同輝故日出卽見無蔽之者故夏日長也冬天陰氣多陽氣少陰氣暗冥掩日之光雖出猶隱不見故冬日短也宣夜之書云惟漢祕書郞郄萌記先師相傳云天了無質仰而瞻之高遠無極眼瞀精絕故蒼蒼然也譬之旁望遠道之黃山而皆青俯察千仞之深谷而窈黑夫青非眞色而黑非有體也日月衆星自然浮生虛空之中其行其止皆須氣焉是以七曜或逝或住或順或逆伏見無常進退不同由乎無所根繫故各異也故辰極常居其所而北斗不與衆星同沒也攝提塡星皆東行日行一度月行十三度遲疾任情其無所繫著可知矣若綴附天體不得爾也成帝咸康中會稽虞喜因宣夜之說作安天論以爲天高窮於無窮地深測於不測天確乎在上有常安之形地塊焉在下有居靜之體當相覆冒方則俱方圓則俱圓無方圓不同之義也其光曜布列各自運行猶江海之有潮汐萬品之有行藏也葛洪聞而譏之曰苟辰宿不麗於天天爲無用便可言無何必復云有之而不動乎由此而談稚川可謂知言之選也虞喜族祖河間相聳又立穹天論云天形穹隆如雞子幕其際周接四海之表浮於元氣之上譬如覆奩以抑水而不沒者氣充其中故也日繞辰極沒西而還東不出入地中天之有極猶蓋之有斗也天北下於地三十度極之傾在地卯酉之北亦三十度人在卯酉之南十餘萬里故斗極之下不爲地中當對天地卯酉之位耳日行黃道繞極極北去黃道百一十五度南去黃道六十七度二至之所舍以爲長短也吳太常姚信造昕天論云人爲靈蟲形最似天今人頤前多臨胷而項不能覆背近取諸身故知天之體南低入地北則偏高又冬至極低而天運近南故日去人遠而斗去人近北天氣至故冰寒也夏至極起而天運近北而斗去人遠日去人近南天氣至故蒸熱也極之立時日行地中淺故夜短天去地高故晝長也極之低時日行地中深故夜長天去地下淺故晝短也自虞喜虞聳姚信皆好奇徇異之說非極數談天者也至於渾天理妙學者多疑漢王仲任據蓋天之說以駮渾儀云舊說天轉從地下過今掘地一丈輒有水天何得從水中行乎甚不然也日隨天而轉非入地夫人目所望不過十里天地合矣實非合也遠使然耳今視日入非入也亦遠耳當日入西方之時其下之人亦將謂之爲中也四方之人各以其近者爲出遠者爲入矣何以明之今試使一人把大炬火夜半行於平地去人十里火光滅矣非滅也遠使然耳今日西轉不復見是火滅之類也日月不員也望視之所以員者去人遠也夫日火之精也月水之精也水火在地不員在天何故員故丹楊葛洪釋之曰渾天儀注云天如雞子地如雞中黃孤居於天內天大而地小天表裏有水天地各乘氣而立載水而行周天三百六十五度四分度之一又中分之則半覆地上半繞地下故二十八宿半見半隱天轉如車轂之運也諸論天者雖多然精於陰陽者張平子陸公紀之徒咸以爲推步七曜之道度歷象昏明之證候校以四八之氣考以漏刻之分占晷景之往來求形驗於事情莫密於渾象者也張平子既作銅渾天儀於密室中以漏水轉之令伺之者閉戶而唱之其伺之者以告靈臺之觀天者曰璇璣所加某星始見某星已中某星今沒皆如合符也崔子玉爲其碑銘曰數術窮天地制作侔造化高才偉藝與神合契蓋由於平子渾儀及地動儀之有驗故也若天果如渾者則天之出入行於水中爲的然矣故黃帝書曰天在地外水在天外水浮天而載地者也又易曰時乘六龍夫陽爻稱龍龍者居水之物以喩天天陽物也又出入水中與龍相似故以比龍也聖人仰觀俯察審其如此故晋卦坤下離上以證日出於地也又明夷之卦離下坤上以證日入於地也需卦乾下坎上此亦天入水中之象也天爲金金水相生之物也天出入水中當有何損而謂爲不可乎故桓君山曰春分日出卯入酉此乃人之卯酉天之卯酉常値斗極爲天中今視之乃在北不正在人上而春秋分時日出入乃在斗極之南若如磨右轉則北方道遠而南方道近晝夜漏刻之數不應等也後奏事待報坐西廊廡下以寒故暴背有頃日光出去不復暴背君山乃告信蓋天者曰天若如推磨右轉而日西行者其光景當照此廊下稍而東耳不當拔出去拔出去是應渾天法也渾爲天之眞形於是可知矣然則天出入水中無復疑矣又今視諸星出於東者初但去地小許耳漸而西行先經人上後遂西轉而下焉不旁旋也其先在西之星亦稍下而沒無北轉者日之出入亦然若謂天磨右轉者日之出入亦然衆星日月宜隨天而廻初在於東次經於南次到於西次及於北而復還於東不應橫過去也今日出於東冉冉轉上及其入西亦復漸漸稍下都不繞邊北去了了如此王生必固謂爲不然者疏矣今日徑千里圍周三千里中足以當小星之數十也若日以轉遠之故但當光曜不能復來照及人耳宜猶望見其體不應都失其所在也日光旣盛其體又大於星多矣今見極北之小星而不見日之在北者明其不北行也若日以轉遠之故不復可見其比入之間應當稍小而日方入之時乃更大此非轉遠之徵也王生以火炬喩日吾亦將借子之矛以刺子之楯焉把火之去人轉遠其光轉微而日月自出至入不漸小也王生以火喩之謬矣又日之入西方視之稍稍去初尚有半如橫破鏡之狀須臾淪沒矣若如王生之言日轉北去有半者其北都沒之頃宜先如豎破鏡之狀不應如橫破鏡也如此言之日入西方不亦孤子乎又月之光微不及日遠矣月盛之時雖有重雲蔽之不見月體而夕猶朗然是光猶從雲中而照外也日若繞西及北者其光故應如月在雲中之狀不得夜便大暗也又日入則星月出焉明知

天以日月分主晝夜相代而照也若日常出者不應日亦入而星月亦出也又按河洛之文皆云水火者陰陽之餘氣也夫言餘氣也則不能生日月可知也顧當言日陽精生火者可耳若水火是日月所生則亦何得盡如日月之員乎今火出於陽燧陽燧員而火不員也水出於方諸方諸方而水不方也又陽燧可以取火於日而無取日於火之理此則日精之生火明矣方諸可以取水於月而無取月於水之道此則月精之生水了矣王生又云遠故視之員若審然者月初生之時及既虧之後何以視之不員乎而日食或上或下從側而起或如鉤至盡若遠視見員不宜見其殘缺左右所起也此則渾天之理信而有徵矣

儀象

虞書曰在璿璣玉衡以齊七政考靈曜云分寸之晷代天氣生以制方員方員以成紘以規矩昏明主時乃命中星觀玉儀之游鄭玄謂以玉爲渾儀也春秋文曜鉤云唐堯即位羲和立渾儀此則儀象之設其來遠矣綿代相傳史官禁密學者不覩故宣蓋沸騰暨漢太初落下閎鮮于妄人耿壽昌等造員儀以考歷度後至和帝時賈逵繫作又加黃道至順帝時張衡又制渾象具內外規南北極黃赤道列二十四氣二十八宿中外星官及日月五緯以漏水轉之於殿上室內星中出沒與天相應因其關捩又轉瑞輪蓂莢於堦下隨月虛盈依歷開落其後陸績亦造渾象至吳時中常侍廬江王蕃善數術傳劉洪乾象歷依其法而制渾儀立論考度曰前儒舊說天地之體狀如鳥卵天包地外猶殼之裹黃也周旋無端其形渾渾然故曰渾天也周天三百六十五度五百八十九分度之百四十五半覆地上半在地下其二端謂之南極北極北極出地三十六度南極入地三十六度兩極相去一百八十二度半彊繞北極徑七十二度常見不隱謂之上規繞南極七十二度常隱不見謂之下規赤道帶天之紘去兩極各九十一度少彊黃道日之所行也半在赤道外半在赤道內與赤道東交於角五少弱西交於奎十四少彊其赤道外極遠者去赤道二十四度斗二十一度是也其入赤道內極遠者亦二十四度井二十五度是也日南至在斗二十一度去極百一十五度少彊是也日最南去極最遠故景最長黃道斗二十一度出辰入申故日亦出辰入申日晝行地上百四十六度彊故日短夜行地下二百一十九度少弱故夜長自南至之後日去極稍近故景稍短日晝行地上度稍多故日稍長夜行地下度稍少故夜稍短日所在度稍北故日稍北以至於夏至日在井二十五度去極六十七度少彊是日最北去極最近景最短黃道井二十五度出寅入戌故日亦出寅入戌日晝行地上二百一十九度少弱故日長夜行地下百四十六度彊故夜短自夏至之後日去極稍遠故景稍長日晝行地上度稍少故日稍短夜行地下度稍多故夜稍長日所在度稍南故日出入稍南以至於南至而復初焉斗二十一井二十五南北相應四十八度春分日在奎十四少彊秋分日在角五少弱此黃赤二道之交中也去極俱九十一度少彊南北處斗二十一井二十五之中故景居二至長短之中奎十四角五出卯入酉故日亦出卯入酉日晝行地上夜行地下俱百八十二度半彊故日見之漏五十刻不見之漏五十刻謂之晝夜同夫天之晝夜以日出沒爲分人之晝夜以昏明爲限日未出二刻半而明日入二刻半而昏故損夜五刻以益晝是以春秋分漏晝五十五刻三光之行不必有常術術家以算求之各有同異故諸家歷法參差不齊洛書甄曜度春秋考異郵皆云周天一百七萬一千里一度爲二千九百三十二里七十一步二尺七寸四分四百八十七分分之三百六十二陸績云天東西南北徑三十五萬七千里此言周三徑一也考之徑一不啻周三率周百四十二而徑四十五則天徑三十二萬九千四百一里一百二十二步二尺二寸一分七十一分分之十周禮日至之景尺有五寸謂之地中鄭衆說土圭之長尺有五寸以夏至之日立八尺之表其景與土圭等謂之地中今潁川陽城地也鄭玄云凡日景於地千里而差一寸景尺有五寸者南戴日下萬五千里也以此推之日當去其下地八萬里矣日邪射陽城則天徑之半也體員如彈丸地處天之半而陽城爲中則日春秋冬夏昏明晝夜去陽城皆等無盈縮矣故知從日邪射陽城爲天徑之半也以句股法言之旁萬五千里句也立八極萬里股也從日邪射陽城弦也以句股求弦法入之得八萬一千三百九十四里三十步五尺三寸六分天徑之半而地上去天之數也倍之得十六萬二千七百八十八里六十一步四尺七寸二分天徑之數也以周率乘之徑率約之得五十一萬三千六百八十七里六十八步一尺八寸二分周天之數也減甄曜度考異郵五十五萬七千三百一十二里有奇一度凡千四百六里二十四步六寸四分十萬七千五百六十五分分之萬九千四十九減舊度千五百二十五里二百五十六步三尺三寸二十一萬五千一百三十分分之十六萬七百三十分黃赤二道相與交錯其間相去二十四度以南儀推之二道俱三百六十五度有奇是以知天體員如彈丸也而陸績造渾象其形如鳥卵然則黃道應長於赤道矣績云天東西南北徑三十五萬七千里然則績亦以天形正員也而渾象爲鳥卵則爲自相違背古舊渾象以二分爲一度凡周七尺三寸半分張衡更制以四分爲一度凡周一丈四尺六寸蕃以古制局小星辰稠概衡器傷大難可轉移更制渾象以三分爲一度凡周天一丈九寸五分分之三也

天文經星

洪範傳曰清而明者天之體也天忽變色是謂易常天裂陽不足是謂臣彊天裂見人兵起國亡天鳴有聲至尊憂且驚皆亂國之所生也馬續云天文在圖籍昭昭可知者經星常宿中外官凡一百一十八名積數七百八十三皆有州國官宮物類之象張衡云文曜麗乎天其動者有七日月五星是也日者陽精之宗月者陰精之宗五星五行之精衆星列布體生於地精成於列居錯峙各有攸屬在野象物在朝象官在人象神其以神差有五列焉是爲三十五名一居中央謂之北斗四布於方各七爲二十八舍日月運行歷示吉凶五緯躔次用告禍福中外之官常明者百有二十四可名者三百二十爲星二千五百微星之數蓋萬有一千五百二十庶物蠢蠢咸得繫命不然何得總而理諸後武帝時太史令陳卓總甘石巫咸三家所著星圖大凡二百八十三官一千四百六十四星以爲定紀今略其昭昭者以備天官云

中宮

北極五星鉤陳六星皆在紫宮中北極北辰最尊者也其紐星天之樞也天運無窮三光迭耀而極星不移故曰居其所而衆星共之第一星主月太子也第二星主日帝王也亦太乙之坐謂最赤明者也第三星主五星庶子也中星不明主不用事右星不明太子憂鉤陳後宮也大帝之正妃也大帝之帝居也北四星曰女御宮八十一御妻之象也鉤陳口中一星曰天皇大帝其神曰耀魄寶主御羣靈執萬神圖抱北極四星曰四輔所以輔佐北極而出度授政也大帝上九星曰華蓋所以覆蔽大帝之坐也蓋下九星曰杠蓋之柄也華蓋下五星曰五帝內坐設敘順帝所居也客星犯紫宮中坐大臣犯主華蓋杠旁六星曰六甲可以分陰陽而配節候故在帝旁所以布政敎而授農時也極東一星曰柱下史主記過左右史此之象也柱史北一星曰女史婦人之微者主傳漏故漢有侍史傳舍九星在華蓋上近河賓客之館主胡人入中國客星守之備姦使亦曰胡兵起傳舍南河中五星曰造父御官也一曰司馬或曰伯樂星亡馬大貴其西河中九星如鉤狀曰鉤星直則地動天一星在紫宮門右星南天帝之神也主戰鬬知人吉凶者也太一星在天一南相近亦天帝神也主使十六神知風雨水旱兵革飢饉疾疫災害所在之國也紫宮垣十五星其西蕃七東蕃八在北斗北一曰紫微大帝之坐也天子之常居也主命主度也一曰長垣一曰天營一曰旗星爲蕃衞備蕃臣也宮闕兵起旗星直天子出自將宮中兵東垣下五星曰天柱建政敎懸圖法門內東南維五星曰尚書主納言夙夜諮謀龍作納言此之象也尚書西二星曰陰德陽德主周急振撫宮門左星內二星曰大理主平刑斷獄也門外六星曰天牀主寢舍解息燕休西南角外二星曰內廚六宮之內飲食王后妃夫人與太子宴飲東北維外六星曰天廚主盛饌北斗七星在太微北七政之樞機陰陽之元本也故運乎天中而臨制四方以建四時而均五行也魁四星爲璇璣杓三星爲玉衡又曰斗爲人君之象號令之主也又爲帝車取乎運動之義也又魁第一星曰天樞二曰璇三曰璣四曰權五曰玉衡六曰開陽七曰搖光一至四爲魁五至七爲杓樞爲天璇爲地璣爲人權爲時玉衡爲音開陽爲律搖光爲星石氏云第一曰正星主陽德天子之象也二曰法星主陰刑女主之位也三曰令星主中禍四曰伐星主天理伐無道五曰殺星主中央助四旁殺有罪六曰危星主天倉五穀七曰部星亦曰應星主兵又一主天二主地三主火四主水五主土六主木七主金又曰一主秦二主楚三主梁四主吳五主燕六主趙七主齊魁中四星爲貴人之牢曰天理也輔星傳乎開陽所以佐斗成功丞相之象也七政星明其國昌輔星明則臣彊杓南三星及魁第一星西三星皆曰三公主宣德化調七政和陰陽之官也

文昌六星在北斗魁前天之六府也主集計天道一曰上將大將軍建威武二曰次將尚書正左右三曰貴相太常理文緒四曰司祿司中司隸賞功進五曰司命司怪太史主滅咎六曰司寇大理佐理寶所謂一者起北斗魁前近內階者也明潤大小齊天瑞臻文昌北六星

日內階天皇之階也相一星在北斗南相者總領百司而掌邦敎以佐帝王安邦國集衆事也其星明吉太陽守在相西大將大臣之象也主戒不虞設武備西北四星曰勢勢腐刑人也天牢六星在北斗魁下貴人之牢也太微天子庭也五帝之座也十二諸侯府也其外蕃九卿也一曰太微爲衡衡主平也又爲天庭理法平辭監升授德列宿受符諸神考節舒情稽疑也南蕃中二星間曰端門東曰左執法廷尉之象也西曰右執法御史大夫之象也執法所以擧刺凶姦者也左執法之東左掖門也右執法之西右掖門也東蕃四星南第一曰上相其北東太陽門也第二星曰次相其北中華東門也第三星曰次將其北東太陰門也第四星曰上將所謂四輔也西蕃四星南第一星曰上將其北西太陽門也第二星曰次將其北中華西門也第三星曰次相其北西太陰門也第四星曰上相亦曰四輔也東西蕃有芒及動搖者諸侯謀執法移刑罰尤急月五星入太微軌道吉其所犯中坐成刑其西南角外三星曰明堂天子布政之宮明堂西三星曰靈臺觀臺也主觀雲物察符瑞候災變也左執法東北一星曰謁者主贊賓客也謁者東北三星曰三公內坐朝會之所居也三公北三星曰九卿內坐治萬事九卿西五星曰內五諸侯內侍天子不之國也辟雍之禮得則太微諸侯明

黃帝坐在太微中含樞紐之神也天子動得天度止得地意從容中道則太微五帝坐明以光黃帝坐不明人主求賢士以輔法不然則奪勢四帝星夾黃帝坐東方蒼帝靈威仰之神也南方赤帝赤熛怒之神也西方白帝白招矩之神也北方黑帝叶光紀之神也五帝坐北一星曰太子帝儲也太子北一星曰從官侍臣也帝坐東北一星曰幸臣屛四星在端門之內近右執法屛所以壅蔽帝庭也執法主刺擧臣尊敬君上則星光明潤澤郎位十五星在帝坐東北一曰依烏郎府也周官之元士漢官之光祿中散諫議議郎三署郎中是其職也郎主守衛也其星不具后妃死幸臣誅星明大及客星入之大臣爲亂郎將在郎位北主閱具所以爲武備也武賁一星在太微西蕃北下名南靜室旄頭之騎官也常陳七星如畢狀在帝坐北天子宿衛武賁之士以設彊禦也星搖動天子自出明則武兵用微則兵弱三台六星兩兩而居起文昌列抵太微一曰天柱三公之位也在人曰三公在天曰三台主開德宣符也西近文昌二星曰上台爲司命主壽次二星曰中台爲司中主宗室東二星曰下台爲司祿主兵所以昭德塞違也又曰三台爲天階太一躡以上下一曰泰階上階上星爲天子下星爲女主中階上星爲諸侯三公下星爲卿大夫下階上星爲士下星爲庶人所以和陰陽而理萬物也君臣和集如其常度有變則占其人南四星曰內平近職執法平罪之官也中台之北一星曰太尊貴戚也

攝提六星直斗杓之南主建時節伺禨祥攝提爲楯以夾擁帝座也主九卿明大三公恣客星入之聖人受制西三星曰周鼎主流亡大角在攝提間大角者天王座也又爲天棟正經紀也北三星曰帝席主宴獻酬酢北三星曰梗河天矛也一曰天鋒主胡兵又爲喪故其變動應以兵喪也星亡其國有兵謀其北一星曰招搖一曰矛楯其北一星曰玄戈皆主胡兵占與梗河略相類也招搖與北斗杓間曰天庫星去其所則有庫開之祥也招搖欲與棟星梗河北斗相應則胡兵當來受命於中國玄戈又主北夷客星守之胡大敗天槍三星在北斗杓東一曰天鉞天之武備也故在紫宮之左右所以禦難也女牀三星在紀星北後宮御也主女事天棓五星在女牀北天子先驅也主分爭與刑罰藏兵亦所以禦兵亦所以禦難也槍棓皆所以備非常也一星不具其國兵起東七星曰扶筐盛桑之器主勸蠶也七公七星在招搖東天之相也三公之象也主七政貫索九星在其前賤人之牢也一曰連索一曰連營一曰天牢主法律禁暴彊也牢口一星爲門欲其開也九星皆明天下獄煩七星見小赦六星五星大赦動則斧鑕用中空則更元漢志云十五星天紀九星在貫索東九卿也主萬事之紀理怨訟也明則天下多辭訟亡則政理壞國紀亂散絕則地震山崩織女三星在天紀東端天女也主果蓏絲帛珍寶也王者至孝神祇咸喜則織女星俱明天下和平大星怒角布帛貴東足四星曰漸臺臨水之臺也主晷漏律呂之事西足五星曰輦道王者嬉游之道也漢輦道通南北宮其象也左右角間二星曰平道之官平道西一星曰進賢主卿相擧逸才亢東咸西咸各四星在房心北日月五星之道也房之戶所以防佚淫也星明則信吉月五星犯守之有陰謀鍵閉一星在房東北鉤鈐主關籥天市垣二十二星在房心東北主權衡主聚衆一曰天旗庭主斬戮之事也市中星衆潤澤則歲實熒惑守之戮不忠之臣彗星除之爲徙市易都客星入之兵大起出之有貴喪帝坐一星在天市中星西天庭也光而潤則天子吉威令行候一星在帝坐東北主伺陰陽也明大輔臣彊四夷開侯細微則國安亡則主失位移則不安宦者四星在帝坐西南侍主刑餘之人也星微吉非其常宦者有憂宗正二星在帝坐東南宗大夫也彗星守之若失色宗正有事客星守之更號令也宗人四星在宗正東主錄親疏享祀族人有序則如綺文而明正動則天子親屬有變客星守之貴人死宗星二在候星東宗室之象帝輔血脈之臣也客星守之宗支不和天江四星在尾北主太陰江星不具天下津河關道不通明若動搖大水出大兵起參差則馬貴熒惑守之有立主客星入之河津絕天籥八星在南斗柄西主關閉建星六星在南斗北亦曰天旗天之都關也爲謀事爲天鼓爲天馬南二星天庫也中央二星市也鈇鑕也上二星旗跗也斗建之間三光道也星動則衆勞月暈之蛟龍見牛馬疫月五星犯之大臣相譖有謀亦爲關梁不通有大水東南四星曰狗國主鮮卑烏丸沃且熒惑守之外夷爲變狗國北二星曰天雞主候時天辯九星在建星北市官之長也以知市珍也星欲明吉彗星犯守之糴貴囚徒起兵河鼓三星旗九星在牽牛北天鼓也主軍鼓主鈇鉞一曰三武主天子三將軍中央大星爲大將軍左星爲左將軍右星爲右將軍左星南星也所以備關梁而距難也設守阻險知謀徵也旗卽天鼓之旗所以爲旌表也左旗九星在鼓左旁鼓欲正直而明色黃光澤將吉不正爲兵憂也星怒馬貴動則兵起曲則將失計奪勢旗星差戾亂相陵旗端四星南北列曰天桴鼓桴也星不明漏刻失時前近河鼓若桴鼓相直皆爲桴鼓用離珠五星在須女北須女之藏府女子之星也天津九星橫河中一曰天漢一曰天江主四瀆津梁所以度神通四方也一星不備津關道不通騰蛇二十二星在營室北天蛇也主水蟲王良五星在奎北居河中天子奉車御官也其四星曰天駟旁一星曰王良亦曰天馬其星動爲策馬車騎滿野亦曰梁爲天橋主禦風雨水道故或占車騎或占津梁客星守之橋不通道前一星曰策星王良之御策也主天子之僕在王良旁若移在王良前居馬後是謂策馬則車騎滿野閣道六星在王良前飛道也從紫宮至河神所乘也一曰閣道星天子游別宮之道也傅路一星在閣道南旁別道也東壁北十星曰天廄主馬之官若今驛亭也主傳令置驛逐漏馳鶩謂其行急疾與晷漏競馳也天將軍十二星在婁北主武兵中央大星天之大將也南一星曰軍南門主誰何出入太陵八星在胃北亦曰積京主大喪也積京中星衆則諸侯有喪民多疾兵起太陵中一星曰積尸明則死人如山北九星曰天船一曰舟星所以濟不通也中一星曰積水候水災昴西二星曰天街三光之道主伺候關梁中外之境卷舌六星在昴北主口語以知佞讒也曲吉直而動天下有口舌之害中一曰天讒主巫醫五車五星三柱九星在畢北五車者五帝車舍也五帝坐也主天子五兵一曰主五穀豐耗西北大星曰天庫主太白主秦次東北星曰獄主辰星主燕趙次東星曰天倉主歲星主魯衞次東南星曰司空主填星主楚次西南星曰卿星主熒惑主魏五星有變皆以其所主占之三柱一曰三泉天子得靈臺之禮則五車三柱均明有常其中五星曰天潢天潢南三星曰咸池魚囿也月五星入天潢兵起道不通天下亂五車南六星曰諸王察諸侯存亡其西八星曰八穀主候歲八穀一星亡一穀不登天關一星在五車南亦曰天門日月之所行也主邊事主關閉芒角有兵五星守之貴人多死東井鉞前四星曰司怪主候天地日月星辰變異及鳥獸草木之妖明主闇災修德保福也司怪西北九星曰坐旗君臣設位之表也坐旗西四星曰天高臺榭之高主遠望氣象天高西一星曰天河主察山林妖變南河北河各三星夾東井一曰天高之關門也主關梁南河曰南戍一曰南宮一曰陽門一曰越門一曰權星主火北河曰北戍一曰北宮一曰陰門一曰胡門一曰衡星主水兩河戍間日月五星之常道也河戍動搖中國兵起南河南三星曰闕丘主宮門外象魏也五諸侯五星在東井北主刺擧戒不虞又曰理陰陽察得失亦曰主帝心一曰帝師二曰帝友三曰三公四曰博士五曰太史此五者常爲帝定疑議星明大潤澤則天下大治芒角則禍在中五諸侯南三星曰天樽主盛饘粥以給貧餒積水一星在北河西北水河也所以供酒食之正也積薪一星在積水東北供庖廚之正也水位四星在積薪東主水衡客星若水火守犯之百川流溢軒轅十七星在七星北軒轅黃帝之神黃龍之體也后妃之主士職也一曰東陵一曰權星主雷雨之神南大星女主也次北一星夫人也屛也上將也次北一星妃也次將也其次諸星皆次妃之屬也女主南小星女御也左一星少民后宗也右一星大民太后宗也欲其色黃小而明也軒轅右角南三星曰酒旗酒官之旗也主饗宴飮食五星守酒旗天下大酺有酒肉財物賜若爵宗室酒旗南三星曰天相丞相

之象也軒轅西四星曰爟爟者烽火之爟也邊亭之警候爟北四星曰內平平罪之官明刑罰少微四星在太微西士大夫之位也一名處士亦天子副主或曰博士官一曰主衞掖門南第一星處士第二星議士第三星博士第四星大夫明大而黃則賢士舉也月五星犯之處士女主憂宰相易南四星曰長垣主界域及胡夷熒惑入之胡入中國太白入之九卿謀

二十八舍

東方角二星爲天關其間天門也其內天庭也故黃道經其中七曜之所行也左角爲天田爲理主刑其南爲太陽道右角爲將主兵其北爲太陰道蓋天之三門猶房之四表其星明大王道太平賢者在朝動搖移徙王者行亢四星天子之內朝也總攝天下奏事聽訟理獄錄功者也一曰疏廟主疾疫星明大輔納忠天下寧氐四星王者之宿宮后妃之府休解之房前二星適也後二星妾也後二星大則臣奉度房四星爲明堂天子布政之宮也亦四輔也下第一星上將也次次將也次次相也上星上相也南二星君位北二星夫人位又爲四表中間爲天衢爲天關黃道之所經也南間曰陽環其南曰太陽北間曰陰間其北曰太陰七曜由乎天衢則天下平和由陽道則旱喪由陰道則水兵亦曰天駟爲天馬主車駕南星曰左驂次左服次右服次右驂亦曰天廐又主開閉爲蓄藏之所由也房星明則王者明驂星大則兵起星離民流又北二小星曰鉤鈐房之鈐鍵天之管籥主閉鍵天心也明而近房天下同心鉤鈐間有星及疏坼則地動河清心三星天王正位也中星曰明堂天子位爲大辰主天下之賞罰天下變動心星見祥星明大天下同前星爲太子後星爲庶子心星直則王失勢尾九星後宮之場妃后之府上第一星后也次三星夫人次星后嬪妾第三星傍一星名曰神宮解衣之內室尾亦爲九子星色欲均明大小相承則後宮有敘多子孫箕四星亦後宮妃后之府亦曰天津一曰天雞主八風凡日月宿在箕東壁翼軫者風起又主口舌主客蠻夷胡貊故蠻胡將動先表箕焉北方南斗六星天廟也丞相太宰之位主褒賢進士禀授爵祿又主兵一曰天機南二星魁天梁也中央二星天相也北二星天府庭也亦爲壽命之期也將有天子之事占於斗斗星盛明王道平和爵祿行牽牛六星天之關梁主犧牲事其北二星一曰即路一曰聚火又曰上一星主道路次二星主關梁次三星主南越搖動變色則占之星明大王道昌關梁通須女四星天少府也須賤妾之稱婦職之卑者也主布帛裁製嫁娶虛二星冢宰之官也主北方邑居廟堂祭祀祝禱事又主死喪哭泣危三星主天府天市架屋餘同虛占墳墓四星屬危之下主死喪哭泣爲墳墓也營室二星天子之宮也一曰玄宮一曰淸廟又爲軍糧之府及土功事星明國昌小不明祠祀鬼神不享離宮六星天子之別宮主隱藏休息之所東壁二星主文章天下圖書之祕府也星明王者興道術行國多君子星失色大小不同王者好武經士不用圖書隱星動則有土功

西方奎十六星天之武庫也一曰天豕亦曰封豕主以兵禁暴又主溝瀆西南大星所謂天豕目亦曰大將欲其明婁三星爲天獄主苑牧犧牲供給郊祀胃三星天之廚藏主倉廩五穀府也明則和平昴七星天之耳也主西方主獄事又爲旄頭胡星也昴畢間爲天街天子出旄頭罕畢以前驅此其義也黃道之所經也昴明則天下牢獄平昴六星皆明與大星等大水七星皆黃兵大起一星亡爲兵喪搖動有大臣下獄及有白衣之會大而數盡動若跳躍者胡兵大起畢八星主邊兵主弋獵其大星曰天高一曰邊將主四夷之尉也星明大則遠夷來貢天下安失色則邊兵亂附耳一星在畢下主聽得失伺愆邪察不祥星盛則中國微有盜賊邊候驚外國反移動佞讒行月入畢多雨觜觹三星爲三軍之候行軍之藏府葆旅收斂萬物明則軍儲盈將得勢參十星一曰參伐一曰大辰一曰天市一曰鈇鉞主斬刈又爲天獄主殺伐又主權衡所以平理也又主邊城爲九譯故不欲其動也參白獸之體其中三星橫列三將也東北曰左肩主左將西北曰右肩主右將東南曰左足主後將軍西南曰右足主偏將軍故黃帝占參應七將中央三小星曰伐天之都尉也主胡鮮卑戎狄之國故不欲明七將皆明大天下兵精也王道缺則芒角張伐星明與參等大臣皆謀兵起參星失色軍散敗參芒角動搖邊候有急兵起有斬伐之事參星移客伐主參左足入玉井中兵大起秦大水若有喪山石爲怪參星差戾王臣貳

南方東井八星天之南門黃道所經天之亭候主水衡事法令所取平也王者用法平則井星明而端列鉞一星附井之前主伺淫奢而斬之故不欲其明明與井齊則用鉞於大臣月宿井有風雨輿鬼五星天目也主視明察姦謀東北星主積馬東南星主積兵西南星主積布帛西北星主積金玉隨變占之中央星爲積尸主死喪祠祀一曰鈇鑕主誅斬鬼星明大穀成不明百姓散鑕欲其忽忽然不明明則兵起大臣誅柳八星天之廚宰也主尚食和滋味又主雷雨七星七星一名天都主衣裳文繡又主急兵盜賊故星明王道昌闇則賢良不處天下空張六星主珍寶宗廟所用及衣服又主天廚飲食賞賚之事星明則王者行五禮得天之中翼二十二星天之樂府俳倡又主夷狄遠客負海之賓星明大禮樂與四夷賓動則蠻夷使來離徙則天子舉兵軫四星主冢宰輔臣也主車騎主載任有軍出入皆占於軫又主風主死喪軫星明則車駕備動則車駕用轄星傅軫兩傍主王侯左轄爲王者同姓右轄爲異姓星明兵大起遠軫凶轄舉南蠻侵長沙一星在軫之中主壽命明則主壽長子孫昌又曰車無轄國有憂轄就聚兵大起

星官在二十八宿之外者

庫樓十星六大星爲庫南四星爲樓在角南一曰天庫兵甲之府也旁十五星三三而聚者柱也中央四小星衡也主陳兵東北二星曰陽門主守隘塞也南門二星在庫樓南天之外門也主守兵平星二星在庫樓北平天下之法獄事廷尉之象也天門二星在平星北亢南七星曰折威主斬殺頓頑二星在折威東南主考囚情狀察詐僞也騎官二十七星在氐南若天子武賁主宿衞東端一星騎陣將軍騎將也南三星車騎騎之將也陣車三星在騎官東北革車也積卒十二星在房心南主爲衞也他星守之近臣誅從官二星在積卒西北龜五星在尾南主占以吉凶傅說一星在尾後傅說主章祝巫官也魚一星在尾後河中主陰事知雲雨之期也杵三星在箕南杵給庖舂客星入杵臼天下有急糠星在箕舌前杵西北鼈十四星在南斗南鼈爲水蟲歸太陰有星守之白衣會主有水令農丈人一星在南斗西南老農主穡也狗二星在南斗魁前主吠守天田九星在牛南羅堰九星在牽牛東岠馬也以壅蓄水潦灌溉渠也九坎九星在牽牛南坎溝渠也所以導達泉源疏盈瀉溢通溝洫也九坎間十星曰天池一曰三池一曰天海主灌溉田疇事虛南二星曰哭哭東二星曰泣泣哭皆近墳墓泣南十三星曰天壘城如貫索狀主北夷丁零匈奴南二星曰蓋屋治宮室之官也其南四星曰虛梁園陵寢廟之所也羽林四十五星在營室南一曰天軍主軍騎又主翼王也壘壁陣十二星在羽林北羽林之垣壘也主軍衞爲營壅也五星有在天軍中者皆爲兵起熒惑太白辰星尤甚北落師門一星在羽林西南北者宿在北方也落天之藩落也師衆也師門猶軍門也長安城北門曰北落門以象此也主非常以候兵有星守之虜入塞中兵起其西北有十星曰天錢北落西南一星曰天綱主武帳北落東南九星曰八魁主張禽獸天倉六星在婁南倉穀所藏也南四星曰天庾積廚粟之所也天囷十三星在胃南囷倉廩之屬也主給御糧也天廩四星在昴南一曰天廥主蓄黍稷以供饗祀春秋所謂御廩此之謂也天苑十六星昴畢南天子之苑囿養獸之所也苑南十三星曰天園植果菜之所也畢附耳南八星曰天節主使臣之所持者也天節下九星曰九州殊口曉方俗之官通重譯者也參旗九星在參西一曰天旗一曰天弓主司弓弩之張候變禦難玉井四星在參左足下主水漿以給廚西南九星曰九斿天子之旗也玉井東南四星曰軍井行軍之井也軍井未達將不言渴名取此也軍市十三星在參東南天軍貿易之市使有無通也野雞一星主變怪在軍市中軍市西南二星曰丈人丈人東二星曰子子東二星曰孫東井西南四星曰水府主水之官也東井南垣之東四星四瀆江河淮濟之精也狼一星在東井東南狼爲野將主侵掠色有常不欲動也北七星曰天狗主守財弧九星在狼東南天弓也主備盜賊常向於狼弧矢動移不如常者多盜賊胡兵大起狼弧張害及胡天下乖亂又曰天弓張天下盡兵弧南六星爲天社昔共工氏之子句龍能平水土故祀以配社其精爲星老人一星在弧南一曰南極常以秋分之旦見于景春分之夕而沒于丁見則治平主壽昌常以秋分候之南郊柳南六星曰外廚廚南一星曰天紀主禽獸之齒稷五星在七星南稷農正也取乎百穀之長以爲號也張南十四星曰天廟天子之祖廟也客星守之祠官有憂翼南五星曰東甌蠻夷星也軫南三十二星曰器府樂器之府也青丘七星在軫東南蠻夷之國號也青丘西四星曰土司空主界域亦曰司徒土司空北二星曰軍門主營候彪尾威旗

天漢起沒

天漢起東方經尾箕之間謂之漢津乃分爲二道其南經傅說魚天籥天弁河鼓其北經龜貫箕下次絡南斗魁左旗至天津下而合南道乃西南行又分夾匏瓜絡人星杵造父騰蛇王良傅路閣道北端太陵天船卷舌

而南行絡五車經北河之南入東井水位而東南行絡南河闕丘天狗天紀天稷在七星南而沒

十二次度數

十二次班固取三統歷十二次配十二野其言最詳又有費直說周易蔡邕月令章句所言頗有先後魏太史令陳卓更言郡國所入宿度今附而次之

自軫十二度至氐四度爲壽星於辰在辰鄭之分野屬兗州費直周易分野壽星起軫七度 蔡邕月令章句壽星起軫六度

自氐五度至尾九度爲大火於辰在卯宋之分野屬豫州費直起氐十一度 蔡邕起亢八度

自尾十度至南斗十一度爲析木於辰在寅燕之分野屬幽州費直起尾九度 蔡邕起尾四度

自南斗十二度至須女七度爲星紀於辰在丑吳越之分野屬揚州費直起斗十度 蔡邕起斗六度

自須女八度至危十五度爲玄枵於辰在子齊之分野屬青州費直起女六度 蔡邕起女二度

自危十六度至奎四度爲諏訾於辰在亥衞之分野屬并州費直起危十四度 蔡邕起危十度

自奎五度至胃六度爲降婁於辰在戌魯之分野屬徐州費直起奎二度 蔡邕起奎八度

自胃七度至畢十一度爲大梁於辰在酉趙之分野屬冀州費直起婁十度 蔡邕起胃一度

自畢十二度至東井十五度爲實沈於辰在申魏之分野屬益州費直起畢九度 蔡邕起畢六度

自東井十六度至柳八度爲鶉首於辰在未秦之分野屬雍州費直起井十二度 蔡邕起井十度

自柳九度至張十六度爲鶉火於辰在午周之分野屬三河費直起柳五度 蔡邕起柳三度

自張十七度至軫十一度爲鶉尾於辰在巳楚之分野屬荆州費直起張十三度 蔡邕起張十二度

州郡躔次

陳卓范蠡鬼谷先生張良諸葛亮譙周京房張衡竝云

角亢氐鄭兗州

東郡入角一度　東平任城山陰入角六度

泰山入角十二度　濟北陳留入亢五度

濟陰入氐一度　東平入氐七度

房心宋豫州

潁川入房一度　汝南入房二度

沛郡入房四度　梁國入房五度

淮陽入心一度　魯國入心三度

楚國入房四度

尾箕燕幽州

涼州入箕中十度　上谷入尾一度

漁陽入尾三度　右北平入尾七度

西河上郡北地遼西東入尾十度

涿郡入尾十六度　渤海入箕一度

樂浪入箕三度　玄菟入箕六度

廣陽入箕九度

斗牽牛須女吳越揚州

九江入斗一度　廬江入斗六度

豫章入斗十度　丹陽入斗十六度

會稽入牛一度　臨淮入牛四度

廣陵入牛八度　泗水入女一度

六安入女六度

虛危齊青州

齊國入虛六度　北海入虛九度

濟南入危一度　樂安入危四度

東萊入危九度　平原入危十一度

菑川入危十四度

營室東壁衞并州

安定入營室一度　天水入營室八度

隴西入營室四度　酒泉入營室十一度

張掖入營室十二度　武都入東壁一度

金城入東壁四度　武威入東壁六度

敦煌入東壁八度

奎婁胃魯徐州

東海入奎一度　琅邪入奎六度

高密入婁一度　城陽入婁九度

膠東入胃一度

昴畢趙冀州

魏郡入昴一度　鉅鹿入昴三度

常山入昴五度　廣平入昴七度

中山入昴一度　清河入昴九度

信都入畢三度　趙郡入畢八度

安平入畢四度　河間入畢十度

眞定入畢十三度

觜參魏益州

廣漢入觜一度　越巂入觜三度

蜀郡入參一度　犍爲入參三度

牂牁入參五度　巴郡入參八度

漢中入參九度　益州入參七度

東井輿鬼秦雍州

雲中入東井一度　定襄入東井八度

鴈門入東井十六度　代郡入東井二十八度

太原入東井二十九度　上黨入輿鬼二度

柳七星張周三輔

弘農入柳一度　河南入七星三度

河東入張一度　河內入張九度

翼軫楚荆州

南陽入翼六度　南郡入翼十度

江夏入翼十二度　零陵入軫十一度

桂陽入軫十度　武陵入軫十度

長沙入軫十六度

晉書卷十一考證

天文志上至和帝時賈逵繫作○繫當作繼

凡日景於地千里而差一寸○臣永祚按謂日景千里差一寸日景不能如是之齊不若依各省北極出地度數查緯北內減緯南外加得距天頂度查切線卽表景也立表如股切線如句其表顛至切線顛如弦據下文在漢時亦用句股法測景但所測不同耳

衆星列布體生於地精成於列○列疑天字之誤

一曰依烏郎府也○臣人龍按史記天官書聚一十五星蔚然曰郎位索隱曰蔚然漢書作哀烏星之狀貌故星經轉作依烏後人謂郎官署爲依烏府者此也

左旗九星在鼓左旁○臣永祚按句下似脫右旗九星在牽牛北八字

旁一星曰王良亦曰天馬其星動爲策馬車騎滿野○臣龍官按星書云王良策馬車騎滿野則下策字當作主

南河曰南戍○臣龍官按天官星書戍當作戉卽斧錢之義下北河曰北戍及兩河戍間河戍動搖俱放此

王者用法平則井星明而端列○監本脫明字今增入

星明大穀成○大似當作六

羅堰九星在牽牛東岠馬也○臣龍官按羅堰無九星誤也

晉書卷十二

唐　太　宗　文　皇　帝　御　撰

志第二

天文中　七曜　雜星氣　客星　流星

雲氣　十煇　雜氣　史傳事驗

七曜

日爲太陽之精主生養恩德人君之象也人君有瑕必露其慝以告示焉故日月行有道之國則光明人君吉昌百姓安寧人君乘土而王其政太平則日五色無主日變色有軍軍破無軍喪侯王其君無德其臣亂國則日赤無光日失色所臨之國不昌日晝昏行人無影到暮不止者上刑急下不聊生不出一年有大水日晝昏烏鳥羣鳴國失政日中烏見主不明爲政亂國有白衣會將軍出旌旗舉日中有黑子黑氣黑雲乍三乍五臣廢其主日蝕陰侵陽臣掩君之象有亡國

月爲太陰之精以之配日女主之象以之比德刑罰之義列之朝廷諸侯大臣之類故君明則月行依度臣執權則月行失道大臣用事兵刑失理則月行乍南乍北女主外戚擅權則或進或退月變色將有殃月晝明姦邪竝作君臣爭明女主失行陰國兵强中國饑天下謀僭數月重見國以亂亡

歲星曰東方春木於人五常仁也五事貌也仁虧貌失逆春令傷木氣則罰見歲星歲星盈縮以其舍命國其所居久其國有德厚五穀豐昌不可伐其對爲衝歲乃有殃歲星安靜中度吉盈縮失次其國有變不可舉事用兵又曰人主之象也色欲明光色潤澤德合同又曰進退如度姦邪息變色亂行主無福又主福主大司農主齊吳主司天下諸侯人君之過主歲五穀赤而角其國昌赤黃而沉其野大穰

熒惑曰南方夏火禮也視也禮虧視失逆夏令傷火氣罰見熒惑熒惑法使行無常出則有兵入則兵散以舍命國爲亂爲賊爲疾爲喪爲饑爲兵所居國受殃環繞鉤已芒角動搖變色乍前乍後乍左乍右其爲殃愈甚其南丈夫北女子喪周旋止息乃爲死喪寇亂其野亡地其失行而速兵聚其下順之戰勝又曰熒惑主大鴻臚主死喪主司空又爲司馬主楚吳越以南又司天下羣臣之過司驕奢亡亂妖孽主歲成敗又曰熒惑不動兵不戰有誅將其出色赤怒逆行成鉤已戰凶有圍軍鉤已有芒角如鋒刃人主無出宮下有伏兵芒大則人衆怒又爲理外則理兵內則理政爲天子之理也故曰

雖有明天子必視熒惑所在其入守犯太微軒轅營室房心主命惡之

填星曰中央季夏土信也思心也仁義禮智以信爲主貌言視聽以心爲正故四星皆失填乃爲之動動而盈侯王不寧縮有軍不復所居之宿國吉得地及女子有福不可伐去之失地若有女憂居宿久國福厚易則薄失次而上二三宿曰盈有主命不成不乃水火失次而下曰縮后戚其歲不復不乃天裂若地動一曰填爲黃帝之德女主之象主德厚安危存亡之機司天下女主之過又曰天子之星也天子失信則填星大動

太白曰西方秋金義也言也義虧言失逆秋令傷金氣罰見太白太白進退以候兵高卑遲速靜躁見伏用兵皆象之吉其出西方失行夷狄敗出東方失行中國敗未盡期日過參天病其對國若經天天下革民更王是謂亂紀人衆流亡晝見與日爭明强國弱小國强女主昌又曰太白主大臣其號上公也大司馬位謹候此

辰星曰北方冬水智也聽也智虧聽失逆冬令傷水氣罰見辰星辰星見則主刑主廷尉主燕趙又爲燕趙代以北宰相之象亦爲殺伐之氣戰鬭之象又曰軍於野辰星爲偏將之象無軍爲刑事和陰陽應效不效其時不和出失其時寒暑失其節邦當大饑當出不出是謂擊卒兵大起在於房心間地動亦曰辰星出入躁疾常主夷狄又曰蠻夷之星也亦主刑法之得失色黃而小地大動光明與月相逮其國大水

凡五星有色大小不同各依其行而順時應節色變有類凡青皆比參左肩赤比心大星黃比參右肩白比狼星黑比奎大星不失本色而應其四時者吉色害其行凶

凡五星所出所行所直之辰其國爲得位得位者歲星以德熒惑有禮填星有福太白兵强辰星陰陽和所行所直之辰順其色而有角者勝其色害者敗居實有德也居虛無德也色勝位行勝色行得盡勝之

營室爲清廟歲星廟也心爲明堂熒惑廟也南斗爲文太室填星廟也亢爲疏廟太白廟也七星爲員官辰星廟也五星行至其廟謹候其命

凡五星盈縮失位其精降于地爲人歲星降爲貴臣熒惑降爲童兒歌謠嬉戲填星降爲老人婦女太白降爲壯夫處於林麓辰星降爲婦人吉凶之應隨其象告

凡五星木與土合爲內亂饑與水合爲變謀而更事與火合爲饑爲旱與金合爲白衣之會合鬬國有內亂野有破軍爲水太白在南歲星在北名曰牝牡年穀大熟太白在北歲星在南年或有或無火與金合爍爲喪不可舉事用兵從軍爲軍憂離之軍却出太白陰分宅出其陽偏將戰與土合爲憂主孽卿與水合爲北軍用兵舉事大敗一曰火與木合曰焠不可舉事用兵土與水合爲壅沮不可舉事用兵有覆軍下師一曰爲變謀更事必爲旱與金合爲疾爲白衣會爲內兵國亡地與木合國饑水與金合爲變謀爲兵憂入太白中而上出破軍殺將客勝下出客亡地視旗所指以命破軍環繞太白若與鬬大戰客勝凡木火土金與水鬬皆爲戰兵不在外皆爲內亂凡同舍爲合相陵爲鬬二星相近其殃大相遠毋傷七寸以內必之

凡月蝕五星其國皆亡歲以饑熒惑以亂填以殺太白以强國戰辰以女亂

凡五星入月歲其野有逐相太白將僇

凡五星所聚其國王天下從歲以義從熒惑以禮從填以重從太白以兵從辰以法從各以其事致天下也三星若合是謂驚立絕行其國外內有兵與喪百姓饑乏改立侯王四星若合是謂太陽其國兵喪竝起君子憂小人流五星若合是謂易行有德承慶改立王者掩有四方子孫蕃昌亡德受殃離其國家滅其宗廟百姓離去被滿四方五星皆大其事亦大皆小事亦小

凡五星色皆圜白爲喪爲旱赤中不平爲兵青爲憂爲水黑爲疾疫爲多死黃爲吉皆角赤犯我城黃地之爭白哭泣聲青有兵憂黑有水五星同色天下偃兵百姓安寧歌舞以行不見災疾五穀蕃昌

凡五星歲政緩則不行急則過分逆則占熒惑緩則不出急則不入違道則占填緩則不還急則過舍逆則占太白緩則不出急則不入逆則占辰緩則不出急則不入非時則占五星不失行則年穀豐昌

凡五星分天之中積于東方中國利積于西方外國用兵者利辰星不出太白爲客其出太白爲主出而與太白不相從及各出一方爲格野雖有軍不戰

凡五星見伏留行逆順遲速應歷度者爲得其行政合于常違歷錯度而失路盈縮者爲亂行亂行則爲天矢彗孛而有亡國革政兵饑喪亂之禍云

雜星氣

圖緯舊說及漢末劉表爲荊州牧命武陵太守劉叡集天文衆占名荊州占其雜星之體有瑞星有妖星有客星有流星有瑞氣有妖氣有日月傍氣皆略其名狀舉其占驗次之於此云

瑞星一曰景星如半月生於晦朔助月爲明或曰星大而中空或曰有三星在赤方氣與青方氣相連黃星在赤方氣中亦名德星二曰周伯星黃色煌煌然所見之國大昌三曰含譽光耀似彗喜則含譽射四曰格澤如炎火下大上銳色黃白起地而上見則不種而穫有土功有大客

妖星一曰彗星所謂埽星本類星末類彗小者數寸長或竟天見則兵起大水主埽除除舊布新有五色各依五行本精所主史臣按彗體無光傅日而爲光故夕見則東指晨見則西指在日南北皆隨日光而指頓挫其芒或長或短光芒所及則爲災二曰孛星彗之屬也偏指曰彗芒氣四出曰孛孛者孛孛然非常惡氣之所生也內不有大亂則外有大兵天下合謀闇蔽不明有所傷害晏子曰君若不政孛星將出彗星何懼乎由是言之災甚於彗三曰天棓一名覺星本類星末銳長四丈或出東北方西方主奮爭四曰天槍其出不過三月必有破國亂君伏死其辜殃之不盡當爲旱飢暴疾五曰天欃石氏曰雲如牛狀甘氏本類星末銳巫咸曰彗星出西方長可二三丈主捕制六曰蚩尤旗類彗而後曲象旗或曰赤雲獨見或曰其色黃上白下或曰若植雚而長名曰蚩尤之旗或曰如箕可長二丈末有星主伐枉逆主惑亂所見之方下有兵兵大起不然有喪也七曰天衝出如人蒼衣赤頭不動見則臣謀主武卒發天子亡八曰國皇大而赤類南極老人星或曰去地三丈如炬火主內寇內難或曰其下起兵兵强或曰外內有兵喪九曰昭明象如太白光芒不行或曰大而白無角乍上乍下一曰赤彗分爲昭明昭明滅光以爲起霸起德之徵所起國兵多變一曰大人凶兵大起十曰司危如太白有目或曰出正西西方之野星去地可六丈大而白或曰大而有毛兩角或曰類太白數動察之而赤爲乖爭之徵主擊强兵見則主失法豪傑起天子以不義失國有聲之臣行主德十一曰天讒彗出西北狀如劒長四五丈或曰如鉤長四丈或曰狀白小數動主殺罰出則其國內亂其下相讒爲饑兵赤地千里枯骨藉藉十二曰五殘一名五鋒出正東東方之星狀類辰可去地六七丈或曰蒼彗散爲五殘如辰星出角或曰星表有氣如暈有毛或曰大而赤數動察之而青主乖亡爲五分毀敗之徵亦爲備急兵見則主誅政在伯野亂成有急兵有喪不利衡十三曰六賊見出正南南方之星去地可六丈大而赤動有光或曰形如彗五殘六賊出禍合天下逆侵闕樞其下有兵衝不利十四曰獄漢一名咸漢出正北北方之野星去地可六丈大而赤數動察之中青或曰赤表下有三彗從橫主逐王主刺王出則陰精橫兵起其下又爲喪動則諸侯驚十五曰旬始出北斗旁如雄雞其怒有青黑象伏鼈或曰怒雌也主爭兵又曰黃彗分爲旬始爲立主之題主亂主招橫見則臣亂兵作諸侯虐期十年聖人起伐羣猾橫恣或曰出則諸侯雄鳴十六曰天鋒彗象矛鋒天下從橫則天鋒星見十七曰燭星如太白其出也不行見則不久而滅或曰主星上有三彗上出所出城邑亂有大盜不成又以五色占十八曰蓬星大如二斗器色白一名王星狀如夜火之光多至四五少一二一曰蓬星在西南長數丈左右兌出而易處星見不出三年有亂臣戮死又曰所出大水大旱五穀不收人相食十九曰長庚如一疋布著天見則兵起二十曰四填星出四隅去地六丈餘或曰可四丈或曰星大而赤去地二丈常以夜半時出見十月而兵起皆爲兵起其下二十一曰地維藏光出四隅或曰大而赤去地二三丈如月始出見則下有亂者亡有德者昌

河圖云歲星之精流爲天棓　天槍　天猾　天衝
　國皇　及登　蒼彗
熒惑散爲昭旦　蚩尤之旗　昭明　司危　天欃　赤彗
填星散爲五殘　獄漢　大賁　昭星　絀流　旬始
　蚩尤　虹蜺　擊咎　黃彗
太白散爲天杵　天柎　伏靈　大敗　司姦　天狗
　天殘　卒起　白彗
辰星散爲枉矢　破女　拂樞　滅寶　繞綎　驚理
　大奮祀　黑彗

五色之彗各有長短曲折應象

漢京房著風角書有集星章所載妖星皆見於月旁互有五色方雲以五寅日見各有五星所生云

天槍　天根　天荆　眞若　天猿　天樓　天垣
皆歲星所生也見以甲寅其星咸有兩青方在其旁
天陰　晉若　官張　天惑　天崔　赤若　蚩尤
皆熒惑之所生也出在景寅日有兩赤方在其旁
天上　天伐　從星　天樞　天翟　天沸　荆彗
皆填星所生也出在戊寅日有兩黃方在其旁
若星　帚星　若彗　竹彗　墻星　榬星　白藋
皆太白之所生也出在庚寅日有兩白方在其旁

天美　天䥫　天社　天麻　天林　天蒿　端下

皆辰星之所生也出以壬寅日有兩黑方在其旁

已前三十五星卽五行氣所生皆出於月左右方氣之中各以其所生星將出不出日數期候之當其未出之前而見見則有水旱兵喪饑亂所指亡國失地王死破軍殺將

客星

張衡曰老子四星及周伯王蓬絮芮各一錯乎五緯之間其見無期其行無度荆州占云老子星色淳白然所見之國爲饑爲凶爲善爲惡爲喜爲怒周伯星黃色煌煌所至之國大昌蓬絮星色青而熒熒然所至之國風雨不節焦旱物不生五穀不登多蝗蟲又云東南有三星出名曰盗星出則天下有大盗西南有二大星出名曰種陵出則天下穀貴十倍西北三大星出而白名天狗出則人相食大凶東北有三大星出名曰女帛見則有大喪

流星

流星天使也自上而降曰流自下而升曰飛大者曰奔奔亦流星也星大者使大星小者使小聲隆隆者怒之象也行疾者期速行遲者期遲大而無光者衆人之事小而有光者貴人之事大而光者其人貴且衆也乍明乍滅者賊敗成也前大後小者恐憂也前小後大者喜事也蛇行者姦事也往疾者往而不反也長者其事長久也短者事疾也奔星所墜其下有兵無風雲有流星見良久間乃入爲大風發屋折木小流星百數四面行者衆庶流移之象流星之類有音如炬火下地野雉鳴天保也所墜國安有喜若小流星色青赤名曰地鴈其所墜者起兵流星有光青赤長二三丈名曰天鴈軍中之精華也其國起兵將軍當從星所之流星曅然有光光白長竟天者人主之星也主相將軍從星所之飛星大如缶若甕後皎然白前卑後高此謂頓頑其所從者多死亡飛星大如缶若甕後皎然白星滅後白者曲環如車輪此謂解銜其國人相斬爲爵祿飛星大如缶若甕其後皎然白長數丈星滅後白者化爲雲流下名曰大滑所下有流血積骨

枉矢類流星色蒼黑蛇行望之如有毛目長數匹著天主反萌主射愚見則謀反之兵合射所誅亦爲以亂伐亂

天狗狀如大奔星色黃有聲其止地類狗所墜望之如火光炎炎衝天其上鋭其下員如數頃田處或曰星有毛旁有短彗下有狗形者或曰星出其狀赤白有光下卽爲天狗一曰流星有光見人面墜無音若有足者名曰天狗其色白其中黃黃如遺火狀主候兵討賊見則四方相射千里破軍殺將或曰五將鬬人相食所往之鄉有流血其君失地兵大起國易政戒守禦

營頭有雲如壞山墮所謂營頭之星所墮其下覆軍流血千里亦曰流星晝隕名營頭

雲氣

瑞氣一曰慶雲若煙非煙若雲非雲郁郁紛紛蕭索輪囷是謂慶雲亦曰景雲此喜氣也太平之應二曰歸邪如星非星如雲非雲或曰星有兩赤彗上向有蓋下連星見必有歸國者三曰昌光赤如龍狀聖人起帝受終則見

妖氣一曰虹蜺日旁氣也斗之亂精主惑心主內淫主臣謀君天子詘后妃顓妻不一二曰牂雲如狗赤色長尾爲亂君爲兵喪

十煇

周禮眂祲氏掌十煇之法以觀妖祥辯吉凶一曰祲謂陰陽五色之氣浸淫相侵或曰抱珥背璚之屬如虹而短是也二曰象謂雲氣成形象如赤烏夾日以飛之類是也三曰鑴日傍氣刺日形如童子所佩之鑴四曰監謂雲氣臨在日上也五曰闇謂日月蝕或曰脫光也六曰瞢謂瞢瞢不光明也七曰彌謂白虹彌天而貫日也八曰序謂氣若山而在日上或曰冠珥背璚重疊次序在于日旁也九曰隮謂暈氣也或曰虹也詩所謂朝隮于西者也十曰想謂氣五色有形想也青饑赤兵白喪黑憂黃熟或曰想思也赤氣爲人狩之形可思而知其吉凶也

凡遊氣蔽天日月失色皆是風雨之候也沉陰日月俱無光晝不見日夜不見星有雲障之兩敵相當陰相圖議也日濛濛無光士卒內亂又日數日俱出若鬬天下兵起大戰日鬬下有拔城日戴者形如直狀其上微起在日上爲戴戴者德也國有喜也一云立日上爲戴青赤氣抱在日上小者爲冠國有喜事青赤氣小而交於日下爲纓青赤氣小而員一二在日下左右者爲紐青赤氣如小半暈狀在日上爲負負者得地爲喜又曰青赤氣長而斜倚日旁爲戟青赤氣員而小在日左右爲珥黃白者有喜又曰有軍日有一珥爲喜在日西西軍戰勝在日東東軍戰勝南北亦如之無軍而珥爲拜將又日旁如半環向日爲抱青赤氣如月初生背日者爲背又曰背氣青赤而曲外向爲叛象分爲反城璚者如帶璚在日四方青赤氣長而立旁爲直日旁有一直敵在一旁欲自立從直所擊者勝日旁有二直三抱欲自立者不成順抱擊者勝殺將氣形三角在日四方爲提青赤氣橫在日上下爲格氣如半暈在日下爲承承者臣承君也又日下有黃氣三重若抱名曰承福人主有吉喜且得地青白氣如履在日下者爲履日旁抱五重戰順抱者勝日一抱一背爲破走抱者順氣也背者逆氣也兩軍相當順抱擊逆者勝故曰破走日抱且兩珥一虹貫抱至日順虹擊者勝殺將日抱兩珥且璚二虹貫抱至日順虹擊者勝日重抱內有璚順抱擊者勝亦曰軍內有欲反者日重抱左右二珥有白虹貫抱順抱擊勝得二將有三虹得三將日抱黃白潤澤內赤外青天子有喜有和親來降者軍不戰敵降軍罷色青黃將喜赤將兵爭白將有喪黑將死日重抱且背順抱擊者勝得地若有罷師日重抱抱內外有璚兩珥順抱擊者勝破軍軍中不和不相信日旁有氣員而周匝內赤外青名爲暈日暈者軍營之象周環匝日無厚薄敵與軍勢齊等若無軍在外天子失御民多叛日暈有五色有喜不得五色者有憂

凡占兩軍相當必謹審日月暈氣知其所起留止遠近應與不應疾遲大小厚薄長短抱背爲多少有無虛實久亟密疎澤枯相應等者勢等近勝遠疾勝遲大勝小厚勝薄長勝短抱勝背多勝少有勝無實勝虛久勝亟密勝疎澤勝枯重背大破重抱爲和親抱多親者益多背爲天下不和分離相去背於內者離於內背於外者離於外也

雜氣

天子氣內赤外黃四方所發之處當有王者若天子欲有遊往處其地亦先發此氣或如城門隱隱在氣霧中恒帶殺氣森森然或如華蓋在氣霧中或氣象青衣人無手在日西或如龍馬或雜色鬱鬱衝天者此皆帝王氣

猛將之氣如龍如猛獸或如火烟之狀或白如粉沸或如火光之狀夜照人或白而赤氣繞之或如山林竹木或紫黑如門上樓或上黑下赤狀似黑旌或如張弩或如埃塵頭鋭而卑本大而高此皆猛將之氣也氣發漸漸如雲變作山形將有深謀

凡軍勝之氣如堤如坂前後磨地或如火光將軍勇士卒猛或如山堤山上若林木將士驍勇或如埃塵粉沸其色黃白或如人持斧向敵或如蛇舉首向敵或氣如覆舟雲如牽牛或有雲如鬬雞赤白相隨在氣中或發黃氣皆將士精勇

凡氣上黃下白名曰善氣所臨之軍欲求和退

凡負氣如馬肝色或如死灰色或類偃蓋或類偃魚或黑氣如壞山墜軍上者名曰營頭之氣或如羣羊羣猪在氣中此衰氣也或如懸衣如人相隨或紛紛如轉蓬或如揚灰或雲如卷席如匹布亂穰者皆爲敗徵氣如繫牛如人臥如雙蛇如飛鳥如決隄垣如壞屋如驚鹿相逐如兩雞相向此皆爲敗軍之氣

凡降人氣如人十十五五皆叉手低頭又云如人叉手相向或氣如黑山以黃爲緣者皆欲降伏之象也

凡堅城之上有黑雲如屋名曰軍精或白氣如旌旗或青雲黃雲臨城皆有大喜慶或氣青色如牛頭觸人或城上氣如煙火如雙蛇如杵形向外或有雲分爲兩彗狀者皆不可攻

凡屠城之氣或赤如飛鳥或赤氣如敗車或有赤黑氣如貍皮斑或城中氣聚如樓出見於外營上有雲如衆人頭赤色其城營皆可屠氣如雄雉臨城其下必有降者

凡伏兵有黑氣渾渾員長赤氣在其中或白氣粉沸起如樓狀或如幢節狀在烏雲中或如赤杵在烏雲中或如烏人在赤雲中

凡暴兵氣白如瓜蔓連結部隊相逐須臾罷而復出或白氣如仙人如仙人衣千萬連結部隊相逐罷而復興當有千里兵來或氣如人持刀楯雲如人色赤所臨城邑有卒兵至或赤氣如人持節兵來未息雲如方虹此皆有暴兵之象

凡戰氣青白如膏如人無頭如死人臥如丹蛇赤氣隨之必大戰殺將四望無雲見赤氣如狗入營其下有流血

凡連陰十日晝不見日夜不見月亂風四起欲雨而無雨名曰蒙臣有謀霧氣若晝若夜其色青黃更相掩冒乍合乍散亦然視四方常有大雲五色具者其下賢人隱也青雲潤澤蔽日在西北爲舉賢良雲氣如亂穰大風將至視所從來雲甚潤而厚大雨必暴至四始之日有黑雲氣如陣厚大重者多雨氣若霧非霧衣冠不濡見則其城帶甲而趨日出沒時有霧雲橫截之白者喪烏者驚三日內雨者各解有雲如蛟龍所見處將軍失魄有雲如鵠尾來蔭國上三日亡有雲赤黃色四塞終

日竟夜照地者大臣縱恣有雲如氣昧而濁賢人去小人在位

凡白虹者百殃之本衆亂所基霧者衆邪之氣陰來冒陽凡白虹霧姦臣謀君擅權立威晝霧夜明臣志得申

凡夜霧白虹見臣有憂晝霧白虹見君有憂虹頭尾至地流血之象

凡霧氣不順四時逆相交錯微風小雨爲陰陽氣亂之象積日不解晝夜昏闇天下欲分離

凡天地四方昏濛若下塵十日五日已上或一月或一時雨不沾衣而有土名曰霾故曰天地霾君臣乖

凡海旁蜄氣象樓臺廣野氣成宮闕北夷之氣如牛羊羣畜穹廬南夷之氣類舟船幡旗自華以南氣下黑上赤嵩高三河之郊氣正赤恒山之北氣青勃碣海岱之間氣皆正黑江淮之間氣皆白東海氣如員簦附漢河水氣如引布江漢氣勁如杼濟水氣如黑㹠渭水氣如狼白尾淮南氣如白羊少室氣如白兎青尾恒山氣如黑牛青尾東夷氣如樹西夷氣如室屋南夷氣如閣臺或類舟船陣雲如立垣杼雲類軸摶兩端兌杓雲如繩居前亘天其半半天其蛪者類闕旗故鈎雲句曲諸此雲見以五色占而澤摶密其見動人及有兵必起合鬬其直雲氣如三疋帛廣前銳後大軍行氣也韓雲如布趙雲如牛楚雲如日宋雲如車魯雲如馬衞雲如犬周雲如車輪秦雲如行人魏雲如鼠鄭雲如絳衣越雲如龍蜀雲如囷車氣乍高乍下往往而聚騎氣卑而布卒氣摶前卑後高者疾前方而高後銳而卑者卻其氣平者其行徐前高後卑者不止而返校騎之氣正蒼黑長數百丈遊兵之氣如彗掃一云長數百丈無根本喜氣上黃下赤怒氣上下赤憂氣上下黑土功氣黃白徙氣白凡候氣之法氣初出時若雲非雲若霧非霧髣髴若可見初出森森然若桑榆上高五六尺者是千五百里外平視則千里舉目望即五百里仰瞻中天即百里內平望桑榆間二千里登高而望下屬地者三千里敵在東日出候之在南日中候之在西日入候之在北夜半候之軍上氣高勝下厚勝薄實勝虛長勝短澤勝枯氣見以知大占期內有大風雨久陰則災不成

天變史傳驗事

惠帝元康二年二月天西北大裂案劉向說天裂陽不足地動陰有餘是時人主昏瞀妃后專制

太安二年八月庚午天中裂爲二有聲如雷者三君道虧而臣下專僭之象也是日長沙王奉帝出距成都河間二王後成都河間東海又迭專威命是其應也

穆帝升平五年八月己卯夜天中裂廣三四丈有聲如雷野雉皆鳴是後哀帝荒疾海西失德皇太后臨朝太宗總萬幾桓溫專權威振內外陰氣盛陽道微

元帝太興二年八月戊戌天鳴東南有聲如風水相薄京房易妖占曰天有聲人主憂

三年十月壬辰天又鳴甲午止其後王敦入石頭王師敗績元帝屈辱制於强臣既而晏駕大耻不雪

安帝隆安五年閏月癸丑天東南鳴十六年九月戊子天東南又鳴是後桓玄篡位安帝播越憂莫大焉鳴每東南者蓋中興江外天隨之而鳴也

義熙元年八月天鳴在東南京房易傳曰萬姓勞厥妖天鳴是時安帝雖反政而兵革歲動衆庶勤勞也

日蝕

魏文帝黃初二年六月戊辰晦日有蝕之有司奏免太尉詔曰災異之作以譴元首而歸過股肱豈禹湯罪己之義乎其令百官各虔厥職後有天地眚勿復劾三公

三年正月景寅朔日有蝕之十一月庚申晦又日有蝕之

五年十一月戊申晦日有蝕之

明帝太和初太史令許芝奏日應蝕與太尉於靈星祈禳帝曰蓋聞人主政有不德則天懼之以災異所以譴告使得自修也故日月薄蝕明治道有不當者朕即位以來既不能光明先帝聖德而施化有不合於皇神故上天有以寤之宜勑政自修有以報於神明天之於人猶父之於子未有父欲有責其子而可獻盛饌以求免也今外欲遣上公與太史令俱禳之於義未聞也羣公卿士大夫其各勉修厥職有可以補朕不逮者各封上之

太和五年十一月戊戌晦日有蝕之

六年正月戊辰朔日有蝕之見吳歷

青龍元年閏月庚寅朔日有蝕之

少帝正始元年七月戊申朔日有蝕之

三年四月戊戌朔日有蝕之

四年五月丁丑朔日有蝕之

五年四月景辰朔日有蝕之

六年四月壬子朔日有蝕之　十月戊申朔又日有蝕之

八年二月庚午朔日有蝕之是時曹爽專政丁謐鄧颺等轉改法度會有日蝕之變詔羣臣問得失蔣濟上疏曰昔大舜佐治戒在比周周公輔政愼於其朋齊侯問災晏子對以布惠魯君問異臧孫答以緩役塞變應天乃實人事濟旨譬甚切而君臣不悟終至敗亡

九年正月乙未朔日有蝕之

嘉平元年二月己未日有蝕之

高貴鄉公甘露四年七月戊子朔日有蝕之

五年正月乙酉朔日有蝕之京房易占曰日蝕乙酉君弱臣强司馬將兵反征其王五月有成濟之變

元帝景元二年五月丁未朔日有蝕之

三年十一月己亥朔日有蝕之

武帝泰始二年七月景午晦日有蝕之　十月景午朔日有蝕之

七年十月丁丑朔日有蝕之

八年十月辛未朔日有蝕之

九年四月戊辰朔日有蝕之　又七月丁酉朔日有蝕之

十年正月乙未三月癸亥竝日有蝕之

咸寧元年七月甲申晦日有蝕之

三年正月景子朔日有蝕之

四年正月庚午朔日有蝕之

太康四年三月辛丑朔日有蝕之

七年正月甲寅朔日有蝕之

八年正月戊申朔日有蝕之

九年正月壬申朔六月庚子朔竝日有蝕之

永熙元年四月庚申帝崩

惠帝元康九年十一月甲子朔日有蝕之十二月廢皇太子遹爲庶人尋殺之

永康元年正月己卯四月辛卯朔竝日有蝕之

永寧元年閏月景戌朔日有蝕之

光熙元年正月戊子朔七月乙酉朔竝日有蝕之十一月惠帝崩　十二月壬午朔又日有蝕之

懷帝永嘉元年十一月戊申朔日有蝕之

二年正月景子朔日有蝕之

六年二月壬子朔日有蝕之

愍帝建興四年六月丁巳朔十二月甲申朔竝日有蝕之

五年五月景子十一月景子竝日有蝕之時帝蒙塵于平陽

元帝大興元年四月丁丑朔日有蝕之

明帝太寧三年十一月癸巳朔日有蝕之在卯至斗斗吳分也其後蘇峻作亂

成帝咸和二年五月甲申朔日有蝕之在井井主酒食女主象也明年皇太后以憂崩

六年三月壬戌朔日有蝕之是時帝已年長每幸司徒第猶出入見王導夫人曹氏如子弟之禮以人君而敬人臣之妻有虧君德之象也

九年十月乙未朔日有蝕之是時帝既冠當親萬幾而委政大臣者君道有虧也

咸康元年十月乙未朔日有蝕之

七年二月甲子朔日有蝕之三月杜皇后崩

八年正月乙未朔日有蝕之京都大雨郡國以聞是謂三朝王者惡之六月而帝崩

穆帝永和二年四月己酉七年正月丁酉八年正月辛卯竝日有蝕之

十二年十月癸巳朔日有蝕之在尾尾燕分北狄之象也是時邊表姚襄苻生互相吞噬朝廷憂勞征伐不止

升平四年八月辛丑朔日有蝕之幾既在角凡蝕淺者禍淺深者禍大角爲天門人主惡之明年而帝崩

哀帝隆和元年三月甲寅朔十二月戊午朔竝日有蝕之明年而帝有疾不識萬幾

海西公太和三年三月丁巳朔五年七月癸酉朔竝日有蝕之皆海西被廢之應也

孝武帝寧康三年十月癸酉朔日有蝕之

太元四年閏月己酉朔日有蝕之是時苻堅攻沒襄陽執朱序

六年六月庚子朔日有蝕之

九年十月辛亥朔日有蝕之

十七年五月丁卯朔日有蝕之

二十年三月庚辰朔日有蝕之明年帝崩

安帝隆安四年六月庚辰朔日有蝕之是時元顯執政

元興二年四月癸巳朔日有蝕之其冬桓玄篡位

義熙三年七月戊戌朔日有蝕之

十年九月丁巳朔日有蝕之

十一年七月辛亥晦日有蝕之

十三年正月甲戌朔日有蝕之明年帝崩

恭帝元熙元年十一月丁亥朔日有蝕之自義熙元年至是日蝕日從上始皆爲革命之徵

周禮眡祲氏掌十煇之法以觀妖祥辯吉凶有祲象鐫監闇瞢彌序隮想凡十後代名變說者莫同今錄其著應以次之云

吳孫權赤烏十一年二月白虹貫日權發詔戒懼
武帝泰始五年七月甲寅日暈再重白虹貫之
太康元年正月己丑朔五色氣冠日自卯至酉占曰君
道失明丑爲斗牛主吳越是時孫晧淫暴四月降
惠帝元康元年十一月甲申日暈再重青赤有光
九年正月日中有若飛鸞者數日乃消王隱以爲愍懷
廢死之徵
永康元年正月癸亥朔日暈三重十月乙未日闇黃霧
四塞占曰不及三年下有拔城大戰十二月庚戌日中
有黑氣京房易傳曰祭天不順茲謂逆厥異日中有黑
氣
永寧元年九月甲申日中有黑子京房易占黑者陰也
臣不掩君惡令下見百姓惡君則有此變又曰臣有蔽
主明者
太安元年十一月日中有黑氣
永興元年十一月日中有黑氣分日
光熙元年五月壬辰癸巳日光四散赤如血流照地皆
赤甲午又如之占曰君道失明
懷帝永嘉元年十一月乙亥黃黑氣掩日所照皆黃案
河圖占曰日薄也其說曰凡日蝕皆於朔晦有不於晦
朔者爲日薄雖非日月同宿時陰氣盛掩日光也占類
日蝕
二年正月戊申白虹貫日二月癸卯白虹貫日青黃暈
五重占曰白虹貫日近臣爲亂不則諸侯有反者暈五
重有國者受其祥天下有兵破亡其地明年司馬越暴
蔑人主五年劉聰破京都帝蒙塵于寇庭
五年三月庚申日散光如血下流所照皆赤日中有若
飛鸞者
愍帝建興二年正月辛未庚時日隕于地又有三日相
承出於西方而東行
五年正月庚子三日竝照虹蜺彌天日有重暈左右兩
珥占曰白虹兵氣也三四五六日俱出竝爭天下兵作
丁巳亦如其數又曰三日竝出不過三旬諸侯爭爲帝
日重暈天下有立王暈而珥天下有立侯故陳卓曰當
有大慶天下其三分乎三月而江東改元爲建武劉聰
李雄亦跨曹劉疆宇於是兵連累葉
元帝太興元年十一月乙卯日夜出高三丈中有赤青
珥
四年二月癸亥日闕三月癸未日中有黑子辛亥帝親
錄訊囚徒

永昌元年十月辛卯日中有黑子時帝寵幸劉隗擅威
福虧傷君道王敦因之舉兵逼京都禍及忠賢
明帝太寧元年正月己卯朔日暈無光癸巳黃霧四塞
占曰君道失明陰陽昏臣有陰謀京房曰下專刑茲謂
分威蒙微而日不明先是王敦害尚書令刁協僕射周
顗驃騎將軍戴若思等是專刑之應敦既陵上卒伏其
辜十一月景子白虹貫日史官不見桂陽太守華包以
聞
成帝咸和九年七月白虹貫日
咸康元年七月白虹貫日
二年七月白虹貫日自後庾氏專政由后族而貴蓋亦
婦人擅國之義故頻年白虹貫日
八年正月壬申日中有黑子景子乃滅夏帝崩
穆帝永和八年張重華在涼州日暴赤如火中有三足
烏形見分明五日乃止
十年十月庚辰日中有黑子大如雞卵
十一年三月戊申日中有黑子大如桃二枚時天子幼
弱久不親國政
升平三年十月景午日中有黑子太如雞卵少時而帝
崩
海西公太和三年九月戊辰夜二虹見東方
四年四月戊辰日暈厚密白虹貫日中　十月乙未日
中有黑子
五年二月辛酉日中有黑子大如李
六年三月辛未白虹貫日日暈五重十一月桓溫廢帝
卽簡文咸安元年也
簡文咸安二年十一月丁丑日中有黑子
孝武寧康元年十一月己酉日中有黑子大如李
三年三月庚寅日中有黑子二枚大如鴨卵十一月己
巳日中有黑子大如雞卵時帝已長而康獻皇后以從
嫂臨朝實傷君道故日有瑕也
太元十三年二月庚子日中有黑子二大如李
十四年六月辛卯日中又有黑子大如李
二十年十一月辛卯日中又有黑子是時會稽王以母
弟干政
安帝隆安元年十二月壬辰日暈有背璚是後不親萬
幾會稽王世子元顯專行威罰
四年十一月辛亥日中有黑子
元興元年二月甲子日暈白虹貫日中三月庚子白虹
貫日未幾桓玄剋京都王師敗績明年玄簒位

義熙元年五月庚午日有彩珥
六年五月景子日暈有璚時有盧循逼京都內外戒嚴
七月循走
七年七月五虹見東方占曰天子黜其後劉裕代晉
十年日在東井有白虹十餘丈在南干日災在秦分秦
亡之象
恭帝元熙二年正月壬辰白氣貫日東西有直珥各一
丈白氣貫之交匝
月變
魏文帝黃初四年十一月月暈北斗占曰有大喪赦天
下七年五月帝崩明帝卽位大赦天下
孝懷帝永嘉五年三月壬申丙夜月蝕既丁夜又蝕既
占曰月蝕盡大人憂又曰其國貴人死
海西公太和四年閏月乙亥月暈軫復有白暈貫月北
暈斗柄三星占曰王者惡之六年桓溫廢帝
安帝隆安五年三月甲子月生齒占曰月生齒天子有
賊臣羣下自相殘桓玄簒逆之徵也
義熙九年十二月辛卯朔月猶見東方是謂之仄慝則
侯王其肅是時劉裕輔政威刑自己仄慝之應云
十一年十一月乙未月入輿鬼見而暈占曰主憂財寶
出一日月暈有赦
月奄犯五緯
凡月蝕五星其國皆亡五星入月其野有逐相
魏明帝太和五年十二月甲辰月犯塡星
青龍二年十月乙丑月又犯塡星占同上戊寅月犯太
白占曰人君死又爲兵景初元年七月公孫懿叛二年
正月遣宣帝討之三年正月天子崩
四年三月己巳太白與月俱加景晝見月犯太白占同
上
景初元年十月丁未月犯熒惑占曰貴人死二年四月
司徒韓暨薨
齊王嘉平元年正月甲午太白襲月宣帝奏永寧太后
廢曹爽等
惠帝太安二年十一月庚辰歲星入月中占曰國有逐
相十二月壬寅太白犯月占曰天下有兵
三年正月己卯月犯太白占同青龍元年七月左衞將
軍陳眕等率衆奉帝伐成都王六軍敗績兵逼乘輿後
二年帝崩
元帝太興二年十一月辛巳月犯熒惑占曰有亂臣
三年十二月己未太白入月在斗郭璞曰月屬坎陰府

法象也太白金行而來犯之天意若曰刑理失中自毀
其法
四年十二月丁亥月犯歲星在房占曰其國兵饑人流
亡
永昌元年三月王敦作亂率江荆之衆來攻敗京師殺
將相又鎭北將軍劉隗出奔百姓竝去南畝困於兵革
四月又殺湘州刺史譙王司馬承鎭南將軍甘卓
成帝咸康元年二月乙未太白入月四月甲午月犯太
白
四年四月己巳七月乙巳月俱奄太白占曰人君死又
爲兵人主惡之明年石季龍之衆大寇沔南於是內外
戒嚴
五年四月辛未月犯歲星在胃占曰國饑人流乙未月
犯歲星在昴及冬有沔南邾城之敗百姓流亡萬餘家
六年二月乙未太白入月占曰人主死四月甲午月犯
太白占曰人主惡之
穆帝永和八年十二月月在東井犯歲星占曰秦饑人
流亡是時兵革連起
十年十一月月奄塡星在輿鬼占曰秦有兵時桓溫伐
苻健健堅壁長安溫退十二年八月桓溫破姚襄
升平元年十一月壬午月奄歲星在房占曰人飢一日
豫州有災
二年閏三月乙亥月犯歲星在房占同上三年豫州刺
史謝萬敗
三年三月乙酉月犯太白在昴占曰人君死一曰趙地
有兵四年正月慕容儁卒
五年正月乙丑辰時月在危宿奄太白占曰天下靡散
三月丁未月犯塡星在軫占曰爲大喪五月穆帝崩七
月慕容恪攻冀州刺史呂護於野王拔之護奔走時桓
溫以大衆次宛聞護敗乃退
哀帝興寧元年十月景戌月奄太白在須女占曰天下
靡散一曰災在揚州三年洛陽沒其後桓溫傾揚州資
實北討敗績死亡大半及征袁眞淮南殘破後慕容暐
及苻堅互來侵境
二年正月乙卯月奄歲星在參占曰參益州分也六月
鎭西將軍益州刺史周撫卒十月梁州刺史司馬勳入
益州以叛朱序率衆助刺史周楚討平之
海西太和元年二月景子月奄熒惑在參占曰爲內亂
帝不終之徵一曰參魏地五年慕容暐爲苻堅所滅
孝武太元十二年二月戊寅熒惑入月占曰有亂臣死

若有相戮者一曰女親爲政天下亂是時琅邪王輔政王妃從兄王國寶以姻妮受寵又陳郡人袁悅昧私苟進交遘主相扇揚朋黨十三年帝殺悅於市於是主相有隙亂階興矣

十三年十一月戊子辰星入月在危占曰賊臣欲殺主不出三年必有內惡是後慕容垂翟遼姚萇苻登慕容永竝阻兵爭强

十四年十二月乙未月犯歲星占竝同上十五年翟遼據司兗衆軍累討弗剋慕容氏又跨略并冀七月旱八月諸郡大水兗州又蝗

十八年正月乙酉熒惑入月占曰憂在宮中非賊乃盜也一曰有亂臣若有戮者二十一年九月帝暴崩內殿兆庶宣言夫人張氏潛行大逆又王國寶邪狡卒伏其辜

十九年四月己巳月奄歲星在尾占曰爲饑燕國亡二十年慕容垂遣息寶伐魏反爲所破死者數萬人二十一年垂死國遂衰亡

安帝隆安元年六月庚午月奄太白在太微端門外占曰國受兵乙酉月奄歲星在東壁占曰爲饑衞地有兵二年六月郄恢遣鄧啓方等以萬人伐慕容寶於滑臺啓方敗三年九月桓玄等竝舉兵於是內外戒嚴

四年正月乙亥月犯填星在牽牛占曰吳越有兵喪女主憂六月乙未月又犯填星在牽牛十月乙未月奄歲星在北河占曰爲饑胡有兵其四年五月孫恩破會稽殺內史謝琰後又破高雅之於餘姚死者十七八七月太和太后李氏崩元興元年孫恩寇臨海人衆餓死散亡殆盡

元興元年四月辛丑月奄辰星七月大饑人相食

二年十一月辛巳月犯熒惑占悉同上二年十二月桓玄篡位放遷帝后於尋陽以永安何皇后爲零陵君三年二月劉裕盡誅桓氏

三年二月甲辰月奄歲星於左角占曰天下兵起是年三月景辰劉裕起義兵殺桓修等明年正月衆軍攻桓振卒滅諸桓

義熙元年四月己卯月犯填星在東壁占曰其地亡國一曰貴人死七月己未月奄填星東壁占曰其國以伐亡一曰人流十月丁巳月奄填星在營室占同上十一月荆州刺史魏詠之卒二年二月司馬國璠等攻沒弋陽三年司徒揚州刺史王謐薨四年正月太保武陵王遵薨三月左僕射孔安國薨

二年十二月景午月奄太白在危占曰齊亡國一曰彊國君死五年四月劉裕大軍北討慕容超卒滅之

七年六月庚子月犯歲星在畢占曰有邊兵且饑八月乙未月犯歲星在參占曰益州兵飢七月朱齡石剋蜀蜀人尋反又討之

八年正月庚戌月犯歲星在畢占同上九年七月朱齡石滅蜀

十二年五月甲申月犯歲星在左角占曰爲饑

十四年四月壬申月犯填星於張占曰天下有大喪其明年帝崩

恭帝元熙元年七月月犯歲星占悉同上十二月丁巳月犯太白于羽林二年六月帝遜位禪宋

五星聚舍

魏明帝太和四年十一月壬戌太白犯歲星占曰太白犯五星有大兵五年三月諸葛亮以大衆寇天水時宣帝爲大將軍距退之

青龍二年二月己未太白犯熒惑占曰大兵起有大戰是年四月諸葛亮據渭南吳亦起兵應之魏東西奔命

惠帝元康三年填星歲星太白三星聚于畢昴占曰爲兵喪畢昴趙地也後賈后陷殺太子趙王廢后又殺之斬張華裴頠遂篡位廢帝爲太上皇天下從此遘亂連禍

永寧二年十一月熒惑太白鬬于虛危占曰大兵起破軍殺將虛危又齊分也十二月熒惑襲太白于營室占曰天下兵起亡君之戒一曰易相初齊王冏之京都因留輔政遂專慠無君是月成都河間檄長沙王乂討之冏又交戰攻焚宮闕冏兵敗夷滅又殺其兄上軍將軍實以下二十餘人太安二年成都又攻長沙於是公私饑困百姓力屈

太安三年正月熒惑犯歲星占曰有戰七月左衞將軍陳眕奉帝伐成都六軍敗績

光熙元年九月填星犯歲星占曰填與歲合爲內亂是時司馬越專權終以無禮破滅內亂之應也十二月癸未太白犯填星占曰爲內兵有大戰是後河間王爲東海王越所殺明年正月東海王越殺諸葛玫等五月汲桑破馮嵩殺東燕王八月苟晞大破汲桑

懷帝永嘉六年七月熒惑歲星太白聚牛女之間徘徊進退案占曰牛女揚州分是後兩都傾覆而元帝中興揚土

建武元年五月癸未太白熒惑合於東井占曰金火合曰爍爲喪是時愍帝蒙塵于平陽七月崩于寇庭

元帝太興二年七月甲午歲星熒惑會于東井八月乙未太白犯歲星合在翼占曰爲兵饑

三年六月景辰太白與歲星合于房占同上永昌元年王敦攻京師六軍敗績王敦尋死

成帝咸康三年十一月乙丑太白犯歲星于營室占曰爲兵饑四年二月石季龍破幽州遷萬餘家以南五年季龍衆五萬寇沔南略七千餘家而去又騎二萬圍陷邾城殺略五千餘人

四年十二月癸丑太白犯填星在箕占曰王者亡地七年慕容皝自稱燕王

七年三月太白熒惑合于太微中犯左執法明年顯宗崩

八年十二月己酉太白犯熒惑于胃占曰大兵起其後庾翼大發兵謀伐石季龍專制上流

康帝建元元年八月丁未太白犯歲星在軫占曰有大兵是年石季龍將劉寧寇沒狄道

穆帝永和四年五月熒惑入婁犯填星占曰兵大起有喪災在趙其年石季龍死來年冉閔殺石遵及諸胡十萬餘人其後褚裒北伐喪衆而薨

六年三月戊戌熒惑犯歲星占曰爲戰

七年三月戊子歲星熒惑合于奎其年劉顯殺石祗及諸胡帥中土大亂

十二年七月丁卯太白犯填星在柳占曰周地有大兵其年八月桓溫伐苻健退因破姚襄於伊水定周地

升平二年八月戊午熒惑犯填星在張占曰兵大起

三年八月庚午太白犯填星在太微中占曰王者惡之

五年十月丁卯熒惑犯歲星在營室占曰大臣有匿謀一曰衞地有兵時桓溫擅權謀移晉室

海西公太和元年八月戊午太白犯歲星在太微中

三年六月甲寅太白奄熒惑在太微端門中六年海西公廢

簡文咸安二年正月己酉歲星犯填星在須女占曰爲內亂七月帝崩桓溫擅權謀殺中侍王坦之等內亂之應

孝武寧康二年十一月癸酉太白奄熒惑在營室占曰金火合爲爍爲兵喪太元元年七月苻堅伐涼州破之虜張天錫

太元十一年十二月己丑太白犯歲星占曰爲兵饑是時河朔未平兵連在外冬大饑

十七年九月丁丑歲星熒惑填星同在亢氐十二月癸酉填星去熒惑歲星猶合占曰三星合是謂驚立絕行內外有兵喪與饑改立王公

十九年十月太白填星熒惑辰星合于氐十二月癸丑太白犯歲星在斗占曰爲亂饑爲內兵斗吳越分至隆安元年王恭等舉兵顯王國寶之罪朝廷殺之是後連歲水旱饑

安帝隆安元年二月歲星熒惑皆入羽林占曰中軍兵起四月王恭等舉兵內外戒嚴

元興元年八月庚子太白犯歲星在上將東南占曰楚兵饑一曰災在上將二年桓玄篡位三年劉裕盡誅桓氏

二年十月丁丑太白犯填星在婁占同上

三年二月壬辰太白熒惑合于羽林二年十二月桓玄篡位放遷帝后三年二月劉裕起義兵桓玄逼帝東下

義熙二年十二月丁未熒惑太白皆入羽林又合于壁三年正月慕容超寇淮北徐州至下邳八月遣劉敬宣伐蜀

三年二月癸亥熒惑填星太白辰星聚于奎婁從填星也徐州分是時慕容超僭號於齊兵連徐兗連歲寇抄至于淮泗姚興譙縱僭號秦蜀盧循及魏南北交侵其五年劉裕北殄慕容超其六月辛卯熒惑犯辰星在翼占曰天下兵起八月己卯太白奄熒惑占曰有大兵其四年姚略遣衆征赫連勃勃大爲所破

五年四月甲戌熒惑犯辰星在東井占曰皆爲兵十二月辛丑太白犯歲星在奎占曰大兵起魯有兵是年四月劉裕討慕容超六年二月滅慕容超于魯地

七年七月丁卯歲星犯填星在參占曰歲填合爲內亂一曰益州戰不勝亡地是時朱齡石伐蜀後竟滅之明年誅謝混劉毅

八年十月甲申太白犯填星在東井占曰秦有大兵

九年二月景午熒惑填星皆犯東井占曰秦有兵三月壬辰歲星熒惑填星太白聚于東井從歲星也東井秦分十三年劉裕定關中其後遂移晉祚

十四年十月癸巳熒惑入太微犯西蕃上將仍順行至左掖門內留二十日乃逆行至恭帝元熙元年三月五日出西蕃上將西三尺許又順還入太微時填星在太微熒惑繞填星成鉤已其年四月景戌從端門出占曰熒惑與填星鉤已天庭天下更紀十二月安帝母弟瑯邪王踐阼是日恭帝來年禪于宋

晉書卷十二考證

天文志中十一曰天䜛○史記天官書作天攙其正義解釋大略亦同下文引河圖作天攙引風角書作天毚

日夜出高三丈中有赤青珥○臣永祚按珥不應在中疑中爲衍字

熒惑填星太白辰星聚于奎婁從填星也徐州分○臣蘢官按汲古閣本也作北又徐州分上當有奎婁二字

晉書卷十三

唐太宗文皇帝御撰

志第三

天文下 月五星犯列舍 經星變附見 妖星客星 星流隕 雲氣

月五星犯列舍 經星變附見

魏文黃初四年三月癸卯月犯心大星占曰心爲天王位王者惡之六月甲申太白晝見案劉向五紀論曰太白少陰弱不得專行故以巳未爲界不得經天而行經天則晝見其占爲兵喪爲不臣爲更王彊國弱小國彊是時孫權受魏爵號而稱兵距守其十二月景子月犯心大星占同上

五年十月乙卯太白晝見占同上又歲星入太微逆行積百四十九日乃出占曰五星入太微從右入三十日以上人主有大憂一曰有赦至七年五月帝崩明帝卽位大赦天下

六年五月壬戌熒惑入太微至壬申與歲星相及俱犯右執法至癸酉乃出占曰從右入三十日以上人主有大憂又日月五星犯左右執法大臣有憂一曰執法者誅金火尤甚十一月皇子東武陽王鑒薨七年正月驃騎將軍曹洪免爲庶人四月征南大將軍夏侯尚薨五月帝崩蜀記稱明帝問黃權曰天下鼎立何地爲正對曰當驗天文往者熒惑守心而文帝崩吳蜀無事此其徵也案三國史並無熒惑守心之文疑是入太微八月吳遂圍江夏寇襄陽大將軍宣帝救襄陽斬吳將張霸等兵喪更王之應也

明帝太和五年五月熒惑犯房占曰房四星股肱臣將相位也月五星犯守之將相有憂其七月車騎將軍張郃追諸葛亮爲亮所害十二月太尉華歆薨其十一月乙酉月犯軒轅大星占曰女主憂

六年三月乙亥月又犯軒轅大星十一月景寅太白晝見南斗遂歷八十餘日恒見占曰吳有兵明年孫權遣張彌等將兵萬人錫授公孫文懿爲燕王文懿斬彌等虜其衆青龍二年正月太后郭氏崩

青龍三年三月辛卯月犯輿鬼輿鬼主斬殺占曰人多病國有憂又曰大臣憂是年夏及冬大疫四年五月司徒董昭薨其五月丁亥太白晝見積三十餘日以晷度推之非秦魏則楚也是時諸葛亮據渭南宣帝與相持孫權寇合肥又遣陸議孫昭等入淮沔天子親東征蜀本秦地則爲秦魏及楚兵悉起矣其七月己巳月犯楗閉占曰有火災三年七月崇華殿災三年六月丁未填星犯井鉞戊戌太白又犯之占曰凡月五星犯井鉞悉爲兵災一曰斧鉞用大臣誅七月己丑填星犯東井距星占曰填星入井大人憂行近距爲行陰其占曰大水五穀不成景初元年夏大水傷五穀其年十月壬申太白晝見在尾歷二百餘日恒晝見占曰尾爲燕有兵十二月戊辰月犯鉤鈐占曰王者憂

四年閏正月己巳填星犯井鉞三月癸卯填星犯東井己巳太白與月加景晝見五月壬寅太白犯畢左股第一星占曰畢爲邊兵又主刑罰九月涼州塞外胡阿畢師使侵犯諸國西域校尉張就討之斬首捕虜萬計其年七月甲寅太白犯軒轅大星占曰女主憂景初元年皇后毛氏崩

景初元年二月乙酉月犯房第二星占曰將軍有憂其七月司徒陳矯薨二年四月司徒韓曁薨其七月辛卯太白晝見積二百八十餘日時公孫文懿自立爲燕王署置百官發兵拒守宣帝討滅之

二年二月己丑月犯心距星又犯中央大星五月乙亥月又犯心距星及中央大星案占曰王者惡之犯前星太子有憂三年正月帝崩太子立卒見廢其年十月甲午月犯箕占曰將軍死正始元年四月車騎將軍黃權薨其閏十一月癸丑月犯心中央大星

少帝正始元年四月戊午月犯昴東頭第一星十月庚寅月又犯昴北第四星占曰月犯昴胡不安二年六月鮮卑阿妙兒等寇西方燉煌太守王延破之斬二萬餘級三年又斬鮮卑大帥及千餘級

二年九月癸酉月犯輿鬼西北星三年二月丁未又犯西南星占曰有錢令一曰大臣憂三年二月太尉滿寵薨四年正月帝加元服賜羣臣錢各有差

四年十月十一月月再犯井鉞是月宣帝討諸葛恪恪棄城走五年二月曹爽征蜀

五年十一月癸巳填星犯亢距星占曰諸侯有失國者

七年七月丁丑月犯左角占曰天下有兵左將軍死七月乙亥熒惑犯畢距星占曰有邊兵一曰刑罰用

九年正月辛亥月犯亢南星占曰兵起一曰軍將死七月癸丑填星犯楗閉占曰王者不宜出宮下殿嘉平元年天子謁陵宣帝奏誅曹爽等天子野宿於是失勢

嘉平元年六月壬戌太白犯東井距星占曰國失政大臣爲亂四月辛巳太白犯輿鬼占曰人臣誅一曰兵起二年三月己未太白又犯井距星三年七月王淩與楚王彪有謀皆伏誅人主遂卑

吳孫權赤烏十三年夏五月日北至熒惑逆行入南斗秋七月犯魁第三星而東漢晉春秋云逆行案占熒惑入南斗三月吳王死一曰熒惑逆行其地有死君太和二年權薨是其應也故國志書於吳是時王淩謀立楚王彪謂斗中有星當有暴貴者以問知星人浩詳詳疑有故欲悅其意不言吳有死喪而言淮南楚分吳楚同占當有王者興故淩計遂定

嘉平二年十二月景申月犯輿鬼

三年四月戊寅月犯東井五月甲寅月犯亢距星占曰軍將死一曰爲兵是月王淩楚王彪等誅七月皇后甄氏崩四年三月吳將爲寇鎭東將軍諸葛誕破走之其年七月己巳月犯輿鬼九月乙巳又犯之十月癸未熒惑犯亢南星占曰臣有亂四年十一月丁未月又犯鬼積尸五年六月戊午太白犯角占曰羣臣有謀不成庚辰月犯箕星占曰將軍死七月月犯井鉞景午月又犯鬼西北星占曰國有憂十一月癸酉月犯東井距星占曰將軍死正元元年正月鎭東將軍毋丘儉揚州刺史文欽反兵俱敗誅死二月李豐及弟翼后父張緝等謀亂事泄悉誅皇后張氏廢九月帝廢爲齊王蜀將姜維攻隴西車騎將軍郭淮討破之

高貴鄉公正元二年二月戊午熒惑犯東井北轅西頭第一星甘露元年七月乙卯熒惑犯東井鉞星壬戌月又犯鉞星八月辛亥月犯箕吳廢孫亮

太平元年九月壬辰太白犯南斗吳志所書也占曰太白犯斗國有兵大臣有反者其明年諸葛誕反又明年孫綝廢亮吳魏竝有兵事也

甘露元年九月丁巳月犯東井二年六月己酉月犯心中央大星八月壬子歲星犯井鉞九月庚寅歲星逆行乘井鉞十月景寅太白犯亢距星占曰逆臣爲亂人君憂景元元年五月有成濟之變及諸葛誕誅皆其應也

二年三月庚子太白犯東井占曰國失政大臣爲亂是夜歲星又犯東井占曰兵起至景元元年高貴鄉公敗

三年八月壬辰歲星犯輿鬼鑕星占曰斧鑕用大臣誅

四年四月甲申歲星又犯輿鬼東南星占曰鬼東南星主兵木入鬼大臣誅景元元年殺尚書王經

元帝景元元年二月月犯建星案占月五星犯建星大臣相譖是後鍾會鄧艾破蜀會譖艾

二年四月熒惑入太微犯右執法占曰人主有大憂一云大臣憂

四年十月歲星守房占曰將相憂一云有大赦明年鄧艾鍾會皆夷滅赦蜀土五年帝遜位

武帝咸寧四年九月太白當見不見占曰是謂失舍不有破軍必有亡國是時羊祜表求伐吳上許之五年十一月兵出太白始夕見西方太康元年三月大破吳軍孫晧面縛請罪吳國遂亡

太康八年三月熒惑守心占曰王者惡之太熙元年四月乙酉帝崩

惠帝元康三年四月熒惑守太微六十日占曰諸侯三公謀其上必有斬臣一曰天子亡國是春太白守畢至是百餘日占曰有急令之憂一曰相死又爲邊境不安後賈后陷殺太子

六年十月乙未太白晝見九年六月熒惑守心占曰王者惡之八月熒惑入羽林占曰禁兵大起其後帝見廢爲太上皇俄而三王起兵討趙王倫倫悉遣中軍兵相距累月

永康元年三月中台星拆太白晝見占曰台星失常三公憂太白晝見爲不臣是月賈后殺太子趙王倫尋廢殺后斬司空張華其五月熒惑入南斗占曰宰相死兵大起斗又吳分野是時趙王倫爲相明年篡位三公與師誅之太安二年石冰破揚州其八月熒惑入箕占曰人主失位兵起明年趙王倫篡位改元二年二月太白出西方逆行入東井占曰國失政大臣爲亂是時齊王冏起兵討趙王倫倫滅冏擁兵不朝專權淫奢明年誅死

永寧元年自正月至于閏月五星互經天縱橫無常星傳曰日陽君道也星陰臣道也日出則星亡臣不得專也晝而星見于上者爲經天其占爲不臣爲更王今五星悉經天天變所未有也石氏說曰辰星晝見其國不亡則大亂是後台鼎方伯互執大權二帝流亡遂至六

夷更王迭據華夏亦載籍所未有也其四月歲星晝見五月太白晝見同前七月歲星守虛危占曰木守虛危有兵憂虛危齊分一曰守虛饑守危徭役煩多下屈竭辰星入太微占曰爲內亂一曰羣臣相殺太白守右掖門占曰爲兵爲亂爲賊八月戊午塡星犯左執法又犯上相占曰上相憂熒惑守昴占曰趙魏有災辰星守輿鬼占曰秦有災九月丁未月犯左角占曰人主憂一曰左衛將軍死天下有兵

二年四月癸酉歲星晝見占曰爲臣彊初齊王冏定京都因留輔政遂專傲無君是月成都河間檄長沙王乂討之冏乂交戰攻焚宮闕冏兵敗夷滅乂殺其兄上軍將軍寔以下二十餘人太安二年成都攻長沙於是公私饑困百姓力屈

太安二年二月太白入昴占曰天下擾兵大起七月熒惑入東井占曰兵起國亂是秋太白守太微上將占曰上將以兵亡是年冬成都河間攻洛陽八年長沙王奉帝出距二王二年正月東海王越執長沙王乂張方又殺之

三年正月熒惑入南斗占同永康七月左衛將軍陳眕率衆奉帝伐成都六軍敗績兵偪乘輿是時天下盜賊羣起張昌尤盛

永興元年七月庚申太白犯角亢經房心歷尾箕九月入南斗占曰犯角天下大戰犯亢有大兵人君憂入房心爲兵喪犯尾箕女主憂一曰天下大亂入南斗有兵喪一曰將軍爲亂其所犯守又兗豫幽冀揚州之分野是年七月有蕩陰之役九月王浚殺幽州刺史和演攻鄴鄴潰於是兗豫爲天下兵衝陳敏又亂揚土劉元海石勒李雄等竝起微賤跨有州郡皇后羊氏數被幽廢皆其應也

二年四月景子太白犯狼星占曰大兵起九月歲星守東井占曰有兵井又秦分野是年苟晞破公師藩張方破范陽王虓關西諸將攻河間王顒奔走東海王迎殺之

光熙元年四月太白失行自翼入尾箕占曰太白失行而北是謂反生不有破軍必有屠城五月汲桑攻鄴魏郡太守馮嵩出戰大敗桑遂害東燕王騰殺萬餘人焚燒魏時宮室皆盡其九月丁未熒惑守心占曰王者惡之己亥塡星守房心占曰塡守房多禍喪守心國內亂天下赦是時司馬越專權終以無禮破滅內亂之應也十一月帝崩懷帝卽位大赦天下

懷帝永嘉元年十二月丁亥星流震散按劉向說天官列宿在位之象其衆小星無名者衆庶之類此百官衆庶將流散之象也是後天下大亂百官萬姓流移轉死矣

二年正月庚午太白伏不見二月庚子始晨見東方是謂當見不見占同上條其後破軍殺將不可勝數帝崩虜庭中夏淪覆

三年正月庚子熒惑犯紫微占曰當有野死之王又爲火燒宮是時太史令高堂冲奏乘輿宜遷幸不然必無洛陽五年六月劉曜王彌入京都焚燒宮廟執帝歸平陽

三年塡星久守南斗占曰塡星所居久者其國有福是時安東將軍琅邪王始有揚土其年十一月地動陳卓以爲是地動應也

五年十月熒惑守心六年六月丁卯太白犯太微占曰兵入天子庭王者惡之七月帝崩于寇庭天下行服大臨

元帝太興元年七月太白犯南斗占曰吳越有兵大人憂

二年二月甲申熒惑犯東井占曰兵起貴臣相戮八月己卯太白犯軒轅大星占曰後宮憂

三年五月戊子太白入太微又犯上將星占曰天子自將上將誅九月太白犯南斗十月己亥熒惑在東井居五諸侯南踟躕留積三十日占曰熒惑守井二十日以上大人憂守五諸侯諸侯有誅者永昌元年三月王敦率江荆之衆來攻京都六軍距戰敗績人主謝過而已於是殺護軍將軍周顗尚書令刁協車騎將軍戴若思又鎭北將軍劉隗出奔四月又殺湘州刺史譙王司馬承鎭南將軍甘卓閏十二月帝崩

明帝太寧三年正月熒惑逆行入太微占曰爲兵喪王者惡之閏八月帝崩後二年蘇峻反攻焚宮室太后以憂偪崩天子幽劫于石頭城遠近兵亂至四年乃息

成帝咸和六年正月景辰月入南斗占曰有兵是月石勒殺略婁武進二縣人明年石勒衆又抄略南涉海虞其十一月熒惑守胃昴占曰趙魏有兵八年七月石勒死石季龍自立是時雖二石僭號而其彊弱常占於昴不關太微紫宮也

八年三月己巳月入南斗與六年占同其年七月石勒死彭彪以譙石生以長安郭權以秦州竝歸順於是遣督護喬球率衆救彪彪敗球退又石季龍石斌攻滅生權其七月熒惑入昴占曰胡王死一曰趙地有兵是月石勒死石季龍多所攻沒八月月又犯昴占曰胡不安

九年三月己亥熒惑入輿鬼犯積尸占曰兵在西北有沒軍死將六月八月月又犯昴是時石弘雖襲勒位而石季龍擅威橫暴十一月廢弘自立遂幽殺之

咸康元年二月己亥太白犯昴占曰兵起歲中旱四月石季龍略騎至歷陽加司徒王導大司馬治兵列戍衝要是時石季龍又圍襄陽六月旱其年二月景戌月入昴占曰胡王死八月戊戌熒惑入東井占曰無兵兵起有兵兵止十一月月犯昴

二年正月辛亥月犯房南第二星八月月又犯昴九月庚寅太白犯南斗因晝見占曰斗爲宰相又揚州分金犯之死喪之象晝見爲不臣又爲兵喪其後石季龍僭稱天王發衆七萬四年二月自龍西攻段遼于薊又襲慕容皝於棘城不克皝擊破其將麻秋幷虜段遼殺之

三年七月己酉月犯房上星八月熒惑入輿鬼犯積尸甲戌月犯東井距星九月戊子月犯建星

四年四月己巳太白晝見在柳占曰爲兵爲不臣明年石季龍大寇沔南於是內外戒嚴其五月戊戌熒惑犯右執法占曰大臣死執政者憂九月太白又犯右執法案占五星災同金水尤甚十一月戊子太白犯房上星占曰上相憂

五年四月乙未月犯畢距星占曰兵起七月己酉月犯房上星占曰將相憂是月庚申丞相王導薨庾冰代輔政八月太尉郗鑒薨又有沔南邾城之敗百姓流亡萬餘家

六年正月征西大將軍庾亮薨

六年三月甲辰熒惑犯太微上將星占曰上將憂四月丁丑熒惑犯右執法占曰執政者憂六月乙亥月犯牽牛中央星占曰大將憂是時尚書令何充爲執法有譴欲避其咎明年求爲中書令其四月景午太白犯畢距星占曰兵革起一曰女主憂六月乙卯太白犯軒轅大星占曰女主憂七年三月皇后杜氏崩

七年三月壬午月犯房四月己丑太白入輿鬼五月太白晝見八月辛丑月犯輿鬼

八年六月熒惑犯房上第二星占曰次相憂八月壬寅月犯畢占曰下犯上兵革起十月月又掩畢大星占同上其建元元年車騎將軍庾冰薨庾翼大發兵謀伐石季龍專制上流朝廷憚之

康帝建元二年正月壬午太白入昴占曰趙地有兵又曰天下兵起四月乙酉太白晝見是年石季龍殺其子邃又遣將寇沒狄道及屯薊東謀慕容皝三年歲星犯天關安西將軍庾翼與兄冰書曰歲星犯天關占云關梁當分比來江東無他故江道亦不艱難而石季龍頻年再閉關不通信使此復是天公憒憒無皂白之徵也其閏月乙酉太白犯斗占曰爲喪天下受爵祿九月帝崩太子立大赦賜爵

穆帝永和元年正月丁丑月入畢占曰兵大起戊寅月犯天關占曰有亂臣更天子之法五月辛己太白晝見在東井占曰爲臣彊秦有兵六月辛丑月入太微犯屏西南星占曰輔臣有免罷者七月八月月皆犯畢占同上己未月犯輿鬼占曰大臣有誅九月庚戌月犯畢是年初庾翼在襄陽七月翼疾將終輒以子爰之爲荆州刺史代己任爰之尋被廢明年桓溫又輒率衆伐蜀執李勢送至京都蜀本秦地也

二年二月壬子月犯房上星四月景戌月又犯房上星八月壬申太白犯左執法

三年正月壬午月犯南斗第五星占曰將軍死近臣去五月壬申月犯南斗第四星因入魁占曰有兵一日有大赦六月月犯東井距星占曰將軍死國有憂戊戌月犯五諸侯占曰諸侯有誅九月庚寅太白犯南斗第五星占曰爲喪爲兵

四年七月景申太白犯左執法甲寅月犯房丁巳月入南斗犯第二星乙丑太白犯左執法占悉同上十月甲辰月犯亢占曰兵起將軍死十一月戊戌月犯上將星三年六月大赦是月陳逵征壽春敗而還七月氐蜀餘寇反亂益土九月石季龍伐涼州五年征北大將軍褚裒卒

四年四月太白入昴是時戎晉相侵趙地連兵尤甚七月太白犯軒轅占曰在趙及爲兵喪甲寅月犯房十月甲戌月犯亢占曰兵起將軍死八月石季龍太子宣殺弟韜宣亦死其十一月戊戌月犯上將星五年正月石季龍僭號稱皇帝尋死

五年四月丁未太白犯東井占曰秦有兵九月戊戌太白犯左角占曰爲兵十月月犯昴占曰胡有憂將軍死是年八月褚裒北征兵敗十月關中二十餘壁舉兵內附石遵攻沒南陽十一月冉閔殺石遵又盡殺胡十餘萬人於是趙魏大亂十二月褚裒薨八年劉顯苻健慕容儁竝僭號殷浩北伐敗績見廢

六年二月辛酉月犯心大星占曰大人憂又豫州分野也丁丑月犯房占曰將相憂六月己丑月犯昴占同上

乙未月犯五諸侯占同上七月壬寅月始出西方犯左角占曰大將軍死一曰天下有兵丁未月犯箕占曰將軍死景寅熒惑犯鉞星占曰大臣有誅八月辛卯月犯左角太白晝見在南斗月犯右執法占竝同上是歲司徒蔡謨免爲庶人

七年二月太白犯昴占同上三月乙卯熒惑入輿鬼犯積尸占曰貴人有憂五月乙未熒惑犯軒轅大星占曰女主憂太白入畢口犯左股占曰將相當之六月乙亥月犯箕占曰國有兵景子月犯斗丁丑熒惑入太微犯右執法八月庚午太白犯軒轅戊子太白犯右執法占悉同上七年劉顯殺石祗及諸將帥山東大亂疾疫死亡

八年三月戊戌月犯軒轅大星癸丑月入南斗犯第二星五月月犯心星六月癸酉月犯房七月壬子歲星犯東井距星占曰內亂兵起八月戊戌熒惑入輿鬼占曰忠臣戮死景辰太白入南斗犯第四星占曰將爲亂一曰丞相免

九年二月乙巳月入南斗犯第三星三月戊戌月犯房八月歲星犯輿鬼東南星占曰兵起是時帝幼冲母后稱制將相有隙兵革連起慕容儁僭號稱燕王攻伐不休

十年正月己卯月蝕昴星占曰趙魏有兵癸酉填星奄鉞星占曰斧鉞用三月甲申月犯心大星占曰王者惡之七月庚午太白晝見晷度推之災在秦鄭九月辛酉太白犯左執法是時桓溫擅命朝臣多見迫脅四月溫伐苻健破其嶢柳軍十二月慕容恪攻齊

十一年三月辛亥月奄軒轅占同上四月庚寅月犯牛宿南星占曰國有憂八月己未太白犯天江占曰河津不通

十二年六月庚子太白晝見在東井占如上己未月犯鉞星八月癸酉月奄建星九月戊寅熒惑入太微犯西蕃上將星十一月丁丑熒惑犯太微東蕃上將星十二年十一月齊城陷執段龕殺三千餘人永和三年鮮卑侵略河冀升平元年慕容儁遂據臨漳盡有幽并青冀之地緣河諸將奔散河津隔絕時權在方伯九服交兵

升平元年四月壬子太白入輿鬼丁亥月奄井南轅西頭第二星占曰秦地有兵一曰將死六月戊戌太白晝見在軫占同上軫是楚分野壬子月犯畢占曰爲邊兵七月辛巳熒惑犯天江占曰河津不通十一月歲星犯房占曰豫州有災其年五月苻堅殺苻生而立十二月慕容儁入屯鄴二年八月豫州刺史謝奕薨

二年十二月辛卯填星犯軒轅大星占曰人主惡之甲午月犯東井六月辛酉月犯房十月己未太白犯哭星占曰有大哭泣

三年正月壬辰熒惑犯揵閉星案占曰人主憂三月乙酉熒惑逆行犯鉤鈐案占王者惡之六月太白犯東井七月乙酉熒惑犯天江景戌太白犯輿鬼占悉同上戊子月犯牽牛中央大星占曰牽牛天將也犯中央大星將軍死八月丁未太白犯軒轅大星甲子月犯畢大星占曰爲邊兵一曰下犯上三年十月諸葛攸舟軍入河敗績豫州刺史謝萬入朝衆潰而歸萬除名十一月司徒會稽王以郗曇謝萬二鎭敗求自貶三等四年正月慕容儁死子暐代立慕容恪殺其尚書令陽騖等

四年正月乙亥月犯牽牛中央大星六月辛亥辰星犯軒轅占曰女主憂己未太白入太微右掖門從端門出占曰貴奪勢一曰有兵又曰出端門臣不臣八月戊申太白犯氐占曰國有憂景辰熒惑犯太微西蕃上將星九月壬午太白入南斗口犯第四星占曰爲喪有赦天下受爵祿十二月甲寅熒惑犯房景寅太白晝見庚寅月犯楗閉占曰人君惡之

五年正月乙巳填星逆行犯太微五月壬寅月犯太微庚戌月犯建星占曰大臣相謀是時殷浩敗績卒致遷徙其月辛亥月犯牽牛宿占曰國有憂六月癸亥月犯氐東北星占曰大將當之五年正月北中郎將郗曇薨五月帝崩哀帝立大赦賜爵褚后失勢七月慕容恪攻冀州刺史呂護於野王護奔滎陽是時溫桓以大衆次宛聞護敗乃退

五年六月癸酉月奄氐東北星占曰大將軍當之九月乙酉月奄畢占曰有邊兵十月丁未月犯畢大星占曰下犯上又曰有邊兵八月范汪廢隆和元年慕容暐遣將寇河陰

哀帝興寧三年七月庚戌月犯南斗占曰女主憂歲星犯輿鬼占曰人君憂十月太白晝見在亢占曰亢爲朝廷有兵喪爲臣彊明年五月皇后庾氏崩

海西太和二年正月太白入昴五年慕容暐爲苻堅所滅又據司冀幽并四州

六年閏月熒惑守太微端門占曰天子亡國又曰諸侯三公謀其上一曰有斬臣辛卯月犯心大星占曰王者惡之十一月桓溫廢帝并奏誅武陵王晞文不許溫乃徙之新安皆臣彊之應也

簡文咸安元年十二月辛卯熒惑逆行入太微二年三月猶不退占曰國不安有憂是時帝有桓溫之逼

二年五月丁未太白犯天關占曰兵起歲星形色如太白占曰進退如度姦邪息變色亂行主無福歲星於仲夏當細小而不明此其失常也又爲臣彊六月太白晝見在七星乙酉太白犯輿鬼占曰國有憂七月帝崩桓溫以兵威擅權將誅王坦之等內外迫脅又庾希入京城盧悚入宮竝誅滅之

孝武寧康元年正月戊申月奄心大星案占曰災不在王者則在豫州一曰王命惡之三月景午月奄南斗第五星占曰大臣有憂死亡一曰將軍死七月桓溫薨九月癸巳熒惑入太微是時女主臨朝政事多鈌

二年閏月己未月奄牽牛南星占曰左將軍死十二月甲申太白晝見在氐氐兗州分野三年五月景午北中郎將王坦之薨

三年六月辛卯太白犯東井占曰秦地有兵九月戊申熒惑奄左執法占曰執法者死太元元年苻堅破涼州二年十月尚書令王彪之卒

太元元年四月景戌熒惑犯南斗第三星景申又奄第四星占曰兵大起中國饑一曰有赦八月癸酉太白晝見在氐氐兗州分野九月熒惑犯哭泣星遂入羽林占曰天子有哭泣事中軍兵起十一月己未月奄氐角占曰天下有兵一曰國有憂

二年二月熒惑守羽林占曰禁兵大起九月壬午太白晝見在角角兗州分野升平元年五月大赦三年八月秦人寇樊鄧襄陽彭城四年二月襄陽陷朱序沒四月魏興陷賊聚廣陵三河衆五六萬於是諸軍外次衞要丹陽尹屯衞京都六月兗州刺史謝玄討賊大破之是時中外連兵比年荒儉

四年十一月丁巳太白犯哭星占曰天子有哭泣事

五年七月景子辰星犯軒轅占曰女主當之九月癸未皇后王氏崩

六年九月景子太白晝見

七年十一月太白又晝見在斗占曰吳有兵喪

八年四月甲子太白又晝見在參占曰魏有兵喪是月桓沖征沔漢楊亮伐蜀竝拔城略地八月苻堅自將號百萬九月攻沒壽陽十月劉牢之破苻堅將梁成斬之殺獲萬餘人謝玄等又破苻堅於淝水斬其弟融堅大衆奔潰九年六月皇太后褚氏崩八月謝玄出屯彭城經略中州矣

九年七月景戌太白晝見十一月丁巳又晝見

十年四月乙亥又晝見于畢昴占曰魏國有兵喪是時苻堅大衆奔潰趙魏兵連相攻堅爲姚萇所殺

十一年三月戊申太白晝見在東井占曰秦有兵臣彊六月甲申又晝見于輿鬼占曰秦有兵時魏姚萇苻登連兵相征不息甲午歲星晝見在胃占曰魯有兵臣彊十二年慕容垂寇東阿翟遼寇河上姚萇假號安定苻登自立隴上呂光竊據涼土

十二年六月癸酉太白晝見在柳十月庚午太白晝見在斗

十三年正月景戌又晝見十二月熒惑在角亢形色猛盛占曰熒惑失其常吏且棄其法諸侯亂其政自是後慕容垂翟遼姚萇苻登慕容永竝阻兵爭彊十四年正月彭城妖賊又稱號於皇丘劉牢之破滅之三月張道破合鄉圍泰山向欽之擊走之是年翟遼又攻沒滎陽侵略陳項于時政事多弊君道陵遲矣

十四年四月己巳太白晝見于柳六月辛卯又晝見于翼九月景寅又晝見于軫十二月熒惑入羽林占竝同上十五年翟遼掠司兗衆軍累討不剋慕容垂又跨略井冀等州七月旱八月諸郡大水兗州又蝗

十五年九月癸未熒惑入太微十月太白入羽林

十六年四月癸卯朔太白晝見十一月癸巳月奄心前星占曰太子憂是時太子常有篤疾

十七年七月丁丑太白晝見十月丁酉又晝見

十八年六月又晝見

十九年五月又晝見于柳六月辛酉又晝見于輿鬼九月又見于軫

二十年六月熒惑入天囷占曰大饑七月丁亥太白晝見在太微占曰太白入太微國有憂晝見爲兵喪十二月己巳月犯楗閉及東西咸占曰楗閉司心腹喉舌東西咸主陰謀

二十一年二月壬申太白晝見三月癸卯太白連晝見在羽林占曰有彊臣有兵喪中軍兵起三月太白晝見于胃占曰中軍兵起四月壬午太白入天囷占曰爲饑六月歲星犯哭泣星占曰有哭泣事是年九月帝崩隆安元年王恭等舉兵脅朝廷於是內外戒嚴殺王國寶以謝之及連歲水旱三方動衆人飢

安帝隆安元年正月癸亥熒惑犯哭泣星占曰有哭泣事四月丁丑太白晝見在東井占曰秦有兵喪六月姚興攻洛陽郗恢遣兵救之冬姚萇死子略代立魏王圭

即位於中山其八月熒惑守井鉞占曰大臣有誅

二年六月戊辰攝提移度失常歲星晝見在胃兗州分野是年六月郗恢遣鄧啓方等以萬人伐慕容寶於滑臺敗而還閏月太白晝見在羽林十一月犯東上相

三年五月辛酉月又奄東上相辛未辰星犯軒轅大星占悉同上二年九月庾楷等舉兵表誅王愉等於是內外戒嚴三年六月洛陽没于寇桓玄破荆雍州殺殷仲堪等孫恩聚衆攻没會稽殺內史

四年六月辛酉月犯哭泣星

五年正月太白晝見自去年十二月在斗晝見至于是月乙卯案占災在吳越七月癸亥大角星散搖五色占曰王者流散丁卯月犯天關占曰王者憂九月庚子熒惑犯少微又守之占曰處士誅十月甲子月犯東次相其年七月太皇太后李氏崩十月妖賊大破高雅之於餘姚死者十七八五年孫恩攻侵郡縣殺內史至京口進軍蒲洲於是內外戒嚴恩遣别將攻廣陵殺三千餘人退據郁洲是時劉裕又追破之九月桓玄表至逆旨陵上十月司馬元顯大治水軍將以伐玄元興元年正月盧循自稱征虜將軍領孫恩餘衆略有永嘉晉安之地二月帝戎服遣西軍三月桓玄剋京都殺司馬元顯放太傅會稽王道子

元興元年三月戊子太白犯五諸侯因晝見占曰諸侯有誅七月戊寅熒惑在東井熒惑犯輿鬼積尸占並同上八月景寅太白奄右執法九月癸未太白犯進賢占曰進賢者誅

二年二月歲星犯西上將六月甲辰月奄斗第四星占曰大臣誅不出三年八月癸丑太白犯房北第二星九月己丑歲星犯進賢熒惑犯西上將十月甲戌太白犯泣星十一月丁酉熒惑犯東上相十二月乙巳月奄軒轅第二星占悉同上升平元年冬魏破姚興軍二年十二月桓玄纂位放遷帝后於尋陽以永安何皇后爲零陵君三年二月劉裕盡誅桓氏

三年正月戊戌熒惑逆行犯太微西上相占曰天子戰於野上相死二月景辰熒惑逆行在左執法西北占曰執法者誅四月甲午月奄軒轅第二星五月壬申月奄斗第二星填星入羽林占並同上是年二月景辰劉裕殺桓修等三月己未破走桓玄遣軍西討辛未誅左僕射王愉桓玄劫天子如江陵五月玄下至崢嶸洲義軍破滅之桓振又攻没江陵幽劫天子七月永安何皇后崩義熙元年三月壬辰月奄左執法占同上丁酉月奄心前星占曰豫州有災太白犯東井占曰秦有兵七月庚辰太白晝見在翼軫占曰爲臣彊荆州有兵喪八月丁巳犯斗第一星占曰天下有兵一曰大臣憂九月甲子熒惑犯少微占曰處士誅庚寅熒惑犯右執法癸卯熒惑犯左執法占並同上十一月景戌太白犯鉤鈐占曰喉舌憂十二月己卯歲星犯天關占曰有兵亂河津不通十一月荆州刺史魏詠之薨二年二月司馬國璠等攻没弋陽四月姚興伐仇池公楊盛擊走之九月益州刺史司馬榮期爲其參軍楊承祖所害三年十二月司徒揚州刺史王謐薨四年正月太保武陵王遵薨三月左僕射孔安國卒自後政在劉裕人主端拱而已

二年二月太白犯南斗占曰兵起己丑月犯心後星占曰豫州有災四月癸丑月犯太微西上將己未月犯房南第二星乙丑歲星犯天江占曰有兵亂河津不通五月癸未月犯左角占曰左將軍死天下有兵壬寅熒惑犯氐占曰氐爲宿宮人主憂六月庚午熒惑犯房北第二星八月癸亥熒惑犯南斗第五星丁巳犯建星占曰爲兵九月壬午熒惑犯哭星又犯泣星是年二月甲戌司馬國璠等攻没弋陽又慕容超侵略徐兗三年正月又寇北徐州至下邳十二月司徒王謐薨四年正月武陵王遵薨五年慕容超復寇淮北四月劉裕大軍討之拔臨朐又圍廣固拔之

三年正月景子太白晝見在奎二月庚申月奄心後星占同上五月癸未月犯左角己丑太白晝見在參占曰益州有兵喪臣彊八月己卯太白犯左執法辛卯熒惑犯左執法九月壬子熒惑犯進賢星是年八月劉敬宣伐蜀不剋而旋四年三月左僕射孔安國卒七月司馬叔璠等攻没鄒山魯郡太守徐邕破走之姚略遣衆征赫連勃勃大爲所破五年劉裕討慕容超滅之

四年正月庚子熒惑犯天關五月丁未月奄斗第二星壬子填星犯天廪占曰天下饑倉粟少六月己丑太白犯太微西上將乙卯又犯左執法十月戊子熒惑入羽林占悉同上五年劉裕討慕容超後南北軍旅運轉不息

五年二月甲子月犯昴占曰胡不安天子破匈奴五月戊戌歲星入羽林九月壬寅月犯昴十月熒惑犯氐閏月丁酉月犯昴辛亥熒惑犯鉤鈐己巳月奄心大星占曰王者惡之是年四月劉裕討慕容超十月魏王圭遇弑殂六年五月盧循逼郊甸宮衞被甲

六年三月丁卯月奄房南第二星災在次相己巳又奄斗第五星占曰斗主吳吳地兵起太白犯五諸侯占曰諸侯有誅五月甲子月奄斗第五星己亥月奄昴第三星占曰國有憂一曰有白衣之會六月己丑月犯房南第二星甲午太白晝見七月己亥月犯輿鬼占曰國有憂一曰秦有兵八月壬午太白犯軒轅大星甲申月犯心前星災在豫州景戌月犯斗第五星占同上丁亥月奄牛宿南星占曰天下有大誅乙未太白犯少微景午太白在少微而晝見九月甲寅太白犯左執法丁丑填星犯畢占曰有邊兵是年三月始興太守徐道覆反四月盧循寇湘中没巴陵率衆逼京畿是月左僕射孟昶懼王威不振仰藥自殺七年十二月劉蕃梟徐道覆首杜慧度斬盧循並傳首京都八年六月劉道規卒時爲豫州刺史八月皇后王氏崩九月兗州刺史劉蕃尚書左僕射謝混伏誅劉裕西討劉毅斬首徇之十二月遣益州刺史朱齡石伐蜀

七年四月辛丑熒惑入輿鬼占曰秦有兵一曰雍州有災六月太白晝見在翼己亥填星犯天關占曰臣謀主八月太白犯房南第二星十一月景子太白犯哭星其七月朱齡石剋蜀蜀又反討滅之

八年七月癸亥月奄房北第二星己未月犯井鉞八月戊申月犯泣星十月辛亥月奄天關占曰有兵十一月丁丑填星犯東井占曰大人憂十二月癸卯填星犯井鉞是年八月皇后王氏崩九年誅劉蕃謝混討滅劉毅十二月朱齡石滅蜀

九年二月熒惑入輿鬼占曰有兵喪太白犯南河占曰兵起五月壬辰太白犯右執法晝見七月庚午月奄鉤鈐占曰喉舌臣憂九月庚午歲星犯軒轅大星己丑月犯左角時劉裕擅命兵革不休十年裕討司馬休之王師不利休之等奔長安

十年正月丁卯月犯畢占曰將相有以家坐罪者二月己酉月犯房北星五月壬寅月犯牽牛南星乙丑歲星犯軒轅大星占悉同上六月景申月奄氐占曰將死之國有誅者七月庚辰月犯天關占曰兵起熒惑犯井鉞填星犯輿鬼遂守之占曰大人憂宗廟改八月丁酉月奄牽牛南星占同上九月填星犯輿鬼占曰人主憂丁巳太白入羽林十二月己酉月犯西咸占曰有陰謀十一年林邑寇交州距敗之

十一年三月丁巳月入畢占曰天下兵起一曰有邊兵己卯熒惑入輿鬼閏月景午填星又入輿鬼占曰爲旱大疫爲亂臣五月癸卯熒惑入太微甲辰犯右執法六月己未太白犯東井占曰秦有兵戊寅犯輿鬼占曰國有憂七月辛丑月犯畢占同上八月壬子月犯氐占同上庚申太白順行從右掖門入太微丁卯奄左執法十一月癸亥月入畢占同上乙未月入輿鬼而暈

十二年五月甲申歲星留房心之間宋之分野始封劉裕爲宋公六月壬子太白順行入太微右掖門己巳月犯畢占同上七月月犯牛宿十月景戌月入畢

十三年五月景子月犯軒轅丁亥犯牽牛癸巳熒惑犯右執法八月己酉月犯牽牛丁卯月犯太微占曰人君憂九月壬辰熒惑犯軒轅十月戊申月犯畢占悉同上月犯箕占曰國有憂甲寅月犯畢占同上乙卯填星犯太微留積七十餘日占曰亡君之戒壬戌月犯太微

十四年三月癸巳太白犯五諸侯五月庚子月犯太微七月甲辰熒惑犯輿鬼占曰秦有兵又爲旱爲兵喪亦曰大人憂宗廟改亦爲亂臣時劉裕擅命軍旅數興饑旱相屬其後卒移晉室丁巳月犯東井占曰軍將死八月甲子太白犯軒轅癸酉填星入太微犯右執法因留太微中積二百餘日乃去占曰填星守太微亡君之戒有徙王九月乙未太白入太微犯左執法丁巳入太微占曰大人憂十月甲申月入太微癸巳熒惑入太微犯西蕃上將仍順行至左掖門內留二十日乃逆行義熙十二年七月劉裕伐姚泓十三年八月擒姚泓司兗秦雍悉平十四年劉裕還彭城受宋公十一月左僕射前將軍劉穆之卒明年西虜寇長安雍州刺史朱齡石諸軍陷没官軍捨而東十二月帝崩

恭帝元熙元年正月景午三月壬寅五月景申月皆犯太微占悉同上己卯辰星犯軒轅六月庚辰太白犯太微七月己卯月犯太微太白晝見自義熙元年至是太白經天者九月蝕者四皆從上始革代更王臣失君之象也是夜太白犯哭星十二月丁巳月入太白俱入羽林

二年三月庚午填星犯太微占悉同上元年七月劉裕受宋王是年六月帝遜位于宋

妖星客星

魏文帝黄初三年九月甲辰客星見太微左掖門內占曰客星出太微國有兵喪十月帝南征孫權是後累有征役

六年十月乙未有星孛于少微歷軒轅占爲兵喪除舊布新之象時帝軍廣陵辛丑親御甲胄觀兵明年五月帝崩

明帝太和六年十一月景寅有星孛于翼近太微上將星占曰爲兵喪甘氏曰孛彗所當之國是受其殃翼又楚分野孫權封略也明年權有遼東之敗又明年諸葛亮入秦川孫權發兵緣江淮屯要衝權自圍新城以應亮天子東征權

青龍四年十月甲申有星孛于大辰長三尺乙酉又孛于東方十一月己亥彗星見犯宦者天紀星占曰大辰爲天王天下有喪劉向五紀論曰春秋星孛于東方不言宿者不加宿也宦者在天市爲中外有兵天紀爲地震孛彗主兵喪景初元年六月地震九月吳將朱然圍江夏皇后毛氏崩二年正月討公孫文懿三年正月明帝崩

景初二年八月彗星見張長三尺逆西行四十一日滅占同上張周分野十月癸巳客星見危逆行在離宮北騰蛇南甲辰犯宗星己酉滅占曰客星所出有兵喪虛危爲宗廟又爲墳墓客星近離宮則宮中將有大喪就先君於宗廟之象也三年正月帝崩

少帝正始元年十月乙酉彗星見西方在尾長二丈拂牽牛犯太白十一月甲子進犯羽林占曰尾爲燕又爲吳牛亦吳越之分太白爲上將羽林中軍兵爲吳越有喪中軍兵動二年五月吳遣三將寇邊吳太子登卒六月宣帝討諸葛恪於皖太尉滿寵薨

六年八月戊午彗星見七星長二尺色白進至張積二十三日滅七年十一月癸亥又見軫長一尺積百五十六日滅九年三月又見昴長六尺色青白芒西南指七月又見翼長二尺進至軫積四十二日滅案占曰七星張爲周分野翼軫爲楚昴爲趙魏彗所以除舊布新主兵喪也嘉平元年宣帝誅曹爽兄弟及其黨與皆夷三族京師嚴兵三年誅楚王彪又襲王淩於淮南淮南東楚也魏諸王幽於鄴

嘉平三年十一月癸亥有星孛于營室西行積九十日滅占曰有兵喪室爲後宮後宮且有亂

四年二月丁酉彗星見西方在胃長五六丈色白芒南指貫參積二十日滅五年十一月彗星又見軫長五丈在太微左執法西東南指積百九十日滅案占胃兗州之分野參主兵太微天子庭執法爲執政孛彗爲兵喪除舊布新之象正元元年二月李豐豐弟翼后父張緝等謀亂皆誅皇后亦廢九月廢帝爲齊王

高貴鄉公正元元年十一月白氣出南斗側廣數丈長竟天王肅曰蚩尤之旗也東南其有亂乎二年正月有彗星見于吳楚分西北竟天鎭東大將軍毋丘儉等據淮南叛景帝討平之案占蚩尤旗見王者征伐四方自後又征淮南西平巴蜀是歲吳主孫亮五鳳元年也斗牛吳越分案占吳有兵喪除舊布新之象也太平三年孫綝盛兵圍宮廢亮爲會稽王故國志又書於吳也淮南江東同揚州地故于時變見吳楚楚之分則魏之淮南多與吳同災是以毋丘儉以孛爲己應遂起兵而敗後三年卽魏甘露二年諸葛誕又反淮南吳遣將救之及城陷誕衆與吳兵死没各數萬人猶前長星之應也

甘露二年十一月彗星見角色白占曰彗星見兩角間色白者軍起不戰邦有大喪景元元年高貴鄉公爲成濟所害

四年十月丁丑客星見太微中轉東南行歷軫宿積七日滅占曰客星出太微有兵喪景元元年高貴鄉公被害

元帝景元三年十一月壬寅彗星見亢色白長五寸轉北行積四十五日滅占曰爲兵喪一曰彗星見亢天子失德四年鍾會鄧艾伐蜀尅之二將反亂皆誅

咸熙二年五月彗星見王良長丈餘色白東南指積十二日滅占曰王良天子御駟彗星埽之禪代之表除舊布新之象也色白爲喪王良在東壁宿又幷州之分野八月文帝崩十二月武帝受魏禪

武帝泰始四年正月景戌彗星見軫青白色西北行又轉東行占曰爲兵喪軫又楚分野三月皇太后王氏崩十月吳寇江夏襄陽

五年九月星孛于紫宮占如上紫宮天子內宮十年武元楊皇后崩

十年十二月有星孛于軫占曰天下兵起軫又楚分野

咸熙二年六月甲戌星孛于氐占曰天子失德易政氐又兗州分七月星孛大角大角爲帝坐八月星孛太微至翼北斗三台占曰太微天子庭大人惡之一曰有改王翼又楚分野北斗主殺罰三台爲三公

三年正月星孛于西方三月星孛于胃胃徐州分四月星孛女御女御爲後宮五月又孛于東方七月星孛紫宮占曰天下易王

四年四月蚩尤旗見于東井後年傾三方伐吳是其應也

五年三月星孛于柳四月又孛于女御七月孛于紫宮占曰外臣陵主柳又三河分野大角太微紫宮女御竝爲王者明年吳亡是其應也孛主兵喪征吳之役三河徐兗之兵悉出交戰於吳楚之地吳丞相都督以下梟戮十數偏裨行陣之徒馘斬萬計皆其徵也

太康二年八月有星孛于張占曰爲兵喪十一月星孛于軒轅占曰後宮當之

四年三月戊申星孛于西南是年齊王攸任城王陵琅邪王伷新都王該薨

八年九月星孛于南斗長數十丈十餘日滅占曰斗主爵祿國有大憂一曰孛于斗王者疾病天下易政大亂兵起

太熙元年四月客星在紫宮占曰爲兵喪太康末武帝耽宴遊多疾病是月己酉帝崩永平元年賈后誅楊駿及其黨與皆夷三族楊太后亦見弒又誅汝南王亮太保衞瓘楚王瑋王室兵喪之應也

惠帝元康五年四月有星孛于奎至軒轅太微經三台大陵占曰奎爲魯又爲庫兵軒轅爲後宮太微天子庭三台爲三司大陵有積尸死喪之事其後武庫火西羌反後五年司空張華遇禍賈后廢死魯公賈謐誅又明年趙王倫篡位於是三王興兵討倫兵士戰死十餘萬人

永康元年三月妖星見南方占曰妖星出天下大兵將起是月賈后殺太子趙王倫尋廢殺后斬司空張華又廢帝自立於是三王竝起迭總大權其十二月彗星出牽牛之西指天市占曰牛者七政始彗出之改元易號之象也天市一名天府一名天子旗帝坐在其中明年趙王倫篡位改元尋爲大兵所滅

二年四月彗星見齊分占曰齊有兵喪是時齊王冏起兵討趙王倫倫滅冏擁兵不朝專權淫奢明年誅

太安元年四月彗星晝見

二年三月彗星見東方指三台占曰兵喪之象三台爲三公三年正月東海王越執太尉長沙王乂張方又殺之

永興元年五月客星守畢占曰天子絕嗣一曰大臣有誅時諸王擁兵其後惠帝失統終無繼嗣

二年八月有星孛于昴畢占曰爲兵喪昴畢又趙魏分野十月丁丑有星孛于北斗占曰璇璣更授天子出走又曰彊國發兵諸侯爭權是後諸王交兵皆有應明年惠帝崩

成帝咸和四年七月有星孛于西北犯斗二十三日滅占曰爲兵亂十二月郭默殺江州刺史劉胤荊州刺史陶侃討默斬之時石勒又始僭號

咸康二年正月辛巳彗星夕見西方在奎占曰爲兵喪奎又爲邊兵三年正月石季龍僭天王位四年石季龍伐慕容皝不尅旣退皝追擊之又破麻秋時皝稱藩邊兵之應也

六年二月庚辰有星孛于太微七年三月杜皇后崩

康帝建元元年十一月六日彗星見亢長七尺白色占曰亢爲朝廷主兵喪二年康帝崩

穆帝永和五年十一月乙卯彗星見亢芒西向色白長一丈六年正月丁丑彗星又見于亢占曰爲兵喪疾疫其五年八月褚裒北征兵敗十一月冉閔殺石遵又盡殺胡十餘萬人於是中土大亂十二月褚裒薨是年大疫

升平二年五月丁亥彗星出天船在胃占曰爲兵喪除舊布新出天船外夷侵一曰爲大水四年五月天下大水五年穆帝崩

哀帝興寧元年八月有星孛于角亢入天市案占曰爲兵喪三年正月皇后王氏崩二月帝崩三月慕容恪攻没洛陽沈勁等戰死

海西太和四年二月客星見紫宮西垣至七月乃滅占曰客星守紫宮臣弒主六年桓溫廢帝爲海西公

孝武寧康二年正月丁巳有星孛于女虛經氐亢角軫翼張至三月景戌彗星見於氐九月丁丑有星孛于天市占曰爲兵喪太元元年七月苻堅破涼州虜張天錫

太元十一年三月客星在南斗至六月乃没占曰有兵有赦是後司雍兗冀常有兵役十二年正月大赦八月又大赦

十五年七月壬申有星孛于北河戍經太微三台文昌入北斗色白長十餘丈八月戊戌入紫宮乃滅占曰北河戍一名胡門胡門有兵喪埽太微入紫微王者當之三台爲三公文昌爲將相將相三公有災入北斗諸侯戮一曰埽北斗彊國發兵諸侯爭權大人憂二十一年帝崩隆安元年王恭殷仲堪桓玄等竝發兵表以誅王國寶爲名朝廷順而殺之幷斬其從弟緒司馬道子由是失勢禍亂成矣

十八年二月客星在尾中至九月乃滅占曰燕有兵喪二十年慕容垂息寶伐魏爲所破死者數萬人二十一年垂死國遂衰亡

二十年九月有蓬星如粉絮東南行歷女虛至哭星占曰蓬星見不出三年必有亂臣戮死於市是時王國寶交構朝廷二十一年九月帝崩隆安元年王恭等興兵

而朝廷殺王國寶王緒

安帝隆安四年二月己丑有星孛奎長三丈上至閣道紫宮西蕃入北斗魁至三台三月遂經于太微帝坐端門占曰彗星埽天子庭閣道易主之象經三台入北斗占同上條十二月戊寅有星孛于貫索天市天津占曰貴臣獄死內外有兵喪天津爲賊斷王道天下不通案占災在吳越五年二月有孫恩兵亂攻侵郡國於是內外戒嚴營陣屯守柵斷淮戶九月桓玄表至逆旨陵上其後玄遂篡位亂京都大饑人相食百姓流亡皆其應也

元興元年十月有客星色白如粉絮在太微西至十二月入太微占曰兵入天子庭二年十二月桓玄篡位放遷帝后於尋陽以永安何皇后爲零陵君三年二月劉裕盡誅桓氏

義熙十一年五月甲申彗星二出天市埽帝坐在房心北房心宋之分野案占得彗柄者興除舊布新宋興之象

十四年五月庚子有星孛于北斗魁中七月癸亥彗星出太微西柄起上相星下芒漸長至十餘丈進埽北斗紫微中台占曰彗出太微社稷亡天下易王入北斗紫微帝宮空十四年劉裕還彭城受宋公十二月帝崩

恭帝元年正月戊戌有星孛于太微西蕃占曰革命之徵其年宋有天下

星流隕

蜀後主建興十三年諸葛亮帥大衆伐魏屯于渭南有長星赤而芒角自東北西南流投亮營三投再還往大還小占曰兩軍相當有大流星來走軍上及墜軍中者皆破敗之徵也九月亮卒于軍焚營而退羣帥交怨多相誅殘

魏明帝景初二年宣帝圍公孫文懿於襄平八月景寅夜有大流星長數十丈白色有芒鬣從首山東北流墜襄平城東南占曰圍城而有流星來走城上及墜城中者破又曰星墜當其下有戰場又曰凡星所墜國易姓九月文懿突圍走至星墜所被斬屠城坑其衆

元帝景元四年六月有大流星二竝如斗見西方分流南北光照地隆隆有聲案占流星爲貴使星大者使大是年鍾鄧剋蜀二星蓋二帥之象二帥相背又分流南北之應鍾會既叛三軍憤怒隆隆有聲兵將怒之徵也

武帝泰始四年七月星隕如雨皆西流占曰星隕爲百姓叛西流吳人歸晉之象也二年吳夏口督孫秀率部曲二千餘人來降

太康九年八月壬子星隕如雨劉向傳云下去其上之象後三年帝崩而惠帝立天下自此亂矣

惠帝元康四年九月甲午枉矢東北行竟天

六年六月景午夜有枉矢自斗魁東南行案占曰以亂伐亂北斗主執殺出斗魁居中執殺者不直之象也是後趙王殺張裴廢賈后以理太子之寃因自篡盜以至屠滅以亂伐亂之應也一曰氐帥齊萬年反之應也

太安二年十一月辛巳有星晝隕中天北下光變白有聲如雷案占名曰營首營首所在下有大兵流血明年劉元海石勒攻略并州多所殘滅王浚起燕代引鮮卑攻掠鄴中百姓塗地有聲如雷怒之象也

永興元年七月乙丑星隕有聲

二年十月星又隕有聲占同上是後遂亡中夏

光熙元年五月枉矢西南流是時司馬越西破河間兵奉迎大駕尋收繆胤何綏等肆無君之心天下惡之及死而石勒焚其屍柩是其應也

懷帝永嘉元年九月辛卯有星大如日自西南流于東北小者如斗相隨天盡赤聲如雷占曰流星爲貴使星大者使大是年五月汲桑殺東燕王騰遂據河北十一月始遣和郁爲征北將軍鎮鄴西田甄等大破汲桑斬于樂陵於是以甄爲汲郡太守弟蘭鉅鹿太守小星相隨者小將別帥之象也司馬越忿魏郡以東平原以南皆黨於桑以賞甄等於是侵掠桑地有聲如雷忿怒之象也

四年十月庚子大星西北墜有聲尋而帝蒙塵于平陽

元帝太興三年四月壬辰枉矢出虛危沒翼軫占曰枉矢所觸天下之所伐翼軫荆州之分野太寧二年王敦殺譙王承及甘卓而敦又梟夷枉矢觸翼之應也

永昌元年七月甲午有流星大如甕長百餘丈青赤色從西方來尾分爲百餘岐或散時王敦之亂百姓流亡之應也

成帝咸寧三年六月辛未流星大如二斗魁色青赤光耀地出奎中沒婁北案占爲饑五穀不藏是月大旱饑

六年二月庚午朔有流星大如斗光耀地出天市西行入太微占曰大人當之八年六月成帝崩

穆帝永和八年六月辛巳日未入有流星大如三斗魁從辰巳上東南行晷度推之在箕斗之間蓋燕分也案占爲營首營首之下流血滂沲是時慕容儁僭稱大燕攻伐無已

十年四月癸未流星大如斗色赤黃出織女沒造父有聲如雷占曰燕齊有兵百姓流亡其年十二月慕容儁遂據臨漳盡有幽并青冀之地緣河諸將奔散河津隔絕慕容恪攻齊

升平二年十二月枉矢自東南流于西北其長半天四年十月庚戌天狗見西南占曰有大兵流血

海西太和四年十月壬申有大流星西下有聲如雷明年遣使免袁眞爲庶人桓溫征壽春眞病死息瑾代立求救於苻堅溫破苻堅軍六月壽春城陷

孝武太元六年十月乙卯有奔星東南經翼軫聲如雷占曰楚地有兵軍破百姓流亡十二月苻堅荆州刺史梁成襄陽太守閻震率衆伐竟陵桓石虔擊大破之生擒震斬首七千獲生口萬人聲如雷將帥怒之象也

十三年閏月戊辰天狗東北下有聲占曰有大戰流血自是後慕容垂翟遼姚萇苻登慕容永竝阻兵爭彊十四年正月彭城妖賊又稱僞號於皇丘劉牢之破滅之三月張道破合鄉太山向欽之擊走之

安帝隆安五年三月甲寅流星赤色衆多西行經牽牛虛危天津閣道貫太微紫宮占曰星庶人類衆多西行衆將西流之象經天子庭主弱臣彊諸侯兵不制其年五月孫恩侵吳郡殺內史六月至京口於是內外戒嚴營陣屯守劉裕追破之元興元年七月大饑人相食浙江以東流亡十六七吳郡吳興戶口減半又流奔而西者萬計十月桓玄遣將擊劉軌破走之軌奔青州

雲氣

惠帝永興元年十二月壬寅夜有赤氣亘天砰隱有聲

二年十月丁丑赤氣見北方東西竟天占曰竝爲大兵砰隱有聲怒之象也是後四海雲擾九服交兵

光熙元年十二月甲申有白氣若虹中天北下至地夜見五日乃滅占曰大兵起明年王彌起青徐汲桑亂河北毒流天下

懷帝永嘉三年十一月乙亥有白氣如帶出南北方各二起地至天貫參伐中占曰天下大兵起四年三月司馬越收繆胤等又三方雲擾攻戰不休五年三月司馬越死於寗平城石勒攻破其衆死者十餘萬人六月京都焚滅帝如虜庭

愍帝建興元年十月己巳夜有赤氣曜於西北荆州刺史陶侃討杜弢之黨於石城戰敗

晉書卷十四

唐　太　宗　文　皇　帝　御　撰

志第四

地理上

總敘　司州　兗州　豫州　冀州　幽州　平州　并州　雍州　涼州　秦州　梁州　益州　寧州

昔者元胎無象太素流形對越在天以爲元首則記所謂冬居營窟夏居橧巢飲血茹毛未有麻絲者也及燧人鑽火庖犧出震風宗下武炎胥昌基晝野無聞其歸一揆黃帝則東海南江登空躡岱至於崑峯振轡崆山訪道存諸汗竹不可厚誣高陽任地依神帝嚳順天行義東踰蟠木西濟流沙北至幽陵南撫交趾日月所經舟車所至莫匪王臣不踰玆域帝堯時禹平水土以爲九州虞舜登庸厥功彌劭表提類而分區宇判山河而考疆域冀北創并部之名燕齊起幽營之號則書所謂肇十有二州封十有二山者也夏功則于唐堯殷因無所損益周武克商自豐徂鎬至成王時改作禹貢徐梁入於青雍冀野析於幽并職方掌天下之土以周厥利保章辨九州之野皆有分星東南曰揚州正南曰荊州河南曰豫州正東曰青州河東曰兗州正西曰雍州東北曰幽州河內曰冀州正北曰并州始皇初并天下懲忿戰國削罷列侯分天下爲三十六郡三川河東南陽南郡九江鄣郡會稽潁川碭郡泗水薛郡東郡琅邪齊郡上谷漁陽右北平遼西遼東代郡鉅鹿邯鄲上黨太原雲中九原鴈門上郡隴西北地漢中巴郡蜀郡黔中長沙凡三十五郡與內史爲三十六郡也於是興師踰江平取百越又置閩中南海桂林象郡凡四十郡郡一守焉其地則西臨洮而北沙漠東縈西帶皆臨大海漢祖龍興革秦之弊分內史爲三部更置郡國二十有三桂陽江夏豫章河內魏郡東海楚國平原梁國定襄泰山汝南淮陽千乘東萊燕國清河信都常山中山渤海廣漢涿郡合二十三也三內史者河上渭南中地也地理志曰高祖增二十六武帝改河上渭南中地以爲京兆馮翊扶風是爲三輔也文增厥九廣平城陽淄川濟南膠西膠東河間廬江衡山武帝改衡山曰六安景加其四濟北濟南山陽北海也宣改濟北曰東平武帝開越攘胡初置十七南海蒼梧鬱林合浦交趾九眞日南珠崖儋耳九郡平西南夷置牂牁越巂沈黎汶山犍爲益州六郡西置武都郡又分立零陵郡合十七郡拓土分疆又增十四弘農臨淮西河朔方酒泉陳留安定天水玄菟樂浪廣陵敦煌武威張掖昭帝少事又增其一金城也至平帝元始二年凡新置郡國七十有一與秦四十合一百一十有一改雍曰涼改梁曰益又置徐州復夏舊號南置交趾北有朔方凡爲十三部涼益荊揚青豫兗徐幽并冀十一州交趾朔方二刺史合十三部光武投戈之歲在彤耗之辰郡國蕭條并省者八城陽淄川高密膠東六安眞定泗水廣陽建武十一年省州牧復爲刺史員十三人各掌一州明帝置一永昌也章帝置二任城吳郡和順改作其名有九和置濟北廣陽順改淮陽爲陳改楚爲彭城濟東爲東平臨淮爲下

（邳千乘爲樂安信都爲安平天水爲漢陽）省朔方刺史合之於司隸凡十三部（其與西漢不同者司隸校尉部郡治河南朔方隸於并部）而郡國百有八焉（省前漢八）（分置五改舊名七因舊九十六少前漢三也）桓靈頗增於前復置六郡（桓高陽高）（涼博陵靈南安鄴陽盧陵）魏武定霸三方鼎立生靈版蕩關洛荒蕪所置者十二（新興樂平西平新平略陽陰平帶方譙樂陵章武南鄉襄陽）所省者七（上郡朔方五原雲中定襄漁陽廬江）而文帝置七（朝歌陽平弋陽魏興新城義陽安豐）明及少帝增二（明上庸也少平陽也）得漢郡者五十四焉蜀先主於漢建安之間初置郡九（巴東巴西梓潼江陽汶山漢嘉朱提宕渠涪陵）後主增二（雲南興古）得漢郡者十有一焉吳主大皇帝初置郡五（臨賀武昌珠崖新安廬陵南部）少帝景帝各四（少臨川臨海衡陽湘東景天門建安建平合浦北部）歸命侯亦置十有二郡（始安始興邵陵安成新昌武平九德吳興東陽桂林滎陽宜都）得漢郡者十有八焉晉武帝太康元年旣平孫氏凡增置郡國二十有三（滎陽上洛頓丘臨淮東莞襄城汝陰長廣寧昌黎新野隨郡陰平義陽毗陵宣城南康晉安寧浦始平略陽樂平南平）省司隸置司州別立梁秦寧平四州仍吳之廣州凡十九州（司冀兗豫荊徐揚青幽平并雍涼秦梁益寧交廣州）郡國一百七十三（仍吳所置二十五仍蜀新置十一仍魏所置二十一仍漢舊九十三置二十三）以爲冠帶之國盡有殷周之土若乃敦龐於天地之始昭晰於犧農之世用長黎元未爭疆埸而玉環楛矢夷裘風駕南暈表貺東風入律光乎上德奚遠弗臻然則星象麗天山河紀地端掖裁其弘敞崤函判其都邑仰觀俯察萬物攸歸是以洛沚咸陽宛然秦漢晉濱河西同知堯禹于玆新邑宅是鎬京五尺童子皆能口誦者史官弗之書也昔庖犧氏生于成紀而爲天子都於陳神農氏都陳而別營于曲阜黃帝生於壽丘而都於涿鹿少昊始自窮桑而遷都曲阜顓頊始自窮桑而徙邑商丘高辛旣號建都于亳孫卿子曰不登高山不知天之高不臨深谿不知地之厚也大哉坤象萬物資生載崑華而不墜傾河海而寧泄考卜惟王乘飛駐軫睨嶓山而鐫勒覽會域以爲甄時逢稽浸道接陵夷平王東遷星離豆剖當塗馭寓瓜分鼎立世祖武皇帝接千祀之餘當八堯之禪先王桑梓罄宇來歸斯固可得而言者矣惠皇不虞中州盡棄永嘉南度綸行建鄴九分天下而有二焉

昔大禹觀於濁河而受綠字寰瀛之內可得而言也天有七星地有七表天有四維地有四瀆八紘之外名爲八極地不足東南天不足西北八極之廣東西二億三萬一千三百里南北二億三萬一千三百里自地至天半八極之數自下亦如之昔黃帝令豎亥步自東極至于西極五億十萬九千八百八步史臣按凡周天積百七萬九百一十三里徑三十五萬六千九百七十里所謂南北爲經東西爲緯天有十二次日月之所躔地有十二辰王侯之所國也或因生得姓因功命土祁酉燕齊在乎玆域昔黃帝旁行天下方制萬里得百里之國萬區則周易所謂首出庶物萬國咸寧者也昔在帝堯叶和萬邦制八家爲鄰三鄰爲朋三朋爲里五里爲邑十邑爲都十都爲師州十有二師焉夏后氏東漸于海西被于流沙南浮于江而朔南暨聲教窮豎亥所步莫不率俾會羣臣於塗山執玉帛者萬國於是九州之內作爲五服天子之國內五百里甸服百里賦納總二百里納銍三百里納秸服四百里粟五百里米甸服外五百里侯服百里采二百里任三百里侯侯服外五百里綏服三百里揆文教二百里奮武衞綏服外五百里要服三百里夷二百里蔡要服外五百里荒服三百里蠻二百里流訖于四海弼成五服五服至于五千里夏德中微遇有窮之亂少康中興不失舊物自孔甲之後以至於桀諸侯相兼其能存者三千餘國方於塗山十損其七矣成湯敗桀於焦遷鼎于亳伊摯仲虺之徒大明憲典王者之制爵祿公侯伯子男凡五等天子之田方千里公侯田方百里伯七十里子男五十里不能五十里者不達於天子附於諸侯曰附庸凡四海之內九州州方千里州建百里之國三十七十里之國六十五十里之國百有二十凡二百一十國名山大澤不以封其餘以爲附庸閒田八州州二百一十國天子之縣內百里之國九七十里之國二十有一五十里之國六十有三凡九十三國名山大澤不以班其餘以祿士以爲閒田凡九州千七百七十三國天子之元士諸侯之附庸不與天子百里之內以供官千里之內以爲御千里之外設方伯五國以爲屬屬有長十國以爲連連有帥三十國以爲卒卒有正二百一十國以爲州州有伯八州八伯五十六正百六十八帥三百三十六長八伯各以其屬屬於天子之老二人分天下爲左右曰二伯千里之內曰甸千里之外曰采曰流天子使其大夫爲三監監於方伯之國國三人天子之縣內諸侯祿也外諸侯嗣也

武王歸豐監於二代設爵惟五分土惟三封同姓五十餘國周公康叔建于魯衞各數百里太公封於齊表東海者也凡一千八百國布列於五千里內而太昊黃帝之後唐虞侯伯猶存大司徒以諸公之地封疆方五百里其食者半諸侯之地方四百里其食者三之一諸伯之地方三百里其食者三之一諸子之地方二百里其食者四之一諸男之地方百里其食者四之一不易之地家百畮一易之地家二百畮再易之地家三百畮五家爲比使之相保五比爲閭使之相受四閭爲族使之相葬五族爲黨使之相救五黨爲州使之相賙五州爲鄉使之相賓小司徒以五人爲伍五伍爲兩四兩爲卒五卒爲旅五旅爲師五師爲軍以起軍旅以作田役以比追胥以令貢賦乃經土地而井牧其田野九夫爲井四井爲邑四邑爲丘四丘爲甸四甸爲縣四縣爲都遺人則十里有廬廬有飲食三十里有宿宿有路室路室有委五十里有市市有侯侯有館館有積遂人則五家爲鄰五鄰爲里四里爲酇五酇爲鄙五鄙爲縣五縣爲遂大司馬以九畿之籍施邦國之政方千里曰國畿其外方五百里曰侯畿又其外方五百里曰甸畿又其外方五百里曰男畿又其外方五百里曰采畿又其外方五百里曰衞畿又其外方五百里曰蠻畿又其外方五百里曰夷畿又其外方五百里曰鎭畿又其外方五百里曰藩畿（畿田限也自王城以外面五千里爲界有分限者九也）于時治致太平政稱刑措民口千三百七十一萬四千九百二十三蓋周之盛者也其衰也則禮樂征伐出自諸侯彊吞弱而衆暴寡春秋之初尚有千二百國迄獲麟之末二百四十二年弒君三十六亡國五十二諸侯奔走不得保其社稷者不可勝數而見於春秋經傳者百有七十國焉百三十九知其所居（魯邾鄭宋紀衞西虢莒齊陳杞蔡邢郕晉薛許鄧秦曹楚隨黃梁虞鄅小邾徐燕郜麇舒庸郯萊吳越有窮三苗瓜州有虞東虢共宿冉夷向南燕滕凡戴息郜芮魏淳于穀巴州蓼羅賴牟葛譚蕭遂滑權郭霍耿江冀弦道柏微鄫厲項密任須句顓臾頓管雍畢豐邢應蔣茅胙祭介焦沈六巢根牟唐黎郇瑕寒有鬲斟灌斟尋過有過戈偪陽鄀鑄豕韋唐杜楊鄾鄶觀扈邳胡黎大庭駘岐邶鍾吾蒲姑昆吾房密須甲父鄩桐亳韓趙）三十一國盡亡其處（祭極荀賈貳軫絞於餘丘陽箕英氏毛羽莘偪封父仍有仍崇鄩庸姺奄商奄爽姒蓐有緡闕鞏殿殷窮桑鞏）蠻夷戎狄不在其間五伯迭興總其盟會陵夷至于戰國遂有七王（韓魏趙燕齊秦楚）又有宋衞中山不斷如綫如三晉篡奪亦稱孤也司馬法廣陳三代曰古者六尺爲步步百爲畮畮百爲夫夫三爲屋屋三爲井井方一里是爲九夫八家共之一夫一婦受私田百畮公田十畮是爲八百八十畮餘二十畮爲廬舍出入相友守望相助疾病相救民受田上田夫百畮中田夫二百畮下田夫三百畮歲受耕之爰自其處其家衆男爲餘夫亦以口受田如此士工商家受田五口乃當農夫一口有賦有稅稅謂公田什一及工商衡虞之入也賦供車馬甲兵士徒之役民年二十受田六十歸田種穀必雜五種以備災旱田中不得有樹以妨五穀環廬種桑柘菜茹有畦瓜瓠果蓏植於疆埸雞㹠狗彘無失其時閭有序鄉有庠序以明教庠以行禮司馬之法官設六軍之衆因井田而制軍令地方一里爲井井十爲通通十爲成成方十里成十爲終終十爲同同方百里同十爲封封十爲畿畿方千里故井四爲邑邑四爲丘丘十六井有戎馬一匹牛三頭四丘爲甸甸六十四井也有戎馬四匹兵車一乘牛十二頭甲士三人卒七十二人是謂乘車之制一同百里提封萬井除山川坑岸城池邑居園囿街路三千六百井定出賦六千四百井戎馬四百匹兵車百乘此卿大夫采地之大者也是謂百乘之家一封三百六十六里提封十萬井定出賦六萬四千井戎馬四千匹兵車千乘此謂諸侯之大者也謂之千乘之國天子畿內方千里提封百萬井定出賦六十四萬井戎馬四萬匹兵車萬乘戎卒七十二萬人故天子稱萬乘之主焉

秦始皇旣得志於天下訪周之敗以爲處士橫議諸侯尋戈四夷交侵以弱見奪於是削去五等焉

漢興創艾亡秦孤立而敗於是割裂封疆立爵二等功臣侯者百有餘邑于時民罹秦項戶口彫弊大侯不過萬家小者五六百戶而尊王子弟大啓九國古者有分土而無分民若乃大者跨州連郡小則十有餘城以戶口爲差降畧封疆之遠近所謂分民自漢始也起鴈門以東盡遼陽爲燕代常山以南太行左轉渡河濟漸于海爲齊趙穀泗以注奄有龜蒙爲梁楚東帶江湖薄會稽爲荊吳北界淮瀕畧廬衡爲淮南波漢之陽亘九疑爲長沙諸侯比境周匝三垂外接胡越天子自有三河東郡潁川南陽自江陵以西至巴蜀北至雲中西至隴西與京師內史凡十五郡文帝采賈生之議分齊趙景帝用鼂錯之計削吳楚武帝施主父之冊下推恩之令使諸侯王得分戶邑以封子弟不行黜陟而藩國自析自此以來齊分爲七趙分爲六梁分爲五淮南分爲三皇子始立者大國不過十餘城長沙燕代雖有舊名皆亡南北邊矣自文景與民休息至平帝元始二年民戶千二百二十三萬三千六十二口五千九百五十九萬四千九百七十八其地東西九千三百二里南北萬三千三百六十八里大率十里一亭亭有長十亭一鄉鄉有三老有秩嗇夫游徼各一人縣大率方百里民稠則減稀則曠鄉亭亦如之皆秦制也

光武中興不踰前制東海王彊以去就有禮故優以大封兼食魯郡二十九縣其餘稱爲寵錫者兼一郡而已至桓帝永壽三年戶千六十七萬七千九百六十口五

千六百四十八萬六千八百五十六斯亦戶口之滋殖者也

獻帝建安元年拜曹操爲鎮東將軍封費亭侯

魏文帝黃初三年初制封王之庶子爲鄉公嗣王之庶子爲亭侯公侯之庶子爲亭伯

劉備章武元年亦以郡國封建諸王或遙采嘉名不由檢土地所出其戶二十萬男女口九十萬

孫權赤烏五年亦取中州嘉號封建諸王其戶五十二萬三千男女口二百四十萬

晉文帝爲晉王命裴秀等建立五等之制惟安平郡公孚邑萬戶制度如魏諸王其餘縣公邑千八百戶地方七十五里大國侯邑千六百戶地方七十里次國侯邑千四百戶地方六十五里大國伯邑千二百戶地方六十里次國伯邑千戶地方五十五里大國子邑八百戶地方五十里次國子邑六百戶地方四十五里男邑四百戶地方四十里

武帝泰始元年封諸王以郡爲國邑二萬戶爲大國置上中下三軍兵五千人邑萬戶爲次國置上軍下軍兵三千人五千戶爲小國置一軍兵千五百人王不之國官於京師罷五等之制公侯邑萬戶以上爲大國五千戶以上爲次國不滿五千戶爲小國太康元年平吳大凡戶二百四十五萬九千八百四十口一千六百一十六萬三千八百六十三而江左諸國並三分食一元帝渡江太興元年始制九分食一

司州按禹貢豫州之地及漢武帝初置司隸校尉所部三輔三河諸郡其界西得雍州之京兆馮翊扶風三郡北得冀州之河東河內二郡東得豫州之弘農河南二郡郡凡七位望降于牧伯銀印青綬及光武都洛陽司隸所部與前漢不異魏氏受禪即都漢宮司隸所部河南河東河內弘農幷冀州之平陽合五郡置司州晉仍居魏都乃以三輔還屬雍州分河南立滎陽分雍州之京兆立上洛廢東郡立頓丘遂定名司州以司隸校尉統之州統郡一十二縣一百戶四十七萬五千七百

河南郡（漢置統縣十二戶一十一萬四千四百置尹）

洛陽（置尉五部三市東西七里南北九里東有建春東陽清明三門南有開陽平昌宣陽建陽四門西有廣陽西明閶闔三門北有大夏廣莫二門司隸校尉河南尹及百官列城內也）　河南（周東都王城郟鄏也）　鞏（周孝王封周桓公孫惠公於鞏號東周故戰國時有東西周號芒山首陽其界也）　河陰　新安（函谷關所居）　成皋（有關鄭之武牢）　緱氏（有劉聚周大夫劉子邑有延壽城仙人祠）　陽城（有鄂阪關此邑是爲地中夏至景尺五寸有陽城山箕山許由墓在焉）　新城（有延壽關故戎蠻子之國）　陸渾（故蠻子國楚莊王伐陸渾是也）　梁（戰國時謂爲南梁別少梁也）　陽翟

滎陽郡（泰始二年置統縣八戶三萬四千）

滎陽（地名故秦置敖倉者）　京（鄭太叔段所居）　密（故周畿內）　卷（有博浪長沙張良擊秦始皇處）　陽武　苑陵　中牟（六國時趙獻侯都）　開封（宋蓬池在東北或曰蓬澤）

弘農郡（漢置統縣六戶一萬四千）

弘農（本函谷關漢武帝遷於新安縣）　湖（故曰胡漢武更名湖）　陝（故虢國周分陝東西二相主之）　宜陽　黽池　華陰（華山在縣南）

上洛郡（泰始二年分京兆南部置統縣三戶萬七千）

上洛（嶢關在縣西北）　商（秦相衛鞅邑）　盧氏（熊耳山在東伊水所出）

平陽郡（故屬河東魏分立統縣十二戶四萬二千）

平陽（舊堯都）　楊（故楊侯國）　端氏（韓魏趙既爲諸侯以端氏封晉君也）　永安（故霍伯國霍山在東）　蒲子　狐讘　襄陵（公國相）　絳邑（晉武公自曲沃徙此）　濩澤（析城山在西南）　臨汾（公國相）　北屈（壺口山在東南有南屈故稱北）　皮氏（故耿國）

河東郡（秦置統縣九戶四萬二千五百）

安邑（舊都）　聞喜（故曲沃晉武公自晉陽徙此）　垣（王屋山在東北沇水所出）　汾陽（公國相）　大陽（吳山在西周武王封西周太伯後於此）　猗氏（古猗頓城）　解（有鹽池）　蒲坂（有歷山舜所耕也有雷首山夷齊居其陽所謂首陽山）　河北

汲郡（泰始二年置統縣六戶三萬七千）

汲（有銅關）　朝歌（紂所都）　共（故國北山淇水所出）　林慮　獲嘉（故汲之新中鄉漢武帝行過時獲呂嘉首因改名）　脩武（晉所啓南陽秦改名脩武）

河內郡（漢置統縣九戶五萬二千）

野王（太行山在西北）　州（故晉邑）　懷　平皋（邢侯自襄國徙此）　河陽　沁水　軹（故周原邑）　山陽　溫（故國也蘇忿生封）

廣平郡（魏置統縣十五戶三萬五千二百）

廣平　邯鄲（秦置爲郡）　易陽　武安　涉　襄國（故邢侯國都）　南和　任　曲梁　列人　肥鄉　臨水　廣年（侯相）　斥漳　平恩

陽平郡（魏置統縣七戶五萬一千）

元城（漢元后生邑）　館陶　清泉　發干　東武陽　陽平　樂平

魏郡（漢置統縣八戶四萬七百）

鄴（魏武受封居此）　長樂　魏　斥丘　安陽　蕩陰　內黃（黃池在西）　黎陽（故黎侯國）

頓丘郡（泰始二年置統縣四戶六千三百）

頓丘　繁陽　陰安　衞

永嘉之後司州淪沒劉聰聰以洛陽爲荊州及石勒復以爲司州石季龍又分司州之河南河東弘農滎陽兗州之陳留東燕爲洛州元帝渡江亦僑置司州於徐非本所也後以弘農人流寓尋陽者僑立爲弘農郡又以河東人南寓者於漢武陵郡孱陵縣界上明地僑立河東郡統安邑聞喜永安臨汾弘農譙松滋大戚八縣並寄居焉永和五年桓溫入洛復置河南郡屬司州

○兗州按禹貢濟河之地舜置十二牧則其一也周禮河東曰兗州春秋元命包云五星流爲兗州兗瑞也信也又云蓋取兗水以名焉漢武帝置十三州以舊名爲兗州自此不改州統郡國八縣五十六戶八萬三千三百

陳留國（漢置統縣十戶三萬魏武帝封）

小黃　浚儀（有洪溝漢高祖項羽欲分處）　封丘　酸棗（烏巢地在東南）　濟陽　長垣（故匡城孔子所厄也）　雍丘（故杞國）　尉氏　襄邑　外黃

濮陽國（故屬東郡晉初分東郡置統縣四戶二萬一千）

濮陽（古昆吾國師延爲紂作靡靡之樂既而投此水公國相）　廩丘（公國相有羊角城）　白馬（有瓠子堤）　鄄城（公國相）

濟陽郡（漢置統縣九戶七千六百）

定陶（漢高帝封彭越爲梁王都此）　乘氏（故侯國）　句陽　離狐　宛句　巳氏　成武（有楚丘亭）　單父（故侯國）　城陽（舜所漁堯冢在西）

高平國（故屬梁國晉初分山陽置統縣七戶三千八百）

昌邑（侯相有甲父亭）　鉅野（魯獲麟所）　方與　金鄉　湖陸　高平（侯國）　南平陽（侯國有漆亭）

任城國（漢置統縣三戶一千七百）

任城（古任國）　亢父　樊

東平國（漢置統縣七戶六千四百）

須昌　壽張（有蚩尤祠）　范　無鹽　富城　東平陸　剛平

濟北國（漢置統縣五戶三千五百）

盧（扁鵲所生縣西有石門）　臨邑　東阿　穀城（有烏下聚）　蛇丘（有下讙亭）

泰山郡（漢置統縣十一戶九千三百）

奉高（西南有明堂）　博（有龜山）　嬴　南武城　梁父（侯國有菟裘聚）　山茌（茌山在東北）　新泰（故曰平陽）　南武陽（有顓臾城）　萊蕪（有原山）　東牟（故牟國）　鉅平（有陽關亭）

惠帝之末兗州闔境淪沒石勒後石季龍改陳留郡爲建昌郡屬洛州是時遺黎南渡元帝僑置兗州寄居京口明帝以郗鑒爲刺史寄居廣陵置濮陽濟陰高平泰山等郡後改爲南兗州或還江南或居盱眙或居山陽後始割地爲境常居廣陵南與京口對岸咸康四年於北譙界立陳留郡安帝分廣陵郡之建陵臨江如皋寧海蒲濤五縣置山陽郡屬南兗州

○豫州按禹貢爲荊河之地周禮河南曰豫州豫者舒也言稟中和之氣性理安舒也春秋元命包云鉤鈐星別爲豫州地界西自華山東至于淮北自濟南界荊山秦兼天下以爲三川河東南陽潁川碭泗水薛七郡漢改三川爲河南郡武帝置十三州豫州舊名不改以河南河東二郡屬司隸又以南陽屬荊州先是改泗水曰沛郡改碭郡曰梁改薛曰魯分梁沛立汝南郡分潁川立淮陽郡後漢章帝改淮陽曰陳郡魏武分沛立譙郡魏文分汝南立弋陽郡及武帝受命又分潁川立襄城郡分汝南立汝陰郡合陳郡於梁國州統郡國十縣八十五戶十一萬六千七百九十六

潁川郡（秦置統縣九戶二萬八千三百）

許昌（漢獻帝都許魏禪徙都洛陽宮室武庫存焉改爲許昌）　長社　潁陰　臨潁（公國相）　郾　邵陵（公國相）　鄢陵（公國相）　新汲　長平

汝南郡（漢置統縣十五戶一萬一千五百）

新息　南安陽　安成（侯相）　慎陽　北宜春　朗陵　陽安（故江國有江亭）　上蔡　平輿（故沈子國有沈亭）　定潁　瀙陽　南頓　汝陽　吳房（故房子國）　西平（故柏國有龍泉水可用淬刀劍）

襄城郡（泰始二年置統縣七戶一萬八千）

襄城（侯相有西不羹城）　繁昌（魏文受禪於此）　郟　定陵（侯相）　父城（侯相）　昆陽（公國相）　舞陽（宣帝始封此邑）

汝陰郡（魏置郡後廢泰始二年復置統縣八戶八千五百）

汝陰（故胡子國）　慎（故楚邑）　原鹿　固始　鮦陽　新蔡　宋（侯相）　褒信

梁國（漢置統縣十二戶一萬三千）

睢陽（春秋時宋都）　蒙　虞　下邑（有碭山山有文石）　寧陵（故葛伯國）　穀熟　陳　項　長平　陽夏　武平　苦（東有賴鄉祠老子所生地）

沛國（漢置統縣九戶五千九十六）

相　沛（漢高祖所起處）　豐　竹邑　符離　杼秋　洨　虹　蕭

譙郡（魏置統縣七戶一千）

譙　城父　酇　山桑　龍亢　蘄　銍

魯郡（漢置統縣七戶二千五百）

魯（曲阜之地魯侯伯禽所居）　汶陽　卞　騶（有嶧山）　蕃（故小邾之國）　薛（奚仲所封）　公丘

弋陽郡（魏置統縣七戶一萬六千七百）

西陽（故弦子國）　軑　蘄春　邾　西陵　期思　弋陽

安豐郡（魏置統縣五戶一千一百）

安風　雩婁　安豐（侯相）　蓼　松滋（侯相）

惠帝分汝陰立新蔡郡分梁國立陳郡分汝南立南頓永嘉之亂豫州淪沒石氏元帝渡江以春穀縣僑立襄城郡及繁昌縣成帝乃僑立豫州於江淮之間居蕪湖時淮南入北乃分丹陽僑立淮南郡居于湖又以舊當塗縣流人渡江僑立爲縣幷淮南廬江安豐並屬豫州寧康元年移鎮姑孰孝武改蘄春縣爲蘄陽縣因新蔡縣人於漢九江王黥布舊城置南新蔡郡屬南豫州又於

漢盧江郡之南部置晉熙郡

○冀州按禹貢周禮並爲河內之地舜置十二牧則其一也春秋元命包云昴畢散爲冀州分爲趙國其地有險有易帝王所都亂則冀安弱則冀彊荒則冀豐舜以冀州南北濶大分衞以西爲并州燕以北爲幽州周人因焉及漢武置十三州以其地依舊名爲冀州歷後漢至晉不改州統郡國十三縣八十三戶三十一萬六千

趙國漢置統縣九戶四萬二千

房子　元氏　平棘　高邑公國相　中丘　柏人　平鄉　下曲陽故鼓子國　鄡

鉅鹿國秦置統縣二戶一萬四千

廮陶　鉅鹿

安平國漢置統縣八戶二萬一千

信都　下博　武邑　武遂　觀津侯相　扶柳　廣宗侯相　經

平原國漢置統縣九戶三萬一千

平原　高唐　茌平　博平　聊城　安德　西平昌　般　鬲

樂陵國漢置統縣五戶三萬三千

厭次　陽信　漯沃　新樂　樂陵有都尉居

勃海郡漢置統縣十戶四萬

南皮　東光　浮陽　饒安　高城　重合　東安陵　脩　廣川侯相　阜城

章武國泰始元年置統縣四戶一萬三千

東平舒　文安　章武　東州

河間國漢置統縣六戶二萬七千

樂城侯相　武垣　鄚侯相　易城　中水　成平

高陽國泰始元年置統縣四戶七千

博陸　高陽　北新城侯相　蠡吾

博陵國漢置統縣四戶一萬

安平　饒陽　南深澤　安國

清河國漢置統縣六戶二萬二千

清河　東武城　繹幕侯相　貝丘　靈　鄃

中山國漢置統縣八戶三萬二千

盧奴　魏昌　新市　安喜　蒲陰　望都　唐　北平

常山郡漢置統縣八戶二萬四千

眞定　石邑　井陘　上曲陽恒山在縣西北有坂號飛狐口　蒲吾　南行唐　靈壽　九門侯相

惠帝之後冀州淪沒於石勒勒以太興二年僭號於襄國稱趙後爲慕容儁所滅慕容氏又爲苻堅所滅孝武太元八年堅敗其地入慕容垂垂僭號於中山是爲後燕後燕卒滅於魏

○幽州按禹貢冀州之域舜置十二牧則其一也周禮東北曰幽州春秋元命包云箕星散爲幽州分爲燕國言北方太陰故以幽冥爲號武王定殷封召公於燕其後與六國俱稱王及秦滅燕以爲漁陽上谷右北平遼西遼東五郡漢高帝分上谷置涿郡武帝置十三州幽州依舊名不改其後開東邊置玄菟樂浪等郡亦皆屬焉元鳳元年改燕曰廣陽郡幽州所部凡九郡至晉不改幽州統郡國七縣三十四戶五萬九千二百

范陽國漢置涿郡魏文更名范陽郡武帝置國封宣帝弟子綏爲王統縣八戶一萬一千

涿　良鄉　方城　長鄉　道　故安　范陽　容城侯相

燕國漢置孝昭改爲廣陽郡統縣十戶二萬九千

薊　安次侯相　昌平　軍都有關　廣陽　潞　安國國相蜀主劉禪封此縣公　泉州侯相　雍奴　狐奴

北平郡秦置統縣四戶五千

徐無　土垠　俊靡　無終

上谷郡秦置郡在谷之上頭故因名焉統縣二戶四千七十

沮陽　居庸

廣寧郡故屬上谷太康中置郡都尉居統縣三戶三千九百三十

下洛　潘　涿鹿

代郡秦置統縣四戶三千四百

代　廣昌　平舒　當城

遼西郡秦置統縣三戶二千八百

陽樂　肥如　海陽

惠帝之後幽州沒於石勒及穆帝永和五年慕容儁僭號於薊是爲前燕七年儁移都於鄴儁死子暐爲苻堅所滅堅敗地復入慕容垂是爲後燕垂死寶遷于和龍

○平州按禹貢冀州之域於周爲幽州界漢屬右北平郡後漢末公孫度自號平州牧及其子康康子文懿並擅據遼東東夷九種皆服事焉魏置東夷校尉居襄平而分遼東昌黎玄菟帶方樂浪五郡爲平州後還合爲幽州及文懿滅後有護東夷校尉居襄平咸寧二年十月分昌黎遼東玄菟帶方樂浪等郡國五置平州統縣二十六戶一萬八千一百

昌黎郡漢屬遼東屬國都尉魏置郡統縣二戶九百

昌黎　賓徒

遼東國秦立爲郡漢光武以遼東等屬青州後還幽州統縣八戶五千四百

襄平東夷校尉所居　汶　居就　樂就　安市　西安平　新昌　力城

樂浪郡漢置統縣六戶三千七百

朝鮮周封箕子地　屯有　渾彌　遂城秦築長城之所起　鏤方　駟望

玄菟郡漢置統縣三戶三千二百

高句麗　望平　高顯

帶方郡公孫度置統縣七戶四千九百

帶方　列口　南新　長岑　提奚　含資　海冥

平州初置以慕容廆爲刺史遂屬永嘉之亂廆爲衆所推及其孫儁移都于薊其後慕容垂子寶又遷于和龍自幽州至於盧溥鎭以南地入於魏慕容熙以幽州刺史鎭令支青州刺史鎭新城并州刺史鎭凡城營州刺史鎭宿軍冀州刺史鎭肥如高雲以幽冀二州牧鎭肥如并州刺史鎭白狼後爲馮跋所篡跋僭號於和龍是爲後燕卒滅於魏

○并州按禹貢蓋冀州之域舜置十二牧則其一也周禮正北曰并州其鎭曰恒山春秋元命包云營室流爲并州分爲衞國州不以衞水爲號又不以恒山爲稱而云并者蓋以其在兩谷之間也漢武帝置十三州并州依舊名不改統上黨太原雲中上郡鴈門代郡定襄五原西河朔方十郡又別置朔方刺史後漢建武十一年省朔方入并州靈帝末羌胡大擾定襄雲中五原朔方上郡等五郡並流徙分散建安十八年省入冀州二十年始集塞下荒地立新興郡後又分上黨立樂平郡魏黃初元年復置并州自陘嶺以北并棄之至晉因而不改并州統郡國六縣四十五戶五萬九千二百

太原國秦置統縣十三戶一萬四千

晉陽侯相　陽曲　榆次　于離　盂　狼孟　陽邑　大陵　祁　平陶　京陵　中都　鄔

上黨郡秦置統縣十戶一萬三千

潞　屯留　壺關　長子　泫氏　高都　銅鞮　涅　襄垣　武鄉

西河國漢置統縣四戶六千三百

離石　隰城　中陽　介休

樂平郡泰始中置統縣五戶四千三百

沾　上艾　壽陽　轑陽　樂平

鴈門郡秦置統縣八戶一萬二千六百

廣武　崞　汪陶　平城　葰人　繁畤　原平　馬邑

新興郡魏置統縣五戶九千

九原　定襄　雲中　廣牧　晉昌

惠帝改新興爲晉昌郡及永興元年劉元海僭號於平陽稱漢於是并州之地皆爲元海所有元海乃以雍州刺史鎭平陽幽州刺史鎭離石及劉聰攻陷洛陽置左右司隸各領戶二十餘萬萬戶置一內史凡內史四十三人單于左右輔各主六夷又置殷衞東梁西河陽北兗五州以懷安新附劉曜徙都長安其平陽以東地入石勒勒平朔方又置朔州自惠懷之間離石縣荒廢勒於其處置永石郡又別置武鄉郡及苻堅姚興赫連勃勃并州並徙置河東又姚興以河東爲并冀二州云

○雍州按禹貢黑水西河之地舜置十二牧則其一也以其四山之地故以雍名焉亦謂西北之位陽所不及陰陽氣雍閼也周禮西曰雍州蓋并禹梁州之地周自武王尅殷都於酆鎬雍州爲王畿及平王東遷洛邑以岐酆之地賜秦襄公則爲秦地累世都之至始皇遂平六國秦滅漢又都之及武帝置十三州其地以西偏爲涼州其餘並屬司隸不統於州後漢光武都洛陽關中復置雍州後罷復置司隸校尉統三輔如舊獻帝時又置雍州自三輔距西域皆屬焉魏文帝卽位分河西爲涼州分隴右爲秦州改京兆尹爲太守馮翊扶風各除左右仍以三輔屬司隸晉初於長安置雍州統郡國七縣三十九戶九萬九千五百

京兆郡漢置統縣九戶四萬

長安　杜陵　霸城　藍田　高陸　萬年故櫟陽縣　新豐　陰般　鄭周宣王弟鄭桓公邑

馮翊郡漢置名左馮翊統縣八戶七千七百

臨晉故大荔秦獲之更名有河水祠臨晉水故名　下邽秦武公伐邽戎置有上邽故加下　重泉　頻陽秦厲公置在頻水之陽　粟邑　蓮芍　郃陽　夏陽故少梁秦惠文王更名梁山在西北

扶風郡漢武帝以爲主爵都尉太初中更名右扶風統縣六戶二萬三千

池陽漢惠帝置有嶻嶭山　鄠成國渠首受渭　雍侯相有五畤太昊黃帝以下祠三百三所　汧吳山在西古文以爲汧山　陳倉　美陽岐山在西北周太王所邑

安定郡漢置統縣七戶五千五百

臨涇　朝那　烏氏　都盧　鶉觚　陰密殷時密國　西川

北地郡秦置統縣二戶二千六百

泥陽　富平

始平郡泰始三年置統縣五戶一萬八千

槐里秦曰廢丘漢高帝更名有黃山宮　始平　武功太一山在東古文以爲終南　鄠古國夏啓所伐　蒯城

新平郡漢置統縣二戶二千七百
漆漆水在西 汾邑

惠帝即位改扶風國爲秦國徙都建興之後雍州沒於劉聰及劉曜徙都長安改號曰趙以秦涼二州牧鎮上邽朔州牧鎮高平幽州刺史鎮北地并州牧鎮蒲坂石勒尅長安復置雍州石氏既敗苻健僭據關中又都長安是爲前秦於是乃於雍州置司隸校尉以豫州刺史鎮許昌秦州刺史鎮上邽荆州刺史鎮豐陽洛州刺史鎮宜陽并州刺史鎮蒲坂苻堅時分司隸爲雍州分京兆爲咸陽郡洛州刺史鎮陝城滅燕之後分幽州置平州鎮龍城幽州刺史鎮薊城河州刺史鎮枹罕并州刺史鎮晉陽豫州刺史鎮洛陽兗州刺史鎮倉垣雍州刺史鎮蒲坂於是移洛州居豐陽以許昌置東豫州以荆州刺史鎮襄陽徐州刺史鎮彭城既而姚萇滅苻氏是爲後秦及萇子興尅洛陽以并冀二州牧鎮蒲坂豫州牧鎮洛陽兗州刺史鎮倉垣分司隸領北五郡置雍州刺史鎮安定及姚泓爲劉裕所滅其地尋入赫連勃勃勃勃僭號於統萬是爲夏置幽州牧於大城又平劉義眞於長安遣子璝鎮焉號曰南臺以朔州牧鎮三城秦州刺史鎮杏城雍州刺史鎮陰密并州刺史鎮蒲坂梁州牧鎮安定北秦州刺史鎮武功豫州牧鎮李閏荆州刺史鎮陝其州郡之名竝不可知也然自元帝渡江所置州亦皆遙領初以魏該爲雍州刺史鎮酇城尋省僑立始平郡寄居武當城有秦國流人至江南改堂邑爲秦郡僑立尉氏縣屬焉康帝時庾翼爲荆州刺史遷鎮襄陽其後秦雍流人多南出樊沔孝武始於襄陽僑立雍州仍立京兆始平扶風河南廣平義成北河南七郡竝屬襄陽襄陽故屬荆州

○涼州按禹貢雍州之西界周衰其地爲狄秦興美陽甘泉宮本匈奴鑄金人祭天之處匈奴既失甘泉又使休屠渾邪王等居涼州之地二王後以地降漢漢置張掖酒泉敦煌武威郡其後又置金城郡謂之河西五郡漢改周之雍州爲涼州蓋以地處西方常寒涼也地勢西北邪出在南山之間南隔西羌西通西域于時號爲斷匈奴右臂獻帝時涼州數有亂河西五郡去州隔遠於是乃別以爲雍州末又依古典定九州乃合關右以爲雍州魏時復分以爲涼州刺史領戊己校尉護西域如漢故事至晉不改統郡八縣四十六戶三萬七百

金城郡漢置統縣五戶二千
榆中 允街 金城 白土 浩亹

西平郡漢置統縣四戶四千
西都 臨羌 長寧 安夷

武威郡漢置統縣七戶五千九百
姑臧 宣威 揟次 昌松 顯美 驪靬 番禾

張掖郡漢置統縣三戶三千七百
永平 臨澤漢昭武縣避景帝諱改也 屋蘭漢因屋蘭名焉

西郡漢置統縣五戶一千九百
日勒 删丹 仙提 萬歲 蘭池一云蘭絕池

酒泉郡漢置統縣九戶四千四百
福祿 會水 安彌 騂馬 樂涫 表氏 延壽
玉門 沙頭

敦煌郡漢置統縣十二戶六千三百
昌蒲 敦煌 龍勒 陽關 效穀 廣至 宜禾
宜安 深泉 伊吾 新鄉 乾齊

西海郡故屬張掖漢獻帝興平二年武威太守張雅請置統縣一戶二千五百
居延澤在東南尚書所謂流沙也

元康五年惠帝分敦煌郡之宜禾伊吾宜安深泉廣至等五縣分酒泉之沙頭縣又別立會稽新鄉凡八縣爲晉昌郡永寧中張軌爲涼州刺史鎮武威上表請合秦雍流移人於姑臧西北置武興郡統武興大城烏支襄武晏然新鄣平狄司監等縣又分西平界置晉興郡統晉興枹罕永固臨津臨鄣廣昌大夏遂興罕唐左南等縣是時中原淪沒元帝徙居江左軌乃控據河西稱晉正朔是爲前涼及張寔分金城之令居枝楊二縣又立永登縣合三縣立廣武郡張茂分武興金城西平安故爲定州張駿分武威武興西平張掖酒泉建康西郡湟河晉興須武合十一郡爲涼州興晉金城武始南安永晉大夏武成漢中爲河州敦煌晉昌西域都護張茂以校尉玉門大護軍三郡三營爲沙州張駿假涼州都督攝三州張祚又以敦煌郡爲商州永興中置漢陽縣以守牧地張玄靚改爲祁連郡張天錫又別置臨松郡天錫降於苻氏其地尋爲呂光所據呂光都於姑臧後以郭麐言讖改昌松爲東張掖郡及呂隆降於姚興其地三分武昭王爲西涼建號於敦煌禿髮烏孤爲南涼建號於樂都沮渠蒙遜爲北涼建號於張掖而分據河西五郡

○秦州按禹貢本雍州之域魏始分隴右置焉刺史領護羌校尉中間暫廢及泰始五年又以雍州隴西五郡及涼州之金城梁州之陰平合七郡置秦州鎮冀城太康三年罷秦州并雍州七年復立鎮上邽統郡六縣二十四戶三萬二千一百

隴西郡秦置統縣四戶三千
襄武 首陽鳥鼠山在東 臨洮 狄道

南安郡漢置統縣三戶四千三百
獂道 新興 中陶

天水郡漢武置孝明改爲漢陽晉復爲天水統縣六戶八千五百
上邽 冀故秦州居 始昌 新陽 顯新漢顯親縣 成紀

略陽郡本名廣魏泰始中更名焉統縣四戶九千三百二十
臨渭 平襄 略陽 清水

武都郡漢置統縣五戶三千
下辯 河池 沮 武都 故道

陰平郡泰始中置統縣二戶三千
陰平 平廣

惠帝分隴西之狄道臨洮河關又立洮陽遂平武街始興第五眞仇六縣合九縣置狄道郡屬秦州張駿分屬涼州又以狄道縣立武始郡江左分梁爲秦寄居梁州又立氐池爲北秦州

○梁州按禹貢華陽黑水之地舜置十二牧則其一也梁者言西方金剛之氣彊梁故因名焉周禮職方氏以梁并雍漢不立州名以其地爲益州及獻帝初平六年以臨江縣屬永寧郡建安六年劉璋改永寧爲巴東郡分巴郡墊江置巴西郡劉備據蜀又分廣漢之葭萌涪城梓潼白水四縣改葭萌曰漢壽又立漢德縣以爲梓潼郡割巴郡之宕渠安漢漢昌三縣置宕渠郡尋省以縣竝屬巴西郡泰始三年分益州立梁州於漢中改漢壽爲晉壽又分廣漢置新都郡梁州統郡八縣四十四戶七萬六千三百

漢中郡秦置統縣八戶一萬五千
南鄭 蒲池 褒中 沔陽 成固 西鄉 黃金
興道

梓潼郡蜀置統縣八戶一萬二百
梓潼 涪城 武連 黃安 漢德 晉壽 劍閣
白水

廣漢郡漢置統縣三戶五千一百
廣漢 德陽 五城

新都郡泰始二年置統縣四戶二萬四千五百
雒 什方 緜竹 新都

涪陵郡蜀置統縣五戶四千二百
漢復 涪陵 漢平 漢葭 萬寧

巴郡秦置統縣四戶三千三百
江州 墊江 臨江 枳

巴西郡蜀置統縣九戶一萬二千
閬中 西充國 蒼溪 岐愓 南充國 漢昌 宕
渠 安漢 平州

巴東郡漢置統縣三戶六千五百
魚復 朐䏰 南浦

太康六年九月罷新都郡并廣漢郡惠帝復分巴西置宕渠郡統宕渠漢昌安漢三縣并以新城魏興上庸合四郡以屬梁州尋而梁州郡縣沒于李特永嘉中又分屬楊茂搜其晉人流寓於梁益者仍於二州立南北二陰平郡及桓溫平蜀之後以巴漢流人立晉昌郡領長樂安晉延壽安樂安漢寧都新興吉陽東關永安十縣又置益昌晉興二縣屬巴西郡於德陽界東南置遂寧郡又於晉壽置劍閣縣屬梁州後孝武分梓潼北界立晉壽郡統晉壽白水邵歡興安四縣梓潼郡徙居梓潼罷劍閣縣又別置南漢中郡分巴西梓潼爲金山郡及北陰平四郡其後又立巴渠懷安宋熙白水上洛北上洛南宕渠懷漢新興安康等十郡

○益州按禹貢及舜十二牧俱爲梁州之域周合梁於雍則又爲雍州之地春秋元命包云參伐流爲益州益之爲言阨也言其所在之地險阨也亦曰疆壤益大故以名焉始秦惠王滅蜀置郡以張若爲蜀守及始皇置三十六郡蜀郡之名不改漢初有漢中巴蜀高祖六年分蜀置廣漢凡爲四郡武帝開西南夷更置犍爲牂柯越嶲益州四郡凡八郡遂置益州統焉益州蓋始此也及後漢明帝以新附置永昌郡安帝又以諸道置蜀廣漢犍爲三郡屬國都尉及靈帝又以汶江蠶陵廣柔三縣立汶山郡獻帝初平元年劉璋分巴郡立永寧郡建安六年改永寧爲巴東以巴郡爲巴西又立涪陵郡二十一年劉備分巴郡立固陵郡蜀章武元年又改固陵爲巴東郡巴西郡爲巴郡又分廣漢立梓潼郡分犍爲立江陽郡以蜀郡屬國爲漢嘉郡以犍爲屬國爲朱提郡劉禪建興二年改益州郡爲建寧郡廣漢屬國爲陰平郡分建寧永昌立雲南郡分建寧牂柯立興古郡分廣漢立東廣漢郡魏景元中蜀平省東廣漢郡及武帝泰始二年分益州置梁州以漢中屬焉七年又分益州置寧州益州統郡八縣四十四戶十四萬九千三百

蜀郡秦置統縣六戶五萬
成都 廣都 繁 江原 臨邛 郫

犍爲郡漢置統縣五戶一萬
武陽　南安　僰道　資中　牛鞞
汶山郡漢置統縣八戶一萬六千
文山　升遷　都安　廣陽　興樂　平康　蠶陵
廣柔
漢嘉郡蜀置統縣四戶一萬三千
漢嘉　徙陽　嚴道　旄牛
江陽郡蜀置統縣三戶三千一百
江陽　符　漢安
朱提郡蜀置統縣五戶二千六百
朱提　南廣　漢陽　南秦　堂狼
越巂郡漢置統縣五戶五萬三千四百
會無　卭都　卑水　定莋　臺登
牂牁郡漢置統縣八戶一千二百
萬壽　且蘭　指談　夜郎　毋斂　丼渠　鐔　平夷

惠帝之後李特僭號於蜀稱漢益州郡縣皆沒于特李雄又分漢嘉蜀二郡立沉黎漢原二郡是時益州郡縣雖沒李氏江左並遙置之桓溫滅蜀其地復爲晉有省漢原沉黎而立南陰平晉原寧蜀始寧四郡焉咸安二年益州復沒於苻氏太和八年復爲晉有隆安二年又立晉熙遂寧晉寧三郡云

〇寧州於漢魏爲益州之域泰始七年武帝以益州地廣分益州之建寧興古雲南交州之永昌合四郡爲寧州統縣四十五戶八萬二千四百

雲南郡蜀置統縣九戶九千二百
雲平　雲南　梇棟　青蛉　姑復　邪龍　楪榆
遂久　永寧
興古郡蜀置統縣十一戶六千二百
律高　句町　宛溫　漏臥　毋掇　賁古　滕休
鐔封　漢興　進乘　都篖
建寧郡蜀置統縣十七戶二萬九千
味　昆澤　存䣓　新定　談稾　毋單　同瀨　漏江　牧麻　穀昌　連然　秦臧　雙柏　俞元　脩雲　冷丘　滇池
永昌郡漢置統縣八戶三萬八千
不韋　永壽　比蘇　雍鄉　南涪　巂唐　哀牢
博南

太康三年武帝又廢寧州入益州立南夷校尉以護之太安二年惠帝復置寧州又分建寧以西七縣別立爲益州郡永嘉二年改益州郡曰晉寧分牂牁立平夷夜郎二郡然是時其地再爲李特所有其後李壽分寧州興古永昌雲南朱提越巂河陽六郡爲漢州咸康四年分牂牁夜郎朱提越巂四郡置安州八年又罷并寧州以越巂還屬益州省永昌郡焉

晉書卷十四考證

地理志上郡國一百七十三〇臣龍官按注總數雖符細計之止得一百七十一未見漢景所置北海郡又考宋書則此書濟南所領之縣皆彼北海所領而彼濟南所領者皆此書之所無再撿文獻通考却與此書同當是本書有脫誤耳

秦兼天下以爲三川河東南陽潁川碭泗水薛七郡漢改三川爲河南郡武帝置十三州豫州舊名不改以河南河東二郡屬司隸又以南陽屬荆州先是改泗水曰沛郡改碭郡曰梁改薛曰魯〇監本自薛七郡三字起至先是二字止共四十二字俱誤作小注今改正

平原國西平昌般〇此下監本有放字按宋書有平昌有般有鬲從汲古閣本删放字

燕國安國注國相蜀主劉禪封此縣公〇魏志蜀志俱云封安樂公似宜改國爲樂

晉書卷十五

唐　太　宗　文　皇　帝　御　撰

志第五

地理下　青州　徐州　荆州　揚州　交州　廣州

〇青州按禹貢爲海岱之地舜置十二牧則其一也舜以青州越海又分爲營州則遼東本爲青州矣周禮正東曰青州蓋取土居少陽其色爲青故以名也春秋元命包云虛危流爲青州漢武帝置十三州因舊名歷後漢至晉不改州統郡國六縣三十七戶五萬三千

齊國秦置郡漢以爲國景帝以爲北海郡統縣五戶一萬四千
臨淄　西安有棘里亭　東安平汝水出東北　廣饒　昌國樂毅所封
濟南郡漢置統縣五戶五千或云魏平蜀徙其豪將家於濟河北故改爲濟岷郡而太康地理志無此郡名未之詳
平壽古國寒浞封此　下密有三石祠　膠東侯國　卽墨有天山祠　祝阿
樂安國漢置統縣八戶一萬一千
高苑　臨濟有蚩尤祠　博昌有薄姑祠　利益侯相　蓼城侯國　鄒　壽光古斟灌氏所封國
東朝陽
城陽郡漢置屬北海魏自北海分而立焉郡統縣十戶一萬二千
莒故莒子國　姑幕古薄姑氏國　諸　淳于故淳于公國　東武　高密漢改爲都
壯武　黔陬　平昌　昌安
東萊國漢置郡統縣六戶六千五百
掖侯相　當利侯相　盧鄉　曲城　黃有萊山松林萊君祠　㡓侯國有百支萊王祠
長廣郡咸寧三年置統縣三戶四千五百
不其侯國　長廣　挺

惠帝元康十年又置平昌郡又分城陽之黔陬壯武淳于昌安高密平昌營陵安丘大劇臨朐十一縣爲高密國自永嘉喪亂青州淪沒石氏東萊人曹嶷爲刺史造廣固城後爲石季龍所滅季龍末遼西段龕自號齊王據青州慕容恪滅龕青州苻氏平燕盡有其地及苻氏敗後刺史苻朗以州降朝廷置幽州以別駕辟閭渾爲刺史鎭廣固隆安四年爲慕容德所滅遂都之是爲南燕復改爲青州德以并州牧鎭陰平幽州刺史鎭發干徐州刺史鎭莒城青州刺史鎭東萊兗州刺史鎭梁父慕容超移青州於東萊郡後爲劉裕所滅留長史羊穆之爲青州刺史築東陽城而居之自元帝渡江於廣陵僑置青州至是始置北青州鎭東陽城以僑立州爲南青州而後省南青州而北青州直曰青州

〇徐州案禹貢海岱及淮之地舜十二牧則其一也於周入青州之域春秋元命包云天氐流爲徐州蓋取舒緩之義或云因徐丘以立名秦兼天下以置泗水薛琅邪三郡楚漢之際分置東陽郡漢又分置東海郡改泗水爲沛改薛爲魯分沛置楚國以東陽屬吳國景帝改吳爲江都武帝分沛東陽置臨淮郡改江都爲廣陵及置十三州以其地爲徐州統楚國及東海琅邪臨淮廣陵四郡宣帝改楚爲彭城郡後漢改爲彭城國以沛郡之廣戚縣來屬改臨淮爲下邳國及太康元年復分下邳屬縣在淮南者置臨淮郡分琅邪置東莞郡州凡領郡國七縣六十一戶八萬一千二十一

彭城國漢以爲郡統縣七戶四千一百二十一
彭城故殷伯大彭國　留張良所封　廣戚　傅陽　武原　呂　梧
下邳國漢置爲臨淮郡統縣七戶七千五百
下邳葛嶧山在西古嶧陽也韓信爲楚王都之　淩　良城侯相　睢陵　夏丘
取慮　僮
東海郡漢置統縣十二戶一萬一千一百
郯故郯子國　祝其羽山在縣之西　朐　襄賁　利城　贛榆　厚丘
蘭陵　承　昌慮　合鄉　戚
琅邪國秦置郡統縣九戶二萬九千五百
開陽侯相　臨沂　陽都　繒　卽丘　華　費魯季氏邑
東安　蒙陰蒙山在西南
東莞郡太康中置統縣八戶一萬
東莞故魯鄆邑　朱虛　營陵禹父呂望所封　安丘故莒渠丘父封邑　蓋
臨朐有海水祠　劇　廣
廣陵郡漢置統縣八戶八千八百
淮陰　射陽　輿　海陽有江海會祠　廣陵　鹽瀆
淮浦　江都有江水祠
臨淮郡漢置章帝以合下邳太康元年復立統縣十戶一萬
盱眙　東陽　高山　贅其　潘旌　高郵　淮陵
司吾　下相　徐

太康十年以青州城陽郡之莒姑幕諸東武四縣屬東莞元康元年分東海置蘭陵郡七年又分東莞置東安郡分臨淮置淮陵郡以堂邑置堂邑郡永嘉之亂臨淮淮陵並淪沒石氏元帝渡江之後徐州所得惟半乃僑置淮陽陽平濟陰北濟陰四郡又琅邪國人隨帝過江者遂置懷德縣及琅邪郡以統之是時幽冀青并兗五州及徐州之淮北流人相帥過江淮帝並僑立郡縣以司牧之割吳郡之海虞北境立郯朐利城祝其厚丘西隰襄賁七縣寄居曲阿以江乘置南東海南琅邪南東平南蘭陵等郡分武進立臨淮淮陵南彭城等郡屬南徐州又置頓丘郡屬北徐州明帝又立南沛南清河南下邳南東莞南平昌南濟陰南濮陽南太平南泰山南濟陽南魯等郡以屬徐兗二州初或居江南或居江北或以兗州領州郄鑒都督青兗二州諸軍事兗州刺史加領徐州刺史鎭廣陵蘇峻平後自廣陵還鎭京口又於漢故九江郡界置鍾離郡屬南徐州江北又僑立幽冀青并四州穆帝時移南東海七縣出居京口義熙七年始分淮北爲北徐州淮南但爲徐州統彭城沛下邳蘭陵東莞東安琅邪淮陽陽平濟陰北濟陰十一郡以盱眙立盱眙郡統考城直瀆陽城三縣又分廣陵界置海陵山陽二郡後又以幽冀合徐州青州并合兗州

〇荆州按禹貢荆及衡陽之地舜置十二牧則其一也

周禮正南曰荊州春秋元命包云軫星散爲荊州荊強
也言其氣躁強亦曰警也言南蠻數爲寇逆其人有道
後服無道先強當警備也又云取名於荊山六國時其
地爲楚及秦取楚鄢郢爲南郡又取巫中地爲黔中郡
以楚之漢北立南陽郡滅楚之後分黔中爲長沙郡漢
高祖分長沙爲桂陽郡改黔中爲武陵郡分南郡爲江
夏郡武帝又分長沙爲零陵郡及置十三州因舊名爲
荊州統南郡南陽零陵桂陽武陵長沙江夏七郡後漢
獻帝建安十三年魏武盡得荊州之地分南郡以北立
襄陽郡又分南陽西界立南鄉郡分枝江以西立臨江
郡及敗於赤壁南郡以南屬吳吳後遂與蜀分荊州於
是南郡零陵武陵以西爲蜀江夏桂陽長沙三郡爲吳
南陽襄陽南鄉三郡爲魏而荊州之名南北雙立蜀分
南郡立宜都郡劉備沒後宜都武陵零陵南郡四郡之
地悉復屬吳魏文帝以漢中遺黎立魏興新城二郡明
帝分新城立上庸郡孫權分江夏立武昌郡又分蒼梧
立臨賀郡分長沙立衡陽湘東二郡孫休分武陵立天
門郡分宜都立建平郡孫晧分零陵立始安郡分桂陽
立始興郡又分零陵立邵陵郡分長沙立安成郡荊州
統南郡武昌武陵宜都建平天門長沙零陵桂陽衡陽
湘東邵陵臨賀始興始安十五郡其南陽江夏襄陽南
鄉魏興新城上庸七郡屬魏之荊州及武帝平吳分南
郡爲南平郡分南陽立義陽郡改南鄉爲順陽郡又以
始興始安臨賀三郡屬廣州以揚州之安成郡來屬州
統郡二十二縣一百六十九戶三十五萬七千五百四
十八

江夏郡漢置統縣七戶二萬四千

安陸橫尾山在東北古之陪尾山 雲杜故雲子國 曲陵 平春 鄳
竟陵章山在東北古之內方山 南新市

南郡漢置統縣十一戶五萬五千

江陵故楚都 編有雲夢官 當陽 華容 鄀故鄀子國 枝江故羅國
旌陽 州陵楚嬖人州侯所邑 監利 松滋 石首

襄陽郡魏置統縣八戶二萬二千七百

宜城故鄢也 中廬 臨沮荊山在東北 邔 襄陽侯相 山都
鄧城 鄾

南陽國秦置郡統縣十四戶二萬四千四百

宛 西鄂侯相 雉 魯陽公相 犨公國 淯陽公相 博望公國
堵陽侯相山有長城號曰方城 葉 舞陰公相 比陽公國 涅陽
冠軍 酇

順陽郡太康中置統縣八戶二萬一百

鄧 順陽 南鄉 丹水 武當侯相 陰 筑陽 析

義陽郡太康中置統縣十二戶一萬九千

新野侯相 穰 鄧故鄧侯國 蔡陽 隨故隨國 安昌 棘陽
厥西 平氏桐柏山在南 義陽 平林 朝陽

新城郡魏置統縣四戶一萬五千二百

房陵 綏陽 昌魏 沶鄉

魏興郡魏置統縣六戶一萬二千

晉興 安康 西城 錫 長利 洵陽

上庸郡魏置統縣六戶一萬一千四百四十八

上庸侯相 安富 北巫 武陵 上廉 微陽

建平郡吳晉各有建平郡太康元年合統縣八戶一萬三千二百

巫 北井 秦昌 信陵 興山 建始 秭歸故楚子國
沙渠

宜都郡吳置統縣三戶八千七百

夷陵 夷道 佷山

南平郡吳置以爲南郡太康元年改曰南平統縣四戶七千

作唐 孱陵 南安 江安

武陵郡漢置統縣十戶一萬四千

臨沅 龍陽 漢壽 沅陵 黚陽 酉陽 鐔城
沅南 遷陵 舞陽

天門郡吳置統縣五戶三千一百

零陽 漊中 充 臨澧 澧陽

長沙郡漢置統縣十戶三萬三千

臨湘 攸 下雋 醴陵 劉陽 建寧 吳昌
羅 蒲沂 巴陵

衡陽郡吳置故屬長沙統縣九戶二萬一千

湘鄉 重安 湘南 湘西 烝陽 衡山 連道
新康 益陽

湘東郡吳置故屬長沙統縣七戶一萬九千五百

酃 茶陵 臨烝 利陽 陰山 新平 新寧

零陵郡吳置統縣十一戶二萬五千一百

泉陵有香茅古貢之以縮酒 祁陽 零陵 營浦 洮陽 永昌
觀陽 營道 春陽 泠道 應陽東界有鼻墟云象所封

邵陵郡吳置統縣六戶一萬二千

邵陵 都梁 天夷 建興 邵陽 高平

桂陽郡漢置統縣六戶一萬一千三百

郴項羽封義帝之邑 耒陽 便 臨武 晉寧 南平

武昌郡吳置統縣七戶一萬四千八百

武昌故東鄂也楚子熊渠封中子紅於此 柴桑有湓口關 陽新 沙美有夏口對沔口
沙陽有津 鄂有新興馬頭鐵官 官陵

安成郡吳置統縣七戶三千

平都 宜春 新諭 永新 安復 萍鄉 廣興

惠帝分桂陽武昌安成三郡立江州以新城魏興上庸
三郡屬梁州又分義陽立隨郡分南陽立新野郡分江
夏立竟陵郡懷帝又分長沙衡陽湘東零陵邵陵桂陽
及廣州之始安始興臨賀九郡置湘州時蜀亂又割南
郡之華容州陵監利三縣別立豐都合四縣置成都郡
爲成都王穎國居華容縣愍帝建興中併還南郡亦併
豐都於監利元帝渡江又僑立新興南河東二郡穆帝
時又分零陵立營陽郡以義陽流人在南郡者立爲義
陽郡又以廣州之臨賀始興始安三郡及江州之桂陽
益州之巴東合五郡來屬以長沙衡陽湘東零陵邵陵
營陽六郡屬湘州桓溫又分南郡立武寧郡安帝又僑
立南義陽東義陽長寧三郡義熙十三年省湘州置長
沙衡陽湘東零陵邵陵營陽還入荊州

○揚州按禹貢淮海之地舜置十二牧則其一也周禮
東南曰揚州春秋元命包云牽牛流爲揚州分爲越國
以爲江南之氣躁勁厥性輕揚亦曰州界多水水波揚
也於古則荒服之國戰國時其地爲楚分秦始皇并天
下以置鄣會稽九江三郡項羽封英布爲九江王盡有
其地漢改九江曰淮南即封布爲淮南王六年分淮南
置豫章郡十一年布誅立皇子長爲淮南王封劉濞爲
吳王二國盡得揚州之地文帝十六年分淮南立廬江
衡山二郡景帝四年封皇子非爲江都王并得鄣會稽
郡而不得豫章武帝改江都曰廣陵封皇子胥爲王而
以屬徐州元封二年改鄣曰丹陽改淮南復爲九江後
漢順帝分會稽立吳郡揚州統會稽丹陽吳豫章九江
廬江六郡省六安并廬江郡獻帝興平中孫策分豫章
立廬陵郡孫權又分豫章爲鄱陽郡分丹陽立新都郡
孫亮又分豫章立臨川郡分會稽立臨海郡孫休又分
會稽立建安郡孫晧分會稽立東陽郡分吳立吳興郡
分豫章廬陵長沙立安成郡分廬陵立廬陵南部都尉
揚州統丹陽吳會稽吳興新都東陽臨海建安豫章鄱
陽臨川安成廬陵南部十四郡江西廬江九江之地自
合肥之北至壽春悉屬魏及晉平吳以安成屬荊州分
丹陽之宣城宛陵陵陽安吳涇廣德寧國懷安石城臨
城春穀十一縣立宣城郡理宛陵改新都曰新安郡改
廬陵南部爲南康郡分建安立晉安郡又分丹陽立毗
陵郡揚州合統郡十八縣一百七十三戶三十一萬一
千四百

丹陽郡漢置統縣十一戶五萬一千五百

建鄴本秣陵孫氏改爲建業武帝平吳以爲秣陵太康二年分秣陵北爲建鄴改業爲鄴 江寧太康二年分建鄴置 丹楊丹楊山多赤柳在西也 于湖 蕪湖 永世
溧陽溧水所出 江乘 句容有茅山 湖熟 秣陵

宣城郡太康二年置統縣十一戶二萬三千五百

宛陵侯相彭澤聚在西南 宣城 陵陽淮水出東北入江仙人陵陽子明所居 安吳
臨城 石城 涇 春穀孝武改春爲陽 廣德 寧國 懷安

淮南郡秦置九江郡漢以爲淮南國漢武帝置爲九江郡武帝改爲淮南郡統縣十六戶三萬三千四百

壽春 成德 下蔡 義城 西曲陽 平阿有塗山
歷陽 全椒 阜陵漢明帝時淪爲麻湖 鍾離故州來邑 合肥 逡遒
陰陵 當塗古塗山國 東城 烏江

廬江郡漢置統縣十戶四千二百

陽泉 舒故國有桐鄉 灊天柱山在南有祠 皖 尋陽 居巢桀死於此
臨湖 襄安 龍舒 六故六國

毗陵郡吳分會稽無錫已西爲屯田置典農校尉太康二年省校尉爲毗陵郡統縣七戶一萬二千

丹徒故朱方 曲阿故雲陽 武進 延陵 毗陵 暨陽 無
錫有磿山春申君祠

吳郡漢置統縣十一戶二萬五千

吳故國具區在西 嘉興 海鹽 鹽官 錢唐武林山武林水所出 富陽
桐廬 建德 壽昌 海虞 婁

吳興郡吳置統縣十戶二萬四千

烏程 臨安 餘杭 武康故防風氏國 東遷 於潛有潛水
故鄣 安吉 原鄉 長城

會稽郡秦置統縣十戶三萬

山陰會稽山在南上有禹冢 上虞有仇亭舜避丹朱於此地 餘姚有句餘山在南 句章
鄮有鮚埼亭 鄞 始寧 剡 永興 諸暨

東陽郡吳置統縣九戶一萬二千

長山有赤松子廟 永康 烏傷 吳寧 太末 信安
豐安 定陽 遂昌

新安郡吳置統縣六戶五千

始新 遂安 黝 歙 海寧 黎陽

臨海郡吳置統縣八戶一萬八千

章安 臨海 始豐 永寧 寧海 松陽 安固
橫陽

建安郡故秦閩中郡漢高帝五年以立閩越王及武帝滅之徙其人名爲東冶又更名東城後漢改爲侯官都尉及吳置建安郡統縣七戶四千三百

建安 吳興 東平 建陽 將樂 邵武 延平

晉安郡太康三年置統縣八戶四千三百

原豐 新羅 宛平 同安 侯官 羅江 晉安

溫麻

豫章郡（漢置統縣十六戶三萬五千）
南昌　海昏　新淦　建城　望蔡　永脩　建昌
吳平　豫章　彭澤　艾　康樂　豐城　新吳
宜豐　鍾陵

臨川郡（吳置統縣十戶八千五百）
臨汝　西豐　南城　東興　南豐　永成　宜黃
安浦　西寧　新建

鄱陽郡（吳置統縣八戶六千一百）
廣晉　鄱陽　樂安　餘汗　鄡陽　歷陵　葛陽
晉興

廬陵郡（吳置統縣十戶一萬二千二百）
西昌　高昌　石陽　巴丘　南野　東昌　遂興
吉陽　興平　陽豐

南康郡（太康三年置統縣五戶一千四百）
贛　雩都　平固　南康　揭陽

惠帝元康元年有司奏荊揚二州疆土廣遠統理尤難於是割揚州之豫章鄱陽廬陵臨川南康建安晉安荊州之武昌桂陽安成合十郡因江水之名而置江州永興元年分廬江之尋陽武昌之柴桑二縣置尋陽郡屬江州分淮南之烏江歷陽二縣置歷陽郡又以周玘創義討石冰割吳興之陽羨并長城縣之北鄉置義鄉國山臨津并陽羨四縣又分丹陽之永世置平陵及永世凡六縣立義興郡以表玘之功並屬揚州又以毗陵郡封東海王世子毗避毗諱改爲晉陵懷帝永嘉元年又以豫章之彭澤縣屬尋陽郡愍帝立避帝諱改建鄴爲建康元帝渡江建都揚州改丹陽太守爲尹江州又置新蔡郡尋陽郡又置九江上甲二縣尋又省九江縣入尋陽是時司冀雍涼青并兗豫幽平諸州皆淪沒江南所得但有揚荊湘江梁益交廣其徐州則有過半豫州惟得譙城而已明帝太寧元年分臨海立永嘉郡統永寧安固松陽橫陽等四縣而揚州統丹陽吳郡吳興新安東陽臨海永嘉宣城義興晉陵十一郡自中原亂離遺黎南渡並僑置牧司在廣陵丹徒南城非舊土也及胡寇南侵淮南百姓皆渡江成帝初蘇峻祖約爲亂於江淮胡寇又大至百姓南渡者轉多乃於江南僑立淮南郡及諸縣又於尋陽僑置松滋郡遙隸揚州咸康四年僑置魏郡廣川高陽堂邑等諸郡并所統縣并寄居京邑改陵陽爲廣陵孝武寧康二年又分永嘉郡之永寧縣置樂成縣是時上黨百姓南渡僑立上黨郡爲四縣寄居蕪湖尋又省上黨郡爲縣又罷襄城郡爲繁昌縣並以屬淮南安帝義熙八年省尋陽縣入柴桑縣柴桑仍爲郡後又省上甲縣入彭澤縣舊江州督荊州之竟陵郡及何無忌爲刺史表以竟陵去州遼遠去江陵三百里荊州所立綏安郡人戶入境欲資此郡助江濱戍防以竟陵郡還荊州又司州之弘農揚州之松滋二郡寄在尋陽人戶雜居並宜建督安帝從之後又省松滋郡爲松滋縣弘農郡爲弘農縣並屬尋陽郡

○交州按禹貢揚州之域是爲南越之土秦始皇既畧定揚越以讁戍卒五十萬人守五嶺自北徂南入越之道必由嶺嶠時有五處故曰五嶺後使任囂趙他攻越畧取陸梁地遂定南越以爲桂林南海象等三郡非三十六郡之限乃置南海尉以典之所謂東南一尉也漢初以嶺南三郡及長沙豫章封吳芮爲長沙王十一年以南武侯織爲南海王陸賈使還拜趙他爲南越王割長沙之南三郡以封之武帝元鼎六年討平呂嘉以其地爲南海蒼梧鬱林合浦日南九眞交阯七郡蓋秦時三郡之地元封中又置儋耳珠崖二郡置交阯刺史以督之昭帝元始五年罷儋耳并珠崖元帝元初三年又罷珠崖郡後漢馬援平定交部始調立城郭置井邑順帝永和九年交阯太守周敞求立爲州朝議不許即拜敞爲交阯刺史桓帝分立高興郡靈帝改曰高涼建安八年張津爲刺史士燮爲交阯太守共表立爲州乃拜津爲交州牧十五年移居番禺詔以邊州使持節郡給鼓吹以重城鎮加以九錫六佾之舞吳黃武五年割南海蒼梧鬱林三郡立廣州交阯日南九眞合浦四郡爲交州戴良爲刺史值亂不得入呂岱擊平之復還并交部赤烏五年復置珠崖郡永安七年復以前三郡立廣州及孫晧又立新昌武平九德三郡蜀以李恢爲建寧太守遙領交州刺史晉平蜀以蜀建寧太守霍弋遙領交州得以便宜選用長吏平吳後省珠崖入合浦交州統郡七縣五十三戶二萬五千六百

合浦郡（漢置統縣六戶二千）
合浦　南平　蕩昌　徐聞　毒質　珠官

交阯郡（漢置統縣十四戶一萬二千）
龍編　句漏　望海　羸𨻻　西于　武寧　朱䳒
曲易　交興　北帶　稽徐　安定　南定　海平

新昌郡（吳置統縣六戶三千）
麊泠（婦人徵側爲主馬援平之）　嘉寧　吳定　封山　臨西　西道

武平郡（吳置統縣七戶五千）
武寧　武興　進山　根寧　安武　扶安　封溪

九眞郡（漢置統縣七戶三千）
胥浦　移風　湛梧　建初　常樂　扶樂　松原

九德郡（吳置周時越裳氏地統縣八無戶）
九德　咸驩　南陵　陽遂　扶苓　曲胥　浦陽
都洨

日南郡（秦置象郡漢武帝改名統縣五戶六百）
象林（自此南有四國其人皆云漢人子孫今有銅柱亦是漢置此爲界貢金供稅也）　盧容（象郡所居）
朱吾　西卷　比景

○廣州按禹貢揚州之域秦末趙他所據之地及漢武帝以其地爲交阯郡至吳黃武五年分交州之南海蒼梧鬱林高梁四郡立爲廣州俄復舊永安六年復分交州置廣州分合浦立合浦北部以都尉領之孫晧分鬱林立桂林郡及太康中吳平遂以荊州始安始興臨賀三郡來屬合統郡十縣六十八戶四萬三千一百四十

南海郡（秦置統縣六戶九千五百）
番禺　四會　增城　博羅　龍川　平夷

臨賀郡（吳置統縣六戶二千五百）
臨賀　謝沐　馮乘　封陽　興安　富川

始安郡（吳置統縣七戶六千）
始安　始陽　平樂　荔浦　常安　熙平　永豐

始興郡（吳置統縣七戶五千）
曲江　桂陽　始興　含洭　湞陽　中宿　陽山

蒼梧郡（漢置統縣十二戶七千七百）
廣信　端溪　高要　建陵　新寧　猛陵　鄣平
農城　元谿　臨允　都羅　武城

鬱林郡（秦置桂林郡漢武帝更名統縣九戶六千）
布山　柯林　新邑　晉平　始建　鬱平　領方
武熙　安廣

桂林郡（吳置統縣八戶二千）
潭中　武豐　粟平　羊平　龍剛　夾陽　武城
軍騰

高涼郡（吳置統縣三戶二千）
安寧　高涼　思平

高興郡（吳置統縣五戶一千二百二十）
廣化　海安　化平　黃陽　西平

寧浦郡（吳置統縣五戶一千二百二十）
寧浦　連道　吳安　昌平　平山

武帝後省高興郡懷帝永嘉元年又以臨賀始興始安三郡凡二十縣爲湘州元帝分鬱林立晉興郡成帝分南海立東官郡以始興始安臨賀三郡還屬荊州穆帝分蒼梧立晉康新寧永平三郡哀帝太和中置新安郡安帝分東官立義安郡恭帝分南海立新會郡

晉書卷十五考證

地理志下零陵郡泠道○道監本誤陽

揚州分廬陵立廬陵南部都尉○監本上陵字誤江部誤郡

會稽郡鄮○鄮監本作鄒誤也鄮縣屬會稽若鄒縣則屬東海郡矣

以始興始安臨賀三郡還屬荊州○各本俱脫始安二字今從本志荊州稱武帝平吳後又以始興始安臨賀屬廣州增正之

晉書卷十六

唐　太　宗　文　皇　帝　御　撰

志第六

律歷上

易曰形而上者謂之道形而下者謂之器夫神道廣大妙本於陰陽形器精微義先於律呂聖人觀四時之變刻玉紀其盈虛察五行之聲鑄金均其清濁所以遂八風而宣九德和大樂而成政道然金質從革侈弇無方竹體圓虛脩短利制是以神瞽作律用寫鍾聲乃紀之以三平之以六成於十二天之道也又叶時日於晷度效地氣於灰管故陰陽和則景至律氣應則灰飛灰飛律通吹而命之則天地之中聲也故可以範圍百度化成萬品則虞書所謂叶時月正日同律度量衡者也中聲節以成文德音章而和備則可以動天地感鬼神導性情移風俗叶言志於詠歌鑒盛衰於治亂故君子審聲以知音審音以知樂審樂以知政蓋由茲道太史公律書云王者制事立法物度軌則一稟於六律六律爲萬事之本其於兵械尤所重焉故云望敵知吉凶聞聲效勝負百王不易之道也及秦氏滅學其道浸微漢室初興丞相張蒼首言音律未能審備孝武帝創置協律

之官司馬遷言律呂相生之次詳矣及王莽之際考論音律劉歆條奏大率有五一曰備數一十百千萬也二曰和聲宮商角徵羽也三曰審度分寸尺丈引也四曰嘉量龠合升斗斛也五曰權衡銖兩斤鈞石也班固因而志之蔡邕又記建武已後言律呂者至司馬紹統採而續之漢末天下大亂樂工散亡器法堙滅魏武始獲杜夔使定樂器聲調夔依當時尺度權備典章及武帝受命遵而不革至泰始十年光祿大夫荀勗奏造新度更鑄律呂元康中勗子藩嗣其事未及成功屬永嘉之亂中朝典章咸沒於石勒及元帝南遷皇度草昧禮容樂器掃地皆盡雖稍加採掇而多所淪胥終于恭安竟不能備今考古律相生之次及魏武已後言音律度量者以志于篇云傳云十二律黃帝之所作也使伶倫自大夏之西乃之崑崙之陰取竹之嶰谷生其竅厚均者斷兩節間長三寸九分而吹之以爲黃鍾之宮曰含少次制十二竹筩寫鳳之鳴雄鳴爲六雌鳴亦六以比黃鍾之宮皆可以生之以定律呂則律之始造以竹爲管取其自然圓虛也又云黃帝作律以玉爲管長尺六孔爲十二月音至舜時西王母獻昭華之琯以玉爲之及漢章帝時零陵文學奚景於泠道舜祠下得白玉琯又武帝太康元年汲郡盜發六國時魏襄王冢亦得玉律則古者又以玉爲管矣以玉者取其體含廉潤也而漢平帝時王莽又以銅爲之銅者自名也所以同天下齊風俗也爲物至精不爲燥濕寒暑改節介然有常似士君子之行故用焉

周禮太師掌六律六呂以合陰陽之聲六律陽聲黃鍾太蔟姑洗蕤賓夷則無射也六呂陰聲大呂應鍾南呂林鍾中呂夾鍾也又有太師則執同律以聽軍聲而詔以吉凶其典同掌六律六呂之和以辯天地四方陰陽之聲以爲樂器皆以十有二律而爲之數度以十有二聲而爲之齊量焉及周景王將鑄無射問律於泠州鳩對曰夫六中之色故名之一曰黃鍾所以宣養六氣九德也由是第之二曰太蔟所以金奏贊陽出滯也三曰姑洗所以羞絜百物考神納賓也四曰蕤賓所以安靜神人獻酬交酢也五曰夷則所以詠歌九德平人無貳也六曰無射所以宣布哲人之令德示人軌儀也爲之六間以揚沉伏而黜散越也元間大呂助宣物也二間夾鍾出四隙之細也三間中呂宣中氣也四間林鍾和展百事俾莫不任肅純恪中也五間南呂贊陽秀也六間應鍾均利器用俾應復也此皆所以律述時氣效節物也及秦始皇焚書蕩覆典策缺亡諸子瑣言時有遺記呂不韋春秋言黃鍾之宮律之本也下生林鍾林鍾上生太蔟太蔟下生南呂南呂上生姑洗姑洗下生應鍾應鍾上生蕤賓蕤賓下生大呂大呂下生夷則夷則上生夾鍾夾鍾下生無射無射上生中呂三分其所生益其一分以上生三分所生去其一分以下生後代之言音律者多宗此說及漢興承秦之弊張蒼首治律歷頗未能詳故孝武帝正樂乃置協律之官雖律呂清濁之體粗正金石高下之音有準然徒共措採遺存以成一時之制而數猶用五時淮南王安延致儒博亦爲律呂云黃鍾之律九寸而宮音調因而九之九九八十一故黃鍾之數立焉位在子林鍾位在未其數五十四太蔟其數七十二南呂之數四十八姑洗之數六十四應鍾之數四十二蕤賓之數五十七大呂之數七十六夷則之數五十一夾鍾之數六十八無射之數四十五中呂之數六十極不生以黃鍾爲宮太蔟爲商姑洗爲角林鍾爲徵南呂爲羽宮生徵徵生商商生羽羽生角角生應鍾不比正音故爲和應鍾生蕤賓不比正音故爲繆日冬至音比林鍾浸以濁日夏至音比黃鍾浸以清十二律應二十四時之變甲子中呂之徵也景子夾鍾之羽也戊子黃鍾之宮也庚子無射之商也壬子夷則之角也其爲音也一律而生五音十二律而爲六十音因而六之六六三十六故三百六十音以當一歲之日故律歷之數天地之道也司馬遷八書言律呂粗舉大經著於前史則以太極元氣函三爲一而始動於子十二律之生必所起焉於是參一於丑得三因而九三之與本位合十辰得一萬九千六百八十三謂之成數以爲黃鍾之法又參之律於十二辰得十七萬七千一百四十七謂之該數以爲黃鍾之實實如法而一得黃鍾之律長九寸十二月冬至之氣應焉蓋陰陽合德氣鍾於子而化生萬物則物之生莫不函三故十二律空徑三分而上下相生皆損益以三其術則因黃鍾之長九寸以下生者倍其實三其法以上生者四其實三其法所以明陽下生陰陰上生陽

起子爲黃鍾九寸一

丑三分之二

寅九分之八

卯二十七分之十六

辰八十一分之六十四

巳二百四十三分之一百二十八

午七百二十九分之五百一十二

未二千一百八十七分之一千二十四

申六千五百六十一分之四千九十六

酉一萬九千六百八十三分之八千一百九十二

戌五萬九千四十九分之三萬二千七百六十八

亥十七萬七千一百四十七分之六萬五千五百三十六

如是周十二辰在六律爲陽則當位自得而下生陰在六呂爲陰則得其所衝而上生於陽推算之術無重上生之法也所謂律取妻呂生子陰陽升降律呂之大經也而遷又言十二律之長今依淮南九九之數則蕤賓爲重上又言五音相生而以宮生角角生商商生徵徵生羽羽生宮求其理用罔見通途及元始中王莽輔政博徵通知鍾律者考其音義使羲和劉歆典領調奏班固漢書採而志之其序論雖博而言十二律損益次第自黃鍾長九寸三分損一下生林鍾長六寸三分益一上生太蔟而左旋八八爲位一上一下終於無射下生中呂校其相生所得與司馬遷正同班固採以爲志元帝時郎中京房知五音六十律之數上使太子太傅玄成諫議大夫章雜試問房於樂府房對受學於故小黃令焦延壽六十律相生之法以上生下皆三生二以下生上皆三生四陽下生陰陰上生陽終於中呂而十二律畢矣中呂上生執始執始下生去滅上下相生終於南呂六十律畢矣夫十二律之變至於六十猶八卦之變至於六十四也宓犧作易紀陽氣之初以爲律法建日冬至之聲以爲黃鍾爲宮太蔟爲商姑洗爲角林鍾爲徵南呂爲羽應鍾爲變宮蕤賓爲變徵此聲氣之元五音之正也故統一日其餘以次運行當日者各自爲宮而商徵以類從焉禮運曰五聲六律十二管還相爲宮此之謂也以六十律分朞之日黃鍾自冬至始及冬至而復陰陽寒燠風雨之占生焉於以檢攝羣音考其高下苟非草木之聲則無不有所合虞書曰律和聲此之謂也京房又曰竹聲不可以度調故作準以定數準之狀如瑟而長丈十三絃隱間九尺以應黃鍾之律九寸中央一絃下有畫分寸以爲六十律清濁之節房言律詳於歆所奏其術施行於史官候部用之文多不悉載截管爲律吹以考聲列以效氣道之本也術家以其聲微而體難知其分數不明故作準以代之準之聲明暢易達分寸又粗然絃以緩急清濁非管無以正也均其中絃令與黃鍾相得按畫以求諸律則無不如數而應者矣續漢志具載其六十律準度數其相生之次與呂覽淮南同

漢章帝元和元年待詔候鍾律殷彤上言官無曉六十律以準調音故待詔嚴崇具以準法教子男宣宣願召宣補學官主調樂器詔曰崇子學審曉律別其族協其聲者審試不得依託父學以聾爲聰聲微妙獨非莫知獨是莫曉以律錯吹能知命十二律其二中不失一乃爲能傳崇學耳試宣十二律其二中其四不中其六不知何律宣遂罷自此律家莫能爲準

靈帝熹平六年東觀召典律者太子舍人張光等問準意光等不知歸閱舊藏乃得其器形制如房書猶不能定其絃緩急音不可書以曉人知之者欲教而無從心達者體知而無師故史官能辯清濁者遂絕其可以相傳者唯候氣而已漢末紛亂亡失雅樂

魏武時河南杜夔精識音韻爲雅樂郎中令鑄銅工柴玉鑄鍾其聲均清濁多不如法數毀改作玉甚厭之謂夔清濁任意更相訴白於魏武王魏武王取玉所鑄鍾雜錯更試然後知夔爲精於是罪玉

泰始十年中書監荀勗中書令張華出御府銅竹律二十五具部太樂郎劉秀等校試其三具與杜夔及左延年律法同其二十二具視其銘題尺寸是笛律也

問協律中郎將列和辭昔魏明帝時令和承受一笛聲以作此律欲使學者別居一坊歌詠講習依此律調至於都合樂時但識其尺寸之名則絲竹歌詠皆得均合歌聲濁者用長笛長律歌聲清者用短笛短律歌凡絃歌調張清濁之制不依笛尺寸名之則不可知也勗等奏昔先王之作樂也以振風蕩俗饗神祐賢必協律呂之和以節八音之中是故郊祀朝宴用之有制歌奏分敍清濁有宜故曰五聲十二律還相爲宮此經傳記籍可得而知者也如和對辭笛之長短無所象則率意而作不由曲度考以正律皆不相應吹其聲均多不諧合又辭先師傳笛別其清濁直以長短工人裁制舊不依律是爲作笛無法而和寫笛造律又令琴瑟歌詠從之爲正非所以稽古先哲垂憲于後者也謹條牒諸律問和意狀如左及依典制用十二律造笛象十二枚聲均調和器用便利講肄彈擊必合律呂況乎宴饗萬國奏之廟堂者哉雖伶夔曠遠至音難精猶宜儀形古者以求厥衷合乎經禮於制爲詳若可施用請更部笛工選竹造作下太樂樂府施行平議諸杜夔左延年律可皆留其御府笛正聲下徵各一具皆銘題作者姓名其餘

無所施用還付御府毀奏可

勗又問和作笛爲可依十二律作十二笛令一孔依一律然後乃以爲樂不和辭太樂東箱長笛正聲已長四尺二寸令當復取其下徵之聲於法聲濁者笛當長計其尺寸乃五尺有餘和昔日作之不可吹也又笛諸孔雖不校試意謂不能得一孔輒應一律也案太樂四尺二寸笛正聲均應蕤賓以十二律還相爲宮推法下徵之孔當應律大呂大呂笛長二尺六寸有奇不得長五尺餘輒令大樂郎劉秀鄧昊等依作大呂笛以示和又吹七律一孔一校聲皆相應然後令郝生鼓箏宋同吹笛以爲雜引相和諸曲和乃辭曰自和父祖漢世以來笛家相傳不知此法而令調均與律相應實非所及也郝生魯基种整朱夏皆與和同

又問和笛有六孔及其體中之空爲七和爲能盡名其宮商角徵孔調與不調以何檢知和辭先師相傳吹笛但以作曲相語爲某曲當舉某指初不知七孔盡應何聲也若當作笛其仰尚方笛工依按舊像訖但吹取鳴者初不復校其諸孔調與不調也

按周禮調樂金石有一定之聲是故造鍾磬者先依律調之然後施於廂懸作樂之時諸音皆受鍾磬之均卽爲悉應律也至於饗宴殿堂之上無廂懸鍾磬以笛有一定調故諸絃歌皆從笛爲正是爲笛猶鍾磬宜必合於律呂如和所對直以意造率短一寸七孔聲均不知其皆應何律調無以檢正唯取竹之鳴者爲無法制趣部郎劉秀鄧昊王豔魏邵等與笛工參共作笛工人造其形律者定其聲然後器象有制音均和協

又問和若不知律呂之義作樂音均高下清濁之調當以何名之和辭每合樂時隨歌者聲之清濁用笛有長短假令聲濁者用三尺二笛因名曰此三尺二調也聲清者用二尺九笛因名曰此二尺九調漢魏相傳施行皆然按周禮奏六樂乃奏黃鍾歌大呂乃奏太蔟歌應鍾皆以律呂之義紀歌奏清濁而和所稱以二尺三尺爲名雖漢魏用之俗而不典部郎劉秀鄧昊等以律作三尺二寸者應無射之律若宜用長笛執樂者曰請奏無射作二尺八寸四分四氂者應黃鍾之律若宜用短笛執樂者曰請奏黃鍾則歌奏之義若合經禮考之古典於制爲雅

書曰予欲聞六律五聲八音在治忽周禮國語載六律同禮記又曰五聲十二律還相爲宮劉歆班固撰律歷志亦紀十二律惟京房始創六十律至章帝時其法已絶蔡邕雖追紀其言亦曰今無能爲者依按古典及今音家所用六十律者無施於樂謹依典記以五聲十二律還相爲宮之法制十二笛象記注圖側如別省圖不如視笛之孔故復重作蕤賓伏孔笛其制云

黃鍾之笛正聲應黃鍾下徵應林鍾長二尺八寸四分四氂有奇正聲調法以黃鍾爲宮則姑洗爲角翕笛之聲應姑洗故以四角之長爲黃鍾之笛也其宮聲正而不倍故曰正聲

正聲調法黃鍾爲宮第一孔也應鍾爲變宮第二孔也南呂爲羽第三孔也林鍾爲徵第四孔也蕤賓爲變徵第五附孔也姑洗爲角笛體中聲太蔟爲商笛後出孔也商聲濁以商當在角下而角聲以在體中故上其商孔令在宮上清於宮也然則宮商正也餘聲皆倍也是故從宮以下孔轉濁也此章記笛孔上下次第之名也下章說律呂相生笛之制也

正聲調法黃鍾爲宮作黃鍾之笛將求宮孔以姑洗及黃鍾律從笛首下度之盡二律之長而爲孔則得之宮聲者也宮生徵黃鍾生林鍾以林鍾之律從宮孔下度之盡律作孔則得徵聲也徵生商林鍾生太蔟以大蔟律從徵孔上度之盡律以爲孔則得商之聲也商生羽太蔟生南呂也以南呂律從商孔下度之盡律爲孔則得羽聲也羽生角南呂生姑洗也以姑洗律從羽孔上行度之盡律而爲孔則得角聲也然則於商孔之上吹笛者左手所不及也從羽孔下行度之盡律而爲孔亦得角聲出於商附孔之下則吹者右手所不逮也故不作角孔推而下之復倍其均是以角聲在笛體中古之制也音家舊法雖一倍再倍但令均同適足爲唱和之聲無害於曲均故也國語曰匏竹利制議宜謂便於事用從宜者也角生變宮姑洗生應鍾也上句所謂當爲角孔而出於商下者墨點識之以應律也從此點下行度之應律爲孔則得變宮之聲也變宮生變徵應鍾生蕤賓也以蕤賓律從變宮下度之盡律爲孔則得變徵之聲十二笛之制各以其宮爲主相生之法或倍或半其便事用例皆一者也

下徵調法林鍾爲宮第四孔也本正聲黃鍾之徵徵清當在宮上用笛之宜倍令濁下故曰下徵下徵更爲宮者記所謂五聲十二律還相爲宮也然則正聲清下徵爲濁也南呂爲商第三孔也本正聲黃鍾之羽今爲下徵之商也應鍾爲角第二孔也本正聲黃鍾之變宮今爲下徵之角也黃鍾爲變徵下徵之調林鍾爲宮大呂當爲變徵而黃鍾笛本無大呂之聲故假用黃鍾以爲變徵也假用之法當爲變徵之聲則俱發黃鍾及太蔟應鍾三孔黃鍾應濁而太蔟清大呂律在二律之間俱發三孔而微礛䃂之則得大呂變徵之聲矣諸笛下徵調求變徵之法皆如此也太蔟爲徵笛後出孔本正聲之商今爲下徵之徵也姑洗爲羽笛體中翕聲本正聲之角今爲下徵之羽蕤賓爲變宮附孔是也本正聲之變徵也今爲下徵之變宮也然則正聲之調孔轉下轉濁下徵之調孔轉上轉清也清角之調以姑洗爲宮即是笛體中翕聲於正聲爲角於下徵爲羽清角之調乃以爲宮而哨吹令清故曰清角惟得爲宛轉謠俗之曲不合雅樂也蕤賓爲商正也林鍾爲角非正也南呂爲變徵非正也應鍾爲徵正也黃鍾爲羽非正也太蔟爲變宮非正也清角之調唯宮商及徵與律相應餘四聲非正者皆濁一律哨吹令清假而用之其例一也

凡笛體用角律其長者八之蕤賓林鍾也短者四之其餘十笛皆四角也宮中實容長者十六短笛竹宜受八律之黍也若長短大小不合於此或器用不便聲均法度之齊等也然笛竹率上大下小不能均齊必不得也取其聲均合三宮一曰正聲二曰下徵三曰清角也二十一變也宮有七聲錯綜用之故二十一變也諸笛例皆一者也伏孔四所以便用事也一曰正角出於商上者也二曰倍角近笛下者也三曰變宮近於宮孔倍令下者也四曰變徵遠於徵孔倍令高者也或倍或半或四分一取則於琴徵也四者皆不作其孔而取其度以近進退上下之法所以協聲均便事用也其本孔隱而不見故曰伏孔也

大呂之笛正聲應大呂下徵應夷則長二尺六寸六分三氂有奇

太蔟之笛正聲應太蔟下徵應南呂長二尺五寸三分一氂有奇

夾鍾之笛正聲應夾鍾下徵應無射長二尺四寸

姑洗之笛正聲應姑洗下徵應應鍾長二尺二寸三分三氂有奇

蕤賓之笛正聲應蕤賓下徵應大呂長三尺九寸九分五氂有奇變宮近宮孔故倍半令下便於用也林鍾亦如之

林鍾之笛正聲應林鍾下徵應太蔟長三尺七寸九分七氂有奇

夷則之笛正聲應夷則下徵應夾鍾長三尺六寸變宮之法亦如蕤賓體用四角故四分益一也

南呂之笛正聲應南呂下徵應姑洗長三尺三寸七分有奇

無射之笛正聲應無射下徵應中呂長三尺二寸

應鍾之笛正聲應應鍾下徵應蕤賓長二尺九寸九分六氂有奇

五音十二律

土音宮數八十一爲聲之始屬土者以其最濁君之象也季夏之氣和則宮聲調宮亂則荒其君驕黃鍾之宮律最長也

火音徵三分宮去一以生其數五十四屬火者以其次清事之象也夏氣和則徵聲調徵亂則哀其事勤也

金音商三分徵益一以生其數七十二屬金者以其濁次宮臣之象也秋氣和則商聲調商亂則詖其官壞也

水音羽三分商去一以生其數四十八屬水者以爲最清物之象也冬氣和則羽聲調羽亂則危其財匱也

木音角三分羽益一以生其數六十四屬木者以其清濁中人之象也春氣和則角聲調角亂則憂其人怨也

凡聲尊卑取象五行數多者濁數少者清大不過宮細不過羽

十一月律中黃鍾律之始也長九寸仲冬氣至則其律應所以宣揚六氣九德也班固三分損一下生林鍾

十二月律中大呂司馬遷未下生之律長四寸二百四十三分寸之五十二倍之爲八寸分寸之一百四季冬氣至則其律應所以助宣物也三分益一上生夷則京房三分損一下生夷則

正月律中太蔟未上生之律長八寸孟春氣至則其律應所以贊陽出滯也三分損一下生南呂

二月律中夾鍾酉下生之律長三寸二千一百八十七分寸之一千六百三十一倍之爲七寸分寸之一千七十五仲春氣至則其律應所以出四隙之細也三分益一上生無射京房三分損一下生無射

三月律中姑洗酉上生之律長七寸九分寸之一季春氣至則其律應所以修潔百物考神納賓也三分損一下生應鍾

四月律中中呂亥下生之律長三寸萬九千六百八十三分寸之六千四百八十七倍之爲六寸分寸之萬二千九百七十四孟夏氣至則其律應所以宣中氣也

五月律中蕤賓亥上生之律長六寸八十一分寸之二十六仲夏氣至則其律應所以安靜人神獻酬交酢也三分損一下生大呂京房三分益一上生大呂

六月律中林鍾丑下生之律長六寸季夏氣至則其律應所以和展百物俾莫不任肅純恪也三分益一上生太蔟

七月律中夷則丑上生之律長五寸七百二十九分寸之四百五十一孟秋氣至則其律應所以詠歌九則平百姓而無貳也三分損一下生夾鍾京房三分益一上生夾鍾

八月律中南呂卯下生之律長五寸三分寸之一仲秋氣至則其律應所以贊陽秀也三分益一上生姑洗

九月律中無射卯上生之律長四寸六分千五百六十一分寸之六千五百二十四季秋氣至則其律應所以宣布哲人之令德示人軌儀也三分損一下生中呂京房三分益一上生中呂

十月律中應鍾巳下生之律長四寸二十七分寸之二十孟冬氣至則其律應所以均利器用俾應復也三分益一上生蕤賓

淮南京房鄭玄諸儒言律歷皆上下相生至蕤賓又重上生大呂長八寸二百四十三分寸之百四夷則上生夾鍾長七寸千一百八十七分寸之千七十五無射上生中呂長六寸萬九千六百八十三分寸之萬二千九百七十四此三品於司馬遷班固所生之寸數及分皆倍焉餘則並同斯則泠州鳩所謂六間之道揚沈伏黜散越假之爲用者也變通相半隨事之宜贊助之法也凡音聲之體務在和韻益則加倍損則減半其於本音恒爲無爽然則言一上一下者相生之道言重上生者吹候之用也於蕤賓重上生者適會爲用之數故言律

者因爲非相生之正也

揚子雲曰聲生於日謂甲己爲角乙庚爲商丙辛爲徵丁壬爲羽戊癸爲宮也律生於辰謂子爲黃鍾丑爲大呂之屬也聲以情質質情也各以其行本情爲正也律以和聲當以律管鍾均和其清濁之聲也聲律相協而八音生協和也宮商角徵羽謂之五聲金石匏革絲竹土木謂之八音聲和音諧是謂五樂夫陰陽和則景至律氣應則灰除是故天子常以冬夏至日御前殿合八能之士陳八音聽樂均度晷景候鍾律權土灰效陰陽冬至陽氣應則灰除是故樂均清景長極黃鍾通土灰輕而衡仰夏至陰氣應則樂均濁景短極蕤賓通土灰重而衡低進退於先後五日之中八能各以候狀聞太史令封上效則和否則占候氣之法爲室三重戶閉塗釁周密布緹縵室中以木爲案每律各一內庳外高從其方位加律其上以葭莩灰抑其內端案歷而候之氣至者灰去其爲氣所動者其灰散人及風所動者其灰聚殿中候用玉律十二惟二至乃候靈臺用竹律楊泉記云取弘農宜陽縣金門山竹爲管河內葭莩爲灰或云以律著室中隨十二辰埋之上與地平以竹莩灰實律中以羅縠覆律呂氣至吹灰動縠小動爲和大動君弱臣強不動君嚴暴之應也

審度

起度之正漢志言之詳矣武帝泰始九年中書監荀勗校大樂八音不和始知後漢至魏尺長於古四分有餘勗乃部著作郎劉恭依周禮制尺所謂古尺也依古尺更鑄銅律呂以調聲韻以尺量古器與本銘尺寸無差又汲郡盜發六國時魏襄王冢得古周時玉律及鍾磬與新律聲韻闇同于時郡國或得漢時故鍾吹律命之皆應勗銘其尺曰晉泰始十年中書考古器揆校今尺長四分半所校古法有七品一曰姑洗玉律二曰小呂玉律三曰西京銅望臬四曰金錯望臬五曰銅斛六曰古錢七曰建武銅尺姑洗微彊西京望臬微弱其與此尺同銘八十二字此八者勗新尺也今尺者杜夔尺也荀勗造新鍾律與古器諧韻時人稱其精密惟散騎侍郎陳留阮咸譏其聲高高則悲非興國之音亡國之音哀以思其人困今聲不合雅懼非德正至和之音必古今尺有長短所致也會咸病卒武帝以勗律與周漢器合故施用之後始平掘地得古銅尺歲久欲腐不知所出何代果長勗尺四分時人服咸之妙而莫能厝意焉

史臣按勗於千載之外推百代之法度數既宜聲韻又契可謂切密信而有徵也而時人寡識據無聞之一尺忽周漢之兩器雷同臧否何其謬哉世說稱有田父於野地中得周時玉尺便是天下正尺荀勗試以校已所治金石絲竹皆短校一米又漢章帝時零陵文學史奚景於泠道舜祠下得玉律度以爲尺相傳謂之漢官尺以校荀勗尺勗尺短四分漢官始平兩尺長短度同又杜夔所用調律尺比勗新尺得一尺四分七氂魏景元四年劉徽注九章云王莽時劉歆斛尺弱於今尺四分五氂比魏尺其斛深九寸五分五氂卽荀勗所謂今尺長四分半是也元帝後江東所用尺比荀勗尺一尺六分二氂趙劉曜光初四年鑄渾儀八年鑄土圭其尺比荀勗尺一尺五分荀勗新尺惟以調音律至於人間未甚流布故江左及劉曜儀表並與魏尺略相依準

嘉量

周禮栗氏爲量鬴深尺內方尺而圓其外其實一鬴其臀一寸其實一豆其耳三寸其實一升重一鈞其聲中黃鍾槩而不稅其銘曰時文思索允臻其極嘉量既成以觀四國永啓厥後茲器維則春秋左氏傳曰齊舊四量豆區鬴鍾四升曰豆各自其四以登於鬴四豆爲區區斗六升也四區爲鬴六斗四升也鬴十則鍾六十四斗也鄭玄以爲鬴方尺積千寸比九章粟米法少二斗八十一分升之二十二以筭術考之古斛之積凡一千五百六十二寸半方尺而圓其外減傍一氂八毫其徑一尺四寸一分四毫七抄二忽有奇而深尺卽古斛之制也

九章商功法程粟一斛積二千七百寸米一斛積一千六百二十七寸菽合麻麥一斛積二千四百三十寸此據精麤爲率使價齊而不等其器之積寸也以米斛爲正則同于漢志

魏陳留王景元四年劉徽注九章商功曰當今大司農斛圓徑一尺三寸五分五氂深一尺積一千四百四十一寸十分寸之三王莽銅斛於今尺爲深九寸五分五氂徑一尺三寸六分八氂七毫以徽術計之於今斛爲容九斗七升四合有奇魏斛大而尺長王莽斛小而尺短也

衡權

衡權者衡平也權重也衡所以任權而均物平輕重也古有黍絫錘錙鐶鈞鋝溢之因歷代參差漢志言衡權名理甚備自後變更其詳未聞元康中裴頠以爲醫方人命之急而稱兩不與古同爲害特重宜因此改治權衡不見省趙石勒十八年七月造建德殿得圓石狀如水碓銘曰律權石重四鈞同律度量衡有辛氏造續咸議是王莽時物

晉書卷十六考證

律歷志上其典同掌六律六呂之和○同監本誤司今從周禮春官改正

其聲均清濁多不如法○後漢律歷志注均長七尺韻爲韻古無韻字均卽韻也

猶宜儀形古者　臣龔官按形當作型者當作昔

晉書卷十七

唐　太　宗　文　皇　帝　御　撰

志第七

律歷中

昔者聖人擬宸極以運璿璣揆天行而序景曜分辰野辨躔歷敬農時興物利皆以繫順兩儀紀綱萬物者也然則觀象設卦扐閏成爻歷數之原存乎此也逮乎炎帝分八節以始農功軒轅紀三綱而闡書契乃使羲和占日常儀占月臾區占星氣伶倫造律呂大撓造甲子隸首作算數容成綜斯六術考定氣象建五行察發斂起消息正閏餘述而著焉謂之調歷洎于少昊則鳳鳥司歷顓頊則南正司天陶唐則分命羲和虞舜則因循堯法及夏殷承運周氏應期正朔既殊創法斯異傳曰火出於夏爲三月於商爲四月於周爲五月是故天子置日官諸侯有日御以和萬國以協三辰至乎寒暑晦明之徵陰陽生殺之數啓閉升降之紀消息盈虛之節皆應躔次而無淫流故能該浹生靈堪輿天地周德既衰史官失職疇人分散禨祥不理秦并天下頗推五勝自以獲水德之瑞用十月爲正漢氏初興多所未暇百有餘載襲秦正朔爰及武帝始詔司馬遷等議造漢歷乃行夏正其後劉歆更造三統以說左傳辯而非實班固惑之采以爲志逮光武中興太僕朱浮數言歷有乖謬于時天下初定未能詳考至永平之末改行四分七十餘年儀式乃備及光和中乃命劉洪蔡邕共修律歷其後司馬彪因之以繼班史今采魏文黃初已後言歷數行事者以續司馬彪云

漢靈帝時會稽東部尉劉洪考史官自古迄今歷注原其進退之行察其出入之驗規其往來度其終始始悟四分於天疏闊皆斗分太多故也更以五百八十九爲紀法百四十五爲斗分作乾象法冬至日日在斗二十二度以術追日月五星之行推而上則合於古引而下則應於今其爲之也依易立數遁行相號潛處相求名爲乾象歷又創制日行遲速兼考月行陰陽交錯於黃道表裏日行黃道於赤道宿度復進有退方於前法爲精密矣獻帝建安元年鄭玄受其法以爲窮幽極微又加注釋焉

魏文帝黃初中太史令高堂隆復詳議歷數更有改革太史丞韓翊以爲乾象減斗分太過後當先天造黃初歷以四千八百八十三爲紀法千二百五十爲斗分其後尚書令陳羣奏以爲歷數難明前代通儒多共紛爭黃初之元以四分歷久遠疏闊大魏受命宜改歷明時韓翊首建猶恐不審故以乾象互相參校其所校日月行度弦望朔晦歷三年更相是非無時而決案三公議皆綜盡典理殊塗同歸欲使效之璿璣各盡其法一年之間得失足定奏可太史令許芝云劉洪月行術以來且四十餘年以復覺失一辰有奇孫欽議史遷太初其後劉歆以爲疏復爲三統章和中改爲四分以儀天度考合符應時有差跌日蝕覺過半日至乎中洪改爲乾象推天七曜之符與天地合其序董巴議云聖人迹太陽於晷景效太陰於弦望明五星於見伏是非於晦朔弦望伏見者歷數之綱紀檢驗之明者也徐岳議劉洪以歷後天潛精內思二十餘載參校漢家太初三統四分歷術課弦望於兩儀郭間而月行九歲一終謂之九道九章百七十一歲九道小終九九八十一章五百六十七分而九終進退牛前四度五分學者務追合四分但減一道六十三分分不下通是以疎闊皆由斗分多故也課弦望當以昏明度月所在則知加時先後之意不宜用兩儀郭間洪加太初元十二紀減十斗下分元起己丑又爲月行遲疾交會及黃道去度五星術理實粹密信可長行今韓翊所造皆用洪小益斗下分所錯無幾翊所增減致亦留思然十術新立猶未就悉至於日蝕有不盡效效歷之要要在日蝕熹平之際時洪爲郎欲改四分先上驗日蝕日蝕在晏加時在辰蝕從下上三分侵二事御之後如洪言海內識異莫不聞見劉歆已來未有洪比夫以黃初二年六月二十七日戊辰加時未日蝕乾象術加時申半強於消息就加未黃初以爲加辛強乾象後天一辰半強爲近黃初二辰半爲遠消息與天近三年正月景寅朔加時申北日蝕黃初加酉弱乾象加午少消息加未黃初後天半辰近乾象先天二辰少弱於消息先天一辰強

爲遠天三年十一月二十九日庚寅加時西南維日蝕乾象加未初消息加申黃初加未強乾象先天一辰遠黃初先天半辰近消息乾象近中天二年七月十五日癸未日加壬月景蝕乾象月加申消息加未黃初月加子強入甲申日乾象後天二辰消息後一辰爲近黃初後天六辰遠三年十月十五日乙巳日加丑月加未蝕乾象月加巳半於消息加午黃初以景午月加酉強乾象先天二辰近黃初後天二辰強爲遠於消息於乾象先一辰凡課日月蝕五事乾象四遠黃初一近翊於課難徐岳乾象消息但可減不可加加之無可說不可用岳云本術自有消息受師法以消息爲奇辭不能改故列之正法消息翊術自疎

木以三年五月二十四日丁亥晨見
黃初五月十七日庚辰見先七日
乾象五月十五日戊寅見先九日

土以二年十一月二十六日壬辰見
乾象十一月二十一日丁亥見先五日
黃初十一月十八日甲申見先八日

土以三年十月十二日壬申伏
乾象同壬申伏
黃初已下十月八日戊辰伏先四日

土以三年十一月二十二日壬子見
乾象十一月十五日乙巳見先七日
黃初十一月十二日壬寅見先十日

金以三年閏六月十五日丁丑晨伏
乾象六月二十五日戊午伏先十九日
黃初六月二十一日乙卯伏先二十三日

金以三年九月十一日壬寅見
乾象以八月十八日庚辰見先二十三日
黃初八月十五日丁丑見先二十五日

水以二年十一月十七日癸未晨見
乾象十一月十三日己卯見先四日
黃初十一月十二日戊寅見先五日

水以二年十二月十三日己酉晨伏
乾象十二月十五日辛亥伏後二日
黃初十二月十四日庚戌伏後一日

水以三年五月十八日辛亥夕見
乾象亦以五月十八日見
黃初五月十七日庚戌見先一日

水以三年六月十三日景午伏
乾象六月二十日癸丑伏後七日
黃初六月十九日壬子伏後六日

水以三年閏六月二十五日丁亥晨見
乾象以閏月九日辛未見先十六日
黃初閏月八日庚午見先十七日

水以三年七月七日己亥伏
乾象七月十一日癸卯伏後四日
黃初以七月十日壬寅伏後三日

水以三年十一月日於暑度十四日甲辰伏
乾象以十一月九日己亥伏先五日
黃初十一月八日戊戌伏先六日

水以三年十二月二十八日戊子夕見
二曆同以十二月十二日壬申見俱先十六日

凡四星見伏十五
乾象七近二中
黃初五近一中

郎中李恩議以太史天度與相覆校二年七月三年十一月望與天度日皆差異月蝕加時乃後天六時半非從三度之謂定爲後天過半日也董巴議曰昔伏羲始造八卦作三畫以象二十四氣黃帝因之初作調歷歷代十一更年五千凡有七歷顓頊以今之孟春正月爲元其時正月朔旦立春五星會于天歷營室也冰凍始泮蟄蟲始發雞始三號天曰作時地曰作昌人曰作樂鳥獸萬物莫不應和故顓頊聖人爲歷宗也湯作殷歷弗復以正月朔旦立春爲節也更以十一月朔旦冬至爲元首下至周魯及漢皆從其節據正四時夏爲得天以承堯舜從顓頊故也禮記大戴曰虞夏之歷建正於孟春此之謂也楊偉請六十日中疏密可知不待十年若不從法是校方員棄規矩考輕重背權衡課長短廢尺寸論是非違分理若不先定校歷之本法而懸聽棄法之末爭則孟軻所謂方寸之基可使高於岑樓者也今韓翊據劉洪術者知貴其術珍其法而棄其論背其術廢其言違其事是非必使洪奇妙之式不傳來世若知而違之是挾故而背師也若不知據之是爲挾不知而罔知也校議未定會帝崩而寢至明帝景初元年尚書郎楊偉造景初歷表上帝遂改正朔施行偉歷以建丑之月爲正改其年三月爲孟夏其孟仲季月雖與夏正不同至於郊祀蒐狩班宣時令皆以建寅爲正三年正月帝崩復用夏正其劉氏在蜀仍漢四分歷吳中書令闞澤受劉洪乾象法於東萊徐岳又加解注中常侍王蕃以洪術精妙用推渾天之理以制儀象及論故孫氏用乾象歷至吳亡武帝踐阼泰始元年因魏之景初歷改名泰始歷楊偉推五星尤疎闊故元帝渡江左以後更以乾象五星法代偉歷自黃初已後改作歷術皆斟酌乾象所減斗分朔餘月行陰陽遲疾以求折衷洪術爲後代推步之師表故先列之云

乾象歷

上元己丑以來至建安十一年景戌歲積七千三百七十八年

乾法千一百七十

會通七千一百七十一

紀法五百八十九

周天二十一萬五千一百四十

通法四萬三千二十六

通數四十一

日法四百五十七

歲中十二

餘歲三千九十

章歲十九

没法百三

章閏七

會數四十七

會歲八百九十三

章月二百四十五

會率千八百八十二

朔望合數九百四十一

會日萬一千四十五

紀月七千二百八十五

元月一萬四千五百七十

月周七千八百七十四

小周二百五十四

推入紀

置上元盡所求年以乾法除之不滿乾法以紀法除之餘不滿紀法者入內紀甲子年也滿法去之入外紀甲午年也

推朔

置入紀年外所求以章月乘之章歲而一所得爲定積月不盡爲閏餘閏餘十二以上歲有閏以通法乘定積月爲假積日滿日法爲定積日不盡爲小餘以六旬去積日爲大餘命以所入紀算外所求年天正十一月朔日也

求次月加大餘二十九小餘七百七十三小餘滿日法從大餘小餘六百八十四以上其月大

推冬至

置入紀年外所求以餘數乘之滿紀爲大餘不盡爲小餘以六旬去之命以紀算外天正冬至日也

求二十四氣

置冬至小餘加大餘十五小餘五百一十五滿二千三百五十六從大餘命如法

推閏月

以閏餘減章歲餘以歲中乘之滿章閏爲一月不盡半法已上亦一有進退以無中月

推弦望

加大餘七小餘五百五十七半小餘如日法從大餘餘命如前得上弦又加得望又加得下弦又加得後月朔

其弦望定小餘四百一以下以百刻乘之滿日法得一刻不盡什之求分以課所近節氣夜漏未盡以算上爲日

推没

置入紀年外所求以餘數乘之滿紀法爲積没有餘加盡積爲一以會通乘之滿没法爲大餘不盡爲小餘大餘命以紀算外冬至後没日求次没加大餘六十九小餘六十滿其法從大餘無分爲減

推日度

以紀法乘積日滿周天去之餘以紀法除之所得爲度命度以牛前五度起宿次除之不滿宿卽天正夜半日所在

求次日加一度經斗除分分少損一度爲紀法加焉

推月度

以月周乘積日滿周天去之餘滿紀法爲度不盡爲分命如上則天正朔夜半月所在度

求次月小月加度二十二分二百五十八大月又加一日度十三分二百一十七滿法得一度其冬下旬夕在張心署之

推合朔度

以章歲乘朔小餘滿會數爲大分不盡小分以大分從朔夜半日分滿紀法從度命如前天正合朔日月所共會也

求次月加度二十九大分三百一十二小分滿會數從大分大分滿紀法後度經斗除大分

求弦望日所在度加合朔度七分二百二十五小分十七半大小分及度命如前則上弦日所在度又加得望下弦後月合

求弦望月行所在度加合朔度九十八大分四百八小分四十一大小分及度命如前合朔則上弦月所在又加得望下弦後月合

求日月昏明度日以紀法月以月周乘所近節氣夜漏二百而一爲明分日以減紀法月以減月周餘爲昏分各以加夜半如法爲度

推月蝕

置上元年外所求以會歲去之其餘年以會率乘之如會歲爲積蝕有餘加積一會月乘之如會率爲積月不盡爲月餘以章閏乘餘年滿章月爲積閏以減積月餘以歲中去之不盡數起天正

求次蝕加五月月餘千六百三十五五滿會率得一月

月以望

推卦用事日

因冬至大餘倍其小餘坎用事日也加小餘千七十五滿乾法從大餘中孚用事日也

求次卦各加大餘六小餘百三其四正各因其中日而倍其小餘

推五行用事

置冬至大小餘加大餘二十七小餘九百二十七滿二千三百五十六從大餘得土用事日也加大餘十八小餘六百一十八得立春木用事日加大餘七十三小餘百一十六復得土又加土如得其火金水放此

推加時

以十二乘小餘滿其法得一度辰數從子起算外朔弦望以定小餘

推漏刻

以百乘小餘滿其法得一刻不盡什之求分課所近節氣起夜分盡夜上水未盡以所近言之推有進退進加退減所得也進退有差起分度後二率四度轉增少少每半者三而轉之差滿三止歷五度而減如初

月行三道術

月行遲疾周進有恒會數從天地凡數乘餘率自乘如會數而一爲過周分以從周天月周除之歷日數也遲疾有衰其變者勢也以衰減加月行率爲日轉度分衰左右相加爲損益率益轉相益損轉相損盈縮積也半小周乘通法如通數而一以歷周減焉爲朔行分也

日轉度分	列衰	損益率	盈縮積	月行分
一日十四度分十	一退減	益二十二	盈初	三百七十六
二日十四度分九	二退減	益二十二	盈二十二	二百七十五
三日十四度分七	三退減	益十九	盈四十三	二百七十三
四日十四度分四	四退減	益十六	盈六十三	二百七十
五日十四度分八	四退減	益十二	盈七十八	二百六十六
六日十三度分十五	四退減	益八	盈九十	二百六十二
七日十三度分十一	四退減	益四	盈九十八	二百五十八
八日十三度分七	四退減	損四	盈百二	二百五十四
九日十三度分三	四退減	損四	盈百二	二百五十
十日十二度分十八	三退減	損八	盈九十八	二百四十六
十一日十二度分十五	四退加	損十一	盈九十	二百四十三
十二日十二度分七	三退加	損十五	盈七十九	二百四十九
十三日十二度分八	二退加	損十八	盈六十四	二百四十六
十四日十二度分六	二退加	損二十	盈三十六	二百三十四
十五日十二度分五	二退加	損二十一	盈二十六	三百三十三
十六日十二度分六	二退減	損二十損不足及減五爲益盈有五謂益而損縮初二十故不足	盈五縮初	二百四十四
十七日十二度分八	三退減	益十八	縮十五	二百三十六
十八日十二度分十一	四進減	益十五	縮三十三	二百三十九
十九日十二度分十五	三進減	益十一	縮四十八	三百四十三
二十日十三度分十八	四進減	益八	縮五十九	二百四十六
二十一日十三度分三	四進減	益四	縮六十七	二百五十
二十二日十三度分七	四進加	損四	縮七十一	二百五十四
二十三日十三度分十二	四進加	損四	縮七十一	二百五十八
二十四日十三度分十五	四進加	損八	縮六十七	二百六十二
二十五日十四度	四進加	損十三	縮五十九	二百六十六
二十六日十四度分四	三進加	損十六	縮三十七	二百七十
二十七日十四度分七	三三歷初大周日進加	損十九	縮三十一	二百七十三
周日十四度分九	少進加	損二十一	縮十二	二百七十五

周日分三千三百三

周虛二千六百六十六

周日法五千九百六十九

通周十八萬五千三百三十九

歷周十六萬四千四百六十六

少大法一千一百一

朔行大分一千八百一

周半一百二十七

推合朔入歷

以上元積月乘朔行大小分滿通數四十一從大分大分滿歷周去之餘滿周法得一日不盡爲日餘日餘命筭外所求合朔入歷也

求次月加一日日餘五千二百三十三分二十五

求弦望各加七日日餘二千八百八十三小分二十九半分各如法成日日滿二十七日去之餘如周分不足除減一日加周虛

求弦望定大小餘

置所入歷盈縮稱以通周乘之爲實令通數乘日餘分以乘損益率以損益實爲加時盈縮也章歲減月行分乘周半爲差法以除之所得盈減縮加大小餘如日法盈不足朔加時在前後日弦望進退大餘爲定小餘

求朔弦望加時定度

以章歲乘加時盈縮差法除之所得滿會數爲盈縮大小以盈減縮加本日月所在盈不足以紀法進退度爲日月所在定度分

推月行夜半入歷

以周半乘朔小餘如通數而一以減入歷日餘餘不足加周法而減焉却一日却得周日加其分卽得夜半入歷

求次日轉一日因日餘到二十七日日餘滿周日分去之不直周日也其不滿直之加周虛於餘餘皆次日入歷日餘也

求月夜半定度

以夜半入歷日餘乘損益率如周法得一不盡爲餘以損益盈縮積餘無所損破全爲法損之爲夜半盈縮也滿章歲爲度不盡爲分通數乘分及餘餘如周法從分分滿紀法從度以盈加縮減本夜半度及餘爲定度

求變衰法

以入歷日餘乘列衰如周法得一不盡爲餘卽各知其日變衰也

求次歷

以周虛乘列衰如周法爲常數歷竟輒以加率衰滿列衰去之轉爲次歷率衰也

求次日夜半定度

以變衰進加退減歷日轉分分盈不足章歲出入度也通數乘分及餘而日轉加夜定度爲次日也竟歷不直周日減餘千三十八乃以通數乘之直周日者加餘八百三十七又以少大分八百九十九加次歷變衰轉求如前

求次日夜半盈縮

以變衰減加損益率爲變損日益而以轉損益夜半盈縮歷竟損不足反減爲入次歷減加餘如上數

求昏明月度

以歷月行分乘所近節氣夜漏二百而一爲分以減月行分爲昏分分如章歲爲度以通數乘分以昏後以明加夜半定度餘分半法以上成不滿廢之

求月行遲疾

月經四表出入三道交錯分天以月率除之爲歷之日周天乘朔望合如會月而一朔合分也通數乘合數餘如會數而一退分也以從月周爲日進分會數而一爲差率也

陰陽歷	衰	損益率	兼數
一日	一減	益十七	初
二日	二減	益十六	十七
三日	三減	益十五	三十七
四日	四減	益十二	三十八
五日	四減	益八	六十
六日	三減	益四	六十八
七日	三減減不足反損爲加謂益有一當加減三爲不足	益一遲極損之謂月行半周度已過極則當損之	七十二
八日	四加	損二	七十三
九日	四加	損六	七十一
十日	三加	損十	六十五
十一日	二加	損十三	五十五
十二日	一加	損十五	三十二
十三日限餘三千九百一十三微分千七百五十二	此爲後限加歷初大分日	損十六	大二十七
分日五千二百三	少加小者	損十六	大十一

少大法四百七十三

歷周十萬七千五百六十五
差率萬一千九百八十六
朔合分萬八千三百二十八
徵分九百一十四
徵分法二千二百九
推朔入陰陽歷
以會月去上元積月餘以朔合分定徵分各乘之徵分滿其法從合分合分滿周天去之其餘不滿歷周者爲入陽歷餘去之餘爲入陰歷餘皆如月周得一日算外所求月合朔入歷不盡爲日餘
求次月
加二日日餘二千五百八十徵分九百一十四如法成日滿十三去之除餘如分日陰陽歷竟互入端入歷在前限餘前後限後者月行中道也
求朔望定數
各置入遲疾歷盈縮大小分會數乘小分爲徵盈減縮加陰陽日餘日餘盈不足進退日而定以定日餘乘損益率如月周得一以損益數爲加時定數
推夜半入歷
以差率乘朔小餘如徵分法得一以減入歷日餘不足加月周而減之却得分日加其分以會數約徵分爲小分卽朔日夜半入歷日日餘三十一小分如會數從會餘餘滿月周去之又加一日歷竟下日餘滿分日去之爲入歷初也不滿分日者直之加餘二千七百二小分三十一爲入次歷
求夜半定日
以通數乘入遲疾歷夜半盈縮及餘餘滿半爲小分以盈加縮減入陰陽日餘日盈不足以月周進退日而定也以定日餘乘損益兼數爲夜半定數也
求昏明數
以損益率乘所近節氣夜漏二百而一爲明以減損益率爲昏而以損益夜半數爲昏明定數
求月去極度
置加時若昏明定數以十二除之爲度其餘三日而一爲少不盡一爲強二少弱也所得爲月去黃道度也其陽歷以加日所在黃道歷去極度陰歷以減之則月去極度強正弱負強弱相并同名相從異名相消其相減也同名相消異名相從無對互之二強進少而弱
上元己丑以來至建安十一年景戌歲積七千三百七十八

己丑　戊寅　丁卯　景辰　乙巳
甲午　癸未　壬申　辛酉　庚戌
己亥　戊子　丁丑　景寅
推五星
五行木歲星火熒惑土填星金太白水辰星各以終日與天度相約爲日率章歲乘周爲月法章月乘日爲月分分如法爲月數通數乘月法日度法也升分乘周率爲升分日度法用紀法乘同率故此同以分乘之
五星朔大餘小餘以通法各乘月數日法各除之爲大餘不盡爲小餘以六十去大餘
五星入月日日餘各以通法乘月餘以合月法除小餘并之會數約之所得各以日度法除之則皆是
生度數度餘減多爲度餘分以周天乘之以日度法約之所得爲度不盡爲度餘過周天法之及十分
紀月七千二百八十五　章閏七
章月二百三十五
歲中十二
通法四萬三千二十六
日法千四百五十七
會數四十七
周天二十一萬五千一百三十
升分一百四十五
木
周率六千七百二十二
日率七千三百四十一
合月數十二
月餘六萬四千八百一
合月法十二萬七千七百一十八
日度法三百九十五萬九千二百五十八
朔大餘二十三
朔小餘一千三百七
入月日十五
日餘三百三十八萬四千四十六
朔虛分一百五十
升分九十七萬四千六百九十
度數三十三
度餘二百五十萬九千九百五十六
火
周率二千四百七
日率七千二百七十一
合月數二十六
月餘二萬五千六百二十七
合月法六萬四千七百三十三
日度法二百萬六千七百二十三
朔大餘四十七
朔小餘一千一百五十七
入月日十二景初十三
日餘九十七萬三千一十三
朔虛分三百
升分四十九萬四千二十五
度數四十八景初五十
度餘一百九十九萬一千七百六
土
周率三千五百二十九
日率三千六百五十三
合月數十二
月餘五萬三千八百四十三
合月法六萬七千五十一
日度法二百七萬八千五百八十
朔大餘五十四
朔小餘五百三十四
入月日二十四
日餘十六萬六千二百七十二
朔虛分九百二十三
升分五十一萬一千七百五
度數十二
度餘一百七十三萬三千一百四十八
金
周率九千二十二
日率七千二百一十三
合月數九
月餘十五萬二千二百九十三
合月法十七萬一千四百一十六
日度法五百三十一萬三千九百五十八
朔大餘二十五
朔小餘一千一百二十九
入月日二十七
日餘五萬六千九百五十四
朔虛分三百二十八
升分一百三十萬八千一百九十
度數二百九十二
度餘五萬六千九百五十四
水
周率一萬一千五百六十一
日率一千八百三十四
合月數一
月餘二十一萬一千三百三十一
合月法二十一萬九千六百五十九
日度法六百八十萬九千四百二十九
朔大餘二十九
朔小餘七百七十三
入月日二十八
日餘六百三十一萬九百六十七
朔虛分六百八十四
升分一百六十七萬六千三百四十五
度數五十七
度餘六百四十一萬九百六十七
推五星
置上元盡所求年以周率乘之滿日率得一名積合不盡爲合餘以周率除之得一星合往年二合前往年無所得合其年合餘減周率爲度分金水積合奇爲晨耦爲夕
推星合月
以月數月餘各乘積合滿合月法從月不盡爲月餘以紀月去積月餘爲入紀月副以章閏乘之滿章月得一閏以減入紀月餘以歲中去之命以天正算外合月也其在閏交際以朔御之
推入月日
以通法乘月餘合月法乘朔小餘并以會數約之所得滿日度法得一則星合入月日也不滿爲日餘命以朔算外
推星合度
以周天乘度分滿日度法得一度不盡爲餘命度以牛前五起右求星合
求後合月
以月數加月數以月餘加月餘滿合月法得一月不滿歲中卽合其年滿去之有閏計焉餘爲後年再滿在後二年金水加晨得夕加夕得晨
求合朔日
以朔大小餘加合月大小餘上成月者又加大餘二十九小餘七百七十三小餘滿日法從大餘命如前

求入月日術

以入月日日餘加合入月日及餘餘滿日度法得一日其前合朔小餘滿其虛分者減一日後小餘滿七百七十三以上者去三十日其餘則後合入月日也

求後度

以度度加度餘加度餘滿日度法得一度

木伏三十二日

三百四十八萬四千六百四十六分

見三百六十六日

伏行五度

二百五十萬九千九百五十六分

見行四十度 除逆退十二度定行二十八度

火伏百四十三日

九十七萬三千一十三分

見行百三十六日

伏行一百一十度

四十七萬八千九百九十八分

見行三百二十度 除逆十七度定行三百三度

土伏三十三日

十六萬六千二百七十二分

見三百三十五日

伏行三度

百七十三萬三千一百四十八分

見行十五度 除逆六度定行九度

金晨伏東方八十二日

十一萬三千九百八分

見西方二百四十六日 除逆六度定行二百四十六度

晨伏行百度

十一萬三千九百八分

見東方 日度加西伏十日退八度

水晨伏三十三日

六百一萬二千五百五分

見西方三十二日 除逆一度定行三十二度

伏行六十五度

六百一萬二千五百五分

見東方

五星歷步

以術法伏日度及餘加星合日度餘餘滿日度法得一從今命之如前得星見日及度也以星行分母乘見度餘如日度法得一分不盡半法以上亦得一而日加所行分分滿其母得一度逆順母不同以當行之母乘故分如母而一當行分也留者承前逆則減之伏不盡度經升除分以行母爲率分有損益前後相御凡言如盈約滿皆求實之除也去及除之取盡之除也

木晨與日合順伏十六日百七十四萬二千三百二十三分行星二度三百二十三萬四千六百七分而晨見東方在日沒後順疾日行五十八分之十一五十八日行十一度更順遲日行九分五十八日行九度留不行二十五日而旋逆日行七分之一八十四日退十二度復留二十五日而順日行五十八分之九五十八日行九度順疾日行十一分五十八日行十一度在日前夕伏西方十六日百七十四萬二千三百二十三分行星二度三百二十三萬四千六百七分而與日合凡一終三百九十八日三百四十八萬四千六百四十六分行星四十三度二百五十萬九千九百五十六分

火晨與日合伏順七十一日百四十八萬九千八百六十八分行星五十五度百二十四萬二千八百六十分半而晨見東方在日後順日行二十三分之十四百八十四日行一百一十二度更順遲日行二十三分之十二九十二日行四十八度留不行十一日旋逆日行六十二分之十七六十三日退十七度日行十二分九十二日行四十八度復順疾日行十四分百八十四日行百一十二度在日前夕伏西方七十一日百四十八萬九千八百六十八分行星五十五度百二十四萬二千八百六十分半而與日合凡一終七百七十九日九十七萬三千一十三分行星四百一十四度四十七萬八千九百九十八分

土晨與日合伏順十六日百一十二萬二千四百二十六分半行星一度百九十九萬五千八百六十四分半而晨見東方在日後順日行三十五分之三百八十七日半行七度半留不行三十四日旋逆日行十七分之一百二日退六度復三十四日而順日行三分八十七日逆行七度半在日前夕伏西方十六日百一十二萬二千四百二十六分半行星一度百九十九萬五千八百六十四分半而與日合也凡一終三百七十八日十六萬六千二百七十二分行星十二度百七十三萬三千一百三十八分

金晨與日合伏逆五日退四度而晨見東方在日後逆日行五分度之三十日退六度留不行八日旋順遲日行四十六分之三十三四十六日行三十三度而順疾日行一度九十一分之十五九十一日行一百六度更順益疾日行一度九十一分之二十二九十一日行百一十三度在日後晨伏東方順四十一日五萬六千九百五十四度行星五十度五萬九千九百五十四分而與日合二日五萬六千九百五十四分行星亦如之

金夕與日合伏順四十一日五萬六千九百五十四分行星五十度五萬九千九百五十四分而夕見西方在日前順疾日行一度九十一分之二十二九十一日行百一十三度更順減疾日行一度十五分九十一日行百六度而順遲日行四十六分之三十三四十六日行三十三度留不行八日旋逆日行五分之三十日退六度而與日合凡再合一終五百八十四日十一萬三千九百八分行星亦如之

水晨與日合伏逆九日退七度而晨見東方在日後更逆疾一日退一度留不行二日旋順遲日行九分之八九日行八度而順疾日行一度四分之一二十日行二十五度在日後晨伏東方順十六日六百四十一萬九百六十七分而與日合一合五十七日六百四十一萬九百六十七分行星三十二度六百四十一萬九百六十七分行星亦如之

水夕與日合伏順十六日六百四十一萬九百六十七分而夕見西方在日前順疾日行一度四分之一二十日行二十五度而順遲日行九分之八九日行八度留不行二日旋逆一日退一度在日前夕伏西方逆遲九日退七度與日合凡再合一終一百一十五日六百一萬二千五百五分行星亦如之

晉書卷十七考證

律歷志中臾區占星氣○臾監本誤車今從史記封禪書改正

土以二年十一月二十六日壬辰見注乾象十一月二十一日丁亥見先五日○監本二十六日誤作二十五日二十一日誤作二十八日

水以二年十二月十三日己酉晨伏注乾象十二月十五日辛亥伏○監本十五日誤十三日

水以三年五月十八日辛亥夕見注黃初五月十七日庚戌見○庚戌監本誤作庚辰 臣永祚按正文十八日爲辛亥則十七日自爲庚戌非庚辰也

水以三年十一月日於晷度十四日甲辰伏注黃初十一月八日戊戌伏○監本誤作十月今補正

章月二百四十五○臣永祚按太初三統法章月俱爲二百三十五茲列爲二百四十五疑有誤字

十三日注徵分十七百五十二○臣龍官按徵創當作徵下文同

在前限餘前後限者月行中道也○臣龍官按後限下脫餘字

會數乘小分爲徵盈減縮○臣龍官按徵下脫分字

日餘三十一小分如會數○宋書此句上有求夬日加四字另作一條

以牛前五起右求星合○五字下疑脫度字

晉書卷十八

唐　太　宗　文　皇　帝　御　撰

志第八

律歷下

魏尚書郎楊偉表曰臣覽載籍斷考歷數時以紀農月以紀事其所由來遐而尚矣乃自少昊則玄鳥司分顓項帝嚳則重黎司天唐帝虞舜則羲和掌日三代因之則世有日官日官司歷則頒之諸侯諸侯受之則頒于境內夏后之世羲和湎淫廢時亂日則書載胤征由此觀之審農時而重人事歷代然之也逮至周室既衰戰國橫騖告朔之羊廢而不紹登臺之禮滅而不遵閏分乖次而不識孟陬失紀而莫悟大火猶西流而怪蟄蟲之不藏也是時也天子不協時司歷不協日諸侯不受職日御不分朔人事不恤廢棄農時仲尼之撥亂於春秋說褒貶糾黜司歷失閏則譏而書之登臺頒朔則謂之有禮自此以降暨于秦漢乃復以孟冬爲歲首閏爲後九月中節乖錯時月紕繆加時後天蝕不在朔累載相襲久而不革也至武帝元封七年始乃悟其繆焉於是改正朔更歷數使大才通人更造太初歷校中朔所差以正閏分課中星得度以考疏密以建寅之月爲正朔以黃鍾之月爲律歷初其歷斗分太多後遂疏闊至元和二年復用四分歷施而行之至于今日考察日蝕率常在晦是則斗分太多故先密後疏而不可用也是以臣前以制典餘日推考天路稽之前典驗之以蝕朔詳而精之更建密歷則不先不後古今中天以昔在唐帝協日正時允釐百工咸熙庶績也欲使當今國之典禮凡百制度皆蹈合往古郁然備足乃改正朔更歷數以大呂之月爲歲首以建子之月爲歷初臣以爲昔在往代則法曰顓項曩自軒轅則歷曰黃帝暨至漢之孝武革正朔更歷數改元曰太初因名太初歷今改元爲

景初宜曰景初曆臣之所建景初曆法數則約要施用則近密治之則省功學之則易知雖復使研桑心算隸首運籌重黎司晷羲和察景以考天路步驗日月究極精微盡術數之極者皆未能並臣如此之妙也是以累代曆數皆疏而不密自黃帝以來常改革不已壬辰元以來至景初元年丁巳歲積四千四十六算上此元以天正建子黃鍾之月爲曆初元首之歲夜半甲子朔旦冬至元法萬一千五十八

紀法千八百四十三

紀月二萬二千七百九十五

章歲十九

章月二百四十五

章閏七

通數十三萬四千六百三十

日法四千五百五十九

餘數九千六百七十

周天六十七萬三千一百五十

紀歲中十二

氣法十二

没分六萬七千三百一十五

没法九百六十七

月周二萬四千六百三十八

通法四十七

會通七十九萬百一十

朔望合數六萬七千三百一十五

入交限數七十三萬二千七百九十五

通周十二萬五千六百二十一

周日日餘二千五百二十八

周虛二千三十一

斗分四百五十五

甲子紀第一

紀首合朔月在日道裏

交會差率四十一萬二千九百一十九

遲疾差率十萬三千九百四十七

甲戌紀第二

紀首合朔月在日道裏

交會差率五十一萬六千五百二十九

遲疾差率七萬三千七百六十七

甲申紀第三

紀首合朔月在日道裏

交會差率六十二萬一百三十九

遲疾差率四萬三千五百八十七

甲午紀第四

紀首合朔月在日道裏

交會差率七十二萬三千七百三十九

遲疾差率一萬三千四百七

甲辰紀第五

紀首合朔月在日道裏

交會差率三萬七千二百四十九

遲疾差率一萬八千八百四十八

甲寅紀第六

紀首合朔月在日道裏

交會差率十四萬八百五十九

遲疾差率十萬八千六百六十八

交會紀差十萬三千六百一十求其數之所生者置一紀積月以通數乘之會通去之所去之餘紀差之數也以之轉加前紀則得後加之未滿會通者則紀首之歲天正合朔月在日道裏滿去之則月在日道表加表滿在裏加裏滿在表

遲疾紀差三萬一百八十求其數之所生者置一紀積月以通數乘之通周去之餘以減通周所減之餘紀差之數也以之轉減前紀則得後不足減者加通周

求次元紀差率轉減前元甲寅紀差率餘則次元甲子紀差率也求次紀如上法也

推朔積月術曰置壬辰元以來盡所求年外所求以紀法除之所得筭外所入紀第也餘則入紀年數也以章月乘之如章歲而一爲積月不盡爲閏餘閏餘十二以上其年有閏閏月以無中氣爲正

推朔術曰以通數乘積月爲朔積分如日法而一爲積日不盡爲小餘以六十去積日餘爲大餘大餘命以紀筭外所求年天正十一月朔日也

求次月加大餘二十九小餘二千四百一十九小餘滿日法從大餘命如前次月朔日也小餘二千一百四十以上其月大也

推弦望加朔大餘七小餘千七百四十四小分一小分滿二從小餘小餘滿日法從大餘大餘滿六十去之餘命以紀筭外上弦日也又加得望下弦後月朔其日蝕望者定小餘如在中節者定小餘如所近中節間限數限數以下者筭上爲日望在中節前後各四日以還者視限數望在中節前後各五日以上者視間限

推二十四氣術曰置所入紀年外所求以餘數乘之滿紀法爲大餘不盡爲小餘大餘滿六十去之餘命以紀筭外天正十一月冬至日也

求次氣加大餘十五小餘四百二小分十一小分滿氣法從小餘小餘滿紀法從大餘命如前次氣日也

推閏月術曰以閏餘減章歲餘以歲中乘之滿章閏得一月餘滿半法以上亦得一月數從天正十一月起筭外閏月也閏有進退以無中氣御之

大雪十一月節	限數千二百四十二	間限千二百四十八
冬至十一月中	限數千二百五十四	間限千二百四十五
小寒十二月節	限數千二百四十五	間限千二百二十四
大寒十二月中	限數千二百一十三	間限千一百九十二
立春正月節	限數千一百七十二	間限千一百四十七
雨水正月中	限數千一百二十九	間限千九十二
驚蟄二月節	限數千六十七	間限千四十六
春分二月中	限數千八	間限九百七十九
清明三月節	限數九百五十一	間限九百二十五
穀雨三月中	限數九百	間限八百七十九
立夏四月節	限數八百五十七	間限八百四十
小滿四月中	限數八百二十三	間限八百一十三
芒種五月節	限數八百	間限七百九十九
夏至五月中	限數七百九十八	間限八百
小暑六月節	限數八百五	間限八百一十五
大暑六月中	限數八百二十五	間限八百四十五
立秋七月節	限數八百五十九	間限八百八十三
處暑七月中	限數九百七	間限九百三十五
白露八月節	限數九百六十三	間限九百九十二
秋分八月中	限數千二十一	間限千五十一
寒露九月節	限數千八十	間限千一百七
霜降九月中	限數千一百三十二	間限千一百五十七
立冬十月節	限數千一百八十一	間限千一百九十八
小雪十月中	限數千二百一十五	間限千二百三十九

推没滅術曰因冬至積日有小餘者加積一以没分乘之以没法除之所得爲大餘不盡爲小餘大餘滿六十去之餘命以紀筭外卽去年冬至後没日也

求次没加大餘六十九小餘五百九十二小餘滿没法得一從大餘命如前小餘盡爲滅也

推五行用事日立春立夏立秋立冬者卽木火金水始用事日也各減其大餘十八小餘四百八十三小分六命以紀筭外各四立之前土用事日也大餘不足減者加六十小餘不足減者減大餘一加紀法小分不足減者減小餘一加氣法

推卦用事日因冬至大餘六其小餘卽坎卦用事日也加小餘萬九十一滿元法從大餘卽中孚用事日也

求次卦各加大餘六小餘九百六十七其四正各因其中日六其小餘

推日度術曰以紀法乘朔積日滿周天去之餘以紀法除之所得爲度不盡爲分命度從牛前五起宿次除之不滿宿則天正十一月朔夜半日所在度及分也

求次日日加一度分不加經斗除斗分分少進退一度

推月度術曰以月周乘朔積日滿周天去之餘以紀法除之所得爲度不盡爲分命如上法則天正十一月朔夜半月所在度及分也

求次月小月加度二十二分八百六十六大月又加一日度十三分六百七十九分滿紀法得一度則次月朔夜半月所在度及分也其冬下旬夕在張心署之

推合朔度術曰以章歲乘朔小餘滿通法爲大分不盡爲小分以大分從朔夜半日度分滿紀法從度命如前則天正十一月合朔日月所共合度也

求次月加度二十九大分九百七十七小分四十二小分滿通法從大分大分滿紀法從度經斗除其分則次月合朔日月所共合度也

推弦望日所在度加合朔度七大分七百五小分十微分一微分滿二從小分小分滿通法從大分大分滿紀法從度命如前則上弦日所在度也又加得望下弦後月合也

推弦望月所在度加合朔度九十八大分千二百七十九小分四十四滿數命如前卽上弦月所在度也又加得望下弦後月合也

推日月昏明度術曰以紀法乘所近節氣夜漏二百而一爲明分日以減紀法月以減月周餘爲昏分各以分如夜半如法爲度

推合朔交會月蝕術曰置所以入紀朔積分以所入紀下交會差率之數加之以會通去之餘則所求年天正十一月合朔去交度分也以通數加之滿會通去之餘則次月合朔去交度分也以朔望合數各加其月合朔去交度分滿會通去之餘則各其月望去交度分也朔望去交分如朔望合數以下入交限數以上者朔則交會望則月蝕

推合朔交會月蝕月在日道表裏術曰置所入紀朔積

分以前所入紀下交會差率之數加之倍會通去之餘不滿會通者紀首表天正合朔月在表紀首裏天正合朔月在裏滿會通去之表滿在裏裏滿在表

求次月以通數加之滿會通去之加裏滿在表加表滿在裏先交會後月蝕者朔在表則望在表朔在裏則望在裏先月蝕後交會者看蝕月朔在裏則望在表朔在表則望在裏交會月蝕如朔望合數以下則前交後會如入交限數以上則前會後交其前交後會近於限數者則豫伺之前會後交近於限數者則後伺之

求去交度術曰其前交後會者今去交度分如日法而一所得則却去交度分也其前會後交者以去交度分減會通餘如日法而一所得則前去交度也餘皆度分也去交度十五以上雖交不蝕也十以下是蝕十以上虧蝕微少光晷相及而已虧之多少以十五爲法

求日蝕虧起角術曰其月在外道先交後會者虧蝕西南角起先會後交者虧蝕東南角起其月在內道先交後會者虧蝕西北角起先會後交者虧蝕東北角起虧蝕分多少如上以十五爲法會交中者蝕盡月蝕在日之衝虧角與上反也

月行遲疾度	損益率	盈縮積分	月行分
一日十四度十四分	益二十六	盈初	二百八十
二日十四度十一分	益二十三	盈積分一十一萬八千五百四十四	二百七十七
三日十四度八分	益二十	盈積分二十二萬三千三百九十二	二百七十四
四日十四度五分	益十七	盈積分三十一萬四千五百七十一	二百七十一
五日十四度一分	益十三	盈積分三十九萬二千七十四	二百六十九
六日十三度十四分	益七	盈積分四十五萬一千三百四十一	二百六十一
七日十三度七分	損一	盈積分四十八萬三千三百五十四	二百五十四
八日十三度一分	損六	盈積分四十八萬三千三百五十四	二百四十八
九日十二度十六分	損十	盈積分四十五萬五千九百	二百四十四
十日十二度十三分	損十三	盈積分四十一萬三百一十	二百四十一
十一日十二度十一分	損十五	盈積分四十五萬一千四十二	二百三十九
十二日十二度八分	損十八	盈積分二十八萬二千六百五十八	二百三十六
十三日十二度五分	損二十一	盈積分二十萬五百九十六	二百三十六
十四日十二度三分	損二十三	盈積分十萬四千八百五十七	二百三十一
十五日十二度五分	益二十一	縮初	二百三十三
十六日十二度七分	益十九	縮積分九萬五千七百三十九	二百三十五
十七日十二度九分	益十七	縮積分十八萬二千三百六十	二百三十七
十八日十二度十二分	益十四	縮積分二十五萬九千八百六十三	二百四十
十九日十二度十五分	益十一	縮積分三十二萬三千六百八十九	二百四十一
二十日十二度十八分	益八	縮積分四十七萬三千八百四十八	二百四十六
二十一日十二度三分	益四	縮積分三十一萬三百二十	二百五十
二十二日十二度七分	損一	縮積分四十二萬八千五百四十六	二百五十四
二十三日十三度十二分	損五	縮積分四十二萬八千五百四十六	二百五十九
二十四日十三度十八分	損十一	縮積分四十萬五千七百五十一	二百六十五
二十五日十四度五分	損十七	縮積分三十五萬五千六百三	二百七十一
二十六日十四度十一分	損二十三	縮積分二十七萬八千九十九	二百七十七
二十七日十四度十一分	損二十四	縮積分十七萬三千二百四十	二百七十八
周日十四度十三有小分六百二十六	損二十五有小分六百二十六	縮積分六萬二千八百二十六	二百七十九有小分六百二十六

推合朔交會月蝕入遲疾歷術曰置所入紀朔積分以所入紀下遲疾差率之數加之以通周去之餘滿日法得一日不盡爲日餘命日筭外則所求年天正十一月合朔入歷日也

求次月加一日餘四千四百五十求望加十四日日餘三千四百八十九日餘滿日法成日日滿二十七去之又除餘如周日餘日餘不足除者減一日加周虛

推合朔交會月餘定大小餘以歷日餘乘所入歷損益率以損益盈縮積分爲定積分以章歲減所入歷月行分餘以除之所得以盈減縮加大小餘加之滿日法者交會加時在後日減之不足者交會加時在前日月蝕者隨定大小餘爲日加時入歷在周日者以周日日餘乘縮積分爲定積分以損率乘入歷日餘又以周日日餘乘之以周日度小分并之以損定積分餘爲後定積分以章歲減周日月行分餘以周日度小分并之以除後定積分所得以加本小餘如上法

推加時以十二乘定小餘滿日法得一辰數從子起筭外則朔望加時所在辰也有餘不盡者四之如日法而一爲少二爲半三爲太又有餘者三之如日法而一爲彊半法以上排成之不滿法廢棄之以彊并少爲少強并半爲半強并太爲太強得二強者爲少弱以之并少爲半弱以之并半爲太弱以之并太爲一辰弱以所在辰命之則各得其少太半及強弱也其月餘蝕望在中節前後四日以還日以上者視限數在中節前後五日以上者視間限定小餘如間限限數以下者以筭上爲日

北方九十八度分四百五十五

斗二十六分四百五十五　牛八　女十二　虛十

危十七　室十六　壁九

西方八十度

奎十六　婁十二　胃十四　昴十一

畢十六　觜二　參九

南方百十二度

井三十三　鬼四　柳十五　星七

張十八　翼十八　軫十七

東方七十五度

角十二　亢九　氐十五　房五

心五　尾十八　箕十一

中節 日在度	日行黃道去極度	日中晷影	晝漏刻	夜漏刻	昏中星	明中星
冬至十一月中斗二十一少	百一十五度	丈三尺三寸	四十五	五十五	奎六弱	亢二少強
小寒十二月節女二	百一十三強	丈二尺三寸	四十五八分	五十四二分	婁半強	氐七強
大寒十二月中虛半強	百一十一太強	丈一尺	四十六八分	五十三二分	胃十一太強	心半
立春正月節危十太弱	百六少弱	九尺六寸	四十八六分	五十一四分	畢五少弱	尾七半弱
雨水正月中室八太弱	百一強	七尺九寸五分	五十八分	四十九二分	參六半弱	箕半
驚蟄二月節壁八強	九十五強	六尺五寸五分	五十三三分	四十六七分	井十七少弱	斗少
春分二月中奎十四少強	八十九少強	五尺二寸五分	五十五八分	四十四二分	鬼四	斗十一弱
清明三月節胃一半	八十三少弱	四尺一寸五分	五十八三分	四十一七分	星四太	斗二十一半
穀雨三月中昴二太	七十七太強	三尺二寸	六十五分	三十九五分	張十七	斗六半
立夏四月節畢七	七十三少強	二尺五寸二分	六十二四分	三十七六分	翼十七太	女十少弱
小滿四月節參四少弱	六十九太	尺九寸八分	六十三九分	三十六一分	角太弱	危太弱
芒種五月節井少半弱	六十七少弱	尺六寸八分	六十四九分	三十五一分	亢五太	危十四強
夏至五月中井二十五半弱	六十七強	尺五寸	六十五	三十五	氐十二少弱	室十二強
小暑六月節柳三太弱	六十七太強	尺七寸	六十四七分	三十五三分	尾一太強	奎二太強

大暑六月中星四强　七十　二尺
六十三八分　三十六二分　尾十五半强
婁三太
立秋七月節張十二少　七十三半强　二尺五寸五分
六十二二分　三十七八分　箕九太强
胃九太强
處暑七月中翼九半　七十八半强　三尺三寸三分
六十三二分　三十九八分　斗十少
畢三太
白露八月節軫六太　八十四少强　四尺二寸五分
五十七八分　四十二三分　斗二十一强
參五少强
秋分八月中角五弱　九十半强　五尺五寸二分
五十五二分　四十四八分　牛五少
井十六少强
寒露九月節亢八少弱　九十六太强　六尺八寸五分
五十二六分　四十七四分　女七太
鬼三少强
霜降九月中氐十四少强　百二少强　八尺四寸
五十三分　四十九七分　虛六太
星三太
立冬十月節尾四半强　百七少强　丈八寸二分
四十八二分　五十一八分　危八强
張十五太
小雪十月中箕一太强　一百一十一弱　丈一尺四寸
四十六七分　五十三三分　室三半弱
翼十五太
大雪十一月節斗六　百一十三太强　丈二尺五寸六分
四十五五分　五十四五分　壁半强
翼十五太

右中節二十四氣如術求之得冬至十一月中也加之得次月節加節得其月中星以日所在爲正置所求年二十四氣小餘四之如法得一爲少不盡少三之如法爲强所得以減其節氣昏明中星各定

推五星術

五星者木曰歲星火曰熒惑星土曰塡星金曰太白星水曰辰星凡五星之行有遲有疾有留有逆曩自開闢淸濁始分則日月五星聚于星紀發自星紀並而行天遲疾留逆互相逮及星與日會同宿共度則謂之合從合至合之日則謂之終各以一終之日與一歲之日通分相約終而率之歲數歲則謂之合終歲數歲終則謂之合終合數二率既定則法數生焉以章歲乘合數爲合月法以紀法乘合數爲日度法以章月乘歲數爲合月分如合月法爲合月合月之餘爲月餘以通數乘合月數如日法而一爲大餘以六十去大餘爲星合朔大餘大餘之餘爲朔小餘以通數乘月餘以合月法乘朔小餘并之以日法乘合月法除之所得星合入月日數也餘以朔通法約之爲入月日以朔小餘減日法餘爲朔虛分以歷斗分乘合數爲星度斗分木火土各以合數減歲數減歲餘以周天乘之如日度法而一所得則行星度數也餘則度餘金水以周天乘歲數如日度法而一所得則行星度數也餘則度餘也

木合終歲數一千二百五十五
合終合數一千一百四十九
合月度法二萬一千八百四十一
日度法二百一十一萬七千六百七
合月數一十三
月餘一萬一千一百二十二
朔大餘二十三
朔小餘四千九十三
入月日一十五
日餘一百九十九萬五千六百六十四
朔虛分四百六十六
斗分五十二萬一千七百九十五
行星度三十三
度餘一百四十七萬二千八百六十九

火合終歲數五千一百五
合終合數三千三百八十八
合月法四萬五千三百七十二
日度法四百三十萬一千八百一十四
合月數二十六
月餘二萬二
朔大餘四十七
朔小餘三千六百二十七
入月日一十三
日餘三百五十八萬五千二百四十
朔虛分九百三十三
斗分一百八萬六千五百三十
行星度五十
度餘一百四十一萬二千一百五十

土合終歲數三千九百四十三
合終合數三千八百九
合月法七萬二千三百七十一
日度法七百一萬九百八十七
合月數一十二
月餘五萬八千一百五十三
朔大餘五十四
朔小餘一千六百七十四
入月日二十四
日餘六十七萬五千三百六十四
朔虛分二千八百八十五
斗分一百七十三萬三千九十五
行星度一十二
度餘五百九十六萬二千二百五十六

金合終歲數一千九百七
合終合數二千三百八十五
合月法四萬五千三百一十五
日度法四百三十九萬五千五百五十四
合月數九
月餘四萬三百一十
朔大餘二十五
朔小餘三千五百三十五
入月日二十五
日餘十九萬四千九百九十
朔虛分一千二十四
斗分一百八萬五千二百七十五
行星度二百九十二
度餘十九萬四千九百九十

水合終歲數一千八百七十
合終合數一萬一千七百八十九
合月法二十二萬三千九百九十一
日度法二千一百七十二萬七千一百二十七
合月數一
月餘二十一萬五千四百五十九
朔大餘二十九
朔小餘二千四百一十九
入月日二十八
日餘二千三十四萬四千二百九十一
朔虛分二千
斗分五百三十六萬三千九百九十五
行星度五十七
度餘二千三十四萬四千三百六十一

推五星術曰置壬辰元以來盡所求年以合終合數乘之滿合終歲數得一名積合不盡名爲合餘以合終合數減合餘得一者星合往年得二者合前往年無所得合其年餘以減合終合數爲度分金水積合偶爲晨奇爲夕

推五星合月以月數月餘各乘積合餘滿合月滿法從月爲積月不盡爲月餘以紀月除積月所得筭外所入紀也餘爲入紀月副以章閏乘之滿章月得一爲閏以減入紀月餘以歲中去之餘爲入歲月命以天正起筭外星合月也其在閏交際以朔御之

推合月朔以通數乘入紀月滿日法得一爲積日不盡爲小餘以六十去積日餘爲大餘命以所入紀筭外星合朔日也

推入月日以通數乘月餘合月法乘朔小餘并之通法約之所得滿日度法得一則星合入月日也不滿日餘命日以朔筭外入月日也

推星合度以周天乘度分滿日度法得一爲度不盡爲餘命以牛前五度起筭外星所合度也

求後合月以月數加入歲月以餘加月餘餘滿合法得一月月不滿歲中卽在其年滿去之有閏計焉餘爲後年再滿在後二年金水加晨得夕加夕得晨也

求後合朔以朔大小餘數加合朔月大小餘其月餘上成月者又加大餘二十九小餘二千四百一十九小餘滿日法從大餘命如前法

求後入月日以入月日日餘加入月日及餘餘滿日度法得一其前合朔小餘滿其虛分者去一日後小餘滿二千四百九十一以上去二十九日不滿去三十日其餘則後合入月日命以朔求後合度數及分如前合宿次命之

木晨與日合伏順十六日九十九萬七千八百四十二分行星二度百七十九萬五千二百三十八分而晨見東方在日後順疾日行五十七分之十一五十七日行十一度順遲日行九分五十七日行九度而留不行二十七日而旋逆日行七分之一八十四日退十二度而復留二十七日後遲日行九分五十七日行九度而復順疾日行十一分五十七日行十一度在日前夕伏西方順十六日九十九萬七千八百三十二分行星二度百七十九萬五千二百三十八分而與日合凡

一終三百九十八日九百九十九萬五千六百六十四分行星三十三度百四十七萬二千八百六十九分

火晨與日合伏七十二日一百七十九萬二千六百一十五分行星五十六度百二十四萬九千三百三十五分而晨見東方在日後順日行二十三分之十四一百八十四日行百一十二度更順遲日行十二分九十二日行四十八度而留不行十一日而旋逆日行六十二分之十七六十二日退十七度而復留十一日復順遲日行十二分九十二日行四十八度而復疾日行十四分百八十四日行百一十二度在日前

夕伏西方順七十二日百七十九萬二千六百一十五分行星五十六度百二十四萬九千三百四十五分而與日合凡一終七百八十日三百五十八萬五千二百三十分行星四百一十五度二百四十九萬八千六百九十分

土晨與日合伏十九日三百八十四萬七千六百七十五分半行星二度六百四十九萬一千一百二十一分半而晨見東方在日後順行百七十二分之十三八十六日行六度半而留不行三十二日半而旋逆日行七分之一百二日半而退六度而復留不行三十二日半復順日行十三分八十六日行六度半在日前

夕伏西方順十九日三百八十四萬七千六百七十五分半行星二度六百四十九萬一千一百二十一分半而與日合凡一終三百七十八日六十七萬五千三百六十四分行星十二度五百九十六萬二千二百五十六分

金晨與日合伏六日退四度而晨見東方在日後而逆遲日行五分之三十日退六度留不行七日而旋順遲日行四十五分之三十三四十五日行三十三度而順疾日行一度九十一分之十四九十一日行百五度而順益疾日行一度九十一分之二十一九十一日行百一十二度在日後而晨伏東方順四十二日十九萬四千九百九十分行星五十二度十九萬四千九百九十分而與日合一合二百九十三日十九萬四千九十分行星如之

金夕與日合伏順四十二日百十九萬四千九百九十分行星五十二度十九萬四千九百九十分而夕見西方在日前順疾日行一度九十一分之二十一六十一日行百一十二度而更順遲日行一度十四分九十一日行五度而順益遲日行四十五分之三十三四十五日行三十三度而留不行七日旋逆日行五分之三十日退六度在日前夕伏西方逆六日退四度而與日合再合一終五百八十四日三十八萬九千八百八十分行星如之

水晨與日合伏十一日退七度而晨見東方在日後逆疾一日退二度而留不行一日而旋順遲日行八分之七八日行七度而順疾日行一度十八分之四十八日行二十二度在日後晨伏東方順十八日二千三十四萬四千二百六十一分行星三十六度二千三十四萬四千二百六十一分而與日合凡一合五十七日二千二十四萬四千二百六十一分行星如之

水夕與日合伏十八日二千三十四萬四千二百六十一分行星三十六度二千三十四萬四千二百六十一分而夕見西方在日前順疾日行一度十八分之四十八日行二十二度而更順遲日行八分之七十八日行七度而留不行一日而旋逆一日退一度在日前夕伏西方逆十一日退七度而與日合凡再合一終百一十五日千八百九十六萬一千三百九十五分行星如之

五星歷步術以法伏日度餘加星合日度餘餘滿日度法得一從金命之如前得星見日及餘度也以星行分母乘見度分如日度法得一分不盡半法以上亦得一而日加所行分滿其母得一度逆順母不同以當行之母乘故分如故母而一當行分也留者承前逆則減之伏不盡度除斗分以行母爲率分有損益前後相御武帝侍中平原劉智以斗歷改憲推四分法三百年而減一日以百五十爲度法三十七爲斗分

推甲子爲上元至泰始十年歲在甲午九萬七千四百一十一歲上元天正甲子朔夜半冬至日月五星始于星紀得元首之端餘以浮說名爲正歷當陽侯杜預著春秋長歷說云日行一度月行十三度十七分之七有奇日官當會集此之遲疾以考成晦朔以設閏月閏月無中而北斗邪指兩辰之間所以異於他月積此以相通四時八節無違乃得成歲其微密至矣得其精微以合天道則事敘而不愆故傳曰閏以正時時以作事然陰陽之運隨動而差差而不已遂與歷錯故仲尼丘明每於朔閏發文蓋矯正得失因以宣明歷數也劉子駿造三正歷以修春秋日蝕有甲乙者三十四而三正歷惟得一蝕比諸家既最疎又六千餘歲輒益一日凡歲當累日爲次而故益之此不可行之甚者自古已來諸論春秋者多述謬誤或造家術或用黃帝已來諸歷以推經傳朔日皆不諧合日蝕於朔此乃天驗經傳又書其朔蝕可謂得天而劉賈諸儒說皆以爲月二日或三日公違聖人明文其弊在於守一元不與天消息也余感春秋之事嘗著歷論極言歷之通理其大指曰天行不息日月星辰各運其舍皆動物也物動則不一雖行度有大量可得而限累日爲月累月爲歲以新故相涉不得不有毫末之差此自然之理也故春秋日有頻月而蝕者曠年不蝕者理不得一而筭守恒數故歷無不有先後也始失於毫毛而尚未可覺積而成多以失弦望晦朔則不得不改憲以從之書所謂欽若昊天歷象日月星辰易所謂治歷明時言當順天之求合非爲合以驗天者也推此論之春秋二百餘年其治歷變通多矣雖數術絕滅遠尋經傳微旨大量可知時之違謬則經傳有驗學者固當曲循經傳月日日蝕以考晦朔以推時驗而皆不然各據其學以推春秋此異於度己之跡而欲削他人足也余爲歷諸論之後至咸寧中善筭者李修卜顯依論體爲術名乾度歷表上朝廷其術合日行四分數而微增月術用三百歲改憲之意二元相推七十餘歲承以彊弱彊弱之差蓋少而適足以遠通盈縮時尚書及史官以乾度與泰始歷參校古今記注乾度歷殊勝泰始歷上勝官歷四十五事今其術具存

又并考古今十歷以驗春秋知三統之最疏也

春秋大凡七百七十九日（三百九十三經　三百八十六傳）其四十七日蝕（三無甲乙）

黃帝歷得四百六十六日　一蝕

顓頊歷得五百九日　八蝕

夏歷得五百三十六日　十四蝕

眞夏歷得四百六十六日　一蝕

殷歷得五百三日　十三蝕

周歷得五百六日　十三蝕

眞周歷得四百八十五日　一蝕

魯歷得五百二十九日　十三蝕

三統歷得四百八十四日　一蝕

乾象歷得四百九十五日　七蝕

泰始歷得五百一十日　十九蝕

乾度歷得五百三十八日　十九蝕

今長歷得七百三十六日

三十日蝕（失三十三日經傳誤）　四日蝕（三無甲乙）

漢末宋仲子集七歷以考春秋案其夏周二歷術數皆與藝文志所記不同故更名爲眞夏眞周歷也

穆帝永和八年著作郎琅邪王朔之造通歷以甲子爲上元積九萬七千年四千八百八十三爲紀法千三百五爲斗分因其上元爲開闢之始

後秦姚興時當孝武太元九年歲在甲申天水姜岌造三紀甲子元歷其略曰治歷之道必審日月之行然後可以上考天時下察地化一失其本則四時變移故仲尼之作春秋日以繼月月以繼時時以繼年年以首事明天時者人事之本是以王者重之自皇羲以降暨于漢魏各自制歷以求厥中考其疏密惟交會薄蝕可以驗之然書契所記惟春秋著日蝕之變自隱公訖于哀公凡二百四十二年之間日蝕三十有六考其晦朔不知用何歷也班固以爲春秋因魯歷魯歷不正故置閏失其序魯以閏餘一之歲爲蔀首檢春秋置閏不與此蔀相符也命歷序曰孔子爲治春秋之故退修殷之故歷使其數可傳於後如是春秋宜用殷歷正之今考其交會不與殷歷相應以殷歷考春秋月朔多不及其日又以檢經率多一日傳率少一日但公羊經傳異朔於理可從而經有蝕朔之驗傳爲失之也服虔解傳用太極上元太極上元迺三統歷劉歆所造元也何緣施於春秋於春秋而用漢歷於義無乃遠乎傳之違失多矣不惟斯事而已襄公二十七年冬十有一月乙亥朔日有蝕之傳曰辰在申司歷過再失閏也考其去交分交會應在此月而不爲再失閏也案歆歷於春秋日蝕一朔其餘多在二日因附五行傳著朓與側匿之說云春秋時諸侯多失其政故月行恒遲歆不以歷失天而爲之差說日之蝕朔此乃天驗也而歆反以己歷非此冤天而負時歷也杜預又以爲周衰世亂學者莫得其眞今之所傳七歷皆未必是時王之術也今誠以七家之歷以考古今交會信無其驗也皆由斗分疏之所致也殷歷以四分一爲斗分三統以一千五百三十九分之三百八十五爲斗分乾象以五百八十九分之一百四十五爲斗分今景初以一千八百四十三分之四百五十五爲斗分疏密不同法數各異殷歷斗分麤故不施於今乾象斗分細故不得通於古景初斗分雖在麤細之中而日之所在乃差四度日月虧已皆不及其次假使日在東井而蝕以月驗之迺在參六度差違乃爾安可以考天時人事乎今治新歷以二千四百五十一分之六百五爲斗分日在斗十七度天正之首上可以考合於春秋下可以取驗於今世以之考春秋三十六蝕正朔者二十有五蝕二日者二蝕晦者二誤者五凡三十三蝕其餘蝕經元日諱之名無以考其得失圖緯皆

云三百歲斗歷改憲以今新歷施於春秋之世日蝕多在朔春秋之世下至於今凡一千餘歲交會弦望故進退於三蝕之間此法乃可永載用之豈三百歲斗歷改憲者乎甲子上元以來至魯隱公元年已未歲凡八萬二千七百三十六至晉孝武太元九年甲申歲凡八萬三千八百四十一筭上

元法七千三百五十
紀法二千四百五十一
通數十七萬九千四十四
日法六千六十三
月周三萬二千七百六十六
氣分萬二千八百六十
元月九萬九百四十五
紀月三萬三百一十五
没分四萬四千七百六十一
没法六百三十三 斗分六百五
周天八十九萬五千二百二十 一名紀日
章月二百三十五
章歲十九
章閏七
章中十二
會數四十七 日月八百九十三歲凡四十七會分盡
氣中十二
甲子紀　交差九千一百五十七
甲申紀　交差六千三百四十七
甲辰紀　交差三千一百一十七
周半一百二十七
朔望合數九百四十一
周天八十萬五千二百二十
會歲八百九十三
會月萬一千四十五
日分法二千五百
章數一百二十七
小分二千一百八十三
周閏大分七萬六千二百六十九
歷周四十萬七千六百一十 半周天
會分三萬八千一百四十四
月周三萬二千七百六十六
差分一萬一千九百八十六
會率一千八百八十三
小分法二千二百九
入交限一萬一百四
小周二百五十四
甲子紀　差率四萬九千一百七十八
甲申紀　差率五萬八千二百四十一
甲辰紀　差率六萬七千二百八十四
通周十六萬七千六百三
周日日餘三千三百六十三
周虛二千七百一

五星約法

據出見以爲正不繫於元本然則筭步究於元初約法施於今用曲求其趣則各有宜故作者兩設其法也叚以月蝕檢日宿度所在爲歷術者宗焉又著渾天論以步日於黃道駮前儒之失竝得其中矣

晉書卷十八考證

律歷志下章月二百四十五○四十五宋書作三十五

會通七十九萬百一十○一十宋書作二十

甲戌紀第二遲疾差率七萬三千九百六十七○監本脫六十七三字今補入

甲午紀第四交會差率七十二萬三千七百三十九○三十九宋書作四十九

又遲疾差率一萬三千四百七○七宋書作九

甲辰紀第五遲疾差率一萬八千八百四十八○一萬宋書作十萬

甲寅紀第六遲疾差率十萬八千六百六十八○十萬宋書作七萬

求大月加大餘二十九小餘二千四百一十九○臣承爀按小餘係二千一百四十九茲云二千四百一十九疑字有誤

小寒十二月節注限數千二百四十五○臣龍官按此書小寒及下文立春驚蟄春分大暑霜降立冬注中數目俱與宋書小異

雨水注正月中室八太弱○太弱宋本作太强

木合終歲數一千二百五十五○五十五宋書作五十三又下文合月度法二萬一千八百四十一○四十一宋書作三十一度餘一百四十七萬二千八百六十九宋書無六十九三字

餘滿日度法得一從金命之○金應作全

晉書卷十九

唐　太　宗　文　皇　帝　御　撰

志第九

禮上

夫人含天地陰陽之靈有哀樂喜怒之情迺聖垂範以爲民極節其驕淫以防其暴亂崇高天地虔敬鬼神列尊卑之序成夫婦之義然後爲國爲家可得而治也傳曰一日克己復禮天下歸仁若迺太一初分燧人鑽火志有暢於恭儉情不由乎玉帛而酌玄流於春澗之右焚封豕於秋林之外亦無得而闕焉軒頊依神唐虞稽古逮乎隆周其文大備或垂百官之範置不刊之法或禮經三百威儀三千皆所以弘宣天意雕刻人理叔代澆訛王風陵謝事睽光國禮亦愆家趙簡子問太叔以揖讓周旋之禮對曰蓋所謂儀而非禮也天經地義之道自茲尤缺哀公十一年孔子自衞反魯述三代之典垂百王之訓時無明后道噎不行若夫情尚分流隄防之仁是棄澆訛異術洙泗之風斯泯是以漢文罷再朞之喪中興爲一郊之祭隨時之義不其然歟而西京元鼎之辰中興永平之日疏璧流而延冠帶啓儒門而引諸生兩京之盛於斯爲美及山魚登俎澤豕睽經禮樂恒委浮華相尚而郊禋之制綱紀或存魏氏光宅憲章斯美王肅高堂隆之徒博通前載三千條之禮十七篇之學各以舊文增損當世豈所謂致君於堯舜之道焉世屬雕墻時逢秕政周因之典務多違俗而遺編殘冊猶有可觀者也景初元年營洛陽南委粟山以爲圓丘祀之日以始祖帝舜配房俎生魚陶樽玄酒非搢紳爲之綱紀其孰能與於此者哉宣景戎旅未遑伊制太康平吳九州共一禮經咸至樂器同歸於是齊魯諸生各攜緗素武皇帝亦初平寇亂意先儀範其吉禮也則三茅不翦日觀停瑄其凶禮也則深衣布冠降席徹膳明乎一謙三益之義而教化行焉元皇中興事多權道遺文舊典不斷如髮是以常侍戴邈詣闕上疏云方今天地更始萬物權輿蕩近世之流弊創千齡之英範是故雙劍之節崇而飛白之俗成挾琴之容飾而赴曲之和作其所以興起禮文勸帝身先之也穆哀之後王猷漸替桓溫居揆政由己出而有司或曜斯文增暉執事主威長謝臣道專行記曰苟無其位不可以作禮樂豈斯之謂歟晉始則有荀顗鄭冲裁成國典江左則有荀崧刁協損益朝儀周官五禮吉凶軍賓嘉而吉禮之大莫過祭祀故洪範八政三曰祀祀者所以昭孝事祖通于神明者也漢興承秦滅學之後制度多未能復古歷東西京四百餘年故往往改變魏氏承漢末大亂舊章殄滅命侍中王粲尚書衞覬草創朝儀及晉國建文帝又命荀顗因魏代前事撰爲新禮參考今古更其節文羊祜任愷庾峻應貞並共刊定成百六十五篇奏之太康初尚書僕射朱整奏付尚書郎摯虞討論之虞表所宜損增曰臣典校故太尉顗所撰五禮臣以爲夫革命以垂統帝王之美事也隆禮以率敎邦國之大務也是以臣前表禮事稽留求速訖施行又以喪服最多疑闕宜見補定又以今禮篇卷煩重宜隨類通合事久不出懼見寢嘿蓋冠婚祭會諸吉禮其制少變至於喪服世之要用而特易失旨故子張疑高宗諒陰三年子思不聽其子服出母子游謂異父昆弟大功而子夏謂之齊衰及孔子沒而門人疑於所服此等皆明達習禮仰讀周典俯師仲尼漸漬聖訓講肄積年及遇喪事猶尚若此明喪禮易惑不可不詳也況自此已來篇章焚散去聖彌遠喪制詭謬固其宜矣是以喪服一卷卷不盈握而爭說紛然三年之喪鄭云二十七月王云二十五月改葬之服鄭云服緦三月王云葬訖而除繼母出嫁鄭云皆服王云從乎繼寄育乃爲之服無服之殤鄭云子生一月哭之一日王云以哭之日易服之月如此者甚衆喪服本文省略必待注解事義迺彰其傳說差詳世稱子夏所作鄭王祖經宗傳而各有異同天下並疑莫知所定而顗直書古經文而已盡除子夏傳及先儒注說其事不可得行及其行事故當還頒異說一彼一此非所以定制也臣以爲今宜參采禮記略取傳說補其未備一其殊義可依準王景侯所撰喪服變除使類統明正以斷疑爭然後制無二門咸同所由又有此禮當班於天下不宜繁多顗爲百六十五篇篇爲一卷合十五餘萬言臣猶謂卷多文煩類皆重出案尚書堯典祀山川之禮惟於東嶽備稱牲幣之數陳所用之儀其餘則但曰如初周禮祀天地五帝享先王其事同者皆曰亦如之文約而義舉今禮儀事同而名異者輒別爲篇卷煩而不典皆宜省文通事隨類合之事有不同乃列其異如此所減三分之一虞討論新禮訖以元康元年上之所陳惟明堂五帝二社六宗及吉凶王公制度凡十五篇有詔可其議後虞與傅咸纘續其事竟未成功中原覆沒虞之決疑注是其遺事也逮于江左僕射刁協太常荀崧補緝舊文光祿大夫蔡謨又蹱脩其事云

魏明帝太和元年正月丁未郊祀武帝以配天宗祀文

帝於明堂以配上帝。於是時二漢郊禋之制具存，魏所損益可知。

四年八月，天子東巡過繁昌，使執金吾臧霸行大尉事，以特牛祠受禪壇。

景初元年十月乙卯，始營洛陽南委粟山爲圓丘，詔曰：昔漢氏之初，承秦滅學之後，採摭殘缺，以備郊祀，自甘泉后土雍宮五畤神祇兆位，多不經見，並以興廢無常，一彼一此，四百餘年，廢無禘禮。古代之所更立者，遂有闕焉。曹氏世係出自有虞氏，今祀圓丘以始祖帝舜配，號圓丘曰皇皇帝天，方丘所祭曰皇皇后地，以舜妃伊氏配。天郊所祭曰皇天之神，以太祖武皇帝配。地郊所祭曰皇地之祇，以武宣皇后配。宗祀皇考高祖文皇帝於明堂，以配上帝。十二月壬子冬至，始祀皇皇帝天于圓丘，以始祖有虞帝舜配。自正始以後，終魏世不復郊祀。

魏元帝咸熙二年十二月甲子，持節侍中太保鄭沖兼太尉司隸校尉李憙奉皇帝璽綬策書，禪位于晉。景寅，武皇帝設壇場于南郊，柴燎告類于上帝，是時尚未有祖配。泰始二年正月，詔曰：有司前奏郊祀權用魏禮，朕不慮改作之難，令便爲永制，衆議紛互，遂不時定，不得以時供饗神祇，配以祖考。日夕難企，貶食忘安，其便郊祀。時羣臣又議：五帝卽天地王氣，時異故殊其號，雖名有五，其實一神。明堂南郊宜除五帝之坐，五郊改五精之號，皆同稱昊天上帝，各設一坐而已。地郊又除先后配祀。帝悉從之。二月丁丑，郊祀宣皇帝以配天，宗祀文皇帝於明堂以配上帝。是年十一月，有司又議奏：古者丘郊不異，宜并圓丘方丘於南北郊，更脩立壇兆，其二至之祀合於二郊。帝又從之，一如宣帝所用王肅議也。是月庚寅冬至，帝親祀圓丘於南郊。自是後，圓丘方澤不別立。

太康三年正月，帝親郊祀，皇太子、皇子悉侍祠。十年十月，又詔曰：孝經郊祀后稷以配天，宗祀文王於明堂以配上帝。而周官云祀天旅上帝，又曰祀地旅四望。望非地，則明堂上帝不得爲天地。往者衆議除明堂五帝位，考之禮文不正。且詩序曰文武之功起於后稷，故推以配天焉。宣帝以神武創業，既已配天，復以先帝配天，於義亦所不安。其復明堂及南郊五帝位。懸帝都長安，未及立郊廟而敗。元帝渡江，太興二年始議立郊祀儀。尚書令刁協、國子祭酒杜夷議宜須旋都洛邑乃脩之。司徒荀組據漢獻帝都許卽便立郊，自宜於此脩奉。驃騎王導、僕射荀崧、太常華恒、中書侍郎庾亮皆同組議。事遂施行，立南郊於巳地。其制度皆太常賀循所定，多依漢及晉初之儀。三月辛卯，帝親郊祀，饗配之禮一依武帝始郊故事。是時尚未立北壇，地祇衆神共在天郊。

明帝太寧三年七月，始詔立北郊，未及建而帝崩。及成帝咸和八年正月，追述前旨，於覆舟山南立之。天郊則五帝之佐、日月、五星、二十八宿、文昌、北斗、三台、司命、軒轅、后土、太一、天一、太微、勾陳、北極、雨師、雷電、司空、風伯、老人，凡六十二神也。地郊則五嶽、四望、四海、四瀆、五湖、五帝之佐、沂山、嶽山、白山、霍山、醫無閭山、蔣山、松江、會稽山、錢唐江、先農，凡四十四神也。江南諸小山，蓋江左所立，猶如漢西京關中小水皆有祭秩也。是月辛未，祀北郊，始以宣穆張皇后配地，魏氏故事，非晉舊也。

康帝建元元年正月，將北郊，有疑議。太常顧和表：泰始中，合二至之禮於二郊。北郊之月，古無明文，或以夏至，或同用陽月。漢光武正月辛未始建北郊，此則與南郊同月。及中興草創，百度從簡，合七郊於一丘，憲章未備，權用斯禮，蓋時宜也。至咸和中，議別立北郊，同用正月。魏承漢後，正月祭天以地配，時高堂隆等以爲禮祭天不以地配，而稱周禮三王之郊一用夏正。於是從和議。是月辛未南郊，辛巳北郊，帝皆親奉。

安帝元興三年，劉裕討桓玄，走之。己卯，告義功于南郊。是年帝蒙塵江陵未反，其明年應郊，朝議以爲宜依周禮，宗伯攝職，三公行事。尚書左丞王納之獨曰：既殯郊祀，自是天子當陽，有君存焉，稟命而行，何所辯也。郊之與否，豈如今日之比乎？議者又云今宜郊，故是承制所得，令三公行事。又郊天極尊，惟一而已，故非天子不祀也。庶人以上，莫不蒸嘗，嫡子居外，介子執事，未有不親受命而可祭天者。納之又曰：武皇受禪，用二月郊，元帝中興，以三月郊。今郊時未過，日月望輿駕，無爲欲速而使皇輿旋反，更不得親奉也。於是從納之之議。

郊廟牲幣璧玉之色，雖有成文，秦世多以騮駒，漢則但云犢，未辯其色。江左南北郊同用玄牲，明堂廟社同以赤牲。禮有事告祖禰宜社之文，未有告郊之典也。漢儀，天子之喪，使太尉告謚于南郊，他無聞焉。

魏文帝黃初四年七月，帝將東巡，以大軍當出，使太常以一特牛告祠南郊。及文帝崩，太尉鍾繇告謚南郊，皆是有事於郊也。江左則廢。

禮，春分祀朝日於東，秋分祀夕月於西。漢武帝郊泰畤，平旦出竹宮，東向揖日，其夕西向揖月。既郊日月，又不在東西郊也。後遂旦夕常拜。故魏文帝詔曰：漢氏不拜日於東郊，而旦夕常於殿下東西拜日月，煩褻似家人之事，非事天神之道也。

黃初二年正月乙亥，祀朝日于東郊之外，又違禮二分之義。

魏明帝太和元年二月丁亥，祀朝日于東郊。八月己丑，祀夕月于西郊，始得古禮。及武帝太康二年，有司奏春分依舊請車駕祀朝日，寒溫未適，可不親出。詔曰：禮儀宜有常，若如所奏，與故太尉所撰不同，復爲無定制也。間者方難未平，故每從所奏，今戎事弭息，惟此爲大。按此詔，帝復爲親祀朝日也。此後廢。

禮，郊祀后稷以配天，宗祀文王於明堂以配上帝。魏文帝卽位，用漢明堂而未有配。

明帝太和元年，始宗祀文帝於明堂，齊王亦行其禮。晉初以文帝配，後復以宣帝，尋復還以文帝配，其餘無所變革。是則郊與明堂同配異配，參差不同矣。摯虞議以爲：漢魏故事，明堂祀五帝之神。新禮，五帝卽上帝，卽天帝也。明堂除五帝之位，惟祭上帝。按仲尼稱郊祀后稷以配天，宗祀文王於明堂以配上帝。周禮，祀天旅上帝，祀地旅四望。望非地，則上帝非天，斷可識矣。郊丘之祀，掃地而祭，牲用繭栗，器用陶匏，事反其始，故配以遠祖。明堂之祭，備物以薦，三牲並陳，籩豆成列，禮同人理，故配以近考。郊堂兆位，居然異體，牲牢品物，質文殊趣。且祖考同配，非謂尊嚴之美，三日再祀，非謂不黷之義，其非一神亦足明矣。昔在上古，生爲明王，沒則配五行，故太昊配木，神農配火，少昊配金，顓頊配水，黃帝配土。此五帝者，配天之神，同兆之於四郊，報之於明堂。祀天大裘而冕，五帝亦如之。或以爲五精之帝，佐天育物者也。前代相因，莫之或廢，晉初始從異議。庚午詔書，明堂及南郊除五帝之位，惟祀天神，新禮奉而用之。前太醫令韓楊上書，宜如舊祀五帝。太康十年，詔已施用，宜定新禮，明堂及郊祀五帝如舊。詔從之。江左以議從未遑脩建。漢儀，太史每歲上其年歷，先立春、立夏、大暑、立秋、立冬，常讀五時令，皇帝所服，各隨五時之色。帝升御坐，尙書令以下就席位，尙書三公郎以令置案上，奉以入，就席伏讀訖，賜酒一卮。魏氏常行其禮。魏明帝景初元年，通事白曰：前後但見讀春夏秋冬四時令，至於服黃之時，獨闕不讀，令不解其故。散騎常侍領太史令高堂隆以爲黃於五行，中央土也，王四季各十八日。土生於火，故用事之末服黃，三季則否。其令則隨四時，不以五行爲令也。是以服黃無令。斯則魏氏不讀大暑令也。及晉受命，亦有其制。傅咸云：立秋一日，白路光於紫庭，白旂陳於玉堦。然則其日旂路皆白也。

成帝咸和五年六月丁未，有司奏讀秋令。兼侍中散騎常侍荀奕、兼黃門侍郎散騎侍郎曹宇駮曰：尙書三公曹奏讀秋令，儀注舊典未備。臣等參議，光祿大夫臣華恒議，武皇帝以秋夏盛暑，常闕不讀令，在春冬不廢也。夫先王所以順時讀令者，蓋後天而奉天時，正服尊嚴之所重。今服章多闕，加比熱隆赫，臣等謂可如恒議，依故事闕而不讀。詔可。六年三月，有司奏今月十六日立夏，今正服漸備，四時讀令，是祇述天和隆殺之道，謂今故宜讀夏令。奏可。

禮，孟春之月，乃擇元辰，天子親載耒耜，措之于參保介之御間，帥三公九卿諸侯大夫躬耕帝藉。至秦滅學，其禮久廢。漢文帝之後，始行斯典。魏之三祖，亦皆親耕藉田。及武帝泰始四年，有司奏耕祠先農，可令有司行事。詔曰：夫國之大事，在祀與農。是以古之聖王，躬耕帝藉，以供郊廟之粢盛，且以訓化天下。近世以來，耕藉止於數步之中，空有慕古之名，曾無供祀訓農之實，而有百官車徒之費。今脩千畝之制，當與羣公卿士躬稼穡之艱難，以率先天下。主者詳具其制，下河南處田地於東郊之南、洛水之北。若無官田，隨宜便換，而不得侵人也。於是乘輿御木輅以耕，以太牢祀先農。自惠帝之後，其事便廢。

江左元帝將脩耕藉，尙書符問藉田至尊應躬祠先農不。賀循答：漢儀無止有至尊應自祭之文，然則周禮王者祭四望則毳冕，祭社稷五祀則絺冕，以此不爲無親祭之義也。宜立兩儀注。賀循等所上儀注又未詳允，事竟不行。後哀帝復欲行其典，亦不能遂。漢儀，縣邑常以乙日祠先農，乃耕於乙地；以景戌日祠風伯於戌地；以己丑日祠雨師於丑地，牲用羊豕。立春之日，皆青幡幘，迎春于東郊外野中。迎春至自野中出，則迎拜之而還，弗祭。三時不迎。

魏氏惟天子耕藉，藩鎮闕諸侯百畝之禮。及武帝末，有司奏古諸侯耕藉田百畝，躬執耒以奉社稷宗廟，以勸率農功。今諸王臨國，宜依脩耕藉之義。然竟未施行。

周禮，王后帥內外命婦享先蠶於北郊。漢儀，皇后親桑東郊苑中，蠶室祭蠶神，曰苑窳婦人、寓氏公主，祠用少牢。

魏文帝黃初七年正月，命中宮蠶于北郊，依周典也。及武帝太康六年散騎常侍華嶠奏先王之制天子諸侯親耕耤田千畝后夫人躬蠶桑宮今陛下以聖明至仁脩先王之緒皇后體資生之德合配乾之義而坤道未光蠶禮尚缺以爲宜依古式備斯盛典詔曰昔天子親耤以供粢盛后夫人躬蠶以備祭服所以聿遵孝敬明教示訓也今耤田有制而蠶禮不脩由中間務多未暇崇備今天下無事宜脩禮以示四海其詳依古典及近代故事以叅今宜明年施行於是蠶於西郊蓋與耤田對其方也乃使侍中成粲草定其儀先蠶壇高一丈方二丈爲四出陛陛廣五尺在皇后採桑壇東南帷宮外門之外而東南去帷宮十丈在蠶室西南桑林在其東取列侯妻六人爲蠶母蠶將生擇吉日皇后著十二笄步搖依漢魏故事衣青衣乘油畫雲母安車駕六騩馬女尚書著貂蟬佩璽陪乘載筐鉤公主三夫人九嬪世婦諸太妃太夫人及縣鄉君郡公侯特進夫人外世婦命婦皆步搖衣青各載筐鉤從蠶先桑二日蠶室生蠶著薄上桑日皇后未到大祝令質明以一太牢告祠謁者一人監祠祠畢徹饌班餘胙於從桑及奉祠者皇后至西郊升壇公主以下陪列壇東皇后東面躬桑採三條諸妃公主各採五條縣鄉君以下各採九條悉以桑授蠶母還蠶室事訖皇后還便坐公主以下乃就位設饗宴賜絹各有差

前漢但置官社而無官稷王莽置官稷後復省故漢至魏但太社有稷而官社無稷故常二社一稷也

晉初仍魏無所損益至太康九年改建宗廟而社稷祠壇與廟俱徙乃詔曰社實一神其幷二社之祀於是車騎司馬傅咸表曰祭法王社大社各有其義天子尊事宗廟故冕而躬耕躬耕也者所以重孝享之粢盛親耕故自報自爲立社者爲耤田而報者也國以人爲本人以穀爲命故又爲百姓立社而祈報焉事異報殊此社之所以有二也王景侯之論王社亦謂春祈耤田秋而報之也其論大社則曰王者布下圻內爲百姓立之謂之大社不自立之於京都也景侯此論據祭法大夫以下成羣立社曰置社景侯解曰今之里社是也景侯解祭法則以置社爲人間之社矣而別論復以大社爲人間之社未曉此旨也大社天子爲百姓而祀故稱天子社郊特牲曰天子大社必受霜露風雨以羣姓之衆王者通爲立社故稱大社也若夫置社其數不一蓋以里所爲名左氏傳盟于清丘之社是衆庶之社既已不稱大矣若復不立之京師當安所立乎祭法又曰王爲羣姓立七祀王自爲立七祀言自爲者自爲而祀也爲羣姓者爲羣姓而祀也大社與七祀其文正等說者窮此因云墳籍但有五祀無七祀也按祭五祀國之大祀七者小祀周禮所云祭凡小祀則墨冕之屬也景侯解大厲曰如周社鬼有所歸乃不爲厲今云無二社者稱景侯祭法不謂無二則曰口傳無其文也夫以景侯之明擬議而後爲解而欲以口論除明文如此非但二社當見思惟景侯之解亦未易除也前被勑尚書召誥乃社于新邑惟一太牢不二社之明義也按郊特牲曰社稷太牢必援一牢之文以明社之無二明稷無牲矣說者曰舉社則稷可知苟可舉社以明稷何獨不舉一以明二國之大事在祀與戎若有二而除之不若過而存之況存之有義而除之無據乎周禮封人掌設社壝無稷字今帝社無稷蓋出於此然國主社稷故經傳動稱社稷周禮王祭社稷則絺冕此王社有稷之文也封人所掌壝之無稷字說者以爲畧文從可知也謂宜仍舊立二社而加立帝社之稷時成粲議據景侯論大社不立京都欲破鄭氏學咸重表以爲如祭法之論景侯之解文以此壞大雅云乃立冢土毛公解曰冢土大社也景侯解詩即用此說禹貢惟土五色景侯解曰王者取五色土爲大社封四方諸侯各割其方色王者覆四方也如此大社復爲立京都也不知此論何從而出而與解乖上違經記明文下壞景侯之解臣雖頑蔽少長學門不能默已謹復續上劉寔與咸議同詔曰社稷一神而相襲二位衆議不同何必改作其便仍舊一如魏制其後摯虞奏以爲臣按祭法王爲羣姓立社曰太社王自爲立社曰王社周禮大司徒設其社稷之壝又曰以血祭祭社稷則大社也又曰封人掌設王之社壝又有軍旅宜乎社則王社也太社爲羣姓祈報祈報有時主不可廢故凡被社釁鼓主奉以從是也此皆二社之明文前代之所尊以尚書召誥社于新邑三牲各文詩稱乃立冢土無兩社之文故廢帝社惟立大社詩書所稱各指一事又皆在公旦制作之前未可以易周禮之明典祭法之正義前改建廟社營一社之處朝議斐然執古匡今世祖武皇帝躬發明詔定二社之義以爲永制宜定新禮從二社詔從之至元帝建武元年又依洛京立二社一稷其大社之祝曰地德普施惠存無疆乃建大社保祐萬邦悠悠四海咸賴嘉祥其帝社之祝曰坤德厚載邦畿是保乃建帝社以神地道明祀惟辰景福來造

漢儀每月旦太史上其月歷有司侍郎尚書見讀其令奉行其正朔前後二日牽牛酒至社下故以祭日日有變割羊以祠社用救日變執事者長冠衣絳領袖緣中衣絳絝以行禮如故事自晉受命日月將交會太史乃上合朔尚書先事三日宣攝內外戒嚴摯虞決疑曰凡救日蝕者著赤幘以助陽也日將蝕天子素服避正殿內外嚴警太史登靈臺伺候日變便伐鼓於門聞鼓音侍臣皆著赤幘帶劒入侍三臺令史以上皆各持劒立其戶前衞尉卿驅馳繞宮伺察守備周而復始亦伐鼓於社用周禮也又以赤絲爲繩以繫社祝史陳辭以責之勾龍之神天子之上公故陳辭以責之日復常乃罷漢建安中將正會而太史上言正旦當日蝕朝士疑會否共諮尚書令荀彧時廣平計吏劉邵在坐曰梓慎禆竈古之良史猶占水火錯失天時諸侯旅見天子入門不得終禮者四日蝕在一然則聖人垂制不爲變異豫廢朝禮者或災消異伏或推術謬誤也彧及衆人咸善而從之遂朝會如舊日亦不蝕邵由此顯名至武帝咸寧三年四年並以正旦合朔却元會改魏故事也

元帝太興元年四月合朔中書侍郎孔愉奏曰春秋日有蝕之天子伐鼓于社攻諸陰也諸侯伐鼓于朝臣自攻也按尚書符若日之有變便擊鼓於諸門有違舊典詔曰所陳有正義輒勑外改之至康帝建元元年太史上元日合朔後復疑應却會與否庾冰輔政寫劉邵議以示八坐于時有謂邵爲不得禮意荀彧從之是勝人之一失故蔡謨遂著議非之曰邵論災消異伏又以梓慎禆竈猶有錯失太史上言亦不必審其理誠然也而云聖人垂制不爲變異豫廢朝禮此則謬矣災祥之發所以譴告人君王者之所重誡故素服廢樂退避正寢百官降物用幣伐鼓躬親而救之夫敬誡之事與其疑而廢之寧慎而行之故孔子老聃助葬於巷黨以表不見星而行故日蝕而止柩曰安知其不見星也而邵廢之是棄聖賢之成規也魯桓公壬申有災而以乙亥嘗祭春秋譏之災事既過猶追懼未已故廢宗廟之祭況聞天眚將至行慶樂之會於禮乖矣禮記所云諸侯入門不得終禮者謂日官不豫言諸侯入見蝕乃知耳非先聞當蝕而朝會不廢也引此可謂失其義旨劉邵所執者禮記也夫子老聃巷黨之事亦禮記所言復違而反之進退無據然荀令所言漢朝所從遂使此言至今見稱莫知其誤矣後君子將擬以爲式故正之云爾於是冰從衆議遂以却會至永和中殷浩輔政又欲從劉邵議不却會王彪之據咸寧建元故事又曰禮云諸侯旅見天子不得終禮而廢者四自謂卒暴有之非爲先存其事而僥倖史官推術繆錯故不豫廢朝禮也於是又從彪之議

尚書禋于六宗諸儒互說往往不同王莽以易六子遂立六宗祠魏明帝時疑其事以問王肅亦以爲易六子故不廢及晉受命司馬彪等表六宗之祀不應特立新禮於是遂罷其祀其後摯虞奏之又以爲按舜受終類于上帝禋于六宗望于山川則六宗非上帝之神又非山川之靈也周禮四師職曰用牲于社宗黨正職曰春秋祭禜亦如之肆師之宗與社並列則班與社同也黨正之宗文不繫社則神與社異也周之命祀莫重郊社宗同於社則貴神明矣又月令孟冬祈于天宗則周禮祭禜月令天宗六宗之神也漢光武即位高邑依虞書禋于六宗安帝元初中立祀乾位禮同大社魏氏因之至景初二年大議其神朝士紛紜各有所執惟散騎常侍劉邵以爲萬物負陰而抱陽沖氣以爲和六宗者太極沖和之氣爲六氣之宗者也虞書謂之六宗周書謂之天宗是時考論異同而從其議漢魏相仍著爲貴祀凡崇祀百神放而不致有其典之則莫敢廢之宜定新禮祀六宗如舊詔從之

禮王爲羣姓立七祀曰司命中霤國門國行太厲戶竈仲春玄鳥至之日以太牢祀高禖毛詩絲衣篇高子曰靈星之戶漢興高帝亦立靈星祠及武帝以李少君故始祠竈及生戾太子始立高禖漢儀云國家亦有五祀有司行事其禮頗輕於社稷則亦存其典矣又云常以仲春之月立高禖祠于城南祀以特牲又是月也祠老人星于國都南郊老人星廟立夏祭竈季秋祠心星于城南壇心星廟元康時洛陽猶有高禖壇百姓祠其旁或謂之落星是後諸祀無聞江左以來不立七祀靈星則配饗南郊不復特置焉左氏傳龍見而雩經典尚矣漢儀自立春至立夏盡立秋郡國尚旱郡縣各掃除社稷其旱也公卿官長以次行雩禮求雨閉諸陽衣皁興土龍立土人舞僮二佾七日一變如故事

武帝咸寧二年春分久旱四月丁巳詔曰諸旱處廣加祈請五月庚午始祈雨于社稷山川六月戊子獲澍雨此雩之舊典也

太康三年四月十年二月又如之其雨多則禜祭赤幘朱衣閉諸陰朱索禜社伐朱鼓焉

周禮王者祭昊天上帝日月星辰司中司命風伯雨師

社稷五土五嶽山林川澤四方百物兆四類四望亦如之

魏文帝黃初二年六月庚子初禮五嶽四瀆咸秩羣祀瘞沈珪璧六年七月帝以舟軍入淮九月壬戌遣使者沈璧于淮

魏明帝太和四年八月帝東巡遣使者以特牛祠中嶽

魏元帝咸熙元年行幸長安使使者以璧幣禮祠華山

及穆帝升平中何琦論備五嶽祠曰唐虞之制天子五載一巡狩順時之方柴燎五嶽望于山川偏于羣神故曰因名山升中于天所以昭告神祇饗報功德是以災厲不作而風雨寒暑以時降及三代年數雖殊而其禮不易五嶽視三公四瀆視諸侯著在經記所謂有其舉之莫敢廢也及秦漢都西京涇渭長水雖不在祀典以近咸陽故盡得比大川之祠而正立之祀可以闕哉自永嘉之亂神州傾覆茲事替矣惟灊之天柱在王畧之內也舊臺選百戶吏卒以奉其職中興之際未有官守廬江郡常遣太史兼假四時禱賽春釋寒而冬請冰咸和迄今又復隳替計今非典之祠可謂非一考其正名則淫昏之鬼推其糜費則百姓之蠹而山川大神更爲簡缺禮俗頹紊人神雜擾公私奔惑漸以繁滋良由頃國家多難日不暇給草建廢滯事有未遑今元憝已殲宜脩舊典嶽瀆之域風教所被來蘇之衆咸蒙德澤而神明禋祀未之或甄巡狩柴燎其廢尚矣崇明前典將俟皇輿北旋稽古憲章大釐制度俎豆牲牢祝嘏大辭舊章靡記可令禮官作式歸諸誠簡以達明德馨香如斯而已其諸祆孽可粗依法令先去其甚俾邪正不黷時不見省

昔武王入殷未及下車而封先代之後蓋追思其德也孔子以大聖而終於陪臣未有封爵至漢元帝孔霸以帝師賜爵號褒成君奉孔子後

魏文帝黃初二年正月詔以議郎孔羨爲宗聖侯邑百戶奉孔子祀令魯郡脩舊廟置百戶吏卒以守衞之及武帝泰始三年十一月改宗聖侯孔震爲奉聖亭侯又詔太學及魯國四時備三牲以祀孔子

明帝太寧三年詔給奉聖亭侯孔亭四時祠孔子祭宜如泰始故事

禮始立學必先釋奠于先聖先師及行事必用幣漢世雖立學斯禮無聞魏齊王正始二年二月帝講論語通五年正月講尚書通七年十二月講禮記通竝使太常釋奠以太牢祠孔子於辟雍以顏回配

武帝泰始七年皇太子講孝經通咸寧三年講詩通太康三年講禮記通惠帝元康三年皇太子講論語通元帝太興二年皇太子講論語通太子竝親釋奠以太牢祠孔子以顏回配成帝咸康元年帝講詩通穆帝升平元年三月帝講孝經通孝武寧康三年七月帝講孝經通竝釋奠如故事穆帝孝武竝權以中堂爲太學

故事祀皋陶於廷尉寺新禮移祀於律署以同祭先聖於太學也故事祀以社日新禮改以孟秋之月以應秋政摯虞以爲按虞書皋陶作士師惟明克允國重其功人思其當是以獄官禮其神繫者致其祭功在斷獄之成不在律令之始也太學之設義重太常故祭于太學是崇聖而從重也律署之置卑於廷尉移祀於署是去重而就輕也律非正署廢興無常宜如舊祀於廷尉又祭用仲春義取重生改用孟秋以應刑殺理未足以相易宜定新禮皆如舊制可

歲旦常設葦茭桃梗磔雞於宮及百寺之門以禳惡氣按漢儀則仲夏設之有桃印無磔雞及魏明帝大脩禳禮故何晏禳祭議雞特牲供禳釁之事磔雞宜起於魏印本漢制所以輔卯金又宜魏所除也且未詳改仲夏在歲旦之所起耳

魏明帝青龍元年詔郡國山川不在祀典勿立祠

武帝泰始元年十二月詔曰昔聖帝明王脩五嶽四瀆名山川澤各有定制所以報陰陽之功故也然以道莅天下者其鬼不神其神不傷人故祝史薦而無媿辭是以其人敬慎幽冥而淫祀不作末世信道不篤僭禮瀆神縱欲祈請曾不敬而遠之徒偷以求幸祆妄相煽舍正爲邪故魏朝疾之其按舊禮具爲之制使功著於人者必有其報而祆淫之鬼不亂其間二年正月有司奏春分祠厲殃及禳祠詔曰不在祀典除之

王制天子七廟諸侯以下各有等差禮文詳矣漢獻帝建安十八年五月以河北十二郡封魏武帝爲魏公是年七月始建宗廟于鄴自以諸侯禮立五廟也後雖進爵爲王無所改易

延康元年文帝繼王位七月追尊皇祖爲大王夫人曰大王后黃初元年十一月受禪又追尊大王曰大皇帝皇考武王曰武皇帝二年六月以洛京宗廟未成乃祠武帝於建始殿親執饋奠如家人禮按禮將營宮室宗廟爲先庶人無廟故祭於寢帝者行之非禮甚矣

明帝太和三年六月又追尊高宗大長秋曰高皇夫人吳氏曰高皇后竝在鄴廟之所祠則文帝之高祖處士曾祖高皇大帝共一廟考太祖武皇帝特一廟百世不毀然則所祠止於親廟四室也其年十一月洛京廟成則以親盡遷處士主置園邑使行太傅太常韓暨持節迎高祖以下神主共一廟猶爲四室而已至景初元年六月羣公有司始更奏定七廟之制曰大魏三聖相承以成帝業武皇帝肇建洪基撥亂夷險爲魏太祖文皇帝繼天革命應期受禪爲魏高祖上集成大命清定華夏興制禮樂宜爲魏烈祖於太祖廟北爲二祧其左爲文帝廟號曰高祖昭祧其右擬明帝號曰烈祖穆祧三祖之廟萬世不毀其餘四廟親盡迭遷一如周后稷文武廟祧之禮文帝甄后賜死故不列廟明帝即位有司奏請追謚曰文昭皇后使司空王朗持節奉策告祠于陵三公又奏曰自古周人禘祖后稷又特立廟以祀姜嫄今文昭皇后於後嗣聖德至化豈有量哉夫以皇家世妣之尊神靈遷化而無寢廟以承享祀非以報顯德昭孝敬也稽之古制宜依周禮別立寢廟奏可

太和元年二月立廟于鄴四月洛邑初營宗廟掘地得玉璽方一寸九分其文曰天子羨思慈親明帝爲之改容以太牢告廟至景初元年十二月己未有司又奏文昭皇后立廟京師永傳享祀樂舞與祖同廢在鄴廟

魏元帝咸熙元年進文帝爵爲王追命舞陽宣文侯爲宣王忠武侯爲景王是年八月文帝崩謚曰文王武帝泰始元年十二月景寅受禪丁卯追尊皇祖宣王爲宣皇帝伯考景王爲景皇帝考文王爲文皇帝宣王妃張氏爲宣穆皇后景王夫人羊氏爲景皇后二年正月有司奏置七廟帝重其役詔宜權立一廟於是羣臣議奏上古清廟一宮尊遠神祇逮至周室制爲七廟以辯宗祧聖旨深弘遠跡上世敦崇唐虞舍七廟之繁華遵一宮之遠旨昔舜承堯禪受終于文祖遂陟帝位蓋三十載月正元日又格于祖遂陟帝位此則虞氏不改唐廟因仍舊宮可依有虞氏故事即用魏廟奏可於是追祭征西將軍豫章府君潁川府君京兆府君與宣皇帝景皇帝文皇帝爲三昭三穆是時宣皇未升太祖虛位所以祠六世與景帝爲七廟其禮則據王肅說也七月又詔曰主者前奏就魏舊廟誠亦有準然於祇奉明主情猶未安宜更營造於是改創宗廟十一月追尊景帝夫人夏侯氏爲景懷皇后任茂議以爲夏侯初嬪之時未有王業帝不從太康元年靈壽公主脩麗祔于太廟周漢未有其準魏明帝則別立平原主廟晉又異魏也六年因廟陷當改脩創羣臣又議奏曰古者七廟所建自宜如禮詔曰古雖七廟自近代以來皆廟七室於禮無廢於情爲敘亦隨時之宜也其便仍舊至十年乃更改築於宣陽門內窮極壯麗然坎位之制猶如初耳廟成帝用摯虞議率百官遷神主于新廟自征西以下車服導從皆如帝者之儀及武帝崩則遷征西及惠帝崩又遷豫章而惠帝世愍懷太子二子哀太孫臧沖太孫尚竝祔廟元帝世懷帝殤太子又祔廟號爲陰室四殤懷帝初又策謚武悼楊后曰武悼皇后改葬峻陽陵側別祠弘訓宮不列於廟元帝既即尊位上繼武帝於元爲禰如漢光武上繼元帝故事也是時西京神主湮滅虜庭江左建廟皆更新造尋以登懷帝之主又遷潁川位雖七室其實五世蓋從刁協以兄弟爲世數故也于時百度草創舊禮未備毀主權居側室至太興三年正月乙卯詔曰吾雖上繼世祖然於懷愍皇帝皆北面稱臣今祠太廟不親執觴酌而令有司行事於情禮不安可依禮更處太常恒言今聖上繼武皇帝宜準漢世祖故事不親執觴爵又曰今上承繼武帝而廟之昭穆四世而已前太常賀循博士傅純竝以爲惠懷及愍宜別立廟然臣愚謂廟室當以客主爲限無拘常數殷世有二祖三宗若拘七室則當祭禰而已推此論之宜還復豫章潁川全成七廟之禮驃騎長史溫嶠議凡言兄弟不相入廟既非禮文且光武奮劍振起不策名於孝平務神其事以應九世之讖又古不共廟故別立焉今上以策名而言殊於光武之事躬奉蒸嘗於繼旣正於情又安矣太常恒欲還二府君以全七世嶠謂是宜驃騎將軍王導從嶠議嶠又曰其非子者可直言皇帝敢告某皇帝又若以一帝爲一世則不祭禰反不及庶人帝從嶠議悉施用之於是乃更定制還復豫章潁川于昭穆之位以同惠帝嗣武故事而惠懷愍三帝自從春秋尊卑之義在廟不替也及元帝崩則豫章復遷然元帝神位猶在愍帝之下故有坎室者十也至明帝崩而潁川又遷猶十室也于時續廣太廟故三遷主竝還西儲名之曰祧以準遠廟成帝咸康五年始作武悼皇后神主祔于廟配饗世祖成帝崩而康帝承統以兄弟一世故不遷京兆始十一室也至康帝崩穆帝立永和二年七月有司奏十月殷祭京兆府君當遷祧室昔征西豫章潁川三府君毀主中興之初權居天府在廟門之西咸康中太常馮懷表續太廟奉還於西儲夾室謂之爲祧疑亦非禮今京兆遷入是爲四世遠祖長在太祖之上昔

周室太祖世遠故遷有所歸今晉廟宣皇爲主而四祖居之是屈祖就孫也殷祫在上是代太祖也領司徒蔡謨議四府君宜改築別室若未展者當入就太廟之室人莫敢卑其祖文武不先不窋殷祭之日征西東面處宣皇之上其後遷廟之主藏於征西之祧祭薦不絕護軍將軍馮懷議禮無廟者爲壇以祭可立別室藏之至殷禘則祭于壇也輔國將軍譙王司馬無忌等議禘諸儒謂太王王季遷主藏於文武之祧如此府君遷主宜在宣帝廟中然今無寢室宜變通而改築又殷祫太廟征西東面尚書郎孫綽與無忌議同曰太祖雖位始九五而道以從暢替人爵之尊篤天倫之道所以成教本而光百代也尚書郎徐禪議禮去祧爲壇去壇爲墠歲祫則祭之今四祖遷主可藏之石室有禱則祭於壇墠又遣禪至會稽訪處士虞喜喜答曰漢世韋玄成等以毀主瘞於園魏朝議者云應埋兩階之間且神主本在太廟若今側室而祭則不如永藏又四君無追號之禮益明應毀而無祭是時簡文爲撫軍與尚書郎劉邵等奏四祖同居西祧藏主石室禘祫乃祭如先朝舊儀時陳留范宣兄子問此禮宣答曰舜廟所以祭皆是庶人其後世遠而毀不居舜廟上不序昭穆今四君號猶依本非以功德致祀也若依虞主之瘞則猶藏子孫之所若依夏主之埋則又非本廟之階宜思其變別築一室親未盡則禘祫處宣帝之上親盡則無緣下就子孫之列其後太常劉遐等同蔡謨議博士或疑陳於太祖者皆其後之毀主憑按古義無別前後之文也禹不先鯀則遷主居太祖之上亦何疑也於是京兆遷入西儲同謂之祧如前三祖遷主之禮故正室猶十一也穆帝崩而哀帝海西並爲兄弟無所登除咸安之初簡文皇帝上繼元皇世秩登進於是潁川京兆二主復還昭穆之位至簡文崩潁川又遷孝武帝太元十二年五月壬戌詔曰昔建太廟每事從儉太祖虛位明堂未建郊祀國之大事而稽古之制闕然便可詳議祠部郎中徐邈議圓丘郊祀經典無二宣皇帝嘗辯斯義而檢以聖典爰及中興備加研極以定南北二郊誠非異學所可輕改也謂仍舊爲安武皇帝建廟六世祖三昭三穆宣皇帝創基之主寔惟太祖而親則王考四廟在上未及遷也權虛東向之位也兄弟相及義非二世故當今廟祀世數未足而欲太祖正位則違事亡之義矣又禮曰庶子王亦禘祖立廟蓋謂支肩授立則親近必復京兆府君於今六世宜復立此室則宣皇未在六世之上須前世既遷乃太祖位定耳京兆遷毀宜藏主於石室雖帝祫猶弗及何者傳稱毀主升合乎太祖升者自下之名不謂可降尊就卑也太子太孫陰室四主儲嗣之重升祔皇祖所託之廟世遠應遷然後從食之孫與之俱毀明堂方圓之制綱領已舉不闕配帝之祀且王者以天下爲家未必一邦故周平光武無廢於二京也明堂所祀之神積疑莫辯按易殷薦上帝以配祖考祖考同配則上帝亦爲天而嚴父之義顯周禮旅上帝者有故告天與郊祀常祀同周四圭故並言之若上帝是五帝經文何不言祀天旅五帝祀地旅四望乎侍中車胤議同又曰明堂之制既其難詳且樂主於和禮主於敬故質文不同音器亦殊既茅茨廣夏不一其度何必守其形範而不弘本從俗乎九服咸寧河朔無塵然後明堂辟雍可崇而脩之時朝議多同於是奏行所改十六年始改作太廟殿正室十四間東西儲各一間合十六間棟高八丈四尺備法駕遷神主于行廟征西至京兆四主及太孫各用其位之儀服四主不從帝者儀是與太康異也諸主既入廟設脯醢之奠及新廟成神主還室又設脯醢之奠十九年二月追尊簡文母會稽太妃鄭氏爲簡文皇帝宣太后立廟太廟道西及孝武崩京兆又遷如穆帝之世四祧故事義熙元年四月將殷祠詔博士議遷毀之禮大司馬琅邪王德文議泰始之初虛太祖之位而緣情流遠上及征西故世盡則宜毀而宣帝正太祖之位又漢光武移十一帝主於洛邑則毀主不設理可推矣宜築室以居四府君之主永藏而弗祀也大司農徐廣議曰府君當處廟堂之首歆率土之祭若埋之幽壤於情理未必咸盡謂可遷藏西儲以爲遠祧而禘饗永絕也太尉諮議參軍袁豹議仍舊無革殷祠猶及四府君情理爲允時劉裕作輔意與大司馬議同須後殷祠行事改制會安帝崩未及禘而天祿終焉

武帝咸寧五年十一月己酉弘訓羊太后崩宗廟廢一時之祀天地明堂去樂且不上胙

穆帝升平五年十月己卯殷祀以帝崩後不作樂

孝武太元十一年九月皇女亡及應烝祠中書侍郎范甯奏按喪服傳有死宮中者三月不舉祭不別長幼之與貴賤也皇女雖在嬰孩臣竊以爲疑於是尚書奏使三公行事

武帝泰始七年四月帝將親祠車駕夕牲而儀注還不拜詔問其故博士奏歷代相承如此帝曰非致敬宗廟之禮也於是實拜而還遂以爲制夕牲必躬臨拜而江左以來復止

魏故事天子爲次殿於廟殿之北東天子入自北門新禮設次殿於南門中門外之右天子入自南門摯虞以爲次殿所以爲解息之處凡適尊以不顯爲恭以由隱爲順而設之於上位入自南門非謙厭之義宜定新禮皆如舊說從之

禮大事則告祖禰小事則特告禰秦漢久廢

魏文帝黃初四年七月將東巡以大軍當出使太常以特牛告南郊及文帝崩又使太尉告謚策於南郊自是迄晉相承告郊之後仍以告廟至江左其禮廢至成帝咸和三年蘇峻覆亂京都溫嶠等立行廟於白石復行其典告先帝及后曰逆臣蘇峻傾覆社稷毀棄三正汙辱海內臣侃臣嶠臣亮等手刃戎首龔行天罰惟中宗元皇帝肅祖明皇帝明穆皇后之靈降鑒有罪勦絕其命翦此羣凶以安宗廟臣等雖隕首摧軀猶生之年

魏明帝太和三年詔曰禮王后無嗣擇建支子以繼大宗則當纂正統而奉公義何得復顧私親哉漢宣繼昭帝後加悼考以皇號哀帝以外藩援立而董宏等稱引亡秦惑誤朝議遂尊恭皇立廟京師又寵藩妾使比長信僭差無禮人神弗佑非罪師丹忠正之諫用致丁傅焚如之禍自是之後相踵行之其令公卿有司深以前世爲戒後嗣萬一有由諸侯入奉大統則當明爲人後之義敢爲佞邪導諛君上妄建非正之號謂考爲皇稱妣爲后則股肱大臣誅之無赦其書之金策藏之宗廟是後高貴常道援立皆不外尊及愍帝建興四年司徒梁芬議追尊之禮帝既不從而右僕射索綝等亦稱引魏制以爲不可故追贈吳王爲太保而已

元帝太興三年有詔琅邪恭王宜稱皇考賀循議云禮典之義子不敢以己爵加其父號帝又從之

晉書卷十九考證

禮志上北郊之月古無明文或以夏至或同用陽月○陽字下監本脫月字今從宋本增正

郊之與否豈如今日之比乎○郊監本誤作齊

又月令孟冬祈於天宗則周禮祭禜月令天宗六宗之神也○監本脫禜字今增正

宜思其變別築一室○別監本作則今從宋本

晉書卷二十

唐　太　宗　文　皇　帝　御　撰

志第十

禮中

五禮之別二曰凶自天子至于庶人身體髮膚受之父母其理既均其情亦等生則養死則哀故曰三年之喪天下之達禮者也漢禮天子崩自不豫至於登遐及葬喪紀之制與夫三代變易魏晉以來大體同漢然自漢文革喪禮之制後代遵之無復三年之禮及魏武臨終遺令天下尚未安定未得遵古百官當臨中者十五舉音葬畢便除其將兵屯戍者不得離部魏武以正月庚子崩辛丑即殯是月丁卯而葬是爲不踰月也及宣帝景帝之崩並從權制文帝之崩國內服三日武帝亦遵漢魏之典既葬除喪然猶深衣素冠降席撤膳太宰司馬孚太傅鄭沖太保王祥太尉何曾司徒領中領軍司馬望司空荀顗車騎將軍賈充尚書令裴秀尚書僕射武陔都護大將軍郭建侍中郭綏中書監荀勗中軍將軍羊祜等奏曰臣聞禮典軌度豐殺隨時虞夏商周咸不相襲蓋有由也大晉紹承漢魏有革有因期於足以興化而已故未得皆返太素同規上古也陛下既以俯遵漢魏降喪之典以濟時務而躬蹈大孝情過乎哀素冠深衣降席撤膳雖武丁行之於殷世曾閔履之於布衣未足以踰方今荊蠻未夷庶政未乂萬幾事殷動勞神慮豈遑全遂聖旨以從至情臣等以爲陛下宜割情以康時濟俗輒勑御府易服內省改坐太官復膳諸所施行皆如舊制詔曰每感念幽冥而不得終苴絰於草土以存此痛況當食稻衣錦誠詭然激切其心非所以相解也本諸生家傳禮來久何至一旦便易此情於所天相從已多可試省孔子答宰我之言無事紛紜也言及悲殺奈何奈何孚等重奏伏讀聖詔感以悲懷輒思仲尼所以抑宰我之問聖思所以不能以已甚深甚篤然今者干戈未戢武事未偃萬幾至重天下至衆陛下以萬乘之尊履布衣之禮服麤席藁水飲蔬食殷憂內盈毀悴外表然而躬勤萬幾坐而待旦降心接下仄不遑食所以勞力者如斯之甚是以臣等悚息不寧誠懼神氣用損以疚大事輒勑有司改坐復常率由舊典惟陛下察納愚款以慰皇太后之心又詔曰重覽奏議益以悲剝不能自勝奈何奈何三年之喪自古達禮誠聖人稱情立哀明恕而行也神靈日遠無所訴告雖薄於情食旨服美所不堪也不宜反覆重傷其心言用斷絕

奈何奈何帝遂以此禮終三年後居太后之喪亦如之

泰始二年八月詔曰此上旬先帝棄天下日也便以周年吾煢煢當復何時一得敘人子之情邪思慕煩毒欲詣陵瞻侍以盡哀憤主者具行備太宰安平王孚尚書令裴秀尚書僕射武陔等奏陛下至孝烝烝哀思罔極衰麻雖除哀毀疏食有損神和秋節尚有餘暑謁見山陵悲感摧傷羣下竊用悚息以爲宜降抑聖情以慰萬國詔曰孤煢忽爾日月已周痛慕摧感永無逮及欲瞻奉山陵以敘哀情體氣自佳耳又已涼便當行不得如所奏也主者便具行備又詔曰漢文不使天下盡哀亦帝王至謙之志當見山陵何心而無服其禮以衰絰行秀等重奏曰臣聞上古喪期無數後世乃有年月之漸漢文帝隨時之義制爲短喪傳之于後陛下社稷宗廟之重萬方億兆之故既從權制除衰麻羣臣百姓吉服今者謁陵以敘哀慕若加衰絰進退無當不敢奉詔詔曰亦知不在此麻布耳然人子情思爲欲令哀喪之物在身蓋近情也羣臣自當案舊制秀等又奏曰臣聞聖人制作必從時宜故五帝殊樂三王異禮此古今所以不同質文所以迭用也陛下隨時之宜既降心克己俯就權制既除衰麻而行心喪之禮今復制服義無所依若君服而臣不服亦未之敢安也叅議宜如前奏詔曰患情不能跂及耳衣服何在諸君勤勤之至豈苟相違

泰始四年皇太后崩有司奏前代故事倚廬中施白縑帳蓐素牀以布巾裹草軺輦版轝細犢車皆施縑裹詔不聽但令以布衣車而已其餘居喪之制不改禮文有司又奏大行皇太后當以四月二十五日安厝故事虞著衰服既虞而除其內外官寮皆就朝晡臨位御服訖各還所次除衰服詔曰夫三年之喪天下之達禮也受終身之愛而無數年之報奈何葬而便即吉情所不忍也有司又奏世有險易道有洿隆所遇之時異誠有由然非忽禮也方今戎馬未散王事至殷交須聽斷以熙庶績昔周康王始登翌室猶戴冕臨朝降于漢魏既葬除釋諒闇之禮自遠代而廢矣惟陛下割高宗之制從當時之宜詔曰夫三年之喪所以盡情致禮葬已便除所以不堪也當敘吾哀懷言用斷絕奈何奈何有司又固請詔曰不能篤孝勿以毀傷爲憂也誠知衣服末事耳然今思存草土率當以吉物奪之迺所以重傷至心非見念也每代禮典質文皆不同耳何爲限以近制使達喪闕然乎羣臣又固請帝流涕久之迺許文明皇后崩及武元楊后崩天下將吏發哀三日止

穆帝崩哀帝立帝於穆帝爲從父昆弟穆帝舅褚歆有表中書答表朝廷無其儀詔下議尚書僕射江虨等四人並云閔僖兄弟也而爲父子則哀帝應爲帝嗣衞軍王述等二十五人云成帝不私親愛越授天倫康帝受命顯宗社稷之重已移所授纂承之序宜繼康皇尚書謝奉等六人云繼體之正宜本天屬考之人倫宜繼顯宗也詔從述等議上繼顯宗

寧康二年七月簡文帝崩再周而遇閏博士謝攸孔粲議魯襄二十八年十二月乙未楚子卒實閏月而言十二月者附正於前月也喪事先遠則應用博士吳商之言以閏月祥尚書僕射謝安中領軍王劭散騎常侍鄭襲右衞將軍殷康驍騎將軍袁宏散騎侍郎殷茂中書郎車胤左丞劉遵吏部郎劉耽意皆同康曰過七月而未及八月豈可謂之踰朞必所不了則當從其重者宏曰假值閏十二月而不取者此則歲未終固不可得矣漢書以閏爲後九月明其同體也襲曰中宗肅祖皆以閏月崩祥除之變皆用閏之後月先朝尚用閏之後月今閏附七月取之何疑亦合遠日申請之言又閏是後七而非八也豈踰月之嫌乎尚書令王彪之侍中王混中丞譙王恬右丞戴謐等議異彪之曰吳商中才小官非名賢碩儒公輔重臣爲時所準則者又取閏無證據直肇遠日之義越祥忌限外取不合卜遠之理又丞相桓公嘗論云禮二十五月大祥何緣越朞取閏乃二十六月乎於是啓曰或以閏附七月宜用閏月除者或以閏名雖附七月而實以三旬別爲一月故應以七月除者臣等與中軍將軍沖參詳一代大禮宜準經典三年之喪十三月而練二十五月而畢禮之明文也陽秋之義閏在年內則略而不數明閏在年外則不應取之以越朞忌之重禮制祥除必正朞月故也己酉晦帝除縞即吉徐廣論曰凡辨義詳理無顯據明文可以折中奪易則非疑如何禮疑從重喪易寧戚順情通物固有成言矣彪之不能徵援正義有以相屈但以名位格人君子虛受心無適莫豈其然哉執政從而行之其殆過矣

魏武以正月崩魏文以其年七月設妓樂百戲是則魏不以喪廢樂也武帝以來國有大喪輒廢樂終三年惠帝太安元年太子喪未除及元會亦廢樂穆帝永和中爲中原山陵未脩復頻年元會廢樂是時太后臨朝后父褚裒薨元會又廢樂也孝武太元六年爲皇后王氏喪亦廢樂孝武崩太傅錄尚書會稽王道子議山陵之後通婚嫁不得作樂以一朞爲斷

漢儀太皇太后皇太后崩長樂太僕少府大長秋典喪事三公奉制度他皆如禮魏晉亦同天子之儀

泰始十年武元楊皇后崩及將遷于峻陽陵依舊制既葬帝及羣臣除喪即吉先是尚書祠部奏從博士張靖議皇太子亦從制俱釋服博士陳逵議以爲今制所依蓋漢帝權制興於有事非禮之正皇太子無有國事自宜終服有詔更詳議尚書杜預以爲古者天子諸侯三年之喪始同齊斬既葬除喪服諒闇以居心喪終制不與士庶同禮漢氏承秦天下爲天子脩服三年漢文帝見其下不可久行而不知古制更以意制祥禫除喪即吉魏氏直以訖葬爲節嗣君皆不復諒闇終制學者非之久矣然竟不推究經傳考其行事專謂王者三年之喪當以衰麻終二十五月嗣君苟若此則天子羣臣皆不得除喪雖志在居篤更逼而不行至今世主皆從漢文輕典由處制者非制也今皇太子與尊同體宜復古典卒哭除衰麻以諒闇終制於義既不應不除又無取於漢文乃所以篤喪禮也於是尚書僕射盧欽尚書魏舒問杜預證據所依預云傳稱三年之喪自天子達此謂天子絕朞唯有三年喪也非謂居喪衰服三年與士庶同也故后世子之喪而叔嚮稱有三年之喪二也周公不言高宗服喪三年而云諒闇三年此釋服心喪之文也叔嚮不譏景王除喪而譏其燕樂已早明既葬應除而違諒闇之節也春秋晉侯享諸侯子產相鄭伯時簡公未葬請免喪以聽命君子謂之得禮宰咺來歸惠公仲子之賵傳曰弔生不及哀此皆既葬除服諒闇之證先儒舊說往往亦見學者未之思耳喪服諸侯爲天子亦斬衰豈可謂終服三年邪上考七代未知王者君臣上下衰麻三年者誰下推將來恐百世之主其理一也非必不能乃事勢不得故知聖人不虛設不行之制仲尼曰禮所損益雖百世可知此之謂也於是欽舒從之遂命預造議奏曰侍中尚書令司空魯公臣賈充侍中尚書僕射奉車都尉大梁侯臣盧欽尚書新沓伯臣山濤尚書奉車都尉平春侯臣胡威尚書劇陽子臣魏舒司徒尚書堂陽子臣石鑒尚書豐樂亭侯臣杜預稽首言禮官參議博士張靖等議以爲孝文權制三十六日之服以日易月道有污隆禮不得全皇太子亦宜割情除服博士陳逵等議以爲三年之喪人子所以自盡故聖人制禮自上達下是以今制將吏諸遭父母喪皆假寧二十五月敦崇孝道所以風化天下皇太子至孝著於內而衰服除于外非禮所謂稱情者也宜其不除臣欽臣舒臣預謹按靖逵等議各見所學之一端未綜帝者居喪古今之通禮也自上及下尊卑貴賤物有其宜故禮有以多爲貴者有以少爲貴者有以高爲貴者有以下爲貴者唯其稱也不然則本末不經行之不遠天子之與羣臣雖哀樂之情若一而所居之宜實異故禮不得同易曰上古之世喪期無數虞書稱三載四海遏密八音其後無文至周公旦乃稱殷之高宗諒闇三年不言其傳曰諒信也闇默也下逮五百餘歲而子張疑之以問仲尼仲尼答云何必高宗古之人皆然君薨百官總已以聽於冢宰三年周景王有后世子之喪既葬除喪而樂晉叔向議之曰三年之喪雖貴遂服禮也王雖弗遂宴樂已早亦非禮也此皆天子喪事見於古文者也稱高宗不云服喪三年而云諒闇三年此釋服心喪之文也譏景王不譏其除喪而譏其宴樂已早明既葬應除而違諒闇之節也堯崩舜諒闇三年故稱遏密八音由此言之天子居喪齊斬之制菲杖絰帶當遂其服既葬而除諒闇以終之三年無改父之道故百官總已聽於冢宰喪服已除故稱不言之美明不復寢苫枕土以荒大政也禮記三年之喪自天子達又云父母之喪無貴賤一也又云端衰喪車皆無等此通謂天子居喪衣服之節同於凡人心喪之禮終於三年亦無服喪三年之文然繼體之君猶多荒寧自從廢諒闇之制至今高宗擅名於往代子張致疑於當時此乃賢聖所以爲譏非譏天子不以服終喪也秦燔書籍率意而行亢上抑下漢祖草創因而不革乃至率天下皆終重服旦夕哀臨經罹寒暑禁塞嫁娶飲酒食肉制不稱情是以孝文遺詔斂畢便葬葬畢制紅禫之除雖不合高宗諒闇之義近於古典故傳之後嗣于時預脩陵廟故斂葬得在浹辰之內因以定制近至明帝存無陵寢五旬乃葬安在三十六日此當時經學疏略不師前聖之病也魏氏革命以既葬爲節合於古典然不垂心諒闇同譏前代自泰始開元陛下追遵諒闇之禮愼終居篤允臻古制超絕於殷宗天下歌德誠非靖等所能原本也天子諸侯之禮當以具矣諸侯惡其害己而削其籍今其存者唯士喪一篇戴聖之記雜錯其閒亦難以取正天子之位至尊萬幾之政至大羣臣之衆至廣不同之於凡人故大行既葬祔祭于廟則因疏而除之己不除則羣臣莫敢除故屈己以除之而諒闇以終制天下之人皆曰我王之仁也屈己以從宜皆曰我王之孝也既除而心喪我王猶若此之篤也凡等臣子亦焉得不自

勉以崇禮此乃聖制移風易俗之本高宗所以致雍熙豈惟衰裳而已哉若如難者更以權制自居疑於屈伸厭降欲以職事爲斷則父在爲母朞父卒三年此以至親屈於至尊之義也出母之喪以至親爲屬而長子不得有制體尊之義升降皆從不敢獨也禮諸子之職掌國子之倅國有事則帥國子而致之太子唯所用之傳曰君行則守有守則從從曰撫軍守曰監國不無事矣喪服母爲長子妻爲夫妾爲主皆三年內宮之主可謂無事揆度漢制孝文之喪紅禫既畢孝景卽吉於未央薄后竇后必不得齊斬於別宮此可知也況皇太子配貳之至尊與國爲體固宜遠遵古禮近同時制屈除以寬諸下協一代之成典君子之於禮有直而行曲而報有經而等有順而去之存諸內而已禮云非玉帛之謂喪云唯衰麻之謂乎此既臣等所謂經制大義且卽實近言亦有不安今皇太子至孝蒸蒸發於自然號咷之慕匍匐殯宮大行既奠往而不反必想像平故彷徨寢殿若不變從諒闇則東宮臣僕義不釋服此爲永福官屬當獨衰麻從事出入殿省亦難以繼今將吏雖蒙同二十五月之事寧至於大臣亦奪其制昔翟方進自以身爲漢相居喪三十六日不敢踰國典而況於皇太子臣等以爲皇太子宜如前奏除服諒闇終制於是太子遂以厭降之議從國制除衰麻諒闇終制于時外內卒聞預異議多怪之或者乃謂其違禮以合時時預亦不自解說退使博士段暢博採典籍爲之證據令大義著明足以垂示將來暢承預旨遂撰集書傳舊文條諸實事成言以爲定證以弘指趣其傳記有與今議同者亦具列之博舉二隅明其會歸以證斯事文多不載武帝楊悼皇后既母養懷帝后遇難時懷帝尚幼及卽位中詔述后恩愛及后祖載羣官議帝應爲追制服或以庶母慈母已依禮制小功五月或以謂慈母服如母服齊衰者衆議不同閻丘沖議云楊后母養聖上蓋以曲情今以恩禮追崇不配世祖廟王者無慈養之服謂宜祖載之日可三朝素服發哀而已於是從之

康帝建元元年正月晦成恭杜皇后周忌有司奏至尊朞年應改服詔曰君親名教之重也權制出於近代耳於是素服如舊固非漢魏之典也

興寧元年哀帝章皇太妃薨帝欲服重江虨啓先王制禮應在緦服詔欲降朞虨又啓厭屈私情所以上嚴祖考於是制緦麻三月

孝武寧康中崇德太后褚氏崩后於帝爲從嫂或疑其服博士徐藻議以爲資父事君而敬同又禮其夫屬父道者其妻皆母道也則夫屬君道妻亦后道矣服后宜以資母之義魯議逆祀以明尊尊今上躬奉康穆哀皇及靖后之禮致敬同於所天豈可敬之以君道而服廢於本親謂應服齊衰朞於是帝制朞服

隆安四年孝武太皇太后李氏崩疑所服尚書左僕射何澄右僕射王雅尚書車胤孔安國祠部郎徐廣議太皇太后名位允正體同皇極理制備盡情禮彌申陽秋之義母以子貴既稱夫人禮服從改故成風顯夫人之號昭公服三年之喪子於父之所生體尊義重且禮祖不厭孫固宜遂服無屈而緣情立制若嫌明文不存則疑斯從重謂應同於爲祖母後齊衰朞永安皇后無服但一舉哀百官亦一朞詔可

孝武帝太元十五年淑媛陳氏卒皇太子所生也有司參詳母以子貴贈淑媛爲夫人置家令典喪事太子前衛率徐邈議喪服傳稱與尊者爲體則不服其私親又君父所不服子亦不敢服故王公妾子服其所生母練冠麻衣既葬而除非五服之常則謂之無服從之

太元二十一年孝武帝崩孝武太后制三年之服

惠帝太安元年三月皇太孫尚薨有司奏御服齊衰朞詔下通議散騎常侍謝衡以爲諸侯之太子誓與未誓尊卑體殊喪服云爲嫡子長殤謂未誓也已誓則不殤也中書令卞粹曰太子始生故已尊重不待命誓若衡議已誓不殤則元服之子當斬衰三年未誓而殤則雖十九當大功九月誓與不誓爲其升降也徵斬衰與大功其爲輕重也遠而今注云諸侯不降嫡殤重嫌於無服以大功爲重嫡之服則雖誓無復有三年之理明矣男能衞社稷女能奉婦道以可成之年而有已成之事故可無殤非孩亂之謂也謂殤後者尊之如父猶無所加而止殤服況以天子之尊而爲服之殤行成人之制邪凡諸宜重之殤皆士大夫不加服而令至尊猶居其重未之前聞也博士蔡克同粹祕書監摯虞云太子初生舉以成人之禮則殤理除矣太孫亦體君傳重由位成而服全非以年也天子無服殤之義絕朞故也於是從之

魏氏故事國有大喪羣臣凶服以帛爲綬囊以布爲劒衣新禮以傳稱去喪無所不佩明在喪則無佩也更制齊斬之喪不佩劒綬摯虞以爲周禮武賁氏士大夫之職也皆以兵守王宮國有喪故則衰葛執戈楯守門葬則從車而哭又成王崩太保命諸大夫以干戈內外警設明喪故之際蓋重宿衞之防去喪無所不佩謂服飾之事不謂防禦之用宜定新禮布衣劒如舊其餘如新制詔從之

漢魏故事將葬設吉凶鹵簿皆有鼓吹新禮以禮無吉駕導從之文臣子不宜釋其衰麻以服玄黃除吉駕鹵簿又凶事無樂遏密八音除凶服之鼓吹摯虞以爲葬有祥車曠左則今之容車也既葬日中反虞逆神而還春秋傳鄭大夫公孫蠆卒天子追賜大路使以行士喪禮葬有槀車乘車以載生之服此皆不唯載柩兼有吉駕之明文也既設吉駕則宜有導從以象平生之容明不致死之義臣子衰麻不得爲身而釋以爲君父則無不可顧命之篇足以明之宜定新禮設吉服導從如舊其凶服鼓吹宜除詔從之

漢魏故事大喪及大臣之喪執紼者輓歌新禮以爲輓歌出於漢武帝役人之勞歌聲哀切遂以爲送終之禮雖音曲摧愴非經典所制違禮設銜枚之義方在號慕不宜以歌爲名除不輓歌摯虞以爲輓歌因倡和而爲摧愴之聲銜枚所以全哀此亦以感衆雖非經典所載是歷代故事詩稱君子作歌惟以告哀以歌爲名亦無所嫌宜定新禮如舊詔從之

咸寧二年安平穆王薨無嗣以母弟敦上繼獻王後移太常問應何服博士張靖答宜依魯僖服閔三年例尚書符詰謂穆王不臣敦敦不繼穆與閔僖不同孫毓宋昌議以穆王不之國敦不仕諸侯不應三年以義處之敦宜服本服一朞而除主穆王喪祭三年畢乃吉祭獻王毓云禮君之子孫所以臣諸兄者以臨國故也禮又與諸侯爲兄弟服斬者謂鄰國之臣於鄰國之君有猶君之義故也今穆王既不之國不臣兄弟敦不仕諸侯無鄰臣之義異於閔僖如符旨也但喪無主敦既奉詔紹國受重主喪典其祭祀大功者主人之喪有三年者則必爲之再祭鄭氏注云謂死者之從父昆弟來爲喪主也有三年者謂妻若子幼少也再祭謂大小祥也穆妃及國臣於禮皆當三年此爲有三年者敦當爲之主大小兩祥祭也且哀樂不相雜吉凶不相干凶服在宮哭泣未絕敦據主穆王之喪而國制未除則不得以己本親服除而吉祭獻王也

咸寧四年陳留國上燕公是王之父王出奉明帝祀今於王爲從祖父有司奏應服朞不以親疎尊卑爲降詔曰王奉魏氏所承者重不得服其私親穆帝時東海國言哀王薨踰年嗣王乃來不復追服羣臣皆已反吉國妃亦宜同除詔曰朝廷所以從權制者以王事奪之非爲變禮也婦人傳重義大若從權制義將安託於是國妃終三年之禮孫盛以爲廢三年之禮開偷薄之源漢魏失之奢也今若以大夫宜奪以王事婦人可終本服是吉凶之儀雜陳於宮寢綵素之制乖異於內外無乃情禮俱違哀樂失所乎太元十七年太常車胤上言謹按喪服禮經庶子爲母緦麻三月傳曰何以緦麻以尊者爲體不敢服其私親也此經傳之明文聖賢之格言而自頃開國公侯至于卿士庶子爲後各肆私情服其庶母同之於嫡此末俗之弊溺情傷教縱而不革則流蕩忘反矣且夫尊尊親親雖禮之大本然厭親於尊由來尚矣禮記曰爲父後出母無服也者不祭故也又禮天子父母之喪未葬越紼而祭天地社稷斯皆崇嚴至敬不敢以私廢尊也今身承祖宗之重而以庶母之私廢烝嘗之事五廟闕祀由一妾之終求之情禮失莫大焉舉世皆然莫之裁貶就心不同而事不敢異故正禮遂頹而習非成俗此國風所以思古小雅所以悲歎當今九服漸寧王化惟新誠宜崇明禮訓以一風俗請臺省考脩經典式明王度不答

十八年胤又上言去年上自頃開國公侯至于卿士庶子爲後者服其庶母同之於嫡違禮犯制宜加裁抑事上經年未被告報未審朝議以何爲疑若以所陳或謬則經有文若以古今不同則晉有成典升平四年故太宰武陵王所生母喪表求齊衰三年詔聽依昔樂安王故事制大功九月興寧三年故梁王璲又所生母喪亦求三年庚子詔書依太宰故事同服大功若謹案周禮則緦麻三月若奉晉制則大功九月古禮今制並無居廬三年之文而頃年已來各申私情更相擬襲漸以成俗縱而不禁則聖典滅矣夫尊尊親親立人之本王化所由二端而已故先王設教務弘其極尊郊社之敬制越紼之禮嚴宗廟之祀厭庶子之服所以經緯人文化成天下夫屈家事於王道厭私恩於祖宗豈非上行乎下父行乎子若尊尊之心有時而替宜厭之情觸事而申祖宗之敬微而君臣之禮虧矣嚴恪微於祖宗致敬虧於事上而欲俗安化隆不亦難乎區區所惜實在於斯職之所司不敢不言請臺參詳尚書奏案如辭輒下主者詳尋依禮庶子與尊者爲體不敢服其私親此尊祖敬宗之義自頃陵遲斯禮遂廢封國之君廢五廟之重士庶匹夫闕烝嘗之禮習成頹俗宜被革正輒內外參詳謂宜聽胤所上可依樂安王大功爲正請爲告書

如左班下內外以定承制普令依承事可奉行詔可

禮王爲三公六卿裼衰爲大夫士疑衰首服弁絰天子諸侯皆爲貴臣貴妾服三月漢爲大臣制服無聞焉

漢明帝時東海恭王薨帝出幸津門亭發哀及武帝咸寧二年十一月詔諸王公大臣薨應三朝發哀者踰月不舉樂其一朝發哀者三日不舉樂也元帝姨廣昌鄉君喪未葬中丞熊遠表云案禮君於卿大夫比葬不食肉比卒哭不舉樂惻隱之心未忍行吉事故也被尚書符冬至後二日小會臣以爲廣昌鄉君喪殯日聖恩垂悼禮大夫死廢一時之祭祭猶可廢而況餘事冬至唯可羣下奉賀而已未便小會詔以遠表示賀循又曰咸寧二年武皇帝故事云王公大臣薨三朝發哀踰月不舉樂其一朝發哀三日不舉樂此舊事明文賀循答曰案禮雜記君於卿大夫之葬比葬不食肉比卒哭不舉樂古者君臣義重雖以至尊之義降而無服三月之內猶裼衰以居不接吉事故春秋晉大夫智悼子未葬平公作樂爲屠蒯所譏如遠所答合於古義咸寧詔書雖不會經典然隨時立宜以爲定制誠非羣下所得稱論升平元年帝姑廬陵公主未葬符問太常冬至小會應作樂不博士胡訥議云君於卿大夫比卒哭不舉樂公主有骨肉之親宜闕樂太常王彪之云案武帝詔三朝舉哀三旬乃舉樂其一朝舉哀者三日則舉樂泰始十年春長樂長公主薨太康七年秋扶風王亮薨武帝並舉哀一日而已中興已後更參論不改此制今小會宜作樂二議竟不知所取喪服記公爲所寓齊衰三月新禮以今無此事除此一章摯虞以爲周禮作樂於刑厝之時而著荒政十二禮備制待物不以時衰而除盛典世隆而闕衰教也曩者王司徒失守播越自稱寄公是時天下又多此比皆禮之所及宜定新禮自如舊經詔從之

漢魏故事無五等諸侯之制公卿朝士服喪親疎各如其親新禮王公五等諸侯成國置卿者及朝廷公孤之爵皆傍親絕朞而傍親爲之服斬衰卿校位從大夫者皆絕緦虞摯以爲古者諸侯君臨其國臣諸父兄今之諸侯未同于古未同于古則其尊未全不宜便從絕朞之制而令傍親服斬衰之重也諸侯既然則公孤之爵亦宜如舊昔魏武帝建安中已曾表上漢朝依古爲制事與古異皆不施行施行者著魏科大晉采以著令宜定新禮皆如舊詔從之

喪服無弟子爲師服之制新禮弟子爲師齊衰三月摯虞以爲自古無師服之制故仲尼之喪門人疑於所服子貢曰昔夫子之喪顏回若喪子而無服請喪夫子若喪父而無服遂心喪三年此則懷三年之哀而無齊衰之制也羣居入則絰出則否所謂弔服加麻也先聖爲禮必易從而可傳師徒義誠重而服制不著歷代相襲不以爲缺且尋師者以彌高爲得故屢遷而不嫌倍業者以日新爲益故舍舊而不疑仲尼稱三人行必有我師焉子貢云夫何常師之有淺學之師暫學之師不可皆爲之服義有輕重服有廢興則臧否由之而起是非因之而爭愛惡相攻悔吝生焉宜定新禮無服如舊詔從之

古者天子諸侯葬禮粗備漢世又多變革魏晉以下世有改變大體同漢之制而魏武以禮送終之制襲稱之數繁而無益俗又過之豫自制送終衣服四篋題識其上春秋冬夏日有不諱隨時以斂金珥珠玉銅鐵之物一不得送文帝遵奉無所增加及受禪刻金璽追加尊號不敢開埏乃爲石室藏璽埏首以示陵中無金銀諸物也漢禮明器甚多自是皆省之矣

魏文帝黃初三年又自作終制曰禮國君即位爲椑存不忘亡也壽陵因山爲體無封樹無立寢殿造園邑通神道夫葬者藏也欲人之不得見也禮不墓祭欲存亡不黷也皇后及貴人以下不隨王之國者有終沒皆葬澗西前又已表其處矣此詔藏之宗廟副在尚書祕書三府明帝亦遵奉之明帝之性雖崇奢然未遽營陵墓之制也

宣帝預自於首陽山爲土藏不墳不樹作顧命終制斂以時服不設明器景文皆謹奉成命無所加焉景帝崩喪事制度又依宣帝故事

武帝泰始四年文明王皇后崩將合葬開崇陽陵使太尉司馬望奉祭進皇帝密璽綬於便房神坐魏氏金璽此又儉矣

江左初元明崇儉且百度草創山陵奉終省約備矣

成帝咸康七年皇后杜氏崩詔外官五日一入臨內官旦一入而已過葬虞祭禮畢止有司奉大行皇后陵所作凶門柏歷門號顯陽端門詔曰門如所處凶門柏歷大爲煩費停之案蔡謨說以二瓦器盛始死之祭繫於木裹以葦席置庭中近南名爲重今之凶門是其象也禮既虞而作主今未葬未有主故以重當之禮稱爲主道此其義也范堅又曰凶門非禮禮有懸重形似凶門後人出之門外以表喪俗遂行之薄帳即古弔幕之類也是時又詔曰重壤之下豈宜崇飾無用陵中唯絜埽而已有司又奏依舊選公卿以下六品子弟六十人爲挽郎詔又停之

孝武帝太元四年九月皇后王氏崩詔曰終事唯從儉速又詔遠近不得遣山陵使有司奏選挽郎三十四人詔停之

古無墓祭之禮漢承秦皆有園寢正月上丁祠南郊禮畢次北郊明堂高廟世祖廟謂之五供

魏武葬高陵有司依漢立陵上祭殿至文帝黃初三年乃詔曰先帝躬履節儉遺詔省約子以述父爲孝臣以繼事爲忠古不墓祭皆設於廟高陵上殿皆毀壞車馬還廄衣服藏府以從先帝儉德之志文帝自作終制又曰壽陵無立寢殿造園邑自後園邑寢殿遂絕齊王在位九年始一謁高平陵而曹爽誅其後遂廢終於魏世及宣帝遺詔子弟羣官皆不得謁陵於是景文遵旨至武帝猶再謁崇陽陵一謁峻平陵然遂不敢謁高原陵至惠帝復止也逮于江左元帝崩後諸公始有謁陵辭告之事蓋由眷同友執率情而舉非洛京之舊也成帝時中官亦年年拜陵議者以爲非禮於是遂止以爲永制至穆帝時褚太后臨朝又拜陵帝幼故也至孝武崩驃騎將軍司馬道子曰今雖權制服至於朔望諸節自應展情陵所以一周爲斷於是至陵變服單衣煩黷無準非禮意也及安帝元興元年尚書左僕射桓謙奏百僚拜陵起於中興非晉舊典積習生常遂爲近法尋武皇帝詔乃不使人主諸王拜陵豈唯百僚謂宜遵奉於是施行及義熙初又復江左之舊

太康七年大鴻臚鄭默母喪既葬當依舊攝職固陳不起於是始制大臣得終喪三年然元康中陳準傅咸之徒猶以權奪不得終禮自兹已往以爲成比也

太康元年東平王楙上言祖王昌父毖本居長沙有妻息漢末使入中國值吳叛仕魏爲黃門郎與前妻息死生隔絕更娶昌母今江表一統昌聞前母久喪當追成服求平議守博士謝衡議曰雖有二妻蓋有故而然不爲害於道議宜更相爲服守博士許猛以爲地絕又無前母之制正以在前非沒則絕故也前母雖在猶不應服段暢秦秀騶沖從猛散騎常侍劉智安議禮爲常事制不爲非常設也亡父母不知其死生者不著於禮卒生不相見去其加隆以朞爲斷都令史虞溥議曰臣以爲禮不二嫡所以重正非徒如前議者防妒忌而已故曰一與之齊終身不改未有遺變而二嫡苟不二則昌父更娶之辰是前妻義絕之日也使昌父尚存二妻俱在必不使二嫡專堂兩婦執祭同爲之齊也秦秀議二妾之子父命令相慈養而便有三年之恩便同所生昌父何義不命二嫡依此禮乎父之執友有如子之禮況事兄之母乎許猛又議夫少婦稚則不可許以改娶更適矣今妻在許以更聘夫存而妻得改醮者非絕而何侍中領博士張惲議昔舜不告而娶婚禮蓋闕故堯典以釐降二女爲文不殊嫡媵傳記以妃夫人稱之明不立正后也夫以聖人之弘帝者嫡子猶權事而變以定典禮黃昌之告新妻使避正室時論許之推姬氏之讓執黃卿之決宜使各自服其母黃門侍郎崔諒荀悝中書監荀勗領中書令和嶠侍郎夏侯湛皆如溥議侍郎山雄兼侍郎著作陳壽以爲溥駁一與之齊非大夫也禮無二嫡不可以並耳若昌父及二母於今各存者則前母不廢已有明徵也設令昌父將前母之子來入中國尚在者當從出母之服苟昌父無棄前妻之命昌兄有服母之理則昌無疑於不服賊曹屬卞粹議昌父當莫審之時而娶後妻則前妻同之於死而義不絕若生相及而後妻不去則妾列於前志矣死而會乎則同祔於葬無並嫡之實必欲使子孫於沒世之後追計二母隔絕之時以爲並嫡則背違死父追出母亡議者以爲禮無前母之服者可謂以文害意愚以爲母之不親而服三年非一無異於前母也倉曹屬衞恒議或云嫡不可二前妻宜絕此爲奪舊與新違母從子禮律所不許人情所未安也或云絕與死同無嫌二嫡據其相及欲令服此爲論嫡則死議服則生還自相伐理又不通愚以爲地絕死絕誠無異也宜一如前母不復追服主簿劉卞議毖在南爲邦族於北爲羈旅以此名分言之前妻爲元妃後婦爲繼室何至王路既通更當逐其今妻廢其嫡子不書姜氏絕不爲親以其犯至惡也趙姬雖貴必推叔隗原同雖寵必嫡宣孟若違禮苟讓何則春秋所當善也論者謂地絕其情終已不得往來今地既通何爲故當追而絕之邪黃昌見美斯又近世之明比司空齊王攸議禮記生不及祖父母諸父昆弟而父稅喪已則否諸儒皆以爲父以他故子生異域不及此親存時歸見之父雖追服子不從稅不責非時之恩也但不相見尚不服其先終而況前母非親所生義不踰祖莫往莫來恩絕殊隔而令追服殆非稱情立文之謂也以爲昌不宜追服司徒李胤議毖爲黃門侍郎江南已叛石厚與焉大義滅親況於毖之義可得以爲妻乎大

司馬騫不議太尉充撫軍大將軍汝南王亮皆從主者薄又駁粹曰喪從寧戚謂喪事尙哀耳不使服非其親也夫死者終也終事已故無絕道分居兩存則離否由人夫婦以判合爲義今土隔人殊則配合理絕彼已更娶代已安得自同於死婦哉伯夷讓孤竹不可以爲後王法也且旣已爲嫡後服復云爲妾生則或貶或離死則同祔於葬妻專一以事夫夫懷貳以接己開僞薄之風傷貞信之教於以純化篤俗不亦難乎今昌二母雖土地殊隔據同時並存何得爲前母後母乎設使昌母先亡以嫡合葬而前母不絕遠聞喪問當復相爲制何服邪夫制不應禮動而愈失夫孝子不納親於不義貞婦不昧進而苟容今同前嫡於死婦使後妻居正而或廢於二子之心曾無恧乎而云誣父棄母恐此文致之言難以定臧否也禮逹諸侯適天子不服舊君然則昌父絕前君矣更納後室廢舊妻矣又何取於宜誅宜撫乎且婦人之有惡疾乃慈夫之所愍也而在七出誠以人理應絕故也今夫婦殊域與無妻同方之惡疾理無以異據已更娶有絕前之證而云應服於義何居尙書八座以爲設令有人於此父爲敦煌太守而子後任於洛若父娶妻非徙不見乃可不知及其死亡不得不服但鞠養己者情哀而不相見名制雖戚念之心殊而爲之服一也又兩后匹嫡自謂違禮不謂非常之事而以禮處之也昔子思二哭出母於廟其門人曰庶氏之女死何爲哭於孔氏之廟子思懼改哭於他室若昌不制服不得不告其父母掘其前母之尸徙之他地若其不徙昌爲罪人何則異族之女不得祔于先姑藏其墓次故也且夫婦人牽夫猶有所尊趙姬之舉禮得權通故先史詳之不譏其事耳今昌之二母各已終亡尙無並主輕重之事也昌之前母宜依叔隗爲比若亡在昌未生之前者則昌不應復服生及母存自應如禮以名服三年輒正定爲文章草下太常報楙奉行制曰凡事有非常當依準舊典爲之立斷今議此事稱引趙姬叔隗者粗是也然後狄與晉和故姬氏得迎叔隗而下之吳寇隔塞毖與前妻終始永絕必義無兩嫡則趙衰可以專制隗氏昌爲人子豈得擅替其母且毖二妻並以絕亡其子猶後母之子耳昌故不應制服也太興初著作郎干寶論之曰禮有經有變有權王毖之事有爲爲之也有不可責以始終之義不可求以循常之文何羣議之紛錯同產者無嫡側之別而先生爲兄諸侯同爵無等級之差而先封爲長今二妻之入無貴賤之禮則宜以先後爲秩順序義也今生而同室者寡死而同廟者衆及其神位固有上下也故春秋賢趙姬遭禮之變而得禮情也且夫吉凶哀樂動乎情者也五禮之制所以敘情而節事也今二母者本他人也以名來親而恩否於時敬不及生愛不及喪夫何追服之道哉張惲劉卞得其先後之節齊王衞恒通于服絕之制可以斷矣朝廷於此宜導之以趙姬齊之以詔命使先妻恢含容之德後妻崇卑讓之道室人達長少之序百姓見變禮之中若此可以居生又況於死乎古之王者有師友之禮待其臣而不敢自尊今令先妻以一體接後而後妻不敢抗及其子孫交相爲服禮之善物也然則王昌兄弟相得之日蓋宜祫祭二母等其禮饋序其先後配以左右兄弟肅雍交酬奏獻上以恕先父之志中以高二母之德下以齊兄弟之好使義風弘于王教慈讓洽乎急難不亦得禮之本乎是時沛國劉仲武先娶毌丘氏生子正舒正則二人毌丘儉反敗仲武出其妻娶王氏生陶仲武爲毌丘氏別舍而不告絕及毌丘氏卒正舒求祔葬焉而陶不許舒不釋服訟于上下泣血露骨褰裳綴絡數十年不得從以至死亡時吳國朱某娶妻陳氏生子東伯入晉晉賜妻某氏生子綏伯太康之中某已亡綏伯將母以歸邦族兄弟交愛敬之道二母篤先後之序雍雍人無間焉及其終也二子交相爲服君子以爲賢安豐太守程諒先已有妻後又娶遂立二嫡前妻亡後妻子勳疑所服中書令張華造甲乙之問曰甲娶乙爲妻後又娶景匿不說有乙居家如二嫡無有貴賤之差乙亡景之子當何服本實並列嫡庶不殊雖二嫡非正此失在先人人子何得專制析其親也若爲庶母服又不成爲庶進退不知所從太傅鄭沖議曰甲失禮於家二嫡並在誠非人子所得正則乙景之子並當三年禮疑從重車騎賈充侍中少傅任愷議略與鄭同太尉荀顗議曰春秋並后匹嫡古之明典也今不可以犯禮並立二妻不別尊卑而遂其失也故當斷之以禮先至爲嫡後至爲庶景子宜以嫡母服乙乙子宜以庶母事景昔屈建去芰古人以爲違禮而得禮景子非爲抑其親斯自奉禮先後貴賤順敘之義也中書監荀勖議曰昔鄉里鄭子羣娶陳司空從妹後隔呂布之亂不復相知存亡更娶鄉里蔡氏女徐州平定陳氏得還遂二妃並存蔡氏之子字元疊爲陳氏服嫡母之服事陳公以從舅之禮族兄宗伯曾責元疊謂抑其親鄉里先達以元疊爲合宜不審此事粗相似否

建武元年以溫嶠爲散騎侍郎嶠以母亡值寇不臨殯葬欲營改葬固讓不拜元帝詔曰溫嶠不拜以未得改卜葬送朝議又頗有異同爲審由此邪天下有鬭塞行禮制物者當使理可經通古人之制三年非情之所盡蓋存亡有斷不以死傷生耳要絰而服金革之役者豈營官邪隨王事之緩急也今桀逆未梟平陽道斷奉迎諸軍猶未得徑進嶠特一身於何濟其私艱而以理閡自疑不服王命邪其令三司八座門下三省外內羣臣詳共通議如嶠比吾將親裁其中於是太宰西陽王羕司徒臨潁公組驃騎將軍卽丘子導侍中紀瞻尙書周顗散騎常侍荀邃等議以昔伍員挾弓去楚爲吳行人以謀楚誠志在報讎不苟滅身也溫嶠遭難昔在河朔日尋干戈志刷讎恥萬里投身歸赴朝廷將欲因時竭力憑賴王威以展其情此乃嶠之志也無緣道路未通師旅未進而更中辭王事留志家巷也以爲誠宜如明詔於是有司奏曰案如衆議去建武元年九月下辛未令書依禮文父喪未葬唯喪主不除以他故未葬人子之情不可居殯而除故期於畢葬無遠近之斷也若亡遇賊難喪靈無處求索理絕固應三年而除不得故從未葬之例也若骨肉殲於寇害死亡漫於中原而繼以遺賊未滅亡者無收殯之實存者又闕於奔赴之禮而人子之情哀痛無斷輒依未葬之義久而不除若遂其情則人居無限之喪非有禮無時不得之義也諸如此皆如東關故事限行三年之禮畢而除也唯二親生離吉凶未分服喪則凶事未據從吉則疑於不存心憂居素出自人情有如此者非官制之所裁令嶠以未得改卜奔赴累設疾辭案辛未之制已有成斷皆不得復遂其私情不服王命以虧法憲參議可如前詔嶠受拜重告以中丞司徒諸如嶠比者依東關故事辛未令書之制嶠不得已乃拜是時中原喪亂室家離析朝廷議二親陷沒寇難應制服不太常賀循曰二親生離吉凶未分服喪則凶事未據從吉則疑於不存心憂居素允當人情元帝令以循議爲然太興二年司徒荀組云二親陷沒寇難萬無一冀者宜使依王法隨例行喪庾蔚之云二親爲戎狄所破存亡未可知者宜盡尋求之理尋求之理絕三年之外便宜婚宦胤嗣不可絕王政不可廢故也猶宜以哀素自居不豫吉慶之事待中壽而服之也若境內賊亂清平肆眚之後尋覓無蹤跡者便宜制服

咸康二年零陵李繁姊先適南平郡陳詵爲妻產四子而遭賊於賊請活姑命賊略將姊去詵更娶嚴氏生三子繁後得姊消息往迎還詵詵籍注領二妻及李亡詵疑制服以事言征西大將軍庾亮府平議時議亦往往異同司馬王愆期議曰案禮不二嫡故惠公元妃孟子孟子卒繼室以聲子諸侯猶爾況庶人乎士喪禮曰繼母本實繼室故稱繼母事之如嫡故曰如母也詵不能遠慮避難以亡其妻非犯七出見絕於詵始不見絕終又見迎養姑於堂子爲首嫡列名黃籍則詵之妻爲詵也妻則爲暉也母暉之制服無所疑矣禮爲繼母服而不爲前母服者如李比類曠世所希前母旣終乃有繼母後子不及前母故無制服之文然祔祠蒸嘗未有不以前母爲母者亡猶母之況其存乎詵有老母不可以莫之養妻無歸期納妾可也李雖沒賊尙有生冀詵尋求之理不盡而便娶妻誠詵之短也然隴畝之夫不達禮義考之傳記不勝施孝叔之妻失身於郤犫而不棄者以非其罪也詵有兩妻非故犯法李鄙野人而能臨危請活姑命險不忘順可謂孝婦矣議者欲令在沒略之中必全苦操有隕無二是望凡人皆爲宋伯姬也詵雖不應娶妻要以嚴爲妻妻則繼室本非嫡也雖云非嫡義在始終寧可以詵不應二妻而已涉二庭乎若能下之則趙姬之義若云不能官當有制先嫡後繼有自來矣衆議貶議太峻故略序異懷亮從愆期議定

五經通義以爲有德則諡善無德則諡惡故雖君臣可同魏朝初諡宣帝爲文侯景王爲武侯文王表不宜與二祖同於是改諡宣文忠武至文王受晉王之號魏帝又追命宣文爲宣王忠武爲景王

太康八年十月太常上諡故太常平陵男郭弈爲景侯有司奏云晉受命以來祖宗號諡羣下未有同者故郭弈爲景與景皇同不可聽宜諡曰穆王濟羊璞等並云夫無窮之祚名諡不一若皆相避於制難全如悉不避復非推崇事尊之禮宜依諱名之義但及七廟祖宗而已不及遷毀之廟成粲武茂劉訥並云同諡非嫌號諡者國之大典所以厲時作教經天人之遠旨也固雖君父義有所不隆及在臣子或以行顯故能使上下邁德罔有殆荒臣願聖世同符堯舜行周同諡之禮舍漢魏近制相避之議又引周公父子同諡曰文武帝詔曰非言君臣不可同正以弈諡景不相當耳宜諡曰簡及太元四年侍中王欣之表君臣不嫌同諡尙書奏以欣之言爲然詔可

驃騎將軍溫嶠前妻李氏在嶠微時便卒又娶王氏何

氏並在嶠前死及嶠薨朝廷以問陳舒三人並得爲夫人不舒云禮記其妻爲夫人而卒而後其夫不爲大夫而祔於其妻則不易牲妻卒而後夫爲大夫而祔於其妻則以大夫牲然則夫榮於朝妻貴於室雖先夫没榮辱常隨於夫也禮記曰妻祔於祖姑祖姑有三人則祔其親者如禮則三人皆爲夫人也自秦漢已來廢一娶九女之制近世無復繼室之禮先妻卒則更娶苟生加禮則亡不應貶庾蔚之云䟽時之妻不得並爲夫人若有追贈之命則不論耳嶠傳贈王何二人夫人印綬不及李氏

永和十一年彭城國爲李太妃求謚博士曹耽之議夫婦行不必同不得以夫謚謚婦春秋婦人有謚甚多經無譏文知禮得謚也胡訥云禮婦人生以夫爵死以夫謚春秋夫人有謚不復依禮耳安平獻王李妃琅邪武王諸葛妃太傅東海王裴妃並無謚今宜率舊典王彪之云婦人有謚禮壞故耳聲子爲謚服虔諸儒以爲非杜預亦云禮婦人無謚春秋無譏之文所謂不待貶絕自明者也近世惟后乃有謚耳太尉荀顗上謚法云若賜謚而道遠不及葬者皆封策下屬遣所承長吏奉策即家祭賜謚

太元十三年召孔安國爲侍中安國表以黃門郎王愉名犯私諱不得連署求解有司議云名終諱之有心所同聞名心瞿亦明前詔而禮復云君所無私諱大夫之所有公諱無私諱又云詩書不諱臨文不諱豈非公義奪私情王制屈家禮哉尚書安衆男臣先表中兵曹郎王祐名犯父諱求解職明詔爰發聽許換曹蓋是恩出制外耳而頃者互相瞻式源流既啓莫知其極夫皇朝禮大百僚備職編官列署動相經涉若以私諱人遂其心則移官易職遷流莫已既違典法有虧政體請一斷之從之

晉書卷二十一

唐太宗文皇帝御撰

志第十一

禮下

五禮之別三曰賓蓋朝宗覲遇會同之制是也自周以下其禮彌繁自秦滅學之後舊典殘缺漢興始使叔孫通制禮參用先代之儀然亦往往改異焉漢儀有正會禮正旦夜漏未盡七刻鐘鳴受賀公侯以下執贄來庭二千石以上升殿稱萬歲然後作樂宴饗魏武帝都鄴正會文昌殿用漢儀又設百華燈晉氏受命武帝更定元會儀咸寧注是也傅玄元會賦曰考夏后之遺訓綜殷周之典藝採秦漢之舊儀定元正之嘉會此則兼採衆代可知矣

咸寧注先正一日有司各宿設夜漏未盡十刻羣臣集到庭燎起火上賀起謁報又賀皇后還從雲龍東中華門入詣東閤下便坐漏未盡七刻百官及受贄郎官以下至計吏皆入立其次其陛衞者如臨軒儀漏未盡五刻謁者僕射大鴻臚各各奏羣臣就位定漏盡侍中奏外辦皇帝出鐘鼓作百官皆拜伏太常導皇帝升御坐鐘鼓止百官起大鴻臚跪奏請朝賀掌禮郎讚皇帝延王登大鴻臚跪讚藩王臣某等奉白璧各一再拜賀太常報王悉登謁者引上殿當御坐皇帝興王再拜皇帝坐復再拜跪置璧御坐前復再拜成禮訖謁者引下殿還故位掌禮郎讚皇帝延太尉等於是公特進匈奴南單于金紫將軍當大鴻臚西中二千石二千石千石六百石當大行令西皆北面伏鴻臚跪讚太尉中二千石等奉璧皮帛羔鴈雉再拜賀太常讚皇帝延公等登掌禮引公至金紫將軍上殿皇帝興皆再拜皇帝坐又再拜跪置璧皮帛御坐前復再拜成禮訖謁者引下殿還故位公置璧成禮時大行令並讚殿下中二千石以下同成禮訖以贄授贄郎郎以璧帛付謁者羔鴈雉付太官太樂令跪奏雅樂樂以次作乘黃令乃出車皇帝罷入百官皆坐晝漏上水六刻諸蠻夷胡客以次入皆再拜訖坐御入後三刻又出鐘鼓作謁者僕射跪奏請羣臣上謁者引王公二千石上殿千石六百石停本位謁者引王詣樽酌壽酒跪授侍中侍中跪置御坐前王還王自酌置位前謁者跪奏藩王臣某等奉觴再拜上千萬歲四廂樂作百官再拜已飲又再拜謁者引王等還本位陛下者傳就席羣臣皆跪諾侍中中書令尚書令各於殿上上壽酒登歌樂升太官又行御酒御酒升階太官令跪授侍郎侍郎跪進御坐前乃行百官酒太樂令跪奏奏登歌三終乃降太官令跪請具御飯到階羣臣皆起太官令持羹跪授司徒持飯跪授大司農尚食持案並授持節持節跪進御坐前羣臣就席太樂令跪奏奏食舉樂太官行百官飯案遍食畢太樂令跪奏請進樂樂以次作鼓吹令又前跪奏請以次進衆妓乃召諸郡計吏前受勑戒於階下宴樂畢謁者一人跪奏請罷退鐘鼓作羣臣北面再拜出然則夜漏未盡七刻謂之晨賀晝漏上三刻更出百官奉壽酒謂之晝會別置女樂三十人於黃帳外奏房中之歌江左多虞不復晨賀夜漏未盡十刻開宣陽門至平旦始開殿門晝漏上五刻皇帝乃出受賀皇太子出會者則在三恪下王公上正旦元會設白獸樽於殿庭樽蓋上施白獸若有能獻直言者則發此樽飲酒案禮白獸樽乃杜舉之遺式也爲白獸蓋是後代所爲示忌憚也

魏制藩王不得朝覲魏明帝時有朝者皆由特恩不得以爲常及泰始中有司奏諸侯之國其王公以下入朝者四方各爲二番三歲而周周則更始若臨時有故却在明年明年來朝之後更滿三歲乃復朝不得違本數朝禮皆親執璧如舊朝之制不朝之歲各遣卿奉聘奏可江左王侯不之國其有受任居外則同方伯刺史二千石之禮亦無朝聘之制故此禮遂廢漢以高帝十月定秦且爲歲首至武帝雖改用夏正然每月朔朝至於十月朔猶常饗會其儀夜漏未盡七刻受賀及贄公侯璧中二千石二千石羔千石六百石鴈四百石以下雉三公奉璧上殿御坐前北面太常讚曰皇帝爲君興三公伏皇帝坐乃前進璧百官皆賀二千石以上上殿稱萬歲舉觴御食司徒奉羹大司農奉飯奏食舉之樂百官受賜宴饗大作樂如元正之儀魏晉則冬至日受方國及百僚稱賀因小會其儀亞於獻歲之旦

古者帝王莫不巡狩魏文帝值天下三分方隅多事皇輿亟動役無寧歲蓋應時之務非舊章也明帝凡三東巡狩所過存問高年恤疾苦或賜穀帛有古巡幸之風焉

齊王正始元年巡洛陽縣賜高年力田各有差及武帝泰始四年詔刺史二千石長吏曰古之王者以歲時巡狩方岳其次則二伯述職不然則行人順省故雖幽遐側微心無壅隔下情上通上指遠諭至于鰥寡罔不得所用垂風遺烈休聲猶存朕在位累載如臨深川夙興夕惕明發不寐坐而待旦思四方水旱災眚爲之怛然勤躬約己欲令事事當宜常恐衆吏用情誠意未著萬幾兼猥慮有不周政刑失謬而弗獲備覽百姓有過在予一人惟歲之不易未遑卜征巡省之事下之未乂其何以恤之今使使持節侍中副給事黃門侍郎銜命四出周行天下親見刺史二千石長吏申諭朕心訪求得失損益諸宜觀省政教問人間患苦周典有之以其萬姓之利害爲一書其禮俗政事刑禁之逆順爲一書其暴亂作逆犯令爲一書其札喪凶荒厄貧爲一書其康樂和親安平爲一書每國辨異之以返命于王舊章前訓令率由之還具條奏俾朕昭然鑒于幽遠若親行焉大夫君子其各悉乃心敬乃事嘉言令圖苦言至戒與使者盡之無所隱諱方將虛心以俟其勉哉勗之稱朕意焉新禮巡狩方岳柴望告設壝宮如禮諸侯之覲者賓及執贄皆如朝儀而不建旗摯虞以爲覲禮諸侯覲天子各建其旗旗章所以殊爵命示等威詩稱君子至止言觀其旂宜定新禮建旗如舊禮詔可其議然終晉代其禮不行

封禪之說經典無聞禮有因天事天因地事地因名山升中於天而鳳皇降龜龍格天子所以巡狩至於方嶽燔柴祭天以告其成功事似而非也讖緯諸說皆云王者封泰山禪梁甫易姓紀號秦漢行其典前史各陳其制矣

魏文帝黃初中護軍蔣濟曰夫帝王大禮巡狩爲先昭祖揚禰封禪爲首是以自古革命受符未有不蹈梁父登泰山刊無竟之名紀天人之際者也故司馬相如謂有文以來七十二君或順所繇於前謹遺教於後太史公曰主上有聖明而不宣布有司之過也然則元功懿德不刊梁山之石無以顯帝王之功示兆庶不朽之觀也語曰當君而歎堯舜之美譬猶人子對厥親而生譽它人之父今大魏承百王之弊亂拯流遁之艱厄接千載之衰緒繼百代之廢業自文武至于聖躬所以參成天地之道綱維神人之化上天報應嘉瑞顯祥以比往古無所取喻至於歷世迄今未廢大禮雖志在掃盡殘盜蕩滌餘穢未遑斯事若爾三苗屈彊於江海大舜當廢東巡之儀徐夷跳梁於淮泗周成當止岱嶽之禮且去歲破吳虜於江漢今茲屠蜀賊於隴右其震蕩內潰在不復淹無累於封禪之事也此議久廢非倉卒所定宜下公卿廣撰其禮卜年考時昭告上帝以副天下之望臣待罪軍旅不勝大願冒死以聞詔曰聞蔣濟斯言使吾汗出流足自開闢以來封禪者七十餘君耳故太史公曰雖有受命之君而功有不洽是以中間廣遠者千有餘年近者數百載其儀闕不可得記吾何德之修敢庶茲乎濟豈謂世無管仲以吾有桓公登泰山之志乎吾不欺天也濟之所言華則榮矣非助我者也公卿侍中尚書常侍省之而已勿有所議亦不須答詔也天子雖距濟議而實使高堂隆草封禪之儀以天下未一不欲便行大禮會隆卒不復行之及武帝平吳混一區宇太康元年九月庚寅尚書令衞瓘尚書左僕射山濤右僕射魏舒尚書劉寔司空張華等奏曰臣聞肇自生靈則有后辟年載之數莫之能紀立德濟世揮揚仁風

以登封泰山者七十有四家，其謚號可知者十有四焉沉淪寂寞曾無遺聲者不可勝紀大晉之德始自重黎實佐顓頊至于夏商世序天地其在于周不失其緒金德將升世濟明聖外平蜀漢海內歸心武功之盛實由文德至于陛下受命踐祚弘建大業羣生仰毓惟獨江湖沅湘之表凶桀負固歷代不賓神謀獨斷命將出討兵威蹔加數旬蕩定羈其鯨鯢赦其罪逆雲覆雨施八方來同聲教所被達于四極雖黃軒遐征大禹遠略周之奕世何以尚今若夫玄石素文底號前載象以數表言以事告雖古河圖洛書之徵不是過也宜宣大典禮中嶽封泰山禪梁父發德號明至尊享天休篤黎庶勸千載之表播流後之聲俾百世之下莫不興起斯帝王之盛業天人之至望也詔曰今逋寇雖殄外則障塞有警內則百姓未寧此盛德之事所未議也瓘等又奏曰今東漸于海西被于流沙大漠之陰日南北戶莫不通屬茫茫禹跡今實過之天人之道已周巍巍之功已著宜修禮地祇登封泰山致誠上帝以答人神之願也乞如前奏詔曰今陰陽未和刑政未當百姓未得其所豈可以勒功告成邪詔不許瓘等又奏曰臣聞處帝王之位者必有歷運之期天命之應濟兆庶之功者必有盛德之容告成之典無不可誣有不敢讓自古道也而明詔謙沖屢辭其禮雖盛德攸在推而未居夫三公職典天地實掌人物國之大事取義於此故漢氏封禪非是官也不在其事臣等前奏蓋陳祖考之功天命又應陛下之德合同四海迹古考今宜修此禮至於克定歲月須五府上議然後奏聞詔曰雖蕩清江表皆臨事者之勞何足以告成方望羣后思隆大化以寧區夏百姓獲乂與之休息斯朕日夜之望無所復下諸府矣瓘等又奏臣聞唐虞三代濟世弘功之君莫不仰承天休俯協人志登介丘履梁父未有辭焉者蓋不可讓也今陛下勳高皇德無二茂績宏規巍巍之業固非臣等所能究論而聖旨勞謙屢自抑損時至弗應推美不居闕皇代之上儀塞靈祇之款望何以使大晉之典謨同風於三五臣等誠不敢奉詔請如前奏施行詔曰方當共思弘道以康庶績且俟它年無復紛紜也王公有司又奏自古聖明光宅四海封禪名山著於史籍作者七十四君矣舜禹之有天下也巡狩四嶽躬行其道易著觀俗省方禮有升中于天詩頌陟其高山皆載在方策文王為西伯以服事殷周公以魯藩列于諸侯或享于岐山或有事泰山徒以聖德猶得為其事自是以來功薄而僭其義者不可勝數號謚不泯以至于今況高祖宣皇帝肇開王業海外有截世宗景皇帝濟以大功輯寧區夏太祖文皇帝受命造晉蕩定蜀漢陛下應期龍興混一六合澤被羣生威震無外昔漢氏失統吳蜀鼎峙兵興以來近將百年地險俗殊人望絕塞今不羈之寇二代而平非聰明神武先天弗違孰能巍巍其成功若茲者歟臣等幸以千載得遭運會親服大化目覩太平至公至美誰與為讓宜祖述先明憲章古昔勒功岱嶽登封告成弘禮樂之制正三雍之典揚名萬世以顯祖宗是以不勝大願敢昧死以聞請告太常具禮儀復上詔曰所議誠列代之盛事也然方今未可以爾便報絕之

哀帝即位欲尊崇章皇太妃桓溫議宜稱太夫人尚書僕射江虨議曰虞舜體仁孝之性盡事親之禮貴為天王富有四海而瞽叟無立錐之地一級之爵蒸蒸之心昊天罔極寧當忍父卑賤不以徽號顯之豈不以子無爵父之道理窮義屈靡所厝情者哉春秋經曰紀季姜歸于京師傳曰父母之於子雖為天王后猶曰吾季姜言子尊不加父母也或以為子尊不加父母則武王何以追王太王王季文王乎周之三王德配天地王跡之興自此始也是以武王仰尋前緒遂奉天命追崇祖考明不以子尊加父母也按禮幼不誄長賤不誄貴幼賤猶不得表彰長貴況敢錫之以榮命邪漢祖感家令之言而尊太公荀悅以為孝莫大于嚴父而以子貴加之父母家令之言過矣爰逮孝章不上賈貴人以尊號而厚其金寶幣帛非子道之不至也蓋聖典不可踰也當春秋時庶子承國其母得為夫人不審直子命母邪故當告於宗祧以先君之命命之邪竊見詔書當臨軒拜授貴人為皇太妃今稱皇帝策命命貴人斯則子爵母也貴人北面拜授斯則母臣子也天尊地卑名位定矣母貴子賤人倫序矣雖欲加崇貴人而實卑之雖顯明國典而實廢之且人主舉動史必書之如當載之方策以示後世無乃不順乎竊謂應告顯宗之廟稱貴人仁淑之至宜加殊禮以酬鞠育之惠奉先靈之命事不在已妃后雖是配君之名然自后以下有夫人九嬪無稱妃焉桓公謂宜進號太夫人非不允也如以夫人為少可言皇太夫人皇君也君太夫人於名禮順矣帝特下詔拜皇太妃三月景辰使兼太保王恬授璽綬儀服一如太后又詔曰朝臣不為太妃敬為合禮不太常江逌議位號不極不應盡敬孝武追崇會稽鄭太妃為簡文太后詔問當開墓不王珣答據三祖追贈及中宗敬后並不開墓位更為塋域制度耳

褚太后臨朝時議褚裒進見之典蔡謨王彪之並以虞舜漢高祖猶執子道況后乎王者父無拜禮尚書八座議以為純子則王道缺純臣則孝道虧謂公庭如臣私覲則嚴父為允

漢魏故事皇太子稱臣新禮以太子既以子為名而又稱臣臣子兼稱於義不通除太子稱臣之制摯虞以為孝經資於事父以事君義兼臣子則不嫌稱臣宜定新禮皇太子稱臣如舊詔從之

太寧三年三月戊辰明帝立皇子衍為皇太子癸巳詔曰禮無生而貴者故帝元子方之於士而漢魏以來尊崇儲貳使官屬稱臣朝臣咸拜此甚無謂吾昔在東宮未及啓革今衍幼沖之年便臣先達將令日習所見謂之自然此豈可以教之邪主者其下公卿內外通議使必允禮中尚書令卞壼議以為周禮王后太子不會明禮同於君皆所以重儲貳異正嫡苟奉之如君不得不拜矣太子若存謙沖故宜答拜臣以為皇太子之立郊告天地正位儲宮豈得同之皇子揖讓而已謂宜稽則漢魏闔朝同拜從之

太元中尚書符問王公已下見皇太子儀及所衣服侍中領國子博士車胤議朝臣宜朱衣褠幘拜敬太子答拜按經傳不見其文故太傅羊祜牋慶太子稱叩頭死罪此則拜之證也又太寧三年詔議其典尚書卞壼謂宜稽則漢魏闔朝同拜其朱衣冠冕惟施之天朝宜褠幘而已朝議多同

太元十二年議二王後與太子先後博士庾弘之及尚書恭議並以為陳留國之上賓皇太子雖國之儲貳猶在臣位陳留王坐應在太子上陳留王勱表稱疾病積年求放罷詔禮官博士議之博士曹耽云勱為祭主而無執祭之期宜與穆子孟摯事同王彪之云二王之後不宜輕致廢立記傳未見有已為君而疾病退罷者當知古無此禮孟縶穆子是方應為君非陳留之比

咸康四年成帝臨軒遣使拜太傅太尉司空儀注太樂宿懸於殿庭門下奏非祭祀宴饗則無設樂之制太常蔡謨議曰凡敬其事則備其禮禮備則制有樂樂者所以敬事而明義為耳目之娛故冠亦用之不惟宴饗宴饗之有樂亦所以敬賓也故郤至使楚楚子饗之郤至辭曰不忘先君之好貺之以大禮重之以備樂尋斯辭也則宴樂之意可知矣公侯大臣人君所重故御坐為起在輿為下言稱伯舅傳曰國卿君之貳也是以命使之日御親臨軒百僚陪列此即敬事之意也古者天王饗下國之使及命將帥遣使臣皆有樂故詩序曰皇皇者華君遣使臣也又曰采薇以遣之出車以勞還杕杜以勤歸皆作樂而歌之今命大使拜輔相比於下國之臣輕重殊矣輕誠有之重亦宜然故謂臨軒遣使宜有金石之樂議奏從焉

漢魏故事王公羣妾見於夫人夫人不答拜新禮以為禮無不答更制妃公侯夫人答妾拜摯虞以為禮妾事女君如婦之事姑妾服女君朞女君不報則敬與婦同而又加賤也名位不同本無酬報禮無不答義不謂此先聖殊嫡庶之別以絕陵替之漸峻明其防猶有僭違宜定新禮自如其舊詔可其議

五禮之別其四曰軍所以和外寧內保大定功者也但兵者凶事故因蒐狩而習之

漢儀立秋之日自郊禮畢始揚威武斬牲於東門以薦陵廟其儀乘輿御戎路白馬朱鬣躬執弩射牲牲以為薦饗太宰令謁者各一人載以獲車馳送陵廟還宮遣使者齎束帛以賜武官武官肄兵習戰陣之儀斬牲之禮名曰貙劉兵官皆肄孫吳兵法六十四陣既還公卿已下陳雒陽前街乘輿到公卿已下拜天子下車公卿親識顏色然後還宮古語曰在軍下車則惟此時施行漢世率以為常至獻帝建安二十一年魏國有司奏古四時講武皆於農隙漢西京承秦制三時不講惟十月都講今金革未偃士眾素習可無四時講武但以立秋擇吉日大朝車騎號曰閱兵上合禮名下承漢制奏可是冬閱兵魏王親執金鼓以令進退

延康元年魏文帝為魏王是年六月立秋閱兵于東郊公卿相儀王御華蓋親令金鼓之節

魏明帝太和元年十月又閱兵

武帝泰始四年九月咸寧元年太康四年六年冬皆自臨宣武觀大閱眾軍然不自令進退也自惠帝以後其禮遂廢

元帝太興四年詔左右衛及諸營教習依大習儀作鴈羽仗

成帝咸和中詔內外諸軍戲兵於南郊之場故其地因名鬬場自後藩鎮桓庾諸方伯往往閱習然朝廷無事焉

漢魏故事遣將出征符節郎授節鉞於朝堂其後荀顗等所定新禮遣將御臨軒尚書受節鉞依古兵書跪而推轂之義也

五禮之別其五曰嘉宴饗冠婚之道於是乎備周末崩離賓射宴饗之則罕復能行冠婚飲食之法又多遷變周禮雖有服冕之數而無天子冠文又儀禮云公侯之有冠禮夏之末造也王鄭皆以爲夏末上下相亂篡弑由生故作公侯冠禮則明無天子冠禮之審也大夫又無冠禮古者五十而後爵何大夫冠禮之有周人年五十而有賢才則試以大夫之事猶行士禮也故筮日筮賓冠於阼以著代醮於客位三加彌尊皆士禮耳然漢代以來天子諸侯頗採其儀正月甲子若景子爲吉日可加元服儀從冠禮是也漢順帝冠又兼用曹褒新禮乘輿初加緇布進賢次爵弁武弁次通天皆於高廟以禮謁見世祖廟王公已下初加進賢而已按此文始冠緇布從古制也冠於宗廟是也魏天子冠一加其說曰士禮三加加有成也至於天子諸侯無加數之文者將以踐阼臨下尊極德備豈得與士同也魏氏太子再加皇子王公世子乃三加孫毓以爲一加再加皆非也禮醮辭曰令月吉日以歲之正以月之令按魯襄公冠以冬漢惠帝冠以三月明無定月而後漢以來帝加元服咸以正月及咸寧二年秋閏九月遣使冠汝南王柬此則非必歲首冠禮於廟然武惠冠太子太子皆卽廟見斯亦擬在廟之儀也穆帝孝武將冠皆先以幣告廟訖又廟見也惠帝之爲太子將冠武帝臨軒使兼司徒高陽王珪加冠兼光祿大夫屯騎校尉華廙贊冠江左諸帝將冠金石宿設百僚陪位又豫於殿上鋪大牀御府令奉冕幘簪導衮服以授侍中常侍太尉加幘太保加冕將加冕太尉跪讀祝文曰令月吉日始加元服皇帝穆穆思弘衮職欽若昊天六合是式率遵祖考永永無極眉壽惟期介茲景福加冕訖侍中繫玄紞侍中脫帝絳紗服加衮服冕冠事畢太保率羣臣奉觴上壽王公以下三稱萬歲乃退按儀注一加幘冕而已

泰始十年南宮王承年十五依舊應冠有司奏議禮十五成童國君十五而生子以明可冠之宜又漢魏遣使冠諸王非古典於是制王十五而冠不復加使命王彪之云禮傳冠皆在廟按武帝既加元服車駕出拜于太廟以告成也蓋亦猶擬在廟之儀

魏齊王正始四年始立皇后甄氏其儀不存

武帝咸寧二年臨軒遣太尉賈充策立皇后楊氏納悼后也因大赦賜王公以下各有差百僚上禮

太康八年有司奏婚納徵大婚用玄纁束帛加珪馬二駟王侯玄纁束帛加璧乘馬大夫用玄纁束帛加羊古者以皮馬爲庭實天子加以穀珪諸侯加大璋可依周禮改璧用璋其羊鴈酒米玄纁如故諸侯婚禮加納采告期親迎各帛五匹及納徵馬四匹皆令夫家自備惟璋官爲具致之尚書朱整議按魏氏故事王娶妃公主嫁之禮天子諸侯以皮馬爲庭實天子加以穀珪諸侯加以大璋漢高后制聘后黃金二百斤馬十二匹夫人金五十斤馬四匹魏氏王娶妃公主嫁之禮用絹百九十匹晉興故事用絹三百匹詔曰公主嫁由夫氏不宜皆爲備物賜錢使足而已惟給璋餘如故事

成帝咸康二年臨軒遣使持節兼太保領軍將軍諸葛恢兼太尉護軍將軍孔愉六禮備物拜皇后杜氏卽日入宮帝御太極殿羣臣畢賀賀非禮也王者婚禮禮無其例春秋祭公逆王后于紀穀梁左氏傳說與公羊又不同而自漢魏遺事並皆闕略武惠納后江左又無復儀注故成帝將納杜后太常華恒始與博士參定其儀據杜預左氏傳說主婚是供其婚禮之幣而已又周靈王求婚於齊齊侯問於晏桓子桓子對曰夫婦所生若如人姑姊妹則稱先守某公之遺女若如人此則天子之命自得下達臣下之答徑自上通先儒以爲丘明詳錄其事蓋爲王者婚娶之禮也故成帝臨軒遣使稱制拜后然其儀注又不具存

康帝建元元年納皇后褚氏而儀注陛者不設旄頭殿中御史奏今迎皇后依成恭皇后入宮御物而儀注至尊衮冕升殿旄頭不設求量處又按昔迎恭皇后惟作青龍旂其餘皆卽御物今當臨軒遣使而五牛旂旗旄頭畢罕並出卽用故致今闕詔曰所以正法服升太極者以敬其始故備其禮也今云何更闕所重而徹法物邪又恭后神主入廟先帝詔后禮宜降不宜建五牛旗而今猶復設之邪既不設五牛旗則旄頭畢罕之物易具也又詔曰舊制既難準且於今而備亦非宜府庫之儲惟當以供軍國之費耳法服儀飾粗令舉其餘兼副雜器停之

穆帝升平元年將納皇后何氏太常王彪之大引經傳及諸故事以定其禮深非公羊婚禮不稱主人之義又曰王者之於四海無非臣妾雖復父兄之親師友之賢皆純臣也夫崇三綱之始以定乾坤之儀安有天父之尊而稱臣下之命以納伉儷安有臣下之卑而稱天父之名以行大禮遠尋古禮無王者此制近求史籍無王者此制比於情不安於義不通按咸寧二年納悼皇后時弘訓太后母臨天下而無命戚屬之臣爲武皇父兄主婚之文又考大晉已行之事咸寧故事不稱父兄師友則咸寧華恒所上禮合於舊臣愚謂今納后儀制宜一依咸寧故事於是從之華恒所定之禮依漢書及晉已行之制故彪之多從咸寧由此也惟以娶婦之家三日不舉樂而咸康羣臣賀爲失禮故但依咸寧上禮不復賀其告廟六禮版文等儀皆彪之定也其納采版文璽書曰皇帝咨前太尉參軍何琦渾元資始肇經人倫爰及夫婦以奉天地宗廟社稷謀于公卿咸以宜率由舊典今使使持節太常彪之宗正綜以禮納采主人曰皇帝嘉命訪婚陋族備數采擇臣從祖弟故散騎侍郎準之遺女未閑教訓衣履若如人欽承舊章肅奉典制前太尉參軍都鄉侯糞土臣何琦稽首頓首再拜承詔次問名版文曰皇帝曰咨某官某姓兩儀配合承天統物正位于內必俟令族重章舊典今使使持節太常某宗正某以禮問名主人曰皇帝嘉命使者某到重宜中詔問臣名族臣族女父母所生先臣故光祿大夫雩婁侯禎之遺玄孫先臣故豫州刺史關中侯惲之曾孫先臣安豐太守關中侯啟之孫先臣故散騎侍郎準之遺女外出自先臣故尚書左丞胄之外曾孫先臣故侍中關內侯夷之外孫女年十七欽承舊章肅奉典制次納吉版文曰皇帝曰咨某官某姓人謀龜從僉曰貞吉敬從典禮今使使持節太常某宗正某以禮納吉主人曰皇帝嘉命使者某重宣中詔太卜元吉臣陋族卑鄙憂懼不堪欽承舊章肅奉典制次納徵版文曰皇帝曰咨某官某姓之女有母儀之德窈窕之姿如山如河宜奉宗廟永承天祚以玄纁皮帛馬羊錢璧以章典禮今使使持節司徒某太常某以禮納徵主人曰皇帝嘉命降婚卑陋崇以上公寵以典禮備物典策欽承舊章肅奉典制次請期版文曰皇帝曰咨某官某姓謀于公卿泰筮元龜罔有不臧率遵典禮今使使持節太常某宗正某以禮請期主人曰皇帝嘉命使者某重宣中詔吉日惟某可迎臣欽承舊章肅奉典制次親迎版文曰皇帝曰咨某官某姓歲吉月令吉日惟某率禮以迎今使使持節太保某太尉某以禮迎主人曰皇帝嘉命使者某重宣中詔令月吉辰備禮以迎上公宗卿兼至副介近臣百兩臣螻蟻之族猥承大禮憂懼戰悸欽承舊章肅奉典制某稽首承詔皆如初答孝武納王皇后其禮亦如之其納采問名納吉請期親迎皆用白鴈白羊各一頭酒米各十二斛惟納徵羊一頭玄纁用帛三匹絳二匹絹二百匹獸皮二枚錢二百萬玉璧一枚馬六匹酒米各十二斛鄭玄所謂五鴈六禮也其馬之制備物之數校太康所奏又有不同云古者婚冠皆有醮鄭氏醮文三首具存

升平八年臺符問迎皇后大駕應作鼓吹不博士胡訥議臨軒儀注闕無施安鼓吹處所又無舉麾鳴鐘之條太常王彪之以爲婚禮不樂鼓吹亦樂之總名儀注所以無者依婚禮今宜備設而不作時用此議

永和二年納后議賀不王述云婚是嘉禮春秋傳曰娶者大吉非常吉又傳曰鄭子罕如晉賀夫人鄰國猶相賀況臣下邪如此便應賀但不在三日內耳今因廟見成禮而賀亦是一節也王彪之議云婚禮不樂不賀禮之明文傳稱子罕如晉賀夫人既無經文又傳不云禮也禮取婦三日不舉樂明三日之後自當樂至於不賀無三日之斷恐三日之後故無應賀之禮又云禮記所以言賀取妻者是因就酒食而有慶語也愚謂無直相賀之體而有禮贶共慶會之義今世所共行于時竟不賀

穆帝納后欲用九月九月是忌月范汪問王彪之答云禮無忌月不敢以所不見便謂無之博士曹耽荀訥等並謂無忌月之文不應有妨王洽曰若有忌月當復有忌歲

太元十二年臺符問皇太子既拜廟朝臣奉賀應上禮與不國子博士車胤云百辟卿士咸預盛禮展敬拜伏不須復上禮惟方伯牧守不覲大禮自非酒牢貢羞無以表其乃誠故宜有上禮猶如元正大慶方伯莫不上禮朝臣奉璧而已太學博士庾弘之議按咸寧三年始平濮陽諸王新拜有司奏依故事聽京城近臣諸王公主應朝賀者復上禮今皇太子國之儲副既已崇建普天同慶謂應上禮奉賀徐邈同又引一有元良慶在於此封諸王及新宮上禮既有前事亦皆己瞻仰致敬而又奉觴上壽應亦無疑也

江左以來太子婚納徵禮用玉璧一獸皮二未詳何所準況或者獸取其威猛有班彩玉以象德而有潤尋珪璋亦玉之美者豹皮采蔚以譬君子王肅納徵辭云玄纁束帛儷皮鴈羊前漢聘后黃金二百斤馬十二匹亦無用羊之旨鄭氏婚物贊曰羊者祥也然則婚之有羊自漢末始也王者六禮尚未用焉是故太康中有司奏太子婚納徵用玄纁束帛加羊馬二駟

武帝泰始十年將納拜三夫人九嬪有司奏禮皇后聘以穀珪無妾媵禮贄之制詔曰拜授可依魏氏故事於

是臨軒使使持節兼太常拜三夫人兼御史中丞拜九嬪

漢魏之禮云公主居第尚公主者來第成婚司空王朗以爲不可其後乃革

太元中公主納徵以獸豹皮各一其禮豈謂婚禮不辦王公之序故取獸豹以尊崇其事乎

禮有三王養老膠庠之文饗射飲酒之制周末淪廢漢明帝永平二年三月帝始率羣臣射養三老五更于辟雍行大射之禮郡國縣道行鄉飲酒于學校皆祠先聖先師周公孔子牲以太牢孟冬亦如之及魏高貴鄉公甘露二年天子親帥羣司行養老之禮於是王祥爲三老鄭小同爲五更其儀注不存然漢禮猶在

武帝泰始六年十二月帝臨辟雍行鄉飲酒之禮詔曰禮儀之廢久矣乃今復講肄舊典賜太常絹百匹丞博士及學生牛酒咸寧三年惠帝元康九年復行其禮魏正始中齊王每講經遍輒使太常釋奠先聖先師於辟雍弗躬親及惠帝明帝之爲太子及愍懷太子講經竟並親釋奠於太學太子進爵於先師中庶子進爵於顏回成穆孝武三帝亦皆親釋奠孝武時以學在水南懸遠有司議依升平元年於中堂權立行太學于時無復國子生有司奏應須復二學生百二十人太學生取見人六十國子生權銓大臣子孫六十人事訖罷奏可釋奠禮畢會百官六品以上

漢儀季春上巳官及百姓皆禊於東流水上洗濯祓除去宿垢而自魏以後但用三日不以上巳也晉中朝公卿以下至于庶人皆禊洛水之側趙王倫篡位三日會天泉池誅張林懷帝亦會天泉池賦詩陸機云天泉池南石溝引御溝水池西積石爲禊堂本水流杯飲酒亦不言曲水元帝又詔罷三日弄具海西於鍾山立流水曲水延百僚皆其事也九月九日馬射或說云秋金之節講武習射象立秋之禮也

晉書卷二十一考證

禮志下魏文帝黃初中○文帝監本誤作明帝今改正

晉書卷二十二

唐　太　宗　文　皇　帝　御　撰

志第十二

樂志

夫性靈之表不知所以發於詠歌感動之端不知所以關於手足生於心者謂之道成於形者謂之用譬諸天地其猶影響百獸率舞而況於人乎美其和平而哀其喪亂以茲援律乃播其聲焉農瑟羲琴倕鍾和磬達靈成性象物昭功由此言之其來自遠殷氏不綱遺風餘孽淫奏既興雅章奔散英莖之制蓋已微矣孔子曰人能弘道非道弘人周始二南風兼六代昔黃帝作雲門堯作咸池舜作大韶禹作大夏殷作大濩周作大武所謂因前王之禮設俯仰之容和順積中英華發外書稱命夔典樂教胄子則周官所謂奏大呂歌黃鍾天既來下人祇動色抑揚周監以弘雅音及褒豔興災平王遂亂禮廢親疎樂沈河海是以延陵季子聞歌小雅曰其周德之衰乎猶有先王之遺風焉而列壤稱孤各與吟詠魏文侯聆古樂而恐臥晉平公聽新聲而忘食先王之道漸以陵夷八方殊風九州異則秦氏并吞遂專刑憲至於絃歌詩頌干戚旄羽投諸烟火埽地無遺漢祖提劍褒中削平天下文匪躬於德化武有心於制作太后擯儒家之道大臣排賈氏之言搢紳先生所以長歎而子政仲舒猶不能已也炎漢中興明皇帝卽位表圭景而陳清廟樹槐陰而疏璧流祀光武於明堂以配上帝召桓榮於太學袒而割牲濟濟焉皇皇焉有足觀者自斯厥後禮樂彌殷永平三年官之司樂改名大予式揚典禮旁求圖讖道隣雅頌事適中和其有五方之樂者則所謂大樂九變天神可得而禮也其有宗廟之樂者則所謂肅雍和鳴先祖是聽者也其有社稷之樂者則所謂琴瑟擊鼓以迓田祖者也其有辟雍之樂者則所謂移風易俗莫善於樂者也其有黃門之樂者則所謂宴樂羣臣蹲蹲舞我者也其有短簫之樂者則所謂王師大捷令軍中凱歌者也魏武挾天子而令諸侯思一戎而匡九服時逢吞滅憲章咸盪及削平劉表始獲杜夔揚鞞擥干式遵前記三祖紛綸咸工篇什聲歌雖有損益愛翫在乎雕章是以王粲等各造新詩抽其藻思吟詠神靈贊揚來饗武皇帝採漢魏之遺範覽景文之垂則鼎鼐唯新前音不改泰始九年光祿大夫荀勗始作古尺以調聲韻仍以張華等所制高文陳諸下管永嘉之亂伶官旣滅曲臺宣榭咸變汙萊雖復象舞歌工自胡歸晉至於孤竹之管雲和之瑟空桑之琴泗濱之磬其能備者百不一焉夫人受天地之靈蘊菁華之氣剛柔遞用哀樂分情經春陽而自喜遇秋彫而不悅遊乎金石之端出乎管絃之外因物遷逝乘流不反是以楚王升輕軒於彭蠡漢順聽鳴鳥於樊衢聖人功成作樂化平裁曲乃揚節奏以暢中和飾其歡欣止於哀思者也凡樂之道五聲八音六律十二管爲之綱紀云五聲宮爲君宮之爲言中也中和之道無往而不理焉商爲臣商之爲言強也謂金性之堅強也角爲民角之爲言觸也謂象諸陽氣觸物而生也徵爲事徵之爲言止也言物盛則止也羽爲物羽之爲言舒也言陽氣將復萬物孳育而舒生也古人有言曰禮樂不可斯須去身化上遷善有如不及是以聞其宮聲使人溫良而寬大聞其商聲使人方廉而好義聞其角聲使人惻隱而仁愛聞其徵聲使人樂養而好施聞其羽聲使人恭儉而好禮

八音八方之風也乾之音石其風不周坎之音革其風廣莫艮之音匏其風融震之音竹其風明庶巽之音木其風清明離之音絲其風景坤之音土其風涼兌之音金其風閶闔

陽六爲律謂黃鍾太蔟姑洗蕤賓夷則無射陰六爲呂謂太呂應鍾南呂林鍾仲呂夾鍾凡有十二以配十二辰焉律之爲言法也言陽氣施生各有法也呂之爲言助也所以助成陽功也正月之辰謂之寅寅者津也謂生物之津塗也二月之辰名爲卯卯者茂也言陽氣生而孳茂也三月之辰名爲辰辰者震也謂時物盡震動而長也四月之辰謂爲巳巳者起也物至此時畢盡而起也五月之辰謂爲午午者長也大也言物皆長大也六月之辰謂之未未者味也言時萬物向成有滋味也七月之辰謂爲申申者身也言時萬物身體皆成就也八月之辰謂爲酉酉者緧也謂時物皆緧縮也九月之辰謂之戌戌者滅也謂時物皆衰滅也十月之辰謂爲亥亥者劾也言時陰氣劾殺萬物也十一月之辰謂爲子子者孳也謂陽氣至此更孳生也十二月之辰謂爲丑丑者紐也言終始之際以紐結爲名也十一月之管謂之黃鍾黃者陰陽之中色也天有六氣地有五才而天地數畢焉或曰冬至德氣爲土土色黃故曰黃鍾正月之管謂爲太蔟蔟者蔟也謂萬物隨於陽氣太蔟而生也三月之管名爲姑洗姑洗者姑枯也洗濯也謂物生新潔洗除其枯改柯易葉也五月之管名爲蕤賓蕤蕤垂下貌也賓敬也謂時陽氣下降陰氣始起相賓敬也七月之管名爲夷則夷平也則法也謂萬物將成平均皆有法則也九月之管名爲無射射者出也言時陽氣上升萬物收藏無復出也十二月之管名爲大呂呂者助也謂陽氣方大陰氣助也十月之管名爲應鍾應者和也謂歲功皆成應和陽功收而聚之也八月之管名爲南呂南者任也謂時物皆秀有懷任之象也六月之管名爲林鍾林者林茂也謂時物茂盛於野也四月之管名爲仲呂呂者助也謂陽氣盛長陰助成功也二月之管名爲夾鍾夾者佐也謂時物尚未盡出陰德佐陽而出物也漢自東京大亂絕無金石之樂樂章亡缺不可復知及魏武平荊州獲漢雅樂郎河南杜夔能識舊法以爲軍謀祭酒使創定雅樂時又有散騎侍郎鄧靜尹商善訓雅樂歌師尹胡能歌宗廟郊祀之曲舞師馮肅服養曉知先代諸舞夔悉總領之遠詳經籍近採故事考會古樂始設軒懸鍾磬而黃初中柴玉左延年之徒復以新聲被寵改其聲韻及武帝受命之初百度草創泰始二年詔郊祀明堂禮樂權用魏儀遵周室肇稱殷禮之義但改樂章而已使傅玄爲之詞云

祀天地五郊夕牲歌

天命有晉　穆穆明明　我其夙夜　祗事上靈　常于時假　迄用有成　於薦玄牡　進夕其牲　崇德作樂　神祇是聽

祀天地五郊迎送神歌

宣文蒸哉　日靖四方　永言保之　夙夜匪康　光天之命　上帝是皇　嘉樂殷薦　靈祚景祥　神祇降假　享福無疆

饗天地五郊歌

天祚有晉　其命惟新　受終于魏　奄有黎民　燕及皇天　懷和百神　丕顯遺烈　之德之純　享其玄牡　式用肇禋　神祇來格　福祿是臻　時邁其猶　昊天子之　祐享有晉　兆庶戴之　畏天之威敬授人時　丕顯丕承　於猶繹思　皇極斯建　庶績咸熙　庶幾夙夜　惟晉之祺　宣文惟后　克配彼天　撫寧四海　保有康年　於乎緝熙　肆用靖民　爰立典制　爰脩禮紀　作民之極　莫匪資始克昌厥後　永言保之

天地郊明堂夕牲歌

皇矣有晉　時邁其德　受終于天　光濟萬國　萬國旣光　神定厥祥　虔于郊祀　祗事上皇　祇事

上皇　百福是臻　巍巍祖考　克配彼天　嘉牲匪
歆　德馨惟饗　受天之祜　神化四方
天地郊明堂降神歌
於赫大晉　應天景祥　二帝邁德　宣此重光　我
皇受命　奄有萬方　郊祀配享　禮樂孔章・神祇
嘉享　祖考是皇　克昌厥後　保祚無疆
天郊饗神歌
整泰壇　禮皇神　精氣感　百靈賓　蘊朱火　燎
芳薪　紫烟遊　冠青雲　神之體　靡象形　曠無
方　幽以清　神之來　光景昭　聽無聞　視無兆
神之至　舉歆歆　靈爽協　動余心　神之坐
同歡娛　澤雲翔　化風舒　嘉樂奏　文中聲　八
音諧　神是聽　咸潔齊　並芬芳　烹牷牲　享玉
觴　神悅饗　歆禋祀　祐大晉　降繁祉　胙京邑
廣四海　保天年　窮地紀
地郊饗神歌
整泰折　俟皇祇　衆神感　羣靈儀　陰祀設　吉
禮施　夜將極　時未移　祇之體　無形象　潛泰
幽　洞忽荒　祇之出　薆若有　靈無遠　天下母
祇之來　遺光景　昭若存　終冥冥　祇之至
舉欣欣　舞象德　歌成文　祇之坐　同歡豫　澤
雨施　化雲布　樂八變　聲教敷　物咸亨　祇是
娛　齊既絜　侍者肅　玉觴進　咸穆穆　饗嘉豢
歆德馨　祚有晉　暨羣生　溢九壤　格天庭
保萬壽　延億齡
明堂饗神歌
經始明堂　享祀匪懈　於皇烈考　光配上帝　赫
赫上帝　既高既崇　聖考是配　明德顯融　率土
敬職　萬方來祭　常于時假　保祚永世
祠廟夕牲歌
我夕我牲　猗歟敬止　嘉豢孔時　供茲享祀　神
鑒厥誠　博碩斯歆　祖考降饗　以虞孝孫之心
祠廟迎送神歌
嗚呼悠哉　日監在茲　以時享祀　神明降之　神
明斯降　既祐饗之　祚我無疆　受天之祜　赫赫
太上　巍巍聖祖　明明烈孝　丕承繼序
祠征西將軍登歌
經始宗廟　神明戾止　申錫無疆　祗承享祀　假
哉皇祖　綏予孫子　燕及後昆　錫茲繁祉
祠豫章府君登歌
嘉樂肆筵　薦祀在堂　皇皇宗廟　乃祖乃皇　濟
濟辟公　相予烝嘗　享祀不忒　降福穰穰
祠潁川府君登歌
於邈先后　實司于天　顯矣皇祖　帝祉肇臻　本
支克昌　資始開元　惠我無疆　享祚永年
祠京兆府君登歌
於惟曾皇　顯顯令德　高明清亮　匪競柔克　保
乂命祐　基命惟則　篤生聖祖　光濟四國
祠宣皇帝登歌
於鑠皇祖　聖德欽明　勤施四方　夙夜敬止　載
敷文教　載揚武烈　匡定社稷　龔行天罰　經始
大業　造創帝基　畏天之命　于時保之
祠景皇帝登歌
執競景皇　克明克哲　旁作穆穆　惟祗惟畏　纂
宣之緒　耆定厥功　登此雋乂　糾彼羣凶　業業
在位　帝既勤止　惟天之命　於穆不已
祠文皇帝登歌
於皇時晉　允文文皇　聰明叡智　聖敬神武　萬
機莫綜　皇斯清之　虵豕放命　皇斯平之　柔遠
能邇　簡授英賢　創業垂統　勳格皇天
祠廟饗神歌二篇
日晉是常　享祀時序　宗廟致敬　禮樂具舉　惟
其來祭　普天率土　犧罇既奠　清酤既載　亦有
和羹　薦斯羞備　蒸蒸永慕　感時興思　登歌奏
舞　神樂其和　祖考來格　祐我邦家　溥天之下
罔不休嘉
肅肅在位　濟濟臣工　四海來格　禮儀有容　鐘
鼓振　管絃理　舞開元　歌永始　神胥樂兮　肅
肅在位　臣工濟濟　小大咸敬　上下有禮　理管
絃　振鼓鐘　舞象德　歌詠功　神胥樂兮　肅肅
在位　有來雍雍　穆穆天子　相維辟公　禮有儀
樂有則　舞象功　歌詠德　神胥樂兮
杜夔傳舊雅樂四曲一曰鹿鳴二曰騶虞三曰伐檀四
曰文王皆古聲辭及太和中左延年改夔騶虞伐檀文
王三曲更自作聲節其名雖存而聲實異唯因夔鹿鳴
全不改易每正旦大會太尉奉璧羣后行禮東廂雅樂
常作者是也後又改三篇之行禮詩第一曰於赫篇詠
武帝聲節與古鹿鳴同第二曰巍巍篇詠文帝用延年
所改騶虞聲第三曰洋洋篇詠明帝用延年所作文王
聲第四曰復用鹿鳴鹿鳴之聲重用而除古伐檀及晉
初食舉亦用鹿鳴至泰始五年尚書奏使太僕傅玄中
書監荀勗黃門侍郎張華各造正旦行禮及王公上壽
酒食舉樂歌詩荀勗云魏氏行禮食舉再取周詩鹿鳴
以爲樂章又鹿鳴以宴嘉賓無取於朝考之舊聞未知
所應勗乃除鹿鳴舊歌更作行禮詩四篇先陳三朝朝
宗之義又爲正旦大會王公上壽歌詩并食舉樂歌詩
合十三篇又以魏氏歌詩或二言或三言或四言或五
言與古詩不類以問司律中郎將陳頎頎曰被之金石
未必皆當故勗造晉歌皆爲四言唯王公上壽酒一篇
爲三言五言焉張華以爲魏上壽食舉詩及漢氏所施
用其文句長短不齊未皆合古蓋以依詠弦節本有因
循而識樂知音足以制聲度曲法用率非凡近之所能
改二代三京襲而不變雖詩章辭異廢興隨時至其韻
逗留曲折皆繫於舊有由然也是以一皆因就不敢有
所改易此則華勗所明異旨也時詔又使中書侍郎成
公綏亦作焉今並採列之云
四廂樂歌
正旦大會行禮歌　成公綏
穆穆天子　光臨萬國　多士盈朝　莫匪俊德　流
化罔極　王猷允塞　嘉會置酒　嘉賓充庭　羽旄
曜宸極　鐘鼓振太清　百辟朝三朝　彧彧明儀形
濟濟鏘鏘　金聲玉振
禮樂具　宴嘉賓　眉壽祚聖皇　景福惟日新　羣
后戾止　有來雍雍　獻酬納贄　崇此禮容　豐羞
萬俎　旨酒千鍾　嘉樂盡宴樂　福祿咸攸同
樂哉天下安寧　道化行　風俗清　簫韶作　詠九
成　年豐穰　世泰平　至治哉　樂無窮　元首聰
明　股肱忠　澍豐澤　揚清風
嘉瑞出　靈應彰　麒麟見　鳳皇翔　醴泉湧　流
中唐　嘉禾生　穗盈箱　降繁祉　祚聖皇　承天
位　統萬國　受命應期　授聖德
四世重光　宣開洪業　景克昌　文欽明　德彌彰
肇啓晉邦　流祚無疆
泰始建元　鳳皇龍興　龍興伊何　享祚萬乘　奄
有八荒　化育黎蒸　圖書既煥　金石有徵　德光
大　道熙隆　被四表　格皇穹　奕奕萬嗣　明明
顯融　高朗令終　保茲永祚　與天比崇
聖皇君四海・順人應天期　三葉合重光　泰始開
洪基　明曜參日月　功化侔四時　宇宙清且泰
黎庶咸雍熙　善哉雍熙
惟天降命　翼仁祐聖　於穆三皇　載德彌盛　摠
齊璇璣　光統七政　百揆時序　化若神聖　四海
同風　興至仁　濟民育物　擬陶均　擬陶均　垂
惠潤　皇皇羣賢　峨峨英雋　德化宣　芬芳播來
胥　播來胥　垂後昆　清廟何穆穆　皇極闢四門
皇極闢四門　萬機無不綜　亹亹翼翼　樂不及
荒　飢不遑食　大禮既行　樂無極
登崑崙　上層城　乘飛龍　升泰清　冠日月　佩
五星　揚虹蜺　建彗旌　披慶雲　蔭繁榮　覽八
極　遊天庭　順天地　和陰陽　序四時　曜三光
張帝紀　正皇綱　播仁風　流惠康　邁洪化
振靈威　懷萬方　納九夷　朝閶闔　宴紫微　建
五旗　羅鐘簴　列四懸　奏韶武　鏗金石　揚旌
羽　縱八佾　巴渝舞　詠雅頌　和律呂　于胥樂
樂聖主
化蕩蕩　淸風泄　摠英雄　御俊傑　開宇宙　掃
四裔　光緝熙　美聖哲　超百代　揚休烈　流景
祚　顯萬世
皇皇顯祖　翼世佐時　寧濟六合　受命應期　神
武鷹揚　大化咸熙　廓開皇衢　用成帝基
光光景皇　無競惟烈　匡時拯俗　休功蓋世　宇
宙既康　九域有截　天命降監　啓祚明哲
穆穆烈考　克明克儁　實天生德　誕應靈運　肇
建帝業　開國有晉　載德奕世　垂慶洪胤
明明聖帝　龍飛在天　與靈合契　通德幽玄　仰
化青雲　俯育重川　受靈之祐　於萬斯年
正旦大會王公上壽酒歌　荀勗
踐元辰　延顯融　獻羽觴　祈令終　我皇壽而隆
我皇茂而嵩　本支奮百世　休祚鍾聖躬
食舉樂東西廂歌　荀勗
煌煌七曜　重明交暢　我有嘉賓　是應是貺　邦
政既圖　接以大饗　人之好我　式遵德讓
賓之初筵　藹藹濟濟　既朝乃宴　以洽百禮　頒
以位叙　或庭或陛　登儐台叟　亦有兄弟　胥子
陪寮　憲茲度楷　觀頤養正　降福孔偕
昔我三后　大業是維　今我聖皇　焜燿前暉　奕
世重規　明照九畿　思輯用光　時罔有違　陟禹
之跡　莫不來威　天被顯祿　福履是綏
赫矣太祖　克廣明德　廓開宇宙　正世立則　變
化不經　民無瑕慝　創業垂統　兆我晉國

烈文伯考 時維帝景 夷險平亂 威而不猛 御衡不迷 皇塗煥景 七德咸宣 其寧惟永

猗歟盛歟 先皇聖文 則天作孚 大哉爲君 愼徽五典 帝載是勤 文武發揮 茂建嘉勳 脩己濟治 民用寧殷 懷遠燭幽 玄教氤氳 善世不伐 服事三分 德博化隆 道冐無垠

隆化洋洋 帝命溥將 登我晉道 越惟聖王 龍飛革運 臨燾八荒 叡哲欽明 配蹤虞唐 封建厥福 駿發其祥 三朝習吉 終然允臧 其臧維何 撫彼萬方 元侯列辟 四嶽藩王 時見世享 率茲有常 旅揖在庭 嘉客在堂 宋衞既臻 陳留山陽 有賓有使 觀國之光 貢賢納計 獻璧奉璋 保祐命之 申錫無疆

振鷺于飛 鴻漸其翼 京邑穆穆 四方是式 無競維人 王綱允勑 君子來朝 言觀其極

廙廙大君 民之攸暨 信理天工 惠康不匱 將遠不仁 訓以醇粹 幽明有倫 俊乂在位 九族既睦 庶邦順比 開元布憲 四海鱗萃 協時正統 殊塗同致 厚德載物 靈心隆貴 敷奏讜言 納以無諱 樹之典象 誨之義類 上教如風 下應如卉 一人有慶 羣萌以遂 我后宴喜 令問不墜

既宴既喜 翕是萬邦 禮儀卒度 物其有容 晳晳庭燎 喤喤鼓鐘 笙磬詠德 萬舞象功 八音克諧 俗易化從 其和如樂 庶品時邕

時邕斌斌 六合同塵 往我祖宣 威靜殊鄰 首定荊楚 遂平燕秦 亹亹文皇 邁德流仁 爰造草昧 應乾順民 靈瑞告符 休徵響震 天地弗違 以和神人 既禽庸蜀 吳會是賓 肅愼率職 楛矢來陳 韓濊進樂 宮徵清鈞 西旅獻獒 扶南效珍 蠻裔重譯 玄齒文身 我皇撫之 景命惟新

愔愔嘉會 有聞無聲 清酤既奠 籩豆既升 禮充樂備 簫韶九成 愷樂飲酒 酣而不盈 率土歡豫 邦國以寧 王猷允塞 萬載無傾

冬至初歲小會歌 張華

日月不留 四氣回周 節慶代序 萬國同休 庶尹羣后 奉壽升朝 我有壽禮 式宴百僚 繁肴綺錯 旨酒泉渟 笙鏞和奏 磬管流聲 上隆其愛 下盡其心 宣其壅滯 訓之德音 乃宣乃訓 配享交泰 永載仁風 長撫無外

宴會歌 張華

亹亹我皇 配天垂光 留精日昃 經覽無方 聽朝有暇 延命衆臣 冠蓋雲集 罇俎星陳 肴蒸多品 八珍代變 羽爵無算 究樂極宴 歌者流聲 舞者投袂 動容有節 絲竹並設 宣揚四體 繁手趣摯 權足發和 酣不忘禮 好樂無荒 翼翼濟濟

命將出征歌 張華

重華隆帝道 戎蠻或不賓 徐夷與有周 鬼方亦違殷 今在盛明世 寇虐動四垠 豺狼染牙爪 羣生號穹旻 元帥統方夏 出車撫涼秦 衆貞必以律 臧否實在人 威信加殊類 疎逖思自親 單醪豈有味 挾纊感至仁 武功尚止戈 七德美安民 遠跡由斯舉 永世無風塵

勞還師歌 張華

獫狁背天德 搆亂擾邦畿 戎車震朔野 羣帥贊皇威 將士齊心旅 感義忘其私 積勢如鞹弩 赴節如發機 囂聲動山谷 金光曜素暉 揮戈陵勁敵 武步蹈橫屍 鯨鯢皆授首 北土永清夷 昔往冒隆暑 今來白雪霏 征夫信勤瘁 自古詠采薇 收榮於舍爵 燕喜在凱歸

中宮所歌 張華

先王統大業 玄化漸八維 儀刑孚萬邦 內訓隆壼闈 皇英垂帝典 大雅詠三妃 執德宣隆教 正位理厥機 含章體柔順 帥禮蹈謙祇 螽斯弘慈惠 樛木逮幽微 徽音穆清風 高義邈不追 遺榮參日月 百世仰餘暉

宗親會歌 張華

族燕明禮順 餟食序親親 骨肉散不殊 昆弟豈他人 本支篤同慶 棠棣著先民 於皇聖明后 天覆弘且仁 降禮崇親戚 旁施協族姻 式宴盡酣娛 飲御備羞珍 和樂既宣洽 上下同懽欣 德教加四海 敦睦被無垠

泰始九年光祿大夫荀勖以杜夔所制律呂校太樂總章鼓吹八音與律呂乖錯乃制古尺作新律呂以調聲韻事具律歷志律成遂班下太常使太樂總章鼓吹清商施用勖遂典知樂事啓朝士解音律者共掌之使郭瓊宋識等造正德大豫二舞其樂章亦張華之所作云

正德舞歌 張華

日皇上天 玄鑒惟光 神器周回 五德代章 祚命于晉 世有哲王 弘濟區夏 陶甄萬方 大明垂曜 旁燭無疆 蚩蚩庶類 風德永康 皇道惟清 禮樂斯經 金石在懸 萬舞在庭 象容表慶 協律被聲 軼武超濩 取節六英 同進退讓 化漸無形 太和宣洽 通於幽冥

大豫舞歌 張華

惟天之命 符運有歸 赫赫大晉 三后重暉 繼明紹世 光撫九圍 我皇紹期 遂在璇璣 羣生屬命 奄有庶邦 愼徽五典 玄教遐通 萬方同軌 率土咸雍 爰制大豫 宣德舞功 醇化既穆 王道協隆 仁及草木 惠加昆蟲 億兆夷人 悅仰皇風 丕顯大業 永世彌崇

荀勖又作新律笛十二枚以調律呂正雅樂正會殿庭作之自謂宮商克諧然論者猶謂勖暗解時阮咸妙達八音論者謂之神解咸常心譏勖新律聲高以爲高近哀思不合中和每公會樂作勖意咸謂之不調以爲異已乃出咸爲始平相後有田父耕於野得周時玉尺勖以校已所治鐘鼓金石絲竹皆短校一米於此伏咸之妙復徵咸歸勖既以新律造二舞次更脩正鐘磬會勖薨未竟其業元康三年詔其子藩脩定金石以施郊廟尋値喪亂莫有記之者

漢高祖自蜀漢將定三秦閬中范因率賓人以從帝爲前鋒及定秦中封因爲閬中侯復賓人七姓其俗喜舞高祖樂其猛銳數觀其舞後使樂人習之閬中有渝水因其所居故名曰巴渝舞舞曲有矛渝本歌曲安弩渝本歌曲安臺本歌曲行辭本歌曲總四篇其辭既古莫能曉其句度魏初乃使軍謀祭酒王粲改創其辭粲問巴渝帥李管种玉歌曲意試使歌聽之以考校歌曲而爲之改爲矛渝新福歌曲弩渝新福歌曲安臺新福歌曲行辭新福歌曲行辭以述魏德黃初三年又改巴渝舞曰昭武舞至景初元年尚書奏考覽三代禮樂遺曲據功象德奏作武始咸熙章斌三舞皆執羽籥及晉又改昭武舞曰宣武舞羽籥舞曰宣文舞咸寧元年詔定祖宗之號而廟樂乃停宣武宣文二舞而同用荀勖所使郭瓊宋識等所造正德大豫二舞云

晉書卷二十三

唐　太　宗　文　皇　帝　御　撰

志第十三

樂下

永嘉之亂海內分崩伶官樂器皆沒於劉石江左初立宗廟尚書下太常祭祀所用樂名太常賀循答云魏氏增損漢樂以爲一代之禮未審大晉樂名所以爲異遭離喪亂舊典不存然此諸樂皆和之以鐘律文之以五聲詠之以歌辭陳之於舞列宮懸在庭琴瑟在堂八音迭奏雅樂並作登歌下管各有常詠周人之舊也自漢氏以來依倣此禮自造新詩而已舊京荒廢今既散亡音韻曲折又無識者則於今難以意言于時以無雅樂器及伶人省大樂并鼓吹令是後頗得登歌食舉之樂猶有未備太寧末明帝又訪阮孚等增益之咸和中成帝乃復置太樂官鳩集遺逸而尚未有金石也庾亮爲荊州與謝尚脩復雅樂未具而亮薨庾翼桓溫專事軍旅樂器在庫遂至朽壞焉及慕容儁平冉閔兵戈之際而鄴下樂人亦頗有來者永和十一年謝尚鎮壽陽於是採拾樂人以備大樂并制石磬雅樂始頗具而王猛平鄴慕容氏所得樂聲又入關右太元中破苻堅又獲其樂工楊蜀等閑習舊樂於是四廂金石始備焉乃使曹毗王珣等增造宗廟歌詩然郊祀遂不設樂今列其詞於後云

歌宣帝 曹毗

於赫高祖 德協靈符 應運撥亂 鞏整天衢 勳格宇宙 化動八區 肅以典刑 陶以玄珠 神石吐瑞 靈芝自敷 肇基天命 道均唐虞

歌景帝 曹毗

景皇承運 纂隆洪緒 皇羅重抗 天暉再舉 蠢矣二寇 擾我揚楚 乃整元戎 以膏齊斧 亹亹神算 赫赫王旅 鯨鯢既平 功冠帝宇

歌文帝 曹毗

太祖齊聖 王猷誕融 仁教四塞 天基累崇 皇室多難 嚴清紫宮 威厲秋霜 惠過春風 平蜀夷楚 以文以戎 奄有參墟 聲流無窮

歌武帝 曹毗

於穆武皇 允襲欽明 應期登禪 龍飛紫庭 百揆時序 聽斷以情 殊域既賓 僞吳亦平 晨流甘露 宵應朗星 野有擊壤 路垂頌聲

歌元帝 曹毗

運屯百六　天羅解貫　元皇勃興　網籠江漢
仰齊七政　俯平禍亂　化若風行　澤猶雨散
淪光更曜　金輝復煥　德冠千載　蔚有餘粲

歌明帝曹毗

明明肅祖　闡弘帝祚　英風夙發　清蹕載路
姦逆縱忒　罔式皇度　躬振朱旗　遂豁天步
宏猷允塞　高羅雲布　品物咸寧　洪基永固

歌成帝曹毗

於休顯宗　道澤玄播　式宣德音　暢物以和
邁德蹈仁　匪禮不過　敷以純風　濯以清波
連理暎阜　鳴鳳棲柯　同規放勛　義蓋山河

歌康帝曹毗

康皇穆穆　仰嗣洪德　爲而不宰　雅音四塞
閑邪以誠　鎮物以默　威靜區宇　道宣邦國

歌穆帝曹毗

孝宗夙哲　休音久臧　如彼晨離　燿景扶桑
垂訓華幄　流潤八荒　幽贊玄妙　爰該典章
西平僭蜀　北靜舊疆　高猷遠暢　朝有遺芳

歌哀帝曹毗

於穆哀皇　聖心虛遠　雅好玄古　大庭是踐
道尙無爲　治存易簡　化若風行　時猶草偃
雖曰登遐　徽音彌闡　愔愔雲韶　盡美盡善

歌簡文帝王珣

皇矣簡文　於昭于天　靈明若神　周淡如川
沖應其來　實與其遷　亹亹心化　日用不言
易而有親　簡而可傳　觀流彌遠　求本踰玄

歌孝武帝王珣

天鑒有晉　欽哉烈宗　同規文考　玄默允恭
威而不猛　約而能通　神鉦一震　九域來同
道積淮海　雅頌自東　氣陶醇露　化協時雍

四時祠祀曹毗

肅肅淸廟　巍巍聖功　萬國來賓　禮儀有容
鍾鼓振　金石熙　宣兆祚　武開基
神斯樂兮　理管絃　有來斯和　說功德
吐淸歌　神斯樂兮　洋洋玄化　潤被九壤
民無不說　道無不往　禮有容　樂有式
詠九功　永無極　神斯樂兮

漢時有短簫鐃歌之樂其曲有朱鷺　思悲翁　艾如張　上之回　雍離　戰城南　巫山高　將進酒　君馬黃　上陵　有所思　雉子班　聖人出　芳樹　上邪　臨高臺　遠如期　石留　務成　玄雲　黃爵行　釣竿等曲列於鼓吹多序戰陣之事及魏受命改其十二曲使繆襲爲詞述以功德代漢改朱鷺爲楚之平言魏也改思悲翁爲戰榮陽言曹公也改艾如張爲獲呂布言曹公東圍臨淮擒呂布也改上之回爲克官渡言曹公與袁紹戰破之於官渡也改雍離爲舊邦言曹公勝袁紹於官渡還譙收藏死亡士卒也改戰城南爲定武功言曹公初破鄴武功之定始乎此也改巫山高爲屠柳城言曹公越北塞歷白檀破三郡烏桓於柳城也改上陵爲平南荆言曹公平荆州也改將進酒爲平關中言曹公征馬超定關中也改有所思爲應帝期言文帝以聖德受命應運期也改芳樹爲邕熙言魏氏臨其國君臣邕穆庶績咸熙也改上邪爲太和言明帝繼體承統太和改元德澤流布也其餘並同舊名是時吳亦使韋昭製十二曲名以述功德受命改朱鷺爲炎精缺言漢室衰孫堅奮迅猛志念在匡救王迹始乎此也改思悲翁爲漢之季言堅悼漢之微痛董卓之亂興兵奮擊功蓋海內也改艾如張爲攄武師言權卒父之業而征伐也改上之回爲烏林言魏武既破荆州順流東下欲來爭鋒權命將周瑜逆擊之於烏林而破走也改雍離爲秋風言權悅以使人人忘其死也改戰城南爲克皖城言魏武志圖幷兼而權親征破之於皖也改巫山高爲關背德言蜀將關羽背棄吳德權引師浮江而擒之也改上陵曲爲通荆州言權與蜀交好齊盟中有關羽自失之愆終復初好也改將進酒爲章洪德言權章其大德而遠方來附也改有所思爲順歷數言權順籙圖之符而建大號也改芳樹爲承天命言其時主聖德踐位道化至盛也改上邪曲爲玄化言其時主脩文武則天而行仁澤流洽天下喜樂也其餘亦用舊名不改及武帝受禪乃令傅玄製爲二十二篇亦述以功德代魏改朱鷺爲靈之祥言宣帝之佐魏猶虞舜之事堯既有石瑞之徵又能用武以誅孟達之逆命也改思悲翁爲宣受命言宣帝禦諸葛亮養威重運神兵亮震怖而死也改艾如張爲征遼東言宣帝陵大海之表討滅公孫氏而梟其首也改上之回爲宣輔政言宣帝聖道深遠撥亂反正網羅文武之才以定二儀之序也改雍離爲時運多難言宣帝致討吳方有征無戰也改戰城南爲景龍飛言景帝克明威教賞順夷逆隆無疆崇洪基也改巫山高爲平玉衡言景帝一萬國之殊風齊四海之乖心禮賢養士而纂洪業也改上陵爲文皇統百揆言文帝始統百揆用人有序以敷太平之化也改將進酒爲因時運言因時運變聖謀潛施解長蛇之交離羣桀之黨以武濟文以邁其德也改有所思爲惟庸蜀言文帝既平萬乘之蜀封建萬國復五等之爵也改芳樹爲天序言聖皇應歷受禪弘濟大化用人各盡其才也改上邪爲大晉承運期言聖皇應籙受圖化象神明也改君馬黃爲金靈運言聖皇踐祚致敬宗廟而孝道行於天下也改雉子班爲於穆我皇言聖皇受禪德合神明也改聖人出爲仲春振旅言大晉申文武之教畋獵以時也改臨高臺爲夏苗田言大晉畋狩順時爲苗除害也改遠如期爲仲秋獮田言大晉雖有文德不廢武事順時以殺伐也改石留爲順天道言仲冬大閱用武脩文大晉之德配天也改務成爲唐堯言聖皇陟帝位德化光四表也改玄雲依舊名言聖皇用人各盡其材也改黃爵行爲伯益言赤烏銜書有周以興今聖皇受命神雀來也釣竿依舊名言聖皇德配堯舜又有呂望之佐濟大功致太平也其辭並列之於後云

靈之祥

靈之祥　石瑞章　旌金德　出西方　天降命
授宣皇　應期運　時龍驤　繼大舜　佐陶唐
贊文武　建帝綱　孟氏叛　據南疆　追有扈
亂五常　吳寇叛　蜀虜彊　交誓盟　連遐荒
宣赫怒　奮鷹揚　震乾威　曜電光　陵九天
陷石城　梟逆命　拯有生　萬國安　四海寧

宣受命

宣受命　應天機　風雲時動神龍飛　禦葛亮
鎮雍梁　邊境安　夷夏康　務節事　勤定傾
攬英雄　保持盈　深穆穆　赫明明　沖而泰
天之經　養威重　運神兵　亮乃震斃　天下安寧

征遼東

征遼東　敵失據　威靈邁日域　公孫既授首
羣逆破膽　咸震怖　朔北響應　海表景附
武功赫赫　德雲布

宣輔政

宣皇輔政　聖烈深　撥亂反正　順天心
網羅文武才　愼厥所生　所生賢　遺教施
安上治民　化風移　肇創帝基　洪業垂
於鑠明明　時赫戲　功濟萬世　定二儀
定二儀　雲行雨施　海外風馳

時運多難

時運多難　道教痛　天地變化　有盈虛
蠢爾吳蠻　武視江湖　我皇赫斯　致天誅
有征無戰　弭其圖　天威橫被　廓東隅

景龍飛

景龍飛　御天威　聰鑒玄察　動與神明協機
從之者顯　逆之者滅夷　文教敷　武功巍
普被四海　萬邦望風　莫不來綏　聖德潛斷
先天弗違　弗違祥　享世永長　猛以致寬
道化光　赫明明　祚隆無疆　帝績惟期
有命既集　崇此洪基

平玉衡

平玉衡　糾姦回　萬國殊風　四海乖
禮賢養士　羈御英雄　思心齊　纂戎洪業
崇皇階　品物咸亨　聖敬日躋　聰鑒盡下情
明明綜天機

文皇統百揆

文皇統百揆　繼天理萬方　武將鎮四隅　英佐盈朝堂
謀言協秋蘭　淸風發其芳　洪澤所漸潤　礫石爲珪璋
大道侔五帝　盛德踰三王　咸光大　上參天與地
至化無內外　無內外　六合並康乂　並康乂
遘茲嘉會　在昔羲與農　大晉德斯邁　鎭征及諸州
爲藩衛　功濟四海　洪烈流萬世

因時運

因時運　聖策施　長蛇交解　羣桀離
勢窮奔吳　獸騎厲　惟武進　審大計
時邁其德　淸一世

惟庸蜀

惟庸蜀　僭號天一隅　劉備逆帝命
禪亮承其餘　擁衆數十萬　闚隙乘我虛
驛騎進羽檄　天下不遑居　姜維屢寇邊
隴土爲荒蕪　文皇愍斯民　歷世受罪辜
外謨藩屏臣　內謨衆士夫　爪牙應指受
腹心獻良圖　良圖協成文　大興百萬軍
雷鼓震地起　猛勢陵浮雲　逋虜畏天誅
面縛造壘門　萬里同風教　逆命稱妾臣
光建五等　紀綱天人

天序

天序　應歷受禪　承靈祜　御羣龍
勒螭武　弘濟大化　英雋作輔　明明統萬機

赫赫鎮四方　咎繇稷契之疇協蘭芳
禮王臣　覆兆民　化之如天與地
誰敢愛其身
大晉承運期
大晉承運期　德隆聖皇　時清晏　白日垂光
應籙圖　陟帝位　繼天正玉衡　化行象神明　至
哉道隆虞與唐　元首敷洪化　百僚股肱並忠貞
時太康　隆隆赫赫　福祚盈無疆
金靈運
金靈運　天符發　聖徵見　參日月
惟我皇　體神聖　受魏禪　應天命
皇之輿　靈有徵　登大麓　御萬乘
皇之輔　若闞武　爪牙奮　莫之禦
皇之佐　贊清化　百事理　萬邦賀
神祇應　嘉瑞章　恭享禮　薦先皇
樂時奏　磬管鏘　鼓殷殷　鐘鍠鍠
奠樽俎　實玉觴　神歆饗　咸悅康
宴孫子　祐無疆　大孝烝烝　德教被萬方
於穆我皇
於穆我皇　盛德聖且明　受禪君世　光濟羣生
普天率土　莫不來庭　顒顒六合內　望風仰泰清
萬國雍雍　興頌聲　大化洽　地平而天成
七政齊　玉衡惟平　峨峨佐命　濟濟羣英
夙夜乾乾　萬機是經　雖治興　匪荒寧
謙道光　沖不盈　天地合德　日月同榮
赫赫煌煌　曜幽冥　三光克從　於顯天垂景星
龍鳳臻　甘露宵零　肅神祇　祗上靈
萬物欣戴　自天效其成
仲春振旅
仲春振旅　大致人　武教於時日新
師執提　工執鼓　坐作起　節有序
盛矣允文允武　蒐田表禡　申法誓
遂圍禁　獻社祭　允以時明國制
文武並用禮之經　列車如戰大教明
古今誰能去兵　大晉繼天濟羣生
夏苗田
夏苗田　運將徂　軍國異容　文武殊
乃命羣吏　撰車徒　辯其號名　讚契書
王軍啟八門　行同上帝居　時路建大麾　雲旗翳
紫廬　百官象其事　疾則疾　徐則徐

回衡旋軫　罷陣弊車　獻禽享祀　烝烝配有虞
惟大晉德參兩儀　化雲敷
仲秋獮田
仲秋獮田　金德常剛　涼風清且厲　凝露結爲霜
白藏司辰　金隼時鷹揚　鷹揚猶尙父
順天以殺伐　春秋時序　雷霆振威曜
進退由鉦鼓　致禽祀祊　羽毛之用充軍府
赫赫大晉德　芬烈陵三五　敷化以文
雖安不廢武　光宅四海　永享天之祜
順天道
順天道　握神契　三時示講武事
冬大閱　鳴鐲振鼓鐸　旌旗象虹霓　文制其中
武不窮武　動軍誓衆　禮成而義舉　三驅以崇仁
進止不失其序　兵卒練　將如闞武　惟闞
武　氣陵青雲　解圍三面　殺不殄羣　偃旌麾
班六軍　獻享烝　修典文　嘉大晉　德
配天　祿報功　爵俟賢　饗燕樂　受茲
百祿　壽萬年
唐堯
唐堯諮務成　謙謙德其興　積漸終光大
履霜致堅冰　神明道自成　河海猶可凝
舜禹統百揆　元凱以次升　禪讓應大歷
睿聖世相承　我皇陟帝位　平衡正準繩
德化飛四表　祥氣見其徵　興王坐俟旦
亡主恬自矜　致遠由近始　覆簣成山陵
披圖按先籍　有其證靈液
玄雲
玄雲起丘山　祥氣萬里會　龍飛何蜿蜒
鳳翔何翩翩　昔在唐虞朝　時見青雲際
今親遊萬國　流光溢天外　鶬鳴在後園
清音隨風邁　成湯隆顯命　伊摯來如飛
周文獵渭濱　遂載呂望歸　符合如影響
先天天不違　輟耕綜地綱　解褐衿天維
元功配二王　芬馨世所稀　我皇敘羣才
洪烈何巍巍　桓桓征四表　濟濟理萬機
神化感無方　髦才盈帝畿　丕顯惟昧旦
日新孔所諮　茂哉明聖德　日月同光輝
伯益
伯益佐舜禹　職掌山與川　德侔十六相
思心入無間　智理周萬物　下知衆鳥言

黃雀應清化　翔習何翩翩　和鳴棲庭樹
徘徊雲日間　夏桀爲無道　密網施山河
酷祝振纖網　當奈黃雀何　殷湯崇天德
去其三面羅　逍遙羣飛來　鳴聲乃復和
朱雀作南宿　鳳皇統羽羣　赤烏銜書至
天命瑞周文　神雀今來遊　爲我受命君
嘉祥致天和　膏澤隆青雲　蘭風發芳氣
蓋世同其芬
釣竿
釣竿何冉冉　甘餌芳且鮮　臨川運思心
微綸沈九泉　太公寶此術　乃在靈祕篇
機變隨物移　精妙貫未然　遊魚驚著釣
潛龍飛戾天　戾天安所至　撫翼翔太清
太清一何異　兩儀出渾成　玉衡正三辰
造化賦羣形　退願輔聖君　與神合其靈
我君弘遠略　天人不足幷　天人初幷時
昧昧何芒芒　日月有徵兆　文象興二皇
蚩尤亂生靈　黃帝用兵征萬方　逮夏禹而德衰
三世不及虞與唐　我皇盛德配堯舜　受禪卽祚享
天祥　率土蒙祐　靡不肅　庶事康　庶事康
穆穆明明　荷百祿　保無極　永太平
鞞舞未詳所起然漢代已施於燕享矣傅毅張衡所賦
皆其事也舊曲有五篇一關東有賢女二章和二年中
三樂久長四四方皇五殿前生桂樹其辭並亡曹植鞞
舞詩序云故漢靈帝西園鼓吹有李堅者能鞞舞遭世
荒亂堅播越關西隨將軍段煨先帝聞其舊伎下書召
堅堅年踰七十中間廢而不爲又古曲甚多謬誤異代
之文未必相襲故依前曲作新歌五篇及泰始中又製
其辭焉其舞故常二八桓玄將僭位尙書殿中郎袁明
子啓增滿八佾泰始中歌辭今列之後云
鞞舞歌詩五篇
洪業篇　當魏曲明明魏皇帝古曲關中有賢女
宣文創洪業　盛德在泰始　聖皇應靈符　受命君
四海　萬國何所樂　上有明天子　唐堯禪帝位
虞舜惟恭己　恭己正南面　道化與時移　大赦盪
萌漸　文教被黃支　象天則地　體無爲　聰明配
日月　神聖參兩儀　雖有三凶類　靜言無所施
象天則地　體無爲　稷契並佐命
伊呂升王臣　蘭芷登朝肆　下無失宿人
聲發響自應　表立景來附　哮闞順羈制

潛龍升天路　備物立成器　變通極其數
百事以時敘　萬機有常度　訓之以克讓
納之以忠恕　羣下仰清風　海外同懽慕
象天則地　化雲布　昔日貴彫飾　今尙儉與素
昔日多纖介　今去情與故　象天則地　化雲布
濟濟大朝士　夙夜綜萬機　萬機無廢理
明明降訓諮　臣譬列星景　君配朝日輝
事業並通濟　功烈何巍巍　五帝繼三皇
三皇世所歸　聖德應期運　天地不能違
仰之彌已高　猶天不可階　將復御龍氏
鳳皇在庭棲
天命篇　當魏曲太和有聖帝古曲章和二年中
聖祖受天命　應期輔魏皇　入則綰萬機　出則征
四方　朝廷無遺理　方表寧且康　道隆舜臣堯
積德踰太王　孟度阻窮險　造亂天一隅　神兵出
不意　奉命致天誅　赦善罰有罪　元惡宗爲虛
威風振勁蜀　武烈懾強吳　諸葛不知命　肆逆亂
天常　擁徒十餘萬　數來寇邊疆　我皇邁神武
秉鉞鎮雍涼　亮乃畏天威　未戰先仆僵　盈虛自
然運　時變故多艱　東征陵海表　萬里克朝鮮
受遺齊七政　曹爽又滔天　羣凶受誅殛　百祿咸
來臻　黃華應福始　王淩爲禍先
景皇篇　當魏曲魏歷長古曲樂久長
景皇帝　聰明命世生　盛德參天地　帝王道大
創基既已難　繼世亦未易　外有夏侯玄　內則張
與李　三凶構逆亂帝紀　順天行誅　窮其姦宄
邊將禦其漸　潛謀不得起　罪人咸伏辜　威風振
萬里　平衡綜萬機　萬機無不理　召陵桓不君
內外何紛紛　衆小便成羣　蒙昧恣心　治亂不分
叡聖獨斷　濟武常以文　順天惟廢立　掃霓披
浮雲　雲霓既已闢　清和未幾間　羽檄首尾至
變起東南藩　儉欽爲長蛇　外則憑吳蠻　萬國紛
驚擾　戚戚天下懼不安　神武御六軍　我皇秉鉞
征　儉欽起壽春　前鋒據項城　出其不意　並縱
奇兵　奇兵誠難御　廟勝實難支　兩軍不期遇
敵退計無施　豹騎惟武進　大戰沙陽陂　欽乃亡
竄走　奔虜若雲披　天因赦有罪　東土放鯨鯢
大晉篇　當魏曲天生蒸民古曲四方皇
赫赫大晉　於穆文皇　蕩蕩巍巍　道邁陶唐
世稱三皇五帝及今重其光　九德克明　文既顯

武又彰　思弘六合　兼濟萬方　內舉元凱
朝政以綱　外簡武臣　時惟鷹揚　靡順不懷
逆命斯亡　仁配春日　威踰秋霜　濟濟多士
同茲蘭芳　唐虞至治　四凶滔天　致討儉欽
罔不肅虔　化感海內　海外來賓　獻其聲樂
並稱妾臣　西蜀猾夏　僭號方域　命將致討
委國稽服　吳人放命　馮海阻江　飛書告喻
響應來同　先王建萬國　九服爲藩衞　亡秦壞諸
侯　序祚不二世　歷代不能復　忽踰五百歲　我
皇邁聖德　應期創典制　分土五等　藩國正封界
莘莘文武佐　千秋遘嘉會　洪澤溢區內　仁風翔
海外

明君篇當魏曲爲君旣不易古曲殿前生桂樹

明君御四海　聽鑒盡物情　顧望有譴罰　竭忠身
必榮　蘭芷出荒野　萬里升紫庭　茨草穢堂階
掃截不得生　能否莫相蒙　百官正其名　恭己慎
有爲　有爲無不成　闇君不自信　羣下執異端
正直羅浸潤　姦臣奪其權　雖欲盡忠誠　結舌不
敢言　結舌以何憚　盡忠爲身患　清流豈不潔
飛塵濁其源　岐路令人迷　未遠勝不還　忠臣立
君朝　正色不顧身　邪正不並存　譬若胡與秦
胡秦有合時　邪正各異津　忠臣遇明君　乾乾惟
日新　羣目統在綱　衆星共北辰　設令遭闇主
斥退爲凡人　雖薄供時用　白茅猶爲珍　冰霜晝
夜結　蘭桂摧爲薪　邪臣多端變　用心何委曲
便辟順情指　動隨君所欲　偷安樂目前　不問清
與濁　積僞罔時主　養交以持祿　言行恒相違
難饜其谿谷　昧死射乾沒　覺露則滅族

拂舞出自江左舊云吳舞檢其歌非吳辭也亦陳於殿庭楊泓序云自到江南見白符舞或言白鳧鳩舞云有此來數十年矣察其辭旨乃是吳人患孫皓虐政思屬晉也今列之於後云

拂舞歌詩五篇

白鳩篇

翩翩白鳩　再飛再鳴　懷我君德　來集君庭
白雀呈瑞　素羽明鮮　翔庭舞翼　以應仁乾
皎皎鳴鳩　或丹或黃　樂我君惠　振羽來翔
東壁餘光　魚在江湖　惠而不費　敬我微驅
策我良駟　習我驅馳　與君周旋　樂道忘飢
我心虛靜　我志霑濡　彈琴鼓瑟　聊以自娛
陵雲登臺　浮遊太清　攀龍附鳳　自望身輕

濟濟篇

暢暢飛舞氣流芳　追念三五大綺黃
去失有　時可行　去來時同此未央
時冉冉　近桑榆　但當飲酒爲歡娛
衰老逝　何有期　多憂耿耿內懷思
深池曠　魚獨希　願得黃浦衆所依
恩感人　世無比　悲歌且舞無極已

獨祿篇

獨獨祿祿　水深泥濁　泥濁尚可　水深殺我
雍雍雙鴈　遊戲田畔　我欲射鴈　念子孤散
翩翩浮萍　得風搖輕　我心何合　與之同并
空牀低幃　誰知無人　夜衣錦繡　誰別僞眞
刀鳴削中　倚牀無施　父冤不報　欲活何爲
猛獸班班　遊戲山間　獸欲齧人　一不避豪賢

碣石篇

東臨碣石　以觀滄海　水何淡淡　山島竦峙
樹木叢生　百草豐茂　秋風蕭瑟　洪波涌起
日月之行　若出其中　星漢燦爛　若出其裏
幸甚至哉　歌以詠志　觀滄海
孟冬十月　北風徘徊　天氣肅清　繁霜霏霏
鵾雞晨鳴　鴈過南飛　鷙鳥潛藏　熊羆窟棲
耨鎛停置　農收積場　逆旅整設　以通賈商
幸甚至哉　歌以詠志　冬十月
鄉土不同　河朔隆寒　流澌浮漂　舟船行難
錐不入地　豐籟深奧　水竭不流　冰堅可蹈
士隱者貧　勇俠輕非　心常歎怨　戚戚多悲
幸甚至哉　歌以詠志　士不同
神龜雖壽　猶有竟時　騰蛇乘霧　終爲土灰
驥老伏櫪　志在千里　烈士暮年　壯心不已
盈縮之期　不但在天　養怡之福　可得永年
幸甚至哉　歌以詠志　龜雖壽

淮南王篇

淮南王　自言尊　百尺高樓與天連
後園鑿井銀作牀　金瓶素綆汲寒漿
汲寒漿　飲少年　少年窈窕何能賢
揚聲悲歌音絕天　我欲渡河河無梁
願作雙黃鵠還故鄉　還故鄉　入故里
徘徊故鄉　苦身不已　繁舞寄歌無不泰
徘徊桑梓遊天外

鼓角橫吹曲鼓按周禮以鼖鼓鼓軍事角說者云蚩尤氏帥魑魅與黃帝戰於涿鹿帝乃命始吹角爲龍鳴以禦之其後魏武北征烏丸越沙漠而軍士思歸於是減爲中鳴而尤更悲矣

胡角者本以應胡笳之聲後漸用之橫吹有雙角卽胡樂也張博望入西域傳其法於西京惟得摩訶兜勒一曲李延年因胡曲更造新聲二十八解乘輿以爲武樂後漢以給邊和帝時萬人將軍得之魏晉以來二十八解不復具存用者有黃鵠隴頭出關入關出塞入塞折楊柳黃覃子赤之楊望行人十曲按魏晉之世有孫氏善弘舊曲宋識善擊節唱和陳左善清歌列和善吹笛郝索善彈箏朱生善琵琶尤發新聲故傅玄著書曰人若欽所聞而忽所見不亦惑乎設此六人生於上世越今古而無儷何但夔牙同契哉按此說則自茲以後皆孫朱等之遺則也

相和漢舊歌也絲竹更相和執節者歌本一部魏明帝分爲二更遞夜宿本十七曲朱生宋識列和等復合之爲十三曲

但歌四曲自漢世無絃節作伎最先唱一人唱三人和魏武帝尤好之時有宋容華者清徹好聲善唱此曲當時之特妙自晉以來不復傳遂絕

凡樂章古辭今之存者並漢世街陌謠謳江南可採蓮烏生十五子白頭吟之屬也

吳歌雜曲並出江南東晉以來稍有增廣

子夜歌者女子名子夜造此聲孝武太元中琅邪王軻之家有鬼歌子夜則子夜是此時人也

鳳將雛歌者舊曲也應璩百一詩云言是鳳將雛然則其來久矣

前溪歌者車騎將軍沈充所制

阿子及懽聞歌者穆帝升平初歌畢輒呼阿子汝聞不語在五行志後人衍其聲以爲此二曲

團扇歌者中書令王珉與嫂婢有情愛好甚篤嫂捶撻婢過苦婢素善歌而珉好捉白團扇故制此歌

懊儂歌者隆安初俗聞訛謠之曲語在五行志

長史變者司徒左長史王廞臨敗所制

凡此諸曲始皆徒歌既而被之絃管又有因絲竹金石造歌以被之魏世三調歌辭之類是也

杯柈舞按太康中天下爲晉世寧舞矜手以按杯柈反覆之此則漢世惟有柈舞而晉加之以杯反覆之也

公莫舞今之巾舞也相傳云項莊劍舞項伯以袖隔之使不得害漢高祖且語項莊云公莫古人相呼曰公言公莫害漢王也今之用巾蓋像項伯衣袖之遺式然按琴操有公莫渡河曲然則其聲所從來已久俗云項伯非也

白紵舞按舞辭有巾袍之言紵本吳地所出宜是吳舞也晉俳歌又云皎皎白緒節節爲雙吳音呼緒爲紵疑白紵卽白緒也

鐸舞歌一篇幡舞歌一篇鼓舞伎六曲並陳於元會後漢正旦天子臨德陽殿受朝賀舍利從西方來戲於殿前激水化成比目魚跳躍嗽水作霧翳日畢又化成龍長八九丈出水遊戲炫燿日光以兩大絲繩繫兩柱頭相去數丈兩倡女對舞行於繩上相逢切肩而不傾覂晉訖江左猶有夏育扛鼎巨象行乳神龜抃舞背負靈嶽桂樹白雪畫地成川之樂

成帝咸康七年尚書蔡謨奏八年正會儀注惟作鼓吹鍾鼓其餘伎樂盡不作侍中張澄給事黃門侍郎陳逵駮以爲王者觀時設教至於吉凶殊斷不易之道也今四方觀禮陵有賔弔之位庭奏宮懸之樂二禮兼用哀樂不分體國經制莫大於此詔曰今既以天下體大禮從權宜三正之饗宜盡用吉禮也至娛耳目之樂所不忍聞故闕之耳事之大者不過上壽酒稱萬歲已許其大不足復闕鍾鼓鼓吹也澄逵又啓今大禮雖降事去於朝然賔弔顯於園陵則未滅有哀禮服定於典文義無盡吉是以咸寧之會有徹樂之典實先朝稽古憲章垂式萬世者也詔曰若元日大饗萬國朝宗庭廢鍾鼓之奏遂闕起居之節朝無磬制之音賔無蹈履之度其於義事不亦闕乎惟可量輕重以制事中散騎侍郎顧臻表曰臣聞聖王制樂贊揚政道養以仁義防其淫佚上享宗廟下訓黎元體五行之正音協八風以陶物宮聲正方而好義角聲堅齊而率禮絃歌鍾鼓金石之作備矣故通神至化有率舞之感移風易俗致和樂之極末世之伎設禮外之觀逆行連倒頭足入笪之屬皮膚外剝肝心內摧敦彼行葦猶爲勿踐矧伊生靈而不惻愴加四海朝覲言觀帝庭耳聆雅頌之聲目覩威儀之序足以蹋天頭以履地反天地之至順傷彝倫之大方今夷狄對岸外禦爲急兵食七升忘身赴難過泰之戲日廩五斗方掃神州經略中甸若此之事不可示遠宜下太常纂備雅樂簫韶九成惟新於盛運功德頌聲永著于來葉此乃所以燕及皇天克昌厥後者也諸伎而傷人者皆宜除之流簡儉之德邁康哉之詠清風既行

下應如草此之謂也愚管之誠惟垂採察於是除高絙紫鹿跂行鼈食及齊王捲衣笮兒等樂又減其廪其後復尚高絙紫鹿焉

晉書卷二十三考證

樂志下歌穆帝○各本俱脫此一章今從宋志增入

景龍飛詞普被四海萬邦望風莫不來綏聖德潛斷先天弗違○普被以下共二十字監本脫去今從宋志增

玄雲詞周文獵渭濱遂載呂望歸符合如影響○周文以下十五字監本脫去今從宋志增

晉書卷二十四

唐太宗文皇帝御撰

志第十四

職官

書曰唐虞稽古建官惟百所以獎導民萌裁成庶政易曰天垂象聖人則之執法在南宮之右上相處端門之外而鳥龍居位雲火垂名前史詳之其以尚矣黃帝置三公之秩以親黎元少昊配九扈之名以爲農正命重黎於天地詔融冥於水火則可得而言焉伊尹曰三公調陰陽九卿通寒暑大夫知人事列士去其私而成湯居亳初置二相以伊尹仲虺爲之凡厥樞會仰承君命總及周武下車成康垂則六卿分職二公弘化咸樹司存各題標準苟非其道人弗虛榮貽厥孫謀其固本也如此及秦變周官漢遵嬴舊或隨時適用或因務遷革霸王之典義在於斯既獲厥安所謂得其時制者也四征興於漢代四安起於魏初四鎭通於柔遠四平止於喪亂其渡遼凌江輕車强弩式遏遐外用表攻伐興而復毀厥號彌繁及當塗得志尅平諸夏初有軍師祭酒叅掌戎律建安十三年罷漢台司更置丞相而以曹公居之用兼端揆孫吳劉蜀多依漢制雖復臨時命氏而無忝舊章世祖武皇帝卽位之初以安平王孚爲太宰鄭沖爲太傅王祥爲太保司馬望爲太尉何曾爲司徒荀顗爲司空石苞爲大司馬陳騫爲大將軍世所謂八公同辰攀雲附翼者也若乃成乎棟宇非一枝之勢處乎經綸稱萬夫之敵或牽羊以叶於夢或垂釣以申其道或空桑以獻其術或操版以啓其心臥龍飛鴻方金擬璧秦奚鄭產楚材晉用斯亦曩時之良具其又昭彰者焉宣王旣誅曹爽政由己出網羅英俊以備天官及蘭卿受羈貴公顯戮雖復策名魏氏而乃心皇晉及文王纂業初啓晉臺始置二衞有前驅養由之弩及設三部有熊渠佽飛之衆是以武帝龍飛乘茲奮翼猶武王以周之十亂而理殷民者也是以泰始盡於太康喬柯茂葉來居斯位自太興訖于建元南金北銑用處茲秩雖未擬乎夔拊龍言天工人代亦庶幾乎任官惟賢莅事惟能者也

丞相相國並秦官也晉受魏禪並不置自惠帝之後省置無恒爲之者趙王倫梁王肜成都王穎南陽王保王敦王導之徒皆非復尋常人臣之職

太宰太傅太保周之三公官也魏初唯置太傅以鍾繇爲之末年又置太保以鄭沖爲之晉初以景帝諱故又採周官官名置太宰以代太師之任秩增三司與太傅太保皆爲上公論道經邦燮理陰陽無其人則闕以安平獻王孚居之自渡江以後其名不替而居之者甚寡

太尉司徒司空並古官也自漢歷魏置以爲三公及晉受命迄江左其官相承不替

大司馬古官也漢制以冠大將軍驃騎車騎之上以代太尉之職故恒與太尉迭置不並列及魏有太尉而大司馬大將軍各自爲官位在三司上晉受魏禪因其制以安平王孚爲太宰鄭沖爲太傅王祥爲太保義陽王望爲太尉何曾爲司徒荀顗爲司空石苞爲大司馬陳騫爲大將軍凡八公同時並置唯無丞相焉自義陽王望爲大司馬之後定令如舊在三司上

大將軍古官也漢武帝置冠以大司馬名爲崇重之職及漢東京大將軍不常置爲之者皆擅朝權至景帝爲大將軍亦受非常之任後以叔父孚爲太尉奏改大將軍在太尉下及晉受命猶依其制位次三司下後復舊在三司上太康元年琅邪王伷遷大將軍復制在三司下伷薨後如舊

開府儀同三司漢官也殤帝延平元年鄧騭爲車騎將軍儀同三司儀同之名始自此也及魏黃權以車騎將軍開府儀同三司開府之名起於此也

驃騎車騎衞將軍伏波撫軍都護鎭軍中軍四征四鎭龍驤典軍上軍輔國等大將軍左右光祿光祿三大夫開府者皆爲位從公

太宰太傅太保司徒司空左右光祿大夫光祿大夫開府位從公者爲文官公冠進賢三梁黑介幘

大司馬大將軍太尉驃騎車騎衞將軍諸大將軍開府位從公者爲武官公皆著武冠平上黑幘

文武官公皆假金章紫綬著五時服其相國丞相皆袞冕綠盭綬所以殊於常公也

諸公及開府位從公者品秩第一食奉日五斛太康二年又給絹春百匹秋絹二百匹緜二百斤元康元年給菜田十頃騶十人立夏後不及田者食奉一年置長史一人秩一千石西東閤祭酒西東曹掾戶倉賊曹令史屬各一人御屬閤下令史西東曹倉戶賊曹令史門令史記室省事令史閤下記室書令史西東曹學事各一人給武賁二十人持班劒給朝車駕駟安車黑耳駕三各一乘祭酒掾屬白蓋小車七乘軺車施耳後戶皁輪犢車各一乘自祭酒已下令史已上皆皁零辟朝服太尉雖不加兵者吏屬皆絳服司徒加置左右長史各一人秩千石主簿左西曹掾屬各一人西曹稱右西曹其左西曹令史已下人數如舊令司空加置導橋掾一人

諸公及開府位從公加兵者增置司馬一人秩千石從事中郎二人秩比千石主簿記室督各一人舍人四人兵鎧士曹營軍刺姦帳下都督外都督令史各一人主簿已下令史已上皆絳服司馬給吏卒如長史從事中郎給侍二人主簿記室督各給侍一人其餘臨時增崇者則褒加各因其時爲節文不爲定制

諸公及開府位從公爲持節都督增叅軍爲六人長史司馬從事中郎主簿記室督祭酒掾屬舍人如常加兵公制

特進漢官也二漢及魏晉以加官從本官車服無吏卒太僕羊琇遜位拜特進加散騎常侍無餘官故給吏卒車服其餘加特進者唯食其祿賜位其班位而已不別給特進吏卒車服後定令特進品秩第二位次諸公在開府驃騎上冠進賢兩梁黑介幘五時朝服佩水蒼玉無章綬食奉日四斛太康二年始賜春服絹五十匹秋絹百五十匹緜一百五十斤元康元年給菜田八頃田騶八人立夏後不及田者食奉一年置主簿功曹史門亭長門下書佐各一人給安車黑耳駕御一人軺車施耳後戶一乘

左右光祿大夫假金章紫綬光祿大夫加金章紫綬者品秩第二祿賜班位冠幘車服佩玉置吏卒羽林及卒諸所賜給皆與特進同其以爲加官者唯假章綬祿賜班位而已不別給車服吏卒也又卒贈此位本已有卿官者不復重給吏卒其餘皆給

光祿大夫假銀章青綬者品秩第三位在金紫將軍下諸卿上漢時所置無定員多以爲拜假賵贈之使及監護喪事魏氏已來轉復優重不復以爲使命之官其諸公告老者皆家拜此位及在朝顯職復用加之及晉受命仍舊不改復以爲優崇之制而諸公遜位不復加之或更拜上公或以本封食公祿其諸卿尹中朝大官年老致仕者及內外之職加此者前後甚衆由是或因得開府或進加金章紫綬又復以爲禮贈之位泰始中唯太子詹事楊珧加給事中光祿大夫加兵之制諸所供給依三品將軍其餘自如舊制終武惠孝懷三世

光祿大夫與卿同秩中二千石著進賢兩梁冠黑介幘五時朝服佩水蒼玉食奉日三斛太康二年始給春賜絹五十匹秋絹百匹緜百斤惠帝元康元年始給菜田六頃田騶六人置主簿功曹史門亭長門下書佐各一人

驃騎已下及諸大將軍不開府非持節都督者品秩第二其祿與特進同置長史司馬各一人秩千石主簿功曹史門下督錄事兵鎧士賊曹營軍刺姦帳下都督功曹書佐門吏門下書吏各一人其假節爲都督者所置與四征鎭加大將軍不開府爲都督者同四征鎭安平加大將軍不開府持節都督者品秩第二置叅佐吏卒幕府兵騎如常都督制唯朝會祿賜從二品將軍之例

然則持節都督無定員前漢遣使始有持節光武建武初征伐四方始權時置督軍御史事竟罷建安中魏武爲相始遣大將軍督之二十一年征孫權還夏侯惇督二十六軍是也魏文帝黃初三年始置都督諸州軍事或領刺史又上軍大將軍曹眞都督中外諸軍事假黃鉞則總統內外諸軍矣魏明帝太和四年秋宣帝征蜀加號大都督高貴鄉公正元二年文帝都督中外諸軍尋加大都督及晉受禪都督諸軍爲上監諸軍次之督諸軍爲下使持節爲上持節次之假節爲下使持節得殺二千石以下持節殺無官位人若軍事得與使持節同假節唯軍事得殺犯軍令者江左以來都督中外尤重唯王導等權重者乃居之

三品將軍秩中二千石者著武冠平上黑幘五時朝服佩水蒼玉食奉春秋賜緜絹菜田田騶如光祿大夫諸卿制置長史司馬各一人秩千石主簿功曹門下都督錄事兵鎧士賊曹營軍刺姦吏帳下都督功曹書佐門吏門下書吏各一人

錄尚書案漢武時左右曹諸吏分平尚書奏事知樞要者始領尚書事張安世以車騎將軍霍光以大將軍王鳳以大司馬師丹以左將軍並領尚書事後漢章帝以太傅趙憙太尉牟融並錄尚書事尚書有錄名蓋自憙融始亦西京領尚書之任猶虞唐大麓之職也和帝時太尉鄧彪爲太傅錄尚書事位上公在三公上漢制遂以爲常每少帝立則置太傅錄尚書事猶古冢宰總己之義薨輒罷之自魏晉以後亦公卿權重者爲之

尚書令秩千石假銅印墨綬冠進賢兩梁冠納言幘五時朝服佩水蒼玉食奉月五十斛受拜則策命之以在端右故也太康二年始給賜絹春三十匹秋七十匹緜七十斤元康元年始給菜田六頃田騶六人立夏後不及田者食奉一年始賈克爲尚書令以目疾表置省事吏四人省事蓋自此始

僕射服秩印綬與令同案漢本置一人至漢獻帝建安四年以執金吾榮郃爲尚書左僕射僕射分置左右蓋自此始經魏至晉迄於江左省置無恒置二則爲左右僕射或不兩置但曰尚書僕射令闕則左爲省主若左右並闕則置尚書僕射以主左事

列曹尚書案尚書本漢承秦置及武帝遊宴後庭始用宦者主中書以司馬遷爲之中間遂罷其官以爲中書之職至成帝建始四年罷中書宦者又置尚書五人一人爲僕射而四人分爲四曹通掌圖書秘記章奏之事各有其任其一曰常侍曹主丞相御史公卿事其二曰二千石曹主刺史郡國事其三曰民曹主吏民上書事其四曰主客曹主外國夷狄事後成帝又置三公曹主斷獄是爲五曹後漢光武以三公曹主歲盡考課諸州郡事改常侍曹爲吏部曹主選舉祠祀事民曹主繕修功作鹽池園苑事客曹主護駕羌胡朝賀事二千石曹主辭訟事中都官曹主水火盜賊事合爲六曹并令僕二人謂之八座尚書雖有曹名不以爲號靈帝以侍中梁鵠爲選部尚書於此始見曹名及魏改選部爲吏部主選部事又有左民客曹五兵度支凡五曹尚書二僕射一令爲八座及晉置吏部三公客曹駕部屯田度支六曹而無五兵咸寧二年省駕部尚書四年省一僕射又置駕部尚書太康中有吏部殿中及五兵田曹度支左民爲六曹尚書又無駕部三公客曹惠帝世又有右民尚書止於六曹不知此時省何曹也及渡江有吏部祠部五兵左民度支五尚書祠部尚書常與右僕射通職不恒置以右僕射攝之若右僕射闕則以祠部尚書攝知右事

左右丞自漢武帝建始四年置尚書而便置丞四人及光武始減其三唯置左右丞左右丞蓋自此始也自此至晉不改晉左丞主臺內禁令宗廟祠祀朝儀禮制選用署吏急假右丞掌臺內庫藏廬舍凡諸器用之物及廩振人租布刑獄兵器督錄遠道文書章表奏事八座郎初拜皆沿漢舊制並集都座交禮遷職又解交焉

尚書郎西漢舊置四人以分掌尚書其一人主匈奴單于營部一人主羌夷吏民一人主戶口墾田一人主財帛委輸及光武分尚書爲六曹之後合置三十四人秩四百石并左右丞爲三十六人郎主作文書起草更直五日於建禮門內尚書郎初從三署詣臺試守尚書郎中歲滿稱尚書郎三年稱侍郎選有吏能者爲之至魏尚書郎有殿中吏部駕部金部虞曹比部南主客祠部度支庫部農部水部儀曹三公倉部民曹二千石中兵外兵都兵別兵考功定課凡二十三郎青龍二年尚書陳矯奏置都官騎兵合凡二十五郎每一郎缺白試諸孝廉能結文案者五人謹封奏其姓名以補之及晉受命武帝罷農部定課置直事殿中祠部儀曹吏部三公比部金部倉部度支都官二千石左民右民虞曹屯田起部水部左右主客駕部車部庫部左右中兵左右外兵別兵都兵騎兵左右士北主客南主客爲三十四曹郎後又置運曹凡三十五曹置郎二十三人更相統攝及江左無直事右民屯田車部別兵都兵騎兵左右士運曹十曹郎康穆以後又無虞曹二千石二郎但有殿中祠部吏部儀曹三公比部金部倉部度支都官左民起部水部主客駕部庫部中兵外兵十八曹郎後又省主客起部水部餘十五曹云

侍中案黃帝時風后爲侍中於周爲常伯之任秦取古名置侍中漢因之秦漢俱無定員以功高者一人爲僕射魏晉以來置四人別加官者則非數掌儐贊威儀大駕出則次直侍中護駕正直侍中負璽陪乘不帶劒餘皆騎從御登殿與散騎常侍對扶侍中居左常侍居右備切問近對拾遺補闕及江左哀帝興寧四年桓溫奏省二人後復舊

給事黃門侍郎秦官也漢已後並因之與侍中俱管門下衆事無員及晉置員四人

散騎常侍本秦官也秦置散騎又置中常侍散騎騎從乘輿車後中常侍得入禁中皆無員亦以爲加官漢東京初省散騎而中常侍用宦者魏文帝黃初初置散騎合之於中司掌規諫不典事貂璫插右騎而散從至晉不改及元康中惠帝始以宦者董猛爲中常侍後遂止常爲顯職

給事中秦官也所加或大夫博士議郎掌顧問應對位次中常侍漢因之及漢東京省魏世復置至晉不改在散騎常侍下給事黃門侍郎上無員

通直散騎常侍案魏末散騎常侍又有在員外者泰始十年武帝使二人與散騎常侍通員直故謂之通直散騎常侍江左置四人

員外散騎常侍魏末置無員

散騎侍郎四人魏初與散騎常侍同置自魏至晉散騎常侍侍郎與侍中黃門侍郎共平尚書奏事江左乃罷

通直散騎侍郎四人初武帝置員外散騎侍郎及太興元年元帝使二人與散騎侍郎通員直故謂之通直散騎侍郎後增爲四人

員外散騎侍郎武帝置無員

奉朝請本不爲官無員漢東京罷三公外戚宗室諸侯多奉朝請奉朝請者奉朝會請召而已武帝亦以宗室外戚爲奉車駙馬騎三都尉而奉朝請焉元帝爲晉王以參軍爲奉車都尉掾屬爲駙馬都尉行參軍舍人爲騎都尉皆奉朝請後罷奉車騎二都尉唯留駙馬都尉奉朝請諸尚公主者劉惔桓溫皆爲之

中書監及令案漢武帝遊宴後庭始使宦者典事尚書謂之中書謁者置令僕射成帝改中書謁者令曰中謁者令罷僕射漢東京省中謁者令而有中官謁者令非其職也魏武帝爲魏王置秘書令典尚書奏事文帝黃初初改爲中書置監令以秘書左丞劉放爲中書監右丞孫資爲中書令監令蓋自此始也及晉因之並置一人

中書侍郎魏黃初初中書既置監令又置通事郎次黃門郎黃門郎已署事過通事乃署名已署奏以入爲帝省讀書可及晉改曰中書侍郎員四人中書侍郎蓋此始也及江左初改中書侍郎曰通事郎尋復爲中書侍郎

中書舍人案晉初初置舍人通事各一人江左令舍人通事謂之通事舍人掌呈奏案後省而以中書侍郎一人直西省又掌詔命

秘書監案漢桓帝延熹二年置秘書監後省魏武爲魏王置秘書令丞及文帝黃初初置中書令典尚書奏事而秘書改令爲監後以何禎爲秘書丞而秘書先自有丞乃以禎爲秘書右丞及晉受命武帝以秘書并中書省其秘書著作之局不廢惠帝永平中復置秘書監其屬官有丞有郎并統著作省

著作郎周左史之任也漢東京圖籍在東觀故使名儒著作東觀其有名尚未有官魏明帝太和中詔置著作郎於此始有其官隸中書省及晉受命武帝以繆徵爲中書著作郎元康二年詔曰著作舊屬中書而秘書既典文籍今改中書著作爲秘書著作於是改隸秘書省後別自置省而猶隸秘書著作郎一人謂之大著作郎專掌史任又置佐著作郎八人著作郎始到職必撰名臣傳一人

太常光祿勳衞尉太僕廷尉太鴻臚宗正大司農少府將作大匠太后三卿大長秋皆爲列卿各置丞功曹主簿五官等員

太常有博士協律校尉員又統太學諸博士祭酒及太史太廟太樂鼓吹陵等令太史又別置靈臺丞

太常博士魏官也魏文帝初置晉因之掌引導乘輿王公已下應追諡者則博士議定之

協律校尉漢協律都尉之職也魏杜夔爲之及晉改爲協律校尉

晉初承魏制置博士十九人及咸寧四年武帝初立國子學定置國子祭酒博士各一人助教十五人以教生徒博士皆取履行清淳通明典義者若散騎常侍中書侍郎太子中庶子以上乃得召試及江左初減爲九人元帝末增儀禮春秋公羊博士各一人合爲十一人後又增爲十六人不復分掌五經而謂之太學博士也孝武太元十年損國子助教員爲十人

光祿勳統武賁中郎將羽林郎將冗從僕射羽林左監五官左右中郎將東園匠太官御府守宮黃門掖庭清商華林園暴室等令哀帝興寧二年省光祿勳并司徒孝武寧康元年復置

衞尉統武庫公車衞士諸冶等令左右都候南北東西督冶掾及渡江省衞尉

太僕統典農典虞都尉典虞丞左右中典牧都尉車府典牧乘黃廄驊騮廄龍馬廄等令典牧又別置羊牧丞

太僕自元帝渡江之後或省或置太僕省故驊騮爲門下之職

廷尉主刑法獄訟屬官有正監評并有律博士員

大鴻臚統大行典客園池華林園鈎盾等令又有青宮列丞鄴玄武苑丞及江左有事則權置無事則省

宗正統皇族宗人圖諜又統大醫令史又有司牧掾員及渡江哀帝省并太常太醫以給門下省

大司農統太倉籍田導官三令襄國都水長東西南北部護漕掾及渡江哀帝省并都水孝武復置

少府統材官校尉中左右三尚方中黃左右藏左校甄官平準奚官等令左校坊鄴中黃左右藏油官等丞及渡江哀帝省并丹陽尹孝武復置自渡江唯置一尚方又省御府

將作大匠有事則置無事則罷

太后三卿衞尉少府太僕漢置皆隨太后宮爲官號在同名卿上無太后則闕魏改漢制在九卿下及晉復舊在同號卿上

大長秋皇后卿也有后則置無后則省

御史中丞本秦官也秦時御史大夫有二丞其一御史丞其一爲中丞中丞外督部刺史內領侍御史受公卿奏事舉劾按章漢因之及成帝綏和元年更名御史大夫爲大司空置長史而中丞官職如故哀帝建平二年復爲御史大夫元壽二年又爲大司空而中丞出外爲御史臺主歷漢東京至晉因其制以中丞爲臺主

治書侍御史案漢宣帝幸宣室齋居而決事令侍御史二人治書侍側後因別置謂之治書侍御史蓋其始也及魏又置治書執法掌奏劾而治書侍御史掌律令二官俱置及晉唯置治書侍御史員四人泰始四年又置黃沙獄治書侍御史一人秩與中丞同掌詔獄及廷尉不當者皆治之後并河南遂省黃沙治書侍御史及太康中又省治書侍御史二員

侍御史案二漢所掌凡有五曹一曰令曹掌律令二曰印曹掌刻印三曰供曹掌齋祠四曰尉馬曹掌廄馬五曰乘曹掌護駕魏置八人及晉置員九人品同治書而有十三曹吏曹課第曹直事曹印曹中都督曹外都督曹媒曹符節曹水曹中壘曹營軍曹法曹算曹及江左初省課第曹置庫曹掌廄牧牛馬市租後分曹置外左庫內左庫云

殿中侍御史案魏蘭臺遣二御史居殿中伺察非法卽其始也及晉置四人江左置二人又案魏晉官品令又有禁防御史第七品孝武太元中有檢校御史吳琨則此二職亦蘭臺之職也

符節御史秦符璽令之職也漢因之位次御史中丞至魏別爲一臺位次御史中丞掌授節銅武符竹使符及泰始九年武帝省并蘭臺置符節御史掌其事焉

司隸校尉案漢武初置十三州刺史各一人又置司隸校尉察三輔三河弘農七郡歷漢東京及魏晉其官不替屬官有功曹都官從事諸曹從事部郡從事主簿錄事門下書佐省事記室書佐諸曹書佐守從事武猛從事等員凡吏一百人卒三十二人及渡江乃罷司隸校尉官其職乃揚州刺史也

謁者僕射秦官也自漢至魏因之魏置僕射掌大拜授及百官班次統謁者十人及武帝省僕射以謁者并蘭臺江左復置僕射後又省

都水使者漢水衡之職也漢又有都水長丞主陂池灌溉保守河渠屬太常漢東京省都水置河隄謁者魏因之及武帝省水衡置都水使者一人以河隄謁者爲都水官屬及江左省河隄謁者置謁者六人

中領軍將軍魏官也漢建安四年魏武丞相府自置及拔漢中以曹休爲中領軍文帝踐祚始置領軍將軍以曹休爲之主五校中壘武衞等三營武帝初省使中軍將軍羊祜統二衞前後左右驍衞等營卽領軍之任也懷帝永嘉中改中軍曰中領軍永昌元年改曰北軍中候尋復爲領軍成帝世復爲中候尋復爲領軍

護軍將軍案本秦護軍都尉官也漢因之高祖以陳平爲護軍中尉武帝復以爲護軍都尉屬大司馬魏武爲相以韓浩爲護軍史奐爲領軍非漢官也建安十二年改護軍爲中護軍領軍爲中領軍置長史司馬魏初因置護軍將軍主武官選隸領軍晉世則不隸也元帝永昌元年省護軍并領軍明帝太寧二年復置領護各領營兵江左以來領軍不復別領營總統二衞驍騎材官諸營護軍猶別有營也資重者爲領軍護軍資輕者爲中領軍中護軍屬官有長史司馬功曹主簿五官受命出軍則置參軍

左右衞將軍案文帝初置中衞及武帝受命分爲左右衞以羊琇爲左趙序爲右並置長史司馬功曹主簿員江左罷長史

驍騎將軍游擊將軍並漢雜號將軍也魏置爲中軍及晉以領護左右衞驍騎游擊爲六軍

左右前後軍將軍案魏明帝時有左軍則左軍魏官也至晉不改武帝初又置前軍右軍泰始八年又置後軍是爲四軍

屯騎步兵越騎長水射聲等校尉是爲五校並漢官也魏晉逮于江左猶領營兵並置司馬功曹主簿後省左軍右軍前軍後軍爲鎮衞軍其左右營校尉自如舊皆中領軍統之二衞始制前驅由基彊弩爲三部司馬各置督史左衞熊渠武賁右衞佽飛武賁二衞各五部督其命中武賁驍騎遊擊各領之又置武賁羽林上騎異力四部并命中爲五督其衞鎮四軍如五校各置千人更制殿中將軍中郎校尉司馬比驍騎持椎斧武賁分屬二衞尉中武賁持鈒冗從羽林司馬常從人數各有差武帝甚重兵官故軍校多選朝廷清望之士居之先是陳勰爲文帝所待特有才用明解軍令帝爲晉王委任使典兵事及蜀破後令勰受諸葛亮圍陣用兵倚伏之法又甲乙校標幟之制勰悉闇練之遂以勰爲殿中典兵中郎將遷將軍久之武帝每出入勰持白獸幡在乘輿左右鹵簿陳列齊肅太康末武帝嘗出射雉勰時已爲都水使者散從車駕逼暗乃還漏已盡當合函停乘輿良久不得合乃詔勰合之勰舉白獸幡指麾須臾之間而函成皆謝勰閑解甚爲武帝所任

太子太傅少傅皆古官也泰始三年武帝始建官各置一人尚未置詹事官事無大小皆由二傅並有功曹主簿五官太傅中二千石少傅二千石其訓導者太傅在前少傅在後皇太子先拜諸傅然後答之武帝後以儲副體尊遂命諸公居之以本位重故或行或領時侍中任愷武帝所親敬復使領之蓋一時之制也咸寧元年以給事黃門侍郎楊珧爲詹事掌宮事二傅不復領官屬及楊珧爲衞將軍領少傅省詹事遂崇廣傅訓命太尉賈充領太保司空齊王攸領太傅所置吏屬復如舊二傅進賢兩梁冠黑介幘五時朝服佩水蒼玉食奉日三斛太康二年始給春賜絹五十匹秋絹百匹緜百斤其後太尉汝南王亮車騎將軍楊駿司空衞瓘石鑒皆領傅保猶不置詹事以終武帝之世惠帝元康元年復置詹事二傅給菜田六頃田騶六人立夏後不及田者食奉一年置丞一人秩千石主簿五官掾功曹史主記門下史錄事戶曹法曹倉曹賊曹功曹書佐門下亭長門下書佐省事各一人給赤印安車一乘及愍懷建官乃置六傅三太三少以景帝諱師故改太師爲太保通省尚書事詹事文書關由六傅然自元康之後諸傅或二或三或四或六及永康中復不置詹事也自太安已來置詹事終孝懷之世渡江之後有太傅少傅不立師保

中庶子四人職如侍中

中舍人四人咸寧四年置以舍人才學美者爲之與中庶子共掌文翰職如黃門侍郎在中庶子下洗馬上

食官令一人職如太官令

庶子四人職比散騎常侍中書監令

舍人十六人職比散騎中書等侍郎

洗馬八人職如謁者秘書掌圖籍釋奠講經則掌其事出則直者前驅導威儀

率更令主宮殿門戶及賞罰事職如光祿勳衞尉

家令主刑獄穀貨飲食職比司農少府漢東京主食官令食官令及晉自爲官不復屬家令

僕主車馬親族職如太僕宗正

左右衞率案惠帝建東宮置衞率初曰中衞率泰始五年分爲左右各領一軍惠帝時愍懷太子在東宮又加前後二率及江左省前後二率孝武太元中又置

王置師友文學各一人景帝諱故改師爲傅友者因文王仲尼四友之名號改太守爲內史省相及僕有郎中令中尉大農爲三卿大國置左右常侍各一人省郎中置侍郎二人典書典祠典衞學官令典書丞各一人治書四人中尉司馬世子庶子陵廟牧長各一人謁者四人中大夫六人舍人十人典府各一人咸寧三年衞將軍楊珧與中書監荀勖以齊王攸有時望懼惠帝有後難因追故司空裴秀立五等封建之旨從容共陳時宜於武帝以爲古者建侯所以藩衞王室今吳寇未殄方岳任大而諸王爲帥都督封國既各不臣其統內於事重非宜又異姓諸將居邊宜參以親戚而諸王公皆在京都非扞城之義萬世之固帝初未之察於是下詔議其制有司奏從諸王公更制戶邑皆中尉領兵其平原汝南琅邪扶風齊爲大國梁趙樂安燕安平義陽爲次國其餘爲小國皆制所近縣益滿萬戶又爲郡公制度如小國王亦中尉領兵郡侯如不滿五千戶王置一軍一千一百人亦中尉領之于時唯特增魯國公戶邑追進封故司空博陵公王沈爲郡公鉅平侯羊祜爲南城郡侯又南宮王承隨王萬各於泰始中封爲縣王邑千戶至是改正縣王增邑爲三千戶制度如郡侯亦置一軍自此非皇子不得爲王而諸王之支庶皆皇家之近屬至親亦各以土推恩受封其大國次國始封王之支子爲公承封王之支子爲侯繼承封王之支子爲伯小

國五千戶已上始封王之支子爲子不滿五千戶始封王之支子及始封公侯之支子皆爲男非此皆不得封其公之制度如五千戶國侯之制度如不滿五千戶國亦置一軍千人中尉領之伯子男以下各有差而不置軍大國始封之孫罷下軍曾孫又罷上軍次國始封子孫亦罷下軍其餘皆以一軍爲常大國中軍二千人上下軍各千五百人次國上軍二千人下軍千人其未之國者大國置守土百人次國八十人小國六十人郡侯縣公亦如小國制度既行所增徙各如本奏遣就國而諸公皆戀京師涕泣而去及吳平後齊王攸遂之國

中朝制典書令在常侍下侍郎上及渡江則侍郎次常侍而典書令居三軍下公國則無中尉常侍三軍侯國又無大農侍郎伯子男唯典書以下又無學官令史職皆以次損焉公侯以下置官屬隨國大小無定制其餘官司各有差名山大澤不以封鹽鐵金銀銅錫始平之竹園別都宮室園囿皆不爲屬國其仕在天朝者與之國同皆自選其文武官諸入作卿士而其世子年已壯者皆遣莅國其王公已下茅社符璽車旗命服一如泰始初故事

州置刺史別駕治中從事諸曹從事等員所領中郡以上及江陽朱提郡郡各置部從事一人小郡亦置一人又有主簿門亭長錄事記室書佐諸曹佐守從事武猛從事等凡吏四十一人卒二十人諸州邊遠或有山險濱近寇賊羌夷者又置弓馬從事五十餘人徐州又置淮海涼州置河津諸州置都水從事各一人涼益州置吏八十五人卒二十人荊州又置監佃督一人

郡皆置太守河南郡京師所在則曰尹諸王國以內史掌太守之任又置主簿主記室門下賊曹議生門下史記室史錄事史書佐循行幹小史五官掾功曹史功曹書佐循行小史五官掾等員郡國戶不滿五千者置吏職五十人散吏十三人五千戶以上則職吏六十三人散吏二十一人萬戶以上職吏六十九人散吏三十九人郡國皆置文學掾一人

縣大者置令小者置長有主簿錄事史主記室史門下書佐幹游徼議生循行功曹史小史廷掾功曹史小史書佐幹戶曹掾史幹法曹門幹金倉賊曹掾史兵曹史吏曹史獄小史獄門亭長都亭長賊捕掾等員戶不滿三百以下職吏十八人散吏四人三百以下職吏二十八人散吏六人五百以上職吏四十人散吏八人千以上職吏五十三人散吏十二人千五百以上職吏六十八人散吏二十八人三千已上職吏八十八人散吏二十六人

郡國及縣農月皆隨所領戶多少爲差散吏爲勸農又縣五百以上皆置鄉三千以上置二鄉五千以上置三鄉萬以上置四鄉鄉置嗇夫一人鄉戶不滿千以下置治書史一人千以上置史佐各一人正一人五千五百以上置吏一人佐二人縣率百戶置里吏一人其土廣人稀聽隨宜置里吏限不得減五十戶戶千以上置校官掾一人

縣皆置方略吏四人洛陽縣置六部尉江左以後建康亦置六部尉餘大縣置二人次縣小縣各一人鄴長安置吏如三千戶以上之制

四中郎將並後漢置歷魏及晉並有其職江左彌重

護羌夷蠻等校尉案武帝置南蠻校尉於襄陽西戎校尉於長安南夷校尉於寧州元康中護羌校尉爲涼州刺史西戎校尉爲雍州刺史南蠻校尉爲荊州刺史及江左初省南蠻校尉尋又置於江陵改南夷校尉曰鎭蠻校尉及安帝時於襄陽置寧蠻校尉

護匈奴羌戎蠻夷越中郎將案武帝置四中郎將或領刺史或持節爲之武帝又置平越中郎將居廣州主護南越

晉書卷二十四考證

職官志左右衞將軍案文帝初置中衞及武帝受命分爲左右衞○各本武字上衍魏字 臣龍官按晉文帝爲相國時置中尉則此承上文言之乃晉武非魏武也今刪去

晉書卷二十五

唐　太　宗　文　皇　帝　御　撰

志第十五

輿服

史臣曰昔者乘雲效駕卷領垂衣則黃帝皁衣纁裳放勛彤車白馬叶三微之序合寅丑之建玄戈玉刃作會相暉若乃參旗分景帝車含曜又所以營衞南宮增華北極月令季夏之月命婦官染綵頳丹班次各有品章矣高旗有日月之象式視有威儀之選衣兼䩙珮衡載鳴和是以閑邪屏棄不可入也若乃正名百物補緝四維疏懷山之水靜傾天之害功尤彰者飾彌煥德逾盛者服彌尊莫不質良用成其美書曰明試以功車服以庸禮記曰鸞車有虞氏之路也鉤車夏后氏之路也大路殷路也乘路周路也而黻火山龍以通其意前史以爲聖人見鳥獸容貌草木英華始創衣冠而玄黃殊采見秋蓬孤轉杓觿旁建乃作輿輪而方圓異則遇物成象觸類興端周因於殷其來已舊成王之會壇垂陰雨五方之盛有八十物者焉宗馬鳥旗奚往不格殷公曹叔此焉低首周禮巾車氏建大赤以朝大白以戎雅制弘多式遵遺範賓入異憲師行殊則是以有嚴有翼用光其武鉤膺鞗革乃暢其文六服之冕五時之路王之常制各有等差逮禮業彫訛人情馳爽諸侯征伐憲度淪亡一紫亂於齊飾長纓混於鄒翫孔子曰君子其學也博其服也鄉若乃豪傑不經庶人干典影鷸冠於鄭伯之門躡珠履於春申之第及秦皇并國攬其餘軌豐貂東至獬豸南來又有玄旗皁旒之制旄頭罼車之飾寫六王之廷於咸陽北坂車輿之綵各樹其文所謂秦人大備而陳戰國之後車者也及凝脂布網經書咸燼削滅三代以金根爲帝軫除棄六冕以袀玄爲祭服高祖入關既因秦制世祖挺英雄之略總文景之資揚霓拂翳皮軒記鼓橫汾河而祠后土登甘泉而祭昊天奉常獻儀謂之大駕車千乘而騎萬匹至於成帝以幸姬趙飛鸞置屬車間豹尾中又揚雄所謂彍天狼之威弧張曜日之靈旌騁羅列布霧集雲合者也於後王氏擅朝武車常軔赤眉之亂文物無遺建武十三年吳漢平蜀始送葆車輿輦充庭之飾漸以周備明帝採周官禮記更服袞章天子冠通天而佩玉璽魏明以黼黻之美有疑於僭於是隨章損略而損者半焉高堂隆奏曰改正朔殊徽號者帝王所以神明其政變民耳目也帝從其議改青龍五年爲景初元年服色尚黃從地正也世祖武黃帝接天人之貺開典午之基受終之禮皆如唐虞故事晉氏金行而服色尚赤豈有司失其傳歟

玉金象革木等路是爲五路並天子之法車皆朱班漆輪畫爲檳文三十輻法月之數重轂貳轄以赤油廣八寸長三尺注地繫兩軸頭謂之飛軨金薄繆龍繞之爲輿倚較較重爲文獸伏軾龍首銜軛左右吉陽筩鸞雀立衡檳文畫轅及轓青蓋黃爲裏謂之黃屋金華施橑朱橑二十八以象宿兩箱之後皆玳瑁爲鵾翅加以金銀雕飾故世人亦謂之金鵾車斜注旂旗於車之左又加棨戟於車之右皆橐而施之棨戟韜以黼繡上爲亞字繫大蛙蟆蟠軛長丈餘於戟之杪以犛牛尾大如斗置左騑馬軛上是爲左纛轅皆曲向上取禮緯山車垂句之義言不揉而能自曲

玉金象三路各以其物飾車因以爲名革者漆革木者漆木其制玉路最尊建太常十有二旒九仞委地畫日月升龍以祀天金路建大旂九旒以會萬國之賓亦以賜上公及王子母弟象路建大赤通赤無畫所以視朝亦以賜諸侯革路建大白以卽戎兵事亦以賜四鎭諸侯木路建大麾以田獵其麾色黑亦以賜藩國玉路駕六黑馬餘四路皆駕四馬馬並以黃金爲文髦插以翟尾象鹿而鏤錫錫在馬面所謂當顱者也金鍐而方釳金鍐謂以金鍐爲文釳以鐵爲之其大三寸中央兩頭高如山形貫中以翟尾而結著之也繁纓赤罽易茸金就十有二繁纓馬飾纓馬膺前在如索帶五路皆有錫鸞之飾和鈴之響鉤膺玉瓖鉤膺卽繁纓也瓖馬帶玦名也龍輈華轙輈車轅也頭爲龍象轙謂車衡上環受鸞者也朱幩幩飾也人君以朱纏鑣扇汗以爲飾也法駕行則五路各有所主不俱出臨軒大會則陳乘輿車輦旌鼓於其殿庭

車坐乘者謂之安車倚乘者謂之立車亦謂之高車按周禮惟王后有安車也王亦無之自漢已來制乘輿乃有之有青立車青安車赤立車赤安車黃立車黃安車白立車白安車黑立車黑安車合十乘名爲五時車俗謂之五帝車天子所御則駕六其餘並駕四建旂十二各如車色立車則正豎其旂安車則邪注駕馬馬亦各隨五時之色白馬則朱其鬣尾左右騑驂金鍐鏤錫黃屋左纛如金根之制行則從後五牛旗平吳後所造以五牛建旗車設五牛青赤在左黃在中白黑在右豎旗於牛背行則使人輿之牛之爲義蓋取其負重致遠而安穩也旗常纏不舒所謂德車結旌也天子親戎則舒所謂武車綏旌也

金根車駕四馬不建旗幟其上如畫輪車下猶金根之飾耕根車駕四馬建赤旗十有二旒天子親耕所乘者也一名芝車一名三蓋車置耒耜於軾上魏景初元年改正朔易服色色尚黃牲用白戎事乘黑首白馬建大赤之旂朝會則建大白行殷之時也泰始二年有司奏宜如有虞遵唐故事皆用前代正朔服色其金根耕根車並以建赤旗帝從之

輦按自漢以來爲人君之乘魏晉御小出卽乘之

戎車駕四馬天子親戎所乘者也載金鼓羽旗幢翳置弩於軾上其建矛麾悉斜注

獵車駕四馬天子校獵所乘也重輞漫輪繆龍繞之一名闟戟車一名蹋猪車魏文帝改名蹋獸車記云國君不乘奇車奇車赤獵車也古天子獵則乘木輅後代以獵車也

遊車九乘駕四先驅之乘是也
雲罕車駕四
皮軒車駕四以獸皮爲軒
鸞旗車駕四先輅所載也鸞旗者謂析羽旄而編之列
繫幢傍也
建華車駕四凡二乘行則分居左右
輕車駕二古之戰車也前後二十乘分居左右輿輪洞
朱不巾不蓋建矛戟麾幢置弩箙於軾上大駕法駕出
射聲校尉司馬吏士戰士載以次屬車
司南車一名指南車駕四馬其下制如樓三級四角金
龍銜羽葆刻木爲仙人衣羽衣立車上車雖回運而手
常南指大駕出行爲先啓之乘
記里鼓車駕四形制如司南其中有木人執槌向鼓行
一里則打一槌
羊車一名輦車其上如軺伏兔箱漆畫輪軛武帝時護
軍羊琇輒乘羊車司隸劉毅糾劾其罪
畫輪車駕牛以綵漆畫輪轂故名曰畫輪車上起四夾
杖左右開四望綠油幢朱絲絡青交路其上形制事事
如輦其下猶如犢車耳古之貴者不乘牛車漢武帝推
恩之末諸侯寡弱貧者至乘牛車其後稍見貴之自靈
獻以來天子至士遂以爲常乘至尊出朝堂舉哀乘之
屬車一曰副車一曰貳車一曰左車漢因秦制大駕屬
車八十一乘行則中央左右分爲行
法駕屬車三十六乘最後車懸豹尾豹尾以前比之省
中屬車皆皁蓋朱裏云
御衣車御書車御軺車御藥車皆駕牛陽遂四望繐牕
皁輪小形車駕牛
象車漢鹵簿最在前武帝太康中平吳後南越獻馴象
詔作大車駕之以載黃門鼓吹數十人使越人騎之元
正大會駕象入庭
中朝大駕鹵簿
先象車鼓吹一部十三人中道
次靜室令駕一中道式道候二人駕一分左右也
次洛陽尉二人騎分左右
次洛陽亭長九人赤車駕一分三道各次正二人引
次洛陽令皁車駕一中道
次河南中部掾中道河橋掾在左功曹史在右並駕一
次河南尹駕駟戟吏六人
次河南主簿駕一中道
次河南主記駕一中道

次司隸部河南從事中道都部從事居左別駕從事居
右並駕一
次司隸校尉駕三戟吏八人
次司隸主簿駕一中道
次司隸主記駕一中道
次廷尉明法掾中道五官掾居左功曹史居右並駕一
次廷尉卿駕駟戟吏六人
次廷尉主簿主記並駕一在左太僕引從如廷尉在中
宗正引從如廷尉在右
次太常駕駟中道戟吏六人太常外部掾居左五官掾
功曹史居右並駕一
次光祿引從中道太常主簿主記居左衞尉引從居右
並駕一
次太尉外督令史駕一中道
次西東賊倉戶等曹屬並駕一引從
次太尉駕駟中道太尉主簿舍人各一人祭酒二人並
駕一在左
次司徒引從駕駟中道
次司空引從駕駟中道三公騎令史戟各八人鼓吹各
一部七人
次中護軍中道駕駟鹵簿左右各二行戟楯在外弓矢
在內鼓吹一部七人
次步兵校尉在左長水校尉在右並駕一各鹵簿左右
二行戟楯在外刀楯在內鼓吹各一部七人
次射聲校尉在左翊軍校尉在右並駕一各鹵簿左右
各二行戟楯在外刀楯在內鼓吹各一部七人
次驍騎將軍在左游擊將軍在右並駕一皆鹵簿左右
引各二行戟楯在外刀楯在內鼓吹各一部七人
騎隊五在左五在右隊各五十四命中督二人分領左
右各有戟吏二人麾幢獨揭鼓在隊前
次左將軍在左前將軍在右並駕一皆鹵簿左右各二
行戟楯在外刀楯在內鼓吹各一部七人
次黃門麾騎中道
次黃門前部鼓吹左右各一部十三人駕駟八校尉佐
仗左右各四行外大戟楯
次九尺楯
次弓矢次弩並熊渠佽飛督領之
次司南車駕駟中道　護駕御史騎夾左右
次謁者僕射駕駟中道
次御史中丞駕一中道

次武賁中郎將騎中道
次九游車中道武剛車夾左右並駕騶
次雲罕車駕駟中道
次闟戟車駕駟中道長戟邪偃向後
次皮軒車駕駟中道
次鸞旗車中道建華車分左右並駕騶
次護駕尚書郎三人都官郎中道駕部在左中兵在右
並騎又有護駕尚書一人騎督攝前後無常
次相風中道
次司馬督在前中道左右各司馬史三人引仗左右各
六行外大戟楯二行
次九尺楯　次刀楯
次弓矢　次弩
次五時車左右有遮列騎
次典兵中郎中道督攝前却無常
左殿中御史右殿中監並騎
次高蓋中道左罼右罕
次御史中道左右節郎各四人
次華蓋中道
次殿中司馬中道殿中都尉在左殿中校尉在右左右
各四行
細楯一行在弩內又殿中司馬一行殿中都尉一行殿
中校尉一行
次楃鼓中道
次金根車駕六馬中道
太僕卿大將軍參乘左右又各增三行爲九行
司馬史九人引大戟楯二行九尺楯一行刀楯一行由
基一行細弩一行跡禽一行椎斧一行力人刀楯一行
連細楯殿中司馬殿中都尉殿中校尉爲左右各十二
行
金根車建青旂十二左將軍騎在左右將軍騎在右殿
中將軍持鑿腦斧夾車車後衣書主職步從六行合左
右三十二行
次曲華蓋中道侍中散騎常侍黃門侍郎並騎分左右
次黃鉞車駕一在左御麾騎在右
次相風中道
次中書監騎左祕書監騎右
次殿中御史騎左殿中監騎右
次五牛旗赤青在左黃在中白黑在右
次大輦中道太官令丞在左太醫令丞在右

次金根車駕駟不建旗
次青立車　次青安車
次赤立車　次赤安車
次黃立車　次黃安車
次白立車　次白安車
次黑立車　次黑安車合十乘並駕駟建
旗十二如車色立車正豎旗安車邪拖之
次蹋猪車駕駟中道無旗
次耕根車駕駟中道赤旗十二熊渠督左佽飛督右
次御軺車　次御四望車
次御衣車　次御書車
次御藥車並駕牛中道
次尚書令在左尚書僕射在右
又尚書郎六人分次左右並駕
又治書侍御史二人分左右又侍御史二人分次左右
又蘭臺令史分次左右並駕
次豹尾車駕一
自豹尾車後而鹵簿盡矣但以神弩二十張夾道至後
部鼓吹其五張神弩置一將左右各二將
次輕車二十乘左右分駕
次流蘇馬六十匹
次金鉞車駕三中道左右護駕尚書郎并令史並騎各
一人
次金鉦車駕三中道左右護駕侍御史并令史等並騎
各一人
次黃門後部鼓吹左右各十三人
次戟鼓車駕牛二乘分左右
次左大鴻臚外部掾右五官掾功曹史並駕
次大鴻臚駕駟戟吏六人
次大司農引從中道左大鴻臚主簿主記右少府引從
次三卿並騎吏四人鈴下二人執馬鞭辟車六人執方
扇羽林郎十八人朱衣
次領軍將軍中道鹵簿左右各二行九尺楯在外弓矢
在內鼓吹如護軍
次後軍將軍在左右將軍在右各鹵簿鼓吹如左軍前
軍
次越騎校尉在左屯騎校尉在右各鹵簿鼓吹如步兵
射聲
次領護驍騎游軍校尉皆騎吏四人乘馬夾道都督兵
曹各一人乘馬在中騎將軍四人騎校鞉角金鼓鈴下

信幡軍校並駕一功曹史主簿並騎從繖扇幢麾各一騎鼓吹一部七騎

次領護軍加大車斧五官掾騎從

次騎十隊隊各五十匹將一人持幢一人䩞一人並騎在前督戰伯長各一人並騎在後羽林騎督幽州突騎督分領之郎簿十隊隊各五十人絳袍將一人騎䩞角各一人在前督戰伯長各一人步在後騎皆持矟

次大戟一隊九尺楯一隊刀楯一隊弓一隊弩一隊隊各五十人黑䘿䙝將一人騎校䩞角各一人步在前督戰伯長各一人步在後金顏督將并領之

皇太子安車駕三左右騑朱班輪倚獸較伏鹿軾九旒畫降龍青蓋金華蚤二十八枚黑櫨文畫轓文輈黃金塗五采亦謂之鸞路非法駕則乘畫輪車上開四望綠油幢朱絲繩絡兩箱裏飾以金錦黃金塗五采其副車三乘形制如所乘但不畫輪耳

王青蓋車皇孫綠蓋車並駕三左右騑

雲母車以雲母飾犢車臣下不得乘以賜王公耳

皁輪車駕駟牛形制猶如犢車但皁漆輪轂上加青油幢朱絲繩絡諸王三公有勳德者特加之

位至公或四望三望夾望車油幢車駕牛形制如皁輪但不漆轂耳王公大臣有勳德者特給之

通幔車駕牛猶如今犢車制但舉其幔通覆車上也諸王三公並乘之

諸公給朝車駕四安車黑耳駕三各一乘皁輪犢車各一乘自祭酒掾屬以下及令史皆皁零辟朝服其武官公又別給大車

特進及車騎將軍驃騎將軍以下諸大將軍不開府非持節都督者給安車黑耳駕二軺車施耳後戶一乘

三公九卿中二千石二千石河南尹謁者僕射郊廟明堂法出皆大車立乘駕駟前後導從大車駕二右騑他出乘安車其去位致仕告老賜安車駟馬

郡縣公侯安車駕二右騑皆朱班輪倚鹿較伏熊軾黑轓皁繒蓋

公旂旂八旒侯七旒卿五旒皆畫降龍

中二千石二千石皆皁蓋朱兩轓銅五采駕二中二千石以上右騑千石六百石朱左轓車轓長六尺下屈廣八寸上業廣尺二寸九文十二初後謙一寸若月初生示不敢自滿也

王公之世子攝命理國者安車駕三旗旂七旒其封侯之世子五旒

太康四年制依漢故事給九卿朝車駕四及安車各一乘八年詔諸尚書軍校加侍中常侍者皆給傳事乘軺車給劒得入殿省中與侍臣升降相隨

大使車立乘駕四赤帷裳騶騎導從舊公卿二千石郊廟上陵從駕乘大使車他出乘安車也

小使車不立乘駕四輕車之流也蘭輿皆朱赤轂赤屏泥白蓋赤帷裳從騶騎四十人又別有小使車赤轂皁蓋追捕考校有所執取者之所乘也凡諸使車皆朱班輪赤衡軛

追鋒車去小平蓋加通幰如軺車駕二追鋒之名蓋取其迅速也施於戎陣之間是爲傳乘

軺車古之時軍車也一馬曰軺車二馬曰軺傳漢世貴輜軿而賤軺車魏晉重軺車而賤輜軿三品將軍以上尚書令軺車黑耳有後戶僕射但有後戶無耳並皁輪尚書及四品將軍則無後戶漆轂輪其中書監令如僕射侍中黃門散騎初拜及謁陵廟亦得乘之

皇太后皇后法駕乘重翟羽蓋金根車駕青輅青帷裳雲檴畫轅黃金塗五采蓋瓜施金華駕三左右騑其廟見小駕則乘紫罽軿車雲檴畫輈黃金塗五采駕三非法駕則皇太后乘輦皇后乘畫輪車皇后先蠶乘油畫雲母安車駕六驄馬驄淺黑色油畫兩轅安車駕五驄馬爲副又金薄石山軿紫絳罽軿車皆駕三驄馬爲副女旄頭十二人持棨戟二人共載安車儷駕女尚輦十二人乘輜車儷駕女長御八人乘安車儷駕三夫人油軿車駕兩馬左騑其貴人駕節畫輈三夫人助蠶乘青交路安車駕三皆以紫絳罽軿車駕三

長公主赤罽軿車駕兩馬公主王太妃王妃皆油軿車駕兩馬右騑公主油畫安車駕三青交路以紫絳罽軿車駕三爲副王太妃三夫人亦如之公主助蠶乘油畫安車駕三公主有先置者乘青交路安車駕三

諸王妃公太夫人夫人縣鄉君諸郡公侯特進夫人助蠶乘皁交路安車駕三

諸侯監國世子之世婦侍中常侍尚書中書監令卿校世婦命婦助蠶乘皁交路安車儷駕

郡縣公侯中二千石二千石夫人會朝及蠶各乘其夫之安車皆右騑皁交路皁帷裳自非公會則不得乘朝車止乘漆布輜軿銅五采而已

王妃特進夫人封郡君安車駕三皁交路封縣鄉君油軿車駕兩馬右騑

自過江之後舊章多缺元帝踐極始造大路戎路各一皆即古金根之制也無復充庭之儀至於郊祀大事則權飾餘車以周用六師親征則用戎路去其蓋而乘之屬車但五乘而已加綠油幢朱絲絡飾青交路黃金塗五采其輪轂猶素兩箱無金錦之飾其一車又是軺車舊儀天子所乘駕六是時無復六馬之乘五路皆駕四而已同用黑是爲玄牡無復五時車有事則權以馬車代之建旗其上其後但以五色木牛象五時車豎旗於牛背行則使人輿之牛之義蓋取其負重致遠安而穩也旗常縿而不舒旆所謂德車結旌者也惟天子親戎五旗舒旆所謂武車綏旌者也指南車過江亡失及義熙五年劉裕屠廣固始復獲焉乃使工人張綱補緝周用十三年裕定關中又獲司南記里諸車制度始備其輦過江亦亡制度太元中謝安率意造焉及破苻堅於淮上獲京都舊輦形制無差大小如一時人服其精記義熙五年劉裕執慕容超獲金鉦輦豹尾舊式猶存

元帝太興三年皇太子釋奠制曰今草創未有高車可乘安車也太元中東宮建乘路有青赤旂致疑徐邈議太子既不備五路赤旂宜省漢制太子鸞路皆以安車爲名自晉過江禮儀疎外王公以下車服卑雜惟有東宮禮秩崇異上亥辰極下納侯王而安帝爲皇太子乘石山安車制如金路義不經見事無所出

中宮初建及祀先蠶皆用法駕太僕妻御大將軍妻參乘侍中妻陪乘丹陽尹建康令及公卿之妻奉引各乘其夫車服多以宮人權領其職

周禮弁師掌六冕司服掌六服自后王之制爰及庶人各有等差及秦變古制郊祭之服皆以袀玄舊法掃地盡矣漢承秦弊西京二百餘年猶未能有所制立及中興後明帝乃始採周官禮記尚書及諸儒記說還備袞冕之服天子車乘冠服從歐陽氏說公卿以下從大小夏侯氏說始制天子三公九卿特進之服侍祠天地明堂皆冠旒冕兼五冕之制一服而已天子備十二章三公諸侯用山龍九章九卿以下用華蟲七章皆具五采魏明帝以公卿袞衣黼黻之飾疑於至尊多所減損始制天子服刺繡文公卿服織成文及晉受命遵而無改天子郊祀天地明堂宗廟元會臨軒介幘通天冠平冕冕皁表朱綠裏廣七寸長二尺二寸加於通天冠上前圓後方垂白玉珠十有二旒以朱組爲纓無緌佩白玉垂珠黃大旒綬黃赤縹紺四采衣皁上絳下前三幅後四幅衣畫而裳繡爲日月星辰山龍華蟲藻火粉米黼黻之象凡十二章素帶廣四寸朱裏以朱綠裨飾其側中衣以絳緣其領袖赤皮爲韍絳袴襪赤舄未加元服者空頂介幘其釋奠先聖則皁紗袍絳緣中衣絳袴襪黑舄其臨軒亦袞冕也其朝服通天冠高九寸金博山顏黑介幘絳紗袍皁緣中衣其拜陵黑介幘單衣其雜服有青赤黃白緗黑色介幘五色紗袍五梁進賢冠遠遊冠平上幘武冠其素服白帢單衣後漢以來天子之冕前後旒用眞白玉珠魏明帝好婦人之飾改以珊瑚珠晉初仍舊不改及過江服章多闕而冕飾以翡翠珊瑚雜珠侍中顧和奏舊禮冕十二旒用白玉珠今美玉難得不能備可用白璇珠從之

通天冠本秦制高九寸正豎頂少斜却乃直下鐵爲卷梁前有展筩冠前加金博山述乘輿所常服也

平冕王公卿助祭於郊廟服之王公八旒卿七旒以組爲纓色如其綬王公衣山龍以下九章卿衣華蟲以下七章

遠遊冠傳玄云秦冠也似通天而前無山述有展筩橫于冠前皇太子及王者後帝之兄弟帝之子封郡王者服之諸王加官者自服其官之冠服惟太子及王者後常冠焉太子則以翠羽爲緌綴以白珠其餘但青絲而已

緇布冠蔡邕云即委貌冠也太古冠布齊則緇之緇布冠始冠之冠也其制有四形一似武冠又一似進賢其一上方其下加幘顏其一剌上而方下

行鄉射禮則公卿委貌冠以皁絹爲之形如覆杯與皮弁同制長七寸高四寸衣黑而裳素其中衣以皁緣領袖其執事之人皮弁以鹿皮爲之

進賢冠古緇布遺象也斯蓋文儒者之服前高七寸後高三寸長八寸有五梁三梁二梁一梁人主元服始加緇布則冠五梁進賢三公及封郡公縣公郡侯縣侯鄉亭侯則冠三梁卿大夫八座尚書關中內侯二千石及千石以上則冠兩梁中書郎祕書丞郎著作郎尚書丞郎太子洗馬舍人六百石以下至于令史門郎小吏並冠一梁漢建初中太官令冠兩梁親省御膳爲重也博士兩梁崇儒也宗室劉氏亦得兩梁冠示加服也

武冠一名武弁一名大冠一名繁冠一名建冠一名籠冠即古之惠文冠或曰趙惠文王所造因以爲名亦云惠者蟪也其冠文輕細如蟬翼故名惠文或云齊人見千歲涸澤之神名曰慶忌冠大冠乘小車好疾馳因象其冠而服焉漢幸臣閎儒爲侍中皆服大冠天子元服亦先加大冠左右侍臣及諸將軍武官通服之侍中常

侍則加金璫附蟬爲飾插以貂毛黃金爲竿侍中插左常侍插右胡廣曰昔趙武靈王爲胡服以金貂飾首秦滅趙以其君冠賜侍臣應劭漢官云說者以爲金取剛強百鍊不耗蟬居高飲清口在掖下貂內勁悍而外柔縟又以蟬取清高飲露而不食貂則紫蔚柔潤而毛采不彰灼金則貴其寶瑩於義亦有所取或以爲北土多寒胡人常以貂皮溫額後世效此遂以附冠漢貂用赤黑色王莽用黃貂各附服色所尚也

高山冠一名側注高九寸鐵爲卷梁制似通天頂直竪不斜却無山述展筩高山者詩云高山仰止取其矜莊賓遠者也中外官謁者謁者僕射所服胡廣曰高山齊王冠也傳曰桓公好高冠大帶秦滅齊以其君冠賜謁者近臣應劭曰高山今法冠也秦行人使官亦服之而漢官儀云乘輿冠高山之冠飛翮之纓然則天子亦有時服焉傅子曰魏明帝以其制似通天遠遊故改令卑下

法冠一名柱後或謂之獬豸冠高五寸以縰爲展筩鐵爲柱卷取其不曲撓也侍御史廷尉正監平凡執法官皆服之或謂獬豸神羊能觸邪佞異物志云北荒之中有獸名獬豸一角性別曲直見人鬬觸不直者聞人爭咋不正者楚王嘗獲此獸因象其形以制衣冠胡廣曰春秋左氏傳晉侯觀于軍府見鍾儀曰南冠而縶者誰也南冠卽楚冠秦滅楚以其冠服賜執法臣也

長冠一名齊冠高七寸廣三寸漆纚爲之制如版以竹爲裏漢高祖微時以竹皮爲此冠其世因謂劉氏冠後除竹用漆纚司馬彪曰長冠蓋楚制人間或謂之鵲尾冠非也救日蝕則服長冠而祠宗廟諸祀冠之此高祖所造後世以爲祭服尊敬之至也

建華冠以鐵爲柱卷貫大銅珠九枚古用雜木珠原憲所冠華冠是也又春秋左氏傳鄭子臧好聚鷸冠謂建華是也祀天地五郊明堂舞人服之漢高命舞樂人所服

方山冠其制似進賢鄧展曰方山冠以五采縠爲之漢天子八佾五行樂人所服冠衣各如其行方之色而舞焉

巧士冠前高七寸要後相通直竪此冠不常用漢氏惟郊天黃門從官四人冠之在鹵簿中夾乘輿車前以備宦者四星或云掃除從官所服

却非冠高五寸制似長冠宮殿門吏僕射冠之負赤幡青翅燕尾諸僕射幡皆如之

却敵冠前高四寸通長四寸後高三寸制似進賢凡當殿門衞士服之

樊噲冠廣九寸高七寸前後出各四寸制似平冕昔楚漢會於鴻門項籍圖危高祖樊噲常持鐵楯聞急乃裂裳苞楯戴以爲冠排入羽營因數羽罪漢王乘閒得出後人壯其意乃制冠象焉凡殿門司馬衞士服之

術氏冠前圓吳制差池四重趙武靈王好服之或曰楚莊王復譬冠也

鶡冠加雙鶡尾竪插兩邊鶡鳥名也形類鷂而微黑性果勇其鬬到死乃止上黨貢之趙武靈王以表顯壯士至秦漢猶施之武人

皮弁以鹿皮淺毛黃白色者爲之禮王皮弁會五采玉璂象邸玉笄謂之合爲弁其縫中名曰會以采玉朱爲璂璂結也天子五采諸侯三采（邸冠下抵也象骨爲之音帝也）天子則縫十二公侯伯七子男五孤四卿大夫三

韋弁制似皮弁頂上尖韎草染之色如淺絳

爵弁一名廣冕高八寸長二寸如爵形前小後大增其上似爵頭色有收持笄所謂夏收殷冔者也祠天地五郊明堂翿舞樂人服之

幘者古賤人不冠者之服也漢元帝額有壯髮始引幘服之王莽頂禿又加其屋也漢注曰冠進賢者宜長耳今介幘也冠惠文者宜短耳今平上幘也始時各隨所宜遂因冠爲別介幘服文吏平上幘服武官也童子幘無屋者示不成人也又有納言幘幘後收又一重方三寸又有赤幘騎吏武吏乘輿鼓吹所服救日蝕文武官皆免冠著幘對朝服示武威也

漢儀立秋日貙服緗幘及江左哀帝從博士曹弘之等議立秋御讀令改用素白帢按漢末王公名士多委王服以幅巾爲雅是以袁紹崔鈞之徒雖爲將帥皆著縑巾魏武以天下凶荒資財乏匱擬古皮弁裁縑帛以爲帢合乎簡易隨時之義以色別其貴賤本施軍飾非爲國容也徐爰曰俗說帢本未有歧荀文若巾之行觸樹枝成歧謂之爲善因而弗改今通以爲慶弔服

巾以葛爲之形如帢而橫著之古尊卑共服也故漢末妖賊以黃爲巾世謂黃巾賊

帽名猶冠也義取於蒙覆其首其本纚也古者冠無幘冠下有纚以繒爲之後世施幘於冠因或裁纚爲帽自乘輿宴居下至庶人無爵者皆服之成帝咸和九年制聽尚書八座丞郎門下三省侍官乘車白帢低幃出入掖門又二宮直官著烏紗帢然則往往士人宴居皆著帢矣時江左時野人已著帽人士亦往往而然但其頂圓耳後乃高其屋云

漢制自天子至于百官無不佩劒其後惟朝帶劒晉世始代之以木貴者猶用玉首賤者亦用蚌金銀玳瑁爲雕飾

乘輿六璽秦制也曰皇帝行璽皇帝之璽皇帝信璽天子行璽天子之璽天子信璽漢遵秦不改又有秦始皇藍田玉璽螭獸鈕在六璽之外文曰受天之命皇帝壽昌漢高祖佩之後世名曰傳國璽與斬白蛇劒俱爲乘輿所寶斬白蛇劒至惠帝時武庫火燒之遂亡及懷帝沒胡傳國璽沒於劉聰後又沒於石勒及石季龍死胡亂穆帝世乃還江南

革帶古之鞶帶也謂之鞶革文武衆官牧守丞令下及騶寺皆服之其有囊綬則以綴於革帶其戎服則以皮絡帶代之八坐尚書荷紫以生紫爲袷囊綴之服外加於左肩昔周公負成王制此服衣至今以爲朝服或云漢世用盛奏事負之以行未詳也

車前五百者卿行旅從五百人爲一旅漢氏一統故去其人留其名也

袴褶之制未詳所起近世凡車駕親戎中外戒嚴服之服無定色冠黑帽綴紫摽摽以繒爲之長四寸廣一寸腰有絡帶以代鞶中官紫摽外官絳摽又有纂嚴戎服而不綴摽行留文武悉同其畋獵巡幸則惟從官戎服帶鞶革文官不下纓武官服冠

漢制一歲五郊天子與執事者所服各如方色百官不執事者服常服絳衣以從魏祕書監秦靜曰漢氏承秦改六冕之制但玄冠絳衣而已魏已來名爲五時朝服又有四時朝服又有朝服自皇太子已下隨官受給百官雖服五時朝服據令止給四時朝服闕秋服三年一易

諸假印綬而官不給鞶囊者得自具作其但假印不假綬者不得佩綬鞶古制也漢世著鞶囊者側在腰間或謂之傍囊或謂之綬囊然則以紫囊盛綬也或盛或散各有其時

笏古者貴賤皆執笏其有事則搢之於腰帶所謂搢紳之士者搢笏而垂紳帶也紳垂長三尺笏者有事則書之故常簪筆今之白筆是其遺象三臺五省二品文官簪之王公侯伯子男卿尹及武官不簪加內侍位者乃簪之手版卽古笏矣尚書令僕射尚書手版頭復有白筆以紫皮裹之名曰笏

皇太子金璽龜鈕朱黃綬四采赤黃縹紺給五時朝服遠遊冠介幘翠綾佩瑜玉垂組朱衣絳紗褠皁緣白紗其中衣白曲領帶劒火珠素首革帶玉鉤燮獸頭鞶囊其大小會祠宗廟朔望五日還朝皆朝服常還上宮則朱服預上宮正會則於殿下脫劒舄又有三梁進賢冠其侍祀則平冕九旒袞衣九章白紗絳緣中單絳緣韠采畫織成袞帶金辟邪首紫綠二色帶采畫廣領曲領各一赤舄絳袜若講則著介幘單衣釋奠則遠遊冠玄朝服絳緣中單絳袴袜玄舄若未加元服則中舍人執冕從介幘單衣玄服

諸王金璽龜鈕纁朱綬四采朱黃縹紺五時朝服遠遊冠介幘亦有三梁進賢冠朱衣絳紗褠皁緣中衣表素革帶黑舄佩山玄玉垂組大帶若加餘官則服其加官之服也

皇后謁廟其服皁上皁下親蠶則青上縹下皆深衣制隱領袖緣以絛首飾則假髻步搖俗謂之珠松是也簪珥步搖以黃金爲山題貫白珠爲支相繆八爵九華熊獸赤羆天鹿辟邪南山豐大特六獸諸爵獸皆以翡翠爲毛羽金題白珠璫繞以翡翠爲華元康六年詔曰魏以來皇后蠶服皆以文繡非古義也今宜純服青以爲永制

貴人夫人貴嬪是爲三夫人皆金章紫綬章文曰貴人夫人貴嬪之章佩于寘玉

淑妃淑媛淑儀脩華脩容脩儀婕妤容華充華是爲九嬪銀印青綬佩采瓄玉貴人貴嬪夫人助蠶服純縹爲上與下皆深衣制太平髻七鏌蔽髻黑玳瑁又加簪珥九嬪及公主夫人五鏌世婦三鏌助蠶之義自古而然矣

皇太子妃金璽龜鈕纁朱綬佩瑜玉

諸王太妃妃諸長公主公主封君金印紫綬佩山玄玉長公主公主見會太平髻七鏌蔽髻其長公主得有步搖皆有簪珥衣服同制自公主封君以上皆帶綬以綵組爲緄帶各如其綬色金辟邪首爲帶玦

郡公侯縣公侯太夫人夫人銀印青綬佩水蒼玉其特加乃金紫

公特進侯卿校世婦中二千石二千石夫人紺繒幗黃金龍首銜白珠魚須擿長一尺爲簪珥入廟佐祭者皁絹上下助蠶者縹絹上下皆深衣制緣自二千石夫人以上至皇后皆以蠶衣爲朝服

晉書卷二十五考證

輿服志繫兩軸頭謂之飛軨金薄繆龍繞之○各本脫繞字今從下徹車重輞漫輪繆龍繞之增正

上爲兜字○臣龍官按兜當作𠍠但音義作兜是自唐以來相沿久矣

晉書卷二十六

唐太宗文皇帝御撰

志第十六

食貨

昔者先王量地以制邑度地以居民因三才以節其務敬四序以成其業觀其謠俗而正其紀綱勗農桑之本通魚鹽之利登良山而採符玉泛瀛海而罩珠璣日中爲市總天下之隸先諸布帛繼以貨泉貿遷有無各得其所周禮正月始和乃布教于象魏若乃一夫之士十畝之宅三日之徭九均之賦施陽禮以興其讓命春社以勗其耕天之所貴者人也明之所求者學也治經入官則君子之道焉詩曰三之日于耜四之日舉趾是以農官澤虞各有攸次父兄之習不翫而成十五從務始勝衣服鄉無遊手邑不廢時所謂厥初生民各從其事者也是以太公通市井之貨以致齊國之强鴟夷善發斂之居以盛中陶之業昔在金天勤於民事命春扈以耕稼召夏扈以耘耡秋扈所以收斂冬扈於焉蓋藏書曰歷象日月星辰敬授民時傳曰禹稷躬稼而有天下若乃九土既敷四民承範東吳有齒角之饒西蜀有丹砂之富兖豫漆絲之廥燕齊怪石之府秦邠旄羽迥帶琅玕荆郢桂林旁通竹箭江干橘柚河外舟車遼西旃罽之鄉葱右蒱梢之駿殖物怪錯于何不有若乃上法星象下料無外因天地之利而總山海之饒百畝之田十一而稅九年躬稼而有三年之蓄可以長孺齒可以養耆年因乎人民用之邦國宮室有度旗章有序朝聘自其儀晏饗由其制家殷國阜遠至邇安救水旱之災卹寰瀛之獘然後王之常膳乃間笙鏞商周之興用此道也辛紂暴虐翫其經費金鏤傾宮廣延百里玉飾鹿臺崇高千仞宮中九市各有女司厚賦以實鹿臺之錢大斂以增鉅橋之粟多發妖冶以充傾宮之麗廣收珍玩以備沙丘之遊懸肉成林積醪爲沼使男女裸體相逐於其間伏詣酒池中牛飲者三千餘人宮中以錦綺爲席綾紈爲薦及周王誅紂肅拜殷墟乃盡振鹿財並頒橋粟上天降休殷人大喜王赧云季徙都西周九鼎淪沒二南堙盡貸於百姓無以償之乃上層臺以避其責周人謂王所居爲逃責臺者也昔周姬公制以六典職方陳其九貢頒財內府永爲不刊及刑政陵夷菁茅罕至魯侯初踐畝之稅秦君收太半之入前王之範靡有孑遺史臣曰班固爲殖貨志自三代至王莽之誅網羅前載其文詳悉光武寬仁龔行天討王莽之後赤眉新敗雖復三暉乃睠而九服蕭條及得隴望蜀黎民安堵自此始行五銖之錢田租三十稅一民有產子者復以三年之算顯宗即位天下安寧民無橫徭歲比登稔永平五年作常滿倉立粟市於城東粟斛直錢二十草樹殷阜牛羊彌望作貢尤輕府廩還積姦回不用禮義專行于時東方既明百官詣闕戚里侯家自相馳鶩車如流水馬若飛龍照映軒廡光華前載傳曰三統之元有陰陽之九爲蓋天地之恒數也安帝永初三年天下水旱人民相食帝以鴻陂之地假與貧民以用度不足三公又奏請令吏民入錢穀得爲關內侯云桓帝永興元年郡國少半遭蝗河泛數千里流人十餘萬戶所在廩給迨建寧永和之初西羌反叛二十餘年兵連師老軍旅之費三百二十餘億府帑空虛延及內郡沖質短祚桓靈不軌中平二年南宮災延及北闕於是復收天下田畝十錢用營宮宇帝出自侯門居貧即位常曰桓帝不能作家曾無私蓄故於西園造萬金堂以爲私藏復寄小黃門私錢家至巨億於是懸鴻都之牓開賣官之路公卿以降悉有等差廷尉崔烈入錢五百萬以買司徒刺史二千石遷除皆責助治宮室錢大郡至二千萬錢不畢者或至自殺獻帝作五銖錢而有四道連於邊緣有識者尤之曰豈京師破壞此錢四出也及董卓尋戈火焚宮室乃劫鸞駕西幸長安悉壞五銖錢更鑄小錢盡取長安及洛陽銅人飛廉之屬以充鼓鑄又錢無輪郭文章不便時人以爲秦始皇見長人於臨洮乃鑄銅人卓臨洮人也興毀不同凶訛相類及卓誅死李傕郭汜自相攻伐於長安城中以爲戰地是時穀一斛五十萬豆麥二十萬人相食啖白骨盈積殘骸餘肉臭穢道路帝使侍御史侯汶出太倉米豆爲飢民作糜經日頒布而死者愈多帝於是始疑有司盜其糧廩乃親於御前自加臨給飢者人皆泣曰今始得耳帝東歸也李傕郭汜等追敗乘輿於曹陽夜潛渡河六宮皆步初出營欄后手持縑數匹董承使符節令孫徽以刃脅奪之殺旁侍者血濺后服既至安邑御衣穿敗唯以野棗園菜以爲糇糧自此長安城中盡空並皆四散二三年間關中無復行人建安元年車駕至洛陽宮闕蕩滌百官披荆棘而居焉州郡各擁强兵而委輸不至尚書郎官自出採梠或不能自反死於墟巷魏武之初九州雲擾攻城略地保此懷民軍旅之資權時調給于時袁紹軍人皆資椹棗袁術戰士取給蠃蒲魏武于是乃募良民屯田許下又於州郡列置田官歲有數千萬斛以充兵戎之用及初平袁氏以定鄴都令收田租畝粟四升戶絹二匹而綿二斤餘皆不得擅興藏强賦弱文帝黃初二年以穀貴始罷五銖錢于時天下未并戎車歲動孔子曰加之以師旅因之以饑饉此言兵凶之謀而沴氣應之也于時三方之人志相吞滅戰勝攻取耕夫釋耒江淮之鄉尤缺儲峙吳上大將軍陸遜抗疏請令諸將各廣其田權報曰甚善今孤父子親自受田車中八牛以爲四耦雖未及古人亦欲與衆均其勞也有吳之務農重穀始於此焉魏明帝不恭瀋於宮籞百僚編於手役天下失其躬稼此後關東遇水民亡產業而興師遼陽坐甲江甸皆以國乏之經用胡可勝言世祖武皇帝太康元年既平孫晧納百萬而罄三吳之資接千年而總西蜀之用韜干戈於府庫破舟船於江壑河濱海岸三丘八藪耒耨之所不至者人皆受焉農祥晨正平秩東作荷鍤贏糧有同雲布若夫因天而資五緯因地而興五材世屬升平物流倉府宮闈增飾服玩相輝於是王君夫武子石崇等更相誇尚輿服鼎俎之盛連衡帝室布金埒之泉粉珊瑚之樹物盛則衰固其宜也永寧之初洛中尚有錦帛四百萬珠寶金銀百餘斛惠后北征蕩陰反駕寒桃在御隻雞以給其布衾兩幅囊錢三千以爲車駕之資焉懷帝爲劉曜所圍王師累敗府帑既竭百官飢甚比屋不見火煙飢人自相啖食愍皇西宅餧饉弘多斗米二金死者大半劉曜陳兵內外斷絕十麯之麴屑而供帝君臣相顧莫不揮涕元后渡江軍事草創蠻陬賧布不有恒準中府所儲數四千匹于時石勒勇銳挺亂江南帝懼其侵逼甚患之乃詔方鎮云有斬石勒首者賞布千匹云

漢自董卓之亂百姓流離穀石至五十餘萬人多相食魏武既破黃巾欲經略四方而苦軍食不足羽林監潁川棗祗建置屯田議魏武乃令曰夫定國之術在於强兵足食秦人以急農兼天下孝武以屯田定西域此先世之良式也於是以任峻爲典農中郎將募百姓屯田許下得穀百萬斛郡國列置田官數年之中所在積粟倉廩皆滿祗死魏武後追思其功封爵其子建安初關中百姓流入荆州者十餘萬家及聞本土安寧皆企望思歸而無以自業於是衛覬議爲鹽者國之大寶自喪亂以來放散今宜如舊置使者監賣以其直益市犂牛百姓歸者以供給之勤耕積粟以豐殖關中遠者聞之必多競還於是魏武遣謁者僕射監鹽官移司隸校尉居弘農流人果還關中豐實既而又以沛國劉馥爲揚州刺史鎮合肥廣屯田修芍陂茹陂七門吳塘諸堨以溉稻田公私有蓄歷代爲利賈逵之爲豫州南與吳接修守戰之具堨汝水造新陂又通運渠三百餘里所謂賈侯渠者也當黃初中四方郡守墾田又加以故國用不匱時濟北顏斐爲京兆太守京兆自馬超之亂百姓不專農殖乃無車牛斐又課百姓令閑月取車材轉相教匠其無牛者令養猪投貴賣以買牛始者皆以爲煩一二年中編戶皆有車牛於田役省贍京兆遂以豐沃鄭渾爲沛郡太守郡居下濕水澇爲患百姓飢乏渾於蕭相二縣興陂堨開稻田郡人皆不以爲便渾以爲終有經久之利遂躬帥百姓興功一冬皆成比年大收頃畝歲增租入倍常郡中賴其利刻石頌之號曰鄭陂魏明帝世徐邈爲涼州土地少雨常苦乏穀邈上修武威酒泉鹽池以收虜穀又廣開水田募貧民佃之家家豐足倉庫盈溢及度支州界軍用之餘以市金錦犬馬通供中國之費西域人入貢財貨流通皆邈之功也其後皇甫隆爲敦煌太守敦煌俗不使耬犂及不知用水人牛功力既費而收穀更少隆到乃教作耬犂又教使溉灌歲終率計所省庸力過半得穀加五西方以豐嘉平四年關中饑宣帝表徙冀州農夫五千人佃上邽興京兆天水南安鹽池以益軍實青龍元年開成國渠自陳倉至槐里築臨晉陂引汧洛溉舄鹵之地三千餘頃國以充實焉正始四年宣帝又督諸軍伐吳將諸葛恪焚其積聚恪棄城遁走帝因欲廣田積穀爲兼并之計乃使鄧艾行陳項以東至壽春地艾以爲田良水少不足以盡地利宜開河渠可以大積軍糧又通運漕之道乃著濟河論以喻其指又以爲昔破黃巾因爲屯田積穀許都以制四方今三隅已定事在淮南每大軍征舉運兵過半功費巨億以爲大役陳蔡之間土下田良可省許昌左右諸稻田并水東下令淮北二萬人淮南三萬

人分休且佃且守水豐常收三倍於西計除衆費歲完五百萬斛以爲軍資六七年間可積三千萬餘斛於淮北此則十萬之衆五年食也以此乘敵無不剋矣宣帝善之皆如艾計施行遂北臨淮水自鍾離而南橫石以西盡沘水四百餘里五里置一營營六十人且佃且守兼修廣淮陽百尺二渠上引河流下通淮潁大治諸陂於潁南潁北穿渠三百餘里溉田二萬頃淮南淮北皆相連接自壽春到京師農官兵田雞犬之聲阡陌相屬每東南有事大軍出征汎舟而下達于江淮資食有儲而無水害艾所建也及晉受命武帝欲平一江表時穀賤而布帛貴帝欲立平糴法用布帛市穀以爲糧儲議者謂軍資尚少不宜以貴易賤泰始二年帝乃下詔曰夫百姓年豐則用奢凶荒則窮匱是相報之理也故古人權量國用取贏散滯有輕重平糴之法理財鈞施惠而不費政之善者也然此事廢久天下希習其宜加以官蓄未廣言者異同財貨未能達通其制更令國寶散於穰歲而上不收貧弱困於荒年而國無備豪人富商挾輕資蘊重積以管其利故農夫苦其業而末作不可禁也今者省徭務本并力墾殖欲令農功益登耕者益勸而猶或騰踊至於農人並傷今宜通糴以充儉乏主者平議具爲條制然事竟未行是時江南未平朝廷厲精於稼穡四年正月丁亥帝親耕籍田庚寅詔曰使四海之內棄末反本競農務功能奉宜朕志令百姓勸事樂業者其唯郡縣長吏乎先之勞之在於不倦每念其經營職事亦爲勤矣其以中左典牧種草馬賜縣令長相及郡國丞各一匹是歲乃立常平倉豐則糴儉則糶以利百姓五年正月癸巳勅戒郡國計吏諸郡國守相令長務盡地利禁遊食商販其休假者令與父兄同其勤勞豪勢不得侵役寡弱私相置名十月詔以司隸校尉石鑒所上汲郡太守王宏勤恤百姓導化有方督勸開荒五千餘頃遇年普饑而郡界獨無匱乏可謂能以勸教時同功異者矣其賜穀千斛布告天下八年司徒石苞奏州郡農桑未有殿最之制宜增掾屬令史有所循行帝從之事見石苞傳苞既明於勸課百姓安之十年光祿勳夏侯和上修新渠富壽遊陂三渠凡溉田千五百頃咸寧元年十二月詔曰出戰入耕雖自古之常然事力未息未嘗不以戰士爲念也今以鄴奚官奴婢著新城代田兵種稻奴婢各五十人爲一屯屯置司馬使皆如屯田法三年又詔曰今年霖雨過差又有蟲災潁川襄城自春以來畧不下種深以爲慮主者何以爲百姓計促處當之杜預上疏曰臣輒思惟今者水災東南特劇非但五稼不收居業并損下田所在停汚高地皆多磽埆此卽百姓困窮方在來年雖詔書切告長吏二千石爲之設計而不廓開大制定其趣舍之宜恐徒文具所益蓋薄當今秋夏蔬食之時而百姓已有不贍前至冬春野無靑草則必指仰官穀以爲生命此乃一方之大事不可不豫爲思慮者也臣愚謂既以水爲困當恃魚菜螺蜯而洪波汎濫貧弱者終不能得今者宜大壞兗豫州東界諸陂隨其所歸而宣導之交令饑者盡得水產之饒百姓不出境界之內旦暮野食此目下日給之益也水去之後塡淤之田畝收數鍾至春大種五穀五穀必豐此又明年益也臣前啓典牧種牛不供耕駕至於老不穿鼻者無益於用而徒有吏士穀草之費歲送任駕者甚少尚復不調習宜大出賣以易穀及爲賞直詔曰孳育之物不宜減散事遂停寢問主者今典虞右典牧種產牛大小相通有四萬五千餘頭苟不益世用頭數雖多其費日廣古者匹馬丘牛居則以耕出則以戰非如猪羊類也今徒養宜用之牛終爲無用之費甚失事宜東南以水田爲業人無牛犢今既壞陂可分種牛三萬五千頭以付二州將吏士庶使及春耕穀登之後頭責三百斛是爲化無用之費得運水次成穀七百萬斛此又數年後之益也加以百姓降丘宅土將來公私之饒乃不可計其所留好種萬頭可卽令右典牧都尉官屬養之人多畜少可並佃牧地明其考課此又三魏近甸歲當復入數千萬斛穀牛又皆當調習動可駕用皆今日之可全者也預又言諸欲修水田者皆以火耕水耨爲便非不爾也然此事施於新田草萊與百姓居相絕離者耳往者東南草創人稀故得火田之利自頃戶口日增而陂堨歲決良田變生蒲葦人居沮澤之際水陸失宜放牧絕種樹木立枯皆陂之害也陂多則土薄水淺潦不下潤故每有水雨輒復橫流延及陸田言者不思其故因云此土不可陸種臣計漢之戶口以驗今之陂處皆陸業也其或有舊陂舊堨則堅完脩固非今所謂當爲人害者也臣前見尚書胡威啓宜壞陂其言懇至臣中者又見宋侯相應遵上便宜求壞泗陂徙運道時下都督度支共處當各據所見不從遵言臣按遵上事運道東詣壽春有舊渠可不由泗陂泗陂在遵地界壞地凡萬三千餘頃傷敗成業遵縣領應佃二千六百口可謂至少而猶患地狹不足肆力此皆水之爲害也當所共恤而都督度支方復執異非所見之難直以不同害理也人心所見既不同利害之情又有異軍家之與郡縣士大夫之與百姓其意莫有同者此皆偏其利以忘其害者也此理之所以未盡而事之所以多患也臣又案豫州界二度支所領佃者州郡大軍雜士凡用水田七千五百餘頃耳計三年之儲不過二萬餘頃以常理言之無爲多積無用之水況於今者水潦瓮溢大爲災害臣以爲與其失當寧瀉之不滀宜發明詔勅刺史二千石其漢氏舊陂舊堨及山谷私家小陂皆當修繕以積水其諸魏氏以來所造立及諸因雨決溢蒲葦馬腸陂之類皆決瀝之長吏二千石躬親勸功諸食力之人並一時附功令比及水凍得粗枯涸其所修功實之人皆以俾之其舊陂堨溝渠當有所補塞者皆尋求微跡一如漢時故事豫爲部分列上須冬東南休兵交代各留一月以佐之夫川瀆有常流地形有定體漢氏居人衆多猶以無患今因其所患而宣寫之跡古事以明近大理顯然可坐論而得臣不勝愚意竊謂最是今日之實益也朝廷從之及平吳之後有司又奏詔書王公以國爲家京城不宜復有田宅今未暇作諸國邸當使城中有往來處近郊有芻藁之田今可限之國王公侯京城得有一宅之處近郊田大國田十五頃次國十頃小國七頃城內無宅城外有者皆聽留之又制戶調之式丁男之戶歲輸絹三匹綿三斤女及次丁男爲戶者半輸其諸邊郡或三分之二遠者三分之一夷人輸賨布戶一匹遠者或一丈男子一人占田七十畝女子三十畝其外丁男課田五十畝丁女二十畝次丁男半之女則不課男女年十六已上至六十爲正丁十五已下至十三六十一已上至六十五爲次丁十二已下六十六已上爲老小不事遠夷不課田者輸義米戶三斛遠者五斗極遠者輸算錢人二十八文其官品第一至于第九各以貴賤占田品第一者占五十頃第二品四十五頃第三品四十頃第四品三十五頃第五品三十頃第六品二十五頃第七品二十頃第八品十五頃第九品十頃而又各以品之高卑蔭其親屬多者及九族少者三世宗室國賓先賢之後及士人子孫亦如之而又得蔭人以爲衣食客及佃客品第六已上得衣食客三人第七第八品二人第九品及舉輦跡禽前驅由基強弩司馬羽林郎殿中冗從武賁殿中武賁持椎斧武騎武賁持鈒冗從武賁命中武賁武騎一人其應有佃客者官品第一第二者佃客無過五十戶第三品十戶第四品七戶第五品五戶第六品三戶第七品二戶第八品第九品一戶是時天下無事賦稅平均人咸安其業而樂其事及惠帝之後政教陵夷至於永嘉喪亂彌甚雍州以東人多饑乏更相鬻賣奔迸流移不可勝數幽并司冀秦雍六州大蝗草木及牛馬毛皆盡又大疾疫兼以饑饉百姓又爲寇賊所殺流尸滿河白骨蔽野劉曜之逼朝廷議欲遷都倉垣人多相食飢疫總至百官流亡者十八九元帝爲晉王課督農功詔二千石長吏以入穀多少爲殿最其非宿衞要任皆宜赴農使軍各自佃作卽以爲廩太興元年詔曰徐揚二州土宜三麥可督令熯地投秋下種至夏而熟繼新故之交於以周濟所益甚大昔漢遣輕車使者氾勝之督三輔種麥而關中遂穰勿令後晚其後頻年麥雖有旱蝗而爲益猶多二年三吳大飢死者以百數吳郡太守鄧攸輒開倉廩賑之武帝時使黃門侍郎虞斐桓彝開倉廩振給并省衆役百官各上封事後軍將軍應詹表曰夫一人不耕天下必有受其飢者而軍興以來征戰運漕朝廷宗廟百官用度既已殷廣下及工商流寓僮僕不親農桑而遊食者以十萬計不思開立美利而望國足人給豈不難哉古人言曰飢寒並至雖堯舜不能使野無寇盜貧富并兼雖臯陶不能使强不陵弱故有國有家者何嘗不務農重穀近魏武皇帝用棗祗韓浩之議廣建屯田又於征伐之中分帶甲之士隨宜開墾故下不甚勞而大功克舉也間者流人奔東吳東吳今儉皆已還反江西良田曠廢來久火耕水耨爲功差易宜簡流人興復農官功勞報賞皆如魏氏故事一年中與百姓二年分稅三年計賦稅以使之公私兼濟則倉盈庾億可計日而待也又曰昔高祖使蕭何鎭關中光武令寇恂守河內魏武委鍾繇以西事故能使八表夷蕩區內輯寧今中州蕭條未蒙疆理此兆庶所以企望壽春一方之會去此不遠宜選都督有文武經畧者遠以振河洛之形勢近以爲徐豫之藩鎭綏集流散使人有攸依專委農功令事有所局趙充國農於金城以平西零諸葛亮耕於渭濱規抗上國今諸軍自不對敵皆宜齊課咸和五年成帝始度百姓田取十分之一率畝稅米三升六年以海賊寇抄運漕不繼發王公以下餘丁各運米六斛是後頻年水災旱蝗田收不至咸康初算度田稅米空懸五十餘萬斛尚書褚裒以下免官穆帝之世頻有大軍糧運不繼制王公以下十三戶共借一人助度支運升平初荀羨爲北府都督鎭下邳起田于東陽之石鼈公私利之哀帝卽位乃減田租畝

收二升孝武太元二年除度田收租之制王公以下口稅三斛唯蠲在役之身八年又增稅米口五石至於末年天下無事時和年豐百姓樂業穀帛殷阜幾乎家給人足矣

漢錢舊用五銖自王莽改革百姓皆不便之及公孫述僭號於蜀童謠曰黃牛白腹五銖當復好事者竊言王莽稱黃述欲繼之故稱白腹五銖漢貨言漢當復併天下也至光武中興除莽貨泉建武十六年馬援又上書曰富國之本在於食貨宜如舊鑄五銖錢帝從之於是復鑄五銖錢天下以爲便及章帝時穀帛價貴縣官經用不足朝廷憂之尚書張林言今非但穀貴也百物皆貴此錢賤故爾宜令天下悉以布帛爲租市買皆用之封錢勿出如此則錢少物皆賤矣又鹽者食之急也縣官可自賣鹽武帝時施行之名曰均輸於是事下尚書通議尚書朱暉議曰王制天子不言有無諸侯不言多少食祿者不與百姓爭利均輸之法與賈販無異以布帛爲租則吏多姦官自賣鹽與下爭利非明主所宜行帝本以林言爲是得暉議因發怒遂用林言少時復止和帝時有上書言人以貨輕錢薄故致貧困宜改鑄大錢事下四府羣僚及太學能言之士孝廉劉陶上議曰臣伏讀鑄錢之詔平輕重之議訪覃幽微不遺窮賤是以藿食之人謬延逮及蓋以當今之憂不在於貨在於人飢是以先王觀象育物敬授民時使男不逋畝女不下機故君臣之道行王路之教通由是言之食者乃有國之所寶百姓之至貴也竊以比年已來良苗盡於蝗螟之口杼柚空於公私之求所急朝夕之食所患靡盬之事豈謂錢之厚薄銖兩之輕重哉就使當今沙礫化爲南金瓦石變爲和玉使百姓渴無所飲飢無所食雖皇羲之純德唐虞之文明猶不能以保蕭牆之內也蓋百姓可百年無貨不可以一朝有飢故食爲至急也議者不達農殖之本多言鑄冶之便或欲因緣行詐以賈國利國利將盡取者爭競造鑄之端於是乎生蓋萬人鑄之一人奪之猶不能給況今一人鑄之則萬人奪之乎雖以陰陽爲炭萬物爲銅役不食之民使不飢之士猶不能足無厭之求也夫欲民財殷阜要在止役禁奪則百姓不勞而足陛下聖德愍海內之憂戚傷天下之艱難欲鑄錢齊貨以救其弊此猶養魚沸鼎之中棲鳥烈火之上木水本魚鳥之所生也用之不時必至燋爛願陛下寬鍥薄之禁後冶鑄之議也帝竟不鑄錢及獻帝初平中董卓乃更鑄小錢由是貨輕而物貴穀一斛至錢數百萬至魏武爲相於是罷之還用五銖是時不鑄錢既久貨本不多又更無增益故穀賤無已及黃初二年魏文帝罷五銖錢使百姓以穀帛爲市至明帝世錢廢穀用既久人間巧僞漸多競濕穀以要利作薄絹以爲市雖處以嚴刑而不能禁也司馬芝等舉朝大議以爲用錢非徒豐國亦所以省刑今若更鑄五銖錢則國豐刑省於事爲便魏明帝乃更立五銖錢至晉用之不聞有所改創孫權嘉平五年鑄大錢一當五百赤烏元年又鑄當千錢故呂蒙定荆州孫權賜錢一億錢既太貴但有空名人間患之權聞百姓不以爲便省息之鑄爲器物官勿復出也私家有者並以輸藏平卑其直勿有所枉晉自中原喪亂元帝過江用孫氏舊錢輕重雜行大者謂之比輪中者謂之四文吳興沈充又鑄小錢謂之沈郎錢錢既不多由是稍貴孝武太元三年詔曰錢國之重寶小人貪利銷壞無已監司當以爲意廣州夷人寶貴銅鼓而州境素不出銅聞官私賈人皆於此下貪比輪錢斤兩差重以入廣州貨與夷人鑄敗作鼓其重爲禁制得者科罪安帝元興中桓玄輔政立議欲廢錢用穀帛孔琳之議曰洪範八政貨爲食次豈不以交易所資爲用之至要者乎若使百姓用力於爲錢則是妨爲生之業禁之可也今農自務穀工自務器各肆其業何當致勤於錢故聖王制無用之貨以通有用之財既無毀敗之費又省難運之苦此錢所以嗣功龜貝歷代不廢者也穀帛爲寶本充衣食分以爲貨則致損甚多又勞毀於商販之手耗棄於割截之用此之爲弊著自於曩故鍾繇曰巧僞之人競濕穀以要利制薄絹以充資魏世制以嚴刑弗能禁也是以司馬芝以爲用錢非徒豐國亦所以省刑錢之不用由於兵亂積久自致於廢有由而然漢末是也今既用而廢之則百姓頓亡其利今括囊天下之穀以周天下之食或倉庫充溢或糧靡井儲以相資通則貧者仰富致富之道實假於錢一朝斷之便爲棄物是有錢無糧之人皆坐而飢困以此斷之又立弊也且據今用錢之處不以爲貧用穀之處不以爲富又人習來久革之必惑語曰利不百不易業況又錢便于穀邪魏明帝時錢廢穀用既久不以便於人乃舉朝大議精才達政之士莫不以宜復用錢下無異情朝無異論彼尚舍穀帛而用錢足以明穀帛之弊著於已誠也世或謂魏氏不用錢久積累巨萬故欲行之利公富國斯殆不然晉文後舅犯之謀而先成季之信以爲雖有一時之勳不如萬世之益于時名賢在列君子盈朝大謀天下之利害將定經國之要術若穀實便錢義不昧當時之近利而廢求用之通業斷可知矣斯實由困而思革改而更張耳近孝武之末天下無事時和年豐百姓樂業穀帛殷阜幾乎家給人足驗之實事錢又不妨人也頃兵革屢興荒饉荐及飢寒未振實此之由公既援而拯之大革視聽弘敦本之教明廣農之科敬授人時各從其業遊蕩知反務末自休同以南畝競力野無遺壤矣於此以往將升平必至何衣食之足卹愚謂救弊之術無取於廢錢朝議多同琳之故玄議不行

晉書卷二十七

唐 太 宗 文 皇 帝 御 撰

志第十七

五行上

夫帝王者配德天地叶契陰陽發號施令動關幽顯休咎之徵隨感而作故書曰惠迪吉從逆凶惟影響昔伏羲氏繼天而王受河圖則而畫之八卦是也禹治洪水賜洛書法而陳之洪範是也聖人行其道寶其眞自天祐之吉無不利三五已降各有司存爰及殷之箕子在父師之位典斯大範周既克殷以箕子歸武王虛已而問焉箕子對以禹所得雒書授之以垂訓然則河圖雒書相爲經緯八卦九章更爲表裏殷道絕文王演周易周道弊孔子述春秋奉乾坤之陰陽效洪範之休咎天人之道粲然著矣漢興承秦滅學之後文帝時宓生創紀大傳其言五行庶徵備矣後景武之際董仲舒治公羊春秋始推陰陽爲儒者之宗宣元之間劉向治穀梁春秋數其禍福以洪範與仲舒多所不同至向子歆治左氏傳其言春秋及五行又甚乖異班固據大傳采仲舒劉向劉歆著五行志而傳載眭孟夏侯勝京房谷永李尋之徒所陳行事訖于王莽博通祥變以傳春秋綜而爲言凡有三術其一曰君治以道臣輔克忠萬物咸遂其性則和氣應休徵效國以安二曰君違其道小人在位衆庶失常則乖氣應咎徵效國以亡三曰人君大臣見災異退而自省責躬修德共禦補過則消禍而福至此其大略也輒舉斯例錯綜時變婉而成章有足觀者及司馬彪纂光武之後以究漢事災眚之說不越前規今採黃初以降言祥異者著于此篇

經曰五行一曰水二曰火三曰木四曰金五曰土水曰潤下火曰炎上木曰曲直金曰從革土爰稼穡

傳曰田獵不宿飲食不享出入不節奪農時及有姦謀則木不曲直

說曰木東方也於易地上之木爲觀於王事威儀容貌亦可觀者也故行步有佩玉之度登車有和鸞之節三驅之制飲食有享獻之禮出入有名使人以時務在勸農桑謀在安百姓如此則木得其性矣若乃田獵馳騁不反宮室飲食沉湎不顧法度妄興繇役以奪農時作爲姦詐以傷人財則木失其性矣蓋工匠之爲輪矢者多傷敗及木爲變怪是爲不曲直

魏文帝黃初六年正月雨木冰按劉歆說上陽施不下通下陰施不上達故雨而木爲之冰雺氣寒木不曲直也劉向曰冰者陰之盛木者少陽貴臣卿大夫象也此人將有害則陰氣脅木木先寒故得雨而冰也是年六月利成郡兵蔡方等殺太守徐質據郡反太守古之諸侯貴臣有害之應也一說以木冰爲木介介者甲兵之象是歲既討蔡方又八月天子自將以舟師征吳戍卒十餘萬連旌數百里臨江觀兵又屬常雨也

元帝太興三年二月辛未雨木冰後二年周顗等遇害是陽施不下通也

穆帝永和八年正月乙巳雨木冰是年殷浩北伐明年軍敗十年廢黜又曰荀羨殷浩北伐桓溫入關之象也

孝武帝太元十四年十二月乙巳雨木冰明年二月王恭爲北藩八月庾楷爲西藩九月王國寶爲中書令尋加領軍將軍十七年殷仲堪爲荆州雖邪正異規而終同夷滅是其應也

吳孫亮建興二年諸葛恪征淮南後所坐聽事棟中折恪妄興徵役奪農時作邪謀傷國財力故木失其性致毁折也及旋師而誅滅於周易又爲棟橈之凶也

武帝太康五年五月宣帝廟地陷梁折八年正月太廟殿又陷改作廟築基及泉其年九月遂更營新廟遠致名材雜以銅柱陳勰爲匠作者六萬人至十年四月乃成十一月庚寅梁又折天戒若曰地陷者分離之象梁折者木不曲直也明年帝崩而王室遂亂

惠帝太安二年成都王穎使陸機率衆向京都擊長沙王乂及軍始引而牙竿折俄而戰敗機被誅穎遂奔潰卒賜死此姦謀之罰木不曲直也

元帝太興四年王敦在武昌鈴下儀仗生華如蓮華五六日而萎落此木失其性干寶以爲狂華生枯木又在鈴閤之間言威儀之富榮華之盛皆如狂華之發不可久也其後王敦終以逆命加戮其尸一說亦華孽也於周易爲枯楊生華

桓玄始篡龍旂竿折時玄田獵無度飲食奢恣土木妨農又多姦謀故木失其性天戒若曰旂所以掛三辰章著明也旂竿之折高明去矣玄果敗

傳曰弃法律逐功臣殺太子以妾爲妻則火不炎上

說曰火南方揚光輝爲明者也其於王者南面嚮明而治書云知人則哲能官人故堯舜舉羣賢而命之朝遠四佞而放諸埜孔子曰浸潤之譖膚受之愬不行焉可謂明矣賢佞分別官人有序帥由舊章敬重功勳殊別嫡庶如此則火得其性矣若乃信道不篤或燿虛僞讒夫昌邪勝正則火失其性矣自上而降及濫炎妄起焚宗廟燒宮館雖興師衆不能救也是爲火不炎上

魏明帝太和五年五月清商殿災初帝爲平原王納河南虞氏爲妃及卽位不以爲后更立典虞車工卒毛嘉女爲后后本仄微非所宜升以妾爲妻之罰也

青龍元年六月洛陽宮鞠室災二年四月崇華殿災延於南閣繕復之至三年七月此殿又災帝問高堂隆此何咎也於禮寧有祈禳之義乎對曰夫災變之發皆所以明教誡也惟率禮修德可以勝之易傳曰上不儉下不節孽火燒其室又曰君高其臺天火爲災此人君苟飾宮室不知百姓空竭故天應之以旱火從高殿起也按舊占曰災火之發皆以臺榭宮室爲誡今宜罷散作役務從節約清掃所災之處不敢於此有所營造蓮莆嘉禾必生此地以報陛下虔恭之德帝不從遂復崇華殿改曰九龍以郡國前後言龍見者九故以爲名多弃法度疲衆逞欲以妾爲妻之應也

吳孫亮建興元年十二月武昌端門災改作端門又災內殿門者號令所出殿者聽政之所是時諸葛恪執政而矜慢放肆孫峻總禁旅而險害終著武昌孫氏尊號所始天戒若曰宜除其貴要之首者恪果喪衆殄人峻授政於綝綝廢亮也或曰孫權毀徹武昌以增太初宮諸葛恪有遷都意更起門殿事非時宜故見災也京房易傳曰君不思道厥妖火燒宮

太平元年二月朔建鄴火人之火也是秋孫綝始執政矯以亮詔殺呂據滕胤明年又輒殺朱異弃法律逐功臣之罰也

孫休永安五年二月城西門北樓災六年十月石頭小城火燒西南百八十丈是時嬖人張布專擅國勢多行無禮而韋昭盛沖終斥不用兼遣察戰等爲內史驚擾州郡致使交阯反亂是其咎也

孫晧建衡元年三月大火燒萬餘家死者七百人按春秋齊火災劉向以爲桓公好內聽女口妻妾數更之罰也時晧制令詭暴蕩弃法度勞臣名士誅斥甚衆後宮萬餘女謁數行其中隆寵佩皇后璽紱者又多矣故有火災

武帝太康八年三月乙丑震災西閣楚王所止坊及臨商觀總

十年四月癸丑崇賢殿災十一月庚辰含章鞠室修成堂前廡景坊東屋暉章殿南閣火時有上書曰漢王氏五侯兄弟迭任今楊氏三公並在大位故天變屢見竊爲陛下憂之由是楊珧求退是時帝納馮紞之間廢張華之功聽楊駿之讒離衞瓘之寵此逐功臣之罰也明年宮車晏駕其後楚王承竊發之旨戮害二公身亦不免震災其坊又天意乎

惠帝元康五年閏月庚寅武庫火張華疑有亂先命固守然後救火是以累代異寶王莽頭孔子屐漢高祖斷白蛇劒及二百八萬器械一時蕩盡是後愍懷見殺太子之罰也天戒若曰夫設險擊柝所以固其國儲積戎器所以戒不虞今冢嗣將傾社稷將泯禁兵無所復施皇旅又將誰衞帝后不悟終喪四海是其應也張華閻纂皆曰武庫火而氐羌反太子見廢則四海可知

八年十一月高原陵火是時賈后凶恣賈謐擅朝惡積罪稔宜見誅絕天戒若曰臣妾之不可者雖親貴莫比猶宜忍而誅之如吾燔高原陵也帝既眊弱而張華又不納裴頠劉卞之謀故后遂與謐殺太子也干寶以爲高原陵火太子廢之應漢武帝世高園便殿火董仲舒對與此占同

永康元年帝納皇后羊氏后將入宮衣中忽有火衆咸怪之永興元年成都王遂廢后處之金墉城是後還立立而復廢者四又詔賜死荀藩表全之雖來還在位然憂逼折辱終古未聞此孽火之應也

永興二年七月甲午尚書諸曹火起延崇禮闥及閣道夫百揆王化之本王者棄法律之應也後清河王覃入嗣不終於位又殺太子之罰也

孝懷帝永嘉四年十一月襄陽火燒死者三千餘人是時王如自號大將軍司雍二州牧衆四五萬攻略郡縣此下陵上陽失其節之應也

元帝太興中王敦鎭武昌武昌災火起興衆救之救於此而發於彼東西南北數十處俱應數日不絕舊說所謂濫炎妄起雖興師衆不能救之之謂也干寶以爲此臣而君行亢陽失節是謂王敦陵上有無君之心故災也

永昌二年正月癸巳京師大火三月饒安東光安陵三縣火燒七千餘家死者萬五千人

明帝太寧元年正月京都火是時王敦威侮朝廷多行無禮內外臣下咸懷怨毒極陰生陽也

成帝咸和二年五月京師火

康帝建元元年七月庚申吳郡災

穆帝永和五年六月震災石季龍大武殿及兩廟端門震災月餘乃滅金石皆盡其後季龍死大亂遂滅亡

海西公太和中郗愔爲會稽太守六月大旱災火燒數千家延及山陰倉米數百萬斛炎煙蔽天不可撲滅此亦桓溫強盛將廢海西極陰生陽之應也

孝武帝寧康元年三月京師風火大起是時桓溫入朝志在陵上少主踐位人懷憂恐此與太寧火事同

太元十年正月國子學生因風放火焚房百餘間是後考課不厲賞黜無章蓋有育才之名而無收賢之實此不哲之罰先兆也

十三年十二月乙未延賢堂災是月景申螽斯則百堂及客館驃騎府庫皆災于時朝多弊政衰陵日兆不哲之罰皆有象類主相不悟終至亂亡會稽王道子寵幸尼及姏母各樹用其親戚乃至出入宮掖禮見人主天戒若曰登延賢堂及客館者多非其人故災之也又孝武帝更不立皇后寵幸微賤張夫人夫人驕妬皇子不繁乖螽斯則百之道故災其殿焉道子復賞賜不節故府庫被災斯亦其罰也

安帝隆安二年三月龍舟二乘災是水沴火也其後桓玄篡位帝乃播越天戒若曰王者流遷不復御龍舟故災之耳

元興元年八月庚子尚書下舍曹火時桓玄遂錄尚書故天火示不復居也

三年盧循攻略廣州刺史吳隱之閉城固守其十月壬戌夜火起時百姓避寇盈滿城內隱之懼有應賊者但務嚴兵不先救火由是府舍焚蕩燒死者萬餘人因遂散潰悉爲賊擒

義熙四年七月丁酉尚書殿中吏部曹火

九年京都大火燒數千家

十一年京都所在大行火災吳界尤甚火防甚峻猶自不絕王弘時爲吳郡晝在聽事見天上有一赤物下狀如信幡遙集路南人家屋上火卽大發弘知天爲之災故不罪火主此帝室衰微之應也

傳曰修宮室飾臺榭內淫亂犯親戚侮兄弟則稼穡不成

說曰土中央生萬物者也其於王者爲內事宮室夫婦親屬亦相生者也古者天子諸侯宮廟大小高卑有制后夫人媵妾多少有度九族親疏長幼有序孔子曰禮與其奢也寧儉故禹卑宮室文王刑于寡妻此聖人之所以昭教化也如此則土得其性矣若乃奢淫驕慢則土失其性亡水旱之災而草木百穀不熟是爲稼穡不成

吳孫晧時當歲無水旱苗稼豐美而實不成百姓以飢闔境皆然連歲不已吳人以爲傷露非也按劉向春秋說曰水旱當書不書水旱而曰大無麥禾者土氣不養稼穡不成此其義也晧初遷都武昌尋還建鄴又起新館綴飾珠玉壯麗過甚破壞諸營增廣苑囿犯暑妨農官私疲怠月令季夏不可以興土功晧皆冒之此修宮室飾臺榭之罰也

元帝太興二年吳郡吳興東陽無麥禾大饑

成帝咸和五年無麥禾天下大饑

穆帝永和十年三麥不登

十二年大無麥

孝武太元六年無麥禾天下大饑

安帝元興元年無麥禾天下大饑

傳曰好戰攻輕百姓飾城郭侵邊境則金不從革

說曰金西方萬物既成殺氣之始也故立秋而鷹隼擊秋分而微霜降其於王事出軍行師把旄杖鉞誓士衆抗威武所以征叛逆止暴亂也詩云有虔秉鉞如火烈烈又曰載戢干戈載櫜弓矢動靜應宜說以犯難人忘其死金得其性矣若乃貪欲恣睢務立威勝不重人命則金失其性蓋土冶鑄金鐵冰滯涸堅不成者衆乃爲變怪是爲金不從革魏時張掖石瑞雖是晉之符命而於魏爲妖好攻戰輕百姓飾城郭侵邊境魏氏三祖皆有其事石圖發於非常之文此不從革之異也晉定大業多斃曹氏石瑞文大討曹之應也按劉歆以春秋石言于晉爲金石同類也是爲金不從革失其性也劉向以爲石白色爲主屬白祥

魏明帝青龍中盛修宮室西取長安金狄承露槃折聲聞數十里金狄泣於是因留霸城此金失其性而爲異也

吳時歷陽縣有巖穿似印咸云石印封發天下太平孫晧天璽元年印發又陽美山有石穴長十餘丈晧初修

武昌宮有遷都之意是時武昌爲離宮班固云離宮與城郭同占飾城郭之謂也其寶鼎三年後晧出東關遣丁奉至合肥建衡三年晧又大舉出華里侵邊境之謂也故令金失其性卒面縛而吳亡

惠帝元康三年閏二月殿前六鍾皆出涕五刻止前年賈后殺楊太后於金墉城而賈后爲惡不止故鍾出涕猶傷之也

永興元年成都伐長沙每夜戈戟鋒有火光如懸燭此輕人命好攻戰金失其性而爲光變也天戒若曰兵猶火也不戢將自焚成都不悟終以敗亡

懷帝永嘉元年項縣有魏豫州刺史賈逵石牌生金可採此金不從革而爲變也五月汲桑作亂羣寇飈起

清河王覃爲世子時所佩金鈴忽生起如粟者康王母疑不祥毀弃之及後爲惠帝太子不終于位卒爲司馬越所殺

愍帝建興五年石言于平陽是時帝蒙塵亦在平陽故有非言之物而言妖之大者俄而帝爲逆胡所弑

元帝永昌元年甘卓將襲王敦既而中止及還家多變怪照鏡不見其頭此金失其性而爲妖也尋爲敦所襲遂夷滅

石季龍時鄴城鳳陽門上金鳳皇二頭飛入漳河

海西太和中會稽山陰縣起倉鑿地得兩大船滿中錢錢皆輪文大形時日向暮鑿者馳以告官官夜遣防守甚嚴至明旦失錢所在惟有船存視其狀悉有錢處

安帝義熙初東陽太守殷仲文照鏡不見其頭尋亦誅翦占與甘卓同也

傳曰簡宗廟不禱祠廢祭祀逆天時則水不潤下

說曰水北方終藏萬物者也其於人道命終而形藏精神放越聖人爲之宗廟以收魂氣春秋祭祀以終孝道王者卽位必郊祀天地禱祈神祇望秩山川懷柔百神亡不宗事愼其齋戒致其嚴敬是故鬼神歆饗多獲福助此聖王所以順事陰氣和神人也及至發號施令亦奉天時十二月咸得其氣則陰陽調而終始成如此則水得其性矣若迺不敬鬼神政令逆時水失其性霧水暴出百川逆溢壞鄉邑溺人民及淫雨傷稼穡是爲水不潤下

京房易傳曰顓事者加誅罰絕理厥災水其水也雨殺人以隕霜大風天黃饑而不損茲謂泰厥大水水殺人避遏有德茲謂狂厥水水流殺人也已水則地生蟲歸獄不解茲謂追非厥水寒殺人追誅不解茲謂不理厥水五穀不收大敗不解茲謂皆陰厥水流入國邑隕霜殺穀仲舒曰交兵結讎伏尸流血百姓愁怨陰氣盛故大水也

魏文帝黃初四年六月大雨霖伊洛溢至津陽城門漂數千家殺人初帝卽位自鄴遷洛營造宮室而不起宗廟太祖神主猶在鄴嘗於建始殿饗祭如家人禮終黃初不復還鄴又郊社神祇未有定位此簡宗廟廢祭祀之罰也

吳孫權赤烏八年夏茶陵縣鴻水溢出漂二百餘家十三年秋丹陽故鄣等縣又鴻水溢出按權稱帝三十年竟不於建鄴創七廟惟父堅一廟遠在長沙而郊祀禮闕嘉禾初羣臣奏宜郊祀又不許末年雖一南郊而北郊遂無聞焉吳楚之廟亦不見秩反祀羅陽妖神以求福助天戒若曰權簡宗廟不禱祠廢祭祀故示此罰欲其感悟也

太元元年吳又有大風涌水之異是冬權南郊宜是鑒咎徵乎還而寢疾明年四月薨一曰權時信納譖訴雖陸遜勳重子和儲貳猶不得其終與漢安帝聽讒免楊震廢太子同事也且赤烏中無年不用兵百姓愁怨八年秋將軍馬茂等又圖逆

魏明帝景初元年九月淫雨冀兗徐豫四州水出沒溺殺人漂失財產帝自初卽位便淫奢極欲多占幼女或奪士妻崇飾宮室妨害農戰觸情恣欲至是彌甚號令逆時饑不損役此水不潤下之應也

吳孫亮五鳳元年夏大水亮卽位四年乃立權廟又終吳世不上祖宗之號不修嚴父之禮昭穆之數有闕亮及休晧又並廢二郊不秩羣神此簡宗廟不祭祀之罰也又是時孫峻專政陰勝陽之應乎

孫休永安四年五月大雨水泉涌溢昔歲作浦里塘功費無數而田不可成士卒死叛或自賊殺百姓愁怨陰氣盛也休又專任張布退盛沖等吳人賊之應也

五年八月壬午大雨震電水泉湧溢

武帝泰始四年九月青州徐兗豫四州大水

七年六月大雨霖河洛伊沁皆溢殺二百餘人自帝卽尊位不加三后祖宗之號

泰始二年又除明堂南郊五帝座同稱昊天上帝一位而已又省先后配地之祀此簡宗廟廢祭祀之罰也

咸寧元年九月徐州大水

二年七月癸亥河南魏郡暴水殺百餘人閏月荆州郡國五大水流四千餘家去年採擇良家子女露面入殿帝親簡閱務在姿色不訪德行有蔽匿者以不敬論搢紳愁怨天下非之陰盛之應也

三年六月益梁二州郡國八暴水殺三百餘人七月荆州大水九月始平郡大水青徐兗豫荆益梁七州又大水是時賈充等用事專恣而正人疏外者多陰氣盛也

四年七月司冀兗豫荆揚郡國二十大水傷秋稼壞屋室有死者

太康二年六月泰山江夏大水泰山流三百家殺六十餘人江夏亦殺人時平吳後王濬爲元功而詆劾妄加荀賈爲無謀而並蒙重賞收吳姬五千納之後宮此其應也

四年七月兗州大水十二月河南及荆揚六州大水

五年九月郡國四大水又隕霜是月南安等五郡大水

六年四月郡國十大水壞廬舍

七年九月郡國八大水

八年六月郡國八大水

惠帝元康二年有水災

五年五月潁川淮南大水六月城陽東莞大水殺人荆揚徐兗豫五州又水是時帝卽位已五載猶未郊祀其烝嘗亦多不親行事此簡宗廟廢祭祀之罰

六年五月荆揚二州大水是時賈后亂朝寵樹賈郭女主專政陰氣盛之應也

八年五月金墉城井溢漢志成帝時有此妖後王莽僭逆今有此妖趙王倫篡位倫廢帝於此城井溢所在其天意也　九月荆揚徐冀豫五州大水是時賈后暴戾滋甚韓謐驕猜彌扇卒害太子旋以禍滅

九年四月宮中井水沸溢

永寧元年七月南陽東海大水是時齊王冏專政陰盛之應也

太安元年七月兗豫徐冀四州水時將相力政無尊主心陰盛故也

孝懷帝永嘉四年四月江東大水時王導等潛懷翼戴之計陰氣盛也

元帝太興三年六月大水是時王敦內懷不臣傲很陵上此陰氣盛也

四年七月又大水

永昌二年五月荆州及丹陽宣城吳興壽春大水

明帝太寧元年五月丹陽宣城吳興壽春大水是時王敦威權震主陰氣盛故也

成帝咸和元年五月大水是時嗣主幼沖母后稱制庾亮以元舅決事禁中陰勝陽故也

二年五月戊子京都大水是冬以蘇峻稱兵都邑塗地

四年七月丹陽宣城吳興會稽大水是冬郭默作亂荆豫共討之半歲乃定兵役之應也

七年五月大水是時帝未親機務政在大臣陰勝陽也

咸康元年八月長沙武陵大水

穆帝永和四年五月大水

五年五月大水

六年五月又大水時幼主沖弱母后臨朝又將相大臣各執權政與咸和初同事也

七年七月甲辰夜濤水入石頭死者數百人是時殷浩以私忿廢蔡謨遐邇非之又幼主在上而殷桓交惡選徒聚甲各崇私權陰勝陽之應也一說濤水入石頭以爲兵占是後殷浩桓溫謝尚荀羨連年征伐百姓愁怨也

升平二年五月大水

五年四月又大水是時桓溫權制朝廷專征伐陰勝陽也

海西太和六年六月京師大水平地數尺浸入太廟朱雀大航纜斷三艘流入大江丹陽晉陵吳郡吳興臨海五郡又大水稻稼蕩沒黎庶饑饉初四年桓溫北伐敗績十喪其九五年又征淮南踰歲乃尅百姓愁怨之應也

簡文帝咸安元年十二月壬午濤水入石頭明年妖賊盧竦率其屬數百人入殿略取武庫三庫甲仗游擊將軍毛安之討滅之兵興陰盛之應也

孝武帝太元三年六月大水是時帝幼弱政在將相

五年五月大水

六年六月揚荆江三州大水

八年三月始興南康廬陵大水平地五丈

十年五月大水自八年破苻堅後有事中州役無寧歲愁怨之應也

十三年十二月濤水入石頭毀大航殺人明年慕容氏寇擾司兗鎭戍西北疲於奔命愁怨之應也

十五年七月沔中諸郡及兗州大水是時緣河紛爭征戍勤瘁之應也

十七年六月甲寅濤水入石頭毀大航漂船舫有死者京口西浦亦濤入殺人永嘉郡潮水湧起近海四縣人多死後四年帝崩而王恭再攻京師京師亦發衆以禦之兵役頻興百姓愁怨之應也

十八年六月己亥始興南康廬陵大水深五丈

十九年七月荊徐大水傷秋稼

二十年六月荊徐又大水

二十一年五月癸卯大水是時政事多弊兆庶非之

安帝隆安三年五月荊州大水平地三丈去年殷仲堪舉兵向京師是年春又殺郄恢陰盛作威之應也仲堪尋亦敗亡

五年五月大水是時會稽王世子元顯作威陵上又桓玄擅西夏孫恩亂東國陰勝陽之應也

元興二年十二月桓玄簒位其明年二月庚寅夜濤水入石頭商旅方舟萬計漂敗流斷骸胔相望江左雖頻有濤變未有若斯之甚三月義軍克京都玄敗走遂夷滅之

三年二月己丑朔夜濤水入石頭漂沒殺人大航流敗

義熙元年十二月己未濤水入石頭

二年十二月己未夜濤水入石頭明年駱球父環潛結桓胤殷仲文等謀作亂劉稚亦謀反凡所誅滅數十家

三年五月丙午大水

四年十二月戊寅濤水入石頭明年王旅北討

六年五月丁巳大水乙丑盧循至蔡州

八年六月大水

九年五月辛巳大水

十年五月丁丑大水戊寅西明門地穿涌水出毀門扇及限亦水沴土也七月乙丑淮北風災大水殺人

十一年七月景戌大水淹漬太廟百官赴救明年王旅北討關河

經曰敬用五事一曰貌二曰言三曰視四曰聽五曰思貌曰恭言曰從視曰明聽曰聰思曰睿恭作肅從作乂明作哲聰作謀睿作聖休徵曰肅時雨若乂時暘若哲時燠若謀時寒若聖時風若咎徵曰狂恒雨若僭恒暘若豫恒燠若急恒寒若蒙恒風若

傳曰貌之不恭是謂不肅厥咎狂厥罰恒雨厥極惡時則有服妖時則有龜孽時則有雞旤音禍時則有下體生上之痾時則有青眚青祥惟金沴木

說曰凡草木之類謂之妖妖猶夭胎言尚微也蟲豸之類謂之孽孽則芽孽矣及六畜謂之旤言其著也及人謂之痾痾病貌也言寖深也甚則有異物生謂之眚自外來謂之祥祥猶禎也氣相傷謂之沴沴猶臨莅不和意也每一事云時則以絕之言非必俱至或有或亡或在前或在後孝武時夏侯始昌通五經善推五行傳以傳族子夏侯勝下及許商皆以教所賢弟子其傳與劉向同惟劉歆傳獨異

貌之不恭是謂不肅肅敬也內曰恭外曰敬人君行己體貌不恭怠慢驕蹇則不能敬萬事失則狂易故其咎狂也上慢下暴則陰氣勝故其罰常雨也水傷百穀衣食不足則姦宄並作故其極惡也

一曰人多被刑或形貌醜惡亦是也風俗狂慢變節易度則爲剽輕奇怪之服故有服妖水類動故有龜孽於易巽爲雞雞有冠距文武之貌而不爲威貌氣毀故有雞旤一曰水歲多雞死及爲怪亦是也上失威儀則有彊臣害君上故有下體生於上之痾木色青故有青眚青祥凡貌傷者病木氣木氣病則金沴之衝氣相通也於易震在東方爲春爲木兌在西方爲秋爲金離在南方爲夏爲火坎在北方爲冬爲水春與秋日夜分寒暑平是以金木之氣易以相變故貌傷則致秋陰常雨言傷則致春陽常旱也至於冬夏日夜相反寒暑殊絕水火之氣不得相并故視傷常燠聽傷常寒者其氣然也逆之其極曰惡順之其福曰攸好德劉歆傳曰有鱗蟲之孽羊旤鼻痾說以爲於天文東方辰爲龍星故爲鱗蟲於易兌爲羊木爲金所病故致羊旤與常雨同應此說非是春與秋氣陰陽相敵木病金盛故能相并惟此一事耳旤與妖痾祥眚同類不得獨異

魏尚書鄧颺行步弛縱筋不束體坐起傾倚若無手足此貌之不恭也管輅謂之鬼躁鬼躁者凶終之徵後卒誅也

惠帝元康中貴游子弟相與爲散髮倮身之飲對弄婢妾逆之者傷好非之者負譏希世之士恥不與爲蓋貌之不恭胡狄侵中國之萌也其後遂有至胡之亂此又失在狂也

元康中賈謐親貴數入二宮與儲君遊戲無降下心又嘗因弈棊爭道成都王穎厲色曰皇太子國之儲貳賈謐何敢無禮謐猶不悛故及於禍貌不恭之罰也

齊王冏既誅趙王倫因留輔政坐拜百官符敕臺府淫醟專驕不一朝覲此在狂恣不肅之咎也天下莫不高其功而慮其亡也冏終弗改遂至夷滅

司馬道子於府園內列肆使姬人酤鬻身自貿易干寶以爲貴者失位降在皁隸之象也俄而道子見廢以庶人終此貌不恭之應也

安帝義熙七年將拜授劉毅世子毅以王命之重當設饗宴親請吏佐臨視至拜日國僚不重白默拜於廐中王人將反命毅方知之大以爲恨免郎中令劉敬叔官天戒若曰此惰略嘉禮不肅之妖也其後毅遂被殺焉

庶徵恒雨劉歆以爲春秋大雨劉向以爲大水

魏明帝太和元年秋數大雨多暴卒雷電非常至殺鳥雀按楊阜上疏此恒雨之罰也時天子居喪不哀出入弋獵無度奢侈繁興奪農時故水失其性而恒雨爲罰

大和四年八月大雨霖三十餘日伊洛河漢皆溢歲以凶饑

吳孫亮太平二年二月甲寅大雨震電乙卯雪大寒按劉歆說此時當雨而不當大大雨恒雨之罰也於始震電之明日而雪大寒又常寒之罰也劉向以爲既已雷電則雪不復當降皆失時之異也天戒若曰爲君失時賊臣將起先震電而後雪者陰見間隙起而勝陽逆弑之禍將成也亮不悟尋見廢此與春秋魯隱同

武帝泰始六年六月大雨霖甲辰河洛伊沁水同時並溢流四千九百餘家殺二百餘人沒秋稼千三百六十餘頃

太康五年七月任城梁國暴雨害豆麥九月南安郡霖雨暴雪樹木摧折害秋稼是秋魏郡西平郡九縣淮南平原霖雨暴水霜傷秋稼

惠帝永寧元年十月義陽南陽東海霖雨淹害秋麥

元帝太興三年春雨至于夏是時王敦執權不恭之罰也

永昌九年春雨四十餘日晝夜雷電震五十餘日是時王敦興兵王師敗績之應也

成帝咸和四年春雨五十餘日恒雷電是時雖斬蘇峻其餘黨猶據守石頭城至其滅後淫雨乃霽

咸康元年八月乙丑荊州之長沙攸醴陵武陵之龍陽三縣雨水浮漂屋室殺人損秋稼是時帝幼權在於下

服妖

魏武帝以天下凶荒資財乏匱始擬古皮弁裁縑帛爲白帢以易舊服傅玄曰白乃軍容非國容也干寶以爲縞素凶喪之象也名之爲帢毀辱之言也蓋革代之後劫殺之妖也

魏明帝著繡帽披縹紈半袖常以見直臣楊阜諫曰此禮何法服邪帝默然近服妖也夫縹非禮之色褻服尚不以紅紫況接臣下乎人主親御非法之章所謂自作孽不可禳也帝既不享永年身沒而祿去王室後嗣不終遂亡天下

景初元年發銅鑄爲巨人二號曰翁仲置之司馬門外按古長人見爲國亡長狄見臨洮爲秦亡之禍始皇不悟反以爲嘉祥鑄銅人以象之魏法亡國之器而於義竟無取焉蓋服妖也

尚書何晏好服婦人之服傅玄曰此妖服也夫衣裳之制所以定上下殊內外也大雅云玄袞赤舄鉤膺鏤鍚歌其文也小雅云有嚴有翼共武之服詠其武也若內外不殊王制失叙服妖既作身隨之亡妹嬉冠男子之冠桀亡天下何晏服婦人之服亦亡其家其咎均也

吳婦人修容者急束其髮而劘角過于耳蓋其俗自操束太急而廉隅失中之謂也故吳之風俗相驅以急言論彈射以刻薄相尚居三年之喪者往往有致毀以死諸葛患之著正交論雖不可以經訓整亂蓋亦救時之作也

孫休後衣服之制上長下短又積領五六而裳居一二干寶曰上饒奢下儉逼上有餘下不足之妖也至孫晧果奢暴恣情於上而百姓彫困於下卒以亡國是其應也

武帝泰始初衣服上儉下豐著衣者皆厭褄此君衰弱臣放縱下掩上之象也至元康末婦人出兩襠加乎交領之上此內出外也爲車乘者苟貴輕細又數變易其形皆以白篾爲純蓋古喪車之遺象也夫乘者君子之器蓋君子立心無恒事不崇實也干寶以爲晉之禍徵也及惠帝踐阼權制在於寵臣下掩上之應也至永嘉末六宮才人流冗沒於戎狄內出外之應也及天下擾亂宰輔方伯多負其任又數改易不崇實之應也

泰始之後中國相尚用胡床貊槃及爲羌煮貊炙貴人富室必畜其器吉享嘉會皆以爲先太康中又以氈爲絈頭及絡帶袴口百姓相戲曰中國必爲胡所破夫氈毳產於胡而天下以爲絈頭帶身袴口胡既三制之矣能無敗乎至元康中氐羌互反永嘉後劉石遂篡中都自後四夷迭據華土是服妖之應也

初作屐者婦人頭圓男子頭方圓者順之義所以別男女也至太康初婦人屐乃頭方與男無別此賈后專妬之徵也

太康中天下爲晉世寧之舞手接杯盤而反覆之歌曰晉世寧舞杯盤識者曰夫樂生人心所以觀事也今接杯盤於手上而反覆之至危之事也杯盤者酒食之器而名曰晉世寧言晉世之士苟偷於酒食之間而知不及遠晉世之寧猶杯盤之在手也

惠帝元康中婦人之飾有五兵佩又以金銀瑇瑁之屬

爲斧鉞戈戟以當笄干寶以爲男女之别國之大節故服物異等贄幣不同今婦人而以兵器爲飾此婦人妖之甚者於是遂有賈后之事終亡天下是時婦人結髮者既成以繒急束其環名曰擷子紒始自中宮天下化之其後賈后廢害太子之應也

元康中天下始相倣爲烏杖以柱掖其後稍施其鐓住則值之夫木東方之行金之臣也杖者扶體之器烏其頭者尤便用也必旁柱掖者旁救之象也施其金住則植之言木因於金能孤立也及懷愍之世王室多故而此中都喪敗元帝以藩臣樹德東方維持天下柱掖之應也至社稷無主海內歸之遂承天命建都江外獨立之應也

元康太安之間江淮之域有敗屩自聚于道多者至四五十量人或散投坑谷明日視之復如故或云見貍銜聚之干寶以爲夫屩者人之賤服處于勞辱黔庶之象也故者疲弊之象道者四方往來所以交通王命也今敗屩聚於道者象黔庶罷病將相聚爲亂以絶王命也太安中發壬午兵百姓怨叛江夏張昌唱亂荆楚從之如流於是兵革歲起服妖也

初魏造白帢横縫其前以别後名之曰顔帢傳行之至永嘉之間稍去其縫名無顔帢而婦人束髮其緩彌甚紒之堅不能自立髮被于額目出而已無顔者愧之言也覆額者慙之貌也其緩彌甚者言天下亡禮與義放縱情性及其終極至于大恥也永嘉之後二帝不反天下媿焉

孝懷帝永嘉中士大夫競服生箋單衣識者指之曰此則古者總衰諸侯所以服天子也今無故服之殆有應乎其後遂有胡賊之亂帝遇害焉

元帝太興中兵士以絳囊傳紒識者曰紒者在首爲乾君道也囊者坤臣道也今以朱囊傳紒臣道上侵君之象也於是王敦陵上焉舊爲羽扇柄者刻木象其骨形列羽用十取全數也自中興初王敦南征始改爲長柄下出可捉而減其羽用八識者尤之曰夫羽扇翼之名也創爲長柄者將執其柄以制羽翼也改十爲八者將未備奪已備也此殆敦之擅權以制朝廷之柄又將以無德之材欲竊非據也是時爲衣者又上短帶纔至于掖著帽者又以帶縛項下逼上上無地也爲袴者直幅爲口無殺下大之象尋而王敦謀逆再攻京師

海西嗣位忘設豹尾天戒若曰夫豹尾儀服之主大人所以豹變也而海西豹變之日非所宜忘而忘之非主社稷之人故忘其豹尾示不終也尋而被廢焉

孝武太元中人不復著帩頭天戒若曰頭者元首帩者助元首爲儀飾者也今忽廢之若人君獨立無輔佐以至危亡也至安帝桓玄乃篡位焉

舊爲屐者齒皆達楄上名曰露卯太元中忽不徹名曰陰卯識者以爲卯謀也必有陰謀之事至烈宗末驃騎叅軍袁悦之始攬搆內外隆安中遂謀詐相傾以至大亂

太元中公主婦女必緩鬢傾髻以爲盛飾用髮既多不可恒戴乃先於木及籠上裝之名曰假髻或名假頭至於貧家不能自辦自號無頭就人借頭遂布天下亦服妖也無幾時孝武晏駕而天下騷動刑戮無數多喪其元至於大殮皆刻木及蠟或縛菰草爲頭是假頭之應云

桓玄篡位殿上施絳帳鏤黃金爲顔四角金龍銜五色羽葆流蘇羣下相謂曰頗類轜車尋而玄敗此服之妖也

晉末皆冠小而衣裳博大風流相放輿臺成俗識者曰上小而下大此禪代之象也尋而宋受終焉

雞旤

魏明帝景初二年廷尉府中雌雞化爲雄不鳴不將干寶曰是歲宣帝平遼東百姓始有與能之義此其象也然晉三后並以人臣終不鳴不將又天意也

惠帝元康六年陳國有雞生雄雞無翅既大墜坑而死王隱以爲雄者胤嗣子之象坑者母象今雞生無翅墜坑而死此子無羽翼爲母所陷害乎於後賈后誣殺愍懷此其應也

太安中周玘家雌雞逃承霤中六七日而下奮翼鳴將獨毛羽不變其後有陳敏之事敏雖控制江表終無紀綱文章殆其象也卒爲玘所滅雞旤見玘家又天意也京房易傳曰牝雞雄鳴主不榮

元帝太興中王敦鎮武昌有雌雞化爲雄天戒若曰雌化爲雄臣陵其上其後王敦再攻京師

孝武太元十三年四月廣陵高平閻嵩家雌雞生無右翅彭城人劉象之家雞有三足京房易傳曰君用婦人言則雞生妖是時主相並用尼媪之言寵賜過厚故妖象見焉

安帝隆安元年八月琅邪王道子家青雌雞化爲赤雄雞不鳴不將桓玄將篡不能成業之象

四年荆州有雞生角角尋墮落是時桓玄始擅西夏狂慢不肅故有雞旤天戒若曰角兵象尋墮落者暫起不終之妖也後皆應也

元興二年衡陽有雌雞化爲雄八十日而冠萎天戒若曰衡陽桓玄楚國之邦略也及桓玄篡位果八十日而敗此其應也

青祥

武帝咸寧元年八月丁酉大風折大社樹有青氣出焉此青祥也占曰東莞當有帝者明年元帝生是時帝大父武王封東莞由是徙封琅邪孫盛以爲中興之表晉室之亂武帝子孫無孑遺社樹折之應又常風之罰

惠帝元康中洛陽南山有虻作聲曰韓尸尸識者曰韓氏將尸也言尸尸者盡死意也其後韓謐誅而韓族殲焉此青祥也

金沴木

魏文帝黃初七年正月幸許昌許昌城南門無故自崩帝心惡之遂不入還洛陽此金沴木木動之也五月宮車晏駕京房易傳曰上下咸悖厥妖也城門壞

元帝太興二年六月吳郡米廡無故自壞天戒若曰夫米廡貨糴之屋無故自壞此五穀踴貴所以無糴賣也是歲遂大饑死者千數焉

明帝太寧元年周筵自歸王敦既立其宅宇所起五間六梁一時躍出墜地餘桁猶亘柱頭此金沴木也明年五月錢鳳謀亂遂族滅筵而湖熟尋亦爲墟矣

安帝元興元年正月丙子會稽王世子元顯將討桓玄建牙竿於揚州南門其東者難立良久乃正近沴妖也而元顯尋爲玄所擒

三年五月樂賢堂壞時帝嚚眊無樂賢之心故此堂見沴

義熙九年五月國子聖堂壞天戒若曰聖堂禮樂之本無故自壞業祚將墜之象未及十年而禪位焉

晉書卷二十八

唐　太　宗　文　皇　帝　御　撰

志第十八

五行中

傳曰言之不從是謂不乂厥咎僭厥罰恒暘厥極憂時則有詩妖時則有介蟲之孽時則有犬旤時則有口舌之痾時則有白眚白祥惟木沴金言之不從從順也是謂不乂乂治也孔子曰君子居其室出其言不善則千里之外違之況其邇者乎詩曰如蜩如螗如沸如羹言上號令不順人心虛譁憒亂則不能治海內失在過差故其咎僭僭差也刑罰妄加羣陰不附則陽氣勝故其罰常陽也旱傷百穀則有寇難上下俱憂故其極憂也君炕陽而暴虐臣畏刑而箝口則怨謗之氣發於歌謠故有詩妖介蟲孽者謂小蟲有甲飛揚之類陽氣所生也於春秋爲螽今謂之蝗皆其類也於易兌爲口犬以吠守而不可信言氣毀故有犬旤一曰旱歲犬多狂死及爲怪亦是也及人則多病口喉欬嗽者故有口舌痾金色白故有白眚白祥凡言傷者病金氣金氣病則木沴之其極憂者順之其福康寧劉歆言傳曰則時有毛蟲之孽說以爲於天文西方參爲獸星故爲毛蟲

魏齊王嘉平初東郡有訛言云白馬河出妖馬夜過官牧邊鳴呼衆馬皆應明日見其跡大如斛行數里還入河楚王彪本封白馬兗州刺史令狐愚以彪有智勇及聞此言遂與王淩謀共立之事泄淩愚被誅彪賜死此言不從之罰也詩云人之訛言寧莫之懲蜀劉禪嗣位譙周曰先主諱備其訓具也後主諱禪其訓授也若言劉已具矣當授與人甚於晉穆侯漢靈帝命子之祥也蜀果亾此言之不從也劉備卒劉禪卽位未葬亦未踰月而改元爲建興此言之不從也禮國君卽位踰年而後改元者緣臣子之心不忍一年而有二君也今可謂亟而不知禮義矣後遂降焉

魏明帝太和中姜維歸蜀失其母魏人使其母手書呼維令反并送當歸以譬之維報書曰良田百頃不計一畝但見遠志無有當歸維卒不免

景初元年有司奏帝爲烈祖與太祖高祖並爲不毀之廟從之案宗廟之制祖宗之號皆身沒名成乃正其禮故雖功赫天壤德邁前王未有豫定之典此蓋言之不從失之甚者也後二年而宮車宴駕於是統微政逸去

吳孫休時烏程人有得困病及差能以響言者言於此而聞於彼自其所聽之不覺其聲之大也自遠聽之如人對言不覺聲之自遠來也聲之所往隨其所向遠者所過十數里其鄰人有責息於外歷年不還乃假之使爲責讓懼以禍福負物者以爲鬼神卽傾倒畀之其人亦不自知所以然也言不從之咎也

魏時起安世殿武帝後居之安世武帝字也武帝每延羣臣多說平生常事未嘗及經國遠圖此言之不從也何曾謂子遵曰國家無貽厥之謀及身而已後嗣其殆乎此子孫之憂也自永熙後王室漸亂永嘉中天下大壞及何綏以非辜被殺皆如曾言

趙王倫廢惠帝於金墉城改號金墉城爲永安宮帝尋

復位而倫誅

惠帝永興元年詔廢太子覃還爲清河王立成都王穎爲皇太弟猶加侍中大都督領丞相備九錫封三十郡如魏王故事案周禮傳國以胄不以勳故雖公旦之聖不易成王之嗣所以遠絕覬覦永一宗祧後代遵履改之則亂今擬非其實僭差已甚且既爲國嗣則不應復開封土兼領庶職此言之不從進退乖爽故帝既播越穎亦不終是其咎僭也後猶不悟又立懷帝爲太弟懷終流弑不永厥祚又其應也語曰變古易常不亂則亾此之謂乎

元帝永昌二年大將軍王敦下據姑孰百姓訛言行蟲病食人大孔數日入腹入腹則死療之有方當得白犬膽以爲藥自淮泗遂及京都數日之間百姓驚擾人人皆自云已得蟲病又云始在外時當燒鐵以灼之於是翕然被燒灼者十七八矣而白犬暴貴至相請奪其價十倍或有自云能行燒鐵灼者賃灼百姓日得五六萬憊而後已四五日漸靜說曰夫裸蟲人類而人爲之主今云蟲食人言本同臭類而相殘賊也自下而上明其逆也必入腹者言害由中不由外也犬有守衞之性白者金色而膽用武之主也帝王之運王霸會於戊戌主用兵金者晉行火燒鐵以療疾者言必去其類而來火與金合德共除蟲害也按中興之際大將軍本以腹心受伊呂之任而元帝末年遂改京邑明帝諒闇又有異謀是以下逆上腹心內爛也及錢鳳沈充等逆兵四合而爲王師所挫踰月而不能濟水北中郎劉遐及淮陵內史蘇峻率淮泗之衆以救朝廷故其謠言首作於淮泗也朝廷卒以弱制强罪人授首是用白犬膽可救之效也

海西公時庾晞四五年中喜爲挽歌自搖大鈴爲唱使左右齊和又讌會輒令倡伎作新安人歌舞離別之辭其聲悲切時人怪之後亦果敗太元中小兒以兩鐵相打於土中名曰鬬族後王國寶王孝伯一姓之中自相攻擊也

桓玄初改年爲大亨遐邇讙言曰二月了故義謀以仲春發也玄篡立又改年爲建始以與趙王倫同又易爲永始永始復是王莽受封之年也始徙司馬道子于安成安帝遜位出永安宮封爲平固王琅邪王德文爲石陽公並使住尋陽城識者皆以爲言不從之妖僭也

武帝初何曾薄太官御膳自取私食子劭又過之而王愷又過劭王愷羊琇之儔盛致聲色窮珍極麗至元康中夸恣成俗轉相高尚石崇之侈遂兼王何而儷人主矣崇既誅死天下尋亦淪喪僭踰之咎也

庶徵恒暘劉向以爲春秋大旱也其夏旱雩禮謂之大雩不傷二穀謂之不雨京房易傳曰厥德不用茲謂張厥災荒旱也其旱陰雲不雨變而赤因四際師出過時茲謂廣其旱不生上下皆蔽茲謂隔其旱天赤三月時有雹殺飛禽上緣求妃茲謂僭其旱三月大温亾雲君高臺府茲謂犯陰侵陽其旱萬物根死數有火災庶位踰節茲爲僭其旱澤物枯爲火所傷

魏明帝太和二年五月大旱元年以來崇廣宮府之應也又是春宣帝南擒孟達置二郡張郃西破諸葛亮斃馬謖亢陽自大又其應也

太和五年三月自去冬十月至此月不雨辛巳大雩

齊王正始元年二月自去冬十二月至此月不雨去歲正月明帝崩二月曹爽白嗣主轉宣帝爲太傅外示尊崇內實欲令事先由己是時宣帝功蓋魏朝厥德不用之應也

高貴鄉公甘露三年正月自去秋至此月旱是時文帝圍諸葛誕衆出過時之應也初壽春秋夏常雨淹城而此旱踰年城陷乃大雨咸以誕爲天亾

吳孫亮五鳳二年大旱百姓飢是歲征役煩興軍士怨叛此亢陽自大勞役失衆之罰也其役彌歲故旱亦竟年

孫晧寶鼎元年春夏旱時孫晧遷都武昌勞役動衆之應也

武帝泰始七年五月閏月旱大雩

八年五月旱是時帝納荀勗邪說留賈充不復西鎮而任愷漸疎上下皆蔽之應也及李憙魯芝李胤等並在散職近厥德不用之謂也

九年自正月旱至于六月祈宗廟社稷山川癸未雨

十年四月旱去年秋冬採擇卿校諸葛沖等女是春五十餘人入朝簡選又取小將吏女數十人母子號哭於宮中聲聞于外行人悲酸是殆積陰生陽上緣求妃之應也

咸寧二年五月旱大雩至六月乃澍雨

太康二年旱自去冬旱至此春

三年四月旱乙酉詔司空齊王攸與尚書廷尉河南尹錄訊繫囚事從蠲宥

五年六月旱此年正月天陰解而復合劉毅上疏曰必有阿黨之臣姦以事君者當誅而不赦也帝不答是時荀勗馮紞僭作威福亂朝尤甚

六年三月青梁幽冀郡國旱六月濟陰武陵旱傷麥

七年夏郡國十三大旱

八年四月冀州旱

九年夏郡國三十三旱扶風始平京兆安定旱傷麥

十年二月旱

太熙元年二月旱自太康已後雖正人滿朝不被親仗而賈充荀勗楊駿馮紞等迭居要重所以無年不旱者厥德不用上下皆蔽庶位踰節之罰也

惠帝元康七年七月秦雍二州大旱疾疫關中饑米斛萬錢因此氐羌反叛雍州刺史解系敗績而饑疫薦臻戎晉並困朝廷不能振詔聽相賣鬻其九月郡國五旱

永寧元年自夏及秋青徐幽并四州旱十二月又郡國十二旱是年春三王討趙王倫六旬之中數十戰死者十餘萬人

懷帝永嘉三年五月大旱襄平縣梁水淡池竭河洛江漢皆可涉是年三月司馬越歸京都遣兵入京收中書令繆播等九人殺之皆僭踰之罰也又四方諸侯多懷無君之心劉元海石勒王彌李雄之徒賊害百姓流血成泥又其應也五年自去冬旱至此春去歲十一月司馬越以行臺自隨斥黜宮衞無君臣之節

愍帝建武元年六月揚州旱去年十二月淳于伯寃死其年即旱而太興元年六月又旱干寶曰殺淳于伯之後旱三年是也刑罰妄加羣陰不附則陽氣勝之罰也

元帝太興四年五月旱是時王敦陵僭已著

永昌元年夏大旱是年三月王敦有石頭之變二宮陵辱大臣誅死僭踰無上故旱尤甚也其閏十一月京都大旱川谷并竭

明帝太寧三年自春不雨至于六月

成帝咸和元年夏秋旱是時庾太后臨朝稱制言不從而僭踰之罰也

二年夏旱

五年五月大旱

六年四月大旱

八年秋七月旱

九年自四月不雨至于八月

咸康元年六月旱是時成帝沖弱未親萬機內外之政決之將相此僭踰之罰連歲旱也至四年王導固讓太傅復子明辟是後不旱殆其應也時天下普旱會稽餘姚特甚米斗直五百人有相鬻者

二年三月旱

三年六月旱時王導以天下新定務在遵養不任刑罰遂盜賊公行頻五年亢旱亦舒緩之應也

康帝建元元年五月旱

穆帝永和元年五月旱是時帝在襁褓褚太后臨朝如明穆太后故事

五年七月不雨至于十月

六年夏旱

八年夏旱

九年春旱

升平三年冬大旱

四年冬大旱

哀帝隆和元年夏旱是時桓温强恣權制朝廷僭踰之罰也

海西公太和元年夏旱

四年冬旱涼州春旱至夏

簡文帝咸安二年十月大旱饑自永和至是嗣主幼沖桓温陵僭用兵征伐百姓怨苦

孝武帝寧康元年三月旱是時桓温入覲高平陵闔朝致拜踰僭之應也

三年冬旱

太元四年夏大旱

八年六月旱

十年七月旱饑初八年破苻堅九年諸將畧地有事徐豫楊亮趙統攻討巴沔是年正月謝安又出鎮廣陵使子琰進次彭城頻有軍役

十三年六月旱去歲北府遣戍胡陸荆州經畧河南是年夏郭銓置戍野王又遣軍破黃淮

十五年七月旱

十七年秋旱至冬是時烈宗仁恕信任會稽王道子政事舒緩又茹千秋爲驃騎諮議竊弄主相威福又丘尼乳母親黨及婢僕之子階緣近習臨部領衆又所在多上春竟四不以其辜建康獄吏枉暴既甚此又僭踰不從寬濫之罰

安帝隆安三年冬旱寒甚

四年五月旱

五年夏秋大旱十二月不雨時孫恩作亂桓玄疑貳迫殺殷仲堪而朝廷即授以荆州之任司馬元顯又諷百僚悉使敬己內外騷動兵革煩興此皆陵僭憂愁之應也

元興元年七月大饑九月十月不雨泉水涸

二年六月不雨冬又旱時桓玄篡僭十二月遂篡位

三年八月不雨

義熙四年冬不雨

六年九月不雨

八年十月不雨

九年秋冬不雨

十年九月旱十二月又旱井瀆多竭是時軍役煩興

詩妖

魏明帝太和中京師歌兜鈴曹子其唱曰其奈汝曹何此詩妖也其後曹爽見誅曹氏遂廢

景初初童謠曰阿公阿公駕馬車不意阿公東渡河阿公來還當奈何及宣帝遼東歸至白屋當還鎮長安會帝疾篤急召之乃乘追鋒車東渡河終如童謠之言

齊王嘉平中有謠曰白馬素羈西南馳其誰乘者朱虎騎朱虎者楚王小字也王淩令狐愚聞此謠謀立彪事發淩等伏誅彪賜死

吳孫亮初童謠曰吁汝恪何若若蘆葦單衣篾鉤落於何相求常子閣常子閣者反語石子堈也鉤落鉤帶也及諸葛恪死果以葦席裹身篾束其要投之石子堈後聽恪故吏收斂求之此堈云

孫亮初公安有白鼉鳴童謠曰白鼉鳴龜背平南郡城中可長生守死不去義無成南郡城中可長生者有急易以逃也明年諸葛恪敗弟融鎮公安亦見襲融刮金印龜服之而死鼉有鱗介甲兵之象又曰白祥也

孫休永安三年將守質子羣聚嬉戲有異小兒忽來言曰三公鉏司馬如又曰我非人熒惑星也言畢上昇仰視若曳一匹練有頃沒干寶曰後四年而蜀亾六年而魏廢二十一年而吳平於是九服歸晉魏與吳蜀並戰國三公鉏司馬如之謂也

孫晧遣使者祭石印山下妖祠使者因以丹書巖曰楚九州渚吳九州都揚州土作天子四世治太平矣晧聞之意益張曰從太皇帝至朕四世太平之主非朕復誰恣虐踰甚尋以降亾近詩妖也

孫晧天紀中童謠曰阿童復阿童銜刀游渡江不畏岸上獸但畏水中龍武帝聞之加王濬龍驤將軍及征吳江西衆軍無過者而王濬先定秣陵

武帝太康三年平吳後江南童謠曰局縮肉數橫目中國當敗吳當復又曰宮門柱且當朽吳當復在三十年後又曰雞鳴不拊翼吳復不用力于時吳人皆謂在孫氏子孫故竊發爲亂者相繼按橫目者四字自吳亾至元帝興幾四十年元帝興於江東皆如童謠之言焉元帝懦而少斷局縮肉者有所斥也

太康末京洛爲折楊柳之歌其曲始有兵革苦辛之辭終以擒獲斬截之事是時三楊貴盛而被族滅太后廢黜幽死中宮折楊柳之應也

惠帝永熙中河內溫縣有人如狂造書曰光光文長大戟爲牆毒藥雖行戟還自傷又曰兩火沒地哀哉秋蘭歸形街郵終爲人歎及楊駿居內府以戟爲衞死時又爲戟所害傷楊后被廢賈后絕其膳八日而崩葬街郵亭北百姓哀之也兩火武帝諱蘭楊后字也其時又有童謠曰二月末三月初荊筆楊板行詔書宮中大馬幾作驢此時楊駿專權楚王用事故言荊筆楊板二人不誅則君臣禮悖故云幾作驢也

元康中京洛童謠曰南風起吹白沙遙望魯國何嵯峨千歲髑髏生齒牙又曰城東馬子莫嚨哅比至來年纏汝鬉南風賈后字也白晉行也沙門太子小名也魯賈謐國也言賈后將與謐爲亂以危太子而趙王因釁咀嚼豪賢以成篡奪不得其死之應也

元康中天下商農通著大鄣日時童謠曰屠蘇鄣日覆兩耳當見瞎兒作天子及趙王倫篡位其目實眇焉趙王倫既篡洛中童謠曰獸從北來鼻頭汗龍從南來登城看水從西來河灌灌數月而齊王成都河間義兵同會誅倫案成都西藩而在鄴故曰獸從北來齊東藩而在許故曰龍從南來河間水源而在關中故曰水從西來齊留輔政居于宮西又有無君之心故言登城看也

太安中童謠曰五馬游渡江一馬化爲龍後中原大亂宗藩多絕唯琅邪汝南西陽南頓彭城同至江東而元帝嗣統矣司馬越還洛有童謠曰洛中大鼠長尺二若不早去大狗至及苟晞將破汲桑又謠曰元超兄弟大落度上桑打椹爲苟作由是越惡晞奪其兗州隙難遂構焉

愍帝初有童謠曰天子何在豆田中至建興四年帝降劉曜在城東豆田壁中

建興中江南謠歌曰訇如白坑破合集持作甒揚州破換敗吳興覆瓿甊案白者晉行坑器有口屬瓮瓨瓮質剛亦金之類也訇如白坑破者言二都傾覆王室大壞也合集持作甒者元帝鳩集遺餘以主社稷未能尅復中原但偏王江南故其諭也及石頭之事六軍大潰兵人抄掠京邑爰及二宮其後三年錢鳳復攻京邑阻水而守相持月餘日焚燒城邑井堙木刊矣鳳等敗退沈充將其黨還吳興官軍躡之蹈藉郡縣充父子授首黨與誅者以百數所謂揚州破換敗吳興覆瓿甊瓿甊瓨器又小於甒也

明帝太寧初童謠曰惻惻力力放馬山側大馬死小馬餓高山崩石自破及明帝崩成帝幼爲蘇峻所逼遷于石頭御膳不足此大馬死小馬餓也高山峻也又言峻尋死石峻弟蘇石也峻死後石據石頭尋爲諸公所破復是崩山石破之應也

成帝之末又有童謠曰礚礚何隆隆駕車入梓宮少日而宮車晏駕

咸寧二年十二月河北謠曰麥入土殺石武後如謠言

庾亮初鎮武昌出至石頭百姓於岸上歌曰庾公上武昌翩翩如飛鳥庾公還揚州白馬牽旒旐又曰庾公初上時翩翩如飛烏庾公還揚州白馬牽流蘇後連徵不入及薨於鎮以喪還都葬皆如謠言

穆帝升平中童兒輩忽歌於道曰阿子聞曲終輒云阿子汝聞不無幾而帝崩太后哭之曰阿子汝聞不

升平末俗間忽作廉歌有扈謙者聞之曰廉者臨也歌云白門廉宮庭廉內外悉臨國家其大諱乎少時而穆帝晏駕

哀帝隆和初童謠曰升平不滿斗隆和那得久桓公入石頭陛下徒跣走朝廷聞而惡之改年曰興寧人復歌曰雖復改興寧亦復無聊生哀帝尋崩升平五年而穆帝崩不滿斗升平不至十年也

海西公太和中百姓歌曰青青御路楊白馬紫遊韁汝非皇太子那得甘露漿識者曰白者金行馬者國族紫爲奪正之色明以紫間朱也海西公尋廢其三子並非海西公之子縊以馬韁死之明日南方獻甘露焉

太和末童謠曰犂牛耕御路白門種小麥及海西公被廢百姓耕其門以種小麥遂如謠言

海西公初生皇子百姓歌曰鳳皇生一雛天下莫不喜本言是馬駒今定成龍子其歌甚美其旨甚微海西公不男使左右向龍與內侍接生子以爲己子

桓石民爲荊州鎮上明百姓忽歌曰黃曇子曲中又曰黃曇英揚州大佛來上明頃之而桓石民死王忱爲荊州黃曇子乃是王忱字也忱小字佛大是大佛來上明也

孝武帝太元末京口謠黃雌雞莫作雄父啼一旦去毛衣衣被拉颯栖尋而王恭起兵誅王國寶旋爲劉牢之所敗故言拉颯栖也

會稽王道子於東府造土山名曰靈秀山無幾而孫恩作亂再踐會稽會稽道子所封靈秀孫恩之字也

庾楷鎮歷陽百姓歌曰重羅黎重羅黎使君南上無還時後楷南奔桓玄爲玄所誅

殷仲堪在荊州童謠曰芃籠目繩縛腹殷當敗桓當復未幾而仲堪敗桓玄遂有荊州

王恭鎮京口舉兵誅王國寶百姓謠云昔年食白飯今年食麥麩天公誅讁汝教汝捻嚨喉嚨喉喝復喝京口敗復敗識者曰昔年食白飯言得志也今年食麥麩麤穢其精已去明將敗也天公將加譴讁而誅之也捻嚨喉氣不通死之祥也敗復敗丁寧之辭也恭尋死京都又大行欬疾而喉並喝焉

王恭在京口百姓間忽云黃頭小兒欲作賊阿公在城下指縛得又云黃頭小人欲作亂賴得金刀作藩扞黃字上恭字頭也小人恭字下也尋如謠言者焉

安帝隆安中百姓忽作懊憹之歌其曲曰草生可攬結女兒可攬擷尋而桓玄篡位義旗以三月二日埽定京都誅之玄之宮女及逆黨之家子女妓妾悉爲軍賞東及甌越北流淮泗皆人有所獲故言時則草可結事則女可擷也

桓玄既篡童謠曰草生及馬腹烏啄桓玄目及玄敗走至江陵時正五月中誅如其期焉

安帝義熙初童謠曰官家養蘆化成荻蘆生不止自成積其時官養盧龍寵以金紫奉以名州養之極也而龍不能懷我好音舉兵內伐遂成讐敵也蘆生不止自成積及盧龍之敗斬伐其黨猶如草木以成積也

盧龍據廣州人爲之謠曰蘆生漫漫竟天半後擁上流數州之地內逼京輦應天半之言

義熙二年小兒相逢於道輒舉其兩手曰盧健健次曰鬬歎鬬歎末曰翁年老翁年老當時莫知所謂其後盧龍內逼舟艦蓋川健健之謂也既至查浦屢尅期欲與官鬬鬬歎之應也翁年老羣公有期頤之慶知妖逆之徒自然消殄也其時復有謠言曰盧橙橙逐水流東風忽如起郎得入石頭盧龍果敗不得入石頭也

昔溫嶠令郭景純卜己與庾亮吉凶景純云元吉嶠語亮曰景純每筮是不敢盡言吾等與國家同安危而曰元吉是事有成也於是協同討滅王敦

苻堅初童謠曰阿堅連牽三十年後若欲敗時當在江湖邊及堅在位凡三十年敗於淝水是其應也又謠語

云河水清復清苻堅死新城及堅爲姚萇所殺死於新城復謠歌云魚羊田斗當滅秦識者以爲魚羊鮮也田斗卑也堅自號秦言滅之者鮮卑也其羣臣諫堅令盡誅鮮卑堅不從及淮南敗還初爲慕容沖所攻又爲姚萇所殺身死國滅

毛蟲之孽

武帝太康六年南陽獻兩足猛獸此毛蟲之孽也識者爲其文曰武形有虧金獸失儀聖主應天斯異何爲言兆亂也京房易傳曰足少者下不勝任也干寶以爲獸者陰精居于陽金獸也南陽火名也金精入火而失其形王室亂之妖也六水數言水數既極火慝得作而金受其敗也至元康九年始殺太子距此十四年二七十四火始終相乘之數也自帝受命至愍懷之廢凡三十五年焉

太康七年十一月景辰四角獸見于河閒河閒王顒獲以獻天戒若曰角兵象也四者四方之象當有兵亂起於四方後河閒王遂連四方之兵作爲亂階殆其應也

懷帝永嘉五年蝘鼠出延陵郭景純筮之曰此郡東之縣當有妖人欲稱制者亦尋自死矣其後吳興徐馥作亂殺太守袁琇馥亦時滅是其應也

成帝咸和六年正月丁巳會州郡秀孝於樂賢堂有麏見於前獲之孫盛以爲吉祥夫秀孝天下之彥士樂賢堂所以樂養賢也自喪亂以後風教陵夷秀孝策試乏四科之實麏興於前或斯故乎

哀帝隆和元年十月甲申有麏入東海第百姓讙言曰麏入東海第識者怪之及海西廢爲東海王乃入其第

孝武太元十三年四月癸巳祠廟畢有兔行廟堂上天戒若曰兔野物也而集宗廟之堂不祥莫之甚焉

犬旤

公孫文懿家有犬冠幘絳衣上屋此犬旤也屋上亢陽高危之地天戒若曰亢陽無上偷自尊高狗而冠者也及文懿自立爲燕王果爲魏所滅京房易傳曰君不正臣欲篡厥妖狗出朝門魏侍中應璩在直廬欻見一白狗出門問衆人無見者踰年卒近犬旤也

吳諸葛恪征淮南歸將朝會犬銜引其衣恪曰犬不欲我行乎還坐有頃復起犬又銜衣乃令逐犬遂升車入而被害

武帝太康九年幽州有犬鼻行地三百餘步天戒若曰是時帝不思和嶠之言卒立惠帝以致衰亂是言不從之罰也

惠帝元康中吳郡婁縣人家聞地中有犬子聲掘之得雌雄各一還置窟中覆以磨石經宿失所在天戒若曰帝既衰弱藩王相譖故有犬旤

永興元年丹陽內史朱逵家犬生三子皆無頭後逵爲揚州刺史曹武所殺

孝懷帝永嘉五年吳郡嘉興張林家狗人言云天下人餓死於是果有二胡之亂天下饑荒焉

愍帝建興元年狗與豬交案漢書景帝時有此以爲悖亂之氣亦犬豕禍也犬兵革之占也豕北方匈奴之象逆言失聽異類相交必生害也俄而帝沒于胡是其應也

元帝太興中吳郡太守張懋聞齋內床下犬聲求而不得既而地自坼見有二犬子取而養之皆死尋而懋爲沈克所害京房易傳曰讒臣在側則犬生妖

太興四年廬江灊縣何旭家忽聞地中有犬子聲掘之得一母犬青蒼色狀甚羸瘦走入草中不知所在視其處有二犬子一雄一雌哺而養之雌死雄活及長爲犬善噬獸其後旭里中爲蠻所沒

安帝隆安初吳郡治下狗恒夜吠聚高橋上人家狗有限而吠聲甚衆或有夜覘視之云一狗假有兩三頭皆前向亂吠無幾孫恩亂於吳會焉是時輔國將軍孫無終家于既陽地中聞犬子聲尋而地坼有二犬子皆白色一雄一雌取而養之皆死後無終爲桓玄所誅滅案尸子曰地中有犬名曰地狼夏鼎志曰掘地得犬名曰賈此蓋自然之物不應出而出爲犬旤也

桓玄將拜楚王已設拜席羣官陪位玄未及出有狗來便其席莫不驚怪玄性猜暴竟無言者逐狗改席而已天戒若曰桓玄無德而叨竊大位故犬便其席示其妄據之甚也八十日玄敗亾焉

白眚白祥

魏明帝青龍三年正月乙亥隕石于壽光案左氏傳隕石星也劉歆說曰庶衆惟星隕于宋者象宋襄公將得諸侯而不終也秦始皇時有隕石班固以爲石陰類也又白祥臣將危君是後宣帝得政云

武帝太康五年五月丁巳隕石于溫及河陽各二

六年正月隕石于溫三

成帝咸和八年五月星隕于肥鄉一

九年正月隕石于涼州二

吳孫亮五鳳二年五月陽羨縣離里山大石自立案京房易傳曰庶士爲天子之祥也其說曰石立於山同姓平地異姓干寶以爲孫晧承廢故之家得位其應也或曰孫休見立之祥也

武帝太康十年洛陽宮西宜秋里石生地中始高三尺如香爐形後如偃人槃薄不可掘案劉向說此白眚也明年宮車晏駕王室始騷卒以亂亾京房易傳曰石立如人庶士爲天下雄此近之矣

惠帝元康五年十二月有石生于宜年里

永康元年襄陽郡上言得鳴石撞之聲聞七八里

太安元年丹陽湖熟縣夏架湖有大石浮二百步而登岸民驚噪相告曰石來干寶曰尋有石氷入建鄴

車騎大將軍東嬴王騰自并州遷鎮鄴行次眞定時久積雪而當門前方數丈獨消釋騰怪而掘之得玉馬高尺許口齒缺騰以馬者國姓上送之以爲瑞然馬無齒則不得食妖祥之兆衰亾之徵案占此白祥也是後騰爲汲桑所殺而天下遂亂

武帝泰始八年五月蜀地雨白毛此白祥也時益州刺史皇甫晏伐汶山胡從事何旅固諫不從牙門張弘等因衆之怨誣晏謀逆害之京房易傳曰前樂後憂厥妖天雨羽又曰邪人進賢人逃天雨毛其易妖曰天雨毛羽貴人出走三占皆應

惠帝永寧元年齊王冏擧義軍軍中有小兒出於襄城繁昌縣年八歲髮體悉白頗能卜於洪範白祥也

成帝咸康初地生毛近白祥也孫盛以爲人勞之異也是後石季龍滅而中原向化將相皆甘心焉於是方鎮屢革邊戍仍遷皆擁帶部曲動有萬數其間征伐徵賦役無寧歲天下勞擾百姓疲怨

咸康三年六月地生毛

孝武太元二年五月京都地生毛至四年而氐賊次襄國圍彭城向廣陵征戍仍出兵連年不解

太元十四年四月京都地生毛是時苻堅滅後經略多事人勞之應也

十七年四月地生毛

安帝隆安四年四月乙未地生毛或白或黑

元興三年五月江陵地生毛是後江陵見襲交戰者數矣

義熙三年三月地生白毛

十三年三月地生毛明年王旅西討司馬休之又明年北掃關洛

木沴金

魏齊王正始末河南尹李勝治聽事有小材激墮櫟受符吏石虎頭斷之此木沴金也勝後旬日而敗

惠帝元康八年五月郊禖壇石中破爲二此木沴金也郊禖壇者求子之神位無故自毀太子將危之疾也明年愍懷廢死

孝武帝太元十年四月謝安出鎮廣陵始發石頭金鼓無故自破此木沴金之異也天意也天戒若曰安徒揚經畧之聲終無其實鉦鼓不用之象也月餘以疾還而薨

傳曰視之不明是謂不哲厥咎舒厥罰恒燠厥極疾時則有草妖時則有蠃蟲之孽時則有羊旤時則有目痾時則有赤眚赤祥惟水沴火視之不明是謂不哲哲知也詩云爾德不明以亾陪亾卿不明爾德以亾背亾側言上不明暗昧蔽惑則不能知善惡親近習長同類亾功者受賞有罪者不殺百官廢亂失在舒緩故其咎舒也盛夏日長暑以養物政弛緩故其罰常燠也燠則冬溫春夏不和傷病疾人其極病疾也誅不行則霜不殺草繇臣下則殺不以時故有草妖凡妖貌則以服言則以詩聽則以聲視則以色者五色物之大分也在於眚祥故聖人以爲草妖失物柄之明者也溫燠生蟲故有蠃蟲之孽謂螟螣之類當死不死當生而不生或多於故而爲災也劉歆以爲屬思心不容於易剛而苞柔爲離離爲火爲目羊上角下蹄剛而苞柔羊大目而不精明視氣毀故有羊旤一曰暑歲羊多疫死及爲怪亦是也及人則多病目者故有目痾火色赤故有赤祥凡視傷者病火氣火氣傷則水沴之其極疾者順之其福曰壽劉歆視傳曰有羽蟲之孽雞旤說以爲於天文南方朱張爲鳥星故爲羽蟲旤亦從羽故爲雞雞於易自在巽說非是庶徵之恒燠劉向以爲春秋無冰也小燠不書無冰然後書舉其大者也京房易傳曰祿不遂行茲謂欺厥咎燠其燠雨雲四至而溫臣安祿樂逸茲謂亂燠而生蟲知罪不誅茲謂舒其燠夏則暑殺人冬則物華實重過不誅茲謂亾徵其咎當寒而燠盡六日也

吳孫亮建興元年九月桃李華孫權世政煩賦重人彫於役是時諸葛恪始輔政息校官原逋責除關梁崇寬厚此舒緩之應也一說桃李寒華爲草妖或屬孽

魏文帝景元三年十月桃李華時文帝深樹恩德事崇優緩此其應也

惠帝元康二年二月巴西郡界草皆生華結子如麥可食時帝初卽位楚王瑋矯詔誅汝南王亮及太保衞瓘帝不能察今非時草結實此恒燠寬舒之罰

穆帝永和九年十二月桃李華是時簡文輔政事多弛畧舒緩之應也

草妖

漢獻帝建安二十五年春正月魏武帝在洛陽起建始殿伐濯龍樹而血出又掘徙梨根傷亦血出帝惡之遂寢疾是月崩蓋草妖又赤祥是歲魏文帝黃初元年也

吳孫亮五鳳元年六月交阯稗草化爲稻昔三苗將亾五穀變種此草妖也其後亮廢

蜀劉禪景耀五年宮中大樹無故自折譙周憂之無所與言乃書柱曰衆而大期之會具而授若何復言曹者衆也魏者大也衆而大天下其當會也具而授如何復有立者乎蜀果亾如周言此草妖也

吳孫晧天璽元年吳郡臨平湖自漢末穢塞是時一夕忽開除無草長老相傳此湖塞天下亂此湖開天下平吳尋亾而九服爲一

天紀三年八月建鄴有鬼目菜生於工黃狗家依緣棗樹長丈餘莖廣四寸厚二分又有蕒菜生工吳平家高四尺如枇杷形上圓徑一尺八寸莖廣五寸兩邊生葉綠色東觀案圖名鬼目作芝草蕒菜作平慮遂以狗爲侍芝郎平爲平慮郎皆銀印青綬干寶曰明年平吳王濬止船正得平渚姓名顯然指事之徵也黃狗者吳以土運承漢故初有黃龍之瑞及其季年而有鬼目之妖託黃狗之家黃稱不改而貴賤大殊天道精微之應也

惠帝元康二年春巴西郡界竹生花紫色結實如麥外皮青中赤白味甘

元康九年六月庚子有桑生東宮西廂日長尺餘甲辰枯死此與殷太戊同妖太子不能悟故至廢戮也班固稱野木生朝而暴長小人將暴居大臣之位危國亾家之象朝將爲墟也是後孫秀張林用事遂至大亂

永康元年四月立皇孫臧爲皇太孫五月甲子就東宮桑又生於西廂明年趙王倫篡位鴆殺臧此與愍懷同妖也是月壯武國有桑化爲柏而張華遇害壯武華之封邑也

孝懷帝永嘉二年冬項縣桑樹有聲如解材人謂之桑樹哭案劉向說桑者喪也又爲哭聲不祥之甚是時京師虛弱胡寇交侵東海王越無衞國之心四年冬季而南出五年春薨于此城石勒邀其衆圍而射之王公以下至衆庶死者十餘萬人又剖越棺焚其屍是敗也中原無所請命洛京亦尋覆沒桑哭之應也

六年五月無錫縣有四株茱萸樹相樛而生狀若連理先是郭景純筮延陵蝘鼠遇臨之益曰後當復有妖樹生若瑞而非辛螫之木也儻有此東西數百里必有作逆者及此木生其後徐馥果作亂亦草妖也郭又以爲木不曲直其七月豫章郡有樟樹久枯是月忽更榮茂與漢昌邑枯社復生同占是懷愍淪陷之徵元帝中興之應也

明帝太寧元年九月會稽剡縣木生如人面是後王敦稱兵作逆禍敗無成昔漢哀成之世並有此妖而人貌備具故其禍亦大今此但如人面而已故其變也輕矣

成帝咸和六年五月癸亥曲阿有柳樹枯倒六載是日忽復起生至九年五月甲戌吳縣吳雄家有死榆樹是日因風雨起生與漢上林斷柳起生同象初康帝爲吳王于時雖改封琅邪而猶食吳郡爲邑是帝越正體饗國之象也曲阿先亦吳地象見吳邑雄之舍又天意乎

哀帝興寧二年五月癸卯盧陵西昌縣修明家有僵栗樹是日忽復起生時孝武年始四歲俄而哀帝崩海西即位未幾而廢簡文越自藩王入纂大業登阼享國又不踰二年而孝武嗣統帝諱昌明識者竊謂西昌修明之祥帝諱實應焉是亦與漢宣帝同象也

海西太和九年涼州楊樹生松天戒若曰松者不改柯易葉楊者柔脆之木今松生於楊豈非永久之葉將集危亾之地邪是時張天錫稱雄於涼州尋而降苻堅

孝武太元十四年六月建寧郡銅樂縣枯樹斷折忽然自立相屬京房易傳曰棄正作淫厥妖木斷自屬妃后有專木仆反立是時正道多僻其後張夫人專寵及帝崩兆庶歸咎張氏焉

安帝元興三年荆江二州界竹生實如麥

義熙二年九月揚武將軍營士陳蓋家有苦蕒菜莖高四尺六寸廣三尺二寸厚二寸亦草妖也此殆與吳終同象識者以爲苦蕒者買勤苦也自後歲歲征討百姓勞苦是買苦也十餘年中姚泓滅兵始戢是苦蕒之應也

義熙中宮城上及御道左右皆生蒺藜亦草妖也蒺藜有刺不可踐而行生宮墻及馳道天戒若曰人君不聽政雖有宮室馳道若空廢也故生蒺藜

羽蟲之孽

魏文帝黃初四年五月有鵜鶘鳥集靈芝池按劉向說此羽蟲之孽又青祥也詔曰此詩人所謂汚澤者也曹詩刺共公遠君子近小人今豈有賢智之士處于下位否則斯鳥何爲而至哉其博舉天下儁德茂才獨行君子以答曹人之刺於是楊彪管寧之徒咸見薦舉此所謂覩妖知懼者也然猶不能優容亮直而多溺偏私矣

京房易傳曰辟退有德厥妖水鳥集于國井

黃初元年未央宮中又有燕生鷹口爪俱赤此與商紂宋隱同象

景初元年又有燕生巨鷇於衞國李蓋家形若鷹吻似燕此羽蟲之孽又赤眚也高堂隆曰此魏室之大異宜防鷹揚之臣於蕭墻之內其後宣帝起誅曹爽遂有魏室

漢獻帝建安二十三年禿鶖鳥集鄴宮文昌殿後池明年魏武王薨

魏文帝黃初三年又集雒陽芳林園池七年又集其夏文帝崩

景初末又集芳林園池已前再至輒有大喪帝惡之其明年帝崩

蜀劉禪建興九年十月江陽至江州有鳥從江南飛渡江北不能達墮水死者以千數是時諸葛亮連年動衆志吞中夏而終死渭南所圖不遂又諸將分爭頗喪徒旅鳥北飛不能達墮水死者皆有其象也亮竟不能過渭又其應乎此與漢時楚國烏鬭墮泗水相類矣

景初元年陵霄闕始構有鵲巢其上鵲體白黑雜色此羽蟲之孽又白黑祥也帝以問高堂隆對曰詩云惟鵲有巢惟鳩居之今興起宮室而鵲來巢此宮室未成身不得居之象也天戒若曰宮室未成將有他姓制御之不可不深慮於是帝改顏動色

吳孫權赤烏十二年四月有兩烏銜鵲墮東館權使領丞相朱據燎鵲以祭按劉歆說此羽蟲之孽又黑祥也視不明聽不聰之罰也是時權意溢德衰信讒好殺二子將危將相俱殆覩妖不悟加之以燎昧道之甚者也明年太子和廢魯王霸賜死朱據左遷陸議憂卒是其應也東館典教之府墮東館又天意乎

吳孫權太元二年正月封前太子和爲南陽王遣之長沙有鵲巢其帆檣和故官僚聞之皆憂慘以爲檣末傾危非久安之象是後果不得免

孫亮建興二年十一月有大鳥五見于春申吳人以爲鳳皇明年改元爲五鳳漢桓帝時有五色大鳥司馬彪云政道衰缺無以致鳳乃羽蟲孽耳孫亮未有德政孫峻驕暴方甚此與桓帝同事也按瑞應圖大鳥似鳳而爲孽者非一宜皆是也

孫晧建衡三年西苑言鳳皇集以之改元義同於亮

武帝泰始四年八月有翟雉飛上閶闔門天戒若曰閶闔門非雉所止猶殷宗雉登鼎耳之戒也

惠帝永康元年趙王倫既篡京師得異鳥莫能名倫使人持出周旋城邑市以問人積日宮西有小兒見之遂自言曰服留鳥翳持者卽還白倫倫使更求又見之乃將入宮密籠鳥并閉小兒戶中明日視之悉不見此羽蟲之孽時趙王倫有目瘤之疾言服留者謂倫留將服其罪也尋而倫誅

趙王倫篡位有鶉入太極殿雉集東堂天戒若曰太極東堂皆朝享聽政之所而鶉雉同日集之者趙王倫不當居此位也詩云鵲之彊彊鶉之奔奔人之無良我以爲君其此之謂乎尋而倫誅

孝懷帝永嘉元年二月洛陽東北步廣里地陷有蒼白二色鵝出蒼者飛翔沖天白者止焉此羽蟲之孽又黑白祥也陳留董養曰步廣周之狄泉盟會地也白者金色國之行也蒼爲胡象其可盡言乎是後劉元海石勒相繼亂華

明帝太寧三年八月庚戌有大鳥二蒼黑色翼廣一丈四尺其一集司徒府射而殺之其一集市北家人舍亦獲焉此羽蟲之孽也又黑祥也及閏月戊子而帝崩後遂有蘇峻祖約之亂

成帝咸和二年正月有五鴟鳥集殿庭此又白祥也是時庾亮苟違衆謀將召蘇峻有言不從之咎故白祥先見也三年二月峻果作亂宮掖焚毁化爲汙萊此其應也

咸康八年七月有白鷺集殿屋是時康帝初卽位不永之祥也後涉再朞而帝崩案劉向曰野鳥入處宮室將空此其應也

海西初以興寧三年二月卽位有野雉集于相風此羽蟲之孽也尋爲桓温所廢也

孝武帝太元十六年六月鵲巢太極東頭鴟尾又巢國子學堂西頭十八年東宮始成十九年正月鵲又巢其西門此始與魏景同占學堂風教之所聚西頭又金行之祥及帝崩後安皇嗣位桓玄遂篡風教乃頹金行不競之象也

安帝義熙三年龍驤將軍朱猗戍壽陽婢炊飯忽有羣烏集竈競來啄噉婢驅逐不去有獵狗咋殺兩烏餘烏因共啄殺狗又噉其肉唯餘骨存此亦羽蟲之孽又黑祥也明年六月猗死此其應也

羊禍

成帝咸和二年五月司徒王導廐羊生無後足此羊禍也京房易傳曰足少者下不勝任也明年蘇峻破京都導與帝俱幽石頭僅乃得免是其應也

赤眚赤祥

公孫文懿時襄平北市生肉長圍各數尺有頭目口喙無手足而動搖此赤祥也占曰有形不成有體不聲其國滅亾文懿尋爲魏所誅

吳戍將鄧喜殺豬祠神治畢懸之忽見一人頭往食肉喜引弓射中之咋咋作聲繞屋三日近赤祥也後人白喜謀北叛闔門被誅京房易傳曰山見葆江于邑邑有兵狀如人頭赤色

武帝太康五年四月壬子魯國池水變赤如血七年十月河陰有赤雪二頃此赤祥也是後四載而帝崩王室遂亂

惠帝元康五年三月呂縣有流血東西百餘步此赤祥也至元康末窮凶極亂僵屍流血之應也干寶以爲後八載而封雲亂徐州殺傷數萬人是其應也

永康元年三月尉氏雨血夫政刑舒緩則有常燠赤祥之妖此歲正月送愍懷太子幽于許宮天戒若曰不宜緩恣姦人將使太子冤死惠帝愚眊不寤是月愍懷遂斃於是王室成釁禍流天下淖齒殺齊湣王曰天雨血霑衣天以告也此之謂乎京房易傳曰歸獄不解茲謂追非厥咎天雨血茲謂不親下有惡心不出三年無其宗又曰佞人祿功臣戮天雨血也

愍帝建興元年十二月河東地震雨肉

四年十二月景寅丞相府斬督運令史淳于伯血逆流上柱二丈三尺此赤祥也是時後將軍褚裒鎮廣陵丞相揚聲北伐伯以督運稽留及役使贓罪依軍法戮之其息訴稱督運事訖無所稽乏受賕役使罪不及死兵家之勢先聲後實實是屯戍非爲征軍自四年已來運漕稽停皆不以軍興法論僚佐莫之理及有變司直彈劾眾官元帝不問遂頻旱三年干寶以爲冤氣之應也郭景純曰血者水類同屬於坎坎爲法象水平潤下不宜逆流此政有咎失之徵也

劉聰僞建元元年正月平陽地震其崇明觀陷爲池水赤如血赤氣至天有赤龍奮迅而去流星起于牽牛入紫微龍形委蛇其光照地落于平陽北十里視之則肉臭聞于平陽長三十步廣二十七步肉旁常有哭聲晝夜不止數日聰后劉氏產一蛇一獸各害人而走尋之不得頃之見於隕肉之旁是時劉聰納劉殷三女並爲其后天戒若曰聰既自稱劉姓三后又俱劉氏逆骨肉之綱亂人倫之則隕肉諸妖其眚亦大俄而劉氏死哭聲自絕矣

晉書卷二十八考證

五行志中負物者以爲鬼神卽傎顛倒昇之○傎同顛句有誤

晉書卷二十九

唐　太　宗　文　皇　帝　御　撰

志第十九

五行下

傳曰聽之不聰是謂不謀厥咎急厥罰恒寒厥極貧時則有鼓妖時則有魚孽時則有豕禍時則有耳痾時則有黑眚黑祥惟火沴水聽之不聰是謂不謀言上偏聽不聰下情隔塞則謀慮利害失在嚴急故其咎急也盛冬日短寒以殺物政促迫故其罰常寒也寒則不生百穀上下俱貧故其極貧也君嚴猛而閉下臣戰慄而塞耳則妄聞之氣發於音聲故有鼓妖寒氣動故有魚孽而龜能爲孽龜能陸處非極陰也魚去水而死極陰之孽也於易坎爲水爲豕豕大耳而不聰察聽氣毀故有豕禍也一曰寒歲豕多死及爲怪亦是也及人則多病耳者故有耳痾水色黑故有黑眚黑祥凡聽傷者病水氣水氣病則火沴之其極貧者順之其福曰富劉歆聽傳曰有介蟲之孽也庶徵之恒寒劉歆以爲大雨雪及未當雨雪而雨雪及大雨雹隕霜殺菽草皆恒寒之罰也京房易傳曰有德遭險茲謂逆命厥異寒誅罰過深當燠而寒盡六日亦爲雹害正不誅茲謂養賊寒七十二日殺飛禽道人始去茲謂傷其寒物無霜而死涌水而出戰不量敵茲謂辱命其寒雖雨物不茂聞善不予厥咎聾

吳孫權嘉禾三年九月朔隕霜傷穀按劉向說誅罰不由君出在臣下之象也是時校事呂壹專作威福與漢元帝時石顯用事隕霜同應班固書九月二日陳壽言朔皆明未可以傷穀也壹後亦伏誅京房易傳曰興兵妄誅茲謂亡法厥災霜夏殺五穀冬殺麥誅不原情茲謂不仁其霜夏先大雷風冬先雨乃隕霜有芒角賢聖害其霜附木不下地佞人依刑茲謂私賊其霜在草根土隰間不敎而誅茲謂虐其霜反在草下

四年七月雨雹又隕霜按劉向說雹者陰脅陽也是時呂壹作威用事詆毀重臣排陷無辜自太子登以下咸患毒之而壹反獲封侯寵異與春秋時公子遂專任雨雹同應也漢安帝信讒多殺無辜亦雨雹董仲舒曰凡雹皆爲有所脅行專壹之政故也

赤烏四年正月大雪平地深三尺鳥獸死者大半是年夏全琮等四將軍攻略淮南襄陽戰死者千餘人其後權以讒邪數責讓陸議議憤恚致卒與漢景武大雪同事

十一年四月雨雹是時權聽讒將危太子其後朱據屈晃以迕意黜辱陳正陳象以忠諫族誅而太子終廢此有德遭險誅罰過深之應也

武帝太始六年冬大雪七年十二月又大雪明年有步闡楊肇之敗死傷甚眾不聰之罰也

九年四月辛未隕霜是時賈充親黨比周用事與魯定公漢元帝時隕霜同應也

咸寧三年八月平原安平上黨泰山四郡霜害三豆是月河間暴風寒冰郡國五隕霜傷穀是後大舉征吳馬隆又帥精勇討涼州

五年五月丁亥鉅鹿魏郡雨雹傷禾麥辛卯鴈門雨雹傷秋稼六月庚戌汲郡廣平陳留滎陽雨雹景辰又雨雹隕霜傷秋麥千三百餘頃壞屋百二十餘間癸亥安定雨雹七月景申魏郡又雨雹閏月壬子新興又雨雹八月庚子河南河東弘農又雨雹兼傷秋稼三豆

太康元年三月河東高平霜雹傷桑麥四月河南河內河東魏郡弘農雨雹傷麥豆是月庚午畿內縣二及東平范陽雨雹癸酉畿內縣五又雨雹五月東平平陽上黨鴈門濟南雨雹傷禾麥三豆是時王濬有大功而權戚互加陷抑帝從容不斷陰脅陽之應也

二年二月辛酉隕霜于濟南琅邪傷麥壬申琅邪雨雹傷麥三月甲午河東隕霜害桑五月景戌城陽章武琅邪傷麥庚寅河東樂安東平濟陰弘農濮陽齊國頓丘魏郡河內汲郡上黨雨雹傷禾稼六月郡國十七雨雹七月上黨雨雹

三年十二月大雪

五年七月乙卯中山東平雨雹傷秋稼甲辰中山雨雹九月南安大雪折木

六年二月東海隕霜傷桑麥三月戊辰齊郡臨淄長廣不其等四縣樂安梁鄒等八縣琅邪臨沂等八縣河間易城等六縣高陽北陽新城等四縣隕霜傷桑麥六月滎陽汲郡鴈門雨雹

八年四月齊國天水二郡隕霜十二月大雪

九年正月京都大風雨雹發屋拔木四月隴西隕霜

十年四月郡國八隕霜

惠帝元康二年八月沛及蕩陰雨雹

三年四月滎陽雨雹六月弘農湖城華陰又雨雹深三尺是年賈后凶淫專恣與春秋魯桓夫人同事陰氣盛也

五年六月東海雨雹深五寸二月丹陽建鄴雨雹是月丹陽建鄴大雪

六年三月東海隕雪殺桑麥

七年五月魯國雨雹七月秦雍三州隕霜殺稼也

九年三月旬有八日河南滎陽潁川隕霜傷禾五月雨雹是時賈后凶躁滋甚及冬遂廢愍懷

永寧元年七月襄城河南雨雹十月襄城河南高平平陽又風雹折木傷稼

光熙元年閏八月甲申朔霰雪劉向曰盛陽雨水湯熱陰氣脅之則轉而爲雹盛陰雨雪凝滯陽氣薄之則散而爲霰今雪非其時此聽不聰之應是年帝崩

孝懷帝永嘉元年十二月冬雪平地三尺

七年十月庚午大雪

元帝太興二年三月丁未成都風雹殺人

三年三月海鹽雨雹是時王敦陵上

永昌二年十二月幽冀并三州大雨

明帝太寧元年十二月幽冀并三州大雪

二年四月庚子京都大雨雹驚雀死

三年三月丁丑雨雪癸巳隕霜四月大雨雹是年帝崩尋有蘇峻之亂

成帝咸和六年三月癸未雨雹是時帝幼弱政在大臣

九年八月成都大雪是歲李雄死

咸康二年正月丁巳皇后見于太廟其夕雨雹

康帝建元元年八月大雪是時政在將相陰氣盛也劉向曰凡雨陰也雪又雨之陰也出非其時迫近象也

穆帝永和三年八月冀方大雪人馬多凍死

五年六月臨漳暴風震電雨雹大如升

十年五月涼州雪明年八月張祚袍罕護軍張瓘帥宋混等攻滅祚更立張曜靈弟玄靚京房易傳曰夏雪戒臣爲亂此其亂之應也

十一年四月壬申朔霜十二月戊午雷己未雪是時帝

幼母后稱制政在大臣陰盛故也

升平二年正月大雪

海西太和三年四月雨雹折木

孝武太元二年四月己酉雨雹十二月大雪是時帝幼政在將相陰之盛也

十二年四月己丑雨雹

二十年五月癸卯上虞雨雹

二十一年四月丁亥雨雹是時張夫人專幸及帝暴崩兆庶尤之十二月連雪二十三日是時嗣主幼沖冢宰專政

安帝隆安二年三月乙卯雨雹是秋王恭殷仲堪稱兵內侮終皆誅之也

元興二年十二月酷寒過甚是時桓玄篡位政事煩苛識者以爲朝政失在舒緩玄則反之以酷按劉向曰周衰無寒歲秦滅無燠年此之謂也

三年正月甲申霰雪又雷雷霰同時皆失節之應也四月景午江陵雨雹是時安帝蒙塵

義熙元年四月壬申雨雹是時四方未一鉦鼓日戒

五年三月己亥雪深數尺五月癸巳溧陽雨雹九月己丑廣陵雨雹明年盧循至蔡州

六年正月景寅雪又雷五月壬申雨雹

八年四月辛未朔雨雹六月癸亥雨雹大風發屋是秋誅劉蕃等

十年四月辛卯雨雹

雷震

魏明帝景初中洛陽城東橋城西洛水浮橋桓楹同日三處俱時震尋又震西城上候風木飛鳥時勞役大起帝尋晏駕

吳孫權赤烏八年夏震宮門柱又擊南津大橋桓楹

孫亮建興元年十二月朔大風震電是月又雷雨義同前說亮終廢

武帝太康六年十二月甲申朔淮南郡震電

七年十二月己亥毗陵雷電南沙司鹽都尉戴亮以聞

十年十二月癸卯廬江建安雷電大雨

惠帝永康元年六月癸卯震崇陽陵標西南五百步標破爲七十片是時賈后陷害鼎輔寵樹私戚與漢桓帝時震憲陵寢同事也后終誅滅

永興二年十月丁丑雷震

懷帝永嘉四年十月震電

愍帝建興元年十一月戊午會稽大雨震電己巳夜赤氣曜於西北是夕大雨震電庚午大雪按劉向說雷以二月出八月入今此月震電者陽不閉藏也旣發泄而明日便大雪皆失節之異也是時劉聰僭號平陽李雄稱制於蜀九州幅裂西京孤微爲君失時之象也赤氣赤祥也

元帝太興元年十一月乙卯暴雨雷電

永昌二年七月庚子朔雷震太極殿柱十二月會稽吳郡雷震電

成帝咸和元年十月己巳會稽郡大雨震電

三年六月辛卯臨海大雷破郡府內小屋柱十枚殺人

九月二日壬午立冬會稽雷電

四年十一月吳郡會稽大震電

穆帝永和七年十月壬午雷雨震電

升平元年十一月庚戌雷乙丑又雷

五年十月庚午雷發東南方

孝武帝太元五年六月甲寅雷震含章殿四柱并殺內侍二人

十年十二月雷聲在南方

十四年七月甲寅雷震燒宣陽門西柱

安帝隆安二年九月壬辰雷雨

元興三年永安皇后至自巴陵將設儀導入宮天雷震人馬各一俱殪焉

義熙四年十一月辛卯朔西北方疾風發癸丑雷六月景寅雷震太廟破東鴟尾徹柱又震太子西池合堂是時帝不親蒸嘗故天震之明簡宗廟也西池是明帝爲太子時所造次故號太子池及安帝多病患無嗣故天震之明無後也

六年正月景寅雷又雪十二月壬辰大雷

九年十一月甲戌雷乙亥又雷

鼓妖

惠帝元康九年三月有聲若牛出許昌城十二月廢愍懷太子幽于許宮明年賈后遣黃門孫慮殺太子擊以藥杵聲聞于外是其應也

蘇峻在歷陽外營將軍鼓自鳴如人弄鼓者峻手自破之曰我鄉土時有此則城空矣俄而作亂夷滅此聽不聰之罰也

石季龍末洛陽城西北九里石牛在青石趺上忽鳴聲聞四十里季龍遣人打落兩耳及尾鐵釘釘四脚尋而季龍死

孝武太元十五年三月己酉朔東北方有聲如雷按劉向說以爲雷當託於雲猶君託於臣無雲而雷此君不恤於下下人將叛之象也及帝崩而天下漸亂孫恩桓玄交陵京邑

吳興長城夏架山有石鼓長丈餘面逕三尺許下有盤石爲足鳴則聲如金鼓三吳有兵至安帝隆安中大鳴後有孫恩之亂

魚孽

魏齊王嘉平四年五月有二魚集于武庫屋上此魚孽也王肅曰魚生於水而亢於屋介鱗之物失其所也邊將其殆有弃甲之變乎後果有東關之敗干寶又以爲高貴鄉公兵禍之應二說皆與班固旨同

武帝太康中有鯉魚二見武庫屋上干寶以爲武庫兵府魚有鱗甲亦兵類也魚旣極陰屋上太陽魚見屋上象至陰以兵革之禍干太陽也至惠帝初誅楊駿廢太后矢交館閣元康末賈后謗殺太子尋亦誅廢十年之間母后之難再興是其應也自是禍亂搆矣京房易妖曰魚去水飛入道路兵且作

蝗蟲

春秋螽劉歆從介蟲之孽與魚同占

魏文帝黃初三年七月冀州大蝗人飢按蔡邕說蝗者在上貪苛之所致也是時孫權歸順帝因其有西陵之役舉大衆襲之權遂背叛也

武帝泰始十年六月蝗是時荀賈任政疾害公直

惠帝永寧元年郡國六蝗

懷帝永嘉四年五月大蝗自幽并司冀至于秦雍草木牛馬毛鬣皆盡是時天下兵亂漁獵黔黎存亡所繼惟司馬越苟晞而已競爲暴刻經略無章故有此孽

愍帝建興四年六月大蝗去歲劉曜頻攻北地馮翊麴允等悉衆御之卒爲劉曜所破西京遂潰

五年帝在平陽司冀青雍螽

元帝太興元年六月蘭陵合鄉蝗害禾稼乙未東莞蝗蟲縱廣三百里害苗稼七月東海彭城下邳臨淮四郡蝗蟲害禾豆八月冀青徐三州蝗食生草盡至于二年是時中州淪喪暴亂滋甚也

二年五月淮陵臨淮淮南安豐廬江等五郡蝗蟲食秋麥是月癸丑徐州及揚州江西諸郡蝗吳郡百姓多餓死是年王敦并領荆州苛暴之釁自此興矣

孝武帝太元十五年八月兗州蝗是時慕容氏逼河南征戍不已故有斯孽

十六年五月飛蝗從南來集堂邑縣界害禾稼是年春發江州兵營甲士二千人家口六七千配護軍及東宮後尋散亡殆盡又邊將連有征役故有斯孽

豕禍

吳孫晧寶鼎元年野豕入右大司馬丁奉營此豕禍也後奉見遣攻穀陽無功而反晧怒斬其導軍及舉大衆北出奉及萬彧等相謂曰若至華里不得不各自還也此謀泄奉時雖已死晧追討穀陽事殺其子溫家屬皆遠徙豕禍之應也襲遂曰山野之獸來入宮室宮室將空又其象也

懷帝永嘉中壽春城內有豕生兩頭而不活周馥取而觀之時識者云豕北方畜胡狄象兩頭者無上也生而死不遂也天戒若曰勿生專利之謀將自致傾覆也周馥不寤遂欲迎天子令諸侯俄爲元帝所敗是其應也石勒亦尋渡淮百姓死者十有其九

元帝建武元年有豕生八足此聽不聰之罰又所任邪也是後有劉隗之變

成帝咸和六年六月錢唐人家豭豕產兩子而皆人面如胡人狀其身猶豕京房易妖曰豕生人頭豕身者危且亂今此豭豕而產異之甚者也

孝武帝太元十年四月京都有豚一頭二脊八足

十三年京都人家豕產子一頭二身八足並與建武同妖也是後宰相沉酗不恤朝政近習用事漸亂國綱至於大壞也

黑眚黑祥

孝懷帝永嘉五年十二月黑氣四塞近黑祥也帝尋淪陷王室丘墟是其應也

愍帝建興二年正月己巳朔黑霧着人如墨連夜五日乃止此近黑祥也其四年帝降劉曜

元帝永昌元年十月京師大霧黑氣蔽天日月無光十一月帝崩

火沴水

武帝太康五年六月任城魯國池水皆赤如血按劉向說近火沴水聽之不聰之罰也京房易傳曰君淫於色賢人潛國家危厥異水流赤

穆帝升平三年二月涼州城東池中有火

四年四月姑臧澤水中又有火此火沴水之妖也明年張天錫殺中護軍張邕邕執政之人也

安帝元興二年十月錢唐臨平湖水赤桓玄諷吳郡使言開除以爲己瑞俄而桓玄敗

傳曰思心之不容是謂不聖厥咎霿厥罰恒風厥極凶

短折時則有脂夜之妖時則有華孽時則有牛禍時則有心腹之痾時則有黃眚黃祥時則有金木水火沴土思心不容是謂不聖思心者心思慮也容寬也孔子曰居上不寬吾何以觀之哉言上不寬大包容臣下則不能居聖位貌言視聽以心爲主四者皆失則區霿無識故其咎霿也雨旱寒燠亦以風爲本四氣皆亂故其罰恒風也恒風傷物故其極凶短折也傷人曰凶禽獸曰短草木曰折一曰凶天也兄喪弟曰短父喪子曰折在人腹中肥而包裹心者脂也心區霿則冥晦故有脂夜之妖一曰有脂物而夜爲妖若脂夜汙人衣淫之象也一曰夜妖者雲風並起而杳冥故與常風同象也溫而風則生螟螣有裸蟲之孽劉向以爲於易巽爲風爲木卦在三月四月繼陽而治主木之華實風氣盛至秋冬木復華故有華孽一曰地氣盛則秋冬復華一曰華者色也土爲內事謂女孽也於易坤爲土爲牛牛大心而不能思慮心氣毀故有牛禍一曰牛多死及爲怪亦是也及人則多病心腹者故有心腹之痾土色黃故有黃眚黃祥凡思心傷者病土氣土氣病則金木水火沴之故曰時則有金木水火沴土不言惟而獨曰時則有者非一衝氣所沴明其異大也其極凶短折者順之其福曰考終命劉歆思心傳曰時有蠃蟲之孽謂螟螣之屬也

庶徵恒風

魏齊王正始九年十一月大風數十日發屋折樹十二月戊午晦尤甚動太極東閣

嘉平元年正月壬辰朔西北大風發屋折樹木昏塵蔽天按管輅說此爲時刑大臣執政之憂也是時曹爽區霿自專驕僭過度天戒數見終不改革此思心不睿恒風之罰也後踰旬而爽等誅滅京房易傳曰衆逆同志至德乃潛厥異風其風也行不解物不長雨小而傷政悖德隱茲謂亂厥風先風不雨大風暴起發屋折木守義不進茲謂耗厥風與雲俱起折五穀莖臣易上政茲謂不順厥風大焱發屋賦斂不理茲謂禍厥風絕經紀止即溫溫即蟲侯專封利茲謂不統厥風疾而樹不搖穀不成辟不思道茲謂無澤厥風不搖木旱無雲傷禾公常於利茲謂亂厥風微而溫生蟲蝗害五穀棄政作淫茲謂惑厥風溫螟蟲起害有益人之物諸侯不朝茲謂叛厥風無恒地變赤雨殺人

吳孫權太元元年八月朔大風江海涌溢平地水深八尺拔高陵樹二千株石碑蹉動吳城兩門飛落按華覈對役繁賦重區霿不容之罰也明年權薨

孫亮建興元年十二月景申大風震電是歲魏遣大衆三道來攻諸葛恪破其東興軍二軍亦退明年恪又攻新城喪衆大半還伏誅

孫休永安元年十一月甲午風四轉五復蒙霧連日是時孫綝一門五侯權傾吳主風霧之災與漢五侯丁傅同應也十二月丁卯夜有大風發木揚沙明日綝誅

武帝泰始五年五月辛卯朔廣平大風折木

咸寧元年五月下邳廣陵大風壞千餘家折樹木其月甲申廣陵司吾下邳大風折木

三年八月河間大風折木

太康二年五月濟南暴風折木傷麥六月高平大風折木發壞邸閣四十餘區七月上黨又大風傷秋稼

八年六月郡國八大風

九年正月京都風雹發屋拔樹後二年宮車宴駕

惠帝元康四年六月大風雨拔木

五年四月庚寅夜暴風城東渠波浪殺人七月下邳大風壞廬舍九月鴈門新興太原上黨災風傷稼明年氐羌反叛大兵西討

九年六月飈風吹賈謐朝服飛數百丈明年謐誅十一月甲子朔京都連大風發屋折木十二月愍懷太子廢幽于許昌

永康元年二月大風拔木三月愍懷被害己卯喪柩發許昌還洛是日又大風雷電幃蓋飛裂四月張華第舍飈風起折木飛繒折軸六七是月華遇害十一月戊午朔大風從西北來折木飛沙石六日止明年正月趙王倫篡位

永寧元年八月郡國三大風

永興元年正月乙丑西北大風

趙王倫建始元年正月癸酉趙王倫祠太廟災風暴起塵四合其年四月倫伏辜

元帝永昌元年七月景寅大風拔木屋瓦皆飛八月暴風壞屋拔御道柳樹百餘株其風縱橫無常若風自八方來者是時王敦專權害尚書令刁協僕射周顗等故風縱橫若非一處也此臣易上政諸侯不朝之罰也十一月宮車晏駕

成帝咸康四年三月壬辰成都大風發屋折木四月李壽襲殺李期自立

康帝建元元年七月庚寅晉陵吳郡災風

穆帝升平元年八月丁未策立皇后何氏是日疾風後桓玄篡位乃降后爲零陵縣君不睿之罰也

五年正月戊午朔疾風

海西公太和六年二月大風迅急是年被廢

孝武帝寧康元年三月京都大風火大起是時桓溫入朝志在陵上帝又幼少人懷憂恐斯不睿之徵也

三年三月戊申朔暴風迅起從丑上來須臾逆轉從子上來飛砂揚礫

太元二年二月乙丑朔暴風折木閏三月甲子朔暴風疾雨俱至發屋折木

三年六月長安大風拔苻堅宮中樹其後堅再南伐遂有淝水之敗身戮國亡

四年八月乙未暴風揚沙石

十二年正月壬午夜暴風七月甲辰大風折木

十三年十二月己未大風晝晦其後帝崩而諸侯違命權奪於元顯禍成於桓玄是其應也

十七年六月乙未大風折木

安帝元興二年二月夜大風雨大航門屋瓦飛落明年桓玄篡位由此門入

三年正月桓玄出遊大航南飄風飛其輧輗蓋經三月而玄敗歸江陵五月江陵又大風折木是月桓玄敗於崢嶸洲身以屠裂十二月丁酉大風江陵多死者

義熙四年十一月辛卯朔西北疾風起

五年閏十一月丁亥大風發屋明年盧循至蔡州

六年五月壬申大風拔北郊樹樹幾百年也并吹瑯邪揚州二射堂倒壞是日盧循大艦漂沒甲戌又風發屋折木是冬王師南討

九年正月大風白馬寺浮圖剎柱折壞

十年四月己丑朔大風拔木六月辛亥大風拔木七月淮北大風壞廬舍明年西討司馬休之應

夜妖

魏高貴鄉公正元二年正月戊戌景帝討毋丘儉大風晦瞑行者皆頓伏近夜妖也劉向曰正晝而瞑陰爲陽臣制君也

元帝景元三年十月京都大震晝晦此夜妖也班固曰夜妖者雲風並起而杳冥故與常風同象也劉向春秋說云天戒若曰勿使大夫世官將令專事瞑晦公室卑矣魏見此妖晉有天下之應也

懷帝永嘉四年十一月辛卯晝昏至于庚子此夜妖也後年劉曜寇洛川王師頻爲賊所敗帝蒙塵于平陽

孝武帝太元十三年十二月乙未大風晦瞑其後帝崩而諸侯違命干戈內侮權奪於元顯禍成於桓玄

蠃蟲之孽

京房易傳曰臣安祿位茲謂貪厥災蟲蟲食根德無常茲謂煩蟲食葉不紬無德蟲食本與東作爭茲謂不時蟲食莖蔽惡生孽蟲食心

武帝咸寧元年七月郡國螟九月青州又螟是月郡國有青蟲食其禾稼

四年司冀兗豫荊揚郡國二十螟

太康四年會稽彭蜞及蟹皆化爲鼠甚衆復大食稻爲災

九年八月郡國二十四螟九月蟲又傷秋稼是時帝聽讒諛寵任賈充楊駿故有蟲蝗之災不紬無德之罰

惠帝元康三年九月帶方等六縣螟食禾葉盡

永寧元年七月梁益涼三州螟是時齊王冏執政貪苛之應也

永寧元年十月南安巴西江陽太原新興北海青蟲食禾葉甚者十傷五六十二月郡國六螟

牛禍

武帝太康九年幽州塞北有死牛頭語近牛禍也是時帝多疾病深以後事爲念而託付不以至公思瞀亂之應也按師曠曰怨讟動於人則有非言之物而言又其義也京房易傳曰殺無罪牛生妖

惠帝太安中江夏張騁所乘牛言曰天下亂乘我何之騁懼而還犬又言曰歸何早也尋後牛又人立而行騁使善卜者卦之謂曰天下將有兵亂爲禍非止一家其年張昌反先略江夏騁爲將帥於是五州殘亂騁亦族滅京房易數曰牛能言如其言占吉凶易萌氣樞曰人君不好士走馬被文繡犬狼食人食則有六畜談言時天子諸侯不以惠下爲務又其應也

元帝建武元年七月晉陵陳門才牛生犢一體兩頭按京房易傳言牛生子二首一身天下將分之象也是時愍帝蒙塵於平陽尋爲逆胡所殺元帝即位江東天下分爲二是其應也

太興元年武昌太守王諒牛生子兩頭八足兩尾共一腹三年後死又有牛一足三尾皆生而死按司馬彪說兩頭者政在私門上下無別之象也京房易傳曰足多者所任邪也足少者不勝任也其後王敦等亂政此其祥也

四年十二月郊牛死按劉向說春秋郊牛死曰宣公區霿昏亂故天不饗其祀今元帝中興之業實王導之謀

也劉隗探會上意以得親幸導見疏外此區霧不睿之禍

成帝咸和二年五月護軍牛生犢兩頭六足是冬蘇峻作亂

七年九德人袁榮家牛產犢兩頭八足二尾共身

桓玄之國在荆州詣刺史殷仲堪行至鶴穴逢一老公驅青牛形色瓌異桓玄卽以所乘牛易取乘至零陵涇溪駿駛非常息駕飲牛牛逕入江水不出玄遣人覘守經日無所見於後玄敗被誅

黃眚黃祥

蜀劉備章武二年東伐二月自秭歸進屯夷道六月秭歸有黃氣見長十餘里廣數十丈後踰旬備爲陸遜所破近黃祥也

魏齊王正始中中山王周南爲襄邑長有鼠從穴出語曰王周南爾以某日死周南不應鼠還穴後至期更冠幘皂衣出語曰周南汝日中死又不應鼠復入穴斯須更出語如向日適欲中鼠入須臾復出出復入轉更數語如前日適中鼠曰周南汝不應我復何道言絕顚蹶而死卽失衣冠取視俱如常鼠按班固說此黃祥也是時曹爽專政競爲比周故鼠作變也

惠帝元康四年十二月大霧帝時昏眊政非已出故有區霧之妖

元帝太興四年八月黃霧四塞埃氛蔽天

永昌元年十月京師大霧黑氣貫天日無光

明帝太寧元年正月癸巳黃霧四塞二月又黃霧四塞是時王敦擅權謀逆愈甚

穆帝永和七年三月涼州大風拔木黃霧下塵是時張重華納讒出謝艾爲酒泉太守而所任非其人至九年死嗣子見殺是其應也京房易傳曰聞善不予茲謂不知厥異黃厥咎聾厥災不嗣黃者有黃濁氣四塞天下蔽賢絕道災至絕世也

孝武太元八年二月癸未黃霧四塞是時道子專政親近佞人朝綱方替

安帝元興元年十月景申朔黃霧昏濁不雨是時桓玄謀逆之應

義熙五年十一月大霧

十年十一月又大霧是時帝室衰微臣下權盛兵及土地略非君有此其應也

地震

劉向曰地震金木水火沴土者也伯陽甫曰天地之氣不過其序若過其序人之亂也陽伏而不能出陰迫而不能升於是有地震

吳孫權黃武四年江東地連震是時權受魏爵命爲大將軍吳王改元專制不修臣跡京房易傳曰臣事雖正專必震其震於水則波於木則搖於屋則瓦落大經在辟而易臣茲謂陰動厥震搖政宮大經搖政茲謂不陰厥震搖山出涌水嗣子無德專祿茲謂不順厥震動丘陵涌水出劉向並云臣下彊盛將動而爲害之應也

魏明帝青龍二年十一月京都地震從東來隱隱有聲搖屋瓦

景初元年六月戊申京都地震是秋吳將朱然圍江夏荆州刺史胡質擊退之又公孫文懿叛自立爲燕王改年置百官明年討平之

吳孫權嘉禾六年五月江東地震

赤烏二年正月地再震是時呂壹專事步隲上疏曰伏聞校事吹毛求瑕趣欲陷人成其威福無罪無辜橫受重刑雖有大臣不見信任如此天地焉得無變故地連震動臣下專政之應也冀所以警悟人主可不深思其意哉壹後卒敗

魏齊王正始二年十一月南安郡地震

三年七月甲申南安郡地震十二月魏郡地震

六年二月丁卯南安郡地震是時曹爽專政遷太后于永寧宮太后與帝相泣而別連年地震是其應也

吳孫權赤烏十一年二月江東地仍震是時權聽讒尋黜朱據廢太子

蜀劉禪炎興元年蜀地震是時宦人黃皓專權按司馬彪說閹官無陽施猶婦人也皓見任之應與漢和帝時同事也是冬蜀亡

武帝泰始五年四月辛酉地震是年冬新平氐羌叛明年孫晧遣大衆入渦口

七年六月景申地震

咸寧二年八月庚辰河南河東平陽地震

太康二年二月庚申淮南丹陽地震

四年六月丁未陰平廣武地震甲子又震

五年正月朔壬辰京師地震

六年七月己丑地震

七年七月南安犍爲地震八月京兆地震

八年五月壬子建安地震七月陰平地震九月丹陽地震

九年正月會稽丹陽吳興地震四月辛酉長沙南海等郡國八地震七月至于八月地又四震其三有聲如雷九月臨賀地震十二月又震

十年十二月巳亥丹陽地震

太熙元年正月地又震武帝世始於賈充終於楊駿阿黨昧利苟竊朝權至于末年所任轉弊故頻年地震過其序也終喪天下

惠帝元康元年十二月辛酉京都地震此夏賈后使楚王瑋殺汝南王亮及太保衞瓘此陰道盛陽道微故也

四年二月上谷上庸遼東地震五月蜀郡山移淮南壽春洪水出山崩地陷壞城府八月上谷地震水出殺百餘人十月京都地震十一月滎陽襄城汝陰梁國南陽地皆震十二月京都又震是時賈后亂朝終至禍敗之應也漢鄧太后攝政時郡國地震李固以爲地陰也法當安靜今乃越陰之職專陽之政故應以震此同事也京房易傳曰小人剝廬厥妖山崩茲謂陰乘陽弱勝彊又曰陰背陽則地裂父子分離夷羌叛去

元康五年五月丁丑地震六月金城地震

六年正月丁丑地震

八年正月景辰地震

太安元年十二月地震時齊王冏專政之應

二年十二月景辰地震是時長沙王乂專政之應也

孝懷帝永嘉三年十月荆襄二州地震時司馬越專政

四年四月兗州地震五月石勒寇汲郡執太守胡寵遂南濟沔是其應也

愍帝建興二年四月甲辰地震

三年六月丁卯長安又地震是時主幼權傾於下四方雲擾兵亂不息之應也

元帝太興元年四月西平地震涌水出十二月廬陵豫章武昌西陵地震涌水出山崩干寶以爲王敦陵上之應也

二年五月己丑祁山地震山崩殺人是時相國南陽王保在祁山稱晉王不終之象也

三年四月庚寅丹陽吳郡晉陵又地震

成帝咸和二年二月江陵地震三月益州地震四月己未豫州地震是年蘇峻作亂

九年三月丁酉會稽地震

穆帝永和元年六月癸亥地震是時嗣主幼沖母后稱制政在臣下所以連年地震

二年十二月地震

三年正月景辰地震九月地又震

四年十月己未地震

五年正月庚寅地震是時石季龍僭卽皇帝位亦過其序也

九年八月丁酉京都地震有聲如雷

十年正月丁卯地震聲如雷雞雉皆鳴呴

十一年四月乙酉地震五月丁未地震

升平二年十一月辛酉地震

五年八月涼州地震

哀帝隆和元年四月甲戌地震是時政在將相人主南面而已

興寧元年四月甲戌揚州地震湖瀆溢

二年二月庚寅江陵地震是時桓溫專政

海西公太和元年二月涼州地震水涌是海西將廢之應也

簡文帝咸安二年十月辛未安成地震是年帝崩

孝武帝寧康元年十月辛未地震

二年二月丁巳地震七月甲午涼州地又震山崩是時嗣主幼沖權在將相陰盛之應

太元二年閏三月壬午地震五月丁丑地震

十一年六月己卯地震是後緣河諸將連歲兵役人勞之應也

十五年二月己酉朔夜地震八月京都地震十二月己未地震

十七年六月癸卯地震十二月己未地又震是時羣小弄權天下側目

十八年正月癸亥朔地震二月乙未夜地震

安帝隆安四年四月乙未地震九月癸丑地震是時幼主沖昧政在臣下

義熙四年正月壬子夜地震有聲十月癸亥地震

五年正月戊戌夜尋陽地震有聲如雷明年盧循下

八年自正月至四月南康廬陵地四震明年王旅西討荆益

十三年月戊寅地震

山崩地陷裂

吳孫權赤烏十三年八月丹陽句容及故鄣寧國諸山崩鴻水溢按劉向說山陽君也水陰百姓也天戒若曰君道崩壞百姓將失其所與春秋梁山崩漢齊楚衆山發水同事也夫三代命祀祭不越望吉凶禍福不是過也吳雖稱帝其實列國災發丹陽其天意矣劉歆以爲國主山川山崩川竭亡之徵也後二年而權薨又二十

六年而吳亡

魏元帝咸熙二年二月太行山崩此魏亡之徵也其冬晉有天下

武帝泰始三年三月戊午大石山崩

四年七月泰山崩墜三里京房易傳曰自上下者爲崩厥應泰山之石顛而下聖王受命人君虜及帝晏駕而禄去王室惠皇懦弱懷愍二帝俱辱虜庭淪胥於北元帝中興於南此其應也

太康五年景午宣帝廟地陷

六年十月南安新興山崩涌水出

七年二月朱提之大瀘山崩震壞郡舍陰平之仇池崖隕

八年七月大雨殿前地陷方五尺深數丈中有破船

惠帝元康四年蜀郡山崩殺人五月壬子壽春山崩洪水出城壞地陷方三十丈殺人六月壽春大雷山崩地坼人家陷死上庸郡亦如之八月居庸地裂廣三十六丈長八十四丈水出大飢上庸四處山崩地墜廣三十丈長百三十丈水出殺人皆賈后亂朝之應也

太安元年四月西墉崩

懷帝永嘉元年三月洛陽東北步廣里地陷

二年八月乙亥鄄城城無故自壞七十餘丈司馬越惡之遷于濮陽此見沴之異也越卒以陵上受禍

三年七月戊辰當陽地裂三所廣三丈長三百餘步京房易傳曰地坼裂者臣下分離不肯相從也其後司馬越苟晞交惡四方牧伯莫不離散王室遂亡

三年十月宜都夷道山崩

四年四月湘東酃黑石山崩

元帝太興元年二月廬陵豫章武昌西陽地震山崩

二年五月祁山地震山崩殺人

三年南平郡山崩出雄黃數千斤時王敦陵傲帝優容之示含養禍萌也

四年八月常山崩水出滹沱盈溢大木傾拔

成帝咸和四年十月柴桑廬山西北崖崩十二月劉胤爲郭默所殺

穆帝永和七年九月峻平崇陽二陵崩

十二年十一月遣散騎常侍車灌修峻平陵開埏道崩壓殺數十人

升平五年二月南掖門馬足陷地得鍾一有文四字

哀帝隆和元年四月丁丑浩亹山崩張天錫亡徵也

安帝義熙八年三月壬寅山陰地陷方四丈有聲如雷

十年五月戊寅西明門地穿涌水出毀門扇及限此木沴土也

十一年五月霍山崩出銅鍾六枚

十三年七月漢中城固縣水涯有聲若雷既而岸崩出銅鍾十有二枚

惠帝元康九年六月夜暴雷雨賈謐齋屋柱陷入地壓謐牀帳此木沴土土失其性不能載也明年謐誅焉

光熙元年五月范陽國地燃可以爨此火沴土也是時禮樂征伐自諸侯出

傳曰皇之不極是謂不建厥咎眊厥罰恒陰厥極弱時則有射妖時則有龍蛇之孽時則有馬禍時則有下人伐上之痾時則有日月亂行星辰逆行皇之不極是謂不建皇君極中建立也人君貌言視聽思五事皆失不得其中不能立萬事失在眊悖故其咎眊也王者自下承天理物雲起於山而彌於天天氣亂故其罰恒陰一曰上失中則下彊盛而蔽君明也易曰亢龍有悔貴而亡位高而亡民賢人在下位而亡輔如此則君有南面之尊而亡一人之助故其極弱也盛陽動進輕疾禮春而大射以順陽氣上微弱則下奮驚動故有射妖易曰雲從龍又曰龍蛇之蟄以存身也陰陽氣動故有龍蛇之孽於易乾爲君爲馬馬任用而强力君氣毀故有馬禍一曰馬多死及爲怪亦是也君亂且弱人之所叛天之所去不有明王之誅則有篡殺之禍故有下人伐上之痾凡君道傷者病天氣不言五行沴天而曰日月亂行星辰逆行者爲若下不敢沴天猶春秋曰王師敗績于貿戎不言敗之者以自敗爲文尊尊之意也劉歆皇極傳曰有下體生於上之痾說以爲下人伐上天誅已成不得復爲痾云

恒陰

吳孫亮太平三年自八月沉陰不雨四十餘日是時將誅孫綝謀泄九月戊午綝以兵圍宮廢亮爲會稽王此恒陰之罰也

吳孫晧寶鼎元年十二月太史奏久陰不雨將有陰謀孫晧驚懼時陸凱等謀因其謁廟廢之及出留平領兵前驅凱先語平平不許是以不果晧既肆虐羣下多懷異圖終至降亡

射妖

蜀車騎將軍鄧芝征涪陵見玄猨緣山手射中之猨拔其箭卷木葉塞其創芝曰嘻吾違物之性其將死矣俄而卒此射妖也一曰猨母抱子芝射中之子爲拔箭取木葉塞創芝歎息投弩水中自知當死

恭帝爲琅邪王好奇戲嘗閉一馬於門內令人射之欲觀幾箭死左右有諫者曰馬國姓也今射之不祥於是乃止而馬已被十許箭矣此蓋射妖也俄而禪位於宋焉

龍蛇之孽

魏明帝青龍元年正月甲申青龍見郟之摩陂井中凡瑞興非時則爲妖孽況困于井非嘉祥矣魏以改年非也干寶曰自明帝終魏世青龍黃龍見者皆其主廢興之應也魏土運青木色而不勝于金黃得位青失位之象也青龍多見者君德國運內相剋伐也故高貴鄉公卒敗于兵按劉向說龍貴象而困井中諸侯將有幽執之禍也魏世龍莫不在井此居上者逼制之應高貴鄉公著潛龍詩卽此旨也

高貴鄉公正元元年十月戊戌黃龍見于鄴井中

甘露元年正月辛丑青龍見軹縣井中六月乙丑青龍見元城縣界井中

二年二月青龍見溫縣井中

三年黃龍青龍俱見頓丘冠軍陽夏縣界井中

四年正月黃龍二見寧陵縣界井中

元帝景元元年十二月甲申黃龍見華容縣井中

三年二月龍見軹縣井中

吳孫晧天冊中龍乳於長沙人家啖雞雛京房易妖曰龍乳人家王者爲庶人其後晧降晉

武帝咸寧二年六月景午白龍二見于九原井中

太康五年正月癸卯二龍見武庫井中帝觀之有喜色百寮將賀劉毅獨表曰昔龍降夏庭禍發周室龍見鄭門子產不賀帝答曰朕德政未修未有以應受嘉祥遂不賀也孫盛曰龍水物也何輿於人子產言之當矣但非其所處實爲妖災夫龍以飛翔顯見爲瑞今則潛伏幽處非休祥也漢惠帝二年兩龍見蘭陵井中本志以爲其後趙王幽死之象武庫者帝王威御之器所寶藏也屋宇邃密非龍所處是後七年藩王相害二十八年果有二胡僭竊神器二逆皆字曰龍此之表異爲有證矣

愍帝建興二年十一月枹罕羌妓產一龍子色似錦文常就母乳遙見神光少得就視此亦皇之不建於是帝竟淪沒

呂纂末龍出東廂井中到其殿前蟠臥比旦失之俄又有黑龍升其宮門纂咸以爲美瑞或曰龍者陰類出入有時今而屢見必有下人謀上之變後纂果爲呂超所殺

武帝咸寧中司徒府有二大蛇長十許丈居聽事平橑上而人不知但數年怪府中數失小兒及豬犬之屬後有一蛇夜出被刃傷不能去乃覺之發徒攻擊移時乃死夫司徒五教之府此皇極不建故蛇孽見之漢靈帝時蛇見御座楊賜云爲帝溺於色之應也魏代宮人猥多晉又過之燕遊是湎此其孽也詩云惟虺惟蛇女子之祥也

惠帝元康五年三月癸巳臨淄有大蛇長十餘丈負二小蛇入城北門逕從市入漢城陽景王祠中不見天戒若曰昔漢景王有定傾之功而不厲節忠慎以至失職奪功之辱今齊王冏不寤雖建興復之功而驕陵取禍此其徵也

明帝太寧初武昌有大蛇常居故神祠空樹中每出頭從人受食京房易妖曰蛇見於邑不出三年有大兵國有大憂尋有王敦之逆

馬禍

武帝太熙元年遼東有馬生角在兩耳下長三寸按劉向說曰此兵象也及帝晏駕之後王室毒於兵禍是其應也京房易傳曰臣易上政不順厥妖馬生角茲謂賢士不足又曰天子親伐馬生角呂氏春秋曰人君失道馬有生角及惠帝踐阼昏愚失道又親征伐成都是其應也

惠帝元康八年十二月皇太子將釋奠太傅趙王倫驂乘至南城門馬止力士推之不能動倫入軺車乃進此馬禍也天戒若曰倫不知義方終爲亂逆非傅導行禮之人也

九年十一月戊寅忽有牡騧馬驚奔至廷尉訊堂悲鳴而死天戒若曰愍懷冤死之象也見廷尉訊堂其天意乎

懷帝永嘉六年二月神馬鳴南城門

愍帝建興二年九月蒲子縣馬生人京房易傳曰上亡天子諸侯相伐厥妖馬生人是時帝室衰微不絕如綫胡狄交侵兵戈日逼尋而帝亦淪陷故此妖見也

元帝太興二年丹陽郡吏濮陽演馬生駒兩頭自項前別生而死司馬彪說曰此政在私門二頭之象也其後王敦陵上

成帝咸康八年五月甲戌有馬色赤如血自宣陽門直走入于殿前盤旋走出尋逐莫知所在已卯帝不豫六

月崩此馬禍又赤祥也是年張重華在涼州將誅其西河相張祚廐馬數十匹同時悉無後尾也

安帝隆安四年十月梁州有馬生角刺史郭銓送示桓玄按劉向說曰馬不當生角猶玄不當舉兵向上也玄不寤以至夷滅

石季龍在鄴有一馬尾有燒狀入其中陽門出顯陽門東宮皆不得入走向東北俄爾不見術者佛圖澄歎曰災其及矣逾年季龍死其國遂滅

人痾

魏文帝黄初初清河宋士宗母化爲鼈入水

明帝太和三年曹休部曲丘奚農女死復生時又有開周世冢得殉葬女子數日而有氣數月而能言郭太后愛養之又太原人發冢破棺棺中有一生婦人問其本事不知也視其墓木可三十歲按京房易傳曰至陰爲陽下人爲上宣帝起之象也漢平帝獻帝並有此異占以爲王莽曹操之徵

孫休永安四年安吳民陳焦死七日復生穿冢出干寶曰此與漢宣帝同事烏程侯晧承廢故之家得位之祥也

孫晧寶鼎元年丹陽宣騫母年八十因浴化爲黿兄弟閉戶衞之掘堂上作大坎實水其中黿入坎遊戲一二日恒延頸外望伺戶小開便輪轉自躍入于遠潭遂不復還與漢靈帝時黄氏母同事吳亡之象也

魏元帝咸熙二年八月襄武縣言有大人見長三丈餘跡長三尺二寸髮白著黄巾黄單衣柱杖呼王始語曰今當太平晉尋代魏

武帝泰始五年元城人年七十生角殆趙王倫篡亂之象也

咸寧二年十二月琅邪人顏畿病死棺斂已久家人咸夢畿謂己曰我當復生可急開棺遂出之漸能飲食屈伸視聽不能行語二年復死京房易傳曰至陰爲陽下人爲上厥妖人死復生其後劉元海石勒僭逆遂亡晉室下爲上之應也顏含傳作十有三年不起

惠帝元康中安豐有女子周世寧年八歲漸化爲男至十七八而氣性成京房易傳曰女子化爲丈夫茲謂陰昌賤人爲王此亦劉元海石勒蕩覆天下之妖也

永寧初齊王冏唱義兵誅除亂逆乘輿反正忽有婦人詣大司馬門求寄產門者詰之婦曰我截臍便去耳是時齊王冏匡復王室天下歸功識者爲其惡之後果斬戮

永寧元年十二月甲子有白頭公入齊王冏大司馬府大呼曰有大兵起不出甲子旬冏殺之明年十二月戊辰冏敗即甲子旬也

太安元年四月癸酉有人自雲龍門入殿前北面再拜曰我當作中書監即收斬之干寶以爲禁庭尊祕之處今賤人徑入而門衞不覺者宮室將虛而下人踰上之妖也是後帝北遷鄴又遷長安宮闕遂空焉

元康中梁國女子許嫁已受禮娉尋而其夫戍長安經年不歸女家更以適人女不樂行其父母逼彊不得已而去尋得病亡後其夫還問其女所在其家具說之其夫徑至女墓不勝哀情便發冢開棺女遂活因與俱歸後壻聞知詣官爭之所在不能決祕書郎王導議曰此是非常事不得以常理斷之宜還前夫朝廷從其議

惠帝世杜錫家葬而婢誤不得出後十年開冢祔葬而婢尚生始如瞑有頃漸覺問之自謂再宿耳初婢之埋年十五六及開冢更生猶十五六也嫁之有子

光熙元年會稽謝眞生子頭大而有髮兩蹠反向上有男女兩體生便作丈夫聲經一日死此皇之不極下人伐上之痾於是諸王有僭亂之象也

惠帝之世京洛有人兼男女體亦能兩用人道而性尤淫此亂氣所生自咸寧太康之後男寵大興甚於女色士大夫莫不尚之天下相倣效或至夫婦離絕多生怨曠故男女氣亂而妖形之作也

懷帝永嘉元年吳郡吳縣萬詳婢生子鳥頭兩足馬蹄一手無毛尾黄色大如枕此亦人妖亂之象也

五年五月抱罕令嚴根妓產一龍一女一鵝京房易傳曰人生他物非人所見者皆爲天下大兵是時帝承惠皇之後四海沸騰尋而陷於平陽爲逆胡所害此其徵也

愍帝建興四年新蔡縣吏任僑妻產二女腹與心相合自胸以上臍以下各分此蓋天下未一之妖也時內史呂會上言按瑞應圖異根同體謂之連理異畝同穎謂之嘉禾草木之異猶以爲瑞今二人同心易稱二人同心其利斷金蓋四海同心之瑞也時皆哂之俄而四海分崩帝亦淪没

元帝太興初有女子其陰在腹當臍下自中國來至江東其性淫而不產又有女子陰在首在楊州性亦淫京房易妖曰人生子陰在首天下大亂在腹天下有事在背天下無後于時王敦據上流將欲爲亂是其徵

三年十二月尚書騶謝平妻生女墮地濞濞有聲須臾便死鼻目皆在項上面處如項有口齒都連爲一胸如鼈手足爪如鳥爪皆下勾此亦人生他物非人所見者後二年有石頭之敗

明帝太寧二年七月丹陽江寧侯紀妻死經三日復生

成帝咸康五年四月下邳民王和僑居暨陽息女可年二十自云上天來還得徵瑞印綬當母天下晉陵太守以爲妖收付獄至十一月有人持柘杖絳衣詣止車門口列爲聖人使求見天子門侯受辭辭稱姓呂名賜其言王和女可右足下有七星星皆有毛長七寸天今命可爲天下母奏聞即伏誅并下晉陵誅可

康帝建元二年十月衞將軍營督過望所領兵陳瀆女臺有文在其足曰天下之母灸之愈明京都諠譁有司收繫以聞俄自建康縣獄亡去明年帝崩獻后臨朝此其祥也

孝武帝寧康初南郡州陵女唐氏漸化爲丈夫

安帝義熙十年無錫人趙未年八歲一旦暴長八尺髭鬚蔚然三日而死

義熙中東陽人莫氏生女不養埋之數日於土中啼取養遂活

義熙末吳豫章人有二陽道重累生

恭帝元熙元年建安人陽道無頭正平本下作女人形體

晉書卷二十九考證

五行志下六月庚戌汲郡廣平陳留滎陽雨雹○監本郡誤縣滎誤榮

是年王敦并領荆州○是宋本作去

京房易傳曰聞善不予茲謂不知○臣龍官按易傳作不知諸本俱訛作有知今從原文改正

晉書卷三十

唐　太　宗　文　皇　帝　御　撰

志第二十

刑法

傳曰齊之以禮有恥且格刑之不可犯不若禮之不可踰則昊歲比於犧年宜有降矣若夫穹圓肇判宵貌攸分流形播其喜怒稟氣彰其善惡則有自然之理焉合室後刑衢樽先惠將以屏除災害引導休和取譬琴瑟不忘衡策擬陽秋之成化若堯舜之爲心也郊原布肅軒皇有轡野之師雷電揚威高辛有觸山之務陳乎兵甲而肆諸市朝具嚴天刑以懲亂首論其本意蓋有不得已而用之者焉是以丹浦興仁羽山咸服而世屬僥倖事關攸蠹政失禮微獄成刑起則孔子曰聽訟吾猶人也必也使無訟乎及周氏龔行郤收鋒刃祖述生成憲章堯禹政有膏露威兼禮樂或觀辭以明其趣或傾耳以照其微或彰善以激其情或除惡以崇其本至夫取威定霸一匡九合寓言成康不由疑網此所謂酌其遺美而愛民治國者焉若乃化蔑彝倫道睽明愼則夏癸之虔劉百姓商辛之毒痡四海衞鞅之無所自容韓非之不勝其虐與夫甘棠流詠未或同歸秦文初造參夷始皇加之抽脅囹圄如市悲哀盈路漢王以三章之法以弔之文帝以刑厝之道以臨之于時百姓欣然將逢交泰而犴逐情遷科隨意往獻瓊杯於闕下徙青衣於蜀路覆醢裁刑傾宗致獄況乃數囚於京兆之夜五日於長安之市北闕相引中都繼及者亦往往而有焉而將亡之國典刑咸弃刊章以急其憲適意以寬其網桓靈之季不其然歟魏明帝時宮室盛興而期會迫急有稽限者帝親召問言猶在口身首已分王肅抗疏曰陛下之所行刑皆宜死之人也然衆庶不知將爲倉卒願陛下下之於吏而暴其罪均其死也不汙宮掖不爲搢紳驚惋不爲遠近所疑人命至重難生易殺氣絕而不續者也是以聖王重之孟軻云殺一不辜而取天下者仁者不爲也世祖武皇帝接三統之微酌千年之範乃命有司大明刑憲于時詔書頒新法於天下海內同軌人甚安之條綱雖設稱爲簡惠仰昭天聽下濟民心道有法而無敗德俟刑而久立及晉圖南徙百有二年仰止前規挹其流潤江左無外蠻陬來格孝武時會稽王道子傾弄朝權其所樹之黨貨官私獄烈祖惛迷不聞司敗晉之綱紀大亂焉

傳曰三皇設言而民不違五帝畫象而民知禁則書所謂象以典刑流宥五刑鞭作官刑朴作教刑者也然則犯黥者皂其巾犯劓者丹其服犯臏者墨其體犯宮者雜其屨大辟之罪殊刑之極布其衣裾而無領緣投之於市與衆弃之舜命皐陶曰五刑有服五服三就五流有宅五宅三居方乎前載事既參倍夏后氏之王天下也則五刑之屬三千殷因於夏有所損益周人以三典刑邦國以五聽察民情左嘉右肺事均鎔造而五刑之屬猶有二千五百焉乃置三刺三宥三赦之法一刺曰訊羣臣再刺曰訊羣吏三刺曰訊萬民一宥曰不識再宥曰過失三宥曰遺忘一赦曰幼弱再赦曰老耄三赦

曰懲愚司馬法或起甲兵以征不義廢貢職則討不朝會則誅亂嫡庶則縶變禮刑則放

傳曰殷周之質不勝其文及昭后徂征穆王斯耄爰制刑辟以詰四方姦宄弘多亂離斯永則所謂夏有亂政而作禹刑商有亂政而作湯刑周有亂政而作九刑者也古者大刑用甲兵中刑用刀鋸薄刑用鞭朴自茲厥後狙詐彌繁武皇帝並以爲往憲猶疑不可經國乃命車騎將軍守尚書令魯公徵求英俊刊律定篇云爾漢自王莽篡位之後舊章不存光武中興留心庶獄常臨朝聽訟躬決疑事是時承離亂之後法網弛縱罪名旣輕無以懲肅梁統乃上疏曰臣竊見元帝初元五年輕殊死刑三十四事哀帝建平元年盡四年輕殊死者刑八十一事其四十二事手殺人皆減死罪一等著爲常法自是以後人輕犯法吏易殺人吏民俱失至於不羈臣愚以爲刑罰不苟務輕務其中也君人之道仁義爲主仁者愛人義者理務愛人故當爲除害理務亦當爲去亂是以五帝有流殛放殺之誅三王有大辟刻肌之刑所以爲除殘去亂也故孔子稱仁者必有勇又曰理財正辭禁人爲非曰義高帝受命制約令定法律傳之後世可常施行文帝寬惠溫克遭世康平因時施恩省去肉刑除相坐之法他皆率由舊章天下幾致升平武帝值中國隆盛財力有餘出兵命將征伐遠方軍役數興百姓罷弊豪桀犯禁姦吏弄法故設遁匿之科著知縱之律宣帝聰明正直履道握要以御海內臣下奉憲不失繩墨元帝法律少所改更天下稱安孝成孝哀承平繼體卽位日淺聽斷尚寡丞相王嘉等猥以數年之間虧除元帝舊約穿令斷律凡百餘事或不便於政或不厭人心臣謹表取其尤妨政事害善良者傳奏如左伏惟陛下苞五常履九德推時撥亂博施濟時而反因循季世末節衰微軌迹誠非所以還初反本據元更始也願陛下宣詔有司悉舉初元建平之所穿鑿考其輕重察其化俗足以知政教所處擇其善者而從之其不善者而改之定不易之典施之無窮天下幸甚事下三公廷尉議以爲隆刑峻法非明王急務不可開許統復上言曰有司猥以臣所上不可施行今臣所言非曰嚴刑竊謂高帝以後至于宣帝其所施行考合經傳比方今事非隆刑峻法不勝至願願得召見若對尚書近臣口陳其意帝令尚書問狀統又對極言政刑宜改議竟不從及明帝卽位常臨聽訟觀錄洛陽諸獄帝性旣明察能得下姦故尚書奏決罰近於苛碎至章帝時尚書陳寵上疏曰先王之政賞不僭刑不濫與其不得已寧僭不濫故唐堯著典曰流宥五刑眚災肆赦帝舜命皐陶以五宅三居惟明克允文王重易六爻而列叢棘之聽周公作立政戒成王勿誤乎庶獄陛下卽位率由此義而有司執事未悉奉承斷獄者急於榜格酷烈之痛執憲者繁於詐欺放濫之文違本離實箠楚爲姦或因公行私以逞威福夫爲政也猶張琴瑟大弦急者小弦絕故子貢非臧孫之猛法而美鄭僑之仁政方今聖德充塞假於上下宜因此時隆先聖之務蕩滌煩苛輕薄箠楚以濟羣生廣至德也帝納寵言決罪行刑務於寬厚其後遂詔有司禁絕鉆鑽諸酷痛舊制解袄惡之禁除文致請讞五十餘事定著于令是後獄法和平永元六年寵又代郭躬爲廷尉復校律令刑法溢於甫刑者奏除之曰臣聞禮經三百威儀三千故甫刑大辟二百五刑之屬三千禮之所去刑之所取失禮卽入刑相爲表裏者也今律令犯罪應死刑者六百一十耐罪千六百九十八贖罪以下二千六百八十一溢於甫刑千九百八十九其四百一十大辟千五百耐罪七十九贖罪春秋保乾圖曰王者三百年一蠲法漢興以來三百二年憲令稍增科條無限又律有三家說各駁異刑法繁多宜令三公廷尉集平律令應經合義可施行者大辟二百耐罪贖罪二千八百合爲三千與禮相應其餘千九百八十九事悉可詳除使百姓改易視聽以成大化致刑措之美傳之無窮未及施行會寵抵罪遂寢寵子忠忠後復爲尚書略依寵意奏上三十二條爲決事比以省請讞之弊又上除蠶室刑解贓吏三世禁錮狂易殺人得減重論母子兄弟相代死聽赦所代者事皆施行雖時有蠲革而舊律繁蕪未經纂集獻帝建安元年應劭又刪定律令以爲漢議表奏之曰夫國之大事莫尚載籍載籍也者決嫌疑明是非賞刑之宜允執厥中俾後之人永有鑒焉故膠東相董仲舒老病致仕朝廷每有政議數遣廷尉張湯親至陋巷問其得失於是作春秋折獄二百三十二事動以經對言之詳矣逆臣董卓蕩覆王室典憲焚燎靡有孑遺開闢以來莫或茲酷今大駕東邁巡省許都拔出險難其命惟新臣竊不自揆輒撰具律本章句尚書舊事廷尉板令決事比例司徒都目五曹詔書及春秋折獄凡二百五十篇蠲去復重爲之節文又集議駁三十篇以類相從凡八十二事其見漢書二十五漢記四皆刪敍潤色以全本體其二十六博採古今瓌瑋之士德義可觀其二十七臣所創造左氏云雖有姬姜不弃憔悴雖有絲麻不弃菅蒯蓋所以代匱也是用敢露頑才厠于明哲之末雖未足綱紀國體宣洽時雍庶幾觀察增闡聖德惟因萬幾之餘暇遊意省覽獻帝善之於是舊事存焉是時天下將亂百姓有土崩之勢刑罰不足以懲惡於是名儒大才故遼東太守崔實大司農鄭玄大鴻臚陳紀之徒咸以爲宜復行肉刑漢朝旣不議其事故無所用及魏武帝匡輔漢室尚書令荀彧博訪百官復欲申之而少府孔融議以爲古者敦龐善否區別政簡刑清一無過失百姓有罪皆自取之末世陵遲風化壞亂政撓其俗法害其敎故曰上失其道人散久矣而欲繩之以古刑投之以殘弃非所謂與時消息也紂斮朝涉之脛天下謂爲無道夫九牧之地千八百君若各刖一人是天下常有千八百紂也求世休和弗可得已且被刑之人慮不念生志在思死類多趣惡莫復歸正夙沙亂齊伊戾禍宋趙高英布爲世大患不能止人遂爲非也適足絕人還爲善耳雖忠如鬻拳信如卞和智如孫臏冤如巷伯才如史遷達如子政一罹刀鋸沒世不齒是太甲之思庸穆公之霸秦陳湯之都賴魏尚之臨邊無所復施也漢開改惡之路凡爲此也故明德之君遠度深惟弃短就長不苟革其政者也朝廷善之卒不改焉及魏國建陳紀子羣時爲御史中丞魏武帝下令又欲復之使羣申其父論羣深陳其便時鍾繇爲相國亦贊成之而奉常王修不同其議魏武帝亦難以藩國改漢朝之制遂寢不行於是乃定甲子科犯釱左右趾者易以木械是時乏鐵故易以木焉又嫌漢律太重故令依律論者聽得科半使從半減也魏文帝受禪又議肉刑詳議未定會有軍事復寢時有大女劉朱撾子婦酷暴前後三婦自殺論朱減死輸作尚方因是下怨毒殺人減死之令魏明帝改士庶罰金之令男聽以罰金婦人加笞還從鞭督之例以其形體裸露故也是時承用秦漢舊律其文起自魏文侯師李悝悝撰次諸國法著法經以爲王者之政莫急於盜賊故其律始於盜賊盜賊須劾捕故著網捕二篇其輕狡越城博戲借假不廉淫侈踰制以爲雜律一篇又以其律具其加減是故所著六篇而已然皆罪名之制也商君受之以相秦漢承秦制蕭何定律除參夷連坐之罪增部主見知之條益事律興廄戶三篇合爲九篇叔孫通益律所不及傍章十八篇張湯越宮律二十七篇趙禹朝律六篇合六十篇又漢時決事集爲令甲以下三百餘篇及司徒鮑公撰嫁娶辭訟決爲法比都目凡九百六卷世有增損集類爲篇結事爲章一章之中或事過數十事類雖同輕重乖異而通條連句上下相蒙雖大體異篇實相採入盜律有賊傷之例賊律有盜章之文興律有上獄之法廄律有逮逋之事若此之比錯糅無常後人生意各爲章句叔孫宣郭令卿馬融鄭玄諸儒章句十有餘家家數十萬言凡斷罪所當由用者合二萬六千二百七十二條七百七十三萬二千二百餘言言數益繁覽者益難天子於是下詔但用鄭氏章句不得雜用餘家衞覬又奏曰刑法者國家之所貴重而私議之所輕賤獄吏者百姓之所懸命而選用者之所卑下王政之弊未必不由此也請置律博士轉相敎授事遂施行然而律文煩廣事比衆多離本依末決獄之吏如廷尉獄吏范洪受囚絹二丈附輕法論之獄吏劉象受屬偏考囚張茂物故附重法論之洪象雖皆弃市而輕枉者相繼是時太傅鍾繇又上疏求復肉刑詔下其奏司徒王朗議又不同時議百餘人與朗同者多帝以吳蜀未平又寢其後天子又下詔改定刑制命司空陳羣散騎常侍劉邵給事黃門侍郎韓遜議郎庾嶷中郎黃休荀詵等刪約舊科傍采漢律定爲魏法制新律十八篇州郡令四十五篇尚書官令軍中令合百八十餘篇其序略曰舊律所難知者由於六篇篇少故也篇少則文荒文荒則事寡事寡則罪漏是以後人稍增更與本體相離今制新律宜都總事類多其篇條舊律因秦法經就增三篇而具律不移因在第六罪條例旣不在始又不在終非篇章之義故集罪例以爲刑名冠於律首盜律有劫略恐猲和賣買人科有持質皆非盜事故分以爲劫略律賊律有欺謾詐僞踰封矯制囚律有詐僞生死令景有詐自復免事類衆多故分爲詐律賊律有賊伐樹木殺傷人畜產及諸亡印金布律有毀傷亡失縣官財物故分爲毀亡律囚律有告劾傳覆廄律有告反逮受科有登聞道辭故分爲告劾律囚律有繫囚鞫獄斷獄之法興律有上獄之事科有考事報讞宜別爲篇故分爲繫訊斷獄律盜律有受所監受財枉法雜律有假借不廉令乙有呵人受錢科有使者驗賂其事相類故分爲請賕律盜律有勃辱强賊興律有擅興徭役具律有出賣呈科有擅作修舍事故分爲興擅律興律有乏徭稽留賊律有儲峙不辦廄律有乏軍之興及舊典有奉詔不謹不承用詔書漢氏施行有小愆之反不如令輒劾以不承用詔書乏軍要斬又減以丁酉詔書丁酉詔書漢文所下不宜復以爲法

故別爲之留律秦世舊有廐置乘傳副車食廚漢初承秦不改後以費廣稍省故後漢但設騎置而無車馬律猶著其文則爲虛設故除廐律取其可用合科者以爲郵驛令其告反逮驗別入告劾律上言變事以爲變事令以驚事告急與興律烽燧及科令者以爲驚事律盜律有還贓畀主金布律有罰贖入責以呈黃金爲價科有平庸坐贓事以爲償贓律律之初制無免坐之文張湯趙禹始作監臨部主見知故縱之例其見知而故不舉劾各與同罪失不舉劾各以贖論其不見不知不坐也是以文約而例通科之爲制每條有違科不覺不知從坐之免不復分別而免坐繁多宜總爲免例以省科文故更制定其由例以爲免坐律諸律令中有其教制本條無從坐之文者皆從此取法也凡所定增十三篇故就五篇合十八篇於正律九篇爲增於旁章科令爲省矣改漢舊律不行於魏者皆除之更依古義制爲五刑其死刑有三髡刑有四完刑作刑各三贖刑十一罰金六雜抵罪七凡三十七名以爲律首又改賊律但以言語及犯宗廟園陵謂之大逆無道要斬家屬從坐不及祖父母孫至於謀反大逆臨時捕之或汙瀦或梟菹夷其三族不在律令所以嚴絕惡跡也賊鬭殺人以劾而亡許依古義聽子弟得追殺之會赦及過誤相殺不得報讐所以止殺害也正殺繼母與親母同防繼假之隙也除異子之科使父子無異財也毆兄姊加至五歲刑以明教化也四徒誣告人反罪及親屬異於善人所以累之使省刑息誣也改投書弃市之科所以輕刑也正篡囚弃市之罪斷凶强爲義之蹤也二歲刑以上除以家人乞鞫之制省所煩獄也改諸郡不得自擇伏日所以齊風俗也斯皆魏世所改其大略如是其後正始之間天下無事於是征西將軍夏侯玄河南尹李勝中領軍曹羲尚書丁謐又追議肉刑卒不能決其文甚多不載及景帝輔政是時魏法犯大逆者誅及已出之女母丘儉之誅其子甸妻荀氏應坐死其族兄顗與景帝姻通表魏帝以匄其命詔聽離婚荀氏所生女芝爲潁川太守劉子元妻亦坐死以懷姙繫獄荀氏辭詣司隸校尉何曾乞恩求沒爲官婢以贖芝命曾哀之使主簿程咸上議曰夫司寇作典建三等之制甫侯修刑通輕重之法叔世多變秦立重辟漢又修之大魏承秦漢之弊未及革制所以追戮已出之女誠欲殄醜類之族也然則法貴得中刑慎過制臣以爲女人有三從之義無自專之道出適他族還喪父母降其服紀所以明外成之節異在室之恩而父母有罪追刑已出之女夫黨見誅又有隨姓之戮一人之身內外受辟今女既嫁則爲異姓之妻如或産育則爲他族之母此爲元惡之所忽戮無辜之所重於防則不足懲奸亂之源於情則傷孝子之心男不得罪於他族而女獨嬰戮於二門非所以哀矜女弱蠲明法制之本分也臣以爲在室之女從父母之誅既醮之婦從夫家之罰宜改舊科以爲永制於是有詔改定律令文帝爲晉王患前代律令本注煩雜陳羣劉邵雖經改革而科網本密又叔孫郭馬杜諸儒章句但取鄭氏又爲偏黨未可承用於是令賈充定法律令與太傅鄭沖司徒荀顗中書監荀勖中軍將軍羊祜中護軍王業廷尉杜友守河南尹杜預散騎侍郎裴楷潁川太守周權齊相郭頎都尉成公綏尚書郎柳軌及吏部令史榮邵等十四人典其事就漢九章增十一篇仍其族類正其體號改舊律爲刑名法例辨囚律爲告劾繫訊斷獄分盜律爲請賕詐僞水火毀亡因事類爲衛宮違制撰周官爲諸侯律合二十篇六百二十條二萬七千六百五十七言蠲其苛穢存其清約事從中典歸於益時其餘未宜除者若軍事田農酤酒未得皆從人心權設其法太平當除故不入律悉以爲令施行制度以此設教違令有罪則入律其常事品式章程各還其府爲故事減梟斬族誅從坐之條除謀反適養母出女嫁皆不復還坐父母弃市省禁固相告之條去捕亡亡沒爲官奴婢之制輕過誤老小女人當罰金杖罰者皆令半之重奸伯叔母之令弃市淫寡女三歲刑崇嫁娶之要一以下娉爲正不理私約峻禮教之防准五服以制罪也凡律令合二千九百二十六條十二萬六千三百言六十卷故事三十卷泰始三年事畢表上武帝詔曰昔蕭何以定律令受封叔孫通制儀爲奉常賜金五百斤弟子百人皆爲郎中夫立功立事古今之所重宜加祿賞其詳考差叙輒如詔簡異弟子百人隨才品用賞帛萬餘匹武帝親自臨講使裴楷執讀四年正月大赦天下乃班新律其後明法掾張裴又注律表上之其要曰律始於刑名者所以定罪制也終於諸侯者所以畢其政也王政布於上諸侯奉於下禮樂撫於中故有三才之義焉其相須而成若一體焉刑名所以經略罪法之輕重正加減之等差明發衆篇之多義補其章條之不足較舉上下綱領其犯盜賊詐僞請賕者則求罪於此作役水火畜養守備之細事皆求之作本名告訊爲之心舌捕繫爲之手足斷獄爲之定罪名例齊其制自始及終往而不窮變動無常周流四極上下無方不離于法律之中也其知而犯之謂之故意以爲然謂之失違忠欺上謂之謾背信藏巧謂之詐虧禮廢節謂之不敬兩訟相趣謂之鬭兩和相害謂之戲無變斬擊謂之賊不意誤犯謂之過失逆節絕理謂之不道陵上僭貴謂之惡逆將害未發謂之戕唱首先言謂之造意二人對議謂之謀制衆建計謂之率不和謂之强攻惡謂之略三人謂之羣取非其物謂之盜貨財之利謂之贓凡二十者律義之較名也夫律者當慎其變審其理若不承用詔書無故失之刑當從贖謀反之同伍實不知情當從刑此故失之變也卑與尊鬭皆爲賊鬭之加兵刃水火中不得爲戲戲之重也向人室廬道徑射不得爲過失之禁也都城人衆中走馬殺人當爲賊賊之似也過失似賊戲似鬭鬭而殺傷傍人又似誤盜傷縛守似强盜呵人取財似受賕囚辭所連似告劾諸勿聽理似故縱持質似恐猲如此之比皆爲無常之格也五刑不簡正于五罰五罰不服正于五過意善功惡以金贖之故律制生罪不過十四等死刑不過三徒加不過六四加不過五累作不過十一歲累笞不過千二百刑等不過一歲金等不過四兩月贖不計日日作不拘月歲數不疑閏不以加至死并死不復加不可累者故有并數不可并數乃累其加以加論者但得其加與加同者連得其本不在次者不以通論以人得罪與人同以法得罪與法同侵生害死不可齊其防親疏公私不可常其教禮樂崇於上故降其刑刑法閑於下故全其法是故尊卑叙仁義明九族親王道平也律有事狀相似而罪名相涉者若加威勢下手取財爲强盜不自知亡爲縛守將中有惡言爲恐猲不以罪名呵爲呵人以罪名呵爲受賕劫名其財爲持質此六者以威勢得財而名殊者也即不求自與爲受求所監求而後取爲盜賊輸入呵受爲留難斂人財物積藏於官爲擅賦加毆擊之爲戮辱諸如此類皆爲以威勢得財而罪相似者也夫刑者司理之官理者求情之機情者心神之使心感則情動於中而形於言暢於四支發於事業是故奸人心愧而面赤內怖而色奪論罪者務本其心審其情精其事近取諸身遠取諸物然後乃可以正刑仰手似乞俯手似奪捧手似謝擬手似訴拱臂似自首攘臂似格鬭矜莊似威怡悅似福喜怒憂懽貌在聲色奸真猛弱候在視息出口有言當爲告下手有禁當爲賊喜子殺怒子當爲戲怒子殺喜子當爲賊諸如此類自非至精不能極其理也律之名例非正文而分明也若八十非殺傷人他皆勿論即誣告謀反者反坐十歲不得告言人即奴婢捍主主得謁殺之賊燔人廬舍積聚盜賊贓五匹以上弃市即燔官府積聚盜亦當與同毆人教令者與同罪即令人毆其父母不可與行者同得重也若得遺物强取强乞之類無還贓法隨例畀之文法律中諸不敬違儀失式及犯罪爲公爲私贓入身不入身皆隨事輕重取法以例求其名也夫理者精玄之妙不可以一方行也律者幽理之奧不可以一體守也或計過以配罪或化略不循常或隨事以盡情或趣舍以從時或推重以立防或引輕而就下公私廢避之宜除削重輕之變皆所以臨時觀釁使用法執詮者幽於未制之中采其根牙之微致之於機格之上稱輕重於豪銖考輩類於參伍然後乃可以理直刑正夫奉聖典者若操刀執繩刀妄加則傷物繩妄彈則侵直梟首者惡之長斬刑者罪之大棄市者死之下髡作者刑之威贖罰者誤之誡王者立此五刑所以寶君子而逼小人故爲敕慎之經皆擬周易有變通之體焉欲令提綱而大道清舉略而王法齊其旨遠其辭文其言曲而中其事肆而隱通天下之志唯忠也斷天下之疑唯文也切天下之情唯遠也彌天下之務唯大也變無常體唯理也非天下之賢聖孰能與於斯夫形而上者謂之道形而下者謂之器化而裁之謂之格刑殺者是冬震曜之象髡罪者似秋彫落之變贖失者是春陽悔吝之疵也五刑成章輒相依准法律之義焉是時侍中盧珽中書侍郎張華又表抄新律諸死罪條目懸之亭傳以示兆庶有詔從之及劉頌爲廷尉頻表宜復肉刑不見省又上言曰臣昔上行肉刑從來積年遂寢不論臣竊以爲議者拘孝文之小仁而輕違聖王之典刑未詳之甚莫過於此今死刑重故非命者衆生刑輕故罪不禁奸所以然者肉刑不用之所致也今爲徒者類性元惡不軌之族也去家懸遠作役山谷飢寒切身志不聊生雖有廉士介者苟慮不首死則皆爲盜賊豈況本性奸凶無賴之徒乎又令徒富者輸財解日歸家乃無役之人也貧者起爲奸盜又不制之虜也不刑則罪無所禁不制則羣惡橫肆爲法若此近不盡善也是以徒亡日屬賊盜日煩亡之數者至有十數得輒加刑日益一歲此爲終身之徒也自顧反善無期而災困逼身其志亡思盜勢不得息事使之然也古者用刑以止刑今反於此諸重犯亡者髮過三寸輒重髡之此以刑生刑加作一歲此以

徒生徒也亡者積多繫囚猥畜議者曰囚不可不赦復從而赦之此謂刑不制罪法不勝奸下知法之不勝相聚而謀爲不軌月異而歲不同故自頃年以來奸惡陵暴所在充斥議者不深思此故而曰肉刑於名忤聽忤聽孰與盜賊不禁聖王之制肉刑遠有深理其事可得而言非徒懲其畏剝割之痛而不爲也乃去其爲惡之具使夫奸人無用復肆其志止奸絕本理之盡也亡者刖足無所用復亡盜者截手無所用復盜淫者割其勢理亦如之除惡塞源莫善於此非徒然也此等已刑之後便各歸家父母妻子共相養恤不流離於塗路有今之困創愈可役上準古制隨宜業作雖已刑殘不爲虛棄而所患都塞又生育繁阜之道自若也今宜取死刑之限輕及三犯逃亡淫盜悉以肉刑代之其三歲刑以下已自杖罰遣又宜制其罰數使有常限不得減此其有宜重者又任之官長應四五歲刑者皆髡笞笞至一百稍行使各有差悉不復居作然後刑不復生刑徒不復生徒而殘體爲戮終身作誡人見其痛畏而不犯必數倍於今且爲惡者隨發被刑去其爲惡之具此爲諸已刑者皆良士也豈與全其爲奸之手足而蹴居必死之窮地同哉而猶曰肉刑不可用臣竊以爲不識務之甚也臣昔常侍左右數聞明詔謂肉刑宜用事便於政願陛下信獨見之斷使夫能者得奉聖慮行之於今比塡溝壑冀見太平周禮三赦三宥施於老幼悼耄黥黎不屬逮者此非爲惡之所出故刑法逆舍而宥之至於自非此族犯罪則必刑而無赦此政之理也暨至後世以時嶮多難因赦解結權以行之又不以寬罪人也至今恒以罪積獄繁赦以散之是以赦愈數而獄愈塞如此不已將至不勝原其所由肉刑不用之故也今行肉刑非徒不積且爲惡無具則奸息去此二端獄不得繁故無取於數赦於政體勝矣疏上又不見省至惠帝之世政出羣下每有疑獄各立私情刑法不定獄訟繁滋尙書裴頠表陳之曰夫天下之事多塗非一司之所管中才之情易擾賴恒制而後定先王知其所以然也是以辨方分職爲之準局準局旣立各掌其務刑賞相稱輕重無二故下聽有常羣吏安業也舊宮掖陵廟有水火毀傷之變然後尙書乃躬自奔赴其非此也皆止於郎令史而已刑罰所加各有常刑去元康四年大風之後廟闕屋瓦有數枚傾落免太常荀寓于時以嚴詔所譴莫敢據正然內外之意僉謂事輕責重有違於常會五年二月有大風主者懲懼前事臣新拜尙書始三日本曹尙書有疾權令兼出按行蘭臺主者乃瞻望阿棟之間求索瓦之不正者得棟上瓦小邪十五處或是始瓦時邪蓋不足言風起倉卒臺官更往太常按行不及得周文書未至之頃便競相禁止臣以權兼暫出出還便罷不復得窮其事而本曹據執却問無已臣時具加解遣而主者畏咎不從臣言禁止太常復興刑獄昔漢氏有盜廟玉環者文帝欲族誅釋之但處以死刑曰若侵長陵一抔土何以復加文帝從之大晉垂制深惟經遠山陵不封園邑不飾墓而不墳同乎山壤是以丘坂存其陳草使齊乎中原矣雖陵兆尊嚴唯毀發然後族之此古典也若登踐犯損失盡敬之道事止刑罪可也去八年奴聽教加誣周龍燒草廷尉遂奏族龍一門八口并命會龍獄翻然後得免考之情理準之前訓所處實重今年八月陵上荆一枝圍七寸二分者被斫司徒太常奔走道路雖知事小而案劾難測搔擾驅馳各競免負于今太常禁止未解近日太祝署失火燒屋三間半署在廟北隔道在重墻之內又即已滅頻爲詔旨所問主者以詔旨使問頻繁便責尙書不即案行輒禁止尙書免皆在法外刑書之文有限而舛違之故無方故有臨時議處之制誠不能皆得循常也至於此輩皆爲過當每相逼迫不復以理上替聖朝畫一之德下損崇禮大臣之望臣愚以爲犯陵上草木不應乃用同產異刑之制案行奏劾應有定準相承務重體例遂虧或因餘事得容淺深頠雖有此表曲議猶不止時劉頌爲三公尙書又上疏曰自近世以來法漸多門令甚不一臣今備掌刑斷職思其憂謹具啓聞臣竊伏惟陛下爲政每思盡善故事求曲當則例不得直盡善故法不得全何則夫法者固以盡理爲法而上求盡善則諸下牽文就意以赴主之所許是以法不得全刑書徵文徵文必有乖於情聽之斷而上安於曲當故執平者因文可引則生二端是法多門令不一則吏不知所守下不知所避姦僞者因法之多門以售其情所欲淺深苟斷不一則居上者難以檢下於是事同議異獄犴不平有傷於法古人有言人主詳其政荒人主期其事理詳匪他盡善則法傷故其政荒也期者輕重之當雖不猒情苟入於文則依而行之故其事理也夫善用法者忍違情不猒聽之斷輕重雖不允人心經於凡覽若不可行法乃得直又君臣之分各有所司法欲必奉故令主者守文理有窮塞故使大臣釋滯事有時宜故人主權斷主者守文若釋之執犯蹕之平也大臣釋滯若公孫弘斷郭解之獄也人主權斷若漢祖戮丁公之爲也天下萬事自非斯格重爲故不近似此類不得出以意妄議其餘皆以律令從事然後法信於下人聽不惑吏不容奸可以言政人主軌斯格以責羣下大臣小吏各守其局則法一矣古人有言善爲政者看人設教看人設教制法之謂也又曰隨時之宜當務之謂也然則看人隨時在大量也而制其法法軌既定則行之行之信如四時執之堅如金石羣吏豈得在成制之內復稱隨時之宜傍引看人設教以亂政典哉何則始制之初固已看人而隨時矣今若設法未盡當則宜改之若謂已善不得盡以爲制而使奉用之司公得出入以差輕重也夫人君所與天下共者法也已令四海不可以不信以爲教方求天下之不慢不可繩以不信之法且先識有言人至愚而不可欺也不謂平時背法意斷不勝百姓願也上古議事以制不爲刑辟夏殷及周書法象魏三代之君齊聖然咸弃曲當之妙鑒而任徵文之直準非聖有殊所遇異也今論時敦弊不及中古而執平者欲適情之所安自託於議事以制臣竊以爲聽言則美論理則違然天下至大事務衆雜時有不得悉循文如令故臣謂宜立格爲限使主者守文死生以之不敢錯思於成制之外以差輕重則法恒全事無正據名例不及大臣論當以釋不滯則事無閡至如非常之斷出法賞罰若漢祖戮楚臣之私己封趙氏之無功唯人主專之非奉職之臣所得擬議然後情求傍請之跡絕似是而非之奏塞此蓋齊法之大準也主者小吏處事無常何則無情則法徒克有情則撓法積克似無私然乃所以得其私又恒所岨以衞其身斷當恒克世謂盡公時一曲法廼所不疑故人君不善倚深似公之斷而責守文如令之奏然後得爲有檢此又平法之一端也夫出法權制指施一事猒情合聽可適耳目誠有臨時當意之快勝於徵文不允人心也然起爲經制終年施用恒得一而失十故小有所得者必大有所失近有所漏者必遠有所苞故諸事議讞者善權輕重不以小害大不以近妨遠忍曲當之近適以全簡直之大準不牽於凡聽之所安必守徵文以正例每臨其事恒御此心以決斷此又法之大槩也又律法斷罪皆當以法律令正文若無正文依附名例斷之其正文名例所不及皆勿論法吏以上所執不同得爲異議如律之文守法之官唯常奉用律令至於法律之內所見不同迺得爲異議也今限法曹郎令史意有不同爲駁唯得論釋法律以正所斷不得援求諸外論隨時之宜以明法官守局之分詔下其事侍中太宰汝南王亮奏以爲夫禮以訓世而法以整俗理化之本事實由之若斷不斷常隨輕重意則王憲不一人無所錯矣故觀人設教在上之舉守文直法臣吏之節也臣以去太康八年隨事異議周懸象魏之書漢詠畫一之法誠以法與時共義不可二令法素定而法爲議則有所開長以爲宜如頌所啓爲永久之制於是門下屬三公曰昔先王議事以制自中古以來執法斷事既以立法誠不宜復求法外小善也若常以善奪法則人逐善而不忌法其害甚於無法也按啓事欲令法令斷一事無二門郎令史以下應復出法駁按隨事以聞也及于江左元帝爲丞相時朝廷草創議斷不循法律人立異議高下無狀主簿熊遠奏曰禮以崇善法以閑非故禮有典法有常防人之惡而無邪心是以周建象魏之制漢創畫一之法故能闡弘大道以至刑厝律令之作由來尙矣經賢智歷夷險隨時斟酌最爲周備自軍輿以來法度陵替至於處事不用律令競作屬命人立異議曲適物情虧傷大例府立節度復不奉用臨事改制朝作夕改至於主者不敢任法每輒關諮委之大官非爲政之體若本曹處事不合法令監司當以法彈違不得動用開塞以壞成事按法蓋麤術非妙道也矯割物情以成法耳若每隨物情輒改法制此爲以情壞法法之不一是謂多門開人事之路廣私請之端非先王立法之本意也凡爲駁議者若違律令節度當合經傳及前比故事不得任情以破成法愚謂宜令錄事更立條制諸立議者皆當引律令經傳不得直以情言無所依準以虧舊典也若開塞隨宜權道制物此是人君之所得行非臣子所宜專用主者唯當徵文據法以事爲斷耳是時帝以權宜從事尙未能從而河東衞展爲晉王大理考擿故事有不合情者又上書曰今施行詔書有考子正父死刑或鞭父母問子所在近主者所稱庚寅詔書舉家逃亡家長斬若長是逃亡之主斬之雖重猶可設子孫犯事將考祖父逃亡逃亡是子孫而父祖嬰其酷傷順破教如此者衆相隱之道離則君臣之義廢君臣之義廢則犯上之奸生矣秦網密文峻漢興掃除煩苛風移俗易幾於刑厝大人革命不得不蕩其穢匿通其圯滯今詔書宜除者多有便於當今著爲正條則法差簡易元帝令曰禮樂不興則刑罰不中是以明罰勅法先王所慎自元康以來事故荐臻法禁滋漫大理所上宜朝堂會議蠲除詔書不可用者此孤所

虛心者也及帝即位展爲廷尉又上言古者肉刑事經前聖漢文除之增加大辟今人戶彫荒百不遺一而刑法峻重非句踐養胎之義也愚謂宜復古施行以隆太平之化詔內外通議於是驃騎將軍王導太常賀循侍中紀瞻中書郎庾亮大將軍諮議參軍梅陶散騎郎張嶷等議以肉刑之典由來尚矣肇自古先以及三代聖哲明王所未曾改也豈是漢文常主所能易者乎時蕭曹已沒絳灌之徒不能正其義逮班固深論其事以爲外有輕刑之名內實殺人又死刑太重生刑太輕生刑施於上死刑怨於下輕重失當故刑政不中也且原先王之造刑也非以過怒也非以殘人也所以救奸所以當罪今盜者竊人之財淫者好人之色亡者避叛之役皆無殺害也則刖之以刑刑之則止而加之斬戮戮過其罪死不可生縱虐於此歲以巨計此廼仁人君子所不忍聞而況行之於政乎若乃惑其名而不練其實惡其生而趣其死此畏水投舟避坎蹈井愚夫之不若何取於政哉今大晉中興遵復古典率由舊章起千載之滯義拯百殘之遺黎使皇典廢而復存黥首死而更生至義暢于三代之際遺風播乎百世之後生肉枯骨惠侔造化豈不休哉惑者乃曰死猶不懲而況於刑然人者冥也其至愚矣雖加斬戮忽爲灰土死事日往生欲日存未以爲改若刑諸市朝朝夕鑒戒刑者詠爲惡之永痛惡者覩殘刖之長廢故足懼也然後知先王之輕刑以御物顯誡以懲愚其理遠矣尚書令刁協尚書薛兼等議以爲聖上悼殘荒之遺黎傷犯死之繁衆欲行刖以代死刑使犯死之徒得存性命則率土蒙更生之澤兆庶必懷恩以反化也今中興祚隆大命惟新誠宜設寬法以育人然懼羣小愚蔽習翫所見而忽異聞或未能咸服愚謂行刑之時先明申法令樂刑者刖甘死者殺則心必服矣古典刑不上大夫今士人有犯者謂宜如舊不在刑例則進退爲允尚書周顗郎曹彥中書郎桓彝等議以爲復肉刑以代死誠是聖王之至德哀矜之弘私然竊以爲刑罰輕重隨時而作時人少罪而易威則從輕而寬之時人多罪而難威則宜化刑而濟之肉刑平世所應立非救弊之宜也方今聖化草創人有餘奸習惡之徒爲非未已截頭絞頸尚不能禁而乃更斷足劓鼻輕其刑罰使欲爲惡者輕犯寬刑蹈罪更衆是爲輕其刑以誘人於罪殘其身以加楚酷也昔之畏死刑以爲善人者今皆犯輕刑而殘其身畏重之常人反爲犯輕而致囚此則何異斷刖常人以爲恩仁邪受刑者轉廣而爲非者日多踊貴屨賤有鼻者醜也徒有輕刑之名而實開長惡之源不如以殺止殺重以全輕權小停之須聖化漸著兆庶易威之日徐施行也議奏元帝猶欲從展所上大將軍王敦以爲百姓習俗日久忽復肉刑必駭遠近且逆寇未殄不宜有慘酷之聲以聞天下於是乃止咸康之世庾冰好爲糾察近於繁細後益矯違復存寬縱疎密自由律令無用矣至安帝元興末桓玄輔政又議欲復肉刑斬左右趾之法以輕死刑命百官議蔡廓上議曰建邦立法弘教穆化必隨時置制德刑兼施長貞一以閑其邪教禁以檢其慢灑湛露以流潤厲嚴霜以肅威雖復質文迭用而斯道莫革肉刑之設肇自哲王蓋由曩世風淳人多惇謹圖像旣陳則機心直戢刑人在塗則不逞改操故能勝殘去殺化隆無爲季末澆僞設網彌密利巧之懷日滋恥畏之情轉寡終身劇役不足止其奸況乎黥劓豈能反於善徒有酸慘之聲而無濟俗之益至於棄市之條實非不赦之罪事非手殺考律同歸輕重約科減降路塞鍾陳以之抗言元皇所爲留愍今英輔翼贊道邈伊周誠宜明慎用刑愛人弘育申哀矜以革濫移大辟於支體全性命之至重恢繁息於將來而孔琳之議不同用王朗夏侯玄之旨時論多與琳之同故遂不行

晉書卷三十考證

刑法志溢於甫刑千九百八十九其四百一十大辟千五百耐罪七十九贖罪○監本千五百下衍七字今以上四百一十及下七十九核之則此當作千五百乃合千九百八十九之數也故刪去

晉書卷三十一

唐　太　宗　文　皇　帝　御　撰

列傳第一

后妃上

夫乾坤定位男女流形伉儷之義同歸貴賤之名異等若乃作配皇極齊體紫宸象玉牀之連後星喻金波之合義璧爰自夐古是謂元妃降及中年乃稱王后四人並列光于帝嚳之宮二妃同降著彼有虞之典夏商以上六宮之制其詳靡得而聞焉姬劉以降五翟之規其事可畧而言矣周禮天子立一后三夫人九嬪二十七世婦八十一御妻以聽王者內政故婚義曰天子之與后如日之與月陰之與陽由斯而談其所從來遠矣故能母儀天寓助宣王化德均載物比大坤維宗廟歆其薦羞窅壤俟其交泰是以哲王垂憲尤重造舟之禮詩人立言先奬葛覃之訓後蠋流景所以裁其宴私房樂希聲是用節其容止履端正本抑斯之謂歟若乃娉納有方防閑有禮肅尊儀而修四德體柔範而弘六義陰教洽於宮闈淑譽騰於區域則玄雲入戶上帝錫母萌之符黃神降徵坤靈贊壽丘之道終能鼎祚惟永胤嗣克昌至若儷極虧閑悉天作孽倒裳衣於衽席感朓側於弦望則龍漦結釁宗周鞠爲黍苗鸞尾梃災隆漢墜其枌社矣自曹劉內主位以色登甄裔之家榮非德舉淫荒挺性蔑西郊之禮容姣變含辭作南國之奇態誠謂由斯外入穢德於是內宣椒掖播晨牝之風蘭殿絕河雎之響永言彤史大練之範逾微緇視青蒲脫珥之猷替矣晉承其末與世汚隆宣皇創基功弘而道屈穆后一善勸侔於十亂洎乎太祖始親選良家旣而帝掩紈扇躬行請託后採長白實彰妬忌之情賈納短青竟踐覆亡之轍得失遺跡煥在緗緗興滅所由義同畫一故列其本事以爲后妃傳云

宣穆張皇后

宣穆張皇后諱春華河內平皐人也父汪魏粟邑令母河內山氏司徒濤之從祖姑也后少有德行智識過人生景帝文帝平原王幹南陽公主宣帝初辭魏武之命託以風痺嘗暴書遇暴雨不覺自起收之家惟有一婢見之后乃恐事泄致禍遂手殺之以滅口而親自執爨帝由是重之其後栢夫人有寵后罕得進見帝嘗臥疾后往省病帝曰老物可憎何煩出也后慙恚不食將自殺諸子亦不食帝驚而致謝后乃止帝退而謂人曰老物不足惜慮困我好兒耳魏正始八年崩時年五十九葬洛陽高原陵追贈廣平縣君咸熙元年追號宣穆妃及武帝受禪追尊爲皇后

景懷夏侯皇后

景懷夏侯皇后諱徽字媛容沛國譙人也父尚魏征南大將軍母曹氏魏德陽鄉主后雅有識度帝每有所爲必豫籌畫魏明帝世宣帝居上將之重諸子並有雄才大畧后知帝非魏之純臣而后旣魏氏之甥帝深忌之靑龍二年遂以鴆崩時年二十四葬峻平陵武帝登祚初未追崇弘訓太后每以爲言泰始二年始加號諡后無男生五女

景獻羊皇后

景獻羊皇后諱徽瑜泰山南城人父衜上黨太守后母陳留蔡氏漢左中郎將邕之女也后聰敏有才行景懷皇后崩景帝更娶鎭北將軍濮陽吳質女見黜復納后無子武帝受禪居弘訓宮號弘訓太后泰始九年追贈蔡氏濟陽縣君諡曰穆咸寧四年太后崩時年六十五祔葬峻平陵

文明王皇后

文明王皇后諱元姬東海郯人也父肅魏中領軍蘭陵侯后年八歲誦詩論尤善喪服苟有文義目所一見必貫於心年九歲遇母疾扶侍不捨左右衣不解帶者久之每先意候指動中所適由是父母令攝家事每盡其理祖朗甚愛異之曰興吾家者必此女也惜不爲男矣年十二朗薨后哀戚哭泣發於自然其父益加敬異旣笄歸于文帝生武帝及遼東悼王定國齊獻王攸城陽哀王兆廣漢殤王廣德京兆公主后事舅姑盡婦道謙沖接下嬪御有序及居父喪身不勝衣言與淚俱時鍾會以才能見任后每言於帝曰會見利忘義好爲事端寵過必亂不可大任會後果反武帝受禪尊爲皇太后宮曰崇化初置宮卿重選其職以太常諸葛緒爲衞尉太僕劉原爲太僕宗正曹楷爲少府后雖處尊位不忘素業躬執紡績器服無文御浣濯之衣食不參味而敦睦九族垂心萬物言必典禮浸潤不行帝以后母羊氏未崇諡號泰始三年下詔曰昔漢文追崇靈文之號武宣有平原博平之封咸所以奉尊尊之敬廣親親之恩也故衞將軍蘭陵景侯夫人羊氏含章體順仁德醇備內承世冑出嬪大國三從之行率禮無違仍遭不造頻喪統嗣撫育衆胤克成家道母儀之教光于邦族誕啓聖明祚流萬國而早世殂隕不遇休寵皇太后孝思蒸蒸永慕罔極朕感存遺訓追遠傷懷其封夫人爲縣君依德紀諡主者詳如舊典於是使使持節謁者何融追諡爲平陽縣君四年后崩時年五十二合葬崇陽陵將遷祔帝手疏后德行命史官爲哀策曰明明先后與我晉道畢章淑問以翼皇考邁德宣猷大業有造貽慶孤曚堂構是保庶賓復顧永享難老奄然登遐棄我何早沉哀罔訴如何窮昊嗚呼哀哉厥初生民樹之惠康帝遷明德顧予先皇天立厥配我皇是光作邦作對德音無疆愍予不弔天篤降殃日沒明夷中年隕喪煢煢在疚永懷推傷尋惟景行於穆不已海岱降靈世荷繁祉永錫祚胤篤生文母誕膺純和淑愼容止質直不渝體

兹孝友詩書是悅禮籍是紀三從無違中饋允理追惟先后勞謙是尙爰初在室竭力致養嬪于大邦皇基是相謐靜隆化帝業以創內敘嬪御外叶時望履信居順德行洽暢密勿無荒劬勞克讓崇儉抑華沖素是放雖享崇高歡嘉未饗胡寧棄之我將曷仰咨余不造大罰薦臻皇考背世始踰三年仰奉慈親冀無後艱凶災仍集何辜于天嗚呼哀哉靈輀夙駕設祖中闈轀輬動軫旣往不追哀哀皇妣永潛靈羣進攀梓宮顧援素旆屏營窮痛誰告誰依訴情贈策以舒傷悲尙或有聞顧予孤遺嗚呼哀哉其後帝追慕不已復下詔曰外曾祖母故司徒王朗夫人楊氏舅氏尊屬鄭劉二從母先后至愛每惟聖善敦睦遺旨渭陽之感永懷靡及其封楊夫人及從母爲鄉君邑各五百戶太康七年追贈緄祖母夏侯氏爲滎陽鄉君

武元楊皇后

武元楊皇后諱豔字瓊芝弘農華陰人也父文宗見外戚傳母天水趙氏早卒后依舅家舅妻仁愛親乳養后遣他人乳其子及長又隨後母段氏依其家后少聰慧善書姿質美麗閑於女工有善相者嘗相后當極貴文帝聞而爲世子聘焉甚被寵遇生毗陵悼王軌惠帝秦獻王東平陽新豐陽平公主武帝即位立爲皇后有司奏依漢故事皇后太子各食湯沐邑四十縣而帝以非古典不許后追懷舅氏之恩顯官趙俊納俊兄虞女粲於後宮爲夫人帝以皇太子不堪奉大統密以語后后曰立嫡以長不以賢豈可動乎初賈充妻郭氏使賂后求以女爲太子妃及議太子婚帝欲娶衞瓘女然后盛稱賈后有淑德又密使太子太傅荀顗進言上乃聽之泰始中帝博選良家以充後宮先下書禁天下嫁娶使宦者乘使車給騶騎馳傳州郡召充選者使后揀擇后性妬惟取潔白長大其端正美麗者並不見留時卞藩女有美色帝掩扇謂后曰卞氏女佳后曰藩三世后族其女不可枉以卑位帝乃止司徒李胤鎭軍大將軍胡奮廷尉諸葛沖太僕臧權侍中馮蓀秘書郎左思及世族子女並充三夫人九嬪之列司冀兖豫四州二千石將吏家補良人以下名家盛族子女多敗衣瘁貌以避之及后有疾見帝素幸胡夫人恐後立之慮太子不安臨終枕帝膝曰叔父駿女男胤有德色願陛下以備六宮因悲泣帝流泣許之泰始十年崩于明光殿絕于帝膝時年三十七詔曰皇后逮事先后常冀能終始永奉宗廟一旦殂隕痛悼傷懷每自以夙喪二親於家門之情特隆又有心欲改葬父祖以頃者務崇儉約初不有言近垂困說此意情亦愍之其使領前軍將軍駿等自克改葬之宜至時主者供給葬事賜謚母趙氏爲縣君以繼母段氏爲鄉君傳不云乎愼終追遠民德歸厚且使亡者有知尙或嘉之於是有司卜吉窀穸有期乃命史臣作哀策敘懷其詞曰天地配序成化兩儀王假有家道在伉儷姜嫄佐嚳二妃興嬀仰希古昔冀亦同規今胡不然景命夙虧嗚呼哀哉我應圖籙統臨萬方正位于內實在嬪嬙天作之合駿發之祥河嶽降靈啓祚豐陽奕世豐衍朱紱斯煌纘女惟行受命溥將來翼家邦憲度是常緝熙陰教德聲顯揚昔我先妣暉曜休光后承前訓奉述遺芳宜嗣徽音繼序無荒如何不弔背世隕喪望齊無主長去烝嘗追懷永悼率土摧傷嗚呼哀哉陵兆旣窆將遷幽都宵陳夙駕元妃其徂宮闈遏密階庭空虛設祖布綍告駕啓塗服翬褕狄寄象容車金路晻藹裳帳不舒千乘動軫六驥躊躇銘旌樹表翣柳雲敷祁祁同軌岌岌烝徒孰不云懷哀感萬夫寧神虞卜安體玄廬土房陶簋齊制遂初依行紀謚聲被八區雖背明光亦歸皇姑沒而不朽世德作謨嗚呼哀哉乃葬于峻陽陵

武悼楊皇后

武悼楊皇后諱芷字季蘭小字男胤元后從妹父駿別有傳以咸寧二年立爲皇后婉嫕有婦德美暎椒房甚有寵生渤海殤王早薨遂無子太康九年后率內外夫人命婦躬桑于西郊賜帛各有差太子妃賈氏妬忌帝將廢之后言于帝曰賈公閭有勳社稷猶當數世宥之賈妃是其親女正復妬忌之間不足以一眚掩其大德后又數誡厲妃妃不知后之助已因以致恨謂后構之於帝忿怨彌深及帝崩尊爲皇太后賈后凶悖忌后父駿執權遂誣駿爲亂使楚王瑋與東安王繇稱詔誅駿內外隔塞后題帛爲書射之城外曰救太傅者有賞賈后因宣言太后同逆駿旣死詔使後軍將軍荀悝送后于永寧宮特全后母高都君龐氏之命聽就后居止賈后諷羣公有司奏曰皇太后陰漸姦謀圖危社稷飛箭繫書要募將士同惡相濟自絕于天魯侯絕文姜春秋所許蓋以奉順祖宗任至公於天下陛下雖懷無已之情臣下不敢奉詔可宜敕王公於朝堂會議詔曰此大事更詳之有司又奏駿藉外戚之資居冢宰之任陛下旣居諒闇委以重權至乃陰圖凶逆布樹私黨皇太后內爲脣齒叶同逆謀禍釁旣彰背捍詔命阻兵負衆血刃宮省而復流書募衆以獎凶黨上背祖宗之靈下絕億兆之望昔文姜與亂春秋所貶呂宗叛戾高后降配宜廢皇太后爲峻陽庶人中書監張華等以爲太后非得罪於先帝者也今黨惡所親爲不母於聖世宜依孝成趙皇后故事曰武帝皇后處之離宮以全貴終之恩尙書令下邳王晃等議曰皇太后與駿潛謀欲危社稷不可復奉承宗廟配合先帝宜貶尊號廢詣金墉城於是有司奏請從晃等議廢太后爲庶人遣使者以太牢告于郊廟以奉承祖宗之命稱萬國之望至於諸所供奉可順聖恩務從豐厚詔不許有司又固請乃可之又奏楊駿造亂家屬應誅詔原其妻龐命以慰太后之心今太后廢爲庶人請以龐付廷尉行刑詔曰聽龐與庶人相隨有司希賈后旨固請乃從之龐臨刑太后抱持號叫截髮稽顙上表詣賈后稱妾請全母命不見省初太后尙有侍御十餘人賈后奪之絕膳而崩時年三十四在位十五年賈后又信妖巫謂太后必訴冤先帝乃覆而殯之施諸厭劾符書藥物永嘉元年追復尊號別立廟神主不配武帝至成帝咸康七年下詔使內外詳議衞將軍虞潭議曰世祖武皇帝光有四海元皇后應乾作配元后旣崩悼后繼作至楊駿肆逆禍延天母孝懷皇帝追復號謚豈不以鯀殛禹興義在不替者乎又太寧二年臣忝宗正帝譜泯棄罔所循按時博諮舊齒以定昭穆與故驃騎將軍華恒尙書荀崧侍中荀邃因舊譜參論撰次尊號之重一無改替今聖上孝思祗肅禋祀詢及羣司將以恢定大禮臣輒思議伏見惠皇帝起居注羣臣議奏列駿作逆謀危社稷引魯之文姜漢之呂后臣竊以文姜雖莊公之母實爲父讎呂后寵樹私戚幾危劉氏按此二事異於今日昔漢章帝竇后殺和帝之母和帝即位盡誅諸竇當時議者欲貶竇后及后之亡欲不以禮葬和帝以奉事十年義不可違臣子之道務從豐厚仁明之稱表於往代又見故尙書僕射裴頠議悼后故事稱繼母雖出追服無改是以孝懷皇帝尊崇號謚還葬峻陵此則母子道全而廢事蕩革也于時祭於弘訓之宮未入太廟蓋是事之未盡非義典也若以悼后復位爲宜則應配食世祖若以復之爲非則譜謚宜闕未有位號居正而偏祠別室者也若以孝懷皇帝私隆母子之道特爲立廟者此苟崇私情有虧國典則國譜帝諱皆宜除棄匪徒不得同祠於世祖之廟也會稽王昱中書監庾冰中書令何充尙書令諸葛恢尙書謝廣光祿勳留擢丹陽尹殷融護軍將軍馮懷散騎常侍鄧逸等咸從潭議由是太后配食武帝

左貴嬪

左貴嬪名芬兄思別有傳芬少好學善綴文名亞於思武帝聞而納之泰始八年拜修儀受詔作愁思之文因爲離思賦曰生蓬戶之側陋兮不閑習於文符不見圖畫之妙像兮不聞先哲之典謨旣愚陋而寡識兮謬忝廁於紫廬非草茅之所處兮恒怵惕以憂懼懷思慕之忉怛兮兼始終之萬慮嗟隱憂之沉積兮獨鬱結而靡訴意慘憒而無聊兮思纏綿以增慕夜耿耿而不寐兮魂憧憧而至曙風騷騷而四起兮霜皚皚而依庭日晻曖而無光兮氣懰慄以洌清懷愁戚之多感兮患涕淚之自零昔伯瑜之婉孌兮每綵衣以娛親悼今日之乖隔兮奄與家爲參辰豈相去之云遠兮曾不盈乎數尋何宮禁之清切兮欲瞻覩而莫因仰行雲以歔欷兮涕流射而沾巾惟屈原之哀感兮嗟悲傷於離別彼城闕之作詩兮亦以日而喻月況骨肉之相於兮永緬邈而兩絕長含哀而抱戚兮仰蒼天而泣血亂曰骨肉至親化爲宅人永長辭兮慘愴愁悲夢想魂歸見所思兮驚寤號咷心不自聊泣漣洏兮援筆舒情涕淚增零訴斯詩兮後爲貴嬪姿陋無寵以才德見禮體羸多患常居薄室帝每遊華林輒回輦過之言及文義辭對淸華左右侍聽無不稱美及元楊皇后崩芬獻誄曰惟泰始十年秋七月景寅晉元皇后楊氏崩嗚呼哀哉昔有莘適殷姜姒歸周宣德中闈徽音永流樊衞二姬匡齊翼楚馬鄧兩妃亦毗漢主峨峨元后光嬪晉寓伉儷聖皇比蹤往古遭命不永背陽即陰六宮號咷四海慟心嗟予鄙妾銜恩特深追慕三良甘心自沉何用存思不忘德音何用紀述託辭翰林乃作誄曰赫赫元后出自有楊奕世朱輪耀彼華陽惟嶽降神顯玆禎祥篤生英媛休有烈光含靈握文異于庶姜和暢春日操厲秋霜疾彼攸遂敦此義方率由四教匪怠匪荒行周六親徽音顯揚顯揚伊何京室是臧乃娉乃納聿嬪聖皇正位闈闥惟德是將鳴珮有節發言有章仰觀列圖俯覽篇籍顧問女史咨詢竹帛思媚皇姑虔恭朝夕允釐中饋執事有恪于禮斯勞于敬斯勤雖曰齊聖邁德日新日新伊何克廣弘仁終溫且惠帝妹是親經緯六宮罔不彌綸羣妾惟仰譬彼北辰亦旣靑陽鳴鳩告時躬執桑曲率導媵姬修成蠶蔟分繭理絲女工是察祭服是治祗奉宗廟永言孝思于彼六行靡不蹈之皇英佐舜塗山翼禹惟衞惟樊二霸是輔明明我后異世同軌亦能有亂

謀及天府內數陰教外毗陽化綢繆庶正密勿夙夜恩從風翔澤隨雨播中外禔福遐邇詠歌天祚貞吉克昌克繁則百斯慶育聖育賢教踰妊姒訓邁姜嫄堂堂太子惟國之元濟濟南陽爲屏爲藩本支菴藹四海蔭焉微斯皇妣孰玆克臻曰乾蓋聰曰聖允誠積善之堂五福所幷宜享高年匪隕匪傾如彭之齒如聃之齡云胡不造于玆禍殃寢疾彌留寤寐不康巫咸騁術扁鵲奏方祈禱無應嘗藥無良形神旣離載昏載荒奄忽崩殂湮精滅光哀哀太子南陽繁昌攀援不寐擗踊摧傷嗚呼哀哉閶宮號咷宇內震驚奔者塡衢赴者塞庭哀慟雷駭流涕雨零歔欷不已若喪所生惟帝與后契闊在昔比翼白屋雙飛紫閣悼后傷后早卽窀穸言斯旣及涕泗隕落追惟我后實聰實哲通于性命達于儉節送終之禮比素上世襚無珍寶哈無明月潛輝梓宮永背昭晰臣妾哀號同此斷絕庭宇過窋幽室增陰空設帷帳虛置衣衾人亦有言神道難尋悠悠精爽豈浮豈沉豐貧日陳冀魂之臨孰云元后不聞其音乃議景行景行已溢乃考龜筮龜筮襲吉爰定爰兆克成玄室魂之往矣于以令日仲秋之晨啓明始出星陳夙駕靈輿結駟其輿伊何金根玉箱其駟伊何二駱雙黃習習容車朱服丹章隱隱轜軒弁絰總裳華轂曜野素蓋被原方相佗佗旌旐翩翩輓童引歌白驥鳴轅觀者夾塗士女涕漣千乘萬騎迄彼峻山峻山峨峨層阜重阿弘高顯敞據洛背河左瞻皇姑右睇帝家惟存揆亡明神所嘉諸姑姊妹娣姒媵御追送塵軌號咷衢路王侯卿士雲會星布羣官庶僚縞蓋無數容嗟通夜東方云曙百祗奉迎我后安厝中外俱臨同哀並慕涕如連雲淚如湛露扃闥旣閟窈窈冥冥有夜無晝曷用其明不封不樹山坂同形昔后之崩大火西流寒往暑過今亦孟秋自我銜卹儵忽一周衣服將變痛心若抽逼彼禮制惟以增憂去此素衣結戀靈丘有始有終天地之經自非三光誰能不零存播令德沒圖丹青先哲之志以此爲榮溫溫元后實宣慈焉撫育羣生恩惠滋焉遺愛不已永見思焉懸名日月垂萬春焉嗚呼庶妾感四時焉言思言慕涕漣洏焉咸寧二年納悼后芬於座受詔作頌其辭曰峨峨華嶽峻極泰清巨靈導流河瀆是經惟瀆之神惟嶽之靈鍾于楊族載育盛明穆穆我后應期挺生含聰履喆岐嶷夙成如蘭之茂如玉之榮越在幼沖休有令名飛聲八極翕習紫庭超任邈姒比德皇英京室是嘉備禮致聘令月吉辰百僚奉迎周生歸韓詩人是詠我后戾至車服暉暎登位太微明德日盛羣黎欣戴函夏同慶翼翼聖皇叡喆孔純愍茲狂戾闡惠播仁蠲釁滌穢與時惟新沛然洪赦恩詔遐震后之踐祚囹圄虛陳萬國齊歡六合同欣坤神抃儛天人載悅興順降祥表精日月和氣烟熅三光朗烈旣獲嘉時尋播甘雪玄雲晻藹靈液霏霏旣儲旣積待陽而晞曬晛沾濡柔潤中畿長享豐年福祿永綏及帝女萬年公主薨帝痛悼不已詔芬爲誄其文甚麗帝重芬詞藻每有方物異寶必詔爲賦頌以是屢獲恩賜焉答兄思詩書及雜賦頌數十篇並行於世

胡貴嬪

胡貴嬪名芳父奮別有傳泰始九年帝多簡良家子女以充內職自擇其美者以絳紗繫臂而芳旣入選下殿號泣左右止之曰陛下聞聲芳曰死且不畏何畏陛下帝遣洛陽令司馬肇策拜芳爲貴嬪帝每有顧問不飾言辭率爾而答進退方雅時帝多內寵平吳之後復納孫晧宮人數千自此掖庭殆將萬人而並寵者甚衆帝莫知所適常乘羊車恣其所之至便宴寢宮人乃取竹葉插戶以鹽汁灑地而引帝車然芳最蒙愛幸殆有專房之寵焉侍御服飾亞于皇后帝嘗與之樗蒲爭矢遂傷上指帝怒曰此固將種也芳對曰北伐公孫西距諸葛非將種而何帝甚有慚色芳生武安公主

諸葛夫人

諸葛夫人名婉琅邪陽都人也父沖字茂長廷尉卿婉以泰始九年春入宮帝臨軒使使持節洛陽令司馬肇拜爲夫人兄銓字德林散騎常侍銓弟玫字仁林侍中御史中丞玫婦弟周穆清河王覃之舅也永嘉初穆與玫勸東海王越廢懷帝立覃越不許重言之越怒遂斬玫及穆臨刑玫謂穆曰我語卿何道穆曰今日復何所說時人方知謀出于穆非玫之意

惠賈皇后

惠賈皇后諱南風平陽人也小名峕父充別有傳初武帝欲爲太子娶衞瓘女元后納賈郭親黨之說欲婚賈氏帝曰衞公女有五可賈公女有五不可衞家種賢而多子美而長白賈家種妬而少子醜而短黑元后固請荀顗荀勖並稱充女之賢乃定婚始欲聘后妹午午年十二小太子一歲短小未勝衣更娶南風時年十五大太子二歲泰始八年二月辛卯冊拜太子妃妬忌多權詐太子畏而惑之嬪御罕有進幸者帝常疑太子不慧且朝臣和嶠等多以爲言故欲試之盡召東宮大小官屬爲設宴會而密封疑事使太子決之停信待反妃大懼倩外人作答答者多引古義給使張泓曰太子不學而答詔引義必責作草主更益譴負不如直以意對妃大喜語泓便爲我好答富貴與汝共之泓素有小才具草令太子自寫帝省之甚悅先示太子少傅衞瓘瓘大踧踖衆人乃知瓘先有毀言殿上皆稱萬歲充密遣語妃云衞瓘老奴幾破汝家妃性酷虐嘗手殺數人或以戟擲孕妾子隨刃墮地帝聞之大怒已修金墉城將廢之充華趙粲從容言曰賈妃年少妬是婦人之情耳長自當差願陛下察之其後楊珧亦爲之言曰陛下忘賈公閭耶荀勖深救之故得不廢惠帝卽位立爲皇后生河東臨海始平公主哀獻皇女后暴戾日甚侍中賈模后之族兄右衞郭彰后之從舅並以才望居位與楚王瑋東安公繇分掌朝政后母廣城君養孫賈謐干預國事權侔人主繇密欲廢后賈氏憚之及太宰亮衞瓘等表繇徙帶方奪楚王中候后知瑋怨之乃使帝作密詔令瑋誅瓘亮以報宿憾模知后凶暴恐禍及己乃與裴頠王衍謀廢之衍悔而謀寢后遂荒淫放恣與太醫令程據等亂彰內外洛南有盜尉部小吏端麗美容止旣給廝役忽有非常衣服衆咸疑其竊盜尉嫌而辯之賈后疎親欲求盜物往聽對辭小吏云先行逢一老嫗說家有疾病師卜云宜得城南少年厭之欲暫相煩必有重報於是隨去上車下帷內簏箱中行可十餘里過六七門限開簏箱忽見樓闕好屋問此是何處云是天上卽以香湯見浴好衣美食將入見一婦人年可三十五六短形青黑色眉後有疵見留數夕共寢歡宴臨出贈此衆物聽者聞其形狀知是賈后慚笑而去尉亦解意時它人入者多死惟此小吏以后愛之得全而出及河東公主有疾師巫以爲宜施寬令乃稱詔大赦天下初后詐有身內稾物爲產具遂取妹夫韓壽子慰祖養之託諒闇所生故弗顯遂謀廢太子以所養代立時洛中謠曰南風烈烈吹黃沙遙望魯國鬱嵯峨前至三月滅汝家后母廣城君以后無子甚敬重愍懷每勸厲后使加慈愛賈謐恃貴驕縱不能推崇太子廣城君恒切責之及廣城君病篤占術謂不宜封廣城乃改封宜城后出侍疾十餘日太子常往宜城第將醫出入恂恂盡禮宜城臨終執后手令盡意於太子言甚切至又曰趙粲及午必亂汝事我死後勿復聽入深憶吾言后不能遵之遂專制天下威服內外更與粲午專爲姦謀誣害太子衆惡彰著初誅楊駿及汝南王亮太保衞瓘楚王瑋等皆臨機專斷宦人董猛參預其事猛武帝時爲寺人監侍東宮得親信於后預誅楊駿封武安侯猛三兄皆爲亭侯天下咸怨及太子廢黜趙王倫孫秀等因衆怨謀欲廢后后數遣宮婢微服於人間視聽其謀頗泄后甚懼遂害太子以絕衆望趙王倫乃率兵入宮使翊軍校尉齊王冏入殿廢后后與冏母有隙故倫使之后驚曰卿何爲來冏曰有詔收后后曰詔當從我出何詔也后至上閤遙呼帝曰陛下有婦使人廢之亦行自廢又問冏曰起事者誰冏曰梁趙后曰繫狗當繫頸今反繫其尾何得不然至宮西見謐尸再舉聲而哭遽止倫乃矯詔遣尚書劉弘等持節齎金屑酒賜后死后在位十一年趙粲賈午韓壽董猛等皆伏誅臨海公主先封清河洛陽之亂爲人所略傳賣吳興錢溫溫以送女女遇主甚酷元帝鎮建鄴主詣縣自言元帝誅溫及女改封臨海宗正曹統尚之

惠羊皇后

惠羊皇后諱獻容泰山南城人祖瑾父玄之並見外戚傳賈后旣廢孫秀議立后后外祖孫旂與秀合族又諸子自結於秀故以太安元年立爲皇后將入宮衣中有火成都王穎伐長沙王乂以討玄之爲名乂敗穎奏廢后爲庶人處金墉城陳眕等唱伐成都王大赦復后位張方入洛又廢后方逼遷大駕幸長安留臺復后位永興初張方又廢后河間王顒矯詔以后屢爲姦人所立遣尚書田淑勑留臺賜后死詔書累至司隸校尉劉暾與尚書僕射荀藩河南尹周馥馳上奏曰奉被手詔伏讀惶悴臣按古今書籍亡國破家毀喪宗祊皆由犯衆違人之所致也陛下遷幸舊京廓然衆庶悠悠罔所依倚家有跂踵之心人想鑾輿之聲思望大德釋兵歸農而兵纏不解處處互起豈非善者不至人情猜隔故耶今上官已犯闕稱兵焚燒宮省百姓諠駭宜鎮之以靜而大使卒至赫然執藥當詣金墉內外震動謂非聖意羊庶人門戶殘破廢放空宮門禁峻密若絕天地無緣得與姦人構亂衆無智愚皆謂不然刑書猥至罪不值辜人心一憤易致興動夫殺一人而天下喜悅者宗廟社稷之福也今殺一枯窮之人而令天下傷慘臣懼凶豎乘間妄生變故臣忝司京輦觀察衆心實以深憂宜當含忍不勝所見謹密啓聞願陛下更深與太宰參詳勿令遠近疑惑取謗天下顒見表大怒乃遣陳顏呂朗東收暾暾奔青州后遂得免帝還洛迎后復位後洛陽令何喬又廢后及張方首至其日復后位會帝崩后慮

太弟立爲嫂叔不得稱太后催前太子淸河王覃入將立之不果懷帝卽位尊后爲惠帝皇后居弘訓宮洛陽敗沒于劉曜曜僭位以爲皇后因問曰吾何如司馬家兒后曰胡可並言陛下開基之聖主彼亡國之暗夫有一婦一子及身三耳不能庇之貴爲帝王而妻子辱於凡庶之手遣妾爾時實不思生何圖復有今日妾生於高門常謂世間男子皆然自奉巾櫛以來始知天下有丈夫耳曜甚愛寵之生曜二子而死僞謚獻文皇后

謝夫人

謝夫人名玖家本貧賤父以屠羊爲業玖淸惠貞正而有淑姿選入後庭爲才人惠帝在東宮將納妃武帝慮太子尙幼未知帷房之事乃遣往東宮侍寢由是得幸有身賈后妬忌之玖求還西宮遂生愍懷太子年三四歲惠帝不知也入朝見愍懷與諸皇子共戲執其手武帝曰是汝兒也及立爲太子拜玖爲淑媛賈后不聽太子與玖相見處之一室及愍懷遇酷玖亦被害焉永康初詔改葬太子因贈玖夫人印綬葬顯平陵

懷王皇太后

懷王皇太后諱媛姬不知所出初入武帝宮拜中才人早卒懷帝卽位追尊皇太后

元夏侯太妃

元夏侯太妃名光姬沛國譙人也祖威兗州刺史父莊字仲容淮南太守淸明亭侯妃生自華宗幼而明慧琅邪武王爲世子覲納焉生元帝及恭王薨元帝嗣立稱王太妃永嘉元年薨于江左葬琅邪國初有讖云銅馬入海建鄴期太妃小字銅環而元帝中興於江左焉

晉書卷三十二

唐 太 宗 文 皇 帝 御 撰

列傳第二

后妃下

元敬虞皇后

元敬虞皇后諱孟母濟陽外黃人也父豫見外戚傳帝爲琅邪王納后爲妃無子永嘉六年薨時年三十五帝爲晉王追尊爲王后有司奏王后應別立廟令曰今宗廟未成不宜更興作便修飾陵上屋以爲廟太興三年冊曰皇帝咨前琅邪王妃虞氏朕祗順昊天成命用陟帝位悼妃夙徂徽音潛翳御于家邦靡所儀刑陰敎有虧用傷于懷追號制謚先王之典今遣使持節兼太尉萬勝奉冊贈皇后璽綬祀以太牢魂而有靈嘉玆寵榮乃祔于太廟葬建平陵太寧初明帝追懷母養之恩贈豫妻王氏爲邔陽縣君從母散騎常侍新野王罕妻爲平陽鄉君

豫章君

豫章君荀氏元帝宮人也初有寵生明帝及琅邪王裒由是爲虞后所忌自以位卑每懷怨望爲帝所譴漸見疏薄及明帝卽位封建安君別立第宅太寧元年帝迎還臺內供奉隆厚及成帝立尊重同於太后咸康元年薨詔曰朕少遭憫凶慈訓無稟撫育之勤建安君之仁也一旦薨殂實思報復永惟平昔感痛哀摧其贈豫章郡君別立廟于京都

明穆庾皇后

明穆庾皇后諱文君潁川鄢陵人也父琛見外戚傳后性仁惠美姿儀元帝聞之聘爲太子妃以德行見重明帝卽位立爲皇后冊曰妃庾氏昔承明命作嬪東宮虔恭中饋思媚軌則履信思順以成肅雝之道正位閨房以著協德之美朕夙罹不造煢煢在疚羣公卿士稽之往代僉以崇嫡明統載在典謨宜建長秋以奉宗廟是以追述先志不替舊命使使持節兼太尉授皇后璽綬夫坤德尚柔婦道承姑崇粢盛之禮敦螽斯之義是以利在永貞克隆堂基母儀天下潛暢陰敎鑒于六列考之篇籍禍福無門盛衰由人雖休勿休其敬之哉可不愼歟及成帝卽位尊后曰皇太后羣臣奏天子幼冲宜依漢和熹皇后故事辭讓數四不得已而臨朝攝萬機后兄中書令亮管詔命公卿奏事稱皇太后陛下咸和元年有司奏請追贈后父及夫人母丘氏后陳讓不許三請不從及蘇峻作逆京都傾覆后見逼辱遂以憂崩時年三十二后卽位凡六年其後帝孝思無極贈琛驃騎大將軍儀同三司母丘氏安陵縣君從母荀氏永寧縣君何氏建安縣君亮表陳先志讓而不受

成恭杜皇后

成恭杜皇后諱陵陽京兆人鎭南將軍預之曾孫也父乂見外戚傳成帝以后奕世名德咸康二年備禮拜爲皇后卽日入宮帝御太極前殿羣臣畢賀晝漏盡懸簷百官乃罷后少有姿色然長猶無齒有來求婚者輒中止及帝納采之日一夜齒盡生改宣城陵陽縣爲廣陽縣七年三月后崩年二十一外官五日一臨內官旦一入葬訖止后在位六年無子先是三吳女子相與簪白花望之如素柰傳言天公織女死爲之著服至是而后崩帝下詔曰吉凶典儀誠宜備設然豐約之度亦當隨時況重壤之下而崇飾無用邪今山陵之事一從節儉陵中唯潔掃而已不得施塗車芻靈有司奏造凶門柏歷及調挽郎皆不許又禁遠近遣使明年元會有司奏廢樂詔廢管絃奏金石如故孝武帝立寧康二年以后母裴氏爲廣德縣君裴氏名穆長水校尉綽孫太傅主簿遐女太尉王夷甫外孫中表之美高於當世遐隨東海王越遇害無子唯穆渡江遂享榮慶立第南掖門外世所謂杜姥宅云

章太妃

章太妃周氏以選入成帝宮有寵生哀帝及海西公始拜爲貴人哀帝卽位詔有司議貴人位號太尉桓溫議宜稱夫人尚書僕射江虨議應曰太夫人詔崇爲太皇妃儀服與太后同又詔朝臣不爲太妃敬合禮典不太常江逌議位號不極不應盡敬興寧元年薨帝欲服重江虨啓應緦麻三月詔欲降爲朞年虨又啓厭屈私情所以上嚴祖考帝從之

康獻褚皇后

康獻褚皇后諱蒜子河南陽翟人也父裒見外戚傳后聰明有器識少以名家入爲琅邪王妃及康帝卽位立爲皇后封母謝氏爲尋陽鄉君及穆帝卽位尊后曰皇太后時帝幼冲未親國政領司徒蔡謨等上奏曰嗣皇誕哲岐嶷繼承天統率土宅心兆庶蒙賴陛下體茲坤道訓隆文母昔塗山光夏簡狄熙殷實由宣哲以隆休祚伏惟陛下德侔二媯淑美關雎臨朝攝政以寧天下今社稷危急兆庶懸命臣等章惶一日萬幾事運之期天祿所鍾非復冲虛高讓之日漢和熹順烈並亦臨朝近明穆故事以爲先制臣等不勝悲怖謹伏地上請乞陛下上順祖宗下念臣吏推公弘道以協天人則萬邦承慶羣黎更生太后詔曰帝幼冲當賴羣公卿士將順匡救以酬先帝禮賢之意且是舊德世濟之美則莫重之命不墜祖宗之基有奉是其所以欲正位于內而已所奉懇到形于翰墨執省未究以悲以懼先后允恭謙抑思順坤道所以不距羣情固爲國計豈敢執守冲闇以違先旨輒敬從所奏於是臨朝稱制有司奏謝夫人旣封荀卞二夫人亦應追贈皆后之前母也太后不許太常殷融議依鄭玄議衞將軍裒在宮庭則盡臣敬太后歸寧之日自如家人之禮太后詔曰典禮誠所未詳如所奏是情所不能安也更詳之征西將軍翼南中郎尚議謂父尊盡於一家君敬重於天下鄭玄議合情禮之中太后從之自後朝臣皆敬裒焉帝旣冠太后詔曰昔遭不造帝在幼冲皇緒之微眇若綴旒百辟卿士率遵前朝勸喩攝政以社稷之重先代成義僶俛敬從弗遑固守仰憑七廟之靈俯仗羣后之力帝加元服禮成德備當陽親覽臨御萬國今歸事反政一依舊典於是居崇德宮手詔羣公曰昔以皇帝幼冲從羣后之議旣以闇弱又頻丁極艱銜恤歷祀沉憂在疚司徒親尊德重訓救其弊王室之不壞實公是憑帝旣備茲冠禮而四海未一五胡叛逆豺狼當路費役日興百姓困苦願諸君子思量遠算戮力一心輔翼幼主匡救不逮未亡人永歸別宮以終餘齒仰惟家國故以一言託懷及哀帝海西公之世太后復臨朝稱制桓溫之廢海西公也太后方在佛屋燒香內侍啓云外有急奏太后乃出尚倚戶前視奏數行乃曰我本自疑此至牛便索筆答奏云未亡人羅此百憂感念存沒心焉如割溫始呈詔草慮太后意異悚動流汗見於顏色及詔出溫大喜簡文帝卽位尊后爲崇德太后及帝崩孝武帝幼冲桓溫又薨羣臣啓曰王室多故禍難仍臻國憂始周復喪元輔天下惘然若無攸濟主上雖聖資奇茂固天誕縱而春秋尙富如在諒闇蒸蒸之思未遑庶事伏惟陛下德應坤厚宣慈聖善遭家多艱臨朝親覽光大之美化洽在昔謳歌流詠播溢無外雖有莘熙殷任姒隆周未足以喩是以五謀克從人鬼同心仰望來蘇懸心日月夫隨時之義周易所尙寧固社稷大人之任伏願陛下撫綜萬幾釐和政道以慰祖宗以安兆庶不勝憂國喁喁至誠太后詔曰王室不幸仍有艱屯覽省啓事感增悲歎內外諸君並以主上春秋冲富加蒸蒸之慕未能親覽號令宜有所由苟可安社稷利天下亦豈有所執輒敬從所啓但闇昧之闕望盡弼諧之道於是太后復臨朝帝旣冠乃詔曰皇帝婚冠禮備遐邇宅心宜當陽親覽緝熙惟始今歸政事率由舊典於是復稱崇德太后太元九年崩于顯陽殿年六十一在位凡四十年太后於帝爲從嫂朝議疑其服太學博士徐藻議曰資父事君而敬同又禮云其夫屬父道者妻皆母道也則夫屬君道妻亦后道矣服后以齊母之義也魯譏逆祀以明尊卑今上躬奉康穆哀皇及靖后之祀致敬同於所天豈可敬之以君道而服廢於本親謂應齊衰期從之

穆章何皇后

穆章何皇后諱法倪廬江灊人也父準見外戚傳以名家膺選升平元年八月下璽書曰皇帝咨前太尉參軍何琦混元資始肇經人倫爰及夫婦以奉天地宗廟社稷謀於公卿咸以宜率由舊典今使使持節太常彪之宗正綜以禮納采琦答曰前太尉參軍都鄉侯糞土臣何琦稽首頓首再拜皇帝嘉命訪婚陋族備數采擇臣從祖弟故散騎侍郎準之遺女未閑教訓衣履若如人欽承舊章肅奉典制又使兼太保武陵王晞兼太尉中領軍洽持節奉冊立爲皇后后無子哀帝即位稱穆皇后居永安宮桓玄篡位移后入司徒府路經太廟后停輿慟哭哀感路人玄聞而怒曰天下禪代常理何預何氏女子事耶乃降后爲零陵縣君與安帝俱西至巴陵及劉裕建義殷仲文奉后還京都下令曰戎車屢警黎元阻饑而饍御豐靡豈與百姓同其儉約減損供給勿令游過后時以遠還欲奉拜陵廟有司以寇難未平奏停永興三年崩年六十六在位凡四十八年

哀靖王皇后

哀靖王皇后諱穆之太原晉陽人也司徒左長史濛之女也后初爲琅邪王妃哀帝即位立爲皇后追贈母爰氏爲安國鄉君后在位三年無子興寧二年崩

廢帝孝庾皇后

廢帝孝庾皇后諱道憐潁川鄢陵人也父冰自有傳初爲東海王妃及帝即位立爲皇后太和六年崩葬于敬平陵帝廢爲海西公追貶后曰海西公夫人太元九年海西公薨于吳又以后合葬于吳陵

簡文宣鄭太后

簡文宣鄭太后諱阿春河南滎陽人也世爲冠族祖合臨濟令父愷字祖元安豐太守后少孤無兄弟唯姊妹四人后最長先適渤海田氏生一男而寡依于舅濮陽吳氏元帝爲丞相敬后先崩將納吳氏女爲夫人后及吳氏女並游後園或見之言於帝曰鄭氏女雖醜賢於吳氏遠矣建武元年納爲琅邪王夫人甚有寵后雖貴幸而恒有憂色帝問其故對曰妾有妹中者已適長沙王褒餘二妹未有所適恐姊爲人妾無復求者帝因從容謂劉隗曰鄭氏二妹卿可爲求佳對使不失舊隗舉其從子傭娶第三者以小者適漢中李氏皆得舊門帝召王褒爲尚書郎以悅后意后生琅邪悼王煥簡文帝尋陽公主帝稱尊號后雖爲夫人詔太子及東海武陵王皆母事之帝崩后稱建平國夫人咸和元年薨簡文帝時爲琅邪王制服重有司以王出繼宜降所生國臣不能匡正奏免國相諸葛頤王上疏曰亡母生臨臣國沒留國第臣雖出後亦無所厭則私情得叙昔敬后崩孝王已出繼亦還服重此則明比臣所憲章也明穆皇后不奪其志乃徙琅邪王爲會稽王追號后曰會稽太妃及簡文帝即位未及追尊臨崩封皇子道子爲琅邪王領會稽國奉太妃祀太元十九年孝武帝下詔曰會稽太妃文母之德徽音有融誕載聖明光延于晉先帝追尊聖善朝議不一道以疑屈朕述遵先志常惕于心今仰奉遺旨依陽秋二漢孝懷皇帝故事上太妃尊號曰簡文太后於是立廟於太廟路西陵曰嘉平時羣臣希旨多謂鄭太后應配食於元帝者帝以問太子前率徐邈邈曰臣按陽秋之義母以子貴魯隱尊桓母別考仲子之宮而不配食於惠廟又平素之時不伉儷於先帝至於子孫豈可爲祖考立配其崇尊盡禮由於臣子故得稱太后陵廟備典若乃祔葬配食則義所不可從之

簡文順王皇后

簡文順王皇后諱簡姬太原晉陽人也父遐見外戚傳后以冠族初爲會稽王妃生子道生爲世子永和四年母子並失帝意俱被幽廢后遂以憂薨咸安二年孝武帝即位追尊曰順皇后合葬高平陵追贈后父遐特進光祿大夫加散騎常侍

孝武文李太后

孝武文李太后諱陵容本出微賤始簡文帝爲會稽王有三子俱夭自道生廢黜獻王早世其後諸姬絕孕將十年帝令卜者扈謙筮之曰後房中有一女當育二貴男其一終盛晉室時徐貴人生新安公主以德美見寵帝常冀之有娠而彌年無子會有道士許邁者朝臣時望多稱其得道帝從容問焉答曰邁是好山水人本無道術斯事豈所能判但殿下德厚慶深宜隆奕世之緒當從扈謙之言以存廣接之道帝然之更加採納又數年無子乃令善相者召諸愛妾而示之皆云非其人又悉以諸婢媵示焉時后爲宮人在織坊中形長而色黑宮人皆謂之崐崘既至相者驚云此其人也帝以大計召之侍寢后數夢兩龍枕膝日月入懷意以爲吉祥向儕類說之帝聞而異焉遂生孝武帝及會稽文孝王鄱陽長公主及孝武帝初即位尊爲淑妃太元三年進爲貴人九年又進爲夫人十二年加爲皇太妃儀服一同太后十九年會稽王道子啓母以子貴慶厚禮崇伏惟皇太妃純德光大休祐攸鍾啓嘉祚於聖明嗣徽音於上列雖幽顯同謀而稱謂未盡非所以仰述聖心允答天人宜崇正名號詳案舊典八月辛巳帝臨軒遣兼太保劉耽尊爲皇太后稱崇訓宮安帝即位尊爲太皇太后隆安四年崩于含章殿朝議疑其服制左僕射何澄右僕射王雅尚書車胤孔安國祠部郎徐廣等議曰太皇太后名位允正體同皇極理制備盡情禮兼申陽秋之義母以子貴既稱夫人禮服從正故成風顯夫人之號昭公服三年之喪子於父母之所生體尊義重且禮祖不厭孫固宜追服無屈而緣情立制若嫌明文不存則疑斯從重謂應同於爲祖母後齊衰三年從之皇后及百官皆服齊衰期永安皇后一舉哀於是設廬於西堂凶儀施于神獸門葬修平陵神主祔于宣太后廟

孝武定王皇后

孝武定王皇后諱法慧哀靖皇后之姪也父蘊見外戚傳初帝將納后訪于公卿于時蘊子恭以弱冠見僕射謝安安深敬重之既而謂人曰昔毛嘉恥於魏朝楊駿幾傾晉室若帝納后有父者唯廕望如王蘊乃可既而訪蘊女容德淑令乃舉以應選寧康三年中軍將軍桓沖等奏曰臣聞天地之道蓋相須而化成帝后之德必相協而政隆然後品物流形彝倫攸叙靈根長固本支百世天人同致莫不由此是以塗山作儷而夏族以熙任姒配周而姬祚以昌今長秋將建宜時簡擇伏聞試守晉陵太守王蘊女天性柔順四業允備且盛德之胄美善先積臣等參議可以配德乾元恭承宗廟徽音六宮母儀天下於是帝始納焉封蘊妻劉氏爲樂平鄉君后性嗜酒驕妬帝深患之乃召蘊於東堂具說后過狀令加訓誡蘊免冠謝焉后於是少自改飾太元五年崩年二十一葬隆平陵

安德陳太后

安德陳太后諱歸女松滋潯陽人也父廣以倡進仕至平昌太守后以美色能歌彈入宮爲淑媛生安恭二帝太元十五年薨贈夫人追崇曰皇太后神主祔于宣太后廟陵曰熙平

安僖王皇后

安僖王皇后諱神愛琅邪臨沂人也父獻之見別傳母新安愍公主后以太元二十一年納爲太子妃及安帝即位立爲皇后無子義熙八年崩於徽音殿時年二十九葬休平陵

恭思褚皇后

恭思褚皇后諱靈媛河南陽翟人義興太守爽之女也后初爲琅邪王妃元熙元年立爲皇后生海鹽富陽公主及帝禪位于宋降爲零陵王妃宋元嘉十三年崩時年五十三祔葬沖平陵

史臣曰方祇體安儷乾儀而合德圓舒循晷配羲曜以齊明故知陽爍陰凝萬物假其陶鑄火炎水潤六氣由其調理取譬賢淑作伉文思靈根式固寔資於此宣穆閱禮偶德潛鱗翊天造之艱虞嗣塗山之逸響寶運歸其後胤蓋有母儀之助焉武元楊氏預聞朝政明不逮遠愛溺私情深杜衛瓘之言不曉張泓之詐運其陰沴韜映乾明晉道中微基於是矣惠皇稟質天縱其嚚識暗鳴蛙智昏文蛤南風肆狡扇禍稽天初踐椒宮逞梟心於長樂方觀梓樹頒鴆羽於離明褒后滅周方之蓋小妹妃傾夏曾何足喻中原陷於鳴鏑其兆彰於此焉昔者高宗諒闇總百官于元老成王沖眇託萬幾于上公太后御宸諒知非古而明穆康獻仍世臨朝時屬委裘躬行負扆各免華陽之釁竟躡和熹之蹤保陵遲以克終所幸實爲多矣

贊曰二妃光舜三母翼周妹升夷癸褒進亡幽家邦興滅職此之由穆后沉斷忘情執釁故翩辭恩池蒲起嘆崇化繁祉肇基商亂二楊繼寵福極災生南風熾虐國喪身傾獻容幸亂居辱疑榮援筆廢主持尺威帝契闊終罹殷憂以斃芬實窈窕芳非婉嫕呂妾變嬴黃姬化芊石文遠著金行潛徙婦德傾城迷朱奪紫

晉書卷三十三

唐 太 宗 文 皇 帝 御 撰

列傳第三

王祥

王祥字休徵琅邪臨沂人漢諫議大夫吉之後也祖仁青州刺史父融公府辟不就祥性至孝早喪親繼母朱氏不慈數譖之由是失愛於父每使掃除牛下祥愈恭謹父母有疾衣不解帶湯藥必親嘗母常欲生魚時天寒冰凍祥解衣將剖冰求之冰忽自解雙鯉躍出持之而歸母又思黃雀炙復有黃雀數十飛入其幙復以供

母鄉里驚嘆以爲孝感所致焉有丹柰結實母命守之每風雨祥輒抱樹而泣其篤孝純至如此漢末遭亂扶母攜弟覽避地廬江隱居三十餘年不應州郡之命母終居喪毀瘁杖而後起徐州刺史呂虔檄爲別駕祥年垂耳順固辭不受覽勸之爲具車牛祥乃應召虔委以州事于時寇盜充斥祥率勵兵士頻討破之州界清靜政化大行時人歌之曰海沂之康實賴王祥邦國不空別駕之功舉秀才除溫令累遷大司農高貴鄉公卽位與定策功封關內侯拜光祿勳轉司隸校尉從討毌丘儉增邑四百戶遷太常封萬歲亭侯天子幸太學命祥爲三老祥南面几杖以師道自居天子北面乞言祥陳明王聖帝君臣政化之要以訓之聞者莫不砥礪及高貴鄉公之弑也朝臣舉哀祥號哭曰老臣無狀涕淚交流衆有愧色頃之拜司空轉太尉加侍中五等建封睢陵侯邑一千六百戶及武帝爲晉王祥與荀顗往謁顗謂祥曰相王尊重何侯既已盡敬今便當拜也祥曰相國誠爲尊貴然是魏之宰相吾等魏之三公公王相去一階而已班例大同安有天子三司而輒拜人者損魏朝之望虧晉王之德君子愛人以禮吾不爲也及入顗遂拜而祥獨長揖帝曰今日方知君見顧之重矣武帝踐祚拜太保進爵爲公加置七官之職帝新受命虛已以求讜言祥與何曾鄭沖等耆艾篤老希復朝見帝遣侍中任愷諮問得失及政化所先祥以年老疲耄累乞遜位帝不許御史中丞侯史光以祥久疾闕朝會禮請免祥官詔曰太保元老高行朕所毗倚以隆政道者也前後遜讓不從所執此非有司所得議也遂寢光奏祥固乞骸骨詔聽以睢陵公就第位同保傅在三司之右祿賜如前詔曰古之致仕不事王侯今雖以國公留居京邑不宜復苦以朝請其賜几杖不朝大事皆諮訪之賜安車駟馬第一區錢百萬絹五百匹牀帳簟褥以舍人六人爲睢陵公舍人置官騎二十人以公子騎都尉肇爲給事中使常優游定省又以太保高潔清素家無宅宇其權留本府須所賜第成乃出及疾篤著遺令訓子孫曰夫生之有死自然之理吾年八十有五啓手何恨不有遺言使爾無述吾生値季末登庸歷試無毗佐之勳沒無以報氣絕但洗手足不須沐浴勿纏尸皆澣故衣隨時所服所賜山玄玉佩衞氏玉玦綬笥皆勿以斂西芒上土自堅貞勿用甓石勿起墳隴穿深二丈槨取容棺勿作前堂布几筵置書箱鏡奩之具棺前但可施牀榻而已糒脯各一盤玄酒一杯爲朝夕奠家人大小不須送喪大小祥乃設特牲無違余命高柴泣血三年夫子謂之愚閔子除喪出見援琴切切而哀仲尼謂之孝故哭泣之哀日月降殺飲食之宜自有制度夫言行可復信之至也推美引過德之至也揚名顯親孝之至也兄弟怡怡宗族欣欣悌之至也臨財莫過乎讓此五者立身之本顏子所以爲命未之思也夫何遠之有其子皆奉而行之泰始五年薨詔賜東園祕器朝服一具衣一襲錢三十萬布帛百匹時文明皇太后崩始踰月其後詔曰爲睢陵公發哀事乃至今雖每爲之感傷要未得特敍哀情今便哭之明年策謚曰元祥之薨奔赴者非朝廷之賢則親親故吏而已門無雜弔之賓族孫戎嘆曰太保可謂清達矣又稱祥在正始不在能言之流及與之言理致清遠將非以德掩其言乎祥有五子肇夏馥烈芬肇庶夏早卒馥嗣爵咸寧初以祥家甚貧儉賜絹三百匹拜馥上洛太守卒謚曰孝子根嗣散騎郎肇仕至始平太守肇子俊守太子舍人封永世侯俊子遐鬱林太守烈芬並幼知名爲祥所愛二子亦同時而亡將死烈欲還葬舊土芬欲留葬京邑祥流涕曰不忘故鄉仁也不戀本土達也惟仁與達吾二子有焉

王覽

覽字玄通母朱遇祥無道覽年數歲見祥被楚撻輒涕泣抱持至于成童每諫其母其母少止凶虐朱屢以非理使祥覽輒與祥俱又虐使祥妻覽妻亦趨而共之朱患之乃止祥喪父之後漸有時譽朱深疾之密使酖祥覽知之徑起取酒祥疑其有毒爭而不與朱遽奪反之自後朱賜祥饌覽輒先嘗朱懼覽致斃遂止覽孝友恭恪名亞於祥及祥仕進覽亦應本郡之召稍遷司徒西曹掾清河太守五等建封卽丘子邑六百戶泰始末除弘訓少府職省轉太中大夫祿賜與卿同咸寧初詔曰覽少篤至行服仁履義貞素之操長而彌固其以覽爲宗正卿頃之以疾上疏乞骸骨詔聽之以太中大夫歸老賜錢二十萬牀帳薦褥遣殿中醫療疾給藥後轉光祿大夫門施五馬咸寧四年卒時年七十三謚曰貞有六子裁基會正彥琛裁字士初撫軍長史基字士先治書御史會字士和侍御史正字士則尚書郎彥字士治中護軍琛字士瑋國子祭酒初呂虔有佩刀工相之以爲必登三公可服此刀虔謂祥曰苟非其人刀或爲害卿有公輔之量故以相與祥固辭彊之乃受祥臨薨以刀授覽曰汝後必興足稱此刀覽後奕世多賢才興於江左矣裁子導別有傳

鄭沖

鄭沖字文和滎陽開封人也起自寒微卓爾立操清恬寡欲耽玩經史遂博究儒術及百家之言有姿望動必存禮任眞自守不要鄉曲之譽由是州郡久不加禮及魏文帝爲太子搜揚側陋命沖爲文學累遷尚書郎出補陳留太守沖以儒雅爲德莅職無幹局之譽簞食縕袍不營資產世以此重之大將軍曹爽引爲從事中郎轉散騎常侍光祿勳嘉平三年拜司空及高貴鄉公講尚書沖執經親授與侍中鄭小同俱被賞賜俄轉司徒常道鄉公卽位拜太保位在三司之上封壽光侯沖雖位階台輔而不預世事時文帝輔政平蜀之後命賈充羊祜等分定禮儀律令皆先諮於沖然後施行及魏帝告禪使沖奉策武帝踐祚拜太傅進爵爲公頃之司隸李憙中丞侯史光奏沖及何曾荀顗等各以疾病俱應免官帝不許沖遂不視事表乞骸骨優詔不許遣使申喻沖固辭上貂蟬印綬詔又不許泰始六年詔曰昔漢祖以知人善任克平宇宙推述勳勞歸美三俊遂與功臣剖符作誓藏之宗廟副在有司所以明德庸勳藩翼王室者也昔我祖考遭世多難攬授英儁與之斷金遂濟時務克定大業太傅壽光公鄭沖太保朗陵公何曾太尉臨淮公荀顗各尙德依仁明允篤誠翼亮先皇光濟帝業故司空博陵元公王沈衞將軍鉅平侯羊祜才兼文武忠肅居正朕甚嘉之書不云乎天秩有禮五服五章哉其爲壽光朗陵臨淮博陵鉅平國置郎中令假夫人世子印綬食本秩三分之一皆如郡公侯比九年沖又抗表致仕詔曰太傅韞德深粹履行高潔恬遠清虛確然絕世艾服王事六十餘載忠肅在公慮不及私遂應衆舉歷登三事仍荷保傅之重綢繆論道之任光輔奕世亮茲天工迪宣謀猷弘濟大烈可謂朝之儁老衆所具瞻者也朕昧于政道庶事未康挹仰耆訓導揚厥蒙庶賴顯德緝熙有成而公屢以年高疾篤致仕告退惟從公志則朕孰與諮謀譬彼涉川罔知攸濟是用未許迄于累載而高讓彌篤至意難違覽其盛指俾朕憮然夫功成弗有上德所隆成人之美君子與焉豈必遂朕憑賴之心以枉大雅進止之度哉今聽其所執以壽光公就第位同保傅在三司之右公宜頤精養神保衞太和以究遐福其賜几杖不朝古之哲王欽祗國老憲行乞言以彌縫其闕若朝有大政皆就諮之又賜安車駟馬第一區錢百萬絹五百匹牀帳簟褥置舍人六人官騎二十人以世子嶷爲散騎常侍使常優游定省祿賜所供策命儀制一如舊典而有加焉明年薨帝於朝堂發哀追贈太傅賜祕器朝服衣一襲錢三十萬布百匹謚曰成咸寧初有司奏沖與安平王孚等十二人皆存銘太常配食于廟初沖與孫邕曹羲荀顗何晏共集論語諸家訓註之善者記其姓名因從其義有不安者輒改易之名曰論語集解成奏之魏朝于今傳焉沖無子以從子嶷爲嗣位至平原內史嶷卒子簡嗣

何曾

何曾字穎考陳國陽夏人也父夔魏太僕陽武亭侯曾少襲爵好學博聞與同郡袁侃齊名魏明帝初爲平原侯曾爲文學及卽位累遷散騎侍郎汲郡典農中郎將給事黃門侍郎上疏曰臣聞爲國者以清靜爲基而百姓以良吏爲本今海內虛耗事役衆多誠宜恤養黎元悅以使人郡守之權雖輕猶專任千里比之於古則列國之君也上當奉宣朝恩以致惠和下當興利而除其害得其人則可安非其人則爲患故漢宣稱曰百姓所以安其田里而無歎息愁恨之心者政平訟理也與我共此者其惟良二千石乎此誠可謂知政之本也方今國家大舉新有發調軍師遠征上下劬勞夫百姓可與樂成難與慮始愚戇之人能厭目前之小勤而忘爲亂之大禍者是以郡守益不可不得其人才雖難備猶宜粗有威恩爲百姓所信憚者臣聞諸郡守有年老或疾病皆委政丞掾不恤庶事或體性疏怠不以政理爲意在官積年惠澤不加於人然於考課之限罪亦不至黜免故得經延歲月而無斥罷之期臣愚以爲可密詔主者使隱核參訪郡守其有老病不隱親人物及宰牧少恩好修人事煩撓百姓者皆可徵還爲更選代頃之遷散騎常侍及宣帝將伐遼東曾上疏魏帝曰臣聞先王制法必全於愼故建官受任則置副佐陳師命將則立監貳宣命遣使則設介副臨敵交刃又參御右蓋以盡思謀之功防安危之變也是以在險當難則權足相濟隕缺不豫則才足相代其爲國防至深至遠及至漢氏亦循舊章韓信伐趙張耳爲貳馬援討越劉隆副軍前世之迹著在篇志今太尉奉辭誅罪精甲銳鋒步騎數萬道路迴阻且四千里雖假天威有征無戰寇或潛遁消引日月命無常期人非金石遠慮詳備誠宜有副今北軍諸將及太尉所督皆爲寮屬名位不殊素無定分統御之尊卒有變急不相鎭攝存不忘亡聖達所裁臣愚以爲宜選大臣名將威重宿著者成其禮秩遣詣北

軍進同謀略退爲副佐雖有萬一不虞之變軍主有儲則無患矣帝不從出補河內太守在任有威嚴之稱徵拜侍中母憂去官嘉平中爲司隸校尉撫軍校事尹模憑寵作威姦利盈積朝野畏憚莫敢言者曾奏劾之朝廷稱焉時曹爽專權宣帝稱疾曾亦謝病爽誅乃起視事魏帝之廢也曾預其謀焉時步兵校尉阮籍負才放誕居喪無禮曾面質籍於文帝座曰卿縱情背禮敗俗之人今忠賢執政綜核名實若卿之曹不可長也因言於帝曰公方以孝治天下而聽阮籍以重哀飲酒食肉於公座宜擯四裔無令汙染華夏帝曰此子羸病若此君不能爲吾忍邪曾重引據辭理甚切帝雖不從時人敬憚之毌丘儉誅子甸妻荀應坐死其族兄顗族父虞並景帝姻通共表魏帝以匄其命詔聽離婚荀所生女芝爲潁川太守劉子元妻亦坐死以懷妊繫獄荀辭詣曾乞恩曰芝繫在廷尉顧影知命計日備法乞沒爲官婢以贖芝命曾哀之騰辭上議朝廷僉以爲當遂改法語在刑法志曾在司隸積年遷尚書正元年中爲鎮北將軍都督河北諸軍事假節將之鎮文帝使武帝齊王攸辭送數十里曾盛爲賓主備太牢之饌侍從吏騶莫不醉飽帝既出又過其子劭曾先勑劭曰客必過汝汝當豫嚴劭不冠帶停帝良久曾深以譴劭曾見崇重如此還征北將軍進封潁昌鄉侯咸熙初拜司徒改封朗陵侯文帝爲晉王曾與高柔鄭沖俱爲三公將入見曾獨致拜盡敬二人猶揖而已武帝襲王位以曾爲晉丞相加侍中與裴秀王沉等勸進踐阼拜太尉進爵爲公食邑千八百戶泰始初詔曰蓋謨明弼諧王躬是保所以宣崇大訓克誠四海也侍中太尉何曾立德高峻執心忠亮博物洽聞明識弘達翼佐先皇勳庸顯著朕纂洪業首相王室迪惟前人施于朕躬實佐命興化光贊政道夫三司之任雖左右王事若乃予違汝弼匡獎不逮則存乎保傅故將明袞職未如用乂厥辟之重其以曾爲太保侍中如故久之以本官領司徒曾固讓不許遣散騎常侍諭旨乃視事進位太傅曾以老年屢乞遜位詔曰太傅明朗高亮執心弘毅可謂舊德老成國之宗臣者也而高尚其事屢辭祿位朕以寡德憑賴保佑省覽章表實用憮然雖欲成人之美豈得遂其雅志而忘翼佐之益哉又司徒所掌務煩不可久勞耆艾其進太宰侍中如故朝會劒履乘輿上殿如漢相國蕭何田千秋魏太傅鍾繇故事賜錢百萬絹五百匹及八尺牀帳簟褥自副置長史掾屬祭酒及員吏一依舊制所給親兵官騎如前主者依次按禮典務使優備後每召見勑以常所飲食服物自隨令二子侍從咸寧四年薨時年八十帝於朝堂素服舉哀賜東園祕器朝服一具衣一襲錢三十萬布百匹將葬下禮官議諡博士秦秀諡爲繆醜帝不從策諡曰孝太康末子劭自表改諡爲元

曾性至孝閨門整肅自少及長無聲樂嬖幸之好年老之後與妻相見皆正衣冠相待如賓已南向妻北面再拜上酒酬酢既畢便出一歲如此者不過再三焉初司隸校尉傅玄著論稱曾及荀顗曰以文王之道事其親者其潁昌何侯乎其荀侯乎古稱曾閔今日荀何內盡其心以事其親外崇禮讓以接天下孝子百世之宗仁人天下之命有能行孝之道君子之儀表也詩云高山仰止景行行止令德不遵二夫子之景行者非樂中正之道也又曰荀何君子之宗也又曰潁昌侯之事親其盡孝子之道乎存盡其和事盡其敬亡盡其哀予於潁昌侯見之矣又曰見其親之黨如見其親六十而孺慕予於潁昌侯見之矣然性奢豪務在華侈帷帳車服窮極綺麗廚膳滋味過於王者每燕見不食太官所設帝輒命取其食蒸餅上不拆作十字不食食日萬錢猶曰無下箸處人以小紙爲書者勑記室勿報劉毅等數劾奏曾侈忲無度帝以其重臣一無所問都官從事劉享嘗奏曾華侈以銅鉤紖車瑩牛蹄角後曾辟享爲掾或勸勿應享謂至公之體不以私憾遂應辟曾常因小事加享杖罰其外寬內忌亦此類也時司空賈充權擬人主曾卑充而附之及充與庾純因酒相競曾議黨充而抑純以此爲正直所非二子遵劭劭嗣劭字敬祖少與武帝同年有總角之好帝爲王太子以劭爲中庶子及即位轉散騎常侍甚見親待劭雅有姿望遠客朝見必以劭侍直每諸方貢獻帝輒賜之而觀其占謝焉咸寧初有司奏劭及兄遵等受故鬲令袁毅貨雖經赦宥宜皆禁止事下廷尉詔曰太保與毅有累世之交遵等所取差薄一皆置之遷侍中尚書惠帝即位初建東宮太子年幼欲令親萬幾故盛選六傅以劭爲太子太師通省尚書事後轉特進累遷尚書左僕射劭博學善屬文陳說近代事若指諸掌永康初遷司徒趙王倫篡位以劭爲太宰及三王交爭劭以軒冕而游其間無怨之者而驕奢簡貴亦有父風衣裘服翫新故巨積食必盡四方珍異一日之供以錢二萬爲限時論以爲太官御膳無以加之然優游自足不貪權勢嘗語鄉人王詮曰僕雖名位過幸少無可書之事惟與夏侯長容諫授博士可傳史冊耳所撰荀粲王弼傳及諸奏議文章並行於世永寧元年薨贈司徒諡曰康子岐嗣劭初亡袁粲弔岐岐辭以疾粲獨哭而出曰今年決下婢子品王詮謂之曰知死弔死何必見生岐前多罪爾時不下何公新亡便下岐品人謂中正畏彊易弱粲乃止遵字思祖劭庶兄也少有幹能起家散騎黃門郎散騎常侍侍中累轉大鴻臚性亦奢忲役使御府工匠作禁物又鬻行器爲司隸劉毅所奏免官太康初起爲魏郡太守遷太僕卿又免官卒於家四子嵩綏機羨嵩字泰基寬弘愛士博觀墳籍尤善史漢少歷清官領著作郎綏字伯蔚位至侍中尚書自以繼世名貴奢侈過度性既輕物翰札簡傲城陽王尼見綏書疏謂人曰伯蔚居亂而矜豪乃爾豈其免乎劉輿潘滔譖之於東海王越越遂誅綏初曾侍武帝宴退而告遵等曰國家應天受禪創業垂統吾每宴見未嘗聞經國遠圖惟說平生常事非貽厥孫謀之兆也及身而已後嗣其殆乎此子孫之憂也汝等猶可獲沒指諸孫曰此等必遇亂亡也及綏死嵩哭之曰我祖其大聖乎機爲鄒平令性亦矜傲責鄉里謝鯤等拜或戒之曰禮敬年爵以德爲主令鯤拜勢懼傷風俗機不以爲慙羨爲離狐令既驕且吝陵駕人物鄉閭疾之如讎永嘉之末何氏滅亡無遺焉

石苞

石苞字仲容渤海南皮人也雅曠有智局容儀偉麗不修小節故時人爲之語曰石仲容姣無雙縣召爲吏給農司馬會謁者陽翟郭玄信奉使求人爲御司馬以苞及鄧艾給之行十餘里玄信謂二人曰子後並當至卿相苞曰御隸也何卿相乎既而又被使到鄴事久不決乃販鐵於鄴市市長沛國趙元儒名知人見苞異之因與結交歎苞遠量當至公輔由是知名見吏部郎許允求爲小縣允謂苞曰卿是我輩人當相引在朝廷何欲小縣乎苞還歎息不意允之知己乃如此也稍遷景帝中護軍司馬宣帝聞苞好色薄行以讓景帝帝答曰苞雖細行不足而有經國才略夫貞廉之士未必能經濟世務是以齊桓忘管仲之奢僭而錄其匡合之大謀漢高捨陳平之汙行而取其六奇之妙算苞雖未可以上儔二子亦今日之選也意乃釋徙鄴典農中郎將時魏世王侯多居鄴下尚書丁謐貴傾一時並較時利苞奏列其事由是益見稱歷東萊琅邪太守所在皆有威惠遷徐州刺史文帝之敗於東關也苞獨全軍而退帝指所持節謂苞曰恨不以此授卿以究大事乃遷苞爲奮武將軍假節監青州諸軍事及諸葛誕舉兵淮南苞統青州諸軍督兗州刺史周泰徐州刺史胡質簡銳卒爲游軍以備外寇吳遣大將朱異丁奉等來迎誕等留輜重於都陸輕兵渡黎水苞等迎擊大破之泰山太守胡烈以奇兵詭道襲都陸盡焚其委輸異等收餘衆而退壽春平拜苞鎮東將軍封東光侯假節頃之代王基都督揚州諸軍事苞因入朝當還辭高貴鄉公留語盡日既出白文帝曰非常主也數日而有成濟之事後進位征東大將軍俄遷驃騎將軍文帝崩賈充荀勗議葬禮未定苞時奔喪慟哭曰基業如此而以人臣終乎葬禮乃定後每與陳騫諷魏帝以歷數已終天命有在及禪位苞有力焉武帝踐阼遷大司馬進封樂陵郡公加侍中羽葆鼓吹自諸葛誕破滅苞便鎮撫淮南士馬彊盛邊境多務苞既勤庶事又以威惠服物淮北監軍王琛輕苞素微又聞童謠曰宮中大馬幾作驢大石壓之不得舒因是密表苞與吳人交通先時望氣者云東南有大兵起及琛表至武帝甚疑之會荊州刺史胡烈表吳人欲大出爲寇苞亦聞吳師將入乃築壘遏水以自固帝聞之謂羊祜曰吳人每來常東西相應無緣偏爾豈石苞果有不順乎祜深明之而帝猶疑焉會苞子喬爲尚書郎上召之經日不至帝謂爲必叛欲討苞而隱其事遂下詔以苞不料賊勢築壘遏水勞擾百姓策免其官遣太尉義陽王望率大軍徵之以備非常又勑征東將軍琅邪王伷自下邳會壽春苞用掾孫鑠計放兵步出住都亭待罪帝聞之意解及苞詣闕以公還第苞自恥受任無效而無怨色時鄴奚官督郭廙上書理苞帝詔曰前大司馬苞忠允清亮才經世務幹用之績所歷可紀宜掌教典以贊時政其以苞爲司徒有司奏苞前有折撓不堪其任以公還第已爲弘厚不宜擢用詔曰吳人輕脆終無能爲故疆埸之事但欲完固守備使不得越逸而已以苞計畫不同慮敵過甚故徵還更授昔鄧禹撓於關中而終輔漢室豈以一眚而掩大德哉於是就位苞奏州郡農桑未有賞罰之制宜遣掾屬循行皆當均其土宜舉其殿最然後黜陟焉詔曰農殖者爲政之本有國之大務也雖欲安時興化不先富而教之其道無由而至今四海多事軍國用廣加承征伐之後屢有水旱之事倉庫不充百姓無積古者稼穡樹藝司徒掌之今雖登論道然經國立政惟時所急故陶唐之世稷官爲重今司徒位當其任乃心王事有毀家紓國乾乾匪躬之志其使司徒督察州郡播殖將委事任成

垂拱仰辦若宜有所循行者其增置掾屬十人聽取王官更練事業者苞在位稱爲忠勤帝每委任焉泰始八年薨帝發哀於朝堂賜祕器朝服一具衣一襲錢三十萬布百匹及葬給節幢麾曲蓋追鋒車鼓吹介士大車皆如魏司空陳泰故事車駕臨送於東掖門外策謚曰武咸寧初詔苞等並爲王功列於銘饗苞豫爲終制曰延陵薄葬孔子以爲達禮華元厚葬春秋以爲不臣古之明義也自今死亡者皆斂以時服不得兼重又不得飯唅爲愚俗所爲又不得設牀帳明器也定窆之後復土滿坎一不得起墳種樹昔王孫裸葬矯時其子奉命君子不譏況於合禮典者耶諸子皆奉遵遺令又斷親戚故吏設祭有六子越喬統浚儁崇以統爲嗣統字弘緒歷位射聲校尉大鴻臚子順爲尙書郎越字弘倫早卒喬字弘祖歷尙書郎散騎侍郎帝旣召喬不得深疑苞反及苞至有慚色謂之曰卿子幾破卿門苞遂廢之終身不聽仕又以有穢行徙頓丘與弟崇同被害二子超熙亡走得免成都王穎之起義也以超爲折衝將軍討孫秀以功封侯又爲振武將軍征荆州賊李辰穎與長沙王乂相攻超常爲前鋒還中護軍陳眕等挾惠帝北伐超走還鄴穎使超距帝於蕩陰王師敗績超逼帝幸鄴宮會王浚攻穎於鄴穎以超爲右將軍以距浚大敗而歸從駕之洛陽西還長安河間王顒以超領北中郎將使與穎共距東海王越超於滎陽募兵右將軍王闡與典兵中郎趙則並受超節度爲豫州刺史劉喬繼援范陽王虓逆擊斬超而熙得走免永嘉中爲大傅越參軍浚字景倫清儉有鑒識敬愛人物位至黃門侍郎爲當世名士早卒儁字彥倫少有名譽議者稱爲令器官至陽平太守早卒崇字季倫生於青州故小名齊奴少敏惠勇而有謀苞臨終分財物與諸子獨不及崇其母以爲言苞曰此兒雖小後自能得年二十餘爲修武令有能名入爲散騎郎遷城陽太守伐吳有功封安陽鄉侯在郡雖有職務好學不倦以疾自解頃之拜黃門郎兄統忤扶風王駿有司承旨奏統將加重罰旣而見原以崇不詣闕謝恩有司欲復加統罪崇自表曰臣兄統以先父之恩早被優遇出入清顯歷位盡勤伏度聖心有以垂察近爲扶風王駿橫所誣謗司隸中丞等飛筆重奏劾案深文累塵天聽臣兄弟跼蹐憂心如悸駿戚屬尊重權要赫奕內外有司望風承旨苟有所惡易於投卵自統枉劾以來臣兄弟不敢一言稍自申理戢舌鉗口惟須刑書古人稱榮華於順旨枯槁於逆違誠哉斯言於今信矣是以雖董司直繩不能不深其文抱枉含謗不得不輸其理幸賴陛下天聽四達靈鑒昭遠存先父勳德之重察臣等勉勵之志中詔申料罪譴澄雪臣等刻肌碎首未足上報臣卽以今月十四日與兄統浚等詣公車門拜表謝恩伏度奏御之日暨經天聽此月二十日忽被蘭臺禁止符以統蒙宥恩出非常臣晏然私門曾不陳謝復見彈奏訕辱理盡臣始聞此惶懼狼狽靜而思之固無怪也苟尊勢所驅何所不至望奉法之直繩不可得也臣以凡才累荷顯重不能負載析薪以答萬分一月之中奏劾頻加曲之與直非臣所計所愧不能承奉戚屬自陷於此不媚於竈實愧王孫隨巢子稱明君之德察情爲上察事次之所懷具經聖聽伏待罪黜無所多言由是事解累遷散騎常侍侍中武帝以崇功臣子有幹局深器重之元康初楊駿輔政大開封賞多樹黨援崇與散騎郎蜀郡何攀共立議奏於惠帝曰陛下聖德光被皇靈啓祚正位東宮二十餘年道化宣流萬國歸心今承洪基此乃天授至於班賞行爵優於泰始革命之初不安一也吳會僭逆幾於百年邊境被其荼毒朝廷爲之旰食先帝決獨斷之聰奮神武之略蕩滅逋寇易於摧枯然謀臣猛將猶有致恩竭力之效而今恩澤之封優於滅吳之功不安二也上天眷祐實在大晉卜世之數未知其紀今之開制當垂於後若尊卑無差有爵必進數世之後莫非公侯不安三也臣等敢冒陳聞竊謂泰始之初及平吳論功制度名牒皆悉具存縱不能遠遵古典尙當依準舊事書奏弗納出爲南中郎將荆州刺史領南蠻校尉加鷹揚將軍崇在南中得鴆鳥雛以與後軍將軍王愷時制鴆鳥不得過江爲司隸校尉傅祗所糾詔原之燒鴆於都街崇穎悟有才氣而任俠無行檢在荆州劫遠使商客致富不貲徵爲大司農以徵書未至擅去官免頃拜太僕出爲征虜將軍假節監徐州諸軍事鎮下邳崇有別館在河陽之金谷一名梓澤送者傾都帳飲於此焉至鎮與徐州刺史高誕爭酒相侮爲軍司所奏免官復拜衞尉與潘岳諂事賈謐謐與之親善號曰二十四友廣城君每出崇降車路左望塵而拜其卑佞如此財產豐積室宇宏麗後房百數皆曳紈繡珥金翠絲竹盡當時之選庖膳窮水陸之珍與貴戚王愷羊琇之徒以奢靡相尙愷以粭澳釜崇以蠟代薪愷作紫絲布步障四十里崇作錦步障五十里以敵之崇塗屋以椒愷用赤石脂崇愷爭豪如此武帝每助愷嘗以珊瑚樹賜之高三尺許枝柯扶疏世所罕比愷以示崇崇便以鐵如意擊之應手而碎愷旣惋惜又以爲嫉己之寶聲色方厲崇曰不足多恨今還卿乃命左右悉取珊瑚樹有高三四尺者六七株條幹絕俗光彩耀日如愷比者甚衆愷怳然自失矣崇爲客作豆粥咄嗟便辦每冬得韭蓱虀嘗與愷出遊爭入洛城崇牛迅若飛禽愷絕不能及愷每以此三事爲恨乃密貨崇帳下問其所以答云豆至難煮豫作熟末客來但作白粥以投之耳韭蓱虀是擣韭根雜以麥苗耳牛奔不遲良由馭者逐不及反制之可聽蹁轅則駃矣於是悉從之遂爭長焉崇後知之因殺所告者嘗與王敦入太學見顏回原憲之象顧而歎曰若與之同升孔堂去人何必有間敦曰不知餘人云何子貢去卿差近崇正色曰士當身名俱泰何至甕牖哉其立意類此劉輿兄弟少時爲王愷所嫉愷召之宿因欲坑之崇素與輿等善聞當有變夜馳詣愷問二劉所在愷迫卒不得隱崇徑造於後齋索出同車而去語曰年少何以輕就人宿輿深德之及賈謐誅崇以黨與免官時趙王倫專權崇甥歐陽建與倫有隙崇有妓曰綠珠美而豔善吹笛孫秀使人求之崇時在金谷別館方登涼臺臨清流婦人侍側使者以告崇盡出其婢妾數十人以示之皆蘊蘭麝被羅縠曰在所擇使者曰君侯服御麗則麗矣然本受命指索綠珠不識孰是崇勃然曰綠珠吾所愛不可得也使者曰君侯博古通今察遠照邇願加三思崇曰不然使者出而又反崇竟不許秀怒乃勸倫誅崇建崇建亦潛知其計乃與黃門郎潘岳陰勸淮南王允齊王冏以圖倫秀秀覺之遂矯詔收崇及潘岳歐陽建等崇正宴於樓上介士到門崇謂綠珠曰我今爲爾得罪綠珠泣曰當效死於官前因自投于樓下而死崇曰吾不過流徙交廣耳及車載詣東市崇乃歎曰奴輩利吾家財收者答曰知財致害何不早散之崇不能答崇母兄妻子無少長皆被害死者十五人崇時年五十二初崇家稻米飯在地經宿皆化爲螺時人以爲族滅之應有司簿閱崇水碓三十餘區倉頭八百餘人他珍寶貨賄田宅稱是及惠帝復祚詔以卿禮葬之封崇從孫演爲樂陵公苞曾孫樸字玄眞爲人謹厚無他材藝沒於胡石勒以與樸同姓俱出河北引樸爲宗室特加優寵位至司徒

歐陽建字堅石世爲冀方右族雅有理思才藻美贍擅名北州時人爲之語曰渤海赫赫歐陽堅石辟公府歷山陽令尙書郎馮翊太守甚得時譽及遇禍莫不悼惜之年三十餘臨命作詩文甚哀楚

孫鑠字巨鄴河內懷人也少樂爲縣吏太守吳奮轉以爲主簿鑠自微賤登綱紀時僚大姓不與鑠同坐奮大怒遂薦鑠爲司隸都官從事司隸校尉劉訥甚知賞之時奮又薦鑠於大司馬石苞苞辟爲掾鑠將應命行達許昌會臺已密遣輕車襲苞于時汝陰王鎮許鑠過謁之王先識鑠以鄉里之情私告鑠曰無與禍鑠旣出便馳詣壽春爲苞畫計苞賴而獲免遷尙書郎在職駮議十有餘事爲當時所稱

史臣曰若夫經爲帝師鄭沖於焉無愧孝爲德本王祥所以當仁何曾善其親而及其親之黨者也夏禹恭儉殷因損益牲牢服用各有品章諸侯不恒牛命士不恒豕禦而驕奢其關乎治政乘時立制莫不由之石崇學乃多聞情乖寡悔超四豪而取富踰五侯而競爽春畦藿靡列於凝沍之晨錦障逶迤亘以山川之外撞鐘舞女流宕忘歸至於金谷含悲吹樓將墜所謂高蟬處乎輕陰不知螳蜋襲其後也

贊曰鄭沖含素王祥遲暮百行斯融雙飛天路何石殊撝芬餌標奇帝風流靡崇心載馳矜奢不極寇害成貲邦分身墜樂往哀隨

晉書卷三十四

唐　太　宗　文　皇　帝　御　撰

列傳第四

羊祜

羊祜字叔子泰山南城人也世吏二千石至祜九世並以清德聞祖續仕漢南陽太守父衜上黨太守祜蔡邕外孫景獻皇后同產弟祜年十二喪父孝思過禮事叔父耽甚謹嘗遊汶水之濱遇父老謂之曰孺子有好相年未六十必建大功於天下旣而去莫知所在及長博學能屬文身長七尺二寸美鬚眉善談論郡將夏侯威異之以兄霸之子妻之舉上計吏州四辟從事秀才五府交命皆不就太原郭奕見之曰此今日之顏子也與王沉俱被曹爽辟沉勸就徵祜曰委質事人復何容易及爽敗沉以故吏免因謂祜曰常識卿前語祜曰此非始慮所及其先識不伐如此夏侯霸之降蜀也姻親多告絕祜獨安其室恩禮有加焉尋遭母憂長兄發又卒毀慕寢頓十餘年以道素自居恂恂若儒者文帝爲大將軍辟祜未就公車徵拜中書侍郎俄遷給事中黃門郎時高貴鄉公好屬文在位者多獻詩賦汝南和逌以忤意見斥祜在其間不得而親疏有識尙爲陳留王立

賜爵關中侯邑百戶以少帝不願爲侍臣求出補吏從祕書監及五等建封鉅平子邑六百戶鍾會有寵而忌祜亦憚之及會誅拜相國從事中郎與荀勖共掌機密遷中領軍悉統宿衛入直殿中執兵之要事兼內外武帝受禪以佐命之勳進號中軍將軍加散騎常侍改封郡公邑三千戶固讓封不受乃進本爵爲侯置郎中令備九官之職加夫人印綬泰始初詔曰夫總齊機衡允釐六職朝政之本也祜執德清劭忠亮純茂經緯文武謇謇正直雖處腹心之任而不總樞機之重非垂拱無爲委任責成之意也其以祜爲尚書右僕射衛將軍給本營兵時王佑賈充裴秀皆前朝名望祜每讓不處其右帝將有滅吳之志以祜爲都督荆州諸軍事假節散騎常侍衛將軍如故祜率營兵出鎭南夏開設庠序綏懷遠近甚得江漢之心與吳人開布大信降者欲去皆聽之時長吏喪官後人惡之多毀壞舊府祜以死生有命非由居室書下征鎭普加禁斷吳石城守去襄陽七百餘里每爲邊害祜患之竟以詭計令吳罷守於是戍邏減半分以墾田八百餘頃大獲其利祜之始至也軍無百日之糧及至季年有十年之積詔罷江北都督置南中郎將以所統諸軍在漢東江夏者皆以益祜在軍常輕裘緩帶身不被甲鈴閤之下侍衛者不過十數人而頗以畋漁廢政嘗欲夜出軍司徐胤執棨當營門曰將軍都督萬里安可輕脫將軍之安危亦國家之安危也胤今日若死此門乃開耳祜改容謝之此後稀出矣後加車騎將軍開府如三司之儀祜上表固讓曰臣伏聞恩詔拔臣使同台司臣自出身以來適十數年受任外內每極顯重之任常以智力不可頓進恩寵不可久謬夙夜戰悚以榮爲憂臣聞古人之言德未爲人所服而受高爵則使才臣不進功未爲人所歸而荷厚祿則使勞臣不勸今臣身託外戚事連運會誡在過寵不患見遺而猥降發中之詔加非次之榮臣有何功可以堪之何心可以安之身辱高位傾覆尋至願守先人弊廬豈可得哉違命誠忤天威曲從即復若此蓋聞古人申於見知大臣之節不可則止臣雖小人敢緣所蒙念存斯義今天下自服化以來方漸八年雖側席求賢不遺幽賤然臣不能推有德達有功使聖聽知勝臣者多未達者不少假令有遺德於版築之下有隱才於屠釣之間而朝議用臣不以爲非臣處之不以爲愧所失豈不大哉臣忝竊雖久未若今日兼文武之極寵等宰輔之高位也且臣雖所見者狹據今光祿大夫李憙執節高

亮在公正色光祿大夫魯芝絜身寡欲和而不同光祿大夫李胤清亮簡素立身在朝皆服事華髮以禮終始雖歷位外內之寵不異寒賤之家而猶未蒙此選臣更越之何以塞天下之望少益日月是以誓心守節無苟進之志今道路行通方隅多事乞留前恩使臣得速還屯不爾留連必於外虞有闕匹夫之志有不可奪不聽及還鎭吳西陵督步闡舉城來降吳將陸抗攻之甚急詔祜迎闡祜率兵五萬出江陵遣荆州刺史楊肇攻抗不尅闡竟爲抗所擒有司奏祜所統八萬餘人賊衆不過三萬祜頓兵江陵使賊備得設乃遣楊肇偏軍入險兵少糧懸軍人挫衄背違詔命無大臣節可免官以侯就第竟坐貶爲平南將軍而免楊肇爲庶人祜以孟獻營武牢而鄭人懼晏弱城東陽而萊子服乃進據險要開建五城收膏腴之地奪吳人之資石城以西盡爲晉有自是前後降者不絕乃增修德信以懷柔初附慨然有吞并之心每與吳人交兵尅日方戰不爲掩襲之計將帥有欲進譎詐之策者輒飲以醇酒使不得言人有略吳二兒爲俘者祜遣送還其家後吳將夏詳邵顗等來降二兒之父亦率其屬與俱吳將陳尚潘景來寇祜追斬之美其死節而厚加殯斂景尚子弟迎喪祜以禮遣還吳將鄧香掠夏口祜募生縛香既至宥之香感其恩甚率部曲而降祜出軍行吳境刈穀爲糧皆計所侵送絹償之每會衆江沔游獵常止晉地若禽獸先爲吳人所傷而爲晉兵所得者皆封還之於是吳人翕然悅服稱爲羊公不之名也祜與陸抗相對使命交通抗稱祜之德量雖樂毅諸葛孔明不能過也抗嘗病祜饋之藥抗服之無疑心人多諫抗抗曰羊祜豈酖人者時談以爲華元子反復見於今日抗每告其戍曰彼專爲德我專爲暴是不戰而自服也各保分界而已無求細利孫晧聞二境交和以詰抗抗曰一邑一鄉不可以無信義況大國乎臣不如此正是彰其德於祜無傷也祜貞慤無私疾惡邪佞荀勖馮紞之徒甚忌之從甥王衍嘗詣祜陳事辭甚俊辯祜不然之衍拂衣而起祜顧謂賓客曰王夷甫方以盛名處大位然敗俗傷化必此人也步闡之役祜以軍法將斬王戎故戎衍並憾之每言論多毀祜時人爲之語曰二王當國羊公無德咸寧初除征南大將軍開府儀同三司得專辟召初祜以伐吳必藉上流之勢又時吳有童謠曰阿童復阿童銜刀浮渡江不畏岸上獸但畏水中龍祜聞之曰此必水軍有功但當思應其名者耳會益州刺史王濬徵爲大司農祜

知其可任濬又小字阿童因表留濬監益州諸軍事加龍驤將軍密令修舟檝爲順流之計祜繕甲訓卒廣爲戎備至是上疏曰先帝順天應時西平巴蜀南和吳會海內得以休息兆庶有樂安之心而吳復背信使邊事更興夫期運雖天所授而功業必由人而成不一大舉掃滅則衆役無時得安亦所以隆先帝之勳成無爲之化也故堯有丹水之伐舜有三苗之征咸以寧靜宇宙戢兵和衆者也蜀平之時天下皆謂吳當并亡自此來十三年是謂一周平定之期復在今日矣議者常言吳楚有道後服無禮先彊此乃諸侯之時耳今當一統不得與古同論夫適道之論皆未應權是故謀之雖多而決之欲獨凡以險阻得存者謂所敵者同力足自固苟其輕重不齊彊弱異勢則智士不能謀而險阻不可保也蜀之爲國非不險也高山尋雲霓深谷肆無景束馬懸車然後得濟皆言一夫荷戟千人莫當及進兵之日曾無藩籬之限斬將搴旗伏尸數萬乘勝席卷徑至成都漢中諸城皆鳥棲而不敢出非皆無戰心誠力不足相抗至劉禪降服諸營堡者索然俱散今江淮之難不過劍閣山川之險不過岷漢孫晧之暴侈於劉禪吳人之困甚於巴蜀而大晉兵衆多於前世資儲器械盛於往時今不於此平吳而更阻兵相守征夫苦役日尋干戈經歷盛衰不可長久宜當時定以一四海今若引梁益之兵水陸俱下荆楚之衆進臨江陵平南豫州直指夏口徐揚青兗並向秣陵鼓旆以疑之多方以誤之以一隅之吳當天下之衆勢分形散所備皆急巴漢奇兵出其空虛一處傾壞則上下震蕩吳緣江爲國無有內外東西數千里以藩籬自持所敵者大無有寧息孫晧恣情任意與下多忌名臣重將不復自信是以孫秀之徒皆畏逼而至將疑於朝士困於野無有保世之計一定之心平常之日猶懷去就兵臨之際必有應者終不能齊力致死已可知也其俗急速不得持久弓弩戟楯不如中國唯有水戰是其所便一入其境則長江非復所固還保城池則去長入短而官軍懸進人有致節之志吳人戰於其內有憑城之心如此軍不踰時尅可必矣帝深納之會秦涼屢敗祜復表曰吳平則胡自定但當速濟大功耳而議者多不同祜歎曰天下不如意恒十居七八故有當斷不斷天與不取豈非更事者恨於後時哉其後詔以泰山之南武陽牟南城梁父平陽五縣爲南城郡封祜爲南城侯置相與郡公同祜讓曰昔張良請受留萬戶漢祖不奪其志臣受鉅平於先帝敢

辱重爵以速官謗固執不拜帝許之祜每被登進常守沖退至心素著故特見申於分列之外是以名德遠播朝野具瞻搢紳僉議當居台輔帝方有兼并之志仗祜以東南之任故寢之祜歷職二朝任典樞要政事損益皆諮訪焉勢利之求無所關與其嘉謀讜議皆焚其草故世莫聞凡所進達人皆不知所由或謂祜慎密太過者祜曰是何言歟夫入則造膝出則詭辭君臣不密之誡吾惟懼其不及不能舉賢取異豈得不愧知人之難哉且拜爵公朝謝恩私門吾所不取祜女夫嘗勸祜有所營置令有歸戴者可不美乎祜默然不應退告諸子曰此可謂知其一不知其二人臣樹私則背公是大惑也汝宜識吾此意嘗與從弟琇書曰既定邊事當角巾東路歸故里爲容棺之墟以白士而居重位何能不以盛滿受責乎疎廣是吾師也祜樂山水每風景必造峴山置酒言詠終日不倦嘗慨然歎息顧謂從事中郎鄒湛等曰自有宇宙便有此山由來賢達勝士登此遠望如我與卿者多矣皆湮滅無聞使人悲傷如百歲後有知魂魄猶應登此也湛曰公德冠四海道嗣前哲令聞令望必與此山俱傳至若湛輩乃當如公言耳祜當討吳賊有功將進爵土乞以賜舅子蔡襲詔封襲關內侯邑三百戶會吳人寇弋陽江夏略戶口詔遣侍臣移書詰祜不追討之意并欲移州復舊之宜祜曰江夏去襄陽八百里比知賊問賊去亦已經日矣步軍方往安能救之哉勞師以免責恐非事宜也昔魏武帝置都督類皆與州相近以兵勢好合惡離疆埸之間一彼一此愼守而已古之善教也若輒徙州賊出無常亦未知州之所宜據也使者不能詰祜寢疾求入朝既至洛陽會景獻宮車在殯哀慟至篤中詔申諭扶疾引見命乘輦入殿無下拜甚見優禮及侍坐面陳伐吳之計帝以其病不宜常入遣中書令張華問其籌策祜曰今主上有禪代之美而功德未著吳人虐政已甚可不戰而尅混一六合以興文教則主齊堯舜臣同稷契爲百代之盛軌如舍之若孫晧不幸而沒吳人更立令主雖百萬之衆長江未可而越也將爲後患乎華深贊成其計祜謂華曰成吾志者子也帝欲使祜臥護諸將祜曰取吳不必須臣自行但既平之後當勞聖慮耳功名之際臣所不敢居若事了當有所付授願審擇其人疾漸篤乃舉杜預自代尋卒時年五十八帝素服哭之甚哀是日大寒帝涕淚霑鬚鬢皆爲冰焉南州人征市日聞祜喪莫不號慟罷市巷哭者聲相接吳守邊將士亦爲之泣其仁

德所感如此賜以東園祕器朝服一襲錢三十萬布百匹詔曰征南大將軍南城侯祜蹈德沖素思心清遠始在內職值登大命乃心篤誠左右王事入綜機密出統方岳當終顯烈永輔朕躬而奄忽殂隕悼之傷懷其追贈侍中太傅持節如故祜立身清儉被服率素祿俸所資皆以贍給九族賞賜軍士家無餘財遺令不得以南城侯入柩從弟琇等述祜素志求葬於先人墓次帝不許賜去城十里外近陵葬地一頃謚曰成祜喪既引帝於大司馬門南臨送祜甥齊王攸表祜妻不以侯斂之意帝乃詔曰祜固讓歷年志不可奪身沒讓存遺操益厲此夷叔所以稱賢季子所以全節也今聽復本封以彰高美初文帝崩祜謂傅玄曰三年之喪雖貴遂服自天子達而漢文除之毀禮傷義常以歎息今主上天縱至孝有曾閔之性雖奪其服實行喪禮喪禮實行除服何爲邪若因此革漢魏之薄而興先王之法以敦風俗垂美百代不亦善乎玄曰漢文以末世淺薄不能行國君之喪故因而除之除之數百年一旦復古難行也祜曰不能使天下如禮且使主上遂服不猶善乎玄曰主上不除而天下除此爲但有父子無復君臣三綱之道虧矣祜乃止祜所著文章及爲老子傳並行於世襄陽百姓於峴山祜平生游憩之所建碑立廟歲時饗祭焉望其碑者莫不流涕杜預因名爲墮淚碑荆州人爲祜諱名屋室皆以門爲稱改戶曹爲辭曹焉祜開府累年謙讓不辟士始有所命會卒不得除署故參佐劉儈趙寅劉彌孫勃等牋詣預曰昔以謬選忝備官屬各得與前征南大將軍祜參同庶事祜執德沖虛操尚清遠德高而體卑位優而行恭前膺顯命來撫南夏既有三司之儀復加大將軍之號雖居其位不行其制至今海內渴佇羣俊望風涉其門者貪夫反廉懦夫立志雖夷惠之操無以尚也自鎭此境政化被乎江漢潛謀遠計闢國開疆諸所規模皆有軌量志存公家以死勤事始辟四掾未至而隕夫舉賢報國台輔之遠任也搜揚側陋亦台輔之宿心也中道而廢亦台輔之私恨也履謙積稔晚節不遂此遠近所以爲之感痛者也昔召伯所憩愛流甘棠宣子所游封殖其樹夫思其人尚及其樹況生存所辟之士便當隨例放棄者乎乞蒙列上得依已至掾屬預表曰祜雖開府而不備僚屬引謙之至宜見顯明及扶疾辟士未到而沒家無胤嗣官無命士此方之望隱憂載懷夫篤終追遠人德歸厚漢祖不惜四千戶之封以慰趙子弟心請議之詔不許祜卒二歲而吳平羣臣上壽帝執爵流涕曰此羊太傅之功也因以剋定之功策告祜廟仍依蕭何故事封其夫人策曰皇帝使謁者杜宏告故侍中太傅鉅平成侯祜昔吳爲不恭負險稱號郊境不闢多歷年所祜受任南夏思靜其難外揚王化內經廟略著德推誠江漢歸心舉有成資謀有全策昊天不弔所志不卒朕用悼恨于厥心乃班命羣帥致天之討兵不踰時一征而滅疇昔之規若合符契夫賞不失勞國有彝典宜增啓土宇以崇前命而重違公高讓之素今封夫人夏侯氏萬歲鄉君食邑五千戶又賜帛萬匹穀萬斛祜年五歲時令乳母取所弄金鐶乳母曰汝先無此物祜即詣鄰人李氏東垣桑樹中探得之主人驚曰此吾亡兒所失物也云何持去乳母具言之李氏悲惋時人異之謂李氏子則祜之前身也又有善相墓者言祜祖墓所有帝王氣若鑿之則無後祜遂鑿之相者見曰猶出折臂三公而祜竟墮馬折臂位至公而無子帝以祜兄子暨爲嗣暨以父沒不得爲人後帝又令暨弟伊爲祜後又不奉詔帝怒並收免之太康二年以伊弟篇爲鉅平侯奉祜嗣篇歷官清慎有私牛於官舍產犢及遷而留之位至散騎常侍早卒孝武太元中封祜兄玄孫之子法興爲鉅平侯邑五千戶以桓玄黨誅國除尚書祠部郎荀伯子上表訟之曰臣聞咎繇亡嗣臧文以爲深嘆伯氏奪邑管仲所以稱仁功高可百世不泯濫賞無得崇朝故太傅鉅平侯羊祜明德通賢國之宗主勳參佐命功成平吳而後嗣闕然烝嘗莫寄漢以蕭何元功故絕世輒繼愚謂鉅平封宜同鄼國故太尉廣陵公準黨翼賊倫禍加淮南因逆爲利竊饗大邦值西朝政刑失裁中興因而不奪今王道維新豈可不大判臧否謂廣陵國宜在削除故太保衞瓘本爵菑陽縣公既被橫害乃進茅土始贈蘭陵又轉江夏中朝名臣多非理終瓘功德無殊而獨受偏賞謂宜罷其郡封復邑菑陽則與奪有倫善惡分矣竟寢不報祜前母孔融女生兄發官至都督淮北護軍初發與祜同母兄承俱得病祜母度不能兩存乃專心養發故得濟而承竟死發長子倫高陽相倫弟暨陽平太守暨弟伊初爲車騎賈充掾後歷平南將軍都督江北諸軍事鎭宛爲張昌所殺追贈鎭南將軍祜伯父祕官至京兆太守子祉魏郡太守祕孫亮字長玄有才能多計數與之交者必僞盡欵誠人皆謂得其心而殊非其實也初爲太傅楊駿參軍時京兆多盜竊駿欲更重其法盜百錢加大辟請官屬會議亮曰昔楚江乙母失布以爲盜由令尹公若無欲盜宜自止何重法爲駿憚而止累轉大鴻臚時惠帝在長安亮與關東連謀內不自安奔于并州爲劉元海所害亮弟陶爲徐州刺史

杜預

杜預字元凱京兆杜陵人也祖畿魏尚書僕射父恕幽州刺史預博學多通明於興廢之道常言德不可以企及立功立言可庶幾也初其父與宣帝不相能遂以幽死故預久不得調文帝嗣立預尚帝妹高陸公主起家拜尚書郎襲祖爵豐樂亭侯在職四年轉參相府軍事鍾會伐蜀以預爲鎭西長史及會反寮佐並遇害唯預以智獲免增邑千一百三十戶與車騎將軍賈充等定律令既成預爲之注解乃奏之曰法者蓋繩墨之斷例非窮理盡性之書也故文約而例直聽省而禁簡例直易見禁簡難犯易見則人知所避難犯則幾於刑厝厝刑之本在於簡直故必審名分審名分者必忍小理古之刑書銘之鍾鼎鑄之金石所以遠塞異端使無淫巧也今所注皆網羅法意格之以名分使用之者執名例以審趣舍伸繩墨之直去析薪之理也詔班于天下泰始中守河南尹預以京師王化之始自近及遠凡所施論務崇大體受詔爲黜陟之課其略曰臣聞上古之政因循自然虛己委誠而信順之道應神感心通而天下之理得逮至淳樸漸散彰美顯惡設官分職以頒爵祿弘宣六典以詳考察然猶倚明哲之輔建忠貞之司使名不得越功而獨美功不得後名而獨隱皆疇咨博詢敷納以言及至末世不能紀遠而求於密微疑諸心而信耳目疑耳目而信簡書簡書愈繁官方愈僞法令滋章巧飾彌多昔漢之刺史亦歲終奏事不制算課而清濁粗舉魏氏考課即京房之遺意其文可謂至密然由於累細以違其體故歷代不能通也豈若申唐堯之舊去密就簡則簡而易從也夫宜盡物理神而明之存乎其人去人而任法則以傷理今科舉優劣莫若委任達官各考所統在官一年以後每歲言優者一人爲上第劣者一人爲下第因計偕以名聞如此六載主者總集採案其六歲處優舉者超用之六歲處劣舉者奏免之其優多劣少者敘用之劣多優少者左遷之今考課之品所對不鈞誠有難易若以難取優以易而否主者固當準量輕重微加降殺不足復曲以法盡也己丑詔書以考課難成聽通薦例薦例之理即亦取於風聲六年頓薦黜陟無漸又非古者三考之意也今每歲一考則積優以成陟累劣以取黜以士君子之心相處未有官故六年六黜清能六進否劣者也監司將亦隨而彈之若令上下公相容過此爲清議大頹亦無取於黜陟也司隸校尉石鑒以宿憾奏預免職時虜寇隴右以預爲安西軍司給兵三百人騎百匹到長安更除秦州刺史領東羌校尉輕車將軍假節屬虜兵彊盛石鑒時爲安西將軍使預出兵擊之預以虜乘勝馬肥而官軍懸乏宜并力大運須春進討陳五不可四不須鑒大怒復奏預擅飾城門官舍稽乏軍興遣御史檻車徵詣廷尉以預尚主在八議以侯贖論其後隴右之事卒如預策是時朝廷皆以預明於籌略會匈奴帥劉猛舉兵反自并州西及河東平陽詔預以散侯定計省闥俄拜度支尚書預乃奏立籍田建安邊論處軍國之要又作人排新器興常平倉定穀價較鹽運制課調內以利國外以救邊者五十餘條皆納焉石鑒自軍還論功不實爲預所糾遂相讎恨言論諠譁並坐免官以侯兼本職數年復拜度支尚書元皇后梓宮將遷於峻陽陵舊制既葬帝及羣臣即吉尚書奏皇太子亦宜釋服預議皇太子宜復古典以諒闇終制從之預以時歷差舛不應晷度奏上二元乾度歷行於世預又以孟津渡險有覆沒之患請建河橋于富平津議者以爲殷周所都歷聖賢而不作者必不可立故也預曰造舟爲梁則河橋之謂也及橋成帝從百僚臨會舉觴屬預曰非君此橋不立也對曰非陛下之明臣亦不得施其微巧周廟欹器至漢東京猶在御坐漢末喪亂不復存形制遂絕預創意造成奏上之帝甚嘉歎焉咸寧四年秋大霖雨蝗蟲起預上疏多陳農要事在食貨志預在內七年損益萬機不可勝數朝野稱美號曰杜武庫言其無所不有也時帝密有滅吳之計而朝議多違唯預羊祜張華與帝意合祜病舉預自代因以本官假節行平東將軍領征南軍司及祜卒拜鎭南大將軍都督荆州諸軍事給追鋒車第二駙馬預既至鎭繕甲兵耀威武乃簡精銳襲吳西陵督張政大破之以功增封三百六十五戶政吳之名將也據要害之地恥以無備取敗不以所喪之實告于孫晧預欲間吳邊將乃表還其所獲之衆於晧晧果召政遣武昌監劉憲代之故大軍臨至使其將帥移易以成傾蕩之勢預處分既定乃啓請伐吳之期帝報待明年方欲大舉預表陳至計曰自閏月以來賊但敕嚴下無兵上以理勢推之賊之窮計力不兩完必先護上流勤保夏口以東以延視息無緣多兵西上空其國都而陛下過聽便用委棄大計縱敵患生此誠國之遠圖使舉

而有敗勿舉可也事爲之制務從完牢若或有成則開太平之基不成不過費損日月之間何惜而不一試之若當須後年天時人事不得如常臣恐其更難也陛下宿議分命臣等隨界分進其所禁持東西同符萬安之舉未有傾敗之慮臣心實了不敢以曖昧之見自取後累惟陛下察之預旬月之中又上表曰羊祜與朝臣多不同不先博畫而密與陛下共施此計故益令多異凡事當以利害相較今此舉十有八九利其一二止於無功耳其言破敗之形亦不可得直是計不出已功不在身各恥其前言故守之也自頃朝廷事無大小異意鋒起雖人心不同亦由恃恩不慮後難故輕相同異也昔漢宣帝議趙充國所上事效之後結責諸議者皆叩頭而謝以塞異端也自秋已來討賊之形頗露若今中止孫晧怖而生計或徙都武昌更完修江南諸城遠其居人城不可攻野無所掠積大船於夏口則明年之計或無所及時帝與中書令張華圍棊而預表適至華推枰斂手曰陛下聖明神武朝野清晏國富兵彊號令如一吳主荒淫驕虐誅殺賢能當今討之可不勞而定帝乃許之預以太康元年正月陳兵于江陵遣參軍樊顯尹林鄧圭襄陽太守周奇等率衆循江西上授以節度旬日之間累尅城邑皆如預策焉又遣牙門管定周旨伍巢等率奇兵八百泛舟夜渡以襲樂鄉多張旗幟起火巴山出於要害之地以奪賊心吳都督孫歆震恐與伍延書曰北來諸軍乃飛渡江也吳之男女降者萬餘口旨巢等伏兵樂鄉城外歆遣軍出距王濬大敗而還旨等發伏兵隨歆軍而入歆不覺直至帳下虜歆而還故軍中爲之謠曰以計代戰一當萬於是進逼江陵吳督將伍延僞請降而列兵登陴預攻尅之既平上流於是沅湘以南至于交廣吳之州郡皆望風歸命奉送印綬預仗節稱詔而綏撫之凡所斬及生獲吳都督監軍十四牙門郡守百二十餘人又因兵威徙將士屯戍之家以實江北南郡故地各樹之長吏荊土肅然吳人赴者如歸矣王濬先列上得孫歆頭預後生送歆洛中以爲大笑時衆軍會議或曰百年之寇未可盡尅今向暑水潦方降疾疫將起宜俟來冬更爲大舉預曰昔樂毅藉濟西一戰以并彊齊今兵威已振譬如破竹數節之後皆迎刃而解無復著手處也遂指授羣帥徑造秣陵所過城邑莫不束手議者乃以書謝之孫晧既平振旅凱入以功進爵當陽縣侯增邑并前九千六百戶封子耽爲亭侯千戶賜絹八千匹初攻江陵吳人知預病癭憚其智計以瓠繫狗頸示之每大樹似癭輒斫使白題曰杜預頸及城平盡捕殺之預既還鎮累陳家世吏職武非其功請退不許預以天下雖安忘戰必危勤於講武修立泮宮江漢懷德化被萬里攻破山夷錯置屯營分據要害之地以固維持之勢又修邵信臣遺跡激用滍淯諸水以浸原田萬餘頃分疆刊石使有定分公私同利衆庶賴之號曰杜父舊水道唯沔漢達江陵千數百里北無通路又巴丘湖沅湘之會表裏山川實爲險固荊蠻之所恃也預乃開楊口起夏水達巴陵千餘里內瀉長江之險外通零桂之漕南土歌之曰後世無叛由杜翁孰識智名與勇功預公家之事知無不爲凡所興造必考度始終鮮有敗事或譏其意碎者預曰禹稷之功期於濟世所庶幾也預好爲後世名常言高岸爲谷深谷爲陵刻石爲二碑紀其勳績一沉萬山之下一立峴山之上曰焉知此後不爲陵谷乎預身不跨馬射不穿札而每任大事輒居將率之列結交接物恭而有禮問無所隱誨人不倦敏於事而慎於言既立功之後從容無事乃耽思經籍爲春秋左氏經傳集解又參考衆家譜第謂之釋例又作盟會圖春秋長歷備成一家之學比老乃成又撰女記讚當時論者謂預文義質直世人未之重唯祕書監摯虞賞之曰左丘明本爲春秋作傳而左傳遂自孤行釋例本爲傳設而所發明何但左傳故亦孤行時王濟解相馬又甚愛之而和嶠頗聚斂預常稱濟有馬癖嶠有錢癖武帝聞之謂預曰卿有何癖對曰臣有左傳癖預在鎮數餉遺洛中貴要或問其故預曰吾但恐爲害不求益也預初在荊州因宴集醉臥齋中外人聞嘔吐聲竊窺於戶止見一大蛇垂頭而吐聞者異之其後徵爲司隸校尉加位特進行次鄧縣而卒時年六十三帝甚嘆悼追贈征南大將軍開府儀同三司謚曰成預先爲遺令曰古不合葬明於終始之理同於無有也中古聖人改而合之蓋以別合無在更緣生以示教也自此以來大人君子或合或否未能知生安能知死故各以已意所欲也吾往爲臺郎嘗以公事使過密縣之邢山山上有冢問耕父云是鄭大夫祭仲或云子產之冢也遂率從者祭而觀焉其造冢居山之頂四望周達連山體南北之正而邪東北向新鄭城意不忘本也其隧道唯塞其後而空其前不填之示藏無珍寶不取於重深也山多美石不用必集洧水自然之石以爲冢藏貴不勞工巧而此石不入世用也君子尚其有情小人無利可動歷千載無毀儉之致也吾去春入朝因郭氏喪亡緣陪陵舊義自表營洛陽城東首陽之南爲將來兆域而所得地中有小山上無舊冢其高顯雖未足比邢山然東奉二陵西瞻宮闕南觀伊洛北望夷叔曠然遠覽情之所安也故遂表樹開道爲一定之制至時皆用洛水圓石開隧道南向儀制取法於鄭大夫欲以儉自完耳棺器小斂之事皆當稱此子孫一以遵之子錫嗣錫字世嘏少有盛名起家長沙王乂文學累遷太子中舍人性亮直忠烈屢諫愍懷太子言辭懇切太子患之後置針著錫常所坐處氊中刺之流血他日太子問錫向著何事錫對醉不知太子詰之曰君喜責人何自作過也後轉衛將軍長史趙王倫篡位以爲治書御史孫秀求交於錫而錫拒之秀雖銜之憚其名高不敢害也惠帝反政遷吏部郎城陽太守不拜仍遷尚書左丞年四十八卒贈散騎常侍子乂嗣在外戚傳

史臣曰泰始之際人祇呈貺羊公起平吳之策其見天地之心焉昔齊有黔夫燕人祭北門之鬼趙有李牧秦王罷東并之勢桑枝不競瓜潤空慙垂大信於南服傾吳人於漢渚江衢如砥襁袂同歸而在乎成功弗居幅巾窮巷落落焉其有風飆者也杜預不有生知用之則習振長策而攻取兼儒風而轉戰孔門稱四則仰止其三春秋有五而獨擅其一不其優歟夫三年之喪云無貴賤輕纖奪於在位可以興嗟既葬釋於儲君何其斯酷徇以苟合不求其正以當代之元良爲諸侯之庶子檀弓習於變禮者也杜預其有焉

贊曰漢地西險吳江左廻羊公恩信百萬歸來昔之誓旅懷經罕素元凱文場稱爲武庫

晉書卷三十四考證

羊祜傳時王佑賈充裴秀皆前朝名望○臣人龍按本書當時知名士不數及王佑或王沉之訛耳

此夷叔所以稱賢季子所以全節也○臣宗楷按風俗通云清擬夷叔陶潛詩夷叔在西山皆謂伯夷叔齊也並稱兩人而一氏一名日知錄所謂文中之變體

晉書卷三十五

唐　太　宗　文　皇　帝　御　撰

列傳第五

陳騫　子輿

陳騫臨淮東陽人也父矯魏司徒矯本廣陵劉氏爲外祖陳氏所養因而改焉騫沉厚有智謀初矯爲尚書令侍中劉曄見幸於魏明帝譖矯專權矯憂懼以問騫騫曰主上明聖大人大臣今若不合意不過不作公耳後帝意果釋騫尚少爲夏侯玄所侮意色自若玄以此異之起家尚書郎遷中山安平太守並著稱績徵爲相國司馬長史御史中丞遷尚書封安國亭侯蜀賊寇隴右以尚書持節行征蜀將軍破賊而還會諸葛誕之亂復以尚書行安東將軍壽春平拜使持節都督淮北諸軍事安東將軍進爵廣陵侯轉都督豫州諸軍事豫州刺史持節將軍如故又轉都督江南諸軍事徙都督荊州諸軍事征南大將軍封郯侯武帝受禪以佐命之勳進車騎將軍封高平郡公遷侍中大將軍出爲都督揚州諸軍事餘如故假黃鉞攻拔吳枳里城破涂中屯戍賜騫兄子惲爵關中侯咸寧初遷太尉轉大司馬騫因入朝言於帝曰胡烈牽弘皆勇而無謀彊於自用非綏邊之材將爲國之恥願陛下詳之時弘爲揚州刺史不承順騫命帝以爲不協相構於是徵弘既至尋復以爲涼州刺史騫竊歎息以爲必敗二人後果失羌戎之和皆被寇喪沒征討連歲僅而得定帝乃悔之騫少有度量含垢匿瑕所在有績與賈充石苞裴秀等俱爲心膂而騫智度過之充等亦自以爲不及也累處方任爲士庶所懷既位極人臣年踰致仕思欲退身咸寧三年求入朝因乞骸骨賜衮冕之服詔曰騫元勳舊德統乂東夏方弘遠績以一吳會而所苦未除每表懇切重勞以方事今聽留京城以前太尉府爲大司馬府增置祭酒二人帳下司馬官騎大車鼓吹皆如前親兵百人廚田十頃廚園五十畝廚士十人器物經用皆留給焉又給乘輿輦出入殿中加鼓吹如漢蕭何故事騫累稱疾辭位詔曰騫履德論道朕所諮詢方賴謀猷以弘庶績宜時視事可遣散騎常侍諭意騫輒歸第詔又遣侍中敦諭還府遂固請許之位同保傅在三司之上賜以几杖不朝安車駟馬以高平公還第帝以其勳舊耆老禮之甚重又以騫有疾聽乘輿上殿騫素無謇諤之風然與帝語傲及見皇太子加敬時人以爲諂弟稚與其子輿忿爭遂說騫子女穢行騫表徙弟以此獲譏於世元康二

年薨年八十一加以衮斂贈太傅謚曰武及葬帝於大司馬門臨喪望柩流涕禮依大司馬石苞故事子輿嗣爵輿字顯初拜散騎侍郎洛陽令遷黃門侍郎歷將校左軍將軍大司農侍中坐與叔父不睦出爲河內太守輿雖無撿正而有力致尋卒子植字弘先嗣官至散騎常侍卒子粹嗣永嘉中遇害孝武帝以騫玄孫襲爵卒弟子浩之嗣宋受禪國除

裴秀 子頠 從弟楷 楷子憲

裴秀字季彥河東聞喜人也祖茂漢尚書令父潛魏尚書令秀少好學有風操八歲能屬文叔父徽有盛名賓客甚衆秀年十歲有詣徽者出則過秀然秀母賤嫡母宣氏不之禮嘗使進饌於客見者皆爲之起秀母曰微賤如此當應爲小兒故也宣氏知之後遂止時人爲之語曰後進領袖有裴秀渡遼將軍毋丘儉嘗薦秀於大將軍曹爽曰生而岐嶷長蹈自然玄靜守眞性入道奧博學彊記無文不該孝友著於鄉黨高聲聞於遠近誠宜弼佐謨明助和鼎味毗贊大府光昭盛化非徒子奇甘羅之儔兼包游夏顏冉之美爽乃辟爲掾襲父爵清陽亭侯遷黃門侍郎爽誅以故吏免頃之爲廷尉正歷文帝安東及衞將軍司馬軍國之政多見信納遷散騎常侍帝之討諸葛誕也秀與尚書僕射陳泰黃門侍郎鍾會以行臺從豫參謀略及誕平轉尚書進封魯陽鄉侯增邑千戶常道鄉公立以豫議定策進爵縣侯增邑七百戶遷尚書僕射魏咸熙初釐革憲司時荀顗定禮儀賈充正法律而秀改官制焉秀議五等之爵自騎督已上六百餘人皆封於是秀封濟川侯地方六十里邑千四百戶以高苑縣濟川墟爲侯國初文帝未定嗣而屬意舞陽侯攸武帝懼不得立問秀曰人有相否因以奇表示之秀後言於文帝曰中撫軍人望既茂天表如此固非人臣之相也由是世子乃定武帝既即王位拜尚書令右光祿大夫與御史大夫王沈衞將軍賈充俱開府加給事中及帝受禪加左光祿大夫封鉅鹿郡公邑三千戶時安遠護軍郝詡與故人書云與尚書令裴秀相知望其爲益有司奏免秀官詔曰不能使人之不加諸我此古人所難交關人事詡之罪耳豈尚書令能防乎其勿有所問司隸校尉李憙復上言騎都尉劉尚爲尚書令裴秀占官稻田求禁止秀詔又以秀幹翼朝政有勳績於王室不可以小疵掩大德使推正尚罪而解秀禁止焉久之詔曰夫三司之任以翼宣皇極弼成王事者也故經國論道賴之明喆苟非其人官不虛備尚書令左光祿大夫裴秀雅量弘博思心通遠先帝登庸贊事前朝朕受明命光佐大業勳德茂著配蹤元凱宜正位居體以康庶績其以秀爲司空秀儒學洽聞且留心政事當禪代之際總納言之要其所裁當禮無違者又以職在地官以禹貢山川地名從來久遠多有變易後世說者或彊牽引漸以暗昧於是甄擿舊文疑者則闕古有名而今無者皆隨事注列作禹貢地域圖十八篇奏之藏於祕府其序曰圖書之設由來尚矣自古立象垂制而賴其用三代置其官國史掌厥職暨漢屠咸陽丞相蕭何盡收秦之圖籍今祕書既無古之地圖又無蕭何所得惟有漢氏輿地及括地諸雜圖各不設分率又不考正準望亦不備載名山大川雖有麤形皆不精審不可依據或荒外迂誕之言不合事實於義無取大晉龍興混一六合以清宇宙始於庸蜀罙入其阻文皇帝乃命有司撰訪吳蜀地圖蜀土既定六軍所經地域遠近山川險易征路迂直校驗圖記罔或有差今上考禹貢山海川流原隰陂澤古之九州及今之十六州郡國縣邑疆界鄉陬及古國盟會舊名水陸徑路爲地圖十八篇制圖之體有六焉一曰分率所以辨廣輪之度也二曰準望所以正彼此之體也三曰道里所以定所由之數也四曰高下五曰方邪六曰迂直此三者各因地而制宜所以校夷險之異也有圖象而無分率則無以審遠近之差有分率而無準望雖得之於一隅必失之於他方有準望而無道里則施於山海絕隔之地不能以相通有道里而無高下方邪迂直之校則徑路之數必與遠近之實相違失準望之正矣故以此六者參而攷之然遠近之實定於分率彼此之實定於道里度數之實定於高下方邪迂直之筭故雖有峻山鉅海之隔絕域殊方之迥登降詭曲之因皆可得舉而定者準望之法既正則曲直遠近無所隱其形也秀創制朝儀廣陳刑政朝廷多遵用之以爲故事在位四載爲當世名公服寒食散當飲熱酒而飲冷酒泰始七年薨時年四十八詔曰司空經德履哲體蹈儒雅佐命翼世勳業弘茂方將宣猷敷制爲世宗範不幸薨殂朕甚痛之其賜祕器朝服一具衣一襲錢三十萬布百匹謚曰元初秀以尚書三十六曹統事準例不明宜使諸卿任職未及奏而薨其友人料其書記得表草言平吳之事其詞曰孫晧酷虐不及聖明御世兼弱攻昧使遺子孫將遂不能臣時有否泰非萬安之勢也臣昔雖已屢言未有成旨今既疾篤不起謹重戶啓願陛下時共施用乃封以上聞詔報曰司空薨痛悼不能去心又得表草雖在危困不忘王室盡忠憂國省益傷切輒當與諸賢共論也咸寧初與石苞等並爲王公配享廟廷有二子濬頠濬嗣位至散騎常侍早卒濬庶子憬不慧別封高陽亭侯以濬少弟頠嗣頠字逸民弘雅有遠識博學稽古自少知名御史中丞周弼見而歎曰頠若武庫五兵縱橫一時之傑也賈充即頠從母夫也表秀有佐命之勳不幸嫡長喪亡遺孤稚弱頠才德英茂足以興隆國嗣詔頠襲爵頠固讓不許太康二年徵爲太子中庶子遷散騎常侍惠帝即位轉國子祭酒兼右軍將軍初頠兄子憬爲白衣頠論述世勳賜爵高陽亭侯楊駿將誅也駿黨左軍將軍劉豫陳兵在門遇頠問太傅所在頠紿之曰向於西掖門遇公乘素車從二人西出矣豫曰吾何之頠曰宜至廷尉豫從頠言遂委而去尋而詔頠代豫領左軍將軍屯萬春門及駿誅以功當封武昌侯頠請以封憬帝竟封頠次子該頠苦陳憬本承嫡宜襲鉅鹿先帝恩旨辭不獲命武昌之封已之所蒙特請以封憬該時尚主故帝不聽累遷侍中時天下暫寧頠奏修國學刻石寫經皇太子既講釋奠祀孔子飲饗射侯甚有儀序又令荀藩終父勗之志鑄鍾鑿磬以備郊廟朝享禮樂頠通博多聞兼明醫術荀勗之修律度也檢得古尺短世所用四分有餘頠上言宜改諸度量若未能悉革可先改太醫權衡此若差違遂失神農岐伯之正藥物輕重分兩乖互所可傷夭爲害尤深古壽考而今短折者未必不由此也卒不能用樂廣嘗與頠清言欲以理服之而頠辭論豐博廣笑而不言時人謂頠爲言談之林藪頠以賈后不悅太子抗表請增崇太子所生謝淑妃位號仍啓增置後衞率吏給三千兵於是東宮宿衞萬人遷尚書侍中如故加光祿大夫每受一職未嘗不殷勤固讓表疏十餘上博引古今成敗以爲言覽之者莫不寒心頠深慮賈后亂政與司空張華侍中賈模議廢之而立謝淑妃華模皆曰帝自無廢黜之意若吾等專行之上心不以爲是且諸王方剛朋黨異議恐禍如發機身死國危無益社稷頠曰誠如公慮但昏虐之人無所忌憚亂可立待將如之何華曰卿二人猶且見信然勤爲左右陳禍福之戒冀無大悖幸天下尚安庶可優游卒歲此謀遂寢頠旦夕勸說從母廣城君令戒諭賈后親待太子而已或說頠曰幸與中宮內外可得盡言言若不行則辭病而退若二者不立雖有十表難乎免矣頠慨然久之而竟不能行遷尚書左僕射侍中如故頠雖后之親屬然雅望素隆四海不謂之以親戚進也惟恐其不居位俄復使頠專任門下事固讓不聽頠上言賈模適亡復以臣代崇外戚之望彰偏私之舉后族何常有能自保皆知重親無脫者也然漢二十四帝惟孝文光武明帝不重外戚皆保其宗豈將獨賢實以安理故也昔穆叔不拜越禮之饗臣亦不敢聞殊常之詔又表云咎繇謨虞伊尹相商呂望翊周蕭張佐漢咸播功化光格四極暨于繼體咎單傳說祖已樊仲亦隆中興或明揚側陋或起自庶族豈非尚德之舉以臻斯美哉歷觀近世不能慕遠溺於近情多任后親以致不靜昔疎廣戒太子以舅氏爲官屬前世以爲知禮況朝廷何取於外戚正復才均尚當先其疎者以明至公漢世不用馮野王即其事也表上皆優詔敦譬時以陳準子匡韓蔚子嵩並侍東宮頠諫曰東宮之建以儲皇極其所與游接必簡英俊宜用成德匡嵩幼弱未識人理立身之節東宮實體風成之表而今有童子侍從之聲未是光闡遐風之弘理也愍懷太子之廢也頠與張華苦爭不從語在華傳頠深患時俗放蕩不尊儒術何晏阮籍素有高名於世口談浮虛不遵禮法尸祿耽寵仕不事事至王衍之徒聲譽太盛位高勢重不以物務自嬰遂相放效風教陵遲乃著崇有之論以釋其蔽曰夫總混羣本宗極之道也方以族異庶類之品也形象著分有生之體也化感錯綜理迹之原也夫品而爲族則所稟者偏偏無自足故憑乎外資是以生而可尋所謂理也理之所體所謂有也有之所須所謂資也資有攸合所謂宜也擇乎厥宜所謂情也識智既授雖出處異業默語殊塗所以寶生存宜其情一也衆理並而無害故貴賤形焉失得由乎所接故吉凶兆焉是以賢人君子知欲不可絕而交物有會觀乎往復稽中定務惟夫用天之道分地之利躬其力任勞而後饗居以仁順守以恭儉率以忠信行以敬讓志無盈求事無過用乃可濟乎故大建厥極綏理羣生訓物垂範於是乎在斯則聖人爲政之由也若乃淫抗陵肆則危害萌矣故欲衍則速患情佚則怨博擅恣則興攻專利則延寇可謂以厚生而失生者也悠悠之徒駭乎若茲之釁而尋艱爭所緣察夫偏質有弊而覩簡損之善遂闡貴無之議而建賤有之論賤有則必外形外形則必遺制遺制則必忽防忽防則必忘禮禮制弗存則無以爲政矣衆之從上猶水之居器也故兆庶之情信於所習習則心服其業業服則謂之理然是以君人必慎所教班其

政刑一切之務分宅百姓各授四職能令稟命之者不肅而安忽然忘異莫有遷志況於據在三之尊懷所隆之情敦以爲訓者哉斯乃昏明所階不可不審夫盈欲可損而未可絕有也過用可節而未可謂無貴也蓋有講言之具者深列有形之故盛稱空無之美形器之故有徵空無之義難檢辯巧之文可悅似象之言足惑衆聽眩焉溺其成說雖頗有異此心者辭不獲濟屈於所狎因謂虛無之理誠不可蓋唱而有和多往弗反遂薄綜世之務賤功烈之用高浮游之業卑經實之賢人情所殉篤夫名利於是文者衍其辭訥者讚其旨染其衆也是以立言藉其虛無謂之玄妙處官不親所司謂之雅遠奉身散其廉操謂之曠達故砥礪之風彌以陵遲放者因斯或悖吉凶之禮而忽容止之表瀆棄長幼之序混漫貴賤之級其甚者至於裸裎言笑忘宜以不惜爲弘士行又虧矣老子既著五千之文表摭穢雜之弊甄舉靜一之義有以令人釋然自夷合於易之損謙艮節之旨而靜一守本無虛無之謂也損艮之屬蓋君子之一道非易之所以爲體守本無也觀老子之書雖博有所經而云有生於無以虛爲主偏立一家之辭豈有以而然哉人之既生以保生爲全全之所階以順感爲務若味近以虧業則沉溺之釁興懷末以忘本則天理之眞滅故動之所交存亡之會也夫有非有於無非無於無非無於有非有是以申縱播之累而著貴無之文將以絕所非之盈謬存大善之中節收流遁於旣過反澄正于胷懷宜其以無爲辭而旨在全有故其辭曰以爲文不足若斯則是所寄之塗一方之言也若謂至理信以無爲宗則偏而害當矣先賢達識以非所滯示之深論惟班固著難未足折其情孫卿楊雄大體抑之猶偏有所許而虛無之言日以廣衍衆家扇起各列其說上及造化下被萬事莫不貴無所存僉同情以衆固乃號凡有之理皆義之卑者薄而鄙焉辯論人倫及經明之業遂易門肆頠用矍然身其所懷而攻者盈集或以爲一時口言有客幸過咸見命著文擿列虛無不允之徵若未能每事釋正則無家之義弗可奪也頠退而思之雖君子宅情無求於顯及其立言在乎達旨而已然去聖久遠異同紛糾苟少有彷彿可以崇濟先典扶明大業有益於時則惟患言之不能焉得靜默及未舉一隅略示所存而已哉夫至無者無以能生故始生者自生也自生而必體有則有遺而生虧矣生以有爲已分則虛無是有之所謂遺者也故養既化之有非無用之所能全也理既有之衆非無爲之所能循也心非事也而制事必由於心然不可以制事以非事謂心爲無也匠非器也而制器必須於匠然不可以制器以非器謂匠非有也是以欲收重泉之鱗非偃息之所能獲也隕高墉之禽非靜拱之所能捷也審投弦餌之用非無知之所能覽也由此而觀濟有者皆有也虛無奚益於已有之羣生哉王衍之徒攻難交至並莫能屈又著辯才論古今精義皆辨釋焉未成而遇禍初趙王倫諂事賈后頠甚惡之倫數求官頠與張華復固執不許由是深爲倫所怨倫又潛懷篡逆欲先除朝望因廢賈后之際遂誅之時年三十四二子嵩該倫亦欲害之梁王肜東海王越稱頠父秀有勳王室配食太廟不宜滅其後嗣故得不死徙帶方惠帝反正追復頠本官改葬以卿禮諡曰成以嵩嗣爵爲中書黃門侍郎該出後從伯凱爲散騎常侍並爲乞活賊陳午所害

楷字叔則父徽魏冀州刺史楷明悟有識量弱冠知名尤精老易少與王戎齊名鍾會薦之於文帝辟相國掾遷尚書郎賈充改定律令以楷爲定科郎事畢詔楷於御前執讀平議當否楷善宣吐左右屬目聽者忘倦武帝爲撫軍妙選僚采以楷爲參軍事吏部郎闕文帝問其人於鍾會會曰裴楷清通王戎簡要皆其選也於是以楷爲吏部郎楷風神高邁容儀俊爽博涉羣書特精理義時人謂之玉人又稱見裴叔則如近玉山照映人也轉中書郎出入宮省見者肅然改容武帝初登阼探策以卜世數多少而得一帝不悅羣臣失色莫有言者楷正容儀和其聲氣從容進曰臣聞天得一以清地得一以寧王侯得一以爲天下貞武帝大悅羣臣皆稱萬歲俄拜散騎侍郎累遷散騎常侍河內太守入爲屯騎校尉右軍將軍轉侍中石崇以功臣子有才氣與楷志趣各異不與之交長水校尉孫季舒嘗與崇酣燕慢傲過度崇欲表免之楷聞之謂崇曰足下飲人狂藥責人正禮不亦乖乎崇乃止楷性寬厚與物無忤不持儉素每遊榮貴輒取其珍玩雖車馬器服宿昔之間便以施諸窮乏嘗營別宅其從兄衍見而悅之即以宅與衍梁趙二王國之近屬貴重當時楷歲請二國租錢百萬以散親族人或譏之楷曰損有餘以補不足天之道也安於毀譽其行已任率皆此類也與山濤和嶠並以盛德居位帝嘗問曰朕應天順時海內更始天下風聲何得何失楷對曰陛下受命四海承風所以未比德於堯舜者但以賈充之徒尚在朝耳方宜引天下賢人與弘政道不宜示人以私時任愷庾純亦以充爲言帝乃出充爲關中都督充納女於太子乃止平吳之後帝乃修太平之化每延公卿與論政道楷陳三五之風次序漢魏盛衰之迹帝稱善坐者歎服焉楷子瓚娶楊駿女然楷素輕駿與之不平駿既執政乃轉爲衞尉遷太子少師優游無事默如也及駿誅楷以婚親收付廷尉將加法是日事起倉卒誅戮縱橫衆人爲之震恐楷容色不變舉動自若索紙筆與親故書賴侍中傅祗救護得免猶坐去官太保衞瓘太宰亮稱楷貞正不阿附宜蒙爵土乃封臨海侯食邑二千戶代楚王瑋爲北軍中候加散騎常侍瑋怨瓘亮斥已任楷楷聞之不敢拜轉爲尚書楷長子輿先娶亮女女適衞瓘子楷慮內難未已求出外鎭除安南將軍假節都督荊州諸軍事垂當發而瑋果矯詔誅亮瓘瑋以前奪已中候又與亮瓘婚親密遣討楷楷素知瑋有望於已聞有變單車入城匿于妻父王渾家與亮小子一夜八徙故得免難瑋既伏誅以楷爲中書令加侍中與張華王戎並管機要楷有渴利疾不樂處勢王渾爲楷請曰楷受先帝拔擢之恩復蒙陛下寵遇誠竭節之秋也然楷性不競於物昔爲常侍求出爲河內太守後爲侍中復求出爲河南尹與楊駿不平求爲衞尉及轉東宮班在時類之下安於淡退有識有以見其心也楷今委頓臣深憂之光祿勳缺以爲可用令張華在中書王戎在尚書足舉其契無爲復令楷入名臣不多當見將養勿違其志要其遠濟之益不聽就加光祿大夫開府儀同三司及疾篤詔遣黃門郎王衍省疾楷回眸矚之曰竟未相識衍深嘆其神儁楷有知人之鑒初在河南樂廣僑居郡界未知名楷見而奇之致之於宰府嘗目夏侯玄云肅肅如入宗廟中但見禮樂器鍾會如觀武庫森森但見矛戟在前傅嘏汪翔靡所不見山濤若登山臨下幽然深遠初楷家炊黍在甑或變爲拳或作血或作蕪菁子其年而卒時年五十五諡曰元有子五輿瓚憲禮遜輿字祖明少襲父爵官至散騎侍郎卒諡曰簡瓚字國寶中書郎風神高邁見者皆敬之特爲王綏所重每從其遊綏父戎謂之曰國寶初不來汝數往何也對曰國寶雖不知綏綏自知國寶楊駿之誅爲亂兵所害憲字景思少而穎悟好交輕俠及弱冠更折節嚴重修尚儒學足不踰閾者數年陳郡謝鯤潁川庾敳皆儁朗士也見而奇之相謂曰裴憲鯁亮宏達通機識命不知其何如父至於深弘保素不以世物嬰心者其殆過之初侍講東宮歷黃門吏部郎侍中東海王越以爲豫州刺史北中郎將假節王浚承制以憲爲尚書永嘉末王浚爲石勒所破棗嵩等莫不謝罪軍門貢賂交錯惟憲及荀綽恬然私室勒素聞其名召而謂之曰王浚虐暴幽州人鬼同疾孤恭行乾憲拯茲黎元羇舊咸歡慶謝交路二君齊惡傲威誠信岨絕防風之戮將誰歸乎憲神色侃然泣而對曰臣等世荷晉榮恩遇隆重王浚凶麤醜正尚晉之遺藩雖欣聖化義岨誠心且武王伐紂表商容之閭未聞商容在倒戈之例也明公既不欲以道化厲物必於刑忍爲治者防風之戮臣之分也請就辟有司不拜而出勒深嘉之待以賓禮勒乃簿王浚官寮親屬皆貲至巨萬惟憲與荀綽家有書百餘袠鹽米各十數斛而已勒聞之謂其長史張賓曰名不虛也吾不喜得幽州喜獲二子署從事中郎出爲長樂太守及勒僭號未遑制度與王波爲之撰朝儀於是憲章文物擬於王者勒大悅署太中大夫遷司徒及季龍之世彌加禮重憲有二子挹毅並以文才知名毅仕季龍爲太子中庶子散騎常侍挹毅俱豪俠就酒好臧否人物與河間邢魚有隙魚竊乘毅馬奔段遼爲人所獲魚誣毅使已以季龍當襲鮮卑告之爲備時季龍適謀伐遼而與魚辭正會季龍悉誅挹毅憲亦坐免未幾復以爲右光祿大夫司徒太傅封安定郡公憲歷官無幹績之稱然在朝玄默未嘗以物務經懷但以德重名高動見尊禮竟卒於石氏以族人峙子邈爲嗣楷長兄黎次兄康並知名康子盾少歷顯位永嘉中爲徐州刺史委任長史司馬奧奧勸盾刑殺立威大發良人爲兵有不奉法者罪便至死在任三年百姓嗟怨東海王越盾妹夫也越既薨騎督滿衡便引所發良人東還尋而劉元海遣將王桑趙固向彭城前鋒數騎至下邳文武不堪苛政悉皆散走盾與奔淮陰妻子爲賊人所得奧又誘盾降趙固固妻盾女有寵盾向女涕泣固遂殺之盾弟邵字道期元帝爲安東將軍以邵爲長史王導爲司馬二人相與爲深交徵爲太子中庶子復轉散騎常侍使持節都督揚州江西淮北諸軍事東中郎將隨越出項而卒於軍中及王導爲司空既拜嘆曰裴道期劉王喬在吾不得獨登此位導子仲豫與康同字導思舊好乃改爲敬豫焉楷弟綽字季舒器宇宏曠官至黃門侍郎長水校尉綽子遐善言玄理音辭清暢泠然若琴瑟嘗與河南郭象談論一坐嗟服又嘗在平東將軍周馥坐與人圍棊馥司馬行酒遐未即飲司馬醉怒因曳遐墮地遐徐起還坐顏色不變復棊如

故其性虛和如此東海王越引爲主簿後爲越子毗所害初裴王二族盛於魏晉之世時人以爲八裴方八王徽比王祥楷比王衍康比王綏綽比王澄瓚比王敦遐比王導頠比王戎邈比王玄云

史臣曰周稱多士漢曰得人取類星象顯頊符契時乏名流多以幹翮相許自家光國豈陳騫之謂歟秀則聲蓋朋僚稱爲領袖楷則機神幼發自以清通俱爲晉代名臣良有以也

贊曰世既須才才應世至高平沉敏蘊兹名器鉅鹿自然亦云經笥竭皇鍊石晉圖開祕頠有清規承家來媚

晉書卷三十五考證

裴秀傳檢得古尺短世所用四分有餘○日知錄明末富平民掊地得王莽貨布一罌凡古尺所謂長二寸五分者今之一寸六分有奇廣一寸者今之六分有半八分者今之五分與此可以相証

晉書卷三十六

唐太宗文皇帝御撰

列傳第六

衞瓘 子恆 孫璪

衞瓘字伯玉河東安邑人也高祖暠漢明帝時以儒學自代郡徵至河東安邑卒因賜所亡地而葬之子孫遂家焉父覬魏尚書瓘年十歲喪父至孝過人性貞靜有名理以明識清允稱襲父爵閿鄉侯弱冠爲魏尚書郎時魏法嚴苛母陳氏憂之瓘自請得徙爲通事郎轉中書郎時權臣專政瓘優游其間無所親疏甚爲傅嘏所重謂之甯武子在位十年以任職稱累遷散騎常侍陳留王卽位拜侍中持節慰勞河北以定議功增邑戶數歲轉廷尉卿瓘明法理每至聽訟小大以情鄧艾鍾會之伐蜀也瓘以本官持節監會艾軍事行鎭西軍司給兵千人蜀既平艾輒承制封拜會陰懷異志因艾專擅密與瓘俱奏其狀詔使檻車徵之會遣瓘先收艾會以瓘兵少欲令艾殺瓘因加艾罪瓘知欲危己然不可得而距乃夜至成都檄艾所統諸將稱詔收艾其餘一無所問若來赴官軍爵賞如先敢有不出誅及三族比至雞鳴悉來赴瓘唯艾帳內在焉平旦開門瓘乘使者車徑入至成都殿前艾臥未起父子俱被執艾諸將圖欲劫艾整仗趣瓘營瓘輕出迎之僞作表章將申明艾事諸將信之而止俄而會至乃悉請諸將胡烈等因執之四益州解舍遂發兵反於是士卒思歸內外騷動人情憂懼會留瓘謀議乃書板云欲殺胡烈等舉以示瓘瓘不許因相疑貳瓘如廁見胡烈故給使使宣語三軍言會反會逼瓘定議經宿不眠各橫刀膝上在外諸軍已潛欲攻會瓘既不出未敢先發會使瓘慰勞諸軍瓘心欲去且堅其意曰卿三軍主宜自行會曰卿監司且先行吾當後出瓘便下殿會悔遣之使呼瓘瓘辭眩疾動詐仆地比出閤數十信追之瓘至外解服鹽湯大吐瓘素羸便似困篤會遣所親人及醫視之皆言不起會由是無所憚及暮門閉瓘作檄宣告諸軍諸軍竝已唱義陵旦共攻會會率左右距戰諸將擊敗之唯帳下數百人隨會繞殿而走盡殺之瓘於是部分諸將羣情肅然鄧艾本營將士復追破檻車出艾還向成都瓘自以與會共陷艾懼爲變又欲專誅會之功乃遣護軍田續至綿竹夜襲艾於三造亭斬艾及其子忠初艾之入江由也以續不進將斬之既而赦焉及瓘遣續謂之曰可以報江由之辱矣事平朝議封瓘瓘以赴蜀之功羣帥之力二將跋扈自取滅亡雖運智謀而無搴旗之效固讓不受除使持節都督關中諸軍事鎭西將軍尋遷都督徐州諸軍事鎭東將軍增封菑陽侯以餘爵封弟實開陽亭侯泰始初轉征東將軍進爵爲公都督青州諸軍事青州刺史加征東大將軍青州牧所在皆有政績除征北大將軍都督幽州諸軍事幽州刺史護烏桓校尉至鎭表立平州後兼督之于時幽幷東有務桓西有力微竝爲邊害瓘離間二虜遂致嫌隙於是務桓降而力微以憂死朝廷嘉其功賜一子亭侯瓘乞以封弟未受命而卒子密受封爲亭侯瓘六男無爵悉讓二弟遠近稱之累求入朝既至武帝善遇之俄使旋鎭咸寧初徵拜尚書令加侍中性嚴整以法御下視尚書若參佐尚書郎若掾屬瓘學問深博明習文藝與尚書郎敦煌索靖俱善草書時人號爲一臺二妙漢末張芝亦善草書論者謂瓘得伯英筋靖得伯英肉太康初遷司空侍中令如故爲政清簡甚得朝野聲譽武帝勑瓘第四子宣尚繁昌公主瓘自以諸生之冑婚對微素抗表固辭不許又領太子少傅加千兵百騎鼓吹之府以日蝕瓘與太尉汝南王亮司徒魏舒俱遜位帝不聽瓘以魏立九品是權時之制非經通之道宜復古鄉舉里選與太尉亮等上疏曰昔聖王崇賢舉善而教用使朝廷德讓野無邪行誠以閭伍之政足以相檢詢事考言必得其善人知名不可虛求故還修其身是以崇賢而俗益穆黜惡而行彌篤斯則鄉舉里選者先王之令典也自兹以降此法陵遲魏氏承顚覆之運起喪亂之後人士流移考詳無地故立九品之制粗具一時選用之本耳其始造也鄉邑清議不拘爵位褒貶所加足爲勸勵猶有鄉論餘風中間漸染遂計資定品使天下觀望唯以居位爲貴人弃德而忽道業爭多少於錐刀之末傷損風俗其弊不細今九域同規大化方始臣等以爲宜皆蕩除末法一擬古制以土斷定自公卿以下皆以所居爲正無復懸客遠屬異土者如此則同鄉鄰伍皆爲邑里郡縣之宰卽以居長盡除中正九品之制使舉善進才各由鄉論然則下敬其上人安其教俗與政俱清化與法竝濟人知善否之教不在交遊卽華競自息各求於己矣今除九品則宜準古制使朝臣共相舉任於出才之路既博且可以厲進賢之公心覈在位之明闇誠令典也武帝善之而卒不能改惠帝之爲太子也朝臣咸謂純質不能親政事瓘每欲陳啓廢之而未敢發後會宴陵雲臺瓘託醉因跪帝牀前曰臣欲有所啓帝曰公所言何耶瓘欲言而止者三因以手撫牀曰此座可惜帝意乃悟因謬曰公眞大醉耶瓘於此不復有言賈后由是怨瓘宣尚公主數有酒色之過楊駿素與瓘不平駿復欲自專重權宣若離婚瓘必遜位於是遂與黃門等毀之諷帝奪宣公主瓘慚懼告老遜位乃下詔曰司空瓘年未致仕而遜讓歷年欲及神志未衰以果本情至眞之風實感吾心今聽其所執進位太保以公就第給親兵百人置長史司馬從事中郎掾屬及大車官騎麾蓋鼓吹諸威儀一如舊典給廚田十頃園五十畝錢百萬絹五百匹牀帳簟褥主者務令優備以稱吾崇賢之意焉有司又奏收宣付廷尉免瓘位詔不許帝後知黃門虛搆欲還復主而宣疾亡惠帝卽位復瓘千兵及楊駿誅以瓘錄尚書事加綠綟綬劍履上殿入朝不趨給騎司馬與汝南王亮共輔朝政亮奏遣諸王還藩與朝臣廷議無敢應者唯瓘贊其事楚王瑋由是憾焉賈后素怨瓘且忌其方直不得騁己淫虐又聞瓘與瑋有隙遂謗瓘與亮欲爲伊霍之事啓帝作手詔使瑋免瓘等官黃門齎詔授瑋瑋性輕險欲騁私怨夜使清河王遐收瓘左右疑遐矯詔咸諫曰禮律刑名台輔大臣未有此比且請距之須自表得報就戮未晚也瓘不從遂與子恆嶽裔及孫等九人同被害時年七十二恆二子璪玠時在醫家得免初杜預聞瓘殺鄧艾言於衆曰伯玉其不免乎身爲名士位居總帥既無德音又不御下以正是小人而乘君子之器當何以堪其責乎瓘聞之不俟駕而謝終如預言初瓘家人炊飯墮地盡化爲螺歲餘及禍太保主簿劉繇等冒難收瓘而葬之初瓘爲司空時帳下督榮晦有罪瓘斥遣之及難作隨兵討瓘故子孫皆及于禍楚王瑋之伏誅也瓘女與國臣書曰先公名謚未顯無異凡人每怪一國蔑然無言春秋之失其咎安在悲憤感慨故以示意於是繇等執黃旛撾登聞鼓上言曰初矯詔者至公承詔當免卽便奉送章綬雖有兵仗不施一刃重敕出第單車從命如矯詔之文唯免公官右軍以下卽承詐僞違其本文輒戮宰輔不復表上橫收公子孫輒皆行刑賊害大臣父子九人伏見詔書爲楚王所誑誤非本同謀者皆弛遣如書之旨謂里舍人被驅逼齎白杖者耳律受教殺人不得免死況乎手害功臣賊殺忠良雖云非謀理所不赦今元惡雖誅殺賊猶存臣懼有司未詳事實或有縱漏不加精盡使公父子讎賊不滅冤魂永恨訴於穹蒼酷痛之臣悲於明世臣等身被創痍殯斂始訖謹條瓘前在司空時帳下給使榮晦無情被黜知瓘家人數小孫名字晦後轉給右軍其夜晦在門外揚聲大呼宣詔免公還第及開門晦前到中門復讀所齎僞詔手取公章綬貂蟬催公出第晦按次錄瓘家口及其子孫皆兵仗將送著東亭道北圍守一時之間便皆斬斫害公子孫實由於晦及將人劫盜府庫皆晦所爲考晦一人衆姦皆出乞驗盡情僞加以族誅詔從之朝廷以瓘舉門無辜受禍乃追瓘伐蜀勳封蘭陵郡公增邑三千戶謚曰成贈假黃鉞

恆字巨山少辟司空齊王府轉太子舍人尚書郎祕書丞太子庶子黃門郎恆善草隸書爲四體書勢曰昔在黃帝創制造物有沮誦倉頡者始作書契以代結繩蓋覩鳥跡以興思也因而遂滋則謂之字有六義焉一曰指事上下是也二曰象形日月是也三曰形聲江河是也四曰會意武信是也五曰轉注老考是也六曰假借令長是也夫指事者在上爲上在下爲下象形者日滿月虧效其形也形聲者以類爲形配以聲也會意者止戈爲武人言爲信也轉注者以老壽考也假借者數言同字其聲雖異文意一也自黃帝至三代其文不改及秦用篆書焚燒先典而古文絕矣漢武時魯恭王壞孔子宅得尚書春秋論語孝經時人以不復知有古

文謂之科斗書漢世祕藏希得見之魏初傳古文者出於邯鄲淳恆祖敬侯寫淳尚書後以示淳而淳不別至正始中立三字石經轉失淳法因科斗之名遂效其形太康元年汲縣人盜發魏襄王冢得策書十餘萬言按敬侯所書猶有髣髴古書亦有數種其一卷論楚事者最爲工妙恆竊悅之故竭愚思以贊其美愧不足厠前賢之作冀以存古人之象焉古無別名謂之字勢云黃帝之史沮誦倉頡眺彼鳥跡始作書契紀綱萬事垂法立制帝典用宣質文著世爰暨暴秦滔天作戾大道旣泯古文亦滅魏文好古世傳丘墳歷代莫發眞僞靡分大晉開元弘道敷訓天垂其象地耀其文其文乃耀粲矣其章因聲會意類物有方日處君而盈其度月執臣而虧其旁雲委蛇而上布星離離以舒光禾卉苯䔿以垂穎山嶽峨嵯而連岡蟲跂跂以若動鳥似飛而未揚觀其錯筆綴墨用心精專勢和體均發止無間或守正循檢矩折規旋或方圓靡則因事制權其曲如弓其直如弦矯然特出若龍騰于川森爾下頹若雨墜于天或引筆奮力若鴻鴈高飛邈邈翩翩或縱肆阿那若流蘇懸羽靡靡緜緜是故遠而望之若翔風厲水清波漪漣就而察之有若自然信黃唐之遺跡爲六藝之範先籀篆蓋其子孫隸草乃其曾玄覩物象以致思非言辭之所宣昔周宣王時史籀始著大篆十五篇或與古同或與古異世謂之籀書者也及平王東遷諸侯力政家殊國異而文字乖形秦始皇帝初兼天下丞相李斯乃奏益之罷不合秦文者斯作倉頡篇中車府令趙高作爰歷篇太史令胡母敬作博學篇皆取史籀大篆或頗省改所謂小篆者或曰下土人程邈爲衙獄吏得罪始皇幽繫雲陽十年從獄中作大篆少者增益多者損減方者使員員者使方奏之始皇始皇善之出以爲御史使定書或曰邈所定乃隸字也自秦壞古文有八體一曰大篆二曰小篆三曰刻符四曰蟲書五曰摹印六曰署書七曰殳書八曰隸書王莽時使司空甄豐校文字部改定古文復有六書一曰古文孔氏壁中書也二曰奇字卽古文而異者也三曰篆書秦篆書也四曰佐書卽隸書也五曰繆篆所以摹印也六曰鳥書所以書幡信也又許愼撰說文用篆書爲正以爲體例最可得而論也秦時李斯號爲工篆諸山及銅人銘皆斯書也漢建初中扶風曹喜少異於斯而亦稱善邯鄲淳師焉略究其妙韋誕師淳而不及也太和中誕爲武都太守以能書留補侍中魏氏寶器銘題皆誕書也漢末又有蔡邕采斯喜之法爲古今雜形然精密閑理不如淳也邕作篆勢曰鳥遺跡皇頡循聖作則制斯文體有六篆爲眞形要妙巧入神或龜文鍼列櫛比龍鱗紓體放尾長短複身頹若黍稷之垂穎蘊若蟲蛇之棼緼揚波振擊鷹跱鳥震延頸脅翼勢似陵雲或輕筆內投微本濃末若絕若連似水露緣絲凝垂下端從者如懸衡者如編杳杪邪趣不方不員若行若飛跂跂翾翾遠而望之象鴻鵠羣游駱驛遷延迫而視之端際不可得見指撝不可勝原研桑不能數其詰屈離婁不能覩其郤間般倕揖讓而辭巧籀誦拱手而韜翰處篇籍之首目粲斌斌其可觀摛華豔於紈素爲學藝之範先喜文德之弘懿慍作者之莫刊思字體之頫仰舉大略而論旃秦旣用篆奏事繁多篆字難成卽令隸人佐書曰隸字漢因行之獨符印璽幡信題署用篆隸書者篆之捷也上谷王次仲始作楷法至靈帝好書時多能者而師宜官爲最大則一字徑丈小則方寸千言甚矜其能或時不持錢詣酒家飲因書其壁顧觀者以酬酒討錢足而滅之每書輒削而焚其柎梁鵠乃益爲版而飲之酒候其醉而竊其柎鵠卒以書至選部尚書宜官後爲袁術將今鉅鹿宋子有耿球碑是術所立其書甚工云是宜官也梁鵠奔劉表魏武帝破荊州募求鵠鵠之爲選部也魏武欲爲洛陽令而以爲北部尉故懼而自縛詣門署軍假司馬在祕書以勤書自效是以今者多有鵠手跡魏武帝懸著帳中及以釘壁玩之以爲勝宜官今宮殿題署多是鵠篆鵠宜爲大字邯鄲淳宜爲小字鵠謂淳得次仲法然鵠之用筆盡其勢矣鵠弟子毛弘教於祕書今八分皆弘法也漢末有左子邑小與淳鵠不同然亦有名魏初有鍾胡二家爲行書法俱學之於劉德升而鍾氏小異然亦各有巧今大行於世云作隸勢曰鳥跡之變乃惟佐隸蠲彼繁文崇此簡易厥用旣弘體象有度煥若星陳鬱若雲布其大徑尋細不容髮隨事從宜靡有常制或穹隆恢廓或櫛比鍼列或砥平繩直或蜿蜒膠戾或長邪角趣或規旋矩折修短相副異體同勢奮筆輕舉離而不絕纖波濃點錯落其間若鍾簴設張庭燎飛煙嶄巖嵯峨高下屬連似崇臺重宇增雲冠山遠而望之若飛龍在天近而察之心亂目眩奇姿譎詭不可勝原研桑所不能計宰賜所不能言何草篆之足算而斯文之未宣豈體大之難覩將祕奧之不傳聊俯仰而詳觀舉大較而論旃漢興而有草書不知作者姓名至章帝時齊相杜度號善作篇後有崔瑗崔寔亦皆稱工杜氏結字甚安而書體微瘦崔氏甚得筆勢而結字小疎弘農張伯英者因而轉精甚巧凡家之衣帛必書而後練之臨池學書池水盡黑下筆必爲楷則號忩忩不暇草書寸紙不見遺至今世尤寶其書韋仲將謂之草聖伯英弟文舒者次伯英又有姜孟穎梁孔達田彥和及韋仲將之徒皆伯英弟子有名於世然殊不及文舒也羅叔景趙元嗣者與伯英竝時見稱於西州而矜巧自與衆頗惑之故英自稱上比崔杜不足下方羅趙有餘河間張超亦有名然雖與崔氏同州不如伯英之得其法也崔瑗作草書勢曰書契之興始自頡皇寫彼鳥跡以定文章爰暨末葉典籍彌繁時之多僻政之多權官事荒蕪勦其墨翰惟作佐隸舊字是刪草書之法蓋又簡略應時諭指用於卒迫兼功幷用愛日省力純儉之變豈必古式觀其法象俯仰有儀方不中矩員不副規抑左揚右望之若崎竦企鳥跱志在飛移狡獸暴駭將奔未馳或黜點黯狀似連珠絕而不離畜怒怫鬱放逸生奇或凌邃惴慄若據高臨危旁點邪附似蜩螗揭枝絕筆收勢餘綖糾結若杜伯揵毒緣巇螣蛇赴穴頭沒尾垂是故遠而望之摧焉若沮岑崩崖就而察之一畫不可移機微要妙臨時從宜略舉大較髣髴若斯

及瓘爲楚王瑋所搆恆聞變以何劭嫂之父也從牆孔中詣之以問消息劭知而不告恆還經廚下收人正食因而遇害後贈長水校尉諡蘭陵貞世子二子璪玠璪字仲寶襲瓘爵後東海王越以蘭陵益其國改封江夏郡公邑八千五百戶懷帝卽位爲散騎侍郎永嘉五年沒於劉聰元帝以瓘玄孫崇嗣玠字叔寶年五歲風神秀異祖父瓘曰此兒有異於衆顧吾年老不見其長成耳總角乘羊車入市見者皆以爲玉人觀之者傾都驃騎將軍王濟玠之舅也儁爽有風姿每見玠輒歎曰珠玉在側覺我形穢又嘗語人曰與玠同遊冏若明珠之在側朗然照人及長好言玄理其後多病體羸母恆禁其語遇有勝日親友時請一言無不咨嗟以爲入微琅邪王澄有高名少所推服每聞玠言輒歎息絕倒故時人爲之語曰衞玠談道平子絕倒澄及王玄王濟竝有盛名皆出玠下世云王家三子不如衞家一兒玠妻父樂廣有海內重名議者以爲婦公冰清女壻玉潤辟命屢至皆不就久之爲太傅西閤祭酒拜太子洗馬璪爲散騎侍郎內侍懷帝玠以天下大亂欲移家南行母曰我不能舍仲寶去也玠啓諭深至爲門戶大計母涕泣從之臨別玠謂兄曰在三之義人之所重今可謂致身之日兄其勉之乃扶輿母轉至江夏玠妻先亡征南將軍山簡見之甚相欽重簡曰昔戴叔鸞嫁女唯賢是與不問貴賤況衞氏權貴門戶令望之人乎於是以女妻焉遂進豫章是時大將軍王敦鎭豫章長史謝鯤先雅重玠相見欣然言語彌日敦謂鯤曰昔王輔嗣吐金聲於中朝此子復玉振於江表微言之緒絕而復續不意永嘉之末復聞正始之音何平叔若在當復絕倒玠嘗以人有不及可以情恕非意相干可以理遣故終身不見喜慍之容以王敦豪爽不羣而好居物上恐非國之忠臣求向建鄴京師人士聞其姿容觀者如堵玠勞疾遂甚永嘉六年卒時年二十七時人謂玠被看殺葬於南昌謝鯤哭之慟人問曰子有何恤而致斯哀答曰棟梁折矣不覺哀耳咸和中改塋於江寧丞相王導教曰衞洗馬明當改葬此君風流名士海內所瞻可修薄祭以敦舊好後劉惔謝尚共論中朝人士或問杜乂可方衞洗馬不尚曰安得相比其間可容數人惔又云杜乂膚清叔寶神清其爲有識者所重若此于時中興名士唯王承及玠爲當時第一云恆族弟展字道舒歷尚書郎南陽太守永嘉中爲江州刺史累遷晉王大理詔有考子證父或鞭父母問子所在展以爲恐傷正教竝奏除之中興建爲廷尉上疏宜復肉刑語在刑法志卒贈光祿大夫

張華 子禕 韙 劉卞

張華字茂先范陽方城人也父平魏漁陽郡守華少孤貧自牧羊同郡盧欽見而器之鄉人劉放亦奇其才以女妻焉華學業優博辭藻溫麗朗贍多通圖緯方伎之書莫不詳覽少自修謹造次必以禮度勇於赴義篤於周急器識弘曠時人罕能測之初未知名著鷦鷯賦以自寄其詞曰何造化之多端播羣形於萬類惟鷦鷯之微禽亦攝生而受氣育翩翾之陋體無玄黃以自貴毛無施於器用肉不登乎俎味鷹鸇過猶戢翼尚何懼於罿罻翳薈蒙蘢是焉游集飛不飄颺翔不翕集其居易容其求易給巢林不過一枝每食不過數粒棲無所滯游無所盤匪陋荊棘匪榮茝蘭動翼而逸投足而安委命順理與物無患伊茲禽之無知而處身之似智不懷寶以賈害不飾表以招累靜守性而不矜動因循而簡易任自然以爲資無誘慕於世僞鵰鶡介其觜距鵠鷺軼於雲際鵾雞竄於幽險孔翠生乎遐裔彼晨鳧與歸鴈又矯翼而增逝咸美羽而豐肌故無罪而皆斃徒銜蘆以避繳終爲戮於此世蒼鷹鷙而受紲鸚鵡慧而入

籠屈猛志以服養塊幽縶於九重變音聲以順旨思摧翮而爲庸戀鍾岱之林野慕隴坻之高松雖蒙幸於今日未若疇昔之從容海鳥爰居避風而至條支巨爵踰嶺自致提挈萬里飄颻逼畏夫惟體大妨物而形瓌足偉也陰陽陶烝萬品一區巨細舛錯種繁類殊鷦螟巢於蚊睫大鵬彌乎天隅將以上方不足而下比有餘普天壤而遐觀吾又安知大小之所如陳留阮籍見之歎曰王佐之才也由是聲名始著郡守鮮于嗣薦華爲太常博士盧欽言之於文帝轉河南尹丞未拜除佐著作郎頃之遷長史兼中書郎朝議表奏多見施用遂即眞晉受禪拜黃門侍郎封關內侯華彊記默識四海之內若指諸掌武帝常問漢宮室制度及建章千門萬戶華應對如流聽者忘倦畫地成圖左右屬目帝甚異之時人比之子產數歲拜中書令後加散騎常侍遭母憂哀毀過禮中詔勉厲逼令攝事初帝潛與羊祜謀伐吳而羣臣多以爲不可唯華贊成其計其後祜疾篤帝遣華詣祜問以伐吳之計語在祜傳及將大舉以華爲度支尚書乃量計運漕決定廟算衆軍既進而未有剋獲賈充等奏誅華以謝天下帝曰此是吾意華但與吾同耳時大臣皆以爲未可輕進華獨堅執以爲必剋及吳滅詔曰尚書關內侯張華前與故太傅羊祜共創大計遂典掌軍事部分諸方算定權略運籌決勝有謀謨之勳其進封爲廣武縣侯增邑萬戶封子一人爲亭侯千五百戶賜絹萬匹華名重一世衆所推服晉史及儀禮憲章竝屬於華多所損益當時詔誥皆所草定聲譽益盛有台輔之望焉而荀勗自以大族恃帝恩深憎疾之每伺間隙欲出華外鎭會帝問華誰可託寄後事者對曰明德至親莫如齊王攸既非上意所在微爲忤旨間言遂行乃出華爲持節都督幽州諸軍事領護烏桓校尉安北將軍撫納新舊戎夏懷之東夷馬韓新彌諸國依山帶海去州四千餘里歷世未附者二十餘國竝遣使朝獻於是遠夷賓服四境無虞頻歲豐稔士馬彊盛朝議欲徵華入相又欲進號儀同初華毀徵士馮恢於帝紞卽恢之弟也深有寵於帝紞嘗侍帝從容論魏晉事因曰臣切謂鍾會之釁頗由太祖帝變色曰卿何言邪紞免官謝曰臣愚蠢瞽言罪應萬死然臣微意猶有可申帝曰何以言之紞曰臣以爲善御者必識六轡盈縮之勢善政者必審官方控帶之宜故仲由以兼人被抑冉求以退弱被進漢高八王以寵過夷滅光武諸將由抑損克終非上有仁暴之殊下有愚智之異蓋抑揚與

奪使之然耳鍾會才具有限而太祖誇獎太過嘉其謀猷盛其名器居以重勢委以大兵故使會自謂算無遺策功在不賞輈張跋扈遂謀凶逆耳向令太祖錄其小能節以大禮抑之以權勢納之以軌則則亂心無由而生亂事無由而成矣帝曰然紞稽首曰陛下既已然微臣之言宜思堅冰之漸無使如會之徒復致覆喪帝曰當今豈有如會者乎紞曰東方朔有言談何容易易曰臣不密則失身帝乃屏左右曰卿極言之紞曰陛下謀謨之臣著大功於天下海內莫不聞知據方鎭總戎馬之任者皆在陛下聖慮矣帝默然頃之徵華爲太常以太廟屋棟折免官遂終帝之世以列侯朝見惠帝卽位以華爲太子少傅與王戎裴楷和嶠俱以德望爲楊駿所忌皆不與朝政及駿誅後將廢皇太后會羣臣於朝堂議者皆承望風旨以爲春秋絕文姜今太后自絕於宗廟亦宜廢黜惟華議以爲夫婦之道父不能得之於子子不能得之於父皇太后非得罪於先帝者也今黨其所親爲不母於聖世宜依漢廢趙太后爲孝成后故事貶太后之號還稱武皇后居異宮以全貴終之恩不從遂廢太后爲庶人楚王瑋受密詔殺太宰汝南王亮太保衛瓘等內外兵擾朝廷大恐計無所出華白帝以瑋矯詔擅害二公將士倉卒謂是國家意故從之耳今可遣騶虞幡使外軍解嚴理必風靡上從之瑋兵果敗及瑋誅華以首謀有功拜右光祿大夫開府儀同三司侍中中書監金章紫綬固辭開府賈謐與后共謀以華庶族儒雅有籌略進無逼上之嫌退爲衆望所依欲倚以朝綱訪以政事疑而未決以問裴頠頠素重華深贊其事華遂盡忠匡輔彌縫補闕雖當闇主虐后之朝而海內晏然華之功也華懼后族之盛作女史箴以爲諷賈后雖凶妒而知敬重華久之論前後忠勳進封壯武郡公華十餘讓中詔敦譬乃受數年代下邳王晃爲司空領著作及賈后謀廢太子左衞率劉卞甚爲太子所信每遇會宴卞必預焉屢見賈謐驕傲太子恨之形于言色謐亦不能平卞以賈后謀問華華曰不聞卞曰卞以寒悴自須昌小吏受公成拔以至今日士感知己是以盡言而公更有疑於卞邪華曰假令有此君欲如何卞曰東宮俊乂如林四率精兵萬人公居阿衡之任若得公命皇太子因朝入錄尚書事廢賈后於金墉城兩黃門力耳華曰今天子當陽太子人子也吾又不受阿衡之命忽相與行此是無其君父而以不孝示天下也雖能有成猶不免罪況權戚滿朝威柄不一而可以安

乎及帝會羣臣於式乾殿出太子手書徧示羣臣莫敢有言者惟華諫曰此國之大禍自漢武以來每廢黜正嫡恆至喪亂且國家有天下日淺願陛下詳之尚書左僕射裴頠以爲宜先檢校傳書者又請比校太子手書不然恐有詐妄賈后乃內出太子素啓事十餘紙衆人比視亦無敢言非者議至日西不決后知華等意堅因表乞免爲庶人帝乃可其奏初趙王倫爲鎭西將軍撓亂關中氐羌反叛乃以梁王肜代之或說華曰趙王貪昧信用孫秀所在爲亂而秀變詐姦人之雄今可遣梁王斬秀刈趙之半以謝關右不亦可乎華從之肜許諾秀友人辛冉從西來言於肜曰氐羌自反非秀之爲故得免死倫既還諂事賈后因求錄尚書事後又求尚書令華與裴頠皆固執不可由是致怨倫秀疾華如讎武庫火華懼因此變作列兵固守然後救之故累代之寶及漢高斬蛇劍王莽頭孔子屐等盡焚焉時華見劍穿屋而飛莫知所向初華所封壯武郡有桑化爲柏識者以爲不祥又華舍及監省數有妖怪少子韙以中台星坼勸華遜位華不從曰天道玄遠惟修德以應之耳不如靜以待之以俟天命及倫秀將廢賈后秀使司馬雅夜告華曰今社稷將危趙王欲與公共匡朝廷爲霸者之事華知秀等必成篡奪乃距之雅怒曰刃將加頸而吐言如此不顧而出華方晝臥忽夢見屋壞覺而惡之是夜難作詐稱詔召華遂與裴頠俱被收華將死謂張林曰卿欲害忠臣耶林稱詔詰之曰卿爲宰相任天下事太子之廢不能死節何也華曰式乾之議臣諫事具存非不諫也林曰諫若不從何不去位華不能答須臾使者至曰詔斬公華曰臣先帝老臣中心如丹臣不愛死懼王室之難禍不可測也遂害之於前殿馬道南夷三族朝野莫不悲痛之時年六十九華性好人物誘進不倦至于窮賤候門之士有一介之善者便咨嗟稱詠爲之延譽雅愛書籍身死之日家無餘財惟有文史溢于几篋嘗徙居載書三十乘祕書監摯虞撰定官書皆資華之本以取正焉天下奇祕世所希有者悉在華所由是博物洽聞世無與比惠帝中人有得鳥毛三丈以示華華見慘然曰此謂海鳧毛也出則天下亂矣陸機嘗餉華鮓于時賓客滿座華發器便曰此龍肉也衆未之信華曰試以苦酒濯之必有異既而五色光起機還問鮓主果云園中茅積下得一白魚質狀殊常以作鮓過美故以相獻武庫封閉甚密其中忽有雉雊華曰此必蛇化爲雉也開視雉側果有蛇蛻焉吳郡臨平岸崩

出一石鼓槌之無聲帝以問華華曰可取蜀中桐材刻爲魚形扣之則鳴矣於是如其言果聲聞數里初吳之未滅也斗牛之間常有紫氣道術者皆以吳方彊盛未可圖也惟華以爲不然及吳平之後紫氣愈明華聞豫章人雷煥妙達緯象乃要煥宿屏人曰可共尋天文知將來吉凶因登樓仰觀煥曰僕察之久矣惟斗牛之間頗有異氣華曰是何祥也煥曰寶劍之精上徹於天耳華曰君言得之吾少時有相者言吾出六十位登三事當得寶劍佩之斯言豈效與因問曰在何郡煥曰在豫章豐城華曰欲屈君爲宰密共尋之可乎煥許之華大喜卽補煥爲豐城令煥到縣掘獄屋基入地四丈餘得一石函光氣非常中有雙劍竝刻題一曰龍泉一曰太阿其夕斗牛間氣不復見焉煥以南昌西山北巖下土以拭劍光芒豔發大盆盛水置劍其上視之者精芒炫目遣使送一劍并土與華留一自佩或謂煥曰得兩送一張公豈可欺乎煥曰本朝將亂張公當受其禍此劍當繫徐君墓樹耳靈異之物終當化去不永爲人服也華得劍寶愛之常置坐側華以南昌土不如華陰赤土報煥書曰詳觀劍文乃干將也莫邪何復不至雖然天生神物終當合耳因以華陰土一斤致煥煥更以拭劍倍益精明華誅失劍所在煥卒子華爲州從事持劍行經延平津劍忽於腰間躍出墮水使人沒水取之不見劍但見兩龍各長數丈蟠縈有文章沒者懼而反須臾光彩照水波浪驚沸於是失劍華歎曰先君化去之言張公終合之論此其驗乎華之博物多此類不可詳載焉後倫秀伏誅齊王冏輔政摯虞致牋於冏曰間於張華沒後入中書省得華先帝時答詔本草先帝問華可以輔政持重付以後事者華答明德至親莫如先王宜留以爲社稷之鎭其忠良之謀款誠之言信於幽冥沒而後彰與苟且隨時者不可同世而論也議者有責華以愍懷太子之事不抗節廷爭當此之時諫者必得違命之死先聖之教死而無益者不以責人故晏嬰齊之正卿不死崔杼之難季札吳之宗臣不爭逆順之理理盡而無所施者固聖教之所不責也冏於是奏曰臣聞興微繼絕聖王之高政貶惡嘉善春秋之美義是以武王封比干之墓表商容之閭誠幽明之故有以相通也孫秀逆亂滅佐命之國誅骨鯁之臣以斲喪王室肆其虐戾功臣之後多見泯滅張華裴頠各以見憚取誅於時解系解結同以羔羊竝被其害歐陽建等無罪而死百姓憐之今陛下更日月之光布維新之命然此等諸

族未蒙恩理昔欒郤降在皁隸而春秋傳其違幽王絕功臣之後棄賢者子孫而詩人以爲刺臣備忝在職思納愚誠若合聖意可令羣官通議議者各有所執而多稱其冤壯武國臣竺道又詣長沙王求復華爵位依違者久之太安二年詔曰夫愛惡相攻佞邪醜正自古而有故司空壯武公華竭其忠貞思翼朝政謀謨之勳每事賴之前以華弼濟之功宜同封建而華固讓至于八九深陳大制不可得爾終有顛敗危辱之慮辭義懇誠足勸遠近華之至心誓於神明華以伐吳之勳受爵於先帝後封既非國體又不宜以小功踰前大賞華之見害俱以姦逆圖亂濫被枉賊其復華侍中中書監司空公廣武侯及所沒財物與印綬符策遣使弔祭之初陸機兄弟志氣高爽自以吳之名家初入洛不推中國人士見華一面如舊欽華德範如師資之禮焉華誅後作誄又爲詠德賦以悼之華著博物志十篇及文章竝行於世二子褘韙褘字彥仲好學謙敬有父風歷位散騎常侍韙儒博曉天文散騎侍郎同時遇害褘子輿字公安襲華爵避難過江辟丞相掾太子舍人

劉卞

劉卞字叔龍東平須昌人也本兵家子質直少言少爲縣小吏功曹夜醉如廁使卞執燭不從功曹銜之以他事補亭子有祖秀才者於亭中與刺史箋久不成卞教之數言卓犖有大致秀才謂縣令曰卞公府掾之精者云何以爲亭子令即召爲門下史百事疎簡不能周密令問卞能學不答曰願之即使就學無幾卞兄爲太子長兵兵既死兵例須代功曹請以卞代兄役令曰祖秀才有言遂不聽卞後從令至洛得入大學試經爲臺四品吏訪問令寫黃紙一鹿車卞曰劉卞非爲人寫黃紙者也訪問知怒言於中正退爲尚書令史或謂卞曰君才簡略堪大不堪小不如作守舍人卞從其言後爲吏部令史遷齊王攸司空主簿轉太常丞司徒左西曹掾尚書郎所歷皆稱職累遷散騎侍郎除并州刺史入爲左衞率知賈后廢太子之謀甚憂之以計干張華而不見用益以不平賈后親黨微服聽察外間頗聞卞言乃遷卞爲輕車將軍雍州刺史卞知言泄恐爲賈后所誅乃飲藥卒初卞知并州昔同時爲須昌小吏者十餘人祖餞之其一人卿卞卞遺扶出之人以此少之

史臣曰夫忠爲令德學乃國華譬衆星之有禮義人倫之有冠冕也衞瓘撫武帝之牀張華距趙倫之命進諫則伯玉居多臨危則茂先爲美遵乎險轍理有可言昏亂方凝則事睽其趣松筠無改則死勝於生固以赴蹈爲期而不辭乎傾覆者也俱陷淫網同嗟承劍邦家殄瘁不亦傷哉

贊曰賢人委質道映淩寒尸祿觀敗吾生未安衞以賈滅張由趙殘忠於亂世自古爲難

晉書卷三十六考證

衞瓘傳每書輒削而焚其柎○臣宗楷按柎當係柹字之訛若監本作祔則更誤矣今仍闕本而誌其說於此

晉書卷三十七

唐太宗文皇帝御撰

列傳第七

宗室

安平獻王孚 子邕 邕弟義陽成王望 望子河間平王洪 洪子威 洪弟隨穆王整 整弟竟陵王楙 望弟太原成王輔 輔弟翼 翼弟下邳獻王晃 晃弟太原烈王瓌 瓌弟高陽元王珪 珪弟常山孝王衡 衡弟沛順王景

安平獻王孚字叔達宣帝次弟也初孚長兄朗字伯達宣帝字仲達孚弟馗字季達恂字顯達進字惠達通字雅達敏字幼達俱知名故時號爲八達焉孚溫厚廉讓博涉經史漢末喪亂與兄弟處危亡之中簞食瓢飲而披閱不倦性通恕以貞白自立未嘗有怨於人陳留殷武有名於海內嘗罹罪譴孚往省之遂與同處分食談者稱焉魏陳思王植有俊才清選官屬以孚爲文學掾植負才陵物孚每切諫初不合意後乃謝之遷太子中庶子魏武帝崩太子號哭過甚孚諫曰大行晏駕天下恃殿下爲命當上爲宗廟下爲萬國奈何效匹夫之孝乎太子良久乃止曰卿言是也時羣臣初聞帝崩相聚號哭無復行列孚厲聲於朝曰今大行晏駕天下震動當早拜嗣君以鎮海內而但哭邪孚與尚書和洽罷羣臣備禁衞具喪事奉太子以即位是爲文帝時當選侍中常侍等官太子左右舊人頗諷諭主者便欲就用不調餘人孚曰雖有堯舜必有稷契今嗣王新立當進用海內英賢猶患不得如何欲因際會自相薦舉邪官失其任得者亦不足貴遂更他選轉孚爲中書郎給事常侍宿省內除黃門侍郎加騎都尉時孫權稱藩請送任子當遣前將軍于禁還久而不至天子以問孚孚曰先王設九服之制誠以要荒難以德懷不以諸夏禮責也陛下承緒遠人率貢權雖未送任子于禁不至猶宜以寬待之畜養士馬以觀其變不可以嫌疑責讓恐傷懷遠之義自孫策至權奕世相繼惟彊與弱不在一禁禁之未至當有他故耳後禁至果以疾遲留而任子竟不至大軍臨江責其違言吳遂絕不貢獻後出爲河內典農賜爵關內侯轉清河太守初魏文帝置度支尚書專掌軍國支計朝議以征討未息動須節量及明帝嗣位欲用孚問左右曰有兄風不答云似兄天子曰吾得司馬懿二人復何憂哉轉爲度支尚書孚以爲擒敵制勝宜有備預每諸葛亮入寇關中邊兵不能制敵中軍奔赴輒不及事機宜預選步騎二萬以爲二部爲討賊之備又以關中連遭賊寇穀帛不足遣冀州農丁五千屯於上邽秋冬習戰陣春夏修田桑由是關中軍國有餘待賊有備矣後除尚書右僕射進爵昌平亭侯遷尚書令及大將軍曹爽擅權李勝何晏鄧颺等亂政孚不視庶事但正身遠害而已及宣帝誅爽孚與景帝屯司馬門以功進爵長社縣侯加侍中時吳將諸葛恪圍新城以孚進督諸軍二十萬防禦之孚次壽春遣毌丘儉文欽等進討諸將欲速擊之孚曰夫攻者借人之力以爲功且當詐巧不可力爭也故稽留月餘乃進軍吳師望風而退魏明悼后崩議書銘旌或欲去姓而書魏或欲兩書孚以爲經典正義皆不應書凡帝王皆因本國之名以爲天下之號而與往代相別耳非爲擇美名以自光也天稱皇天則帝稱皇帝地稱后土則后稱皇后此乃所以同天地之大號流無二之尊名不待稱國號以自表不俟稱氏族以自彰是以春秋隱公三年經曰三月庚戌天王崩尊而稱天不曰周王者所以殊乎列國之君也八月庚辰宋公和卒書國稱名所以異乎天王也襄公十五年經曰劉夏逆王后于齊不云逆周王后姜氏者所以異乎列國之夫人也至乎列國則曰夫人姜氏至自齊又曰紀伯姬卒書國稱姓此所以異乎天王后也由此攷之尊稱皇帝赫赫無二何待於魏乎尊稱皇后彰以謚號何待於姓乎議者欲書魏者此以爲天皇之尊同於往古列國之君也或欲書姓者此以爲天皇之后同於往古之夫人也乖經典之大義異乎聖人之明制非所以垂訓將來爲萬世不易之式者也遂從孚議遷司空代王淩爲太尉及蜀將姜維寇隴右雍州刺史王經戰敗遣孚西鎮關中統諸軍事征西將軍陳泰與安西將軍鄧艾進擊維維退孚還京師轉太傅及高貴鄉公遭害百官莫敢奔赴孚枕尸於股哭之慟曰殺陛下者臣之罪奏推主者會太后令以庶人禮葬孚與羣公上表乞以王禮葬從之孚性至愼宣帝執政常自退損後逆廢立之際未嘗預謀景文二帝以孚屬尊不敢逼後進封長樂公及武帝受禪陳留王就金墉城孚拜辭執王手流涕歔欷不能自勝曰臣死之日固大魏之純臣也詔曰太傅勳德弘茂朕所瞻仰以光導弘訓鎭靜宇內願奉以不臣之禮其封爲安平王邑四萬戶進拜太宰持節都督中外諸軍事有司奏諸王未之國者所置官屬權未有備帝以孚明德屬尊當宜化樹教爲羣后作則遂備置官屬焉又以孚內有親戚外有交游惠下之費而經用不豐奉絹二千匹及元會詔孚乘輿車上殿帝於阼階迎拜既坐帝親奉觴上壽如家人禮帝每拜孚跪而止之又給以雲母輦青蓋車孚雖見尊寵不以爲榮常有憂色臨終遺令曰有魏貞士河南溫縣司馬孚字叔達不伊不周不夷不惠立身行道終始若一當以素棺單槨斂以時服泰始八年薨時年九十三帝於太極東堂舉哀三日詔曰王勳德超世尊寵無二期頤在位朕之所倚庶永百齡諮仰訓導奄忽殂隕哀慕感切其以東園溫明祕器朝服一具衣一襲緋練百匹絹布各五百匹錢百萬穀千斛以供喪事諸所施行皆依漢東平獻王蒼故事其家遵孚遺旨所給器物一不施用帝再臨喪親拜盡哀及葬又幸都亭望柩而拜哀動左右給鑾輅輕車介士武賁百人吉凶導從二千餘人前後鼓吹配饗太廟九子邕望輔翼晃瓌珪衡景

邕字子魁初爲世子拜步兵校尉侍中先孚卒追贈輔國將軍謚曰貞邕子崇爲世孫又早夭泰始九年立崇弟平陽亭侯隆爲安平王立四年咸寧二年薨謚曰穆無子國絕

義陽成王望字子初出繼伯父朗寬厚有父風仕郡上計吏舉孝廉辟司徒掾歷平陽太守洛陽典農中郎將從宣帝討王淩以功封永安亭侯遷護軍將軍改封安樂鄉侯加散騎常侍時魏高貴鄉公好才愛士望與裴秀王沈鍾會並見親待數侍宴公性急秀等居內職急有召便至以望外官特給追鋒車一乘武賁五人時景文相繼輔政未嘗朝覲權歸晉室望雖見寵待每不自安由是求出爲征西將軍持節都督雍涼二州諸軍事在任八年威化明肅先是蜀將姜維屢寇關中及望至廣設方略維不得爲寇關中賴之進封順陽侯徵拜衞將軍領中領軍典禁兵尋加驃騎將軍開府頃之代何曾爲司徒武帝受禪封義陽王邑萬戶給兵二千人

泰始三年詔曰夫尙賢庸勳尊宗茂親所以體國經化式是百辟也且台司之重存乎天官故周建六職政典爲首司徒中領軍以明德近屬世濟其美祖考創業翼佐大命出典方任入贊朝政文德旣著武功宜暢逮朕嗣位弼道惟明宜登上司兼統軍戎內輔帝室外隆威重其進位太尉中領軍如故置太尉軍司一人參軍事六人騎司馬五人又增置官騎十人幷前三十假羽葆鼓吹吳將施績寇江夏邊境騷動以望統中軍步騎二萬出屯龍陂爲二方重鎭假節加大都督諸軍事會荊州刺史胡烈距績破之望乃班師俄而吳將丁奉寇芍陂望又率諸軍以赴之未至而奉退拜大司馬晧率衆向壽春詔望統中軍二萬騎三千據淮北晧退軍罷泰始七年薨時年六十七賻贈有加望性儉吝而好聚斂身亡之後金帛盈溢以此獲譏四子奕洪整楙奕至黃門郞先望卒整亦早亡以奕子奇襲爵奇亦好畜聚不知紀極遣三部使到交廣商貨爲有司所奏太康九年詔貶爲三縱亭侯更以章武王威爲望嗣後威誅復奇爲棘陽王以嗣望

河間平王洪字孔業出繼叔父昌武亭侯遺仕魏歷位典農中郞將原武太守封襄賁男武帝受禪封河間王立十二年咸寧二年薨二子威混威嗣徙封章武其後威旣繼義陽王望更立混爲洪嗣混歷位散騎常侍薨及洛陽陷混諸子皆沒于胡而小子滔初嗣新蔡王確亦與其兄俱沒後得南還與新蔡太妃不協太興二年上疏以兄弟並沒在遼東章武國絕宜還所生太妃訟之事下太常太常賀循議章武新蔡俱承一國不絕之統義不得替其本宗而先後傍親按滔旣已被命爲人後矣必須無復兄弟本國永絕然後得還所生今兄弟在遠不得言無道里雖阻復非絕域且鮮卑恭命信使不絕自宜詔下遼東依劉羣盧諶等例發遣令還繼嗣本封謂滔今未得便委離所後也元帝詔曰滔雖出養自有所生母新蔡太妃相待甚薄滔執意如此如其不聽終當紛紜更爲不可令便順其所執還襲章武滔歷位散騎常侍薨子休嗣休與彭城王雄俱奔蘇峻峻平休已戰死弟珍年八歲以小弗坐咸和六年襲爵位至大宗正薨無嗣河間王欽以子範之繼位至游擊大將軍薨子秀嗣義熙元年爲桂陽太守秀妻桓振之妹振作逆秀不自安謀反伏誅國除

威字景曜初嗣洪咸寧三年徙封章武太康九年嗣義陽王望威凶暴無操行諂附趙王倫元康末爲散騎常侍倫將篡使威與黃門郞駱休逼帝奪璽綬倫以威爲中書令倫敗惠帝反正曰阿皮捩吾指奪吾璽綬不可不殺阿皮威小字也於是誅威

隨穆王整兄奕卒以整爲世子歷南中郞將封淸泉侯先父望薨追贈冠軍將軍武帝以義陽國一縣追封爲隨縣王子邁嗣太康九年以義陽之平林益邁爲隨郡王

竟陵王楙字孔偉初封樂陵亭侯起家參相國軍事武帝受禪封東平王邑三千九十七戶入爲散騎常侍尙書楙善諂諛曲事楊駿及駿誅依法當死東安公繇與楙善故得不坐尋遷大鴻臚加侍中繇欲擅朝政與汝南王亮不平亮託以繇討駿顧望免繇楙等官遣楙就國楙遂殖財貨奢僭踰制趙王倫篡位召還及義兵起倫以楙爲衞將軍都督諸軍事倫敗楙免官齊王冏輔政繇復爲僕射舉楙爲平東將軍都督徐州諸軍事鎭下邳成都王穎輔政進楙爲衞將軍會惠帝北征鄴以楙爲車騎將軍都督如故使率衆赴鄴蕩陰之役東海王越奔于下邳楙不納越乃還國帝旣西幸越總兵謀迎大駕楙甚懼長史王脩說曰東海宗室重望今將興義公宜舉徐州以授之此克讓之美也楙從之乃自承制都督兗州刺史車騎將軍表於天子時帝在長安遣使者劉虔卽拜焉楙慮兗州刺史苟晞不避已乃給虔兵使稱詔誅晞晞時已避位楙在州徵求不已郡縣不堪命范陽王虓遣晞還兗州徙楙都督靑州諸軍事楙不受命背山東諸侯與豫州刺史劉喬相結虓遣將田徽擊楙破之楙走還國帝還洛陽楙乃詣闕及懷帝踐祚改封竟陵王拜光祿大夫越出牧豫州留世子毗及其黨何倫防察宮省楙白帝討越乃合衆襲倫不剋帝委罪於楙楙奔竄獲免越薨乃出及洛陽傾覆爲亂兵所害

太原成王輔魏末爲野王太守武帝受禪封渤海王邑五千三百七十九戶泰始二年之國後爲衞尉出爲東中郞將轉南中郞將咸寧三年徙爲太原王監幷州諸軍事太康四年入朝五年薨追贈鎭北將軍永平元年更贈衞將軍開府儀同三司子弘立元康中爲散騎常侍後徙封中丘王三年薨子鑠立

翼字子世少歷顯位官至武賁中郞將武帝末受禪而卒以兄邕之支子承爲嗣封南宮縣王薨子祐嗣立承遂無後

下邳獻王晃字子明魏封武始亭侯拜黃門侍郞改封西安男出爲東莞太守武帝受禪封下邳王邑五千一百七十六戶泰始二年就國晃孝友貞廉謙虛下士甚得宗室之稱後爲長水校尉南中郞將九年詔曰南中郞將下邳王晃淸亮中正體行明潔才周政理有文武策識其以晃爲使持節都督寧益二州諸軍事安西將軍領益州刺史晃以疾不行更拜尙書遷右僕射久之出爲鎭東將軍都督青徐二州諸軍事惠帝卽位入爲車騎將軍加散騎常侍將誅楊駿以晃領護軍屯東掖門尋守尙書令遷司空加侍中令如故咸寧六年薨追贈太傅二子褒綽褒早卒綽有篤疾別封良城縣王以太原王輔第三子韡爲嗣官至侍中尙書早薨子韶立

太原烈王瓌字子泉魏長樂亭侯改封貴壽鄉侯歷振威將軍祕書監封固始子武帝受禪封太原王邑五千四百九十六戶泰始二年就國四年入朝賜袞冕之服還東中郞將十年薨詔曰瓌乃心忠篤智器雅亮歷位文武有幹事之績出臨封土夷夏懷附鎭守許都思謀可紀不幸早薨朕甚悼之今安厝在近其追贈前將軍子顒立徙封河間王別有傳

高陽元王珪字子璋少有才望魏高陽鄉侯歷河南令進封湞陽子拜給事黃門侍郞武帝受禪封高陽王邑五千五百七十戶歷北中郞將督鄴城守諸軍事泰始六年入朝以父孚年高乞留供養拜尙書遷右僕射十年薨詔遣兼大鴻臚持節監護喪事贈車騎將軍儀同三司珪有美譽於世而帝甚悼惜之無子詔以太原王輔子緝襲爵緝立五年咸寧四年薨諡曰哀無子太康二年詔以太原王瓌世子顒子訟爲緝後封眞定縣侯

常山孝王衡字子平魏封德陽鄉侯進封汝陽子爲駙馬都尉武帝受禪封常山王邑三千七百九十戶二年薨無子以安平世子邕第四子敦爲嗣

沛順王景字子文魏樂安亭侯歷諫議大夫武帝受禪封沛王邑三千四百戶立十一年咸寧元年薨子韜立

彭城穆王權 孫紘 紘子俊

彭城穆王權字子輿宣帝弟魏魯相東武城侯馗之子也初襲封拜冗從僕射武帝受禪封彭城王邑二千九百戶出爲北中郞將都督鄴城守諸軍事泰始中入朝賜袞冕之服咸寧二年薨子元王植立歷位後將軍尋拜國子祭酒太僕卿侍中尙書出爲安東將軍都督揚州諸軍事代淮南王允鎭壽春未發或云植助允攻趙王倫遂以憂薨贈車騎將軍增封萬五千戶子康王釋立官至南中郞將持節平南將軍分魯國蕃薛二縣以益其國凡二萬三千戶薨子雄立坐奔蘇峻伏誅更以釋子紘嗣

紘字偉德初封唐邑縣公建興末元帝承制以紘繼高密王據及帝卽位拜散騎侍郞遷翊軍校尉前將軍雄之誅也紘入繼本宗拜國子祭酒加散騎常侍尋遷大宗正祕書監有風疾性理不恒或欲上疏陳事歷示公卿又杜門讓還章印貂蟬著杜門賦以顯其志由是更拜光祿大夫領大宗師常侍如故後疾甚馳騁無度或攻翊軍士或打傷官屬醜言悖詈誹謗上下又乘車突入端門至太極殿前於是御史中丞車灌奏劾請免紘官下其國嚴加防錄成帝詔曰王以明德茂親居宗師之重宜敷道養德靜一其操而頃游行煩數自履風塵宜令官屬已下各以職奉衞不得令王復有此勞內外職司各愼其局王可解常侍光祿宗師先所給車牛可錄取賜米布牀帳以養疾咸康八年薨贈散騎常侍金紫光祿大夫二子玄俊玄嗣立會庚戌制不得藏戶玄匿五戶桓溫表玄犯禁收付廷尉旣而宥之位至中書侍郞薨子弘之立位至散騎常侍薨子邵立薨子崇之立薨子緝之立宋受禪國除

恭王俊字道度出嗣高密王略官至散騎常侍薨子敬王純之立歷臨川內史司農少府卿太宰右長史薨子恢之立義熙末以給事中兼太尉修謁洛陽園陵宋受禪國除

高密文獻王泰 子孝王略 略兄新蔡武哀王騰 騰子莊王確 略弟南陽王模 模子保

高密文獻王泰字子舒彭城穆王權之弟魏陽亭侯補陽翟令遷扶風太守武帝受禪封隴西王邑三千二百戶拜游擊將軍出爲兗州刺史加鷹揚將軍遷使持節都督寧益二州諸軍事安西將軍領益州刺史稱疾不行轉安北將軍代兄權督鄴城守事遷安西將軍都督關中事太康初入爲散騎常侍前將軍領鄴城門校尉以疾去官後代下邳王晃爲尙書左僕射出爲鎭西將軍領護西戎校尉假節代扶風王駿都督關中軍事以疾還京師永熙初代石鑒爲司空尋領太子太保及楊駿誅泰領駿營加侍中給步兵二千五百人騎五百匹泰固辭乃給千兵百騎楚王瑋之被收泰嚴兵將救之祭酒丁綏諫曰公爲宰相不可輕動且夜中倉卒宜遣人參審定問泰從之瑋旣誅乃以泰錄尙書事遷太尉守尙書令改封高密王邑萬戶元康九年薨追贈太傅泰性廉靜不近聲色雖爲宰輔食大國之租服飾肴膳

如布衣寒士任眞簡率每朝會不識者不知其王公也事親恭謹居喪哀慼謙虛下物爲宗室儀表當時諸王惟泰及下邳王晃以節制見稱雖並不能振施其餘莫得比焉泰四子越騰略模越自有傳騰出後叔父弟略立

孝王略字元簡孝敬慈順小心下士少有父風元康初愍懷太子在東宮選大臣子弟有名稱者以爲賓友略與華恒等並侍左右歷散騎黃門侍郎散騎常侍祕書監出爲安南將軍持節都督沔南諸軍事遷安北將軍都督青州諸軍事略逼青州刺史程牧牧避之略自領州永興初惤令劉根起兵東萊誑惑百姓衆以萬數攻略於臨淄略不能距走保聊城懷帝卽位遷使持節都督荊州諸軍事征南大將軍開府儀同三司京兆流人王逌與叟人郝洛聚衆數千屯于冠軍略遣參軍崔曠率將軍皮初張洛等討逌爲逌所誘戰敗略更遣左司馬曹攄統曠等進逼逌將大戰曠在後密自退走攄軍無繼戰敗死之略乃赦曠罪復遣部將韓松又督曠攻逌逌降尋進開府加散騎常侍永嘉三年薨追贈侍中太尉子據立薨無子以彭城康王子紘爲嗣其後紘歸本宗立紘子俊以奉其祀

新蔡武哀王騰字元邁少拜冗從僕射封東嬴公歷南陽魏郡太守所在稱職徵爲宗正遷太常轉持節寧北將軍都督并州諸軍事并州刺史惠帝討成都王穎六軍敗績騰與安北將軍王浚共殺穎所署幽州刺史和演率衆討穎穎遣北中郎將王斌距戰浚率鮮卑騎擊斌騰爲後係大破之穎懼挾帝歸洛陽進騰位安北將軍永嘉初遷車騎將軍都督鄴城守諸軍事鎭鄴又以迎駕之勳改封新蔡王初騰發并州次於眞定値大雪平地數尺營門前方數丈雪融不積騰怪而掘之得玉馬高尺許表獻之其後公師藩與平陽人汲桑等爲羣盜起於淸河鄃縣衆千餘人寇頓丘以葬成都王穎爲辭載穎主而行與張泓故將李豐等將攻鄴騰曰孤在并州七年胡圍城不能剋汲桑小賊何足憂也及豐等至騰不能守率輕騎而走爲豐所害四子虞矯紹確虞有勇力騰之被害虞逐豐豐投水而死是日虞及矯紹并鉅鹿太守崔曼車騎長史羊恒從事中郎蔡克等又爲豐餘黨所害及諸名家流移依鄴者死亡並盡初鄴中雖府庫虛竭而騰資用甚饒性儉嗇無所振惠臨急乃賜將士米可數升帛各丈尺是以人不爲用遂致於禍及苟晞救鄴桑還平陽于時盛夏尸爛壞不可復識騰及三子骸骨不獲庶子確立

莊王確字嗣安歷東中郎將都督豫州諸軍事鎭許昌永嘉末爲石勒所害無子初以章武王混子滔奉其祀其後復以汝南威王祐子弼爲確後太興元年薨無子又以弼弟邈嗣確位至侍中薨子晃立拜散騎侍郎桓溫廢武陵王免晃爲庶人徙衡陽孝武帝立晃弟崇繼邈後爲奴所害子惠立宋受禪國除

南陽王模字元表少好學與元帝及范陽王虓俱有稱於宗室初封平昌公惠帝末拜冗從僕射累遷太子庶子員外散騎常侍成都王穎奔長安東海王越以模爲北中郎將鎭鄴永興初成都王穎故帳下督公師藩樓權郝昌等攻鄴模左右謀應之廣平太守丁邵率衆救模范陽王虓又遣兗州刺史苟晞援之藩等散走遷鎭東大將軍鎭許昌進爵南陽王永嘉初轉征西大將軍開府都督秦雍梁益諸軍事代河間王顒鎭關中模感丁邵之德勑國人爲邵生立碑時關中饑荒百姓相噉加以疾癘盜賊公行模力不能制乃鑄銅人鐘鼎爲釜器以易穀議者非之東海王越表徵模爲司空遣中書監傅祗代之模謀臣淳于定說模曰關中天府之國霸王之地今以不能綏撫而還旣於聲望有虧又公兄弟唱起大事而並在朝廷若自彊則有專權之罪弱則受制於人非公之利也模納其言不就徵表遣世子保爲西中郎將東羌校尉鎭上邽秦州刺史裴苞距之模使帳下都尉陳安率衆攻苞苞奔安定太守賈疋以郡迎苞模遣軍司謝班伐疋疋退奔盧水其年進位太尉大都督洛京傾覆模使牙門趙染戍蒲坂染求馮翊太守不得怒率衆降于劉聰聰使其子粲及染攻長安模使淳于定距之爲染所敗士衆離叛倉庫虛竭軍祭酒韋輔曰事急矣早降可以免模從之遂降于染染箕踞攘袂數模之罪送詣粲粲殺之以模妃劉氏賜胡張本爲妻子保立

保字景度少有文義好述作初拜南陽國世子模遇害保在上邽其後賈疋死裴苞又爲張軌所殺保全有秦州之地自號大司馬承制置百官隴右氐羌並從之涼州刺史張寔遣使貢獻及愍帝卽位以保爲右丞相加侍中都督陝西諸軍事尋進位相國模之敗也都尉陳安歸於保保命統精勇千餘人以討羌寵遇甚厚保將張春等疾之譖安有異志請除之保不許春等輒伏刺客以刺安安被創馳還隴城遣使詣保貢獻不絕愍帝之蒙塵也保自稱晉王時上邽大饑士衆窘困張春奉保之南安陳安自號秦州刺史稱藩於劉曜春復奉保奔桑城將投于張寔寔使兵迎保實禦之也是歲保病薨時年二十七保體質豐偉嘗自稱重八百斤喜睡痿疾不能御婦人無子張春立宗室司馬瞻奉保後陳安舉兵攻春春走瞻降于安安送詣劉曜曜殺之安奉保喪以天子禮葬于上邽謚曰元

范陽康王綏　子虓

范陽康王綏字子都彭城王權季弟也初爲諫議大夫泰始元年受封在位十五年咸寧五年薨子虓立

虓字武會少好學馳譽研考經紀淸辯能言論以宗室選拜散騎常侍累遷尚書出爲安南將軍都督豫州諸軍事持節鎭許昌進位征南將軍河間王顒表立成都王穎爲太弟爲王浚所破挾天子還洛陽虓與東平王楙鎭東將軍周馥等上言曰自愍懷被害皇儲不建委重前相輒失臣節是以前年太宰與臣永惟社稷之貳不可久空所以共啓成都王穎以爲國副受重之後而弗克負荷小人勿用而以爲腹心骨肉宜敦而猜佻荐至險詖宜遠而讒說殄行此皆臣等不聰不明失所宗賴遂令陛下謬於降授雖戮臣等不足以謝天下今大駕還宮文武空曠制度荒破靡有孑遺臣等雖劣足匡王室而道路之言謂張方與臣等不同旣惜所在興異又以太宰惇德允元著於具瞻每當義節輒爲社稷宗盟之先張方受其指教爲國效節昔年之舉有死無貳此卽太宰之良將陛下之忠臣但以受性彊毅不達變通遂守前志已致紛紜然退思惟旣是其不易之節且慮事翻之後爲天下所罪故不卽西還耳原其本事實無深責臣聞先代明主未嘗不全護功名令福流子孫自中間以來陛下功臣初無全者非獨人才皆劣其於取禍實由朝廷策之失宜不相容恕以一旦之咎喪其積年之勳旣違周禮議功之典且使天下之人莫敢復爲陛下致節者臣等此言豈獨爲一張方實爲社稷遠計欲令功臣長守富貴臣愚以爲宜委太宰以關右之任一方事重及自州郡已下選舉受任一皆仰成若朝之大事廢興損益每輒疇諮此則二伯述職周召分陝之義陛下復行於今時遣方還郡令羣后申志時定王室如加方官請悉如舊此則忠臣義士有勸功臣必全矣司徒戎異姓之賢司空越公族之望並忠國愛主小心翼翼宜幹機事委以朝政安北將軍王浚佐命之胄率身履道忠亮淸正遠近所推如今日之大舉實有定社稷之勳此是臣等所以嘆息歸高也浚宜特崇重之以副羣望遂撫幽朔長爲北藩臣等竭力扞城藩屏皇家陛下垂拱而四海自正則四祖之業必隆於今日月之暉昧而復曜乞垂三思察臣所言又可以臣表西示太宰又表曰成都王失道爲姦邪所誤論王之身不宜深責且先帝遺體陛下羣弟自元康以來罪戮相尋實海內所爲匈匈而臣等所以痛心今廢成都更封一邑宜其必許若廢黜有禍害旣傷陛下矜慈之恩又令遠近恒謂公族無復骨肉之情此實臣等內省悲慙無顏於四海也乞陛下察臣忠款於是虓先率衆自許屯於滎陽會惠帝西遷虓與從兄平昌公模長史馮嵩等刑白馬唼血而盟推東海王越爲盟主虓都督河北諸軍事驃騎將軍持節領豫州刺史劉喬不受越等節度乘虛破許虓自拔渡河王浚表虓領冀州刺史資以兵馬虓入冀州發兵又南濟河破喬等河間王顒聞喬敗斬張方傳首於越越與虓西迎帝而顒出奔於是奉天子還都拜虓爲司徒永興三年暴疾薨時年三十七無子養模子黎爲嗣黎隨模就國於長安遇害

濟南惠王遂　曾孫勳

濟南惠王遂字子伯宣帝弟魏鴻臚丞恂之子也仕魏關內侯進封平昌亭侯歷典軍郞將景元二年轉封武城鄉侯督鄴城守諸軍事北中郎將五等建封祝阿伯累遷冠軍將軍武帝受禪封濟南王泰始二年薨二子耽緝耽嗣立咸寧三年徙爲中山王是年薨無子緝繼成都王穎以緝爲建威將軍與石熙等率衆距王浚沒於陣薨無子國除後遂之曾孫勳字偉長年十餘歲愍帝末長安陷劉曜將令狐泥養爲子及壯便弓馬能左右射咸和六年自關右還自列云是大長秋恂之玄孫冠軍將軍濟南惠王遂之曾孫略陽太守瓘之子遂拜謁者僕射以勇聞庾翼之鎭襄陽以梁州刺史援桓宣卒請勳代之初屯西城退守武當時石季龍死中國亂雍州諸豪帥馳告勳勳率衆出駱谷壁于懸鉤去長安二百里遣部將劉煥攻長安又拔賀城於是關中皆殺季龍太守令長以應勳勳兵少未能自固復還梁州永和中張琚據隴東遣使招勳勳復入長安初京兆人杜洪以豪族陵琚琚以勇俠侮洪洪知勳憚琚兵彊因說勳曰不殺張琚關中非國家有也勳乃僞請琚於坐殺之琚弟走池陽合衆攻勳頻戰不利請和歸梁州後桓溫伐關中命勳出子午道而爲苻雄所敗退屯于女媧堡俄遷征虜將軍監關中軍事領西戎校尉賜爵通吉亭侯爲政暴酷至於治中別駕及州之豪右言語忤意

卽於坐梟斬之或引弓自射西土患其凶虐在州常懷據蜀有僭僞之意桓溫聞之務相綏懷以其子康爲漢中太守勳逆謀已成憚益州刺史周撫未發及撫卒遂擁衆入劒閣梁州別駕雍端西戎司馬隗粹並切諫勳皆誅之自號梁益二州牧成都王桓溫遣朱序討勳勳兵潰爲序所獲及息龍子長史梁憚司馬金壹等送于溫溫並斬之傳首京師

譙剛王遜

子閔王承　承子烈王無忌　無忌子敬王恬　恬子忠王尚之　尚之弟恢之　休之　允之　韓延之　恬弟愔

譙剛王遜字子悌宣帝弟魏中郎進之子也仕魏關內侯改封城陽亭侯參鎭東軍事拜輕車將軍羽林左監五等建徙封涇陽男武帝受禪封譙王邑四千四百戶泰始二年薨二子隨承定王隨立薨子遂立沒于石勒元帝以承嗣遜

閔王承字敬才少篤厚有志行拜奉車都尉奉朝請稍遷廣威將軍安夷護軍鎭安定從惠帝還雒陽拜游擊將軍永嘉中天下漸亂間行依征南將軍山簡會簡卒進至武昌元帝初鎭揚州承歸建康補軍諮祭酒愍帝徵爲龍驤將軍不行元帝爲晉王承制更封承爲譙王太興初拜屯騎校尉加輔國將軍領左軍將軍承居官儉約家無別室尋加散騎常侍輔國左軍如故王敦有無君之心表疏輕慢帝夜召承以敦表示之曰王敦頃年位任足矣而所求不已言至於此將若之何承曰陛下不早裁之難將作矣帝欲樹藩屏會敦表以宣城內史沈充爲湘州帝謂承曰湘州南楚險固在上流之要控三州之會是用武之國也今以叔父居之如何承曰臣幸託末屬身當宿衞未有驅馳之勞頻受過厚之遇夙夜自厲思報天德君之所命惟力是視敢有辭焉然湘州蜀寇之餘人物凋盡若上憑天威得之所莅比及三年請從戎役若未及此雖復灰身亦無益也於是詔曰夫王者體天理物非羣才不足濟其務外建賢哲以樹風聲內睦親親以廣藩屏是以太公封齊伯禽居魯此先王之令典古今之通義也我晉開基列國相望乃授瑯邪武王鎭統東夏汝南文成總一淮許扶風梁王迭據關右爰暨東嬴作司并州今公族雖寡不逮曩時豈得替舊章乎散騎常侍左將軍譙王承貞素款亮志存忠恪便蕃左右恭肅彌著今以承監湘州諸軍事南中郎將湘州刺史初劉隗以王敦威權太盛終不可制勸帝出諸心腹以鎭方隅故先以承爲湘州續用隗及戴若思等並爲州牧承行達武昌釋戎備見王敦敦與之宴欲觀其意謂承曰大王雅素佳士恐非將帥才也承曰公未見知耳鉛刀豈不能一割乎承以敦欲測其情故發此言敦果謂錢鳳曰彼不知懼而學壯語此之不武何能爲也聽承之鎭時湘土荒殘公私困弊承躬自儉約乘葦茭車而傾心綏撫甚有能名敦恐其爲已患詐稱北伐悉召境內船乘承知其姦計分半與之敦尋構難遣叅軍桓羆說承以劉隗專寵今便討擊請承以爲軍司以軍期上道承嘆曰吾其死矣地荒人鮮勢孤援絕赴君難忠也死王事義也惟忠與義夫復何求便欲唱義而衆心疑惑承曰吾受國恩義無有貳府長史虞悝慷慨有志節謂承曰王敦居分陝之任而一旦作逆天地所不容人神所痛疾大王宗室藩屏寧可從其僞邪便宜電奮存亡以之於是與悝及弟前丞相掾望建昌太守長沙王循衡陽太守淮陵劉翼等共盟誓囚桓羆馳檄湘州指期至巴陵零陵太守尹奉首同義謀出軍營陽於是一州之內皆同義舉乃使虞望討諸不服斬湘東太守鄭澹澹敦姊夫也敦遣南蠻校尉魏乂將軍李恒田嵩等甲卒二萬以攻承承且戰且守待救於尹奉虞望而城池不固人情振恐或勸承南投陶侃又云可退據零桂承曰吾舉義衆志在死節寧偷生苟免爲奔敗之將乎事之不濟其令百姓知吾心耳初安南將軍甘卓與承書勸使固守當以兵出沔口斷敦歸路則湘圍自解承答書曰季思足下勞於王事天綱暫圮中原丘墟四海義士方謀剋復中興江左草創始爾豈圖惡逆萌自寵臣吾以闇短託宗皇屬仰豫密命作鎭南夏親奉中詔成規在心伯仁諸賢扼腕岐路至止尚淺凡百茫然豺狼易驚遂肆醜毒聞知駭踊神氣衝越子來之義人思自百不命而至衆過數千誠足以決一旦之機據山海之憤矣然迫於倉卒舟檝未備魏乂李恒尋見圍逼是故事與意違志力未展猥辱來使深同大趣嘉謀英筭發自深衷執讀周復欣無以量足下若能卷甲電赴猶或有濟若有狐疑求我枯魚之肆矣兵聞拙速未覩工遲季思足下勉之勉之書不盡意絕筆而已卓軍次豬口聞王師敗績停師不進乂等攻戰日逼敦又送所得臺中人書疏令乂射以示承城內知朝廷不守莫不悵惋劉翼戰死相持百餘日城遂沒乂檻送承荆州刺史王廙承敦旨於道中害之時年五十九敦平詔贈車騎將軍子無忌立

烈王無忌字公壽承之難以年小獲免咸和中拜散騎侍郎累遷屯騎校尉中書黃門侍郎江州刺史褚裒當之鎭無忌及丹陽尹桓景等餞於板橋時王廙子丹陽丞耆之在坐無忌志欲復讎拔刀將手刃之裒景命左右救捍獲免御史中丞車灌奏無忌欲專殺人付廷尉科罪成帝詔曰王敦作亂閔王遇禍尋事原情今王何責然公私憲制亦已有斷王當以體國爲大豈可尋繹由來以亂朝憲主者其申明法令自今已往有犯必誅於是聽以贖論建元初遷散騎常侍轉御史中丞出爲輔國將軍長沙相又領江夏相尋轉南郡河東二郡太守將軍如故隨桓溫伐蜀以勳賜少子愔爵廣晉伯進號前將軍永和六年薨贈衞將軍二子恬愔恬立

敬王恬字元愉少拜散騎侍郎累遷散騎常侍黃門郎御史中丞值海西廢簡文帝登祚未解嚴大司馬桓溫屯中堂吹警角恬奏劾溫大不敬請科罪溫視奏歎曰此兒乃敢彈我眞可畏也恬忠正有幹局在朝憚之遷右衞將軍司雍秦梁四州大中正拜尚書轉侍中領左衞將軍補吳國內史又領太子詹事恬旣宗室勳望有才用孝武帝時深仗之以爲都督兗青冀幽并揚州之晉陵徐州之南北郡軍事領鎭北將軍兗青二州刺史假節太元十五年薨追贈車騎將軍四子尚之恢之允之休之尚之立

忠王尚之字伯道初拜祕書郎遷散騎侍郎恬鎭京口尚之爲振威將軍廣陵相父憂去職服闋爲驃騎諮議叅軍宗室之內世有人物王國寶之誅也散騎常侍劉鎭之彭城內史劉涓子徐州別駕徐放並以同黨被收將加大辟尚之言於會稽王道子曰刑獄不可廣宜釋鎭之等道子以尚之昆季並居列職每事仗焉乃從之兗州刺史王恭忌其盛也與豫州刺史庾楷並稱兵以討尚之爲名南連荆州刺史殷仲堪南郡公桓玄等道子命前將軍王恂右將軍謝琰討恭尚之距楷允之與楷子鴻戰於當利鴻敗走斬楷將段方楷單馬奔于桓玄道子以尚之爲建威將軍豫州刺史假節一依楷故事尋進號前將軍允之爲吳國內史恢之驃騎司馬丹陽尹休之襄城太守各擁兵馬勢傾朝廷後將軍元顯執政亦倚以爲援元顯寵倖張法順每宴會坐起無別尚之入朝正色謂元顯曰張法順驅走小人有何才異而暴被拔擢當今聖世不宜如此元顯默然尚之又曰宗室雖多匡諫者少王者尚納芻蕘之言況下官與使君骨肉不遠蒙眷累世何可坐視得失而不盡言因叱法順令下舉坐失色尚之言笑自若元顯深銜之後符下西府令出勇力二千人尚之不與曰西藩濱接荒餘寇虜無常兵止數千不足戍衞無復可分徹者元顯尤怒會欲伐桓玄故無他及元顯稱詔西伐命尚之爲前鋒尚之子文仲爲寧遠將軍宣城內史桓玄至姑孰遣馮該等攻歷陽斷洞浦焚尚之舟艦尚之率步卒九千陣於浦上先遣武都太守楊秋屯橫江秋奔于玄軍尚之衆潰逃于涂中十餘日譙國人韓連丁元等以告玄玄害之於建康市玄上疏以閔王不宜絕嗣乃更封尚之從弟康之爲譙縣王安帝反正追贈尚之衞將軍以休之長子文思爲尚之嗣襲封譙郡王

文思性凶暴每違軌度多殺弗辜好田獵燒人墳墓數爲有司所糾遂與羣小謀逆劉裕聞之誅其黨與送文思付父休之令自訓厲後與休之同怨望稱兵爲裕所敗而死國除

恢之字季明歷官驃騎司馬丹陽尹尚之爲桓玄所害徙恢之等於廣州而於道中害之安帝反正追贈撫軍將軍

休之字季預少仕淸塗以平王恭庾楷功拜龍驤將軍襄城太守鎭歷陽桓玄攻歷陽休之嬰城固守及尚之戰敗休之以五百人出城力戰不捷乃還城携子姪奔于慕容超聞義軍起復還京師大將軍武陵王令曰前龍驤將軍休之才幹貞審功業既成歷陽之戰事在機捷及至勢乖力屈奉身出奔猶鳩集義徒崎嶇險阻既應親賢之舉宜委分陝之重可監荆益梁寧秦雍六州軍事領護南蠻校尉荆州刺史假節到鎭無幾桓振復襲江陵休之戰敗出奔襄陽寧朔將軍張暢之高平相劉懷肅自沔攻振走之休之還鎭御史中丞王楨之奏休之失戍免官朝廷以豫州刺史魏詠之代之徵休之還京師拜後將軍會稽內史御史中丞阮歆之奏休之與尚書虞嘯父犯禁嬉戲降號征虜將軍尋復爲後將軍及盧循作逆加督浙江東五郡軍事坐公事免劉毅誅復以休之都督荆雍梁秦寧益六州軍事平西將軍荆州刺史假節以子文思爲亂上疏謝曰文思不能聿修目貽罪戾憂懼震惶惋愧交集臣御家無方威訓不振致使子姪愆法仰負聖朝悚赧兼懷胡顏自處請解所任歸罪闕庭不許後以文思事怨望遂結雍州刺史魯宗之將共誅執政時休之次子文寶及兄子文祖並在都收付廷尉賜死劉裕親自征之密使遺休之治中韓延之書曰文思事意遠近所知去秋遣康之送還司馬君者推至公之極也而了無愧心久絕表疏此是天地所不容吾受命西征止其父子而已彼土僑舊爲之

驟逼一無所問往年郗僧施謝邵任集之等交搆積歲專爲劉毅規謀所以至此今卿諸人一時逼迫本無纖釁吾虛懷期物自有由來今在近路是諸賢濟身之日若大軍相臨交鋒接刃蘭艾雜揉或恐不分故白此意并可示同懷諸人延之報曰聞親率戎馬遠履西畿闔境士庶莫不惟駭何者莫知師出之名故也辱來疏始委以譙王前事良增歎息司馬平西體國忠貞款懷待物以君有匡復之勳家國蒙賴推德委誠每事詢仰譙王往以微事見劾猶自遜位況以大過而當默然也但康之前言有所不盡故重使胡道申白所懷道未及反已奏表廢之所不盡者命耳推寄相與正當如此有何不可便及兵戈自義旗以來方伯誰敢不先相諮疇而徑表天子可謂欲加之罪其無辭乎劉裕足下海內之人誰不見足下此心而復欲誑國士天地所不容在彼不在此矣來言虛懷期物自有由來今伐人之君啗人以利眞可謂虛懷期物自有由來矣劉藩死於閶闔之門諸葛斃於左右之手甘言詫語方伯襲之以輕兵遂使席上靡款懷之士閫外無自信諸侯以是爲得算良可恥也吾誠鄙劣嘗聞道於君子以平西之至德寧可無授命之臣乎假令天長喪亂九流渾濁當與臧洪游於地下耳裕得書歎息示諸佐曰事君應如此宗之聞裕向荆州自襄陽就休之共屯江陵使文思及宗之子軌以兵距裕戰于江津休之大敗遂與宗之俱奔于姚興裕平姚泓休之將奔于魏未至道死

允之字季度出後叔父愔襲爵廣晉伯歷位輔國將軍吳國宜城譙梁內史王恭庾楷桓玄等內伐也會稽王道子命允之兄弟距楷破之元興初與兄恢之同徙廣州於道被害義軍起追贈太常卿從弟康之以子文惠襲爵宋受禪國除

愔字敬王初封廣晉伯早卒無子兄恬以子允之嗣

韓延之字顯宗南陽赭陽人魏司徒暨之後也少以分義稱安帝時爲建威將軍荆州治中轉平西府錄事參軍以劉裕父名翹字顯宗延之遂字顯宗名兒爲翹以示不臣劉氏與休之俱奔姚興劉裕入關又奔于魏

高陽王睦

高陽王睦字子友譙王遜之弟也魏安平亭侯歷侍御史武帝受禪封中山王邑五千二百戶睦自表乞依六蓼祀皐陶鄗祀相立廟事下太常依禮典平議博士祭酒劉憙等議禮記王制諸侯五廟二昭二穆與太祖而五是則立始祖之廟謂嫡統承重一人得立耳假令支弟並爲諸侯始封之君不得立廟也今睦非爲正統若立祖廟中山不得並也後世中山乃得爲睦立廟爲後世子孫之始祖耳詔曰禮文不明此制度大事宜令詳審可下禮官博議乃處當之咸寧三年睦遣使募徙國內八縣受逋逃私占及變易姓名詐冒復除者七百餘戶冀州刺史杜友奏睦招誘逋亡不宜君國有司奏事在赦前應原詔曰中山王所行何乃至此覽奏甚用憮然廣樹親戚將以上輔王室下惠百姓也豈徒榮崇其身而使民踰典憲乎此事當大論得失正臧否所在耳苟不宜君國何論於赦令之間邪其貶睦爲縣侯乃封丹水縣侯及吳平太康初詔復爵有司奏封江陽王帝曰睦退靜思愆改修其德今有爵土不但以赦江陽險遠其以高陽郡封之乃封爲高陽王元康元年爲宗正薨於位世子蔚早卒孫毅立拜散騎侍郎永嘉中沒於石勒隆安元年詔以譙敬王恬次子恢之子文深繼毅後立五年薨無嗣復以高密王純之子法蓮繼之宋受禪國除

任城景王陵 弟順 斌

任城景王陵字子山宣帝弟魏司隸從事安城亭侯通之子也初拜議郎泰始元年封北海王邑四千七百戶三年轉封任城王之國咸寧五年薨子濟立拜散騎侍郎給事中散騎常侍輔國將軍隨東海王越在項爲石勒所害二子俱沒有二弟順斌

順字子思初封習陽亭侯及武帝受禪順歎曰事乖唐虞而假爲禪名遂悲泣由是廢黜徙武威姑臧縣雖受罪流放守意不移而卒

西河繆王斌字子政魏中郎武帝受禪封陳王邑千七百一十戶三年改封西河咸寧四年薨子隱立薨子喬立

史臣曰秦始之初天下少事革魏餘弊遵周舊典並建宗室以爲藩翰諸父同虞虢之尊兄弟受魯衞之祉以爲歷紀長久本支百世安平風度宏邈器宇高雅內弘道義外闡忠貞洎高貴薨殂則枕尸流慟陳留就國則拜辭隕涕語曰疾風彰勁草獻王其有焉故能位班上列享年眉壽清徽至範爲晉宗英子孫遵業世篤其慶高密風監清遠簡素寡欲孝以承親忠以奉上方諸枝庶實謂國楨新蔡南陽俱莅方嶽值王室多難中原蕪梗表義甄節效績艱危于時醜類寔繁凶威日逞勢懸衆寡相繼淪亡悲夫譙閔沉雄壯勇作鎭南服屬姦回肆亂稱兵內侮懷忠憤發建義湘州荆沔響應羣才致力雖元勳不立而誠節克彰垂裕後昆奕世貞烈豈不休哉勳托末屬禀性凶暴仍荷朝寄推轂梁岷遂棄親背主負恩放命憑庸蜀之饒苞藏不逞恃江山之固姦謀日深是以縉紳切齒搤積憤之志義士思奮厲忘身之節天道禍淫應時蕩定昔汲黯猶在淮南寢謀周撫若存凶渠未發以邪忌正異代同規詩云自貽伊戚其勳之謂矣習陽悉慶枝葉守約懷逸棲情塵外希蹤物表顧匹夫之獨善貴達節之弘規言出身播猶爲幸也

贊曰安平立節雅性眞亮高密合和宗室之望新蔡遇禍忠全元喪譙門狗義力屈志揚勳自貽戚名隕身亡順不恤忌流播遐方

晉書卷三十七考證

下邳獻王晃傳字子明魏封武始亭侯○監本作魏武封始亭侯今改正

高密文獻王泰傳永興初惱令劉根起兵東萊○惱監本訛恨今從本紀改正

濟南惠王遂傳初京兆人杜洪○監本此下脫以豪族陵琚琚以勇俠傳洪共十一字今照宋本增

晉書卷三十八

唐　太　宗　文　皇　帝　御　撰

列傳第八

宣五王

宣帝九男穆張皇后生景帝文帝平原王幹伏夫人生汝南文成王亮琅邪武王伷清惠亭侯京扶風武王駿張夫人生梁王肜栢夫人生趙王倫汝南王亮亮及倫別有傳

平原王幹字子良少以公子魏時封安陽亭侯稍遷撫軍中郎將進爵平陽鄉侯五等建改封定陶伯武帝踐祚封平原王邑萬一千三百戶給鼓吹駙馬二疋加侍中之服咸寧初遣諸王之國幹有篤疾性理不恒而頗清虛靜退簡於情欲故特詔留之太康末拜光祿大夫加侍中特假金章紫綬班次三司惠帝卽位進左光祿大夫侍中如故劍履上殿入朝不趨幹雖王大國不事其務有所調補必以才能雖有爵祿若不在已秩奉布帛皆露積腐爛陰雨則出犢車而內露車或問其故對曰露者宜內也朝士造之雖通姓名必令立車馬於門外或終夕不見時有得覲與人物酬接亦恂恂恭遜初無闕失前後愛妾死既斂輒不釘棺置後空室中數日一發視或行淫穢須其尸壞乃葬之趙王倫輔政以幹爲衞將軍惠帝反正復爲侍中加太保齊王冏之平趙王倫也宗室朝士皆以牛酒勞冏幹獨懷百錢見冏出之曰趙王逆亂汝能義舉是汝之功今以百錢賀汝雖然大勢難居不可不愼冏既輔政幹詣之冏出迎拜幹入踞其牀不命冏坐語之曰汝勿效白女兒其意指倫也及冏誅幹哭之慟謂左右曰宗室日衰唯此兒最可而復害之從今殆矣東海王越興義至洛陽往視幹幹閉門不通越駐車良久幹乃使人謝遣而自於門間闚之當時莫能測其意或謂之有疾或以爲晦迹焉永嘉五年薨時年八十會劉聰寇洛不遑贈謚有二子世子廣早卒次子永以太熙中封安德縣公散騎常侍皆爲善士遇難合門堙滅

琅邪武王伷字子將正始初封南安亭侯早有才望起家爲寧朔將軍監守鄴城有綏懷之稱累遷散騎常侍進封東武鄉侯拜右將軍監兗州諸軍事兗州刺史五等初建封南皮伯轉征虜將軍假節武帝踐祚封東莞郡王邑萬六百戶始置二卿特詔諸王自選令長伷表讓不許入爲尚書右僕射撫軍將軍出爲鎭東大將軍假節徐州諸軍事代衞瓘鎭下邳伷鎭御有方得將士死力吳人憚之加開府儀同三司改封琅邪王以東莞益其國平吳之役率衆數萬出涂中孫晧奉箋送璽綬詣伷請降詔曰琅邪王伷督率所統連據涂中使賊不得相救又使琅邪相劉弘等進軍逼江賊震懼遣使奉僞璽綬又使長史王恒率諸軍渡江破賊邊守獲督蔡機斬首降附五六萬計諸葛靚孫奕等皆歸命請死功勳茂著其封子二人爲亭侯各三千戶賜絹六千匹頃之并督青州諸軍事加侍中之服進拜大將軍開府儀同三司伷既戚屬尊重加有平吳之功克已恭儉無矜滿之色僚吏盡力百姓懷化疾篤賜牀帳衣服錢帛秔粱等物遣侍中問焉太康四年薨時年五十七臨終表求葬母太妃陵次并乞分國封四子帝許之恭王覲立又封次子澹爲武陵王繇爲東安王漼爲淮陵王覲字思祖拜冗從僕射太熙元年薨時年三十五子睿立是爲元帝中興初以皇子裒爲琅邪王奉恭王祀裒早薨更以皇子煥爲琅邪王其日薨復以皇子昱爲琅邪王咸和之初既徙封會稽成帝又以康帝爲琅邪王康帝卽位封成帝長子哀帝爲琅邪王哀帝卽位以廢帝爲琅邪王廢帝卽位以會稽王攝行琅邪國祀簡文帝登祚琅邪王無嗣及帝臨崩封少子道子爲琅邪王道子

後爲會稽王，更以恭帝爲琅邪王。帝既即位，琅邪國除。

武陵莊王澹字思弘，初爲冗從僕射，後封東武公，邑五千二百戶，轉前將軍、中護軍。性忌害，無孝友之行。弟東安王繇有令名，爲父母所愛，澹惡之如讎，遂譖繇於汝南王亮，亮素與繇有隙，奏廢徙之。趙王倫作亂，以澹爲領軍將軍。澹素與河內郭俶、俶弟侃親善，酒酣，俶等言張華之冤，澹性酗酒，因並殺之，送首于倫，其凶虐如此。澹妻郭氏，賈后內妹也，初恃勢無禮於澹母。齊王冏輔政，澹母諸葛太妃表澹不孝，乞還繇，由是澹與妻子徙遼東。其子禧年五歲，不肯隨去，曰：「要當爲父求還，無爲俱徙。」陳訴歷年，太妃薨，繇被害，然後得還，拜光祿大夫、尚書、太子太傅，改封武陵王。永嘉末，爲石勒所害。子哀王喆立。喆字景林，拜散騎常侍，亦爲勒所害。無子。其後元帝立皇子晞爲武陵王，以奉澹祀焉。

東安王繇字思玄，初拜東安公，歷散騎黃門侍郎，遷散騎常侍。美鬚髯，性剛毅，有威望，博學多才，事親孝，居喪盡禮。誅楊駿之際，繇屯雲龍門，兼統諸軍，以功拜右衞將軍，領射聲校尉，進封郡王，邑二萬戶，加侍中，兼典軍大將軍，領右衞如故。遷尚書右僕射，加散騎常侍。是日誅賞三百餘人，皆自繇出。東夷校尉文俶父欽爲繇外祖諸葛誕所殺，繇慮俶爲舅家之患，是日亦以非罪誅俶。繇兄澹屢構繇於汝南王亮，亮不納。至是，以繇專行誅賞，澹因隙譖之，亮惑其說，遂免繇官，以公就第。坐有悖言，廢徙帶方。永康中，徵繇，復封，拜宗正卿，遷尚書，轉左僕射。惠帝之討成都王穎，時繇遭母喪在鄴，勸穎解兵而降。及王師敗績，穎怨繇，乃害之。後立琅邪王覲子長樂亭侯渾爲東安王，以奉繇祀。尋薨，國除。

淮陵元王漼字思沖，初封廣陵公，食邑二千九百戶，歷左將軍、散騎常侍。趙王倫之篡也，三王起義，漼與左衞將軍王輿攻殺孫秀，因而廢倫，以功進封淮陵王，入爲尚書，加侍中，轉宗正、光祿大夫。薨，子貞王融立。薨，無子。安帝時，立武陵威王孫蘊爲淮陵王，以奉元王之祀，位至散騎常侍。薨，無子，以臨川王寶子安之爲嗣。宋受禪，國除。

清惠亭侯京字子佐，魏末以公子賜爵，年二十四薨，追贈射聲校尉。以文帝子機字太玄爲嗣。泰始元年，封燕王，邑六千六百六十三戶。機之國。咸寧初，徵爲步兵校尉，以漁陽郡益其國，加侍中之服，拜青州都督、鎮東將軍、假節，以北平、上谷、廣寧郡一萬三百三十七戶增燕國爲二萬戶。薨，無子，齊王冏表以子幾嗣。後冏敗，國除。

扶風武王駿字子臧，幼聰惠，年五六歲能書疏，諷誦經籍，見者奇之。及長，清貞守道，宗室之中最爲儁望。魏景初中，封平陽亭侯。齊王芳立，駿年八歲，爲散騎常侍侍講焉。尋遷步兵、屯騎校尉，常侍如故，進爵鄉侯。出爲平南將軍、假節、都督淮北諸軍事，改封平壽侯，轉安東將軍。咸熙初，徙封東牟侯，轉安東大將軍，鎮許昌。武帝踐祚，進封汝陰王，邑萬戶，都督豫州諸軍事。吳將丁奉寇芍陂，駿督諸軍距退之。遷使持節、都督揚州諸軍事，代石苞鎮壽春。尋復都督豫州，還鎮許昌。遷鎮西大將軍、使持節、都督雍涼等州諸軍事，代汝南王亮鎮關中，加袞冕侍中之服。駿善撫御，有威恩，勸督農桑，與士卒分役，己及寮佐并將帥兵士等人限田十畝，具以表聞。詔遣普下州縣，使各務農事。咸寧初，羌虜樹機能等叛，遣衆討之，斬三千餘級。進位征西大將軍，開府辟召，儀同三司，持節、都督如故。又詔駿遣七千人代涼州守兵。樹機能、侯彈勃等欲先刼佃兵，駿命平虜護軍文俶督涼、秦、雍諸軍各進屯以威之。機能乃遣所領二十部及彈勃面縛軍門，各遣入質子。安定、北地、金城諸胡吉軻羅、侯金多及北虜熱冏等二十萬口又來降。其年入朝，徙封扶風王，以氐戶在國界者增封，給羽葆、鼓吹。太康初，進拜驃騎將軍，開府、持節、都督如故。駿有孝行，母伏太妃隨兄亮在官，駿常涕泣思慕，若聞有疾，輒憂懼不食，或時委官定省。少好學，能著論，與荀顗論仁孝先後，文有可稱。及齊王攸出鎮，駿表諫懇切，以帝不從，遂發病薨。追贈大司馬，加侍中、假黃鉞。西土聞其薨也，泣者盈路，百姓爲之樹碑，長老見碑無不下拜，其遺愛如此。有子十人，暢、歆最知名。

暢字玄舒，改封順陽王，拜給事中、屯騎校尉、游擊將軍。永嘉末，劉聰入洛，不知所終。

新野莊王歆字弘舒。武王薨後，兄暢推恩請分國封歆。太康中，詔封新野縣公，邑千八百戶，儀比縣王。歆雖少貴，而謹身履道。母臧太妃薨，居喪過禮，以孝聞。拜散騎常侍。趙王倫篡位，以爲南中郎將。齊王冏舉義兵，移檄天下，歆未知所從。嬖人王綏曰：「趙親而彊，齊疎而弱，公宜從趙。」參軍孫洵大言於衆曰：「趙王凶逆，天下當共討之，大義滅親，古之明典。」歆從之。乃使洵詣冏，冏迎執其手曰：「使我得成大節者，新野公也。」冏入洛，歆躬貫甲冑，率所領導冏。以勳進封新野郡王，邑二萬戶。還使持節、都督荊州諸軍事、鎮南大將軍、開府儀同三司。歆將之鎮，與冏同乘謁陵，因說冏曰：「成都至親，同建大勳，今宜留之與輔政。若不能耳，當奪其兵權。」冏不從。俄而冏敗，歆懼，自結於成都王穎。歆爲政嚴刻，蠻夷並怨。及張昌作亂於江夏，歆表請討之。時長沙王乂執政，與成都王穎有隙，疑歆與穎連謀，不聽歆出兵，昌衆日盛。時孫洵爲從事中郎，謂歆曰：「古人有言：『一日縱敵，數世之患。』公荷藩屏之任，居推轂之重，拜表輒行，有何不可！而使姦凶滋蔓，禍釁不測，豈維翰王室、鎮靜方夏之謂乎！」歆將出軍，王綏又曰：「昌等小賊，偏裨自足制之，不煩違帝命，親矢石也。」乃止。昌至樊城，歆出距之，衆潰，爲昌所害。追贈驃騎將軍。無子，以兄子劭爲後。永嘉末，沒於石勒。

梁孝王肜字子徽，清修恭慎，無他才能，以公子封平樂亭侯。及五等建，改封開平子。武帝踐祚，封梁王，邑五千三百五十八戶。及之國，遷北中郎將，督鄴城守事。時諸王自選官屬，肜以汝陰上計吏張蕃爲中大夫。蕃素無行，本名雄，妻劉氏解音樂，爲曹爽教伎。蕃又往來何晏所，而恣爲姦淫。晏誅，徙河間，乃變名自結於肜。爲有司所奏，詔削一縣。咸寧中，復以陳國、汝南南頓增封爲次國。太康中，代孔洵監豫州軍事，加平東將軍，鎮許昌。頃之，又以本官代下邳王晃監青徐州軍事，進號安東將軍。元康初，轉征西將軍，代秦王柬都督關中軍事，領護西戎校尉。加侍中，進督梁州。尋徵爲衞將軍、錄尚書事，行太子太保，給千兵百騎。久之，復爲征西大將軍，代趙王倫鎮關中，都督涼雍諸軍事，置左右長史、司馬。又領西戎校尉，屯好畤，督建威將軍周處、振威將軍盧播等伐氐賊齊萬年於六陌。肜與處有隙，促令進軍而絕其後，播又不救之，故處見害。朝廷尤之。尋徵拜大將軍、尚書令、領軍將軍、錄尚書事。肜嘗大會，謂參軍王銓曰：「我從兄爲尚書令，不能啖大臠。大臠故難。」銓曰：「公在此獨嚼，尚難矣。」肜曰：「長史大臠爲誰？」曰：「盧播是也。」肜曰：「是家吏，隱之耳。」銓曰：「天下咸是家吏，便恐王法不可復行。」肜又曰：「我在長安，作何等不善！」因指單衣補幰以爲清。銓答曰：「朝野望公舉薦賢才，使不仁者遠。而位居公輔，以衣補幰，以此爲清，無足稱也。」肜有慙色。永康初，共趙王倫廢賈后，詔以肜爲太宰、守尚書令，增封二萬戶。趙王倫輔政，有星變，占曰「不利上相」。孫秀懼倫受災，乃省司徒爲丞相，以授肜，猥加崇進，欲以應之。或曰：「肜無權，不益也。」肜固讓不受。及倫篡位，以肜爲阿衡，給武賁百人，軒懸之樂十人。倫滅，詔以肜爲太宰、領司徒，又代高密王泰爲宗師。永康二年薨，喪葬依汝南文成王亮故事。博士陳留蔡充議謚曰：「肜位爲宰相，責深任重，屬尊親近，且爲宗師，朝所仰望，下所具瞻，而臨大節，無不可奪之志；當危事，不能舍生取義；愍懷之廢，不聞一言之諫；淮南之難，不能因勢輔義；趙王倫篡逆，不能引身去朝。宋有蕩氏之亂，華元自以不能居官，曰：『君臣之訓，我所司也。公室卑而不正，吾罪大矣。』夫以區區之宋，猶有不素餐之臣，而況帝王之朝，有苟容之相，此而不貶，法將何施！謹按謚法『不勤成名曰靈』，肜見義不爲，不可謂勤，宜謚曰靈。」梁國常侍孫霖及肜親黨稱枉，臺乃下符曰：「賈氏專權，趙王倫篡逆，皆力制朝野，肜勢不得去，而責其不能引身去朝，義何所據？」充重議曰：「肜爲宗室臣，而國亂不能匡，主顛不能扶，非所以爲相。故春秋譏華元、樂舉，謂之不臣。且賈氏之酷烈，不甚於呂后，而王陵猶得杜門；趙王倫之無道，不甚於殷紂，而微子猶得去之。近者太尉陳準，異姓之人，加弟徽有射鉤之隙，亦得託疾辭位，不涉僞朝。何至於肜親倫之兄，而不得去乎！趙盾入諫不從，出亡不遠，猶不免於責，況肜不能去位，北面事僞主乎！宜如前議，加其貶責，以廣爲臣之節，明事君之道。」於是朝廷從充議。肜故吏復追訴不已，故改焉。無子，以武陵王澹子禧爲後，是爲懷王，拜征虜將軍，與澹俱沒於石勒。元帝時，以西陽王羕子悝爲肜嗣，早薨，是爲殤王。至是，懷王子翹自石氏歸國，得立，是爲聲王，官至散騎常侍。薨，無子，詔以武陵威王子璉爲翹嗣，歷永安太僕，與父晞俱廢徙新安。薨。太元中，復國，子龢立。薨，子珍之立。桓玄篡位，國臣孔璞奉珍之奔于壽陽。義旗初，乃歸，累遷左衞將軍、太常卿。劉裕伐姚泓，請爲諮議參軍，爲裕所害，國除。

文六王

文帝九男：文明王皇后生武帝、齊獻王攸、城陽哀王兆、遼東悼惠王定國、廣漢殤王廣德，其樂安平王鑒、燕王機、皇子永祚、樂平王延祚，不知母氏。燕王機繼清惠亭侯，別有傳。永祚早亡，無傳。

齊獻王攸字大猷，少而岐嶷。及長，清和平允，親賢好施，愛經籍，能屬文，善尺牘，爲世所楷。才望出武帝之右，宣帝每器之。景帝無子，命攸爲嗣。從征王淩，封長樂亭侯。及景帝崩，攸年十歲，哀動左右，大見稱嘆。襲封武陽侯，奉景獻羊后於別第，事后以孝聞。復歷散騎常侍、步兵校尉，時年十八，綏撫軍部，甚有威惠。五等建，改封安昌侯，遷衞將軍。居文帝喪，哀毀過禮，杖而後起。左右以稻米乾飯雜理中丸進之，攸泣而不受。太后自往勉諭曰：「若萬一加以他疾，將復如何！宜遠慮深計，不可專守一志常遺人逼進飲食司馬嵇喜又諫曰毀不滅性聖人之教且大王地即密親任惟元輔匹夫猶惜其命以爲祖宗況荷天下之大業輔帝室之重任而可盡無極之哀與顔閔爭孝不可令賢人笑愚人幸也喜躬自進食攸不得已爲之强飯喜退攸謂左右曰嵇司馬將令我不忘居喪之節得存區區之身耳武帝踐阼封齊王時朝廷草創而攸總統軍事撫寧內外莫不景附焉詔議藩王令自選國內長吏攸奏議曰昔聖王封建萬國以親諸侯軌跡相承莫之能改誠以君不世居則人心偸幸人無常主則風俗僞薄是以先帝深覽經遠之統思復先哲之軌分土畫疆建爵五等或以進德或以酬功伏惟陛下應期創業樹建親戚聽使藩國自除長吏而今草創制度初立雖庸蜀順軌吳猶未賓宜俟清泰乃議復古之制書比三上輒報不許其後國相上長吏缺典書令請求差選攸下令曰忝受恩禮不稱惟憂至於官人敍才皆朝廷之事非國所宜裁也其令自上請之時王家人衣食皆出御府攸表租秩足以自供求絕之前後十餘上帝又不許攸雖未之國文武官屬下至士卒分租賦以給之疾病死喪賜與之而時有水旱國內百姓則加振貸須豐年乃責十減其二國內賴之遷驃騎將軍開府辟召禮同三司降身虛己待物以信常歎公府不按吏然以董御戎政復有威克之宜乃下敎曰夫先王馭世明罰勑法鞭朴作教以正逋慢且唐虞之朝猶須督責前欲撰次其事使粗有常儀煩簡之宜未審其要故令劉程二君詳定然思惟之鄭鑄刑書叔向不韙范宣議制仲尼譏之令皆如舊無所增損其常節度所不及者隨事處決諸吏各竭乃心思同在公古人之節如有所闕以賴股肱匡佐之規庶以免負於是內外祇肅時驃騎當罷營兵兵士數千人戀攸恩德不肯去遮京兆主言之帝乃還攸兵攸每朝政大議悉心陳之詔以比年饑饉議所節省攸奏議曰臣聞先王之教莫不先正其本務農重本國之大綱當今方隅清穆武夫釋甲廣分休假以就農業然守相不能勤心恤公以盡地利昔漢宣歎曰與朕理天下者惟良二千石乎勤加賞罰黜陟幽明于時翕然用多名守計今地有餘羡而不農者衆加附業之人復有虛假通天下謀之則飢者必不少矣今宜嚴勑州郡檢諸虛詐害農之事督實南畝上下同奉所務則天下之穀可復古政豈患於暫一水旱便憂饑餒哉考績黜陟畢使嚴明畏威懷惠莫不自厲又都邑之內游食滋多巧伎末業服飾奢麗富人兼美猶有魏之遺弊染化日淺靡財害穀動復萬計宜申明舊法必禁絕之使去奢節儉不奪農時畢力稼穡以實倉廩則榮辱禮節由之而生興化反本於茲爲盛轉鎮軍大將軍加侍中羽葆鼓吹行太子少傅數年授太子太傅獻箴於太子曰伊昔上皇建國立君仰觀天文俯察地理創業恢道以安人承祀祚延統重故援立太子尊以弘道固以貳己儲德既立邦有所恃夫親仁者功成邇佞者國傾故保相之材必擇賢明昔在周成旦奭作傅外以明德自輔內以親親立固德以義濟親則自然羸廢公族其崩如山劉建子弟漢祚永傳楚以無極作亂宋以伊戾興難張禹佞給卒危彊漢輔弼不忠禍及乃躬匪徒乃躬乃喪乃邦無曰父子不聞昔有江充無曰至親匪貳或容潘崇諛言亂眞譖潤離親驪姬之讒晉侯疑申固親以道勿固以恩脩身以敬勿託以尊自損者有餘自益者彌昏庶事不可以不恤大本不可以不敦見亡戒危覩安思存冢子司義敢告在闇世以爲工咸寧二年代賈充爲司空侍中太傅如故初攸特爲文帝所寵愛每見攸輒撫牀呼其小字曰此桃符座也幾爲太子者數矣及帝寢疾慮攸不安爲武帝敍漢淮南王魏陳思故事而泣臨崩執攸手以授帝先是太后有疾既瘳帝與攸奉觴上壽攸以太后前疾危篤因歔欷流涕帝有愧焉攸嘗侍帝疾恒有憂戚之容時人以此稱歎之及太后臨崩亦流涕謂帝曰桃符性急而汝爲兄不慈我若遂不起恐必不能相容以是屬汝勿忘我言及帝晚年諸子並弱而太子不令朝臣內外皆屬意於攸中書監荀勗侍中馮紞皆諂諛自進攸素疾之勗等以朝望在攸恐其爲嗣禍必及己乃從容言於帝曰陛下萬歲之後太子不得立也帝曰何故勗曰百僚內外皆歸心於齊王太子焉得立乎陛下試詔齊王之國必舉朝以爲不可則臣言有徵矣紞又言曰陛下遣諸侯之國成五等之制者宜先從親始親莫若齊王帝既信勗言又納紞說太康三年乃下詔曰古者九命作伯或入毗朝政或出御方嶽周之呂望五侯九伯實得征之侍中司空齊王攸明德清暢忠允篤誠以母弟之親受台輔之任佐命立勳劬勞王室宜登顯位以稱具瞻其以爲大司馬都督青州諸軍事侍中如故假節將本營千人親騎帳下司馬大車皆如舊增鼓吹一部官騎滿二十人置騎司馬五人餘主者詳案舊制施行攸不悅主簿丁頤曰昔太公封齊猶表東海桓公九合以長五伯況殿下誕德欽明恢弼大藩穆然東軫莫不得所何必絳闕乃弘帝載攸曰吾無匡時之用卿言何多明年策攸曰於戲惟命不于常天既遷有魏之祚我有晉既受順天明命光建羣后越造王國于東土錫茲青社用藩翼我邦家茂哉無怠以永保宗廟又詔下太常議崇錫之物以濟南郡益齊國又以攸子寔爲北海王於是備物典策設軒懸之樂六佾之舞黃鉞朝車乘輿之副從焉攸知勗紞構已憤怨發疾乞守先后陵不許帝遣御醫診視諸醫希旨皆言無疾疾轉篤猶催上道攸自彊入辭素持容儀疾雖困尚自整厲舉止如常帝益疑無疾辭出信宿歐血而薨時年三十六帝哭之慟馮紞侍側曰齊王名過其實而天下歸之今自薨隕社稷之福也陛下何哀之過帝收淚而止詔喪禮依安平王孚故事廟設軒懸之樂配饗太廟子冏立別有傳攸以禮自拘鮮有過事就人借書必手刊其謬然後反之加以至性過人有觸其諱者輒泫然流涕雖武帝亦敬憚之每引之同處必擇言而後發三子蕤贊寔

蕤字景回出繼遼東王定國太康初徙封東萊王元康中歷步兵屯騎校尉蕤性彊暴使酒數陵侮弟冏冏以兄故容之冏起義兵趙王倫收蕤及弟北海王寔繫廷尉當誅倫太子中庶子祖納上疏諫曰罪不相及惡止其身此先哲之弘謀百王之達制也是故鯀既殛死禹乃嗣興二叔誅放而邢衞無責逮乎戰國及至秦漢明恕之道寢猜嫌之情用乃立質任以御衆設從罪以發姦其所由來蓋三代之弊法耳蕤寔獻王之子明德之胄宜蒙特宥以全穆親之典會孫秀死蕤等悉得免冏擁衆入洛蕤於路迎之冏不即見須符付前頓蕤恚曰吾坐爾殆死曾無友于之情及冏輔政詔以蕤爲散騎常侍加大將軍領後軍侍中特進增邑滿二萬戶又從冏求開府冏曰武帝子吳豫章尚未開府宜且須後蕤以是益怨密表冏專權與左衞將軍王輿謀共廢冏事覺免爲庶人尋詔曰大司馬以經識明斷高謀遠略猥率同盟安復社稷自書契所載周召之美未足比勳故授公上宰東萊王蕤潛懷怨妬包藏禍心與王輿密謀圖欲譖害收輿之日蕤與靑衣共載微服奔走經宿乃還姦凶赫然妖惑外內又前表冏所言深重雖管蔡失道牙慶亂宗不復過也春秋之典大義滅親其徙蕤上庸後封微陽侯永寧初上庸內史陳鍾承冏旨害蕤冏死詔誅鍾復蕤改葬以王禮

贊字景期繼廣漢殤王廣德後年六歲太康元年薨諡沖王

寔字景深初爲長樂亭侯攸以贊薨又以寔繼廣漢殤王後改封北海王永寧初爲平東將軍假節加散騎常侍代齊王冏鎮許昌尋進安南將軍都督豫州軍事增邑滿二萬戶未發留爲侍中上軍將軍給千兵百騎

城陽哀王兆字千秋年十歲而夭武帝踐祚詔曰亡弟千秋少聰慧有夙成之質不幸早亡先帝先后特所哀愍先后欲紹立其後而竟未遂每追遺意情懷感傷其以皇子景度爲千秋後雖非典禮亦近世之所行且以述先后本旨也於是追加兆封諡景度以泰始六年薨復以第五子憲繼哀王後薨復以第六子祗爲東海王繼哀王後薨咸寧初又封第十三子遐爲清河王以繼兆後

遼東悼惠王定國年三歲薨咸寧初追加封諡齊王攸以長子蕤爲嗣蕤薨子遵嗣

廣漢殤王廣德年二歲薨咸寧初追加封諡齊王攸以第五子贊紹封薨攸更以第二子寔嗣廣德

樂安平王鑒字大明初封臨泗亭侯武帝踐祚封樂安王帝爲鑒及燕王機高選師友下詔曰樂安王鑒燕王機並以長大宜得輔導師友取明經儒學有行義節儉使足嚴憚昔韓起與田蘇游而好善宜必得其人泰始中拜越騎校尉咸寧初以齊之梁鄒益封因之國服侍中之服元康初徵爲散騎常侍上軍大將軍領射聲校尉尋遷使持節都督豫州軍事安南將軍代清河王遐鎮許昌以疾不行七年薨子殤王籍立薨無子齊王冏以子冰紹鑒後以濟陰萬一千二百一十九戶改爲廣陽國立冰爲廣陽王冏敗廢

樂平王延祚字大思少有篤疾不任封爵太康初詔曰弟祚早孤無識情所哀愍幼得篤疾日冀其差今遂廢痼無復後望意甚傷之其封爲樂平王使有名號以慰吾心尋薨無子

史臣曰平原性理不恒世莫之測及其處亂離之際屬交爭之秋而能遠害全身享茲介福其愚不可及已琅邪武功既暢飾之以溫恭扶風文教克宣加之以孝行抑宗室之可稱者也齊王以兩獻之親弘二南之化道光雅俗望重台衡百辟具瞻萬方屬意既而地疑致逼文雅見疵紞勗陳蔓草之邪謀武皇深翼子之滯愛遂乃褫龍章於袞職從侯服於下藩未及戎塗終於憤恚惜哉若使天假之年而除其害奉綴衣之命膺負圖之託光輔嗣君允釐邦政求諸冥兆或廢興之有期徵之

人事庶勝殘之可及何八王之敢力爭五胡之能競逐哉詩云人之云亡邦國殄瘁攸實有之讒人罔極交亂四國其荀馮之謂也

贊曰文宣孫子或賢或鄙扶風遺愛琅邪克己澹諂凶魁彤叅猾始幹雖靜退性乖恒理彼美齊獻卓爾不羣自家刑國緯武經文木摧於秀蘭燒以薰

晉書卷三十九

唐　太　宗　文　皇　帝　御　撰

列傳第九

王沈　子浚

王沈字處道太原晉陽人也祖柔漢匈奴中郎將父機魏東郡太守沈少孤養於從叔司徒昶事昶如父奉繼母寡嫂以孝義稱好書善屬文大將軍曹爽辟爲掾累遷中書黃門侍郎及爽誅以故吏免後起爲治書侍御史轉祕書監正元中遷散騎常侍侍中典著作與荀顗阮籍共撰魏書多爲時諱未若陳壽之實錄也時魏高貴鄉公好學有文才引沈及裴秀數於東堂講讌屬文號沈爲文籍先生秀爲儒林丈人及高貴鄉公將攻文帝召沈及王業告之沈業馳白帝以功封安平侯邑二千戶沈既不忠於主甚爲衆論所非尋遷尚書出監豫州諸軍事奮武將軍豫州刺史至鎮乃下教曰自古賢聖樂聞誹謗之言聽輿人之論芻蕘有可錄之事負薪有廊廟之語故也自至鎮日未聞逆耳之言豈未明虛心故令言者有疑其宣下屬城及士庶若能舉遺逸於林藪黜姦佞於州國陳長吏之可否說百姓之所患興利除害損益昭然者給穀五百斛若達一至之言說刺史得失朝政寬猛令剛柔得適者給穀千斛謂余不信明如皎日主簿陳廞褚䂮曰奉省教旨伏用感歎勞謙日昃思聞苦言愚謂上之所好下無不應而近未有極諫之辭遠無傳言之箴者誠得失之事將未有也今使教命班下示以賞勸將恐拘介之士或憚賞而不言貪賕之人將慕利而妄舉苟不合宜賞不虛行則遠聽者未知當否之所在徒見言之不用謂設有而不行愚以告下之事可小須後沈又敎曰夫德薄而位厚功輕而祿重貪夫之所狥高士之所不處也若陳至言於刺史興益於本州達幽隱之賢去祝鮀之佞立德於上受分於下斯乃君子之操何不言之有直言至理忠也惠加一州仁也功成辭賞廉也兼斯而行仁智之事何故懷其道而迷其國哉褚䂮復白曰堯舜周公所以能致忠諫者以其款誠之心著也冰炭不言而冷熱之質自明者以其有實也若好忠直如冰炭之自然則諤諤之臣將濟濟而盈庭逆耳之言不求而自至若德不足以配唐虞明不足以並周公實不可以同冰炭雖懸重賞忠諫之言未可致也昔魏絳由和戎之功蒙女樂之賜管仲有興齊之勳而加上卿之禮功勳明著然後賞勸隨之未聞張重賞以待諫臣懸穀帛以求盡言也沈無以奪之遂從䂮議沈探尋善政按賈逵以來法制禁令諸所施行擇善者而從之又教曰後生不聞先王之教而望政道日興不可得也文武並用長久之道也俗化陵遲不可不革革俗之要實在敦學昔原伯魯不悅學閔馬父知其必亡將吏子弟優閑家門若不教之必致游戲傷毀風俗矣於是九郡之士咸悅道教移風易俗遷征虜將軍持節都督江北諸軍事五等初建封博陵侯班在次國平蜀之役吳人大出聲爲救蜀振蕩邊境沈鎮御有方寇聞而退轉鎮南將軍武帝即王位拜御史大夫守尚書令加給事中沈以才望名顯當世是以創業之事羊祜荀勗裴秀賈充等皆與沈諮謀焉及帝受禪以佐命之勳轉驃騎將軍錄尚書事加散騎常侍統城外諸軍事封博陵郡公固讓不受乃進爵爲縣公邑千八百戶帝方欲委以萬幾泰始二年薨帝素服舉哀賜祕器朝服一具衣一襲錢三十萬布百匹葬田一頃謚曰元明年帝追思沈勳詔曰夫表揚往行所以崇賢垂訓愼終紀遠厚德興教也故散騎常侍驃騎將軍博陵元公沈蹈德居正執心清粹經綸墳典才識通洽入歷常伯納言之位出幹監牧方嶽之任內著謀猷外宣威略建國設官首登公輔兼統中朝出納大命實有翼亮佐世之勳其贈沈司空公以寵靈既往使沒而不朽又前以翼贊之勳當受郡公之封而固辭懇至嘉其讓德不奪其志可以郡公官屬送葬沈素清儉不營產業其使所領兵作屋五十間子浚嗣後沈夫人荀氏卒將合葬沈棺櫬已毀更賜東園祕器咸寧中復追封沈爲郡公

浚字彭祖母趙氏婦良家女也貧賤出入沈家遂生浚沈初不齒之年十五沈薨無子親戚共立浚爲嗣拜駙馬都尉太康初與諸王侯俱就國三年來朝除員外散騎侍郎元康初轉員外常侍遷越騎校尉右軍將軍出補河內太守以郡公不得爲二千石轉東中郎將鎮許昌及愍懷太子幽于許昌浚承賈后旨與黃門孫慮共害太子遷寧北將軍青州刺史尋徙寧朔將軍持節都督幽州諸軍事于時朝廷昏亂盜賊蜂起浚爲自安之計結好夷狄以女妻鮮卑務勿塵又以一女妻蘇恕延及趙王倫篡位三王起義兵浚擁衆挾兩端遏絕檄書使其境內士庶不得赴義成都王穎欲討之而未暇也倫誅進號安北將軍及河間王顒成都王穎興兵內向害長沙王乂而浚有不平之心穎表請幽州刺史石堪爲右司馬以右司馬和演代甚密使演殺浚并其衆演與烏丸單于審登謀之於是與浚期游薊城南清泉水上薊城內西行有二道演浚各從一道演與浚欲合鹵簿因而圖之值天暴雨兵器霑濕不果而還單于由是與其種人謀曰演圖殺浚事垂克而天卒雨使不得果是天助浚也違天不祥我不可久與演同乃以謀告浚浚密嚴兵與單于圍演演持白幡詣浚降遂斬之自領幽州大營器械召務勿塵率胡晉合二萬人進軍討穎以主簿祁弘爲前鋒遇穎將石超於平棘擊敗之浚乘勝遂克鄴城士衆暴掠死者甚多鮮卑大略婦女浚命敢有挾藏者斬於是沈於易水者八千人黔庶荼毒自此始也浚還薊聲實益盛東海王越將迎大駕浚遣祁弘率烏丸突騎爲先驅惠帝旋洛陽轉浚驃騎大將軍都督東夷河北諸軍事領幽州刺史以燕國增博陵之封懷帝即位以浚爲司空領烏丸校尉務勿塵爲大單于浚又表封務勿塵遼西郡公其別部大飄滑及其弟渴末別部大屠甕等皆爲親晉王永嘉中石勒寇冀州浚遣鮮卑文鴦討勒勒走南陽明年勒復寇冀州刺史王斌爲勒所害浚又領冀州詔進浚爲大司馬加侍中大都督督幽冀諸軍事使者未及發會洛京傾覆浚大樹威令專征伐遣督護王昌中山太守阮豹等率諸軍及務勿塵世子疾陸眷并弟文鴦從弟末杯攻石勒於襄國勒率衆來距昌逆擊敗之末杯逐北入其壘門爲勒所獲勒質末杯遣間使求和疾陸眷遂以鎧馬二百五十匹金銀各一麓贖末杯結盟而退其後浚布告天下受稱中詔承制乃以司空荀藩爲太尉光祿大夫荀組爲司隸大司農華薈爲太常中書令李絚爲河南尹又遣祁弘討勒及於廣宗時大霧弘引軍就道卒與勒遇爲勒所殺由是劉琨與浚爭冀州琨使宗人劉希還中山合衆代郡上谷廣甯三郡人皆歸于琨浚患之遂輟討勒之師而與琨相距浚遣燕相胡矩督護諸軍與疾陸眷并力攻破希驅略三郡士女出塞琨不復能爭浚還欲討勒使棗嵩督諸軍屯易水召疾陸眷將與之俱攻襄國浚爲政苛暴將士又貪殘並廣占山澤引水灌田潰陷冢墓調發殷煩下不堪命多叛入鮮卑從事韓咸切諫浚怒殺之疾陸眷自以前後違命恐浚誅之勒亦遣使厚賂疾陸眷等由是不應召浚怒以重幣誘單于猗盧子右賢王日律孫令攻疾陸眷反爲所破時劉琨大爲劉聰所迫諸避亂游士多歸于浚浚日以彊盛乃設壇告類建立皇太子備置衆官浚自領尚書令以棗嵩裴憲並爲尚書使其子居王宮持節領護匈奴中郎將以妻舅崔毖爲東夷校尉又使嵩監司冀并兗諸軍事行安北將軍以田徽爲兗州李惲爲青州惲爲石勒所殺以薄盛代之浚以父字處道爲當塗高應王者之讖謀將僭號胡矩諫浚盛陳其不可浚忿之出矩爲魏郡守前渤海太守劉亮從子北海太守搏司空掾高柔並切諫浚怒誅之浚素不平長史燕國王悌遂因他事殺之時童謠曰十囊五囊入棗郎棗嵩浚之子壻也浚聞責嵩而不能罪之也又謠曰幽州城門似藏戶中有伏尸王彭祖有狐踞府門翟雉入聽事時燕國霍原北州名賢浚以僭位示之原不答浚遂害之由是士人憤怨內外無親以矜豪日甚不親爲政所任多苛刻加亢旱災蝗士卒衰弱浚之承制也參佐皆內叙唯司馬游統外出統怨密與石勒通謀勒乃詐降於浚許奉浚爲主時百姓內叛疾陸眷等侵逼浚喜勒之附己勒遂僞卑辭以事之獻遺珍寶使驛相繼浚以勒爲誠不復設備勒乃遣使剋日上尊號於浚浚許之勒屯兵易水督護孫緯疑其詐馳白浚而引軍逆勒浚不聽使勒直前衆議皆曰胡貪而無信必有詐請距之浚怒欲斬諸言者衆遂不敢復諫盛張設以待勒勒至城便縱兵大掠浚左右復請討之不許及勒登聽事浚乃走出堂皇勒衆執以見勒勒遂與浚妻並坐立浚于前浚罵曰胡奴調汝公何凶逆如此勒數浚不忠於晉并責以百姓餒乏積粟五十萬斛而不振給遂遣五百騎先送浚于襄國收浚麾下精兵萬人盡殺之停二日而還孫緯遮擊之勒僅得免勒至襄國斬浚浚竟不爲之屈大罵而死無子太元二年詔興滅繼絕封沈從孫道素爲博陵公卒子崇之嗣義熙十一年改封東莞郡公宋受禪國除

荀顗

荀顗字景倩潁川人魏太尉彧之第六子也幼爲姊壻

陳羣所賞性至孝總角知名博學洽聞理思周密魏將以父勳除中郎宣帝輔政見顗奇之曰荀令君之子也擢拜散騎侍郎累遷侍中爲魏少帝執經拜騎都尉賜爵關內侯難鍾會易無互體又與扶風王駿論仁孝孰先見稱於世時曹爽專權何晏等欲害太常傅嘏顗營救得免及高貴鄉公立顗言於景帝曰今上踐祚權道非常宜速遣使宣德四方且察外志毋丘儉文欽果不服舉兵反顗預討儉等有功進爵萬歲亭侯邑四百戶文帝輔政遷尚書帝征諸葛誕留顗鎭守顗甥陳泰卒顗代泰爲僕射領吏部四辭而後就職顗承泰後加之淑愼綜核名實風俗澄正咸熙中遷司空進爵鄕侯顗年踰耳順孝養蒸蒸以母憂去職毀幾滅性海內稱之文帝奏宜依漢太傅胡廣喪母故事給司空吉凶導從及蜀平興復五等命顗定禮儀顗上請羊祜任愷庾峻應貞孔顥共刪改舊文撰定晉禮咸熙初封臨淮侯武帝踐祚進爵爲公食邑一千八百戶又詔曰昔禹命九官契敷五教所以弘崇王化示人軌儀也朕承洪業昧于大道思訓五品以康四海侍中司空顗明允篤誠思心通遠翼亮先皇遂輔朕躬實有佐命弼導之勳宜掌教典以隆時雍其以顗爲司徒尋加侍中遷太尉都督城外牙門諸軍事置司馬親兵百人頃之又詔曰侍中太尉顗温恭忠允至行純備博古洽聞耆艾不殆其以公行太子太傅侍中太尉如故時以正德大序雅頌未合命顗定樂事未終以泰始十年薨帝爲舉哀皇太子臨喪二宮賻贈禮秩有加詔曰侍中太尉行太子太傅臨淮公顗清純體道中允立朝歷司內外茂績既崇訓傅東宮徽猷弘著可謂行歸于周有始有卒者矣不幸薨殂朕甚痛之其賜温明祕器朝服一具衣一襲謚曰康又詔曰太尉不恤私門居無館宇素絲之志沒而彌顯其賜家錢二百萬使立宅舍咸寧初詔論次功臣將配饗宗廟所司奏顗等十二人銘功太常配饗清廟顗明三禮知朝廷大儀而無質直之操唯阿意苟合於荀勗賈充之間初皇太子將納妃顗上言賈充女姿德淑茂可以參選以此獲譏於世顗無子以從孫徽嗣中興初以顗兄玄孫序爲顗後封臨淮公序卒又絶孝武帝又封序子恒繼顗後恒卒子龍符嗣宋受禪國除

荀勗　子藩　藩子邃　闓　藩弟組　組子奕

荀勗字公曾潁川潁陰人漢司空爽曾孫也祖棐射聲校尉父肸早亡勗依于舅氏岐嶷夙成年十餘歲能屬文從外祖魏太傅鍾繇曰此兒當及其曾祖既長遂博學達於從政仕魏辟大將軍曹爽掾遷中書通事郎爽誅門生故吏無敢往者勗獨臨赴衆乃從之爲安陽令轉驃騎從事中郎勗有遺愛安陽生爲立祠遷廷尉正參文帝大將軍軍事賜爵關內侯轉從事中郎領記室高貴鄉公欲爲變時大將軍掾孫佑等守閶闔門帝弟安陽侯幹聞難欲入佑謂幹曰未有入者可從東掖門及幹至帝遲之幹以狀白帝欲族誅佑勗諫曰孫佑不納安陽誠宜深責然事有逆順用刑不可以喜怒爲輕重今成倅刑止其身佑乃族誅恐義士私議乃免佑爲庶人時官騎路遺求爲刺客入蜀勗言於帝曰明公以至公宰天下宜仗正義以伐違貳而名以刺客除賊非所謂刑于四海以德服遠也帝稱善及鍾會謀反審問未至而外人先告之帝待會素厚未之信也勗曰會雖受恩然其性未可許以見得思義不可不速爲之備帝卽出鎭長安主簿郭奕參軍王深以勗是會從甥少長舅氏勸帝斥出之帝不納而使勗陪乘待之如初先是勗啓伐蜀宜以衞瓘爲監軍及蜀中亂賴瓘以濟會平還洛與裴秀羊祜共管機密時將發使聘吳並遣當時文士作書與孫晧帝用勗所作晧既報命和親帝謂勗曰君前作書使吳思順勝十萬之衆也帝卽晉王位以勗爲侍中封安陽子邑千戶武帝受禪改封濟北郡公勗以羊祜讓乃固辭爲侯拜中書監加侍中領著作與賈充共定律令充將鎭關右也勗謂馮紞曰賈公遠放吾等失勢太子婚尚未定若使充女得爲妃則不留而自停矣勗與紞伺帝間並稱充女才色絶世若納東宮必能輔佐君子有關雎后妃之德遂成婚當時甚爲正直者所疾而獲佞媚之譏焉久之進位光祿大夫既掌樂事又修律呂並行於世初勗於路逢趙賈人牛鐸識其聲及掌樂音韻未調乃曰得趙之牛鐸則諧矣遂下郡國悉送牛鐸果得諧者又嘗在帝坐進飯謂在坐人曰此是勞薪所炊咸未之信帝遣問膳夫乃云實用故車腳舉世伏其明識俄領祕書監與中書令張華依劉向別錄整理記籍又立書博士置弟子教習以鍾胡爲法咸寧初與石苞等並爲佐命功臣列於銘饗及王濬表請伐吳勗與賈充固諫不可帝不從而吳果滅以專典詔命論功封子一人爲亭侯邑一千戶賜絹千匹又封孫顯爲潁陽亭侯及得汲郡冢中古文竹書詔勗撰次之以爲中經列在祕書時議遣王公之國帝以問勗勗對曰諸王公已爲都督而使之國則廢方任又分割郡縣人心戀本必用嗷嗷國皆置軍官兵還當給國而闕邊守帝重使勗思之勗又陳曰如詔準古方伯選才使軍國各隨方面爲都督誠如明旨至於割正封疆使親疎不同誠爲佳矣然分裂舊土猶懼多所搖動必使人心恖擾思惟竊宜如前若於事不得不時有所轉封而不至分割土域有所損奪者可隨宜節度其五等體國經遠實不成制度然但虛名其於實事畧與舊郡縣鄕亭無異若造次改奪恐不能不以爲恨今方了其大者以爲五等可須後裁度凡事雖有久而益善者若臨時或有不解亦不可忽帝以勗言爲允多從其意時又議省州郡縣半吏以赴農功勗議以爲省吏不如省官省官不如省事省事不如清心昔蕭曹相漢載其清靜致畫一之歌此清心之本也漢文垂拱幾致刑措此省事也光武并合吏員縣官國邑裁置十一此省官也魏太和中遣王人四出減天下吏員正始中亦并合郡縣此省吏也今必欲求之於本則宜以省事爲先凡居位者使務思蕭曹之心以翼佐大化篤義行崇敦睦使昧寵忘本者不得容而僞行自息浮華者懼矣重敬讓尚止足令賤不妨貴少不陵長遠不間親新不間舊小不加大淫不破義則上下相安遠近相信矣位不可以進趣得譽不可以朋黨求則是非不妄而明官人不惑於聽矣去奇技抑異說好變舊以徼非常之利者必加其誅則官業有常人心不遷矣事留則政稽政稽則功廢處位者而孜孜不怠奉職司者而夙夜不懈則雖在挈缾而守不假器矣使信若金石小失不害大政忍忿悁以容之簡文案畧細苛令之所施必使人易視聽願之如陽春畏之如雷震勿使微文煩撓爲百吏所黷二三之命爲百姓所厭則吏竭其誠下悅上命矣設官分職委事責成君子心競而不力爭量能受任思不出位則官無異業政典不奸矣凡此皆愚所謂省事之本也苟無此愆雖不省吏天下必謂之省矣若欲省官私謂九寺可并於尚書蘭臺宜省付三府然施行歷代世之所習是以久抱愚懷而不敢言至於省事實以爲善若直作大例皆減其半恐文武衆官郡國職業及事之興廢不得皆同凡發號施令典而當則安儻有駁者或致壅否凡職所臨履先精其得失使忠信之官明察之長各裁其中先條上言之然後混齊大體詳宜所省則令下必行不可搖動如其不爾恐適惑人聽比前行所省皆須臾輒復或激而滋繁亦不可不重勗論議損益多此類太康中詔曰勗明哲聰達經識天序有佐命之功兼博洽之才久典內任著勳弘茂詢事考言謀猷允誠宜登大位毗贊朝政今以勗爲光祿大夫儀同三司開府辟召守中書監侍中侯如故時太尉賈充司徒李胤並薨太子太傅又缺勗表陳三公保傅宜得其人若使楊珧參輔東宮必當仰稱聖意尚書令衞瓘吏部尚書山濤皆可爲司徒如以瓘新爲令未出者濤卽其人帝並從之明年秋諸州郡大水兗土尤甚勗陳宜立都水使者其後門下啓通事令史伊羡趙咸爲舍人對掌文法詔以問勗勗曰今天下幸賴陛下聖德六合爲一望道化隆洽垂之將來而門下上稱程咸張惲下稱此等欲以文法爲政皆愚臣所未達者昔張釋之諫漢文謂獸圈嗇夫不宜見用邴吉住車明調和陰陽之本此二人豈不知小吏之惠誠重惜大化也昔魏武帝使中軍司荀攸典刑獄明帝時猶以付內常侍以臣所聞明帝時唯有通事劉泰等官不過與殿中同號耳又頃言論者皆云省官減事而求益吏者相尋矣多云尚書郎太令史不親文書乃委付舊令史及幹誠吏多則相倚也增置文法之職適恐更耗擾臺閣臣竊謂不可時帝素知太子闇弱恐後亂國遣勗及和嶠往觀之勗還盛稱太子之德而嶠云太子如初於是天下貴嶠而賤勗帝將廢賈妃勗與馮紞等諫請故得不廢時議以勗傾國害時孫資劉放之匹然性愼密每有詔令大事雖已宣布然終不言不欲使人知己豫聞也族弟良曾勸勗曰公大失物情有所進益者自可語之則懷恩多矣其壻武統亦說勗宜有所營置令有歸戴者勗並默然不應退而語諸子曰人臣不密則失身樹私則背公是大戒也汝等亦當宦達人間宜識吾此意久之以勗守尚書令勗久在中書專管機事及失之甚惘惘悵悵或有賀之者勗曰奪我鳳凰池諸君賀我邪及在尚書課試令史以下覈其才能有闇於文法不能決疑處事者卽時遣出帝嘗謂曰魏武帝言荀文若之進善不進不止荀公達之退惡不退不休二令君之美亦望於君也居職月餘以母憂上還印綬帝不許遣常侍周恢喻旨勗乃奉詔視職勗久管機密有才思探得人主微旨不犯顏忤爭故得始終全其寵祿太康十年卒詔贈司徒賜東園祕器朝服一具錢五十萬布百匹遣兼御史持節護喪謚曰成勗有十子其達者輯藩組輯嗣官至衞尉卒謚曰簡子畯嗣卒謚曰烈無適子以弟息識爲嗣輯子綽綽字彥舒博學有才能撰晉後書十五篇傳於世永嘉末爲司空從事中郎沒於石勒爲勒參軍

藩字大堅元康中爲黃門侍郎受詔成父所治鍾磬以

從駕討齊王冏勳封西華縣公累遷尚書令永嘉末轉司空未拜而洛陽陷沒藩出奔密王浚承制奉藩爲留臺太尉及愍帝爲太子委藩督攝遠近建興元年薨於開封年六十九因葬亡所謚曰成追贈太保藩二子邃閭

邃字道玄解音樂善談論弱冠辟趙王倫相國掾遷太子洗馬長沙王乂以爲參軍乂敗成都王爲皇太弟精選僚屬以邃爲中舍人鄴城不守隨藩在密元帝召爲丞相從事中郎以道險不就愍帝就加左將軍陳留相父憂去職服闋襲封愍帝欲納邃女先徵爲散騎常侍邃懼西都危逼故不應命而東渡江元帝以爲軍諮祭酒太興初拜侍中邃與刁協婚親時協執權欲以邃爲吏部尚書邃深距之尋而王敦討協協黨與並及於難唯邃以疎協獲免敦表爲廷尉以疾不拜遷太常轉尚書蘇峻作亂邃與王導荀崧並侍天子於石頭峻平後卒贈金紫光祿大夫謚曰靖子汪嗣

闓字道明亦有名稱京師爲之語曰洛中英英荀道明大司馬齊王冏辟爲掾冏敗暴尸已三日莫敢收葬闓與冏故吏李述稽含等露板請葬朝議聽之論者稱焉爲太傅主簿中書郎與邃俱渡江拜丞相軍諮祭酒中興建遷右軍將軍轉少府明帝嘗從容問王廙曰二荀兄弟孰賢廙答以闓才明過邃帝以語庾亮亮曰邃眞粹之地亦闓所不及由是議者莫能定其兄弟優劣歷御史中丞侍中尚書封射陽公太寧二年卒追贈衞尉謚曰定子達嗣

組字大章弱冠太尉王衍見而稱之曰夷雅有才識初爲司徒左西屬補太子舍人司徒王渾請爲從事中郎轉左長史歷太子中庶子滎陽太守趙王倫爲相國欲收大名選海內德望之士以江夏李重及組爲左右長史東平王堪沛國劉謨爲左右司馬倫篡以組爲侍中及長沙王乂敗惠帝遣組及散騎常侍閭丘沖詣成都王穎慰勞其軍帝西幸長安以組爲河南尹遷尚書轉衞尉賜爵成陽縣男加散騎常侍中書監轉司隸校尉加特進光祿大夫常侍如故于時天下已亂組兄弟貴盛懼不容於世雖居大官並諷議而已永嘉末復以組爲侍中領太子太保未拜會劉曜王彌逼洛陽組與藩俱出奔懷帝蒙塵司空王浚以組爲司隸校尉組與藩移檄天下以琅邪王爲盟主愍帝稱皇太子組卽太子之舅及領司隸校尉行豫州刺史事與藩並保滎陽之開封建興初詔藩行留臺事俄而藩薨帝更以組爲司空領尚書左僕射又兼司隸復行留臺事州征郡守皆承制行爲進封臨潁縣公加太夫人世子印綬明年進位太尉領豫州牧假節元帝承制以組都督司州諸軍加散騎常侍餘如故頃之又除尚書令表讓不拜及西都不守組乃遣使移檄天下共勸進帝欲以組爲司徒以問太常賀循循曰組舊望清重忠勤顯著遷訓五品實允衆望於是拜組爲司徒組逼於石勒不能自立大興初自許昌率其屬數百人渡江給千兵百騎組先所領仍皆統攝頃之詔組與太保西陽王羕並錄尚書事各加班劒六十人永昌初遷太尉領太子太保未拜薨年六十五謚曰元子奕嗣

奕字玄欣少拜太子舍人駙馬都尉侍講東宮出爲鎭東參軍行揚武將軍新汲令愍帝爲皇太子召爲中舍人尋拜散騎侍郎皆不就隨父渡江元帝踐祚拜中庶子遷給事黃門郎父憂去職服闋補散騎常侍侍中時將繕宮城尚書符下陳留王使出城夫奕駮曰昔虞賓在位書稱其美詩詠有客載在雅頌今陳留王位在三公之上坐在太子之右故答表曰書賜物曰與此古今之所崇體國之高義也謂宜除夫役時尚書張闓僕射孔愉難奕以爲昔宋不城周春秋所譏特錫非禮宜應減夫奕重駮以爲春秋之末文武之道將墜于地新有子朝之亂于時諸侯逋替莫肯率職宋之于周實有列國之權且同已勤王而主之者晉客而辭役責之可也今之陳留無列國之勢此之作否何益有無臣以爲宜除於國職爲全詔從之時又通議元會日帝應敬司徒王導不博士郭熙杜援等以爲禮無拜臣之文謂宜除敬侍中馮懷議曰天子修禮莫盛於辟雍當爾之日猶拜三老況今先帝師傅謂宜盡敬事下門下奕議曰三朝之首宜明君臣之體則不應敬若它日小會自可盡禮又至尊與公書手詔則曰頓首言中書爲詔則云敬問散騎優冊則曰制命今詔文尚異況大會之與小會理豈得同詔從之咸和七年卒追贈太僕謚曰定

馮紞

馮紞字少胄安平人也祖浮魏司隸校尉父員汲郡太守紞少博涉經史識悟機辯歷仕爲魏郡太守轉步兵校尉徙越騎得幸於武帝稍遷左衞將軍承顏悅色寵愛日隆賈充荀勗並與之親善充女之爲皇太子妃也紞有力焉及妃之將廢紞勗乾沒救請故得不廢伐吳之役紞領汝南太守以郡兵隨王濬入秣陵遷御史中丞轉侍中帝病篤得愈紞與勗見朝野之望屬在齊王攸攸素薄勗勗以太子愚劣恐攸得立有害於己乃使紞言於帝曰陛下前者疾若不差太子其廢矣齊王爲百姓所歸公卿所仰雖欲高讓其得免乎宜遣還藩以安社稷帝納之及攸薨朝野悲恨初帝友于之情甚篤旣納紞勗邪說遂爲身後之慮以固儲位旣聞攸殞哀慟特深紞侍立因言曰齊王名過於實今得自終此乃大晉之福陛下何乃過哀帝收淚而止初謀伐吳紞與賈充荀勗同共苦諫不可吳平紞內懷慙懼疾張華如讎及華外鎭威德大著朝論當徵爲尚書令紞從容侍帝論晉魏故事因諷帝言華不可授以重任帝默然而止事具華傳太康七年紞疾詔以紞爲散騎常侍賜錢二十萬牀帳一具尋卒二子播熊播字長秋熊字文羆中書郎紞兄恢自有傳

史臣曰夫立身之道曰仁與義靜動旣形悔吝斯及有莘之媵殊北門之情渭濱之叟匪西山之節湯武有以濟其功夏殷不能議其志王沉才經文武早尸人爵在魏參席上之珍居晉爲幄中之士桐宮之謀遽泄武闈之禍遂臻是知田光之口豈燕丹之可絕豫讓之形非智氏之能變動靜之際有據蒺蔾仁義之方求之彌遠矣彭祖謁由捧雉孕本貿絲因家乏主遂登顯秩擁北州之士馬偶東京之糜沸自可感召諸侯宣力王室而乘間伺隙潛圖不軌放肆獯虜遷播乘輿遂使漳滏蕭然黎元塗地縱貪夫於藏戶戮高士於燕垂阻越石之內難邀世龍之外府惡稔毒痛坐致焚燎假手仇敵方申凶獷慶封之戮慢罵何補哉公曾慈明之孫景倩文若之子踐隆堂而高視齊逸軌而長鶩孝敬足以承親周愼足以事主刊姬公之舊典採蕭相之遺法然而援朱均以貳極煽褒閻而偶震雖廢興有在隆替靡常稽之人事乃二荀之力也至於斗粟興謠鶡里成詠勗之階禍又已甚焉馮紞外騁戚施內窮狙詐斃攸安賈交勗讎張心滔楚費過踰晉伍爰絲獻壽空取慰於仁心紞之陳說幸收哀於迷慮投畀之罰無聞靑蠅之詩不作矣

贊曰處道文林胡貳爾心彭祖凶孽自貽伊慼臨淮翼翼孝形于色安陽英英匪懈其職傾齊附魯是爲蟊賊紞之不藏交亂罔極

晉書卷三十九考證

王沉傳演與浚欲合鹵簿○史記黥布傳注楚軍前簿簿者鹵簿梁書王僧儒傳道遇中丞鹵簿是知百官皆可稱鹵簿并各分差等矣

荀勗傳東平王堪沛國劉謨爲左右司馬○堪監本誤典今從閣本

晉書卷四十

唐 太 宗 文 皇 帝 御 撰

列傳第十

賈充

賈充字公閭平陽襄陵人也父逵魏豫州刺史陽里亭侯逵晚始生充言後當有充閭之慶故以爲名字焉充少孤居喪以孝聞襲父爵爲侯拜尚書郎典定科令兼度支考課辯章節度事皆施用累遷黃門侍郎汲郡典農中郎將參大將軍軍事從景帝討毌丘儉文欽於樂嘉帝疾篤還許昌留充監諸軍事以勞增邑三百五十戶後爲文帝大將軍司馬轉右長史帝新執朝權恐方鎭有異議使充詣諸葛誕圖欲伐吳陰察其變充旣論說時事因謂誕曰天下皆願禪代君以爲何如誕厲聲曰卿非賈豫州子乎世受魏恩豈可欲以社稷輸人乎若洛中有難吾當死之充默然及還白帝曰誕在揚州威名夙著能得人死力觀其規略爲反必也今徵之反速而事小不徵事遲而禍大帝乃徵誕爲司空而誕果叛復從征誕充進計曰楚兵輕而銳若深溝高壘以逼賊城可不戰而尅也帝從之城陷帝登壘以勞充帝先歸洛陽使充統後事進爵宣陽鄉侯增邑千戶遷廷尉充雅長法理有平反之稱轉中護軍高貴鄉公之攻相府也充率衆距戰於南闕軍將敗騎督成倅弟太子舍人濟謂充曰今日之事何如充曰公等養汝正擬今日復何疑濟於是抽戈犯蹕及常道鄉公卽位進封安陽鄉侯增邑千二百戶統城外諸軍加散騎常侍鍾會謀反於蜀帝假充節以本官都督關中隴右諸軍事西據漢中未至而會死時軍國多事朝廷機密皆與籌之帝甚信重充與裴秀王沉羊祜荀勗同受腹心之任帝又命充定法律假金章賜甲第一區五等初建封臨沂侯爲晉元勳深見寵異祿賜常優於羣官充有刀筆才能

觀察上旨初文帝以景帝恢贊王業方傳位於舞陽侯攸充稱武帝寬仁且又居長有人君之德宜奉社稷及文帝寢疾武帝請問後事文帝曰知汝者賈公閭也帝襲王位拜充晉國衞將軍儀同三司給事中改封臨潁侯及受禪充以建明大命轉車騎將軍散騎常侍尚書僕射更封魯郡公母柳氏爲魯國太夫人充所定新律既班于天下百姓便之詔曰漢氏以來法令嚴峻故自元成之世及建安嘉平之間咸欲辯章舊典刪革刑書述作體大歷年無成先帝愍元元之命陷於密網親發德音釐正名實車騎將軍賈充獎明聖意諮詢善道太傅鄭沖又與司空荀顗中書監荀勗中軍將軍羊祜中護軍王業及廷尉杜友守河南尹杜預散騎侍郎裴楷潁川太守周雄齊相郭頎騎都尉成公綏荀煇尚書郎柳軌等典正其事朕每鑒其用心常慨然嘉之今法律既成始班天下刑寬禁簡足以克當先旨昔蕭何以定律受封叔孫通以制儀爲奉常賜金五百斤弟子皆爲郎夫立功立事古之所重自太傅車騎以下皆加祿賞其詳依故典於是賜充子弟一人關內侯絹五百疋固讓不許後代裴秀爲尚書令常侍車騎將軍如故尋改常侍爲侍中賜絹七百匹以母憂去職詔遣黃門侍郎慰問又以東南有事遣典軍將軍楊囂宣諭使六旬還內充爲政務農節用并官省職帝善之又以文武異容求罷所領兵及羊祜等出鎭充復上表欲立勳邊境帝並不許從容任職褒貶在己頗好進士每有所薦達必始終經緯之是以士多歸焉帝舅王恂嘗毀充而充更進恂或有背充以要權貴者充皆陽以素意待之而充無公方之操不能正身率下專以諂媚取容侍中任愷中書令庾純等剛直守正咸共疾之又以充女爲齊王妃懼後益盛及氐羌反叛時帝深以爲慮愷因進說請充鎭關中乃下詔曰秦涼二境比年屢敗胡虜縱暴百姓荼毒遂使異類扇動害及中州雖復吳蜀之寇未嘗至此誠由所任不足以內撫夷夏外鎭醜逆輕用其衆而不能盡其力非得心腹之重推轂委成大臣其弊恐爲患未已每慮斯難忘寢與食侍中守尚書令車騎將軍賈充雅量弘高達見明遠武有折衝之威文懷經國之慮信結人心名震域外使權統方任綏靜西夏則吾無西顧之念而遠近獲安矣其以充爲使持節都督秦涼二州諸軍事侍中車騎將軍如故假羽葆鼓吹給第一駙馬朝之賢良欲進忠規獻替者皆幸充此舉望隆惟新之化充既外出自以爲失職深銜任愷計無所從將之鎭百僚餞于夕陽亭荀勗私焉充以憂告勗曰公國之宰輔而爲一夫所制不亦鄙乎然是行也辭之實難獨有結婚太子不頓駕而自留矣充曰然孰可寄懷對曰勗請行之俄而侍宴論太子婚姻事勗因言充女才質令淑宜配儲宮而楊皇后及荀顗亦並稱之帝納其言會京師大雪平地二尺軍不得發既而皇儲當婚遂不西行詔充居本職先是羊祜密啓留充及是帝以語充充謝祜曰始知君長者時吳將孫秀降拜爲驃騎大將軍帝以充舊臣欲改班使車騎居驃騎之右充固讓見聽尋遷司空侍中尚書令領兵如故會帝寢疾充及齊王攸荀勗參醫藥及疾愈賜絹各五百匹初帝疾篤朝廷屬意於攸河南尹夏侯和謂充曰卿二女壻親疎等耳立人當立德充不荅及是帝聞之徙和光祿勳乃奪充兵權而位遇無替尋轉太尉行太子太保錄尚書事咸寧三年日食於三朝充請遜位不許更以沛國之公丘益其封寵倖愈甚朝臣咸側目焉河南尹王恂上言弘訓太后入廟合食於景皇帝齊王攸不得行其子禮充議以爲禮諸侯不得祖天子公子不得禰先君皆謂奉統承祀非謂不得復其父祖也攸身宜服三年喪事自如臣制有司奏若如充議服子服行臣制未有前比宜如恂表攸喪服從諸侯之例帝從充議伐吳之役詔充爲使持節假黃鉞大都督總統六師給羽葆鼓吹緹幢兵萬人騎二千置左右長史司馬從事中郎增參軍騎司馬各十人帳下司馬二十人大車官騎各三十人充慮大功不捷表陳西有昆夷之患北有幽并之戍天下勞擾年穀不登興軍致討懼非其時又臣老邁非所克堪詔曰君不行吾便自出充不得已乃受節鉞將中軍爲諸軍節度以冠軍將軍楊濟爲副南屯襄陽吳江陵諸守皆降充乃徙屯項王濬之剋武昌也充遣使表曰吳未可悉定方夏江淮下濕疾疫必起宜召諸軍以爲後圖雖腰斬張華不足以謝天下華豫平吳之策故充以爲言中書監荀勗奏宜如充表帝不從杜預聞充有奏馳表固爭言平在旦夕使及至轘轅而孫晧已降吳平軍罷帝遣侍中程咸犒勞賜充帛八千疋增邑八千戶分封從孫暢新城亭侯蓋安陽亭侯弟陽里亭侯混從孫關內侯衆增戶邑充本無南伐之謀固諫不見用及師出而吳平大慙懼議欲請罪帝聞充當詣闕豫幸東堂以待之罷節鉞僚佐仍假鼓吹麾幢充與群臣上告成之禮請有司具其事帝謙讓不許及疾篤上印綬遜位帝遣侍臣諭旨問疾殿中太醫致湯藥賜牀帳錢帛自皇太子宗室躬省起居太康三年四月薨時年六十六帝爲之慟使使持節太常奉策追贈太宰加兗冕之服綠綟綬御劍賜東園祕器朝服一具衣一襲大鴻臚護喪事假節鉞前後部羽葆鼓吹緹麾大路鑾路轀輬車帳下司馬大車椎斧文衣武賁輕車介士葬禮依霍光及安平獻王故事給塋田一頃與石苞等爲王功配饗廟庭謚曰武追贈充子黎民爲魯殤公充婦廣城君郭槐性妬忌初黎民年三歲乳母抱之當閤黎民見充入喜笑充就而拊之槐望見謂充私乳母卽鞭殺之黎民戀念發病而死後又生男過期復爲乳母所抱充以手摩其頭郭疑乳母又殺之兒亦思慕而死充遂無胤嗣及薨槐輒以外孫韓謐爲黎民子奉充後郎中令韓咸中尉曹軫諫槐曰禮大宗無後以小宗支子後之無異姓爲後之文無令先公懷腆后土良史書過豈不痛心槐不從咸等上書求改立嗣事寢不報槐遂表陳是充遺意帝乃詔曰太宰魯公充崇德立勳勤勞佐命背世殂隕每用悼心又胤子早終世嗣未立古者列國無嗣取始封支庶以紹其統而近代更除其國至於周之公旦漢之蕭何或豫建元子或封爵元妃蓋尊顯勳庸不同常例太宰素取外孫韓謐爲世子黎民後吾退而斷之外孫骨肉至近推恩計情合於人心其以謐爲魯公世孫以嗣其國自非功如太宰始封無後如太宰所取必以己自出不如太宰皆不得以爲比及下禮官議充謚博士秦秀議謚曰荒帝不納博士段暢希旨建議謚曰武帝乃從之自充薨至葬賻賜二千萬惠帝卽位賈后擅權加充廟備六佾之樂母郭爲宜城君及郭氏亡謚曰宣特加殊禮時人譏之而莫敢言者

初充前妻李氏淑美有才行生二女褒裕褒一名荃裕一名濬父豐誅李氏坐流徙後娶城陽太守郭配女卽廣城君也武帝踐阼李以大赦得還帝特詔充置左右夫人充母亦勑充迎李氏郭槐怒攘袂數充曰刊定律令爲佐命之功我有其分李那得與我並充乃荅詔託以謙沖不敢當兩夫人盛禮實畏槐也而荃爲齊王攸妃欲令充遣郭而還其母時沛國劉含母及帝舅羽林監王虔前妻皆毋丘儉孫女此例既多質之禮官皆不能決雖不遣後妻多異居私通充自以宰相爲海內準則乃爲李築室於永年里而不往來荃濬每號泣請充充竟不往會充當鎭關右公卿供帳祖道荃濬懼充遂去乃排幔出於坐中叩頭流血向充及羣僚陳母應還之意衆以荃王妃皆驚起而散充甚愧愕遣黃門將宮人扶去既而郭槐女爲皇太子妃帝乃下詔斷如李比皆不得還後荃恚憤而薨初槐欲省李氏充曰彼有才氣卿往不如不往及女爲妃槐乃盛威儀而去既入戶李氏出迎槐不覺腳屈因遂再拜自是充每出行槐輒使人尋之恐其過李也初充母柳見古今重節義竟不知充與成濟事以濟不忠數追罵之侍者聞之無不竊笑及將亡充問所欲言柳曰我教汝迎李新婦尚不肯安問他事遂無言及充薨後李氏二女乃欲令其母祔葬賈后弗之許也及后廢李氏乃得合葬李氏作女訓行於世

謐字長深母賈午充少女也父韓壽字德真南陽堵陽人魏司徒暨曾孫美姿貌善容止賈充辟爲司空掾充每讌賓寮其女輒於青璅中窺之見壽而悅焉問其左右識此人不有一婢說壽姓字云是故主人女大感想發於寤寐婢後往壽家具說女意并言其女光麗豔逸端美絕倫壽聞而心動便令爲通殷勤婢以白女女遂潛修音好厚相贈結呼壽夕入壽勁捷過人踰垣而至家中莫知惟充覺其女悅暢異於常日時西域有貢奇香一著人則經月不歇帝甚貴之惟以賜充及大司馬陳騫其女密盜以遺壽充寮屬與壽燕處聞其芬馥稱之於充自是充意知女與壽通而其門閤嚴峻不知所由得入乃夜中陽驚託言有盜因使循牆以觀其變左右白曰無餘異惟東北角如狐狸行處充乃考問女之左右具以狀對充祕之遂以女妻壽壽官至散騎常侍河南尹元康初卒贈驃騎將軍謐好學有才思既爲充嗣繼佐命之後又賈后專恣謐權過人主至乃鏁繫黃門侍郎其爲威福如此負其驕寵奢侈踰度室宇崇僭器服珍麗歌僮舞女選極一時開閣延賓海內輻湊貴遊豪戚及浮競之徒莫不盡禮事之或著文章稱美謐以方賈誼渤海石崇歐陽建滎陽潘岳吳國陸機陸雲蘭陵繆徵京兆杜斌摯虞琅邪諸葛詮弘農王粹襄城杜育南陽鄒捷齊國左思清河崔基沛國劉瓌汝南和郁周恢安平牽秀潁川陳眕太原郭彰高陽許猛彭城劉訥中山劉輿劉琨皆傅會於謐號曰二十四友其餘不得預焉歷位散騎常侍後軍將軍廣城君薨去職喪未終起爲祕書監掌國史先是朝廷議立晉書限斷中書監荀勗謂宜以魏正始起年著作郎王瓚欲引嘉平已下朝臣盡入晉史于時依違未有所決惠帝立更使議之謐上議請從泰始爲斷於是事下三府司徒王戎司空張華領軍將軍王衍侍中樂廣黃門侍郎嵇紹國子博士謝衡皆從謐議騎都尉濟北侯荀畯侍

中荀藩黃門侍郎華混以爲宜用正始開元博士荀熙刁協謂宜嘉平起年謐重執奏戎華之議事遂施行尋轉侍中領祕書監如故謐時從帝幸宣武觀校獵諷尚書於會中召謐受拜誡左右勿使人知於是衆疑其有異志矣謐既親貴數入二宮共愍懷太子遊處無屈降心常與太子奕棋爭道成都王穎在坐正色曰皇太子國之儲君賈謐何得無禮謐懼言之於后遂出穎爲平北將軍鎮鄴及爲常侍侍講東宮太子意有不悅謐患之而其家數有妖異飄風吹其朝服飛上數百丈墜于中丞臺又蛇出其被中夜暴雷震其室柱陷入地壓毀牀帳謐甚恐及遷侍中專掌禁內遂與后成謀誣陷太子及趙王倫廢后以詔召謐於殿前將戮之走入西鍾下呼曰阿后救我乃就斬之韓壽少弟蔚有器望及壽兄鞏令保弟散騎侍郎預吳王友鑒謐母賈午皆伏誅初充伐吳時常屯項城軍中忽失充所在充帳下都督周勤時晝寢夢見百餘人錄充引入一逕勤驚覺聞失充乃出尋索忽覩所夢之道遂往求之果見充行至一府舍侍衞甚盛府公南面坐聲色甚厲謂充曰將亂吾家事必爾與荀勗既惑吾子又亂吾孫間使任愷黜汝而不去又使庾純詈汝而不改今吳寇當平汝方表斬張華汝之闇戇皆此類也若不悛慎當且夕加罪充因叩頭流血公曰汝所以延日月而名器如此者是衞府之勳耳終當使係嗣死於鍾虡之間大子斃於金酒之中小子困於枯木之下荀勗亦宜同然其先德小濃故在汝後數世之外國嗣亦替言畢命去充忽然得還營顏色憔悴性理昏喪經日乃復及是謐死於鍾下賈后服金酒而死賈午考竟用大杖終皆如所言趙王倫之敗朝廷追述充勳議立其後欲以充後孫散騎侍郎衆爲嗣衆陽狂自免以子禿後充封魯公又病死永興中立充從曾孫湛爲魯公奉充後遭亂死國除泰始中人爲充等謠曰賈裴王亂紀綱王裴賈濟天下言亡魏而成晉也

充弟混字宮奇篤厚自守無殊才能太康中爲宗正卿歷鎮軍將軍領城門校尉加侍中封永平侯卒贈中軍大將軍儀同三司充從子彝遵並有鑒裁俱爲黃門郎遵弟模最知名

模字思範少有志尚頗覽載籍而沉深有智算確然難奪深爲充所信愛每事籌之焉充年衰疾劇恒憂已謐傳模曰是非久自見不可掩也起家爲邵陵令遂歷事二宮尚書吏部郎以公事免起爲車騎司馬豫誅楊駿封平陽鄉侯邑千戶及楚王瑋矯詔害汝南王亮太保衞瓘詔使模將中騶三百人收之是時賈后旣豫朝政欲委信親黨拜模散騎常侍二日擢爲侍中模乃盡心匡弼推張華裴頠同心輔政數年之中朝野寧靜模之力也乃加授光祿大夫然模潛執權勢外形欲遠之每事啓奏賈后事入輒取急或託疾以避之至於素有嫌忿多所中陷朝廷甚憚之加貪冒聚斂富擬王公但賈后性甚強暴模每盡言開陳禍福后不能從反謂模毀已於是委任之情日衰而讒間之徒遂進模不得志憂憤成疾卒追贈車騎將軍開府儀同三司謚曰成子遊字彥將嗣歷官太子侍講員外散騎侍郎

郭彰

郭彰字叔武太原人賈后從舅也與賈充素相親遇充妻待彰若同生歷散騎常侍尚書衞將軍封冠軍縣侯及賈后專朝彰豫參權勢物情歸附賓客盈門世人稱爲賈郭謂謐及彰也卒謚曰烈

楊駿

楊駿字文長弘農華陰人也少以王官爲高陸令驍騎鎮軍二府司馬後以后父超居重任自鎮軍將軍遷車騎將軍封臨晉侯識者議之曰夫封建諸侯所以藩屏王室也后妃所以供粢盛弘內教也后父始封而以臨晉爲侯兆於亂矣尚書褚䂮郭奕並表駿小器不可以任社稷之重武帝不從帝自太康以後天下無事不復留心萬幾惟耽酒色始寵后黨請謁公行而駿及珧濟勢傾天下時人有三楊之號及帝疾篤未有顧命佐命功臣皆已没矣朝臣惶惑計無所從而駿盡斥羣公親侍左右因輒改易公卿樹其心腹會帝小間見所用者非乃正色謂駿曰何得便爾乃詔中書以汝南王亮與駿夾輔王室駿恐失權寵從中書借詔觀之得便藏匿中書監華廙恐懼自往索之終不肯與信宿之間上疾遂篤后乃奏帝以駿輔政帝頷之便召中書監華廙令何劭口宣帝旨使作遺詔曰昔伊望作佐勳垂不朽周霍拜命名冠往代侍中車騎將軍行太子太保領前將軍楊駿經德履喆鑒識明遠毗翼二宮忠肅茂著宜正位上台擬跡阿衡其以駿爲太尉太子太傅假節都督中外諸軍事侍中錄尚書領前將軍如故置參軍六人步兵三千人騎千人移止前衞將軍珧故府若止宿殿中宜有翼衞其差左右衞三部司馬各二十人殿中都尉司馬十人給駿令得持兵仗出入詔成后對廙劭以呈帝帝親視而無言自是二日而崩駿遂當寄託之重居太極殿梓宮將殯六宮出辭而駿不下殿以武賁百人自衞不恭之迹自此而始惠帝卽位進駿爲太傅太都督假黃鉞錄朝政百官總己慮左右間己乃以其甥段廣張劭爲近侍之職凡有詔命帝省訖入呈太后然後乃出駿知賈后情性難制甚畏憚之又多樹親黨皆領禁兵於是公室怨望天下憤然矣駿弟珧濟皆有儁才數相諫止駿不能用因廢於家駿闇於古義動違舊典武帝崩未踰年而改元議者咸以爲違春秋踰年書卽位之義朝廷惜於前失令史官沒之故明年正月復改年焉駿自知素無美望懼不能輯和遠近乃依魏明帝卽位故事遂大開封賞欲以悅衆爲政嚴碎愎諫自用不允衆心馮翊太守孫楚素與駿厚說之曰公以外戚居伊霍之重握大權輔弱主當仰思古人至公至誠謙順之道於周則周召爲宰在漢則朱虛東牟未有庶姓專朝而克終慶祚者也今宗室親重藩王方壯而公不與共參萬幾內懷猜忌外樹私昵禍至無日矣駿不能從弘訓少府蒯欽駿之姑子少而相昵直亮不回屢以正言犯駿珧濟爲之寒心欽曰楊文長雖闇猶知人之無罪不可妄殺必當疎我我得疎外可以不與俱死不然傾宗覆族其能久乎殿中中郎孟觀李肇素不爲駿所禮陰構駿將圖社稷賈后欲預政事而憚駿不得逞其所欲又不肯以婦道事皇太后黃門董猛始自帝之爲太子卽爲寺人監在東宮給事於賈后密通消息於猛謀廢太后猛乃與肇觀潛相結托賈后又令肇報大司馬汝南王亮使連兵討駿亮曰駿之凶暴死亡無日不足憂也肇報楚王瑋瑋然之於是求入朝駿素憚瑋先欲召入防其爲變因遂聽之及瑋至觀肇乃啓帝夜作詔中外戒嚴遣使奉詔廢駿以侯就第東安公繇率殿中四百人隨其後以討駿段廣跪而言於帝曰楊駿受恩先帝竭心輔政且孤公無子豈有反理願陛下審之帝不答時駿居曹爽故府在武庫南聞內有變召衆官議之太傅主簿朱振說駿曰今內有變其趣可知必是閹豎爲賈后設謀不利於公宜燒雲龍門以示威索造事者首開萬春門引東宮及外營兵公自擁翼皇太子入宮取姦人殿內震懼必斬送之可以免難駿素怯懦不決乃曰魏明帝造此大功奈何燒之侍中傅祗夜白駿請與武茂俱入雲龍門觀察事勢祗因謂羣寮宮中不宜空便起揖於是皆走尋而殿中兵出燒駿府又令弩士於閣上臨駿府而射之駿兵皆不得出駿逃于馬廐以戟殺之觀等受賈后密旨誅駿親黨皆夷三族死者數千人又令李肇焚駿家私書賈后不欲令武帝顧命手詔聞于四海也駿旣誅莫敢收者惟太傅舍人巴西閻纂殯斂之初駿徵高士孫登遺以布被登截被於門大呼曰斫斫刺刺旬日託疾詐死及是其言果驗永熙中溫縣有人如狂造書曰光光文長大戟爲牆毒藥雖行戟還自傷及駿居內府以戟爲衞焉永寧初詔曰舅氏失道宗族隕墜渭陽之思孔懷感傷其以蓩亭侯楊超爲奉朝請騎都尉以慰蓼莪之思焉

珧字文琚歷位尚書令衞將軍素有名稱得幸於武帝時望在駿前以兄貴盛知權寵不可居自乞遜位前後懇至終不獲許初聘后珧表曰歷觀古今一族二后未嘗以全而受覆宗之禍乞以表事藏之宗廟若如臣之言得以免禍從之右軍督趙休上書陳王莽五公兄弟相代今楊氏三公並在大位而天變屢見臣竊爲陛下憂之由此珧益懼固求遜位聽之賜錢百萬絹五千匹珧初以退讓稱晚乃合朋黨搆出齊王攸中護軍羊琇與北軍中候成粲謀欲因見珧而手刃之珧知而辭疾不出諷有司奏琇轉爲太僕自是舉朝莫敢枝梧而素論盡矣珧臨刑稱冤云事在石函可問張華當時皆謂宜爲申理合依鍾繇事例而賈氏族黨待諸楊如讐促行刑者遂斬之時人莫不嗟歎焉

濟字文通歷位鎮南征北將軍遷太子太傅濟有才藝嘗從武帝校獵北芒下與侍中王濟俱著布袴褶騎馬執角弓在輦前猛獸突出帝命王濟射之應弦而倒須臾復一出濟受詔又射殺之六軍大叫稱快帝重兵官多授貴戚清望濟以武藝號爲稱職與兄珧深慮盛滿乃與諸甥李斌等共切諫駿斥出王佑爲河南太守建立皇儲皆濟謀也初駿忌大司馬汝南王亮催使之藩濟與斌數諫止之駿遂疎濟濟謂傅咸曰若家兄徵大司馬入退身避之門戶可得免耳不爾行當赤族咸曰但徵還共崇至公便立太平無爲避也夫人臣不可有專豈獨外戚今宗室疎因外戚之親以得安外戚危倚宗室之重以爲援所謂唇齒相依計之善者濟益懼而問石崇曰人心云何崇曰賢兄執政疎外宗室宜與四海共之濟曰見兄可及此崇見駿及焉駿不納後與諸兄俱見害難發之夕東宮召濟濟謂裴楷曰吾將何之楷曰子爲保傅當至東宮濟好施久典兵馬所從四百餘人皆秦中壯士射則命中皆欲救濟濟已入宮莫不歎恨

史臣曰賈充以諂諛陋質刀筆常材幸屬昌辰濫叨非

據抽戈犯順曾無猜憚之心杖鉞推亡遽有知難之請非惟魏朝之悖逆抑亦晉室之罪人者歟然猶身極寵光任兼文武存荷台衡之寄没有從享之榮可謂無德而祿殃將及矣逮乎貽厥乃乞丐之徒嗣惡稔之餘基縱姦邪之凶德煽茲哲婦索彼惟家雖及誅夷曷云塞責昔當塗闕翦公閭實肆其勞典午分崩南風亦盡其力可謂君以此始必以此終信乎其然矣楊駿階緣寵幸遂荷棟梁之任敬之猶恐弗逮驕奢淫泆庸可免乎括母以明智全身會昆以先言獲宥文琚識同曩烈而罰異昔人悲夫

贊曰公閭便佞心乖雅正邀遇時來遂階榮命乞丐承緒凶家亂政瑣瑣文長遂居棟梁據非其位乃底滅亡珧雖先覺亦罹禍殃

晉書卷四十一

唐　太　宗　文　皇　帝　御　撰

列傳第十一

魏舒

魏舒字陽元任城樊人也少孤爲外家甯氏所養甯氏起宅相宅者云當出貴甥外祖母以魏氏甥小而慧意謂應之舒曰當爲外氏成此宅相久乃別居身長八尺二寸姿望秀偉飲酒石餘而遲鈍質朴不爲鄉親所重從叔父吏部郎衡有名當世亦不之知使守水碓每歎曰舒堪數百戸長我願畢矣舒亦不以介意不修常人之節不爲皎厲之事每欲容才長物終不顯人之短性好騎射著韋衣入山澤以漁獵爲事唯太原王乂謂舒曰卿終當爲台輔然今未能令妻子免飢寒吾當助卿營之常振其匱乏舒受而不辭舒嘗詣野王主人妻夜產俄而聞車馬之聲相問曰男也女也曰男書之十五以兵死復問寢者爲誰曰魏公舒後十五載詣主人問所生兒何在曰因條桑爲斧傷而死舒自知當爲公矣年四十餘郡上計掾察孝廉宗黨以舒無學業勸令不就可以爲高耳舒曰若試而不中其負在我安可虛竊不就之高以爲已榮乎於是自課百日習一經因而對策升第除澠池長遷浚儀令入爲尚書郎時欲沙汰郎官非其才者罷之舒曰吾卽其人也襆被而出同寮素無清論者咸有愧色談者稱之累遷後將軍鍾毓長史毓每與參佐射舒常爲畫籌而已後遇朋人不足以舒滿數毓初不知其善射舒容範閑雅發無不中舉坐愕然莫有敵者毓謝而歎曰吾之不足以盡卿才有如此射矣豈一事哉轉相國參軍封劇陽子府朝碎務未嘗見是非至於廢興大事衆人莫能斷者舒徐爲籌之多出衆議之表文帝深器重之每朝會坐罷目送之曰魏舒堂堂人之領袖也遷宜陽滎陽二郡太守甚有聲稱徵拜散騎常侍出爲冀州刺史在州三年以簡惠稱入爲侍中武帝以舒清素特賜絹百匹遷尚書以公事當免官詔以贖論舒三娶妻皆亡是歲自表乞假還本郡葬妻詔賜葬地一頃錢五十萬太康初拜右僕射舒與衞瓘山濤張華等以六合混一宜用古典封禪東嶽前後累陳其事帝謙讓不許以舒爲左僕射領吏部上言今選六宮娉以玉帛而舊使御府丞奉娉宣成嘉禮贄重使輕以爲拜三夫人宜使卿九嬪使五官中郎將美人良人使謁者於典制爲弘有詔詳之衆議異同遂寢加右光祿大夫儀同三司及山濤薨以舒領司徒有頃卽眞舒有威重德望祿賜散之九族家無餘財陳留周震累爲諸府所辟辟書旣下公輒喪亡僉號震爲殺公掾莫有辟者舒乃命之而竟無患識者以此稱其達命以年老每稱疾遜位中復暫起署兗州中正尋又稱疾尚書左丞郤詵與舒書曰公久疾小差視事是也唯上所念何意起訖還臥曲身迴法甚失具瞻之望公少立巍巍一旦棄之可不惜哉舒稱疾如初後以災異遜位帝不聽後因正旦朝罷還第表送章綬帝手詔敦勉而舒執意彌固乃下詔曰司徒劇陽子舒體道弘粹思量經遠忠肅居正在公盡規入管銓衡官人允敘出贊袞職敷弘五教惠訓播流德聲茂著可謂朝之俊乂者也而屢執沖讓辭旨懇誠申覽反覆省用憮然蓋成人之美先典所與難違至情今聽其所執以劇陽子就第位同三司祿賜如前几杖不朝賜錢百萬牀帳簟褥百副以舍人四人爲劇陽子舍人置官騎十人使光祿勳奉策主者詳案典禮令皆如舊制於是賜安車駟馬門施行馬舒爲事必先行而後言遜位之際莫有知者時論以爲晉興以來三公能辭榮祿終者未之有也司空衞瓘與舒書曰每與足下共論此事日日未果可謂瞻之在前忽焉在後矣太熙元年薨時年八十二帝甚傷悼賵賻優厚謚曰康子混字延廣清惠有才行爲太子舍人年二十七先舒卒朝野咸爲舒悲惜舒每哀慟退而歎曰吾不及莊生遠矣豈以無益自損乎於是終服不復哭詔曰舒唯一子薄命短折舒告老之年處窮獨之苦每念怛然爲之嗟悼思所以散愁養氣可更增滋味品物仍給賜陽燧四望總窻戸皀輪車牛一乘庶出入觀望或足散憂也以庶孫融嗣又早卒從孫晃嗣

李憙

李憙字季和上黨銅鞮人也父佺漢大鴻臚憙少有高行博學研精與北海管寧以賢良徵不行累辟三府不就宣帝復辟憙爲太傅屬固辭疾郡縣扶輿上道時憙母疾篤乃竊踰泫氏城而徒還遂遭母喪論者嘉其志節後爲并州別駕時驍騎將軍秦朗過并州州將畢軌敬爲令乘車至閤憙固諫以爲不可軌不得已從之景帝輔政命憙爲大將軍從事中郎憙到引見謂憙曰昔先公辟君而君不應今孤命君而君至何也對曰先君以禮見待憙得以禮進退明公以法見繩憙畏法而至帝甚重之轉司馬尋拜右長史從討毌丘儉還遷御史中丞當官正色不憚強禦百僚震肅焉薦樂安孫璞亦以道德顯時人稱爲知人尋遷大司馬以公事免司馬伷爲寧北將軍鎭鄴以憙爲軍司頃之除涼州刺史加揚威將軍假節領護羌校尉綏御華夷甚有聲績羌虜犯塞憙因其隙會不及啓聞輒以便宜出軍深入遂大尅獲以功重免譴時人比之漢朝馮甘焉於是請還許之居家月餘拜冀州刺史累遷司隸校尉及魏帝告禪于晉憙以本官行司徒事副太尉鄭沖奉策泰始初封祁侯憙上言故立進令劉友前尚書山濤中山王睦故尚書僕射武陔各占官三更稻田請免濤睦等官陔已亡請貶謚詔曰法者天下取正不避親貴然後行耳吾豈將枉縱其間哉然案此事皆是友所作侵剝百姓以繆惑朝士姦吏乃敢作此其考竟友以懲邪佞濤等不貳其過者皆勿有所問易稱王臣蹇蹇匪躬之故今憙亢志在公當官而行可謂邦之司直者矣光武有云貴戚且斂手以避二鮑豈其然乎其申敕羣寮各愼所司寬宥之恩不可數遇也憙爲二代司隸朝野稱之以公事免其年皇太子立以憙爲太子太傅自魏明帝以後久曠東宮制度廢闕官司不具詹事左右率庶子中舍人諸官並未置唯置衞率令典兵二傅并攝衆事憙在位累年訓道盡規遷尚書僕射拜特進光祿大夫以年老遜位詔曰光祿大夫特進李憙杖德居義當升台司毗亮朕躬而以年尊致仕雖優游無爲可以頤神而虛心之望能不憮然其因光祿之號改假金紫置官騎十人賜錢五十萬祿賜班禮一如三司門施行馬初憙爲僕射時涼州虜寇邊憙唱義遣軍討之朝士謂出兵不易虜未足爲患竟不從之後虜果大縱逸涼州覆没朝廷深悔焉以憙清素貧儉賜絹百匹及齊王攸出鎭憙上疏諫爭辭甚懇切憙自歷仕雖清非異衆而家無儋積親舊故人乃至分衣共食未嘗私以王官及卒追贈太保謚曰成子贊嗣少子儉字仲約歷左積弩將軍屯騎校尉儉子弘字世彥少有清節永嘉末歷給事黃門侍郎散騎常侍

劉寔

劉寔字子眞平原高唐人也漢濟北惠王壽之後也父廣斥丘令寔少貧苦賣牛衣以自給然好學手約繩口誦書博通古今清身潔已行無瑕玷郡察孝廉州舉秀才皆不行以計吏入洛調爲河南尹丞遷尚書郎廷尉正後歷吏部郎參文帝相國軍事封循陽子鍾會鄧艾之伐蜀也有客問寔曰二將其平蜀乎寔曰破蜀必矣而皆不還客問其故笑而不答竟如其言寔之先見皆此類也以世多進趣廉遜道闕乃著崇讓論以矯之其辭曰古之聖王之化天下所以貴讓者欲以出賢才息爭競也夫人情莫不欲已之賢也故勸令讓賢以自明賢也豈假讓不賢哉故讓道興賢能之人不求而自出矣至公之舉自立矣百官之副亦豫具矣一官缺擇衆官所讓最多者而用之審之道也在朝之士相讓於上草廬之人咸皆化之推賢讓能之風從此生矣爲一國所讓則一國士也天下所共推則天下士也推讓之風行則賢與不肖灼然殊矣此道之行在上者無所用其心因成清議隨之而已故曰蕩蕩乎堯之爲君莫之能名言天下自安矣不見堯所以化之故不能名也又曰舜禹之有天下而不與焉無爲而化者其舜也歟賢人相讓於朝大才之人恒在大官小人不爭於野天下無事矣以賢才化無事至道興矣已仰其成復何與焉故可以歌南風之詩彈五弦之琴也成此功者非有他崇讓之所致耳孔子曰能以禮讓爲國則不難也在朝之人不務相讓久矣天下化之自魏代以來登進辟命之士及在職之吏臨見受敘雖自辭不能終莫肯讓有勝已者夫推讓之風息爭競之心生孔子曰上興讓則下不爭明讓不興下必爭也推讓之道興則賢能之人日見推舉爭競之心生則賢能之人日見謗毀夫爭者之

欲自先甚惡能者之先不能無毀也故孔墨不能免世之謗已況不及孔墨者乎議者僉然言世少高名之才朝廷不有大才之人可以爲大官者山澤人小官吏亦復云朝廷之士雖有大官名德皆不及往時人也余以爲此二者皆失之矣非時獨乏賢也時不貴讓一人有先衆之譽毀必隨之名不得成使之然也雖令稷契復存亦不復全其名矣能否混雜優劣不分士無素定之價官職有缺主選之吏不知所用但案官次而舉之同才之人先用者非勢家之子則必爲有勢者之所念也非能獨賢因其先用之資而復遷之無已遷之無已不勝其任之病發矣觀在官之人政績無聞自非勢家之子率多因資次而進也向令天下貴讓士必由於見讓而後名成名成而官乃得用之諸名行不立之人在官無政績之稱讓之者必矣官無因得而用之也所以見用不息者由讓道廢因資用人之有失久矣故自漢魏以來時開大舉令衆官各舉所知唯才所任不限階次如此者甚數矣其所舉必有當者不聞時有擢用不知何誰最賢故也所舉必有不當而罪不加不知何誰最不肖也所以不可得知由當時之人莫肯相推賢愚之名不別令其如此舉者知在上者察不能審故敢漫舉而進之或舉所賢因及所念一頓而至人數猥多各言所舉者賢加之高狀相似如一難得而分矣參錯相亂眞僞同貫更復由此而甚雖舉者不能盡忠之罪亦由上開聽察之路濫令其爾也昔齊王好聽竽聲必令三百人合吹而後聽之廩以數人之俸南郭先生不知吹竽者也以三百人合吹可以容其不知因請爲王吹竽虛食數人之俸嗣王覺而改之難彰先王之過乃下令曰吾之好聞竽聲有甚於先王欲一一列而聽之先生於此逃矣推賢之風不立濫舉之法不改則南郭先生之徒盈於朝矣才高守道之士日退馳走有勢之門日多矣雖國有典刑弗能禁矣夫讓道不興之弊非徒賢人在下位不得時進也國之良臣荷重任者亦將以漸受罪退矣何以知其然也孔子以爲顏氏之子不貳過耳明非聖人皆有過寵貴之地欲之者多矣惡賢能者塞其路其過而毀之者亦多矣夫謗毀之生非徒空設必因人之微過而甚之者也毀謗之言數聞在上者雖欲弗納不能不仗所聞因事之來而微察之也無以其驗至矣得其驗安得不理其罪若知而縱之王之威日衰令之不行自此始矣知之皆理之受罪退者稍多大臣有不自固之心夫賢才不進貴臣日疎此有國者之深憂也詩曰受祿不讓至于已斯亡不讓之人憂亡不暇而望其益國朝不亦難乎竊以爲改此俗甚易耳何以知之夫一時在官之人雖雜有凡猥之才其中賢明者亦多矣豈可謂皆不知讓賢爲貴邪直以其時皆不讓習以成俗故遂不爲耳人臣初除皆通表上聞名之謝章所由來尚矣原謝章之本意欲進賢能以謝國恩也昔舜以禹爲司空禹拜稽首讓于稷契及咎繇使益爲虞官讓于朱虎熊羆使伯夷典三禮讓于夔龍唐虞之時衆官初除莫不皆讓也謝章之義蓋取於此書記之者欲以永世作則季世所用不賢不能讓賢虛謝見用之恩而已相承不變習俗之失也夫敘用之官得通章表者其讓賢推能乃通其不能有所讓徒費簡紙者皆絕不通人臣初除各思推賢能而讓之矣讓之文付主者掌之三司有缺擇三司所讓最多者而用之此爲一公缺三公已豫選之矣且主選之吏不必任公而選三公不如令三公自共選一公爲詳也四征缺擇四征所讓最多者而用之此爲一征缺四征豫選之矣必詳於停缺而令主者選四征也尚書缺擇尚書所讓最多者而用之此爲八尚書共選一尚書詳於臨缺令主者選八尚書也郡守缺擇衆郡所讓最多者而用之詳於任主者令選百郡守也夫以衆官百郡之讓與主者共相比不可同歲而論也雖復令三府參舉官本不委以舉選之任各不能以根其心也其所用心者裁之不二三但令主者案官次而舉之不用精也賢愚皆讓百姓耳目盡爲國耳目夫人情爭則欲毀已所不知讓則競推於勝已故世爭則毀譽交錯優劣不分難得而讓也時讓則賢智顯出能否之美歷歷相次不可得而亂也當此時也能退身修已者讓之者多矣雖欲守貧賤不可得也馳騖進趣而欲人見讓猶郤行而求前也夫如此愚智咸知進身求通非修之於已則無由矣游外求者於此相隨而歸矣浮聲虛論不禁而自息矣人人無所用其心任衆人之議而天下自化矣不言之化行巍巍之美於此著矣讓可以致此豈可不務之哉春秋傳曰范宣子之讓其下皆讓欒黶雖汰弗敢違也晉國以平數世賴之上世之化也君子尚能而讓其下小人力農以事其上上下有禮讒慝遠黜由不爭也及其亂也國家之弊恒必由之篤論了了如此在朝君子典選大官能不以人廢言舉而行之各以讓賢舉能爲先務則羣才猥出能否殊別蓋世之功莫大於此泰始初進爵爲伯累遷少府咸寧中爲太常轉尚書杜預之伐吳也寔以本官行鎭南軍司初寔妻盧氏生子蹟而卒華氏將以女妻之寔弟智諫曰華家類貪必破門戶辭之不得竟婚華氏而生子夏寔竟坐夏受賂免官頃之爲大司農又以夏罪免寔每還州里鄉人載酒肉以候之寔難逆其意輒共啖而返其餘或謂寔曰君行高一世而諸子不能遵何不旦夕切磋使知過而自改邪寔曰吾之所行是所聞見不相祖習豈復教誨之所得乎世以寔言爲當後起爲國子祭酒散騎常侍愍懷太子初封廣陵王高選師友以寔爲師元康初進爵爲侯累遷太子太保加侍中特進右光祿大夫開府儀同三司領冀州都督九年策拜司空遷太保轉太傅太安初寔以老病遜位賜安車駟馬錢百萬以侯就第及長沙成都之相攻也寔爲軍人所掠潛歸鄉里惠帝崩寔赴山陵懷帝卽位復授太尉寔自陳年老固辭不許左丞劉坦上言曰夫堂高級遠主尊相貴是以古之哲王莫不師其元臣崇養老之敎訓示四海使少長有禮七十致仕亦所以優異舊德厲廉高之風太尉寔體淸素之操執不渝之潔懸車告老二十餘年浩然之志老而彌篤可謂國之碩老邦之宗模臣聞老者不以筋力爲禮寔年踰九十命在日制遂自扶輿冒險而至展哀山陵致敬闕庭大臣之節備矣聖詔殷勤必使寔正位上台光飪鼎實斷章敦喩經涉二年而寔頻上露板辭旨懇誠臣以爲古之養老以不事爲優不以吏之爲重謂宜聽寔所守三年詔曰昔虞任五臣致垂拱之化漢相蕭何興寧一之譽故能光隆於當時垂裕于百代朕紹天明命臨御萬邦所以崇顯政道者亦賴之於元臣庶尹畢力股肱以副至望而君年耆告老確然難違今聽君以侯就第位居三司之上秩祿準舊賜几杖不朝及宅一區國之大政將就諮于君副朕意焉歲餘薨時年九十一謚曰元寔少貧窶杖策徒行每所憩止不累主人薪水之事皆自營給及位望通顯每崇儉素不尚華麗嘗詣石崇家如廁見有絳紋帳裀褥甚麗兩婢持香囊寔便退笑謂崇曰誤入卿內崇曰是廁耳寔曰貧士未嘗得此乃更如他廁雖處榮寵居無第宅所得俸祿贍卹親故雖禮敎陵遲而行已以正喪妻爲廬杖之制終喪不御內輕薄者笑之寔不以介意自少及老篤學不倦雖居職務卷弗離手尤精三傳辨正公羊以爲衞輒不應辭以王父命祭仲失爲臣之節舉此二端以明臣子之體遂行於世又撰春秋條例二十卷有二子蹟夏蹟字景雲官至散騎常侍夏以貪汚棄放於世

弟智字子房貞素有兄風少貧窶每負薪自給讀誦不輟竟以儒行稱歷中書黃門吏部郎出爲潁川太守平原管輅嘗謂人曰吾與劉潁川兄弟語使人神思淸發昏不假寐自此之外殆白日欲寢矣入爲秘書監領南陽王師加散騎常侍遷侍中尚書太常著喪服釋疑論多所辨明太康末卒謚曰成

高光

高光字宣茂陳留圉城人魏太尉柔之子也光少習家業明練刑理初以太子舍人累遷尚書郎出爲幽州刺史潁川太守是時武帝置黃沙獄以典詔囚以光歷世明法用爲黃沙御史秩與中丞同遷廷尉元康中拜尚書典三公曹時趙王倫篡逆光於其際守道全貞及倫賜死齊王冏輔政復以光爲廷尉遷尚書加奉車都尉後從駕討成都王穎有勳封延陵縣公邑千八百戶于時朝廷咸推光明於用法故頻典理官惠帝爲張方所逼幸長安朝臣奔散莫有從者光獨侍帝而西遷尚書左僕射加散騎常侍光兄誕爲上官已等所用歷徐雍二州刺史誕性任放無倫次而決烈過人與光異操常謂光小節恒輕侮之光事誕愈謹帝旣還洛陽時太弟新立重選傳訓以光爲少傅加光祿大夫常侍如故及懷帝卽位加光祿大夫金章紫綬與傅祗竝見推崇尋爲尚書令本官如故以疾卒贈司空侍中屬京洛傾覆竟未加謚子韜字子遠放佚無檢光爲廷尉時韜受貨賕有司奏案之而光不知時人雖非光不能防閑其子以其用心有素不以爲累初光詣長安留臺以韜兼石衞將軍韜與殿省小人交通及光卒仍於喪中往來不絕時東海王越輔政不朝覲韜知人心有望密與太傅參軍姜賾京兆杜概等謀討越事泄伏誅

史臣曰下士競而文中庸靜而質不若進不足而退有餘也魏舒劉寔發攄精華結綬登槐覽止成務季和切問近對當官正色詩云貪人敗類豈劉夏之謂歟

贊曰舒言不矜寔對千乘子眞宣茂雅志難陵進忠能舉退讓攸典皎皎瑚器來光玉縕

晉書卷四十一考證

高光傳是時武帝置黃沙獄以典詔囚○監本黃誤長下黃沙御史同今從本紀改正

晉書卷四十二

唐　太　宗　文　皇　帝　御　撰

列傳第十二

王渾子濟

王濬

王渾字玄冲，太原晉陽人也。父昶，魏司空。渾沉雅有器量，襲父爵京陵侯，辟大將軍曹爽掾。爽誅，隨例免。起爲懷令，參文帝安東軍事，累遷散騎黃門侍郎、散騎常侍。咸熙中爲越騎校尉。武帝受禪，加揚烈將軍，遷徐州刺史。時年荒歲饑，渾開倉振贍，百姓賴之。泰始初，增封邑千八百戶。久之，遷東中郎將，督淮北諸軍事，鎭許昌。數陳損益，多見納用。轉征虜將軍、監豫州諸軍事、假節、領豫州刺史。渾與吳接境，宣布威信，前後降附甚多。吳將薛瑩、魯淑衆號十萬，淑向弋陽，瑩向新息。時州兵並放休息，衆裁一旅，浮淮潛濟，出其不意，瑩等不虞晉師之至，渾擊破之，以功封次子尙爲關內侯。遷安東將軍、都督揚州諸軍事，鎭壽春。吳人大佃晥城，圖爲邊害。渾遣揚州刺史應綽督淮南諸軍攻破之，幷破諸別屯，焚其積穀百八十餘萬斛、稻苗四千餘頃、船六百餘艘。渾遂陳兵東疆，視其地形險易，歷觀敵城，察攻取之勢。及大舉伐吳，渾率師出橫江，遣參軍陳愼、都尉張喬攻尋陽瀨鄉，又擊吳牙門將孔忠，皆破之，獲吳將周興等五人。又遣殄吳護軍李純據高望城，討吳將俞恭，破之，多所斬獲。吳厲武將軍陳代、平虜將軍朱明懼而來降。吳丞相張悌、大將軍孫震等率衆數萬指城陽，渾遣司馬孫疇、揚州刺史周浚擊破之，臨陣斬二將，及首虜七千八百級，吳人大震。孫晧司徒何植、建威將軍孫晏送印節詣渾降。既而王濬破石頭，降孫晧，威名益振。明日，渾始濟江，登建業宮，釃酒高會，自以先據江上，破晧中軍，案甲不進，致在王濬之後，意甚愧恨，有不平之色，頻奏濬罪狀，時人譏之。帝下詔曰：「使持節、都督揚州諸軍事、安東將軍、京陵侯王渾，督率所統，遂逼秣陵，令賊孫晧救死自衞，不得分兵上赴，以成西軍之功。又摧大敵，獲張悌，使晧塗窮勢盡，面縛乞降。遂平定秣陵，功勳茂著。其增封八千戶，進爵爲公，封子澄爲亭侯、弟湛爲關內侯，賜絹八千匹。」轉征東大將軍，復鎭壽陽。渾不尙刑名，處斷明允。時吳人新附，頗懷畏懼。渾撫循羈旅，虛懷綏納，座無空席，門不停賓。於是江東之士莫不悅附。徵拜尙書左僕射，加散騎常侍。會朝臣立議齊王攸當之藩，渾上書諫曰：「伏承聖詔，憲章古典，進齊王攸爲上公，崇其禮儀，遣攸之國。昔周氏建國，大封諸姬，以藩帝室，永世作憲。至於公旦，武王之弟，左右王事，輔濟大業，不使歸藩。明至親義著，不可遠朝故也。是故周公得以聖德光弼幼主，忠誠著於金縢，光述文武仁聖之德。攸於大晉，姬旦之親也。宜贊皇朝，與聞政事，實爲陛下腹心不貳之臣。且攸爲人修絜，義信加以懿親，志存忠貞。今陛下出攸之國，假以都督虛號，而無典戎幹方之實，去離天朝，不預王政。傷母弟至親之體，虧友于款篤之義，懼非陛下追述先帝、文明太后待攸之宿意也。若以攸望重，於事宜出者，今以汝南王亮代攸。亮，宣皇帝子，文皇帝弟，伷、駿各處方任，有內外之資，論以後慮，亦不爲輕。攸今之國，適足長異同之論，以損仁慈之美耳。而令天下窺陛下有不崇親親之情，臣竊爲陛下不取也。若以妃后外親任以朝政，則有王氏傾漢之權，呂產專朝之禍。若以同姓至親，則有吳楚七國逆亂之殃。歷觀古今，苟事輕重所在，無不爲害也。不可事事曲設疑防，慮方來之患者也。唯當任正道而求忠良。若以智計猜物，雖親見疑，至於疏遠者亦何能自保乎！人懷危懼，非爲安之理，此最有國有家者之深忌也。愚以爲太子太保缺，宜留攸居之，與太尉汝南王亮、衞將軍楊珧共爲保傅，幹理朝事。三人齊位，足相持正，進有輔納廣義之益，退無偏重相傾之勢。令陛下有篤親親之恩，使攸蒙仁覆之惠。臣同國休戚，義在盡言，心之所見，不能默已。私慕魯女存國之志，敢陳愚見，觸犯天威。欲陛下事每盡善，冀萬分之助。臣而不言，誰當言者。」帝不納。太熙初，遷司徒。惠帝卽位，加侍中，又京陵置士官，如睢陵比。及誅楊駿，崇重舊臣，乃加渾兵。渾以司徒文官，主吏不持兵，持兵乃吏屬絳衣，自以偶因時寵，權得持兵，非是舊典，皆令皁服。論者美其謙而識體。楚王瑋將害汝南王亮等也，公孫宏說瑋曰：「昔宣帝廢曹爽，引太尉蔣濟參乘，以增威重。大王今舉非常事，宜得宿望鎭厭衆心。司徒王渾宿有威名，爲三軍所信服，可請同乘，使物情可憑也。」瑋從之。渾辭疾歸第，以家兵千餘人閉門距瑋，瑋不敢逼。俄而瑋以矯詔伏誅，渾乃率兵赴宮。帝嘗訪渾元會問郡國計吏方俗之宜，渾奏曰：「陛下欽明聖哲，光于遠近，明詔沖虛，詢及芻蕘，斯乃周文疇咨之求，仲尼不恥下問也。舊三朝元會前計吏詣軒下，侍中讀詔，計吏跪受。臣以詔文相承已久，無他新聲，非陛下留心方國之意也。可令中書指宣明詔，問方土異同，賢才秀異，風俗好尙，農桑本務，刑獄得無冤濫，守長得無侵虐。其勤心政化興利除害者，授以紙筆，盡意陳聞。以明聖指垂心四遠，不復因循常辭。且察其答對文義，以觀計吏人才之實。又先帝時，正會後東堂見征鎭長史、司馬、諸王國卿、諸州別駕。今若不能別見，可前詣軒下，使侍中宣問，以審察方國，於事爲便。」帝然之。又詔渾錄尙書事。渾所歷之職，前後著稱，及居台輔，聲望日減。元康七年薨，時年七十五，諡曰元。長子尙早亡，次子濟嗣。

濟字武子。少有逸才，風姿英爽，氣蓋一時，好弓馬，勇力絕人，善易及莊老，文詞秀茂，伎藝過人，有名當世，與姊夫和嶠及裴楷齊名。尙常山公主。年二十，起家拜中書郎，以母憂去官。起爲驍騎將軍，累遷侍中，與侍中孔恂、王恂、楊濟同列，爲一時秀彥。武帝嘗會公卿藩牧於式乾殿，顧濟、恂而謂諸公曰：「朕左右可謂恂恂濟濟矣！」每侍見，未嘗不諮論人物及萬幾得失。濟善於清言，修飾辭令，諷議將順，朝臣莫能尙焉，帝益親貴之。仕進雖速，論者不以主壻之故，咸謂才能致之。然外雖弘雅，而內多忌刻，好以言傷物，儕類以此少之。以其父之故，每排王濬，時議譏焉。齊王攸當之藩，濟既諫請，又累使公主與甄德妻長廣公主俱入，稽顙泣請帝留攸。帝怒，謂侍中王戎曰：「兄弟至親，今出齊王，自是朕家事，而甄德、王濟連遣婦來生哭人！」以忤旨，左遷國子祭酒，常侍如故。數年，入爲侍中。時渾爲僕射，主者處事或不當，濟性峻厲，明法繩之。素與從兄佑不平，佑黨頗謂濟不能顧其父，由是長同異之言。出爲河南尹，未拜，坐鞭王官吏免官。而王佑始見委任，而濟遂被斥外，於是乃移第北芒山下。性豪侈，麗服玉食。時洛京地甚貴，濟買地爲馬埒，編錢滿之，時人謂爲「金溝」。王愷以帝舅奢豪，有牛名八百里駮，常瑩其蹄角。濟請以錢千萬與牛對射而賭之。愷亦自恃其能，令濟先射。一發破的，因據胡牀，叱左右速探牛心來，須臾而至，一割便去。和嶠性至儉，家有好李，帝求之，不過數十。濟候其上直，率少年詣園，共啖畢，伐樹而去。帝嘗幸其宅，供饌甚豐，悉貯琉璃器中。蒸肫甚美，帝問其故，答曰：「以人乳蒸之。」帝色甚不平，食未畢而去。濟善解馬性，嘗乘一馬，著連乾鄣泥，前有水，終不肯渡。濟云：「此必是惜鄣泥。」使人解去，便渡。故杜預謂濟有馬癖。帝嘗謂和嶠曰：「我將罵濟而後官爵之，何如？」嶠曰：「濟俊爽，恐不可屈。」帝因召濟，切讓之，既而曰：「知愧不？」濟答曰：「尺布斗粟之謠，常爲陛下恥之。他人能令親疏，臣不能使親親，以此愧陛下耳。」帝默然。帝嘗與濟弈棋，而孫晧在側，謂晧曰：「何以好剝人面皮？」晧曰：「見無禮於君者則剝之。」濟時伸脚局下，而晧譏焉。尋使白衣領太僕。年四十六，先渾卒，追贈驃騎將軍。及其將葬，時賢無不畢至。孫楚雅敬濟，而後來，哭之甚悲，賓客莫不垂涕。哭畢，向靈牀曰：「卿常好我作驢鳴，我爲卿作之。」體似聲眞，賓客皆笑。楚顧曰：「諸君不死，而令王濟死乎！」初，濟尙主，主兩目失明，而妬忌尤甚，然終無子，有庶子二人。卓字文宣，嗣渾爵，拜給事中。次聿字茂宣，襲公主封敏陽侯。濟二弟，澄字道深，汶字茂深，皆辨慧有才藻，並歷清顯。

王濬字士治，弘農湖人也。家世二千石。濬博涉墳典，美姿貌，不修名行，不爲鄉曲所稱。晚乃變節，疏通亮達，恢廓有大志。嘗起宅，開門前路廣數十步。人或謂之何太過，濬曰：「吾欲使容長戟幡旗。」衆咸笑之，濬曰：「陳勝有言，燕雀安知鴻鵠之志。」州郡辟河東從事。守令有不廉潔者，皆望風自引而去。刺史燕國徐邈有女才淑，擇夫未嫁，邈乃大會佐吏，令女於內觀之。女指濬告母，邈遂妻之。後參征南軍事，羊祜深知待之。祜兄子暨白祜：「濬爲人志大奢侈，不節，不可專任，宜有以裁之。」祜曰：「濬有大才，將欲濟其所欲，必可用也。」轉車騎從事中郎，識者謂祜可謂能舉善焉。除巴郡太守。郡邊吳境，兵士苦役，生男多不養。濬乃嚴其科條，寬其傜課，其產育者皆與休復，所全活者數千人。轉廣漢太守，垂惠布政，百姓賴之。濬夜夢懸三刀於臥屋梁上，須臾又益一刀，濬驚覺，意甚惡之。主簿李毅再拜賀曰：「三刀爲州字，又益一者，明府其臨益州乎？」及賊張弘殺益州刺史皇甫晏，果遷濬爲益州刺史。濬設方畧，悉誅弘等，以勳封關內侯。懷輯殊俗，待以威信，蠻夷徼外，多來歸降。徵拜右衞將軍，除大司農。車騎將軍羊祜雅知濬有奇畧，乃密表留濬，於是重拜益州刺史。武帝謀伐吳，詔濬修舟艦。濬乃作大船連舫，方百二十步，受二千餘人。以木爲城，起樓櫓，開四出門，其上皆得馳馬來往。又畫鷁首怪獸於船首，以懼江神。舟棹之盛，自古未有。濬造船於蜀，其木柹蔽江而下。吳建平太守吳彥取流柹以呈孫晧曰：「晉必有攻吳之計，宜增建平兵。建平不下，終不敢渡。」晧不從。尋以謠言拜濬爲龍驤將軍、監益梁諸軍事。語在羊祜傳。時朝議咸諫伐吳，濬乃上疏曰：「臣數參訪吳楚同異，孫晧荒淫凶逆，荊揚賢愚無不嗟怨。且觀時運，宜速征伐。若今不伐，天變難預。令晧卒死，更立賢主，文武各得其所，則強敵也。臣作船七年，日有朽敗，又臣年已七十，死亡無日。三者一乖，則難圖也。誠願陛下無失事機。」帝深納爲賈充荀勗陳諫以爲不可唯張華固諫又杜預表請帝乃發詔分命諸方節度濬於是統兵先在巴郡之所全育者皆堪徭役供軍其父母戒之曰王府君生爾爾必勉之無愛死也太康元年正月濬發自成都率巴東監軍廣武將軍唐彬攻吳丹楊剋之擒其丹楊監盛紀吳人於江險磧要害之處竝以鐵鏁橫截之又作鐵錐長丈餘暗置江中以逆距船先是羊祜獲吳間諜具知情狀濬乃作大筏數十亦方百餘步縛草爲人被甲持杖令善水者以筏先行筏遇鐵錐錐輒著筏去又作火炬長十餘丈大數十圍灌以麻油在船前遇鏁然炬燒之須臾融液斷絕於是船無所礙二月庚申剋吳西陵獲其鎭南將軍留憲征南將軍成據宜都太守虞忠壬戌剋荆門夷道二城獲監軍陸晏乙丑剋樂鄉獲水軍督陸景平西將軍施洪等來降乙亥詔進濬爲平東將軍假節都督益梁諸軍事濬自發蜀兵不血刃攻無堅城夏口武昌無相支抗於是順流鼓棹徑造三山晧遣游擊將軍張象率舟軍萬人禦濬象軍望旗而降晧聞濬軍旌旗器甲屬天滿江威勢甚盛莫不破膽用光祿勳薛瑩中書令胡沖計送降文於濬曰吳郡孫晧叩頭死罪昔漢室失御九州幅裂先人因時略有江南遂阻山河與魏乖隔大晉龍興德覆四海闇劣偷安未喻天命至于今者猥煩六軍衡蓋路次遠臨江渚舉國驚惶假息刻漏敢緣天朝含弘光大謹遣私署太常張夔等奉所佩璽綬委質請命壬寅濬入于石頭晧乃備亡國之禮素車白馬肉袒面縛銜璧牽羊大夫衰服士輿櫬率其僞太子瑾瑾弟魯王虔等二十一人造于壘門濬躬解其縛受璧焚櫬送于京師收其圖籍封其府庫軍無私焉帝遣使者犒濬軍初詔書使濬下建平受杜預節度至秣陵受王渾節度預至江陵謂諸將帥曰若濬得下建平則順流長驅威名已著不宜令受制於我若不能剋則無緣得施節度濬至西陵預與之書曰足下既摧其西藩便當徑取秣陵討累世之逋寇釋吳人於塗炭自江入淮逾于泗汴泝河而上振旅還都亦曠世一事也濬大悅表呈預書及濬將至秣陵王渾遣信要令暫過論事濬舉帆直指報曰風利不得泊也王渾久破晧中軍斬張悌等頓兵不敢進而濬乘勝納降渾恥而且忿乃表濬違詔不受節度誣罪狀之有司遂按濬檻車徵帝弗許詔讓濬曰伐國事重宜令有一前詔使將軍受安東將軍渾節度渾思謀深重案甲以待將軍云何徑前不從渾命違制昧利甚失大義將軍功勳簡在朕心當率由詔書崇成王法而於事終恃功肆意朕將何以令天下濬上書自理曰臣前被庚戌詔書曰軍人乘勝猛氣益壯便當順流長騖直造秣陵臣被詔之日卽便東下又前被詔書云太尉賈充總統諸方自鎭東大將軍伷及渾濬彬等皆受充節度無令臣別受渾節度之文臣自達巴丘所向風靡知孫晧窮蹙勢無所至十四日至牛渚去秣陵二百里宿設部分爲攻取節度前至三山見渾軍在北岸遣書與臣可暫來過共有所議亦不語臣當受節度之意臣水軍風發乘勢造賊城加宿設部分行有次第無緣得於長流之中迴船過渾令首尾斷絕須臾之間晧遣使歸命臣卽報渾書并寫晧牋具以示渾使速來當於石頭相待軍以日中至秣陵暮乃被渾所下當受節度之符欲令臣明十六日悉將所領還圍石頭備晧越逸又索蜀兵及鎭南諸軍人名定見臣以爲晧已來首都亭無緣共合空圍又兵人定見不可倉卒皆非當今之急不可承用中詔謂臣忽棄明制專擅自由伏讀嚴詔驚怖悚慄不知軀命當所投厝豈惟老臣獨懷戰灼三軍上下咸盡喪氣臣受國恩任重事大常恐託付不效孤負聖朝故投身死地轉戰萬里被蒙寬恕之恩得從臨履之宜是以憑賴威靈幸而能濟皆是陛下神策廟算臣承指授效鷹犬之用耳有何勳勞而恃功肆意寧敢昧利而違聖詔臣以十五日至秣陵而詔書以十二日起洛陽其間懸闊不相赴接則臣之罪責宜蒙察恕假令孫晧猶有螳蜋舉斧之勢而臣輕軍單入有所虧喪罪之可也臣所統八萬餘人乘勝席卷晧以衆叛親離無復羽翼匹夫獨立不能庇其妻子雀鼠貪生苟乞一活耳而江北諸軍不知其虛實不早縛取自爲小誤臣至便得更見怨恚並云守賊百日而令他人得之言語噂喈不可聽聞案春秋之義大夫出疆由有專輒臣雖愚惷以爲事君之道唯當竭節盡忠奮不顧身量力受任臨事制宜苟利社稷死生以之若其顧護嫌疑以避咎責此是人臣不忠之利實非明主社稷之福也臣不自料忘其鄙劣披布丹心輸寫肝腦欲竭股肱之力加之以忠貞庶必掃除兇逆清一宇宙願令聖世與唐虞比隆陛下粗察臣之愚款而識其欲自效之誠是以授臣以方牧之任委臣以征討之事雖燕王之信樂毅漢祖之任蕭何無以加焉受恩深重死且不報而以頑疎舉錯失宜陛下弘恩財加切讓惶怖怔營無地自厝願陛下明臣赤心而已渾又騰周浚書云濬軍得吳寶物濬復表曰被壬戌詔書下安東將軍所上揚州刺史周浚書謂臣諸軍得孫晧寶物又謂牙門將李高放火燒晧僞宮輒公文上尙書具列本末又聞渾案陷上臣臣受性愚忠行事舉動信心而前期於不負神明而已秣陵之事皆如前所表而惡直醜正實繁有徒欲構南箕成此貝錦公於聖世反白爲黑夫佞邪害國自古而然故無極破楚宰嚭滅吳及至石顯傾亂漢朝皆載在典籍爲世所戒昔樂毅伐齊下城七十而卒被讒間脫身出奔樂羊旣反謗書盈篋況臣頑疎能免讒慝之口然所望全其首領者實賴陛下聖哲欽明使浸潤之譖不得行焉然臣孤根獨立朝無黨援久棄遐外人道斷絕而結恨彊宗取怨豪族以累卵之身處雷霆之衝繭栗之質當豺狼之路其見呑噬豈抗脣齒夫犯上干主其罪可救乖忤貴臣則禍在不測故朱雲折檻嬰逆鱗之怒慶忌救之成帝不問望之周堪違忤石顯雖闔朝嗟歎而死不旋踵此臣之所大怖也今渾之支黨姻族內外皆根據磐牙竝處世位聞遣人在洛中專共交構盜言孔甘疑惑觀聽夫曾參之不殺人亦以明矣然三人傳之其母投杼今臣之信行未若曾參之著而讒構沸騰非徒三夫之對外內扇助爲二五之應夫猛獸當途麒麟恐懼況臣脆弱敢不悚慄僞吳君臣今皆生在便可驗問以明虛實前僞中郞將孔攄說去二月武昌失守水軍行至晧案行石頭還左右人皆跳刀大呼云要當爲陛下一死戰決之晧意大喜謂必能然便盡出金寶以賜與之小人無狀得便持走晧懼乃圖降首降使適去左右劫奪財物略取妻妾放火燒宮晧逃身竄首恐不脫死臣至遣參軍主者救斷其火耳周浚以十六日前入晧宮臣時遣記室吏往觀書籍浚使收縛若有遺寶則浚前得不應移蹤後人欲求苟免也臣前在三山得浚書云晧散寶貨以賜將士府庫略虛而今復言金銀篋笥動有萬計疑臣軍得之言語反覆無復本末臣復與軍司張牧汝南相馮紞等共入觀晧宮乃無席可坐後日又與牧等共視晧舟船渾又先臣一日上其船船上之物皆渾所知見臣之案行皆出其後若有寶貨渾應得之又臣將軍素嚴兵人不得妄離部陣間在秣陵諸軍凡二十萬衆臣軍先至爲土地之主百姓之心皆歸仰臣臣切勑所領秋毫不犯諸有市易皆有伍任證左明從券契有違犯者凡斬十三人皆吳人所知也餘軍縱橫詐稱臣軍而臣軍類皆蜀人幸以此自別耳豈獨浚之將士皆夷齊而臣諸軍悉聚盜跖邪時有八百餘人緣石頭城劫取布帛臣衙門將軍馬潛卽收得二十餘人并疏其督將姓名移以付浚使得自科結而寂無反報疑皆縱遣絕其端緒也又聞吳人言前張悌戰時所殺財有二千人而渾浚露布言以萬計以吳剛子爲主簿而遣剛至洛欲令剛增斬級之數可具問孫晧及其諸臣則知其定審若信如所聞浚等虛詐尙欺陛下豈惜於臣云臣屯聚蜀人不時送晧欲有反狀又恐動吳人言臣皆當誅殺取其妻子冀其作亂得騁私忿謀反大逆尙以見加其餘謗讟故其宜耳渾案臣瓶磬小器蒙國厚恩頻繁擢敘遂過其任渾此言最信內省慙懼今年平吳誠爲大慶於臣之身更受咎累旣無孟側策馬之好而令濟濟之朝有讒邪之人虧穆穆之風損皇代之美由臣頑疎使致於此拜表流汗言不識次濬至京都有司奏濬表旣不列前後所被七詔月日又赦後違詔不受渾節度大不敬付廷尉科罪詔曰濬前受詔徑造秣陵後乃下受渾節度詔書稽留所下不至便令與不受詔同責未爲經通濬不卽表上被渾宣詔此可責也濬有征伐之勞不足以一眚掩之有司又奏濬赦後燒賊船百三十五艘輒勑付廷尉禁推詔曰勿推拜濬輔國大將軍領步兵校尉舊校唯五置此營自濬始也有司又奏輔國依比未爲達官不置司馬不給官騎詔依征鎭給五百大車增兵五百人爲輔國營給親騎百人官騎十人置司馬封爲襄陽縣侯邑萬戶封子彝楊鄉亭侯邑千五百戶賜絹萬匹又賜衣一襲錢三十萬及食物濬自以功大而爲渾父子及豪強所抑屢爲有司所奏每進見陳其功伐之勞及見枉之狀或不勝忿憤徑出不辭帝每容恕之益州護軍范通濬之外親也謂濬曰卿功則美矣然恨所以居美者未盡善也濬曰何謂也通曰卿旋旆之日角巾私第口不言平吳之事若有問者輒曰聖主之德羣帥之力老夫何力之有焉如斯顏老之不伐龔遂之雅對將何以過之藺生所以屈廉頗王渾能無愧乎濬曰吾始懼鄧艾之事畏禍及不得無言未不能遣諸胷中是吾褊也時人咸以濬功重報輕博士秦秀太子洗馬孟康前溫令李密等竝表訟濬之屈帝乃遷濬鎭軍大將軍加散騎常侍領後軍將軍王渾詣濬濬嚴設備衞然後見之其相猜防如此濬平吳之後以勳高位重不復素業自居乃玉食錦服縱奢侈以自逸其有辟引多是蜀人示不遺故舊也後又轉濬撫軍大將軍開府儀同三司加特進散騎常侍後軍將軍如故太康六年卒時年八十謚曰武葬柏谷山大營

塋域葬垣周四十五里面別開一門松柏茂盛子矩嗣矩弟暢散騎郎暢子粹太康十年武帝詔粹尚潁川公主仕至魏郡太守濬有二孫過江不見齒録安西將軍桓溫鎮江陵表言之曰臣聞崇德賞功爲政之所先興滅繼絶百王之所務故德參時雍則奕世承祀功烈一代則永錫祚胤案故撫軍王濬歷職內外任兼文武料敵制勝明勇獨斷義存社稷之利不顧專輒之罪荷戈長鶩席卷萬里僭號之吳面縛象魏令皇澤被於九州玄風洽於區外襄陽之封廢而莫續恩寵之號墜於近嗣遐邇酸懷臣竊悼之濬今有二孫年出六十室如懸罄餬口江濱四節蒸嘗菜羹不給昔漢高定業求樂毅之嗣世祖旌賢建葛亮之胤夫效忠異代立功異國尚通天下之善使不泯棄況濬建元勳於當年著嘉慶於身後靈基託根於南垂皇祚中興於江左舊物克彰神器重耀豈不由伊人之功力也哉誠宜加恩少垂矜憫追録舊勳纂錫茅土則聖朝之恩宣暢於上忠臣之志不墜于地矣卒不見省

唐彬

唐彬字儒宗魯國鄒人也父臺泰山太守彬有經國大度而不拘行檢少便弓馬好遊獵身長八尺走及奔鹿强力兼人晚乃敦悅經史尤明易經隨師受業還家教授恒數百人初爲郡門下掾轉主簿刺史王沉集諸參佐盛論距吳之策以問九郡吏彬與譙郡主簿張惲俱陳吳有可兼之勢沉善其對又使彬難言吳未可伐者而辭理皆屈還遷功曹舉孝廉州辟主簿累遷別駕彬忠肅公亮盡規匡救不顯諫以自彰又奉使詣相府計事于時僚佐皆當世英彥見彬莫不欽悅稱之於文帝薦爲掾屬帝以問其參軍孔顥顥忌其能良久不答陳騫在坐斂板而稱曰彬之爲人勝騫甚遠帝笑曰但能如卿固未易得何論於勝因辟彬爲鎧曹屬帝問曰卿何以致辟對曰修業陋巷觀古人之遺迹言滿天下無口過行滿天下無怨惡帝顧四坐曰名不虛行他日謂孔顥曰近見唐彬卿受蔽賢之責矣初鄧艾之誅也文帝以艾久在隴右素得士心一旦夷滅恐邊情搔動使彬密察之彬還白帝曰鄧艾忌克詭狹矜能負才順從者謂爲見事直言者謂之觸迕雖長史司馬參佐牙門荅對失指輒見罵辱處身無禮大失人心又好施行事役數勞衆力隴右甚患苦之喜聞其禍不肯爲用今諸軍已至足以鎮壓內外願無以爲慮俄除尚書水部郎泰始初賜爵關內侯出補鄴令彬導德齊禮期月化成遷弋陽太守明設禁防百姓安之以母喪去官益州東接吳寇監軍位缺朝議用武陵太守楊宗及彬武帝以問散騎常侍文立立曰宗彬俱不可失然彬多財欲而宗好酒惟陛下裁之帝曰財欲可足酒者難改遂用彬尋又詔彬監巴東諸軍事加廣武將軍上征吳之策甚合帝意後與王濬共伐吳彬屯據衝要爲衆軍前驅每設疑兵應機制勝陷西陵樂鄉多所禽獲自巴陵沔口以東諸賊所聚莫不震懼倒戈肉袒彬知賊寇已殄孫晧將降未至建業二百里稱疾遲留以示不競果有先到者爭物後到者爭功于時有識莫不高彬此舉吳平詔曰廣武將軍唐彬受任方隅東禦吳寇南臨蠻越撫寧疆埸有綏禦之績又每慷慨志在立功頃者征討扶疾奉命首啓戎行獻俘授馘勳效顯著其以彬爲右將軍都督巴東諸軍事徵拜翊軍校尉改封上庸縣侯食邑六千戶賜絹六千匹朝有疑議每參預焉北虜侵掠北平以彬爲使持節監幽州諸軍事領護烏丸校尉右將軍彬既至鎮訓卒利兵廣農重稼震威耀武宣諭國命示以恩信於是鮮卑二部大莫廆擿何等竝遣侍子入貢兼脩學校誨誘無倦仁惠廣被遂開拓舊境卻地千里復秦長城塞自溫城洎于碣石緜亘山谷且三千里分軍屯守烽堠相望由是邊境獲安無犬吠之警自漢魏征鎮莫之比焉鮮卑諸種畏懼遂殺大莫廆彬欲討之恐列上俟報虜必逃散乃發幽冀車牛參軍許祗密奏之詔遣御史檻車徵彬付廷尉以事直見釋百姓追慕彬功德生爲立碑作頌彬初受學於東海閻德門徒甚多獨目彬有廊廟才及彬官成而德已卒乃爲之立碑元康初拜使持節前將軍領西戎校尉雍州刺史下教曰此州名都士人林藪處士皇甫申叔嚴舒龍姜茂時梁子遠等竝志節清妙履行高潔踐境望風虛心飢渴思加延致待以不臣之典幅巾相見論道而已豈以吏職屈染高規郡國備禮發遣以副於邑之望於是四人皆到彬敬而待之元康四年卒官時年六十謚曰襄賜絹二百匹錢二十萬長子嗣官至廣陵太守少子岐征虜司馬

史臣曰孫氏負江山之阻隔恃牛斗之妖氛奄有水鄉抗衡上國二王屬當戎旅受律遄征渾既獻捷橫江濬亦尅清建鄴于時討吳之役將帥雖多定吳之功此爲最向使弘范父之不伐慕陽夏之推功上禀廟堂下憑將士豈非懋勳懋德善始善終者歟此而不存彼焉是務或矜功負氣或恃勢驕陵競構南箕成茲貝錦遂乃喧黷宸展斁亂彝倫既爲戒於功臣亦致譏於清論豈不惜哉王濟遂驕父之福心乖爭子之明義雋材雖多亦奚以爲也唐彬畏避交爭屬疾遲留退讓之風賢於渾濬遠矣傳云不拘行檢安得長者之行哉

贊曰二王總戎淮海攸同渾既害善濬亦矜功武子豪傑夙參朝列逞慾牛心紆情馬埒儒宗知退避名全節

晉書卷四十三

唐　太　宗　文　皇　帝　御　撰

列傳第十三

山濤 子簡 簡子遐

山濤字巨源河內懷人也父曜宛句令濤早孤居貧少有器量介然不羣性好莊老每隱身自晦與嵇康呂安善後遇阮籍便爲竹林之遊著忘言之契康後坐事臨誅謂子紹曰巨源在汝不孤矣濤年四十始爲郡主簿功曹上計掾舉孝廉州辟部河南從事與石鑒共宿濤夜起蹴鑒曰今爲何等時而眠邪知太傅臥何意鑒曰宰相三不朝與尺一令歸第卿何慮也濤曰咄石生無事馬蹄間邪投傳而去未二年果有曹爽之事遂隱身不交世務與宣穆后有中表親是以見景帝帝曰呂望欲仕邪命司隸舉秀才除郎中轉驃騎將軍王昶從事中郎久之拜趙國相遷尚書吏部郎文帝與濤書曰足下在事清明雅操邁時念多所乏今致錢二十萬穀二百斛魏帝嘗賜景帝春服帝以賜濤又以母老并賜藜杖一枚晚與尚書和逌交又與鍾會裴秀竝申款昵以二人居勢爭權濤平心處中各得其所而俱無恨焉遷大將軍從事中郎鍾會作亂於蜀而文帝將西征時魏氏諸王公竝在鄴帝謂濤曰西偏吾自了之後事深以委卿以本官行軍司馬給親兵五百人鎮鄴咸熙初封新沓子轉相國左長史典統別營時帝以濤鄉閭宿望命太子拜之帝以齊王攸繼景帝後素又重攸嘗問裴秀曰大將軍開建未遂吾但承奉後事耳故立攸將歸功於兄何如秀以爲不可又以問濤濤對曰廢長立少違禮不祥國之安危恒必由之太子位於是乃定太子親拜謝濤及武帝受禪以濤守大鴻臚護送陳留王詣鄴泰始初加奉車都尉進爵新沓伯及羊祜執政時人欲危裴秀濤正色保持之由是失權臣意出爲冀州刺史加寧遠將軍冀州俗薄無相推轂濤甄拔隱屈搜訪賢才旌命三十餘人皆顯名當時人懷慕尚風俗頗革轉北中郎將督鄴城守事入爲侍中遷尚書以母老辭職詔曰君雖乃心在於色養然職有上下旦夕不廢醫藥且當割情以隆在公濤心求退表疏數十上久乃見聽除議郎帝以濤清儉無以供養特給日契加賜牀帳茵褥禮秩崇重時莫爲比後除太常卿以疾不就會遭母喪歸鄉里濤年踰耳順居喪過禮負土成墳手植松柏詔曰吾所共致化者官人之職是也方今風俗陵遲人心進動宜崇明好惡鎮以退讓山太常雖尚居諒闇情在難奪方今務殷何得遂其志邪其以濤爲吏部尚書濤辭以喪病章表懇切會元皇后崩遂扶輿還洛逼迫詔命自力就職前後選舉周徧內外而竝得其才咸寧初轉太子少傅加散騎常侍除尚書僕射加侍中領吏部固辭以老疾上表陳情章表數十上久不攝職爲左丞白褒所奏帝曰濤以病自聞但不聽之耳使濤坐執銓衡則可何必上下邪不得有所問濤不自安表謝曰古之王道正直而已陛下不可以一老臣爲加曲私臣亦何心屢塵日月乞如所表以章典刑帝再手詔曰白褒奏君甚妄所以不即推直不喜凶赫耳君之明度豈當介意邪便當攝職令斷章表也濤志必欲退因發從弟婦喪輒還外舍詔曰山僕射近日暫出遂以微苦未還豈吾側席之意其遣丞掾奉詔諭旨若體力故未平康者便以輿車輿還寺舍濤辭不獲已乃起視事濤再居選職十有餘年每一官缺輒啓擬數人詔旨有所向然後顯奏隨帝意所欲爲先故帝之所用或非舉首衆情不察以濤輕重任意或譖之於帝故帝手詔戒濤曰夫用人惟才不遺疎遠卑賤天下便化矣而濤行之自若一年之後衆情乃寢濤所奏甄拔人物各爲題目時稱山公啓事濤中立於朝晚值后黨專權不欲任楊氏多有諷諫帝雖悟而不能改後以年衰疾篤上疏告退曰臣年垂八十救命旦夕若有毫末之益豈遺力於聖時迫於老耄不復任事今四海休息天下思化從而靜之百姓自正但當崇風尚教以敦之耳陛下亦復何事臣耳目聾瞑不能自勵君臣父子其間無文是以直陳愚情乞聽所請乃免冠徒跣上還印綬詔曰天下事廣加吳土初平凡百草創當共盡意化之君不深識往心而以小疾求退豈所望於君邪朕猶側席未得垂拱君亦何得高尚其事乎當崇至公勿復爲虛飾之煩濤苦表請退詔又不許尚書令衞瓘奏濤以微苦久不視

職手詔頻煩猶未順旨衆議以爲無專節之尚違至公之義若實沉篤亦不宜居位可免濤官中詔瓘曰濤以德素爲朝之望而常深退讓至于懇切故比有詔欲必奪其志以匡輔不逮主者既不思明詔旨而反深加詆案虧崇賢之風以重吾不德何以示遠近邪濤不得已又起視事太康初遷右僕射加光祿大夫侍中掌選如故濤以老疾固辭手詔曰君以道德爲世模表況自先帝識君遠意吾將倚君以穆風俗何乃欲舍遠朝政獨高其志邪吾之至懷故不足以喻乎何來言至懇切也且當以時自力深副至望君不降志朕不安席濤又上表固讓不許吳平之後帝詔天下罷軍役示海內大安州郡悉去兵大郡置武吏百人小郡五十人帝嘗講武于宣武場濤時有疾詔乘步輦從因與盧欽論用兵之本以爲不宜去州郡武備其論甚精于時咸以濤不學孫吳而闇與之合帝稱之曰天下名言也而不能用及永寧之後屢有變難寇賊猋起郡國皆以無備不能制天下遂以大亂如濤言焉後拜司徒濤復固讓詔曰君年耆德茂朝之碩老是以授君台輔之位而遠崇克讓至于反覆良用於邑君當終始朝政翼輔朕躬濤又表曰臣事天朝三十餘年卒無毫釐以崇大化陛下私臣無已猥授三司臣聞德薄位高力少任重上有折足之凶下有廟門之咎願陛下垂累世之恩乞臣骸骨詔曰君翼贊朝政保乂皇家匡佐之勳朕所倚賴司徒之職實掌邦教故用敬授以答羣望豈宜沖讓以自抑損邪已勑斷章表使者乃臥加章綬濤曰垂没之人豈可汚官府乎輿疾歸家以太康四年薨時年七十九詔賜東園祕器朝服一具衣一襲錢五十萬布百匹以供喪事策贈司徒蜜印紫綬侍中貂蟬新沓伯蜜印青朱綬祭以太牢謚曰康將葬賜錢四十萬布百匹左長史范晷等上言濤舊第屋十間子孫不相容帝爲之立室初濤布衣家貧謂妻韓氏曰忍饑寒我後當作三公但不知卿堪作夫人不耳及居榮貴貞慎儉約雖爵同千乘而無嬪媵祿賜俸秩散之親故初陳郡袁毅嘗爲鬲令貪濁而賂遺公卿以求虛譽亦遺濤絲百斤濤不欲異於時受而藏於閣上後毅事露檻車送廷尉凡所受賂皆見推檢濤乃取絲付吏積年塵埃印封如初濤飲酒至八斗方醉帝欲試之乃以酒八斗飲濤而密益其酒濤極本量而止有五子該淳允謨簡

該字伯倫嗣父爵仕至幷州刺史太子左率贈長水校尉該子瑋字彥祖翊軍校尉次子世回吏部郎散騎常侍淳字子玄不仕允字叔真奉車都尉並少尫病形甚短小而聰敏過人武帝聞而欲見之濤不敢辭以問於允允自以尫陋不肯行濤以爲勝已乃表曰臣二子尫病宜絶人事不敢受詔謨字季長明惠有才智官至司空掾

簡字季倫性溫雅有父風年二十餘濤不之知也簡歎曰吾年幾三十而不爲家公所知後與譙國嵇紹沛郡劉謨弘農楊準齊名初爲太子舍人累遷太子庶子黃門郎出爲青州刺史徵拜侍中頃之轉尚書歷鎮軍將軍荆州刺史領南蠻校尉不行復拜尚書光熙初轉吏部尚書永嘉初出爲雍州刺史鎮西將軍徵爲尚書左僕射領吏部簡欲令朝臣各舉所知以廣得才之路上疏曰臣以爲自古興替實在官人苟得其才則無物不理書言知人則哲惟帝難之唐虞之盛元愷登庸周室之隆濟濟多士秦漢以來風雅漸喪至於後漢女君臨朝尊官大位出於阿保斯亂之始也是以郭泰許劭之倫明清議於草野陳蕃李固之徒守忠節於朝廷然後君臣名節古今遺典可得而言自初平之元訖於建安之末三十年中萬姓流散死亡略盡斯亂之極也世祖武皇帝應天順人受禪于魏泰始初躬親萬幾佐命之臣咸皆率職時黃門侍郎王恂庾純始於太極東堂聽政評尚書奏事多論刑獄不論選舉臣以爲不先所難而辨其所易陛下初臨萬國人思盡誠每於聽政之日命公卿大臣先議選舉各言所見後進儁才鄉邑尤異才堪任用者皆以名奏主者隨缺先叙是爵人於朝與衆共之之義也朝廷從之永嘉三年出爲征南將軍都督荆湘交廣四州諸軍事假節鎮襄陽于時四方寇亂天下分崩王威不振朝野危懼簡優游卒歲唯酒是耽諸習氏荆土豪族有佳園池簡每出遊嬉多之池上置酒輒醉名之曰高陽池時有童兒歌曰山公出何許往至高陽池日夕倒載歸酩酊無所知時時能騎馬倒著白接籬舉鞭向葛彊何如并州兒彊家在并州簡愛將也尋加督寧益軍事時劉聰入寇京師危逼簡遣督護王萬率師赴難次于涅湯爲宛城賊王如所破遂嬰城自守及洛陽陷沒簡又爲賊嚴嶷所逼乃遷于夏口招納流亡江漢歸附時華軼以江州作難或勸簡討之簡曰與彥夏舊友爲之惆悵簡豈利人之機以爲功伐乎其篤厚如此時樂府伶人避難多奔沔漢讌會之日寮佐或勸奏之簡曰社稷傾覆不能匡救有晉之罪人也何作樂之有因流涕慷慨坐者咸愧焉年六十卒追贈征南大將軍儀同三司子遐

遐字彥林爲餘姚令時江左初基法禁寬弛豪族多挾藏戶口以爲私附遐繩以峻法到縣八旬出口萬餘縣人虞喜以藏戶當棄市遐欲繩喜諸豪強莫不切齒於遐言於執事以喜有高節不宜屈辱又以遐輒造縣舍遂陷其罪遐與會稽內史何充牋乞留百日窮翦逋逃退而就罪無恨也充申理不能得竟坐免官後爲東陽太守爲政嚴猛康帝詔曰東陽頃來竟囚每多入重豈郡多罪人將捶楚所求莫能自固邪遐處之自若郡境肅然卒於官

史臣曰若夫居官以絜其務欲以啓天下之方事親以終其身將以勸天下之俗非山公之具美其孰能與於此者哉自東京喪亂吏曹湮滅西園有三公之錢蒲陶有一州之任貪饕方駕寺署斯滿時移三代世歷九王拜謝私庭此焉成俗若乃餘風稍殄理或可言委以銓綜則羣情自抑通乎魚水則專用生疑將矯前失歸諸後正惠絶臣名恩馳天口世稱山公啓事者豈斯之謂歟若盧子家之前代何足算也

王戎 從弟衍 澄 郭舒

王戎字濬沖琅邪臨沂人也祖雄幽州刺史父渾涼州刺史貞陵亭侯戎幼而穎悟神彩秀徹視日不眩裴楷見而目之曰戎眼爛爛如巖下電年六七歲於宣武場觀戲猛獸在檻中虓吼震地衆皆奔走戎獨立不動神色自若魏明帝於閣上見而奇之又嘗與羣兒戲於道側見李樹多實等輩競趣之戎獨不往或問其故戎曰樹在道邊而多子必苦李也取之信然阮籍與渾爲友戎年十五隨渾在郎舍戎少籍二十歲而籍與之交籍每適渾俄頃輒去過視戎良久然後出謂渾曰濬沖清賞非卿倫也共卿言不如共阿戎談及渾卒於涼州故吏賻贈數百萬戎辭而不受由是顯名爲人短小任率不修威儀善發談端賞其要會朝賢嘗上巳禊洛或問王濟曰昨游有何言談濟曰張華善說史漢裴頠論前言往行袞袞可聽王戎談子房季札之間超然玄著其爲識鑒者所賞如此戎嘗與阮籍飲時兗州刺史劉昶字公榮在坐籍以酒少酌不及昶昶無恨色戎異之他日問籍曰彼何如人也答曰勝公榮不可不與飲若減公榮則不敢不共飲惟公榮可不與飲戎每與籍爲竹林之游戎嘗後至籍曰俗物已復來敗人意戎笑曰卿輩意亦復易敗耳鍾會伐蜀過與戎別問計將安出戎曰道家有言爲而不恃非成功難保之難也及會敗議者以爲知言襲父爵辟相國掾歷吏部黃門郎散騎常侍河東太守荆州刺史坐遣吏修園宅應免官詔以贖論遷豫州刺史加建威將軍受詔伐吳戎遣參軍羅尚劉喬領前鋒進攻武昌吳將楊雍孫述江夏太守劉朗各率衆詣戎降戎督大軍臨江吳牙門將孟泰以蘄春邾二縣降吳平進爵安豐縣侯增邑六千戶賜絹六千匹戎渡江綏慰新附宣揚威惠吳光祿勳石偉方直不容皓朝稱疾歸家戎嘉其清節表薦之詔拜偉爲議郎以二千石祿終其身荆土悅服徵爲侍中南郡太守劉肇賂戎筒中細布五十端爲司隸所糾以知而未納故得不坐然議者尤之帝謂朝臣曰戎之爲行豈懷私苟得正當不欲爲異耳帝雖以是言釋之然爲清慎者所鄙由是損名戎在職雖無殊能而庶績脩理後遷光祿勳吏部尚書以母憂去職性至孝不拘禮制飲酒食肉或觀奕棊而容貌毁悴杖然後起裴頠往弔之謂人曰若使一慟能傷人濬沖不免滅性之譏也時和嶠亦居父喪以禮法自持量米而食哀毁不踰於戎帝謂劉毅曰和嶠毁頓過禮使人憂之毅曰嶠雖寢苫食粥乃生孝耳至於王戎所謂死孝陛下當先憂之戎先有吐疾居喪增甚帝遣醫療之并賜藥物又斷賓客楊駿執政拜太子太傅駿誅之後東安公繇專斷刑賞威振外內戎誡繇曰大事之後宜深遠之繇不從果得罪轉中書令加光祿大夫給恩信五十人遷尚書左僕射領吏部戎始爲甲午制凡選舉皆先治百姓然後授用司隸傅咸奏戎曰書稱三載考績三載黜陟幽明今內外羣官居職未期而戎奏還既未定其優劣且送故迎新相望道路巧詐由生傷農害政戎不仰依堯舜典謨而驅動浮華虧敗風俗非徒無益乃有大損宜免戎官以敦風俗戎與賈郭通親竟得不坐尋轉司徒以王政將圯苟媚取容屬愍懷太子之廢竟無一言匡諫裴頠戎之壻也頠誅戎坐免官齊王冏起義孫秀錄戎於城內趙王倫子欲取戎爲軍司博士王繇曰濬沖譎詐多端安肯爲少年用乃止惠帝反宮以戎爲尚書令既而河間王顒遣使就說成都王穎將誅齊王冏檄書至冏謂戎曰孫秀作逆天子幽逼孤糾合義兵埽除元惡臣子之節信著神明二王聽讒造構大難當賴忠謀以和不協卿其善爲我籌之戎曰公首舉義衆匡定大業開闢已來未始有也然論功報賞不及有勞朝野失望人懷貳志今二王帶甲百萬其鋒不可當若以王就第不失故爵委權崇讓此求安之計也冏謀臣葛旟怒曰漢魏以來

王公就第寧有得保妻子乎議者可斬於是百官震悚戎僞藥發墮廁得不及禍戎以晉室方亂慕蘧伯玉之爲人與時舒卷無蹇諤之節自經典選未嘗進寒素退虛名但與時浮沉戶調門選而已尋拜司徒雖位總鼎司而委事僚寀間乘小馬從便門而出游見者不知其三公也故吏多至大官道路相遇輒避之性好興利廣收八方園田水碓周徧天下積實聚錢不知紀極每自執牙籌晝夜算計恒若不足而又儉嗇不自奉養天下人謂之膏肓之疾女適裴頠貸錢數萬久而未還女後歸寧戎色不悅女遽還直然後乃懽從子將婚戎遺其一單衣婚訖而更責取家有好李常出貨之恐人得種恒鑽其核以此獲譏於世其後從帝北伐王師敗績於蕩陰戎復詣鄴隨帝還洛陽車駕之西遷也戎出奔于郟在危難之間親接鋒刃談笑自若未嘗有懼容時召親賓歡娛永日永興二年薨于郟縣時年七十二謚曰元戎有人倫鑒識常目山濤如璞玉渾金人皆欽其寶莫知名其器王衍神姿高徹如瑤林瓊樹自然是風塵表物謂裴頠拙於用長荀勗工於用短陳道寧纔纔如束長竿族弟敦有高名戎惡之敦每候戎輒託疾不見敦後果爲逆亂其鑒賞先見如此嘗經黃公酒壚下過顧謂後車客曰吾昔與嵇叔夜阮嗣宗酣暢於此竹林之游亦預其末自嵇阮云亡吾便爲時之所羈紲今日視之雖近邈若山河初孫秀爲琅邪郡吏求品於鄉議戎從弟衍將不許戎勸品之及秀得志朝士有宿怨者皆被誅而戎衍獲濟焉子萬有美名少而大肥戎令食糠而肥愈甚年十九卒有庶子興戎所不齒以從弟陽平太守愔子爲嗣

衍字夷甫神情明秀風姿詳雅總角嘗造山濤濤嗟歎良久既去目而送之曰何物老嫗生寧馨兒然誤天下蒼生者未必非此人也父乂爲平北將軍常有公事使行人列上不時報衍年十四時在京師造僕射羊祜申陳事狀辭甚清辯祜名德貴重而衍幼年無屈下之色衆咸異之楊駿欲以女妻焉衍恥之遂陽狂自免武帝聞其名問戎曰夷甫當世誰比戎曰未見其比當從古人中求之泰始八年詔舉奇才可以安邊者衍初好論從橫之術故尚書盧欽舉爲遼東太守不就於是口不論世事唯雅詠玄虛而已嘗因宴集爲族人所怒舉樏擲其面衍初無言引王導共載而去然心不能平在車中攬鏡自照謂導曰爾看吾目光乃在牛背上矣父卒於北平送故甚厚爲親識之所借貸因以捨之數年之間家資罄盡出就洛城西田園而居焉後爲太子舍人遷尚書郎出補元城令終日清談而縣務亦理入爲中庶子黃門侍郎魏正始中何晏王弼等祖述老莊立論以爲天地萬物皆以無爲本無也者開物成務無往不存者也陰陽恃以化生萬物恃以成形賢者恃以成德不肖恃以免身故無之爲用無爵而貴矣衍甚重之惟裴頠以爲非著論以譏之而衍處之自若衍既有盛才美貌明悟若神常自比子貢兼聲名藉甚傾動當世妙善玄言唯談老莊爲事每捉玉柄麈尾與手同色義理有所不安隨即改更世號口中雌黃朝野翕然謂之一世龍門矣累居顯職後進之士莫不景慕放效選舉登朝皆以爲稱首矜高浮誕遂成風俗焉衍嘗喪幼子山簡弔之衍悲不自勝簡曰孩抱中物何至於此衍曰聖人忘情最下不及於情然則情之所鍾正在我輩簡服其言更爲之慟衍妻郭氏賈后之親藉宮中之勢剛愎貪戾聚斂無厭好干預人事衍患之而不能禁時有鄉人幽州刺史李陽京師大俠也郭氏素憚之衍謂郭曰非但我言卿不可李陽亦謂不可郭氏爲之小損衍疾郭之貪鄙故口未嘗言錢郭欲試之令婢以錢繞牀使不得行衍晨起見錢謂婢曰舉阿堵物卻其措意如此後歷北軍中候中領軍尚書令女爲愍懷太子妃太子爲賈后所誣衍懼禍自表離婚賈后既廢有司奏衍曰衍與司徒梁王肜書寫呈皇太子手與妃及衍書陳見誣之狀肜等伏讀辭旨懇惻衍備位大臣應以義責也太子被誣得罪衍不能守死善道即求離婚得太子手書隱蔽不出志在苟免無忠謇之操宜加顯責以厲臣節可禁錮終身從之衍素輕趙王倫之爲人及倫篡位衍陽狂斫婢以自免及倫誅拜河南尹轉尚書又爲中書令時齊王冏有匡復之功而專權自恣公卿皆爲之拜衍獨長揖焉以病去官成都王穎以衍爲中軍帥累遷尚書僕射領吏部後拜尚書令司空司徒衍雖居宰輔之重不以經國爲念而思自全之計說東海王越曰中國已亂當賴方伯宜得文武兼資以任之乃以弟澄爲荊州族弟敦爲青州因謂澄敦曰荊州有江漢之固青州有負海之險卿二人在外而吾留此足以爲三窟矣識者鄙之及石勒王彌寇京師以衍都督征討諸軍事持節假黃鉞以距之衍使前將軍曹武左衞將軍王景等擊賊退之獲其輜重遷太尉尚書令如故封武陵侯辭封不受時洛陽危逼多欲遷都以避其難而衍獨賣牛車以安衆心越之討苟晞也衍以太尉爲太傅軍司及越薨衆共推爲元帥衍以賊寇鋒起懼不敢當辭曰吾少無宦情隨牒推移遂至於此今日之事安可以非才處之俄而舉軍爲石勒所破勒呼王公與之相見問衍以晉故衍爲陳禍敗之由云計不在己勒甚悅之與語移日衍自說少不豫事欲求自免因勸勒稱尊號勒怒曰君名蓋四海身居重任少壯登朝至於白首何得言不豫世事邪破壞天下正是君罪使左右扶出謂其黨孔萇曰吾行天下多矣未嘗見如此人當可活不萇曰彼晉之三公必不爲我盡力又何足貴乎勒曰要不可加以鋒刃也使人夜排牆填殺之衍將死顧而言曰嗚呼吾曹雖不如古人向若不祖尚浮虛戮力以匡天下猶可不至今日時年五十六衍儁秀有令望希心玄遠未嘗語利王敦過江常稱之曰夷甫處衆中如珠玉在瓦石間顧愷之作畫贊亦稱衍巖巖清峙壁立千仞其爲人所尚如此子玄字眉子少慕簡曠亦有儁才與衞玠齊名荀藩用爲陳留太守屯尉氏玄素名家有豪氣荒弊之時人情不附將赴祖逖爲盜所害焉

澄字平子生而警悟雖未能言見人舉動便識其意衍妻郭性貪鄙欲令婢路上擔糞澄年十四諫郭以爲不可郭大怒謂澄曰昔夫人臨終以小郎屬新婦不以新婦屬小郎因捉其衣裾將杖之澄爭得脫踰牕而走衍有重名於世時人許以人倫之鑒尤重澄及王敦庾敳嘗爲天下人士目曰阿平第一子嵩第二處仲第三澄嘗謂衍曰兄形似道而神鋒大儁衍曰誠不如卿落落穆穆然也澄由是顯名有經澄所題目者衍不復有言輒云已經平子矣少歷顯位累遷成都王穎從事中郎穎嬖豎孟玖譖殺陸機兄弟天下切齒澄發玖私姦勸穎殺玖穎乃誅之士庶莫不稱善及穎敗東海王越請爲司空長史以迎大駕勳封南鄉侯遷建威將軍雍州刺史不之職時王敦謝鯤庾敳阮脩皆爲衍所親善號爲四友而亦與澄狎又有光逸胡毋輔之等亦豫焉酣讌縱誕窮懽極娛惠帝末衍白越以澄爲荊州刺史持節都督領南蠻校尉敦爲青州衍因問以方略敦曰當臨事制變不可豫論澄辭義鋒出算略無方一坐嗟服澄將之鎭送者傾朝澄見樹上鵲巢便脫衣上樹探鷇而弄之神氣蕭然傍若無人劉琨謂澄曰卿形雖散朗而內實動俠以此處世難得其死澄默然不答澄既至鎭日夜縱酒不親庶事雖寇戎急務亦不以在懷擢順陽人郭舒於寒悴之中以爲別駕委以州府時京師危逼澄率衆軍將赴國難而飄風折其節柱會王如寇襄陽澄前鋒至宜城遣使詣山簡爲如黨嚴嶷所獲嶷僞使人從襄陽來而問之曰襄陽拔未答曰昨旦破城已獲山簡乃陰緩澄使令得亡去澄聞襄陽陷以爲信然散衆而還既而耻之託糧運不贍委罪長史蔣俊而斬之竟不能進巴蜀流人散在荊湘者與土人忿爭遂殺縣令屯聚樂鄉澄使成都內史王機討之賊請降澄僞許之既而襲之於寵洲以其妻子爲賞沈八千餘人於江中於是益梁流人四五萬家一時俱反推杜弢爲主南破零桂東掠武昌敗王機于巴陵澄亦無憂懼之意但與機日夜縱酒投壺博戲數十局俱起殺富人李才取其家資以賜郭舒南平太守應詹驟諫不納於是上下離心內外怨叛澄望實雖損猶傲然自得後出軍擊杜弢次于作塘山簡參軍王沖叛于豫州自稱荊州刺史澄懼使杜蕤守江陵澄遷于孱陵尋奔沓中郭舒諫曰使君臨州雖無異政未失衆心今西收華容向義之兵足以擒此小醜奈何自棄澄不能從初澄命武陵諸郡同討杜弢天門太守扈瓌次于益陽武陵內史武察爲其郡夷所害瓌以孤軍引還澄怒以杜曾代瓌夷袁遂瓌故吏也託爲瓌報讎遂舉兵逐曾自稱平晉將軍澄使司馬毋丘邈討之爲遂所敗會元帝徵澄爲軍諮祭酒於是赴召時王敦爲江州鎭豫章澄過詣敦澄夙有盛名出於敦右士庶莫不傾慕之兼勇力絕人素爲敦所憚澄猶以舊意侮敦敦益忿怒請澄入宿陰欲殺之而澄左右有二十人持鐵馬鞭爲衞澄手嘗捉玉枕以自防故敦未之得發後敦賜澄左右酒皆醉借玉枕觀之因下牀而謂澄曰何與杜弢通信澄曰事自可驗敦欲入內澄手引敦衣至于絕帶乃登于梁因罵敦曰行事如此殃將及焉敦令力士路戎搤殺之時年四十四載尸還其家劉琨聞澄之死歎曰澄自取之及敦平澄故吏佐著作郎桓稚上表理澄請加贈謚詔復澄將官謚曰憲長子詹早卒次子徽右軍司馬

郭舒

郭舒字稚行幼請其母從師歲餘便歸粗識大義鄉人少府范晷宗人武陵太守郭景咸稱舒當爲後來之秀終成國器始爲領軍校尉坐擅放司馬彪繫廷尉世多義之刺史夏侯含辟爲西曹轉主簿含坐事舒自繫理含事得釋刺史宗岱命爲治中喪母去職劉弘牧荊州引爲治中弘卒舒率將士推弘子璠爲主討逆賊郭勱滅之保全一州王澄聞其名引爲別駕澄終日酣飲不以衆務在意舒常切諫之及天下大亂又勸澄修德養

威保完州境澄以爲亂自京都起非復一州所能匡禦雖不能從然重其忠亮荆土士人宗廞嘗因酒忤澄澄怒叱左右棒廞舒厲色謂左右曰使君過醉汝輩何敢妄動澄恚曰別駕狂邪誑言我醉因遣掐其鼻灸其眉頭舒跪而受之澄意少釋而廞遂得免澄之奔敗也以舒領南郡澄又欲將舒東下舒曰舒爲萬里紀綱不能匡正令使君奔亡不忍渡江乃留屯沌口採稆湖澤以自給鄉人盗食舒牛事覺來謝舒曰卿饑所以食牛耳餘肉可共噉之世以此服其弘量舒少與杜曾厚曾嘗召之不往曾銜之至是澄又轉舒爲順陽太守曾密遣兵襲舒遁逃得免王敦召爲參軍轉從事中郎襄陽都督周訪卒敦遣舒監襄陽軍甘卓至乃還朝廷徵舒爲右丞敦留不遣敦謀爲逆舒諫不從使守武昌荆州別駕宗澹忌舒才能數譖之於王廙廙疑舒與甘卓同謀密以白敦敦不受高官督護繆坦嘗請武昌城西地爲營太守樂凱言於敦曰百姓久買此地種菜自贍不宜奪之敦大怒曰王處仲不來江湖當有武昌地不而人云是我地邪凱懼不敢言舒曰公聽舒一言敦曰平子以卿病狂故掐鼻灸眉頭舊疾復發邪舒曰古之狂也直周昌汲黯朱雲不狂也昔堯立誹謗之木舜置敢諫之鼓然後事無枉縱公爲勝堯舜邪乃逆折舒使不得言何與古人相遠敦曰卿欲何言舒曰繆坦可謂小人疑誤視聽奪人私地以强陵弱晏子稱君曰其可臣獻其否以成其可是以舒等不敢不言敦即使還地衆咸壯之敦重舒公亮給賜轉豐數詣其家表爲梁州刺史病卒

樂廣

樂廣字彦輔南陽淯陽人也父方參魏征西將軍夏侯玄軍事廣時年八歲玄常見廣在路因呼與語還謂方曰向見廣神姿朗徹當爲名士卿家雖貧可令專學必能興卿門戶也方早卒廣孤貧僑居山陽寒素爲業人無知者性沖約有遠識寡嗜慾與物無競尤善談論每以約言析理以厭人之心其所不知默如也裴楷嘗引廣共談自夕申旦雅相欽挹歎曰我所不如也王戎爲荆州刺史聞廣爲夏侯玄所賞乃舉爲秀才楷又薦廣於賈充遂辟太尉掾轉太子舍人尚書令衛瓘朝之耆舊逮與魏正始中諸名士談論見廣而奇之曰自昔諸賢既沒常恐微言將絶而今乃復聞斯言於君矣命諸子造焉曰此人之水鏡見之瑩然若披雲霧而覩青天也王衍自言與人語甚簡至及見廣便覺已之煩其爲識者所歎美如此出補元城令遷中書侍郎轉太子中庶子累遷侍中河南尹廣善清言而不長於筆將讓尹請潘岳爲表岳曰當得君意廣乃作二百句語述己之志岳因取次比便成名筆時人咸云若廣不假岳之筆岳不取廣之旨無以成斯美也嘗有親客久闊不復來廣問其故答曰前在坐蒙賜酒方欲飲見盃中有蛇意甚惡之既飲而疾于時河南聽事壁上有角漆畫作蛇廣意盃中蛇卽角影也復置酒於前處謂客曰酒中復有所見不答曰所見如初廣乃告其所以客豁然意解沉痾頓愈衛玠總角時嘗問廣夢廣云是想玠曰神形所不接而夢豈是想邪廣曰因也玠思之經月不得遂以成疾廣聞故命駕爲剖析之玠病卽愈廣歎曰此賢胸中當必無膏肓之疾廣所在爲政無當時功譽然每去職遺愛爲人所思凡所論人必先稱其所長則所短不言而自見矣人有過先盡弘恕然後善惡自彰矣廣與王衍俱宅心事外名重於時故天下言風流者謂王樂爲稱首焉少與弘農楊準相善準之二子曰喬曰髦皆知名於世準使先詣裴頠頠性弘方愛喬有高韻謂準曰喬當及卿髦少減也又使詣廣廣性清淳愛髦有神檢謂準曰喬自及卿然髦亦清出準笑曰我二兒之優劣乃裴樂之優劣也論者以爲喬雖有高韻而神檢不足樂爲得之矣是時王澄胡毋輔之等皆亦任放爲達或至裸體者廣聞而笑曰名教內自有樂地何必乃爾其居才愛物動有理中皆此類也値世道多虞朝章紊亂清已中立任誠保素而已時人莫有見其際焉先是河南官舍多妖怪前尹皆不敢處正寢廣居之不疑嘗外戶自閉左右皆驚廣獨自若顧見牆有孔使人掘牆得狸而殺之其怪亦絶愍懷太子之廢也詔故臣不得辭送衆官不勝憤歎皆冒禁拜辭司隸校尉滿奮勑河南中部收縛拜者送獄廣卽便解遣衆人代廣危懼孫琰說賈謐曰前以太子罪惡有斯廢黜其臣不懼嚴詔冒罪而送今若繫之是彰太子之善不如釋去謐然其言廣故得不坐遷吏部尚書左僕射後東安王繇當爲僕射轉廣爲右僕射領吏部代王戎爲尚書令始戎薦廣而終踐其位時人美之成都王穎廣之壻也及與長沙王乂遘難而廣旣處朝望群小讒謗之乂以問廣廣神色不變徐答曰廣豈以五男易一女乂猶以爲疑廣竟以憂卒荀藩聞廣之不免也爲之流涕三子凱肇謨凱字弘緒大司馬齊王掾參驃騎軍事肇字弘茂太傅東海王掾洛陽陷兄弟相攜南渡江謨字弘範征虜將軍吳郡內史

史臣曰漢相清靜見譏於曠務周史清虛不嫌於尸祿豈台揆之任有異於常班者歟濬沖善發談端夷甫仰希方外登槐庭之顯列顧漆園而高視彼旣憑虛朝章已亂戎則取容於世旁委貨財衍則自保其身寧論宗稷及三方搆亂六戎猾夏犬羊之侶鋒鏑如雲夷甫區區焉佞彼兇渠以求容貸頹牆之隕猶有禮也平子肆情傲物對境難堪終夭厥生自貽伊敗且夫衣服表容珪璋範德聲移宮羽彩照山華布武有章立言成訓澄之箕踞不已甚矣若乃解袒登枝裸形捫鵲以此爲達謂之高致輕薄是效風流詎及道睽將聖事乖跰指撫情獨往自夭其生者焉昔晏嬰哭莊公之尸樂令解愍懷之客豈聞伯夷之風歟懊夫能立志者也

贊曰晉家求士乃構仙臺陵雲切漢山叟知材濬沖居鼎談優務劣夷甫兩顧退求三穴神亂當年忠乖曩列平子陵侮多於用拙樂令披雲高天澄徹

晉書卷四十四

唐　太　宗　文　皇　帝　御　撰

列傳第十四

鄭袤 子默　默子球

鄭袤字林叔滎陽開封人也高祖衆漢大司農父泰揚州刺史有高名袤少孤早有識鑒荀攸見之曰鄭公業爲不亾矣隨叔父渾避難江東時華歆爲豫章太守渾往依之歆素與泰善撫養袤如己子年十七乃還鄉里性清正時濟陰魏諷爲相國掾名重當世袤同郡任覽與結交袤以諷奸雄終必爲禍勸覽遠之及諷敗論者稱焉魏武帝初封諸子爲侯精選賓友袤與徐幹俱爲臨淄侯文學轉司隸功曹從事司空王朗辟爲掾袤舉高陽許允扶風魯芝東萊王基朗皆命之後咸至大位有重名袤遷尚書郎出爲黎陽令吏民悅服太守班下屬城特見甄異爲諸縣之最遷尚書右丞轉濟陰太守下車旌表孝悌敬禮賢能興立庠序開誘後進調補大將軍從事中郎拜散騎常侍會廣平太守缺宣帝謂袤曰賢叔大匠垂稱於陽平魏郡百姓蒙惠化且盧子家王子雍繼踵此郡使世不乏賢故復相屈袤在廣平以德化爲先善作條教郡中愛之徵拜侍中百姓戀慕涕泣路隅遷少府高貴鄉公卽位袤與河南尹王肅備法駕奉迎於元城封廣昌亭侯從光祿勳領宗正毋丘儉作亂景帝自出征之百官祖送於城東袤疾病不任會帝謂中領軍王肅曰唯不見鄭光祿爲恨肅以語袤袤自輿追帝及於近道帝笑曰故知侯生必來也遂與袤共載曰計將何先袤曰昔與儉俱爲臺郎特所知悉其人好謀而不達事情自昔建勳幽州志望無限文欽勇而無算今大軍出其不意江淮之卒銳而不能固深溝高壘以挫其氣此亞夫之長也帝稱善轉太常高貴鄉公議立明堂辟雍精選博士袤舉劉毅劉寔程咸庾峻後並至公輔大位及常道鄉公立與議定策進封安城鄉侯邑千戶景元初疾病失明屢乞骸骨不許拜光祿大夫五等初建封密陵伯武帝踐阼進爵爲侯雖寢疾十餘年而時賢並相推薦泰始中詔曰光祿大夫密陵侯袤履行純正守道沖粹退有清和之風進有素絲之節宜登三階之曜補袞職之闕今以袤爲司空天子臨軒遣五官中郎將國坦就第拜授袤前後辭讓遣息稱上送印綬至于十數謂坦曰魏以徐景山爲司空吾時爲侍中受詔詣公語吾曰三公當上應天心苟非其人實傷和氣不敢以垂死之年累辱朝廷也終於不就遵大雅君子之跡可不務乎固辭久之見許以侯就第拜儀同三司置舍人官騎賜牀帳簟褥錢五十萬九年薨時年八十五帝於東堂發哀賜祕器朝服一具衣一襲錢三十萬絹布各百匹以供喪事謚曰元有子六人長子默嗣次質舒詡稱予位並列卿

默字思元起家祕書郎考覈舊文删省浮穢中書令虞松謂曰而今而後朱紫別矣轉尚書考功郎專典伐蜀事封關內侯遷司徒左長史武帝受禪與太原郭奕俱爲中庶子朝廷以太子官屬宜稱陪臣默上言皇太子體皇極之尊無私於天下宮臣皆受命天朝不得同之藩國事遂施行出爲東郡太守値歲荒人飢默輒開倉振給乃舍都亭自表待罪朝廷嘉默憂國詔書褒歎比之汲黯班告天下若郡縣有此比者皆聽出給入爲散騎常侍初帝以貴公子當品鄉里莫敢與爲輩求之州內於是十二郡中正僉共舉默文帝與袤書曰小兒得廁賢子之流愧有竊賢之累及武帝出祠南郊詔使默驂乘因謂默曰卿知何以得驂乘乎昔州里舉卿相輩常愧有累清談遂問政事對曰勸稽務農爲國之基選人得才濟世之道居官久職政事之宜明慎黜陟勸戒之由崇尚儒素化導之本如此而已矣帝善之後以父

喪去官尋起爲廷尉是時高令袁毅坐交通貨賂大典刑獄在朝多見引逮唯默兄弟以潔愼不染其流遷太常時僕射山濤欲舉一親親爲博士謂默曰卿似尹翁歸令吾不敢復言默爲人敦重柔而能整皆此類也及齊王攸當之國下禮官議崇錫典制博士祭酒曹志等並立異議默容過其事坐免尋拜大鴻臚遭母喪舊制旣葬還職默自陳懇至久而見許遂改法定令聽大臣終喪自默始也服闋爲大司農轉光祿勳太康元年卒時年六十八謚曰成尚書令衞瓘奏默才行名望宜居論道五升九卿位未稱德宜贈三司而后父楊駿先欲以女妻默子豫默曰吾每讀雋不疑傳常想其人畏遠權貴奕世所守遂辭之駿深爲恨至此駿議不同遂不施行默寬沖博愛謙虛溫謹不以才地矜物事上以禮遇下以和雖僮豎廝養不加聲色而猶嫌慫故士君子以爲居世之難子球

球字子瑜少辟宰府入侍二宮成都王爲大將軍起義討趙王倫球自頓丘太守爲右長史以功封平壽公累遷侍中尚書散騎常侍中護軍尚書右僕射領吏部永嘉二年卒追贈金紫光祿大夫謚曰元球弟豫永嘉末爲尚書

李胤

李胤字宣伯遼東襄平人也祖敏漢河內太守去官還鄉里遼東太守公孫度欲彊用之敏乘輕舟浮滄海莫知所終胤父信追求積年浮海出塞竟無所見欲行喪制服則疑父尚存情若居喪而不聘娶後有鄰居故人與其父同年者亾因行喪制服燕國徐邈與之同州里以不孝莫大於無後勸使娶妻旣生胤遂絕房室恒如居喪禮不堪其憂數年而卒胤旣幼孤母又改行有識之後降食哀戚亦以喪禮自居又以祖不知存亾設木主以事之由是以孝聞容貌質素頹然若不足者而知度沉邃言必有則初仕郡上計掾州辟部從事治中舉孝廉叅鎭北軍事遷樂平侯相政尚清簡入爲尚書郎遷中護軍司馬吏部郎銓綜廉平賜爵關內侯出補安豐太守文帝引爲大將軍從事中郎遷御史中丞恭恪直繩百官憚之伐蜀之役爲西中郎將督關中諸軍事後爲河南尹封廣陸伯泰始初拜尚書進爵爲侯胤奏以爲古者三公坐而論道內參六官之事外與六卿之教或處三槐兼聽獄訟稽疑之典謀及卿士陛下聖德欽明垂心萬幾猥發明詔儀刑古式雖唐虞疇諮周文翼翼無以加也自今以往國有大政可親延羣公詢納讜言其軍國所疑延詣省中使侍中尚書諮論所宜若有疾疢不任觀會臨時遣侍臣訊訪詔從之遷吏部尚書僕射尋轉太子少傅詔以胤忠允高亮有匪躬之節使領司隸校尉胤屢自表讓忝傅儲宮不宜兼監司之官武帝以二職並須忠賢故每不許咸寧初皇太子出居東宮帝以司隸事任峻重而少傅有旦夕輔導之務胤素羸不宜久勞之轉拜侍中加特進俄遷尚書令侍中特進如故胤雖歷職內外而家至貧儉兒病無以市藥帝聞之賜錢十萬其後帝以司徒舊丞相之職詔以胤爲司徒在位五年簡亮持重稱爲任職以吳會初平大臣多有勳勞宜有登進乃上疏遜位帝不聽遣侍中宣旨優詔敦諭絕其章表胤不得已起視事太康三年薨詔遣御史持節監喪致祠謚曰成皇太子命舍人王贊誄之文義甚美帝後思胤清節詔曰故司徒李胤太常彭灌並履忠清儉身沒家無餘積賜胤家錢二百萬穀千斛灌家半之三子固眞長脩固字萬基散騎郎先胤卒固子志嗣爵志字彥道歷位散騎侍郎建威將軍陽平太守眞長位至太僕卿脩黃門侍郎太弟中庶子

盧欽 弟子志　志子諶

盧欽字子若范陽涿人也祖植漢侍中父毓魏司空世以儒業顯欽清澹有遠識篤志經史舉孝廉不行魏大將軍曹爽辟爲掾爽弟嘗有所屬請欽白爽子弟不宜干犯法度爽深納之而罰其弟除尚書郎爽誅免官後爲侍御史襲父爵大利亭侯累遷琅邪太守宣帝爲太傅辟從事中郎出爲陽平太守遷淮北都督伏波將軍甚有稱績徵拜散騎常侍大司農遷吏部尚書進封大梁侯武帝受禪以爲都督沔北諸軍事平南將軍假節給追鋒軺臥車各一乘第二駙馬二乘騎具刀器御府人馬鎧等及錢三十萬欽在鎭寬猛得中疆埸無虞入爲尚書僕射加侍中奉車都尉領吏部以清貧特賜絹百匹欽舉必以材稱爲廉平咸寧四年卒詔曰欽履道清正執德貞素文武之稱著於方夏入贊機衡惟允庶事肆勤內外有匪躬之節不幸薨沒朕甚悼之其贈衞將軍開府儀同三司賜祕器朝服一具衣一襲布五十匹錢三十萬謚曰元又以欽忠清高潔不營產業身沒之後家無所庇特賜錢五十萬爲立第舍復下詔曰故司空王基衞將軍盧欽領典軍將軍楊囂並素清貧身沒之後居無私積頃者饑饉聞其家大匱其各賜穀三百斛欽歷宰州郡不尚功名唯以平理爲務祿奉散之親故不營貲產動循禮典妻亾制廬杖終喪居外所著詩賦論難數十篇名曰小道子浮嗣

浮字子雲起家太子舍人病疽截手遂廢然朝廷器重之以爲國子博士祭酒祕書監皆不就欽弟珽字子笏衞尉卿珽子志

志字子道初辟公府掾尚書郎出爲鄴令成都王穎之鎭鄴也愛其才量委以心膂遂爲謀主齊王冏起義遣使告穎穎召志計事志曰趙王無道肆行篡逆四海人神莫不憤怒今殿下總率三軍應期電發子來之衆不召自至掃夷凶逆必有征無戰然兵事至重聖人所愼宜旋賢任才以收時望穎深然之改選上佐高辟掾屬以志爲諮議叅軍仍補左長史專掌文翰穎前鋒都督趙驤爲倫所敗士衆震駭議者多欲還保朝歌志曰今我軍失利敵新得勝必有輕易凌轢之情若頓兵不進三軍畏衂懼不可用且戰何能無勝負宜更選精兵星行倍道出賊不意此用兵之奇也穎從之及倫敗志勸穎曰齊王衆號百萬與張泓等相持不能決大王逕得濟河此之大勳莫之與比而齊王今當與大王共輔朝政志聞兩雄不俱處功名不並立今宜因太妃微疾求還定省推崇齊王徐結四海之心此計之上也穎納之遂以母疾還藩委重於冏由是穎獲四海之譽天下歸心朝廷封志爲武强侯加散騎常侍及河間王顒納李含之說欲內除二王樹穎儲副遣報穎穎將應之志正諫不從及冏滅穎遙執朝權遂懷觖望之心以長沙王乂在內不得恣其所欲密欲去乂時荊州有張昌之亂穎表求親征朝廷許之會昌等平乃迴兵以討乂志諫曰公前有復皇祚之大勳及事平歸功於齊辭九錫之賞不當朝政之權振陽翟飢人葬黃橋白骨皆盛德之事四海之人莫不荷賴矣逆寇縱肆猾擾荊楚今公掃清羣難南土以寧振旅而旋頓軍關外文服入朝此霸王者之事也穎不納及乂死穎表志爲中書監留鄴叅署相府事乘輿敗於蕩陰穎遣志督兵迎帝及王浚攻鄴志勸穎奉天子還洛陽時甲士尚萬五千人志夜部分至曉衆皆成列而程太妃戀鄴不欲去穎未能決俄而衆潰唯志與子謐兄子綝殿中武賁千人而已志復勸穎早發時有道士姓黃號曰聖人太妃信之及使呼入道士求兩杯酒飲訖拋杯而去於是志計始決而人馬復散志於營陣間尋索得數乘鹿車司馬督韓玄收集黃門得百餘人志入帝問志曰何故散敗至此志曰賊去鄴尚八十里而人士一朝駭散太弟今欲奉陛下還洛陽帝曰甚佳於是御犢車便發屯騎校尉郝昌先領兵八千守洛陽帝召之至汲郡而昌至兵仗甚盛志喜於復振啓天子宜下赦書與百姓同其休慶旣達洛陽志啓以滿奮爲司隸校尉奔散者多還百官粗備帝悅賜志絹二百匹綿百斤衣一襲鶴綾袍一領初河間王顒聞王浚起兵遣右將軍張方救鄴方聞成都軍敗頓兵洛陽不敢進縱兵虜掠密欲遷都長安將焚宗廟宮室以絕人心志說方曰昔董卓無道焚燒洛陽怨毒之聲百年猶存何爲襲之乃止方遂逼天子幸其壘帝垂泣就輿唯志侍側曰陛下今日之事當一從右將軍臣駑怯無所云補唯知盡微誠不離左右而已停方壘三日便西志復從至長安穎被黜志亦免官及東海王越奉迎大駕顒啓帝復穎還鄴以志爲魏郡太守加左將軍隨穎北鎭行達洛陽而平昌公模遣前鋒督護馮嵩距穎穎還長安未至而聞顒斬張方求和於越穎住華陰志進長安詣闕陳謝卽還就穎於武關奔南陽復爲劉陶所驅迴詣河北及穎薨官屬奔散唯志親自殯送時人嘉之越命志爲軍諮祭酒遷衞尉永嘉末轉尚書洛陽沒志將妻子北投并州刺史劉琨至陽邑爲劉粲所虜與次子謐詵等俱遇害於平陽長子諶

諶字子諒清敏有理思好老莊善屬文選尚武帝女滎陽公主拜駙馬都尉未成禮而公主卒後州舉秀才辟太尉掾洛陽沒隨志北依劉琨與志俱爲劉粲所虜粲據晉陽留諶爲叅軍琨收散卒引猗盧騎還攻粲粲敗走諶得赴琨先父母兄弟在平陽者悉爲劉聰所害琨爲司空以諶爲主簿轉從事中郎琨妻卽諶之從母旣加親愛又重其才地建興末隨琨投段匹磾匹磾自領幽州取諶爲別駕匹磾旣害琨尋亦敗喪時南路阻絕段末波在遼西諶往投之元帝之初末波通使於江左諶因其使抗表理琨文旨甚切於是卽加弔祭累徵諶爲散騎中書侍郎而爲末波所留遂不得南渡末波死弟遼代立諶流離世故且二十載石季龍破遼西復爲季龍所得以爲中書侍郎國子祭酒侍中中書監屬冉閔誅石氏諶隨閔軍於襄國遇害時年六十七是歲永和六年也諶名家子早有聲譽才高行潔爲一時所推值中原喪亂與清河崔悅潁川荀綽河東裴憲北地傅暢並淪陷非所雖俱顯於石氏恒以爲辱諶每謂諸子曰吾身沒之後但稱晉司空從事中郎爾撰祭法注莊子及文集皆行於世悅字道儒魏司空林曾孫劉琨妻之姪也與諶俱爲琨司空從事中郎後爲末波佐史沒石氏亦居大官其綽憲暢並別有傳

華表　子廙　廙子恒　廙弟嶠

華表字偉容，平原高唐人也。父歆清德高行爲魏太尉表年二十拜散騎黃門郎累遷侍中正元初石苞來朝盛稱高貴鄉公以爲魏武更生時聞者流汗沾背表懼禍作頻稱疾歸下舍故免於大難後遷尚書五等建封觀陽伯坐供給喪事不整免泰始中拜太子少傅轉光祿勳遷太常卿數歲以老病乞骸骨詔曰表清貞履素有老成之美久幹王事靜恭匪懈而以疾固辭章表懇至今聽如所上以爲太中大夫賜錢二十萬牀帳褥席祿賜與卿同門施行馬表以苦節垂名司徒李胤司隸王宏等並歎美表清澹退靜以爲不可得貴賤而親疏也咸寧元年八月卒時年七十二謚曰康詔賜朝服有六子廙岑嶠鑒澹簡

廙字長駿弘敏有才義妻父盧毓典選難舉姻親故廙年三十五不得調晚爲中書通事郎泰始初遷冗從僕射少爲武帝所禮歷黃門侍郎散騎常侍前軍將軍侍中南中郎將都督河北諸軍事父疾篤輒還仍遭喪舊例葬訖復任廙因辭迮旨初表有賜客在鬲使廙因縣令袁毅錄名三客各代以奴及毅以貨賕致罪獄辭迷謬不復顯以奴代客直言送三奴與廙而毅亦盧氏壻也又中書監荀勗先爲中子求廙女廙不許爲恨因密啓帝以袁毅貨賕者多不可盡罪宜責最所親者一人因指廙當之又緣廙有違忤之咎遂於喪服中免廙官削爵土大鴻臚何遵奏廙免爲庶人不應襲封請以表世孫混嗣表有司奏曰廙所坐除名削爵一時之制廙爲世子著在名簿不聽襲嗣此爲刑罰再加諸侯犯法八議平處者褒功重爵也嫡統非犯終身棄罪廢之爲重依律應聽襲封詔曰諸侯薨子踰年即位此古制也應即位而廢之爵命皆去矣何爲罪罰再加且吾之責廙以肅貪穢本不論常法也諸賢不能將明此意乃更詭易禮律不顧憲度君命廢之而羣下復之此爲上下正相反也於是有司奏免議者官詔皆以贖論混以世孫當受封逃避斷髮陽狂病瘖不能語故不得拜世咸稱之廙棲遲家巷垂十載敎誨子孫講誦經典集經書要事名曰善文行於世與陳勰共造豬闌於宅側帝嘗出視之問其故左右以實對帝心憐之帝後又登陵雲臺望見廙苜蓿園阡陌甚整依然感舊太康初大赦乃得襲封久之拜城門校尉遷左衞將軍數年以爲中書監惠帝即位加侍中光祿大夫尚書令進爵爲公廙應楊駿召不時還有司奏免官尋遷太子少傅加散騎常侍勳遵禮典得傅導之義後年衰病篤詔遣太醫療病進位光祿大夫開府儀同三司時河南尹韓壽因託賈后求以女配廙孫陶廙距而不許后深以爲恨故遂不登台司年七十五卒謚曰元三子混薈恒

混字敬倫嗣父爵清貞簡正歷位侍中尚書卒官子陶嗣補登令沒於石勒

薈字敬叔爲河南尹與荀藩荀組俱避賊至臨潁父子並遇害

恒字敬則博學以清素爲稱尚武帝女滎陽長公主拜駙馬都尉元康初東宮建恒以選爲太子賓友賜爵關內侯食邑百戶辟司徒王渾倉曹掾屬除散騎侍郎累遷散騎常侍北軍中候俄拜領軍加散騎常侍愍帝即位以恒爲尚書進爵苑陵縣公頃之劉聰逼長安詔出恒爲鎭軍將軍領潁川太守以爲外援恒與合義軍得二千人未及西赴而關中陷沒時羣賊方盛所在州郡相繼奔敗恒亦欲棄郡東渡而從兄軼爲元帝所誅以此爲疑先書與驃騎將軍王導導言於帝帝曰兄弟罪不相及況羣從乎即召恒補光祿勳恒到未及拜更以爲衞將軍加散騎常侍本州大中正尋拜太常議立郊祀尚書刁協國子祭酒杜夷議須還洛乃脩郊祀恒議漢獻帝居許即便郊祀宜於此修立司徒荀組驃騎將軍王導同恒議遂定郊祀尋以疾求解詔曰太常職主宗廟烝嘗敬重而華恒所疾不堪親奉職事夫子稱吾不與祭如不祭況宗伯之任職所司邪今轉恒爲廷尉頃之加特進太寧初遷驃騎將軍加散騎常侍督石頭水陸諸軍事王敦表轉恒爲護軍疾病不拜授金紫光祿大夫又領太子太保成帝即位加散騎常侍領國子祭酒咸和初以愍帝時賜爵進封一皆削除恒更以討王敦功封苑陵縣侯復領太常蘇峻之亂恒侍帝左右從至石頭備履艱危困悴踰年初恒爲州大中正鄉人任讓輕薄無行爲恒所黜及讓在峻軍中任勢多所殺害見恒輒恭敬不肆其虐鍾雅劉超之死亦將及恒讓盡心救衞故得免及帝加元服又將納后寇難之後典籍靡遺婚冠之禮無所依據恒推尋舊典撰定禮儀并郊廟辟雍朝廷軌則事並施用遷左光祿大夫開府常侍如故固讓未拜會卒時年六十九冊贈侍中左光祿大夫開府謚曰敬恒清恪儉素雖居顯列常布衣蔬食年老彌篤死之日家無餘財唯有書數百卷時人以此貴之子俊嗣爲尚書郎俊子仰之大長秋

嶠字叔駿才學深博少有令聞文帝爲大將軍辟爲掾屬補尚書郎轉車騎從事中郎泰始初賜爵關內侯遷太子中庶子出爲安平太守辭親老不行更拜散騎常侍典中書著作領國子博士遷侍中太康末武帝頗親宴樂又多疾病屬小瘳嶠與侍臣表賀因微諫曰伏惟聖體漸就平和上下同慶不覺抃舞臣等愚顓竊有微懷以爲收功於所忽事乃無悔慮福於垂成祚乃日新唯願陛下深垂聖明遠思所忽之悔以成日新之福沖靜和氣嗇養精神頤身於清簡之宇留心於虛曠之域無厭世俗常戒以忽羣下之言則豐慶日延天下幸甚帝手詔報曰輒自消息無所爲慮元康初封宜昌亭侯誅楊駿改封樂鄉侯遷尚書後以嶠博聞多識屬書典實有良史之志轉祕書監加散騎常侍班同中書寺爲內臺中書散騎著作及治禮音律天文數術南省文章門下撰集皆典統之初嶠以漢紀煩穢慨然有改作之意會爲臺郎典官制事由是得徧觀祕籍遂就其緒起于光武終於孝獻一百九十五年爲帝紀十二卷皇后紀二卷十典十卷傳七十卷及三譜序傳目錄凡九十七卷嶠以皇后配天作合前史作外戚傳以繼末編非其義也故易爲皇后紀以次帝紀又改志爲典以有堯典故也而改名漢後書奏之詔朝臣會議時中書監荀勗令和嶠太常張華侍中王濟咸以嶠文質事核有遷固之規實錄之風藏之祕府後太尉汝南王亮司空衞瓘爲東宮傅列上通講事遂施行嶠所著論議難駁詩賦之屬數十萬言其所奏官制太子宜還宮及安邊雩祭明堂辟雍浚導河渠巡禹之舊跡置都水官修蠶宮之禮置長秋事多施行元康三年卒追贈少府謚曰簡嶠性嗜酒率常沉醉所撰書十典未成而終祕書監何劭奏嶠中子徹爲佐著作郎使踵成之未竟而卒後監繆徵又奏嶠少子暢爲佐著作郎克成十典并草魏晉紀傳與著作郎張載等俱在史官永嘉喪亂經籍遺沒嶠書存者五十餘卷嶠有三子頤徹暢頤嗣官至長樂內史暢有才思所著文章數萬言遭寇亂避難荊州爲賊所害時年四十

石鑒

石鑒字林伯樂陵厭次人也出自寒素雅志公亮仕魏歷尚書郎侍御史尚書左丞御史中丞多所糾正朝廷憚之出爲并州刺史假節護匈奴中郎將武帝受禪封堂陽子入爲司隸校尉轉尚書時秦涼爲虜所敗遣鑒都督隴右諸軍事坐論功虛僞免官後爲鎭南將軍豫州刺史坐討吳賊虛張首級詔曰昔雲中守魏尚以斬首不實受刑武牙將軍田順以詐增虜獲自殺誣罔敗法古今所疾鑒備大臣吾所取信往者西事公欺朝廷以敗爲得竟不推究中間黜免未久尋復授用冀能補過而乃與下同詐所謂大臣義得爾乎有司奏是也顧未忍耳今遣歸田里終身不得復用勿削爵土也久之拜光祿勳復爲司隸校尉稍加特進遷右光祿大夫開府領司徒前代三公冊拜皆設小會所以崇宰輔之制也自魏末已後廢不復行至鑒有詔令會遂以爲常太康末拜司空領太子太傅武帝崩鑒與中護軍張劭監統山陵時大司馬汝南王亮爲太傅楊駿所疑不敢臨喪出營城外時有告亮欲舉兵討駿駿大懼白太后令帝爲手詔詔鑒及張劭使率陵兵討亮劭駿甥也便率所領催鑒速發鑒以爲不然保持之遣人密覘視亮已別道還許昌於是駿止論者稱之山陵訖封昌安縣侯元康初爲太尉年八十餘克壯慷慨自遇若少年時人美之尋薨謚曰元子陋字處賤襲封歷屯騎校尉

温羨

温羨字長卿太原祁人漢護羌校尉序之後也祖恢魏揚州刺史父恭濟南太守兄弟六人並知名於世號曰六龍羨少以朗寤見稱齊王攸辟爲掾遷尚書郎惠帝即位拜豫州刺史入爲散騎常侍累遷尚書及齊王冏輔政以羨攸之故吏意特親之轉吏部尚書先是張華被誅冏建議欲復其官爵論者或以爲非羨駁之曰自天子已下爭臣各有差不得歸罪於一人也故晏子曰爲己死亡非其親暱誰能任之里克之殺二庶陳乞之立陽生漢朝之誅諸呂皆積年之後乃得立事未有事主見存而得行其志於數月之內者也式乾之會張華獨諫上宰不和不能承風贊善望其指麾從命不亦難乎況今皇后譖害其子內難不預禮非所任且后體齊於帝尊同皇極罪在枉子事不爲逆義非所討今以華不能廢枉子之后與趙盾不討殺君之賊同而貶責之於義不經通也華竟得追復爵位其後以從駕討成都王穎有勳封大陵縣公邑千八百戶出爲冀州刺史加後將軍范陽王虓敗於許昌也自牧冀州羨乃避之惠帝之幸長安以羨爲中書令不就及帝還洛陽徵爲中書監加散騎常侍未拜會帝崩懷帝即位遷左光祿大夫開府領司徒論者僉謂爲速在位未幾病卒贈司徒謚曰元有三子祗允裕祗字敬齊太傅西曹掾允字敬咸太子舍人裕字敬嗣尚武安長公主官至左光祿大夫

史臣曰晉氏中朝承累世之資建兼并之業衣冠斯盛英彥如林此數公者或以雅望處台槐或以高名居保傳自非一時之秀亦曷能至于斯惜其三緘於論道之辰獨善於兼濟之日良圖鯁議無足多談然退已進賢林叔弘推讓之美自家刑國宣伯協恭孝之規子若之儒素爲基偉容之苦節流譽慶垂來葉不亦宜哉石鑒以公亮升温羨以明察顯屬于危亂不隕其名歲寒見松栢之後彫斯人之謂矣

贊曰讓矣密陵孝哉廣陸欽旣博雅表亦貞肅鑒績克宣温聲載穆同鏘玉振爭芬蘭郁

晉書卷四十五

唐太宗文皇帝御撰

列傳第十五

劉毅

劉毅字仲雄東萊掖人漢陽城景王章之後父喈丞相屬毅幼有孝行少厲淸節然好臧否人物王公貴人望風憚之僑居平陽太守杜恕請爲功曹沙汰郡吏百餘人三魏稱焉爲之語曰但聞劉功曹不聞杜府君魏末本郡察孝廉辟司隸都官從事京邑肅然毅將彈河南尹司隸不許曰攫獸之犬鼷鼠蹈其背毅曰旣能攫獸又能殺鼠何損於犬投傳而去同郡王基薦毅於公府日毅方正亮直挺然不羣言不苟合行不苟容往日僑仕平陽爲郡股肱正色立朝舉綱引墨朱紫有分鄭衞不雜孝弟著於邦族忠貞效於三魏昔孫陽取騏驥於吳坂秦穆拔百里於商旅毅未遇知己無所自呈前已口白謹復申請太常鄭袤舉博士文帝辟爲相國掾辭疾積年不就時人謂毅忠於魏氏而帝怒其顧望將加重辟毅懼應命轉主簿武帝受禪爲尚書郎駙馬都尉遷散騎常侍國子祭酒帝以毅忠蹇正直使掌諫官轉城門校尉遷太僕拜尚書坐事免官咸寧初復爲散騎常侍博士祭酒轉司隸校尉糾正豪右京師肅然司部守令望風投印綬者甚衆時人以毅方之諸葛豐蓋寬饒皇太子朝鼓吹將入東掖門毅以爲不敬止之於門外奏劾保傅以下詔赦之然後入帝嘗南郊禮畢喟然問毅曰卿以朕方漢何帝也對曰可方桓靈帝曰吾雖德不及古人猶克己爲政又平吳會混一天下方之桓靈其已甚乎對曰桓靈賣官錢入官庫陛下賣官錢入私門以此言之殆不如也帝大笑曰桓靈之世不聞此言今有直臣故不同也散騎常侍鄒湛進曰世談以陛下比漢文帝人心猶不多同昔馮唐答文帝云不能用頗牧而文帝怒今劉毅言犯順而陛下歡然以此相校聖德乃過之矣帝曰我平天下而不封禪焚雉頭裘行布衣禮卿初無言今於小事何見褒之甚湛曰臣聞猛獸在田荷戈而出凡人能之蜂蠆作於懷袖勇夫爲之驚駭出於意外故也夫君臣有自然之尊卑言語有自然之逆順向劉毅始言臣等莫不變色陛下發不世之詔出思慮之表臣之喜慶不亦宜乎在職六年遷尚書左僕射時龍見武庫井中帝親觀之有喜色百官將賀毅獨表曰昔龍降鄭時門之外子產不賀龍降夏庭沫流不禁卜藏其漦至周幽王禍釁乃發易稱潛龍勿用陽在下也證據舊典無賀龍之禮詔報曰正德未修誠未有以膺受嘉祥省來示以爲瞿然賀慶之事宜詳依典義動靜數示尚書郎劉漢等議以爲龍體旣蒼雜以素文意者大晉之行戢武興文之應也而毅乃引衰世妖異以疑今之吉祥又以龍在井爲潛皆失其意潛之爲言隱而不見今龍彩質明煥示人以物非潛之謂也毅應推處詔不聽後陰氣解而復合毅上言必有阿黨之臣姦以事君者當誅而不誅故也毅以魏立九品權時之制未見得人而有八損乃上疏曰臣聞立政者以官才爲本官才有三難而興替之所由也人物難知一也愛憎難防二也情僞難明三也今立中正定九品高下任意榮辱在手操人主之威福奪天朝之權勢愛憎決於心情僞由於己公無考校之負私無告訐之忌用心百態求者萬端廉讓之風滅苟且之俗成天下訩訩但爭品位不聞推讓竊爲聖朝恥之夫名狀以當才爲清品輩以得實爲平安危之要不可不明清平者政化之美也枉濫者亂敗之惡也不可不察然人才異能備體者寡器有大小達有早晚前鄙後修宜受日新之報抱正違時宜有質直之稱度遠闕小宜得殊俗之狀任直不飾宜得清實之譽行寡才優宜獲器任之用是以三仁殊塗而同歸四子異行而均義陳平韓信笑侮於邑里而收功於帝王屈原伍胥不容於人主而顯名於竹帛是篤論之所明也今之中正不精才實務依黨利不均稱尺務隨愛憎所欲與者獲虛以成譽所欲下者吹毛以求疵高下逐强弱是非由愛憎隨世興衰不顧才實衰則削下興則扶上一人之身旬日異狀或以貨賂自通或以計協登進附託者必達守道者困悴無報於身必見割奪有私於己必得其欲是以上品無寒門下品無勢族暨時有之皆曲有故慢主罔時實爲亂源損政之道一也置州都者取州里清議咸所歸服將以鎮異同一言議不謂一人之身了一州之才一人不審便坐之若然自仲尼以上至于庖犧莫不有失則皆不堪何獨責於中人者哉若殊不修自可更選今重其任而輕其人所立品格還訪刁攸攸非州里之所歸非職分之所置今訪之歸正於所不服決事於所不職以長讒搆之源以生乖爭之兆似非立都之本旨理俗之深防也主者旣善刁攸攸之所下而復選以二千石已有數人劉良上攸之所下石公罪攸之所行駮違之論橫於州里嫌讎之隙結於大臣夫桑妾之訟禍及吳楚鬬雞之變難興魯邦況乃人倫交爭而部黨興刑獄滋生而禍根結損政之道二也本立格之體將謂人倫有序若貫魚成次也爲九品者取下者爲格謂才德有優劣倫輩有首尾今之中正務自遠者則抑割一國使無上人穢劣下比則拔舉非次并容其身公以爲格坐成其私君子無小人之怨官政無繩姦之防使得上欺明主下亂人倫乃使優劣易地首尾倒錯推貴異之器使在凡品之下負戴不肖越在成人之首損政之道三也陛下踐阼開天地之德弘不諱之詔納忠直之言以覽天下之情太平之基不世之法也然賞罰自王公以至于庶人無不加法置中正委以一國之重無賞罰之防人心多故清平者寡故怨訟者衆聽之則告訐無已禁絕則侵枉無極與其理訟之煩猶愈淸枉之害今禁訟訴則杜一國之口培一人之勢使得縱橫無所顧憚諸受枉者抱怨積直獨不蒙天地無私之德而長壅蔽於邪人之銓使上明不下照下情不上聞損政之道四也昔在前聖之世欲敦風俗鎮靜百姓隆鄉黨之義崇六親之行禮教庠序以相率賢不肖於是見矣然鄉老書其善以獻天子司馬論其能以官於職有司考績以明黜陟故天下之人退而修本州黨有德義朝廷有公正浮華邪佞無所容厝今一國之士多者千數或流徙異邦或取給殊方面猶不識況盡其才力而中正知與不知其當品狀采譽於臺府納毀於流言任己則有不識之蔽聽受則有彼此之偏所知者以愛憎奪其平所不知者以人事亂其度旣無鄉老紀行之譽又非朝廷考績之課遂使進官之人棄近求遠背本逐末位以求成不由行立品不校功黨譽虛妄損政五也凡所以立品設狀者求人才以理物也非虛飾名譽相爲好醜雖孝悌之行不施朝廷故門外之事以義斷恩旣以在官職有大小事有劇易各有功報此人才之實效功分之所得也今則反之於限當報雖職之高還附卑品無績於官而獲高敘是爲抑功實而隆虛名也上奪天朝考績之分下長浮華朋黨之士損政六也凡官不同事人不同能得其能則成失其能則敗今品不狀才能之所宜而以九等爲例以品取人或非才能之所長以狀取人則爲本品之所限若狀得其實猶品狀相妨繫縶選舉使不得精於才宜況今九品所疏則削其長所親則飾其短徒結白論以爲虛譽則品不料能百揆何以得理萬機何以得修損政七也前九品詔書善惡必書以爲褒貶當時天下少有所忌今之九品所下不彰其罪所上不列其善廢褒貶之義任愛憎之斷清濁同流以植其私故反違前品大其形勢以驅動衆人使必歸己進者無功以表勸退者無惡以成懲懲勸不明則風俗汙濁天下人爲得不解德行而銳人事損政八也由此論之選中正而非其人授權勢而無賞罰或缺中正而無禁檢故邪黨得肆枉濫從橫雖職名中正實爲姦府事名九品而有八損或恨結於親親猜生於骨肉當身困於敵讎子孫離其殃咎斯乃歷世之患非徒當今之害也是以時主觀時立法防姦消亂靡有常制故周因於殷有所損益至于中正九品上聖古賢皆所不爲豈蔽於此事而有不周哉將以政化之宜無取於此也自魏立以來未見其得人之功而生讎薄之累毀風敗俗無益於化古今之失莫大於此愚臣以爲宜罷中正除九品棄魏氏之弊法立一代之美制疏奏優詔答之後司空衞瓘等亦共表宜省九品復古鄉議里選帝竟不施行毅夙夜在公坐而待旦言議切直無所曲撓爲朝野之所式瞻嘗散齋而疾其妻省之毅便奏加妻罪而請解齋妻子有過立加杖捶其公正如此然以峭直故不至公輔帝以毅清貧賜錢三十萬日給米肉年七十告老久之見許以光祿大夫歸第門施行馬復賜錢百萬後司徒舉毅爲青州大中正尚書以毅懸車致仕不宜勞以碎務陳留相樂安孫尹表曰禮凡卑者執勞尊者居逸是順敘之宜也司徒魏舒司隸校尉嚴詢與毅年齒相近往者同爲散騎常侍後分授外內之職資塗所經出處一致今詢管四十萬戶州兼董司百僚總攝機要舒所統殷廣兼執九品銓十六州論議主者不以爲劇毅但以知一州便謂不宜累以碎事於毅太優詢舒太劣若以前聽致仕不宜復與遷授位者故光祿大夫鄭袤爲司空是也夫知人則哲惟帝難之尚可復委以宰輔之任不可諮以人倫之論臣竊所未安昔鄭武公年過八十入爲周司徒雖過懸車之年必有可用毅前爲

司隸直法不撓當朝之臣多所按劾諺曰受堯之誅不能稱堯直臣無黨古今所悉是以汲黯死於淮陽董仲舒裁爲諸侯之相而毅獨遭聖明不離輦轂當世之士咸以爲榮毅雖身偏有風疾而志氣聰明一州品第不足勞其思慮毅疾惡之心小過主者必疑其論議傷物故高其優禮令去事實此爲機閣毅使絕人倫之路也臣州茂德惟毅越毅不用則清談倒錯矣於是青州自二品已上愿毅取正光祿勳石鑒等共奏曰謹按陳留相孫尹表及與臣等書如左臣州履境海岱參風齊魯故人俗務本而世敦德讓今雖不克於舊而遺訓猶存是以人倫歸行士議所守也前被司徒符當參舉州大中正僉以光祿大夫毅純孝至素著在鄉閭忠允亮直竭於事上仕不爲榮惟期盡節正身率道崇公忘私行高義明出處同揆故能令義士宗其風景州閭歸其清流雖年耆偏疾而神明克壯實臣州人士所思準繫誠以毅之明格能不言而信風之所動清濁必偃以稱一州咸同之望也竊以爲禮賢尚德教之大典王制奪與動爲開塞而士之所歸人倫爲大臣等虛劣雖言廢於前今承尹書敢不列啓按尹所執非惟惜名議於毅之身亦通陳朝宜奪與大準以爲尹言當否應蒙評議由是毅遂爲州都銓正人流清濁區別其所彈貶自親貴者始太康六年卒武帝撫几驚曰失吾名臣不得生作三公卽贈儀同三司使者監護喪事羽林左監北海王宮上疏曰中詔以毅忠允匪躬贈班台司斯誠聖朝考績以毅著勳之美事也臣謹按謚者行之迹而號者功之表今毅功德竝立而有號無謚於義不體臣竊以春秋之事求之謚法主於行而不繫爵然漢魏相承爵非列侯則雖沒而高行不加之謚至使三事之賢臣不如野戰之將銘跡所殊臣願聖世舉春秋之遠制改列爵之舊限使夫功行之實不相掩替則莫不率賴若以革舊毀制非所倉卒則毅之忠益雖不攻城略地論德進爵亦應在例臣敢惟行甫請周之義謹牒毅功行如右帝出其表使八座議之多同宮議奏寢不報二子暾總

暾字長升正直有父風太康初爲博士會議齊王攸之國加崇典禮暾與諸博士坐議迕旨武帝大怒收暾等付廷尉會赦得出免官初暾父毅疾馮紞姦佞欲奏其罪未果而卒至是紞位宦日隆暾慨然曰使先人在不令紞得無患後爲酸棗令轉侍御史會司徒王渾主簿劉輿獄辭連暾將收付廷尉渾不欲使府有過欲距劾自舉之與暾更相曲直渾怒便遜位還第暾乃奏渾曰謹按司徒王渾蒙國厚恩備位鼎司不能上佐天子調和陰陽下遂萬物之宜使卿大夫各得其所敢因劉輿距扞詔使私欲大府興長獄訟昔陳平不答漢文之問邴吉不問死人之變誠得宰相之體也旣興刑獄怨懟而退舉動輕速無大臣之節請免渾官右長史楊丘亭侯劉肇便辟善柔苟於阿順請大鴻臚削爵土詔聞暾此奏者皆歎美之其後武庫火尚書郭彰率百人自衞而不救火暾正色詰之彰怒曰我能截君角也暾勃然謂彰曰君何敢恃寵作威作福天子法冠而欲截角乎求紙筆奏之彰伏不敢言衆人解釋乃止彰久貴豪侈每出輒從百餘人自此之後務從簡素暾遷太原內史趙王倫篡位假征虜將軍不受與三王共舉義惠帝復阼暾爲左丞正色立朝三臺清肅尋兼御史中丞奏免尚書僕射東海公繇及王粹董艾等十餘人朝廷嘉之遂卽眞遷中庶子左衞將軍司隸校尉奏免武陵王澹及何綏劉坦溫畿李晅等長沙王乂討齊王冏暾豫謀封朱虛縣公千八百戶乂死坐免頃之復爲司隸及惠帝之幸長安也留暾守洛陽河間王顒遣使鴆羊皇后暾乃與留臺僕射荀藩河南尹周馥等上表理后無罪語在后傳顒見表大怒遣陳顏呂朗率騎五千收暾暾東奔高密王略會劉根作逆略以暾爲大都督加鎭軍將軍討根暾戰失利還洛至酸棗值東海王越奉迎大駕及帝還洛羊后反宮后遣使謝暾曰賴劉司隸忠誠之志得有今日以舊勳復封爵加光祿大夫暾妻前卒先陪陵葬子更生初婚家法婦當拜墓攜賓客親屬數十乘載酒食而行先是洛陽令王稜爲越所信而輕暾暾每欲繩之稜以爲怨時劉聰王彌屯河北京邑危懼稜告越云暾與彌鄉親而欲投之越嚴騎將追暾右長史傅宣明暾不然暾聞之未至墓而反以正義責越越甚慙及劉曜寇京師以暾爲撫軍將軍假節都督城守諸軍事曜退遷尚書僕射越憚暾久居監司又爲衆情所歸乃以爲右光祿大夫領太子少傅加散騎常侍外示崇進實奪其權懷帝又詔暾領衞尉加特進後復以暾爲司隸加侍中暾五爲司隸允協物情故也王彌入洛百官殲焉彌以暾鄉里宿望故免於難暾因說彌曰今英雄競起九州幅裂有不世之功者宇內不容將軍自興兵已來何攻不剋何戰不勝而復與劉曜不協宜思文種之禍以范蠡爲師且將軍可無帝王之意東王本州以觀事勢上可以混一天下下可以成鼎峙之事豈失孫劉乎蒯通有言將軍宜圖之彌以爲然使暾于青州與曹嶷謀且徵之暾至東阿爲石勒游騎所獲見彌與嶷書而大怒乃殺之暾有二子佑白佑爲太傅屬白太子舍人白果烈有才用東海王越忌之竊遣上軍何倫率百餘人入暾第爲刼取財物殺白而去總字弘紀好學直亮後叔父彪位至北軍中侯

程衞

程衞字長玄廣平曲周人也少立操行彊正方嚴劉毅聞其名辟爲都官從事毅奏中護軍羊琇犯憲應死武帝與琇有舊乃遣齊王攸喻毅毅許之衞正色以爲不可徑自馳車入護軍營收琇屬吏考問陰私先奏琇所犯狼籍然後言於毅由是名振遐邇百官厲行遂辟公府掾遷尚書郎侍御史在職皆以事幹顯補洛陽令歷安定頓丘太守所蒞著績卒於官

和嶠

和嶠字長輿汝南西平人也祖洽魏尚書令父逌魏吏部尚書嶠少有風格慕舅夏侯玄之爲人厚自崇重有盛名於世朝野許其能整風俗理人倫襲父爵上蔡伯起家太子舍人累遷潁川太守爲政清簡甚得百姓歡心太傅從事中郎庾顗見而歎曰嶠森森如千丈松雖磥砢多節目施之大廈有棟梁之用賈充亦重之稱於武帝入爲給事黃門侍郎遷中書令帝深器遇之舊監令共車入朝時荀勗爲監嶠鄙勗爲人以意氣加之每同乘高抗專車而坐乃使監令異車自嶠始也吳平以參謀議功賜弟郁爵汝南亭侯嶠轉侍中愈被親禮與任愷張華相善嶠見太子不令因侍坐曰皇太子有淳古之風而季世多僞恐不了陛下家事帝黙然不答後與荀顗荀勗同侍帝曰太子近入朝差長進卿可俱詣之粗及世事旣奉詔而還顗勗竝稱太子明識弘雅誠如明詔嶠曰聖質如初耳帝不悅而起嶠退居恒懷慨歎知不見用猶不能已在御坐言及社稷未嘗不以儲君爲憂帝知其言忠每不酬和後與嶠語不及來事或以告賈妃妃銜之太康末爲尚書以母憂去職及惠帝卽位拜太子太傅加散騎常侍光祿大夫太子朝西宮嶠從入賈后使帝問嶠曰卿昔謂我不了家事今日定云何嶠曰臣昔事先帝曾有斯言言之不效國之福也臣敢逃其罪乎元康二年卒贈金紫光祿大夫加金章紫綬本位如前永康初策謚曰簡嶠家產豐富擬於王者然性至吝以是獲譏於世杜預以爲嶠有錢癖以弟郁子濟嗣位至中書郎郁字仲輿才望不及嶠而以清幹稱歷尚書左右僕射中書令尚書令洛陽傾沒奔于苟晞疾卒

武陔

武陔字元夏沛國竹邑人也父周魏衞尉陔沈敏有器量早獲時譽與二弟韶叔夏茂季夏竝總角知名雖諸父兄弟及鄉閭宿望莫能覺其優劣同郡劉公榮有知人之鑒常造周周見其三子焉公榮曰皆國士也元夏最優有輔佐之才陳力就列可謂亞公叔夏季夏不減常伯納言也陔少好人倫與潁川陳泰友善魏明帝世累遷下邳太守景帝爲大將軍引爲從事中郎累遷司隸校尉轉太僕卿初封亭侯五等建改封薛縣侯文帝甚親重之數與詮論時人常問陳泰孰若其父羣陔各稱其所長以爲羣泰略無優劣帝然之泰始初拜尚書掌吏部遷左僕射左光祿大夫開府儀同三司陔以宿齒舊臣名位隆重自以無佐命之功又在魏已爲大臣不得已而居位深懷遜讓終始全潔當世以爲美談卒於位謚曰定子輔嗣歷吏部郎太子右衞率散騎常侍茂以德素稱名亞於陔爲上洛太守散騎常侍侍中尚書潁川荀愷年少於茂卽武帝姑子自負貴戚欲與茂交距而不答由是致怨及楊駿誅愷時爲僕射以茂駿之姨弟陷爲逆黨遂見害茂清正方直聞於朝野一旦枉酷天下傷焉侍中傅祗上表申明之後追贈光祿勳

任愷

任愷字元襃樂安博昌人也父昊魏太常愷少有識量尚魏明帝女累遷中書侍郎員外散騎常侍晉國建爲侍中封昌國縣侯愷有經國之幹萬幾大小多管綜之性忠正以社稷爲已任帝器而昵之政事多諮焉泰始初鄭沖王祥何曾荀顗裴秀等各以老疾歸第帝優寵大臣不欲勞以筋力數遣愷諭旨於諸公諮以當世大政參議得失愷惡賈充之爲人也不欲令久執朝政每裁抑焉充病之不知所爲後承間言愷忠貞局正宜在東宮使護太子帝從之以爲太子少傅而侍中如故充計畫不行會秦雍寇擾天子以爲憂愷因曰秦涼覆敗關右騷動此誠國家之所深慮宜速鎭撫使人心有庇自非威望重臣有計略者無以康西土也帝曰誰可任者愷曰賈充其人也中書令庾純亦言之於是詔充西鎭長安充用荀勗計得留充旣爲帝所遇欲專名勢而庾純張華溫顒向秀和嶠之徒皆與愷善楊珧王恂華廙等充所親敬於是朋黨紛然帝知之召充愷宴於式乾殿而謂充等曰朝廷宜一大臣當和充愷各拜謝而

罷既而充愷等以帝已知之而不責結怨愈深外相崇重內甚不平或爲充謀曰愷總門下樞要得與上親接宜啓令典選便得漸疏此一都令史事耳且九流難精間隙易乘充因稱愷才能宜在官人之職帝不之疑謂充舉得其才即日以愷爲吏部尚書加奉車都尉愷既在尚書選舉公平盡心所職然侍覲轉希充與荀勗馮紞承間浸潤謂愷豪侈用御食器充遣尚書右僕射高陽王珪奏愷遂免官有司收太官宰人檢覆是愷妻齊長公主得賜魏時御器也愷既免而毀謗益至帝漸薄之然山濤明愷爲人通敏有智局舉爲河南尹坐賊發不獲又免官復遷光祿勳愷素有識鑒加以在公勤恪甚得朝野稱譽而賈充朋黨又諷有司奏愷與立進令劉友交關事下尚書愷對不伏尚書杜友廷尉劉良並忠公士也知愷爲充所抑欲申理之故遲留而未斷以是愷及友良皆免官愷既失職乃縱酒耽樂極滋味以自奉養初何劭以公子奢侈每食必盡四方珍饌愷乃踰之一食萬錢猶云無可下箸處愷時因朝請帝或慰諭之愷初無復言惟泣而已後起爲太僕轉太常初魏舒雖歷位郡守而未被任遇愷爲侍中薦舒爲散騎常侍至是舒爲右光祿開府領司徒帝臨軒使愷拜授舒雖以弘量寬簡爲稱時以愷有佐世器局而舒登三公愷止守散卿莫不爲之憤歎也愷不得志竟以憂卒時年六十一謚曰元子罕嗣罕字子倫幼有門風才望不及愷以淑行致稱爲清平佳士歷黃門侍郎散騎常侍兗州刺史大鴻臚

崔洪

崔洪字良伯博陵安平人也高祖寔著名漢代父讚魏吏部尚書左僕射以雅量見稱洪少以清厲顯名骨鯁不同於物人之有過輒面折之而退無後言武帝世爲御史治書時長樂馮恢父爲弘農太守愛少子淑欲以爵傳之恢父終服闋乃還鄉里結草爲廬陽瘖不能言淑得襲爵恢始仕爲博士祭酒散騎常侍翟嬰薦恢高行邁俗侔繼古烈洪奏恢不敦儒素令學生番直左右雖有讓侯微善不得稱無倫輩嬰爲浮華之目遂免嬰官朝廷憚之尋爲尚書左丞時人爲之語曰叢生棘刺來自博陵在南爲鷂在北爲鷹遷吏部尚書舉用甄明門無私謁薦雍州刺史郤詵代已爲左丞詵後糾洪洪謂人曰我舉郤丞而還奏我是挽弩自射也詵聞曰昔趙宣子任韓厥爲司馬以軍法戮宣子之僕宣子謂諸大夫曰可賀我矣我選厥也任其事崔侯爲國舉才我以才見用惟官是視各明至公何故私言乃至此洪聞其言而重之洪口不言貨財手不執珠玉汝南王亮常讌公卿以琉璃鍾行酒酒及洪洪不執亮問其故對曰慮有執玉不趨之義故爾然實乖其常性故爲詭說楊駿誅洪與都水使者王佑親坐見黜後爲大司農卒於官子廓散騎侍郎亦以正直稱

郭奕

郭奕字大業太原陽曲人也少有重名山濤稱其高簡有雅量初爲野王令羊祜常過之奕歎曰羊叔子何必減郭大業少還復往又歎曰羊叔子去人遠矣遂送祜出界數百里坐此免官咸熙末爲文帝相國主簿時鍾會反於蜀荀勗即會之從甥少長會家勗爲文帝掾奕啓出之帝雖不用然知其雅正武帝踐阼初建東宮以奕及鄭默並爲中庶子遷右衞率驍騎將軍封平陵男咸寧初遷雍州刺史鷹揚將軍尋假赤幢曲蓋鼓吹奕有寡姊隨奕之官姊下僮僕多有姦犯而爲人所糾奕省按畢曰大丈夫豈當以老姊求名遂遣而不問時亭長李含有俊才而門寒爲豪族所排奕用爲別駕含後果有名位時以奕爲知人太康中徵爲尚書奕有重名當世朝臣皆出其下時帝委任楊駿奕表駿小器不可任以社稷帝不聽駿後果誅及奕疾病詔賜錢二十萬日給酒米太康八年卒太常上謚爲景有司議以貴賤不同號謚與景皇同不可請謚曰穆詔曰謚所以旌德表行按謚法一德不懈爲簡奕忠毅清直立德不渝於是遂賜謚曰簡

侯史光

侯史光字孝明東萊掖人也幼有才悟受學於同縣劉夏舉孝廉州辟別駕咸熙初爲洛陽典農中郎將封關內侯泰始初拜散騎常侍尋兼侍中與皇甫陶荀廙持節循省風俗及還奏事稱旨轉城門校尉進爵臨海侯其年詔曰光忠亮篤素有居正執義之心歷職內外恪勤在公其以光爲御史中丞雖屈其列校之位亦所以伸其司直之才光在職寬而不縱太保王祥久疾廢朝光奏請免之詔優祥而寢光奏後遷少府卒官詔賜朝服一具衣一襲錢三十萬布百匹及葬又詔曰光厲志守約有清忠之節家極貧儉其賜錢五十萬光儒學博士歷官著績文筆奏議皆有條理長子玄嗣官至玄菟太守卒子施嗣東莞太守

何攀

何攀字惠興蜀郡郫人也仕州爲主簿屬刺史皇甫晏爲牙門張弘所害誣以大逆時攀適丁母憂遂詣梁州拜表證晏不反故晏冤理得申王濬爲益州辟爲別駕濬謀伐吳遣攀奉表詣臺口陳事機詔再引見乃令張華與攀籌量進討之宜濬兼遣攀過羊祜面陳伐吳之策攀善於將命帝善之詔攀參濬軍事及孫晧降於濬而王渾恚於後機欲攻濬攀勸濬送晧與渾由是事解以攀爲濬輔國司馬封關內侯轉滎陽令上便宜十事甚得名稱除廷尉平時廷尉卿諸葛沖以攀蜀士輕之及共斷疑獄沖始歎服遷宣城太守不行轉散騎侍郎楊駿執政多樹親屬大開封賞欲以恩澤自衞攀以爲非乃與石崇共立議奏之語在崇傳帝不納以豫誅駿功封西城侯邑萬戶賜絹萬匹弟逵平鄉侯兄子逵關內侯攀固讓所封戶及絹之半餘所受者分給中外宗親略不入已遷翊軍校尉頃之出爲東羌校尉徵爲揚州刺史在任三年遷大司農轉兗州刺史加鷹揚將軍固讓不就太常成粲左將軍卞粹勸攀涖職中詔又加切厲攀竟稱疾不起及趙王倫篡位遣使召攀更稱疾篤倫怒將誅之攀不得已扶疾赴召卒于洛陽時年五十八攀居心平允涖官整肅愛樂人物敦儒貴才爲梁益二州中正引致遺滯巴西陳壽閻乂犍爲費立皆西州名士並被鄉閭所謗清議十餘年攀申明曲直咸免冤濫攀雖居顯職家甚貧素無妾媵伎樂惟以周窮濟乏爲事子璋嗣亦有父風

史臣曰幽厲不君上德猶懷進善共驩在位大聖之所不堪況乎志士仁人寧求苟合懷其寵秩所以繫其存亡者也雖復自口銷金投光撫劍馳書北闕敗車猶踐而諫主不易議臣實難劉毅一遇寬容任和兩遭膚受詳觀餘烈亦各其心焉若夫武陔懷魏臣之志崔洪愛郤詵之道長升勸王彌之尊何攀從趙倫之命君子之人觀乎臨事者也

贊曰仲雄初令忠謇揚庭身方諸葛帝擬桓靈大業非楊元褒諸賈和氏條暢堪施大厦崔門不謁聲飛朝野侯史武陔輔佐之才何攀平允冤濫多迴

晉書卷四十五考證

劉毅傳漢城陽景王章之後○城陽監本訛陽城

奏免尚書僕射東海公繇○海一本作安

和嶠傳永康初策謚曰簡○康監本訛平 臣龍官按永平元年即太熙之元年而永平之二月即改永熙至三月而復改元康上文既云元康二年卒則元康之後安得復稱永平定屬永康之誤今改正

晉書卷四十六

唐 太 宗 文 皇 帝 御 撰

列傳第十六

劉頌

劉頌字子雅廣陵人漢廣陵厲王胥之後也世爲名族同郡有雷蔣穀魯四姓皆出其下時人爲之語曰雷蔣穀魯劉最爲祖父觀平陽太守頌少能辨物理爲時人所稱察孝廉舉秀才皆不就文帝辟爲相府掾奉使于蜀時蜀新平人飢土荒頌表求振貸不待報而行由是除名武帝踐阼拜尚書三公郎典科律申冤訟累遷中書侍郎咸寧中詔頌與散騎郎白褒巡撫荆揚以奉使稱旨轉黃門郎遷議郎守廷尉時尚書令史扈寅非罪下獄詔使考竟頌執據無罪寅遂得免時人以頌比張釋之在職六年號爲詳平會滅吳諸將爭功遣頌校其事以王渾爲上功王濬爲中功帝以頌持法失理左遷京兆太守不行轉任河內臨發上便宜多所納用郡界多公主水碓遏塞流水轉爲浸害頌表罷之百姓獲其便利尋以母憂去職服闋除淮南相在官嚴整甚有政績舊修芍陂年用數萬人豪彊兼并孤貧失業頌使大小戮力計功受分百姓歌其平惠頌在郡上疏曰臣昔忝河內臨辭受詔卿所言悉要事宜小大數以聞恒苦多事或不能悉有報勿以爲疑臣受詔之日喜懼交集益思自竭用忘其鄙願以螢燭增暉重光到郡草具所陳如左未及書上會臣嬰丁天罰寢頓累年今謹封上前事臣雖才不經國言淺多違猶願陛下垂省使臣微誠得經聖鑒不總棄於常案如有足採冀補萬一伏見詔書開啟土宇以支百世封建戚屬咸出之藩夫豈不懷公理然也樹國全制始成於今超秦漢魏氏之局節紹王帝三代之絕跡功被無外光流後裔巍巍盛美三五之君殆有慙德何則彼因自然而就之異乎絕跡之

後更創之雖然封幼稚皇子於吳蜀臣之愚慮謂未盡善夫吳越剽輕庸蜀險絶此故變釁之所出易生風塵之地且自吳平以來東南六州將士更守江表此時之至患也又內兵外守吳人有不自信之心宜得壯王以鎮撫之使內外各安其舊又孫氏爲國文武衆職數擬天朝一旦堙替同於編戶不識所蒙更生之恩而災困逼身自謂失地用懷不靖今得長王以臨其國隨才授任文武竝敍士卒百役不出其鄉求富貴者取之於國內內兵得散新邦又安兩獲其所於事爲宜宜取同姓諸王年二十以上人才高者分王吳蜀以其去近就遠割裂土宇令倍於舊以徙封故地用王幼稚須皇子長乃遣君之於事無晚也急所須地交得長主此事宜也臣所陳封建今大義已舉然餘衆事儻有足採以參成制故皆并列本事臣聞不憚危悔之患而願獻所見者盡忠之臣也垂聽逆耳甘納苦言者濟世之君也臣以期運幸遇無諱之朝雖當抗疏陳辭汜論政體猶未悉所見指言得失徒荷恩寵不異凡流臣竊自愧不盡忠規無以上報謹列所見如左臣誠未自許所言必當然要以不隱所懷爲上報之節若萬一足採則微臣更生之年如皆瞽妄則國之福也願陛下缺半日之間垂省臣言伏惟陛下雖應天順人龍飛踐阼爲創業之主然所遇之時實是叔世何則漢末陵遲閹豎用事小人專朝君子在野政荒衆散遂以亂亡魏武帝以經略之才撥煩理亂兼肅文教積數十年至于延康之初然後吏淸下順法始大行逮至文明二帝奢淫驕縱傾殆之主也然內盛臺榭聲色之娛外當三方英豪嚴敵事成克舉少有愆違其故何也實賴前緒以濟動業然法物政刑固已漸頹矣自嘉平之初晉祚始基逮于咸熙之末其間累年雖鈇鉞屢斷翦除凶醜然其存者咸蒙遭時之恩不軌於法泰始之初陛下踐阼其所服乘皆先代功臣之胤非其子孫則其曾玄古人有言膏粱之性難正故曰時遇叔世當此之秋天地之位始定四海洗心整綱之會也然陛下猶以用才因宜法寬有由積之在素異於漢魏之先三祖崛起易朝之爲未可一旦直繩御下誠時宜也然至所以爲政矯世衆務自宜漸出公塗法正威斷日遷就肅譬由行舟雖不橫截迅流然俄向所趣漸靡而往終得其濟積微稍著以至于今可以言政而自泰始以來將三十年政功美績未稱聖旨凡諸事業不茂旣往以陛下明聖猶未及叔世之弊以成始初之隆傳之後世不無慮乎意者臣言豈不少槩聖

心夫顧惟萬載之事理在二端天下大器一安難傾一傾難正故慮經後世者必精目下之政政安遺業使數世賴之若乃兼建諸侯而樹藩屏深根固蔕則祚延無窮可以比跡三代如或當身之政遺風餘烈不及後嗣雖樹親戚而成國之制不建使夫後世獨任智力以安大業若未盡其理雖經異時憂責猶追在陛下將如之何願陛下善當今之政樹不拔之勢則天下無遺憂矣夫聖明不世及後嗣不必賢此天理之常也故善爲天下者任勢而不任人任勢者諸侯是也任人者郡縣是也郡縣之察小政理而大勢危諸侯爲邦近多違而遠慮固聖王推終始之弊權輕重之理包彼小違以據大安然後足以藩固內外維鎭九服夫武王聖主也成王賢王也然武王不恃成王之賢而廣封建者慮經無窮也且善言今者必有驗之於古唐虞以前書文殘缺其事難詳至於三代則竝建明德及與王之顯親列爵五等開國承家以藩屏帝室延祚久長近者五六百歲遠者僅將千載逮至秦氏罷侯置守子弟不分尺土孤立無輔二世而亡漢承周秦之後雜而用之前後二代各二百餘年揆其封建不用雖彊弱不適制度舛錯不盡事中然跡其衰亡恒在同姓失職諸侯微時不在彊盛昔呂氏作亂幸賴齊代之援以寧社稷七國叛逆梁王捍之卒弭其難自是之後威權削奪諸侯止食租奉甚者至乘牛車是以王莽得擅本朝遂其姦謀傾蕩天下毒流生靈光武紹起雖封樹子弟而不建成國之制祚亦不延魏氏承之圈閉親戚幽囚子弟是以神器速傾天命移在陛下長短之應禍福之徵可見於此又魏氏雖正位居體南面稱帝然三方未賓正朔有所不加實有戰國相持之勢大晉之興宣帝定燕太祖平蜀陛下滅吳可謂功格天地土廣三王舟車所至人迹所及皆爲臣妾四海大同始於今日宜承大勳之籍及陛下盛明之時開啓土宇使同姓必王建久安於萬載垂長世於無窮臣又聞國有任臣則安有重臣則亂而王制人君立子以適不以長立適以長不以賢此事情之不可易者也而賢明至少不肖至衆此固天理之常也物類相求感應而至又自然也是以闇君在位則重臣盈朝明后臨政則任臣列職夫任臣之與重臣俱執國統而立斷者也然成敗相反邪正相背其故何也重臣假所資以樹私任臣因所藉以盡公盡公者政之本也樹私者亂之源也推斯言之則泰日少亂日多政教漸頹欲國之無危不可得也又非徒唯然而已借令愚劣之嗣

蒙先哲之遺緒得中賢之佐而樹國本根不深無幹輔之固則所謂任臣者化而爲重臣矣何則國有可傾之勢則執權者見疑衆疑難以自信而甘受死亡者非人情故也若乃建基旣厚藩屏彊禦雖置幼君赤子而天下不懼曩之所謂重臣者今悉反忠而爲任臣矣何則理無危勢懷不自猜忠誠得著不傷於邪故也聖王知賢哲之不世及故立相持之勢以御其臣是以五等旣列臣無忠慢同於竭節以徇其上羣后旣建繼體賢鄙亦均一契等於無慮且樹國苟固則所任之臣得賢益理次委中智亦足以安何則勢固易持故也然則建邦苟盡其理則無向不可是以周室自成康以下逮至宣王宣王之後到于赧王其間歷載朝無名臣而宗廟不隕者諸侯維持之也故曰爲社稷計莫若建國夫邪正逆順者人心之所繫服也今之建置宜審量事勢使諸侯率義而動同忿俱奮令其力足以維帶京邑若包藏禍心惕於邪而起孤立無黨所蒙之藉不足獨以有爲然齊此甚難陛下宜與達古今善識事勢之士深共籌之建侯之理使君樂其國臣榮其朝各流福祚傳之無窮上下一心愛國如家視百姓如子然後能保荷天祿兼翼王室今諸王裂土皆兼於古之諸侯而君賤其爵臣恥其位莫有安志其故何也法同郡縣無成國之制故也今之建置宜使率由舊章一如古典然人心繫常不累十年好惡未改情願未移臣之愚慮以爲宜早創大制遲迴衆望猶在十年之外然後能令君臣各安其位榮其所蒙上下相持用成藩輔如今之爲適足以虧天府之藏徒棄穀帛之資無補鎭國衞上之勢也古者封建旣定各有其國後雖王之子孫無復尺土此今事之必不行者也若推親疎轉有所廢以有所樹則是郡縣之職非建國之制今宜豫開此地令十世之內使親者得轉處近十世之遠近郊地盡然後親疎相維不得復如十世之內然猶樹親有所遲天下都滿已彌數百千年矣今方始封而親疎倒施甚非所宜宜更大量天下土田方里之數都更裂土分人以王同姓使親疎遠近不錯其宜然後可以永安古者封國大者不過土方百里然後人數殷衆境內必盈其力足以備克制度今雖一國周環將千里然力實寡不足以奉國典所遇不同故當因時制宜以盡事適今宜令諸王國容少而軍容多然於古典所應有者悉立其制然非急所須漸而備之不得頓設也須車甲器械旣具羣臣乃服紱章倉廩已實乃營宮室百姓已足乃備官司境內克實乃

作禮樂唯宗廟社稷則先建之至於境內之政官人用才自非內史國相命於天子其餘衆職及死生之斷穀帛資實慶賞刑威非封爵者悉得專之今臣所舉二端蓋事之大較其所不載應在二端之屬者以此爲率今諸國本一郡之政耳若備舊典則官司以數事所不須而以虛制損實力至於慶賞刑斷所以衞下之權不重則無以威衆人而衞上故臣之愚慮欲令諸侯權具國容少而軍容多然亦終於必備今事爲宜周之建侯長享其國與王者竝遠者僅將千載近者猶數百年漢之諸王傳祚暨至曾玄人性不甚相遠古今一揆而短長甚違其故何邪立意本殊而制不同故也周之封建使國重於君公侯之身輕於社稷故無道之君不免誅放敦興滅繼絶之義故國祚不泯不免誅放則羣后思懼胤嗣必繼是無亡國也諸侯思懼然後軌道下無亡國天子乘之理勢自安此周室所以長在也漢之樹置君國輕重不殊故諸王失度陷於罪戮國隨以亡不崇興滅繼絶之序故下無固國下無固國天子居上勢孤無輔故姦臣擅朝易傾大業今宜反漢之弊修周舊跡國君雖或失道陷於誅絶又無子應除苟有始封支胤不問遠近必紹其祚若無遺類則虛建之須皇子生以繼其統然後建國無滅又班固稱諸侯失國亦由網密今又宜都寬其檢且建侯之理本經盛衰大制都定班之羣后著誓丹青書之玉版藏之金匱置諸宗廟副在有司寡弱小國猶不可危豈況萬乘之主承難傾之邦而加其上則自然永久居重固之安可謂根深華嶽而四維之也臣之愚願陛下置天下於自安之地寄大業於固成之勢則可以無遺憂矣今閻閭少名士官司無高能其故何也淸議不肅人不立德行在取容故無名士下不專局又無考課吏不竭節故無高能無高能則有疾世事少名士則後進無準故臣思立吏課而肅淸議夫欲富貴而惡貧賤人理然也聖王大諳物情知不可去故直同公私之利而詭其求道使夫欲富者必先由貧欲貴者必先安賤安賤則不矜不矜然後廉恥厲守貧者必節欲節欲然後操全以此處務乃得盡公盡公者富貴之徒也爲無私者終得其私故公私之利同也今欲富者不由貧自得富欲貴者不安賤自得貴公私之塗旣乖而人情不能無私私利不可以公得則恒背公而横務是以風節日頹公理漸替人士富貴非軌道之所得以此爲政小大難期然教頹來旣久難反一朝又世放都靡營欲比肩羣士渾然庸行相似不可頓肅

甚殊黜陟也。且教不求盡善，善在抑尤，同侈之中猶有甚泰，使夫昧適情之樂者損其顯榮之貴，俄在不鮮之地，約已潔素者蒙儉德之報，列于清官之上。二業分流，令各有蒙，然俗放都奢，不可頓肅，故臣私慮願先從事於漸也。天下至大，萬事至衆，人君至少，同於天日，故非垂聽所得周覽。是以聖王之化，執要而已，委務於下而不以事自嬰也。分職既定，無所與焉，非憚日昃之勤而牽於逸豫之虞，誠以政體宜然，事勢致之也。何則？夫造創謀始，逆闇是非，以別能否，甚難察也；既以施行，因其成敗以分功罪，甚易識也。易識在考終，難察在造始，故人君恒居其易則安，人臣不處其難則亂。今陛下每精事始而畧於考終，故羣吏慮事懷成敗之懼，輕飾文采以避目下之譴，重此政功所以未善也。今人主能恒居易執要以御其下，然後人臣功罪形於成敗之徵，無逃其誅賞，故罪不可蔽，功不可誣。不可誣則能者勸，罪不可蔽則違慢日肅，此爲國之大畧也。臣竊惟陛下聖心意在盡善，懼政有違，故精事始以求無失，又以衆官勝任者少，故不委務，寧居日昃也。臣之愚慮，竊以爲今欲盡善，故宜考終。何則？精始難校故也。又羣官多不勝任，亦宜委務，使能者得以成功，不能者得以著敗。敗著可得而廢，功成可得遂任，然後賢能常居位，以善事闇劣不得以尸祿害政。如此不已，則勝任者漸多，經年少久，卽羣司徧得其人矣。此校才考實政之至務也。今人主不委事仰成，而與諸下共造事始，則功罪難分，下不專事，居官不久，故能否不別。何以驗之？今世士人決不悉良能也，又決不悉疲軟也，然今欲舉一忠賢，不知所賞，求一負敗，不知所罰，及其免退，自以犯法耳，非不能也；登進者自以累資及人間之譽耳，非功實也。若謂不然，則當今之政未稱聖旨，此其徵也。陛下御今法爲政將三十年，而功未日新，其咎安在？古人有言，琴瑟不調甚者必改而更張。凡臣所言，誠政體之常，然古今異宜，所遇不同，陛下縱未得盡仰成之理，都委務於下，至於今事應奏御者，蠲除不急，使要事得精，可三分之二。古者六卿分職，冢宰爲師。秦漢已來，九列執事，丞相都總。今尚書制斷，諸卿奉成，於古制爲重，事所不須，然今未能省并，可出衆事付外寺，使得專之，尚書爲其都統，若丞相之爲。惟立法創制，死生之斷，除名流徙，退免大事，及連度支之事，臺乃奏處。其餘外官皆專斷之，歲終臺閣課功校簿而已。此爲九卿造創事始，斷而行之，尚書書主賞罰繩之，其勢必愈，考成司非而已。於今親掌者動受成於上，上之所失，不得復以罪下，歲終事功不建，不知所責也。夫監司以法舉罪，獄官案劾盡實，法吏據辭守文，大較雖同，然至於施用，監司與夫法獄體宜小異。獄官唯實，法吏唯文，監司則欲舉大而畧小。何則？夫細過微闕，謬妄之失，此人情之所必有，而悉糾以法，則朝野無全人，此所謂欲理而反亂者也。故善爲政者綱舉而網疏，綱舉則所羅者廣，網疏則小必漏。所羅者廣，則爲政不苛，此爲政之要也。而自近世以來，爲監司者類大綱不振，而微過必舉。微過不足以害政，舉之則微而益亂；大綱不振，則豪彊橫肆，豪彊橫肆，則百姓失職矣。此錯所急而倒所務之由也。今宜令有司反所常之政，使天下可善化，及此非難也。人主不善碎密之案，必責犯彊舉尤之奏，當以盡公，則害政之姦自然禽矣。夫大姦犯政而亂兆庶之罪者，類出富彊，而豪富者其力足憚，其貨足欲，是以官長顧勢而頓筆。下吏縱姦，懼所司之不舉，則謹密網以羅微罪，使奏劾相接，狀似盡公，而撓法不亮固已在其中矣。非徒無益於政體，清議乃由此而益傷。古人有言曰：「君子之過，如日之蝕焉。」又曰：「過而能改。」又曰：「不貳過。」凡此數者，皆是賢人君子不能無過之言也。苟不至於害政，則皆天網之所漏，所犯在甚泰，然後王誅所必加，此舉罪淺深之大例者也。故君子得全美以善事，不善者必夷戮以警衆，此爲政誅赦之準式也。何則？所爲賢人君子苟不能無過，小疵不可以廢其身，而輒繩以法，則愧於明時。何則？雖有所犯，輕重甚殊，於士君子之心受責不同，而名不異者，故不軌之徒得引名自方，以惑衆聽，因名可亂，假力取直，故清議益傷也。凡舉過彈違，將以肅風論而整世教，今舉小過，清議益頹。是以聖人深識人情而達政體，故其稱曰「不以一眚掩大德」，又曰「赦小過，舉賢才」，又曰「無求備於一人」。故冕而前旒，充纊塞耳，意在善惡之報必取其尤，然後簡而不漏，大罪必誅，法禁易全也。何則？害法在犯尤，而謹搜微過，何異放兕豹於公路，而禁鼠盜於隅隙。古人有言，鈇鉞不用而刀鋸日弊，不可以爲政。此言大事緩而小事急也。時政所失，少有此類，陛下宜反而求之，乃得所務也。夫權制不可以經常，政乖不可以守安，此言攻守之術異也。百姓雖愚，望不虛生，必因時而發，有因而發，則望不可奪，事變異前，則時不可違。明聖達政，應赴之速，不及下車，故能動合事機，大得人情。昔魏武帝分離天下，使人役居戶各在一方，既事勢所須，且意有曲爲，權假一時以赴所務，非正典也。然逡巡至今，積年未改，百姓雖身丁其困，而私怨不生，誠以三方未悉蕩并，知時未可以求安息故也。是以甘役如歸，覩險若夷。至於吳平之日，天下懷靜，而東南二方六州郡兵，將士武吏，戍守江表，或給京城運漕，父南子北，室家分離，咸更不寧，又不習水土，運役勤瘁，並有死亡之患，勢不可久。此宜大見處分，以副人望。魏氏錯役，亦應改舊。此二者各盡其理，然後黔首感恩懷德，謳吟樂生，必十倍於今也。自董卓作亂以至今，近出百年，四海勤瘁，丁難極矣。六合渾并，始於今日，兆庶思寧，非虛望也。然古今異宜，所遇不同，誠亦未可以希遵在昔，放息馬牛。然使受百役者不出其國，兵備待事其鄉，實在可爲。縱復不得悉然，爲之苟盡其理，可靜三分之二，吏役可不出千里之內。但如斯而已，天下所蒙已不訾矣。政務多端，世事之未盡理者，難徧以疏舉，振領總綱，要在三條。凡政欲靜，靜在息役，息役在無爲；倉廩欲實，實在利農，利農在平糴；爲政欲著信，著信在簡賢，簡賢在官久。官久非難也，連其班級，自非才宜，不得旁轉，以終其課，則事善矣。平糴已有成制，其未備者可就周足，則穀積矣。無爲匪他，却功作之勤，抑似益而損之利，如斯而已，則天下靜矣。此三者既舉，雖未足以厚化，然可以爲安有餘矣。夫王者之利，在生天地自然之財，農是也。所立爲指於此事誠有功益，苟或妨農，皆務所息。此悉似益而損之謂也。然天下自有事所必須，不得止已，或用功甚少而所濟至重，目下爲之雖少有廢，而計終已大益，農官有十百之利，及有妨害在始似如未急，終作大患，宜逆加功以塞其漸，如河汴將合，沉萊苟善，則役不可息。諸如此類，亦不得已。然事患緩急，權計輕重，自非近如此類，準以爲率，乃可興爲。其餘皆務在靜息，然能善算輕重，權審其宜，知可興可廢，甚難了也。自非上智遠才，不幹此任。夫創業之美，勳在垂統，使夫後世蒙賴以安。其爲安也，雖昏猶明，雖愚若智，濟世功者寔在善化之爲，要在靜國。至夫修飾官署，凡諸作役，務爲恒傷過泰，不患不舉，此將來所不須於陛下而自能者也。至於仰蒙前緒，所憑日月者，實在遺風繫人心，餘烈匡幼弱，而令勤所不須，以傷所憑，鈞此二者，何務孰急？陛下少垂恩迴慮，詳擇所安，則大理盡矣。世之私議，竊比陛下於孝文，臣以爲聖德隆殺，將在乎後，不在當今。何則？陛下龍飛鳳翔，應期踐阼，有創業之勳矣；掃滅彊吳，奄征南海，又有之矣；以天子之貴而躬行布衣之所難，孝儉之德冠于百王，又有之矣；履宜無細，動成軌度，又有之矣。若善當身之政，建藩屏之固，使晉代久長，後世仰贍遺跡，校功考事，實與湯武比隆，何孝文足云。臣之此言，非臣下褒上虛美常辭，其事實然。若所以資爲安之理或未盡善，則恐良史書勳不得遠盡弘美，甚可惜也。然不可使夫知政之士得參聖慮，經年少久，終必有成。願陛下少察臣言。又論肉刑，見刑法志。詔答曰：「得表陳封國之制，宜如古典，任刑齊法，宜復肉刑，及六州將士之役，居職之宜，諸所陳聞，具知卿之乃心爲國也。動靜數以聞。」元康初，從淮南王允入朝，會誅楊駿，頌屯衞殿中，其夜詔以頌爲三公尚書。又上疏論律令事，爲時論所美。久之，轉吏部尚書，建九班之制，欲令百官居職希遷，考課能否，明其賞罰。賈郭專朝，仕者欲速，竟不施行。及趙王倫之害張華也，頌哭之甚慟。聞華子得逃，喜曰：「茂先，卿尚有種也！」倫黨張林聞之，大怒，憚頌持正而不能害也。孫秀等推崇倫功，宜加九錫，百僚莫敢異議。頌獨曰：「昔漢之錫魏，魏之錫晉，皆一時之用，非可通行。今宗廟乂安，雖嬖后被退，勢臣受誅，周勃誅諸呂而尊孝文，霍光廢昌邑而奉孝宣，並無九錫之命。違舊典而習權變，非先王之制。九錫之議，請無所施。」張林積忿不已，以頌爲張華之黨，將害之。孫秀曰：「誅張裴已傷時望，不可復誅頌。」林乃止。於是以頌爲光祿大夫，門施行馬。尋病卒，使使者弔祭，賜錢二十萬、朝服一具，謚曰貞。中書侍郎劉沉議頌當時少輩，應贈開府，孫秀素恨之，不聽。頌無子，養弟和子雍，早卒，更以雍弟詡子隱爲適孫，襲封。永康元年，詔以頌誅賈謐督攝衆事有功，追封梁鄒縣侯，食邑千五百戶。頌弟彪，字仲雅，參安東軍事，伐吳獲張悌，累官積弩將軍。及武庫火，彪建計斷屋，得出諸寶器。歷荆州刺史。次弟仲，字世混，歷黃門郎、滎陽太守，未之官，卒。初，頌嫁女臨淮陳矯，矯本劉氏子，與頌近親，出養於姑，改姓陳氏。中正劉友譏之，頌曰：「舜後姚虞陳田本同根系，而世皆爲婚，禮律不禁。今與此同義，爲婚可也。」友方欲列上，爲陳騫所止，故得不劾。頌問明法掾陳默、蔡畿曰：「鄉里誰最屈？」二人俱云劉友屈。頌作色呵之。畿曰：「友以私議冒犯明府，爲非，然鄉里公論稱屈。」友辟公府掾、尚書郎、黃沙御史。

李重

李重字茂曾，江夏鍾武人也。父景，秦州刺史、都亭定侯。重少好學，有文辭，早孤，與羣弟居，以友愛著稱。弱冠爲本國中正，遜讓不行。後爲始平王文學，上疏陳九品曰：

先王議制，以時因革，因革之理，唯變所適。九品始於喪亂軍中之政誠非經國不刊之法也且其檢防轉碎徵刑失實故朝野之論僉謂驅動風俗爲弊已甚而至於議改又以爲疑臣以革法創制當先盡開塞利害之理舉而錯之使體例大通而無否滯亦未易故也古者諸侯之治分土有常國有定主人無異望卿大夫世祿仕無出位之思臣無越境之交上下體固人德歸厚秦反斯道罷侯置守風俗淺薄自此來矣漢革其弊斟酌周秦並建侯守亦使分土有定而牧司必各舉賢貢士任之鄉議事合聖典比蹤三代方今聖德之隆光被四表兆庶顒顒欣覩太平然承魏氏彫弊之跡人物播越仕無常朝人無定處郎吏蓄於軍府豪右聚於都邑事體駁錯與古不同謂九品既除宜先開移徙聽相并就且明貢舉之法不濫於境外則冠帶之倫將不分而自均即土斷之實行矣又建樹官司功在簡久階級少則人心定久其事則政化成而能否著在三代所以直道而行也以爲選例九等當今之要所宜施用也聖王知天下之難常從事於其易故寄槩括於閭伍則邑屋皆爲有司若任非所由事非所覈則雖竭聖智猶不足以贍其事由此而觀誠令二者既行即人思反本修之於鄉華競自息而禮讓日隆矣遷太子舍人轉尚書郎時太中大夫恬和表陳便宜稱漢孔光魏徐幹等議使王公已下制奴婢限數及禁百姓賣田宅中書啓可屬主者爲條制重奏曰先王之制士農工商有分不遷其業所以利用厚生各肆其力也周官以土均之法經其土地井田之制而辨其五物九等貢賦之序然後公私制定率土均齊自秦立阡陌建郡縣而斯制已沒降及漢魏因循舊跡王法所峻者唯服物車器有貴賤之差令不僭擬以亂尊卑耳至於奴婢私產則實皆未嘗曲爲之立限也八年已巳詔書申明律令諸士卒百工以上所服乘皆不得違制若一縣一歲之中有違犯者三家洛陽縣十家已上官長免如詔書之旨法制已嚴令如和所陳而稱光幹之議此皆衰世踰侈當時之患然盛漢之初不議其制光等作而不行非漏而不及能而不用也蓋以諸侯之軌既滅而井田之制未復則王者之法不得制人之私也人之田宅既無定限則奴婢不宜偏制其數懼徒爲之法實碎而難檢方今聖明垂制每尚簡易法禁已具和表無施又司隸校尉石鑒奏鬱林太守介登役使所監求召還尚書荀愷以爲遠郡非人情所樂奏登貶秩居官重駁曰臣聞立法有制所以齊衆檢邪非必曲尋事情而理無所道也故所滯者寡而所濟者衆今如登郡比者多若聽其貶秩居官動爲準例懼庸才負遠必有黷貨之累非所以肅清王化輯寧殊域也臣愚以爲宜聽鑒所上先召登還且使體例有常不爲遠近異制詔從之太熙初遷廷尉平駁廷尉奏郎鄭醇等文多不載再遷中書郎每大事及疑議輒參以經典處決多皆施行遷尚書吏部郎務抑華競不通私謁特留心隱逸由是羣才畢舉拔用北海西郭湯琅邪劉珩燕國霍原馮翊吉謀等爲祕書郎及諸王文學故海內莫不歸心時燕國中正劉沈舉霍原爲寒素司徒府不從沈又抗詣中書奏原而中書復下司徒參論司徒左長史荀組以爲寒素者當謂門寒身素無世祚之資原爲列侯顯佩金紫先爲人間流通之事晚乃務學少長異業年踰始立草野之譽未洽德禮無聞不應寒素之目重奏曰案如癸酉詔書廉讓宜崇浮競宜黜其有履謙寒素靖恭求已者應有以先之如詔書之旨以二品繫資或失廉退之士故開寒素以明尚德之舉司徒總御人倫實掌邦教當務峻準評以一風流然古之厲行高尚之士或棲身巖穴或隱跡丘園或克己復禮或耄期稱道出處默語唯義所在未可以少長異操疑其所守之美而遠同終始之責非所謂擬人必於其倫之義也誠當考之於邦黨之倫審之於任舉之主沈爲中正親執銓衡陳原隱居求志篤古好學學不爲利行不要名絕迹窮山韞韣道藝外無希世之容內全遁逸之節行成名立縉紳慕之委質受業者千里而應有孫孟之風嚴鄭之操始舉原先諮侍中領中書監華前州大中正後將軍嬰河南尹軼去三年諸州還朝幽州刺史許猛特以原名聞擬之西河求加徵聘如沈所列州黨之議既舉又刺史班詔表薦如此而猶謂草野之譽未洽德禮無聞舍所徵檢之實而無明理正辭以奪沈所執且應二品非所求備但原定志窮山修述儒道義在可嘉若遂抑替將負幽邦之望傷敦德之教如詔書所求之旨應爲二品詔從之重與李毅同爲吏部郎時王戎爲尚書重以清尚見稱毅淹通有智識雖二人操異然俱處要職戎以識會待之各得其所毅字茂彥舊史闕其行事于時內官重外官輕兼階級繁多重議之見百官志又上疏曰凡山林避寵之士雖違世背時出處殊軌而先王許之者嘉其服膺高義也昔先帝患風流之弊而思反純朴乃諮詢朝衆搜求隱逸咸寧二年始以太子中庶子徵安定皇甫謐四年又以博士徵安南朱沖太康元年復以太子庶子徵沖雖皆以病疾不至而朝野悅服陛下遠邁先帝禮賢之旨臣訪沖州邑言其雖年近耄耋而志氣克壯耽道窮藪老而彌新操尚貞純所居成化誠山栖耆德足以表世篤俗者也臣以爲宜垂聖恩及其未沒顯加優命時朝廷政亂竟不能從出爲行討虜護軍平陽太守崇德化修學校表篤行拔賢能清簡無欲正身率下在職三年彈黜四縣弟嶷亡表去官永康初趙王倫用爲相國左司馬以憂逼成疾而卒時年四十八家貧宅宇狹小無殯斂之地詔於典客署營喪追贈散騎常侍諡曰成子式有美名官至侍中咸和初卒

史臣曰子雅束髮登朝竭誠奉國廣陳封建深中機宜詳辨刑名該覈政體雖文慙華婉而理歸切要遊目西京望賈誼而非遠眷言東國顧郎顗而有餘逮元康之間賊臣專命舉朝戰慄苟避菹醢頌以此時忠鯁不撓哭張公之非罪拒趙王之妄錫雖古遺直何以尚茲至於緣其私議不平劉友異夫愴而知善舉不避讎者歟李重言因革之理駁田產之制詞愜事當蓋亹亹可觀及銳志銓衡留心隱逸濬沖期之識會豈虛也哉

贊曰劉頌剛直義形於詞自下摩上彼實有之李重清雅志道無私推賢拔滯嘉言在茲懋哉兩哲邦家之基

晉書卷四十七

唐　太　宗　文　皇　帝　御　撰

列傳第十七

傅玄 子咸　咸從父弟祗

傅玄字休奕北地泥陽人也祖燮漢漢陽太守父幹魏扶風太守玄少孤貧博學善屬文解鍾律性剛勁亮直不能容人之短郡上計吏再舉孝廉太尉辟皆不就州舉秀才除郎中與東海繆施俱以時譽選入著作撰集魏書後參安東將軍事轉溫令再遷弘農太守領典農校尉所居稱職數上書陳便宜多所匡正五等建封鶉觚男武帝爲晉王以玄爲散騎常侍及受禪進爵爲子加駙馬都尉帝初即位廣納直言開不諱之路玄及散騎常侍皇甫陶共掌諫職玄上疏曰臣聞先王之臨天下也明其大教長其義節道化隆於上清議行於下上下相奉人懷義心亡秦蕩滅先王之制以法術相御而義心亡矣近者魏武好法術而天下貴刑名魏文慕通達而天下賤守節其後綱維不攝而虛無放誕之論盈於朝野使天下無復清議而亡秦之病復發於今陛下聖德龍興受禪弘堯舜之化開正直之路體夏禹之至儉綜殷周之典文臣詠歎而已將又奚言惟未舉清遠有禮之臣以敦風節未退虛鄙以懲不恪臣是以猶敢有言詔報曰舉清遠有禮之臣者此尤今之要也乃使玄草詔進之玄復上疏曰臣聞舜舉五臣無爲而化用人得其要也天下羣司猥多不可不審得其人也不得其人一日則損不貲況積日乎典謨曰無曠庶官言職之不可久廢也諸有疾病滿百日不差宜令去職優其禮秩而寵存之既差而後更用臣不廢職於朝國無曠官之累此王政之急也臣聞先王分士農工商以經國制事各業其業而殊其務自士已上子弟爲之立太學以教之選明師以訓之各隨其才優劣而授用之農以豐其食工以足其器商賈以通其貨故雖天下之大兆庶之衆無有一人游手分數之法周備如此漢魏不定其分百官子弟不修經藝而務交遊未知莅事而坐享天祿農工之業多廢或逐淫利而離其事徒繫名於太學然不聞先王之風今聖明之政資始而漢魏之失未改散官衆而學校未設游手多而親農者少工器不盡其宜臣以爲亟定其制而通計天下若干人爲士足以副在官之吏若干人爲農三年足有一年之儲若干人爲工足其器用若干人爲商賈足以通貨而已尊儒尚學貴農賤商此皆事業之要務也前皇甫陶上事欲令賜拜散官皆課使親耕天下享足食之利禹稷躬稼祚流後世是以明堂月令著帝藉之制伊尹古之名臣耕於有莘晏嬰齊之大夫避莊公之難亦耕於海濱昔者聖帝明王賢佐俊士皆嘗從事於農矣王人賜官冗散無事者不督使學則當使耕無緣放之使坐食百姓也今文武之官既衆而拜賜不在職者又多加以服役爲兵不得耕稼當農者之半南面食祿者參倍於前使冗散之官農而收其租稅家得其實而天下之穀可以無乏矣夫家足食爲子則孝爲父則慈爲兄則友爲弟則悌天下足食則仁義之教可不令而行也爲政之要計人而置官分人而授事士農工商之分不可斯須廢也若果能精其防制計天下文武之官足爲副貳者使學其餘皆歸之於農若百工商賈有長者亦皆歸之於農務農若此何有不贍乎虞書曰三載考績三考黜陟幽明是爲九年之後乃有遷敘也故居官久則念立愼終之化居不見久則競爲一切之政六年之限日月淺近不周黜陟之所上義合古制夫儒學者王教之首也尊其道貴其業重其選猶恐化之不崇忽而不以爲急臣懼日有陵遲而不覺也仲尼有言人能弘道非道弘人然則尊其道者非惟尊其書而已尊其人之謂也

貴其業者不妄教非其人也重其選者不妄用非其人也若此而學校之綱舉矣書奏帝下詔曰二常侍懇懇於所論可謂乃心欲佐益時事者也而主者率以常制裁之豈得不使發憤耶二常侍所論或舉其大較而未備其條目亦可便令作之然後主者八坐廣共研精凡關言於人主人臣之所至難而人主若不能虛心聽納自古忠臣直士之所慷慨至使杜口結舌每念於此未嘗不歎息也故前詔敢有直言勿有所距庶幾得以發懞補過獲保高位苟言有偏善情在忠益雖文辭有謬誤言語有失得皆當曠然恕之古人猶不拒誹謗況皆善意在可採錄乎近者孔晁綦毋龢皆按以輕慢之罪所以皆原欲使四海知區區之朝無諱言之忌也俄遷侍中初玄進皇甫陶及入而抵玄以事與陶爭言諠譁爲有司所奏二人竟坐免官泰始四年以爲御史中丞時頗有水旱之災玄復上疏曰臣聞聖帝明王受命天時未必無災是以堯有九年之水湯有七年之旱惟能濟之以人事耳故洪水滔天而免沉溺野無生草而不困匱伏惟陛下聖德欽明時小水旱人未大飢下祗畏之詔求極意之言同禹湯之罪已侔周文之夕惕臣伏懽喜上便宜五事其一曰耕夫務多種而耕暵不熟徒喪功力而無收又舊兵持官牛者官得六分士得四分自持私牛者與官中分施行來久衆心安之今一朝減持官牛者官得八分士得二分持私牛及無牛者官得七分士得三分人失其所必不懽樂臣愚以爲宜佃兵持官牛者與四分持私牛與官中分則天下兵作懽然悅樂愛惜成穀無有損棄之憂其二曰以二千石雖奉務農之詔猶不勤心以盡地利昔漢氏以墾田不實徵殺二千石以十數臣愚以爲宜申漢氏舊典以警戒天下郡縣皆以死刑督之其三曰以魏初未留意於水事先帝統百揆分河堤爲四部并本凡五謁者以水功至大與農事竝興非一人所周故也今謁者一人之力行天下諸水無時得徧伏見河堤謁者車誼不知水勢轉爲他職更選知水者代之可分爲五部使各精其方宜其四曰古以步百爲畝今以二百四十步爲一畝所覺過倍近魏初課田不務多其頃畝但務修其功力故白田收至十餘斛水田收數十斛自頃以來日增田頃畝之課而田兵益甚功不能修理至畝數斛已還或不足以償種非與曩時異天地橫遇災害也其病正在於務多頃畝而功不修耳竊見河堤謁者石恢甚精練水事及田事知其利害乞中書召恢委曲問其得失必有所補益其五曰臣以爲胡夷獸心不與華同鮮卑最甚本鄧艾苟欲取一時之利不慮後患使鮮卑數萬散居人間此必爲害之勢也秦州刺史胡烈素有恩信於西方今令烈往諸胡雖已無惡必且消弭然獸心難保不必其久安也若後有動釁烈計能制之惟恐胡虜適困於討擊便能東入安定西赴武威外名爲降可動復動此二郡非烈所制則惡胡東西有窟穴浮游之地故復爲患無以禁之也宜更置一郡於高平川因安定西州都尉募樂徙民重其復除以充之以通北道漸以實邊詳議此二郡及新置郡皆使并屬秦州令烈得專御邊之宜詔曰得所陳便宜言農事得失及水官興廢又安邊御胡政事寬猛之宜申省周備一二具之此誠爲國大本當今急務也如所論皆善深知乃心廣思諸宜動靜以聞也五年遷太僕時比年不登羌胡擾邊詔公卿會議玄應對所問陳事切直雖不盡施行而常見優容轉司隸校尉獻皇后崩於弘訓宮設喪位舊制司隸於端門外坐在諸卿上絕席其入殿按本品秩在諸卿下以次坐不絕席而謁者以弘訓宮爲殿內制玄位在卿下玄恚怒厲聲色而責謁者謁者妄稱尚書所處玄對百僚而罵尚書以下御史中丞庾純奏玄不敬玄又自表不以實坐免官然玄天性峻急不能有所容每有奏劾或值日暮捧白簡整簪帶竦踊不寐坐而待旦於是貴游懾伏臺閣生風尋卒於家時年六十二諡曰剛玄少時避難於河內專心誦學後雖顯貴而著述不廢撰論經國九流及三史故事評斷得失各爲區例名爲傅子爲內外中篇凡有四部六錄合百四十首數十萬言并文集百餘卷行於世玄初作內篇成子咸以示司空王沉沉與玄書曰省足下所著書言富理濟經綸政體存重儒教足以塞楊墨之流遁齊孫孟於往代每開卷未嘗不歎息也不見賈生自以過之乃今不及信矣其後追封清泉侯子咸嗣

咸字長虞剛簡有大節風格峻整識性明悟疾惡如讎推賢樂善常慕季文子仲山甫之志好屬文論雖綺麗不足而言成規鑒潁川庾純常歎曰長虞之文近乎詩人之作矣咸寧初襲父爵拜太子洗馬累遷尚書右丞出爲冀州刺史繼母杜氏不肯隨咸之官自表解職三旬之間遷司徒左長史時帝留心政事詔訪朝臣政之損益咸上言曰陛下處至尊之位而修布衣之事親覽萬幾勞心日昃在昔帝王躬自菲薄以利天下未有踰陛下也然泰始開元以暨于今十有五年矣而軍國未豐百姓不贍一歲不登便有菜色者誠由官衆事殷復除猥濫蠶食者多而親農者少也臣以頑疎謬忝近職每見聖詔以百姓饑饉爲慮無能云補伏用慙恧敢不自竭以對天問舊都督有四今并監軍乃盈於十夏禹敷土分爲九州今之刺史幾向一倍戶口比漢十分之一而置郡縣更多空校牙門無益宿衛而虛立軍府動有百數五等諸侯復坐置官屬諸所寵給皆生於百姓一夫不農有受其飢今之不農不可勝計縱使五稼普收僅足相接暫有災患便不繼贍以爲當今之急先并官省事靜事息役上下用心惟農是務也咸在位多所執正豫州大中正夏侯駿上言魯國小中正司空司馬孔毓四移病所不能接賓求以尚書郎曹馥代毓旬日復上毓爲中正司徒三卻駿故據正咸以駿與奪惟意乃奏免駿大中正司徒魏舒駿之姻屬屢郤不署咸據正甚苦舒終不從咸遂獨上舒奏咸激訕不直詔轉咸爲車騎司馬咸以世俗奢侈又上書曰臣以爲穀帛難生而用之不節無緣不匱故先王之化天下食肉衣帛皆有其制竊謂奢侈之費甚於天災古者堯有茅茨今之百姓競豐其屋古者臣無玉食今之賈豎皆厭粱肉古者后妃乃有殊飾今之婢妾被服綾羅古者大夫乃不徒行今之賤隸乘輕驅肥古者人稠地狹而有儲蓄由於節也今者土廣人稀而患不足由於奢也欲時之儉當詰其奢奢不見詰轉相高尚昔毛玠爲吏部尚書時無敢好衣美食者魏武帝歎曰孤之法不如毛尚書令使諸部用心各如毛玠風俗之移在不難矣又議移縣獄於郡及二社應立朝廷從之遷尚書左丞惠帝卽位楊駿輔政咸言於駿曰事與世變禮隨時宜諒闇之不行尚矣由世道彌薄權不可假故雖斬焉在疚而躬覽萬幾也逮至漢文以天下體大服重難久遂制既葬而除世祖武皇帝雖大孝烝烝亦從時釋服制心喪三年至於萬幾之事則有不遑今聖上欲委政於公諒闇自居此雖謙尚之心而天下未以爲善天下未以爲善者以億兆顒顒戴仰宸極聽於冢宰懼天光有蔽人心既已若此而明公處之固未爲易也竊謂山陵之事既畢明公當思隆替之宜周公聖人猶不免謗以此推之周公之任既未易而處況聖上春秋非成王之年乎得意忘言言未易盡苟明公有以察其悾款言豈在多時司隸荀愷從兄喪自表赴哀詔聽之而未下愷乃造駿咸因奏曰死喪之威兄弟孔懷同堂亡隕方在信宿聖恩矜憫聽使臨喪詔未下而便以行造急諂媚之敬無友于之情宜加顯貶以隆風教帝以駿管朝政有詔不問駿甚憚之咸復與駿箋諷切之駿意稍折漸以不平由是欲出爲京兆弘農太守駿甥李斌說駿不宜斥出正人乃止駿弟濟素與咸善與咸書曰江海之流混混故能成其深廣也天下大器非可稍了而相觀每事欲了生子癡了官事官事未易了也了事正作癡復爲快耳左丞總司天臺維正八坐此未易居以君盡性而處未易居之任益不易也想慮破頭故具有白咸答曰衞公云酒色之殺人此甚於作直坐酒色死人不爲悔逆畏以直致禍此由心不直正欲以苟且爲明哲耳自古以直致禍者當自矯枉過直或不忠允欲以亢厲爲聲故致忿耳安有悾悾爲忠益而當見疾乎居無何駿誅咸轉爲太子中庶子遷御史中丞時太宰汝南王亮輔政咸致書曰咸以爲太甲成王年在蒙幼故有伊周之事聖人且猶不免疑況臣既不聖王非孺子而可以行伊周之事乎上在諒闇聽於冢宰而楊駿無狀便作伊周自爲居天下之安所以至死其罪既不可勝亦是殿下所見駿之見討發自天聰孟觀李肇與知密旨耳至於論功當歸美於上觀等已數千戶縣侯聖上以駿死莫不欣悅故論功寧厚以敘其歡心此羣下所宜以實裁量而遂扇動東安封王孟李郡公餘侯伯子男既妄有加復又三等超遷此之熏赫震動天地自古以來封賞未有若此者也無功而厚賞莫不樂國有禍禍起當復有大功也人而樂禍其可極乎作此者皆由東安公謂殿下至止當有以正之正之以道衆亦何所怒乎衆之所怒在於不平耳而今皆更倍論莫不失望咸之愚冗不惟失望而已竊以爲憂又討駿之時殿下在外實所不綜今欲委重故令殿下論功論功之事實未易可處莫若坐觀得失有居正之事宜也咸復以亮輔政事權又諫曰楊駿有震主之威委任親戚此天下所以諠譁今之處重宜反此失謂宜靜默頤神有大得失乃維持之自非大事一皆抑遣比四造詣及經過尊門冠蓋車馬塡塞衢此之翕習既宜弭息又夏侯長容奉使爲先帝請命祈禱無感先帝崩背宜自咎責而自求請命之勞而公以爲少府私竊之論云長容則公之姻故至於此一犬吠形羣犬吠聲懼於羣吠遂至叵聽也咸之爲人不能面從而有後言嘗觸楊駿幾爲身禍況於殿下而當有惜往從駕殿下見語卿不識韓非逆鱗之言耶而欽摩天子逆鱗自知所陳誠頷頷觸猛獸之鬚耳所以敢言庶殿下當識其不勝區區前摩天子逆鱗

欲以盡忠今綱猛獸之鬚非欲爲惡必將以此見怒亮不納長容者夏侯駿也會景寅詔羣僚舉郡縣之職以補內官咸復上書曰臣咸以爲夫興化之要在于官人才非一流職有不同譬諸林木洪纖枉直各有攸施故明揚逮于仄陋疇咨無拘內外之任出處隨宜中間選用惟內是隆外舉既頹復多節目競內薄外遂成風俗此弊誠宜亟革之當內外通塞無所偏耳既使通塞無偏若選用不平有以深責責之苟深無憂不平也且膠柱不可以調瑟況乎官人而可以限乎伏思所限者以防選用不能出人不能出人當隨事而制無須限法法之有限其於致遠無乃泥乎或謂不制其法以何爲責臣聞刑懲小人義責君子君子之責在心不在限也正始中任何晏以選舉內外之衆職各得其才粲然之美於斯可觀如此非徒御之以限法之所致乃委任之由也委任之懼甚於限法是法之失非已之尤尤不在已責之無懼所謂齊之以刑人免而無恥者也苟委任之一則慮罪之及二則懼致怨謗已快則朝野稱詠不善則衆惡見歸此之戰戰孰與倚限法以苟免乎咸再爲本郡中正遭繼母憂去官頃之起以議郎長兼司隸校尉咸前後固辭不聽勑使者就拜咸復送還印綬公車不通催使攝職咸以身無兄弟喪祭無主重自陳乞乃使於官舍設靈坐咸又上表曰臣既駑弱不勝重任加在疚假息日闋陛下過意授非所堪披露丹款歸窮上聞謬詔既往終然無改臣雖不能滅身以全禮教義無靦然虛忝隆寵前受嚴詔視事之日私心自誓隕越爲報以貨賂流行所宜深絕切勑都官以此爲先而經彌日月未有所得斯由陛下有以獎勵慮於愚戇將必死繫故自掩撿以避其鋒耳在職有日既無赫然之舉又不應弦垂翅人誰復憚故光祿大夫劉毅爲司隸聲震內外遠近清肅非徒毅有王臣匪躬之節亦由所奏見從威風得伸也詔曰但當思必應繩中理威風自伸何獨劉毅時朝廷寬弛豪右放恣交私請託朝野溷淆咸奏免河南尹澹左將軍倩廷尉高光兼河南尹何攀等京都肅然貴戚懾伏咸以聖人久於其道天下化成是以唐虞三載考績九年黜陟其在周禮三年大比孔子亦云三年有成而中間以來長吏到官未幾便遷百姓困於無定吏卒疲於送迎時僕射王戎兼吏部咸奏戎備位台輔兼掌選舉不能謐靜風俗以凝庶績至今人心傾動開張浮競中郎李重李義不相匡正請免戎等官詔曰政道之本誠宜久於其職咸奏是也戎職在論道吾所崇委其解禁止御史中丞解結以咸劾戎爲違典制越局侵官干非其分奏免咸官詔亦不許咸上事以爲按令御史中丞督司百僚皇太子以下其在行馬內有違法憲者彈糾之雖在行馬外而監司不糾亦得奏之如今之文行馬之內有違法憲謂禁防之事耳宮內禁防外司不得而行故專施中丞今道路橋梁不修鬬訟屠沽不絕如此之比中丞推責州坐即今所謂行馬內語施於禁防既云中丞督司百僚矣何復說行馬之內乎既云百僚而不得復說行馬之內者內外衆官謂之百僚則通內外矣司隸所以不復說行馬內外者禁防之事已於中丞說之故也中丞司隸俱糾皇太子以下則共對司內外矣不爲中丞專司內百僚司隸專司外百僚自有中丞司隸以來更互奏內外衆官惟所糾得無內外之限也而結一旦橫挫臣臣前所以不羅縷者冀因結奏得從私願也今既所願不從而勑云但爲過耳非所不及也以此見原臣忝司直之任宜當正已率人若其有過不敢受原是以申陳其愚司隸與中丞俱共糾皇太子以下則從皇太子以下無所不糾也得糾皇太子而不得糾尚書臣之闇塞既所未譬皇太子爲在行馬之內邪皇太子在行馬之內而得糾之尚書在行馬之內而不以糾無有此理此理灼然而結以此挫臣臣可無恨耳其於觀聽無乃有怪邪臣識石公前在殿上脫衣爲司隸荀愷所奏先帝不以爲非于時莫謂侵官今臣裁糾尚書而當有罪乎咸累自上稱引故事條理灼然朝廷無以易之吳郡顧榮常與親故書曰傅長虞爲司隸勁直忠果劾按驚人雖非周才偏亮可貴也元康四年卒官時年五十六詔贈司隸校尉朝服一具衣一襲錢二十萬謚曰貞有三子敷晞纂長子敷嗣

敷字潁根清靜有道素解屬文除太子舍人轉尚書郎太傅參軍皆不起永嘉之亂避地會稽元帝引爲鎮東從事中郎素有羸疾頻見敦喻辭不獲免輿病到職數月卒時年四十六晞亦有才思爲上虞令甚有政績卒於司徒西曹屬

祗字子莊父嘏魏太常祗性至孝早知名以才識明練稱武帝始建東宮起家太子舍人累遷散騎黃門郎賜爵關內侯食邑三百戶母憂去職及葬母詔給太常五等吉凶導從其後諸卿夫人葬給導從自此始也服終爲滎陽太守自魏黃初大水之後河濟汎溢鄧艾常著濟河論開石門而通之至是復浸壞祗乃造沉萊堰至今兗豫無水患百姓爲立碑頌焉尋表兼廷尉遷常侍左軍將軍及帝崩梓宮在殯而太傅楊駿輔政欲悅衆心議普進封爵祗與駿書曰未有帝王始崩臣下論功者也駿不從入爲侍中時將誅駿而駿不之知祗侍駿坐而雲龍門閉內外不通祗請與尚書武茂聽國家消息揖而下階茂猶坐祗顧曰君非天子臣邪今內外隔絕不知國家所在何得安坐茂乃驚起駿既伏誅裴楷息瓚駿之壻也爲亂兵所害尚書左僕射荀愷與楷不平因奏楷是駿親收付廷尉祗證楷無罪有詔赦之時又收駿官屬祗復啓曰昔魯芝爲曹爽司馬斬關出赴爽宣帝義之尚遷青州刺史駿之僚佐不可加罰詔又赦之祗多所維正皆如此除河南尹未拜遷司隸校尉以討楊駿勳當封郡公八千戶固讓減半降封靈川縣公千八百戶餘二千二百戶封少子暢爲武鄉亭侯又以本封賜兄子儁爲東明亭侯楚王瑋之矯詔也祗以聞奏稽留免官期年遷光祿勳復以公事免氐人齊萬年舉兵反以祗爲行安西軍司加常侍率安西將軍夏侯駿討平之遷衛尉以風疾遜位就拜常侍食卿祿秩賜錢及牀帳等尋加光祿大夫門施行馬及趙王倫輔政以爲中書監常侍如故以鎮衆心祗辭之以疾倫遣御史輿祗就職王戎陳準等相與言曰傅公在事吾屬無憂矣其爲物所倚信如此倫篡又爲右光祿開府加侍中惠帝還宮祗以經受僞職請退不許初倫之篡也孫秀與義陽王威等十餘人預撰儀式禪文及倫敗齊王冏收侍中劉逵常侍騶捷杜育黃門郎陸機右丞周導王尊等付廷尉以禪文出中書復議處祗罪會赦得原後以禪文草本非祗所撰於是詔復光祿大夫子宣尚弘農公主尋遷太子少傅上章遜位還第及成都王穎爲太傅復以祗爲少傅加侍中懷帝即位遷光祿大夫侍中未拜加右僕射中書監時太傅東海王越輔政祗既居端右每宣君臣謙光之道由此上下雍穆祗明達國體朝廷制度多所經綜歷左光祿開府行太子太傅侍中如故疾篤遜位不許遷司徒以足疾詔版輿上殿不拜大將軍苟晞表請遷都使祗出詣河陰修理舟楫爲水行之備及洛陽陷沒遂共建行臺推祗爲盟主以司徒持節大都督諸軍事傳檄四方遣子宣將公主與尚書令和郁赴告方伯徵義兵祗自屯盟津小城宣弟暢行河陰令以待宣祗以暴疾薨時年六十九祗自以義誠不終力疾手筆勑厲其二子宣暢辭旨深切覽者莫不感激慷慨祗著文章駁論十餘萬言

宣字世弘年六歲喪繼母哭泣如成人中表異之及長好學趙王倫以爲相國掾尚書郎太子中舍人遷司徒西曹掾去職累遷爲祕書丞驃騎從事中郎惠帝至自長安以宣爲左丞不就遷黃門郎懷帝即位轉吏部郎又爲御史中丞卒年四十九無子以暢子沖爲嗣

暢字世道年五歲父友見而戲之解暢衣取其金環與侍者暢不之惜以此賞之年未弱冠甚有重名以選入侍講東宮爲祕書丞尋沒於石勒勒以爲大將軍右司馬諳識朝儀恒居機密勒甚重之作晉諸公敘讚二十二卷又爲公卿故事九卷咸和五年卒子詠過江爲交州刺史太子右率

史臣曰武帝鑒觀四方平章百姓永言啓沃任切爭臣傅玄體彊直之姿懷匪躬之操抗辭正色補闕弼違諤諤當朝不忝其職者矣及乎位居三獨彈擊是司遂能使臺閣生風貴戚斂手雖前代鮑葛何以加之然而惟此褊心乏弘雅之度驟聞競爽爲物議所譏惜哉古人取戒於韋弦良有以也長虞風格凝峻弗墜家聲及其納諫汝南獻書臨晉居諒直之地有先見之明矣傅祗名父之子早樹風猷崎嶇危亂之朝匡救君臣之際卒能保全祿位可謂有道存焉

贊曰鶉觚貞諒實惟朝望志厲彊直性乖夷曠長虞剛簡無虧風尚子莊才識爰膺衮職忠績未申泉途遽逼

晉書卷四十七考證

傳玄傳父幹魏扶風太守○幹監本訛韓

晉書卷四十八

唐　太　宗　文　皇　帝　御　撰

列傳第十八

向雄

向雄字茂伯河內山陽人也父韶彭城太守雄初仕郡爲主簿事太守王經及經之死也雄哭之盡哀市人咸爲之悲後太守劉毅嘗以非罪笞雄及吳奮代毅爲太守又以少譴繫雄於獄司隸鍾會於獄中辟雄爲都官從事會死無人殯斂雄迎喪而葬之文帝召雄而責之曰往者王經之死卿哭王經於東市我不問也今鍾會

劈爲叛逆，又輒收葬，若復相容，其如王法何。」雄曰：「昔者先王掩骼埋胔，仁流朽骨，當時豈先卜其功罪而後葬之哉！今王誅既加，於法已備，雄感義收葬，教亦無闕。法立於上，教弘於下，何必使雄違生背死，以立於時！殿下讎枯骨而捐之中野，爲將來仁賢之資，不亦惜乎！」帝甚悅，與談宴而遣之。累遷黃門侍郎。時吳奮、劉毅俱爲侍中，同在門下，雄初不交言。武帝聞之，勑雄令復君臣之好。雄不得已，乃詣毅，再拜曰：「向被詔命，君臣義絕，如何？」於是卽去。帝聞而大怒，問雄曰：「我令卿復君臣之好，何以故絕？」雄曰：「古之君子，進人以禮，退人以禮；今之進人，若加諸膝，退人若墜諸川。劉河內於臣不爲戎首，亦已幸甚，安復爲君臣之好！」帝從之。泰始中，累遷秦州刺史，假赤幢、曲蓋、鼓吹，賜錢二十萬。咸寧初，入爲御史中丞，遷侍中，又出爲征虜將軍。太康初，爲河南尹，賜爵關內侯。齊王攸將歸藩，雄諫曰：「陛下子弟雖多，然有名望者少。齊王臥在京邑，所益實深，不可不思。」帝不納。雄固諫忤旨，起而徑出，遂以憤卒。弟匡，惠帝世爲護軍將軍。

段灼

段灼字休然，敦煌人也。世爲西土著姓，果直有才辯。少仕州郡，稍遷鄧艾鎮西司馬，從艾破蜀有功，封關內侯，累遷議郎。武帝卽位，灼上疏追理艾曰：「故征西將軍鄧艾，心懷至忠而荷反逆之名，平定巴蜀而受三族之誅，臣竊悼之。惜哉，言艾之反也！以艾性剛急，矜功伐善，而不能協同朋類，輕犯雅俗，失君子之心，故莫肯理之。臣敢昧死言艾所以不反之狀。艾本屯田掌犢人，宣皇帝拔之於農吏之中，顯之於宰府之職，處內外之官，據文武之任，所在輒有名績，固足以明宣皇帝之知人矣。會値洮西之役，官兵失利，刺史王經困於圍城之中。當爾之時，二州危懼，隴右懔懔，幾非國家之有也。先帝以爲深憂重慮，思惟可以安邊殺敵，莫賢於艾，故授之以兵馬，解狄道之圍。圍解，留屯上邽。承官軍大敗之後，士卒破膽，將吏無氣，倉庫空虛，器械殫盡。艾欲積穀彊兵，以待有事。是歲少雨，又爲區種之法，手執耒耜，率先將士，所統萬數，而身不離僕虜之勞，親執士卒之役。故落門、段谷之戰，能以少擊多，摧破彊賊，斬首萬計。遂委艾以廟勝成圖，指授長策。艾受命忘身，龍驤麟振，前無堅敵。蜀地阻險，山高谷深，而艾步乘不滿二萬，束馬懸車，自投死地，勇氣淩雲，將士乘勢，故能使劉禪震怖，君臣面縛，軍不踰時，而巴蜀蕩定。此艾固足以彰先帝之善任矣。艾功名已成，亦當書之竹帛，傳祚萬世。七十老公，復何所求哉！艾以禪初降，遠郡未附，矯令承制，權安社稷。雖違常科，有合古義，原心定罪，事可詳論。故鎭西將軍鍾會有呑天下之心，恐艾威名，知必不同，因其疑似，構成其事。艾被詔書，卽遣彊兵，束身就縛，不敢顧望，誠自知奉見先帝，必無當死之理也。會受誅之後，艾參佐官屬、部曲將吏，愚戇相聚，自共追艾，破壞檻車，解其囚執。艾在困地，是以狼狽失據。夫反非小事，若懷惡心，旣當謀及豪傑，然後乃能興動大衆，不聞艾有腹心一人。臨死口無惡言，獨受腹背之誅，豈不哀哉！故見之者垂涕，聞之者歎息。此賈誼所以慷慨於漢文，天下之事可爲痛哭者，良有以也。陛下龍興，闡弘大度，受誅之家，不拘敍用。聽艾立後，祭祀不絕。昔秦人憐白起之無罪，吳人傷子胥之冤酷，皆爲之立祠。天下之人爲艾悼心痛恨，亦由是也。謂可聽艾門生故吏收艾尸柩，歸葬舊墓，還其田宅，以平蜀之功繼封其後，使艾闔棺定謚，死無所恨。赦冤魂於黃泉，收信義於後世，則天下徇名之士，思立功之臣，必投湯火，樂爲陛下死矣。」帝省表，甚嘉其意。

灼後復陳時宜曰：「臣聞天時不如地利，地利不如人和。三里之城，五里之郭，圍而攻之，有不剋者，此天時不如地利。城非不高，池非不深，穀非不多，兵非不利，委而去之，此地利不如人和。然古之王者，非不先推恩德，結固人心。人心苟和，雖三里之城，五里之郭，不可攻也；人心不和，雖金城湯池，不能守也。臣推此以廣其義，舜彈五弦之琴，詠南風之詩，而天下自理，由堯人可比屋而封也。曩者多難，姦雄屢起，攪亂衆心，刀鋸相乘，流死之孤，哀聲未絕。故臣以爲陛下當深思遠念，杜漸防萌，彈琴詠詩，垂拱而已。其要莫若推恩以協和黎庶。故推恩足以保四海，不推恩不足以保妻子。是故唐堯以親睦九族爲先，周文以刑于寡妻爲急，明王聖主莫不先親後疏，自近及遠。臣以爲太宰、司徒、衞將軍三王宜留洛中鎭守，其餘諸王自州征足任者，年十五以上悉遣之國。爲選中郎傅相，才兼文武，以輔佐之。聽於其國繕修兵馬，廣布恩信。必撫下猶子，愛國如家，君臣分定，百世不遷，連城開地，爲晉魯衞。所謂盤石之宗，天下服其彊矣。雖云割地，譬猶囊漏貯中，亦一家之有耳。若慮後世彊大，自可豫爲制度，使得推恩以分子弟。如此則枝分葉布，稍自削小，漸使轉至萬國，亦後世之利，非所患也。昔在漢世，諸呂自疑，內有朱虛、東牟之親，外有諸侯九國之彊，故不敢動搖。於今之宜，諸侯彊大，是爲太山之固。非我族類，其心必異。而魏法禁錮諸王，親戚隔絕，不祥莫大焉。間者無故又瓜分天下，立五等諸侯，上不象賢，下不議功，而是非雜揉，例受茅土。似權時之宜，非經久之制，將遂不改，此亦煩擾之人，漸亂之階也。夫國之興也，由於九族親睦，黎庶協和；其衰，在於骨肉疏絕，百姓離心。故夏邦不安，伊尹歸殷；殷邦不和，呂氏入周。殷監在於夏后，去事之誠，誠來事之鑒也。」又陳曰：「昔伐蜀，募取涼州兵馬、羌胡健兒，許以重報，五千餘人，隨艾討賊，功皆第一。而乙亥詔書，州郡將督，不與中外軍同，雖在上功，無應封者。唯金城太守楊欣所領兵，以逼江由之勢，得封者三十人。自金城以西，非在欣部，無一人封者。苟在中軍之例，雖下功必侯；如在州郡，雖功高不封，非所謂近不重施，遠不遺恩之謂也。臣聞魚懸由於甘餌，勇夫死於重報，故荊軻慕燕丹之義，專諸感闔閭之愛，匕首振於秦庭，吳刀耀於魚腹，視死如歸，豈不有由也哉！夫功名重賞，士之所競，不平致怨，由來久矣。詩曰：『尸鳩在桑，其子七兮。淑人君子，其儀一兮。』臣以爲此等宜蒙爵封。」灼前後陳事，輒見省覽，然身微宦孤，不見進序，乃取長假還鄉里。臨去，遣息上表曰：「臣受恩三世，剖符守境，試用無績，沉伏數年，犬馬之力無所復堪。陛下弘廣納之聽，採狂夫之言，原臣侵官之罪，不問干忤之愆，天地恩厚，於臣足矣。臣聞忠臣之於其君，猶孝子之於其親，進則有欣然之慶，非貪官也；退則有戚然之憂，非懷祿也。其意在於不忘光君榮親，情所不能已已者也。臣伏自悼，私懷至恨，生長荒裔，而久在外任，自還抱疾，未嘗覲見，陛下竟不知臣何人，此臣之恨一也。遭運會之世，値有事之時，而不能垂功名於竹帛，此臣之恨二也。逮事聖明之君，而尫悴羸劣，陳力又不能，當歸死於地下，此臣之恨三也。哀二親早亡，隕兄弟並凋喪，孝敬無復施於家門，此臣之恨四也。夏之日忽以過，冬之夜壽復來，人生百歲，尚以爲不足，而臣中年嬰災，此臣之恨五也。慙日月之所養，愧昊蒼而無報，此臣之所以懷五恨而歎息，臨歸路而自悼者也。語有之曰：華言虛也，至言實也，苦言藥也，甘言疾也。臣欲言天下太平，而靈龜神狐未見，仙芝蓂莢未生，麒麟未游乎靈禽之囿，鳳皇未儀於太極之庭，此臣之所以不敢華言而爲佞者也。昔漢高祖初定天下，于時戍卒婁敬上書諫曰：『陛下取天下不與成周同，而欲比隆成周，臣竊以爲不侔。』於是漢祖感悟，深納其言，賜姓爲劉氏。又顧謂陸賈曰：『爲我著秦所以亡，而吾所以得之者。』賈乃作新語之書，述敍前世成敗，以爲勸戒。又田肯建一言之計，非親子弟莫可使王齊者，而受千金之賜。故世稱漢祖之寬明博納，所以能成帝業也。今之言世者皆曰堯舜復興，天下已太平矣，臣獨以爲未，亦竊有所勸焉。且百王垂制，聖賢吐言，來事之明鑒也。孟子曰：『堯不能以天下與舜，則舜之有天下也，天與之也。』昔舜爲相，堯崩，三年之喪畢，舜避堯之子於南河，天下諸侯朝覲者，獄訟者，不之堯之子而之舜。舜曰：『天也。』乃之中國踐天子位焉。若居堯之宮，逼堯之子，非天所與者也。曩昔西有不臣之蜀，東有僭號之吳，三主鼎足，竝稱天子。魏文帝率萬乘之衆受禪於靡陂，而自以德同唐虞，以爲漢獻卽是古之堯，自謂卽是今之舜，乃謂孟軻、孫卿不通禪代之變，遂作禪代之文，刻石垂戒，班示天下，傳之後世，亦安能使將來君子皆曉然心服其義乎！然魏文徒希慕堯舜之名，推新集之魏，欲以同於唐虞之盛，忽骨肉之恩，忘藩屏之固，竟不能使四海賓服，混一皇化，而于時羣臣莫有諫者，不其過矣哉！孫卿曰：『堯舜禪讓，是不然矣。天下至重也，非至彊莫之能任；至大也，非至辯莫之能分；至衆也，非至明莫之能見。此三至者，非聖人莫之能盡。』由此言之，孫卿、孟軻亦各有所不取焉。陛下受禪，從東府入西宮，兵刃耀天，旌旗翳日，雖應天順人，同符唐虞，然法度損益，則亦不異於昔魏文矣。故宜資三至以彊制之。而今諸王有立國之名，而無襟帶之實。又蜀地有自然之險，是歷世姦雄之所闚闟，逋逃之所聚也，而無親戚子弟之守，此豈深思遠慮，杜漸防萌者乎！昔漢文帝據已成之業，六合同風，天下一家，而賈誼上疏陳當時之勢，猶以爲譬如抱火厝於積薪之下而寢其上，火未及然，因謂之安。此言誠存不忘亡，安不忘亂者也。然臣之慺慺，亦竊願居安思危，無曰高高在上，常念臨深之義，不忘履冰之戒，盡除魏世之弊法，綏以新政之大化，使萬邦欣欣，喜戴洪惠，昆蟲草木，咸蒙恩澤，朝廷詠康哉之歌，山藪無伐檀之人，此固天下所覩望者也。陛下自初踐阼，發無諱之詔，置箴諫之官，赫然寵異謇諤之臣，以明好直言之信。恐陳事者知直言之不用，皆杜口結舌，祥瑞亦曷由來哉！臣無陸生之才，不在顧問之地，蓋聞主聖臣直，義在於有犯無隱，臣不惟疏遠未信而言，敢歷論前代隆名之君及亡敗之主廢興所由，又博陳舉賢之路，廣開養老之制，崇必信之道，又張設議者之難，凡五事以聞。臣之所言，皆直陳古今已行故事，非新聲異端也。辭義實淺，不足採納，然臣私心誠謂有可發起覺悟，遺忘願陛下察臣愚忠，愍臣狂直，無使天下以言者爲戒疾痛增篤退念桑梓之詩惟狐死之義飄取長休歸近墳墓顧瞻宮闕繫情皇極不勝丹款遣息穎表言其一曰臣聞善有章也著在經典惡有罰也戒在刑書上自遠古下洎秦漢其明王霸主及亡國闇君故可得而稱至於忠蹇賢相及佞諂姦臣亦可得而言故朝有諤諤盡規之臣無不昌也任用阿諛唯唯之士無不亡也是有國者皆欲求忠以自輔舉賢以自佐而亡國破家者相繼皆由任失其人所謂賢者不賢忠者不忠也臣謹言前任賢所由興任不肖所以亡者堯之末年四凶在朝而不去入元在家而不舉然致天平地寧四門穆穆其功固在重華之爲相夏癸放於鳴條商辛梟於牧野此俱萬乘之主而國滅身擒由不能屬任賢相用婦人之言荒淫無道肆志沉宴作靡靡之樂長夜之飲於是登糟丘臨酒池觀牛飲望肉林龍逄忠而被害比干諫而剖心天下之所以歸惡者也太甲暴虐顛覆湯之典制於是伊尹放之桐宮而能改悔反善三年而後歸于亳既已放而復還殷道微而復興諸侯咸服號稱太宗實賴阿衡之盡忠也周室既衰諸侯並爭天王微弱政逐陵遲齊桓公淫亂之主耳然所以能九合一匡之功有尊周之名誠管夷吾之力及其死也蟲流出門豈非任豎貂之過乎且一桓公之身得管仲其功如彼用豎貂其亂如此夫榮辱存亡實在所任可不審哉秦本伯翳之後微微小邑至秦仲始大有車馬禮樂侍御之好焉自穆公至於始皇皆能留心待賢遠求異士招由余於西戎致五羖於宛市取丕豹於晉卿迎蹇叔於宗里由是四方雄俊繼踵而至故能世爲彊國吞滅諸侯奄有天下兼稱皇帝由謀臣之助也道化未淳崩於沙丘胡亥乘虐用詐自慢不能弘濟統緒克成堂構而乃殘賊仁義毒流黔首故陳勝吳廣奮臂大呼而天下響應於是趙高逆亂閻樂承指二世窮迫自戮望夷子嬰雖立去帝爲王孤危無輔四旬而亡此由邪臣擅命指鹿爲馬所以速秦之禍也秦失其鹿豪桀競逐項羽既得而失之其咎在烹韓生而范增之謀不用假令羽既距項伯之邪說斬沛公於鴻門都咸陽以號令諸侯則天下無敵矣而羽距韓生之忠諫背范增之深計自謂霸王之業已定都彭城還故鄉爲晝被文繡此蓋世俗兒女之情耳而羽榮之是故五載爲漢所擒至死尚不知覺悟乃曰天亡我非戰之罪甚痛矣哉且夫士之歸仁猶水之歸下禽之走壙野故曰爲川驅魚者獺也爲藪驅雀者鸇也爲湯武驅人者桀紂也漢高祖起於布衣提三尺之刃而取天下用六國之資無唐虞之禪豈徒賴良平之奇謀盡英雄之智力而已乎亦由項氏爲驅人也子孫承基二百餘年逮成帝委政舅家使權勢外移安昌侯張禹者漢之三公成帝保傅也帝親幸其家拜禹牀下深問天災人事禹當惟大臣之節爲社稷深慮忠言嘉謀陳其災患則王氏不得專權寵王莽無緣乘勢位遂託雲龍而登天衢令漢祚中絕也禹佞諂不忠挾懷私計徒低仰於王侯之間苟取容媚而已是以朱雲抗節求尚方斬馬劒欲以斬禹以戒其餘可謂忠矣而成帝尚復不寤乃以爲居下訕上廷辱保傅罪死無赦詔御史將雲下欲急烹之雲攀殿折檻幸賴左將軍辛慶忌叩頭流血以死爭之若不然則雲已摧碎矣後雖釋檻不修欲以彰明直臣誠足以爲後世之戒何益於漢室所由亡也哉然世之論者以爲亂臣賊子無道之甚者莫過於莽此亦猶紂之不善不如是之甚也傳稱莽始起外戚折節力行以要名譽宗族稱孝朋友歸仁及其輔政成哀之際勤勞國家動見稱述然于時人士詣闕上書薦莽者不可稱紀內外羣臣莫不歸莽功德遭遇漢室中微國嗣三絕而太后壽考爲之宗主故莽得遂策命孺子而奪其位也昔湯武之興亦逆取而順守之耳向莽深惟殷周取守之術崇道德務仁義履信實去華僞施惠天下十有八年恩足以感百姓義足以結英雄人懷其德豪傑並用如此宗廟社稷宜未滅也光武雖復賢才大業詎可冀哉莽卽位之後自謂得天人之助以爲功廣三王德茂唐虞乃自驕矜奮其威詐班宣符讖震暴殘酷窮凶極惡人怨神怒冬雷電以驚其耳目夏地動以惕其心腹而莽猶不知覺悟方復重行不順時之令竟連伍之刑佞媚者親幸忠諫者誅夷由是天下忿憤內外俱發四海分崩城池不守身死於匹夫之手爲天下笑豈不異哉其所由然者非取之過而守之非道也莽既屠肌六合雲擾劉聖公已立而不辨盆子承之而覆敗公孫述又稱帝於蜀漢如此數子固非所謂應天順人者徒爲光武之驅除者耳夫天下者蓋亦天下之天下非一人之天下也殷商之旅其會如林矢于牧野維予侯興又曰侯服于周天命靡常由此言之主非常人也有德則天下歸之無德則天下叛之故古之明王其勞心遠慮常如臨川無津涯於是法天地象四時隆恩德敬大臣近忠直遠佞人仁孝著乎宮牆弘化洽乎兆庶爲平直如砥矢信義感人神雖有椒房外戚之寵不受其委曲之言雖有近習愛幸之豎不聽其姑息之辭四門穆穆闢而不闔待諫者而無忌恒戰戰慄慄不忘戒懼所以欲永終天祿恐爲將來賢聖之驅除也且臣聞之懼危者常安者也憂亡者恒存者也使夫有國之君能安不忘危則本支百世長保榮祚名位與天地無窮亦何慮乎爲來者之驅除哉傳有之曰狂夫之言明主察焉其二曰士之立業行非一槩吳起貪官母死不歸殺妻求將不孝之甚然在魏使秦人不敢東向在楚則三晉不敢南謀曾參閔騫誠孝子也不能宿夕離其親豈肯出身致死涉危險之地哉今大晉應期運之所授齊聖美於有虞而吳人不臣稱帝私附此亦國之羞也陛下誠欲致熊羆之士不二心之臣使奮威淮浦震服蠻荊者故宜疇咨博采廣開貢士之路薦巖穴舉賢才徵命考試匪俊莫用今臺閣選舉徒塞耳目九品訪人唯問中正故據上品者非公侯之子孫則當塗之昆弟也二者苟然則篳門蓬戶之俊安得不有陸沉者哉其三曰昔田子方養老馬而窮士知所歸況居天下之廣居立天下之正位行天下之大道乎昔明王聖主無不養老老人衆多未必皆賢不可悉養故父事三老所以明孝宗事五更所以明敬孟子曰吾老以及人之老吾幼以及人之幼今天下雖定而華山之陽無放馬之羣桃林之下未有休息之牛固以吳人尚未臣服故也夫饑者易爲食渴者易爲飲天下元元瞻望新政願陛下思子方之仁念犬馬之勞思帷蓋之報發仁惠之詔廣開養老之制其四曰法令賞罰莫大乎信古人有言人而無信不知其可況有養人以惠使人以義而可以不信行之哉臣前爲西郡太守被州所下已未詔書羌胡道遠其但募取樂行不樂勿彊臣被詔書輒宣恩廣募示以賞信所得人名卽條言征西其晉人自可差簡丁彊如法調取至於羌胡非恩意告諭則無欲度金城河西者也自往每興軍渡河未曾有變故刺史郭綏勸帥有方深加獎厲要許重報是以所募感恩利賞遂立績效功在第一今州郡督將並已受封羌胡健兒或王或侯不蒙論敘也晉文猶不貪原而失信齊桓不惜地而背盟況聖主乎其五曰昔周漢之興樹親建德周因五等之爵漢有河山之誓及其衰也神器奪於重臣國祚移於他人故滅周者秦非姬姓也代漢者魏非劉氏也於今國家大計使異姓無裂土專封之邑同姓並據有連城之地縱復令諸王後世子孫還自相幷蓋亦楚人失繁弱於雲夢尚未爲亡其弓也其於神器不移他族則始祖不遷之廟萬年億兆不改其名矣大晉諸王二十餘人而公侯伯子男五百餘國欲言其國皆小乎則漢祖之起俱無尺土之地況有國者哉將謂大晉世世賢聖而諸侯之胄常不肖邪則放勛欽明而有丹朱嚚叟頑凶而有虞舜天下有事無不由兵而無故多樹兵本廣開亂原臣故曰五等不便也臣以爲可如前表諸王宜大其國增益其兵悉遣守藩使形勢足以相接則陛下可高枕而臥耳臣以爲諸侯伯子男名號皆宜改易之使封爵之制祿奉禮秩並同天下諸侯之例臣聞與覆車同軌者未嘗安也與死人同病者未嘗生也與亡國同法者未嘗存也況夫巍巍大晉方將登太山禪梁父刻石書勳垂示無窮宜遠鑒往代興廢深爲嚴防使著事奮筆必有紀焉昔伊尹恥其君不爲堯舜此臣所以私懔懔慨自忘輕賤者也灼書奏帝覽而異焉擢爲明威將軍魏興太守卒于官

閻纘

閻纘字續伯巴西安漢人也祖圃爲張魯功曹勸魯降魏封平樂鄉侯父璞嗣爵仕吳至牂牁太守纘僑居河南新安少游英豪多所交結博覽墳典該通物理父卒繼母不慈纘恭事彌謹而母疾之愈甚乃誣纘盜父時金寶訟于有司遂被清議十餘年纘無怨色孝謹不怠母後意解更移中正乃得復品爲太傅楊駿舍人轉安復令駿之誅也纘棄官歸要駿故主簿潘岳掾崔基等共葬之基岳畏罪推纘爲主墓成當葬駿從弟模告武陵王澹將表殺造意者衆咸懼填冢而逃纘獨以家財成墓葬駿而去國子祭酒鄒湛以纘才堪佐著薦於祕書監華嶠嶠曰此職閑廩重貴勢多爭之不暇求其才遂不能用河間王顒引爲西戎校尉司馬有功封平樂鄉侯愍懷太子之廢也纘輿棺詣闕上書理太子之冤曰伏見赦文及牓下前太子遹手疏以爲驚愕自古以來臣子悖逆未有如此之甚也幸賴天慈全其首領臣伏念遹生於聖父而至此者由於長養深宮沉淪富貴受饒先帝父母驕之每見選師傅下至羣吏率取膏粱擊鍾鼎食之家希有寒門儒素如衞綰周文石奮疏廣洗馬舍人亦無汲黯鄭莊之比遂使不見事父事君之道臣案古典太子居以士禮與國人齒以此明先王欲令知先賤然後乃貴自頃東宮亦微太盛所以致敗也非但東宮歷觀諸王師友文學皆豪族力能得者率非龔遂王陽能以道訓友無亮直三益之節官以文學爲名實不讀書但共鮮衣好馬縱酒高會嬉遊博弈豈有

切磋能相長益臣常恐公族遲陵以此歎息今適可以爲戒恐其被斥棄逐遠郊始當悔過無所復及昔戾太子無狀稱兵距命而壺關三老上書有田千秋之言猶曰子弄父兵罪應笞耳漢武感悟之築思子之臺今適無狀言語悖逆受罪之日不敢失道猶爲輕於戾太子尙可禁持重選保傅如司空張華道德深遠乃心忠誠以爲之師光祿大夫劉寔寒苦自立終始不衰年同呂望經籍不廢以爲之保尙書僕射裴頠明允恭肅體道居正以爲之友置游談文學皆選寒門孤宦以學行自立者及取服勤更事涉履艱難事君事親名行素聞者使與共處使嚴御史監護其家絕貴戚子弟輕薄賓客如此左右前後莫非正人師傅文學可令十日一講使共論議於前勑使但道古今孝子慈親忠臣事君及思愆改過之義皆聞善道庶幾可全昔太甲有罪放之三年思庸克復爲殷明王又魏文帝懼於見廢夙夜自祗竟能自全及至明帝因母得罪廢爲平原侯爲置家臣庶子師友文學皆取正人共相匡矯兢兢慎罰事父以孝父沒事母以謹聞于天下于今稱之漢高皇帝數置酒於庭欲廢太子後四皓爲師子房爲傅竟復成就前事不忘後事之戒孟軻有云孤臣孽子其操心也危慮患也深故多善功李斯云慈母多敗子嚴家無格虜由陛下驕盪使至於此庶其受罪以來足自思改方今天下多虞四夷未寧將伺國隙儲副大事不宜空虛宜爲大計小復停留先加嚴誨依平原侯故事若不悛改棄之未晚也臣素寒門無力仕宦不經東宮情不私遹念昔楚國處女諫其王曰有龍無尾言年四十未有太子臣嘗備近職雖未得自結天日情同閹寺悾悾之誠皆爲國計臣老母見臣爲表乃爲臣卜卦云書御卽死妻子守臣涕泣見止臣獨以爲頻見拔擢嘗爲近職此恩難忘何以報德唯當陳誠以死獻忠輒具棺絮伏須刑誅書御不省及張華遇害賈謐被誅朝野震悚纘獨撫華尸慟哭曰早語君遜位而不肯今果不免死也夫過比賈謐尸曰小兒亂國之由誅其晚矣皇太孫立纘復上疏曰臣前上書訟太子之枉不見省覽昔壺關三老陳衞太子之寃而漢武築思子之臺高廟令田千秋上書不敢正言託以鬼神之教而孝武大感月中三遷位至丞相乘車入殿號曰車氏恨臣精誠微薄不能有感竟使太子流離沒命許昌向令陛下卽納臣言不致此禍天贊聖意三公獻謀庶人賜死罪人斯得太子以明臣恨其晚無所復及詔書慈悼迎喪反葬復其禮秩誠副衆望不意呂霍之變復生於今日伏見詔書建立太孫斯誠陛下上順先典以安社稷中慰慈悼冤魂之痛下令萬國心有所繫追惟庶人所爲無狀幾傾宗廟賴相國太宰至忠憤發潛謀俱斷奉贊聖意以成神武雖周誅二叔漢掃諸呂未足以喩臣願陛下因此大更釐改以爲永制禮置太子居以士禮與國人齒爲置官屬皆如朋友不爲純臣旣使上厭至望以崇孝道又令不相嚴憚易相規正昔漢武旣信好讒危害太子復用望氣之言欲盡誅詔獄中囚邴吉以皇孫在焉閉門距命後遂擁護皇孫督罰乳母卒至成人立爲孝宣皇帝苟志於忠無往不可歷觀古人雖不避死亦由世敎寬以成節吉雖距詔書事在於忠故宥而不責自晉興已來用法太嚴遲速之間輒加誅斬一身伏法猶可彊爲今世之誅動輒滅門昔呂后臨朝肆意無道周昌相趙三召其王而昌不遣先徵昌入乃後召王此由漢制本寬得使爲快假令如今呂后必謂昌已反夷其三族則誰敢復爲殺身成義者哉此法宜改可使經遠又漢初廢趙王張敖其臣貫高謀弒高祖高祖不誅以明臣道田叔孟舒十人爲奴髡鉗隨王隱親侍養故令平安向使晉法得容爲義東宮之臣得如周昌固護太子得如邴吉距詔不坐伏死諫爭則聖意必變太子以安如田叔孟舒侍從不罪者則隱親左右姦凶毒藥無緣得設太子不夭也臣每責東宮臣故無侍從者後聞顚有於道路望車拜辭而有司收付洛陽獄奏科其罪然臣故莫從良有以也又本置三率盛其兵馬所以宿衞防虞而使者卒至莫有警嚴覆請審者此由恐畏滅族今皇孫冲幼去事多故若有不虞彊臣專制姦邪矯詐雖有相國保訓東宮擁佑之恩同於邴吉適可使玉體安全宜開來防可著于令自今已後諸有廢興倉卒羣臣皆得輒嚴須錄詣殿前面受口詔然後爲信得同周昌不遣王節下聽臣子隱親得如田叔孟舒不加罪責則永固儲副以安後嗣之遠慮也來事難知往事可改臣前每見詹事裴權用心懇惻舍人秦戢數上疏啓諫而爰倩贈以九列權有忠意獨不蒙賞謂宜依倩爲比以寵其魂推尋表疏如秦戢輩及司隸所奏諸敢拜辭於道路者明詔稱揚使微異於衆以勸爲善以獎將來也纘又陳今相國雖已保傅東宮保其安危至於旦夕訓誨輔道出入動靜劬勞宜選寒苦之士忠貞清正老而不衰如城門校尉梁柳白衣南安朱沖比者以爲師傅其侍臣以下文武將吏且勿復取盛戚豪門子弟若吳太妃家室及賈郭之黨如此之輩生而富溢無念修己率多輕薄浮華相驅放縱皆非所補益於吾少主者也皆可擇寒門篤行學問素士更履險易節義足稱者以備羣臣可輕其禮儀使與古同以相切磋爲益昔魏文帝之在東宮徐幹劉楨爲友文學相接之道竝如氣類吳太子登顧譚爲友諸葛恪爲賓臥同牀帳行則參乘交如布衣相呼以字此則近代之明比也天子之子不患不富貴不患人不敬畏患於驕盈不聞其過不知稼穡之艱難耳至於甚者乃不知名六畜可不勉哉昔周公親撻伯禽曹參笞窋二百聖考慈父皆不傷恩今不忍小相維持令至闕失頓相罪責不亦誤哉在禮太子朝夕視膳昏定晨省晚問安否於情得盡五日一朝於敬旣簡於恩亦疎易致構間故曰一朝不朝其間容刀五日之制起漢高祖身爲天子父猶庶人萬幾事多故闕私敬耳今主上臨朝太子無事專主孝養宜改此俗文王世子篇曰王季一飯亦一飯再飯亦再飯安有逸豫五日一覲哉纘又陳今迎太子神柩孤魂獨行太孫幼冲不可涉道謂可遣妃奉迎遠路令其父衍隨行衞護皇太子初見誣陷臣家門無祐三世假親具嘗辛苦以家覩國固知太子有變臣故求副監國欲依邴吉故事距違來使供養擁護身親飲食醫藥冀足救危主者以臣名資輕淺不肯見與世人見笑謂爲此職進退難居有必死憂臣獨以爲苟全儲君賈氏所誅甘心所願今監國御史直副皆當三族侍衞無狀實自宜然臣謂其小人不足具責故孔子曰可以託六尺之孤臨大節而不可奪是以聖王愼選故河南尹向雄昔能犯難葬故將鍾會文帝嘉之始拔顯用至於先帝以爲右率如間之事若得向雄之比則豈可觸哉此二使者但爲愚怯亦非與謀但可訴身自全三族如郭俶郭斌則於刑爲當又東宮亦宜妙選忠直亮正如向雄比陛下千秋萬歲之後太孫幼沖選置兵衞宜得柱石之士如周昌者世俗淺薄士無廉節賈謐小兒恃寵恣睢而淺中弱植之徒更相翕習故世號魯公二十四友又謐前見臣表理太子曰閻兒作此爲徒然觀其意欲與諸司馬家同皆爲臣寒心伏見詔書稱明滿奮樂廣侍郎賈胤與謐親理而亦疎遠往免父喪之後停家五年雖爲小屈有識貴之潘岳繆徵等皆謐父黨共相沉浮人士羞之聞其晏然莫不爲怪今詔書暴揚其罪竝皆遣出百姓咸云淸當臣獨謂非但岳徵二十四人宜皆齊黜以肅風敎朝廷善其忠烈擢爲漢中太守趙王倫死旣葬纘以車轢其冢時張華兒子景後徙漢中纘又表宜還纘不護細行而慷慨好大節卒於官時年五十九纘五子皆闕朗有才力長子亨爲遼西太守屬王浚自用其人亨不得之官依青州刺史苟晞刑政苛虐亨數切諫爲晞所害

史臣曰愍懷之廢也天下稱其冤然皆懼亂政之慘夷偏淫嬖之凶忍遂使謀臣懷忠而結舌義士蓄憤而吞聲閻纘伯官旣微於侍郎位不登於執戟輕生重義視死如歸伏奏而待嚴誅輿棺以趨鼎鑊察言觀行豈非忠直壯乎顧視晉朝公卿曾不得與其徒隸齒也茂伯篤終哭王經以全節休然追遠理鄧艾以成名故得義感明時仁流枯骨雖朱勃追論新息欒布奏事彭王弗之尙也

贊曰感義收會篤終理艾道旣相侔名亦俱泰纘伯區區輿櫬陳謩偪茲淫嬖弗遂艮圖啜其泣矣何嗟及乎

晉書卷四十八考證

段灼傳唯金城太守楊欣所領兵以逼江由之勢得封者三十人○由綱目作油

魏文帝率萬乘之衆受禪於靡陂○臣宗楷按綱目漢後主建興十一年春正月青龍見魏摩陂井中水經注摩陂在郟縣縱廣可十五里此靡字當係摩字之訛

晉書卷四十九

唐太宗文皇帝御撰

列傳第十九

阮籍 兄子咸 咸子瞻 瞻弟孚 從子脩 族弟放 放弟裕

阮籍字嗣宗陳留尉氏人也父瑀魏丞相掾知名於世籍容貌瓌傑志氣宏放傲然獨得任性不羈而喜怒不形於色或閉戶視書累月不出或登臨山水經日忘歸博覽羣籍尤好莊老嗜酒能嘯善彈琴當其得意忽忘形骸時人多謂之癡惟族兄文業每歎服之以爲勝己由是咸共稱異籍嘗隨叔父至東郡兗州刺史王昶請

與相見終日不開一言自以不能測太尉蔣濟聞其有儁才而辟之籍詣都亭奏記曰伏惟明公以含一之德據上台之位英豪翹首俊賢抗足開府之日人人自以爲掾屬辟書始下而下走爲首昔子夏在於西河之上而文侯擁篲鄒子處於黍谷之陰而昭王陪乘夫布衣韋帶之士孤居特立王公大人所以禮下之者爲道存也今籍無鄒卜之道而有其陋猥見採擇無以稱當方將耕於東皐之陽輸黍稷之餘稅負薪疲病足力不彊補吏之召非所克堪乞廻謬恩以光清舉初濟恐籍不至得記欣然遣卒迎之而籍已去濟大怒於是鄉親共喻之乃就吏後謝病歸復爲尚書郎少時又以病免及曹爽輔政召爲參軍籍因以疾辭屏於田里歲餘而爽誅時人服其遠識宣帝爲太傅命籍爲從事中郎及帝崩復爲景帝大司馬從事中郎高貴鄉公卽位封關內侯徙散騎常侍籍本有濟世志屬魏晉之際天下多故名士少有全者籍由是不與世事遂酣飲爲常文帝初欲爲武帝求婚於籍籍醉六十日不得言而止鍾會數以時事問之欲因其可否而致之罪皆以酣醉獲免及文帝輔政籍嘗從容言於帝曰籍平生曾游東平樂其風土帝大悅卽拜東平相籍乘驢到郡壞府舍屏障使內外相望法令清簡旬日而還帝引爲大將軍從事中郎有司言有子殺母者籍曰嘻殺父乃可至殺母乎坐者怪其失言帝曰殺父天下之極惡而以爲可乎籍曰禽獸知母而不知父殺父禽獸之類也殺母禽獸之不若衆乃悅服籍聞步兵廚營人善釀有貯酒三百斛乃求爲步兵校尉遺落世事雖去佐職恒游府內朝宴必與焉會帝讓九錫公卿將勸進使籍爲其辭籍沉醉忘作臨詣府使取之見籍方據桉醉眠使者以告籍便書桉使寫之無所改竄辭甚清壯爲時所重籍雖不拘禮教然發言玄遠口不臧否人物性至孝母終正與人圍碁對者求止籍留與決賭既而飲酒二斗舉聲一號吐血數升及將葬食一蒸肫飲二斗酒然後臨訣直言窮矣舉聲一號因又吐血數升毁瘠骨立殆致滅性裴楷往弔之籍散髮箕踞醉而直視楷弔唁畢便去或問楷凡弔者主哭客乃爲禮籍既不哭君何爲哭楷曰阮籍既方外之士故不崇禮典我俗中之士故以軌儀自居時人歎爲兩得籍又能爲青白眼見禮俗之士以白眼對之及嵇喜來弔籍作白眼喜不懌而退喜弟康聞之乃齎酒挾琴造焉籍大悅乃見青眼由是禮法之士疾之若讎而帝每保護之籍嫂嘗歸寧籍相見與別或譏之籍曰禮豈爲我設邪鄰家少婦有美色當壚沽酒籍嘗詣飲醉便臥其側籍既不自嫌其夫察之亦不疑也兵家女有才色未嫁而死籍不識其父兄徑往哭之盡哀而還其外坦蕩而內淳至皆此類也時率意獨駕不由徑路車迹所窮輒慟哭而反嘗登廣武觀楚漢戰處歎曰時無英雄使豎子成名登武牢山望京邑而歎於是賦豪傑詩景元四年冬卒時年五十四籍能屬文初不留思作詠懷詩八十餘篇爲世所重著達莊論敘無爲之貴文多不錄籍嘗於蘇門山遇孫登與商略終古及棲神道氣之術登皆不應籍因長嘯而退至半嶺聞有聲若鸞鳳之音響乎巖谷乃登之嘯也遂歸著大人先生傳其略曰世之所謂君子惟法是修惟禮是克手執圭璧足履繩墨行欲爲目前檢言欲爲無窮則少稱鄉黨長聞鄰國上欲圖三公下不失九州牧獨不見羣蝨之處褌中逃乎深縫匿乎壞絮自以爲吉宅也行不敢離縫際動不敢出褌襠自以爲得繩墨也然炎丘火流焦邑滅都羣蝨處於褌中而不能出也君子之處域內何異夫蝨之處褌中乎此亦籍之胸懷本趣也子渾字長成有父風少慕通達不飾小節籍謂曰仲容已豫吾此流汝不得復爾太康中爲太子庶子

咸字仲容父熙武都太守咸任達不拘與叔父籍爲竹林之游當世禮法者譏其所爲咸與籍居道南諸阮居道北北阮富而南阮貧七月七日北阮盛曬衣服皆錦綺粲目咸以竿挂大布犢鼻於庭人或怪之答曰未能免俗聊復爾耳歷仕散騎侍郎山濤舉咸典選曰阮咸貞素寡欲深識清濁萬物不能移若在官人之職必絕於時武帝以咸耽酒浮虛遂不用太原郭奕高爽有識量知名於時少所推先見咸心醉不覺歎焉而居母喪縱情越禮素幸姑之婢姑當歸於夫家初云留婢既而自從去時方有客咸聞之遽借客馬追婢既及與婢累騎而還論者甚非之咸妙解音律善彈琵琶雖處世不交人事惟共親知弦歌酣宴而已與從子修特相善每以得意爲歡諸阮皆飲酒咸至宗人間共集不復用杯觴斟酌以大盆盛酒圓坐相向大酌更飲時有羣豕來飲其酒咸直接去其上便共飲之羣從昆弟莫不以放達爲行籍弗之許荀勗每與咸論音律自以爲遠不及也疾之出補始平太守以壽終二子瞻孚

瞻字千里性清虛寡欲自得於懷讀書不甚研求而默識其要遇理而辯辭不足而旨有餘善彈琴人聞其能多往求聽不問貴賤長幼皆爲彈之神氣冲和而不知向人所在內兄潘岳每令鼓琴終日達夜無忤色由是識者歎其恬淡不可榮辱矣舉止灼然見司徒王戎戎問曰聖人貴名教老莊明自然其旨同異瞻曰將無同戎咨嗟良久卽命辟之時人謂之三語掾太尉王衍亦雅重之瞻嘗羣行冒熱渴甚逆旅有井衆人競趨之瞻獨逡巡在後須飲者畢乃進其夷退無競如此東海王越鎭許昌以瞻爲記室參軍與王承謝鯤鄧攸俱在越府越與瞻等書曰禮年八歲出就外傅明始可以加師訓之則十年曰幼學明可漸先王之教也然學之所入淺體之所安深是以閑習禮容不如式瞻儀度諷誦遺言不若親承音旨小兒毗既無令淑之質不聞道德之風望諸君時以閑豫周旋誨接永嘉中爲太子舍人瞻素執無鬼論物莫能難每自謂此理足可以辯正幽明忽有一客通名詣瞻寒溫畢聊談名理客甚有才辯瞻與之言良久及鬼神之事反覆甚苦客遂屈乃作色曰鬼神古今聖賢所共傳君何得獨言無卽僕便是鬼於是變爲異形須臾消滅瞻默然意色大惡後歲餘病卒於倉垣時年三十

孚字遙集其母卽胡婢也孚之初生其姑取王延壽魯靈光殿賦曰胡人遙集於上楹而以字焉初辟太傅府遷騎兵屬避亂渡江元帝以爲安東參軍蓬髮飲酒不以王務嬰心時帝旣用申韓以救世而孚之徒未能棄也雖然不以事任處之轉丞相從事中郎終日酣縱恒爲有司所按帝每優容之琅邪王裒爲車騎將軍鎭廣陵高選綱佐以孚爲長史帝謂曰卿旣統軍府郊壘多事宜節飲也孚答曰陛下不以臣不才委之以戎旅之重臣僶俛從事不敢有言者竊以今王涖鎭威風赫然皇澤遐被賊寇斂迹氛祲既澄日月自朗臣亦何可爝火不息正應端拱嘯詠以樂當年耳遷黃門侍郎散騎常侍嘗以金貂換酒復爲所司彈劾帝宥之轉太子中庶子左衞率領屯騎校尉明帝卽位遷侍中從平王敦賜爵南安縣侯轉吏部尚書領東海王師稱疾不拜詔就家用之尚書令郗鑒以爲非禮帝曰就用之誠不快不爾便廢才及帝疾大漸溫嶠入受顧命過孚要與同行升車乃告之曰主上遂大漸江左危弱實資羣賢共康世務卿時望所歸今欲屈卿同受顧託孚不答固求下車嶠不許垂至臺門告嶠內迫求暫下便徒步還家初祖約性好財孚性好屐同是累而未判其得失有詣約見正料財物客至屏當不盡餘兩小簏以著背後傾身障之意未能平或有詣阮正見自蠟屐因自歎曰未知一生當着幾量屐神色甚閑暢於是勝負始分咸和初拜丹陽尹時太后臨朝政出舅族孚謂所親曰今江東雖累世而年數實淺主幼時艱運終百六而庾亮年少德信未孚以吾觀之將兆亂矣會廣州刺史劉顗卒遂苦求出王導等以孚疎放非京尹才乃除都督交廣寧三州軍事鎭南將軍領平越中郎將廣州刺史假節未至鎭卒年四十九尋而蘇峻作逆識者以爲知幾無子從孫廣嗣

修字宣子好易老善清言嘗有論鬼神有無者皆以人死者有鬼修獨以爲無曰今見鬼者云着生時衣服若人死有鬼衣服有鬼邪論者服焉後遂伐社樹或止之修曰若社而爲樹伐樹則社移樹而爲社伐樹則社亡矣性簡任不修人事絕不喜見俗人遇便舍去意有所思率爾褰裳不避晨夕至或無言但欣然相對常步行以百錢掛杖頭至酒店便獨酣暢雖當世富貴而不肯顧家無儋石之儲晏如也與兄弟同志常自得於林皐之間王衍當時談宗自以論易畧盡然有所未了研之終莫悟每云不知比沒當見能通之者不衍族子敦謂衍曰阮宣子可與言衍曰吾亦聞之但未知其亹亹之處定何如耳及與修談言寡而旨暢衍乃歎服焉梁國張偉志趣不常自隱於屠釣修愛其才美而知其不眞偉後爲黃門郎陳留內史果以世事受累修居貧年四十餘未有室王敦等斂錢爲婚皆名士也時慕之者求入錢而不得修所著述甚寡嘗作大鵬贊曰蒼蒼大鵬誕自北溟假精靈鱗神化以生如雲之翼如山之形海運水擊扶搖上征翕然層舉背負太清志存天地不屑唐庭鸒鳩仰笑尺鷃所輕超世高逝莫知其情王敦時爲鴻臚卿謂修曰卿常無食鴻臚丞差有祿能作不修曰亦復可爾耳遂爲之轉太傅行參軍太子洗馬避亂南行至西陽期思縣爲賊所害時年四十二

放字思度祖略齊郡太守父顗淮南內史放少與孚竝知名中興除太學博士太子中舍人庶子時雖戎車屢駕而放侍太子常說老莊不及軍國明帝甚友愛之轉黃門侍郎遷吏部郎在銓管之任甚有稱績時成帝幼沖庾氏執政放求爲交州乃除監交州軍事揚威將軍交州刺史行達寧浦逢陶侃將高寶平梁碩自交州還放設饌請寶伏兵殺之寶衆擊放敗走保簡陽城得免到州少時暴發渴見寶爲祟遂卒朝廷甚悼惜之年四十四追贈廷尉放素知名而性清約不營產業爲吏部郎不免飢寒王導庾亮以其名士常供給衣食子晞之

南頓太守

裕字思曠宏遠不及放而以德業知名弱冠辟太宰掾大將軍王敦命爲主簿甚被知遇裕以敦有不臣之心乃終日酣觴以酒廢職敦謂裕非當世實才徒有虛譽而已出爲溧陽令復以公事免官由是得違敦難論者以此貴之咸和初除尚書郎時事故之後公私疲廢裕遂去職還家居會稽剡縣司徒王導引爲從事中郎固辭不就朝廷將欲徵之裕知不得已乃求爲王舒撫軍長史舒薨除吏部郎不就即家拜臨海太守少時去職司空郗鑒請爲長史詔徵祕書監皆以疾辭復除東陽太守尋徵侍中不就還剡山有肥遁之志有以問王羲之羲之曰此公近不驚寵辱雖古之沈冥何以過此又云裕骨氣不及逸少簡秀不如真長韶潤不如仲祖思致不如殷浩而兼有諸人之美成帝崩裕赴山陵事畢便還諸人相與追之裕亦審時流必當逐已而疾去至方山下相及劉惔歎曰我入東正當泊安石渚下耳不敢復近思曠傍裕雖不博學論難甚精嘗問謝萬云未見四本論君試爲言之萬敘說既畢裕以傳嘏爲長於是搆辭數百言精義入微聞者皆嗟味之裕嘗以人不須廣學正應以禮讓爲先故終日靜默無所修綜而物自宗焉在剡曾有好車借無不給有人葬母意欲借而不敢言後裕聞之乃歎曰吾有車而使人不敢借何以車爲遂命焚之在東山久之復徵散騎常侍領國子祭酒俄而復以爲金紫光祿大夫領琅邪王師經年敦逼並無所就御史中丞周閔奏裕及謝安違詔累載並應有罪禁錮終身詔書貰之或問裕曰子屢辭徵聘而宰二郡何邪裕曰雖屢辭王命非敢爲高也吾少無宦情兼拙於人間既不能躬耕自活必有所資故曲躬二郡豈以騁能私計故耳年六十二卒三子傭寧普傭早卒寧鄱陽太守普驃騎諮議參軍傭子歆之中領軍寧子腆祕書監腆弟萬齡及歆之子彌之元熙中並列顯位

嵇康

嵇康字叔夜譙國銍人也其先姓奚會稽上虞人以避怨徙焉銍有嵇山家于其側因而命氏兄喜有當世才歷太僕宗正康早孤有奇才遠邁不羣身長七尺八寸美詞氣有風儀而土木形骸不自藻飾人以爲龍章鳳姿天質自然恬靜寡慾含垢匿瑕寬簡有大量學不師受博覽無不該通長好老莊與魏宗室婚拜中散大夫常修養性服食之事彈琴詠詩自足於懷以爲神仙稟之自然非積學所得至於導養得理則安期彭祖之倫可及乃著養生論又以爲君子無私其論曰夫稱君子者心不措乎是非而行不違乎道者也何以言之夫氣靜神虛者心不存於矜尚體亮心達者情不繫於所欲矜尚不存乎心故能越名教而任自然情不繫於所欲故能審貴賤而通物情物情順通故大道無違越名任心故是非無措也是故言君子則以無措爲主以通物爲美言小人則以匿情爲非以違道爲闕何者匿情矜吝小人之至惡虛心無措君子之篤行也是以大道言及吾無身吾又何患無以生爲貴者是賢於貴生也由斯而言夫至人之用心固不存有措矣故曰君子行道忘其爲身斯言是矣君子之行賢也不察於有度而後行也任心無邪不議於善而後正也顯情無措不論於是而後爲也是故傲然忘賢而賢與度會忽然任心而心與善遇儻然無措而事與是俱也其略如此蓋其胸懷所寄以高契難期每思郢質所與神交者惟陳留阮籍河內山濤豫其流者河內向秀沛國劉伶籍兄子咸琅邪王戎遂爲竹林之游世所謂竹林七賢也戎自言與康居山陽二十年未嘗見其喜慍之色康嘗採藥游山澤會其得意忽焉忘反時有樵蘇者遇之咸謂神至汲郡山中見孫登康遂從之游登沈默自守無所言說康臨去登曰君性烈而才雋其能免乎康又遇王烈共入山烈嘗得石髓如飴即自服半餘半與康皆凝而爲石又於石室中見一卷素書遽呼康往取輒不復見烈乃歎曰叔夜趣非常而輒不遇命也其神心所感每遇幽逸如此山濤將去選官舉康自代康乃與濤書告絕曰聞足下欲以吾自代雖事不行知足下故不知之也恐足下羞庖人之獨割引尸祝以自助故爲足下陳其可不老子莊周吾之師也親居賤職柳下惠東方朔達人也安乎卑位吾豈敢短之哉又仲尼兼愛不羞執鞭子文無欲卿相而三爲令尹是乃君子思濟物之意也所謂達能兼善而不渝窮則自得而無悶以此觀之故知堯舜之居世許由之巖棲子房之佐漢接輿之行歌其揆一也仰瞻數君可謂能遂其志者也故君子百行殊塗同致循性而動各附所安故有處朝廷而不出入山林而不反之論且延陵高子臧之風長卿慕相如之節意氣所先亦不可奪也吾每讀尚子平臺孝威傳慨然慕之想其爲人加少孤露母兄驕恣不涉經學又讀老莊重增其放故使榮進之心日頹任逸之情轉篤阮嗣宗口不論人過吾每師之而未能及至性過人與物無傷惟飲酒過差耳至爲禮法之士所繩疾之如仇讐幸賴大將軍保持之耳吾以不如嗣宗之資而有慢弛之闕又不識物情闇於機宜無萬石之慎而有好盡之累久與事接疵釁日興雖欲無患其可得乎又聞道士遺言餌朮黃精令人久壽意甚信之游山澤觀魚鳥心甚樂之一行作吏此事便廢安能舍其所樂而從其所懼哉夫人之相知貴識其天性因而濟之禹不逼伯成子高全其長也仲尼不假蓋於子夏護其短也近諸葛孔明不迫元直以入蜀華子魚不彊幼安以卿相此可謂能相終始真相知者也自卜已審若道盡塗殫則已耳足下無事寃之令轉於溝壑也吾新失母兄之歡意常悽切女年十三男年八歲未及成人況復多疾顧此悢悢如何可言今但欲守陋巷教養子孫時時與親舊敘離闊陳說平生濁酒一盃彈琴一曲志意畢矣豈可見黃門而稱貞哉若趣欲共登王塗期於相致時爲懽益一旦迫之必發狂疾自非重讐不至此也既以解足下并以爲別此書既行知其不可羈屈也性絕巧而好鍛宅中有一柳樹甚茂乃激水圜之每夏月居其下以鍛東平呂安服康高致每一相思輒千里命駕康友而善之後安爲兄所枉訴以事繫獄辭相證引遂復收康康性慎言行一旦縲紲乃作幽憤詩曰嗟余薄祜少遭不造哀煢靡識越在襁褓母兄鞠育有慈無威恃愛肆姐不訓不師爰及冠帶憑寵自放抗心希古任其所尚託好老莊賤物貴身志在守樸養素全真曰予不敏好善闇人子玉之敗屢增惟塵大人含弘藏垢懷恥人之多僻政不由己惟此褊心顯明臧否感悟思愆怛若創痏欲寡其過謗議沸騰性不傷物頻致怨憎昔慙柳惠今愧孫登內負宿心外恧良朋仰慕嚴鄭樂道閑居與世無營神氣晏如咨予不淑嬰累多虞匪降自天寔由頑疏理弊患結卒致囹圄對答鄙訊縶此幽阻實恥訟免時不我與雖曰義直神辱志沮澡身滄浪曷云能補雍雍鳴鴈厲翼北游順時而動得意忘憂嗟我憤歎曾莫能儔事與願違遘茲淹留窮達有命亦又何求古人有言善莫近名奉時恭默咎悔不生萬石周慎安親保榮世務紛紜祇攪余情安樂必誡乃終利貞煌煌靈芝一年三秀予獨何爲有志不就懲難思復心焉內疚庶勗將來無馨無臭採薇山阿散髮巖岫永嘯長吟頤神養壽初康居貧嘗與向秀共鍛於大樹之下以自贍給潁川鍾會貴公子也精練有才辯故往造焉康不爲之禮而鍛不輟良久會去康謂曰何所聞而來何所見而去會曰聞所聞而來見所見而去會以此憾之及是言於文帝曰嵇康臥龍也不可起公無憂天下顧以康爲慮耳因譖康欲助毌丘儉賴山濤不聽昔齊戮華士魯誅少正卯誠以害時亂教故聖賢去之康安等言論放蕩非毀典謨帝王者所不宜容宜因釁除之以淳風俗帝既昵聽信會遂并害之康將刑東市太學生三千人請以爲師弗許康顧視日影索琴彈之曰昔袁孝尼嘗從吾學廣陵散吾每靳固之廣陵散於今絕矣時年四十海內之士莫不痛之帝尋悟而恨焉初康嘗游乎洛西暮宿華陽亭引琴而彈夜分忽有客詣之稱是古人與康共談音律辭致清辯因索琴彈之而爲廣陵散聲調絕倫遂以授康仍誓不傳人亦不言其姓字康善談理又能屬文其高情遠趣率然玄遠撰上古以來高士爲之傳贊欲友其人於千載也又作太師箴亦足以明帝王之道焉復作聲無哀樂論甚有條理子紹別有傳

向秀

向秀字子期河內懷人也清悟有遠識少爲山濤所知雅好老莊之學莊周著內外數十篇歷世方士雖有觀者莫適論其旨統也秀乃爲之隱解發明奇趣振起玄風讀之者超然心悟莫不自足一時也惠帝之世郭象又述而廣之儒墨之迹見鄙道家之言遂盛焉始秀欲注嵇康曰此書詎復須注正是妨人作樂耳及成示康曰殊復勝不又與康論養生辭難往復蓋欲發康高致也康善鍛秀爲之佐相對欣然傍若無人又共呂安灌園於山陽康既被誅秀應本郡計入洛文帝問曰聞有箕山之志何以在此秀曰以爲巢許狷介之士未達堯心豈足多慕帝甚悅秀乃自此役作思舊賦云余與嵇康呂安居止接近其人並有不羈之才嵇意遠而疏呂心曠而放其後並以事見法嵇博綜伎藝於絲竹特妙臨當就命顧視日影索琴而彈之逝將西邁經其舊廬于時日薄虞泉寒冰凄然鄰人有吹笛者發聲寥亮追想曩昔游宴之好感音而歎故作賦曰將命適於遠京兮遂旋反以北徂濟黃河以汎舟兮經山陽之舊居瞻曠野之蕭條兮息余駕乎城隅踐二子之遺迹兮歷窮巷之空廬歎黍離之愍周兮悲麥秀於殷墟追昔以懷今兮心徘徊以躊躇棟宇在而弗毀兮形神逝其焉如昔李斯之受罪兮歎黃犬而長吟悼嵇生之永辭兮顧日影而彈琴託運遇於領會兮寄餘命於寸陰聽鳴笛之慷慨兮妙聲絕而復尋佇駕言其將邁兮故援翰以寫心後爲散騎侍郎轉黃門侍郎散騎常侍在朝不任

職容迹而已卒於位二子純悌

劉伶

劉伶字伯倫沛國人也身長六尺容貌甚陋放情肆志常以細宇宙齊萬物爲心澹默少言不妄交游與阮籍嵇康相遇欣然神解攜手入林初不以家産有無介意常乘鹿車攜一壺酒使人荷鍤而隨之謂曰死便埋我其遺形骸如此嘗渴甚求酒於其妻妻捐酒毁器涕泣諫曰君酒太過非攝生之道必宜斷之伶曰善吾不能自禁惟當祝鬼神自誓耳便可具酒肉妻從之伶跪祝曰天生劉伶以酒爲名一飮一斛五斗解酲婦兒之言愼不可聽仍引酒御肉隗然復醉嘗醉與俗人相忤其人攘袂奮拳而往伶徐曰雞肋不足以安尊拳其人笑而止伶雖陶兀昏放而機應不差未嘗厝意文翰惟著酒德頌一篇其辭曰有大人先生以天地爲一朝萬期爲須臾日月爲扃牖八荒爲庭衢行無轍迹居無室廬幕天席地縱意所如止則操卮執觚動則挈榼提壺惟酒是務焉知其餘有貴介公子搢紳處士聞吾風聲議其所以乃奮袂攘襟怒目切齒陳說禮法是非鋒起先生於是方捧甖承槽銜盃漱醪奮髯箕踞枕麴藉糟無思無慮其樂陶陶兀然而醉怳爾而醒靜聽不聞雷霆之聲熟視不睹泰山之形不覺寒暑之切肌利欲之感情俯觀萬物擾擾焉若江海之載浮萍二豪侍側焉如蜾蠃之與螟蛉嘗爲建威參軍泰始初對策盛言無爲之化時輩皆以高第得調伶獨以無用罷竟以壽終

謝鯤

謝鯤字幼輿陳國陽夏人也祖纘典農中郎將父衡以儒素顯仕至國子祭酒鯤少知名通簡有高識不修威儀好老易能歌善鼓琴王衍嵇紹並奇之永興中長沙王乂入輔政時有疾鯤者言其將出奔乂欲鞭之鯤解衣就罰曾無忤容既舍之又無喜色太傅東海王越聞其名辟爲掾任達不拘尋坐家僮取官稾除名于時名士王玄阮修之徒並以鯤初登宰府便至黜辱爲之歎恨鯤聞之方清歌鼓琴不以屑意莫不服其遠暢而恬於榮辱鄰家高氏女有美色鯤嘗挑之女投梭折其兩齒時人爲之語曰任達不已幼輿折齒鯤聞之傲然長嘯曰猶不廢我嘯歌越尋更辟之轉參軍事鯤以時方多故乃謝病去職避地于豫章嘗行經空亭中夜宿此亭舊每殺人將曉有黃衣人呼鯤字令開戶鯤憺然無懼色便於窗中度手牽之胛斷視之鹿也尋血獲焉爾後此亭無復妖怪左將軍王敦引爲長史以討杜弢功封咸亭侯母憂去職服闋遷敦大將軍長史時王澄在敦坐見鯤談話無勌惟歎謝長史可與言都不盻敦其爲人所慕如此鯤不徇功名無砥礪行居身於可否之間雖自處若穢而動不累高敦有不臣之迹顯於朝野鯤知不可以道匡弼乃優游寄遇不屑政事從容諷議卒歲而已每與畢卓王尼阮放羊曼桓彝阮孚等縱酒敦以其名高雅相賓禮嘗使至都明帝在東宮見之甚相親重問曰論者以君方庾亮自謂何如答曰端委廟堂使百僚準則鯤不如亮一丘一壑自謂過之溫嶠嘗謂鯤子尚曰尊大君豈惟識量淹遠至於神鑒沈深雖諸葛瑾之喻孫權不過也及敦將爲逆謂鯤曰劉隗奸邪將危社稷吾欲除君側之惡匡主濟時何如對曰隗誠始禍然城狐社鼠也敦怒曰君庸才豈達大理出鯤爲豫章太守又留不遣藉其才望逼與俱下敦至石頭歎曰吾不復得爲盛德事矣鯤曰何爲其然但使自今以往日忘日去耳初敦謂鯤曰吾當以周伯仁爲尚書令戴若思爲僕射及至都復曰近來人情何如鯤對曰明公之舉雖欲大存社稷然悠悠之言實未達高義周顗戴若思南北人士之望明公舉而用之羣情帖然矣是日敦遣兵收周戴而鯤弗知敦怒曰君麤疎邪二子不相當吾已收之矣鯤與顗素相親重聞之愕然若喪諸已參軍王嶠以敦誅顗諫之甚切敦大怒命斬嶠時人士畏懼莫敢言者鯤曰明公舉大事不戮一人嶠以獻替忤旨便以釁鼓不亦過乎敦乃止敦既誅害忠賢而稱疾不朝將還武昌鯤喻敦曰公大存社稷建不世之勳然天下之心實有未達若能朝天子使君臣釋然萬物之心於是乃服杖衆望以順羣情盡沖退以奉主上如斯則勳侔一匡名垂千載矣敦曰君能保無變乎對曰鯤近日入覲主上側席遲得見公宮省穆然必無虞矣公若入朝鯤請侍從敦勃然曰正復殺君等數百人亦復何損於時竟不朝而去是時朝望被害皆爲其憂而鯤推理安常時進正言敦既不能用內亦不悅軍還使之郡涖政清肅百姓愛之尋卒官時年四十三敦死後追贈太常謚曰康子尚嗣別有傳

胡毋輔之

胡毋輔之字彥國泰山奉高人也高祖班漢執金吾父原練習兵馬山濤稱其才堪邊任舉爲太尉長史終河南令輔之少擅高名有知人之鑒性嗜酒任縱不拘小節與王澄王敦庾敳俱爲太尉王衍所昵號曰四友澄嘗與人書曰彥國吐佳言如鋸木屑霏霏不絕誠爲後進領袖也辟別駕太尉掾並不就以家貧求試守繁昌令始節酒自厲甚有能名遷尚書郎豫討齊王冏賜爵陰平男累轉司徒左長史復求外出爲建武將軍樂安太守與郡人光逸晝夜酣飮不視郡事成都王穎爲太弟召爲中庶子遂與謝鯤王澄阮修王尼畢卓俱爲放達嘗過河南門下飮河南騶王子博箕坐其傍輔之叱使取火子博曰我卒也惟不乏吾事則已安復爲人使輔之因就與語歎曰吾不及也薦之河南尹樂廣廣召見甚悅之擢爲功曹其甄拔人物若此東海王越聞輔之名引爲從事中郎復補振威將軍陳留太守王彌經其郡輔之不能討坐免官尋除寧遠將軍揚州刺史不之職越復以爲右司馬本州大中正越薨避亂渡江元帝以爲安東將軍諮議祭酒遷揚武將軍湘州刺史假節到州未幾卒時年四十九子謙之

謙之字子光才學不及父而傲縱過之至酣醉常呼其父字輔之亦不以介意談者以爲狂輔之正酣飮謙之闚而厲聲曰彥國年老不得爲爾將令我尻背東壁輔之歡笑呼入與共飮其所爲如此年未三十卒

畢卓

畢卓字茂世新蔡鮦陽人也父諶中書郎卓少希放達爲胡毋輔之所知太興末爲吏部郎常飮酒廢職比舍郎釀熟卓因醉夜至其甕間盜飮之爲掌酒者所縛明旦視之乃畢吏部也遽釋其縛卓遂引主人宴於甕側致醉而去卓嘗謂人曰得酒滿數百斛船四時甘味置兩頭右手持酒杯左手持蟹螯拍浮酒船中便足了一生矣及過江爲溫嶠平南長史卒官

王尼

王尼字孝孫城陽人也或云河內人本兵家子寓居洛陽卓犖不羈初爲護軍府軍士胡毋輔之與琅邪王澄北地傅暢中山劉輿潁川荀邃河東裴遐迭屬河南功曹甄述及洛陽令曹攄請解之攄等以制旨所及不敢輔之等齎羊酒詣護軍門門吏疏名呈護軍護軍歎曰諸名士持羊酒來將有以也尼時以給府養馬輔之等入遂坐馬廄下與尼炙羊飮酒醉飽而去竟不見護軍護軍大驚即與尼長假因免爲兵東嬴公騰辟爲車騎府舍人不就時尚書何綏奢侈過度尼謂人曰綏居亂世矜豪乃爾將死不久人曰伯蔚聞言必相危害尼曰伯蔚比聞我語已死矣未幾綏果爲東海王越所殺初入洛尼詣越不拜越問其故尼曰公無宰相之能是以不拜因數之言甚切又云公負尼物越大驚曰寧有是也尼曰昔楚人亡布謂令尹盜之今尼屋舍資財悉爲公軍人所略尼今飢凍是亦明公之負也越大笑即賜絹五十疋諸貴人聞競往餉之洛陽陷避亂江夏時王澄爲荊州刺史遇之甚厚尼早喪婦有一子無居宅惟畜露車有牛一頭每行輒使御之暮則共宿車上常歎曰滄海橫流處處不安也俄而澄卒荊土饑荒尼不得食乃殺牛壞車煮肉噉之既盡父子俱餓死

羊曼

羊曼字祖延太傅祜兄孫也父暨陽平太守曼少知名本州禮命太傅辟皆不就避難渡江元帝以爲鎮東參軍轉丞相主簿委以機密歷黃門侍郎尚書吏部郎晉陵太守以公事免曼任達頹縱好飮酒溫嶠庾亮阮放桓彝同志友善並爲中興名士時州里稱陳留阮放爲宏伯高平郗鑒爲方伯泰山胡毋輔之爲達伯濟陰卞壼爲裁伯陳留蔡謨爲朗伯阮孚爲誕伯高平劉綏爲委伯而曼爲黯伯凡八人號兗州八伯蓋擬古之八儁也王敦既與朝廷乖貳羈錄朝士曼爲右長史曼知敦不臣終日酣醉諷議而已敦以其士望厚加禮遇不委以事故得不涉其難敦敗代阮孚爲丹陽尹時朝士過江初拜官相飾供饌曼拜丹陽客來早者得佳設日晏則漸罄不復及精隨客早晚而不問貴賤有羊固拜臨海太守竟日皆美雖晚至者猶獲盛饌論者以固之豐腆乃不如曼之真率蘇峻作亂加前將軍率文武守雲龍門王師不振或勸曼避峻曼曰朝廷破敗吾安所求生勒馬不動爲峻所害年五十五峻平追贈太常子賁嗣少知名尚明帝女南郡悼公主除祕書郎早卒弟聃

聃字彭祖少不經學時論皆鄙其凡庸先是兗州有八伯之號其後更有四伯大鴻臚陳留江泉以能食爲穀伯豫章太守史疇以大肥爲笨伯散騎郎高平張嶷以狡妄爲猾伯而聃以狼戾爲瑣伯蓋擬古之四凶聃初辟元帝丞相府累遷廬陵太守剛克麤暴恃國戚縱恣尤甚睚眦之嫌輒加刑殺疑郡人簡良等爲賊殺二百餘人誅及嬰孩所髡鎖復百餘庾亮執之歸于京都有司奏聃罪當死以景獻皇后是其祖姑應八議成帝詔曰此事古今所無何八議之有猶未忍肆之市朝其賜命獄所兄子賁尚公主自表求解婚詔曰罪不相及古今之令典也聃雖極法於賁何有其特不聽離婚琅邪太妃山氏聃之甥也入殿叩頭請命王導又啓聃罪不容恕宜極重法山太妃憂慼成疾陛下罔極之恩宜蒙生全之宥於是詔下曰太妃惟此一舅發言摧咽乃至

吐血情慮深重朕往丁荼毒受太妃撫育之恩同於慈親若不堪難忍之痛以致頓弊朕亦何顏以寄今便原聃生命以慰太妃渭陽之思於是除名頃之遇疾恒見簡良等爲祟旬日而死

光逸

光逸字孟祖樂安人也初爲博昌小吏縣令使逸送客冒寒舉體凍濕還遇令不在逸解衣炙之入令被中臥令還大怒將加嚴罰逸曰家貧衣單沾濕無可代若不暫溫勢必凍死奈何惜一被而殺一人乎君子仁愛必不爾也故寢而不疑令奇而釋之後爲門亭長迎新令至京師胡毋輔之與荀邃共詣令家望見逸謂邃曰彼似奇才便呼上車與談良久果俊器令恠客不入吏白與光逸語令大怒除逸名斥遣之後舉孝廉爲州從事棄官投輔之輔之時爲太傅越從事中郎薦逸於越越以門寒而不召越後因閑宴責輔之無所舉薦輔之曰前舉光逸公以非世家不召非不舉也越即辟爲書到郡縣皆以爲誤審知是逸乃備禮遣之尋以世難避亂渡江復依輔之初至屬輔之與謝鯤阮放畢卓羊曼桓彝阮孚散髮裸袒閉室酣飲已累日逸將排戶入守者不聽逸便於戶外脫衣露頭於狗竇中窺之而大叫輔之驚曰他人決不能爾必我孟祖也遽呼入遂與飲不捨晝夜時人謂之八達元帝以逸補軍諮祭酒中興建爲給事中卒官

史臣曰夫學非常道則物靡不通理有忘言則在情斯遣其進也撫俗同塵不居名利其退也餐和履順以保天真若乃一其本源體無爲之用分其華葉開寓言之道是以伯陽垂範鳴謙置式欲崇諸已先下於人猶大樂無聲而蹌鸞斯應者也莊生放達其旨而馳辯無窮棄彼榮華則俯輕爵位懷其道術則顧蔑王公舐痔兼車鳴鳶吞腐以茲自尸於焉翫物殊異虛舟有同攘臂嵇阮竹林之會劉畢芳樽之友馳騁莊門排登李室若夫儀天布憲百官從軌經禮之外棄而不存是以帝堯縱許由於埃壒之表光武舍子陵於潺湲之瀨松蘿低舉用以優賢巖水澄華茲焉賜隱臣行厥志主有嘉名至於嵇康遺巨源之書阮氏創先生之傳軍諮散髮吏部盜樽豈以世疾名流茲焉自垢臨鍛竈而不迴登廣武而長歎則嵇琴絕響阮氣徒存通其旁徑必彫風俗召以效官居然尸素軌躅之外或有可觀者焉咸能符契情靈各敦終始愴神交於晚笛或相思而動駕史臣是以拾其遺事附于篇云

贊曰老篇爰植孔教提衡各存其趣道貴無名相彼非禮遵乎達生秋水揚波春雲斂映旨酒厥德憑虛其性不覊斯風誰虧王政

晉書卷五十

唐　太　宗　文　皇　帝　御　撰

列傳第二十

曹志

曹志字允恭譙國譙人魏陳思王植之孽子也少好學以才行稱夷簡有大度兼善騎射植曰此保家主也立以爲嗣後改封濟北王武帝爲撫軍將軍迎陳留王于鄴志夜謁見帝與語自暮達旦甚奇之及帝受禪降爲鄄城縣公詔曰昔在前世雖歷運迭興至於先代苗裔傳祚不替或列藩九服式序王官選衆命賢惟德是與蓋至公之道也魏氏諸王公養德藏器壅滯曠久前雖有詔當須簡授而自頃衆職少缺未得式敘前濟北王曹志履德清純才高行絜好古博物爲魏宗英朕甚嘉之其以志爲樂平太守志在郡上書以爲宜尊儒重道請爲博士置吏卒還章武趙郡太守雖累郡職不以政事爲意晝則游獵夜誦詩書以聲色自娛當時見者未審其量也咸寧初詔曰鄄城公曹志篤行履素達學通識宜在儒林以弘冑子之教其以志爲散騎常侍國子博士帝嘗閱六代論問志曰是卿先王所作邪志對曰先王有手所作目錄請歸尋按還奏曰按錄無此帝曰誰作志曰以臣所聞是臣族父冏所作以先王文高名著欲令書傳於後是以假託帝曰古來亦多有是顧謂公卿曰父子證明足以爲審自今以後可無復疑後遷祭酒齊王攸將之國下太常議崇錫文物時博士秦秀等以爲齊王宜內匡朝政不可之藩志又常恨其父不得志於魏因愴然歎曰安有如此之才如此之親不得樹本助化而遠出海隅晉朝之隆其殆乎哉乃奏議曰伏聞大司馬齊王當出藩東夏備物盡禮同之二伯今陛下爲聖君稷契爲賢臣內有魯衛之親外有齊晉之輔坐而守安此萬世之基也古之夾輔王室同姓則周公其人也異姓則太公其人也皆身在內五世反葬後雖有五霸代興桓文譎主下有請隧之僭上有九錫之禮終於譎而不正驗於尾大不掉豈與召公之歌棠棣周詩之詠鴟鴞同日論哉今聖朝創業之始始之不諒後事難工幹植不彊枝葉不茂骨鯁不存皮膚不充自羲皇以來豈是一姓之獨有欲結其心者當有盤石之固夫欲享萬世之利者當與天下議之故天之聰明自我人之聰明秦魏欲獨擅其威而財得沒其身周漢能分其利而親疎爲之用此自聖主之深慮日月之所照事雖淺當深謀之言雖輕當重思之志備位儒官若言不及禮是志寇竊知忠不言議所不敢志以爲當如博士等議議成當上見其從弟高邑公嘉嘉曰兄議甚切百年之後必書晉史目下將見責邪帝覽議大怒曰曹志尚不明吾心況四海乎以議者不指答所問橫造異論策免太常鄭默於是有司奏收志等結罪詔惟免志官以公還第其餘皆付廷尉頃之志復爲散騎常侍遭母憂居喪過禮因此篤病喜怒失常九年卒太常奏以惡謚崔褒歎曰魏顒不從亂以病爲亂故也今謚曹志而謚其病豈謂其病不爲亂乎於是謚爲定

庾峻

庾峻字山甫潁川鄢陵人也祖乘才學洽聞漢司徒辟有道徵皆不就伯父嶷中正簡素仕魏爲太僕父道廉退貞固養志不仕牛馬有踶齧者恐傷人不貨於市及諸子貴賜拜太中大夫峻少好學有才思嘗游京師聞魏散騎常侍蘇林老疾在家往候之林嘗就乘學見峻流涕良久曰尊祖高才而性退讓慈和汎愛清靜寡欲不營當世惟修德行而已鄢陵舊五六萬戶聞今裁有數百君二父孩抱經亂獨至今日尊伯爲當世令器君兄弟復俊茂此尊祖積德之所由也歷郡功曹舉計掾州辟從事太常鄭袤見峻大奇之舉爲博士時重莊老而輕經史峻懼雅道陵遲乃潛心儒典屬高貴鄉公幸太學問尚書義於峻峻援引師說發明經旨申暢疑滯對答詳悉遷祕書丞長安有大獄久不決拜峻侍御史往斷之朝野稱允武帝踐阼賜爵關中侯遷司空長史轉祕書監御史中丞拜侍中加諫議大夫常侍帝講詩中庶子何劭論風雅正變之義峻起難往反四坐莫能屈之是時風俗趣競禮讓陵遲峻上疏曰臣聞黎庶之性人衆而賢寡設官分職則官寡而賢衆爲賢衆而多官則妨化以無官而棄賢則廢道是故聖王之御世也因人之性或出或處故有朝廷之士又有山林之士朝廷之士佐主成化猶人之有股肱心膂共爲一體也山林之士被褐懷玉太上棲於丘園高節出於衆庶其次輕爵服遠恥辱以全名最下就列位雖無功而能知止彼其清劭足以抑貪汙退讓足以息鄙事故在朝之士聞其風而悅之將受爵者皆恥躬之不逮斯山林之士避寵之臣所以爲美也先王嘉之節雖離世而德合于主行雖詭朝而功同于政故大者有玉帛之命其次有几杖之禮以厚德載物出處有地既廊廟多賢才而野人亦不失爲君子此先王之弘也秦塞斯路利出一官唯有處士之名而無爵列於朝者商君謂之六蝎韓非謂之五蠹時不知德惟爵是聞故閭閻以公乘侮其鄉人郎中以上爵傲其父兄漢祖反之大暢斯否任蕭曹以天下重四皓於南山以張良之勳而班在叔孫之後蓋公之賤而曹相諮之以政帝王貴德於上俗亦反本於下故田叔等十人漢廷臣無能出其右者而未嘗干祿於時以釋之之貴結王生之襪於朝而其名愈重自非主臣尚德兼愛孰能通天下之志如此其大者乎夫不革百王之弊徒務救世之政文士競智而務入武夫恃力而爭先官高矣而意未滿功報矣其求不已又國無隨才任官之制俗無難進易退之恥位一高雖無功而不見下已負敗而復見用故因前而升則處士之路塞矣又仕者黜陟無章是以普天之下先競而後讓舉世之士有進而無退大人溺於動俗執政撓於羣言衡石爲之失平清濁安可復分昔者先王患向之所以取天下者今之爲弊是故功成必改其物業定必易其教雖以爵祿使下臣無貪陵之行雖以甲兵定功主無窮武之悔也臣愚以爲古者大夫七十懸車今自非元功國老三司上才可聽七十致仕則士無懷祿之嫌矣其父母八十可聽終養則孝莫大於事親矣吏歷試無績依古終身不仕則官無秕政矣能小而不能大可降還蒞小則使人以器矣人主進人以禮退人以禮人臣亦量能受爵矣其有孝如王陽臨九折而去官潔如貢禹冠一免而不著及知止如王孫知足如疏廣雖去列位而居東野與人父言依於慈與人子言依於孝此其出言合於國檢危行彰於本朝去勢如脫屣路人爲之隕涕辭寵如金石肅夫爲之興行是故先王許之而聖人貴之夫人之性陵上猶水之趣下也益而不已必決升而不已必困始於匹夫行義不敦終於皇輿爲之敗績固不可不慎也下人并心進趣上宜以退讓去其甚者退讓不可以刑罰使莫若聽朝士時時從志山林往往

間出無使入者不能復出往者不能復反然後出處交泰提衡而立時靡有爭天下可得而化矣又疾世浮華不修名實著論以非之文繁不載九年卒詔賜朝服一具衣一襲錢三十萬臨終勅子琨朝卒夕殯幅巾布衣葬勿擇日琨奉遵遺命斂以時服二子琨敳

琨字子琚性淳和好學行已忠恕少歷散騎常侍本國中正侍中封長岑男懷帝之沒劉元海也琨從在平陽元海大會因使帝行酒琨不勝悲憤再拜上酒因大號哭賊惡之會有告琨及王儁等謀應劉琨者元海因圖弒逆琨等並遇害初洛陽之未陷也琨爲侍中直于省內謂同僚許遐曰世路如此禍難將及吾當死乎此屋耳及是竟不免焉太元末追謚曰貞

敳字子嵩長不滿七尺而腰帶十圍雅有遠韻爲陳留相未嘗以事嬰心從容酣暢寄通而已處衆人中居然獨立嘗讀老莊曰正與人意闇同太尉王衍雅重之敳見王室多難終知嬰禍乃著意賦以豁情衍賈誼之服鳥也其詞曰至理歸於渾一兮榮辱固亦同貫存亡既已均齊兮正盡死復何歎物咸定於無初兮俟時至而後驗若四節之素代兮豈當今之得遠且安有壽之與夭兮或者情橫多戀宗統竟初不別兮大德亡其情願蠢動皆神之爲兮癡聖惟質所建眞人都遺穢累兮性茫蕩而無岸縱驅於遼廓之庭兮委體乎寂寥之館天地短於朝生兮億代促於始旦顧瞻宇宙微細兮眇若豪鋒之半飄颻玄曠之域兮深莫暢而靡玩元與自然并體兮融液忽而四散從子亮見賦問曰若有意也非賦所盡若無意也復何所賦答曰在有無之間耳遷吏部郎是時天下多故機變屢起敳常靜默無爲參東海王越太傅軍事轉軍諮祭酒時越府多儁異敳在其中常自袖手豫州牧長史河南郭象善老莊時人以爲王弼之亞敳甚知之每曰郭子玄何必減庾子嵩象後爲太傅主簿任事專勢敳謂象曰卿自是當世大才我疇昔之意都已盡矣敳有重名爲搢紳所推而聚斂積實談者譏之都官從事溫嶠奏之敳更器嶠目嶠森森如千丈松雖磊砢多節施之大厦有棟梁之用時劉輿見任於越人士多爲所構惟敳縱心事外無迹可間後以其性儉家富說越令就換錢千萬冀其有吝因此可乘越於衆坐中問於敳而敳乃頹然已醉幘墮机上以頭就穿取徐答云下官家有二千萬隨公所取矣輿於是乃服越甚悅因曰不可以小人之慮度君子之心王衍不與敳交敳卿之不置衍曰君不得爲耳敳曰卿自君我我自卿卿我自用我家法卿自用卿家法衍甚奇之石勒之亂與衍俱被害時年五十

郭象

郭象字子玄少有才理好老莊能清言太尉王衍每云聽象語如懸河寫水注而不竭州郡辟召不就常閑居以文論自娛後辟司徒掾稍至黃門侍郎東海王越引爲太傅主簿甚見親委遂任職當權熏灼內外由是素論去之永嘉末病卒著碑論十二篇先是註莊子者數十家莫能究其旨統向秀於舊註外而爲解義妙演奇致大暢玄風惟秋水至樂二篇未竟而秀卒秀子幼其義零落然頗有別本遷流象爲人行薄以秀義不傳于世遂竊以爲己注乃自註秋水至樂二篇又易馬蹄一篇其餘衆篇或點定文句而已其後秀義別本出故今有向郭二莊其義一也

庾純

庾純字謀甫博學有才義爲世儒宗郡補主簿仍叅征南府累遷黃門侍郎封關內侯歷中書令河南尹初純以賈充姦佞與任愷共舉充西鎮關中充由是不平充嘗宴朝士而純後至充謂曰君行常居人前今何以在後純曰旦有小市井事不了是以來後世言純之先嘗有伍伯者充之先有市魁者充純以此相譏焉充自以位隆望重意殊不平及純行酒充不時飲純曰長者爲壽何敢爾乎充曰父老不歸供養將何言也純因發怒曰賈充天下兇兇由爾一人充曰充輔佐二世蕩平巴蜀有何罪而天下爲之兇兇純曰高貴鄉公何在衆坐因罷充左右欲執純中護軍羊琇侍中王濟佑之因得出充慙怒上表解職純懼上河南尹關內侯印綬上表自劾曰司空公賈充請諸卿校并及臣臣不自量飲酒過多醉亂行酒重酌於公公不肯飲言語往來公遂訶臣父老不歸供養卿爲無天地臣不服罪自引而更忿怒厲聲名公臨時諠譊遂至荒越禮八十月制誠以衰老之年變難無常也臣不惟生育之恩求養老父而懷祿貪榮烏鳥之不若充爲三公論道興化以教義責臣是也而以枉錯直居下犯上醉酒迷荒昏亂儀度臣得以凡才擢授顯任易戒濡首論誨湎酒困而臣闇義不服過言盈庭顯慢台司違犯憲度不可以訓請臺免臣官廷尉結罪大鴻臚削爵土勅身不謹伏須罪誅御史中丞孔恂劾純請免官詔曰先王崇尊卑之禮明貴賤之序著溫克之德記沉酗之禍所以光宣道化示人軌儀也昔廣漢陵慢宰相獲犯上之刑灌夫託醉肆忿致誅斃之罪純以凡才備位卿尹不惟謙敬之節不忌覆車之戒陵上無禮悖言自口宜加顯黜以肅朝倫遂免純官又以純父老不求供養使據禮典正其臧否太傅何曾太尉荀顗驃騎將軍齊王攸議曰凡斷正臧否宜先稽之禮律八十者一子不從政九十者其家不從政新令亦如之按純父年八十一兄弟六人三人在家不廢侍養純不求供養其於禮律未有違也司空公以純備位卿尹望其有加於人而純荒酒肆其忿怒臣以爲純不遠布孝至之行而近惜常人之失應在議貶司徒石苞議純榮官忘親惡聞格言不忠不孝宜除名削爵土司徒西曹掾劉斌議以爲敦敍風俗以人倫爲先人倫之教以忠孝爲主忠故不忘其君孝故不忘其親若孝必專心於色養則明君不得而臣忠必不顧其親則父母不得而子也是以爲臣者必以義斷其恩爲子也必以情割其義在朝則從君之命在家則隨父之制然後君父兩濟忠孝各序純兄峻以父老求歸峻若得歸純無不歸之勢峻不得歸純無得歸之理純雖自聞同不見聽近遼東太守孫和廣漢太守鄧良皆有老母良無兄弟授之遠郡辛苦自歸皆不見聽且純近爲京尹父在界內時得自啓定省獨於禮法外處其貶黜斌愚以爲非理也禮年八十一子不從政純有二弟在家不爲違禮又令年九十乃聽悉歸今純父實未九十不爲犯令罵辱宰相宜加放斥以明國典聖恩愷悌示加貶退臣愚無所清議河南功曹史龐札等表曰臣郡前尹關內侯純醉酒失常戊申詔書既免尹官以父篤老不求供養下五府依禮典正其臧否臣謹按三王養老之制八十一子不從政九十其家不從政斯誠使人無闕孝養之道爲臣不違在公之節也先王制禮垂訓莫尚於周當其時也姬公留周伯禽之魯孝子不匱典禮無愆今公府議七十時制八十月制欲以駁奪從政之限削除爵土是爲公旦立法還自越之魯侯爲子卽爲罰首也石奮期頤四子列郡近太宰獻王諸子亦在藩外古今同符忠孝並濟臣聞悔吝之疵君子有之尹性少飲多遂至沉醉尹醒聞之悼恨前失執謙引罪深自奏劾求入重法今公府不原所由而謂傲狠是爲重罪過辭之言而沒迷復之義也臣聞父子天性愛由自然君臣之交出自義合而求忠臣必於孝子是以先王立禮敬同於父原始要終齊於所生如此猶患人臣罕能致身今公府議云禮律雖有常限至於疾病歸養不奪其志如此則爲禮禁正直而陷人以詐違越王制開其殆原尹少履清苦事親色養歷職內外公廉無私此陛下之所以屢發明詔而尹之所以仍見擢授也尹行已也恭率下也敬先衆後已實是宿心一旦由醉責以暴慢按奏狀不忠不孝郡公建議削除爵土此愚臣所以自悲自悼拊心泣血也按令父母年過八十聽令其子不給限外職誠以得有歸來之緣今尹居在郡內前每表屢蒙定省尹昆弟六人三人在家孝養不廢兄侍中峻家之嫡長往比自表求歸供養詔喻不聽國體法同兄弟無異而虛責尹不求供養如斯臣懼長假飾之名而損忠誠之實也夫禮者所以經國家定社稷也故陶唐之隆順考古典周成之美率由舊章伏惟陛下聖德欽明敦禮崇教疇諮四嶽以詳典制尹以犯違受黜而所由者醉公以教義是責而所因者忿積以立義由醉以得罪禮律不復爲斷文致欲以成法是以愚臣敢冒死亡之誅而恥不伸於盛明之世惟蒙哀察帝復下詔曰自中世以來多爲貴重順意賤者生情故令釋之定國得揚名於前世今議責庾純不惟溫克醉酒沉湎此責人以齊聖也疑賈公亦醉若其不醉終不於百客之中責以不去官供養也大晉依聖人典禮制臣子出處之宜若有八十皆當歸養亦不獨純也古人云由醉之言俾出童羖明不責醉恐失度也所以免純者當爲將來之醉戒耳齊王劉掾議當矣復以純爲國子祭酒加散騎常侍後將軍荀眅於朝會中奏純以前坐不孝免黜不宜升進侍中甄德進曰孝以顯親爲大禄養爲榮詔赦純前愆擢爲近侍兼掌教官此純召不俟駕之日而後將軍眅敢以私議貶奪公論抗言矯情誣罔朝廷宜加貶黜眅坐免官初眅與純俱爲大將軍所辟眅整麗車服純率素而已眅以爲愧恨至是毀純眅既免黜純更以此愧之亟往慰勉之時人稱純通恕遷侍中以父憂去官起爲御史中丞轉尚書除魏郡太守不之官拜少府年六十四卒子旉

旉字允臧少有清節歷位博士齊王攸之就國也下禮官議崇錫之物旉與博士太叔廣劉暾繆蔚郭頤秦秀傅珍等上表諫曰書稱帝堯克明俊德以親九族武王光有天下兄弟之國十有六人同姓之國四十人元勳睦親顯以殊禮而魯衛齊晉大啓土宇並受分器所謂惟善所在親疎一也大晉龍興隆唐周之遠迹王室親屬佐命功臣咸受爵土而四海乂安今吳會已平詔大司馬齊王出統方嶽當遂撫其國家將準古典以垂永制昔周之選建明德以左右王室也則周公爲太宰康

叔爲司寇聃季爲司空及召芮畢毛諸國皆入居公卿大夫之位明股肱之任重守地之位輕也未聞古昔以三事之重出之國者漢氏諸侯王位尊勢重在丞相三公上其入讚朝政者乃有兼官其出之國亦不復假台司虛名爲隆寵也昔申無宇曰五大不在邊先儒以爲貴寵公子公孫累世正卿也又曰五細不在庭先儒以爲賤妨貴少陵長遠間親新間舊小加大也不在庭不在朝廷爲政也又曰親不在外羇不在內今棄疾在外鄭丹在內君其少戒之叔向有言公室將卑其枝葉先落公族公室之本而去之諺所謂芘焉而縱尋斧柯者也今使齊王賢邪則不宜以母弟之親尊居魯衞之常職不賢邪不宜大啓土宇表見東海也古禮三公無職坐而論道不聞以方任嬰之惟周室大壞宣王中興四夷交侵救急朝夕然後命召穆公征淮夷故其詩曰徐方不回王曰旋歸宰相不得久在外也今天下已定六合爲家將數延三事與論太平之基而更出之去王城三千里違舊章矣旉草議先以呈父純純不禁太常鄭默博士祭酒曹志並過其事武帝以博士不答所問答所不問大怒事下有司尚書朱整褚䂮等奏旉等侵官離局迷罔朝廷崇飾惡言假託無諱請收旉等八人付廷尉科罪旉父純詣廷尉自首旉以議草見示愚淺聽之詔免純罪廷尉劉頌又奏旉等大不敬棄市論求平議尚書又奏請報聽廷尉行刑尚書夏侯駿謂朱整曰國家乃欲誅諫臣官立八座正爲此時卿可共駁正之整不從駿怒起曰非所望也乃獨爲駁議左僕射魏舒右僕射下邳王晃等從駿議奏留中七日乃詔曰旉等備爲儒官不念奉憲制不指答所問敢肆其誣罔之言以干亂視聽而旉是議主應爲戮首但旉及家人並自首大信不可奪秦秀傅珍前者虛妄幸而得免復不以爲懼當加罪戮以彰凶慝猶復不忍皆丐其死命秀珍旉等並除名後數歲復起爲散騎侍郎終於國子祭酒

秦秀

秦秀字玄良新興雲中人也父朗魏驍騎將軍秀少敦學行以忠直知名咸寧中爲博士何曾卒下禮官議謚秀議曰故太宰何曾雖階世族之胄而少以高亮嚴肅顯登王朝事親有色養之名在官奏科尹模此二者實得臣子事上之槩然資性驕奢不循軌則詩云節彼南山惟石巖巖赫赫師尹民具爾瞻言其德行高峻動必以禮耳丘明有言儉德之恭侈惡之大也大晉受命勞謙隱約曾受寵二代顯赫累世暨乎耳順之年身兼三公之位食大國之租荷保傅之貴執司徒之均二子皆金貂卿校列于帝側方之古人責深負重雖舉門盡死猶不稱位而乃驕奢過度名被九域行不履道而享位非常以古義言之非惟失輔相之宜違斷金之利也穢皇代之美壞人倫之教生天下之醜示後生之傚莫大於此自近世以來宰臣輔相未有受垢辱之聲被有司之劾父子塵累而蒙恩貸若曾者也周公弔二季之陵遲哀大教之不行於是作謚以紀其終曾參奉之啓手歸全易簀而沒蓋明慎終死而後已齊之史氏亂世陪臣耳猶書君賊累死不懲況於皇代守典之官敢畏彊盛而不盡禮管子有言禮義廉恥是謂四維四維不張國乃滅亡宰相大臣人之表儀若生極其情死又無貶是則帝室無正刑也王公貴人復何畏哉所謂四維復何寄乎謹按謚法名與實爽曰繆怙亂肆行曰醜曾之行已皆與此同宜謚繆醜公時雖不同秀議而聞者懼焉秀性惡讒佞疾之如讎素輕鄙賈充及伐吳之役聞其爲大都督謂所親者曰充文按小才乃居伐國大任吾將哭以送師或止秀曰昔蹇叔知秦軍必敗故哭送其子耳今吳君無道國有自亡之形羣率踐境將不戰而潰子之哭也既爲不智乃不赦之罪於是乃止及孫晧降于王濬充未知之方以吳未可平抗表請班師充表與告捷同至朝野以充位居人上智出人下僉以秀爲知言及充薨秀議曰充舍宗族弗授而以異姓爲後悖禮溺情以亂大倫昔鄫養外孫莒公子爲後春秋書莒人滅鄫聖人豈不知外孫親邪但以義推之則無父子耳又按詔書自非功如太宰始封無後如太宰所取必己自出如太宰不得以爲比然則以外孫爲後自非元功顯德不之得也天子之禮蓋可然乎絕父祖之血食開朝廷之禍門謚法昏亂紀度曰荒請謚荒公不從王濬有平吳之勳而爲王渾所譖毀帝雖不從無明賞罰以濬爲輔國大將軍天下咸爲之怨秀乃上言曰自大晉啓祚輔國之號率以舊恩此爲王濬無功之時受九列之顯位立功之後更得寵人之辱號也四海視之孰不失望蜀小吳大平蜀之後二將皆就加三事今濬還而降等天下安得不惑乎吳之未亡也雖以三祖之神武猶躬受其屈以孫晧之虛名足以驚動諸夏每一小出雖聖心知其垂亡然中國輒懷惶怖當爾時有借天子百萬之衆平而有之與國家結兄弟之交臣恐朝野實皆甘之耳今濬舉蜀漢之卒數旬而平吳雖舉吳人之財實以與之本非已分有焉而據與計校乎後與劉暾等同議齊王攸事忤旨除名尋復起爲博士秀性婞直與物多忤爲博士前後垂二十年卒於官

史臣曰齊獻王以明德茂親經邦論道允釐庶績式叙彝倫武帝納姦諂之邪謀懷終始之遠慮遂乃君兹青土作牧東藩遠邇驚嗟朝野失望曹志等服膺教義方軌儒門謇謇匪躬慺慺體國故能抗言鳳闕忤犯龍鱗身雖躓屈道亦弘矣庾氏世載清德見稱於世汝潁之多奇士斯焉取斯謀甫素疾佞邪而發因醉飽投鼠忌器豈易由言竊人之財猶謂之盜子玄假譽攘善將非盜乎

贊曰魏氏維城濟北知名潁川多士峻亦飛英長岑徇義祭酒遺榮謀甫三爵酣嘗斯作象既攘善秀惟癉惡旉獻嘉謀幾趁鼎鑊

晉書卷五十一

唐　太　宗　文　皇　帝　御　撰

列傳第二十一

皇甫謐　子方回

皇甫謐字士安幼名靜安定朝那人漢太尉嵩之曾孫也出後叔父徙居新安年二十不好學游蕩無度或以爲癡嘗得瓜果輒進所後叔母任氏任氏曰孝經云三牲之養猶爲不孝汝今年餘二十目不存教心不入道無以慰我因歎曰昔孟母三徙以成仁曾父烹豕以存教豈我居不擇鄰教有所闕何爾魯鈍之甚也修身篤學自汝得之於我何有因對之流涕謐乃感激就鄉人席坦受書勤力不怠居貧躬自稼穡帶經而農遂博綜典籍百家之言沉靜寡欲始有高尚之志以著述爲務自號玄晏先生著禮樂聖眞之論後得風痺疾猶手不輟卷或勸謐修名廣交謐以爲非聖人孰能兼存出處居田里之中亦可以樂堯舜之道何必崇接世利事官鞅掌然後爲名乎作玄守論以答之曰或謂謐曰富貴人之所欲貧賤人之所惡何故委形待於窮而不變乎且道之所貴者理世也人之所美者及時也先生年邁齒變饑寒不贍轉死溝壑其誰知乎謐曰人之所至惜者命也道之所必全者形也性形所不可犯者疾病也若擾全道以損性命安得去貧賤存所欲哉吾聞食人之祿者懷人之憂形強猶不堪況吾之弱疾乎且貧者士之常賤者道之實處常得實沒齒不憂孰與富貴擾神耗精者乎又生爲人所不知死爲人所不惜至矣喑聾之徒天下之有道者也夫一人死而天下號者以爲損也一人生而四海笑者以爲益也然則號笑非益死損生也是以至道不損至德不益何哉體足也如迴天下之念以追損生之禍運四海之心以廣非益之病豈道德之至乎夫唯無損則至堅矣夫唯無益則至厚矣堅故終不損厚故終不薄苟能體堅厚之實居不薄之眞立乎損益之外游乎形骸之表則我道全矣遂不仕耽翫典籍忘寢與食時人謂之書淫或有箴其過篤將損耗精神謐曰朝聞道夕死可矣況命之脩短分定懸天乎叔父有子既冠謐年四十喪所生後母遂還本宗城陽太守梁柳謐從姑子也當之官人勸謐餞之謐曰柳爲布衣時過吾吾送迎不出門食不過鹽菜貧者不以酒肉爲禮今作郡而送之是貴城陽太守而賤梁柳豈中古人之道是非吾心所安也時魏郡召上計掾舉孝廉景元初相國辟皆不行其後鄉親勸令應命謐爲釋勸論以通志焉其辭曰相國晉王辟余等三十七人及泰始登禪同命之士莫不畢至皆拜騎都尉或賜爵關內侯進奉朝請禮如侍臣唯余疾困不及國寵宗人父兄及我寮類咸以爲天下大慶萬姓賴之雖未成禮不宜安寢縱其疾篤猶當致身余惟古今明王之制事無巨細斷之以情實力不堪豈慢也哉乃伏枕而歎曰夫進者身之榮也退者命之實也設余不疾執高箕山尚當容之況余實篤故堯舜之世士或收迹林澤或過門不敢入咎繇之徒兩遂其願者遇時也故朝貴致功之臣野美全志之士彼獨何人哉今聖帝龍興配名前哲仁道不遠斯亦然乎客或以常言見逼或以逆世爲慮余謂上有寬明之主必有聽意之人天網恢恢至否一也何尤於出處哉遂究賓主之論以解難者名曰釋勸客曰蓋聞天以懸象致明地以含通吐靈故黃鍾次序律呂分形是以春華發萼夏繁其實秋風逐暑冬冰乃結人道以之應機乃發三材連利明若符契故士或同升於唐朝或先覺於有莘或通夢以感主或釋釣於渭濱或叩角以干齊或解褐以相秦或目誘以安鄭或乘駟以救屯或班荊以求友或借術於黃神故能電飛景拔超次邁倫騰高聲以奮遠抗宇宙之清音由此觀

之進德貴乎及時何故屈此而不伸今子以英茂之才研精於六藝之府散意於衆妙之門者有年矣旣遭皇禪之朝又投祿利之際委聖明之主偶知己之會時淸道眞可以沖邁此眞吾生濯髮雲漢鴻漸之秋也韜光逐藪含章未曜龍潛九泉硜然執高棄通道之遠由守介人之局操無乃乖於道之趣乎且吾聞招搖昏迴則天位正五教班敘則人理定如今王命切至委慮有司上招迮主之累下致駭衆之疑達者貴同何必獨異羣賢可從何必守意方今同命並臻饑不待餐振藻皇塗咸秩天官子獨栖遲衡門放形世表遜遁丘園不睨華好惠不加人行不合道身嬰大疢性命難保若其羲和促轡大火西頹臨川恨晚將復何階夫貴陰賤璧聖所約也顛倒衣裳明所箴也子其鑒先哲之洪範副聖朝之虛心沖靈翼於雲路浴天池以濯鱗排閶闔步玉岑登紫闥侍北辰翻然景曜雜沓英塵輔唐虞之主化堯舜之人宣刑錯之政配殷周之臣銘功景鍾參敘彝倫存則鼎食亡爲貴臣不亦茂哉而忽金白之輝曜忘靑紫之斑䁥辭容服之光粲抱弊褐之終年無乃勤乎主人笑而應之曰吁若賓可謂習外觀之曄曄未覩幽人之髣髴也見俗人之不容未喻聖皇之兼愛也循方圓於規矩未知大形之無外也故曰天玄而淸地靜而寧含羅萬類旁薄羣生寄身聖世託道之靈若夫春以陽散冬以陰凝泰液含光元氣混蒸衆品仰化誕制殊徵故進者享天祿處者安丘陵是以寒暑相推四宿代中陰陽不治運化無窮自然分定兩克厥中二物俱靈是謂大同彼此無怨是謂至通若乃衰周之末貴詐賤誠牽於權力以利要榮故蘇子出而六主合張儀入而橫勢成廉頗存而趙重樂毅去而燕輕公叔沒而魏敗孫臏刖而齊寧蠡種親而越霸屈子疏而楚傾是以君無常籍臣無定名損義放誠一虛一盈故馮以彈劍感主女有反賜之說項奮拔山之力蒯陳鼎足之勢東郭劫於田榮顏闔恥於見逼斯皆棄禮喪眞苟榮朝夕之急者也豈道化之本與若乃聖帝之創化也參德乎三皇齊風乎虞夏欲溫溫而和暢不欲察察而明切也欲混混若玄流不欲蕩蕩而名發也欲索索而條解不欲契契而繩結也欲芒芒而無垠際不欲區區而分別也欲闇然而內章不欲示白若冰雪也欲醇醇而任德不欲瑣瑣而執法也是以見機者以動成好遯者無所迫故曰一明一昧得道之槩一弛一張合禮之方一浮一沈兼得其眞故上有勞謙之愛下有不名之臣朝有聘賢之禮野有遯竄之人是以支伯以幽疾距唐李老寄迹於西鄰顏氏安陋以成名原思娛道於至貧榮期以三樂感尼父黔婁定謚於布衾干木偃息以存魏荆萊志邁於江岑君平因蓍以道著四皓潛德於洛濱鄭眞躬耕以致譽幼安發令乎今人皆持難奪之節執不迴之意遭拔俗之主全彼人之志故有獨定之計者不借謀於衆人守不動之安者不假慮於羣賓故能棄外親之華通內道之眞去顯顯之明路入昧昧之埃塵宛轉萬情之形表排託虛寂以寄身居無事之宅交釋利之人輕若鴻毛重若泥沉損之不得測之愈深眞吾徒之師表余迫疾而不能及者也子議吾失宿而駭衆吾亦怪子較論而不折中也夫才不周用衆所斥也寢疾彌年朝所棄也是以胥克之廢丘明列焉伯牛有疾孔子斯歎若黃帝創制於九經岐伯剖腹以蠲腸扁鵲造虢而尸起文摯徇命於齊王醫和顯術於秦晉倉公發祕於漢皇華佗存精於獨識仲景垂妙於定方徒恨生不逢乎若人故乞命訴乎明王求絕編於天籙亮我躬之幸苦冀微誠之降霜故俟罪而窮處其後武帝頻下詔敦逼不已謐上疏自稱草莽臣曰臣以尫弊迷於道趣因疾抽簪散髮林臯人綱不閑鳥獸爲羣陛下披榛採蘭并收蒿艾是以臯陶振褐不仁者遠臣惟頑蒙備食晉粟猶識唐人擊壤之樂宜赴京城稱壽闕外而小人無良致災速禍久嬰篤疾軀半不仁右脚偏小十有九載又服寒食藥違錯節度辛苦荼毒于今七年隆冬裸袒食冰當暑煩悶加以咳逆或若溫瘧或類傷寒浮氣流腫四肢酸重於今困劣救命呼噏父兄見出妻息長訣仰迫天威扶輿就道所苦加焉不任進路委身待罪伏枕歎息臣聞韶衞不並奏雅鄭不兼御故郤子入周禍延王叔虞丘稱賢樊姬掩口君子小人禮不同器況臣糠𪍿糅之彫胡庸夫錦衣不稱其服也竊聞同命之士咸以畢到唯臣疾疢抱釁牀蓐雖貪明時懼斃命路隅設臣不疾已遭堯舜之世執志箕山猶當容之臣聞上有明聖之主下有輸實之臣上有在寬之政下有委情之人唯陛下留神垂恕更旌瓌俊索隱於傅巖收釣於渭濱無令泥滓久濁淸流謐辭切言至遂見聽許歲餘又舉賢良方正並不起自表就帝借書帝送一車書與之謐雖羸疾而披閱不怠初服寒食散而性與之忤每委頓不倫嘗悲恚叩刃欲自殺叔母諫之而止濟陰太守蜀人文立表以命士有贄爲煩請絕其禮幣詔從之謐聞而歎曰亡國之大夫不可與圖存而以革歷代之制其可乎夫束帛戔戔易之明義玄纁之贄自古之舊也故孔子稱夙夜強學以待問席上之珍以待聘士於是乎三揖乃進明致之難也一讓而退明去之易也若殷湯之於伊尹文王之於太公或身卽莘野或就載以歸唯恐禮之不重豈吝其煩費哉且一禮不備貞女恥之況命士乎孔子曰賜也爾愛其羊我愛其禮棄之如何政之失賢於此乎在矣咸寧初又詔曰男子皇甫謐沈靜履素守學好古與流俗異趣其以謐爲太子中庶子謐固辭篤疾帝初雖不奪其志尋復發詔徵爲議郎又召補著作郎司隸校尉劉毅請爲功曹並不應著論爲葬送之制名曰篤終曰玄晏先生以爲存亡天下之定制人理之必至也故禮六十而制壽至于九十各有等差防終以素豈流俗之多忌者哉吾年雖未制壽然嬰疾彌紀仍遭喪難神氣損劣困頓數矣常懼夭隕不期慮終無素是以略陳至懷夫人之所貪者生也所惡者死也雖貪不得越期雖惡不可逃遁人之死也精歇形散魂無不之故氣屬于天寄命終盡窮體反眞故尸藏于地是以神不存體則與氣升降尸不久寄與地合形形神不隔天地之性也尸與土并反眞之理也今生不能保七尺軀死何故隔一棺之土然則衣衾所以穢尸棺槨所以隔眞故桓司馬石槨不如速朽季孫璵璠比之暴骸文公厚葬春秋以爲華元不臣楊王孫親土漢書以爲賢於秦始皇如令魂必有知則人鬼異制黃泉之親死多於生必將備其器物用待亡者今若以存況終非卽靈之意也如其無知則空奪生用損之無益而啟奸心是招露形之禍增亡者之毒也夫葬者藏也藏也者欲人之不得見也而大爲棺槨備贈存物無異於埋金路隅而書表於上也雖甚愚之人必將笑之豐財厚葬以啟姦心或剖破棺槨或牽曳形骸或剝臂捋金環或扪腸求珠玉焚如之形不痛於是自古及今未有不死之人又無不發之墓也故張釋之曰使其中有欲雖固南山猶有隙使其中無欲雖無石槨又何戚焉斯言達矣吾之師也夫贈終加厚非厚死也生者自爲也遂生意於無益棄死者之所屬知者所不行也易稱古之葬者衣之以薪葬之中野不封不樹是以死得歸眞亡不損生故吾欲朝死夕葬夕死朝葬不設棺槨不加纏斂不修沐浴不造新服殯唅之物一皆絕之吾本欲露形入阬以身親土或恐人情染俗來久頓革理難今故觕爲之制奢不石槨儉不露形氣絕之後便卽時服幅巾故衣以籧篨裹尸麻約二頭置尸牀上擇不毛之地穿坑深十尺長一丈五尺廣六尺坑訖舉牀就阬去牀下尸平生之物皆無自隨唯齎孝經一卷示不忘孝道籧篨之外便以親土土與地平還其故草使生其上無種樹木削除使生迹無處自求不知不見可欲則奸不生心終始無怵惕千載不慮患形骸與后土同體魂爽與元氣合靈眞篤愛之至也若亡有前後不得移祔祔葬自周公來非古制也舜葬蒼梧二妃不從以爲一定何必周禮無問師工無信卜筮無拘俗言無張神坐無十五日朝夕上食禮不墓祭但月朔於家設席以祭百日而止臨必昏明不得以夜制服常居不得墓次夫古不崇墓智也今之封樹愚也若不從此是戮尸地下死而重傷魂而有靈則冤悲沒世長爲恨鬼王孫之子可以爲誡死誓難違幸無改焉而竟不仕太康三年卒時年六十八子童靈方回等遵其遺命謐所著詩賦誄頌論難甚多又撰帝王世紀年歷高士逸士列女等傳玄晏春秋並重於世門人摯虞張軌牛綜席純皆爲晉名臣

方回少遵父操兼有文才永嘉初博士徵不起避亂荆州閉戶閑居未嘗入城府蠶而後衣耕而後食先人後己尊賢愛物南土人士咸崇敬之刺史陶侃禮之甚厚侃每造之著素士服望門輒下而進王敦遣從弟廙代侃遷侃爲廣州侃將詣敦方回諫曰吾聞敵國滅功臣亡足下新破杜弢功莫與二欲無危其可得乎侃不從而行敦果欲殺侃賴周訪獲免廙旣至荆州大失物情百姓叛廙迎杜弢廙大行誅戮以立威以方回爲侃所敬責其不來詣已乃收而斬之荆土華夷莫不流涕

摯虞

摯虞字仲洽京兆長安人也父模魏太僕卿虞少事皇甫謐才學通博著述不倦郡檄主簿虞嘗以死生有命富貴在天天之所祐者義也人之所助者信也履信思順所以延福違此而行所以速禍然道長世短禍福舛錯怵迫之徒不知所守蕩而積憤或迭或放故借之以身假之以事先陳處世不遇之難遂棄彝倫輕舉遠游以極常人罔惑之情而後引之以正反之以義推神明之應於視聽之表崇否泰之運於智力之外以明天任命之不可違故作思游賦其辭曰有軒轅之遐胄兮氏仲任之洪裔敷華穎於末葉兮晞靈根於上世準乾坤以幹度兮儀陰陽以定制匪時運其焉行兮乘太虛而遙曳戴朗月之高冠兮綴太白之明璜製文霓以爲衣兮襲采雲以爲裳要華電之煜爚兮佩玉衡之琳琅明

景日以鑒形兮信煥曜而重光至美詭好於凡觀兮修稀合而靡呈燕石緹襲以華國兮和璞遙棄於南荆夏像韜塵于市北兮瓶罍抗方於兩楹鸑皇耿介而偏栖兮蘭桂背時而獨榮闕寒暑以練眞兮豈改容而爽情感昆吾之易越兮懷暉光之速暮美一稔而三春兮尚含英以容豫悼曜靈之靡暇兮限天晷之有度聆鳴蜩之號節兮恐隕葉于凝露希前軌而增騖兮眷後塵而旋顧往者倏忽而不逮兮來者冥昧而未著二儀泊焉其無央兮四節環轉而靡窮星鳥逝而時反兮夕景潛而且融景三后之在天兮歎聖哲之永終諒道修而命微兮孰舍盈而戢沖握隋珠與蕙若兮時莫悅而未逞彼未逞其何恤兮懼獨美之有傷蹇委深而投奧兮庶芬藻之不彰芳處幽而彌馨兮寶在夜而愈光逼區內之迫脅兮思攄翼乎八荒望雲階之崇壯兮願輕舉而高翔造庖犧以問象兮辨吉繇於姬文將遠游於太初兮鑒形魄之未分四靈儼而爲衞兮六氣紛以成羣驂白獸於商風兮御蒼龍於景雲簡厮徒於靈圉兮從馮夷而問津召陵陽於游谿兮旌王子於柏人前祝融以掌燧兮殿玄冥以掩塵形彫彫而遂遐兮氣亹亹而愈新挹玉膏於萊嶼兮掇芝英於瀛濱揖太昊以假憩兮聽賦政於三春洪範翕而復張兮百卉隕而更振睇玉女之紛影兮執懿筐於扶木覽玄象之韡曄兮仍騰躍乎陽谷吸朝霞以療飢兮降廩泉而濯足將縱轡以逍遙兮恨東極之路促詔纖阿而右迴兮覿朱明之赫曦莅羣神於夏庭兮迴蒼梧而結知繼焦明以承旍兮驅天馬而高馳議羲和於丹丘兮誚倒景之亂儀壽凱風而南暨兮謝太陽於炎離戚溽暑之陶鬱兮余安能乎留斯閭碧雞之長晨兮吾將往乎西游奧浮鶂於弱水兮泊舳艫於中流苟精粹之攸存兮誠沉羽以汎舟軼望舒以陵厲兮羌神漂而氣浮訊碩老於金室兮采舊聞於前修議淪陰於危山兮問王母於椒丘觀玄鳥之參趾兮會根壹之神籌擾毚兔於月窟兮詰姮娥於蓐收爰攬轡而旋驅兮訪北叟之倚伏乘增冰而遂濟兮夌固陰之所淪探龜蛇於幽穴兮瞰罔養之潛育哂倏忽之躁狂兮喪中黃於耳目偭燭龍而游衍兮窮大明於北陸攀招搖而上躋兮忽蹈廓而夌虛登閶闔而遺眷兮頫玄黃於地輿召黔雷以先導兮覲天帝於清都觀渾儀以寓目兮拊造化之大鑪爰辨惑於上皇兮稽吉凶之元符唐則天而民咨兮癸亂常而感虞孔揮涕於西狩兮臧考祥於婁句跖肆暴而保乂兮顏履仁而夙徂何否泰之靡所兮眩榮辱之不圖運可期兮不可思道可知兮不可爲求之者勞兮欲之者惑信天任命兮理乃自得且也四位爲匠乾巛爲均散而爲物結而爲人陽降陰升一替一興流而爲川滯而爲陵禍不可攘福不可徼其否兮有豫其泰兮有數成形兮未察靈像兮已固承明訓以發蒙兮審性命之靡求將澄神而守一兮奚飄颻而遐遊斐陳辭以告退兮主悖惘而永歎惟升降之不仍兮詠別易而會難願大饗以致好兮盍息駕於一飡會司儀於有始兮延嘉賓於九乾陳鈞天之廣樂兮展萬舞之至歡枉矢鍱其在手兮狠弧彀其斯彎睨翟犬於帝側兮殪熊羆於靈軒爾乃清道夙興載輪修祖班命授號犧轡整旅兆司轡以屆路兮萬靈森而陳庭豐隆軒其警衆兮鈞陳帥以屬兵堪輿竦而進時兮文昌肅以司行抗蚩尤之修旃兮建雄虹之釆旄乘雲車電鞭之扶輿委移兮駕應龍青虬之容裔陸離俯游光逸景倏爍瀸霍兮仰流旌垂旄猋攸攙纚前湛湛而攝進兮後僸僸而方馳且啟行於重陽兮奄稅駕乎少儀跨列缺兮闚乾巛揮玉闢兮出天門涉漢津兮望崐崘經赤霄兮臨玄根觀品物兮終復魂形已消兮氣猶存眺懸舟之離離兮懷舊都之藹藹仍繁榮而督引兮將遄降而速邁華雲依霏而翼衡兮日月炫晃而映蓋蹈烟熅兮辭天衢心闔昜兮識故居路遂遒兮情欣欣奄忽歸兮反常閭修中和兮崇彝倫大道繇兮味琴書樂自然兮識窮達澹無思兮心恒娛舉賢良與夏侯湛等十七人策爲下第拜中郎武帝詔曰省諸賢良答策雖所言殊塗皆明於王義有益政道欲詳覽其對究觀賢士大夫用心因詔諸賢良方正直言會東堂策問曰項日食正陽水旱爲災將何所修以變大眚及法令有不宜於今爲公私所患苦者皆何事凡平世在於得才得才者亦借耳目以聽察若有文武器能有益於時務而未見申敘者各舉其人及有負俗謗議宜先洗濯者亦各言之虞對曰臣聞古之聖明原始以要終體本以正末故憂法度之不當而不憂人物之失所憂人物之失所而不憂災害之流行誠以法得於此則物理於彼人和於下則災消於上其有日月之眚水旱之災則反聽內視求其所由遠觀諸物近驗諸身耳目聽察豈或有蔽其聰明者乎動心出令豈或有傾其常正者乎大官大職豈或有授非其人者乎賞罰黜陟豈或有不得其所者乎河濱山巖豈或有懷道鈞築而未感於夢兆者乎方外遐裔豈或有命世傑出而未蒙膏澤者乎推此類也以求其故詢事考言以盡其實則天人之情可得而見咎徵之至可得而救也若推之於物則無忤求之於身則無尤萬物理順內外咸宜祝史正辭言不負誠而日月錯行夭癘不戒此則陰陽之事非吉凶所在也期運度數自然之分固非人事所能供御其亦振廩散滯貶食省用而已矣是故誠遇期運則雖陶唐殷湯有所不變苟非期運則宋衞之君諸侯之相猶能有感唯陛下審其所由以盡其理則天下幸甚臣生長蓽門不逮異物雖有賢才所未接識不敢瞽言妄舉無以疇答聖問擢爲太子舍人除聞喜令時天子留心正道又吳寇新平天下乂安上太康頌以美晉德其辭曰於休上古人之資始四隩咸宅萬國同軌有漢不競喪亂靡紀畿服外叛侯衞內圮天難既降時惟鞠凶龍戰獸爭分裂遐邦備僭岷蜀度逆海東權乃緣間割據三江明明上帝臨下有赫乃宣皇威致天之辟奮武遼隧罪人斯獲撫定朝鮮奄征韓貊文既應期席卷梁益元憝委命九夷重譯卬冉哀牢是焉底績我皇之登二國既平靡適不懷以育羣生吳乃負固放命南冥聲教未暨弗及王靈皇震其威赫如雷霆截彼江沔荆舒以清邈矣聖皇參乾兩離陶化以正取亂以奇耀武六旬輿徒不疲飲至數實千旄無虧洋洋四海率禮和樂穆穆宮廟歌雍詠鑠光天之下莫匪帝略窮髮反景承正受朔龍馬騤騤風于華陽弓矢櫜服干戈戢藏嚴嚴南金業業餘皇雄劒班朝造舟爲梁聖明有造寔代天工天地不違黎元時邕三務斯協用底厥庸既遠其迹將明其蹤喬山惟嶽望帝之封猗歟聖帝胡不封哉以母憂解職久之召補尚書郎將作大匠陳勰掘地得古尺尚書奏今尺長於古尺宜以古爲正潘岳以爲習用已久不宜復改虞駮曰昔聖人有以見天下之賾而擬其形容象物制器以存時用故參天兩地以正算數之紀依律計分以定長短之度其作之也有則故用之也有徵考步兩儀則天地無所隱其情準正三辰則懸象無所容其謬施之金石則音韻和諧措之規矩則器用合宜一本不差而萬物皆正及其差也事皆反是今尺長於古尺幾於半寸樂府用之律呂不合史官用之歷象失占醫署用之孔穴乖錯此三者度量之所由生得失之所取徵皆絓閡而不得通故宜改今而從古也唐虞之制同律度量衡仲尼之訓謹權審度今兩尺並用不可謂之同知失而行不可謂之謹不同不謹是謂謬法非所以軌物垂則示人之極凡物有多而易改亦有少而難變亦有改而致煩有變而之簡度量是人所常用而長短非人所戀惜是多而易改者也正失於得反邪於正一時之變永世無二是變而之簡者也憲章成式不失舊物季末苟合之制異端雜亂之用當以時釐改貞夫一者也臣以爲宜如所奏又表論封禪見禮志虞以漢末喪亂譜傳多亡失雖其子孫不能言其先祖撰族姓昭穆十卷上疏進之以爲足以備物致用廣多聞之益以定品違法爲司徒所劾詔原之時太廟初建詔普增位一等後以主者承詔失旨改除之虞上表曰臣聞昔之聖明不愛千乘之國而惜桐葉之信所以重至尊之命而達於萬國之誠也前乙巳赦書遠稱先帝遺惠餘澤普增位一等以酬四海欣戴之心驛書班下被于遠近莫不鳥騰魚躍喜蒙德澤今一旦更以主者思文不審收既往之詔奪已澍之施臣之愚心竊以爲不可詔從之元康中遷吳王友時荀顗撰新禮使虞討論得失而後施行元皇后崩杜預奏諒闇之制乃自上古是以高宗無服喪之文而唯文稱不言漢文限三十六日魏氏以降既虞爲節皇太子與國爲體理宜釋服卒哭便除虞答預書曰唐稱遏密殷云諒闇各舉事以爲名非既葬有殊降周室以來謂之喪服喪服者以服表喪今帝者一日萬幾太子監撫之重以宜奪禮葬訖除服變制通理垂典將來何必附之於古使老儒致爭哉皇太孫尚薨有司奏御服齊衰朞詔令博士議虞曰太子生舉以成人之禮則殤理除矣太孫亦體君傳重由位成而服全非以年也從之虞又議玉輅兩社事見輿服志後歷祕書監衞尉卿從惠帝幸長安及東軍來迎百官奔散遂流離鄠杜之間轉入南山中糧絕飢甚拾橡實而食之後得還洛歷光祿勳太常卿時懷帝親郊自元康以來不親郊祀禮儀弛廢虞考正舊典法物粲然及洛京荒亂盜竊從橫人飢相食虞素清貧遂以餒卒虞撰文章志四卷注解三輔決錄又撰古文章類聚區分爲三十卷名曰流別集各爲之論辭理愜當爲世所重虞善觀玄象嘗謂友人曰今天下方亂避難之國其唯涼土乎性愛士人有表薦者恒爲其辭東平太叔廣樞機清辯廣談虞不能對虞筆廣不能答更相嗤笑紛然於世云

束晳

束晳字廣微陽平元城人漢太子太傅疏廣之後也王莽末廣曾孫孟達避難自東海徙居沙鹿山南因去疏之足遂改姓焉祖混隴西太守父龕馮翊太守並有名

譽晳博學多聞，與兄璆俱知名。少游國學，或問博士曹志曰：「當今好學者誰乎？」志曰：「陽平束廣微好學不倦，人莫及也。」還鄉里，察孝廉，舉茂才，皆不就。璆娶石鑒從女，棄之，鑒以爲憾，諷州郡公府不得辟，故晳等久不得調。

太康中，郡界大旱，晳爲邑人請雨，三日而雨注，衆爲晳誠感，爲作歌曰：「束先生，通神明，請天三日甘雨零。我黍以育，我稷以生。何以疇之？報束長生。」晳與衞恒厚善，聞恒遇禍，自本郡赴喪。嘗爲勸農及餅諸賦，文頗鄙俗，時人薄之。而性沉退，不慕榮利，作玄居釋以擬客難，其辭曰：

束晳閑居，門人並侍。方下帷深譚，隱机而咍，含毫散藻，考撰同異。在側者進而問之曰：「蓋聞道尚變通，達者無窮。世亂則救其紛，時泰則扶其隆。振天維以贊百務，熙帝載而鼓皇風。生則率土樂其存，死則宇內哀其終。是以君子屈己伸道，不恥干時。上國有不索何獲之言，周易著躍以求進之辭。莘老負金鉉以陳烹割之說，齊客當康衢而咏白水之詩。今先生耽道修藝，嶷然山峙，潛朗通微，洽覽深識，夜兼忘寐之勤，晝騁鑽玄之思。曠年累稔，不墮其志，鱗翼成而愈伏，術業優而不試。乃欲闔匱辭價，泥蟠深處，永戢琳琅之耀，匿首窮魚之渚。當唐年而慕長沮，郡有道而反甯武，識彼迷此，愚竊不取。若乃士以援登，進必待求，附勢之黨橫擢，則林藪之彥不抽；丹墀步紈袴之童，東野遺白顛之叟。盍亦因子都而事博陸，憑鷁首以涉洪流，蹈翠雲以駭逸龍，振光耀以驚沉鱗。徒屈蟠於坳井，眄天路而不游，學既積而身困，夫何爲乎祕丘。且歲不我與，時若奔駟，有來無反，難得易失。先生不知盱豫之譏，悔遲而忘夫朋盍之義。務疾亦豈能登海湄而仰東流之水，臨虞泉而招西歸之日。徒以曲畏爲梏，儒學自桎，囚大道於環堵，苦形骸於蓬室。豈若託身權戚，憑勢假力，擇棲芳林，飛不待翼，夕宿七娥之房，朝享五鼎之食，匡三正則太階平，贊五教而玉繩直。孰若茹藿食蔬，終身自匿哉！」

束子曰：「居，吾將導爾以君子之道，諭爾以出處之事。爾其明受余訊，謹聽余志。昔元一既啟，兩儀肇立，離光夜隱，望舒晝戢。羽族翔林，蠔蛡赴濕，物從性之所安，士樂志之所執。或背豐榮以巖棲，或排蘭闥而求入。在野者龍逸，在朝者鳳集。雖其軌迹不同，而道無貴賤，必安其業，交不相羨。稷契奮庸以宣道，巢由洗耳以避禪，同垂不朽之稱，俱入賢者之流。參名比譽，誰劣誰優，何必貪與二八爲羣，而恥爲七人之疇乎？且道睽而通，士不同趣，吾竊綴處者之末行，未敢聞子之高諭。將忽蒲輪而不眄，夫何權戚之云附哉！昔周漢中衰，時難自託，福兆既開，患端亦作。朝遊巍峩之宮，夕墜崢嶸之壑，晝笑夜歎，晨華暮落。忠不足以衞己，禍不可以預度，是士諱登朝而競赴林薄。或毀名自汙，或不食其祿，比從政於匣笥之龜，譬官者於郊廟之犢。公孫泣涕而辭相，楊雄抗論於赤族。今大晉熙隆，六合寧靜，蜂蠆止毒，熊羆輟猛，五刑勿用，八紘備整，主無驕肆之怒，臣無犇縱之請，上下相安，率禮從道。朝養觸邪之獸，庭有指佞之草，禍戮可以忠逃，寵祿可以順保。且夫進無險懼，而惟寂之務者，率其性也。兩可俱是，而舍彼趣此者，從其志也。蓋無爲可以解天下之紛，澹泊可以救國家之急。當位者事有所窮，陳策者言有不入。翟璜不能迴西鄰之寇，平勃不能正如意之立；千木臥而秦師退，四皓起而戚姬泣。夫如是，何舍何執，何去何就？謂山岑之林爲芳，谷底之莽爲臭；守分任性，唯天所授。鳥不假甲於龜，魚不假足於獸，何必笑孤竹之貧而羨齊景之富，恥布衣以肆志，寧文裘而拖繡哉！且能約其躬，則儋石之稿以豐；苟肆其欲，則海陵之積不足。存道德者，則匹夫之身可榮；忘大倫者，則萬乘之主猶辱。將研六籍以訓世，守寂泊以鎮俗，偶鄭老於海隅，匹嚴叟於僻蜀。且世以太虛爲輿，玄爐爲肆，神游莫競之林，心存無營之室，榮利不擾其覺，殷憂不干其寐。捐夸者之所貪，收躁務之所棄，雍聖籍之荒蕪，總羣言之一至。全素履於丘園，背纓緌而長逸。請子課吾業於千載，無聽吾言於今日也。」

張華見而奇之。石鑒卒，王戎乃辟璆，華召晳爲掾，又爲司空、下邳王晃所辟。華爲司空，復以爲賊曹屬。時欲廣農，晳上議曰：「伏見詔書，以倉廩不實，關右饑窮，欲大興田農，以蕃嘉穀，此誠有虞戒大禹盡力之謂。然農穰可致，所由者三：一曰天時不愆，二曰地利無失，三曰人力咸用。若必春無霢霂之潤，秋繁滂沲之患，水旱失中，雩禳有請，雖使羲和平秩，后稷親農，理疆畎於原隰，勤藨蓘於中田，猶不足以致倉庾盈億之積也。然地利可以計生，人力可以課致，詔書之旨，亦將欲盡此理乎。今天下千城，人多游食，廢業占空，無田課之實。較計九州，數過萬計。可申嚴此防，令監司精察，一人失課，負及郡縣，此人力之可致也。又州司十郡，土狹人繁，三魏尤甚，而豬羊馬牧，布其境內，宜悉破廢，以供無業。業少之人，雖頗割徙，在者猶多，田諸菀牧，不樂曠野，貪在人間。故謂北土不宜畜牧，此誠不然。案古今之語，以爲馬之所生，實在冀北，大賈牂羊，取之清渤，放豕之歌，起於鉅鹿，是其效也。可悉從諸牧，以充其地，使馬牛豬羊齕草於空虛之田，游食之人受業於賦給之賜，此地利之可致者也。昔騂駁在坰，史克所以頌魯僖，邦馬務田，老氏所以稱有道，豈利之所以會哉。又如汲郡之吳澤，良田數千頃，泞水停洿，人不墾植。聞其國人，皆謂通泄之功不足爲難，舄鹵成原，其利甚重。而豪強大族，惜其魚蒲之饒，構說官長，終於不破。此亦谷口之謠，載在史篇。謂宜復下郡縣，以詳當今之計。荊揚兗豫，汙泥之土，渠塢之宜，必多此類，最是不待天時而豐年可獲者也。以其雲雨生於畚臿，多稌生於決泄，不必望朝隮而黃潦臻，禜山川而霖雨息。是故兩周爭東西之流，史起惜漳渠之浸，明地利之重也。宜詔四州刺史，使謹按以聞。又昔魏氏徙三郡人在陽平頓丘界，今者繁盛，合五六千家。二郡田地逼狹，謂可徙還西州，以充邊土，賜其十年之復，以慰重遷之情。一舉兩得，外實內寬，增廣窮人之業，以闢西郊之田，此又農事之大益也。」轉佐著作郎，撰晉書帝紀、十志，遷轉博士，著作如故。

初，太康二年，汲郡人不準盜發魏襄王墓，或言安釐王冢，得竹書數十車。其紀年十三篇，記夏以來至周幽王爲犬戎所滅，以事接之，三家分，仍述魏事至安釐王之二十年。蓋魏國之史書，大略與春秋皆多相應。其中經傳大異，則云夏年多殷；益干啟位，啟殺之；太甲殺伊尹；文丁殺季歷；自周受命，至穆王百年，非穆王壽百歲也；幽王既亡，有共伯和者攝行天子事，非二相共和也。其易經二篇，與周易上下經同。易繇陰陽卦二篇，與周易略同，繇辭則異。卦下易經一篇，似說卦而異。公孫段二篇，公孫段與邵陟論易。國語三篇，言楚晉事。名三篇，似禮記，又似爾雅、論語。師春一篇，書左傳諸卜筮，師春似是造書者姓名也。瑣語十一篇，諸國卜夢妖怪相書也。梁丘藏一篇，先敘魏之世數，次言丘藏金玉事。繳書二篇，論弋射法。生封一篇，帝王所封。大曆二篇，鄒子談天類也。穆天子傳五篇，言周穆王游行四海，見帝臺、西王母。圖詩一篇，畫贊之屬也。又雜書十九篇：周食田法，周書，論楚事，周穆王美人盛姬死事。大凡七十五篇，七篇簡書折壞，不識名題。冢中又得銅劍一枚，長二尺五寸。漆書皆科斗字。初發冢者燒策照取寶物，及官收之，多燼簡斷札，文既殘缺，不復詮次。武帝以其書付祕書校綴次第，尋考指歸，而以今文寫之。晳在著作，得觀竹書，隨疑分釋，皆有義證。遷尚書郎。

武帝嘗問摯虞三日曲水之義，虞對曰：「漢章帝時，平原徐肇以三月初生三女，至三日俱亡，村人以爲怪，乃招攜之水濱洗祓，遂因水以汎觴，其義起此。」帝曰：「必如所談，便非好事。」晳進曰：「虞小生，不足以知，臣請言之。昔周公城洛邑，因流水以汎酒，故逸詩云『羽觴隨波』。又秦昭王以三日置酒河曲，見金人奉水心之劍，曰：『令君制有西夏。』乃霸諸侯，因此立爲曲水。二漢相緣，皆爲盛集。」帝大悅，賜晳金五十斤。時有人於嵩高山下得竹簡一枚，上兩行科斗書，傳以相示，莫有知者。司空張華以問晳，晳曰：「此漢明帝顯節陵中策文也。」檢驗果然，時人伏其博識。趙王倫爲相國，請爲記室。晳辭疾罷歸，教授門徒。年四十卒，元城市里爲之廢業，門生故人立碑墓側。晳才學博通，所著三魏人士傳、七代通記、晉書紀志，遇亂亡失。其五經通論、發蒙記、補亡詩、文集數十篇，行於世云。

王接

王接字祖游，河東猗氏人，漢京兆尹尊十世孫也。父蔚，世修儒史之學。魏中領軍曹羲作至公論，蔚善之，而著至機論，辭義甚美，官至夏陽侯相。接幼喪父，哀毀過禮，鄉親皆歎曰：「王氏有子哉！」渤海劉原爲河東太守，好奇以旌才爲務，同郡馮收試經爲郎，七十餘，薦接於原曰：「夫騂騮不總轡，則非造父之肆；明月不流光，則非隋侯之掌。伏惟明府苞黃中之德，耀重離之明，求賢與能，小無遺錯，是以鄙老思獻所知。竊見處士王接，岐嶷雋異，十三而孤，居喪盡禮，學過目而知，義觸類而長，斯玉鏡之妙味，經世之徽猷也。不患立黎之不啟，竊樂春英之及時。」原即禮命，接不受。原乃呼見曰：「君欲慕肥遁之高邪？」對曰：「接薄祜少孤，而無兄弟，母老疾篤，故無心爲吏。」及母終，柴毀骨立，居墓次積年。備覽衆書，多出異義。性簡率，不修俗操，鄉里大族多不能善之，唯裴頠雅知焉。平陽太守柳澹、散騎侍郎裴遐、尚書僕射鄧攸皆與接友善。後爲郡主簿，迎太守溫宇，宇奇之，轉功曹史。州辟部平陽從事。時泰山羊亮爲平陽太守，薦之於司隸校尉王堪，出補都官從事。永寧初，舉秀才。友人滎陽潘滔遺接書曰：「摯虞、卞玄仁並謂足下應和鼎味，可無以應秀才行。」接報書曰：「今世道交喪，將遂剝亂，而識智之士鉗口韜筆，禍敗日深，如火之燎原，其可救乎？非榮斯行，欲極陳所見，冀有覺悟耳。」是歲，三王義舉，惠帝復阼，以國有大慶，天下秀才一皆不試，接以爲恨。除中郎，補征虜將軍司馬。蕩陰之役，侍中嵇紹爲亂兵所害，接議曰：「夫謀人之軍，軍敗則死之；謀人之國，國危則亡之，古之道也。蕩陰之役，百官奔北，唯嵇紹守職以遇不道，可謂臣矣，又可稱痛矣。今山東方欲大舉，宜明高節以號令天下依春秋褒三累之義加紹致命之賞則遐邇向風莫敢不肅矣朝廷從之河間王顒欲還駕長安與關東乖異以接成都王佐難之表轉臨汾公相國及東海王越率諸侯討顒尚書令王堪統行臺上請接補尚書殿中郎未至而卒年三十九接學雖博通特精禮傳常謂左氏辭義贍富自是一家書不主爲經發公羊附經立傳經所不書傳不妄起於文爲儉通經爲長任城何休訓釋甚詳而黜周王魯大體乖硋且志通公羊而往往還爲公羊疾病接乃更注公羊春秋多有新義時祕書丞衞恒考正汲冢書未訖而遭難佐著作郎束皙述而成之事多證異義時東萊太守陳留王庭堅難之亦有證據皙又釋難而庭堅已亡散騎侍郎潘滔謂接曰卿才學理議足解二子之紛可試論之接遂詳其得失摯虞謝衡皆博物多聞咸以爲允當又撰列女後傳七十二人雜論議詩賦碑頌駁難十餘萬言喪亂盡失長子祕期流寓江南緣父本意更注公羊又集列女後傳云

史臣曰皇甫謐素履幽貞閑居養疾留情筆削敦悅丘墳軒冕未足爲榮貧賤不以爲恥確乎不拔斯固有晉之高人者歟洎乎篤終立論薄葬昭儉既戒奢於季氏亦無取於王孫可謂達存亡之機矣摯虞束皙等並詳覽載籍多識舊章奏議可觀文詞雅贍可謂博聞之士也或攝官延閣裁成言事之書或莅政秩宗叅定郊之禮虞既厄於從理皙乃年位不充天之報施何其爽也王接才調秀出見賞知音惜其夭枉未申驥足嗟夫

贊曰士安好逸栖心蓬篳屬意文雅忘懷榮秩遺制可稱養生乖術摯虞博聞廣徵絕羣財成禮度刊緝遺文䟽篇式序漢冊斯分祖游後出亦播清芬

晉書卷五十二

唐　太　宗　文　皇　帝　御　撰

列傳第二十二

郤詵

郤詵字廣基濟陰單父人也父晞尚書左丞詵博學多才瓌偉倜儻不拘細行州郡禮命並不應泰始中詔天下舉賢良直言之士太守文立舉詵應選詔曰蓋太上以德撫時易簡無文至于三代禮樂大備制度彌繁文質之變其理何由虞夏之際聖明係踵而損益不同周道既衰仲尼猶曰從周因革之宜又何殊也聖王既沒遺制猶存霸者迭興而翼輔之王道之缺其無補乎何陵遲之不反也豈霸德之淺歟期運不可致歟且夷吾之智而功止於霸何哉夫昔人之爲政革亂亡之弊建不刊之統移風易俗刑措不用豈非化之盛歟何修而嚮茲朕獲承祖宗之休烈于茲七載而人未服訓政道罔述以古況今何不相逮之遠也雖明之弗及猶思與羣賢慮之將何以辨所聞之疑昧獲至論於讜言乎加自頃戎狄內侵災害屢作邊甿流離征夫苦役豈政刑之謬將有司非其任歟各悉乃心究而論之上明古制下切當今朕之失德所宜振補其正議無隱將敬聽之詵對曰伏惟陛下以聖德君臨猶垂意於博採故招賢正之士而臣等薄陋不足以降大問也是以竊有自疑之心雖致身於闕庭亦僶俛矣伏讀聖策乃知下問之旨篤焉臣聞上古推賢讓位教同德一故易簡而人化三代世及季末相承故文繁而後整虞夏之相因而損益不同非帝王之道異救弊之路殊也周當二代之流承彫僞之極盡禮樂之致窮制度之理其文詳備仲尼因時宜而曰從周非殊論也臣聞聖王之化先禮樂五霸之興勤政刑禮樂之化深政刑之用淺勤之則可以小安墮之則遂陵遲所由之路本近故所補之功不倖也而齊桓失之葵丘夷吾淪于小器功止於霸不亦宜乎策曰建不刊之統移風易俗使天下洽和何修而嚮茲臣以爲莫大於擇人而官之也今之典刑匪無一統宰牧之才優劣異績或以之興或以之替此蓋人能弘政非政弘人也舍人務政雖勤何益臣竊觀乎古今而考其美惡古人相與求賢今人相與求爵古之官人君責之於上臣舉之於下得其人有賞失其人有罰安得不求賢乎今之官者父兄營之親戚助之有人事則通無人事則塞安得不求爵乎賢苟求達達在修道窮在失義故靜以待之也爵苟可求得在進取失在後時故動以要之也動則爭競爭競則朋黨朋黨則誣謗誣謗則臧否失實眞僞相冒主聽用惑姦之所會也靜則貞固貞固則正直正直則信讓信讓則推賢推賢不伐相下無壓主聽用察德之所趣也故能使之靜雖曰高枕而人自正不能禁動雖復夙夜俗不一也且人無愚智咸慕名官莫不飾正於外藏邪於內故邪正之人難得而知也任得其正則衆正益至若得其邪則衆邪亦集物繁其類誰能止之故國亡失世者未嘗不爲衆邪所積也方其初作必始於微微而不絕其終乃著天地不能頓爲寒暑人主亦不能頓爲隆替故寒暑漸於春秋隆替起於得失當今之世宦者無關梁邪門啓矣朝廷不責賢正路塞矣得失之源何以甚此所謂責賢使之相舉也所謂關梁使之相保也賢不舉則有咎保不信則有罰故古者諸侯必貢士不貢者削貢而不適亦削夫士者難知也不適者薄過也不得不責强其所不知也罰其所不適深其薄過非恕也且天子於諸侯有不純臣之義斯責之矣施刑之道寧縱不濫之矣今皆反是何也夫賢者天地之紀品物之宗其急之矣故寧濫以得之無縱以失之也今則不然世之悠悠者各自取辦耳故其材行並不可必於公則政事紛亂於私則汚穢狼籍自頃長吏特多此累有亡命而被購懸者矣有縛束而絞戮者矣貪鄙竊位不知誰升之者獸兕出檻不知誰可咎者網漏吞舟何以過此人之於利如蹈水火焉前人雖敗後人復起如彼此無已誰止之者風流日競誰憂之者雖今聖思勞於夙夜所使爲政恒得此屬欲聖世化美俗平亦俟河之清耳若欲善之宜創舉賢之典峻關梁之防其制既立則人慎其舉而不苟則賢者可知知賢而試則官得其人矣官得其人則事得其序事得其序則物得其宜物得其宜則生生豐植人用資給和樂興焉是故寡過而遠刑知恥以近禮此所以建不刊之統移風易俗刑措而不用也策曰自頃夷狄內侵災眚屢降將所任非其人乎何由而至此臣聞蠻夷猾夏則皐陶作士此欲善其末則先其本也夫任賢則政惠使能則刑恕政惠則下仰其施刑恕則人懷其勇施以殖其財勇以結其心故人居則資贍而知方動則親上而志勇苟思其利而除其害以生道利之者雖死不貳以逸道勞之者雖勤不怨故其命可授其力可竭以戰則剋以攻則拔是以善者慕德而安服惡者畏懼而削迹止戈而武義實在文唯任賢然後無患耳若夫水旱之災自然理也故古者三十年耕必有十年之儲堯湯遭之而人不困有備故也自頃風雨雖頗不時考之萬國或境土相接而豐約不同或頃畝相連而成敗異流固非天之必害於人人實不能均其勞苦失之於人而求之於天則有司惰職而不勤百姓殆業而咎時非所以定人志致豐年也宜勤人事而已臣誠愚鄙不足以奉對聖朝猶進之于廷者將使取諸其懷而獻之乎臣懼不足也若收不知言以致知言臣則可矣是以辭鄙不隱也以對策上第拜議郎母憂去職詵母病苦無車及亡不欲車載柩家貧無以市馬乃於所住堂北壁外假葬開戶朝夕拜哭養雞種蒜竭其方術喪過三年得馬八匹輿柩至冢負土成墳未畢召爲征東參軍從尚書郎轉車騎從事中郎吏部尚書崔洪薦詵爲左丞及在職嘗以事劾洪洪怨詵詵以公正距之語在洪傳洪聞而慙服累遷雍州刺史武帝於東堂會送問詵曰卿自以爲何如詵對曰臣舉賢良對策爲天下第一猶桂林之一枝崑山之片玉帝笑侍中奏免詵官帝曰吾與之戲耳不足怪也詵在任威嚴明斷甚得四方聲譽卒於官子延登爲州別駕

阮种

阮种字德猷陳留尉氏人漢侍中胥卿八世孫也弱冠有殊操爲嵇康所重康著養生論所稱阮生卽种也察孝廉爲公府掾是時西虜內侵災眚屢見百姓饑饉詔三公卿尹常伯牧守各舉賢良方正直言之士於是太保何曾舉种賢良策曰在昔哲王承天之序光宅宇宙咸用規矩乾坤惠康品類休風流衍彌于千載朕應踐洪運統位七載於今矣惟德弗嗣不明于政宵興惕厲未燭厥猷子大夫韞韣道術儼然而進朕甚嘉焉其各悉乃心以闡喻朕志深陳王道之本勿有所隱朕虛心以覽焉种對曰夫天地設位聖人成能王道至深所以行化至遠故能開物成務而功業不匱近無不聽遠無不服德逮羣生澤被區宇聲施無窮而典垂百代故經曰聖人久於其道而天下化成宜師蹤往代襲迹三五矯世更俗以從人望令率土遷義下知所適播醇美之化杜邪枉之路斯誠羣黎之所欣想盛德而幸望休風也又問政刑不宣禮樂不立對曰政刑之宣故由乎禮樂之用昔之明王唯此之務所以防遏暴慢感動心術制節生靈而陶化萬性也禮以體德樂以詠功樂本於和而禮歸於敬矣又問戎蠻猾夏對曰戎蠻猾夏侵敗王略雖古盛世猶有此虞故詩稱獫狁孔熾書歎蠻夷帥服自魏氏以來夷虜內附鮮有桀悍侵漁之患由是邊守遂怠鄣塞不設而今醜虜內居與百姓雜處邊吏擾習人又忘戰受方任者又非其材或以狙詐侵侮邊夷或干賞啗利妄加討戮夫以微羈而御悍馬又乃操以煩策其不制者固其理也是以羣醜蕩駭緣間而動雖三州覆敗牧守不反此非胡虜之甚勁蓋用之者過也臣聞王者之伐有征無戰懷遠以德不聞以兵夫兵凶器而戰危事也兵興則傷農衆集則廢積農傷則人匱積費則國虛昔漢武之世承文帝之業資海內之富役其材臣以甘心匈奴競戰勝之功貪攻取之利良將勁卒屈於沙漠勝敗相若克不過當夭百姓之命填餓

狼之口及其以衆制寡令匈奴遠迹收功祁連飲馬瀚海天下之耗以過太半矣夫虛中國以事夷狄誠非計之得者也是以盜賊蜂起山東不振暨宣元之時趙充國征西零馮奉世征南羌皆兵不血刃摧抑彊暴擒其首惡此則折衝厭難勝敗相辨中世之明效也又問咎徵作見對曰陰陽否泰六沴之災則人主修政以禦之思患而防之建皇極之首詳庶徵之用詩曰敬之敬之天惟顯思天聰明自我人聰明是以人主祗承天命日慎一日也故能應受多福而永世克祚此先王之所以退災消眚也又問經化之務對曰夫王道之本經國之務必先之以禮義而致人於廉恥禮義立則君子軌道而讓於善廉恥立則小人謹行而不淫於制度賞以勸勳業長世也故上有克讓之風則下有不爭之俗朝有矜節之士則野無貪冒之人夫廉恥之於政猶樹藝之有豐壤良歲之有膏澤其生物必油然茂矣若廉恥不存而惟刑是御則風俗彫弊人失其性錐刀之末皆有爭心雖峻刑嚴辟猶不勝矣其於政也如農者之殖磽野旱年之望豐穡必不幾矣此三代所以享德長久風醇俗美皆數百年保天之祿而秦二世而弊者蓋其所由之塗殊也又問將使武成七德文濟九功何路而臻于茲凡厥庶事曷後曷先對曰夫文武經德所以成功丕業咸熙庶績者莫先於選建明哲授方任能令才當其官而功稱其職則萬幾咸理庶寮不曠書曰天工人其代之然則繼天理物寧國安家非賢無以成也夫賢才之畜於國由良工之須利器巧匠之待繩墨也器用利則斲削易而材不病繩墨設則曲直正而衆形得矣是以人主必勤求賢而佚以任之也賢臣之於主進則忠國愛人退則砥節潔志營職不干私義出心必由公塗明度量以呈其能審經制以效其功此昔之聖王所以恭已南面而化於陶鈞之上者以其所任之賢與所賢之信也方今海內之士皆傾望休光希心紫極唯明主之所趣舍若開四聰之聽廣疇咨之求抽羣英延俊乂考工授職呈能制官朝無素餐之士如此化流罔極樹功不朽矣時种與郤詵及東平王康俱居上第卽除尚書郎然毀譽之徒或言對者因緣假託帝乃更延羣士庭以問之詔曰前者對策各指答所問未盡子大夫所欲言故復延見其具陳所懷又比年連有水旱災眚雖戰戰兢兢未能究天人之理當何修以應其變人遇水旱饑饉者何以救之中間多事未得寧靜思以省息煩務令百姓不失其所若人有所患苦者有宜損益使公私兩濟者委曲陳之又政在得人而知之至難唯有因人視聽耳若有文武隱逸之士各舉所知雖幽賤負俗勿有所限故虛心思聞事實勿務華辭莫有所諱也种對曰伏惟陛下以聖哲玄覽降卹黎蒸將濟元元同之三代旁求俊乂以輔至化此誠堯舜之用心也臣猥以頑魯之質應清明之舉前者對策不足以疇塞聖詔所陳不究臣誠蒙昧所以爲罪臣聞天生蒸庶樹君以司牧之人君道洽則彝倫攸敘五福來備若政有愆失刑理頗僻則庶徵不應而淫亢爲災此則天人之理而興廢之由也昔之聖王政道備而制先具軌人以務致之於本是以雖有水旱之眚而無饑饉之患也自頃陰陽隔并水旱爲災亦由期運之致不然則亦有司之不帥不能宣承聖德以贊揚大化故和氣未降而人事未敘也方今百姓凋弊公私無儲誠在於休役靜人勸嗇務分此其救也人之所患由於役煩網密而信道未孚也役煩則百姓失業網密則下背其誠信道未孚則人無固志此則損益之至務安危之大端也傳曰始與善善進則不善蔑由至孔子曰視其所以觀其所由人焉廋哉若夫文武隱逸之士幽賤負俗之才故非愚臣之所能識謹竭愚以對策奏帝親覽焉又擢爲第一轉中書郎進止有方正已率下朝廷咸憚其威容每爲駮議事皆施用遂爲楷則遷平原相時襄邑衛京自南陽太守遷于河內與种俱拜帝望而歎曰二千石皆若此朕何憂乎种爲政簡惠百姓稱之卒於郡

華譚

華譚字令思廣陵人也祖融吳左將軍錄尚書事父諝吳黃門郎譚朞歲而孤母年十八便守節鞠養勤勞備至及長好學不倦爽慧有口辯爲鄰里所重揚州刺史周浚引爲從事史愛其才器待以賓友之禮太康中刺史嵇紹舉譚秀才將行別駕陳總餞之因問曰思賢之主以求才爲務進取之士以功名爲先何仲舒不仕武帝之朝賈誼失分漢文之時此吳晉之滯論可辯此理而後別譚曰夫聖人在上物無不理百揆之職非賢不居故山林無匿景衡門不棲遲至承統之主或是中才或復凡人居聖人之器處兆庶之上是以其教日頹風俗漸弊又中才之君所資者偏物以類感必於其黨黨言雖非彼以爲是以所授有顏冉之賢所用有廟廊之器居官者日冀元凱之功在上者日庶堯舜之義彼豈知其政漸毀哉朝雖有求賢之名而無知才之實言雖當彼以爲誣策雖奇彼以爲妄誣則毀已之言入妄則不忠之責生豈故爲哉淺明不見深理近才不覩遠體也是以言不用計不施恐死亡之不暇何論功名之立哉故上官昵而屈原放宰嚭寵而伍員戮豈不哀哉若仲舒抑於孝武賈誼失於漢文蓋復是其輕者耳故白起有云非得賢之難用之難非用之難信之難得賢而不能用用而不能信功業豈可得而成哉譚至洛陽武帝親策之曰今四海一統萬里同風天下有道莫斯之盛然北有未羈之虜西有醜施之氐故謀夫未得高枕邊人未獲晏然將何以長弭斯患混清六合對曰臣聞聖人之臨天下也祖乾綱以流化順谷風以興仁兼三才以御物開四聰以招賢故勞謙日昃務在擇才宣明巖穴垂光隱滯俊乂龍躍帝道以光清德鳳翔王化克舉是以皋陶見舉不仁者遠陸賈重漢遠夷折節今聖朝德音發於帷幄清風翔乎無外戎旗南指江漢席卷干戈西征羌蠻慕化誠闢四門之秋興禮教之日也故髦俊聞聲而響赴殊才望險而雲集虛高館以俟賢設重爵以待士急善過於饑渴用人疾於應響杜佞諂之門廢鄭聲之樂混清六合實由乎此雖西北有未羈之寇殊漠有不朝之虜征之則勞師得之則無益故班固云有其地不可耕而食得其人不可臣而畜來則懲而禦之去則備而守之蓋安邊之術也又策曰吳蜀恃險今既蕩平蜀人服化無攜貳之心而吳人趑睢屢作妖寇豈蜀人敦樸易可化誘吳人輕銳難安易動乎今將欲綏靜新附何以爲先對曰臣聞漢末分崩英雄鼎峙蜀棲岷隴吳據江表至大晉龍興應期受命文皇運籌安樂順軌聖上潛謀歸命向化蜀染化日久風教遂成吳始初附未改其化非爲蜀人敦慤而吳人易動也然殊俗遠境風土不同吳阻長江舊俗輕悍所安之計當先籌其人士使雲翔闔闈進其賢才待以異禮明選牧伯致以威風輕其賦斂將順咸悅可以永保無窮長爲人臣者也又策曰聖人稱如有王者必世而後仁今天成地平大化無外雖匈奴未羈羌氐驕黠將修文德以綏之舞干戚以來之故兵戈載戢武夫寢息如此已可消鋒刃爲佃器罷尙方武庫之用未邪對曰夫唐堯歷載頌聲乃作文武相承禮樂大同清一八紘綏盪無外萬國順軌海內斐然雖復被髮之鄉徒跣之國皆習章甫而入朝要衣裳以磬折夫大舜之德猶有三苗之征以周之盛獫狁爲寇雖有文德又須武備備預不虞古之善教安不忘危聖人常誡無爲罷武庫之常職鑠鋒刃爲佃器自可倒戢干戈苞以獸皮將帥之士使爲諸侯於散樂休風未爲不泰也又策曰夫法令之設所以隨時制也時險則峻法以取平時泰則寬網以將化今天下太平四方無事百姓承德將就無爲而又至於律令應有所損益不對曰臣聞五帝殊禮三王異教故或禪讓以光政或干戈以攻取至於興禮樂以和人流清風以寧俗其歸一也今誠風教大同四海無虞人皆感化去邪從正夫以堯舜之盛而猶設象刑殷周之隆而甫侯制律律令之存何妨於政若乃大道四達禮樂交通凡人修行黎庶勵節刑罰懸而不用律令存而無施適足以隆太平之雅化飛仁風乎無外矣又策曰昔帝舜以二八成功文王以多士興周夫制化在於得人而賢才難得今大統雖同宜搜才實州郡有貢薦之舉猶未獲出羣卓越之倫將時無其人有而致之未得其理也對曰臣聞興化立法非賢無以光其道平世理亂非才無以宣其業上自皇羲下及帝王莫不張皇綱以羅遠飛仁風以被物故得賢則教興失人則政廢今四海一統萬里同風州郡貢秀孝臺府簡良才以八紘之廣兆庶之衆豈當無卓越儁逸之才乎譬猶南海不少明月之寶大宛不乏千里之駒也異哲難見遠數難覩故堯舜大平之化二八由舜而甫顯殷湯革王之命伊尹負鼎而方用當今聖朝禮亡國之士接遐裔之人或貂蟬於帷幄或剖符於千里巡狩必有呂公之遇宵夢必有巖穴之感賢儁之出可企踵而待也時九州秀孝策無逮譚者譚素以才學爲東土所推同郡劉頌時爲廷尉見之歎息曰不悟鄉里乃有如此才也博士王濟於衆中嘲之曰五府初開羣公辟命採英奇於仄陋拔賢儁於巖穴君吳楚之人亡國之餘有何秀異而應斯舉譚答曰秀異固產於方外不出於中域也是以明珠文貝生於江鬱之濵夜光之璞出乎荊藍之下故以人求之文王生於東夷大禹生於西羌子弗聞乎昔武王剋商遷殷頑民于洛邑諸君得非其苗裔乎濟又曰夫危而不持顚而不扶至於君臣失位國亡無主凡在冠帶將何所取哉答曰吁存亡有運興衰有期天之所廢人不能支徐偃修仁義而失國仲尼逐魯而逼齊段干偃息而成名諒否泰有時曷人力之所能哉濟甚禮之尋除郎中遷太子舍人本國中正以母憂去職服闋爲鄄城令過濮水作莊子贊以示功曹而廷掾張延爲作答教其文甚美譚異而薦之遂見升擢及譚爲廬江延已爲淮陵太守又舉寒族周訪爲孝廉訪果立功名時以

譚爲知人以父墓毀去官尋除尚書郎永寧初出爲郟令于時兵亂之後境內饑饉譚傾心撫卹司徒王戎聞而善之出穀三百斛以助之譚甚有政績再遷廬江內史加綏遠將軍時石冰之黨陸珪等屯據諸縣譚遣司馬褚敦討平之又遣別軍擊冰都督孟徐獲其驍率以功封都亭侯食邑千戶賜絹千匹陳敏之亂吳士多爲其所逼顧榮先受敏官而潛謀圖之譚不悟榮旨露檄遠近極言其非由此爲榮所怨又在郡政嚴而與上司多忤揚州刺史劉陶素與譚不善因法收譚下壽陽獄鎭東將軍周馥與譚素相親善理而出之及甘卓討馥百姓奔散謂譚已去遣人視之而更移近馥馥歎曰吾嘗謂華令思是臧子源之儔今果效矣甘卓嘗爲東海王越所捕下令敢有匿者誅之卓投譚而免及此役也卓遣人求之曰華侯安在吾甘揚威使也譚答不知遺絹二匹以遣之使反告卓卓曰此華侯也復求之譚已亡矣後爲紀瞻所薦而爲顧榮所止遂數年不得調建興初元帝命爲鎭東軍諮祭酒譚博學多通在府無事乃著書三十卷名曰辨道上牋進之帝親自覽焉轉丞相軍諮祭酒領郡大中正譚薦干寶范珧於朝乃上牋求退曰譚聞霸主遠聽以求才爲務僚屬量身以審式其廬譚無古人之賢竊有懷遠之慕自登清顯出入二載執筆無贊事之功拾遺無補闕之績過在納言闕於舉善狂寇未賓復乏謀策年向七十志力日衰素飱無勞實宜辭退謹奉還所假左丞相軍諮祭酒版不聽建武初授祕書監固讓不拜太興初拜前軍以疾復轉祕書監自負宿名恒怏怏不得志時晉陵朱鳳吳郡吳震並學行淸修老而未調譚皆薦爲著作佐郎或問譚曰諺言人之相去如九牛毛寧有此理乎譚對曰昔許由巢父讓天子之貴市道小人爭半錢之利此之相去何啻九牛毛也聞者稱善戴若思弟邈則譚女壻也譚平生時常抑若思而進邈若思每銜之迨用事恒毀譚於帝由是官塗不至譚每懷歎望嘗從容言於帝曰臣已老矣將待死祕閣汲黯之言復存於今帝不懌久之加散騎常侍屢以疾辭及王敦作逆譚疾甚不能入省坐免卒於家贈光祿大夫金章紫綬加散騎常侍諡曰胡二子化茂化字長風爲征虜司馬討汲桑戰沒茂嗣胄

袁甫

淮南袁甫字公胄亦好學與譚齊名以詞辯稱嘗詣中領軍何勗自言能爲劇縣勗曰唯欲宰縣不爲臺閣職何也甫曰人各有能有不能譬繒中之好莫過錦錦不可以爲帢穀中之美莫過稻稻不可以爲虀是以聖王使人必先以器苟非周材何能悉長黃霸馳名於州郡而息譽於京邑廷尉之材不爲三公自昔然也勗善之除松滋令轉淮南國大農郎中令石珩問甫曰卿名能辯豈知壽陽已西何以恒旱壽陽已東何以恒水甫曰壽陽已東皆是吳人夫亡國之音哀以思鼎足强邦一朝失職憤歎甚積積憂成陰陰積成雨雨久成水故其域恒澇也壽陽已西皆是中國新平彊吳美寶皆入志盈心滿用長歡娛公羊有言魯僖甚悅故致旱京師若能抑彊扶弱先疎後親則天下和平災害不生矣觀者歎其敏捷年八十餘卒於家

史臣曰夫緝政蠲俗拔羣才以成務振景觀光俟明主而宣績武皇之世天下久安朝廷屬意於求賢薖軸有懷於干祿郤詵等並韞價州里裒然應召對揚天問高步雲衢求之前哲亦足稱矣令思行已徇義志篤周甘仁者必勇抑斯之謂雖才行夙章而待終祕閣積薪之恨豈獨古人乎

贊曰郤阮洽聞含章體政華生敏德藏巾應命烏路曾飛龍津泒泳素業可久高芬斯盛

晉書卷五十三

唐　太　宗　文　皇　帝　御　撰

列傳第二十三

愍懷太子　子虨　臧　尚

愍懷太子遹字熙祖惠帝長子母曰謝才人幼而聰慧武帝愛之恒在左右嘗與諸皇子共戲殿上惠帝來朝執諸皇子手次至太子帝曰是汝兒也惠帝乃止宮中嘗夜失火武帝登樓望之太子時年五歲牽帝裾入闇中帝問其故太子曰暮夜倉卒宜備非常不宜令照見人君也由是奇之嘗從帝觀豕牢言於帝曰豕甚肥何不殺以享士而使久費五穀帝嘉其意卽使烹之因撫其背謂廷尉傅祗曰此兒當興我家嘗對羣臣稱太子似宣帝於是令譽流於天下時望氣者言廣陵有天子氣故封爲廣陵王邑五萬戶以劉寔爲師孟珩爲友楊準馮蓀爲文學惠帝卽位立爲皇太子盛選德望以爲師傅以何劭爲太師王戎爲太傅楊濟爲太保裴楷爲少師張華爲少傅和嶠爲少保元康元年出就東宮又詔曰遹尚幼蒙今出東宮惟當賴師傅羣賢之訓其游處左右宜得正人使共周旋能相長益者於是使太保衞瓘息庭司空泰息略太子太傅楊濟息毖太子少師裴楷息憲太子少傅張華息褘尚書令華廙息恒與太子游處以相輔導焉及長不好學惟與左右嬉戲不能尊敬保傅賈后素忌太子有令譽因此密勑黃門閹宦媚諛於太子曰殿下誠可及壯時極意所欲何爲恒自拘束每見喜怒之際輒歎曰殿下不知用威刑天下豈得畏服太子所幸蔣美人生男又言宜隆其賞賜多爲皇孫造玩弄之器太子從之於是慢弛益彰或廢朝侍恒在後園游戲愛埤車小馬令左右馳騎斷其鞅勒使墮地爲樂或有犯忤者手自捶擊之性拘小忌不許繕壁修牆正瓦動屋而於宮中爲市使人屠酤手揣斤兩輕重不差其母本屠家女也故太子好之又令西園賣葵菜藍子雞麪之屬而收其利東宮舊制月請錢五十萬備於衆用太子恒探取二月以供嬖寵洗馬江統陳五事以諫之太子不納語在統傳中舍人杜錫以太子非賈后所生而后性凶暴深以爲憂每盡忠規勸太子修德進善遠於讒謗太子怒使人以針著錫常所坐氈中而刺之太子性剛知賈謐恃后之貴不能假借之謐至東宮或捨之而於後庭游戲詹事裴權諫曰賈謐甚有寵於中宮而有不順之色若一旦交構大事去矣宜深自謙屈以防其變廣延賢士用自輔翼太子不能從初賈后母郭槐欲以韓壽女爲太子妃太子亦欲婚韓氏以自固而壽妻賈午及后皆不聽而爲太子聘王衍小女惠風太子聞衍長女美而賈后爲謐聘之心不能平頗以爲言謐嘗與太子圍棊爭道成都王穎見而訶謐謐意愈不平因此譖太子於后曰太子廣買田業多畜私財以結小人者爲賈后故也密聞其言云皇后萬歲後吾當魚肉之非但如是也若宮車晏駕彼居大位依楊氏故事誅臣等而廢后於金墉如反手耳不如早爲之所更立慈順者以自防衞后納其言又宣揚太子之短布諸遠近于時朝野咸知賈后有害太子意中護軍趙俊請太子廢后太子不聽九年六月有桑生于宮西廂日長尺餘數日而枯十二月賈后將廢太子詐稱上不和呼太子入朝既至后不見置于別室遣婢陳舞賜以酒棗逼飮醉之使黃門侍郎潘岳作書草若禱神之文有如太子素意因醉而書之令小婢承福以紙筆及書草使太子書之文曰陛下宜自了不自了吾當入了之中宮又宜速自了不了吾當手了之并謝妃共要剋期而兩發勿疑猶豫致後患茹毛飮血於三辰之下皇天許當掃除患害立道文爲王蔣爲內主願成當三牲祠北君大赦天下要疏如律令太子醉迷不覺遂依而寫之其字半不成既而補成之后以呈帝帝幸式乾殿召公卿入使黃門令董猛以太子書及靑紙詔曰遹書如此今賜死徧示諸公王莫有言者惟張華裴頠證明太子賈后使董猛矯以長廣公主辭白帝曰事宜速決而羣臣各有不同若有不從詔宜以軍法從事議至日西不決后懼事變乃表免太子爲庶人詔許之於是使尚書和郁持節解結爲副及大將軍梁王肜鎭東將軍淮南王允前將軍東武公澹趙王倫太保何劭詣東宮廢太子爲庶人是日太子游玄圃聞有使者至改服出崇賢門再拜受詔步出承華門乘麤犢車澹以兵仗送太子妃王氏三皇孫於金墉城考竟謝淑妃及太子保林蔣俊明年正月賈后又使黃門自首欲與太子爲逆詔以黃門首辭班示公卿又遣澹以千兵防送太子更幽于許昌宮之別坊令治書御史劉振持節守之先是有童謠曰東宮馬子莫聾空前至臘月纏汝閔又曰南風起兮吹白沙遙望魯國鬱嵯峨千歲髑髏生齒牙南風后名沙門太子小字也初太子之廢也妃父王衍表請離婚太子至許遺妃書曰鄙雖頑愚心念爲善欲盡忠孝之節無有惡逆之心雖非中宮所生奉事有如親母自爲太子以來勅見禁檢不得見母自宜城君亡不見存恤恒在空室中坐去年十二月道文疾病困篤父子之情實相憐愍于時表國家乞加徽號不見聽許疾病既篤爲之求請恩福無有惡心自道文病中宮三遣左右來視云天教呼汝到二十八日暮有短函來題言東宮發疏云言天教欲見汝卽便作表求入二十九日早入見國家須臾遣至中宮中宮左右陳舞見語中宮且來吐不快使住空屋中坐須臾中宮遣陳舞見語聞汝表陛下爲道文乞王不得王是成國耳中宮遙呼陳舞昨天教與太子酒棗便持三升酒大盤棗來見與使飮酒啖棗盡鄙素不飮酒卽便遣舞啓說不堪三升

之意中宮遙呼曰汝常陛下前持酒可喜何以不飲天與汝酒當使道文差也便答中宮陛下會同一日見賜故不敢辭通日不飲三升酒也且實未食恐不堪又未見殿下飲此或至顛倒陳舞復傳語曰不孝那天與汝酒飲不肯飲中有惡物邪遂可飲二升餘有一升求持還東宮飲盡逼迫不得已更飲一升飲已體中荒迷不復自覺須臾有一小婢持封箱來云詔使寫此文書鄙便驚起視之有一白紙一青紙催促云陛下停待又小婢承福持筆研墨黃紙來使寫急疾不容復視實不覺紙上語輕重父母至親實不相疑事理如此實爲見誣想衆人見明也太子既廢非其罪衆情憤怨右衞督司馬雅宗室之踈屬也與常從督許超並有寵於太子二人深傷之說趙王倫謀臣孫秀曰國無適嗣社稷將危大臣之禍必起而公奉事中宮與賈后親密太子之廢皆云豫知一旦事起禍必及矣何不先謀之秀言於趙王倫倫深納焉計既定而秀說倫曰太子爲人剛猛若得志之日必肆其情性矣明公素事賈后街談巷議皆以公爲賈氏之黨今雖欲建大功於太子太子雖將含忍宿忿必不能加賞於公當謂公逼百姓之望翻覆以免罪耳若有瑕釁猶不免誅不若遷延却期賈后必害太子然後廢賈后爲太子報讎猶足以爲功乃可以得志倫然之秀因使反間言殿中人欲廢賈后迎太子賈后聞之憂怖乃使太醫令程據合巴豆杏仁丸三月矯詔使黃門孫慮齎至許昌以害太子初太子恐見酖恒自煑食於前慮以告劉振振乃徙太子於小坊中絕不與食宮中猶於墻壁上過食與太子慮乃逼太子以藥太子不肯服因如廁慮以藥杵椎殺之太子大呼聲聞于外時年二十三將以庶人禮葬之賈后表曰遹不幸喪亡傷其迷悖又早短折悲痛之懷不能自已妾私心冀其刻肌刻骨更思孝道冀爲稽顙正其名號此志不遂重以酸恨遹雖罪在莫大猶王者子孫便以匹庶送終情實憐愍特乞天恩賜以王禮妾誠闇淺不識禮義不勝至情冒昧陳聞詔以廣陵王禮葬之及賈庶人死乃誅劉振孫慮程據等冊復太子曰皇帝使使持節兼司空衞尉伊策故皇太子之靈曰嗚呼維爾少資岐嶷之質荷先帝殊異之寵大啓土宇奄有淮陵朕奉遵遺旨越建爾儲副以光顯我祖宗祗爾德行以從保傅事親孝敬禮無違者而朕昧于凶構致爾于非命之禍俾申生孝已復見於今賴宰相賢明人神憤怨用啓朕心討厥有罪咸伏其辜何補於荼毒寃魂酷痛哉是用切怛悼恨震動於五內今追復皇太子喪禮反葬京畿祠以太牢魂而有靈尚獲爾心帝爲太子服長子斬衰羣臣齊衰使尚書和郁率東宮官屬具吉凶之制迎太子喪於許昌喪之發也大風雷電幃蓋飛裂又爲哀策曰皇帝臨軒使洗馬劉務告于皇太子之殯曰咨爾遹幼稟英挺芬馨誕茂既茂髫齓高明逸秀昔爾聖祖嘉爾淑美顯詔仍崇名振同軌是用建爾儲副永統皇基如何凶戾潛構禍害如茲哀感和氣痛貫四時嗚呼哀哉爾之降廢實我不明牝亂沉裁釁結禍成爾之逝矣誰百其形昔之申生含枉莫訟今爾之負抱寃于東悠悠有識孰不哀慟壺關干主千秋悟已異世同規古今一理皇孫啓建降祚爾子雖倅前終庶榮後始窀窆既營將寧爾神華髦電逝戎車雷震芒芒羽蓋翼翼緇紳同悲等痛孰不酸辛庶光來葉永世不泯諡曰愍懷六月己卯葬于顯平陵帝感閻纘之言立思子臺故臣江統陸機並作誄頌焉太子三子彪臧尚並與父同幽金墉

彪字道文永康元年正月薨四月追封南陽王

臧字敬文永康元年四月封臨淮王己巳詔曰咎徵數發姦回作變遹既逼廢非命而沒今立臧爲皇太孫還妃王氏以母之稱太孫太妃太子官屬即轉爲太孫官屬趙王倫行太孫太傅五月倫與太孫俱之東宮太孫自西掖門出車服侍從皆愍懷之舊也到銅駞街宮人哭侍從者皆哽咽路人扙淚焉桑復生于西廂太孫廢乃枯永寧元年正月趙王倫篡位廢爲濮陽王與帝俱遷金墉尋被害太安初追諡曰哀

尚字敬仁永康元年四月封爲襄陽王永寧元年八月立爲皇太孫太安元年三月癸卯薨帝服齊衰朞諡曰沖太孫

史臣曰愍懷挺岐嶷之姿表夙成之質武皇鍾愛既深貽厥之謀天下歸心頗有後來之望及于繼明宸極守器春坊四教不勤三朝或闕豹姿未變鳳德已衰信惑姦邪踈斥正士好屠酤之賤役躭苑囿之佚游可謂靡不有初鮮克有終者也既而中宮凶忍久懷危害之心外戚諂諛競進讒邪之說坎牲之謀已搆獒犬之譖遂行一人乏探隱之聽百辟無爭臣之節遂使寃逾楚建酷甚戾園雖復禮備哀榮情深憫慟亦何補於荼毒者哉

贊曰愍懷聰穎諒惟天挺皇祖鍾心庶僚引領震宮肇建儲德不恢掇蜂搆隙歸胙生災既罹凶忍徒望歸來

晉書卷五十三考證

愍懷太子傳先是有童謠曰東宮馬子莫聾空前至臘月纏汝夏○本書五行志聾空作嚨喃前作比臘月作來年與此小異

不若遷延却期○却監本作刼綱目分注作緩今從閣本

晉書卷五十四

唐　太　宗　文　皇　帝　御　撰

列傳第二十四

陸機 孫拯 雲弟耽 弟雲 從父兄喜

陸機字士衡吳郡人也祖遜吳丞相父抗吳大司馬機身長七尺其聲如雷少有異才文章冠世伏膺儒術非禮不動抗卒領父兵爲牙門將年二十而吳滅退居舊里閉門勤學積有十年以孫氏在吳而祖父世爲將相有大勳於江表深慨孫晧舉而棄之乃論權所以得晧所以亡又欲述其祖父功業遂作辯亡論二篇其上篇曰昔漢氏失御姦臣竊命禍基京畿毒徧宇內皇綱弛頓王室遂卑於是羣雄蜂駭義兵四合吳武烈皇帝慷慨下國電發荆南權略紛紜忠勇伯世威稜則夷羿震盪兵交則醜虜授馘遂掃清宗祊蒸禋皇祖于時雲興之將帶州猋起之師跨邑哮闞之羣風驅熊羆之族霧合雖兵以義動同盟勠力然皆苞藏禍心阻兵怙亂或師無謀律喪威稔寇忠規武節未有如此其著者也武烈既沒長沙桓王逸才命世弱冠秀發招覽遺老與之述業神兵東驅奮寡犯衆攻無堅城之將戰無交鋒之虜誅叛柔服而江外底定飭法脩師則威德翕赫賓禮名賢而張公爲之雄交御豪俊而周瑜爲之傑彼二君子皆弘敏而多奇雅達而聰哲故同方者以類附等契者以氣集江東蓋多士矣將北伐諸華誅鉏干紀旋皇輿於夷庚反帝坐於紫闥挾天子以令諸侯清天步而歸舊物戎車既次羣凶側目大業未就中世而殞用集我大皇帝以奇蹤襲逸軌叡心因令圖從政咨於故實播憲稽乎遺風而加之以篤敬申之以節儉疇諮俊茂好謀善斷束帛旅於丘園旌命交於塗巷故豪彥尋聲而響臻志士晞光而景騖異人輻湊猛士如林於是張公爲師傅周瑜陸公魯肅呂蒙之疇入爲腹心出爲股肱甘寧凌統程普賀齊朱桓朱然之徒奮其威韓當潘璋黃蓋蔣欽周泰之屬宣其力風雅則諸葛瑾張承步騭以名聲光國政事則顧雍潘濬呂範呂岱以器任幹職奇偉則虞翻陸績張惇以風義舉政奉使則趙咨沈珩以敏達延譽術數則吳範趙達以禨祥協德董襲陳武殺身以衞主駱統劉基彊諫以補過謀無遺計舉不失策故遂割據山川跨制荆吳而與天下爭衡矣魏氏嘗藉戰勝之威率百萬之師浮鄧塞之舟下漢陰之衆羽楫萬計龍躍順流銳師千旅武步原隰謨臣盈室武將連衡喟然有吞江滸之志壹宇宙之氣而周瑜驅我偏師黜之赤壁喪旗亂轍僅而獲免收迹遠遁漢王亦憑帝王之號帥巴漢之人乘危騁變結壘千里志報關羽之敗圖收湘西之地而我陸公亦挫之西陵覆師敗績困而後濟絕命永安續以濡須之寇臨川摧銳蓬籠之戰子輪不反由是二邦之將喪氣挫鋒勢衂財匱而吳莞然坐乘其弊故魏人請好漢氏乞盟遂躋天號鼎跱而立西界庸益之郊北裂淮漢之涘東苞百越之地南括羣蠻之表於是講八代之禮蒐三王之樂告類上帝拱揖羣后武臣毅卒循江而守長棘勁鎩望猋而奮庶尹盡規於上黎元展業于下化協殊裔風衍遐圻乃俾一介行人撫巡外域巨象逸駿擾於外閑明珠瑋寶耀於內府珍瑰重迹而至奇玩應響而赴輶軒騁於南荒衝輣息於朔野黎庶免干戈之患戎馬無晨服之虞而帝業固矣大皇既沒幼主蒞朝姦回肆虐景皇聿興虔修遺憲政無大闕守文之良主也降及歸命之初典刑未滅故老猶存大司馬陸公以文武熙朝左丞相陸凱以謇諤盡規而施績范慎以威重顯丁奉鍾離斐以武毅稱孟宗丁固之徒爲公卿樓玄賀邵之屬掌機事元首雖病股肱猶良爰逮末葉羣公既喪然後黔首有瓦解之患皇家有土崩之釁歷命應化而微王師躡運而發卒散於陣衆奔于邑城池無藩籬之固山川無溝阜之勢非有工輸雲梯之械智伯灌激之害楚子築室之圍燕人濟西之隊軍未浹辰而社稷夷矣雖忠臣孤憤烈士死節將奚救哉夫曹劉之將非一世所選向時之師無曩日之衆戰守之道抑有前符險阻之利俄然未改而成敗貿理古今詭趣何哉彼此之化殊授任之才異也其下篇曰昔三方之王也魏人據中夏漢氏有岷益吳制荆揚而奄有交廣曹氏雖功濟諸華虐亦深矣其人怨劉翁因險以飾智功已薄矣其俗陋夫吳桓王基之以武太祖成之以德聰明叡達懿度弘遠矣其

求賢如弗及，卹人如稚子，接士盡盛德之容，親仁罄丹府之愛。拔呂蒙於戎行，試潘濬於係虜，推誠信士不恤人之我欺，量能授器不患權之我偪。執鞭鞠躬以重陸公之威，悉委武衞以濟周瑜之師。卑宮菲食豐功臣之賞，披懷虛己納謨士之算。故魯肅一面而自託，士燮蒙險而效命。高張公之德而省游田之娛，賢諸葛之言而割情欲之歡，感陸公之規而除刑法之煩，奇劉基之議而作三爵之誓。屏氣跼蹐以何子明之疾，分滋損甘以育凌統之孤，登壇忼慨歸魯子之功，削投怨言信子瑜之節。是以忠臣競盡其謨，志士咸得肆力，洪規遠略固不厭夫區區者也。故百官苟合，庶務未遑。初都建鄴，羣臣請備禮秩，天子辭而弗許，曰：天下其謂朕何！宮室輿服蓋慊如也。爰及中葉，天人之分既定，故百度之缺粗修，雖醲化懿綱未齒乎上代，抑其體國經邦之具亦足以爲政矣。地方幾萬里，帶甲將百萬，其野沃，其兵練，其器利，其財豐。東負滄海，西阻險塞，長江制其區宇，峻山帶其封域，國家之利未見有弘於茲者也。借使守之以道，御之有術，敦率遺典，勤人謹政，修定策，守常險，則可以長世永年，未有危亡之患也。或曰：吳蜀脣齒之國也，夫蜀滅吳亡，理則然矣。夫蜀蓋藩援之與國，而非吳人之存亡也。其郊境之接，重山積險，陸無長轂之徑；川阸流迅，水有驚波之艱。雖有鋭師百萬，啓行不過千夫；軸轤千里，前驅不過百艦。故劉氏之伐，陸公喻之長蛇，其勢然也。昔蜀之初亡，朝臣異謀，或欲積石以險其流，或欲機械以禦其變。天子總羣議以諮之大司馬陸公，公以四瀆天地之所以節宣其氣，固無可遏之理，而機械則彼我所共，彼若棄長技以就所屈，卽荆楚而爭舟檝之用，是天贊我也，將謹守峽口以待擒耳。逮步闡之亂，憑寶城以延彊寇，資重幣以誘羣蠻。于時大邦之衆雲翔電發，懸旍江介，築壘遵渚，衿帶要害，以止吳人之西，巴漢舟師沿江東下。陸公偏師三萬，北據東坑，深溝高壘，按甲養威。反虜踠迹待戮，而不敢北窺生路，彊寇敗績宵遁，喪師太半。分命鋭師五千，西禦水軍，東西同捷，獻俘萬計。信哉賢人之謀，豈欺我哉！自是烽燧罕驚，封域寡虞。陸公沒而潛謀兆，吳釁深而六師駭。夫太康之役，衆未盛乎曩日之師；廣州之亂，禍有愈乎向時之難，而邦家顛覆，宗廟爲墟。嗚呼！人之云亡，邦國殄瘁，不其然歟！易曰湯武革命順乎天，或曰亂不極則治不形，言帝王之因天時也。古人有言曰天時不如地利，易曰王侯設險以守其國，言爲國之恃險也。又曰地利不如人和，在德不在險，言守險之在人也。吳之興也，參而由焉，孫卿所謂合其參者也。及其亡也，恃險而已，又孫卿所謂舍其參者也。夫四州之萌非無衆也，大江以南非乏俊也，山川之險易守也，勁利之器易用也，先政之策易修也，功不興而禍遘何哉？所以用之者失也。故先王達經國之長規，審存亡之至數，謙已以安百姓，敦惠以致人和，寬冲以誘俊乂之謀，慈和以結士庶之愛。是以其安也，則黎元與之同慶；及其危也，則兆庶與之同患。安與衆同慶，則其危不可得也；危與下同患，則其難不足卹也。夫然，故能保其社稷而固其土宇，麥秀無悲殷之思，黍離無愍周之感也。

至太康末，與弟雲俱入洛，造太常張華。華素重其名，如舊相識，曰：伐吳之役，利獲二俊。又嘗詣侍中王濟，濟指羊酪謂機曰：卿吳中何以敵此？答云：千里蓴羹，未下鹽豉。時人稱爲名對。張華薦之諸公。後太傅楊駿辟爲祭酒。會駿誅，累遷太子洗馬、著作郎。范陽盧志於衆中問機曰：陸遜、陸抗於君近遠？機曰：如君於盧毓、盧珽。志默然。既起，雲謂機曰：殊邦遐遠，容不相悉，何至於此！機曰：我父祖名播四海，寧不知邪！議者以此定二陸之優劣。吳王晏出鎭淮南，以機爲郎中令，遷尚書中兵郎，轉殿中郎。趙王倫輔政，引爲相國參軍。豫誅賈謐功，賜爵關中侯。倫將篡位，以爲中書郎。倫之誅也，齊王冏以機職在中書，九錫文及禪詔疑機與焉，遂收機等九人付廷尉。賴成都王穎、吳王晏並救理之，得減死徙邊，遇赦而止。初機有駿犬，名曰黃耳，甚愛之。旣而羇寓京師，久無家問，笑語犬曰：我家絕無書信，汝能齎書取消息不？犬搖尾作聲。機乃爲書以竹筩盛之而繫其頸，犬尋路南走，遂至其家，得報還洛。其後因以爲常。時中國多難，顧榮、戴若思等咸勸機還吳，機負其才望，而志匡世難，故不從。

冏旣矜功自伐，受爵不讓，機惡之，作豪士賦以刺焉。其序曰：夫立德之基有常，而建功之路不一。何則？修心以爲量者存乎我，因物以成務者係乎彼。存乎我者，隆殺止乎其域；係乎彼者，豐約惟所遭遇。落葉俟微飈以隕，而風之力蓋寡；孟嘗遭雍門以泣，而琴之感以末。何哉？欲隕之葉無所假烈風，將墜之泣不足煩哀響也。是故苟時啓於天，理盡於人，庸夫可以濟聖賢之功，斗筲可以定烈士之業。故曰才不半古，功已倍之，蓋得之於時世也。歷觀今古，徼一時之功而居伊周之位者有矣。夫我之自我，智士猶嬰其累；物之相物，昆蟲皆有此情。夫以自我之量而挾非常之勳，神器暉其顧眄，萬物隨其俯仰，心玩居常之安，耳飽從諛之說，豈識乎功在身外，任出才表者哉！且好榮惡辱，有生之大期；忌盈害上，鬼神猶且不免。人主操其常柄，天下服其大節，故曰天可讎乎。而時有袨服荷戟，立乎廟門之下；援旗誓衆，奮於阡陌之上。况乎世主制命，自下裁物者乎！廣樹恩不足以敵怨，勤興利不足以補害，故曰代大匠斲者必傷手。且夫政由寗氏，忠臣所以慷慨；祭則寡人，人主所不久堪。是以君奭怏怏，不悅公旦之舉；高平師師，側目博陸之勢。而成王不遺嫌吝於懷，宣帝若負芒刺於背，非其然者歟？嗟乎！光于四表，德莫富焉；王曰叔父，親莫昵焉；登帝天位，功莫厚焉；守節沒齒，忠莫至焉。而傾側顛沛，僅而自全，則伊生抱明允以嬰戮，文子懷忠敬而齒劒，固其所也。因斯以言，夫以篤聖穆親，如彼之懿；大德至忠，如此之盛，尚不能取信於人主之懷，止謗於衆多之口，過此以往，惡覩其可？安危之理，斷可識矣。又况乎饕大名以冒道家之忌，運短才而易聖哲所難者哉！身危由於勢過，而不知去勢以求安；禍積起於寵盛，而不知辭寵以招福。見百姓之謀已，則申宮禦守，以崇不畜之威；懼萬方之不服，則嚴刑峻制，以賈傷心之怨。然後威窮乎震主，而怨行乎上下，衆心日陊，危機將發，而方偃仰瞪眄，謂足以夸世，笑古人之未工，忘已事之已拙，知曩勳之可矜，闇成敗之有會。是以事窮運盡，必於顛仆；風起塵合，而禍至常酷也。聖人忌功名之過已，惡寵祿之踰量，蓋爲此也。夫惡欲之大端，賢愚所共有，而遊子殉高位於生前，志士思垂名於身後，受生之分，惟此而已。夫蓋世之業，名莫盛焉；率意無違，欲莫順焉。借使伊人頗覽天道，知盡不可益，盈難久持，超然自引，高揖而退，則巍巍之盛仰邈前賢，洋洋之風俯觀來籍，而大欲不止於身，至樂無愆乎舊節，彌效而德彌廣，身逾逸而名逾劭。此之不爲，而彼之必昧，然後河海之迹堙爲窮流，一匱之釁積成山嶽，名編凶頑之條，身厭荼毒之痛，豈不謬哉！故聊爲賦焉，庶使百世少有悟云。冏不之悟，而竟以敗。

機又以聖王經國，義在封建，因採其遠指，著五等論曰：夫體國經野，先王所慎，創制垂基，思隆後業。然而經略不同，長世異術。五等之制，始於黃唐；郡縣之治，創於秦漢。得失成敗，備在典謨，是以其詳可得而言。夫王者知帝業至重，天下至廣。廣不可以偏制，重不可以獨任。任重必於借力，制廣終乎因人。故設官分職，所以輕其任也；並建伍長，所以弘其制也。於是乎立其封疆之典，裁其親疏之宜，使萬國相維，以成盤石之固；宗庶雜居，而定維城之業。又有以見綏世之長御，識人情之大方，知其爲人不如厚已，利物不如圖身；安上在於悅下，爲已存乎利人。故易曰悅以使人，人忘其勞。孫卿曰不利而利之，不如利而後利之利也。是以分天下以厚樂，則已得與之同憂；饗天下以豐利，而已得與之共害。利博而恩篤，樂遠則憂深。故諸侯享食土之實，萬國受傳世之祚。夫然，則南面之君各務其政，九服之內知有定主。上之子愛於是乎生，下之禮信於是乎結。世平足以敦風，道衰足以禦暴。故彊毅之國不能擅一時之勢，雄俊之人無所寄霸王之志。然後國安由萬邦之思化，主尊賴羣后之圖身。譬猶衆目營方，則天綱自昶；四體辭難，而心膂獲乂。蓋三代所以直道，四王所以垂業也。夫盛衰隆弊，理所固有；教之廢興，繫乎其人。原法期於必諒，明道有時而闇。故世及之制弊於彊禦，厚下之典漏於末折，侵弱之釁遘自三季，陵夷之禍終乎七雄。昔成湯親照夏后之鑒，公旦目涉商人之戒，文質相濟，損益有物。然五等之禮不革於時，封畛之制有隆爾者，豈玩二王之禍而闇經世之算乎？固知百世非可懸御，善制不能無弊，而侵弱之辱愈於殄祀，土崩之困痛於陵夷也。是以經始獲其多福，慮終取其少禍。非謂侯伯無可亂之符，郡縣非興化之具。故國憂賴其釋位，主弱憑於翼戴。及承微積弊，王室遂卑，猶保名位，祚垂後嗣，皇統幽而不輟，神器否而必存者，豈非事勢使之然歟？降及亡秦，棄道任術，懲周之失，自矜其得。尋斧始於所庇，制國昧於弱下，國慶獨饗其利，主憂莫與共害。雖速亡趨亂，不必一道，顛沛之釁，實由孤立。是蓋思五等之小怨，亡萬國之大德；知陵夷之可患，闇土崩之爲痛也。周之不競，有自來矣。國乏令王，十有餘世，然片言勤王，諸侯必應，一朝振矜，遠國先叛。故彊晉收其請隧之圖，暴楚頓其觀鼎之志，豈劉項之能窺關，勝廣之敢號澤哉！借使秦人因循其制，雖則無道，有與共亡，覆滅之禍，豈在曩日？漢矯秦枉，大啓王侯，境土踰溢，不遵舊典，故賈生憂其危，晁錯痛其亂。是以諸侯阻其國家之富，憑其士庶之力，勢足者反疾，土狹者逆遲，六臣犯其弱綱，七子衝其漏網，皇祖夷於黔徒，西京病於東帝，是蓋過正之災，而非建侯之累也。然呂氏之難，朝士外顧，宋昌策漢，必稱諸侯。逮至中葉，忌其失節，割削宗子，有名無實，天下曠然，復襲亡秦之軌矣。是以五侯作威，不忌萬國；新都襲漢，易於拾遺也。光武中興，纂隆皇統，而由遵覆車之遺轍，養喪家之宿疾，僅及數世，姦宄充斥，卒有彊臣專朝，則天下風靡一夫從衡而城池自夷，豈不危哉在周之衰難興王室放命者七臣干位者三子嗣王委其九鼎凶族據其天邑征鞶震於閭宇鋒鏑流於絳闕然禍止畿甸害不覃及天下晏然以安待危是以宣王興於共和襄惠振於晉鄭豈若二漢階闥暫擾而四海已沸孽臣朝入九服夕亂哉遠惟王莽篡逆之事近覽董卓擅權之際億兆悼心愚智同痛然周以之存漢以之亡夫何故哉豈世乏曩時之臣士無匡合之志歟蓋遠績屈於時異雄心挫於卑勢耳故烈士扼腕終委寇讎之手忠人變節以助虐國之桀雖復時有鳩合同志以謀王室然上非奥主下皆市人師旅無先定之班君臣無相保之志是以義兵雲合無救劫殺之禍衆望未改而已見大漢之滅矣或以諸侯世位不必常全昏主暴君有時比迹故五等所以多亂今之牧守皆官方庸能雖或失之其得固多故郡縣易以爲政夫德之休明黜陟日用長率連屬咸述其職而淫昏之君無所容過何則其不治哉故先代有以興矣苟或衰陵百度自悖鬻官之吏以貨準才則貪殘之萌皆羣后也安在其不亂哉故後王有以之廢矣且要而言之五等之君爲己思政郡縣之長爲吏圖物何以徵之蓋企及進取仕子之常志修己安人良士所希及夫進取之情銳而安人之譽遲是故侵百姓以利己者在位所不憚損實事以養名者官長所夙慕也君無卒歲之圖臣挾一時之志五等則不然知國爲己土衆皆我民民安已受其利國傷家嬰其病故前人欲以垂後後嗣思其堂構爲上無苟且之心羣下知膠固之義使其並賢居政則功有厚薄兩愚處亂則過有深淺然則八代之制幾可以一理貫秦漢之典殆可以一言蔽也時成都王穎推功不居勞謙下士機既感全濟之恩又見朝廷屢有變難謂穎必能康隆晉室遂委身焉穎以機參大將軍軍事表爲平原內史太安初穎與河間王顒起兵討長沙王乂假機後將軍河北大都督督北中郎將王粹冠軍牽秀等諸軍二十餘萬人機以三世爲將道家所忌又羈旅入宦頓居羣士之右而王粹牽秀等皆有怨心固辭都督穎不許機鄉人孫惠亦勸機讓都督於粹機曰將謂吾爲首鼠避賊適所以速禍也遂行穎謂機曰若功成事定當爵爲郡公位以台司將軍勉之矣機曰昔齊桓任夷吾以建九合之功燕惠疑樂毅以失垂成之業今日之事在公不在機也穎左長史盧志心害機寵言於穎曰陸機自比管樂擬君闇主自古命將遣師未有臣陵其君而可以濟事者也穎默然機始臨戎而牙旗折意甚惡之列軍自朝歌至于河橋鼓聲聞數百里漢魏以來出師之盛未嘗有也長沙王乂奉天子與機戰於鹿苑機軍大敗赴七里澗而死者如積焉水爲之不流將軍賈稜皆死之初宦人孟玖弟超並爲穎所嬖寵超領萬人爲小都督未戰縱兵大掠機錄其主者超將鐵騎百餘人直入機麾下奪之顧謂機曰貉奴能作督不機司馬孫拯勸機殺之機不能用超宣言於衆曰陸機將反又還書與玖言機持兩端軍不速決及戰超不受機節度輕兵獨進而沒玖疑機殺之遂譖機於穎言其有異志將軍王闡郝昌公師藩等皆玖所用與牽秀等共證之穎大怒使秀密收機其夕機夢黑幰繞車手決不開天明而秀兵至機釋戎服著白帢與秀相見神色自若謂秀曰自吳朝傾覆吾兄弟宗族蒙國重恩入侍帷幄出剖符竹成都命吾以重任辭不獲已今日受誅豈非命也因與穎牋詞甚悽惻既而歎曰華亭鶴唳豈可復聞乎遂遇害於軍中時年四十三二子蔚夏亦同被害機既死非其罪士卒痛之莫不流涕是日昏霧晝合大風折木平地尺雪議者以爲陸氏之冤機天才秀逸辭藻宏麗張華嘗謂之曰人之爲文常恨才少而子更患其多弟雲嘗與書曰君苗見兄文輒欲燒其筆硯後葛洪著書稱機文猶玄圃之積玉無非夜光焉五河之吐流泉源如一焉其弘麗妍贍英銳漂逸亦一代之絕乎其爲人所推服如此然好游權門與賈謐親善以進趣獲譏所著文章凡二百餘篇並行於世

孫拯者字顯世吳郡富春人也能屬文仕吳爲黃門郎孫皓世侍臣多得罪惟拯與顧榮以智全吳平後爲涿令有稱績機既爲孟玖等所誣收拯考掠兩踝骨見終不變辭門生費慈宰意二人詣獄明拯拯譬遣之曰吾義不可誣枉知故卿何宜復爾二人曰僕亦安得負君拯遂死獄中而慈意亦死

雲字士龍六歲能屬文性清正有才理少與兄機齊名雖文章不及機而持論過之號曰二陸幼時吳尚書廣陵閔鴻見而奇之曰此兒若非龍駒當是鳳雛後舉雲賢良時年十六吳平入洛機初詣張華華問雲何在機曰雲有笑疾未敢自見俄而雲至華爲人多姿制又好帛繩纏鬚雲見而大笑不能自已先是嘗著縗絰上船於水中顧見其影因大笑落水人救獲免雲與荀隱素未相識嘗會華坐華曰今日相遇可勿爲常談雲因抗手曰雲間陸士龍隱曰日下荀鳴鶴鳴鶴隱字也雲又曰既開青雲覩白雉何不張爾弓挾爾矢隱曰本謂是雲龍騤騤乃是山鹿野麋獸微弩強是以發遲華撫手大笑刺史周浚召爲從事謂人曰陸士龍當今之顏子也俄以公府掾爲太子舍人出補浚儀令縣居都會之要名爲難理雲到官肅然下不能欺市無二價人有見殺者主名不立雲錄其妻而無所問十許日遣出密令人隨後謂曰其去不出十里當有男子候之與語便縛來既而果然問之具服云與此妻通共殺其夫聞妻得出欲與語憚近縣故遠相要候於是一縣稱其神明郡守害其能屢譴責之雲乃去官百姓追思之圖畫形象配食縣社尋拜吳王晏郎中令晏於西園大營第室雲上書曰臣竊見世祖武皇帝臨朝拱默訓世以儉卽位二十有六載宮室臺榭無所新營屢發明詔厚戒豐奢國家纂承務在遵奉而世俗陵遲家競盈溢漸漬波蕩遂已成風雖嚴詔屢宣而侈俗滋廣每覩詔書衆庶歎息清河王昔起墓宅時手詔追述先帝節儉之敎懇切之旨形于四海清河王毀壞成宅以奉詔命海內聽望咸用欣然臣愚以先帝遺敎日以陵替今與國家協崇大化追闡前蹤者實在殿下先敎素朴而後可以訓正四方凡在崇麗一宜節之以制然後上厭帝心下允時望臣以凡才特蒙拔擢亦思竭忠效節以報所受之施是以不慮犯迕敢陳所懷如愚臣言有可采乞垂三省時晏信任部將使覆察諸官錢帛雲又陳曰伏見令書以部曲將李咸馮南司馬吳定給使徐泰等覆校諸官市買錢帛簿臣愚以聖德龍興光有大國選衆官材庶工肆業中尉該大農誕皆清廉淑愼恪居所司其下衆官悉州閭一介疎闊之咎雖可日聞至於處義用情庶無大戾今咸南軍旅小人定泰士卒厮賤非有清愼素著忠公足稱大臣所關猶謂未詳咸等督察然後得信旣非開國勿用之義又傷殿下推誠曠蕩之量雖使咸等能盡節益國而功利百倍至於光輔國美猶未若開懷信士之無失况所益不過姑息之利而使小人用事大道陵替此臣所以慷慨也臣備位大臣職在獻可苟有管見敢不盡規愚以爲宜發明令罷此等覆察衆事一付治書則大信臨下人思盡節矣雲愛才好士多所貢達移書太常府薦同郡張贍曰蓋聞在昔聖王承天御世殷薦明德思和人神莫不崇典謨以敎思興禮學以陶遠是以帝堯昭煥而道協人天西伯質文而周隆二代大晉建皇崇配天地區夏旣混禮樂將庸君侯應歷運之會贊天人之期博延俊茂熙隆載典伏見衞將軍舍人同郡張贍茂德清粹器思深通初慕聖門棲心重仞啓塗及階遂升樞奥抽靈匱於祕宮披金縢於玄夏思樂百氏博採其珍辭邁翰林言敷其藻採徽集逸思心洞神論道屬書篇章光覩含奇宰府婆娑公門棲靜隱寶淪虛藏器褧裳襲錦緇衣被玉會泉改路懸車將邁考槃下位歲聿屢遷搢紳之士具懷慍悒方今太清闢宇四門啓籥玄綱括地天網廣羅慶雲興以招龍和風起而儀鳳誠巖穴耀穎之秋河津託乘之日也而贍沉淪下位羣望悼心若得端委太學錯綜先典垂纓玉階論道紫宮誠帝室之瑰寶淸廟之偉器廣樂九奏必登昊天之庭韶夏六變必饗上帝之祀矣入爲尚書郎侍御史太子中舍人中書侍郎成都王穎表爲淸河內史穎將討齊王冏以雲爲前鋒都督會冏誅轉大將軍右司馬穎晚節政衰雲屢以正言忤旨孟玖欲用其父爲邯鄲令左長史盧志等並阿意從之而雲固執不許曰此縣皆公府掾資豈有黃門父居之邪玖深忿怨張昌爲亂穎上雲爲使持節大都督前鋒將軍以討昌會伐長沙王乃止機之敗也幷收雲穎官屬江統蔡克棗嵩等上疏曰統等聞人主聖明臣下盡規苟有所懷不敢不獻昨聞敎以陸機後失軍期師徒敗績以法加刑莫不謂當誠足以肅齊三軍威示遠近所謂一人受戮天下知誡者也且聞重敎以機圖爲反逆應加族誅未知本末者莫不疑惑夫爵人於朝與衆共之刑人於市與衆棄之惟刑之恤古人所愼今明公興舉義兵以除國難四海同心雲合響應罪人之命縣於漏刻泰平之期不旦則夕矣機兄弟並蒙拔擢俱受重任不當背罔極之恩而向垂亡之寇去泰山之安而赴累卵之危也直以機計慮淺近不能董攝羣帥致果殺敵進退之間事有疑似故令聖鑒未察其實耳刑誅事大言機有反逆之徵宜令王粹牽秀檢校其事令事驗顯然暴之萬姓然後加雲等之誅未足爲晚今此舉措實爲太重得則足令天下情服失則必使四方心離不可不令審諦不可不令詳愼統等區區非爲陸雲請一身之命實慮此舉有得失之機敢竭愚戇以備誹謗穎不納統等重請穎遲迴者三日盧志又曰昔趙王殺中護軍趙浚赦其子驤驤詣明公而擊趙卽前事也蔡克入至穎前叩頭流血曰雲爲孟玖所怨遠近莫不聞今果見殺罪無彰驗將令羣心疑惑竊爲明公惜之僚屬隨克入者數十人流涕固請穎惻然有宥雲色孟玖扶穎入催令殺雲時年四十二有二女無男門生故吏迎喪葬淸河

修墓立碑四時祠祭所著文章三百四十九篇又撰新書十篇並行於世初雲嘗行迈宿故人家夜暗迷路莫知所從忽望草中有火光於是趣之至一家便寄宿見一年少美風姿共談老子辭致深遠向曉辭去行十許里至故人家云此數十里中無人居雲意始悟却尋昨宿處乃王弼冢雲本無玄學自此談老殊進雲弟耽爲平東祭酒亦有清譽與雲同遇害大將軍參軍孫惠與淮南內史朱誕書曰不意三陸相攜闇朝一旦湮滅道業淪喪痛酷之深荼毒難言國喪儁望悲豈一人其爲州里所痛悼如此後東海王越討穎移檄天下亦以機雲兄弟枉害罪狀穎云

喜字恭仲父瑁吳吏部尚書喜仕吳累遷吏部尚書少有聲名好學有才思嘗爲自敘其略曰劉向省新語而作新序桓譚詠新序而作新論余不自量感子雲之法言而作言道覩賈子之美才而作訪論觀子政洪範而作古今歷覽蔣子通萬機而作審機讀幽通思玄四愁而作娛賓九思眞所謂忍愧者也其書近百篇吳平又作西州清論傳於世借稱諸葛孔明以行其書也有較論格品篇曰或問予薛瑩最是國士之第一者乎答曰以理推之在乎四五之間問者愕然請問答曰夫孫晧無道肆其暴虐若龍蛇其身沈默其體潛而勿用趣不可測此第一人也避尊居卑祿代耕養玄靜守約沖退澹然此第二人也侃然體國思治心不辭貴以方見憚執政不懼此第三人也斟酌時宜在亂猶顯意不忘忠時獻微益此第四人也溫恭修慎不爲諂首無所云補從容保寵此第五人也過此已往不足復數故第二已上多淪沒而遠悔吝第三已下有聲位而近咎累是以深識君子晦其明而履柔順也問者曰始聞高論終年啓寤矣太康中下詔曰僞尚書陸喜等十五人南士歸稱並以貞潔不容晧朝或忠而獲罪或退身修志放在草野主者可皆隨本位就下拜除勑所在以禮發遣須到隨才授用乃以喜爲散騎常侍尋卒子育爲尚書郎弋陽太守

制曰古人云雖楚有才晉實用之觀夫陸機陸雲寔荆衡之杞梓挺珪璋於秀實馳英華於早年風鑒澄爽神情俊邁文藻宏麗獨步當時言論慷慨冠乎終古高詞迥映如朗月之懸光疊意迴舒若重巖之積秀千條析理則電拆霜開一緒連文則珠流璧合其詞深而雅其義博而顯故足遠超枚馬高躡王劉百代文宗一人而已然其祖考重光羽楫吳運文武奕葉將相連華而機以廊廟蘊才瑚璉標器宜其承俊乂之慶奉佐時之業申能展用保譽流功屬吳祚傾基金陵畢氣君移國滅家喪臣遷矯翮南辭翻棲火樹飛鱗北逝卒委湯池遂使穴碎雙龍巢傾兩鳳激浪之心未騁遽骨修鱗凌雲之意將騰先灰勁翮望其翔躍焉可得哉夫賢之立身以功名爲本士之居世以富貴爲先然則榮利人之所貪禍辱人之所惡故安居保名則君子處焉冒危履貴則哲士去焉是知蘭植中塗必無經時之翠桂生幽壑終保彌年之丹非蘭怨而桂親豈塗害而壑利而生滅有殊者隱顯之勢異也故曰衒美非所罕有常安韜奇擇居故能全性觀機雲之行已也智不逮言矣觀其文章之誡何知易而行難自以智足安時才堪佐命庶保名位無忝前基不知世屬未通運鍾方否進不能闢昏匡亂退不能屏跡全身而奮力危邦竭心庸主忠抱實而不諒謗緣虛而見疑生在已而難長死因人而易足上蔡之犬不誡於前華亭之鶴方悔於後卒令覆宗絕祀良可悲夫然則三世爲將釁鍾來葉誅降不祥殃及後昆是知西陵結其凶端河橋收其禍末其天意也豈人事乎

晉書卷五十四考證

陸機傳丁奉鍾離斐以武毅稱○鍾離斐文選作黎斐注黎斐與丁奉解壽春之圍者

晉書卷五十五

唐　太　宗　文　皇　帝　御　撰

列傳第二十五

夏侯湛　弟淳　淳子承

夏侯湛字孝若譙國譙人也祖威魏兗州刺史父莊淮南太守湛幼有盛才文章宏富善構新詞而美容觀與潘岳友善每行止同輿接茵京都謂之連璧少爲太尉掾泰始中舉賢良對策中第拜郎中累年不調乃作抵疑以自廣其辭曰當路子有疑夏侯湛者而謂之曰吾聞有其才而不遇者時也有其時而不遇者命也吾子童幼而岐嶷弱冠而著德少而流聲長而垂名拔萃始立而登宰相之明揮翼初儀而受卿尹之舉盪典籍之華談先王之語入閶闔躡丹墀染彤管吐洪煇干當世之務觸人主之威有效矣而官不過散郎舉不過賢良鳳棲五朞龍蟠六年英耀禿落羽儀摧殘而獨雍容藝文蕩騁儒林志不輟著述之業口不釋雅頌之音徒費精而耗力勞神而苦心此術亦以薄矣而終莫之辯宜吾子之陸沉也且以言乎才則吾子優矣以言乎時則子之所與二三公者義則骨肉之固交則明道之觀也富於德貴於官其所發明雖叩牛操築之客傭賃抱關之隸負俗懷譏之士猶將登爲大夫顯爲卿尹於何有寶吐唾之音愛錙銖之力向若垂一鱗迴一翼令吾子攀其飛騰之勢挂其羽翼之末猶奮迅於雲霄之際騰驤於四極之外今乃金口玉音漠然沉默使吾子棲遲窮巷守此困極心有窮志貌有饑色吝江河之流不以濯舟船之幹惜東壁之光不以寓貧婦之目抑非二三公之蔽賢也寔吾子之拙惑也夏侯子曰噫湛也幸有過人必知之矣吾子所以褒飾之太矣斟酌之喻非小醜之所堪也然過承古人之誨抑因子大夫之忝在弊室也敢布其腹心豈能隱几以覽其槩乎客曰敢祇以聽夏侯子曰吾聞先大夫孔聖之言德之不修學之不講聞義不能徙不善不能改是吾憂也四德具而名位不至者非吾任也是以君子求諸己小人求諸人僕也承門戶之業受過庭之訓是以得接冠帶之末充乎士大夫之列頗闚六經之文覽百家之學弱年而入公朝蒙蔽而當顯舉進不能拔羣出萃却不能抗排當世志則乍顯乍昧文則乍幽乍蔚知之者則謂之欲逍遙以養生不知之者則謂之欲遑遑以求達此皆未是僕之所匱也僕又聞世有道則士無所執其節黜陟明則下不在量其力是以當舉而不辭入朝而酬問僕東野之鄙人頑直之陋生也不識當世之便不達朝廷之情不能倚靡容悅出入崎傾逐巧點妍嘔喁辯佞臨羣班之次伏簡墨之後當此之時若失水之魚喪家之狗行不勝衣言不出口安能干當世之務觸人主之威適足以露狂簡而增塵垢縱使心有至言言有偏直此委巷之誠非朝廷之欲也今天子以茂德臨天下以八方六合爲四境海內無虞萬國玄靜九夷之從王化猶洪聲之收清響黎苗之樂函夏若游形之招惠景鄉曲之徒一介之士曾諷急就習甲子者皆奮筆揚文議制論道出草苗起林藪御青瑣入金墉者無日不有充三臺之寺盈中書之闥有司不能竟其文當年不能編其籍此執政之所厭悶也若乃羣公百辟卿士常伯被朱佩紫耀金帶白坐而論道者又充路盈寢黃幄玉階之內飽其尺牘矣若僕之言皆糞土之說消磨灰爛垢辱招穢適可充舊士之橐盈掃除之器譬投盈寸之膠而欲使江海易色燒一羽之毛而欲令大鑪增勢若燎原之煙彌天之雲爐之不益其熱踚之不減其氣今子見僕入朝蹔對便欲坐望高位吐言數百謂陵噲一世何吾子之失許也僕固脂車以須放秣馬以待却反耕於枳落歸志乎渦瀨從容乎農夫優游乎卒歲矣古者天子晝上以封羣后羣后受國以臨其邦懸大賞以樂其成列九伐以討其違興衰相形安危相傾故在位者以求賢爲務受任者以進才爲急今也則九州爲一家萬國爲百郡政有常道法有恒訓因循而禮樂自定揖讓而天下大順夫道學之貴游閭邑之搢紳皆高門之子世臣之胄弘風長譽推成而進悠悠者皆天下之彥也諷詁訓傳詩書講儒墨說玄虛僕皆不如也二三公之簡僕於凡庸之肆顯僕於細猥之中則爲功也重矣時而清談則爲親也周矣且古之君子不知士則不明不安是以居逸而思危對食而有乾今也則否居位者以善身爲靜以寡交爲慎以弱斷爲重以怯言爲信不知士者無公誹不得士者不私愧彼在位者皆稷契咎益伊呂周召之倫叔豹仲熊之儔稽古則踰黃唐經緯則越虞夏蔑昆吾之功嗤桓文之勳抵挖管仲蹉跎晏嬰遠升鼎湖近超太平方將保重嗇神獨善其身玄白沖虛仡爾養眞雖力挾太山將不舉一羽揚波萬里將不濯一鱗咳唾成珠玉揮袂出風雲豈肯蹴躋鄙事取才進人此又吾子之失言也子獨不聞夫神人乎噏風飲露不食五穀登太清遊山嶽靡芝草弄白玉不因而獨備無假而自足不與人路同嗜欲不與世務齊榮辱故能入無窮之門享不死之年以此言之何待進賢客曰聖人有言曰邦有道貧且賤焉恥也今子值有道之世當太平之會不攘袂奮氣發謀出奇使鳴鶴受和好爵見縻抑乃沉身郎署約志勤畢不亦羸哉且伊尹之干成湯甯戚之迮桓公或投己鼎俎或庸身飯牛明廢興之機歌白水之流德入殷王義感齊侯故伊尹起庖廚而登阿衡甯戚出車下而階大夫外無微介內無請謁矯身擢手徑躡名位吾子亦何不慕賢以自厲希古以慷慨乎夏侯子曰嗚呼是何言歟富與貴是人之所欲非僕之所惡也夫干將之劍陸斷狗馬水截蛟龍而鈆刀不能

入泥驥騄騂騮之乘一日而致千里而駑蹇不能邁畝百鍊之鑑別鬚眉之數而壁土不見泰山鴻鵠一舉橫四海之區出青雲之外而尺鷃不陵桑榆此利鈍之覺優劣之決也夫欲進其身者不過千萬乘而僕以上朝堂答世問不過顯所知僕以竭心思盡才學意無雅正可準論無片言可採是以頓於鄙劣而莫之能起也以此言之僕何爲其不自衒哉子不嫌僕德之不劭而疑其位之不到是猶反鏡而索照登木而下釣僕未以此爲不肖也若乃伊尹負鼎以干湯呂尙隱遊以徼文傅說操築以寤主甯戚擊角以要君此非僕所能也莊周駘蕩以放言君平賣卜以自賢接輿陽狂以蔽身梅福棄家以求仙此又非僕之所安也若乃季札抗節於延陵揚雄覃思於太玄伯玉和柔於人懷柳惠三黜於士官僕雖不敏竊頗彷彿其清塵後選補太子舍人轉尙書郎出爲野王令以鄉隱爲急而緩於公調政淸務閑優游多暇乃作昆弟誥其辭曰惟正月才生魄湛若曰咨爾昆弟淳瑰琂謨總瞻古人有言孝乎惟孝友于兄弟死喪之戚兄弟孔懷又曰周之有至德也莫如兄弟於戲古之載于訓籍傳于詩書者厥乃不思不可不行爾其專乃心一乃聽祇爾乃性以聽我之格言淳等拜手稽首湛若曰嗚呼惟我皇乃祖滕公肇釐厥德厥功以左右漢祖弘濟于嗣君用垂祚于後世世增數前軌濟其好行美德明允相繼冠冕胥及以逮于皇曾祖愍侯寅亮魏祖用康乂厥世遂啓土宇以大綜厥勳于家我皇祖穆侯崇厥基以允釐顯志用恢闡我令業維我后府君侯祇服哲命欽明文思以熙柔我家道丕隆我先緒欽若稽古訓用敷訓典籍乃綜其微言嗚呼自三墳五典八索九丘圖緯六藝及百家衆流罔不探賾索隱鉤深致遠洪範九疇彝倫攸敘乃命世立言越用繼尼父之大業斯文在茲且九齡而我王母薛妃登遐我后孝思罔極惟以奉于穆侯之繼室蔡姬以致其子道蔡姬登遐陟于穆侯之命厥禮乃不得成用不耐于祖姑惟乃用甥其永慕厥乃以疾辭位用遜于厥家布衣席槀以終于三載厥乃古訓無文我后丕孝其心用假于厥制以穆于世父使君侯惟伯后聰明叡智奕世載德用慈友于我后我惟忝忝是虔罔不克承厥誨用增茂我敦篤以播休美于一世厥乃可不遵惟我用夙夜匪懈日鑽其道而仰之彌高鑽之彌堅我用欲罷不敢豈唯予躬是懼寔令跡是奉厥乃晝分而食夜分而寢豈唯令跡是畏寔爾猶是儀嗚呼予其敬哉俞予聞之周之有至德有婦人焉我母氏羊姬宣慈愷悌明粹篤誠以撫訓羣子厥乃我齔齒則受厥教于書學未遑惟寧敦詩書禮樂孳孳弗倦我有識惟與汝服厥誨惟仁義惟孝友是尙憂深思遠祗以防于微翳義形於色厚愛平恕以濟其寬裕用緝和我七子訓諧我五妹惟我兄弟姊妹束修慎行用不辱于冠帶寔母氏是憑予其爲政蕞爾惟母氏仁之不行是戚予其望色思寬獄之不情教之不泰是訓予其納戒思詳嗚呼惟母氏信著于不言行感于神明若夫恭事于蔡姬敦穆于九族乃高于古之人厥乃千里承師矧我惟父惟母世德之餘烈服膺之弗可及景仰之弗可階汝其念哉俾羣弟天祚于我家俾爾咸休明是履淳英哉文明柔順琬乃沉毅篤固惟琂厥淸粹平理謨茂哉儁哲寅亮總其弘肅簡雅瞻乃純鑠惠和惟我蒙蔽極否于義訓嗟爾六弟汝其滋義洗心以補予之尤予乃亦不敢忘汝之闕嗚呼小子瞻汝其見予之長於仁未見予之長於義也瞻曰俞以如何湛若曰我之肇于總角以逮于弱冠暨于今之二毛受學于先載納誨于嚴父慈母予其敬忌于厥身而匡予之纖介翼予之小疵使予有過未曾不知予知之迺改惟沖子是賴予親于心愛于中敬于貌厥乃口無擇言柔惠且直廉而不劌肅而不厲厥其成予哉用集我父母之訓庶明厲翼邇可遠在茲瞻拜手稽首曰俞湛曰都在修身在愛人瞻曰吁惟聖其難之湛曰都厥不行惟難厥行惟易淳曰俞明而昧崇而卑沖而恒顯而賢同而疑厲而柔和而矜湛曰俞乃言厥有道淳曰俞祇服訓湛曰來琬汝亦昌言琬曰俞身不及於人不敢憧於勸厥故惟新湛曰俞琂亦昌言琂曰俞滋敬于己不滋敬于己惟敬乃恃無忘有恥湛曰俞謨亦昌言謨曰俞無忘於不可不虞形貌以心訪心於虞湛曰俞總亦昌言總曰俞若憂厥憂以休湛曰俞瞻亦昌言瞻曰俞復外惟內取諸內不忘諸外湛曰俞休哉淳等拜手稽首湛亦拜手稽首乃歌曰明德復哉家道休哉世祚悠哉百祿周哉又作歌曰訊德恭哉訓翼從哉內外康哉皆拜曰欽哉居邑累年朝野多歎其屈除中書侍郎出補南陽相遷太子僕未就命而武帝崩惠帝卽位以爲散騎常侍元康初卒年四十九著論三十餘篇別爲一家之言初湛作周詩成以示潘岳岳曰此文非徒溫雅乃別見孝悌之性岳因此遂作家風詩湛族爲盛門性頗豪侈侯服玉食窮滋極珍及將沒遺命小棺薄斂不修封樹論者謂湛雖生不砥礪名節死則儉約令終是深達存亡之理

淳字孝沖亦有文藻與湛俱知名官至弋陽太守遵中原傾覆子姪多沒胡寇唯息承渡江

承字文子叅安東軍事稍遷南平太守太興末王敦舉兵內向承與梁州刺史甘卓巴東監軍柳純宜都太守譚該等並露檄遠近列敦罪狀會甘卓懷疑不進王師敗績敦悉誅滅異己者收承欲殺之承外兄王廙苦請得免尋爲散騎常侍

潘岳　從子尼

潘岳字安仁滎陽中牟人也祖瑾安平太守父芘瑯邪內史岳少以才穎見稱鄉邑號爲奇童謂終賈之儔也早辟司空太尉府舉秀才泰始中武帝躬耕藉田岳作賦以美其事曰伊晉之四年正月丁未皇帝親率羣后藉于千畝之甸禮也於是乃使甸師淸畿野廬掃路封人壝宮掌舍設枑靑壇蔚其嶽立兮翠幕黕以雲布結崇基之靈趾兮啓四塗之廣阼沃野墳腴膏壤平砥淸洛濁渠引流激水遐阡繩直邇陌如矢葱犗服于縹軛兮紺轅綴於黛耜儼儲駕於廬左兮俟萬乘之躬履百寮先置位以職分自上下下具惟命臣襲春服之萋萋兮接游車之轔轔微風生於輕幰兮纖埃起乎朱輪森奉璋以階列兮望皇軒而肅震若湛露之晞朝陽兮衆星之拱北辰也於是前驅魚麗屬車鱗萃閶闔洞啓參塗方駟常伯陪乘太僕執轡后妃獻穜稑之種司農撰播殖之器挈壺掌升降之節宮正設門閭之蹕天子乃御玉輦蔭華蓋衝牙錚鎗綃紈綷縩金根照耀以炯晃兮龍驥騰驤而沛艾表朱玄於離坎兮飛靑縞於震兌中黃曄以發輝兮方綵紛其繁會五路鳴鑾九旗揚旆瓊鈒入蘂雲罕晻藹簫管嘲哳以啾嘈兮鼓鞞硡磤以砰礚筍簴嶷以軒翥兮洪鐘越乎區外震震塡塡塵霧連天以幸乎藉田蟬冕頌以灼灼兮碧色肅其芊芊似夜光之剖荊璞兮若茂松之倚山巔也於是我皇乃降靈壇撫御耦游場染屨洪縻在手三推而舍庶人終畝貴賤以班或五或九于斯時也居靡都鄙人無華裔長幼雜遝以交集士女頒斌而咸戾被褐振裾垂髫總髮躡踵側肩掎裳連襼黃塵爲之四合陽光爲之潛翳動容發音而觀者莫不抃舞乎康衢謳吟乎聖世情欣樂乎昏作兮慮盡力乎樹藝靡誰督而常勤兮莫之課而自厲躬先勞而悅使兮豈嚴刑而猛制哉有邑老田父或進而稱曰蓋損益隨時理有常然高以下爲基人以食爲天正其末者端其本善其後者愼其先夫九土之宜弗任四業之務不壹野有菜蔬之色朝乏代耕之秩無儲蓄以虞災徒望歲以自必三代之衰皆此物也今聖上昧旦丕顯夕惕若慄圖匱於豐防儉於逸欽哉欽哉惟穀之恤展三時之弘務致倉廩於盈溢固堯舜之用心而存救之要術也若乃廟祧有事祝宗諏日簠簋普淖則此之自實縮鬯蕭茅又於是乎出黍稷馨香旨酒嘉栗宜其時和年登而神降之吉也古人有言曰聖人之德無以加於孝乎夫孝者天之性人之所由靈也昔者明王以孝治天下其或繼之者鮮哉希矣逮我皇晉實光斯道儀刑孚于萬國愛敬盡於祖考故躬稼以供粢盛所以致孝也勸穡以足百姓所以固本也能本而孝盛德大業至矣哉此一役也二美顯焉不亦遠乎不亦重乎敢作頌曰思樂甸畿薄採其芳大君戾止言藉其農其農三推萬國以祗耨我公田遂及我私我簠斯盛我簋斯齊我倉如陵我庾如坻念茲在茲永言孝思人力普存祝史正辭神祇攸歆逸豫無期一人有慶兆民賴之岳才名冠世爲衆所疾遂棲遲十年出爲河陽令負其才而鬱鬱不得志時尙書僕射山濤領吏部王濟裴楷等並爲帝所親遇岳內非之乃題閣道爲謠曰閣道東有大牛王濟鞅裴楷鞦和嶠刺促不得休轉懷令時以逆旅逐末廢農姦淫亡命多所依湊敗亂法度勑當除之十里一官欀使老小貧戶守之又差吏掌主依客舍收錢岳議曰謹案逆旅久矣其所由來行者賴以頓止居者薄收其直交易貿遷各得其所官無役賦因人成利惠加百姓而公無末費語曰許由辭帝堯之命而舍於逆旅外傳曰晉陽處父過甯舍於逆旅魏武皇帝亦以爲宜其詩曰逆旅整設以通商賈然則自堯到今未有不得客舍之法唯商鞅尤之固非聖世所言也方今四海會同九服納貢八方翼翼公私滿路近畿輻湊客舍亦稠冬有溫廬夏有涼蔭芻秣成行器用取給疲牛必投乘涼近進發槅寫鞍皆有所憩又諸劫盜皆起於迫絕止乎人衆十里蕭條則姦宄生心連陌接館則寇情震懾且聞聲有救已發有追不救有罪不追有戮禁暴捕亡恒有司存凡此皆客舍之益而官欀之所乏也又行者貪路告糴炊爨皆以昏晨盛夏晝熱又兼星夜既限早閉不及欀門或避晚關進逐路隅祇是慢藏誨盜之原苟以客舍多敗法教官守棘欀獨復何人彼河橋孟津解券輸錢高第督察數入校出品郎兩岸相檢猶懼或失之故懸以祿利許以功報今賊吏疲人獨專欀稅管開閉之權藉不校之勢此道路之蠹

新利所殖也率歷代之舊俗獲行留之懽心使客舍洒掃以待征旅擇家而息豈非衆庶顒顒之望請曹列上朝廷從之岳頻宰二邑勤於政績調補尚書度支郎遷廷尉評以公事免楊駿輔政高選吏佐引岳爲太傅主簿駿誅除名初譙人公孫宏少孤貧客田於河陽善鼓琴頗屬文岳之爲河陽令愛其才藝待之甚厚至是宏爲楚王瑋長史專殺生之政時駿綱紀皆當從坐同署主簿朱振已就戮岳其夕取急在外宏言之瑋謂之假吏故得免未幾選爲長安令作西征賦述所經人物山水文清旨詣辭多不錄徵補博士未召以母疾輒去官免尋爲著作郎轉散騎侍郎岳性輕躁趨世利與石崇等諂事賈謐每候其出與崇輒望塵而拜構愍懷之文岳之辭也謐二十四友岳爲其首謐晉書限斷亦岳之辭也其母數誚之曰爾當知足而乾没不已乎而岳終不能改既仕宦不達乃作閑居賦曰岳讀汲黯傳至司馬安四至九卿而良史書之題以巧宦之目未嘗不慨然廢書而歎也曰嗟乎巧誠有之拙亦宜然顧常以爲士之生也非至聖無軌微妙玄通者則必立功立事效當年之用是以資忠履信以進德修辭立誠以居業僕少竊鄉曲之譽忝司空太尉之命所奉之主即太宰魯武公其人也舉秀才爲郎逮事世祖武皇帝爲河陽懷令尚書郎廷尉評今天子諒闇之際領太傅主簿府誅除名爲民俄而復官除長安令遷博士未召拜親疾輒去官免自弱冠涉于知命之年八徙官而一進階再免一除名一不拜職遷者三而已矣雖通塞有遇抑亦拙之效也昔通人和長輿之論余也固曰拙於用多稱多者吾豈敢言拙則信而有徵方今俊乂在官百工惟時拙者可以絕意乎寵榮之事矣太夫人在堂有羸老之疾尚何能違膝下色養而屑屑從斗筲之役於是覽止足之分庶浮雲之志築室種樹逍遥自得池沼足以漁釣春稅足以代耕灌園鬻蔬供朝夕之膳牧羊酤酪俟伏臘之費孝乎惟孝友于兄弟此亦拙者之爲政也乃作閑居賦以歌事遂情焉其辭曰遨墳素之長圃步先哲之高衢雖無顏之云厚猶內愧於寧蘧有道余不仕無道吾不愚何巧智之不足而拙艱之有餘也於是退而閑居于洛之涘身齊逸民名綴下士背京泝伊面郊後市浮梁黝以逕度靈臺傑其高峙闚天文之祕奧覩人事之終始其西則有元戎禁營玄幕綠徽谿子巨黍異絭同歸礮石雷駭激矢蝱飛以先啓行耀我皇威其東則有明堂辟雍清穆敞閑環林縈映圓海回泉聿追孝以嚴父宗文考以配天祗聖敬以明順養更老以崇年若乃背冬涉春陰謝陽施天子有事于柴燎以郊祖而展義張鈞天之廣樂備千乘之萬騎服振振以齊玄管啾啾而並吹煌煌乎隱隱乎兹禮容之壯觀而王制之巨麗也兩學齊列雙宇如一右延國冑左納良逸祁祁生徒濟濟儒術或升之堂或入之室教無常師而道在則是故髦士投紱名王懷璽訓若風行應猶草靡此里仁所以爲美孟母所以三徙也爰定我居築室穿池長楊映沼芳枳樹籬遊鱗瀺灂菡萏敷披竹木蓊藹靈果參差張公大谷之梨溧侯烏椑之柿周文弱枝之棗房陵朱仲之李靡不畢植三桃表櫻胡之別二柰耀丹白之色石榴蒲桃之珍磊落蔓延乎其側梅杏郁棣之屬繁榮藻麗之飾華實照爛言所不能極也菜則蔥韭蒜芋青筍紫薑堇薺甘旨蓼荾芬芳蘘荷依陰時藿向陽綠葵含露白薤負霜於是凜秋暑退熙春寒往微雨新晴六合清朗太夫人乃御板輿升輕軒遠覽王畿近周家園體以行和藥以勞宣常膳載加舊痾有痊於是席長筵列孫子柳垂蔭車結軌陸擿紫房水挂頳鯉或宴于林或禊于氾昆弟斑白兒童稚齒稱萬壽以獻觴咸一懼而一喜壽觴舉慈顏和浮杯樂飲絲竹駢羅頓足起舞抗音高歌人生安樂孰知其他退求己而自省信用薄而才劣奉周任之格言敢陳力而就列幾陋身之不保而奚擬乎明哲仰衆妙而絕思終優游以養拙

初芘爲琅邪內史孫秀爲小史給岳而狡黠自喜岳惡其爲人數撻辱之秀常銜忿及趙王倫輔政秀爲中書令岳於省內謂秀曰孫令猶憶疇昔周旋不答曰中心藏之何日忘之岳於是自知不免俄而秀遂誣岳及石崇歐陽建謀奉淮南王允齊王冏爲亂誅之夷三族岳將詣市與母別曰負阿母初被收俱不相知石崇已送在市岳後至崇謂之曰安仁卿亦復爾邪岳曰可謂白首同所歸岳金谷詩云投分寄石友白首同所歸乃成其讖岳母及兄侍御史釋弟燕令豹司徒掾據據弟詵兄弟之子已出之女無長幼一時被害唯釋子伯武逃難得免而豹女與其母相抱號呼不可解會詔原之岳美姿儀辭藻絕麗尤善爲哀誄之文少時常挾彈出洛陽道婦人遇之者皆連手縈繞投之以果遂滿載以歸時張載甚醜每行小兒以瓦石擲之委頓而反岳從子尼

尼

尼字正叔祖勗漢東海相父滿平原內史並以學行稱尼少有清才與岳俱以文章見知性靜退不競唯以勤學著述爲事著安身論以明所守其辭曰蓋崇德莫大乎安身安身莫尚乎存正存正莫重乎無私無私莫深乎寡欲是以君子安其身而後動易其心而後語定其交而後求篤其志而後行然則動者吉凶之端也語者榮辱之主也求者利病之幾也行者安危之決也故君子不妄動也動必適其道不徒語也語必經於理不苟求也求必造於義不虛行也行必由於正夫然用能免或繫之凶享自天之祐故身不安則殆言不從則悖交不審則惑行不篤則危四者行乎中則患憂接於外矣憂患之接必生於自私而興於有欲自私者不能成其私有欲者不能濟其欲理之至也欲苟不濟能無爭乎私苟不從能無伐乎人人自私家家有欲衆欲並爭羣私交伐爭則亂之萌也伐則怨之府也怨亂既構危害及之得不懼乎然棄本要末之徒知進忘退之士莫不飾才銳智抽鋒擢穎傾側乎勢利之交馳騁乎當塗之務朝有彈冠之朋野有結綬之友黨與熾於前榮名扇其後握權則赴者鱗集失寵則散者瓦解求利則託刎頸之懽爭路則構刻骨之隙於是浮僞波騰曲辯雲沸寒暑殊聲朝夕異價駑蹇希奔放之跡鉛刀競一割之用至於愛惡相攻與奪交戰誹謗噂沓毀譽縱橫君子務能小人伐技風頹於上俗弊於下禍結而恨爭也不彊患至而悔伐之未辯大者傾國喪家次則覆身滅祀其故何邪豈不始於私欲而終於爭伐哉君子則不然知自私之害公也故後外其身知有欲之傷德也故遠絕榮利知爭競之遘災也故犯而不校知好伐之招怨也故有功而不德安身而不爲私故身正則私全慎言而不適欲故言濟而欲從定交而不求益故交立而益厚謹行而不求名故行成而名美止則立乎無私之域行則由乎不爭之塗必將通天下之理而濟萬物之性天下猶我故與天下同其欲己猶萬物故與萬物同其利夫能保其安者非謂崇生生之厚而耽逸豫之樂也不忘危而已有期進者非謂窮貴寵之榮而藉名位之重也不忘退而已存其治者非謂嚴刑政之威而明司察之禁也不忘亂而已故寢蓬室隱陋巷披短褐茹藜藿環堵而居易衣而出苟存乎道非不安也雖坐華殿載文軒服黼繡御方丈重門而處成列而行不得與之齊榮用天時分地利甘布衣安藪澤沾體塗足耕而後食苟崇乎德非不進也雖居高位饗重祿執權衡握機祕功蓋當時勢侔人主不得與之比逸遺意慮没才智忘肝膽棄形器貌若無能志若不及苟正乎心非不治也雖繁計策廣術藝審刑名峻法制文辯流離議論絕世不得與之爭功故安也者安乎道者也進也者進乎德者也治也者治乎心者也未有安身而不能保國家進德而不能處富貴治心而不能治萬物者也然思危所以求安慮退所以能進懼亂所以保治戒亡所以獲存也若乃弱志虛心曠神遠致徙倚乎不拔之根浮遊乎無垠之外不自貴於物而物宗焉不自重於人而人敬焉可親而不可慢也可尊而不可遠也親之如不足天下莫之能狎也舉之如易勝而當世莫之能困也達則濟其道而不榮也窮則善其身而不悶也用則立於上而非爭也舍則藏於下而非讓也夫榮之所不能動者則辱之所不能加也利之所不能勸者則害之所不能嬰也譽之所不能益者則毀之所不能損也今之學者誠能釋自私之心塞有欲之求杜交爭之原去矜伐之態動則行乎至通之路靜則入乎大順之門泰則翔乎寥廓之宇否則淪乎渾冥之泉邪氣不能干其度外物不能擾其神哀樂不能盪其守死生不能易其眞而以造化爲工匠天地爲陶鈞名位爲糟粕勢利爲埃塵治其內而不飾其外求諸己而不假諸人忠肅以奉上愛敬以事親可以御一體可以牧萬民可以處富貴可以安賤貧經盛衰而不改則庶幾能安身矣初應州辟後以父老辭位致養太康中舉秀才爲太常博士歷高陸令淮南王允鎮東參軍元康初拜太子舍人上釋奠頌其辭曰元康元年冬十二月上以皇太子富於春秋而人道之始莫先於孝悌初命講孝經於崇正殿實應天縱生知之量微言奧義發自聖問業終而體達至二年春閏月將有事於上庠釋奠于先師禮也越二十四日景申侍祠者既齊輿駕次于太學太傅在前少傅在後恂恂乎弘保訓之道宮臣畢從三率備衛濟濟乎肅翼贊之敬乃埽壇爲殿懸幕爲宮夫子位于西序顏回侍于北墉宗伯掌禮司儀辨位二學儒官搢紳先生之徒垂纓佩玉規行矩步者皆端委而陪於堂下以待執事之命設樽篚於兩楹之間陳罍洗於阼階之左几筵既布鍾懸既列我后乃躬拜俯之勤資在三之義謙光之美彌劭闕里之教克崇穆穆焉邕邕焉真先王之徽典不刊之美業允不可替已於是牲饋之事既終享獻之禮已畢釋玄衣御春服弛齋禁反故式天子乃命內外羣司百辟卿士蕃王三事至于學徒國子咸來觀禮我后皆延而與之燕金石簫管之音八佾六代之舞鏗鏘閶閤般辟俛仰可以徵神滌欲移風易俗者罔不畢

奏抑淫哇屏鄭衛遠佞邪釋巧辯是日也人無愚智路無遠邇離鄉越國扶老攜幼不期而俱萃皆延頸以視傾耳以聽希道慕業洗心革志想洙泗之風歌來蘇之惠然後知居室之善著應乎千里之外不言之化洋溢于九有之內於熙乎若典固皇代之壯觀萬載之一會也尼昔忝禮官嘗閱俎豆今廁末列親覩盛美瀸漬徽猷沐浴芳潤不知手舞口詠竊作頌一篇義近辭陋不足測盛德之形容光聖明之遐度其辭曰三元迭運五德代徵黃精既亢素靈乃耀有皇承天造我晉畿祚以大寶登以龍飛宣基誕命景熙遐緒三分自文受終惟武席卷要蠻蕩定荒阻道濟羣生化流率土後帝承哉丕隆曾構奄有萬方光宅宇宙篤生上嗣繼期挺秀聖敎日躋濬哲閎茂留精儒術敦閱古訓遵道讓齒降心下問鋪以金聲光以玉潤如日之升如乾之運乃延台保乃命學臣聖容穆穆侍講誾誾抽演微言啓發道眞探幽窮賾溫故知新講業既終精義既研崇聖重師卜日告奠陳其三牢引其四縣既戒既式乃盥乃薦恂恂孔聖百王攸希亹亹顏生好學無違曰皇儲后體神合機兆吉先見知來洞徹濟濟二宮藹藹庶寮俊乂鱗萃髦士盈朝如彼和肆莫匪瓊瑤如彼儀鳳業我雲韶瓊瑤誰剖四門洞開雲韶奚樂神人允諧蟬冕耀庭細珮振階德以謙光仁以恩懷我酒惟清我肴惟馨舞以六代歌以九成莘莘胄子祁祁學生洗心自百觀國之榮學猶蒔苗化若偃草博我以文弘我以道萬邦蟬蛻翃乃俊造鑽蚌瑩珠剖石摛藻絲匪玄黃水罔方圓引之斯流染之斯鮮若金受範若埴在甄上好如雲下效如川昔在周興王化之始曰文曰武時惟世子今我皇儲濟聖通理緝熙重光於穆不已於穆伊何思文哲后媚茲一人實副元首孝洽家邦光照九有純嘏自晉永世昌阜微微下臣過充近侍猥躡風雲鸞龍是厠身濮芳流目玩盛事竭誠作頌祗詠聖志出爲宛令在任寬而不縱恤隱勤政屬公平而遺人事入補尚書郎俄轉著作郎爲乘輿箴其辭曰易稱有天地然後有人倫有父子然後有君臣傳曰大者天地其次君臣然君臣父子之道天地人倫之本未有以先之者也故天生蒸人而樹之君使司牧之將以導羣生之性而理萬物之情豈以寵一人之身極無量之欲如斯而已哉夫古之爲君者無欲而至公故有茅茨土階之儉而後之爲君有欲而自利故有瑤臺瓊室之侈無欲者天下共推之有欲者天下共爭之推之之極雖禪代猶脫屣爭之之極雖劫殺而不避故曰天下非一人之天下乃天下之天下安可求而得辭而已者乎夫修諸己而化諸人出乎邇而見乎遠者言行之謂也故人主所患莫甚於不知其過而所美莫美於好聞其過若有君於此而曰予必無過唯其言而莫之違斯孔子所謂其庶幾乎一言而喪國者也蓋君子之過如日月之蝕過也人皆見之更也人皆仰之雖以堯舜湯武之盛必有誹謗之木敢諫之鼓盤杅之銘無諱之史所以閑其邪僻而納諸正道其自維持如此之備故箴規之興將以救過補闕然猶依違諷喻使言之者無罪聞之者足以自誡先儒既援古義舉內外之殊而高祖亦序六官論成敗之要義正辭約又盡善矣自虞人箴以至于百官非唯規其所司誠欲人主酙酌其得失焉春秋傳曰命百官箴王闕則亦天子之事也尼以爲王者膺受命之期當神器之運總萬幾而撫四海簡羣才而審所授孜孜於得人汲汲於聞過雖廷爭面折猶將祈請而求焉至於箴規諫之順者曷爲獨闕之哉是以不量其學陋思淺因負擔之餘嘗試撰而述之不敢斥至尊之號故以乘輿目篇蓋帝王之事至大而古今之變至衆文繁而義詭意局而辭野將欲希企前賢髣髴崇軌譬猶丘垤之望華岱恒星之繫日月也其不逮明矣頌曰元元遂初芒芒太始清濁同流玄黃錯跱上下弗形尊卑靡紀赫胥悠哉大庭尚矣皇極啓建兩儀既分彝倫永序萬邦己紛國事明王家奉殿君各有攸尊德用不勤義農已降暨于夏殷或禪或傳乃質乃文太上無名下知有之仁義不存而人歸孝慈無爲無執何欲何思忠信之薄禮刑實滋既譽既畏以侮以欺作誓作盟而人始叛疑煌煌四海藹藹萬乘匪哲焉憑左輔右弼前疑後丞一日萬幾業業兢兢夫出其言善則千里是應而莫余違亦喪邦有徵樞機之動式以廢興殷監不遠若之何勿懲且厚味腊毒豐屋生災辛作璇室而夏興瑤臺糟丘酒池象箸玉杯厥肴伊何龍肝豹胎惟此哲婦職爲亂階殷用喪師夏亦不恢是以帝堯在位茅茨不翦周文日昃昧旦丕顯夫德輶如毛而或舉之者鮮故湯有慚德武未盡善下世道衰末俗化淺耽樂逸遊荒淫沉湎不式古訓而好是佞辯不遵王路而覆車是蹤成敗之効載在先典匪唯陵夷厥世用殄故曰樹君如之何將人是司牧視之猶傷而知其寒燠故能撫之斯柔而敦之斯睦無遠不懷靡思不服夫豈厥縱一人而玩其耳目內迷聲色外荒馳逐不修政事而終於顛覆昔唐氏授舜舜亦命禹受終納祖丕承天序放桀惟湯剋殷伊武故禪代非一姓社稷無常主四嶽三塗九州之阻彭蠡洞庭殷商之旅虞夏之隆非由尺土而紂之百剋卒於絕緒故王者無親唯在擇人傾蓋惟舊白首乃新望由釣夫伊起有莘負鼎鼓刀而謀合聖神夫豈借官左右而取介近臣蓋有國有家者莫云我聰或此面從莫謂我智聽受未易甘言美疢尠不爲累由夷逃寵遠於脫屣奈何人主位極則侈知人則哲惟帝所難唐朝既泰四族作姧周室既隆而管蔡不虔匪我二聖孰弭斯患若九德咸受儁乂在官君非臣莫治臣非君莫安故書美康哉而易貴金蘭有皇司國敢告納言及趙王倫篡位孫秀專政忠良之士皆罹禍酷尼遂疾篤取假拜埽墳墓聞齊王冏起義乃赴許昌冏引爲參軍與謀時務兼管書記事平封安昌公歷黃門侍郎散騎常侍侍中祕書監永興末爲中書令時三王戰爭皇家多故尼職居顯要從容而已雖憂虞不及而備嘗艱難永嘉中遷太常卿洛陽將沒攜家屬東出城皋欲還鄉里道遇賊不得前病卒於塢壁年六十餘

張載 弟協 協弟亢

張載字孟陽安平人也父收蜀郡太守載性閑雅博學有文章太康初至蜀省父道經劍閣載以蜀人恃險好亂因著銘以作誡曰巖巖梁山積石峩峩遠屬荊衡近綴岷嶓南通邛僰北達褒斜狹過彭碣高踰嵩華惟蜀之門作固作鎮是曰劍閣壁立千仞窮地之險極路之峻世濁則逆道清斯順閉由往漢開自有晉秦得百二并吞諸侯齊得十二田生獻籌矧茲狹隘土之外區一人荷戟萬夫趑趄形勝之地非親勿居昔在武侯中流而喜河山之固見屈吳起洞庭孟門二國不祀興實由德險亦難恃自古及今天命不易憑阻作昏尠不敗績公孫既沒劉氏銜璧覆車之軌無或重跡勒銘山河敢告梁益益州刺史張敏見而奇之乃表上其文武帝遣使鐫之於劍閣山焉載又爲榷論曰夫賢人君子將立天下之功成天下之名非遇其時曷由致之哉故嘗試論之殷湯無鳴條之事則伊尹有莘之匹夫也周武無牧野之陣則呂牙渭濱之釣翁也若茲之類不可勝紀蓋聲發響應形動影從時平則才伏世亂則奇用豈不信歟設使秦莽修三王之法時致隆平則漢祖泗上之健吏光武春陵之俠客耳況乎附麗者哉故當其有事也則足非千里不入於輿刃非斬鴻不韜於鞘是以駑蹇望風而退頑鈍未試而廢及其無事也則牛驥共牢利鈍齊列而無長塗犀革以決之此離朱與瞽者同眡之說也處守平之世而欲建殊常之勳居太平之際而吐違俗之謀此猶郤步而登山鬻章甫於越也漢文帝見李廣而歎曰惜子不遇當高祖時萬戶侯豈足道哉故智無所運其籌勇無所奮其氣則勇怯一也才無所騁其能辯無所展其說則頑慧均也是以吳榜越船不能無水而浮青虬赤螭不能無雲而飛故和璧之在荊山隋珠之潛重川非遇其人焉有連城之價照車之名乎青骹繁霜縶於籠中何以效其撮東郭於韝下也白猨玄豹藏於靈檻何以知其接垂條於千仞也孱夫與烏獲訟力非龍文赤鼎無以明之蓋聶政與荊卿爭勇非強秦之威孰能辨之故餓夫庸隸抱關屠釣之倫一旦而都卿相之位建金石之號者或有懷顏孟之術抱伊管之略沒世而不齒者此言有事之世易爲功無爲之時難爲名也若斯湮滅而不稱曾不足以多說況夫庸庸之徒少有不得意者則自以爲枉伏莫不飾小辯立小善以偶時結朋黨聚虛譽以驅俗進之無補於時退之無損於化而世主相與雷同齊口吹而煦之豈不哀哉今士循常習故規行矩步積階級累閥閱碌碌然以取世資若夫魁梧儁傑卓躒倜儻之徒直將伏死嶔岑之下安能與步驟共爭道里乎至如軒冕黻班之士苟不能匡化輔政佐時益世而徒俯仰取容要榮求利厚自封之資豐私家之積此沐猴而冠耳尚焉足道哉載又爲濛汜賦司隸校尉傅玄見而嗟歎以車迎之言談盡日爲之延譽遂知名起家佐著作郎出補肥鄉令復爲著作郎轉太子中舍人遷樂安相弘農太守長沙王乂請爲記室督拜中書侍郎復領著作載見世方亂無復進仕意遂稱疾篤告歸卒於家

協字景陽少有儁才與載齊名辟公府掾轉祕書郎補華陰令征北大將軍從事中郎遷中書侍郎轉河間內史在郡清簡寡欲于時天下已亂所在寇盜協遂棄絕人事屏居草澤守道不競以屬詠自娛擬諸文士作七命其辭曰沖漠公子含華隱曜嘉遯龍蟠超世高蹈遊心於浩然玩志乎衆妙絕景乎大荒之遐阻吞響乎幽山之窮奧於是徇華大夫聞而造焉乃整雲輅驂飛黃越奔沙輾流霜陵扶搖之風躡堅冰之津旌拂霄崿軌出蒼垠天清泠而無霞野曠朗而無塵臨重岫而攬轡顧石室而迴輪遂適沖漠公子之所居其居也崢嶸幽藹蕭瑟虛玄溟海渾濩涌其後嶰谷嶆嶒張其前尋竹竦莖蔭其壑百籟羣鳴籠其山衝飆發而回日飛礫起

而渢天於是登羾巘愬長風陳辯惑之辭命公子於巖中曰蓋聞聖人不卷道而背時智士不遺身而匿跡生必耀華名於玉牒沒則勒鴻伐於金冊今公子違世陸沉避地獨竄有生之懽滅資父之義廢忞治百年苦溢千載何異促鱗之遊汀濘短羽之栖翳薈今將榮子以天人之大寶悅子以縱性之至娛窮地而遊中天而居傾四海之歡殫九州之腴鑽屈轂之瓠解疏屬之拘子欲之乎公子曰大夫不遺來萃荒外雖在不敏敬聽嘉話大夫曰寒山之桐出自太冥含黃鍾以吐幹據蒼岑而孤生既乃瓊巘層陵金岸崿嶠右當風谷左臨雲谿上無陵虛之巢下無跖實之蹊搖刖峻挺茗邈嶕嶢三春之溢露遡九秋之鳴飈零雪寫其根霏霜封其條木既繁而後綠草未素而先雕於是構雲梯陟崢嶸翦褻賓之陽柯剖大呂之陰莖營匠斵其樸伶倫均其聲器舉樂奏促調高張音朗號鐘韻清繞梁追逸響於八風採奇律於歸昌啓中黃之妙宮發蓐收之變商若乃龍火西頹暄氣初收飛霜迎節高風送秋羈旅懷土之徒流宕百罹之儔撫促柱則酸鼻揮危弦則涕流若乃追清哇赴嚴節奏淥水吐白雪激楚迴流風結悲蕡蒸之朝落悼望舒之夕缺歎發爲之擗摽孀老爲之嗚咽王子拂纓而傾耳六馬噓天而仰秣此蓋音曲之至妙子豈能從我而聽之乎公子曰余病未能也大夫曰蘭宮祕宇雕堂綺櫳雲屏爛汗瓊壁青葱應門八襲璇臺九重表以百常之闕閒以萬雉之墉爾乃嶢榭迎風秀出中天翠觀岑青彤闈霞連長翼臨雲飛陛陵山望玉繩而結極承倒景而開軒頹素煥爛枌栱嵯峨陰虬負檐陽馬承阿錯以瑤英鏤以金華方疏含秀圓井吐葩重殿疊起交綺對幌幽堂晝密明室夜朗焦冥飛而風生尺蠖動而成響若乃目厭常玩體倦帷幄攜公子而雙遊時娛觀於林麓登翠阜臨丹谷華草錦繁飛采星燭陽葉春青陰條秋綠華實代新承意恣觀仰折神蕭俯採朝蘭遡惠風於蘅薄眷椒塗於瑤壇爾乃浮三翼戲中沚潛鯤駭驚翰起沉絲結飛矰理挂歸翮於赤霄之表出華鱗於紫潭之裏然後縱櫂隨風弭楫乘波吹孤竹撫雲和川客唱淮南之曲榜人奏採菱之歌歌曰乘鷁舟兮爲水嬉臨芳洲兮拔靈芝樂以忘戚遊以卒時窮夜爲日畢歲爲期此蓋宴居之浩麗子豈能從我而處之乎公子曰余病未能也大夫曰若乃白商素節月既授衣天凝地閉風厲霜飛柔條夕勁密葉晨稀將因氣以效殺臨金郊而講師爾乃列輕武整戎剛建雲髦啓雄芒駕紅陽之飛燕驂唐公之驌驦屯羽隊於外林縱飛翼於中荒爾乃張脩罠布飛羅燹黃岑挂青巒畫長壑以爲限帶流谿以爲關既乃內無疏蹊外無漏跡叩鉦敲校皋塵贊獲鼓金機馳鳴鏑翦剛豪落勁翮連騎競騖駢武齊轍翕忽揮霍雲迴風烈聲動響飛形移影發舉戈林聳揮鋒電滅仰傾雲巢俯殫地穴乃有圓文之豣斑題之豵鼓鬣風生怒目電瞛口敵霜刃足撥飛鋒氣林獸石抑拔幽叢於是飛黃奮銳賁育逞伎賦封豨擯馮豕拉甝虪挫解豸鉤爪摧踞牙擢瀾漫狠籍傾榛倒壑隕嶺挂山偃蹄掩澤藪爲毛林隰爲丹薄於是徹圍頓網卷旆收鳶虞人數獸林衡計鮮論最犒勤息馬韜弦肴駟連驪酒駕方軒千鐘電釂萬燧星繁陵阜沾流膏谿谷厭芳烟歡極樂殫迴節而旋此亦畋遊之壯觀子豈能從我而爲之乎公子曰余病未能也大夫曰楚之陽劍歐冶所營邪谿之鋌赤山之精銷踰羊頭鏤鈠鍛成乃鍊乃鑠萬辟千灌豐隆奮椎飛廉扇炭神器化成陽文陰漫既乃流綺星連浮采豔發光如散電質如耀雪霜鍔水凝冰刃露潔形冠豪曹名珍巨闕指鄭則三軍白首摩晉則千里流血豈徒水截蛟龍陸灑奔駟斷浮翮以爲工絕重甲而稱利云爾而已哉若其靈寶則舒辟無方奇鋒異模形震薛燭光駭風胡價兼三鄉聲貴二都或馳名傾秦或夜飛去吳是以功冠萬載威曜無窮揮之者無前擁之者身雄可以從服九國橫制八戎爪牙景附函夏承風此蓋希世之神兵子豈能從我而服之乎公子曰余病未能也大夫曰天驥之駿逸態超越稟氣靈川受精皎月騂騮騏驪玄綵紺髮沫如揮紅汗如振血秦青不能識其衆尺方堙不能覩其若滅爾乃巾雲軒踐朝霧赴春衢整秋御虬蛸螭騰麟超龍驤望山載奔覩林載赴氣盛怒發星飛電駭志陵九州勢越四海影不及形塵不暇起浮箭未移再踐千里爾乃踰天根越地隔適汗漫之所不遊躡章亥之所未跡陽烏爲之頓羽夸父爲之投策斯蓋天下之儁乘子豈能從我而御之乎公子曰余病未能也大夫曰大梁之黍瓊山之禾唐稷播其根農帝嘗其華爾乃六禽殊珍四膳異肴窮海之錯極陸之毛伊公爨鼎庖丁揮刀味重九沸和兼芍藥晨鳧露鵠霜鵽黃雀圓案星亂方丈華錯封熊之蹯翰音之跖燕髀猩脣髦殘象白靈川之龜萊黃之鮐丹穴之鷚玄豹之胎燀以秋橙酤以春梅接以商王之箸承以帝辛之杯范公之鱗出自九谿頳尾丹腮紫翼青鬐爾乃命支離飛霜鍔紅肌綺散素膚雪落婁子之毫不能厠其細秋蟬之翼不足擬其薄繁肴既闋亦有嘉羞商山之果漢皇之楱析龍眼之房剖椰子之殼芳旨萬選承意代奏乃有荆南烏程豫北竹葉浮蟻星沸飛華萍接玄石嘗其味儀氏進其法傾罍一朝可以流湎千日單醪投川可使三軍告捷斯人神之所欣美觀聽之所煒曄也子豈能强起而御之乎公子曰耽爽口之饌甘腊毒之味服腐腸之藥御亡國之器雖子大夫之所榮顧亦吾人之所畏余病未能也大夫曰蓋有晉之融皇風也金華啓徵大人有作繼明代照配天光宅其基德也隆於姬公之處岐其垂仁也富乎有殷之在亳南箕之風不能暢其化離畢之雲無以豐其澤皇道昭煥帝載緝熙導氣以樂宣德以詩敎清乎雲官之世政穆乎鳥紀之時王猷四塞函夏謐靜丹冥投鋒青徼釋警邛馬於糞車之轅銘德於昆吾之鼎羣萌反素時人載郁耕父推畔漁豎讓陸樵夫恥危冠之飾輿臺笑短後之服六合時雍巍巍蕩蕩玄髫巷歌黃髮擊壤解羲皇之繩錯陶唐之象若乃華裔之夷流荒之貊語不傳於輶軒地未被乎正朔莫不駿奔稽顙委質重譯于時昆蚑感惠無思不服苑戲九尾之禽囿棲三足之鳥鳴鳳在林夥於黃帝之園有龍遊川盈於孔甲之沼萬物烟熅天地交泰義懷靡內化感無外林無被褐山無韋帶皆象刻於百工兆發乎靈蔡搢紳濟濟軒冕藹藹功與造化爭流德與二儀比大言未終公子蹶然而興曰鄙夫固陋守茲狂狷蓋理有毀之而爭寶之訟解言有怒之而齊王之疾痊向子誘我以聾耳之樂栖我以郡家之屋田遊馳蕩利刃駿足既老氏之攸戒非吾人之所欲故靡得而應子至聞皇風載韙時聖道醇舉實爲秋摛藻爲春下有可封之人上有大哉之君余雖不敏請從後塵世以爲工永嘉初復徵爲黃門侍郎託疾不就終於家

亢字季陽才藻不逮二昆亦有屬綴又解音樂伎術時人謂載協亢陸機雲曰二陸三張中興初過江拜散騎侍郎祕書監荀崧舉亢領佐著作郎出補烏程令入爲散騎常侍復領佐著作述歷贊一篇見律歷志

史臣曰孝若挾蔚春華時標麗藻覩其抵疑詮理本窮通於自天作誥敷文流英聲於孝悌旨深致遠殊有大雅之風烈焉安仁思緒雲騫詞鋒景煥前史儔於賈誼先達方之士衡賈論政範源王化之幽賾潘著哀詞貫人靈之情性機文喩海韞蓬山而育蕪岳藻如江濯美錦而增絢混三家以通校爲二賢之亞匹矣然其挾彈盈果拜塵趍貴莫棄倚門之誚乾沒不逞之間斯才也而有斯行也天之所賦何其駁歟正叔含咀藝文履危居正安其身而後動契其心而後言著論究人道之綱載箴懸乘輿之鑒可謂玉質而金相者矣孟陽鏤石之文見奇於張敏濛汜之詠取重於傅玄爲名流之所挹亦當代之文宗矣景陽摛光王府棣萼相輝洎乎二陸入洛三張減價考覈遺文非徒語也

贊曰湛稱弄翰縟彩彫煥才高位卑往哲攸歎岳實含章藻思抑揚趍權冒勢終亦罹殃尼標雅性夙聞詞令載協飛芳棣華增映

晉書卷五十五考證

潘岳傳從子尼○尼監本誤㞕今按本傳改正

徒望歲以自必○必本集作畢文選注畢卒也所謂卒歲之計也

尋爲著作郎轉散騎侍郎○汲古閣本此句下尚有遷給事黃門侍郎七字

鑽蚌瑩珠○蚌本書音義作蛖字書不載蛖字今從監本

晉書卷五十六

唐　太　宗　文　皇　帝　御　撰

列傳第二十六

江統 子彪 惇

江統字應元陳留圉人也祖蕤以義行稱爲譙郡太守封亢父男父祚南安太守統靜默有遠志時人爲之語曰嶷然稀言江應元與鄉人蔡克俱知名襲父爵除山陰令時關隴屢爲氐羌所擾孟觀西討自擒氐帥齊萬年統深惟四夷亂華宜杜其萌乃作徙戎論其辭曰夫夷蠻戎狄謂之四海九服之制地在要荒春秋之義內諸夏而外夷狄以其言語不通贄幣不同法俗詭異種類乖殊或居絕域之外山河之表崎嶇川谷阻險之地與中國壤斷土隔不相侵涉賦役不及正朔不加故曰天子有道守在四夷禹平九土而西戎卽敍其性氣貪婪凶悍不仁四夷之中戎狄爲甚弱則畏服彊則侵叛雖有賢聖之世大德之君咸未能以通化率導而以恩德柔懷也當其彊也以殷之高宗而憊於鬼方有周文王而患昆夷獫狁高祖困於白登孝文軍於霸上及其弱也周公來九譯之貢中宗納單于之朝以元成之微而猶四夷賓服此其已然之效也故匈奴求守邊塞而

侯應陳其不可單于屈膝未央望之議以不臣是以有道之君牧夷狄也惟以待之有備禦之有常雖稽顙執贄而邊城不弛固守爲寇賊彊暴而兵甲不加遠征期令境內獲安疆埸不侵而已及至周室失統諸侯專征以大兼小轉相殘滅封疆不固而利害異心戎狄乘間得入中國或招誘安撫以爲己用故申繒之禍顚覆宗周襄公要秦遽興姜戎當春秋時義渠大荔居秦晉之域陸渾陰戎處伊洛之間鄋瞞之屬害及濟東侵入齊宋陵虐邢衞南夷與北狄交侵中國不絕若綫齊桓攘之存亡繼絕北伐山戎以開燕路故仲尼稱管仲之力加左衽之功逮至春秋之末戰國方盛楚吞蠻氏晉翦陸渾趙武胡服開榆中之地秦雄咸陽滅義渠之等始皇之并天下也南兼百越北走匈奴五嶺長城戎卒億計雖師役煩殷寇賊橫暴然一世之功戎虜奔却當時中國無復四夷也漢興而都長安關中之郡號曰三輔禹貢雍州宗周豐鎬之舊也及至王莽之敗赤眉因之西都荒毀百姓流亡建武中以馬援領隴西太守討叛羌徙其餘種於關中居馮翊河東空地而與華人雜處數歲之後族類蕃息旣恃其肥彊且苦漢人侵之永初之元騎都尉王弘使西域發調羌氐以爲行衞於是羣羌奔駭互相扇動二州之戎一時俱發覆沒將守屠破城邑鄧騭之征棄甲委兵輿尸喪師前後相繼諸戎遂熾至於南入蜀漢東掠趙魏唐突軹關侵及河內及遣北軍中候朱寵將五營士於孟津距羌十年之中夷夏俱斃任尙馬賢僅乃克之此所以爲害深重累年不定者雖由禦者之無方將非其才亦豈不以寇發心腹害起肘腋疢篤難療瘡大遲愈之故哉自此之後餘燼不盡小有際會輒復侵叛馬賢狃忲終於覆敗段熲臨衝自西徂東雍州之戎常爲國患中世之寇惟此爲大漢末之亂關中殘滅魏興之初與蜀分隔疆埸之戎一彼一此魏武皇帝令將軍夏侯妙才討叛氐阿貴千萬等後因拔棄漢中遂徙武都之種於秦川欲以弱寇彊國扞禦蜀虜此蓋權宜之計一時之勢非所以爲萬世之利也今者當之已受其弊矣夫關中土沃物豐厥田上上加以涇渭之流溉其舄鹵鄭國白渠灌浸相通黍稷之饒畝號一鍾百姓謠詠其殷實帝王之都每以爲居未聞戎狄宜在此土也非我族類其心必異戎狄志態不與華同而因其衰弊遷之畿服士庶翫習侮其輕弱使其怨恨之氣毒於骨髓至於蕃育衆盛則坐生其心以貪悍之性挾憤怒之情候隙乘便輒爲橫逆而居封域之內無障塞之隔掩不備之人收散野之積故能爲禍滋蔓暴害不測此必然之勢已驗之事也當今之宜宜及兵威方盛衆事未罷徙馮翊北地新平安定界內諸羌著先零罕开析支之地徙扶風始平京兆之氐出還隴右著陰平武都之地廩其道路之糧令足自致各附本種反其舊土使屬國撫夷就安集之戎晉不雜並得其所上合往古即敘之義下爲盛世永久之規縱有猾夏之心風塵之警則絕遠中國隔閡山河雖爲寇暴所害不廣是以充國子明能以數萬之衆制羣羌之命有征無戰全軍獨剋雖有謀謨深計廟勝遠圖豈不以華夷異處戎夏區別要塞易守之故得成其功也哉難者曰方今關中之禍暴兵二載征戍之勞老師十萬水旱之害荐饑累荒疫癘之災札瘥夭昏凶逆旣戮悔惡初附且款且畏咸懷危懼百姓愁苦異人同慮望寧息之有期若枯旱之思雨露誠宜鎭之以安豫而子方欲作役起徒興功造事使疲悴之衆徙自猜之寇以無穀之人遷乏食之虜恐勢盡力屈緒業不卒羌戎離散心不可一前害未及弭而後變復橫出矣答曰羌戎狡猾擅相號署攻城野戰傷害牧守連兵聚衆載離寒暑矣而今異類瓦解同種土崩老幼繫虜丁壯降散禽離獸迸不能相一子以此等爲尚挾餘資悔惡反善懷我德惠而來柔附乎將勢窮道盡智力俱困懼我兵誅以至於此乎曰無有餘力勢窮道盡故也然則我能制其短長之命而令其進退由己矣夫樂其業者不易事安其居者無遷志方其自疑危懼畏怖促遽故可制以兵威使之左右無違也迨其死亡散流離逷未鳩與關中之人戶皆爲讎故可遐遷遠處令其心不懷土也夫聖賢之謀事也爲之於未有理之於未亂道不著而平德不顯而成其次則能轉禍爲福因敗爲功値困必濟遇否能通今子遭弊事之終而不圖更制之始愛易轍之勤而得覆車之軌何哉且關中之人百餘萬口率其少多戎狄居半處之與遷必須口實若有窮乏糝粒不繼者故當傾關中之穀以全其生生之計必無擠於溝壑而不爲侵掠之害也今我遷之傳食而至附其種族自使相贍而秦地之人得其半穀此爲濟行者以廩糧遺居者以積倉寬關中之逼去盜賊之原除旦夕之損建終年之益若憚暫舉之小勞而忘永逸之弘策惜日月之煩苦而遺累世之寇敵非所謂能開物成務創業垂統崇基拓跡謀及子孫者也并州之胡本實匈奴桀惡之寇也漢宣之世凍餒殘破國內五裂後合爲二呼韓邪遂衰弱孤危不能自存依阻塞下委質柔服建武中南單于復來降附遂令入塞居於漢南數世之後亦輒叛戾故何熙梁慬戎車屢征中平中以黃巾賊起發調其兵部衆不從而殺羌渠由是於彌扶羅求助於漢以討其賊仍值世喪亂遂乘釁而作鹵掠趙魏寇至河南建安中又使右賢王去卑誘質呼廚泉聽其部落散居六郡咸熙之際以一部太彊分爲三率泰始之初又增爲四於是劉猛內叛連結外虜近者郝散之變發於穀遠今五部之衆戶至數萬人口之盛過於西戎然其天性驍勇弓馬便利倍於氐羌若有不虞風塵之慮則并州之域可爲寒心滎陽句驪本居遼東塞外正始中幽州刺史毋丘儉伐其叛者徙其餘種始徙之時戶落百數子孫孳息今以千計數世之後必至殷熾今百姓失職猶或亡叛犬馬肥充則有噬齧況於夷狄能不爲變但顧其微弱勢力不成耳夫爲邦者患不在貧而在不均憂不在寡而在不安以四海之廣士庶之富豈須夷虜在內然後取足哉此等皆可申諭發遣還其本域慰彼羇旅懷土之思釋我華夏纖介之憂惠此中國以綏四方德施永世於計爲長帝不能用未及十年而夷狄亂華時服其深識遷中郎選司以統叔父春爲宜春令統因上疏曰故事父祖與官職同名皆得改選而未有身與官職同名不在改選之例臣以爲父祖改選者蓋爲臣子開地不爲父祖之身也而身名所加亦施於臣子佐吏係屬朝夕從事官位之號發言所稱若指實而語則違經禮諱尊之義若詭辭避迴則爲廢官擅犯憲制今以四海之廣職位之衆名號繁多士人殷富至使有受寵皇朝出身宰牧而令佐吏不得表其官稱子孫不得言其位號所以上嚴君父下爲臣子體例不通若易私名以避官職則違春秋不奪人親之義臣以爲身名與官職同者宜與觸父祖名爲比體例旣全於義爲弘朝廷從之轉太子洗馬在東宮累年甚被親禮太子頗闕朝覲又奢費過度多諸禁忌統上書諫曰臣聞古之爲臣者進思盡忠退思補過獻可替否拾遺補闕是以人主得以舉無失行言無口過德音發聞揚名後世臣等不遠無能云補思竭愚誠謹陳五事如左惟蒙一省再省少垂察納其一曰六行之義以孝爲首虞舜之德以孝爲稱故太子以朝夕視君膳爲職左右就養無方文王之爲世子可謂篤於事親者也故能擅三代之美爲百王之宗自頃聖體屢有疾患數闕朝侍遠近觀聽者不能深知其故以致疑惑伏願殿下雖有微苦可堪扶輿則宜自力易曰君子終日乾乾蓋自勉强不息之謂也其二曰古之人君雖有聰明之姿叡喆之質必須輔弼之助相導之功故虞舜以五臣興周文以四友隆及成王之爲太子也則周召爲保傅史佚昭文章故能聞道早備登崇大業刑措不用流聲洋溢伏惟殿下天授逸才聰鑒特達臣謂猶宜時發聖令宣揚德音諮詢保傅訪逮侍臣覲見賓客得令接盡壅否之情沛然交泰殿下之美煥然光明如此則高朗之風扇於前人弘範令軌永爲後式其三曰古之聖王莫不以儉爲德故堯稱采椽茅茨禹稱卑宮惡服漢文身衣弋綈足履革舄以身先物政致太平存爲明主沒見宗祀及諸侯修之者魯僖以躬儉節用聲列雅頌蚡冒以篳路藍縷用張楚國大夫修之者文子相魯妾不衣帛晏嬰相齊鹿裘不補亦能匡君濟俗興國隆家庶人修之者顏回以簞食瓢飮揚其仁聲原憲以蓬戶繩樞邁其淸德此皆聖主明君賢臣智士之所履行也故能懸名日月永世不朽蓋儉之福也及到末世以奢失之者帝王則有瑤臺瓊室玉杯象箸肴膳之珍則熊蟠豹胎酒池肉林諸侯爲之者至於丹楹刻桷鐘簴百牢大夫有瑣弁玉纓庶人有擊鐘鼎食亦罔不亡國喪宗破家失身醜名彰聞以爲後戒竊聞後園鏤飾金銀刻磨犀象晝室之巧課試日精臣等以爲今四海之廣萬物之富以今方古不足爲侈也然上之所好下必從之是故居上者必愼其所好也昔漢光武皇帝時有獻千里馬及寶劍者馬以駕鼓車劍以賜騎士世祖武皇帝有上雉頭裘者即詔有司焚之都街高世之主不尚尤物故能正天下之俗刑四方之風臣等以爲晝室之功可且減省後園雜作一皆罷遣肅然淸靜優游道德則日新之美光于四海矣其四曰以天下而供一人以百里而供諸侯故王侯食籍而衣稅公卿大夫受爵而資祿莫有不贍者也是以士農工商四業不離交易而退以通有無者庶人之業也周禮三市旦則百族晝則商賈夕則販夫販婦買賤賣貴販鬻菜果收千百之盈以救旦夕之命故爲庶人之貧賤者也樊遲匹夫請學爲圃仲尼不答魯大夫臧文仲使妾織蒲又譏其不仁公儀子相魯則拔其園葵言食祿者不與貧賤之人爭利也秦漢以來風俗轉薄公侯之尊莫不殖園圃之田而收市井之利漸冉相放莫以爲恥乘以古道誠可愧也今西園賣葵菜藍子雞麪之屬虧敗國體貶損令問其五曰竊見禁土令不得繕修牆壁動正屋瓦臣以爲此旣違典彝舊義且

以拘攣小忌而廢弘廓大道宜可蠲除於事爲宜朝廷善之及太子廢徙許昌賈后諷有司不聽宮臣追送統與宮臣冒禁至伊水拜辭道左悲泣流漣都官從事悉收統等付河南洛陽獄付郡者河南尹樂廣悉散遣之繫洛陽者猶未釋都官從事孫琰說賈謐曰所以廢徙太子以爲惡故耳東宮故臣冒罪拜辭涕泣路次不顧重辟乃更彰太子之德不如釋之謐語洛陽令曹攄由是皆免及太子薨改葬統作誄敘哀爲世所重後爲博士尚書郎參大司馬齊王冏軍事冏驕荒將敗統切諫文多不載遷廷尉正每州郡疑獄斷處從輕成都王穎請爲記室多所箴諫申論陸雲兄弟辭甚切至以母憂去職服闋爲司徒左長史東海王越爲兗州牧以統爲別駕委以州事與統書曰昔王子師爲豫州未下車辟荀慈明下車辟孔文舉貴州人士有堪應此者不統舉高平郄鑒爲賢良陳留阮脩爲直言濟北程收爲方正時以爲知人尋遷黃門侍郎散騎常侍領國子博士永嘉四年避難奔于成皋病卒凡所造賦頌表奏皆傳於後二子虨惇

虨字思玄本州辟舉秀才平南將軍溫嶠以爲參軍復爲州別駕辟司空郄鑒掾除長山令鑒又請爲司馬轉黃門郎車騎將軍庾冰鎮江州請爲長史冰薨庾翼以爲諮議參軍俄而復補長史翼薨大將于瓚作難虨討平之除尚書吏部郎仍遷御史中丞侍中吏部尚書永和中代桓景爲護軍將軍出補會稽內史加右軍將軍代王彪之爲尚書僕射哀帝即位疑周貴人名號所宜虨議見禮志帝欲於殿庭立鴻祀又欲躬自耤田虨並以爲禮廢日久儀注不存中興以來所不行謂宜停之爲僕射積年簡文帝爲相每訪政事虨多所補益轉護軍將軍領國子祭酒卒官子敳歷瑯邪內史驃騎諮議敳子恒元熙中爲西中郎長史恒弟夷尚書

惇字思悛孝友淳粹高節邁俗性好學儒玄並綜每以爲君子立行應依禮而動雖隱顯殊途未有不傍禮教者也若乃放達不羈以肆縱爲貴者非但動違禮法亦道之所棄也乃著通道崇檢論世咸稱之蘇峻之亂避地東陽山太尉郄鑒檄爲兗州治中又辟太尉掾康帝爲司徒亦辟焉征西將軍庾亮請爲羽林將軍徵拜博士著作郎皆不就邑里宗其道有事必諮而後行東陽太守阮裕長山令王濛皆一時名士並與惇游處深相欽重養志二十餘年永和九年卒時年四十九友朋相與刊石立頌以表德美云

孫楚 子衆　洵　纂　纂子統　統弟綽

孫楚字子荊太原中都人也祖資魏驃騎將軍父宏南陽太守楚才藻卓絕爽邁不羣多所陵傲缺鄉曲之譽年四十餘始參鎮東軍事文帝遣符劭孫郁使吳將軍石苞令楚作書遺孫晧曰蓋見機而作周易所貴小不事大春秋所誅此乃吉凶之萌兆榮辱所由生也是故許鄭以銜璧全國曹譚以無禮取滅載籍既記其成敗古今又著其愚智不復廣引譬類崇飾浮辭苟以夸大爲名更喪忠告之實今粗論事要以相覺悟昔炎精幽昧歷數將終桓靈失德災釁並興豺狼抗爪牙之毒生靈罹塗炭之難由是九州絕貫王綱解紐四海蕭條非復漢有太祖承運神武應期征討暴亂剋寧區夏協建靈符天命既集遂廓洪基奄有魏域土則神州中嶽器則九鼎猶存世載淑美重光相襲故知四隩之攸同帝者之壯觀也昔公孫氏承藉父兄世居東裔擁帶燕胡憑陵險遠講武游盤不供職貢內傲帝命外通南國乘桴滄海交酬貨賄葛越布于朔土貂馬延于吳會自以控弦十萬奔走之力信能右折燕齊左震扶桑轢沙漠南面稱王宣王薄伐猛銳長驅師次遼陽而城池不守枹鼓暫鳴而元凶折首於是遠近疆埸列郡大荒收離聚散大安其居衆庶悅服殊俗款附自茲以降九野清泰東夷獻其樂器肅慎貢其楛矢曠世不羈應化而至巍巍蕩蕩想所具聞也吳之先祖起自荆楚遭時擾攘潛播江表劉備震懼亦逃巴岷遂因山陵積石之固三江五湖浩汗無涯假氣游魂迄茲四紀兩邦合從東西唱和互相扇動拒捍中國自謂三分鼎足之勢可與太山共相終始也相國晉王輔相帝室文武桓桓志厲秋霜廟勝之算應變無窮獨見之鑒與衆絕慮主上欽明委以萬幾長轡遠御妙略潛授偏師同心上下用力陵威奮伐罙入其阻幷敵一向奪其膽氣小戰江由則成都自潰曜兵劍閣則姜維面縛開地六千領郡三十兵不踰時梁益肅清使竊號之雄稽顙絳闕球琳重錦充於府庫夫韓幷魏徙虢滅虞亡此皆前鑒後事之表又南中呂興深覩天命蟬蛻內附願爲臣妾外失輔車脣齒之援內有羽毛零落之漸而徘徊危國冀延日月此由魏武侯卻指山河自以爲彊殊不知物有興亡則所美非其地也方今百僚濟濟儁乂盈朝武臣猛將折衝萬里國富兵彊六軍精練思復翰飛飲馬南海自頃國家整脩器械興造舟楫簡習水戰樓船萬艘千里相望刳木已來舟車之用未有如今之殷盛者也驍勇百萬畜力待時役不再舉今日之師也然主相眷眷未便電發者猶以爲愛人治國道家所尚崇城遂卑文王退舍故先開大信喻以存亡殷勤之指往使所究也若能審識安危自求多福蹶然改容祗承往錫追慕南越嬰齊入侍北面稱臣伏聽告策則世祚江表永爲魏藩豐功顯報隆於今日矣若有侮慢未順王命然後謀力雲合指麾從風雍梁二州順流而東青徐戰士列江而西荆揚兗豫爭驅八衝征東甲卒武步秣陵爾乃王輿整駕六戎徐征羽校燭日旌旗星流龍游曜路歌吹盈耳士卒奔邁其會如林烟塵俱起震天駭地渴賞之士鋒鏑爭先忽然一旦身首橫分宗祀淪覆取戒萬世引領南望良助寒心夫療膏肓之疾者必進苦口之藥決狐疑之慮者亦告逆耳之言如其猶豫迷而不反恐俞跗見其已死扁鵲知其無功矣勉思良圖惟所去就劭等至吳不敢爲通楚後遷佐著作郎復參石苞驃騎軍事楚旣負其材氣頗侮易於苞初至長揖曰天子命我參卿軍事因此而嫌隙遂構苞奏楚與吳人孫世山共訕毀時政楚亦抗表自理紛紜經年事未判又與鄉人郭奕忿爭武帝雖不顯明其罪然以少賤受責遂湮廢積年初參軍不敬府主楚旣輕苞遂制施敬自楚始也征西將軍扶風王駿與楚舊好起爲參軍轉梁令遷衞將軍司馬時龍見武庫井中羣臣將上賀楚上言曰頃聞武庫井中有二龍羣臣或有謂之禎祥而稱賀者或有謂之非祥無所賀者可謂楚旣失之而齊亦未爲得也夫龍或俯鱗潛于重泉或仰攀雲漢游乎蒼昊而今蟠于坎井同於蛙蝦者豈獨管庫之士或有隱伏厮役之賢沒於行伍故龍見光景有所感悟願陛下赦小過舉賢才垂夢於傅巖望想於渭濱修學官起淹滯申命公卿舉獨行君子可惇風厲俗者又舉亮拔秀異之才可以撥煩理難矯世抗言者無繫世族必先逸賤夫戰勝攻取之勢幷兼混一之威五伯之事韓白之功耳至於制禮作樂闡揚道化甫是士人出筋力之秋也伏願陛下擇狂夫之言惠帝初爲馮翊太守太康三年卒初楚與同郡王濟友善濟爲本州大中正訪問銓邑人品狀至楚濟曰此人非卿所能目吾自爲之乃狀楚曰天才英博亮拔不羣楚少時欲隱居謂濟曰當欲枕石漱流誤云漱石枕流濟曰流非可枕石非可漱楚曰所以枕流欲洗其耳所以漱石欲厲其齒楚少所推服惟雅敬濟初楚除婦服作詩以示濟濟曰未知文生於情情生於文覽之悽然增伉儷之重三子衆洵纂衆及洵俱未仕而早終惟纂子統綽並知名

統字承公幼與綽及從弟盛過江誕任不羈而善屬文時以爲有楚風征北將軍褚裒聞其名命爲參軍辭不就家于會稽性好山水乃求爲鄞令轉在吳寧居職不留心碎務縱意游肆名山勝川靡不窮究後爲餘姚令卒子騰嗣以博學著稱位至廷尉騰弟登少善名理注老子行於世仕至尚書郎早終

綽字興公博學善屬文少與高陽許詢俱有高尚之志居于會稽游放山水十有餘年乃作遂初賦以致其意嘗鄙山濤而謂人曰山濤吾所不解吏非吏隱非隱若以元禮門爲龍津則當點額暴鱗矣所居齋前種一株松恒自守護鄰人謂之曰樹子非不楚楚可憐但恐永無棟梁日耳綽答曰楓柳雖復合抱亦何所施邪綽與詢一時名流或愛詢高邁則鄙於綽或愛綽才藻而無取於詢沙門支遁試問綽君何如許答曰高情遠致弟子早已伏膺然一詠一吟許將北面矣絕重張衡左思之賦每云三都二京五經之鼓吹也嘗作天台山賦辭致甚工初成以示友人范榮期云卿試擲地當作金石聲也榮期曰恐此金石非中宮商然每至佳句輒云應是我輩語除著作佐郎襲爵長樂侯綽性通率好譏調嘗與習鑿齒共行綽在前顧謂鑿齒曰沙之汰之瓦石在後鑿齒曰簸之颺之穅粃在前征西將軍庾亮請爲參軍補章安令徵拜太學博士遷尚書郎揚州刺史殷浩以爲建威長史會稽內史王羲之引爲右軍長史轉永嘉太守遷散騎常侍領著作郎時大司馬桓溫欲經緯中國以河南粗平將移都洛陽朝廷畏溫不敢爲異而北土蕭條人情疑懼雖並知不可莫敢先諫綽乃上疏曰伏見征西大將軍臣溫表便當躬率三軍討除二寇蕩滌河渭清灑舊京然後神旆電舒朝服濟江反皇居於中土正玉衡於天極斯超世之宏圖千載之盛事然臣之所懷竊有未安以爲帝王之興莫不藉地利人和以建功業貴能以義平暴因而撫之懷愍不建淪胥秦京遂令胡戎交侵神州絕綱土崩之釁誠由道喪然中夏蕩蕩一時橫流百郡千城曾無完郛者何哉亦以地不可守投奔有所故也天祚未革中宗龍飛非惟信順協於天人而已實賴萬里長江畫而守之耳易稱王公設險以守其國險之時義大矣哉斯已然之明效也今作勝談自當任道而遺險校實量分不得不保小以固存自喪亂已來六十餘年蒼生殄滅百不遺一河洛丘墟函夏蕭條井堙木刊阡陌夷滅生理茫茫永無依

歸播流江表已經數世存者長子老孫亡者丘隴成行雖北風之思感其素心目前之哀實爲交切若遷都旋軫之日中興五陵卽復緬成遐域泰山之安既難以理保烝烝之思豈不纏於聖心哉温今此舉誠欲大覽始終爲國遠圖向無山陵之急亦未首決大謀獨任天下之至難也今發憤忘食忠慨亮到凡在有心孰不致感而百姓震駭同懷危懼者豈不以反舊之樂賒而趣死之憂促哉何者植根於江外數十年矣一朝拔之頓驅踧於空荒之地提挈萬里踰險浮深離墳墓棄生業富者無三年之糧貧者無一食之飯田宅不可復售舟車無從而得捨安樂之國適習亂之鄉出必安之地就累卵之危將頓仆道塗飄溺江川僅有達者夫國以人爲本疾寇所以爲人衆喪而寇除亦安所取裁此仁者所宜哀矜國家所宜深慮也自古今帝王之都豈有常所時隆則宅中而圖大勢屈則遵養以待會使德不可勝家有三年之積然後始可謀太平之事耳今天時人事有未至者矣一朝欲一宇宙無乃頓而難舉乎臣之愚計以爲且可更遣一將有威名資實者先鎮洛陽於陵所築二壘以奉衞山陵埽平梁許淸一河南運漕之路既通然後盡力於開墾廣田積穀漸爲徙者之資如此賊見亡徵勢必遠竄如其迷逆不化復欲送死者南北諸軍風馳電赴若身手之救痛癢率然之應首尾山陵既固中夏小康陛下且端委紫極增修德政躬行漢文簡樸之至去小惠節游費審官人練甲兵以養士滅寇爲先十年行之無使隳廢則貧者殖其財怯者充其勇人知天德赴死如歸以此致政猶運諸掌握何故捨百勝之長理舉天下而一擲哉陛下春秋方富温克壯其猷君臣相與弘養德業括囊元吉豈不快乎今温唱高議聖朝互同臣以輕微獨獻管見出言之難實在今日而臣區區必聞天聽者切以無諱之朝狂瞽進說芻蕘之謀聖賢所察所以不勝至憂觸冒干陳若陛下垂神温少留思豈非屈於一人而允億兆之顒哉如以干忤罪大欲加顯戮使丹誠上達退受刑誅雖沒泉壤尸且不朽桓温見綽表不悅曰致意興公何不尋君遂初賦知人家國事邪尋轉廷尉卿領著作綽少以文才垂稱于時文士綽爲其冠温王郗庾諸公之薨必須綽爲碑文然後刊石焉年五十八卒子嗣有綽風文章相亞位至中軍參軍早亡

史臣曰江統風檢操行良有可稱陳留多士斯爲其冠徙戎之論實是經國遠圖然運距中衰陵替有漸假其言見用恐速禍招怨無救於將頹也逮愍懷廢徙冒禁拜辭所謂命輕鴻毛義貴熊掌彪位隆端右竭誠獻替停遺忽榮利聿修天爵雖出處異塗俱難兄弟矣孫楚體英絢之姿超然出類見知武子誠無愧色覽其貽皓之書諒曩代之佳筆也而負才誕傲蔑苞忿奕違遜讓之道肆陵憤之氣十年沉廢蓋自取矣統綽棣華秀發名顯中興可謂無忝爾祖統竟淪跡下邑窮觀勝地會其心焉綽獻直論辭都不懵元子有匪躬之節豈徒文雅而已哉

贊曰應元蹈義子荊越俗江寡悔尤孫貽擯辱彪統昆弟江左馳聲彬彬藻思綽冠羣英

晉書卷五十六考證

江統傳濟北程收爲方正○收一本作牧本書成都王穎傳以黃門郎程牧爲左司馬未知郎其人否

征西將軍庾亮請爲羽林將軍○羽林將軍監本作儒林參軍今從宋本

晉書卷五十七

唐　太　宗　文　皇　帝　御　撰

列傳第二十七

羅憲 兄子尚

羅憲字令則襄陽人也父蒙蜀廣漢太守憲年十三能屬文早知名師事譙周周門人稱爲子貢性方亮嚴整待士無倦輕財好施不營產業仕蜀爲太子舍人宣信校尉再使於吳吳人稱焉時黃皓預政衆多附之憲獨介然皓恚之左遷巴東太守時大將軍閻宇都督巴東拜憲領軍爲宇副貳魏之伐蜀召宇西還憲守永安城及成都敗城中擾動邊江長吏皆棄城走憲斬亂者一人百姓乃安知劉禪降乃率所統臨于都亭三日吳聞蜀敗遣將軍盛憲西上外託救援內欲襲憲憲曰本朝傾覆吳爲脣齒不恤我難而邀其利吾寧當爲降虜乎乃歸順於是繕甲完聚厲以節義士皆用命及鍾會鄧艾死百城無主吳又使步協西征憲大破其軍孫休怒又遣陸抗助協憲距守經年救援不至城中疾疫太半或勸南出牂牁北奔上庸可以保全憲曰夫爲人主百姓所仰既不能存急而棄之君子不爲也畢命於此矣會荊州刺史胡烈等救之抗退加陵江將軍監巴東軍事使持節領武陵太守泰始初入朝詔曰憲忠烈果毅有才策器幹可給鼓吹又賜山玄玉佩劍泰始六年卒贈使持節安南將軍武陵太守追封西鄂侯諡曰烈初憲侍讌華林園詔問蜀大臣子弟後問先輩宜時叙用者憲薦蜀人常忌杜軫等皆西國之良器武帝並召而任之子襲歷給事中陵江將軍統其父部曲至廣漢太守兄子尚

尚字敬之一名仲父式牂牁太守尚少孤依叔父憲善屬文荊州刺史王戎以尚及劉喬爲參軍並委任之太康末爲梁州刺史及趙廞反于蜀尚表曰廞非雄才必無所成計日聽其敗耳乃假尚節爲平西將軍益州刺史西戎校尉性貪少斷蜀人言曰尚之所愛非邪則佞尚之所憎非忠則正富擬魯衞家成市里貪如豺狼無復極已又曰蜀賊尚可羅尚殺我平西將軍反更爲禍時李特亦起於蜀攻蜀殺趙廞又攻尚於成都尚退保江陽初尚乞師方嶽荊州刺史宗岱率建平太守孫阜救之次于江州岱阜兵盛諸爲寇所逼者人有奮志尚乃使兵曹從事任銳僞降因出密宣告於外刻日俱擊遂大破之斬李特傳首洛陽特子雄僭號都於郫城尚遣將軍隗伯攻之不剋俄而尚卒雄遂據有蜀土

滕脩

滕脩字顯先南陽西鄂人也仕吳爲將帥封西鄂侯孫皓時代熊睦爲廣州刺史甚有威惠徵爲執金吾廣州部曲督郭馬等爲亂皓以脩宿有威惠爲嶺表所伏以爲使持節都督廣州軍事鎭南將軍廣州牧以討之未剋而王師伐吳脩率衆赴難至巴丘而皓已降乃縞素流涕而還與廣州刺史閭豐蒼梧太守王毅各送印綬詔以脩爲安南將軍廣州牧持節都督如故封武當侯加鼓吹委以南方事脩在南積年爲邊夷所附太康九年卒請葬京師帝嘉其意賜墓田一頃諡曰聲脩之子並上表曰亡父脩羈紲吳壤爲所驅馳幸逢開通沐浴至化得從俘虜握戎馬之要未覲聖顏委南藩之重實由勳勞少聞天聽故也年衰疾篤屢乞骸骨未蒙垂哀奄至薨隕臣承遺意輿櫬還都瞻望雲闕實懷痛裂竊聞博士謚脩曰聲直彰流播不稱行績不勝愚情冒昧聞訴帝乃賜謚曰忠並子含初爲庾冰輕車長史討蘇峻有功封夏陽縣開國侯邑千六百戶授平南將軍廣州刺史在任積年甚有威惠卒謚曰戴含弟子遯交州刺史脩曾孫恬之龍驤將軍魏郡太守戍黎陽爲翟遼所執死之

馬隆

馬隆字孝興東平平陸人少而智勇好立名節魏兗州刺史令狐愚坐事伏誅舉州無敢收者隆以武吏託稱愚客以私財殯葬服喪三年列植松栢禮畢乃還一州以爲美談署武猛從事泰始中將興伐吳之役下詔曰吳會未平宜得猛士以濟武功雖舊有薦舉之法未足以盡殊才其普告州郡有壯勇秀異才力傑出者皆以名聞將簡其尤異擢而用之苟有其人勿限所取兗州舉隆才堪良將稍遷司馬督初涼州刺史楊欣失羌戎之和隆陳其必敗俄而欣爲虜所沒河西斷絕帝每有西顧之憂臨朝而歎曰誰能爲我討此虜通涼州者乎朝臣莫對隆進曰陛下若能任臣臣能平之帝曰必能滅賊何爲不任顧卿方略何如耳隆曰陛下若能任臣當聽臣自任帝曰云何隆曰臣請募勇士三千人無問所從來率之鼓行而西禀陛下威德醜虜何足滅哉帝許之乃以隆爲武威太守公卿僉曰六軍既衆州郡兵多但當用之不宜橫設賞募以亂常典隆小將妄說不可從也帝弗納隆募限腰引弩三十六鈞弓四鈞立標簡試自旦至中得三千五百人隆曰足矣因請自至武庫選杖武庫令與隆忿爭御史中丞奏劾隆隆曰臣當亡命戰場以報所受武庫令乃以魏時朽杖見給不可復用非陛下使臣滅賊意也帝從之又給其三年軍資隆於是西渡溫水虜樹機能等以衆萬計或乘險以遏隆前或設伏以截隆後隆依八陣圖作偏箱車地廣則鹿角車營路狹則爲木屋施於車上且戰且前弓矢所及應弦而倒奇謀間發出敵不意或夾道累磁石賊負鐵鎧行不得前隆卒悉被犀甲無所留礙賊咸以爲神轉戰千里殺傷以千數自隆之西音問斷絕朝廷憂之或謂已沒後隆使夜到帝撫掌歡笑詰朝召羣臣謂曰若從諸卿言是無秦涼也乃詔曰隆以偏師寡衆奮不顧難冒險能濟其假節宣威將軍加赤幢曲蓋鼓吹隆到武威虜大人猝跋韓且萬能等率萬餘落歸降前後誅殺及降附者以萬計又率善戎沒骨能等與樹機能大戰斬之涼州遂平朝議將加隆將士勳賞有司奏隆將士皆先加顯爵不應更授衞將軍楊珧駁曰前精募將士少加爵命者此適所以爲誘引令隆全軍獨剋西土獲安不得便以前授塞此後功宜皆聽許以明要信乃從珧議賜爵加秩各有差太康初朝廷以西平荒毀宜時興復以隆爲平虜護軍西平太守將所領精兵又給牙門一軍屯據西平時南虜成奚每爲邊患隆至帥

軍討之虜據險距守隆令軍士皆負農器將若田者虜以隆無征討意御衆稍怠隆因其無備進兵擊破之畢隆之政不敢爲寇太熙初封奉高縣侯加授護東羌校尉積十餘年威信振於隴右時洛陽太守馮翊嚴舒與楊駿通親密圖代隆毀隆年老謬耄不宜服戎於是徵隆以舒代鎮氐羌聚結百姓驚懼朝廷恐關隴復擾乃免舒遣隆復職竟卒於官子咸嗣亦驍勇成都王穎攻長沙王乂以咸爲鷹揚將軍率兵屯河橋中渚爲乂將王瑚所敗没於陣

胡奮

胡奮字玄威安定臨涇人也魏車騎將軍陰密侯遵之子也奮性開朗有籌略少好武事宣帝之伐遼東也以白衣侍從左右甚見接待還爲校尉稍遷徐州刺史封夏陽子匈奴中部帥劉猛叛使驍騎路蕃討之以奮爲監軍假節頓軍硜北爲蕃後繼擊猛破之猛帳下將李恪斬猛而降以功累遷征南將軍假節都督荆州諸軍事遷護軍加散騎常侍奮家世將門晚乃好學有刀筆之用所在有聲績居邊特有威惠泰始末武帝怠政事而耽於色大採擇公卿女以充六宮奮女選入爲貴人奮唯有一子爲南陽王友早亡及聞女爲貴人哭曰老奴不死唯有二兒男入九地之下女上九天之上奮既舊臣兼有椒房之助甚見寵待遷左僕射加鎮軍大將軍開府儀同三司時楊駿以后父驕傲自得奮謂駿曰卿恃女更益豪邪歷觀前代與天家婚未有不滅門者但早晚事耳觀卿舉措適所以速禍駿曰卿女不在天家乎奮曰我女與卿女作婢耳何能損益時人皆爲之懼駿雖銜之而不能害後卒於官贈車騎將軍謚曰壯奮兄弟六人兄廣弟烈並知名廣字宣祖位至散騎常侍少府廣子喜字林甫亦以開濟爲稱仕至涼州刺史建武將軍假節護羌校尉烈字武玄爲將伐蜀鍾會之反也烈與諸將皆被閉烈子世元時年十八爲士卒先攻殺會名馳遠近烈爲秦州刺史及涼州叛烈屯於萬斛堆爲虜所圍無援遇害

陶璜

陶璜字世英丹陽秣陵人也父基吳交州刺史璜仕吳歷顯位孫晧時交阯太守孫諝貪暴爲百姓所患會察戰鄧荀至擅調孔雀三千頭遣送秣陵既苦遠役咸思爲亂郡吏呂興殺諝及荀以郡內附武帝拜興安南將軍交阯太守尋爲其功曹李統所殺帝更以建寧爨谷爲交阯太守谷又死更遣巴西馬融代之融病卒南中監軍霍弋又遣犍爲楊稷代融與將軍毛炅九真太守董元牙門孟幹孟通李松王業爨能等自蜀出交阯破吳軍于古城斬大都督脩則交州刺史劉俊吳遣虞汜爲監軍薛珝爲威南將軍大都督璜爲蒼梧太守距稷戰于分水璜敗退保合浦亡其二將珝怒謂璜曰若自表討賊而喪二帥其責安在璜曰下官不得行意諸軍不相順故致敗耳珝怒欲引軍還璜夜以數百兵襲董元獲其寶物船載而歸珝乃謝之以璜領交州爲前部督璜從海道出於不意徑至交阯元距之諸將將戰璜疑斷牆內有伏兵列長戟於其後兵纔接元僞退璜追之伏兵果出長戟逆之大破元等以前所得寶船上錦物數千匹遺扶嚴賊帥梁奇奇將萬餘人助璜元有勇將解系同在城內璜誘其弟象使爲書與系又使象乘璜軺車鼓吹導從而行元等曰象尚若此系必有去志乃就殺之珝璜遂陷交阯吳因用璜爲交州刺史璜有謀策周窮好施能得人心滕脩數討南賊不能制璜曰南岸仰吾鹽鐵斷勿與市皆壞爲田器如此二年可一戰而滅也脩從之果破賊初霍弋之遣稷炅等與之誓曰若賊圍城未百日而降者家屬誅若過百日救兵不至吾受其罪稷等守未百日糧盡乞降璜不許給其糧使守諸將並諫璜曰霍弋已死不能救稷等必矣可須其日滿然後受降使彼得無罪我受有義內訓百姓外懷鄰國不亦可乎稷等期訖糧盡救兵不至乃納之脩則既爲毛炅所殺則子允隨璜南征城既降允求復讐璜不許炅密謀襲璜事覺收炅呵曰晉賊炅厲聲曰吳狗何等爲賊允剖其腹曰復能作賊不炅猶罵曰吾志殺汝孫晧汝父何死狗也璜既擒稷等並送之稷至合浦發病死孟幹爨能李松等至建鄴晧將殺之或勸晧幹等忠於所事宜宥之以勸邊將晧從其言將徙之臨海幹等志欲北歸慮東徙轉遠以吳人愛蜀側竹弩言能作之晧留付作部後幹逃至京都松能爲晧所殺幹陳伐吳之計帝乃厚加賞賜以爲日南太守先是以楊稷爲交州刺史毛炅爲交阯太守印綬未至而敗即贈稷交州炅及松能子並關內侯九真郡功曹李祚保郡內附璜遣將攻之不尅祚舅黎晃隨軍勸祚令降祚答曰舅自吳將祚自晉臣唯力是視耳踰時乃拔晧以璜爲使持節都督交州諸軍事前將軍交州牧武平九德新昌土地阻險夷獠勁悍歷世不賓璜征討開置三郡及九真屬國三十餘縣徵璜爲武昌都督以合浦太守脩允代之交土人請留璜以千數於是遣還晧既降晉手書遣璜息融敕璜歸順璜流涕數日遣使送印綬詣洛陽帝詔復其本職封宛陵侯改爲冠軍將軍吳既平晉減州郡兵璜上言曰交土荒裔斗絕一方或重譯而言連帶山海又南郡去州海行千有餘里外距林邑纔七百里夷帥范熊世爲逋寇自稱爲王數攻百姓且連接扶南種類猥多朋黨相倚負險不賓往隸吳時數作寇逆攻破郡縣殺害長吏臣以尫駑昔爲故國所採偏戍在南十有餘年雖前後征討翦其魁桀深山僻穴尚有逋竄又臣所統之卒本七千餘人南土溫濕多有氣毒加累年征討死亡減耗其見在者二千四百二十人今四海混同無思不服當卷甲消刃禮樂是務而此州之人識義者寡厭其安樂好爲禍亂又廣州南岸周旋六千餘里不賓屬者乃五萬餘戶及桂林不羈之輩復當萬戶至於服從官役纔五千餘家二州脣齒唯兵是鎮又寧州興古接據上流去交阯郡千六百里水陸並通互相維衛州兵未宜約損以示單虛夫風塵之變出於非常臣亡國之餘議不足採聖恩廣厚猥垂飾擢蠲其罪釁改授方任去辱即寵拭目更視誓念投命以報所受臨履所見謹冒瞽陳又以合浦郡土地磽确無有田農百姓唯以採珠爲業商賈去來以珠貨米而吳時珠禁甚嚴慮百姓私散好珠禁絕來去人以飢困又所調猥多限每不充今請上珠三分輸二次者輸一麤者蠲除自十月訖二月非採上珠之時聽商旅往來如舊並從之在南三十年威恩著于殊俗及卒舉州號哭如喪慈親朝廷乃以員外散騎常侍吾彥代璜彥卒又以員外散騎常侍顧祕代彥祕卒州人逼祕子參領州事參尋卒參弟壽求領州州人不聽固求之遂領州壽乃殺長史胡肇等又將殺帳下督梁碩碩走得免起兵討壽禽之付壽母令鴆殺之碩乃迎璜子蒼梧太守威領刺史在職甚得百姓心三年卒威弟淑子綏後並爲交州自基至綏四世爲交州者五人璜弟濬吳鎮南大將軍荆州牧濬弟抗太子中庶子濬子湮字恭之湮弟猷字恭豫並有名湮至臨海太守黃門侍郎猷宣城內史王導右軍長史湮子馥于湖令爲韓晃所殺追贈廬江太守抗子回自有傳

吾彥

吾彥字士則吳郡吳人也出自寒微有文武才幹身長八尺手格猛獸膂力絕羣仕吳爲通江吏時將軍薛珝杖節南征軍容甚盛彥觀之慨然而歎有善相者劉札謂之曰以君之相後當至此不足慕也初爲小將給吳大司馬陸抗抗奇其勇略將拔用之患衆情不允乃會諸將密使人陽狂拔刀跳躍而來坐上諸將皆懼而走唯彥不動舉几禦之衆服其勇乃擢用焉稍遷建平太守時王濬將伐吳造船於蜀彥覺之請增兵爲備晧不從彥乃輒爲鐵鎖橫斷江路及師臨境緣江諸城皆望風降附或見攻而拔唯彥堅守大衆攻之不能尅乃退舍禮之吳亡彥始歸降武帝以爲金城太守帝嘗從容問薛瑩曰孫晧所以亡國者何也瑩對曰歸命侯臣晧之君吳昵近小人刑罰妄加大臣大將無所親信人人憂恐各不自安敗亡之釁由此而作矣其後帝又問彥對曰吳主英俊宰輔賢明帝笑曰君明臣賢何爲亡國彥曰天祿永終歷數有屬所以爲陛下擒此蓋天時豈人事也張華時在坐謂彥曰君爲吳將積有歲年蔑爾無聞竊所惑矣彥厲聲曰陛下知我而卿不聞乎帝甚嘉之轉在敦煌威恩甚著遷鴈門太守時順陽王暢驕縱前後內史皆誣之以罪及彥爲順陽內史彥清身率下威刑嚴肅衆皆畏懼暢不能誣乃更薦之冀其去職遷員外散騎常侍帝嘗問彥陸喜陸抗二人誰多也彥對曰道德名望抗不及喜立功立事喜不及抗會交州刺史陶璜卒以彥爲南中都督交州刺史重餉陸機兄弟機將受之雲曰彥本微賤爲先公所拔而答詔不善安可受之機乃止因此每毀之長沙孝廉尹虞謂機等曰自古由賤而興者乃有帝王何但公卿若何元幹侯孝明唐儒宗張義允等並起自寒微皆內侍外鎮人無譏者卿以士則答詔小有不善毀之無已吾恐南人皆將去卿卿便獨坐也於是機等意始解毀言漸息矣初陶璜之死也九真戍兵作亂逐其太守九真賊帥趙祉圍郡城彥悉討平之在鎮二十餘年威恩宣著南州寧靖自表求代徵爲大長秋卒於官

張光

張光字景武江夏鍾武人也身長八尺明眉目美音聲少爲郡吏家世有部曲以牙門將伐吳有功遷江夏西部都尉轉北地都尉初趙王倫爲關中都督氐羌反叛太守張損戰没郡縣吏士少有全者光以百餘人戍馬蘭山北賊圍之百餘日光撫厲將士屢出奇兵擊賊破之光以兵少路遠自分敗没會梁王肜遣司馬索靖將兵迎光舉軍悲泣遂還長安肜表光處絕圍之地有耿恭之忠宜加甄賞以明獎勸於是擢授新平太守加鼓吹屬雍州刺史劉沈被密詔討河間王顒光起兵助沈沈時委任秦州刺史皇甫重重自以關西大族心每輕

光謀多不用及二州軍潰爲顒所擒顒謂光曰前起兵欲作何策光正色答曰但劉雍州不用鄙計故令大王得有今日也顒壯之引與歡宴彌日表爲右衞司馬陳敏作亂除光順陽太守加陵江將軍率步騎五千詣荊州討之刺史劉弘雅敬重光稱爲南楚之秀時江夏太守陶侃與敏大將錢端相距於長岐將戰襄陽太守皮初爲步軍使光設伏以待之武陵太守苗光爲水軍藏舟艦於沔水皮初等與賊交戰光發伏兵應之水陸同奮賊衆大敗弘表光有殊勳遷材官將軍梁州刺史先是秦州人鄧定等二千餘家饑餓流入漢中保于城固漸爲抄盜梁州刺史張殷遣巴西太守張燕討之定窘急僞乞降于燕并餽燕金銀燕喜爲之緩師定密結李雄雄遣衆救定燕退定遂進逼漢中太守杜正沖東奔魏興殷亦棄官而遁光不得赴州止於魏興乃結諸郡守共謀進取燕唱言曰漢中荒敗迫近大賊剋復之事當俟英雄正沖曰張燕受賊金銀不時進討阻兵緩寇致喪漢中寔燕之罪也光於是發怒呵燕令出斬之以徇綏撫荒殘百姓悅服光於是却鎮漢中時逆賊王如餘黨李運楊武等自襄陽將三千餘家入漢中光遣參軍晉邈率衆於黃金距之邈受運重賂勸光納運光從邈言使居城固旣而邈以運多珍貨又欲奪之復言於光曰運之徒屬不事佃農但營器杖意在難測可掩而取之光又信焉遣邈衆討運不剋光乞師於氐王楊茂搜茂搜遣子難敵助之難敵求貨於光光不與楊武乃厚路難敵謂之曰流人寶物悉在光處今伐我不如伐光難敵大喜聲言助光內與運同光弗之知也遣息援率衆助邈運與難敵夾攻邈等援爲流矢所中死賊遂大盛光嬰城固守自夏迄冬憤激成疾佐吏及百姓咸勸光退據魏興光按劍曰吾受國厚恩不能翦除寇賊今得自死便如登仙何得退還也聲絕而卒時年五十五百姓悲泣遠近傷惜之有二子炅邁炅少辟太宰掾邁多才畧有父風州人推邁權領州事與賊戰沒別駕范曠及督護王喬奉光妻息率其遺衆還據魏興其後義陽太守任愔爲梁州光妻子歸本郡南陽太守應詹白都督王敦稱光在梁州能興微繼絕威振巴漢值中原傾覆征鎮太守外無救助內闕資儲以寡敵衆經年抗禦厲節不撓宜應追論顯贈以慰存亡敦不能從

趙誘

趙誘字元孫淮南人也世以將顯州辟主簿值刺史郄隆被齊王冏檄使起兵討趙王倫隆欲承檄舉義而諸子姪並在洛陽欲坐觀成敗恐爲冏所討進退有疑會羣吏計議誘說隆曰趙王篡逆海內所病今義兵飈起其敗必矣今爲明使君計莫若自將精兵徑赴許昌上策也不然且可留後遣猛將將兵會盟亦中策也若遣小軍隨形助勝下策耳隆曰我受二帝恩無所偏助正欲保州而已誘與治中留寶主簿張褒等諫隆若無所助變難將生州亦不可保也隆猶豫不決遂爲其下所害誘還家杜門不出左將軍王敦以爲叅軍加廣武將軍與甘卓周訪共討華軼破之又擊杜弢於西湘太興初復與卓攻弢滅之累功賜爵平阿縣侯代陶侃爲武昌太守時杜曾迎第五猗於荊州作亂敦遣誘與襄陽太守朱軌共距之猗旣愍帝所遣加有時望爲荊楚所歸誘等苦戰皆沒敦甚悼惜之表贈征虜將軍秦州刺史謚曰敬子龔與誘俱死元帝爲晉王下令贈新昌太守龔弟胤字伯舒王敦使周訪擊杜曾胤請從行訪憚曾之彊欲先以胤餌曾使其衆疲而後擊之胤多梟首級王導引爲從事中郎南頓王宗反胤殺宗於是王導庾亮並倚杖之轉冠軍將軍還西豫州刺史卒於官

史臣曰忠爲令德貞曰事君徇國家而竭身歷夷險而一節羅憲厥脩灌纓入仕指巴東而受脈出嶺嶠而揚麾屬鼎命淪胥本朝失守届巴丘而流涕集都亭而大臨古之忠烈罕輩于茲孝興之智勇玄威之武藝滅醜虜於河西制凶酋於磧北審楊欣之必敗識楊駿之速禍陶璜吾彥逸足齊驅毛炅屈其深謀陸抗奇其茂略薪楢之任清規自遠鼙鼓之臣厥聲彌劭景武南楚秀士元孫累葉將門赴死喻於登仙效誠陳於上策竟而俱斃貞則斯存

贊曰憲居玉壘才博流譽脩赴石門惠政攸著孝興玄威操履無違愚墳畢禮楊門致議璜謀超絕彥材雄傑潛師襲董觀兵歎薛惟趙與張神畧多方作尉北地立功西湘

晉書卷五十七考證

陶璜傳會察戰鄧荀至擅調孔雀三千頭○吳志孫休傳使察戰到交阯調孔爵大豬注察戰吳官名號今楊都有察戰巷

晉書卷五十八

唐　太　宗　文　皇　帝　御　撰

列傳第二十八

周處　子玘　玘子勰　玘弟札　札兄子筵

周處字子隱義興陽羨人也父魴吳鄱陽太守處少孤未弱冠膂力絕人好馳騁田獵不修細行縱情肆慾州曲患之處自知爲人所惡乃慨然有改勵之志謂父老曰今時和歲豐何苦而不樂耶父老歎曰三害未除何樂之有處曰何謂也答曰南山白額猛獸長橋下蛟并子爲三矣處曰若此爲患吾能除之父老曰子若除之則一郡之大慶非徒去害而已處乃入山射殺猛獸因投水搏蛟蛟或沉或浮行數十里而處與之俱經三日三夜人謂死皆相慶賀處果殺蛟而反聞鄉里相慶始知人患己之甚乃入吳尋二陸時機不在見雲具以情告曰欲自修而年已蹉跎恐將無及雲曰古人貴朝聞夕改君前塗尚可且患志之不立何憂名之不彰處遂勵志好學有文思志存義烈言必忠信克己朞年州府交辟仕吳爲東觀左丞孫晧末爲無難督及吳平王渾登建鄴宮釃酒既酣謂吳人曰諸君亡國之餘得無戚乎處對曰漢末分崩三國鼎立魏滅於前吳亡於後亡國之感豈惟一人渾有愧色入洛稍遷新平太守撫和戎狄叛羌歸附雍土美之轉廣漢太守郡多滯訟有經三十年而不決者處詳其枉直一朝決遣以母老罷歸尋除楚內史未之官徵拜散騎常侍處曰古人辭大不辭小乃先之楚而郡旣經喪亂新舊雜居風俗未一處敦以教義又檢尸骸無主及白骨在野收葬之然始就徵遠近稱歎及居近侍多所規諷遷御史中丞凡所糾劾不避寵戚梁王肜違法處深文按之及氐人齊萬年反朝臣惡處彊直皆曰處吳之名將子也忠烈果毅乃使隸夏侯駿西征伏波將軍孫秀知其將死謂之曰卿有老母可以此辭也處曰忠孝之道安得兩全旣辭親事君父母復安得而子乎今日是我死所也萬年聞之曰周府君昔臨新平我知其爲人才兼文武若專斷而來不可當也如受制於人此成擒耳旣而梁王肜爲征西大將軍都督關中諸軍事處知肜不平必當陷己自以人臣盡節不宜辭憚乃悲慨就路志不生還中書令陳準知肜將逞宿憾乃言於朝曰駿及梁王皆是貴戚非將帥之才進不求名退不畏咎周處吳人忠勇果勁有怨無援將必喪身宜詔孟觀以精兵萬人爲處前鋒必能殄寇不然肜當使處先驅其敗必也朝廷不從時賊屯梁山有衆七萬而駿逼處以五千兵擊之處曰軍無後繼必至覆敗雖在亡身爲國取恥肜復命處進討乃與振威將軍盧播雍州刺史解系攻萬年於六陌將戰處軍人未食肜促令速進而絕其後繼處知必敗賦詩曰去去世事已策馬觀西戎藜藿甘粱黍期之克令終言畢而戰自旦及暮斬首萬計弦絕矢盡播系不救左右勸退處按劍曰此是吾效節授命之日何退之爲且古者良將受命凶門以出蓋有進無退也今諸軍負信勢必不振我爲大臣以身徇國不亦可乎遂力戰而沒追贈平西將軍賜錢百萬葬地一頃京城地五十畝爲第又賜王家近田五頃詔曰處母年老加以遠人朕每愍念給其醫藥酒米賜以終年處著默語三十篇及風土記并撰集吳書時潘岳奉詔作關中詩曰周徇師令身膏齊斧人之云亡貞節克舉又西戎校尉閻纘亦上詩云周全其節令聞不已身雖云沒書名良史及元帝爲晉王將加處策謚太常賀循議曰處履德清方才量高出歷守四郡安人立政入司百僚貞節不撓在戎致身見危授命此皆忠賢之茂實烈士之遠節按謚法執德不回曰孝遂以謚焉有三子玘靖札靖早卒玘札竝知名

玘字宣佩彊毅沉斷有父風而文學不及閉門潔己不妄交游士友咸望風敬憚焉故名重一方弱冠州郡命不就刺史初到召爲別駕從事虛己備禮方始應命累薦名宰府舉秀才除議郎太安初妖賊張昌丘沉等聚衆於江夏百姓從之如歸惠帝使監軍華宏討之敗于障山昌等浸盛殺平南將軍羊伊鎮南大將軍新野王歆等所在覆沒昌別率封雲攻徐州石冰攻揚州刺史陳徽出奔冰遂畧有揚土玘密欲討冰潛結前南平內史王矩共推吳興太守顧祕都督揚州九郡軍事及江東人士同起義兵斬冰所置吳興太守區山及諸長史冰遣其將羌毒領數萬人距玘玘臨陣斬毒時右將軍陳敏自廣陵率衆助玘斬冰別率趙驤於蕪湖因與玘俱前攻冰於建康冰北走投封雲雲司馬張統斬雲冰以降徐揚竝平玘不言功賞散衆還家陳敏反于揚州以玘爲安豐太守加四品將軍玘稱疾不行密遣使告鎮東將軍劉準令發兵臨江己爲內應翦髮爲信準在壽春遣督護衡彥率衆而東時敏弟昶爲廣武將軍歷陽內史以吳興錢廣爲司馬玘密諷廣殺昶玘與顧榮甘卓等以兵攻敏敏衆奔潰單馬北走獲之於江乘界斬之於建康夷三族東海王越聞其名召爲參軍詔補

尚書郎散騎郎並不行元帝初鎮江左以玘爲倉曹屬初吳興人錢璯亦起義兵討陳敏越命爲建武將軍使率其屬會于京都璯至廣陵聞劉聰逼洛陽畏懦不敢進帝促以軍期璯乃謀反時王敦遷尚書當應徵與璯俱西璯陰欲殺敦藉以舉事敦聞之奔告帝璯遂殺度支校尉陳豐焚燒邸閣自號西平大將軍八州都督刼孫晧子充立爲吳王既而殺之來寇玘縣帝遣將軍郭逸都尉朱典等討之並以兵少未敢前玘復率合鄉里義衆與逸等俱進討璯斬之傳首於建康玘三定江南開復王畧帝嘉其勳以玘行建威將軍吳興太守封烏程縣侯吳興寇亂之後百姓饑饉盜賊公行玘甚有威惠百姓敬愛之期年之閒境內寧謐帝以玘頻興義兵勳誠並茂乃以陽羨及長城之西鄉丹陽之永世別爲義興郡以彰其功焉玘宗族彊盛人情所歸帝疑憚之于時中州人士佐佑王業而玘自以爲不得調內懷怨望復爲刁協輕之恥恚愈甚時鎮東將軍祭酒東萊王恢亦爲周顗所侮乃與玘陰謀誅諸執政推玘及戴若思與諸南士共奉帝以經緯世事先是流人率夏鐵等寓於淮泗恢陰書與鐵令起兵己當與玘以三吳應之建興初鐵已聚衆數百人臨淮太守蔡豹斬鐵以聞恢聞鐵死懼罪奔于玘玘殺之埋于豕牢帝聞而祕之召玘爲鎮東司馬未到復改授建武將軍南郡太守玘既南行至蕪湖又下令曰玘奕世忠烈義誠顯著孤所欽喜今以爲軍諮祭酒將軍如故進爵爲公祿秩僚屬一同開國之例玘忿於廻易又知其謀泄遂憂憤發背而卒時年五十六將卒謂子勰曰殺我者諸傖子能復之乃吾子也吳人謂中州人曰傖故云耳贈輔國將軍謚曰忠烈子勰嗣

勰字彥和常緘父言時中國亡官失守之士避亂來者多居顯位駕御吳人吳人頗怨勰因之欲起兵潛結吳興郡功曹徐馥馥家有部曲勰使馥矯稱叔父札命以合衆豪俠樂亂者翕然附之以討王導刁協爲名孫晧族人弼亦起兵於廣德以應之馥殺吳興太守袁琇有衆數千將奉札爲主時札以疾歸家聞而大驚乃告亂於義興太守孔侃勰知札不同不敢發兵馥黨懼攻馥殺之孫弼衆亦潰宣城太守陶猷滅之元帝以周氏奕世豪望吳人所宗故不窮治撫之如舊勰爲札所責失志歸家淫侈縱恣每謂人曰人生幾時但當快意耳終於臨淮太守勰弟彝少知名元帝辟爲丞相掾早亡

札字宣季性矜險好利外方內荏少以豪右自處州郡辟命皆不就察孝廉除郎中大司馬齊王冏參軍出補句容令遷吳國上軍將軍辟東海王越參軍不就以討錢璯功賜爵漳浦亭侯元帝爲丞相表札爲寧遠將軍歷陽內史不之職轉從事中郎徐馥平以札爲奮武將軍吳興內史錄前後功改封東遷縣侯進號征虜將軍監揚州江北軍事東中郎將鎮涂中未之職轉右將軍都督石頭水陸軍事札脚疾不堪拜固讓經年有司彈奏不得已乃視職加散騎常侍王敦舉兵攻石頭札開門應敦故王師敗績敦轉札爲光祿勳尋補尚書頃之遷右將軍會稽內史時札兄靖子懋晉陵太守清流亭侯懋弟筵征虜將軍吳興內史筵弟贊大將軍從事中郎武康縣侯贊弟縉太子文學都鄉侯次兄子勰臨淮太守烏程公札一門五侯並居列位吳士貴盛莫與爲比王敦深忌之後筵喪母送者千數敦益憚焉及敦疾錢鳳以周氏宗彊與沈充權勢相侔欲自託於充謀滅周氏使充得專威揚土乃說敦曰夫有國者患於彊逼自古釁難恒必由之今江東之豪莫彊周沈公萬世之後二族必不靜矣周彊而多俊才宜先爲之所後嗣可安國家可保耳敦納之時有道士李脫者妖術惑衆自言八百歲故號李八百自中州至建鄴以鬼道療病又署人官位時人多信事之弟子李弘養徒灊山云應讖當王故敦使廬江太守李恒告札及其諸兄子與脫謀圖不軌時筵爲敦諮議參軍卽營中殺筵及脫弘又遣參軍賀鸞就沈充盡掩殺札兄弟子旣而遣軍會稽襲札札先不知卒聞兵至率麾下數百人出拒之兵散見殺札性貪財好色惟以業產爲務兵至之日庫中有精杖外白以配兵札猶惜不與以敝者給之其鄙吝如此故士卒莫爲之用及敦死札筵故吏並詣闕訟周氏之寃宜加贈謚事下八坐尚書卞壼議以札石頭之役開門延寇遂使賊敦恣亂札之責也追贈意所未安懋筵兄弟宜復本位司徒王導議以札在石頭忠在社稷義在亡身至於往年之事自臣等有識以上與札情豈有異此言實貫於聖鑒論者見姦逆既彰便欲徵往年已有不臣之漸卽復使爾要當時衆所未悟旣悟其姦萌札與臣等便以身許國死而後已札亦尋取梟夷朝廷檄命旣下大事旣定便正以爲逆黨邪正失所進退無據誠國體所宜深惜臣謂宜與周顗戴若思等同例尚書令郗鑒議曰夫褒貶臧否宜令體明例通今周戴以死節復位周札以開門同例事異賞均意所疑惑如司徒議謂往年之事自有識以上皆與札不異此爲邪正坦然有在昔宋文失禮華樂荷不臣之罰齊靈嬖孽高厚有從昏之戮以古況今譙王周戴宜受若此之責何加贈復位之有乎今據已顯復則札宜貶責明矣導重議曰省令君議必札之開門與譙王周戴異今札開門直出風言竟實事邪使以風言定褒貶意莫若原情考徵也論者謂札知隗協亂政信敦匡救苟匡救信姦佞除卽所謂流四凶族以隆人主巍巍之功耳如此札所以忠於社稷也後敦悖謬出所不圖札亦闔門不同以此滅族是其死於爲義也夫信敦當時之匡救不圖將來之大逆惡隗協之亂政不失爲臣之貞節者於時朝士豈惟周札邪若盡謂不忠懼有誣乎譙王周戴各以死衞國斯亦人臣之節也但所見有同異然期之於必忠故宜申明耳卽如令君議宋華齊高其在隗協矣昔子糾之難召忽死之管仲不死若以死爲賢則管仲當貶若以不死爲賢則召忽死爲失先典何以兩通之明爲忠之情同也死雖是忠之一目亦不必爲忠皆當死也漢祖遺約非劉氏不王非功臣不侯違命天下共誅之後呂后王諸呂周勃從之王陵廷爭可不謂忠乎周勃誅呂尊文安漢社稷忠莫尚焉則王陵又何足言而前史兩爲美談固知死與不死爭與不爭苟原情盡意不可定於一槩也且札闔棺定謚違逆黨順受戮凶邪不負忠義明矣鑒又駁不同而朝廷竟從導議追贈札衞尉遣使者祠以少牢札長子澹太宰府掾次子稚察孝廉不行

筵卓犖有才幹拜征虜將軍吳興太守遷黃門侍郎徐馥之役筵族兄續亦聚衆應之元帝議欲討之王導以爲兵少則不足制寇多遣則根本空虛黃門侍郎周筵忠烈至到爲一郡所敬意謂直遣筵足能殺續於是詔以力士百人給筵使輕騎還陽羨筵卽日取道晝夜兼行既至郡將入遇續於門筵謂續曰宜與君共詣孔府君有所論續不肯入筵逼牽與俱坐定筵謂太守孔侃曰府君何以置賊在坐續衣裏帶小刀便操刀逼筵筵叱郡傳敎吳曾何不舉手曾有膽力便以刀環築續殺之筵因欲誅勰札拒不許委罪於從兄邵誅之筵不歸家省母遂長驅而去母狼狽追之其忠公如此遷太子右衞率及王敦作難加冠軍將軍都督會稽吳興義興晉陵東陽軍事率水軍三千人討沈充未發而王師敗績筵聞札開城納敦憤咤慷慨形于辭色尋遇害敦平後與札同被復官初筵於姑孰立屋五閒而六梁一時躍出墮地衡獨立柱頭零節之上甚危懼以人功不能然也後竟覆族筵弟縉少無行檢嘗在建康烏衣道中逢孔氏婢時與同寮二人共載便令左右捉婢上車其強暴若此

周訪 子撫　撫子楚　楚子瓊　瓊子虓　撫弟光　光子仲孫

周訪字士達本汝南安城人也漢末避地江南至訪四世吳平因家廬江尋陽焉祖纂吳威遠將軍父敏左中郎將訪少沈毅謙而能讓果於斷割周窮振乏家無餘財爲縣功曹時陶侃爲散吏訪薦爲主簿相與結友以女妻侃子瞻訪察孝廉除郎中上甲令皆不之官鄉人盜訪牛於冢閒殺之訪得之密埋其肉不使人知及元帝渡江命參鎮東軍事時有與訪同姓名者罪當死吏誤收訪訪奮擊收者數十人皆散走而自歸於帝帝不之罪尋以爲揚烈將軍領兵一千二百屯尋陽鄂陵與甘卓趙誘討華軼所統廣武將軍丁乾與軼所統武昌太守馮逸交通訪收斬之逸來攻訪訪率衆擊破之逸遁保柴桑訪乘勝進討軼遣其黨王約傅札等萬餘人助逸大戰於湓口約等又敗訪與甘卓等會於彭澤與軼水軍將朱矩等戰又敗之軼將周廣燒城以應訪軼衆潰訪執軼斬之遂平江州帝以訪爲振武將軍尋陽太守加鼓吹曲蓋復命訪與諸軍共征杜弢弢作桔槔打官軍船艦訪作長岐棖以拒之桔槔不得爲害而賊從青草湖密抄官軍又遣其將張彥陷豫章焚燒城邑王敦時鎮湓口遣督護繆蕤李恒受訪節度共擊彥蕤於豫章石頭與彥交戰彥軍退走訪率帳下將李午等追彥破之臨陣斬彥時訪爲流矢所中折前兩齒形色不變及暮訪與賊隔水賊衆數倍自知力不能敵乃密遣人如樵採者而出於是結陣鳴鼓而來大呼曰左軍至士卒皆稱萬歲至夜令軍中多布火而食賊謂官軍益至未曉而退訪謂諸將曰賊必引退然終知我無救軍當還掩人宜促渡水北旣渡斷橋訖而賊果至隔水不得進於是遂歸湘州訪復以舟師造湘城軍達富口而弢遣杜弘出海昏時湓口騷動訪步上柴桑偷渡與賊戰斬首數百賊退保廬陵訪追擊敗之賊嬰城自守尋而軍糧爲賊所掠退住巴丘糧廪旣至復圍弘於廬陵弘大擲寶物於城外軍人競拾之弘因陣亂突圍而出訪率軍追之獲鞍馬鎧杖不可勝數弘入南康太守將率兵逆擊又破之奔於臨賀帝又進訪龍驤將軍王敦表爲豫章太守加征討都督賜爵尋陽縣侯時梁州刺史張光卒愍帝以侍中第五猗爲征南大將軍監荆梁益寧四州出自武關賊率杜曾摯瞻胡混等並迎猗

奉之聚兵數萬破陶侃於石頭攻平南將軍荀崧於宛不剋引兵向江陵王敦以從弟廙爲荊州刺史令督護征虜將軍趙誘襄陽太守朱軌江陵將軍黃峻等討曾而大敗於女觀湖誘軌竝遇害曾遂逐廙徑造沔口大爲寇害威振江沔元帝命訪擊之訪有衆八千進至沌陽曾等銳氣甚盛訪曰先人有奪人之心軍之善謀也使將軍李恒督左甄許朝督右甄訪自領中軍高張旗幟曾果畏訪先攻左右甄曾勇冠三軍訪甚惡之自於陣後射雉以安衆心令其衆曰一甄敗鳴三鼓兩甄敗鳴六鼓趙胤領其父餘兵屬左甄力戰敗而復合胤馳馬告訪訪怒叱令更進胤號哭還戰自旦至申兩甄皆敗訪聞鼓音選精銳八百人自行酒飲之勅不得妄動聞鼓音乃進賊未至三十步訪親鳴鼓將士皆騰躍奔赴曾遂大潰殺千餘人訪夜追之諸將請待明日訪曰曾驍勇能戰向之敗也彼勞我逸是以剋之宜及其衰乘之可滅鼓行而進遂定漢沔曾等走固武當訪以功遷南中郎將督梁州諸軍梁州刺史屯襄陽訪謂其僚佐曰昔城濮之役晉文以得臣不死而有憂色今不斬曾禍難未已於是出其不意又擊破之曾遁走訪部將蘇溫收曾詣軍并獲第五猗胡混摯瞻等送於王敦又白敦說猗逼於曾不宜殺敦不從而斬之進位安南將軍持節都督刺史如故初王敦懼杜曾之難謂訪曰擒曾當相論爲荊州刺史及是而敦不用至王廙去職詔以訪爲荊州敦以訪名將勳業隆重有疑色其從事中郎郭舒說敦曰鄙州雖遇寇難荒弊實爲用武之國若以假人將有尾大之患公宜自領訪爲梁州足矣敦從之訪大怒敦手書譬釋并遺玉環玉梡以申厚意訪投梡于地曰吾豈賈豎可以寶悅乎陰欲圖之既在襄陽務農訓卒勤於採納守宰有缺輒補然後言上敦患之而憚其彊不敢有異訪威風既著遠近悅服智勇過人爲中興名將性謙虛未嘗論功伐或問訪曰人有小善鮮不自稱卿功勳如此初無一言何也訪曰朝廷威靈將士用命訪何功之有士以此重之訪練兵簡卒欲宣力中原與李矩郭默相結慨然有平河洛之志善於撫納士衆皆爲致死聞敦有不臣之心訪恆切齒敦雖懷逆謀故終訪之世未敢爲非初訪少時遇善相者廬江陳訓謂訪與陶侃曰二君皆位至方嶽功名略同但陶得上壽周得下壽優劣更由年耳訪小侃一歲太興三年卒時年六十一帝哭之甚慟詔贈征西將軍謚曰壯立碑於本郡二子撫光撫字道和彊毅有父風而將御不及元帝辟爲丞相掾父喪去官服闋襲爵除鷹揚將軍武昌太守王敦命爲從事中郎與鄧嶽俱爲敦爪牙甘卓遇害敦以撫爲沔北諸軍事南中郎將鎮沔中及敦作逆撫領二千人從之敦敗撫與嶽俱亡走撫弟光將資遣其兄而陰欲取嶽撫怒曰我與伯山同亡何不先斬我會嶽至撫出門遙謂之曰何不速去今骨肉尚欲相違況他人乎嶽迴船而走撫遂共入西陽蠻中蠻酋向蠶納之初嶽爲西陽欲伐諸蠻及是諸蠻皆怨將殺之蠶不聽曰鄧府君窮來歸我我何忍殺之由是俱得免明年詔原敦黨撫詣闕請罪有詔禁錮之咸和初司徒王導以撫爲從事中郎出爲寧遠將軍江夏相蘇峻作逆率所領從溫嶠討之峻平遷監沔北軍事南中郎將鎮襄陽石勒將郭敬率騎攻撫撫不能守率所領奔於武昌坐免官尋遷振威將軍豫章太守後代毋丘奧監巴東諸軍事益州刺史假節將軍如故尋進征虜將軍加督寧州諸軍事永和初桓溫征蜀進撫督梁州之漢中巴西梓潼陰平四郡軍事鎮彭模撫擊破蜀餘寇隗文鄧定等斬僞尚書僕射王誓平南將軍王潤以功還平西將軍隗文鄧定等復反立范賢子賁爲帝初賢爲李雄國師以左道惑百姓人多事之賁遂有衆一萬撫與龍驤將軍朱壽擊破斬之以功進爵建城縣公征西督護蕭敬文作亂殺征虜將軍楊謹據涪城自號益州牧桓溫使督護鄧遐助撫討之不能拔引退溫又令梁州刺史司馬勳等會撫伐之敬文固守自二月至于八月乃出降撫斬之傳首京師升平中進鎮西將軍在州三十餘年興寧三年卒贈征西將軍謚曰襄子楚嗣

楚字元孫起家參征西軍事從父入蜀拜鷹揚將軍犍爲太守父卒以楚監梁益二州假節襲爵建城公世在梁益甚得物情時梁州刺史司馬勳作逆楚與朱序討平之進冠軍將軍太和中蜀盜李金銀廣漢妖賊李弘竝聚衆爲寇僞稱李勢子當以聖道王年號鳳皇又隴西人李高詐稱李雄子破涪城梁州刺史楊亮失守楚遣其子討平之是歲楚卒謚曰定子瓊嗣

瓊勁烈有將略歷數郡代楊亮爲梁州刺史建武將軍領西戎校尉初氐人竇衝求降朝廷以爲東羌校尉後衝反欲入漢川安定人皇甫釗京兆人周勳等謀納衝瓊密知之收釗勳等斬之尋卒子虓嗣

虓字孟威少有節操州召爲祭酒後歷位至西夷校尉領梓潼太守寧康初苻堅將楊安寇梓潼虓固守涪城遣步騎數千送母妻從漢水將抵江陵爲堅將朱肜邀而獲之虓遂降於安堅欲以爲尚書郎虓曰蒙國厚恩以至今日但老母見獲失節於此母子獲全秦之惠也雖公侯之貴不足爲榮況郎任乎堅乃止自是每入見堅輒箕踞而坐呼之爲氐賊堅不悅屬元會威儀甚整堅因謂虓曰晉家元會何如此虓攘袂厲聲曰戎狄集聚譬猶犬羊相羣何敢比天子及呂光征西域堅出餞之戎士二十萬旌旗數百里又問虓曰朕衆力何如虓曰戎夷已來未之有也堅黨以虓不遜屢請除之堅待之彌厚虓乃密書與桓冲說賊姦計太元三年虓潛至漢中堅追得之後又與堅兄子苞謀襲堅事泄堅引虓問其狀虓曰昔漸離豫讓燕智之微臣猶漆身吞炭不忘忠節況虓世荷晉恩豈敢忘也生爲晉臣死爲晉鬼復何問乎堅曰今殺之適成其名矣遂撻之徙于太原後堅復陷順陽魏興獲二守皆執節不撓堅歎曰周孟威不屈於前丁彥遠潔己於後吉祖冲不食而死皆忠臣也虓竟以病卒於太原其子興迎致其喪冠軍將軍謝玄親臨哭之因上疏曰臣聞旌善表功崇義明節所以振揚聲教垂美來葉故西夷校尉梓潼太守周虓執心忠烈厲節寇庭遂嬰禍荒裔痛貫泉壤臣每悲其志以爲蘇武之賢不復過也前宜告并州訪求虓喪并索其家負荷數千始得來至即以賫送還其舊壠伏願聖朝追其志心表其殊節使貞霜之志不墜於地則榮慰存亡惠被幽顯矣孝武帝詔曰虓厲志貞亮無愧古烈未及拔身奄隕厥命甄表義節國之典也贈龍驤將軍益州刺史賻錢二十萬布百匹又賜其家

光少有父風年十一見王敦敦謂曰貴郡未有將誰可用者光曰明公不恥下問竊謂無復見勝敦笑以爲寧遠將軍尋陽太守及敦舉兵光率千餘人赴之既至敦已死光未之知求見敦王應祕不言以疾告光退曰今我遠來而不得見王公公其死乎遽見其兄撫曰王公已死兄何爲與錢鳳作賊衆竝愕然其夕衆散錢鳳走出至闔廬洲光捕鳳詣闕贖罪故得不廢蘇峻作逆隨溫嶠力戰有功峻平賜爵曲江男卒官子仲孫與寧初督寧州軍事振武將軍寧州刺史在州貪暴人不堪命桓溫以梁益多寇周氏世有威稱復除仲孫監益梁州之三郡寧康初楊安寇蜀仲孫失守免官後徵爲光祿勳卒初陶侃微時丁艱將葬家中忽失牛而不知所在遇一老父謂曰前崗見一牛眠山汙中其地若葬位極人臣矣又指一山云此亦其次當世出二千石言訖不見侃尋牛得之因葬其處以所指別山與訪訪父死葬焉果爲刺史著稱寧益自訪以下三世爲益州四十一年如其所言云

史臣曰夫仁義豈有常蹈之即君子背之即小人周子隱以跅弛之材負不羈之行比凶蛟猛獸縱毒鄉閭終能克己厲精朝聞夕改輕生重義殉國亡軀可謂志節之士也宣佩奮茲忠勇屢殄妖氛威略冠於本朝庸績書於王府旣而結憾朝宰潛構異圖念不思難斯爲隘矣終於憤恚豈不惜哉札筵等負儁逸之才以豪雄自許始見疑於朝廷終獲戾於權右彊弗如弱信有徵矣而札受委扞城乃開門揖盜去順效逆彼實有之後雖假手凶徒可謂罪人斯得朝廷議加榮贈不其僭乎有晉之刑政陵夷用此道也周訪器兼文武任在折衝戡定湘羅剋清江漢謀孫翼子杖節擁旄西蜀仰其威風中興推爲名將功成名立不亦美哉孟威陷迹虜廷抗辭僞主雖圖史所載何以加焉

贊曰平西果勁始邪末正勇足除殘忠能致命宣佩懋功三定江東札雖啟敵筵實懷忠尋陽緯武擁旄持斧日子日孫重規疊矩孟威抗烈心存舊主

晉書卷五十八考證

周處傳雍州刺史解系○本書陶璜傳有解系乃九眞太守董元之勇將即爲元等所殺者此解系別爲一人乃姓名相同者耳

身膏齊斧○齊文選作氏注爲氏所殺也

外方內荏○本書音義荏一作恁

晉書卷五十九

唐 太 宗 文 皇 帝 御 撰

列傳第二十九

自古帝王之臨天下也皆欲廣樹藩屏崇固維城唐虞以前憲章蓋闕夏殷以後遺迹可知然而玉帛會于塗山雖云萬國至於分疆胙土猶或未詳洎乎周室粲焉可觀封建親賢並爲列國當其興也周召贊其升平及其衰也桓文輔其危亂故得卜世之祚克昌卜年之基惟永逮王赧即位天祿已終虛位無主三十餘載爰及暴秦并吞天下戒衰周之削弱忽帝業之遠圖謂王室

之陵遲由諸侯之彊大於是罷侯置守獨尊諸已至乎子弟並爲匹夫惟欲肆虐陵威莫顧謀孫翼子枝葉微弱宗祏孤危內無社稷之臣外闕藩維之助陳項一呼海內沸騰隕身於望夷繫頸於軹道事不師古二世而滅漢祖勃興爰革斯弊於是分王子弟列建功臣錫之山川誓以帶礪然而矯枉過直懲羹吹韲土地封疆踰越往古始則韓彭菹醢次乃吳楚稱亂然雖克滅權偪猶足維翰王畿洎成哀之後戚藩陵替君臣乘茲間隙竊位偷安光武雄略緯天慷慨下國遂能除兇靜亂復禹配天休祉成於兩京鼎祚隆於四百宗支繼絕之力可得而言魏武忘經國之宏規行忌刻之小數功臣無立錐之地子弟君不使之人徒分茅社實傳虛爵本根無所庇廕遂乃三葉而亡有晉思改覆車復隆盤石或出擁旄節莅嶽牧之榮入踐台階居端揆之重然而付托失所授任乖方政令不恒賞罰斯濫或有才而不任或無罪而見誅朝爲伊周夕爲莽卓機權失於上橫亂作於下楚趙諸王相仍構釁徒興晉陽之甲竟匪勤王之師始則爲身擇利利未加而害及初迺無心憂國國非憂而奚拯遂使昭陽興廢有甚奕棊乘輿幽縶更同羑里胡羯陵侮宗廟丘墟良可悲也夫爲國之有藩屏猶濟川之有舟楫安危成敗義實相資舟楫且完波濤不足稱其險藩屏式固禍亂何以成其階向使八王之中一藩緊賴如梁王之禦大敵若朱虛之除大憝則外寇焉敢憑陵內難奚由竊發縱令天子暗劣鼎臣奢放雖或顛沛未至土崩何以言之瑯邪譬彼諸王權輕衆寡度長絜大不可同年遂能匹馬濟江奄有吳會存重宗社百有餘年雖曰天時抑亦人事豈如趙倫齊冏之輩河間東海之徒家國俱亡身名並滅善惡之數此非其效歟西晉之政亂朝危雖由時主然而煽其風速其禍者咎在八王故序而論之總爲其傳云耳

汝南王亮 子粹 矩 羕 宗 熙

汝南文成王亮字子翼宣帝第四子也少清警有才用仕魏爲散騎侍郎萬歲亭侯拜東中郎將進封廣陽鄉侯討諸葛誕於壽春失利免官頃之拜左將軍加散騎常侍假節出監豫州諸軍事五等建改封祁陽伯轉鎮西將軍武帝踐阼封扶風郡王邑萬戶置騎司馬增參軍掾屬持節都督關中雍涼諸軍事會秦州刺史胡烈爲羌虜所害亮遣將軍劉旂騎督敬琰赴救不進坐是貶爲平西將軍旂當斬亮與軍司曹冏上言節度之咎由亮而出乞丐旂死詔曰高平困急計城中及旂足以相拔就不能徑至尚當深進今奔突有投而坐視覆敗故加旂大戮今若罪不在旂當有所在有司又奏免亮官削爵土詔惟免官頃之拜撫軍將軍是歲吳將步闡來降假亮節都督諸軍事以納之尋加侍中之服咸寧初以扶風池陽四千一百戶爲太妃伏氏湯沐邑置家令丞僕後改食南郡枝江太妃嘗有小疾祓於洛水亮兄弟三人侍從並持節鼓吹震耀洛濱武帝登陵雲臺望見曰伏妃可謂富貴矣其年進號衞將軍加侍中時宗室殷盛無相統攝乃以亮爲宗師本官如故使訓導觀察有不遵禮法小者正以義方大者隨事聞奏三年徙封汝南出爲鎮南大將軍都督豫州諸軍事開府假節之國給追鋒車皁輪犢車錢五十萬頃之徵亮爲侍中撫軍大將軍領後軍將軍統冠軍步兵射聲長水等營給兵五百人騎百匹遷太尉錄尚書事領太子太傅侍中如故及武帝寢疾爲楊駿所排乃以亮爲侍中大司馬假黃鉞大都督督豫州諸軍事出鎮許昌加軒懸之樂六佾之舞封子羕爲西陽公未發帝大漸詔留亮委以後事楊駿聞之從中書監華廙索詔視遂不還帝崩亮懼駿疑已辭疾不入於大司馬門外敘哀而已表求過葬駿欲討亮亮知之問計於廷尉何勗勗曰今朝廷皆歸心於公公何不討人而懼爲人所討或說亮率所領入廢駿亮不能用夜馳赴許昌故得免及駿誅詔曰大司馬汝南王亮體道沖粹通識政理宣翼之績顯於本朝二南之風流于方夏將憑遠猷以康王化其以亮爲太宰錄尚書事入朝不趨劍履上殿增掾屬十人給千兵百騎與太保衞瓘對掌朝政亮論賞誅楊駿之功過差欲以苟悅衆心由是失望楚王瑋有勳而好立威亮憚之欲奪其兵權瑋甚憾乃承賈后旨誣亮與瓘有廢立之謀矯詔遣其長史公孫宏與積弩將軍李肇夜以兵圍之帳下督李龍白外有變請距之亮不聽俄然楚兵登牆而呼亮驚曰吾無二心何至於是若有詔書其可見乎宏等不許促兵攻之長史劉準謂亮曰觀此必是姦謀府中俊乂如林猶可盡力距戰又弗聽遂爲肇所執而嘆曰我之忠心可破示天下也如何無道枉殺不辜是時大熱兵人坐亮于車下時人憐之爲之交扇將及日中無敢害者瑋出令曰能斬亮者賞布千匹遂爲亂兵所害投于北門之壁鬢髮耳鼻皆悉毀焉及瑋誅追復亮爵位給東園溫明祕器朝服一襲錢三百萬布絹三百匹喪葬之禮如安平獻王孚故事廟設軒懸之樂有五子粹矩羕宗熙粹字茂弘早卒矩字延明拜世子爲屯騎校尉與父亮同被害追贈典軍將軍謚懷王子祐立是爲威王祐字永猷永安中從惠帝北征帝遷長安祐反國及帝還洛以征南兵八百人給之特置四部牙門永興初率衆依東海王越討劉喬有功拜揚武將軍以江夏雲杜益封并前二萬五千戶越征汲桑表留祐領兵三千守許昌加鼓吹麾旗越還祐歸國永嘉末以寇賊充斥遂南渡江元帝命爲軍諮祭酒建武初爲鎮軍將軍太興末領左軍將軍太寧中進號衞將軍加散騎常侍咸和元年薨贈侍中特進子恭王統立以南頓王宗謀反被廢其後成帝哀亮一門殄絕詔統復封累遷祕書監侍中薨追贈光祿勳子義立官至散騎常侍薨子遵之立義熙初梁州刺史劉稚謀反推遵之爲主事泄伏誅弟楷之子蓮扶立宋受禪國除

羕字延年太康末封西陽縣公拜散騎常侍亮之被害也羕時年八歲鎮南將軍裴楷與之親姻竊之以逃一夜八遷故得免及瑋誅進爵爲王歷步兵校尉左軍驍騎將軍元康初進封郡王永興初拜侍中以長沙王乂黨廢爲庶人惠帝還洛復羕封爲撫軍將軍又以汝南期思西陵益其國永嘉初拜鎮軍將軍加散騎常侍領後軍將軍復以邾蘄春益之并前三萬五千戶隨東海王越東出鄄城遂南渡江元帝承制更拜撫軍大將軍開府給千兵百騎詔與南頓王宗統流人以實中州江西荒梗復還及元帝踐阼進位侍中太保以羕屬尊元會特爲設牀太興初錄尚書事尋領大宗師加羽葆斧鉞班劍六十人進位太宰及王敦平領太尉明帝即位以羕宗室元老特爲之拜羕放縱兵士劫鈔所司奏免羕官詔不問及帝寢疾羕與王導同受顧命輔成帝時帝幼沖詔羕依安平獻王孚故事設牀帳於殿上帝親迎拜咸和初坐弟南頓王宗免官降爲弋陽縣王及蘇峻作亂羕詣峻稱述其勳峻大悅矯詔復羕爵位峻平賜死世子播播弟充及息崧並伏誅國除咸康初復其屬籍以羕孫珉爲奉車都尉奉朝請

宗字延祚元康中封南頓縣侯尋進爵爲公討劉喬有功進封王增邑三千并前萬戶爲征虜將軍與兄羕俱過江元帝承制拜散騎常侍愍帝之在西都以宗爲平東將軍元帝即位拜撫軍將軍領左將軍明帝踐阼加長水校尉轉左衞將軍與虞胤俱爲帝所昵委以禁旅宗與王導庾亮志趣不同連結輕俠以爲腹心導亮並以爲言帝以宗戚屬每容之及帝疾篤宗胤密謀爲亂亮排闥入升御牀流涕言之帝始悟轉爲驃騎將軍胤爲大宗正宗遂怨望形於辭色咸和初御史中丞鍾雅劾宗謀反庾亮使右衞將軍趙胤收之宗以兵距戰爲胤所殺貶其族爲馬氏徙妻子于晉安既而原之三子綽超演廢爲庶人咸康中復其屬籍綽爲奉車都尉奉朝請

熙初封汝陽公討劉喬有功進爵爲王永嘉末沒於石勒

楚隱王瑋

楚隱王瑋字彥度武帝第五子也初封始平王歷屯騎校尉太康末徙封於楚出之國都督荊州諸軍事平南將軍轉鎮南將軍武帝崩入爲衞將軍領北軍中候加侍中行太子少傅楊駿之誅也瑋屯司馬門瑋少年果銳多立威刑朝廷忌之汝南王亮太保衞瓘以瑋性很戾不可大任建議使與諸王之國瑋甚忿之長史公孫宏舍人岐盛並薄於行爲瑋所暱瓘等惡其爲人慮致禍亂將收盛盛知之遂與宏謀因積弩將軍李肇矯稱瑋命譖亮瓘於賈后而后不之察使惠帝爲詔曰太宰太保欲爲伊霍之事王宜宣詔令淮南長沙成都王屯宮諸門廢二公夜使黃門齎以授瑋瑋欲復奏黃門曰事恐漏泄非密詔本意也瑋乃止遂勒本軍復矯詔召三十六軍手令告諸軍曰天禍晉室凶亂相仍間者楊駿之難實賴諸君剋平禍亂而二公潛圖不軌欲廢陛下以絕武帝之祀今輒奉詔免二公官吾今受詔都督中外諸軍諸在直衞者皆嚴加警備其在外營便相率領徑詣行府助順討逆天所福也懸賞開封以待忠效皇天后土實聞此言又矯詔使亮瓘上太宰太保印綬侍中貂蟬之國官屬皆罷遣之又矯詔赦亮瓘官屬曰二公潛謀欲危社稷今免還第官屬以下一無所問若不奉詔便軍法從事能率所領先出降者封侯受賞朕不食言遂收亮瓘殺之岐盛說瑋可因兵勢誅賈模郭彰匡正王室以安天下瑋猶豫未決會天明帝用張華計遣殿中將軍王宮齎騶虞幡麾衆曰楚王矯詔衆皆釋杖而走瑋左右無復一人窘迫不知所爲惟一奴年十四駕牛車將赴秦王柬帝遣謁者詔瑋還營執之於武賁署遂下廷尉詔以瑋矯制害二公父子又欲誅滅朝臣謀圖不軌遂斬之時年二十一其日大風雷雨礔礰詔曰周公決二叔之誅漢武斷昭平之獄所不得已者廷尉奏瑋已伏法情用悲痛吾當發哀瑋臨死出其懷中青紙詔流涕以示監刑尚書劉頌曰受詔而行謂爲社稷今更爲罪託體先帝受枉如此幸見申列頌亦

歔欷不能仰視公孫宏岐盛並夷三族瑋性開濟好施能得衆心及此莫不隕涕百姓爲之立祠賈后先惡瑋亮又忌瑋故以計相次誅之永寧元年追贈驃騎將軍封其子範爲襄陽王拜散騎常侍後爲石勒所害

趙王倫

趙王倫字子彝宣帝第九子也母曰柏夫人魏嘉平初封安樂亭侯五等建改封東安子拜諫議大夫武帝受禪封琅邪郡王坐使散騎將劉緝買工所將盜御裘廷尉杜友正緝棄市倫當與緝同罪有司奏倫爵重屬親不可坐諫議大夫劉毅駁曰王法賞罰不阿貴賤然後可以齊禮制而明典刑也倫知裘非常蔽不語吏與緝同罪當以親貴議減不得闕而不論宜自於一時法中如友所正帝是毅駁然以倫親親故下詔赦之及之國行東中郞將宣威將軍咸寧中改封於趙遷平北將軍督鄴城守事進安北將軍元康初遷征西將軍開府儀同三司鎭關中倫刑賞失中氐羌反叛徵還京師尋拜車騎將軍太子太傅深交賈郭諂事中宮大爲賈后所親信求錄尚書張華裴頠固執不可又求尚書令華頠復不許愍懷太子廢使倫領右軍將軍時左衞司馬督司馬雅及常從督許超並嘗給事東宮二人傷太子無罪與殿中中郞士猗等謀廢賈后復太子以華頠不可移難與圖權倫執兵之要性貪冒可假以濟事乃說倫嬖人孫秀曰中宮凶妒無道與賈謐等共廢太子今國無嫡嗣社稷將危大臣將起大事而公名奉事中宮與賈郭親善太子之廢皆云豫知一朝事起禍必相及何不先謀之乎秀許諾言於倫倫納焉遂告通事令史張林及省事張衡殿中侍御史殷渾右衞司馬督路始使爲內應事將起而秀知太子聰明若還東宮將與賢人圖政量已必不得志乃更說倫曰太子爲人剛猛不可私請明公素事賈后時議皆以公爲賈氏之黨今雖欲建大功於太子太子含宿怒必不加賞於明公矣當謂逼百姓之望翻覆以免罪耳此乃所以速禍也今且緩其事賈后必害太子然後廢后爲太子報讎亦足以立功豈徒免禍而已倫從之秀乃微泄其謀使謐黨頗聞之倫秀因勸謐等早害太子以絕衆望太子旣遇害倫秀之謀益甚而超雅懼後難欲悔其謀乃辭疾秀復告右衞佽飛督閭和和從之期四月三日景夜一籌以鼓聲爲應至期乃矯詔敕三部司馬曰中宮與賈謐等殺吾太子今使車騎入廢中宮汝等皆當從命賜爵關中侯不從誅三族於是衆皆從之倫又矯詔開門夜入陳兵道南遣翊軍校尉齊王冏將三部司馬百人排閤而入華林令駱休爲內應迎帝幸東堂遂廢賈后爲庶人幽之于建始殿收吳太妃趙粲及韓壽妻賈午等付暴室考竟詔尚書以廢后事仍收捕賈謐等召中書監侍中黃門侍郞八坐皆夜入殿執張華裴頠解結杜斌等於殿前殺之尚書始疑詔有詐郞師景露版奏請手詔倫等以爲沮衆斬之以徇明日倫坐端門屯兵北向遣尚書和郁持節送賈庶人于金墉誅趙粲叔父中護軍趙浚及散騎侍郞韓豫等內外羣官多所黜免倫尋矯詔自爲使持節大都督督中外諸軍事相國侍中王如故一依宣文輔魏故事置左右長史司馬從事中郞四人參軍十人掾屬二十人兵萬人以其世子散騎常侍荂領冗從僕射子馥前將軍封濟陽王虔黃門郞封汝陰王詡散騎侍郞封霸城侯孫秀等封皆大郡並據兵權文武官封侯者數千人百官總已聽於倫倫素庸下無智策復受制於秀秀之威權振於朝廷天下皆事秀而無求於倫秀起自琅邪外史累官於趙國以諂媚自達旣執機衡遂恣其姦謀多殺忠良以逞私欲司隸從事游顥與殷渾有隙渾誘顥奴晉與僞告顥有異志秀不詳察卽收顥及襄陽中正李邁殺之厚待晉與以爲已部曲督前衞尉石崇黃門郞潘岳皆與秀有嫌並見誅於是京邑君子不樂其生矣淮南王允齊王冏以倫秀驕僭內懷不平秀等亦深忌焉乃出冏鎭許奪允護軍允發憤起兵討倫允旣敗滅倫加九錫增封五萬戶倫僞爲飾讓詔遣百官詣府敦勸侍中宣詔然後受之加荂撫軍將軍領軍將軍馥鎭軍將軍領護軍將軍虔中軍將軍領右衞將軍詡爲侍中又以孫秀爲侍中輔國將軍相國司馬右率如故張林等並居顯要增相府兵爲二萬人與宿衞同又隱匿兵士衆過三萬起東宮三門四角華檐斷宮東西道爲外徼或謂秀曰散騎常侍楊準黃門侍郞劉逵欲奉梁王肜以誅倫會有星變乃徙肜爲丞相居司徒府轉準逵爲外官倫無學不知書秀亦以狡黠小才貪淫昧利所共立事者皆邪佞之徒惟競榮利無深謀遠略荂淺薄鄙陋馥虔闇很彊戾詡愚嚚輕訬而各乖異互相憎毀秀子會年二十爲射聲校尉尚帝女河東公主公主母喪未朞便納聘禮會形貌短陋奴僕之下者初與富室兒於城西販馬百姓忽聞其尚主莫不駭愕倫秀並惑巫鬼聽妖邪之說秀使牙門趙奉詐爲宣帝神語命倫早入西宮又言宣帝於北芒爲趙王佐助於是別立宣帝廟於芒山謂逆謀可成以太子詹事裴劭左軍將軍卞粹等二十人爲從事中郞掾屬又二十人秀等部分諸軍分布腹心使散騎常侍義陽王威兼侍中出納詔命矯作禪讓之詔使使持節尚書令滿奮僕射崔隨爲副奉皇帝璽綬以禪位于倫倫僞讓不受於是宗室諸王羣公卿士咸假稱符瑞天文以勸進倫乃許之左衞王輿與前軍司馬雅等率甲士入殿譬喻三部司馬示以威賞皆莫敢違其夜使張林等屯守諸門義陽王威及駱休等逼奪天子璽綬夜漏未盡內外百官以乘輿法駕迎倫惠帝乘雲母車鹵簿數百人自華林西門出居金墉城尚書和郁兼侍中散騎常侍琅邪王睿中書侍郞陸機從到城下而反使張衡衞帝寔幽之也倫從兵五千人入自端門登太極殿滿奮崔隨樂廣進璽綬於倫乃僭卽帝位大赦改元建始是歲賢良方正直言秀才孝廉良將皆不試計吏及四方使命之在京邑者太學生年十六以上及在學二十年皆署吏郡縣二千石令長赦日在職者皆封侯郡綱紀並爲孝廉縣綱紀爲廉吏以世子荂爲太子馥爲侍中大司農領護軍京兆王虔爲侍中大將軍領軍廣平王詡爲侍中撫軍將軍霸城王孫秀爲侍中中書監驃騎將軍儀同三司張林等諸黨皆登卿將並列大封其餘同謀者咸超階越次不可勝紀至於奴卒厮役亦加以爵位每朝會貂蟬盈坐時人爲之諺曰貂不足狗尾續而以苟且之惠取悅人情府庫之儲不充於賜金銀冶鑄不給於印故有白版之侯君子恥服其章百姓亦知其不終矣倫親祠太廟還遇大風飄折麾蓋孫秀旣立非常之事倫敬重焉秀住文帝爲相國時所居內府事無巨細必諮而後行倫之詔令秀輒改革有所與奪自書青紙爲詔或朝行夕改者數四百官轉易如流矣時有雉入殿中自太極東階上殿驅之更飛西鐘下有頃飛去又倫於殿上得異鳥問皆不知名累日向夕宮西有素衣小兒言是服劉鳥倫使錄小兒并鳥閉置牢室明旦開視戶如故並失人鳥所在倫目上有瘤時以爲妖焉時齊王冏河間王顒成都王穎並擁彊兵各據一方秀知冏等必有異圖乃選親黨及倫故吏爲三王參佐及郡守秀本與張林有隙雖外相推崇內實忌之及林爲衞將軍深怨不得開府潛與荂牋具說秀專權動違衆心而功臣皆小人撓亂朝廷可一時誅之荂以書白倫倫以示秀秀勸倫誅林倫從之於是倫請宗室會於華林園召林秀及王輿入因收林殺之誅三族及三王起兵討倫檄至倫秀始大懼遣其中堅孫輔爲上軍將軍積弩李嚴爲折衝將軍率兵七千自延壽關出征虜張泓左軍蔡璜前軍閭和等率九千人自堮坂關出鎭軍司馬雅揚威莫原等率八千人自成皋關出召東平王楙爲使持節衞將軍都督諸軍以距義師使楊珍晝夜詣宣帝別廟祈請輒言宣帝謝陛下某日當破賊拜道士胡沃爲太平將軍以招福祐秀家日爲淫祀作厭勝之文使巫祝選擇戰日又令近親於嵩山著羽衣詐稱仙人王喬作神仙書述倫祚長久以惑衆秀欲遣馥虔領兵助諸軍戰馥虔不肯虔素親愛劉輿秀乃使輿說虔虔然後率衆八千爲三軍繼援而泓雅等連戰雖勝義軍散而輒合雅等不得前許超等與成都王穎軍戰于黃橋殺傷萬餘人泓徑造陽翟又於城南破齊王冏輜重殺數千人遂據城保邸閣而冏軍已在潁陰去陽翟四十里冏分軍渡潁攻泓等不利泓乘勝至于潁上夜臨潁而陣冏縱輕兵擊之諸軍不動而孫輔徐建軍夜亂徑歸洛自首輔建之走也不知諸軍督尚存乃云齊王兵盛不可當泓等已沒倫大震祕之而召虔及超還會泓敗冏露布至倫大喜乃復遣超而虔還已至庾倉超還濟河將士疑阻銳氣內挫泓等悉其諸軍濟潁進攻冏營冏出兵擊其別率孫髦司馬譚孫輔皆破之士卒散歸洛陽泓等收衆還營秀等知三方日急詐傳破冏營執得冏以誑惑其衆令百官皆賀而士猗伏胤孫會皆杖節各不相從倫復授太子詹事劉琨節督河北將軍率步騎千人催諸軍戰會等與義軍戰于激水大敗退保河上劉琨燒斷河橋自義兵之起百官將士咸欲誅倫秀以謝天下秀知衆怒難犯不敢出省及聞河北軍悉敗憂懣不知所爲義陽王威勸秀至尚書省與八坐議征戰之備秀從之使京城四品以下子弟年十五以上皆詣司隸從倫出戰內外諸軍悉欲劫殺秀威懼自崇禮闥走還下舍許超士猗孫會等軍旣並還乃與秀謀或欲收餘卒出戰或欲焚燒宮室誅殺不附己者挾倫南就孫旂孟觀等或欲乘船東走入海計未決王輿反之率營兵七百餘人自南掖門入敕宮中兵各守衞諸門三部司馬爲應於內輿自往攻秀秀閉中書南門輿放兵登牆燒屋秀及超猗遽走出左衞將軍趙泉斬秀等以徇收孫奇於右衞營付廷尉誅之執前將軍謝惔黃門令駱休司馬督王潛皆於殿中斬之三部司馬兵於宣化闥中斬孫弼以徇時司馬馥在秀坐輿使將士囚之于散騎省以大戟守省閤八坐皆入殿中坐東除樹下王輿屯雲龍門使

倫爲詔曰吾爲孫秀等所誤以怒三王今已誅秀其迎太上復位吾歸老于農畝傳詔以騶虞幡勑將士解兵文武官皆奔走莫敢有居者黃門將倫自華林東門出及荂皆還汶陽里第於是以甲士數千迎天子于金墉百姓咸稱萬歲帝自端門入升殿御廣室送倫及荂等付金墉城初秀懼西軍至復召虔還是日宿九曲詔遣使者免虔官虔懼棄軍將數十人歸于汶陽里梁王肜表倫父子凶逆宜伏誅百官會議于朝堂皆如肜表遣尚書袁敞持節賜倫死飲以金屑苦酒倫慙以巾覆面曰孫秀誤我孫秀誤我於是收荂馥虔詡付廷尉獄考竟馥臨死謂虔曰坐爾破家也百官是倫所用者皆斥免之臺省府衛僅有存者自兵興六十餘日戰所殺害僅十萬人凡與倫爲逆豫謀大事者張林爲秀所殺許超士猗孫弼謝惔殷渾與秀爲王輿所誅張衡閭和孫髦高越自陽翟還伏胄戰敗還洛陽皆斬于東市蔡璜自陽翟降齊王冏還洛自殺王輿以功免誅後與東萊王蕤謀殺冏又伏法

齊王冏

齊武閔王冏字景治獻王攸之子也少稱仁惠好振施有父風初攸有疾武帝不信遣太醫診候皆言無病及攸薨帝往臨喪冏號踊訴父病爲醫所誣詔即誅醫由是見稱遂得爲嗣元康中拜散騎常侍領左軍將軍翊軍校尉趙王倫密與相結廢賈后以功轉游擊將軍冏以位不滿意有恨色孫秀微覺之且憚其在內出爲平東將軍假節鎭許昌倫篡遷鎭東大將軍開府儀同三司欲以寵安之冏因衆心怨望潛與離狐王盛頴川王處穆謀起兵誅倫倫遣腹心張烏覘之烏反曰齊無異志冏既有成謀未發恐事泄乃與軍司管襲殺穆送首於倫以安其意謀定乃收襲殺之遂與豫州刺史何勗龍驤將軍董艾等起軍遣使告成都河間常山新野四王移檄天下征鎭州郡縣國咸使聞知揚州刺史郗隆承檄猶豫未决參軍王邃斬之送首于冏冏屯軍陽翟倫遣其將閭和張泓孫輔出堮坂與冏交戰冏軍失利堅壘自守會成都軍破倫衆於黃橋冏乃出軍攻和等大破之及王輿廢倫惠帝反正冏誅討賊黨既畢率衆入洛頓軍通章署甲士數十萬旌旗器械之盛震於京都天子就拜大司馬加九錫之命備物典策如宣景文武輔魏故事冏於是輔政居攸故宮置掾屬四十人大築第館北取五穀市南開諸署毀壞廬舍以百數使大匠營制與西宮等鑿千秋門墻以通西閣後房施鐘懸前庭舞八佾沈于酒色不入朝見坐拜百官符勑三臺選舉不均惟寵親昵以車騎將軍何勗領中領軍封葛旟爲牟平公路秀小黃公衞毅陰平公劉眞安鄉公韓泰封丘公號曰五公委以心膂殿中御史桓豹奏事不先經冏府即考竟之於是朝廷側目海內失望矣南陽處士鄭方露版極諫主簿王豹屢有箴規冏並不能用遂奏豹殺之有白頭公入大司馬府大呼言有兵起不出甲子旬即收殺之冏驕恣日甚終無悛志前賊曹屬孫惠復上諫曰惠聞天下五難四不可而明公皆以居之矣捐宗廟之主忽千乘之重躬貫甲胄犯冒鋒刃此一難也奮三百之卒決全勝之策集四方之衆致英豪之士此二難也舍殿堂之尊居單幕之陋安颭塵之慘同將士之勞此三難也驅烏合之衆當凶彊之敵任神武之略無疑阻之懼此四難也檄六合之內著明信之誓升幽宮之帝復皇祚之業此五難也大名不可久荷大功不可久任大權不可久執大威不可久居未有行其五難而不以爲難遺其不可而謂之爲可惠竊所不安也自永熙以來十有一載人不見德惟戮是聞公族構篡奪之禍骨肉遭梟夷之刑羣王被囚檻之困妃主有離絕之哀歷觀前代國家之禍至親之亂未有今日之甚者也良史書過後嗣何觀天下所以不去於晉符命長存於世者主無嚴虐之暴朝無酷烈之政武帝餘恩獻王遺愛聖慈惠和尚經人心四海所係實在於茲今明公建不世之義而未爲不世之讓天下惑之思求所悟長沙成都魯衞之密國之親親與明公計功受賞尚不自先今公宜放桓文之勳邁臧札之風芻狗萬物不仁其化崇親推近功遂身退委萬幾於二王命方嶽於羣后燿義讓之旗鳴思歸之鑾宅大齊之墟振泱泱之風垂拱靑徐之域高枕營丘之藩金石不足以銘高八音不足以贊美姬文不得專聖於前太伯不得獨賢於後今明公忘亢極之悔忽窮高之凶棄五嶽之安居累卵之危外以權勢受疑內以百揆損神雖處高臺之上逍遙重仞之墉及其危亡之憂過於潁翟之慮羣下竦戰莫之敢言惠以衰亡之餘遭陽九之運甘矢石之禍赴大王之義脫褐冠冑從戎于許契闊戰陣功無可記當隨風塵待罪初服屈原放斥心存南郢樂毅適趙志戀北燕況惠受恩偏蒙識養雖復暫違情隆二臣是以披露血誠冒昧干迕言入身戮義讓功舉退就鈇鑕此惠之死賢於生也冏不納亦不加罪翊軍校尉李含奔于長安詐云受密詔使河間王顒誅冏因導以利謀顒從之上表曰王室多故禍難罔已大司馬冏雖唱義有興復皇位之功而定都邑克寧社稷實成都王之勳力也而冏不能固守臣節實協異望在許昌營有東西掖門官置治書侍御史長史司馬直立左右如侍臣之儀京城大清篡逆誅夷而率百萬之衆來繞洛城阻兵經年不一朝覲百官拜伏晏然南面壞樂官市署用自增廣輒取武庫祕杖嚴列不解故東萊王蕤知其逆節表陳事狀而見誣陷加罪黜徙以樹私黨僭立官屬幸妻嬖妾名號比之中宮沉湎酒色不恤羣黎董艾放縱無所畏忌中丞按奏而取退免張偉惚恫擁停詔旨葛旟小監維持國命操弄王爵貨賂公行羣姦聚黨擅斷殺生密署腹心實爲貨謀斥罪忠良伺闚神器臣受重任蕃衞方嶽見冏所行實懷激憤即日翊軍校尉李含乘馹密至宣騰詔旨臣伏讀感切五情若灼春秋之義君親無將冏擁彊兵樹置私黨權官要職莫非腹心雖復重責之誅恐不義服今輒勒兵精卒十萬與州征並協忠義共會洛陽驃騎將軍長沙王乂同奮忠誠廢冏還第有不順命軍法從事成都王頴明德茂親功高勳重往歲去就允合衆望宜爲宰輔代冏阿衡之任顒表旣至冏大懼會百僚曰昔孫秀作逆篡逼帝王社稷傾覆莫能禦難孤糾合義衆掃除元惡臣子之節信著神明二王今日聽信讒言造構大難當賴忠謀以和不協耳司徒王戎司空東海王越說冏委權崇讓冏從事中郎葛旟怒曰趙庶人聽任孫秀移天易日當時喋喋莫敢先唱公蒙犯矢石躬貫甲胄攻圍陷陣得濟今日計功行封事殷未徧三臺納言不恤王事賞報稽緩責不在府讒言僭逆當共誅討虛承僞書令公就第漢魏以來王侯就第寧有得保妻子者乎議者可斬於是百官震悚無不失色長沙王乂徑入宮發兵攻冏府冏遣董艾陳兵宮西乂又遣宋洪等放火燒諸觀閣及千秋神武門冏令黃門令王湖悉盜騶虞幡唱云長沙王矯詔乂又稱大司馬謀反助者誅五族是夕城內大戰飛矢雨集火光屬天帝幸上東門矢集御前羣臣救火死者相枕明日冏敗乂擒冏至殿前帝惻然欲活之乂叱左右促牽出冏猶再顧遂斬於閶闔門外徇首六軍諸黨屬皆夷三族幽其子淮陵王超樂安王冰濟陽王英于金墉暴冏尸於西門亭三日而莫敢收斂冏故掾屬荀闓等表乞殯葬許之初冏之盛也有一婦人詣大司馬府求寄產吏詰之婦人曰我截齊便去耳識者聞而惡之時又謠曰著布袙腹爲齊持服俄而冏誅永興初詔以冏輕陷重刑前勳不宜堙沒乃赦其三子超冰英還第封超爲縣王以繼冏祀歷員外散騎常侍光熙初追冊冏曰咨故大司馬齊王冏昔以宗藩穆胄紹世緒于東國作翰許京允鎭靜我王室誕率義徒同盟觸澤克成元勳大濟潁東朕用應嘉茂績謂篤爾勞俾式先典以疇茲顯懿廓土殊分跨兼吳楚崇禮備物寵侔蕭霍庶憑翼戴之重永隆邦家之望而恭德不建取侮二方有司過舉致王于戮古人有言曰用其法猶思其人況王功濟朕身勳存社稷追惟旣往有悼於厥心哉今復王本封命嗣子還紹厥緒禮秩典度一如舊制使使持節大鴻臚即墓賜策祠以太牢魂而有靈祗服朕命肆寧爾心嘉茲寵榮子超嗣爵永嘉中懷帝下詔重述冏唱義元勳還贈大司馬加侍中假節追謚及洛陽傾覆超兄弟皆沒于劉聰冏遂無後太元中詔以故南頓王宗子柔之襲封齊王紹攸冏之祀歷散騎常侍元興初會稽王道子將討桓玄詔柔之兼侍中以騶虞幡宣告江荊二州至姑孰爲玄前鋒所害贈光祿勳子建之立宋受禪國除

鄭方

鄭方者字子回慷慨有志節博涉史傳卓犖不常鄉閭有識者歎其奇而未能薦達及冏輔政專恣方發憤步詣洛陽自稱荆楚逸民獻書於冏曰方聞聖明輔世夙夜祗懼泰而不驕所以長守貴也今大王安不慮危耽于酒色燕樂過度其失一也大王檄命當使天下穆如清風宗室骨肉永無纖介今則不然其失二也四夷交侵邊境不靜大王自以功業興隆不以爲念其失三也大王與義羣庶競赴天下雖寧人勞窮苦不聞大王振救之令其失四也又與義兵歃血而盟事定之後賞不踰時自淸泰已來論功未分此則食言其失五也大王建非常之功居宰相之任謗聲盈塗人懷忿怨方以狂愚冒死陳誠冏含忍答之云孤不能致五闕若無子則不聞其過矣未幾而敗焉

長沙王乂

長沙厲王乂字士度武帝第六子也太康十年受封拜員外散騎常侍及武帝崩乂時年十五孺慕過禮會楚王瑋奔喪諸王皆近路迎之乂獨至陵所號慟以俟瑋拜步兵校尉及瑋之誅二公也乂守東掖門會騶虞幡出乂投弓流涕曰楚王被詔是以從之安知其非瑋旣誅乂以同母貶爲常山王之國乂身長七尺五寸開朗果斷才力絕人虛心下士甚有名譽三王之舉義也乂

率國兵應之過趙國房子令距守乂殺之進軍爲成都後係常山內史程恢將貳於乂乂到鄴斬恢及其五子至洛拜撫軍大將軍領左軍將軍頃之遷驃騎將軍開府復本國乂見齊王冏漸專權嘗與成都王穎俱拜陵因謂穎曰天下者先帝之業也王宜維之時聞其言者皆憚之及河間王顒將誅冏傳檄以乂爲內主冏遣其將董艾襲乂乂將左右百餘人手斫車幰露乘馳赴宮閉諸門奉天子與冏相攻起火燒冏府連戰三日冏敗斬之并誅諸黨與二千餘人顒本以乂弱冏彊冀乂爲冏所擒然後以乂爲辭宣告四方共討之因廢帝立成都王已爲宰相專制天下既而乂殺冏其計不果乃潛使侍中馮蓀河南尹李含中書令卞粹等襲乂乂並誅之顒遂與穎同伐京都穎遣刺客圖乂時長沙國左常侍王矩侍直見客色動遂殺之詔以乂爲大都督以距顒連戰自八月至十月朝議以乂穎兄弟可以辭說而釋乃使中書令王衍行太尉光祿勳石匱行司徒使說穎令與乂分陝而居穎不從乂因致書於穎曰先帝應乾撫運統攝四海勤身苦己克成帝業六合清泰慶流子孫孫秀作逆反易天常卿與義衆還復帝位齊王恃功肆行非法上無宰相之心下無忠臣之行遂其讒惡離逖骨肉主上怨傷尋已蕩除吾之與卿友于十人同產皇室受封外都各不能闡敷王教經濟遠略今卿復與太尉共起大衆阻兵百萬重圍宮城羣臣同忿聊即命將示宣國威未擬摧殄自投溝澗蕩平山谷死者日萬酷痛無罪豈國恩之不慈則用刑之有常卿所遣陸機不樂受卿節鉞將其所領私通國家想來逆者當前行一尺却行一丈卿宜還鎮以寧四海令宗族無羞子孫之福也如其不然念骨肉分裂之痛故復遣書穎復書曰文景受圖武皇乘運庶幾堯舜共康政道恩隆洪業本支百世豈期骨肉豫禍后族專權楊賈縱毒齊趙內篡幸以誅夷而未靜息每憂王室心悸肝爛羊玄之皇甫商等恃寵作禍能不興慨於是征西羽檄四海雲應本謂仁兄同其所懷便當內擒商等收級遠送如何迷惑自爲戎首上矯君詔下離愛弟推移輦轂妄動兵威還任豺狼棄戮親善行惡求福如何自勉前遣陸機董督節鉞雖黃橋之退而溫南收勝一彼一此未足增慶也今武士百萬良將銳猛要當與兄整頓海內若能從太尉之命斬商等首投戈退讓自求多福穎亦自歸鄴都與兄同之奉覽來告緬然慷慨慎哉大兄深思進退也乂前後破穎軍斬獲六七萬人戰久糧乏城中大飢雖曰疲獘將士同心皆願效死而乂奉上之禮未有虧失張方以爲未可剋欲還長安而東海王越慮事不濟潛與殿中將收乂送金墉城乂表曰陛下篤睦委臣朝事臣小心忠孝神祇所鑒諸王承謬率衆見責朝臣無正各慮私困收臣別省送臣幽宮臣不惜軀命但念大晉衰微枝黨欲盡陛下孤危若臣死國寧亦家之利但恐快凶人之志無益於陛下耳殿中左右恨乂功垂成而敗謀劫出之更以距穎越懼難作欲遂誅乂黃門郎潘滔勸越密告張方方遣部將郅輔勒兵三千就金墉收乂至營炙而殺之乂冤痛之聲達於左右三軍莫不爲之垂涕時年二十八乂將殯於城東官屬莫敢往故掾劉佑獨送之步持喪車悲號斷絕哀感路人張方以其義士不之問也初乂執權之始洛下謠曰草木萌牙殺長沙乂以正月二十五日廢二十七日死如謠言焉永嘉中懷帝以乂子碩嗣拜散騎常侍後沒于劉聰

成都王穎

成都王穎字章度武帝第十六子也太康末受封邑十萬戶後拜越騎校尉加散騎常侍車騎將軍賈謐嘗與皇太子博爭道穎在坐厲聲呵謐曰皇太子國之儲君賈謐何得無禮謐懼由此出穎爲平北將軍鎮鄴轉鎮北大將軍趙王倫之篡也進征北大將軍加開府儀同三司及齊王冏舉義穎發兵應冏以鄴令盧志爲左長史頓丘太守鄭琰爲右長史黃門郎程收爲左司馬陽平太守和演爲右司馬使兗州刺史王彥冀州刺史李毅督護趙驤石超等爲前鋒羽檄所及莫不響應至朝歌衆二十餘萬趙驤至黃橋爲倫將士猗許超所敗死者八千餘人士衆震駭穎欲退保朝歌用盧志王彥策又使趙驤率衆八萬與王彥俱進倫復遣孫會劉琨等率三萬人與猗超合兵距驤等精甲耀日鐵騎前驅猗既戰勝有輕驤之心未及溫十餘里復大戰猗等奔潰穎遂過河乘勝長驅左將軍王輿殺孫秀幽趙王倫迎天子反正及穎入京都誅倫使趙驤石超等助齊王冏攻張泓於陽翟泓等遂降冏始率衆入洛自以首建大謀遂擅威權穎營于太學及入朝天子親勞焉穎拜謝曰此大司馬臣冏之勳臣無豫焉見訖卽辭出不復還營便謁太廟出自東陽城門遂歸鄴遣信與冏別冏大驚馳出送穎至七里澗及之穎住車言別流涕不及時事惟以太妃疾苦形於顏色百姓觀者莫不傾心至鄴詔遣兼太尉王粹加九錫殊禮進位大將軍都督中外諸軍事假節加黃鉞錄尚書事入朝不趨劍履上殿穎拜受徽號讓殊禮九錫表論興義功臣盧志和演董洪王彥趙驤等五人皆封開國公侯又表稱大司馬前在陽翟與彊賊相持既久百姓創痍饑餓凍餒宜急振救乞差發郡縣車一時運河北邸閣米十五萬斛以振陽翟饑人盧志言於穎曰黃橋戰亡者有八千餘人既經夏暑露骨中野可爲傷惻昔周王葬枯骨故詩云行有死人尚或墐之況此等致死王事乎穎乃造棺八千餘枚以成都國秩爲衣服斂祭葬於黃橋北樹枳籬爲之塋域又立都祭堂刊石立碑紀其赴義之功使亡者之家四時祭祀有所仍表其門閭加常戰亡二等又命河內溫縣埋藏趙倫戰死士卒萬四千餘人穎形美而神昏不知書然器性敦厚委事於志故得成其美焉及齊王冏驕侈無禮於是衆望歸之詔遣侍中馮蓀中書令卞粹喻穎入輔政并使受九錫穎猶讓不拜尋加太子太傅穎嬖人孟玖不欲還洛又程太妃愛戀鄴都以此議久不決留義募將士既久咸怨曠思歸或有輒去者乃題鄴城門云大事解散蠶欲遽請且歸赴時務昔以義來今以義去若復有急更相語穎知不可留因遣之百姓乃安及冏敗穎懸執朝政事無巨細皆就鄴諮之後張昌擾亂荊土穎拜表南征所在響赴既恃功驕奢百度弛廢甚於冏時穎方恣其欲而憚長沙王乂在內遂與河間王顒表請誅后父羊玄之左將軍皇甫商等檄乂使就第乃與顒將張方伐京都以平原內史陸機爲前鋒都督前將軍假節穎次朝歌每夜矛戟有光若火其壘井中有龍象進軍屯河南阻淸水爲壘皆造浮橋以通河北以大木函盛石沉之以繫橋名曰石鼈陸機戰敗死者甚衆機又爲孟玖所譖穎收機斬之夷其三族語在機傳於是進攻京城時常山人王輿合衆萬餘欲襲穎會乂被執其黨斬輿降穎既入京師復旋鎮于鄴增封二十郡拜丞相河間王顒表穎宜爲儲副遂廢太子覃立穎爲皇太弟丞相如故制度一依魏武故事乘輿服御皆遷于鄴表罷宿衞兵屬相府更以王官宿衞僭侈日甚有無君之心委任孟玖等大失衆望永興初左衞將軍陳眕殿中中郎逯苞成輔及長沙故將上官巳等奉大駕討穎馳檄四方赴者雲集軍次安陽衆十餘萬鄴中震懼穎欲走其掾步熊有道術曰勿動南軍必敗穎會其衆問計東安王繇乃曰天子親征宜罷甲縞素出迎請罪司馬王混參軍崔曠勸穎距戰穎從之乃遣奮武將軍石超率衆五萬次于蕩陰眕二弟匡規自鄴赴王師云鄴中皆已離散由是不甚設備超衆奄出王師敗績矢及乘輿侍中嵇紹死於帝側左右皆奔散乃棄天子於槀中超遂奉帝幸鄴穎改元建武害東安王繇署置百官殺生自己立郊於鄴南平北將軍王浚寧北將軍東嬴公騰殺穎所置幽州刺史和演穎徵浚浚屯冀州不進與騰及烏丸羯朱襲穎候騎至鄴穎遣幽州刺史王斌及石超李毅等距浚爲羯朱等所敗鄴中大震百寮奔走士卒分散穎懼將帳下數十騎擁天子與中書監盧志單車而走五日至洛羯朱追至朝歌不及而還河間王顒遣張方率甲卒二萬救穎至洛方乃挾帝擁穎及豫章王并高光盧志等歸于長安顒廢穎歸藩以豫章王爲皇太弟穎既廢河北思之鄴中故將公師藩汲桑等起兵以迎穎衆情翕然顒復拜穎鎮軍大將軍都督河北諸軍事給兵千人鎮鄴穎至洛而東海王越率衆迎大駕所在鋒起穎以北方盛彊懼不可進自洛陽奔關中值大駕還洛穎自華陰趨武關出新野帝詔鎮南將軍劉弘南中郎將劉陶收捕穎於是棄母妻單車與二子廬江王普中都王廓渡河赴朝歌收合故將士數百人欲就公師藩頓丘太守馮嵩執穎及普廓送鄴范陽王虓幽之而無他意屬虓暴薨虓長史劉輿見穎爲鄴都所服慮爲後患祕不發喪僞令人爲臺使稱詔夜賜穎死穎謂守者田徽曰范陽王亡乎徽曰不知穎曰卿年幾徽曰五十穎曰知天命不徽曰不知穎曰我死之後天下安乎不安乎我自放逐於今三年身體手足不見洗沐取數斗湯來其二子號泣穎勅人將去乃散髮東首臥命徽縊之時年二十八二子亦死鄴中哀之穎之敗也官屬並奔散惟盧志隨從不怠論者稱之其後汲桑害東嬴公騰稱爲穎報讎遂出穎棺載之於軍中每事啟靈以行軍令桑敗棄棺於古井中穎故臣收之改葬于洛陽懷帝加以縣王禮穎死後數年開封間有傳穎子年十餘歲流離百姓家東海王越遣人殺之永嘉中立東萊王蕤子遵爲穎嗣封華容縣王後沒於賊國除

河間王顒

河間王顒字文載安平獻王孚孫太原烈王瓌之子也初襲父爵咸寧二年就國三年改封河間少有清名輕財愛士與諸王俱來朝武帝歎顒可以爲諸國儀表元康初爲北中郎將監鄴城九年代梁王肜爲平西將軍鎮關中石函之制非親親不得都督關中顒於諸王爲疏特以賢舉及趙王倫篡位齊王冏謀討之前安西參軍夏侯奭自稱侍御史在始平合衆得數千人以應冏

遣信要顒顒遣主簿房陽河間國人張方討擒夏及其黨十數人於長安市腰斬之及冏檄至顒執冏使送之於倫倫徵兵於顒顒遣方率關右健將赴之方至華陰顒聞二王兵盛乃加長史李含龍驤將軍領督護席薳等追方軍迴以應二王義兵至潼關而倫秀已誅天子反正含方各率衆還及冏論功雖怒顒初不同而終能濟義進位侍中太尉加三賜之禮後含爲翊軍校尉與冏參軍皇甫商司馬趙驤等有憾遂奔顒詭稱受密詔伐冏因說利害顒納之便發兵遣使邀成都王穎以含爲都督率諸軍屯陰盤前鋒次于新安去洛百二十里檄長沙王乂討冏及冏敗顒以含爲河南尹使與馮蓀卞粹等潛圖害乂商知含前矯妄及與顒陰謀具以告乂乂乃誅含等顒聞含死即起兵以討商爲名使張方爲都督領精卒七萬向洛方攻商商距戰而潰方遂進攻西明門乂率中軍左右衛擊之方衆大敗死者五千餘人方初於駃水橋西爲營於是築壘數重外引廩穀以足軍資乂復從天子出攻方戰輒不利及乂死方還長安詔以顒爲太宰大都督雍州牧顒廢皇太子覃立成都王穎爲太弟改年大赦左衛將軍陳眕奉天子伐穎顒又遣方率兵二萬救鄴天子已幸鄴方屯兵洛陽及王浚等伐穎穎挾天子歸洛陽方將兵入殿中逼帝幸其壘掠府庫將焚宮廟以絕衆心盧志諫乃止方又逼天子幸長安顒乃遷置百官改秦州爲定州及東海王越起兵徐州西迎大駕關中大懼方謂顒曰方所領猶有十餘萬衆奉送大駕還洛宮使成都王反鄴公自留鎮關中方北討博陵如此天下可小安無復舉手者顒慮事大難濟不許乃假劉喬節進位鎮東大將軍遣成都王穎總統樓褒王闡等諸軍據河橋以距越王浚遣督護劉根將三百騎至河上闡出戰爲根所殺顒頓軍張方故壘范陽王虓遣鮮卑騎與平昌博陵衆襲河橋樓褒西走追騎至新安道路死者不可勝數初越以張方劫遷車駕天下怨憤唱義與山東諸侯剋期奉迎先遣說顒令送帝還都與顒分陝而居顒欲從之而方不同及東軍大捷成都等敗顒乃令方親信將郅輔夜斬方送首以示東軍尋變計更遣刁默守潼關乃咎輔殺方又斬輔顒先遣將呂朗等據滎陽范陽王虓司馬劉琨以方首示朗於是朗降時東軍既盛破刁默以入關顒懼又遣馬瞻郭偉於霸水禦之瞻等戰敗散走顒乘單馬逃于太白山東軍入長安大駕旋以太弟太保梁柳爲鎮西將軍守關中馬瞻等出詣柳因共殺柳於城內瞻等與始平太守梁邁合從迎顒於南山顒初不肯入府長安令蘇衆記室督朱永勸顒表稱柳病卒輒知方事弘農太守裴廙秦國內史賈龕安定太守賈疋等起義討顒斬馬瞻梁邁等東海王越遣督護麋晃率國兵伐顒至鄭顒將牽秀距晃晃斬秀并其二子義軍據有關中顒保城而已永嘉初詔書以顒爲司徒乃就徵南陽王模遣將梁臣於新安雍谷車上扼殺之并其三子詔以彭城元王植子融爲顒嗣改封樂成縣王薨無子建興中元帝又以彭城康王釋子欽爲融嗣

東海王越

東海孝獻王越字元超高密王泰之次子也少有令名謙虛持布衣之操爲中外所宗初以世子爲騎都尉與駙馬都尉楊邈及琅邪王伷子繇俱侍講東宮拜散騎侍郎歷左衛將軍加侍中討楊駿有功封五千戶侯遷散騎常侍輔國將軍尚書右僕射領游擊將軍復爲侍中加奉車都尉給溫信五十人別封東海王食六縣永康初爲中書令徙侍中遷司空領中書監成都王穎攻長沙王乂乂固守洛陽殿中諸將及三部司馬疲於戰守密與左衛將軍朱默夜收乂別省逼越爲主啓惠帝免乂官事定越稱疾遜位帝不許加守尚書令太安初帝北征鄴以越爲大都督六軍敗越奔下邳徐州都督東平王楙不納越徑還東海成都王穎以越兄弟宗室之美下寬令招之越不應命帝西幸以越爲太傅與太宰顒夾輔朝政讓不受東海中尉劉洽勸越發兵以備穎越以洽爲左司馬尚書曹馥爲軍司既起兵楙懼乃以州與越越以司空領徐州都督以楙領兗州刺史越三弟並據方任征伐輒選刺史守相朝士多赴越而河間王顒挾天子發詔罷越等皆令就國越唱義奉迎大駕還復舊郡率甲卒三萬西次蕭縣豫州刺史劉喬不受越命遣子祐距之越軍敗范陽王虓遣督護田徽以突騎八百迎越遇祐於譙祐衆潰越進屯陽武山東兵盛關中大懼顒斬送張方首求和尋變計距越越率諸侯及鮮卑許扶歷駒次宿歸等步騎迎惠帝反洛陽詔越以太傅錄尚書以下邳濟陽二郡增封及懷帝即位委政於越吏部郎周穆清河王覃舅越之姑子也與其妹夫諸葛玫共說越曰主上之爲太弟張方意也清河王本太子爲羣凶所廢先帝暴崩多疑東宮公盍思伊霍之舉以寧社稷乎言未卒越曰此豈宜言邪遂叱左右斬之以玫穆世家罪止其身因此表除三族之法帝始親萬幾留心庶事越不悅求出藩帝不許越遂出鎮許昌永嘉初自許昌率苟晞及冀州刺史丁劭討汲桑破之越還于許長史潘滔說之曰兗州天下樞要公宜自牧乃轉苟晞爲青州刺史由是與晞有隙尋詔越爲丞相領兗州牧督兗豫司冀幽并六州越辭丞相不受自許遷于鄄城越恐清河王覃終爲儲副矯詔收付金墉城尋害之王彌入許越遣左司馬王斌率甲士五千人入衛京都鄄城自壞越惡之移屯濮陽又遷于滎陽召田甄等六率甄不受命越遣監軍劉望討甄初東嬴公騰之鎮鄴也攜并州將田甄甄弟蘭任祉祁濟李渾薄盛等部衆萬餘人至鄴遣就穀冀州號爲乞活及騰敗甄等邀破汲桑於赤橋越以甄爲汲郡蘭爲鉅鹿太守甄求魏郡越不許甄怒故召不至望既渡河甄退李渾薄盛斬田蘭率其衆降甄祉濟棄軍奔上黨越自滎陽還洛陽以太學爲府疑朝臣貳己乃誣帝舅王延等爲亂遣王景率甲士三千人入宮收延等付廷尉殺之越解兗州牧領司徒越既與苟晞構怨又以頃興事多由殿省乃奏宿衛有侯爵者皆罷之時殿中武官並封侯由是出者略盡皆泣涕而去乃以東海國上軍將軍何倫爲右衛將軍王景爲左衛將軍領國兵數百人宿衛越自誅王延等大失衆望而多有猜嫌散騎侍郎高韜有憂國之言越誣以訕謗時政害之而不自安乃戎服入見請討石勒且鎮集兗豫以援京師帝曰今逆虜侵逼郊畿王室蠢蠢莫有固志朝廷社稷倚賴於公豈可遠出以孤根本對曰臣今率衆邀賊勢必滅之賊滅則不逞消殄已東諸州職貢流通此所以宣暢國威藩屏之宜也若端坐京輦以失據會則釁弊日滋所憂逾重遂行留妃裴氏世子鎮軍將軍毗及龍驤將軍李惲并何倫等守衛京都表以行臺隨軍率甲士四萬東屯于項王公卿士隨從者甚衆詔加九錫越乃羽檄四方曰皇綱失御社稷多難孤以弱才備當大任自頃胡寇內逼偏裨失利帝鄉便爲戎州冠帶奄成殊域朝廷上下以爲憂懼皆由諸侯蹉跎遂及此難投袂忘履討之已晚人情奉本莫不義奮當須合會之衆以俟戰守之備宗廟主上相賴匡救檄至之日便望風奮發忠臣戰士效誠之秋也所徵皆不至而苟晞又表討越語在晞傳越以豫州刺史馮嵩爲左司馬自領豫州牧越專擅威權圖爲霸業朝賢素望選爲佐吏名將勁卒充于己府不臣之迹四海所知而公私罄乏所在寇亂州郡攜貳上下崩離禍結釁深遂憂懼成疾永嘉五年薨于項祕不發喪以襄陽王範爲大將軍統其衆還葬東海石勒追及於苦縣甯平城將軍錢端出兵距勒戰死軍潰勒命焚越柩曰此人亂天下吾爲天下報之故燒其骨以告天地於是數十萬衆勒以騎圍而射之相踐如山王公士庶死者十餘萬王彌弟璋焚其餘衆并食之天下歸罪於越帝發詔貶越爲縣王何倫李惲聞越之死祕不發喪奉妃裴氏及毗出自京邑從者傾城所經暴掠至洧倉又爲勒所敗毗及宗室三十六王俱沒于賊李惲殺妻子奔廣宗何倫走下邳裴妃爲人所略賣於吳氏大興中得渡江欲招魂葬越元帝詔有司詳議博士傅純曰聖人制禮以事緣情設冢槨以藏形而事之以凶立廟祧以安神而奉之以吉送形而往迎精而還此墓廟之大分形神之異制也至於宗廟寢廟祊祭非一處所以廣求神之道而獨不祭於墓明非神之所處也今亂形神之別錯廟墓之宜違禮制義莫大於此於是下詔不許裴妃不奉詔遂葬越於廣陵大興末墓毀改葬丹徒初元帝鎮建鄴裴妃之意也帝深德之數幸其第以第三子沖奉越後薨無子成帝以少子奕繼之哀帝徙奕爲琅邪王而東海無嗣隆安初安帝更以會稽忠王次子彥璋爲東海王繼沖爲曾孫爲桓玄所害國除

史臣曰昔高辛撫運釁起參商宗周嗣歷禍纏管蔡詳觀曩冊逖聽前古亂臣賊子昭鑒在焉有晉鬱興載崇藩翰分茅錫瑞道光恒典儀古飾袞禮備彝章汝南以純和之姿失於無斷楚隱習果銳之性遂成凶很或位居朝右或職參近禁俱爲女子所詐相次受誅雖曰自貽良可哀也倫實庸琑見欺孫秀潛構異圖煽成姦慝乃使元良遘怨酷上宰陷誅夷乾耀以之暫傾皇綱於焉中圮遂裂冠毀冕幸百六之會綰璽揚纛窺九五之尊夫神器焉可偷安鴻名豈容妄假而欲託茲淫祀享彼天年凶闇之極未之有也冏名父之子唱義勤王摧僞業於既成拯皇輿於已墜策勳考績良足可稱然而臨禍忘憂逞心縱欲曾不知樂不可極盈難久持笑古人之未工忘己事之已拙向若採王豹之奇策納孫惠之嘉謀高謝袞章永表東海雖古之伊霍何以加焉長沙才力絕人忠槩邁俗投弓掖門落落標壯夫之氣驅車魏闕懍懍懷烈士之風雖復陽九數屯在三之情無奪撫其遺節終始可觀穎既入總大權出居重鎮中臺藉以成務東夏資其宅心乃協契河間共圖進取而顒任李含之狙詐杖張方之陵虐遂使武閔喪元長沙授首逞其無君之志矜其不義之彊鑾駕北巡異乎有征

無戰乘輿西幸非由望秩覩風若火燎原猶可撲滅矧茲安忍能無及乎東海糾合同盟創爲義舉匡復之功未立陵暴之釁以彰璽彼車徒固求出鎮旣而帝京寡弱彼寇憑陵遂令神器劫遷宗社顛覆數十萬衆並垂餌於豺狼三十六王咸隕身於鋒刃禍難之極振古未聞雖及焚如猶爲幸也自惠皇失政難起蕭墻骨肉相殘黎元塗炭胡塵驚而天地閉戎兵接而宗廟隳支屬肇其禍端戎羯乘其間隙悲夫詩所謂誰生厲階至今爲梗其八王之謂矣

贊曰亮總朝政瑋懷職競讒巧乘間釁妻過聽構怨連禍遞遭非命倫實下愚敢竊龍圖亂常姦位遄及嚴誅偉哉武閔首創玄謨德之不建亘可悲夫長沙奉國始終靡慝功虧一簣奄罹殘賊章度勤王效立名揚合從關右犯順爭彊事窮勢蹙俱爲亂亡元超作輔出征入撫敗國喪師無君震主焚如之變抑惟自取

晉書卷五十九考證

趙王倫傳詡愚闇輕訬○本書音義訬健也蓋據淮南子修務訓越人有重遲者而人謂之訬是也又說文訬擾也一曰訬僞書所稱當指此

會等與義軍戰于溵水○綱目分注穎擊之于溴水會等大敗與此作溵水異

東海王越傳給溫信五千人○溫疑親字之譌

晉書卷六十

唐　太　宗　文　皇　帝　御　撰

列傳第三十

解系　弟結　結弟育

解系字少連濟南著人也父脩魏琅邪太守梁州刺史考績爲天下第一武帝受禪封梁鄒侯系及二弟結育並清身絜己甚得聲譽時荀勗門宗彊盛朝野畏憚之勗諸子謂系等曰我與卿爲友應向我公拜勗又曰我與尊先使君親厚系曰不奉先君遺教公若與先君厚往日哀頓當垂書問親厚之誨非所敢承勗父子大慙當世壯之後辟公府掾歷中書黃門侍郎散騎常侍豫州刺史遷尚書出爲雍州刺史揚烈將軍西戎校尉假節會氐羌叛與征西將軍趙王倫討之倫信用佞人孫秀與系爭軍事更相表奏朝廷知系守正不撓而召倫還系表殺秀以謝氐羌不從倫秀譖之系坐免官以白衣還第闔門自守及張華裴頠之被誅也倫秀以宿憾收系兄弟梁王肜救系等倫怒曰我於水中見蟹且惡之況此人兄弟輕我邪此而可忍孰不可忍肜苦爭之不得遂害之幷戮其妻子後齊王冏起義時以裴解爲冤首倫秀旣誅冏乃奏曰臣聞興微繼絕聖主之高政貶惡嘉善春秋之美談是以武王封比干之墓表商容之閭誠幽明之故有以相通也孫秀逆亂滅佐命之國誅骨鯁之臣以斲喪王室肆其虐戾功臣之後多見泯滅至如張華裴頠各以見憚取誅於時系結同以羔羊被害歐陽建等無罪而死百姓憐之陛下更日月之光照布惟新之明命然此等未蒙恩理昔欒郤降在皁隸而春秋傳其人幽王絕功臣之後棄賢者子孫而詩人以爲刺臣備忝右職思竭股肱獻納愚誠若合聖意可羣官通議八坐議以系等清公正直爲奸邪所疾無罪橫戮冤痛已甚如大司馬所啓彰明枉直顯宣當否使冤魂無愧無恨爲恩大矣永寧二年追贈光祿大夫改葬加弔祭焉

結字叔連少與系齊名辟公府掾累遷黃門侍郎歷散騎常侍豫州刺史魏郡太守御史中丞時孫秀亂關中結在都坐議秀罪應誅秀由是致憾及系被害結亦同戮女適裴氏明日當嫁而禍起裴氏欲認活之女曰家旣若此我何活爲亦坐死朝廷遂議革舊制女不從坐由結女始也後贈光祿大夫改葬加弔祭

結弟育字稚連名亞二兄歷公府掾太子洗馬尚書郎衞軍長史弘農太守與二兄俱被害妻子徙邊

孫旂

孫旂字伯旗樂安人也父歷魏晉際爲幽州刺史右將軍旂絜靜少自脩立察孝廉累遷黃門侍郎出爲荆州刺史名位與二解相亞永熙中徵拜太子詹事轉衞尉坐武庫火免官歲餘出爲兗州刺史遷平南將軍假節旂子弼及弟子髦輔琰四人並有吏材稱於當世遂與孫秀合族及趙王倫起事夜從秀開神武門下觀閱器杖兄弟旬月相次爲公府掾尚書郎弼又爲中堅將軍領尚書左丞轉爲上將軍領射聲校尉髦爲武衞將軍領太子詹事琰爲武衞將軍領太子左率皆賜爵開國郡侯推崇旂爲車騎將軍開府初旂以弼等受署僞朝遣小息回責讓弼等以過差之事必爲家禍弼等終不從旂制之不可但慟哭而已及齊王冏起義四子皆伏誅襄陽太守宗岱承冏檄斬旂夷三族弟尹字文旗歷陳留陽平太守早卒

孟觀

孟觀字叔時渤海東光人也少好讀書解天文惠帝卽位稍遷殿中中郎賈后悖婦姑之禮陰欲誅楊駿而廢太后因駿專權數言之於帝又使人諷觀會楚王瑋將討駿觀受賈后旨宣詔頗加誣其事及駿誅以觀爲黃門侍郎特給親信四十人遷積弩將軍封上谷郡公氐帥齊萬年反於關中衆數十萬諸將覆敗相繼中書令陳準監張華以趙梁諸王在關中雍容貴戚進不貪功退不懼罪士卒雖衆不爲之用周處喪敗職此之由上下離心難以勝敵以觀沉毅有文武材用乃啓觀討之觀所領宿衞兵皆趫捷勇悍并統關中士卒身當矢石大戰十數皆破之生擒萬年威慴氐羌轉東羌校尉徵拜右將軍趙王倫篡位以觀所在著績署爲安南將軍監河北諸軍事假節屯宛觀子平爲淮南王允前鋒將軍討倫戰死孫秀以觀杖兵在外假言平爲允兵所害贈積弩將軍以安觀義軍旣起多勸觀應齊王冏觀以紫宮帝坐無他變謂倫應之遂不從衆議而爲倫守及帝反正永饒冶令空桐機斬觀首傳于洛陽遂夷三族

牽秀

牽秀字成叔武邑觀津人也祖招魏鴈門太守秀博辯有文才性豪俠弱冠得美名爲太保衞瓘尚書崔洪所知太康中調補新安令累遷司空從事中郎與帝舅王愷素相輕侮愷諷司隸荀愷奏秀夜在道中載高平國守士田興妻秀卽表訴被誣論愷穢行文辭亢厲以譏詆外戚于時朝臣雖多證明其行而秀盛名美譽由是而損遂坐免官後司空張華請爲長史秀任氣好爲將帥張昌作亂長沙王乂遣秀討昌秀出關因奔成都王穎穎伐乂以秀爲冠軍將軍與陸機王粹等共爲河橋之役機戰敗秀證成其罪又諂事黃門孟玖故見親於穎惠帝西幸長安以秀爲尚書秀少在京輦見司隸劉毅奏事而扼腕慷慨自謂居司直之任當能激濁揚清處鼓鞞之間必建將帥之勳及在常伯納言亦未曾有規獻弼違之奇也河間王顒甚親任之關東諸軍奉迎大駕以秀爲平北將軍鎭馮翊秀與顒將馬瞻等將輔顒以守關中顒密遣使就東海王越求迎越遣將麋晃等迎顒時秀擁衆在馮翊晃不敢進顒長史楊騰前不應越軍懼越討之欲取秀以自効與馮翊大姓諸嚴詐稱顒命使秀罷兵秀信之騰遂殺秀於萬年

繆播　從弟胤

繆播字宣則蘭陵人也父悅光祿大夫播才思清辯有意義高密王泰爲司空以播爲祭酒累遷太弟中庶子惠帝幸長安河間王顒欲挾天子令諸侯東海王越將起兵奉迎天子以播父時故吏委以心膂播從弟右衞率胤顒前妃之弟也越遣播胤詣長安說顒令奉帝還洛約與顒分陝爲伯播胤素爲顒所敬信旣相見虛懷從之顒將張方自以罪重懼爲誅首謂顒曰今據形勝之地國富兵彊奉天子以號令誰敢不服顒惑方所謀猶豫不決方惡播胤爲越游說陰欲殺之播等亦慮方爲難不敢復言時越兵鋒甚盛顒深憂之播胤乃復說顒急斬方以謝可不勞而安顒從之於是斬方以謝山東諸侯顒後悔之又以兵距越屢爲越所敗帝反舊都播亦從太弟還洛契闊艱難深相親狎及帝崩太弟卽帝位是爲懷帝以播爲給事黃門侍郎俄轉侍中徙中書令任遇日隆專管詔命時越威權自己帝力不能討心甚惡之以播胤等有公輔之量又盡忠於國故委以心膂越懼爲己害因入朝以兵入宮執播等於帝側帝歎曰姦臣賊子無世無之不自我先不自我後哀哉起執播等手涕泗歔欷不能自禁越遂害之朝野憤惋咸曰善人國之紀也而加虐焉其能終乎及越薨帝贈播衞尉祠以少牢

胤字休祖安平獻王外孫也與播名譽齊初爲尚書郎後遷太弟左衞率轉魏郡太守及王浚軍逼鄴石超等大敗胤奔東海王越於徐州越使胤與播俱入關而所說得行大駕東還越以胤爲冠軍將軍南陽太守胤從藍田出武關之南陽前守衞展距胤不受胤乃還洛懷帝卽位拜胤左衞將軍轉散騎常侍太僕卿旣而與播及帝舅王延尚書何綏太史令高堂沖並參機密爲東海王越所害

皇甫重

皇甫重字倫叔安定朝那人也性沉果有才用爲司空張華所知稍遷新平太守元康中華版爲秦州刺史齊王冏輔政以重弟商爲參軍冏誅長沙王乂又以爲參軍時河間王顒鎭關中其將李含先與商重有隙每銜之及此說顒曰商爲乂所任重終不爲人用宜急除之以去一方之患可表遷重爲內職因其經長安乃執之

重知其謀乃露檄上尚書以顒信任李含將欲爲亂召集隴上士衆以討含爲名乂以兵革累興今始寧息表請遣使詔重罷兵徵含爲河南尹含既就徵重不奉詔顒遣金城太守游楷隴西太守韓稚等四郡兵攻之頃之成都王穎與顒起兵共攻乂以討后父尚書僕射羊玄之及商爲名乂以商爲左將軍河東太守領萬餘人於關門距張方爲方所破顒軍遂進乂既屢敗乃使商間行齎帝手詔使游楷盡罷兵令重進軍討顒商行過長安至新平遇其從甥從甥素憎商以告顒顒捕得商殺之乂既敗重猶堅守閉塞外門城內莫知而四郡兵築土山攻城重輒以連弩射之所在爲地窟以防外攻權變百端外軍不得近城將士爲之死戰顒知不可拔乃上表求遣御史宣詔喻之令降重知非朝廷本意不奉詔獲御史騶人問曰我弟將兵來欲至未騶云已爲河間王所害重失色立殺騶於是城內知無外救遂共殺重先是重被圍急遣養子昌請救於東海王越越以顒新廢成都王穎與山東連和不肯出兵昌乃與故殿中人楊篇詐稱越命迎羊后於金墉城入宮以后令發兵討張方奉迎大駕事起倉卒百官初皆從之俄而又共誅昌

張輔

張輔字世偉南陽西鄂人漢河間相衡之後也少有幹局與從母兄劉喬齊名初補藍田令不爲豪彊所屈時彊弩將軍龐宗西州大姓護軍趙浚宗婦族也故僮僕放縱爲百姓所患輔繩之殺其二奴又奪宗田二百餘頃以給貧戶一縣稱之轉山陽令太尉陳準家僮亦暴橫輔復擊殺之累遷尚書郎封宜昌亭侯轉御史中丞時積弩將軍孟觀與明威將軍郝彥不協而觀因軍事害彥又賈謐潘岳石崇等共相引重及義陽王威有詐冒事輔並糾劾之梁州刺史楊欣有姊喪未經旬車騎長史韓預彊聘其女爲妻輔爲中正貶預以清風俗論者稱之及孫秀執權威構輔於秀秀惑之將繩輔以法輔與秀牋曰輔徒知希慕古人當官而行不復自知小爲身計今義陽王誠弘恕不以介意然輔母年七十六常見憂慮恐輔將以怨疾獲罪願明公留神省察輔前後行事是國之愚臣而已秀雖凶狡知輔雅正爲威所誣乃止後遷馮翊太守是時長沙王乂以河間王顒專制關中有不臣之跡言於惠帝密詔雍州刺史劉沈秦州刺史皇甫重使討顒於是沈等與顒戰於長安輔遂將兵救顒沈等敗績顒德之乃以輔代重爲秦州刺史當赴顒之難金城太守游楷亦皆有功轉梁州刺史不之官楷聞輔之還不時迎輔陰圖之又殺天水太守封尚欲揚威西土召隴西太守韓稚會議未決稚子朴有武幹斬異議者即收兵伐輔輔與稚戰於遮多谷口輔軍敗績爲天水故帳下督富整所殺初輔嘗著論云管仲不若鮑叔知所奉知所投管仲奉主而不能濟所奔又非濟事之國三歸反坫皆鮑不爲又論班固司馬遷云遷之著述辭約而事舉敘三千年事唯五十萬言班固敘二百年事乃八十萬言煩省不同不如遷一也良史述事善足以獎勸惡足以監誡人道之常中流小事亦無取焉而班皆書之不如二也毀貶晁錯傷忠臣之道不如三也遷既造創固又因循難易益不同矣又遷爲蘇秦張儀范雎蔡澤作傳逞辭流離亦足以明其大才故述辯士則辭藻華靡敘實錄則隱核名檢此所以遷稱良史也又論魏武帝不及劉備樂毅減於諸葛亮詞多不載

李含

李含字世容隴西狄道人也僑居始平少有才幹兩郡並舉孝廉安定皇甫商州里年少少恃豪族以含門寒微欲與結交含距而不納商恨焉遂諷州以短檄召含爲門亭長會州刺史郭奕素聞其賢下車擢含爲別駕遂處羣僚之右尋舉秀才薦之公府自太保掾轉秦國郎中令司徒選含領始平中正秦王柬薨含依臺儀葬訖除喪尚書趙浚有內寵疾含不事己遂奏含不應除喪本州大中正傅祗以名義貶含中丞傅咸上表理含曰臣州秦國郎中令始平李含忠公清正才經世務實有史魚秉直之風雖以此不能協和流俗然其名行峻厲不可得掩二郡並舉孝廉異行尚書郭奕臨州含寒門少年而奕超爲別駕太保衞瓘辟含爲掾每語臣曰李世容當爲晉匪躬之臣秦王之薨悲慟感人百僚會喪皆所目見也今以含俯就王制謂之背戚居榮奪其中正天王之朝既葬不除藩國之喪既葬而除藩國欲同不除乃當責引尊準卑非所宜言耳今天朝告于上欲令藩國服于下此爲藩國之義隆而天朝之禮薄也又云諸王公皆終喪禮寧盡乃敘明以喪制宜隆務在敦重也夫寧盡乃敘明以哀其病耳異於天朝制使終喪未見斯文國制既葬而除既除而祔爰自漢魏迄于聖晉文皇升遐武帝崩殂世祖過哀陛下毀頓銜疚諒闇以終三年率土臣妾豈無攀慕遂服之心實以國制不可而踰故於既葬不敢不除天王之喪釋除於上藩國之臣獨遂于下此不可安復以秦王無後含應爲喪主而王喪既除而祔則應吉祭因曰王未有廟主不應除服秦王始封無所連祔靈主所居即便爲廟不問國制云何而以無廟爲貶以含今日之所行移博士使案禮文必也放勛之殂遏密三載世祖之崩數旬即吉引古繩今闔世有貶何但李含不應除服今也無貶王制故也聖上諒闇哀聲不輟股肱近侍猶宜心喪不宜便行婚娶歡樂之事而莫云者豈不以大制不可而曲邪且前以含有王喪上爲差代尚書勑王葬日在近葬訖含應攝職不聽差代葬訖含猶躊躇司徒屢罰訪問踧含攝職而隨擊之此爲臺勑府符陷含於惡若謂臺府爲傷教義則當據正不正符勑唯含是貶含之困躓尙足惜乎國制不可偏耳又含自以隴西人雖戶屬始平非所綜悉自初見使爲中正反覆言辭說非始平國人不宜爲中正後爲郎中令又自以選官引臺府爲比以讓常山太守蘇韶辭意懇切形于文墨含之固讓乃在王未薨之前葬後躊躇窮於對罰而攝職耳臣從弟祗爲州都督意在欲隆風教議含已過不良之人遂相扇動冀挾名義法外致案足有所邀中正龐騰便割含品臣雖無祁大夫之德見含爲騰所侮謹表以聞乞朝廷以時博議無令騰得妄弄刀尺帝不從含遂被貶退割爲五品歸長安歲餘光祿差含爲壽城邸閣督司徒王戎表含曾爲大臣雖見割削不應降爲此職詔停後爲始平令及趙王倫篡位或謂孫秀曰李含有文武大才無以資人秀以爲東武陽令河間王顒表請含爲征西司馬甚見信任頃之轉爲長史顒誅夏侯奭送齊王冏使與趙王倫遣張方率衆赴倫皆含謀也後顒聞三王兵盛乃加含龍驤將軍統席薳等鐵騎迴遣張方軍以應義師天子反正含至潼關而還初梁州刺史皇甫商爲趙王倫所任倫敗去職詣顒顒慰撫之甚厚含諫顒曰商倫之信臣懼罪至此不宜數與相見商知而恨之及商當還都顒置酒餞行商因與含忿爭顒和釋之後含被徵爲翊軍校尉時商參齊王冏軍事而夏侯奭兄在冏府稱奭立義被西藩枉害含心不自安冏右司馬趙驤又與含有隙冏將閱武含懼驤因兵討之乃單馬出奔于顒矯稱受密詔顒即夜見之乃說顒曰成都王至親有大功還藩甚得衆心齊王越親而專執威權朝廷側目今檄長沙王令討齊使先聞於齊齊必誅長沙因傳檄以加齊罪則冏可擒也既去齊立成都除逼建親以安社稷大勳也顒從之遂表請討冏拜含爲都督統張方等率諸軍以向洛陽含屯陰盤而長沙王乂誅冏含等旋師初含之本謀欲并去乂冏使權歸於顒含因得肆其宿志既長沙勝齊顒穎猶各守藩志望未允顒表含爲河南尹時商復被乂任遇商兄重時爲秦州刺史含疾商滋甚復與重構隙顒自含奔還之後委以心膂復慮重襲己乃使兵圍之更相表罪侍中馮蓀黨顒請召重還商說乂曰河間之奏皆李含所交構也若不早圖禍將至矣且河間前舉由含之謀乂乃殺含

張方

張方河間人也世貧賤以材勇得幸於河間王顒累遷兼振武將軍永寧中顒表討齊王冏遣方領兵二萬爲前鋒及冏被長沙王乂所殺顒及成都王穎復表討乂遣方率衆自函谷入屯河南惠帝遣左將軍皇甫商距之方以潛軍破商之衆遂入城乂奉帝討方于城內方軍望見乘輿於是小退方止之不得衆遂大敗殺傷滿于衢巷方退壁于十三里橋人情挫衄無復固志多勸方夜遁方曰兵之利鈍是常貴因敗以爲成耳我更前作壘出其不意此用兵之奇也乃夜潛進逼洛城七里乂既新捷不以爲意忽聞方壘成乃出戰敗績東海王越等執乂送于金墉城方使郅輔取乂還營炙殺之於是大掠洛中官私奴婢萬餘人而西還長安顒加方右將軍馮翊太守蕩陰之役顒又遣方鎭洛陽上官已苗願等距之大敗而退清河王覃夜襲已願已願等奔方乃入洛陽覃於廣陽門迎方而拜方馳下車扶上之於是復廢皇后羊氏及帝自鄴還洛方遣息羆以三千騎奉迎將渡河橋方又以所乘陽燧車青蓋素升三百人爲小鹵簿迎帝至芒山下方自帥萬餘騎奉雲母輿及旌旗之飾衞帝而進初方見帝將拜帝下車自止之方在洛既久兵士暴掠發哀獻皇女墓軍人喧喧無復留意議欲西遷尙匿其跡欲須天子出因劫移都乃請帝謁廟帝不許方遂悉引兵入殿迎帝帝見兵至避之於竹林中軍人引帝出方於馬上稽首曰胡賊縱逸宿衞單少陛下今日幸臣壘臣當捍禦寇難致死無二於是軍人便亂入宮閣爭割流蘇武帳而爲馬帴方奉帝至弘農顒遣司馬周弼報方欲廢太弟方以爲不可帝至長安以方爲中領軍錄尚書事領京兆太守時豫州刺史劉喬檄稱潁川太守劉輿迫脅范陽王虓距逆詔命及東海王越等起兵於山東乃遣方率步騎十萬往討之方屯兵霸上而劉喬爲虓等所破顒聞喬敗大懼將罷兵恐方不從遲疑未決初方從山東來甚微賤長安

富人郅輔厚相供給及貴以輔爲帳下督甚昵之顒叅軍畢垣河間冠族爲方所侮忿而說顒曰張方久屯霸上聞山東賊盛盤桓不進宜防其未萌其親信郅輔具知其謀矣而繆播等先亦構之顒因使召輔垣迎說輔曰張方欲反人謂卿知之王君問卿何辭以對輔驚曰實不聞方反爲之若何垣曰王若問卿但言爾爾不然必不免禍輔既入顒問之曰張方反卿知之乎輔曰爾顒曰遣卿取之可乎又曰爾顒於是使輔送書於方因令殺之輔既昵於方持刀而入守閤者不疑因火下發函便斬方頭顒以輔爲安定太守初繆播等議斬方送首與越冀東軍可罷及聞方死更爭入關顒頗恨之又使人殺輔

史臣曰晉氏之禍難荐臻實始藩翰解系等以干時之用處危亂之辰並託迹府朝叅謀王室或抗忠盡節或飾詐懷姦雖邪正殊途而咸至誅戮豈非時艱政紊利深禍速者乎古人所以危邦不入亂邦不居戒懼於此也

閻鼎

閻鼎字台臣天水人也初爲太傅東海王越叅軍轉卷令行豫州刺史事屯許昌遭母喪乃於密縣間鳩聚西州流人數千欲還鄉里值京師失守秦王出奔密中司空荀藩藩弟司隸校尉組及中領軍華恒河南尹華薈在密縣建立行臺以密近賊南趣許潁司徒左長史劉疇在密爲塢主中書令李晅太傅叅軍騶捷劉蔚鎭軍長史周顗司馬李述皆來赴疇僉以鼎有才用且手握強兵勸藩假鼎冠軍將軍豫州刺史蔚等爲叅佐鼎少有大志因西土人思歸欲立功鄉里乃與撫軍長史王毗司馬傅遜懷翼戴秦王之計謂疇捷等曰山東非霸王處不如關中河陽令傅暢遺鼎書勸奉秦王過洛陽謁拜山陵徑據長安綏合夷晉興起義衆剋復宗廟雪社稷之恥鼎得書便欲詣洛流人謂北道近河懼有抄截欲南自武關向長安疇等皆山東人咸不願西入荀藩及疇捷等並逃散鼎追藩不及晅等見殺唯顗述走得免遂奉秦王行止上洛爲山賊所襲殺百餘人率餘衆西至藍田時劉聰向長安爲雍州刺史賈疋所逐走還平陽疋遣人奉迎秦王遂至長安而與大司馬南陽王保衞將軍梁芬京兆尹梁綜等並同心推戴立王爲皇太子登壇告天立社稷宗廟以鼎爲太子詹事總攝百揆梁綜與鼎爭權鼎殺綜以王毗爲京兆尹鼎首建大謀立功天下始平太守麴允撫夷護軍索綝並害其功且欲專權馮翊太守梁緯北地太守梁肅並綜母弟綝之姻也謀欲除鼎乃證其有無君之心專戮大臣請討之遂攻鼎鼎出奔雍爲氐竇首所殺傳首長安

索靖 子綝

索靖字幼安敦煌人也累世官族父湛北地太守靖少有逸羣之量與鄉人氾衷張甝索紾索永俱詣太學馳名海內號稱敦煌五龍四人並早亡唯靖該博經史兼通內緯州辟別駕郡舉賢良方正對策高第傅玄張華與靖一面皆厚與之相結拜駙馬都尉出爲西域戊己校尉長史太子僕同郡張勃特表以靖才藝絕人宜在臺閣不宜遠出邊塞武帝納之擢爲尚書郎與襄陽羅尚河南潘岳吳郡顧榮同官咸器服焉靖與尚書令衞瓘俱以善草書知名帝愛之瓘筆勝靖然有楷法遠不能及靖靖在臺積年除鴈門太守遷魯相又拜酒泉太守惠帝即位賜爵關內侯靖有先識遠量知天下將亂指洛陽宮門銅駝歎曰會見汝在荆棘中耳元康中西戎反叛拜靖大將軍梁王肜左司馬加蕩寇將軍屯兵粟邑擊賊敗之遷始平內史及趙王倫簒位靖應三王義舉以左衞將軍討孫秀有功加散騎常侍遷後將軍太安末河間王顒舉兵向洛陽拜靖使持節監洛城諸軍事游擊將軍領雍秦涼義兵與賊戰大破之靖亦被傷而卒追贈太常時年六十五後又贈司空進封安樂亭侯謚曰莊靖著五行三統正驗論辯理陰陽氣運又撰索子晉詩各二十卷又作草書狀其辭曰聖皇御世隨時之宜倉頡既生書契是爲科斗鳥篆類物象形叡哲變通意巧茲生損之隸草以崇簡易百官畢脩事業並麗蓋草書之爲狀也婉若銀鉤漂若驚鸞舒翼未發若舉復安蟲蛇虯蟉或往或還類阿那以羸形欻奮亹而桓桓及其逸遊盼嚮乍正乍邪騏驥暴怒逼其轡海水窊隆揚其波芝草蒲陶還相繼棠棣融融載其華玄熊對距于山嶽飛燕相追而差池舉而察之又似乎和風吹林偃草扇樹枝條順氣轉相比附窈嬈廉苦隨體散布紛擾擾以猗靡中持疑而猶豫玄螭狡獸嬉其間騰猨飛鼯相奔趣凌魚奮尾駭龍反據投空自竄張設牙距或若登高望其類或若既往而中顧或若俶儻而不羣或若自檢於常度於是多才之英篤藝之彥役心精微耽此文憲守道兼權觸類生變離析八體靡形不判去繁存微大象未亂上理開元下周謹案騁辭放手雨行冰散高音翰厲溢越流漫忽班班而成章信奇妙之煥爛體磥落而壯麗姿光潤以粲粲命杜度運其指使伯英迴其腕著絕勢於紈素垂百世之殊觀先時靖行見姑臧城南石地曰此後當起宮殿至張駿於其地立南城起宗廟建宮殿焉靖有五子鯁綣璆聿綝皆舉秀才聿安昌鄉侯卒少子綝最知名

綝字巨秀少有逸羣之量靖每曰綝廊廟之才非簡札之用州郡吏不足汙吾兒也舉秀才除郎中嘗報兄讎手殺三十七人時人壯之俄轉太宰叅軍除好畤令入爲黃門侍郎出叅征西軍事轉長安令在官有稱及成都王潁劫遷惠帝幸鄴潁爲王浚所破帝遂播越河間王顒使張方及綝東迎乘輿以功拜鷹揚將軍轉南陽王模從事中郎劉聰侵掠關東以綝爲奮威將軍以禦之斬聰將呂逸又破聰黨劉豐遷新平太守聰將蘇鐵劉五斗等劫掠三輔除綝安西將軍馮翊太守綝有威恩華夷嚮服賊不敢犯及懷帝蒙塵長安又陷模被害綝泣曰與其俱死寧爲伍子胥乃赴安定與雍州刺史賈疋扶風太守梁綜安夷護軍麴允等糾合義衆頻破賊黨脩復舊館遷定宗廟進救新平小大百戰綝手擒賊帥李羌與閻鼎立秦王爲皇太子及即尊位是爲愍帝綝遷侍中太僕以首迎大駕升壇授璽之功封弋居伯又遷前將軍尚書右僕射領吏部京兆尹加平東將軍進號征東尋又詔曰朕昔遇厄運遭家不造播越宛楚爰失舊京幸宗廟寵靈百辟宣力得從藩衞託乎羣公之上社稷之不隕實公是賴宜贊百揆傅弼朕躬其授衞將軍領太尉位特進軍國之事悉以委之及劉曜侵逼王城以綝爲都督征東大將軍持節討之破曜呼日逐王呼延莫以功封上洛郡公食邑萬戶拜夫人荀氏爲新豐君子石元爲世子賜子弟二人鄉亭侯劉曜入關芟麥苗綝又擊破之自長安伐劉聰聰將趙染染仗其累捷有自矜之色帥精騎數百與綝戰大敗之染單馬而走轉驃騎大將軍尚書左僕射錄尚書承制行事劉曜復率衆入馮翊帝累徵兵於南陽王保保左右議曰蝮蛇在手壯士解其腕且斷隴道以觀其變從事中郎裴詵曰蛇已螫頭頭可截不保以胡崧行前鋒都督須諸軍集乃當發麴允欲挾天子趣保綝以保必逞私欲乃止自長安以西不復奉朝廷百官飢乏採稆自存時三秦人尹桓解武等數千家盜發漢霸杜二陵多獲珍寶帝問綝曰漢陵中物何乃多邪綝對曰漢天子即位一年而爲陵天下貢賦三分之一供宗廟一供賓客一充山陵漢武帝饗年久長比崩而茂陵不復容物其樹皆已可拱赤眉取陵中物不能減半于今猶有朽帛委積珠玉未盡此二陵是儉者耳亦百世之誡也後劉曜又率衆圍京城綝與麴允固守長安小城胡崧承檄奔命破曜于靈臺崧慮國家威舉則麴索功盛乃案兵渭北遂還槐里城中飢窘人相食死亡逃奔不可制唯涼州義衆千人守死不移帝使侍中宋敞送牋降於曜綝潛留敞使其子說曜曰今城中食猶足支一歲未易可剋也若許綝以車騎儀同萬戶郡公者請以城降曜斬而送之曰帝王之師以義行也孤將軍十五年未嘗以譎詭敗人必窮兵極勢然後取之今索綝所說如是天下之惡一也輒相爲戮之若審兵食未盡者便可勉強固守如其糧竭兵微亦宜早悟天命孤恐霜威一震玉石俱摧及帝出降綝隨帝至平陽劉聰以其不忠於本朝戮之於東市

賈疋

賈疋字彥度武威人魏太尉詡之曾孫也少有志畧器望甚偉見之者莫不悅附特爲武夫之所瞻仰願爲致命初辟公府遂歷顯職遷安定太守雍州刺史丁綽貪橫失百姓心乃譖疋于南陽王模模以軍司謝班代之疋奔盧水與胡彭蕩仲及氐竇首結爲兄弟聚衆攻班綽奔武都疋復入安定殺班愍帝以疋爲驃騎將軍雍州刺史封酒泉公時諸郡百姓饑饉白骨蔽野百無一存疋帥戎晉二萬餘人將伐長安西平太守竺恢亦固守劉粲聞之使劉曜劉雅及趙染距疋先攻恢不剋疋邀擊大敗之曜中流矢退走疋追之至于甘泉旋自渭橋襲蕩仲殺之遂迎秦王奉爲皇太子後蕩仲子夫護帥羣胡攻之疋敗走夜墮于澗爲夫護所害疋勇略有志節以匡復晉室爲己任不幸顛墜時人咸痛惜之

史臣曰自永嘉蕩覆寓內橫流億兆靡依人神乏主于時武皇之胤惟有建興衆望攸歸曾無與二閻鼎等忠存社稷志在經綸乃契闊艱難扶持幼孺遂得纂堯承緒祀夏配天校績論功有足稱矣然而抗滔天之巨寇接彫弊之餘基威畧未申尋至傾覆昔宗周遭犬戎而東徙有晉遘獯狄而西遷彼既靈慶悠長此則禍難遄及豈愍皇地非奧主將綝允材謝輔臣何脩短之殊途而成敗之異數者也

贊曰懷惠不競戚藩力爭狙詐叅謀憑凶亂政爲惡不已並罹非命解繆忠肅無閒餘慶愍皇纂戎寔賴羣公鼎圖禍始綝遂凶終

晉書卷六十考證

解系傳濟南著人也○本書地理志濟南所統縣五並無著縣而宋書濟南郡下則別有廣城東平陵等縣著爲其一凡本書所屬濟南郡者皆屬北海郡前已詳辨之今覩此云濟南著人益信本志之訛也

晉書卷六十一

唐　太　宗　文　皇　帝　御　撰

列傳第三十一

周浚　子嵩　謨　從父弟馥

周浚字開林汝南安成人也父裴少府卿浚性果烈以才理見知有人倫鑒識鄉人史曜素微賤衆所未知浚獨引之爲友遂以妹妻之曜竟有名於世浚初不應州郡之辟後仕魏爲尚書郎累遷御史中丞拜折衝將軍揚州刺史封射陽侯隨王渾伐吳攻破江西屯戍與孫晧中軍大戰斬僞丞相張悌等首級數千俘馘萬計進軍屯於橫江時聞龍驤將軍王濬既破上方別駕何惲說浚曰張悌率精銳之卒悉吳國之衆殄滅於此吳之朝野莫不震懾今王龍驤既破武昌兵威甚盛順流而下所向輒剋土崩之勢見矣竊謂宜速渡江直指建鄴大軍卒至奪其膽氣可不戰而擒浚善其謀便使白渾惲曰渾闇於事機而欲愼己免咎必不我從浚固使白之渾果曰受詔但令江北抗衡吳軍不使輕進貴州雖武豈能獨平江東今者違命勝不足多若其不勝爲罪已重且詔令龍驤受我節度但當具君舟楫一時俱濟耳惲曰龍驤剋萬里之寇以既濟之功來受節度未之聞也且握兵之要可則奪之所謂受命不受辭也今渡江必全剋獲將有何慮若疑於不濟不可謂智知而不行不可謂忠實鄙州上下所以恨恨也渾執不聽居無何而濬至渾召之不來乃直指三江山孫晧遂降於濬渾深恨之而欲與濬爭功惲牋與浚曰書貴克讓易大謙光斯古文所詠道家所崇前破張悌吳人失氣龍驤因之陷其區宇論其前後我實緩師動則爲傷事則不及而今方競其功彼既不吞聲將虧雍穆之弘興矜爭之鄙斯愚情之所不取也浚得牋即諫止渾渾不能納遂相表奏浚既濟江與渾共行吳城壘綏撫新附以功進封成武侯食邑六千戶賜絹六千匹明年移鎭秣陵時吳初平屢有逃亾者頻討平之賓禮故老搜求俊乂甚有威德吳人悅服初吳之未平也浚在弋陽南北爲互市而諸將多相襲奪以爲功吳將蔡敏守于沔中其兄珪爲將在秣陵與敏書曰古者兵交使在其間軍國固當舉信義以相高而聞疆埸之上往往有襲奪互市甚不可行弟愼無爲小利而忘大備也候者得珪書以呈浚浚曰君子也及渡江求珪得之問其本曰汝南人也浚戲之曰吾固疑吳無君子而卿果吾鄉人遷侍中武帝問浚卿宗後生稱誰爲可荅曰臣叔父子恢稱重臣宗從父子馥稱清臣宗帝並召用浚轉少府以本官領將作大匠改營宗廟訖增邑五百戶後代王渾爲使持節都督揚州諸軍事安東將軍卒于位三子顗嵩謨顗嗣爵別有傳云

嵩字仲智狷直果俠每以才氣陵物元帝作相引爲參軍及帝爲晉王又拜奉朝請嵩上疏曰臣聞取天下者常以無事及其有事不足以取天下故古之王者必應天順時義全而後取讓成而後得是以享世長久重光萬載也今議者以殿下化流江漢澤被六州功濟蒼生欲推崇尊號臣謂今梓宮未反舊京未清義夫泣血士女震動宜深明周公之道先雪社稷大恥盡忠言嘉謨之助以時濟弘仁之功崇謙謙之美推後己之誠然後揖讓以謝天下誰敢不應誰敢不從由是忤旨出爲新安太守嵩怏怏不悅臨發與散騎郎張嶷在侍中戴邈坐襃貶朝士又詆毀邈邈密表之帝召嵩入面責之曰卿矜豪傲慢敢輕忽朝廷由吾不德故耳嵩跪謝曰昔唐虞至聖四凶在朝陛下雖聖明御世亦安能無碌碌之臣乎帝怒收付廷尉廷尉華恆以嵩大不敬棄市論嶷以扇和減罪除名時顗方貴重帝隱忍久之補廬陵太守不之職更拜御史中丞是時帝以王敦勢盛漸疏忌王導等嵩上疏曰臣聞明君思隆其道故賢智之士樂在其朝忠臣將明其節故量時而後仕思隆其道故無過任之議將明其節故無過寵之謗是以君臣並隆功格天地近代以來德廢道衰君懷術以御臣臣挾利以事君君臣交利而禍亂相尋故得失之迹難可詳言臣請較而明之夫傅說之相高宗申召之相宣王管仲之佐齊桓衰范之翼晉文或宗師其道垂拱受成委以權重終致匡主未有憂其逼己還爲國蠹者也始田氏擅齊王莽篡漢皆藉封土之彊假累世之寵因闇弱之主資母后之權樹比周之黨階絕滅之勢然後乃能行其私謀以成篡奪之禍耳豈遇立功之主爲天人所相而能運其姦計以濟其不軌者哉光武以王族奮於閭閻因時之望收攬英奇遂續漢業以美中興之功及天下既定頗廢黜功臣者何哉武力之士不達國體以立一時之功不可久假以權勢其興廢之事亦可見矣近者三國鼎峙並以雄略之才命世之能皆委賴俊哲終成功業貽之後嗣未有愆失遺方來之恨者也今王導王廙等方之前賢猶有所後至於忠素竭誠義以輔上共隆洪基翼成大業亦昔之亮也雖陛下乘奕世之德有天人之會割據江東奄有南極龍飛海嵎興復舊物此亦羣才之明豈獨陛下之力也今王業雖建羯寇未梟天下蕩蕩不賓者衆公私匱竭倉庾未充梓宮沉淪妃后不反正委賢任能推轂之日也功業垂就晉祚方隆而一旦聽孤臣之言惑疑似之說乃更以危爲安以疏易親放逐舊德以佞伍賢遠虧既往之明顧傷伊管之交傾巍巍之望喪如山之功將令賢智杜心義士喪志近招當時之患遠遺來世之笑夫安危在號令存亾在寄任以古推今豈可不寒心而哀歎哉臣兄弟受遇無彼此之嫌而臣干犯時諱觸忤龍鱗者何誠念社稷之憂欲報之於陛下也古之明王思聞其過悟逆旅之言以明成敗之由故採納愚言以考虛實上爲宗廟無窮之計下收億兆元元之命臣不勝憂憤竭愚以聞疏奏帝感悟故導等獲全王敦既害顗而使人弔嵩嵩曰亾兄天下人爲天下人所殺復何所弔敦甚銜之懼失人情故未加害用爲從事中郎嵩王應嫂父也以顗橫遇禍意恆憤憤嘗衆中云應不宜統兵敦密使妖人李脫誣嵩及周莚潛相署置遂害之嵩精於事佛臨刑猶於市誦經云

謨以顗故頻居顯職王敦死後詔贈戴若思譙王承等而未及顗時謨爲後軍將軍上疏曰臣亾兄顗昔蒙先帝顧眄之施特垂表啟以參戎佐顯居上列遂管朝政並與羣后共隆中興仍典選曹重蒙寵授忝位師傅得與陛下揖讓抗禮恩結特隆加以鄙族結婚帝室義深任重庶竭股肱以報所受凶逆所忌惡直醜正身陷極禍忠不忘君守死善道有隕無二顗之云亾誰不痛心況臣同生能不哀結王敦無君由來實久元惡之甚古今無二幸賴陛下聖聰神武故能摧破凶彊撥亂反正以寧區宇前軍事之際聖恩不遺取顗息閔得充近侍臣時面啟欲令閔還襲臣亾父侯爵時卞壼庾亮並侍御座壼云事了當論顯贈時未淹久言猶在耳至於譙王承甘卓已蒙清復王澄久遠猶在議論況顗忠以衞主身死王事雖嵇紹之不違難何以過之至今不聞復封加贈襃顯之言不知顗有餘責獨負殊恩爲朝廷急於時務不暇論及此臣所以痛心疾首重用哀歎者也不勝辛酸冒陳愚欵疏奏不報謨復重表然後追贈顗官謨歷少府丹陽尹侍中中護軍封西平侯卒贈金紫光祿大夫謚曰貞

馥字祖宣浚從父弟也父蕤安平太守馥少與友人成公簡齊名俱起家爲諸王文學累遷司徒左西屬司徒王渾表馥理識清正兼有才幹主定九品檢括精詳臣委任責成襃貶允當請補尚書郎許之稍遷司徒左長史吏部郎選舉精密論望益美轉御史中丞侍中拜徐州刺史加冠軍將軍假節徵爲廷尉惠帝幸鄴成都王穎以馥守河南尹李胗上官已等奉清河王覃爲太子加馥衞將軍錄尚書馥辭不受覃令馥與上官已合軍馥以已小人縱暴終爲國賊乃共司隸滿奮等謀共除之謀泄爲已所襲奮被害馥走得免及已爲張方所敗召馥還攝河南尹暨東海王越迎大駕以馥爲中領軍未就遷司隸校尉加散騎常侍假節都督諸軍事於澠池帝還宮出爲平東將軍都督揚州諸軍事代劉準爲鎭東將軍與周玘等討陳敏滅之以功封永寧伯馥自經世故每欲維正朝廷忠情懇至以東海王越不盡臣節每言論厲然越深憚之馥覩羣賊孔熾洛陽孤危乃建策迎天子遷都壽春永嘉四年與長史吳思司馬殷識上書曰不圖厄運遂至於此戎狄交侵畿甸危逼臣輒與祖納裴憲華譚孫惠等三十人伏思大計僉以殷人有屢遷之事周王有岐山之徙方今王都罄乏不可久居河朔蕭條崤函險澀宛都屢敗江漢多虞於今平夷東南爲愈淮揚之地北阻塗山南抗靈嶽名川四帶有重險之固是以楚人東遷遂宅壽春徐邳東海亦足戍禦且運漕四通無患空乏雖聖上神聰元輔賢明居儉守約用保宗廟未若相土遷宅以享永祚臣謹選精卒三萬奉迎皇駕輒檄前北中郎將裴憲行使持節監豫州諸軍事東中郎將風馳即路荊湘江揚各先運四年米租十五萬斛布絹各十四萬匹以供大駕令王浚苟晞共平河朔臣等戮力以啟南路遷都弭寇其計並得皇輿來巡臣宜轉據江州以恢王略知無不爲古人所務敢竭忠誠庶報萬分朝遂夕隕猶生之年越與苟晞不協馥不先白於越而直上書越大怒先是越召馥及淮南太守裴碩馥不肯行而令碩率兵先進碩貳於

馥乃舉兵稱馥擅命已奉越密旨圖馥遂襲之爲馥所敗頑退保東城求救於元帝帝遣揚威將軍甘卓建威將軍郭逸攻馥于壽春安豐太守孫惠率衆應之使謝擒爲檄擒馥之故將也馥見檄流涕曰必謝擒之辭擒聞之遂毀草旬日而馥衆潰奔于項爲新蔡王確所拘憂憤發病卒初華譚之失廬江也往壽春依馥及馥軍敗歸于元帝帝問曰周祖宣何至于反譚對曰周馥雖死天下尚有直言之士馥見寇賊滋蔓王威不振故欲移都以紓國難方伯不同遂致其伐曾不踰時而京都淪沒若使從馥之謀或可後亾也原情求實何得爲反帝曰馥位爲征鎮握兵方隅召而不入危而不持亦天下之罪人也譚曰然馥振纓中朝素有俊彥之稱出據方嶽實有偏任之重而高略不舉往往失和危而不持當與天下共受其責然謂之反不亦誣乎帝意始解馥有二子密矯密字泰玄性虛簡時人稱爲清士位至尚書郎矯字正玄亦有才幹

成公簡

成公簡字宗舒東郡人也家世二千石性朴素不求榮利潛心道味罔有干其志者默識過人張茂先每言簡清靜比楊子雲默識擬張安世後爲中書郎時馥已爲司隸校尉遷鎮東將軍簡自以才高而在馥之下謂馥曰楊雄爲郎三世不徙而王莽董賢位列三司古今一揆耳馥甚慚之官至太子中庶子散騎常侍永嘉末奔苟晞與晞同沒

苟晞

苟晞字道將河南山陽人也少爲司隸部從事校尉石鑒深器之東海王越爲侍中引爲通事令史累遷陽平太守齊王冏輔政晞參冏軍事拜尚書右丞轉左丞廉察諸曹八座以下皆側目憚之及冏誅晞亦坐免長沙王乂爲驃騎將軍以晞爲從事中郎惠帝征成都王穎以爲北軍中候及帝還洛陽晞奔范陽王虓虓承制用晞行兗州刺史汲桑之破鄴也東海王越出次官渡以討之命晞爲前鋒桑素憚之於城外爲栅以自守晞將至頓兵休士先遣單車示以禍福桑衆大震棄栅宵遁嬰城固守晞陷其九壘遂定鄴而還西討呂朗等滅之後高密王泰討青州賊劉根破汲桑故將公師藩敗石勒於河北威名甚盛時人擬之韓白進位撫軍將軍假節都督青兗諸軍事封東平郡侯邑萬戸晞練於官事文簿盈積斷決如流人不敢欺其從母依之奉養甚厚從母子求爲將晞拒之曰吾不以王法貸人將無後悔邪固欲之晞乃以爲督護後犯法晞杖節斬之從母叩頭請救不聽旣而素服哭之流涕曰殺卿者兗州刺史哭弟者苟道將其杖法如此晞見朝政日亂懼禍及己而多所交結每得珍物卽遺都下親貴兗州去洛五百里恐不鮮美募得千里牛每遣信旦發暮還初東海王越以晞復其讎恥甚德之引升堂結爲兄弟越司馬潘滔等說曰兗州要衝魏武以之輔相漢室苟晞有大志非純臣久令處之則患生心腹矣若遷于青州厚其名號晞必悅公自牧兗州經緯諸夏藩衞本朝此所謂謀之於未有爲之於未亂也越以爲然乃遷晞征東大將軍開府儀同三司加侍中假節都督青州諸軍事領青州刺史進爲郡公晞乃多置參佐轉易守令以嚴刻立功日加斬戮流血成川人不堪命號曰屠伯頓丘太守魏植爲流人所逼衆五六萬大掠兗州晞出屯無鹽以弟純領青州刑殺更甚於晞百姓號小苟酷於大苟晞尋破植時潘滔及尚書劉望等共誣陷晞晞怒表求滔等首又請越從事中郎劉洽爲軍司越皆不許晞於是昌言曰司馬元超爲宰相不平使天下淆亂苟道將豈可以不義使之韓信不忍衣食之惠死於婦人之手今將誅國賊尊王室桓文豈遠哉乃移告諸州稱己功伐陳越罪狀時懷帝惡越專權乃詔晞曰朕以不德戎車屢興上懼宗廟之累下愍兆庶之困當賴方嶽爲國藩翰公威振赫然梟斬藩桑走降喬朗魏植之徒復以誅除豈非高識明斷朕用委成加王彌石勒爲社稷之憂故有詔委統六州而公謙分小節稽違大命非所謂與國同憂也今復遣詔便施檄六州協同大舉翦除國難稱朕意焉晞復移諸征鎮州郡曰天步艱難禍難殷流劉元海造逆於汾陰石世龍階亂於三魏蕩食畿甸覆喪鄴都結壘近郊仍震兗豫害三刺史殺二都督郡守官長湮沒數十百姓流離肝腦塗地晞以虛薄負荷國重是以弭節海隅援枹曹衞猥被中詔委以關東督統諸軍欽承詔命兗今月二日當西經濟黎陽卽日得滎陽太守丁嶷白事李惲陳午等救懷諸軍與羯大戰皆見破散懷城已陷河內太守裴整爲賊所執宿衞闕乏天子蒙難宗廟之危甚於累卵承問之日憂思累息晞以爲先王選建明德庸以服章所以藩固王室無俾城壞是以舟檝不固齊桓責楚襄王逼狄晉文致討夫翼獎皇家宜力本朝雖陷湯火大義所甘加諸方牧俱受榮寵義同畢力以報國恩晞雖不武首啟戎行秣馬裹糧以俟方鎮凡我同盟宜同赴救顯立名節在此行矣會王彌遣曹嶷破琅邪北攻齊地苟純城守嶷衆轉盛連營數十里晞還登城望之有懼色與賊連戰輒破之後簡精銳與賊大戰會大風揚塵晞遂敗績棄城夜走嶷追至東山部衆皆降嶷晞單騎奔高平收邸閣募得數千人帝又密詔晞討越晞復上表曰殿中校尉李初至奉被手詔肝心若裂東海王越得以宗臣遂執朝政委任邪佞寵樹姦黨至使前長史潘滔從事中郎畢邈主簿郭象等操弄大權刑賞由己尚書何綏中書令繆播太僕繆胤黃門侍郎應紹皆是聖詔親所抽拔而滔等妄構陷以重戮帶甲臨宮誅討后弟翦除宿衞私樹國人崇獎魏植招誘逋亾覆喪州郡王塗圮隔方貢乖絶宗廟闕蒸嘗之饗聖上有約食之匱鎮東將軍周馥豫州刺史馮嵩前北中郎將裴憲並以天朝空曠權臣專制事難之興慮在旦夕各率士馬奉迎皇輿思隆王室以盡臣禮而滔邈等劫越出關矯立行臺逼徙公卿擅爲詔令縱兵寇抄茹食居人交尸塞路暴骨盈野遂令方鎮失職城邑蕭條淮豫之氓陷離塗炭臣雖憤懣守局東嵎自奉明詔三軍奮厲卷甲長驅次于倉垣卽日承司空博陵公浚書稱殿中中郎劉權齎詔勅浚與臣共尅大舉輒遣前鋒征虜將軍王讃徑至項城使越稽首歸政斬送滔等伏願陛下寬宥宗臣聽越還國其餘逼迫宜蒙曠蕩輒寫詔宣示征鎮顯明義舉遣揚烈將軍閻弘步騎五千鎮衞宗廟五年帝復詔晞曰太傅信用姦佞阻兵專權內不遵奉皇憲外不協比方州遂令戎狄充斥所在犯暴留軍何倫抄掠宮寺劫剝公主殺害賢士悖亂天下不可忍聞雖惟親親宜明九伐詔至之日其宣告天下率齊大舉桓文之績一以委公其思盡諸宜善建弘畧道澀故練寫副手筆示意晞表曰奉被手詔委臣征討喻以桓文紙練兼備伏讀跪歎五情惶怛自頃宰臣專制委杖佞邪內擅朝威外殘兆庶矯詔專征遂圖不軌縱兵寇掠陵踐宮寺前司隸校尉劉暾御史中丞溫畿右將軍杜育並見攻劫廣平武安公主先帝遺體咸被逼辱逆節虐亂莫此之甚輒祗奉前詔部分諸軍遣王讃率陳午等將兵詣項龔行天罰初越疑晞與帝有謀使游騎於成皐間獲晞使果得詔令及朝廷書遂大構疑隙越出牧豫州以討晞復下檄說晞罪惡遣從事中郎楊瑁爲兗州與徐州刺史裴盾共討晞晞使騎收河南尹潘滔滔夜遁乃執尚書劉曾侍中程延斬之會越薨盾敗詔晞爲大將軍大都督督青徐兗豫荊揚六州諸軍事增邑二萬戸加黃鉞先官如故晞以京邑荒饉日甚寇難交至表請遷都遣從事中郎劉會領船數十艘宿衞五百人獻穀千斛以迎帝朝臣多有異同俄而京師陷晞與王讃屯倉垣豫章王端及和郁等東奔晞晞率羣官尊端爲皇太子置行臺端承制以晞領太子太傅都督中外諸軍錄尚書自倉垣徙屯蒙城讃屯陽夏晞出於孤微位至上將志頗盈滿奴婢將千人侍妾數十終日累夜不出庭戸刑政苛虐縱情肆欲遼西閻亨以書固諫晞怒殺之晞從事中郎明預有疾居家聞之乃轝病諫晞曰皇晉遭百六之數當危難之機明公親稟廟算將爲國家除暴閻亨美士奈何無罪一旦殺之晞怒曰我自殺閻亨何關人事而轝病來罵我左右爲之戰慄預曰以明公以禮見進預欲以禮自盡今明公怒預其若遠近怒明公何昔堯舜之在上也以和理而興桀紂之在上也以惡逆而滅天子且猶如此況人臣乎願明公且置其怒而思預之言晞有慚色由是衆心稍離莫爲致用加以疾疫饑饉其將溫畿傅宣皆叛之石勒攻陽夏滅王讃馳襲蒙城執晞署爲司馬月餘乃殺之晞無子弟純亦遇害

華軼

華軼字彥夏平原人魏太尉歆之曾孫也祖表太中大夫父澹河南尹軼少有才氣聞於當世汎愛博納衆論美之初爲博士累遷散騎常侍東海王越牧兗州引爲留府長史永嘉中歷振威將軍江州刺史雖逢喪亂每崇典禮置儒林祭酒以弘道訓乃下敎曰今大義頹替禮典無宗朝廷滯議莫能攸正常以慨然宜特立此官以弘其事軍諮祭酒杜夷棲情玄遠確然絶俗才學精博道行優備其以爲儒林祭酒俄被越檄使助討諸賊軼遣前江夏太守陶侃爲揚武將軍率兵三千屯夏口以爲聲援軼在州甚有威惠州之豪士接以友道得江表之歡心流亾之士赴之如歸時天子孤危四方瓦解軼有匡天下之志每遣貢獻入洛不失臣節謂使者曰若洛都道斷可輸之琅邪王以明吾之爲司馬氏也軼自以受洛京所遣而爲壽春所督時洛京尚存不能祗承元帝敎命郡縣多諫之軼不納曰吾欲見詔書耳時帝遣揚烈將軍周訪率衆屯彭澤以備軼訪過姑孰著作郎干寶見而問之訪曰大府受命令屯彭澤彭澤江州西門也華彥夏有憂天下之誠而不欲碌碌受人控御頃來紛紜粗有嫌隙今又無故以兵守其門將成其釁吾當屯尋陽故縣既在江西可以扞禦北方又無嫌於相逼也尋洛郡不守司空荀藩移檄而以帝爲盟主

既而帝承制改易長史軼又不從命於是遣左將軍王敦都督甘卓周訪宋典趙誘等討之軼遣別駕陳雄屯彭澤以距敦自爲舟軍以爲外援武昌太守馮逸次于湓口訪擊逸破之前江州刺史衞展不爲軼所禮心常怏怏至是與豫章太守周廣爲內應潛軍襲軼軼衆潰奔于安城追斬之及其五子傳首建鄴初廣陵高悝寓居江州軼辟爲西曹掾尋而軼敗悝藏匿軼二子及妻崎嶇經年旣而遇赦悝攜之出首帝嘉而宥之

劉喬　孫耽　耽子柳

劉喬字仲彥南陽人也其先漢宗室封安衆侯傳襲歷三代祖廙魏侍中父阜陳留相喬少爲祕書郎建威將軍王戎引爲參軍伐吳之役戎使喬與參軍羅尚濟江破武昌還授滎陽令遷太子洗馬以誅楊駿功賜爵關中侯拜尚書右丞豫誅賈謐封安衆男累遷散騎常侍齊王冏爲大司馬初嵇紹爲冏所重每下階迎之喬言於冏曰裴張之誅朝臣畏憚孫秀故不敢不受財物嵇紹今何所逼忌故畜裴家車牛張家奴婢邪樂彥輔來公未嘗下牀何獨加敬於紹冏乃止紹謂喬曰大司馬何故不復迎客喬曰似有正人言以卿不足迎者紹曰正人爲誰喬曰其則不遠紹默然頃之遷御史中丞冏腹心董艾勢傾朝廷百僚莫敢忤旨喬二旬之中奏劾艾罪釁者六艾諷尚書右丞苟晞免喬官復爲屯騎校尉張昌之亂喬出爲威遠將軍豫州刺史與荊州刺史劉弘共討昌進左將軍惠帝西幸長安喬與諸州郡舉兵迎大駕東海王越承制轉喬安北將軍冀州刺史以范陽王虓領豫州刺史喬以虓非天子命不受代發兵距之潁川太守劉輿昵於虓喬上尚書列輿罪惡河間王顒得喬所上乃宣詔使鎮南將軍劉弘征東大將軍劉準平南將軍彭城王釋與喬幷力攻虓於許昌輿弟琨率衆救虓未至而虓敗虓乃與琨俱奔河北未幾琨率突騎五千濟河攻喬喬劫琨父蕃以檻車載之據考城以距虓虓衆不敵而潰喬復收散卒屯於平氏河間王顒進喬鎮東將軍假節以其長子祐爲東郡太守又遣劉弘劉準彭城王釋等率兵援喬弘與喬牋曰適承范陽欲代明使君明使君受命本朝列居方伯當官而行同奬王室橫見遷代誠爲不允然古人有言牽牛以蹊人之田信有罪矣而奪之牛罰亦重矣明使君不忍亮直狷介之忿甘爲戎首竊以爲過何者至人之道用行舍藏跨下之辱猶宜俯就況於換代之嫌纖介之釁哉范陽國屬使君庶姓周之宗盟疎不間親曲直旣均責有所在廉藺區區戰國之將猶能升降以利社稷況命世之士哉今天下紛紜主上播越正是忠臣義士同心勠力之時弘實闇劣過蒙國恩願與使君共戴盟主厲行下風掃除凶寇救蒼生之倒懸反北辰於太極此功未立不宜乖離備蒙顧遇情隆於常披露丹誠不敢不盡春秋之時諸侯相伐復爲和親者多矣願明使君迴旣往之恨追不二之蹤解連環之結修如初之好范陽亦將悔前之失思崇後信矣東海王越將討喬弘又與越書曰適聞以吾州將擅舉兵逐范陽當討之誠明同異懲禍亂之宜然吾竊謂不可何者今北辰遷居元首移幸羣后抗義以謀王室吾州將荷國重恩列位方伯亦伐鼓卽戎勠力致命之秋也而范陽代之吾州將不從由代之不允但矯枉過正更以爲罪耳昔齊桓赦射鉤之讎而相管仲晉文忌斬袪之怨而親勃鞮方之於今當何有哉且君子躬自厚而薄責於人今奸臣弄權朝廷困逼此四海之所危懼宜釋私嫌共存公義含垢匿瑕忍所難忍以大逆爲先奉迎爲急不可思小怨忘大德也苟崇忠恕共明分局連旗推鋒各致臣節吾州將必輸寫肝膽以報所蒙實不足計一朝之謬發赫然之怒使韓盧東郭相困而爲豺狼之擒也吾雖庶姓負乘過分實願足下率齊內外以康王室竊恥同儕自爲蠹害貪獻所懷惟足下圖之又上表曰范陽王虓欲代豫州刺史喬喬舉兵逐虓司空東海王越以喬不從命討之臣以爲喬忝受殊恩顯居州司自欲立功於時以狥國難無他罪闕而范陽代之代之爲非然喬亦不得以虓之非專威輒討誠應顯戮以懲不恪然自頃兵戈紛亂猜禍鋒生恐疑隙構於羣王災難延于宗子權柄隆於朝廷逆順效於成敗今夕爲忠明旦爲逆翩其反而互爲戎首載籍以來骨肉之禍未有如今者也臣竊悲之痛心疾首今邊陲無備豫之儲中華有杼軸之困而股肱之臣不惟國體職競尋常自相楚剝爲害轉深積毀銷骨萬一四夷乘虛爲變此亦猛獸交鬬自效於卞莊者矣臣以爲宜速發明詔詔越等令兩釋猜嫌各保分局自今以後其有不被詔書擅興兵馬者天下共伐之詩云誰能執熱逝不以濯若誠濯之必無灼爛之患永有泰山之固矣時河間王顒方距關東倚喬爲助不納其言東海王越移檄天下帥甲士三萬將入關迎大駕軍次於蕭喬懼遣子祐距越於蕭縣之靈壁劉琨分兵向許昌許昌人納之琨自滎陽率兵迎越遇祐衆潰見殺喬衆遂散與五百騎奔平氏帝還洛陽大赦越復表喬爲太傅軍諮祭酒越薨復以喬爲都督豫州諸軍事鎮東將軍豫州刺史卒於官時年六十三愍帝末追贈司空子挺潁川太守挺子耽

耽字敬道少有行檢以義尚流稱爲宗族所推博學明習詩禮三史歷度支尚書加散騎常侍在職公平廉慎所在著績桓玄耽女壻也及玄輔政以耽爲尚書令加侍中不拜改授特進金紫光祿大夫尋卒追贈左光祿大夫開府耽子柳

柳字叔惠亦有名譽少登清官歷尚書左右僕射時右丞傅迪好廣讀書而不解其義柳唯讀老子而已迪每輕之柳云卿讀書雖多而無所解可謂書簏矣時人重其言出爲徐兗江三州刺史卒贈右光祿大夫開府儀同三司喬弟乂始安太守乂子成丹陽尹

史臣曰周浚人倫鑒悟周馥理識精詳華軼動顧禮經劉喬志存諒直用能歷官內外咸著動庸而祖宣獻策遷都乖忤於東海彥夏係心宸極獲罪於琅邪乃被以惡名加其顯戮豈不哀哉向若違左衽於伊川建右社於淮服據方城之險藉全楚之資簡練吳越之兵漕引淮海之粟縱未能蘄天永命猶足以紓難緩亾嗟乎不用其良覆俾我悖其此之謂也苟晞擢自庸微位居上將釋位之功未立貪饕之釁已彰假手世龍以至屠戮斯所謂殺人多矣能無及此乎

贊曰開林才理爰登貴仕績著折衝化行江汜軼旣尊主馥亦勤王背時獲戾違天不祥喬爲戎首未識行藏道將鞠旅成名克舉貪虐有聞忠勤未取

晉書卷六十一考證

周浚傳乃直指三江山○三江山一本作三山王濬傳濬舟師過三山是也今仍監本

苟晞傳冀行天罰○冀監本誤蘽今從閣本改正

晉書卷六十二

唐　太　宗　文　皇　帝　御　撰

列傳第三十二

劉琨　琨子羣　琨兄輿　輿子演

劉琨字越石中山魏昌人漢中山靜王勝之後也祖邁有經國之才爲相國參軍散騎常侍父蕃清高沖儉位至光祿大夫琨少得儁朗之目與范陽祖納俱以雄豪著名年二十六爲司隸從事時征虜將軍石崇河南金谷澗中有別廬冠絕時輩引致賓客日以賦詩琨預其間文詠頗爲當時所許祕書監賈謐參管朝政京師人士無不傾心石崇歐陽建陸機陸雲之徒並以文才降節事謐琨兄弟亦在其間號曰二十四友太尉高密王泰辟爲掾頻遷著作郎太學博士尚書郎趙王倫執政以琨爲記室督轉從事中郎倫子荂卽琨姊壻也故琨父子兄弟並爲倫所委任及篡荂爲皇太子琨爲荂詹事三王之討倫也以琨爲冠軍假節與孫秀子會率宿衞兵三萬距成都王穎戰于黃橋琨大敗而還焚河橋以自固及齊王冏輔政以其父兄皆有當世之望故特宥之拜兄輿爲中書郎琨爲尚書左丞轉司徒左長史冏敗范陽王虓鎮許昌引爲司馬及惠帝幸長安東海王越謀迎大駕以琨父蕃爲淮北護軍豫州刺史劉喬攻范陽王虓於許昌也琨與汝南太守杜育等率兵救之未至而虓敗琨與虓俱奔河北琨之父母遂爲劉喬所執琨乃說冀州刺史溫羨使讓位於虓及虓領冀州遣琨詣幽州乞師於王浚得突騎八百人與虓濟河共破東平王楙於廩丘南走劉喬始得其父母又斬石超降呂朗因統諸軍奉迎大駕於長安以勳封廣武侯邑二千戶永嘉元年爲幷州刺史加振威將軍領匈奴中郎將琨在路上表曰臣以頑蔽志望有限因緣際會遂忝過任九月末得發道險山峻胡寇塞路輒以少擊衆冒險而進頓伏艱危辛苦備嘗卽日達壺口關臣自涉州疆目覩困乏流移四散十不存二攜老扶弱不絕於路及其在者鬻賣妻子生相捐棄死亡委厄白骨橫野哀呼之聲感傷和氣羣胡數萬周匝四山動足遇掠開目覩寇唯有壺關可得告糴而此二道九州之險數人當路則百夫不敢進公私往反沒喪者多嬰守窮城不得薪采耕牛旣盡又乏田器以臣愚短當此至難憂如循環不遑寢食臣伏思此州雖云邊朔實邇皇畿南通河內東連司冀北捍殊俗西禦彊虜是勁弓良馬勇士精騎之所出也當須委輸乃全其命今上尚書請此州穀五百萬斛絹五百萬匹綿五百萬斤願陛下時出臣表速見聽處朝廷許之時東嬴公騰自晉陽鎮鄴幷土饑荒百姓隨騰南下餘戶不滿二萬寇賊縱橫道路斷塞琨募得千餘人轉鬭至晉陽府寺焚毀僵尸蔽地其有存者饑羸無復人色荊棘成林豺狼滿道琨翦除荊棘收葬枯骸造府朝建市獄寇盜互來掩襲恒以城門爲戰場百姓負楯以耕屬鞬而耨琨撫循勞來甚得物情劉元海時在離石相去三百許里琨密遣離間其部雜虜降者萬餘落元海甚懼遂城蒲子而居之在官未朞流人稍復雞犬之音復相接矣琨父蕃自洛赴之人

士奔迸者多歸於琨琨善於懷撫而短於控御一日之
中雖歸者數千去者亦以相繼然素奢豪嗜聲色雖暫
自矯勵而輒復縱逸河南徐潤者以音律自通遊於貴
勢琨甚愛之署爲晉陽令潤恃寵驕恣干預琨政奮威
護軍令狐盛性亢直數以此爲諫并勸琨除潤琨不納
初單于猗㐌以救東嬴公騰之功琨表其弟猗盧爲代
郡公與劉希合衆於中山王浚以琨侵己之地數來擊
琨琨不能抗由是聲實稍損徐潤又譖令狐盛於琨曰
盛將勸公稱帝矣琨不之察便殺之琨母曰汝不能弘
經略駕豪傑專欲除勝己以自安當何以得濟如是禍
必及我不從盛子泥奔于劉聰具言虛實聰大喜以泥
爲鄉導屬上黨太守襲醇降于聰鴈門烏丸復反琨親
率精兵出禦之聰遣子粲及令狐泥乘虛襲晉陽太原
太守高喬以郡降聰琨父母並遇害琨引猗盧并力攻
粲大敗之死者十五六琨乘勝追之更不能剋猗盧以
爲聰未可滅遺琨牛羊車馬而去留其將箕澹段繁等
戍晉陽琨志在復讎而屈於力弱泣血尸立撫慰傷痍
移居陽邑城以招集亡散愍帝即位拜大將軍都督并
州諸軍事加散騎常侍假節琨上疏謝曰陛下略臣大
愆錄臣小善猥蒙天恩光授殊寵顯以蟬冕之榮崇以
上將之位伏省詔書五情飛越臣聞晉文以郤縠爲元
帥而定霸功高祖以韓信爲大將而成王業咸有敦詩
閱禮之德戎昭果毅之威故能振豐功於荊南拓洪基
於河北況臣凡陋擬蹤前哲俯懼折鼎慮在覆餗昔曹
沫三北而收功於柯盟馮異垂翅而奮翼於澠池皆能
因敗爲成以功補過陛下宥過之恩已隆而臣自新之
善不立臣雖不逮預聞前訓恭讓之節臣猶庶幾所以
冒承寵命者實欲沒身報國輒死自效要以致命寇場
盡其臣節至於寵榮之施非言辭所謝又謁者史蘭殿
中中郎王春等繼至奉詔臣俯尋聖旨伏紙飲淚臣聞
夷險流行古今代有靈厭皇德曾未悔禍蟻狄縱毒於
神州夷裔肆虐於上國七廟闕禋祀之饗百官喪彝倫
之序梓宮淪辱山陵未兆率土永慕思同考妣陛下龍
姿日茂叡質彌光升區宇於既穨崇社稷於已替四海
之內肇有上下九服之萌復覩典制伏惟陛下蒙塵于
外越在秦郊蒸嘗之敬在心桑梓之思未克臣備位歷
年才質駑下丘山之釁已彰豪釐之效未著頃以時宜
權假位號竟無殪戎之績而有負乘之累當肆刑書以
明黜陟是以臣前表上聞敢緣愚款乞奉先朝之班苟
存偏師之職赦其三敗之愆收其一功之用得騁志虜
場快意大逆雖身膏野草無恨黃墟陛下偏恩過隆曲
蒙擢拔遂授上將位兼常伯征討之務得從事宜拜命
驚惶五情戰悸懼於隕越以爲朝羞昔申胥不徇伯舉
而成公壻之勳伍員不從城父而濟入郢之庸臣雖頑
凶無覲古人其於被堅執銳致身寇讎所謂天地之施
羣生莫謝不勝受恩至深謹拜表陳聞及麴允敗劉曜
斬趙冉琨又表曰逆胡劉聰敢率犬羊憑陵輦轂人神
發憤遐邇奮怒伏省詔書相國南陽王保太尉涼州刺
史軌糾合二州同恤王室冠軍將軍允護軍將軍綝總
齊六軍勠力國難王旅大捷俘馘千計旌旗首於晉路
金鼓振於河曲崤函無虔劉之驚汧隴有安業之慶斯
誠宗廟社稷陛下神武之所致含氣之類莫不引領況
臣之心能無踊躍臣前表當與鮮卑猗盧剋今年三月
都會平陽會匈羯石勒以三月三日徑掩薊城大司馬
博陵公浚受其僞和爲勒所虜勒勢轉盛欲來襲臣城
塢駭懼志在自守又猗盧國內欲生姦謀幸盧警慮尋
皆誅滅遂使南北顧慮用愆成舉臣所以泣血宵吟扼
腕長歎者也勒據襄國與臣隔山寇騎朝發夕及臣城
同惡相求其徒實繁自東北八州勒滅其七先朝所授
存者唯臣是以勒朝夕謀慮以圖臣爲計闚伺間隙寇
抄相尋戎士不得解甲百姓不得在野天網雖張靈澤
未及唯臣孑然與寇爲伍自守則稽聰之誅進討則勒
襲其後進退唯谷首尾狼狽徒懷憤踊力不從願慙怖
怔營痛心疾首形留所在神馳寇庭秋穀既登胡馬已
肥前鋒諸軍並有至者臣當首啓戎行身先士卒臣與
二虜勢不並立聰勒不梟臣無歸志庶憑陛下威靈使
微意獲展然後隕首謝國沒而無恨三年帝遣兼大鴻
臚趙廉持節拜琨爲司空都督并冀幽三州諸軍事琨
上表讓司空受都督剋期與猗盧討劉聰尋猗盧父子
相圖盧及兄子根皆病死部落四散琨子遵先質於盧
衆皆附之及是遵與箕澹等帥盧衆三萬人馬牛羊十
萬悉來歸琨琨由是復振率數百騎自平城撫納之屬
石勒攻樂平太守韓據請救於琨而琨自以士衆新合
欲因其銳以威勒箕澹諫曰此雖晉人久在荒裔未習
恩信難以法御今內收鮮卑之餘穀外抄殘胡之牛羊
且閉關守險務農息士既服化感義然後用之則功可
立也琨不從悉發其衆命澹領步騎二萬爲前驅琨自
爲後繼勒先據險要設伏以擊澹大敗之一軍皆沒并
土震駭尋又災旱琨窮蹙不能復守幽州刺史鮮卑段
匹磾數遣信要琨欲與同獎王室琨由是率衆赴之從
飛狐入薊匹磾見之甚相崇重與琨結婚約爲兄弟是
時西都不守元帝稱制江左琨乃令長史溫嶠勸進於
是河朔征鎮夷夏一百八十人連名上表語在元紀令
報曰豺狼肆毒莽覆社稷億兆顒顒延首罔繫是以居
于王位以答天下庶以剋復聖主掃蕩讎恥豈可猥當
隆極此孤之至誠著於遐邇者也公受奕世之寵極人
臣之位忠允義誠精感天地實賴遠謀共濟艱難南北
迥邈同契一致萬里之外心存咫尺公其撫寧華戎致
罰醜類動靜以聞建武元年琨與匹磾期討石勒匹磾
推琨爲大都督唾血載書檄諸方守俱集襄國琨匹磾
進屯固安以俟衆軍匹磾從弟末波納勒厚賂獨不進
乃沮其計琨匹磾以勢弱而退是歲元帝轉琨爲侍中
太尉其餘如故并贈名刀琨答曰謹當躬自執佩馘截
二虜匹磾奔其兄喪琨遣世子羣送之而末波率衆要
擊匹磾而敗走之羣爲末波所得末波厚禮之許以琨
爲幽州刺史共結盟而襲匹磾密遣使齎羣書請琨爲
內應而爲匹磾邏騎所得時琨別屯故征北府小城不
之知也因來見匹磾匹磾以羣書示琨曰意亦不疑公
是以白公耳琨曰與公同盟志獎王室仰憑威力庶雪
國家之恥若兒書密達亦終不以一子之故負公忘義
也匹磾雅重琨初無害琨志將聽還屯其中弟叔軍好
學有智謀爲匹磾所信謂匹磾曰吾胡夷耳所以能服
晉人者畏吾衆也今我骨肉構禍是其良圖之日若有
奉琨以起吾族盡矣匹磾遂留琨琨之庶長子遵懼誅
與琨左長史楊橋并州治中如綏閉門自守匹磾諭之
不得因縱兵攻之琨將龍季猛迫於乏食遂斬橋綏而
降初琨之去晉陽也慮及危亡而大恥不雪亦知夷狄
難以義伏冀輸寫至誠僥倖萬一每見將佐發言慷慨
悲其道窮欲率部曲死於賊壘斯謀未果竟爲匹磾所
拘自知必死神色怡如也爲五言詩贈其別駕盧諶曰
握中有懸璧本自荊山球惟彼太公望昔是渭濱叟鄧
生何感激千里來相求白登幸曲逆鴻門賴留侯重耳
憑五賢小白相射鉤能隆二伯主安問黨與讎中夜撫
枕歎想與數子遊吾衰久矣夫何其不夢周誰云聖達
節知命故無憂宣尼悲獲麟西狩泣孔丘功業未及建
夕陽忽西流時哉不我與去矣如雲浮朱實隕勁風繁
英落素秋狹路傾華蓋駭駟摧雙輈何意百鍊剛化爲
繞指柔琨詩託意非常攄暢幽憤遠想張陳感鴻門白
登之事用以激諶諶素無奇略以常詞酬和殊乖琨心
重以詩贈之乃謂琨曰前篇帝王大志非人臣所言矣
然琨既忠於晉室素有重望被拘經月遠近憤歎匹磾
所署代郡太守辟閭嵩與琨所署鴈門太守王據後將
軍韓據連謀密作攻具欲以襲匹磾而韓據女爲匹磾
兒妾聞其謀而告之匹磾於是執王據辟閭嵩及其徒
黨悉誅之會王敦密使匹磾殺琨匹磾又懼衆反己遂
稱有詔收琨初琨聞敦使至謂其子曰處仲使來而不
我告是殺我也死生有命但恨讎恥不雪無以下見二
親耳因歔欷不能自勝匹磾遂縊之時年四十八子姪
四人俱被害朝廷以匹磾尚彊當爲國討石勒不舉琨
哀三年琨故從事中郎盧諶崔悅等上表理琨曰臣聞
經國之體在於崇明典刑立政之務在於固慎關塞況
方岳之臣殺生之柄而可不正其枉直以杜其姦邪哉
竊見故司空廣武侯琨在惠帝擾攘之際值羣后鼎沸
之難勠力皇家義誠彌厲躬統華夷親受矢石石超授
首呂朗面縛社稷克寧鑾輿反駕奉迎之勳琨實爲隆
此琨效忠之一驗也其後并州刺史東嬴公騰以晉川
荒匱移鎮臨漳太原西河盡徙三魏琨受任并州屬承
其弊到官之日遺戶無幾當易危之勢處難濟之土鳩
集傷痍撫和戎狄數年之間公私漸振會京都失守群
逆縱逸邊萌頓仆苟懷宴安咸以爲并州之地四塞爲
固且可閉關守險畜資養徒抗辭厲聲忠亮奮發以爲
天子沉辱而不隕身死節情非所安遂乃跋履山川東
西征討屠各乘虛晉陽沮潰琨父母罹屠戮之殃門族
受殲夷之禍向使琨從州人之心爲自守之計則聖朝
未必加誅而族黨可以不喪及猗盧敗亂晉人歸奔琨
於平城納其初附將軍箕澹又以爲此雖晉人久在荒
裔難以法整不可便用琨又讓之義形於色假從澹議
偷於苟存則晏然於并土必不亡身於燕薊也琨自以
備位方嶽綱維不舉無緣虛荷大任坐居三司是以陛
下登祚便引愆告遜前後章表具陳誠款尋令從事中
郎臣續澹以章綬節傳奉還本朝與匹磾使榮邵期一
時俱發又匹磾以琨王室大臣懼奪己威重忌琨之形
漸彰於外琨知其如此慮不可久欲遣妻息大小盡詣
京城以其門室一委陛下有征舉之會則身充一卒若
匹磾縱凶慝則妻息可免具令臣澹密宣此旨求詔勑
路次令相迎衛會王成從平陽逃來說南陽王保稱號
隴右士衆甚盛當移關中匹磾聞此私懷顧望留停榮
邵欲遣前兼鴻臚邊邈奉使詣保懼澹獨南言其此事
遂不許引路丹誠赤心卒不上達匹磾兄眷喪亡嗣子
幼弱欲因奔喪奪取其國又自以欺國陵家懷邪樂禍

恐父母宗黨不容其罪是以卷甲橐弓陰圖作亂欲害其從叔驎從弟末波等以取其國匹磾親信密告驎波驎波乃遣人距之匹磾僅以身免百姓謂匹磾已沒皆憑向琨若琨于時有害匹磾之情則居然可擒不復勞於人力自此之後上下並離匹磾遂欲盡勒胡晉徙居上谷琨深不然之勸移厭次南憑朝廷匹磾不能納反禍害父息四人從兄二息同時并命琨未遇害知匹磾必有禍心語臣等云受國厚恩不能克報雖才略不及亦由遇此厄運人誰不死死生命也唯恨下不能效節於一方上不得歸誠於陛下辭旨慷慨動於左右匹磾既害琨橫加誣謗言琨欲闚神器謀圖不軌琨免逃竄頑凶之思又無信布懼誅之情踦蹈亂亡之際夾肩異類之間而有如此之心哉雖臧獲之愚厮養之智猶不爲之況在國士之列忠節先著者乎匹磾之害琨稱陛下密詔琨信有罪陛下加誅自當肆諸市朝與衆棄之不令殊俗之豎戮台輔之臣亦已明矣然則擅詔有罪雖小必誅矯制有功雖大不論正以興替之根咸在於此開塞之由不可不閑故也而匹磾無所顧忌怙亂專殺虛假王命虐害鼎臣辱諸夏之望敗王室之法是可忍也孰不可忍若聖朝猶加隱忍未明大體則不逞之人襲匹磾之跡殺生自由好惡任意陛下將何以誅之哉折衝厭難唯存戰勝之將除暴討亂必須知略之臣故古語云山有猛獸藜藿爲之不採非虛言矣自河以北幽并以南醜類有所顧憚者唯琨而已琨受害之後羣凶欣欣莫不得意鼓行中州曾無纖介此又華夷小大所以長歎者也伏惟陛下叡聖之隆中興之緒方將平章典刑以經序萬國而琨受害非所寃痛已甚未聞朝廷有以甄論昔壺關三老訟衛太子之罪谷永劉向辨陳湯之功下足以明功罪之分上足以悟聖主之懷臣等祖考以來世受殊遇入侍翠幄出簪彤管弗克負荷播越遐荒與琨周旋接事終始是以仰慕三臣在昔之義謹陳本末冒以上聞仰希聖朝曲賜哀察太子中庶子溫嶠又上疏理之帝乃下詔曰故太尉廣武侯劉琨忠亮開濟乃誠王家不幸遭難志節不遂朕甚悼之往以戎事未加弔祭其下幽州便依舊弔祭贈侍中太尉諡曰愍琨少負志氣有縱橫之才善交勝己而頗浮誇與范陽祖逖爲友聞逖被用與親故書曰吾枕戈待旦志梟逆虜常恐祖生先吾著鞭其意氣相期如此在晉陽嘗爲胡騎所圍數重城中窘迫無計琨乃乘月登樓清嘯賊聞之皆悽然長歎中夜奏胡笳賊又流涕歔欷有懷土之切向曉復吹之賊並棄圍而走子羣嗣

羣字公度少拜廣武侯世子隨父在晉陽遭逢寇亂數領偏軍征討性清慎有裁斷得士類懽心及琨爲匹磾所害琨從事中郎盧諶等率餘衆奉羣依末波溫嶠前後表稱姨弟劉羣內弟崔悅盧諶等皆在末波中翹首南望愚謂此等並有文思於人之中少可愍惜如蒙錄召繼絕興亡則陛下更生之恩望古無二咸康二年成帝詔徵羣等爲末波兄弟愛其才託以道險不遣石季龍滅遼西羣及諶悅同沒胡中季龍皆優禮之以羣爲中書令至冉閔敗後羣遇害時勒及季龍得公卿人士多殺之其見擢用終至大官者唯有河東裴憲渤海石璞滎陽鄭系潁川荀綽北地傅暢及羣悅諶等十餘人而已

輿字慶孫儁朗有才局與琨並尚書郭奕之甥名著當時京都爲之語曰洛中奕奕慶孫越石辟宰府尚書郎兄弟素侮孫秀及趙王倫輔政孫秀執權並免其官妹適倫世子荂荂與秀不協復以輿爲散騎侍郎齊王冏輔政以輿爲中書侍郎東海王越范陽王虓之舉兵也以輿爲潁川太守及河間王顒檄劉喬討虓於許昌矯詔曰潁川太守劉輿迫脅范陽王虓距逆詔命多樹私黨擅劫郡縣合聚兵衆輿兄弟昔因趙王婚親擅弄權勢凶狡無道久應誅夷以遇赦令得全首領小人不忌爲惡日滋輒用苟晞爲兗州斷截王命鎮南大將軍弘平南將軍彭城王釋征東大將軍準各勒所領徑會許昌與喬并力今遣右將軍張方爲大都督督建威將軍呂朗陽平太守刁默率步騎十萬同會許昌以除輿兄弟敢有舉兵距違王命誅及五族能殺輿兄弟送首者封三千戶縣侯賜絹五千匹虓之敗輿與之俱奔河北虓既鎮鄴以輿爲征虜將軍魏郡太守虓薨東海王越將召之或曰輿猶膩也近則汚人及至越疑而御之輿密視天下兵簿及倉庫牛馬器械水陸之形皆默識之是時軍國多事每會議自潘滔以下莫知所對輿既見越應機辯畫越傾膝酬接卽以爲左長史越既總錄以輿爲上佐賓客滿筵文案盈机遠近書記日有數千終日不倦或以夜繼之皆人人懽暢莫不悅附命議如流酬對款備時人服其能比之陳遵時稱越府有三才潘滔大才劉輿長才裴邈清才越誅繆播王延等皆輿論也延愛妾荊氏有音伎延尚未殯輿便娉之未及迎又爲太傅從事中郎王儁所爭奪御史中丞傅宣劾奏越不問輿而免儁官輿乃說越遣琨鎮并州爲越北面之重洛陽未敗病指疽卒時年四十七追贈驃騎將軍先有功封定襄侯諡曰貞子演嗣

演字始仁初辟太尉掾除尚書郎以父憂去職服闋襲爵太傅東海王越引爲主簿遷太子中庶子出爲陽平太守自洛奔琨琨以爲輔國將軍魏郡太守琨將討石勒以演領勇士千人行北中郎將兗州刺史鎮廩丘演斬王桑走趙固得衆七千人爲石勒所攻演距戰勒退元帝拜爲都督後將軍假節後爲石季龍所圍求救於邵續段鴦鴦騎救之季龍走隨鴦屯厭次被害弟胤爲琨引兵路逢烏桓賊戰沒胤弟挹初爲太傅東海王越掾與琨俱被害挹弟啓啓弟述與琨子羣俱在末波中後並入石季龍啓爲季龍尚書僕射後歸國穆帝拜爲前將軍加給事中永和九年隨中軍將軍殷浩北伐爲姚襄所敗啓戰沒述爲季龍侍中隨啓歸國拜驍騎將軍

祖逖　兄納

祖逖字士稚范陽遒人也世吏二千石爲北州舊姓父武晉王掾上谷太守逖少孤兄弟六人兄該納等並開爽有才幹逖性豁蕩不修儀檢年十四五猶未知書諸兄每憂之然輕財好俠慷慨有節尚每至田舍輒稱兄意散穀帛以賙貧乏鄉黨宗族以是重之後乃博覽書記該涉古今往來京師見者謂逖有贊世才具僑居陽平年二十四陽平辟察孝廉司隸再辟舉秀才皆不行與司空劉琨俱爲司州主簿情好綢繆共被同寢中夜聞荒雞鳴蹴琨覺曰此非惡聲也因起舞逖琨並有英氣每語世事或中宵起坐相謂曰若四海鼎沸豪傑並起吾與足下當相避於中原耳辟齊王冏大司馬掾長沙王乂驃騎祭酒轉主簿累遷太子中舍人豫章王從事中郎從惠帝北伐王師敗績於蕩陰遂退還洛大駕西幸長安關東諸侯范陽王虓高密王略平昌公模等競召之皆不就東海王越以逖爲典兵參軍濟陰太守母喪不之官及京師大亂逖率親黨數百家避地淮泗以所乘車馬載同行老疾躬自徒步藥物衣糧與衆共之又多權略是以少長咸宗之推逖爲行主達泗口元帝逆用爲徐州刺史尋徵軍諮祭酒居丹徒之京口逖以社稷傾覆常懷振復之志賓客義徒皆暴桀勇士逖遇之如子弟時揚土大饑此輩多爲盜竊攻剽富室逖撫慰問之曰比復南塘一出不或爲吏所繩逖輒擁護救解之談者以此少逖然自若也時帝方拓定江南未遑北伐逖進說曰晉室之亂非上無道而下怨叛也由藩王爭權自相誅滅遂使戎狄乘隙毒流中原今遺黎既被殘酷人有奮擊之志大王誠能發威命將使若逖等爲之統主則郡國豪桀必因風向赴沉溺之士欣於來蘇庶幾國恥可雪願大王圖之帝乃以逖爲奮威將軍豫州刺史給千人廩布三千匹不給鎧仗使自招募仍將本流徙部曲百餘家渡江中流擊楫而誓曰祖逖不能清中原而復濟者有如大江辭色壯烈衆皆慨歎屯于江陰起冶鑄兵器得二千餘人而後進初北中郎將劉演距于石勒也流人塢主張平樊雅等在譙演署平爲豫州刺史雅爲譙郡太守又有董瞻于武謝浮等十餘部衆各數百皆統屬平逖誘浮使取平浮譎平與會遂斬以獻逖帝嘉逖勳使運糧給之而道遠不至軍中大飢進據太丘樊雅遣衆夜襲逖遂入壘拔戟大呼直趣逖幕軍士大亂逖命左右距之督護董昭與賊戰走之逖率衆追討而張平餘衆助雅攻逖蓬陂塢主陳川自號寧朔將軍陳留太守逖遣使求救於川川遣將李頭率衆援之逖遂剋譙城初樊雅之據譙也逖以力弱求助於南中郎將王含含遣桓宣領兵助逖逖既剋譙宣等乃去石季龍聞而引衆圍譙含又遣宣救逖季龍聞宣至而退宣遂留助逖討諸屯塢未附者李頭之討樊雅也力戰有勳逖時獲雅駿馬頭甚欲之而不敢言逖知其意遂與之頭感逖恩遇每歎曰若得此人爲主吾死無恨川聞而怒遂殺頭頭親黨馮寵率其屬四百人歸于逖川益怒遣將魏碩掠豫州諸郡大獲子女車馬逖遣將軍衞策邀擊於谷水盡獲所掠者皆令歸本軍無私焉川大懼遂以衆附石勒逖率衆伐川石季龍領兵五萬救川逖設奇以擊之季龍大敗收兵掠豫州徙陳川還襄國留桃豹等守川故城住西臺逖遣將韓潛等鎮東臺同一大城賊從南門出入放牧逖軍開東門相守四旬逖以布囊盛土如米狀使千餘人運上臺又令數人擔米僞爲疲極而息於道賊果逐之皆棄擔而走賊既獲米謂逖士衆豐飽而胡戍飢久益懼無復膽氣石勒將劉夜堂以驢千頭運糧以饋桃豹逖遣韓潛馮鐵等追擊於汴水盡獲之豹宵遁退據東燕城逖使潛進屯封丘以逼之馮鐵據二臺逖鎮雍丘數遣軍要截石勒勒屯戍漸蹙侯騎嘗獲濮陽人逖厚待遣歸咸感逖恩德率鄉里五百家降逖勒又遣精騎萬人距逖復爲逖所破勒鎮戍歸附者甚多時趙固上官巳李矩郭默等各以詐力相攻擊逖馳使和解之示以禍福遂受逖節度逖愛人下士雖疏交賤隸皆恩禮遇之

由是黃河以南盡爲晉土河上堡固先有任子在胡者皆聽兩屬時遣游軍僞抄之明其未附諸塢主感戴胡中有異謀輒密以聞前後剋獲亦由此也其有微功賞不踰日躬自儉約勸督農桑剋己務施不畜資產子弟耕耘負擔樵薪又收葬枯骨爲之祭醱百姓感悅嘗置酒大會耆老中坐流涕曰吾等老矣更得父母死將何恨乃歌曰幸哉遺黎免俘虜三辰既朗遇慈父玄酒忘勞甘瓠脯何以詠恩歌且舞其得人心如此故劉琨與親故書盛贊逖威德詔進逖爲鎭西將軍石勒不敢窺兵河南使成皐縣修逖母墓因與逖書求通使交市逖不報書而聽互市收利十倍於是公私豐贍士馬日滋方當推鋒越河掃清冀朔會朝廷將遣戴若思爲都督逖以若思是吳人雖有才望無弘致遠識且已翦荊棘收河南地而若思雍容一旦來統之意甚怏怏且聞王敦與劉隗等構隙慮有內難大功不遂感激發病乃致妻孥汝南大木山下時中原士庶咸謂逖當進據武牢而反置家險阨或諫之不納逖雖內懷憂憤而圖進取不輟營繕武牢城城北臨黃河西接成皐四望甚遠逖恐南無堅壘必爲賊所襲乃使從子汝南太守濟率汝陽太守張敞新蔡內史周閎率衆築壘未成而逖病甚先是華譚庾闡問術人戴洋洋曰祖豫州九月當死初有妖星見于豫州之分歷陽陳訓又謂人曰今年西北大將當死逖亦見星曰爲我矣方平河北而天欲殺我此乃不祐國也俄卒於雍丘時年五十六豫州士女若喪考妣譙梁百姓爲之立祠冊贈車騎將軍王敦久懷逆亂畏逖不敢發至是始得肆意焉尋以逖弟約代領其衆約別有傳逖兄納

納字士言最有操行能清言文義可觀性至孝少孤貧常自炊爨以養母平北將軍王敦聞之遺其二婢辟爲從事中郎有戲之曰奴價倍婢納曰百里奚何必輕於五羖皮邪轉尚書三公郎累遷太子中庶子歷官多所駁正有補於時齊王冏建義趙王倫收冏弟北海王寔及前黃門郎弘農董祚弟艾與冏俱起皆將害之納上疏救焉並見宥後爲中護軍太子詹事封晉昌公以洛下將亂乃避地東南元帝作相引爲軍諮祭酒納好弈棋王隱謂之曰禹惜寸陰不聞數棋對曰我亦忘憂耳隱曰蓋聞古人遭逢則以功達其道若其不遇則以言達其道古必有之今亦宜然當晉未有書而天下大亂舊事蕩滅君少長五都遊宦四方華夷成敗皆當聞見何不記述而有裁成應仲遠作風俗通崔子眞作政論蔡伯喈作勸學篇史游作急就章猶皆行於世便成沒而不朽僕雖無才非志不立故疾沒世而無聞焉所以自彊不息也况國史明乎得失之跡俱取散愁此可兼濟何必圍棊然後忘憂也納喟然歎曰非不悅子之道力不足耳乃言之於帝曰自古小國猶有史官况於大府安可不置因舉隱稱清純亮直學思沉敏五經羣史多所綜悉且好學不倦從善如流若使修著一代之典褒貶與奪誠一時之儁也帝以問記室參軍鍾雅雅曰納所舉雖有史才而今未能立也事遂停然史官之立自納始也初弟約與逖同母偏相親愛納與約異母頗有不平乃密以啓帝稱約懷陵上之性抑而使之可也今顯侍左右假其權勢將爲亂階人謂納與約異母忌其寵貴乃露其表以示約約憎納如讐朝廷因此棄納納既閑居但清談披閱文史而已及約爲逆朝野歎納有鑒裁焉溫嶠以納州里父黨敬而拜之嶠既爲時用盛言納有名理除光祿大夫納嘗問梅陶曰君鄉里立月旦評何如陶曰善褒惡貶則佳法也納曰未益時王隱在坐因曰尙書稱三載考績三考黜陟幽明何得一月便行褒貶陶曰此官法也月旦私法也隱曰易稱積善之家必有餘慶積不善之家必有餘殃稱家者豈不是官必須積久善惡乃著公私何異古人有言貞良而亡先人之殃酷烈而存先人之勳累世乃著豈但一月若必月旦則顏回食埃不免貪汙盜跖引少則爲淸廉朝種暮穫善惡未定矣時梅陶及鍾雅數說餘事納輒困之因曰君汝潁之士利如錐我幽冀之士鈍如槌持我鈍槌捶君利錐皆當摧矣陶雅並稱有神錐不可得槌納曰假有神錐必有神槌雅無以對卒於家

史臣曰劉琨弱齡本無異操飛纓賈謐之館借箸馬倫之幕當于是日寔佻巧之徒歟祖逖散穀周貧聞雞暗舞思中原之燎火幸天步之多艱原其素懷抑爲貪亂者矣及金行中毀乾維失統三后流亡遞縈居聶之禍六戎橫噬交肆長蛇之毒於是素絲改色跅弛易情各運奇才並騰英氣遇時屯而感激因世亂以驅馳陳力危邦犯疾風而表勁勵其貞操契寒松而立節咸能自致三鉉成名一時古人有言曰世亂識忠良蓋斯之謂矣天不祚晉方啓戎心越石區區獨禦鯨鯢之銳推心異類竟終幽圄痛哉士稚叶迹中興剋復九州之半而災星告釁笠轂徒招惜矣

贊曰越石才雄臨危效忠枕戈長息投袂徼功崎嶇汾晉契濶獯戎見欺段氏于嗟道窮祖生烈烈夙懷奇節扣楫中流誓清凶孽鄰醜景附遺萌載悅天妖是徵國恥奚雪

晉書卷六十二考證

劉琨傳匹磾從弟末波○本書及後魏書波或作柸或作柸

能隆二伯主○文選作荀能隆二伯

祖逖傳祖逖字士稚范陽遒人也○稚監本作雅又遒訛作道今從本書地理志改正

蓬陂塢主陳川自號寧朔將軍○綱目分注逖攻川於蓬關與此小異

晉書卷六十三

唐　太　宗　文　皇　帝　御　撰

列傳第三十三

邵續

邵續字嗣祖魏郡安陽人也父乘散騎侍郎續朴素有志烈博覽經史善談理義妙解天文初爲成都王穎參軍穎將討長沙王乂續諫曰續聞兄弟如左右手今明公當天下之敵而欲去一手乎續竊惑之穎不納後爲苟晞參軍除沁水令時天下漸亂續去縣還家糾合亡命得數百人王浚假續綏集將軍樂陵太守屯厭次以續子乂爲督護續綏懷流散多歸附之石勒既破浚遣乂還招續續以孤危無援權附於勒勒亦以乂爲督護既而段匹磾在薊遺書要續俱歸元帝續從之其下諫曰今棄勒歸匹磾任子危矣續垂泣曰我出身爲國豈得顧子而爲叛臣哉遂絕於勒勒乃害乂續懼勒攻先求救於匹磾匹磾遣弟文鴦救續文鴦未至勒已率八千騎圍續勒素畏鮮卑及聞文鴦至乃棄攻具東走續與文鴦追勒至安陵不及虜勒所署官幷驅三千餘家又遣騎入散勒北邊掠常山亦二千家而還匹磾既殺劉琨夷晉多怨叛遂徙其徒依續勒南和令趙領等率廣川渤海千餘家背勒歸續而帝以續爲平原樂安太守右將軍冀州刺史進平北將軍假節封祝阿子續遣兄子武邑內史存與文鴦率匹磾衆就食平原爲石季龍所破續先與曹嶷互相侵掠嶷因存等敗乃破續屯田又抄其戶口續首尾相救疲於奔命太興初續遺存及文鴦屯濟南黃巾固因以逼嶷嶷懼求和俄而匹磾率衆攻段末柸石勒知續孤危遣季龍乘虛圍續季龍騎至城下掠其居人續率衆出救季龍伏騎斷其後遂爲季龍所得使續降其城續呼其兄子竺等曰吾志雪國難以報所受不幸至此汝等努力自勉便奉匹磾爲主勿有二心時帝既聞續沒下詔曰邵續忠烈在公義誠慷慨綏集荒餘憂國亡身功勳未遂不幸陷沒朕用悼恨于懷所統任重宜時有代其部曲文武已共推其息緝爲營主續之忠誠著于公私今立其子足以安衆一以續本位即授緝使總率所統效節國難雪其家仇季龍遣使送續於勒勒使使徐光讓之曰國家應符撥亂八表宅心遺晉怖威遠竄揚越而續蟻封海阿跋扈王命以夷狄不足爲君邪何無上之甚也國有常刑於分甘乎續對曰晉末饑亂奔控無所保合鄉宗庶全老幼屬大王龍飛之始委命納質精誠無感不蒙慈恕言歸遺晉仍荷寵授誓盡忠節實無二心且受彼厚榮而復二三其趣者恐亦不容於明朝矣周文生于東夷大禹出於西羌帝王之興蓋惟天命所屬德之所招當何常邪伏惟大王聖武自天道隆虞夏凡在含生孰不延首神化恥隔皇風而況囚乎使囚去眞即僞不得早叩天門者大王負囚囚不負大王也釁鼓之刑囚之恒分但恨天實爲之謂之何哉勒曰其言慨至孤愧之多矣夫忠于其君者乃吾所求也命張賓延之于館厚撫之尋以爲從事中郎令自後諸剋敵擒俊皆送之不得輒害冀獲如續之流初季龍之攻續也朝廷有王敦之逼不遑救恤續既爲勒所執身灌園鬻菜以供衣食勒屢遣察之歎曰此眞高人矣不如是安足貴乎嘉其清苦數賜穀帛每臨朝嗟歎以勵群官續被獲之後存及竺緝等與匹磾嬰城距寇而帝又假存揚武將軍武邑太守勒屢遣季龍攻之戰守疲苦不能自立久之匹磾及其弟文鴦與竺緝等悉見獲惟存得潰圍南奔在道爲賊所殺續竟亦遇害

李矩

李矩字世迴平陽人也童亂時與群兒聚戲便爲其率計畫指授有成人之量及長爲吏送故縣令於長安征

西將軍梁王彤以爲牙門伐氐齊萬年有殊功封東明亭侯還爲本郡督護太守宋胄欲以所親吳畿代之矩謝病去畿恐矩復還陰使人刺矩會有人救之故得免屬劉元海攻平陽百姓奔走矩素爲鄉人所愛乃推爲塢主東屯滎陽後移新鄭矩勇毅多權略志在立功東海王越以爲汝陰太守永嘉初使矩與汝南太守袁孚率衆修洛陽千金堨以利運漕及洛陽不守太尉荀藩奔陽城衞將軍華薈奔成皋時大饑賊帥侯都等每略人而食之藩薈部曲多爲所噉矩討都等滅之乃營護藩薈各爲立屋宇輸穀以給之及藩承制建行臺假矩滎陽太守矩招懷離散遠近多附之石勒親率大衆襲矩矩遣老弱入山令所在散牛馬因設伏以待之賊爭取牛馬伏發齊呼聲動山谷遂大破之斬獲甚衆勒乃退藩表元帝加矩冠軍將軍軺車幢蓋進封陽武縣侯領河東平陽太守時饑饉相仍又多疫癘矩垂心撫恤百姓賴焉會長安群盜東下所在多虜掠矩遣部將擊破之盡得賊所略婦女千餘人諸將以非矩所部欲遂留之矩曰俱是國家臣妾焉有彼此乃一時遣之時劉琨所假河內太守郭默爲劉元海所逼乞歸於矩矩將使其甥郭誦迎致之而不敢進會劉琨遣參軍張肇率鮮卑范勝等五百餘騎往長安屬默被圍道路不通將還依邵續行至矩營矩謂肇曰默是劉公所授公家之事知無不爲屠各舊畏鮮卑遂邀肇爲聲援肇許之賊望見鮮卑不戰而走誦潛遣輕舟濟河使勇士夜襲懷城掩賊留營又大破之默遂率其屬歸于矩後劉聰遣從弟暢步騎三萬討矩屯于韓王故壘相去七里遣使招矩時暢卒至矩未暇爲備遣使奉牛酒詐降于暢潛匿精勇見其老弱暢不以爲虞大饗渠帥人皆醉飽矩謀夜襲之兵士以賊衆皆有懼色矩令郭誦禱鄭子產祠曰君昔相鄭惡鳥不鳴凶胡臭羯何得過庭使巫揚言東里有教當遣神兵相助將士聞之皆踴躍爭進乃使誦及督護楊璋等選勇敢千人夜掩暢營獲鎧馬甚多斬首數千級暢僅以身免先是郭默聞矩被攻遣弟芝率衆援之既而聞破暢芝復馳來赴矩矩乃與芝馬五百匹分軍爲三道夜追賊復大獲而旋先是聰使其將趙固鎮洛陽長史周振與固不協密陳固罪矩之破暢也帳中得聰書勑暢平矩訖過洛陽收固斬之便以振代固矩送以示固固卽斬振父子遂率騎一千來降矩還令守洛後數月聰遣其太子粲率劉雅生等步騎十萬屯孟津北岸分遣雅生攻趙固固奔陽城山遣弟告急矩遣郭誦屯洛口以救之誦使將張皮簡精卒千人夜渡河粲候者告有兵至粲恃其衆不以爲虞既而誦等奄至十道俱攻粲衆驚擾一時奔潰殺傷大半因據其營獲其器械軍資不可勝數及旦粲見皮等人少更與雅生悉餘衆攻之苦戰二十餘日不能下矩進救之使壯士三千泛舟迎皮賊臨河列陣作長鈎以鈎船連戰數日不得渡矩夜遣部將格增潛濟入皮壘與皮選精騎千餘而殺所獲牛馬焚燒器械夜突圍而出奔武牢聰追之不及而退聰因憤恚發病而死帝嘉其功除矩都督河南三郡軍事安西將軍滎陽太守封脩武縣侯及劉粲嗣位昏虐日甚其將靳準乃起兵殺粲幷其宗族發聰冢斬其尸遣使歸矩稱劉元海屠各小醜因大晉事故之際作亂幽幷矯稱天命至令二帝幽沒虜庭輒率衆扶侍梓宮因請上聞矩馳表于帝帝遣太常韓胤等奉迎梓宮未至而準已爲石勒劉曜所沒矩以衆少不足立功每慷慨憤歎及帝踐阼以爲都督司州諸軍事司州刺史改封平陽縣侯將軍如故時弘農太守尹安振威將軍宋始等四軍並屯洛陽各相疑阻莫有固志矩默各遣千騎至洛以鎭之安等乃同謀告石勒勒遣石生率騎五千至洛陽矩默軍皆退還俄而四將復背勒遣使乞迎默又遣步卒五百人入洛石生以四將相謀不能自安乃虜宋始一軍渡河而南百姓相率歸矩於是洛中遂空矩乃表郭誦爲揚武將軍陽翟令阻水築壘且耕且守爲滅賊之計屬趙固死石生遣騎襲誦誦多計略賊至輒設伏破之虜掠無所得生怒又自率四千餘騎暴掠諸縣因攻誦壘接戰須臾退軍堮坂誦率勁勇五百追及生於磐脂故亭又大破之矩以誦功多表加赤幢曲蓋封吉陽亭侯郭默欲侵祖約矩禁之不可遂爲約所破石勒遣其養子恩襲默默懼後患未已將降於劉曜遣參軍鄭雄詣矩謀之矩距而不許後勒遣其將石良率精兵五千襲矩矩逆擊不利郭誦弟元復爲賊所執賊遣元以書說矩曰去年東平曹嶷西賓猗盧矩如牛角何不歸命矩以示誦誦曰昔王陵母在賊猶不改意弟當何論勒復遣誦麾尾馬鞭以示殷勤誦不答勒將石生屯洛陽大掠河南矩默大飢默因復說矩降曜矩既爲石良所破遂從默計遣使於曜曜遣從弟岳軍于河陰欲與矩謀攻石生勒使將圍岳岳閉門不敢出默後爲石恩所敗自密南奔建康矩聞之大怒遣其將郭誦等齎書與默又勑誦曰汝識昏亡之談不迎接郭默皆由於卿臨難逃走其必留之誦追及襄城默自知負矩棄妻子而遁誦擒其餘衆而歸矩待其妻子如初劉岳以外救不至降于石季龍矩所統將士有陰欲歸勒者矩知之而不能討乃率衆南走將歸朝廷衆皆道亡惟郭誦及參軍郭方功曹張景主簿苟遠將軍騫韜江霸梁志司馬尙季弘李瓌段秀等百餘人棄家送矩至於魯陽縣矩墜馬卒葬襄陽之峴山

段匹磾

段匹磾東郡鮮卑人也種類勁健世爲大人父務勿塵遣軍助東海王越征討有功王浚表爲親晉王封遼西公嫁女與務勿塵以結鄰援懷帝卽位以務勿塵爲大單于匹磾爲左賢王率衆助國征討假撫軍大將軍務勿塵死弟涉復辰以務勿塵子疾陸眷襲號劉曜逼洛陽王浚遣督護王昌等率疾陸眷及弟文鴦從弟末杯攻石勒於襄國勒敗還壘末杯追入壘門爲勒所獲勒質末杯遣使求和於疾陸眷疾陸眷將許之文鴦諫曰受命討勒寧以末杯一人故縱成擒之寇既失浚意且有後憂必不可許疾陸眷不聽以鎧馬二百五十匹金銀各一簏贖末杯勒歸之又厚以金寶綵絹報疾陸眷疾陸眷令文鴦與石季龍同盟約爲兄弟遂引騎還昌等不能獨守亦還建武初匹磾推劉琨爲大都督結盟討勒幷檄涉復辰疾陸眷末杯等三面俱集襄國琨匹磾進屯固安以候衆軍勒懼遣間使厚賂末杯然末杯既思報其舊恩且因匹磾在外欲襲奪其國乃間匹磾於涉復辰疾陸眷曰以父兄而從子弟邪雖一旦有功匹磾獨收之矣涉復辰等以爲然引軍而還匹磾亦止會疾陸眷病死匹磾從薊奔喪至于右北平末杯宣言匹磾將簒出軍擊敗之末杯遂害涉復辰及其子弟黨與二百餘人自立爲單于及王浚敗匹磾領幽州刺史劉琨自幷州依之復與匹磾結盟俱討石勒匹磾復爲末杯所敗士衆離散懼琨圖己遂害之於是晉人離散矣匹磾不能自固北依邵續末杯又攻敗之匹磾被瘡謂續曰吾夷狄慕義以至破家君若不忘舊要與吾進討君之惠也續曰賴公威德續得效節今公有難豈敢不俱遂幷力追末杯斬獲略盡又令文鴦北討末杯弟於薊城及還去城八十里聞續已沒衆懼而散復爲石季龍所遮文鴦以其親兵數百人力戰破之始得入城季龍復抄城下文鴦登城臨見欲出擊之匹磾不許文鴦曰我以勇聞故百姓杖我見人被略而不救非丈夫也令衆失望誰復爲我致死乎遂將壯士數十騎出戰殺胡甚多遇馬乏伏不能起季龍呼曰大兄與我俱是戎狄久望共同天不違願今日相見何故復戰請釋杖文鴦罵曰汝爲寇虐久應合死吾兄不用吾計故令汝得至此吾寧死不爲汝擒遂下馬苦戰槊折執刀力戰不已季龍軍四面解馬羅披自鄣前捉文鴦文鴦戰自辰至申力極而後被執城內大懼匹磾欲單騎歸朝續弟樂安內史泊勒兵不許泊復欲執臺使王英送於季龍匹磾正色責之曰卿不能遵兄之志逼吾不得歸朝亦以甚矣復欲執天子使者我雖胡夷所未聞也因謂英曰匹磾世受重恩不忘忠孝今日事逼欲歸罪朝廷而見逼迫忠款不遂若得假息未死之日心不忘本遂渡黃河南匹磾著朝服持節賓從出見季龍曰我受國恩志在滅汝不幸吾國自亂以至於此既不能死又不能爲汝敬也勒及季龍素與匹磾結爲兄弟季龍起而拜之匹磾到襄國又不爲勒禮常著朝服持晉節經年國中謀推匹磾爲主事露被害文鴦亦遇鴆死惟末杯存焉及死弟牙立牙死其後從祖就陸眷之孫遼立自務勿塵已後値晉喪亂自稱位號據有遼西之地而臣御晉人其地西盡幽州東界遼水然所統胡晉可三萬餘家控弦可四五萬騎而與石季龍遞相侵掠連兵不息竟爲季龍所破徙其遺黎數萬家於司雍之地其子蘭復聚兵與季龍爲患久之及石氏之亡末杯之子勤鳩集胡羯得萬餘人保枉人山自稱趙王附于慕容儁俄爲冉閔所敗徙于繹幕僭卽尊號儁遣慕容恪擊之勤懼而降

魏浚　浚族子該

魏浚東郡東阿人也寓居關中初爲雍州小史河間王顒敗亂之後以爲武威將軍後爲度支校尉有幹用永嘉末與流人數百家東保河陰之硤石時京邑荒儉浚劫掠得穀麥獻之懷帝以爲揚威將軍平陽太守度支如故以亂不之官及洛陽陷屯于洛北石梁塢撫養遺衆漸修軍器其附賊者皆先解喻說大晉運數靈長行已建立歸之者甚衆其有恃遠不從命者遣將討之服從而已不加侵暴於是遠近感悅襁負至者甚衆劉琨承制假浚河南尹時太尉荀藩建行臺在密縣浚詣藩諮謀軍事藩甚悅要李矩同會矩將夜赴之矩官屬以浚不可信不宜夜往矩曰忠臣同心將何疑乎及會客主盡歡浚因與矩相結而去劉曜忌浚得衆率衆軍圍之劉演郭默遣軍來救曜分兵逆於河北乃伏兵深隱處以邀演默軍大破之盡虜演等騎浚夜遁走爲曜

所得遂死之追贈平西將軍族子該領其衆

該一名亥本僑居京兆陰磐河間王顒之伐趙王倫以該爲將兵都尉及劉曜攻洛陽隨浚赴難先領兵守金墉城故得無他曜引去餘衆依之時杜預子尹爲弘農太守屯宜陽界一泉塢數爲諸賊所抄掠尹要該共距之該遣其將馬瞻將三百人赴尹瞻知其無備夜襲尹殺之迎該據塢塢人震懼竝服從之乃與李矩郭默相結以距賊荀藩卽以該爲武威將軍統城西雍涼人使討劉曜元帝承制加冠軍將軍河東太守督護河東河南平陽三郡曜嘗攻李矩該破之及矩將迎郭默該遣軍助之又與河北尹任愔相連結後漸饑弊曜寇日至欲率衆南徙衆不從該遂單騎走至南陽帝又以爲前鋒都督平北將軍雍州刺史馬瞻率該餘衆降曜曜徵瞻而納該該遷於新野率衆助周訪討平杜曾詔以該發旣苦瞻又驕虐部曲遣使呼該該密往赴之其衆殺爲順陽太守王敦之反也梁州刺史甘卓不從欲觀該去就試以敦旨動之該曰我本去賊惟忠於國今王公舉兵向天子非吾所宜與也遂距而不應及蘇峻反率衆救臺軍次石頭受陶侃節度峻未平該病篤還屯卒於道葬于武陵從子雄統其衆

郭默

郭默河內懷人少微賤以壯勇事太守裴整爲督將永嘉之亂默率遺衆自爲塢主以漁舟抄東歸行旅積年遂致巨富流人依附者漸衆撫循將士甚得其歡心默婦兄同郡陸嘉取官米數石餉妹默以爲違制將殺嘉嘉懼奔石勒默乃自射殺婦以明無私遣使謁劉琨琨加默河內太守劉元海遣從子曜討默曜列三屯圍之欲使餓死默送妻子爲質幷請糴焉糴畢設守曜怒沉默妻子于河而攻之默遣弟芝求救於劉琨琨知默狡猾留芝而緩其救默更遣人告急會芝出城洛馬使强與俱歸乃遣芝質於石勒勒以默多詐封默書與劉曜默使人伺得勒書便突圍投李矩後與矩幷力距劉石事見矩傳太興初除潁川太守默與石悤戰敗矩轉魘弱默深憂懼解印授其參軍殷嶠謂之曰李使君遇吾甚厚今遂棄去無顏謝之三日可白吾去也乃奔陽翟矩聞之大怒遣其將郭誦追默至襄城及之默棄家人單馬馳去默至京都明帝授征虜將軍劉遐卒以默爲北中郎將監淮北軍事假節遐故部曲李龍等謀反詔默爲右衞將軍趙胤討平之朝廷將徵蘇峻懼其爲亂召默拜後將軍領屯騎校尉初戰有功及六軍敗績南奔郄鑒議於曲阿北大業里作壘以分賊勢使默守之峻遣韓晃等攻默甚急壘中頗乏水默懼分人馬出外乃潛從南門盪出留人堅守會峻死圍解徵爲右軍將軍默樂爲邊將不願宿衞及赴召謂平南將軍劉胤曰我能禦胡而不見用右軍主禁兵若疆埸有虞被使出征方始配給將卒無素恩信不著以此臨敵少有不敗矣時當爲官擇才若人臣自擇官安得不亂乎胤曰所論事雖然非小人所及也當發求資於胤時胤被詔免官不卽歸罪方自申理而驕侈更甚遠近怪之初默之被徵距蘇峻也下次尋陽見胤胤參佐張滿等輕默倮露視之默常切齒至是胤臘日餉默酒一器㹠一頭默對信投之水中忿憤益甚又僑人蓋肫先略取祖煥所殺孔煒女爲妻煒家求之張滿等使還其家肫不與因與胤滿有隙至是肫謂默曰劉江州不受免密有異圖與長史司馬張滿荀楷等日夜計謀反逆已形惟忌郭侯一人云當先除郭侯而後起事禍將至矣宜深備之默旣懷恨便率其徒候旦門開襲胤胤將吏欲距默默呴之曰我被詔有所討動者誅及三族遂入至內寢胤尙與妾卧默牽下斬之出取胤僚佐張滿荀楷等誣以大逆傳胤首于京師詐作詔書宣視內外掠胤女及諸妾幷金寶還船初云下都俄而遂停胤故府招桓宣王愆期愆期懼逼勸默爲平南江州默從之愆期因逃廬山桓宣固守不應司徒王導懼不可制乃大赦天下梟胤首於大航以默爲西中郎將豫州刺史武昌太守鄧嶽馳白太尉陶侃侃聞之投袂起曰此必詐也卽日率衆討默上疏陳默罪惡導聞之乃收胤首詔庾亮助侃討默默欲南據豫章而侃已至城下築土山以臨之諸軍大集圍之數重侃惜默驍勇欲活之遣郭誦見默默許降而默將張丑宋侯等恐爲侃所殺故致進退不時得出攻之轉急宋侯遂縛默來降卽斬于軍門同黨死者四十人傳首京師

史臣曰邵李魏郭等諸將契闊喪亂之辰驅馳戎馬之際威懷足以容衆勇略足以制人乃保據危城折衝千里招集義勇抗禦仇讎雖艱阻備嘗皆乃心王室而矩能以少擊衆戰勝獲多遂使玄明憤恚世龍挫衂惜其寡弱功虧一簣方之數子其最優乎默旣拔迹危亡參陪朝伍忿因眦睚禍及誅夷非夫狂悖豈宜至此段匹磾本自遐方而係心朝廷始則盡忠國難終乃抗節虜廷自蘇子卿以來一人而已越石之見誅段氏實以威名匹磾之取戮世龍亦由衆望禍福之應何其速哉詩云無言不酬無德不報此之謂也

贊曰邵李諸將實惟忠壯蒙犯艱危驅馳亭鄣力小任重功虧身喪匹磾勁烈隕身全節默實凶殘自貽罪戾

晉書卷六十三考證

邵續傳俄而匹磾率衆攻段末杯○前劉琨傳稱匹磾從弟末波此更稱末杯先後互異

段匹磾傳以務勿塵子疾陸眷襲號○疾陸眷石勒載記作段就六眷又作段疾六眷陽裕傳又作叚眷亦猶段末波與末柸末杯先後互異耳

晉書卷六十四

唐　太　宗　文　皇　帝　御　撰

列傳第三十四

武十三王

武帝二十六男楊元后生毗陵悼王軌惠帝秦獻王柬審美人生城陽懷王景楚隱王瑋長沙厲王乂徐才人生城陽殤王憲匱才人生東海沖王祗趙才人生始平哀王裕趙美人生代哀王演李夫人生淮南忠壯王允吳孝王晏嚴保林生新都懷王該陳美人生清河康王遐諸姬生汝陰哀王謨程才人生成都王穎王才人生孝懷帝楊悼后生渤海殤王恢餘八子不顯母氏竝早夭又無封國及追謚今竝略之其瑋乂穎自有傳

毗陵悼王軌字正則初拜騎都尉年二歲而夭太康十年追加封謚以楚王瑋子義嗣

秦獻王柬字弘度沉敏有識量泰始六年封汝南王咸寧初徙封南陽王拜左將軍領右軍將軍散騎常侍武帝嘗幸宣武場以三十六軍兵簿令柬料校之柬一省便擿脫謬帝異之於諸子中尤見寵愛以左將軍居齊獻王故府甚貴寵爲天下所屬目性仁訥無機辯之譽太康十年徙封於秦邑八萬戶于時諸王封中土者皆五萬戶以柬與太子同產故特加之轉鎮西將軍西戎校尉假節與楚淮南王俱之國及惠帝卽位來朝拜驃騎將軍開府儀同三司加侍中錄尙書事進位大將軍時楊駿伏誅柬旣痛舅氏覆滅甚有憂危之慮屢述武帝旨請還藩而汝南王亮留柬輔政及亮與楚王瑋被誅時人謂柬有先識元康元年薨時年三十朝野痛惜之葬禮如齊獻文王攸故事廟設軒懸之樂無子以淮南王允子郁爲嗣與允俱被害永寧二年追謚曰悼又以吳王晏子鄴嗣懷帝崩鄴入纂帝位國絕

城陽懷王景字景度出繼叔父城陽哀王兆後泰始五年受封六年薨

東海沖王祗字敬度泰始九年五月受封殤王薨復以祗繼兆其年薨時年三歲

始平哀王裕字濬度咸寧三年受封其年薨年七歲無子以淮南王允子迪爲嗣太康十年改封漢王爲趙王倫所害

淮南忠壯王允字欽度咸寧二年封濮陽王拜越騎校尉太康十年徙封淮南仍之國都督揚江二州諸軍事鎮東大將軍假節元康九年入朝初愍懷之廢議者將立允爲太弟會趙王倫廢賈后詔遂以允爲驃騎將軍開府儀同三司侍中都督如故領中護軍允性沉毅宿衞將士皆敬服之倫旣有篡逆志允陰知之稱疾不朝密養死士潛謀誅倫倫甚憚之轉爲太尉外示優崇實奪其兵也允稱疾不拜倫遣御史逼允收官屬以下劾以大逆允恚視詔乃孫秀手書也大怒便收御史將斬之御史走而獲免斬其令史二人厲色謂左右曰趙王欲破我家遂率國兵及帳下七百人直出大呼曰趙王反我將攻之佐淮南王者左袒於是歸之者甚衆允將赴宮尚書左丞王輿閉東掖門允不得入遂圍相府允所將兵皆淮南奇才劍客也與戰頻敗之倫兵死者千餘人太子左率陳徽勒東宮兵鼓譟於內以應允結陣於承華門前弓弩齊發射倫飛矢雨下主書司馬眭祕以身蔽倫箭中其背而死倫官屬皆隱樹而立每樹輒中數百箭自辰至未徽兄淮時爲中書令遣麾騶虞幡以解鬬倫子虔爲侍中在門下省密要壯士約以富貴於是遣司馬督護伏胤領騎四百從宮中出舉空版詐言有詔助淮南王允允不之覺開陣納之下車受詔爲胤所害時年二十九初倫兵敗皆相傳曰已擒倫矣百姓大悅旣而聞允死莫不歎息允三子皆被害坐允夷滅者數千人及倫誅齊王冏上表理允曰故淮南王允忠孝篤誠憂國忘身討亂奮發幾於克捷遭天凶運奄至隕沒逆黨遘惡幷害三子冤魂酷毒莫不悲酸洎與義兵淮南國人自相率領衆過萬人人懷慷慨愍國統滅絕發言流涕臣輒以息超繼允後以慰存亡有詔改葬賜以殊禮追贈司徒冏敗超被幽金墉城後更以吳王晏子祥爲嗣拜散騎常侍洛京傾覆爲劉聰所害

代哀王演字宏度太康十年受封少有廢疾不之國演常止于宮中薨無子以成都王穎子廓爲嗣改封中都王後與穎俱死

新都王該字玄度咸寧三年受封太康四年薨時年十

二無子國除

清河康王遐字深度美容儀有精彩武帝愛之既受封出繼叔父城陽哀王兆太康十年增封渤海郡歷右將軍散騎常侍前將軍元康初進撫軍將軍加侍中遐長而懦弱無所是非性好內不能接士大夫及楚王瑋之舉兵也使遐收衞瓘而瓘故吏榮晦遂盡殺瓘子孫遐不能禁爲世所尤永康元年薨時年二十八四子覃籥銓端覃嗣立及沖太孫薨齊王冏表曰東宮曠然冢嗣莫繼天下大業帝王神器必建儲副以固洪基今者後宮未有孕育不可庶幸將來而虛天緒非祖宗之遺志社稷之長計也禮兄弟之子猶子故漢成無嗣繼由定陶孝和之絕安以紹興此先王之令典往代之成式也清河王覃神姿岐嶷慧智早成康王正妃周氏所生先帝衆孫之中於今爲嫡昔薄姬賢明文則承位覃外祖恢世載名德覃宜奉宗廟之重統無窮之祚以寧四海顒顒之望覃兄弟雖竝出紹可簡令淑還爲國胤不替其嗣輒諮大將軍穎及群公卿士咸同大願請具禮儀擇日迎拜遂立覃爲皇太子既而河間王顒脅遷大駕表成都王穎爲皇太弟廢覃復爲清河王初覃爲清河世子所佩金鈴欻生隱起如麻粟祖母陳太妃以爲不祥毀而賣之占者以金是晉行大輿之祥覃爲皇胤是其瑞也毀而賣之象覃見廢不終之驗也永嘉初前北軍中候任城呂雍度支校尉陳顏等謀立覃爲太子事覺幽於金墉城未幾被害時年十四葬以庶人禮籥初封新蔡王覃薨還封清河王銓初封上庸王懷帝卽位更封豫章王二年立爲皇太子洛京傾覆沒于劉聰端初封廣川王銓之爲皇太子也轉封豫章禮秩如皇子拜散騎常侍平南將軍都督江州諸軍事假節當之國會洛陽陷沒端東奔苟晞於蒙晞立爲皇太子七十日爲石勒所沒

汝陰哀王謨字令度太康七年薨時年十一無後國除

吳敬王晏字平度太康十年受封食丹陽吳興幷吳三郡歷射聲校尉後軍將軍與兄淮南王允共攻趙王倫允敗收晏付廷尉欲殺之傅祗於朝堂正色而爭於是羣官竝諫倫乃貶爲賓徒縣王後徙封代王倫誅詔復晏本封拜上軍大將軍開府加侍中長沙王乂成都王穎之相攻也乂以晏爲前鋒都督數交戰永嘉中爲太尉大將軍晏爲人恭愿才不及中人於武帝諸子中最劣又少有風疾視瞻不端後轉增劇不堪朝覲及洛京傾覆晏亦遇害時年三十一愍帝卽位追贈太保五子長子不顯名與晏同沒餘四子祥鄴固衍祥嗣淮南王允鄴卽愍帝固初封漢王改封濟南衍初封新都王改封濟陰爲散騎常侍皆沒于賊

渤海殤王恢字思度太康五年薨時年二歲追加封諡

元四王

元帝六男宮人荀氏生明帝及琅邪孝王裒石婕妤生東海哀王沖王才人生武陵威王晞鄭夫人生琅邪悼王煥及簡文帝

琅邪孝王裒字道成母荀氏以微賤入宮元帝命虞妃養之裒初繼叔父長樂亭侯渾後徙封宣城郡公拜後將軍及帝爲晉王有司奏立太子帝以裒有成人之量過於明帝從容謂王導曰立子以德不以年導曰世子宣城俱有朗儁之目固當以年於是太子位遂定更封裒琅邪嗣恭王後改食會稽宣城邑五萬二千戶拜散騎常侍使持節都督青徐兗三州諸軍事車騎將軍徵還京師建武元年薨年十八贈車騎大將軍加侍中及妃山氏薨祔葬穆帝更贈裒太保子哀王安國立未踰年薨

東海哀王沖字道讓元帝以東海王越世子毗沒于石勒不知存亡乃以沖繼毗後稱東海世子以毗陵郡增本封邑萬戶又改食下邳蘭陵以越妃裴氏爲太妃拜長水校尉高選寮佐以沛國劉耽爲司馬潁川庾懌爲功曹吳郡顧和爲主簿永昌初遷中軍將軍加散騎常侍及東海太妃薨因發毗喪沖卽王位以滎陽益東海國轉車騎將軍徙驃騎將軍咸康七年薨年三十一贈侍中驃騎大將軍儀同三司無子成帝臨崩詔曰哀王無嗣國統將絕朕所哀怛其以小晚生弈繼哀王爲東海王以道遠罷滎陽更以臨川郡益東海及哀帝以琅邪王卽尊位徙弈爲琅邪王東海國闕無嗣弈後入纂大業桓溫廢之復爲東海王既而貶爲海西公東海國又闕嗣隆安三年安帝詔以會稽忠王次子彥璋爲東海王繼哀王爲曾孫改食吳興郡爲桓玄所害國除

武陵威王晞字道叔出繼武威王喆後太興元年受封咸和初拜散騎常侍後以湘東增武陵國除左將軍遷鎮軍將軍加散騎常侍康帝卽位加侍中特進建元初領祕書監穆帝卽位轉鎮軍大將軍遷太宰太和初加羽葆鼓吹入朝不趨贊拜不名劒履上殿固讓晞無學術而有武幹爲桓溫所忌及簡文帝卽位溫乃表晞曰晞體自皇極故寵靈光世不能率由王度修己愼行而聚納輕剽苞藏亡命又息綜矜忍虐加于人袁眞叛逆事相連染頃日猜懼將成亂階請免晞官以王歸藩免其世子綜官解子璲散騎常侍璲以梁王隨晞晞既見黜送馬八十五匹三百人杖以歸溫溫又逼新蔡王晃使自誣與晞綜及著作郎殷涓太宰長史庾籍掾曹秀舍人劉彊等謀逆遂收付廷尉請誅之簡文帝不許溫於是奏徙新安郡家屬悉從之而族誅殷涓等廢晃徙衡陽郡太元六年晞卒于新安時年六十六孝武帝三日臨于西堂詔曰感惟摧慟便奉迎靈柩并改葬妃應氏及故世子梁王諸喪家屬悉還復下詔曰故前武陵王體自皇極剋己思愆仰惟先朝仁宥之旨豈可情禮靡寄其追封新寧郡王邑千戶晞三子綜璲遵以遵嗣追贈綜給事中璲散騎郎十二年追復晞武陵國綜璲各復先官璲還繼梁國

梁王璲字賢明出繼梁王翹官至永安太僕與父晞俱廢薨子龢嗣太元中復國薨子珍之嗣桓玄纂位國人孔僕奉珍之奔于壽陽桓玄敗珍之歸朝廷大將軍武陵王令曰梁王珍之理悟貞立蒙險違難撫義懷順載奔闕庭値壽陽擾亂在危克固且可通直散騎郎累遷游擊將軍左衞太常劉裕伐姚泓請爲諮議參軍裕將弱王室誣其罪害之

忠敬王遵字茂遠初襲封新寧時年十二拜受流涕哀感左右將軍桓伊嘗詣遵遵曰門何爲通桓氏左右曰伊與桓溫疏宗相見無嫌遵曰我聞人姓木邊便欲殺之況諸桓乎由是少稱聰慧及晞追復封武陵王以遵嗣歷位散騎常侍祕書監太常中領軍桓玄用事拜金紫光祿大夫玄篡貶爲彭澤侯遣之國行次石頭夜濤水入淮船破未得發會義旗興復還國第朝廷稱受密詔使遵總攝萬機加侍中大將軍移入東宮內外畢敬遷轉百官稱制書又教稱令書安帝反正更拜太保加班劒二十人義熙四年薨時年三十五詔賜東園溫明祕器朝服一具衣一襲錢百萬布千匹策贈太傅葬加殊禮子定王季度立拜散騎侍郎薨子球之立宋興國除

琅邪悼王煥字耀祖母有寵元帝特所鍾愛初繼帝弟長樂亭侯渾後封顯義亭侯尚書令刁協奏昔魏臨淄侯以邢顒爲家丞劉楨爲庶子今侯幼弱宜選明德帝令曰臨淄萬戶封又植少有美才能同遊田蘇者今晚生矇弱何論於此閒封此兒不以寵稚子也亡弟當應繼嗣不獲已耳家丞庶子足以攝祠祭而已豈宜屈賢才以受無用乎及煥疾篤帝爲之徹膳乃下詔封爲琅邪王嗣恭王後俄而薨年二歲帝悼念無已將葬以煥既封列國加以成人之禮詔立凶門柏歷備吉凶儀服營起陵園功役甚衆琅邪國右常侍會稽孫霄上疏諫曰臣聞法度典制先王所重吉凶之禮事貴不過是以世豐不使奢放凶荒必務約殺朝聘嘉會足以展庠序之儀殯葬送終務以稱哀榮之情上無奢泰之謬下無匱竭之困故華元厚葬君子謂之不臣嬴博至儉仲尼稱其合禮明傷財害時古人之所譏節省簡約聖賢之所嘉也語曰上之化下如風靡草京邑翼翼四方所則明教化法制不可不愼也陛下龍飛踐阼興微濟弊聖懷勞謙務從簡儉憲章舊制猶欲節省禮典所無而反尚飾此臣愚情竊所不安也棺槨輿服旒翣之屬禮典舊制不可廢闕凶門柏歷禮典所無天晴可不用遇雨則無益此至宜節省者也若琅邪一國一時所用不爲大費臣在機近義所不言今天臺所居王公百寮聚在都輦凡有喪事皆當供給材木百數竹薄千計凶門兩表衣以細竹及材價直既貴又非表凶哀之宜如此過飾宜從儉簡又案禮記國君之葬棺槨之間容柷大夫容壺士容甒以壺甒爲差則柷財大於壺明矣槨周於棺槨不甚大也語曰葬者藏也藏欲其深而固也槨大則難爲堅固無益於送終而有損於財力凶荒殺禮經國常典既減殺而猶過舊此爲國之所厚惜也又禮將葬遷柩于廟祖而行及墓卽窆葬之日卽反哭而虞如此則柩不宿於墓上也聖人非不哀親之在土而無情於丘墓蓋以墓非安神之所故修虞於殯宮始則營草宮於山陵遷神柩於墓側又非典也非禮之事不可以訓萬國臣至愚至賤忽求革前之非可謂狂瞽不知忌諱然今天下至弊自古所希宗廟社稷遠託江表半州之地凋殘以甚加之荒旱百姓困瘁非但不足死亡是懼此乃陛下至仁之所矜愍可憂之至重也正是匡矯末俗改張易調之時而猶當竭已罷之人營無益之事殫已困之財修無用之費此固臣之所不敢安也今琅邪之於天下國之最大若割損非禮之事務遵古典上以彰聖朝簡易之至化下以表萬世無窮之規則此芻蕘之言有補萬一塵露之微有增山海表寢不報永昌元年立煥母弟昱爲琅邪王卽簡文帝也咸和二年徙封會稽以康帝爲琅邪王康帝卽位哀帝爲琅邪王哀帝卽位廢帝爲琅邪王廢帝卽位又以簡文帝攝行琅邪王國祀簡文登祚國遂無嗣帝臨崩封少子道子爲琅邪王太元十七年道子爲會稽王更以恭帝爲琅邪

王恭帝卽位於是瑯邪國除

簡文三子

簡文帝七子王皇后生會稽思世子道生皇子俞生胡淑儀生臨川獻王郁皇子朱生王淑儀生皇子天流李夫人生孝武帝會稽文孝王道子俞生朱生天流並早夭今並略之

會稽思世子道生字延長帝爲會稽王立道生爲世子拜散騎侍郎給事中性疎躁不脩行業多失禮度竟以幽廢而卒時年二十四無後及孝武帝卽位嘗晝日見道生及臨川獻王郁郁曰大郎飢乏辛苦言竟不見帝傷感因以西陽王羕玄孫珣之爲後珣之歷吳興太守劉裕之伐關中以爲諮議參軍時帝道方謝珣之爲宗室之美與梁王珍之俱被害

臨川獻王郁字深仁幼而敏慧道生初以無禮失旨郁數勸以敬慎之道道生不納郁爲之流涕簡文帝深器異之年十七而薨久之追謚獻世子寧康初贈左將軍加散騎常侍追封郡王以武陵威王晞孫寶爲嗣追尊其母胡淑儀爲臨川太妃

寶字弘文歷祕書監太常左將軍散騎常侍護軍將軍宋興以爲金紫光祿大夫降爲西豐侯食邑千戶

會稽文孝王道子字道子出後瑯邪孝王少以清澹爲謝安所稱年十歲封瑯邪王食邑一萬七千六百五十一戶攝會稽國五萬九千一百四十戶太元初拜散騎常侍中軍將軍進驃騎將軍後公卿奏道子親賢莫二宜正位司徒固讓不拜使錄尚書六條事尋加開府領司徒及謝安薨詔曰新喪哲輔華戎未一自非明賢懋德莫能綏御內外司徒瑯邪王道子體道自然神識穎遠實當旦奭之重宜總二南之任可領揚州刺史錄尚書假節都督中外諸軍事衞府文武一以配驃騎府讓不受數年領徐州刺史太子太傅公卿又奏宜進位丞相揚州牧假黃鉞羽葆鼓吹並讓不受于時孝武帝不親萬機但與道子酣歌爲務姏姆尼僧尤爲親暱並竊弄其權凡所幸接皆出自小豎郡守長吏多爲道子所樹立旣爲揚州總錄勢傾天下自是朝野奔湊中書令王國寶性卑佞特爲道子所寵昵官以賄遷政刑謬亂又崇信浮屠之學用度奢侈下不堪命太元以後爲長夜之宴蓬首昏目政事多闕桓玄嘗候道子正遇其醉賓客滿坐道子張目謂人曰桓溫晚塗欲作賊云何玄伏地流汗不得起長史謝重舉板答曰故宣武公黜昏登聖功超伊霍紛紜之議宜裁之聽覽道子頷曰儂知儂知因舉酒屬玄玄乃得起由是玄益不自安切齒於道子于時朝政旣紊左衞領營將軍會稽許榮上疏曰今臺府局吏直衞武官及僕隸婢兒取母之姓者本臧獲之徒無鄕邑品第皆得命議用爲郡守縣令並帶職在內委事於小吏手中僧尼乳母競進親黨又受貨賂輒臨官領衆無衞霍之才而比方古人爲患一也臣聞佛者清遠玄虛之神以五誡爲敎絕酒不淫而今之奉者穢慢阿尼酒色是耽其違二矣夫致人於死未必手刃害之若政敎不均暴濫無罪必夭天命其違三矣盜者未必躬竊人財江乙母失布罪由令尹今禁令不明刼盜公行其違四矣在上化下必信爲本昔年下書敕使盡規而衆議兼集無所採用其違五矣尼僧成羣依傍法服五誡麤法尚不能遵況精妙乎而流惑之徒競加敬事又侵漁百姓取財爲惠亦未合布施之道也又陳太子宜出臨東宮剋奬德業疏奏並不省中書郎范甯亦深陳得失帝由是漸不平於道子然外每優崇之國寶卽甯之甥以諂事道子甯奏請黜之國寶懼使陳郡袁悅之因尼妙音致書與太子母陳淑媛說國寶忠謹宜見親信帝因發怒斬悅之國寶甚懼復譖甯於帝帝不獲已流涕出甯爲豫章太守道子由是專恣嬖人趙牙出自優倡茹千秋本錢塘捕賊吏因賂諂進道子以牙爲魏郡太守千秋驃騎諮議參軍牙爲道子開東第築山穿池列樹竹木功用鉅萬道子使宮人爲酒肆沽賣於水側與親昵乘船就之飲宴以爲笑樂帝嘗幸其宅謂道子曰府內有山因得遊矚甚善也然修飾太過非示天下以儉道子無以對唯唯而已左右侍臣莫敢有言帝還宮道子謂牙曰上若知山是板築所作爾必死矣牙曰公在牙何敢死營造彌甚千秋賣官販爵聚資貨累億又道子旣爲皇太妃所愛親遇同家人之禮遂恃寵乘酒時失禮敬帝益不能平然以太妃之故加崇禮秩博平令吳興聞人奭上疏曰驃騎諮議參軍茹千秋協附宰相起自微賤竊弄威權衒賣天官其子壽齡爲樂安令贓私狼藉畏法奔逃竟無罪罰傲然還縣又尼姏屬類傾動亂時穀賤人飢流殣不絕由百姓單貧役調深刻又振武將軍庾恒鳴角京邑主簿戴良夫苦諫被囚殆至亡命而恒以醉酒見怒良夫以執忠廢棄又權寵之臣各開小府施置吏佐無益於官有損於國疏奏帝益不平而逼於太妃無所廢黜乃出王恭爲兗州殷仲堪爲荊州王珣爲僕射王雅爲太子少傅以張王室而潛制道子也道子復委任王緒由是朋黨競扇友愛道盡太妃每和解之而道子不能改中書郎徐邈以國之至親唯道子而已宜在敦穆從容言於帝曰昔漢文明主猶悔淮南世祖聰達負愧齊王兄弟之際實宜深愼帝納之復委任道子如初時有人爲雲中詩以指斥朝廷曰相王沉醉輕出敎命捕賊千秋干豫朝政王愷守常國寶馳競荊州大度散誕難名盛德之流法護王寧仲堪仙民特有言詠東山安道執操高抗何不徵之以爲朝匠荊州謂王忱也法護卽王珣寧卽王恭仙民卽徐邈字安道戴逵字也及恭帝爲瑯邪王道子受封會稽國幷宣城爲五萬九千戶安帝踐阼有司奏道子宜進位太傅揚州牧中書監假黃鉞備殊禮固辭不拜又解徐州詔內外衆事動靜諮之帝旣冠道子稽首歸政王國寶始總國權勢傾朝廷王恭乃舉兵討之道子懼收國寶付廷尉幷其從弟瑯邪內史緒悉斬之以謝於恭恭卽罷兵道子乞解中外都督錄尚書以謝方岳詔不許道子世子元顯時年十六爲侍中心惡恭請道子討之乃拜元顯爲征虜將軍其先衞府及徐州文武悉配之屬道子妃薨帝下詔曰會稽王妃尊賢莫二朕義同所親今葬加殊禮一依瑯邪穆太妃故事元顯夙令光懋乃心所寄誠孝性蒸蒸至痛難奪然不以家事辭王事陽秋之明義不以私限違公制中代之變禮故閔子腰絰山王逼屈良以至感由中軌容著外有禮無時賢哲斯順須妃葬畢可居職如故于時王恭威振內外道子甚懼復引譙王尚之以爲腹心尚之說道子曰藩伯彊盛宰相權輕宜密樹置以自藩衞道子深以爲然乃以其司馬王愉爲江州刺史以備恭與尚之等日夜謀議以伺四方之隙王恭知之復舉兵以討尚之爲名荊州刺史殷仲堪豫州刺史庾楷廣州刺史桓玄並應之道子使人說楷曰本情相與可謂斷金往年帳中之飲結帶之言寧可忘邪卿今棄舊交結新援忘王恭昔陵侮之恥乎若乃欲委體而臣之若恭得志以卿爲反覆之人必不相信何富貴可保禍敗亦旋及矣楷怒曰王恭昔赴山陵相王憂懼無計我知事急卽勒兵而至去年之事亦俟命而奮我事相王無相負者旣不能距恭反殺國寶自爾已來誰復敢攘袂於君之事乎庾楷實不能以百口助人屠滅當與天下同舉誅鉏姦臣何憂府不開爵不至乎時楷已應恭檄正徵士馬信反朝廷憂懼於是內外戒嚴元顯攘袂慷慨謂道子曰去年不討王恭致有今役今若復從其欲則太宰之禍至矣道子日飲醇酒而委事於元顯元顯雖年少而聰明多涉志氣果銳以安危爲己任尚之爲之羽翼時相傅會者皆謂元顯有明帝神武之風於是以爲征討都督假節統前將軍王珣左將軍謝琰及將軍桓之才毛泰高素等伐恭滅之旣而楊佺期桓玄殷仲堪等復至石頭元顯於竹里馳還京師遣丹陽尹王愷鄱陽太守桓放之新蔡內史何嗣潁川太守溫詳新安太守孫泰等發京邑士庶數萬人據石頭以距之道子將出頓中堂忽有驚馬蹂藉軍中因而擾亂赴江而死者甚衆仲堪旣知王恭敗死狼狽西走與桓玄屯于尋陽朝廷嚴兵相拒內外騷然詔元顯甲杖百人入殿尋加散騎常侍中書令又領中領軍持節都督如故會道子有疾加以昏醉元顯知朝望去之謀奪其權諷天子解道子揚州司徒而道子不之覺元顯自以少年頓居權重慮有譏議於是以瑯邪王領司徒元顯自爲揚州刺史旣而道子酒醒方知去職於是大怒而無如之何廬江太守會稽張法順以刀筆之才爲元顯謀主交結朋援多樹親黨自桓謙以下諸貴遊皆斂衽請交元顯性苛刻生殺自己法順屢諫不納又發東土諸郡免奴爲客者號曰樂屬移置京師以充兵役東土囂然人不堪命天下苦之矣旣而孫恩乘釁作亂加道子黃鉞元顯爲中軍以討之又加元顯錄尚書事然道子更爲長夜之飮政無大小一委元顯時謂道子爲東錄元顯爲西錄西府車騎塡湊東第門下可設雀羅矣元顯無良師友正言弗聞諂譽日至或以爲一時英傑或謂爲風流名士由是自謂無敵天下故驕侈日增帝又以元顯有翼亮之功加其所生母劉氏爲會稽王夫人金章紫綬會洛陽覆沒道子以山陵幽辱上疏送章綬請歸藩不許及太皇太后崩詔道子乘輿入殿元顯因諷禮官下議稱已德隆望重旣錄百揆內外羣僚皆應盡敬於是公卿皆拜于時軍旅荐興國用虛竭自司徒已下日廩七升而元顯聚斂不已富過帝室及謝琰爲孫恩所害元顯求領徐州刺史加侍中後將軍開府儀同三司都督十六州諸軍事封其子彥璋爲東海王尋以星變元顯解錄復加尚書令會孫恩至京口元顯柵斷石頭率兵距戰頻不利道子無他謀略唯日禱蔣侯廟爲厭勝之術旣而孫恩遁于北海桓玄復據上流致牋於道子曰賊造近郊以風不得進以雨不致火食盡故去耳非力屈也昔國寶卒後王恭不乘此威入統朝政足見其心非侮於明公也而謂之非忠今之貴要腹心有時流淸望者誰乎豈可云無佳勝直是不能信之耳用理

之人然後可以信義相期求利之徒豈有所惜而更委信邪爾來一朝一夕遂成今日之禍矣阿衡之重言何容易求福則立至干忤或致禍在朝君子豈不有懷但懼害及身耳玄忝任在遠是以披寫事實元顯覽而大懼張法順謂之曰桓玄承藉門資素有豪氣既并殷楊專有荆楚然桓氏世在西藩人或爲用而第下之所控引止三吳耳孫恩爲亂東土塗地編戶饑饉公私不贍玄必乘此縱其姦兇竊用憂之元顯曰爲之奈何法順曰玄始據荆州人情未輯方就綏撫未遑他計及其如此發兵誅之使劉牢之爲前鋒而第下以大軍繼進桓玄之首必懸於麾下矣元顯以爲然遣法順至京口謀於牢之而牢之有疑色法順還說元顯曰觀牢之顏色必貳於我未若召入殺之不爾敗人大事元顯不從道子尋拜侍中太傅置左右長史司馬從事中郎四人崇異之儀備盡盛典其驃騎將軍僚佐文武即配太傅府加元顯侍中驃騎大將軍開府征討大都督十八州諸軍事儀同三司加黃鉞班劒二十人以伐桓玄竟以牢之爲前鋒法順又言於元顯曰自舉大事未有威斷桓謙兄弟每爲上流耳目斬之以孤荆楚之望且事之濟不繼在前軍而牢之反覆萬一有變則禍敗立至可令牢之殺謙兄弟以示不貳若不受命當逆爲其所元顯曰非牢之無以當桓玄且始事而誅大將人情必動二三不可于時揚土饑虛運漕不繼玄斷江路商旅遂絕於是公私匱乏士卒唯給稃橡大軍將發玄從兄驃騎長史石生馳使告玄玄進次尋陽傳檄京師罪狀元顯俄而玄至西陽帝戎服餞元顯于西池始登舟而玄至新亭元顯棄船退屯國子學堂明日列陣於宣陽門外元顯佐吏多散走或言玄已至大桁劉牢之遂降于玄元顯迴入宣陽門牢之叅軍張暢之率衆逐之衆潰元顯奔入相府唯張法順隨之問計於道子道子對之泣玄遣太傅從事中郎毛泰收元顯送于新亭縛於舫前而數之元顯答曰爲王誕張法順所誤於是送付廷尉并其六子皆害之玄又奏道子酣縱不孝當棄市詔徙安成郡使御史杜竹林防衛竟承玄旨酖殺之時年三十九帝三日哭於西堂及玄敗大將軍武陵王遵承旨下令曰故太傅公阿衡二世契闊皇家親賢之重地無與二驃騎大將軍內總朝維外宣威略志蕩世難以寧國祚天未靜亂禍酷備鍾悲動區宇痛貫人鬼感惟永往心情崩隕今皇祚反正幽顯式叙宜崇明國體述以舊典便可追崇太傅爲丞相加殊禮一依安平獻王故事追贈驃騎爲太尉加羽葆鼓吹丞相墳塋翳然飄薄非所須南道清通便奉迎神柩太尉宜便還改可下太史詳吉日定宅兆於是遣通直常侍司馬珣之迎道子柩于安成時寇賊未平喪不時達義熙元年合葬于王妃陵追謚元顯曰忠以臨川王寶子脩之爲道子嗣尊妃王氏爲太妃義熙中有稱元顯子秀熙避難蠻中而至者太妃請以爲嗣於是脩之歸于別第劉裕意其詐而案驗之果散騎郎滕羨奴勺藥也竟坐棄市太妃不悟哭之甚慟脩之復爲嗣薨謚悼王無子國除

史臣曰泰始之受終也乃憲章往昔稽古前王廣誓山河大開藩屏文昭武穆方駕於魯衛應韓磐石犬牙連衡於吳楚齊代然而作法於亂付託非才何曾歎經國之無謀郭欽識危亡之有兆及宮車宴駕墳土未乾國難荐臻朝章弛廢重以八王繼亂九服沸騰戎羯交馳乘輿幽逼瑤枝瓊蕚隨鋒鏑而消亡朱芾綠車與波塵而殄瘁遂使茫茫禹跡咸窟穴於豺狼惵惵周餘竟沉淪於塗炭嗚呼運極數窮一至於此詳觀載籍未或前聞道子地則親賢任惟元輔耽荒麴糵信惑讒諛遂使尼媼竊朝權姦邪制國命始則彝倫攸斁終則宗社淪亡元顯以童丱之年受棟梁之寄專制朝廷陵蔑君親奮庸瑣之常材抗姦宄之巨寇喪師殄國不亦宜乎斯則元顯爲安帝之孫强道子實晉朝之宰嚭者也列代之崇建維城用藩王室有晉之分封子弟實樹亂階詩云懷德惟寧宗子維城無俾城壞無獨斯畏城既壞矣畏也宜哉典午之喪亂弘多實此之由也

贊曰帝子分封嬰此鞠凶札瘥繼及禍難仍鍾秦獻聰悟清河內顧淮南忠勇宣城議度道子昏凶遂傾國祚

晉書卷六十五

唐　太　宗　文　皇　帝　御　撰

列傳第三十五

王導 子悅 恬 洽 協 劭 薈 洽子珣 珉 劭子謐

王導字茂弘光祿大夫覽之孫也父裁鎭軍司馬導少有風鑒識量清遠年十四陳留高士張公見而奇之謂其從兄敦曰此兒容貌志氣將相之器也初襲祖爵卽丘子司空劉寔尋引爲東閤祭酒遷祕書郎太子舍人尚書郎並不行後參東海王越軍事時元帝爲琅邪王與導素相親善導知天下已亂遂傾心推奉潛有興復之志帝亦雅相器重契同友執帝之在洛陽也導每勸令之國會帝出鎭下邳請導爲安東司馬軍謀密策知無不爲及徙鎭建康吳人不附居月餘士庶莫有至者導患之會敦來朝導謂之曰琅邪王仁德雖厚而名論猶輕兄威風已振宜有以匡濟者會三月上巳帝親觀禊乘肩轝具威儀敦導及諸名勝皆騎從吳人紀瞻顧榮皆江南之望竊覘之見其如此咸驚懼乃相率拜於道左導因進計曰古之王者莫不賓禮故老存問風俗虛己傾心以招俊乂況天下喪亂九州分裂大業草創急於得人者乎顧榮賀循此土之望未若引之以結人心二子既至則無不來矣帝乃使導躬造循榮二人皆應命而至由是吳會風靡百姓歸心焉自此之後漸相崇奉君臣之禮始定俄而洛京傾覆中州士女避亂江左者十六七導勸帝收其賢人君子與之圖事時荆揚晏安戶口殷實導爲政務在清靜每勸帝克己勵節匡主寧邦於是尤見委杖情好日隆朝野傾心號爲仲父帝常從容謂導曰卿吾之蕭何也對曰昔秦爲無道百姓厭亂巨猾陵暴人懷漢德革命反正易以爲功自魏氏以來迄于太康之際公卿世族豪侈相高政教陵遲不遵法度羣公卿士皆饜於安息遂使姦人乘釁有虧至道然否終斯泰天道之常大王方立命世之勳一匡九合管仲樂毅於是乎在豈區區國臣所可擬議願弘深神慮廣擇良能顧榮賀循紀瞻周玘皆南土之秀願盡優禮則天下安矣帝納焉永嘉末遷丹陽太守加輔國將軍導上牋曰昔魏武達政之主也荀文若功臣之最也封不過亭侯倉舒愛子之寵贈不過別部司馬以此格萬物得不局跡乎今者臨郡不問賢愚豪賤皆加重號輒有鼓蓋動見相準時有不得者或爲恥辱天官混雜朝望頹毀導忝荷重任不能崇浚山海而開導亂源饕竊名位取紊彝典謹送鼓蓋加崇之物請從導始庶令雅俗區別羣望無惑帝下令曰導德重勳高孤所深倚誠宜表彰殊禮而更約己冲心進思盡誠以身率衆宜順其雅志式允開塞之機拜寧遠將軍尋加振威將軍愍帝卽位徵吏部郎不拜晉國既建以導爲丞相軍諮祭酒桓彝初過江見朝廷微弱謂周顗曰我以中州多故來此欲求全活而寡弱如此將何以濟憂懼不樂往見導極談世事還謂顗曰向見管夷吾無復憂矣過江人士每至暇日相要出新亭飲宴周顗中坐而歎曰風景不殊舉目有江山之異皆相視流涕惟導愀然變色曰當共戮力王室克復神州何至作楚囚相對泣邪衆收淚而謝之俄拜右將軍揚州刺史監江南諸軍事遷驃騎將軍加散騎常侍都督中外諸軍領中書監錄尚書事假節刺史如故導以敦統六州固辭中外都督後坐事除節于時軍旅不息學校未修導上書曰夫風化之本在於正人倫人倫之政存乎設庠序庠序設五教明德禮洽通彝倫攸叙而有恥且格父子兄弟夫婦長幼之序順而君臣之義固矣易所謂正家而天下定者也故聖王蒙以養正少而教之使化霑肌骨習以成性遷善遠罪而不自知行成德立然後裁之以位雖王之世子猶與國子齒使知道而後貴其取才用士咸先本之於學故周禮卿大夫獻賢能之書于王王拜而受之所以尊道而貴士也人知士之貴由道存則退而修其身以及家正其家以及鄉學於鄉以登朝反本復始各求諸己敦樸之業著浮僞之競息教使然也故以之事君則忠用之莅下則仁孟軻所謂未有仁而遺其親義而後其君者也自頃皇綱失統頌聲不興于今將二紀矣傳曰三年不爲禮禮必壞三年不爲樂樂必崩而況如此之久乎先進忘揖讓之容後生惟金鼓是聞干戈日尋俎豆不設先王之道彌遠華僞之俗遂滋非所以端本靖末之謂也殿下以命世之資屬陽九之運禮樂征伐翼成中興誠宜經綸稽古建明學業以訓後生漸之教義使文武之道墜而復興俎豆之儀幽而更彰方今戎虜扇熾國恥未雪忠臣義夫所以扼腕拊心苟禮儀膠固淳風漸著則化之所感者深而德之所被者大使帝典闕而復補皇綱弛而更張獸心革面饕餮檢情揖讓而服四夷緩帶而天下從得乎其道豈難也哉故有虞舞干戚而化三苗魯僖作泮宮而服淮夷桓文之霸皆先教而後戰今若聿遵前典興復道教擇朝之子弟並入于學選明博修禮之士而爲之師化成俗定莫尚於斯帝甚納之及帝登尊號百姓陪列命導升御牀共坐導固辭至于三四曰若太陽下同萬物蒼生何由仰照帝乃止進驃騎大將軍儀同三司以討華軼功封武岡侯進位侍中司空假節錄尚書領中書監會太山太守徐龕反帝訪可以鎭撫河南者導舉太子左衛率羊鑒既而鑒敗抵罪導上疏曰徐龕叛戾久稽天誅臣創議征討謂舉羊鑒鑒闇懦覆師有司極法聖恩降天地之施全其首領然臣受重任總錄機衡使三軍挫衄臣之責也乞自貶黜以穆朝倫詔不許尋代賀循領太子太傅時中興草創未置史官導始啓立於是典籍頗具時孝懷太子爲胡所害始奉諱有司奏天子三

朝舉哀羣臣一哭而已導以爲皇太子副貳宸極普天有情宜同三朝之哀從之及劉隗用事導漸見疎遠任眞推分澹如也有識咸稱導善處興廢焉王敦之反也劉隗勸帝悉誅王氏論者爲之危心導率羣從昆弟子姪二十餘人每旦詣臺待罪帝以導忠節有素特還朝服召見之導稽首謝曰逆臣賊子何世無之豈意今者近出臣族帝跣而執之曰茂弘方託百里之命於卿是何言邪乃詔曰導以大義滅親可以吾爲安東時節假之及敦得志加導守尚書令初西都覆沒海內思主羣臣及四方並勸進於帝時王氏彊盛有專天下之心敦憚帝賢明欲更議所立導固爭乃止及此役也敦謂導曰不從吾言幾致覆族導猶執正議敦無以能奪自漢魏已來賜謚多由封爵雖位通德重先無爵者例不加謚導乃上疏稱武官有爵必謚卿校常伯無爵不謚甚失制度之本意也從之自後公卿無爵而謚導所議也初帝愛琅邪王裒將有奪嫡之議以問導導曰夫立子以長且紹又賢不宜改革帝猶疑之導日夕陳諫故太子卒定及明帝卽位導受遺詔輔政解揚州遷司徒一依陳羣輔魏故事王敦又舉兵內向時敦始寢疾導便率子弟發哀衆聞謂敦死咸有奮志及帝伐敦假導節都督諸軍領揚州刺史敦平進封始興郡公邑三千戶賜絹九千匹進位太保司徒如故劒履上殿入朝不趨讚拜不名固讓帝崩導復與庾亮等同受遺詔共輔幼主是爲成帝加羽葆鼓吹班劒二十人及石勒侵阜陵詔加導大司馬假黃鉞出討之軍次江寧帝親餞于郊俄而賊退解大司馬庾亮將徵蘇峻訪之於導導曰峻猜險必不奉詔且山藪藏疾宜包容之固爭不從亮遂召峻既而難作六軍敗績導入宮侍帝峻以導德望不敢加害猶以本官居己之右峻又逼乘輿幸石頭導爭之不得峻日來帝前肆醜言導深懼有不測之禍時路永匡術賈寧並說峻令殺導盡誅大臣更樹腹心峻敬導不納故永等貳於峻導使參軍袁耽潛諷誘永等謀奉帝出奔義軍而峻衞禦甚嚴事遂不果導乃攜二子隨永奔于白石及賊平宗廟宮室並爲灰燼溫嶠議遷都豫章三吳之豪請都會稽二論紛紜未有所適導曰建康古之金陵舊爲帝里又孫仲謀劉玄德俱言王者之宅古之帝王不必以豐儉移都苟弘衞文大帛之冠則無往不可若不績其麻則樂土爲虛矣且北寇游魂伺我之隙一旦示弱竄於蠻越求之望實懼非良計今特宜鎭之以靜羣情自安由是嶠等謀並不行導善於因事雖無日用之益而歲計有餘時帑藏空竭庫中惟有練數千端鬻之不售而國用不給導患之乃與朝賢俱制練布單衣於是士人翕然競服之練遂踊貴乃令主者出賣端至一金其爲時所慕如此六年冬烝詔歸胙於導曰無下拜導辭疾不敢當初帝幼沖見導每拜又常與導書手詔則云惶恐言中書作詔則曰敬問於是以爲定制自後元正導入帝猶爲之興焉時大旱導上疏遜位詔曰夫聖王御世動合至道運無不周故能人倫攸叙萬物獲宜朕荷祖宗之重託於王公之上不能仰陶玄風俯洽宇宙亢陽踰時兆庶胥怨邦之不臧惟予一人公體道明哲弘猷深遠勳格四海翼亮三世國典之不墜實仲山甫補之而猥崇謙光引咎克讓元首之愆寄責宰輔祇增其闕博綜萬幾不可一日有曠公宜遺履謙之近節遵經國之遠略門下速遣侍中以下敦喻導固讓詔累逼之然後視事導簡素寡欲倉無儲穀衣不重帛帝知之給布萬匹以供私費導有羸疾不堪朝會帝幸其府縱酒作樂後令輿車入殿其見敬如此石季龍掠騎至歷陽導請出討之加大司馬假黃鉞中外諸軍事置左右長史司馬給布萬匹俄而賊退解大司馬復轉中外大都督進位太傅又拜丞相依漢制罷司徒官以并之冊曰朕夙罹不造肆陟帝位未堪多難禍亂旁興公文貫九功武經七德外綏四海內齊八政天地以平人神以和業同伊尹道隆姬旦仰思唐虞登庸儁乂申命羣官允釐庶績朕思憑高謨弘濟遠猷維稽古建爾于上公永爲晉輔往踐厥職敬敷道訓以亮天工不亦休哉公其戒之是歲妻曹氏卒贈金章紫綬初曹氏性妬導甚憚之乃密營別館以處衆妾曹氏知將往焉導恐妾被辱遽令命駕猶恐遲之以所執麈尾柄驅牛而進司徒蔡謨聞之戲導曰朝廷欲加公九錫導弗之覺但謙退而已謨曰不聞餘物惟有短轅犢車長柄麈尾導大怒謂人曰吾往與羣賢共游洛中何曾聞有蔡克兒也于時庾亮以望重地逼出鎭於外南蠻校尉陶稱間說亮當舉兵內向或勸導密爲之防導曰吾與元規休感是同悠悠之談宜絕智者之口則如君言元規若來吾便角巾還第復何懼哉又與稱書以爲庾公帝之元舅宜善事之於是讒間遂息時亮雖居外鎭而執朝廷之權既據上流擁彊兵趣向者多歸之導內不能平常遇西風塵起舉扇自蔽徐曰元規塵汚人自漢魏以來羣臣不拜山陵導以元帝睠同布衣匪惟君臣而已每一崇進皆就拜不勝哀戚由是詔百官拜陵自導始也咸和五年薨時年六十四帝舉哀於朝堂三日遣大鴻臚持節監護喪事賵襚之禮一依漢博陸侯及安平獻王故事及葬給九游轀輬車黃屋左纛前後羽葆鼓吹武賁班劒百人中興名臣莫與爲比冊曰蓋高位以酬明德厚爵以答懋勳至乎闔棺標跡莫尚號謚風流百代於是乎在惟公邁達沖虛玄鑒劭邈夷淡以約其心體仁以流其惠棲遲務外則名雋中夏應期濯纓則潛算獨運昔我中宗肅祖之基中興也下帷委誠而策定江左拱己宅心而庶績咸熙故能威之所振寇虐改心化之所鼓檮杌易質調陰陽之和通彝倫之紀遂隴承風丹穴景附隆高世之功復宣武之績舊物不失公協其猷若乃荷負顧命保朕沖人遭遇艱圮夷險委順拯其淪墜而濟之以道扶其顚傾而弘之以仁經緯三朝而蘊道彌曠方賴高謨以穆四海昊天不弔奄忽薨殂朕用震慟于心雖有殷之殞保衡有周之喪二南曷諭茲懷今遣使持節謁者僕射任瞻錫謚曰文獻祠以太牢魂而有靈嘉茲榮寵二弟穎敞少與導俱知名時人以穎方溫太真以敞比鄧伯道並早卒導六子悅恬洽協劭薈

悅字長豫弱冠有高名事親色養導甚愛之導嘗共悅弈棋爭道導笑曰相與有瓜葛那得爲爾邪導性儉節帳下甘果爛敗令棄之云勿使大郎知悅少侍講東宮歷吳王友中書侍郎先導卒謚貞世子先是導夢人以百萬錢買悅潛爲祈禱者備矣尋掘地得錢百萬意甚惡之一皆藏閉及悅疾篤導憂念特至不食積日忽見一人形狀甚偉被甲持刀導問君是何人曰僕是蔣侯也公兒不佳欲爲請命故來耳公勿復憂因求食遂噉數升食畢勃然謂導曰中書患非可救者言訖不見悅亦殞絕悅與導語恒以愼密爲端導還臺及行悅未嘗不送至車後又恒爲母曹氏襞斂箱篋中物悅亡後導還臺自悅常所送處哭至臺門其母長封作篋不忍復開悅無子以弟恬子琨爲嗣襲導爵丹陽尹卒贈太常子嘏嗣尚鄱陽公主歷中領軍尚書卒子恢嗣義熙末爲游擊將軍

恬字敬豫少好武不爲公門所重導見悅輒喜見恬便有怒色州辟別駕不行襲爵卽丘子性傲誕不拘禮法謝萬嘗造恬既坐少頃恬便入內萬以爲必厚待己殊有喜色恬久之乃沐頭散髮而出據胡牀於庭中曬髮神氣傲邁竟無賓主之禮萬悵然而歸晚節更好士多技藝善弈棊爲中興第一遷中書郎帝欲以爲中書令導固讓從之除後將軍魏郡太守加給事中領兵鎭石頭導薨去官俄起爲後將軍復鎭石頭轉吳國會稽內史加散騎常侍卒贈中軍將軍謚曰憲

洽字敬和導諸子中最知名與荀羨俱有美稱弱冠歷散騎中書郎中軍長史司徒左長史建武將軍吳郡內史徵拜領軍尋加中書令固讓表疏十上穆帝詔曰敬和清裁貴令昔爲中書郎吾時尚小數呼見意甚親之今所以用爲令既機任須才且欲時時相見共講文章待以友臣之義而累表固讓甚違本懷其催洽令拜苦讓遂不受升平二年卒於官年三十六二子珣珉

珣字元琳弱冠與陳郡謝玄爲桓溫掾俱爲溫所敬重嘗謂之曰謝掾年四十必擁旄杖節王掾當作黑頭公皆未易才也珣轉主簿時溫經略中夏竟無寧歲軍中機務並委珣焉文武數萬人悉識其面從討袁眞封東亭侯轉大司馬參軍琅邪王友中軍長史給事黃門侍郎珣兄弟皆謝氏壻以猜嫌致隙太傅安既與珣絕昏又離珉妻由是二族遂成仇釁時希安旨乃出珣爲豫章太守不之官除散騎常侍不拜遷祕書監安卒後遷侍中孝武深杖之轉輔國將軍吳國內史在郡爲士庶所悅徵爲尚書右僕射領吏部轉左僕射加征虜將軍復領太子詹事時帝雅好典籍珣與殷仲堪徐邈王恭郗恢等並以才學文章見昵於帝及王國寶自媚於會稽王道子而與珣等不協帝慮晏駕後怨隙必生故出恭恢爲方伯而委珣端右珣夢人以大筆如椽與之既覺語人曰此當有大手筆事俄而帝崩哀冊謚議皆珣所草隆安初國寶用事謀黜舊臣遷珣尚書令王恭赴山陵欲殺國寶珣止之曰國寶雖終爲禍亂要罪逆未彰今便先事而發必大失朝野之望況擁彊兵竊發於京輦誰謂非逆國寶若遂不改惡布天下然後順時望除之亦無憂不濟也恭乃止既而謂珣曰比來視君一似胡廣珣曰王陵廷爭陳平愼默但問歲終何如耳恭尋起兵國寶將殺珣等僅而得免語在國寶傳二年恭復舉兵假珣節進衞將軍都督琅邪水陸軍事事平上所假節加散騎常侍四年以疾解職歲餘卒時年五十二追贈車騎將軍開府謚曰獻穆桓玄與會稽王道子書曰珣神情朗悟經史明徹風流之美公私所寄雖逼嫌謗才用不盡然君子在朝弘益自多時事艱難忽爾喪失歎懼之深豈但風流相悼而已其崎嶇九折風霜備經雖賴明公神鑒亦識會居之故也卒以壽終殆無所哀但情發去來眞之未易耳玄輔政改贈司徒初珣

既與謝安有隙在東聞安薨便出京師詣族弟獻之曰吾欲哭謝公獻之驚曰所望於法護於是直前哭之甚慟法護珣小字也珣五子弘虞柳孺曇首宋世並有高名

珉字季琰少有才藝善行書名出珣右時人爲之語曰法護非不佳僧彌難爲兄僧彌珉小字也時有外國沙門名提婆妙解法理爲珣兄弟講毗曇經珉時尚幼講未半便云已解即於別室與法門法綱等數人自講法綱歎曰大義皆是但小未精耳辟州主簿舉秀才不行後歷著作散騎郎國子博士黃門侍郎侍中代王獻之爲長兼中書令二人素齊名世謂獻之爲大令珉爲小令太元十三年卒時年二十八追贈太常二子朗練義熙中並歷侍中

協字敬祖元帝撫軍叅軍襲爵武岡侯早卒無子以弟劭子謐爲嗣

謐字稚遠少有美譽與譙國桓脩太原王綏齊名拜祕書郎襲父爵遷祕書丞歷中軍長史黃門郎侍中及桓玄舉兵詔謐銜命詣玄玄深敬昵焉拜建威將軍吳國內史未至郡玄以爲中書令領軍將軍吏部尚書遷中書監加散騎常侍領司徒及玄將篡以謐兼太保奉璽冊詣玄玄篡封武昌縣開國公加班劒二十人初劉裕爲布衣衆未之識也惟謐獨奇貴之常謂裕曰卿當爲一代英雄及裕破桓玄謐以本官加侍中領揚州刺史錄尚書事謐既受寵桓氏常不自安護軍將軍劉毅嘗問謐曰璽綬何在謐益懼會王綏以桓氏甥自疑謀反父子兄弟皆伏誅謐從弟諶少驍果輕俠欲誘謐還吳起兵爲亂乃說謐曰王綏無罪而義旗誅之是除時望也兄少立名譽加位地如此欲不危得乎謐懼而出奔劉裕牋詣大將軍武陵王遵遣人追躡謐既還委任如先加謐班劒二十人義熙三年卒時年四十八追贈侍中司徒謚曰文恭三子瓘球琇入宋皆至大官

劭字敬倫歷東陽太守吏部郎司徒左長史丹陽尹劭美姿容有風操雖家人近習未嘗見其墮替之容桓溫甚器之遷吏部尚書尚書僕射領中領軍出爲建威將軍吳國內史卒贈車騎將軍謚曰簡三子穆默恢穆臨海太守默吳國內史加二千石恢右衛將軍穆三子簡智超默二子鑒惠義熙中並歷顯職

薈字敬文恬虛守靖不競榮利少歷清官除吏部郎侍中建威將軍吳國內史時年饑粟貴人多餓死薈以私米作饘粥以飴餓者所濟活甚衆徵補中領軍不拜徙尚書領中護軍復爲征虜將軍吳國內史頃之桓沖表請薈爲江州刺史固辭不拜轉督浙江東五郡左將軍會稽內史進號鎮軍將軍加散騎常侍卒於官贈衞將軍子廞歷太子中庶子司徒左長史以母喪居于吳王恭舉兵假廞建武將軍吳國內史令起軍助爲聲援廞即墨絰合衆誅殺異己仍遣前吳國內史虞嘯父等入吳興義興聚兵輕俠赴者萬計廞自謂義兵一動勢必未寧可乘間而取富貴而會不旬日國寶賜死恭罷兵符廞去職廞大怒迴衆討恭恭遣司馬劉牢之距戰于曲阿廞衆潰奔走遂不知所在長子泰爲恭所殺少子華以不知廞存亡憂毀布衣蔬食後從兄謐言其死所華始發喪入仕初導渡淮使郭璞筮之卦成璞曰吉無不利淮水絕王氏滅其後子孫繁衍竟如璞言

史臣曰飛龍御天故資雲雨之勢帝王興運必俟股肱之力軒轅聖人也杖師臣而授圖商湯哲后也託負鼎而成業自斯已降罔不由之原夫典午發蹤本于陵寡金行撫運無德在時九土未宅其心四夷已承其弊既而中原蕩覆江左嗣興兆著玄石之圖乖少康之祀夏時無思晉之士異文叔之興劉輔佐中宗艱哉甚矣茂弘策名枝屏叶情交好負其才智恃彼江湖思建剋復之功用成翼宣之道於是王敦內侮憑天邑而狼顧蘇峻連兵指宸居而隼擊實賴元宰固懷匪石之心潛運忠謨竟翦吞沙之寇乃誠貫日主垂餌以終全貞志陵霜國綴旒而不滅觀其開設學校存乎沸鼎之中爰立章程在乎櫛風之際雖則世道多故而規模弘遠矣比夫蕭曹弼漢六合爲家爽望匡周萬方同軌功未半古不足爲儔至若夷吾體仁能相小國孔明踐義善翊新邦撫事論情抑斯之類也提挈三世終始一心稱爲仲父蓋其宜矣恬珣躔德副呂虔之贈刀謐乃隤聲慙劉毅之徵璽語曰深山大澤有龍有蛇實斯之謂也

贊曰虎嘯猋馳龍升雲映武岡矯矯匡時緝政懿績克宣忠規靡競契叶三主榮逾九命貽刀表祥筮水流慶赫矣門族重光斯盛

晉書卷六十六

唐　太　宗　文　皇　帝　御　撰

列傳第三十六

劉弘

劉弘字和季沛國相人也祖馥魏揚州刺史父靖鎮北將軍弘有幹略政事之才少家洛陽與武帝同居永安里又同年共研席以舊恩起家太子門大夫累遷率更令轉太宰長史張華甚重之由是爲寧朔將軍假節監幽州諸軍事領烏丸校尉甚有威惠寇盜屏迹爲幽朔所稱以勳德兼茂封宣城公太安中張昌作亂轉使持節南蠻校尉荊州刺史率前將軍趙驤等討昌自方城至宛新野所向皆平及新野王歆之敗也以弘代爲鎮南將軍都督荊州諸軍事餘官如故弘遣南蠻長史陶侃爲大都護叅軍蒯恒爲義軍督護牙門將皮初爲都戰帥進據襄陽張昌并軍圍宛敗趙驤軍弘退屯梁侃初等累戰破昌前後斬首數萬級及到官昌懼而逃其衆悉降荊土平初弘之退也范陽王虓遣長水校尉張弈領荊州弘至弈不受代舉兵距弘弘遣軍討弈斬之表曰臣以凡才謬荷國恩作司方州奉辭代罪不能奮揚雷霆折衝萬里軍退於宛分受顯戮猥蒙含宥被遣之職即進達所鎮而范陽王虓先遣前長水校尉張弈領荊州臣至不受節度擅舉兵距臣今張昌姦黨初平昌未梟擒益梁流人蕭條猥集無賴之徒易相扇動飆風駭蕩則滄海橫波苟患失之無所不至比須表上慮失事機輒遣軍討弈即梟其首弈雖貪亂欲爲荼毒由臣劣弱不勝其任令弈肆心以勞資斧敢引覆餗之刑甘受專輒之罪詔曰將軍文武兼資前委方夏宛城不守咎由趙驤將軍所遣諸軍剋滅羣寇張弈貪禍距違詔命將軍致討傳首闕庭雖有不請之嫌古人有專之之義其恢宏奧略鎮綏南海以副推轂之望焉張昌竄于下儁山弘遣軍討昌斬之悉降其衆時荊部守宰多闕弘請補選帝從之弘迺敘功銓德隨才補授甚爲論者所稱乃表曰被中詔勑臣隨資品選補諸缺吏夫慶賞刑威非臣所專且知人則哲聖帝所難非臣闇蔽所能斟酌然萬事有機毫釐宜慎謹奉詔書差所應用蓋崇化莫若貴德則所以濟屯故太上立德其次立功也頃者多難淳朴彌凋臣輒以徵士伍朝補零陵太守庶以懲波蕩之弊養退讓之操臣以不武前退於宛長史陶侃叅軍蒯恒牙門皮初勠力致討蕩滅姦凶侃恒各以始終軍事初爲都戰帥忠勇冠軍漢沔清肅實初等之勳也司馬法賞不踰時欲人知爲善之速福也若不超報無以勸徇功之士慰熊羆之志臣以初補襄陽太守侃爲府行司馬使典論功事恒爲山都令詔惟令臣以散補空缺然沶鄉令虞潭忠誠烈正首唱義舉舉善以教不能者勸臣輒特轉潭補醴陵令南郡廉吏仇勃母老疾困賊至守衞不移以致拷掠幾至隕命尚書令史郭貞張昌以爲尚書郎欲訪以朝議遁逃不出昌質其妻子避之彌遠勃孝篤著於臨危貞忠厲於強暴雖各四品皆可以訓獎臣子長益風教臣輒以勃爲歸鄉令貞爲信陵令皆功行相叅循名校實條列行狀公文具上朝廷以初雖有功襄陽又是名郡名器宜慎不可授初乃以前東平太守夏侯陟爲襄陽太守餘並從之陟弘之壻也弘下教曰夫統天下者宜與天下一心化一國者宜與一國爲任若必姻親然後可用則荊州十郡安得十女壻然後爲政哉乃表陟姻親舊制不得相監皮初之勳宜見酬報詔聽之弘於是勸課農桑寬刑省賦歲用有年百姓愛悅弘嘗夜起聞城上持更者歎聲甚苦遂呼省之兵年過六十羸疾無襦弘愍之乃譴罰主者遂給韋袍複帽轉以相付舊制峴方二山澤中不聽百姓捕魚弘下教曰禮名山大澤不封與共其利今公私并兼百姓無復厝手地當何謂邪速改此法又酒室中云齊中酒聽事酒猥酒同用麴米而優劣三品投醪當與三軍同其薄厚自今不得分別時益州刺史羅尚爲李特所敗遣使告急請糧弘移書贍給而州府綱紀以運道懸遠文武匱乏欲以零陵一運米五千斛與尚弘曰諸君未之思耳天下一家彼此無異吾今給之則無西顧之憂矣遂以零陵米三萬斛給之尚賴以自固于時流人在荊州十餘萬戶羇旅貧乏多爲盜賊弘乃給其田種糧食擢其賢才隨資敘用時總章大樂伶人避亂多至荊州或勸可作樂者弘曰昔劉景升以禮壞樂崩命杜夔爲天子合樂樂成欲庭作之夔曰爲天子合樂而庭作之恐非將軍本意吾常爲之歎息今主上蒙塵吾未能展效臣節雖有家伎猶不宜聽况御樂哉乃下郡縣使安慰之須朝廷旋返送還本署論平張昌功應封次子一人縣侯弘上疏固讓許之進拜侍中鎮南大將軍開府儀同三司惠帝幸長安河間王顒挾天子詔弘爲劉喬繼援弘以張方殘暴知顒必敗遣使受東海王越節度時天下大亂弘專督江漢威行南服前廣漢太守辛冉說弘以從橫之事弘大怒斬之河間王顒使張光爲順陽太守南陽太守衞展說弘曰彭

城王前東奔有不善之言張光太宰腹心宜斬光以明向背弘曰宰輔得失豈張光之罪危人自安君子弗爲也展深恨之陳敏寇揚州引兵欲西上弘乃解南蠻以授前北軍中候蔣超統江夏太守陶侃武陵太守苗光以大衆屯于夏口又遣治中何松領建平宜都襄陽三郡兵屯巴東爲羅尚後繼又加南平太守應詹寧遠將軍督三郡水軍繼蔣超侃與敏同郡又同歲舉吏或有間侃者弘不疑之乃以侃爲前鋒督護委以討敏之任侃遣子及兄子爲質弘遣之曰賢叔征行君祖母年高便可歸也匹夫之交尚不負心何況大丈夫乎陳敏竟不敢闚境永興三年詔進號車騎將軍開府及餘官如故弘每有興廢手書守相丁寧款密所以人皆感悅爭赴之咸曰得劉公一紙書賢於十部從事及東海王越奉迎大駕弘遣參軍劉盤爲督護率諸軍會之盤既旋弘自以老疾將解州及校尉適分授所部未及表上卒于襄陽士女嗟痛若喪所親矣初成都王穎南奔欲之本國弘距之及弘卒弘司馬郭勱欲推穎爲主弘子璠追遵弘志於是墨絰率府兵討勱戰於濁水斬之襄沔肅清初東海王越疑弘與劉喬貳于己雖下節度心未能安及弘距穎璠又斬勱朝廷嘉之越手書與璠贊美之表贈弘新城郡公謚曰元以高密王略代鎭寇盜不禁詔起璠爲順陽內史江漢之間翕然歸心及略薨山簡代之簡至知璠得衆心恐百姓逼以爲主表陳之由是徵璠爲越騎校尉璠亦深慮逼迫被書便輕至洛陽然後遣迎家累僑人侯脫路難等相率衞送至都然後辭去南夏遂亂父老追思弘雖甘棠之詠召伯無以過也

陶侃　兄子臻　臻弟輿

陶侃字士行本鄱陽人也吳平徙家廬江之尋陽父丹吳揚武將軍侃早孤貧爲縣吏鄱陽孝廉范逵嘗過侃時倉卒無以待賓其母乃截髮得雙髲以易酒肴樂飲極歡雖僕從亦過所望及逵去侃追送百餘里逵曰卿欲仕郡乎侃曰欲之困於無津耳逵過廬江太守張夔稱美之夔召爲督郵領樅陽令有能名遷主簿會州部從事之郡欲有所按侃閉門部勒諸吏謂從事曰若鄙郡有違自當明憲直繩不宜相逼若不以禮吾能禦之從事卽退夔妻有疾將迎醫於數百里時正寒雪諸綱紀皆難之侃獨曰資於事父以事君小君猶母也安有父母之疾而不盡心乎乃請行衆咸服其義長沙太守萬嗣過廬江見侃虛心敬悅曰君終當有大名命其子與之結友而去夔察侃爲孝廉至洛陽數詣張華華初以遠人不甚接遇侃每往神無忤色華後與語異之除郎中伏波將軍孫秀以亡國支庶府望不顯中華人士恥爲掾屬以侃寒宦召爲舍人時豫章國郎中令楊晫侃州里也爲鄉論所歸侃詣之晫曰易稱貞固足以幹事陶士行是也與同乘見中書郎顧榮榮甚奇之吏部郎溫雅謂晫曰奈何與小人共載晫曰此人非凡器也尚書樂廣欲會荊陽士人武庫令黃慶進侃於廣人或非之慶曰此子終當遠到復何疑也慶後爲吏部令史舉侃補武岡令與太守呂岳有嫌棄官歸爲郡小中正會劉弘爲荊州刺史將之官辟侃爲南蠻長史遣先向襄陽討賊張昌破之弘既至謂侃曰吾昔爲羊公參軍謂吾其後當居身處今相觀察必繼老夫矣後以軍功封東鄉侯邑千戶陳敏之亂弘以侃爲江夏太守加鷹揚將軍侃備威儀迎母官舍鄉里榮之敏遣其弟恢來寇武昌侃出兵禦之隨郡內史扈瓌間侃於弘曰侃與敏有鄉里之舊居大郡統彊兵脫有異志則荊州無東門矣弘曰侃之忠能吾得之己久豈有是乎侃潛聞之遽遣子洪及兄子臻詣弘以自固弘引爲參軍資而遣之又加侃爲督護使與諸軍并力距恢侃乃以運船爲戰艦或言不可侃曰用官物討官賊但須列上有本末耳於是擊恢所向必破侃戎政齊肅凡有虜獲皆分士卒身無私焉後以母憂去職嘗有二客來弔不哭而退化爲雙鶴沖天而去時人異之服闋參東海王越軍事江州刺史華軼表侃爲揚武將軍使屯夏口又以臻爲參軍軼與元帝素不平臻懼難作託疾而歸白侃曰華彥夏有憂天下之志而才不足且與琅邪不平難將作矣侃怒遣臻還軼臻遂東歸於帝帝見之大悅命臻爲參軍加侃奮威將軍假赤幢曲蓋軺車鼓吹侃乃與華軼告絕頃之遷龍驤將軍武昌太守時天下饑荒山夷多斷江劫掠侃令諸將詐作商船以誘之劫果至生獲數人是西陽王羕之左右侃卽遣兵逼羕令出向賊侃整陣於釣臺爲後繼羕縛送帳下二十人侃斬之自是水陸肅清流亡者歸之盈路侃竭資振給焉又立夷市於郡東大收其利而帝使侃擊杜弢令振威將軍周訪廣武將軍趙誘受侃節度侃令二將爲前鋒兄子輿爲左甄擊賊破之時周顗爲荊州刺史先鎭潯水城賊掠其良口侃使部將朱伺救之賊退保泠口侃謂諸將曰此賊必更步向武昌吾宜還城晝夜三日行可至卿等誰能忍饑鬭邪部將吳寄曰要欲十日忍飢晝當擊賊夜分捕魚足以相濟侃曰卿健將也賊果增兵來攻侃使朱伺等逆擊大破之獲其輜重殺傷甚衆遣參軍王貢告捷於王敦敦曰若無陶侯便失荊州矣伯仁方入境便爲賊所破不知那得刺史貢對曰鄙州方有事難非陶龍驤莫可敦然之卽表拜侃爲使持節寧遠將軍南蠻校尉荊州刺史領西陽江夏武昌鎭于沌口又移入沔江遣朱伺等討江夏賊殺之賊王沖自稱荊州刺史據江陵王貢還至竟陵矯侃令以杜曾爲前鋒大督護進軍斬沖悉降其衆侃召曾不到貢又恐矯命獲罪遂與曾舉兵反擊侃督護鄭攀於沌陽破之又敗朱伺於沔口侃欲退入溳中部將張奕將貳於侃詭說曰賊至而動衆必不可侃惑之而不進無何賊至果爲所敗賊鉤侃所乘艦侃窘急走入小船朱伺力戰僅而獲免張奕竟奔于賊侃坐免官王敦表以侃白衣領職侃復率周訪等進軍入湘使都尉楊舉爲先驅擊杜弢大破之屯兵于城西侃之佐史辭詣王敦曰州將陶使君孤根特立從微至著忠允之功所在有效出佐南夏輔翼劉征南前遇張昌後屬陳敏侃以偏旅獨當大寇無征不剋群醜破滅近者王如亂北杜弢跨南二征奔走一州星馳其餘郡縣所在土崩侃招攜以禮懷遠以德子來之衆前後累至奉承指授獨守危阨人往不動人離不散往年董督徑造湘城志陵雲霄神機獨斷徒以軍少糧懸不果獻捷然杜弢慴懼來還夏口未經信宿建平流人迎賊俱叛侃卽迴軍溯流芟夷醜類至使西門不鍵華圻無虞者侃之功也明將軍愍此荊楚救命塗炭使侃統領窮殘之餘寒者衣之饑者食之比屋相慶有若挾纊江濱孤危地非重險非可單軍獨能保固故移就高莋以避其衝賊輕易先至大衆在後侃距戰經日殺其名帥賊尋犬羊相結并力來攻侃以忠臣之節義無退顧被堅執銳身當戎行將士奮擊莫不用命當時死者不可勝數賊衆參伍更息更戰侃以孤軍一隊力不獨禦量宜取全以俟後舉而主者責侃重加黜削侃性謙沖功成身退今奉還所受唯恐稽遲然某等區區實恐理失於內事敗於外毫釐之差將致千里使荊蠻乖離西嵎不守脣亡齒寒侵逼無限也敦於是奏復侃官敦將王貢精卒三千出武陵江誘五谿夷以舟師斷官運徑向武昌侃使鄭攀及伏波將軍陶延夜趣巴陵潛師掩其不備大破之斬千餘級降萬餘口貢遁還湘城賊中離阻杜弢遂疑張弈而殺之衆情益懼降者滋多王貢復挑戰侃遙謂之曰杜弢爲益州吏盜用庫錢父死不奔喪卿本佳人何爲隨之也天下寧有白頭賊乎貢初橫腳馬上侃言訖貢斂容下腳辭色甚順侃知其可動復令諭之截髮爲信貢遂來降而弢敗走進剋長沙獲其將毛寶高寶梁堪而還王敦深忌侃功將還江陵欲詣敦別皇甫方回及朱伺等諫以爲不可侃不從敦果留侃不遣左轉廣州刺史平越中郎將以王廙爲荊州侃之佐吏將士詣敦請留侃敦怒不許侃將鄭攀蘇溫馬儁等不欲南行遂西迎杜曾以距廙敦意攀承侃風旨被甲持矛將殺侃出而復迴者數四侃正色曰使君之雄斷當裁天下何此不決乎因起如廁諮議參軍梅陶長史陳頒言於敦曰周訪與侃親姻如左右手安有斷人左手而右手不應者乎敦意遂解於是設盛饌以餞之侃便夜發敦引其子瞻爲參軍侃既達豫章見周訪流涕曰非卿外援我殆不免侃因進至始興先是廣州人背刺史郭訥迎長沙人王機爲刺史機復遣使詣王敦乞爲交州敦從之而機未發會杜弘據臨賀因機乞降勸弘取廣州弘遂與溫邵及交州秀才劉沈俱謀反或勸侃且住始興觀察形勢侃不聽直至廣州弘遣使僞降侃知其詐先於封口起發石車俄而弘率輕兵而至知侃有備乃退侃追擊破之執劉沈於小桂又遣部將許高討機斬之傳首京都諸將皆請乘勝擊溫邵侃笑曰吾威名已著何事遣兵但一函紙自足耳於是下書諭之邵懼而走追獲於始興以功封柴桑侯食邑四千戶侃在州無事輒朝運百甓於齋外暮運於齋內人問其故答曰吾方致力中原過爾優逸恐不堪事其勵志勤力皆此類也太興初進號平南將軍尋加都督交州軍事及王敦舉兵反詔侃以本官領江州刺史尋轉都督湘州刺史敦得志上侃復本職加散騎常侍時交州刺史王諒爲賊梁碩所陷侃遣將高寶進擊平之以侃領交州刺史錄前後功封次子夏爲都亭侯進號征南大將軍開府儀同三司及王敦平遷都督荊雍益梁州諸軍事領護南蠻校尉征西大將軍荊州刺史餘如故楚郢士女莫不相慶侃性聰敏勤於吏職恭而近禮愛好人倫終日斂膝危坐閫外多事千緒萬端罔有遺漏遠近書疏莫不手答筆翰如流未嘗壅滯引接疏遠門無停客常語人曰大禹聖者乃惜寸陰至於衆人當惜分陰豈可逸遊荒醉生無益於時死無聞於後是自棄也諸參佐或以談戲廢事者乃命取其酒器蒱博之具悉投之於江吏將則加鞭扑曰摴蒱者牧豬奴戲耳老莊浮華非先王之法言不可行也君子

當正其衣冠攝其威儀何有亂頭養望自謂宏達邪有奉饋者皆問其所由若力作所致雖微必喜慰賜參倍若非理得之則切厲訶辱還其所饋嘗出遊見人持一把未熟稻侃問用此何爲人云行道所見聊取之耳侃大怒曰汝既不佃而戲賊人稻執而鞭之是以百姓勤於農殖家給人足時造船木屑及竹頭悉令舉掌之咸不解所以後正會積雪始晴聽事前餘雪猶濕於是以屑布地及桓溫伐蜀又以侃所貯竹頭作丁裝船其綜理微密皆此類也暨蘇峻作逆京都不守侃子瞻爲賊所害平南將軍溫嶠要侃同赴朝廷初明帝崩侃不在顧命之列深以爲恨答嶠曰吾疆埸外將不敢越局嶠固請之因推爲盟主侃乃遣督護龔登率衆赴嶠而又追迴嶠以峻殺其子重遣書以激怒之侃妻龔氏亦固勸自行於是便戎服登舟星言兼邁瞻喪至不臨五月與溫嶠庾亮等俱會石頭諸軍即欲決戰侃以賊盛不可爭鋒當以歲月智計擒之累戰無功諸將請於查浦築壘監軍部將李根建議請立白石壘侃不從曰若壘不成卿當坐之根曰查浦地下又在水南唯白石峻極險固可容數千人賊來攻不便滅賊之術也侃笑曰卿良將也乃從根謀夜修曉訖賊見壘大驚賊攻大業壘侃將救之長史殷羨曰若遣救大業步戰不如峻則大事去矣但當急攻石頭峻必救之而大業自解侃又從羨言峻果棄大業而救石頭諸軍與峻戰陳陵東侃督護竟陵太守李陽部將彭世斬峻於陣賊衆大潰峻弟逸復聚衆侃與諸軍斬逸於石頭初庾亮少有高名以明穆皇后之兄受顧命之重蘇峻之禍職亮是由及石頭平懼侃致討亮用溫嶠謀詣侃拜謝侃遽止之曰庾元規乃拜陶士行邪王導入石頭城令取故節侃笑曰蘇武節似不如是導有慚色使人屏之侃旋江陵尋以爲侍中太尉加羽葆鼓吹改封長沙郡公邑三千戶賜絹八千匹加都督交廣寧七州軍事以江陵偏遠移鎮巴陵遣諮議參軍張誕討五谿夷降之屬後將軍郭默矯詔襲殺平南將軍劉胤輒領江州侃聞之曰此必詐也遣將軍宋夏陳脩率兵據湓口侃以大軍繼進默遣使奴婢絹百匹寫中詔呈侃參佐多諫曰默不被詔豈敢爲此事若進軍宜待詔報侃厲色曰國家年小不出胸懷且劉胤爲朝廷所禮雖方任非才何緣猥加極刑郭默虓勇所在暴掠以大難新除威網寬簡欲因隙會騁其縱橫耳發使上表討默與王導書曰郭默殺方州即用爲方州害宰相便爲宰相乎導答曰默居上流之勢加有舩艦成資故苞含隱忍使其有地一月潛嚴足下軍到是以得風發相赴豈非遵養時晦以定大事者邪侃省書笑曰是乃遵養時賊也侃既至默將宗侯縛默父子五人及默將張丑詣侃降侃斬默等默在中原數與石勒等戰賊畏其勇聞侃討之兵不血刃而擒也益畏侃蘇峻將馮鐵殺侃子奔于石勒勒以爲戍將侃告勒以故勒召而殺之詔侃都督江州領刺史增置左右長史司馬從事中郎四人掾屬十二人侃旋于巴陵因移鎮武昌侃命張夔子隱爲參軍范逵子珧爲湘東太守辟劉弘曾孫安爲掾屬表論梅陶凡微時所荷一飡咸報遣子斌與南中郎將桓宣西伐樊城走石勒將郭敬使兄子臻竟陵太守李陽等共破新野遂平襄陽拜大將軍劒履上殿入朝不趨讚拜不名上表固讓曰臣非貪榮於疇昔而虛讓於今日事有合於時宜臣豈敢與陛下有違理有益於聖世臣豈與朝廷作異臣常欲除諸浮長之事遣諸虛假之用非獨臣身而已若臣杖國威靈梟雄斬勒則又何以加咸和七年六月疾篤又上表遜位曰臣少長孤寒始願有限過蒙聖朝歷世殊恩陛下睿鑒寵靈彌泰有始必終自古而然臣年垂八十位極人臣啓手啓足當復何恨但以陛下春秋尚富餘寇不誅山陵未反所以憤慨兼懷不能已已臣雖不知命年時已邁國恩殊特賜封長沙隕越之日當歸骨國土臣父母舊葬今在尋陽緣存處亡無心分違已勒國臣修遷之事刻以來秋奉迎窀窆葬事訖乃告老下藩不圖所患遂爾緜篤伏枕感結情不自勝臣間者猶爲犬馬之齒尚可小延欲爲陛下西平李雄北吞石季龍是以遣毌丘奥於巴東授桓宣於襄陽良圖未叙於此長乖此方之任內外之要願陛下速選臣代使必得良才奉宣王猷遵成臣志則臣死之日猶生之年陛下雖聖姿天縱英奇日新方事之殷當賴羣儁司徒導鑒識經遠光輔三世司空鑒簡素貞正內外惟允平西將軍亮雅量詳明器用周時即陛下之周召也獻替疇諮敷融政道地平天成四海幸賴謹遣左長史殷羨奉送所假節麾幢曲蓋侍中貂蟬太尉章荊江州刺史印傳棨戟仰戀天恩悲酸感結以後事付右司馬王愆期加督護統領文武侃輿車出臨津就船明日薨于樊谿時年七十六成帝下詔曰故使持節侍中太尉都督荊江雍梁交廣益寧八州諸軍事荊江二州刺史長沙郡公經德蘊哲謀猷弘遠作藩于外八州肅清勤王于內皇家以寧乃者桓文之勳伯舅是憑方賴大猷俾屏予一人前進位大司馬禮秩策命未及加崇旻天不弔奄忽薨殂朕用震悼于厥心今遣兼鴻臚追贈大司馬假密章祠以太牢魂而有靈嘉茲寵榮又策謚曰桓祠以太牢侃遺令葬國南二十里故吏刊石碑畫像於武昌西侃在軍四十一載雄毅有權明悟善決斷自南陵迄于白帝數千里中路不拾遺蘇峻之役庾亮輕進失利亮司馬殷融詣侃謝曰將軍爲此非融等所裁將軍王章至曰章自爲之將軍不知也侃曰昔殷融爲君子王章爲小人今王章爲君子殷融爲小人侃性纖密好問頗類趙廣漢嘗課諸營種柳都尉夏施盜官柳植之於己門侃後見駐車問曰此是武昌西門前柳何因盜來此種施惶怖謝罪時武昌號爲多士殷浩庾翼等皆爲佐吏侃每飲酒有定限常歡有餘而限已竭浩等勸更少進侃悽懷良久曰年少曾有酒失亡親見約故不敢踰議者以武昌北岸有邾城宜分兵鎮之侃每不答而言者不已侃迺渡水獵引將佐語之曰我所以設險而禦寇正以長江耳邾城隔在江北內無所倚外接羣夷夷中利深晉人貪利夷不堪命必引寇虜迺致禍之由非禦寇也且吳時此城乃三萬兵守今縱有兵守之亦無益於江南若羯虜有可乘之會此又非所資也後庾亮戍之果大敗季年懷止足之分不與朝權未亡一年欲遜位歸國佐吏等苦留之及疾篤將歸長沙軍資器仗牛馬舟船皆有定簿封印倉庫自加管鑰以付王愆期然後登舟朝野以爲美談將出府門顧謂愆期曰老子婆娑正坐諸君輩尚書梅陶與親人曹識書曰陶公機神明鑒似魏武忠順勤勞似孔明陸抗諸人不能及也謝安每言陶公雖用法而恒得法外意其爲世所重如此然媵妾數十家僮千餘珍奇寶貨富於天府或云侃少時漁於雷澤網得一織梭以挂于壁有頃雷雨自化爲龍而去又夢生八翼飛而上天見天門九重已登其八唯一門不得入閽者以杖擊之因墜地折其左翼及寤左腋猶痛又嘗如厠見一人朱衣介幘斂板曰以君長者故來相報君後當爲公位至八州都督有善相者師圭謂侃曰君左手中指有豎理當爲公若徹於上貴不可言侃以針決之見血灑壁而爲公字以紙裛手公字愈明及都督八州據上流握彊兵潛有窺窬之志每思折翼之祥自抑而止侃有子十七人唯洪瞻夏琦旗斌稱範岱見舊史餘者並不顯

洪辟丞相掾早卒

瞻字道眞少有才器歷廣陵相廬江建昌二郡太守遷散騎常侍都亭侯爲蘇峻所害追贈大鴻臚謚愍悼世子以夏爲世子及送侃喪還長沙夏與斌及稱各擁兵數千以相圖既而解散斌先往長沙悉取國中器使財物夏至殺斌庾亮上疏曰斌雖醜惡罪在難忍然王憲有制骨肉至親親運刀鋸以刑同體傷父母之恩無惻隱之心應加放黜以懲暴虐亮表未至都而夏病卒詔復以瞻息弘襲侃爵仕至光祿勳卒子綽之嗣綽之卒子延壽嗣宋受禪降爲吳昌侯五百戶

琦司空掾

旗歷位散騎常侍郴縣開國伯咸和末爲散騎侍郎性甚凶暴卒子定嗣卒子襲之嗣卒子謙之嗣宋受禪國除

斌尚書郎

稱東中郎將南平太守南蠻校尉假節性虓勇不倫與諸弟不協後加建威將軍咸康五年庾亮以稱爲監江夏隨義陽三郡軍事南中郎將江夏相以本所領二千人自隨到夏口輕將二百人下見亮亮大會吏佐責稱前後罪惡稱拜謝因罷出亮使人於閤外收之棄市亮上疏曰案稱大司馬侃之孼子父亡不居喪位荒耽于酒昧利偷榮擅攝五郡自謂監軍輒召王官聚之軍府故車騎將軍劉弘曾孫安寓居江夏及將楊恭趙韶並以言色有忤稱放聲當殺安恭懼自赴水而死韶於獄自盡將軍郭開從稱往長沙赴喪稱疑開附其兄弟乃反縛懸頭於帆檣仰而彈之鼓棹渡江二十餘里觀者數千莫不震駭又多藏匿府兵收坐應死臣猶未忍直上且免其司馬稱肆縱醜言無所顧忌要結諸將欲阻兵搆難諸將惶懼莫敢酬答由是姦謀未即發露臣以侃勳勞王室是以依違容掩故表爲南中郎將與臣相近思欲有以匡救之而稱豺狼愈甚發言激切不忠不孝莫此之甚苟利社稷義有專斷輒收稱伏法

範最知名太元初爲光祿勳

岱散騎侍郎

臻字彥遐有勇略智謀賜爵當陽亭侯咸和中爲南郡太守領南蠻校尉假節卒官追贈平南將軍謚曰肅

臻弟輿果烈善戰以功累遷武威將軍初賊張弈本中州人元康中被差西征遇天下亂遂留蜀至是率三百餘家欲就杜弢爲侃所獲諸將請殺其丁壯取其妻息輿曰此本官兵數經戰陣可赦之以爲用侃赦之以配輿及侃與杜弢戰敗賊以桔槔打沒官軍船艦軍中失色輿率輕舸出其上流以擊之所向輒剋賊又率衆將

焚侃輜重輿又擊破之自是每戰輒尅賊望見輿軍相謂曰避陶武威無敢當者後輿杜弢戰輿被重創卒侃哭之慟曰喪吾家寶三軍皆爲之垂泣詔贈長沙太守

史臣曰古者明王之建國也下料疆宇列爲九州輔相玄功咨于四岳所以仰希齊政俯寄宣風備連率之儀威騰閫外總頒條之務禮縟區中委稱其才甘棠以之流詠據非其德譬餉以是興嗟中朝叔世要荒多阻分符建節並紊天綱和季以同里之情申盧綰之契居方牧之地振吳起之風自幽徂荆亟斂財狠之迹舉賢登善窮擢孔翠之毛由是吏民畢力華夷順命一州清晏恬波於沸海之中百城安堵靜祲於稽天之際縉獨稱善政何其寡歟易云貞固足以幹事於征南見之矣士行望非世族俗異諸華拔萃陬落之間比肩髦儁之列超居外相宏總上流布澤懷邊則嚴城靜柝釋位匡主則淪鼎再寧元規以戚里之崇挹其儁而下拜茂弘以保衡之貴服其言而動色望隆分陝理則宜然至於時屬雷屯富逾天府潛有包藏之志顧思折翼之祥悖矣夫子曰人無求備斯言之信於是有徵

贊曰和季承恩建旟南服威靜荆塞化揚江澳戮力天朝匪忘忠肅長沙勤王擁旆戎場任隆三事功宜一匡繄賴之重匪伊舟航

晉書卷六十六考證

陶侃傳追贈大司馬假密章○臣宗楷按本書山濤傳策賜司徒蜜印紫綬侍中貂蟬新沓伯蜜印青朱綬此云密章疑蜜字之訛也

晉書卷六十七

唐　太　宗　文　皇　帝　御　撰

列傳第三十七

温嶠

温嶠字太眞司徒羨弟之子也父憺河東太守嶠性聰敏有識量博學能屬文少以孝弟稱於邦族風儀秀整美於談論見者皆愛悅之年十七州郡辟召皆不就司隸命爲都官從事散騎常侍庾敳有重名而頗聚斂嶠舉奏之京都振肅後舉秀才灼然二品司徒辟東閣祭酒補上黨潞令平北大將軍劉琨妻嶠之從母也琨深禮之請爲參軍琨遷大將軍嶠爲從事中郎上黨太守加建威將軍督護前鋒軍事將兵討石勒屢有戰功琨遷司空以嶠爲右司馬于時并土荒殘寇盜羣起石勒劉聰跨帶疆埸嶠爲之謀主琨所憑恃焉屬二都傾覆社稷絕祀元帝初鎮江左琨誠繫王室謂嶠曰昔班彪識劉氏之復興馬援知漢光之可輔今晉祚雖衰天命未改吾欲立功河朔使卿延譽江南子其行乎對曰嶠雖無管鮑之才而明公有桓公之志欲建匡合之功豈敢辭命乃以爲左長史檄告華夷奉表勸進嶠既至引見具陳琨忠誠志在效節因說社稷無主天人係望辭旨慷慨舉朝屬目帝器而嘉焉王導周顗謝琨庾亮桓彝等並與親善于時江左草創綱維未舉嶠殊以爲憂及見王導共談歡然曰江左自有管夷吾吾復何慮屢求反命不許會琨爲段匹磾所害嶠表琨忠誠雖勳業不遂然家破身亡宜在褒崇以慰海內之望帝然之除散騎侍郎初嶠欲將命其母崔氏固止之嶠絕裾而去其後母亡嶠阻亂不獲歸葬由是固讓不拜苦請北歸詔三司八坐議其事皆曰昔伍員志復私讎先假諸侯之力東奔闔閭位爲上將然後鞭荆王之尸若嶠以母未葬沒在胡虜者乃應竭其智謀仰憑皇靈使逆寇冰消反哀墓次豈可稍以乖嫌廢其遠圖哉嶠不得已乃受命後歷驃騎王導長史遷太子中庶子及在東宮深見寵遇太子與爲布衣之交數陳規諷又獻侍臣箴甚有弘益時太子起西池樓觀頗爲勞費嶠上疏以爲朝廷草創巨寇未滅宜應儉以率下務農重兵太子納焉王敦舉兵內向六軍敗績太子將自出戰嶠執鞚諫曰臣聞善戰者不怒善勝者不武如何萬乘儲副而以身輕天下太子乃止明帝卽位拜侍中機密大謀皆所參綜詔命文翰亦悉豫焉俄轉中書令嶠有棟梁之任帝親而倚之甚爲王敦所忌因請爲左司馬敦阻兵不朝多行陵縱嶠諫敦曰昔周公之相成王勞謙吐握豈好勤而惡逸哉誠由處大任者不可不爾而公自還輦轂入輔朝政闕拜覲之禮簡人臣之儀不達聖心者莫不於邑昔帝舜服事唐堯伯禹竭身虞庭文王雖盛臣節不諐故有庇人之大德必有事君之小心俾芳烈奮乎百世休風流乎萬祀至聖遺軌所不宜忽願思舜禹文王服事之勤惟公旦吐握之事則天下幸甚敦不納嶠知其終不悟於是謬爲設敬綜其府事干說密謀以附其欲深結錢鳳爲之聲譽每曰錢世儀精神滿腹嶠素有知人之稱鳳聞而悅之深結好於嶠會丹陽尹缺嶠說敦曰京尹輦轂喉舌宜得文武兼能公宜自選其才若朝廷用人或不盡理敦然之問嶠誰可作者嶠曰愚謂錢鳳可用鳳亦推嶠嶠僞辭之敦不從表補丹陽尹嶠猶懼錢鳳爲之姦謀因敦餞別嶠起行酒至鳳前鳳未及飲嶠因僞醉以手版擊鳳幘墜作色曰錢鳳何人溫太眞行酒而敢不飲敦以爲醉兩釋之臨去言別涕泗橫流出閤復入如是再三然後卽路及發後鳳入說敦曰嶠於朝廷甚密而與庾亮深交未必可信敦曰太眞昨醉小加聲色豈得以此便相讒貳由是鳳謀不行而嶠得還都乃具奏敦之逆謀請先爲之備及敦構逆加嶠中壘將軍持節都督東安北部諸軍事敦與王導書曰太眞別來幾日作如此事表誅姦臣以嶠爲首募生得嶠者當自拔其舌及王含錢鳳奄至都下嶠燒朱雀桁以挫其鋒帝怒之嶠曰今宿衞寡弱徵兵未至若賊豕突危及社稷陛下何惜一橋賊果不得渡嶠自率衆與賊夾水戰擊王含敗之復督劉遐追錢鳳於江寧事平封建寧縣開國公賜絹五千四百匹進號前將軍時制王敦綱紀除名參佐禁固嶠上疏曰王敦剛愎不仁忍行殺戮親任小人疏遠君子朝廷所不能抑骨肉所不能間處其朝者恆懼危亡故人士結舌道路以目誠賢人君子道窮數盡遵養時晦之辰也且敦爲大逆之日拘錄人士自免無路原其私心豈遑晏處如陸玩羊曼劉胤蔡謨郭璞常與臣言備知之矣必其凶悖自可罪人斯得如其枉入姦黨宜施之以寬加以玩等之誠聞於聖聽當受同賊之責實負其心陛下仁聖含弘思求允中臣階緣博納干非其事誠在愛才不忘忠益帝從之是時天下凋弊國用不足詔公卿以下詣都坐論時政之所先嶠因奏軍國要務其一曰祖約退舍壽陽有將來之難今二方守禦爲功尚易淮泗都督宜竭力以資之選名重之士配征兵五千人又擇一偏將將二千兵以益壽陽可以保固徐豫援助司土其二曰一夫不耕必有受其飢者今不耕之夫動有萬計春廢勸課之制冬峻出租之令下未見施惟賦是聞賦不可以已當思令百姓有以殷實司徒置田曹掾州一人勸課農桑察吏能否今宜依舊置之必得清恪奉公足以宜示惠化者則所益實弘矣其三曰諸外州郡將兵者及都督府非臨敵之軍且田且守又先朝使五校出田今四軍五校有兵者及護軍所統外軍可分遣二軍出并屯要處緣江上下皆有良田開荒須一年之後卽易且軍人累重者在外有樵採蔬食之人於事爲便其四曰建官以理世不以私人也如此則官寡而材精周制六卿莅事春秋之時入作卿輔出將三軍後代建官漸多誠由事有煩簡耳然今江南六州之土尙又荒殘方之平日數十分之一耳三省軍校無兵者九府寺署可有并相領者可有省半者粗計閑劇隨事減之荒殘之縣或同在一城可并合之如此選旣可精祿俸可優令足代耕然後可責以清公耳其五曰古者親耕耤田以供粢盛舊制耤田廩犧之官今臨時市求旣上黷至敬下費生靈非所以虔奉宗廟蒸嘗之旨宜如舊制立此二官其六曰使命愈遠益宜得才宣揚王化延譽四方人情不樂遂取卑品之人虧辱國命生長患害故宜重其選不可減二千石見居二品者其七曰罪不相及古之制也近者大逆誠由凶戾凶戾之甚一時權用今遂施行非聖朝之令典宜如先朝除三族之制議奏多納之帝疾篤嶠與王導郗鑒庾亮陸曄卞壺等同受顧命時歷陽太守蘇峻藏匿亡命朝廷疑之征西將軍陶侃有威名於荆楚又以西夏爲虞故使嶠爲上流形援咸和初代應詹爲江州刺史持節都督平南將軍鎭武昌甚有惠政甄異行能親祭徐孺子之墓又陳豫章十郡之要宜以刺史居之尋陽濱江都督應鎭其地今以州帖府進退不便且古鎭將多不領州皆以文武形勢不同故也宜選單車刺史別撫豫章專理黎庶詔不許在鎭見王敦畫像曰敦大逆宜加斲棺之戮受崔杼之刑古人闔棺而定謚春秋大居正崇王父之命未有受戮於天子而圖形於羣下命削去之嶠聞蘇峻之徵也慮必有變求還朝以備不虞不聽未幾而蘇峻果反嶠屯尋陽遣督護王愆期西陽太守鄧嶽鄱陽內史紀瞻等率舟師赴難及京師傾覆嶠聞之號慟人有候之者悲哭相對俄而庾亮來奔宣太后詔進嶠驃騎將軍開府儀同三司嶠曰今日之急殄寇爲先未效勳庸而逆受榮寵非所聞也何以示天下乎固辭不受時亮雖奔敗嶠每推崇之分兵結亮遣王愆期等要陶侃同赴國難侃恨不受顧命不許嶠初從之後用其部將毛寶說復固請侃行語在寶傳初嶠與庾亮相推爲盟主嶠從弟充言於嶠曰征西位重兵彊宜共推之嶠於是遣王愆期奉侃爲盟主侃許之遣督護龔登率兵詣嶠嶠於是列上尙書陳峻罪狀有衆七千灑泣登舟移告四方征鎭曰賊臣祖約蘇峻同惡相濟用生邪心天奪其魄死期將至譴負天地自絕人倫寇不可縱宜增軍討撲輒屯次溢口卽日護軍庾亮至宣太后詔寇逼宮城王旅撓

敗出告藩臣謀寧社稷後將軍郭默冠軍將軍趙胤奮武將軍龔保與嶠督護王愆期西陽太守鄧嶽鄱陽內史紀瞻率其所領相尋而至逆賊肆凶陵蹈宗廟火延宮掖矢流太極二御幽逼宰相困迫殘虐朝士劫辱子女承問悲惶精魂飛散嶠闇弱不武不能殉難哀恨自咎五情摧隕慙負先帝託寄之重義在畢力死而後已今躬率所統爲士卒先催進諸軍一時電擊西陽太守鄧嶽尋陽太守褚誕等連旗相繼宣城內史桓彝已勒所屬屯濱江之要江夏相周撫乃心求征軍已向路昔包胥楚國之微臣重趼致誠義感諸侯藺相如趙邦之陪隸恥君之辱按劍秦庭皇漢之季董卓作亂劫遷獻帝虐害忠良關東州郡相率同盟廣陵功曹臧洪郡之小吏耳登壇喢血涕淚橫流慷慨之節實厲羣后況今居台鼎據方州列名邦受國恩者哉不期而會不謀而同不亦宜乎二賊合衆不盈五千且外畏胡寇城內饑乏後將軍郭默即於戰陣俘殺賊千人賊今雖殘破都邑其宿衞兵人即時出散不爲賊用且祖約情性褊阨忌剋不仁蘇峻小子惟利是視殘酷驕猜權相假合江表興義以抗其前彊胡外寇以躡其後運漕隔絕資食空懸內乏外孤勢何得久羣公征鎮職在禦侮征西陶公國之耆德忠肅義正勳庸弘著諸方鎮州郡咸齊斷金同稟規略以雪國恥苟利社稷死生以之嶠雖怯劣忝據一方賴忠賢之規文武之助君子竭誠小人盡力高操之士被褐而從戎負薪之徒匍匐而赴命率其私僕致其私杖人士之誠竹帛不能載也豈嶠無德而致之哉士稟義風人感皇澤且護軍庾公帝之元舅德望隆重率郭後軍趙龔三將與嶠勠力得有資憑且悲且慶若朝廷之不泯也其各明率所統無後事機賞募之信明如日月有能斬約峻者封五等侯賞布萬匹夫忠爲令德爲仁由己萬里一契義不在言也時陶侃雖許自下而未發復追其督護龔登嶠重與侃書曰僕謂軍有進而無退宜增而不可減近已移檄遠近言於盟府剋後月半大舉南康建安晉安三郡軍並在路次同赴此會惟須仁公所統至便齊進耳仁公今召軍還疑惑遠近成敗之由將在於此僕才輕任重實憑仁公篤愛遠稟成規至於首啓戎行不敢有辭僕與仁公當如常山之蛇首尾相衞又脣齒之喻也恐惑者不達高旨將謂仁公緩於討賊此聲難追僕與仁公並受方嶽之任安危休戚理既同之且自頃之顧綢繆往來情深義重著於人士之口一旦有急亦望仁公悉衆見救況社稷之難惟僕偏當一州州之文武莫不翹企假令此州不守約峻樹置官長於此荊楚西逼彊胡東接逆賊因之以饑饉將來之危乃當甚於此州之今日也以大義言之則社稷顛覆主辱臣死公進當爲大晉之忠臣參桓文之義開國承家銘之天府退當以慈父雪愛子之痛約峻凶逆無道囚制人士裸其五形近日來者不可忍見骨肉生離痛感天地人心齊一咸皆切齒今之進討若以石投卵耳今出軍既緩復召兵還人心乖離是爲敗於幾成也願深察所陳以副三軍之望峻時殺侃子瞻由是侃激厲遂率所統與嶠亮同赴京師戎卒六萬旌旗七百餘里鉦鼓之聲震於百里直指石頭次于蔡洲侃屯查浦嶠屯沙門浦時祖約據歷陽與峻爲首尾見嶠等軍盛謂其黨曰吾本知嶠能爲四公子之事今果然矣峻聞嶠將至逼大駕幸石頭時峻軍多馬南軍杖舟楫不敢輕與交鋒用將軍李根計據白石築壘以自固使庾亮守之賊步騎萬餘來攻不下而退追斬二百餘級嶠又於四望磯築壘以逼賊曰賊必爭之設伏以逸待勞是制賊之一奇也是時義軍屢戰失利嶠軍食盡陶侃怒曰使君前云不憂無將士惟得老僕爲主耳今數戰皆北良將安在荊州接胡蜀二虜倉廩當備不虞若復無食僕便欲西歸更思良算但今歲計殄賊不爲晚也嶠曰不然自古成監師克在和光武之濟昆陽曹公之拔官渡以寡敵衆杖義故也峻約小豎爲海內所患今日之舉決在一戰峻勇而無謀藉驕勝之勢自謂無前今挑之戰可一鼓而擒也奈何捨垂立之功設進退之計且天子幽逼社稷危殆四海臣子肝腦塗地嶠等與公並受國恩是致命之日事若克濟則臣主同祚如其不捷身雖灰滅不足以謝責於先帝今之事勢義無旋踵騎猛獸安可中下哉公若違衆獨反人心必沮沮衆敗事義旗將迴指於公矣侃無以對遂留不去嶠於是創建行廟廣設壇場告皇天后土祖宗之靈親讀祝文聲氣激揚流涕覆面三軍莫能仰視其日侃督水軍向石頭亮嶠等率精勇一萬從白石以挑戰時峻勞其將士因醉突陣馬躓爲侃將所斬峻弟逸及子碩嬰城自固嶠乃立行臺布告天下凡故吏二千石臺郎御史以下皆令赴臺於是至者雲集司徒王導因奏嶠侃錄尚書遣間使宣旨並讓不受賊將匡術以臺城來降爲逸所擊求救於嶠江州別駕羅洞曰今水暴長救之不便不如攻榻杭榻杭軍若敗術圍自解嶠從之遂破賊石頭軍奮威長史滕含抱天子奔于嶠船時陶侃雖爲盟主而處分規略一出於嶠及賊滅拜驃騎將軍開府儀同三司加散騎常侍封始安郡公邑三千戶

初峻黨路永匡術賈寧中塗悉以衆歸順王導將褒顯之嶠曰術輩首亂罪莫大焉晚雖改悟未足以補前失全其首領爲幸已過何可復寵授哉導無以奪朝議將留輔政嶠以導先帝所任固辭還藩復以京邑荒殘資用不給嶠借資蓄具器用而後旋于武昌至牛渚磯水深不可測世云其下多怪物嶠遂燬犀角而照之須臾見水族覆火奇形異狀或乘馬車著赤衣者嶠其夜夢人謂己曰與君幽明道別何意相照也意甚惡之嶠先有齒疾至是拔之因中風至鎭未旬而卒時年四十二江州士庶聞之莫不相顧而泣帝下冊書曰朕以眇身纂承洪緒不能光闡大道化洽時雍至乃狂狡滔天社稷危逼惟公明鑒特達識心經遠懼皇綱之不維忿凶寇之縱暴倡率羣后五州響應首啓戎行元惡授馘王室危而復安三光幽而復明功格宇宙勳著八表方賴大猷以拯區夏天不憖遺早世薨殂朕用痛悼于厥心夫褒德銘勳先王之明典今追贈公侍中大將軍持節都督刺史公如故賜錢百萬布千匹謚曰忠武祠以太牢初葬于豫章後朝廷追嶠勳德將爲造大墓於元明二帝陵之北陶侃上表曰故大將軍嶠忠誠著於聖世勳義感于人神非臣筆墨所能稱陳臨卒之際與臣書別臣藏之篋笥時時省視每一思述未嘗不中夜撫膺臨飯酸噎人之云亡嶠實當之謹寫嶠書上呈伏惟陛下既垂御省傷其情旨死不忘忠身沒黃泉追恨國恥獎臣戮力救濟艱難使亡而有知抱恨結草豈樂今日勞費之事願陛下慈恩停其移葬使嶠棺柩無風波之危魂靈安於后土詔從之其後嶠後妻何氏卒子放之便載喪還都詔葬建平陵北并贈嶠前妻王氏及何氏始安夫人印綬放之嗣爵少歷清官累至給事黃門侍郎以貧求爲交州朝廷許之王述與會稽王牋曰放之温嶠之子宜見優異而投之嶺外竊用愕然願遠存周禮近參人情則望實惟允時竟不納放之既至南海甚有威惠將征林邑交阯太守杜寶別駕阮朗並不從放之以其阻衆誅之勒兵而進遂破林邑而還卒于官弟式之新建縣侯位至散騎常侍

郗鑒 子愔 愔子超 愔弟曇

鑒叔父隆

郗鑒字道徽高平金鄉人漢御史大夫慮之玄孫也少孤貧博覽經籍躬耕隴畝吟詠不倦以儒雅著名不應州命趙王倫辟爲掾知倫有不臣之迹稱疾去職及倫纂其黨皆至大官而鑒閉門自守不染逆節惠帝反正參司空軍事累遷太子中舍人中書侍郎東海王越辟爲主簿舉賢良不行征東大將軍苟晞檄爲從事中郎晞與越方以力爭鑒不應其召從兄旭晞之別駕恐禍及己勸之赴召鑒終不迴晞亦不之逼也及京師不守寇難鋒起鑒遂陷於陳午賊中邑人張寔先求交於鑒鑒不許至是寔於午營來省鑒疾既而卿鑒鑒謂寔曰相與邦壤義不及通何可怙亂至此邪寔大慙而退午以鑒有名於世將逼爲主鑒逃而獲免午尋潰散鑒得歸鄉里于時所在饑荒州中之士素有感其恩義者相與資贍鑒復分所得以䘏宗族及鄉曲孤老賴而全濟者甚多咸相謂曰今天子播越中原無伯當歸依仁德可以後亡遂共推鑒爲主舉千餘家俱避難於魯之嶧山元帝初鎭江左承制假鑒龍驤將軍兗州刺史鎭鄒山時荀藩用李述劉琨用兄子演並爲兗州各屯一郡以力相傾闔州編戶莫知所適又徐龕石勒左右交侵日尋干戈外無救援百姓饑饉或掘野鼠蟄燕而食之終無叛者三年間衆至數萬帝就加輔國將軍都督兗州諸軍事永昌初徵拜領軍將軍既至轉尚書以疾不拜時明帝初即位王敦專制內外危逼謀杖鑒爲外援由是拜安西將軍兗州刺史都督揚州江西諸軍假節鎭合肥敦忌之表爲尚書令徵還道經姑孰與敦相見敦謂曰樂彥輔短才耳後生流宕言違名檢考之以實豈勝滿武秋邪鑒曰擬人必于其倫彥輔道韻平淡體識沖粹處傾危之朝不可得而親疏及愍懷太子之廢可謂柔而有正武秋失節之士何可同日而言敦曰愍懷廢從之際交有危機之急人何能以死守之乎以此相方其不減明矣鑒曰丈夫既潔身北面義同在三豈可偷生屈節靦顏天壤邪苟道數終極固當存亡以之耳敦素懷無君之心聞鑒言大忿之遂不復相見拘留不遣敦之黨與譖毀日至鑒舉止自若初無懼心敦謂錢鳳曰郗道徽儒雅之士名位既重何得害之乃放還臺鑒遂與帝謀滅敦既而錢鳳攻逼京都假鑒節加衞將軍都督從駕諸軍事鑒以無益事實固辭不受軍號時議者以王含錢鳳衆力百倍苑城小而不固宜及軍勢未成大駕自出距戰鑒曰羣逆縱逸其勢不可當可以算屈難以力競且含等號令不一抄盜相尋百姓懲往年之暴皆人自爲守乘逆順之勢何往不剋且賊無經略遠圖惟恃豕突一戰曠日持久必啓義士之心令

謀猷得展今以此弱力敵彼彊寇決勝負於一朝定成敗於呼吸雖有申胥之徒義存投袂何補於既往哉帝從之鑒以尚書令領諸屯營及鳳等平温嶠上議請宥敦佐吏鑒以爲先王崇君臣之教故貴伏死之節昏亡之主故開待放之門王敦佐吏雖多逼迫然居逆亂之朝無出關之操準之前訓宜加義責又奏錢鳳母年八十宜蒙全宥乃從之封高平侯賜絹四千八百匹帝以其有器望萬幾動靜輒問之乃詔鑒特草上表疏以從簡易王導議欲贈周札官鑒以爲不合語在札傳導不從鑒於是駁之曰敦之逆謀履霜日久緣札開門令王師不振若敦前者之舉義同桓文則先帝可爲幽厲邪朝臣雖無以難而不能從俄而遷車騎將軍都督徐兗青三州軍事兗州刺史假節鎮廣陵尋而帝崩鑒與王導卞壼温嶠庾亮陸曄等並受遺詔輔少主進位車騎大將軍開府儀同三司加散騎常侍咸和初領徐州刺史及祖約蘇峻反鑒聞難便欲率所領東赴詔以北寇不許於是遣司馬劉矩領三千人宿衞京都尋而王師敗績矩遂退還中書令庾亮宣太后口詔進鑒爲司空鑒去賊密邇城孤糧絶人情業業莫有固志奉詔流涕設壇場刑白馬大誓三軍曰賊臣祖約蘇峻不恭天命不畏王誅凶戾肆逆干國之紀陵汨五常侮弄神器遂制脅幽主拔本塞原殘害忠良禍虐黎庶使天地神祇靡所依歸是以率土怨酷兆庶泣血咸願奉辭罰罪以除元惡昔戎狄泯周齊桓糾盟董卓陵漢羣后致討義存君親古今一也今主上幽危百姓倒懸忠臣正士志存報國凡我同盟既盟之後戮力一心以救社稷若二寇不梟義無偷安有渝此盟明神殛之鑒登壇慷慨三軍爭爲用命乃遣將軍夏侯長等間行謂平南將軍温嶠曰今賊謀欲挾天子東入會稽宜先立營壘屯據要害既防其越逸又斷賊糧運然後靜鎮京口清壁以待賊賊攻城不拔野無所掠東道既斷糧運自絶不過百日必自潰矣嶠深以爲然及陶侃爲盟主進鑒都督揚州八郡軍事時撫軍將軍王舒輔軍將軍虞潭皆受鑒節度率衆渡江與侃會于茄子浦鑒築白石壘而據之會舒潭戰不利鑒與後將軍郭默還丹徒立大業曲阿庱亭三壘以距賊而賊將張健來攻大業城中乏水郭默窘迫遂突圍而出三軍失色參軍曹納以爲大業京口之扞一旦不守賊方軌而前勸鑒退還廣陵以俟後舉鑒乃大會僚佐責納曰吾蒙先帝厚顧荷託付之重正復捐軀九泉不足以報今彊寇在郊衆心危迫君腹心之佐而生長異端當何以率先義衆鎮一三軍邪將斬之久而乃釋會峻死大業圍解及蘇逸等走吳興鑒遣參軍李閎追斬之降男女萬餘口拜司空加侍中解八郡都督更封南昌縣公以先爵封其子曇時賊帥劉徵聚衆數千浮海抄東南諸縣鑒遂城京口加都督揚州之晉陵吳郡諸軍事率衆討平之進位太尉後以寢疾上疏遜位曰臣疾彌留遂至沉篤自忖氣力差理難冀有生有死自然之分但忝位過才曾無以報上慙先帝下愧日月伏枕哀歎抱恨黄泉臣今虚乏救命朝夕輒以府事付長史劉遐乞骸骨歸丘園惟願陛下崇山海之量弘濟大猷任賢使能事從簡易使康哉之歌復興於今則臣雖死猶生之日耳臣所統錯雜率多北人或逼遷徙或是新附百姓懷土皆有歸本之心臣宣國恩示以好惡處與田宅漸得少安聞臣疾篤衆情駭動若當北渡必啓寇心太常臣謨平簡貞正素望所歸謂可以爲都督徐州刺史臣亡兄息晉陵內史邁謙愛養士甚爲流亡所宗又是臣門戶子弟堪任兗州刺史公家之事知無不爲是以敢希祁奚之舉疏奏以蔡謨爲鑒軍司鑒尋薨時年七十一帝朝晡哭于朝堂遣御史持節護喪事贈一依温嶠故事册曰惟公道德沖邃體識弘遠忠亮雅正行爲世表歷位內外勳庸彌著乃者約峻狂狡毒流朝廷社稷之危賴公以寧功侔古烈勳邁桓文方倚大猷藩翼時難昊天不弔奄忽薨殂朕用震悼于厥心夫爵以顯德謚以表行所以崇明軌迹丕揚徽劭今贈太宰謚曰文成祠以太牢魂而有靈嘉茲寵榮初鑒値永嘉喪亂在鄉里甚窮餒鄉人以鑒名德傳共飴之時兄子邁外甥周翼並小常攜之就食鄉人曰各自饑困以君賢欲共相濟耳恐不能兼有所存鑒於是獨往食訖以飯著兩頰邊還吐與二兒後並得存同過江邁位至護軍翼爲剡縣令鑒之薨也翼追撫育之恩解職而歸席苫心喪三年二子愔曇

愔字方回少不交競弱冠除散騎侍郎不拜性至孝居父母憂殆將滅性服闋襲爵南昌公徵拜中書侍郎驃騎何充輔政征北將軍褚裒鎮京口皆以愔爲長史再遷黄門侍郎時吳郡守闕欲以愔爲太守愔自以資望少不宜超莅大郡朝議嘉之轉爲臨海太守會弟曇卒益無處世意在郡優游頗稱簡默與姊夫王羲之高士許詢並有邁世之風俱棲心絶穀修黄老之術後以疾去職乃築宅章安有終焉之志十許年間人事頓絶簡文帝輔政與尚書僕射江彪等薦愔以爲執德存正識懷沉敏而辭職遺榮有不拔之操成務須才豈得遂其獨善宜見徵引以參政術於是徵爲光祿大夫加散騎常侍既到更除太常固讓不拜深抱沖退樂補遠郡從之出爲輔國將軍會稽內史大司馬桓温以愔與徐兗有故義乃遷愔都督徐兗青幽揚州之晉陵諸軍事領徐兗二州刺史假節雖居藩鎮非其好也俄屬桓温北伐愔請督所部出河上用其子超計以己非將帥才不堪軍旅又固辭解職勸温并領己所統轉冠軍將軍會稽內史及帝踐阼就加鎮軍都督浙江東五郡軍事久之以年老乞骸骨因居會稽徵拜司空詔書優美敦獎殷勤固辭不起大元九年卒時年七十二追贈侍中司空謚曰文穆三子超融沖超最知名

超字景興一字嘉賓少卓犖不羈有曠世之度交游士林每存勝拔善談論義理精微愔事天師道而超奉佛愔又好聚斂積錢數千萬嘗開庫任超所取超性好施一日中散與親故都盡其任心獨詣皆此類也桓温辟爲征西大將軍掾温遷大司馬又轉爲參軍温英氣高邁罕有所推與超言常謂不能測遂傾意禮待超亦深自結納時王珣爲温主簿亦爲温所重府中語曰髯參軍短主簿能令公喜能令公怒超髯珣短故也尋除散騎侍郎時愔在北府徐州人多勁悍温恒云京口酒可飲兵可用深不欲愔居之而愔暗於事機遣牋詣温欲共獎王室修復園陵超取視寸寸毁裂乃更作牋自陳老病甚不堪人間乞閑地自養温得牋大喜卽轉愔爲會稽太守温懷不軌欲立霸王之基超爲之謀謝安與王坦之嘗詣温論事温令超帳中臥聽之風動帳開安笑曰郗生可謂入幕之賓矣太和中温將伐慕容氏於臨漳超諫以道遠汴水又淺運道不通温不從遂引軍自濟入河超又進策於温曰清水入河無通運理若寇不戰運道又難因資無所實爲深慮也今盛夏悉力徑造鄴城彼伏公威略必望陣而走退還幽朔矣若能決戰呼吸可定設欲城鄴難爲功力百姓布野盡爲官有易水以南必交臂請命但恐此計輕決公必務其持重耳若此計不從便當頓兵河濟控引糧運令資儲充備足及來夏雖如賒遲終亦濟剋若舍此二策而連軍西進進不速決退必愆乏賊因此勢日月相引僶俛秋冬船道澁滯且北土早寒三軍裘褐者少恐不可以涉冬此大限閡非惟無食而已温不從果有枋頭之敗温深慙之尋而有壽陽之捷問超曰此足以雪枋頭之恥乎超曰未厭有識之情也既而超就温宿中夜謂温曰明公都有慮不温曰卿欲有所言邪超曰明公既居重任天下之責將歸於公矣若不能行廢立大事爲伊霍之舉者不足鎮壓四海震服宇內豈不可深思哉温既素有此計深納其言遂定廢立超始謀也遷中書侍郎謝安嘗與王文度共詣超日旰未得前文度便欲去安曰不能爲性命忍俄頃邪其權重當時如此轉司徒左長史母喪去職常謂其父名公之子位遇應在謝安右而安入掌機權愔優游而已恒懷憤憤發言慷慨由是與謝氏不穆安亦深恨之服闋除散騎常侍不起以爲臨海太守加宣威將軍不拜年四十二先愔卒初超雖實黨桓氏以愔忠於王室不令知之將亡出一箱書付門生曰本欲焚之恐公年尊必以傷愍爲弊我亡後若大損眠食可呈此箱不爾便燒之愔後果哀悼成疾門生依旨呈之則悉與温往反密計愔於是大怒曰小子死恨晚矣更不復哭凡超所交友皆一時美秀雖寒門後進亦拔而友之及死之日貴賤操筆而爲誄者四十餘人其爲衆所宗貴如此王獻之兄弟自超未亡見愔常躡履問訊甚修舅甥之禮及超死見愔慢怠展而候之命席便遷延辭避愔每慨然曰使嘉賓不死鼠子敢爾邪性好聞人棲遁有能辭榮拂衣者超爲之起屋宇作器服畜僕豎費百金而不吝又沙門支遁以清談著名于時風流勝貴莫不崇敬以爲造微之功足參諸正始而遁常重超以爲一時之儁甚相知賞超無子從弟儉之以子僧施嗣

僧施字惠脫襲爵南昌公弱冠與王綏桓胤齊名累居清顯領宣城內史入補丹陽尹劉毅鎮江陵請爲南蠻校尉假節與毅俱誅國除

曇字重熙少賜爵東安縣開國伯司徒王導辟祕書郎朝論以曇名臣之子每逼以憲制年三十始拜通直散騎侍郎遷中書侍郎簡文帝爲撫軍引爲司馬尋除尚書吏部郎拜御史中丞時北中郎荀羨有疾朝廷以曇爲羨軍司加散騎常侍頃之羨徵還仍除北中郎將都督徐兗青幽揚州之晉陵諸軍事領徐兗二州刺史假節鎮下邳後與賊帥傅末波等戰失利降號建威將軍尋卒年四十二追贈北中郎謚曰簡子恢嗣

恢字道胤少襲父爵散騎侍郎累遷給事黄門侍郎領太子右衞率恢身長八尺美鬚髯孝武帝深器之以爲有藩伯之望會朱序自表去職擢恢爲梁秦雍司荆揚并等州諸軍事建威將軍雍州刺史假節鎮襄陽恢甚得關隴之和降附者動有千計初姚萇將竇衝來降拜

東羌校尉衡後舉兵反入漢川襲梁州時關中有巴蜀之衆皆背萇據弘農以結苻登而登署衡爲左丞相徙屯華陰河南太守楊佺期遣上黨太守荀靜戍皇天塢以距之衡數來攻恢遣將軍趙睦守金墉城而佺期率衆次湖城討衡走之尋而慕容垂圍慕容永於潞川永窮蹙遣其子弘求救於恢并獻玉璽一紐恢獻璽於臺又陳垂若并永其勢難測今於國計謂宜救永永垂並存自爲仇讎連雞不棲無能爲患然後乘機雙斃則河北可平孝武帝以爲然詔王恭庾楷救之未及發而永沒楊佺期以疾去職恢以隨郡太守夏侯宗之爲河南太守戍洛陽姚萇遣其子略攻湖城及上洛又使其將楊佛嵩圍洛陽恢遣建武將軍辛恭靜救洛陽梁州刺史王正胥率衆出子午谷以爲聲援略懼而退恢以功進征虜將軍又領秦州刺史加督隴上軍時魏氏彊盛山陵危逼恢遣江夏相鄧啓方等以萬人距之與魏王拓跋珪戰于滎陽大敗而還及王恭討王國寶桓玄殷仲堪皆舉兵應恭恢與朝廷掎角玄等襄陽太守夏侯宗之府司馬郭毗並以爲不可恢皆殺之既而玄等退守尋陽以恢爲尚書將家還都至楊口仲堪陰使人於道殺之及其四子託以羣蠻所殺喪還京師贈鎮軍將軍子循嗣

隆字弘始審亮有匪躬之節初爲尚書郎轉左丞在朝爲百寮所憚坐漏洩事免頃之爲吏部郎復免補東郡太守隆少爲趙王倫所善及倫專擅召爲散騎常侍倫之篡也以爲揚州刺史竪屬有犯輒依臺閣峻制繩之遠近咸怨尋加寧東將軍未拜而齊王冏檄至中州人在軍者皆欲赴義隆以兄子鑒爲趙王掾諸子悉在京洛故猶豫未決主簿趙誘前秀才虞潭白隆曰當今上計明使君自將精兵徑赴齊王中計明使君可留督攝速遣猛將率精兵疾赴下計示遣兵將助而稱背倫隆素敬別駕顧彥密與謀之彥曰趙誘下計乃上策也西曹留承聞彥言請見曰不審明使君當今何施隆曰我俱受二帝恩無所偏助惟欲守州而已承曰天下者世祖皇帝之天下也太上承代已積十年今上取四海不平齊王應天順時成敗之事可見使君若顧二帝自可不行宜急下檄文速遣精兵猛將若其疑惑此州豈可得保也隆無所言而停檄六日將寧遠將軍陳留王邃領東海都尉鎮石頭隆軍人西赴邃甚衆隆遣從事於牛渚禁之不得止將士憤怒夜扶邃爲主而攻之隆父子皆死顧彥亦被害誣隆聚合遠近圖爲不軌隆之死也時議莫不痛惜焉

史臣曰忠臣本乎孝子奉上資乎愛親自家刑國於斯極矣太眞性履純深譽流邦族始則承顏候色老萊弗之加也既而辭親蹈義申胥何以尚焉封狐萬里投軀而弗顧猰㺄千羣探穴而忘死竟能宣力王室揚名本朝負荷受遺繼之全節言念主辱義聲動於天地祇赴國屯信誓盟於日月枕戈雨泣若雪分天之仇皇輿從軫卒復東庚之蹕微夫人之誠懇大盜幾移國乎道徽儒雅柔而有正協德始安頗均連璧方回踵武奕世登台露冕爲飾援高人以同志抑惟大隱者歟愛子云亡省遺文而輟泣殊有大義之風矣

贊曰太眞懷貞勤宣乃誠謀敦翦峻奮節摛名道徽忠勁高芬遠映愔克負荷超慙雅正

晉書卷六十八

晉書卷六十八

唐　太　宗　文　皇　帝　御　撰

列傳第三十八

顧榮

顧榮字彥先吳國吳人也爲南土著姓祖雍吳丞相父穆宜都太守榮機神朗悟弱冠仕吳爲黃門侍郎太子輔義都尉吳平與陸機兄弟同入洛時人號爲三俊例拜爲郎中歷尚書郎太子中舍人廷尉正恒縱酒酣暢謂友人張翰曰惟酒可以忘憂但無如作病何耳會趙王倫誅淮南王允收允寮屬付廷尉皆欲誅之榮平心處當多所全宥及倫篡位倫子虔爲大將軍以榮爲長史初榮與同寮宴飲見執炙者貌狀不凡有欲炙之色榮割炙啗之坐者問其故榮曰豈有終日執之而不知其味及倫敗榮被執將誅而執炙者爲督率遂救之得免齊王冏召爲大司馬主簿冏擅權驕恣榮懼及禍終日昏酣不綜府事以情告友人長樂馮熊熊謂冏長史葛旟曰以顧榮爲主簿所以甄拔才望委以事機不復計南北親疎欲平海內之心也今府大事殷非酒客之政旟曰榮江南望士且居職日淺不宜輕代易之熊曰可轉爲中書侍郎榮不失清顯而府更收實才旟然之白冏以爲中書侍郎在職不復飲酒人或問之曰何前醉而後醒邪榮懼罪乃復更飲與州里楊彥明書曰吾爲齊王主簿恒慮禍及見刀與繩每欲自殺但人不知耳及冏誅榮以討葛旟功封嘉興伯轉太子中庶子長沙王乂爲驃騎復以榮爲長史乂敗轉成都王穎丞相從事中郎惠帝幸臨漳以榮兼侍中遣行園陵會張方據洛不得進避之陳留及帝西遷長安徵爲散騎常侍以世亂不應遂還吳東海王越聚兵於徐州以榮爲軍諮祭酒屬廣陵相陳敏反南渡江逐揚州刺史劉機丹陽內史王曠阻兵據州分置子弟爲列郡收禮豪傑有孫氏鼎峙之計假榮右將軍丹陽內史榮數踐危亡之際恒以恭遜自勉會敏欲誅諸士人榮說之曰中國喪亂胡夷內侮觀太傅今日不能復振華夏百姓無復遺種江南雖有石冰之寇人物尚全榮常憂無竇氏孫劉之策有以存之耳今將軍懷神武之略有孫吳之能功勳效於已著勇略冠於當世帶甲數萬舳艫山積上方雖有數州亦可傳檄而定也若能委信君子各得盡懷散蔕芥之恨塞讒諂之口則大事可圖也敏納其言悉引諸豪族委任之敏乃遣甘卓出橫江堅甲利器盡以委之榮私於卓曰若江東之事可濟當共成之然卿觀事勢當有濟理不敏既常才本無大略政令反覆計無所定然其子弟各已驕矜其敗必矣而吾等安然受其官祿事敗之日使江西諸軍函首送洛題曰逆賊顧榮甘卓之首豈惟一身顛覆辱及萬世可不圖之卓從之明年周玘與榮及甘卓紀瞻潛謀起兵攻敏榮發橋斂舟於南岸敏率萬餘人出不獲濟榮麾以羽扇其衆潰散事平還吳永嘉初徵拜侍中行至彭城見禍難方作遂輕舟而還語在紀瞻傳元帝鎮江東以榮爲軍司加散騎常侍凡所謀畫皆以諮焉榮既南州望士躬處右職朝野甚推敬之時帝所幸鄭貴嬪有疾以祈禱頗廢萬幾榮上牋諫曰昔文王父子兄弟乃有三聖可謂窮理者也而文王日昃不暇食周公一沐三握髮何哉誠以一日萬幾不可不理一言蹉跌患必及之故也當今衰季之末屬亂離之運而天子流播豺狼塞路公宜露營野次星言夙駕伏軾怒蛙以募勇士懸膽於庭以表辛苦貴嬪未安藥石實急禱祀之事誠復可修豈有便塞烝佐白事斷賓客問訊今彊賊臨境流言滿國人心萬端去就紛紜願沖虛納下廣延儁彥思畫今日之要塞鬼道淫祀弘九合之勤雪天下之恥則羣生有賴開泰有期矣時南土之士未盡才用榮又言陸士光貞正清貴金玉其質甘季思忠款盡誠膽幹殊快殷慶元質略有明規文武可施用榮族兄公讓明亮守節困不易操會稽楊彥明謝行言皆服膺儒教足爲公望賀生沉潛青雲之士陶恭兄弟才幹雖少實事極佳凡此諸人皆南金也書奏皆納之六年卒官帝臨喪盡哀欲表贈榮依齊王功臣格吳郡內史殷祐牋曰昔賊臣陳敏憑寵藉權滔天作亂兄弟姻婭盤固州郡威逼士庶以爲臣僕于時賢愚計無所出故散騎常侍安東軍司嘉興伯顧榮經德體道謀猷弘遠忠貞之節在困彌厲崎嶇艱險之中逼迫姦逆之下每惟社稷發憤忼愾密結腹心同謀致討信著羣士名冠東夏德聲所振莫不響應荷戈駿奔其會如林榮躬當矢石爲衆率先忠義奮發忘家爲國歷年逋寇一朝土崩兵不血刃蕩平六州勳茂上代義彰天下伏聞論功依故大司馬齊王格不在帷幕密謀參議之例下附州征野戰之比不得進爵拓土賜拜子弟遐邇同歎江表失望齊王親則近屬位爲方嶽杖節握兵都督近畿外有五國之援內有宗室之助稱兵彌時役連天下元功雖建所喪亦多榮衆無一旅任非藩翰孤絕江外王命不通臨危獨斷以身殉國官無一金之費人無終朝之勞元惡既殄高尚成功封閉倉廩以俟大軍故國安物阜以義成俗今日匡霸事舉未必不由此而隆也方之於齊彊弱不同優劣亦異至於齊府參佐扶義助彊非創謀之主皆錫珪受瑞或公或侯榮首建密謀爲方面盟主功高元帥賞卑下佐上虧經國紀功之班下孤忠義授命之士夫考績幽明王教所崇況若榮者濟難寧國應天先事歷觀古今未有立功若彼酬報如此者也由是贈榮侍中驃騎將軍開府儀同三司諡曰元及帝爲晉王追封爲公開國食邑榮素好琴及卒家人常置琴於靈座吳郡張翰哭之慟既而上牀鼓琴數曲撫琴而歎曰顧彥先復能賞此不因又慟哭不弔喪主而去子毗嗣官至散騎侍郎

紀瞻

紀瞻字思遠丹陽秣陵人也祖亮吳尚書令父陟光祿大夫瞻少以方直知名吳平徙家歷陽郡察孝廉不行後舉秀才尚書郎陸機策之曰昔三代明王啓建洪業文質殊制而令名一致然夏人尚忠忠之弊也朴救朴莫若敬殷人革而修焉敬之弊也鬼救鬼莫若文周人矯而變焉文之弊也薄救薄則又反之於忠然則王道之反覆其無一定邪亦所祖之不同而功業各異也自無聖王人散久矣三代之損益百姓之變遷其故可得

而閭邪今將反古以救其弊明風以蕩其穢三代之制將何所從太古之化有何異道瞻對曰瞻聞有國有家者皆欲邁化隆政以康庶績垂歌億載永傳于後然而俗變事弊得失隨時雖經聖哲無以易也故忠弊質野敬失多儀周鑒二王之弊崇文以辯等差而流遁者歸薄而無款誠款誠之薄則又反之於忠三代相循如水濟火所謂隨時之義救弊之術也羲皇簡朴無爲而化後聖因承所務或異非賢聖之不同世變使之然耳今大晉闡元聖功日隮承天順時九有一貫荒服之君莫不來同然而大道既往人變由久謂當今之政宜去文存朴以反其本則兆庶漸化太和可致也又問在昔哲王象事備物明堂所以崇上帝清廟所以寧祖考辟雍所以班禮教太學所以講藝文此蓋有國之盛典爲邦之大司亡秦廢學制度荒闕諸儒之論損益異物漢氏遺作居爲異事而蔡邕月令謂之一物將何所從對曰周制明堂所以宗其祀以配上帝敬恭明祀永光孝道也其大數有六古者聖帝明王南面而聽政其六則以明堂爲主又其正中皆云太廟以順天時施行法令宗祀養老訓學講肄朝諸侯而選造士備禮辨物一教化之由也故取其宗祀之類則曰清廟取其正室之貌則曰太廟取其室則曰太室取其堂則曰明堂取其四門之學則曰太學取其周水圜如璧則曰璧雍異名同事其實一也是以蔡邕謂之一物又問庶明亮采故時雍穆唐有命既集而多士隆周故書稱明良之歌易貴金蘭之美此長世所以廢興有邦所以崇替夫成功之君勤於求才立名之士急於招世理無世不對而事千載恒背古之與王何道而如彼後之衰世何闕而如此對曰興隆之政務在得賢清平之化急於拔才故二八登庸則百揆序有亂十人而天下泰武丁擢傅巖之徒周文攜渭濱之士居之上司委之國政故能龍奮天衢垂勳百代先王身下白屋搜揚仄陋使山無扶蘇之才野無伐檀之詠是以化厚物感神祇來應翔鳳飄颻甘露豐墜醴泉吐液朱草自生萬物滋茂日月重光和氣四塞大道以成序君臣之義敦父子之親明夫婦之道別長幼之宜自九州被八荒海外移心重譯入貢頌聲穆穆南面垂拱也今貢賢之塗已闓而教學之務未廣是以進競之志恒銳而務學之心不修若闢四門以延造士宣五教以明令德考績殿最審其優劣厝之百寮置之群司使調物度宜節宣國典必協濟康哉符契往代明良來應金蘭復存也又問昔唐虞垂五刑之教周公明四罪之制故世歎清問而時歌緝熙姦先既殷法物滋有叔世崇三辟之文暴秦加族誅之律淫刑淪胥虐濫已甚漢魏遵承因而弗革亦由險泰不同而救世異術不得已而用之故也寬剋之中將何立而可族誅之法足爲永制與不對曰二儀分則兆庶生兆庶生則利害作利害之作有由而然也太古之時化道德之教賤勇力而貴仁義仁義貴則彊不陵弱衆不暴寡三皇結繩而天下泰非惟象刑緝熙而已也且太古知法所以遠獄及其末不失有罪是以獄用彌繁而人彌暴法令滋章盜賊多有書曰惟敬五刑以成三德叔世道衰既興三辟而文網之弊又加族誅淫刑淪胥感傷和氣化染後代不能變改故漢祖指麾而六合響應魏承漢末因而未革將以俗變由久權時之宜也今四海一統人思反本漸尚簡樸則貪夫不競尊賢黜否則不仁者遠爾則斟參夷之刑除族誅之律品物各順其生緝熙異世而偕也又問曰夫五行迭代陰陽相須二儀所以陶育四時所以化生易稱在天成象在地成形形象之作相須之道也若陰陽不調則大數不得不否一氣偏廢則萬物不得獨成此應同之至驗不偏之明證也今有溫泉而無寒火其故何也思聞辯之以釋不同之理對曰蓋聞陰陽升降山澤通氣初九純卦潛龍勿用泉源所託其溫宜也若夫水潤下火炎上剛柔燥濕自然之性故陽動而外陰靜而內內性柔弱以含容爲質外動剛直以外接爲用是以金水之明內鑒火日之光外輝剛施柔受陽勝陰伏水之受溫含容之性也又問曰夫窮神知化才之盡稱備物致用功之極目以之爲政則黃義之規可踵以之革亂則玄古之風可紹然而唐虞密皇人之闊網夏殷繁帝者之約法機心起而日進淳德往而莫返豈太樸一離理不可振將聖人之道稍有降殺邪對曰政因時以興機隨物而動故聖王究窮通之源審始終之理適時之宜期於濟世皇代質朴禍難不作結繩爲信人知所守大道既離智惠擾物夷險不同否泰異數故唐虞密皇人之網夏殷繁帝者之法皆廢興有由輕重以節此窮神之道知化之術隨時之宜非有降殺也永康初州又舉寒素大司馬辟東閤祭酒其年除鄄陵公國相不之官明年左降松滋侯相太安中棄官歸家與顧榮等共誅陳敏語在榮傳召拜尚書郎與榮同赴洛在塗共論易太極榮曰太極者蓋謂混沌之時曚昧未分日月含其輝八卦隱其神天地混其體聖人藏其身然後廓然既變清濁乃陳二儀著象陰陽交泰萬物始萌六合闓拓老子云有物混成先天地生誠易之太極也而王氏云太極天地愚謂未當夫兩儀之謂以體爲稱則是天地以氣爲名則名陰陽今若謂太極爲天地則是天地自生無生天地者也老子又云天地所以能長且久者以其不自生故能長久一生二二生三三生萬物以資始冲氣以爲和原元氣之本求天地之根恐宜以此爲準也瞻曰昔庖犧畫八卦陰陽之理盡矣文王仲尼係其遺業三聖相承共同一致稱易準天無復其餘也夫天清地平兩儀交泰四時推移日月輝其間自然之數雖經諸聖孰知其始吾子云曚昧未分豈其然乎聖人人也安得混沌之初能藏其身於未分之內老氏先天之言此蓋虛誕之說非易者之意也亦謂吾子神通體解所不應疑意者直謂太極極盡之稱言其理極無復外形外形既極而生兩儀王氏指向可謂近之古人舉至極以爲驗謂二儀生於此非復謂有父母若必有父母非天地其孰在榮遂止至徐州聞亂日甚將不行會刺史裴盾得東海王越書若榮等顧望以軍禮發遣乃與榮及陸玩等各解船棄車牛一日一夜行三百里得還揚州元帝爲安東將軍引爲軍諮祭酒轉鎮東長史帝親幸瞻宅與之同乘而歸以討周馥華軼功封都鄉侯石勒入寇加揚威將軍都督京口以南至蕪湖諸軍事以距勒勒退除會稽內史時有詐作大將軍府符收諸暨令令已受拘瞻覺其詐便破檻出之訊問使者果伏詐妄尋遷丞相軍諮祭酒論討陳敏功封臨湘縣侯西臺除侍中不就及長安不守與王導俱入勸進帝不許瞻曰陛下性與天道猶復役機神於史籍觀古人之成敗今世事舉目可知不爲難見二帝失御宗廟虛廢神器去晉于今二載梓宮未殯人神失御陛下膺籙受圖特天所授使六合革面遐荒來庭宗廟既建神主復安億兆向風殊俗畢至若列宿之綰北極百川之歸巨海而猶欲守匹夫之謙非所以闡七廟隆中興也但國賊宜誅當以此屈已謝天下耳而欲逆天時違人事失地利三者一去雖復傾匡於將來豈得救祖宗之危急哉適時之宜萬端其可綱維大業者惟理與當晉祚屯否理盡於今促之則得可以隆中興之祚縱之則失所以資姦寇之權此所謂理也陛下身當厄運纂承帝緒顧望宗室誰復與讓當承大位此所謂當也四祖廓開宇宙大業如此今五都燔爇宗廟無主劉石竊弄神器於西北陛下方欲高讓於東南此所謂揖讓而救火也臣等區區尚所不許況大人與天地合德日月並明而可以失機後時哉帝猶不許使殿中將軍韓績徹去御坐瞻叱績曰帝坐上應星宿敢有動者斬帝爲之改容及帝踐位拜侍中轉尚書上疏諫諍多所匡益帝甚嘉其忠烈會久疾不堪朝請上疏曰臣疾疢不痊曠廢轉久比陳誠款未見哀察重以尸素抱罪枕席憂責之重不知垂沒之餘當所投厝臣聞易失者時不再者年故古之志士義人負鼎趣走商歌於市誠欲及時效其忠規名傳不朽也然失之者億萬得之者一兩耳常人之情貪求榮利臣以凡庸邂逅遭遇勞無負鼎口不商歌橫逢大運頻煩饕竊雖思慕古人自效之志竟無毫釐報塞之效而犬馬齒衰衆疾廢頓僵臥救命百有餘日叩棺曳衾日頓一日如復天假之年蒙陛下行葦之惠適可薄存性命枕息陋巷亦無由復廁八坐升降臺閣也臣目冥齒墮胸腹冰冷創既不差足復偏跛爲病受困既以荼毒七十之年禮典所遺衰老之徵皎然露見臣雖欲勤自藏護隱伏何地臣之職掌戶口租稅國之所重方今六合波盪人未安居始被大化百度草創發卒轉運皆須人力以臣平彊兼以晨夜尚不及事今俟命漏刻而當久停機職使王事有廢若朝廷以之廣恩則憂責日重以之序官則官廢事弊須臣差則臣日月衰退今以天慈使官曠事滯臣受偏私之宥於大望亦有虧損今萬國革面賢俊比跡而當虛停好爵不以縻賢以臣穢病之餘妨官固職誠非古今黜進之急惟陛下割不已之仁賜以敝帷隕仆之日得以藉尸時銓俊乂使官修事舉臣免罪戮死生厚幸因以疾免尋除尚書右僕射屢辭不聽遂稱病篤還第不許時郗鑒據鄒山屢爲石勒等所侵逼瞻以鑒有將相之材恐朝廷棄而不恤上疏請徵之曰臣聞皇代之興必有爪牙之佐干城之用帝王之利器也故虞舜舉十六相而南面垂拱伏見前輔國將軍郗鑒少立高操體清望峻文武之略時之良幹昔與戴若思同辟推放荒地所在孤特衆無一旅救援不至然能綏集殘餘據險歷載遂使凶寇不敢南侵但士衆單寡無以立功既統名州又爲常伯若使鑒從容臺闈出內王命必能盡抗直之規補袞職之闕自先朝以來諸所授用已有成比戴若思以尚書爲六州都督征西將軍復加常侍劉隗鎮北陳聆鎮東以鑒年時則與若思同以資則俱八坐況鑒雅望清重一代名器聖明以至公臨天下惟平是與是以臣寢頓陋巷思盡聞見惟開聖懷垂問臣導冀有毫釐萬分之一明帝嘗獨引瞻於廣室慨

然憂天下曰社稷之臣欲無復十人如何因屈指曰君便其一。瞻辭讓帝曰方欲與君善語復云何崇謙讓邪瞻才兼文武朝廷稱其忠亮雅正俄轉領軍將軍當時服其嚴毅雖恒疾病六軍敬憚之瞻以久病請去官不聽復加散騎常侍及王敦之逆帝使謂瞻曰卿雖病但爲朕臥護六軍所益多矣乃賜布千匹瞻不以歸家分賞將士賊平復自表還家帝不許固辭不起詔曰瞻忠亮雅正識局經濟屢以年耆病久遂廵告誠朕深明此操重違高志今聽所執其以爲驃騎將軍常侍如故服物制度一按舊典遣使就拜止家爲府尋卒時年七十二冊贈本官開府儀同三司謚曰穆遣御史持節監護喪事論討王含功追封華容子降先爵二等封次子一人亭侯瞻性靜默少交遊好讀書或手自抄寫凡所著述詩賦牋表數十篇兼解音樂殆盡其妙厚自奉養立宅於烏衣巷館宇崇麗園池竹木有足賞翫焉愼行愛士老而彌篤尚書閔鴻太常薛兼廣川太守河南褚沉給事中宣城章遼歷陽太守沛國武嘏並與瞻素疏咸藉其高義臨終託後於瞻瞻悉營護其家爲起居宅同於骨肉焉少與陸機兄弟親善及機被誅瞻卹其家周至及嫁機女資送同於所生長子景早卒景子友嗣官至廷尉景弟鑒太子庶子大將軍從事中郎先瞻卒

賀循

賀循字彥先會稽山陰人也其先慶普漢世傳禮世所謂慶氏學族高祖純博學有重名漢安帝時爲侍中避安帝父諱改爲賀氏曾祖齊仕吳爲名將祖景滅賊校尉父邵中書令爲孫晧所殺徙家屬邊郡循少嬰家難流放海隅吳平乃還本郡操尚高厲童齓不羣言行進止必以禮讓國相丁乂請爲五官掾刺史嵆喜舉秀才除陽羨令以寬惠爲本不求課最後爲武康令俗多厚葬及有拘忌迴避歲月停喪不葬者循皆禁焉政教大行鄰城宗之然無援於朝久不進序著作郎陸機上疏薦循曰伏見武康令賀循德量邃茂才鑒清遠服膺道素風操凝峻歷試二州刑政肅穆前蒸陽令郭訥風度簡曠器識朗拔通濟敏悟才足幹事循守下縣編名凡悴訥歸家巷棲遲有年皆出自新邦朝無知已居在遐外志不自營年時倏忽而邈無階緒實州黨愚智所爲恨恨臣等伏思臺郎所以使州州有人非徒以均分顯路惠及外州而已誠以庶士殊風四方異俗壅隔之害遠國益甚至於荆揚二州戶各數十萬今揚州無郎而荆州江南乃無一人爲京城職者誠非聖朝待四方之本心至於才望資品循可尚書郎訥可太子洗馬舍人此乃衆望所積非但企及清塗苟充方選也謹條資品乞蒙簡察久之召補太子舍人趙王倫簒位轉侍御史辭疾去職後除南中郎長史不就會逆賊李辰起兵江夏征鎭不能討皆望塵奔走辰別帥石冰略有揚州逐會稽相張景以前寧遠護軍程超代之以其長史宰與領山陰令前南平內史王矩吳興內史顧祕前秀才周玘等唱義傳檄州郡以討之循亦合衆應之冰大將抗寵有衆數千屯郡講堂循移檄於寵爲陳逆順寵遂遁走超與皆降一郡悉平循迎景還郡即謝遣兵士杜門不出論功報賞一無豫焉及陳敏之亂詐稱詔書以循爲丹陽內史循辭以腳疾手不制筆又服寒食散露髮袒身示不可用敏竟不敢逼是時州內豪傑皆見維縶或有老疾就加秩命惟循與吳郡朱誕不豫其事及敏破征東將軍周馥上循領會稽相尋除吳國內史公車徵賢良皆不就元帝爲安東將軍復上循爲吳國內史與循言及吳時事因問曰孫晧嘗燒鋸截一賀頭是誰邪循未及言帝悟曰是賀邵也循流涕曰先父遭遇無道循創巨痛深無以上答帝甚愧之三日不出東海王越命爲參軍徵拜博士並不起及帝還鎭東大將軍以軍司顧榮卒引循代之循稱疾篤牋疏十餘上帝遺之書曰夫百行不同故出處道殊因性而用各任其眞耳當宇宙清泰彝倫攸敘隨運所遇動默在己或有遐棲高蹈輕舉絕俗逍遙養和恬神自足斯蓋道隆人逸勢使其然若乃時運屯弊主危國急義士救時驅馳拯世燭之武乘縋以入秦園綺彈冠而臣漢豈非大雅君子卷舒合道乎虛薄寡德忝備近親謬荷寵位受任方鎭殆服玄風景羨高矩常願棄結駟之軒軌策柴篳而造門徒有其懷而無從賢之實者何良以寇逆殷擾諸夏分崩皇居失御黎元荼毒是以日夜憂懷慷慨發憤忘在竭節耳前者顧公臨朝深賴高算元凱既登巢許獲逸至於今日所謂道之云亡邦國殄悴羣望顒顒實在君侯苟義之所在豈得讓勞居逸想達者亦一以貫之也庶稟徽猷以弘遠規今上尚書屈德爲軍司謹遣參軍沈禎銜命奉授望必屈臨以副傾遲循猶不起及帝承制復以爲軍諮祭酒循稱疾敦逼不得已乃轝疾至帝親幸其舟因諮以政道循羸疾不堪拜謁乃就加朝服賜第一區車馬牀帳衣褥等物循辭讓一無所受廷尉張闓住在小市將奪左右近宅以廣其居乃私作都門早閉晏開人多患之訟於州府皆不見省會循出至破岡連名詣循質之循曰見張廷尉當爲言及之闓聞而遽毀其門詣循致謝其爲世所敬服如此時江東草創盜賊多有帝思所以防之以問於循循答曰江道萬里通涉五州朝貢商旅之所來往也今議者欲出宣城以鎭江渚或欲使諸縣領兵愚謂令長威弱而兼才難備發憚役之人而御之不肅恐未必爲用以循所聞江中劇地惟有闔廬一處地勢險奧亡逃所聚特宜以重兵備戍隨勢討除絕其根蔕公江諸縣各有分界分界之內官長所任自可度土分力多置亭候恒使徼行峻其綱目嚴其刑賞使越常科勤則有殊榮之報墮則有一身之罪謂於大理不得不肅所給人以時番休役不至困代易有期按漢制十里一亭亦以防禁切密故也當今縱不能爾要宜籌量使力足相周若寇劫彊多不能獨制者可指其蹤跡言所在都督尋當致討今不明部分使所在百姓與軍家雜其徵備兩情俱墮莫適任負故所以徒有備名而不能爲益者也帝從之及愍帝即位徵爲宗正元帝在鎭又表爲侍中道險不行以討華軼功將封鄉侯循自以臥疾私門固讓不受建武初爲中書令加散騎常侍又以老疾固辭帝下令曰孤以寡德忝當大位若涉巨川罔知所憑循言行以禮乃時之望俗之表也實賴其謀猷以康萬幾疾患有素猶望臥相規輔而固守撝謙自陳懇至此賢履信思順非以讓爲高者也今從其所執於是改拜太常常侍如故循以九卿舊不加官今又疾患不宜兼處此職惟拜太常而已時宗廟始建舊儀多闕或以惠懷二帝應各爲世則潁川世數過七宜在迭毀事下太常循議以爲禮兄弟不相爲後不得以承代爲世殷之盤庚不序陽甲漢之光武不繼成帝別立廟寢使臣下祭之此前代之明典而承繼之著義也惠帝無後懷帝承統弟不後兄則懷帝自上繼世祖不繼惠帝當同殷之陽甲漢之成帝議者以聖德沖遠未便改舊茲如此禮通所未論是以惠帝尚在太廟而懷帝復入數則盈八盈八之理由惠帝不出非上祖宜遷也下世既升上世乃遷遷毀對代不得相通未有下升一世而上毀二世者也惠懷二帝俱繼世祖兄弟旁親同爲一世而上毀二爲一世今以惠帝之崩已毀豫章懷帝之入復毀潁川如此則一世再遷祖位橫折求之古義未見此例惠帝宜出尚未輕論況可輕毀一祖而無義例乎潁川既無可毀之理則見神之數居然自八此蓋有由而然非謂數之常也既有八神則不得不於七室之外權安一位也至尊於惠懷俱是兄弟自上後世祖不繼二帝則二帝之神行應別出不爲廟中恒有八室也又武帝初成太廟時正神止七而楊元后之神亦權立一室永熙元年告世祖謚於太廟八室此是苟有八神不拘於七之舊例也又議者以景帝俱已在廟則惠懷一例景帝盛德元功王基之本義著祖宗百世不毀故所以特在本廟且亦世代尚近數得相容安神而已無逼上祖如王氏昭穆既滿終應別廟也以今方之既輕重義異又七廟七世之親昭穆父子位也若當兄弟旁滿輒毀上祖則祖位空懸世數不足何取於三昭三穆與太祖之廟然後成七哉今七廟之義出於王氏從禰以上至於高祖親廟四世高祖以上復有五世六世無服之祖故爲三昭三穆并太祖而七也故世祖郊定廟禮京兆潁川曾高之親豫章五世征西六世以應此義今至尊繼統亦宜有五六世之祖豫章六世潁川五世俱不應毀今既云豫章先毀又當重毀潁川此爲廟中之親惟從高祖已下無復高祖以上三世之祖於王氏之義三昭三穆廢闕其二甚非宗廟之本所據承又違世祖祭征西豫章之意於一王定禮所闕不少時尚書僕射刁協與循異議循答義深備辭多不載竟從循議焉朝廷疑滯皆諮之於循循輒依經禮而對爲當世儒宗其後帝以循清貧下令曰循冰清玉潔行爲俗表位處上卿而居身服物蓋周形而已屋室財庇風雨孤近造其廬以爲慨然其賜六尺牀薦席褥并錢二十萬以表至德暢孤意焉循又讓不許不得已留之初不服用及帝踐位有司奏琅邪恭王宜稱皇考循又議曰按禮子不敢以己爵加父帝納之俄以循行太子太傅太常如故循自以枕疾廢頓臣節不修上疏降尊之義下替交敘之敬懼非垂典之教也累表固讓帝以循體德率物有不言之益敦厲備至期於不許命皇太子親往拜焉循有羸疾而恭於接對詔斷賓客其崇遇如此疾漸篤表乞骸骨上還印綬改授左光祿大夫開府儀同三司帝臨軒遣使持節加印綬循雖口不能言指麾左右推去章服車駕親幸執手流涕太子親臨者三焉往還皆拜儒者以爲榮太興二年卒時年六十帝素服舉哀哭之甚慟贈司空謚曰穆將葬帝又出臨其柩哭之盡哀遣兼侍御史持節監護皇太子追送近塗望船流涕循少玩篇籍善屬文博覽衆書尤精禮傳雅有知人之鑒拔同郡楊方於卑陋卒成名於世子隰康帝時官至臨海太守

楊方

楊方字公回少好學有異才初爲郡鈴下威儀公事之暇輒讀五經鄉邑未之知內史諸葛恢見而奇之待以門人之禮由是始得周旋貴人間時虞喜兄弟以儒學立名雅愛方爲之延譽恢嘗遣方爲文薦郡功曹主簿虞預稱美之送以示循循報書曰此子開拔有志意只言異於凡猥耳不圖偉才如此其文甚有奇分若出其胸臆乃是一國所推豈但牧豎中逸羣邪聞處舊黨之中好有謙沖之行此亦立身之一隅然世衰道喪人物凋弊每聞一介之徒有向道之志冀之願之如方者乃荒萊之特苗鹵田之善秀姿質已良但沾染未足耳移植豐壤必成嘉穀足下才爲世英位爲朝右道隆化立然後爲貴昔許子將拔樊仲昭於賈豎郭林宗成龐德公於畎畝足下志隆此業二賢之功不爲難及也循遂稱方於京師司徒王導辟爲掾轉東安太守遷司徒參軍事方在都邑搢紳之士咸厚遇之自以地寒不願久留京華求補遠郡欲閑居著述導從之上補高梁太守在郡積年著五經鉤沉更撰吳越春秋并雜文筆皆行於世以年老棄郡歸導將進之臺閣固辭還鄉里終於家

薛兼

薛兼字令長丹陽人也祖綜仕吳爲尚書僕射父瑩有名吳朝吳平爲散騎常侍兼清素有器宇少與同郡紀瞻廣陵閔鴻吳郡顧榮會稽賀循齊名號爲五儁初入洛司空張華見而奇之曰皆南金也察河南孝廉辟公府除比陽相莅任有能名歷太子洗馬散騎常侍懷令司空東海王越引爲參軍轉祭酒賜爵安陽亭侯元帝爲安東將軍以爲軍諮祭酒稍遷丞相長史甚勤王事以上佐祿優每自約損取周而已進爵安陽鄉侯拜丹陽太守中興建轉尹加秩中二千石遷尚書領太子少傅自綜至兼三世傅東宮談者美之永昌初王敦表兼爲太常明帝即位加散騎常侍帝以東宮時師傅猶宜盡敬乃下詔曰朕以不德夙遭閔凶猥以眇身託于王公之上哀煢在疚靡所諮仰憂懼惴惴如臨于谷孔子有云故雖天子必有尊也朕將祗奉先師之禮以諮有德太宰西陽王羕尊望重在貴思降丞相武昌公司空即丘子體道高邈勳德兼備先帝執友朕之師傅太常安陽鄉侯訓保朕躬忠肅篤誠夫崇親尊賢先帝所重朕見四君及書疏儀體一如東宮故事是歲卒詔曰太常安陽鄉侯兼履德沖素盡忠恪己方賴德訓弘濟政道不幸殂殞痛于厥心今遣持節侍御史贈左光祿大夫開府儀同三司魂而有靈嘉茲榮寵及葬屬王敦作逆朝廷多故不得議謚直遣使者祭以太牢子顒先兼卒無後

史臣曰元帝樹基淮海百度權輿夢想羣材共康庶績顧紀賀薛等並南金東箭世冑高門委質霸朝豫聞邦政典憲資其刊輯帷幄貯其謀猷望重搢紳任惟元凱官成名立光國榮家非惟感會所鍾抑亦材能斯至而循位登保傅朝望特隆遂使鑾蹕降臨承明下拜雖西漢之恩崇張禹東都之禮重桓榮弗是過也

贊曰彥先通識思遠方直薛既清貞賀惟學植逢時遇主搏風矯翼

晉書卷六十九

唐　太　宗　文　皇　帝　御　撰

列傳第三十九

劉隗　孫波

劉隗字大連彭城人楚元王交之後也父砥東光令隗少有文翰起家祕書郎稍遷冠軍將軍彭城內史避亂渡江元帝以爲從事中郎隗雅習文史善求人主意帝深器遇之遷丞相司直委以刑憲時建康尉收護軍士而爲府將篡取之隗奏免護軍將軍戴若思官世子文學王籍之居叔母喪而婚隗奏之帝下令曰詩稱殺禮多婚以會男女之無夫家正今日之謂也可一解禁止自今以後宜爲其防東閣祭酒顏含在叔父喪嫁女隗又奏之廬江太守梁龕明日當除父服今日請客奏伎丞相長史周顗等三十餘人同會隗奏曰夫嫡妻長子皆杖居廬故周景王有三年之喪既除而宴春秋猶譏況龕匹夫暮宴朝祥慢服之愆宜肅喪紀之禮請免龕官削侯爵顗等知龕有喪吉會非禮宜各奪俸一月以肅其違從之丞相行參軍宋挺本揚州刺史劉陶門人陶亡後挺娶陶愛妾以爲小妻建興中挺又割盜官布六百餘匹正刑棄市遇赦免既而奮武將軍阮抗請爲長史隗劾奏曰挺蔑其死主而專其室悖在三之義傷人倫之序當投之四裔以禦魑魅請除挺名禁錮終身而奮武將軍太山太守阮抗請爲長史抗緯文經武剖符東藩當庸勳忠良昵近仁賢而褒求贓汚舉頑用嚚請免抗官下獄理罪奏可而挺病死隗又奏符旨挺已喪亡不復追貶愚蠢意闇未達斯義昔鄭人斲子家之棺漢明追討史遷經傳褒貶皆追書先世數百年間非徒區區欲釐當時亦將作法垂於來世當朝亡夕沒便無善惡也請曹如前追除挺名爲民錄妾還本顯證惡人班下遠近從之南中郎將王含以族強顯貴驕傲自恣一請參佐及守長二十許人多取非其才隗劾奏文致甚苦事雖被寢王氏深忌疾之而隗之彈奏不畏強禦皆此類也建興中丞相府斬督運令史淳于伯而血逆流隗又奏曰古之爲獄必察五聽三槐九棘以求民情雖明庶政不敢折獄死者不可復生刑者不可復續是以明王哀矜用刑曹參去齊以市獄爲寄自頃蒸荒殺戮無度罪同斷異刑罰失宜謹按行督運令史淳于伯刑血著柱遂逆上終極柱末二丈三尺旋復下流四尺五寸百姓諠譁士女縱觀咸曰其冤伯息忠訴辭稱枉云伯督運訖去二月事畢代還無有稽乏受賕使役罪不及死軍是戍軍非爲征軍以乏軍興論於理爲枉四年之中供給運漕凡諸徵發租調百役皆有稽停而不以軍興論至於伯也何獨明之捶楚之下無求不得四人畏痛飾辭應之理曹國之典刑而使忠等稱冤明時謹按從事中郎周筵法曹參軍劉胤屬李匡幸荷殊寵並登列曹當思敦奉政道詳法慎殺使兆庶無枉人不稱訴而令伯枉同周青冤魂哭於幽都訴靈恨於黃泉嗟歎甚於杞梁血妖過於崩城故有隕霜之人夜哭之鬼伯有晝見彭生爲豕刑殺失中妖眚並見以古況今其揆一也皆由筵等不勝其任請皆免官於是右將軍王導等上疏引咎請解職帝曰政刑失中皆吾闇塞所由尋示愧懼思聞忠告以補其闕而引過求退豈所望也由是導等一無所問晉國既建拜御史中丞周嵩嫁女門生斷道解廬斫傷二人建康左尉赴變又被斫隗劾嵩兄顗曰顗幸荷殊寵列位上寮當崇明憲典協和上下刑于左右以御于家邦而乃縱肆小人羣爲凶害公於廣都之中白日刃尉遠近詾嚇百姓諠譁虧損風望漸不可長既無大臣檢御之節不可對揚休命宜加貶黜以肅其違顗坐免官太興初長兼侍中賜爵都鄉侯尋代薛兼爲丹陽尹與尚書令刁協並爲元帝所寵欲排抑豪強諸刻碎之政皆云隗協所建隗雖在外萬幾祕密皆豫聞之拜鎭北將軍都督青徐幽平四州軍事假節加散騎常侍率萬人鎭泗口初隗以王敦威權太盛終不可制勸帝出腹心以鎭方隅故以譙王承爲湘州續用隗及戴若思爲都督敦甚惡之與隗書曰頃承聖上顧眄足下今大賊未滅中原鼎沸欲與足下周生之徒戮力王室共靜海內若其泰也則帝祚於是乎隆若其否也則天下永無望矣隗答曰魚相忘於江湖人相忘於道術竭股肱之力效之以忠貞吾之志也敦得書甚怒及敦作亂以討隗爲名詔徵隗還京師百官迎之於道隗岸幘大言意氣自若及入見與刁協奏請誅王氏不從有懼色率衆屯金城及敦剋石頭隗攻之不拔入宮告辭帝雪涕與之別隗至淮陰爲劉遐所襲攜妻子及親信二百餘人奔于石勒勒以爲從事中郎太子太傅卒年六十一子綏初舉秀才除駙馬都尉奉朝請隨隗奔勒卒孫波嗣

波字道則初爲石季龍冠軍將軍王洽參軍及季龍死洽與波俱降穆帝以波爲襄城太守累遷桓沖中軍諮議參軍大司馬桓溫西征袁眞朝廷空虛以波爲建威將軍淮南內史領五千人鎭石頭壽陽平除尚書左丞不拜轉冠軍將軍南郡相時苻堅弟融圍雍州刺史朱序於襄陽波率衆八千救之以敵強不敢進序竟陷沒波以畏懦免官後復以波爲冠軍將軍累遷散騎常侍苻堅敗朝廷欲鎭靖北方出波督淮北諸軍冀州刺史以疾未行上疏曰臣聞天地以弘濟爲仁君道以惠下爲德是以禹湯有身勤之績唐虞有在予之誥用能惠被蒼生勳流後葉宣帝開拓洪圖始基成命爰及文武歷數在躬而猶虛心側席卑已崇物然後知積累之功重勤王之業難先君之德弘貽厥之賜厚惠皇不懷委政內任遂使神器幽淪三光翳曜園陵懷九泉之感宮廟集胡馬之跡所謂肉食失之於朝黎庶暴骸於外也賴元皇帝神武應期祚隆淮海振乾綱於已墜紐絕維而更張陛下承宣帝開始之宏基受元帝克終之成烈保大定功戢兵靜亂故使負鱗橫海之鯨僭位滔天之寇望雲旗而宵潰覩太陽而霧散巍巍蕩蕩人無名焉而頃年已來天文違錯妖怪屢生會稽先帝本封而地動經年昔周之文武有魚烏之瑞君臣猶懷震悚況今災變衆集莫之疑公旦有勿休之誡賈誼有積薪之喻臣鑒先徵竊惟今事是以敢肆狂瞽直言無諱往者先帝以玄風御世責成羣后坐運天綱隨化委順故忘

日計之功收歲成之用今禮樂征伐自天子出相王賢儁協和百揆六合承風天下響振而鈞臺之詠弗聞景亳之命未布將羣臣之不稱陛下用之不盡乎凡聖王之化莫不敦崇忠信存正棄邪傷化毁俗者雖親雖貴必疎而遠之清公貞修者雖微雖賤必親而近之今則不然此風既替利競滋甚朋黨比周毁譽交興鑽求苟進人希分外見賢而居其上受祿每過其量希旨承意者以爲奉公共相讚白者以爲忠節舉世見之誰敢正言陛下不明必行之法以絕穿鑿之源者恐脫因疲倦以誤視聽且苻堅滅亡於今五年舊京殘毁山陵無衞百姓塗炭未蒙拯接伏願遠觀漢魏衰滅之由近覽西朝傾覆之際超然易慮爲於未有則靈根永固社稷無虞臣豈誣一朝之人皆無忠節但任非其才求之不至耳今政煩役殷所在凋弊倉廩空虛國用傾竭下民侵削流亡相屬略計戶口但咸安已來十分去三百姓懷浮游之歎下泉興周京之思昔漢宣有云與我共治天下者其惟良二千石乎是以臨下有方者就加璽賜法苛政亂者恤刑不赦事簡於上人悅於下今則不然告時乞職者以家弊爲辭振窮恤滯者以公爵爲施古者爲百姓立君使之司牧今者以百姓恤君使之蠶食至乃貪汚者謂之清勤慎法者謂之怯劣何反古道一至於此陛下雖躬自節儉哀矜於上而羣寮肆欲縱心於下六司垂翼三事拱默故有識者覩人事以歎息觀天眚而大懼昔宋景退熒惑之災殷宗消鼎雉之異伏願陛下仰觀大禹過門之志俯察商辛沉湎之失遠思國風恭公之刺深惟定姜小臣之喻覽邇聖恩大詢羣后延納衆賢訪以得失令百寮率職人言損益察其所由觀其所以審識羣才助鼎和味克念作聖以答天休則四海宅心天下幸甚臣亡祖先臣隗昔荷殊寵匪躬之操猶存舊史有志無時懷恨黃泉及臣凡劣復蒙罔極之眷恩隆累世實非糜身傾宗所能上報前作此表未及得通暴嬰篤疾恐命在奄忽貪及視息望達愚情氣力惙然不能自宣疏奏而卒追贈前將軍子淡嗣元熙初爲廬江太守隗伯父訥字令言有人倫鑒識初入洛見諸名士而歎曰王夷甫太鮮明樂彥輔我所敬張茂先我所不解周弘武巧於用短杜方叔拙於用長終於司隸校尉子疇字王喬少有美譽善談名理曾避亂塢壁賈胡百數欲害之疇無懼色援笳而吹之爲出塞入塞之聲以動其游客之思於是羣胡皆垂泣而去之永嘉中位至司徒左長史尋爲閻鼎所殺司空蔡謨每歎曰若使劉王喬得南渡司徒公之美選也又王導初拜司徒謂人曰劉王喬若過江我不獨拜公也其爲名流之所推服如此疇兄子劭有才幹辟琅邪王丞相掾咸康世歷御史中丞侍中尚書豫章太守秩中二千石劭族子黃老太元中爲尚書郎有義學注慎子老子並傳於世

刁協 子彝 彝子逵

刁協字玄亮渤海饒安人也祖恭魏齊郡太守父攸武帝時御史中丞協少好經籍博聞彊記釋褐濮陽王文學累轉太常博士本郡大中正成都王穎請爲平北司馬後歷趙王倫相國參軍長沙王乂驃騎司馬及東嬴公騰鎮臨漳以協爲長史轉潁川太守永嘉初爲河南尹未拜避難渡江元帝以爲鎮東軍諮祭酒轉長史愍帝即位徵爲御史中丞例不行元帝爲丞相以協爲左長史中興建拜尚書左僕射于時朝廷草創憲章未立朝臣無習舊儀者協久在中朝諳練舊事凡所制度皆稟於協焉深爲當時所稱許太興初遷尚書令在職數年加金紫光祿大夫令如故協性剛悍與物多忤每崇上抑下故爲王氏所疾又使酒放肆侵毁公卿見者莫不側目然悉力盡心志在匡救帝甚信任之以奴爲兵取將吏客使轉運皆協所建也衆庶怨望之及王敦構逆上疏罪協帝使協出督六軍既而王師敗績協與劉隗俱侍帝於太極東除帝執協隗手流涕嗚咽勸令避禍協曰臣當守死不敢有貳帝曰今事逼矣安可不行乃令給協隗人馬使自爲計協年老不堪騎乘素無恩紀募從者皆委之行至江乘爲人所殺送首於敦敦聽刁氏收葬之帝痛協不免密捕送協首者而誅之敦平後周顗戴若思等皆被顯贈惟協以出奔不在其例咸康中協子彝上疏訟之在位者多以明帝之世褒貶已定非所得更議且協不能抗節隕身乃出奔遇害不可復其官爵也丹陽尹殷融議曰王敦惡逆罪不容誅則協之善亦不容賞若以忠非良圖謀事失算以此爲責者蓋在於譏議之間耳即凶殘之誅以爲國刑將何以沮勸乎當敦專逼之時慶賞威刑專自己出是以元帝慮深崇本以協爲比事由國計蓋不爲私昔孔寧儀行父從君於昏楚復其位者君之黨故也況協之比君在於義順且中興四佐位爲朝首于時事窮計屈奉命違寇非爲逃刑謂宜顯贈以明忠義時庾冰輔政疑不能決左光祿大夫蔡謨與冰書曰夫爵人者宜顯其功罰人者宜彰其罪此古今之所慎也凡小之人猶尚如此刁令中興上佐有死難之名天下不聞其罪而見其貶致令刁氏稱寃此乃爲王敦復讎也內沮忠臣之節論者惑之若實有大罪宜顯其事令天下知之明聖朝不貶死難之臣春秋之義以功補過過輕功重者得以加封功輕過重者不免誅絕功足贖罪者無黜雖先有邪佞之罪而臨難之日黨於其君者不絕之也孔寧儀行父親與靈公淫亂於朝君殺國滅由此二臣而楚尚納之傳稱有禮不絕其位者君之黨也若刁令有罪重於孔儀絕之可也若無此罪宜見追論或謂明帝之世已見寢廢今不宜復改吾又以爲不然夫大道宰世殊塗一致萬幾之事或異或同同不相善異不相譏故堯抑元凱而舜舉之堯不爲失舜不爲非何必前世所廢便不宜改乎漢蕭何之後坐法失侯文帝不封而景帝封之後復失侯武昭二帝不封而宣帝封之近去元年車駕釋奠拜孔子之坐此亦元明二帝所不行也又刁令但是明帝所不贈耳非誅之也王平子第五猗皆元帝所誅而今日所贈豈以改前爲嫌乎凡處事者當上合古義下準今例然後談者不惑受罪者無怨耳按周僕射戴征西本非王敦唱檄所讎也事定後乃見害耳周筵郭璞等並亦非爲主禦難也自平居見殺耳皆見褒贈刁令事義豈輕於此乎自頃員外散騎尚得追贈況刁令位亞三司若先自壽終不失員外散騎之例也就不蒙贈不失以本官殯葬也此爲一人之身壽終則蒙贈死難則見絕豈所以明事君之道厲爲臣之節乎宜顯評其事以解天下疑惑之論又聞談者亦多謂宜贈凡事不允當而得衆助者若以善柔得衆而刁令彊剛多怨若以貴也刁氏今賤若以富也刁氏今貧人士何故反助寒門而此言之足下宜察此意求然之事奏成帝詔曰協情在忠主而失爲臣之道故令王敦得託名公義而實肆私忌遂令社稷受屈元皇銜恥致禍之原豈不有由若極明國典則曩刑非重今正當以協之勤有可書敦之逆命不可長故議其事耳今可復協本位加之册祭以明有忠於君者纖介必顯雖於貶裁未盡然或足有勸矣於是追贈本官祭以太牢

彝字大倫少遭家難王敦誅後彝斬讎人黨以首祭父墓詣廷尉請罪朝廷特宥之由是知名歷尚書吏部郎吳國內史累遷北中郎將徐兗二州刺史假節鎮廣陵卒於官子逵字伯道逵弟暢字仲遠次子弘字叔仁並歷顯職隆安中逵爲廣州刺史領平越中郎將假節暢爲始興相弘爲冀州刺史兄弟子姪並不拘名行以貨殖爲務有田萬頃奴婢數千人餘資稱是桓玄纂位以逵爲西中郎將豫州刺史鎮歷陽暢右衞將軍弘撫軍桓脩司馬劉裕起義斬桓脩時暢弘謀起兵襲裕裕遣劉毅討之暢伏誅弘亡不知所在逵在歷陽執劉裕參軍諸葛長民檻車送於桓玄至當利而玄敗送人共破檻出長民逵趣歷陽逵棄城而走爲下人所執斬於石頭子姪無少長皆死惟小弟騁被宥爲給事中尋謀反伏誅刁氏遂滅刁氏素殷富奴客縱橫固吝山澤爲京口之蠹裕散其資蓄令百姓稱力而取之彌日不盡時天下饑弊編戶賴之以濟焉

戴若思 弟邈

戴若思廣陵人也名犯高祖廟諱祖烈吳左將軍父昌會稽太守若思有風儀性閑爽少好遊俠不拘操行遇陸機赴洛船裝甚盛遂與其徒掠之若思登岸據胡牀指麾同旅皆得其宜機察見之知非常人在舫屋上遙謂之曰卿才器如此乃復作劫邪若思感悟因流涕投劒就之機與言深加賞異遂與定交焉若思後舉孝廉入洛機薦之於趙王倫曰蓋聞繁弱登御然後高墉之功顯孤竹在肆然後降神之曲成是以高世之主必假遠邇之器蘊匱之才思託大音之和伏見處士廣陵戴若思年三十淸沖履道德量允塞思理足以研幽才鑒足以辯物安窮樂志無風塵之慕砥節立行有井渫之潔誠東南之遺寶宰朝之奇璞也若得託迹康衢則能結軌驥騄曜質廊廟必能垂光璵璠矣惟明公垂神採察不使忠允之言以人而廢倫乃辟之除沁水令不就遂往武陵省父時同郡人潘京素有理鑒名知人其父遣若思就京與語既而稱若思有公輔之才累轉東海王越軍諮祭酒出補豫章太守加振威將軍領義軍都督以討賊有功賜爵秣陵侯遷治書侍御史驃騎司馬拜散騎侍郎元帝召爲鎮東右司馬將征杜弢加若思前將軍未發而弢滅帝爲晉王以爲尚書中興建爲中護軍轉護軍將軍尚書僕射皆辭不拜出爲征西將軍都督兗豫幽冀雍并六州諸軍事假節加散騎常侍發投刺王官千人爲軍吏調揚州百姓家奴萬人爲兵配之以散騎常侍王遐爲軍司鎮壽陽與劉隗同出帝親幸其營勞勉將士臨發祖餞置酒賦詩若思至合肥而王敦舉兵詔追若思還鎮京都進驃騎將軍與右衞將軍郭逸夾道築壘於大桁之北尋而石頭失守若思與諸軍攻石頭王師敗績若思率麾下百餘人赴宮受詔與公卿百官於石頭見敦敦問若思曰前日之戰有餘

力乎若思不識而答曰豈敢有餘但力不足耳又曰吾此舉動天下以爲如何若思曰見形者謂之逆體誠者謂之忠敦笑曰卿可謂能言敦叅軍呂猗昔爲臺郎有刀筆才性尤姦諂若思爲尚書惡其爲人猗亦深憾焉至是乃說敦曰周顗戴若思皆有高名足以惑衆近者之言曾無愧色公若不除恐有再舉之患爲將來之憂耳敦以爲然又素忌之俄而遣鄧嶽繆坦收若思而害之若思素有重望四海之士莫不痛惜焉賊平册贈右光祿大夫儀同三司謚曰簡

邈字望之少好學尤精漢史才不逮若思儒博過之弱冠舉秀才尋遷太子洗馬出補西陽內史永嘉中元帝版行邵陵內史丞相軍諮祭酒出爲征南軍司于時凡百草創學校未立邈上疏曰臣聞天道之所大莫大於陰陽帝王之至務莫重於禮學是以古之建國有明堂辟雍之制鄉有庠序黌校之儀皆所以抽導幽滯啓廣才思蓋以六四有困蒙之吝君子大養正之功也昔仲尼列國之大夫耳興禮修學於洙泗之間四方髦俊斐然向風身達者七十餘人自茲以來千載絕塵豈天下小於魯衞賢哲乏於曩時厲與不厲故也自頃國遭無妄之禍社稷有綴旒之危寇羯飲馬於長江兇狡鴟張於萬里遂使神州蕭條鞠爲茂草四海之內人跡不交霸主有旰食之憂黎元懷荼毒之苦戎首交拜於中原何遽籩豆之事哉然三年不爲禮禮必壞三年不爲樂樂必崩況曠載累紀如此之久邪今末進後生目不覩揖讓升降之儀耳不聞鐘鼓管弦之音文章散滅圖讖無遺此蓋聖達之所深悼有識之所嗟歎也夫平世尚文遭亂尚武文武遞用長久之道譬之天地昏明之迭自古以來未有不由之者也今或以天下未一非興禮樂之時此言似之而不其然夫儒道深奧不可倉卒而成古之俊乂必三年而通一經比天下平泰然後修之則功成事定誰與制禮作樂者哉又貴遊之子未必有斬將搴旗之才亦未有從軍征戍之役不及盛年講肄道義使明珠加磨瑩之功荊璞發採琢之榮不亦良可惜乎臣愚以世喪道久人情玩於所習純風日去華競日彰猶火之消膏而莫之覺也今天地告始萬物權輿聖朝以神武之德值革命之運蕩近世之流弊繼千載之絕軌篤道崇儒創立大業明主唱之於上宰輔督之於下夫上之所好下必有過之者焉是故雙劍之節崇而飛白之俗成挾琴之容飾而赴曲之和作君子之德風小人之德草實在感之而已臣以闇淺不能遠識格言奉誦明令慷慨下風謂宜以三時之隙漸就修建疏奏納焉於是始脩禮學代劉隗爲丹陽尹王敦作逆加左將軍及敦得志而若思遇害邈坐免官敦誅後拜尚書僕射卒官贈衞將軍謚曰穆子謐嗣歷義興太守大司農

周顗

周顗字伯仁安東將軍浚之子也少有重名神彩秀徹雖時輩親狎莫能媟也司徒掾同郡賁嵩有清操見顗歎曰汝潁固多奇士自頃雅道陵遲今復見周伯仁將振起舊風淸我邦族矣廣陵戴若思東南之美舉秀才入洛素聞顗名往候之終坐而出不敢顯其才辯顗從弟穆亦有美譽欲陵折顗顗陶然弗與之校於是人士益宗附之州郡辟命皆不就弱冠襲父爵武城侯拜祕書郎累遷尚書吏部郎東海王越子毗爲鎮軍將軍以顗爲長史元帝初鎮江左請爲軍諮祭酒出爲寧遠將軍荊州刺史領護南蠻校尉假節始到州而建平流人傅密等叛迎蜀賊杜弢顗狼狽失據陶侃遣將吳寄以兵救之故顗得免因奔王敦於豫章敦留之軍司戴邈曰顗雖退敗未有莅衆之咎德望素重宜還復之敦不從帝召爲揚威將軍兗州刺史顗還建康帝留顗不遣復以爲軍諮祭酒尋轉右長史中興建補吏部尚書頃之以醉酒爲有司所糾白衣領職復坐門生斫傷人免官太興初更拜太子少傅尚書如故顗上疏讓曰臣退自循省學不通一經智不效一官止足良難未能守分遂忝顯任名位過量不悟天鑒忘臣頑弊乃欲使臣內管銓衡外忝傅訓質輕蟬翼事重千鈞此之不可不待識而明矣若臣受負乘之責必貽聖朝惟塵之恥俯仰愧懼不知所圖詔曰紹幼沖便居儲副之貴當賴軌匠以祛蒙蔽望之儼然斯不言之益何學之習邪所謂與田蘇遊忘其鄙心者便當副往意不宜沖讓轉尚書左僕射領吏部如故庾亮嘗謂顗曰諸人咸以君方樂廣顗曰何乃刻畫無鹽唐突西施也帝讌羣公于西堂酒酣從容曰今日名臣共集何如堯舜時邪顗因醉厲聲曰今雖同人主何得復比聖世帝大怒而起手詔付廷尉將加戮累日方赦之及出諸公就省顗曰近日之罪固知不至于死尋代戴若思爲護軍將軍尚書紀瞻置酒請顗及王導等顗荒醉失儀復爲有司所奏詔曰顗叅副朝右職掌銓衡當敬慎德音式是百辟屢以酒過爲有司所繩吾亮其極懽之情然亦是濡首之誡也顗必能克己復禮者今不加黜責初顗以雅望獲海內盛名後頗以酒失爲僕射略無醒日時人號爲三日僕射庾亮曰周侯末年所謂鳳德之衰也顗在中朝時能飲酒一石及過江雖日醉每稱無對偶有舊對從北來顗遇之欣然乃出酒二石共飲各大醉及顗醒使視客已腐脅而死顗性寬裕而友愛過人弟嵩嘗因酒瞋目謂顗曰君才不及弟何乃橫得重名以所燃蠟燭投之顗神色無忤徐曰阿奴火攻固出下策耳王導甚重之嘗枕顗膝而指其腹曰卿此中何所有也答曰此中空洞無物然足容卿輩數百人導亦不以爲忤又於導坐傲然嘯詠導云卿欲希嵇阮邪顗曰何敢近捨明公遠希嵇阮及王敦構逆溫嶠謂顗曰大將軍此舉似有所在當無濫邪顗曰君少年未更事人主自非堯舜何能無失人臣豈可得舉兵以脅主共相推戴未能數年一旦如此豈云非亂乎處仲剛復彊忍很抗無上其意寧有限耶既而王師敗績顗奉詔詣敦敦曰伯仁卿負我顗曰公戎車犯順下官親率六軍不能其事使王旅奔敗以此負公敦憚其辭正不知所答帝召顗於廣室謂之曰近日大事二宮無恙諸人平安大將軍故副所望邪顗曰二宮自如明詔於臣等故未可知護軍長史郝嘏等勸顗避敦顗曰吾備位大臣朝廷喪敗寧可復草間求活外投胡越邪俄而與戴若思俱被收路經太廟顗大言曰天地先帝之靈賊臣王敦傾覆社稷枉殺忠臣陵虐天下神祇有靈當速殺敦無令縱毒以傾王室語未終收人以戟傷其口血流至踵顏色不變容止自若觀者皆爲流涕遂於石頭南門外石上害之時年五十四顗之死也敦坐有一叅軍摴蒱馬於博頭被殺因謂敦曰周家奕世令望而位不至公及伯仁將登而墜有似下官此馬敦曰伯仁總角於東宮相遇一面披襟便許之三事何圖不幸自貽王法敦素憚顗每見顗輒面熱雖復冬月扇面手不得休敦使繆坦籍顗家收得素簏數枚盛故絮而已酒五甕米數石在位者服其清約敦卒後追贈左光祿大夫儀同三司謚曰康祀以少牢初敦之舉兵也劉隗勸帝盡除諸王司空導率羣從詣闕請罪值顗將入導呼顗謂曰伯仁以百口累卿顗直入不顧既見帝言導忠誠申救甚至帝納其言顗喜飲酒致醉而出導猶在門又呼顗顗不與言顧左右曰今年殺諸賊奴取金印如斗大繫肘既出又上表明導言甚切至導不知救己而甚銜之敦既得志問導曰周顗戴若思南北之望當登三司無所疑也導不答又曰若不三司便應令僕邪又不答敦曰若不爾正當誅爾導又無言導後料檢中書故事見顗表救己殷勤款至導執表流涕悲不自勝告其諸子曰吾雖不殺伯仁伯仁由我而死幽冥之中負此良友顗三子閔恬頤

閔字子騫方直有父風歷衡陽建安臨川太守侍中中領軍吏部尚書尚書左僕射加中軍將軍轉護軍領祕書監卒追贈金紫光祿大夫謚曰烈無子以弟頤長子琳爲嗣琳仕至東陽太守恬頤並歷卿守琳少子文驃騎諮議叅軍

史臣曰夫太剛則折至察無徒以之爲政則害于而國用之行己則凶于乃家誠以器乖容衆非先王之道也大連司憲除候主情當約法之秋獻斲棺之議玄亮剛愎與物多違雖有崇上之心專行刻下之化同薄相濟並運天機是使賢宰見疎致物情於解體權臣發怒借其名以誓師既而謀人之國國危而苟免見昵於主主辱而圖生自取流亡非不幸也若思閑爽照理研幽伯仁凝正處腴能約咸以高才雅道叅穆朝容及京室淪胥抗言無撓甘赴鼎而全操蓋事君而盡節者歟顗招時論尤其酒德禮經曰瑕不掩瑜未足韜其美也

贊曰劉刁亮直志奉興王姦回醜正終致奔亡周戴英爽忠謨允塞道屬屯蒙禍罹兇慝

晉書卷七十

晉書卷七十

唐 太 宗 文 皇 帝 御 撰

列傳第四十

應詹

應詹字思遠汝南南頓人魏侍中璩之孫也詹幼孤爲祖母所養年十餘歲祖母又終居喪毀頓杖而後起遂以孝聞家富於財年又稚弱乃請族人共居委以資產情若至親世以此異焉弱冠知名性質素弘雅物雖犯而弗之校以學藝文章稱司徒何劭見之曰君子哉若人初辟公府爲太子舍人趙王倫以爲征東長史倫誅坐免成都王穎辟爲掾時驃騎從事中郎諸葛玫委長沙王乂奔鄴盛稱乂之非玫浮躁有才辯臨漳人士無不詣之詹與玫有舊歎曰諸葛成林何與樂毅之相詭乎卒不見之玫聞甚愧鎮南大將軍劉弘詹之祖舅也請爲長史謂之曰君器識弘深後當代老子於荊南矣仍委以軍政弘著績漢南詹之力也遷南平太守王澄爲荊州假詹督南平天門武陵三郡軍事及洛陽傾覆詹攘袂流涕勸澄赴援澄使詹爲檄詹下筆便成辭義壯烈見者慷慨然竟不能從也天門武陵谿蠻並反詹討降之時政令不一諸蠻怨望並謀背叛詹召蠻酋破

銅券與盟由是懷詹數郡無虞其後天下大亂詹境獨全百姓歌之曰亂離既普殆爲灰朽僥倖之運賴茲應后歲寒不凋孤境獨守拯我塗炭惠隆丘阜潤同江海恩猶父母鎮南將軍山簡復假詹督五郡軍事會蜀賊杜疇作亂來攻詹郡力戰摧之尋與陶侃破杜弢於長沙賊中金寶溢目詹一無所取唯收圖書莫不歎之元帝假詹建武將軍王敦又上詹監巴東五郡軍事賜爵潁陽鄉侯陳人王沖擁衆荆州素服詹名迎爲刺史詹以沖等無賴棄還南平沖亦不怨其得人情如此遷益州刺史領巴東監軍詹之出郡也士庶攀車號泣若戀所生俄拜後軍將軍詹上疏陳便宜曰先王設官使君有常尊臣有定卑上無苟且之志下無覬覦之心下至亡秦罷侯置守本替末陵綱紀廢絶漢興雖未能盡復舊典猶雜建侯守故能享年享世殆參古迹今大荒之後制度改創宜因斯會釐正憲則先舉盛德元功以爲封首則聖世之化比隆唐虞矣又曰性相近習相遠訓導之風宜慎所好魏正始之間蔚爲文林元康以來賤經尙道以玄虛宏放爲夷達以儒術清儉爲鄙俗永嘉之弊未必不由此也今雖有儒官教養未備非所以長育人材納之軌物也宜修辟雍崇明教義先令國子受訓然後皇儲親臨釋奠則普天尚德率土知方矣元帝雅重其才深納之頃之出補吳國內史以公事免鎮北將軍劉隗出鎮以詹爲軍司加散騎常侍累遷光祿勳詹以王敦專制自樹故優游諷詠無所標明及敦作逆明帝問詹計將安出詹厲然慷慨曰陛下宜奮赫斯之威臣等當得負戈前驅庶憑宗廟之靈有征無戰如其不然王室必危帝以詹爲都督前鋒軍事護軍將軍假節都督朱雀橋南賊從竹格渡江詹與建威將軍趙胤等擊敗之斬賊率杜發梟首數千級賊平封觀陽縣侯食邑一千六百戶賜絹五千匹上疏讓曰臣聞開國承家光啓土宇唯令德元功乃宜封錫臣雖忝當一隊策無微略勞不汗馬猥以疏賤倫亞親密暫厠被練列勳司勳乞迴謬恩聽其所守不許遷使持節都督江州諸軍事平南將軍江州刺史詹將行上疏曰夫欲用天下之智力者莫若使天下信之也商鞅移木豈禮也哉有由而然自經荒弊綱紀頹陵清直之風既澆糟粃之俗猶在誠宜濯以滄浪之流漉以吞舟之網則幽顯明別於變時雍矣弘濟茲務在乎官人今南北雜錯屬託者無保負之累而輕舉所知此博采所以未精職理所以多闕今凡有所用宜隨其能不而與舉主同乎褒貶則人有愼舉之恭官無廢職之吝昔冀鈌有功胥臣蒙先茅之賞子玉敗軍子文受爲賈之責古既有之今亦宜然漢朝使刺史行部乘傳奏事猶恐不足以辨彰幽明弘宣政道故復有繡衣直指今之艱弊過於往昔宜分遣黃散若中書郎等循行天下觀採得失舉善彈違斷截苟且則人不敢爲非矣漢宣帝時二千石有居職修明者則入爲公卿其不稱職免官者皆還爲平人懲勸必行故歷世長久中間以來遷不足競免不足懼或有進而失意退而得分莅官雖美當以素論降替在職實劣直以舊望登叙校游談爲多少不以實事爲先後以此責成臣未見其兆也今宜峻左降舊制可二千石免官三年乃得叙用長史六年戶口折半道里倍之此法必明使天下知官難得而易失必人慎其職朝無惰官矣都督可課佃二十頃州十頃郡五頃縣三頃皆取文武吏醫卜不得撓亂百姓三臺九府中外諸軍有可減損皆令附農市息末伎道無游人不過一熟豐穰可必然後重居職之俸使祿足以代耕頃大事之後遐邇皆想宏略而寂然未副宜早振綱領肅起羣望時王敦新平人情未安詹撫而懷之莫不得其歡心百姓賴之疾篤與陶侃書曰每憶密計自沔入湘頡頏繾綣齊好斷金子南我東忽然一紀其間事故何所不有足下建功嶠南旋鎭舊楚吾承乏幸會來忝此州圖與足下進共竭節本朝報恩幼主退以申尋平生纏綿舊好豈悟時不我與長卽幽冥永言莫從能不慨悵今神州未夷四方多難足下年德並隆功名俱盛宜務建洪範雖休勿休至公至平至謙至順卽自天祐之吉無不利人之將死其言也善足下察吾此誠以咸和六年卒時年五十三冊贈鎭南大將軍儀同三司謚曰烈祠以太牢子玄嗣位至散騎侍郎玄弟誕有器幹歷六郡太守龍驤將軍追贈冀州刺史初京兆韋泓喪亂之際親屬遇飢疫並盡客遊洛陽素聞詹名遂依託之詹與分甘共苦情若弟兄遂隨從積年爲營伉儷置居宅并薦之於元帝曰自遭喪亂人士易操至乃任運固窮耿介守節者尠矣伏見議郎韋泓年三十八字元量執心清沖才識備濟躬耕隴畝不煩人役靜默居常不豫政事昔年流移來在詹境經寇喪資一身特立裋褐不掩形菜蔬不充朝而抗志彌厲不遊非類顏回稱不改其樂泓有其分明公輔亮皇室恢維宇宙四門開闢英彥鳧藻收春花於京輦採秋實於巖藪而泓抱璞荆山未剖和璧若蒙銓召付以列曹必能協隆鼎味緝熙庶績者也帝卽辟之自後位至少府卿既受詹生成之惠詹卒遂製朋友之服哭止宿草追趙氏祀程嬰杵臼之義祭詹終身

甘卓

甘卓字季思丹陽人秦丞相茂之後也曾祖寧爲吳將祖述仕吳爲尚書父昌太子太傅吳平卓退居自守郡命主簿功曹察孝廉州舉秀才爲吳王常侍討石冰以功賜爵都亭侯東海王越引爲參軍出補離狐令卓見天下大亂棄官東歸前至歷陽與陳敏相遇敏甚悅共圖縱橫之計遂爲其子景娶卓女共相結託會周玘倡義密使錢廣攻敏弟昶敏遣卓討廣頓朱雀橋南會廣殺昶玘告丹陽太守顧榮共邀說卓卓素敬服榮且以昶死懷懼良久乃從之遂詐疾迎女斷橋收船南岸共滅敏傳首于京都元帝初渡江授卓前鋒都督揚威將軍歷陽內史其後討周馥征杜弢屢經苦戰多所擒獲以前後功進爵南鄉侯拜豫章太守尋遷湘州刺史將軍如故復進爵于湖侯中興初以邊寇未靜學校陵遲特聽不試孝廉而秀才猶依舊策試卓上疏以爲答問損益當須博古通今明達政體必求諸墳索乃堪其舉臣所忝州往遭寇亂學校久替人士流播不得比之餘州策試之由當藉學功謂宜同孝廉例申與期限疏奏朝議不許卓於是精加隱括備禮舉桂陽谷儉爲秀才儉辭不獲命州厚禮遣之諸州秀才聞當考試皆憚不行惟儉一人到臺遂不復策試儉恥其州少士乃表求試以高第除中郎儉少有志行寒苦自立博涉經史于時南土凋荒經籍道息儉不能遠求師友唯在家研精雖所得實深未有名譽又恥衒耀取達遂歸終身不仕卒於家卓遷安南將軍梁州刺史假節督沔北諸軍鎭襄陽卓外柔內剛爲政簡惠善於綏撫估稅悉除市無二價州境所有魚池先恒責稅卓不收其利皆給貧民西土稱爲惠政王敦稱兵遣使告卓卓乃僞許而心不同之及敦升舟而卓不赴使參軍孫雙詣武昌諫止敦敦聞雙言大驚曰甘侯前與吾語云何而更有異正當慮吾危朝廷邪吾今下唯除姦凶耳卿還言之事濟當以甘侯作公雙還報卓卓不能決或說卓且僞許敦待敦至都而討之卓曰昔陳敏之亂吾亦先從後圖而論者謂懼逼而謀之雖吾情本不爾而事實有似心恒愧之今若復爾誰能明我時湘州刺史譙王承遣主簿鄧騫說卓曰劉大連雖乘權寵非有害於天下也大將軍以其私憾稱兵象魏雖託討亂之名實失天下之望此忠臣義士匡救之時也昔魯連匹夫猶懷蹈海之志況受任方伯位同體國者乎今若因天人之心倡桓文之舉杖大順以掃逆節擁義兵以勤王室斯千載之運不可失也卓笑曰桓文之事豈吾所能至於盡力國難乃其心也當共詳思之參軍李梁說卓曰昔隗囂亂隴右竇融保河西以歸光武今日之事有似於此將軍有重名於天下但當推亡固存坐而待之使大將軍勝方當崇將軍以方面之重如其不勝朝廷必以將軍代之何憂不富貴而釋此廟勝決存亡於一戰邪騫謂梁曰光武創業中國未平故隗囂斷隴右竇融兼河西各據一方鼎足之勢故得文服天子從容顧望及海內已定君臣正位終於隴右傾覆河西入朝何則向之文服義所不容也今將軍之於本朝非竇融之喻也襄陽之於大府非河西之固也且人臣之義安忍國難而不陳力何以北面於天子邪使大將軍平劉隗還武昌增石城之守絶荆湘之粟將軍安歸乎勢在人手而曰我處廟勝未之聞也卓尚持疑未決騫又謂卓曰今既不義舉又不承大將軍檄此必至之禍愚智所見也且議者之所難以彼彊我弱是不量虛實者也今大將軍兵不過萬餘其留者不能五千而將軍見衆既倍之矣將軍威名天下所聞也此府精銳戰勝之兵也擁彊衆藉威名杖節而行豈王含所能御哉遡流之衆勢不自救將軍之舉武昌若摧枯拉朽何所顧慮乎武昌既定據其軍實鎭撫二州施惠士卒使還者如歸此呂蒙所以剋敵也如是大將軍可不戰而自潰今釋必勝之策安坐以待危亡不可言知計矣願將軍熟慮之時敦以卓不至慮在後爲變遣參軍樂道融苦要卓俱下道融本欲背敦因說卓襲之語在融傳卓既素不欲從敦得道融說遂決曰吾本意也乃與巴東監軍柳純南平太守夏侯承宜都太守譚該等十餘人俱露檄遠近陳敦肆逆率所統致討遣參軍司馬讚孫雙奉表詣臺參軍羅英至廣州與陶侃剋期參軍鄧騫虞沖至長沙令譙王承堅守征西將軍戴若思在江西先得卓書表上之臺內皆稱萬歲武昌大驚傳卓軍至人皆奔散詔書遷卓爲鎭南大將軍侍中都督荆梁二州諸軍事荆州牧梁州刺史如故陶侃得卓信卽遣參軍高寶率兵下卓雖懷義正而性不果毅且年老多疑計慮猶豫軍次豬口累旬不前敦大懼遣卓兄子行參軍卬求和謝卓曰君此自是臣節不相責也吾家計急不得不爾想便旋軍襄陽當更結好時王師敗績敦求臺騶虞幡駐卓卓聞周顗戴若思遇害流涕謂卬曰吾之所憂正謂今日每得朝廷

人書常以胡寇爲先不悟忽有蕭牆之禍且使聖上元吉太子無恙吾臨敦上流亦未敢便危社稷吾適徑據武昌敦勢逼必劫天子以絕四海之望不如還襄陽更思後圖卽命旋軍都尉秦康說卓曰今分兵取敦不難但斷彭澤上下不得相越自然離散可一戰擒也將軍旣有忠節中道而廢更爲敗軍將恐將軍之下亦各便求西還不可得守也卓不能從樂道融亦日夜勸卓速下卓性先寬和忽便彊塞徑還襄陽意氣騷擾舉動失常自照鏡不見其頭視庭樹而頭在樹上心甚惡之其家金櫃鳴聲似槌鏡清而悲巫云金櫃將離是以悲鳴主簿何無忌及家人皆勸令自警卓轉更狠愎聞諫輒怒方散兵使大佃而不爲備功曹榮建固諫不納襄陽太守周慮等密承敦意知卓無備詐言湖中多魚勸卓遣左右皆捕魚乃襲害卓于寢傳首于敦四子散騎郎蕃等皆被害太寧中追贈驃騎將軍諡曰敬

鄧騫

鄧騫字長眞長沙人少有志氣爲鄉鄰所重常推誠行己能以正直全於多難之時刺史譙王承命爲主簿使說甘卓卓留爲參軍欲與同行以母老辭卓而返承爲魏乂所敗以虞悝兄弟爲承黨乂盡誅之而求騫甚急鄉人皆爲之懼騫笑曰欲用我耳彼新得州多殺忠良是其求賢之時豈以行人爲罪乃往詣乂乂喜曰君所謂古之解楊也以爲別駕騫有節操忠信兼識量弘遠善與人交久而益敬太尉庾亮稱之以爲長者歷武陵始興太守遷大司農卒於官

卞壼　從父兄敦

卞壼字望之濟陰冤句人也祖統琅邪內史父粹以清辯鑒察稱兄弟六人並登宰府世稱卞氏六龍玄仁無雙玄仁粹字也弟裒嘗忤其郡將郡將怒訐其門內之私粹遂以不訓見譏議陵遲積年惠帝初爲尚書郎楊駿執政人多附會而粹正直不阿及駿誅超拜右丞封成陽子稍遷至右軍將軍張華之誅粹以華壻免官齊王冏輔政爲侍中中書令進爵爲公及長沙王乂專權粹立朝正色乂忌而害之初粹如厠見物若兩眼俄而難作壼弱冠有名譽司兗二州齊王冏辟皆不就遇家禍還鄉里永嘉中除著作郎襲父爵征東將軍周馥請爲從事中郎不就遭本州傾覆東依妻兄徐州刺史裴盾盾以壼行廣陵相元帝鎮建鄴召爲從事中郎委以選舉甚見親杖出爲明帝東中郎長史遭繼母憂旣葬起復舊職累辭不就元帝遣中使敦逼壼牋自陳曰壼天性狷狹不能和俗退以情事欲畢志家門亡父往爲中書令時壼蒙大例望門見辟信其所執得不祗就門戶遇禍迸竄易名得存視息私志有素加嬰極難流寄蘭陵爲荀晞所召恐見逼迫依下邳裴盾又見假授思暫之郡規得托身尋蒙見召爲從事中郎豈曰貪榮直欲自致規暫恭命行當乞退屬華軼之難不敢自陳軼旣梟懸壼亦嬰病具自歸聞未蒙恕遣世子北征還寵顯望復以無施忝充元佐榮則榮矣實非素懷顧以命重人輕不敢辭憚聞西臺召壼爲尚書郎實欲因此以避賢路未及陳誠奄丁窮罰壼年九歲爲先母弟表所見孤背十二蒙亡母張所見覆育壼以陋賤不能榮親家產屢空養道多闕存無歡娛終不備禮拊心永恨五內抽割於公無效如彼私情艱苦如此實無情顏昧冒榮進若廢壼一人江北便有傾危之慮壼居事之日功績以隆者誠不得私其身今東中郎岐嶷自然神明日茂軍司馬諸參佐並以明德宣力王事壼之去留曾無損益賀循謝端顧景丁琛傅晞等皆荷恩命高枕家門壼委質二府漸冉五載考效則不能已彰論心則頻累恭順奈何哀孤之日不見愍恕哉帝以其辭苦不奪其志服闋爲世子師壼前後居師佐之任盡匡輔之節一府貴而憚焉中興建補太子中庶子轉散騎常侍侍講東宮遷太子詹事以公事免尋復職轉御史中丞忠於事上權貴屏迹時淮南小中正王式繼母前夫終更適式父式父終喪服訖議還前夫家前夫家亦有繼子奉養至終遂合葬於前夫式自云父臨終母求去父許諾於是制出母齊衰朞壼奏曰就如式父臨終許諾必也正名依禮爲無所據若夫有命須顯七出之責當存時棄之無緣以絕義之妻留家制服若式父臨困謬亂使去留自由者此必爲相要以非禮則存亡無所得從式宜正之以禮魏顆父命不從其亂陳乾昔欲以二婢子殉其子以非禮不從春秋禮記善之並以妾媵猶正以禮況其母乎式母於夫生事奉終非爲旣絕之妻夫亡制服不爲無義之婦自云守節非爲更嫁離絕之斷在夫沒之後夫之旣沒是其從子之日而式以爲出母此母以子出也致使存無所容居沒無所託地寄命於他人之門埋尸於無名之冢若式父亡後母尋沒於式家必不以爲出母明矣許諾之命一耳以爲母于同居之時至沒前子之門而不以爲母此爲制離絕於二居裁出否於意斷離絕之斷非式而誰假使二門之子皆此母之生母戀前子求去求絕非禮於後家還反又非禮於前門去不可去還不可還則爲無寄之人也式必內盡匡諫外極防閑不絕明矣何至守不移於至親略情禮於假繼乎繼母如母聖人之教式爲國士闔門之內犯禮違義開闢未有於父則無追亡之善於母則無孝敬之道存則去留自由亡則合葬路人可謂生事不以禮死葬不以禮者也虧損世敎不可以居人倫詮正之任案侍中司徒臨潁公組敷宣五敎實在任人而含容違禮曾不貶黜揚州大中正侍中平望亭侯曄淮南大中正散騎侍郎弘顯執邦論朝野取信曾不能率禮正違崇孝敬之敎並爲不勝其任請以見事免組曄弘官大鴻臚削爵土廷尉結罪疏奏詔特原組等式付鄉邑清議廢棄終身壼遷吏部尚書王含之難加中軍將軍含滅以功封建興縣公尋遷領軍將軍明帝不豫領尚書令與王導等俱受顧命輔幼主復拜右將軍加給事中尚書令帝崩成帝卽位羣臣進璽司徒王導以疾不至壼正色於朝曰王公豈社稷之臣邪大行在殯嗣皇未立寧是人臣辭疾之時導聞之乃輿疾而至皇太后臨朝壼與庾亮對直省中共參機要時召南陽樂謨爲郡中正潁川庾怡爲廷尉評謨怡各稱父命不就壼奏曰人無非父而生職無非事而立有父必有命居職必有悔有家各私其子此爲王者無人職不軌物官不立政如此則先聖之言廢五敎之訓塞君臣之道散上下之化替矣樂廣以平夷稱庾珉以忠篤顯受寵聖世身非己有況及後嗣而可專哉所居之職若順夫羣心則戰戍者之父母皆當以命子不以處也若順謨父之意則人皆不爲郡中正人倫廢矣順怡父之意人皆不爲獄官則刑辟息矣凡如是者其可聽歟若不可聽何以許謨怡之得稱父命乎此爲謨以名父子可以虧法怡是親戚可以自專以此二塗服人示世臣所未悟也宜一切班下不得以私廢公絕其表疏以爲永制朝議以爲然謨怡不得已各居所職是時王導稱疾不朝而私送車騎將軍郗鑒壼奏以導虧法從私無大臣之節御史中丞鍾雅阿撓王典不加準繩並請免官雖事寢不行舉朝震肅壼斷裁切直不畏彊禦皆此類也壼幹實當官以褒貶爲己任勤於吏事欲軌正督世不肯苟同時好然性不弘裕才不副意故爲諸名士所少而無卓爾優譽明帝深器之於諸大臣而最任職阮孚每謂之曰卿恒無閑泰常如含瓦石不亦勞乎壼曰諸君以道德恢弘風流相尚執鄙吝者非壼而誰時貴遊子弟多慕王澄謝鯤爲達壼厲色於朝曰悖禮傷教罪莫斯甚中朝傾覆實由於此欲奏推之王導庾亮不從乃止然而聞者莫不折節時王導以勳德輔政成帝每幸其宅嘗拜導婦曹氏侍中孔坦密表不宜拜導聞之曰王茂弘駑痾耳若卞望之之巖巖刁玄亮之察察戴若思之峰岠當敢爾邪壼廉絜儉素居甚貧約息當婚詔特賜錢五十萬固辭不受後患面創累乞解職拜光祿大夫加散騎常侍時庾亮將徵蘇峻言於朝曰峻狼子野心終必爲亂今日徵之縱不順命爲禍猶淺若復經年爲惡滋蔓不可復制此是鼂錯勸漢景帝早削七國事也當時議者無以易之壼固爭謂亮曰峻擁彊兵多藏無賴且逼近京邑路不終朝一旦有變易爲蹉跌宜深思遠慮恐未可倉卒亮不納壼知必敗與平南將軍溫嶠書曰元規召峻意定懷此於邑溫生足下奈此事何吾今所慮是國之大事且峻已出狂意而召之更速必縱其羣惡以向朝廷朝廷威力誠桓桓交須接鋒履刃尚不知便可卽擒不王公亦同此情吾與之爭甚懇切不能如之何本出足下爲外藩任而今恨出足下在外若卿在內俱諫必當相從今內外戒嚴四方有備峻凶狂必無所至耳恐不能使無傷如何壼司馬任台勸壼宜畜良馬以備不虞壼笑曰以逆順論之理無不濟若萬一不然豈須馬哉峻果稱兵壼復爲尚書令右將軍領右衞將軍餘官如故峻至東陵口詔以壼都督大桁東諸軍事假節復加領軍將軍給事中壼率郭默趙胤等與峻大戰於陵西爲峻所破壼與鍾雅皆退還死傷者以千數壼雅並還節詣闕謝罪峻進攻青溪壼與諸軍距擊不能禁賊放火燒宮寺六軍敗績壼時發背創猶未合力疾而戰率厲散衆及左右吏數百人攻賊麾下苦戰遂死之時年四十八二子眕盱見父沒相隨赴賊同時見害峻平朝議贈壼左光祿大夫加散騎常侍尚書郎弘訥議以爲死事之臣古今所重卞令忠貞之節當書於竹帛今之追贈實未副衆望謂宜加鼎司之號以旌忠烈之勳司徒王導見議進贈驃騎將軍加侍中訥重議曰夫事親莫大於孝事君莫尚於忠唯孝也故能盡敬竭誠唯忠也故能見危授命此在三之大節臣子之極行也案壼委質三朝盡規翼亮遭世險難存亡以之受顧託之重居端右之任擁衞至尊則有保傅之恩正色在朝則有匪躬之節賊峻造逆戮力致討身當矢槍再對賊鋒父子并命可謂破家爲國守死勤事昔許男疾終猶蒙二等之贈況壼伏節國難者乎夫賞疑從重況在不疑可謂上準許穆下同嵇紹則允合典謨

克厭衆望於是改贈壹侍中驃騎將軍開府儀同三司謚曰忠貞祠以太牢贈世子眕散騎侍郎眕弟盱奉車都尉眕母裴氏撫二子尸哭曰父爲忠臣汝爲孝子夫何恨乎徵士翟湯聞之歎曰父死於君子死於父忠孝之道萃于一門眕子誕嗣咸康六年成帝追思壹下詔曰壹立朝忠恪喪身凶寇所封懸遠租秩薄少妻息不贍以爲慨然可給實口廩其後盜發壹墓尸僵鬢髮蒼白面如生兩手悉拳爪甲穿達手背安帝詔給錢十萬以修塋兆壹第三子瞻位至廣州刺史瞻弟耽尚書郎

敦字仲仁父俊清貞有檢識以名理著稱其鄉人郤詵侍才陵傲俊兄弟俊等亦以門盛輕詵相視如讐詵以楊駿故吏被繫俊時爲尚書郎按其獄詵懼不免俊平心斷決正之詵卒以免而猶不悛後爲左丞復奏陷卞氏俊歷位汝南相廷尉卿敦弱冠仕州郡辟司空府稍遷太子舍人尚書郎朝士多稱之東海王越聞召以爲主簿王彌逼洛敦及胡毋輔之勸越擊王彌而王衍潘滔共執不聽敦庭爭苦至衆咸壯之出補汝南内史元帝之爲鎮東請爲軍諮祭酒不就征南將軍山簡以爲司馬尋而王如杜曾相繼爲亂簡乃使敦監沔北七郡軍事振威將軍領江夏相戍夏口敦攻討沔中皆平既而杜弢寇湘中如敦征討大都督伐弢有功賜爵安陵亭侯鎮東大將軍王敦請爲軍司中興建拜太子左衛率時石勒侵逼淮泗帝備求良將可以式遏邊境者公卿舉敦除征虜將軍徐州刺史鎮泗口及勒寇彭城敦自度力不能支與征北將軍王邃退保盱眙賊勢遂張淮北諸郡多爲所陷竟以畏懦貶秩三等爲鷹揚將軍徵拜大司農王敦表爲征虜將軍都督石頭軍事明帝之討王敦也以爲鎮南將軍假節事平更拜尚書以功封益陽侯徙光祿勳出爲都督安南將軍湘州刺史假節尋進征南將軍固辭不拜蘇峻反温嶠庾亮移檄征鎮同赴京師敦擁兵不下又不給軍糧唯遣督護荀璲領數百人隨大軍而已時朝野莫不怪歎獨陶侃亦功嶠忿之峻平侃奏敦阻軍顧望不赴國難無大臣之節請檻車收付廷尉丞相王導以喪亂之後宜加寬宥轉安南將軍廣州刺史病不之職徵爲光祿大夫領少府敦既不討蘇峻常懷愧恥名論自此廢矣尋以憂卒追贈本官加散騎常侍謚曰敬子滔嗣

劉超

劉超字世瑜琅邪臨沂人漢城陽景王章之後也章七世孫封臨沂縣慈鄉侯子孫因家焉父和爲琅邪國上軍將軍超少有志尚爲縣小吏稍遷琅邪國記室掾以忠謹清慎爲元帝所拔恒親侍左右遂從渡江轉安東府舍人專掌文檄相府建又爲舍人于時天下擾亂伐叛討貳超自以職在近密而書跡與帝手筆相類乃絶不與人交書時出休沐閉門不通賓客由是漸得親密以左右勤勞賜爵原鄉亭侯食邑七百戶轉行參軍中興建爲中書舍人拜騎都尉奉朝請時臺閣初建庶績未康超職典文翰而畏慎靜密彌見親待加以處身清苦衣不重帛家無儋石之儲每帝所賜皆固辭曰凡陋小臣横竊賞物無德而祿殃咎是懼帝嘉之不奪其志尋出補句容令推誠於物爲百姓所懷常年賦稅主者常自四出詰評百姓家貲至超但作大函村别付之使各自書家產投函中訖送還縣百姓依實投上課輸所入有踰常年入爲中書通事郎以父憂去官既葬屬王敦稱兵詔超復職又領安東上將軍尋六軍敗散唯超案兵直衛帝感之遣歸終喪禮及錢鳳搆禍超招合義士從明帝征鳳事平以功封零陵伯超家貧妻子不贍帝手詔褒之賜以魚米超辭不受超後須純色牛市不可得啓買官外廐牛詔便以賜之出爲義興太守未幾徵拜中書侍郎拜受往還朝廷莫有知者會帝崩穆后臨朝遷射聲校尉時軍校無兵義興人多義隨超因統其衆以宿衛號爲君子營咸和初遭母憂去官衰服不離身朝夕號泣朔望輒步至墓所哀感路人及蘇峻謀逆超代趙胤爲左衛將軍時京邑大亂朝士多遣家人入東避難義興故吏欲迎超家而超不聽盡以妻孥入處宮内及王師敗績王導以超爲右衛將軍親侍成帝屬太后崩軍衛禮章損闕超躬率將士奉營山陵峻遷車駕石頭時天大雨道路沉陷超與侍中鍾雅步侍左右賊給馬不肯騎而悲哀慷慨峻聞之甚不平然未敢加害而以其所親信許方等補司馬督殿中監外託宿衛内實防禦超等時饑饉米貴峻等問遺一無所受繾綣朝夕臣節愈恭帝時年八歲雖幽厄之中超猶啓授孝經論語温嶠等至峻猜忌朝士而超爲帝所親遇疑之尤甚後王導出奔超與懷德令匡術建康令管旆等密謀將欲奉帝而出未及期事泄峻使任讓將兵入收超及鍾雅帝抱持悲泣曰還我侍中右衛任讓不奉詔因害之及峻平任讓與陶侃有舊侃欲特不誅之乃請於帝帝曰讓是殺我侍中右衛者不可宥由是遂誅讓及超將改葬帝痛念之不已詔遷高顯近地葬之使出入得瞻望其墓追贈衛尉謚曰忠超天性謙慎歷事三帝恒在機密並蒙親遇而不敢因寵驕諂故士人皆安而敬之子訥嗣謹飭有石慶之風歷中書侍郎下邳内史子享亦清慎爲散騎郎

鍾雅

鍾雅字彥冑潁川長社人也父曅公府掾早終雅少孤好學有才志舉四行除汝陽令入爲佐著作郎母憂去官服闋復職東海王越請爲參軍遷尚書郎避亂東渡元帝以爲丞相記室參軍遷臨淮内史振威將軍頃之徵拜散騎侍郎轉尚書右丞時有事於太廟雅奏曰陛下繼承世數於京兆府君爲玄孫而今祝文稱曾孫恐此因循之失宜見改正又禮祖之昆弟從祖父也景皇帝自以功德爲世宗不以伯祖而登廟亦宜除伯祖之文詔曰禮事宗廟自曾孫已下皆稱曾孫此非因循之失也義取於重孫可歷世共其名無所改也稱伯祖不安如所奏轉北軍中候大將軍王敦請爲從事中郎補宣城内史錢鳳作逆加廣武將軍率衆屯青弋時廣德縣人周玘爲鳳起兵攻雅雅退據涇縣收合士庶討玘斬之鳳平徵拜尚書左丞明帝崩遷御史中丞時國喪未朞而尚書梅陶私奏女妓雅劾奏曰臣聞放勛之殂八音遏密雖在凡庶猶能三載自兹以來歷代所同肅祖明皇帝崩背萬國當朞來月聖主縞素泣血臨朝百僚慘愴動無歡容陶無大臣忠慕之節家庭侈靡聲妓紛葩絲竹之音流聞衢路宜加放黜以整王憲請下司徒論正清議穆后臨朝特原不問雅直法繩違百僚皆憚之北中郎將劉遐卒遐部曲作亂詔郭默討之以雅監征討軍事假節事平拜驍騎將軍蘇峻之難詔雅爲前鋒監軍假節領精勇千人以距峻雅以兵少不敢擊退還拜侍中尋王師敗績雅與劉超並侍衛天子或謂雅曰見可而進知難而退古之道也君性亮直必不容於寇讐何不隨時之宜而坐待其斃雅曰國亂不能匡君危不能濟各遜遁以求免吾懼董狐執簡而至矣庾亮臨去顧謂雅曰後事深以相委雅曰棟折榱崩誰之責也亮曰今日之事不容復言卿當期剋復之效耳雅曰想足下不愧荀林父耳及峻逼遷車駕幸石頭惟超流涕步從明年並爲賊所害賊平追贈光祿勳其後以家貧詔賜布帛百匹子誕位至中軍參軍早卒

史臣曰應詹行業聿修文史足用入居列位則嘉謀屢陳出撫藩條則惠政斯洽甘卓伐暴寧亂庸績克宜作鎮扞城威略具舉及兕渠犯順志在勤王既而人撓其謀天奪其鑒疑留不斷自取誅夷卞壼束帶立朝以匡正爲己任褰裳衛主蹈忠義以成名遂使臣死於君子死於父惟忠與孝萃其一門古稱社稷之臣忠貞之謂矣劉超勤肅奉上鍾雅正直當官屬巨猾滔天幼君危逼乃崎嶇寇難契闊艱虞匪石爲心寒松比操貞軌皆没亮迹雙升雖高赫在難彌恭荀息繼之以死方之二子曾何足云

贊曰卓臨南服詹蒞西州政刑克舉威惠兼修應嗟運促甘斃疑留望之狥義處死爲易惟子惟臣名節斯寄鍾劉入仕忠貞攸屨竭其股肱繼之以死

晉書卷七十一

唐　太　宗　文　皇　帝　御　撰

列傳第四十一

孫惠

孫惠字德施吳國富陽人吳豫章太守賁曾孫也父祖並仕吳惠口訥好學有才識州辟不就寓居蕭沛之間永寧初赴齊王冏義討趙王倫以功封晉興縣侯辟大司馬戶曹掾轉東曹屬冏驕矜僭侈天下失望惠獻言於冏諷以五難四不可勸令歸藩辭甚切至冏不納惠懼罪辭疾去頃之冏果敗成都王穎薦惠爲大將軍參軍領奮威將軍白沙督是時穎將征長沙王乂以陸機爲前鋒都督惠與機同鄉里憂其致禍勸機讓都督於王粹及機兄弟被戮惠甚傷恨之時惠又擅殺穎牙門將梁儁懼罪因改姓名以遁後東海王越舉兵下邳惠乃詭稱南嶽逸士秦祕之以書干越曰天禍晉國遘茲厄運歷觀危亡其萌有漸枝葉先零根株乃斃伏惟明公含叡哲之才應神武之略承衰亂之餘當傾險之運側身昏讒之俗蹈踏凶諂之間執夷正立則取疾姦佞抱忠懷直則見害賊臣餔糟非聖性所堪苟免非英雄之節是以感激於世發憤忘身抗辭金門則謇諤之言顯扶翼皇家則匡主之功著事雖未集大命有在夫以漢祖之賢猶有彭城之恥魏武之能亦有濮陽之失孟明三退終於致果句踐喪衆期於擒吳今明公名著天下聲振九域公族歸美萬國宗賢加以四王齊聖仁明篤友急難之感同獎王室股肱爪牙足相維持皇穹無親惟德是輔惡盈福謙鬼神所讚以明公達存亡之符察成敗之變審所履之運思天人之功虎視東夏之藩龍躍海嵎之野西諮河間南結征鎮東命勁吳銳卒之富北有幽并率義之旅宣喻青徐啟示羣王旁收雄俊廣延秀傑糾合攜貳明其賞信仰惟天子蒙塵鄴宮外

矯詔命擅誅無辜對狠簒噬其事無遠夫心火傾移喪亂可必太白橫流兵家攸杖歲鎭所去天厭其德玄象著明譴讁彰見違天不祥奉時必剋明公思安危人神之應慮禍敗前後之徵弘勞謙日昃之德躬吐握求賢之義傾府竭庫以振貧乏將有濟世之才渭濱之士含奇謨於朱脣握神策於玉掌逍遙川嶽之上以俟眞人之求日想不世之佐耳聽非常之輔舉而任之則元勳建矣祕之不天値此衰運竊慕墨翟申包之誠跋涉荆棘重繭而至櫛風沐雨來承禍難思以管穴毗佐大猷道險時吝未敢自顯伏在川泥繫情宸極謹先白箋以啓天慮若猶沉吟際會徘徊二端徼倖在險請從怨宥之例明公今旋軫臣子之邦宛轉名義之國指麾則五嶽可傾呼噏則江湖可竭況履順討逆執正伐邪是烏獲摧冰賁育拉朽猛獸吞狐泰山壓卵因風燎原未足方也今時至運集天與神助復不能鵲起於慶命之會拔劍於時哉之機恐流濫之禍不在一人自先帝公王海內名士近者死亡皆如蟲獸尸元曳於糞壤形骸捐於溝澗非其口無忠貞之辭心無義正之節皆希目下之小生而惑終焉之大死凡人知友猶有刎頸之報朝廷之內而無死命之臣非獨祕之所恥惜乎晉世之無人久矣今天下喁喁四海注目社稷危而復安宗廟替而復紹惟明公兄弟能弘濟皇猷國之存亡在斯舉矣祕之以不才之姿而值危亂之運竭其狗馬之節加之忠貞之心左屬平亂之韃右握滅逆之矢控馬鵠立計日俟命時難獲而易失機速變而成禍介如石焉實無終日自求多福惟君裁之越省書榜道以求之惠乃出見越卽以爲記室參軍專掌文疏豫參謀議除散騎郎太子中庶子復請補司空從事中郎越誅周穆等夜召參軍王廙造表廙戰懼壞數紙不成時惠不在越歎曰孫中郎在表久就矣越遷太傅以惠爲軍諮祭酒數諮訪得失每造書檄越或驛馬催之應命立成皆有文采除祕書監不拜轉彭城內史廣陵相遷廣武將軍安豐內史以迎大駕之功封臨湘縣公元帝遣甘卓討周馥於壽陽惠乃率衆應卓馥敗走廬江何銳爲安豐太守惠權留郡境銳以他事收惠下人推之惠旣非南朝所授常慮讒間因此大懼遂攻殺銳奔入蠻中尋病卒時年四十七喪還鄉里朝廷明其本心追加弔贈

熊遠

熊遠字孝文豫章南昌人也祖翹嘗爲石崇蒼頭而性廉直有士風黃門郎潘岳見而稱異勸崇免之乃還鄉里遠有志尚縣召爲功曹不起强與衣幘扶之使謁十餘日薦於郡由是辟爲文學掾遠曰辭大不辭小也固請留縣太守察遠孝廉屬太守討氐羌遠遂不行送至隴右而還後太守會稽夏靜辟爲功曹及靜去職遠送至會稽以歸州辟主簿別駕舉秀才除監軍華軼司馬領武昌太守寧遠護軍元帝作相引爲主簿時傳北陵被發帝將舉哀遠上疏曰園陵旣不親行承傳言之者未可爲定且園陵非一而直言侵犯遠近弔問答之宜當有主謂應更遣使攝河南尹按行得審問然後可發哀卽宜命將至洛修復園陵討除逆類昔宋殺無畏莊王奮袂而起衣冠相追於道軍成宋城之下况此酷辱之大恥臣子奔馳之日夫修園陵至孝也討逆叛至順也救社稷至義也卹遺黎至仁也若修此四道則天下響應無思不服矣昔項羽殺義帝以爲罪漢祖哭之以爲義劉項存亡在此一舉羣賊豺狼弱於往日惡逆之甚重於丘山大晉受命未改於上兆庶謳吟思德於下今順天下之心命貔貅之士鳴檄前驅大軍後至威風赫然聲振朔野則上副西土義士之情下允海內延頸之望矣屬有杜弢之難不能從時江東草創農桑弛廢遠建議曰立春之日天子祈穀于上帝乃擇元辰載耒耜帥三公九卿諸侯大夫躬耕帝藉以勸農功詩云弗躬弗親庶人不信自喪亂以來農桑不修遊食者多皆由去本逐末故也時議美之建興初正旦將作樂遠諫曰謹按尚書堯崩四海遏密八音禮云凶年天子徹樂減膳孝懷皇帝梓宮未反豺狼當塗人神同忿公明德茂親社稷是賴今杜弢蟻聚湘川比歲征行百姓疲弊故使義衆奉迎未舉履端元日正始之初貢士鱗萃南北雲集有識之士於是觀禮公與國同體憂容未歇昔齊桓貫澤之會有憂中國之心不召而至者數國及葵丘自矜叛者九國人心所歸惟道與義將紹皇綱於旣往恢霸業於來今表道德之軌闡忠孝之儀明仁義之統弘禮樂之本使四方之士退懷嘉則今榮耳目之觀崇戲弄之好懼違雲韶雅頌之美非納軌物有塵大教謂宜設饌以賜羣下而已元帝納之轉丞相參軍是時琅琊國侍郎王鑒勸帝親征杜弢遠又上疏曰皇綱失統中夏多故聖主肇祚遠奉西都梓宮外次未反園陵逆寇遊魂國賊未夷明公憂勞乃心王室伏讀聖敎人懷慷慨杜弢小豎寇抄湘川比年征討經載不夷昔高宗伐鬼方三年乃剋用兵之難非獨在今伏以古今之霸王遭時艱難亦有親征以隆大勳亦有遣將以平小寇今公親征文武將吏度支籌量舟輿器械所出若足用者然後可征愚謂宜如前遣五千人徑與水軍進征旣可得速必不後時昔齊用穰苴燕晉退軍秦用王翦剋平南荆必使督護得才卽賊不足慮也會弢已平轉從事中郎累遷太子中庶子尚書左丞散騎常侍帝每歎其忠公謂曰卿在朝正色不茹柔吐剛忠亮至到可謂王臣也吾所欣賴卿其勉之及中興建帝欲賜諸吏投刺勸進者加位一等百姓投刺者賜司徒吏凡二十餘萬遠以爲秦漢因赦賜爵非長制也今按投刺者不獨近者情重遠者情輕可依漢法徧賜天下爵於恩爲普無偏頗之失可以息檢覈之煩塞巧僞之端帝不從轉御史中丞時尚書刁協用事衆皆憚之尚書郎盧綝將入直遇協於大司馬門外協醉使綝避之綝不廻協令威儀牽捽綝墮馬至協車前而後釋遠奏免協官時冬雷電且大雨帝下書責躬引過遠復上疏曰被庚午詔書以雷電震暴雨非時深自剋責雖禹湯罪己未足以喻臣聞於天道竊以人事論之陛下節儉敦朴愷悌流惠而王化未興者皆羣公卿士不能夙夜在公以益大化素飡負乘秕穢明時之責也今逆賊猾夏暴虐滋甚二帝幽殯梓宮未反四海延頸莫不東望而未能遣軍北討讎賊未報此一失也昔齊侯旣敗七年不飲酒食肉况此恥尤大臣子之責宜在枕戈爲王前驅若此志未果者當上下克儉恤人養士徹樂減膳惟修戎事陛下憂勞於上而羣官未同戚容於下每有會同務在調戲酒食而已此二失也選官用人不料實德惟在白望不求才幹鄉舉道廢請託交行有德而無力者退修望而有助者進稱職以違俗見譏虛資以從容見貴是故公正道虧私塗日開强弱相陵寃枉不理今當官者以埋事爲俗吏奉法爲苛刻盡禮爲謟諛從容爲高妙放蕩爲達士驕蹇爲簡雅此三失也世所謂三失者公法加其身私議貶其非轉見排退陸沉泥滓時所謂三善者王法所不加淸論美其賢漸相登進仕不輟官攀龍附鳳翱翔雲霄遂使世人削方爲圓撓直爲曲豈待顧道德之淸塗踐仁義之區域乎是以萬幾未整風俗僞薄皆此之由不明其黜陟以審能否此則俗未可得而變也今朝廷羣司以從順爲善相違見貶不復論才之曲直言之得失也時有言者或不見用是以朝少辯爭之臣士有祿仕之志焉郭翼上書武帝擢爲屯留令又置諫官所以容受直言誘進將來故人得自盡言無隱諱任官然後爵之位定然後祿之敷奏以言明試以功車服以庸舜猶歷試諸難而今先祿不試甚違古義亂之所由也求才急於疎賤用刑先於親貴然後令行禁止野無遺滯堯取舜於仄陋舜拔賢於巖穴姬公不曲繩於天倫叔向不虧法於孔懷今朝廷法吏多出於寒賤是以章書日奏而不足以懲物官人選才而不足以濟事宜招賢良於屠釣聘耿介於丘園若此道不改雖并官省職無救弊亂也能哲而惠何憂乎驩兜何遷乎有苗何畏乎巧言令色孔壬此官得其人之益也累遷侍中出補會稽內史時王敦作逆沈充舉兵應之加遠將軍距而不受不輸軍資於充保境安衆爲務敦至石頭諷朝廷徵遠還乃拜太常卿加散騎常侍敦深憚其正而有謀引爲長史數月病卒遠弟縉名亞於遠爲王敦主簿終於鄱陽太守縉子鳴鵠位至武昌太守

王鑒

王鑒字茂高堂邑人也父濬御史中丞鑒少以文筆著稱初爲元帝琅琊國侍郎時杜弢作逆江湘流弊王敦不能制朝廷深以爲憂鑒上疏勸帝征之曰天禍晉室四海顚覆喪亂之極開闢未有明公遭歷運之厄當陽九之會聖躬負伊周之重朝廷延匡合之望方將振長轡而御八荒掃河漢而淸天塗所籍之資江南之地蓋九州之隅角垂盡之餘人耳而百越鴟視於五嶺蠻蜀狼顧於湘漢江州蕭條白骨塗地豫章一郡十殘其八繼以荒年公私虛匱倉庫無旬月之儲三軍有絕乏之色賦斂搜奪周而復始卒散人流相望於道殘弱之源日深全勝之勢未舉鑒懼雲旗反旆元戎凱入未在旦夕也昔齊旅未朞而申侯懼其老況暴甲三年介胄生蟣蝨而可不深慮者哉江揚本六郡之地一州封域耳若兵不時戢人不堪命三江受敵彭蠡振搖是賊踰我垣牆之內鬩我室家之好黷武之衆易動驚弓之鳥難安鑒之所甚懼也去年已來累喪偏將軍師屢失送死之寇兵猒奔命賊量我力矣雖繼遣偏裨懼未足成功也愚謂尊駕宜親幸江州然後方召之臣其力可得而宣熊羆之士其銳可得而奮進左軍於武昌爲陶侃之重建名將於安成連甘卓之壘南望交廣西撫蠻夷要害之地勒勁卒以保之深溝堅壁按精甲而守之六軍旣贍戰士思奮爾乃乘隙騁奇擾其窟穴顯示大信開以生塗杜弢之頸固以鎭於麾下矣議者將以大舉役重人不可擾鑒謂暫擾以制敵愈於放敵而常擾也夫四體者人之所甚愛苟宜伐病則削肌刮骨矣然守不可虛鑒謂王導可委以蕭何之任或以小賊方斃不足

動千乘之重鑒見王彌之初亦小寇也官軍不重其威狡逆得肆其變卒令溫懷不守三河傾覆致有今日之弊此已然之明驗也蔓草猶不可長況虎兕之寇乎當五霸之世將非不良士非不勇征伐之役君必親之故齊桓免胄於邵陵晉文擐甲於城濮昔漢高光武二帝征無遠近敵無大小必手振金鼓身當矢石櫛風沐雨壺飧不贍馳騖四方匪皇寧處然後皇基克構元勳以融今大弊之極劇於曩代崇替之命繫我而已欲使鑾旂無野次之役聖躬遠風塵之勞而大功坐就鑒未見其易也魏武既定中國親征柳城揚旂盧龍之嶺頓轡重塞之表非有當時烽燧之虞蓋一日縱敵終已之患雖戎輅蒙嶮不以爲勞況急於此者乎劉玄德躬登漢山而夏侯之鋒摧吳僞祖親泝長江而關羽之首懸袁紹猶豫後機挫衄三分之勢劉表臥守其衆卒亡全楚之地歷觀古今撥亂之主雖聖賢未有高拱閒居不勞而濟者也前鑒不遠可謂著龜議者或以當今暑夏非出軍之時鑒謂今宜嚴戒須秋而動高風啟塗龍舟電舉曾不十日可到豫章豫章去賊尚有千里之限但臨之以威靈則百勝之理濟矣既掃清湘野滌蕩楚郢然後班爵序功酬將士之勞卷甲韜旗廣農桑之務播愷悌之惠除煩苛之賦比及數年國富兵彊龍驤虎步以威天下何思而不服何往而不濟桓文之功不難懋也今惜一舉之勞而緩垂死之寇誠國家之大恥臣子之深憂也鑒以凡瑣謬蒙獎育思竭愚忠以補萬一芻蕘之言聖主不棄戍卒之謀先后採之乞留神鑒思其所陳疏奏帝深納之卽命中外戒嚴將自征弢會弢已平故止中興建拜駙馬都尉奉朝請出補永興令大將軍王敦請爲記室參軍未就而卒時年四十一文集傳於世鑒弟濤及弟子箴並有才筆濤字茂略歷著作郎無錫令箴字庭堅亦爲著作並早卒

陳頵

陳頵字延思陳國苦人也少好學有文義父訢立宅起門頵曰當使容馬車訢笑而從之仕爲郡督郵檢覆隱匿者三千人爲一州尤最太守劉享拔爲主簿州辟部從事乘馬車還家宗黨榮之劾按沛王韜獄未竟會解結代楊準爲刺史韜因河間王顒屬結結至大會問主簿史鳳曰沛王貴藩州據何法而擅拘邪時頵在坐對曰甲午詔書刺史銜命國之外臺其非所部而在境者刺史幷糾事徵文墨前後列上七被詔書如州所劾無有違謬結曰衆人之言不可妄聽宜依法窮竟又問僚佐曰河北白壤膏粱何故少人士每以三品爲中正答曰詩稱維嶽降神生甫及申夫英偉大賢多出於山澤河北土平氣均蓬蒿裁高三尺不足成林故也結曰張彥眞以爲汝潁巧辯恐不及青徐儒雅也頵曰彥眞與元禮不協故設過言老子莊周生陳梁伏羲傅說師曠大項出陽夏漢魏二祖起於沛譙準之衆州莫之與比結甚異之曰豫州人士常半天下此言非虛會結還尚書結恨不得盡其才用元康中舉孝廉而州將留之頵薦同縣焦保曰保出自寒素稟質清沖若得參嘉命必能光贊大猷允清朝望使黃憲之徒不乏於豫土令頵庶免臧文之責州乃辟保齊王冏起義州遣頵將兵赴之拜駙馬都尉遭賊避難于江西歷陽內史朱彥引爲參軍鎭東從事中郎袁琇薦頵於元帝遷鎭東行參軍事典法兵二曹頵與王導書曰中華所以傾弊四海所以土崩者正以取才失所先白望而後實事浮競驅馳互相貢薦言重者先顯言輕者後敘遂相波扇乃至陵遲加有莊老之俗傾惑朝廷養望者爲弘雅政事者爲俗人王職不恤法物墜喪夫欲制遠先由近始故出其言善千里應之今宜改張明賞信罰拔卓茂於密縣顯朱邑於桐鄉然後大業可舉中興可冀耳建興初制版補錄事參軍參佐掾屬多設解故以避事任頵議諸僚屬乘昔西臺養望餘弊小心恭肅更以爲俗偃蹇倨慢以爲優雅至今朝士縱誕臨事遊行漸弊不革以至傾國故百尋之屋突直而焚燎千里之隄蟻垤而穿敗古人防小以全大愼微以杜萌自今臨使稱疾須催乃行者皆免官初趙王倫篡位三王起義制已亥格其後論功雖小亦皆依用頵意謂不宜以爲常式駮之曰聖王懸爵賞功制罰糾違斯道苟明人赴水火且名器之實不可妄假非才謂之致寇寵厚戒在斯亡昔孫秀口唱篡逆手弄天機惠皇失御九服無戴三王建議席卷四海合起義之衆結天下之心故設已亥義格以權濟難此自一切之法非常倫之格也其起義以來依格雜猥遭人爲侯或加兵伍或出皁僕金紫佩士卒之身符策委庸隸之門使天官降辱王爵黷賤非所以正皇綱重名器之謂也請自今以後宜停之頵以孤寒數有奏議朝士多惡之出除譙郡太守太興初以疾徵久之白衣兼尚書因陳時務以爲昔江外初平中州荒亂故貢舉不試宜漸循舊搜揚隱逸試以經策又馬隆孟觀雖出貧賤勳濟甚大以所不習而統戎事鮮能以濟宜開舉武略任將率者言問核試盡其所能然後隨才授任舉十得一猶勝不舉況或十得二三日磾降虜七世內侍由余戎狄入爲秦相豈藉華宗之族見齒於奔競之流乎宜引幽滯之儁抑華校實則天清地平人神感應後拜天門太守殊俗安之選腹心之吏爲荊州參軍若有調發動靜馳白故恒得宿辦陶侃征還頵先至巴陵上禮侃以爲能表爲梁州刺史綏懷荒弊甚有威惠梁州大姓互相嫉妬說頵年老耳聾侃召頵還以西陽太守蔣巽代之年六十九卒

高崧

高崧字茂琰廣陵人也父悝少孤事母以孝聞年十三値歲饑悝菜蔬不饜每致甘肥於母撫幼弟以友愛稱寓居江州刺史華軼辟爲西曹書佐及軼敗悝藏匿軼子經年會赦乃出元帝嘉而宥之以爲參軍遂歷顯位至丹陽尹光祿大夫封建昌伯崧少好學善史書總角時司空何充稱其明惠充爲揚州引崧爲主簿益相欽重轉驃騎主簿舉州秀才除太學博士父艱去職初悝以納妾致訟被黜及終崧乃自繫廷尉訟寃遂停喪五年不葬表疏數十上帝哀之乃下詔曰悝備位大臣違憲被黜事已久判其子崧求直無已今特聽傳侯爵由是見稱拜中書郎再遷黃門侍郎簡文帝輔政引爲撫軍司馬時桓溫擅威率衆北伐軍次武昌簡文患之崧曰宜致書諭以禍福自當反旆如其不爾便六軍整駕逆順於茲判矣若有異計請先釁鼓便於坐爲簡文書草曰寇難宜平時會宜接此實爲國遠圖經略大算能弘斯會非足下而誰但以此興師動衆要當以資實爲本運轉之艱古人之所難不可易之於始而不熟慮須所以深用惟疑在乎此耳然異常之舉衆之所駭遊聲噂嗒想足下亦少聞之苟患失之無所不至或能望風振擾一時崩散如其不然者則望實並喪社稷之事去矣皆由吾闇弱德信不著不能鎭靜羣庶保固維城所以內愧于心外慙良友吾與足下雖職有內外安社稷保家國其致一也天下安危繫之明德先存寧國而後圖其外使王基克隆大義弘著所望於足下區區誠懷豈可復顧嫌而不盡哉溫得書還鎭崧累遷侍中是時謝萬爲豫州都督疲於親賓相送方臥在室崧徑造之謂曰卿今疆理西藩何以爲政萬粗陳其意崧便爲敘刑政之要數百言萬遂起坐呼崧小字曰阿酃故有才具邪哀帝雅好服食崧諫以爲非萬乘所宜陛下此事實日月之一食也後以公事免卒於家子耆官至散騎常侍

史臣曰昔張良抽說項氏巧謀於沛公孫惠沮計齊王耀奇於東海終而誓甘之旅炎運載昌稱狩之師金行不競豈遭時之會斯蹇將謀國之道未通迷於委質之貞闇於所修之慮本既顯矣何以能終熊遠王鑒有眈濟之道比之大廈其榱桷之佐乎崧之詆溫頵之距結挫其勞役之策申其汝潁之論採郭嘉之風旨挹朱有之餘波故桓溫輟許攸之謀解結欽王朗之跡羈之時典用此道歟

贊曰臨湘遊藝才識英發詭名違穎陳書干越孝文忠謇嘉言斯踐茂高器鑒彫章允善侯爵崧傳高明頵顯

晉書卷七十二

晉書卷七十二

唐　太　宗　文　皇　帝　御　撰

列傳第四十二

郭璞

郭璞字景純河東聞喜人也父瑗尚書都令史時尚書杜預有所增損瑗多駮正之以公方著稱終於建平太守璞好經術博學有高才而訥於言論詞賦爲中興之冠好古文奇字妙於陰陽算歷有郭公者客居河東精於卜筮璞從之受業公以青囊中書九卷與之由是遂洞五行天文卜筮之術攘災轉禍通致無方雖京房管輅不能過也璞門人趙載嘗竊青囊書未及讀而爲火所焚惠懷之際河東先擾璞筮之投策而歎曰嗟乎黔黎將湮於異類桑梓其翦爲龍荒乎於是潛結姻昵及交遊數十家欲避地東南抵將軍趙固會固所乘良馬死固惜之不接賓客璞至門吏不爲通璞曰吾能活馬吏驚入白固固趨出曰君能活吾馬乎璞曰得健夫二三十人皆持長竿東行三十里有丘林社廟者便以竿打拍當得一物宜急持歸得此馬活矣固如其言果得一物似猴持歸此物見馬死便噓吸其鼻頃之馬起奮迅嘶鳴食如常不復見向物固奇之厚加資給行至廬江太守胡孟康被丞相召爲軍諮祭酒時江淮清晏孟康安之無心南渡璞爲占曰敗康不之信璞將促裝去之愛主人婢無由而得乃取小豆三斗繞主人宅散之主人晨見赤衣人數千圍其家就視則滅甚惡之請璞爲卦璞曰君家不宜畜此婢可於東南二十里賣之愼勿爭價則此妖可除也主人從之璞陰令人賤買此婢復爲符投于井中數千赤衣人皆反縛一一自投于井主人大悅璞攜婢去後數旬而廬江陷璞既過江宣城太守殷祐引爲參軍時有物大如水牛灰色卑脚脚類象胷前尾上皆白大力而遲鈍來到城下衆咸異焉祐

使人伏而取之令璞作卦遇遯之蠱其卦曰艮體連乾其物壯巨山潛之畜匪兕匪虎身與鬼并精見二午法當爲禽兩翼不許遂被一創還其本墅按卦名之是爲驢鼠卜適了伏者以戟刺之深尺餘遂去不復見郡綱紀上祠請殺之巫云廟神不悅曰此是郑亭驢山君鼠使詣荆山暫來過我不須觸之其精妙如此祐遷石頭督護璞復隨之時有鼯鼠出延陵璞占之曰此郡東當有妖人欲稱制者尋亦自死矣後當有妖樹生然若瑞而非瑞辛螫之木也儻有此者東南數百里必有作逆者期明年矣無錫縣欻有茱萸四株交枝而生若連理者其年盗殺吳興太守袁琇或以問璞璞曰卯爻發而沴金此木不曲直而成災也王導深重之引參己軍事嘗令作卦璞言公有震厄可命駕西出數十里得一栢樹截斷如身長置常寢處災當可消矣導從其言數日果震栢樹粉碎時元帝初鎮建鄴導令璞筮之遇咸之井璞曰東北郡縣有武名者當出鐸以著受命之符西南郡縣有陽名者井當沸其後晉陵武進縣人於田中得銅鐸五枚歷陽縣中井沸經日乃止及帝爲晉王又使璞筮遇豫之睽璞曰會稽當出鍾以告成功上有勒銘應在人家井泥中得之繇辭所謂先王以作樂崇德殷薦之上帝者也及帝即位太興初會稽剡縣人果於井中得一鍾長七寸二分口徑四寸半上有古文奇書十八字云會稽嶽命餘字時人莫識之璞曰蓋王者之作必有靈符塞天人之心與神物合契然後可以言受命矣觀五鐸啓號於晉陵棧鍾告成於會稽瑞不失類出皆以方豈不偉哉若夫鐸發其響鍾徵其象器以數臻事以實應天人之際不可不察帝甚重之璞著江賦其辭甚偉爲世所稱後復作南郊賦帝見而嘉之以爲著作佐郎于時陰陽錯繆而刑獄繁興璞上疏曰臣聞春秋之義貴元愼始故分至啓閉以觀雲物所以顯天人之統存休咎之徵臣不揆淺見輒依歲首粗有所占卦得解之既濟按爻論思方涉春木王龍德之時而爲廢水之氣來見乘加升陽未布隆陰仍積坎爲法象刑獄所麗變坎加離厥象不燭以義推之皆爲刑獄殷繁理者有壅濫又去年十二月二十九日太白蝕月月者屬坎羣陰之府所以照察幽情以佐太陽精者也太白金行之星而來犯之天意若曰刑理失中自壞其所以爲法者也臣術學庸近不練內事卦理所及敢不盡言又去秋以來沉雨跨年雖爲金家涉火之祥然亦是刑獄充溢怨歎之氣所致往建興四年十二月中行丞相令史淳于伯刑於市而血逆流長標伯者小人雖罪在未允何足感動靈變致若斯之怪邪明皇天所以保祐金家子愛陛下屢見災異殷勤無已陛下宜側身思懼以應靈譴皇極之謫事不虛降不然恐將來必有愆陽苦雨之災崩震薄蝕之變狂狡蠢戾之妖以益陛下旰食之勞也臣謹尋按舊經尚書有五事供禦之術京房易傳有消復之救所以緣咎而致慶因異而邁政故木不生庭太戊無以隆雉不鳴鼎武丁不爲宗夫寅畏者所以饗福怠慠者所以招患此自然之符應不可不察也按解卦繇云君子以赦過宥罪既濟云思患而豫防之臣愚以爲宜發哀矜之詔引在予之責蕩除瑕釁贊陽布惠使幽斃之人應蒼生以悅育否滯之氣隨谷風而紓散此亦寄時事以制用藉開塞而曲成者也臣竊觀陛下貞明仁恕體之自然天假其祚奄有區夏啓重光於已昧廓四祖之遐武祥靈表瑞人鬼獻謀應天順時殆不尚此然陛下即位以來中興之化未闡雖躬綜萬幾勞逾日昃玄澤未加於羣生聲教未被乎宇宙臣主未寧於上黔細未輯於下鴻鴈之詠不興康衢之歌不作者何也杖道之情未著而任刑之風先彰經國之略未震而軌物之迹屢遷夫法令不一則人情惑職次數改則覬覦生官方不審則秕政作懲勸不明則善惡渾此有國者之所愼也臣竊爲陛下惜之夫以區區之曹參猶能遵蓋公之一言倚清靖以鎭俗寄市獄以容非德音不忘流詠于今漢之中宗聰悟獨斷可謂令主然厲意刑名用虧純德老子以禮爲忠信之薄况刑又是禮之糟粕者乎夫無爲而爲之不宰以宰之固陛下之所體者也恥其君不爲堯舜者亦豈惟古人是以敢肆狂瞽不隱其懷若臣言可採或所以爲塵露之益若不足採所以廣聽納之門願陛下少留神鑒賜察臣言疏奏優詔報之其後日有黑氣璞復上疏曰臣以頑昧近者冒陳所見陛下不遺狂言事蒙御省伏讀聖詔歡懼交戰臣前云升陽未布隆陰仍積坎爲法象刑獄所麗變坎加離厥象不燭疑將來必有薄蝕之變也此月四日日出山六七丈精光暫昧而色都赤中有異物大如雞子又有青黑之氣共相搏擊良久方解按時在歲首純陽之月日在癸亥全陰之位而有此異殆元首供禦之義不顯消復之理不著之所致也計去微臣所陳未及一月而便有此變益明皇天留情陛下懇懇之至也往年歲末太白蝕月今在歲始日有咎謫會未數旬大眚再見日月告釁見懼詩人無日天高其鑒不遠故宋景言善熒惑退次光武寧亂呼沲結冰此明天人之懸符有若形影之相應應之以德則休祥臻酬之以怠則咎徵作陛下宜恭承靈譴敬天之怒施沛然之恩諧玄同之化上所以允塞天意下所以弭息羣謗臣聞人之多幸國之不幸赦不宜數實如聖旨臣愚以爲子產知鑄刑書非政事之善然不得不作者須以救弊故也今之宜赦理亦如之隨時之宜亦聖人所善者此家國大信之要誠非微臣所得干豫今聖朝明哲思弘謀猷方闢四門以亮采訪輿誦於羣小况臣蒙珥筆朝末而可不竭誠盡規哉頃之遷尚書郎數言便宜多所匡益明帝之在東宮與溫嶠庾亮並有布衣之好璞亦以才學見重埒於嶠亮論者美之然性輕易不修威儀嗜酒好色時或過度著作郎干寶常誡之曰此非適性之道也璞曰吾所受有本限用之恒恐不得盡卿乃憂酒色之爲患乎璞既好卜筮縉紳多笑之又自以才高位卑乃著客傲其辭曰客傲郭生曰玉以兼城爲寶士以知名爲賢明月不妄映蘭葩豈虛鮮今足下既以拔文秀於叢薈蔭弱根於慶雲陵扶搖而竦翮揮清瀾以濯鱗而響不徹於一皐價不登乎千金傲岸榮悴之際頡頏龍魚之間進不爲諧隱退不爲放言無沉冥之韻而希風乎嚴先徒費思於鑽味摹洞林乎連山尚何名乎夫攀驪龍之髯撫翠禽之毛而不得絕霞肆跨天津者未之前聞也郭生粲然而笑曰鷦鷯不可與論雲翼井蛙難與量海鼇雖然將祛子之惑訊以未悟其可乎乃者地維中絕乾光墜采皇運暫迴廓祚淮海龍德時乘羣才雲駭藹若鄧林之會逸翰爛若溟海之納奔濤不煩咨嗟之訪不假蒲帛之招羈九有之奇駿咸總之於一朝豈惟豐沛之英南陽之豪昆吾挺鋒驌驦軒髦杞梓競敷蘭荑爭翹嚶聲冠於伐木援類繁乎拔茅是以水無浪士巖無幽人刈蘭不暇爨桂不給安事錯薪乎且夫窟泉之潛不思雲翬熙冰之采不羨旭晞混光耀於埃藹者亦曷願滄浪之深秋陽之映乎登降紛於九五淪湧懸乎龍津蚓蛾以不才陸槁蟒蛇以騰鶩暴鱗連城之寶藏於褐裹三秀雖豔縻于麗采香惡乎芬賈惡乎在是以不塵不冥不驪不騂支離其神蕭悴其形形廢則神王跡麤而名生體全者爲犧至獨者不孤傲俗者不得以自得黙覺者不足以涉無故不恢心而形遺不外累而智喪無巖穴而冥寂無江湖而放浪玄悟不以應機洞鑒不以昭曠不物物我我不是是非非忘意非我意意得非我懷寄羣籟乎無象域萬殊於一歸不壽殤子不夭彭涓不壯秋豪不小太山蚑淚與天地齊流蜉蝣與大椿齒年然一闔一開兩儀之跡一沖一溢懸象之節渙沍期於寒暑凋蔚要乎春秋青陽之翠秀龍豹之委穎駿狼之長暉玄陸之短景故皐壤爲悲欣之府胡蝶爲化物之器矣夫欣黎黃之音者不顰蟪蛄之吟豁雲臺之觀者必闕帶索之歡縱蹈而詠採薺擁璧而歎抱關戰機心以外物不能得意於一弦悟往復於嗟歎安可與言樂天者乎若乃莊周偃蹇於漆園老萊婆娑於林窟嚴平澄漠於塵肆梅眞隱淪乎市卒梁生吟嘯而矯跡焦光混沌而槁杌阮公昏酣而賣傲翟叟遯形以倏忽吾不能幾韻於數賢故寂然玩此員策與智骨永昌元年皇孫生璞上疏曰有道之君未嘗不以危自持亂世之主未嘗不以安自居故存而不忘亡者三代之所以興也亡而自以爲存者三季之所以廢也是以古之令主關納忠讜以弼其違標顯切直用攻其失至乃聞一善則拜見規誡則懼何者蓋不私其身處天下以至公也臣竊惟陛下符運至著勳業至大而中興之祚不隆聖敬之風未躋者殆由法令太明刑教太峻故水至清則無魚政至察則衆乖此自然之勢也臣去春啓事以囹圄充斥陰陽不和推之卦理宜因郊祀作赦以蕩滌瑕穢不然將來必有愆陽苦雨之災崩震薄蝕之變狂狡蠢戾之妖其後月餘日果薄鬭去秋以來諸郡並有暴雨水皆洪潦歲用無年適聞吳興復欲有構妄者咎徵漸成臣甚惡之頃者以來役賦轉重獄犴日結百姓困擾甘亂者多小人愚嶮共相扇惑雖勢無所至然不可不虞按洪範傳君道虧則日蝕人憤怨則水涌溢陰氣積則下代上此微理潛應已著實於事者也假令臣遂不幸謬中必貽陛下側席之憂今皇孫載育天固靈基黔首顒顒實望惠潤又歲涉午位金家所忌宜於此時崇恩布澤則火氣潛消災譴不生矣陛下上承天意下順物情可因皇孫之慶大赦天下然後明罰勑法以肅理官克厭天心慰塞人事兆庶幸甚禎祥必臻矣臣今所陳覽而省之或未允聖旨久而尋之終亮臣誠若所啓上合願陛下勿以臣身廢臣之言臣言無隱而陛下納之適所以顯君明臣直之義耳疏奏納焉即大赦改年時暨陽人任谷因耕息於樹下忽有一人著羽衣就淫之既而不知所在谷遂有娠積月將產羽衣人復來以刀穿其陰下出一蛇子便去谷遂成宦者後詣闕上書自云有道術帝留谷于宮中璞復上疏曰任谷所爲妖異無有因由陛下玄鑒廣覽欲知

其情狀引之禁內供給安處臣闍爲國以禮正不闍以奇邪所聽惟人故神降之吉陛下簡默居正動遵典刑按周禮奇服怪人不入宮況谷妖詭怪人之甚者而登講肆之堂密邇殿省之側塵黷日月穢亂天聽臣之私情竊所以不取也陛下若以谷信爲神靈所憑者則應敬而遠之夫神聰明正直接以人事若以谷爲妖蠱詐妄者則當投畀裔土不宜令褻近紫闥若以谷或是神祇告譴爲國作眚者則當克己修禮以弭其妖不宜令谷安然自容肆其邪變也臣愚以爲陰陽陶蒸變化萬端亦是狐狸魍魎憑假作慝願陛下採臣愚懷特遣谷出臣以人乏忝荷史任敢忘直筆惟義是規其後元帝崩谷因亡走璞以母憂去職卜葬地於暨陽去水百步許人以近水爲言璞曰當即爲陸矣其後沙漲去墓數十里皆爲桑田未朞王敦起璞爲記室參軍是時潁川陳述爲大將軍掾有美名爲敦所重未幾而沒璞哭之哀甚呼曰嗣祖嗣祖焉知非福未幾而敦作難時明帝即位踰年未改號而熒惑守房璞時休歸帝乃遣使齎手詔問璞會暨陽縣復上言曰赤烏見璞乃上疏請改年肆赦文多不載璞嘗爲人葬帝微服往觀之因問主人何以葬龍角此法當滅族主人曰郭璞云此葬龍耳不出三年當致天子也帝曰出天子邪答曰能致天子問耳帝甚異之璞素與桓彝友善彝每造之或值璞在婦間便入璞曰卿來他處自可徑前但不可厠上相尋耳必客主有殃彝後因醉詣璞正逢在厠掩而觀之見璞裸身被髮銜刀設醊璞見彝撫心大驚曰吾每屬卿勿來反更如是非但禍吾卿亦不免矣天實爲之將以誰咎璞終嬰王敦之禍彝亦死蘇峻之難王敦之謀逆也溫嶠庾亮使璞筮之璞對不決嶠亮復令占己之吉凶璞曰大吉嶠等退相謂曰璞對不了是不敢有言或天奪敦魄今吾等與國家共舉大事而璞云大吉是爲舉事必有成也於是勸帝討敦初璞每言殺我者山宗至是果有姓崇者構璞於敦敦將舉兵又使璞筮璞曰無成敦固疑璞之勸嶠亮又聞卦凶乃問璞曰卿更筮吾壽幾何答曰思向卦明公起事必禍不久若往武昌壽不可測敦大怒曰卿壽幾何曰命盡今日日中敦怒收璞詣南崗斬之璞臨出謂行刑者欲何之曰南崗頭璞曰必在雙栢樹下既至果然復云此樹應有大鵲巢衆索之不得璞更令尋覓果於枝間得一大鵲巢密葉蔽之初璞中興初行經越城間遇一人呼其姓名因以袴褶遺之其人辭不受璞曰但取後自當知其人遂受而去至是果此人行刑時年四十九及王敦平追贈弘農太守初庾翼幼時嘗令璞筮公家及身卦成曰建元之末丘山傾長順之初子凋零及康帝即位將改元爲建元或謂庾冰曰子忘郭生之言邪丘山上名此號不宜用冰撫心歎恨及帝崩何充改元爲永和庾翼歎曰天道精微乃當如是長順者永和也吾庸得免乎其年翼卒冰又令筮其後嗣卦成曰卿諸子並當貴盛然有白龍者凶徵至矣若墓碑生金庾氏之大忌也後冰子蘊爲廣州刺史妾房內忽有一新生白狗子莫知所由來其妾秘愛之不令蘊知狗轉長大蘊入見狗眉眼分明又身至長而弱異於常狗蘊甚怪之將出共視在衆人前忽失所在蘊慨然曰殆白龍乎庾氏禍至矣又墓碑生金俄而爲桓溫所滅終如其言璞之占驗皆如此類也璞撰前後筮驗六十餘事名爲洞林又抄京費諸家要最更撰新林十篇卜韻一篇注釋爾雅別爲音義圖譜又注三倉方言穆天子傳山海經及楚辭子虛上林賦數十萬言皆傳於世所作詩賦誄頌亦數萬言子驁官至臨賀太守

葛洪

葛洪字稚川丹陽句容人也祖系吳大鴻臚父悌吳平後入晉爲邵陵太守洪少好學家貧躬自伐薪以貿紙筆夜輒寫書誦習以儒學知名性寡欲無所愛翫不知棊局幾道摴蒱齒名爲人木訥不好榮利閉門却掃未嘗交遊於餘杭山見何幼道郭文舉目擊而已各無所言時或尋書問義不遠數千里崎嶇冒涉期於必得遂究覽典籍尤好神仙導養之法從祖玄吳時學道得仙號曰葛仙公以其煉丹祕術授弟子鄭隱洪就隱學悉得其法焉後師事南海太守上黨鮑玄玄亦內學逆占將來見洪深重之以女妻洪洪傳玄業兼綜練醫術凡所著撰皆精覈是非而才章富贍太安中石冰作亂吳興太守顧祕爲義軍都督與周玘等起兵討之祕檄洪爲將兵都尉攻冰別率破之遷伏波將軍冰平洪不論功賞徑至洛陽欲搜求異書以廣其學洪見天下已亂欲避地南土乃參廣州刺史稽含軍事及含遇害遂停南土多年征鎮檄命一無所就後還鄉里禮辟皆不赴元帝爲丞相辟爲掾以平賊功賜爵關內侯咸和初司徒導召補州主簿轉司徒掾遷諮議參軍干寶深相親友薦洪才堪國史選爲散騎常侍領大著作洪固辭不就以年老欲煉丹以祈遐壽聞交阯出丹求爲句漏令帝以洪資高不許洪曰非欲爲榮以有丹耳帝從之洪遂將子姪俱行至廣州刺史鄧嶽留不聽去洪乃止羅浮山煉丹嶽表補東官太守又辭不就嶽乃以洪兄子望爲記室參軍在山積年優游閑養著述不輟其自序曰洪體乏進趣之才偶好無爲之業假令奮翅則能陵厲玄霄騁足則能追風躡景猶欲戢勁翮於鷦鷯之羣藏逸迹於跛驢之伍豈況大塊稟我以尋常之短羽造化假我以至駑之蹇足自卜者審不能者止又豈敢力蒼蠅而慕沖天之舉策跛鼈而追飛兔之軌飾嫫母之篤陋求媒陽之美談推沙礫之賤質索千金於和肆哉夫僬僥之步而企及夸父之蹤近才所以躓礙也要離之羸而強赴扛鼎之勢秦人所以斷筋也是以望絕於榮華之塗而志安乎窮圮之域藜藿有八珍之甘蓬蓽有藻梲之樂也故權貴之家雖咫尺弗從也知道之士雖艱遠必造也考覽奇書既不少矣率多隱語難可卒解自非至精不能究自非篤勤不能悉見也道士弘博洽聞者寡而意斷妄說者衆至於時有好事者欲有所修爲倉卒不知所從而意之所疑又無足諮今爲此書粗舉長生之理其至妙者不得宣之於翰墨蓋粗言較略以示一隅冀悱憤之徒省之可以思過半矣豈謂闇塞必能窮微暢遠乎聊論其所先覺者耳世儒徒知服膺周孔莫信神仙之書不但大而笑之又將謗毀眞正故予所著子言黃白之事名曰內篇其餘駁難通釋名曰外篇大凡內外一百一十六篇雖不足藏諸名山且欲緘之金匱以示識者自號抱朴子因以名書其餘所著碑誄詩賦百卷移檄章表三十卷神仙良吏隱逸集異等傳各十卷又抄五經史漢百家之言方技雜事三百一十卷金匱藥方一百卷肘後要急方四卷洪博聞深洽江左絕倫著述篇章富於班馬又精辯玄賾析理入微後忽與嶽疏云當遠行尋師剋期便發嶽得疏狼狽往別而洪坐至日中兀然若睡而卒嶽至遂不及見時年八十一視其顏色如生體亦柔軟舉尸入棺甚輕如空衣世以爲尸解得仙云

史臣曰景純篤志綈緗洽聞彊記在異書而畢綜瞻往滯而咸釋情源秀逸思業高奇襲文雅於西朝振辭鋒於南夏爲中興才學之宗矣夫語怪徵神伎成則賤前修貽訓鄙乎茲道景純之探策定數考往知來邁京管於前圖軼梓竈於遐篆而官微於世禮薄於時區區然寄客傲以申懷斯亦伎成之累也若乃大塊流形玄天賦命吉凶修短定乎自然雖稽象或通而厭勝難恃稟之有在必也無差自可居常待終頹心委運何至銜刀被髮遑遑於幽穢之間哉晚抗忠言無救王敦之逆初慙智免竟斃山宗之謀仲尼所謂攻乎異端斯害也已悲夫稚川束髮從師老而忘倦紬奇冊府總百代之遺編紀化仙都窮九丹之祕術謝浮榮而捐雜藝賤尺寶而貴分陰游德棲眞超然事外全生之道其最優乎

贊曰景純通秀夙振宏材沉研鳥冊洞曉龜枚匪寧國釁坐致身災稚川優洽貧而樂道載範斯文永傳洪藻

晉書卷七十二考證

郭璞傳是爲舉事必有成也於是勸帝討敦初璞每言殺我者山宗至是果有姓崇者○監本是爲舉事之下有姓崇者之上共脫去二十二字今照宋本增入

晉書卷七十三

唐 太 宗 文 皇 帝 御 撰

列傳第四十三

庾亮 子彬 羲 龢 弟懌 冰 條 翼

庾亮字元規明穆皇后之兄也父琛在外戚傳亮美姿容善談論性好莊老風格峻整動由禮節閨門之內不肅而成時人或以爲夏侯太初陳長文之倫也年十六東海王越辟爲掾不就隨父在會稽嶷然自守時人皆憚其方嚴莫敢造之元帝爲鎭東時聞其名辟西曹掾及引見風情都雅過於所望甚器重之由是聘亮妹爲皇太子妃亮固讓不許轉丞相參軍預討華軼功封都亭侯轉參丞相軍事掌書記中興初拜中書郎領著作侍講東宮其所論釋多見稱述與溫嶠俱爲太子布衣之好時帝方任刑法以韓子賜皇太子亮諫以申韓刻薄傷化不足留聖心太子甚納焉累遷給事中黃門侍郎散騎常侍時王敦在蕪湖帝使亮詣敦籌事敦與亮談論不覺改席而前退而歎曰庾元規賢於裴頠遠矣因表爲中領軍明帝即位以爲中書監亮上書讓曰臣凡庸固陋少無殊操昔以中州多故舊邦喪亂隨侍先臣遠庇有道爰容逃難求食而已不悟徼時之福遭遇

嘉運先帝龍興垂異常之顧旣眷同國士又申以婚姻遂階親寵累忝非服弱冠濯纓沐浴芳風頻煩省闥出總六軍十餘年間位超先達無勞受遇無與臣比小人祿薄福過災生止足之分臣所宜守而偷榮昧進日爾一日謗讟旣集上塵聖朝始欲自聞而先帝登遐區區微誠竟未上達陛下踐阼聖政惟新宰輔賢明庶僚咸允康哉之歌實存于至公而國恩不已復以臣領中書臣領中書則示天下以私矣何者臣於陛下后之兄也姻婭之嫌與骨肉中表不同雖太上至公聖德無私然世之喪道有自來矣悠悠六合皆私其姻人皆有私則天下無公矣是以前後二漢咸以抑后黨安進婚族危向使西京七族東京六姓皆非姻族各以平進縱不悉全決不盡敗今之盡敗更由姻昵臣歷觀庶姓在世無黨於朝無援於時植根之本輕也苟無大瑕猶或見容至於外戚憑託天地連勢四時根援扶疏重矣大矣而或居權寵四海側目事有不允罪不容誅身旣招殃國爲之弊其故何邪由姻媾之私羣情之所不能免是以疏附則信姻進則疑疑積於百姓之心則禍成於重閨之內矣此皆往代成鑒可爲寒心者也夫萬物之所不通聖賢因而不奪冒親以求一寸之用未若防嫌以明至公今以臣之才兼如此之嫌而使內處心膂外總兵權以此求治未之聞也以此招禍可立待也雖陛下二相明其愚款朝士百僚頗識其情天下之人安可門到戶說使皆坦然邪夫富貴榮寵臣所不能忘也刑罰貧賤臣所不能甘也今恭命則愈違命則苦臣雖不達何事背時違上自貽患責邪實仰覽殷鑒量已知弊身不足惜爲國取悔是以悾悾屢陳丹款而微誠淺薄未垂察諒憂惶屏營不知所措願陛下垂天地之鑒察臣之愚則臣雖死之日猶生之年矣疏奏帝納其言而止王敦旣有異志內深忌亮而外崇重之亮憂懼以疾去官後代王導爲中書監及敦舉兵加亮左衞將軍與諸將距錢鳳及沈充之走吳興也又假亮節都督東征諸軍事追充事平以功封永昌縣開國公賜絹五千四百匹固讓不受轉護軍將軍及帝疾篤不欲見人羣臣無得進者撫軍將軍南頓王宗右衞將軍虞胤等素被親愛與西陽王羕將有異謀亮直入臥內見帝流涕不自勝旣而正色陳羕與宗等謀廢大臣規共輔政社稷安否將在今日辭旨切至帝深感悟引亮升御座遂與司徒王導受遺詔輔幼主加亮給事中徙中書令太后臨朝政事一決於亮先是王導輔政以寬和得衆亮任法裁物頗以此失人心又先帝遺詔褒進大臣而陶侃祖約不在其例侃約疑亮刪除遺詔並流怨言亮懼亂於是出温嶠爲江州以廣聲援修石頭以備之會南頓王宗復謀廢執政亮殺宗而廢宗兄羕宗帝室近屬羕國族元老又先帝保傅天下咸以亮翦削宗室琅邪人卞咸宗之黨也與宗俱誅咸兄闡亡奔蘇峻亮符峻送闡而峻保匿之峻又多納亡命專用威刑亮知峻必爲禍亂徵爲大司農舉朝謂之不可平南將軍温嶠亦累書止之皆不納峻遂與祖約俱舉兵反温嶠聞峻不受詔便欲下衞京都三吳又欲起義兵亮並不聽而報嶠書曰吾憂西陲過於歷陽足下無過雷池一步也旣而峻將韓晃寇宣城亮遣距之不能制峻乘勝至于京都詔假亮節都督征討諸軍事戰于建陽門外軍未及陣士衆棄甲而走亮乘小船西奔亂兵相剝掠亮左右射賊誤中柂工應弦而倒船上咸失色欲散亮不動容徐曰此手何可使著賊衆心乃安亮攜其三弟懌條翼南奔温嶠嶠素欽重亮雖在奔敗猶欲推爲都統亮固辭乃與嶠推陶侃爲盟主侃至尋陽旣有憾於亮議者咸謂侃欲誅執政以謝天下亮甚懼及見侃引咎自責風止可觀侃不覺釋然乃謂亮曰君侯修石頭以擬老子今日反見求耶便談宴終日亮噉薤因留白侃問曰安用此爲亮云故可以種侃於是尤相稱歎云非唯風流兼有爲政之實旣至石頭亮遣督護王彰討峻黨張曜反爲所敗亮送節傳以謝侃侃答曰古人三敗君侯始二當今事急不宜數爾又曰朝政多門用生國禍喪亂之來豈獨由峻也亮時以二千人守白石壘峻步兵萬餘四面來攻衆皆震懼亮激厲將士並殊死以戰峻軍乃走追斬數百級峻平帝幸温嶠舟亮得進見稽顙鯁噎詔羣臣與亮俱升御坐亮明日又泥首謝罪乞骸骨欲闔門投竄山海帝遣尚書侍中手詔慰喻此社稷之難非舅之責也亮上疏曰臣凡鄙小人才不經世階緣戚屬累忝非服叨竊彌重謗議彌興皇家多難未敢告退遂隨牒展轉便煩顯任先帝不豫臣叅侍醫藥登遐顧命又豫聞後事豈云德授蓋以親也臣知其不可而不敢逃命實以田夫之交猶有寄託況君臣之義道貫自然哀悲眷戀不敢違距且先帝謬顧情同布衣旣今恩重命輕遂感遇忘身加以陛下初在諒闇先后親覽萬幾宣通外內臣當其地是以激節驅馳不敢依違雖知無補志以死報而才下位高知進忘退乘寵驕盈漸不自覺進不能撫寧外內退不能推賢宗長遂使四海側心謗議沸騰祖約蘇峻不堪其憤縱肆兇逆事由臣發社稷傾覆宗廟虛廢先后以憂逼登遐陛下旰食踰年四海哀惶肝腦塗地臣之招也臣之罪也朝廷寸斬之屠戮之不足以謝祖宗七廟之靈臣灰身滅族不足以塞四海之責臣負國家其罪莫大實天所不覆地所不載陛下矜而不誅有司縱而不戮自古及今豈有不忠不孝如臣之甚不能伏劒北闕偷存視息雖生之日亦猶死之年朝廷復何理齒臣於人次臣亦何顏自次於人理臣欲自投草澤思舋之心也而明詔謂之獨善其身聖旨不垂矜察所以重其罪也願陛下覽先朝謬授之失雖垂寬宥全其首領猶宜棄之任其自存自沒則天下粗知勸戒之綱矣疏奏詔曰省告懇惻執以感歎誠是仁舅處物宗之責理亦盡矣若大義旣不開塞舅所執理勝何必區區其相易奪賊峻姦逆書契所未有也是天地所不容人神所不宥今年不反明年當反愚智所見也舅與諸公勃然而召正是不忍見無禮於君者也論情與義何得謂之不忠乎若以已總率征討事至敗喪有司宜明直繩以肅國體誠則然矣且舅遂上告方伯席卷來下舅躬貫甲胄賊峻梟懸大事旣平天下開泰衍得反正社稷又安宗廟有奉豈非舅二三方伯忘身陳力之勳邪方當策勳行賞豈復議旣往之咎乎且天下大弊死者萬計而與桀寇對岸舅且當上奉先帝顧託之旨弘濟艱難使衍冲人永有憑賴則天下幸甚亮欲遁逃山海自暨陽東出詔有司錄奪舟船亮乃求外鎮自效出爲持節都督豫州揚州之江西宣城諸軍事平西將軍假節豫州刺史領宣城內史亮遂受命鎮蕪湖頃之後將軍郭默據湓口以叛亮表求親征於是以本官加征討都督率將軍路永毛寶趙胤匡術劉仕等步騎二萬會太尉陶侃俱討破之亮還蕪湖不受爵賞侃移書曰夫賞罰黜陟國之大信竊怪矯然獨爲君子亮曰元帥指撝武臣效命亮何功之有遂苦辭不受進號鎮西將軍又固讓初以誅王敦功封永昌縣公亮比陳讓疏數十上至是許之陶侃薨遷亮都督江荊豫益梁雍六州諸軍事領江荊豫三州刺史進號征西將軍開府儀同三司假節亮固讓開府乃遷鎮武昌時王導輔政主幼時艱務存大綱不拘細目委任趙胤賈寧等諸將並不奉法大臣患之陶侃嘗欲起兵廢導而郗鑒不從乃止至是亮又欲率衆黜導又以諮鑒而鑒又不許亮與鑒牋曰昔於蕪湖反覆謂彼罪雖重而時弊國危且令方嶽道勝亦足有所鎮壓故共隱忍解釋陶公自茲迄今曾無悛改主上自八九歲以及成人入則在宮人之手出則唯武官小人讀書無從受音句顧問未嘗遇君子侍臣雖非儁士皆時之良也知古今顧問豈與殿中將軍司馬督同年而語哉不云當高選侍臣而云高選將軍司馬督豈合賈生願人主之美翼以成德之意乎秦政欲愚其黔首天下猶知不可況乃欲愚其主哉主之少也不登進賢哲以輔導聖躬春秋旣盛宜復子明辟不稽首歸政甫居師傅之尊成人之主方受師臣之悖主上知君臣之道不可以然而不得不行殊禮之事萬乘之君寄坐上九亢龍之爻有位無人挾震主之威以臨制百官百官莫之敢忤是先帝無顧命之臣勢屈於驕姦而遵養之也趙賈之徒有無君之心是而可忍孰不可忍且往日之事含容隱忍謂其罪可宥良以時弊國危兵甲不可屢動又冀其當謝往釁懼而修已如頃日之縱是上無所忌下無所憚謂多養無賴足以維持天下公與下官並蒙先朝厚顧荷託付之重大姦不掃何以見先帝於地下願公深惟安國家固社稷之遠算次計公之與下官負荷輕重量其所宜鑒又不許故其事得息時石勒新死亮有開復中原之謀乃解豫州授輔國將軍毛寶使與西陽太守樊峻精兵一萬俱戍邾城又以陶稱爲南中郎將江夏相率部曲五千人入沔中亮弟翼爲南蠻校尉南郡太守鎮江陵以武昌太守陳囂爲輔國將軍梁州刺史趣子午又遣偏軍伐蜀至江陽執偽荊州刺史李閎巴郡太守黃植送于京都亮當率大衆十萬據石頭城爲諸軍聲援乃上疏曰蜀胡二寇凶虐滋甚內相誅鋤衆叛親離蜀甚弱而胡尚彊並佃並守修進取之備襄陽北接宛許南阻漢水其險足固其土足食臣宜移鎮襄陽之石城下并遣諸軍羅布江沔比及數年戎士習練乘釁齊進以臨河洛大勢一舉衆知存亡開反善之路宥逼脅之罪因天時順人情誅逋逆雪大恥實聖朝之所先務也願陛下許其所陳濟其此舉淮泗壽陽所宜進據臣輒簡練部分乞槐棘叅議以定經略帝下其議時王導與亮意同郗鑒議以資用未備不可大舉亮又上疏便欲遷鎮會寇陷邾城毛寶赴水而死亮陳謝自貶三等行安西將軍有詔復位尋拜司空餘官如故固讓不拜亮自邾城陷沒憂慨發疾會王導薨徵亮爲司徒揚州刺史錄尚書事又固辭帝許之咸康六年薨時年五十二追贈太尉謚曰文康喪至車駕親臨及葬又贈永昌公印綬亮弟冰上疏曰臣謹詳先事亦曾聞臣亮對臣等

之言懇懇於斯事是以屢自陳請將迄十年豈恃臣好讓而不肅恭顧曩時之釁近出宇下加先帝神武筭略兼該是以役不踰時而凶醜殲滅計之以事則功歸聖主推之於運則勝非人力至如亮等因聖略之弘得效所職事將何論功將何賞及後傷蹶責踰先功是以陛下優詔聽許亮實思自効以報天德何悟身潛聖世微志長絕存亡哀恨痛貫心膂願陛下發明詔遂先恩則臣亮死且不朽帝從之亮將葬何充會之歎曰埋玉樹於土中使人情何能已初亮所乘馬有的顱殷浩以爲不利於主勸亮賣之亮曰曷有己之不安而移之於人浩慙而退亮在武昌諸佐吏殷浩之徒乘秋夜往共登南樓俄而不覺亮至諸人將起避之亮徐曰諸君少住老子於此處興復不淺便據胡床與浩等談詠竟坐其坦率行已多此類也三子彬羲龢

彬年數歲雅量過人溫嶠嘗隱暗怛之彬神色恬如也乃徐跪謂嶠曰君侯何至於此論者謂不減於亮蘇峻之亂遇害

羲少有時譽初爲吳興內史時穆帝頗愛文義羲至郡獻詩頗存諷諫因上表曰陛下以聖明之德方隆唐虞之化而事役殷曠百姓凋殘以數州之資經贍四海之務其爲勞弊豈可具言昔漢文居隆盛之世躬自儉約斷獄四百殆致刑厝賈誼歎息猶有積薪之言以古況今所以益其憂懼陛下明鑒天挺無幽不燭弘濟之道豈待瞽言臣受恩弈世思盡絲髮受任到東親臨所見敢緣弘政獻其丹愚伏願聽斷之暇少垂察覽其詩文多不載羲方見授用而卒子準太元中自侍中代桓石虔爲豫州刺史西中郎將鎮歷陽卒官準子悅義熙中江州刺史準弟楷自有傳

龢字道季好學有文章叔父翼將還襄陽龢年十五以書諫曰承進據襄陽耀威荊楚且田且戍漸臨河洛使向化之萌懷德而附凶愚之徒畏威反善太平之基便在於旦夕昔殷伐鬼方三年而剋樂生守齊遂至歷載今皇朝雖隆無有殷之盛凶羯雖衰猶醜類有徒而沔漢之水無萬仞之固方城雖峻無千尋之險加以運漕供繼有泝流之艱征夫勤役有勞來之歎若窮寇慮逼畧乏率然之勢進退惟思不見其可此明闇所共見賢愚所共聞況於臨事者乎願迴師反旆詳擇全勝修城池立壘壁勤耕農練兵甲若凶運有極天亡此虜則可泛舟北濟方軌齊進水陸騁邁亦不踰旬朔矣願詳思遠猷筭其可者翼甚奇之升平中代孔嚴爲丹陽尹表除重役六十餘事太和初代王恬爲中領軍卒於官子恒尚書僕射贈光祿大夫

懌字叔豫少以通簡爲兄亮所稱弱冠西陽王羕辟不就東海王沖爲長水校尉淸選綱紀以懌爲功曹除暨陽令又爲沖中軍司馬轉散騎侍郎遷左衛將軍以討蘇峻功封廣饒男出補臨川太守歷監梁雍二州軍事轉輔國將軍梁州刺史假節鎮魏興時兄亮總統六州以懌寬厚容衆故授以遠任爲東西勢援尋進監秦州氐羌諸軍事懌遣牙門霍佐迎將士妻子佐驅三百餘口亡入石季龍亮表上貶懌爲建威將軍朝議欲召還亮上疏曰懌御衆簡而有惠州戶雖小賴其寬政佐等同惡大數不多且懌名號大不可以小故輕議進退其文武之心轉已安定賊帥艾秀遣使歸誠上洛附賊降者五百餘口冀一安穩無復怵惕從之後以所鎭險遠糧運不繼詔懌以將軍率所領還屯半洲尋遷輔國將軍豫州刺史進號西中郎將監宣城廬江歷陽安豐四郡軍事假節鎭蕪湖懌嘗以白羽扇獻成帝帝嫌其非新反之侍中劉劭曰栢梁雲構大匠先居其下管弦繁奏夔牙先聆其音懌之上扇以好不以新後懌聞之曰此人宜在帝之左右又嘗以毒酒餉江州刺史王允之允之覺其有毒飲犬犬斃乃密奏之帝曰大舅已亂天下小舅復欲爾邪懌聞遂飲鴆而卒時年五十贈侍中衛將軍諡曰簡子統嗣統字長仁少有令名司空太尉辟皆不就調補撫軍會稽王司馬出爲建威將軍寧夷護軍尋陽太守年二十九卒時人稱其才器甚痛惜之子玄之官至宣城內史

冰字季堅兄亮以名德流訓冰以雅素垂風諸弟相率莫不好禮爲世論所重亮常以爲庾氏之寶司徒辟不就徵祕書郎預討華軼功封都鄉侯王導請爲司徒右長史出補吳興內史會蘇峻作逆遣兵攻冰冰不能禦便棄郡奔會稽會稽內史王舒以冰行奮武將軍距峻別率張健於吳中時健黨甚衆諸將莫敢先進冰率衆擊健走之於是乘勝西進赴于京都又遣司馬滕含攻賊石頭城拔之冰勳爲多封新吳縣侯固辭不受還給事黃門侍郎又讓不拜司空郗鑒請爲長史不就出補振武將軍會稽內史徵爲領軍將軍又辭尋入爲中書監揚州刺史都督揚豫兗三州軍事征虜將軍假節是時王導新喪人情恇然冰兄亮既固辭不入衆望歸冰既當重任經綸時務不捨晝夜賓禮朝賢升擢後進由是朝野注心咸曰賢相初導輔政每從寬惠冰頗任威刑殷融諫之冰曰前相之賢猶不堪其弘況吾者哉范汪謂冰曰頃天文錯度足下宜盡消禦之道冰曰玄象豈吾所測正當勤盡人事耳又隱實戶口料出無名萬餘人以充軍實詔復論前功冰上疏曰臣門戶不幸以短才贊務釁及天庭殃流邦族若晉典休明夷戮久矣而于時顛沛刑憲暫墜遂令臣等復得爲時陳力猶國之臣因之而奮立功於大罪之後建義於顛覆之餘此是臣等所以復得視息於天壤王憲不復必明於往誓也此之厚幸可謂弘矣豈復得計勞納封受賞司勳哉願陛下曲降靈澤哀恕由中申命有司惠臣所乞則愚臣之願於此畢矣許之成帝疾篤時有妄爲中書符勅宮門宰相不得前左右皆失色冰神氣自若曰是必虛妄推問果詐衆心乃定進號左將軍康帝卽位又進車騎將軍冰懼權盛乃求外出會弟翼當伐石季龍於是以本號除都督江荊寧益梁交廣七州豫州之四郡軍事領江州刺史假節鎭武昌以爲翼援冰臨發上疏曰臣因循家寵冠冕當世而志無殊操量不及遠頃皇家多難釁故頻仍朝望國器與時殲落遂令天眷下墜降及臣身俯仰伏事於今五年上不能光贊聖猷下不能緝熙政道而陛下遇之過分求之不已復策敗駕之駟以冀萬里之功非天眷之隆將何以至此是以敢竭狂瞽以獻血誠願陛下暫屏旒纊以弘聽納今彊寇未殄戎車未戢兵弱於郊人疲於內寇之侵逸未可量也黎庶之困未之安也羣才之用未之盡也而陛下崇高事與下隔視聽察覽必寄之羣下羣下宜忠不引不進百司宜勤不督不勤是以古之帝王勤於降納雖日總萬幾猶兼將相或借訟輿人或求謗芻蕘良有以也況今日之弊開闢之極而陛下歷數屬當其運否剝之難嬰之聖躬普天所以痛心於既往而傾首於將來者也實冀否終而泰屬運在今誠願陛下弘天覆之量深地載之厚宅冲虛以爲本勤訓督以爲務廣引時彥詢于政道朝之得失必關聖聽人之情僞必達天聰然後覽其大當以總國綱躬儉節用堯舜豈遠大布之衣衛文何人是以古人有云非知之難行之難非行之難安之難也願陛下既思日側於勞謙納其起予之情則天下幸甚矣臣朝夕伏膺猶不能暢臨疏徘徊不覺辭盡頃之獻皇后臨朝徵冰輔政冰辭以疾篤尋而卒時年四十九冊贈侍中司空諡曰忠成祠以太牢冰天性淸愼常以儉約自居中子襲嘗貸官絹十匹冰怒捶之市絹還官臨卒謂長史江虨曰吾將逝矣恨報國之志不展命也如何死之日斂以時服無以官物也及卒無絹爲衾又室無妾媵家無私積世以此稱之冰七子希襲友蘊倩邈柔

希字始彦初拜祕書郎累遷司徒右長史黃門侍郎建安太守未拜復爲長史兼右衛將軍遷侍中出爲輔國將軍吳國內史希既后之戚屬冰女又爲海西公妃故希兄弟並顯貴太和中希爲北中郎將徐兗二州刺史蘊爲廣州刺史並假節友東陽太守倩太宰長史邈會稽王參軍柔散騎常侍倩最有才器桓溫深忌之初慕容厲圍梁父斷澗水太山太守諸葛攸奔鄒山魯高平等數郡皆沒希坐免官頃之徵爲護軍將軍希怒固辭希初免時多盜北府軍資溫諷有司劾之復以罪免遂客于晉陵之暨陽初郭璞筮冰云子孫必有大禍唯用三陽可以有後故希求鎭山陽友爲東陽家于暨陽及海西公廢桓溫陷倩及柔以武陵王黨殺之希聞難便與弟邈及子攸之逃于海陵陂澤中蘊於廣州飲鴆而死及友當伏誅友子婦桓祕女也請溫故得免故青州刺史武沉希之從母兄也潛餉給希經年溫後知之遣兵捕希武沉之子遵與希聚衆於海濱畧漁人船夜入京口城平北司馬卞眈踰城奔曲阿吏士皆散走希放城內囚徒數百人配以器仗遵於外聚衆宣令云逆賊桓溫廢帝殺王稱海西公密旨除凶逆京都震擾內外戒嚴屯備六門平北參軍劉奭與高平太守郄逸之遊軍督護郭龍等集衆距之卞眈又與曲阿人弘戎發諸縣兵二千并力屯新城以擊希希戰敗閉城自守溫遣東海太守周少孫討之城陷被擒希邈及子姪五人斬于建康市遵及黨與並伏誅唯友及蘊諸子獲全友子叔宣右衛將軍蘊子廓之東陽太守

條字幼序初辟太宰府累遷黃門郎豫章太守徵拜祕書監賜爵鄉亭侯出爲冠軍將軍臨川太守豫章黃韜自稱孝神皇帝臨川人李高爲相聚黨數百人乘犢車衣皂袍攻郡縣條討平之條於兄弟最凡劣故祿位不至卒官贈左將軍

翼字稚恭風儀秀偉少有經綸大畧京兆杜乂陳郡殷浩並才名冠世而翼弗之重也每語人曰此輩宜束之高閣俟天下太平然後議其任耳見桓溫總角之中便期之以遠畧因言於成帝曰桓溫有英雄之才願陛下勿以常人遇之常壻畜之宜委以方邵之任必有弘濟艱難之勳蘇峻作逆翼時年二十二兄亮使白衣領數

百人備石頭亮敗與翼俱奔事平始辟太尉陶侃府轉參軍累遷從事中郎在公府雍容諷議頃之除振威將軍鄱陽太守轉建威將軍西陽太守撫和百姓甚得歡心遷南蠻校尉領南郡太守加輔國將軍假節及邾城失守石城被圍翼屢設奇兵潛致糧杖石城得全翼之勳也賜爵都亭侯及亮卒授都督江荊司雍梁益六州諸軍事安西將軍荊州刺史假節代亮鎮武昌翼以帝舅年少超居大任遐邇屬目慮其不稱翼每竭志能勞謙匪懈戎政嚴明經略深遠數年之中公私充實人情翕然稱其才幹由是自河以南皆懷歸附石季龍汝南太守戴開率數千人詣翼降又遣使東至遼東西到涼州要結二方欲同大舉慕容皝張駿並報使請期翼雅有大志欲以滅胡平蜀爲己任言論慷慨形于辭色將兵都尉錢頎陳事合旨翼拔爲五品將軍賜穀二百斛時東土多賦役百姓乃從海道入廣州刺史鄧嶽大開鼓鑄諸夷因此知造兵器翼表陳東境國家所資侵擾不已逃逸漸多夷人常伺隙若知造鑄之利將不可禁時殷浩徵命無所就而翼請爲司馬及軍司並不肯赴翼遺浩書因致其意先是浩父羨爲長沙在郡貪殘兄冰與翼書屬之翼報曰殷君始往雖多驕豪實有風力之益亦似由有佳兒弟故小令物情難之自頃以來奉公更退私累日滋亦不稍以此寥蕭之也既雅敬洪遠又與浩親善其父兄得失豈以小小計之大較江東政以傴儛豪彊以爲民蠹時有行法輒施之寒劣如往年偷石頭倉米一百萬斛皆是豪將輩而直打殺倉督監以塞責山遐作餘姚半年而爲官出二千戶政雖不倫公彊官長也而羣共驅之不得安席紀睦徐寧奉王使糾罪人船頭到渚桓逸還復而二使免官雖皆前宰之惛謬江東事去實此之由也兄弟不幸橫陷此中自不能拔脚於風塵之外當共明目而治之荊州所統一二十郡唯長沙最惡惡而不黜與殺督監者復何異耶翼有風力格裁發言立論皆如此康帝卽位翼欲率衆北伐上疏曰賊季龍年已六十奢淫理盡醜類怨叛又欲決死遼東皝雖驍果未必能固若北無掣手之虜則江南將不異遼左矣臣所以輒發良人不顧忿咎然東西形援未必齊舉且欲北進移鎮安陸入沔五百涢水通流輒率南郡太守王愆期江夏相謝尚尋陽太守袁眞西陽太守曹據等精銳三萬風馳上道并勒平北將軍桓宣撲取黃季欲并丹水搖蕩秦雍御以長轡用逸待勞比及數年與復可冀臣既臨許洛竊謂桓溫可渡戍廣陵何充可移據淮泗赭圻路永進屯合肥伏願表御之日便決聖聽不可廣詢同異以乖事會兵聞拙速不聞工之久也於是並發所統六州奴及車牛驢馬百姓嗟怨時欲向襄陽慮朝廷不許故以安陸爲辭帝及朝士皆遣使譬止車騎參軍孫綽亦致書諫翼不從遂違詔輒行至夏口復上表曰臣近以胡寇有弊亡之勢暫率所統致討山北並分見衆略復江夏數城臣等以九月十九日發武昌以二十四日達夏口輒簡卒搜乘停當上道而所調借牛馬來處皆遠百姓所穡穀草不充並多羸瘠難以涉路加以向冬野草漸枯往反二千或容躓頓輒便隨事籌量權停此舉又山南諸城每至秋冬水多燥涸運漕用功實爲艱阻計襄陽荊楚之舊西接益梁與關隴咫尺北去洛河不盈千里土沃田良方城險峻水路流通轉運無滯進可以掃盪秦趙退可以保據上流臣雖不武意略淺短荷國重恩志存立效是以受任四年唯以習戎爲務實欲上憑聖朝威靈高略下藉士民義慨之誠因寇衰弊漸臨逼之而八年春上表請據樂鄉廣農稸穀以伺二寇之釁而值天高聽邈未垂察照朝議紛紜遂令微誠不暢自爾以來上參天人之徵下採降俘之言胡寇衰滅其日不遠臣雖未獲長驅中原馘截凶醜亦不可以不進據要害思攻取之宜是以輒量宜入沔徙鎮襄陽其謝尚王愆期等悉令還據本戍須到所在馳遣啓聞翼時有衆四萬詔加都督征討軍事師次襄陽大會僚佐陳旌甲親授弧矢曰我之行也若此射矣遂三起三疊徒衆屬目其氣十倍初翼遷襄陽舉朝謂之不可議者或謂避衰唯兄冰意同桓溫及譙王無忌贊成其計至是冰求鎮武昌爲翼繼援朝議謂冰不宜出冰乃止又進翼征西將軍領南蠻校尉胡賊五六百騎出樊城翼遣冠軍將軍曹據追擊於撓溝北破之死者近半獲馬百匹翼綏來荒遠務盡招納之宜立客館置典賓參軍桓宣卒翼以長子方之爲義成太守代領宣衆司馬應誕爲龍驤將軍襄陽太守參軍司馬勳爲建威將軍梁州刺史戍西城康帝崩兄冰卒以家國情事留方之戍襄陽還鎮夏口悉取冰所領兵自配以兄子統爲尋陽太守詔使翼還督江州又領豫州刺史辭豫州後欲移鎮樂鄉詔不許繕修軍器大佃積穀欲圖後舉遣益州刺史周撫西陽太守曹據伐蜀破蜀將季桓於江陽翼如廁見一物如方相俄而疽發背疾篤表第二子爰之行輔國將軍荊州刺史司馬朱燾爲南蠻校尉以千人守巴陵永和元年卒時年四十一追贈車騎將軍謚曰肅翼卒未幾部將于瓚戴羲等作亂殺將軍曹據翼長史江彪司馬朱燾將軍袁眞等共誅之爰之有翼風尋爲桓溫所廢溫既廢爰之又以征虜將軍劉惔監沔中軍事領義城太守代方之而方之爰之並遷徙于豫章

史臣曰外戚之家連耀椒掖舅氏之族同氣蘭閨靡不憑藉寵私階緣險謁門藏金穴地使其驕馬控龍媒勢成其逼古者右賢左戚用杜溺私之路愛而知惡深愼滿覆之災是以厚贈瓊瑰罕升津要塗山在夏靡興咼稷同驅姒氏居周不預燕齊等列聖人慮遠殊有旨哉晉昵元規參聞顧命然其筆敷華藻吻縱濤波方駕搢紳足爲翹楚而智小謀大昧經邦之遠圖才高識寡闕安國之長算璿萼見誅物議稱其拔本牙尺垂訓帝念深於負芒是使蘇祖尋戈宗祧殆覆已而猜嫌上宰謀黜負圖向使郗鑒協從必且戎車犯順則與夫呂產安傑亦何以異哉幸瀉吞舟免淪昭憲是庾宗之大福非晉政之不綱明矣懌敢恣凶懷鴆加連率再世之後三陽僅存餘殃所及蓋其宜也

贊曰元規矯迹寵階椒掖識闇釐道亂由乘隙下拜長沙有慙忠益季堅清貞毓德馳名處泰逾約居權戒盈稚恭慷慨亦擅雄聲

晉書卷七十三考證

史臣論則與夫呂產安傑亦何以異哉○呂本書音義作台并注云史記台作胎

晉書卷七十四

唐　太　宗　文　皇　帝　御　撰

列傳第四十四

桓彝

子雲　雲弟豁　豁子石虔
虔子振　虔弟石秀　石民
石生　石綏　石康
豁弟祕　祕弟沖　沖子嗣
嗣子胤　嗣弟謙
謙弟脩　徐寧

桓彝字茂倫譙國龍亢人漢五更榮之九世孫也父顥官至郎中彝少孤貧雖簞瓢處之晏如性通朗早獲盛名有人倫識鑒拔才取士或出於無聞或得之孩抱時人方之許郭少與庾亮深交雅爲周顗所重顗嘗歎曰茂倫嶔崎歷落固可笑人也起家州主簿赴齊王冏義拜騎都尉元帝爲安東將軍版行逡遒令尋辟丞相中兵屬累遷中書郎尚書吏部郎名顯朝廷于時王敦擅權嫌忌士望彝以疾去職嘗過輿縣縣宰東海徐寧字安期通朗博涉彝遇之欣然停留累日結交而別先是庾亮每屬彝覓一佳吏部及至都謂亮曰爲卿得一吏部矣亮問所在彝曰人所應有而不必有人所應無而不必無徐寧眞海岱清士因爲敘之卽遷吏部郎竟歷顯職明帝將伐王敦拜彝散騎常侍引參密謀及敦平以功封萬寧縣男丹陽尹溫嶠上言宣城阻帶山川頻經變亂宜得望實居之竊謂桓彝可充其選帝手詔曰適得太眞表如此今大事新定朝廷須才不有君子其能國乎方今外務差輕欲停此事彝上疏深自撝挹內外之任並非所堪但以墳柏在此郡欲暫結名義遂補彝宣城內史在郡有惠政爲百姓所懷蘇峻之亂也彝糾合義衆欲赴朝廷其長史裨惠以郡兵寡弱山人易擾可案甲以須後舉彝厲色曰夫見無禮於其君者若鷹鸇之逐鳥雀今社稷危逼義無晏安乃遣將軍朱綽討賊別帥於蕪湖破之彝尋出石頭會朝廷遣將軍司馬流先據慈湖爲賊所破遂長驅逕進彝以郡無堅城遂退據廣德尋王師敗績彝聞而慷慨流涕進屯涇縣時州郡多遣使降峻裨惠又勸彝僞與通和以紓交至之禍彝曰吾受國厚恩義在致死焉能忍垢蒙辱與醜逆通問如其不濟此則命也遣將軍俞縱守蘭石峻遣將韓晃攻之縱將敗左右勸縱退軍縱曰吾受桓侯厚恩本以死報吾之不可負桓侯猶桓侯之不負國也遂力戰而死晃因進軍攻彝彝固守經年勢孤力屈賊曰彝若降者當待以優禮將士多勸彝僞降更思後舉彝不從辭氣壯烈志節不撓城陷爲晃所害年五十三時賊尚未平諸子並流迸宣城人紀世和率義故葬之賊平追贈廷尉謚曰簡咸安中改贈太常俞縱亦以死節追贈興古太守初彝與郭璞善嘗令璞筮卦成璞以手壞之彝問其故曰卦與吾同丈夫當此非命如何竟如其言有五子溫雲豁祕沖溫別有傳

雲字雲子初爲驃騎何充參軍尚書郎不拜襲爵萬寧男歷位建武將軍義城太守遭母憂去職葬畢起爲江州刺史稱疾廬于墓次詔書敦逼固辭不行服闋然後莅職加都督司豫二州軍事領鎮蠻護軍西陽太守假節雲招集衆力志在足兵多所枉濫衆皆嗟怨時溫執權有司不敢彈劾升平四年卒贈平南將軍謚曰貞子

序嗣官至宣城內史

豁字朗子初辟司徒府祕書郎皆不就簡文帝召爲撫軍從事中郎除吏部郎以疾辭遷黃門郎未拜時謝萬敗於梁濮許昌潁川諸城相次陷沒西藩騷動溫命豁督沔中七郡軍事建威將軍新野義城二郡太守擊慕容屈塵破之進號右將軍溫既內鎮以豁監荆揚雍州軍事領護南蠻校尉荆州刺史假節將軍如故時梁州刺史司馬勳以梁益叛豁使其參軍桓羆討之而南陽督護趙弘趙憶等逐太守桓淡據苑城以叛豁與竟陵太守羅崇討破之又攻僞南中郎將趙盤於宛盤退走豁追至魯陽獲之送于京師置戍而旋又監寧益軍事溫薨遷征西將軍進督交廣并前五州軍事苻堅寇蜀豁遣江夏相竺瑤距之廣漢太守趙長等戰死瑤引軍退頃之堅又寇涼州弟沖遣輔國將軍朱序與豁子江州刺史石秀泝流就路禀節度豁遣督護桓羆與序等游軍沔漢爲涼州聲援俄而張天錫陷沒詔遣中書郎王尋之詣豁諮謀邊事豁表以梁州刺史毛憲祖監沔北軍事兗州刺史朱序爲南中郎將監沔中軍事鎮襄陽以固北鄙太元初遷征西大將軍開府豁上疏固讓曰臣聞三台麗天辰極以之增耀論道作弼王猷以之時邕必將仰叅神契對揚成務弘易簡以翼化暢玄風於宗極故宜明揚仄陋登庸賢儁使版築有沖天之舉渭濱無垂竿之逸用乃功濟蒼生道光千載是以德非時望成典所不虛授功微賞厚賢達不以擬心臣實凡人量無遠致階藉門寵遂叨非據進不能闡揚皇風明其政道退不能宣力所莅混一華戎尸素積載庸績莫紀是以敢冒成命歸陳丹款伏願陛下迴神玄覽追收謬眷則具瞻革望臣知所免竟不許及苻堅陷仇池豁以新野太守吉挹行魏興太守督護梁州五郡軍事戍梁州堅陷涪城梁州刺史楊亮益州刺史周仲孫並委戍奔潰豁以威略不振所在覆敗又上疏陳謝固辭不拜開府尋卒時年五十八贈司空本官如故謚曰敬贈錢五十萬布五百匹使者持節監護喪事豁時譽雖不及沖而甚有器度但遇彊寇故功業不建初豁聞苻堅國中有謠云誰謂爾堅石打碎有子二十人皆以石爲名以應之唯石虔石秀石民石生石綏石康知名

石虔小字鎮惡有才幹趫捷絕倫從父在荆州於獵圍中見猛獸被數箭而伏諸督將素知其勇戲令拔箭石虔因急往拔得一箭猛獸跳石虔亦跳高於獸身猛獸伏復拔一箭以歸從溫入關沖爲苻健所圍垂沒石虔躍馬赴之拔沖於數萬衆之中而還莫敢抗者三軍歎息威震敵人時有患瘧疾者謂曰桓石虔來以怖之病者多愈其見畏如此初袁眞以壽陽叛石虔以寧遠將軍南頓太守帥諸將攻之剋其南城又擊苻堅將王鑒于石橋獲馬五百匹除竟陵太守以父憂去職尋而苻堅又寇淮南詔曰石虔文武器幹御戎有方古人絕哭金革弗避況在餘哀豈得辭事可授奮威將軍南平太守尋進冠軍將軍苻堅荆州刺史梁成襄陽太守閻震率衆入寇竟陵石虔與弟石民距之賊阻㵐水屯管城石虔設計夜渡水既濟賊始覺力戰破之進剋管城擒震斬首七千級俘獲萬人馬數百匹牛羊千頭具裝鎧三百領成以輕騎走保襄陽石虔復領河東太守進據樊城逐堅兗州刺史張崇納降二千家而還沖卒石虔以冠軍將軍監豫州揚州五郡軍事豫州刺史尋以母憂去職服闋復本位久之命移鎮馬頭石虔求停歷陽許之太元十三年卒追贈右將軍追論平閻震功進爵作塘侯第五子誕嗣誕長兄洪襄城太守洪弟振

振字道全少果銳而無行玄爲荆州以振爲揚武將軍淮南太守轉江夏相以兇橫見黜及玄之敗也桓謙匿於沮中振逃于華容之涌中玄先令將軍王稚徽戍巴陵稚徽遣人報振云桓歆已剋京邑馮稚等復平尋陽劉毅諸軍並敗於中路振大喜時安帝在江陵振乃聚黨數十人襲江陵比至城有衆二百謙亦聚衆而出遂陷江陵迎帝於行宮振聞桓昇死大怒將肆逆於帝謙苦禁之乃止遂命羣臣辭以楚祚不終百姓之心復歸于晉更奉進璽綬以琅邪王領徐州刺史振爲都督八州鎮西將軍荆州刺史帝侍御左右皆振之腹心既而歎曰公昔早不用我遂致此敗若使公在我爲前鋒天下不足定今獨作此安歸乎遂肆意酒色暴虐無道多所殘害振營於江津南陽太守魯宗之自襄陽破振將溫楷于柞溪進屯紀南振聞楷敗留其將馮該守營自率衆與宗之大戰振勇冠三軍衆莫能禦宗之敗績振追奔遇宗之單騎於道弗之識也乃問宗之所在紿曰已前走矣於是自後而退尋而劉毅等破馮該平江陵振聞該敗衆潰而走後與該子宏出自涢城復襲江陵荆州刺史司馬休之奔襄陽振自號荆州刺史建威將軍劉懷肅率寧遠將軍索邈與振戰於沙橋振兵雖少左右皆力戰每一合振輒瞋目奮擊衆莫敢當振時醉且中流矢廣武將軍唐興臨陣斬之

石秀幼有令名風韻秀徹博涉羣書尤善老莊常獨處一室簡於應接時人方之庾純甚爲簡文帝所重豁爲荆州請爲鷹揚將軍竟陵太守非其好也尋代叔父沖爲寧遠將軍江州刺史領鎮蠻護軍西陽太守居尋陽性放曠常弋釣林澤不以榮爵嬰心善騎射發則命中常從沖獵登九井山徒旅甚盛觀者傾坐石秀未嘗屬目止嘯詠而已謝安嘗訪以世務默然不答安甚恠之他日安以語其從弟嗣嗣以問之石秀曰世事此公所諳吾又何言哉在州五年以疾去職年四十三卒於家朝野悼惜之追贈後將軍後改贈太常子稚玉嗣玄之篡也以石秀一門之令封稚玉爲臨沅王

石民弱冠知名衞將軍謝安引爲參軍叔父沖上疏版督荆江豫三州之十郡軍事振武將軍領襄城太守戍夏口與石虔攻苻堅荆州刺史梁成等於竟陵明年又與隨郡太守夏侯澄之破苻堅將慕容垂姜成等於漳口復領譙國內史梁郡太守沖薨詔以石民監荆州軍事西中郎將荆州刺史桓氏世莅荆土石民兼以才望甚爲人情所仰初沖遣竟陵太守趙統伐襄陽至是石民復遣兵助之尋而苻堅敗於淮肥石民遣南陽太守高茂衞山陵時堅雖破敗而慕容垂等復盛石民遣將軍晏謙伐弘農賊東中郎將慕容夔降之始置湖陝二戍獲關中擔幢伎以充太樂時苻堅子丕僭號於河北謀襲洛陽石民遣將軍馮該討之臨陣斬丕及其左僕射王孚吏部尚書苟操等傳首京都而丁零翟遼復侵逼山陵石民使河南太守馮遵討之時乞活黃淮自稱并州刺史與遼共攻長社衆數千人石民復遣南平太守郭銓松滋太守王遐之擊淮斬之遼走河北以前後功進左將軍卒無子

石生隆安中以司徒左長史遷侍中歷驃騎太傅長史會稽世子元顯將伐桓玄石生馳書報玄玄甚德之及玄用事以爲前將軍江州刺史尋卒於官

石綏元顯時爲司徒左長史玄用事拜黃門郎左衞將軍玄敗石綏走江西塗中聚衆攻歷陽後爲梁州刺史傳歆之所殺

石康偏爲玄所親愛玄爲荆州以爲振威將軍累遷荆州刺史討庾仄功封武陵王事具玄傳

祕字穆子少有才器不倫於俗初拜祕書郎兄溫抑而不用久之爲輔國將軍宣城內史時梁州刺史司馬勳叛入蜀祕以本官監梁益二州征討軍事假節勳平還郡後爲散騎常侍徙中領軍孝武帝初即位妖賊盧竦入宮祕與左衞將軍殷康俱入擊之溫入朝窮考竦事收尚書陸始等罹罪者甚衆祕亦免官居于宛陵每憤憤有不平之色溫疾篤祕與溫子熙濟等謀共廢沖沖密知之不敢入頃溫氣絕先遣力士拘錄熙濟而後臨喪祕於是廢棄遂居于墓所放志田園好遊山水後起爲散騎常侍凡三表自陳詔曰祕受遇先朝是以延之而頻有讓表以栖尚告誠兼有疾疢省用增歎可順其所執祕素輕沖沖時貴盛祕恥常侍位卑故不應朝命與謝安書及詩十首辭理可觀其文多引簡文帝之眄遇先沖卒長子蔚官至散騎常侍游擊將軍玄篡以爲醴陵王

沖字幼子溫諸弟中最淹識有武幹溫甚器之弱冠太宰武陵王晞辟不就除鷹揚將軍鎮蠻護軍西陽太守從溫征伐有功遷督荆州之南陽襄陽新野義陽順陽雍州之京兆揚州之義城七郡軍事寧朔將軍義城新野二郡太守鎮襄陽又從溫破姚襄及虜周成進號征虜將軍賜爵豐城公尋遷振威將軍江州刺史領鎮蠻護軍西陽譙二郡太守溫之破姚襄也獲襄將張駿楊凝等徙于尋陽沖在江陵未及之職而駿率其徒五百人殺江州督護趙毗掠武昌府庫將妻子北叛沖遣將討獲之還所鎮初彝亡後沖兄弟並少家貧母患須羊以解無由得之溫乃以沖爲質羊主甚富言不欲爲質幸爲養買德郎買德郎沖小字也及沖爲江州出射羊主於堂邊看沖識之謂曰我買德也遂厚報之頃之進監江荆豫三州之六郡軍事南中郎將假節州郡如故在江州凡十三年而溫薨孝武帝詔沖爲中軍將軍都督揚江豫三州軍事揚豫二州刺史假節時詔賻溫錢布漆蠟等物而不及大殮沖上疏陳溫素懷每存清儉且私物足舉凶事求還官庫詔不許沖猶固執不受初溫執權大辟之罪皆自已決沖既莅事上疏以爲生殺之重古今所慎凡諸死罪先上須報沖既代溫居任則盡忠王室或勸沖誅除時望專執權衡沖不從謝安以時望輔政爲羣情所歸沖懼逼寧康三年乃解揚州自求外出桓氏黨與以爲非計莫不扼腕苦諫郗超亦深止之沖皆不納處之澹然不以爲恨忠言嘉謀每盡心力於是改授都督徐兗豫青揚五州之六郡軍事車騎將軍徐州刺史以北中郎府并中軍鎮京口假節又詔沖及謝安並加侍中以甲杖五十人入殿時丹陽尹王蘊以后父之重昵于安安意欲出蘊爲方伯乃復解沖徐州直以車騎將軍都督豫江二州之六郡軍事自京口遷鎮姑孰既而苻堅寇涼州沖遣宣城內史朱序

豫州刺史桓伊率衆向壽陽淮南太守劉波汎舟淮泗乘虛致討以救涼州乃表曰氐賊自幷東胡醜類實繁而蜀漢寡弱西涼無備斯誠暴輿疾顛祗速其亡然而天未勦絕屢爲國患臣聞勝於無形功立事表伐謀之道兵之上略況此賊陸梁終必越逸北狄陵縱常在秋冬今日月迅邁高風行起臣輒較量畿甸守衞重複又淮泗通流長江如海荆楚偏遠密邇寇讐方城漢水無天險之實而過備之重勢在西門臣雖凡庸識乏武略然猥荷重任思在投袂請率所統徑進南郡與征西將軍臣豁參同謀猷賊若果驅犬羊送死沔漢庶仰憑正順因致人利一舉乘風掃清氛穢不復重勞王師有事三秦則先帝盛業永隆於聖世宣武遺志無恨於在昔如其懾憚皇威闔闢計屈則觀兵伺釁更議進取振旅旋旆遲速唯宜伏願陛下覽臣所陳特垂聽許詔答曰醜類違天比年縱肆梁益不守河西傾喪每惟宇內未一憤歎盈懷將軍經略深長思算重復忠國之誠形于義旨覽省未周以感以慨寇雖乘間竊利而以無道臨之黷武窮兇虐用其衆滅亡之期勢何得久然備豫不虞軍之善政輒詢于羣后敬從高算想與征西協參令圖嘉謀遠猷動靜以聞會張天錫陷沒於是罷兵俄而豁卒遷都督江荆梁益寧交廣七州揚州之義成雍州之京兆司州之河東軍事領護南蠻校尉荆州刺史持節將軍侍中如故又以其子嗣爲江州刺史冲將之鎭帝餞於西堂賜錢五十萬又以酒三百四十石牛五十頭犒賜文武謝安送至漂洲冲旣到江陵時苻堅彊盛冲欲移阻江南乃上疏曰自中興以來荆州所鎭隨宜迴轉臣亡兄溫以石季龍死經略中原因江陵路便卽而鎭之事與時遷勢無常定且兵者詭道示之以弱今宜全重江南輕戍江北南平孱陵縣界地名上明田土膏良可以資業軍人在吳時樂鄉城以上四十餘里北枕大江西接三峽若狂狡送死則舊郢以北堅壁不戰接會濟江路不云遠乘其疲墮撲翦爲易臣司存閫外輒隨宜處分於是移鎭上明使冠軍將軍劉波守江陵諮議參軍楊亮守江夏詔以荆州水旱饑荒又冲新移草創歲運米三十萬斛以供軍資須年豐乃止堅遣其將苻融寇樊鄧石越寇魯陽姚萇寇南鄉韋鍾寇魏興所在陷沒冲遣江夏相劉奭南中郎將朱序擊之而奭畏懦不進序又爲賊所擒冲深自咎責上疏送章節請解職不許遣左衞將軍張玄之詣冲諮謀軍事冲率前將軍劉波及兄子振威將軍石民冠軍將軍石虔等伐苻堅拔堅筑陽攻武當走堅兗州刺史張崇堅遣慕容垂毛當寇鄧城苻熙石越寇新野冲旣憚堅衆又以疾疫還鎭上明表以夏口江沔衝要密邇彊寇兄子石民堪居此任輒版督荆江十郡軍事振武將軍襄城太守尋陽北接彊蠻西連荆郢亦一任之要今府州旣分請以王薈補江州刺史詔從之時薈始遭兄邵喪將葬辭不欲出於是衞將軍謝安更以中領軍謝輶代之冲聞之而怒上疏以爲輶文武無堪求自領江州帝許之冲使石虔伐堅襄陽太守閻震擒之及大小帥二十九人送于京都詔歸冲府以平震功封次子謙宜陽侯堅使其將郝貴守襄陽冲使揚威將軍朱綽討之遂焚燒沔北田稻拔六百餘戶而還又遣上庸太守郭寶伐堅魏與太守褚垣上庸太守段方並降之新城太守麴常遁走三郡皆平詔賜錢百萬袍表千端初冲之西鎭以賊寇方彊故移鎭上明謂江東力弱正可保固封疆自守而已又以將相異宜自以德望不逮謝安故委之內相而四方鎭扞以爲己任又與朱序款密俄而序沒於賊冲深用愧惋旣而苻堅盡國內侵冲深以根本爲慮乃遣精銳三千來赴京都謝安謂三千人不足以爲損益而欲外示閑暇聞軍在近固不聽報云朝廷處分已定兵革無闕西藩宜以爲防時安已遣兄子玄及桓伊等諸軍冲謂不足以爲廢興召佐吏對之歎曰謝安乃有廟堂之量不閑將略今大敵垂至方遊談不暇雖遣諸不經事少年衆又寡弱天下事可知吾其左衽矣俄而聞堅破大勳克舉又知朱序因以得還冲本疾病加以慙恥發病而卒時年五十七歲贈太尉本官如故諡曰宣穆賻錢五十萬布五百匹冲性儉素而謙虛愛士嘗浴後其妻送以新衣冲大怒促令持去其妻復送之而謂曰衣不經新何緣得故冲笑而服之命處士南陽劉驎之爲長史驎之不屈親往迎之禮之甚厚又辟處士長沙鄧粲爲別駕備禮盡恭粲感其好賢乃起應命初郄鑒庾亮庾翼臨終皆有表樹置親戚唯冲獨與謝安書云妙靈靈寶尚小亡兄寄託不終以此爲恨言不及私論者益嘉之及喪下江陵士女老幼皆臨江瞻送號哭盡哀後玄篡位追贈太傅宣城王有七子嗣謙脩崇弘羨怡

嗣字恭祖少有清譽與豁子石秀並爲桓氏子姪之冠冲旣代豁西鎭詔以嗣督荆州之三郡豫州之四郡軍事建威將軍江州刺史莅事簡約脩所住齋應作板檐嗣命以茅代之版付船官轉西陽襄城二郡太守鎭夏口後領江夏相卒官追贈南中郎將諡曰靖子肩嗣

肩字茂遠少有清操雖奕世華貴甚以恬退見稱初拜祕書丞累遷中書郎祕書監玄甚欽愛之遷中書令玄篡位爲吏部尚書隨玄西奔玄死歸降詔曰夫善著則祚遠勳彰故事殊以宣孟之忠蒙後晉國子文之德世嗣獲存故太尉冲昔藩陝西忠誠王室諸子染凶自貽罪戮念冲遺勳用悽于懷其孫肩宜見矜宥以獎爲善可特全生命徙于新安及東陽太守殷仲文永嘉太守駱驟等謀反陰欲立肩爲玄嗣事覺伏誅

謙字敬祖詳正有器望初以父功封宜陽縣開國侯累遷輔國將軍吳國內史孫恩之亂謙出奔無錫徵拜尚書驃騎大將軍元顯引爲諮議參軍轉司馬元興初朝廷將伐玄以桓氏世在陝西謙父冲有遺惠於荆楚懼人情向背乃用謙爲持節都督荆益寧梁四州諸軍事西中郎將荆州刺史假節以安荆楚玄旣用事以謙爲尚書左僕射領吏部加中軍將軍謙兄弟顯列玄甚倚杖之而內不能善也改封謙爲寧都侯拜尚書令加散騎常侍遷侍中衞將軍開府錄尚書事玄篡位復領揚州刺史本官如故封新安王及桓振作亂謙保護乘輿頗有功焉然而暗懦尤不可以造事初勸振率軍下戰以守江陵振旣輕謙用事故不從及振敗謙奔于姚興先是譙縱稱藩於姚興縱與盧循通使潛相影響乃表興請謙共順流東下興請謙謙曰臣門著恩荆楚從弟玄雖謂篡位皆是逼迫人神所明今臣與縱東下百姓自應駭動興曰小水不容大舟若縱才力足以濟事亦不假君爲鱗翼宜自求多福遂遣之謙至蜀欲虛懷引士縱疑之乃置謙於龍格使人守之謙向諸弟泣曰姚主言神矣後與縱引譙道福俱下謙於道占募百姓感冲遺惠投者二萬人劉道規破謙斬之

脩字承祖尚簡文帝女武昌公主歷吏部郎稍遷左衞將軍王恭將伐譙王尚之先遣何澹之孫無終向句容脩以左衞領振武將軍與輔國將軍陶無忌距之脩次句容俄而恭敗無終遣書求降脩旣旋車而楊佺期已至石頭時朝廷無備內外崩駭脩進說曰殷桓之下專恃王恭恭旣破滅莫不失色今若優詔用玄玄必內喜則能制仲堪佺期使並順命朝廷納之以脩爲龍驤將軍荆州刺史假節權領左衞文武之鎭又令劉牢之以千人送之轉仲堪爲廣州脩未及發而玄等盟於尋陽求誅牢之尚之幷訴仲堪無罪獨被降黜於是詔復仲堪荆州刺史中丞江績奏脩承受楊佺期之言交通信命宣傳不盡以爲身計疑誤朝算請收付廷尉詔免官尋代王凝之爲中護軍頃之玄破仲堪佺期詔以脩爲征虜將軍江州刺史尋復爲中護軍玄執政以脩都督六州右將軍徐兗二州刺史假節尋進撫軍將軍加散騎常侍玄篡以爲撫軍大將軍封安成王劉裕義旗起斬之

徐寧

徐寧東海郯人也少知名爲輿縣令時廷尉桓彝稱有人倫鑒識彝嘗去職至廣陵尋親舊還遇風停浦中累日憂悒因上岸見一室宇有似廨署訪之云是輿縣彝乃造之寧淸惠博涉相遇欣然因留數夕彝大賞之結交而別至都謂庾亮曰吾爲卿得一佳吏部郎語在彝傳卽遷吏部郎左將軍江州刺史卒官

史臣曰醻風潛煽醇源浸竭遺道德於情性顯忠信於名教首陽高節求仁而得仁泗上微言朝聞而夕死原軫免冑懍然於往策季路絕纓邈矣於前志況交霜雪於杪歲晦風雨於將晨喈響或以變其音貞柯罕能全其性桓茂倫抱中和之氣懷不撓之節邁周庾之淸塵遵許郭之遐軌懼臨危於取免知處死之爲易揚芬千載之上淪骨九泉之下仁者之勇不其然乎至夫基構迭汙隆龍蛇俱山澤冲逡巡於內輔豁陵厲於上游虔振北門之威秀坦西陽之務外有扞城之用裏無末大之嫌求之名臣抑亦可算而溫爲亢極之資玄遂履霜之業是知敬仲之美不息檀臺之亂甯俞之忠無救奕棊之禍子文之不血食悲夫

贊曰矯矯宣城貞心莫陵身隨露夭名與雲興虔豁重世冲秀雙美國賴英臣家推才子振武謙文尋邑爲羣歸之篡亂曷足以示

晉書卷七十四考證

桓彝傳故太尉冲昔藩陝西○臣宗萬按本傳冲爲荆州刺史而謂爲陝西者東晉時以荆州爲陝西故也

晉書卷七十五

唐 太 宗 文 皇 帝 御 撰

列傳第四十五

王湛 子承 承子述 述子坦之 坦之子愷 愉 愉子綏 禕之 國寶 忱 承族子嶠 袁悅之 祖台之

王湛字處沖司徒渾之弟也少有識度身長七尺八寸龍顙大鼻少言語初有隱德人莫能知兄弟宗族皆以為癡其父昶獨異焉遭父喪居于墓次服闋闔門守靜不交當世沖素簡淡器量隤然有公輔之望兄子濟輕之所食方丈盈前不以及湛湛命取菜蔬對而食之濟嘗詣湛見牀頭有周易問曰叔父何用此為湛曰體中不佳時脫復看耳濟請言之湛因剖析玄理微妙有奇趣皆濟所未聞也濟才氣抗邁於湛略無子姪之敬既聞其言不覺慄然心形俱肅遂留連彌日累夜自視缺然乃歎曰家有名士三十年而不知濟之罪也既而辭去湛送至門濟有從馬絕難乘濟問湛曰叔頗好騎不湛曰亦好之因騎此馬姿容既妙迴策如縈善騎者無以過之又濟所乘馬甚愛之湛曰此馬雖快然力薄不堪苦行近見督郵馬當勝但芻秣不至耳濟試養之當與己馬等湛又曰此馬任重方知之平路無以別也於是當蟻封內試之濟馬果躓而督郵馬如常濟益歎異還白其父曰濟始得一叔乃濟以上人也武帝亦以湛為癡每見濟輒調之曰卿家癡叔死未濟常無以答及是帝又問如初濟曰臣叔殊不癡因稱其美帝曰誰比濟曰山濤以下魏舒以上時人謂湛上方山濤不足下比魏舒有餘湛聞曰欲處我於季孟之間乎湛少仕歷秦王文學太子洗馬尚書郎太子中庶子出為汝南內史元康五年卒年四十七子承嗣

承字安期清虛寡欲無所修尚言理辯物但明其指要而不飾文辭有識者服其約而能通弱冠知名太尉王衍雅貴異之比南陽樂廣焉永寧初為驃騎參軍值天下將亂乃避難南下遷司空從事中郎豫迎大駕賜爵藍田縣侯遷尚書郎不就東海王越鎮許以為記室參軍雅相知重敕其子毗曰夫學之所益者淺體之所安者深閑習禮度不如式瞻儀形諷味遺言不若親承音旨王參軍人倫之表汝其師之在府數年見朝政漸替辭以母老求出越不許久之遷東海太守政尚清靜不為細察小吏有盜池中魚者綱紀推之承曰文王之囿與眾共之池魚復何足惜邪有犯夜者為吏所拘承問其故答曰從師受書不覺日暮承曰鞭撻甯越以立威名非政化之本使吏送令歸家其從容寬恕若此尋去官東渡江是時道路梗澁人懷危懼承每遇艱險處之夷然雖家人近習不見其憂喜之色既至下邳登山北望歎曰人言愁我始欲愁矣及至建鄴為元帝鎮東府從事中郎甚見優禮承少有重譽而推誠接物盡弘恕之理故眾咸親愛焉渡江名臣王導衛玠周顗庾亮之徒皆出其下為中興第一年四十六卒朝野痛惜之自昶至承世有高名論者以為祖不及孫孫不及父子述嗣

述字懷祖少孤事母以孝聞安貧守約不求聞達性沈靜每坐客馳辨異端競起而述處之恬如也少襲父爵年三十尚未知名人或謂之癡司徒王導以門地辟為中兵屬既見無他言惟問以在東米價述但張目不答導曰王掾不癡人何言癡也嘗見導每發言一坐莫不贊美述正色曰人非堯舜何得每事盡善導改容謝之謂庾亮曰懷祖清貞簡貴不減祖父但曠淡微不及耳康帝為驃騎將軍召補功曹出為宛陵令太尉司空頻辟又除尚書吏部郎並不行歷庾冰征虜長史時庾翼鎮武昌以累有妖怪又猛獸入府欲移鎮避之述與冰牋曰竊聞安西欲移鎮樂鄉不審此為算邪將為情邪若謂為算則彼去武昌千有餘里數萬之眾創造移徙方當興立城壁公私勞擾若信要害之地所宜進據猶當計移徙之煩權二者輕重況此非今日之要邪方今彊胡陸梁當畜力養銳而無故遷動自取非算又江州當泝流數千供繼軍府力役增倍疲曳道路且武昌實是江東鎮戍之中非但扞禦上流而已急緩赴告駿奔不難若移樂鄉遠在西陲一朝江渚有虞不相接救方嶽取重將故當居要害之地為內外形勢使闚闟之心不知所向若是情邪則天道玄遠鬼神難言妖祥吉凶誰知其故是以達人君子直道而行不以情失昔秦忌亡胡之讖卒為劉項之資周惡檿弧之謠而成褒姒之亂此既然矣歷觀古今鑒其遺事妖異速禍敗者蓋不少矣禳避之道苟非所審且當擇人事之勝理思社稷之長計斯則天下幸甚令名可保矣若安西盛意已爾不能安於武昌但得近移夏口則其次也樂鄉之舉咸謂不可願將軍體國為家固審此舉時朝議亦不允翼遂不移鎮述出補臨海太守遷建威將軍會稽內史涖政清肅終日無事母憂去職服闋代殷浩為揚州刺史加征虜將軍初至主簿請諱報曰亡祖先君名播海內遠近所知內諱不出門餘無所諱尋加中書監固讓經年不拜復加征虜將軍進都督揚州徐州之琅邪諸軍事衛將軍并冀幽平四州大中正刺史如故尋遷散騎常侍尚書令將軍如故述每受職不為虛讓其有所辭必於不受至是子坦之諫以為故事應讓述曰汝謂我不堪邪坦之曰非也但克讓自美事耳述曰既云堪何為復讓人言汝勝我定不及也坦之為桓溫長史溫欲為子求婚於坦之及還家省父而述愛坦之雖長大猶抱置膝上坦之因言溫意述大怒遽排下曰汝竟癡邪詎可畏溫面而以女妻兵也坦之乃辭以他故溫曰此尊君不肯耳遂止簡文帝每言述才既不長直以真率便敵人耳謝安亦歎美之初述家貧求試宛陵令頗受贈遺而修家具為州司所檢有一千三百條王導使謂之曰名父之子不患無祿屈臨小縣甚不宜爾述答曰足自當止時人未之達也比後屢居州郡清潔絕倫祿賜皆散之親故宅宇舊物不革於昔始為當時所歎但性急為累嘗食雞子以筯刺之不得便大怒擲地雞子圓轉不止便下牀以屐齒踏之又不得瞋甚掇內口中齧破而吐之既躋重位每以柔克為用謝奕性麤嘗忿述極言罵之述無所應面壁而已居半日奕去始復坐人以此稱之太和二年以年迫懸車上疏乞骸骨曰臣曾祖父魏司空昶白牋於文皇帝曰昔與南陽宗世林共為東宮官屬世林少得好名州里瞻敬及其年老汲汲自勵恐見廢棄時人咸共笑之若天假其壽致仕之年不為此公婆娑之事情旨慷慨深所鄙薄雖是牋書乃實訓誡臣忝端右而以疾患禮敬廢替猶謂可有差理日復一日而年衰疾痼永無復瞻華幄之期乞奉先誡歸老丘園不許述竟不起三年卒時年六十六初桓溫平洛陽議欲遷都朝廷憂懼將遣侍中止之述曰溫欲以虛聲威朝廷非事實也但從之自無所至事果不行又議欲移洛陽鍾虡述曰永嘉不競暫都江左方當蕩平區宇旋軫舊京若其不爾宜改遷園陵不應先事鍾虡溫竟無以奪之追贈侍中驃騎將軍開府謚曰穆以避穆帝改曰簡子坦之嗣

坦之字文度弱冠與郗超俱有重名時人為之語曰盛德絕倫郗嘉賓江東獨步王文度嘉賓超小字也僕射江彪領選將擬為尚書郎坦之聞曰自過江來尚書郎正用第二人何得以此見擬彪遂止簡文帝為撫軍將軍辟為掾累遷參軍從事中郎仍為司馬加散騎常侍出為大司馬桓溫長史尋以父憂去職服闋徵拜侍中襲父爵時卒士韓悵逃亡歸首云失牛故叛有司劾悵偷牛考掠服罪坦之以為悵束身自歸而法外加罪懈怠失牛事或可恕加之木石理有自誣宜附罪疑從輕之例遂以見原海西公廢領左衛將軍坦之有風格尤非時俗放蕩不敦儒教頗尚刑名學著廢莊論曰荀卿稱莊子蔽於天而不知人楊雄亦曰莊周放蕩而不法何晏云鬻莊軀放玄虛而不周乎時變三賢之言遠有當乎夫獨構之唱唱虛而莫和無感之作義偏而用寡動人由於兼忘應物在乎無心孔父非不體遠以體遠故用近顏子豈不具德以德備故膺教胡為其然哉不獲已而然也夫自足者寡故理懸於羲農徇教者眾故義申於三代道心惟微人心惟危吹萬不同孰知正是雖首陽之情三黜之智磨頂之甘落毛之愛枯槁之生負石之死格諸中庸未入乎道而況下斯者乎先王知人情之難肆懼違行以致訟悼司徹之貽悔審褫帶之所緣故陶鑄群生謀之未兆每攝其契而為節焉使夫敦禮以崇化日用以成俗誠存而邪忘利損而競息成功遂事百姓皆曰我自然蓋善闇者無怪故所遇而無滯執道以離俗孰踰於不達語道而失其為者非其道也辯德而有其位者非其德也言默所未究況揚之以為風乎且即濠以尋魚想彼之我同推顯以求隱理得而情昧若夫莊生者望大庭而撫契仰彌高於不足寄積想於三篇恨我之懷未盡其言詭譎其義恢誕君子內應從我游方之外眾人因藉之以為弊薄之資然則天下之善人少不善人多莊生之利天下也少害天下也多故曰魯酒薄而邯鄲圍莊生作而風俗頹禮與浮雲俱征偽與利蕩並肆人以克己為恥士以無措為通時無履德之譽俗有蹈義之愆驟語賞罰不可以造次屢稱無為不可與適變雖可用於天下不足以用天下昔漢陰丈人修渾沌之術孔子以為識其一不識其二莊生之道無乃類乎與夫如愚之契何殊間哉若夫利而不害天之道也為而不爭聖之德也群方所資而莫知誰氏在儒而非儒非道而有道彌貫九流玄同彼我萬物用之而不既亹亹日新而不朽昔吾孔老固已言之矣又領本州大中正簡文帝臨崩詔大司馬溫依周公居攝故事坦之自持詔入於帝前毀之帝曰天下儻來之運卿何所嫌坦之曰天下宣元之天下陛下何得專之帝乃使坦之改詔焉溫薨坦之與謝安共輔幼主遷中書令領丹陽尹俄授都督徐兗青三州諸軍事北中郎將徐兗二州刺史鎮廣陵將之鎮上表曰臣聞人君之道以孝敬為本臨御四海以委任為貴恭順無

爲則盛德日新親杖賢能則政道邕睦昔周成漢昭竝以幼年纂承大統當時天下未爲無難終能顯揚祖考保安社稷蓋尊尊親親信納大臣之所致也伏惟陛下誕奇秀之姿稟生知之量春秋尚富涉道未曠方須訓導以成天德皇太后仁淑之體過於三母先帝奉事積年每稱聖明臣願奉事之心便當自同孝宗太后慈愛之隆亦不必異所生瑯邪王餘姚王及諸皇女宜朝夕定省承受敎誨導習儀刑以成景仰恭敬之美不可以屬非至親自爲疎疑昔肅祖崩殂成康幼沖事無大小必諮丞相導所以克就聖德實此之由今僕射臣安中軍臣沖人望具瞻社稷之臣且受遇先帝綢繆繾綣竝志竭忠貞盡心盡力歸誠陛下以報先帝愚謂周旋舉動皆應諮此二臣二臣之於陛下則周之旦奭漢之霍光顯宗之於王導沖雖在外路不云遠事容信宿必宜參詳然後情聽獲盡庶事可畢又天聽雖聰不啓不廣羣情雖忠不引不盡宜數引侍臣詢求讜言平易之世有道之主猶尚誠懼日昃不倦況今艱難理盡慮經安危祖宗之基繫之陛下不可不精心務道以申先帝堯舜之風可不敬修至德以保宣元天地之祚表奏帝納之初謝安愛好聲律朞功之慘不廢妓樂頗以成俗坦之非而苦諫之安遺坦之書曰知君思相愛惜之至僕所求者聲謂稱情義無所不可爲聊復以自娛耳若絜軌跡崇世敎非所擬議亦非所屑常謂君粗得鄙趣者猶未悟之濠上邪故知莫逆未易爲人坦之答曰具君雅旨此是誠心而行獨往之美然恐非大雅中庸之謂意者以爲人之體韻猶器之方圓方圓不可錯用體韻豈可易處各順其方以弘其業則歲寒之功必有成矣吾子少立德行體議淹允加以令地優游自居僉曰之談咸以淸遠相許至於此事實有疑焉公私二三莫見其可以此爲濠上悟之者得無鮮乎且天下之寶故爲天下所惜天下之所非何爲不可以天下爲心乎想君幸復三思書往反數四安竟不從坦之又嘗與殷康子書論公謙之義曰夫天道以無私成名二儀以至公立德立德存乎至公故無親而非理成名在乎無私故在當而忘我此天地所以成功聖人所以濟化由斯論之公道體於自然故理泰而愈降謙義生於不足故時弊而義著故大禹咎繇稱功言惠而成功於彼孟反范燮殿軍後入而全身於此從此觀之則謙公之義固以殊矣夫物之所美已不可收人之所貴我不可取誠患人惡其上衆不可蓋故君子居之而每加損焉隆名在於矯伐而不在於期當匿迹在於違顯而不在於求是於是謙光之義與矜競而俱生卑挹之義與夸伐而竝進由親譽生於不足未若不知之有餘良藥效於瘳疾未若無病之爲貴也夫乾道確然示人易矣坤道隤然示人簡矣二象顯於萬物兩德彰於羣生豈矯枉過直而失其所哉由此觀之則大通之道公坦於天地謙伐之義險巇於人事今存公而廢謙則自伐者託至公以生嫌自美者因存黨以致惑此王生所謂同貌而實異不可不察者也然理必有源敎亦有主苟探其根則玄指自顯若尋其末弊無不至豈可以嫌似而疑至公弊貪而忘於諒哉康子及袁宏竝有疑難坦之標章摘句一一申而釋之莫不厭服又孔嚴著通葛論坦之與書贊美之其忠公慷慨標明賢勝皆此類也初坦之與沙門竺法師甚厚每共論幽明報應便要先死者當報其事後經年師忽來云貧道已死罪福皆不虛惟當勤修道德以升濟神明耳言訖不見坦之尋亦卒時年四十六臨終與謝安桓沖書言不及私惟憂國家之事朝野甚痛惜之追贈安北將軍謚曰獻

禕之字文邵少知名尚尋陽公主歷中書侍郎年未三十而卒贈散騎常侍坦之四子愷愉國寶忱

愷字茂仁愉字茂和竝少踐淸階愷襲父爵愉稍遷驃騎司馬加輔國將軍愷太元末爲侍中領右衞將軍多所獻替兄弟貴盛當時莫比及王恭等討國寶愷愉竝請解職以與國寶異生又素不協故得免禍國寶既死出愷爲吳郡內史愉爲江州刺史都督豫州四郡輔國將軍假節未幾徵愷爲丹陽尹及桓玄等至江寧愷領兵守石城俄而玄等走復爲吳郡病卒追贈太常愉至鎭未幾殷仲堪桓玄楊佺期舉兵應王恭乘流奄至愉既無備惶遽奔臨川爲玄所得玄盟于尋陽以愉置壇所愉甚恥之及事解除會稽內史玄篡位以爲尚書僕射劉裕義旗建加前將軍愉既桓氏壻父子寵貴又嘗輕侮劉裕心不自安潛結司州刺史溫詳謀作亂事泄被誅子孫十餘人皆伏法

國寶少無士操不修廉隅婦父謝安惡其傾側每抑而不用除尚書郎國寶以中興膏腴之族惟作吏部不爲餘曹郎甚怨望固辭不拜從妹爲會稽王道子妃由是與道子遊處遂間毀安焉及道子輔政以爲祕書丞俄遷琅邪內史領堂邑太守加輔國將軍入補侍郎遷中書令中領軍與道子持威權扇動內外中書郎范甯國寶舅也儒雅方直疾其阿諛勸孝武帝黜之國寶乃使陳郡袁悅之因尼支妙音致書與太子母陳淑媛說國寶忠謹宜見親信帝知之託以他罪殺悅之國寶大懼遂因道子譖毀甯甯由是出爲豫章太守及弟忱卒國寶自表求解職迎母幷奔忱喪詔特賜假而盤桓不時進發爲御史中丞褚粲所奏國寶懼罪衣女子衣託爲王家婢詣道子告其事道子言之於帝故得原後驃騎參軍王徽請國寶同讌國寶素驕貴使酒怒尚書左丞祖台之攘袂大呼以盤醆樂器擲台之台之不敢言復爲粲所彈詔以國寶縱肆情性甚不可長台之懦弱非監司體竝坐免官頃之復職愈驕蹇不遵法度起齋侔淸暑殿帝惡其僭侈國寶懼遂諂媚於帝而頗疎道子道子大怒嘗於內省面責國寶以劒擲之舊好盡矣是時王雅亦有寵薦王珣於帝帝夜與國寶及雅宴帝微有酒令召珣將至國寶自知才出珣下恐至傾其寵因曰王珣當今名流不可以酒色見帝遂止而以國寶爲忠將納國寶女爲琅邪王妃未婚而帝崩安帝卽位國寶復事道子進從祖弟緒爲琅邪內史亦以佞邪見知道子復惑之倚爲心腹竝爲時之所疾國寶遂參管朝權威震內外遷尚書左僕射領選加後將軍丹陽尹道子悉以東宮兵配之時王恭與殷仲堪竝以才器各居名藩恭惡道子國寶亂政屢有憂國之言道子等亦深忌憚之將謀去其兵未及行而恭檄至以討國寶爲名國寶惶遽不知所爲緒說國寶令矯道子命召王珣車胤殺之以除羣望因挾主相以討諸侯國寶許之珣胤既至而不敢害反問計於珣珣勸國寶放兵權以迎恭國寶信之語在珣傳又問計於胤胤曰南北同舉而荆州未至若朝廷遣軍恭必城守昔桓公圍壽陽彌時乃剋若京城未拔而上流奄至君將何以待之國寶尤懼遂上疏解職詣闕待罪既而悔之詐稱詔復其本官欲收其兵距王恭道子既不能距諸侯欲委罪國寶乃遣譙王尚之收國寶付廷尉賜死幷斬緒於市以謝王恭國寶貪縱聚斂不知紀極後房伎妾以百數天下珍玩充滿其室及王恭伏法詔追復國寶本官元興初桓玄得志表徙其家屬於交州

忱字元達弱冠知名與王恭王珣俱流譽一時歷位驃騎長史嘗造其舅范甯與張玄相遇甯使與玄語玄正坐斂衽待其所發忱竟不與言玄失望便去甯讓忱曰張玄吳中之秀何不與語忱笑曰張祖希欲相識自可見詣甯謂曰卿風流儁望眞後來之秀忱曰不有此舅焉有此甥既而甯使報玄玄束帶造之始爲賓主太元中出爲荆州刺史都督荆益寧三州軍事建武將軍假節忱自恃才氣放酒誕節慕王澄之爲人又年少居方伯之任談者憂之及鎭荆州威風肅然殊得物和桓玄時在江陵既其本國且奕葉故義常以才雄駕物忱每裁抑之玄嘗詣忱通人未出乘轝直進忱對玄鞭門幹玄怒去之忱亦不留嘗朔日見客仗衞甚盛玄言欲獵借數百人忱悉給之玄憚而服焉性任達不拘末年尤嗜酒一飲連月不醒或裸體而游每歎三日不飲便覺形神不相親婦父常有慘忱乘醉吊之婦父慟哭忱與賓客十許人連臂被髮裸身而入繞之三匝而出其所行多此類數年卒官追贈右將軍謚曰穆

綏字彥猷少有美稱厚自矜邁實鄙而無行愉爲殷桓所捕綏未測存亡在都有憂色居處飲食每事貶降時人每謂爲試守孝子桓玄之爲太尉綏以桓氏甥甚見寵待爲太尉右長史及玄篡遷中書令劉裕建義以爲冠軍將軍其家夜中梁上無故有人頭墮於牀而流血滂沲俄拜荆州刺史假節坐父愉之謀與弟納竝被誅初綏與王謐桓胤齊名爲後進之秀謐位官既極保身而終胤以從坐誅聲稱猶全綏身死名論殆盡亦以薄行矜峭而尚人故也自昶父漢鴈門太守澤已有名稱忱又秀出綏亦著稱八葉繼軌軒冕莫與爲比焉

嶠字開山祖默魏尚書父佑以才智稱爲楊駿腹心駿之排汝南王亮退衞瓘皆佑之謀也位至北軍中候嶠少有風尚并司二州交辟不就永嘉末攜其二弟避亂渡江時元帝鎭建鄴敦曰王佑三息始至名德之胄竝有操行宜蒙飾敘且可給錢三十萬帛三百匹米五十斛親兵二十人尋以嶠參世子東中郎軍事不就愍帝徵拜著作郎右丞相南陽王保辟皆以道險不行元帝作相以爲水曹屬除長山令遷太子中舍人以疾不拜王敦請爲參軍爵九原縣公敦在石頭欲禁私伐蔡州荻以問羣下時王師新敗士庶震懼莫敢異議嶠獨曰中原有菽庶人採之百姓不足君孰與足若禁人樵伐未知其可敦不悅敦將殺周顗戴若思嶠於坐諫曰濟濟多士文王以寧安可戮諸名士以自全生敦大怒欲斬嶠顗謝罷以免敦猶銜之出爲領軍長史敦平後除中書侍郎兼大著作固辭轉越騎校尉頻遷吏部郎御史中丞祕書監領本州大中正咸和初朝議欲以嶠爲丹陽尹嶠以京尹望重不宜以疾居之求補廬陵郡乃拜嶠廬陵太守以嶠家貧無以上道賜布百匹錢十萬尋卒官謚曰穆子淡嗣歷位右衞將軍侍中中護軍尙

書廣州刺史淡子度世驍騎將軍

袁悅之

袁悅之字元禮陳郡陽夏人也父朗給事中悅之能長短說甚有精理始爲謝玄參軍爲玄所遇丁憂去職服闋還都上齎戰國策言天下要惟此書後甚爲會稽王道子所親愛每勸道子專覽朝權道子頗納其說俄而見誅

祖台之

祖台之字元辰范陽人也官至侍中光祿大夫撰志怪書行於世

荀崧 子蕤 羨

荀崧字景猷潁川臨潁人魏太尉彧之玄孫也父頵羽林右監安陵鄉侯與王濟何劭爲拜親之友崧志操清純雅好文學齠亂時族曾祖顗見而奇之以爲必興頵門弱冠太原王濟甚相器重以方其外祖陳郡袁侃謂侃弟奧曰近見荀監子清虛明理當不及父德性純粹是賢兄輩人也其爲名流所賞如此泰始中詔以崧代兄襲父爵補濮陽王允文學與王敦顧榮陸機等友善趙王倫引爲相國參軍倫篡轉護軍司馬給事中稍遷尚書吏部郎太弟中庶子累遷侍中中護軍王彌入洛崧與百官奔于密未至而母亡賊追將及同旅散走崧被髮從車守喪號泣賊至棄其母尸于地奪車而去崧被四創氣絕至夜方蘇葬母于密山服闋族父藩承制以崧監江北軍事南中郎將後將軍假節襄陽太守時山陵發掘崧遣主簿石覽將兵入洛修復山陵以勳進爵舞陽縣公遷都督荊州江北諸軍事平南將軍鎮宛改封曲陵公爲賊杜曾所圍石覽時爲襄城太守崧力弱食盡使其小女灌求救於覽及南中郎將周訪訪卽遣子撫率兵三千人會石覽俱救崧賊聞兵至散走崧既得免乃遣南陽中部尉王國劉願等潛軍襲穰縣獲曾從兄偘新野太守保斬之元帝踐阼徵拜尚書僕射使崧與刁協共定中興禮儀從弟馗早亡二息序廞年各數歲崧迎與共居恩同其子太尉臨淮公荀顗國胤廢絕朝廷以崧屬近欲以崧子襲封崧哀序孤微乃讓封與序論者稱焉轉太常時方修學校簡省博士置周易王氏尚書鄭氏古文尚書孔氏毛詩鄭氏周官禮記鄭氏春秋左傳杜氏服氏論語孝經鄭氏博士各一人凡九人其儀禮公羊穀梁及鄭易皆省不置崧以爲不可乃上疏曰自喪亂以來儒學尤寡今處學則闕朝廷之秀仕朝則廢儒學之俊昔咸寧太康永嘉之中侍中常侍黃門通洽古今行爲世表者領國子博士一則應對殿堂奉酬顧問二則參訓國子以弘儒訓三則祠儀二曹及太常之職以得質疑今皇朝中興美隆往初宜憲章令軌祖述前典世祖武皇帝應運登禪崇儒興學經始明堂營建辟雍告朔班政鄉飲大射西閣東序河圖祕書禁籍臺省有宗廟太府金墉故事太學有石經古文先儒典訓賈馬鄭杜服孔王何顏尹之徒章句傳注衆家之學置博士十九人九州之中師徒相傳學士如林猶選張華劉寔居太常之官以重儒教傳稱孔子沒而微言絕七十二子終而大義乖自頃中夏殄瘁講誦遏密斯文之道將墮于地陛下聖哲龍飛恢崇道教樂正雅頌於是乎在江揚二州先漸聲教學士遺文於今爲盛然方疇昔猶千之一臣學不章句才不弘通方之華實儒風殊邈思竭駑駘庶增萬分願斯道隆於百世之上搢紳詠於千載之下伏聞節省之制皆三分置二博士舊置十九人今五經合九人準古計今猶未能半宜及節省之制以時施行今九人以外猶宜增四願陛下萬機餘暇時垂省覽宜爲鄭易置博士一人鄭儀禮博士一人春秋公羊博士一人穀梁博士一人昔周之衰下陵上替上無天子下無方伯善者誰賞惡者誰罰孔子懼而作春秋諸侯諱妬懼犯時禁是以微辭妙旨義不顯明故曰知我者其惟春秋罪我者其惟春秋時左丘明子夏造膝親受無不精究孔子既沒微言將絕於是丘明退撰所聞而爲之傳其書善禮多膏腴美辭張本繼末以發明經意信多奇偉學者好之稱公羊高親受子夏立於漢朝辭義清儁斷決明審董仲舒之所善也穀梁赤師徒相傳暫立於漢世向歆漢之碩儒猶父子各執一家莫肯相從其書文清義約諸所發明或是左氏公羊所不載亦足有所訂正是以三傳並行於先代通才未能孤廢今去聖久遠其文將墮與其過廢寧與過立臣以爲三傳雖同曰春秋而發端異趣按知三家異同之說此乃義則戰爭之場辭亦劒戟之鋒於理不可得共博士宜各置一人以傳其學元帝詔曰崧表如此皆經國之務爲政所由息馬投戈猶可講藝今雖日不暇給豈忘本而遺存邪可共博議者詳之議者多請從崧所奏詔曰穀梁膚淺不足置博士餘如奏會王敦之難不行敦表以崧爲尚書左僕射及帝崩羣臣議廟號王敦遣使謂曰豺狼當路梓宮未反祖宗之號宜別思詳崧議以爲禮祖有功宗有德元皇帝天縱聖哲光啓中興德澤侔於太戊功惠邁于漢宣臣敢依前典上號曰中宗既而與敦書曰承以長蛇未翦別詳祖宗先帝應天受命以隆中興中興之主寧可隨世數而遷毀敢率丹直詢之朝野上號中宗卜日有期不及重請專輒之愆所不敢辭初敦待崧甚厚欲以爲司空於此銜之而止太寧初加散騎常侍後領太子太傅以平王敦功更封平樂伯坐使威儀爲猛獸所食免職後拜金紫光祿大夫錄尚書事散騎常侍如故遷右光祿大夫開府儀同三司錄尚書如故又領祕書監給親兵百二十人年雖衰老而孜孜典籍世以此嘉之蘇峻之役崧與王導陸曄共登御牀擁衛帝及帝被逼幸石頭崧亦侍從不離帝側賊平帝幸溫嶠舟崧時年老病篤猶力步而從咸和三年薨時年六十七贈侍中謚曰敬其後著作郎虞預與丞相王導牋曰伏見前祕書光祿大夫荀公生於積德之族少有儒雅之稱歷位內外在貴能降蘇峻肆虐乘輿失幸公處嫌忌之地有累卵之危朝士爲之寒心論者謂之不免而公將之以智險而不懾扶侍至尊綣綣不離雖無扶迎之勳宜蒙守節之報且其宣慈之美早彰遠近朝野之望許以台司雖未正位已加儀同至守終純固名定闔棺而薨卒之日直加侍中生有三槐之望沒無鼎足之名寵不增於前秩榮不副於本望此一時愚智所慷慨也今承大弊之後淳風頹散苟有一介之善宜在旌表之例而況國之元老志節若斯者乎不從升平四年崧改葬詔賜錢百萬布五千匹有二子蕤羨蕤嗣

蕤字令遠起家祕書郎稍遷尚書左丞蕤有儀操風望雅爲簡文帝所重時桓溫平蜀朝廷欲以豫章郡封溫蕤言於帝曰若溫復假王威北平河洛修復園陵將何以加此於是乃止轉散騎常侍少府不拜出補東陽太守除建威將軍吳國內史卒官子籍嗣位至散騎常侍大長秋

羨字令則清和有準纔年七歲遇蘇峻難隨父在石頭峻甚愛之恒置膝上羨陰白其母曰得一利刀子足以殺賊母掩其口曰無妄言年十五將尚尋陽公主羨不欲連婚帝室仍遠遁去監司追不獲巳乃出尚公主拜駙馬都尉弱冠與琅邪王洽齊名沛國劉惔太原王濛陳郡殷浩並與交好驃騎將軍何充出鎮京口請爲參軍穆帝又以爲撫軍參軍徵補太常博士皆不就後拜祕書丞義興太守征北將軍褚裒以爲長史既到裒謂佐吏曰荀生資逸羣之氣將有沖天之舉諸君宜善事之尋遷建威將軍吳國內史除北中郎將徐州刺史監徐兗二州揚州之晉陵諸軍事假節殷浩以羨在事有能名故居以重任時年二十八中興方伯未有如羨之少者羨至鎮發二州兵使參軍鄭襲戍淮陰羨尋北鎮淮陽屯田于東陽之石鼈尋加監青州諸軍事又領兗州刺史鎮下邳羨自鎮來朝時蔡謨固讓司徒不起中軍將軍殷浩欲加大辟以問於羨羨曰蔡公今日事危明日必有桓文之舉浩乃止及慕容儁攻段蘭於青州詔使羨救之儁將王騰趙盤寇琅邪鄄城北境騷動羨討之擒騰盤迸走軍次琅邪而蘭已沒羨退還下邳留將軍諸葛攸高平太守劉莊等三千人守琅邪參軍戴遂蕭鎋二千人守泰山是時慕容蘭以數萬衆屯汴城甚爲邊害羨自光水引汶通渠至于東阿以征之臨陣斬蘭帝將封之羨固辭不受先是石季龍死胡中大亂羨撫納降附甚得衆心以疾篤解職後除右軍將軍加散騎常侍讓不拜升平二年卒時年三十八帝聞之歎曰荀令則王敬和相繼凋落股肱腹心將復誰寄乎追贈驃騎將軍

范汪 子寧 汪叔堅

范汪字玄平雍州刺史晷之孫也父稚早卒汪少孤貧六歲過江依外家新野庾氏荊州刺史王澄見而奇之曰興范族者必是子也年十三喪母居喪盡禮親鄰哀之及長好學外氏家貧無以資給汪乃廬于園中布衣蔬食然薪寫書寫畢誦讀亦遍遂博學多通善談名理弱冠至京師屬蘇峻作難王師敗績汪乃遁逃西歸庾亮溫嶠屯兵尋陽時行李斷絕莫知峻之虛實咸恐賊彊未敢輕進及汪至嶠等訪之汪曰賊政令不一貪暴縱橫滅亡已兆雖彊易弱朝廷有倒懸之急宜時進討嶠深納之是日護軍平南二府禮命交至始解褐參護軍事賊平賜爵都鄉侯復爲庾亮平西參軍從討郭默進爵亭侯辟司空郗鑒掾除宛陵令復參亮征西軍事轉州別駕汪爲亮佐吏十有餘年甚相欽待轉鷹揚將軍安遠護軍武陵內史徵拜中書侍郎時庾翼將悉郢漢之衆以事中原軍次安陸尋轉屯襄陽汪上疏曰臣伏思安西將軍翼今至襄陽倉卒攻討凡百草創安陸之調不復爲襄陽之用而玄冬之月沔漢乾涸皆當魚貫而行排推而進設一處有急勢不相救臣所至慮一也又既至之後桓宜當出宣往實翦豺狼之林招攜貳之衆待之以至寬御之以無法田疇墾闢生產始立而當移之必有傚然悔吝難測臣所至慮二也襄陽頓益數萬口奉師之費皆當出於江南運漕之難船人之力

不可不熟計臣之所至慮三也且申伯之尊而與邊將並驅又東軍不進殊爲孤懸兵書云知彼知此百戰不殆知彼不知此一勝一負賊誠衰弊然得臣猶在我雖方隆今實未暇而連兵不解患難將起臣所至慮四也翼豈不知兵家所患常在於此顧以門戶事任憂責莫大晏然終年非心情所安是以抗表輒行畢命原野以翼宏規經略文武用命忽遇憂會大事便濟然國家之慮常以萬全非至安至審王者不舉臣謂宜嚴詔諭翼還鎭養銳以爲後圖若少合聖聽乞密出臣表與車騎臣冰等詳共集議尋而驃騎將軍何充輔政請爲長史桓溫代翼爲荊州復以汪爲安西長史溫西征蜀委以留府蜀平進爵武興縣侯而溫頻請爲長史江州刺史皆不就自請還京求爲東陽太守溫甚恨焉在郡大興學校甚有惠政頃之召入頻遷中領軍本州大中正時簡文帝作相甚相親昵除都督徐兗青冀四州揚州之晉陵諸軍事安北將軍徐兗二州刺史假節既而桓溫北伐令汪率文武出梁國以失期免爲庶人朝廷憚溫不敢執談者爲之歎恨汪屏居吳郡從容講肆不言枉直後至姑孰見溫溫時方起屈滯以傾朝廷謂汪遠來詣己傾身引望謂袁宏曰范公來可作太常邪汪既至纔坐溫謝其遠來意汪實來造溫恐以趨時致損乃曰亡兒瘞此故來視之溫殊失望而止時年六十五卒于家贈散騎常侍謚曰穆長子康嗣早卒康弟甯最知名

甯字武子少篤學多所通覽簡文帝爲相將辟之爲桓溫所諷遂寢不行故終溫之世兄弟無在列位者時以浮虛相扇儒雅日替甯以爲其源始於王弼何晏二人之罪深於桀紂乃著論曰或曰黃唐緬邈至道淪翳濠濮輟詠風流靡託爭奪兆於仁義是非成於儒墨平叔神懷超絕輔嗣妙思通微振千載之頹綱落周孔之塵網斯蓋軒冕之龍門豪梁之宗匠嘗聞夫子之論以爲罪過桀紂何哉答曰子信有聖人之言乎夫聖人者德侔二儀道冠三才雖帝皇殊號質文異制而統天成務曠代齊趣王何蔑棄典文不遵禮度游辭浮說波蕩後生飾華言以翳實騁繁文以惑世搢紳之徒翻然改轍洙泗之風緬焉將墜遂令仁義幽淪儒雅蒙塵禮壞樂崩中原傾覆古之所謂言僞而辯行僻而堅者其斯人之徒歟昔夫子斬少正於魯太公戮華士於齊豈非曠世而同誅乎桀紂暴虐正足以滅身覆國爲後世鑒戒耳豈能迴百姓之視聽哉王何叨海內之浮譽資膏粱之傲誕畫螭魅以爲巧扇無檢以爲俗鄭聲之亂樂利口之覆邦信矣哉吾固以爲一世之禍輕歷代之罪重自喪之釁小迷衆之愆大也甯崇儒抑俗率皆如此溫薨之後始解褐爲餘杭令在縣興學校養生徒絜己脩禮志行之士莫不宗之朞年之後風化大行自中興已來崇學敦教未有如甯者也在職六年遷臨淮太守封陽遂鄕侯頃之徵拜中書侍郎在職多所獻替有益政道時更營新廟博求辟雍明堂之制甯據經傳奏上皆有典證孝武帝雅好文學甚被親愛朝廷疑議輒諮訪之甯指斥朝士直言無諱王國寶甯之甥也以諂媚事會稽王道子懼爲甯所不容乃相驅扇因被疏隔求補豫章太守帝曰豫章不宜太守何急以身試死邪甯不信卜占固請行臨發上疏曰臣聞道尙虛簡政貴平靜坦公亮於幽顯流子愛於百姓然後可以輕夷險而不憂乘休否而常夷先王所以致太平如此而已今四境晏如烽燧不舉而倉庾虛耗帑藏空匱古者使人歲不過三日今之勞擾殆無三日休停至有殘形翦髮要求復除生兒不復舉養鰥寡不敢妻娶豈不怨結人鬼感傷和氣臣恐社稷之憂積薪不足以爲喻臣久欲粗啓所懷日復一日今當永離左右不欲令心有餘恨請出臣啓事付外詳擇帝詔公卿牧守普議得失甯又陳時政曰古者分土割境以益百姓之心聖王作制籍無黃白之別昔中原喪亂流寓江左庶有旋反之期故許其挾注本郡自爾漸久人安其業丘壟墳柏皆已成行雖無本邦之名而有安土之實今宜正其封疆以土斷人戶明考課之科修閭伍之法難者必曰人各有桑梓俗自有南北一朝屬戶長爲人隸君子則有土風之慨小人則懷下役之慮斯誠并兼者之所執而非通理者之篤論也古者失地之君猶臣所寓之主列國之臣亦有違適之禮隨會仕秦致稱春秋樂毅宦燕見褒良史且今普天之人原其氏出皆隨世遷移何至於今而獨不可凡荒郡之人星居東西遠者千餘近者數百而舉召役調皆相資須期會差違輒致嚴坐人不堪命叛爲盜賊是以山湖日積刑獄愈滋今荒小郡縣皆宜并合不滿五千戶不得爲郡不滿千戶不得爲縣守宰之任宜得清平之人頃者選舉惟以卹貧爲先雖制有六年而富足便退又郡守長吏牽置無常或兼臺職或帶府官夫府以統州州以監郡郡以蒞縣如令互相領帖則是下官反爲上司賦調役使無復節限且牽曳百姓營起廨舍東西流遷人人易處文書薄籍少有存者先之室宇皆爲私家後來新官復應修立其爲弊也胡可勝言又方鎭去官皆割精兵器仗以爲送故米布之屬不可稱計監司相容初無彈糾其中或有清白亦復不見甄異送兵多者至於千餘家少者數十戶既力入私門復資官廩布兵役既竭枉服良人牽引無端以相充補若是功勳之臣則已享裂土之祚豈應封外復置吏兵乎謂送故之格宜爲節制以三年爲斷夫人性無涯奢儉由勢今并兼之士亦多不贍非力不足以厚身非祿不足以富家是得之有由而用之無節蒱酒永日馳騖卒年一宴之饌費過十金麗服之美不可貲算盛狗馬之飾營鄭衛之音南畝廢而不墾講誦闕而無聞凡庸競馳傲誕成俗謂宜驗其鄕黨考其業尙試其能否然後升進如此匪惟家給人足賢人豈不繼踵而至哉宮制讁兵不相襲代頃者小事便以補役一愆之違辱及累世親戚傍支罹其禍毒戶口減耗亦由於此皆宜料遣以全國信禮十九爲長殤以其未成人也十五爲中殤以爲尙童幼也今以十六爲全丁則備成人之役矣以十三爲半丁所任非復童幼之事矣豈可傷天理違經典困苦萬姓乃至此乎今宜修禮文以二十爲全丁十六至十九爲半丁則人無夭折生長滋繁矣帝善之初甯之出非帝本意故所啓多合旨甯在郡又大設庠序遣人往交州採磬石以供學用改革舊制不拘常憲遠近至者千餘人資給衆費一出私祿并取郡四姓子弟皆充學生課讀五經又起學臺功用彌廣江州刺史王凝之上言曰豫章郡居此州之半太守臣甯入參機省出宰名郡而肆其奢濁所爲狼籍郡城先有六門甯悉改作重樓復更開二門合前爲八私立下舍七所臣伏尋宗廟之設各有品秩而甯自置家廟又下十五縣皆使左宗廟右社稷準之太廟皆資人力又奪人居宅工夫萬計甯若以古制宜崇自當列上而敢專輒惟在任心州既聞知即符從事制不復聽而甯嚴威屬縣惟令建立願出臣表下太常議之禮典詔曰漢宣云可與共治天下者良二千石也若范甯果如凝之所表者豈可復宰郡乎以此抵罪子泰時爲天門太守棄官稱訴帝以甯所務惟學事久不判會赦免初甯嘗患目痛就中書侍郎張湛求方湛因嘲之曰古方宋陽里子少得其術以授魯東門伯魯東門伯以授左丘明遂世世相傳及漢杜子夏鄭康成魏高堂隆晉左太沖凡此諸賢並有目疾得此方云用損讀書一減思慮二專內視三簡外觀四旦晚起五夜早眠六凡六物熬以神火下以氣簁蘊於胸中七日然後納諸方寸修之一時近能數其目睫遠視尺捶之餘長服不已洞見牆壁之外非但明目乃亦延年既免官家于丹陽猶勤經學終年不輟年六十三卒于家初甯以春秋穀梁氏未有善釋遂沉思積年爲之集解其義精審爲世所重既而徐邈復爲之注世亦稱之子泰元熙中爲護軍將軍

堅字子常博學善屬文永嘉中避亂江東拜佐著作郎撫軍參軍討蘇峻賜爵都亭侯累遷尙書右丞時廷尉奏殿中帳吏邵廣盜官幔三張合布三十四有司正刑棄市廣二子宗年十三雲年十一黃幡撾登聞鼓乞恩辭求自沒爲奚官奴以贖父命尙書郎朱暎議以爲天下之人父無子者少一事遂行便成永制懼死罪之刑於此而弛堅亦同暎議時議者以廣爲鉗徒二兒沒入既足以懲又使百姓知父子之道聖朝有垂恩之仁可特聽減廣死罪爲五歲刑宗等付奚官爲奴而不爲永制堅駮之曰自淳朴澆散刑辟仍作刑之所以止刑殺之所以止殺雖時有赦過宥罪議獄緩死未有行小不忍而輕易典刑者也且既許宗等宥廣以死若復有宗比而不求贖父者豈得不擯絕人倫同之禽獸邪按主者今奏云惟特聽宗等而不爲永制臣以爲王者之作動關盛衰顰笑之間尙愼所加況於國典可以徒虧令之所以宥廣正以宗等耳人之愛父誰不如宗今既居然許宗之請將來訴者何獨匪民特聽之意未見其益不以爲例交興怨讟此爲施一恩于今而開萬怨於後也成帝從之正廣死刑後遷護軍長史卒官子啓字榮期雖經學不及堅而以才義顯於當世于時清談之士庾龢韓伯袁宏等並相知友爲祕書郎累居顯職終於黃門侍郎父子並有文筆傳於世

劉惔

劉惔字眞長沛國相人也祖宏字終嘏光祿勳宏兄粹字純嘏侍中宏弟潢字沖嘏吏部尙書並有名中朝時人語曰洛中雅雅有三嘏父耽晉陵太守亦知名惔少清遠有標奇與母任氏寓居京口家貧織芒屩以爲養雖蓽門陋巷晏如也人未之識惟王導深器之後稍知名論者比之袁羊惔喜還告其母其母聰明婦人也謂之曰此非汝比勿受之又有方之范汪者惔復喜母又不聽及惔年德轉升論者遂比之荀粲尙明帝女廬陵公主以惔雅善言理簡文帝初作相與王濛並爲談客俱蒙上賓禮時孫盛作易象妙於見形論帝使殷浩難之不能屈帝曰使眞長來故應有以制之乃命迎惔盛素敬服惔及至便與抗答辭甚簡至盛理遂屈一座撫

掌大笑咸稱美之累遷丹陽尹爲政清整門無雜賓時百姓頗有訟官長者諸郡往往有相舉正惔歎曰夫居下訕上此弊道也古之善政司契而已豈不以其敦本正源鎮靜流末乎君雖不君下安可以失禮若此風不革百姓將往而不反遂寢而不問性簡貴與王羲之雅相友善郗愔有傖奴善知文章羲之愛之每稱奴於惔惔曰何如方回邪羲之曰小人耳何比郗公惔曰若不如方回故常奴耳桓溫嘗問惔會稽王談更進邪惔曰極進然故第三流耳溫曰第一復誰惔曰故在我輩其高自標置如此惔每奇溫才而知其有不臣之迹及溫爲荆州惔言於帝曰溫不可使居形勝地其位號常宜抑之勸帝自鎮上流而已爲軍司帝不納又請自行復不聽及溫伐蜀時咸謂未易可制惟惔以爲必剋或問其故云以蒱博驗之其不必得則不爲也恐溫終專制朝廷及後竟如其言嘗薦吳郡張憑憑卒爲美士衆以此服其知人尤好莊老任自然趣疾篤百姓欲爲之祈禱家人又請祭神惔曰丘之禱久矣年三十六卒官孫綽爲之誄云居官無官官之事處事無事事之心時人以爲名言後綽嘗詣褚裒言及惔流涕曰可謂人之云亡邦國殄瘁裒大怒曰眞長生平何嘗相比數而卿今日作此面向人邪其爲名流所敬重如此

張憑

張憑字長宗祖鎮蒼梧太守憑年數歲鎮謂其父曰我不如汝有佳兒憑曰阿翁豈宜以子戲父邪及長有志氣爲鄉閭所稱舉孝廉負其才自謂必參時彥初欲詣惔鄉里及同舉者共笑之旣至惔處之下坐神意不接憑欲自發而無端會王濛就惔清言有所不通憑於末坐判之言旨深遠足暢彼我之懷一坐皆驚惔延之上坐清言彌日留宿至旦遣之憑旣還船須臾惔遣傳教覓張孝廉船便召與同載遂言之於簡文帝帝召與語歎曰張憑勃窣爲理窟官至吏部郎御史中丞

韓伯

韓伯字康伯潁川長社人也母殷氏高明有行家貧窶伯年數歲至大寒母方爲作襦令伯捉熨斗而謂之曰且著襦尋當作複褌伯曰不復須母問其故對曰火在斗中而柄尙熱今旣著襦下亦當煖母甚異之及長清和有思理留心文藝舅殷浩稱之曰康伯能自標置居然是出羣之器潁川庾龢名重一時少所推服常稱伯及王坦之曰思理倫和我敬韓康伯志力彊正吾愧王文度自此以還吾皆百之矣舉秀才徵佐著作郎並不就簡文帝居藩引爲談客自司徒左西屬轉撫軍掾中書郎散騎常侍豫章太守入爲侍中陳郡周勰爲謝安主簿居喪廢禮崇尙莊老脫落名教伯領中正不通勰議曰拜下之敬猶違衆從禮情理之極不宜以多比爲通時人憚焉識者謂伯可謂澄世所不能澄而裁世所不能裁者矣與夫容己順衆者豈得同時而共稱哉王坦之又嘗著公謙論袁宏作論以難之伯覽而美其辭旨以爲是非旣辯誰與正之遂作辯謙以折中曰夫尋理辯疑必先定其名分所存所存旣明則彼我之趣可得而詳也夫謙之爲義存乎降己者也以高從卑以賢同鄙故謙名生焉孤寡不穀人之所惡而侯王以自稱降其貴者也執御執射衆之所賤而君子以自目降其賢者也與夫山在地中之象其致豈殊哉捨此二者而更求其義雖南轅求冥終莫近也夫有所貴故有降焉夫有所美故有謙焉譬影響之與形聲相與而立道足者忘貴賤而一賢愚體公者乘理當而均彼我降挹之義於何而生則謙之爲美固不可以語至足之道涉乎大方之家矣然君子之行已必尙於至當而必造乎匿善至理在乎無私而動之於降己者何誠由未能一觀於能鄙則貴賤之情立非忘懷於彼我則私已之累存當其所貴在我則矜値其所賢能之則伐處貴非矜而矜己者常有其貴言善非伐而伐善者驟稱其能是以知矜貴之傷德者故宅心於卑素悟驟稱之虧理者故情存乎不言情存於不言則善斯匿矣宅心於卑素則貴斯降矣夫所況君子之流苟理有未盡情有未夷存我之理未冥於內豈不同心於降挹洗之所滯哉體有而擬無者聖人之德有累而存理者君子之情雖所滯不同其於遣情之累緣有弊而用降己之道由私我而存一也故懲忿窒欲著於損象卑以自牧實繫謙爻皆所以存其所不足拂其所有餘者也王生之談以至理無謙近得之矣云人有爭心善不可收假後物之迹以逃動者之患以語聖賢則可施之於下斯者豈惟逃患於外亦所以洗心於內也轉丹陽尹吏部尙書領軍將軍旣疾病占候者云不宜此官朝廷改授太常未拜卒時年四十九卽贈太常子璯官至衡陽太守

史臣曰王湛門資台鉉地處膏腴識表鄰機才惟王佐叶宣尼之遠契翫道韋編遵伯陽之幽旨含虛牝谷所謂天質不雕合於太朴者也安期英姿挺秀籍甚一時朝野挹其風流人倫推其表燭雖崇勳懋績有闕於旂常素德清規足傳於汗簡矣懷祖鑒局夷遠沖衿玉粹坦之雋宇凝曠逸操金貞鷹颺庾之頁箋倩嗤語怪演廢莊之宏論道煥崇儒或寄重文昌允釐於袞職或任華綸閣密勿於王言或能克著徽音保其榮秩美矣國寶檢行無聞坐升彼相混暗識於心鏡開險路於情田于時彊埸多虞憲章罕備天子居綴旒之運人臣徼覆餗之憂於是竊勢擁權隳明王之彝典窮奢縱侈假凶豎之餘威繡栭雕楹陵跨於宸極驪珍岩質充牣於帷房亦猶犬彘豚肥不知禍之將及告盡私室固其宜哉荀景猷履孝居忠無慙往烈范玄平陳謀獻策有會時機崧則思業該通緝遺經於已紊汪則風飈直亮抗高節於將顛揚搉而言俱爲雅士劉韓儁爽標置軼羣勝氣籠霄飛談卷霧並蘭芬菊耀無絶於終古矣

贊曰處沖絶懿是稱奇器養素虛庭同塵下位雅道雖屈高風不墜猗歟後胄世傳清德帝室馳芬士林揚則國寶庸暗託意驕奢旣豐其屋終蔀其家荀范令望金聲遠暢劉韓秀士珠談間起異術同華葳蕤青史

晉書卷七十五考證

王綏傳少有美稱厚自矜邁○邁一本作遇

袁悅之傳上齎戰國策○上一本作止

韓伯傳其於遣情之累緣有弊而用○各本脫情字累字今從本集增正

晉書卷七十六

唐　太　宗　文　皇　帝　御　撰

列傳第四十六

王舒　子允之

王舒字處明丞相導之從弟也父會侍御史舒少爲從兄敦所知以天下多故不營當時名恒處私門潛心學植年四十餘州禮命太傅辟皆不就及敦爲青州舒往依焉時敦被徵爲祕書監以寇難路險輕騎歸洛陽委棄公主時輜重金寶甚多親賓無不競取惟舒一無所眄益爲敦所賞及元帝鎭建康因與諸父兄弟俱渡江委質焉參鎭東軍事出補溧陽令明帝之爲東中郎將妙選上佐以舒爲司馬轉後將軍宣城公褚裒諮議參軍遷軍司固辭不受裒鎭廣陵復以舒爲車騎司馬頻領望府咸稱明練裒薨遂代裒鎭除北中郎將監青徐二州軍事頃之徵國子博士加散騎常侍未拜轉少府太寧初徙廷尉敦表舒爲鷹揚將軍荆州刺史領護南蠻校尉監荆州沔南諸軍事及敦敗王含父子俱奔舒舒遣軍逆之並沉于江進都督荆州平西將軍假節尋以陶侃代舒遷舒爲安南將軍廣州刺史舒疾病不樂越嶺朝議亦以其有功不應遠出乃徙爲湘州刺史將軍都督持節如故徵代鄧攸爲尙書僕射時將徵蘇峻司徒王導欲出舒爲外援乃授撫軍將軍會稽內史秩中二千石舒上疏辭以父名朝議以字同音異於禮無嫌舒復陳音雖異而字同求換宅郡於是改會字爲鄶舒不得已而行在郡二年而蘇峻作逆乃假舒節都督行揚州刺史事時吳國內史庾冰棄郡奔舒舒移告屬縣以吳王師虞騤爲軍司御史中丞謝藻行龍驤將軍監前鋒征討軍事率衆一萬與庾冰俱渡浙江前義興太守顧衆護軍參軍顧颺等皆起義軍以應舒舒假衆揚威將軍督護吳中軍事颺監晉陵軍事於御亭築壘峻聞舒等兵起乃赦庾亮諸弟以悅東軍舒率衆次郡之西江爲冰藻後繼冰颺等遣前鋒進據無錫遇賊將張健等數千人交戰大敗奔還御亭復自相驚擾冰颺等並退于錢唐藻守嘉興賊遂入吳燒府舍掠諸縣所在塗地舒以輕進奔敗斬二軍主者免冰颺督護以白衣行事更以顧衆督護吳晉陵軍屯兵章埭吳興太守虞潭率所領討健屯烏苞亭並不敢進時暴雨大水賊管商乘船旁出襲潭及衆潭等奔敗潭還保吳興衆退守錢唐舒更遣將軍陳孺率精鋭千人增戍海浦所在築壘或勸舒宜還都使謝藻守西陵扶海立柵舒不聽留藻守錢唐使衆颺守紫壁於是賊轉攻吳興潭諸軍復退賊復掠東遷餘杭武康諸縣舒遣子允之行揚烈將軍與將軍徐遜陳孺及揚烈司馬朱燾以精鋭三千輕邀賊於武康出其不意遂破之斬首數百級賊悉委舟步走允之收其器械進兵助潭時賊韓晃旣破宣城轉入故鄣長城允之遣朱燾何準等擊之戰於于湖潭以彊弩射之晃等退走斬首千餘級納降二千人潭由是得保郡是時臨海新安諸山縣並反應賊舒分兵悉討平之會陶侃等至京都舒潭等並以屢戰失利移書盟府自貶去節侃遣使敦喻不聽及侃立行臺上舒監

浙江東五郡軍事允之督護吳郡義興晉陵三郡征討軍事既而晃等南走允之追躡於長塘西復大破之賊平以功封彭澤縣侯尋卒官贈車騎大將軍儀同三司謚曰穆長子晏之蘇峻時爲護軍參軍遇害晏之子崑之嗣卒子陋之嗣宋受禪國除晏之弟允之最知名

允之字深猷總角從伯敦謂爲似已恒以自隨出則同輿入則共寢敦嘗夜飲允之辭醉先卧敦與錢鳳謀爲逆允之已醒悉聞其言慮敦或疑已便於卧處大吐衣面並汚鳳既出敦果照視見允之卧吐中以爲大醉不復疑之時父舒始拜廷尉允之求還定省敦許之至都以敦鳳謀議事白舒舒即與導俱啓明帝舒爲荊州允之隨在西府及敦平帝欲令允之仕舒請曰臣子尚少不樂早官帝許隨舒之會稽及蘇峻反允之討賊有功封番禺縣侯邑千六百戶除建武將軍錢唐令領司監都尉舒卒去職既葬除義興太守以憂哀不拜從伯導與其書曰太保安豐侯以孝聞天下不得辭司隸和長輿海內名士不免作中書令吾羣從死亡略盡子弟零落遇汝如親如其不爾吾復何言允之固不肯就咸和末除宣城內史監揚州江西四郡事建武將軍鎮于湖咸康中進號西中郎將假節尋遷南中郎將江州刺史莅政甚有威惠時王恬服闋除豫章郡允之聞之驚愕以爲恬丞相子應被優遇不可出爲遠郡乃求自解州欲與庾冰言之冰聞甚愧即以恬爲吳郡而以允之爲衞將軍會稽內史未到卒年四十謚曰忠子晞之嗣卒子肇之嗣

王廙　弟彬　彬子彪之

王廙字世將丞相導從弟而元帝姨弟也父正尚書郎廙少能屬文多所通涉工書畫善音樂射御博弈雜伎辟太傅掾轉參軍豫迎大駕封武陵縣侯拜尚書郎出爲濮陽太守元帝作鎮江左廙棄郡過江帝見之大悅以爲司馬頻守廬江鄱陽二郡豫討周馥杜弢以功累增封邑除冠軍將軍鎮石頭領丞相軍諮祭酒王敦啓爲寧遠將軍荊州刺史及帝即位廙奏中興賦上疏曰臣託備肺腑幼蒙洪潤爰自齠齔至于弱冠陛下之所撫育恩侔於兄弟義同於交友思欲攀龍鱗附鳳翼者有年矣是以昔忝濮陽棄官遠跡扶侍老母攜將細弱越長江歸陛下者誠以道之所存願託餘庇故也天誘其願遇陛下中興當大明之盛而守局遐外不得奉贍大禮闕問之日悲喜交集昔司馬相如不得覩封禪之事慊慨發憤況臣情則骨肉服膺聖化哉又臣昔嘗侍坐於先后說陛下誕育之日光明映室白毫生於額之左相者謂當王有四海又臣以壬申歲見用爲鄱陽內史七月四星聚于牽牛又臣郡有枯樟更生及臣後還京都陛下見臣白兔命臣作賦時瑯邪郡又獻甘露陛下命臣嘗之又驃騎將軍導向臣說晉陵有金鐸之瑞郭璞云必致中興璞之爻筮雖京房管輅不過也明天之歷數在陛下矣臣少好文學志在史籍而飄放遐外常與桀寇爲對臣犬馬之年四十三矣未能上報天施而譽負屢彰恐先朝露塡溝壑令微情不得上達謹竭其頑獻中興賦一篇雖未足以宣揚盛美亦是詩人嗟嘆詠歌之義也文多不載初王敦左遷陶侃使廙代爲荊州將吏馬儁鄭攀等上書請留侃敦不許廙爲儁等所襲奔于江安賊杜曾與儁攀北迎第五猗以距廙廙督諸軍討曾又爲曾所敗敦命湘州刺史甘卓豫章太守周廣等助廙擊曾曾衆潰廙得到州廙性儁率嘗從南下旦自尋陽迅風飛帆暮至都倚舫樓長嘯神氣甚逸王導謂庾亮曰世將爲傷時識事亮曰正足舒其逸氣耳廙在州大誅戮侃時將佐及徵士皇甫方回於是大失荊土之望人情乖阻帝乃徵廙爲輔國將軍加散騎常侍以母喪去職服闋拜征虜將軍進左衞將軍及王敦構禍帝遣廙喻敦既不能諫其悖逆乃爲敦所留受任助亂敦得志以廙爲平南將軍領護南蠻校尉荊州刺史尋病卒帝猶以親故深痛愍之喪還京都皇太子親臨拜柩如家人之禮贈侍中驃騎將軍謚曰康明帝與大將軍溫嶠書曰痛謝琨未絕於口世將復至於此並盛年儁才不遂其志痛切于心廙明古多通餓達有識致其言雖未足令人改聽然味之不倦近未易有也坐相視盡如何子頤之嗣仕至東海內史頤之弟胡之字修齡弱冠有聲譽歷郡守侍中丹陽尹素有風眩疾發動甚數而神明不損石季龍死朝廷欲綏輯河洛以胡之爲西中郎將司州刺史假節以疾固辭未行而卒子茂之亦有美譽官至晉陵太守子敬弘義熙末爲尚書

彬字世儒少稱雅正弱冠不就州郡之命光祿大夫傅祗辟爲掾後與兄廙俱渡江爲揚州刺史劉機建武長史元帝引爲鎮東賊曹參軍轉典軍參軍豫討華軼功封都亭侯愍帝召爲尚書郎以道險不就遷建安太守徙義興內史未之職轉軍諮祭酒中興建稍遷侍中從兄敦舉兵入石頭帝使彬勞之會周顗遇害彬素與顗善先往哭顗甚慟既而見敦敦怪其有慘容而問其所以彬曰向哭伯仁情未能已敦怒曰伯仁自致刑戮且凡人遇汝復何爲者哉彬曰伯仁長者君之親友在朝雖無謇諤亦非阿黨而赦後加以極刑所以傷惋也因勃然數敦曰兄抗旌犯順殺戮忠良謀圖不軌禍及門戶音辭慷慨聲淚俱下敦大怒厲聲曰爾狂悖乃可至此爲吾不能殺汝邪時王導在坐爲之懼勸彬起謝彬曰有腳疾已來見天子尚欲不拜何跪之有此復何所謝敦曰腳痛孰若頸痛彬意氣自若殊無懼容後敦議舉兵向京師彬諫甚苦敦變色目左右將收彬彬正色曰君昔歲害兄今又殺弟邪先是彬從兄豫章太守稜爲敦所害敦以彬親故容忍之俄而以彬爲豫章太守彬爲人樸素方直乏風味之好雖居顯位常布衣蔬食遷前將軍江州刺史及敦死王含欲投王舒王應勸含投彬含曰大將軍平素與江州云何汝欲歸之應曰此乃所以宜往也江州當人彊盛時能立同異此非常人所及覩衰危必興愍惻荊州守文豈能意外行事含不從遂共投舒舒果沉含父子于江彬聞應來密具船以待之既不至深以爲恨敦平有司奏彬及兄子安成太守籍之並是敦親皆除名詔曰司徒導以大義滅親其後昆雖或有違猶將百世宥之況彬等公之近親乃原之徵拜光祿勳轉度支尚書蘇峻平後改築新宮彬爲大匠以營創勳勞賜爵關內侯遷尚書右僕射卒官年五十九贈特進衞將軍加散騎常侍謚曰肅長子彭之嗣位至黃門郎次彪之最知名

彪之字叔武年二十鬚鬢皓白時人謂之王白鬚初除佐著作郎東海王文學從伯導謂曰選官欲以汝爲尚書郎汝幸可作諸王佐邪彪之曰位之多少既不足計自當任之於時至於超遷是所不願遂爲郎鎮軍將軍武陵王晞以爲司馬累遷尚書左丞司徒左長史御史中丞侍中廷尉時永嘉太守謝毅赦後殺郡人周矯矯從兄球詣州訴冤揚州刺史殷浩遣從事收毅付廷尉彪之以球爲獄主身無王爵非廷尉所料不肯受與州相反覆穆帝發詔令受之彪之又上疏執據時人比之張釋之時當南郊簡文帝爲撫軍執政訪彪之應有赦不答曰中興以來郊祀往往有赦愚意常謂非宜何者黎庶不達其意將謂郊祀必赦至此時凶愚之輩復生心於僥倖矣遂從之轉吏部尚書簡文有命用秣陵令曲安遠補句容令殿中侍御史奚朗補湘東郡彪之執不從曰秣陵令三品縣耳殿下昔用安遠談者紛然句容近畿三品佳邑豈可處卜術之人無才用者邪湘東雖復遠小所用未有朗比談者謂頗兼卜術得進殿下若超用寒悴當令人才可拔朗等凡器實未足充此選太尉桓溫欲北伐屢詔不許溫輒下武昌人情震懼或勸殷浩引身告退彪之言於簡文曰此非保社稷爲殿下計皆自爲計耳若殷浩去職人情崩駭天子獨坐既爾當有任其責者非殿下而誰又謂浩曰彼抗表問罪卿爲其首事任如此猜釁已構欲作匹夫豈有全地耶且當靜以待之令相王與手書示以款誠陳以成敗當必旋旆若不順命即遣中詔如復不奉乃當以正義相裁無故怱怱先自猖蹶浩曰決大事正自難頃日來欲使人悶聞卿此謀意始得了溫亦奉帝旨果不進時衆官漸多而遷徙每速彪之上議曰爲政之道以得賢爲急非謂雍容廊廟標的而已固將莅任贊時職思其憂也得賢之道在於莅任莅任之道在於能久久於其道天下化成是以三載考績三考黜陟不收一切之功不採速成之譽故勳格辰極道融四海風流遐邈聲冠百代凡庸之族衆賢能之才寡才寡於世而官多於朝焉得不賢鄙共貫清濁同官官衆則闕多闕多則遷速前後去來更相代補非爲故然理固然耳所以職事未修朝風未澄者也職事之修在於省官朝風之澄在於并職官省則選清而得久職并則吏簡而俗靜選清則勝人久於其事事久則中才猶足有成今內外百官較而計之固應有并省者矣六卿之任太常望雅而職重然其所司義高務約宗正所統蓋尠可以并太常宿衞之重二衞任之其次驍騎左軍各有所領無兵軍校皆應罷廢四軍皆罷則左軍之名不宜獨立宜改游擊以對驍騎內官自侍中以下舊員皆四中興之初二人而已二人對直或有不周愚謂三人於事則無闕也凡餘諸官無綜事實者可令大官隨才位所帖而領之若未能頓廢自可因缺而省之委之以職分責之以有成能否因考績而著清濁隨黜陟而彰雖緝熙之隆康哉之歌未能遂奏且可使庶官之選差清莅職之日差久無奉祿之虛費簡吏寺之煩役矣永和末多疾疫舊制朝臣家有時疾染易三人以上者身雖無病百日不得入宮至是百官多列家疾不入彪之又言疾疫之年家無不染若以之不復入宮則直侍頓闕王者宮省空矣朝廷從之既而長安人雷弱兒梁安等詐云殺苻堅苻眉請兵應接時殷浩鎮壽陽便進據洛營復山陵屬彪之疾歸上簡文帝啓陳弱兒等容有詐僞浩未應輕進尋而弱兒果詐姚襄反叛浩大敗退守譙城簡文笑謂彪之

曰果如君言自頃以來君謀無遺策張陳復何以過之轉領軍將軍遷尚書僕射以疾病不拜徙太常領崇德衞尉時或謂簡文曰武陵第中大修器杖將謀非常也簡文以問彪之彪之曰武陵王志意盡於馳騁田獵耳願深靜之以懷異同者或復以此爲言簡文甚悅復轉尚書僕射時豫州刺史謝弈卒簡文遽使彪之舉可以代弈者對曰當今時賢備簡高監簡文曰人有舉桓雲者君謂如何彪之曰雲不必非才然溫居上流割天下之半其弟復處西藩兵權盡在一門亦非深根固帶之宜也人才非可豫量但當令不與殿下作異者耳簡文頷曰君言是也後以彪之爲鎭軍將軍會稽內史加散騎常侍居郡八年豪右斂跡亡戶歸者三萬餘口桓溫下鎭姑孰威勢震主四方修敬皆遣上佐綱紀彪之獨曰大司馬誠爲富貴朝廷既有宰相動靜之宜自當諮稟修敬若遣綱紀致貢天子復何以過之竟不遣溫以山陰縣折布米不時畢郡不彈糾上免彪之彪之去郡郡見罪讁未上州臺者皆原散之溫復以爲罪乃檻收下吏會赦免左降爲尚書頃之復爲僕射是時溫將廢海西公百寮震慄溫亦色動莫知所爲彪之既知溫不臣迹已著理不可奪乃謂溫曰公阿衡皇家便當倚傍先代耳命取霍光傳禮度儀制定於須臾曾無懼容溫歎曰作元凱不當如是邪時廢立之儀既絕於曠代朝廷莫有識其故典者彪之神彩毅然朝服當階文武儀準莫不取定朝廷以此服之溫又廢武陵王遵以事示彪之彪之曰武陵親尊未有顯罪不可以猜嫌之間便相廢徙公建立聖明遐邇歸心當崇獎王室伊周同美此大事宜更深詳溫曰此已成事卿勿復言及簡文崩羣臣疑惑未敢立嗣或云宜當須大司馬處分彪之正色曰君崩太子代立大司馬何容得異若先面諮必反爲所責矣於是朝議乃定及孝武帝即位太皇太后令以帝沖幼加在諒闇令溫依周公居攝故事事已施行彪之曰此異常大事大司馬必當固讓使萬幾停滯稽廢山陵未敢奉令謹具封還內請停事遂不行溫遇疾諷朝廷求九錫袁宏爲文以示彪之彪之視訖歎其文辭之美謂宏曰卿固大才安可以此示人時謝安見其文又頻使宏改之宏遂逡巡其事既屢引日乃謀於彪之彪之曰聞彼病日增亦當不復支久自可更小遲迴宏從之溫亦尋薨時桓沖及安夾輔朝政以新喪元輔主上未能親覽萬幾時太皇太后宜臨朝彪之曰先代前朝主在襁抱母子一體故可臨朝太后亦不能決政事終是顧問僕與君諸人耳今上年出十歲垂婚冠反令從嫂臨朝示人君幼弱豈是翼戴讚揚立德之謂乎二君必行此事豈僕所制所惜者大體耳時安不欲委任桓沖故使太后臨朝決政獻替專在乎已彪之不達安旨故以爲言安竟不從尋遷尚書令與安共掌朝政安每曰朝之大事衆不能決者諮王公無不得判以年老上疏乞骸骨詔不許轉拜護軍將軍加散騎常侍安欲更營宮室彪之曰中興初即位東府殊爲儉陋元明二帝亦不改制蘇峻之亂成帝止蘭臺都坐殆不蔽寒暑是以更營修築方之漢魏誠爲儉狹復不至陋殆合豐約之中今自可隨宜增益修補而已彊寇未殄正是休兵養士之時何可大興功力勞擾百姓邪安曰宮室不壯後世謂之無能彪之曰任天下事當保國寧家朝政爲允豈以修屋宇爲能邪安無以奪之故終彪之之世不改營焉加光祿大夫儀同三司未拜疾篤帝遣黃門侍郎問所苦賜錢三十萬以營醫藥太元二年卒年七十三即以光祿爲贈諡曰簡二子越之撫軍將軍臨之東陽太守

稜字文子彬季父國子祭酒琛之子也少歷清官渡江爲元帝丞相從事中郎從兄導以稜有政事宜守大郡乃出爲豫章太守加廣武將軍稜知從兄敦驕傲自負有罔上心日夕諫諍以爲宜自抑損推崇盟主且羣從一門並相與服事應務相崇高以隆勳業每言苦切敦不能容潛使人害之弟侃亦知名少歷顯職位至吳國內史

虞潭 孫嘯父 兄子騑

虞潭字思奧會稽餘姚人吳騎都尉翻之孫也父忠仕至宜都太守吳之亡也堅壁不降遂死之潭清貞有檢操州辟從事主簿舉秀才大司馬齊王冏請爲祭酒除祁鄉令徙醴陵令值張昌作亂郡縣多從之潭獨起兵斬昌別率鄧穆等襄陽太守華恢上潭領建平太守以疾固辭遂周旋征討以軍功賜爵都亭侯陳敏反潭東下討敏弟讚於江州廣州刺史王矩上潭領廬陵太守綏撫荒餘咸得其所又與諸軍共平陳恢仍轉南康太守進爵東鄉侯尋被元帝檄使討江州刺史華軼潭至廬陵會軼已平而湘川賊杜弢猶盛江州刺史衞展上潭并領安成太守時甘卓屯宜陽爲弢所逼潭進軍救卓卓上潭領長沙太守固辭不就王敦叛潭爲湘東太守復以疾辭弢平後元帝召補丞相軍諮祭酒轉琅邪國中尉帝爲晉王除屯騎校尉徙右衞將軍遷宗正卿以疾告歸會王含沈充等攻逼京都潭遂於本縣招合宗人及郡中大姓共起義軍衆以萬數自假明威將軍乃進赴國難至上虞明帝手詔潭爲冠軍將軍領會稽內史潭即受命義衆雲集時有野鷹飛集屋梁衆咸懼潭曰起大義而剛鷙之鳥來集破賊必矣遣長史孔坦領前鋒過浙江追躡充潭次于西陵爲坦後繼會充已擒罷兵徵拜尚書尋補右衞將軍加散騎常侍成帝即位出爲吳興太守秩中二千石加輔國將軍以討充功進爵零陵縣侯蘇峻反加潭督三吳晉陵宣城義興五郡軍事會王師敗績大駕逼遷潭勢弱不能獨振乃固守以俟四方之舉會陶侃等下潭與郗鑒王舒協同義舉侃等假潭節監揚州浙江西軍事潭率衆與諸軍并勢東西犄角遣督護沈伊距管商於吳縣爲商所敗潭自貶還節尋而峻平潭以母老輒去官還餘姚詔轉鎭軍將軍吳國內史復徙會稽內史未發還復吳郡以前後功進爵武昌縣侯邑一千六百戶是時軍荒之後百姓饑饉死亡塗地潭乃表出倉米振救之又修滬瀆壘以防海沙百姓賴之咸康中進衞將軍潭貌雖和弱而內堅明有膽決雖屢統軍旅而鮮有傾敗以母憂去職服闋以侍中衞將軍徵既至更拜右光祿大夫開府儀同三司給親兵三百人侍中如故年七十九卒于位追贈左光祿大夫開府侍中如故諡曰孝烈子仡嗣官至右將軍司馬仡卒子嘯父嗣

嘯父少歷顯位後至侍中爲孝武帝所親愛嘗侍飲宴帝從容問曰卿在門下初不聞有所獻替邪嘯父家近海謂帝有所求對曰天時尚溫鯯魚蝦鮓未可致尋當有所上獻帝大笑因飲大醉出拜不能起帝顧曰扶虞侍中嘯父曰臣位未及扶醉不及亂非分之賜所不敢當帝甚悅隆安初爲吳國內史徵補尚書未發而王廞舉兵叛嘯父行吳興太守嘯父即入吳興應廞廞敗有司奏嘯父與廞同謀罪應斬詔以祖潭舊勳聽以疾贖爲庶人四年復拜尚書桓玄用事以爲太尉左司馬尋遷護軍將軍出爲會稽內史義熙初去職卒於家

騑字思行潭之兄子也雖機幹不及於潭然而素行過之與譙國桓彝俱爲吏部郎情好甚篤彝遺溫拜騑騑使子谷拜彝歷吳興太守金紫光祿大夫王導常謂騑曰孔愉有公才而無公望丁潭有公望而無公才兼之者其在卿乎官未達而喪時人惜之子谷位至吳國內史

顧衆

顧衆字長始吳郡吳人驃騎將軍榮之族弟也父祕交州刺史有文武才幹衆出後伯父早終事伯母以孝聞光祿朱誕器之州辟主簿舉秀才除餘杭秣陵令並不行元帝爲鎭東將軍命爲參軍以討華軼功封東鄉侯辟丞相掾祕卒交州人立衆兄壽爲刺史尋爲州人所害衆往交州迎喪值杜弢之亂崎嶇六年乃還祕舊蒞吳興吳興義故以衆經離寇難共遺錢二百萬一無所受及帝踐阼徵拜駙馬都尉奉朝請轉尚書郎大將軍王敦請爲從事中郎上補南康太守會詔除鄱陽太守加廣武將軍衆徑之鄱陽不過敦敦甚怪焉及敦構逆令衆出軍衆遲迴不發敦大怒以軍期召衆還詰之聲色甚厲衆不爲動容敦意漸釋時敦又怒宣城內史陸喈衆又辨明之敦長史陸玩在坐代衆危懼出謂衆曰卿眞所謂剛亦不吐柔亦不茹雖仲山甫何以加之敦事捷欲以衆爲吳興內史衆固辭舉吏部郎桓彝彝亦讓衆事並不行敦鎭姑孰復以衆爲從事中郎敦平除太子中庶子爲義興太守加揚威將軍蘇峻反王師敗績衆還吳潛圖義舉時吳國內史庾冰奔于會稽峻以蔡謨代之前陵江將軍張悊爲峻收兵於吳衆遣人喻悊悊從之衆乃遣郎中徐機告謨曰衆已潛合家兵待時而奮又與張悊剋期效節謨乃檄衆爲本國督護揚威將軍仍舊衆從弟護軍將軍颺爲威遠將軍前鋒督護吳中人士同時響應峻遣將弘徽領甲卒五百鼓行而前衆與颺悊要擊徽戰于高莋大破之收其軍實謨以冰當還任故便去郡衆遣颺率諸軍屯無錫冰至鎭御亭恐賊從海虞道入衆自往備之而賊率張健馬流攻無錫颺等大敗庾冰亦失守健等遂據吳城衆自海虞由婁縣東倉與賊別率交戰破之義軍又集進屯烏包會稽內史王舒吳興內史虞潭並檄衆爲五郡大督護統諸義軍討健潭遣將姚休爲衆前鋒與賊戰沒衆還守紫壁時賊黨方銳義軍沮退人咸勸衆過浙江衆曰不然今保固紫壁可得全錢唐以南五縣若越宅境便爲寓軍控引無所非長計也臨平人范明亦謂衆曰此地險要可以制寇不可委也衆乃版明爲參軍明率宗黨五百人合諸軍凡四千人復進討健健退于曲阿留錢弘爲吳令軍次路丘即斬弘首衆進往吳城遣督護朱祈等九軍與蘭陵太守李閎共守庱亭健遣馬流陶陽等往攻之閎與祈等逆擊大破之斬首二千餘級峻平論功衆以承檄奮義推功于謨謨以衆唱謀非已之力俱表相讓論者美之封鄱陽縣伯除平南軍司不

就更拜丹陽尹本國大中正入爲侍中轉尚書咸康末遷領軍將軍揚州大中正固讓不拜以母憂去職穆帝卽位何充執政復徵衆爲領軍不起服闋乃就是時充與武陵王不平衆會通其間遂得和釋充崇信佛教衆議其糜費每以爲言嘗與充同載經佛寺充要衆入門衆不下車充以衆州里宿望每優遇之以年老上疏乞骸骨詔書不許遷尚書僕射永和二年卒時年七十三追贈特進光祿大夫謚曰靖長子昌嗣爲建康令第三子會中軍諮議參軍時稱美士

張闓

張闓字敬緒丹陽人吳輔吳將軍昭之曾孫也少孤有志操太常薛兼進之於元帝言闓才幹貞固當今之良器卽引爲安東參軍甚加禮遇轉丞相從事中郎以母憂去職旣葬帝强起之闓固辭疾篤優命敦逼遂起視事及帝爲晉王拜給事黃門侍郎領本郡大中正以佐翼勳賜爵丹陽縣侯遷侍中帝踐阼出補晉陵內史在郡甚有威惠帝下詔曰夫二千石之任當勉勵其德綏齊所莅使寬而不縱嚴而不苛其於勤功督察便國利人抑强扶弱使無雜濫眞太守之任也若聲過其實古人所不取攻乎異端爲政之甚害蓋所貴者本也闓遵而行之時所部四縣並以旱失田闓乃立曲阿新豐塘漑田八百餘頃每歲豐稔葛洪爲其頌計用二十一萬一千四百二十功以擅興造免官後公卿並爲之言曰張闓興陂漑田可謂益國而反被黜使臣下難復爲善帝感悟乃下詔曰丹陽侯闓昔以勞役部人免官雖從吏議猶未掩其忠節之志也倉廩國之大本宜得其才今以闓爲大司農闓陳黜免始爾不宜便居九列疏奏不許然後就職帝晏駕以闓爲大匠卿營建平陵事畢遷尚書蘇峻之役闓與王導俱入宮侍衞峻使闓持節權督東軍王導潛與闓謀密宣太后詔於三吳令速起義軍陶侃等至假闓節行征虜將軍與振威將軍陶回共督丹陽義軍闓到晉陵使內史劉耽盡以一部穀幷遣吳郡度支運四部穀以給車騎將軍郗鑒又與吳郡內史蔡謨前吳興內史虞潭會稽內史王舒等招集義兵以討峻峻平以尚書加散騎常侍賜爵宜陽伯遷廷尉以疾解職拜金紫光祿大夫尋卒時年六十四子混嗣闓牋表文議傳於世

史臣曰季孫行父稱見有禮於其君者如孝子之養父母無禮於其君者如鷹鸇之逐鳥雀是以石碏戮厚叔向誅鮒前史以爲美譚王敦之惡不足矜其類然而朱家容布爲大俠之首酈寄載呂與賣友之譏亦所以激揚風俗弘長名教王彬纖船而厚其所薄王舒沉江而薄其所厚較之優劣斷乎可知思行彪之厲風規於多僻之日虞潭顧衆徇貞心於危惑之辰龍莞爲出納之端鱉魚非獻替之術嘯父之對何其鄙歟

贊曰處明夙令聲頽暮年允之騂角無棄山川虞稱多藝禍謬哲后二三其德亦孔之醜世儒憤發勤顗陵敦彪之不撓寧浩旋溫顧實南金虞惟東箭銑質無改筠心不變公望公才雙爲其選

晉書卷七十六考證

史臣論龍莞爲出納之端○莞各本譌莞臣人龍按前漢谷永傳昔龍莞言而帝命惟允此以虞嘯父爲門下侍郎故史臣引之今改正

晉書卷七十七

唐　太　宗　文　皇　帝　御　撰

列傳第四十七

陸曄　曄弟玩　玩子納

陸曄字士光吳郡吳人也伯父喜吳吏部尚書父英高平相員外散騎常侍曄少有雅望從兄機每稱之曰我家世不乏公矣居喪以孝聞同郡顧榮與鄉人書曰士光氣息裁屬慮其性命言之傷心矣後察孝廉除永世烏江二縣令皆不就元帝初鎭江左辟爲祭酒尋補振威將軍義興太守以疾不拜預討華軼功封平望亭侯累遷散騎常侍本郡大中正太興元年遷太子詹事時帝以侍中皆北士宜兼用南人曄以清貞著稱遂拜侍中徙尚書領州大中正明帝卽位轉光祿勳遷太常代紀瞻爲尚書左僕射領太子少傅尋加金紫光祿大夫代卞壼爲領軍將軍以平錢鳳功進爵江陵伯帝不豫曄與王導卞壼庾亮溫嶠郗鑒並受顧命輔皇太子更入殿將兵直宿遺詔曰曄清操忠貞歷職顯允且其兄弟事君如父憂國如家歲寒不凋體自門風旣委以六軍可錄尚書事加散騎常侍成帝踐阼拜左光祿大夫開府儀同三司給親兵百人常侍如故蘇峻之難曄隨帝在石頭舉動方正不以凶威變節峻以曄吳士之望不敢加害使守留臺匡術以苑城歸順時共推曄督宮城軍事峻平加衞將軍給千兵百騎以勳進爵爲公封次子嘏新康子咸和中求歸鄉里拜墳墓有司奏舊制假六十日侍中顏含黃門侍郎馮懷駁曰曄內蘊至德清一其心受託付之重居台司之位旣蒙詔許歸省墳塋大臣之義本在忘己豈容有期而反無期必違愚謂宜還自還不須制日帝從之曄因歸以疾卒時年七十四追贈侍中車騎大將軍謚曰穆子諶散騎常侍

玩字士瑤器量淹雅弱冠有美名賀循每稱其清允平當郡檄綱紀東海王越辟爲掾皆不就元帝引爲丞相參軍時王導初至江左思結人情請婚於玩玩對曰培塿無松栢薰蕕不同器玩雖不才義不能爲亂倫之始導乃止玩嘗詣導食酪因而得疾與導牋曰僕雖吳人幾爲傖鬼其輕易權貴如此累加奮武將軍徵拜侍中以疾辭王敦請爲長史逼以軍期不得已乃從命敦平尚書令郗鑒議敦佐吏不能匡正姦惡宜皆免官禁錮會溫嶠上表申理得不坐復拜侍中遷吏部尚書領會稽王師讓不拜轉尚書左僕射領本州大中正及蘇峻反遣玩與兄曄俱守宮城玩潛說匡術歸順以功封興平伯轉尚書令又詔曰玩體道清純雅量弘遠歷位內外風績顯著宜居台司以允衆望授左光祿大夫開府儀同三司加散騎常侍餘如故玩頻自表優詔褒揚重復自陳曰臣實凡短風操不立階緣嘉會便蕃榮顯遂總括寵臺豫聞政道竟不能敷融玄風清一朝序咎責之來於臣已重誠以身許國義忘曲讓而僂僂所守終於陳訴者特以端右機要事務殷多臣已盈六十之年智力有限疾患深重體氣日獘朝夕自勵非復所堪若偃息苟免職事並廢則莫大之悔天下將謂臣何乞陛下披豁聖懷霈然垂允詔不許玩重表曰臣比披誠欵不足上暢天聽聖恩徘徊屬以體國臣聞至公之道上下玄同用才不負其長量力不受其短雖加官重祿無世不有皆庸勳親賢時所須賴兼統以濟世務非優崇以榮一人臣受遇三世恩隆寵厚豈敢辭職事之勞求冲讓之譽徒以端右要重興替所存久以無任妨賢曠職臣猶自知不可況天下之人乎今復外叅論道內統百揆不堪之名有如皎日願陛下少垂哀矜使四海知官不可以私於人人不可以私取官則天工弘坦誰不謂允猶不許尋而王導郗鑒庾亮相繼而薨朝野咸以爲三良旣沒國家殄瘁以玩有德望乃遷侍中司空給羽林四十人玩旣拜有人詣之索盃酒瀉置柱梁之間呪曰當今乏材以爾爲柱石莫傾人梁棟邪玩笑曰戢卿良箴旣而歎息謂賓客曰以我爲三公是天下爲無人談者以爲知言玩雖登公輔謙讓不辟掾屬成帝聞而勸之玩不得已而從命所辟皆寒素有行之士玩翼亮累世常以弘重爲人主所貴加性通雅不以名位格物誘納後進謙若布衣由是搢紳之徒莫不廕其德宇後疾甚上表曰臣嬰遘疾疢沉頓歷月不蒙痊損而日夕漸篤自省微綿無復生望荷恩不報孤負已及仰瞻天覆伏枕貫涕臣年向中壽窮極寵榮終身歸全將復何恨惟願陛下崇明聖德弘敷洪化會構祖宗之基道濟羣生之命臣不勝臨命遺戀之情貪及視息上表以聞薨年六十四謚曰康給兵千人守冢七十家太元中功臣普被減削司空何充等止得六家以玩有佐命之勳先陪陵而葬由是特置與平伯官屬以衞墓子始嗣歷侍中尚書

納字祖言少有清操貞厲絕俗初辟鎭軍大將軍武陵王掾州舉秀才太原王述雅敬重之引爲建威長史累遷黃門侍郎本州別駕尚書吏部郎出爲吳興太守將之郡先至姑孰辭桓溫因問溫曰公致醉可飲幾酒食肉多少溫曰年大來飲三升便醉白肉不過十臠卿復云何納曰素不能飲止可二升肉亦不足言後伺溫閑謂之曰外有微禮方守遠郡欲與公一醉以展下情溫欣然納之時王坦之刁彝在坐及受禮唯酒一斗鹿肉一柈坐客愕然納徐曰明公近云飲酒三升納止可二升今有一斗以備杯杓餘瀝溫及賓客並歎其率素更勑中廚設精饌酣飲極懽而罷納至郡不受俸祿頃之徵拜左民尚書領州大中正將應召外白宜裝幾船納曰私奴裝糧食來無所復須也臨發止有被襆而已其餘並封以還官遷太常徙吏部尚書加奉車都尉衞將軍謝安嘗欲詣納而納殊無供辦其兄子俶不敢問之乃密爲之具安旣至納所設唯茶果而已俶遂陳盛饌珍羞畢具客罷納大怒曰汝不能光益父叔乃復穢我素業邪於是杖之四十其舉措多此類後以愛子長生有疾求解官營視兄子禽又犯法應刑乞免官謝罪詔特許輕降頃長生小佳輸還攝職尋遷尚書僕射轉左僕射加散騎常侍俄拜尚書令常侍如故恪勤貞固始終不渝時會稽王道子以少年專政委任羣小納望闕而歎曰好家居纖兒欲撞壞之邪朝士咸服其忠亮尋除左光祿大夫開府儀同三司未拜而卒卽以爲贈長

生先卒無子以弟子道隆嗣元熙中爲廷尉

何充

何充字次道廬江灊人魏光祿大夫禎之曾孫也祖惲豫州刺史父叡安豐太守充風韻淹雅文義見稱初辟大將軍王敦掾轉主簿敦兄含時爲廬江郡貪汙狼藉敦嘗於座中稱曰家兄在郡定佳廬江人士咸稱之充正色曰充即廬江人所聞異於此敦默然傍人皆爲之不安充晏然自若由是忤敦左遷東海王文學尋屬敦敗累遷中書侍郎充即王導妻之姊子充妻明穆皇后之妹也故少與導善早歷顯官嘗詣導導以麈尾指牀呼充共坐曰此是君坐也導繕揚州廨舍顧而言曰正爲次道耳明帝亦友昵之成帝即位遷給事黃門侍郎蘇峻作亂京都傾覆導從駕在石頭充東奔義軍其後導奔白石充亦得還賊平封都鄉侯拜散騎常侍出爲東陽太守仍除建威將軍會稽內史在郡甚有德政薦徵士虞喜拔郡人謝奉魏顗等以爲佐吏後以墓被發去郡詔徵侍中不拜改葬畢除建威將軍丹陽尹王導庾亮並言於帝曰何充器局方槩有萬夫之望必能總錄朝端爲老臣之副臣死之日願引充內侍則外譽唯緝社稷無虞矣由是加吏部尚書進號冠軍將軍又領會稽王師及導薨轉護軍將軍與中書監庾冰參錄尚書事詔充冰各以甲杖五十人至止車門尋遷尚書令加左將軍充以內外統任宜相糾正若使事綜一人於課對爲嫌乃上疏固讓許之徙中書令加散騎常侍領軍如故又領州大中正以州有先達宿德固讓不拜庾冰兄弟以舅氏輔王室權侔人主慮易世之後戚屬轉疏將爲外物所攻謀立康帝即帝母弟也每說帝以國有彊敵宜須長君帝從之充建議曰父子相傳先王舊典忽妄改易懼非長計故武王不授聖弟即其義也昔漢景亦欲傳祚梁王朝臣咸以爲虧亂典制據而弗聽今琅邪踐阼如孺子何社稷宗廟將其危乎冰等不從既而康帝立帝臨軒冰充侍坐帝曰朕嗣鴻業二君之力也充對曰陛下龍飛臣冰之力也若如臣議不覩升平之世帝有慚色建元初出爲驃騎將軍都督徐州揚州之晉陵諸軍事假節領徐州刺史鎮京口以避諸庾頃之庾翼將北伐庾冰出鎮江州充入朝言於帝曰臣冰舅氏之重宜居宰相不應遠出朝議不從於是徵充入爲都督揚豫徐州之琅邪諸軍事假節領揚州刺史將軍如故先是翼悉發江荆二州編戶奴以充兵役士庶嗷然充復欲發揚州奴以均其謗後以中興時已發三吳今不宜復發而止俟而帝疾篤冰翼意在簡文帝而充建議立皇太子奏可及帝崩充奉遺旨便立太子是爲穆帝冰翼甚恨之獻后臨朝詔曰驃騎任重可以甲杖百人入殿又加中書監錄尚書事充自陳既錄尚書不宜復監中書許之復加侍中羽林騎十人冰翼等尋卒充專輔幼主翼臨終表以後任委息爰之于時論者並以諸庾世在西藩人情所歸宜依翼所請以安物情充曰不然荆楚國之西門戶口百萬北帶彊胡西鄰勁蜀經略險阻周旋萬里得賢則中原可定勢弱則社稷同憂所謂陸抗存則吳存抗亡則吳亡者豈可以白面年少猥當此任哉桓溫英略過人有文武識度西夏之任無出溫者議者又曰庾爰之肯避溫乎如令阻兵恥懼不淺充曰溫足能制之諸君勿憂乃使溫西爰之果不敢爭充以衞將軍褚裒皇太后父宜綜朝政上疏薦裒參錄尚書裒以地逼固求外出充每日桓溫褚裒爲方伯殷浩居門下我可無勞矣充居宰相雖無澄正改革之能而彊力有器局臨朝正色以社稷爲己任凡所選用皆以功臣爲先不以私恩樹親戚談者以此重之然所昵庸雜信任不得其人而性好釋典崇修佛寺供給沙門以百數糜費巨億而不吝也親友至於貧乏無所施遺以此獲譏於世阮裕嘗戲之曰卿志大宇宙勇邁終古充問其故裕曰我圖數千戶郡尚未能得卿圖作佛不亦大乎于時郗愔及弟曇奉天師道而充與弟準崇信釋氏謝萬譏之云二郗諂於道二何佞於佛充能飲酒雅爲劉惔所貴惔每云見次道飲令人欲傾家釀言其能溫克也永和二年卒時年五十五贈司空謚曰文穆無子弟子放嗣卒又無子又以兄孫松嗣位至驃騎諮議參軍充弟準見外戚傳

褚翜

褚翜字謀遠太傅裒之從父兄也父頠少知名早卒翜以才藝楨幹稱襲爵關內侯補冠軍參軍于時長沙王乂擅權成都河間阻兵于外翜知內難方作乃棄官避地幽州後河北有寇難復還鄉里河南尹舉翜行本縣事及天下鼎沸翜招合同志將圖過江先移住陽城界潁川庾敳即翜之舅也亦憂世亂以家付翜翜道斷不得前東海王越以爲參軍辭疾不就尋洛陽覆沒與滎陽太守郭秀共保萬氏臺秀不能綏衆與將陳撫郭重等搆怨遂相攻擊翜懼禍及謂撫等曰以諸君所以在此謀逃難也今宜共戮力以備賊幸無外難而內自相擊是避坑落井也郭秀誠爲失理應且容之若遂所忿城內自潰胡賊聞之指來掩襲諸君雖得殺秀無解胡虜矣累弱非一宜深思之撫等悔悟與秀交和時數萬口賴翜獲全明年率數千家將謀東下遇道險不得進因留密縣司隸校尉荀組以爲參軍廣威將軍復領本縣率邑人三千督新城梁陽城三郡諸營事頃之遷司隸司馬仍督營事率衆進至汝水柴肥口復阻賊翜乃單馬至許昌見司空荀藩以爲振威將軍行梁國內史建興初復爲豫州司馬督司州軍事太傅參軍王玄代翜爲郡時梁國部曲將耿奴甚得人情而專勢翜常優遇之玄爲政既急翜知其不能容奴因戒之曰卿威殺已多而人情難一宜深慎之玄納翜言外羈縻奴而內懷憤會遷爲陳留將發乃收奴斬之奴餘黨聚衆殺玄梁郡既有內難而徐州賊張平等欲掩襲之郡人遑惑將以郡歸平荀組遣翜往撫之衆心乃定頃之組舉翜爲吏部郎不應召遂東過江元帝爲晉王以翜爲散騎郎轉太子中庶子出爲奮威將軍淮南內史永昌初王敦搆逆征西將軍戴若思令翜出軍赴難翜遣將領五百人從之明帝即位徵拜屯騎校尉遷太子左衞率成帝初爲左衞將軍蘇峻之役朝廷戒嚴以翜爲侍中典征討軍事既而王師敗績司徒王導謂翜曰至尊當御正殿君可啓令速出翜即入上閤躬自抱帝登太極前殿導升御床抱帝翜及鍾雅劉超侍立左右時百官奔散殿省蕭然峻兵既入叱翜令下翜正立不動呵之曰蘇冠軍來覲至尊軍人豈得侵逼由是兵士不敢上殿及峻執政猶以爲侍中從乘輿幸石頭明年與光祿大夫陸曄等出據苑城蘇逸任讓圍之翜等固守賊平以功封長平縣伯遷丹陽尹時京邑焚蕩人物凋殘翜收集散亡甚有惠政代庾亮爲中護軍鎮石頭尋爲領軍徙五兵尚書加奉車都尉監新宮事遷尚書右僕射轉左僕射加散騎常侍久之代何充爲護軍將軍常侍銜如故咸康七年卒時年六十七贈衞將軍謚曰穆子希嗣官至豫章太守

蔡謨

蔡謨字道明陳留考城人也世爲著姓曾祖睦魏尚書祖德樂平太守父克少好學博涉書記爲邦族所敬性公亮守正行不合己雖富貴不交也高平劉整恃才縱誕服飾詭異無所拘忌嘗行造人遇克在坐整終席慙不自安克時爲處士而見憚如此後爲成都王穎大將軍記室督穎爲丞相擢爲東曹掾克素有格量及居選官苟進之徒望風畏憚初克未仕時河內山簡嘗與琅邪王衍書曰蔡子尼今之正人衍以書示衆曰山子以一字拔人然未易可稱後衍聞克在選官曰山子正人之言驗於今矣陳留時爲大郡號稱多士琅邪王澄行經其界太守呂豫遣吏迎之澄入境問吏曰此郡人士爲誰吏曰有蔡子尼江應元是時郡人多居大位者澄以其姓名問曰甲乙等非君郡人邪吏曰是也曰然則何以但稱此二人吏曰向謂君侯問人不謂問位澄笑而止到郡以吏言謂豫曰舊名此郡有風俗果然小吏亦知如此克以朝政日敝遂絕不仕東嬴公騰爲車騎將軍鎮河北以克爲從事中郎知必不就以軍期致之克不得已至數十日騰爲汲桑所攻城陷克見害謨弱冠察孝廉州辟從事舉秀才東海王越召爲掾皆不就避亂渡江時明帝爲東中郎將引爲參軍元帝拜丞相復辟爲掾轉參軍後爲中書侍郎歷義興太守大將軍王敦從事中郎司徒左長史遷侍中蘇峻構逆吳國內史庾冰出奔會稽乃以謨爲吳國內史謨既至與張闓顧衆顧颺等共起義兵迎冰還郡峻平復爲侍中遷五兵尚書領琅邪王師謨上疏讓曰八座之任非賢莫居前後所用資名有常孔愉諸葛恢並以清節令才少著名望昔愉爲御史中丞臣尚爲司徒長史恢爲會稽太守臣爲尚書郎恢尹丹陽臣守小郡名輩不同階級殊懸今猥以輕鄙超倫踰等上亂聖朝貫魚之序下違羣士準平之論豈惟微臣其亡之誡實招聖政惟塵之累且左長史一超而侍帷幄再登而廁納言中興已來上德之舉所未嘗有臣何人斯而猥當之是以叩心自忖三省愚身與其苟進以穢清塗寧受違命猾固之罪疏奏不許轉掌吏部以平蘇峻勳賜爵濟陽男又讓不許冬烝謨領祠部主者忘設明帝位與太常張泉俱免白衣領職頃之遷太常領祕書監以疾不堪親職上疏自解不聽成帝臨軒遣使拜太傅太尉司空會將作樂宿懸於殿庭門下奏非祭祀燕饗則無設樂之制事下太常謨議臨軒遣使宜有金石之樂遂從之臨軒作樂自此始也彭城王紘上言樂賢堂有先帝手畫佛象經歷寇難而此堂猶存宜勑作頌帝下其議謨曰佛者夷狄之俗非經典之制先帝量同天地多才多藝聊因臨時而畫此象至於雅好佛道所未承聞也盜賊奔突王都隳敗而此堂塊然獨存斯誠神靈保祚之徵然未是大晉盛德之形容歌頌之所先也人臣覩物興義私作賦頌可也今欲發王命勑史官上稱先帝好佛之志下爲夷狄作一象之頌於義有疑焉於是遂寢時征西將軍

庾亮以石勒新死欲移鎮石城爲滅賊之漸事下公卿謨議曰時有否泰道有屈伸暴逆之寇雖終滅亡然當其彊盛皆屈而避之是以高祖受黜於巴漢忍辱於平城也若爭强於鴻門則亡不終日故蕭何曰百戰百敗不死何待也原始要終歸於大濟而已豈與當亡之寇爭遲速之間哉夫惟鴻門之不爭故垓下莫能與之爭文王身圮於羑里故道泰於牧野句踐見屈於會稽故威申於强吳今日之事亦由此矣賊假息之命垂盡而豺很之力尚彊宜抗威以待時或曰抗威待時時已可矣愚以爲時之可否在賊之彊弱賊之彊弱在季龍之能否季龍之能否可得而言矣自勒初起則季龍爲爪牙百戰百勝遂定中國境土所據同於魏世及勒死之日將相內外欲誅季龍季龍獨起於衆異之中殺嗣主誅寵臣內難既定千里遠出一攻而拔金墉再戰而斬石生禽彭彪殺石聰滅郭權還據根本內外並定四方鎮守不失尺土詳察此事豈能乎將不能也假令不能者爲之其將濟乎將不濟也賊前攻襄陽而不能拔誠有之矣不信百戰之効而執一攻之驗棄多從少於理安乎譬若射者百發而一不中可謂之拙乎且不拔襄陽者非季龍身也桓平北守邊之將耳賊前攻之爭疆場耳得之爲善不得則止非其所急也今征西之往則異於是何者重鎮也名賢也中國之人所聞而歸心也今而西度實有席卷河南之勢賊所大懼豈與桓宣同哉季龍必率其精兵身來距爭若欲與戰戰何如石生若欲城守守何如金墉若欲阻沔沔何如大江蘇峻何如季龍凡此數者宜詳校之愚謂石生猛將關中精兵征西之戰不能勝也金墉險固劉曜十萬所不能拔今征西之守不能勝也又是時兗州洛陽關中皆舉兵擊季龍此今三處反爲其用方之於前倍半之覺也若石生不能敵其半而征西欲當其倍愚所疑也蘇峻之彊不及季龍沔水之險不及大江大江不能禦蘇峻而以沔水禦季龍又所疑也昔祖士稚在譙佃於城北慮賊來攻因以爲資故豫安軍屯以禦其外穀將熟賊果至丁夫戰於外老弱穫於內多持炬火急則燒穀而走如此數年竟不得其利是時賊唯據沔北方之於今四分之一耳士稚不能捍其一而征西欲禦其四又所疑也或云賊若多來則必無糧然致糧之難莫過崤函而季龍昔涉此險深入敵國平關中而後還今至襄陽路既無險又行其國內自相供給方之於前難易百倍前已經至難而謂今不能濟其易又所疑也然此所論但說征西既至之後耳尚未論道路之虜也自沔以西水急岸高魚貫泝流首尾百里若賊無宋襄之義及我未陣而擊之將如之何今王士與賊水陸異勢便習不同寇若送死雖開江延敵以一當千猶吞之有餘宜誘而致之以保萬全棄江遠進以我所短擊彼所長懼非廟勝之算朝議同之故亮不果移鎮初皇后每年拜陵勞費甚多謨建議曰古者皇后廟見而已不拜陵也由是遂止及太尉郗鑒疾篤出謨爲太尉軍司加侍中鑒卒即拜謨爲征北將軍都督徐兗青三州揚州之晉陵豫州之沛郡諸軍事領徐州刺史假節時左衞將軍陳光上疏請伐胡詔令攻壽陽謨上疏曰今壽陽城小而固自壽陽至琅邪城壁相望其間遠者裁百餘里一城見攻衆城必救且王師在路五十餘日劉仕一軍早已入淮又遣數部北取堅壁大軍未至聲息久聞而賊之郵驛一日千里河北之騎足以來赴非唯鄰城相救而已夫以白起韓信項籍之勇猶發梁焚舟背水而陣今欲停船水渚引兵造城前對堅敵顧臨歸路此兵法之所誡也若進攻未拔胡騎卒至懼桓子不知所爲而舟中之指可掬今征軍五千皆王都精銳之衆又光爲左衞遠近聞之名爲殿中之軍宜令所向有征無戰而頓之堅城之下勝之不武不勝爲笑今以國之上駟擊寇之下邑得之則利薄而不足損敵失之則害重而足以益寇懼非策之長者臣愚以爲闓寇而致討賊退而振旅於事無失不勝管見謹冒陳聞季龍於青州造船數百掠緣海諸縣所在殺戮朝廷以爲憂謨遣龍驤將軍徐玄等守中洲并設募若得賊大白船者賞布千匹小船百匹是時謨所統七千餘人所戍東至土山西至江乘鎮守八所城壘凡十一處烽火樓望三十餘處隨宜防備甚有算略先是郗鑒上部下有勳勞者凡一百八十人帝並酬其功未卒而鑒薨斷不復與謨上疏以爲先已許鑒今不宜斷且鑒所上者皆積年勳效百戰之餘亦不可不報詔聽之康帝即位徵拜左光祿大夫開府儀同三司領司徒代殷浩爲揚州刺史又錄尚書事領司徒如故初謨沖讓不辟寮佐詔屢敦逼之始取掾屬石季龍死中國大亂時朝野咸謂當太平復舊謨獨謂不然語所親曰胡滅誠大慶也然將貽王室之憂或曰何哉謨曰夫能順天而奉時濟六合於草昧若非上哲必由英豪度德量力非時賢所及必將經營分表疲人以逞志才不副意略不稱心財單力竭智勇俱屈此韓盧東郭所以雙斃也遷侍中司徒上疏讓曰伏自惟省昔階謬恩蒙忝非據尸素累積而光寵更崇謗讟彌興而榮進復加上虧聖朝棟隆之舉下增微臣覆餗之釁惶懼戰灼寄顏無所乞賜天鑒回恩改謬以允羣望皇太后詔報不許謨猶固讓謂所親曰我若爲司徒將爲後代所哂義不敢拜也皇太后遣使喻意自四年冬至五年末詔書屢下謨固守所執六年復上疏以疾病乞骸骨上左光祿大夫領司徒印綬章表十餘上穆帝臨軒遣侍中紀璩黃門郎丁纂徵謨謨陳疾篤使主簿謝攸對曰臣謨不幸有公族穆子之疾天威不違顏咫尺不敢奉詔寢伏待罪自旦至申使者十餘反而謨不至時帝年八歲甚倦問左右曰所召人何以至今不來臨軒何時當竟君臣俱疲弊皇太后詔必不來者宜罷朝中軍將軍殷浩奏免吏部尚書江虨官簡文時爲會稽王命曹曰蔡公傲違上命無人臣之禮若人主卑屈於上大義不行於下亦不知復所以爲政矣於是公卿奏曰司徒謨頃以常疾久逋王命皇帝臨軒百僚齊立俯僂之恭有望於謨若志存止退自宜致辭闕庭安有人君卑勞終日而人臣曾無一酬之禮悖慢傲上罪同不臣臣等參議宜明國憲請送廷尉以正刑書謨懼率子弟素服詣闕稽顙躬到廷尉待罪皇太后詔曰謨先帝師傅服事累世且歸罪有司內訟思愆若遂致之于理情所未忍可依舊制免爲庶人謨既被廢杜門不出終日講誦教授子弟數年皇太后詔曰前司徒謨以道素著稱軌行成名故歷事先朝致位台輔以往年之失用致黜責自爾已來闔門思愆誠合大臣罪己之義以謨爲光祿大夫開府儀同三司於是遣謁者僕射孟洪就加冊命謨上疏陳謝曰臣以頑薄昔忝殊寵尸素累紀加違慢詔命當肆市朝幸蒙寬宥不悟天施復加光飾非臣隕越所能上報臣寢疾未損不任詣闕不勝仰感聖恩謹遣拜章遂以疾篤不復朝見詔賜几杖門施行馬十二年卒時年七十六賵贈之禮一依太尉陸玩故事詔贈侍中司空謚曰文穆謨博學於禮儀宗廟制度多所議定文筆論議有集行於世總應劭以來注班固漢書者爲之集解謨初渡江見彭蜞大喜曰蟹有八足加以二螯令烹之既食吐下委頓方知非蟹後詣謝尚而說之尚曰卿讀爾雅不熟幾爲勸學死謨性方雅丞相王導作女伎施設牀席謨先在坐不悅而去導亦不止之性尤篤慎每事必爲過防故時人云蔡公過浮航脫帶腰舟長子邵永嘉太守少子系有才學位至撫軍長史

諸葛恢

諸葛恢字道明琅邪陽都人也祖誕魏司空爲文帝所誅父靚奔吳爲大司馬吳平逃竄不出武帝與靚有舊靚姊又爲琅邪王妃帝知靚在姊間因就見焉靚逃于廁帝又逼見之謂曰不謂今日復得相見靚流涕曰不能漆身皮面復覩聖顏詔以爲侍中固辭不拜歸于鄉里終身不向朝廷而坐恢弱冠知名試守即丘長轉臨沂令爲政和平值天下大亂避地江左名亞王導庾亮導嘗謂曰明府當爲黑頭公及導拜司空恢在坐導指冠謂曰君當復著此導嘗與恢戲爭族姓曰人言王葛不言葛王也恢曰不言馬驢而言驢馬豈驢勝馬邪其見親狎如此于時潁川荀闓字道明陳留蔡謨字道明與恢俱有名譽號曰中興三明人爲之語曰京都三明各有名蔡氏儒雅荀葛清元帝爲安東將軍以恢爲主簿再遷江寧令討周馥有功封博陵亭侯復爲鎮東參軍與卞壺並以時譽遷從事中郎兼統記室時四方多務牋疏殷積恢斟酌酬答咸稱折中于時王氏爲將軍而恢兄弟及顏含並居顯要劉超以忠謹掌書命時人以帝善任一國之才愍帝即位徵用四方賢儁召恢爲尚書郎元帝以經緯須才上疏留之承制調爲會稽太守臨行帝爲置酒謂曰今之會稽昔之關中足食足兵在於良守以君有莅任之方是以相屈四方分崩當匡振圮運政之所先君爲言之恢陳謝因對曰今天下喪亂風俗陵遲宜尊五美屏四惡進忠實退浮華帝深納焉太興初以政績第一詔曰自頃多難官長數易益有諸弊雖聖人猶久於其道然後化成況其餘乎漢宣帝稱與我共安天下者其惟良二千石斯言信矣是以黃霸等或十年或二十年而不徙所以能濟其中興之勳也賞罰黜陟所以明政道也會稽內史諸葛恢莅官三年政清人和爲諸郡首宜進其位班以勸風教今增恢秩中二千石頃之以母憂去官服闋拜中書令王敦上恢爲丹陽尹以久疾免明帝征敦以恢爲侍中加奉車都尉討王含有功進封建安伯以先爵賜次子甝爲關內侯又拜恢後將軍會稽內史徵爲侍中遷左民尚書武陵王師吏部尚書累遷尚書右僕射加散騎常侍銀青光祿大夫領選本州大中正尚書令常侍吏部如故成帝踐阼加侍中金紫光祿大夫卒年六十二贈左光祿大夫儀同三司賵贈之禮一依太尉興平伯故事謚曰敬祠以太牢子甝嗣位至散騎常侍恢兄頤字道回亦爲元帝所器重終於太常

殷浩

殷浩字深源，陳郡長平人也。父羨字洪喬，爲豫章太守，都下人士因其致書者百餘函，行次石頭，皆投之水中，曰沉者自沉浮者自浮殷洪喬不爲致書郵其資性介立如此終於光祿勳浩識度清遠弱冠有美名尤善玄言與叔父融俱好老易融與浩口談則辭屈著篇則融勝浩由是爲風流談論者所宗或問浩曰將莅官而夢棺將得財而夢糞何也浩曰官本臭腐故將得官而夢尸錢本糞土故將得錢而夢穢時人以爲名言三府辟皆不就征西將軍庾亮引爲記室參軍累遷司徒左長史安西庾翼復請爲司馬除侍中安西軍司並稱疾不起遂屏居墓所幾將十年于時擬之管葛王濛謝尚猶伺其出處以卜江左興亡因相與省之知浩有確然之志既反相謂曰深源不起當如蒼生何庾翼貽浩書曰當今江東社稷安危內委何褚諸君外託庾桓數族恐不得百年無憂亦朝夕而弊足下少標令名十餘年間位經內外而欲潛居利貞斯理難全且夫濟一時之務須一時之勝何必德均古人韻齊先達邪王夷甫先朝風流士也然吾薄其立名非真而始終莫取若以道非虞夏自當超然獨往而不能謀始大合聲譽極致名位正當抑揚名教以靜亂源而乃高談莊老說空終日雖云談道實長華競及其末年人望猶存思安懼亂寄命推務而甫自申遯徇小好名既身囚胡虜棄言非所凡明德君子遇會處際寧可然乎而世皆然之益知名實之未定弊風之未革也浩固辭不起建元初庾冰兄弟及何充等相繼卒簡文帝時在藩始綜萬幾衛將軍褚裒薦浩徵爲建武將軍揚州刺史浩上疏陳讓并致牋於簡文具自申敘簡文答之曰屬當厄運危弊理盡誠賴時有其才不復遠求版築足下沉識淹長思綜通練起而明之足以經濟若復深存挹退苟遂本懷吾恐天下之事於此去矣今紘領不振晉綱不綱願路東海復可得邪由此言之足下去就即是時之廢興時之廢興則家國不異足下弘思之靜算之亦將有以深鑒可否望必廢本懷率羣情也浩頻陳讓自三月至七月乃受拜焉時桓溫既滅蜀威勢轉振朝廷憚之簡文以浩有盛名朝野推伏故引爲心膂以抗於溫爲是與溫頗相疑貳會遭父憂去職時以蔡謨攝揚州以俟浩服闋徵爲尚書僕射不拜復爲建武將軍揚州刺史遂參綜朝權潁川荀羨少有令聞浩擢爲義興吳郡以爲羽翼王羲之密說浩羨令與桓溫和同不宜內構嫌隙浩不從及石季龍死胡中大亂朝廷欲遂蕩平關河於是以浩爲中軍將軍假節都督揚豫徐兗青五州軍事浩既受命以中原爲已任上疏北征許洛將發墜馬時咸惡之既而以淮南太守陳逵兗州刺史蔡裔爲前鋒安西將軍謝尚北中郎將荀羨爲督統開江西疁田千餘頃以爲軍儲師次壽陽潛誘苻健大臣梁安雷弱兒等使殺健許以關右之任初降人魏脫卒其弟憬代領部曲姚襄殺憬以并其衆浩大惡之使龍驤將軍劉啓守譙遷襄於梁既而魏氏子弟往來壽陽襄猜懼俄而襄部曲有欲歸浩者襄殺之浩於是謀誅襄會苻健殺其大臣健兄子眉自洛陽西奔浩以爲梁安事捷意苻健已死請進屯洛陽修復園陵使襄爲前驅冠軍將軍劉洽鎮鹿臺建武將軍劉遯據倉垣又求解揚州專鎮洛陽詔不許浩既至許昌會張遇反謝尚又敗績浩還壽陽後復進軍次山桑而襄反浩懼棄輜重退保譙城器械軍儲皆爲襄所掠士卒多亡叛浩遣劉啓王彬之擊襄於山桑並爲襄所殺桓溫素忌浩及聞其敗上疏罪浩曰按中軍將軍浩過蒙朝恩叨竊非據寵靈超卓再司京輦不能恭慎所任恪居職次而侵官離局高下在心前司徒臣謨執義履素位居台輔師傅先帝朝之元老年登七十以禮請退雖臨軒固辭不順恩旨適足以明遜讓之風弘優賢之禮而浩虛生狡說疑誤朝聽獄之有司將致大辟自羯胡天亡羣凶殄滅而百姓塗炭企遲拯接浩受專征之重無雪恥之志坐自封殖妄生風塵遂使寇讎稽誅姦逆並起華夏鼎沸黎元殄悴浩懼罪將及不容於朝外聲進討內求苟免出次壽陽頓甲彌年傾天府之資竭五州之力收合無賴以自彊衛爵命無章猜害罔顧故范豐之屬反叛於芍陂奇德龍會作變於肘腋羌帥姚襄率衆歸化遣其母弟入質京邑浩不能撫而用之陰圖殺害再遣刺客爲襄所覺襄遂惶懼用致逆命生長亂階自浩始也復不能以時掃滅縱放小豎鼓行毒害身狼狽於山桑軍破碎於梁國舟車焚燒輜重覆沒三軍積實反以資寇精甲利器更爲賊用神怒人怨衆之所棄傾危之憂將及社稷臣所以忘寢屏營啓處無地夫率正顯義所以致訓明罰勑法所以齊衆伏願陛下上追唐堯放命之刑下鑒春秋無君之典若聖上含弘未忍誅殛且宜遐棄擯之荒裔雖未足以塞山海之責粗可以宣誡於將來矣竟坐廢爲庶人徙于東陽之信安縣浩少與溫齊名而每心競溫嘗問浩君何如我浩曰我與君周旋久寧作我也溫既以雄豪自許每輕浩浩不之憚也至是溫語人曰少時吾與浩共騎竹馬我棄去浩輒取之故當出我下也又謂郗超曰浩有德有言向使作令僕足以儀刑百揆朝廷用違其才耳浩雖被黜放口無怨言夷神委命談詠不輟雖家人不見其有流放之慼但終日書空作咄咄怪事四字而已浩甥韓伯浩素賞愛之隨至徙所經歲還都浩送至渚側詠曹顏遠詩云富貴他人合貧賤親戚離因而泣下後溫將以浩爲尚書令遺書告之浩欣然許焉將答書慮有謬誤開閉者數十竟達空函大忤溫意由是遂絕永和十二年卒子涓亦有美名咸安初桓溫廢太宰武陵王晞誣涓及庾倩與晞謀反害之浩後將改葬其故吏顧悅之上疏訟浩曰伏見故中軍將軍揚州刺史殷浩體德沉粹識理淹長風流雅勝聲蓋當時再臨神州萬里肅清勳績茂著聖朝欽嘉遂授分陝推轂之任戎旗既建出鎮壽陽驅其豺狼翦其荊棘收羅向義廣開屯田沐雨櫛風等勤臺僕仰憑皇威羣醜革面進軍河洛修復園陵不虞之變中路猖蹶遂令爲山之功崩於垂成忠款之志於是而廢既受削黜自擯山海杜門終身與世兩絕可謂克已復禮窮而無怨者也尋浩所犯蓋負敗之常科非即情之永責論其名德深誠則如彼察其補過罪已則如此豈可棄而不卹使法有餘冤方今宅兆已成埏隧已開懸棺而窆禮同庶人存亡有非命之分九泉無自訴之期仰感三良昊天罔極若使明詔爰發旌我善人崇復本官遠彰幽昧斯則國家威恩有兼濟之美死而可作無負心之恨疏奏詔追復浩本官

顧悅之

顧悅之字君叔少有義行與簡文同年而髮早白帝問其故對曰松栢之姿經霜猶茂蒲柳常質望秋先零簡文悅其對始將抗表訟浩浩親故多謂非宜悅之決意以聞又與朝臣爭論故衆無以奪焉時人咸稱之爲州別駕歷尚書右丞卒子凱之別有傳

蔡裔

蔡裔者有勇氣聲若雷震嘗有二偷入室裔拊牀一呼而盜俱隕故浩委以軍鋒焉

史臣曰陸曄等並以時望國華效彰歷試迭居端揆參掌機衡然皆率由舊章得免祇悔而充抗言孺子雖屈壓於權臣翊奉儲君竟導揚於末命頻參大議屢畫嘉謀可謂忠貞在斯而已殷浩清徽雅量衆議攸歸高秩厚禮不行而至咸謂教義由其興替社稷俟以安危及其入處國鈞未有嘉謀善政出總戎律唯聞蹙國喪師是知風流異貞固之才談論非奇正之要違方易任以致播遷悲夫蔡謨度德而處弘斯止足寘以刑書斯爲過矣

贊曰士光時望士瑤允當政既弟兄任惟台相祖言簡率遺風可尚蔡葛知名或雅或清次道方棨謀遠忠貞中軍鑒局唯光雅俗夷曠有餘經綸不足舍長任短功虧名辱

晉書卷七十八

唐　太　宗　文　皇　帝　御　撰

列傳第四十八

孔愉（子汪　安國　弟祗　從子坦　嚴　從弟羣　羣子沈）

孔愉字敬康會稽山陰人也其先世居梁國曾祖潛太子少傅漢末避地會稽因家焉祖竺吳豫章太守父恬湘東太守從兄侃大司農俱有名江左愉年十三而孤養祖母以孝聞與同郡張茂字偉康丁潭字世康齊名時人號曰會稽三康吳平愉遷于洛惠帝末歸鄉里行至江淮間遇石冰封雲爲亂雲逼愉爲參軍不從將殺之賴雲司馬張統營救獲免東還會稽入新安山中改姓孫氏以稼穡讀書爲務信著鄉里後忽捨去皆謂爲神人而爲之立祠永嘉中元帝始以安東將軍鎮揚土命愉爲參軍邦族尋求莫知所在建興初始出應召爲丞相掾仍除駙馬都尉參丞相軍事時年已五十矣以討華軼功封餘不亭侯愉嘗行經餘不亭見籠龜於路者愉買而放之溪中龜中流左顧者數四及是鑄侯印而印龜左顧三鑄如初印工以告愉乃悟遂佩焉帝爲晉王使長兼中書郎于時刁協劉隗用事王導頗見疏遠愉陳導忠賢有佐命之勳謂事無大小皆宜諮訪由是不合旨出爲司徒左長史累遷吳興太守沈充反愉棄官還京師拜御史中丞遷侍中太常及蘇峻反愉朝服守宗廟初愉爲司徒長史以平南將軍溫嶠母亡遭亂不葬乃不過其品至是峻平而嶠有重功愉往石頭詣嶠嶠執愉手而流涕曰天下喪亂忠孝道廢能持古人之節歲寒不凋者唯君一人耳時人咸稱嶠居公而重愉之守正尋徙大尚書遷安南將軍江州刺史不行轉尚書右僕射領東海王師尋遷左僕射咸和八年詔曰尚書令玩左僕射愉並恪居官次祿不代耕端右任重先朝所崇其給玩親信三十人愉二十人稟賜愉上

疏固讓，優詔不許。重表曰：「臣以朽闇忝厠朝右，而以惰劣無益毗佐。方今彊寇未殄，疆埸日駭，政煩役重，百姓困苦，姧吏擅威，暴人肆虐。大弊之後，倉庫空虛，功勞之士賞報不足，困悴之餘未見拯恤，呼嗟之怨人鬼感動。宜并官省職，貶食節用，勤撫其人，以濟其艱。臣等不能贊揚大化，糾明刑政，而偷安高位，橫受寵給，無德而祿，殃必及之。不敢橫受殊施，以重罪戾。」從之。王導聞而非之，於都坐謂愉曰：「君言姦吏擅威，暴人肆虐，爲患是誰？」愉欲大論朝廷得失，陸玩抑之乃止。後導將以趙胤爲護軍，愉謂導曰：「中興以來，處此官者，周伯仁、應思遠耳。今誠乏才，豈宜以趙胤居之邪！」導不從。其守正如此。由是爲導所銜。後省左右僕射，以愉爲尚書僕射。愉年在懸車，累乞骸骨，不許，轉護軍將軍，加散騎常侍。復徙領軍將軍，加金紫光祿大夫，領國子祭酒。頃之，出爲鎮軍將軍、會稽內史，加散騎常侍。句章縣有漢時舊陂，毀廢數百年。愉自巡行，修復故堰，溉田二百餘頃，皆成良業。在郡三年，乃營山陰湖南侯山下數畝地爲宅，草屋數間，便棄官居之。送資數百萬，悉無所取。病篤，遺令斂以時服，鄉邑義賵，一不得受。年七十五，咸康八年卒。贈車騎將軍、開府儀同三司，謚曰貞。三子：誾、汪、安國。誾嗣爵，位至建安太守。誾子靜，字季恭，再爲會稽內史，累遷尚書左僕射，加後將軍。

汪字德澤，好學有志行。孝武帝時，位至侍中。時茹千秋以佞媚見幸於會稽王道子，汪屢言之於帝，帝不納。遷尚書、太常卿，以不合意，求出，爲假節、都督交廣二州諸軍事、征虜將軍、平越中郎將、廣州刺史，甚有政績，爲嶺表所稱。太元十七年卒。

安國字安國，年小諸兄三十餘歲。羣從諸兄並乏才名，以富彊自立，唯安國與汪少厲孤貧之操。汪既以直亮稱，安國亦以儒素顯。孝武帝時甚蒙禮遇，仕歷侍中、太常。及帝崩，安國形素羸瘦，服衰絰，涕泗竟日，見者以爲真孝。再爲會稽內史、領軍將軍。安帝隆安中，下詔曰：「領軍將軍孔安國貞慎清正，出內播譽，可以本官領東海王師，必能導達津梁，依仁游藝。」後歷尚書左右僕射。義熙四年卒，贈左光祿大夫。

祗字承祖。太守周札命爲功曹史。札爲沈充所害，故人賓吏莫敢近者，祗冒刃號哭，親行殯禮，送喪還義興，時人義之。

坦字君平。祖沖，丹陽太守。父侃，大司農。坦少方直，有雅望，通左氏傳，解屬文。元帝爲晉王，以坦爲世子文學。東宮建，補太子舍人，還尚書郎。時臺郎初到，普加策試，帝手策問曰：「吳興徐馥爲賊，殺郡將，郡今應舉孝廉不？」坦對曰：「四罪不相及，殛鯀而興禹。徐馥爲逆，何妨一郡之賢。」又問：「姦臣賊子弒君，汙宮瀦宅，莫大之惡也。鄉舊廢四科之選，今何所依？」坦曰：「季平子逐魯昭公，豈可廢仲尼也！」竟不能屈。先是，以兵亂之後，務存慰悅，遠方秀孝到，不策試，普皆除署。至是，帝申明舊制，皆令試經，有不中科，刺史、太守免官。太興三年，秀孝多不敢行，其有到者，並託疾。帝欲除署孝廉，而秀才如前制。坦奏議曰：「臣聞經邦建國，教學爲先，移風崇化，莫尚斯矣。古者且耕且學，三年而通一經，以平康之世，猶假漸漬，積以日月。自喪亂以來，十有餘年，干戈載揚，俎豆禮戢，家廢講誦，國闕庠序，率爾責試，竊以爲疑。然宣下以來，涉歷三載，累遇慶會，遂未一試。揚州諸郡接近京都，懼累及君父，多不敢行。其遠州邊郡，掩誣朝廷，冀於不試，冒昧來赴。既到審試，遂不敢會。臣愚以不會與不行，其爲闕也同。若當偏加除署，是爲肅法奉憲者失分，僥倖投射者得官，頹風傷教，懼於是始。夫王言如絲，其出如綸，臨事改制，示短天下，人聽有惑，臣竊惜之。愚以王命無貳，憲制宜信。去年察舉，一皆策試，如不能試，可不拘到，遣歸不署。又秀才雖以事策，亦汎問經義，苟所未學，實難闇通，不足復曲碎乖例，違舊造異。謂因宜其不會，徐更革制，可申明前下，崇修學校，普延五年，以展講習，鈞法齊訓，示人軌則。夫信之與法，爲政之綱，施之家室，猶弗可貳，況經國之典而可翫黷乎！」帝納焉，聽孝廉申至七年，秀才如故。時典客令萬默領諸胡，胡人相誣，朝廷疑默有所偏助，將加大辟。坦獨不署，由是被譴，遂棄官歸會稽。久之，除領軍司馬，未赴。召會王敦反，與右衞將軍虞潭俱在會稽起義，而討沈充。事平，始就職。揚州刺史王導請爲別駕。咸和初，遷尚書左丞，深爲臺中之所敬憚。尋屬蘇峻反，坦與司徒司馬陶回白王導曰：「及峻未至，宜急斷阜陵之界，守江西當利諸口，彼少我衆，一戰決矣。若峻未至，可往逼其城。今不先往，峻必先至。先人有奪人之功，時不可失。」導然之。庾亮以爲峻脫遲來，是襲朝廷虛也，故計不行。峻遂破姑熟，取鹽米，亮方悔之。坦謂人曰：「觀峻之勢，必破臺城，自非戰士，不須戎服。」既而臺城陷，戎服者多死，白衣者無他，時人稱其先見。及峻挾天子幸石頭，坦奔陶侃，侃引爲長史。時侃等夜築白石壘，至曉而成。聞峻軍嚴聲，咸懼來攻。坦曰：「不然。若峻攻壘，必須東北風急，令我水軍不得往救。今天清靜，賊必不動，決遣軍出江乘，掠京口以東矣。」果如所籌。時郗鑒鎮京口，侃等各以兵會。既至，坦議以爲本不應須召郗公，遂使東門無限。今宜遣還，雖晚，猶勝不也。侃等猶疑，坦固爭甚切，始令鑒還據京口，遣郭默屯大業，又令驍將李閎、曹統、周光與默并力，賊遂勢分，卒如坦計。及峻平，以坦爲吳郡太守。自陳吳多賢豪，而坦年少，未宜臨之。王導、庾亮並欲用坦爲丹陽尹。時亂離之後，百姓凋弊，坦固辭之。導等猶未之許，坦慨然曰：「昔肅祖臨崩，諸君親據御牀，共奉遺詔。孔坦疏賤，不在顧命之限。既有艱難，則以微臣爲先。今由俎上肉，任人膾截耳！」乃拂衣而去。導等亦止。於是遷吳興內史，封晉陵男，加建威將軍。以歲饑，運家米以賑窮乏，百姓賴之。時使坦募江淮流人爲軍，有殿中兵因亂東還，來應坦募，坦不知而納之。或諷朝廷，以坦藏臺叛兵，遂坐免。尋拜侍中。咸康元年，石聰寇歷陽，王導爲大司馬討之，請坦爲司馬。會石勒新死，季龍專恣，石聰及譙郡太守彭彪等各遣使請降。坦與聰書曰：「華狄道乖，南北迥邈，瞻河企宋，每懷飢渴。數會陽九，天禍晉國，姦凶猾夏，乘釁肆虐。我德雖衰，天命未改，乾符啓再集之慶，中興應靈期之會。百六之艱既過，惟新之美日隆。而神州振蕩，遺氓波散，誓命戎狄之手，䟕蹐豺狼之穴，朝廷每臨寐永歎，痛心疾首。天罰既集，罪人斯隕，王旅未加，自相魚肉，豈非人怨神怒，天降其災！蘭艾同焚，賢愚所歎。矜哀勿喜，我后之仁，大赦曠廓，唯季龍是討。彭譙使至，粗具動靜，知將軍忿疾醜類，翻然同舉，承問欣豫，慶若在己。何知幾之先覺，介石之易悟哉！引領來儀，怪無聲息。將軍出自名族，誕育洪胄，遭世多故，國傾家覆，生離親屬，假養異類，雖逼僞寵，將亦何賴！聞之者猶或有悼，況身嬰之，能不憤慨哉！非我族類，其心必異，誠反族歸正之秋，圖義建功之日也。若將軍喻納往言，宣之同盟，率關右之衆，輔河南之卒，申威趙魏，爲國前驅，雖竇融之保西河，黥布之去項羽，比諸古今，未足爲喻。聖上寬明，宰輔弘納，雖射鉤之隙，賞之故行，雍齒之恨，侯之列國。況二三子無曩人之嫌，而遇天啓之會，當如影響，有何遲疑！今六軍誡嚴，水陸齊舉，熊羆踴躍，觜噬爭先，鋒鏑一交，玉石同碎，雖復後悔，何嗟及矣！僕以不才，世荷國寵，雖實不敏，誠爲行李之主，區區之情，還信所具。夫機事不先，鮮不後悔。自求多福，唯將軍圖之。」朝廷遂不果北伐，人皆懷恨。坦在職數年，遷侍中。時成帝每幸丞相王導府，拜導妻曹氏，有同家人，坦每切諫。時帝刻日納后，而尚書左僕射王彬卒，議者以爲欲却期。坦曰：「婚禮之重，重於救日蝕。救日蝕，有后之喪、太子墮井則止。納后盛禮，豈可以臣喪而廢！」從之。及帝既加元服，猶委政王導，坦每發憤，以國事爲己憂。嘗從容言於帝曰：「陛下春秋以長，聖敬日躋，宜博納朝臣，諮諏善道。」由是忤導，出爲廷尉，怏怏不悅，以疾去職。加散騎常侍，遷尚書，未拜，疾篤。庾冰省之，乃流涕。坦慨然曰：「大丈夫將終，不問安國寧家之術，乃作兒女子相問邪！」冰深謝焉。臨終，與庾亮書曰：「不謂疾苦，遂至頓弊，自省緜緜，奄忽無日。脩短命也，將何所悲！但以身往名沒，朝恩不報，所懷未敘，卽命多恨耳！足下以伯舅之尊，居方伯之重，抗威顧盼，名震天下，榱椽之佐，常願下風。使九服式序，四海一統，封京觀於中原，反紫極於華壤，是宿昔之所味詠，慷慨之本誠矣。今中道而斃，豈不惜哉！若死而有靈，潛聽風烈。」俄卒，時年五十一。追贈光祿勳，謚曰簡。亮報書曰：「廷尉孔君，神游體離。嗚呼哀哉！得八月十五日書，知疾患轉篤，遂不起濟，悲恨傷楚，不能自勝。足下方在中年，素少疾患，雖天命有在，亦禍出不圖。且足下才經於世，世常須才，況於今日，倍相痛惜。吾以寡乏，忝當大任，國恥未雪，夙夜憂憤，常欲足下同在外藩，戮力時事。此情未果，來書奄至，申尋往復，不覺深隕。深明足下慷慨之懷，深痛足下不遂之志。邈然永隔，夫復何言！謹遣報答，并致薄祭，望足下降神饗之。」子混嗣。

嚴字彭祖。祖父奕，全椒令，明察過人。時有遺其酒者，始提入門，奕遙呵之曰：「人餉吾兩甖酒，其一何故非也？」檢視之，一甖果是水。或問奕何以知之，笑曰：「酒重水輕，提酒者手有輕重之異故耳。」在官有惠化，及卒，市人若喪慈親焉。父倫，黃門郎。嚴少仕州郡，歷司徒掾、尚書殿中郎。殷浩臨揚州，請爲別駕。遷尚書左丞。時朝廷崇樹浩，以抗擬桓溫，溫深以不平。浩又引接荒人，謀立功於閫外。嚴言於浩曰：「當今時事艱難，可謂百六之運，使君屈己應務，屬當其會。聖懷所以日昃匪懈，臨朝斤斤，每欲深根固本，靜邊寧國耳，亦豈至私哉！而處任者所至不同，所見各異，人口云云，無所不至。項來天時人情，良可寒心。古人爲政，防人之口甚於防川。間日侍座，亦已粗申所懷，不審竟當何以鎭之。老子云：『夫唯不爭，則萬物不能與之爭。』此言不可不察也。愚意故謂朝廷宜更明授任之方，韓彭可專征伐，蕭曹守管籥，內外之任，各有攸司。深思廉藺屈申之道，平勃相和之義，令婉然通順，人無間言，然後乃可保大定功，平濟天下也。又觀項日降附之徒皆人面獸心貪而無親難以義感而聚著都邑雜處人間使君常疲聖體以接之虛府庫以拯之足以疑惑視聽耳浩深納之及哀帝踐阼議所承統時多異議嚴與丹陽尹庾龢議曰順本居正親親不可奪宜繼成皇帝諸儒咸以嚴議爲長竟從之隆和元年詔曰天文失度太史雖有祈禳之事猶釁眚屢彰今欲依鴻祀之制於太極殿前庭親執虔肅嚴諫曰鴻祀雖出尚書大傳先儒所不究歷代莫之興承天接神豈可以疑殆行事乎天道無親唯德是輔陛下祗順恭敬留心兆庶可以消災復異皆已蹈而行之德合神明丘禱久矣豈須屈萬乘之尊修雜祀之事君舉必書可不慎歟帝嘉之而止以爲揚州大中正嚴不就有司奏免詔特以侯領尚書時東海王奕求海鹽錢塘以水牛牽埭稅取錢直帝初從之嚴諫乃止初帝或施私恩以錢帛賜左右嚴又啓諸所別賜及給厨食皆應減省帝曰左右多困乏故有所賜今通斷之又厨膳宜有減徹思詳具聞嚴多所匡益太和中拜吳興太守加秩中二千石善於宰牧甚得人和餘杭婦人經年荒賣其子以活夫之兄子武康有兄弟二人妻各有孕弟遠行未反遇荒歲不能兩全棄其子而活弟子嚴並褒薦之又甄賞才能之士論者美焉五年以疾去職卒于家三子道民宣城內史靜民散騎侍郎福民太子洗馬皆爲孫恩所害

羣字敬林嚴叔父也有智局志尚不羈蘇峻入石頭時匡術有寵於峻賓從甚盛羣與從兄愉同行於橫塘遇之愉止與語而羣初不視術術怒欲刃之愉下車抱術曰吾弟發狂卿爲我宥之乃獲免後峻平王導保存術嘗因衆坐令術勸羣酒以釋橫塘之憾羣答曰羣非孔子厄同匡人雖陽和布氣鷹化爲鳩至於識者猶憎其目導有愧色任歷中丞性嗜酒導嘗戒之曰卿恒飲不見酒家覆瓿布日月久糜爛邪答曰公不見肉糟淹更堪久邪嘗與親友書云今年田得七百石秫米不足了麴糵事其躭湎如此卒於官嗣子沈

沈字德度有美名何充薦沈於王導曰文思通敏宜登宰門辟丞相司徒掾琅邪王文學並不就從兄坦以裘遺之辭不受坦曰晏平仲儉祀其先人豚肩不掩豆猶狐裘數十年卿復何辭於是受而服之是時沈與魏顗虞球虞存謝奉並爲四族之儁沈子廞位至吳興太守廷尉廞子琳之以草書擅名又爲吳興太守侍中

丁潭

丁潭字世康會稽山陰人也祖固吳司徒父彌梁州刺史潭初爲郡功曹察孝廉除郎中稍遷丞相西閤祭酒時元帝稱制使各陳時事損益潭上書曰爲國者恃人須才蓋二千石長吏是也安可不明簡其才使必允當旣得其人使久於其職在官者無苟且居下者有恒心此爲政之較也今之長吏遷轉旣數有送迎之費古人三載考績三考黜陟中才處局故難以速成矣夫兵所以防禦未然鎮壓姦凶周雖三聖功成由武今戎戰之世益宜留心簡選精銳以備不虞無事則優其身有難則責其力竊聞今之兵士或私有役使而營陳不充夫爲國者由爲家也計財力之所任審趨舍之舉動不營難成之功損棄分外之役今兵人未彊當審其宜經塗遠舉未獻大捷更使力單財盡而威望挫弱也及帝踐阼拜駙馬都尉奉朝請尚書祠部郎時琅邪王裒始受封帝欲引朝賢爲其國上卿將用潭以問中書令賀循循曰郎中令職望清重實宜審授潭清淳貞粹雅有隱正聖明所簡才實宜之遂爲琅邪王郎中令會裒薨潭上書求行終喪禮曰在三之義禮有達制近代已來或隨時降殺宜一匡革以敦于後輒案令文王侯之喪官僚服斬旣葬而除今國無繼統喪庭無主臣實陋賤不足當重謬荷首任禮宜終喪詔下博議國子祭酒杜夷議古者諒闇三年不言下及周世稅衰效命春秋之時天子諸侯旣葬而除此所謂三代損益禮有不同故三年之喪由此而廢然則漢文之詔合於隨時凡有國者皆宜同也非唯施於帝皇而已按禮殤與無後降於成人有後旣葬而除今不得以無後之故而獨不除也愚以丁郎中應除衰麻自宜主祭以終三年太常賀循議禮天子諸侯俱以至尊臨人上下之義君臣之禮自古以來其例一也故禮盛則並全其重禮殺則從其降春秋之事天子諸侯不行三年至於臣爲君服亦宜以君爲節未有君除而臣服君服而臣除者今法令諸侯卿相官屬爲君斬衰旣葬而除以令文言之明諸侯不以三年之喪與天子同可知也君若遂服則臣子輕重無應除者也若當皆除無一人獨重之文禮有攝主而無攝重故大功之親主人喪者必爲之再祭練祥以大功之服主人三年喪者也苟謂諸侯與天子同制國有嗣王自不全服而人主居喪素服主祭三年不攝吉事以尊令制若當遠迹三代令復舊典不依法令者則侯之服貴賤一例亦不得唯一人論於是詔使除服心喪三年太興三年還王導驃騎司馬轉中書郎出爲廣武將軍東陽太守以清潔見稱徵爲太子左衞率不拜成帝踐阼以爲散騎常侍侍中蘇峻作亂帝蒙塵於石頭唯潭及侍中鍾雅劉超等隨從不離帝側峻誅以功賜爵永安伯遷大尚書徙廷尉累遷左光祿大夫領國子祭酒本國大中正加散騎常侍康帝即位屢表乞骸骨詔以光祿大夫還第門施行馬祿秩一如舊制給傳詔二人賜錢二十萬牀帳褥席年八十卒贈侍中大夫如故謚曰簡王導嘗謂孔敬康有公才而無公望丁世康有公望而無公才子話位至散騎侍郎

張茂

張茂字偉康少單貧有志行爲鄉里所敬信初起義兵討賊陳斌一郡用全元帝辟爲掾屬官有老牛數十將賣之茂曰殺牛有禁買者不得輒屠齒力疲老又不任耕駕是以無用之物收百姓利也帝乃止遷太子右衞率出補吳興內史沈充之反也茂與三子並遇害茂弟盎爲周札將軍充討札盎又死之贈茂太僕茂少時夢得大象以問占夢萬推推曰君當爲大郡而不善也問其故推曰象者大獸獸者守也故知當得大郡然象以齒焚爲人所害果如其言

陶回

陶回丹陽人也祖基吳交州刺史父抗太子中庶子回辟司空府中軍主簿並不就大將軍王敦命爲叅軍轉州別駕敦死司徒王導引爲從事中郎遷司馬蘇峻之役回與孔坦言於導請早出兵守江口語在坦傳峻將至回復謂亮曰峻知石頭有重戍不敢直下必向小丹陽南道步來宜伏兵要之可一戰而擒亮不從峻果由小丹陽經秣陵迷失道逢郡人執以爲鄉導時峻夜行甚無部分亮聞之深悔不從回等之言尋王師敗績回還本縣收合義軍得千餘人並爲步軍與陶侃溫嶠等并力攻峻又別破韓晃以功封康樂伯時大賊新平綱維弛廢司徒王導以回有器幹擢補北軍中候俄轉中護軍久之遷征虜將軍吳興太守時人飢穀貴三吳尤甚詔欲聽相鬻賣以拯一時之急回上疏曰當今天下不普荒儉唯獨東土穀價偏貴便相鬻賣聲必遠流北賊聞此將窺疆埸如愚臣意不如開倉廩以賑之乃不待報輒便開倉及割府郡軍資數萬斛米以救乏絕由是一境獲全旣而下詔并勑會稽吳郡依回振恤二郡賴之在郡四年徵拜領軍將軍加散騎常侍征虜將軍如故回性雅正不憚彊禦丹陽尹桓景佞事王導甚爲導所昵回常慷慨謂景非正人不宜親狎會熒惑守南斗經旬導語回曰南斗揚州分而熒惑守之吾當遜位以厭此譴回答曰公以明德作相輔弼聖主當親忠貞遠邪佞而與桓景造膝熒惑何由退舍導深愧之咸和二年以疾辭職帝不許徙護軍將軍常侍領軍如故未拜卒年五十一謚曰威四子汪陋隱無忌汪嗣爵位至輔國將軍宣城內史陋冠軍將軍隱少府無忌光祿勳兄弟咸有幹用

史臣曰孔愉父子暨丁潭等咸以篠簜之材邀締構之運策名霸府馳足高衢歷試清階遂登顯要外宣政績內盡謀猷罄心力以佐時竭股肱以衞主並能保全名節善始令終而愉高謝百萬之貲辭榮數畝之宅弘止足之分有廉讓之風者矣陶回陳邪佞之宜遠明鬻賣之非宜並補闕弼違良可稱也

贊曰愉旣公才潭惟公望領軍儒雅平越忠亮君平料敵彭祖弘益茂以象焚羣由匡厄陶回規過言同金石

晉書卷七十九

唐　太　宗　文　皇　帝　御　撰

列傳第四十九

謝尚

謝尚字仁祖豫章太守鯤之子也幼有至性七歲喪兄哀慟過禮親戚異之八歲神悟夙成鯤嘗攜之送客或曰此兒一座之顏回也尚應聲答曰坐無尼父焉別顏回席賓莫不歎異十餘歲遭父憂丹陽尹溫嶠弔之尚號咷極哀旣而收涕告訴舉止有異常童嶠甚奇之及長開率穎秀辨悟絕倫脫略細行不爲流俗之事好衣刺文袴諸父責之因而自改遂知名善音樂博綜衆藝司徒王導深器之比之王戎常呼爲小安豐辟爲掾襲父爵咸亭侯始到府通謁導以其有勝會謂曰聞君能作鴝鵒舞一坐傾想寧有此理不尚曰佳便著衣幘而舞導令坐者撫掌擊節尚俯仰在中傍若無人其率詣如此轉西曹屬時有遺亂與父母乖離議者或以進仕理王事婚姻繼百世於禮非嫌尚議曰典禮之興皆因循情理開通弘勝如運有屯夷要當斷之以大義夫無後之罪三千所不過今婚姻將以繼百世崇宗緒此固不可塞也然至於天屬生離之哀父子乖絕之痛痛之

深者莫深於茲夫以一體之小患猶或忘思慮損聽察況於抱傷心之巨痛懷切怛之至戚方寸既亂豈能綜理時務哉有心之人決不冒榮苟進冒榮苟進之疇必非所求之旨徒開偷薄之門而長流弊之路或有執志丘園守心不革者猶當崇其操業以弘風尚而況含齦履慼之人勉之以榮貴邪還會稽王友入補給事黃門侍郎出爲建武將軍歷陽太守轉督江夏義陽隨三郡軍事江夏相將軍如故時安西將軍庾翼鎭武昌尚數詣翼諮謀軍事嘗與翼共射翼曰卿若破的當以鼓吹相賞尚應聲中之翼卽以其副鼓吹給之尚爲政淸簡始到官郡府以布四十匹爲尚造烏布帳尚壞之以爲軍士襦袴建元二年詔曰尚往以戎戍事要故輟黃散以授軍旅所處險要宜崇其威望今以爲南中郎將餘官如故會庾冰薨復以本號督豫州四郡領江州刺史俄而復轉西中郎將督揚州之六郡諸軍事豫州刺史假節鎭歷陽大司馬桓溫欲有事中原使尚率衆向壽春進號安西將軍初苻健將張遇降尚尚不能綏懷之遇怒據許昌叛尚討之爲遇所敗收付廷尉時康獻皇后臨朝卽尚之舅也特令降號爲建威將軍初尚之行也使建武將軍濮陽太守戴施據枋頭會冉閔之子智與其大將蔣幹來附復遣行人劉猗詣尚請救施止猗求傳國璽猗歸以告幹幹謂尚已敗慮不能救已猶豫不許施遣參軍何融率壯士百人入鄴登三臺助戍譎之曰今且可出璽付我凶寇在外道路梗澁亦未敢送璽當遣單使馳白天子聞璽已在吾許知卿等至誠必遣重軍相救并厚相餉幹乃出璽付融融齎璽馳還枋頭尚遣振武將軍胡彬率騎三百迎璽致諸京師時苻健將楊平戍許昌尚遣兵襲破之徵授給事中賜軺車鼓吹戍石頭永和中拜尚書僕射出爲都督江西淮南諸軍事前將軍豫州刺史給事中僕射如故鎭歷陽加都督豫州揚州之五郡軍事在任有政績上表求入朝因留京師署僕射事尋進號鎭西將軍鎭壽陽尚於是採拾樂人并制石磬以備太樂江表有鍾石之樂自尚始也桓溫北平洛陽上疏請尚爲都督司州諸軍事將鎭洛陽以疾病不行升平初又進都督豫冀幽并四州病篤徵拜衞將軍加散騎常侍未至卒於歷陽時年五十詔贈散騎常侍衞將軍開府儀同三司謚曰簡無子從弟奕以子康襲爵早卒康弟靜復以子肅嗣又無子靜子虔以子靈祐繼鯤後

謝安 安子琰 萬弟石 琰子混 安兄奕 安弟萬 奕子玄 石兄子朗 弟子邈

謝安字安石尚從弟也父裒太常卿安年四歲時譙郡桓彝見而歎曰此兒風神秀徹後當不減王東海及總角神識沈敏風宇條暢善行書弱冠詣王濛清言良久既去濛子脩曰向客何如大人濛曰此客亹亹爲來逼人王導亦深器之由是少有重名初辟司徒府除佐著作郞竝以疾辭寓居會稽與王羲之及高陽許詢桑門支遁游處出則漁弋山水入則言詠屬文無處世意揚州刺史庾冰以安有重名必欲致之累下郡縣敦逼不得已赴召月餘告歸復除尚書郞琅邪王友竝不起吏部尚書范汪舉安爲吏部郞安以書距絕之有司奏安被召歷年不至禁錮終身遂棲遲東土嘗往臨安山中坐石室臨濬谷悠然歎曰此去伯夷何遠嘗與孫綽等汎海風起浪湧諸人並懼安吟嘯自若舟人以安爲悅猶去不止風轉急安徐曰如此將何歸邪舟人承言卽迴衆咸服其雅量安雖放情丘壑然每游賞必以妓女從既累辟不就簡文帝時爲相曰安石既與人同樂必不得不與人同憂召之必至時安弟萬爲西中郞將總藩任之重安雖處衡門其名猶出萬之右自劾有公輔之望處家常以儀範訓子弟安妻劉惔妹也既見家門富貴而安獨靜退乃謂曰丈夫不如此也安掩鼻曰恐不免耳及萬黜廢安始有仕進志時年已四十餘矣征西大將軍桓溫請爲司馬將發新亭朝士咸送中丞高崧戲之曰卿累違朝旨高臥東山諸人每相與言安石不肯出將如蒼生何蒼生今亦將如卿何安甚有愧色既到溫甚喜言生平歡笑竟日既出溫問左右頗嘗見我有如此客不溫後詣安值其理髮安性遲緩久而方罷使取幘溫見留之曰令司馬著帽進其見重如此溫當北征會萬病卒安投牋求歸尋除吳興太守在官無當時譽去後爲人所思頃之徵拜侍中遷吏部尚書中護軍簡文帝疾篤溫上疏薦安宜受顧命及帝崩溫入赴山陵止新亭大陳兵衞將移晉室呼安及王坦之欲於坐害之坦之甚懼問計於安安神色不變曰晉祚存亡在此一行既見溫坦之流汗沾衣倒執手板安從容就席坐定謂溫曰安聞諸侯有道守在四鄰明公何須壁後置人邪溫笑曰正自不能不爾耳遂笑語移日坦之與安初齊名至是方知坦之之劣溫嘗以安所作簡文帝謚議以示坐賓曰此謝安石碎金也時孝武帝富於春秋政不自己溫威振內外人情噂喈互生同異安與坦之盡忠匡翼終能輯穆及溫病篤諷朝廷加九錫使袁宏具草安見輒改之由是歷旬不就會溫薨錫命遂寢尋爲尚書僕射領吏部加後將軍及中書令王坦之出爲徐州刺史詔安總關中書事安義存輔導雖會稽王道子亦賴弼諧之益時彊敵寇境邊書續至梁益不守樊鄧陷沒安每鎭以和靖御以長筭德政既行文武用命不存小察弘以大綱威懷外著人皆比之王導謂文雅過之嘗與王羲之登冶城悠然遐想有高世之志羲之謂曰夏禹勤王手足胼胝文王旰食日不暇給今四郊多壘宜思自效而虛談廢務浮文妨要恐非當今所宜安曰秦任商鞅二世而亡豈淸言致患邪是時宮室毁壞安欲繕之尚書令王彪之等以外寇爲諫安不從竟獨決之宮室用成皆仰模玄象合體辰極而役無勞怨又領揚州刺史詔以甲仗百人入殿時帝始親萬幾進安中書監驃騎將軍錄尚書事固讓軍號于時懸象失度亢旱彌年安奏興滅繼絕求晉初佐命功臣後而封之頃之加司徒後軍文武盡配大府又讓不拜復加侍中都督揚豫徐兗青五州幽州之燕國諸軍事假節時苻堅彊盛疆場多虞諸將敗退相繼安遣弟石及兄子玄等應機征討所在剋捷拜衞將軍開府儀同三司封建昌縣公堅後率衆號百萬次于淮肥京師震恐加安征討大都督玄入問計安夷然無懼色答曰已別有旨既而寂然玄不敢復言乃令張玄重請安遂命駕出山墅親朋畢集方與玄圍棊賭別墅安常棊劣於玄是日玄懼便爲敵手而又不勝安顧謂其甥羊曇曰以墅乞汝安遂游涉至夜乃還指授將帥各當其任玄等既破堅有驛書至安方對客圍棊看書既竟便攝放牀上了無喜色棊如故客問之徐答云小兒輩遂已破賊既罷還內過戶限心喜甚不覺屐齒之折其矯情鎭物如此以總統功進拜太保安方欲混一文軌上疏求自北征乃進都督揚江荆司豫徐兗青冀幽并寧益雍梁十五州軍事加黃鉞其本官悉如故置從事中郞二人安上疏讓太保及爵不許是時桓沖既卒荆江二州竝缺物論以玄勳望宜以授之安以父子皆著大勳恐爲朝廷所疑又懼桓氏失職桓石虔復有沔陽之功慮其驍猛在形勝之地終或難制乃以桓石民爲荆州改桓伊於中流石虔爲豫州既以三桓據三州彼此無怨各得所任其經遠無競類皆如此性好音樂自弟萬喪十年不聽音樂及登台輔期喪不廢樂王坦之書喻之不從衣冠效之遂以成俗又於土山營墅樓館林竹甚盛每攜中外子姪往來游集肴饌亦屢費百金世頗以此譏焉而安殊不以屑意常疑劉牢之既不可獨任又知王味之不宜專城牢之既以亂終而味之亦以貪敗由是識者服其知人時會稽王道子專權而姦諂頗相扇構安出鎭廣陵之步丘築壘曰新城以避之帝出祖于西池獻觴賦詩焉安雖受朝寄然東山之志始末不渝每形於言色及鎭新城盡室而行造汎海之裝欲須經略粗定自江道還東雅志未就遂遇疾篤上疏請量宜旋旆并召子征虜將軍琰解甲息徒命龍驤將軍朱序進據洛陽前鋒都督玄抗威彭沛委以董督若二賊假延來年水生東西齊舉詔遣侍中慰勞遂還都聞當輿入西州門自以本志不遂深自慨失因悵然謂所親曰昔桓溫在時吾常懼不全忽夢乘溫輿行十六里見一白雞而止乘溫輿者代其位也十六里止今十六年矣白雞主酉今太歲在酉吾病殆不起乎乃上疏遜位詔遣侍中尚書喻旨先是安發石頭金鼓忽破又語未嘗謬而忽一誤衆亦怪異之尋薨時年六十六帝三日臨于朝堂賜東園祕器朝服一具衣一襲錢百萬布千匹蠟五百斤贈太傅謚曰文靖以無下舍詔府中備凶儀及葬加殊禮依大司馬桓溫故事又以平苻堅勳更封廬陵郡公安少有盛名時多愛慕鄉人有罷中宿縣者還詣安安問其歸資答曰有蒲葵扇五萬安乃取其中者捉之京師士庶競市價增數倍安本能爲洛下書生詠有鼻疾故其音濁名流愛其詠而弗能及或手掩鼻以斅之及至新城築埭於城北後人追思之名爲召伯埭羊曇者太山人知名士也爲安所愛重安薨後輟樂彌年行不由西州路嘗因石頭大醉扶路唱樂不覺至州門左右白曰此西州門曇悲感不已以馬策扣扉誦曹子建詩曰生存華屋處零落歸山丘慟哭而去安有二子瑤琰瑤襲爵官至琅邪王友早卒子該嗣終東陽太守無子弟光祿勳模以子承伯嗣有罪國除劉裕以安勳德濟世特更封該弟澹爲柴桑侯邑千戶奉安祀澹少歷顯位桓玄篡位以澹兼太尉與王謐俱齎冊到姑孰元熙中爲光祿大夫復兼太保持節奉冊禪宋

琰字瑗度弱冠以貞幹稱美風姿與從兄護軍淡雖比居不往來宗中子弟惟與才令者數人相接拜著作郞轉祕書丞累遷散騎常侍侍中苻堅之役安以琰有軍國才用出爲輔國將軍以精兵八千與從兄玄俱陷陣破堅以勳封望蔡公尋遭父憂去官服闋除征虜將軍會稽內史頃之徵爲尚書右僕射領太子詹事加散騎常侍將軍如故又遭母憂朝廷疑其葬禮時議者云潘

岳爲賈充婦宜城宣君誄云昔在武侯喪禮殊倫伉儷一體朝儀則均謂宜資給葬禮悉依太傅故事先是王珣娶萬女珣弟珉娶安女並不終由是與謝氏有隙珣時爲僕射猶以前憾緩其事琰聞恥之遂自造轀輬車以葬議者譏之太元末爲護軍將軍加右將軍會稽王道子以爲司馬右將軍如故王恭舉兵假琰節都督前鋒軍事恭平遷衛將軍徐州刺史假節孫恩作亂加督吳興義興二郡軍事討恩至義興斬賊許允之迎太守魏鄢還郡進討吳興賊丘尫破之又詔琰與輔國將軍劉牢之俱討孫恩恩逃于海島朝廷憂之以琰爲會稽內史都督五郡軍事本官並如故琰既以資望鎮越土議者謂無復東顧之虞及至郡無綏撫之能而不爲武備將帥皆諫曰強賊在海伺人形便宜振揚仁風開其自新之路琰曰苻堅百萬尚送死淮南況孫恩奔衂歸海何能復出若其復至正是天不養國賊令速就戮耳遂不從其言恩後果復寇浹口入餘姚破上虞進及邢浦去山陰北三十五里琰遣參軍劉宣之距破恩既而上黨太守張虔碩戰敗羣賊銳進人情震駭咸以宜持重嚴備且列水軍於南湖分兵設伏以待之琰不聽賊既至尚未食琰曰要當先滅此寇而後食也跨馬而出廣武將軍桓寶爲前鋒摧鋒陷陣殺賊甚多而塘路迮狹琰軍魚貫而前賊於艦中傍射之前後斷絕琰至千秋亭敗績琰帳下都督張猛於後斫琰馬琰墮地與二子肇峻俱被害寶亦死之後劉裕左里之捷生擒猛送琰小子混混刳肝生食之詔以琰父子隕於君親忠孝萃於一門贈琰侍中司空謚曰忠肅三子肇峻混肇歷驃騎參軍峻以琰勳封建昌侯及沒於賊詔贈肇散騎常侍峻散騎侍郎

混字叔源少有美譽善屬文初孝武帝爲晉陵公主求婿謂王珣曰主婿但如劉真長王子敬便足如王處仲桓元子誠可才小富貴便豫人家事珣對曰謝混雖不及真長不減子敬帝曰如此便足未幾帝崩袁崧欲以女妻之珣曰卿莫近禁臠初元帝始鎮建業公私窘罄每得一㹠以爲珍膳項上一臠尤美輒以薦帝羣下未嘗敢食于時呼爲禁臠故珣因以爲戲混竟尚主襲父爵桓玄嘗欲以安宅爲營混曰召伯之仁猶惠及甘棠文靖之德更不保五畝之宅邪玄聞慙而止歷中書令中領軍尚書左僕射領選以黨劉毅誅國除及宋受禪謝晦謂劉裕曰陛下應天受命登壇日恨不得謝益壽奉璽紱裕亦歎曰吾甚恨之使後生不得見其風流益壽混小字也

奕字無奕少有名譽初爲剡令有老人犯法奕以醇酒飲之醉猶未已安時年七八歲在奕膝邊諫止之奕爲改容遣之與桓溫善溫辟爲安西司馬猶推布衣好在溫坐岸幘笑詠無異常日桓溫曰我方外司馬奕每因酒無復朝廷禮常逼溫飲溫走入南康主門避之主曰君若無狂司馬我何由得相見奕遂攜酒就聽事引溫一兵帥共飲曰失一老兵得一老兵亦何所在溫不之責從兄尚有德政既卒爲西藩所思朝議以奕立行有素必能嗣尚事乃遷都督豫兗冀幷四州軍事安西將軍豫州刺史假節未幾卒官贈鎮西將軍三子泉靖玄

泉有名譽歷義興太守靖官至太常

玄字幼度少穎悟與從兄朗俱爲叔父安所器重安嘗戒約子姪因曰子弟亦何豫人事而正欲使其佳諸人莫有言者玄答曰譬如芝蘭玉樹欲使其生於庭階耳安悅玄少好佩紫羅香囊安患之而不欲傷其意因戲賭取即焚之於此遂止及長有經國才略屢辟不起後與王珣俱被桓溫辟爲掾並禮重之轉征西將軍桓豁司馬領南郡相監北征諸軍事于時苻堅彊盛邊境數被侵寇朝廷求文武良將可以鎮禦北方者安乃以玄應舉中書郎郗超雖素與玄不善聞而歎之曰安違衆舉親明也玄必不負舉才也時咸以爲不然超曰吾嘗與玄共在桓公府見其使才雖履屐間亦得其任所以知之於是徵還拜建武將軍兗州刺史領廣陵相監江北諸軍事時苻堅遣軍圍襄陽車騎將軍桓沖禦之詔玄發三州人丁遣彭城內史何謙游軍淮以爲形援襄陽既沒堅將彭超攻龍驤將軍戴逯於彭城玄率東莞太守高衡後軍將軍何謙次于泗口欲遣間使報逯令知救至其道無由小將田泓請行乃沒水潛行將趣城爲賊所獲賊厚賂泓使云南軍已敗泓僞許之既而告城中曰南軍垂至我單行來報爲賊所得勉之遂遇害時彭超置輜重於留城玄乃揚聲遣謙等向留城超聞之還保輜重謙馳進解彭城圍超復進軍南侵堅將句難毛當自襄陽來會超圍幽州刺史田洛於三阿有衆六萬詔征虜將軍謝石率水軍次涂中右衛將軍毛安之游擊將軍河間王曇之淮南太守楊廣宣城內史丘準次堂邑既而盱眙城陷高密內史毛藻沒安之等軍人相驚遂各分散朝廷震動玄於是自廣陵西討難等何謙解田洛圍進據白馬與賊大戰破之斬其僞將都督顏因復進擊又破之斬其僞將邵保超難引退玄率何謙戴逯田洛追之戰于君川復大破之玄參軍劉牢之攻破浮航及白船督護諸葛侃單父令李都又破其運艦難等相率北走僅以身免於是罷彭城下邳二戍詔遣殿中將軍慰勞進號冠軍加領徐州刺史還于廣陵以功封東興縣侯及苻堅自率兵次于項城衆號百萬而涼州之師始達咸陽蜀漢順流幽幷係至先遣苻融慕容暐張蚝苻方等至潁口梁成王先等屯洛澗詔以玄爲前鋒都督徐兗青三州揚州之晉陵幽州之燕國諸軍事與叔父征虜將軍石從弟輔國將軍琰西中郎將桓伊龍驤將軍檀玄建威將軍戴熙揚武將軍陶隱等距之衆凡八萬玄先遣廣陵相劉牢之五千人直指洛澗即斬梁成及成弟雲步騎崩潰爭赴淮水牢之縱兵追之生擒堅僞將梁他王顯梁悌慕容屈氏等收其軍實堅進屯壽陽列陣臨肥水玄軍不得渡玄使謂苻融曰君遠涉吾境而臨水爲陣是不欲速戰諸君稍却令將士得周旋僕與諸君緩轡而觀之不亦樂乎堅衆皆曰宜阻肥水莫令得上我衆彼寡勢必萬全堅曰但却軍令得過而我以鐵騎數十萬向水逼而殺之融亦以爲然遂麾使却陣衆因亂不能止於是玄與琰伊等以精銳八千涉渡肥水石軍距張蚝小退琰玄仍進決戰肥水南堅中流矢臨陣斬融堅衆奔潰自相路藉投水死者不可勝計肥水爲之不流餘衆弃甲宵遁聞風聲鶴唳皆以爲王師已至草行露宿重以飢凍死者十七八獲堅乘輿雲母車儀服器械軍資珍寶山積牛馬驢騾駱駝十萬餘詔遣殿中將軍慰勞進號前將軍假節固讓不受賜錢百萬綵千匹既而安奏苻堅喪敗宜乘其釁會以玄爲前鋒都督率冠軍將軍桓石虔徑造渦潁經略舊都玄復率衆次于彭城遣參軍劉襲攻堅兗州刺史張崇於鄄城走之使劉牢之守鄄城兗州既平玄患水道險澁糧運艱難用督護聞人奭謀堰呂梁水樹柵立七埭爲派擁二岸之流以利運漕自此公私利便又進伐青州故謂之青州派遣淮陵太守高素以三千人向廣固降堅青州刺史苻朗又進伐冀州遣龍驤將軍劉牢之濟北太守丁匡據碻磝濟陽太守郭滿據滑臺奮武將軍顏雄渡河立營堅子丕遣將桑據屯黎陽玄命劉襲夜襲據走之丕惶遽欲降玄許之丕告飢玄饋丕米二千斛又遣晉陵太守滕恬之渡河守黎陽三魏皆降以兗青司豫平加玄都督徐兗青司冀幽幷七州軍事玄上疏以方平河北幽冀宜須總督司州懸遠應統豫州以勳封康樂縣公玄請以先封東興侯賜兄子玩詔聽之更封玩豫寧伯復遣寧遠將軍吞演伐申凱於魏郡破之玄欲令豫州刺史朱序鎮梁國玄住彭城北固河上西援洛陽內藩朝廷朝議以征役既久宜置戍而還使玄還鎮淮陰序鎮壽陽會翟遼據黎陽反執滕恬之又泰山太守張願舉郡叛河北騷動玄自以處分失所上疏送節盡求解所職詔慰勞令且還鎮淮陰以朱序代鎮彭城玄既還遇疾上疏解職詔書不許玄又自陳既不堪攝職慮有曠廢詔又使移鎮東陽城玄即路於道疾篤上疏曰臣以常人才不佐世忽蒙殊遇不復自量遂從戎政驅馳十載不辭鳴鏑之險每有征事輒請爲軍鋒由恩厚忘軀甘死若生也冀有毫釐上報榮寵天祚大晉王威屢舉實由陛下神武英斷無思不服亡叔臣安協贊雍熙以成天工而雰霧尚翳六合未朗遺黎塗炭巢窟宜除復命臣荷戈前驅董司戎首冀仰憑皇威宇宙寧一陛下致太平之化肅臣以塵露報恩然後從亡叔臣安退身東山以道養壽此誠以形于文旨達於聖聽矣臣所以區區家國實在於此不謂臣愆咎夙積罪鍾中年上延亡叔臣安亡兄臣靖數月之間相係殂背下逮稚子尋復夭昏哀毒兼纏痛百常情臣不勝禍酷暴集每一慟殆弊所以含哀忍悲期之必存者雖哲輔傾落聖明方融伊周嗣作人懷自厲猶欲申臣本志隆國保家故能豁其情滯同之無心耳去冬奉司徒道子告括囊遠圖逮問臣進止之宜臣進不達事機以蹙境爲恥退不自揆故欲順其宿心豈謂經略不振自貽斯戾是以奉送章節待罪有司執徇常儀實有媿心而聖恩赦過黷法垂宥使抱罪之臣復得更名於所司木石猶感而況臣乎顧將身不良動與釁會謙德不著害盈是荷先疾既動便至委篤陛下體臣疢重使還藩淮側甫欲休兵靜衆綏懷善撫兼苦自療冀日月漸瘳繕甲俟會思更奮迅而所患沉頓有增無損今者惙惙救命朝夕臣之平日率其常矩加以匪懈猶不能令政理弘宜況今內外天隔永不復接寧可卧居重任以招患慮追尋前事可爲寒心臣之微身復何足惜區區血誠憂國實深謹遣兼長史劉濟重奉送節蓋章傳伏願陛下垂天地之仁拯將絕之氣時遣軍司鎮慰荒雜聽臣所乞盡醫藥消息歸誠道門冀神祇之祐若此而不差修短命也使臣得及視息瞻覩墳柏以此之盡公私眞無恨矣伏枕悲慨不覺流涕詔遣高手醫一人令自消息又使還京口療疾玄奉詔便還病久不差又上疏曰臣同生七人凋落相繼惟臣

一已孑然獨存在生荼酷無如臣比所以含哀忍痛希延視息者欲報之德實懷罔極庶蒙一瘳申其此志且臣孤遺滿目顧之惻然爲欲極其求生之心未能自分於灰土慺慺之情可哀可愍伏願陛下矜其所訴霈然垂恕不令微臣銜恨泉壤表寢不報前後表疏十餘上久之乃轉授散騎常侍左將軍會稽內史時吳興太守晉寧侯張玄之亦以才學顯自吏部尚書與玄同年之郡而玄之名亞於玄時人稱爲南北二玄論者美之玄既輿疾之郡十三年卒於官時年四十六追贈車騎將軍開府儀同三司謚曰獻武子瑍嗣祕書郎早卒子靈運嗣瑍少不惠而靈運文藻豔逸玄嘗稱曰我尚生瑍瑍那得不生靈運永熙中爲劉裕世子左衞率始從玄征伐者何謙字恭子東海人戴遂字安丘處士逵之弟並驍果多權略遂厲操東山而遂以武勇顯謝安嘗謂遂曰卿兄弟志業何殊遂曰下官不堪其憂家兄不改其樂遂以軍功封廣信侯位至大司農

萬字萬石才器儁秀雖器量不及安而善自衒曜故早有時譽工言論善屬文敘漁父屈原季主賈誼楚老龔勝孫登嵇康四隱四顯爲八賢論其旨以處者爲優出者爲劣以示孫綽綽與往反以體公識遠者則出處同歸嘗與蔡系送客于征虜亭與系爭言系推萬落牀冠帽傾脫萬徐拂衣就席神意自若坐定謂系曰卿幾壞我面系曰本不爲卿面計然俱不以介意時亦以此稱之弱冠辟司徒掾遷右西屬不就簡文帝作相聞其名召爲撫軍從事中郎萬著白綸巾鶴氅裘履版而前既見與帝共談移日太原王述萬之妻父也爲揚州刺史萬嘗衣白綸巾乘平肩輿徑至聽事前謂述曰人言君侯癡君侯信自癡述曰非無此論但晚合耳萬再遷豫州刺史領淮南太守監司豫冀并四州軍事假節王羲之與桓溫箋曰謝萬才流經通處廊廟參諷議故是後來一器而今屈其邁往之氣以俯順荒餘近是違才易務矣溫不從萬既受任北征矜豪傲物嘗以嘯詠自高未嘗撫衆兄安深憂之自隊主將帥已下安無不慰勉謂萬曰汝爲元帥諸將宜數接對以悅其心豈有傲誕若斯而能濟事也萬乃召集諸將都無所說直以如意指四坐云諸將皆勁卒諸將益恨之既而先遣征虜將軍劉建修治馬頭城池自率衆入渦潁以援洛陽北中郎將郗曇以疾病退還彭城萬以爲賊盛致退便引軍還衆遂潰散狼狽單歸廢爲庶人後復以爲散騎常侍會卒時年四十二因以爲贈子韶字穆度少有名時謝氏尤彥秀者稱封胡羯末封謂韶胡謂朗羯謂玄末謂川皆其小字也韶朗川並早卒惟玄以功名終韶至車騎司馬韶子恩字景伯宏達有遠略韶爲黃門郎武昌太守恩三子曜弘微皆歷顯位

朗字長度父據早卒朗善言玄理文義豔發名亞於玄總角時病新起體甚羸未堪勞於叔父安前與沙門支遁講論遂至相苦其母王氏再遣信令還安欲留使竟論王氏因出云新婦少遭艱難一生所寄惟在此兒遂流涕攜朗去安謂坐客曰家嫂辭情慷慨恨不使朝士見之朗終於東陽太守子重字景重明秀有才名爲會稽王道子驃騎長史嘗因侍坐于時月夜明淨道子歎以爲佳重率爾曰意謂乃不如微雲點綴道子因戲重曰卿居心不淨乃復強欲滓穢太清邪子絢字宣映曾於公坐戲調無禮於其舅袁湛湛甚不堪之謂曰汝父昔已輕舅汝今復來加我可謂世無渭陽情也絢父重即王胡之外孫與舅亦有不協之論湛故有此及云

石字石奴初拜祕書郎累遷尚書僕射征句難以勳封興平縣伯淮肥之役詔石解僕射以將軍假節征討大都督與兄子玄琰破苻堅先是童謠云誰謂爾堅石打碎故桓豁皆以石名子以邀功焉堅之敗也雖功始牢之而成于玄琰然石時實爲都督焉遷中軍將軍尚書令更封南康郡公于時學校陵遲石上疏請興復國學以訓冑子班下州郡普修鄉校疏奏孝武帝納焉兄安薨石遷衞將軍加散騎常侍以公事與吏部郎王恭互相短長恭甚忿恨自陳褊阨不允且疾源深固乞還私門石亦上疏遜位有司奏石輒去職免官詔曰石以疾求退豈準之常制其喻令還歲餘不起表十餘上帝不許石乞依故尚書令王彪之例於府綜攝詔聽之疾篤進位開府儀同三司加鼓吹未拜卒時年六十二石少患面創療之莫愈乃自匿夜有物來舐其瘡隨舐隨差舐處甚白故世呼爲謝白面石在職務存文刻既無他才望直以宰相弟兼有大勳遂居清顯而聚斂無饜取譏當世追贈司空禮官議謚博士范弘之議謚曰襄墨公語在弘之傳朝議不從單謚曰襄子汪嗣早卒汪從兄沖以子明慧嗣爲孫恩所害明慧從兄喻復以子暠嗣宋受禪國除

邈字茂度父鐵永嘉太守邈性剛鯁無所屈撓頗有理識累遷侍中時孝武帝觴樂之後多賜侍臣文詔辭義有不雅者邈輒焚毀之其他侍臣被詔者或宣揚之故論者以此多邈後爲吳興太守孫恩之亂爲賊胡桀郜驃等所執害之賊逼令北面邈厲聲曰我不得罪天子何北面之有遂害之邈妻郗氏甚妬邈先娶妾郗氏怨懟與邈書告絕邈以其書非婦人詞疑其門下生仇玄達爲之作遂斥玄達玄達怒遂投孫恩并害邈兄弟竟至滅門

史臣曰建元之後時政多虞巨猾陸梁權臣橫恣其有兼將相於中外系存亡於社稷負扆資之以端拱鑿井賴之以晏安者其惟謝氏乎簡侯任總中臺效彰分閫正議云唱喪禮墮而復弘遺音既補雅樂缺而還備君子哉斯人也文靖始居塵外高謝人間嘯詠山林浮泛江海當此之時蕭然有陵霞之致暨于褫薜蘿而襲朱組去衡泌而踐丹墀庶績於是用康彝倫以之載穆苻堅百萬之衆已瞰吳江桓溫九五之心將移晉鼎衣冠易慮遠邇崩心從容而杜姦謀宴衎而清羣寇宸居獲太山之固維揚去累卵之危斯爲盛矣然激繁會於期服之辰敦一歡於百金之費廢禮於偷薄之俗崇侈於耕戰之秋雖欲混哀樂而同歸齊奢儉於一致而不知頹風已扇雅道日淪國之儀刑豈期若是琰稱貞幹卒以忠勇垂名混曰風流競以文詞獲譽並階時宰無墮家風奕萬以放肆爲高石奴以褊濁興累雖曰微纇猶稱名實康樂才兼文武志存匡濟淮肥之役勍寇望之而土崩渦潁之師中州應之而席卷方欲西平鞏洛北定幽燕廟算有餘良圖不果降齡何促功敗垂成拊其遺文經綸遠矣

贊曰安西英爽才兼辯博宣力方鎮流聲臺閣太保沈浮曠若虛舟任高百辟情惟一丘琰邈忠壯奕萬虛放爲龍爲光或卿或將偉哉獻武功宣授斧翦凶渠幾清中寓

晉書卷七十九考證

謝安傳誦曹子建詩曰生存華屋處○文選曹植樂府四首其一爲箜篌引五言晏所誦是也存文選作在

晉書卷八十

唐　太宗文皇帝御撰

列傳第五十

王羲之 子玄之 凝之 徽之 徽之子楨之 徽之弟操之 獻之

王羲之字逸少司徒導之從子也祖正尚書郎父曠淮南太守元帝之過江也曠首創其議羲之幼訥於言人未之奇年十三嘗謁周顗顗察而異之時重牛心炙坐客未噉顗先割啗羲之於是始知名及長辯贍以骨鯁稱尤善隸書爲古今之冠論者稱其筆勢以爲飄若浮雲矯若驚龍深爲從伯敦導所器重時陳留阮裕有重名爲敦主簿敦嘗謂羲之曰汝是吾家佳子弟當不減阮主簿裕亦目羲之與王承王悅爲王氏三少時太尉郗鑒使門生求女婿於導導令就東廂徧觀子弟門生歸謂鑒曰王氏諸少並佳然聞信至咸自矜持惟一人在東牀坦腹食獨若不聞鑒曰正此佳婿邪訪之乃羲之也遂以女妻之起家祕書郎征西將軍庾亮請爲參軍累遷長史亮臨薨上疏稱羲之清貴有鑒裁遷寧遠將軍江州刺史羲之既少有美譽朝廷公卿皆愛其才器頻召爲侍中吏部尚書皆不就復授護國將軍又推遷不拜揚州刺史殷浩素雅重之勸使應命乃遺羲之書曰悠悠者以足下出處足觀政之隆替如吾等亦謂爲然至如足下出處正與隆替對豈可以一世之存亡必從足下從容之適幸徐求衆心卿不時起復可以求美政不若豁然開懷當知萬物之情也羲之遂報書曰吾素自無廊廟志直王丞相時果欲內吾誓不許之手跡猶存由來尚矣不於足下參政而方進退自兒娶女嫁便懷尚子平之志數與親知言之非一日也若蒙驅使關隴巴蜀皆所不辭吾雖無專對之能直謹守時命宣國家威德故當不同於凡使必令遠近咸知朝廷留心於無外此所益殊不同居護軍也漢末使太傅馬日磾慰撫關東若不以吾輕微無所爲疑宜及初冬以行吾惟恭以待命羲之既拜護軍又苦求宣城郡不許乃以爲右軍將軍會稽內史時殷浩與桓溫不協羲之以國家之安在於內外和因以與浩書以誡之浩不從及浩將北伐羲之以爲必敗以書止之言甚切至浩遂行果爲姚襄所敗復圖再舉又遺浩書曰知安西敗喪公私惋怛不能須臾去懷以區區江左所營綜如此天下寒心固以久矣而加之敗喪此可熟念往事豈復可追願思弘將來令天下寄命有所自隆中興之業政以道勝寬和爲本力爭武功作非所當因循所長以固大業

想識其由來也自寇亂以來處內外之任者未有深謀遠慮括囊至計而疲竭根本各從所志竟無一功可論一事可記忠言嘉謀棄而莫用遂令天下將有土崩之勢何能不痛心悲慨也任其事者豈得辭四海之責追咎往事亦何所復及宜更虛己求賢當與有識共之不可復令忠允之言常屈於當權今軍破於外資竭於內保淮之志非復所及莫過還保長江都督將各復舊鎮自長江以外羈縻而已任國鈞者引咎責躬深自貶降以謝百姓更與朝賢思布平正除其煩苛省其賦役與百姓更始庶可以允塞羣望救倒懸之急使君起於布衣任天下之重尚德之舉未能事事允稱當董統之任而喪敗至此恐闔朝羣賢未有與人分其謗者今亟修德補闕廣延羣賢與之分任尚未知獲濟所期若猶以前事爲未工故復求之於分外宇宙雖廣自容何所知言不必用或取怨執政然當情慨所在正自不能不盡懷極言若必親征未達此旨果行者愚智所不解也願復與衆共之復被州符增運千石徵役兼至皆以軍期對之喪氣罔知所厝自頃年割剝遺黎刑徒竟路殆同秦政惟未加參夷之刑耳恐勝廣之憂無復日矣又與會稽王牋陳浩不宜北伐并論時事曰古人恥其君不爲堯舜北面之道豈不願尊其所事比隆往代況遇千載一時之運顧智力屈於當年何得不權輕重而處之也今雖有可欣之會內求諸己而所憂乃重於所欣傳云自非聖人外寧必有內憂今外不寧內憂以深古之弘大業者或不謀於衆傾國以濟一時功者亦往往而有之誠獨運之明足以邁衆暫勞之弊終獲永逸者可也求之於今可得擬議乎夫廟算決勝必宜審量彼我萬全而後動功就之日便當因其衆而即其實今功未可期而遺黎殲盡萬不餘一且千里饋糧自古爲難況今轉運供繼西輸許洛北入黃河雖秦政之弊未至於此而十室之憂便以交至今運無還期徵求日重以區區吳越經緯天下十分之九不亡何待而不度德量力不弊不已此封內所痛心歎悼而莫敢吐誠往者不可諫來者猶可追願殿下更垂三思解而更張令殷浩荀羨還據合肥廣陵許昌譙郡梁彭城諸軍皆還保淮爲不可勝之基須根立勢舉謀之未晚此實當今策之上者若不行此社稷之憂可計日而待安危之機易於反掌考之虛實著於目前願運獨斷之明定之於一朝也地淺而言深豈不知其未易然古人處閭閻行陣之間尚或干時謀國評裁者不以爲譏況厠大臣末行豈可默而不言哉存亡所係決在行之不可復持疑後機不定之於此後欲悔之亦無及也殿下德冠宇內以公室輔朝最可直道行之致隆當年而未允物望受殊遇者所以寤寐長歎實爲殿下惜之國家之慮深矣常恐伍員之憂不獨在昔麋鹿之游將不止林藪而已願殿下蹔廢虛遠之懷以救倒懸之急可謂以亡爲存轉禍爲福則宗廟之慶四海有賴矣時東土饑荒羲之輒開倉賑貸然朝廷賦役繁重吳會尤甚羲之每上疏爭之事多見從又遺尚書僕射謝安書曰頃所陳論每蒙允納所以令下小得蘇息各安其業若不爾此一郡久以蹈東海矣今事之大者未布漕運是也吾意望朝廷可申下定期委之所司勿復催下但當歲終考其殿最長吏尤殿命檻車送詣天臺三縣不舉二千石必免或可左降令在疆塞極難之地又自吾到此從事常有四五兼以臺司及都水御史行臺文符如雨倒錯違背不復可知吾又瞑目循常推前取重者及綱紀輕者在五曹主者莅事未嘗得十日吏民趨走功費萬計卿方任其重可徐尋所言江左平日揚州一良刺史便足統之況以羣才而更不理正由爲法不一牽制者衆思簡而易從便足以保守成業倉督監耗盜官米動以萬計吾謂誅翦一人其後便斷而時意不同近檢校諸縣無不皆爾餘姚近十萬斛重斂以資姦吏令國用空乏良可歎也自軍興以來征役及充運死亡叛散不反者衆虛耗至此而補代循常所在凋困莫知所出上命所差上道多叛則吏及叛者席卷同去又有常制輒令其家及同伍課捕課捕不擒家及同伍尋復亡叛百姓流亡戶口日減其源在此又有百工醫寺死亡絕没家戶空盡差代無所上命不絕事起或十年十五年彈舉獲罪無懈息而無益實事何以堪之謂自今諸死罪原輕者及五歲刑可以充此其減死者可長充兵役五歲者可充雜工醫寺皆令移其家以實都邑都邑既實是政之本又可絕其亡叛不移其家逃亡之患復如初耳今除罪而充雜役盡移其家小人愚迷或以爲重於殺戮可以絕姦刑名雖輕懲肅實重豈非適時之宜邪羲之雅好服食養性不樂在京師初渡浙江便有終焉之志會稽有佳山水名士多居之謝安未仕時亦居焉孫綽李充許詢支遁等皆以文義冠世並築室東土與羲之同好嘗與同志宴集於會稽山陰之蘭亭羲之自爲之序以申其志曰永和九年歲在癸丑暮春之初會於會稽山陰之蘭亭修禊事也羣賢畢至少長咸集此地有崇山峻嶺茂林修竹又有清流激湍映帶左右引以爲流觴曲水列坐其次雖無絲竹管弦之盛一觴一詠亦足以暢敘幽情是日也天朗氣清惠風和暢仰觀宇宙之大俯察品類之盛所以游目騁懷足以極視聽之娛信可樂也夫人之相與俯仰一世或取諸懷抱悟言一室之內或因寄所託放浪形骸之外雖趣舍萬殊靜躁不同當其欣於所遇蹔得於己快然自足不知老之將至及其所之既倦情隨事遷感慨係之矣向之所欣俛仰之間已爲陳迹猶不能不以之興懷況修短隨化終期於盡古人云死生亦大矣豈不痛哉每覽昔人興感之由若合一契未嘗不臨文嗟悼不能喻之於懷固知一死生爲虛誕齊彭殤爲妄作後之視今亦由今之視昔悲夫故列敘時人錄其所述雖世殊事異所以興懷其致一也後之覽者亦將有感於斯文或以潘岳金谷詩序方其文羲之比於石崇聞而甚喜性愛鵝會稽有孤居姥養一鵝善鳴求市未能得遂攜親友命駕就觀姥聞羲之將至烹以待之羲之歎惜彌日又山陰有一道士養好鵝羲之往觀焉意甚悅固求市之道士云爲寫道德經當舉羣相贈耳羲之欣然寫畢籠鵝而歸甚以爲樂其任率如此嘗詣門生家見棐几滑淨因書之真草相半後爲其父誤刮去之門生驚懊者累日又嘗在蕺山見一老姥持六角竹扇賣之羲之書其扇各爲五字姥初有慍色因謂姥曰但言是王右軍書以求百錢邪姥如其言人競買之他日姥又持扇來羲之笑而不答其書爲世所重皆此類也每自稱我書比鍾繇當抗行比張芝草猶當鴈行也曾與人書云張芝臨池學書池水盡黑使人耽之若是未必後之也羲之書初不勝庾翼郗愔及其暮年方妙嘗以章草答庾亮而翼深歎伏因與羲之書云吾昔有伯英章草十紙過江顛狽遂乃亡失常歎妙迹永絕忽見足下答家兄書煥若神明頓還舊觀時驃騎將軍王述少有名譽與羲之齊名而羲之甚輕之由是情好不協述先爲會稽以母喪居郡境羲之代述止一弔遂不重詣述每聞角聲謂羲之當候已輒灑埽而待之如此者累年而羲之竟不顧述深以爲恨及述爲揚州刺史將就徵周行郡界而不過羲之臨發一別而去先是羲之常謂賓友曰懷祖正當作尚書耳投老可得僕射更求會稽便自邈然及述蒙顯授羲之恥爲之下遣使詣朝廷求分會稽爲越州行人失辭大爲時賢所笑既而內懷愧歎謂其諸子曰吾不減懷祖而位遇懸邈當由汝等不及坦之故邪述後檢察會稽郡辯其刑政主者疲於簡對羲之深恥之遂稱病去郡於父母墓前自誓曰維永和十一年三月癸卯朔九日辛亥小子羲之敢告二尊之靈羲之不天夙遭閔凶不蒙過庭之訓母兄鞠育得漸庶幾遂因人乏蒙國寵榮進無忠孝之節退違推賢之義每仰詠老氏周任之誡常恐死亡無日憂及宗祀豈在微身而已是用寤寐永歎若墜深谷止足之分定之於今謹以今月吉辰肆筵設席稽顙歸誠告誓先靈自今之後敢渝此心貪冒苟進是有無尊之心而不子也子而不子天地所不覆載名教所不得容信誓之誠有如皦日羲之既去官與東土人士盡山水之游弋釣爲娛又與道士許邁共修服食採藥石不遠千里徧游東中諸郡窮諸名山泛滄海歎曰我卒當以樂死謝安嘗謂羲之曰中年以來傷於哀樂與親友別輒作數日惡羲之曰年在桑榆自然至此須正賴絲竹陶寫恆恐兒輩覺損其懽樂之趣朝廷以其誓苦亦不復徵之時劉惔爲丹陽尹許詢嘗就惔宿牀帷新麗飲食豐甘詢曰若此保全殊勝東山惔曰卿若知吉凶由人吾安得保此羲之在坐曰令巢許遇稷契當無此言二人並有愧色初羲之既優游無事與吏部郎謝萬書曰古之辭世者或被髮徉狂或汚身穢跡可謂艱矣今僕坐而獲免遂其宿心其爲慶幸豈非天賜違天不祥頃東游還修植桑果今盛敷榮率諸子抱弱孫游觀其間有一味之甘割而分之以娛目前雖植德無殊邈猶欲教養子孫以敦厚退讓或有輕薄庶令舉策數馬彷彿萬石之風君謂此何如比當與安石東游山海并行田視地利頤養閑暇衣食之餘欲與親知時共懽讌雖不能興言高詠銜杯引滿語田里所行故以爲撫掌之資其爲得意可勝言邪常依陸賈班嗣楊王孫之處世甚欲希風數子老夫志願盡於此也萬後爲豫州都督又遺萬書誡之曰以君邁往不屑之韻而俯同羣辟誠難爲意也然所謂通識正自當隨事行藏乃爲遠耳願君每與士之下者同則盡善矣食不二味居不重席此復何有而古人以爲美談濟否所由實在積小以致高大君其存之萬不能用果敗年五十九卒贈金紫光祿大夫諸子遵父先旨固讓不受有七子知名者五人玄之早卒次凝之亦工草隸仕歷江州刺史左將軍會稽內史王氏世事張氏五斗米道凝之彌篤孫恩之攻會稽寮佐請爲之備凝之不從方入靖室請禱出語諸將佐曰吾已請大道許鬼兵相助賊自破矣既不設備遂爲孫恩所害

徽之字子猷性卓犖不羈爲大司馬桓溫叅軍蓬首散帶不綜府事又爲車騎桓沖騎兵叅軍沖問卿署何曹對曰似是馬曹又問管幾馬曰不知馬何由知數又問馬比死多少曰未知生焉知死嘗從沖行值暴雨徽之因下馬排入車中謂曰公豈得獨擅一車沖嘗謂徽之曰卿在府日久比當相料理徽之初不酬答直高視以手版拄頰云西山朝來致有爽氣耳時吳中一士大夫家有好竹欲觀之便出坐輿造竹下諷嘯良久主人灑埽請坐徽之不顧將出主人乃閉門徽之便以此賞之盡歡而去嘗寄居空宅中便令種竹或問其故徽之但嘯詠指竹曰何可一日無此君邪嘗居山陰夜雪初霽月色清朗四望皓然獨酌酒詠左思招隱詩忽憶戴逵逵時在剡便夜乘小船詣之經宿方至造門不前而反人問其故徽之曰本乘興而來興盡而反何必見安道邪雅性放誕好聲色嘗夜與弟獻之共讀高士傳讚獻之賞井丹高潔徽之曰未若長卿慢世也其傲達若此時人皆欽其才而穢其行後爲黃門侍郎棄官東歸與獻之俱病篤時有術人云人命應終而有生人樂代者則死者可生徽之謂曰吾才位不如弟請以餘年代之術者曰代死者以已年有餘得以足亡者耳今君與弟算俱盡何代也未幾獻之卒徽之奔喪不哭直上靈牀坐取獻之琴彈之久而不調歎曰嗚呼子敬人琴俱亡因頓絶先有背疾遂潰裂月餘亦卒子楨之

楨之字公幹歷位侍中大司馬長史桓玄爲太尉朝臣畢集問楨之我何如君亡叔在坐咸爲氣咽楨之曰亡叔一時之標公是千載之英一坐皆悅

操之字子重歷侍中尚書豫章太守

獻之字子敬少有盛名而高邁不羈雖閑居終日容止不怠風流爲一時之冠年數歲嘗觀門生樗蒱曰南風不競門生曰此郎亦管中窺豹時見一斑獻之怒曰遠慙荀奉倩近愧劉眞長遂拂衣而去嘗與兄徽之操之俱詣謝安二兄多言俗事獻之寒溫而已既出客問安王氏兄弟優劣安曰小者佳客問其故安曰吉人之辭寡以其少言故知之嘗與徽之共在一室忽然火發徽之遽走不遑取履獻之神色恬然徐呼左右扶出夜臥齋中而有偷人入其室盜物都盡獻之徐曰偷兒靑氈我家舊物可特置之羣偷驚走工草隸善丹青七八歲時學書羲之密從後掣其筆不得歎曰此兒後當復有大名嘗書壁爲方丈大字羲之甚以爲能觀者數百人桓溫嘗使書扇筆誤落因畫作烏駮牸牛甚妙起家州主簿秘書郎轉丞以選尚新安公主嘗經吳郡聞顧辟彊有名園先不相識乘平肩輿徑入時辟彊方集賓友而獻之遊歷既畢傍若無人辟彊勃然數之曰傲主人非禮也以貴驕士非道也失是二者不足齒之傖耳便驅出門獻之傲如也不以屑意謝安甚欽愛之請爲長史安進號衞將軍復爲長史太元中新起太極殿安欲使獻之題榜以爲萬代寶而難言之試謂曰魏時陵雲殿榜未題而匠者誤釘之不可下乃使韋仲將懸橙書之比訖鬚鬢盡白裁餘氣息還語子弟宜絶此法獻之揣知其旨正色曰仲將魏之大臣寧有此事使其若此有以知魏德之不長安遂不之逼安又問曰君書何如君家尊答曰故當不同安曰外論不爾答曰人那得知尋除建威將軍吳興太守徵拜中書令及安薨贈禮有同異之議惟獻之與徐邈共明安之忠勳獻之乃上疏曰故太傅臣安少振玄風道譽洋溢弱冠遐棲則契齊其皓應運釋褐而王猷允塞及至載宣威靈彊猾消殄功勳既融投轂高讓且服事先帝眷隆布衣陛下踐阼陽秋尚富盡心竭智以輔聖明考其潛躍始終事情縉紳實大晉之儁輔義篤於曩臣矣伏惟陛下留心宗臣澄神於省察孝武帝遂加安殊禮未幾獻之遇疾家人爲上章道家法應首過問其有何得失對曰不覺餘事惟憶與郗家離婚獻之前妻郗曇女也俄而卒於官安僖皇后立以后父追贈侍中特進光祿大夫太宰謚曰憲無子以兄子靜之嗣位至義興太守時議者以爲羲之草隸江左中朝莫有及者獻之骨力遠不及父而頗有媚趣桓玄雅愛其父子書各爲一袠置左右以翫之始羲之所與共游者許邁

許邁

許邁字叔玄一名映丹陽句容人也家世士族而邁少恬靜不慕仕進未弱冠嘗造郭璞璞爲之筮遇泰之大畜其上六爻發璞謂曰君元吉自天宜學升遐之道時南海太守鮑靚隱跡潛遁人莫知之邁乃往候之探其至要父母尚存未忍違親謂餘杭懸霤山近延陵之茅山是洞庭西門潛通五嶽陳安世茅季偉常所遊處於是立精舍於懸霤而往來茅嶺之洞室放絶世務以尋僊館朔望時節還家定省而已父母既終乃遣婦孫氏還家遂攜其同志徧游名山焉初採藥於桐廬縣之桓山餌朮涉三年時欲斷穀以此山近人不得專一四面藩之好道之徒欲相見者登樓與語以此爲樂常服氣一氣千餘息永和二年移入臨安西山登巖茹芝眇爾自得有終焉之志乃改名玄字遠游與婦書告別又著詩十二首論神僊之事焉羲之造之未甞不彌日忘歸相與爲世外之交玄遺羲之書云自山陰南至臨安多有金堂玉室僊人芝草左元放之徒漢末諸得道者皆在焉羲之自爲之傳述靈異之跡甚多不可詳記玄自後莫測所終好道者皆謂之羽化矣

制曰書契之興肇乎中古繩文鳥跡不足可觀末代去朴歸華舒牋點翰爭相誇尚競其工拙伯英臨池之妙無復餘蹤師宜懸帳之奇罕有遺跡逮乎鍾王以降略可言焉鍾雖擅美一時亦爲迥絶論其盡善或有所疑至於布纖濃分疏密霞舒雲卷無所間然但其體則古而不今字則長而逾制語其大量以此爲瑕獻之雖有父風殊非新巧觀其字勢疏瘦如隆冬枯樹覽其筆蹤拘束若嚴家之餓隸其枯樹也雖槎枿而無屈伸其餓隸也則羈羸而不放縱兼斯二者故翰墨之病歟子雲近世擅名江表然僅得成書無丈夫之氣行行若縈春蚓字字如綰秋蛇臥王蒙於紙中坐徐偃於筆下雖禿千兔之翰聚無一毫之筋窮萬穀之皮斂無半分之骨以茲播美非其濫名邪此數子者皆譽過其實所以詳察古今研精篆素盡善盡美其惟王逸少乎觀其點曳之工裁成之妙煙霏露結狀若斷而還連鳳翥龍蟠勢如斜而反正翫之不覺爲倦覽之莫識其端心慕手追此人而已其餘區區之類何足論哉

晉書卷八十考證

王羲之傳吾素自無廊廟志○監本脫志字今增

恒恐兒輩覺損其懽樂之趣○監本脫損字今增

吾已請大道許鬼兵相助○監本脫許字今從閣本增

王獻之傳徽之遽走不遑取履○監本脫不遑二字今從閣本增

晉書卷八十一

唐　太　宗　文　皇　帝　御　撰

列傳第五十一

王遜

王遜字邵伯魏興人也仕郡察孝廉爲吏部令史轉殿中將軍累遷上洛太守私牛馬在郡生駒犢者秩滿悉以付官云是郡中所產也轉魏興太守惠帝末西南夷叛寧州刺史李毅卒城中百餘人奉毅女固守經年永嘉四年治中毛孟詣京師求刺史不見省孟固陳曰君亡親喪幽閉窮城萬里訴哀不垂愍救既慚包胥無哭秦之感又愧梁妻無崩城之驗存不若亡乞賜臣死朝廷憐之乃以遜爲南夷校尉寧州刺史使於郡便之鎭遜與孟俱行道遇寇賊踰年乃至外逼李雄內有夷寇吏士散沒城邑丘墟遜披荒糾厲收聚離散專杖威刑鞭撻殊俗遜未到州遙舉董聯爲秀才建寧功曹周悅謂聯非才不下版檄遜既到收悅殺之悅弟潛謀殺遜以前建寧太守趙混子濤代爲刺史事覺並誅之又誅豪右不奉法度者數十家征伐諸夷俘馘千計獲馬及牛羊數萬餘於是莫不振服威行寧土又遣子澄奉表勸進於元帝帝嘉之累加散騎常侍安南將軍假節校尉刺史如故賜爵褒中縣公遜以地勢形便上分牂牁爲平夷郡分朱提爲南廣郡分建寧爲夜郎郡分永昌爲梁水郡又改益州郡爲晉寧郡事皆施行先是越嶲太守李釗爲李雄所執自蜀逃歸遜復以釗爲越嶲太守李雄遣李驤任回攻釗釗自南秦與漢嘉太守王載共距之戰于溫水釗敗績載遂以二郡附雄後驤等又渡瀘水寇寧州遜使將軍姚崇爨琛距之戰于堂狼大破驤等崇追至瀘水透水死者千餘人崇以道遠不敢渡水遜以崇不窮追也怒囚羣帥執崇鞭之怒甚髮上衝冠冠爲之裂夜中卒遜在州十四年州人復立遜中子堅行州府事詔除堅爲南夷校尉寧州刺史假節謚遜曰壯陶侃懼堅不能抗對蜀人太寧末表以零陵太守尹奉爲寧州徵堅還京病卒兄澄襲爵歷魏興太守散騎常侍

蔡豹

蔡豹字士宣陳留圉城人高祖質漢衞尉左中郎將邕之叔父也祖睦魏尚書父宏陰平太守豹有氣幹歷河南丞長樂清河太守避亂南渡元帝以爲振武將軍臨淮太守遷建威將軍徐州刺史初祖逖爲徐州豹爲司馬素易豹至是逖爲豫州而豹爲徐州俱受征討之寄逖甚愧之是時泰山太守徐龕與彭城內史劉遐同討反賊周撫於寒山龕將于藥斬撫及論功而遐先之龕怒以泰山叛自號安北將軍兗州刺史攻破東莞太守侯史旄而據其塢石季龍伐之龕懼求降元帝許焉既而復叛歸石勒勒遣其將王伏都張景等數百騎助龕詔征虜將軍羊鑒武威將軍侯禮臨淮太守劉遐鮮卑段文鴦等與豹共討之諸將畏懦頓兵下邳不敢前豹欲進軍鑒固不許龕遣使請救於勒勒辭以外難而多求於龕又王伏都等淫其室龕知勒不救且患伏都等縱暴乃殺之復求降元帝惡其反覆不納勅豹鑒以時

進討鑒及劉遐等並疑憚不相聽從互有表聞故豹久不得進尚書令刁協奏曰臣等伏思淮北征軍已失不速今方盛暑且涉山險山人便弓弩習土俗一人守阸百夫不當且運漕至難一朝糧乏非復智力所能防禦也書云寧致人不致於人宜頓兵所在深壁固壘至秋不了乃進大軍詔曰知難而退誠合兵家之言然小賊雖狡猾故成擒耳未戰而退先自摧衄亦古之所忌且郗存已據賊壘威勢既振不可退一步也於是遣治書御史郝嘏爲行臺催攝令進討豹欲遲進鑒執不聽協又奏免鑒官委豹爲前鋒以鑒兵配之降號折衝將軍以責後效豹進據卞城欲以逼龕時石季龍屯鉅平將攻豹豹夜遁退守下邳徐龕襲取豹輜重於檀丘將軍留寵陸黨力戰死之豹既敗將歸謝罪北中郎王舒止之曰胡寇方至使君且當攝職爲百姓障扞賊退謝罪不晚也豹從之元帝聞豹退使收之使者至王舒夜以兵圍豹豹以爲他難率麾下擊之聞有詔乃止舒執豹送至建康斬之尸于市三日時年五十二豹在徐土內撫將士外懷諸衆甚得遠近情聞其死多悼惜之無子兄子喬字元子散騎常侍兗州刺史高陽鄉侯殷浩北伐使喬率衆出彭城卒於軍

羊鑒

羊鑒字景期泰山人也父濟匈奴中郎將兄煒歷太僕兗徐二州刺史鑒爲東陽太守累遷太子左衞率時徐龕反叛司徒王導以鑒是龕州里冠族必能制之請遣北討鑒深辭才非將帥太尉郗鑒亦表謂鑒非才不宜妄使導不納強啓授以征討都督果敗績導以舉鑒非才請自貶帝不從有司正鑒斬刑元帝詔以鑒太妃外屬特免死除名久之爲少府及王敦反明帝以鑒敦舅又素相親黨微被嫌責及成帝即位豫討蘇峻以功封豐城縣侯徙光祿勳卒

劉胤

劉胤字承胤東萊掖人漢齊悼惠王肥之後也美姿容善自任遇交結時豪名著海岱閒士咸慕之舉賢良辟司空掾並不就會天下大亂攜母欲避地遼東路經幽州刺史王浚留胤表爲勃海太守浚敗轉依冀州刺史邵續續徙衆寡弱謀降於石勒胤言於續曰夫田單包胥齊楚之小吏耳猶能存已滅之邦全喪敗之國今將軍杖精銳之衆居全勝之城如何墜將登之功於一簣委忠信之人於豺狼乎且項羽袁紹非不強也高祖縞冠人應如響曹公奉帝而諸侯綏穆何者蓋逆順之理殊自然之數定也况夷戎醜類屯結無賴雖有犬羊之盛終有庖宰之患而欲託根結援無乃殆哉續曰若如君言計將安出胤曰琅邪王以聖德欽明創基江右中興之隆可企踵而待今爲將軍計者莫若抗大順以激義士之心奉忠正以厲軍人之志夫機事在密時至難違存亡廢興在此舉矣續從之乃殺異議者數人遣使江南朝廷嘉之胤仍求自行續厚遣之既至元帝命爲丞相參軍累遷尚書吏部郎胤聞石季龍攻厭次言於元帝曰北方方鎮皆沒惟餘邵續而已如使復爲季龍所制孤義士之心阻歸本之路愚謂宜存救援元帝將遣救之會續已沒而止王敦素與胤交甚欽貴之請爲右司馬胤知敦有不臣心枕疾不視事以是忤敦意出爲豫章太守辭以腳疾詔就家授印綬郡人莫鴻南士豪族因亂殺本縣令橫恣無道百姓患之胤至誅鴻及諸豪右界內肅然咸和初爲平南軍司加散騎常侍蘇峻作亂溫嶠率衆而下留胤等守湓口事平以勳賜爵豐城子俄而代嶠爲平南將軍都督江州諸軍事領江州刺史假節胤位任轉高矜豪日甚縱酒耽樂不恤政事大殖財貨商販百萬初胤之代嶠也遠近皆謂非選陶侃郗鑒咸云胤非方伯才朝廷不從或問王悅曰今大難之後綱紀弛頓自江陵至于建康三千餘里流人萬計布在江州江州國之南藩要害之地而胤以侈忲之性臥而對之不有外變必有內患悅曰聞溫平南語家公云連得惡夢思見代者尋云可用劉胤此乃溫意非家公也是時朝廷空罄百官無祿惟資江州運漕而胤商旅繼路以私廢公有司奏免胤官書始下而胤爲郭默所害年四十九子赤松嗣尚南平長公主位至黃門郎義興太守

桓宣　族子伊

桓宣譙國銍人也祖詡義陽太守父弼冠軍長史宣開濟篤素爲元帝丞相舍人時塢主張平自稱豫州刺史樊雅自號譙郡太守各據一城衆數千人帝以宣信厚又與平雅同州里轉宣爲參軍使就平雅平雅遣軍主簿隨宣詣丞相府受節度帝皆加四品將軍即其所部使扞禦北方南中郎將王含請宣爲參軍頃之豫州刺史祖逖出屯蘆州遣參軍殷乂詣平雅乂意輕平視其屋云當持作馬廄見大鑊欲鑄作鐵器平曰此是帝王大鑊天下定後方當用之柰何打破乂曰卿能保頭不而惜大鑊邪平大怒於坐斬乂阻兵固守歲餘逖攻平殺之而雅據譙城逖以力弱求助於含含遣宣領兵五百助逖逖謂宣曰卿先已說平雅信義大著於彼今復爲我說雅雅若降者方相擢用不但免死而已宣復單馬從兩人詣雅曰祖逖方欲平蕩二寇每倚卿爲援前殷乂輕薄非豫州意今若和解則忠勳可立富貴可保若猶固執東府赫然更遣猛將以卿烏合之衆憑阻窮城強賊伺其北國家攻其南萬無一全也願善量之雅與宣置酒結友遣子隨宣詣逖少日雅便自詣逖逖遣雅還撫其衆雅僉謂前數罵辱懼罪不敢降雅復閉城自守逖往攻之復遣宣入說雅雅即斬異已者遂出降未幾石勒別將圍譙城含又遣宣率衆救逖未至而賊退逖留宣討諸未服皆破之遷譙國內史祖約之棄譙城也宣以牋諫不從由是石勒遂有陳留及約與蘇峻同反宣謂祖智曰今強胡未滅將戮力以討之而與峻俱反此安得久乎使君若欲爲雄霸何不助國討峻威名自舉智等不能用宣欲諫約遣其子戎白約求入約知宣必諫不聽宣遂距約不與之同邵陵人陳光率部落數百家降宣宣皆慰撫之約還歷陽宣將數千家欲南投尋陽營於馬頭山值祖煥欲襲湓口陶侃使毛寶救之煥遣衆攻宣宣使戎求救於寶寶擊煥破之宣因投溫嶠嶠以戎爲參軍賊平宣居于武昌戎復爲劉胤參軍郭默害胤復以戎爲參軍陶侃討默默遣戎求救於宣宣僞許之西陽太守鄧嶽武昌太守劉詡皆疑宣與默同豫州西曹王隨曰宣尚背祖約何緣同郭默邪嶽詡乃遣隨詣宣以觀之隨謂宣曰明府心雖不爾無以自明惟有以戎付隨耳宣乃遣戎與隨俱迎陶侃辟戎爲掾上宣爲武昌太守尋遷監沔中軍事南中郎將江夏相石勒荊州刺史郭敬戍襄陽陶侃使其子平西參軍斌與宣俱攻樊城拔之竟陵太守李陽又破新野敬懼遁走宣與陽遂平襄陽侃使宣鎮之以其淮南部曲立義成郡宣招懷初附勸課農桑簡刑罰略威儀或載鉏耒於軺軒或親芸穫於隴畝十餘年間石季龍再遣騎攻之宣能得衆心每以寡弱距守論者以爲次於祖逖周訪侃欲使宣北事中原會侃薨後庾亮爲荊州將謀北伐以宣爲都督沔北前鋒征討軍事平北將軍司州刺史假節鎮襄陽季龍使騎七千渡沔攻之亮遣司馬王愆期輔國將軍毛寶救宣賊三面爲地窟攻城宣募精勇出其不意殺傷數百多獲鎧馬賊解圍退走久之宣遣步騎收南陽諸郡百姓沒賊者八千餘人以歸庾翼代亮欲傾國北討更以宣爲都督司雍梁三州荊州之南陽襄陽新野南鄉四郡軍事梁州刺史持節將軍如故以前後功封竟陵縣男宣久在襄陽綏撫僑舊甚有稱績庾翼遷鎮襄陽令宣進伐石季龍將李羆軍次丹水爲賊所敗翼怒貶宣爲建威將軍使移戍峴山宣望實俱喪兼以老疾時南蠻校尉王愆期守江陵以疾求代翼以宣爲鎮南將軍南郡太守代愆期宣不得志未之官發憤卒追贈鎮南將軍戎官至新野太守

伊字叔夏父景有當世才幹仕至侍中丹陽尹中領軍護軍將軍長社侯伊有武幹標格簡率爲王濛劉惔所知頻參諸府軍事累遷大司馬參軍時苻堅強盛邊鄙多虞朝議選能距捍疆埸者乃授伊淮南太守以綏御有方進督豫州之十二郡揚州之江西五郡軍事建威將軍歷陽太守淮南如故與謝玄共破賊別將王鑒張蚝等以功封宣城縣子又進都督豫州諸軍事西中郎將豫州刺史及苻堅南寇伊與冠軍將軍謝玄輔國將軍謝琰俱破堅於肥水以功封永脩縣侯進號右軍將軍賜錢百萬袍表千端伊性謙素雖有大功而始終不替善音樂盡一時之妙爲江左第一有蔡邕柯亭笛常自吹之王徽之赴召京師泊舟青溪側素不與徽之相識伊於岸上過船中客稱伊小字曰此桓野王也徽之便令人謂伊曰聞君善吹笛試爲我一奏伊是時已貴顯素聞徽之名便下車踞胡床爲作三調弄畢便上車去客主不交一言時謝安女壻王國寶專利無檢行安惡其爲人每抑制之及孝武末年嗜酒好內而會稽王道子昏醟尤甚惟狎昵諂邪於是國寶讒諛之計稍行於主相之間而好利險詖之徒以安功名盛極而構會之嫌隙遂成帝召伊飲讌安侍坐帝命伊吹笛伊神色無迕即吹爲一弄乃放笛云臣於箏分乃不及笛然自足以韻合歌管請以箏歌并請一吹笛人帝善其調達乃勑御妓奏笛伊又云御府人於臣必自不合臣有一奴善相便串帝彌賞其放率乃許召之奴既吹笛伊便撫箏而歌怨詩曰爲君既不易爲臣良獨難忠信事不顯乃有見疑患周旦佐文武金縢功不刊推心輔王政二叔反流言聲節慷慨俯仰可觀安泣下沾衿乃越席而就之捋其鬚曰使君於此不凡帝甚有愧色伊在州十年綏撫荒雜甚得物情桓沖卒遷都督江州荊州十郡豫州四郡軍事江州刺史將軍如故假節伊到鎮以邊境無虞宜以寬卹爲務乃上疏以江州虛耗加連歲不登今餘戶有五萬六千宜并合小縣除諸郡逋米移州還鎮豫章詔令移州尋陽其餘皆聽之伊隨宜拯撫

百姓賴焉在任累年徵拜護軍將軍以右軍府千人自隨配護軍府卒官贈右將軍加散騎常侍謚曰烈初伊有馬步鎧六百領豫爲表令死乃上之表曰臣過蒙殊寵受任西藩淮南之捷逆兵奔北人馬器鎧隨處放散于時收拾敗破不足貫連比年營繕並已修整今六合雖一餘燼未滅臣不以朽邁猶欲輸效力命仰報皇恩此志永絕銜恨泉壤謹奉輸馬具裝百具步鎧五百領並在尋陽請勒所屬領受詔曰伊忠誠不遂益以傷懷仍受其所上之鎧子肅之嗣卒子陵嗣宋受禪國除伊弟不才亦有將略討孫恩至冠軍將軍

朱伺

朱伺字仲文安陸人少爲吳牙門將陶丹給使吳平內徙江夏伺有武勇而訥口不知書爲郡將督見鄉里士大夫揖稱名而已及爲將遂以謙恭稱張昌之逆太守弓欽走灄口伺與同輩郴寶布興合衆討之不尅乃與欽奔武昌後更率部黨攻滅之轉騎部曲督加綏夷都尉伺部曲等以諸縣附昌惟本部唱義討逆逆順有嫌求別立縣因此遂割安陸東界爲灄陽縣而貫焉其後陳敏作亂陶侃時鎮江夏以伺能水戰曉作舟艦乃遣作大艦署爲左甄據江口摧破敏前鋒敏弟恢稱荊州刺史在武昌侃率伺及諸軍進討破之敏恢既平伺以功封亭侯領騎督時西陽夷賊抄掠江夏太守楊珉每請督將議距賊之計伺獨不言珉曰朱將軍何以不言伺答曰諸人以舌擊賊伺惟以力耳珉又問將軍前後擊賊何以每得勝邪伺曰兩敵共對惟當忍之彼不能忍我能忍是以勝耳珉大笑永嘉中石勒破江夏伺與楊珉走夏口及陶侃來戍夏口伺依之加明威將軍隨侃討杜弢有殊功語在侃傳夏口之戰伺用鐵面自衞以弩的射賊大帥數人皆殺之賊挽船上岸於水邊作陣伺逐水上下以邀之箭中其脛氣色不變諸軍尋至賊潰追擊之皆棄船投水死者大半賊夜還長沙伺追至蒲圻不及而反加威遠將軍赤幢曲蓋建興中陳聲率諸無賴二千餘家斷江抄掠侃遣伺爲督護討聲聲衆雖少伺容之不擊求遣弟詣侃降伺外許之及聲去伺乃遣勁勇要聲弟斬之潛軍襲聲聲止旦並出祭祀飲食伺軍入其門方覺聲將閻晉鄭進皆死戰伺軍人多傷乃還營聲東走保董城伺又率諸軍圍守之遂重柴繞城作高櫓以勁弩下射之又斷其水道城中無水殺牛飲血閻晉聲婦弟也乃斬聲首出降又以平蜀賊襲高之功加伺廣威將軍領竟陵內史時王敦欲用從弟廙代侃爲荊州侃故將鄭攀馬儁等乞侃於敦敦不許攀等以侃始滅大賊人皆樂附又以廙忌戾難事謀共距之遂屯結溳口遣使告伺伺外許之而稱疾不赴攀等遂進距廙既而士衆疑阻復散還橫桑口欲入杜曾時朱軌趙誘李桓率衆將擊之攀等懼誅以司馬孫景造謀距廙因斬之降軌等廙將西出遣長史劉浚留鎮揚口壘時杜曾請討第五猗於襄陽伺謂廙曰曾是猾賊外示西還以疑衆心欲誘引官軍使西然後兼道襲揚口耳宜大部分未可便西廙性矜厲自用兼以伺老怯難信遂西行曾等果馳還廙乃遣伺歸裁至壘卽爲曾等所圍劉浚以壘北門危欲令伺守之或說浚云伺與鄭攀同者乃轉守南門賊知之攻其北門時鄭攀黨馬儁等亦來攻壘儁妻子先在壘內或請皮其面以示之伺曰殺其妻子未能解圍但益其怒耳乃止伺常所調弩忽爆不發伺甚惡之及賊攻陷北門伺被傷退入船初浚開諸船底以木掩之名爲船械伺既入賊舉鋋擿伺伺逆接得鋋反以擿賊賊走上船屋大喚云賊帥在此伺從船底沉行五十步乃免遇醫療創小差杜曾遣說伺云馬儁等感卿恩妻孥得活盡以卿家外內百口付儁儁已盡心收視卿可來也伺答曰賊無白首者今吾年六十餘不能復與卿作賊吾死當歸南妻子付汝乃還甑山時王廙與李桓杜曾相持累戰甑山下軍士數驚奐云賊欲至伺驚創而卒因葬甑山

毛寶 子穆之 安之 孫璩 宗人德祖

毛寶字碩眞滎陽陽武人也王敦以爲臨湘令敦卒爲溫嶠平南參軍蘇峻作逆嶠將赴難而征西將軍陶侃懷疑不從嶠屢說不能迴更遣使順侃意曰仁公且守僕宜先下遣信已二日會寶別使還聞之說嶠曰凡舉大事當與天下共同衆克在和不聞有異假令可疑猶當外示不覺況自作疑邪便宜急追信改舊書說必應俱征若不及前信宜更遣使嶠意悟卽追信改書侃果共征峻寶領千人爲嶠前鋒俱次茄子浦初嶠以南軍習水峻軍便步欲以所長制之宜令三軍有上岸者死時蘇峻送米萬斛饋祖約約遣司馬桓撫等迎之寶告其衆曰兵法軍令有所不從豈可不上岸邪乃設變力戰悉獲其人虜殺萬計約用大飢嶠嘉其勳上爲廬江太守約遣祖渙桓撫等欲襲湓口陶侃將自擊之寶曰義軍恃公公不可動寶請討之侃顧謂坐客曰此年少言可用也乃使寶行先是桓宣背約南屯馬頭山爲渙撫所攻求救於寶寶衆以宣本是約黨疑之宣遣子戎重請寶卽隨戎赴之未至而賊已與宣戰寶軍懸兵少器杖濫惡大爲渙撫所破寶中箭貫髀徹鞍使人蹋鞍拔箭血流滿鞾夜奔船所百餘里望星而行到先哭戰亡將士洗瘡訖夜還救宣寶至宣營而渙撫亦退寶進攻祖約軍次東關破合肥尋召歸石頭陶侃溫嶠未能破賊侃欲率衆南還寶謂嶠曰下官能留之乃往說侃曰公本應領蕪湖爲南北勢援前既已下勢不可還且軍政有進無退非直整齊三軍示衆必死而已亦謂退無所據終至滅亡往者杜弢非不強盛公竟滅之何至於峻獨不可破邪賊亦畏死非皆勇健公可試與寶兵使上岸斷賊資糧出其不意使賊困蹙若寶不立效然後公去人心不恨侃然之加寶督護寶燒峻句容湖孰積聚峻頗乏食侃遂留不去峻既死匡術以苑城降侃使寶守南城鄧嶽守西城賊遣韓晃攻之寶登城射殺數十人晃問寶曰君是毛廬江邪寶曰是晃曰君名壯勇何不出鬭寶曰君若健將何不入鬭晃笑而退賊平封州陵縣開國侯千六百戶庾亮西鎮請爲輔國將軍江夏相督隨義陽二郡鎮上明又進南中郎隨亮討郭默默平與亮司馬王愆期等救桓宣於章山擊賊將石遇破之進征虜將軍亮謀北伐上疏解豫州請以授寶於是詔以寶監揚州之江西諸軍事豫州刺史將軍如故與西陽太守樊峻以萬人守邾城石季龍惡之乃遣其子鑒與其將夔安李菟等五萬人來寇張貉渡二萬騎攻邾城寶求救於亮亮以城固不時遣軍城遂陷寶峻等率左右突圍出赴江死者六千人寶亦溺死亮哭之慟因發疾遂薨詔曰寶之傾敗宜在貶裁然蘇峻之難致力王室今各其過故不加贈祭之可也其後公卿言寶有重勳加死王事不宜奪爵升平三年乃下詔復本封初寶在武昌軍人有於市買得一白龜長四五寸養之漸大放諸江中邾城之敗養龜人被鎧持刀自投於水中如覺墮一石上視之乃先所養白龜長五六尺送至東岸遂得免焉寶二子穆之安之

穆之字憲祖小字武生名犯王靖后諱故行字後又以桓溫母名憲乃更稱小字穆之果毅有父風安西將軍庾翼以爲參軍襲爵州陵侯翼等專威陝西以子方之爲建武將軍守襄陽方之年少選武將可信杖者爲輔弼乃以穆之爲建武司馬俄而翼薨大將于瓚戴羲等作亂穆之與安西長史江虨司馬朱燾等共平之桓溫代翼復取爲參軍從溫平蜀以功賜次子都鄉侯尋除揚威將軍潁川太守隨溫平洛入關溫將旋師以謝尚未至留穆之以二千人衛山陵升平初遷督寧州諸軍事揚威將軍寧州刺史以桓溫封南郡徙穆之爲建安侯復爲溫太尉參軍加冠軍將軍以所募兵配之溫伐慕容暐使穆之監鑿鉅野百餘里引汶會于濟川及溫焚舟步歸使穆之督東燕四郡軍事領東燕太守本官如故袁眞以壽陽叛溫將征之穆之以冠軍領淮南太守守歷陽眞平餘黨分散乃以穆之督揚州之江西軍事復領陳郡太守俄而徙督揚州之義成荊州五郡雍州之京兆軍事襄陽義成河南三郡太守將軍如故尋進領梁州刺史頃之以疾解職詔以冠軍徵還苻堅別將寇彭城復以將軍假節監江北軍事鎮廣陵遷右將軍宣城內史假節鎮姑孰穆之以爲戍在近畿無復軍警不宜加節上疏辭讓許之苻堅別將圍襄陽詔穆之就上明受桓沖節度沖使穆之游軍沔中穆之始至而朱序陷沒引軍還郡堅衆又寇蜀漢梁州刺史楊亮益州刺史周仲孫奔退沖使穆之督梁州之三郡軍事右將軍西蠻校尉益州刺史領建平太守假節戍巴郡以子球爲梓潼太守穆之與球伐堅至于巴西郡以糧運乏少退屯巴東病卒追贈中軍將軍謚曰烈子珍嗣位至天門太守珍弟璩球璠瑾瑗璩最知名

璩字叔連弱冠右將軍桓豁以爲參軍尋遭父憂服闋爲謝安衛將軍參軍除尚書郎安復請爲參軍轉安子琰征虜司馬淮淝之役苻堅進走璩與田次之共躡堅至中陽不及而歸遷寧朔將軍淮南太守尋補鎮北將軍譙王恬司馬海陵縣界地名青蒲四面湖澤皆是菰葑逃亡所聚威令不能及璩建議率千人討之時大旱璩因放火菰葑盡然亡戶窘迫悉出詣璩自首近有萬戶皆以補兵朝廷嘉之轉西中郎司馬龍驤將軍譙梁二郡內史尋代郭銓爲建威將軍益州刺史安帝初進征虜將軍及桓玄篡位遣使加璩散騎常侍左將軍璩執留玄使不受命玄以桓希爲梁州刺史王異據涪郭法戍宕渠師寂戍巴郡周道子戍白帝以防之璩傳檄遠近列玄罪狀遣巴東太守柳約之建平太守羅述征虜司馬甄季之擊破希等仍率衆次于白帝武陵王令曰益州刺史毛璩忠誠懇亮自桓玄萌禍常思躡其後今若平殄兇逆肅清荊郢者便當即授上流之任初璩弟寧州刺史璠喪官璩兄球孫祐之及參軍費恬以數百人送喪葬江陵會玄敗謀奔梁州璩弟瑾子修之時爲玄屯騎校尉誘玄使入蜀既而脩之與祐之費恬及漢嘉人馮遷共殺玄約之等聞玄死進軍到枝江而桓

振復攻沒江陵劉毅等還尋陽約之亦退俄而季之逝等皆病約之詣振僞降因欲襲振事泄被害約之司馬時延祖涪陵太守文處茂等撫其餘衆保涪陵振遣桓放之爲益州屯西陵處茂距擊破之振死安帝反正詔曰夫貞松標於歲寒忠臣亮于國危益州刺史璩體識弘正誠契義旗受命偏師次于近畿匡翼之勳寔感朕心可進征西將軍加散騎常侍都督益梁秦涼寧五州軍事行宜都寧蜀太守文處茂宣讚蕃牧蒙險夷難可輔國將軍西夷校尉巴西梓潼二郡太守又詔西夷校尉瑾爲持節監梁秦二州軍事征虜將軍梁秦二州刺史略陽武都太守瑾弟蜀郡太守瑗爲輔國將軍寧州刺史初璩聞振陷江陵率衆赴難使瑾瑗順外江而下使參軍譙縱領巴西梓潼二郡軍下涪水當與璩軍會於巴郡蜀人不樂東征縱因人情思歸於五城水口反還襲涪害瑾瑾留府長史鄭純之自成都馳使告璩璩時在略城去成都四百里遣參軍王瓊討反者相距於廣漢樊道令何林聚黨助縱而璩下人受縱誘說遂共害璩及瑗并子姪之在蜀者一時殄沒璩子弘之嗣義熙中時延祖爲始康太守上疏訟璩兄弟於是詔曰故益州刺史璩西夷校尉瑾蜀郡太守瑗勤王忠烈事乖慮外葬送日近益懷惻愴可皆贈先所授官給錢三十萬布三百匹論璩討桓玄功追封歸鄉公千五百戶又以祐之斬玄功封夷道縣侯自寶至璩三葉擁旄開國者四人將帥之家與尋陽周氏爲輩而人物不及也瑾子脩之頻歷清顯至右衞將軍從劉裕平姚泓後爲安西司馬沒于魏

安之字仲祖亦有武幹累遷撫軍參軍魏郡太守簡文輔政委以爪牙及登阼安之領兵從駕使止宿宮中尋拜游擊將軍時庾希入京口朝廷震動命安之督城門諸軍事孝武即位妖賊盧悚突入殿廷安之聞難率衆直入雲龍門手自奮擊既而左衞將軍殷康領軍將軍桓祕等至與安之并力悚因勦滅遷右衞將軍定后崩領將作大匠卒官追贈光祿勳四子潭泰邃遁潭嗣爵官至江夏相泰歷太傅從事中郎後軍諮議參軍與邃俱爲會稽王父子所昵乃追論安之討盧悚勳賜爵平都子命潭襲爵元顯嘗宴泰家既而欲去泰苦留之曰公若遂去當取公腳元顯大怒奮衣而出遂與元顯有隙及元顯敗泰時爲冠軍將軍堂邑泰山二郡太守邃爲游擊將軍遁爲太傅主簿桓玄得志使泰收元顯送于新亭泰因宿恨手加毆辱俄並爲玄所殺惟遁被徙廣州義熙初得還至宜都太守

德祖璩宗人也父祖並沒于賊中德祖兄弟五人相攜南渡皆有武幹荆州刺史劉道規以德祖爲建武將軍始平太守又從涪陵太守盧循之役道規又以爲參軍伐徐道覆於始興尋遭母憂劉裕伐司馬休之版補太尉參軍義陽太守賜爵遷陵縣侯轉南陽太守從劉裕伐姚泓頻攻滎陽扶風南安馮翊數郡所在尅捷裕嘉之以爲龍驤將軍秦州刺史裕第二子義眞爲安西將軍雍州刺史以德祖爲中兵參軍領天水太守從義眞還裕以德祖督河東平陽二郡軍事輔國將軍河東太守代劉遵考守蒲坂及河北覆敗德祖全軍而歸裕方欲蕩平關洛先以德祖督九郡軍事冠軍將軍滎陽京兆太守以前後功賜爵灌陽縣男尋遷督司雍并三州諸軍事冠軍將軍司州刺史戍武牢爲魏所沒德祖次弟嶷嶷弟辯並有志節嶷死於盧循之難辯沒於魯宗之役並奮不顧命爲世所歎

劉遐

劉遐字正長廣平易陽人也性果毅便弓馬開豁勇壯値天下大亂遐爲塢主每擊賊率壯士陷堅摧鋒冀方比之張飛關羽鄉人冀州刺史邵續深器之以女妻焉遂壁于河濟之間賊不敢逼遐間道遣使受元帝節度朝廷嘉之璽書慰勉以爲龍驤將軍平原內史建武初元帝令曰遐忠勇果毅義誠可嘉以遐爲下邳內史將軍如故初沛人周堅一名撫與同郡周默因天下亂各爲塢主以寇抄爲事默降祖逖撫怒遂襲殺默以彭城叛石勒遣騎援之詔遐領彭城內史與徐州刺史蔡豹泰山太守徐龕共討撫戰於寒山撫敗走詔從遐爲臨淮太守徐龕復反事平以遐爲北中郎將兗州刺史太寧初自彭城移屯泗口王含反遐與蘇峻俱赴京都含敗隨丹陽尹溫嶠追含至于淮南遐頗放兵虜掠嶠曰天道助順故王含勦絕不可因亂爲亂也遐深自陳而拜謝事平以功封泉陵公遷散騎常侍監淮北軍中郎將徐州刺史假節代王邃鎮淮陰咸和元年卒追贈安北將軍子肇年幼成帝以徐州授郗鑒以郭默爲北中郎將領遐部曲遐妹夫田防及遐故將史迭卞咸李龍等不樂他屬共立肇襲遐故位以叛成帝遣郭默等率諸郡討之默等始上道而臨淮太守劉矯率將士數百掩襲遐營迭等迸走斬田防及督護卞咸等追斬迭龍於下邳傳首詣闕遐母妻子參佐將士悉還建康遐妻驍果有父風遐嘗爲石季龍所圍妻單將數騎拔遐出於萬衆之中及田防等欲爲亂遐妻止之不從乃密起火燒甲杖都盡肇襲爵官至散騎侍郎肇卒子羣嗣卒子遵之嗣卒子伯齡嗣宋受禪國除

鄧嶽 子遐

鄧嶽字伯山陳郡人也本名岳以犯康帝諱改爲嶽後竟改名爲岱焉少有將帥才略爲王敦參軍轉從事中郎西陽太守王含構逆嶽領兵隨含向京都及含敗嶽與周撫俱奔蠻王向蠶後遇赦與撫俱出久之司徒王導命爲從事中郎後復爲西陽太守及蘇峻反平南將軍溫嶠遣嶽與督護王愆期鄱陽太守紀睦等率舟軍赴難峻平還郡郭默之殺劉胤也大司馬陶侃使嶽率西陽之衆討之默平遷督交廣二州軍事建武將軍領平越中郎將廣州刺史假節錄前後勳封宜城縣伯咸康三年嶽遣軍伐夜郎破之加督寧州進征虜將軍遷平南將軍卒子遐嗣

遐字應遠勇力絕人氣蓋當時時人方之樊噲桓溫以爲參軍數從溫征伐歷冠軍將軍數郡太守號爲名將襄陽城北沔水中有蛟常爲人害遐遂拔劍入水蛟繞其足遐揮劍截蛟數段而出枋頭之役溫既懷恥忿且忌憚遐之勇果因免遐官尋卒寧康中追贈廬陵太守嶽弟逸字茂山亦有武幹嶽卒後以逸監交廣州建威將軍平越中郎將廣州刺史假節

朱序

朱序字次倫義陽人也父燾以才幹歷西蠻校尉益州刺史序世爲名將累遷鷹揚將軍江夏相興寧末梁州刺史司馬勳反桓溫表序爲征討都護往討之以功拜征虜將軍封襄平子太和中遷兗州刺史時長城人錢弘聚黨百餘人藏匿原鄉山以序爲中軍司馬吳興太守序至郡討擒之事訖還兗州寧康初拜使持節監沔中諸軍事南中郎將梁州刺史鎮襄陽是歲苻堅遣其將苻丕等率衆圍序序固守賊糧將盡率衆苦攻之初苻丕之來攻也序母韓自登城履行謂西北角當先受弊遂領百餘婢并城中女丁於其角斜築城二十餘丈賊攻西北角果潰衆便固新築城丕遂引退襄陽人謂此城爲夫人城序累戰破賊人情勞懈又以賊退稍遠疑未能來守備不謹督護李伯護密與賊相應襄陽遂沒序陷於苻堅堅殺伯護徇之以其不忠也序欲逃歸潛至宜陽藏夏揆家堅疑揆收之序乃詣苻暉自首堅嘉而不問以爲尚書太元中苻堅南侵謝石率衆距之時堅大兵尚在項苻融以三十萬衆先至堅遣序說謝石稱己兵威序反謂石曰若堅百萬之衆悉到莫可與敵及其未會擊之可以得志於是石遣謝琰選勇士八千人涉肥水挑戰堅衆小郤序時在其軍後唱云堅敗衆遂大奔序乃得歸拜龍驤將軍琅邪內史轉揚州豫州五郡軍事豫州刺史屯洛陽後丁零翟遼反序遣將軍秦膺童斌與淮泗諸郡共討之又監兗青二州諸軍事二州刺史將軍如故進鎮彭城序求鎮淮陰帝許焉翟遼又使其子釗寇陳穎序還遣秦膺討釗走之拜征虜將軍表求運江州米十萬斛布五千匹以資軍費詔聽之加都督司雍梁秦四州軍事帝遣廣威將軍河南太守楊佺期南陽太守趙睦各領兵千人隸序序又表求故荆州刺史桓石生府田百頃并穀八萬斛給之仍戍洛陽衛山陵也其後慕容永率衆向洛陽序自河陰北濟與永僞將王次等相遇乃戰於沁水次敗走斬其支將勿支首參軍趙睦江夏相桓不才追永破之于太行永歸上黨時楊楷聚衆數千在湖陝聞永敗遣任子詣序乞降序追永至上黨之白水與永相持二旬聞翟遼欲向金墉乃還遂攻翟釗於石門遣參軍趙蕃破翟遼於懷縣遼宵遁序退次洛陽留鷹揚將軍朱黨戍石門序仍使子略督護洛城趙蕃爲助序還襄陽會稽王道子以序勝負相補不加褒貶其後東羌校尉竇衝欲入漢川安定人皇甫釗京兆人周勳等謀納之梁州刺史周瓊失巴西三郡衆寡力弱告急於序序遣將軍皇甫貞率衆赴之衝據長安東釗勳散走序以老病累表解職不許詔斷表遂輒去任數旬歸罪廷尉詔原不問太元十八年卒贈左將軍散騎常侍

史臣曰晉氏淪喪播遷江表內難荐臻外虞不息經略之道是所未弘將帥之功無聞焉爾遜豹宣肩服勤於太輿之間毛鄧劉朱馳騖乎咸和之後雖人不逮古亦足列於當世焉

贊曰氣分淮海災流瀍澗覆類玄蚖輿微鴻雁鼓鞞在聽兕罝有作赳赳羣英勤茲王略

晉書卷八十一考證

毛璩傳俄而季之逝等皆病○等各本誤之按上文云征虜將軍甄季之建平太守羅述不應作逝之也今改正

晉書卷八十二

唐 太 宗 文 皇 帝 御 撰

列傳第五十二

陳壽

陳壽字承祚，巴西安漢人也。少好學，師事同郡譙周，仕蜀爲觀閣令史。宦人黃皓專弄威權，大臣皆曲意附之，壽獨不爲之屈，由是屢被譴黜。遭父喪，有疾，使婢丸藥，客往見之，鄉黨以爲貶議。及蜀平，坐是沉滯者累年。司空張華愛其才，以壽雖不遠嫌，原情不至貶廢，舉爲孝廉，除佐著作郎，出補陽平令。撰蜀相諸葛亮集，奏之。除著作郎，領本郡中正。撰魏吳蜀三國志，凡六十五篇。時人稱其善敍事，有良史之才。夏侯湛時著魏書，見壽所作，便壞己書而罷。張華深善之，謂壽曰：「當以晉書相付耳。」其爲時所重如此。或云丁儀、丁廙有盛名於魏，壽謂其子曰：「可覓千斛米見與，當爲尊公作佳傳。」丁不與之，竟不爲立傳。壽父爲馬謖參軍，謖爲諸葛亮所誅，壽父亦坐被髡，諸葛瞻又輕壽。壽爲亮立傳，謂亮將略非長，無應敵之才；言瞻惟工書，名過其實。議者以此少之。

張華將舉壽爲中書郎，荀勖忌華而疾壽，遂諷吏部遷壽爲長廣太守。辭母老不就。杜預將之鎭，復薦之於帝，宜補黃散。由是授御史治書。以母憂去職。母遺言令葬洛陽，壽遵其志。又坐不以母歸葬，竟被貶議。初，譙周嘗謂壽曰：「卿必以才學成名，當被損折，亦非不幸也。宜深慎之。」壽至此，再致廢辱，皆如周言。後數歲，起爲太子中庶子，未拜。元康七年，病卒，時年六十五。梁州大中正、尚書郎范頵等上表曰：「昔漢武帝詔曰：『司馬相如病甚，可遣悉取其書。』使者得其遺書，言封禪事，天子異焉。臣等按故治書侍御史陳壽作三國志，辭多勸誡，明乎得失，有益風化，雖文豔不若相如，而質直過之，願垂採錄。」於是詔下河南尹、洛陽令，就家寫其書。壽又撰古國志五十篇、益都耆舊傳十篇，餘文章傳於世。

王長文

王長文字德叡，廣漢郪人也。少以才學知名，而放蕩不羈，州府辟命皆不就。州辟別駕，乃微服竊出，舉州莫知所之。後於成都市中蹲踞齧胡餅。刺史知其不屈，禮遣之。閉門自守，不交人事。著書四卷，擬易，名曰通玄經，有文言、卦象，可用卜筮，時人比之楊雄太玄。同郡馬秀曰：「楊雄作太玄，惟桓譚以爲必傳後世。晚遭陸績，玄道遂明。長文通玄經未遇陸績、君山耳。」太康中，蜀土荒饉，開倉振貸。長文居貧，貸多，後無以償。郡縣切責，送長文到州。刺史徐幹捨之，不謝而去。後成都王穎引爲江源令。或問：「前不降志，今何爲屈？」長文曰：「祿以養親，非爲身也。」梁王肜爲丞相，引爲從事中郎。在洛出行，輒著白旃小鄣以載車，當時異焉。後終於洛。

虞溥

虞溥字允源，高平昌邑人也。父祕，爲偏將軍，鎭隴西。溥從父之官，專心墳籍。時疆埸閲武，人爭視之，溥未嘗寓目。郡察孝廉，除郎中，補尚書都令史。尚書令衞瓘、尚書褚䂮並器重之。溥謂瓘曰：「往者金馬啓符，大晉應天，宜復先王五等之制，以綏久長。不可承暴秦之法，遂漢魏之失也。」瓘曰：「歷代歎此，而終未能改。」稍遷公車司馬令，除鄱陽內史。大修庠序，廣招學徒，移告屬縣曰：「學所以定情理性而積衆善者也。情定於內而行成於外，積善於心而名顯於教。故中人之性隨教而移，善積則習與性成。唐虞之時，皆比屋而可封；及其廢也，而云可誅。豈非化以成俗，教移人心者哉！自漢氏失御，天下分崩，江表寇隔，久替王教，庠序之訓，廢而莫修。今四海一統，萬里同軌，熙熙兆庶，咸休息乎太和之中，宜崇尚道素，廣開學業，以讚協時雍，光揚盛化。」乃具爲條制。於是至者七百餘人。溥乃作誥以奬訓之，曰：

「文學諸生皆冠帶之流，年盛志美，始涉學庭，講修典訓，此大成之業，立德之基也。夫聖人之道淡而寡味，故始學者不好也。及至朞月，所觀彌博，所習彌多，日聞所不聞，日見所不見，然後心開意朗，敬業樂羣，忽然不覺大化之陶己，至道之入神也。故學之染人，甚於丹青。丹青吾見其久而渝矣，未見久學而渝者也。

夫工人之染，先修其質，後事其色，質修色積，而染工畢矣。學亦有質，孝悌忠信是也。君子內正其心，外修其行，行有餘力，則以學文，文質彬彬，然後爲德。夫學者不患才不及，而患志不立，故曰希驥之馬，亦驥之乘，希顏之徒，亦顏之倫也。又曰鍥而舍之，朽木不知；鍥而不舍，金石可虧。斯非其效乎！

今諸生口誦聖人之典，體閑庠序之訓，比及三年，可以小成。而令名宣流，雅譽日新，朋友欽而樂之，朝士敬而歎之。於是州府交命，擇官而仕，不亦美乎！若乃含章舒藻，揮翰流離，稱述世務，探賾究奇，使楊班韜筆，仲舒結舌，亦惟才所居，固無常人也。然積一勺以成江河，累微塵以崇峻極，匪志匪勤，理無由濟也。諸生若絕人間之務，心專親學，累一以貫之，積漸以進之，則亦或遲或速，或先或後耳，何滯而不通，何遠而不至邪！」

時祭酒求更起屋行禮，溥曰：「君子行禮，無常處也，故孔子射於矍相之圃，而行禮於大樹之下。況今學庭庠序，高堂顯敞乎！」溥爲政嚴而不猛，風化大行，有白烏集于郡庭。注春秋經傳，撰江表傳及文章詩賦數十篇。卒於洛，時年六十二。子勃，過江上江表傳於元帝，詔藏于祕書。

司馬彪

司馬彪字紹統，高陽王睦之長子也。出後宣帝弟敏。少篤學不倦，然好色薄行，爲睦所責，故不得爲嗣，雖名出繼，實廢之也。彪由此不交人事，而專精學習，故得博覽羣籍，終其綴集之務。初拜騎都尉。泰始中，爲祕書郎，轉丞。注莊子，作九州春秋。以爲「先王立史官以書時事，載善惡以爲沮勸，撮教世之要也。是以春秋不修，則仲尼理之；關雎既亂，則師摯修之。前哲豈好煩哉？蓋不得已故也。漢氏中興，訖于建安，忠臣義士亦以昭著，而時無良史，記述煩雜，譙周雖已刪除，然猶未盡，安順以下，亡缺者多。」彪乃討論衆書，綴其所聞，起於世祖，終于孝獻，編年二百，錄世十二，通綜上下，旁貫庶事，爲紀、志、傳凡八十篇，號曰續漢書。泰始初，武帝親祠南郊，彪上疏定議，語在郊祀志。後拜散騎侍郎。惠帝末年卒，時年六十餘。

初，譙周以司馬遷史記書周秦以上，或採俗語百家之言，不專據正經，周於是作古史考二十五篇，皆憑舊典，以糾遷之謬誤。彪復以周爲未盡善也，條古史考中凡百二十二事爲不當，多據汲冢紀年之義，亦行於世。

王隱

王隱字處叔，陳郡陳人也。世寒素。父銓，歷陽令，少好學，有著述之志，每私錄晉事及功臣行狀，未就而卒。隱以儒素自守，不交勢援，博學多聞，受父遺業，西都舊事多所諳究。建興中，過江，丞相軍諮祭酒涿郡祖納雅相知重。納好博弈，每諫止之。納曰：「聊用忘憂耳。」隱曰：「蓋古人遭時，則以功達其道；不遇，則以言達其才，故否泰不窮也。當今晉未有書，天下大亂，舊事蕩滅，非凡才所能立。君少長五都，游宦四方，華夷成敗皆在耳目，何不述而裁之！應仲遠作風俗通，崔子眞作政論，蔡伯喈作勸學篇，史游作急就章，猶行於世，便爲沒而不朽。當其同時，人豈少哉？而了無聞，皆由無所述作也。故君子疾沒世而無聞，易稱自強不息，況國史明乎得失之跡，何必博奕而後忘憂哉！」納喟然歎曰：「非不悅子之道，力不足也。」乃上疏薦隱。元帝以草創務殷，未遑史官，遂寢不報。

太興初，典章稍備，乃召隱及郭璞俱爲著作郎，令撰晉史。豫平王敦功，賜爵平陵鄉侯。時著作郎虞預私撰晉書，而生長東南，不知中朝事，數訪於隱，幷借隱所著書竊寫之，所聞漸廣。是後更疾隱，形于言色。預既豪族，交結權貴，共爲朋黨，以斥隱，竟以謗免，黜歸于家。貧無資用，書遂不就，乃依征西將軍庾亮於武昌。亮供其紙筆，書乃得成，詣闕上之。隱雖好著述，而文辭鄙拙，蕪舛不倫。其書次第可觀者，皆其父所撰；文體混漫義不可解者，隱之作也。年七十餘，卒於家。

隱兄瑚字處仲，少重武節。成都王穎舉兵向洛，以爲冠軍參軍。積功累遷游擊將軍。與司隸滿奮、河南尹周馥等俱屯大司馬門，以衞宮掖。時上官已縱暴，瑚與奮等共謀除之，反爲所害。

虞預

虞預字叔寧，徵士喜之弟也。本名茂，犯明穆皇后母諱，故改焉。預十二而孤，少好學，有文章。餘姚風俗，各有朋黨，宗人共薦預爲縣功曹，欲使沙汰穢濁。預書與其從叔父曰：「近或聞諸君以預入仕，便應委質，則當親事，不得徒已。然預下愚，過有所懷。邪黨互瞻，異同蜂至，一旦差跌，衆鼓交鳴。毫釐之失，差以千里，此古人之炯戒，而預所大恐也。」卒如預言，未半年，遂見斥退。

太守庾琛命爲主簿。預上記陳時政所失，曰：「軍寇以來，賦役繁數，兼值年荒，百姓失業，是輕繇薄斂、寬刑省役之時也。自頃長吏輕多去來，送故迎新，交錯道路。受迎者惟恐船馬之不多，見送者惟恨吏卒之常少。窮奢竭費謂之忠義，省煩從簡呼爲薄俗，轉相放效，流而不反，雖有常防，莫肯遵修。加以王塗未夷，所在停滯，送者經年，永失播植。一夫不耕，十夫無食，況轉百數，所妨不訾。愚謂宜勒屬縣，若令尉先去官者，人船吏侍皆具條列，到當依法減省，使公私允當。又今統務多端，動加重制，每有特急，輒立督郵。計今直兼三十餘人，人船吏侍皆當出官，益不堪命，宜復減損，嚴爲之防。」琛善之，即皆施行。

太守紀瞻到，預復爲主簿，轉功曹史。察孝廉，不行。安東從事中郎諸葛恢、參軍庾亮等薦預，召爲丞相行參軍兼記室。遭母憂。服竟，除佐著作郎。太興二年，大旱，詔求讜言直諫之士，預上書諫曰：

「大晉受命，于今五十餘載。自元康以來，王德始闕，戎翟及於中國，宗廟焚爲灰燼，千里無煙爨之氣，華夏無冠帶之人，自天地開闢，書籍所載，大亂之極，未有若茲者也。陛下以聖德先覺，超然遠鑒，作鎭東南，聲教遐被，上天眷顧，人神贊謀，雖云中興，其實受命，少康、宣王誠未足喻。然南風之歌可著，而陵遲之俗未改者，何也？臣愚謂爲國之要在於得才，得才之術在於抽引。苟其可用，讐賤必舉。高宗、文王思佐發夢，拔巖徙以爲相載釣老而師之下至列國亦有斯事故燕重郭隗而三士競至魏式干木而秦兵退舍今天下雖弊人士雖寡十室之邑必有忠信世不乏驥求則可致而束帛未賁於丘園蒲輪頓轂而不駕所以大化不洽而雍熙有闕者也預以寇賊未平當須良將又上疏曰臣聞承平之世其敎先文撥亂之運非武不剋故牧野之戰呂望杖鉞淮夷作難召伯專征獫狁爲暴衛霍長驅故陰陽不和擢士爲相三軍不勝拔卒爲將漢帝既定天下猶思猛士以守四方孝文志存鉅鹿馮唐進說魏尚復守詩稱赳赳武夫公侯干城折衝之佐豈可忽哉況今中州荒弊百無一存牧守官長非戎貊之族類卽寇竊之幸脫陛下登阼威暢四遠故令此等反善向化然狼子獸心輕薄易動羯虜未殄益使難安周撫陳川相係背叛徐龕驕黠無所拘忌放兵侵掠罪已彰灼昔葛伯違道湯獻之牛吳濞失禮錫以几杖惡成罪著方復加戮龕之小醜可不足滅然豫備不虞古之善敎矧乃有虞可不爲防爲防之衛宜得良將將不素簡難以應敵壽春無鎮祖逖孤立前有勁虜後無係援雖有智力非可持久願陛下諮之羣公博舉於衆若當局之才必允其仕則宜獎厲使不顧命旁料冗猥或有可者厚加寵待足令忘身昔英布見慢恚欲自裁出觀供置然後致力禮遇之恩可不隆哉誠知山河之量非塵露可益神鑒之慮非愚淺所測然匹夫嫠婦猶有憂國之言況臣得廁朝堂之末裳冠帶之榮者乎轉琅邪國常侍遷祕書丞著作郎咸和初夏旱詔衆官各陳致雨之意預議曰臣聞天道貴信地道貴誠誠信者蓋二儀所以生植萬物人君所以保乂黎蒸是以殺伐擬於震電推恩象於雲雨刑罰在於必信慶賞貴於平均臣聞間者以來刑獄轉繁多力者則廣牽連逮以稽年月無援者則嚴其檟楚期於入重是以百姓嗷然感傷和氣臣愚以爲輕刑耐罪宜速決遣殊死重囚重加以請寬從息役務遵節儉砥礪朝臣使各知禁蓋老牛不犧禮有常制而自項衆官拜授祖贈轉相夸尚屠殺牛犢動有十數醉酒沉湎無復限度傷財敗俗所虧不少昔殷宗修德以消桑穀之異宋景善言以退熒惑之變楚國無災莊王是懼盛德之君未嘗無眚應以信順天祐乃隆臣學見淺闇言不足採從平王含賜爵西鄉侯蘇峻作亂預先假歸家太守王舒請爲諮議參軍峻平進爵平康縣侯遷散騎侍郎著作如故除散騎常侍仍領著作以年老歸卒于家預雅好經史憎疾玄虛其論阮籍裸袒比之伊川被髮所以胡虜遍於中國以爲過衰周之時著晉書四十餘卷會稽典錄二十篇諸虞傳十二篇皆行於世所著詩賦碑誄論難數十篇

孫盛

孫盛字安國太原中都人祖楚馮翊太守父恂潁川太守恂在郡遇賊被害盛年十歲避難渡江及長博學善言名理于時殷浩擅名一時與抗論者惟盛而已盛嘗詣浩談論對食奮擲麈尾毛悉落飯中食冷而復煖者數四至暮忘飡理竟不定盛又著醫卜及易象妙於見形論浩等竟無以難之由是遂知名起家佐著作郎以家貧親老求爲小邑出補瀏陽令太守陶侃請爲參軍庾亮代侃引爲征西主簿轉參軍時丞相王導執政亮以元舅居外南蠻校尉陶稱讒構其間導亮頗懷疑貳盛密諫亮曰王公神情朗達常有世外之懷豈肯爲凡人事邪此必佞邪之徒欲間內外耳亮納之庾翼代亮以盛爲安西諮議參軍尋遷廷尉正會桓溫代翼留盛爲參軍與俱伐蜀軍次彭模溫自以輕兵入蜀盛領羸老輜重在後賊數千忽至衆皆遑遽盛部分諸將并力距之應時敗走蜀平賜爵安懷縣侯累遷溫從事中郎從入關平洛以功進封吳昌縣侯出補長沙太守以家貧頗營資貨部從事至郡察知之服其高明而不劾之盛與溫牋而辭旨放蕩稱州遣從事觀採風聲進無威鳳來儀之美退無鷹鸇搏擊之用徘徊湘川將爲怪鳥溫得盛牋復遣從事重按之贓私狼籍檻車收盛到州捨而不罪累遷祕書監加給事中年七十二卒盛篤學不倦自少至老手不釋卷著魏氏春秋晉陽秋并造詩賦論難復數十篇晉陽秋詞直而理正咸稱良史焉既而桓溫見之怒謂盛子曰枋頭誠爲失利何至乃如尊君所說若此史遂行自是關君門戶事其子遽拜謝謂請刪改之時盛年老還家性方嚴有軌憲雖子孫班白而庭訓愈峻至此諸子乃共號泣稽顙請爲百口切計盛大怒諸子遂竊改之盛寫兩定本寄於慕容儁太元中孝武帝博求異聞始於遼東得之以相考校多有不同書遂兩存子潛放

潛字齊由爲豫章太守殷仲堪之討王國寶也潛時在郡仲堪逼以爲諮議參軍固辭不就以憂卒

放字齊莊幼稱令慧年七八歲在荊州與父俱從庾亮獵亮謂曰君亦來邪應聲答曰無小無大從公于邁亮又問欲齊何莊邪放曰欲齊莊周亮曰不慕仲尼邪答曰仲尼生而知之非希企所及亮大奇之曰王輔嗣弗過也庾翼子爰客嘗候盛見放而問曰安國何在放答曰庾穉恭家爰客大笑曰諸孫大盛有兒如此也放又曰未若諸庾翼翼既而語人曰我故得重呼奴父也終於長沙相

干寶

干寶字令升新蔡人也祖統吳奮武將軍都亭侯父瑩丹陽丞寶少勤學博覽書記以才器召爲著作郎平杜弢有功賜爵關內侯中興草創未置史官中書監王導上疏曰夫帝王之迹莫不必書著爲令典垂之無窮宣皇帝廓定四海武皇帝受禪於魏至德大勳等蹤上聖而紀傳不存於王府德音未被乎管絃陛下聖明當中興之盛宜建立國史撰集帝紀上敷祖宗之烈下紀佐命之勳務以實錄爲後代之準厭率土之望悅人神之心斯誠雍熙之至美王者之弘基也宜備史官勑佐著作郎干寶等漸就撰集元帝納焉寶於是始領國史以家貧求補山陰令遷始安太守王導請爲司徒右長史遷散騎常侍著晉紀自宣帝迄于愍帝五十三年凡二十卷奏之其書簡略直而能婉咸稱良史性好陰陽術數留思京房夏侯勝等傳寶父先有所寵侍婢母甚妬忌及父亡母乃生推婢於墓中寶兄弟年小不之審也後十餘年母喪開墓而婢伏棺如生載還經日乃蘇言其父常取飲食與之恩情如生在家中吉凶輒語之考校悉驗地中亦不覺爲惡既而嫁之生子又寶兄嘗病氣絕積日不冷後遂寤云見天地間鬼神事如夢覺不自知死寶以此遂撰集古今神祇靈異人物變化名爲搜神記凡二十卷以示劉惔惔曰卿可謂鬼之董狐寶既博採異同遂混虛實因作序以陳其志曰雖考先志於載籍收遺逸於當時蓋非一耳一目之所親聞覩也亦安敢謂無失實者哉衛朔失國二傳互其所聞呂望事周子長存其兩說若此比類往往有焉從此觀之聞見之難一由來尚矣夫書赴告之定辭據國史之方策猶尚若茲況仰述千載之前記殊俗之表綴片言於殘闕訪行事於故老將使事不二迹言無異塗然後爲信者固亦前史之所病然而國家不廢注記之官學士不絕誦覽之業豈不以其所失者小所存者大乎今之所集設有承於前載者則非余之罪也若使采訪近世之事苟有虛錯願與先賢前儒分其譏謗及其著述亦足以明神道之不誣也羣言百家不可勝覽耳目所受不可勝載今粗取足以演八略之旨成其微說而已幸將來好事之士錄其根體有以游心寓目而無尤焉寶又爲春秋左氏義外傳注周易周官凡數十篇及雜文集皆行於世

鄧粲

鄧粲長沙人少以高絜著名與南陽劉驎之南郡劉尚公同志友善並不應州郡辟命荊州刺史桓沖卑辭厚禮請粲爲別駕粲嘉其好賢乃起應召驎之尚公謂之曰卿道廣學深衆所推懷忽然改節誠失所望粲笑答曰足下可謂有志於隱而未知隱夫隱之爲道朝亦可隱市亦可隱隱初在我不在於物尚公等無以難之然粲亦於此名譽減半矣後患足疾不能朝拜求去職不聽令臥視事後以病篤乞骸骨許之粲以父騫有忠信言而世無知者乃著元明紀十篇注老子並行於世

謝沉

謝沉字行思會稽山陰人也曾祖斐吳豫章太守父秀吳翼正都尉沉少孤事母至孝博學多識明練經史郡命爲主簿功曹察孝廉太尉郗鑒辟並不就會稽內史何充引爲參軍以母老去職平西將軍庾亮命爲功曹征北將軍蔡謨版爲參軍皆不就閑居養母不受人事耕耘之暇研精墳籍康帝卽位朝議疑七廟迭毀乃以太學博士徵以質疑滯以母憂去職服闋除尚書度支郎何充庾冰並稱沉有史才遷著作郎撰晉書三十餘卷會卒時年五十二沉先著後漢書百卷及毛詩漢書外傳所著述及詩賦文論皆行於世其才學在虞預之右云

習鑿齒

習鑿齒字彥威襄陽人也宗族富盛世爲鄉豪鑿齒少有志氣博學洽聞以文筆著稱荊州刺史桓溫辟爲從事江夏相袁喬深器之數稱其才於溫轉西曹主簿親遇隆密時溫有大志追蜀人知天文者至夜執手問國家祚運修短答云世祀方永溫疑其難言乃飾辭云如君言豈獨吾福乃蒼生之幸然今日之語自可令盡必有小小厄運亦宜說之星人曰太微紫微文昌三宮氣候如此決無憂虞至五十年外不論耳溫不悅乃止異日送絹一疋錢五千文以與之星人乃馳詣鑿齒曰家在益州被命遠下今受旨自裁無由致其骸骨緣君仁厚乞爲標碣棺木耳鑿齒問其故星人曰賜絹一疋令僕自裁惠錢五千以買棺耳鑿齒曰君幾誤死君嘗聞前知星宿有不覆之義乎此以絹戲君以錢供道中資是聽君去耳星人大喜明便詣溫別溫問去意以鑿齒言答溫答曰鑿齒憂君誤死君定是誤活然徒三十年

看儒書不如一詣習主簿累遷別駕溫出征伐鑿齒或從或守所在任職每處機要莅事有績善尺牘論議溫甚器遇之時淸談文章之士韓伯伏滔等並相友善後使至京師簡文亦雅重焉既還溫問相王何似答曰生平所未見以此大忤溫旨左遷戶曹參軍時有桑門釋道安俊辯有高才自北至荆州與鑿齒初相見道安曰彌天釋道安鑿齒曰四海習鑿齒時人以爲佳對初鑿齒與其二舅羅崇羅友俱爲州從事及遷別駕以坐越舅右屢經陳請溫後激怒既盛乃超拔其二舅相繼爲襄陽都督出鑿齒爲滎陽太守溫弟祕亦有才氣素與鑿齒相親善鑿齒既罷郡歸與祕書曰吾以去五月三日來達襄陽觸目悲感略無懽情痛惻之事故非書言之所能具也每定省家舅從北門入西望隆中想臥龍之吟東眺白沙思鳳雛之聲北臨樊墟存鄧老之高南眷城邑懷羊公之風縱目檀溪念崔徐之友肆睇魚梁追二德之遠未嘗不徘徊移日惆悵極多撫乘躊躇慨爾而泣曰若乃魏武之所置酒孫堅之所隕斃裴杜之故居繁王之舊宅遺事猶存星列滿目璅璅常流碌碌凡士焉足以感其方寸哉夫芬芳起於椒蘭淸響生乎琳琅命世而作佐者必垂可大之餘風高尚而邁德者必有明勝之遺事若向八君子者千載猶使義想其爲人況相去之不遠乎彼一時也此一時也焉知今日之才不如疇辰百年之後吾與足下不並爲景升乎其風期俊邁如此是時溫覬覦非望鑿齒在郡著漢晉春秋以裁正之起漢光武終於晉愍帝於三國之時蜀以宗室爲正魏武雖受漢禪晉尚爲篡逆至文帝平蜀乃爲漢亡而晉始興焉引世祖諱炎興而爲禪受明天心不可以勢力强也凡五十四卷後以脚疾遂廢于里巷及襄陽陷於苻堅堅素聞其名與道安俱輿而致焉既見與語大悅之賜遺甚厚又以其蹇疾與諸鎭書昔晉氏平吳利在二陸今破漢南獲士裁一人有半耳俄以疾歸襄陽尋而襄鄧反正朝廷欲徵鑿齒使典國史會卒不果臨終上疏曰臣每謂皇晉宜越魏繼漢不應以魏後爲三恪而身微官卑無由上達懷抱愚情三十餘年今沉淪重疾性命難保遂嘗懷此當與之朽爛區區之情切所悼惜謹力疾著論一篇寫上如左願陛下考尋古義求經常之表超然遠覽不以臣微賤廢其所言論曰或問魏武帝功蓋中夏文帝受禪於漢而吾子謂漢終有晉豈實理乎且魏之見廢晉道亦病晉之臣子寧可以同此言哉答曰此乃所以尊晉也但絕節赴曲非常耳所悲見殊心異雖奇莫察請爲子言焉昔漢氏失御九州殘隔三國乘間鼎峙數世干戈日尋流血百載雖各有偏平而其實亂也宣皇帝勢逼當年力制魏氏蠖屈從時遂羈戎役晦明掩耀龍潛下位俛首重足鞠躬屏息道有不容之難躬蹈履霜之險可謂危矣魏武既亡大難獲免始南擒孟達東蕩海隅西抑勁蜀旋撫諸夏摧吳人入侵之鋒埽曹爽見忌之黨植靈根以跨中嶽樹羣才以翼子弟命世之志既拔非常之業亦固景文繼之靈武冠世尅伐貳違以定厥庸席卷梁益奄征西極功格皇天勳侔古烈豐規顯祚故以灼如也至於武皇遂并彊吳混一宇宙乂清四海同軌二漢除三國之大害靜漢末之交爭開九域之蒙晦定千載之盛功者皆司馬氏也而推魏繼漢以晉承魏比義唐虞自託純臣豈不惜哉今若以魏有代王之德則其道不足有靜亂之功則孫劉鼎立道不足則不可謂制當年當年不制於魏則魏未曾爲天下之主王道不足於曹則曹未始爲一日之王矣昔共工伯有九州秦政奄平區夏鞭撻華戎專總六合猶不見序於帝王淪沒於戰國何況暫制數州之人威行境內而已便可推爲一代者乎若以晉嘗事魏懼傷皇德拘惜禪名謂不可割則惑之甚者也何者隗囂據隴公孫帝蜀蜀隴之人雖服其役取之大義於彼何有且吳楚僭號周室未亡子文延陵不見貶絕宣皇帝官魏逼於性命舉非擇木何虧德美禪代之義不同堯舜校實定名必彰於後人各有心事胡可掩定空虛之魏以屈於已孰若杖義而以貶魏哉夫命世之人正情遇物假之際會必兼義勇宣皇祖考立功于漢世篤爾勞思報亦深魏武超越志在傾主德不素積義險冰薄宣帝與之情將何重雖形屈當年意申百世降心全已憤慨於下非道服北面有純臣之節畢命曹氏忘濟世之功者也夫成業者係於所爲不係所藉立功者言其所濟不言所起是故漢高稟命於懷王劉氏乘斃於亡秦超二僞以遠嗣不論近而計功考五德於帝典不疑道於力政季無承楚之號漢有繼周之業取之既美而已德亦重故也凡天下事有可借喻於古以曉於今定之往昔而足爲來證者當陽秋之時吳楚二國皆僭號之王也若使楚莊推鄢郢以尊有德闔閭舉三江以奉命世命世之君有德之主或藉之以應天或撫之而光宅彼心自係於周室不推吳楚以爲代明矣況積勳累功靜亂寧衆數之所錄衆之所與不賚於燕噲之授不賴於因藉之力長轡廟堂吳蜀兩纂運奇二紀而平定天下服魏武之所不能臣蕩累葉之所不能除者哉自漢末鼎沸五六十年吳魏犯順而强蜀人杖正而弱三家不能相一萬姓曠而無主夫有定天下之大功爲天下之所推孰如見推於闇人受尊於微弱配天而爲帝方駕於三代豈比俛首於曹氏側足於不正即情而恆實取之而無慙何與詭事而託僞開亂於將來者乎是故故舊之恩可封魏後三恪之數不宜見列以晉承漢功實顯然正名當事情體亦厭又何爲虛尊不正之魏而虧我道於大通哉昔周人詠祖宗之德追述翦商之功仲尼明大孝之道高稱配天之義然后稷勤於所職聿來未以翦商異於司馬氏仕乎曹族三祖之寓於魏世矣且夫魏自君之道不正則三祖臣魏之義未盡義未盡故假塗以運高略道不正故君臣之節有殊然則弘道不以輔魏而無逆取之嫌高拱不勞汗馬而有靜亂之功者蓋勳足以王四海義可以登天位雖我德慙於有周而彼道異於殷商故也今子不疑共工之不得列於帝王不嫌漢之係周而不係秦何至於一魏猶疑滯而不化哉夫欲尊其君而不知推之於堯舜之道欲重其國而反厝之於不勝之地豈君子之高義若猶未悟請於是止矣子辟疆才學有父風位至驃騎從事中郎

徐廣

徐廣字野民東莞姑幕人侍中邈之弟也世好學至廣尤爲精純百家數術無不研覽謝玄爲兗州辟從事譙王恬爲鎭北補參軍孝武世除祕書郎典校祕書省增置省職轉員外散騎侍郎仍領校書尚書令王珣深相欽重舉爲祠部郎會稽世子元顯時錄尚書欲使百僚致敬內外順之使廣爲議廣常以爲愧焉元顯引爲中軍參軍遷領軍長史桓玄輔政以爲大將軍文學祭酒義熙初奉詔撰車服儀注除鎭軍諮議領記室封樂成侯轉員外散騎常侍領著作尚書奏左史述言右官書事乘志顯於晉鄭春秋著乎魯史自聖代有造中興記者道風帝典煥乎史策而太和以降世歷三朝玄風聖迹倏爲疇古臣等參詳宜勅著作郎徐廣撰成國史於是勅廣撰集焉遷驍騎將軍領徐州大中正轉正員常侍大司農仍領著作如故十二年勒成晉紀凡四十六卷表上之因乞解史任不許遷祕書監初桓玄篡位帝出宮廣陪列悲動左右及劉裕受禪恭帝遜位廣獨哀感涕泗交流謝晦見之謂曰徐公將無小過也廣收淚而言曰君爲宋朝佐命吾乃晉室遺老憂喜之事固不同時乃更獻欷因辭衰老乞歸桑梓性好讀書老猶不倦年七十四卒於家廣答禮問行於世

史臣曰古之王者咸建史官昭法立訓莫近於此若夫原始要終紀情括性其言微而顯其義皎而明然後可以茵藹緹油作程遐世者也丘明既沒班馬迭興奮鴻筆於西京騁直詞於東觀自斯已降分明競爽可以繼明先典者陳壽得之乎江漢英靈信有之矣允源將率之子篤志典墳紹統戚藩之胄研機載籍咸能綜緝遺文垂諸不朽豈必克傳門業方擅箕裘者哉處叔區區勵精著述混淆蕪舛良不足觀叔寧寡聞穿窬王氏雖勒成一家未足多尚令升安國有良史之才而所著之事惜非正典悠悠晉室斯文將墜鄧粲謝沉祖述前史葺宇重軒之下施牀連榻之上奇詞異義罕見稱焉習氏徐公俱云筆削彰善癉惡以爲懲勸夫蹈忠履正貞士之心背義圖榮君子不取而彥威跡淪寇壤逡巡於僞國野民運遭革命流連於舊朝行不違言廣得之矣

贊曰陳壽含章巖巖孤峙彪溥勵節摛辭綜理王恧雅才虞慙惇史干孫撫翰前良可擬鄧謝懷鉛異聞無紀習亦研思徐非絢美咸被簡冊共傳遺祀

晉書卷八十二考證

王長文傳長文通玄經未遭陸績君山耳○臣宗楷按
山各本訛出漢書桓譚字君山今改正

習鑿齒傳繁王之舊宅○臣宗楷按繁王謂繁欽王粲也

晉書卷八十三

唐　太　宗　文　皇　帝　御　撰

列傳第五十三

顧和

顧和字君孝侍中衆之族子也曾祖容吳荆州刺史祖相臨海太守和二歲喪父總角便有淸操族叔榮雅重之曰此吾家麒麟興吾宗者必此子也時宗人球亦有令聞爲州別駕榮謂之曰卿速步君孝超卿矣王導爲揚州辟從事月旦當朝未入停車門外周顗遇之和方擇蝨夷然不動顗既過顧指和心曰此中何所有和徐

應曰此中最是難測地顗入謂導曰卿州吏中有一令僕才導亦以爲然和嘗詣導導小極對之疲睡和欲叩會之因謂同坐曰昔每聞族叔元公道公叶贊中宗保全江表體小不安令人喘息導覺之謂和曰卿珪璋特達機警有鋒不徒東南之美實爲海內之俊由是遂知名既而導遣八部從事之部和爲下傳還同時俱見諸從事各言二千石官長得失和獨無言導問和卿何所聞荅曰明公作輔寧使網漏吞舟何緣採聽風聞以察察爲政導咨嗟稱善累遷司徒掾時東海王沖爲長水校尉妙選僚屬以沛國劉耽爲司馬和爲主簿永昌初除司徒左曹掾太寧初王敦請爲主簿遷太子舍人車騎參軍護軍長史王導爲揚州請爲別駕所歷皆著稱遷散騎侍郎尚書吏部司空郗鑒請爲長史領晉陵太守咸康初拜御史中丞劾奏尚書左丞戴抗贓汙百萬付法議罪并免尚書傅玩郎劉傭官百僚憚之遷侍中初中興東遷舊章多闕而冕旒飾以翡翠珊瑚及雜珠等和奏舊冕有十二旒皆用玉珠今用雜珠等非禮若不能用玉可用白璇成帝於是始下太常改之先是帝以保母周氏有阿保之勞欲假其名號內外皆奉詔和獨上疏以爲周保祐聖躬不遺其勳第舍供給擬於戚屬恩澤所加已爲過隆若假名號記籍未見明比惟漢靈帝以乳母趙嬈爲平氏君此末代之私恩非先代之令典且君舉必書將軌物垂則書而不法後嗣何觀帝從之轉吏部尚書頻徙領軍將軍太常卿國子祭酒康帝即位將祀南北郊和議以爲車駕宜親行帝從之皆躬親行禮遷尚書僕射以母老固辭詔書敕諭特聽暮出朝還其見優遇如此尋朝議以端右之副不宜處外更拜銀青光祿大夫領國子祭酒頃之母憂去職居喪以孝聞既練衞將軍褚裒上書薦和起爲尚書令遣散騎郎喻旨和每見逼促輒號咷慟絕謂所親曰古人或有釋其憂服以祗王命蓋以才足幹時故不得不體國殉義吾在常日猶不如人況今中心荒亂將何以補於萬分祇足以示輕忽孝道貽素冠之議耳帝又下詔曰百揆務殷端右總要而曠職經久甚以悒然昔先朝政道休明中夏隆盛山賈諸公皆釋服從時不獲遂其情禮況今日艱難百王之弊尚書令禮已過祥練豈得聽不赴急疾而遂罔極之情乎和表疏十餘上遂不起服闋然後視職時南中郎將謝尚領宣城內史收涇令陳幹殺之有司以尚違法糾黜詔原之和重奏曰尚先劾姦贓罪入甲戌赦聽自首減死而尚近表云幹包藏姦猾輒收行刑幹事狀自郡非犯軍戎不由都督按尚蒙親賢之舉苟文武之任不能爲國惜體平心聽斷內挾小憾肆其威虐遠近怪愕莫不解體尚忝外屬宥之有典至於下吏宜正刑辟尚皇太后舅故寢其奏時汝南王統江夏公衞崇並爲庶母制服三年和乃奏曰禮所以軌物成教故有國家者莫不崇正明本以一其統斯人倫之紀不二之道也爲人後者降其所出奪天屬之性顯至公之義降殺節文著于周典按汝南王統爲庶母居廬服重江夏公衞崇本由疏屬開國之緒近喪所生復行重制違冒禮度肆其私情閭閻許其過厚談者莫以爲非則政道陵遲由乎禮廢憲章頹替始於容違若弗糾正無以齊物皆可下太常奪服若不祗王命應加貶黜詔從之和居任多所獻納雖權臣不苟阿撓永和七年以疾篤辭位拜左光祿大夫儀同三司加散騎常侍尚書令如故其年卒年六十四追贈侍中司空謚曰穆子淳歷尚書吏部郎給事黃門侍郎左衞將軍

袁瓌 子喬 喬孫山松 瓌弟猷 從祖準 準孫耽 耽子質 質子湛 湛弟豹

袁瓌字山甫陳郡陽夏人魏郎中令渙之曾孫也祖父並早卒瓌與弟猷欲奉母避亂求爲江淮間縣拜呂令轉江都因南渡元帝以爲丹陽令中興建拜奉朝請遷治書御史時東海王越尸既爲石勒所焚妃裴氏求招魂葬越朝廷疑之瓌與博士傅純議以爲招魂葬是謂埋神不可從也帝然之雖許裴氏招魂葬越遂下詔禁之尋除盧江太守大將軍王敦引爲諮議參軍俄爲臨川太守敦平爲鎮南將軍卞敦軍司尋自解還都游于會稽蘇峻之難與王舒共起義軍以功封長合鄉侯徵補散騎常侍徙大司農尋除國子祭酒頃之加散騎常侍于時喪亂之後禮教陵遲瓌上疏曰臣聞先王之教也崇典訓以弘遠代明禮學以統後生所以導萬物之性暢爲善之道也宗周既興文史載煥端委垂於南蠻頌聲溢於四海故延州聘魯聞雅而歎韓起適魯觀易而美何者立人之道於斯爲首孔子恂恂以教洙泗孟軻係之誨誘無倦是以仁義之聲于今猶存禮讓之節時或有之嚮昔皇運陵替喪亂屢臻儒林之教漸頹庠序之禮有闕國學索然墳籍莫啟有心之徒抱志無由昔魏武帝身親介冑務在武功猶尚廢鞍覽卷投戈吟詠況今陛下以聖明臨朝百官以虔恭涖事朝野無虞江外謐靜如之何泱泱之風漠然無聞洋洋之美墜於聖世乎古人有言詩書義之府禮樂德之則實宜留心經籍闡明學義使諷誦之音盈於京室味道之賢是則是詠豈不盛哉若得給其宅地備其學徒博士僚屬粗有其官則臣之願也疏奏成帝從之國學之興自瓌始也以年在懸車上疏告老尋卒追贈光祿大夫謚曰恭子喬嗣

喬字彥叔初拜佐著作郎輔國將軍桓溫請爲司馬除司徒左西屬不就拜尚書郎桓溫鎮京口復引爲司馬領廣陵相初喬與褚裒友善及康獻皇后臨朝喬與裒書曰皇太后踐登正祚臨御皇朝將軍之於國外姓之太上皇也至於皇子近屬咸有揖讓之禮而況策名人臣而交媟人父天性攸尊亦宜體國而重矣故友之好請於此辭染絲之變墨翟致懷岐路之感楊朱興歎況與將軍游處少長雖世譽先後而臭味同歸也平昔之交與禮數而降箕踞之懽隨時事而替雖欲虛詠濠肆脫落儀制其能得乎來物無停變化遷代豈惟寸晷事亦有之夫御器者神制衆以約顧將軍怡情無事以理勝爲任親仗賢達以納善爲大執筆惆悵不能自盡論者以爲得禮遷安西諮議參軍長沙相不拜尋督沔中諸戍江夏隨義陽三郡軍事建武將軍江夏相時桓溫謀伐蜀衆以爲不可喬勸溫曰夫經略大事故非常情所具智者了於胸心然後舉無遺算耳今天下之難二寇而已蜀雖險固方胡爲弱將欲除之先從易者今泝流萬里經歷天險彼或有備不必可尅然蜀人自以斗絕一方恃其完固不修攻戰之具若以精卒一萬輕軍速進比彼聞之我已入其險要李勢君臣不過自力一戰擒之必矣論者恐大軍既西胡必闚覦此又似是而非何者胡聞萬里征伐以爲內有重備必不敢動縱復越逸江渚諸軍足以守境此無憂矣蜀土富實號稱天府昔諸葛武侯欲以抗衡中國今誠不能爲害然勢據上流易爲寇盜若襲而取之者有其人衆此國之大利也溫從之使喬以江夏相領二千人爲軍鋒師次彭模去賊已近議者欲兩道並進以分賊勢喬曰今深入萬里置之死地士無反顧之心所謂人自爲戰者也今分爲兩軍軍力不一萬一偏敗則大事去矣不如全軍而進棄去釜甑齎三日糧勝可必矣溫以爲然即一時俱進去成都十里與賊大戰前鋒失利喬軍亦退矢及馬首左右失色喬因麾而進聲氣愈厲遂大破之長驅至成都李勢既降勢將鄧定隗文以其屬反衆各萬餘溫自擊定喬擊文破之進號龍驤將軍封湘西伯尋卒年三十六溫甚悼惜之追贈益州刺史謚曰簡喬博學有文才注論語及詩并諸文筆皆行於世子方平嗣亦以軌素自立辟大司馬掾歷義興琅邪太守卒子山松嗣

山松少有才名博學有文章著後漢書百篇衿情秀遠善音樂舊歌有行路難曲辭頗疏質山松好之乃文其辭句婉其節制每因酣醉縱歌之聽者莫不流涕初羊曇善唱樂桓伊能挽歌及山松行路難繼之時人謂之三絕時張湛好於齋前種松柏而山松每出游好令左右作挽歌人謂湛屋下陳尸山松道上行殯山松歷顯位爲吳郡太守孫恩作亂山松守滬瀆城陷被害

猷字申甫少與瓌齊名代瓌爲呂令復相繼爲江都由是俱渡江瓌爲丹陽猷爲武康兄弟列宰名邑論者美之歷位侍中衞尉卿猷孫宏見文苑傳

準字孝尼以儒學知名注喪服經官至給事中準子沖字景玄光祿勳沖子耽

耽字彥道少有才氣俶儻不羈爲士類所稱桓溫少時游于博徒資產俱盡尚有負進思自振之方莫知所出欲求濟於耽而耽在艱試以告焉耽略無難色遂變服懷布帽隨溫與債主戲耽素有藝名債者聞之而不相識謂之曰卿當不辦作袁彥道也遂就局十萬一擲直上百萬耽投馬絕叫探布帽擲地曰竟識袁彥道不其通脫若此蘇峻之役王導引爲參軍隨導在石頭初路永匡術賈寧等皆峻心腹聞祖約奔敗懼事不立迭說峻誅大臣峻既不納永等慮必敗陰結於導導使耽潛說路永使歸順峻平封秭歸男拜建威將軍歷陽太守咸康初石季龍游騎十餘匹至歷陽耽上列不言騎少時胡寇強盛朝野危懼王導以宰輔之重請自討之既而賊騎不多又已退散導止不行朝廷以耽失於輕妄黜之尋復爲導從事中郎方加大任會卒時年二十五子質

質字道和自渙至質五世並以道素繼業惟其父耽以雄豪著及質又以孝行稱官歷琅邪內史東陽太守質子湛

湛字士深少有操植以沖粹自立而無文華故不爲流俗所重時謝混爲僕射范泰贈湛及混詩云亦有後出儁離羣頗騫騫湛恨而不荅自中書令爲僕射左光祿大夫晉寧男卒於官湛弟豹

豹字士蔚博學善文辭有經國才爲劉裕所知後爲太尉長史丹陽尹卒

江逌 從弟灌 子績

江逌字道載陳留圉人也曾祖蕤譙郡太守祖允蕪湖令父濟安東參軍逌少孤與從弟灌共居甚相友悌由

是獲嘗時之譽避蘇峻之亂屏居臨海絕棄人事翦茅結宇耽翫載籍有終焉之志本州辟從事除佐著作郎並不就征北將軍蔡謨命爲參軍何充復引爲驃騎功曹以家貧求試守爲太末令縣界深山中有亡命數百家恃險爲阻前後守宰莫能平適到官召其魁帥厚加撫接諭以禍福旬月之間繈負而至朝廷嘉之州檄爲治中轉別駕遷吳令中軍將軍殷浩將謀北伐請爲諮議參軍浩甚重之遷長史浩方脩復洛陽經營荒梗適爲上佐甚有匡弼之益軍中書檄皆以委適時羌及丁零叛浩軍震懼姚襄去浩十里結營以逼浩浩令適擊之適進兵至襄營謂將校曰今兵非不精而衆少於羌且其塹柵甚固難與校力吾當以計破之乃取數百雞以長繩連之繫火於足羣雞駭散飛集襄營襄營火發因其亂隨而擊之襄遂少敗及桓溫奏廢浩佐吏適遂免頃之除中書郎升平中遷吏部郎長兼侍中穆帝將修後池起閣道適上疏曰臣聞王者處萬乘之極享富有之大必顯明制度以表崇高盛其文物以殊貴賤建靈臺浚辟雍立宮館設苑囿所以弘於皇之尊彰臨下之義前聖創其禮後代遵其矩當代之君咸營斯事周宜興百堵之作鴻鴈歌安宅之歡魯僖修泮水之宮採芹有思樂之頌蓋上之有爲非予欲是盈下之奉上不以劬勞爲勤此自古之令典軌儀之大式也夫理無常然三正相詭司牧之體與世而移致飾則素故賁返於剝有大必盈則受之以謙損上益下順兆庶之悅享以二簋用至約之義是以唐虞流化於茅茨夏禹垂美於卑室過儉之陋非中庸之制然三聖行之以致至道漢高祖當營建之始怒宮庫之壯孝文處既富之世愛十家之產亦以播惠當時著稱來葉今者二虜未殄神州荒蕪舉江左之衆經略艱難漕揚越之粟北餽河洛兵不獲戢運戍悠遠倉庫內罄百姓力竭加春夏以來水旱爲害遠近之收普減常年財傷人困大役未已軍國之用無所取給方之往代豐弊相懸損之又損實在今日伏惟陛下聖質天縱凝曠清虛闡日新之盛茂欽明之量無欲體於自然沖素刑乎萬國韶既盡美則必盡善宜養以玄虛守以無爲登覽不以臺觀游豫不以苑沼偃息畢於仁義馳騁極於六藝觀巍巍之隆鑒二代之文仰味羲農俯尋周孔其爲道逸足以尊道德之輔親搢紳之秀疇咨以時顧問不倦獻替諷諫日月而聞則庶績惟凝六合咸熙中興之盛邁於殷宗休嘉之慶流乎無窮昔漢起德陽鍾離抗言魏營宮殿陳羣正辭臣雖才非若人然職忝近侍言不足採而義在以聞帝嘉其言而止復領本州大中正升平末遷太常適累讓不許穆帝崩山林將用寶器適諫曰以宣皇顧命終制山陵不設明器以貽後則景帝奉遵遺制逮文明皇后崩武皇帝亦承前制無所施設惟脯糒之奠瓦器而已昔康皇帝玄宮始用寶劒金舄此蓋太妃罔已之情實違先旨累世之法今外欲以爲故事臣請述先旨停此二物書奏從之哀帝以天文失度欲依尚書洪祀之制於太極前殿親執虔肅冀以免咎使太常集博士草其制適上疏諫曰臣尋史漢舊制藝文志劉向五行傳洪祀出於其中然自前代以來莫有用者又其文惟說爲祀而不載儀注此蓋久遠不行之事非常人所參校按漢儀天子所親之祠惟宗廟而已祭天於雲陽祭地於汾陰在於別宮遙拜不詣壇所其餘羣祀之所必在幽靜是以圓丘方澤列於郊野今若於承明之庭正殿之前設羣神之坐行躬親之禮準之舊典有乖常式臣聞妖眚之發所以鑒悟時主故寅畏上通則宋災退度德禮增修則殷道以隆此往代之成驗不易之定理頃者星辰頗有變異陛下祗戒之誠達於天人在予之懼忘寢與食仰虔玄象俯凝庶政嘉祥之應實在今日而猶乾乾夕惕思廣茲道誠實聖懷殷勤之至然洪祀有書無儀不行於世詢訪時學莫識其禮且其文曰洪祀大祀也陽曰神陰曰靈舉國相率而行祀順四時之序無令過差今按文而言皆漫而無適不可得詳若不詳而修其失不小帝不納適又上疏曰臣謹更思尋參之時事今強戎據於關雍桀狄縱於河朔封豕四逸虔劉神州長旌不卷鉦鼓日戒兵疲人困歲無休已人事弊於下則七曜錯於上災沴之作固其宜然又頃者以來無乃大異彼月之蝕義見詩人星辰莫同載於五行故洪範不以爲沴陛下今以晷度之失同之六沴引其輕變方之重眚求已篤於禹湯憂勤踰乎日昃將修大祀以禮神祇傳曰外順天地時氣而祭其鬼神然則神必有號祀必有儀按洪祀之文惟神靈大晷而無所祭之名稱舉國行祀而無貴賤之阻有赤黍之盛而無牲醴之奠儀法所用闕略非一若率文而行則舉義皆闕有所施補則不統其源漢侍中盧植時之達學受法不究則不敢厝心誠以五行深遠神道幽昧探賾之求難以常思錯綜之理不可一數臣非至精孰能與此帝猶勅撰定適又陳古義帝乃止適在職多所匡諫著阮籍序贊逸士箴及詩賦奏議數十篇行於世病卒時年五十八子蔚吳興太守

灌字道羣父耆尚書郎灌少知名才識亞於適州辟主簿舉秀才爲治中轉別駕歷司徒屬北中郎長史領晉陵太守簡文帝引爲撫軍從事中郎後遷吏部郎時謝奕爲尚書銓敘不允灌每執正不從奕託以他事免之受黜無怨色頃之簡文帝又以爲撫軍司馬甚相賓禮遷御史中丞轉吳興太守灌性方正視權貴蔑如也爲大司馬桓溫所惡溫欲中傷之徵拜侍中以在郡時公事有失追免之後爲祕書監尋復解職時溫方執權朝廷希旨故灌積年不調溫末年以爲諮議參軍會溫薨遷尚書中護軍復出爲吳郡太守加秩中二千石未拜卒子績

績字仲元有志氣除祕書郎以父與謝氏不穆故謝安之世辟召無所從論者多之安薨始爲會稽王道子驃騎主簿多所規諫歷諮議參軍出爲南郡相會荊州刺史殷仲堪舉兵以應王恭仲堪要績與南蠻校尉殷顗同行並不從仲堪等屢以爲言績終不爲之屈顗慮績及禍乃於仲堪坐和解之績曰大丈夫何至以死相脅江仲元行年六十但未知獲死所耳一坐皆爲之懼仲堪憚其堅正以楊佺期代之朝廷聞而徵績爲御史中丞奏劾無所屈撓會稽世子元顯專政夜開六門績密啟會稽王道子欲以奏聞道子不許車胤亦曰元顯驕縱宜禁制之道子默然元顯聞而謂衆曰江績車胤間我父子遣人密讓之俄而績卒朝野悼之

車胤

車胤字武子南平人也曾祖浚吳會稽太守父育郡主簿太守王胡之名知人見胤於童幼之中謂胤父曰此兒當大興卿門可使專學胤恭勤不倦博學多通家貧不常得油夏月則練囊盛數十螢火以照書以夜繼日焉及長風姿美劭機悟敏速甚有鄉曲之譽桓溫在荊州辟爲從事以辯識義理深重之引爲主簿稍遷別駕征西長史遂顯於朝廷時惟胤與吳隱之以寒素博學知名于世又善於賞會當時每有盛坐而胤不在皆云無車公不樂謝安游集之日輒開筵待之寧康初以胤爲中書侍郎關內侯孝武帝嘗講孝經僕射謝安侍坐尚書陸納侍講侍中卞耽執讀黃門侍郎謝石吏部郎袁宏執經胤與丹陽尹王混摘句時論榮之累遷侍中太元中增置太學生百人以胤領國子博士其後年議郊廟明堂之事胤以明堂之制既甚難詳且樂主於和禮主於敬故質文不同音器亦殊既茅茨廣厦不一其度何必守其形範而不弘本順時乎九服咸寧四野無塵然後明堂辟雍可光而修之時從其議又遷驃騎長史太常進爵臨湘侯以疾去職俄爲護軍將軍時王國寶諂於會稽王道子諷八坐啟以道子爲丞相加殊禮胤曰此乃成王所以尊周公也今主上當陽升成王之地相王在位豈得爲周公乎望實二三並不宜爾必大忤上意乃稱疾不署其事疏奏帝大怒而甚嘉胤隆安初爲吳興太守秩中二千石辭疾不拜加輔國將軍丹陽尹頃之遷吏部尚書元顯有過胤與江績密言於道子將奏之事泄元顯逼令自裁俄而胤卒朝廷傷之

殷顗

殷顗字伯通陳郡人也祖融太常卿父康吳興太守顗性通率有才氣少與從弟仲堪俱知名太元中以中書郎擢爲南蠻校尉莅職清明政績肅舉及仲堪得王恭書將興兵內伐告顗欲同舉顗不平之曰夫人臣之義慎保所守朝廷是非宰輔之務豈藩屏之所圖也晉陽之事宜所不豫仲堪要之轉切顗怒曰吾進不敢同退不敢異仲堪甚以爲恨猶密諫仲堪辭甚切至仲堪既貴素情亦殊而志望無厭謂顗言爲非顗見江績亦以正直爲仲堪所斥知仲堪當逐異已樹置所親因出行散託疾不還仲堪聞其病出省之謂顗曰兄病殊爲可憂顗曰我病不過身死但汝病在滅門幸熟爲慮勿以我爲念也仲堪不從卒與楊佺期桓玄同下顗遂以憂卒隆安中詔曰故南蠻校尉殷顗忠績未融奄焉隕喪可贈冠軍將軍弟仲文叔獻別有傳

王雅

王雅字茂達東海剡人魏衛將軍肅之曾孫也祖隆後將軍父景大鴻臚雅少知名州檄主簿舉秀才除郎中出補永興令以幹理著稱累遷尚書左右丞歷廷尉侍中左衛將軍丹陽尹領太子左衛率雅性好接下敬慎奉公孝武帝深加禮遇雖在外職侍見甚數朝廷大事多參謀議帝每置酒宴集雅未至不先舉觴其見重如此然任遇有過其才時人被以佞幸之目帝起清暑殿於後宮開北上閤出華林園與美人張氏同游止惟雅與焉會稽王道子領太子太傅以雅爲太子少傅時王珣兒婚賓客車騎甚衆會聞雅拜少傅迴詣雅者過半時風俗頹敝無復廉恥然少傳之任朝望屬珣珣亦頗以自許及中詔用雅衆遂赴雅焉將拜遇雨請以繖入王珣不許之因冒雨而拜雅既貴倖威權甚震門下車騎常數百而善應接傾心禮之帝以道子無社稷器幹

慮晏駕之後皇室傾危乃選時望以爲藩屏將擢王恭殷仲堪等先以訪雅雅以恭等無當世之才不可大任乃從容曰王恭風神簡貴志氣方嚴既居外戚之重當親賢之寄然其稟性峻隘無所苞容執自是之操無守節之志仲堪雖謹於細行以文義著稱亦無弘量且幹略不長若委以連率之重據形勝之地今四海無事足能守職若道不常隆必爲亂階矣帝以恭等爲當時秀望謂雅疾其勝已故不從二人皆被升用其後竟敗有識之士稱其知人遷領軍尚書散騎常侍方大崇進之將參副相之重而帝崩倉卒不獲顧命雅素被優遇一旦失權又以朝廷方亂內外攜離但慎默而已無所辯正雖在孝武世亦不能犯顏廷爭凡所謀謨唯唯而已尋遷左僕射隆安四年卒時年六十七追贈光祿大夫儀同三司長子準之散騎侍郎次協之黃門次少卿侍中竝有士操立名於世云

史臣曰爰在中興玄風滋扇溺王綱於拱默撓國步於清虛骨骾謇諤之風蓋亦微矣而君孝固情禮而違顯命山甫獻誠讜而振頹風彥叔之兵謀道載之正諫洋洋盈耳有足可稱灌不屈節於權臣績敢危言於賊將道子殊物之禮車胥沮之無懼心仲堪反常之舉殷覬折之以正色求諸古烈何以加焉山松悅哀挽於軒冕之辰彥道歡博徒於衰絰之日天心已喪其能濟乎旋及於促齡俄致於非命宜哉

贊曰顧生軌物屢申誠讜袁子崇儒拯斯頹喪道績剛謇車殷忠壯聽言遺直莫之能尚

晉書卷八十四

唐　太　宗　文　皇　帝　御　撰

列傳第五十四

王恭

王恭字孝伯光祿大夫蘊子定皇后之兄也少有美譽清操過人自負才地高華恒有宰輔之望與王忱齊名友善慕劉惔之爲人謝安常曰王恭人地可以爲將來伯舅嘗從其父自會稽至都忱訪之見恭所坐六尺簟忱謂其有餘因求之恭輒以送焉遂坐薦上忱聞而大驚恭曰吾平生無長物其簡率如此起家爲佐著作郎歎曰仕宦不爲宰相才志何足以騁因以疾辭俄爲祕書丞轉中書郎未拜遭父憂服闋除吏部郎歷建威將軍太元中代沈嘉爲丹陽尹遷中書令領太子詹事孝武帝以恭后兄深相欽重時陳郡袁悅以傾巧事會稽王道子恭言之於帝遂誅之道子嘗集朝士置酒於東府尚書令謝石因醉爲委巷之歌恭正色曰居端右之重集藩王之第而肆淫聲欲令羣下何所取則石深銜之淮陵內史虞珧子妻裴氏有服食之術常衣黃衣狀如天師道子甚悅之令與賓客談論時人皆爲降節恭抗言曰未聞宰相之坐有失行婦人坐賓莫不反側道子甚愧之其後帝將擢時望以爲藩屏乃以恭爲都督兗青冀幽并徐州晉陵諸軍事平北將軍兗青二州刺史假節鎮京口初都督以北爲號者累有不祥故桓沖王坦之刁彝之徒不受鎮北之號恭表讓軍號以超受爲辭而實惡其名於是改號前將軍慕容垂入青州恭遣偏師禦之失利降號輔國將軍及帝崩會稽王道子執政寵暱王國寶委以機權恭每正色直言道子深憚而忿之及赴山陵罷朝歎曰榱棟雖新便有黍離之歎矣時國寶從弟緒說國寶因恭入覲相王伏兵殺之國寶不許而道子亦欲輯和內外深布腹心於恭冀除舊惡恭多不順每言及時政輒厲聲色道子知恭不可和協王緒之說遂行於是國難始結或勸恭因入朝以兵誅國寶而庾楷黨於國寶士馬甚盛恭憚之不敢發遂還鎮臨別謂道子曰主上諒闇冢宰之任伊周所難願大王親萬幾納直言遠鄭聲放佞人辭色甚厲故國寶等愈懼以恭爲安北將軍不拜乃謀誅國寶遣使與殷仲堪桓玄相結仲堪僞許之恭得書大喜乃抗表京師曰後將軍國寶得以姻戚頻登顯列不能感恩效力以報時施而專寵肆威將危社稷先帝登遐夜乃犯閤叩扉欲矯遺詔賴皇太后聰明相王神武故逆謀不果又割東宮見兵以爲己府讒疾二昆甚於讎敵與其從弟緒同黨凶狡共相扇連此不忠不義之明白也以臣忠誠必亡身殉國是以譖臣非一賴先帝明鑒浸潤不行昔趙鞅興甲誅君側之惡臣雖駑劣敢忘斯義表至內外戒嚴國寶及緒惶懼不知所爲用王珣計請解職道子收國寶賜死斬緒于市深謝愆失恭乃還京口恭之初抗表也慮事不捷乃版前司徒左長史王廞爲吳國內史令起兵於東會國寶死令廞解軍去職廞怒以兵伐恭恭遣劉牢之擊滅之上疏自貶詔不許譙王尚之復說道子以藩伯強盛宰相權弱宜多樹置以自衛道子然之乃以其司馬王愉爲江州刺史割庾楷豫州四郡使愉督之由是楷怒遣子鴻說恭曰尚之兄弟專弄相權欲假朝威貶削方鎮懲警前事勢轉難測及其議未成宜早圖之恭以爲然復以謀告殷仲堪桓玄玄等從之推恭爲盟主剋期同赴京師時內外疑阻津邏嚴急仲堪之信因庾楷達之以斜絹爲書內箭簳中合鏑漆之楷送於恭恭發書絹文角戾不復可識謂楷爲詐又料仲堪去年已不赴盟今無運理乃先期舉兵司馬劉牢之諫曰將軍今動以伯舅之重執忠貞之節相王以姬旦之尊時望所係昔年已戮寶緒送王廞書是深伏將軍也頃所授用雖非皆允未爲大失割庾楷四郡以配王愉於將軍何損晉陽之師其可再乎恭不從乃上表以討王愉司馬尚之兄弟爲辭朝廷使元顯及王珣謝琰等距之恭夢牢之坐其處旦謂牢之曰事剋即以卿爲北府遣牢之率帳下督顏延先據竹里元顯使說牢之啗以重利牢之乃斬顏延以降是日牢之遣其壻高雅之子敬宣因恭曜軍輕騎擊恭恭敗將還雅之已閉城門恭遂與弟履單騎奔曲阿恭久不騎乘髀生瘡不復能去曲阿人殷確恭故參軍也以船載之藏於葦席之下將奔桓玄至長塘湖遇商人錢強強宿憾於確以告湖浦尉尉收之以送京師道子聞其將至欲出與語面折之而未之殺也時桓玄等已至石頭懼其有變即於建康之倪塘斬之恭五男及弟爽爽兄子祕書郎和及其黨孟璞張恪等皆殺之恭性抗直深存節義讀左傳至奉王命討不庭每輟卷而歎爲性不弘以闇於機會自在北府雖以簡惠爲政然自矜貴與下殊隔不閑用兵尤信佛道調役百姓修營佛寺務在壯麗士庶怨嗟臨刑猶誦佛經自理鬚鬢神無懼容謂監刑者曰我闇於信人所以致此原其本心豈不忠於社稷但令百代之下知有王恭耳家無財帛唯書籍而已爲識者所傷恭美姿儀人多愛悅或目之云濯濯如春月柳嘗被鶴氅裘涉雪而行孟昶窺見之歎曰此眞神仙中人也初見執遇故吏戴耆之爲湖孰令恭私告之曰我有庶兒未舉在乳母家卿爲我送寄桓南郡耆之遂送之於夏口桓玄撫養之爲立喪庭弔祭焉及玄執政上表理恭詔贈侍中太保諡曰忠簡爽贈太常和及子簡竝通直散騎郎殷確散騎侍郎腰斬湖浦尉及錢強等恭庶子曇亨宋義熙中爲給事中

庾楷

庾楷征西將軍亮之孫會稽內史羲小子也初拜侍中代兄準爲西中郎將豫州刺史假節鎮歷陽隆安初進號左將軍時會稽王道子憚王恭殷仲堪等擅兵故出王愉爲江州督豫州四郡以爲形援楷上疏以江州非險塞之地而西府北帶寇戎不應使愉分督詔不許時楷懷恨使子鴻說王恭以譙王尚之兄弟復握機權勢過國寶恭亦素忌尚之遂連謀舉兵事在恭傳詔使尚之討楷楷遣汝南太守段方逆尚之戰于慈湖方大敗被殺楷奔于桓玄及玄等盟于柴桑連名上疏自理詔赦玄等而不赦恭楷楷遂依玄玄用爲武昌太守楷後懼玄必敗密遣使結會稽世子元顯若朝廷討玄當爲內應及玄得志楷以謀泄爲玄所誅

劉牢之　子敬宣

劉牢之字道堅彭城人也曾祖羲以善射事武帝歷北地鴈門太守父建有武幹爲征虜將軍世以壯勇稱牢之面紫赤色鬚目驚人而沉毅多計畫太元初謝玄北鎮廣陵時苻堅方盛玄多募勁勇牢之與東海何謙琅邪諸葛侃樂安高衡東平劉軌西河田洛及晉陵孫無終等以驍猛應選玄以牢之爲參軍領精銳爲前鋒百戰百勝號爲北府兵敵人畏之及堅將句難南侵玄率何謙等距之牢之破難輜重於盱眙獲其運船還鷹揚將軍廣陵相時車騎將軍桓沖擊襄陽宣城內史胡彬率衆向壽陽以爲沖聲援牢之領卒二千爲彬後繼淮肥之役苻堅遣其弟融及驍將張蚝攻陷壽陽謝玄使彬與牢之距之師次硤石不敢進堅將梁成又以二萬人屯洛澗玄遣牢之以精卒五千距之去賊十里成阻澗列陣牢之參軍劉襲諸葛求等直進渡水臨陣斬成及其弟雲又分兵斷其歸津賊步騎崩潰爭赴淮水殺獲萬餘人盡收其器械堅尋亦大敗歸長安餘黨所在屯結牢之進平譙城使安豐太守戴寶戍之遷龍驤將軍彭城內史以功賜爵武岡縣男食邑五百戶牢之進屯鄄城討諸未服河南城堡承風歸順者甚衆時苻堅子丕據鄴爲慕容垂所逼請降牢之引兵救之垂聞軍至出新興城北走牢之與沛郡太守田次之追之行二百里至五橋澤中爭趣輜重稍亂爲垂所擊牢之敗績士卒殲焉牢之策馬跳五丈澗得脫會丕救至因入臨漳集亡散兵復少振牢之以軍敗徵還頃之復爲龍驤將軍守淮陰後進戍彭城復領太守祆賊劉黎僭尊號於皇丘牢之討滅之苻堅將張遇遣兵擊破金鄉圍太山太守羊邁牢之遣參軍向欽之擊走之會慕容垂叛將翟釗救遇牢之引還釗還牢之進平太山追釗於

鄄城劉走河北因獲張遇以歸之彭城祆賊司馬嶽聚黨馬頭山牢之遣參軍竺朗之討滅之時慕容氏掠廩丘高平太守徐含遠告急牢之不能救坐畏懦免及王恭將討王國寶引牢之爲府司馬領南彭城內史加輔國將軍恭使牢之討破王廞以牢之領晉陵太守恭本以才地陵物及檄至京師朝廷戮國寶王緒自謂威德已著雖杖牢之爲爪牙但以行陣武將相遇禮之甚薄牢之負其才能深懷恥恨及恭之後舉元顯遣廬江太守高素說牢之使叛恭事成當卽其位號牢之許焉恭參軍何澹之以其謀告恭牢之與澹之有隙故恭疑而不納乃置酒請牢之於衆中拜牢之爲兄精兵利器悉以配之使爲前鋒行至竹里牢之背恭歸朝廷恭既死遂代恭爲都督兗青冀幽并徐揚州晉陵軍事牢之本自小將一朝據恭位衆情不悅乃樹用腹心徐謙之等以自強時楊佺期桓玄將兵逼京師上表理王恭求誅牢之牢之率北府之衆馳赴京師次于新亭玄等受詔退兵牢之還鎮京口及孫恩陷會稽牢之遣將桓寶率師救三吳復遣子敬宣爲寶後繼比至曲阿吳郡內史桓謙已棄郡走牢之乃率衆東討拜表輒行至吳與衛將軍謝琰擊賊屢勝殺傷甚衆徑臨浙江進拜前將軍都督吳郡諸軍事時謝琰屯烏程遣司馬高素助牢之牢之率衆軍濟浙江恩懼逃于海牢之還鎮恩復入會稽害謝琰牢之進號鎮北將軍都督會稽五郡率衆東征屯上虞分軍戍諸縣恩復攻破吳國殺內史袁山松牢之使參軍劉裕討之恩復入海頃之恩浮海奄至京口戰士十萬樓船千餘牢之在山陰使劉裕自海鹽赴難牢之率大衆而還裕兵不滿千人與賊戰破之恩聞牢之已還京口乃走郁州又爲敬宣劉裕等所破及恩死牢之威名轉振元興初朝廷將討桓玄以牢之爲前鋒都督征西將軍領江州事元顯遣使以討玄事諮牢之牢之以玄少有雄名杖全楚之衆懼不能制又慮平玄之後功蓋天下必不爲元顯所容深懷疑貳不得已率北府文武屯洌洲桓玄遣何穆說牢之曰自古亂世君臣相信者有燕昭樂毅玄德孔明然皆勳業未卒而二主早世設使功成事遂未保二臣之禍也鄙語有之高鳥盡良弓藏狡兔殫獵犬烹故文種誅於勾踐韓白戮於秦漢彼皆英雄霸王之主猶不敢信其功臣况凶愚凡庸之流乎自開闢以來戴震主之威挾不賞之功以見容於闇世者而誰至如管仲相齊雍齒侯漢則往往有之况君見與無射鉤屢逼之仇邪今君戰敗則傾宗戮勝亦覆族欲以安歸乎孰若翻然改圖保其富貴則身與金石等固名與天壤無窮孰與頭足異處身名俱滅爲天下笑哉惟君圖之牢之自謂握強兵才能算略足以經綸江表時譙王尚之已敗人情轉沮乃頗納穆說遣使與玄交通其甥何無忌與劉裕固諫之並不從俄令敬宣降玄玄大喜與敬宣置酒宴集陰謀誅之陳書法畫圖與敬宣共觀以安悅其志敬宣不之覺玄佐吏莫不相視而笑元顯既敗玄以牢之爲征東將軍會稽太守牢之乃歎曰始爾便奪我兵禍將至矣時玄屯相府敬宣勸牢之襲玄猶豫不決移屯班瀆將北奔廣陵相高雅之欲據江北以距玄集衆大議參軍劉襲曰事不可者莫大於反而將軍往年反王兗州近日司馬郎君今復欲反桓公一人而三反豈得立也語畢趨出佐吏多散走而敬宣先還京口援其家失期不到牢之謂其爲劉襲所殺乃自縊而死俄而敬宣至不遑哭奔于高雅之將吏共殯斂牢之喪歸丹徒桓玄令斲棺斬首暴尸於市及劉裕建義追理牢之乃復本官

敬宣牢之長子也智略不及父而技藝過之孫恩之亂隨父征討所向有功爲元顯從事郎又爲桓玄諮議參軍牢之敗與廣陵相高雅之俱奔慕容超夢丸土而服之既覺喜曰丸者桓也丸既吞矣我當復本土也旬日而玄敗遂與司馬休之還京師拜輔國將軍晉陵太守與諸葛長民破桓歆於芍陂遷建威將軍江州刺史鎮尋陽又擊桓亮苻宏於湘中所在有功安帝反政徵拜冠軍將軍宣城內史領襄城太守譙縱反以敬宣督征蜀諸軍事假節與寧朔將軍臧喜西伐敬宣入自白帝所攻皆剋軍次黃獸與僞將譙道福相持六十餘日遇癘疫又以食盡班師爲有司所劾免官頃之爲中軍諮議加冠軍將軍尋遷鎮蠻護軍安豐太守梁國內史會盧循反以冠軍將軍從大軍南討循平遷左衞將軍散騎常侍又遷征虜將軍青州刺史尋改鎮冀州爲其參軍司馬道賜所害

殷仲堪

殷仲堪陳郡人也祖融太常吏部尚書父師驃騎諮議參軍晉陵太守沙陽男仲堪能清言善屬文每云三日不讀道德論便覺舌本閒強其談理與韓康伯齊名士咸愛慕之調補佐著作郎冠軍謝玄鎮京口請爲參軍除尚書郎不拜玄以爲長史厚任遇之仲堪致書於玄曰胡亡之後中原子女鬻於江東者不可勝數骨肉星離荼毒終年怨苦之氣感傷和理誠喪亂之常足以懲戒復非王澤廣潤愛育蒼生之意也當世大人既慨然經略將以救其塗炭而使理至於此良可歎息願節下弘之以道德運之以神明隱心以及物垂理以禁暴使足踐晉境者必無懷戚之心枯槁之類莫不同漸天潤仁義與干戈並運德心與功業俱隆實所期於明德也頃聞抄掠所得多皆採稆飢人壯者欲以救子少者志在存親行者傾筐以顧念居者吁嗟以待延而一旦幽縶生離死絕求之於情可傷之甚昔孟孫獵而得麑使秦西以之歸其母隨而悲鳴不忍而放之孟孫赦其罪以傅其子禽獸猶不可離况於人乎夫飛鴞惡鳥也食桑葚猶懷好音雖曰戎狄其無情乎苟感之有物非難化也必使邊界無貪小利強弱不得相陵德音一發必聲振沙漠二寇之黨將靡然向風何憂黃河之不濟函谷之不開哉玄深然之領晉陵太守居郡禁產子不舉久喪不葬錄父母以質亡叛者所下條教甚有義理父病積年仲堪衣不解帶躬學醫術究其精妙執藥揮淚遂眇一目居喪哀毀以孝聞服闋孝武帝召爲太子中庶子甚相親愛仲堪父嘗患耳聰聞牀下蟻動謂之牛鬭帝素聞之而不知其人至是從容問仲堪曰患此者爲誰仲堪流涕而起曰臣進退惟谷帝有愧焉復領黃門郎寵任轉隆帝嘗示仲堪詩乃曰勿以己才而笑不才帝以會稽王非社稷之臣擢所親幸以爲藩捍乃授仲堪都督荊益寧三州軍事振威將軍荊州刺史假節鎮江陵將之任又詔曰卿去有日使人酸然常謂永爲廊廟之寶而忽爲荊楚之珍良以慨恨其恩狎如此仲堪雖有英譽議者未以分陝許之既受腹心之任居上流之重朝野屬想謂有異政及在州綱目不舉而好行小惠夷夏頗安附之先是仲堪游於江濱見流棺接而葬焉旬日間門前之溝忽起爲岸其夕有人通仲堪自稱徐伯玄云感君之惠無以報也仲堪因問門前之岸是何祥乎對曰水中有岸其名爲洲君將爲州言終而沒至是果臨荊州桂陽人黃欽生父沒已久詐服衰麻言迎父喪府曹先依律詐取父母卒棄市仲堪乃曰律詐取父母寧依敺詈法棄市原此之旨當以二親生存而橫言死沒情事悖逆忍所不當故同之敺詈之科正以大辟之刑今欽生父實終沒墓在舊邦積年久遠方詐服迎喪以此爲大妄耳比之於父存言亡相殊遠矣遂活之又以異姓相養禮律所不許子孫繼親族無後者唯令主其蒸嘗不聽別籍以避役也佐吏咸服之時朝廷徵益州刺史郭銓犍爲太守卞苞於坐勸銓以蜀反仲堪斬之以聞朝廷以仲堪事不預察降號鷹揚將軍尚書下以益州所統梁州三郡人丁一千番戍漢中益州未肯承遣仲堪乃奏之曰夫制險分國各有攸宜劍閣之險實蜀之關鍵巴西梓潼宕渠三郡去漢中遼遠在劍閣之內成敗與蜀爲一而統屬梁州蓋定鼎中華慮在後伏所以分斗絕之勢開荷戟之路自皇居南遷守在岷邛衿帶之形事異曩昔是以李勢初平割此三郡配隸益州將欲重複上流爲習坎之防事經英略歷年數紀梁州以統接曠遠求還得三郡忘王侯設險之義背地勢內外之實盛陳事力之寡弱飾哀矜之苦言今華陽又清汧隴順軌關中餘燼自相魚肉梁州以論求三郡益州以本統有定更相牽制莫知所從致令巴宕二郡爲羣獠所覆城邑空虛士庶流亡要害膏腴皆爲獠有今遠慮長規宜保全險塞又蠻獠熾盛兵力寡弱如遂經理乖謬號令不一則劍閣非我保醜類轉難制此乃藩扞之大機上流之至要昔三郡全實正差文武三百以助梁州今浮沒蠻獠十不遺二加逐食鳥散貲生未立苟順符指以副梁州恐公私困弊無以堪命則劍閣之守無擊柝之儲號令選用不專於益州虛有監統之名而無制御之用懼非分位之本旨經國之遠術謂今正可更加梁州文武五百合前爲一千五百自此之外一仍舊貫設梁州有急蜀當傾力救之書奏朝廷許焉桓玄在南郡論四皓來儀漢庭孝惠以立而惠帝柔弱呂后凶忌此數公者觸彼埃塵欲以救弊二家之中各有其黨奪彼與此其讐必興不知匹夫之志四公何以逃其患素履終吉隱以保生者其若是乎以其文贈仲堪仲堪乃答之曰隱顯默語非賢達之心蓋所遇之時不同故所乘之塗必異道無所屈而天下以之獲寧仁者之心未能無感若夫四公者養志巖阿道高天下秦網雖虐游之而莫懼漢祖雖雄請之而弗顧徒以一理有感汎然而應事同賓客之禮言無是非之對孝惠以之獲安莫由報其德如意以之定藩無所容其怨且爭奪滋生主非一姓則百姓生心祚無常人則人皆自賢况夫漢以劍起人未知義式遏姦邪特宜以正順爲寶天下大器也苟亂亡見懼則滄海橫流原夫若人之振策豈爲一人之廢興哉苟可以暢其仁義與夫伏節委質可榮可辱者道迹懸殊理勢不同君何疑之哉又謂諸呂強盛幾危劉氏如意若立必無此患夫禍福同門倚伏萬端又未可斷也于時天下新定權由上制高祖分王子弟有磐石之固社稷深謀之臣森然

比肩豈瑣瑣之祿產所能傾奪之哉此或四公所預于今亦無以辨之但求古賢之心宜存之遠大耳端本正源者雖不能無危其危易持苟啟競津雖未必不安而其安難保此最有國之要道古今賢哲所同惜也玄屆之仲堪自在荊州連年水旱百姓饑饉仲堪食常五椀盤無餘肴飯粘落席間輒拾以噉之雖欲率物亦緣其性眞素也每語子弟云人物見我受任方州謂我豁平昔時意今吾處之不易貧者士之常焉得登枝而捐其本爾其存之其役蜀水大出漂浮江陵數千家以隄防不嚴復降爲寧遠將軍安帝卽位進號冠軍將軍固讓不受初桓玄將應王恭乃說仲堪推恭爲盟主共興晉陽之舉立桓文之功仲堪然之仲堪以王恭在京口去都不盈二百自荊州道遠連兵勢不相及乃僞許恭而實不欲下聞恭已誅王國寶等始抗表興師遣龍驤將軍楊佺期次巴陵會稽王道子遣書止之仲堪乃還初桓玄棄官歸國仲堪憚其才地深相交結玄亦欲假其兵勢誘而悅之國寶之役仲堪既納玄之誘乃外結雍州刺史郗恢內要從兄南蠻校尉覬南郡相江績等恢覬績並不同之乃以楊佺期代績覬自遜位會王恭復與豫州刺史庾楷舉兵討江州刺史王愉及譙王尚之等仲堪因集議以爲朝廷去年自戮國寶王恭威名已震今其重舉勢無不剋而我去年緩師已失信於彼今可整棹晨征參其霸功於是使佺期舟師五千爲前鋒桓玄次之仲堪率兵二萬相繼而下佺期玄至湓口王愉奔于臨川玄遣偏軍追獲之佺期等進至橫江庾楷敗奔於玄譙王尚之等退走尚之弟恢之所領水軍皆沒玄等至石頭仲堪至蕪湖忽聞王恭已死劉牢之反恭領北府兵在新亭玄等三軍失色無復固志乃迴師屯于蔡州時朝廷新平恭楷且不測西方人心仲堪等擁衆數萬充斥郊畿內外憂逼玄從兄修告會稽王道子曰西軍可說而解也修知其情矣若許佺期以重利無不倒戈於仲堪者道子納之乃以玄爲江州佺期爲雍州黜仲堪爲廣州以桓修爲荊州遣仲堪叔父太常茂宣詔迴軍仲堪恚被貶退以王恭雖敗已衆亦足以立事令玄等急進軍玄等喜於寵授並欲順朝命猶豫未決會仲堪弟遹爲佺期司馬夜奔仲堪說佺期受朝命納桓修仲堪惶遽卽於蕪湖南歸使徇於玄等軍曰若不各散而歸大軍至江陵當悉戮餘口仲堪將劉系先領二千人隸于佺期輒率衆而歸玄等大懼狼狽追仲堪至尋陽及之於是仲堪失職倚玄爲援玄等又資仲堪之兵雖互相疑阻亦不得異仲堪與佺期以子弟交質遂於尋陽結盟玄爲盟主臨壇歃血並不受詔申理王恭求誅劉牢之譙王尚之等朝廷深憚之於是詔仲堪曰間以將軍憑寄失所朝野懷憂然既往之事宜其兩忘用乃班師迴旆祗順朝旨所以改授方任蓋隨時之宜將軍大議誠感朕心今還復本位卽撫所鎭釋甲休兵則內外寧一故遣太常茂具宣乃懷仲堪等並奉詔各旋所鎭頃之桓玄將討佺期先告仲堪云今當入沔討除佺期已頓兵江口若見與無貳可殺楊廣若其不然便當率軍入江仲堪乃執玄兄偉遣從弟遹等水軍七千至江西口玄使郭銓苻宏擊之遹等敗走玄頓巴陵而館其穀玄又破楊廣於夏口仲堪既失巴陵之積又諸將皆敗江陵震駭城內大飢以胡麻爲廩仲堪急召佺期佺期率衆赴之直濟江擊玄爲玄所敗走還襄陽仲堪出奔酇城爲玄追兵所獲逼令自殺死于柞溪弟子道護參軍羅企生等並被殺仲堪少奉天師道又精心事神不吝財賄而怠行仁義嗇於周急及玄來攻猶勤請禱然善取人情病者自爲診脈分藥而用計倚伏煩密少於鑒略以至於敗子簡之載喪下都葬于丹徒遂居墓側義旗建率私僮客隨義軍躡桓玄玄死簡之食其肉桓振之役義軍失利簡之没陣弟曠之有父風仕至剡令

楊佺期

楊佺期弘農華陰人漢太尉震之後也曾祖準太常自震至準七世有名德祖林少有才望値亂没胡父亮少仕僞朝後歸國終於梁州刺史以貞幹知名佺期沉勇果勁而兄廣及弟思平等皆强獷麤暴自云門戶承籍江表莫比有以其門地比王珣者猶恚恨而時人以其晚過江婚宦失類每排抑之恒慷慨切齒欲因事際以逞其志佺期少仕軍府咸康中領衆屯城固苻堅將潘猛距守康回壘佺期擊走之其衆悉降拜廣威將軍河南太守戍洛陽苻堅將竇衝率衆攻平陽太守張元熙於皇天塢佺期擊走之佺期自湖城入潼關累戰皆捷斬獲千計降九百餘家歸於洛陽進號龍驤將軍以病改爲新野太守領建威司馬遷唐邑太守督石頭軍事以疾去職荊州刺史殷仲堪引爲司馬代江績爲南郡相仲堪與桓玄舉衆應王恭庾楷仲堪素無戎畧軍旅之事一委佺期兄弟以兵五千人爲前鋒與桓玄相次而下至石頭恭死楷敗朝廷未測玄軍乃以佺期代郄恢爲都督梁雍秦三州諸軍事雍州刺史仲堪玄皆有遷換於是俱還尋陽結盟不奉詔俄而朝廷復仲堪本職乃各還鎭初玄未奉詔欲自爲雍州以郄恢爲廣州恢懼玄之來問於衆咸曰佺期來者誰不戮力若桓玄來恐難與爲敵既知佺期代已乃謀於南陽太守閭丘美稱兵距守佺期慮事不濟乃聲言玄來入沔而佺期爲前驅恢衆信之無復固志恢軍散請降佺期入府斬閭丘美放恢還都撫將士恤百姓繕修城池簡練甲卒甚得人情佺期仲堪與桓玄素不穆佺期屢欲相攻仲堪每抑止之玄以是告執政求廣其所統朝廷亦欲成其釁隙故以桓偉爲南蠻校尉佺期內懷忿懼勒兵建牙聲云援洛欲與仲堪襲玄仲堪雖外結佺期內疑其心苦止之又遣從弟遹屯北塞以駐之佺期不得舉乃解兵隆安三年桓玄遂舉兵討佺期先攻仲堪初仲堪得玄書急召佺期佺期曰江陵無食當何以待敵可來見就共守襄陽仲堪自以保境全軍無緣棄城逆走憂佺期不赴乃紿之曰比來收集已有儲矣佺期信之乃率衆赴焉步騎八千精甲耀日既至仲堪唯以飯餉其軍佺期大怒曰今茲敗矣乃不見仲堪時玄在零田佺期與兄廣擊玄玄畏佺期之銳乃渡軍馬頭明日佺期率殷道護等精銳萬人乘艦出戰玄距之不得進佺期乃率其麾下數十艦直濟江徑向玄船俄而迴擊郭銓殆獲銓會玄諸軍至佺期退走餘衆盡没單馬奔襄陽玄追軍至佺期與兄廣俱死之傳首京都梟於朱雀門弟思平從弟尚保孜敬俱逃于蠻劉裕起義始歸國歷位州郡孜敬爲人剽銳果於行事昔與佺期勸殷仲堪殺殷覬仲堪不從孜敬拔刃而起欲自出取之仲堪苦禁乃止及爲梁州刺史常怏怏不滿其志經襄陽見魯宗之侍衞皆佺期之舊也孜敬愈憤見於辭色宗之參軍劉千期於座面折之因大發怒抽劍刺千期立死宗之表而斬之思平尚保後亦以罪誅楊氏遂滅

史臣曰生靈道斷忠貞路絶棄彼弊冠崇茲新履牢之事非其主抑亦不臣功多見疑勢陵難信而投兵散地二三之甚若夫司牧居愆方隅作戾口順勤王心乖抗節王恭鯁言時政有昔賢之風國寶就誅而晉陽猶起是以仲堪僥倖佺期無狀雅志多隙佳兵不和足以亡身不足以靜亂也

贊曰孝伯懷功牢之總戎王因起釁劉亦慙忠殷楊乃武抽旆爭雄庾君含怨交鬭其中猗歟羣采道睽心異是曰亂階非關臣事

晉書卷八十四考證

殷仲堪傳項閒抄掠所得多皆採稆飢人○稆監本訛樵本書音義訛稆今倶改正

晉書卷八十五

唐　太　宗　文　皇　帝　御　撰

列傳第五十五

劉毅　兄邁

劉毅字希樂彭城沛人也曾祖距廣陵相叔父鎭左光祿大夫毅少有大志不修家人產業仕爲州從事桓弘以爲中兵參軍屬桓玄篡位毅與劉裕何無忌魏詠之等起義兵密謀討玄毅討徐州刺史桓修於京口青州刺史桓弘於廣陵裕率毅等至竹里玄使其將皇甫敷吳甫之北距義兵遇之於江乘臨陣斬甫之進至羅落橋又斬敷首玄大懼使桓謙何澹之屯覆舟山毅等軍至蔣山裕使羸弱登山多張旗幟玄不之測益以危懼謙等士卒多北府人素慴伏裕莫敢出鬭裕與毅等分爲數隊進突謙陣皆殊死戰無不一當百時東北風急義軍放火烟塵張天鼓譟之音震駭京邑謙等諸軍一時奔散玄既西走裕以毅爲冠軍將軍青州刺史與何無忌劉道規躡玄玄逼帝及琅邪王西上毅與道規及下邳太守孟懷玉等追及玄戰於崢嶸洲毅乘風縱火盡銳爭先玄衆大潰燒輜重夜走玄將郭銓劉雅等襲陷尋陽毅遣武威將軍劉懷肅討平之及玄死桓振桓謙復聚衆距毅於靈溪玄將馮該以兵會於振毅進擊爲振所敗退次尋陽坐免官尋原之劉裕命何無忌受毅節度無忌以督攝爲煩輒便解統毅疾無忌專擅免其琅邪內史以輔國將軍攝軍事無忌遂與毅不平毅唯自引咎時論韙之毅復與道規發尋陽桓亮自號江州刺史遣劉敬宣擊走之毅軍次夏口時振黨馮該戍大岸孟山圖據魯城桓山客守偃月壘衆合萬人連艦二岸水陸相援毅督衆軍進討未至夏口遇風飄沒千餘人毅與劉懷肅索邈等攻魯城道規攻偃月壘何無忌與檀祗列艦於中流以防越逸毅躬貫甲冑陵城半

日而二壘俱潰生禽山客而馮該遁走毅進平巴陵以毅爲使持節兗州刺史將軍如故毅號令嚴整所經墟邑百姓安悅南陽太守魯宗之起義襲襄陽破桓蔚毅等諸軍次江陵之馬頭振擁乘輿出營江津宗之又破僞將溫楷振自擊宗之毅因率無忌道規等諸軍破馮該於豫章口推鋒而進遂入江陵振聞城陷與謙北走乘輿反正毅執玄黨卞範之羊僧壽夏侯崇之桓道恭等皆斬之桓振復與苻宏自鄖城襲陷江陵與劉懷肅相持毅遣部將擊振殺之并斬僞輔國將軍桓珍毅又攻拔遷陵斬玄太守劉叔祖於臨嶂其餘擁衆假號以十數皆討平之二州既平以毅爲撫軍將軍時刁預等作亂屯於湘中毅遣將分討皆滅之初毅丁憂在家及義旗初興遂墨絰從事至是軍役漸寧上表乞還京口以終喪禮曰弘道爲國者理盡於仁孝訴窮歸天者莫甚於喪親但臣凡庸本無感槩不能隕越故其宜耳往年國難滔天故志竭愚忠靦然苟存去春鑾駕迴軫而狂狡未滅雖姦凶時梟餘燼竄伏威懷寡方文武勞弊微情未申顧景悲憤今皇威遐肅海內淸蕩臣窮毒艱穢亦已具於聖聽兼羸患滋甚衆疾互動如今寢頓無復人理臣之情也本不甘生語其事也亦可以沒乞賜餘骸終其丘墳庶幾忠孝之道獲宥於聖世不許詔以毅爲都督豫州揚州之淮南歷陽廬江安豐五郡諸軍事豫州刺史持節將軍常侍如故本府文武悉令西屬以匡復功封南平郡開國公兼都督宣城軍事給鼓吹一部梁州刺史劉雅反毅遣將討擒之初桓玄於南州起齋悉畫盤龍於其上號爲盤龍齋毅小字盤龍至是遂居之俄進拜衞將軍開府儀同三司及何無忌爲盧循所敗賊軍乘勝而進朝廷震駭毅具舟船討之將發而疾篤內外失色朝議欲奉乘輿北就中軍劉裕會毅疾瘳將率軍南征裕與毅書曰吾往與妖賊戰曉其變態今修船垂畢將居前撲之剋平之日上流之任皆以相委又遣毅從弟藩往止之毅大怒謂藩曰我以一時之功相推耳汝便謂我不及劉裕也投書於地遂以舟師二萬發姑孰徐道覆聞毅將至建鄴報盧循曰劉毅兵重成敗繫此一戰宜併力距之循乃引兵發巴陵與道覆連旗而下毅次于桑落洲與賊戰敗績棄船以數百人步走餘衆皆爲賊所虜輜重盈積皆棄之毅走經涉蠻晉飢困死亾至者十二三參軍羊邃竭力營護之僅而獲免劉裕深慰勉之復其本職毅乃以邃爲諮議參軍及裕討循詔毅知內外留事毅以喪師乞解任降爲後將軍尋轉衞將軍開府儀同三司江州都督毅上表曰臣聞天以盈虛爲運政以損益爲道時否而政不革人凋而事不損則無以救急病於已危拯塗炭於將絕自頃戎車屢駭干戈溢境所統江州以一隅之地當逆順之衝自桓玄以來驅蹙殘敗至乃男不被養女無匹對逃亾去就不避幽深自非財殫力竭無以至此若不曲心矜理有所釐改則靡遺之歎奄焉必及夫設官分職軍國殊用牧養以息務爲大武畧以濟事爲先兼而領之蓋出於權事因藉既久遂似常體江州在腹心之內憑接揚豫藩屏所倚實爲重復昔胡寇縱逸朔馬臨江抗禦之宜蓋權爾耳今江左區區戶不盈數十萬地不踰數千里而統旅鱗次未獲減息大而言之足爲國耻況乃地在無虞而猶置軍府文武將佐資費非要豈所謂經國大情揚湯去火者哉自州郡邊江百姓遼落加郵亭險閡畏阻風波轉輸往復恒有淹廢又非所謂因其所利以濟其弊者也愚謂宜解軍府移鎭豫章處十郡之中厲簡惠之政以及數年可有生氣且屬縣凋散示有所存而役調送迎不得止息亦謂應隨宜并合以簡衆費刺史庾悅自臨莅以來甚有恤隱之誠但綱維不革自非綱目所理尋陽接蠻宜示有遏防可卽州府千兵以助郡戍於是解悅毅移鎭豫章遣其親將趙恢領千兵守尋陽俄進毅爲都督荆寧秦雍四州之河東河南廣平揚州之義城四郡諸軍事衞將軍開府儀同三司荆州刺史持節公如故毅表荆州編戶不盈十萬器械索然廣州雖凋殘猶出丹漆之用請依先準於是加督交廣二州毅至江陵乃輒取江州兵及豫州西府文武萬餘留而不遣又告疾困請藩爲副劉裕以毅貳于己乃奏之安帝下詔曰劉毅傲狠凶戾履霜日久中間覆敗宜卽顯戮晉法含弘復蒙寵授曾不思愆內訟怨望滋甚頼宰輔藏疾特加遵養遂復推轂陝西寵榮隆泰庶能洗心感遇革音改意而長惡不悛志爲姦宄陵上虐下縱逸無度既解督任江州非復所統而輒徙兵衆畧取軍資驅斥舊戍厚樹親黨西府二局文武盈萬悉皆割留曾無片言肆心恣欲罔顧天朝又與從弟藩遠相影響招聚剽狡繕甲阻兵外託省疾實規伺隙同惡相濟圖會荆郢尚書左僕射謝混憑藉世資超蒙殊遇而輕佻躁脫職爲亂階扇動內外連謀萬里是而可忍孰不可懷乃誅藩混劉裕自率衆討毅命王弘王鎭惡蒯思等率軍至豫章口於江津燔舟而進毅參軍朱顯之逢鎭惡以所統千人赴毅鎭惡等攻陷外城毅守內城精銳尚數千人戰至日昃鎭惡以裕書示城內毅怒不發書而焚之毅冀有外救督士卒力戰衆知裕至莫有鬬心既暮鎭惡焚諸門齊力攻之毅衆乃散毅自北門單騎而走去江陵二十里而縊經宿居人以告乃斬於市子姪皆伏誅毅兄模奔於襄陽魯宗之斬送之毅剛猛沈斷而專肆狠愎與劉裕協成大業而功居其次深自矜伐不相推伏及居方嶽常怏怏不得志裕每柔而順之毅驕縱滋甚每覽史籍至藺相如降屈於廉頗輒絕歎以爲不可能也嘗云恨不遇劉項與之爭中原又謂郗僧施曰昔劉備之有孔明猶魚之有水今吾與足下雖才非古賢而事同斯言衆咸惡其陵傲不遜及敗於桑落知物情去已而彌復憤激初裕征盧循凱歸帝大宴於西池有詔賦詩毅詩云六國多雄士正始出風流自知武功不競故示文雅有餘也後在東府聚樗蒲大擲一判應至數百萬餘人並黑犢以還唯劉裕及毅在後毅次擲得雉大喜褰衣繞牀叫謂同坐曰非不能盧不事此耳裕惡之因挼五木久之曰老兄試爲卿答既而四子俱黑其一子轉躍未定裕厲聲喝之卽成盧焉毅意殊不快然素黑其面如鐵色焉而乃和言曰亦知公不能以此見借既出西藩雖上流分陝而頓失內權又頗自嫌事計故欲擅其威彊伺隙圖裕以至於敗初江州刺史庾悅隆安中爲司徒長史曾至京口毅時甚屯窶先就府借東堂與親故出射而悅後與僚佐徑來詣堂毅告之曰毅輩屯否之人合一射甚難君於諸堂並可望以今日見讓悅不許射者皆散唯毅留射如故既而悅食鵞毅求其餘悅又不答毅常銜之義熙中故奪悅豫章解其軍府使人微示其旨悅忿懼而死毅之褊躁如此

邁字伯羣少有才幹爲殷仲堪中兵參軍桓玄之在江陵甚豪橫士庶畏之過於仲堪玄嘗於仲堪廳事前戲馬以矟擬仲堪邁時在坐謂玄曰馬矟有餘精理不足玄自以才雄冠世而心知外物不許之仲堪爲之失色玄出仲堪謂邁曰卿乃狂人也玄夜遣殺卿我豈能相救邁以正辭折仲堪而不以爲悔仲堪使邁下都以避之玄果令追之邁僅而免禍後玄得志邁詣門稱謁玄謂邁曰安知不死而敢相見邁對曰射鉤斬袪與邁爲三故不知死玄甚喜以爲刑獄參軍後爲竟陵太守及毅與劉裕等同謀起義邁將應之事泄爲玄所害

諸葛長民

諸葛長民琅邪陽郡人也有文武幹用然不持行檢無鄉曲之譽桓玄引爲參軍平西軍事尋以貪刻免及劉裕建義與之定謀爲揚武將軍從裕討桓玄以功拜輔國將軍宣城內史于時桓歆聚衆向歷陽長民擊走之又與劉敬宣破歆于芍陂封新淦縣公食邑二千五百戶以本官督淮北諸軍事鎭山陽義熙初慕容超寇下邳長民遣部將徐琰擊走之進位使持節督青揚二州諸軍事青州刺史領晉陵太守鎭丹徒本號及公如故及何無忌爲徐道覆所害賊乘勝逼京師朝廷震駭長民率衆入衞京都因表曰妖賊集船伐木而南康相郭澄之隱蔽經年又深相保明屢欺無忌罪合斬刑詔原澄之及盧循之敗劉毅也循與道覆連旗而下京都危懼長民勸劉裕權移天子過江裕不聽令長民與劉毅屯于北陵以備石頭事平轉督豫州揚州之六郡諸軍事豫州刺史領淮南太守及裕討毅以長民監太尉留府事詔以甲杖五十人入殿長民驕縱貪侈不恤政事多聚珍寶美色營建第宅不知紀極所在殘虐爲百姓所苦自以多行無禮恒懼國憲及劉毅被誅長民謂所親曰昔年醢彭越前年殺韓信禍其至矣謀欲爲亂問劉穆之曰人間論者謂太尉與我不平其故何也穆之曰相公西征老母弱弟委之將軍何謂不平長民弟黎民輕狡好利固勸之曰黥彭異體而勢不偏全劉毅之誅亦諸葛氏之懼可因裕未還以圖之長民猶豫未發既而歎曰貧賤常思富貴富貴必履危機今日欲爲丹徒布衣豈可得也裕深疑之駱驛繼遣輜重兼行而下前剋至日百司於道候之輒差其期既而輕舟徑進潛入東府明旦長民聞之驚而至門裕伏壯士丁旿於幔中引長民進語素所未盡皆說焉長民悅旿自後拉而殺之輿尸付廷尉使收黎民黎民驍勇絕人與捕者苦戰而死小弟幼民爲大司馬參軍逃于山中追擒戮之諸葛氏之誅也士庶咸恨正刑之晚若釋桎梏焉初長民富貴之後常一月中輒十數夜眠中驚起跳踉如與人相打毛修之嘗與同宿見之駭愕問其故長民答曰正見一物甚黑而有毛脚不分明奇健非我無以制之其後來轉數屋中柱及椽桷間悉見有蛇頭令人以刀懸斫應刃隱藏去輒復出又擣衣杵相與語如人聲不可解於壁見有巨手長七八尺臂大數圍令斫之豁然不見未幾伏誅

何無忌

何無忌東海郯人也少有大志忠亮任氣人有不稱其心者輒形於言色州辟從事轉太學博士鎭北將軍劉

牢之卽其舅也時鎭京口每有大事常與叅議之會稽世子元顯子彥章封東海王以無忌爲國中尉加廣武將軍及桓玄害彥章於市無忌入市慟哭而出時人義焉隨牢之南征桓玄牢之將降於玄也無忌屢諫辭旨甚切牢之不從及玄篡位無忌與玄吏部郎曹靖之有舊請莅小縣靖之白玄玄不許無忌乃還京口初劉裕嘗爲劉牢之叅軍與無忌素相親結至是因密共圖玄劉毅家在京口與無忌素善言及興復之事無忌曰桓氏强盛其可圖乎毅曰天下自有强弱雖强易弱正患事主得難耳無忌曰天下草澤之中非無英雄也毅曰所見唯有劉下邳無忌笑而不答還以告裕因共要毅與相推結遂共舉義兵襲京口無忌僞著傳詔服稱勑使城中無敢動者初桓玄聞裕等及無忌之起兵也甚懼其黨曰劉裕烏合之衆勢必無成願不以爲慮玄曰劉裕勇冠三軍當今無敵劉毅家無儋石之儲樗蒲一擲百萬何無忌劉牢之之甥酷似其舅共舉大事何謂無成其見憚如此及玄敗走武陵王遵承制以無忌爲輔國將軍琅邪內史以會稽王道子所部精兵悉配之南追桓玄與振武將軍劉道規俱受冠軍將軍劉毅節度玄留其龍驤將軍何澹之前將軍郭銓江州刺史郭昶之守湓口無忌等次桑落洲澹之等率軍來戰澹之常所乘舫旌旗甚盛無忌曰賊帥必不居此欲詐我耳宜亟攻之衆咸曰澹之不在其中其徒得之無益無忌謂道規曰今衆寡不敵戰無全勝澹之雖不居此舫取則易獲因縱兵騰之可以一鼓而敗也道規從之遂獲賊舫因傳呼曰已得何澹之矣賊中驚擾無忌之衆亦謂爲然道規乘勝徑進無忌又鼓譟赴之澹之遂潰進據尋陽遣使奉送宗廟主祏及武康公主琅邪王妃還京都又與毅道規破走玄於崢嶸洲無忌進據巴陵玄從兄謙從子振乘間陷江陵無忌道規進攻謙於馬頭攻桓蔚於龍泉皆破之既而爲桓振所敗退還尋陽無忌與毅道規復進討振剋夏口三城遂平巴陵進次馬頭桓謙請割荆江二州奉送天子無忌不許進軍破江陵謙等敗走無忌侍衛安帝還京師以無忌督豫州揚州淮南廬江安豐歷陽堂邑五郡軍事右將軍豫州刺史加節甲杖五十人入殿未之職遷會稽內史督江東五郡軍事持節將軍如故給鼓吹一部義熙二年遷都督江荆二州江夏隨義陽綏安豫州西陽新蔡汝南潁川八郡軍事江州刺史將軍持節如故以興復之功封安城郡開國公食邑三千戶增督司州之弘農揚州之松滋加散騎侍郎進鎭南將軍盧循遣別帥徐道覆順流而下舟艦皆重樓無忌將率衆距之長史鄧潛之諫日今以神武之師抗彼逆衆迴山壓卵未足爲譬然國家之計在此一舉聞其舟艦大盛勢若上流蜂蠆之毒邾魯成鑒宜決破南唐守二城以待之其必不敢捨我遠下蓄力俟其疲老然後擊之若棄萬全之長策而決成敗於一戰如其失利悔無及矣無忌不從遂以舟師距之既及賊令强弩數百登西岸小山以邀射之而薄于山側俄而西風暴急無忌所乘小艦被飄東岸賊乘風以大艦逼之衆遂奔敗無忌尚厲聲曰取我蘇武節來節至乃躬執以督戰賊衆雲集登艦者數十人無忌辭色無撓遂握節死之詔曰無忌秉哲履正忠亮明允亾身殉國則契協英謨經綸屯昧則重氛載廓及敷政方夏實播惠風妖寇構亂侵擾邦畿投袂致討志清王畧而事出慮外臨危彌厲握節隕難誠貫古賢朕用傷慟于厥懷其贈侍中司空本官如故諡曰忠肅子邕嗣

初桓玄剋京邑劉裕東征無忌密至裕軍所潛謀舉義勸裕於山陰起兵裕以玄大逆未彰恐在遠舉事剋濟爲難若玄遂竊天位然後於京口圖之事未晚也無忌乃還及義師之舉叅贊大勳皆以算畧攻取爲效而此舉敗於輕脫朝野痛之

檀憑之

檀憑之字慶子高平人也少有志力閨門邕肅爲世所稱從兄子韶兄弟五人皆稚弱而孤憑之撫養若己所生初爲會稽王驃騎行叅軍轉桓修長流叅軍領東莞太守加寧遠將軍與劉裕有州閭之舊又數同東討情好甚密義旗之建憑之與劉毅俱以私艱墨絰而赴雖才望居毅之後而官次及威聲過之故裕以爲建武將軍裕將義舉也嘗與何無忌魏詠之同會憑之所會善相者晉陵韋叟見憑之大驚曰卿有急兵之厄其候不過三四日耳且深藏以避之不可輕出及桓玄將皇甫敷之至羅落橋也憑之與裕各領一隊而戰軍敗爲敷軍所害贈冀州刺史義熙初詔曰夫旌善紀功有國之通典沒而不朽節義之篤行故冀州刺史檀憑之忠烈果毅亾身爲國既義敦其情故臨危授命考諸心迹古人無以遠過近者之贈意猶恨焉可加贈散騎常侍本官如故既隕身王事亦宜追論封賞可封曲阿縣公邑三千戶

魏詠之

魏詠之字長道任城人也家世貧素而躬耕爲事好學不倦生而兎缺有善相者謂之曰卿當富貴年十八聞荆州刺史殷仲堪帳下有名醫能療之貧無行裝謂家人曰殘醜如此用活何爲遂齎數斛米西上以投仲堪既至造門自通仲堪與語嘉其盛意召醫視之醫曰可割而補之但須百日進粥不得笑語詠之曰半生不語而有半生亦當療之況百日邪仲堪於是處之別屋令醫善療之詠之遂閉口不語唯食薄粥其厲志如此及差仲堪厚資遣之初爲州主簿常見桓玄既出玄部其精神不儁謂坐客曰庸神而宅偉幹不成令器竟不調而遣之詠之早與劉裕游欵及玄篡位協贊義謀玄敗授建威將軍豫州刺史桓歆寇歷陽詠之率衆擊走之義熙初進征虜將軍吳國內史尋轉荆州刺史持節都督六州領南蠻校尉詠之初在布衣不以貧賤爲耻及居顯位亦不以富貴驕人始爲仲堪之客未幾竟踐其位論者稱之尋卒于官詔曰魏詠之器宇弘劭識局貞隱同獎之誠實銘王府敷績之效垂惠在人奄致隕喪惻愴于心可贈太常加散騎常侍其後錄其贊義之功追封江陵縣公食邑二千五百戶諡曰桓弟順之至琅邪內史

史臣曰臣觀自古承平之化必杖正人非常之業莫先奇士當衰晉陵夷之際逆玄僭擅之秋外乏桓文內無平勃不有雄傑安能濟之哉此數子者氣足以冠時才足以經世屬大亨數窮之運乘義熙天啓之資建大功若轉圜剪群凶如拉朽勢傾百辟祿極萬鍾斯亦丈夫之盛也然希樂陵傲而速禍諸葛驕淫以成釁造宋而乖同德復晉而異純臣謀之不臧自取夷滅無忌挾功名之大志挺文武之良才追舊而慟感時人率義而響震勍敵因機効捷處死不懦比乎向時之輩豈同日而言歟

贊曰劉生剛愎葛侯凶忝患結滿盈禍生疑貳安成英武體兹忠烈捨家殉義亾生存節檀實褒威身隕名飛魏終協契効績揚輝

晉書卷八十五考證

劉毅傳知物情去已而彌復憤激○監本脫已字今從宋本增

晉書卷八十六

唐 太 宗 文 皇 帝 御 撰

列傳第五十六

張軌 軌子寔 寔弟茂 寔子駿 駿子重華 華子耀靈 靈伯父祚 靈弟玄靚 靚叔天錫

張軌字士彥安定烏氏人漢常山景王耳十七代孫也家世孝廉以儒學顯父溫爲大官令軌少明敏好學有器望姿儀典則與同郡皇甫謐善隱于宜陽女几山泰始初受叔父錫官五品中書監張華與軌論經義及政事損益甚器之謂安定中正爲蔽善抑才乃美爲之談以爲二品之精衞將軍楊珧辟爲掾除太子舍人累遷散騎常侍征西軍司軌以時方多難陰圖據河西筮之遇泰之觀乃投策喜曰霸者兆也於是求爲涼州公卿亦舉軌才堪御遠永寧初出爲護羌校尉涼州刺史于時鮮卑反叛寇盜從橫軌到官卽討破之斬首萬餘級遂威著西州化行河右以宋配陰充汜瑗陰澹爲股肱謀主徵九郡胄子五百人立學校始置崇文祭酒位視別駕春秋行鄉射之禮祕書監繆世徵少府摯虞夜觀星象相與言曰天下方亂避難之國唯涼土耳張涼州德量不恒殆其人乎及河間成都二王之難遣兵三千東赴京師初漢末金城人陽成遠殺太守以叛郡人馮忠赴尸號哭嘔血而死張掖人吳詠爲護羌校尉馬賢所辟後爲太尉龐參掾參賢相誣罪應死各引詠爲證詠計理無兩直遂自刎而死參賢慙悔自相和釋軌皆祭其墓而旌其子孫永興中鮮卑若羅拔能皆爲寇軌遣司馬宋配擊之斬拔能俘十餘萬口威名大震惠帝遣加安西將軍封安樂鄉侯邑千戶於是大城姑臧其城本匈奴所築也南北七里東西三里地有龍形故名臥龍城初漢末博士敦煌侯瑾謂其門人曰後城西泉水當竭有雙闕起其上與東門相望中有霸者出焉至魏嘉平中郡官果起學館築雙闕于泉上與東門正相望矣至是張氏遂霸河西永嘉初會東羌校尉韓稚殺秦州刺史張輔軌少府司馬楊胤言於軌曰今稚逆命擅殺張輔明公杖鉞一方宜懲不恪此亦春秋之義諸侯相滅亡桓公不能救則桓公恥之軌從焉遣中督護汜瑗率衆二萬討之先遺稚書曰今王綱紛撓牧守宜戮力勤王適得雍州檄云卿稱兵內侮吾董任一方義在伐叛武旅三萬駱驛繼發伐木之感心豈可言古之行師全國爲上卿若單馬軍門者當與卿共平世難也稚得書而降遣主簿令狐亞聘南陽王模模甚悅遺軌

以帝所賜劒謂軌曰自隴以西征伐斷割悉以相委如此劒矣俄而王彌寇洛陽軌遣北宮純張纂馬魴陰濬等率州軍擊破之又敗劉聰于河東京師歌之曰涼州大馬橫行天下涼州鴟苕寇賊消鴟苕翩翩怖殺人帝嘉其忠進封西平郡公不受張掖臨松山石有金馬字磨滅粗可識而張字分明又有文曰初祚天下西方安萬年姑臧又有玄石白點成二十八宿于時天下旣亂所在使命莫有至者軌遣使貢獻歲時不替朝廷嘉之屢降璽書慰勞軌後患風口不能言使子茂攝州事酒泉太守張鎭潛引秦州刺史賈龕以代軌密使詣京師請尚書侍郎曹祛爲西平太守圖爲輔車之勢軌別駕麴晁欲專威福又遣使詣長安告南陽王模稱軌廢疾以請賈龕而龕將受之其兄讓龕曰張涼州一時名士威著西州汝何德以代之龕乃止更以侍中爰瑜爲涼州刺史治中楊澹馳詣長安割耳盤上訴軌之被誣模乃表停之晉昌張越涼州大族讖言張氏霸涼自以才力應之從隴西內史遷涼州刺史越志在涼州遂託病歸河西陰圖代軌及遣兄鎭及曹祛麴佩移檄廢軌以軍司杜耽攝州事使耽表越爲刺史軌令曰吾在州八年不能綏靖區域又值中州兵亂秦隴倒懸加以寢患委篤寔思歛迹避賢但負荷任重未便輒遂不圖諸人橫興此變是不明吾心也吾視去貴州如脫屣耳欲遣主簿尉髦奉表詣闕便速脂轄將歸老宜陽長史王融參軍孟暢蹹折鎭檄排閤入諫曰晉室多故人神塗炭寔賴明公撫寧西夏張鎭兄弟敢肆凶逆宜聲其罪而戮之不可成其志也軌嘿然融等出而戒嚴武威太守張琠遣子坦馳詣京表曰魏尚安邊而獲戾充國盡忠而被讒皆前史之所譏今日之明鑒也順陽之爲劉陶守關者十人刺史之莅臣州若慈母之於赤子百姓之愛臣軌若旱苗之得膏雨伏聞信惑流言當有遷代民情嗷嗷如失父母今戎夷猾夏不宜擾動一方尋以子寔爲中督護率兵討鎭遣鎭外甥太府主簿令狐亞前喩鎭曰舅何不審安危明成敗主公西河著德兵馬如雲此猶烈火已焚待江漢之水溺於洪流望越人之助其何及哉今數萬之軍已臨近境今唯全老親存門戶輸誠歸官必保萬全之福鎭流涕曰人誤我也乃委罪功曹魯連而斬之詣寔歸罪南討曹祛走之張坦至自京師帝優詔勞軌依模所表命誅曹祛軌大悅赦州內殊死已下命寔率尹員宋配步騎三萬討祛別遣從事田迥王豐率騎八百自姑臧西南出石驢據長寧祛遣麴晁距戰于黃阪寔詭道出浩亹戰于破羌軌斬祛及牙門田囂遣治中張閬送義兵五千及郡國秀孝貢計器甲方物歸于京師令有司可推詳立州已來清貞德素嘉遯遺榮高才碩學著述經史臨危殉義殺身爲君忠諫而嬰禍專對而釋患權智雄勇爲時除難諂佞誤主傷陷忠賢具狀以聞州中父老莫不相慶光祿傅祇太常摯虞遺軌書告京師饑匱軌卽遣參軍杜勳獻馬五百匹毦布三萬匹帝遣使者進拜鎭西將軍都督隴右諸軍事封霸城侯進車騎將軍開府辟召儀同三司策未至而王彌遂逼洛陽軌遣將軍張斐北宮純郭敷等率精騎五千來衞京都及京都陷斐等皆沒於賊中州避難來者日月相繼分武威置武興郡以居之太府主簿馬魴言於軌曰四海傾覆乘輿未反明公以全州之力徑造平陽必當萬里風披有征無戰未審何憚不爲此舉軌曰是孤心也又聞秦王入關乃馳檄關中曰主上遘危遷幸非所普天分崩率土喪氣秦王天挺聖德神武應期世祖之孫王今爲長凡我晉人食土之類龜筮克從幽明同欵宜簡令辰奉登皇位今遣前鋒督護宋配步騎二萬徑至長安翼衞乘輿折衝左右西中郎寔中軍三萬武威太守張琠胡騎二萬駱驛繼發仲秋中旬會于臨晉俄而秦王爲皇太子遣使拜張軌爲驃騎大將軍儀同三司固辭秦州刺史裴苞東羌校尉貫與據險斷使命宋配討之西平王叔與曹祛餘黨麴儒等刼前福祿令麴恪爲主執太守趙彝東應裴苞寔廻師討之斬儒等左督護陰預與苞戰狹西大敗之苞奔桑凶塢是歲北宮純降劉聰皇太子遣使重申前授固辭左司馬竇濤言於軌曰曲阜周旦弗辭營丘齊望承命所以明國憲厲殊勳天下崩亂皇輿遷幸州雖僻遠不忘匡衞故朝廷傾懷嘉命屢集宜從朝旨以副羣心軌不從初寔平麴儒徙元惡六百餘家治中令狐瀏曰夫除惡人猶農夫之去草令絕其本勿使能滋今宜悉徙以絕後患寔不納儒黨果叛寔進平之愍帝卽位進位司空固讓太府參軍索輔言於軌曰古以金貝皮幣爲貨息穀帛量度之耗二漢制五銖錢通易不滯泰始中河西荒廢遂不用錢裂匹以爲段數縑布旣壞市易又難徒壞女工不任衣用弊之甚也今中州雖亂此方安全宜復五銖以濟通變之會軌納之立制準布用錢錢遂大行人賴其利是時劉曜寇北地軌又遣參軍麴陶領三千人衞長安帝遣大鴻臚辛攀拜軌侍中太尉涼州牧西平公軌又固辭在州十三年寢疾遺令曰吾無德於人今疾病彌留殆將命也文武將佐咸當弘盡忠規務安百姓上思報國下以寧家素棺薄葬無藏金玉善相安遜以聽朝旨表立子寔爲世子卒年六十諡曰武公

寔字安遜學尚明察敬賢愛士以秀才爲郎中永嘉初固辭驍騎將軍請還涼州許之改授議郎及至姑臧以討曹祛功封建武亭侯尋遷西中郎將進爵福祿縣侯建興初除西中郎將領護羌校尉軌卒州人推寔攝父位愍帝因下策書曰維乃父武公著勳西夏頊胡賊狡猾侵逼近甸義兵銳卒萬里相尋方貢遠珍府無虛歲方委專征蕩清九域昊天不弔凋余藩后朕用悼厥心維爾儁劭英毅宜世表西海今授持節都督涼州諸軍事西中郎將涼州刺史領護羌校尉西平公往欽哉其闡弘先緖俾屏王室蘭池長趙奭上軍士張冰得璽文曰皇帝璽羣僚上慶稱德寔曰孤常忿袁本初擬肘諸君何忽有此言因送于京師下令國中曰忝紹前蹤庶幾刑政不爲百姓之患而比年饑旱殆由庶事有缺竊慕箴誦之言以補不逮自今有面刺孤罪者酬以束帛翰墨陳孤過者答以筐篚謗言於市者報以羊米賊曹佐高昌隗瑾進言曰聖王將舉大事必崇三訊之法朝置諫官以匡大理疑承輔弼以補闕拾遺今事無巨細盡決聖慮興軍布令朝中不知若有謬闕則下無分謗竊謂宜偃聰塞智開納羣言政刑大小與衆共之若恒內斷聖心則羣僚畏威而面從矣若惡專歸於上雖賞千金終無言也寔納之增位三等賜帛四十匹遣督護王該送諸郡貢計獻名馬方珍經史圖籍于京師會劉曜逼長安寔遣將軍王該率衆以援京城帝嘉之拜都督陝西諸軍事及帝將降于劉曜下詔于寔曰天步危運禍降晉室京師傾陷先帝晏駕賊庭朕流漂宛許爰暨舊京羣臣以宗廟無主歸之於朕遂以沖眇之身託于王公之上自踐寶位四載于茲不能翦除巨寇以救危難元元兆庶仍遭塗炭皆朕不明所致羯賊劉載僭稱大號禍加先帝肆殺藩王深惟仇恥枕戈待旦劉曜自去年九月率其蟻衆乘虛深寇刼質羌胡攻沒北地麴允總戎在外六軍敗績侵逼京城矢流宮闕胡崧等雖赴國難殿而無効圍塹十重外救不至糧盡人窮遂爲降虜仰慙乾靈俯痛宗廟君世篤忠亮勳隆西夏四海具瞻朕所憑賴今進君大都督涼州牧侍中司空承制行事琅邪王宗室親賢遠在江表今朝廷播越社稷倒懸朕已詔王時攝大位君其協贊琅邪共濟艱運若不忘主宗廟有賴明便出降故夜見公卿屬以後事密遣黃門郎史淑侍御史王沖齎詔假授臨出寄命公其勉之寔以天子蒙塵沖讓不拜建威將軍西海太守張肅寔叔父也以京師危逼請爲先鋒擊劉曜寔以肅年老弗許肅曰狐死首丘心不忘本鍾儀在晉楚弁南音肅受晉寵剖符列位羯逆滔天朝廷傾覆肅宴安方裔難至不奮何以爲人臣寔曰門戶受重恩自當闔宗効死忠衞社稷以申先公之志但叔父春秋已高氣力衰竭軍旅之事非耆耄所堪乃止旣而聞京師陷沒肅悲憤而卒寔知劉曜逼遷天子大臨三日遣太府司馬韓璞滅寇將軍田齊撫戎將軍張閬前鋒督護陰預步騎一萬東赴國難命討虜將軍陳安故太守賈騫隴西太守吳紹各統郡兵爲璞等前驅戒璞曰前遣諸將多違機信所執不同致有乖阻且內不和親焉能服物今遣卿督五將兵事當如一體不得令乖異之問達孤耳也復遣南陽王保書曰王室有事不忘投軀孤州遠域首尾多難是以前遣賈騫瞻望公舉中被符命勅騫還軍忽聞北地陷沒寇逼長安胡崧不進麴允持金五百請救於崧是以決遣騫等進軍度嶺會聞朝廷傾覆爲忠不達於主遣兵不及於難痛慨之深死有餘責今更遣韓璞等唯公命是從及璞次南安諸羌斷軍路相持百餘日糧竭矢盡璞殺駕牛饗軍泣謂衆曰汝曹念父母乎曰念妻子乎曰念欲生還乎曰欲從我令乎曰諾乃鼓譟進戰會張閬率金城軍繼至夾擊大敗之斬級數千時焦崧陳安寇隴右東與劉曜相持雍秦之人死者十八九初永嘉中長安謠曰秦川中血沒腕唯有涼州倚柱觀至是謠言驗矣焦崧陳安逼上邽南陽王保遣使告急以金城太守竇濤爲輕車將軍率威遠將軍宋毅及和苞張閬宋輯辛韜張選董廣步騎二萬赴之軍次新陽會愍帝崩問至素服舉哀大臨三日時南陽王保謀稱尊號破羌都尉張詵言於寔曰南陽王忘莫大之恥而欲自尊天不受其圖籙德不足以應運終非濟時救難者也晉王明德暱藩先帝憑屬宜表稱聖德勸卽尊號傳檄諸藩副言相府則欲競之心息未合之徒散矣從之於是馳檄天下推崇晉王爲天子遣牙門蔡忠奉表江南勸卽尊位是歲元帝卽位于建鄴改年太興寔猶稱建興六年不從中興之所改也保聞愍帝崩自稱晉王建元署置百官遣使拜寔征西大將軍儀同三司增邑三千戶俄而保爲陳安所叛氐羌皆應之保窘迫遂去上邽遷祁山寔遣將韓璞步騎五千赴難

陳安退保緜諸保歸上邽未幾保復爲安所敗使詣寔乞師寔遣宋毅赴之而安退會保爲劉曜所逼遷于桑城將謀奔寔寔以其宗室之望若至河右必動物情遣其將陰監逆保聲言翼衞寔禦之也會保薨其衆散奔涼州者萬餘人寔自恃險遠頗自驕恣初寔寢室梁間有人像無頭久而乃滅寔甚惡之京兆人劉弘者挾左道客居天梯第五山然燈懸鏡於山穴中爲光明以惑百姓受道者千餘人寔左右皆事之帳下閻沙牙門趙仰皆弘鄉人弘謂之曰天與我神璽應王涼州沙仰信之密與寔左右十餘人謀殺寔奉弘爲主寔潛知其謀收弘殺之沙等不知之以其夜害寔在位六年私謚曰昭公元帝賜謚曰元子駿年幼弟茂攝事

茂字成遜虛靖好學不以世利嬰心建興初南陽王保辟從事中郎又薦爲散騎侍郎中壘將軍皆不就二年徵爲侍中以父老固辭尋拜平西將軍秦州刺史太興三年寔既遇害州人推茂爲大都督太尉涼州牧茂不從但受使持節平西將軍涼州牧乃誅閻沙及黨與數百人赦其境內復以兄子駿爲撫軍將軍武威太守西平公歲餘茂築靈鈞臺周輪八十餘堵基高九仞武陵人閻曾夜叩門呼曰武公遣我來曰何故勞百姓而築臺乎姑臧令辛巖以曾妖妄請殺之茂曰吾信勞人曾稱先君之令何謂妖乎太府主簿馬魴諫曰今世難未夷唯當弘尚道素不宜勞役崇飾臺榭且比年以來轉覺衆務日奢於往每所經營輕違雅度寔非士女所望於明公茂曰吾過也吾過也命止作役明年劉曜遣其將劉咸攻韓璞於冀城呼延寔攻寧羌護軍陰鑒于桑壁臨洮人翟楷石琮等逐令長以縣應曜河西大震參軍馬岌勸茂親征長史氾禕怒曰亡國之人復欲干亂大事宜斬岌以安百姓岌曰氾公書生糟粕刺舉近才不惟國家大計且朝廷旰食有年矣今大賊自至不煩遠師遐邇之情寔繫此州事勢不可以不出且宜立信勇之驗以副秦隴之望茂曰馬生之言得之矣乃出次石頭茂謂參軍陳珍曰劉曜以乘勝之聲握三秦之銳繕兵積年士卒習戰若以精騎奄尅南安席卷河外長驅而至者計將何出珍曰曜雖乘威怙衆恩德未結於下又其關東離貳內患未除精卒寡少多是氐羌烏合之衆終不能近舍關東之難增隴上之戍曠日持久與我爭衡也若二旬不退者珍請爲明公率弊卒數千以擒之茂大悅以珍爲平虜護軍率卒騎一千八百救韓璞曜陰欲引歸聲言要先收隴西然後迴滅桑壁珍募發氐羌之衆擊曜走之尅復南安茂深嘉之拜折衝將軍未幾茂復大城姑臧修靈鈞臺別駕吳紹諫曰伏惟脩城築臺蓋是懲既往之事愚以爲恩德未洽於近侍雖處層樓適所以疑諸下徒見不安之意而失士民繫託之本心示怯弱之形乖匡霸之勢遐方異境窺我之齷齪也必有乘人之規嘗願止役省勞與下休息而更興功動衆百姓豈所望於明君哉茂曰亡兄怛然失身於物王公設險武夫重閉亦達人之至戒也且忠臣義士豈不欲盡節義於亡兄哉直以危機密發雖有賁育之勇無所復施今事未靖不可以拘繫常言以太平之理責人於迍邅之世紹無以對茂雅有志節能斷大事涼州大姓賈摹寔之妻弟也勢傾西土先是謡曰手莫頭圖涼州茂以爲信誘而殺之於是豪右跡屏威行涼域永昌初茂使將軍韓璞率衆取隴西南安之地以置秦州太寧三年卒臨終執駿手泣曰昔吾先人以孝友見稱自漢初以來世執忠順今雖華夏大亂皇輿播遷汝當謹守人臣之節無或失墜吾遭擾攘之運承先人餘德假攝此州以全性命上欲不負晉室下欲保完百姓然官非王命位由私議苟以集事豈榮之哉氣絶之日白帢入棺無以朝服以彰吾志焉年四十八在位五年私謚曰成茂無子駿嗣位

駿字公庭幼而奇偉建興四年封霸城侯十歲能屬文卓越不羈而淫縱過度常夜微行于邑里國中化之及統任年十八先是愍帝使人黃門侍郎史淑在姑臧左長史氾禕右長史馬模等諷淑令拜駿使持節大都督大將軍涼州牧領護羌校尉西平公赦其境內置左右前後四率官繕南宮劉曜又使人拜駿涼州牧涼王時辛晏阻兵於枹罕駿讌羣寮于閑豫堂命竇濤等進討辛晏從事劉慶諫曰霸王不以喜怒興師不以乾沒取勝必須天時人事然後起也辛晏父子安忍凶狂其亡可待奈何以饑年大舉猛寒攻城昔周武迴戈以須亡殷之期曹公緩袁氏使自斃何獨殿下以旋兵爲恥乎駿納之遣參軍王隲聘于劉曜曜謂之曰貴州必欲追蹤竇融欵誠和好卿能保之乎隲曰不能曜侍中徐邈曰君來和同而云不能何也隲曰齊桓貫澤之盟憂心兢兢諸侯不召自至葵丘之會驕而矜誕叛者九國趙國之化常如今日可也若政教陵遲尚未能察邇者之變況鄙州乎曜顧謂左右曰此涼州高士使乎得人禮而遣之太寧元年駿猶稱建興十二年駿親耕藉田尋承元帝崩問駿大臨三日會有黃龍見于揖次之嘉泉右長史氾禕言於駿曰按建興之年是少帝始起之號帝以凶終理應改易朝廷越在江南音問隔絶宜因龍改號以章休徵不從初駿之立也姑臧謡曰鴻從南來雀不驚誰謂孤雛尾翅生高舉六翮鳳凰鳴至是而復收河南之地咸和初駿遣武威太守竇濤金城太守張閬武興太守辛巖揚烈將軍宋輯等率衆東會韓璞攻討秦州諸郡曜遣其將劉胤來距屯于狄道城韓璞進度沃干嶺辛巖曰我握衆數萬藉氐羌之銳宜速戰以滅之不可以久久則變生璞曰自夏末以來太白犯月辰星逆行白虹貫日皆變之大者不可以輕動輕動而不捷爲禍更深吾將久而斃之且曜與石勒相攻胤亦不能久也積七十餘日軍糧竭遣辛巖督運於金城胤聞之大悅謂其將士曰韓璞之衆十倍於吾羌胡皆叛不爲之用吾糧廩將懸難以持久今虜分兵運糧可謂天授吾也若敗辛巖璞等自潰彼衆我寡宜以死戰戰而不捷當無匹馬得還宜厲爾戈矛竭汝智力衆咸奮於是率騎三千襲巖于沃干嶺敗之璞軍遂潰死者二萬餘人面縛歸罪駿曰孤之罪也將軍何辱皆赦之胤乘勝追奔濟河攻陷令居入據振武河西大震駿遣皇甫該禦之赦其境內會劉曜東討石生長安空虛大蒐講武將襲秦雍理曹郎中索詢諫曰曜雖東征胤猶守本險阻路遐爲主人甚易胤若輕騎憑氐羌以距我者則奔突難測轂彼東合而逆戰者則寇我未已頃年頻出戎馬生郊外有饑羸內資虛耗豈是殿下子物之謂邪駿曰每患忠言不獻面從背違吾政教缺然而莫我匡者卿盡辭規諫深副孤之望也以羊酒禮之西域諸國獻汗血馬火浣布犎牛孔雀巨象及諸珍異二百餘品西域長史李柏請擊叛將趙貞爲貞所敗議者以柏造謀致敗請誅之駿曰吾每以漢世宗之殺王恢不如秦穆之赦孟明竟以減死論羣心咸悅駿觀兵新鄉狩于北野因討軻没虜破之下令境中曰昔鯀殛而禹興芮誅而缺進唐帝所以殄洪災晉侯所以成五霸法律犯死罪期親不得在朝今盡聽之唯不宜內參宿衞耳於是刑清國富羣寮勸駿稱涼王領秦涼二州牧置公卿百官如魏武晉文故事駿曰此非人臣所宜言也敢有言此者罪在不赦然境內皆稱之爲王羣寮又請駿立世子駿不從中堅將軍宋輯言於駿曰禮急儲君者蓋重宗廟之故周成漢昭立於繈褓誠以國嗣不可曠儲宮當素定也昔武王始有國元王作儲君建興之初先王在位殿下正名統況今社稷彌崇聖躬介立大業遂殷繼貳闕然哉臣竊以爲國有累卵之危而殿下以爲安踰泰山非所謂也駿納之遂立子重華爲世子先是駿遣傅穎假道于蜀通表京師李雄弗許駿又遣治中從事張淳稱藩于蜀託以假道焉雄大悅雄又有憾於南氏楊初淳因說曰南氏無狀屢爲邊害宜先討百頃次平上邽二國并勢席卷三秦東靖許洛掃氛燕趙拯二帝梓宮於平陽反皇輿於洛邑此英霸之舉千載一時寡君所以遣下臣冒險通誠不遠萬里者以陛下義聲遠播必能愍寡君勤王之志天下之善一也惟陛下圖之雄怒僞許之將覆淳於東峽蜀人橋贇密以告淳淳言於雄曰寡君使小臣行無迹之地通北蠻之域萬里表誠者誠以陛下義矜勠力之臣能成人之美節故也若欲殺臣者當顯於都市宣示衆目云涼州不忘舊義通使琅邪爲表忠誠假途於我主聖臣明發覺殺之當令義聲遠著天下畏威今盜殺江中威刑不顯何足以揚休烈示天下也雄大驚曰安有此邪當相放還河右耳雄司隸校尉景騫言於雄曰張淳壯士宜留任之雄曰壯士豈爲人留且可以卿意觀之騫謂淳曰卿體大暑熱可且遣下吏少住須涼淳曰寡君以皇輿幽辱梓宮未反天下之恥未雪蒼生之命倒懸故遣淳來表誠大國所論事重非下吏能傳若下吏所了者則淳本亦不來雖有火山湯海無所辭難豈寒暑之足避哉雄曰此人矯矯不可得用也厚禮遣之謂淳曰貴主英名蓋世土險兵盛何不稱帝自娛一方淳曰寡君以乃祖乃父世濟忠良未能雪天人之大恥解衆庶之倒懸日昃忘食枕戈待旦以琅邪中興江東故萬里翼戴將成桓文之事何言自娛邪雄有慙色曰我乃祖乃父亦是晉臣往與六郡避難此都爲同盟所推遂有今日琅邪若能中興大晉於中州者亦當率衆輔之淳還至龍鶴募兵通表後皆達京師朝廷嘉之駿議欲嚴刑峻制衆咸以爲宜參軍黃斌進曰臣未見其可駿問其故斌曰夫法制所以經綸邦國篤俗齊物既立必行不可窪隆也若尊者犯令則法不行矣駿屏机改容曰夫法唯上行制無高下且微黃君吾不聞過矣黃君可謂忠之至也於坐擢爲敦煌太守駿有計略於是厲操改節勤修庶政總御文武咸得其用遠近嘉詠號曰積賢君自軌據涼州屬天下之亂所在征伐軍無寧歲至駿境內漸平又使其將楊宣率衆越流沙伐龜茲鄯善於是西域並降鄯善王元孟獻女號曰美人立賓遐觀以處之焉耆前部于寘王並遣使貢方物得玉璽於河其文曰

執萬國建無極時駿盡有隴西之地士馬彊盛雖稱臣於晉而不行中興正朔舞六佾建豹尾所置官僚府寺擬於王者而微異其名又分州西界三郡置沙州東界六郡置河州二府官僚莫不稱臣又於姑臧城南築城起謙光殿畫以五色飾以金玉窮盡珍巧殿之四面各起一殿東曰宜陽青殿以春三月居之章服器物皆依方色南曰朱陽赤殿夏三月居之西曰政刑白殿秋三月居之北曰玄武黑殿冬三月居之其傍皆有直省內官寺署一同方色及末年任所遊處不復依四時而居咸和初懼爲劉曜所逼使將軍宋輯魏纂將兵徙隴西南安人二千餘家于姑臧使聘於李雄修鄰好及曜攻枹罕護軍辛晏告急駿使韓璞辛巖率步騎二萬擊之戰于臨洮大爲曜軍所敗璞等退走追至令居駿遂失河南之地初戊已校尉趙貞不附于駿至是駿擊擒之以其地爲高昌郡及石勒殺劉曜駿因長安亂復收河南地至于狄道置武衞石門候和漒川甘松五屯護軍與勒分境勒遣使拜駿官爵駿不受留其使後懼勒強遣使稱臣於勒兼貢方物遣其使歸駿境內嘗大饑穀價踊貴市長譚詳請出倉穀與百姓秋收三倍徵之從事陰據諫曰昔西門豹宰鄴積之於人解扁莅東封之邑計入三倍文侯以豹有罪而可賞扁有功而可罰今詳欲因人之饑以要三倍反裘傷皮未足諭之駿納之初建興中敦煌計吏耿訪到長安既而遇賊不得反奔漢中因東渡江以太興二年至京都屢上書以本州未知中興宜遣大使乞爲鄉導時連有內難許而未行至是始以訪守治書御史拜駿鎮西大將軍校尉刺史公如故選西方人隴西賈陵等十二人配之訪停梁州七年以驛道不通召還訪以詔書付賈陵託爲賈客到長安不敢進以咸和八年始達涼州駿受詔遣部曲督王豐等報謝并遣陵歸上疏稱臣而不奉正朔猶稱建興二十一年九年復使訪隨豐等齎印板進駿大將軍自是每歲使命不絕後駿遣參軍麴護上疏曰東西隔塞踰歷年載夙承聖德心繫本朝而江吳寂蔑餘波莫及雖肆力修塗同盟靡恤奉詔之日悲喜交并天恩光被褒崇輝渥即以臣爲大將軍都督陝西雍秦涼州諸軍事休寵振赫萬里懷戴嘉命顯至衘感屏營伏惟陛下天挺岐嶷堂構晉室遭家不造播幸吳楚宗廟有黍離之哀園陵有殄廢之痛普天咨嗟含氣悲傷臣專命一方職在斧鉞遐域僻陋勢極秦隴勒雄既死人懷反正謂季龍李期之命曾不崇朝而皆篡繼凶逆鴟目有年東西遼曠聲援不捷遂使桃蟲鼓翼四夷諠譁向義之徒更思背誕鉛刀有干將之志螢燭希日月之光是以臣前章懇切欲齊力時討而陛下雍容江表坐觀禍敗懷目前之安替四祖之業馳檄布告徒設空文臣所以宵吟荒漠痛心長路者也且兆庶離主漸冉經世先老消落後生靡識忠良受梟懸之罰羣凶貪縱橫之利懷君戀故日月告流雖時有尚義之士畏逼首領哀歎窮廬臣聞少康中興由於一旅光武嗣漢衆不盈百祀夏配天不失舊物況以荆揚慓悍臣州突騎吞噬遺羯在於掌握哉願陛下敷弘臣慮永念先績勑司空鑒征西亮等汎舟江沔使首尾俱至也自後駿遣使多爲季龍所獲不達後駿又遣護羌參軍陳㝢從事徐虓華馭等至京師征西大將軍亮上疏言陳㝢等冒險遠至宜蒙銓叙詔除㝢西平相虓等爲縣令永和元年以世子重華爲五官中郎將涼州刺史酒泉太守馬岌上言酒泉南山即崑崙之體也周穆王見西王母樂而忘歸即謂此山此山有石室玉堂珠璣鏤飾煥若神宮宜立西王母祠以裨朝廷無疆之福駿從之駿在位二十二年卒時年四十私謚曰文公穆帝追謚曰忠成公

重華字泰臨駿之第二子也寬和懿重沉毅少言父卒時年十六以永和二年自稱持節大都督太尉護羌校尉涼州牧西平公假涼王赦其境內尊其母嚴氏爲太王太后居永訓宮所生母馬氏爲王太后居永壽宮輕賦斂除關稅省園囿以恤貧窮遣使奉章於石季龍季龍使王擢麻秋孫伏都等侵寇不輟金城太守張沖降于秋於是涼州振動重華掃境內使其征南將軍裴恒禦之恒壁于廣武欲以持久弊之牧府相司馬張耽言於重華曰臣聞國以兵爲彊以將爲主主將者存亡之機吉凶所繫故燕任樂毅剋平全齊及任騎劫喪七十城之地是以古之明君靡不慎于將相也今之所要在於軍師然議者舉將多推宿舊未必妙盡精才也且韓信之舉非舊名也穰苴之信非舊將也呂蒙之進非舊勳也魏延之用非舊德也蓋明王之舉舉無常人才之所能則授以大事今彊寇在郊諸將不進人情騷動危機稍逼主簿謝艾兼資文武明識兵略若授以斧鉞委以專征必能折衝禦侮殲殄凶類重華召艾問以討寇方略艾曰昔耿弇不欲以賊遺君父黃權願以萬人當寇乞假臣兵七千爲殿下吞王擢麻秋等重華大悅以艾爲中堅將軍配步騎五千擊秋引師出振武夜有二梟鳴于牙中艾曰梟邀也六博得梟者勝今梟鳴牙中剋敵之兆於是進戰大破之斬首五千級重華封艾爲福祿伯善待之諸寵貴惡其賢共毀譖之乃出爲酒泉太守季龍又令麻秋進陷大夏大夏護軍梁式執太守宋晏以城應秋秋遣晏以書誘宛戍都尉宋矩宋矩謂秋曰辭父事君當立功義功義不立當守名節矩終不背主偷生於世於是先殺妻子自刎而死是月有司議遣司兵趙長迎秋西郊謝艾以春秋之義國有大喪省蒐狩之禮宜待踰年別駕從事索遐議曰禮天子崩諸侯薨未殯五祀不行既殯而行之魯宣三年天王崩不廢郊祀今聖上統承大位百揆惟新宜在璿璣玉衡以齊七政立秋萬物將成殺氣之始其於王事杖麾誓衆釁鼓禮神所以討逆除暴成功濟務寧宗廟社稷致天下之福不可廢也重華從之俄而麻秋進攻枹罕時晉陽太守郎坦以城大難守宜棄外城武城太守張悛曰棄外城則大事去矣不可以動衆心寧戎校尉張璩從之固守大城秋率衆八萬圍塹數重雲梯雹車地突百道皆通於內城中亦應之殺傷秋衆已數萬季龍復遣其將劉渾等率步騎二萬會之郎坦恨言之不從教軍士李嘉潛與秋通引賊千餘人上城西北隅璩使宋脩張弘辛挹郭普距之短兵接戰斬二百餘人賊乃退璩戮李嘉以徇燒其攻具秋退保大夏謂諸將曰我用兵於五都之間攻城略地往無不捷及登秦隴謂有征無戰豈悟南襲仇池破軍殺將築城長最匹馬不歸及攻此城傷兵挫銳殆天所贊非人力也季龍聞而歎曰吾以偏師定九州今以九州之力困於枹罕眞所謂彼有人焉未可圖也重華以謝艾爲使持節軍師將軍率步騎三萬進軍臨河秋以三萬衆距之艾乘軺車冠白幍鳴鼓而行秋望而怒曰艾年少書生冠服如此輕我也命黑矟龍驤三千人馳擊之艾左右大擾左戰帥李偉勸艾乘馬艾不從乃下車踞胡床指麾處分賊以爲伏兵發也懼不敢進張瑁從左南緣河而截其後秋軍乃退艾乘勝奔擊遂大敗之斬秋將杜勳汲魚俘斬一萬三千級秋匹馬奔大夏重華論功以謝艾爲太府左長史進封福祿縣伯邑五千戶帛八千匹麻秋又據枹罕有衆十二萬進屯河內遣王擢略地晉興廣武越洪池嶺至于曲柳姑臧大震重華議欲親出距之謝艾因諫以爲不可別駕從事索遐進曰賊衆甚盛漸逼京畿君者國之鎭也不可以親動左長史謝艾文武兼資國之方邵宜委以推轂之任殿下居中作鎭授以算略小賊不足平也重華納之於是以艾爲使持節都督征討諸軍事行衞將軍遐爲軍正將軍率步騎二萬距之艾建牙旗盟將士有西北風吹旌旗東南指遐曰風爲號令令能令旗指之天所贊也破之必矣軍次神鳥王擢與前鋒戰敗遁還河南還討叛虜斯骨眞萬餘落破之斬首千餘級俘擒二千八百獲牛羊十餘萬頭重華自以連破勍敵頗怠政事希接賓客司直索遐諫曰殿下承四聖之基當升平之會荷當今之任憂率土之塗炭宜躬親萬幾開延英乂夙夜乾乾勉於庶政自頃內外嚚然皆云去賊投誠者應即撫慰而彌日不接國老朝賢當盧己引納詢訪政事比多經旬積朔不留意接之文奏入內歷月不省廢替見務注情於棊奕之間縉紳左右小臣之娛不存將相遠大之謀至使親臣不言朝吏杜口愚臣所以廻惶忘寢與食也今王室如燬百姓倒懸正是殿下銜膽茹辛厲心之日深願垂心朝政延納直言周爰五美以成六德捐彼近習弭塞外聲修政聽朝使下觀而化重華覽之大悅優文答謝然不之改也詔遣侍御史俞歸拜重華護羌校尉涼州刺史假節是時石季龍西中郎將王擢屯結隴上爲苻雄所破奔重華重華厚寵之以爲征虜將軍秦州刺史假節使張弘宗悠率步騎萬五千配擢伐苻健健遣苻碩禦之戰于龍黎擢等大敗單騎而還弘悠皆沒重華痛之素服爲戰亡吏士舉哀號慟各遣弔問其家復授擢兵使攻秦州剋之遣使上疏曰季龍自斃遺燼游魂取亂侮亡覩機則發臣今遣前鋒都督裴恒步騎七萬逕出隴上以侯聖朝赫然之威山東騷擾不足曆懷長安膏腴宜速平蕩臣守任西荒山川悠遠大誓六軍不及聽受之末猛將鷹揚不豫告成之次瞻雲望日孤憤義傷彈劍慷慨中情蘊結於是康獻皇后詔報遣使進重華爲涼州牧是時御史俞歸至涼州重華方謀爲涼王不肯受詔使親信人沈猛謂歸曰我家主公奕世忠於晉室而不如鮮卑矣臺加慕容皝燕王今甫授州主大將軍何以加勸有功忠義之臣乎明臺今且移河右共勸州主爲涼王大夫出使苟利社稷專之可也歸對曰王者之制異姓不得稱王九州之內重爵不得過公漢高一時王異姓尋皆誅滅蓋權時之宜非舊體也故王陵曰非劉氏而王天下共伐之至於夷狄不從此例春秋時吳楚稱王而諸侯不以爲非者蓋蠻狄畜之也假令齊魯稱王諸侯豈不伐之故聖上以貴公忠賢是以爵以上公位以方伯鮮卑北狄豈足爲比哉子失問也曰吾又聞之有殊勳絕世者亦有不世之賞若今便以貴公爲王

者設貴公以河右之衆南平巴蜀東埽趙魏修復舊都以迎天子天子復以何爵何位可以加賞幸三思之猛具宣歸言重華遂止重華好與羣小遊戲屢出錢帛以賜左右徵事索振諫曰先王寢不安席志平天下故繕甲兵積資實大業未就懷恨九泉殿下遭巨寇於諒闇之中賴重餌以挫勍敵今遺籚尚廣倉帑虛竭金帛之費所宜慎之昔世祖即位躬親萬幾章奏詣闕報不終日故能隆中興之業定萬世之功今章奏停滯動經時月下情不得上達哀窮困於囹圄蓋非明主之事臣竊未安重華善之將受詔未及而卒時年二十七在位十一年私諡曰昭公後改曰桓公穆帝賜諡曰敬烈子耀靈嗣

耀靈字元舒年十歲嗣事稱大司馬校尉刺史西平公伯父長寧侯祚性傾巧善承內外初與重華寵臣趙長尉緝等結異姓兄弟長等矯稱重華遺令以祚爲持節督中外諸軍撫軍將軍輔政長等議以耀靈沖幼時難未夷宜立長君祚先烝重華母馬氏馬氏遂從緝議命廢耀靈爲涼寧侯而立祚祚尋使楊秋胡害耀靈於東苑埋之於沙坑私諡曰哀公

張祚

祚字太伯博學雄武有政事之才既立自稱大都督大將軍涼州牧涼公淫暴不道又通重華妻裴氏自閤內媵妾及駿重華未嫁子女無不暴亂國人相目咸賦牆茨之詩永和十年祚納尉緝趙長等議僭稱帝位立宗廟舞八佾置百官下書曰昔金行失馭戎狄亂華胡羯氐羌咸懷竊璽我武公以神武撥亂保寧西夏貢款勤王旬朔不絕四祖承光忠誠彌著往受晉禪天下所知謙沖遜讓四十年于茲矣今中原喪亂華裔無主羣后僉以九州之望無所依歸神祇嶽瀆罔所憑係逼孤攝行大統以一四海之心辭不獲已勉從羣議待埽穢二京蕩清周魏然後迎帝舊都謝罪天闕思與兆庶同茲更始改建興四十二年爲和平元年赦殊死賜鰥寡帛加文武爵各一級追崇曾祖軌爲武王祖寔爲昭王從祖茂爲成王父駿爲文王弟重華爲明王立妻辛氏爲皇后弟天錫爲長寧王子泰和爲太子庭堅爲建康王耀靈弟玄靚爲涼武侯其夜天有光如車蓋聲若雷霆震動城邑明日大風拔木災異屢見而祚凶虐愈甚其尚書馬岌以切諫免官郎中丁琪又諫曰先公累執忠節遠宗吳會持盈守謙五十餘載蒼生所以鵠企西望四海所以注心大涼皇天垂贊士庶効死者正以先公道高彭昆忠踰西伯萬里通虔任節不貳故也能以一州之衆抗崩天之虜師徒歲起人不告疲陛下雖以大聖雄姿纂戎鴻緒勳德未高於先公而行革命之事臣竊未見其可華夷所以歸系大涼義兵所以千里響赴者以陛下爲本朝之故今既自尊人斯高競一隅之地何以當中國之師城峻衡生負乘致寇惟陛下圖之祚大怒斬之于闕下遣其將和昊率衆伐驪軒戎於南山大敗而還太尉桓溫入關王擢時鎮隴西馳使於祚言溫善用兵勢在難測祚既震懼又慮擢反噬即召馬岌復位而與之謀密遣親人刺擢事覺不剋祚益懼大聚衆聲言東征實欲西保敦煌會溫還而止更遣其平東將軍秦州刺史牛霸司兵張芳率三千人擊擢破之擢奔于苻健其國中五月霜降殺苗稼果實祚宗人張瓘時鎮枹罕祚惡其彊遣其將易揣張玲率步騎萬三千以襲之時張掖人王鸞頗知神道言於祚曰軍出不復還涼國將有不利矣祚大怒以鸞妖言沮衆斬之以徇三軍乃發鸞臨刑曰我死不二十日軍必敗時有神降於玄武殿自稱玄冥與人交語祚日夜祈之神言與之福利祚甚信之祚又遣張掖太守索孚代瓘鎮枹罕爲瓘所殺玲等濟河未畢又爲瓘兵所破揣單騎奔走瓘軍躡之祚衆震懼敦煌人宋混與弟澄等聚衆以應瓘趙長張璹等懼罪入閤呼重華母馬氏出殿拜耀靈庶弟玄靚爲主揣等率衆入殿伐長殺之瓘弟琚及子嵩募數百市人揚聲言張祚無道我兄大軍已到城東敢有舉手者誅三族祚衆披散琚嵩率衆入城祚按劍殿上大呼令左右死戰祚既失衆心莫有鬭志於是被殺梟其首宣示內外暴尸道左國內咸稱萬歲祚篡立三年而亡

玄靚字元安既立自號大都督大將軍校尉涼州牧西平公赦其國內廢和平之號復稱建興四十三年誅祚二子以張瓘爲衞將軍領兵萬人行大將軍事改易僚屬有隴西人李儼誅大姓彭姚自立於隴右奉中興年號百姓悅之玄靚遣牛霸率衆討之未達而西平人衞綝又據郡叛霸衆潰單騎而還瓘先欲征綝以兄琚在綝中爲疑綝亦以弟在瓘中故彼我經年不相伐西平人郭勛解天文不應州郡之命綝禮聘之勛曰張氏應衰衞氏當興豈得以一弟而滅一門宜速伐瓘綝將從之瓘遣弟琚領大衆征綝敗之西平田旋要酒泉太守馬基背瓘應綝旋謂基曰綝擊其東我等絕其西不六旬天下可定斯閉口捕舌也基許之瓘遣司馬張姚王國將二千人伐基敗之斬基旋二人之首傳姑臧瓘兄弟彊盛負其勳力有篡立之謀輔國宋混與弟澄共討瓘盡夷其屬玄靚以混爲都督中外諸軍事車騎大將軍假節輔政混卒又以澄代之玄靚右司馬張邕惡澄專擅殺之遂滅宋氏玄靚乃以邕爲中護軍叔父天錫爲中領軍共輔政邕自以功大驕矜淫縱又通馬氏樹黨專權國人患之天錫腹心郭增劉肅二人並年十八九因寢謂天錫曰天下事欲未靜天錫曰何謂也二人曰今護軍出入有似長寧天錫大驚曰我早疑之未敢出口計當云何肅曰政當速除之耳天錫曰安得其人肅曰肅即是也天錫曰汝年少更求可與謀者肅曰趙白駒及肅二人足以辦之矣於是天錫從兵四百人與邕俱入朝肅與白駒剔刀鞘出刃從天錫入值邕於門下肅斫之不中白駒繼之又不剋二人與天錫俱入禁中邕得逸走因率甲士三百餘人反攻禁門天錫上屋大呼謂將士曰張邕凶逆所行無道諸宋何罪盡誅滅之傾覆國家肆亂社稷我不惜死實懼大人廢祀事不獲已故耳我家門戶事而將士豈可以干戈見向今之所取邕身而已天地有靈吾不食言邕衆聞之悉散走邕以劍自刎而死於是悉誅邕黨玄靚年既幼沖性又仁弱天錫既剋邕專掌朝政改建興四十九年奉升平之號興寧元年駿妻馬氏卒玄靚以其庶母郭氏爲太妃郭氏以天錫專政與大臣張欽等謀討之事泄欽等伏法是歲天錫率衆入禁門潛害玄靚宣言暴薨時年十四在位九年私諡曰沖公孝武帝賜諡曰敬悼公

天錫字純嘏駿少子也小名獨活初字公純嘏入朝人笑其三字因自改焉玄靚死國人立之自號大將軍校尉涼州牧西平公遣司馬綸騫奉章請命并送御史俞歸還京都太和初詔以天錫爲大將軍大都督督隴右關中諸軍事護羌校尉涼州刺史西平公天錫數宴園池政事頗廢盪難將軍校書祭酒索商上疏極諫天錫答曰吾非好行行有得也觀朝榮則敬才秀之士翫芝蘭則愛德行之臣覩松竹則思貞操之賢臨清流則貴廉絜之行覽蔓草則賤貪穢之吏逢飈風則惡凶狡之徒若引而申之觸類而長之庶無遺漏矣羌廉岐自稱益州刺史率略陽四千家背苻堅就李儼天錫自往討之以別駕楊遹爲監前鋒軍事前將軍趣金城晉興相常據爲使持節征東將軍向左南游擊將軍張統出白土天錫自率三萬人次倉松伐儼儼大敗入城固守遣子純求救於苻堅堅使其將王猛救之天錫敗績死者十二三天錫乃還立子大懷爲世子自天錫之嗣事也連年地震山崩水泉湧出柳化爲松火生泥中而天錫荒于聲色不卹政事初安定梁景敦煌劉肅並以門胄總角與天錫友昵張邕之誅肅景有勳天錫深德之賜姓張氏又改其字以爲己子天錫諸子皆以大爲字故景曰大奕肅曰大誠廢大懷爲高昌公更立嬖子大豫爲世子景肅等俱參政事人情怨懼從弟從事中郎憲切諫不納時苻堅彊盛每攻之兵無寧歲天錫甚懼乃立壇刑牲率典軍將軍張寧中堅將軍馬芮等遙與晉三公盟誓獻書大司馬桓溫剋六年夏誓同大舉遣從事中郎韓博奮節將軍康妙奉表并送盟文博有口才溫甚稱之嘗大會溫使司馬刁彝嘲之彝謂博曰君是韓盧後邪博曰卿是韓盧後溫笑曰刁以君姓韓故相問焉他自姓刁那得韓盧後邪博曰明公脫未之思短尾者則爲刁也一坐推歎焉太元元年苻堅遣其將苟萇毛當梁熙姚萇來寇渡石城津天錫集議中錄事席仍曰先公既有故事徐思後變此孫仲謀屈身之略也衆以仍爲老怯咸曰龍驤將軍馬達精兵萬人距之必不敢進廣武太守辛章保城固守章與晉興相彭知正西平相趙疑謀曰馬達出於行陣必不爲用則秦軍深入吾相與率三郡精卒斷其糧運決一朝命矣征東常據亦欲先擊姚萇須天錫命天錫率萬人頓金昌城馬達率萬人逆萇等因請降兵人散走常據席仍皆戰死司兵趙克哲與萇苦戰又死中衞將軍史景亦沒于陣天錫大懼出城自戰城內又反天錫窘逼降于萇等初天錫所居西昌門及平章殿無故而崩旬日而國亡即位凡十三年自軌爲涼州至天錫凡九世七十六年矣苻堅先爲天錫起宅至以爲尚書封歸義侯大敗于淮肥時天錫爲苻融征南司馬於陣歸國詔曰昔孟明不替終顯厥功豈以一眚而廢才用其以天錫爲散騎常侍左員外又詔曰故太尉西平公張軌著德遐域世襲前勞彊兵縱害遂至失守散騎常侍天錫拔迹登朝先祀淪替用增矜慨可復天錫西平郡公爵俄拜金紫光祿大夫天錫少有文才流譽遠近及歸朝甚被恩遇朝士以其國破身虜多共毀之會稽王道子嘗問其西土所出天錫應聲曰桑葚甜甘鴟鴞革響乳酪養性人無妬心後形神昏喪雖處列位不復被齒遇隆安中會稽世子元顯用事常延致之以爲戲弄以其家貧拜廬江太守本官如故桓玄時欲招懷四遠乃用天錫爲護羌校尉涼州刺史尋卒年六十一追贈金紫光祿大夫

史臣曰長河外區流沙作紀玉闕懸險金城負固有苗攸竄帝舜投而不羈渠搜是居大禹卽而方叙世逢多難晏五郡以讙何時遇兵凶阻三邊而高視雖非久安之地足爲苟全之所乎周公保之而立功士彥擁之而延世摯虞觀象記洪災之不流侯瑾覘泉知霸者之斯在匪唯地勢抑亦有天道歟茂駿重華資忠踵武崎嶇僻陋無忘本朝故能西控諸戎東攘巨猾綰累葉之珪組賦絕域之琛竇振曜遐荒良由杖順之効矣祚以單孽陰傾冢嗣播有茨於彤管擬宸居於黑山丁琪以切諫遇誅吏王鸞以讜言嬰顯戮境內雲擾警其竊名卒致梟懸自然之理也純嘏微弱竟亡其衆奉身魏闕齒迹朝流再襲銀黃祖德之延慶矣

贊曰三象構氛九土瓜分鼎遷江介地絕河濆歸誠晉室美矣張君內撫遺黎外攘逋寇世旣緜遠國亦完富杖順爲基蓋天所祐

晉書卷八十六考證

張軌傳軌遣北宮純○純監本譌屯今從下文軌遣北宮純等率兵衛京師句改正

張寔傳胡嵩等雖赴國難○嵩監本譌松今從下文胡嵩不進麹允持金五百請救于嵩改正

張重華傳時晉陽太守郎埴○監本時作與郎誤卽今從宋本

朝吏杜口○監本朝字下衍廷字從宋本刪

晉書卷八十七

唐太宗文皇帝御撰

列傳第五十七

涼武昭王 子士業

武昭王諱暠字玄盛小字長生隴西成紀人姓李氏漢前將軍廣之十六世孫也廣曾祖仲翔漢初爲將軍討叛羌于素昌素昌卽狄道也衆寡不敵死之仲翔子伯考奔喪因葬于狄道之東川遂家焉世爲西州右姓高祖雍曾祖柔仕晉並歷位郡守祖弇仕張軌爲武衞將軍安世亭侯父昶幼有令名早卒遺腹生玄盛少而好學姓沉敏寬和美器度通涉經史尤善文義及長頗習武藝誦孫吳兵法嘗與呂光太史令郭黁及其同母弟宋繇同宿黁起謂繇曰君當位極人臣李君有國土之分家有騧草馬生白額駒此其時也呂光末京兆段業自稱涼州牧以敦煌太守趙郡孟敏爲沙州刺史署玄盛效穀令敏尋卒敦煌護軍馮翊郭謙沙州治中敦煌索僊等以玄盛溫毅有惠政推爲寧朔將軍敦煌太守玄盛初難之會宋繇仕於業告歸敦煌言於玄盛曰兄忘郭黁之言邪白額駒今已生矣玄盛乃從之尋進號冠軍稱藩于業業以玄盛爲安西將軍敦煌太守領護西胡校尉及業僭稱涼王其右衞將軍索嗣構玄盛於業乃以嗣爲敦煌太守率騎五百而西未至二十里移玄盛使迎己玄盛驚疑將出迎之效穀令張邈及宋繇止之曰呂氏政衰段業闇弱正是英豪有爲之日將軍據一國成資奈何束手於人索嗣自以本邦謂人情附己不虞將軍卒能距之可一戰而擒矣宋繇亦曰大丈夫已爲世所推今日便授首於嗣豈不爲天下笑乎大兄英姿挺傑有雄霸之風張王之業不足繼也玄盛曰吾少無風雲之志因官至此不圖此郡士人忽爾見推向言出迎者未知士大夫之意故也因遣繇覘嗣繇見嗣陷以甘言還謂玄盛曰嗣志驕兵弱易擒耳於是遣其二子士業讓與邈繇及司馬尹建興等逆戰破之嗣奔還張掖玄盛素與嗣善結爲刎頸交反爲所構故深恨之乃罪狀嗣於段業業將且渠男又惡嗣至是因勸除之業乃殺嗣遣使謝玄盛分敦煌之涼興烏澤晉昌之宜禾三縣爲涼興郡進玄盛持節都督涼興已西諸軍事鎭西將軍領護西夷校尉時有赤氣起于玄盛後園龍跡見于小城隆安四年晉昌太守唐瑤移檄六郡推玄盛爲大都督大將軍涼公領秦涼二州牧護羌校尉玄盛乃赦其境內建年爲庚子追尊祖弇曰涼景公父昶涼簡公以唐瑤爲征東將軍郭謙爲軍諮祭酒索僊爲左長史張邈爲右長史尹建興爲左司馬張體順爲右司馬張條爲牧府左長史令狐溢爲右長史張林爲太府主簿宋繇張稷爲從事中郞繇加折衝將軍稷加揚武將軍索承明爲牧府右司馬令狐遷爲武衞將軍晉興太守氾德瑜爲寧遠將軍西郡太守張靖爲折衝將軍河湟太守索訓爲威遠將軍西平太守趙開爲騂馬護軍大夏太守索慈爲廣武太守陰亮爲西安太守令狐赫爲武威太守索術爲武興太守以招懷東夏又遣宋繇東伐涼興幷擊玉門已西諸城皆下之遂屯玉門陽關廣田積穀爲東伐之資初呂光之稱王也遣使市六璽玉於于寘至是玉至敦煌納之郡府仍於南門外臨水起堂名曰靖恭之堂以議朝政閱武事圖讚自古聖帝明王忠臣孝子烈士貞女玄盛親爲序頌以明鑒戒之義當時文武羣寮亦皆圖焉有白雀翔于靖恭堂玄盛觀之大悅又立泮宮增高門學生五百人起嘉納堂於後園以圖讚所志義熙元年玄盛改元爲建初遣舍人黃始梁與閒行奉表詣闕曰昔漢運將終三國鼎峙鈞天之歷數鍾皇晉高祖闡鴻基景文弘帝業嗣武受終要荒率服六合同風宇宙齊貫而惠皇失馭權臣亂紀懷愍屯邅蒙塵于外懸象上分九服下裂眷言顧之普天同慨伏惟中宗元皇帝基天紹命遷幸江表荆揚蒙弘覆之矜五都爲荒榛之藪故太尉西平武公軌當元康之初屬擾攘之際受命典方出撫此州威略所振聲蓋海內明盛繼統不隕前志長旌所指仍闢三秦義立兵強拓境萬里文桓嗣位奕葉載德囊括關西化被崐裔遐邇款藩世修職貢晉德之遠揚翳此州是賴大都督大將軍天錫以英挺之姿承七世之業志匡時難剋隆先勳而中年降災兵寇侵境皇威遐邈同獎弗及以一方之師抗七州之衆兵孤力屈社稷以喪臣聞歷數相推歸餘於終帝王之興必以閏位是以共工亂象於黃農之間秦項篡竊於周漢之際皆機不轉蹤覆餗成凶自戎狄陵華已涉百齡五胡僭襲期運將杪四海顒顒懸心象魏故師次東關趙魏莫不企踵淮南大捷三方欣然引領伏惟陛下道協少康德侔光武繼天統位志清函夏至如此州世篤忠義臣之羣寮以臣高祖東莞太守雍曾祖北地太守柔荷寵前朝參忝時務伯祖龍驤將軍廣晉太守長寧侯卓亡祖武衞將軍天水太守安世亭侯弇毗佐涼州著功秦隴殊寵之隆勒于天府妄臣無肅輒依竇融故事迫臣以義上臣大都督大將軍涼公領秦涼二州牧護羌校尉臣以爲荆楚替貢齊桓興召陵之師諸侯不恭晉文起城濮之役用能勳光踐土業隆一匡九域賴其弘猷春秋恕其專命功冠當時美垂千祀況今帝居未復諸夏昏墊大禹所經奄爲戎墟五嶽神山狄汙其三九州名都夷穢其七辛有所言於茲而驗微臣所以叩心絕氣忘寢與食彫肝焦慮不遑寧息者也江涼雖遼義誠密邇風雲苟通實如脣齒臣雖名未結於天臺量未著於海內然憑賴累祖寵光餘烈義不細辭以稽大務輒順羣議亡身卽事轅弱任重懼忝威命昔在春秋諸侯宗周國皆稱元以布時令今天臺邈遠正朔未加發號施令無以紀數輒年冠建初以崇國憲冀杖寵靈全制一方使義誠著於所天玄風扇于九壤殉命灰身隕越慷慨玄盛謂羣寮曰昔河右分崩羣豪競起吾以寡德爲衆賢所推何嘗不忘寢與食思濟黎庶故前遣母弟繇董率雲騎東殄不庭軍之所至莫不賓下今惟蒙遜鴟跱一城自張掖已東晉之遺黎雖爲戎虜所制至於向義思風過於殷人之望西伯大業須定不可安寢吾將遷都酒泉漸逼寇穴諸君以爲何如張邈贊成其議玄盛大悅曰二人同心其利斷金張長史與孤同矣夫復何疑乃以張體順爲寧遠將軍建康太守鎭樂涫徵宋繇爲右將軍領敦煌護軍與其子敦煌太守讓鎭敦煌遂遷居于酒泉手令誡其諸子曰吾自立身不營世利經涉累朝通否任時初不役智有所要求今日之舉非本願也然事會相驅遂荷州土憂責不輕門戶事重雖詳人事未知天心登車理轡百慮塡胷後事付汝等粗舉旦夕近事數條遭意便言不能次比至於杜漸防萌深識情變此當任汝所見深淺非吾勑誡所盡也汝等雖年未至大若能剋已纂修比之古人亦可以當事業矣苟其不然雖至白首亦復何成汝等其戒之愼之節酒愼言喜怒必思愛而知惡憎而知善動念寬恕審而後舉衆之所惡勿輕承信詳審人核眞僞遠佞諛近忠正蠲刑獄忍煩擾存高年恤喪病勤省按聽訟訴刑法所應和顏任理愼勿以情輕加聲色賞勿漏疏罰勿容親耳目人間知外患苦禁禦左右無作威福勿伐善施勞逆詐億必以示己明廣加諮詢無自專用從善如順流去惡如探湯富貴而不驕者至難也念此貫心勿忘須臾寮佐邑宿盡禮承敬讌饗饌食事事留懷古今成敗不可不知退朝之暇念觀典籍面牆而立不成人也此郡世篤忠厚人物敦雅天下全盛時海內猶稱之況復今日實是名邦正爲五百年鄉黨婚親相連至於公理時有小小頗迴爲當隨宜斟酌吾臨蒞五年兵難騷動未得休衆息役惠康士庶至於掩瑕藏疾滌除疵垢朝爲寇讎夕委心膂雖未足希準古人粗亦無負於新舊事任公平坦然無纇初不容懷有所損益計近便爲少經遠如有餘亦無愧於前志也初玄盛之西也留女敬愛養於外祖尹文文旣東遷玄盛從姑梁褒之母養之其後禿髮傉檀假道於北山鮮卑遣褒送敬愛于酒泉幷通和好玄盛遣使報聘贈以方物玄盛親率騎二萬畧地至於建東鄯善前部王遣使貢其方物且渠蒙遜來侵

至於建康掠三千餘戶而歸玄盛大怒率騎追之及于彌安大敗之盡收所掠之戶初苻堅建元之末徙江漢之人萬餘戶于敦煌中州之人有田疇不闢者亦徙七千餘戶郭黁之寇武威武威張掖已東人西奔敦煌晉昌者數千戶及玄盛東遷皆徙之于酒泉分南人五千戶置會稽郡中州人五千戶置廣夏郡餘萬三千戶分置武威武興張掖三郡築城於敦煌南子亭以威南虜又以前表未報復遣沙門法泉間行奉表曰江山悠隔朝宗無階延首雲極翹企遐方伏惟陛下應期踐位景福自天臣去乙巳歲順從羣議假統方城時遣舍人黃始奉表通誠遙途嶮曠未知達不吳涼懸邈蜂蠆充衢方珍貢使無由展御謹副寫前章或希簡達臣以其歲進師酒泉戒戎廣平庶攘茨穢而黠虜恣睢未率威教憑守巢穴阻臣前路竊以諸事草創倉帑未盈故息兵按甲務農養士時移節邁荏苒三年撫劍歎憤以日成歲今資儲已足器械已克西招城郭之兵北引丁零之眾冀憑國威席卷河隴揚旌秦川承望詔旨盡節竭誠隕越爲效又臣州界迥遠勍寇未除當須鎮副爲行留部分輒假臣世子士業監前鋒諸軍事撫軍將軍護羌校尉督攝前軍爲臣先驅又敦煌郡大衆殷制御西域管轄萬里爲軍國之本輒以次子讓爲寧朔將軍西夷校尉敦煌太守統攝崐裔輯寧殊方自餘諸子皆在戎間率先士伍臣總督大綱畢在輸力臨機制命動靜續聞玄盛既遷酒泉乃敦勸稼穡羣僚以年穀頻登百姓樂業請勒銘酒泉玄盛許之於是使儒林祭酒劉彥明爲文刻石頌德既而蒙遜每年侵寇不止玄盛志在以德撫其境內但與通和立盟弗之校也是時白狼白兎白雀白雉白鳩皆棲其園囿其羣下以爲白祥金精所誕皆應時雝而至又有神光甘露連理嘉禾衆瑞請史官記其事玄盛從之尋而蒙遜背盟來侵玄盛遣世子士業要擊敗之獲其將且渠百年玄盛上巳日讌于曲水命羣寮賦詩而親爲之序於是寫諸葛亮訓誡以勗諸子曰吾負荷艱難寧濟之勳未建雖外總良能憑股肱之力而戎務孔殷坐而待旦以維城之固宜兼親賢故使汝等未及師保之訓皆弱年受任常懼弗克以貽咎悔古今之事不可以不知苟近而可師何必遠也覽諸葛亮訓勵應璩奏諫尋其終始周孔之教盡在中矣爲國足以致安立身足以成名質略易通寓目則了雖言發往人道師於此且經史道德如採菽中原勤之者則功多汝等可不勉哉玄盛乃修敦煌舊塞東西二圍以防北虜之患築敦煌舊塞西南二圍以威南虜玄盛以緯世之量當呂氏之末爲羣雄所奉遂啓霸圖兵無血刃坐定千里謂張氏之業指期而成河西十郡歲月而一既而秃髮傉檀入據姑臧且渠蒙遜基宇稍廣於是慨然著述志賦焉其辭曰涉至虛以誕駕乘有輿於本無稟玄元而陶衍承景靈之冥符蔭朝雲之菴藹仰朗日之照煦既敷既載以育以成幼希顏子曲肱之榮游心上典玩禮敦經蔑玄冕於朱門羨漆園之傲生尚漁父於滄浪善沮溺之耦耕穢鶉鳶之籠嚇欽飛鳳于太清杜世競於方寸絶時譽之嘉聲超嘯吟於崇嶺奇秀木之凌霜挺修幹之青葱經歲寒而彌芳情遙遙以遠寄想四老之暉光將戢繁榮於常衢控雲轡而高驤攀瓊枝於玄圃漱華泉之滌濼和吟鳳之逸響應鳴鸞于南崗時弗獲彰心往形留眷駕陽林宛首一丘衝風沐雨載沉載浮利害繽紛以交錯歡感循環而相求乾扉奄寂以重閉天池絶津而無舟悼貞信之道薄謝慙德於圜流遂乃去玄覽應世賓肇弱巾於東宮並羽儀於英倫踐宣德之秘庭翼明后於紫宸赫赫謙光崇明弈弈岌岌王居詵詵百辟君希虞夏臣庶夔益張王頹嚴梁后墜壑淳風杪莽以永喪緍紳淪胥而覆溺呂發釁於閨牆厥構摧以傾顛疾風飄于高木迴湯沸於重泉飛塵翕以蔽日大火炎其燎原名都幽然影絶千邑闃而無烟斯乃百六之恒數起滅相因而迭然於是人希逐鹿之圖家有雄霸之想闇王命而不尋邀非分於無象故覆車接路而繼軌膏生靈於土壤哀餘類之忪懞遂靡依而靡仰求欲專而失逾遠寄玄珠於罔象悠悠涼道鞠焉荒凶杪杪余躬迢迢西邦非相期之所會諒冥契而來同跨弱水以建基躡崐墟以爲墉總奔駟之駭轡接摧轅於峻峰崇崖嵯嶸重嶮萬尋玄邃窈窕磐紆嶔岑榛棘交橫河廣水深狐狸夾路鴞鵄羣吟挺非我以爲用任至當如影響執同心以御物懷自彼於握掌匪矯情而任荒乃冥合而一往華德是用來庭野逸所以就鞅休矣時英茂哉儁哲庶罩網以遠籠豈徒射鉤與斬袂或脫梏而纓蕤或後至而先列採殊才於巖陸拔翹彥於無際思留侯之神遇振高浪以蕩穢想孔明於草廬運玄籌之罔滯洪操槃而慷慨起三軍以激銳詠羣豪之高軌嘉關張之飄傑誓報曹而歸劉何義勇之超世據斷橋而橫矛亦雄姿之壯發輝輝南珍英英周魯挺奇荆吳昭文烈武建策烏林龍驤江浦摧堂堂之勁陣鬱風翔而雲舉紹樊韓之遠蹤侔徽猷於召武非劉孫之鴻度孰能臻茲大祜信乾坤之相成庶物希風而潤雨崤益既蕩三江已清穆穆盛勳濟濟隆平御羣龍而奮策彌萬載以飛榮仰遺塵於絶代企高山而景行將建朱旗以啓路驅長轂而迅征靡商風以抗旆拂招搖之華旌資神兆於皇極協五緯之所寧赳赳干城翼翼上弼志馘奔鯨截彼醜類且灑遊塵於當陽拯涼德於已墜間昌寓之驂乘暨襄城而按轡知去害之在茲體牧童之所述審機動之至微思遺殆而忘寐表略韻於紈素託精誠于白日玄盛寢疾顧命宋繇曰吾少離荼毒百艱備嘗於喪亂之際遂爲此方所推才弱智淺不能一同河右今氣力惙然當不復起矣死者大理吾不悲之所恨志不申耳居元首之位者宜深誡危殆之機吾終之後世子猶卿子也善相輔導述吾平生勿令居人之上專驕自任軍國之宜委之於卿無使籌略乖衷失成敗之要十三年薨時年六十七國人上諡曰武昭王墓曰建世陵廟號太祖先是河右不生楸槐柏漆張駿之世取於秦隴而植之終於皆死而酒泉宮之西北隅有槐樹生焉玄盛又著槐樹賦以寄情蓋歎僻陋遐方立功非所也亦命主簿梁中庸及劉彥明等並作文感兵難繁興時俗諠競乃著大酒容賦以表恬豁之懷與辛景辛恭靖同志友善景等歸晉遇害江南玄盛聞而弔之玄盛前妻同郡辛納女貞順有婦儀先卒玄盛親爲之誄自餘詩賦數十篇世子譚早卒第二子士業嗣

涼後主諱歆字士業玄盛薨時府寮奉爲大都督大將軍涼公領涼州牧護羌校尉大赦境內改年爲嘉興尊母尹氏爲太后以宋繇爲武衞將軍廣夏太守軍諮祭酒錄三府事索僊爲征虜將軍張掖太守且渠蒙遜遣其張掖太守且渠廣宗詐降誘士業士業遣武衞溫宜等赴之親勒大軍爲之後繼蒙遜率衆三萬設伏于蓼泉士業聞引兵還爲遜所逼士業親貫甲先登大敗之追奔百餘里俘斬七千餘級明年蒙遜大伐士業士業將出距之左長史張體順固諫乃止蒙遜大芟秋稼而還是歲朝廷以士業爲持節都督七郡諸軍事鎭西大將軍護羌校尉酒泉公士業用刑頗嚴又繕築不止從事中郎張顯上疏諫曰入歲已來陰陽失序屢有賊風暴雨犯傷和氣今區域三分勢不久並并兼之本實在農戰懷遠之略事歸寬簡而更繁刑峻法宮室是務人方凋殘百姓愁悴致災之咎寔此之由主簿氾稱又上疏諫曰臣聞天之子愛人后殷勤至矣故政之不修則垂災譴以誡之改者雖危必昌宋景是也其不改者雖安必亡虢公是也元年三月癸卯敦煌謙德堂陷八月效穀地裂二年元日昏霧四塞四月日赤無光二旬乃復十一月狐上南門今茲春夏地頻五震六月隕星于建康臣雖學不稽古敏謝仲舒顛亦聞道于先師且行年五十有九請爲殿下略言耳目之所聞見不復能遠論書傳之事也乃者咸安之初西平地裂狐入謙光殿前俄而秦師奄至都城不守梁熙既爲涼州藉秦氏兵亂規有全涼之地外不撫百姓內多聚斂建元十九年姑臧南門崩隕石於閑豫堂二十年而呂光東反子敗於前身戮於後段業因羣胡創亂遂稱制此方三年之中地震五十餘所既而先王龍興瓜州蒙遜殺之張掖此皆目前之成事亦殿下之所聞知效穀先主鴻漸之始謙德即尊之室基陷地裂大凶之徵也日者太陽之精中國之象赤而無光中國將爲胡夷之所陵滅諺曰野獸入家主人將去今狐上南門亦災之大也又狐者胡也天意若曰將有胡人居于此城南面而居者也昔春秋之世星隕于宋襄公卒爲楚所擒地者至陰胡夷之象當靜而動反亂天常天意若曰胡夷將震動中國中國若不修德將有宋襄之禍臣蒙先朝布衣之眷輒自同子弟之親是以不避忤上之誅昧死而進愚款願殿下親仁善鄰養威觀釁罷宮室之務止游畋之娛後宮嬪妃諸弟子女躬受分田身勸蠶績以清儉素德爲榮息茲奢靡之費百姓租稅專擬軍國虛衿下士廣招英儁修秦氏之術以强國富俗待國有數年之積庭盈文武之士然後命韓白爲前驅納子房之妙算一鼓而姑臧可平長驅可以飲馬涇渭方東面而爭天下豈蒙遜之足憂不然臣恐宗廟之危必不出紀士業並不納士業立年而宋受禪士業將謀東伐張體順切諫乃止士業聞蒙遜南伐秃髮傉檀命中外戒嚴將攻張掖尹氏固諫不聽宋繇又固諫士業並不從繇退而歎曰大事去矣吾見師之出不見師之還也士業遂率步騎三萬東伐次于都瀆澗蒙遜自浩亹來距戰于懷城爲蒙遜所敗左右勸士業還酒泉士業曰吾違太后明誨遠取敗辱不殺此胡復何面目以見母也勒衆復戰敗于蓼泉爲蒙遜所害士業諸弟酒泉太守翻新城太守預領羽林右監密左將軍眺右將軍亮等西奔敦煌蒙遜遂入于酒泉士業之未敗也有大蛇從南門而入至于恭德殿前有雙雉飛出宮內通衢大樹上有烏鵲爭巢鵲爲烏所殺又有敦煌父老令狐熾夢白頭公衣帢而

謂讖曰南風動吹長木胡桐椎不中轂言訖忽然不見士業小字桐椎至是而亡翻及弟敦煌太守恂與諸子等棄敦煌奔于北山蒙遜以索嗣子元緒行敦煌太守元緒麤險好殺大失人和郡人宋承張弘以恂在郡有惠政密信招恂恂率數十騎入于敦煌元緒東奔涼興宋承等推恂爲冠軍將軍涼州刺史蒙遜遣世子德政率衆攻恂恂閉門不戰蒙遜自率衆二萬攻之三面起堤以水灌城恂遣壯士一千連版爲橋潛欲決堤蒙遜勒兵逆戰屠其城士業子重耳脫身奔于江左仕于宋後歸魏爲恒農太守蒙遜徙翻子寶等于姑臧歲餘北奔伊吾後歸于魏獨尹氏及諸女死於伊吾玄盛以安帝隆安四年立至宋少帝景平元年滅據河右凡二十四年

史臣曰王者受圖咸資世德猶混成之先大帝若一氣之生兩儀是以中陽勃興資豢龍之構趾景亳垂統本吞鷰之開基涼武昭王英姿傑出運陰陽而緯武應變之道如神吞日月以經天成物之功若歲故能懷荒弭暴開國化家宅五郡以稱藩屈三分而奉順若乃詩褒秦仲後嗣建削平之業頌美公劉末孫興配天之祚或發迹於汧渭或布化於邠岐覆簣創元天之基疏涓開環海之宅彼既有漸此亦同符是知景命攸歸非一朝之可致累功積慶其所由來遠矣

贊曰武昭英叡忠勇霸世王室雖微乃誠無替遺黎飲德絕壤霑惠積祉丕基克昌來裔

晉書卷八十八

唐 太 宗 文 皇 帝 御 撰

列傳第五十八

孝友

大矣哉孝之爲德也分渾元而立體道貫三靈資品彙以順名功包萬象用之于國動天地而降休徵行之于家感鬼神而昭景福乃若博施備物尊仁安義柔色承顏怡怡盡樂擊鮮就養亹亹忘劬集苞思藝黍之勤循陔有採蘭之詠事親之道也屬屬如在哀哀罔極聚薪流慟銜索興嗟瀝風樹以隕心頫寒泉而沬泣追遠之情也審德筮仕正務移官居高匪危在醜無爭協脩升以匡化懷履冰而砥節立身之行也是以閔曾翼翼遵六敎而緝貞規蔡董烝烝弘七體而垂令迹亦有至誠上感明祇下贊郭巨致錫金之慶陽雍標蒔玉之祉鳥馴丹羽巢叔和之室鹿呈白毳擾功文之廬然則因彼孝慈而生友悌理在兼綜義歸一揆夫天倫之重共氣分形心聯則葉顧荊枝性合則華承棣萼乃有推肥代瘦殉急難之情讓果同衾盡懽愉之致緬窺緗素載流塵躅者歟晉氏始自中朝逮于江左雖百六之災遄及而君子之道未消孝悌名流猶爲繼踵王偉元之行已許季義之立節夏方盛彥體至性以馳芬庾袞顏含篤友于而宣範自餘羣士咸標懿德採其遺絢足厲澆風故著孝友篇以續前史云耳

李密

李密字令伯犍爲武陽人也一名虔父早亡母何氏改醮密時年數歲感戀彌至烝烝之性遂以成疾祖母劉氏躬自撫養密奉事以孝謹聞劉氏有疾則涕泣側息未嘗解衣飲膳湯藥必先嘗後進有暇則講學忘疲而師事譙周周門人方之游夏少仕蜀爲郎數使吳有才辯吳人稱之蜀平泰始初詔徵爲太子洗馬密以祖母年高無人奉養遂不應命乃上疏曰臣以險釁夙遭閔凶生孩六月慈父見背行年四歲舅奪母志祖母劉愍臣孤弱躬見撫養臣少多疾病九歲不行零丁辛苦至于成立既無伯叔終鮮兄弟門衰祚薄晚有兒息外無朞功彊近之親內無應門五尺之童煢煢孑立形影相弔而劉早嬰疾病常在牀蓐臣侍湯藥未嘗廢離自奉聖朝沐浴清化前太守臣逵察臣孝廉後刺史臣榮舉臣秀才臣以供養無主辭不赴命明詔特下拜臣郎中尋蒙國恩除臣洗馬猥以微賤當侍東宮非臣隕首所能上報臣具以表聞辭不就職詔書切峻責臣逋慢郡縣逼迫催臣上道州司臨門急於星火臣欲奉詔奔馳則劉病日篤苟徇私情則告訴不許臣之進退實爲狼狽伏惟聖朝以孝治天下凡在故老猶蒙矜卹況臣孤苦尪羸之極且臣少仕僞朝歷職郎署本圖宦達不矜名節今臣亡國賤俘至微至陋猥蒙拔擢寵命殊私豈敢盤桓有所希冀但以劉日薄西山氣息奄奄人命危淺朝不慮夕臣無祖母無以至今日祖母無臣無以終餘年母孫二人更相爲命是以私情區區不敢棄遠臣密今年四十有四祖母劉今年九十有六是臣盡節於陛下之日長而報養劉之日短也烏鳥私情願乞終養臣之辛苦非但蜀之人士及二州牧伯之所明知皇天后土實所鑒見伏願陛下矜愍愚誠聽臣微志庶劉僥倖保卒餘年臣生當隕身死當結草帝覽之曰士之有名不虛然哉乃停召後劉終服闋復以洗馬徵至洛司空張華問之曰安樂公何如密曰可次齊桓華問其故對曰齊桓得管仲而霸用豎刁而蟲流安樂公得諸葛亮而抗魏任黃皓而喪國是知成敗一也次問孔明言敎何碎密曰昔舜禹皐陶相與語故得簡雅大誥與凡人言宜碎孔明與言者無己敵言敎是以碎耳華善之出爲溫令而憎疾從事嘗與人書曰慶父不死魯難未已從事白其書司隸司隸以密在縣清慎弗之劾也密有才能常望內轉而朝廷無援乃遷漢中太守自以失分懷怨及賜餞東堂詔普令賦詩末章曰人亦有言有因有緣官無中人不如歸田明明在上斯語豈然武帝忿之於是都官從事奏免密官後卒於家二子賜興賜字宗石少能屬文嘗爲玄鳥賦詞甚美州辟別駕舉秀才未行而終興字儁石亦有文才刺史羅尚辟別駕尚爲李雄所攻使興詣鎭南將軍劉弘求救興因願留爲弘參軍而不還尚白弘即奪其手版而遣之興之在弘府弘立諸葛孔明羊叔子碣使興俱爲之文甚有辭理

盛彥

盛彥字翁子廣陵人也少有異才年八歲詣吳太尉戴昌昌贈詩以觀之彥於坐答之辭甚慷慨母王氏因疾失明彥每言及未嘗不流涕於是不應辟召躬自侍養母食必自哺之母既疾久至於婢使數見捶撻婢忿恨伺彥蹔行取蠐螬炙飴之母食以爲美然疑是異物密藏以示彥彥見之抱母慟哭絕而復蘇母目豁然即開從此遂愈彥仕吳至中書侍郎吳平陸雲薦之於刺史周浚本邑大中正劉頌又舉彥爲小中正太康中卒

夏方

夏方字文正會稽永興人也家遭疫癘父母伯叔羣從死者十三人方年十四夜則號哭晝則負土十有七載葬送得畢因廬于墓側種植松栢烏鳥猛獸馴擾其旁吳時拜仁義都尉累遷五官中郎將朝會未嘗乘車行必讓路吳平除高山令百姓有罪應加捶撻者方向之涕泣而不加罪大小莫敢犯焉在官三年州舉秀才還家卒年八十七

王裒

王裒字偉元城陽營陵人也祖脩有名魏世父儀高亮雅直爲文帝司馬東關之役帝問於衆曰近日之事誰任其咎儀對曰責在元帥帝怒曰司馬欲委罪於孤邪遂引出斬之裒少立操尚行己以禮身長八尺四寸容貌絕異音聲清亮辭氣雅正博學多能痛父非命未嘗西向而坐示不臣朝廷也於是隱居敎授三徵七辟皆不就廬于墓側旦夕常至墓所拜跪攀栢悲號涕淚著樹樹爲之枯母性畏雷母沒每雷輒到墓曰裒在此及讀詩至哀哀父母生我劬勞未嘗不三復流涕門人受業者並廢蓼莪之篇家貧躬耕計口而田度身而蠶或有助之者不聽諸生密爲刈麥裒遂棄之知舊有致遺者皆不受門人爲本縣所役告裒求屬令裒曰卿學不足以庇身吾德薄不足以蔭卿屬之何益且吾不執筆已四十年矣乃步擔乾飯兒負鹽豉草屩送所役生到縣門徒隨從者千餘人安丘令以爲詣已整衣出迎之裒乃下道至土牛旁磬折而立云門生爲縣所役故來送別因執手涕泣而去令即放之一縣以爲恥鄉人管彥少有才而未知名裒獨以爲必當自達拔而友之男女各始生便共許爲婚彥後爲西夷校尉卒而葬於洛陽裒後更嫁其女彥弟馥問裒裒曰吾薄志畢願山藪昔嫁姊妹皆遠吉凶斷絕每以此自誓今賢兄子葬父於洛陽此則京邑之人也豈吾結好之本意哉馥曰嫂齊人也當還臨淄裒曰安有葬父河南而隨母還齊用意如此何婚之有北海邴春少立志操寒苦自居負笈游學鄉邑僉以爲邴原復出裒以春性險狹慕名終必不成其後春果無行學業不終有識以此歸之裒常以爲人之所行期於當歸善道何必以所能而責人所不能及洛京傾覆寇盜鋒起親族悉欲移渡江東裒戀墳壟不去賊大盛方行猶思慕不能進遂爲賊所害

許孜

許孜字季義東陽吳寧人也孝友恭讓敏而好學年二十師事豫章太守會稽孔沖受詩書禮易及孝經論語學竟還鄉里沖在郡喪亡孜聞問盡哀負擔奔赴送喪還會稽蔬食執役制服三年俄而二親沒柴毀骨立杖而能起建墓於縣之東山躬自負土不受鄉人之助或愍孜羸憊苦求來助孜晝則不逆夜便除之每一悲號鳥獸翔集孜以方營大功乃棄其妻鎭宿墓所列植松栢亘五六里時有鹿犯其松栽孜悲歎曰鹿獨不念我乎明日忽見鹿爲猛獸所殺置於所犯栽下孜悵惋不已乃爲作冢埋於隧側猛獸即於孜前自撲而死孜益歎息又取埋之自後樹木滋茂而無犯者積二十餘年孜乃更娶妻立宅墓次烝烝朝夕奉亡如存鷹雉棲其

梁鶯鹿與猛獸擾其庭圃交頸同游不相搏噬元康中郡察孝廉不起巾褐終身年八十餘卒于家邑人號其居爲孝順里咸康中太守張虞上疏曰臣聞聖賢明訓存乎舉善褒貶所興不遠千載謹按所領吳寧縣物故人許孜至性孝友立節清峻與物恭讓言行不貳當其奉師則在三之義盡及其喪親實古今之所難咸稱殊類致感猛獸弭害雖臣不及見然備聞斯語竊謂蔡順董黯無以過之孜沒積年其子尚在性行純愨今亦家於墓側臣以爲孜之履操世所希逮宜標其令跡甄其後嗣以曙旣往以獎方來陽秋傳曰善善及其子孫臣不達大體請臺量議疏奏詔旌表門閭蠲復子孫其子生亦有孝行圖孜像於堂朝夕拜焉

庾袞

庾袞字叔褒明穆皇后伯父也少履勤儉篤學好問事親以孝稱咸寧中大疫二兄俱亡次兄毗復殆癘氣方熾父母諸弟皆出次於外袞獨留不去諸父兄强之乃曰袞性不畏病遂親自扶侍晝夜不眠其閒復撫柩哀臨不輟如此十有餘旬疫勢旣歇家人乃反毗病得差袞亦無恙父老咸曰異哉此子守人所不能守行人所不能行歲寒然後知松柏之後彫始疑疫癘之不相染也初袞諸父並貴盛惟父獨守貧約袞躬親稼穡以給供養而執事勤恪與弟子樹籬跪以授條或曰今在隱屏先生何恭之過袞曰幽顯易操非君子之志也父亡作筥賣以養母母見其勤曰我無所食對曰母食不甘袞將何居母感而安之袞前妻荀氏繼室樂氏皆官族富室及適袞俱棄華麗散資財與袞共安貧苦相敬如賓母終服喪居于墓側歲大饑藜羹不糝門人欲進其飯者而袞每曰已食莫敢爲設及麥熟穫者已畢而採捃尚多袞乃引其羣子以退曰待其閒及其捃也不曲行不旁掇跪而把之則亦大穫又與邑人入山拾橡分夷嶮序長幼推易居難禮無違者或有斬其墓柏莫知其誰乃召鄰人集于墓而自責焉因叩頭泣涕謝祖禰曰德之不修不能庇先人之樹袞之罪也父老咸亦爲之垂泣自後人莫之犯撫諸孤以慈奉諸寡以仁事加於厚而敎之義方使長者體其行幼者忘其孤孤甥郭秀比諸子姪衣食而每先之孤兄女曰芳將嫁美服旣具袞乃刈荆苕爲箕箒召諸子集之于堂男女以班命芳曰芳乎汝少孤汝逸汝豫不汝疵瑕今汝適人將事舅姑灑埽庭內婦之道也故賜汝此匪器之爲美欲溫恭朝夕雖休勿休也而以舊宅與其長兄子賡翁及翁卒袞哀其早孤痛其成人而未娶乃撫柩長號哀感行路聞者莫不垂涕初袞父誡袞以酒每醉輒自責曰余廢先父之誡其何以訓人乃於父墓前自杖三十鄰人褚德逸者善事其親老而不倦袞每拜之嘗與諸兄過邑人陳準兄弟諸兄友之皆拜其母袞獨不拜準弟徽曰子不拜吾親何袞曰未知所以拜也夫拜人之親者將自同於人之子也其義至重袞敢輕之乎遂不拜準徽歎曰古有亮直之士君近之矣君若當朝則社稷之臣歟君若握兵臨大節孰能奪之方今徵聘君實宜之於是鄉黨薦之州郡交命察孝廉舉秀才清白異行皆不降志世遂號之爲異行元康末潁川太守召爲功曹袞服造役之衣杖鍤荷斧不俟駕而行曰請受下夫之役太守飾車而迎袞逡巡辭退請徒行入郡將命者遂逼扶升車納於功曹舍旣而袞自取己車而寢處焉形雖恭而神有不可動之色太守知其不屈乃歎曰非常士也吾何以降之厚爲之禮而遣焉齊王冏之唱義也張弘等肆掠于陽翟袞乃率其同族及庶姓保于禹山是時百姓安寧未知戰守之事袞曰孔子云不教而戰是謂棄之乃集諸羣士而謀曰二三君子相與處於險將以安保親尊全妻孥也古人有言千人聚而不以一人爲主不散則亂矣將若之何衆曰善今日之主非君而誰袞默然有間乃言曰古人急病讓夷不敢逃難然人之立主貴從其命也乃誓之曰無恃險無怙亂無暴鄰無抽屋無樵採人所植無謀非德無犯非義戮力一心同恤危難衆咸從之於是峻險阨杜蹊徑修壁塢樹藩障考功庸計丈尺均勞逸通有無繕完器備量力任能物應其宜使邑推其長里推其賢而身率之分數旣明號令不二上下有禮少長有儀將順其美匡救其惡及賊至袞乃勒部曲整行伍皆持滿而勿發賊挑戰晏然不動且辭焉賊服其慎而畏其整是以皆退如是者三時人語曰所謂臨事而懼好謀而成者其庾異行乎及冏歸于京師踰年不朝袞曰晉室卑矣寇難方興乃攜其妻子適林慮山事其新鄉如其故鄉言忠信行篤敬比及朞年而林慮之人歸之咸曰庾賢及石勒攻林慮父老謀曰此有大頭山九州之絕險也上有古人遺迹可共保之惠帝遷于長安袞乃相與登于大頭山而田於其下年穀未熟食木實餌石蘂同保安之有終焉之志及將收穫命子怞與之下山中塗目眩瞀墜崖而卒同保赴哭曰天乎獨不可舍我賢乎時人傷之曰庾賢絕塵避地超然遠迹固窮安陋木食山棲不與世同榮不與人爭利不免遭命悲夫袞學通詩書非法不言非道不行尊事耆老惠訓蒙幼臨人之喪必盡哀會人之葬必躬築勞則先之逸則後之言必行之行必安之是以宗族鄉黨莫不崇仰門人感慕爲之樹碑焉有四子怞蔑澤捃在澤生故名澤因捃生故曰捃蔑後南渡江中興初爲侍中蔑生頤安成太守

孫晷

孫晷字文度吳國富春人吳伏波將軍秀之曾孫也晷爲兒童未嘗被呵怒顧榮見而稱之謂其外祖薛兼曰此兒神明清審志氣貞立非常童也及長恭孝清約學識有理義每獨處幽闇之中容止瞻望未嘗傾邪雖侯家豐厚而晷常布衣蔬食躬親壟畝誦詠不廢欣然獨得父母愍其如此欲加優饒而夙興夜寐無暫懈也父母起居嘗饌雖諸兄親饋而晷不離左右富春車道旣少動經山川父難於風波每行乘籃輿晷躬自扶侍所詣之處則於門外樹下藩屏之間隱息初不令主人知之兄嘗篤疾經年晷躬自扶侍藥石甘苦必經心目跋涉山水祈求懇至而聞人之善欣若有得聞人之惡慘若有失見人饑寒並周贍之鄉里贈遺一無所受親故有窮老者數人恒往來告索人多厭慢之而晷見之欣敬逾甚寒則與同衾食則與同器或解衣推被以恤之時年饑穀貴人有生刈其稻者晷見而避之須去而出旣而自刈送與之鄉鄰感愧莫復侵犯會稽虞喜隱居海嵎有高世之風晷欽其德娉喜弟預女爲妻喜戒女棄華尚素與晷同志時人號爲梁鴻夫婦濟陽江惇少有高操聞晷學行過人自東陽往候之始面便終日譚宴結歡而別司空何充爲揚州檄晷爲主簿司徒蔡謨辟爲掾屬並不就尚書張國明州土之望表薦晷公車特徵會卒時年三十八朝野嗟痛之晷未及大斂有一老父縕袍草屨不通姓名徑入撫柩而哭哀聲慷慨感于左右哭止便出容貌甚清眼瞳又方門者告之喪主倀而追焉直去不顧同郡顧和等百餘人歎其神貌有異而莫之測也

顏含

顏含字弘都琅邪莘人也祖欽給事中父默汝陰太守含少有操行以孝聞兄畿咸寧中得疾就醫自療遂死於醫家家人迎喪旐每繞樹而不可解引喪者顛仆稱畿言曰我壽命未死但服藥太多傷我五臟耳今當復活愼無葬也其父祝之曰若爾有命復生豈非骨肉所願今但欲還家不爾葬也旐乃解及還其婦夢之曰吾當復生可急開棺婦頗說之其夕母及家人又夢之卽欲開棺而父不聽含時尚少乃慨然曰非常之事古則有之今靈異至此開棺之痛孰與不開相負父母從之乃共發棺果有生驗以手刮棺指爪盡傷然氣息甚微存亡不分矣飲哺將護累月猶不能語飲食所須託之以夢闔家營視頓廢生業雖在母妻不能無倦矣含乃絕棄人事躬親侍養足不出戶者十有三年石崇重含惇行贈以甘旨含謝而不受或問其故答曰病者綿昧生理未全旣不能進啖又未識人惠若當謬留豈施者之意也畿竟不起含二親旣終兩兄繼沒次嫂樊氏因疾失明含課勵家人盡心奉養每日自嘗省藥饌察問息耗必簪屨束帶醫人疏方應須髯蛇膽而尋求備至無由得之含憂歎累時嘗晝獨坐忽有一青衣童子年可十三四持一青囊授含含開視乃蛇膽也童子逡巡出戶化成青鳥飛去得膽藥成嫂病卽愈由是著名本州辟不就東海王越以爲太傅參軍出補闓陽令元帝初鎭下邳復命爲參軍過江以含爲上虞令轉王國郎中丞相東閤祭酒出爲東陽太守東宮初建含以儒素篤行補太子中庶子遷黃門侍郎本州大中正歷散騎常侍大司農豫討蘇峻功封西平縣侯拜侍中除吳郡太守王導問含曰卿今涖名郡政將何先答曰王師歲動編戶虛耗南北權豪競招游食國弊家豐執事之憂且當徵之勢門使反田桑數年之間欲令戶給人足如其禮樂俟之明宰含所歷簡而有恩明而能斷然以威御下導歎曰顏公在事吳人斂手矣未之官復爲侍中尋除國子祭酒加散騎常侍遷光祿勳以年老遜位成帝美其素行就加右光祿大夫門施行馬賜牀帳被褥勅大官四時致膳固辭不受于時論者以王導帝之師傅名位隆重百僚宜爲降禮太常馮懷以問於含含曰王公雖重理無偏敬降禮之言或是諸君事宜鄙人老矣不識時務旣而告人曰吾聞伐國不問仁人向馮祖思問佞於我我有邪德乎人嘗論少正卯盜跖其惡孰深或曰正卯雖姦不至剖人充膳盜跖爲甚含曰爲惡彰露人思加戮隱伏之姦非聖不誅由此言之少正爲甚衆咸服焉郭璞嘗遇含欲爲之筮含曰年在天位在人修己而天不與者命也守道而人不知者性也自有性命無勞蓍龜桓溫求婚於含含以其盛滿不許惟與鄧攸深交或問江左羣士優劣答曰周伯仁之正鄧伯道之清卞望之節餘則吾不知也其雅重行實抑絕浮僞如此致仕二十餘年年九十三卒遺命素棺薄斂

論曰靖喪在殯而鄰家失火移棺綍斷火將至而滅衆以爲淳誠所感也三子髦謙約髦歷黃門郎侍中光祿勳謙至安成太守約零陵太守並有聲譽

劉殷

劉殷字長盛新興人也高祖陵漢光祿大夫殷七歲喪父哀毀過禮喪服三年未曾見齒曾祖母王氏盛冬思菫而不言食不飽者一旬矣殷怪而問之王言其故殷時年九歲乃於澤中慟哭曰殷罪釁深重幼丁艱罰王母在堂無旬月之養殷爲人子而所思無獲皇天后土願垂哀愍聲不絕者半日於是忽若有人云止止聲殷收淚視地便有菫生焉因得斛餘而歸食而不減至時菫生乃盡又嘗夜夢人謂之曰西籬下有粟窖而掘之得粟十五鍾銘曰七年粟百石以賜孝子劉殷自是食之七載方盡時人嘉其至性通感競以穀帛遺之殷受而不謝直云待後貴當相酬耳弱冠博通經史綜核羣言文章詩賦靡不該覽性倜儻有濟世之志儉而不陋清而不介望之頹然而不可侵也鄉黨親族莫不稱之郡命主簿州辟從事皆以供養無主辭不赴命司空齊王攸辟爲掾征南將軍羊祜召參軍事皆以疾辭同郡張宣子識達之士也勸殷就徵殷曰當今二公有晉之棟楹也吾方希達如榱椽耳不憑之豈能立乎吾今王母在堂既應他命無容不竭盡臣禮便不得就養子輿所以辭齊大夫良以色養爲主故耳宣子曰如子所言豈庸人所識哉而今而後吾子當爲吾師矣遂以女妻之宣子者并州豪族也家富於財其妻怒曰我女年始十四姿識如此何慮不得爲公侯妃而遽以妻劉殷乎宣子曰非爾所及也誡其女曰劉殷至孝冥感兼才識超世此人終當遠達爲世名公汝其謹事之張氏性亦婉順事王母以孝聞奉殷如君父焉及王氏卒殷夫婦毀瘠幾至滅性時柩在殯而西鄰失火風勢甚盛殷夫婦叩殯號哭火遂越燒東家後有二白鳩巢其庭樹自是名譽彌顯太傅楊駿輔政備禮聘殷殷以母老固辭駿於是表之優詔遂其高志聽終色養勅所在供其衣食蠲其傜賦賜帛二百匹穀五百斛趙王倫篡位孫秀夙重殷名以散騎常侍徵之殷逃奔鴈門及齊王冏輔政辟爲大司馬軍諮祭酒既至謂殷曰先王虛心召君君不至今孤辟君君何能屈也殷曰世祖以大聖應期先王以至德輔世既堯舜爲君稷契爲佐故殷希以一夫而距千乘爲不可迴之圖幸遇唐虞之世是以不懼斧鉞之戮耳今殿下以神武睿姿除殘反政然聖迹稍麤嚴威滋肅殷若復爾恐招華士之誅故不敢不至也冏奇之轉拜新興太守明刑旌善甚有政能屬永嘉之亂没於劉聰聰奇其才而擢任之累至侍中太守錄尚書事殷恒戒子孫曰事君之法當務幾諫凡人尚不可面斥其過而況萬乘乎夫犯顏之禍將彰君過宜上思召公咨商之義下念鮑勛觸鱗之誅也在聰之朝與公卿恂恂然常有後已之色士不修操行者無得入其門然滯理不申藉殷而濟者亦已百數有七子五子各授一經一子授太史公一子授漢書一門之內七業俱興北州之學殷門爲盛竟以壽終

王延

王延字延元西河人也九歲喪母泣血三年幾至滅性每至忌日則悲啼至旬繼母卜氏遇之無道恒以蒲穰及敗麻頭與延貯衣其姑聞而問之延知而不言事母彌謹卜氏嘗盛冬思生魚勑延求而不獲杖之流血延尋汾叩凌而哭忽有一魚長五尺踊出冰上延取以進母卜氏食之積日不盡於是心悟撫延如己生延事親色養夏則扇枕席冬則以身溫被隆冬盛寒體無全衣而親極滋味晝則傭賃夜則誦書遂究覽經史皆通大義州郡禮辟貪供養不起父母終後廬於墓側非其蠶不衣非其耕不食屬天下喪亂隨劉元海遷于平陽農蠶之暇訓誘宗族侃侃不倦家牛生一犢他人認之延牽而授與初無吝色其人後自知妄認送犢還延叩頭謝罪延仍以與之不復取也年六十方仕於劉聰稍遷尚書左丞至金紫光祿大夫聰死後靳準將作亂謀之于延延不從準既誅劉氏自號漢天王以延爲左光祿大夫延又大罵不受準遂殺之

王談

王談吳興烏程人也年十歲父爲鄰人竇度所殺談陰有復讎志而懼爲度所疑寸刃不畜日夜伺度未得至年十八乃密市利鍤陽若耕鉏者度常乘船出入經一橋下談伺度行還伏草中度既過談於橋上以鍤斬之應手而死既而歸罪有司太守孔巖義其孝勇列上宥之巖諸子爲孫恩所害無嗣談乃移居會稽修理巖父子墳墓盡其心力後太守孔廞究其義行元興三年舉談爲孝廉時稱其得人談不應召終于家

桑虞

桑虞字子深魏郡黎陽人也父沖有深識遠量惠帝時爲黃門郎河間王顒執權引爲司馬沖知顒必敗就職一旬便稱疾求退虞仁孝自天至年十四喪父毀瘠過禮日以米百粒用糝藜藿其師諭之曰汝毀瘠如此必至滅性滅性不孝宜自抑割虞曰藜藿雜米足以勝哀虞有園在宅北數里瓜果初熟有人踰垣盜之虞以園援多棘刺恐偷見人驚走而致傷損乃使奴爲之開道及偷負瓜將出見道通利知虞使除之乃送所盜瓜叩頭請罪虞乃懽然盡以瓜與之嘗行寄宿逆旅同宿客失脯疑虞爲盜虞默然無言便解衣償之主人曰此舍數失魚肉雞鴨多是狐狸偷去君何以疑人乃將脯主至山冢間尋求果得之客求還衣虞投之不顧虞諸兄仕於石勒之世咸登顯位惟虞恥臣非類陰欲避地海東會丁母憂遂止哀毀骨立廬於墓側五年後石勒以爲武城令虞以密邇黃河去海微近將申前志欣然就職石季龍太守劉徵甚器重之徵遷青州刺史請虞爲長史帶祝阿郡徵遇疾還鄴令虞監行州府屬季龍死國中大亂朝廷以虞名父之子必能立功海岱潛遣東莞人華挺授虞寧朔將軍青州刺史虞曰功名非吾志也乃附使者敬讓刺史靖居海右不交境外雖歷僞朝而不豫亂世以此高之卒於官虞五世同居閨門邕穆苻堅青州刺史苻朗甚重之嘗詣虞家升堂拜其母時人以爲榮

何琦

何琦字萬倫司空充之從兄也祖父龕後將軍父阜淮南內史琦年十四喪父哀毀過禮性沉敏有識度好古博學居于宣城陽穀縣事母孜孜朝夕色養常患甘鮮不贍乃爲郡主簿察孝廉除郎中以選補宣城涇縣令司徒王導引爲參軍不就及丁母憂居喪泣血杖而後起停柩在殯爲鄰火所逼煙焰已交家乏僮使計無從出乃匍匐撫棺號哭俄而風止火息堂屋一間免燒其精誠所感如此服闋乃慨然歎曰所以出身仕者非謂有尺寸之能以效智力實利微祿私展供養一旦煢然無復恃怙豈可復以朽鈍之質塵黷清朝哉於是養志衡門不交人事耽翫典籍以琴書自娛不營產業節儉寡欲豐約與鄉鄰共之鄉里遭亂姊没人家琦惟有一婢便爲購贖然不爲小謙凡有贈遺亦不苟讓但於已有餘輒復隨而散之任心而行率意而動不占卜無所事司空陸玩太尉桓溫並辟命皆不就詔徵博士又不起簡文帝時爲撫軍欽其名行召爲參軍固辭以疾公車再徵通直散騎侍郎散騎常侍不行由是君子仰德莫能屈也桓溫嘗登琦縣北山喟然嘆曰此山南有人焉何公真止足者也琦善養性老而不衰布褐蔬食恒以述作爲事著三國評論凡所撰錄百許篇皆行於世年八十二卒

吳逵

吳逵吳興人也經荒饑疾病合門死者十有三人逵時亦病篤其喪皆鄰里以葦席裹而埋之逵夫妻既存家極貧窘冬無衣被晝則傭賃夜燒塼甓晝夜在山未嘗休止遇毒蟲猛獸輒爲之下道朞年成七墓十三棺時有賻贈一無所受太守張崇義之以羔鴈之禮禮焉卒於家

史臣曰尊親之道禮經之明訓孝友之義詩人之美談是知人倫之本罔茲攸尚盛翁子立行淳至素蓄異才流慟致其感通含哺申其就養戴昌賞其清韻陸雲嘉其茂德王裒隱居不從其辟行已莫逾其禮枯柏以應其誠驚雷以危其慮永言董蔡異時均美許孜少而敏學禮備在三馴雉棲其梁棟猛獸擾其庭園居喪之禮實古今之所難焉庾叔褒不匱表於執勤則裕存乎敬業幽顯不易其操疫癘不駭其心急病讓夷之規有古人之風烈矣孫晷之匪懈王談之復讎神人惜其亡良守宥其罪劉殷幼丁艱酷柴毀逾制發三冬之菫賜七年之粟至誠之契義形于茲王延叩冰而召鱗扇席而清暑雖黃香孟宗抑爲倫輩其餘羣子並孝養可崇清風素範高山景行會其宗流同斯志也

贊曰德之所屆有感必徵孝哉王許永慕烝烝揮泗凋柏對梘巢鷹密彥夏庾夙標至性文度弘都勤修懿行敦彼孝友載光謠詠鳩馴長盛魚薦延元談桑義闡琦吳道存專洞之德咸摛左言

晉書卷八十八考證

李密傳昔舜禹皋陶相與語故得簡雅大誥與凡人言宜碎○簡雅大誥監本作簡大雅誥 臣龍官按三國志陳壽表咎繇之謨畧而雅周公之誥煩而悉何則咎繇與舜禹共談周公與羣下矢誓故也亮所與言盡衆人凡士故其文指不得及遠則此當以昔舜禹皋陶相與語故得簡雅爲一句大誥與凡人言宜碎爲一句今改正

孫晷傳此見神明清審○明監本作用今從宋本

顏含傳蕭王國郎中○王各本作主今從元帝本紀改正

晉書卷八十九

唐　太　宗　文　皇　帝　御　撰

列傳第五十九

忠義

古人有言君子殺身以成仁不求生以害仁又云非死之難處死之難信哉斯言也是知隕節苟合其宜義夫豈吝其沒捐軀若得其所烈士不愛其存故能守鐵石之深衷厲松筠之雅操見貞心於歲暮標勁節於嚴風赴鼎鑊其如歸履危亡而不顧書名竹帛畫象丹青前史以爲美談後來仰其徽烈者也晉自元康之後政亂朝昏禍難荐興艱虞孔熾遂使姧凶放命戎狄交侵函夏沸騰蒼生塗炭干戈日用戰爭方興雖背恩忘義之徒不可勝載而蹈節輕生之士無乏於時至若嵇紹之衞難乘輿卞壼之亡軀鋒鏑桓雄之義高田叔周崎之節邁解揚羅丁致命於舊君辛吉恥臣於戎虜張禕引鴆以全節王諒斷臂以厲忠莫不志烈秋霜精貫白日足以激清風於萬古厲薄俗於當年者歟所謂亂世識忠臣斯之謂也卞壼劉超鍾雅周虓等已入列傳其餘即敘其行事以爲忠義傳用旌晉氏之有人焉

嵇紹 從子含

嵇紹字延祖魏中散大夫康之子也十歲而孤事母孝謹以父得罪靖居私門山濤領選啓武帝曰康誥有言父子罪不相及嵇紹賢侔郤缺宜加旌命請爲秘書郎帝謂濤曰如卿所言乃堪爲丞何但郎也乃發詔徵之起家爲秘書丞紹始入洛或謂王戎曰昨於稠人中始見嵇紹昂昂然如野鶴之在鷄羣戎曰君復未見其父耳累遷汝陰太守尚書左僕射裴頠亦深器之每曰使延祖爲吏部尚書可使天下無復遺才矣沛國戴晞少有才智與紹從子含相友善時人許以遠致紹以爲必不成器晞後爲司州主簿以無行被斥州黨稱紹有知人之明轉豫章內史以母憂不之官服闋拜徐州刺史時石崇爲都督性雖驕暴而紹將之以道崇甚親敬之後以長子喪去職元康初爲給事黃門侍郎時侍中賈謐以外戚之寵年少居位潘岳杜斌等皆附託焉謐求交於紹紹距而不答及謐誅紹時在省以不阿比凶族封弋陽子遷散騎常侍領國子博士太尉廣陵公陳準薨太常奏謚紹駁曰謚號所以垂之不朽大行受大名細行受細名文武顯於功德靈厲表於闇蔽自頃禮官協情謚不依本準謚爲過宜謚曰繆事下太常時雖不從朝廷憚焉趙王倫篡位署爲侍中惠帝復阼遂居其職司空張華爲倫所誅議者追理其事欲復其爵紹又駁之曰臣之事君當除煩去惑華歷位內外雖蠱有善事然闔棺之責著于遠近兆禍始亂華實爲之故鄭討幽公之亂斲子家之棺魯戮隱罪終篇貶翬未忍重戮事已弘矣謂不宜復其爵位理其無罪時帝初反正紹又上疏曰臣聞改前轍者則車不傾革往弊者則政不爽太一統於元首百司役於多士故周文興於上成康穆於下也存不忘亡易之善義願陛下無忘金墉大司馬無忘潁上大將軍無忘黃橋則禍亂之萌無由而兆矣齊王冏既輔政大興第舍驕奢滋甚紹以書諫曰夏禹以卑室稱美唐虞以茅茨顯德豐屋蔀家無益危亡竊承毀敗太樂以廣第舍興造功力爲三王立宅此豈今日之先急哉今大事始定萬姓顒顒咸待覆潤宜省起造之煩深思謙損之理復主之動不可棄矣矢石之殆不可忘也冏雖謙順以報之而卒不能用紹嘗詣冏諮事遇冏讌會召董艾葛旟等共論時政艾言於冏曰嵇侍中善於絲竹公可令操之左右進琴紹推不受冏曰今日爲懽卿何吝此邪紹對曰公匡復社稷當軌物作則垂之於後紹雖虛鄙忝備常伯腰紱冠冕鳴玉殿省豈可操執絲竹以爲伶人之事若釋公服從私宴所不敢辭也冏大慙艾等不自得而退頃之以公事免冏以爲左司馬旬日冏被誅初兵交紹奔散赴宮有持弩在東閤下者將射之遇有殿中將兵蕭隆見紹姿容長者疑非凡人趨前拔箭於此得免遂還滎陽舊宅尋徵爲御史中丞未拜復爲侍中河間王顒成都王穎舉兵向京都以討長沙王乂大駕次于城東乂宣言於衆曰今日西討欲誰爲都督乎六軍之士皆曰願嵇侍中戮力前驅死猶生也遂拜紹使持節平西將軍屬乂被執紹復爲侍中公王以下皆詣鄴謝罪於穎紹等咸見廢黜免爲庶人尋而朝廷復有北征之役徵紹復其爵位紹以天子蒙塵承詔馳詣行在所值王師敗績於蕩陰百官及侍衞莫不散潰唯紹儼然端冕以身捍衞兵交御輦飛箭雨集紹遂被害於帝側血濺御服天子深哀歎之及事定左右欲浣衣帝曰此嵇侍中血勿去初紹之行也侍中秦準謂曰今日向難卿有佳馬否紹正色曰大駕親征以正伐逆理必有征無戰若使皇輿失守臣節有在駿馬何爲聞者莫不歎息及張方逼帝遷長安河間王顒表贈紹司空進爵爲公會帝還洛陽事遂未行東海王越屯許路經滎陽過紹墓哭之悲慟刊石立碑又表贈官爵帝乃遣使冊贈侍中光祿大夫加金章紫綬進爵爲侯賜墓田一頃客十戶祠以少牢元帝爲左丞相承制以紹死節事重而贈禮未副勳德更表贈太尉祠以太牢及帝即位賜謚曰忠穆復加太牢之祠紹誕於行已不飾小節然曠而有檢通而不雜與從子含等五人共居撫卹如所同生門人故吏思慕遺愛行服墓次畢三年者三十餘人長子眕有父風早夭以從孫翰襲封成帝時追述紹忠以翰爲奉朝請翰以無兄弟自表還本宗太元中孝武帝詔曰褒德顯仁哲王令典故太尉忠穆公執德高邈在否彌宣貞潔之風義著千載每念其事愴然傷懷忠貞之胄烝嘗宜遠所以大明至節崇奬名教可訪其宗族襲爵主祀於是復以翰孫曠爲弋陽侯

含字君道祖喜徐州刺史父蕃太子舍人含好學能屬文家在鞏縣亳丘自號亳丘子門曰歸厚之門室曰愼終之室楚王瑋辟爲掾瑋誅坐免舉秀才除郎中時弘農王粹以貴公子尚主館宇甚盛圖莊周於室廣集朝士使含爲之讚含援筆爲弔文文不加點其序曰帝壻王弘遠華池豐屋廣延賢彥圖莊生垂綸之象記先達辭聘之事畫眞人於刻桷之室載退士於進趣之堂可謂託非其所可弔不可讚也其辭曰邁矣莊周天縱特放大塊授其生自然資其量器虛神清窮玄極曠人僞俗季眞風既散野無訟屈之聲朝有爭寵之歎上下相陵長幼失貫於是借玄虛以助溺引道德以自獎戶詠恬曠之辭家畫老莊之象今王生沉淪名利身尚帝女連耀三光有出無處池非巖石之溜宅非茅茨之宇馳屈產於皇衢畫茲象其焉取嗟乎先生高跡何局生處巖岫之居死寄彫楹之屋託非其所沒有餘辱悼大道之湮晦遂含悲而吐曲粹有愧色齊王冏辟爲征西參軍襲爵武昌鄉侯長沙王乂召爲驃騎記室督尚書郎乂與成都王穎交戰穎軍轉盛尚書郎旦出督戰夜還理事含言於乂曰昔魏武每有軍事增置掾屬青龍二年尚書令陳矯以有軍務亦奏增郎今姧逆四逼王路擁塞倒懸之急不復過此但居曹理事尚須增郎況今都官中騎三曹晝出督戰夜還理事一人兩役內外廢乏含謂今有十萬人都督各有主帥推轂授綏委付大將不宜復令臺僚雜與其間乂從之乃增郎及令史懷帝爲撫軍將軍以含爲從事中郎惠帝北征轉中書侍郎及蕩陰之敗含走歸滎陽永興初除太弟中庶子西道阻閡未得應召范陽王虓爲征南將軍屯許昌復以含爲從事中郎尋授振威將軍襄城太守虓爲劉喬所破含奔鎭南將軍劉弘於襄陽弘待以上賓之禮含性通敏好薦達才賢常欲崇趙武之謚加臧文之罪屬陳敏作亂江揚震蕩南越險遠而廣州刺史王毅病卒弘表含爲平越中郎將廣州刺史假節未發會弘卒時或欲留含領荊州含性剛躁素與弘司馬郭勱有隙勱疑含將爲己害夜掩殺之時年四十四懷帝即位謚曰憲

王豹

王豹順陽人也少而抗直初爲豫州別駕齊王冏爲大司馬以豹爲主簿冏驕縱失天下心豹致牋於冏曰豹聞王臣謇謇匪躬之故將以安主定時保存社稷者也是以爲人臣而欺其君者刑罰不足以爲誅爲人主而逆其諫者靈厲不足以爲謚伏惟明公虛心下士開懷納善款誠以著而逆耳之言未入於聽豹伏思晉政漸缺始自元康以來宰相在位未有一人獲終乃事勢使然未爲輒有不善也今公克平禍亂安國定家故復因前傾敗之法尋中間覆車之軌欲冀長存非所敢聞今河間樹根於關右成都盤桓於舊魏新野大封於江漢三面貴王各以方剛強盛並與戎馬處險害之地且明公興義討逆功蓋天下聖德光茂名震當世今以難賞之功挾震主之威獨據京都專執大權進則亢龍有悔退則蒺藜生庭冀此求安未知其福敢以淺見陳寫愚情昔武王伐紂封建諸侯爲二伯自陝以東周公主之自陝以西召公主之及至其末霸國之世不過數州之地四海強兵不敢入闚九鼎所以然者天下習於所奉故也今誠能尊用周法以成都爲北州伯統河北之王侯明公爲南州伯以攝南土之官長各因本職出居其方樹德於外盡忠於內歲終率所領而貢於朝簡良才命賢儁以爲天子百官則四海長寧萬國幸甚明公之德當與周召同其至美危敗路塞社稷可保願明公思高祖納婁敬之策悟張良躡足之謀遠臨深之危保泰山之安若合聖思宛許可都也書入無報豹重牋曰豹書御已來十有二日而聖旨高遠未垂採察不賜一字之令不勑可否之宜蓋霸王之神寶安危之祕術不可須臾而忽者也伏思明公挾大功抱大名懷大德執大權此四大者域中所不能容賢聖所以戰戰兢兢日昃不暇食雖休勿休者也昔周公以武王爲兄成王爲君伐紂有功以親輔政執德弘深聖思博遠至忠至仁至孝至敬而攝事之日四國流言離主出奔居東三年賴風雨之變成王感悟若不遺皇天之應神人之察恐公旦之禍未知所限也至於執政猶與召公分陝爲伯今

明公自視功德孰如周公且元康以來宰相之患危機竊發不及容思密禍潛起輒在呼噏豈復宴然得全生計前鑒不遠公所親見也君子不有遠慮必有近憂憂至乃悟悔無所及也今若從豹此策皆遣王侯之國北與成都分河爲伯成都在鄴明公都宛寬方千里以與圻內侯伯子男小大相率結好要盟同獎皇家貢御之法一如周典若合聖規可先旨與成都共論雖以小才願備行人昔厮養燕趙之微者耳百里奚秦楚之商人也一開其說兩國以寧況豹雖陋大州之綱紀加明公起事險難之主簿也故身雖輕其言未必否也冏令曰得前後白事具意輒別思量也會長沙王乂至於冏案上見豹牋謂冏曰小子離間骨肉何不銅駞下打殺冏旣不能嘉豹之策遂納乂言乃奏豹曰臣忿奸凶肆逆皇祚顚墜與成都長沙新野共興義兵安復社稷唯欲戮力皇家與親親宗室腹心從事此臣夙夜自誓無負神明而主簿王豹比有白事敢造異端謂臣忝備宰相必遺危害慮在一旦不祥之聲可蹻足而待欲臣與成都分陝爲伯盡出蕃王上誣聖朝鑒御之威下長妖惑疑阻衆心噂𠴲背憎巧賣兩端訕上謗下讒內間外遘惡導奸坐生猜嫌昔孔丘匡魯乃誅少正子產相鄭先戮鄧析誠以交亂名實若趙高詭怪之類也豹爲臣不忠不順不義輒勑都街考竟以明邪正豹將死曰懸吾頭大司馬門見兵之攻齊也衆庶冤之俄而冏敗

劉沈

劉沈字道眞燕國薊人也世爲北州名族少仕州郡博學好古太保衞瓘辟爲掾領本邑大中正敦儒道愛賢能進霍原爲二品及申理張華皆辭旨明峻爲當時所稱齊王冏輔政引爲左長史遷侍中于時李流亂蜀詔沈以侍中假節統益州刺史羅尚梁州刺史許雄等以討流行次長安河間王顒請留沈爲軍司遣席薳代之後領雍州刺史及張昌作亂詔顒遣沈將州兵萬人征西府五千人自藍田關以討之顒不奉詔沈自領州兵至藍田顒又逼奪其衆長沙王乂命沈將武吏四百人還州張方旣逼京都王師屢敗王湖祖逖言於乂曰劉沈忠義果毅雍州兵力足制河間宜啓上詔與沈使發兵襲顒顒窘急必召張方以自救此計之良也乂從之沈奉詔馳檄四境合七郡之衆及守防諸軍塢壁甲士萬餘人以安定太守衞博新平太守張光安定功曹皇甫澹爲先登襲長安顒時頓于鄭縣之高平亭爲東軍聲援聞沈兵起還鎭渭城遣督護虞夔率步騎萬餘人逆沈於好畤接戰夔衆敗顒大懼退入長安果急呼張方沈渡渭而壘顒每遣兵出鬭輒不利沈乘勝攻之使澹博以精甲五千從長安門而入力戰至顒帳下沈軍來遲顒軍見澹等無繼氣益倍馮翊太守張輔率衆救顒橫擊之大戰於府門博父子皆死之澹又被擒顒奇澹壯勇將活之澹不爲之屈於是見殺沈軍遂敗率餘卒屯于故營張方遣其將敦偉夜至沈軍大驚而潰與麾下百餘人南遁爲陳倉令所執沈謂顒曰夫知己之顧輕在三之節重不可違君父之詔量強弱以苟全投袂之日期之必死菹醢之戮甘之如薺辭義慷慨見者哀之顒怒鞭之而後腰斬有識者以顒干上犯順虐害忠義知其滅亡不久也

麴允

麴允金城人也與游氏世爲豪族西州爲之語曰麴與游牛羊不數頭南開朱門北望青樓洛陽傾覆閻鼎等立秦王爲皇太子於長安鼎總攝百揆允時爲安夷護軍始平太守心害鼎功且規權勢因鼎殺京兆太守梁綜乃與綜弟馮翊太守緯等攻鼎鼎走之會雍州刺史賈疋爲屠各所殺允代其任愍帝卽尊位以允爲尚書左僕射領軍持節西戎校尉錄尚書事雍州如故時劉曜殷凱趙染數萬衆逼長安允擊破之擒凱於陣曜復攻北地允爲大都督驃騎將軍次于清白城以救之曜聞而轉寇上郡允軍于靈武以兵弱不敢進曜後復圍北地太守麴昌遣使求救允率步騎赴之去城數十里羣賊繞城放火烟塵蔽天縱反閒詐允曰郡城已陷焚燒向盡無及矣允信之衆懼而潰後數日麴昌突圍赴長安北地遂陷允性仁厚無威斷吳皮王隱之徒無賴凶人皆加重爵新平太守竺恢始平太守楊像扶風太守竺爽安定太守焦嵩皆征鎭杖節加侍中常侍村塢主帥小者猶假銀青將軍之號欲以撫結衆心然諸將驕恣恩不及下人情頗離由是羌胡因此跋扈關中淆亂劉曜復攻長安百姓飢甚死者太半久之城中窘逼帝將出降歎曰誤我事者麴索二公也帝至平陽爲劉聰所幽辱允伏地號哭不能起聰大怒幽之於獄允發憤自殺聰嘉其忠烈贈車騎將軍諡節愍侯

焦嵩安定人初率衆據雍曜之逼京都允告難於嵩嵩素侮允曰須允困當救之及京都敗嵩亦尋爲寇所滅

賈渾

賈渾不知何郡人也太安中爲介休令及劉元海作亂遣其將喬晞攻陷之渾抗節不降曰吾爲晉守不能全之豈苟求生以事賊虜何面目以視息世間哉晞怒執將殺之晞將尹崧曰將軍舍之以勸事君晞不聽遂害之

王育

王育字伯春京兆人也少孤貧爲人傭牧羊每過小學必歔欷流涕時有暇卽折蒲學書忘而失羊爲羊主所責育將鬻己以償之同郡許子章敏達之士也聞而嘉之代育償羊給其衣食使與子同學遂博通經史身長八尺餘鬚長三尺容貌絕異音聲動人子章以兄之子妻之爲立別宅分之資業育受之無愧色然行己任性頗不偶俗妻喪弔之者不過四五人然皆鄉閭名士太守杜宣命爲主簿俄而宣左遷萬年令杜令王攸詣宣宣不迎之攸怒曰卿往爲二千石吾所敬也今吾儕耳何故不見迎欲以小雀遇我使我畏死鷂乎育執刀叱攸曰君辱臣死自昔而然我府君以非罪黜降如日月之蝕耳小縣令敢輕辱吾君汝謂吾刀鈍邪敢如是乎前將殺之宣懼跣下抱育乃止自此知名司徒王渾辟爲掾除南武陽令爲政清約宿盜逃奔他郡遷并州督護成都王穎在鄴又以育爲振武將軍劉元海之爲北單于育說穎曰元海今去育請爲殿下促之不然懼不至也穎然之以育爲破虜將軍元海遂拘之其後以爲太傅

韋忠

韋忠字子節平陽人也少慷慨有不可奪之志好學博通性不虛諾閉門修己不交當世每至吉凶親表贈遺一無所受年十二喪父哀慕毀悴杖而後起司空裴秀弔之匍匐號訴哀慟感人秀出而告人曰此子長大必爲佳器歸而命子頠造焉服闋遂廬於墓所頠慕而造之皆託行不見家貧藜藿不充人不堪其憂而忠不改其樂頠爲僕射數言之於司空張華華辟之辭疾不起人問其故忠曰吾茨簷賤士本無宦情且茂先華而不實裴頠慾而無厭棄典禮而附賊后若此豈大丈夫之所宜行邪裴常有心託我常恐洪濤蕩嶽餘波見漂況可臨尾閭而闚沃焦哉太守陳楚迫爲功曹會山羌破郡楚攜子出走賊射之中三創忠冒刃伏楚以身捍之泣曰韋忠願以身代君乞諸君哀之亦遭五矢賊相謂曰義士也舍之忠於是負楚以歸後仕劉聰爲鎭西大將軍平羌校尉討叛羌矢盡不屈節而死

辛勉

辛勉字伯力隴西狄道人也父洪左衞將軍勉博學有貞固之操懷帝世累遷爲侍中及洛陽陷隨帝至平陽劉聰將署爲光祿大夫勉固辭不受聰遣其黃門侍郎喬度齎藥酒逼之勉曰大丈夫豈以數年之命而虧高節事二姓下見武皇帝哉引藥將飲度遽止之曰主上相試耳君眞高士也歎息而去聰嘉其貞節深敬異之爲築室於平陽西山月致酒米勉亦辭而不受年八十卒勉族弟賓愍帝時爲尚書郎及帝蒙塵於平陽劉聰使帝行酒洗爵欲觀晉臣在朝者意賓起而抱帝大哭聰曰前殺庾珉輩故不足爲戒邪引出遂加害焉

劉敏元

劉敏元字道光北海人也厲己修學不以險難改心好星歷陰陽術數潛心易太玄不好讀史常謂同志曰誦書當味義根何爲費功於浮辭之文易者義之源太玄理之門能明此者卽吾師也永嘉之亂自齊西奔同縣管平年七十餘隨敏元而西行及滎陽爲盜所劫敏元已免乃還謂賊曰此公孤老餘年無幾敏元請以身代願諸君舍之賊曰此公於君何親敏元曰同邑人也窮窶無子依敏元爲命諸君若欲役之老不堪使若欲食之復不如敏元乞諸君哀也有一賊瞋目叱敏元曰吾不放此公憂不得汝乎敏元奮劒曰吾豈望生邪當殺汝而後死此公窮老神祇尚當哀矜之吾親非骨肉義非師友但以見投之故乞以身代諸大夫慈惠皆有聽吾之色汝何有靦面目而發斯言顧謂諸盜長曰夫仁義何常寧可失諸君子上當爲高皇光武之事下豈失爲陳項乎當取之由道使所過稱詠威德奈何容畜此人以損盛美當爲諸君除此人以成諸君霸王之業前將斬之盜長遽止之而相謂曰義士也害之犯義乃俱免之後仕劉曜爲中書侍郎太尉長史

周該

周該天門人也性果烈以義勇稱雖不好學而率由名教叔父級爲宜都內史亦忠節士也聞譙王承立義湘州甘卓又不同王敦之舉而書檄不至級謂該曰吾常疾王敦挾陵上之心今稱兵構逆有危社稷之勢譙王宗室之望據方州之重建旗誓衆圖襲武昌甘安南少著勇名士馬器械當今爲盛聞與譙王剋期舉義此乃烈士急病之秋吾致死之時也汝其成吾之志申款於譙王乎該欣然奉命潛至湘州與承相見口陳至誠承大悅會王敦遣其將魏乂圍承甚急該乃與湘州從事周崎間出反命俱爲乂所執考之至死竟不言其故級由是獲免王敦之難

桓雄

桓雄長沙人也少仕州郡譙王承爲湘州刺史命爲主簿王敦之逆承爲敦將魏乂所執佐吏奔散雄與西曹韓階從事武延並毀服爲僮豎隨承向武昌乂見雄姿貌長者進退有禮知非凡人有畏憚之色因害之

韓階

韓階長沙人也性廉謹篤愼爲閭里所敬愛刺史譙王承辟爲議曹祭酒轉西曹書佐及承爲魏乂所執送武昌階與武延等同心隨從在承左右桓雄被害之後二人執志愈固及承遇禍階延親營殯歛送柩還都朝夕哭奠俱葬畢乃還

周崎

周崎邵陵人也爲湘州從事王敦之難譙王承使崎求救于外與周該俱爲魏乂偵人所執乂責崎辭情臨以白刃崎曰州將使求援于外本無定指隨時制宜耳乂謂崎曰汝爲我語城中稱大將軍已破劉隗戴若思甘卓住襄陽無復異議三江州郡萬里肅清外援理絕如是者我當活汝崎僞許之既到城下大呼曰王敦軍敗於于湖甘安南已剋武昌卽日分遣大衆來赴此急努力堅守賊今散矣乂於是數而殺之

易雄

易雄字興長長沙瀏陽人也少爲縣吏自念卑淺無由自達乃脫幘挂縣門而去因習律令及施行故事交結豪右州里稍稱之仕郡爲主簿張昌之亂也執太守萬嗣將斬之雄與賊爭論曲直賊怒叱使牽雄斬之雄趨出自若賊又呼問之雄對如初如此者三賊乃舍之嗣由是獲免雄遂知名舉孝廉爲州主簿遷別駕自以門寒不宜久處上綱謝職還家後爲舂陵令刺史譙王承既距王敦將謀起兵以赴朝廷雄承符馳檄遠近列敦罪惡宣募縣境數日之中有衆千人負糧荷戈而從之承既固守而湘中殘荒之後城池不完兵資又闕敦遣魏乂李恒攻之雄勉厲所統扞禦累旬士卒死傷者相枕力屈城陷爲乂所虜意氣慷慨神無懼色送到武昌敦遣人以檄示雄而數之雄曰此實有之惜雄位微力弱不能救國之難王室如燬雄安用生爲今日卽戮得作忠鬼乃所願也敦憚其辭正釋之衆人皆賀雄笑曰昨夜夢乘車挂肉其傍夫肉必有筋筋者斤也車傍有斤吾其戮乎尋而敦遣殺之當時見者莫不傷惋

樂道融

樂道融丹陽人也少有大志好學不倦與朋友信每約己而務周給有國士之風爲王敦參軍敦將圖逆謀害朝賢以告甘卓卓以爲不可遲留不赴敦遣道融召之道融雖爲敦佐忿其逆節因說卓曰主上躬統萬幾非專任劉隗今慮七國之禍故割湘州以削諸侯而王氏擅權日久卒見分政便謂被奪耳王敦背恩肆逆舉兵伐主國家待君至厚今若同之豈不負義生爲逆臣死爲愚鬼永成宗黨之恥邪君當僞許應命而馳襲武昌敦衆聞之必不戰自散大勳可就矣卓大然之乃與巴東監軍柳純等露檄陳敦過逆率所統致討又遣齎表詣臺卓性不果決且年老多疑遂待諸方同進出軍稽遲至豬口敦聞卓已下兵卓兄子卬時爲敦參軍使卬求和於卓令其旋軍卓信之將旋主簿鄧騫與道融勸卓曰將軍起義兵而中廢爲敗軍之將竊爲將軍不取今將軍之下士卒各求其利一旦而還恐不可得也卓不從道融晝夜涕淚諫卓憂憤而死

虞悝

虞悝長沙人也弟望字子都並有士操孝悌廉信爲鄉黨所稱而俱好臧否以人倫爲己任少仕州郡兄弟更爲治中別駕元帝爲丞相招延四方之士多辟府掾時人謂之百六掾望亦被召恥而不應譙王承臨州知其名檄悝爲長史未到遭母喪會王敦作逆承往弔悝因留與語曰吾前被詔遣鎭此州正以王敦專擅防其爲禍今敦果爲逆謀吾受任一方欲率所領馳赴朝廷而衆少糧乏且始到貴州恩信未著卿兄弟南夏之翹儁而智勇遠聞古人墨經卽戎況今鯨鯢塞路王室危急安得遂罔極之情忘忠義之節乎如今起事將士器械可以濟不悝望對曰王敦居分陝之任一旦構逆圖危社稷此天地所不容人神所忿疾大王不以猥劣枉駕訪及悝兄弟並受國恩敢不自奮今天朝中興人思晉德大王以宗子之親奉信順而誅有罪孰不荷戈致命但鄙州荒弊糧器空竭舟艦寡少難以進討宜且收衆固守傳檄四方其勢必分然後圖之事可捷也承以爲然乃命悝爲長史望爲司馬督護諸軍湘東太守鄭澹敦之姊夫也不順承旨遣望討之望率衆一旅直入郡斬澹以徇四境及魏乂來攻望每先登力戰而死城破悝復爲乂所執將害之子弟對之號泣悝謂曰人生有死闔門爲忠義鬼亦何恨哉及王敦平贈悝襄陽太守望滎陽太守遣謁者至墓祭以少牢

沈勁

沈勁字世堅吳興武康人也父充與王敦構逆衆敗而逃爲部曲將吳儒所殺勁當坐誅鄉人錢舉匿之得免其後竟殺仇人勁少有節操哀父死於非義志欲立勳以雪先恥年三十餘以刑家不得仕進郡將王胡之深異之及遷平北將軍司州刺史將鎭洛陽上疏曰臣當藩衞山陵式遏戎狄雖義督羣心人思自奮然方翦荆棘奉宣國恩艱難急病非才不濟吳興男子沈勁淸操著於鄉邦貞固足以幹事且臣今西文武義故吳興人最多若令勁叅臣府事者見人既悅義附亦衆勁父充昔雖得罪先朝然其門戶累蒙曠蕩不審可得特垂沛然許臣所上否詔聽之勁既應命胡之以疾病解職升平中慕容恪侵逼山陵時冠軍將軍陳祐守洛陽衆不過二千勁自表求配祐效力因以勁補冠軍長史令自募壯士得千餘人以助祐擊賊頻以寡制衆而糧盡援絕祐懼不能保全會賊寇許昌祐因以救許昌爲名興寧三年留勁以五百人守城祐率衆而東會許昌已沒祐因奔崖塢勁志欲致命欣獲死所尋爲恪所攻城陷被執神氣自若恪奇而將宥之其中軍將軍慕容虔曰勁雖奇士觀其志度終不爲人用今若赦之必爲後患遂遇害恪還從容言於慕容暐曰前平廣固不能濟辟閭今定洛陽而殺沈勁實有愧於四海朝廷聞而嘉之贈東陽太守子赤黔爲大長秋赤黔子叔任義熙中爲益州刺史

吉挹

吉挹字祖冲馮翊蓮芍人也祖朗愍帝時爲御史中丞西朝不守朗歎曰吾智不能謀勇不能死何忍君臣相隨北面事賊虜乎乃自殺挹少有志節孝武帝初苻堅陷梁益桓豁表挹爲魏興太守尋加輕車將軍領晉昌太守以距堅之功拜員外散騎侍郎苻堅將韋鍾攻魏興挹遣衆距之斬七百餘級加督五郡軍事鍾率衆欲趣襄陽挹又邀擊斬五千餘級鍾怒迴軍圍之挹又屢挫其鋭其後賊衆繼至挹力不能抗城將陷引刀欲自殺其友止之曰且苟存以展他計爲計不立死未晚也挹不從友人逼奪其刀會賊執之挹閉口不言不食而死車騎將軍桓冲上言曰故輕車將軍魏興太守吉挹祖朗西臺傾覆隕身守節挹世篤忠孝乃心本朝臣亡兄溫昔伐咸陽軍次灞水挹攜將二弟單馬來奔錄其此誠仍加擢授自新野太守轉在魏興久處兵任委以邊戍疆場歸懷著稱所莅前年狡氐縱逸浮河而下挹孤城獨立衆無一旅外摧凶鋭內固津要虜賊舟船俘馘千計而賊并力攻圍經歷時月會襄陽失守邊情沮喪加衆寡勢殊以至陷沒挹辭氣慷慨志在不辱杖刃推戈期之以隕將吏持守用不卽斃遂乃杜口無言絕粒而死挹參軍史穎近於賊中得齎挹臨終手疏并具說意狀挹之忠志猶在可錄若蒙天地垂曲宥之恩則榮加枯朽惠隆泉壤矣帝嘉之追贈益州刺史

王諒

王諒字幼成丹陽人也少有幹略爲王敦所擢參其府事稍遷武昌太守初新昌太守梁碩專威交土迎立陶咸爲刺史咸卒王敦以王機爲刺史碩發兵距機自領交阯太守乃迎前刺史脩則子湛行州事永興三年敦以諒爲交州刺史諒將之任敦謂曰脩湛梁碩皆國賊也卿至便收斬之諒既到境湛退還九眞廣州刺史陶侃遣人誘湛來詣諒所諒勑從人不得入閤既前執之碩時在坐曰湛故州將之子有罪可遣不足殺也諒曰是君義故無豫我事卽斬之碩怒而出諒陰謀誅碩使客刺之弗剋遂率衆圍諒於龍編陶侃遣軍救之未至而諒敗碩逼諒奪其節諒固執不與遂斷諒右臂諒正色曰死且不畏臂斷何有十餘日憤恚而卒碩據交州凶暴酷虐一境患之竟爲侃軍所滅傳首京都

宋矩

宋矩字處規敦煌人也慷慨有志節張重華據涼州地以矩爲宛戍都尉石季龍遣將麻秋攻大夏護軍梁式執太守宋晏以城應秋秋遣晏以書致矩矩既至謂秋曰辭父事君當立功與義苟功義不立當守名節矩終不背主覆宗偷生於世先殺妻子自刎而死秋曰義士也命葬之重華嘉其誠節贈振威將軍

車濟

車濟字萬度敦煌人也果毅有大量張重華以爲金城令爲石季龍將麻秋所陷濟不爲秋屈秋必欲降之乃臨之以兵濟辭色不撓曰吾雖才非龐德而受任同之身可殺志不可移乃伏劒而死秋歎其忠節以禮葬之後重華迎致其喪親臨慟哭贈宜禾都尉

丁穆

丁穆字彥遠譙國人也積功勞封眞定侯累遷爲順陽太守太元四年除振武將軍梁州刺史受詔未發會苻堅遣衆寇順陽穆戰敗被執至長安稱疾不仕僞朝堅又傾國南寇穆與關中人士唱義謀襲長安事泄遇害臨死作表以付其妻周其後周得至京師詣闕上之孝武帝下詔曰故順陽太守眞定侯丁穆力屈身陷而誠節彌固直亮壯勁義貫古烈其喪柩始反言尋傷悼可

贈龍驤將軍雍州刺史賻賜一依周虓故事爲立屋宅并給其妻衣食以終厭身

辛恭靖

辛恭靖隴西狄道人也少有器幹才量過人隆安中爲河南太守會姚興來寇恭靖固守百餘日以無救而陷被執至長安興謂之曰朕將任卿以東南之事可乎恭靖厲色曰我寧爲國家鬼不爲羌賊臣興怒幽之别室經三年至元興中詐守者乃踰垣而遁歸于江東安帝嘉之桓玄請爲諮議參軍署之朝首尋而病卒

羅企生

羅企生字宗伯豫章人也多才藝初拜佐著作郎以家貧親老求補臨汝令刺史王凝之請爲别駕殷仲堪之鎭江陵引爲功曹累遷武陵太守未之郡而桓玄攻仲堪仲堪更以企生爲諮議參軍仲堪多疑少决企生深憂之謂弟遵生曰殷侯仁而無斷事必無成成敗天也吾當死生以之仲堪果走文武無送者唯企生從焉路經家門遵生曰作如此分離何可不執手企生迴馬授手遵生有勇力便牽下之謂曰家有老母將欲何之企生揮淚曰今日之事我必死之汝等奉養不失子道一門之中有忠與孝亦復何恨遵生抱之愈急仲堪於路待之企生遥呼曰生死是同願少見待仲堪見企生無脱理策馬而去玄至荆州人士無不詣者企生獨不往而營理仲堪家或謂之曰玄猜忍之性未能取卿誠節若遂不詣禍必至矣企生正色曰我是殷侯吏見遇以國士爲弟以力見制遂不我從不能共殄醜逆致此奔敗亦何面目復就桓求生乎玄聞之大怒然素待企生厚先遣人謂曰若謝我當釋汝企生曰爲殷荆州吏荆州奔亡存亡未判何顔復謝玄即收企生遣人問欲何言答曰文帝殺嵇康嵇紹爲晉忠臣從公乞一弟以養老母玄許之又引企生於前謂曰吾相遇甚厚何以見負今者死矣企生對曰使君既興晉陽之甲軍次尋陽並奉王命各還所鎭升壇盟誓口血未乾而生奸計自傷力劣不能翦滅凶逆恨死晚也玄遂害之時年三十七衆咸悼焉先是玄以羔裘遺企生母胡氏及企生遇害即日焚裘

張禕

張禕吳郡人也少有操行恭帝爲瑯邪王以禕爲郎中令及帝踐阼劉裕以禕帝之故吏素所親信封藥酒一甖付禕密令鴆帝禕既受命而歎曰鴆君而求生何面目視息世間哉不如死也因自飲之而死

史臣曰中散以膚受見誅王儀以抗言獲戾時皆可謂死非其罪也偉元恥臣晉室延祖甘赴危亡所由之理雖同所趣之塗即異而並見稱當世垂芳竹帛豈不以君父居在三之極忠孝爲百行之先者乎且裒獨善其身故得全其孝而紹兼濟於物理宜竭其忠可謂蘭桂異質而齊芳韶武殊音而並美或有論紹者以死難獲譏揚推言之未爲篤論夫君天也天可讎乎安既享其榮危乃違其禍進退無據何以立人嵇生之隕身全節用此道也

贊曰重義輕生亡軀殉節勁松方操嚴霜比烈白刃可陵貞心難折道光振古芳流來哲

晉書卷九十

唐　太　宗　文　皇　帝　御　撰

列傳第六十

良吏

漢宣帝有言百姓所以安其田里而無歎息愁恨之心者政平訟理也與我共此者其唯良二千石乎此則長吏之官寔爲撫導之本是以東里相鄭西門宰鄴潁川黃霸蜀郡文翁或吏不敢欺或人懷其惠或教移齊魯或政務寬和斯僉惇史播其徽音良能以爲準的有晉肇茲王業光啓霸圖授方任能經文緯武泰始受禪改物君臨纂三葉之鴻基膺百王之大寶勞心庶績垂意黎元申勑守宰之司屢發憂矜之詔辭音懇切誨諭殷勤欲使直道正身抑末敦本當此時也可謂農安其業吏盡其能者歟而帝寬厚足以君人明威未能厲俗政刑以之私謁賄賂於此公行結綬者以放濁爲通彈冠者以苟得爲貴流遁忘反寖以爲常劉毅抗賣官之言當時以爲矯枉察其風俗豈虛也哉爰及惠懷中州鼎沸逮於江左晉政多門元帝比少康之隆處仲爲梗海西微昌邑之罪元子亂常既權偪是憂故羈縻成俗莅職者爲身擇利銓綜者爲人擇官下僚多英儁之才勢位必高門之胄遂使良能之績僅有存焉雖復茂弘以明允贊經綸安石以時宗鎭雅俗然外虞孔熾內難方殷而匡救彌縫方免傾覆弘風革弊彼則未遑今采其政績可稱者以爲良吏傳

魯芝

魯芝字世英扶風郿人也世有名德爲西州豪族父爲郭汜所害芝繈褓流離年十七乃移居雍耽思墳籍郡舉上計吏州辟别駕魏車騎將軍郭淮爲雍州刺史深敬重之舉孝廉除郎中會蜀相諸葛亮侵隴右淮復請芝爲别駕事平薦於公府辟大司馬曹真掾轉臨淄侯文學鄭袤薦於司空王朗朗即加禮命後拜騎都尉參軍事行安南太守遷尚書郎曹真出督關右又參大司馬軍事真薨宣帝代焉乃引芝參驃騎軍事轉天水太守郡鄰于蜀數被侵掠戶口減削寇盜充斥芝傾心鎭衞更造城市數年間舊境悉復遷廣平太守天水夷夏慕德老幼赴闕獻書乞留芝魏明帝許焉仍策書嘉歎勉以黃霸之美加討寇將軍曹爽輔政引爲司馬芝屢有讜言嘉謀爽弗能納及宣帝起兵誅爽芝率餘衆犯門斬關馳出赴爽勸爽曰公居伊周之位一旦以罪見黜雖欲牽黃犬復可得乎若挾天子保許昌杖大威以羽檄徵四方兵孰敢不從捨此而去欲就東市豈不痛哉爽懦惑不能用遂委身受戮芝坐爽下獄當死而口不訟直志不苟免宣帝嘉之赦而不誅俄而起爲使持節領護匈奴中郎將振威將軍并州刺史以綏緝有方遷大鴻臚高貴鄉公即位賜爵關內侯邑二百戶毋丘儉平隨例增邑二百戶拜揚武將軍荆州刺史諸葛誕以壽春叛文帝奉魏帝出征徵兵四方芝率荆州文武以爲先驅誕平進爵武進亭侯又增邑九百戶遷大尚書掌刑理常道鄉公即位進爵斄城鄉侯又增邑八百戶遷監青州諸軍事振武將軍青州刺史轉平東將軍五等建封隂平伯武帝踐阼轉鎭東將軍進爵爲侯帝以芝清忠履正素無居宅使軍兵爲作屋五十間芝以年及懸車告老遜位章表十餘上於是徵爲光祿大夫位特進給吏卒門施行馬羊祜爲車騎將軍乃以位讓芝曰光祿大夫魯芝潔身寡欲和而不同服事華髮以禮終始未蒙此選臣更越之何以塞天下之望上不從其爲人所重如是泰始九年卒年八十四帝爲舉哀賵贈有加謚曰貞賜塋田百畝

胡威

胡威字伯武一名貔淮南壽春人也父質以忠清著稱少與鄉人蔣濟朱績俱知名於江淮間仕魏至征東將軍荆州刺史威早厲志尚質之爲荆州也威自京都定省家貧無車馬僮僕自驅驢單行每至客舍躬放驢取樵炊爨食畢復隨侶進道既至見父停廄中十餘日告歸父賜絹一匹爲裝威曰大人清高不審於何得此絹質曰是吾俸祿之餘以爲汝糧耳威受之辭歸質帳下都督先威未發請假還家陰資裝於百餘里要威爲伴每事佐助行數百里威疑而誘問之既知乃取所賜絹與都督謝而遣之後因他信以白質質杖都督一百除吏名其父子清慎如此於是名譽著聞拜侍御史歷南鄉侯安豐太守遷徐州刺史勤於政術風化大行後入朝武帝語及平生因歎其父清謂威曰卿孰與父清對曰臣不如也帝曰卿父以何爲勝邪對曰臣父清恐人知臣清恐人不知是臣不及遠也帝以威言直而婉謙而順累遷監豫州諸軍事右將軍豫州刺史入爲尚書加奉車都尉威嘗諫時政之寬帝曰尚書郎以下吾無所假借威曰臣之所陳豈在丞郎令史正謂如臣等輩始可以肅化明法耳拜前將軍監青州諸軍事青州刺史以功封平春侯太康元年卒于位追贈使持節都督青州諸軍事鎭東將軍餘如故謚曰烈子奕嗣奕字次孫仕至東平將軍威弟羆字季象亦有幹用仕至益州刺史安東將軍

杜軫

杜軫字超宗蜀郡成都人也父雄綿竹令軫師事譙周博涉經書州辟不就爲郡功曹史時鄧艾至成都軫白太守曰今大軍來征必除舊布新明府宜避之此全福之道也太守乃出艾果遣其參軍牽弘自之郡弘問軫前守所在軫正色對曰前守達去就之機輒自出官舍以俟君子弘器之命復爲功曹軫固辭察孝廉除建寧令導以德政風化大行夷夏悅服秩滿將歸羣蠻追送路遺甚多軫一無所受去如初至又除池陽令爲雍州十一郡最百姓生爲立祠得罪者無怨言累遷尚書郎軫博聞廣涉奏議駁論多見施用時涪人李驤亦爲尚書郎與軫齊名每有論議朝廷莫能踰之號蜀有二郎軫後拜犍爲太守甚有聲譽當遷會病卒年五十一子毗毗字長基州舉秀才成都王穎辟大將軍掾遷尚書郎參大傅軍事及洛陽覆沒毗南渡江王敦表爲益州刺史將與宜都太守柳純共圖白帝杜弢遣軍要毗遂遇害毗弟秀字彥穎爲羅尚主簿州沒爲氐賊李驤所得欲用爲司馬秀不受見害毗次子歆舉秀才軫弟烈

明政事察孝廉歷平康安陽令所居有異績遷衡陽太守聞軫亡因自表兄子幼弱求去官詔轉犍爲太守蜀土榮之後遷湘東太守爲成都王穎郎中令病卒烈弟良舉秀才除新都令涪陵太守不就補州大中正卒

竇允

竇允字雅始平人也出自寒門清尚自修少仕縣稍遷郡主簿察孝廉除浩亹長勤於爲政勸課田蠶平均調役百姓賴之遷謁者泰始中詔曰當官者能潔身修己然後在公之節乃全身善有章雖賤必賞此興化立教之務也謁者竇允前爲浩亹長以修勤清白見稱河右是輩當擢用使立行者有所勸主者詳復參訪有以旌表之拜臨水令克己厲俗改修政事士庶悅服咸歌詠之遷鉅鹿太守甚有政績卒於官

王宏

王宏字正宗高平人魏侍中粲之從孫也魏時辟公府累遷尚書郎歷給事中泰始初爲汲郡太守撫百姓如家耕桑樹藝屋宇阡陌莫不躬自教示曲盡事宜在郡有殊績司隸校尉石鑒上其政術武帝下詔稱之曰朕惟人食之急而懼天時水旱之運夙夜警戒念在於農雖詔書屢下勅厲殷勤猶恐百姓廢惰以捐生植之功而刺史二千石百里長吏未能盡勤至使地有遺利而人有餘力每思聞監司糾舉能不將行其賞罰以明沮勸今司隸校尉石鑒上汲郡太守王宏勤恤百姓導化有方督勸開荒五千餘頃而熟田常課頃畝不減比年普饑人不足食而宏郡界獨無匱乏可謂能矣其賜宏穀千斛布告天下咸使聞知俄遷衛尉河南尹大司農無復能名更爲苛碎坐桎梏罪人以泥墨塗面置深坑中餓不與食又擅縱五歲刑以下二十一人爲有司所劾帝以宏累有政績聽以贖罪論太康中代劉毅爲司隸校尉於是檢察士庶使車服異制庶人不得衣紫絳及綺繡錦繢帝常遣左右微行觀察風俗宏緣此復遣吏科檢婦人袒服至褰發於路論者以爲暮年謬妄由是獲譏於世復坐免官後起爲尚書太康五年卒追贈太常

曹攄

曹攄字顏遠譙國譙人也祖肇魏衞將軍攄少有孝行好學善屬文太尉王衍見而器之調補臨淄令縣有寡婦養姑甚謹姑以其年少勸令改適婦守節不移姑愍之密自殺親黨告婦殺姑官爲考鞫寡婦不勝苦楚乃自誣獄當決適值攄到攄知其有冤更加辯究具得情實時稱其明獄有死囚歲夕攄行獄愍之曰卿等不幸致此非所如何新歲人情所重豈不欲蹔見家邪衆囚皆涕泣曰若得蹔歸死無恨也攄悉開獄出之剋日令還掾吏固爭咸謂不可攄曰此雖小人義不見負自爲諸君任之至日相率而還並無違者一縣歎服號曰聖君入爲尚書郎轉洛陽令仁惠明斷百姓懷之時天大雨雪宮門夜失行馬羣官檢察莫知所在攄使收門士衆官咸謂不然攄曰宮掖禁嚴非外人所敢盜必是門士以燎寒耳詰之果服以病去官復爲洛陽令及齊王冏輔政攄與左思俱爲記室督冏嘗從容問攄曰天子爲賊臣所逼莫有能奮吾率四海義兵興復王室今入輔朝廷匡振時艱或有勸吾還國於卿意如何攄曰蕩平國賊匡復帝祚古今人臣之功未有如大王之盛也然道罔隆而不殺物無盛而不衰非唯人事抑亦天理竊預下問敢不盡情願大王居高慮危在盈思冲精選百官存公屏欲舉賢進善務得其才然後脂車秣馬高揖歸藩則上下同慶攄等幸甚冏不納尋轉中書侍郎長沙王乂以爲驃騎司馬乂敗免官因丁母憂惠帝末起爲襄城太守時襄城屢經寇難攄綏懷振理旬月剋復永嘉二年高密王簡鎮襄陽以攄爲征南司馬其年流人王逌等聚衆屯冠軍寇掠城邑簡遣參軍崔曠討之令攄督護曠曠姦凶人也譎攄前戰期爲後繼既而不至攄獨與逌戰于酈縣軍敗死之故吏及百姓並奔喪會葬號哭即路如赴父母焉

潘京

潘京字世長武陵漢壽人也弱冠郡辟主簿太守趙廞甚器之嘗問曰貴郡何以名武陵京曰鄙郡本名義陵在辰陽縣界與夷相接數爲所攻光武時移東出遂得全完共議易號傳曰止戈爲武詩稱高平曰陵於是名焉爲州所辟因謁見問策探得不孝字刺史戲京曰辟士爲不孝邪京舉版答曰今爲忠臣不得復爲孝子其機辯皆此類後太廟立州郡皆遣使賀京白太守曰夫太廟立移神主應問訊不應賀遂遣京作文使詣京師以爲永式京仍舉秀才到洛尚書令樂廣京州人也共談累日深歎其才謂京曰君天才過人恨不學耳若學必爲一代談宗京感其言遂勤學不倦時武陵太守戴昌亦善談論與京共談京假借之昌以爲不如己笑而遣之令過其子若思京方極其言論昌竊聽之乃歎服曰才不可假遂父子俱屈焉歷巴丘邵陵泉陵三令京明於政術路不拾遺遷桂林太守不就歸家年五十卒

范晷

范晷字彥長南陽順陽人也少遊學清河遂徙家僑居郡命爲五官掾歷河內郡丞太守裴楷雅知之薦爲侍御史調補上谷太守遭喪不之官後爲司徒左長史轉馮翊太守甚有政能善於綏撫百姓愛悅之徵拜少府出爲涼州刺史轉雍州于時西土荒毀氐羌蹈藉田桑失收百姓困弊晷傾心化導勸以農桑所部甚賴之元康中加左將軍卒於官二子廣雅廣字仲將舉孝廉除靈壽令不之官姊適孫氏早亡有孫名邁廣負以南奔雖盜賊艱急終不棄之元帝承制以爲堂邑令丞劉榮坐事當死郡劾以付縣榮即縣人家有老母至節廣輒聽蹔還榮亦如期而反縣堂爲野火所及榮脫械救火事畢還自著械後大旱米貴廣散私穀振飢人至數千斛遠近流寓歸投之戶口十倍卒於官雅少知名辟大將軍掾早卒子汪別有傳

丁紹

丁紹字叔倫譙國人也少開朗公正早歷清官爲廣平太守政平訟理道化大行于時河北騷擾靡有完邑而廣平一郡四境乂安是以皆悅其法而從其令及臨漳被圍南陽王模窘急紹率郡兵赴之模賴以獲全模感紹恩生爲立碑遷徐州刺史士庶戀慕攀附如歸未之官復轉荊州刺史從車千乘南渡河至許時南陽王模爲都督留紹啓轉爲冀州刺史到鎮率州兵討破汲桑有功加寧北將軍假節監冀州諸軍事時境內羯賊爲患紹捕而誅之號爲嚴肅河北人畏而愛之紹自以爲才足爲物雄當官蒞政每事剋舉視天下之事若運於掌握遂慨然有董正四海之志矣是時王浚盛於幽州苟晞盛於青州然紹視二人蔑如也永嘉三年暴疾而卒臨終歎曰此乃天亡冀州豈吾命哉懷帝策贈車騎將軍

喬智明

喬智明字元達鮮卑前部人也少喪二親哀毀過禮長而以德行著稱成都王穎辟爲輔國將軍穎之敗趙王倫也表智明爲殄寇將軍隆慮共二縣令二縣愛之號爲神君部人張兌爲父報讎母老單身有妻無子智明愍之停其獄歲餘令兌將妻入獄兼陰縱之人有勸兌逃者兌曰有君如此吾何忍累之縱吾得免作何面目視息世間於獄產一男會赦得免其仁感如是惠帝之伐鄴也穎以智明爲折衝將軍參丞相先鋒軍事智明勸穎奉迎乘輿穎大怒曰卿名曉事投身事孤主上爲羣小所逼將加非罪於孤卿奈何欲使孤束手就刑邪共事之義正若此乎智明乃止尋屬永嘉之亂仕於劉曜

鄧攸

鄧攸字伯道平陽襄陵人也祖殷亮直彊正鍾會伐蜀奇其才自黽池令召爲主簿賈充伐吳請殷爲長史後授皇太子詩爲淮南太守夢行水邊見一女子猛獸自後斷其盤囊占者以爲水邊有女汝字也斷盤囊者新獸頭代故獸頭也不作汝陰當汝南也果遷汝陰太守後爲中庶子攸七歲喪父尋喪母及祖母居喪九年以孝致稱清和平簡貞正寡欲少孤與弟同居初祖父殷有賜官勅攸受之後太守勸攸去王官欲舉爲孝廉攸曰先人所賜不可改也嘗詣鎮軍賈混混以人訟事示攸使決之攸不視曰孔子稱聽訟吾猶人也必也使無訟乎混奇之以女妻焉舉灼然二品爲吳王文學歷太子洗馬東海王越參軍越欽其爲人轉爲世子文學吏部郎越弟騰爲東中郎將請攸爲長史出爲河東太守永嘉末沒于石勒然勒宿忌諸官長二千石聞攸在營馳召將殺之攸至門門幹乃攸爲郎時幹識攸攸求紙筆作辭幹候勒和悅致之勒重其辭乃命勿殺勒長史張賓先與攸比舍重攸名操因稱攸于勒勒召至幕下與語悅之以爲參軍給車馬勒每東西置攸車營中勒夜禁火犯之者死攸與胡鄰轂胡夜失火燒車吏按問胡乃誣攸攸度不可與爭遂對以弟婦散髮溫酒爲辭勒赦之既而胡人深感自縛詣勒以明攸而陰遺攸馬驢諸胡莫不歎息宗敬之石勒過泗水攸乃斫壞車以牛馬負妻子而逃又遇賊掠其牛馬步走擔其兒及其弟子綏度不能兩全乃謂其妻曰吾弟早亡唯有一息理不可絕止應自棄我兒耳幸而得存我後當有子妻泣而從之乃棄之其子朝棄而暮及明日攸繫之於樹而去至新鄭投李矩三年將去而矩不聽荀組以爲陳郡汝南太守愍帝徵爲尚書左丞長水校尉皆不果就後密捨矩去投荀組於許昌矩深恨焉久之乃送家屬還攸攸與刁協周顗素厚遂至江東元帝以攸爲太子中庶子時吳郡闕守人多欲之帝以授攸攸載米之郡俸祿無所受唯飲吳水而已時郡中大饑攸表振貸未報乃輒開倉救之臺遣散騎常侍桓彝虞騑慰勞饑人觀聽善不乃劾攸以擅出穀俄而有詔原之攸在郡刑政清明百姓歡悅爲中興良守後稱疾去職郡常有送迎錢數百萬攸去郡不受一錢百姓數千人留牽攸船

不得進攸乃小停夜中發去吳人歌之曰紞如打五鼓鷄鳴天欲曙鄧侯挽不留謝令推不去百姓詣臺乞留一歲不聽拜侍中歲餘轉吏部尚書蔬食弊衣周急振乏性謙和善與人交賓無貴賤待之若一而頗敬媚權貴永昌中代周顗爲護軍將軍太寧二年王敦反明帝密謀起兵乃遷攸爲會稽太守初王敦伐都之後中外兵數每月言之於敦攸已出在家不復知護軍事有惡攸者誣攸尚白敦兵數帝聞而未之信轉攸爲太常時帝南郊攸病不能從車駕過攸問疾攸力病出拜有司奏攸不堪行郊而拜道左坐免攸每有進退無喜愠之色久之遷尚書右僕射咸和元年卒贈光祿大夫加金章紫綬祠以少牢攸棄子之後妻不復孕過江納妾甚寵之訊其家屬說是北人遭亂憶父母姓名乃攸之甥攸素有德行聞之感恨遂不復畜妾卒以無嗣時人義而哀之爲之語曰天道無知使鄧伯道無兒弟子綏服攸喪三年

吳隱之

吳隱之字處默濮陽鄄城人魏侍中質六世孫也隱之美姿容善談論博涉文史以儒雅標名弱冠而介立有清標雖日晏歠菽不饗非其粟儋石無儲不取非其道年十餘丁父憂每號泣行人爲之流涕事母孝謹及其執喪哀毀過禮家貧無人鳴鼓每至哭臨之時恒有雙鶴警叫及祥練之夕復有羣鴈俱集時人咸以爲孝感所致嘗食醎葅以其味旨掇而棄之與太常韓康伯鄰居康伯母殷浩之姊賢明婦人也每聞隱之哭聲輟飧投筯爲之悲泣既而謂康伯曰汝若居銓衡當舉如此輩人及康伯爲吏部尚書隱之遂階清級解褐輔國功曹轉參征虜軍事兄坦之爲袁眞功曹眞敗將及禍隱之詣桓溫乞代兄命溫矜而釋之遂爲溫所知賞拜奉朝請尚書郎累遷晉陵太守在郡清儉妻自負薪入爲中書侍郎國子博士太子右衛率轉散騎常侍領著作郎孝武帝欲用爲黃門郎以隱之貌類簡文帝乃止尋守廷尉祕書監御史中丞領著作如故遷左衛將軍雖居清顯祿賜皆班親族冬月無被嘗澣衣乃披絮勤苦同於貧庶廣州包帶山海珍異所出一篋之寶可資數世然多瘴疫人情憚焉唯貧窶不能自立者求補長史故前後刺史皆多黷貨朝廷欲革嶺南之弊隆安中以隱之爲龍驤將軍廣州刺史假節領平越中郎將未至州二十里地名石門有水曰貪泉飲者懷無厭之欲隱之既至語其親人曰不見可欲使心不亂越嶺喪清吾知之矣乃至泉所酌而飲之因賦詩曰古人云此水一歃懷千金試使夷齊飲終當不易心及在州清操踰厲常食不過菜及乾魚而已帷帳器服皆付外庫時人頗謂其矯然亦始終不易帳下人進魚每剔去骨存肉隱之覺其用意罰而黜焉元興初詔曰夫孝行篤於閨門清節厲乎風霜實立人之所難而君子之美致也龍驤將軍廣州刺史吳隱之孝友過人祿均九族菲己絜素儉愈魚飧夫處可欲之地而能不改其操饗惟錯之富而家人不易其服革奢務嗇南域改觀朕有嘉焉可進號前將軍賜錢五十萬穀千斛及盧循寇南海隱之率厲將士固守彌時長子曠之戰沒循攻擊百有餘日踰城放火焚燒三千餘家死者萬餘人城遂陷隱之攜家累出欲奔還都爲循所得循表朝廷以隱之黨附桓玄宜加裁戮詔不許劉裕與循書令遣隱之還久方得反歸舟之日裝無餘資及至數畝小宅籬垣仄陋內外茅屋六間不容妻子劉裕賜車牛更爲起宅固辭尋拜度支尚書太常以竹篷爲屏風坐無氈席後遷中領軍清儉不革每月初得祿裁留身糧其餘悉分振親族家人績紡以供朝夕時有困絕或并日而食身恒布衣不完妻子不霑寸祿義熙八年請老致事優詔許之授光祿大夫加金章紫綬賜錢十萬米三百斛九年卒追贈左光祿大夫加散騎常侍隱之清操不渝屢被褒飾致事及於身沒常蒙優錫顯贈廉士以爲榮初隱之爲奉朝請謝石請爲衛將軍主簿隱之將嫁女石知其貧素遣女必當率薄乃令移厨帳助其經營使者至方見婢牽犬賣之此外蕭然無辦後至自番禺其妻劉氏齎沉香一斤隱之見之遂投於湖亭之水子延之復厲清操爲鄱陽太守延之弟及子爲郡縣者常以廉愼爲門法雖才學不逮隱之而孝悌絜敬猶爲不替

史臣曰魯芝等建旟剖竹布政宣條存樹威恩沒留遺愛咸見知明主流譽當年若伯武之絜已克勤顏遠之申冤緩獄鄧攸贏糧以述職吳隱酌水以厲精晉代良能此焉爲最而攸棄子存姪以義斷恩若力所不能自可割情忍痛何至預加徽纆絕其奔走者乎斯豈慈父仁人之所用心也卒以絕嗣宜哉勿謂天道無知此乃有知矣世英盡節曹氏犯門斬關宣帝收雷霆之威獎忠貞之烈豈非既已在我欲其罵人者歟

贊曰猗歟良宰嗣美前賢威同御黠靜若烹鮮唯嘗吳水但挹貪泉人風既偃俗化斯遷

晉書卷九十考證

魯芝傳進爵蒙城鄕侯○前漢地理志右扶風蒙周后稷所封注蒙同邰音義云音來非也

曹攄傳流人王逌等○逌監本誤道下文同今從音義改正

丁紹傳模感紹恩生爲立碑○紹南陽王模傳作邵

晉書卷九十一

唐　太　宗　文　皇　帝　御　撰

列傳第六十一

儒林

昔周德既衰諸侯力政禮經廢缺雅頌陵夷夫子將聖多能固天攸縱歎鳳鳥之不至傷麟出之非時於是乃删詩書定禮樂贊易道修春秋載籍逸而復存風雅變而還正其後卜商衛賜田吳孫孟之儔或親稟微言或傳聞大義猶能彊晉存魯藩魏却秦既抗禮於邦君亦馳聲於海內及嬴氏慘虐棄德任刑煬墳籍於埃塵塡儒林於坑穽嚴是古之法抵挾書之罪先王徽烈靡有子遺漢祖勃興救焚拯溺粗修禮律未遑俎豆逮于孝武崇尚文儒爰及東京斯風不墜於是傍求蠹簡博訪遺書創甲乙之科擢賢良之舉莫不紆靑拖紫服冕乘軒或徒步而取公卿或累旬以膺台鼎故搢紳之士靡然嚮風餘芳遺烈煥乎可紀者也洎當塗草創深務兵權而主好斯文朝多君子鴻儒碩學無乏於時武帝受終憂勞軍國時既初并庸蜀方事江湖訓卒厲兵務農積穀猶復修立學校臨幸辟雍而荀顗以制度贊惟新鄭冲以儒宗登保傅茂先以博物參朝政子眞以好禮居秩宗雖媿明揚亦非遐棄既而荆揚底定區寓乂安羣公草封禪之儀天子發謙冲之詔未足比隆三代固亦擅美一時惠帝纘戎朝昏政弛釁起宮掖禍成藩翰惟懷逮愍喪亂弘多衣冠禮樂掃地俱盡元帝運鍾百六光啓中興賀荀刁杜諸賢並稽古博文財成禮度雖尊儒勸學亟降於綸言東序西膠未聞於弦誦明皇聰睿雅愛流略簡文玄默敦悅丘墳乃招集學徒弘獎風烈並時艱祚促未能詳備有晉始自中朝迄于江左莫不崇飾華競祖述虛玄擯闕里之典經習正始之餘論指禮法爲流俗目縱誕以淸高遂使憲章弛廢名教頹毁五胡乘間而競逐二京繼踵以淪胥運極道消可爲長歎息者矣鄭冲等名位既隆自有列傳其餘編之于左以續前史儒林云

范平

范平字子安吳郡錢塘人也其先銍侯馥避王莽之亂適吳因家焉平研覽墳索遍該百氏姚信賀邵之徒皆從受業吳時舉茂才累遷臨海太守政有異能孫晧初謝病還家敦悅儒學吳平太康中頻徵不起年六十九卒有詔追加諡號曰文貞先生賀循勒碑紀其德行三子奭咸泉並以儒學至大官泉子蔚關內侯家世好學有書七千餘卷遠近來讀者恒有百餘人蔚爲辦衣食蔚子文才亦幼知名

文立

文立字廣休巴郡臨江人也蜀時游太學專毛詩三禮師事譙周門人以立爲顏回陳壽李虔爲游夏羅憲爲子貢仕至尚書蜀平舉秀才除郎中泰始初拜濟陰太守入爲太子中庶子上表請以諸葛亮蔣琬費禕等子孫流徙中畿宜見叙用一以慰巴蜀之心其次傾吳人之望事皆施行詔曰太子中庶子文立忠貞淸實有思理器幹前在濟陰政事修明後事東宮盡輔導之節昔光武平隴蜀皆收其賢才以敘之蓋所以拔幽滯而濟殊方也其以立爲散騎常侍蜀故尚書犍爲程瓊雅有德業與立深交武帝聞其名以問立對曰臣至知其人但年垂八十稟性謙退無復當時之望不以上聞耳瓊聞之曰廣休可謂不黨矣故吾善夫人也時西域獻馬帝問立馬何如對曰乞問太僕帝善之遷衛尉咸寧末卒所著章奏詩賦數十篇行於世

陳邵

陳邵字節良東海襄賁人也郡察孝廉不就以儒學徵爲陳留內史累遷燕王師撰周禮評甚有條貫行於世泰始中詔曰燕王師陳邵清貞絜靜行著邦族篤志好古博通六籍耽悅典誥老而不倦宜在左右以篤儒教可爲給事中卒於官

虞喜

虞喜字仲寧會稽餘姚人光祿潭之族也父察吳征虜將軍喜少立操行博學好古諸葛恢臨郡屈爲功曹察孝廉州舉秀才司徒辟皆不就元帝初鎭江左上疏薦喜懷帝卽位公車徵拜博士不就喜邑人賀循爲司空先達貴顯每詣喜信宿忘歸自云不能測也太寧中與臨海任旭俱以博士徵不就復下詔曰夫興化致政莫

尚予崇道教明退素也喪亂以來儒雅陵夷每覽子衿之詩未嘗不慨然臨海任旭會稽虞喜並絜靜其操歲寒不移研精墳典居今行古志操足以勵俗博學足以明道前雖不至其更以博士徵之喜辭疾不赴咸和末詔公卿舉賢良方正直言之士太常華恒舉喜爲賢良會國有軍事不行咸康初內史何充上疏曰臣聞二八舉而四門穆十亂用而天下安徵猷克闡有自來矣方今聖德欽明思恢遐烈旌輿整駕俟賢而動伏見前賢良虞喜天挺貞素高尚邈世束修立德皓首不倦加以傍綜廣深博聞彊識鑽堅研微有弗及之勤處靜味道無風塵之志高枕柴門怡然自足宜使蒲輪紆衡以旌殊操一則翼贊大化二則敦勵薄俗疏奏詔曰尋陽翟湯會稽虞喜並守道清貞不營世務耽學高尚操擬古人往雖徵命而不降屈豈素絲難染而搜引禮簡乎政道須賢宜納諸廊廟其並以散騎常侍徵之又不起永和初有司奏稱十月殷祭京兆府君當遷祧室征西豫章潁川二府君初毀主內外博議不能決時喜在會稽朝廷遣就喜諮訪焉其見重如此喜專心經傳兼覽讖緯乃著安天論以難渾蓋又釋毛詩略注孝經爲志林三十篇凡所注述數十萬言行於世年七十六卒無子弟豫自有傳

劉兆

劉兆字延世濟南東平人漢廣川惠王之後也兆博學洽聞溫篤善誘從受業者數千人武帝時五辟公府三徵博士皆不就安貧樂道潛心著述不出門庭數十年以春秋一經而三家殊塗諸儒是非之議紛然互爲讎敵乃思三家之異合而通之周禮有調人之官作春秋調人七萬餘言皆論其首尾使大義無乖時有不合者舉其長短以通之又爲春秋左氏解名曰全綜公羊穀梁解詁皆納經傳中朱書以別之又撰周易訓註以正動二體互通其文凡所讚述百餘萬言嘗有人著鞾騎驢至兆門外曰吾欲見劉延世兆儒德道素青州無稱其字者門人大怒兆曰聽前既進踞牀問兆曰聞君大學比何所作兆答如上事末云多有所疑客問之兆說疑畢客曰此易解耳因爲辯釋疑者是非耳兆別更立意客一難兆不能對客去已出門兆欲留之使人重呼還客曰親親在此營葬宜赴之後當更來也既去兆令人視葬家不見此客竟不知姓名兆年六十六卒有五子卓炤燿育牘

汜毓

汜毓字稚春濟北盧人也弈世儒素敦睦九族客居青州逮毓七世時人號其家兒無常父衣無常主毓少履高操安貧有志業父終居于墓所三十餘載至晦朔躬掃墳壠循行封樹還家則不出門庭或薦之武帝召補南陽王文學祕書郎太傅參軍並不就于時青土隱逸之士劉兆徐苗等皆務教授惟毓不蓄門人清靜自守時有好古慕德者諮詢亦傾懷開誘以三隅示之合三傳爲之解注撰春秋釋疑肉刑論凡所述造七萬餘言年七十一卒

徐苗

徐苗字叔胄高密淳于人也累世相承皆以博士爲郡守曾祖華有至行嘗宿亭舍夜有神人告之亭欲崩遽出得免祖邵爲魏尚書郎以廉直見稱苗少家貧晝執鉏耒夜則吟誦弱冠與弟賈就博士濟南宋鈞受業遂爲儒宗作五經同異評又依道家著玄微論前後所造數萬言皆有義味性抗烈輕財貴義兼有知人之鑒弟患口癰膿潰苗爲吮之其兄弟皆早亡撫養孤遺慈愛聞于州里田宅奴婢盡推與之鄉鄰有死者便輟耕助營棺槨門生亡於家即斂於講堂其行已純至類皆如此遠近咸歸其義師其行焉郡察孝廉州辟從事治中別駕舉異行公府五辟博士再徵並不就武惠時計吏至臺帝輒訪其安不永寧二年卒遺命濯巾澣衣榆棺雜塼露車載尸葦席瓦器而已

崔遊

崔遊字子相上黨人也少好學儒術甄明恬靖謙退自少及長口未嘗語及財利魏末察孝廉除相府舍人出爲氏池長甚有惠政以病免遂爲廢疾泰始初武帝錄敘文帝故府僚屬就家拜郎中年七十餘猶敦學不倦撰喪服圖行於世及劉元海僭位命爲御史大夫固辭不就卒於家時年九十三

范隆

范隆字玄嵩鴈門人父方魏鴈門太守隆在孕十五月生而父亡年四歲又喪母哀號之聲感慟行路單孤無緦功之親踈族范廣愍而養之迎歸教書爲立祠堂隆好學修謹奉廣如父博通經籍無所不覽著春秋三傳撰三禮吉凶宗紀甚有條義惠帝時天下將亂隆隱迹不應州郡之命晝勤耕稼夜誦書典頗習祕歷陰陽之學知并州將有氛祲之祥故彌不復出仕與上黨朱紀友善嘗共紀遊山見一父老於窮澗之濱父老曰二公何爲在此隆等拜之仰視則不見後與紀依于劉元海元海以隆爲大鴻臚紀爲太常並封公隆死于劉聰之世聰贈太師

杜夷

杜夷字行齊廬江灊人也世以儒學稱爲郡著姓夷少而恬泊操尚貞素居甚貧窘不營產業博覽經籍百家之書算歷圖緯靡不畢究寓居汝潁之間十載足不出門年四十餘始還鄉里閉門教授生徒千人惠帝時三察孝廉州命別駕永嘉初公車徵拜博士太傅東海王越辟並不就懷帝詔王公舉賢良方正刺史王敦以賀循爲賢良夷爲方正乃上疏曰臣聞有唐疇咨元凱時登漢武欽賢俊彥嚮應故能允協時雍敷崇盛化伏見太孫舍人會稽賀循處士廬江杜夷履道彌高清操絕俗思學融通才經王務循宰二縣皆有名績備僚東宮忠恪允著夷清虛沖淡與俗異軌考盤空谷肥遁匿跡蓋經國之良寶聘命之所急若得待詔公車承對冊問必有忠讜良謨弘益政道矣敦於是逼夷赴洛夷遁於壽陽鎮東將軍周馥傾心禮接引爲參軍夷辭之以疾馥知不可屈乃自詣夷爲起宅宇供其醫藥馥敗夷歸舊居道遇兵寇刺史劉陶告廬江郡曰昔魏文侯軾干木之閭齊相曹參尊崇蓋公皆所以優賢表德敦勵末俗徵士杜君德懋行絜高尚其志頃流離道路聞其頓顗刺史忝任不能崇飾有道而使高操之士有此艱屯今遣吏宣慰郡可遣一吏縣五吏恒營卹之常以市租供給家人糧廩勿令闕乏尋以胡寇又移渡江王導遣吏周贍之元帝爲丞相教曰今大義頹替禮典無宗朝廷滯義莫能攸正宜特立儒林祭酒官以弘其事處士杜夷棲情遺遠確然絕俗才學精博道行優備其以夷爲祭酒夷辭疾未嘗朝會帝常欲詣夷夷陳萬乘之主不宜往庶人之家帝乃與夷書曰吾與足下雖情在忘言然虛心歷載正以足下羸疾故欲相省寧論常儀也又除國子祭酒建武中令曰國子祭酒杜夷安貧樂道靜志衡門日不暇給雖原憲無以加也其賜穀二百斛皇太子三至夷第執經問義夷雖逼時命亦未嘗朝謁國有大政恒就夷諮訪焉明帝即位夷自表請退詔曰先王之道將墜於地君下帷研思今之劉揚搢紳之徒景仰軌訓豈得高退而朕靡所取則焉太寧元年卒年六十六贈大鴻臚謚曰貞子夷臨終遺命子晏曰吾少不出身頃雖見羈錄冠舄之飾未嘗加體其角巾素衣斂以時服殯葬之事務從簡儉亦不須苟取矯異也夷著幽求子二十篇行於世晏仕至蒼梧太守夷兄弟三人兄崧字行高亦有志節惠帝時俗多浮僞著任子春秋以刺之弟援高平相援子潛右衞將軍

董景道

董景道字文博弘農人也少而好學千里追師所在惟晝夜讀誦略不與人交通明春秋三傳京氏易馬氏尚書韓詩皆精究大義三禮之義專遵鄭氏著禮通論非駮諸儒演廣鄭旨永平中知天下將亂隱於商洛山衣木葉食樹果彈琴歌笑以自娛毒蟲猛獸皆繞其傍是以劉元海及聰屢徵皆礙而不達至劉曜時出山廬于渭汭曜徵爲太子少傅散騎常侍並固辭竟以壽終

續咸

續咸字孝宗上黨人也性孝謹敦重履道貞素好學師事京兆杜預專春秋鄭氏易教授常數十人博覽羣言高才善文論又修陳杜律明達刑書永嘉中歷廷尉平東安太守劉琨承制于并州以爲從事中郎後遂沒石勒勒以爲理曹參軍持法平詳當時稱其清裕比之于公著遠游志異物志汲冢古文釋皆十卷行於世年九十七死于石季龍之世季龍贈儀同三司

徐邈

徐邈東莞姑幕人也祖澄之爲州治中屬永嘉之亂遂與鄉人臧琨等率子弟并閭里士庶千餘家南渡江家于京口父藻都水使者邈姿性端雅勤行勵學博涉多聞以慎密自居少與鄉人臧壽齊名下帷讀書不游城邑及孝武帝始覽典籍招延儒學之士邈既東州儒素太傅謝安舉以應選年四十四始補中書舍人在西省侍帝雖不口傳章句然開釋文義標明指趣撰正五經音訓學者宗之遷散騎常侍猶處西省前後十年每被顧問輒有獻替多所匡益甚見寵待帝宴集酣樂之後好爲手詔詩章以賜侍臣或文詞率爾所言穢雜邈每應時收斂還省刊削皆使可觀經帝重覽然後出之是時侍臣被詔者或宣揚之故時議以此多邈及謝安薨論者或有異同邈固勸中書令王獻之奏加殊禮仍崇進謝石爲尚書令玄爲徐州邈轉祠部郎上南北郊宗廟迭毀禮皆有證據豫章太守范甯欲遣十五議曹下屬城採求風政并吏假還訊問官長得失邈與甯書曰知足下遣十五議曹各之一縣又吏假歸白所聞見誠是足下留意百姓故廣其視聽吾謂勸導以實不以文十五議曹欲何所敷宣邪庶事辭訟足下聽斷允塞則物理足矣上有理務之心則下之求理者至矣日昃省覽庶事無滯則吏慎其負而人聽不惑豈須邑至里詣

飾其游聲哉非徒不足致益乃是鬻漁之所資又不可縱小吏爲耳目也豈有善人君子而干非其事多所告白者乎君子之心誰毀誰譽如有所譽必由歷試如有所毀必以著明託社之鼠政之甚害自古以來欲爲左右耳目者無非小人皆先因小忠而成其大不忠先藉小信而成其大不信遂使君子道消善人輿尸前史所書可爲深鑒足下選綱紀必得國士足以攝諸曹諸曹皆是良吏則足以掌文案又擇公方之人以爲監司則清濁能否與事而明足下但平心居宗何取於耳目哉昔明德馬后未嘗顧與左右言可謂遠識況大丈夫而不能免此乎遷中書侍郎專掌綸詔帝甚親暱之初范甯與邈皆爲帝所任使共補朝廷之闕甯才素高而措心正直遂爲王國寶所讒出遠郡邈孤宦易危而無敢排彊族乃爲自安之計會帝頗踈會稽王道子邈欲和協之因從容言於帝曰昔淮南齊王漢晉成戒會稽王雖有酣媟之累而奉上純一宜加弘貸消散紛議外爲國家之計內慰太后之心帝納焉邈常詣東府遇衆賓沉湎引滿諠譁道子曰君時有暢不邈對曰邈陋巷書生惟以節儉清修爲暢耳道子以邈業尚道素笑而不以爲忤也道子將用爲吏部郎邈以波競成俗非己所能節制苦辭乃止時皇太子尚幼帝甚鍾心文武之選皆一時之俊以邈爲前衞率領本郡太中正授太子經帝謂邈曰雖未勑以師禮相待然不以博士相遇也古之帝王受經必敬自魏晉以來多使微人教授號爲博士不復尊以爲師故帝有云邈雖在東宮猶朝夕入見參綜朝政修飾文詔拾遺補闕劬勞左右帝嘉其謹密方之於金霍有託重之意將進顯位未及行而帝暴崩安帝卽位拜驍騎將軍隆安元年遭父憂邈先疾患因哀毀增篤不踰年而卒年五十四州里傷悼識者悲之邈莅官簡惠達於從政論精議密當時多諮稟之觸類辯釋問則有對舊疑歲辰在卯此宅之左則彼宅之右何得俱忌於東邈以爲太歲之屬自是遊神譬如日出之時向東皆逆非爲藏體地中也所注穀梁傳見重於時邈長子谿有父風以孝聞爲太常博士祕書郎谿弟浩散騎侍郎鎮南將軍何無忌請爲功曹出補西陽太守與無忌俱爲盧循所害邈弟廣別有傳

孔衍

孔衍字舒元魯國人孔子二十二世孫也祖文魏大鴻臚父毓征南軍司衍少好學年十二能通詩書弱冠公府辟本州舉異行直言皆不就避地江東元帝引爲安東參軍專掌記室書令殷積而衍每以稱職見知中興初與庾亮俱補中書郎明帝之在東宮領太子中庶子于時庶事草創衍經學深博又練識舊典朝儀軌制多取正焉由是元明二帝並親愛之王敦專權衍私於太子曰殿下宜博延朝彥搜揚才俊詢謀時政以廣聖聰敦聞而惡之乃啓出衍爲廣陵郡時人爲之寒心而衍不形于色雖郡鄰接西賊猶敦誘後進不以戎務廢業石勒常騎至山陽勑其黨以衍儒雅之士不得妄入郡境視職朞月以太興三年卒於官年五十三衍雖不以文才著稱而博覽過於賀循凡所撰述百餘萬言子啓廬陵太守宗人夷吾有美名博學不及衍涉世聲譽過之元帝以爲主簿轉參軍稍遷侍中從太子左衞率卒追贈太僕

范宣

范宣字宣子陳留人也年十歲能誦詩書嘗以刀傷手捧手改容人問痛邪答曰不足爲痛但受全之體而致毀傷不可處耳家人以其年幼而異焉少尚隱遁加以好學手不釋卷以夜繼日遂博綜衆書尤善三禮家至貧儉躬耕供養親沒負土成墳廬于墓側太尉郄鑒命爲主簿詔徵太學博士散騎郎並不就家于豫章太守殷羨見宣茅茨不完欲爲改宅宣固辭之庾爰之以宣素貧加年荒疾疫厚餉給之宣又不受爰之問宣曰君博學通綜何以太儒宣曰漢興貴經術至於石渠之論實以儒爲弊正始以來世尚老莊逮晉之初競以裸裎爲高僕誠太儒然立不與易宣言談未嘗及老莊客有問人生與憂俱生不知此語何出宣云出莊子至樂篇客曰君言不讀老莊何由識此宣笑曰小時嘗一覽時人莫之測也宣雖閑居屢空常以讀誦爲業譙國戴逵等皆聞風宗仰自遠而至諷誦之聲有若齊魯太元中順陽范甯爲豫章太守甯亦儒博通綜在郡立鄉校教授恒數百人由是江州人士並好經學化二范之風也年五十四卒著禮易論難皆行於世子輯歷郡守國子博士大將軍從事中郎自免歸亦以講授爲事義熙中連徵不至

韋謏

韋謏字憲道京兆人也雅好儒學善著述於羣言祕要之義無不綜覽仕於劉曜爲黃門郎後又入石季龍署爲散騎常侍歷守七郡咸以清化著名又徵爲廷尉識者擬之于張前後四登九列六在尚書三爲侍中再爲太子太傅封京兆公好直諫陳軍國之宜多見允納著伏林三千餘言遂演爲典林二十三篇凡所述作及集記世事數十萬言皆深博有才義至冉閔又署爲光祿大夫時閔拜其子胤爲大單于而以降胡一千處之麾下謏諫曰今降胡數千接之如舊誠是招誘之恩然胡羯本爲讎敵今之款附苟全性命耳或有刺客變起須臾敗而悔之何所及也古人有言一夫不可狃而況千乎願誅屏降胡去單于之號深思聖王苞桑之誡也閔志在綏撫銳於澄定聞其言大怒遂誅之并殺其子伦陽謏性不嚴重好徇己之功論者亦以是少之嘗謂伯陽曰我高我曾重光累徽我祖我考父父子子汝爲我對正値惡抵伯陽曰伯陽之不肖誠如尊教尊亦正値軟抵耳謏慙無言時人傳之以爲嗤笑

范弘之

范弘之字長文安北將軍汪之孫也襲爵武興侯雅正好學以儒術該明爲太學博士時衞將軍謝石薨請謚下禮官議弘之議曰石階藉門廕屢登崇顯總司百揆翼贊三臺閑練庶事勤勞匪懈內外僉議皆曰與能當淮肥之捷勳拯危墜雖皇威遐震狡寇天亡因時立功石亦與焉又開建學校以延胄子雖盛化未洽亦愛禮存羊然古之賢輔大則以道事君侃侃終日次則厲身奉國夙夜無息下則愛人惜力以濟時務此數者然後可以免惟塵之譏塞素飡之責矣今石位居朝端任則論道唱言無忠國之謀守職則容身而已不可謂事君貨黷京邑聚斂無厭不可謂厲身坐擁大衆侵食百姓大東流於遠近怨毒結於衆心不可謂愛人工徒勞於土木思慮殫於機巧紈綺盡於婢妾財用縻於絲桐不可謂惜力此人臣之大害有國之所去也先王所以正風俗理人倫者莫尚乎節儉故夷吾受謗乎三歸平仲流美於約己自頃風軌陵遲奢僭無度廉恥不興利競交馳不可不深防原本以絕其流漢文襲弋綈之服諸侯猶侈武帝焚雉頭之裘靡麗不息良由儉德雖彰而威禁不肅道自我建而刑不及物若存罰其違亡貶其惡則四維必張禮義行矣按謚法因事有功曰襄貪以敗官曰墨宜謚曰襄墨公又論殷浩宜加贈謚不得因桓溫之黜以爲國典仍多敘溫移鼎之迹時謝族方顯桓宗猶盛尚書僕射王珣溫故吏也素爲溫所寵三怨交集乃出弘之爲餘杭令將行與會稽王道子牋曰下官輕微寒士謬得廁在俎豆實懼辱累清流惟塵聖世竊以人君居廟堂之上智周四海之外者非徒聰明內照亦賴羣言之助也是以舜之佐堯以啓闢爲首咎繇謩禹以侃侃爲先故下無隱情之責上收神明之功敢緣斯義志在輸盡常以謝石黷累應被清澄殷浩忠貞宜蒙褒顯是以不量輕弱先衆言之而惡直醜正其徒實繁雖仰恃聖主欽明之度俯賴明公愛物之隆而交至之患實有無賴下官與石本無怨忌生不相識事無相干正以國體宜明不應稍計彊弱與浩年時邈絕世不相及無復藉聞故老語其遺事耳於下官之身有何痛癢而當爲之犯時干主邪每觀載籍志士仁人有發中心任直道而行者有懷知陽愚負情曲從者所用雖異而並傳後世故比干處三仁之中箕子爲名賢之首後人用捨參差不同各信所見率應而至或榮名顯赫或禍敗係踵此皆不量時趣以身嘗禍雖有硜硜之稱而非大雅之致此亦下官所不爲也世人乃云下官正直能犯艱難斯談實過下官知主上聖明明公虛己思求格言必不使盡忠之臣屈於邪枉之門也是以敢獻愚誠布之執事豈與昔人擬其輕重邪亦以臣之事君惟思盡忠而已不應復計利鈍事不允心則讜言悟主義感於情則陳辭靡悔若懷情藏意蘊而不言此乃古人所以得罪於明君明君所以致法於羣下者也桓溫事跡布在天朝逆順之情暴之四海在三者臣子情豈或異凡厥黔首誰獨無心舉朝嘿嘿未有唱言者是以頓筆按氣不敢多云桓溫於亡祖雖其意難測求之於事止免黜耳非有至怨也亡父昔爲溫吏推之情禮義兼他人所以每懷憤發痛若身首者明公有以尋之王珣以下官議殷浩謚不宜暴揚桓溫之惡珣感其提拔之恩懷其入幙之遇託以廢黜昏闇建立聖明自謂此事足以明其忠貞之節明公試復以一事觀之昔周公居攝道致升平禮樂刑政皆自己出以德言之周公大聖以年言之成王幼弱猶復遠避君位復子明辟漢之霍光大勳赫然孝宣年未二十亦反萬幾故能君臣俱隆道邁千歲若溫忠爲社稷誠存本朝便當仰遵二公式是令矩何不奉還萬幾退守藩屏方提勒公王匡總朝廷豈爲先帝幼弱未可親政邪將德桓溫不能聽政邪又逼脅袁宏使作九錫備物光赫其文具存朝廷畏怖莫不景從惟謝安王坦之以死守之故得稽留耳會上天降怒姦惡自亡社稷危而復安靈命墜而復構晉自中興以來號令威權多出彊臣中宗肅祖斂衽於王敦先皇受屈於桓氏今主上親覽萬幾明公光讚百揆政出王室人無異望復不於今大明國典作制百代不審復欲待誰先王統物必明其典誥貽厥孫謀故令問

休嘉千歲承風顧明公遠覽殷周近察漢魏慮其所以危求其所以安如此而已又與王珣書曰見足下答仲堪書深具義發之懷夫人道所重莫過君親君親所係忠孝而已孝以揚親爲主忠以義節爲先殷侯忠貞居正心貫人神加與先帝隆布衣之好著莫逆之契契闊艱難夷嶮以之雖受屈姦雄志達千載此忠貞之徒所以義干其心不獲以己者也既當時貞烈之徒所究見亦後生所備聞吾亦何敢苟避狂狡以欺聖明足下不推居正之大致而懷知己之小惠欲以幙府之小節奪名敎之重義於君臣之際既以虧矣會大君以殷侯協契忠規同戴王室志厲秋霜誠貫一時殷侯所以得宣其義聲實會大君協贊之力也足下不能光大君此之直志乃感溫小顧懷其曲澤公在聖世欺罔天下使丞相之德不及三葉領軍之基一構而傾此忠臣所以解心孝子所以喪氣父子之道固若是乎足下言臣則非忠語子則非孝二者既亡吾誰畏哉吾少嘗過庭備聞祖考之言未嘗不發憤衝冠情見乎辭當爾之時惟覆亡是懼豈暇謀及國家不圖今日得操筆斯事是以上憤國朝無正義之臣次惟祖考有沒身之恨豈得與足下同其肝膽邪先君往亦嘗爲其吏于時危懼恒不自保仰首聖朝心口憤歎豈復得計策名昔日自同在三邪昔子政以五世純臣子駿以下委質王莽先典既已正其逆順後人亦已鑒其成敗每讀其事未嘗不臨文痛歎憤愾交懷以今況古乃知一揆耳弘之詞雖亮直終以桓謝之故不調卒於餘杭令年四十七

王歡

王歡字君厚樂陵人也安貧樂道專精耽學不營產業常丐食誦詩雖家無斗儲意怡如也其妻患之或焚毀其書而求改嫁歡笑而謂之曰卿不聞朱買臣妻邪時聞者多哂之歡守志彌固遂爲通儒至慕容暐襲僞號署爲國子博士親就受經遷祭酒及暐爲苻堅所滅歡死於長安

史臣曰范平等學府儒宗譽隆望重或質疑是屬或師範攸歸雖爲未及古人故亦一時之俊若仲寧之清貞守道抗志柴門行齊之居室屢空棲心陋巷文博之漱流枕石鏟跡銷聲宣子之樂道安貧弘風闡敎斯並通儒之高尚者也而遐協和主相刋削繁辭可謂將順其美匡救其惡舒元入叅機務明主賞其博聞出莅邊隅獷狄欽其明德弘之抗言立論不避朝權貶石抵溫斯爲當矣遂乃厄於三怨以至陵遲悲夫

贊曰郁郁周文洋洋漢典炙輠流譽解頤飛辯雅誥弗淪微言復顯爰及晉代斯風逾闡

晉書卷九十一考證

范隆傳鴈門人○鴈監本誤膡今改正

孔衍傳公府辟本州舉異行直言皆不就○監本言誤孔告誤衍今改從宋本

范弘之傳安北將軍汪之孫也○汪監本誤注今從本書范汪傳改正

晉書卷九十二

唐太宗文皇帝御撰

列傳第六十二

文苑

夫文以化成惟聖之高義行而不遠前史之格言是以溫洛禎圖綠字符其丕業苑山靈篆金簡成其帝載既而書契之道聿興鍾石之文逾廣移風俗於王化崇孝敬於人倫經緯乾坤彌綸中外故知文之時義大哉遠矣洎姬歷云季歌頌滋繁荀宋之流導源自遠總金羈而齊騖揚玉軑而並馳言泉會於九流文律諧於六變自時已降軌躅相趨西都賈馬耀靈蛇於掌握東漢班張發雕龍於綈槧俱標稱首咸推雄伯逮乎當塗基命文宗鬱起三祖叶其高韻七子分其麗則翰林總其菁華典論詳其藻絢彬蔚之美競爽當年獨彼陳王思風遒舉備乎典奧懸諸日月及金行纂極文雅斯盛張載擅銘山之美陸機挺焚研之奇藩夏連輝頡頏名輩並綜採繁縟杼軸清英窮廣內之青編緝平臺之麗曲嘉聲茂迹陳諸別傳至於吉甫太沖江右之才傑曹毗庾闡中興之時秀信乃金相玉潤琳會川沖埒美前修垂裕來葉今撰其鴻筆之彥著之文苑云

應貞

應貞字吉甫汝南南頓人魏侍中璩之子也自漢至魏世以文章顯軒冕相襲爲郡盛族貞善談論以才學稱夏侯玄有盛名貞詣玄玄甚重之舉高第頻歷顯位武帝爲撫軍大將軍以爲參軍及踐阼遷給事中帝於華林園宴射貞賦詩最美其辭曰悠悠太上人之厥初皇極肇建彝倫攸敷五德更運應錄受符陶唐既謝天曆在虞於時上帝乃顧惟眷光我晉祚應期納禪位以龍飛文以豹變玄澤旁流仁風潛扇區內宅心方隅迴面天垂其象地耀其文鳳鳴朝陽龍翔景雲嘉禾重穎蓂莢載芬率土咸寧人胥悅欣恢恢皇度穆穆聖容言思其允貌思其恭在視斯明在聽斯聰登庸以德明試以功其恭惟何昧旦丕顯無義不經無理不踐行舍其華言去其辯游心至虛同規易簡六府孔修九有來踐澤罔不被化莫不加聲敎南暨西漸流沙幽人肆險遠國忘遐越常重譯充牣皇家峨峨列辟赫赫武臣內和五品外威四賓順時貢職入覲天人備言錫命羽蓋朱輪貽宴好會不常厥數神心所授不言而喻於時肆射弓矢斯具發彼互的有酒斯飫文武之道厥猷未墜在昔先王射御茲器示武懼荒過則有失凡厥羣后無懈于位初置太子中庶子官貞與護軍長史孔恂俱爲之後遷散騎常侍以儒學與太尉荀顗撰定新禮未施行泰始五年卒文集行於世弟純純子紹永嘉中至黃門郎爲東海王越所害純弟秀秀子詹自有傳

成公綏

成公綏字子安東郡白馬人也幼而聰敏博涉經傳性寡欲不營資產家貧歲饑常晏如也少有俊才詞賦甚麗閑默自守不求聞達時有孝烏每集其廬舍綏謂有反哺之德以爲祥禽乃作賦美之文多不載又以賦者貴能分賦物理敷演無方天地之盛可以致思矣歷觀古人未之有賦豈獨以至麗無文難以辭贊不然何其闕哉遂爲天地賦曰惟自然之初載兮道虛無而玄清太素紛以溷淆兮始有物而混成何元一之芒昧兮廓開闢而著形爾乃清濁剖分玄黃判離太極既殊是生兩儀星辰煥列日月重規天動以尊地靜以卑昏明迭炤或盈或虧陰陽協氣而代謝寒暑隨時而推移三才殊性五行異位千變萬化繁育庶類授之以形稟之以氣色表文采聲有音律覆載無方流形品物鼓以雷霆潤以慶雲八風翱翔六氣氤氳蚑行蠕動方聚類分鱗殊族別羽毛異羣各含精而鎔冶咸受範於陶鈞何滋育之罔極兮偉造化之至神若夫懸象成文列宿有章三辰燭燿五緯重光河漢委蛇而帶天虹蜺偃蹇於昊蒼望舒彌節於九道羲和正轡於中黃衆星回而環極招搖運而指方白獸峙據於參伐青龍垂尾於心房玄龜匿首於女虛朱鳥奮翼於注張帝皇正坐於紫宮輔臣列位於文昌垣屏駱驛而珠連三台差池而鴈翔軒轅華布而曲列攝提鼎跱而相望若乃徵瑞表祥災變呈異交會薄蝕抱暈帶珥流逆犯歷譴悟象事蓬容著而妖害生老人形而主受喜天矢黃而國吉祥彗孛發而世所忌爾乃旁觀四極俯察地理川瀆浩汗而分流山嶽磊落而羅峙滄海沆漭而四周懸圃隆崇而特起昆吾嘉於南極燭龍曜於北阯扶桑高于萬仞尋木長于千里崑崙鎮於陰隅赤縣據于辰巳於是八十一域區分方別風乖俗異險斷阻絕萬國羅布九州並列青冀白壤荆衡塗泥海岱赤埴華梁青黎兗帶河洛揚有江淮辯方正土經略建邦王圻九服列國一同連城比邑深池高墉康衢交路四達五通東至暘谷西極泰濛南暨丹炮北盡空同遐方外區絕域殊鄰人首蛇軀鳥翼龍身衣毛被羽或介或鱗棲林浮水若獸若人居于大荒之外處于巨海之濱於是六合混一而同宅宇宙結體而括囊渾元運流而無窮陰陽循度而率常回動糾紛而乾乾天道不息而自彊統羣生而載育人託命於所繫尊太一於上皇奉萬神於五帝故萬物之所宗必敬天而事地若乃共工赫怒天柱摧折東南俄其既傾西北豁而中裂斷鼇足而續毀鍊玉石而補缺豈斯事之有徵將言者之虛設何陰陽之難測偉二儀之奓視於所蓋游萬物而極思故一言于天外綏雅好音律嘗當暑承風而嘯泠然成曲因爲嘯賦曰逸羣公子體奇好異敖世忘榮絕棄人事希高慕古長想遠思將登箕山以抗節浮滄海以游志於是延友生集同好精性命之至機研道德之玄奧愍流俗之未悟獨超然而先覺狹世路之阨僻仰天衢而高蹈邈跨俗而遺身乃慷慨而長嘯于時曜靈俄景流光濛汜逍遙攜手踟躕步趾發妙聲於丹脣激哀音於皓齒響抑揚而潛轉氣衝鬱而熛起協黃宮於清角雜商羽於流徵飄游雲於泰清集長風于萬里曲既終而響絕遺餘玩而未已良自然之至音非絲竹之所擬是故聲不假器用不借物近取諸身役心御氣動脣有曲發口成音觸類感物因歌隨吟大而不洿細而不沉清激切於竽笙優潤和於瑟琴玄妙足以通神悟靈精微足以窮幽測深收激楚之哀荒節北里之奢淫濟洪災於炎旱反亢陽於重陰引唱萬變曲用無方和樂怡懌悲傷摧藏時幽散而將絕中矯厲而慨慷徐婉約而優游紛繁騖而激揚情既思而能反心雖哀而不傷總八音之至和固極樂而無荒若乃登高臺以臨遠披文軒而騁望喟仰抃而抗首嘒長引而憀亮或舒肆而自反或徘徊而復放或冉弱而柔撓或澎濞而奔壯橫鬱鳴而滔涸洌縩眺而清昶逸氣奮涌繽紛交錯烈烈颷揚啾啾響作奏胡馬之長思迴寒風乎北朔又似鴻鴈之將雛羣鳴號乎沙漠故能

因形創聲隨事造曲應物無窮機發響速怫鬱衝流參譚雲屬若離若合將絕復續飛廉鼓於幽隧猛獸應於中谷南箕動於穹蒼清飈振于喬木散滯積而播揚蕩埃藹之溷濁變陰陽於至和移淫風之穢俗若乃游崇岡陵景山臨巖側望流川坐磐石漱清泉藉皐蘭之猗靡蔭修竹之蟬蜎乃吟詠而發歎聲驛驛而響連舒蓄思之悱憤奮久結之纏綿心滌蕩而無累志離俗而飄然若夫假象金革擬則陶匏衆聲繁奏若笳若簫磞硠震隱訇磕嘲嘈發徵則隆冬熙烝騁羽則嚴霜夏凋動商則秋霖春降奏角則谷風鳴條音均不恒曲無定制行而不流止而不滯隨口吻而發揚假芳氣而遠逝音要妙而流響聲激嚁而清厲信自然之極麗羌殊尤而絕世越韶夏與咸池何徒取異乎鄭衞于時綿駒結舌而喪精王豹杜口而失色虞公輟聲而止歌甯子斂手而歎息鍾期棄琴而改聽尼父忘味而不食百獸率儛而抃足鳳凰來儀而拊翼乃知長嘯之奇妙此音聲之至極張華雅重穉每見其文歎伏以爲絕倫薦之太常徵爲博士歷秘書郎轉丞遷中書郎每與華受詔並爲詩賦又與賈充等參定法律泰始九年卒年四十三所著詩賦雜筆十餘卷行於世

左思

左思字太沖齊國臨淄人也其先齊之公族有左右公子因爲氏焉家世儒學父雍起小吏以能擢授殿中侍御史思少學鍾胡書及鼓琴並不成雍謂友人曰思所曉解不及我少時思遂感激勤學兼善陰陽之術貌寢口訥而辭藻壯麗不好交遊惟以閑居爲事造齊都賦一年乃成復欲賦三都會妹芬入宮移家京師乃詣著作郎張載訪岷邛之事遂構思十年門庭藩溷皆著筆紙遇得一句卽便疏之自以所見不博求爲秘書郎及賦成時人未之重思自以其作不謝班張恐以人廢言安定皇甫謐有高譽思造而示之謐稱善爲其賦序張載爲注魏都劉逵注吳蜀而序之曰觀中古已來爲賦者多矣相如子虛擅名於前班固兩都理勝其辭張衡二京文過其意至若此賦擬議數家傅辭會義抑多精致非夫研覈者不能練其旨非夫博物者不能統其異世咸貴遠而賤近莫肯用心於明物斯文吾有異焉故聊以餘思爲其引詁亦猶胡廣之於官箴蔡雍之於典引也陳留衞瓘又爲思賦作略解序曰余觀三都之賦言不苟華必經典要品物殊類稟之圖籍辭義瓌瑋良可貴也有晉徵士故太子中庶子安定皇甫謐西州之逸士耽籍樂道高尚其事覽斯文而慷慨爲之都序中書著作郎安平張載中書郎濟南劉逵並以經學洽博才章美茂咸皆悅玩爲之訓詁其山川土域草木鳥獸奇怪珍異僉皆研精所由紛散其義矣余嘉其文不能默已聊藉二子之遺忘又爲之略解秪增煩重覽者闕焉自是之後盛重於時文多不載司空張華見而歎曰班張之流也使讀之者盡而有餘久而更新於是豪貴之家競相傳寫洛陽爲之紙貴初陸機入洛欲爲此賦聞思作之撫掌而笑與弟雲書曰此間有傖父欲作三都賦須其成當以覆酒甕耳及思賦出機絕歎伏以爲不能加也遂輟筆焉秘書監賈謐請講漢書謐誅退居宜春里專意典籍齊王冏命爲記室督辭疾不就及張方縱暴都邑舉家適冀州數歲以疾終

趙至

趙至字景眞代郡人也寓居洛陽緱氏令初到官至年十三與母同觀母曰汝先世本非微賤世亂流離遂爲士伍耳爾後能如此不至感母言詣師受業聞父耕叱牛聲投書而泣師怪問之至曰我小未能榮養使老父不免勤苦師甚異之年十四詣洛陽游太學遇嵇康於學寫石經徘徊視之不能去而請問姓名康曰年少何以問邪曰觀君風器非常所以問耳康異而告之後乃亡到山陽求康不得而還又將遠學母禁之至遂陽狂走三五里輒追得之年十六游鄴復與康相遇隨康還山陽改名浚字允元康每曰卿頭小而銳童子白黑分明有白起之風矣及康卒至詣魏興見太守張嗣宗甚被優遇嗣宗遷江夏相隨到溳川欲因入吳而嗣宗卒乃向遼西而占戶焉初至與康兄子蕃友善及將遠適乃與蕃書叙離并陳其志曰昔李叟入秦及關而歎梁生適越登嶽長謠夫以嘉遁之舉猶懷戀恨況乎不得已者哉惟别之後離羣獨逝背榮讌辭倫好經廻路造沙漠雞鳴戒旦則飄爾晨征日薄西山則馬首靡託尋歷曲阻則沉思紆結登高遠眺則山川攸隔或乃迴風狂厲白日寢光徙倚交錯陵隰相望徘徊九臯之內慷慨重阜之顚進無所由退無所據涉澤求蹊披榛覓路嘯詠溝渠良不可度斯亦行路之艱難然非吾心之所懼也至若蘭茝傾頓桂林移殖根萌未樹而牙淺莖急每恐風波潛駭危機密發此所以怵惕於長衢也又北土之性難以託根投人夜光鮮不按劒今將殖橘柚於玄朔蔕華藕於修陵表龍章於裸壤奏韶武於聾俗固難以取貴矣夫物不我貴則莫之與莫之與則傷之者至矣飄颻遠游之士託身無人之鄉總轡遐路則有前言之難懸鞍陋宇則有後慮之戒朝霞啓暉則身疲而遄征太陽戢曜則情劬而夕惕肆目平隰則寥廓而無覩極聽脩原則淹寂而無聞吁其悲矣心傷瘁矣然後知步驟之士不足爲貴也顧景中原憤氣雲踊哀物悼世激情風厲龍嘯大野獸睇六合猛志紛紜雄心四據思躡雲梯橫奮八極披艱掃穢蕩海夷嶽蹴崑崙使西倒躡太山令東覆平滌九區恢維宇宙斯吾之鄙願也時不我與垂翼遠逝鋒距靡加六翮摧屈自非知命孰能不憤悒者哉吾子殖根芳苑濯秀清流晞葉華崖飛藻雲肆俯據潛龍之渚仰蔭游鳳之林榮曜眩其前豔色餌其後良儔交其左聲名馳其右翺翔倫黨之間弄姿帷房之裏從容顧眄綽有餘裕俯仰吟嘯自以爲得志矣豈能與吾曹同大丈夫之憂樂哉去矣嵇生永離隔矣煢煢飄寄臨沙漠矣悠悠三千路難涉矣攜手之期邈無日矣思心彌結誰云釋矣無金玉爾音而有遐心身雖胡越意存斷金各敬爾儀敦履璞沉繁華流蕩君子弗欽臨紙意結知復何云至身長七尺四寸論議精辯有縱橫才氣遼西舉郡計吏到洛與父相遇時母已亡父欲令其宦立弗之告仍戒以不歸至乃還遼西幽州三辟部從事斷九獄見稱精審太康中以良吏赴洛方知母亡初至自恥士伍欲以宦學立名期於榮養既而其志不就號憤慟哭歐血而卒時年三十七

鄒湛

鄒湛字潤甫南陽新野人也父軌魏左將軍湛少以才學知名仕魏歷通事郎太學博士泰始初轉尚書郎廷尉平征南從事中郎深爲羊祜所器重入爲太子中庶子太康中拜散騎常侍出補渤海太守轉太傅楊駿長史遷侍中駿誅以僚佐免官尋起爲散騎常侍國子祭酒轉少府元康末卒所著詩及論事議二十五首爲時所重初湛嘗見一人自稱甄舒仲餘無所言如此非一久之乃悟曰吾宅西有積土敗瓦其中必有死人甄舒仲者予舍西土瓦中人也檢之果然厚加斂葬畢遂夢此人來謝子捷字太應亦有文才永康中爲散騎侍郎及趙王倫篡逆捷與陸機等俱作禪文倫誅坐下廷尉遇赦免後爲太傅參軍永嘉末卒

棗據

棗據字道彥潁川長社人也本姓棘其先避讎改焉父叔禕魏鉅鹿太守據美容貌善文辭弱冠辟大將軍府出爲山陽令有政績遷尚書郎轉右丞賈充伐吳請爲從事中郎軍還徙黃門侍郎冀州刺史太子中庶子太康中卒時年五十餘所著詩賦論四十五首遇亂多亡失子腆字玄方亦以文章顯永嘉中爲襄城太守弟嵩字臺產才藝尤美爲太子中庶子散騎常侍爲石勒所殺

褚陶

褚陶字季雅吳郡錢塘人也弱不好弄少而聰慧清淡閑默以墳典自娛年十二作鷗鳥水碓二賦見者奇之陶嘗謂所親曰聖賢備在黃卷中捨此何求州郡辟不就吳平召補尚書郎張華見之謂陸機曰君兄弟龍躍雲津顧彥先鳳鳴朝陽謂東南之寶已盡不意復見褚生機曰公但未覩不鳴不躍者耳華曰故知延門之德不孤川嶽之寶不匱矣遷九眞太守轉中尉年五十五卒

王沉

王沉字彥伯高平人也少有俊才出於寒素不能隨俗沉浮爲時豪所抑仕郡文學掾鬱鬱不得志乃作釋時論其辭曰東野丈人觀時以居隱耕汙腴之墟有冰氏之子者出自沍寒之谷過而問塗丈人曰子奚自曰自涸陰之鄉奚適曰欲適煌煌之堂丈人曰入煌煌之堂者必有赫赫之光今子困於寒而欲求諸熱無得熱之方冰子瞿然曰胡爲其然也丈人曰融融者皆趣熱之士其得爐冶之門者惟挾炭之子苟非斯人不如其已冰子曰吾聞宗廟之器不要華林之木四門之賓何必冠蓋之族前賢有解韋索而佩朱韍舍徒擔而乘丹轂由此言之何恤而無祿惟先生告我塗之速也丈人曰嗚呼子聞得之若是不知時之在彼吾將釋子夫道有安危時有險易才有所應行有所適英奇奮於縱橫之世賢智顯於霸王之初當厄難則騁權譎以良圖值制作則展儒道以暢攄是則衮龍出於縕褐卿相起於匹夫故有朝賤而夕貴先卷而後舒當斯時也豈計門資之高卑論勢位之輕重乎今則不然上聖下明時隆道寧羣后逸豫宴安守平百辟君子奕世相生公門有公卿門有卿指秃腐骨不簡蚩儜多士豐於貴族爵命不出閨庭四門穆穆綺襦是盈仍叔之子皆爲老成賤有常辱貴有常榮肉食繼踵於華屋疏飯襲跡於耨耕談名位者以諂媚附勢舉高譽者因資而隨形至乃空囂者以泓噌爲雅量瑣慧者以淺利爲鎗鎗脢胎者以無檢爲弘曠僂垢者以守意爲堅貞嘲哮者以麤發爲高亮韞蠢者以色厚爲篤誠奄婪者以博納爲通濟眂憠

者以難入爲凝清拉答者有沉重之譽嗛閃者得清勦之聲嗆㗚怯畏於謙讓闒茸勇敢於饕諍斯皆寒素之死病榮達之嘉名凡茲流也視其用心察其所安責人必急於己恒寬德無厚而自貴位未高而自尊眼罔嚮而遠視鼻齆齆而刺天忌惡君子悅媚小人敖蔑道素懾吁權門心以利傾智以勢惛姻黨相扇毀譽交紛當局迷於所受聽採惑於所聞京邑翼翼羣士千億奔集勢門求官買職童僕闚其車乘閽寺相其服飾親客陰參於靖室疏賓徙倚於門側時因接見矜厲容色心懷內荏外詐剛直譚道義謂之俗生論政刑以爲鄙極高會曲宴惟言遷除消息官無大小問是誰力今以子孤寒懷眞抱素志陵雲霄偶景獨步直順常道闗津難渡欲騁韓盧時無狡兔衆塗圮塞投足何錯於是冰子釋然乃悟曰富貴人之所欲貧賤人之所惡僕少長於孔顏之門久處於清寒之路不謂熱勢自共遮錮敬承明誨服我初素彈琴詠典以保年祚伯成延陵高節可慕丹轂滅族呂霍哀吟朝榮夕滅旦飛暮沉聃周道師巢由德林豐屋蔀家易著明箴人薄位尊積罰難任三郤尸晉宋華咎深投局正幅實獲我心是時王政陵遲官才失實君子多退而窮處遂終于里閭元康初松滋令吳郡蔡洪字叔開有才名作孤奮論與釋時意同讀之者莫不歎息焉

張翰

張翰字季鷹吳郡吳人也父儼吳大鴻臚翰有清才善屬文而縱任不拘時人號爲江東步兵會稽賀循赴命入洛經吳閶門於船中彈琴翰初不相識乃就循言譚便大相欽悅問循知其入洛翰曰吾亦有事北京便同載卽去而不告家人齊王冏辟爲大司馬東曹掾冏時執權翰謂同郡顧榮曰天下紛紛禍難未已夫有四海之名者求退良難吾本山林間人無望於時子善以明防前以智慮後榮執其手愴然曰吾亦與子採南山蕨飲三江水耳翰因見秋風起乃思吳中菰菜蓴羹鱸魚膾曰人生貴得適志何能羈宦數千里以要名爵乎遂命駕而歸著首丘賦文多不載俄而冏敗人皆謂之見機然府以其輒去除吏名翰任心自適不求當世或謂之曰卿乃可縱適一時獨不爲身後名邪答曰使我有身後名不如卽時一盃酒時人貴其曠達性至孝遭母憂哀毀過禮年五十七卒其文筆數十篇行於世

庾闡

庾闡字仲初潁川鄢陵人也祖輝安北長史父東以勇力聞武帝時有西域健胡趫捷無敵晉人莫敢與校帝募勇士惟東應選遂撲殺之名震殊俗闡好學九歲能屬文少隨舅孫氏過江母隨兄肇爲樂安長史在項城永嘉末爲石勒所陷闡母亦沒闡不櫛沐不婚宦絕酒肉垂二十年鄉親稱之州舉秀才元帝爲晉王辟之皆不行後爲太宰西陽王羕掾累遷尚書郎蘇峻之難闡出奔郗鑒爲司空參軍峻平以功賜爵吉陽縣男拜彭城內史鑒復請爲從事中郎尋召爲散騎侍郎領大著作頃之出補零陵太守入湘川弔賈誼其辭曰中興二十三載余忝守衡南鼓枻三江路次巴陵望君山而過洞庭涉湘川而觀汨水臨賈生投書之川慨以永懷矣及造長沙觀其遺象喟然有感乃弔之云偉哉蘭生而芳玉產而絜陽葩熙冰寒松負雪莫邪挺鍔天驥汗血苟云奇儁誰與比傑是以高明倬茂獨發其秀道率天貞不羨世疢煥乎若望舒耀景而焯羣星矯乎若翔鸞拊翼而逸宇宙也飛榮洛汭擢穎山東質清浮磬聲若孤桐琅琅其璞巖巖其峰信道居正而以天下爲公方駕逸步不以曲路期通是以張高弦悲聲激柱落清唱未和而桑濮代作雖有惠音莫過韶濩雖有騰鱗終仆一壑嗚呼大庭既邈玄風悠緬皇道不以智隆上德不以仁顯三五親譽其軌可仰而摽霸功雖逸其塗可翼而闇悲矣先生何命之蹇懷寶如玉而生運之淺昔咎繇謩虞呂尚歸昌德協充符乃應帝王夷吾相桓漢登蕭張草廬三顧臭若蘭芳是以道隱則蠖屈數感則鳳覩若棲不擇木翔非九五雖曰玉折儁才何補夫心非死灰智必存形形託神用故能全生奈何蘭膏揚芳漢庭摧景飈風獨喪厥明悠悠太素存亡一指道來斯通世往斯圮吾哀其生未見其死敢不見弔寄之涤水後以疾徵拜給事中復領著作吳國內史虞潭爲太伯立碑闡製其文又作揚都賦爲世所重年五十四卒謚曰貞所著詩賦銘頌十卷行於世子肅之亦有文藻著稱歷給事中相府記室湘東太守太元中卒

曹毗

曹毗字輔佐譙國人也高祖休魏大司馬父識右軍將軍毗少好文籍善屬詞賦郡察孝廉除郎中蔡謨舉爲佐著作郎父憂去職服闋遷句章令徵拜太學博士時桂陽張碩爲神女杜蘭香所降毗因以二篇詩嘲之并續蘭香歌詩十篇甚有文彩又著揚都賦亞於庾闡累遷尚書郎鎭軍大將軍從事中郎下邳太守以名位不至著對儒以自釋其辭曰或問曹子曰夫寶以含珍爲貴士以藏器爲峻麟以絕迹標奇松以負霜稱儁是以蘭生幽澗玉輝千仞故子州浮滄瀾而龍蟠吳季忽萬乘以解印虞公潛崇巖以頤神梁生適南越以保慎固能全眞養和夷跡洞庭陵冬揚芳披雪獨振也今子少睎眞風弱挺秀容奇發幼齡翰披孺童吐辭則藻落揚班抗心則志擬高鴻味道則理貫莊肆研妙則穎奪豪鋒固以騰廣莫而萋蒨排素薄而青葱者矣何必以刑禮爲己任申韓爲宏通旣登東觀染史筆又據太學理儒功曾無玄韻淡泊逸氣虛洞養采幽翳晦明蒙籠不追林棲之迹不希抱麟之龍不營練眞之術不慕內聽之聰而處汎位以核物扇塵教以自濛負鹽車以顯能飾一己以求恭退不居漆園之場出不躡曾城之衢游不踐綽約之室趍不希騄駬之蹤徒以區區之懷而整名目之典覆簣之量而塞北川之洪檢名實於俄頃之間定得失乎一管之鋒子若謂我果是邪則是不必以合俗子若云俗果非邪則俗非不可以苟從俗我紛以交爭利害渾而彌重何異執朽轡以御逸駟承勁風以握秋蓬役恬性以充勞府對羣物以耦怨雙者乎子不聞乎終軍之穎賈生之才拔奇山東玉映漢臺可謂響播六合聲駭嬰孩而見毀絳灌之口身離狼狽之災由此言之名爲實賓福萌禍胎朝敷榮華夕歸塵埃未若澄虛心於玄圃蔭瑤林於蓬萊絕世事而儁黃綺鼓滄川而浪龍鰓者矣蒙竊惑焉主人煥耳而笑欣然而言曰夫兩儀旣闢陰陽汗浩五才迭用化生紛擾萬類云云孰測其兆故不登閬風安以瞻殊目之形不步景宿何以觀恢廓之表是以迷蠱者循一往之智狷介者守一方之矯豈知火林之蔚炎柯冰津之擢陽草故大人達觀任化昏曉出不極勞處不巢皓在儒亦儒在道亦道運屈則紆其清暉時申則散其龍藻此蓋員動之用舍非尋常之所寶也今三明互照二氣載宣玄教夕凝朗風晨鮮道以才暢化隨理全故五典剋明於百揆虞音齊響於五絃安期解褐於秀林漁父擺釣於長川如斯則化無不融道無不延風澄於俗波清于川方將舞黃虬於慶雲招儀鳳於靈山流玉醴乎華闥秀朱草於庭前何有違理之患累眞之嫌子徒知辯其說而未測其源明朝菌不可踰晦朔蟪蛄無以觀大年固非管輪之所述聊敬對以終篇累遷至光祿勳卒凡所著文筆十五卷傳於世

李充

李充字弘度江夏人父矩江州刺史充少孤其父墓中栢樹嘗爲盜賊所斫充手刃之由是知名善楷書妙參鍾索世咸重之辟丞相王導掾轉記室參軍幼好刑名之學深抑虛浮之士嘗著學箴稱老子云絕仁棄義家復孝慈豈仁義之道絕然後孝慈乃生哉蓋患乎情仁義者寡而利仁義者衆也道德喪而仁義彰仁義彰而名利作禮教之弊直在茲也先王以道德之不行故以仁義化之行仁義之不篤故以禮律檢之檢之彌繁而僞亦愈廣老莊是乃明無爲之益塞爭欲之門夫極靈智之妙總會通之和者莫尚乎聖人革一代之弘制垂千載之遺風則非聖不立然則聖人之在世吐言則爲訓辭莅事則爲物軌運通則與時隆理喪則與世弊矣是以大爲之論以標其旨物必有宗事必有主寄責於聖人而遺累乎陳迹也故化之以絕聖棄智鎭之以無名之樸聖教救其末老莊明其本本末之塗殊而爲教一也人之迷也其日久矣見形者衆及道者尟不覿千仞之門而逐適物之迹逐迹逾篤離本逾遠遂使華端與薄俗俱興妙緒與淳風竝絕所以聖人長潛而迹未嘗滅矣懼後進惑其如此將越禮棄學而希無爲之風見義教之殺而不覩其隆矣略言所懷以補其闕引道家之弘旨會世教之適當義不違本言不流放庶以祛困蒙之蔽悟一往之惑乎其辭曰芒芒太初悠悠鴻荒蚩蚩萬類與道兼忘聖迹未顯賢名不彰怡此鼓腹率我猖狂養生旣廣羣盜思通闇實師明匪予求蒙遺己濟物而天下爲公大庭唱基羲農宏贊六位時成離暉大觀澤洽雨濡化流風散比屋同塵而人罔僭亂爰暨中古哲王胥承質文代作禮統迭興事藉用以繁化因阻而凝動非性擾靜豈神澄名之攸彰道之攸廢乃損所隆乃崇所替刑作由於德衰三辟興乎叔世旣敦旣誘乃矯乃厲敦亦旣備矯亦旣深彫琢生文抑揚成音羣能騁技衆巧竭心野無陸馬山無散林風罔不動化罔不移人之失德反正作奇乃放欲以越禮不知希競之爲病違彼夷塗而遵此險徑狡兎陵岡游魚遁川至賾深妙大象幽玄棄餌收罝而責功蹄筌先兆喪歸而寄旨忘言政異徵辭拔本塞源遁迹永日尋響窮年刻意離性而失其常然世有險夷運有通圮損益適時升降惟理道不可以一日廢亦不可以一朝擬禮不可爲千載制亦不可以當年止非仁無以長物非義無以齊恥仁義固不可遠去其害仁義者而已力行猶懼不逮希企邈以遠矣室有善言應在千里況乎行止復禮克己風人司箴敬貽君子征北將軍褚裒又引爲參軍充

以家貧苦求外出袁將許之爲縣試問之充曰窮猿投林豈暇擇木乃除剡縣令遭母憂服闋爲大著作郎于時典籍混亂充刪除煩重以類相從分作四部甚有條貫秘閣以爲永制累遷中書侍郎卒官充注尚書及周易旨六篇釋莊論上下二篇詩賦表頌等雜文二百四十首行於世子顒亦有文義多所述作郡舉孝廉充從兄式以平隱著稱善楷隸中興初仕至侍郎

袁宏

袁宏字彦伯侍中猷之孫也父勗臨汝令宏有逸才文章絕美曾爲詠史詩是其風情所寄少孤貧以運租自業謝尚時鎮牛渚秋夜乘月率爾與左右微服泛江會宏在舫中諷詠聲既淸會辭又藻拔遂駐聽久之遣問焉答云是袁臨汝郎誦詩卽其詠史之作也尚傾率有勝致卽迎升舟與之譚論申旦不寐自此名譽日茂尚爲安西將軍豫州刺史引宏參其軍事累遷大司馬桓溫府記室溫重其文筆專綜書記後爲東征賦賦末列稱過江諸名德而獨不載桓彝時伏滔先在溫府又與宏善苦諫之宏笑而不答溫知之甚忿而憚宏一時文宗不欲令人顯問後游青山飲歸命宏同載衆爲之懼行數里問宏云聞君作東征賦多稱先賢何故不及家君宏答曰尊公稱謂非下官敢專既未遑啓不敢顯之耳溫疑不實乃曰君欲爲何辭宏卽答云風鑒散朗或搜或引身雖可亡道不可隕宜城之節信義爲允也溫泫然而止宏賦又不及陶侃侃子胡奴嘗於曲室抽刃問宏曰家公勳跡如此君賦云何相忽宏窘急答曰我已盛述尊公何乃言無因曰精金百汰在割能斷功以濟時職思靜亂長沙之勳爲史所贊胡奴乃止後爲三國名臣頌曰夫百姓不能自牧故立君以治之明君不能獨治則爲臣以佐之然則三五迭隆歷代承基揖讓之與干戈文德之與武功莫不宗匠陶鈞而羣才緝熙元首經略而股肱肆力雖遭罹不同迹有優劣至於體分寘固道契不墜風美所扇訓革千載其揆一也故二八升而唐朝盛伊呂用而湯武寧三賢進而小白興五臣顯而重耳霸中古陵遲斯道替矣居上者不以至公理物爲下者必以私路期榮御員者不以信哉率衆執方者必以權謀自顯於是君臣離而名教薄世多亂而時不治故蘧甯以之卷舒柳下以之三黜接輿以之行歌魯連以之赴海衰世之中保持名節君臣相體若合符契則燕昭樂毅古之流矣夫未遇伯樂則千載無一驥時値龍顏則當年控三傑漢之得賢於斯爲貴高祖雖不以道勝御物羣下得盡其忠蕭曹雖不以三代事主百姓不失其業静亂庇人抑亦其次夫時方顚沛則顯不如隱萬物思治則默不如語是以古之君子不患弘道難患遭時難遭時匪難遇君難故有道無時孟子所以咨嗟有時無君賈生所以垂泣夫萬歲一期有生之通塗千載一遇賢智之嘉會遇之不能無欣喪之何能無慨古人之言信有情哉余以暇日常覽國志考其君臣比其行事雖道謝先代亦異世一時也文若懷獨見之照而有救世之心論時則人方塗炭計能則莫出魏武故委圖霸朝豫謀世事舉才不以標鑒故人亡而後顯籌畫不以要功故事至而後定雖亡身明順識亦高矣董卓之亂神器遷逼公達慨然志在致命由斯而譚故以大存名節至如身爲漢隸而跡入魏幕源流趣舍抑亦文若之謂所以存亡殊致始終不同將以文若既明且哲名教有寄乎夫仁義不可不明則時宗舉其致生理不可不全故達識攝其契相與弘道豈不遠哉崔生高朗折而不撓所以策名魏武執笏霸朝者蓋以漢主當陽魏后北面者哉若乃一旦進璽君臣易位則崔生所以不與魏氏所以不容夫江湖所以濟舟亦所以覆舟仁義所以全身亦所以亡身然而先賢玉摧於前來哲攘袂於後豈天懷發中而名教束物者乎孔明盤桓俟時而動遐想管樂遠明風流治國以禮人無怨聲刑罰不濫沒有餘泣雖古之遺愛何以加茲及其臨終顧託受遺作相劉后授之無疑心武侯受之無懼色繼體納之無貳情百姓信之無異辭君臣之際良可詠矣公瑾卓爾逸志不羣總角斷主則索契於伯符晚節曜奇則三分於赤壁惜其齡促志未可量子布佐策致延譽之美輟哭止哀有翼戴之功神情所涉豈徒謇諤而已哉然杜門不用登壇受讓夫一人之身所照未異而用舍之間俄有不同況沉跡溝壑遇與不遇者乎夫詩頌之作有自來矣或以吟詠情性或以紀德顯功雖大指同歸所託或乖若夫出處有道名體不滯風軌德音爲世作範不可廢也復綴序所懷以爲之贊曰火德既微運纏大過洪飈扇海二溟揚波虯獸雖驚風雲未和潛魚擇川高鳥候柯赫赫三雄並迴乾軸競收杞梓爭採松竹鳳不及棲龍不暇伏谷無幽蘭嶺無停菊英英文若靈鑒洞照應變知微頤奇賞要日月在躬隱之彌曜文明暎心鑽之愈妙滄海橫流玉石俱碎達人兼善廢已存愛謀解時紛功濟宇內始救生靈終明風槩公達潛朗思同蓍蔡運用無方動攝羣會爰初發迹遘此顚沛神情玄定處之彌泰愔愔幕裏算無不經亹亹通韻跡不暫停雖懷尺璧顧哂連城智能極物愚足全生郎中溫雅器識純素貞而不諒通而能固恂恂德心汪汪軌度志成弱冠道敷歲暮仁者必勇德亦有言雖遇履尾神氣恬然行不修飾名跡無愆操不激切素風愈鮮邈哉崔生體正心直天骨疎朗牆岸高嶷忠存軌跡義形風色思樹芳蘭翦除荊棘人惡其上世不容哲琅琅先生雅杖名節雖遇塵霧猶震霜雪運極道消碎此明月景山恢誕韻與道合形器不存方寸海納和而不同通而不雜遇醉忘辭在醒貽答長文通雅義格終始思戴元首擬伊同恥人未知德懼若在己嘉謀肆庭讜言盈耳玉生雖麗光不踰把德積雖微道暎天下邈哉太初宇量高雅器範自然標準無假全身由直跡洿必僞處死匪難理有則易萬物波蕩孰任其累六合徙廣容身靡寄君親自然匪由名教愛敬既同情禮兼到烈烈王生知死不撓求仁不遠期在忠孝玄伯剛簡大存名體志在高搆增堂及陛端委獸門正言彌啓臨危致命盡其心禮堂堂孔明基宇宏邈器同生靈獨稟先覺標牓風流遠明管樂初九龍盤雅志彌確百六道喪干戈迭用苟非命世孰掃雰雺宗子思寧薄言解控釋褐中林鬱爲時棟士元弘長雅性內融崇善愛物觀始知終喪亂備矣勝塗未隆先生標之振起清風綢繆哲后無妄惟時夙夜匪懈義在緝熙三略既陳霸業已基公琰殖根不忘中正豈曰模擬實在雅性亦既羈勤負荷時命推賢恭己久而可敬公衡沖達秉志淵塞媚茲一人臨難不惑疇昔不造假翮鄰國進能徽音退不失德六合紛紜人心將變鳥擇高梧臣須顧眄公瑾英達朗心獨見披草求君定交一面桓桓魏武外託霸跡志掩衡霍恃戰忘敵卓卓若人曜奇赤壁三光參分宇宙暫隔子布擅名遭世方擾撫翼桑梓息肩江表王略威夷吳魏同寶遂贊宏謨匡此霸道桓王之薨大業未純把臂託孤惟賢與親輟哭止哀臨難忘身成此南面寔由老臣才爲世生世亦須才得而能任貴在無猜昂昂子敬拔跡草萊荷檐吐奇乃構雲臺子瑜都長體性純懿諫而不犯正而不毅將命公庭退忘私位豈無鶺鴒固愼名器伯言謇謇以道佐世出能勤功入亦獻替謀寧社稷解紛挫銳正以招疑忠而獲戾元歎邈遠神和形檢如彼白珪質無塵點立行以恒匡主以漸清不增潔濁不加染仲翔高亮性不和物好是不羣折而不屈屢摧逆鱗直道受黜歎過孫陽放同賈屈莘莘衆賢千載一遇整轡高衢驤首天路仰揖玄流俯弘時務名節殊塗雅致同趣日月麗天瞻之不墜仁義在躬用之不匱尚想遐風載揖載味後生擊節懦夫增氣從桓溫北征作北征賦皆其文之高者嘗與王珣伏滔同在溫坐溫令滔讀其北征賦至聞所傳於相傳云獲麟於此野誕靈物以瑞德奚授體於虞者疚尼父之洞泣似實慟而非假豈一性之足傷乃致傷於天下其本至此便改韻珣云此賦方傳千載無容率耳今於天下之後移韻徙事然於寫送之致似爲未盡滔云得益寫韻一句或爲小勝溫曰卿思益之宏應聲答曰感不絕於余心愬流風而獨寫珣誦味久之謂滔曰當今文章之美故當共推此生性彊正亮直雖被溫禮遇至於辯論每不阿屈故榮任不至與伏滔同在溫府府中呼爲袁伏宏心恥之每歎曰公之厚恩未優國士而與滔比肩何辱之甚謝安常賞其機對辯速後安爲揚州刺史宏自吏部郎出爲東陽郡乃祖道於冶亭時賢皆集安欲以卒迫試之臨別執其手顧就左右取一扇而授之曰聊以贈行宏應聲答曰輒當奉揚仁風慰彼黎庶時人歎其率而能要焉宏見漢時傳毅作顯宗頌辭甚典雅乃作頌九章頌簡文之德上之於孝武太元初卒於東陽時年四十九撰後漢紀三十卷及竹林名士傳三卷詩賦誄表等雜文凡三百首傳於世三子長超子次成子次明子明子有父風最知名官至臨賀太守

伏滔

伏滔字玄度平昌安丘人也有才學少知名州舉秀才辟別駕皆不就大司馬桓溫引爲參軍深加禮接每宴集之所必命滔同游從溫伐袁眞至壽陽以淮南屢叛著論二篇名曰正淮其上篇曰淮南者三代揚州之分也當春秋時吳楚陳蔡之輿地戰國之末楚全有之而考烈王都焉秦并天下建立郡縣是爲九江劉項之際號曰東楚爰自戰國至于晉之中興六百有餘年保淮南者九姓稱兵者十一人皆亡不旋踵禍溢於世而終莫戒焉其天時歟地勢歟人事歟何喪亂之若是也試商較而論之夫懸象著明而休徵表於列宿山河衿帶而地險彰於丘陵治亂推移而興亡見於人事由此而觀則兼也必矣昔妖星出於東南而弱楚以亡飛孛橫於天漢而劉安誅絕近則火精晨見而王淩首謀長彗宵暎而毋丘襲亂斯則表乎天時也彼壽陽者南引荊汝之利東連三吳之富北接梁宋平塗不過七日西援陳許水陸不出千里外有江湖之阻內保淮肥之固龍

泉之陂艮疇萬頃舒六之貢利盡蠻越金石皮革之具萃焉苞木箭竹之族生焉山湖藪澤之隈水旱之所不害土產草滋之實荒年之所取給此則係乎地利者也其俗尚氣力而多勇悍其人習戰爭而貴詐僞豪右并兼之門十室而七藏甲挾劒之家比屋而發然而仁義之化不漸刑法之令不及所以屢多亡國也昔考烈以衰弱之楚屢遷其都外迫彊秦之威內遘陽申之禍逃死劫殺二世而滅黥布以三雄之選功成垓下淮陰既囚梁越受戮嫌結震主之威慮生同體之禍遂謀圖全之計庶幾後亡之福衆潰於一戰身脂於漢斧劉長支庶奄王大國承喪亂之餘御新化之俗無德而寵欲極禍發王安內懷先父之憾外眩姦臣之說招引賓客沉溺數術藉二世之資恃戈甲之盛屈彊江淮之上西向而圖宗國言未絕口身嗣俱滅李憲因亡新之餘袁術當衰漢之末負力幸亂遂生僭逆之計建號九江稱制下邑狼狽奔亡傾城受戮及至彥雲仲恭公休之徒或憑宿名或怙前功握兵淮楚力制東夏屬當多難之世仍值廢興之會謀非所議相係禍敗祖約助逆身亡家族彼十亂者咸乎人事者也然則侵弱昏迷以至絕滅亡楚當之恃彊畏逼遂謀叛亂黥布有焉二王遘逆寵之之過也公路僭僞乘釁之盜也二將以圖功首難士少以驕矜樂禍本其所因考其成跡皆寵盛禍淫福過災生而制之不漸積之有由也其下篇曰昔高祖之誅黥布也撮三策之要馳赦過之書乘人主之威以除逆節之虜然猶決戰陳都暴尸横野僅乃剋之害亦深矣長安之謀雖兵未交於山東禍未徧於天下而馳說之士與閭境之人幽囚誅放者亦已衆矣光武連兵於肥舒魏祖馳馬於蘄苦而廬九之間流溺兵去者十而七八焉夫王陵面縛得之於矜石仲恭接刃成之於後覺也而高祖以之宵征世宗以之發疾豈不勤哉文皇挾萬乘之威杖伊周之權內舉京畿之衆外徵四海之銳雲合雨集推鋒以臨淮浦而誕欽晏然方嬰城自固憑軾以觀王師於是築長圍起婺櫓高壁連塹負戈擊柝以守之自夏及春而後始知亡焉然則居城之禍其可極言乎約之出奔淮左爲墟悲夫信哉魯哀之言夫生乎深宮長於膏粱憂懼不切於身榮辱不交於前則其仁義之本淺矣奉以南面之尊藉以列城之富宅以制險之居養以衆彊之盛而無德以臨之無制以節之則厭溢樂禍之心生矣夫以昏主御姦臣利甲資堅城僞令行於封內邪惠結於人心乘間幸磨之說日交於側猾詐錮咎之羣各馳於前見利如歸安在其不爲亂乎況乘舊寵挾前功畏逼懼亡以謀圖身之舉者望其俛首就羈不亦迂哉易稱履霜堅冰馴致之道蓋言漸也嗚呼斯所以亂臣賊子亡國覆家累世而不絕者歟昔先王之宰天下也選於有德訪之三吏正其分位明其等級畫之封疆宣之政令上下有序無僭差之嫌四人安業無并兼之國三載考陟功罪不得逃其跡九伐時修刑賞無所謬其實令之有漸軌之有度寵之有節權不外授威不下黷所以杜其萌際重其名器深根固本傳之百世雖時有盛衰弱者無所懼其亡道有興廢彊者不得資其弊夫如是將使天下從風穆然軌道慶自一人惠流萬國安有向時之患哉壽陽平以功封聞喜縣侯除永世令温薨征西將軍桓豁引爲參軍領華容令太元中拜著作郎專掌國史領本州大中正孝武帝嘗會於西堂滔豫坐還下車先呼子系之謂曰百人高會天子先問伏滔在坐不此故未易得爲人作父如此定何如也遷游擊將軍著作如故卒官子系之亦有文才歷黃門郎侍郎侍中尚書光祿大夫

羅含

羅含字君章桂陽耒陽人也曾祖彥臨海太守父綏滎陽太守含幼孤爲叔母朱氏所養少有志尚嘗晝臥夢一鳥文彩異常飛入口中因起驚說之朱氏曰鳥有文彩汝後必有文章自此後藻思日新弱冠州三辟不就含父嘗宰新淦新淦人楊羨後爲含州將引含爲主簿含傲然不顧羨招致不已辭不獲而就焉及羨去職含送之到縣新淦人以含舊宰之子咸致賂遺含難違而受之及歸悉封置而去由是遠近推服焉後爲郡功曹刺史庾亮以爲部江夏從事太守謝尚與含爲方外之好乃稱曰羅君章可謂湘中之琳琅尋轉州主簿後桓温臨州又補征西參軍温嘗使含詣尚有所檢劾含至不問郡事與尚累日酣飲而還温問所劾事含曰公謂尚何如人温曰勝我也含曰豈有勝公而行非邪故一無所問温奇其意而不責焉轉州別駕以廨舍諠擾於城西池小洲上立茅屋伐木爲材織葦爲席而居布衣蔬食晏如也温嘗與寮屬讌會含後至温問衆坐曰此何如人或曰可謂荆楚之材温曰此自江左之秀豈惟荆楚而已徵爲尚書郎温雅重其才又表轉征西戶曹參軍俄遷宜都太守及温封南郡公引爲郎中令尋徵正員郎累遷散騎常侍侍中仍轉廷尉長沙相年老致仕加中散大夫門施行馬初含在官舍有一百雀棲集堂宇及致仕還家階庭忽蘭菊叢生以爲德行之感焉年七十七卒所著文章行於世

顧愷之

顧愷之字長康晉陵無錫人也父悅之尚書左丞愷之博學有才氣嘗爲箏賦成謂人曰吾賦之比嵇康琴不賞者必以後出相遺深識者亦當以高奇見貴桓温引爲大司馬參軍甚見親昵温薨後愷之拜温墓賦詩云山崩溟海竭魚鳥將何依或問之曰卿憑重桓公乃爾哭狀其可見乎答曰聲如震雷破山淚如傾河注海愷之好諧謔人多愛狎之後爲殷仲堪參軍亦深被眷接仲堪在荆州愷之嘗因假還仲堪特以布帆借之至破冢遭風大敗愷之與仲堪牋曰地名破冢眞破冢而出行人安穩布帆無恙還至荆州人問以會稽山川之狀愷之云千巖競秀萬壑爭流草木蒙籠若雲興霞蔚桓玄時與愷之同在仲堪坐共作了語愷之先曰火燒平原無遺燎玄曰白布纏根樹旒旐仲堪曰投魚深泉放飛鳥復作危語玄曰矛頭淅米劒頭炊仲堪曰百歲老翁攀枯枝有一參軍云盲人騎瞎馬臨深池仲堪眇目驚曰此太逼人因罷愷之每食甘蔗恒自尾至本人或怪之云漸入佳境尤善丹青圖寫特妙謝安深重之以爲有蒼生以來未之有也愷之每畫人成或數年不點目精人問其故答曰四體妍蚩本無關少於妙處傳神寫照正在阿堵中嘗悅一鄰女挑之弗從乃圖其形於壁以棘鍼釘其心女遂患心痛愷之因致其情女從之遂密去鍼而愈愷之每重嵇康四言詩因爲之圖恒云手揮五絃易目送歸鴻難每寫起人形妙絕於時嘗圖裴楷象頰上加三毛觀者覺神明殊勝又爲謝鯤象在石巖裏云此子宜置丘壑中欲圖殷仲堪仲堪有目病固辭愷之曰明府正爲眼耳若明點瞳子飛白拂上使如輕雲之蔽日豈不美乎仲堪乃從之愷之嘗以一厨畫糊題其前寄桓玄皆其深所珍惜者玄乃發其厨後竊取畫而緘閉如舊以還之紿云未開愷之見封題如初但失其畫直云妙畫通靈變化而去亦猶人之登仙了無怪色愷之矜伐過實少年因相稱譽以爲戲弄又爲吟咏自謂得先賢風制或請其作洛生詠答曰何至作老婢聲義熙初爲散騎常侍與謝瞻連省夜於月下長詠瞻每遙贊之愷之彌自力忘倦瞻將眠令人代己愷之不覺有異遂申旦而止尤信小術以爲求之必得桓玄嘗以一柳葉紿之曰此蟬所翳葉也取以自蔽人不見己愷之喜引葉自蔽玄就溺焉愷之信其不見己也甚以珍之初愷之在桓温府常云愷之體中癡黠各半合而論之正得平耳故俗傳愷之有三絕才絕畫絕癡絕年六十二卒於官所著文集及啓蒙記行於世

郭澄之

郭澄之字仲靜太原陽曲人也少有才思機敏兼人調補尚書郎出爲南康相值盧循作逆流離僅得還都劉裕引爲相國參軍從裕北伐既剋長安裕意更欲西伐集寮屬議之多不同次問澄之澄之不答西向誦王粲詩曰南登霸陵岸迴首望長安裕便意定謂澄之曰當與卿共登霸陵岸耳因還澄之位至裕相國從事中郎封南豐侯卒於官所著文集行於世

史臣曰夫賞好生於情剛柔本於性情之所適發乎詠歌而感召無象風律殊製至於應貞宴射之文極形言之美華林羣藻罕或疇之子安幼標明敏少蓄清思懷天地之寥廓賦辭人之所遺特構新情豈常均之所企太沖含豪歷載以賦三都士安見而稱善平原覩而韜翰匪惟高步當年故以騰華終古鄒湛之持論秉據之緣情實南陽之人傑蓋穎川之時秀季雅摛屬道邁夙備成德稱爲泉岱之珍固其然矣彥伯未能混迹光塵而屈乎卑位釋時宏論亦足見其志耳季鷹縱誕一時不邀名爵黃花之什濬發神府仲初之文風流可尚擢秀士林陽都之美尤重時彥曹毗沉研秘籍踠足下寮綺靡降神之歌郁暢對儒之論李充之學箴信清壯也袁宏東征名臣之作抑潘陸之亞玄度學藝優贍筆削擅奇降帝問於西堂故其榮觀也君章耀湘中之寶挺荆楚之材夢鳥發乎精誠豈獨日者之蛟鳳長康矜能過實譎諧取容而才多逸氣故有三絕之目仲靜機思通敏延譽清流德輿西伐之計取定於微指者矣

贊曰爻象垂法宮徵流音美哉羣彥揚蕤翰林俱諧振玉各擅鏘金子安太沖遒文綺爛袁庾充愷縟藻霞煥架彼辭人共超清貫

晉書卷九十二考證

袁宏傳端委歎門○歎門文選作師門注師門軍門也

晉書卷九十三

唐 太 宗 文 皇 帝 御 撰

列傳第六十三

外戚

詳觀往誥逖聽前聞階緣外戚以致顯榮者其所由來尚矣而多至禍敗鮮克令終者何哉豈不由祿以恩升位非德舉識慙明悊材謝經通假椒房之寵靈總軍國之樞要或威權震主或勢力傾朝居安而不慮危務進而不知退驕奢既至釁隙隨之者乎是以呂霍之家誅夷於西漢梁鄧之族勦絕於東都其餘干紀亂常害時蠹政者不可勝載至若樊靡卿之父子竇廣國之弟兄陰興之守約戒奢史丹之掩惡揚善斯並后族之所美者也由此觀之干時縱溢者必以凶終守道謙沖者永保貞吉古人所謂禍福無門惟人所召此非其效歟逮于晉難始自宮掖楊駿藉武帝之寵私叨竊非據賈謐乘惠皇之蒙昧成此厲階遂使悼后遇雲林之災愍懷濫湖城之酷天人道盡喪亂弘多宗廟以之顛覆黎庶於焉殄瘁詩云赫赫宗周褒姒滅之其此之謂也爰及江左未改覆車庾亮世族羽儀王恭高門領袖既而職兼出納任切股肱孝伯竟以亡身元規幾於敗國豈不哀哉若褚季野之畏避朝權王叔仁之固求出鎮用能全身遠害有可稱焉賈充楊駿庾亮王獻之王恭等已入列傳其餘即叙其成敗以爲外戚篇云

羊琇

羊琇字稚舒景獻皇后之從父弟也父耽官至太常兄瑾尚書右僕射琇少舉郡計參鎮西鍾會軍事從平蜀及會謀反琇正言苦諫還賜爵關內侯琇涉學有智算少與武帝通門甚相親狎每接筵同席嘗謂帝曰若富貴見用任領護各十年帝戲而許之初帝未立爲太子而聲論不及弟攸文帝素意重攸恒有代宗之議琇密爲武帝畫策甚有匡救又觀察文帝爲政損益揆度應所顧問之事皆令武帝默而識之其後文帝與武帝論當世之務及人間可否武帝答無不允由是儲位遂定及帝爲撫軍命琇參軍事帝即王位後擢琇爲左衞將軍封甘露亭侯帝踐阼累遷中護軍加散騎常侍琇在職十三年典禁兵豫機密寵遇甚厚初杜預拜鎮南將軍朝士畢賀皆連榻而坐琇與裴楷後至曰杜元凱乃復以連榻而坐客邪遂不坐而去琇性豪侈費用無復齊限而屑炭和作獸形以溫酒洛下豪貴咸競效之又喜遊讌以夜續晝中外五親無男女之別時人譏之然黨慕勝己其所推奉便盡心無二窮窘之徒特能振恤選用多以得意者居先不盡銓次之理將士有冒官位者爲其致節不惜軀命然放恣犯法每爲有司所貸其後司隸校尉劉毅劾之應至重刑武帝以舊恩直免官而已尋以侯白衣領護軍頃之復職及齊王攸出鎮也琇以切諫忤旨左遷太僕既失寵憤怨遂發病以疾篤求退拜特進加散騎常侍還第卒帝手詔曰琇與朕有先后之親少小之恩歷位外內忠允茂著不幸早薨朕甚悼之其追贈輔國大將軍開府儀同三司賜東園祕器朝服一襲錢三十萬布百疋謚曰威

王恂 弟虔 愷

王恂字良夫文明皇后之弟也父肅魏蘭陵侯恂文義通博在朝忠正累遷河南尹建立二學崇明五經爲令袁毅嘗餽以駿馬恂不受及毅敗受貨者皆被廢黜焉魏氏給公卿已下租牛客戶數各有差自後小人憚役多樂爲之貴勢之門動有百數又太原諸部亦以匈奴胡人爲田客多者數千武帝踐位詔禁募客恂明峻其防所部莫敢犯者咸寧四年卒贈車騎將軍恂弟虔愷

虔字恭祖以功幹見稱累遷衞尉封安壽亭侯拜平東將軍假節監青州諸軍事徵爲光祿勳轉尚書卒子士文嗣歷右衞將軍南中郎將鎮許昌爲劉聰所害

愷字君夫少有才力歷位清顯雖無細行有在公之稱以討楊駿勳封山都縣公邑千八百戶遷龍驤將軍領驍騎將軍加散騎常侍尋坐事免官起爲射聲校尉久之轉後將軍愷既世族國戚性復豪侈用赤石脂泥壁石崇與愷將爲鴆毒之事司隸校尉傅祗劾之有司皆論正重罪詔特原之由是衆人僉畏愷故敢肆其意所欲之事無所顧憚焉及卒謚曰醜

楊文宗

楊文宗元武皇后父也其先事漢四世爲三公文宗爲魏通事郎襲封蓩亭侯早卒以后父追贈車騎將軍謚曰穆

羊玄之

羊玄之惠皇后父尚書右僕射瑾之子也玄之初爲尚書郎以后父拜光祿大夫特進散騎常侍更封興晉侯遷尚書右僕射加侍中進爵爲公成都王穎之攻長沙王乂也以討玄之爲名遂憂懼而卒追贈車騎將軍開府儀同三司

虞豫 子胤

虞豫元敬皇后父也少有美稱州郡禮辟並不就拜南陽王文學早卒明帝即位追贈散騎常侍驃騎大將軍開府儀同三司平山縣侯子胤嗣

胤敬后弟也初拜散騎常侍遷步兵校尉太寧末追贈豫官以胤襲侯爵轉右衞將軍與南頓王宗俱爲明帝所昵並典禁兵及帝不豫宗以陰謀發覺事連胤帝隱忍不問徙胤爲宗正卿加散騎常侍咸和二年宗伏誅左遷胤爲桂陽太守秩中二千石頻徙琅邪廬陵太守咸康元年卒追贈衞將軍加散騎常侍子洪襲爵

庾琛

庾琛字子美明穆皇后父也兄袞在孝友傳琛永嘉初爲建威將軍過江爲會稽太守徵爲丞相軍諮祭酒卒官以后父追贈左將軍妻毋丘氏追封鄉君子亮陳先志不受咸和中成帝又下詔追贈琛驃騎將軍儀同三司亮又辭焉亮在列傳

杜乂

杜乂字弘理成恭皇后父鎮南將軍預孫尚書左丞錫之子也性純和美姿容有盛名於江左王羲之見而目之曰膚若凝脂眼如點漆此神仙人也桓彝亦曰衞玠神清杜乂形清襲封當陽侯辟公府掾爲丹陽丞早卒無男生后而乂終妻裴氏嫠居養后以禮自防甚有德音咸康初追贈金紫光祿大夫謚曰穆封裴氏爲高安鄉君邑五百戶至孝武帝時崇進爲廣德縣君裴氏壽考百姓號曰杜姥初司徒蔡謨甚器重乂嘗言於朝曰恨諸君不見杜乂也其爲名流所重如此

褚裒

褚裒字季野康獻皇后父也祖䂮有局量以幹用稱嘗爲縣吏事有不合令欲鞭之䂮曰物各有所施榱椽之材不合以爲藩落也願明府垂察乃捨之家貧辭吏年垂五十鎮南將軍羊祜與䂮有舊言於武帝始被升用官至安東將軍父洽武昌太守裒少有簡貴之風與京兆杜乂俱有盛名冠于中興譙國桓彝見而目之曰季野有皮裏春秋言其外無臧否而內有所褒貶也謝安亦雅重之恒云裒雖不言而四時之氣亦備矣初辟西陽王羕吳王文學蘇峻之構逆也車騎將軍郗鑒以裒爲參軍峻平以功封都鄉亭侯稍遷司徒從事中郎除給事黃門侍郎康帝爲琅邪王時將納妃妙選素望詔娉裒女爲妃於是出爲豫章太守及康帝即位徵拜侍中遷尚書以后父苦求外出除建威將軍江州刺史鎮半洲在官清約雖居方伯恒使私童樵採頃之徵爲衞將軍領中書令裒以中書銓管詔命不宜以姻戚居之固讓詔以爲左將軍兗州刺史都督兗州徐州之琅邪諸軍事假節鎮金城又領琅邪內史初裒總角詣庾亮亮使郭璞筮之卦成璞駭然亮曰有不祥乎璞曰此非人臣卦不知此年少何以乃表斯祥二十年外吾言方驗及此二十九年而康獻皇太后臨朝有司以裒皇太后父議加不臣之禮拜侍中衞將軍錄尚書事持節都督刺史如故裒以近戚懼獲譏嫌上疏固請居藩曰臣以虛鄙才不周用過蒙國恩累忝非據無勞受寵負愧實深豈可復加殊特之命顯號重疊臣有何勳可以克堪何顏可以冒進委身聖世豈復遺力實懼顛墜所謀者大今王略未振萬幾至殷陛下宜委誠宰輔一遵先帝任賢之道虛己受成坦平心於天下無宜內示私親之舉朝野失望所損豈少於是改授都督徐兗青揚州之晉陵吳國諸軍事衞將軍徐兗二州刺史假節鎮京口永和初復徵裒將以爲揚州錄尚書事吏部尚書劉遐說裒曰會稽王令德國之周公也足下宜以大政付之裒長史王胡之亦勸焉於是固辭歸藩朝野咸歎服之進號征北大將軍開府儀同三司固辭開府裒又以政道在於得才宜委賢任能升敬舊齒乃薦前光祿大夫顧和侍中殷浩疏奏即以和爲尚書令浩爲揚州刺史及石季龍死裒上表請伐之即日戒嚴直指泗口朝議以裒事任貴重不宜深入可先遣偏師裒重陳前所遣前鋒督護王頤之等徑造彭城示以威信後遣督護麋嶷進軍下邳賊即奔潰嶷率所領據其城池今宜速發以成聲勢於是除征討大都督青揚徐兗豫五州諸軍事裒率衆三萬徑進彭城河朔士庶歸降者日以千計裒撫納之甚得其歡心先遣督護徐龕伐沛獲僞相支重郡中二千餘人歸降魯郡山有五百餘家亦建義請援裒遣龕領銳卒三千迎之龕違裒節度軍次代陂爲石遵將李菟所敗死傷太半龕執節不撓爲賊所害裒以春秋責帥授任失所威略虧損上疏自貶以征北將軍行事求留鎮廣陵詔以偏帥之責不應引咎逋寇未殄方鎮任重不宜貶降使還鎮京口解征討都督時石季龍新死其國大亂遺戶二十萬口渡河將歸順乞師救援會裒已旋威勢不接莫能自拔皆爲慕容皝及苻健之衆所掠死亡咸盡裒以遠圖不就憂慨發病及至京口聞哭聲甚衆裒問何哭之多左右曰代陂之役也裒益慚恨永和五年卒年四十七遠近嗟悼吏士哀慕之贈侍中太傅本官如故謚曰元穆子歆字幼安以學行知名歷散騎常侍祕書監

何準

何準字幼道，穆章皇后父也高尚寡欲弱冠知名州府交辟並不就兄充為驃騎將軍勸其令仕準曰第五之名何減驃騎準兄弟中第五故有此言充居宰輔之重權傾一時而準散帶衡門不及人事唯誦佛經修營塔廟而已徵拜散騎郎不起年四十七卒升平元年追贈金紫光祿大夫封晉興縣侯子惔以父素行高絜表讓不受三子放惔澄放繼充惔官至南康太守早卒惔子元度西陽太守次叔度太常卿尚書澄字季玄起家祕書郎轉丞清正有器望累遷祕書監太常中護軍孝武帝深愛之以為冠軍將軍吳國內史太元末琅邪王出居外第妙選師傅徵拜尚書領琅邪王師安帝即位遷尚書左僕射典選王師如故時澄腳疾固讓特聽不朝坐家視事又領本州大中正及桓玄執政以疾奏免卒于家安帝反正追贈金紫光祿大夫長子籍早卒次子融元熙中為大司農

王濛 子脩

王濛字仲祖哀靖皇后父也曾祖黯歷位尚書祖佑北軍中候父訥新淦令濛少時放縱不羈不為鄉曲所齒晚節始克己勵行有風流美譽虛己應物恕而後行莫不敬愛焉事諸母甚謹奉祿資產常推厚居薄喜慍不形於色不修小絜而以清約見稱善隸書美姿容嘗覽鏡自照稱其父字曰王文開生如此兒邪居貧帽敗自入市買之嫗悅其貌遺以新帽時人以為達與沛國劉惔齊名友善惔常稱濛性至通而自然有節濛每云劉君知我勝我自知時人以惔方荀奉倩濛比袁曜卿凡稱風流者舉濛惔為宗焉司徒王導辟為掾導復引臣術弟孝濛致箴於導曰開國承家小人勿用杖德義以尹天下方將澄清彝倫崇重名器夫軍國殊用文武異容豈可令涇渭混流虧清穆之風以允答具瞻儀刑海內導不答後出補長山令復為司徒左西屬濛以此職有譴則應受杖固辭詔為停罰猶不就徙中書郎簡文帝之為會稽王也嘗與孫綽商略諸風流人綽言曰劉惔清蔚簡令王濛溫潤恬和桓溫高爽邁出謝尚清易令達而濛性和暢能言理辭簡而有會及簡文帝輔政益貴幸之與劉惔號為入室之賓轉司徒左長史晚求為東陽不許及濛病乃恨不用之濛聞之曰人言會稽王癡竟癡也疾漸篤於燈下轉麈尾視之歎曰如此人曾不得四十也年三十九卒臨殯劉惔以犀杷麈尾置棺中因慟絕久之謝安亦常稱美濛云王長史語甚不多可謂有令音二子脩蘊

脩字敬仁小字荀子明秀有美稱善隸書號曰流奕清舉年十二作賢全論濛以示劉惔曰敬仁此論便足以參微言起家著作郎琅邪王文學轉中軍司馬未拜而卒年二十四臨終歎曰無愧古人年與之齊矣

王遐

王遐字桓子簡順皇后父驃騎將軍述之從叔也少以華族仕至光祿勳寧康初追贈特進光祿大夫加散騎常侍謚曰靖長子恪領軍將軍恪子欣之豫章太守秩中二千石欣之弟歡之廣州刺史遐少子臻崇德衞尉

王蘊

王蘊字叔仁孝武定皇后父司徒左長史濛之子也起家佐著作郎累遷尚書吏部郎性平和不抑寒素每一官缺求者十輩蘊無所是非時簡文帝為會稽王輔政蘊輒連狀白之曰某人有地某人有才務存進達各隨其方故不得者無怨焉補吳興太守甚有德政屬郡荒人飢輒開倉贍卹主簿執諫請先列表上待報蘊曰今百姓嗷然路有餓饉若表上須報何以救將死之命乎專輒之愆罪在太守且行仁義而敗無所恨也於是大振貸之賴蘊全者十七八焉朝廷以違科免蘊官士庶詣闕訟之詔特左降晉陵太守復有惠化百姓歌之定后立以后父遷光祿大夫領五兵尚書本州大中正封建昌縣侯蘊以恩澤賜爵非三代令典固辭不受朝廷敦勸終不肯拜乃授都督京口諸軍事左將軍徐州刺史假節復固讓謝安謂蘊曰卿居后父之重不應妄自菲薄以虧時遇宜依褚公故事但令在貴權於事不事耳可暫臨此任以紓國姻之重於是乃受命鎮于京口頃之徵拜尚書左僕射將軍如故遷丹陽尹即本軍號加散騎常侍蘊以姻戚不欲在內苦求外出復以為都督浙江東五郡鎮軍將軍會稽內史常侍如故蘊素嗜酒末年尤甚及在會稽略少醒日然猶以和簡為百姓所悅時王悅來拜墓蘊子恭往省之素相善遂留十餘日方還蘊問其故恭曰與阿大語蟬連不得歸蘊曰恐阿大非爾之友阿大悅小字也後竟乖初好時以為知人太元九年卒年五十五追贈左光祿大夫開府儀同三司長子華早卒次恭在列傳恭弟爽字季明彊正有志力歷給事黃門侍郎侍中孝武帝崩王國寶夜欲開門入為遺詔爽距之曰大行晏駕皇太子未至敢入者斬乃止爽嘗與會稽王道子飲道子醉呼爽為小子爽曰亡祖長史與簡文皇帝為布衣之交亡姑亡姊伉儷二宮何小子之有及國寶執權免爽官後兄恭再起事並以爽為寧朔將軍參預軍事恭敗被誅

褚爽

褚爽字弘茂小字期生恭思皇后父也祖裒父歆爽少有令稱謝安甚重之嘗曰若期生不佳我不復論士矣為義興太守早卒以后父追贈金紫光祿大夫爽子秀之炎之喻之義熙中並歷大官

史臣曰羊秀託肺腑之親處多聞之益遭逢潛躍之際預參經始之謀故得纏綣恩私便蕃任遇憑寵靈而逞慾恃勢位而驕陵屢犯憲章頻干國紀幸逢寬政得免刑書王愷地即渭陽家承世祿曾弗聞於恭儉但崇縱於奢淫競爽於季倫爭先於武子既塵清論有斁王猷雖復議行易名未足懲惡勸善弘理儀形外朗季野神鑒內融仲祖溫潤風流幼道清虛寡慾皆擅名江表見重當時豈惟后族之英華抑亦搢紳之令望者也

贊曰託屬丹掖承輝紫宸地既權寵任惟執約乃寡失驕則陵人覆車遺戒諒足書紳

晉書卷九十四

唐 太 宗 文 皇 帝 御 撰

列傳第六十四

隱逸

若夫穹昊垂景少微以纏其次文繫探幽貞遯以成其象故有避於言色其道聞乎孔公驕乎富貴厥義詳於孫子是以處柔伊存有生之恒性在盈斯害惟神之常道古先智士體其若茲介焉超俗浩然養素藏聲江海之上卷迹囂氛之表漱流而激其清寢巢而韜其耀良畫以符其志絕機以虛其心玉輝冰潔川渟嶽峙修至樂之道固無疆之休長往邈而不追安排窅而無悶修身自保悔吝弗生詩人考槃之歌抑在茲矣至於體天作制之后訟息刑清之時尚乃側席幽貞以康神化徵聘之禮賁於巖穴玉帛之贄委於室衡故月令曰季春之月聘名士禮賢者斯之謂歟自典午運開旁求隱逸譙元彥之杜絕人事江思悛之嘯詠林藪峻其貞白之軌成其出塵之迹雖不應其嘉招亦足激其貪競今美其高尚之德綴集于篇

孫登

孫登字公和汲郡共人也無家屬於郡北山為土窟居之夏則編草為裳冬則被髮自覆好讀易撫一絃琴見者皆親樂之性無恚怒人或投諸水中欲觀其怒登既出便大笑時時游人間所經家或設衣食者一無所受辭去皆捨棄嘗往宜陽山有作炭人見之知非常人與語登亦不應文帝聞之使阮籍往觀既見與語亦不應嵇康又從之游三年問其所圖終不答康每歎息將別謂曰先生竟無言乎登乃曰子識火乎火生而有光而不用其光果在於用光人生而有才而不用其才而果在於用才故用光在乎得薪所以保其耀用才在乎識眞所以全其年今子才多識寡難乎免於今之世矣子無求乎康不能用果遭非命乃作幽憤詩曰昔慙柳下今愧孫登或謂登以魏晉去就易生嫌疑故或嘿者也竟不知所終

董京

董京字威輦不知何郡人也初與隴西計吏俱至洛陽被髮而行逍遙吟詠常宿白社中時乞於市得殘碎繒絮結以自覆全帛佳緜則不肯受或見推排罵辱曾無怒色孫楚時為著作郎數就社中與語遂載與俱歸京不肯坐楚乃貽之書勸以今堯舜之世胡為懷道迷邦京答之以詩曰周道斁兮頌聲沒夏政衰兮五常汩便便君子顧望而逝洋洋乎滿目而作者七豈不樂天地之化也哀哉乎時之不可與對之以獨處無娛我以為歡清流可飲至道可飡何為棲棲自使疲單魚懸獸檻鄙夫知之夫古之至人藏器於靈縕袍不能令暖軒冕不能令榮動如川之流靜如川之渟鸚鵡能言泗濱浮磬眾人所翫豈合物情玄鳥紆幙而不被害鳴隼遠巢咸以欲死眄彼梁魚逡巡倒尾沉吟不決忽焉失水嗟乎魚鳥相與萬世而不悟以我觀之乃明其故焉知不有達人深穆其度亦將闚我顰頞而去萬物皆賤惟人為貴動以九州為狹靜以環堵為大後數年遁去莫知所之於其所寢處惟有一石竹子及詩二篇其一曰乾道剛簡坤體敦密茫茫太素是則是述末世流奔以文代質悠悠世目孰知其實逝將去此至虛歸我自然之室又曰孔子不遇時彼感麟麟乎麟胡不遁世以存眞

夏統

夏統字仲御會稽永興人也幼孤貧養親以孝聞睦於兄弟每採梠求食星行夜歸或至海邊拘螊蜞以資養雅善談論宗族勸之仕謂之曰卿清亮質直可作郡綱紀與府朝接自當顯至如何甘辛苦於山林畢性命於海濱也統悖然作色曰諸君待我乃至此乎使統屬太

平之時當與元凱評議出處遇濁代念與屈生同汙共泥若汙隆之間自當耦耕沮溺豈有辱身曲意於郡府之間乎聞君之談不覺寒毛盡戴白汗四匝顏如渥丹心熱如炭舌縮口張兩耳壁塞也言者大慙統自此遂不與宗族相見會母疾統侍醫藥宗親因得見之其從父敬寧祠先人迎女巫章丹陳珠二人並有國色莊服甚麗善歌儛又能隱形匿影甲夜之初撞鐘擊鼓間以絲竹丹珠乃拔刀破舌吞刀吐火雲霧杳冥流光電發統諸從兄弟欲往觀之難統於是共紿之曰從父間疾病得瘳大小以為喜慶欲因其祭祀並往賀之卿可俱行乎統從之入門忽見丹珠在中庭輕步佪儛靈談鬼笑飛觸挑柈酬酢翩翻統驚愕而走不由門破藩直出歸責諸人曰昔淫亂之俗興衞文公為之悲惋螮蝀之氣見君子尚不敢指季桓納齊女仲尼載馳而退子路見夏南憤恚而忼愾吾常恨不得頓叔向之頭陷華父之眼柰何諸君迎此妖物夜與游戲放傲逸之情縱奢淫之行亂男女之禮破貞高之節何也遂隱牀上被髮而臥不復言衆親踧踖即退遣丹珠各各分散後其母病篤乃詣洛市藥會三月上巳洛中王公已下並至浮橋士女駢填車服燭路統時在船中曝所市藥諸貴人車乘來者如雲統並不之顧太尉賈充怪而問之統初不應重問乃徐答曰會稽夏仲御也充使問其土地風俗統曰其人循循猶有大禹之遺風太伯之義讓嚴遵之抗志黃公之高節又問卿居海濱頗能隨水戲乎答曰可統乃操柂正櫓折旋中流初作鯔鯢躍後作鯆䱐引飛鷁首掇獸尾奮長梢而船直逝者三焉於是風波振駭雲霧杳冥俄而白魚跳入船者有八九觀者皆悚遽充心尤異之乃更就船與語其應如響欲使之仕即俛而不答充又謂曰昔堯亦歌舜亦歌子與人歌而善必反而後和之明先聖前哲無不盡歌卿頗能作卿土地間曲乎統曰先公惟寓稽山朝會萬國授化鄙邦崩殂而葬恩澤雲布聖化猶存百姓感詠遂作慕歌又孝女曹娥年甫十四貞順之德過越梁宋其父墮江不得尸娥仰天哀號中流悲歎便投水而死父子喪尸後乃俱出國人哀其孝義為歌河女之章伍子胥諫吳王言不納用見戮投海國人痛其忠烈為作小海唱今欲歌之衆人僉曰善統於是以足叩船引聲喉囀清激慷慨大風應至含水嗽天雲雨響集叱咤讙呼雷電晝冥集氣長嘯沙塵烟起王公已下皆恐止之乃已諸人顧相謂曰若不游洛水安見是人聽慕歌之聲便髣髴見大禹之容聞河女之音不覺涕淚交流即謂伯姬高行在目前也聆小海之唱謂子胥屈平立吾左右矣充欲耀以文武鹵簿覬其來觀因而謝之遂命建朱旗舉幡校分羽騎為隊軍伍肅然須臾鼓吹亂作胡葭長鳴車乘紛錯縱橫馳道又使妓女之徒服袿襡炫金翠繞其船三匝統危坐如故若無所聞充等各散曰此吳兒是木人石心也統歸會稽竟不知所終

朱沖

朱沖字巨容南安人也少有至行閑靜寡欲好學而貧常以耕藝為事鄰人失犢認沖犢以歸後得犢於林下大慙以犢還沖沖竟不受有牛犯其禾稼沖屢持芻送牛而無恨色主愧之乃不復為暴咸寧四年詔補博士沖稱疾不應尋又詔曰東宮官屬亦宜得履蹈至行敦悅典籍者其以沖為太子右庶子沖每聞徵書至輒逃入深山時人以為梁管之流沖居近夷俗羌戎奉之若君沖亦以禮讓為訓邑里化之路不拾遺村無凶人毒蟲猛獸皆不為害卒以壽終

范粲

范粲字承明陳留外黃人漢萊蕪長丹之孫也粲高亮貞正有丹風而博涉強記學皆可師遠近請益者甚衆性不矜莊而見之皆肅如也魏時州府交辟皆無所就久之乃應命為治中轉別駕辟太尉掾尚書郎出為征西司馬所歷職皆有聲稱及宣帝輔政遷武威太守到郡選良吏立學校勸農桑是時戎夷頗侵疆埸粲明設防備敵不敢犯西域流通無烽燧之警又郡壤富實珍玩充積粲檢制之息其華侈以母老罷官郡既接近寇戎粲以重鎮輒去職朝廷尤之左遷樂涫令頃之轉太宰從事中郎遭母憂以至孝稱服闋復為太宰中郎齊王芳被廢遷于金墉城粲素服拜送哀慟左右時景帝輔政召羣官會議粲又不到朝廷以其時望優容之粲又稱疾闔門不出於是特詔為侍中持節使于雍州粲因陽狂不言寢所乘車足不履地子孫恒侍左右至有婚宦大事輒密諮焉合者則色無變不合則眠寢不安妻子以此知其旨武帝踐阼泰始中粲同郡孫和時為太子中庶子表薦粲稱其操行高絜久嬰疾病可使郡縣輿致京師加以聖恩賜其醫藥若遂瘳除必有益於政乃詔郡縣給醫藥又以二千石祿養病歲以為常加賜帛百匹子喬以父疾篤辭不敢受詔不許以太康六年卒時年八十四不言三十六載終於所寢之車長子喬

喬字伯孫年二歲時祖馨臨終撫喬首曰恨不見汝成人因以所用硯與之至五歲祖母以告喬喬便執硯涕泣九歲請學在同輩之中言無媟辭弱冠受業於樂安蔣國明濟陰劉公榮有知人之鑒見喬深相器重友人劉彥秋夙有聲譽嘗謂人曰范伯孫體應純和理思周密吾每欲錯其一事而終不能光祿大夫李銓嘗論楊雄才學優於劉向喬以為向定一代之書正羣籍之篇使雄當之故非所長遂著劉楊優劣論文多不載喬好學不倦父粲陽狂不言喬與二弟並棄學業絕人事侍疾家庭至粲沒足不出邑里司隸校尉劉毅嘗抗論於朝廷曰使范武威疾若不篤其為伯夷叔齊復存於今如其疾篤益是聖主所宜哀矜其子久侍父疾名德著茂不加敘用深為朝廷惜遺賢之議也元康中詔求廉讓沖退履道寒素者不計資以參選敘尚書郎王琨乃薦喬曰喬稟德真粹立操高絜儒學精深含章內奧安貧樂道棲志窮巷簞瓢詠業長而彌堅誠當今之寒素著厲俗之清彥時張華領司徒天下所舉凡十七人於喬特發優論又吏部郎郄隆亦思求海內幽遁之士喬供養衡門至于白首於是除樂安令辭疾不拜喬凡一舉孝廉八薦公府再舉清白異行又舉寒素一無所就初喬邑人臘夕盜斫其樹人有告者喬陽不聞邑人愧而歸之喬往喻曰卿節日取柴欲與父母相歡娛耳何以愧為其通物善導皆此類也外黃令高頵歎曰諸士大夫未有不及私者而范伯孫恂恂率道名諱未嘗經於官曹士之貴異於今而見大道廢而有仁義信矣其行身不穢為物所歎服如此以元康八年卒年七十八

魯勝

魯勝字叔時代郡人也少有才操為佐著作郎元康初遷建康令到官著正天論云以冬至之後立晷測影準度日月星臣按日月裁徑百里無千里星十里不百里遂表上求下羣公卿士考論若臣言合理當得改先代之失而正天地之紀如無據驗甘即刑戮以彰虛妄之罪事遂不報嘗歲日望氣知將來多故便稱疾去官中書令張華遣子勸其更仕再徵博士舉中書郎皆不就其著述為世所稱遭亂遺失惟注墨辯存其敘曰名者所以別同異明是非道義之門政化之準繩也孔子曰必也正名名不正則事不成墨子著書作辯經以立名本惠施公孫龍祖述其學以正刑名顯於世孟子非墨子其辯言正辭則與墨同荀卿莊周等皆非毀名家而不能易其論也名必有形察形莫如別色故有堅白之辯名必有分明分明莫如有無故有無序之辯是有不是可有不可是名兩可同而有異異而有同是之謂辯同異至同無不同至異無不異是謂辯同辯異同異生是非是非生吉凶取辯於一物而原極天下之汙隆名之至也自鄧析至秦時名家者世有篇籍率頗難知後學莫復傳習於今五百餘歲遂亡絕墨辯有上下經經各有說凡四篇與其書衆篇連第故獨存今引說就經各附其章疑者闕之又采諸衆雜集為刑名二篇略解指歸以俟君子其或興微繼絕者亦有樂乎此也

董養

董養字仲道陳留浚儀人也泰始初到洛下不干祿求榮及楊后廢養因游太學升堂歎曰建斯堂也將何為乎每覽國家赦書謀反大逆皆赦至於殺祖父母父母不赦者以為王法所不容也柰何公卿處議文飾禮典以至此乎夫人之理既滅大亂作矣因著無化論以非之永嘉中洛城東北步廣里中地陷有二鵝出焉其蒼者飛去白者不能飛養聞歎曰昔周時所盟會狄泉即此地也今有二鵝蒼者胡象白者國家之象其可盡言乎顧謂謝鯤阮孚曰易稱知幾其神乎君等可深藏矣乃與妻荷檐入蜀莫知所終

霍原

霍原字休明燕國廣陽人也少有志力叔父坐法當死原入獄訟之楚毒備加終免叔父年十八觀太學行禮因留習之貴游子弟聞而重之欲與相見以其名微不欲晝往乃夜共造焉父友同郡劉岱將舉之未果而病篤臨終勑其子沈曰霍原慕道清虛方成奇器汝後必薦之後歸鄉里高陽許猛素服其名會為幽州刺史將詣之主簿當車諫不可出界猛歎恨而止原山居積年門徒百數燕王月致羊酒及劉沈為國大中正元康中進原為二品司徒不過沈乃上表理之詔下司徒參論中書監張華令陳準奏為上品詔可元康末原與王褒等俱以賢良徵累下州郡以禮發遣皆不到後王浚稱制謀僭使人問之原不答浚心銜之又有遼東囚徒三百餘人依山為賊意欲劫原為主事亦未行時有謠曰天子在何許近在豆田中浚以豆為霍收原斬之懸其首諸生悲哭夜竊尸共埋殯之遠近駭愕莫不寃痛之

郭琦

郭琦字公偉太原晉陽人也少方直有雅量博學善五行作天文志五行傳注穀梁京氏易百卷鄉人王游等皆就琦學武帝欲以琦為佐著作郎問琦族人尚書郭

彰彰素疾琦答云不識帝曰若如卿言烏丸家兒能事卿卽堪爲郞矣遂決意用之及趙王倫篡位又欲用琦琦曰我已爲武帝吏不容復爲今世吏終身處於家

伍朝

伍朝字世明武陵漢壽人也少有雅操閑居樂道不修世事性好學以博士徵不就刺史劉弘薦朝爲零陵太守主者以非選例不聽尚書郞胡濟奏曰臣以爲當今資喪亂之餘運承百王之遺弊進趨者乘國故以僥倖守道者懷蘊匱以終身故令敦褒之化虧退讓之風薄按朝游心物外不屑時務守靜衡門志道日新年過耳順而所尚無虧誠江南之奇才丘園之逸老也不加飾進何以勸善且白衣爲郡前漢有舊宜聽光顯以獎風尚奏可而朝不就終于家

魯褒

魯褒字元道南陽人也好學多聞以貧素自立元康之後綱紀大壞褒傷時之貪鄙乃隱姓名而著錢神論以刺之其略曰錢之爲體有乾坤之象內則其方外則其圓其積如山其流如川動靜有時行藏有節市井便易不患耗折難折象壽不匱象道故能長久爲世神寶親之如兄字曰孔方失之則貧弱得之則富昌無翼而飛無足而走解嚴毅之顏開難發之口錢多者處前錢少者居後處前者爲君長在後者爲臣僕君長者豐衍而有餘臣僕者窮竭而不足詩云哿矣富人哀此煢獨錢之爲言泉也無遠不往無幽不至京邑衣冠疲勞講肄厭聞淸談對之睡寐見我家兄莫不驚視錢之所祐吉無不利何必讀書然後富貴昔呂公欣悅於空版漢祖克之於嬴二文君解布裳而被錦繡相如乘高蓋而解犢鼻官尊名顯皆錢所致空版至虛而況有實嬴二雖少以致親密由此論之謂爲神物無德而尊無勢而熱排金門而入紫闥危可使安死可使活貴可使賤生可使殺是故忿爭非錢不勝幽滯非錢不拔怨讎非錢不解令問非錢不發洛中朱衣當途之士愛我家兄皆無已已執我之手抱我終始不計優劣不論年紀賓客輻輳門常如市諺曰錢無耳可使鬼凡今之人惟錢而已故曰軍無財士不來軍無賞士不往仕無中人不如歸田雖有中人而無家兄不異無翼而欲飛無足而欲行蓋疾時者共傳其文褒不仕莫知其所終

氾騰

氾騰字無忌敦煌人也舉孝廉除郞中屬天下兵亂去官還家太守張閟造之閉門不見禮遺一無所受歎曰生於亂世貴而能貧乃可以免散家財五十萬以施宗族柴門灌園琴書自適張軌徵之爲府司馬騰曰門一杜其可開乎固辭病兩月餘而卒

任旭

任旭字次龍臨海章安人也父訪吳南海太守旭幼孤弱兒童時勤於學及長立操淸修不染流俗鄉曲推而愛之郡將蔣秀嘉其名請爲功曹秀居官貪穢每不奉法旭正色苦諫秀旣不納旭謝去閉門講習養志而已久之秀坐事被收旭狼狽營送秀慨然歎曰任功曹眞人也吾違其讜言以至於此復何言哉尋察孝廉除郞中州郡仍舉爲郡中正固辭歸家永康初惠帝博求淸節儁異之士太守仇馥薦旭淸貞絜素學識通博詔下州郡以禮發遣旭以朝廷多故志尚隱遁辭疾不行尋天下大亂陳敏作逆江東名豪並見羈縶惟旭與賀循守死不迴敏卒不能屈元帝初鎭江東聞其名召爲叅軍手書與旭欲使必到旭固辭以疾後帝進位鎭東大將軍復召之及爲左丞相辟爲祭酒並不就中興建公車徵會遭母憂于時司空王導啓立學校選天下明經之士旭與會稽虞喜俱以隱學被召事未行會有王敦之難尋而帝崩事遂寢明帝卽位又徵拜給事中旭稱疾篤經年不到尚書以稽留除名僕射荀崧議以爲不可太寧末明帝復下詔備禮徵旭始下而帝崩咸和二年卒太守馮懷上疏謂宜贈九列值蘇峻作亂事竟不行子琚位至大宗正終于家

郭文

郭文字文舉河內軹人也少愛山水尚嘉遯年十三每游山林彌旬忘反父母終服畢不娶辭家游名山歷華陰之崖以觀石室之石函洛陽陷乃步擔入吳興餘杭大滌山中窮谷無人之地倚木於樹苫覆其上而居焉亦無壁障時猛獸爲暴入屋害人而文獨宿十餘年卒無患害恒著鹿裘葛巾不飲酒食肉區種菽麥採竹葉木實貿鹽以自供人或酬下價者亦卽與之後人識文不復賤酬食有餘穀輒恤窮匱人有致遺取其麤者示不逆而已有猛獸殺大麀鹿於菴側文以語人人取賣之分錢與文文曰我若須此自當賣之所以相語正以不須故也聞者皆嗟嘆之嘗有猛獸忽張口向文文視其口中有横骨乃以手探去之猛獸明旦致一鹿於其室前獵者時往寄宿文夜爲擔水而無勸色餘杭令顧颺與葛洪共造之而攜與俱歸颺以文山行或須皮衣贈以韋袴褶一具文不納辭歸山中颺追遣使者置衣室中而去文亦無言韋衣乃至爛于戶內竟不服用王導聞其名遣人迎之文不肯就船車荷擔徒行旣至導置之西園園中果木成林又有鳥獸麋鹿因以居文焉於是朝士咸共觀之文頹然踑踞傍若無人溫嶠嘗問文曰人皆有六親相娛先生棄之何樂文曰本行學道不謂遭世亂欲歸無路是以來也又問曰饑而思食壯而思室自然之性先生安獨無情乎文曰情由憶生不憶故無情又問曰先生獨處窮山若疾病遭命則爲烏鳥所食顧不酷乎文曰藏埋者亦爲螻蟻所食復何異乎又問曰猛獸害人人之所畏而先生獨不畏邪文曰人無害獸之心則獸亦不害人又問曰苟世不寧身不得安今將用先生以濟時若何文曰山草之人安能佐世導嘗衆賓共集絲竹並奏試使呼之文瞪眸不轉跨躡華堂如行林野于時坐者咸有鉤深味遠之言文常稱不達來語天機鏗宏莫有闚其門者溫嶠嘗稱曰文有賢人之性而無賢人之才柳下梁踦之亞乎永昌中大疫文病亦殆王導遺藥文曰命在天不在藥也夭壽長短時也居導園七年未嘗出入一旦忽求還山導不聽後逃歸臨安結廬舍於山中臨安令萬寵迎至縣中及蘇峻反破餘杭而臨安獨全人皆異之以爲知機自後不復語但舉手指麾以宣其意病甚求還山欲枕石安尸不令人殯瘞寵不聽不食二十餘日亦不瘦寵問曰先生復可得幾日文三舉手果以十五日終寵瘞之於所居之處而祭哭之葛洪庾闡並爲作傳贊頌其美云

龔壯

龔壯字子瑋巴西人也絜已自守與鄉人譙秀齊名父叔爲李特所害壯積年不除喪力弱不能復讐及李壽戍漢中與李期有嫌期特孫也壯欲假壽以報乃說壽曰節下若能幷有西土稱藩於晉人必樂從且捨小就大以危易安莫大之策也壽然之遂率衆討期果剋之壽猶襲僞號欲官之壯誓不仕賂遺一無所取會天久雨百姓饑墊壯上書說壽以歸順允天心應人望永爲國藩福流子孫壽省書內愧祕而不宣乃遣使入胡壯又諫之壽又不納壯謂百行之本莫大忠孝旣假壽殺期私仇以雪又欲使其歸朝以明臣節壽旣不從壯遂稱聾又云手不制物終身不復至成都惟研考經典譚思文章至李勢時卒初壯每歎中夏多經學而巴蜀鄙陋兼遭李氏之難無復學徒乃著邁德論文多不載

孟陋

孟陋字少孤武昌人也吳司空宗之曾孫也兄嘉桓溫征西長史陋少而貞立淸操絕倫布衣蔬食以文籍自娛口不及世事未曾交游時或弋釣孤興獨歸雖家人亦不知其所之也喪母毀瘠殆於滅性不飲酒食肉十有餘年親族迭謂之曰少孤誰無父母誰有父母聖人制禮令賢者俯就不肖企及若使毀性無嗣更爲不孝也陋感此言然後從吉由是名著海內簡文帝輔政命爲參軍稱疾不起桓溫躬往造焉或謂溫曰孟陋高行學爲儒宗宜引在府以和鼎味溫歎曰會稽王尚不能屈非敢擬議也陋聞之曰桓公正當以我不往故耳億兆之人無官者十居其九豈皆高士哉我疾病不堪恭相王之命非敢爲高也由是名稱益重博學多通長於三禮註論語行於世卒以壽終

韓績

韓績字興齊廣陵人也其先避亂居于吳之嘉興父建仕吳至大鴻臚績少好文學以潛退爲操布衣蔬食不交當世由是東土並宗敬焉司徒王導聞其名辟以爲掾不就咸康末會稽內史孔愉上疏薦之詔以安車束帛徵之尚書令諸葛恢奏績名望猶輕未宜備禮於是召拜博士稱老病不起卒於家于時高密劉鮪字長魚城陽邴郁字弘文並有高名鮪幼不慕俗長而希古篤學厲行化流邦邑郁魏徵士原之曾孫少有原風敎身謹絜口不妄說耳不妄聽端拱恂恂舉動有禮咸康中成帝博求異行之士鮪郁並被公卿薦舉於是依績及翟湯等例以博士徵之郁辭以疾鮪隨使者到京師自陳年老不拜各以壽終

譙秀

譙秀字元彥巴西人也祖周以儒學著稱顯名蜀朝秀少而靜默不交於世知天下將亂預絕人事雖內外宗親不與相見郡察孝廉州舉秀才皆不就及李雄據蜀略有巴西雄叔父驤驤子壽皆慕秀名具束帛安車徵之皆不應常冠皮弁弊衣躬耕山藪龔壯常歎服焉桓溫滅蜀上疏薦之朝廷以秀年在篤老兼道遠故不徵遣使勑所在四時存問尋而范賁蕭敬相繼作亂秀避難宕渠鄉里宗族依憑之者以百數秀年出八十衆人欲代之負擔秀曰各有老弱當先營護吾氣力猶足自堪豈以垂朽之年累諸君也年九十餘卒

翟湯

翟湯字道深尋陽人篤行純素仁讓廉絜不屑世事耕而後食人有餽贈雖釜庾一無所受永嘉末寇害相繼

閭湯名德皆不敢犯鄉人賴之司徒王導辟不就隱于縣界南山始安太守干寶與湯通家遣船餉之勑吏云翟公廉讓卿致書訖便委船還湯無人反致乃貨易絹物因寄還寶寶本以爲惠而更煩之益愧歎焉咸康中征西大將軍庾亮上疏薦之成帝徵爲國子博士湯不起建元初安西將軍庾翼北征石季龍大發僮客以充戎役勑有司特蠲湯所調湯悉推僕使委之鄉吏吏奉旨一無所受湯依所調限放免其僕使令編戶爲百姓康帝復以散騎常侍徵湯固辭老疾不至年七十三卒於家

子莊字祖休少以孝友著名遵湯之操不交人物耕而後食語不及俗惟以弋釣爲事及長不復獵或問漁獵同是害生之事而先生止去其一何哉莊曰獵自我釣自物未能頓盡故先節其甚者且夫貪餌吞鉤豈我哉時人以爲知古賢節亦不復釣端居蓽門歠菽飲水州府禮命及公車徵並不就年五十六卒子嶠亦有高操屢辭辟命嶠子法賜孝武帝以散騎郎徵亦不至世有隱行云

郭翻

郭翻字長翔武昌人也伯父訥廣州刺史父察安城太守翻少有志操辭州郡辟及賢良之舉家于臨川不交世事惟以漁釣射獵爲娛居貧無業欲墾荒田先立表題經年無主然後乃作稻將熟有認之者悉推與之縣令聞而詰之以稻還翻翻遂不受嘗以車獵去家百餘里道中逢病人以車送之徒步而歸其漁獵所得或從買者便與之而不取直亦不告姓名由是士庶咸敬貴焉與翟湯俱爲庾亮所薦公車博士徵不就咸康末乘小船暫歸武昌省墳墓安西將軍庾翼以帝舅之重躬往造翻欲强起之翻曰人性各有所短焉可彊逼翼又以其船小狹欲引就大船翻曰使君不以鄙賤而辱臨之此固野人之舟也翼俯屈入其船中終日而去嘗墜刀於水路人有爲取者因與之路人不取固辭翻曰爾向不取我豈能得路人曰我若取此將爲天地鬼神所責矣翻知其終不受復沉刀於水路人悵焉乃復沉沒取之翻於是不逆其意乃以十倍刀價與之其廉不受惠皆此類也卒于家

辛謐

辛謐字叔重隴西狄道人也父怡幽州刺史世稱冠族謐少有志尚博學善屬文工草隸書爲時楷法性恬靜不妄交游召拜太子舍人諸王文學累徵不起永嘉末以謐兼散騎常侍慰撫關中謐以洛陽將敗故應之及長安陷沒于劉聰聰拜太中大夫固辭不受又歷石勒季龍之世並不應辟命雖處喪亂之中頹然高邁視榮利蔑如也及冉閔僭號復備禮徵爲太常謐遺閔書曰昔許由辭堯以天下讓之全其清高之節伯夷去國子推逃賞皆顯史牒傳之無窮此往而不反者也然賢人君子雖居廟堂之上無異於山林之中斯窮理盡性之妙豈有識之者邪是故不嬰於禍難者非爲避之但冥心至趣而與吉會耳謐聞物極則變冬夏是也致高則危累碁是也君王功以成矣而久處之非所以顧萬全遠危亡之禍也宜因茲大捷歸身本朝必有許由伯夷之廉享松喬之壽永爲世輔豈不美哉因不食而卒

劉驎之

劉驎之字子驥南陽人光祿大夫耽之族也驎之少尚質素虛退寡欲不修儀操人莫之知好游山澤志存遯逸嘗採藥至衡山深入忘反見有一澗水水南有二石囷一囷閉一囷開水深廣不得過欲還失道遇伐弓人問徑僅得還家或說囷中皆仙靈方藥諸雜物驎之欲更尋索終不復知處也車騎將軍桓沖聞其名請爲長史驎之固辭不受沖嘗到其家驎之於樹條桑使者致命驎之曰使君既枉駕光臨宜先詣家君沖聞大愧於是乃造其父父命驎之然後方還拂短褐與沖言話父使驎之於內自持濁酒蔬菜供賓沖勑人代驎之斟酌父辭曰若使從者非野人之意也沖慨然至昏乃退驎之雖冠冕之族信義著於群小凡廝伍之家婚娶葬送無不躬自造焉居于陽岐在官道之側人物來往莫不投之驎之躬自供給士君子頗以勞累更憚過焉凡人致贈一無所受去驎之家百餘里有一孤姥病將死歎息謂人曰誰當埋我惟有劉長史耳何由令知驎之先聞其有患故往候之值其命終乃身爲營棺殯送之其仁愛隱惻若此卒以壽終

索襲

索襲字偉祖敦煌人也虛靖好學不應州郡之命舉孝廉賢良方正皆以疾辭游思於陰陽之術著天文地里十餘篇多所啓發不與當世交通或獨語獨笑或長歎涕泣或請問不言張茂時敦煌太守陰澹奇而造焉經日忘反出而歎曰索先生碩德名儒眞可以諮大義澹欲行鄉射之禮請襲爲三老曰今四表輯寧將行鄉射之禮先生年耆望重道冠一時養老之義實繫儒賢既樹非梧桐而希鸞鳳降翼器謝曹公而冀蓋公枉駕誠非所謂也然夫子至聖有召赴焉孟軻大德無聘不至蓋欲弘闡大猷敷明道化故也今之相屈遵道崇教非有爵位意者或可然乎會病卒時年七十九澹素服會葬賻錢二萬澹曰世人之所有餘者富貴也目之所好者五色也耳之所玩者五音也而先生棄衆人之所收收衆人之所棄味無味於慌惚之際兼重玄於衆妙之內宅不彌畝而志忽九州形居塵俗而棲心天外雖黔婁之高遠莊生之不願蔑以過也乃諡曰玄居先生

楊軻

楊軻天水人也少好易長而不娶學業精微養徒數百常食麤飲水衣褐縕袍人不堪其憂而軻悠然自得踈賓異客音旨未曾交也雖受業門徒非入室弟子莫得親言欲所論授須旁無雜人授入室弟子令遞相宣授劉曜僭號徵拜太常軻固辭不起曜亦敬而不逼遂隱于隴山曜後爲石勒所擒秦人東徙軻留長安及石季龍嗣僞位備玄纁束帛安車徵之軻以疾辭迫之乃發既見季龍不拜與語不言命舍之于永昌乙第其有司以軻倨傲請從大不敬論季龍不從下書任軻所尚軻在永昌季龍每有饋餼輒口授弟子使爲表謝其文甚美覽者歎有深致季龍欲觀其眞趣乃密令美女夜以動之軻蕭然不顧又使人將其弟子盡行遺魁壯羯士衣甲持刀臨之以兵幷竊其所賜衣服而去軻視而不言了無懼色常臥土牀覆以布被倮寢其中下無茵褥潁川荀鋪好奇之士也造而談經軻瞑目不答鋪發軻被露其形大笑之軻神體頹然無驚怒之狀于時咸以爲焦先之徒未有能量其深淺也後上疏陳鄉思求還季龍送以安車蒲輪蠲十戶供之自歸秦州仍教授不絕其後秦人西奔涼州軻弟子以牛負之爲戍軍追擒幷爲所害

公孫鳳

公孫鳳字子鸞上谷人也隱于昌黎之九城山谷冬衣單布寢土牀夏則幷食于器停令臭敗然後食之彈琴吟詠陶然自得人咸異之莫能測也慕容暐以安車徵至鄴及見暐不言不拜衣食舉動如在九城賓客造請勘得與言數年病卒

公孫永

公孫永字子陽襄平人也少而好學恬虛隱于平郭南山不娶妻妾非身所墾植則不衣食之吟詠岩間欣然自得年餘九十操尚不虧與公孫鳳俱被慕容暐徵至鄴及見暐不拜王公已下造之皆不與言雖經隆冬盛暑端然自若一歲餘詐狂暐送之平郭後苻堅又將備禮徵之難其年耆路遠乃遣使者致問未至而永亡堅深悼之諡曰崇虛先生

張忠

張忠字巨和中山人也永嘉之亂隱于泰山恬靜寡欲清虛服氣飡芝餌石修導養之法冬則縕袍夏則帶索端拱若尸無琴書之適不修經典勸教但以至道虛無爲宗其居依崇巖幽谷鑿地爲窟室弟子亦以窟居去忠六十餘步五日一朝其教以形不以言弟子受業觀形而退立道壇于窟上每旦朝拜之食用瓦器鑿石爲釜左右居人饋之衣食一無所受好事少年頗或問以水旱之祥忠曰天不言而四時行焉萬物生焉陰陽之事非窮山野叟所能知之其遺諸外物皆此類也年在期頤而視聽無爽苻堅遣使徵之使者至忠沐浴而起謂弟子曰吾餘年無幾不可以逆時主之意浴訖就車及至長安堅賜以冠衣辭曰年朽髮落不堪衣冠請以野服入覲從之及見堅謂之曰先生考磐山林研精道素獨善之美有餘兼濟之功未也故遠屈先生將任齊尚父忠曰昔因喪亂避地泰山與鳥獸爲侶以全朝夕之命屬堯舜之世思一奉聖顏年衰志謝不堪展効尚父之況非敢竊擬山棲之性情存巖岫乞還餘齒歸死岱宗堅以安車送之行達華山歎曰我東嶽道士沒於西嶽命也奈何行五十里及關而死使者馳驛白之堅遣黃門郎韋華持節策弔祀以太牢襃賜命服諡曰安道先生

石垣

石垣字洪孫自云北海劇人居無定所不娶妻妾不營產業食不求美衣必麤弊或有遺其衣服受而施人人有喪葬輒杖策弔之路無遠近時有寒暑必在其中或同日共時咸皆見焉又能闇中取物如晝無差姚萇之亂莫知所終

宋纖

宋纖字令艾敦煌效穀人也少有遠操沉靖不與世交隱居于酒泉南山明究經緯弟子受業三千餘人不應州郡辟命惟與陰顒齊好友善張祚時太守楊宣畫其象於閣上出入視之作頌曰爲枕何石爲漱何流身不可見名不可求酒泉太守馬岌高尚之士也具威儀鳴鐃鼓造焉纖高樓重閣距而不見岌歎曰名可聞而身不可見德可仰而形不可覩吾而今而後知先生人中之龍也銘詩於石壁曰丹崖百丈青壁萬尋奇木蓊鬱

蔚若鄧林其人如玉維國之琛室邇人遐實勞我心織注論語及為詩頌數萬言年八十篤學不倦張祚後遣使者張興備禮徵為太子友興逼喻甚切織喟然歎曰德非莊生才非干木何敢稽停明命遂隨興至姑臧祚遣其太子太和以執友禮造之織稱疾不見贈遺一皆不受尋遷太子太傅頃之上疏曰臣受生方外心慕太古生不喜存死不悲沒素有遺屬屬諸知識在山投山臨水投水處澤露形在人親土聲聞書疏勿告我家今當命終乞如素願遂不食而卒時年八十二謚曰玄虛先生

郭荷

郭荷字承休略陽人也六世祖整漢安順之世公府八辟公車五徵皆不就自整及荷世以經學致位荷明究羣籍特善史書不應州郡之命張祚遣使者以安車束帛徵為博士祭酒使者迫而致之及至署太子友荷上疏乞還祚許之遣以安車蒲輪送還張掖東山年八十四卒謚曰玄德先生

郭瑀

郭瑀字元瑜敦煌人也少有超俗之操東游張掖師事郭荷盡傳其業精通經義雅辯談論多才藝善屬文荷卒瑀以為父生之師成之君爵之而五服之制師不服重蓋聖人謙也遂服斬衰廬墓三年禮畢隱于臨松薤谷鑿石窟而居服柏實以輕身作春秋墨說孝經錯緯弟子著錄千餘人張天錫遣使者孟公明持節以蒲輪玄纁備禮徵之遺瑀書曰先生潛光九皐懷真獨遠心與至境冥符志與四時消息豈知蒼生倒懸四海待拯者乎孤忝承時運負荷大業思與賢明同贊帝道昔傳說龍翔殷朝尚父鷹揚周室孔聖車不停軌墨子駕不俟旦皆以黔首之禍不可以不救君不獨立道由人弘故也況今九服分為狄場二都盡為戎穴天子僻陋江東名教淪於左衽創毒之甚開闢未聞先生懷濟世之才坐觀而不救其於仁智孤竊惑焉故遣使者虛左授綏鶴企先生乃眷下國公明至山瑀指翔鴻以示之曰此鳥也安可籠哉遂深逃絕迹公明拘其門人瑀歎曰吾逃祿非避罪也豈得隱居行義害及門人乃出而就徵及至姑臧值天錫母卒瑀括髮入弔三踊而出還于南山及天錫滅苻堅又以安車徵瑀定禮儀會父喪而止太守辛章遣書生三百人就受業焉及苻氏之末略陽王穆起兵酒泉以應張大豫遣使招瑀瑀歎曰臨河救溺不卜命之短長脈病三年不豫絕其餐饋魯連在趙義不結舌況人將左衽而不救之乃與敦煌索嘏起兵五千運粟三萬石東應王穆穆以瑀為太府左長史軍師將軍雖居元佐而口詠黃老冀功成世定追伯成之蹤穆惑於讒間西伐索嘏瑀諫曰昔漢定天下然後誅功臣今事業未建而誅之立見麋鹿游于此庭矣穆不從瑀出城大哭舉手謝城曰吾不復見汝矣還而引被覆面不與人言不食七日輿疾而歸旦夕祈死夜夢乘青龍上天至屋而止寤而歎曰龍飛在天今止于屋屋之為字尸下至也龍飛至尸吾其死也古之君子不卒內寢況吾正士乎遂還酒泉南山赤厓閣飲氣而卒

祈嘉

祈嘉字孔賓酒泉人也少清貧好學年二十餘夜忽窻中有聲呼曰祈孔賓祈孔賓隱去來隱去來修飾人世甚苦不可諧所得未毛銖所喪如山崖旦而逃去西至敦煌依學官誦書貧無衣食為書生都養以自給遂博通經傳精究大義西游海渚教授門生百餘人張重華徵為儒林祭酒性和裕教授不倦依孝經作二九神經在朝卿士郡縣守令彭和正等受業獨拜牀下者二千餘人天錫謂為先生而不名之竟以壽終

瞿硎先生

瞿硎先生者不得姓名亦不知何許人也太和末常居宣城郡界文脊山中山有瞿硎因以為名焉大司馬桓溫嘗往造之既至見先生被鹿裘坐于石室神無忤色溫及僚佐數十人皆莫測之乃命伏滔為之銘贊竟卒於山中

謝敷

謝敷字慶緒會稽人也性澄靖寡欲入太平山十餘年鎮軍郗愔召為主簿臺徵博士皆不就初月犯少微少微一名處士星占者以隱士當之譙國戴逵有美才人或憂之俄而敷死故會稽人士以嘲吳人云吳中高士便是求死不得死

戴逵

戴逵字安道譙國人也少博學好談論善屬文能鼓琴工書畫其餘巧藝靡不畢綜總角時以雞卵汁溲白瓦屑作鄭玄碑又為文而自鐫之詞麗器妙時人莫不驚歎性不樂當世常以琴書自娛師事術士范宣於豫章宣異之以兄女妻焉太宰武陵王晞聞其善鼓琴使人召之逵對使者破琴曰戴安道不為王門伶人晞怒乃更引其兄述述聞命欣然擁琴而往逵後徙居會稽之剡縣性高絜常以禮度自處深以放達為非道乃著論曰夫親沒而採藥不反者不仁之子也君危而屢出近關者苟免之臣也而古之人未始以彼害名教之體者何達其旨故也達其旨故不惑其迹若元康之人可謂好遯跡而不求其本故有捐本徇末之弊舍實逐聲之行是猶美西施而學其顰眉慕有道而折其巾角所以為慕者非其所以為美徒貴貌似而已矣夫紫之亂朱以其似朱也故鄉原似中和所以亂德放達似惠連所以亂道然竹林之為放有疾而為顰者也元康之為放無德而折巾者也可無察乎且儒家尚譽者本以興賢也既失其本則有色取之行懷情喪真以容貌相欺其弊必至於末偽道家去名者欲以篤實也苟失其本又有越檢之行情禮俱虧則仰詠兼忘其弊必至於本薄夫偽薄者非二本之失而為弊者必託二本以自通夫道有常經而弊無常情是以六經有失二政有弊苟乖其本固聖賢所無奈何也嗟夫行道之人自非性足體備闇蹈而當者亦曷能不棲情古烈擬規前修苟迷擬之然後動議之然後言固當先辯其趣舍之極求其用心之本識其枉尺直尋之旨採其被褐懷玉之由若斯塗雖殊而其歸可觀也跡雖亂而其絜不乖也不然則流遯忘反為風波之行自驅以物自誑以偽外眩囂華內喪道實以矜尚掩其真主以塵垢翳其天正貽笑千載可不慎歟孝武帝時以散騎常侍國子博士累徵辭父疾不就郡縣敦逼不已乃逃于吳吳國內史王珣有別館在武丘山逵潛詣之與珣游處積旬會稽內史謝玄慮逵遠遁不反乃上疏曰伏見譙國戴逵希心俗表不嬰世務棲遲衡門與琴書為友雖策命屢加幽操不回超然絕跡自求其志且年垂耳順常抱羸疾時或失適轉至委篤今王命未回將離風霜之患陛下既已愛而器之亦宜使其身名並存請絕其召命疏奏帝許之逵復還剡後王珣為尚書僕射上疏復請徵為國子祭酒加散騎常侍徵之復不至太元二十年皇太子始出東宮太子太傅會稽王道子少傅王雅詹事王珣又上疏逵執操貞厲含味獨游年在耆老清風彌劭東宮虛德式延事外宜加旌命以參僚侍逵既重幽居之操必以難進為美宜下所在備禮發遣會病卒長子勃有父風義熙初以散騎常侍徵不起尋卒

龔玄之

龔玄之字道玄武陵漢壽人也父登歷長沙相散騎常侍玄之好學潛默安於陋巷州舉秀才公府辟不就孝武帝下詔曰夫哲王御世必搜揚幽隱故空谷流縶維之詠丘園旅束帛之觀譙國戴逵武陵龔玄之並高尚其操依仁游藝絜已貞鮮學弘儒業朕虛懷久矣二三君子豈其戢賢於懷抱哉思挹雅言希承讜議可並以為散騎常侍領國子博士指下所在備禮發遣不得循常以稽側席之望郡縣敦逼苦辭疾篤不行尋卒時年五十八弟子元嘉亦有德操高尚不仕舉秀才及州辟召並稱疾不就孝武帝以太學博士散騎侍郎給事中累徵遂不起卒於家

陶淡

陶淡字處靜太尉侃之孫也父夏以無行被廢淡幼孤好導養之術謂僊道可祈年十五六便服食絕穀不婚娶家累千金僮客百數淡終日端拱曾不營問頗好讀易善卜筮於長沙臨湘山中結廬居之養一白鹿以自偶親故有候之者輒移渡澗水莫得近之州舉秀才淡聞遂轉逃羅縣埤山中終身不返莫知所終

陶潛

陶潛字元亮大司馬侃之曾孫也祖茂武昌太守潛少懷高尚博學善屬文穎脫不羈任真自得為鄉鄰之所貴嘗著五柳先生傳以自況曰先生不知何許人不詳姓字宅邊有五柳樹因以為號焉閑靜少言不慕榮利好讀書不求甚解每有會意欣然忘食性嗜酒而家貧不能恒得親舊知其如此或置酒招之造飲必盡期在必醉既醉而退曾不吝情環堵蕭然不蔽風日短褐穿結簞瓢屢空晏如也常著文章自娛頗示己志忘懷得失以此自終其自序如此時人謂之實錄以親老家貧起為州祭酒不堪吏職少日自解歸州召主簿不就躬耕自資遂抱羸疾復為鎮軍建威參軍謂親朋曰聊欲絃歌以為三徑之資可乎執事者聞之以為彭澤令在縣公田悉令種秫穀曰令吾常醉於酒足矣妻子固請種秔乃使一頃五十畝種秫五十畝種秔素簡貴不私事上官郡遣督郵至縣吏白應束帶見之潛歎曰吾不能為五斗米折腰拳拳事鄉里小人邪義熙二年解印去縣乃賦歸去來其辭曰歸去來兮田園將蕪胡不歸既自以心為形役奚惆悵而獨悲悟已往之不諫知來者之可追實迷途其未遠覺今是而昨非舟遙遙以輕颺風飄飄而吹衣問征夫以前路恨晨光之希微乃瞻衡宇載欣載奔僮僕來迎稚子候門三逕就荒松菊猶存携幼入室有酒盈樽引壺觴以自酌眄庭柯以怡顏倚南牕以寄傲審容膝之易安園日涉而成趣門雖設而常關策扶老而流憩時矯首而遐觀雲無心而出岫

烏倦飛而知還景翳翳其將入撫孤松而盤桓歸去來兮請息交以絕游世與我而相遺復駕言兮焉求悅親戚之情話樂琴書以消憂農人告余以春暮將有事乎西疇或命巾車或棹孤舟既窈窕以尋壑亦崎嶇而經丘木欣欣以向榮泉涓涓而始流善萬物之得時感吾生之行休已矣乎寓形宇內復幾時曷不委心任去留胡爲乎遑遑欲何之富貴非吾願帝鄉不可期懷良晨以孤往或植杖而芸耔登東皐以舒嘯臨清流而賦詩聊乘化而歸盡樂夫天命復奚疑頃之徵著作郎不就既絕州郡覲謁其鄉親張野及周旋人羊松齡寵遵等或有酒要之或要之共至酒坐雖不識主人亦欣然無忤酣醉便反未嘗有所造詣所之唯至田舍及廬山游觀而已刺史王弘以元熙中臨州甚欽遲之後自造焉潛稱疾不見既而語人云我性不狎世因疾守閑幸非潔志慕聲豈敢以王公紆軫爲榮邪夫謬以不賢此劉公幹所以招謗君子其罪不細也弘每令人候之密知當往廬山乃遣其故人龐通之等齎酒先於半道要之潛既遇酒便引酌野亭欣然忘進弘乃出與相見遂歡宴窮日潛無履弘顧左右爲之造履左右請履度潛便於坐申脚令度焉弘要之還州問其所乘答云素有脚疾向乘籃輿亦足自反乃令一門生二兒共轝之至州而言笑賞適不覺有羨於華軒也弘後欲見輒於林澤間候之至於酒米乏絕亦時相贍其親朋好事或載酒肴而往潛亦無所辭焉每一醉則大適融然又不營生業家務悉委之兒僕未嘗有喜慍之色唯遇酒則飲時或無酒亦雅詠不輟嘗言夏月虛閑高臥北窗之下清風颯至自謂羲皇上人性不解音而畜素琴一張絃徽不具每朋酒之會則撫而和之曰但識琴中趣何勞絃上聲以宋元嘉中卒時年六十三所有文集並行於世

史臣曰君子之行殊途顯晦之謂也出則允釐庶政以道濟時處則振拔囂埃以卑自牧詳求厥義其來夐矣公和之居窟室裳唯編草誡叔夜而凝神鑒威輦之處叢祠衣無全帛對子荆而陳貞則並滅景而弗追柳禽尚平之流亞夏統遠邇稱其孝友宗黨高其諒直歎小海之曲則伍胥猶存固貞石之心則公閭尤愧時幸洛濱之觀信乎茲言宋纖幼懷遠操清規映拔楊宣頌其畫象馬岌歎其人龍玄虛之號實斯爲美餘之數子或移病而去官或著論而矯俗或箕踞而對時人或弋釣而棲衡泌含和隱璞乘道匿輝不屈其志激清風於來葉者矣

贊曰厚秩招累修名順欲確乎群士超然絕俗養粹巖阿銷聲林曲激貪止競永垂高躅

晉書卷九十四考證

董京傳字威輦○逸士傳作董威與此云京字威輦小異

亦將闕我輦顧而去○輦監本誤畢今從音義改正

郭文傳乃步擔入吳興餘杭大滌山中○臣宗楷按滌監本訛辟羅隱詩沓沓諸天路蒼蒼大滌山正指其地今改正

譙秀傳秀避難宕渠○宕監本誤巖地理志宕渠郡名殆宕誤岩岩復誤巖也今改正

翟湯傳始安太守干寶與湯通家○干監本訛于今從本書干寶傳改正

晉書卷九十五

唐太宗文皇帝御撰

列傳第六十五

藝術

藝術之興由來尚矣先王以是決猶豫定吉凶審存亡省禍福曰神與智藏往知來幽贊冥符弼成人事既興利而除害亦威衆以立權所謂神道設教率由於此然而詭託近於妖妄迂誕難可根源法術紛以多端變態諒非一緒眞雖存矣僞亦憑焉聖人不語怪力亂神良有以也逮丘明首唱叙妖夢以垂文子長繼作援龜策以立傳自茲厥後史不絕書漢武雅好神僊世祖尤耽讖術遂使文成五利逞詭詐而取寵榮尹敏桓譚由忤時而嬰罪戾斯固通人之所蔽千慮之一失者乎詳觀衆術抑惟小道棄之如或可惜存之又恐不經載籍既務在博聞筆削則理宜詳備晉謂之乘義在於斯今錄其推步尤精伎能可紀者以爲藝術傳式備前史云

陳訓

陳訓字道元歷陽人少好祕學天文算歷陰陽占候無不畢綜尤善風角孫晧以爲奉禁都尉使其占候晧政嚴酷訓知其必敗而不敢言時錢塘湖開或言天下當太平青蓋入洛陽晧以問訓訓曰臣止能望氣不能達湖之開塞退而告其友曰青蓋入洛將有輿櫬銜璧之事非吉祥也尋而吳亡訓隨例內徙拜諫議大夫俄而去職還鄉及陳敏作亂遣弟宏爲歷陽太守訓謂邑人曰陳家無王氣不久當滅宏聞將斬之訓鄉人秦璩爲宏叅軍乃說宏曰訓善風角可試之如不中徐斬未晚也乃赦之時宏攻征東叅軍衡彥於歷陽乃問訓曰城中有幾千人攻之可拔不訓登牛渚山望氣曰不過五百人然不可攻攻之必敗宏復大怒曰何有五千人攻五百人而有不得理命將士攻之果爲彥所敗方信訓有道術乃優遇之都水叅軍淮南周亢嘗問訓以官位訓曰君至卯年當剖符近郡酉年當有曲蓋亢曰脫如來言當相薦拔訓曰性不好官惟欲得米耳後亢果爲義興太守金紫將軍時劉聰王彌寇洛陽歷陽太守武瑕問訓曰國家人事如何訓曰胡賊三逼國家當敗天子野死今尚未也其後懷愍二帝果有平陽之酷焉或問其以明年吉凶者訓曰揚州刺史當死武昌大火上方節將亦當死至時劉陶周訪皆卒武昌大火燒數千家時甘卓爲歷陽太守訓私謂所親曰甘侯頭低而視仰相法名爲盼刀又目有赤脈自外而入不出十年必以兵死不領兵則可以免卓果爲王敦所害丞相王導多病每自憂慮以問訓訓曰公耳豎垂肩必壽亦大貴子孫當興於江東咸如其言訓年八十餘卒

戴洋

戴洋字國流吳興長城人也年十二遇病死五日而蘇說死時天使其爲酒藏吏授符籙給吏從幡麾將上蓬萊崑崙積石太室恒廬衡等諸山既而遣歸逢一老父謂之曰汝後當得道爲貴人所識及長遂善風角爲人短陋無風望然好道術妙解占候卜數吳末爲臺吏知吳將亡託病不仕及吳平還鄉里後行至瀨鄉經老子祠皆是洋昔死時所見使處但不復見昔物耳因問守藏應鳳曰去二十餘年嘗有人乘馬東行過老君而不下馬未達橋墜馬死者不鳳言有之所問之事多與洋同揚州刺史嘗問吉凶於洋答曰熒惑入南斗八月有暴水九月當有客軍西南來如期果大水而石氷作亂氷既據揚州洋謂人曰視賊雲氣四月當破果如其言時陳敏爲右將軍堂邑令孫混見而美之洋曰敏當作賊族滅何足願也未幾敏果反而誅焉初混欲迎其家累洋曰此地當敗得臘不得正豈可移家於賊中乎混便止歲末敏弟昶攻堂邑混遂以單身走免其後都水馬武畢洋爲都水令史洋請急還鄉將赴洛夢神人謂之曰洛中當敗人盡南渡後五年揚州必有天子洋信之遂不去既而皆如其夢廬江太守華譚問洋曰天下誰當復作賊者洋曰王機尋而機反陳眕問洋曰人言江南當有貴人顧彥先周宣珮當是不洋曰顧不及臘周不見來年八月榮果以十二月十七日卒十九日臘珮以明年七月晦亡王導遇病召洋問之洋曰君侯本命在申金爲土使之主而於申上石頭立冶火光照天此爲金火相爍水火相煎以故受害耳導即移居東府病遂差鎮東從事中郎張闓舉洋爲丞相令史時司馬颺爲烏程令將赴職洋曰君宜深慎下吏颺後果坐吏免官洋又謂曰卿雖免官十一月當作郡加將軍至期爲太山太守鎮武將軍颺賣宅將行洋止之曰君不得至當還不可無宅颺果爲徐龕所逼不得之郡元帝增颺衆二千使助祖逖洋勸颺不行颺乃稱疾收付廷尉俄而因赦得出元帝將登阼使洋擇日洋以爲宜用三月二十四日景午太令史陳卓奏用二十二日言昔越王用甲辰三月反國范蠡稱在陽之前當主盡出上下盡空德將出游刑入中宮今與此同洋曰越王爲吳所囚雖當時遜媚實懷怨憤蠡故用甲辰乘德而歸留刑吳宮今大王內無含咎外無怨憤當承天洪命納祚無窮何爲追越王去國留殃故事邪乃從之及祖約代兄鎮譙請洋爲中典軍遷督護永昌元年四月庚辰禺中時有大風起自東南折木洋謂約曰十月必有賊到譙城東至歷陽南方有反者主簿王振以洋爲妖白約收洋付刺奸而絕其食五十日言語如故約知其有神術乃赦之而讓振振後有罪被收洋救之約曰振往日相繫今何以救之洋曰振不識風角非有宿嫌振往時垂飢死洋養活之振猶尚遺忘夫處富貴而不棄貧賤甚難約義之即原振賜洋米三十石至十月三日石勒騎果到譙城東洋言於約曰賊必向城父可遣騎水南追之步軍於水北斷要路賊必敗約竟不追賊乃掠城父婦女輜重而去約將魯延求追賊洋曰不可約不從使兄子智與延追之賊僞棄婦女輜重走智與延等爭物賊還掩之智延僅以身免士卒皆死約表洋爲下邑長時梁國人反逐太守袁晏梁城峻嶮約欲討之而未決洋曰賊以八月辛酉日反日辰俱王辛德在南方酉受自刑梁在譙北乘德伐刑賊必破亡又甲子日東風而雷西行譙在東南雷在軍前爲軍驅除昔吳伐關羽天雷在前周瑜拜賀今與往同故知必剋約從之果平梁

城太寧三年正月有大流星東南行洋曰至秋府當移壽陽及王敦作逆約問其勝敗洋曰太白在東方辰星不出兵法先起爲主應者爲客辰星若出太白爲主辰星爲客辰星不出太白爲客先起兵者敗今有客無主有前無後宜傳檄所部應詔伐之約乃率衆向合肥俄而敦死衆敗遂住壽陽洋又曰江淮之間當有軍事譙城虛曠宜還固守不者雍丘沛皆非官有也約不從豫土遂陷於賊咸和元年春約南行佃遇大雷雨西南來洋曰甲子西南天雷其夏必失大將至夏汝南人反執約兄子濟送于石勒約府內地忽赤如丹洋曰按河圖徵云地赤如丹血丸丸當有下犯上者恐十月二十七日胡馬當來飲淮水至時石勒騎大至攻城大戰其日西南兵火俱發約大懼會風迴賊退時傳言勒遣騎向壽陽約欲送其家還江東洋曰必無此事尋而傳言果妄咸和初月暈在角有赤白珥約問洋洋曰角爲天門開布陽道官門當有大戰俄而蘇峻遣使招約俱反洋謂約曰蘇峻必敗然其初起兵鋒不可當可外和內嚴以待其變約不從遂與峻反至三年五月大風雷雨西北來城內晦暝洋謂約曰雷鳴人上明使君當遠佞近直愛下振貧昔秦有此變卒致亂亡約大怒收洋繫之遣部將李桑將兵到盧江其衆盡散約召洋出問之曰吾還東何如留壽陽若留壽陽何如入胡洋曰東入失半入胡滅門留壽陽尚可約欲東向歷陽其衆不樂東下皆叛約劫約姊及嫂奔于石勒約到歷陽祖煥問洋曰君昔言平西在壽陽可得五年果如君言今在歷陽可得幾時洋曰得六月耳約問洋臺下及此氣候何如洋曰此當復有反者臺下來年三月當太平江州當大喪後南方復有軍事去此千里尋而牽騰叛約約率所親將家屬奔于石勒二月而天子反正四月而温嶠卒郭默據湓口以叛後勒誅約及親屬並盡皆如洋言約既敗洋往尋陽時劉胤鎮尋陽胤問洋曰我病當差不洋曰不憂使君不差憂使君今年有大厄使君年四十七行年入庚寅太公陰謀曰六庚爲白獸在上爲客星在下爲害氣年與命并必凶當忌十二月二十二日庚寅勿見客胤曰我當解職將君還野中治病洋曰使君當作江州不得解職胤曰温公不復還邪洋曰温公雖還使君故作江州俄如其言九月甲寅申時迴風從東來入胤兒船中西過狀如匹練長五六丈洋曰風從咸池下來攝提下去咸池爲刀兵大殺爲死喪到甲子日申時府內大聚骨埋之胤問在何處洋曰不出州府門也胤架府東門洋又曰東爲天牢牢下開門憂天獄至十二月十七日洋又曰臘近可開門以五十人備守并以百人備東北寅上以却害氣胤不從二十四日壬辰胤遂爲郭默所害南中郎將桓宣以洋爲參軍將隨宣往襄陽太尉陶侃留之住武昌時侃謀北伐洋曰前年十一月熒惑守胃昴至今年四月積五百餘日昴趙之分野石勒遂死熒惑以七月退從畢右順行入黃道未及天關以八月二十二日復逆行還鈎繞畢向昴昴畢爲邊兵主胡夷故置天弓以射之熒惑逆行司無德之國石勒死是也勒之餘燼以自殘害今年官與太歲太陰三合癸巳癸爲北方北方當受災歲鎮二星共合翼軫從子及巳徘徊六年荆楚之分歲鎮所守其下國昌豈非功德之徵也今年六月鎮星前角亢角亢鄭之分歲星移入房太白在心心房宋分順之者昌逆之者亡石季龍若與兵東南此其死會也官若應天伐刑徑據宋鄭則無敵矣若天與不取反受其咎侃志在中原聞而大喜會病篤不果行侃薨征西將軍庾亮代鎮武昌復引洋問氣候洋曰天有白氣喪必東行不過數年必應尋有大鹿向西城門洋曰野獸向城主人將去城東家夜半望見城內有數炬火從城上出如大車狀白布幔覆與火俱出城東北行至江乃滅洋聞而歎曰此與前白氣同時亮欲西鎮石城或問洋此西足當欲東不洋曰不當也咸康三年洋言於亮曰武昌土地有山無林政可圖始不可居終山作八字數不及九昔吳用壬寅來上創立宮城至己酉還下秣陵陶公亦涉八年土地盛衰有數人心去就有期不可移也公宜更擇吉處武昌不可久住五年亮令毛寶屯邾城九月洋言於亮曰毛豫州今年受死問昨朝大霧晏風當有怨賊報仇攻圍諸侯誡宜遠偵邏寶問當在何時答曰五十日內其夕又曰九月建戌朱雀飛驚征軍還歸乘戴火光天示有信災廢東房葉落歸本慮有後患明日又曰昨夜火殃非國福今年架屋致使君病可因燒屋移家南渡無嫌也寶即遣兒婦還武昌尋傳賊當來攻城洋曰十月丁亥夜半時得賊問干爲君支爲臣丁爲征西府亥爲邾城功曹爲賊神加子時十月水王木相王相氣合賊必來寅數七子數九賊高可九千人下可七千人從魁爲貴人加丁下剋上有空亡之事不敢進武昌也賊果陷邾城而去亮問洋曰故當不失石城否洋曰賊從安陸向石城逆太白當伐身無所慮亮曰天何以利胡而病我洋曰天符有吉凶土地有盛衰今年害氣三合己亥己爲天下亥爲戎胡季龍亦當受死今乃不憂賊但憂公病耳亮曰何方救我疾洋曰荆州受兵江州受災公可去此二州亮曰如此當有解不洋曰恨晚猶差不也亮竟不能解二州遂至大困洋曰昔蘇峻時公於白石祠中祈福許賽其牛至今未解故爲此鬼所考亮曰有之君是神人也或問洋曰庾公可得幾時洋曰見明年時亮已不識人咸以爲妄果至正月一日而薨庾翼代亮洋復爲占候少時卒年八十餘所占驗者不可勝紀

韓友

韓友字景先盧江舒人也爲書生受易於會稽伍振善占卜能圖宅相冢亦行京費厭勝之術龍舒長鄧林婦病積年垂死醫巫皆息意友爲筮之使畫作野豬著臥處屏風上一宿覺佳於是遂差舒縣廷掾王睦病死已復魄友爲筮之令以丹畫版作日月置牀頭又以豹皮馬鄣泥臥上立愈劉世則女病魅積年巫爲攻禱伐空冢故城間得狸鼉數十病猶不差友筮之命作布囊依女發時張囊著牕牖間友閉戶作氣若有所驅斯須之間見囊大脹如吹因決敗之女仍大發友乃更作皮囊二枚沓張之施張如前囊復脹滿因急縛囊口懸著樹二十許日漸消開視有二斤狐毛女遂差宣城邊洪以四月中就友卜家中安否友曰卿家有兵殃其禍甚重可伐七十束柴積於庚地至七月丁酉放火燒之咎可消也不爾其凶難言洪即聚柴至日大風不敢發火洪後爲廣陽領校遭母喪歸家友來投之時日已暮出告從者速裝束吾當夜去從者曰今日已暝數十里草行何急復去友曰非汝所知也此間血覆地寧可復往苦留之不待食而去其夜洪欻發狂絞殺兩子并殺婦又斫父妾二人皆被創因出亡走明日其宗族往收殯亡者尋索洪數日於宅前林中得之已自經死宣城太守殷祐有病友筮之曰七月晦日將有大鸖鳥來集廳事上宜勤伺取若獲者爲善不獲將成禍祐乃謹爲其備至日果有大鸖垂尾九尺來集廳事上掩捕得之祐乃還石頭督護後爲吳郡太守友卜占神效甚多而消殃轉禍無不皆驗干寶問其故友曰筮卦用五行相生殺如按方投藥治病以冷熱相救其差與不差不可必也友以元康六年舉賢良元帝渡江以爲廣武將軍永嘉末卒

淳于智

淳于智字叔平濟北盧人也有思義能易筮善厭勝之術高平劉柔夜臥鼠齧其左手中指以問智智曰是欲殺君而不能當爲君使其反死乃以朱書手腕橫文後三寸作田字辟方一寸二分使露手以臥明旦有大鼠伏死手前譙人夏侯藻母病困詣智卜忽有一狐當門向之嗥藻怖愕馳見智智曰其禍甚急君速歸在狐嗥處拊心啼哭令家人驚怪大小必出一人勿出哭勿止然後其禍可救也藻還如其言母亦扶病而出家人既集堂屋五間拉然而崩護軍張劭母病篤智筮之使西出市沐猴繫母臂令傍人搥拍恒使作聲三日放去劭從之其猴出門即爲犬所咋死母病遂差上黨鮑瑗家多喪病貧苦或謂之曰淳于叔平神人也君何不試就卜知禍所在瑗性質直不信卜筮曰人生有命豈卜筮所移會智來應詹謂曰此君寒士每多屯虞君有通靈之思可爲一卦智乃爲卦卦成謂瑗曰君安宅失宜故令君困君舍東北有大桑樹君徑至市入門數十步當有一人持荆馬鞭者便就買以懸此樹三年當暴得財瑗承言詣市果得馬鞭懸之三年浚井得錢數十萬銅鐵器復二十餘萬於是致贍疾者亦愈其消災轉禍不可勝紀而卜筮所占千百皆中應詹少亦多病智乃爲符使詹佩之誦其文既而皆驗莫能學也性深沉常自言短命曰辛亥歲天下有事當有巫醫挾道術者死吾守易義以行之猶當不應此乎太元末爲司馬督有寵於楊駿故見殺

步熊

步熊字叔羆陽平發干人也少好卜筮數術門徒甚盛熊學舍側有一人燒死吏持熊諸生謂爲失火熊曰已爲卿卜得其人矣使從道南行當有一人來問得火主來者便縛之吏如熊言果是耕人自言草惡難耕故燒之忽風起延燒遠近實不知草中有人又鄰人兒遠行或告以死其父母號哭制服熊爲之卜剋日當還如期果至趙王倫聞其名召之熊謂諸生曰倫死不久不足應也倫怒遣兵圍之數重熊乃使諸生著其裘南走倫兵悉赴捉之熊密從北出得脫後爲成都王穎所辟穎使熊射覆物無所失後穎奔闕中平昌公模鎮鄴以熊穎黨誅之

杜不愆

杜不愆盧江人也少就外祖郭璞學易卜屢有驗高平郗超年二十餘得重疾試令筮之不愆曰按卦言之卿所苦尋除然宜於東北三十里上官姓家索其所養雄雉籠盛置東檐下却後九日景午日午時必當有雌雉

飛來與交既而雙去若如此不出二十日病都除又是休應年將八十位極人臣若但雌逝雄留者病一周方差年半八十名位亦失超時正羸篤慮命在旦夕笑而答曰若保八十之半便有餘矣一周病差何足爲淹然未之信或勸依其言索雉果得至景午日超臥南軒之下觀之至日晏果有雌雉飛入籠與雄雉交而去雄雉不動超歎息曰雖管郭之奇何以尚此超病彌年乃起至四十卒於中書郎不徭後占筮轉疎無復此類後爲桓嗣建威叅軍

嚴卿

嚴卿會稽人也善卜筮鄉人魏序欲暫東行荒年多抄盜令卿筮之卿筮曰君愼不可東行必遭暴害之氣而非刼也序不之信卿曰既必不停宜以禳之可索西郭外獨母家白雄狗繫著船前求索止得駮狗無白者卿曰駮者亦足然猶恨其色不純當餘小毒正及六畜輩耳無所復憂序行半路狗忽然作聲甚急如有人打之者比視已死吐黑血斗餘其夕序墅上白鵝數頭無故自死而序家無恙

隗炤

隗炤汝陰人也善於易臨終書版授其妻曰吾亡後當大荒窮雖爾愼莫賣宅也却後五年春當有詔來頓此亭姓龔此人負吾金卽以此版往責之勿違言也炤亡後其家大困乏欲賣宅憶夫言輒止期日有龔使者止亭中妻遂齎版往責之使者執版惘然不知所以妻曰夫臨亡手書版見命如此不敢妄也使者沉吟良久而悟謂曰賢夫何善妻曰夫善於易而未曾爲人卜也使者曰噫可知矣乃命取蓍筮之卦成撫掌而歎曰妙哉隗生含明隱迹可謂鏡窮達而洞吉凶者也於是告炤妻曰吾不相負金也賢夫自有金耳知亡後當暫窮故藏金以待太平所以不告兒婦者恐金盡而困無已也知吾善易故書版以寄意耳金有五百斤盛以青瓮覆以銅柈埋在堂屋東頭去壁一丈入地九尺妻還掘之皆如卜焉

卜珝

卜珝字子玉匈奴後部人也少好讀易郭璞見而歎曰吾所弗如也奈何不免兵厄珝曰然吾大厄在四十一位爲卿將當受禍耳不爾者亦爲猛獸所害吾亦未見子之令終也璞曰吾禍在江南甚營之未見免兆雖然在南猶可延期住此不過時月珝曰子勿爲公吏可以免諸璞曰吾不能免公吏猶子之不能免卿將也珝曰吾此雖當有帝王子終不復奉二京矣琅邪可奉卿謹奉之主晉祀者必此人也珝遂隱于龍門山劉元海僭號徵爲大司農侍中固以疾辭元海曰人各有心卜珝之不欲在吾朝何異高祖四公哉可遂其高志後復徵爲光祿大夫珝謂使者曰非吾死所也及劉聰嗣僞位徵爲太常時劉琨據并州聰問何時可平珝答曰并州陛下之分今玆剋之必矣聰戲曰朕欲勞先生一行可乎珝曰臣所以來不及裝者正爲是行也聰大悅署珝使持節平北將軍將行謂其妹曰此行也死自吾分後愼勿紛紜及攻晉陽爲琨所敗珝卒先奔爲其元帥所殺

鮑靚

鮑靚字太玄東海人也年五歲語父母云本是曲陽李家兒九歲墜井死其父母尋訪得李氏推問皆符驗靚學兼內外明天文河洛書稍遷南陽中部都尉爲南海太守嘗行部入海遇風飢甚取白石煮食之以自濟王機時爲廣州刺史入厠忽見二人著烏衣與機相捍良久擒之得二物似烏鴨靚曰此物不祥機焚之徑飛上天機尋誅死靚嘗見仙人陰君授道訣百餘歲卒

吳猛

吳猛豫章人也少有孝行夏日常手不驅蚊懼其去己而噬親也年四十邑人丁義始授其神方因還豫章江波甚急猛不假舟楫以白羽扇畫水而渡觀者異之庾亮爲江州刺史嘗遇疾聞猛神異乃迎之問己疾何如猛辭以算盡請具棺服旬日而死形狀如生未及大斂遂失其尸識者以爲亮不祥之徵亮疾果不起

幸靈

幸靈者豫章建昌人也性少言與小人羣居見侵辱而無慍色邑里號之癡雖其父母兄弟亦以爲癡也嘗使守稻羣牛食之靈見而不驅待牛去乃往理其殘亂者其父母見而怒之靈曰夫萬物生天地之間各欲得食牛方食奈何驅之其父愈怒曰卽如汝言復用理壞者何爲靈曰此稻又欲得終其性牛自犯之靈可以不收乎時順陽樊長賓爲建昌令發百姓作官船於建城山中吏令人各作箸一雙靈作而未輸或竊之焉俄而竊者心痛欲死靈謂之曰爾得無竊我箸乎竊者不應有頃愈急靈曰若爾不以情告我者今眞死矣竊者急遽乃首出之靈於是飲之以水病卽立愈行人由此敬畏之船成當下吏以二百人引一艘不能動方請益人靈曰此以過足但部分未至耳靈請自牽之乃手執箸惟用百人而船去如流衆大驚怪咸稱其神於是知名有龔仲儒女病積年氣息財屬靈使以水含之已而强起應時大愈又呂猗母皇氏得痿痺病十有餘年靈療之去皇氏數尺而坐瞑目寂然有頃顧謂猗曰扶夫人令起猗曰老人得病累年奈何可倉卒起邪靈曰但試扶起於是兩人夾扶以立少選靈又令去扶卽能自行由此遂愈於是百姓奔趣水陸輻湊從之如雲皇氏自以病久懼有發動靈乃留水一器令食之每取水輒以新水補處二十餘年水淸如新塵垢不能加焉時高悝家有鬼怪言語訶叱投擲內外不見人形或器物自行再三發火巫祝厭劾而不能絕適値靈乃要之靈於陌頭望其屋謂悝曰此君之家邪悝曰是也靈曰知之足矣悝固請之靈不得已至門見符索甚多謂悝曰當以正止邪而以邪救邪惡得已乎並使焚之惟據軒小坐而去其夕鬼怪卽絕靈所救愈多此類然不取報謝行不騎乘長不娶妻性至恭見人卽先拜言輒自名凡草木之夭傷於山林者必起理之器物之傾覆於途路者必舉正之周旋江州間謂其士人曰天地之於人物一也咸欲不失其情性奈何制服人以爲奴婢乎諸君若欲享多福以保性命可悉免遣之十餘年間賴其術以濟者極多後乃娶妻畜車馬奴婢受貨賂致遺於是其術稍衰所療得失相半焉

佛圖澄

佛圖澄天竺人也本姓帛氏少學道妙通玄術永嘉四年來適洛陽自云百有餘歲常服氣自養能積日不食善誦神呪能役使鬼神腹旁有一孔常以絮塞之每夜讀書則拔絮孔中出光照于一室又嘗齋時平旦至流水側從腹旁孔中引出五臟六腑洗之訖還內腹中又能聽鈴音以言吉凶莫不懸驗及洛中寇亂乃潛草野以觀變石勒屯兵葛陂專行殺戮沙門遇害者甚衆澄投勒大將軍郭黑畧家黑畧每從勒征伐輒豫剋勝負勒疑而問曰孤不覺卿有出衆智謀而每知軍行吉凶何也黑畧曰將軍天挺神武幽靈所助有一沙門智術非常云將軍當畧有區夏已應爲師臣前後所白皆其言也勒召澄試以道術澄卽取鉢盛水燒香呪之須臾鉢中生靑蓮花光色曜日勒由此信之勒自葛陂還河北過枋頭枋頭人夜欲斫營澄謂黑畧曰須臾賊至可令公知果如其言有備故不敗勒欲試澄夜冠冑衣甲執刀而坐遣人告澄云夜來不知大將軍何所在使人始至未及有言澄逆問曰平居無寇何故夜嚴勒益信之勒後因忿欲害諸道士并欲苦澄澄乃潛避至黑畧舍語弟子曰若將軍信至問吾所在者報云不知所之既而勒使至覓澄不得使還報勒勒驚曰吾有惡意向澄澄捨我去矣通夜不寢思欲見澄澄知勒意悔明旦造勒勒曰昨夜何行澄曰公有怒心昨故權避公今改意是以敢來勒大笑曰道人謬矣襄國城塹水源在城西北五里其水源暴竭勒問澄何以致水澄曰今當勑龍取水迺與弟子法首等數人至故泉源上坐繩牀燒安息香呪願數百言如此三日水泫然微流有一小龍長五六寸許隨水而來諸道士競往視之有頃水大至隍塹皆滿鮮卑段末波攻勒衆甚盛勒懼問澄澄曰昨日寺鈴鳴云明旦食時當擒段末波勒登城望末波軍不見前後失色曰末波如此豈可獲乎更遣夔安問澄澄曰已獲末波矣時城北伏兵出遇末波執之澄勸勒宥末波遣還本國勒從之卒獲其用劉曜遣從弟岳攻勒勒遣石季龍距之岳敗退保石梁塢季龍堅柵守之澄在襄國忽歎曰劉岳可憫弟子法祚問其故澄曰昨日亥時岳已敗被執果如所言及曜自攻洛陽勒將救之其羣下咸諫以爲不可勒以訪澄澄曰相輪鈴音云秀支替戾岡僕谷劬秃當此羯語也秀支軍也替戾岡出也僕谷劉曜胡位也劬秃當捉也此言軍出捉得曜也又令一童子絜齋七日取麻油合臙脂躬自研於掌中舉手示童子粲然有輝童子驚曰有軍馬甚衆見一人長大白晳以朱絲縛其肘澄曰此卽曜也勒甚悅遂赴洛距曜生擒之勒僭稱趙天王行皇帝事敬澄彌篤時石葱將叛澄誡勒曰今年葱中有蟲食必害人可令百姓無食葱也勒班告境內愼無食葱俄而石葱果走勒益重之事必諮而後行號曰大和尚勒愛子斌暴病死將殯勒歎曰朕聞虢太子死扁鵲能生之今可得效乎乃令告澄澄取楊枝沾水灑而呪之就執斌手曰可起矣因此遂蘇有頃平復自是勒諸子多在澄寺中養之勒死之年天靜無風而塔上一鈴獨鳴澄謂衆曰鈴音云國有大喪不出今年矣既而勒果死及季龍僭位遷都于鄴傾心事澄有重於勒下書衣澄以綾錦乘以彫輦朝會之日引之升殿常侍以下悉助舉輿太子諸公扶翼而上主者唱大和尚衆坐皆起以彰其尊又使司空李農旦夕親問其太子諸公五日一朝尊敬莫與爲比支道林在京師聞澄與諸公游乃曰澄公其以季龍爲海鷗鳥也百姓因澄故多奉佛皆營造寺廟相競出家眞僞混淆多生愆過季龍下書料簡其著作郎王

度奏曰佛方國之神非諸華所應祠奉漢代初傳其道惟聽西域人得立寺都邑以奉其神漢人皆不出家魏承漢制亦循前軌今可斷趙人悉不聽詣寺燒香禮拜以遵典禮其百辟卿士逮衆隸例皆禁之其有犯者與淫祠同罪其趙人爲沙門者還服百姓朝士多同度所奏季龍以澄故下書曰朕出自邊戎忝君諸夏至於饗祀應從本俗佛是戎神所應兼奉其夷趙百姓有樂事佛者特聽之澄時止鄴城寺中弟子徧於郡國常遣弟子法常北至襄國弟子法佐從襄國還相遇於梁基城下對車夜談言及和尚比旦各去佐始入澄逆笑曰昨夜爾與法常交車共說汝師邪佐愕然愧懺於是國人每相語莫起惡心和尚知汝及澄之所在無敢向其方面涕唾者季龍太子邃有二子在襄國澄語邃曰小阿彌比當得疾可往看之邃即馳信往視則果已得病太醫殷騰及外國道士自言能療之澄告弟子法牙曰正使聖人復出不愈此疾況此等乎後三日果死邃將圖爲逆謂內豎曰和尚神通倘發吾謀明日來者當先除之澄月望將入覲季龍謂弟子僧慧曰昨夜天神呼我曰明日若入還勿過人我倘有所過汝當止我澄常入必過邃邃知澄入要候甚苦澄將上南臺僧慧引衣澄曰事不得止坐未安便起邃固留不住所謀遂差還寺歎曰太子作亂其形將成欲言難言欲忍難忍乃因事從容箴季龍季龍終不能解俄而事發方悟澄言後郭黑略將兵征長安北山羌墮羌伏中時澄在堂上坐慘然改容曰郭公今有厄乃唱云衆僧祝願澄又自祝願須臾更曰若東南出者活餘向者則困復更祝願有頃曰脫矣後月餘黑略還自說墜羌圍中東南走馬乏正遇帳下人推馬與之曰公乘此馬小人乘公馬濟與不濟命也略得其馬故獲免推檢時日正是澄祝願時也時天旱季龍遣其太子詣臨漳西滏口祈雨久而不降乃令澄自行即有白龍二頭降於祠所其日大雨方數千里澄嘗遣弟子向西域市香既行澄告餘弟子曰掌中見買香弟子在某處被劫垂死因燒香祝願遙救護之弟子後還云某月某日某處爲賊所劫垂當見殺忽聞香氣賊無故自驚曰救兵已至棄之而走黃河中舊不生黿時有得者以獻季龍澄見而歎之曰桓溫入河其不久乎溫字元子後果如其言也季龍嘗晝寢夢見羣羊負魚從東北來寤以訪澄澄曰不祥也鮮卑其有中原乎後亦皆驗澄嘗與季龍升中臺澄忽驚曰變變幽州當火災仍取酒噀之久而笑曰救已得矣季龍遣驗幽州云爾日火從四門起西南有黑雲來驟雨滅之雨亦頗有酒氣石宣將殺石韜宣先到寺與澄同坐浮屠一鈴獨鳴澄謂曰解鈴音乎云胡子洛度宣變色曰是何言歟澄謬曰老胡爲道不能山居無言重茵美服豈非洛度乎石韜後至澄熟視良久韜懼而問澄澄曰怪公血臭故相視耳季龍夢龍飛西南自天而落旦而問澄澄曰禍將作矣宜父子慈和深以愼之季龍引澄入東閤與其后杜氏問訊之澄曰脇下有賊不出十日自浮圖以西此殿以東當有血流愼勿東也杜后曰和尚耄邪何處有賊澄即易語云六情所受皆悉是賊老自應耄但使少者不昏即好耳遂便寓言不復彰的後二日宣果遣人害韜於佛寺中欲因季龍臨喪殺之季龍以澄先誡故獲免及宣被收澄諫季龍曰皆陛下之子也何爲重禍邪陛下若含恕加慈者尚有六十餘歲如必誅之宣當爲彗星下埽鄴宮季龍不從後月餘有一妖馬髦尾皆有燒狀入中陽門出顯陽門東首東宮皆不得入走向東北俄爾不見澄聞而歎曰災其及矣季龍大享羣臣於太武前殿澄吟曰殿乎殿乎棘子成林將壞人衣季龍令發殿石下視之有棘生焉冉閔小字棘奴季龍造太武殿初成圖畫自古賢聖忠臣孝子烈士貞女皆變爲胡狀旬餘頭悉縮入肩中惟冠髣髴微出季龍大惡之祕而不言也澄對之流涕乃自啓塋墓於鄴西紫陌還寺獨語曰得三年乎自答不得又曰得二年一年百日一月乎自答不得遂無復言謂弟子法祚曰戊寅歲禍亂漸萌己酉石氏當滅吾及其未亂先從化矣卒於鄴宮寺後有沙門從雍州來稱見澄西入關季龍掘而視之惟有一石而無尸季龍惡之曰石者朕也葬我而去吾將死矣因而遇疾明年季龍死遂大亂

麻襦

麻襦者不知何許人也莫得其姓名石季龍時在魏縣市中乞丐恒著麻襦布裳故時人謂之麻襦言語卓越狀如狂者乞得米穀不食輒散置大路云飴天馬趙興太守籍狀收送詣季龍先是佛圖澄謂季龍曰國東二百里某月日當送一非常人勿殺之也如期果至季龍與共語了無異言惟道陛下當終一柱殿下季龍不解送以詣澄麻襦謂澄曰昔在光和中會奄至今日酉戎受玄命絕歷終有期金離消于壤邊荒不能遵驅除靈期迹莫已已之懿裔苗葉繁其來方積休期於何期永以歎之澄曰天迴運極否將不支九木水爲難無可以術寧玄哲雖存世莫能基必莫能基必須久游閻浮利擾擾多此患行登凌雲宇會於虛游間其所言人莫能曉季龍遣驛馬送還本縣既出城請步云我當有所過君至合口橋見待使人如言而馳至橋麻襦已先至後慕容儁投季龍尸於漳水倚橋柱不流時人以爲一柱殿下即謂此也及元帝嗣位江左亦以爲天馬之應云

單道開

單道開敦煌人也常衣麤褐或贈以繒服皆不著不畏寒暑晝夜不臥恒服細石子一吞數枚日一服或多或少好山居而山樹諸神見異形試之初無懼色石季龍時從西平來一日行七百里其一沙彌年十四行亦及之至秦州表送到鄴季龍令佛圖澄與語不能屈也初止鄴城西沙門法綝祠中後徙臨漳昭德寺於房內造重閣高八九尺於上編菅爲禪室常坐其中季龍資給甚厚道開皆以施人人或來諮問者道開都不荅日服鎮守藥數丸大如梧子藥有松蜜薑桂茯苓之氣時復飲茶蘇一二升而已自云能療目疾就療者頗驗視其行動狀若有神佛圖澄曰此道士觀國興衰若去者當有大亂及季龍末道開南渡許昌尋而鄴中大亂升平三年至京師後至南海入羅浮山獨處茅茨蕭然物外年百餘歲卒于山舍勑弟子以尸置石穴中弟子乃移入石室陳郡袁宏爲南海太守與弟穎叔及沙門支法防共登羅浮山至石室口見道開形骸如生香火瓦器猶存宏曰法師業行殊羣正當如蟬蛻耳乃爲之贊云

黃泓

黃泓字始長魏郡斥丘人也父沉善天文祕術泓從父受業精妙踰深兼博覽經史尤明禮易性忠勤非禮不動永嘉之亂與渤海高瞻避地幽州說瞻曰王浚昏暴終必無成宜思去就以圖久安慕容廆法政修明虛懷引納且讖言眞人出東北儻或是乎宜相與歸之同建事業瞻不從泓乃率宗族歸廆廆待以客禮引爲參軍軍國之務動輒訪之泓止說成敗事皆如言廆常曰黃參軍孤之仲翔也及皝嗣位遷左常侍領史官甚重之石季龍攻皝皝將走遼東泓曰賊有敗氣無可憂也不過二日必當奔潰宜嚴勒士馬爲追擊之備皝曰今寇盛如此卿言必走孤未敢信泓曰殿下言盛者人事耳臣言必走者天時也胡足爲疑及期季龍果退皝益奇之及慕容儁即王位遷從事中郎儁聞冉閔亂將圖中原訪之於泓泓勸行儁從之及僭號署爲進謀將軍太史令關內侯尋加奉車都尉西海太守領太史令開陽亭侯又封平舒縣五等伯常從左右諮決大事靈臺令許敦害其寵諂事慕容評設異議以毀之乃以泓爲太史靈臺諸署統加給事中泓待敦彌厚不以毀已易心慕容暐敗以老歸家歎曰燕必中興其在吳人恨吾年過不見耳年九十七卒卒後三年僞吳王慕容垂興焉

索紞

索紞字叔徹敦煌人也少游京師受業太學博綜經籍遂爲通儒明陰陽天文善術數占候司徒辟除郎中知中國將亂避世而歸鄉人從紞占問吉凶門中如市紞曰攻乎異端戒在害己無爲多事多事多患遂詭言虛說無驗乃止惟以占夢爲無悔吝乃不逆問者孝廉令狐策夢立冰上與冰下人語紞曰冰上爲陽冰下爲陰陰陽事也士如歸妻迨冰未泮婚事也君在冰上與冰下人語爲陽語陰媒介事也君當爲人作媒冰泮而婚成策曰老夫耄矣不爲媒也會太守田豹因策爲子求鄉人張公徵女仲春而成婚焉郡主簿張宅夢走馬上山還繞舍三周但見松柏不知門處紞曰馬屬離離爲火火禍也人上山爲凶字但見松柏墓門象也不知門處爲無門也三周三期也後三年必有大禍宅果以謀反伏誅索克初夢天上有二棺落克前紞曰棺者職也當有京師貴人舉君二官者頻再遷俄而司徒王戎書屬太守使舉克太守先署克功曹而舉孝廉克後夢見一虜脫上衣來詣克紞曰虜去上中下半男字夷狄陰類君婦當生男終如其言宋桷夢內中有一人著赤衣桷手把兩杖極打之紞曰內中有人肉字也肉色赤也兩杖箸象也極打之飽肉食也俄而亦驗焉黃平問紞曰我昨夜夢舍中馬舞數十人向馬拍手此何祥也紞曰馬者火也舞爲火起向馬拍手救火人也平未歸而火作索綏夢東有二角書詣綏大角朽敗小角有題韋囊角佩一在前一在後紞曰大角朽敗腐棺木小角有題題所詣一在前前凶也一在後後背也當有凶背之問時綏父在東居三日而凶問至郡功曹張邈嘗奉使詣州夜夢狼啖一脚紞曰脚肉被啖爲郤字會東虜反遂不行凡所占莫不驗太守陰澹從求占書紞曰昔入太學因一父老爲主人其人無所不知又匿姓名有似隱者紞因從父老問占夢之術審測而說實無書也澹命爲西閤祭酒紞辭曰少無山林之操游學京師交結時賢希申鄙藝會中國不靖欲養志終年老亦至矣不求聞達又少不習勤老無吏幹蒙汜之年弗敢聞命澹以束帛禮之月致羊酒年七十五卒于家

孟欽

孟欽洛陽人也有左慈劉根之術百姓或而赴之苻堅召詣長安惡其惑衆命苻融誅之俄而欽至融留之遂大讌郡寮酒酣目左右收欽欽化爲旋風飛出第外頃之有告在城東者融遣騎追之垂及忽然已遠或有兵衆距戰或前谿澗騎不得過遂不知所在堅末復見於青州苻朗尋之入于海島

王嘉

王嘉字子年隴西安陽人也輕舉止醜形貌外若不足而聰睿內明滑稽好語笑不食五穀不衣美麗清虛服氣不與世人交游隱于東陽谷鑿崖穴居弟子受業者數百人亦皆穴處石季龍之末棄其徒衆至長安潛隱于終南山結菴廬而止門人聞而復隨之乃遷于倒獸山苻堅累徵不起公侯已下咸躬往參詣好尚之士無不師宗之問其當世事者皆隨問而對好爲譬喻狀如戲調言未然之事辭如讖記當時鮮能曉之事過皆驗堅將南征遣使者問之嘉曰金剛火彊乃乘使者馬正衣冠徐徐東行數百步而策馬馳反脫衣服棄冠履而歸下馬踞牀一無所言使者還告堅不悟復遣問之曰吾世祚云何嘉曰未央咸以爲吉明年癸未敗于淮南所謂未年而有殃也人候之者至心則見之不至心則隱形不見衣服在架履杖猶存或欲取其衣者終不及企而取之衣架踰高而屋亦不大履杖諸物亦如之姚萇之入長安禮嘉如苻堅故事逼以自隨每事諮之萇既與苻登相持問嘉曰吾得殺苻登定天下不嘉曰畧得之萇怒曰得當云得何畧之有遂斬之先此釋道安謂嘉曰世故方殷可以行矣嘉答曰卿其先行吾負債未果去俄而道安亡至是而嘉戮死所謂負債者也苻登聞嘉死設壇哭之贈太師謚曰文及萇死萇子興字子畧方殺登畧得之謂也嘉之死日人有隴上見之其所造牽三歌讖事過皆驗累世猶傳之又著拾遺錄十卷其記事多詭怪今行於世

僧涉

僧涉者西域人也不知何姓少爲沙門苻堅時入長安虛靜服氣不食五穀日能行五百里言未然之事驗若指掌能以祕祝下神龍每旱堅常使之呪龍請雨俄而龍下鉢中天輒大雨堅及羣臣親就鉢觀之卒于長安後大旱移時苻堅歎曰涉公在此豈憂此乎

郭黁

郭黁西平人也少明老易仕郡主簿張天錫末年苻氏每有西伐之問太守趙凝使黁筮之黁曰若郡內二月十五日失四者東軍當至涼祚必終凝乃申約屬縣至十五日鮮卑折掘送馬於凝凝怒其非驗幽之內廄鮮卑懼而夜遁凝以告黁黁曰是也國家將亡不可復振苻堅末當陽門震刺史梁熙問黁曰其祥安在黁曰爲四夷之事也當有外國二王來朝主上一當反國一死此城歲餘而鄯善及前部王朝于苻堅西歸鄯善王死於姑臧呂光之王河西也西海太守王楨叛黁勸光襲之光之左丞呂寶曰千里襲人自昔所難況王者之師天下所聞何可僥倖以邀成功黁不可從誤人大事黁曰若其不捷黁自伏鈇鉞之誅如其剋也左丞爲無謀矣光從而剋之光比之京管常參幃幄密謀光將伐乞伏乾歸黁諫曰今太白未出不宜行師往必無功終當覆敗太史令賈曜以爲必有秦隴之地及剋金城光使曜詰黁黁密謂光曰昨有流星東墜當有伏尸死將雖得此城憂在不守正月上旬河冰將解若不早渡恐有大變後二日而敗問至光引軍渡河訖冰泮時人服其神驗光以黁爲散騎常侍太常黁後以光年老知其將敗遂與光僕射王祥起兵作亂百姓聞黁起兵咸以聖人起事事無不成故相率從之如不及黁以爲代呂者王乃推王乞基爲主後呂隆降姚興興以王尚爲涼州刺史終如黁言黁之與光相持也逃人稱呂統病死黁曰未也光統之命盡在一時後統死三日而光死黁嘗曰涼州謙光殿後當有索頭鮮卑居之終於禿髮傉檀沮渠蒙遜迭據姑臧黁性褊酷不爲士庶所附戰敗奔乞伏乾歸乾歸敗入姚興黁以滅姚者晉遂將妻子南奔爲追兵所殺也

鳩摩羅什

鳩摩羅什天竺人也世爲國相父鳩摩羅炎聰懿有大節將嗣相位乃辭避出家東度葱嶺龜茲王聞其名郊迎之請爲國師王有妹年二十才悟明敏諸國交娉並不許及見炎心欲當之王乃逼以妻焉既而羅什在胎其母慧解倍常及年七歲母遂與俱出家羅什從師受經日誦千偈偈有三十二字凡三萬二千言義亦自通年十二其母攜到沙勒國王甚重之遂停沙勒一年博覽五明諸論及陰陽星算莫不必盡妙達吉凶言若符契爲性率達不拘小檢修行者頗共疑之然羅什自得於心未嘗介意專以大乘爲化諸學者皆共師焉年二十龜茲王迎之還國廣說諸經四遠學徒莫之能抗有頃羅什母辭龜茲王往天竺留羅什住謂之曰方等深教不可思議傳之東土惟爾之力但於汝無利其可何如什曰必使大化流傳雖苦而無恨母至天竺道成進登第三果西域諸國咸伏羅什神儁每至講說諸公皆長跪坐側令羅什踐而登焉苻堅聞之密有迎羅什之意會太史奏云有星見外國分野當有大智入輔中國堅曰朕聞西域有鳩摩羅什將非此邪乃遣驍騎將軍呂光等率兵七萬西伐龜茲謂光曰若獲羅什卽馳驛送之光軍未至羅什謂龜茲王白純曰國運衰矣當有勍敵從日下來宜恭承之勿抗其鋒純不從出兵距戰光遂破之乃獲羅什光見其年齒尚少以凡人戲之強妻以龜茲王女羅什距而不受辭甚苦至光曰道士之操不踰先父何所固辭乃飲以醇酒同閉密室羅什被逼遂妻之光還中路置軍於山下將士已休羅什曰在此必狼狽宜徙軍隴上光不納至夜果大雨洪潦暴起水深數丈死者數千人光密異之光欲留王西國羅什謂光曰此凶亡之地不宜淹留中路自有福地可居光還至涼州聞苻堅已爲姚萇所害於是竊號河右屬姑臧大風羅什曰不祥之風當有奸叛然不勞自定也俄而有叛者尋皆殄滅沮渠蒙遜先推建康太守段業爲主光遣其子纂率衆討之時論謂業等烏合纂有威聲勢必全剋光以訪羅什答曰此行未見其利既而纂敗於合黎俄又郭黁起兵纂棄大軍輕還復爲黁所敗僅以身免中書監張資病光博營救療有外國道人羅叉云能差資病光喜給賜甚重羅什知叉誑詐告資曰叉不能爲益徒煩費耳冥運雖隱可以事試也乃以五色絲作繩結之燒爲灰末投水中灰若出水還成繩者病不可愈須臾灰聚浮出復爲繩叉療果無效少日資亡頃之光死纂立有猪生子一身三頭龍出東箱井中於殿前蟠臥比旦失之纂以爲美瑞號其殿爲龍翔殿俄而有黑龍升於當陽九宮門纂改九宮門爲龍興門羅什曰比日潛龍出游豕妖表異龍者陰類出入有時而今屢見則爲災眚必有下人謀上之變宜剋己脩德以答天戒纂不納後果爲呂超所殺羅什之在涼州積年呂光父子既不弘道故蘊其深解無所宣化姚興遣姚碩德西伐破呂隆乃迎羅什待以國師之禮仍使入西明閣及逍遙園譯出衆經羅什多所暗誦無不究其義旨既覽舊經多有紕繆於是與使沙門僧叡僧肇等八百餘人傳受其旨更出經論凡三百餘卷沙門慧叡才識高明常隨羅什傳寫羅什每爲慧叡論西方辭體商畧同異云天竺國俗甚重文制其宮商體韻以入管弦爲善凡覲國王必有贊德經中偈頌皆其式也羅什雅好大乘志在敷演常歎曰吾若著筆作大乘阿毗曇非迦旃子比也今深識者既寡將何所論惟爲姚興著實相論二卷興奉之若神嘗講經于草堂寺興及朝臣大德沙門千有餘人肅容觀聽羅什忽下高坐謂興曰有二小兒登吾肩欲鄣須婦人興乃召宮女進之一交而生二子焉興嘗謂羅什曰大師聰明超悟天下莫二何可使法種少嗣遂以伎女十人逼令受之爾後不住僧坊別立廨舍諸僧多效之什乃聚針盈鉢引諸僧謂之曰若能見效食此者乃可畜室耳因舉匕進針與常食不別諸僧愧服乃止杯渡比丘在彭城聞羅什在長安乃歎曰吾與此子戲別三百餘年相見杳然未期遲有遇於來生耳羅什未終少日覺四大不愈乃口出三番神呪令外國弟子誦之以自救未及致力轉覺危殆於是力疾與衆僧告別曰因法相遇殊未盡心方復後世惻愴可言死於長安姚興於逍遙園依外國法以火焚尸薪滅形碎惟舌不爛

曇霍

沙門曇霍者不知何許人也禿髮傉檀時從河南來持一錫杖令人跪曰此是波若眼奉之可以得道時人咸異之或遺以衣服受而投之於河後日以還其本主衣無所污行步如風雲言人死生貴賤無毫釐之差人或藏其錫杖曇霍大哭數聲閉目須臾起而取之咸奇其神異莫能測也每謂傉檀曰若能安坐無爲則天下可定祚肩克昌如其窮兵好殺禍將及己傉檀不能從傉檀女病甚請救療曇霍曰人之生死自有定期聖人亦不能轉禍爲福曇霍安能延命邪正可知早晚耳傉檀固請之時後宮門閉曇霍曰急開後門及開門則生不及則死傉檀命開之不及而死後兵亂不知所在也

臺產

臺產字國儁上洛人漢侍中崇之後也少專京氏易善圖讖祕緯天文洛書風角星算六日六分之學尤善望氣占候推步之術隱居商洛南山兼善經學泛情教授不交當世劉曜時災異特甚命公卿各舉博識直言之士一人其大司空劉均舉產曜親臨東堂遣中黃門策問之產極言其故曜覽而嘉之引見訪以政事產流涕歔欷具陳災變之禍政化之闕辭甚懇至曜改容禮之署爲博士祭酒諫議大夫領太史令至明年而其言皆驗曜彌重之轉大中大夫歲中三遷歷位尚書光祿大夫太子少師位特進金章紫綬爵關中侯

史臣曰：陳戴等諸子並該洽墳典研精數術究推步之幽微窮陰陽之祕奧雖前代京管何以加之郭黁知有晉之亡姚去姚以歸晉追兵奄及致斃中塗斯則遠見秋毫不能近知目睫澄什爰自遐裔來游諸夏什既兆見星象澄乃驅役鬼神並通幽洞冥垂文闡教諒見珍於道藝非取貴於他山姚石奉之若神良有以也鮑吳王幸等或假靈道訣或受教神方遂能厭勝禳災隱文彰義雖獲譏於妖妄頗有益於世用者焉然而碩學通人未宜枉轡

贊曰傳叙災祥書稱龜筮應如影響叶若符契怪力亂神詭時惑世崇尚弗已必致流弊

晉書卷九十五考證

韓友傳使畫作野豬著臥處屏風上○畫一本作或

卜珝傳翁子之不能免卿將也○將監本訛相今從上文有位為卿將句改

佛圖澄傳勒召澄試以道術○道監本作智今從宋本

孟欽傳洛陽人也有左慈劉根之術○監本脫有字從宋本增

王嘉傳又著拾遺錄十卷○汪士漢云原書一十九卷共二百二十篇所載伏羲以來異事前世奇詭之說書逸不完蕭綺綴拾殘缺而叙之今約為十卷

晉書卷九十六

唐太宗文皇帝御撰

列傳第六十六

烈女

夫三才分位室家之道克隆二族交歡貞烈之風斯著振高情而獨秀魯冊於是飛華挺峻節而孤標周篇於焉騰茂徽烈兼劭柔順無愆隔代相望諒非一緒然則虞興嬀汭夏盛塗山有娀有㜪廣隆殷之業太任太姒衍昌姬之化馬鄧恭儉漢朝推德宣昭懿淑魏代揚芬斯皆禮極中闈義殊月室者矣至若恭姜誓節孟母求仁華率傳而經齊樊授規而霸楚譏文伯於奉劍讓子發於分菽少君之從約禮孟光之符隱志既昭婦則且擅母儀子政緝之於前元凱編之於後具宣閨範有裨陰訓故上從泰始下迄恭安一操可稱一藝可紀咸加撰錄為之傳云或位極后妃或事因夫子各隨本傳今所不錄在諸偽國暫阻王猷天下之善足以懲勸亦同搜次附于篇末

羊躭妻辛氏

羊躭妻辛氏字憲英隴西人魏侍中毗之女也聰朗有才鑒初魏文帝得立為太子抱毗項謂之曰辛君知我喜不毗以告憲英憲英歎曰太子代君主宗廟社稷者也代君不可以不戚主國不可以不懼宜戚而喜何以能久魏其不昌乎弟敞為大將軍曹爽參軍宣帝將誅爽因其從魏帝出而閉城門爽司馬魯芝率府兵斬關赴爽呼敞同去敞懼問憲英曰天子在外太傅閉城門人云將不利國家於事可得爾乎憲英曰事有不可知然以吾度之太傅殆不得不爾明皇帝臨崩把太傅臂屬以後事此言猶在朝士之耳且曹爽與太傅俱受寄託之任而獨專權勢於王室不忠於人道不直此舉不過以誅爽耳敞曰然則敞無出乎憲英曰安可以不出職守人之大義也凡人在難猶或恤之為人執鞭而棄其事不祥也且為人任為人死親昵之職也汝從衆而已敞遂出宣帝果誅爽事定後敞歎曰吾不謀於姊幾不獲於義其後鍾會為鎮西將軍憲英謂從子祜曰鍾士季何故西出祜曰將為滅蜀也憲英曰會在事縱恣非持久處下之道吾畏其有他志也及會將行請其子琇為參軍憲英憂曰他日吾為國憂今日難至吾家矣琇固請於文帝帝不聽憲英謂琇曰行矣戒之古之君子入則致孝於親出則致節於國在職思其所司在義思其所立不遺父母憂患而已軍旅之間可以濟者其唯仁恕乎會至蜀果反琇竟以全歸祜嘗送錦被憲英嫌其華反而覆之其明鑒儉約如此泰始五年卒年七十九

杜有道妻嚴氏

杜有道妻嚴氏字憲京兆人也貞淑有識量年十三適于杜氏十八而嫠居子植女韡並孤藐憲雖少誓不改節撫育二子教以禮度植遂顯名於時韡亦有淑德傅玄求為繼室憲便許之時玄與何晏鄧颺不穆晏等每欲害之時人莫肯共婚及憲許玄內外以為憂懼或曰何鄧執權必為玄害亦由排山壓卵以湯沃雪耳奈何與之為親憲曰爾知其一不知其他晏等驕侈必當自敗司馬太傅獸睡耳吾恐卵破雪銷行自有在遂與玄為婚晏等尋亦為宣帝所誅植後為南安太守植從兄預為秦州刺史被誣徵還憲與預書戒之曰諺云忍辱至三公卿今可謂辱矣能忍之公是卿坐預後果為儀同三司玄前妻子咸年六歲憲嘗隨其繼母省憲謂咸曰汝千里駒也必當遠至以其妹之女妻之咸後亦有名於海內其知人之鑒如此年六十六卒

王渾妻鍾氏

王渾妻鍾氏字琰潁川人魏太傅繇曾孫也父徽黃門郎琰數歲能屬文及長聰慧弘雅博覽記籍美容止善嘯詠禮儀法度為中表所則既適渾生濟渾嘗共琰坐濟趨庭而過渾欣然曰生子如此足慰人心琰笑曰若使新婦得配參軍生子故不翅如此參軍謂渾中弟淪也琰女亦有才淑為求賢夫時有兵家子甚俊濟欲妻之白琰琰曰要令我見之濟令此兵與羣小雜處琰自幃中察之既而謂濟曰緋衣者非汝所拔乎濟曰是琰曰此人才足拔萃然地寒壽促不足展其器用不可與婚遂止其人數年果亡琰明鑒遠識皆此類也渾弟湛妻郝氏亦有德行琰雖貴門與郝雅相親重郝不以賤下琰琰不以貴陵郝時人稱鍾夫人之禮郝夫人之法云

鄭袤妻曹氏

鄭袤妻曹氏魯國薛人也袤先娶孫氏早亡娉之為繼室事舅姑甚孝躬紡績之勤以充奉養至於叔妹羣娣之間盡其禮節咸得歡心及袤為司空其子默等又顯朝列時人稱其榮貴曹氏深懼盛滿每默等升進輒憂之形於聲色然食無重味服浣濯之衣袤等所獲祿秩曹氏必班散親姻務令周給家無餘貲初孫氏瘞于黎陽及袤薨議者以久喪難舉欲不合葬曹氏曰孫氏元妃理當從葬不可使孤魂無所依邪於是備吉凶導從之儀以迎之具衣衾几筵親執鴈行之禮聞者莫不歎息以為趙姬之下叔隗不足稱也太康元年卒年八十二

愍懷太子妃王氏

愍懷太子妃王氏太尉衍女也字惠風貞婉有志節太子既廢居于金墉衍請絕婚惠風號哭而歸行路為之流涕及劉曜陷洛陽以惠風賜其將喬屬屬將妻之惠風拔劍距屬曰吾太尉公女皇太子妃義不為逆胡所辱屬遂害之

鄭休妻石氏

鄭休妻石氏不知何許人也少有德操年十餘歲鄉邑稱之既歸鄭氏為九族所重休前妻女既幼又休父布臨終有庶子沉生命棄之石氏曰奈何使舅之胤不存乎遂養沉及前妻女力不兼舉九年之中三不舉子

陶侃母湛氏

陶侃母湛氏豫章新淦人也初侃父丹娉為妾生侃而陶氏貧賤湛氏每紡績資給之使交結勝己侃少為尋陽縣吏嘗監魚梁以一坩鮓遺母湛氏封鮓及書責侃曰爾為吏以官物遺我非唯不能益吾乃以增吾憂矣鄱陽孝廉范逵寓宿於侃時大雪湛氏乃徹所臥新薦自剉給其馬又密截髮賣與鄰人供肴饌逵聞之歎息曰非此母不生此子侃竟以功名顯

賈渾妻宗氏

賈渾妻宗氏不知何許人也渾為介休令被劉元海將喬晞攻破死之宗氏有姿色晞欲納之宗氏罵曰屠販奴豈有害人之夫而欲加無禮於爾安乎何不促殺我因仰天大哭晞遂害之時年二十餘

梁緯妻辛氏

梁緯妻辛氏隴西狄道人也緯為散騎常侍西都陷沒為劉曜所害辛氏有殊色曜將妻之辛氏據地大哭仰謂曜曰妾聞男以義烈女不再醮妾夫已死理無獨全且婦人再辱明公亦安用哉乞即就死下事舅姑遂號哭不止曜曰貞婦也任之乃自縊而死曜以禮葬之

許延妻杜氏

許延妻杜氏不知何許人也延為益州別駕為李驤所害驤欲納杜氏為妻杜氏號哭守夫尸罵驤曰汝輩逆賊無道死有先後寧當久活我杜家女豈為賊妻也驤怒遂害之

虞潭母孫氏

虞潭母孫氏吳郡富春人孫權族孫女也初適潭父忠恭順貞和甚有婦德及忠亡遺孤藐爾孫氏雖少誓不改節躬自撫養劬勞備至性聰敏識鑒過人潭始自幼童便訓以忠義故得聲望允洽為朝廷所稱永嘉末潭為南康太守值杜弢構逆率衆討之孫氏勉潭以必死之義俱傾其資產以餽戰士潭遂克捷及蘇峻作亂潭時守吳興又假節征峻孫氏戒之曰吾聞忠臣出孝子之門汝當捨生取義勿以吾老為累也仍盡發其家僮令隨潭助戰貿其所服環珮以為軍資于時會稽內史王舒遣子允之為督護孫氏又謂潭曰王府君遣兒征

汝何爲獨不潭卽以子楚爲督護與允之合勢其憂國之誠如此拜武昌侯太夫人加金章紫綬潭立養堂於家王導以下皆就拜謁咸和末卒年九十五成帝遣使弔祭謚曰定夫人

周顗母李氏

周顗母李氏字絡秀汝南人也少時在室顗父浚爲安東將軍時嘗出獵遇雨過止絡秀之家會其父兄不在絡秀聞浚至與一婢於內宰豬羊具數十人之饌甚精辦而不聞人聲浚怪使覘之獨見一女子甚美浚因求爲妾其父兄不許絡秀曰門戶殄悴何惜一女若連姻貴族將來庶有大益矣父兄許之遂生顗及嵩謨而顗等既長絡秀謂之曰我屈節爲汝家作妾門戶計耳汝不與我家爲親親者吾亦何惜餘年顗等從命由此李氏遂得爲方雅之族中興時顗等並列顯位嘗冬至置酒絡秀舉觴賜三子曰吾本渡江託足無所不謂爾等並貴列吾目前吾復何憂嵩起曰恐不如尊旨伯仁志大而才短名重而識闇好乘人之弊此非自全之道嵩性抗直亦不容於世唯阿奴碌碌當在阿母目下耳阿奴謨小字也後果如其言

張茂妻陸氏

張茂妻陸氏吳郡人也茂爲吳郡太守被沈充所害陸氏傾家產率茂部曲爲先登以討充充敗陸詣闕上書爲茂謝不剋之責詔曰茂夫妻忠誠舉門義烈宜追贈茂太僕

尹虞二女

尹虞二女長沙人也虞前任始興太守起兵討杜弢戰敗二女爲弢所獲並有國色弢將妻之女曰我父二千石終不能爲賊婦有死而已弢並害之

荀崧小女灌

荀崧小女灌幼有奇節崧爲襄城太守爲杜曾所圍力弱食盡欲求救於故吏平南將軍石覽計無從出灌時年十三乃率勇士數十人踰城突圍夜出賊追甚急灌督厲將士且戰且前得入魯陽山獲免自詣覽乞師又爲崧書與南中郎將周訪請援仍結爲兄弟訪卽遣子撫率三千人會石覽俱救崧賊聞兵至散走灌之力也

王凝之妻謝氏

王凝之妻謝氏字道韞安西將軍奕之女也聰識有才辯叔父安嘗問毛詩何句最佳道韞稱吉甫作頌穆如清風仲山甫永懷以慰其心安謂有雅人深致又嘗內集俄而雪驟下安曰何所似也安兄子朗曰散鹽空中差可擬道韞曰未若柳絮因風起安大悅初適凝之還甚不樂安曰王郎逸少子不惡汝何恨也答曰一門叔父則有阿大中郎羣從兄弟復有封胡羯末不意天壤之中乃有王郎封謂謝韶胡謂謝朗羯謂謝玄末謂謝川皆其小字也又嘗譏玄學植不進曰爲塵務經心爲天分有限邪凝之弟獻之嘗與賓客談議詞理將屈道韞遣婢白獻之曰欲爲小郎解圍乃施青綾步鄣自蔽申獻之前議客不能屈及遭孫恩之難舉厝自若既聞夫及諸子已爲賊所害方命婢肩輿抽刃出門亂兵稍至手殺數人乃被虜其外孫劉濤時年數歲賊又欲害之道韞曰事在王門何關他族必其如此寧先見殺恩雖毒虐爲之改容乃不害濤自爾嫠居會稽家中莫不嚴肅太守劉柳聞其名請與談議道韞素知柳名亦不自阻乃簪髻素褥坐於帳中柳束脩整帶造于別榻道韞風韻高邁敍致清雅先及家事慷慨流漣徐酬問旨詞理無滯柳退而歎曰實頃所未見瞻察言氣使人心形俱服道韞亦云親從凋亡始遇此士聽其所問殊開人胷府初同郡張玄妹亦有才質適於顧氏玄每稱之以敵道韞有濟尼者游於二家或問之濟尼答曰王夫人神情散朗故有林下風氣顧家婦清心玉映自是閨房之秀道韞所著詩賦誄頌並傳於世

劉臻妻陳氏

劉臻妻陳氏者亦聰辯能屬文嘗正旦獻椒花頌其詞曰旋穹周迴三朝肇建青陽散輝澄景載煥標美靈葩爰採爰獻聖容映之永壽於萬又撰元日及冬至進見之儀行於世

皮京妻龍氏

皮京妻龍氏字憐西道縣人也年十三適京未逾年而京卒京二弟亦相次而隕既無胤嗣又無朞功之親憐貨其嫁時資裝躬自紡績數年間三喪俱舉葬斂畢每時享祭無闕州里聞其賢屢有娉者憐誓不改醮守節窮居五十餘載而卒

孟昶妻周氏

孟昶妻周氏昶弟顗妻又其從妹也二家並豐財產初桓玄常推重昶而劉邁毀之昶知深自惋失及劉裕將建義與昶定謀昶欲盡散財物以供軍糧其妻非常婦人可語以大事乃謂之曰劉邁毀我於桓公便是一生淪陷決當作賊卿幸可早爾離絕脫得富貴相迎不晚也周氏曰君父母在堂欲建非常之謀豈婦人所諫事之不成當於奚官中奉養大家義無歸志也昶愴然久之而起周氏追昶坐云觀君舉厝非謀及婦人者不過欲得財物耳時其所生女在抱推而示之曰此而可賣亦當不惜況資財乎遂傾資產以給之而託以他用及事之將舉周氏謂顗妻云一昨夢殊不好門內宜浣濯沐浴以除之且不宜赤色我當悉取作七日藏厭顗妻信之所有絳色者悉斂以付焉乃置帳中潛自剔綿以絳與昶遂得數十人被服赫然悉孟氏所出而家人不之知也

何無忌母劉氏

何無忌母劉氏征虜將軍建之女也少有志節弟牢之爲桓玄所害劉氏每銜之常思報復及無忌與劉裕謀而劉氏察其舉厝有異喜而不言會無忌夜於屏風裏制檄文劉氏潛以器覆燭徐登梯於屏風上窺之既知泣而撫之曰我不如東海呂母明矣既孤其誠常恐壽促汝能如此吾讎恥雪矣因問其同謀知事在裕彌喜乃說桓玄必敗義師必成之理以勸勉之後果如其言

劉聰妻劉氏

劉聰妻劉氏名娥字麗華僞太保殷女也幼而聰慧晝營女工夜誦書籍傅母恒止之娥敦習彌厲每與諸兄論經義理趣超遠諸兄深以歎伏性孝友善風儀進止聰既僭位召爲右貴嬪甚寵之俄拜爲后將起䳒儀殿以居之其廷尉陳元達切諫聰大怒將斬之娥時在後堂私勅左右停刑手疏啓曰伏聞將爲妾營殿今昭德足居䳒儀非急四海未一禍難猶繁動須人力資財尤宜慎之廷尉之言國家大政夫忠臣之諫豈爲身哉帝王距之亦非顧身也妾仰謂陛下上尋明君納諫之昌下忿闇主距諫之禍宜賞廷尉以美爵酬廷尉以列土如何不惟不納而反欲誅之陛下此怒由妾而起廷尉之禍由妾而招人怨國疲咎歸於妾距諫害忠亦妾之由自古敗國喪家未始不由婦人者也妾每覽古事忿之忘食何意今日妾自爲之後人之觀妾亦猶妾之視前人也復何面目仰侍巾櫛請歸死此堂以塞陛下誤惑之過聰覽之色變謂其羣下曰朕比得風疾喜怒過常元達忠臣也朕甚愧之以娥表示元達曰外輔如公內輔如此后朕無憂矣及娥死僞謚武宣皇后其姊英字麗芳亦聰敏涉學而文詞機辯曉達政事過於娥初與娥同名拜左貴嬪尋卒僞追謚武德皇后

王廣女

王廣女者不知何許人也容質甚美慷慨有丈夫之節廣仕劉聰爲西揚州刺史蠻帥梅芳攻陷揚州而廣被殺王時年十五芳納之俄於闇室擊芳不中芳驚起曰何故反邪王罵曰蠻畜我欲誅反賊何謂反乎吾聞父仇不同天母仇不同地汝反逆無狀害人父母而復以無禮陵人吾所以不死者欲誅汝耳今死自吾分不待汝殺但恨不得梟汝首於通逵以塞大恥辭氣猛厲言終乃自殺芳止之不可

陝婦人

陝婦人不知姓字年十九劉曜時嫠居陝縣事叔姑甚謹其家欲嫁之此婦毀面自誓後叔姑病死其叔姑有女在夫家先從此婦乞假不得因而誣殺其母有司不能察而誅之時有羣鳥悲鳴尸上其聲甚哀盛夏暴尸十日不腐亦不爲蟲獸所敗其境乃經歲不雨曜遣呼延謨爲太守既知其冤乃斬此女設少牢以祭其墓謚曰孝烈貞婦其日大雨

靳康女

靳康女者不知何許人也美姿容有志操劉曜之誅靳氏將納靳女爲妻靳曰陛下既滅其父母兄弟復何用妾爲妾聞逆人之誅也尚汚宮伐樹而況其子女乎因號泣請死曜哀之免康一子

韋逞母宋氏

韋逞母宋氏不知何郡人也家世以儒學稱宋氏幼喪母其父躬自養之及長授以周官音義謂之曰吾家世學周官傳業相繼此又周公所制經紀典誥百官品物備於此矣吾今無男可傳汝可受之勿令絕世屬天下喪亂宋氏諷誦不輟其後爲石季龍徙之于山東宋氏與夫在徙中推鹿車背負父所授書到冀州依膠東富人程安壽壽養護之逞時年少宋氏晝則樵採夜則教逞然紡績無廢壽每歎曰學家多士大夫得無是乎逞遂學成名立仕苻堅爲太常堅嘗幸其太學問博士經典乃憫禮樂遺闕時博士盧壼對曰廢學既久書傳零落比年綴撰正經粗集唯周官禮注未有其師竊見太常韋逞母宋氏世學家女傳其父業得周官音義今年八十視聽無闕自非此母無可以傳授後生於是就宋氏家立講堂置生員百二十人隔絳紗幔而受業號宋氏爲宣文君賜侍婢十人周官學復行於世時稱韋氏宋母焉

張天錫妾閻氏薛氏

張天錫妾閻氏薛氏並不知何許人也咸有寵於天錫天錫寢疾謂之曰汝二人將何以報我吾死後豈可爲人妻乎皆曰尊若不諱妾請效死供灑掃地下誓無他

志及其疾篤二姬皆自刎天錫疾瘳追悼之以夫人禮葬焉

苻堅妾張氏

苻堅妾張氏不知何許人明辯有才識堅將入寇江左羣臣切諫不從張氏進曰妾聞天地之生萬物聖王之馭天下莫不順其性而暢之故黃帝服牛乘馬因其性也禹鑿龍門決洪河因水之勢也后稷之播殖百穀因地之氣也湯武之滅夏商因人之欲也是以有因成無因敗今朝臣上下皆言不可陛下復何所因也書曰天聰明自我民聰明天猶若此況于人主乎妾聞人君有伐國之志者必上觀乾象下採衆祥天道崇遠非妾所知以人事言之未見其可諺言雞夜鳴者不利行師犬羣嘷者宮室必空兵動馬驚軍敗不歸秋冬以來每夜羣犬大嘷衆雞夜鳴伏聞廐馬驚逸武庫兵器有聲吉凶之理誠非微妾所論願陛下詳而思之堅曰軍旅之事非婦人所豫也遂興兵張氏請從堅果大敗於壽春張氏乃自殺

竇滔妻蘇氏

竇滔妻蘇氏始平人也名蕙字若蘭善屬文滔苻堅時爲秦州刺史被徙流沙蘇氏思之織錦爲迴文旋圖詩以贈滔宛轉循環以讀之詞甚悽惋凡八百四十字文多不錄

苻登妻毛氏

苻登妻毛氏不知何許人壯勇善騎射登爲姚萇所襲營壘既陷毛氏猶彎弓跨馬率壯士數百人與萇交戰殺傷甚衆衆寡不敵爲萇所執萇欲納之毛氏罵曰吾天子后豈爲賊羌所辱何不速殺我因仰天大哭曰姚萇無道前害天子今辱皇后皇天后土寧不鑒照萇怒殺之

慕容垂妻段氏

慕容垂妻段氏字元妃僞右光祿大夫儀之女也少而婉慧有志操常謂妹季妃曰我終不作凡人妻季妃亦曰妹亦不爲庸夫婦鄰人聞而笑之垂之稱燕王納元妃爲繼室遂有殊寵僞范陽王德亦娉季妃焉姊妹俱爲垂德之妻卒如其志垂既僭位拜爲皇后垂立其子寶爲太子也元妃謂垂曰太子姿質雍容柔而不斷承平則爲仁明之主處難則非濟世之雄陛下託之以大業妾未見克昌之美遼西高陽二王陛下兒之賢者宜擇一以樹之趙王麟姦詐負氣常有輕太子之心陛下一旦不諱必有難作此陛下之家事宜深圖之垂不納寶及麟聞之深以爲恨其後元妃又言之垂曰汝欲使我爲晉獻公乎元妃泣而退告季妃曰太子不令羣下所知而主上比吾爲驪戎之女何其苦哉主上百年之後太子必亡社稷范陽王有非常器度若燕祚未終其在王乎垂死寶嗣僞位遣麟逼元妃曰后常謂主上不能嗣守大統今竟何如宜早自裁以全段氏元妃怒曰汝兄弟尚逼殺母安能保守社稷吾豈惜死念國滅不久耳遂自殺寶議以元妃謀廢嫡統無母后之道不宜成喪羣下咸以爲然僞中書令眭邃大言於朝曰子無廢母之義漢之安思閻后親廢順帝猶配饗安皇先后言虛實尚未可知宜依閻后故事寶從之其後麟果作亂寶亦被殺德復僭稱尊號終如元妃之言

段豐妻慕容氏

段豐妻慕容氏德之女也有才慧善書史能鼓琴德既僭位署爲平原公主年十四適於豐豐爲人所譖被殺慕容氏寡歸將改適僞壽光公餘熾慕容氏謂侍婢曰我聞忠臣不事二君貞女不更二夫段氏既遭無辜已不能同死豈復有心於重行哉今主上不顧禮義嫁我若不從則違嚴君之命矣於是剋日交禮慕容氏姿容婉麗服飾光華熾覩之甚喜經再宿慕容氏僞辭以疾熾亦不之逼三日還第沐浴置酒言笑自若至夕密書其裙帶云死後當埋我於段氏墓側若魂魄有知當歸彼矣遂於浴堂自縊而死及葬男女觀者數萬人莫不歎息曰貞哉公主路經餘熾宅前熾聞挽歌之聲慟絕良久

呂纂妻楊氏 呂紹妻張氏

呂纂妻楊氏弘農人也美艷有義烈纂被呂超所殺楊氏與侍婢十數人殯纂于城西將出宮超慮齎珍物出外使人捜之楊氏厲聲責超曰爾兄弟不能和睦手刃相屠我旦夕死人何用金寶超慚而退又問楊氏玉璽所在楊氏怒曰盡毀之矣超將妻之謂其父桓曰后若自殺禍及卿宗桓以告楊氏楊氏曰大人本賣女與氐以圖富貴一之已甚其可再乎乃自殺時呂紹妻張氏亦有操行年十四紹死便請爲尼呂隆見而悅之欲穢其行張氏曰欽樂至道誓不受辱遂昇樓自投於地二脛俱折口誦佛經俄然而死

涼武昭王李玄盛后尹氏

涼武昭王李玄盛后尹氏天水冀人也幼好學淸辯有志節初適扶風馬元正元正卒爲玄盛繼室以再醮之故三年不言撫前妻子踰於己生玄盛之創業也謨謀經略多所毗贊故西州諺曰李尹王敦煌及玄盛薨子士業嗣位尊爲太后士業將攻沮渠蒙遜尹氏謂士業曰汝新造之國地狹人稀靖以守之猶懼其失云何輕舉窺冀非望蒙遜驍武善用兵汝非其敵吾觀其數年已來有并兼之志且天時人事似欲歸之今國雖小足以爲政知足不辱道家明誡也且先王臨薨遺令殷勤志令汝曹深愼兵戰俟時而動言猶在耳柰何忘之不如勉修德政蓄力以觀之彼若淫暴人將歸汝汝苟德之不建事之無日矣汝此行也非唯師敗國亦將亡士業不從果爲蒙遜所滅尹氏至姑臧蒙遜引見勞之對曰李氏爲胡所滅知復何言或諫之曰母子命懸人手柰何倨傲且國敗子孫屠滅何獨無悲尹氏曰興滅死生理之大分何爲同凡人之事起兒女之悲吾一婦人不能死亡豈憚斧鉞之禍求爲臣妾乎若殺我者吾之願矣蒙遜嘉之不誅爲子茂虔娉其女爲妻及魏氏以武威公主妻茂虔尹氏及女遷居酒泉既而女卒撫之不哭曰汝死晚矣沮渠無諱時鎭酒泉每謂尹氏曰后諸孫在伊吾后能去不尹氏未測其言答曰子孫流漂託身醜虜老年餘命當死於此不能作氈裘鬼也俄而潛奔伊吾無諱遣騎追及之尹氏謂使者曰沮渠酒泉許我歸北何故來追汝可斬吾首歸終不迴矣使者不敢逼而還年七十五卒于伊吾

史臣曰夫繁霜降節彰勁心於後凋橫流在辰表貞期於上德匪伊君子抑亦婦人焉自晉政陵夷罕樹風檢虧閑爽操相趨成俗荐之以劉石汨之以苻姚三月歌胡唯見爭新之飾一朝辭漢曾微戀舊之情馳騖風埃脫落名教頹縱忘反於茲爲極至若惠風之數喬屬道韞之對孫恩荀女釋急於重圍張妻報怨於強寇僭登之后路死不迴僞纂之妃捐生匪吝宗辛抗情而致夭王靳守節而就終斯皆冥踐義途匪因教至聳淸漢之喬葉有裕徽音振幽谷之貞蕤無慙雅引比夫懸梁靡顧齒劒如歸異日齊風可以激揚千載矣

贊曰從容陰禮婉娩柔則載循六行爰昭四德操絜風霜譽流邦國彤管貽訓淸芬靡忒

晉書卷九十六考證

王渾妻傳琰女亦有才淑○琰監本誤婦今改正

陶侃母湛氏傳以一蚶鮓遺母○蚶應作坩此因音義作蚶而誤耳又鮓集韻作鮺

周顗母李氏傳唯阿奴碌碌當在阿母目下耳阿奴謨小字也○臣宗楷按本書周顗傳弟嵩嘗因酒瞋目以所然蠟燭投之顗曰阿奴火攻固出下策耳是呼嵩爲阿奴而此復以阿奴爲弟謨小字前後小異

何無忌母劉氏傳劉氏潛以器覆燭徐登橙於屏風上窺之○橙各本誤梯今以音義改正

晉書卷九十七

唐太宗文皇帝御撰

列傳第六十七

四夷

夫恢恢乾德萬類之所資始蕩蕩坤儀九區之所均載考羲軒於往統肇承天而理物訊炎昊於前辟爰制地而疏疆襲冠帶以辨諸華限要荒以殊遐裔區分中外其來尚矣九夷八狄被青野而亘玄方七戎六蠻緜西宇而橫南極繁種落異君長遇有道則時遵聲教鍾無妄則爭肆虔劉趨扇風塵蓋其常性也詳求遐議歷選深謨莫不待以羈縻防其猾夏武帝受終衰魏廓境全吳威略既申招攜斯廣迷亂華之議矜來遠之名撫舊懷新歲時無怠凡四夷入貢者有二十三國既而惠皇失德中宗遷播凶徒分據天邑傾淪朝化所覃江外而已賝貢之禮於茲殆絕殊風異俗所未能詳故採其可知者爲之傳云北狄竊號中壤備于載記在其諸部種類今略書之

東夷 夫餘國 馬韓 辰韓 肅愼氏 倭人 裨離等十國

夫餘國

夫餘國在玄菟北千餘里南接鮮卑北有弱水地方二千里戶八萬有城邑宮室地宜五穀其人強勇會同揖讓之儀有似中國其出使乃衣錦罽以金銀飾腰其法殺人者死沒入其家盜者一責十二男女淫婦人妬皆殺之若有軍事殺牛祭天以其蹄占吉凶蹄解者爲凶合者爲吉死者以生人殉葬有槨無棺其居喪男女皆衣純白婦人著布面衣去玉佩出善馬及貂豽美珠珠大如酸棗其國殷富自先世以來未嘗被破其王印文稱穢王之印國中有古穢城本穢貊之城也武帝時頻來朝貢至太康六年爲慕容廆所襲破其王依慮自殺子弟走保沃沮帝爲下詔曰夫餘王世守忠孝爲惡虜

所滅甚愍念之若其遺類足以復國者當爲之方計使得存立有司奏護東夷校尉鮮于嬰不救夫餘失於機略詔免嬰以何龕代之明年夫餘後王依羅遣詣龕求率見人還復舊國仍請援龕上列遣督郵賈沈以兵送之廆又要之於路沈與戰大敗之廆衆退羅得復國爾後每爲廆掠其種人賣於中國帝愍之又發詔以官物贖還下司冀二州禁市夫餘之口

馬韓

韓種有三一曰馬韓二曰辰韓三曰弁韓辰韓在帶方南東西以海爲限馬韓居山海之間無城郭凡有小國五十六所大者萬戶小者數千家各有渠帥俗少綱紀無跪拜之禮居處作土室形如冢其戶向上舉家共在其中無長幼男女之別不知乘牛馬畜者但以送葬俗不重金銀錦罽而貴瓔珠用以綴衣或飾髮垂耳其男子科頭露紒衣布袍履草蹻性勇悍國中有所調役及起築城隍年少勇健者皆鑿其背皮貫以大繩以杖搖繩終日讙呼力作不以爲痛善用弓楯矛櫓雖有鬭爭攻戰而貴相屈服俗信鬼神常以五月耕種畢羣聚歌舞以祭神至十月農事畢亦如之國邑各立一人主祭天神謂爲天君又置別邑名曰蘇塗立大木懸鈴鼓其蘇塗之義有似西域浮屠也而所行善惡有異武帝太康元年二年其主頻遣使入貢方物七年八年十年又頻至太熙元年詣東夷校尉何龕上獻咸寧三年復來明年又請內附

辰韓

辰韓在馬韓之東自言秦之亡人避役入韓韓割東界以居之立城柵言語有類秦人由是或謂之爲秦韓初有六國後稍分爲十二又有弁辰亦十二國合四五萬戶各有渠帥皆屬於辰韓辰韓常用馬韓人作主雖世世相承而不得自立明其流移之人故爲馬韓所制也地宜五穀俗饒蠶桑善作縑布服牛乘馬其風俗有類馬韓兵器亦與之同初生子便以石押其頭使扁喜舞善彈瑟瑟形似筑武帝太康元年其王遣使獻方物二年復來朝貢七年又來

肅慎氏

肅慎氏一名挹婁在不咸山北去夫餘可六十日行東濱大海西接寇漫汗國北極弱水其土界廣袤數千里居深山窮谷其路險阻車馬不通夏則巢居冬則穴處父子世爲君長無文墨以言語爲約有馬不乘但以爲財產而已無牛羊多畜猪食其肉衣其皮績毛以爲布有樹名雒常若中國有聖帝代立則其木生皮可衣無井竈作瓦鬲受四五升以食坐則箕踞以足挾肉而啖之得凍肉坐其上令暖土無鹽鐵燒木作灰灌取汁而食之俗皆編髮以布作襜徑尺餘以蔽前後將嫁娶男以毛羽插女頭女和則持歸然後致禮娉之婦貞而女淫貴壯而賤老死者其日卽葬之於野交木作小槨殺猪積其上以爲死者之糧性凶悍以無憂哀相尚父母死男子不哭泣哭者謂之不壯相盜竊無多少皆殺之故雖野處而不相犯有石砮皮骨之甲檀弓三尺五寸楛矢長尺有咫其國東北有山出石其利入鐵將取之必先祈神周武王時獻其楛矢石砮逮于周公輔成王復遣使入賀爾後千餘年雖秦漢之盛莫之致也及文帝作相魏景元末來貢楛矢石砮弓甲貂皮之屬魏帝詔歸于相府賜其王傉雞錦罽緜帛至武帝元康初復來貢獻元帝中興又詣江左貢其石砮至成帝時通貢於石季龍問之答曰每候牛馬向西南眠者三年矣是知有大國所在故來云

倭人

倭人在帶方東南大海中依山島爲國地多山林無良田食海物舊有百餘小國相接至魏時有三十國通好戶有七萬男子無大小悉黥面文身自謂太伯之後又言上古使詣中國皆自稱大夫昔夏少康之子封於會稽斷髮文身以避蛟龍之害今倭人好沉沒取魚亦文身以厭水禽計其道里當會稽東冶之東其男子衣以橫幅但結束相連略無縫綴婦人衣如單被穿其中央以貫頭而皆被髮徒跣其地溫暖俗種禾稻紵麻而蠶桑織績土無牛馬有刀楯弓箭以鐵爲鏃有屋宇父母兄弟臥息異處食飲用俎豆嫁娶不持錢帛以衣迎之死有棺無槨封土爲冢初喪哭泣不食肉已葬舉家入水澡浴自潔以除不祥其舉大事輒灼骨以占吉凶不知正歲四節但計秋收之時以爲年紀人多壽百年或八九十國多婦女不淫不妒無爭訟犯輕罪者沒其妻孥重者族滅其家舊以男子爲主漢末倭人亂攻伐不定乃立女子爲王名曰卑彌呼宣帝之平公孫氏也其女王遣使至帶方朝見其後貢聘不絕及文帝作相又數至泰始初遣使重譯入貢

裨離等十國

裨離國在肅慎西北馬行可二百日領戶二萬養雲國去裨離馬行又五十日領戶二萬寇莫汗國去養雲國又百日行領戶五萬餘一羣國去莫汗又百五十日計去肅慎五萬餘里其風俗土壤並未詳泰始三年各遣小部獻其方物至太熙初復有牟奴國帥逸芝惟離模盧國帥沙支臣芝于離末利國帥加牟臣芝蒲都國帥因末縄余國帥馬路沙樓國帥釤加各遣正副使詣東夷校尉何龕歸化

西戎

吐谷渾　焉耆國　龜茲國
大宛國　康居國　大秦國

吐谷渾

吐延　葉延　辟奚
視連　視羆　樹洛干

吐谷渾慕容廆之庶長兄也其父涉歸分部落一千七百家以隸之及涉歸卒廆嗣位而二部馬鬬廆怒曰先公分建有別奈何不相遠離而令馬鬬吐谷渾曰馬爲畜耳鬬其常性何怒於人乖別甚易當去汝於萬里之外矣於是遂行廆悔之遣其長史史那樓馮及父時耆舊追還之吐谷渾曰先公稱卜筮之言當有二子克昌祚流後裔我卑庶也理無並大今因馬而別殆天所啓乎諸君試驅馬令東馬若還東我當相隨去矣樓馮遣從者二千騎擁馬東出數百步輒悲鳴西走如是者十餘輩樓馮跪而言曰此非人事也遂止鮮卑謂兄爲阿干廆追思之作阿干之歌歲暮窮思常歌之吐谷渾謂其部落曰我兄弟俱當享國廆及曾玄纔百餘年耳我玄孫已後庶其昌乎於是乃西附陰山屬永嘉之亂始度隴而西其後子孫據有西零已西甘松之界極乎白蘭數千里然有城郭而不居隨逐水草廬帳爲屋以肉酪爲糧其官置長史司馬將軍頗識文字其男子通服長裙帽或戴羃䍦婦人以金花爲首飾辮髮縈後綴以珠貝其婚姻富家厚出聘財竊女而去父卒妻其羣母兄亡妻其諸嫂喪服制葬訖而除國無常稅調用不給輒斂富室商人取足而止殺人及盜馬者罪至死他犯則徵物以贖地宜大麥而多蔓菁頗有菽粟出蜀馬犛牛西北雜種謂之爲阿柴虜或號爲野虜焉吐谷渾年七十二卒有子六十人長曰吐延嗣

吐延身長七尺八寸雄姿魁傑羌虜憚之號曰項羽性俶儻不羣常慷慨謂其下曰大丈夫生不在中國當高光之世與韓彭吳鄧並驅中原定天下雌雄使名垂竹帛而潛竄窮山隔在殊俗不聞禮教於上京不得策名於天府生與麋鹿同羣死作氈裘之鬼雖偷觀日月獨不愧於心乎性酷忍而負其智不能恤下爲羌酋姜聰所刺劍猶在其身謂其將紇拔泥曰豎子刺吾吾之過也上負先公下愧士女所以控制諸羌者以吾故也吾死之後善相葉延速保白蘭言終而卒在位十三年有子十二人長子葉延嗣

葉延年十歲其父爲羌酋姜聰所害每旦縛草爲姜聰之象哭而射之中之則號泣不中則瞋目大呼其母謂曰姜聰諸將已屠鱠之矣汝何爲如此葉延泣曰誠知射草人不益於先讎以申罔極之志耳性至孝母病五日不食葉延亦不食長而沉毅好問天地造化帝王年曆司馬薄洛鄰曰臣等不學實未審三皇何父之子五帝誰母所生延曰自羲皇以來符命玄象昭言著見而卿等面牆何其鄙哉語曰夏蟲不知冬冰良不虛也又曰禮云公孫之子得以王父字爲氏吾始祖自昌黎光宅於此今以吐谷渾爲氏尊祖之義也在位二十三年卒年三十三有子四人長子辟奚嗣

辟奚性仁厚慈惠初聞苻堅之盛遣使獻馬五十匹金銀五百斤堅大悅拜爲安遠將軍辟奚三弟皆專恣長史鍾惡地恐爲國害謂司馬乞宿雲曰昔鄭莊公秦昭王以一弟之寵宗祀幾傾見今三孽並驕必爲社稷之患吾與公忝當元輔若獲保首領以沒于地先君有問其將何辭吾今誅之矣宿雲請白辟奚惡地曰吾王無斷不可以告於是因羣下入覲遂執三弟而誅之辟奚自投于牀惡地等奔而扶之曰臣昨夢先王告臣云三弟將爲逆亂汝速除之臣謹奉先王之命矣辟奚素友愛因恍惚成疾謂世子視連曰吾禍滅同生何以見之於地下國事大小汝宜攝之吾餘年殘命寄食而已遂以憂卒在位二十五年時年四十二有子六人視連嗣

視連既立通聘於乞伏乾歸拜爲白蘭王視連幼廉慎有志性以父憂卒不知政事不飲酒遊田七年矣鍾惡地進曰夫人君者以德御世以威齊衆養以五味娛以聲色此四者聖帝明王之所先也而公皆略之昔昭公儉嗇而喪偃王仁義而亡然則仁義所以存身亦所以亡己經國者德禮也濟世者刑法也二者或差則綱維失緒明公奕葉重光恩結西夏雖仁孝發於天然猶宜憲章周孔不可獨追徐偃之仁使刑德委而不建視連泣曰先王追友于之痛悲憤升遐孤雖纂業尸存而已聲色遊娛豈所安也綱維刑禮付之將來臨終謂其子視羆曰我高祖吐谷渾公常言子孫必有興者永爲中國之西藩慶流百世吾已不及汝亦不見當在汝之子孫輩耳在位十五年而卒有二子長曰視羆少曰烏紇堤

視羆性英果有雄略嘗從容謂博士金城騫苞曰易云動靜有常剛柔斷矣先王以仁宰世不任威刑所以剛

柔靡厮取輕鄙敵當仁不讓豈宜拱默者乎今將秣馬厲兵爭衡中國先生以爲何如苞日大王之言高世之略秦隴英豪所願聞也於是盧禮撫納衆赴如歸乞伏乾歸遣使拜爲使持節都督隴涸已西諸軍事沙州牧白蘭王視羆不受謂使者日自晉道不綱姦雄競逐劉石虐亂秦燕跋扈河南王處形勝之地宜當糾合義兵以懲不順奈何私相假署擬僭羣兇寡人承五祖之休烈控弦之士二萬方欲掃氛秦隴淸彼沙涼然後飮馬涇渭戮問鼎之豎以一丸泥封東關閉燕趙之路迎天子於西京以盡遐藩之節終不能如季孟子陽妄自尊大爲吾白河南王何不立勳帝室策名王府建當年之功流芳來葉邪乾歸大怒然憚其强初猶結好後竟遣衆擊之視羆大敗退保白蘭在位十一年年三十三卒子樹洛干年少傳位於烏紇堤烏紇堤一名大孩性愞弱耽酒淫色不恤國事乞伏乾歸之入長安也烏紇堤屢抄其境乾歸怒率騎討之烏紇堤大敗亡失萬餘口保于南涼遂卒於胡國在位八年時年三十五視羆之子樹洛干立

樹洛干九歲而孤其母念氏聰惠有姿色烏紇堤妻之有寵遂專國事洛干十歲便自稱世子年十六嗣立率所部數千家奔歸莫何川自稱大都督車騎大將軍大單于吐谷渾王化行所部衆庶樂業號爲戊寅可汗沙潒雜種莫不歸附乃宣言曰孤先祖避地於此暨孤七世思與羣賢共康休緒今士馬桓桓控弦數萬孤將振威梁益稱霸西戎觀兵三秦遠朝天子諸君以爲何如衆咸曰此盛德之事也願大王自勉乞伏乾歸甚忌之率騎二萬攻之於赤水樹洛干大敗遂降乾歸乾歸拜爲平狄將軍赤水都護又以其弟吐護真爲捕虜將軍層城都尉其後屢爲乞伏熾磐所破又保白蘭慚憤發病而卒在位九年時年二十四熾磐聞其死喜曰此虜矯矯所謂有豕白蹢也有子四人世子拾虔嗣其後世嗣不絕

焉耆國

焉耆國西去洛陽八千二百里其地南至尉犂北與烏孫接方四百里四面有大山道險隘百人守之千人不過其俗丈夫翦髮婦人衣襦著大袴婚姻同華夏好貨利任姦詭王有侍衛數十人皆倨慢無尊卑之禮武帝太康中其王龍安遣子入侍安夫人獪胡之女姙身十二月剖脅生子曰會立之爲世子會少而勇傑安病篤謂會曰我嘗爲龜兹王白山所辱不忘於心汝能雪之乃吾子也及會立襲滅白山遂據其國遣子熙歸本國爲王會有膽氣籌略遂霸西胡葱嶺以東莫不率服然恃勇輕率嘗出宿于外爲龜兹國人羅雲所殺其後張駿遣沙州刺史楊宣率衆疆理西域宣以部將張植爲前鋒所向風靡軍次其國熙距戰於賁崙城爲植所敗植進屯鐵門未至十餘里熙又率衆先要之於遮留谷植將至或曰漢祖畏於柏人岑彭死於彭亡今谷名遮留殆將有伏植單騎嘗之果有伏發植馳擊敗之進據尉犂熙率其羣下四萬人肉袒降于宣呂光討西域復降于光及光僭位熙又遣子入侍

龜兹國

龜兹國西去洛陽八千二百八十里俗有城郭其城三重中有佛塔廟千所人以田種畜牧爲業男女皆翦髮垂項王宮壯麗煥若神居武帝太康中其王遣子入侍惠懷末以中國亂遣使貢方物於張重華苻堅時堅遣其將呂光率衆七萬伐之其王白純距境不降光進軍討平之

大宛國

大宛西去洛陽萬三千三百五十里南至大月氏北接康居大小七十餘城土宜稻麥有蒲萄酒多善馬馬汗血其人皆深目多鬚其俗娶婦先以金同心指鐶爲娉又以三婢試之不男者絕婚姦淫有子皆卑其母與人馬乘不調墜死者馬主出斂具善市賈爭分銖之利得中國金銀輒爲器物不用爲幣也太康六年武帝遣使楊顥拜其王藍庾爲大宛王藍庾卒其子摩之立遣使貢汗血馬

康居國

康居國在大宛西北可二千里與粟弋伊列鄰接其王居蘇薤城風俗及人貌衣服略同大宛地和暖饒桐柳蒲萄多牛羊出好馬泰始中其王那鼻遣使上封事并獻善馬

大秦國

大秦國一名犂鞬在西海之西其地東西南北各數千里有城邑其城周廻百餘里屋宇皆以珊瑚爲梲栭琉璃爲牆壁水精爲柱礎其王有五宮其宮相去各十里每旦於一宮聽事終而復始若國有災異輒更立賢人放其舊王被放者亦不敢怨有官曹簿領而文字習胡亦有白蓋小車旌旗之屬及郵驛制置一如中州其人長大貌類中國人而胡服其土多出金玉寶物明珠大貝有夜光璧駭雞犀及火浣布又能刺金縷繡及織錦縷罽以金銀爲錢銀錢十當金錢之一安息天竺人與之交市於海中其利百倍鄰國使到者輒廩以金錢途經大海海水鹹苦不可食商客往來皆齎三歲糧是以至者稀少漢時都護班超遣掾甘英使其國入海船人曰海中有思慕之物往者莫不悲懷若漢使不戀父母妻子者可入英不能渡武帝太康中其王遣使貢獻

南蠻　林邑　扶南

林邑

林邑國本漢時象林縣則馬援鑄柱之處也去南海三千里後漢末縣功曹姓區有子曰連殺令自立爲王子孫相承其後王無嗣外孫范熊代立熊死子逸立其俗皆開北戶以向日至於居止或東西無定人性凶悍果於戰鬪便山習水不閑平地四時暄暖無霜無雪人皆倮露徒跣以黑色爲美貴女賤男同姓爲婚婦先娉婿女嫁之時著迦盤衣橫幅合縫如井欄首戴寶花居喪翦鬢謂之孝燔尸中野以爲葬其王服天冠被纓絡每聽政子弟侍臣皆不得近之自孫權以來不朝中國至武帝太康中始來貢獻咸康二年范逸死奴文篡位

文日南西卷縣夷帥范椎奴也嘗牧牛澗中獲二鯉魚化成鐵用以爲刀刀成乃對大石嶂而祝之曰鯉魚變化冶成雙刀石嶂破者是有神靈進斫之石即瓦解文知其神乃懷之隨商賈往來見上國制度至林邑遂教逸作宮室城邑及器械逸甚愛信之使爲將文乃譖逸諸子或徙或奔及逸死無嗣文遂自立爲王以逸妻妾悉置之高樓從已者納之不從者絕其食於是乃攻大岐界小岐界式僕徐狼屈都乾魯扶單等諸國并之有衆四五萬人遣使通表入貢於帝其書皆胡字至永和三年文率其衆攻陷日南害太守夏侯覽殺五六千人餘奔九真以覽尸祭天鏟平西卷縣城遂據日南告交州刺史朱蕃求以日南北鄙橫山爲界初徼外諸國嘗齎寶物自海路來貿貨賄而交州刺史日南太守多貪利侵侮十折二三至刺史姜壯時使韓戢領日南太守戢估較太半又伐船調枹聲云征伐由是諸國恚憤且林邑少田貪日南之地戢死絕繼以謝擢侵刻如初及覽至郡又耽荒于酒政教愈亂故被破滅既而文還林邑是歲朱蕃使督護劉雄戍于日南文復攻陷之四年文又襲九真害士庶十八九明年征西督護滕畯率交廣之兵伐文於盧容爲文所敗退次九真其年文死子佛嗣升平末廣州刺史滕含率衆伐之佛懼請降含與盟而還至孝武帝寧康中遣使貢獻至義熙中每歲又來寇日南九真九德等諸郡殺傷甚衆交州遂致虛弱而林邑亦用疲弊佛死子胡達立上疏貢金盤椀及金鉦等物

扶南國

扶南西去林邑三千餘里在海大灣中其境廣袤三千里有城邑宮室人皆醜黑拳髮倮身跣行性質直不爲寇盜以耕種爲務一歲種三歲穫又好雕文刻鏤食器多以銀爲之貢賦以金銀珠香亦有書記府庫文字有類於胡喪葬婚姻略同林邑其王本是女子字葉柳時有外國人混潰者先事神夢神賜之弓又教載舶入海混潰旦詣神祠得弓遂隨賈人汎海至扶南外邑葉柳率衆禦之混潰舉弓葉柳懼遂降之於是混潰納以爲妻而據其國後胤衰微子孫不紹其將范尋復世王扶南矣武帝泰始初遣使貢獻太康中又頻來穆帝升平初復有竺旃檀稱王遣使貢馴象帝以殊方異獸恐爲人患詔還之

北狄

匈奴

匈奴之類總謂之北狄匈奴地南接燕趙北暨沙漠東連九夷西距六戎世世自相君臣不稟中國正朔夏曰薰鬻殷曰鬼方周曰獫狁漢曰匈奴其强弱盛衰風俗好尚區域所在皆列于前史前漢末匈奴大亂五單于爭立而呼韓邪單于失其國攜率部落入臣於漢漢嘉其意割并州北界以安之於是匈奴五千餘落入居朔方諸郡與漢人雜處呼韓邪感漢恩來朝漢因留之賜其邸舍猶因本號聽稱單于歲給綿絹錢穀有如列侯子孫傳襲歷代不絕其部落隨所居郡縣使宰牧之與編戶大同而不輸貢賦多歷年所戶口漸滋彌漫北朔轉難禁制後漢末天下騷動羣臣競言胡人猥多懼必爲寇宜先爲其防建安中魏武帝始分其衆爲五部部立其中貴者爲帥選漢人爲司馬以監督之魏末復改帥爲都尉其左部都尉所統可萬餘落居于太原故泫氏縣右部都尉可六千餘落居祁縣南部都尉可三千餘落居蒲子縣北部都尉可四千餘落居新興縣中部都尉可六千餘落居太陵縣武帝踐阼後塞外匈奴大水塞泥黑難等二萬餘落歸化帝復納之使居河西故宜陽城下後復與晉人雜居由是平陽西河太原新興上黨樂平諸郡靡不有焉泰始七年單于猛叛屯孔邪城武帝遣婁侯何楨持節討之楨素有志略以猛衆凶悍非少兵所制乃潛誘猛左部督李恪殺猛於是匈奴

震服積年不敢復反其後稍因忿恨殺害長史漸爲邊患侍御史西河郭欽上疏曰戎狄彊獷歷古爲患魏初人寡西北諸郡皆爲戎居今雖服從若百年之後有風塵之警胡騎自平陽上黨不三日而至孟津北地西河太原馮翊安定上郡盡爲狄庭矣宜及平吳之威謀臣猛將之略出北地西河安定復上郡實馮翊於平陽已北諸縣募取死罪徙三河三魏見士四萬家以充之裔不亂華漸徙平陽弘農魏郡京兆上黨雜胡峻四夷出入之防明先王荒服之制萬世之長策也帝不納至太康五年復有匈奴胡太阿厚率其部落二萬九千三百人歸化七年又有匈奴胡都大博及萎莎胡等各率種類大小凡十萬餘口詣雍州刺史扶風王駿降附明年匈奴都督大豆得一育鞠等復率種落大小萬一千五百口牛二萬二千頭羊十萬五千口車廬什物不可勝紀來降并貢其方物帝並撫納之北狄以部落爲類其入居塞者有屠各種鮮支種寇頭種烏譚種赤勒種捍蛭種黑狼種赤沙種鬱鞞種萎莎種禿童種勃蔑種羌渠種賀賴種鍾跂種大樓種雍屈種眞樹種力羯種凡十九種皆有部落不相雜錯屠各最豪貴故得爲單于統領諸種其國號有左賢王右賢王左奕蠡王右奕蠡王左於陸王右於陸王左漸尚王右漸尚王左朔方王右朔方王左獨鹿王右獨鹿王左顯祿王右顯祿王左安樂王右安樂王凡十六等皆用單于親子弟也其左賢王最貴唯太子得居之其四姓有呼延氏卜氏蘭氏喬氏而呼延氏最貴則有左日逐右日逐世爲輔相卜氏則有左沮渠右沮渠蘭氏則有左當戶右當戶喬氏則有左都侯右都侯又有車陽沮渠餘地諸雜號猶中國百官也其國人有綦毋氏勒氏皆勇健好反叛武帝時有騎督綦毋俔邪伐吳有功遷赤沙都尉惠帝元康中匈奴郝散攻上黨殺長史入守上郡明年散弟度元又率馮翊北地羌胡攻破二郡自此已後北狄漸盛中原亂矣

史臣曰夫肖形稟氣是稱萬物之靈繫土隨方迺有羣分之異蹈仁義者爲中寓肆凶獷者爲外夷譬諸草木區以別矣夷狄之徒名教所絕闚邊候隙自古爲患稽諸前史憑陵匪一軒皇北逐唐帝南征殷后東戡周王西狩皆所以禦其侵亂也嬴劉之際匈奴最彊元成之間呼韓委質漢嘉其節處之中壤歷年斯永種類逾繁舛號殊名不可勝載爰及泰始匪革前迷廣闢塞垣更招種落納萎莎之後附開育鞠之新降接帳連韝充郊掩甸旣而沸脣成俗鳴鏑爲羣振鴞響而挺災恣狠心而逞暴何楨纔策弗沮於姦萌郭欽馳疏無救於妖漸未環星紀坐傾都邑黎元塗地凶族滔天迹其所由抑武皇之失也吐谷渾分緒爲燕遠辭正嫡率東胡之餘衆奄西羌之舊宇綱疎政暇地廣兵全廓萬里之基貽一匡之訓弗忘忠義良可嘉焉吐延風標宏偉見方於項籍始遵朝化遽夭於姜聰高節不羣亦殊藩之秀也葉延至孝寄新哀於射草辟奚深友邁古烈於分荆覩連蒸蒸光奉先之義視羆矯矯蘊經時之略洛干童幼早擅英規未嬰雄心先摧凶手奉順者必敗豈天亡晉乎且渾廆連枝生自邊極各謀孫而翼子咸革裔而希華廆肖姦凶假鳳圖而竊號渾嗣忠謹距龍涸而歸誠懷姦者數世而亡賫忠者累葉彌劭積善餘慶斯言信矣

贊曰逖矣前王區別羣方叛由德弛朝因化昌武后升圖智昧遷胡遽淪家國多謝明謨谷渾英奮思矯頹運克昌其緒實賫忠訓

晉書卷九十七考證

辰韓傳善彈瑟瑟形似筑○上瑟字監本誤琴今從宋本改

賜其王傳雞錦罽緜帛○傳監本訛稱讀者遂疑雞字爲訛音義傳內沃反蓋其王之名也今改正

至成帝時通貢於石季龍○一本此句下有四年方達季龍六字

都督龍涸已西諸軍事○龍涸本誤罷今從本卷史臣論渾嗣忠謹距龍涸而歸誠改正

晉書卷九十八

唐 太 宗 文 皇 帝 御 撰

列傳第六十八

王敦

王敦字處仲司徒導之從父兄也父基治書侍御史敦少有奇人之目尚武帝女襄城公主拜駙馬都尉除太子舍人時王愷石崇以豪侈相尚愷常置酒敦與導俱在坐有女伎吹笛小失聲韻愷便歐殺之一坐改容敦神色自若他日又造愷愷使美人行酒以客飲不盡輒殺之酒至敦導所敦故不肯持美人悲懼失色而敦傲然不視導素不能飲恐行酒者得罪遂勉强盡觴導還歎曰處仲若當世心懷剛忍非令終也洗馬潘滔見敦而目之曰處仲蜂目已露但豺聲未振若不噬人亦當爲人所噬及太子遷許昌詔東宮官屬不得送敦及洗馬江統潘滔舍人杜蕤魯瑤等冒禁於路側望拜流涕時論稱之遷給事黃門侍郎趙王倫篡位敦叔父彥爲兗州刺史倫遣敦慰勞之會諸王起義兵彥被齊王冏檄懼倫兵強不敢應命敦勸彥起兵應諸王故彥遂立勳績惠帝反正敦遷散騎常侍左衛將軍大鴻臚侍中出除廣武將軍青州刺史永嘉初徵爲中書監于時天下大亂敦悉以公主時侍婢百餘人配給將士金銀寶物散之於衆單車還洛東海王越自滎陽來朝敦謂所親曰今威權悉在太傅而選用表請尚書猶以舊制裁之太傅今至必有誅罰俄而越收中書令繆播等十餘人殺之越以敦爲揚州刺史潘滔說越曰今樹處仲於江外使其肆豪彊之心是見賊也越不從其後徵拜尚書不就元帝召爲安東軍諮祭酒會揚州刺史劉陶卒帝復以敦爲揚州刺史加廣武將軍尋進左將軍都督征討諸軍事假節帝初鎭江東威名未著敦與從弟導等同心翼戴以隆中興時人爲之語曰王與馬共天下尋與甘卓等討江州刺史華軼斬之蜀賊杜弢作亂荆州刺史周顗退走敦遣武昌太守陶侃豫章太守周訪等討弢而敦進住豫章爲諸軍繼援及侃破弢敦上侃爲荆州刺史旣而侃爲弢將杜曾所敗敦以處分失所自貶爲廣武將軍帝不許侃之滅弢也敦以元帥進鎭東大將軍開府儀同三司加都督江揚荆湘交廣六州諸軍事江州刺史封漢安侯敦始自選置兼統州郡焉頃之杜弢將杜弘南走廣州求討桂林賊自效敦許之陶侃距弘不得進乃詣零陵太守尹奉降奉送弘與敦敦以爲將遂見寵待南康人何欽所居嶮固聚衆數千人敦就加四品將軍於是專擅之迹漸彰矣建武初又遷征南大將軍開府如故中興建拜侍中大將軍江州牧遣部將朱軌趙誘伐杜曾爲曾所殺敦自貶免侍中并辭牧不拜尋加荆州牧敦上疏曰昔漢祖以神武革命開建帝業繼以文帝之賢纂承洪緒清虛玄默擬跡成康賈誼歎息以爲天下倒懸雖言有抑揚不失事體今聖朝肇建漸振宏綱往段匹磾遣使求效忠節尚未有勞便以方州與之今靳明等爲國雪恥欲除大逆此之志望皆欲附翼天飛雖功大宜報亦宜有以裁之當杜漸防萌慎之在始中間不逞互生事變皆非忠義率以一朝之榮天下漸弊實由於此春秋之時天子微弱諸侯奢侈晉文思崇周室至有求隧之請襄王讓之以禮聞義而服自爾諸侯莫敢越度臣謂前者賊寇未殄苟以濟事朝廷諸所加授頗多爵位兼重今自臣以下宜皆除之且以塞羣小矜功之望夷狄無厭之求若復遷延顧望流俗使姦狡生心遂相怨謗指擿朝廷讒誤蜂起臣有以知陛下無以正之此安危之機天下之望臣門戶特受榮任備兼權重渥恩偏隆寵過公族行路厮賤猶謂不可臣獨何心可以安之臣一宗誤陛下傾覆亦將尋至雖復灰身剖心陛下追悔將何所及伏願諒臣至款及今際會小解散之並授賢儁少慰有識各得盡其所懷則人思競勸矣州牧之號所不敢當輒送所假侍中貂蟬又宜并官省職以塞羣小覬覦之望帝優詔不許又固辭州牧聽爲刺史時劉隗用事頗疏間王氏導等甚不平之敦上疏曰導昔蒙殊寵委以事機虛己求賢竭誠奉國遂藉恩私居輔政之重帝王體遠事義不同雖皇極初建道教方闡惟新之美猶有所闕臣每慷慨於遐遠愧憤於門宗是以前後表疏何嘗不寄言及此陛下未能少垂顧眄暢臣微懷云導頃見疏外所陳如昨而其萌已著其爲咎責豈惟導身而已羣從所蒙並過才分導誠不能自量陛下亦愛忘其短常人近情恃恩昧進獨犯龍鱗迷不自了臣竊所自憂慮未詳所由惶愧踧踖情如灰土天下事大盡理實難導雖凡近未有穢濁之累旣往之勳疇昔之顧情好綢繆足以厲薄俗明君臣合德義同古賢昔臣親受嘉命云吾與卿及茂弘當管鮑之交臣忝外任漸冉十載訓誘之誨日有所忘至於斯命銘之於心竊猶眷眷謂前恩不得一朝而盡伏惟陛下聖哲日新廣延俊乂臨之以政齊之以禮頃者令導內綜機密出錄尚書杖節京都并統六軍旣爲刺史兼居重號殊非人臣之體流俗好評必有譏謗宜省錄尚書杖節及都督且王佐之器當得宏達遠識高正明斷道德優備者以臣闇識未見其才然於見人未踰於導加輔翼積年實盡心力霸王之主何嘗不任賢使能共相終始管仲有三歸反坫之譏子犯有臨河要君之責蕭何周勃得罪囹圄然終爲良佐以導之才何能無失當令任不過分役其所長以功補過要之將來導性愼密尤能忍事善於斟酌有文章才義動靜顧問起予聖懷外無過寵公私得所今皇祚肇建八表承風聖恩不終則遐邇失望天下荒弊人心易動物聽一移將致疑惑臣非敢苟私親親惟欲忠於

社稷表至導封以還敦敦復遣奏之初敦務自矯厲雅尚清談口不言財色既素有重名又立大功於江左專任閫外手控彊兵羣從貴顯威權莫貳遂欲專制朝廷有問鼎之心帝畏而惡之遂引劉隗刁協等以爲心膂敦益不能平於是嫌隙始構矣每酒後輒詠魏武帝樂府歌曰老驥伏櫪志在千里烈士暮年壯心不已以如意打唾壺爲節壺邊盡缺及湘州刺史甘卓遷梁州敦欲以從事中郎陳頒代卓帝不從更以譙王承鎭湘州敦復上表陳古今忠臣見疑於君而蒼蠅之人交構其間欲以感動天子帝愈忌憚之俄加敦羽葆鼓吹增從事中郎掾屬舍人各二人帝以劉隗爲鎭北將軍戴若思爲征西將軍悉發揚州奴爲兵外以討胡實禦敦也永昌元年敦率衆內向以誅隗爲名上疏曰劉隗前在門下邪佞諂媚譖毀忠良疑惑聖聽遂居權寵撓亂天機威福自由有識杜口大起事役勞擾士庶外託舉義內自封植奢僭過制乃以黃散爲參軍晉魏以來未有此比傾盡帑藏以自貪奉賦役不均百姓嗟怨免良人奴自爲惠澤自可使其大田以充倉廩今便割配皆充隗軍臣前求迎諸將妻息聖恩聽許而隗絕之使三軍之士莫不怨憤又徐州流人辛苦經載家計始立隗悉驅逼以實己府當陛下踐阼之始投刺王官本以非常之慶使豫蒙榮分而更充征役復依舊名普取出客從來久遠經涉年載或死亡滅絕或自贖得免或見放遣或父兄時事身所不及有所不得輒罪本主百姓哀憤怨聲盈路身欲北渡以遠朝廷爲名而密知機要潛行險慝進人退士高下任心姦狡饕餮未有隗比雖無忌宰嚭弘恭石顯未足爲喻是以遐邇憤慨羣后失望臣備位宰輔與國存亡誠乏平勃濟時之略然自忘駑駘志存社稷豈可坐視成敗以虧聖美事不獲已今輒進軍同討姦孽願陛下深垂省察速斬隗首則衆望厭服皇祚復隆隗首朝懸諸軍夕退昔太甲不能遵明湯典顚覆厥度幸納伊尹之勳殷道復昌漢武雄略亦惑江充讒佞邪說至乃父子相屠流血丹地終能剋悟不失大綱今日之事有逾於此願陛下深垂三思諮詢善道則四海乂安社稷永固矣又曰陛下昔鎭揚州虛心下士優賢任能寬以得衆故君子盡心小人畢力臣以闒蔽豫奉嶽獻是以遐邇望風有識自竭王業遂隆惟新克建四海延頸咸望太平自從信隗已來刑罰不中街談巷議皆云如吳之將亡聞之惶惑精魂飛散不覺胸臆摧破泣血橫流陛下當全祖宗之業存神器之重察臣前後所啓奈何棄忽忠言遂信姦佞誰不痛心願出臣表諮之朝臣介石之幾不俟終日令諸軍早還不至虛擾敦黨吳興人沈充起兵應敦敦至蕪湖又上表罪狀刁協帝大怒下詔曰王敦憑恃寵靈敢肆狂逆方朕太甲欲見幽囚是可忍也孰不可忍也今親率六軍以誅大逆有殺敦者封五千戶侯召戴若思劉隗並會京師敦兄含時爲光祿勳叛奔于敦敦至石頭欲攻劉隗其將杜弘曰劉隗死士衆多未易可尅不如攻石頭周札少恩兵不爲用攻之必敗札敗則隗自走敦從之札果開城門納弘諸將與敦戰王師敗績旣入石頭擁兵不朝放肆兵士劫掠內外官省奔散惟有侍中二人侍帝帝脫戎衣著朝服顧而言曰欲得我處但當早道我自還琅邪何至困百姓如此敦收周顗戴若思害之以敦爲丞相江州牧進爵武昌郡公邑萬戶使太常荀崧就拜又加羽葆鼓吹並僞讓不受還屯武昌多害忠良寵樹親戚以兄含爲衞將軍都督沔南軍事領南蠻校尉荊州刺史以義陽太守任愔督河北諸軍事南中郎將敦又自督寧益二州及帝崩太寧元年敦諷朝廷徵己明帝乃手詔徵之語在明帝紀又使兼太常應詹拜授加黃鉞班劍武賁二十人奏事不名入朝不趨劍履上殿敦移鎭姑孰帝使侍中阮孚齎牛酒犒勞敦稱疾不見使主簿受詔以王導爲司徒敦自爲揚州牧敦旣得志暴慢愈甚四方貢獻多入己府將相嶽牧悉出其門徙含爲征東將軍都督揚州江西諸軍事從弟舒爲荊州彬爲江州邃爲徐州含字處弘凶頑剛暴時所不齒以敦貴重故歷顯位敦以沈充錢鳳爲謀主諸葛瑤鄧嶽周撫李恒謝雍爲爪牙充等並凶險驕恣共相驅扇殺戮自己又大起營府侵人田宅發掘古墓剽掠市道士庶解體咸知其禍敗焉敦從弟豫章太守稜日夜切諫敦怒陰殺之敦無子養含子應及敦病甚拜應爲武衞將軍以自副錢鳳謂敦曰脫其不諱便當以後事付應敦曰非常之事豈常人所能且應年少安可當大事我死之後莫若解衆放兵歸身朝廷保全門戶此計之上也退還武昌收兵自守貢獻不廢亦中計也及吾尚存悉衆而下萬一僥倖計之下也鳳謂其黨曰公之下計乃上策也遂與沈充定謀須敦死後作難敦又忌周札殺之而盡滅其族常從督冉曾公乘雄等爲元帝腹心敦又害之以宿衞尚多奏令三番休二及敦病篤詔遣侍中陳晷散騎常侍虞駿問疾時帝將討敦微服至蕪湖察其營壘又屢遣大臣訊問其起居遷含驃騎大將軍開府儀同三司含子瑜散騎常侍敦以溫嶠爲丹陽尹欲使覘伺朝廷嶠至具言敦逆謀帝欲討之知其爲物情所畏服乃僞言敦死於是下詔曰先帝以聖德應運創業江東司徒導首居心膂以道翼讚故大將軍敦參處股肱或內或外夾輔之勳與有力焉階緣際會遂據上宰杖節專征委以五州刁協劉隗立朝不允敦抗義致討情希鬻拳兵雖犯順猶嘉乃誠禮秩優崇人臣無貳事解之後劫掠城邑放恣兵人侵及宮省背違赦信誅戮大臣縱凶極逆不朝而退六合阻心人情同憤先帝含垢忍恥容而不責委任如舊禮秩有加朕以不天尋丁酷罰煢煢在疚哀悼靡寄而敦曾無臣子追遠之誠又無輔孤同獎之操繕甲聚兵盛夏來至輒以天官假授私屬將以威脅朝廷傾危宗社朕愍其狂戾冀其覺悟故且含隱以觀其終而敦矜其不義之強有侮弱朝廷之志棄親用羈背賢任惡錢鳳豎子專爲謀主逞其凶慝誣罔忠良周嵩亮直讜言致禍周札周筵累世忠義聽受讒構殘夷其宗秦人之酷刑不過五敦之誅戮傍濫無辜滅人之族莫知其罪天下駭心道路以目神怒人怨篤疾所嬰昏荒悖逆日以滋甚輒立兄息以自承代多樹私黨莫能同惡未有宰相繼體而不由王命者也頑凶相獎無所顧忌擅錄冶工輒割運漕志騁凶醜以闚神器社稷之危匪夕則旦天不長奸敦以隕斃鳳承凶宄彌復煽逆是可忍也孰不可忍也今遣司徒導鎭南將軍丹陽尹嶠建威將軍趙胤武旅三萬十道並進平西將軍邃率兗州刺史遐奮武將軍峻奮威將軍瞻精銳三萬水陸齊勢朕親御六軍左衞將軍亮右衞將軍胤護軍將軍詹領軍將軍瞻中軍將軍壼驍騎將軍艾驃騎將軍南頓王宗鎭軍將軍汝南王祐太宰西陽王羕被練三千組甲三萬總統諸軍討鳳之罪罪止一人朕不濫刑有能殺鳳送首封五千戶侯賞布五千匹冠軍將軍鄧嶽志氣平厚識經邪正前將軍周撫質性詳簡義誠素著功臣之胄情義兼常往年從敦情節不展畏逼首領不得相違論其乃心無貳王室朕嘉其誠方任之以事其餘文武諸爲敦所授用者一無所問刺史二千石不得輒離所職書到奉承自求多福無或猜嫌以取誅滅敦之將士從敦彌年怨曠日久或父母隕沒或妻子喪亡不得奔赴銜哀從役朕甚愍之希不悽愴其單丁在軍無有兼重者皆遣歸家終身不調其餘皆與假三年休訖還臺當與宿衞同例三番明承詔書朕不負信又詔曰敢有捨王敦姓名而稱大將軍者軍法從事敦病轉篤不能御衆使錢鳳鄧嶽周撫等率衆三萬向京師含謂敦曰此家事吾便當行於是以含爲元帥鳳等問敦曰事剋之日天子云何敦曰尚未南郊何得稱天子便盡卿兵勢保護東海王及裴妃而已乃上疏罪狀溫嶠以誅奸臣爲名含至江寧司徒導遺含書曰近承大將軍困篤綿綿或云已有不諱悲怛之情不能自勝尋知錢鳳大嚴欲肆奸逆朝士忿憤莫不扼腕去月二十三日得征北告劉遐陶瞻蘇峻等深懷憂慮不謀同辭都邑大小及二宮宿衞咸懼有往年之掠不復保其妻孥是以聖主發赫斯之命具如檄旨近有嘉詔崇兄八命望兄奬羣賢忠義之心抑奸細不逞之計當還武昌盡力藩任卒奉來告乃承與犬羊俱下雖當逼迫猶以罔然兄立身率素見信明於門宗年踰耳順位極人臣仲玉安期亦不足作佳少年本來門戶良可惜也兄之此舉謂可得如大將軍昔年之事乎昔年佞臣亂朝人懷不寧如導之徒心思外濟今則不然大將軍來屯于湖漸失人心君子危怖百姓勞弊將終之日委重安期安期斷乳來幾日又於時望便可襲宰相之迹邪自開闢以來頗有宰相孺子者不諸有耳者皆是將禪代意非人臣之事也先帝中興遺愛在人聖主聰明德洽朝野思與賢哲弘濟艱難不北面而執臣節乃私相樹建肆行威福凡在人臣誰不憤歎此直錢鳳不良之心聞於遠近自知無地遂唱姦逆至如鄧伯山周道和桓有好情往來人士咸皆明之方欲委任與共戮力非徒無慮而已也導門戶小大受國厚恩兄弟顯寵可謂隆矣導雖不武情在寧國今日之事明目張膽爲六軍之首寧忠臣而死不無賴而生矣但恨大將軍桓文之勳不遂而兄一旦爲逆節之臣負先人平素之志旣沒之日何顏見諸父於黃泉謁先帝於地下邪執省來告爲兄羞之且悲且慚願速建大計惟取錢鳳一人使天下獲安家國有福故是竹素之事非惟免禍而已夫福如反手用之卽是導所統六軍石頭萬五千人宮內後苑二萬人護軍屯金城六千人劉遐已至征北昨已濟江萬五千人以天子之威文武畢力豈可當乎事猶可追兄早思之大兵一奮導以爲灼炟也含不答帝遣中軍司馬曹渾等擊含于越城含軍敗敦聞怒曰我兄老婢耳門戶衰矣兄弟才兼文武者世將處季皆早死今世事去矣語參軍呂寶曰我當力行因作勢而起困乏復臥鳳等至京師屯于水南帝親率六軍以禦鳳頻戰破之敦謂羊鑒及子應曰我亡

後應便即位先立朝廷百官然後乃營葬事初敦始病夢白犬自天而下噬之又見刁協乘軺車導從瞋目令左右執之俄而敦死時年五十九應秘不發喪裹尸以席蠟塗其外埋於廳事中與諸葛瑤等恒縱酒淫樂沈充自吳率衆萬餘人至與含等合充司馬顧颺說充曰今舉大事而天子已扼其喉情離衆沮鋒摧勢挫持疑猶豫必致禍敗今若決破柵塘因湖水灌京邑肆舟艦之勢極水軍之用此所謂不戰而屈人之兵上策也藉初至之銳并東南衆軍之力十道俱進衆寡過倍理必摧陷中策也轉禍爲福因敗爲成召錢鳳計事因斬之以降下策也充不能用颺逃歸于吳含復率衆渡淮蘇峻等逆擊大敗之充亦燒營而退既而周光斬錢鳳吳儒斬沈充並傳首京師有司議曰王敦滔天作逆有無君之心宜依崔杼王淩故事剖棺戮尸以彰元惡於是發瘞出尸焚其衣冠跽而刑之敦充首同日懸于南桁觀者莫不稱慶敦首既懸莫敢收葬者尚書令郗鑒言於帝曰昔王莽漆頭以輗車董卓然腹以照市王淩儭土徐馥焚首前朝誅楊駿等皆先極官刑後聽私殯然春秋許齊襄之葬紀侯魏武義王脩之哭袁譚由斯言之王誅加於上私義行於下臣以爲可聽私葬於義爲弘詔許之於是敦家收葬焉含父子乘單船奔荆州刺史王舒舒使人沈之于江餘黨悉平敦眉目疎朗性簡脫有鑒裁學通左氏口不言財利尤好清談時人莫知惟族兄戎異之經略指麾千里之外肅然而麾下擾而不能整武帝嘗召時賢共言伎藝之事人人皆有所說惟敦都無所關意色殊惡自言知擊鼓因振袖揚枹音節諧韻神氣自得傍若無人舉坐歎其雄爽石崇以奢豪矜物廁上常有十餘婢侍列皆有容色置甲煎粉沈香汁有如廁者皆易新衣而出客多羞脫衣而敦脫故著新意色無怍羣婢相謂曰此客必能作賊又嘗荒恣於色體爲之弊左右諫之敦曰此甚易耳乃開後閤驅諸婢妾數十人並放之時人歎異焉

沈充

沈充字士居少好兵書頗以雄豪聞於鄉里敦引爲參軍充因薦同郡錢鳳鳳字世儀敦以爲鎧曹參軍數得進見知敦有不臣之心因進邪說遂相朋構專弄威權言成禍福遭父喪外託還葬而密爲敦使與充交構初敦參軍熊甫見敦委任鳳將有異圖因酒酣謂敦曰開國承家小人勿用佞倖在位鮮不敗業敦作色曰小人阿誰甫無懼容因此告歸臨與敦別因歌曰徂風飈起蓋山陵氛霧蔽日玉石焚往事既去可長歎念別惆悵復會難敦知其諷已而不納明帝將伐敦遣其鄉人沈禎諭充許以爲司空充謂禎曰三司具瞻之重豈吾所任幣厚言甘古人所畏且丈夫共事始終當同寧可中道改易人誰容我禎曰不然舍忠與順未有不亡者也大將軍阻兵不朝爵賞自已五尺之童知其異志今此之舉將行篡弑耳豈同於往年乎是以疆埸諸將莫不歸赴本朝內外之士咸願致死正以移國易主義不北面以事之也柰何協同逆圖當不義之責乎朝廷坦誠禎所具也賊之黨類猶宥其罪與之更始況見幾而作邪充不納率兵臨發謂其妻子曰男兒不豎豹尾終不還也及敗歸吳興亡失道誤入其故將吳儒家儒誘充內重壁中因笑謂充曰三千戶侯也充曰封侯不足貪也爾以大義存我我宗族必厚報汝若必殺我汝族滅矣儒遂殺之充子勁竟滅吳氏勁見忠義傳

史臣曰琅邪之初鎮建鄴龍德猶潛雖當璧膺圖預定於宸衷而豐功厚利未被於黎甿王敦歷官中朝威名夙著作牧淮海望實逾隆遂能託魚水之深期定金蘭之密契弼成王度光佐中興卜世延百二之期論都創三分之業此功固不細也既而負勳高而圖非望恃勢逼而肆驕陵釁隙起自刁劉禍難成於錢沈興晉陽之甲蘊象魏之兵蜂目既露豺聲又發擅竊國命殺害忠良遂欲篡盜乘輿逼遷龜鼎賴嗣君英略晉祚靈長諸侯釋位股肱戮力用能運茲廟算殄彼凶徒克固鴻圖載清天步者矣

桓溫

桓溫字元子宣城太守彝之子也生未朞而太原溫嶠見之曰此兒有奇骨可試使啼及聞其聲曰眞英物也彝以嶠所賞故遂名之曰溫嶠笑曰果爾後將易吾姓也彝爲韓晃所害涇令江播豫焉溫時年十五枕戈泣血志在復讎至年十八會播已終子彪兄弟三人居喪置刃杖中以爲溫備溫詭稱弔賓得進刃彪於廬中并追二弟殺之時人稱焉溫豪爽有風槩姿貌甚偉面有七星少與沛國劉惔善惔嘗稱之曰溫眼如紫石稜鬚作蝟毛磔孫仲謀晉宣王之流亞也選尚南康長公主拜駙馬都尉襲爵萬寧男除琅邪太守累遷徐州刺史溫與庾翼友善恒相期以寧濟之事翼嘗薦溫於明帝曰桓溫少有雄略願陛下勿以常人遇之常壻畜之宜委以方召之任託其弘濟艱難之勳翼卒以溫爲都督荆梁四州諸軍事安西將軍荆州刺史領護南蠻校尉假節時李勢微弱溫志在立勳于蜀永和二年率衆西伐時康獻太后臨朝溫將發上疏而行朝廷以蜀險遠而溫兵寡少深入敵場甚以爲憂初諸葛亮造八陣圖於魚復平沙之上壘石爲八行行相去二丈溫見之謂此常山蛇勢也文武皆莫能識之及軍次彭模乃命參軍周楚孫盛守輜重自將步卒直指成都勢使其叔父福及從兄權等攻彭模楚等禦之福退走溫又擊權等三戰三捷賊衆散自間道歸成都勢於是悉衆與溫戰于笮橋參軍龔護戰沒衆懼欲退而鼓吏誤鳴進鼓於是攻之勢衆大潰溫乘勝直進焚其小城勢遂夜遁九十里至晉壽葭萌城其將鄧嵩昝堅勸勢降乃面縛輿櫬請命溫解縛焚櫬送于京師溫停蜀三旬舉賢旌善僞尚書僕射王誓中書監王瑜鎮東將軍鄧定散騎常侍常璩等皆蜀之良也並以爲參軍百姓咸悅軍未旋而王誓鄧定隗文等反溫復討平之振旅還江陵進位征西大將軍開府封臨賀郡公及石季龍死溫欲率衆北征先上疏求朝廷議水陸之宜久不報時知朝廷杖殷浩等以抗己溫甚忿之然素知浩弗之憚也以國無他釁遂得相持彌年雖有君臣之跡亦相羈縻而已八州士衆資調殆不爲國家用聲言北伐拜表便行順流而下行達武昌衆四五萬殷浩慮爲溫所廢將謀避之又欲以騶虞幡住溫軍內外噂喈人情震駭簡文帝時爲撫軍與溫書明社稷大計疑惑所由溫即迴軍還鎮上疏曰臣近親率所統欲北埽趙魏軍次武昌獲撫軍大將軍會稽王昱書說風塵紛紜妄生疑惑辭旨危急憂及社稷省之惋愕不解所由形影相顧隕越無地臣以闒蔽忝荷重任雖才非其人職在靜亂寇讎不滅國恥未雪幸因開泰之期遇可乘之會匹夫有志猶懷憤慨臣亦何心坐觀其弊故荷戈驅馳不遑寧處前後表陳于今歷年矣丹誠坦然公私所察有何纖介容此嫌忌豈醜正之徒心懷怵惕操弄虛說以惑朝聽昔樂毅竭誠垂涕流奔霍光盡忠上官告變讒說殄行姦邪亂德乃歷代之常患存亡之所由也今主上富於陽秋陛下以聖淑臨朝恭己委任責成羣下方寄會通於羣才布德信於遐荒況臣世蒙殊恩服事三朝身非羈旅之賓跡無韓彭之釁而反間起於胷心交亂過於四國此古賢所以歎息於既往而臣亦大懼於當年也今寇賊冰消大事垂定晉之遺黎鶴立南望赴義之衆慷慨即路元凶之命懸在漏刻而橫議妄生成此貝錦使垂滅之賊復獲蘇息所以痛心絕氣悲慨彌深臣雖所存者公所務者國然外難未弭而內弊交興則臣本心陳力之志也進位太尉固讓不拜時殷浩至洛陽脩復園陵經涉數年屢戰屢敗器械都盡溫復進督司州因朝野之怨乃奏廢浩自此內外大權一歸溫矣溫遂統步騎四萬發江陵水軍自襄陽入均口至南鄉步自淅川以征關中命梁州刺史司馬勳出子午道別軍攻上洛獲苻健荆州刺史郭敬進擊青泥破之健又遣子生弟雄衆數萬屯嶢柳愁思堆以距溫遂大戰生親自陷陣殺溫將應誕劉泓死傷千數溫軍力戰生衆乃散雄又與將軍桓沖戰白鹿原又爲沖所破雄遂馳襲司馬勳勳退次女媧堡溫進至霸上健以五千人深溝自固居人皆安堵復業持牛酒迎溫於路者十八九耆老感泣曰不圖今日復見官軍初溫恃麥熟取以爲軍資而健芟苗清野軍糧不屬收三千餘口而還帝使侍中黃門勞溫于襄陽初溫自以雄姿風氣是宣帝劉琨之儔有以其比王敦者意甚不平及是征還於北方得一巧作老婢訪之乃琨妓女也一見溫便潸然而泣溫問其故答曰公甚似劉司空溫大悅出外整理衣冠又呼婢問婢云面甚似恨薄眼甚似恨小鬚甚似恨赤形甚似恨短聲甚似恨雌溫於是褫冠解帶昏然而睡不怡者數日母孔氏卒上疏解職欲送葬宛陵詔不許贈臨賀太夫人印綬謚曰敬遣侍中弔祭謁者監護喪事旬月之中使者八至軺軒相望於道溫葬畢視事欲脩復園陵移都洛陽表疏十餘上不許進溫征討大都督督司冀二州諸軍事委以專征之任溫遣督護高武據魯陽輔國將軍戴施屯河上勒舟師以逼許洛以譙梁水道既通請徐豫兵乘淮泗入河溫自江陵北伐行經金城見少爲琅邪時所種柳皆已十圍慨然曰木猶如此人何以堪攀枝執條泫然流涕於是過淮泗踐北境與諸寮屬登平乘樓眺矚中原慨然曰遂使神州陸沈百年丘墟王夷甫諸人不得不任其責袁宏曰運有興廢豈必諸人之過溫作色謂四坐曰頗聞劉景升有千斤大牛噉芻豆十倍於常牛負重致遠曾不若一羸牸魏武入荆州以享軍士意以況宏坐中皆失色師次伊水姚襄屯水北距水而戰溫結陣而前親被甲督弟沖及諸將奮擊襄大敗自相殺死者數千人越北芒而西走追之不及遂奔平陽溫屯故太極殿前徙入金墉城謁先帝諸陵陵被侵毀者皆繕復之兼置陵令遂旋軍執降賊周成以歸遷降人三千餘家於江漢之間遣西陽太守滕畯出黃城討蠻賊文盧等又遣江夏相劉岵義陽太守

胡驟討妖賊李弘皆破之傳首京師溫還軍之後司豫青兗復陷于賊升平中改封南郡公降臨賀爲縣公以封其次子濟隆和初寇逼河南太守戴施出奔冠軍將軍陳祐告急溫使竟陵太守鄧遐率三千人助祐并欲還都洛陽上疏曰巴蜀既平逆胡消滅時來之會既至休泰之慶顯著而人事乖違屢喪王略復使二賊雙起海內崩裂河洛蕭條山陵危逼所以遐邇悲惶痛心於既往者也伏惟陛下稟乾坤自然之姿挺羲皇玄朗之德鳳棲外藩龍飛皇極時務陵替備徵天聽人之情僞盡知之矣是以九域宅心幽遐企踵思佇雲羅混網四裔誠宜遠圖廟算大存經略光復舊京疆理華夏使惠風陽澤洽被八表霜威寒飆陵振無外豈不允應靈休天人齊契今江河悠闊風馬殊邈故向義之徒覆亡相尋而建節之士猶繼踵無悔況辰極既迴衆星斯仰本源既運枝派自還則晉之餘黎欣皇德之攸憑羣凶妖逆知滅亡之無日騁思順之心鼓雷霆之勢則二豎之命不誅而自絕矣故員通貴於無滯明哲尚於應機砎如石焉所以成務若乃海運既徙而鵬翼不舉永結根於南垂廢神州於龍漠令五尺之童掩口而歎息夫先王經始玄聖宅心畫爲九州制爲九服貴中區而內諸夏誠以晷度自中霜露惟均冠冕萬國朝宗四海故也自彊胡陵暴中華蕩覆狼狽失據權幸揚越蠖屈以待龍申之會潛蟠以俟風雲之期蓋屯圮所鍾非理勝而然也而喪亂緬邈五十餘載先舊徂沒後來童幼班荊輟音積習成俗遂望絕於本邦宴安於所託眷言悼之不覺悲歎臣雖庸劣才不周務然攝官承乏屬當重任願竭筋骨宣力先鋒翦除荆棘驅諸豺狼自永嘉之亂播流江表者請一切北徙以實河南資其舊業反其土宇勸農桑之務盡三時之利導之以義齊之以禮使文武兼宣信順交暢井邑既修綱維粗舉然後陛下建三辰之章振旂旗之旌冕旒鍚鑾朝服濟江則宇宙之內誰不幸甚夫人情昧安難與圖始非常之事衆人所疑伏願陛下決玄照之明斷常均之外責臣以興復之效委臣以終濟之功此事既就此功既成則陛下盛勳比隆前代周宣之詠復興當年如其不效臣之罪也褰裳赴鑊其甘如薺詔曰在昔喪亂忽涉五紀戎狄肆暴繼襲凶跡眷言西顧慨歎盈懷知欲躬率三軍蕩滌氛穢廓清中畿光復舊京非夫外身殉國孰能若此者哉諸所處分委之高算但河洛丘墟所營者廣經始之勤致勞懷也於是改授并司冀三州以交廣遼遠罷都督溫表辭不受又加侍中大司馬都督中外諸軍事假黃鉞溫以既總督內外不宜在遠又上疏陳便宜七事其一朋黨雷同私議沸騰宜抑杜浮競莫使能植其二戶口凋寡不當漢之一郡宜并官省職令久於其事其三機務不可停廢常行文按宜爲限日其四宜明長幼之禮獎忠公之吏其五褒貶賞罰宜允其實其六宜述遵前典敦明學業其七宜選建史官以成晉書有司皆奏行之尋加羽葆鼓吹置左右長史司馬從事中郎四人受鼓吹餘皆辭復率舟軍進合肥加揚州牧錄尚書事使侍中顏旄宣旨召溫入參朝政溫上疏曰方攘除羣凶掃平禍亂當竭天下智力與衆共濟之而朝議咸疑聖詔彌固事異本圖豈敢執遂至於入參朝政非所敢聞臣違離宮省二十餘載犁隸戎務役勤思苦若得解帶逍遙鳴玉闕廷參贊無爲之契豫聞曲成之化雖實不敏豈不是願但顧以江漢艱難不同曩日而益梁新平寧州始服懸兵漢川戍禦彌廣加彊蠻盤互勢處上流江湖悠遠當制命侯伯自非望實重威無以鎮御遐外臣知捨此之艱危敢背之而無怨願奮臂投身造事中原者實恥帝道皇居仄陋於東南痛神華桑梓遂埋於戎狄若憑宗廟之靈則雲徹席卷呼吸蕩清如當假息游魂則臣據河洛親臨二寇廣宣皇靈襟帶秦趙遠不五載大事必定今臣昱以親賢贊國光輔二世即無煩以臣疎鈍並間機務且不有行者誰扞牧圉表裏相濟實深實重伏願陛下察臣所陳兼訪內外乞時還屯撫寧方隅詔不許復徵溫溫至赭圻詔又使尚書車灌止之溫遂城赭圻固讓內錄遙領揚州牧屬鮮卑攻洛陽陳祐出奔簡文帝時輔政會溫于洌洲議征討事溫移鎮姑孰會哀帝崩事遂寢溫性儉每讌惟下七奠柈茶果而已然以雄武專朝窺覦非望或臥對親僚曰爲爾寂寂將爲文景所笑衆莫敢對既而撫枕起曰既不能流芳後世不足復遺臭萬載邪常行經王敦墓望之曰可人可人其心迹若是時有遠方比丘尼名有道術於別室浴溫竊窺之尼倮身先以刀自破腹次斷兩足浴竟出溫問吉凶尼云公若作天子亦當如是太和四年又上疏悉衆北伐平北將軍郗愔以疾解職又以溫領平北將軍徐兗二州刺史率弟南中郎沖西中郎袁眞步騎五萬北伐百官皆於南州祖道都邑盡傾軍次胡陸攻慕容暐將慕容忠獲之進次金鄉時亢旱水道不通乃鑿鉅野三百餘里以通舟運自清水入河暐將慕容垂傅末波等率衆八萬距溫戰于林渚溫擊破之遂至枋頭先使袁眞伐譙梁開石門以通運眞討譙梁皆平之而不能開石門軍糧竭盡溫焚舟步退自東燕出倉垣經陳留鑿井而飲行七百餘里垂以八千騎追之戰于襄邑溫軍敗績死者三萬人溫甚恥之歸罪於眞表廢爲庶人眞怨溫誣已據壽陽以自固潛通苻堅慕容暐帝遣侍中羅含以牛酒犒溫於山陽使會稽王昱會溫于涂中詔以溫世子給事熙爲征虜將軍豫州刺史假節及南康公主薨詔賻布千匹錢百萬溫辭不受又陳息熙三年之孤且年少未宜使居偏任詔不許發州人築廣陵城移鎮之時溫行役既久又兼疾癘死者十四五百姓嗟怨袁眞病死其將朱輔立其子瑾以嗣事慕容暐苻堅並遣軍援瑾溫使督護竺瑤矯陽之等與水軍擊之時暐軍已至瑤等與戰於武丘破之溫率二萬人自廣陵又至瑾嬰城固守溫築長圍守之苻堅乃使其將王鑒張蚝等率兵以救瑾屯洛澗先遣精騎五千次于肥水北溫遣桓伊及弟子石虔等逆擊大破之瑾衆遂潰生擒之并其宗族數十人及朱輔送于京都而斬之瑾所侍養乞活數百人悉坑之以妻子爲賞溫以功詔加班劍十人犒軍於路次文武論功賞賜各有差溫既負其才力久懷異志欲先立功河朔還受九錫既逢覆敗名實頓減於是參軍郗超進廢立之計溫乃廢帝而立簡文帝詔溫依諸葛亮故事甲仗百人入殿賜錢五千萬絹二萬匹布二萬匹溫多所廢徙誅庾倩殷涓曹秀等是時溫威勢翕赫侍中謝安見而遙拜溫驚曰安石卿何事乃爾安曰未有君拜於前臣揖於後時溫有腳疾詔乘輿入朝既見欲陳廢立本意帝便泣下數十行溫兢懼不得一言而出初元明世郭璞爲讖曰君非無嗣兄弟代禪謂成帝有子而以國祚傳弟又曰有人姓李兒專征戰譬如車軸脫在一面兒者子也李去子木存車去軸爲亘合成桓字也又曰爾來爾來河內大縣爾來謂自爾已來爲元始溫字元子也故河內大縣溫也成康既崩桓氏始大故連言之又曰賴子之薨延我國祚痛子之隕皇運其暮二子者元子道子也溫志在篡奪事未成而死幸之也會稽王道子雖首亂晉國而其死亦晉衰之由也故云痛也溫復還白石上疏求歸姑孰詔曰夫乾坤體合而化成萬物二人同心則不言所利古之哲王咸賴元輔姬旦光于四表而周道以隆伊尹格于皇天而殷化以洽大司馬明德應期光大深遠上合天心含章時發用集大命在予一人功美博陸道固萬世今進公丞相其大司馬本官皆如故留公京都以鎮社稷溫固辭仍請還鎮遣侍中王坦之徵溫入相增邑爲萬戶又辭詔以西府經袁眞事故軍用不足給世子熙布三萬匹米六萬斛又以熙弟濟爲給事中及帝不豫詔溫曰吾遂委篤足下便入冀得相見便來便來於是一日一夜頻有四詔溫上疏曰聖體不和以經積日愚心惶恐無所寄情夫盛衰常理過備無害故漢高枕疾呂后問相孝武不豫霍光啓嗣嗚噎以問身後蓋所存者大也今皇子幼稚而朝賢時譽惟謝安王坦之才識智能皆簡在聖鑒內輔幼君外禦彊寇實羣情之大懼然理盡於此陛下便宜崇授使羣下知所寄而安等奉命陳力公私爲宜至如臣溫位兼將相加陛下垂布衣之顧但朽邁疾病懼不支久無所復堪託以後事疏未及奏而帝崩遺詔家國事一稟之於公如諸葛武侯王丞相故事溫初望簡文臨終禪位於已不爾便爲周公居攝事既不副所望故甚憤怨與弟沖書曰遺詔使吾依武侯王公故事耳王謝處大事之際日憤憤少懷及孝武即位詔曰先帝遺敕云事大司馬如事吾令答表便可盡敬又詔大司馬社稷所寄先帝託以家國內外衆事便就關公施行復遣謝安徵溫入輔加前部羽葆鼓吹武賁六十人溫讓不受及溫入朝赴山陵詔曰公勳德尊重師保朕躬兼有風患其無敬又敕尚書安等於新亭奉迎百僚皆拜于道側當時豫有位望者咸戰懾失色或云因此殺王謝內外懷懼溫既至以盧悚入宮乃收尚書陸始付廷尉責替慢罪也於是拜高平陵左右覺其有異既登車謂從者曰先帝向遂靈見既不述帝所言故衆莫之知但見將拜時頻言臣不敢而已又問左右殷涓形狀答者言肥短溫云向亦見在帝側初殷浩既爲溫所廢死涓頗有氣尚遂不詣溫而與武陵王晞游故溫疑而害之竟不識也及是亦見涓爲祟因而遇疾凡停京師十有四日歸于姑孰遂寢疾不起諷朝廷加已九錫累相催促謝安王坦之聞其病篤密緩其事錫文未及成而薨時年六十二皇太后與帝臨于朝堂三日詔賜九命袞冕之服及朝服一具衣一襲東園祕器錢二百萬布二千匹蠟五百斤以供喪事及葬一依太宰安平獻王漢大將軍霍光故事賜九旒鸞輅黃屋左纛轀輬車挽歌二部羽葆鼓吹武賁班劍百人優冊即前南郡公增七千五百戶進地方三百里賜錢五千萬絹二萬匹布十萬匹追贈丞相初沖問溫以謝安王坦之所任溫曰伊等不爲汝所處分溫知已存彼不敢異害之無益於沖更失

時望所以息謀溫六子熙濟韻禕偉玄熙字伯道初爲世子後以才弱使沖領其衆及溫病熙與叔祕謀殺沖沖知之徙于長沙濟字仲道與熙同謀俱徙長沙韻字叔道襲爵臨賀公禕最愚不辨菽麥偉字幼道平厚篤實居藩爲士庶所懷歷使持節督荆益寧秦梁五州諸軍事安西將軍領南蠻校尉荆州刺史西昌侯贈驃騎將軍開府儀同三司玄嗣爵別有傳

孟嘉

孟嘉字萬年江夏鄳人吳司空宗曾孫也嘉少知名太尉庾亮領江州辟部盧陵從事嘉還都亮引問風俗得失對曰還傳當問吏亮舉麈尾掩口而笑謂弟翼曰孟嘉故是盛德人轉勸學從事褚裒時爲豫章太守正旦朝亮裒有器識亮大會州府人士嘉坐次甚遠裒問亮聞江州有孟嘉其人何在亮曰在坐卿但自覓裒歷觀指嘉謂亮曰此君小異將無是乎亮欣然而笑喜裒得嘉奇嘉爲裒所得乃益器焉後爲征西桓溫參軍溫甚重之九月九日溫燕龍山寮佐畢集時佐吏並著戎服有風至吹嘉帽墮落嘉不之覺溫使左右勿言欲觀其舉止嘉良久如廁溫令取還之命孫盛作文嘲嘉著嘉坐處嘉還見即答之其文甚美四坐嗟歎嘉好酣飲愈多不亂溫問嘉酒有何好而卿嗜之嘉曰公未得酒中趣耳又問聽妓絲不如竹竹不如肉何謂也嘉答曰漸近使之然一坐咨嗟轉從事中郎遷長史年五十三卒于家

史臣曰桓溫挺雄豪之逸氣韞文武之奇才見賞通人夙標令譽時既豺狼孔熾疆埸多虞受寄扞城用恢威略乃踰越險阻戡定岷峨獨剋之功有可稱矣及觀兵洛汭脩復五陵引旆秦郊威懷三輔雖未能梟除凶逆亦足以宣暢王靈既而總戎馬之權居形勝之地自謂英猷不世勳績冠時挾震主之威蓄無君之志企景文而慨息想處仲而思齊睥睨漢廷窺覦周鼎復欲立奇功於趙魏允歸望於天人然後步驟前王憲章虞夏逮乎石門路阻襄邑兵摧懟謀略之乖違恥師徒之撓敗遷怒於朝廷委罪於偏裨廢主以立威殺人以逞欲曾弗知寶命不可以求得神器不可以力征豈不悖哉豈不悖哉斯實斧鉞之所宜加人神之所同棄然猶存極光寵沒享哀榮是知朝政之無章主威之不立也

贊曰播越江濆政弱權分元子恃力處仲矜勳迹既陵上志亦無君罪浮浞殪心窺舜禹樹威外略稱兵內侮惟身與嗣竟罹齊斧

晉書卷九十九

唐　太　宗　文　皇　帝　御　撰

列傳第六十九

桓玄

桓玄字敬道一名靈寶大司馬溫之孽子也其母馬氏嘗與同輩夜坐於月下見流星墜銅盆水中忽如二寸火珠冏然明淨競以瓢接取馬氏得而吞之若有感遂有娠及生玄有光照室占者奇之故小名靈寶妳媪每抱詣溫輒易人而後至云其重兼常兒溫甚愛異之臨終命以爲嗣襲爵南郡公年七歲溫服終府州文武辭其叔父沖沖撫玄頭曰此汝家之故吏也玄因涕淚覆面衆並異之及長形貌瓌奇風神疎朗博綜藝術善屬文常負其才地以雄豪自處衆咸憚之朝廷亦疑而未用年二十三始拜太子洗馬時議謂溫有不臣之跡故折玄兄弟而爲素官太元末出補義興太守鬱鬱不得志嘗登高望震澤歎曰父爲九州伯兒爲五湖長棄官歸國自以元勳之門而負謗於世乃上疏曰臣聞周公大聖而四國流言樂毅王佐而被謗騎劫巷伯有豺獸之慨蘇公興飄風之刺惡直醜正何代無之先臣蒙國殊遇姻婭皇極常欲以身報德投袂乘機西平巴蜀北清伊洛使竊號之寇繫頸北闕園陵修復大恥載雪飲馬灞滻懸旌趙魏勤王之師功非一捷太和之末皇基有潛移之懼遂乃奉順天人翼登聖朝明離既朗四凶兼澄向使此功不建此事不成宗廟之事豈可孰念昔太甲雖迷商祚無憂昌邑雖昏弊無三孽因茲而言晉室之機危於殷漢先臣之功高於伊霍矣而負重既往蒙謗清時聖世明王黜陟之道不聞廢忽顯明之功探射冥冥之心啓嫌謗之塗開邪枉之路者也先臣勤王艱難之勞匡復剋平之勳朝廷若其遺之臣亦不復計也至於先帝龍飛九五陛下之所以繼明南面請問談者誰之由邪誰之德邪豈惟晉室永安祖宗血食於陛下一門實奇功也自頃權門日盛醜政實繁咸稱述時旨互相扇附以臣之兄弟皆晉之罪人臣等復何理可以苟存聖世何顏可以尸饗封禄若陛下忘先臣大造之功信貝錦萋菲之說臣等自當奉還三封受戮市朝然後下從先臣歸先帝於玄宮耳若陛下述遵先旨追錄舊勳竊望少垂愷悌覆蓋之恩疏寢不報玄在荆楚積年優游無事荆州刺史殷仲堪甚敬憚之及中書令王國寶用事謀削弱方鎮內外騷動知王恭有憂國之言玄潛有意於功業乃說仲堪曰國寶與君諸人素已爲對唯患相弊之不速耳今既執權要與王緒相爲表裏其所迴易罔不如志孝伯居元舅之地正情爲朝野所重必未便動之唯當以君爲事首君爲先帝所拔超居方任人情未以爲允咸謂君雖有思致非方伯人若發詔徵君爲中書令用殷覬爲荆州君何以處之仲堪曰憂之久矣君謂計將安出玄曰國寶姦兇天下所知孝伯疾惡之情每至而當今日之會以理推之必當過人君若密遣一人信說王恭宜興晉陽之師以內匡朝廷已當悉荆楚之衆順流而下推王爲盟主僕等亦皆投袂當此無不響應此事既行桓文之舉也仲堪持疑未決俄而王恭信至招仲堪及玄匡正朝廷國寶既死於是兵罷玄乃求爲廣州會稽王道子亦憚之不欲使在荆楚故順其意隆安初詔以玄督交廣二州建威將軍平越中郎將廣州刺史假節玄受命不行其年王恭又與庾楷起兵討江州刺史王愉及譙王尚之兄弟玄仲堪謂恭事必剋捷一時響應仲堪給玄五千人與楊佺期俱爲前鋒軍至湓口王愉奔于臨川玄遣偏將軍追獲之玄佺期至石頭仲堪至蕪湖恭將劉牢之背恭歸順恭既死庾楷戰敗奔于玄軍既而詔以玄爲江州仲堪等皆被換易乃各迴舟西還屯于尋陽共相結約推玄爲盟主玄始得志乃連名上疏申理王恭求誅尚之牢之等朝廷深憚之乃免桓脩復仲堪以相和解初玄在荆州豪縱士庶憚之甚於州牧仲堪親黨勸殺之仲堪不聽及還尋陽資其聲地故推爲盟主玄逾自矜重佺期爲人驕悍常自謂承藉華胄江表莫比而玄每以寒士裁之佺期甚憾即欲於壇所襲玄仲堪惡佺期兄弟虓勇恐剋玄之後復爲己害苦禁之於是各奉詔還鎮玄亦知佺期有異謀潛有吞并之計於是屯于夏口隆安中詔加玄都督荆州四郡以兄偉爲輔國將軍南蠻校尉仲堪慮玄跋扈遂與佺期結婚爲援初玄既與仲堪佺期有隙恒慮掩襲求廣其所統朝廷亦欲成其釁隙故分佺期所督四郡與玄佺期甚忿懼會姚興侵洛陽佺期乃建牙聲云援洛密欲與仲堪共襲玄仲堪雖外結佺期而疑其心距而不許猶慮弗能禁復遣從弟遹屯于北境以遏佺期佺期既不能獨舉且不測仲堪本意遂息甲南蠻校尉楊廣佺期之兄也欲距桓偉仲堪不聽乃出廣爲宜都建平二郡太守加征虜將軍佺期弟孜敬先爲江夏相玄以兵襲而召之既至以爲諮議參軍玄於是興軍西征亦聲云救洛與仲堪書說佺期受國恩而棄山陵宜共罪之今親率戎旅逕造金墉使仲堪收楊廣如其不爾無以相信仲堪本計欲兩全之既得玄書知不能禁乃曰君自沔而行不得一人入江也玄乃止後荆州大水仲堪振恤饑者倉廩空竭玄乘其虛而伐之先遣軍襲巴陵梁州刺史郭銓當之所鎮路經夏口玄聲云朝廷遣銓期爲己前鋒乃授以江夏之衆使督諸軍並進密報兄偉令爲內應偉遑遽不知所爲乃自齎疏示仲堪仲堪執偉爲質令與玄書辭甚苦至玄曰仲堪爲人不能專決常懷成敗之計爲兒子作慮我兄必無憂矣玄既至巴陵仲堪遣衆距之爲玄所敗玄進至楊口又敗仲堪弟子道護乘勝至零口去江陵二十里仲堪遣軍數道距之佺期自襄陽來赴與兄廣共擊玄玄懼其鋭乃退軍馬頭佺期等方復追玄苦戰佺期敗走還襄陽仲堪出奔酇城玄遣將軍馮該躡佺期獲之廣爲人所縛送玄並殺之仲堪聞佺期死乃將數百人奔姚興至冠軍城爲該所得玄令害之於是遂平荆雍乃表求領江荆二州詔以玄都督荆襄雍秦梁益寧七州後將軍荆州刺史假節以桓脩爲江州刺史玄上疏固爭江州於是進督八州及揚豫八郡復領江州刺史玄又輒以偉爲冠軍將軍雍州刺史時寇賊未平朝廷難違其意許之玄於是樹用腹心兵馬日盛屢上疏求討孫恩詔輒不許其後恩逼京都玄建牙聚衆外託勤王實欲觀釁而進復上疏請討之會恩已走玄又奉詔解嚴以偉爲江州鎮夏口司馬刁暢爲輔國將軍督八郡鎮襄陽遣桓振皇甫敷馮該等戍湓口移沮漳蠻二千戶于江南立武寧郡更招集流人立綏安郡又置諸郡丞詔徵廣州刺史刁逵豫章太守郭昶之玄皆留不遣自謂三分有二知勢運所歸屢上禎祥以爲己瑞初庾楷既奔于玄玄之求討孫恩也以爲右將軍玄既解嚴楷亦去職楷以玄方與朝廷構怨恐事不剋禍及於己乃密結於後將軍元顯許爲內應元興初元顯稱詔伐玄玄從兄石生時爲太傅長史密書報玄玄本謂揚土饑饉孫恩未滅必未遑討已可得蓄力養衆觀釁而動既聞元顯將伐之甚懼欲保江陵長史卞範之說玄曰公英略威名振于天下元顯口尚乳臭劉牢之大失物情若兵臨近畿示以威賞則土崩之勢可翹足而待何有延敵入境自取蹙弱者乎玄大悅乃留其兄偉守江陵抗表率衆下至尋陽移檄京邑罪狀元顯檄至元顯大懼下船而不克發玄既失人情而興師犯順慮衆不爲用恒有迴旆之計既過尋陽不見王師意甚悅其將吏亦振庾楷謀泄收縶之至姑

孰使其將焉該苻宏皇甫敷索元等先攻譙王尙之尙之敗劉牢之遣子敬宣詣玄降玄至新亭元顯自潰玄入京師矯詔曰義旗雲集罪在元顯太傅已別有教其解嚴息甲以副義心又矯詔加己總百揆侍中都督中外諸軍事丞相錄尙書事揚州牧領徐州刺史又加假黃鉞羽葆鼓吹班劍二十人置左右長史司馬從事中郎四人甲仗二百人上殿玄表列太傅道子及元顯之惡徙道子于安城郡害元顯于市於是玄入居太傅府害太傅中郎毛泰泰弟游擊將軍邃太傅參軍荀遜前豫州刺史庾楷父子吏部郎袁遵譙王尙之等流尙之弟丹陽尹恢之廣晉伯允之驃騎長史王誕太傅主簿毛遁等於交廣諸郡尋追害恢之允之于道以兄偉爲安西將軍荆州刺史領南蠻校尉從兄謙爲左僕射加中軍將軍領選脩爲右將軍徐兗二州刺史石生爲前將軍江州刺史長史卞範之爲建武將軍丹陽尹王謐爲中書令領軍將軍大赦改元爲大亨玄讓丞相自署太尉領平西將軍豫州刺史又加袞冕之服綠綟綬增班劍爲六十人劍履上殿入朝不趨讚奏不名玄將出居姑孰訪之於衆王謐對曰公羊有言周公何以不之魯欲天下一乎周也願静根本以公旦爲心玄善其對而不能從遂大築城府臺館山池莫不壯麗乃出鎭焉旣至姑孰固辭錄尙書事詔許之而大政皆諮焉小事則決於桓謙卞範之自禍難屢構干戈不戢百姓厭之思歸一統及玄初至也黜凡佞擢儁賢君子之道粗備京師欣然後乃陵侮朝廷幽擯宰輔豪奢縱欲衆務繁興於是朝野失望人不安業時會稽饑荒玄令賑貸之百姓散在江湖採稆內史王愉悉召之還請米米旣不多吏不時給頓仆道路死者十八九焉玄又害吳興太守高素輔國將軍竺謙之謙之從兄高平相朗之輔國將軍劉襲襲弟彭城內史季武冠軍將軍孫無終等皆劉牢之之黨北府舊將也襲兄冀州刺史軌及寧朔將軍高雅之牢之子敬宣並奔慕容德玄諷朝廷以已平元顯功封豫章公食安成郡地方二百二十五里邑七千五百戶平仲堪佺期功封桂陽郡公地方七十五里邑二千五百戶本封南郡如故玄以豫章改封息昇桂陽郡公賜兄子俊降爲西道縣公又發詔爲桓溫諱有姓名同者一皆改之贈其母馬氏豫章公太夫人元興二年玄詐表請平姚興又諷朝廷作詔不許玄本無資力而好爲大言旣不克行乃云奉詔故止初欲飾裝無他處分先使作輕舸載服玩及書畫等物或諫之玄曰書畫服玩旣宜恒在左右且兵凶戰危脫有不意當使輕而易運衆咸笑之是歲玄兄偉卒贈開府驃騎將軍以桓脩代之從事中郎曹靖之說玄以桓脩兄弟職居內外恐權傾天下玄納之乃以南郡相桓石康爲西中郎將荆州刺史偉服始以公除玄便作樂初奏玄撫節慟哭旣而收淚盡懽玄所親仗唯偉偉旣死玄乃孤危而不臣之迹已著自知怨滿天下欲速定篡逆殷仲文卞範之等又共催促之於是先改授羣司解琅邪王司徒遷太宰加殊禮以桓謙爲侍中衞將軍開府錄尙書事王謐散騎常侍中書監領司徒桓胤中書令加桓脩散騎常侍撫軍大將軍置學官教授二品子弟數百人又矯詔加其相國總百揆封南郡南平宜都天門零陵營陽桂陽衡陽義陽建平十郡爲楚王揚州牧領平西將軍豫州刺史如故加九錫備物楚國置丞相已下一遵舊典又諷天子御前殿而策授焉玄屢僞讓詔遣百僚敦勸又云當親降鑾輿乃受命矯詔贈父溫爲楚王南康公主爲楚王后以平西長史劉瑾爲尙書刁逵爲中領軍王嘏爲太常殷叔文爲左衞皇甫敷爲右衞凡衆官合六十餘人爲楚官屬玄解平西豫州以平西文武配相國府新野人庾仄聞玄受九錫乃起義兵襲馮該於襄陽走之仄有衆七千於城南設壇祭祖宗七廟南蠻參軍庾彬安西參軍楊道護江安令鄧襄子謀爲內應仄本仲堪黨桓偉旣死石康未至故乘間而發江陵震動桓濟之子亮起兵于羅縣自號平南將軍湘州刺史以討仄爲名南蠻校尉羊僧壽與石康共攻襄陽仄衆散奔姚興彬等皆遇害長沙相陶延壽以亮乘亂起兵遣收之玄徙亮于衡陽誅其同謀桓奧等玄僞上表求歸藩又自作詔留之遣使宣旨玄又上表固請又諷天子作手詔固留焉玄好逞僞辭塵穢簡牘皆此類也謂代謝之際宜有禎祥乃密令所在上臨平湖開除清朗使衆官集賀矯詔曰靈瑞之事非所敢聞也斯誠相國至德故事爲之應太平之化於是乎始六合同悅情何可言又詐云江州甘露降王成基家竹上玄以歷代咸有肥遯之士而已世獨無乃徵皇甫謐六世孫希之爲著作幷給其資用皆令讓而不受號曰高士時人名爲充隱議復肉刑斷錢貨迴復改異造革紛紜志無一定條制森然動害政理性貪鄙好奇異尤愛寶物珠玉不離于手人士有法書好畫及佳園宅者悉欲歸己猶難逼奪之皆蒱博而取遣臣佐四出掘果移竹不遠數千里百姓佳果美竹無復遺餘信悅諂譽逆忤讜言或奪其所憎與其所愛十一月玄矯制加其冕十有二旒建天子旌旗出警入蹕乘金根車駕六馬備五時副車置旄頭雲罕樂儛八佾設鍾虡宮縣妃爲王后世子爲太子其女及孫爵命之號皆如舊制玄乃多斥朝臣爲太宰僚佐又矯詔使王謐兼太保領司徒奉皇帝璽禪位於已又諷帝以禪位告廟出居永安宮移晉神主于琅邪廟初玄恐帝不肯爲手詔又慮璽不可得逼臨川王寶請帝自爲手詔因奪取璽比臨軒璽已久出玄甚喜百官到姑孰勸玄僭僞位玄僞讓朝臣固請玄乃於城南七里立郊登壇篡位以玄牡告天百僚陪列而儀注不備忘稱萬歲又不易帝諱榜爲文告天皇后帝云晉帝欽若景運敬順明命以命于玄夫天工人代帝王所以興匪君莫治惟德司其元故承天理物必由一統並聖不可以二君非賢不可以無主故世換五帝鼎遷三代爰曁漢魏咸歸勳烈晉自中葉仍世多故海西之亂皇祚殆移九代廓寧之功升明黜陟之勳微禹之德左衽將及太元之末君子道消積釁基亂鍾于隆安禍延士庶理絕人倫玄雖身在草澤見棄時班義情理感胡能無慨投袂剋清之勞阿衡撥亂之績皆仰憑先德遺愛之利玄何功焉屬當理運之會猥集樂推之數以寡昧之身踵下武之重膺革泰之始託王公之上誠仰藉洪基德漸有由夕惕祗懷罔知攸厝君位不可以久虛人神不可以乏饗是用敢不奉以欽恭大禮敬簡良辰升壇受禪告類上帝以永綏民望式孚萬邦惟明靈是饗乃下書曰夫三才相資天人所以成功理由一統貞夫所以契帝王之典其源深矣自三五已降世代參差雖所由或殊其歸一也朕皇考宣武王聖德高邈誕啓洪基景命攸歸理貫自昔中間屯險弗克負荷仰瞻宏業殆若綴旒藉否終之運遇時來之會用獲除姦救溺拯拔人倫晉氏以多難荐臻歷數雖旣典章唐虞之準述遵漢魏之則用集天祿於朕躬惟德不敏辭不獲命稽若令典遂升壇燎于南郊受終于文祖思覃斯慶願與億兆聿茲更始於是大赦改元永始賜天下爵二級孝悌力田人三級鰥寡孤獨不能自存者穀人五斛其賞賜之制徒設空文無其實也初出僞詔改年爲建始右丞王悠之曰建始趙王倫僞號也又改爲永始復是王莽始執權之歲其兆號不祥冥符僭逆如此又下書曰夫三恪作賓有自來矣爰曁漢魏咸建疆宇晉氏欽若歷數禪位于朕躬宜則是古訓授茲茅土以南康之平固縣奉晉帝爲平固王車旗正朔一如舊典遷帝居尋陽即陳留王處鄴宮故事降永安皇后爲零陵君琅邪王爲石陽縣公武陵王遵爲彭澤縣侯追尊其父溫宣武皇帝廟稱太祖南康公主爲宣皇后封子昇爲豫章郡王叔父雲孫放之爲寧都縣王豁孫稚玉爲臨沅縣王豁次子石康爲右將軍武陵郡王祕子蔚爲醴陵縣王贈沖太傅宣城郡王加殊禮依晉安平王故事以孫胤襲爵爲吏部尙書沖次子謙爲揚州刺史新安郡王謙弟脩爲撫軍大將軍安成郡王兄歆臨賀縣王禕富陽縣王贈偉侍中大將軍義興郡王以子濬襲爵爲輔國將軍濬弟邈西昌縣王封王謐爲武昌公班劍二十人卞範之爲臨汝公殷仲文爲東興公馮該爲魚復侯又降始安郡公爲縣公長沙爲臨湘縣公廬陵爲巴丘縣公各千戶其康樂武昌南昌望蔡建興永脩觀陽皆降封百戶公侯之號如故又普進諸征鎭軍號各有差以相國左長史王綏爲中書令崇桓謙母庾氏爲宣城太妃加殊禮給以輦乘號溫墓曰永崇陵置守衞四十人玄入建康宮逆風迅激旍旗儀飾皆傾偃及小會于西堂設妓樂殿上施絳綾帳縷黃金爲顏四角作金龍頭銜五色羽葆旒蘇羣臣竊相謂曰此頗似轜車亦王莽僊蓋之流也龍角所謂亢龍有悔者也又造金根車駕六馬是月玄臨聽訟觀閱囚徒罪無輕重多被原放有干輿乞者時或卹之其好行小惠如此自以水德壬辰臘子祖改尙書都官郎爲賊曹又增置五校三將及彊弩積射武衞官元興三年玄之永始二年也尙書答春蒐字誤爲春菟凡所關署皆被降黜玄大綱不理而糾擿纖微皆此類也以其妻劉氏爲皇后將脩殿宇乃移入東宮又開東掖平昌廣莫及宮殿諸門皆爲三道更造大輦容三十人坐以二百人舁之性好畋遊以體大不堪乘馬又作徘徊輿施轉關令迴動無滯旣不追尊祖曾疑其禮儀問於羣臣散騎常侍徐廣據晉典宜追立七廟又敬其父則子悅位彌高者情禮得申道愈廣者納敬必普也玄曰禮云三昭三穆與太祖爲七然則太祖必居廟之主也昭穆皆自下之稱則非逆數可知也禮太祖東向左昭右穆如晉室之廟則宣帝在昭穆之列不得在太祖之位昭穆旣錯太祖無寄失之遠矣玄曾祖以上名位不顯故不欲序列且以王莽九廟見譏於前史遂以一廟矯之郊廟齋二日而已祕書監卞承之曰祭不及祖知楚德之不長也又毀晉小廟以廣臺榭其庶母蒸嘗靡有定所忌日見賓客遊宴唯至亡時一哭而已朞服之內不廢音樂玄出遊

木門飄風飛其儀蓋夜濤水入石頭大桁流壞殺人甚多大風吹朱雀門樓上層墜地玄自篡盜之後驕奢荒侈遊獵無度以夜繼晝兄偉葬日旦哭晚遊或一日之中屢出馳騁性又急暴呼召嚴速直官咸繫馬省前禁內讙雜無復朝廷之體於是百姓疲苦朝野勞瘁怨怒思亂者十室八九焉於是劉裕劉毅何無忌等共謀興復裕等斬桓脩於京口斬桓弘于廣陵河內太守辛扈興弘農太守王元德振威將軍童厚之竟陵太守劉邁謀爲內應至期裕遣周安穆報之而邁惶遽遂以告玄玄震駭即殺扈興等安穆馳去得免封邁安重侯一宿又殺之裕率義軍至竹里玄移還上宮百僚步從召侍官皆入止省中赦揚豫徐兗青冀六州加桓謙征討都督假節以殷仲文代桓脩遣頓丘太守吳甫之右衛將軍皇甫敷北距義軍裕等於江乘與戰臨陣斬甫之進至羅落橋與敷戰復梟其首玄聞之大懼乃召諸道術人推算數爲厭勝之法乃問衆曰朕其敗乎曹靖之對曰神怒人怨臣實懼焉玄曰人或可怨神何爲怒對曰移晉宗廟飄泊失所大楚之祭不及於祖此其所以怒也玄曰卿何不諫對曰輦上諸君子皆以爲堯舜之世臣何敢言玄愈忿懼使桓謙何澹之屯東陵卞範之屯覆舟山西衆合二萬以距義軍裕至蔣山使羸弱貫油帔登山分張旗幟數道並前玄偵候還云裕軍四塞不知多少玄益憂惶遣武衛將軍庾頤之配以精卒副援諸軍于時東北風急義軍放火煙塵張天鼓譟之音震駭京邑劉裕執鉞麾而進謙等諸軍一時奔潰玄率親信數千人聲言赴戰遂將其子昇兄子濬出南掖門西至石頭使殷仲文具船相與南奔初玄在姑孰將相星屢有變篡位之夕月及太白又入羽林玄甚惡之及敗走腹心勸其戰玄不暇答直以策指天而經日不得食左右進以麤飯咽不能下昇時年數歲抱玄胸而撫之玄悲不自勝劉裕以武陵王遵攝萬幾立行臺總百官遣劉毅劉道規躡玄誅玄諸兄子及石康兄權振兄洪等玄至尋陽江州刺史郭昶之給其器用兵力殷仲文自後至望見玄舟旌旗輿服偕帝者之儀歎息曰敗中復振故可也玄於是逼乘輿西上桓歆聚黨向歷陽宣城內史諸葛長民擊破之玄於道作起居注叙其距義軍之事自謂經略指授算無遺策諸將違節度以致虧喪非戰之罪於是不遑與羣下謀議唯躭思諷詠宣示遠近玄至江陵石康納之張幔屋于城南署置百官以卞範之爲尚書僕射其餘職多用輕資於是大修舟師曾未三旬衆且二萬樓船器械甚盛謂其羣黨曰卿等並淸塗翼從朕躬都下竊位者方應謝罪軍門其覲卿等入石頭無異雲霄中人也玄以奔敗之後懼法令不肅遂輕怒妄殺人多離怨殷仲文諫曰陛下少播英譽遠近所服遂掃平荊雍一匡京室聲被八荒矣既據有極位而遇此圮運非爲威不足也百姓喁喁想望皇澤宜弘仁風以收物情玄怒曰漢高魏武幾遇敗但諸將失利耳以天文惡故還都舊楚而羣小愚惑妄生是非方當糾之以猛未宜施之以恩也玄左右稱玄爲桓詔桓胤諫曰詔者施於辭令不以爲稱謂也漢魏之主皆無此言唯閒北虜以苻堅爲苻詔耳願陛下稽古帝則令萬世可法玄曰此事已行今宜勑罷之更爲不祥必其宜革可待事平也荊州郡守以玄播越或遣使通表有匪寧之辭玄悉不受仍乃更令所在表賀遷都玄遣游擊將軍何澹之武衛將軍庾稚祖江夏太守桓道恭就郭銓以數千人守湓口又遣輔國將軍桓振往義陽聚衆至弋陽爲龍驤將軍胡譁所破振單騎走還何無忌劉道規等破郭銓何澹之郭昶之於桑落洲進師尋陽玄率舟艦二百發江陵使苻宏羊僧壽爲前鋒以鄱陽太守徐放爲散騎常侍欲遣說解義軍謂放曰諸人不識天命致此妄作遂懼禍屯結不能自反卿三州所信可明示朕心若退軍散甲當與之更始各授位任令不失分江水在此朕不食言放對曰劉裕爲唱端之主劉毅兄爲陛下所誅並不可說也輒當申聖旨於何無忌玄曰卿使若有功當以吳興相叙放遂受使入無忌軍魏詠之破桓歆于歷陽諸葛長民又敗歆于芍陂歆單馬渡淮毅率道規及下邳太守孟懷玉與玄戰於崢嶸洲于時義軍數千玄兵甚盛而玄懼有敗衄常漾輕舸於舫側故其衆莫有鬭心義軍乘風縱火盡銳爭先玄衆大潰燒輜重夜遁郭銓歸降玄故將劉統馮稚等聚黨四百人襲破尋陽城毅遣建威將軍劉懷肅討平之玄留永安皇后及皇后於巴陵殷仲文時在玄艦求出別船收集散軍因叛玄奉二后奔于夏口玄入江陵城馮該勸使更下戰玄不從欲出漢川投梁州刺史桓希而人情乖阻制令不行玄乘馬出城至門左右於闇中斫之不中前後相殺交橫玄僅得至船於是荊州別駕王康產奉帝入南郡府舍太守王騰之率文武營衛時益州刺史毛璩使其從孫祐之參軍費恬送弟璠喪葬江陵有衆二百璩弟子脩之爲玄屯騎校尉誘玄以入蜀玄從之達枚回洲恬與祐之迎擊玄矢下如雨玄嬖人丁仙期萬蓋等以身蔽玄並中數十箭而死玄被箭其子昇輒拔去之益州督護馮遷抽刀而前玄拔頭上玉導與之仍曰是何人邪敢殺天子遷曰欲殺天子之賊耳遂斬之時年三十六又斬石康及濬等五級庾頤之戰死昇云我是豫章王諸君勿見殺送至江陵市斬之初玄在宮中恒覺不安若爲鬼神所擾語其所親云恐已當死故與時競元興中衡陽有雌雞化爲雄八十日而冠萎具及玄建國於楚衡陽屬焉自篡盜至敗時凡八旬矣其時有童謠云長干巷巷長干今年殺郎君後年斬諸桓其凶兆符會如此郎君謂元顯也是月王騰之奉帝入居太府桓謙亦聚衆沮中爲玄舉哀立喪庭僞謚爲武悼皇帝毅等傳送玄首梟于大桁百姓觀者莫不欣幸何無忌等攻桓謙于馬頭桓蔚于龍洲皆破之義軍乘勝競進振該等距戰於靈溪道規等敗績死沒者千餘人義軍退次尋陽更繕舟甲毛璩自領梁州遣將攻漢中殺桓希江夏相張暢之高平太守劉懷肅攻何澹之于西塞磯破之振遣桓蔚代王曠守襄陽道規進討武昌破僞太守王旻魏詠之劉藩破桓石綏於白茅義軍發尋陽桓亮自號江州刺史侵豫章時江州刺史劉敬宣討走之義軍進次夏口僞鎭東將軍馮該等守夏口揚武將軍孟山圖據魯城輔國將軍桓山客守偃月壘劉毅攻魯城道規攻偃月壘無忌與檀祗列艦中流以防越逸義軍騰赴叫聲動山谷自辰及午二城俱潰馮該散走生擒山客毅等平巴陵毛璩遣涪陵太守文處茂東下振遣桓放之爲益州屯夷陵處茂距戰放之敗走還江陵義熙元年正月南陽太守魯宗之起義兵襲襄陽破僞雍州刺史桓蔚無忌諸軍次江陵之馬頭振擁帝出營江津魯宗之率衆於柞溪破僞武賁中郎溫楷進至紀南振自擊宗之宗之失利時蜀軍據靈溪毅率無忌道規等破馮該軍推鋒而前即平江陵振見火起知城已陷乃與謙等北走是日安帝反正大赦天下唯逆黨就戮詔特免桓胤一人桓亮自豫章自號鎭南將軍湘州刺史苻宏寇安成廬陵劉敬宣遣將討之宏走入湘中二月桓謙何澹之溫楷等奔于姚興桓振與宏出自溳城襲破江陵劉懷肅自雲杜伐振等破之廣武將軍唐興斬振及僞輔國將軍桓珍毅於臨障斬僞零陵太守劉叔祖桓亮苻宏復出寇湘中害郡守長史檀祗討宏於湘東斬之廣武將軍郭彌斬亮於益陽其餘擁衆假號皆討平之詔徙桓胤及諸黨與於新安諸郡三年東陽太守殷仲文與永嘉太守駱球謀反欲建桓胤爲嗣曹靖之桓石松卞承之劉延祖等潛相交結劉裕以次收斬之幷誅其家屬後桓謙走入蜀蜀賊譙縱以謙爲荊州刺史使率兵而下荊楚之衆多應之謙至枝江荊州刺史劉道規斬之梁州刺史傅歆又斬桓石綏桓氏遂滅

卞範之

卞範之字敬祖濟陰宛句人也識悟聰敏見美於當世太元中自丹陽丞爲始安太守桓玄少與之遊及玄爲江州引爲長史委以心膂之任潛謀密計莫不決之後玄將爲篡亂以範之爲丹陽尹範之與殷仲文陰撰策命進範之爲征虜將軍散騎常侍玄僭位以範之爲侍中班劒二十人進號後將軍封臨汝縣公其禪詔即範之文也玄既奢侈無度範之亦盛營館第自以佐命元勳深懷矜伐以富貴驕人子弟傲慢衆咸畏嫉之義軍起範之屯兵於覆舟山西爲劉毅所敗隨玄西走玄又以範之爲尚書僕射玄爲劉毅等所敗左右分散唯範之在側玄平斬於江陵

殷仲文

殷仲文南蠻校尉覬之弟也少有才藻美容貌從兄仲堪薦之於會稽王道子即引爲驃騎參軍甚相賞待俄轉諮議參軍後爲元顯征虜長史會桓玄與朝廷有隙玄之姊仲文之妻疑而間之左遷新安太守仲文於玄雖爲姻親而素不交密及聞玄平京師便棄郡投焉玄甚悅之以爲諮議參軍時王謐見禮而不親卞範之被親而少禮而寵遇隆重兼於王卞矣玄將爲亂使總領詔命以爲侍中領左衞將軍玄九錫仲文之辭也初玄篡位入宮其牀忽陷羣下失色仲文曰將由聖德深厚地不能載玄大悅以佐命親貴厚自封崇輿馬器服窮極綺麗後房妓妾數十絲竹不絕音性貪吝多納貨賄家累千金常若不足玄爲劉裕所敗隨玄西走其珍寶玩好悉藏地中皆變爲土至巴陵因奉二后投義軍而爲鎭軍長史轉尚書帝初反正抗表自解曰臣聞洪波振壑川無恬鱗驚飆拂野林無靜柯何者勢弱則受制於巨力質微則無以自保於理雖可得而言於臣實非所敢譬昔桓玄之代誠復驅逼者衆至如微臣罪實深矣進不能見危授命亡身殉國退不能辭粟首陽拂衣高謝遂乃宴安昏寵叨昧僞封錫文篡事曾無獨固名義以之俱淪情節自茲兼撓宜其極法以判忠邪會鎭軍將軍劉裕匡復社稷大弘善貸佇一戮於微命申三驅於大信既惠之以首領又申之以縶維于時皇輿否

隔天人未泰用忘進退是以僶俛從事自同令人今宸極反正唯新告始憲章旣明品物思舊臣亦胡顏之厚可以顯居榮次乞解所職待罪私門違離闕庭乃心慕戀詔不許仲文因月朔與衆至大司馬府府中有老槐樹顧之良久而歎曰此樹婆娑無復生意仲文素有名望自謂必當朝政又謝混之徒疇昔所輕者並皆比肩常怏怏不得志忽遷爲東陽太守意彌不平劉毅愛才好士深相禮接臨當之郡游宴彌日行至富陽慨然歎曰看此山川形勢當復出一伯符何無忌甚慕之東陽無忌所統仲文許當便道修謁無忌故益欽遲之令府中命文人殷闡孔甯子之徒撰義構文以俟其至仲文失志恍惚遂不過府無忌疑其薄己大怒思中傷之時屬慕容超南侵無忌言於劉裕曰桓胤殷仲文乃腹心之疾北虜不足爲憂義熙三年又以仲文與駱球等謀反及其弟南蠻校尉叔文並伏誅仲文時照鏡不見其面數日而遇禍仲文善屬文爲世所重謝靈運嘗云若殷仲文讀書半袁豹則文才不減班固言其文多而見書少也

史臣曰桓玄篡凶父之餘基挾姦回之本性含怒於失職苞藏其豕心抗表以稱冤登高以發憤觀釁而動窺圖非望始則假寵於仲堪俄而戮殷以逞欲遂得據全楚之地驅勁勇之兵因晉政之陵遲乘會稽之酗醟縱其狙詐之計扇其陵暴之心敢率犬羊稱兵內侮天長喪亂凶力寔繁踰年之間奄傾晉祚自謂法堯禪舜改物君臨鼎業方隆卜年惟永俄而義旗電發忠勇雷奔半辰而都邑廓清踰月而凶渠卽戮更延墜歷復振頹綱是知神器不可以闇干天祿不可以妄處者也夫帝王者功高宇內道濟含靈龍宮鳳歷表其祥彤雲玄石呈其瑞然後光臨大寶克享鴻名允徯后之心副樂推之望若桓玄之么麼豈足數哉適所以干紀亂常傾宗絕嗣肇金行之禍難成宋氏之驅除者乎

贊曰靈寶隱賊世載凶德信順未孚姦回是則肆逆遷鼎憑威縱慝違天虐人覆宗殄國

晉書卷一百

唐　太　宗　文　皇　帝　御　撰

列傳第七十

王彌

王彌東萊人也家世二千石祖頎魏玄菟太守武帝時至汝南太守彌有才幹博涉書記少游俠京師隱者董仲道見而謂之曰君豺聲豹視好亂樂禍若天下騷擾不作士大夫矣惠帝末妖賊劉伯根起於東萊之惤縣彌率家僮從之伯根以爲長史伯根死聚徒海渚爲苟純所敗亡入長廣山爲羣賊彌多權略凡有所掠必豫圖成敗舉無遺策弓馬迅捷膂力過人青土號爲飛豹後引兵入寇青徐兗州刺史苟晞逆擊大破之彌退集亡散衆復大振晞與之連戰不能克彌進兵寇泰山魯國譙梁陳汝南潁川襄城諸郡入許昌開府庫取器杖所在陷沒多殺守令有衆數萬朝廷不能制會天下大亂進逼洛陽京邑大震宮城門晝閉司徒王衍等率百官距守彌屯七里澗王師進擊大破之彌謂其黨劉靈曰晉兵尚彊歸無所厝劉元海昔爲質子我與之周旋京師深有分契今稱漢王將歸之可乎靈然之乃渡河歸元海元海聞而大悅遣其侍中兼御史大夫郊迎致書於彌曰以將軍有不世之功超時之德故有此迎耳遲望將軍之至孤今親行將軍之館輒拂席洗爵敬待將軍及彌見元海勸稱尊號元海謂彌曰孤本謂將軍如竇周等耳今眞吾孔明仲華也烈祖有云吾之有將軍如魚之有水於是署彌司隸校尉加侍中特進彌固辭使隨劉曜寇河內又與石勒攻臨漳永嘉初寇上黨圍壺關東海王越遣淮南內史王曠安豐太守衞乾等討之及彌戰于高都長平間大敗之死者十六七元海進彌征東大將軍封東萊公與劉曜石勒等攻魏郡汲郡頓丘陷五十餘壁皆調爲軍士又與勒攻鄴安北將軍和郁棄城而走懷帝遣北中郎將裴憲次白馬討彌車騎將軍王堪次東燕討勒平北將軍曹武次大陽討元海武部將軍彭默爲劉聰所敗見害衆軍皆退聰渡黃河帝遣司隸校尉劉暾將軍宋抽等距之皆不能抗彌聰以萬騎至京城焚二學東海王越距戰於西明門彌等敗走彌復以二千騎寇襄城諸縣河東平陽弘農上黨諸流人之在潁川襄城汝南南陽河南者數萬家爲舊居人所不禮皆焚燒城邑殺二千石長吏以應彌彌又以二萬人會石勒寇陳郡潁川屯陽翟遣弟璋與石勒共寇徐兗因破越軍彌後與曜寇襄城遂逼京師時京邑大饑人相食百姓流亡公卿奔河陰曜彌等遂陷宮城至太極前殿縱兵大掠幽帝於端門逼辱羊皇后殺皇太子詮發掘陵墓焚燒宮廟城府蕩盡百官及男女遇害者三萬餘人遂遷帝于平陽彌之掠也曜禁之彌不從曜斬其牙門王延以徇彌怒與曜阻兵相攻死者千餘人彌長史張嵩諫曰明公與國家共興大事事業甫爾便相攻討何面見主上乎平洛之功誠在將軍然劉曜皇族宜小下之晉二王平吳之鑒其則不遠願明將軍以爲慮縱將軍阻兵不還其若子弟宗族何彌曰善微子吾不聞此過也於是詣曜謝結分如初彌曰下官聞過乃是張長史之功曜謂嵩曰君爲朱建矣豈況范生乎各賜嵩金百斤彌謂曜曰洛陽天下之中山河四險之固城池宮室無假營造可徙平陽都之曜不從焚燒而去彌怒曰屠各子豈有帝王之意乎汝柰天下何遂引衆東屯項關初曜以彌先入洛不待己怨之至是嫌隙遂構劉暾說彌還據青州彌然之乃以左長史曹嶷爲鎭東將軍給兵五千多齎寶物還鄉里招誘亡命且迎其室彌將徐邈高梁輒率部曲數千人隨嶷去彌益衰弱初石勒惡彌驍勇常密爲之備彌之破洛陽也多遺勒美女寶貨以結之時勒擒苟晞以爲左司馬彌謂勒曰公獲苟晞而用之何其神妙使晞爲公左彌爲公右天下不足定也勒愈忌彌陰圖之劉暾又勸彌徵曹嶷藉其衆以誅勒於是彌使暾詣青州令曹嶷引兵會己而詐要勒共向青州暾至東阿爲勒游騎所獲勒見彌與嶷書大怒乃殺暾彌未之知勒伏兵襲彌殺之并其衆

張昌

張昌本義陽蠻也少爲平氏縣吏武力過人每自占卜言應當富貴好論攻戰儕類咸共笑之及李流寇蜀昌潛遁半年聚黨數千人盜得幢麾詐言臺遣其募人討流會壬午詔書發武勇以赴益土號曰壬午兵自天下多難數術者云當有帝王興於江左及此調發人咸不樂西征昌黨因之誑惑百姓各不肯去而詔書催遣嚴速所經之界停留五日者二千石免由是郡縣官長皆躬出驅逐展轉不遠屯聚而爲劫掠是歲江夏大稔流人就食者數千口太安二年昌於安陸縣石巖山屯聚去郡八十里諸流人及避戍役者多往從之昌乃易姓名爲李辰太守弓欽遣軍就討輒爲所破昌徒衆日多遂來攻郡欽出戰大敗乃將家南奔沔口鎭南大將軍新野王歆遣騎督靳滿討昌於隨郡西大戰滿敗走昌得其器杖據有江夏卽其府庫造妖言云當有聖人出山都縣吏丘沈遇於江夏昌名之爲聖人盛車服出迎之立爲天子置百官沈易姓名爲劉尼稱漢後以昌爲相國昌兄味爲車騎將軍弟放廣武將軍各領兵於石巖中作宮殿又於巖上織竹爲鳥形衣以五綵聚肉於其傍衆鳥羣集詐云鳳皇降又言珠袍玉璽鐵券金鼓自然而至乃下赦書建元神鳳郊祀服色依漢故事其有不應其募者族誅又流訛言云江淮已南當圖反逆官軍大起悉誅討之羣小互相扇動人情惶懼江沔間一時猋起豎牙旗鳴鼓角以應昌旬月之間衆十三萬皆以絳科頭擢之以毛江夏義陽士庶莫不從之惟江夏舊姓江安令王僱秀才呂蕤不從昌以三公位徵之僱蕤密將宗室北奔汝南投豫州刺史劉喬鄉人期思令李權常安令吳鳳孝廉吳暢糾合善士得五百餘家追隨僱等不豫妖逆新野王歆上言妖賊張昌劉尼妄稱神聖犬羊萬計絳頭毛面挑刀走戟其鋒不可當請臺勅諸軍三道救助於是劉喬率諸軍據汝南以禦賊前將軍趙驤領精卒八千據宛助平南將軍羊伊距守昌遣其將軍黃林爲大都督率二萬人向豫州前驅李宮欲掠取汝水居人喬遣將軍李楊逆擊大破之林等東攻弋陽太守梁桓嬰城固守又遣其將馬武破武昌害太守昌自領其衆西攻宛破趙驤害羊伊進攻襄陽害新野王歆昌別率石冰東破江揚二州僞置守長當時五州之境皆畏逼從逆又遣其將陳貞陳蘭張甫等攻長沙湘東零陵諸郡昌雖跨帶五州樹立牧守皆盜桀小人而無禁制但以劫掠爲務人情漸離是歲詔以寧朔將軍領南蠻校尉劉弘鎭宛弘遣司馬陶侃參軍蒯桓皮初等率衆討昌於竟陵劉喬又遣將軍李楊督護尹奉總兵向江夏侃等與昌苦戰累日大破之納降萬計昌乃沉竄于下儁山明年秋乃擒之傳首京師同黨並夷三族

陳敏

陳敏字令通廬江人也少有幹能以部廉吏補尚書倉部令史及趙王倫篡逆三王起義兵久屯不散京師倉廩空虛敏建議曰南方米穀皆積數十年時將欲腐敗而不漕運以濟中州非所以救患周急也朝廷從之以敏爲合肥度支遷廣陵度支張昌之亂遣其將石冰等趣壽春都督劉準憂惶計無所出時敏統大軍在壽春謂準曰此等本不樂遠戍故逼迫成賊烏合之衆其勢易離敏請合率運兵公分配衆力破之必矣準乃益敏

兵擊之破吳弘石冰等敏遂乘勝逐北戰數十合時冰衆十倍敏以少擊衆每戰皆尅遂至揚州遏討徐州賊封雲雲將張統斬雲降敏以功爲廣陵相時惠帝幸長安四方交爭敏遂有割據江東之志其父聞之怒曰滅我門者必此兒也父亡去職東海王越當西迎大駕承制起敏爲右將軍假節前鋒都督致書於敏曰將軍建謀富國則有大漕之勳及遭冰昌之亂則首率義徒以寡敵衆外無彊兵之援內無運籌之侶隻身挺立雄略從橫擢奇謀於馬首奮靈計於臨危金聲振於江外精光赫于揚楚攻堅陷險三十餘戰師徒無虧勍敵自滅五州復全苞茅入貢豈非將軍之功力哉今羯賊屯結遊魂河濟鼠伏雉竄藏匿陳留始欲姦盜終圖不軌將軍孫吳之術既明已試之功先著孤與將軍情分特隆想割草土之哀抑難居之思捨經執戈來郵國難天子遠巡鑾輿未反引領東眷有懷山陵當憑將軍戮力王略有旋將軍率將所領承書風發米布軍資惟將軍所運時越討豫州刺史劉喬敏引兵會之與越俱敗於蕭敏因中國大亂遂請東歸收兵據歷陽會吳王常侍甘卓自洛至教卓假稱皇太弟命拜敏爲揚州刺史并假江東首望顧榮等四十餘人爲將軍郡守榮並僞從之敏爲息娶卓女遂相爲表裏揚州刺史劉機丹陽太守王廣等皆棄官奔走敏弟昶知顧榮等有貳心勸敏殺之敏不從昶將精兵數萬據烏江弟恢率錢端等南寇江州刺史應邈奔走弟斌東略諸郡遂據有吳越之地敏命寮佐以已爲都督江東軍事大司馬楚公封十郡加九錫列上尚書稱自江入河奉迎鑾駕東海王軍諮祭酒華譚聞敏自相署置而顧榮等並江東首望悉受敏官爵乃遺榮等書曰石冰之亂朝廷錄敏微功故加越次之禮授以上將之任庶有韓盧一噬之效而本性凶狡素無識達貪榮干運逆天而動阻兵作威盜據吳會內用凶弟外委軍吏上負朝廷寵授之榮下孤宰輔過禮之惠天道伐惡人神所不祐雖阻長江命危朝露忠節令圖君子高行屈節附逆義士所恥王蠋匹夫志不可屈於期慕義隕首燕庭況吳會仁人並受國寵或剖符名郡或列爲近臣而便辱身姦人之朝降節逆叛之黨稽顙屈膝不亦羞乎昔龔勝絕粒不食莽朝魯連赴海恥爲秦臣君子義行同符千載遙度雅量豈獨是安昔吳之武烈稱美一代雖奮奇宛葉亦受折襄陽討逆雄氣志存中夏臨江發怒命訖丹徒賴先王承運雄謀天挺尚內倚慈母仁明之教外杖子布廷爭之忠又有諸葛顧步張朱陸全之族故能鞭笞百越稱制南州然兵家之興不出三世運未盈百歸命入臣今以陳敏倉部令史七第頑冗六品下才欲躡桓王之高蹤蹈大皇之絕軌遠度諸賢猶當未許也諸君垂頭不能建翟義之謀而顧生俛眉已受羈絆之辱皇輿東軒行即紫館百寮垂纓雲翔鳳闕廟勝之謀潛運帷幄然後發荊州武旅順流東下徐州銳鋒南據堂邑征東勁卒耀威歷陽飛橋越橫江之津泛舟涉瓜步之渚威震丹陽擒寇建鄴而諸賢何顏見中州之士邪小寇隔津音符道闊引領南望情存舊懷忠義之人何世蔑有夫危而不能安亡而不能存將何貴乎永長宿德情所素重彥先垂髮分著金石公冑早交恩紀特隆令伯義聲親好密結上欲與諸賢效翼紫宸建功帝籍如其不爾亦可泛舟河渭擊楫清歌何爲辱身小寇之手以蹈逆亂之禍乎昔爲同志今已殊域往爲一體今成異身瞻江長嘆非子誰思願圖良策以存嘉謀也敏凡才無遠略一旦據有江東刑政無章不爲英俊所服且子弟凶暴所在爲患周玘顧榮之徒常懼禍敗又得譚書皆有慚色玘榮遣使密報征東大將軍劉準遣兵臨江已爲內應準遣揚州刺史劉機寧遠將軍衡彥等出歷陽敏使弟昶及將軍錢廣次烏江以距之又遣弟閎爲歷陽太守戍牛渚錢廣家在長城玘鄉人也玘潛使圖昶廣遣其屬何康錢象投募送白事於昶昶俛頭視書康揮刀斬之稱州下已殺敏敢有動者誅三族吹角爲內應廣先勒兵在朱雀橋陳兵水南玘榮又說甘卓卓遂背敏敏率萬餘人將與卓戰未獲濟榮以白羽扇麾之敏衆潰散敏單騎東奔至江乘爲義兵所斬母及妻子皆伏誅於是會稽諸郡並殺敏諸弟無遺焉

王如

王如京兆新豐人也初爲州武吏遇亂流移至宛時諸流人有詔並遣還鄉里如以關中荒殘不願歸征南將軍山簡南中郎將杜蕤各遣兵送之而促期令發如遂潛結諸無賴少年夜襲二軍破之杜蕤悉衆擊如戰于涅陽蕤軍大敗山簡不能禦移屯夏口如又破襄城於是南安龐寔馮翊嚴嶷長安侯脫等各帥其黨攻諸城鎮多殺令長以應之未幾衆至四五萬自號大將軍領司雍二州牧如懼石勒之攻已也乃厚賄於勒結爲兄弟勒又假其彊而納之時侯脫據宛與如不協如說勒曰侯脫雖名漢臣其實漢賊如常恐其來襲兄宜備之勒素怒脫貳已憚如辱齒故不攻之及聞如言甚悅遂夜令三軍蓐食待命雞鳴而駕後出者斬晨壓宛門攻之旬有二日而尅之勒遂斬脫如於是大掠沔漢進逼襄陽征南山簡使將趙同帥師擊之經年不能尅智力並屈遂嬰城自守王澄帥軍赴京都如邀擊破之如連年種穀皆化爲莠軍中大饑其黨互相攻劫官軍進討各相率來降如計無所出歸于王敦敦從弟稜愛如驍武請敦配已麾下敦曰此輩獷險難蓄汝性忌急不能容養更成禍端稜固請與之稜置諸左右甚加寵遇如數與敦諸將角射屢鬬爭爲過失稜果不容而杖之如甚以爲恥初敦有不臣之迹稜每諫之敦常怒其異已及敦聞如爲稜所辱密使人激怒之勸令殺稜如詣稜因閑宴請劍舞爲歡稜從之如於是舞刀爲戲漸漸來前稜惡而呵之不止叱左右使牽去如直前害稜敦聞而陽驚亦捕如誅之

杜曾

杜曾新野人南中郎將蕤之從祖弟也少驍勇絕人能被甲游於水中始爲新野王歆鎮南參軍歷華容令至南蠻司馬凡有戰陣勇冠三軍會永嘉之亂荊州荒梗故牙門將胡亢聚衆於竟陵自號楚公假曾竟陵太守亢後與其黨自相猜貳誅其驍將數十人曾心自不安潛謀圖之乃卑身屈節以事於亢亢弗之覺甚信任之會荊州賊王沖自號荊州刺史部衆亦盛屢遣兵抄亢所統亢患之問計於曾曾勸令擊之亢以爲然曾白亢取帳下刀戟付工磨之因潛引王沖之兵亢遣精騎出距沖城中空虛曾因斬亢而并其衆自號南中郎將領竟陵太守曾求南郡太守劉務女不得盡滅其家會愍帝遣第五猗爲安南將軍荊州刺史曾迎猗於襄陽爲兄子娶猗女遂分據沔漢時陶侃新破杜弢乘勝擊曾有輕曾之色侃司馬魯恬言於侃曰古人爭戰先料其將今使君諸將無及曾者未易可逼也侃不從進軍圍之於石城時曾軍多騎而侃兵無馬曾密開門突侃陣出其後反擊其背侃師遂敗投水死者數百人曾將趨順陽下馬拜侃告辭而去既而致箋於平南將軍荀崧求討丹水賊以自效崧納之侃遺崧書曰杜曾凶狡所將之卒皆豺狼也可謂鴟梟食母之物此人不死州土未寧足下當識吾言崧以宛中兵少藉曾爲外援不從侃言曾復率流亡二千餘人圍襄陽數日不下而還及王廙爲荊州刺史曾距之廙使將朱軌趙誘擊曾皆爲曾所殺王敦遣周訪討之屢戰不能尅訪潛遣人緣山開道出曾不意以襲之曾衆潰其將馬儁蘇溫等執曾詣訪降訪欲生致武昌而朱軌息昌趙誘息胤皆乞曾以復冤於是斬曾而昌胤臠其肉而噉之

杜弢

杜弢字景文蜀郡成都人也祖植有名蜀土武帝時爲符節令父眕略陽護軍弢初以才學著稱州舉秀才遭李庠之亂避地南平太守應詹愛其才而禮之後爲醴陵令時巴蜀流人汝班蹇碩等數萬家布在荊湘間而爲舊百姓之所侵苦並懷怨恨會蜀賊李驤殺縣令屯聚樂鄉衆數百人弢與應詹擊驤破之蜀人杜疇蹇撫等復擾湘州參軍馮素與汝班不協言於刺史荀眺曰流人皆欲反眺以爲然欲盡誅流人班等懼死聚衆以應疇時弢在湘中賊衆共推弢爲主弢自稱梁益二州牧平難將軍湘州刺史攻破郡縣眺委城走廣州廣州刺史郭訥遣始興太守嚴佐率衆攻弢弢逆擊破之荊州刺史王澄復遣王機擊弢敗於巴陵弢遂縱兵肆暴僞降於山簡簡以爲廣漢太守眺之走也州人推安城太守郭察領州事因率衆討弢反爲所敗察死之弢遂南破零陵東侵武昌害長沙太守崔敷宜都太守杜鑒邵陵太守鄭融等元帝命征南將軍王敦荊州刺史陶侃等討之前後數十戰弢將士多物故於是請降帝不許弢乃遺應詹書曰天步艱難始自吾州州黨流移在於荊土其所遇値蔑之如遺頓伏死亡者略復過半備嘗荼毒足下之所鑒也客主難久嫌隙易構不謂樂鄉起變出於不意時與足下思散疑結求擒其黨帥惟患算不經遠力不陷堅耳及在湘中懼死求生遂相結聚欲守善自衞天下小定然後輸誠盟府尋山公鎮夏口即具陳之此公鑒開塞之會察窮通之運納吾於衆疑之中非高識玄覩孰能若此西州人士得沐浴於清流豈惟滌蕩瑕穢乃骨肉之施此公薨逝斯事中廢賢愚痛毒竊心自悼欲遣滕永文張休豫詣大府備列起事以來本末但恐貪功徇名之徒將讒間於聖主之聽數吾使於市朝以彰叛逆之罪故未敢遣之而甘陶卒至水陸十萬旌旗曜於山澤舟艦盈於三江威則威矣然吾衆竊未以爲懼昔文伐原以全信爲本故能使諸侯歸之陶侃宣赦書而繼之以進討豈所以崇奉明詔示軌憲於四海逼向義之夫以爲叛逆之虜阻思善之衆以極不赦之責非不戰而屈人之算也驅略烏合欲與必死者求一戰未見爭衡之機權也吾之赤心貫於神明西州人士仰粗悉之耳寧當今抱枉於時不證於大府邪昔虞卿不榮大國之相與魏齊同其安危司馬遷

明言於李陵雖刑殘而無慨足下抗威千里聲播汝衡進宜爲國思靖難之略退與舊交措枉直之正不亦綽然有餘裕乎奎卿騰吾箋令時達盟府遣大使光臨使吾得披露肝膽没身何恨哉伏想盟府必結紐於紀綱爲一匡於聖世使吾厠列義徒負戈前驅迎皇輿於閶闔掃長蛇於荒裔雖死之日猶生之年也若然先清方夏却定中原吾得一年之糧使泝流西歸夷李雄之逋寇脩禹貢之舊獻展微勞以補往愆復州邦以謝鄰國亦其志也惟所裁處耳吾遠州寒士與足下出處殊倫誠不足感神交而濟其傾危但顯吾忠誠則汝嶽荷忠順之恕衡湘無伐叛之虞隆足下宏納之望拯吾徒陷溺之艱焉可金玉其音哉然顧願十餘萬口亦勞瘁於警備思放逸於南畝矣衡嶽江湘列吾左右若往言有貳血誠不亮益梁受殃不惟鄙門而已詹甚哀之乃啓呈弢書并上言曰弢益州秀才素有清望文理既優幹事兼美往因使流寓居詹郡界其貞心堅白詹所委究李驤爲變樂鄉劫略良善弢時出家財招募忠勇登壇歃血義誠慷慨會驤攻燒南平弢遂東下巴漢與湘中鄉人相遇推其素望遂相憑結論弢本情非首作亂階者也然破湘川實弢之罪亦由兵交其間遂使滋蔓按弢今書血誠亦至矣昔朱鮪自疑於洛陽光武指河水以明心鮪感義歸誠終展力報施受封侯之寵由怨過以錄功也詹竊謂今者當圮運之會思弘遠猷故齊赦射鉤之誅晉貰斬袪之戮用能濟翼戴之高勳隆一匡之美譽況弢等素無斯愆而稽顙投命邪以爲可遣太使宣揚聖旨雲澤沾之於上百姓沐浴於下則上下交泰江左無風塵之虞矣帝乃使前南海太守王運受弢降宣詔書大赦凡諸反逆一皆除之加弢巴東監軍弢受命後諸將殉功者攻擊之不已弢不勝憤怒遂殺運而使其將王眞領精卒三千爲奇兵出江南向武陵斷官軍運路陶侃使伏波將軍鄭攀邀擊大破之眞步走湘城於是侃等諸軍齊進眞遂降侃衆黨散潰弢乃逃遁不知所在

王機　兄矩

王機字令明長沙人也父毅廣州刺史甚得南越之情機美姿儀倜儻有度量陳恢之亂機年十七率衆擊破之常慕王澄爲人澄亦雅知之以爲已亞遂與友善內綜心膂外爲牙爪尋用爲成都內史機終日醉酒不存政事由是百姓怨之人情騷動會澄遇害機懼禍及又屬杜弢所在發墓而獨爲機守冢機益自疑就王敦求廣州敦不許會廣州人背刺史郭訥迎機爲刺史機遂將奴客門生千餘人入廣州州部將溫邵率衆迎機敦遣將軍葛幽追之及於盧陵機叱幽曰何以敢來欲取死邪幽不敢逼而歸敦訥聞邵之納機也乃遣兵擊邵反爲所破訥又遣機父兄時吏距之咸倒戈迎機訥衆皆散乃握節而避機機遂入城就訥求節訥歎曰昔蘇武不失其節前史以爲美談此節天朝所假義不相與自可遣兵來取之機慙而止機自以篡州懼爲王敦所討乃更求交州時杜弢餘黨杜弘奔臨賀送金數千兩與機求討桂林賊以自效機爲列上朝廷許之王敦以機難制又欲因機討梁碩故以降杜弘之勳轉爲交州刺史碩聞而遣子侯候機於鬱林機怒其迎遲責二須至州當相收拷碩子馳使報碩碩曰王郎已壞廣州何可復來破交州也乃禁州人不許迎之府司馬杜讚以碩不迎機率兵討碩爲碩所敗碩恐諸僑人爲機於是悉殺其良者乃自領交阯太守機既爲碩所距遂住鬱林時杜弘大破桂林賊還遇機於道機勸弘取交州弘素有意乃執機節曰當相與迭持何可獨捉機遂以節與之於是機與弘及溫邵劉沈等並反尋而陶侃爲廣州到始興州人皆諫不可輕進侃不聽及至州諸郡縣皆已迎機矣侃先討溫邵劉沈皆殺之機遣牙門屈藍還州詐言增糧密招誘所部欲以距侃侃卽收藍斬之遣督護許高討機走之病死于道高掘出其尸斬首并殺其二子焉

機兄矩字令式美姿容每出游觀者盈路初爲南平太守豫討陳恢有功遷廣州刺史將赴職忽見一人持奏謁矩自云京兆杜靈之矩問之答稱天上京兆被使召君爲主簿矩意甚惡之至州月餘卒

祖約

祖約字士少豫州刺史逖之弟也初以孝廉爲成皋令與逖甚相友愛永嘉末隨逖過江元帝稱制引爲掾屬與陳留阮孚齊名後轉從事中郎典選舉約妻無男而性妬約亦不敢違忤嘗夜寢於外忽爲人所傷疑其妻所爲約求去職帝不聽約便從右司馬營東門私出司直劉隗劾之曰約幸荷殊寵顯位選曹銓衡人物衆所具瞻當敬以直內義以方外杜漸防萌式遏寇害而乃變起蕭牆患生婢妾身被刑傷虧其膚髮羣小噂喈囂聲遠被塵穢清化垢累明時天恩含垢猶復慰喻而約違命輕出既無明智以保身又孤恩廢命宜加貶黜以塞衆謗帝不之罪隗重加執據終不許及逖有功於譙沛約漸見任遇逖卒自侍中代逖爲平西將軍豫州刺史領逖之衆約異母兄光祿大夫納密言於帝曰約內懷陵上之心抑而使之可也今顯侍左右假其權勢將爲亂階矣帝不納時人亦謂納與約異生忌其寵貴故有此言而約竟無綏馭之才不爲士卒所附及王敦舉兵約歸衞京都率衆次壽陽逐敦所署淮南太守任台以功封五等侯進號鎭西將軍使屯壽陽爲北境藩扞自以名輩不後郗卞而不豫明帝顧命又望開府及諸所表請多不見許遂懷怨望石聰嘗以衆逼之約屢表請救而官軍不至聰既退朝議又欲作涂塘以遏胡寇約謂爲棄己彌懷憤恚先是太后使蔡謨勞之約見謨瞋目攘袂非毀朝政及蘇峻舉兵遂推崇約而罪執政約聞而大喜從子智及衍並傾險好亂又讚成其事於是命逖子沛內史渙女婿淮南太守許柳以兵會峻逖妻柳之姊也固諫不從及峻尅京都矯詔以約爲侍中太尉尚書令潁川人陳光率其屬攻之約左右閻禿貌類約光謂爲約而擒之約踰垣獲免光奔於石勒而約之諸將復陰結於勒請爲內應勒遣石聰來攻之約衆潰奔歷陽遣兄子渙攻桓宣于皖城會毛寶援宣擊渙敗之趙胤復遣將軍甘苗從二焦上歷陽約懼而夜遁其將牽騰率衆出降約以左右數百人奔于石勒勒薄其爲人不見者久之勒將程遐說勒曰天下粗定當顯明逆順此漢高祖所以斬丁公也今忠于事君者莫不顯擢背叛不臣者無不夷戮此天下所以歸伏大王也祖約猶存臣切惑之且約大引賓客又占奪鄉里先人田地地主多怨於是勒乃詐約曰祖侯遠來未得喜歡可集子弟一時俱會至日勒辭之以疾令遐請約及其宗室約知禍及大飲致醉既至于市抱其外孫而泣遂殺之并其親屬中外百餘人悉滅之婦女妓妾班賜諸胡初逖有胡奴曰王安待之甚厚及在雍丘告之曰石勒是汝種類吾亦不在爾一人乃厚資遣之遂爲勒將祖氏之誅也安多將從人於市觀省潛取逖庶子道重藏之爲沙門時年十歲石氏滅後來歸

蘇峻

蘇峻字子高長廣掖人也父模安樂相峻少爲書生有才學仕郡主簿年十八舉孝廉永嘉之亂百姓流亡所在屯聚峻糾合得數千家結壘于本縣于時豪傑所在屯聚而峻最彊遣長沙徐瓘宣檄諸屯示以王化又收枯骨而葬之遠近感其恩義推峻爲主遂射獵於海邊青山中元帝聞之假峻安集將軍時曹嶷領青州刺史表峻爲掖令峻辭疾不受嶷惡其得衆必恐爲患將討之峻懼率其所部數百家泛海南渡既到廣陵朝廷嘉其遠至轉鷹揚將軍會周堅反於彭城峻助討之有功除淮陵內史遷蘭陵相王敦作逆詔峻討敦卜之不吉遲迴不進及王師敗績峻退保盱眙淮陵故吏徐深艾毅重請峻爲內史詔聽之加奮威將軍太寧初更除臨淮內史王敦復肆逆尚書令郗鑒議召峻及劉遐援京都敦遣峻兄說峻曰富貴可坐取何爲自來送死峻不從遂率衆赴京師頓于司徒故府道遠行速軍人疲困沈充錢鳳謀曰北軍新到未堪攻戰擊之必尅若復猶豫後難犯也賊於其夜度竹格渚拔柵將戰峻率其將韓晃於南塘橫截大破之又隨庾亮追破沈充進使持節冠軍將軍歷陽內史加散騎常侍封邵陵公食邑一千八百戶峻本以單家聚衆於擾攘之際歸順之後志在立功既有功於國威望漸著至是有銳卒萬人器械甚精朝廷以江外寄之而峻頗懷驕溢自負其衆潛有異志撫納亡命得罪之家有逃死者峻輒蔽匿之衆力日多皆仰食縣官運漕者相屬稍有不如意便肆忿言時明帝初崩委政宰輔護軍庾亮欲徵之峻聞將徵遣司馬何仍詣亮曰討賊外任遠近從命至於內輔實非所堪不從遂下優詔徵峻爲大司農加散騎常侍位特進以弟逸代領部曲峻素疑亮欲害己表曰昔明皇帝親執臣手使臣北討胡寇今中原未靖無用家爲乞補青州界一荒郡以展鷹犬之用復不許峻嚴裝將赴召而猶豫未決參軍任讓謂峻曰將軍求處荒郡而不見許事勢如此恐無生路不如勒兵自守峻從之遂不應命朝廷遣使諷諭之峻曰臺下云我欲反豈得活邪我寧山頭望廷尉不能廷尉望山頭往者國危累卵非我不濟狡兎既死獵犬理自應烹但當死報造謀者耳於是遣參軍徐會結祖約謀爲亂而以討亮爲名約遣祖渙許柳率衆助峻峻遣將韓晃張健等襲姑孰進逼慈湖殺于湖令陶馥及振威將軍司馬流峻自率渙柳衆萬人乘風濟自橫江次于陵口與王師戰頻捷遂據蔣陵覆舟山率衆因風放火臺省及諸營寺署一時蕩盡遂陷宮城縱兵大掠侵逼六宮窮凶極暴殘酷無道驅役百官光祿勳王彬等皆被捶撻逼令擔負登蔣山裸剝士女皆以壞席苫草自鄣無草者坐地以土自覆哀號之聲震動內外時官有布二十萬匹金銀五千斤錢億萬絹數萬匹他物稱是峻盡費之矯詔大赦惟庾亮兄弟不在原例自爲驃騎領軍將軍錄尚書事許柳丹

陽尹加前將軍馬雄左衞將軍祖渙驍騎將軍復弋陽王羕爲西陽王太宰錄尚書事羕息播亦復本官於是改易官司置其親黨朝廷政事一皆由之又遣韓晃入義興張健管商弘徽等入晉陵時溫嶠陶侃已唱義於武昌峻聞兵起用參軍賈寧計還據石頭更分兵距諸義軍所過無不殘滅嶠等將至峻遂逼天子於石頭逼迫居人盡聚之後苑使懷德令匡術守苑城嶠等旣到乃築壘於白石峻率衆攻之幾至陷沒東西抄掠多所擒虜兵威日盛戰無不尅由是義衆沮衄人懷異計朝士之奔義軍者皆云峻狡黠有智力其徒黨驍勇所向無敵惟當以天討有罪誅滅不久若以人事言之未易除也溫嶠怒曰諸君怯懦乃是譽賊及後累戰不捷嶠亦深憚之管商等進攻吳郡焚吳縣海鹽嘉興敗諸義軍韓晃又攻宣城害太守桓彝商等又焚餘杭而大敗於武康退還義興嶠與趙胤率步兵萬人從白石南上欲以臨之峻與匡孝將八千人逆戰峻遣子碩與孝以數十騎先薄趙胤敗之峻望見胤走曰孝能破賊我更不如乎因舍其衆與數騎北下突陣不得入將廻趨白木陂牙門彭世李千等投之以矛墜馬斬首臠割之焚其骨三軍皆稱萬歲峻司馬任讓等共立峻弟逸爲主求峻尸不獲碩乃發庾亮父母墓剖棺焚尸逸閉城自守韓晃聞峻死引兵赴石頭管商及弘徽進攻庱亭壘督護李閎及輕車長史滕含擊破之斬首千級商率衆走延陵李閎與庱亭諸軍追之斬獲數千級商詣庾亮降匡術舉苑城降韓晃與蘇逸等并力攻術不能陷溫嶠等選精鋭將攻賊營碩率驍勇數百渡淮而戰於陣斬碩晃等震懼以其衆奔張健於曲阿門阨不得出更相蹈藉死者萬數逸爲李湯所執斬于車騎府管商之降也餘者並歸張健健又疑弘徽等不與已同盡殺之更以舟車自延陵向長塘小大二萬餘口金銀寶物不可勝數揚烈將軍王允之與吳興諸軍擊健大破之獲男女萬餘口健復與馬雄韓晃等輕軍俱走閎率鋭兵追之及於巖山攻之甚急健等不敢下山惟晃獨出帶兩步靫箭卻據胡牀彎弓射之傷殺甚衆箭盡乃斬之健等遂降並梟其首

孫恩

孫恩字靈秀琅邪人孫秀之族也世奉五斗米道恩叔父泰字敬遠師事錢唐杜子恭而子恭有祕術嘗就人借瓜刀其主求之子恭曰當卽相還耳旣而刀主行至嘉興有魚躍入船中破魚得瓜刀其爲神效往往如此子恭死泰傳其術然浮狡有小才誑誘百姓愚者敬之如神皆竭財產進子女以求福慶王珣言於會稽王道子流之于廣州廣州刺史王懷之以泰行鬱林太守南越以外皆歸之太子少傅王雅先與泰善言於孝武帝以泰知養性之方因召還道子以爲徐州主簿猶以道術眩惑士庶稍遷輔國將軍新安太守王恭之役泰私合義兵得數千人爲國討恭黃門郎孔道鄱陽太守桓放之驃騎諮議周勰等皆敬事之會稽世子元顯亦數詣泰求其祕術泰見天下兵起以爲晉祚將終乃扇動百姓私集徒衆三吳士庶多從之于時朝士皆懼泰爲亂以其與元顯交厚咸莫敢言會稽內史謝輶發其謀道子誅之恩逃于海衆聞泰死惑之皆謂蟬蛻登仙故就海中資給恩聚合亡命得百餘人志欲復讎及元顯縱暴吳會百姓不安恩因其騷動自海攻上虞殺縣令因襲會稽害內史王凝之有衆數萬於是會稽謝鍼吳郡陸瓌吳興丘尩義興許允之臨海周胄永嘉張永及東陽新安等凡八郡一時俱起殺長吏以應之旬日之中衆數十萬於是吳興太守謝邈永嘉太守謝逸嘉興公顧胤南康公謝明慧黃門郎謝沖張琨中書郎孔道太子洗馬孔福烏程令夏侯愔等皆遇害吳國內史桓謙義興太守魏傿臨海太守新蔡王崇等並出奔於是恩據會稽自號征東將軍號其黨曰長生人宣語令誅殺異己有不同者戮及嬰孩由是死者十七八畿內諸縣處處蜂起朝廷震懼內外戒嚴遣衞將軍謝琰鎭北將軍劉牢之討之並轉鬬而前吳會承平日久人不習戰又無器械故所在多被破亡諸賊皆燒倉廩焚邑屋刊木堙井虜掠財貨相率聚于會稽其婦女有嬰累不能去者囊簏盛嬰兒投於水而告之曰賀汝先登仙堂我尋後就汝初恩聞八郡響應告其屬曰天下無復事矣當與諸君朝服而至建康旣聞牢之臨江復曰我割浙江不失作句踐也尋知牢之已濟江乃曰孤不羞走矣乃虜男女二十餘萬口一時逃入海懼官軍之躡乃緣道多棄寶物子女時東土殷實莫不粲麗盈目牢之等遽於收斂故恩復得逃海朝廷以謝琰爲會稽率徐州文武戍海浦隆安四年恩復入餘姚破上虞進至刑浦琰遣參軍劉宣之距破之恩退縮少日復寇刑浦害謝琰朝廷大震遣冠軍將軍桓不才輔國將軍孫無終寧朔將軍高雅之擊之恩復還于海於是復遣牢之東屯會稽吳國內史袁山松築扈瀆壘緣海備恩明年恩復入浹口雅之敗績牢之進擊恩復還于海轉寇扈瀆害袁山松仍浮海向京口牢之率衆西擊未達而恩已至劉裕乃總兵緣海距之及戰恩衆大敗狼狽赴船尋又集衆欲向京都朝廷駭懼陳兵以待之恩至新州不敢進而退北寇廣陵陷之乃浮海而北劉裕與劉敬宣并軍躡之於郁洲累戰恩復大敗於是漸衰弱復沿海還南裕亦尋海要截復大破恩於扈瀆恩遂遠迸海中及桓玄用事恩復寇臨海臨海太守辛景討破之恩窮慼乃赴海自沉妖黨及妓妾謂之水仙投水從死者百數餘衆復推恩妹夫盧循爲主自恩初入海所虜男女之口其後戰死及自溺并流離被傳賣者至恩死時裁數千人存而恩攻沒謝琰袁山松陷廣陵前後數十戰亦殺百姓數萬人

盧循

盧循字于先小名元龍司空從事中郎諶之曾孫也雙眸冏徹瞳子四轉善草隸弈棊之藝沙門惠遠有鑒裁見而謂之曰君雖體涉風素而志存不軌循娶孫恩妹及恩作亂與循通謀恩性酷忍循每諫止之人士多賴以濟免恩亡餘衆推循爲主元興二年正月寇東陽八月攻永嘉劉裕討循至晉安循窘急泛海到番禺寇廣州逐刺史吳隱之自攝州事號平南將軍遣使獻貢時朝廷新誅桓氏中外多虞乃權假循征虜將軍廣州刺史平越中郎將義熙中劉裕伐慕容超循所署始興太守徐道覆循之姊夫也使人勸循乘虛而出循不從道覆乃至番禺說循曰朝廷恒以君爲腹心之疾劉公未有旋日不乘此機而保一日之安若平齊之後劉公自率衆至豫章遣鋭師過嶺雖復君之神武必不能當也今日之機萬不可失旣尅都邑劉裕雖還無能爲也君若不同便當率始興之衆直指尋陽循甚不樂此舉無以奪其計乃從之初道覆密欲裝舟艦乃使人伐船材於南康山僞云將下都貨之後稱力少不能得致卽於郡賤賣之價減數倍居人貪賤賣衣物而市之贛石水急出船甚難皆儲之如是者數四故船版大積而百姓弗之疑及道覆舉兵按賣券而取之無得隱匿者乃并力裝之旬日而辦遂舉衆寇南康廬陵豫章諸郡守相皆委任奔走鎭南將軍何無忌率衆距之兵敗被害循遣道覆寇江陵未至爲官軍所敗馳走告循曰請并力攻京都若尅之江陵非所憂也乃連旗而下戎卒十萬舳艫千計敗衞將軍劉毅於桑落洲逕至江寧道覆素有膽決知劉裕已還欲乾沒一戰請於新亭至白石焚舟而上數道攻之循多謀少決欲以萬全之計固不聽道覆以循無斷乃歎曰我終爲盧公所誤事必無成使我得爲英雄驅馳天下不足定也裕懼其侵軼乃柵石頭斷祖浦以距之循攻柵不利船艦爲暴風所傾人有死者列陣南岸戰又敗績乃進攻京口寇掠諸縣無所得循謂道覆曰師老矣弗能復振可據尋陽并力取荆州徐更與都下爭衡猶可以濟因自蔡洲南走復據尋陽裕先遣羣率追討自統大衆繼進又敗循於雷池循又遁還豫章乃悉力柵斷左里裕命衆攻柵循衆雖死戰猶不能抗裕乘勝擊之循單舸而走收散卒得千餘人還保廣州裕先遣孫處從海道據番禺城循攻之不下道覆保始興因險自固循乃襲合浦尅之進攻交州至龍編刺史杜慧度譎而敗之循勢屈知不免先鴆妻子十餘人又召妓妾問曰我今將自殺誰能同者多云雀鼠貪生就死實人情所難有云官尚當死某豈願生於是悉鴆諸辭死者因自投於水慧度取其尸斬之及其父嘏同黨盡獲傳首京都

譙縱

譙縱巴西南充人也祖獻之有重名於西土縱少而謹愼蜀人愛之爲安西府參軍義熙元年刺史遣縱及侯暉等領諸縣氐進兵東下暉有貳志因梁州人不樂東也將圖益州刺史毛璩與巴西陽昧結謀於五城水口共逼縱爲主縱懼而不當走投于水暉引出而請之至於再三遂以兵逼縱於輿上攻璩弟西夷校尉瑾於涪城城陷瑾死之縱乃自號梁秦二州刺史璩聞縱反自洛城步還成都遣參軍王瓊率三千人討縱又遣弟瑗領四千兵繼瓊後進縱遣弟明子及暉距瓊於廣漢瓊擊破暉等追至緜竹明子設二伏以待之大敗瓊衆死者十八九益州營戶李騰開城以納縱毛璩旣死縱以從弟洪爲益州刺史明子爲鎭東將軍巴州刺史率其衆五千人屯白帝自稱成都王明年遣使稱藩於姚興將順流東寇以討車騎將軍劉裕爲名乞師於姚興且請桓謙爲助興遣之九年劉裕以西陽太守朱齡石爲益州刺史寧朔將軍臧熹下邳太守劉鍾蘭陵太守蒯恩等率衆二萬自江陵討縱初謀元率僉難其人齡石資名素淺裕違衆拔之授以麾下之半臧熹裕妻弟也位出其右又隸焉齡石次于白帝縱遣譙道福重兵守涪齡石師次彭模去成都二百里縱遣其大將軍侯暉尚書僕射譙詵屯彭模夾岸連城層樓重柵衆未能攻齡石謂劉鍾曰天方暑熱賊今固險攻之難拔祗困我師吾欲蓄鋭息兵伺隙而進卿以爲何如鍾曰不然前

揚聲言大將由內水故道福不敢捨涪今重軍逼之出其不意侯暉之徒已破膽矣正可因其機而攻之勢當必尅尅彭模之後自可鼓行而前成都必不能守若緩兵相持虛實相見涪軍復來難爲敵也進不能戰退無所資二萬餘人因爲蜀子虜耳從之翌日進攻皆尅斬侯暉等於是遂進縱之城守者相次瓦解縱乃出奔其尚書令馬躭封倉庫以待王師及齡石入成都誅縱同祖之親餘皆安堵使復其業縱之走也先如其墓縱女謂縱曰走必不免祇取辱焉等死死於先人之墓可也縱不從投道福于涪道福怒謂縱曰大丈夫居如斯功業安可棄哉今欲爲降虜豈可而得人誰不死何懼之甚因投縱以劒中其馬鞍縱去之乃自縊道福謂其徒曰吾養爾等正謂今日蜀之存亡實係在我不在譙王我尚在猶足一戰士咸許諾乃散金帛以賜其衆衆受之而走道福獨奔廣漢廣漢人杜瑾執之朱齡石徙馬躭於越巂追殺之躭之徒也謂其徒曰朱侯不送我京師滅衆口也吾必不免乃盥洗而臥引繩而死須臾齡石師至遂戮尸焉

史臣曰惠皇失御政紊朝危難起蕭牆毒痛函夏九州波駭五嶽塵飛干戈日尋戎車競逐王彌好亂樂禍挾詐懷姦命儔嘯侶伺間候隙助悖逆於平陽肆殘忍於都邑遂使生靈塗炭神器流離邦國軫麥秀之哀宮廟興黍離之痛豈天意乎豈人事乎何醜虜之猖狂而亂離之斯瘼者也張昌等或鵰張淮浦或蟻聚荆衡招烏合之凶徒逞豺狼之貪暴憑陵險隘屈強江湖未淹歲稔咸至誅戮實自取之非爲不幸峻約同惡相濟生此亂階孫盧同類相求嗣成妖逆至乃干戈掃地災沴滔天雖樊謝之毒被含靈李郭之禍延宮闕方凶比暴弗是加也譙縱乘茲釁隙肆彼姦謀旋踵而亡無足論矣

贊曰中朝隳政王彌肇亂神器流離生靈塗炭羣妖伺隙構茲多難荐食荆衡陵虐江漢孫盧姦慝約峻殘賊窮凶極暴爲鬼爲蜮縱竊岷峨旋至顛踣

晉書卷一百考證

王機傳機遂入城就納求節○節監本誤郎今從下文蘇武不失其節句改正

到始興州人皆諫不可輕進○到始興州監本訛始到興州今從地理志始興州名改正

蘇峻傳峻盡費之矯詔大赦○費監本作廢或又改爲發今從宋本

於陣斬碩晃等震懼○監本作於陣斬晃碩等震懼各本同　臣龍官按下文尚有韓晃則此時未得斬也當爲於陣斬碩晃等震懼之訛耳

孫恩傳南越以外皆歸之○監本脫外皆二字今從宋本增

乃柵石頭斷柤浦以距之○柤監本訛祖從音義改正

又敗循於雷池○綱目作劉裕及盧循戰于大雷

乃悉力柵斷左里○臣宗楷按綱目集覽里本作蠡即禹貢彭蠡今之鄱湖也

譙縱傳齡石師次彭模○彭監本作平本書桓溫傳桓率衆西伐軍次彭模唐元和志平模山名周末彭祖家於此而亡故又名彭亡後漢岑彭至其地改曰平無後人訛爲平模今改正

晉書載記序

古者帝王乃生奇類淳維伯禹之苗裔豈異類哉反首衣皮飧羶飲湩而震驚中域其來自遠天未悔禍種落彌繁其風俗險詖性靈馳突前史載之亦以詳備軒帝患其干紀所以徂征武王竄以荒服同乎禽獸而於露寒之野候月覘風覩隙揚埃乘間騁暴邊城不得緩帶百姓靡有室家孔子曰微管仲吾其被髮左衽矣此言能教訓卒伍整齊車甲邊場既伏境內以安然則燕築造陽之郊秦塹臨洮之險登天山紀一作絶地脉苞玄菟款黃河所以防夷狄之亂中華其備豫如此漢宣帝初納呼韓居之亭鄣委以候望始寬戎狄光武亦以南庭數萬徙入西河後亦轉至五原連延七郡董卓之亂則汾晉之郊蕭然矣郭欽騰牋於武帝江統獻策於惠皇皆以爲魏處戎夷繡居都鄙請移沙塞之表定一殷周之服統則憂諸并部欽則慮在盟津言猶自口元海已至語曰失以豪釐晉卿大夫之辱也聰之誓兵東兼齊地曜之馳旆西踰隴山覆沒兩京蒸徒百萬天子陵江御物分據地險迴首中原力不能救劃長淮以北大抵棄之胡人利我艱虞分鑣起亂晉臣或阻兵遐遠接武効尤大凡劉元海以惠帝永興元年據離石稱漢後九年石勒據襄國稱趙張氏先據河西是歲自石勒後三十六年也重華自稱涼王後一年冉閔據鄴稱魏後一年苻健據長安稱秦慕容氏先據遼東稱燕是歲自苻健後一年也儁始僭號後三十一年後燕慕容垂據鄴後二年西燕慕容冲據阿房是歲也乞伏國仁據枹罕稱秦後一年慕容永據上黨是歲也呂光據姑臧稱涼後十二年慕容德據滑臺稱南燕是歲也禿髮烏孤據廉川稱南涼段業據張掖稱北涼後三年李玄盛據敦煌稱西涼後一年沮渠蒙遜殺段業自稱涼後四年譙縱據蜀稱成都王後二年赫連勃勃據朔方稱大夏後二年馮跋殺離班據和龍稱北燕提封天下十喪其八莫不龍旌帝服建社開枋華夷咸暨人物斯在或篡通都之鄉或擁數州之地雄圖內卷師旅外并窮兵凶於勝負盡人命於鋒鏑其爲戰國者一百三十六載抑元海爲之禍首云

晉書卷一百一

唐　太　宗　文　皇　帝　御　撰

載記第一

劉元海　子和　劉宣

劉元海新興匈奴人冒頓之後也名犯高祖廟諱故稱其字焉初漢高祖以宗女爲公主以妻冒頓約爲兄弟故其子孫遂冒姓劉氏建武初烏珠留若鞮單于子右奧鞬日逐王比自立爲南單于入居西河美稷今離石左國城即單于所徙庭也中平中單于羌渠使子於扶羅將兵助漢討平黃巾會羌渠爲國人所殺於扶羅以其衆留漢自立爲單于屬董卓之亂寇掠太原河東屯於河內於扶羅死弟呼廚泉立以於扶羅子豹爲左賢王即元海之父也魏武分其衆爲五部以豹爲左部帥其餘部帥皆以劉氏爲之太康中改置都尉左部居太原玆氏右部居祁南部居蒲子北部居新興中部居大陵劉氏雖分居五部然皆家居晉陽汾澗之濱豹妻呼延氏魏嘉平中祈子於龍門俄而有一大魚頂有二角軒鬐躍鱗而至祭所久之乃去巫覡皆異之曰此嘉祥也其夜夢旦所見魚變爲人左手把一物大如半雞子光景非常授呼延氏曰此是日精服之生貴子寤而告豹豹曰吉徵也吾昔從邯鄲張冏母司徒氏相云吾當有貴子孫三世必大昌仿像相符矣自是十三月而生元海左手文有其名遂以名焉齠齔英慧七歲遭母憂擗踊號叫哀感旁鄰宗族部落咸共歎賞時司空太原王昶等聞而嘉之並遣弔賻幼好學師事上黨崔游習毛詩京氏易馬氏尚書尤好春秋左氏傳孫吳兵法略皆誦之史漢諸子無不綜覽嘗謂同門生朱紀范隆曰吾每觀書傳常鄙隨陸無武絳灌無文道由人弘一物之不知者固君子之所恥也二生遇高皇而不能建封侯之業兩公屬太宗而不能開庠序之美惜哉於是遂學武事妙絶於衆猿臂善射膂力過人姿儀魁偉身長八尺四寸鬚長三尺餘當心有赤毫毛三根長三尺六寸有屯留崔懿之襄陵公師彧等皆善相人及見元海驚而相謂曰此人形貌非常吾所未見也於是深相崇敬推分結恩太原王渾虛襟友之命子濟拜焉咸熙中爲侍子在洛陽文帝深待之泰始之後渾又屢言之於武帝帝召與語大悅之謂王濟曰劉元海容儀機鑒雖由余日磾無以加也濟對曰元海儀容機鑒實如聖旨然其文武才幹賢於二子遠矣陛下若任之以東南之事吳會不足平也帝稱善孔恂楊珧進曰臣觀元海之才當今懼無其比陛下若輕其衆不足以成事若假之威權平吳之後恐其不復北渡也非我族類其心必異任之以本部臣竊爲陛下寒心若舉天阻之固以資之無乃不可乎帝默然後秦涼覆沒帝疇咨將帥上黨李憙曰陛下誠能發匈奴五部之衆假元海一將軍之號鼓行而西可指期而定孔恂曰李公之言未盡殄患之理也憙勃然曰以匈奴之勁悍元海之曉兵奉宣聖威何不盡之有恂曰元海若能平涼州斬樹機能恐涼州方有難耳蛟龍得雲雨非復池中物也帝乃止後王彌從洛陽東歸元海餞彌於九曲之濱泣謂彌曰王渾李憙以鄉曲見知每相稱達讒間因之而進深非吾願適足爲害吾本無宦情惟足下明之恐死洛陽永與子別因慷慨歔欷縱酒長嘯聲調亮然坐者爲之流涕齊王攸時在九曲比聞而馳遣視之見元海在焉言於帝曰陛下不除劉元海臣恐并州不得久寧王渾進曰元海長者渾爲君王保明之且大晉方表信殊俗懷遠以德如之何以無萌之疑殺人侍子以示晉德不弘帝曰渾言是也會豹卒以元海代爲左部帥太康末拜北部都尉明刑法禁姦邪輕財好施推誠接物五部儁傑無不至者幽冀名儒後門秀士不遠千里亦皆遊焉楊駿輔

政以元海爲建威將軍五部大都督封漢光鄉侯元康
末坐部人叛出塞免官成都王穎鎮鄴表元海行寧朔
將軍監五部軍事惠帝失馭寇盜蜂起元海從祖故北
部都尉左賢王劉宣等竊議曰昔我先人與漢約爲兄
弟憂泰同之自漢亡以來魏晉代興我單于雖有虛號
無復尺土之業自諸王侯降同編戶今司馬氏骨肉相
殘四海鼎沸興邦復業此其時矣左賢王元海姿器絕
人幹宇超世天若不恢崇單于終不虛生此人也於是
密共推元海爲大單于乃使其黨呼延攸詣鄴以謀告
之元海請歸會葬穎弗許乃令攸先歸告宣等招集五
部引會宜陽諸胡聲言應穎實背之也穎爲皇太弟以
元海爲太弟屯騎校尉惠帝伐穎次于蕩陰穎假元海
輔國將軍督北城守事及六軍敗績穎以元海爲冠軍
將軍封盧奴伯并州刺史東瀛公騰安北將軍王浚起
兵伐穎元海說穎曰今二鎮跋扈衆餘十萬恐非宿衞
及近都士庶所能禦之請爲殿下還說五部以赴國難
穎曰五部之衆可保發不縱能發之鮮卑烏丸勁速如
風雲何易可當邪吾欲奉乘輿還洛陽避其鋒銳徐傳
檄天下以逆順制之君意何如元海曰殿下武皇帝之
子有殊勳於王室威恩光洽四海欽風孰不思爲殿下
沒命投軀者哉何難發之有乎王浚豎子東瀛疏屬豈
能與殿下爭衡邪殿下一發鄴宮示弱於人洛陽可復
至乎縱達洛陽威權不復在殿下也紙檄尺書誰爲人
奉之且東胡之悍不踰五部願殿下勉撫士衆靖以鎭
之當爲殿下以二部摧東瀛三部梟王浚二豎之首可
指日而懸矣穎悅拜元海爲北單于參丞相軍事元海
至左國城劉宣等上大單于之號二旬之閒衆已五萬
都于離石王浚使將軍祁弘率鮮卑攻鄴穎敗挾天子
南奔洛陽元海曰穎不用吾言逆自奔潰眞奴才也然
吾與其有言矣不可不救於是命右於陸王劉景左獨
鹿王劉延年等率步騎二萬將討鮮卑劉宣等固諫曰
晉爲無道奴隸御我是以右賢王猛不勝其忿屬晉綱
未弛大事不遂右賢塗地單于之恥也今司馬氏父子
兄弟自相魚肉此天厭晉德授之於我單于積德在躬
爲晉人所服方當興我邦族復呼韓邪之業鮮卑烏丸
可以爲援奈何距之而拯仇敵今天假手於我不可違
也違天不祥逆衆不濟天與不取反受其咎願單于勿
疑元海曰善當爲崇岡峻阜何能爲培塿乎夫帝王豈
有常哉大禹出於西戎文王生於東夷顧惟德所授耳
今見衆十餘萬皆一當晉十鼓行而摧亂晉猶拉枯耳
上可成漢高之業下不失爲魏氏雖然晉人未必同我
漢有天下世長恩德結於人心是以昭烈崎嶇於一州
之地而能抗衡於天下吾又漢氏之甥約爲兄弟兄亡
弟紹不亦可乎且可稱漢追尊後主以懷人望乃遷於
左國城遠人歸附者數萬永興元年元海乃爲壇於南
郊僭卽漢王位下令曰昔我太祖高皇帝以神武應期
廓開大業太宗孝文皇帝重以明德升平漢道世宗孝
武皇帝拓土攘夷地過唐日中宗孝宣皇帝搜揚儁乂
多士盈朝是我祖宗道邁三王功高五帝故卜年倍於
夏商卜世過於姬氏而元成多僻哀平短祚賊臣王莽
滔天簒逆我世祖光武皇帝誕資聖武恢復鴻基祀漢
配天不失舊物俾三光晦而復明神器幽而復顯顯宗
孝明皇帝肅宗孝章皇帝累葉重暉炎光再闡自和安
已後皇嗣漸頹天步艱難國統頻絕黃巾海沸於九州
羣閹毒流於四海董卓因之肆其猖勃曹操父子凶逆
相尋故孝愍委棄萬國昭烈播越岷蜀冀否終有泰旋
軫舊京何圖天未悔禍後帝窘辱自社稷淪喪宗廟之
不血食四十年于茲矣今天誘其衷悔禍皇漢使司馬
氏父子兄弟迭相殘滅黎庶塗炭靡所控告孤今猥爲
羣公所推紹脩三祖之業顧玆尫闇戰惶靡厝但以大
恥未雪社稷無主銜膽栖冰勉從羣議乃赦其境內年
號元熙追尊劉禪爲孝懷皇帝立漢高祖以下三祖五
宗神主而祭之立其妻呼延氏爲皇后置百官以劉宣
爲丞相崔游爲御史大夫劉宏爲太尉其餘拜授各有
差東瀛公騰使將軍聶玄討之戰于大陵玄師敗績騰
懼率并州二萬餘戶下山東遂所在爲寇元海遣其建
武將軍劉曜寇太原泫氏屯留長子中都皆陷之二年
騰又遣司馬瑜周良石鮮等討之次于離石汾城元海
遣其武牙將軍劉欽等六軍距瑜等四戰瑜皆敗欽振
旅而歸是歲離石大饑遷于黎亭以就邸閣穀留其太
尉劉宏護軍馬景守離石使大司農卜豫運糧以給之
以其前將軍劉景爲使持節征討大都督大將軍要擊
并州刺史劉琨于板橋爲琨所敗琨遂據晉陽其侍中
劉殷王育進諫元海曰殿下自起兵以來漸已一周而
顓守偏方王威未震誠能命將四出決機一擲梟劉琨
定河東建帝號鼓行而南剋長安而都之以關中之衆
席卷洛陽如指掌耳此高皇帝之所以創啓鴻基剋殄
彊楚者也元海悅曰此孤心也遂進據河東攻寇蒲坂
平陽皆陷之元海遂入都蒲子河東平陽屬縣壘壁盡
降時汲桑起兵趙魏上郡四部鮮卑陸逐延氐酋大單
于徵東萊王彌及石勒等並相次降之元海悉署其官
爵永嘉二年元海僭卽皇帝位大赦境內改元永鳳以
其大將軍劉和爲大司馬封梁王尚書令劉歡樂爲大
司徒封陳留王御史大夫呼延翼爲大司空封鴈門郡
公宗室以親疏爲等悉封郡縣王異姓以勳謀爲差皆
封郡縣公侯太史令宣于脩之言於元海曰陛下雖龍
興鳳翔奄受大命然遺晉未殄皇居仄陋紫宮之變猶
鍾晉氏不出三年必剋洛陽蒲子崎嶇非可久安平陽
勢有紫氣兼陶唐舊都願陛下上迎乾象下協坤祥於
是遷都平陽汾水中得玉璽文曰有新保之蓋王莽時
璽也得者因增泉海光三字元海以爲己瑞大赦境內
改年河瑞封子裕爲齊王隆爲魯王於是命其子聰與
王彌進寇洛陽劉曜與趙固等爲之後繼東海王越遣
平北將軍曹武將軍宋抽彭默等距之王師敗績聰等
長驅至宜陽平昌公模遣將軍淳于定呂毅等自長安
討之戰于宜陽定等敗績聰恃連勝不設備弘農太守
垣延詐降夜襲聰軍大敗而還元海素服迎師是冬復
大發卒遣聰彌與劉曜劉景等率精騎五萬寇洛陽使
呼延翼率步卒繼之敗王師於河南聰進屯于西明門
護軍賈胤夜薄之戰于大夏門斬聰將呼延顥其衆遂
潰聰迴軍而南壁於洛水尋進屯宣陽門曜屯上東門
彌屯廣陽門景攻大夏門聰親祈嵩嶽令其將劉厲呼
延朗等督留軍東海王越命參軍孫詢將軍丘光樓裒
等率帳下勁卒三千自宣陽門擊朗斬之聰聞而馳還
厲懼聰之罪己也赴水而死王彌謂聰曰今既失利洛
陽猶固殿下不如還師徐爲後舉下官當於兗豫之間
收兵積穀伏聽嚴期宣于脩之又言於元海曰歲在辛
未當得洛陽今晉氣猶盛大軍不歸必敗元海馳遣黃
門郎傅詢召聰等還師王彌出自轘轅越遣薄盛等追
擊彌戰于新汲彌師敗績於是攝蒲阪之戍還於平陽
以劉歡樂爲太傅劉聰爲大司徒劉延年爲大司空劉
洋爲大司馬赦其境內立其妻單氏爲皇后子和爲皇
太子封子乂爲北海王元海寢疾將爲顧託之計以歡
樂爲太宰洋爲太傅延年爲太保聰爲大司馬大單于
並錄尚書事置單于臺于平陽西以其子裕爲大司徒
元海疾篤召歡樂及洋等入禁中受遺詔輔政以永嘉
四年死在位六年僞謚光文皇帝廟號高祖墓號永光
陵子和立

劉和

和字玄泰身長八尺雄毅美姿儀好學夙成習毛詩左
氏春秋鄭氏易及爲儲貳內多猜忌馭下無恩元海死
和嗣僞位其衞尉西昌王劉鋭宗正呼延攸恨不參顧
命也說和曰先帝不惟輕重之計而使三王總彊兵於
內大司馬握十萬勁卒居于近郊陛下今便爲寄坐耳
此之禍難未可測也願陛下早爲之所和卽攸之甥也
深然之召其領軍劉盛及劉欽馬景等告之盛曰先帝
尚在殯宮四王未有逆節今忽一旦自相魚肉臣恐人
不食陛下之餘四海未定大業甫爾願陛下以上成先
帝鴻基爲志且塞耳勿聽此狂簡之言也詩云豈無他
人不如我同父陛下既不信諸弟復誰可信哉鋭攸怒
曰今日之議理無有二於是命左右刃之景懼曰惟陛
下詔臣等以死奉之蔑不濟矣乃相與盟于東堂使鋭
景攻聰攸率劉安國攻裕使侍中劉乘武衞劉欽攻魯
王隆尚書田密武衞劉璿攻北海王乂密璿等使人斬
關奔于聰聰命貫甲以待之鋭知聰之有備也馳還與
攸乘等會攻隆裕攸乘懼安國欽之有異志也斬之是
日斬裕及隆聰攻西明門剋之鋭等奔入南宮前鋒隨
之斬和于光極西室鋭攸梟首通衢

劉宣

劉宣字士則朴鈍少言好學修絜師事樂安孫炎沉精
積思不舍晝夜好毛詩左氏傳炎每歎之曰宣若遇漢
武當踰於金日磾也學成而返不出門閭蓋數年每讀
漢書至蕭何鄧禹傳未嘗不反覆詠之曰大丈夫若遭
二祖終不令兩公獨擅美於前矣并州刺史王廣言之
於武帝帝召見嘉其占對因曰吾未見宣謂廣言虛耳
今見其進止風儀眞所謂如珪如璋觀其性質足能撫
集本部乃以宣爲右部都尉特給赤幢曲蓋蒞官淸恪
所部懷之元海卽王位宣之謀也故特荷尊重勳戚莫
二軍國內外靡不專之

晉書卷一百一考證

劉元海載記騰懼率并州二萬餘戶下山東遂所在爲
寇○前趙錄山東下有淵字謂元海爲寇攻掠郡縣
也今刪去淵字竟若東瀛公騰爲寇矣
在位六年○六前趙錄作七歷代甲子圖淵僭位在惠
帝永興元年甲子距懷帝永嘉四年庚午當以七年
爲是

晉書卷一百二

唐　太　宗　文　皇　帝　御　撰

載記第二

劉聰　子粲　陳元達

劉聰字玄明一名載元海第四子也母曰張夫人初聰之在孕也張氏夢日入懷寤而以告元海曰此吉徵也愼勿言十五月而生聰焉夜有白光之異形體非常左耳有一白毫長二尺餘甚光澤幼而聰悟好學博士朱紀大奇之年十四究通經史兼綜百家之言孫吳兵法靡不誦之工草隸善屬文著述懷詩百餘篇賦頌五十餘篇十五習擊刺猨臂善射彎弓三百斤膂力驍捷冠絕一時太原王渾見而悅之謂元海曰此兒吾所不能測也弱冠游于京師名士莫不交結樂廣張華尤異之也新興太守郭頤辟爲主簿舉良將入爲驍騎別部司馬累遷右部都尉善於撫接五部豪右無不歸之河間王顒表爲赤沙中郎將聰以元海在鄴懼爲成都王穎所害乃亡奔成都王拜右積弩將軍參前鋒戰事元海爲北單于立爲右賢王隨還右部及即大單于位更拜鹿蠡王既殺其兄和羣臣勸即尊位聰初讓其弟北海王乂乂與公卿泣涕固請聰久而許之曰乂及羣公正以四海未定禍難尚殷貪孤年長故耳此國家之事孤敢不祇從今便欲遠遵魯隱待乂年長復子明辟於是以永嘉四年僭即皇帝位大赦境內改元年光興尊元海妻單氏曰皇太后其母張氏爲帝太后乂爲皇太弟領大單于大司徒立其妻呼延氏爲皇后封其子粲爲河內王署使持節撫軍大將軍都督中外諸軍事易河間王翼彭城王悝高平王遣粲及其征東王彌龍驤劉曜等率衆四萬長驅入洛川遂出轘轅周旋梁陳汝潁之間陷壘壁百餘以其司空劉景爲大司馬左光祿劉殷爲大司徒右光祿王育爲大司空僞太后單氏姿色絕麗聰烝焉單即乂之母也乂屢以爲言單氏慙恚而死聰悲悼無已後知其故乂之寵因此漸衰然猶追念單氏未便黜廢又尊母爲皇太后署其衞尉呼延晏爲使持節前鋒大都督前軍大將軍配禁兵二萬七千自宜陽入洛川命王彌劉曜及鎭軍石勒進師會之晏比及河南王師前後十二敗死者三萬餘人彌等未至晏留輜重于張方故壘遂寇洛陽攻陷平昌門焚東陽宣陽諸門及諸府寺懷帝遣河南尹劉默距之王師敗于社門晏以外繼不至出自東陽門掠王公已下子女二百餘人而去時帝將濟河東遁具船于洛水晏盡焚之還于張方故壘王彌曜至復與晏會圍洛陽時城內饑甚人皆相食百官分散莫有固志宣陽門陷彌晏入于南宮升太極前殿縱兵大掠悉收宮人珍寶曜於是害諸王公及百官已下三萬餘人於洛水北築爲京觀遷帝及惠帝羊后傳國六璽于平陽聰大赦改年嘉平以帝爲特進左光祿大夫平阿公遣其平西趙染安平劉雅率騎二萬攻南陽王模于長安粲曜率大衆繼之染敗王師于潼關將軍呂毅死之軍至于下邽模乃降染染送模於粲粲害模及其子范陽王黎送衞將軍梁芬模長史魯繇兼散騎常侍杜驁辛謐及北宮純等于平陽聰以粲之害模也大怒粲曰臣殺模本不以其晚識天命之故但以其晉氏肺腑洛陽之難不能死節天下之惡一也故誅之聰曰雖然吾恐汝不免誅降之殃也夫天道至神理無不報署劉曜爲車騎大將軍開府儀同三司雍州牧改封中山王鎭長安王彌爲大將軍封齊公尋而石勒等殺彌於己營而并其衆表彌叛狀聰大怒遣使讓勒專害公輔有無上之心又恐勒之有二志也以彌部衆配之劉曜既據長安安定太守賈疋及諸氐羌皆送質任唯雍州刺史麴特新平太守竺恢固守不降護軍麴允頻陽令梁肅自京兆南山將奔安定遇疋任子於陰密擁還臨涇推疋爲平南將軍率衆五萬攻曜於長安扶風太守梁綜及麴特竺恢等亦率衆十萬會之曜遣劉雅趙染來距敗績而還曜又盡長安銳卒與諸軍戰于黃丘曜衆大敗中流矢退保甘渠杜人王秃紀持等攻劉粲于新豐粲還平陽曜攻陷池陽掠萬餘人歸于長安時閻鼎等奉秦王爲皇太子入于雍城關中戎晉莫不響應聰后呼延氏死將納其太保劉殷女其弟乂固諫聰更訪之於太宰劉延年太傅劉景景等皆曰臣常聞太保自云周劉康公之後與聖氏本源既殊納之爲允聰大悅使其兼大鴻臚李弘拜殷二女爲左右貴嬪位在昭儀上又納殷女孫四人爲貴人位次貴嬪謂弘曰此女輩皆姿色超世女德冠時且太保於朕實自不同卿意安乎弘曰太保胤自有周與聖源實別陛下正以姓同爲恨耳且魏司空東萊王基當世大儒豈不達禮乎爲子納司空太原王沉女以其姓同而源異故也聰大悅賜弘黃金六十斤曰卿當以此意諭吾子弟輩於是六劉之寵傾於後宮聰稀復出外事皆中黃門納奏左貴嬪決之聰假懷帝儀同三司封會稽郡公庾珉等以次加秩聰引帝入讌謂帝曰卿爲豫章王時朕嘗與王武子相造武子示朕於卿卿言聞其名久矣以卿所製樂府歌示朕謂朕曰聞君善爲辭賦試爲看之朕時與武子俱爲盛德頌卿稱善者久之又引朕射于皇堂朕得十二籌卿與武子俱得九籌卿贈朕柘弓銀研卿頗憶否帝曰臣安敢忘之但恨爾日不早識龍顏聰曰卿家骨肉相殘何其甚也帝曰此殆非人意皇天之意也大漢將應乾受歷故爲陛下自相驅除且臣家若能奉武皇之業九族敦睦陛下何由得之至日夕乃出以小劉貴人賜帝謂帝曰此名公之孫今特以相妻卿宜善遇之拜劉爲會稽國夫人遣其鎭北靳沖寇太原平北卜珝率衆繼之沖攻太原不剋而歸罪於珝輒斬之聰聞之大怒曰此人朕所不得加刑沖何人哉遣其御史中丞浩衍持節斬沖左都水使者襄陵王攄坐魚蟹不供將作大匠望都公靳陵坐溫明徽光二殿不成皆斬于東市聰游獵無度常晨出晚歸觀魚於汾水以燭繼晝中軍王彰諫曰今大難未夷餘晉假息陛下不懼白龍魚服之禍而昏夜忘歸陛下當思先帝創業之艱難嗣承之不易鴻業已冀四海屬情何可墜之於垂成隳之於將就比竊觀陛下所爲臣實痛心疾首有日矣且愚人係漢之心未專而思晉之懷猶盛劉琨去此咫尺之間狂狷刺客息頃而至帝王輕出一夫敵耳願陛下改往修來則億兆幸甚聰大怒命斬之上夫人王氏叩頭乞哀乃囚之詔獄聰母以聰刑怒過差三日不食弟乂子粲並輿櫬切諫聰怒曰吾豈桀紂幽厲乎而汝等生來哭人其太宰劉延年及諸公卿列侯百有餘人皆免冠涕泣固諫曰光文皇帝以聖武膺期創建鴻祚而六合未一夙世升遐陛下睿德自天龍飛紹統東平洛邑南定長安眞可謂功高周成德超夏啓往也唐虞今則陛下歷觀書記未有此比而頃頻以小務不供而斬王公直言忤旨便囚大將游獵無度機管不修臣等竊所未解臣等所以破肝糜胃忘寢與食者也聰乃赦彰麴特等圍長安劉曜連戰敗績乃驅掠士女八萬餘口退還平陽因攻司徒傅祗于三渚使其右將軍劉參攻郭默于懷城祗病卒城陷遷祗孫純粹并其二萬餘戶于平陽縣聰贈祗太保純粹皆給事中謂祗子暢曰尊公雖不達天命然各忠其主吾亦有以亮之但晉主已降天命非人所支而虔劉南鄙沮亂邊萌此其罪也以元惡之種而贈同勳舊逆臣之孫荷榮禁闥卿知皇漢之德弘曠以不暢曰陛下每嘉先臣不以小臣之故而虧其忠節及是恩也自是明主伐國弔人之義臣輒同萬物未敢謝生於自然聰遣劉粲劉曜等攻劉琨於晉陽琨使張喬距之戰于武灌喬敗績死之晉陽危懼太原太守高喬琨別駕郝聿以晉陽降粲琨與左右數十騎攜其妻子奔于趙郡之亭頭遂如常山粲曜入于晉陽先是琨與代王猗盧結爲兄弟乃告敗於猗盧且乞師猗盧遣子曰利孫賓六須及將軍衞雄姬澹等率衆數萬攻晉陽琨收散卒千餘爲之鄉導猗盧率衆六萬至于狼猛曜及賓六須戰于汾東曜墜馬中流矢身被七創討虜傅武以馬授曜曜曰當今危亡之極人各思免吾創已重自分死此矣武泣曰武小人蒙大王識拔以至於是常思効命今其時矣且皇室始基大難未弭天下何可一日無大王也於是扶曜乘馬驅令渡汾還而戰死曜入晉陽夜與劉粲等掠百姓踰蒙山遁歸猗盧率騎追之戰于藍谷粲敗績斬其征虜邢延獲其鎭北劉豐琨收合離散保于陽曲猗盧戍之而還正旦聰讌于光極前殿逼帝行酒光祿大夫庾珉王儁等起而大哭聰惡之會有告珉等謀以平陽應劉琨者聰遂鴆帝而誅珉儁復以賜帝劉夫人爲貴人大赦境內殊死已下立左貴嬪劉氏爲皇后聰將爲劉氏起䳨儀樓於後庭廷尉陳元達諫曰臣聞古之聖王愛國如家故皇天亦祐之如子夫天生蒸民而樹之君者使爲之父母以刑賞之不欲使殿屎黎元而蕩逸一人晉氏闇虐視百姓如草芥故上天剿絕其祚乃眷皇漢蒼生引領息肩懷更蘇之望有日矣我高祖光文皇帝靖言惟茲痛心疾首故身衣大布居不重茵先皇后嬪服無綺綵重逆羣臣之請故建南北宮焉今光極之前足以朝羣后饗萬國矣昭德溫明已後足可以容六宮列十二等矣陛下龍興已來外殄二京不世之寇內興殿觀四十餘所重之以饑饉疾疫死亡相屬兵疲於外人怨於內爲之父母固若是乎伏聞詔旨將營䳨儀中宮新立誠臣等樂爲子來者也竊以大難未夷宮宇粗給今之新營尤實非宜臣聞太宗承高祖之業惠呂息役之後以四海之富天下之殷尚以百金之費而輟露臺歷代垂美爲不朽之迹故能斷獄四百擬於成康陛下之所有不過太宗二郡地耳戰守之備者豈僅匈奴南越而已哉孝文之廣思費如彼陛下之狹欲損如此愚臣所以敢昧死犯顏色冒不測之禍者也聰大怒曰吾爲萬幾主將營一殿豈問汝鼠子乎不殺此奴沮亂朕心朕殿何當得成邪將出斬之并其妻子同梟東市使羣鼠共穴時在逍遙園李中堂元達抱堂下樹叫曰臣所言者社稷之計也而陛下殺臣若死

者有知臣要當上訴陛下於天下訴陛下於先帝朱雲有云臣得與龍逢比干游於地下足矣未審陛下何如主耳元達先鏁腰而入及至即以鏁繞樹左右曳之不能動聰怒甚劉氏時在後堂聞之密遣中常侍私勑左右停刑於是手疏切諫聰乃解引元達而謝之易逍遙園爲納賢園李中堂爲愧賢堂時愍帝即位于長安聰遣劉曜及司隸喬智明武牙李景年等寇長安命趙染率衆赴之時大都督麴允據黄白城累爲曜染所敗染謂曜曰麴允率大衆在外長安可襲而取之得長安黄白城自服願大王以重衆守此染請輕騎襲之曜乃承制加染前鋒大都督安南大將軍以精騎五千配之而進王師敗於渭陽將軍王廣死之染夜入長安外城帝奔射鴈樓染焚燒龍尾及諸軍營殺掠千餘人旦退屯逍遥園麴允率衆襲曜連戰敗之曜入粟邑遂歸平陽時流星起於牽牛入紫微龍形委蛇其光照地落于平陽北十里視之則有肉長三十步廣二十七步臭聞于平陽肉旁常有哭聲晝夜不止聰甚惡之延公卿已下問曰朕之不德致有斯異其各極言勿有所諱陳元達及博士張師等進對曰星變之異其禍行及臣恐後庭有三后之事亡國喪家靡不由此願陛下慎之聰曰此陰陽之理何關人事既而劉氏産一蛇一猛獸各害人而走尋之不得頃之見在隕肉之旁俄而劉氏死乃失此肉哭聲亦止自是後宮亂寵進御無序矣聰以劉易爲太尉初置相國官上公有殊勳德者死乃贈之於是大定百官置太師丞相自大司馬以上七公位皆上公緑綟綬遠遊冠置輔漢都護中軍上軍輔軍鎮衛京前後左右上下軍輔國冠軍龍驤武牙大將軍營各配兵二千皆以諸子爲之置左右司隸各領户二十餘萬萬户置一内史凡内史四十三單于左右輔各主六夷十萬落萬落置一都尉省吏部置左右選曹尚書自司隸以下六官皆位次僕射置御史大夫及州牧位皆亞公以其子粲爲丞相領大將軍録尚書事進封晉王食五都劉延年録尚書六條事劉景爲太師王育爲太傅任顗爲太保馬景爲大司徒朱紀爲大司空劉曜爲大司馬曜復次渭汭趙染次新豐索綝自長安東討染染狃于累捷有輕綝之色長史魯徽曰今司馬鄴君臣自以逼僭王畿雄劣不同必致死距我將軍宜整陣案兵以擊之弗可輕也困獸猶鬭況於國乎染曰以司馬模之彊吾取之如拉朽索綝小豎豈能汚吾馬蹄刀刃邪要擒之而後食晨率精騎數百馳出逆之戰于城西敗績

而歸悔曰吾不用魯徽之言以至於此何面見之於是斬徽徽臨刑謂染曰將軍愎諫違謀戇而取敗而復忌前害勝誅戮忠良以逞愚忿亦何顔面瞬息世間哉袁紹爲之於前將軍踵之於後覆亡敗喪亦當相尋所恨不得一見大司馬而死死者無知則已若其有知下見田豐爲徒要當訴將軍於黄泉使將軍不得服牀枕而死也刑者曰令吾面東向大司馬曜聞之曰蹏涔不容尺鯉染之謂也曜還師攻郭默于懷城收其米粟八十萬斛列三屯以守之聰遣使謂曜曰今長安假息劉琨游魂此國家所尤宜先除也郭默小醜何足以勞公神略可留征虜將軍貝丘王翼光守之公其還也於是曜歸蒲坂俄而徵曜輔政趙染寇北地夢魯徽大怒引弓射之染驚悸而寤旦將攻城中弩而死聰以粲爲相國總百揆省丞相以并相國平陽地震烈風拔樹發屋光義人羊充妻産子二頭其兄竊而食之三日而死聰以其太廟新成大赦境内改年建元雨血於其東宮延明殿徹瓦在地者深五寸劉乂惡之以訪其太師盧志太傅崔瑋太保許遐志等曰主上往以殿下爲太弟者蓋以安衆望也志在晉王久矣王公已下莫不希旨歸之相國之位自魏武已來非復人臣之官主上本發明詔置之爲贈官今忽以晉王居之羽儀威尊踰於東宮萬幾之事無不由之置太宰大將軍及諸王之營以爲羽翼此事勢去矣殿下不得立明也然非止不得立而已不測之危厄在於旦夕宜早爲之所四衛精兵不減五千餘營諸王皆年齒尚幼可奪而取之相國輕佻正可煩一刺客耳大將軍無日不出其營可襲而得也殿下但當有意二萬精兵立便可得鼓行向雲龍門宿衛之士孰不倒戈奉迎大司馬不慮爲異也乂弗從乃止聰如中護軍靳準第納其二女爲左右貴嬪大曰月光小曰月華皆國色也數月立月光爲皇后東宮舍人荀裕告盧志等勸乂謀反乂不從之狀聰於是收志瑋遐於詔獄假以他事殺之使冠威卜抽監守東宮禁乂朝賀乂憂懼不知所爲乃上表自陳乞爲黔首并免諸子之封褒美晉王粲宜登儲副抽又抑而弗通其青州刺史曹嶷攻汶陽關公丘陷之害齊郡太守徐浮執建威劉宣齊魯之間郡縣壘壁降者四十餘所嶷遂略地西下祝阿平陰衆十餘萬臨河置戍而歸于臨淄嶷於是遂有雄據全齊之志石勒以嶷之懷二也請討之聰又憚勒之并齊乃寢而弗許劉曜濟自盟津將攻河南將軍魏該奔于一泉塢曜進攻李矩于滎陽矩遣將軍李平

師於成皋曜覆而滅之矩恐遂質請降時聰以其皇后靳氏爲上皇后立貴妃劉氏爲左皇后右貴嬪靳氏爲右皇后左司隸陳元達以三后之立也極諫聰不納乃以元達爲右光禄大夫外示優賢内實奪其權也於是太尉范隆大司馬劉丹大司空呼延晏尚書令王鑒等皆抗表遜位以讓元達聰乃以元達爲御史大夫儀同三司劉曜寇長安頻爲王師所敗曜曰彼猶强盛弗可圖矣引師而歸聰宮中鬼夜哭三日而聲向右司隸寺乃止其上皇后靳氏有淫穢之行陳元達奏之聰廢靳靳慙恚自殺靳有殊寵聰迫於元達之勢故廢之既而追念其姿色深仇元達劉曜進師上黨將攻陽曲聰遣使謂曜曰長安擅命國家之深恥也公宜以長安爲先陽曲一委驃騎天時人事其應至矣公其亟還曜迴滅郭邁朝于聰遂如蒲阪平陽地震雨血于東宮廣袤頃餘劉曜又進軍屯于粟邑麴允飢甚去黄白而軍于靈武曜進攻上郡太守張禹與馮翊太守梁肅奔于允吾於是關右翕然所在應曜曜進據黄阜聰武庫陷入地一丈五尺時聰中常侍王沈宣懷俞容中宮僕射郭猗中黄門陵修等皆寵幸用事聰游宴後宮或百日不出羣臣皆因沈等言事多不呈聰率以其意愛憎而決之故或有勳舊功臣而弗見叙録姦佞小人數日而便至二千石者軍旅無歲不興而將士無錢帛之賞後宮之家賜賚及於僮僕動至數千萬沈等車服宅宇皆踰于諸王子弟中表布衣爲内史令長者三十餘人皆奢僭貪殘賊害良善靳準合宗内外諂以事之郭猗有憾於劉乂謂劉粲曰太弟於主上之世猶懷不逞之志此則殿下父子之深仇四海蒼生之重怨也而主上過垂寛仁猶不替二尊之位一旦有風塵之變臣竊爲殿下寒心且殿下高祖之世孫主上之嫡統凡在含齒孰不係仰萬幾事大何可與人臣昨聞太弟與大將軍相見極有言矣若事成許以主上爲太上皇大將軍爲皇太子乂又許衛軍爲大單于二王已許之矣二王居不疑之地並握重兵以此舉事事何不成臣謂二王茲舉禽獸之不若也背父親人人豈親之今乂苟貪其一切之力耳事成之後主上豈有全理殿下兄弟故在忘言東宮相國單于在武陵兄弟何肯與人許以三月上巳因讌作難事淹變生宜早爲之所春秋傳曰蔓草猶不可除況君之寵弟乎臣屢啓主上主上性敦友于謂臣言不實刑臣刀鋸之餘而蒙主上殿下成造之恩故不慮逆鱗之誅每所聞必言冀垂採納臣當入言之願殿下不

泄密表其狀也若不信臣言可呼大將軍從事中郎王皮衞軍司馬劉惇假之恩顧通其歸善之路以問之必可知也粲深然之猗密謂皮惇曰二王逆狀主相已具知之矣卿同之乎二人驚曰無之猗曰此事必無疑吾憐卿親舊并見族耳於是歔欷流涕皮惇大懼叩頭求哀猗曰吾爲卿作計卿能用不二人皆曰謹奉大人之教猗曰相國必問卿卿但云有之若責卿何不先啓卿即答云臣誠負死罪然仰惟主上聖性寬慈殿下篤於骨肉恐言成詿僞故也皮惇許諾粲俄而召問二人至不同時而辭若畫一粲以爲信然初靳準從妹爲乂孺子淫于侍人乂怒殺之而屢以嘲準準深慙恚說粲曰東宮萬幾之副殿下宜自居之以領相國使天下知早有所繫望也至是準又說粲曰昔孝成距子政之言使王氏卒成篡逆可乎粲曰何可之有準曰然誠如聖旨下官急欲有所言矣但以德非更生親非皇宗恐忠言暫出霜威已及故不敢耳粲曰君但言之準曰聞風塵之言謂大將軍衞將軍及左右輔皆謀奉太弟剋季春構變殿下宜爲之備不然恐有商臣之禍粲曰爲之奈何準曰主上愛信於太弟恐卒聞未必信也如下官愚意宜緩東宮之禁固勿絶太弟賓客使輕薄之徒得與交游太弟既素好待士必不思防此嫌輕薄小人不能無逆意以勸太弟之心小人有始無終不能如貫高之流也然後下官爲殿下露表其罪殿下與太宰拘太弟所與交通者考問之窮其事原主上必以無將之罪罪之不然今朝望多歸太弟主上一旦晏駕恐殿下不得立矣於是粲命卜抽引兵去東宮聰自去冬至是遂不復受朝賀軍國之事一決於粲唯發中旨殺生除授王沉郭猗等意所欲皆從之又立市於後庭與宮人讌戲或三日不醒聰臨上秋閣誅其特進綦毋達太中大夫公師彧尚書王琰田歆少府陳休左衞卜崇大司農朱誕等皆羣閹所忌也侍中卜幹泣諫聰曰陛下方隆武宣之化欲使幽谷無考槃奈何一旦先誅忠良將何以垂之於後昔秦愛三良而殺之君子知其不霸以晉厲之無道尸三卿之後猶有不忍之心陛下如何忽信左右愛憎之言欲一日尸七卿詔尚在臣閣猶未宣露乞垂昊天之澤迴雷霆之威且陛下直欲誅之耳不露其罪名何以示四海此豈是帝王三訊之法邪因叩頭流血王沉叱幹曰卜侍中欲距詔乎聰拂衣而入免幹爲庶人太宰劉易及大將軍劉敷御史大夫陳元達金紫光禄大夫王延等詣闕諫曰臣聞善人者乾坤之紀政

教之本也邪佞者宇宙之螟蝥王化之蠹賊也故文王以多士基周桓靈以羣閹亡漢國之興亡未有不由此也自古明王之世未嘗有宦者與政武元安順豈足爲故事乎今王沈等乃處常伯之位握生死與奪於中勢傾海內愛憎任之矯弄詔旨欺誣日月內諂陛下外佞相國威權之重侔於人主矣王公見之駭目卿宰望塵下車銓衡迫之選舉不復以實士以屬舉政以賄成多樹姦徒殘毒忠善知王琰等忠臣必盡節於陛下懼其姦萌發露陷之極刑陛下不垂三察猥加誅戮怨感穹蒼痛入九泉四海悲惋賢愚傷懼沈等皆刀鋸之餘背恩忘義之類豈能如士人君子感恩展效以答乾澤也陛下何故親近之何故貴任之昔齊桓公任易牙而亂孝懷委黃皓而滅此皆覆車於前殷鑒不遠比年地震日蝕雨血火災皆沈等之由願陛下割翦凶醜與政之流引尚書御史朝省萬幾相國與公卿五日一入會議政事使大臣得極其言忠臣得逞其意則衆災自弭和氣呈祥今遺晉未殄巴蜀未賓石勒潛有跨趙魏之志曹嶷密有王全齊之心而復以沈等助亂大政陛下心腹四支何處無患復誅巫咸戮扁鵲臣恐遂成桓侯膏育之疾後雖欲療之其如病何請免沈等官付有司定罪聰以表示沈等笑曰是兒等爲元達所引遂成癡也寢之沈等頓首泣曰臣等小人過蒙陛下識拔幸得備灑掃宮闈而王公朝士疾臣等如仇讎又深恨陛下願收大造之恩以臣等膏之鼎鑊皇朝上下自然雍穆矣聰曰此等狂言恒然卿復何足恨乎更以訪粲粲盛稱沈等忠清乃心王室聰大悅封沈等爲列侯太宰劉易詣闕又上疏固諫聰大怒手壞其表易遂忿恚而死元達哭之悲慟曰人之云亡邦國殄悴吾既不復能言安用此默默生乎歸而自殺北地饑甚人相食啖羌酋大軍須運糧以給麴昌劉雅擊敗之麴允與劉曜戰于磻石谷王師敗績允奔靈武平陽大饑流叛死亡十有五六石勒遣石越率騎二萬屯于并州以懷撫叛者聰使黃門侍郎喬詩讓勒勒不奉命潛結曹嶷規爲鼎峙之勢聰立上皇后樊氏即張氏之侍婢也時四后之外佩皇后璽綬者七人朝廷內外無復綱紀阿諛日進貨賄公行軍旅在外饑疫相仍後宮賞賜動至千萬劉敷屢泣言之聰不納怒曰爾欲得使汝公死乎朝朝夕夕生來哭人敷憂忿發病而死河東大蝗唯不食黍豆靳準率部人收而埋之哭聲聞於十餘里後乃鑽土飛出復食黍豆平陽饑甚司隸部人奔于冀州二十萬戶石越招之故也犬與豕交于相國府門又交于宮門又交司隸御史門有豕著進賢冠升聰坐犬冠武冠帶綬與豕並升俄而鬭死殿上宿衞莫有見其入者而聰昏虐愈甚無誡懼之心讌羣臣于光極前殿引見其太弟乂容貌毀悴鬢髮蒼然涕泣陳謝聰亦對之悲慟縱酒極歡待之如初劉曜陷長安外城愍帝使侍中宋敞送牋于曜帝肉袒牽羊輿櫬銜璧出降及至平陽聰以帝爲光祿大夫懷安侯使粲告于太廟大赦境內改年麟嘉麴允自殺聰東宮四門無故自壞後內史女人化爲丈夫時聰子約死一指猶暖遂不殯殮及蘇言見元海於不周山經五日遂復從至崑崙山三日而復返於不周見諸王公卿將相死者悉在宮室甚壯麗號曰蒙珠離國元海謂約曰東北有遮須夷國無主久待汝父爲之汝父後三年當來來後國中大亂相殺害吾家死亡畧盡但可永明輩十數人在耳汝且還後年當來見汝不久約拜辭而歸道遇一國曰猗尼渠餘國引約入宮與約皮囊一枚曰爲吾遺漢皇帝約辭而歸謂約曰劉郎後年來必見過當以小女相妻約歸置皮囊於机上俄而蘇使左右机上取皮囊開之有一方白玉題文曰猗尼渠餘國天王敬信遮須夷國天王歲在攝提當相見也馳使呈聰聰曰若審如此吾不懼死也及聰死與此玉并葬焉時東宮鬼哭赤虹經天南有一岐三日並照各有兩珥五色甚鮮客星歷紫宮入於天獄而滅太史令康相言於聰曰蛇虹見彌天一岐南徹三日並照客星入紫宮此皆大異其徵不遠也今虹達東西者許洛以南不可圖也一岐南徹者李氏當仍跨巴蜀司馬叡終據全吳之象天下其三分乎月爲胡王皇漢雖苞括二京龍騰九五然世雄燕代肇基北朔太陰之變其在漢域乎漢既據中原歷命所屬紫宮之異亦不在他此之深重胡可盡言石勒鴟視趙魏曹嶷狼顧東齊鮮卑之衆星布燕代齊代燕趙皆有將大之氣願陛下以東夏爲慮勿顧西南吳蜀之不能北侵猶大漢之不能南向也今京師寡弱勒衆精盛若盡趙魏之銳燕之突騎自上黨而來曹嶷率三齊之衆以繼之陛下將何以抗之紫宮之變何必不在此乎願陛下早爲之所無使兆人生心陛下誠能發詔外以遠追秦皇漢武循海之事內爲高祖圖楚之計無不剋矣聰覽之不悅劉粲使王平謂劉乂曰適奉中詔云京師將有變勅裹甲以備之乂以爲信然令命宮臣裹甲以居粲馳遣告靳準王沈等曰向也王平告云東宮陰備非常將若之何準白之聰大驚曰豈有此乎王沈等同聲曰臣等久聞但恐言之陛下弗信於是使粲圍東宮粲遣沈準收氐羌酋長十餘人窮問之皆懸首高格燒鐵灼目乃自誣與乂同造逆謀聰謂沈等言曰而今而後吾知卿等忠於朕也當念爲知無不言勿恨往日言不用也於是誅乂素所親厚大臣及東宮官屬數十人皆靳準及閹豎所怨也廢乂爲北部王粲使準賊殺之坑士衆萬五千餘人平陽街巷爲之空氐羌叛者十餘萬落以靳準行車騎大將軍以討之時聰境內大蝗平陽冀雍尤甚靳準討之震其二子而死河汾大溢漂沒千餘家東宮災異門閤宮殿蕩然立粲爲皇太子大赦殊死已下以粲領相國大單于揔攝朝政如前聰校獵上林以帝行車騎將軍戎服執戟前導行三驅之禮粲言於聰曰今司馬氏跨據江東趙固李矩同逆相濟興兵聚衆者皆以子鄴爲名不如除之以絕其望聰然之趙固郭默攻其河東至於絳邑右司隸部人盜牧馬負妻子奔之者三萬餘騎騎兵將軍劉勳追討之殺萬餘人固默引歸劉頡遮邀擊之爲固所敗使粲及劉雅等伐趙固次于小平津固揚言曰要當生縛劉粲以贖天子聰聞而惡之李矩使郭默郭誦救趙固屯于洛汭遣耿稚張皮潛濟襲粲貝丘王翼光自厘城覘之以告粲粲曰征北南渡趙固望聲逃竄彼方憂自固何暇來邪且聞上身在此自當不敢北視況敢濟乎不須驚動將士也是夜稚等襲敗粲軍粲奔據陽鄉稚館穀粲壘雅聞而馳還柵于壘外與稚相持聰聞粲敗使太尉范隆率騎赴之稚等懼率衆五千突圍趣北山而南劉勳追之戰于河陽稚師大敗死者三千五百人投河死者千餘人聰所居螽斯則百堂災焚其子會稽王衷已下二十有一人聰聞之自投於牀哀塞氣絕良久乃蘇平陽西明門社自亡霍山崩署其驃騎大將軍濟南王劉驥爲大將軍都督中外諸軍事錄尚書衞大將軍齊王劉勱爲大司徒中常侍王沈養女年十四有妙色聰立爲左皇后尚書令王鑒中書監崔懿之中書令曹恂等諫曰臣聞王者之立后也將以上配乾坤之性象二儀敷育之義生承宗廟母臨天下亡配后土執饋皇姑必擇世德名宗幽閑淑令副四海之望稱神祇之心是故周文造周姒氏以興關雎之化饗則百世之祚永孝成任心縱欲以婢爲后使皇統亡絕社稷淪傾有周之隆既如彼矣大漢之禍又如此矣從麟嘉以來亂淫於色縱沈之弟女刑餘小醜猶不可塵瑣寢汙清廟況其家婢邪六宮妃嬪皆公子公孫柰何一旦以婢主之何異象榱玉質而對腐木朽楹哉臣恐無福於國家也聰覽之大怒使宣懷謂粲曰鑒等小子慢侮國家狂言自口無復君臣上下之禮其速考竟於是收鑒等送市金紫光祿大夫王延馳將入諫門者弗通鑒等臨刑王沈以杖叩之曰庸奴復能爲惡乎乃公何與汝事鑒瞋目叱之曰豎子使皇漢滅者坐汝鼠輩與靳準耳要當訴汝於先帝取汝等於地下懿之曰靳準梟聲獍形必爲國患汝既食人人亦當食汝皆斬之聰又立其中常侍宣懷養女爲中皇后鬼哭於光極殿又哭於建始殿雨血平陽廣袤十里時聰子約已死至是晝見聰甚惡之謂粲曰吾寢疾惙頓怪異特甚往以約之言爲妖比累日見之此兒必來迎吾也何圖人死定有神靈如是吾不悲死也今世難未夷非諒闇之日朝終夕殮旬日而葬徵劉曜爲丞相錄尚書輔政固辭乃止仍以劉景爲太宰劉驥爲大司馬劉顗爲太師朱紀爲太傅呼延晏爲太保並錄尚書事范隆守尚書令儀同三司靳準爲大司空領司隸校尉皆迭決尚書奏事太興元年聰死在位九年僞諡曰昭武皇帝廟號烈宗

粲

粲字士光少而儁傑才兼文武自爲宰相威福任情疎遠忠賢昵近姦佞任性嚴刻無恩惠距諫飾非好興造宮室相國之府仿像紫宮在位無幾作兼晝夜饑困窮叛死亡相繼粲弗之恤也既嗣僞位尊聰后靳氏爲皇太后樊氏號弘道皇后宣氏號弘德皇后王氏號弘孝皇后靳等年皆未滿二十並國色也粲晨夜烝淫於內志不在哀立其妻靳氏爲皇后子元公爲太子大赦境內改元漢昌雨血于平陽靳準將有異謀私於粲曰如聞諸公將欲行伊尹霍光之事謀先誅太保及臣以大司馬統萬幾陛下若不先之臣恐禍之來也不晨則夕粲弗納準懼其言之不從謂聰二靳氏曰今諸公侯欲廢帝立濟南王恐吾家無復種矣盍言之於帝二靳承閒言之粲誅其太宰上洛王劉景太師昌國公劉顗大司馬濟南王驥大司徒齊王劉勱等太傅朱紀太尉范隆出奔長安又誅其車騎大將軍吳王劉逞驥母弟也粲大閱上林謀討石勒以靳準爲大將軍錄尚書事粲荒耽酒色游讌後庭軍國之事一決於準準矯粲命以從弟明爲車騎將軍康爲衞將軍準將作亂以金紫光祿大夫王延耆德時望謀之于延延弗從馳將告之遇靳康劫延以歸準勒兵入宮升其光極前殿下使甲士

執粲數而殺之劉氏男女無少長皆斬于東市發掘元海聰墓焚燒其宗廟鬼大哭聲聞百里準自號大將軍漢天王置百官遣使稱藩于晉左光祿劉雅出奔西平尚書北宮純胡崧等招集晉人保於東宮靳康攻滅之準將以王延爲左光祿延罵曰屠各逆奴何不速殺我以吾左目置西陽門觀相國之入也右目置建春門觀大將軍之入也準怒殺之

陳元達

陳元達字長宏後部人也本姓高以生月妨父故改云陳少而孤貧常躬耕兼誦書樂道行詠忻忻如也至年四十不與人交通元海之爲左賢王聞而招之元達不答及元海僭號人謂元達曰往劉公相屈君蔑而不顧今稱號龍飛君其懼乎元達笑曰是何言邪彼人姿度卓犖有籠羅宇宙之志吾固知之久矣然往日所以不往者以期運未至不能無事喧喧彼自有以亮吾矣卿但識之吾恐不過二三日驛書必至其暮元海果徵元達爲黃門郎人曰君殆聖乎既至引見元海曰卿若早來豈爲郎官而已元達曰臣惟性之有分盈分者顛臣若早叩天門者恐大王賜處於九卿納言之間此則非臣之分臣將何以堪之是以抑情盤桓待分而至大王無過授之謗小臣免招寇之禍不亦可乎元海大悅在位忠謇屢進讜言退而削草雖子弟莫得而知也聰每謂元達曰卿當畏朕反使朕畏卿乎元達叩頭謝曰臣聞師臣者王友臣者霸臣誠愚闇無可採也幸邀陛下垂齊桓納九九之義故使微臣得盡愚忠昔世宗遙可汲黯之奏故能恢隆漢道桀紂誅諫幽厲弭謗是以三代之亡也忽焉陛下以大聖應期挺不世之量能遠揖商周覆國之弊近模孝武光漢之美則天下幸甚羣臣知免及其死也人盡宛之

晉書卷一百二考證

劉聰載記聰以粲之害模也大怒粲曰臣殺模本不以其曉識天命之故○模監本訛粲今改正

杜人王秃紀持等攻劉粲于新豐○持各本作特前趙錄杜人王秃紀持麴特等則特乃持字之訛也今改正

鴻業已隳四海屬情○隳監本訛墮今從前趙錄改

且退屯逍遙園○前趙錄作辛卯旦退屯逍遙園此且字當因刪去辛卯而尚存旦字之訛

置皮囊于机上○机監本譌機前趙錄作枕今從宋本

晉書卷一百三

唐 太 宗 文 皇 帝 御 撰

載記第三

劉曜

劉曜字永明元海之族子也少孤見養於元海幼而聰慧有奇度年八歲從元海獵于西山遇雨止樹下迅雷震樹旁人莫不顛仆曜神色自若元海異之曰此吾家千里駒也從兄爲不亡矣身長九尺三寸垂手過膝生而眉白目有赤光鬚髯不過百餘根而皆長五尺性拓落高亮與衆不羣讀書志於廣覽不精思章句善屬文工草隸雄武過人鐵厚一寸射而洞之于時號爲神射尤好兵書畧皆闇誦常輕侮吳鄧而自比樂毅蕭曹時人莫之許也惟聰每曰永明世祖魏武之流何數公足道哉弱冠游于洛陽坐事當誅亡匿朝鮮遇赦而歸自以形質異衆恐不容于世隱迹管涔山以琴書爲事嘗夜閑居有二童子入跪曰管涔王使小臣奉謁趙皇帝獻劒一口置前再拜而去以燭視之劒長二尺光澤非常赤玉爲室背上有銘曰神劒御除衆毒曜遂服之劒隨四時而變爲五色元海世頻歷顯職後拜相國都督中外諸軍事鎭長安靳準之難自長安赴之至于赤壁太保呼延晏等自平陽奔之與太傅朱紀太尉范隆等上尊號曜以太興元年僭卽皇帝位大赦境內惟準一門不在赦例改元光初以朱紀領司徒呼延晏領司空范隆以下悉復本位使征北劉雅鎭北劉策次于汾陰與石勒爲掎角之勢靳準遣侍中卜泰降于勒勒囚泰送之曜謂泰曰先帝末年實亂大倫羣閹撓政誅滅忠良誠是義士匡討之秋司空執心忠烈行伊霍之權拯濟塗炭使朕及此勳高古人德格天地朕方寧濟大難終不以非命及君子賢人司空若執忠誠早迎大駕者政由靳氏祭則寡人以朕此意布之司空宣之朝士泰還平陽具宣曜旨準自以殺曜母兄沉吟未從尋而喬泰王騰靳康馬忠等殺準推尚書令靳明爲盟主遣卜泰奉傳國六璽降于曜曜大悅謂泰曰使朕獲此神璽而成帝王者子也石勒聞之怒甚增兵攻之明戰累敗遣使求救於曜曜使劉雅劉策等迎之明率平陽士女萬五千歸于曜曜命誅明靳氏男女無少長皆殺之使劉雅迎母胡氏喪于平陽還葬粟邑墓號陽陵僞謚宣明皇太后僭尊高祖父亮爲景皇帝曾祖父廣爲獻皇帝祖防懿皇帝考曰宣成皇帝徙都長安起光世殿於前紫光殿於後立其妻羊氏爲皇后子熙爲皇太子封子襲爲長樂王闡太原王沖淮南王敞齊王高魯王徽楚王徵諸宗室皆進封郡王繕宗廟社稷南北郊以水承晉金行國號曰趙牲牡尚黑旗幟尚玄冒頓配天元海配上帝大赦境內殊死已下黃石屠各路松多起兵於新平扶風聚衆數千附于南陽王保保以其將楊曼爲雍州刺史王連爲扶風太守據陳倉張顗爲新平太守周庸爲安定太守據陰密松多下草壁秦隴氐羌多歸之曜遣其車騎劉雅平西劉厚攻楊曼于陳倉二旬不剋曜率中外精銳以赴之行次雍城太史令弁廣明言於曜曰昨夜妖星犯月師不宜行乃止勅劉雅等攝圍固壘以待大軍地震長安尤甚時曜妻羊氏有殊寵頗與政事陰有餘之徵也三年曜發雍攻陳倉曼連謀曰諜者適還云其五牛旗建多言胡主自來其鋒恐不可當也吾糧廩既少無以支久若頓軍城下圍人百日不待兵刃而吾自滅不如率見衆以一戰如其勝也關中不待檄而至如其敗也一等死早晚無在遂盡衆背城而陣爲曜所敗王連死之楊曼奔于南氐曜進攻草壁又陷之松多奔隴城進陷安定保懼遷于桑城氐羌悉從之曜振旅歸于長安署劉雅爲大司徒晉將李矩襲金墉剋之曜左中郎將宋始振威宋恕降于石勒署其大將軍廣平王岳爲征東大將軍鎭洛陽會三軍疫甚岳遂屯澠池石勒遣石生馳應宋始等軍勢甚盛曜將尹安趙愼等以洛陽降生岳乃班師鎭于陝城西明門內大樹風吹折經一宿樹撥變爲人形髮長一尺鬚眉長三寸皆黃白色有歛手之狀亦有兩脚著裙之形惟無目鼻每夜有聲十日而生柯條遂成大樹枝葉甚茂長水校尉尹車謀反潛結巴酋徐庫彭曜乃誅車囚庫彭等五十餘人于阿房將殺之光祿大夫游子遠固諫曜不從子遠叩頭流血曜大怒幽子遠而盡殺庫彭等尸諸街巷之中十日乃投之於水於是巴氐盡叛推巴歸善王句渠知爲主四山羌氐巴羯應之者三十餘萬關中大亂城門晝閉子遠又從獄表諫曜怒甚毀其表曰大荔奴不憂命在須臾猶敢如此嫌死晚邪叱左右速殺之劉雅朱紀呼延晏等諫曰子遠幽而尚諫者所謂忠於社稷不知死之將至陛下縱弗能用柰何殺之若子遠朝誅臣等亦暮死以彰陛下過差之咎天下之人皆當去陛下蹈西海而死耳陛下復與誰居乎曜意解乃赦之於是勅內外戒嚴將親討渠知子遠進曰陛下誠能納愚臣之計者不勞大駕親動一月之中可使淸定曜曰卿試言之子遠曰彼匪有大志希竊非望也但逼於陛下峻網耳今死者不可追莫若赦諸逆人之家老弱沒奚官者使迭相撫育聽其復業大赦與之更始彼生路既開不降何待若渠知自以罪重不卽下者願假臣弱兵五千以爲陛下梟之不敢勞陛下之將帥也不爾者今賊黨既衆彌川被谷雖以天威臨之恐非年歲可除曜大悅以子遠爲車騎大將軍開府儀同三司都督雍秦征討諸軍事大赦境內子遠次于雍城降者十餘萬進軍安定氐羌悉下惟句氏宗黨五千餘家保于陰密進攻平之遂振旅循隴右陳安郊迎先是上郡氐羌十餘萬落保嶮不降酋大虛除權渠自號秦王子遠進師至其壁下權渠率衆來距五戰敗之權渠恐將降其子伊餘大言於衆曰往劉曜自來猶無若我何況此偏師而欲降之率勁卒五萬晨壓壘門左右勸戰子遠曰吾聞伊餘之勇當今無敵士馬之彊復非其匹又其父新敗怒氣甚盛且西戎剽勁鋒銳不可擬也不如緩之使氣竭而擊之乃堅壁不戰伊餘有驕色子遠候其無備夜誓衆蓐食晨大風霧子遠曰天贊我也躬先士卒掃壁而出遲明覆之生擒伊餘悉俘其衆權渠大懼被髮剺面而降子遠啟曜以權渠爲征西將軍西戎公分徙伊餘兄弟及其部落二十餘萬口于長安西戎之中權渠部最强皆稟其命而爲寇暴權渠既降莫不歸附曜大悅讌羣臣于東堂語及平生泫然流涕遂下書曰蓋褒德惟舊聖后之所先念惠錄孤明王之恒典是以世祖草創河北而致封於嚴尤之孫魏武勤兵梁宋追慟於橋公之墓前新贈大司徒烈愍公崔岳中書令曹恂晉陽太守王忠太子洗馬劉綏等或識朕於童亂之中或濟朕於艱窘之極言念君子實傷我心詩不云乎中心藏之何日忘之岳漢昌之初雖有褒贈屬否運之際禮章莫備今可贈岳使持節侍中大司徒遼東公恂大司空南郡公綏左光祿大夫平昌公忠鎭軍將軍安平侯並加散騎常侍但皆丘墓夷滅申哀莫由有司其速班訪岳等子孫授以茅土稱朕意焉初曜之亡與曹恂奔於劉綏綏匿之於書匱載送於忠忠送之朝鮮歲餘饑窘變姓名客爲縣卒岳爲朝鮮令見而異之推問所由曜叩頭自首流涕求哀岳曰卿謂崔元嵩不如孫賓碩乎何懼之甚也今詔捕卿甚峻百姓間不可保也此縣幽僻勢能相濟縱有大急不過解印綬與卿俱去耳吾既門衰無兄弟之累身又薄祐未有兒子卿猶吾子弟也勿爲過憂大丈夫處身立世鳥獸投人要欲濟之而況君子乎給以衣食資供書傳曜遂從

岳質通疑滯恩顧甚厚岳從容謂曜曰劉生姿宇神調命世之才也四海脫有微風搖之者英雄之魁卿其人矣曹恂雖於屯厄之中事曜有君臣之禮故皆德之曜立大學於長樂宮東小學於未央宮西簡百姓年二十五已下十三已上神志可教者千五百人選朝賢宿儒明經篤學以教之以中書監劉均領國子祭酒置崇文祭酒秩次國子散騎侍郎董景道以明經擢爲崇文祭酒以游子遠爲大司徒曜命起鄷明觀立西宮建陵霄臺於滈池又將於霸陵西南營壽陵侍中喬豫和苞上疏諫曰臣聞人主之興作也必仰準乾象俯順人時是以衞文承亂亡之後宗廟社稷流漂無所而猶上候營室以構楚宮彼其急也猶尚若茲故能興康叔武公之迹以延九百之慶也奉詔書將營鄷明觀市道芻蕘咸以非之曰一觀之功可以平涼州矣又奉勑旨復欲擬阿房而建西宮模瓊臺而起陵霄此則費萬鄷明功億前役也以此功費亦可以吞吳蜀翦齊魏矣陛下何爲於中興之日而蹤亡國之事自古聖王人誰無過陛下此役實爲過舉過貴在能改終之實難又伏聞勑旨將營建壽陵周迴四里下深二十五丈以銅爲棺槨黃金飾之恐此功費非國內所能辦也且臣聞堯葬穀林市不改肆顓頊葬廣陽下不及泉聖王之所終也如是秦皇下錮三泉周輪七里身亡之後毀不旋踵闔主之所終也如此向魋石槨孔子以爲不如速朽王孫倮葬識者嘉其矯世自古無有不亡之國不掘之墓故聖王知厚葬之招害也故不爲之臣子之於君父陵墓豈不欲高廣如山岳哉但以保全始終安固萬世爲優耳興亡奢儉冏然於前惟陛下覽之曜大悅下書曰二侍中懇懇有古人之風烈矣可謂社稷之臣也非二君朕安聞此言乎以孝明於承平之世四海無虞之日尚納鍾離一言而罷北宮之役況朕之闇眇當今極弊而可不敬從明誨乎今勑悉停壽陵制度一遵霸陵之法詩不云乎無言不酬無德不報其封豫安昌子苞平輿子並領諫議大夫可敷告天下使知區區之朝思聞過也自今政法有不便於時不利社稷者其詣闕極言勿有所諱省鄷水囿以與貧戶終南山崩長安人劉終於崩所得白玉方一尺有文字曰皇亡皇亡敗趙昌井水竭構五梁咢酉小衰困囂喪嗚呼嗚呼赤牛奮靷其盡乎時羣臣咸賀以爲勒滅之徵曜大悅齋七日而後受之於太廟大赦境內以終爲奉瑞大夫中書監劉均進曰臣聞國主山川故山崩川竭君爲之不舉終南京師之鎭國之所瞻無故而崩其凶焉可極言昔三代之季其災也如是今朝臣皆言祥瑞臣獨言非誠上忤聖旨下違衆議然臣不達大理竊所未同何則玉之於山石也猶君之於臣下山崩石壞象國傾人亂皇亡皇亡敗趙昌者此言皇室將爲趙所敗趙因之而昌今大趙都於秦雍而勒跨全趙之地趙昌之應當在石勒不在我也井水竭構五梁者井謂東井秦之分也五謂五車梁謂大梁五車大梁趙之分也此言秦將竭滅以構成趙也咢者歲之次名作咢也言歲馭作咢酉之年當有敗軍殺將之事困謂困敦歲在子之年名玄囂亦在子之次言歲馭於子國當喪亡赤牛奮靷謂赤奮若在丑之歲名也牛謂牽牛東北維之宿丑之分也言歲在丑當滅亡盡無復遺也此其誡悟蒸蒸欲陛下勤修德化以禳之縱爲嘉祥尚願陛下夕惕以答之書曰雖休勿休願陛下追蹤周旦盟津之美捐鄗虢公夢廟之凶謹歸沐浴以待妖言之誅曜憮然改容御史劾均狂言瞽說誣罔祥瑞請依大不敬論曜曰此之災瑞誠不可知深戒朕之不德朕收其忠惠多矣何罪之有乎曜親征氐羌仇池楊難敵率衆來距前鋒擊敗之難敵退保仇池仇池諸氐羌多降於曜曜後復西討楊韜于南安韜懼與隴西太守梁勛等降于曜皆封列侯使侍中喬豫率甲士五千遷韜等及隴右萬餘戶于長安曜又進攻仇池時曜寢疾兼癘疫甚議欲班師恐難敵躡其後乃以其尚書郎王獷爲光國中郎將使于仇池以說難敵難敵於是遣使稱藩曜大悅署難敵爲使持節侍中假黃鉞都督益寧南秦涼梁巴六州隴上西域諸軍事上大將軍益寧南秦三州牧領護南氐校尉寧羌中郎將武都王子弟爲公侯列將二千石者十五人陳安請朝曜以疾篤不許安怒且以曜爲死也遂大掠而歸曜疾甚篤馬輿而還使其將呼延寔監輜重於後陳安率精騎要之于道寔奔戰無路與長史魯憑俱沒于安安囚寔而謂之曰劉曜已死子誰輔哉孤當與足下終定大業寔叱安曰狗輩汝荷人榮寵處不疑之地前背司馬保今復如此汝自視何如主上憂汝不久梟首上邽通衢何謂大業可速殺我懸我首於上邽東門觀大軍之入城也安怒遂殺之以魯憑爲參軍又遣其弟集及將軍張明等率騎二萬追曜曜衞軍呼延瑜逆戰擊斬之悉俘其衆安懼馳還上邽曜至自南安陳安使其將劉烈趙罕襲汧城拔之西州氐羌悉從安安士馬雄盛衆十餘萬自稱使持節大都督假黃鉞大將軍雍涼秦梁四州牧涼王以趙募爲相國領左長史魯憑對安大哭曰吾不忍見陳安之死也安怒命斬之憑曰死自吾分懸吾頭於秦州通衢觀趙之斬陳安也遂殺之曜聞憑死悲慟曰賢人者天下之望也害賢人是塞天下之情夫承平之君猶不敢乖臣妾之心況於四海乎陳安今於招賢採哲之秋而害君子絕當時之望吾知其無能爲也休屠王石武以桑城降曜大悅署武爲使持節都督秦州隴上雜夷諸軍事平西大將軍秦州刺史封酒泉王曜后羊氏死僞諡獻文皇后羊氏內有特寵外參朝政生曜三子熙襲闡曜始禁無官者不聽乘馬祿八百石已上婦女乃得衣錦繡自季秋農功畢乃聽飲酒宗廟社稷之祭不得殺牛犯者皆死曜臨太學引試學生之上第者拜郎中武功男子蘇撫陝男子伍長平並化爲女子石言於陝若言勿東者曜將葬其父及妻親如粟邑以規度之負土爲墳其下周迴二里作者繼以脂燭怨呼之聲盈于道路游子遠諫曰臣聞聖主明王忠臣孝子之於終葬也棺足周身槨足周棺藏足周槨而已不封不樹爲無窮之計伏惟陛下聖慈幽被神鑒洞遠每以清儉恤下爲先社稷資儲爲本今二陵之費至以億計計六萬夫百日作所用六百萬功二陵皆下錮三泉上崇百尺積石爲山增土爲阜發掘古塚以千百數役夫呼嗟氣塞天地暴骸原野哭聲盈衢臣竊謂無益於先皇先后而徒喪國之儲力陛下脫仰尋堯舜之軌者則功不盈百萬費亦不過千計下無怨骨上無怨人先帝先后有太山之安陛下饗舜禹周公之美惟陛下察焉曜不納乃使其將劉岳等帥騎一萬迎父及弟暉喪於太原疫氣大行死者十三四上洛男子張盧死二十七日有盜發其塚者盧得蘇曜葬其父墓號永垣陵葬妻羊氏墓號顯平陵大赦境內殊死已下賜人爵二級孤老貧病不能自存者帛各有差太寧元年陳安攻曜征西劉貢于南安休屠王石武自桑城將攻上邽以解南安之圍安聞之懼馳歸上邽遇於瓜田武以衆寡不敢奔保張春故壘安引軍追武曰叛逆胡奴要當生縛此奴然後斬劉貢武閉壘距之貢敗安後軍俘斬萬餘安馳還赴救貢逆擊敗之俄而武騎大至安衆大潰收騎八千奔于隴城貢乃留武督後衆躬先士卒戰輒敗之遂圍安于隴城大雨霖震曜父墓門屋大風飄發其父寢堂于垣外五十餘步曜避正殿素服哭于東堂五日使其鎭軍劉襲太常梁胥等繕復之松栢衆木殖已成林至是悉枯署其大司馬劉雅爲太宰加劒履上殿入朝不趨讚拜不名給千兵百騎甲仗百人入殿增班劒六十人前後鼓吹各二部曜親征陳安圍安于隴城安頻出挑戰累擊敗之斬獲八千餘級右軍劉幹攻平襄尅之隴上諸縣悉降曲赦隴右殊死已下惟陳安趙募不在其例安留楊伯支姜沖兒等守隴城帥騎數百突圍而出欲引上邽平襄之衆還解隴城之圍安既出知上邽被圍平襄已敗乃南走陝中曜使其將軍平先丘中伯率勁騎追安頻戰敗之俘斬四百餘級安與壯士十餘騎於陝中格戰安左手奮七尺大刀右手執丈八蛇矛近交則刀矛俱發輒害五六遠則雙帶鞬服左右馳射而走平先亦壯健絕人勇捷如飛與安搏戰三交奪其蛇矛而退會日暮雨甚安棄馬與左右五六人步踰山嶺匿于溪澗翌日尋之遂不知所在會連雨始霽輔威呼延清尋其徑迹斬安于澗曲曜大悅安善於撫接吉凶夷險與衆同之及其死隴上歌之曰隴上壯士有陳安軀幹雖小腹中寬愛養將士同心肝驎驄父馬鐵瑕鞍七尺大刀奮如湍丈八蛇矛左右盤十盪十決無當前戰始三交失蛇矛棄我驎驄竄巖幽爲我外援而懸頭西流之水東流河一去不還奈子何曜聞而嘉傷命樂府歌之楊伯支斬姜沖兒以隴城降宋亭斬趙募以上邽降徙秦州大姓楊姜諸族二千餘戶于長安氐羌悉下並送質任時劉岳與涼州刺史張茂相持于河上曜自隴長驅至西河戎卒二十八萬五千臨河列營百餘里中鍾鼓之聲沸河動地自古軍旅之盛未有斯比茂臨河諸戍皆望風奔退揚聲欲百道俱渡直至姑臧涼州大怖人無固志諸將咸欲速濟曜曰吾軍旅雖盛不踰魏武之東也畏威而來者三有二焉中軍宿衞已皆疲老不可用也張氏以吾新平陳安師徒殷盛以形聲言之非彼五郡之衆所能抗也必怖而歸命受制稱藩吾復何求卿等試之不出中旬張茂之表不至者吾爲負卿矣茂懼果遣使稱藩獻馬一千五百匹牛三千頭羊十萬口黃金三百八十斤銀七百斤女妓二十人及諸珍寶珠玉方域美貨不可勝紀曜大悅使其大鴻臚田崧署茂使持節假黃鉞侍中都督涼南北秦梁益巴漢隴右西域雜夷匈奴諸軍事太師領大司馬涼州牧領西域大都護護氐羌校尉涼王曜至自河西遣胡元增其父及妻墓高九十尺楊難敵以陳安既平內懷危懼奔于漢中鎭西劉厚追擊之獲其輜重千餘兩士女六千餘人還之仇池曜以大鴻臚田崧爲鎭南大將軍益州刺史鎭仇池以劉岳爲侍中都督中外諸

軍事進封中山王初靳準之亂曜世子胤没于黑匿郁鞠部至是胤自言郁鞠大驚資給衣馬遣子送之曜對胤悲慟嘉郁鞠忠款署使持節散騎常侍忠義大將軍左賢王胤字義孫美姿貌善機對年十歲身長七尺五寸眉鬢如畫聰奇之謂曜曰此兒神氣豈同義眞乎固當應爲卿之冢嫡卿可思文王廢伯邑考立武王之意也曜曰臣之藩國僅能守祭祀便足矣不可以亂長幼之倫也聰曰卿勳格天地國兼百城當世祚太師受專征之任五侯九伯得專征之者卿之子孫柰何言同諸藩國也義眞既不能遠追太伯高讓之風吾不過爲卿封之以一國義眞曜子儉之字也於是封儉爲臨海王立胤爲世子胤雖少離屯難流躓殊荒而風骨俊茂爽朗卓然身長八尺三寸髮與身齊多力善射驍捷如風雲曜因以重之其朝臣亦屬意焉曜於是顧謂羣下曰義孫可謂歲寒而不凋涅而不淄者矣義光雖先已樹立然沖幼儒謹恐難乎爲今世之儲貳也懼非所以上固社稷下愛義光義孫年長明德又先世子也朕欲遠追周文近蹤光武使宗廟有太山之安義光饗無疆之福於諸卿意如何其太傅呼延晏等咸曰陛下遠擬周漢爲國家無窮之計豈惟臣等賴之實亦宗廟四海之慶左光祿卜泰太子太保韓廣等進曰陛下若以廢立爲是也則不應降日月之明垂訪羣下若以爲疑也固思聞臣等異同之言竊以誠廢太子非也何則昔周文以未建之前擇聖表而超樹之可也光武緣母色而廢立豈足爲聖朝之模範光武誠以東海纂統何必不如明帝皇子胤文武才略神度弘遠信獨絕一時足以擬蹤周發然太子孝友仁慈志尚沖雅亦足以堂負聖基爲承平之賢主何況儲宮者六合人神所繫望也不可輕以廢易陛下誠實爾者臣等有死而已未敢奉詔曜默然胤前泣曰慈父之於子也當務存尸鳩之仁何可替熙而立臣也陛下謬恩乃爾者臣請死於此以明赤心且陛下若愛忘其醜以臣微堪指授亦當能輔導義光仰遵聖軌因歔欷流涕悲感朝臣曜亦以太子羊氏所生羊有寵哀之不忍廢乃止追謚前妻卜氏爲元悼皇后胤之母也卜泰胤之舅曜嘉之拜上光祿大夫儀同三司領太子太傅封胤爲永安王署侍中衞大將軍都督二宮禁衞諸軍事開府儀同三司錄尚書事領太子太傅號曰皇子命熙於胤盡家人之禮時有鳳皇將五子翔於故未央殿五日悲鳴不食皆死曜立后劉氏石勒將石他自鴈門出上郡襲安國將軍北羌王盆句除俘三千餘落獲牛馬羊百餘萬而歸曜大怒投袂而起是日次于渭城遣劉岳追之曜次于富平爲岳聲援岳及石他戰于河濱敗之斬他及其甲士一千五百級赴河死者五千餘人悉收所虜振旅而歸楊難敵自漢中還襲仇池剋之執田崧立之於前難敵左右叱崧令拜崧瞋目叱之曰氐狗安有天子牧伯而向賊拜乎難敵曰子岱吾當與子終定大事子謂劉氏可爲盡忠吾獨不可乎崧厲色大言曰若賊氐奴才安敢欲希覬非分吾寧爲國家鬼豈可爲汝臣何不速殺我顧排一人取其劍前刺難敵不中爲難敵所殺曜遣劉岳攻石生于洛陽配以近郡甲士五千宿衞精卒一萬濟自盟津鎭東呼延謨率荆司之衆自崤澠而東岳攻石勒盟津石梁二戍剋之斬獲五千餘級進圍石生于金墉石季龍率步騎四萬入自成皋關岳陳兵以待之戰于洛西岳師敗績岳中流矢退保石梁季龍遂塹柵列圍遏絕內外岳衆飢甚殺馬食之季龍又敗呼延謨斬之曜親率軍援岳季龍率騎三萬來距曜前軍劉黑大敗季龍將石恁于八特坂曜次于金谷夜無故大驚軍中潰散乃退如澠池夜中又驚士卒奔潰遂歸長安季龍執劉岳及其將王騰等八十餘人并氐羌三千餘人送于襄國坑士卒一萬六千曜至自澠池素服郊哭七日乃入城武功豕生犬上邽馬生牛及諸妖變不可勝紀曜命其公卿各舉博識直言之士一人司空劉均舉參軍臺產曜親臨東堂遣中黃門策問之產極言其故曜覽而嘉之引見東堂訪以政事產流涕歔欷具陳災變之禍政化之闕辭旨諒直曜改容禮之卽拜博士祭酒諫議大夫領太史令其後所言皆驗曜彌重之歲中三遷歷位尚書光祿大夫太子少師位特進曜署劉胤爲大司馬進封南陽王以漢陽諸郡十三爲國置單于臺于渭城拜大單于置左右賢王已下皆以胡羯鮮卑氐羌豪傑爲之曜自還長安憤恚發病至是疾瘳曲赦長安殊死已下署其汝南王劉咸爲太尉錄尚書事光祿大夫劉綏爲大司徒卜泰爲大司空曜妻劉氏疾甚曜親省臨之問其所欲言劉泣曰妾叔父昶無子妾少養於叔恩撫甚隆無以報德願陛下貴之妾叔皚女芳有德色願備後宮曜許之言終而死僞謚獻烈皇后以劉昶爲使持節侍中大司徒錄尚書事進封河南郡公封昶妻張氏爲慈鄉君立劉皚女芳爲皇后追念劉氏之言也俄置驃騎劉述爲大司徒劉昶爲太保召公卿已下子弟有勇幹者爲親御郎被甲乘鎧馬動止自隨以克折衞之任尚書郝述都水使者支當等固諫曜大怒鴆而殺之咸和三年夜夢三人金面丹脣東向逡巡不言而退曜拜而履其跡旦召公卿已下議之朝臣咸賀以爲吉祥惟太史令任義進曰三者歷運統之極也東爲震位王者之始次也金爲兌位物衰落也脣丹不言事之畢也逡巡揖讓退舍之道也爲之拜者屈伏於人也履跡而行愼不出疆也東井秦分也五車趙分也秦兵必暴起亡主喪師留敗趙地遠至三年近七百日其應不遠願陛下思而防之曜大懼於是躬親二郊飾繕神祠望秩山川靡不周及大赦殊死已下復百姓租稅之半長安自春不雨至於五月曜遣其武衞劉朗率騎三萬襲楊難敵于仇池弗剋掠三千餘戶而歸張駿聞曜軍爲石氏所敗乃去曜官號復稱晉大將軍涼州牧遣金城太守張閬及枹罕護軍辛晏將軍韓璞等率衆數萬人自大夏攻掠秦州諸郡曜遣劉胤率步騎四萬擊之夾洮相持七十餘日冠軍呼延那雞率親御郎二千騎絕其運路胤濟師逼之璞軍大潰奔還涼州胤追之及于令居斬級二萬張閬辛晏率衆數萬降于曜皆拜將軍封列侯石勒遣石季龍率衆四萬自軹關西入伐曜河東應之者五十餘縣進攻蒲坂曜將東救蒲坂懼張駿楊難敵承虛襲長安遣其河間王述發氐羌之衆屯于秦州曜盡中外精銳水陸赴之自衞關北濟季龍懼引師而退追之及于高侯大戰敗之斬其將軍石瞻枕尸二百餘里收其資仗億計季龍奔于朝歌曜遂濟自太陽攻石生于金墉決千金堨以灌之曜不撫士衆專與嬖臣飲博左右或諫曜怒以爲妖言斬之大風拔樹昏霧四塞聞季龍進據石門續知勒自率大衆已濟始議增滎陽戍杜黃馬關俄而洛水候者與勒前鋒交戰擒羯送之曜問曰大胡自來邪其衆大小復如何羯曰大胡自來軍盛不可當也曜色變使攝金墉之圍陳于洛西南北十餘里曜少而淫酒末年尤甚勒至曜將戰飲酒數斗常乘赤馬無故跼頓乃乘小馬比出復飲酒斗餘至於西陽門撝陣就平勒將石堪因而乘之師遂大潰曜昏醉奔退馬陷石渠墜于冰上被瘡十餘通中者三爲堪所執送于勒所曜曰石王憶重門之盟不勒使徐光謂曜曰今日之事天使其然復云何邪幽曜于河南丞廨使金瘡醫李永療之歸于襄國曜瘡甚勒載以馬輿使李永與同載北苑市三老孫機上禮求見曜勒許之機進酒于曜曰僕谷王關右稱帝皇當持重保土疆輕用兵敗洛陽祚運窮天所亡開大分持一觴曜曰何以健邪當爲翁飲勒聞之悽然改容曰亡國之人足令老叟數之舍曜于襄國永豐小城給其妓妾嚴兵圍守遣劉岳劉震等乘馬從男女衣帢以見曜曜曰久謂卿等爲灰土石王仁厚全宥至今而我殺石他負盟之甚今日之禍自其分耳留宴終日而去勒諭曜與其太子熙書令速降之曜但勑熙與諸大臣匡維社稷勿以吾易意也勒覽而惡之後爲勒所殺熙及劉胤劉咸等議西保秦州尚書胡勳曰今雖喪主國尚全完將士情一未有離叛可共并力距險走未晚也胤不從怒其沮衆斬之遂率百官奔于上邽劉厚劉策皆捐鎭奔之關中擾亂將軍蔣英辛恕擁衆數十萬據長安遣使招勒勒遣石生率洛陽之衆以赴之胤及劉遵率衆數萬自上邽將攻石生于長安隴東武都安定新平北地扶風始平諸郡戎夏皆起兵應胤胤次于仲橋石生固守長安勒使石季龍率騎二萬距胤戰於義渠爲季龍所敗死者五千餘人胤奔上邽季龍乘勝追戰枕尸十里上邽潰季龍執其僞太子熙南陽王劉胤并將相諸王等及其諸卿校公侯已下三千餘人皆殺之徙其臺省文武關東流人秦雍大族九千餘人于襄國又坑其王公等及五郡屠各五千餘人于洛陽曜在位十年而敗始元海以懷帝永嘉四年僭位至曜三世凡二十有七載以成帝咸和四年滅

史臣曰彼戎狄者人面獸心見利則棄君親臨財則忘仁義者也投之遐遠猶懼外侵而處以封畿窺我中釁昔者幽后不綱胡塵暗於戲水襄王失御戎馬生於關洛至於算強弱妙兵權體興衰知利害於我中華未可量也況元海人傑必致靑雲之上許以殊才不居庸劣之下是以策馬鴻騫乘機豹變五部高嘯一旦推雄皇枝相害未有與之爭衡者矣伊秩啟興王之略骨都論剋定之秋單于無北顧之懷獫狁有南郊之祭大哉天地茲爲不仁矣若乃習以華風溫乎雅度兼其舊俗則罕規模雖復石勒稱藩王彌效款終爲夷狄之邦未辯君臣之位至於不遠儒風虛襟正直則昔賢所謂并仁義而盜之者焉僞主斯亡玄明纂嗣樹恩戎旅既總威權闢河開曩日之疆士馬倍前人之氣然則信不由中自乖弘遠貌之爲美處事難終縱武窮兵殘忠害謇佞人方嚮並后載馳闔豎頻於迴天凝科踰於炮烙遺豺狼之將逐鷹犬之師懸旌俯渭分麾陷洛鐵馬陵山胡笳遵渚紛忠貞於戎手聚縉紳於京觀先王井賦乃眷維桑舊都宮室咸成茂草墜露沾衣行人灑淚若乃上

古敦麗不親其子功成高讓歸諸有德爰及三代乃用干戈將以拯厥板蕩恭膺天命懿彼武王殷之列辟載旆乘時興兵誓野投焚既隕可以絕言而輕呂旁揮彤弧三發豈若嚮清蹕於常道之門馳金車於山陽之館故知黔首來蘇居今愛古白旗陳肆古不如今胡寇不仁有同豺豕役天子以行觴驅乘輿以執蓋庾珉之淚既盡辛賓加之以血若乃有生之貴處死爲難弘在三之義忘七尺之重主憂之恨畢命同歸自古篡奪於斯爲甚是以災氣呈形賊臣苞亂政荒民散可以危亡劉聰竟得壽終非不幸也曜則天資虓勇運偶時艱用兵則王翦之倫好殺亦董卓之亞而承基醜類或有可稱子遠納忠高旌蹔偃和苞獻直酆明罷觀而師之所處荆棘生焉自絕彊藩禍成勁敵天之所厭人事以之駭戰士而宵奔酌戎杯而不醒有若假手同乎拾芥豈石氏之興歟何不支之甚也

贊曰惟皇不範遡旬居穹丹朱孕嗣冒頓爭雄胡旌颺月朔馬騰風埃塵淮浦虓呼河宮未央朝寂譙門旦空郭欽之慮辛有知戎

晉書卷一百三考證

劉曜載記潛結巴酋徐庫彭○前趙錄潛結巴酋句徐庫彭等又云乃囚徐彭等是句徐庫彭爲二人也

宗廟社稷之祭不得殺牛○前趙錄此句上有非字

石王仁厚全宥至今而我殺石他負盟之甚○石他監本誤石生 臣宗楷按本書曜次於富平爲岳聲援岳及石他戰於河濱敗之斬他又曜遂濟自太陽攻石生於金墉決千金堨以灌之未嘗殺生又下文勒遣石生率洛陽之衆以赴之則其爲他字之誤無疑也今改正

晉書卷一百四

唐 太 宗 文 皇 帝 御 撰

載記第四

石勒上

石勒字世龍初名匐上黨武鄉羯人也其先匈奴別部羌渠之胄祖耶奕于父周曷朱一名乞翼加並爲部落小率勒生時赤光滿室白氣自天屬于中庭見者咸異之年十四隨邑人行販洛陽倚嘯上東門王衍見而異之顧謂左右曰向者胡雛吾觀其聲視有奇志恐將爲天下之患馳遣收之會勒已去長而壯健有膽力雄武好騎射曷朱性凶麤不爲羣胡所附每使勒代己督攝部胡愛信之所居武鄉北原山下草木皆有鐵騎之象家園中生人參花葉甚茂悉成人狀父老及相者皆曰此胡狀貌奇異志度非常其終不可量也勸邑人厚遇之時多嗤笑唯鄔人郭敬陽曲甯驅以爲信然並加資贍勒亦感其恩爲之力耕每聞鞞鐸之音歸以告其母母曰作勞耳鳴非不祥也太安中并州饑亂勒與諸小胡亾散乃自鴈門還依甯驅北澤都尉劉監欲縛賣之驅匿之獲免勒於是潛詣納降都尉李川路逢郭敬泣拜言饑寒敬對之流涕以帶貨鬻食之并給以衣服勒謂敬曰今日大餓不可守窮諸胡饑甚宜誘將冀州就穀因執賣之可以兩濟敬深然之會建威將軍閻粹說并州刺史東瀛公騰執諸胡於山東賣充軍實騰使將軍郭陽張隆虜羣胡將詣冀州兩胡一枷勒時年二十餘亦在其中數爲隆所敺辱敬先以勒屬郭陽及兄子時陽敬族兄也是以陽時每爲解請道路饑病賴陽時而濟既而賣與茌平人師懽爲奴有一老父謂勒曰君魚龍髮際上四道已成當貴爲人主甲戌之歲王彭祖可圖勒曰若如公言弗敢忘德忽然不見每耕作於野常聞鼓角之聲勒以告諸奴諸奴亦聞之因曰吾幼來在家恒聞如是諸奴歸以告懽懽亦奇其狀貌而免之懽家鄰於馬牧與牧率魏郡汲桑往來勒以能相馬自託於桑嘗傭於武安臨水爲遊軍所囚會有羣鹿傍過軍人競逐之勒乃獲免俄而又見一父老謂勒曰向羣鹿者我也君應爲中州主故相救爾勒拜而受命遂招集王陽夔安支雄冀保吳豫劉膺桃豹逯明等八騎爲羣盜後郭敖劉徵劉寶張曀僕呼延莫郭黑略張越孔豚趙鹿支屈六等又赴之號爲十八騎復東如赤龍騄驥諸苑中乘苑馬遠掠繒寶以賂汲桑及成都王穎敗乘輿于蕩陰逼帝如鄴宮王浚以穎陵辱天子使鮮卑擊之穎懼挾惠帝南奔洛陽帝復爲張方所逼遷于長安關東所在兵起皆以誅穎爲名河間王顒懼東師之盛欲輯懷東夏乃奏議廢穎是歲劉元海稱漢王于黎亭穎故將陽平人公師藩等自稱將軍起兵趙魏衆至數萬勒與汲桑帥牧人乘苑馬數百騎以赴之桑始命勒以石爲姓勒爲名焉藩拜勒爲前隊督從攻平昌公模於鄴模使將軍馮嵩逆戰敗之藩濟自白馬而南漢陽太守苟晞討藩斬之勒與桑亾潛苑中桑以勒爲伏夜牙門帥牧人劫掠郡縣繫囚又招山澤亾命多附勒勒率以應之桑乃自號大將軍稱爲成都王穎誅東海王越東瀛公騰爲名桑以勒爲前驅屢有戰功署爲掃虜將軍忠明亭侯桑進軍攻鄴以勒爲前鋒都督大敗騰將馮嵩因長驅入鄴遂害騰殺萬餘人掠婦女珍寶而去濟自延津南擊兗州越大懼使苟晞王讚等討之桑勒攻幽州刺史石尠於樂陵尠死之乞活田禋帥衆五萬救尠勒逆戰敗禋與晞等相持于平原陽平間數月大小三十餘戰互有勝負越懼次于官渡爲晞聲援桑勒爲晞所敗死者萬餘人乃收餘衆將奔劉元海冀州刺史丁紹要之于赤橋又大敗之桑奔馬牧勒奔樂平王師斬桑于平原時胡部大張匐督馮莫突等擁衆數千壁于上黨勒往從之深爲所暱因說匐督曰劉單于舉兵誅晉部大距而不從豈能獨立乎曰不能勒曰如其不能者兵馬當有所屬今部落皆已被單于賞募往往聚議欲叛部大而歸單于矣宜早爲之計匐督等素無智畧懼部衆之貳已也乃潛隨勒單騎歸元海元海署匐督爲親漢王莫突爲都督部大以勒爲輔漢將軍平晉王以統之勒於是命匐督爲兄賜姓石氏名之曰會言其遇已也烏丸張伏利度亦有衆二千壁于樂平元海屢招而不能致勒僞獲罪于元海因奔伏利度伏利度大悅結爲兄弟使勒率諸胡寇掠所向無前諸胡畏服勒知衆心之附已也乃因會執伏利度告諸胡曰今起大事我與伏利度孰堪爲主諸胡咸以推勒勒於是釋伏利度率其部衆歸元海元海加勒督山東征討諸軍事以伏利度衆配之元海使劉聰攻壺關命勒率所統七千爲前鋒都督劉琨遣護軍黃秀等救壺關勒敗秀於白田秀死之勒遂陷壺關元海命勒與劉零閻羆等七將率衆三萬寇魏郡頓丘諸壘壁多陷之假壘主將軍都尉簡強壯五萬爲軍士老弱安堵如故軍無私掠百姓懷之及元海僭號遣使授勒持節平東大將軍校尉都督王如故勒并軍寇鄴鄴潰和郁奔于衛國執魏郡太守王粹于三臺進攻趙郡害冀州西部都尉馮沖攻乞活赦亭田禋于中丘皆殺之元海授勒安東大將軍開府置左右長史司馬從事中郎進軍攻鉅鹿常山害二郡守將陷冀州郡縣堡壁百餘衆至十餘萬其衣冠人物集爲君子營乃引張賓爲謀主始署軍功曹以刁膺張敬爲股肱夔安孔萇爲爪牙支雄呼延莫王陽桃豹逯明吳豫等爲將率使其將張斯率騎詣并州山北諸郡縣說諸胡羯曉以安危諸胡懼勒威名多有附者進軍常山分遣諸將攻中山博陵高陽諸縣降之者數萬人王浚使其將祁弘帥鮮卑務塵等十餘萬騎討勒大敗勒于飛龍山死者萬餘勒退屯黎陽分命諸將攻諸未下及叛者降三十餘壁置守宰以撫之進寇信都害冀州刺史王斌於是車騎將軍王堪北中郎將裴憲自洛陽率衆討勒勒燒營并糧迴軍距之次于黃牛壘魏郡太守劉矩以郡附于勒勒使矩統其壘衆爲中軍左翼勒至黎陽裴憲棄其軍奔于淮南王堪退堡倉垣元海授勒鎮東大將軍封汲郡公持節都督王如故勒固讓公不受與閻羆攻圏苑市二壘陷之羆中流矢死勒并統其衆潛自石橋濟河攻陷白馬坑男女三千餘口東襲鄄城害兗州刺史袁孚因攻倉垣陷之遂害堪渡河攻廣宗清河平原陽平諸縣降勒者九萬餘口復南濟河滎陽太守裴純奔于建業時劉聰攻河內勒率騎會之攻冠軍將軍梁巨于武德懷帝遣兵救之勒留諸將守武德與王桑逆巨於長陵巨請降勒弗許巨踰城而遁軍人執之勒馳如武德坑降卒萬餘數梁巨罪而害之王師退還河北諸堡壁大震皆請降送任于勒及元海死劉聰授勒征東大將軍并州刺史汲郡公持節開府都督校尉王如故勒固辭將軍乃止劉粲率衆四萬寇洛陽勒留輜重于重門率騎二萬會粲於太陽大敗王師於澠池遂至洛川粲出轘轅勒至成皐關圍陳留太守王讚於倉垣爲讚所敗退屯文石津將北攻王浚會浚將王甲始率遼西鮮卑萬餘騎敗趙固于津北勒乃燒船棄營引軍向柏門迎重門輜重至于石門濟河攻襄城太守崔曠於繁昌害之先是雍州流人王如侯脫嚴嶷等起兵江淮間聞勒之來也懼遣衆一萬屯襄城以距勒擊敗之盡俘其衆勒至南陽屯于宛北山如懼勒之攻襄也使送珍寶車馬犒師結爲兄弟勒納之如與侯脫不平說勒攻脫勒夜令三軍雞鳴而駕晨壓宛門攻之旬有二日而剋嚴嶷率衆救脫至則無及遂降于勒勒斬脫囚嶷送于平陽盡并其衆軍勢彌盛勒南寇襄陽攻陷江西壘壁三十餘所留刁膺守襄陽躬帥精騎三萬還攻王如憚如之盛遂趣襄城如知之遣弟璃率騎二萬五千詐言犒軍實欲襲勒勒迎擊滅之復屯江西蓋欲有雄據江漢之志也張賓以爲不可勸勒北還弗從以賓爲參軍都尉領記室位次司馬專居中總事元帝慮勒南寇使王導率衆討勒勒軍糧不接死疫太半納張賓之策乃焚輜重裹糧卷甲渡沔寇江夏太守楊岠棄郡而走北寇新蔡害新蔡王確于南頓朗陵公何襲廣陵公陳眕上黨太守羊綜廣平太守邵肇等率衆降于勒勒進陷許昌害

平東將軍王康先是東海王越率洛陽之衆二十餘萬討勒越薨於軍衆推太尉王衍爲主率衆東下勒輕騎追及之衍遣將軍錢端與勒戰爲勒所敗端死之衍軍大潰勒分騎圍而射之相登如山無一免者於是執衍及襄陽王範任城王濟西河王喜梁王禧齊王韶吏部尚書劉望豫州刺史劉喬太傅長史庾敳等坐之於幕下問以晉故衍濟等懼死多自陳說惟範神色儼然意氣自若顧呵之曰今日之事何復紛紜勒甚奇之勒於是引諸王公卿士於外害之死者甚衆勒重衍清辯奇範神氣不能加之兵刃夜使人排牆塡殺之左衛何倫右衛李惲聞越薨奉越妃裴氏及越世子毗出自洛陽勒逆毗於洧倉軍復大潰執毗及諸王公卿士皆害之死者甚衆因率精騎三萬入自成皐關會劉曜王彌寇洛陽洛陽既陷勒歸功彌曜遂出轘轅屯於許昌劉聰署勒征東大將軍勒固辭不受先是平陽人李洪有衆數千壘於舞陽苟晞假洪雍州刺史勒進寇穀陽害冠軍將軍王茲破王讚于陽夏獲讚以爲從事中郎襲破大將軍苟晞于蒙城執晞署爲左司馬劉聰授勒征東大將軍幽州牧固辭將軍不受先是王彌納劉暾之說將先誅勒東王青州使暾徵其將曹嶷於齊勒遊騎獲暾得彌所與嶷書勒殺之密有圖彌之計矣會彌將徐邈輒引部兵去彌彌漸削弱及勒之獲苟晞也彌惡之僞卑辭使謂勒曰公獲苟晞而赦之何其神也使晞爲公左彌爲公右天下不足定勒謂張賓曰王彌位重言卑恐其遂成前狗意也賓曰觀王公有青州之心桑梓本邦固人情之所樂明公獨無并州之思乎王公遲迴未發者懼明公踵其後已有規明公之志但未獲便爾今不圖之恐曹嶷復至共爲羽翼後雖欲悔何所及邪徐邈既去軍勢稍弱觀其控御之懷猶盛可誘而滅之勒以爲然勒時與陳午相攻於蓬關王彌亦與劉瑞相持甚急彌請救於勒勒未之許張賓進曰明公常恐不得王公之便今天以其便授我矣陳午小豎何能爲寇王彌人傑將爲我害勒因迴軍擊瑞斬之彌大悅謂勒深心推奉無復疑也勒引師攻陳午于肥澤午司馬上黨李頭說勒曰公天生神武當平定四海四海士庶皆仰屬明公望濟於塗炭有與公爭天下者公不早圖之而返攻我曹流人我曹鄉黨終當奉戴何遽見逼乎勒心然之詰朝引退詭請王彌讌于己營彌長史張嵩諫彌勿就恐有專諸孫峻之禍彌不從既入酒酣勒手斬彌而并其衆啓聰稱彌叛逆之狀聰署勒鎭東大將軍督并幽二州諸軍事領并州刺史持節征討都督校尉開府幽州牧公如故苟晞王讚謀叛勒害之以將軍左伏肅爲前鋒都尉攻掠豫州諸郡臨江而還屯于葛陂降諸夷楚署將軍二千石以下稅其義穀以供軍士初勒被鬻平原與母王相失至是劉琨遣張儒送王于勒遺勒書曰將軍發迹河朔席卷兗豫飲馬江淮折衝漢沔雖自古名將未足爲論所以攻城而不有其人畧地而不有其土翕爾雲合忽復星散將軍豈知其然哉存亾決在得主成敗要在所附得主則爲義兵附逆則爲賊衆義兵雖敗而功業必成賊衆雖尅而終歸殄滅昔赤眉黄巾橫逸宇宙所以一旦敗亾者正以兵出無名聚而爲亂將軍以天挺之質威振宇內擇有德而推崇隨時望而歸之勳義堂堂長享遐貴背聰則禍除向主則福至採納往誨翻然改圖天下不足定蟻寇不足掃今相授侍中持節車騎大將軍領護匈奴中郎將襄城郡公總內外之任兼華戎之號顯封大郡以表殊能將軍其受之副遠近之望也自古已來誠無戎人而爲帝王者至於名臣建功業者則有之矣今之遲想蓋以天下大亂當須雄才遙聞將軍攻城野戰合於機神雖不視兵書闇與孫吳同契所謂生而知之者上學而知之者次但得精騎五千以將軍之才何向不摧至心實事皆張儒所具勒報琨曰事功殊途非腐儒所聞君當逞節本朝吾自夷難爲效遺琨名馬珍寶厚賓其使謝歸以絕之勒於葛陂繕室宇課農造舟將寇建鄴會霖雨歷三月不止元帝使諸將率江南之衆大集壽春勒軍中飢疫死者太半檄書朝夕繼至勒會諸將計之右長史刁膺諫勒先送欵於帝求掃平河朔待軍退之後徐更計之勒愀然長嘯中堅夔安勸勒就高避水勒曰將軍何其怯乎孔萇支雄等三十餘將進曰及吳軍未集萇等請各將三百步卒乘船三十餘道夜登其城斬吳將頭得其城食其倉米今年要當破丹陽定江南盡生縛取司馬家兒輩勒笑曰是勇將之計也各賜鎧馬一匹顧問張賓曰於君計何如賓曰將軍攻陷帝都囚執天子殺害王侯妻畧妃主擢將軍之髮不足以數將軍之罪奈何復還相臣奉乎去年誅王彌之後不宜於此營建天降霖雨方數百里中示將軍不應留也鄴有三臺之固西接平陽四塞山河有喉衿之勢宜北徙據之伐叛懷服河朔既定莫有處將軍之右者晉之保壽春懼將軍之往擊爾今卒聞迴軍必欣於敵去未遑奇兵掎擊也輜重逕從北道大軍向壽春輜重既過大軍徐廻何懼進退無地乎勒攘袂鼓髯曰賓之計是也責刁膺曰君共相輔佐當規成功業如何便相勸降此計應斬然相明性怯所以宥君於是退膺爲將軍擢賓爲右長史加中壘將軍號曰右侯發自葛陂遣石季龍率騎二千距壽春會江南運船至獲布米數十艘將士爭之不設備晉伏兵大發敗季龍于巨靈口赴水死者五百餘人奔退百里及于勒軍軍中震擾謂王師大至勒陣以待之晉懼有伏兵退還壽春勒所過路次皆堅壁清野採掠無所獲軍中大飢士衆相食行達東燕聞汲郡向冰有衆數千壁于枋頭勒將於棘津北渡懼冰邀之會諸將問計張賓進曰如聞冰船盡在瀆中未上枋內可簡壯勇者千人詭道潛渡襲取其船以濟大軍大軍既濟冰必可擒也勒從之使支雄孔萇等從文石津縛筏潛渡勒引其衆自酸棗向棘津冰聞勒軍至始欲內其船會雄等已渡屯其壘門下船三十餘艘以濟其軍令主簿鮮于豐挑戰設三伏以待之冰怒乃出軍將戰而三伏齊發夾擊攻之又因其資軍遂豐振長驅寇鄴攻北中郎將劉演于三臺演部將臨深牟穆等率衆數萬降于勒時諸將佐議欲攻取三臺以據之張賓進曰劉演衆猶數千三臺險固攻守未可卒下舍之則能自潰王彭祖劉越石大敵也宜及其未有備密規進據罕城廣運糧儲西稟平陽掃定并薊桓文之業可以濟也且今天下鼎沸戰爭方始遊行羇旅人無定志難以保萬全制天下也夫得地者昌失地者亾邯鄲襄國趙之舊都依山憑險形勝之國可擇此二邑而都之然後命將四出授以奇畧推亾固存兼弱攻昧則羣凶可除王業可圖矣勒曰右侯之計是也於是進據襄國賓又言於勒曰今我都此越石彭祖深所忌也恐及吾城池未固資儲未廣送死於我聞廣平諸縣秋稼大成可分遣諸將收掠野穀遣使平陽陳宜鎭此之意勒又然之於是上表於劉聰分命諸將攻冀州郡縣壘壁率多降附運糧以輸勒劉聰署勒使持節散騎常侍都督冀幽并營四州雜夷征討諸軍事冀州牧進封本國上黨郡公邑五萬戶開府幽州牧東夷校尉如故廣平遊綸張豺擁衆數萬受王浚假署保據苑鄉勒使夔安支雄等七將攻之破其外壘浚遣督護王昌及鮮卑段就六眷末杯匹磾等部衆五萬餘以討勒時城隍未修乃於襄國築隔城重柵設障以待之就六眷屯于渚陽勒分遣諸將連出挑戰頻爲就六眷所敗又聞其大造攻具勒顧謂其將佐曰今寇來轉逼彼衆我寡恐攻圍不解外救不至內糧罄絕縱孫吳重生亦不能固也吾將簡練將士大陣於野以決之何如諸將皆曰宜固守以疲寇彼師老自退追而擊之蔑不尅矣勒顧謂張賓孔萇曰君以爲何如賓萇俱曰聞就六眷尅來月上旬送死北城其大衆遠來戰守連日以我軍勢寡弱謂不敢出戰意必懈怠今段氏種衆之悍末杯尤最其卒之精勇悉在末杯所可勿復出戰示之以弱速鑿北壘爲突門二十餘道候賊列守未定出其不意直衝末杯帳敵必震惶計不及設所謂迅雷不及掩耳末杯之衆既奔餘自摧散擒末杯之後彭祖可指辰而定勒笑而納之即以萇爲攻戰都督造突門於北城鮮卑入屯北壘勒候其陣未定躬率將士鼓譟于城上會孔萇督諸突門伏兵俱出擊之生擒末杯就六眷等衆遂奔散萇乘勝追擊枕尸三十餘里獲鎧馬五千匹就六眷收其遺衆屯于渚陽遣使求和送鎧馬金銀并以末杯三弟爲質而請末杯諸將並勸勒殺末杯以挫之勒曰遼西鮮卑健國也與我素無怨讐爲王浚所使耳今殺一人結怨一國非計也放之必悅不復爲王浚用矣於是納質遣石季龍盟就六眷于渚陽結爲兄弟就六眷等引還使參軍閻綜獻捷于劉聰於是游綸張豺請降稱藩勒將襲幽州務養將士權宜許之皆就署將軍於是遣衆寇信都害冀州刺史王象王浚復以邵舉行冀州刺史保于信都建興元年石季龍攻鄴三臺鄴潰劉演奔于廩丘將軍謝胥田青郎牧等率三臺流人降于勒勒以桃豹爲魏郡太守以撫之命段末杯爲子署爲使持節安北將軍北平公遣還遼西末杯感勒厚恩在途日南面而拜者三段氏遂專心歸附自是王浚威勢漸衰勒襲苑鄉執游綸以爲主簿攻乞活李惲于上白斬之將坑其降卒見郭敬而識之曰汝郭季子乎敬叩頭曰是也勒下馬執其手泣曰今日相遇豈非天邪賜衣服車馬署敬上將軍悉免降者以配之其將孔萇寇定陵害兗州刺史田徽烏丸薄盛執渤海太守劉旣率戶五千降于勒劉聰授勒侍中征東大將軍餘如故拜其母王氏爲上黨國太夫人妻劉氏上黨國夫人章綬首飾一同王妃段末杯任弟亾歸遼西勒大怒所經令尉皆殺之烏丸審廣漸裳郝襲背王浚密遣使降于勒勒厚加撫納司冀漸寧人始租賦立太學簡明經善書吏署爲文學掾選將佐子弟三百人教之勒母王氏死潛窆山谷莫詳其所既而備九牢之禮虛葬于襄國城南勒謂張賓曰鄴魏之舊都吾將營建慨風俗殷雜須賢望以綏之誰

可任也。賓曰晉故東萊太守南陽趙彭忠亮篤敏有佐時貞幹將軍若任之必能允副神規勒於是徵彭署爲魏郡太守彭至入泣而辭曰臣往策名晉室食其祿矣犬馬戀主切不敢忘誠知晉之宗廟鞠爲茂草亦猶洪川東逝往而不還明公應符受命可謂攀龍之會但受人之榮復事二姓臣志所不爲恐亦明公之所不許若賜臣餘年全臣一介之願者明公大造之惠也勒默然張賓進曰自將軍神旗所經衣冠之士靡不變節未有能以大義進退者至如此賢以將軍爲高祖自擬爲四公所謂君臣相知此亦足成將軍不世之高何必吏之勒大悅曰右侯之言得孤心矣於是賜安車駟馬養以卿祿辟其子明爲參軍勒以石季龍爲魏郡太守鎮鄴三臺季龍篡奪之萌兆于此矣時王浚署置百官奢縱淫虐勒有吞并之意欲先遣使以觀察之議者僉曰宜如羊祜與陸抗書相聞時張賓有疾勒就而謀之賓曰王浚假三部之力稱制南面雖曰晉藩實懷僭逆之志必思協英雄圖濟事業將軍威聲震于海內去就爲存亾所在爲輕重浚之欲將軍猶楚之招韓信也今權譎遣使無誠款之形脫生猜疑圖之兆露後雖奇略無所設也夫立大事者必先爲之卑當稱藩推奉尚恐未信羊陸之事臣未見其可勒曰右侯之計是也乃遣其舍人王子春董肇等多齎珍寶奉表推崇浚爲天子曰勒本小胡出於戎裔值晉綱弛御海內飢亂流離屯厄竄命冀州共相帥合以救性命今晉祚淪夷遠播吳會中原無主蒼生無繫伏惟明公殿下州鄉貴望四海所宗爲帝王者非公復誰勒所以捐軀命興義兵誅暴亂者正爲明公驅除爾伏願殿下應天順時踐登皇祚勒奉戴明公如天地父母明公當察勒微心慈眄如子也亦遺棗嵩書而厚賂之浚謂子春等曰石公一時英武據趙舊都成鼎峙之勢何爲稱藩于孤其可信乎子春對曰石將軍英才俊拔士馬雄盛實如聖旨仰惟明公州鄉貴望累葉重光出鎮藩嶽威聲播于八表固以胡越欽風戎夷歌德豈唯區區小府而敢不斂衽神闕者乎昔陳嬰豈其鄙王而不王韓信薄帝而不帝者哉但以知帝王不可以智力爭故也石將軍之擬明公猶陰精之比太陽江河之比洪海爾項籍子陽覆車不遠是石將軍之明鑒明公亦何怪乎且自古誠胡人而爲名臣者實有之帝王則未之有也石將軍非所以惡帝王而讓明公也顧取之不爲天人之所許耳願公勿疑浚大悅封子春等爲列侯遣使報勒答以方物浚司馬游統

時鎮范陽陰叛浚馳使降于勒勒斬其使送于浚以表誠實浚雖不罪統彌信勒之忠誠無復疑矣子春等與王浚使至勒命匿勁卒精甲虛府羸師以示之北面拜使而受浚書浚遺勒麈尾勒僞不敢執懸之于壁朝夕拜之云我不得見王公見王公所賜如見公也復遣董肇奉表于浚期親詣幽州奉上尊號亦修牋于棗嵩乞并州牧廣平公以見必信之誠也勒將圖浚引子春問之子春曰幽州自去歲大水人不粒食浚積粟百萬不能贍恤刑政苛酷賦役殷煩賊害賢良誅斥諫士下不堪命流叛略盡鮮卑烏丸離貳于外棗嵩田嶠貪暴于內人情沮擾甲士羸弊而浚猶置立臺閣布列百官自言漢高魏武不足並也又幽州謠怪特甚聞者莫不爲之寒心浚意氣自若曾無懼容此亡期之至也勒撫几笑曰王彭祖真可擒也浚使達幽州具陳勒形勢寡弱款誠無二浚大悅以勒爲信然勒纂兵戒期將襲浚而懼劉琨及鮮卑烏丸爲其後患沈吟未幾張賓進曰夫襲敵國當出其不意軍嚴經日不行豈顧有三方之慮乎勒曰然爲之奈何賓曰彭祖之據幽州唯仗三部今皆離叛還爲寇讎此則外無聲援以抗我也幽州飢儉人皆蔬食衆叛親離甲旅寡弱此則內無彊兵以禦我也若大軍在郊必土崩瓦解今三方未靖將軍便能懸軍千里以征幽州也輕軍往返不出二旬就使三方有動勢足旋趾宜應機電發勿後時也且劉琨王浚雖同名晉藩其實仇敵若修牋于琨送質請和琨必欣于得我喜于浚滅終不救浚而襲我也勒曰吾所不了右侯已了復何疑哉於是輕騎襲幽州以火宵行至柏人殺主簿游綸以其兄統在范陽懼聲軍計故也遣張慮奉牋于劉琨陳己過深重求討浚以自效琨既素疾浚乃檄諸州郡說勒知命思愆收累年之咎求拔幽都效善將來令聽所請受任通和軍達易水浚督護孫緯馳遣白浚將引軍距勒游統禁之浚將佐咸請出擊勒浚怒曰石公來正欲奉戴我也敢言擊者斬乃命設饗以待之勒晨至薊叱門者開門疑有伏兵先驅牛羊數千頭聲言上禮實欲塡諸街巷使兵不得發浚乃懼或坐或起勒升其廳事命甲士執浚立之于前使徐光讓浚曰君位冠元台爵列上公據幽都驍悍之國跨全燕突騎之鄉手握彊兵坐觀京師傾覆不救天子而欲自尊又專任姦暴殺害忠良肆情恣欲毒徧燕壤自貽于此非爲天也使其將王洛生驛送浚襄國市斬之於是分遣流人各還桑梓擢荀綽裴憲資給車服數朱碩棗嵩田

嶠等以賄亂政責游統以不忠于浚皆斬之遷烏丸審廣漸裳郝襲靳市等于襄國焚燒晉宮殿以晉尚書劉翰爲寧朔將軍行幽州刺史戍薊置守宰而還遣其東曹掾傅遘兼左長史封王浚首獻捷于劉聰勒既還襄國劉翰叛勒奔段匹磾襄國大饑穀二升直銀一斤肉一斤直銀一兩劉聰以平幽州之勳乃遣其使人柳純持節署勒大都督陝東諸軍事驃騎大將軍東單于侍中使持節開府校尉二州牧公如故加金鉦黃鉞前後鼓吹二部增封十二郡勒固辭受二郡而已勒封左長史張敬等十一人爲伯子侯文武進位有差勒將支雄攻劉演於廩丘爲演所敗演遣其將韓弘潘良襲頓丘斬勒所署太守邵攀支雄追擊弘等害潘良于廩丘劉琨遣樂平太守焦球攻勒常山斬其太守邢泰琨司馬溫嶠西討山胡勒將逯明要之敗嶠于潞城勒以幽冀漸平始下州郡閱實人戶戶貲二匹租二斛勒將陳午以浚儀叛于勒逯明攻甯黑于茌平降之因破東燕酸棗而還徙降人二萬餘戶于襄國勒使其將葛薄寇濮陽陷之害太守韓弘劉聰遣其使人范龕持節策命勒賜以弓矢加崇爲陝東伯得專征伐拜封刺史將軍守宰列侯歲盡集上署其長子興爲上黨國世子加翼軍將軍爲驃騎副貳劉琨遣王旦攻中山逐勒所署太守秦固勒將劉勔距旦敗之執旦于望都關勒襲邵續于樂陵續盡衆逆戰大敗而還章武人王眘起兵于科斗壘擾亂勒河間渤海諸郡勒以揚武張夷爲河間太守參軍臨深爲渤海太守各率步騎二千以鎮靜之使長樂太守程遐屯于昌亭爲之聲勢徙平原烏丸展廣劉哆等部落三萬餘戶于襄國使石季龍奔襲乞活王平于梁城敗績而歸又攻劉演于廩丘支雄逯明擊甯黑于東武陽陷之黑赴河而死徙其衆萬餘于襄國邵續使文鴦救演季龍退止盧關津避之文鴦弗能進屯于景亭兗豫豪右張平等起兵救演季龍夜棄營設伏于外揚聲將歸河北等以爲信然入于空營季龍迴擊敗之遂陷廩丘演奔文鴦軍獲演弟啓送于襄國演卽劉琨之兄子也勒以琨撫存其母德之賜啓田宅令儒官授其經時大蝗中山常山尤甚中山丁零翟鼠叛勒攻中山常山勒率騎討之獲其母妻而還鼠保于胥關遂奔代郡勒攻樂平太守韓據于坫城劉琨遣將軍姬澹率衆十餘萬討勒琨次廣牧爲澹聲援勒將距之或諫之曰澹兵精盛其鋒不可當宜深溝高壘以挫其銳攻守勢異必獲萬全勒曰澹大衆遠來體疲力竭犬羊烏

合號令不齊可一戰而擒之何强之有寇已垂至胡可捨去大軍一動豈易中還若澹乘我之退顧乃無暇焉得深溝高壘乎此爲不戰而自滅亾之道立斬諫者以孔萇爲前鋒都督令三軍後出者斬設疑兵于山上分爲二伏勒輕騎與澹戰僞收衆而北澹縱兵追之勒前後伏發夾擊澹軍大敗獲鎧馬萬疋澹奔代郡據奔劉琨琨長史李弘以并州降于勒琨遂奔于段匹磾勒遷陽曲樂平戶于襄國置守宰而退孔萇追姬澹于桑乾勒遣兼左長史張敷獻捷于劉聰勒之征樂平也其南和令趙領招合廣川平原渤海數千戶叛勒奔于邵續河間邢嘏累徵不至亦聚衆數百以叛勒巡下冀州諸縣以右司馬程遐爲寧朔將軍監冀州七郡諸軍事勒姊夫廣威張越與諸將蒱博勒親臨觀之越戲言忤勒勒大怒叱力士折其脛而殺之孔萇攻代郡澹死之時司冀并兗州流人數萬戶在于遼西迭相招引人不安業孔萇等攻馬嚴馮䐗久而不尅勒問計於張賓賓對曰馮䐗等本非明公之深仇遼西流人悉有戀本之思今宜班師息甲差選良守任之以龔遂之事不拘常制奉宣仁澤奮揚威武幽冀之寇可翹足而靜遼西流人可指時而至勒曰右侯之計是也召萇等歸署武遂令李回爲易北督護振武將軍高陽太守馬嚴士衆多李潛軍人回先爲潛府長史素服回威德多叛嚴歸之嚴以部衆離貳懼奔于幽州溺水而死馮䐗率衆降于勒回移居易京流人降者歲常數千勒甚嘉之封回弋陽子邑三百戶加賓封一千戶進賓位前將軍固辭不受河朔大蝗初穿地而生二旬則化狀若蠶七八日而臥四日蜺而飛彌亘百草唯不食三豆及麻并冀尤甚石季龍濟自長壽津寇梁國害內史荀闓劉琨與段匹磾涉復辰疾六眷段末杯等會于固安將謀討勒勒使參軍王續齎金寶遺末杯以間之末杯既思有以報勒恩又忻於厚賂乃說辰眷等引還琨匹磾亦退如薊城邵續使兄子濟攻勒渤海虜三千餘人而還劉聰將趙固以洛陽歸順恐勒襲之遣參軍高少奉書推崇勒請師討聰勒以大義讓之固深恨恚與郭默攻掠河內汲郡段末杯殺鮮卑單于截附真立忽跋鄰爲單于段匹磾自幽州攻末杯末杯逆擊敗之匹磾奔還幽州因害太尉劉琨琨將佐相繼降勒末杯遣弟騎督擊匹磾于幽州匹磾率其部衆數千將奔邵續勒將石越要之于鹽山大敗之匹磾退保幽州越中流矢死勒爲之屏樂三月贈南平將軍初曹嶷據有青州既叛劉聰南稟王命

以建鄴懸遠勢援不接懼勒襲之故遣通和勒授嶷東州大將軍青州牧封琅邪公劉聰疾甚驛召勒爲大將軍錄尚書事受遺詔輔政勒固辭乃止聰又遣其使人持節署勒大將軍持節鉞都督侍中校尉二州牧公如故增封十郡勒不受聰死其子粲襲僞位其大將軍靳準殺粲於平陽勒命張敬率騎五千爲前鋒以討準勒統精鋭五萬繼之據襄陵北原羌羯降者四萬餘落準數挑戰勒堅壁以挫之劉曜自長安屯于蒲阪曜復僭號署勒大司馬大將軍加九錫增封十郡并前十三郡進爵趙公勒攻準于平陽小城平陽大尹周置等率雜戶六千降于勒巴帥及諸羌羯降者十餘萬落徙之司州諸縣準使卜泰送乘輿服御請和勒與劉曜競有招懷之計乃送泰于曜使知城内無歸曜之意以挫其軍勢曜潛與泰結盟使還平陽宣慰諸屠各勒疑泰與曜有謀欲斬泰以速降之諸將皆曰今斬卜泰準必不復降就令泰宣漢要盟于城中使相率誅靳準準必懼而速降矣勒久乃從諸將議遣之泰入平陽與準將喬泰馬忠等起兵攻準殺之推靳明爲盟主遣泰及卜玄奉傳國六璽送于劉曜勒大怒遣令史羊升使平陽責明殺準之狀明怒斬升勒怒甚進軍攻明明出戰勒擊敗之枕尸二里明築城門堅守不復出戰勒遣其左長史王脩獻捷于劉曜晉彭城内史周堅害沛内史周默以彭沛降于勒石季龍率幽冀州兵會勒攻平陽劉曜遣征東劉暢救明勒命舍師于蒲上靳明率平陽之衆奔于劉曜曜西奔粟邑勒焚平陽宮室使裴憲石會脩復元海聰二墓收劉粲已下百餘尸葬之徙渾儀樂器于襄國劉曜又遣其使人郭汜等持節署勒太宰領大將軍進爵趙王增封七郡并前二十郡出入警蹕冕十有二旒乘金根車駕六馬如曹公輔漢故事夫人爲王后世子爲王太子勒舍人曹平樂因使留仕於曜言於曜曰大司馬遣王脩等來外表至虔内覘大駕彊弱謀待脩之返將輕襲乘輿時曜勢實殘弊懼脩宣之曜大怒追汜等還斬脩于粟邑停太宰之授劉茂逃歸言王脩死故勒大怒誅平樂三族贈脩太常又知停殊禮之授怒甚下令曰孤兄弟之奉劉家人臣之道過矣若微孤兄弟豈能南面稱朕哉根基既立便欲相圖天不助惡使假手靳準孤惟事君之體當資舜求瞽叟之義故復推崇令主齊好如初何圖長惡不悛殺奉誠之使帝王之起復何常邪趙王趙帝孤自取之名號大小豈其所節邪於是置太醫尚方御府諸令命參軍鼂讚成正陽門俄而門崩勒大怒斬讚既怒刑倉卒尋亦悔之賜以棺服贈大鴻臚平西將軍祖逖攻陳川于蓬關石季龍救川逖退屯梁國季龍使揚武左伏肅攻之勒增置宣文宣教崇儒崇訓十餘小學于襄國四門簡將佐豪右子弟百餘人以教之且備擊柝之衞置挈壺署鑄豐貨錢河西鮮卑日六延叛于勒石季龍討之敗延于朔方斬首二萬級俘三萬餘人獲牛馬十餘萬孔萇討平幽州諸郡時段匹磾部衆飢散棄其妻子匹磾奔邵續曹嶷遣使來聘獻其方物請以河爲斷桃豹至蓬關祖逖退如淮南徙陳川部衆五千餘戶于廣宗石季龍與張敬張賓及諸將佐百餘人勸勒稱尊號勒下書曰孤猥以寡德忝荷崇寵夙夜戰惶如臨深薄豈可假尊竊號取譏四方昔周文以三分之重猶服事殷朝小白居一匡之盛而尊崇周室況國家道隆殷周孤德卑二伯哉其亟止斯議勿復紛紜自今敢言刑茲無赦乃止勒又下書曰今大亂之後律令滋煩其采集律令之要爲施行條制於是命法曹令史貫志造辛亥制度五千文施行十餘歲乃用律令晉太山太守徐龕叛降于勒石季龍及張敬張賓左右司馬張屈六程遐文武等一百二十九人上疏曰臣等聞有非常之度必有非常之功有非常之功必有非常之事是以三代陵遲五伯迭興靜難濟時績侔睿后伏惟殿下天縱聖哲誕應符運鞭撻宇宙弼成皇業普天率土莫不來蘇嘉瑞徵祥日月相繼物望去劉氏威懷于明公者十分而九矣今山川夷靜星辰不孛夏海重譯天人繫仰誠應升御中壇卽皇帝位使攀附之徒蒙寸尺之潤請依劉備在蜀魏王在鄴故事以河内魏汲頓丘平原清河鉅鹿常山中山長樂樂平十一郡并前趙國廣平陽平章武渤海河間上黨定襄范陽漁陽武邑燕國樂陵十二郡合三十四郡戶二十九萬爲趙國封内依舊改爲内史準禹貢魏武復冀州之境南至盟津西達龍門東至于河北至于塞垣以大單于鎮撫百蠻罷并朔司三州通置部司以監之伏願欽若昊天垂副羣望也勒西面而讓者五南面而讓者四百寮皆叩頭固請勒乃許之

晉書卷一百四考證

石勒載記上初名匐○本書音義匐音背魏書作小字匐勒與此小異

時胡部大張匐督馮莫突等擁衆數千○綱目集覽姓大張名匐督正誤云一部之長呼爲部大姓張氏下文亦有都督部大之名是也又莫突監本訛突莫今從下文改正

屯于葛陂○陂監本訛陵今從本卷勒於葛陂繕室宇改正

勒攻樂平太守韓據于坫城○坫監本誤姑今從音義改正

晉書卷一百五

唐　太　宗　文　皇　帝　御　撰

載記第五

石勒下　子弘　張賓

太興二年勒僞稱趙王赦殊死已下均百姓田租之半賜孝悌力田死義之孤帛各有差孤老鰥寡穀人三石大酺七日依春秋列國漢初侯王每世稱元改稱趙王元年始建社稷立宗廟營東西官署從事中郎裴憲參軍傅暢杜嘏並領經學祭酒參軍續咸庾景爲律學祭酒任播崔濬爲史學祭酒中壘支雄游擊王陽並領門臣祭酒專明胡人辭訟以張離張良劉羣劉謨等爲門生主書司典胡人出内重其禁法不得侮易衣冠華族號胡爲國人遣使循行州郡勸課農桑加張賓大執法專總朝政位冠寮首署石季龍爲單于元輔都督禁衞諸軍事署前將軍李寒領司兵勳教國子擊刺戰射之法命記室佐明楷程機撰上黨國記中大夫傅彪賈蒲江軌撰大將軍起居注參軍石泰石同石謙孔隆撰大單于志自是朝會常以天子禮樂饗其羣下威儀冠冕從容可觀矣羣臣議請論功勒曰自孤起軍十六年于茲矣文武將士從孤征伐者莫不蒙犯矢石備嘗艱阻其在葛陂之役厥功尤著宜爲賞之先也若身見存爵封輕重隨功位爲差死事之孤賞加一等庶足以慰答存亡申孤之心也又下書禁國人不聽報嫂及在喪婚娶其燒葬令如本俗孔萇攻邵續別營十一皆下之續尋爲石季龍所獲送于襄國劉曜將尹安宋始據洛陽降于勒晉徐州刺史蔡豹敗徐龕于檀丘龕遣使詣勒陳討豹之計勒遣將王步都爲龕前鋒使張敬率騎繼之敬達東平龕疑敬之襲已也斬步都等三百餘人復降于晉勒大怒命張敬據其襟要以守之大雨霖中山常山尤甚滹沱汎溢衝陷山谷巨松僵拔浮于滹沱東至渤海原隰之間皆如山積孔萇攻陷文鴦十餘營萇不設備鴦夜擊之大敗而歸勒始制軒懸之樂八佾之舞爲金根大輅黃屋左纛天子車旗禮樂備矣使石季龍率步騎四萬討徐龕龕遣長史劉霄詣勒乞降送妻子爲質納之時蔡豹屯于譙城季龍攻豹豹夜遁季龍引軍城封丘而旋徙朝臣掾屬已上士族者三百戶于襄國崇仁里置公族大夫以領之勒宮殿及諸門始就制法令甚嚴諱胡尤峻有醉胡乘馬突入止車門勒大怒謂宮門小執法馮翥曰夫人君爲令尚望威行天下況宮闕之間乎向馳馬入門爲是何人而不彈白耶翥惶懼忘諱對曰向有醉胡乘馬馳入甚呵禦之而不可與語勒笑曰胡人正自難與言恕而不罪使石季龍擊託候部掘咄哪於岍北大破之俘獲牛馬二十餘萬勒清定五品以張賓領選復續定九品署張班爲左執法郎孟卓爲右執法郎典定士族副選舉之任令羣寮及州郡歲各舉秀才至孝廉清賢良直言武勇之士各一人置署都部從事各一部一州秩二千石職準丞相司直勒下令曰去年水出巨材所在山積將皇天欲孤繕修宮宇也其擬洛陽之太極起建德殿遣從事中郎任汪帥使工匠五千採木以供之黎陽人陳武妻一產三男一女武攜其妻子詣襄國上書自陳勒下書以爲二儀諧暢和氣所致賜其乳婢一口穀一百石雜綵四十匹石季龍攻段匹磾于厭次孔萇討匹磾部内諸城陷之匹磾勢窮乃率其臣下輿櫬出降季龍送之襄國勒署匹磾爲冠軍將軍以其弟文鴦亞將衞麟爲左中郎將皆金章紫綬散諸流人三萬餘戶復其本業置守宰以撫之於是冀并幽州遼西巴西諸屯結皆陷於勒時晉征北將軍祖逖據譙將平中原逖善於撫納自河以南多背勒歸順勒憚之不敢爲寇乃下書曰祖逖屢爲邊患逖北州士望也儻有首丘之思其下幽州修祖氏墳墓爲置守冢二家冀逖知趙施感恩輟其寇暴逖聞之甚悅遣參軍王愉使于勒贈以方物修結和好勒厚賞其使遣左常侍董樹報聘以馬百匹金五十斤答之自是兖豫乂安人得休息矣從事中郎劉奧坐營建德殿井木斜縮斬于殿中勒悔之贈太常建德校尉王和掘得員石銘曰律權石重四鈞同律度量衡有新氏造議者未詳或以爲瑞參軍續咸曰王莽時物也其時兵亂之後典度堙滅遂命下禮官爲準程定式又得一鼎容四升中有大錢三十文曰百當千千當萬鼎銘十三字篆書不可曉藏之於永豐倉因此令公私行錢而

人情不樂乃出公絹市錢限中絹匹一千二百下絹八百然百姓私買中絹四千下絹二千巧利者賤買私錢貴賣於官坐死者十數人而錢終不行勒徙洛陽銅馬翁仲二于襄國列之永豐門祖逖牙門童建害新蔡內史周密遣使降于勒勒斬之送首于祖逖曰天下之惡一也叛臣逃吏吾之深仇將軍之惡猶吾惡也逖遣使報謝自是兗豫間壘壁叛者逖皆不納二州之人率多兩屬矣勒令武鄉耆舊赴襄國既至勒親與鄉老齒坐歡飲語及平生初勒與李陽鄰居歲常爭麻地迭相歐擊至是謂父老曰李陽壯士也何以不來漚麻是布衣之恨孤方崇信於天下寧讎匹夫乎乃使召陽既至勒與酣讌引陽臂笑曰孤往日厭卿老拳卿亦飽孤毒手因賜甲第一區拜參軍都尉令曰武鄉吾之豐沛萬歲之後魂靈當歸之其復之三世勒以百姓始復業資儲未豐於是重制禁釀郊祀宗廟皆以醴酒行之數年無復釀者署石季龍爲車騎將軍率騎三萬討鮮卑鬱粥于離石俘獲及牛馬十餘萬鬱粥奔烏丸悉降其衆城先是勒世子興死至是立子弘爲世子領中領軍遣季龍統中外精卒四萬討徐龕龕堅守不戰於是築室返耕列長圍以守之晉鎮北將軍劉隗降于勒拜鎮南將軍封列侯石季龍攻陷徐龕送之襄國勒囊盛於百尺樓自上撲殺之令步都等妻子刳而食之坑龕降卒三千晉兗州刺史劉遐懼自鄒山退屯于下邳琅邪內史孫默以琅邪叛降于勒徐兗間壘壁多送任請降皆就拜守宰清河張披爲程遐長史遐甚委昵之張賓舉爲別駕引參政事遐疾披去己又惡賓之權盛勒世子弘即遐之甥也自以有援欲收威重於朝乃使弘之母譖之曰張披與張賓爲游俠門客日百餘乘物望皆歸之非社稷之利也宜除披以便國家勒然之至是披取急召不時至因此遂殺之賓知遐之間己遂弗敢請無幾以遐爲右長史總執朝政自是朝臣莫不震懼赴于程氏矣時祖逖卒勒始侵寇邊戍勒征虜石他敗王師于酇西執將軍衞榮而歸征北將軍祖約懼退如壽春勒境內大疫死者十二三乃罷徽文殿作遣其將王陽屯于豫州有闚闞之志於是兵難日尋梁鄭之間騷然矣又遣季龍統中外步騎四萬討曹嶷先是嶷議欲徙海中保根余山會疾疫甚計未及就季龍進兵圍廣固東萊太守劉巴長廣太守呂披皆以郡降以石他爲征東將軍擊羌胡于河西左軍石挺濟師于廣固曹嶷降送于襄國勒害之坑其衆三萬季龍將盡殺嶷衆其青州刺史劉徵曰今留徵使牧人也無人焉牧徵將歸矣季龍乃留男女七百口配徵鎮廣固青州諸郡縣壘壁盡陷勒司馬刺史石生攻晉揚武將軍郭誦于陽翟不尅進寇襄城俘獲千餘而還勒以參軍樊坦清貧擢受章武內史既而入辭勒見坦衣冠弊壞大驚曰樊參軍何貧之甚也坦性誠朴率然而對曰頃遭羯賊無道資財蕩盡勒笑曰羯賊乃爾暴掠邪今當相償耳坦大懼叩頭泣謝勒曰孤律自防俗士不關卿輩老書生也賜車馬衣服裝錢三百萬以勵貪俗勒將兵都尉石瞻寇下邳敗晉將軍劉長遂寇蘭陵又敗彭城內史劉續東莞太守竺珍東海太守蕭誕以郡叛降于勒勒親臨大小學考諸學生經義尤高者賞帛有差勒雅好文學雖在軍旅常令儒生讀史書而聽之每以其意論古帝王善惡朝賢儒士聽者莫不歸美焉嘗使人讀漢書聞酈食其勸立六國後大驚曰此法當失何得遂成天下至留侯諫乃曰賴有此耳其天資英達如此勒徵徐揚州兵會石瞻于下邳劉遐懼又自下邳奔于泗汭石生攻劉曜河內太守尹平于新安斬之尅壘壁十餘降掠五千餘戶而歸自是劉石禍結兵戈日交河東弘農間百姓無聊矣以右常侍霍晧爲勸課大夫與典農使者朱表典勸都尉陸克等循行州郡核定戶籍勸課農桑農桑最修者賜爵五大夫使石生自延壽關出寇許潁俘獲萬餘降者二萬生遂攻陷康城晉將軍郭誦追生生大敗死者千餘生收散卒屯于康城勒汲郡內史石聰聞生敗馳救之進攻郭默俘獲男女二千餘人石聰攻敗晉將李矩郭默等勒將狩於近郊主簿程琅諫曰劉馬刺客離布如林變起倉卒帝王亦一夫之敵耳孫策之禍可不慮乎且枯木朽株盡能爲害馳騁之弊古今戒之勒勃然曰吾幹力自可足能裁量但知卿文書事不須白此輩也是日逐獸馬觸木而死勒亦幾殆乃曰不用忠臣言吾之過也乃賜琅朝服錦絹爵關內侯於是朝臣謁見忠言競進矣晉都尉魯潛叛以許昌降于勒石瞻攻陷晉兗州刺史檀斌于鄒山斌死之勒西夷中郎將王勝襲殺并州刺史崔琨上黨內史王昚以并州叛于勒先是石季龍攻劉曜將劉嶽于石梁至是石梁潰執嶽送襄國季龍又攻王勝于并州殺之李矩以劉嶽之敗也懼自滎陽遁歸矩長史崔宣率矩衆二千降于勒於是盡有司兗之地徐豫濱淮諸郡縣皆降之勒命徙洛陽晷影于襄國列之單于庭銘佐命功臣三十九人于石函置于建德前殿立桑梓苑于襄國勒嘗夜微行檢察營衞齎繒帛金銀以賂門者求出永昌門門候王假欲收捕之從者至乃止旦召假以爲振忠都尉爵關內侯勒如苑鄉召記室參軍徐光光醉不至以光物情所湊常不平之因此發怒退爲牙門勒自苑鄉如鄴徐光侍直慍然攘袂振紛仰視不顧勒因而惡之讓光曰何負卿而敢怏怏邪於是幽光并其妻子于獄勒既將營鄴宮又欲以其世子弘爲鎮密與程遐謀之石季龍自以勳效之重仗鄴爲基雅無去意及修構三臺遷其家室季龍深恨遐遣左右數十人夜入遐宅姦其妻女掠衣物而去勒以弘鎮鄴配禁兵萬人車騎所統五十四營悉配之以驍騎領門臣祭酒王陽專統六夷以輔之石聰攻壽春不尅遂寇逡遒皁陵殺掠五千餘人京師大震濟岷太守劉闓將軍張闔等叛害下邳內史夏嘉以下邳降于石生石瞻攻河南太守王羡于邾陷之龍驤將軍王國叛以南郡降于勒晉彭城內史劉續復據蘭陵石城石瞻攻陷之勒令州郡有墳發掘不掩覆者推劾之骸骨暴露者縣爲備棺衾之具以牙門將王波爲記室參軍典定九流始立秀孝試經之制茌平令師懽獲黑兔獻之於勒程遐等以爲勒龍飛革命之祥於晉以水承金兔陰精之獸玄爲水色此示殿下宜速副天人之望也於是大赦以咸和三年改年曰太和石堪攻晉豫州刺史祖約于壽春屯師淮上晉龍驤將軍王國以南郡叛降于堪南陽都尉董幼叛率襄陽之衆又降于堪祖約諸將佐皆陰遣使附于勒石聰與堪濟淮陷壽春祖約奔歷陽壽春百姓陷于聰者二萬餘戶劉曜敗季龍于高候遂圍洛陽勒滎陽太守尹矩野王太守張進等皆降之襄國大震勒將親救洛陽左右長史司馬郭敖程遐等固諫曰劉曜乘勝雄盛難與爭鋒金墉糧豐攻之未可卒拔曜懸軍千里勢不久支不可親動動無萬全大業去矣勒大怒按劍叱遐等出於是赦徐光召而謂之曰劉曜乘高候之勢圍守洛陽庸人之情皆謂其鋒不可當也然曜帶甲十萬攻一城而百日不尅師老卒殆以我初銳擊之可一戰而擒若洛陽不守曜必送死冀州自河已北席卷南向吾事去矣程遐等不欲吾親行卿以爲何如光對曰劉曜乘高候之勢而不能進臨襄國更守金墉此其無能爲也懸軍三時亡攻戰之利若鸞旗親駕必望旌奔敗定天下之計在今一舉今此機會所謂天授授而弗應禍之攸集勒笑曰光之言是也佛圖澄亦謂勒曰大軍若出必擒劉曜勒尤悅使內外戒嚴有諫者斬命石堪石聰及豫州刺史桃豹等各統見衆會滎陽使石季龍進據石門以左衞石邃都督中軍事勒統步騎四萬赴金墉濟自大堨先是流澌風猛軍至水泮清和濟畢流澌大至勒以爲神靈之助也命曰靈昌津勒顧謂徐光曰曜盛兵成皐關上計也阻洛水其次也坐守洛陽者成擒也諸軍集于成皐步卒六萬騎二萬七千勒見曜無守軍大悅舉手指天又自指額曰天也乃卷甲銜枚而詭道兼路出于鞏訾之間知曜陳其軍十餘萬于城西彌悅謂左右曰可以賀我矣勒統步騎四萬入自宣陽門升故太極前殿季龍步卒三萬自城北而西攻其中軍石堪石聰等各以精騎八千城西而北擊其前鋒大戰于西陽門勒躬貫甲冑出自閶闔夾擊之曜軍大潰石堪執曜送之以徇于軍斬首五萬餘級枕尸於金谷勒下令曰所欲擒者一人耳今已獲之其勑將士抑鋒止銳縱其歸命之路乃旋師使征東石邃等帥騎衞曜而北及是祖約舉兵敗降于勒勒使王波讓之曰卿逆極勢窮方來歸命吾朝豈逋逃之藪邪而卿敢有靦面目也示之以前後檄書乃赦之劉曜子熙等去長安奔于上邽遣季龍討之勒巡行冀州諸郡引見高年孝悌力田文學之士班賜穀帛有差令遠近牧守宜告屬城諸所欲言靡有隱諱使知區區之朝虛渴讜言也季龍尅上邽遣主簿趙封送傳國玉璽金璽太子玉璽各一于勒季龍進攻集木且羌于河西尅之俘獲數萬秦隴悉平涼州牧張駿大懼遣使稱藩貢方物于勒徙氐羌十五萬落于司冀州勒羣臣議以勒功業既隆祥符並萃宜時革徽號以答乾坤之望於是石季龍等奉皇帝璽綬上尊號于勒勒弗許羣臣固請勒乃以咸和五年僭號趙天王行皇帝事尊其祖邪曰宣王父周曰元王立其妻劉氏爲王后世子弘爲太子署其子宏爲持節散騎常侍都督中外諸軍事驃騎大將軍大單于封秦王左衞將軍斌太原王小子恢爲輔國將軍南陽王中山公季龍爲太尉守尚書令中山王石生河東王石堪彭城王以季龍子邃爲冀州刺史封齊王加散騎常侍武衞將軍宣左將軍挺侍中梁王署左長史郭敖爲尚書左僕射右長史程遐爲右僕射領吏部尚書左司馬夔安右司馬郭殷從事中郎李鳳前郎中令裴憲爲尚書署參軍事徐光爲中書令領秘書監論功封爵開國郡公文武二十一人侯二十四人縣公二十六人侯二十二人其餘文武各有差侍中任播等參議以趙承金爲水德旗幟尚玄牲牡尚白子社丑臘勒從之勒下書曰

自今有疑難大事八坐及委丞郎齎詣東堂詮詳平決其有軍國要務須啓有令僕尚書隨局入陳勿避寒暑昏夜也勒以祖約不忠於本朝誅之及其諸子姪親屬百餘人羣臣固請勒宜卽尊號勒乃僭卽皇帝位大赦境內改元曰建平自襄國都臨漳追尊其高祖曰順皇曾祖曰威皇祖曰宣皇父曰世宗元皇帝妣曰元昭皇太后文武封進各有差立其妻劉氏爲皇后又定昭儀夫人位視上公貴嬪貴人視列侯員各一人三英九華視伯淑媛淑儀視子容華美人視男務簡賢淑不限員數勒荊州監軍郭敬南蠻校尉董幼寇襄陽勒馳勑敬退屯樊城戒之使偃藏旗幟寂若無人彼若使人觀察則告之曰自愛堅守後七八日大騎將至相策不復得走矣敬使人浴馬于津周而復始晝夜不絕偵諜還告南中郎將周撫撫以爲勒軍大至懼而奔武昌敬入襄陽軍無私掠百姓安之晉平北將軍魏該弟遐等率該部衆自石城降于敬敬毀襄陽遷其百姓于沔北城樊城以戍之秦州休屠王羌叛于勒刺史臨深遣司馬管光帥州軍討之爲羌所敗隴右大擾氐羌悉叛勒遣石生進據隴城王羌兄子擢與羌有讎生乃賂擢與掎擊之羌敗奔涼州徙秦州夷豪五千餘戶于雍州勒下書曰自今諸有處法悉依科令吾所忿戮怒發中旨者若德位已高不宜訓罰或服勤死事之孤邂逅罹譴門下皆各列奏之吾當思擇而行也堂陽人陳豬妻一產三男賜其衣帛廩食乳婢一口復三歲勿事時高句麗肅愼致其楛矢宇文屋孤並獻名馬于勒涼州牧張駿遣長史馬詵奉圖送高昌于寘鄯善大宛使獻其方物晉荊州牧陶侃遣兼長史王敷聘于勒致江南之珍寶奇獸秦州送白獸白鹿荊州送白雉白兔濟陰木連理甘露降苑鄉勒以休瑞並臻遐方慕義赦三歲刑已下均百姓去年逋調特赦涼州殊死涼州計吏皆拜郎中賜絹十匹綿十斤勒南郊有白氣自壇屬天勒大悅還宮赦四歲刑遣使封張駿武威郡公食涼州諸郡勒親耕藉田還宮赦五歲刑賜其公卿已下金帛有差勒以日蝕避正殿三日令羣公卿士各上封事禁州郡諸祠堂非正典者皆除之其能興雲致雨有益於百姓者郡縣更爲立祠堂殖嘉樹準嶽瀆已下爲差等勒將營鄴宮廷尉續咸上書切諫勒大怒曰不斬此老臣朕宮不得成也勑御史收之中書令徐光進曰陛下天資聰睿超邁唐虞而更不欲聞忠臣之言豈夏癸商辛之君邪其言可用用之不可用故當容之奈何一旦以直言而斬列卿乎勒嘆曰爲人君不得自專如是豈不識此言之忠乎向戲之耳人家有百匹資尙欲市別宅況有天下之富萬乘之尊乎終當繕之耳且勑停作成吾直臣之氣也因賜咸絹百匹稻百斛又下書令公卿百寮歲薦賢良方正直言秀異至孝廉淸各一人答策上第者拜議郎中第中郎下第郎中其舉人得遞相薦引廣招賢之路起明堂辟雍靈臺于襄國城西時大雨霖中山西北暴水流漂巨木百餘萬根集于堂陽勒大悅謂公卿曰諸卿知不此非爲災也天意欲吾營鄴都耳於是令少府任汪都水使者張漸等監營鄴宮勒親授規模蜀梓潼建平漢固三郡蠻巴降于勒勒以成周土中漢晉舊京復欲有移都之意乃命洛陽爲南都置行臺治書侍御史于洛陽勒因饗高句麗宇文屋孤使酒酣謂徐光曰朕方自古開基何等主也對曰陛下神武籌略邁于高皇雄藝卓犖超絕魏祖自三王以來無可比也其軒轅之亞乎勒笑曰人豈不自知卿言亦以太過朕若逢高皇當北面而事之與韓彭競鞭而爭先耳脫遇光武當並驅于中原未知鹿死誰手大丈夫行事當礌礌落落如日月皎然終不能如曹孟德司馬仲達父子欺他孤兒寡婦狐媚以取天下也朕當在二劉之間耳軒轅豈所擬乎其羣臣皆頓首稱萬歲晉將軍趙胤攻剋馬頭石堪遣將軍韓雍救之至則無及遂寇南沙海虞俘獲五千餘人初郭敬之退據樊城也王師復戍襄陽至是敬又攻陷之留戍而歸暴風大雨震電建德殿端門襄國市西門殺五人雹起西河介山大如雞子平地三尺洿下丈餘行人禽獸死者萬數歷太原樂平武鄉趙郡廣平鉅鹿千餘里樹木摧折禾稼蕩然勒正服于東堂以問徐光曰歷代已來有斯災幾也光對曰周漢魏晉皆有之雖天地之常事然明主未始不爲變所以敬天之怒也去年禁寒食介推帝鄉之神也歷代所尊或者以爲未宜替也一人吁嗟王道尙爲之虧況羣神怨憾而不怒動上帝乎縱不能令天下同爾介山左右晉文之所封也宜任百姓奉之勒下書曰寒食旣并州之舊風朕生其俗不能異也前者外議以子推諸侯之臣王者不應爲忌故從其議儻或由之而致斯災乎子推雖朕鄉之神非法食者亦不得亂也尙書其促檢舊典定議以聞有司奏以子推歷代攸尊請普復寒食更爲殖嘉樹立祠堂給戶奉祀勒黃門郎韋謏駁曰按春秋藏冰失道陰氣發泄爲雹自子推已前雹者復何所致此自陰陽乖錯所爲耳且子推賢者曷爲暴害如此求之冥趣必不然矣今雖爲冰室懼所藏之冰不在固陰沍寒之地多皆山川之側氣泄爲雹也以子推忠賢令緜介之間奉之爲允於天下則不通矣勒從之於是遷冰室於重陰凝寒之所并州復寒食如初勒令其太子省可尙書奏事使中常侍嚴震參綜可否征伐刑斷大事乃呈之自是震威權之盛過于主相矣季龍之門可設雀羅季龍忿怏怏不悅郭敬南掠江西晉南中郎將桓宣承其虛攻樊城取城中之衆而去敬旋師救樊追戰于湼水敬前軍大敗宣亦死傷大半盡取所掠而止宣遂南取襄陽留軍戍之勒如鄴臨石季龍第謂之曰功力不可並興待宮殿成後當爲王起第勿以卑小悒悒也季龍免冠拜謝勒曰與王共有天下何所謝也有流星大如象尾足蛇形自北極西南流五十餘丈光明燭地墜於河聲聞九百餘里黑龍見鄴井中勒觀龍有喜色朝其羣臣于鄴命郡國立學官每郡置博士祭酒二人弟子百五十人三考修成顯升台府於是擢拜太學生五人爲佐著作郎錄述時事時大旱勒親臨廷尉錄囚徒五歲刑已下皆輕決遣之重者賜酒食聽沐浴一須秋論還未及宮澍雨大降勒如其灃水宮因疾甚而還召石季龍與其太子弘中常侍嚴震等侍疾禁中季龍矯命絕弘震及內外羣臣親戚勒疾之增損莫有知者詐召石宏石堪還襄國勒疾小瘳見宏驚曰秦王何故來邪使王藩鎭正備今日有呼者邪自來也有呼者誅之季龍大懼曰秦王思慕暫還耳今謹遣之數日復問之季龍曰奉詔卽遣今已半路矣更諭宏在外遂不遣之廣阿蝗季龍密遣其子邃率騎三千游于蝗所熒惑入昴星隕于鄴東北六十里初赤黑黃雲如幕長數十匹交錯聲如雷震墜地氣熱如火塵起連天時有耕者往視之土猶燃沸見有一石方尺餘青色而輕擊之音如磬勒疾甚遺令三日而葬內外百寮旣葬除服無禁婚娶祭祀飲酒食肉征鎭牧守不得輒離所司以奔喪斂以時服載以常車無藏金寶無內器玩大雅沖幼恐非能構荷朕志中山已下其各司所典無違朕命大雅與斌宜善相維持司馬氏汝等之殷鑒其務於敦穆也中山王深可三思周霍勿爲將來口實以咸和七年死時年六十在位十五年夜瘞山谷莫知其所備文物虛葬號高平陵僞諡明皇帝廟號高祖

弘字大雅勒之第二子也幼有孝行以恭謙自守受經於杜嘏誦律於續咸勒曰今世非承平不可專以文業敎也於是使劉徵任播授以兵書王陽敎之擊刺立爲世子領中領軍尋署衞將軍使領開府辟召後鎭鄴勒僭位立爲太子虛襟愛士好爲文詠其所親昵莫非儒素勒謂徐光曰大雅愔愔殊不似將家子光曰漢祖以馬上取天下孝文以玄默守之聖人之後必世勝殘天之道也勒大悅光因曰皇太子仁孝溫恭中山王雄暴多詐陛下一旦不諱臣恐社稷必危宜漸奪中山威權使太子早參朝政勒納之程遐又言於勒曰中山王勇武權智羣臣莫有及者觀其志也自陛下之外視之蔑如兼荷專征歲久威振外內性又不仁殘忍無賴其諸子並長皆預兵權陛下在自當無他恐其怏怏不可輔少主也宜早除之以便大計勒曰今天下未平兵難未已大雅沖幼宜任彊輔中山佐命功臣親同魯衞方委以伊霍之任何至如卿言也卿當忠輔幼主之日不得獨擅帝舅之權故耳吾亦當參卿於顧命勿爲過懼也遐泣曰臣所言者至公陛下以私賜距豈明主開襟納說忠臣必盡之義乎中山雖爲皇太后所養非陛下天屬不可以親義期也杖陛下神規微建鷹犬之效陛下酬其父子以恩榮亦以足矣魏任司馬懿父子終於鼎祚淪移以此而觀中山豈將來有益者乎臣因緣多幸託瓜葛於東宮臣而不竭言於陛下而誰言之陛下若不除中山臣已見社稷不復血食矣勒不聽遐退告徐光曰主上向言如此太子必危將若之何光曰中山常切齒於吾二人恐非但國危亦爲家禍當爲安國寧家之計不可坐而受禍也光復承間言於勒曰陛下廓平八州帝有海內而神色不悅者何也勒曰吳蜀未平書軌不一司馬家猶不絕於丹陽恐後之人將以吾爲不應符籙每一思之不覺見於神色光曰臣以陛下爲憂腹心之患而何暇更憂四支乎何則魏承漢運爲正朔帝王劉備雖紹興巴蜀亦不可謂漢不滅也吳雖跨江東豈有虧魏美陛下旣苞括二都爲中國帝王彼司馬家兒復何異玄德李氏亦猶孫權符籙不在陛下竟欲安歸此四支之輕患耳中山王藉陛下指授神略天下皆言其英武亞於陛下兼其殘暴多姦見利忘義無伊霍之忠父子爵位之重勢傾王室觀其耿耿常有不滿之心近於東宮曲讌有輕皇太子之色陛下隱忍容之臣恐陛下萬年之後宗廟必生荊棘此心腹之重疾也惟陛下圖之勒默然而竟不從及勒死季龍執弘使臨軒命收程遐徐光下廷尉召其子邃率兵入宿衞文武靡不奔散弘大懼讓位于季龍季龍曰君薨而世子立臣安敢亂之弘泣而固讓季龍怒曰若其不堪天下自

當有大議何足預論遂以咸和七年逼立之改年曰延熙文武百寮進位一等誅程遐徐光弘策拜季龍爲丞相魏王大單于加九錫以魏郡等十三郡爲邑總攝百揆季龍僞固讓久而受命赦其境內殊死已下立季龍妻鄭氏爲魏王后子邃爲魏太子加使持節侍中大都督中外諸軍事大將軍錄尚書事宣爲使持節車騎大將軍冀州刺史封河間王韜爲前鋒將軍司隸校尉封樂安王遵齊王鑒代王苞樂平王徙太原王斌爲章武王勒文武舊臣皆補左右丞相閑任季龍府寮舊昵悉署臺省禁要命太子宮曰崇訓宮勒妻劉氏已下皆徙居之簡其美淑及勒車馬珍寶服御之上者皆入于已署鎮軍夔安領左僕射尚書郭殷爲右僕射劉氏謂石堪曰皇祚之滅不復久矣王將何以圖之堪曰先帝舊臣皆已斥外衆旅不復由人宮殿之內無所措籌臣請出奔兗州據廩丘挾南陽王爲盟主宣太后詔於諸牧守征鎮令各率義兵同討桀逆蔑不濟也劉氏曰事急矣便可速發恐事淹變生堪許諾微服輕騎襲兗州失期不尅遂南奔譙城季龍遣其將郭太等追擊之獲堪于城父送襄國炙而殺之徵石恢還于襄國劉氏謀泄季龍殺之尊弘母程氏爲皇太后時石生鎮關中石朗鎮洛陽皆起兵于二鎮季龍留子邃守襄國統步騎七萬攻朗于金墉金墉潰獲朗刖而斬之進師攻長安以石挺爲前鋒大都督生遣將軍郭權率鮮卑涉璝部衆二萬爲前鋒距之生統大軍繼發次于蒲坂前鋒及挺大戰潼關敗績挺及丞相左長史劉隗皆戰死季龍退奔澠池枕尸三百餘里鮮卑密通于季龍背生而擊之生時停蒲坂不知挺之死也懼單馬奔長安郭權乃復收衆三千與越騎校尉石廣相持于渭汭生遂去長安潛于雞頭山將軍蔣英固守長安季龍聞生之奔也進師入關進攻長安旬餘拔之斬蔣英等分遣諸將屯于汧徙雍秦州華戎十餘萬戶于關東生部下斬生于雞頭山季龍還襄國大赦諷弘命已建魏臺一如魏輔漢故事郭權以生敗據上邽以歸順詔以權爲鎮西將軍秦州刺史於是京兆新平扶風馮翊北地皆應之弘鎮西石廣與權戰敗績季龍遣郭敖及其子斌等率步騎四萬討之次于華陰上邽豪族害權以降徙秦州三萬餘戶于青并二州諸郡南氐楊難敵等送任通和長安陳良夫奔于黑羌招誘北羌四角王薄句大等擾北地馮翊與石斌相持石韜等率騎掎句大之後與斌夾擊敗之句大奔于馬蘭山郭敖等懸軍追北爲羌所敗死者十七八斌等收軍還于三城季龍聞而大怒遣使殺郭敖石宏有怨言季龍幽之弘齎璽綬親詣季龍諭禪位意季龍曰天下人自當有議何爲自論此也弘還宮對其母流涕曰先帝眞無復遺矣俄而季龍遣丞相郭殷持節入廢弘爲海陽王弘安步就車容色自若謂羣臣曰不堪纂承大統顧慚羣后此亦天命去矣又何言百官莫不流涕宮人慟哭咸康元年幽弘及程氏并宏恢于崇訓宮尋殺之在位時年二十二

張賓

張賓字孟孫趙郡中丘人也父瑤中山太守賓少好學博涉經史不爲章句闊達有大節常謂昆弟曰吾自言智算鑒識不後子房但不遇高祖耳爲中丘王帳下都督非其好也病免及永嘉大亂石勒爲劉元海輔漢將軍與諸將下山東賓謂所親曰吾歷觀諸將多矣獨胡將軍可與共成大事乃提劍軍門大呼請見勒亦未之奇也後漸進規模乃異之引爲謀主機不虛發算無遺策成勒之基業皆賓之勳也及爲右長史大執法封濮陽侯任遇優顯寵冠當時而謙虛敬愼開襟下士士無賢愚造之者莫不得盡其情焉肅清百寮屏絕私昵入則格言出則歸美勒甚重之每朝常爲之正容貌簡辭令呼曰右侯而不名之勒朝莫與爲比也及卒勒親臨哭之哀慟左右贈散騎常侍右光祿大夫儀同三司諡曰景將葬送于正陽門望之流涕顧左右曰天欲不成吾事邪何奪吾右侯之早也程遐代爲右長史勒每與遐議有所不合輒歎曰右侯捨我去令我與此輩共事豈非酷乎因流涕彌日

晉書卷一百五考證

石勒載記下修祖氏墳墓爲置守冢二家冀逖知趙施感恩轂其寇暴○後趙錄知作如施作佗言如南越王佗感漢之恩也似應從之

晉書卷一百六

唐　太　宗　文　皇　帝　御　撰

載記第六

石季龍上

石季龍勒之從子也名犯太祖廟諱故稱字焉祖曰㔨邪父曰寇覓勒父朱幼而子季龍故或稱勒弟焉年六七歲有善相者曰此兒貌奇有壯骨貴不可言永興中與勒相失後劉琨送勒母王及季龍于葛陂時年十七矣性殘忍好馳獵游蕩無度尤善彈數彈人軍中以爲毒患勒白王將殺之王曰快牛爲犢子時多能破車汝當小忍之年十八稍折節身長七尺五寸趫捷便弓馬勇冠當時將佐親戚莫不敬憚勒深嘉之拜征虜將軍爲聘將軍郭榮妹爲妻季龍寵惑優僮鄭櫻桃而殺郭氏更納清河崔氏女櫻桃又譖而殺之所爲酷虐軍中有勇幹策略與已侔者輒方便害之前後所殺甚衆至於降城陷壘不復斷別善惡坑斬士女尠有遺類勒雖屢加責誘而行意自若然御衆嚴而不煩莫敢犯者指授攻討所向無前故勒寵之信任彌隆仗以專征之任勒之居襄國署爲魏郡太守鎮鄴三臺後封繁陽侯勒卽大單于趙王位署爲單于元輔都督禁衛諸軍事遷侍中開府進封中山公及勒僭號授太尉守尚書令進封爲王邑萬戶季龍自以勳高一時謂勒卽位之後大單于必在已而更以授其子弘季龍深恨之私謂其子邃曰主上自都襄國以來端拱指授而以吾躬當矢石二十餘年南擒劉岳北走索頭東平齊魯西定秦雍尅殄十有三州成大趙之業者我也大單于之望實在于我而授黃吻婢兒每一憶此令人不復能寢食待主上晏駕之後不足復留種也咸康元年季龍廢勒子弘羣臣已下勸其稱尊號季龍下書曰王室多難海陽自棄四海業重故俛從推逼朕聞道合乾坤者稱皇德協人神者稱帝皇帝之號非所敢聞且可稱居攝趙天王以副天人之望於是赦其境內改年曰建武以夔安爲侍中太尉守尚書令郭殷爲司空韓晞爲尚書左僕射魏槩馮莫張崇曹顯爲尚書申鍾爲侍中郎闓爲光祿大夫王波爲中書令文武封拜各有差立其子邃爲太子李龍以讖文天子當從東北來於是備法駕行自信都而還以應之分癭陶之柳鄉立停駕縣季龍徙州從事朱縱殺刺史郭祥以彭城歸順季龍遣將王朗擊之縱奔淮南季龍荒游廢政多所營繕使邃省可尚書奏事選牧守祀郊廟惟征伐刑斷乃親覽之觀省臺崩殺典匠少府任汪復使脩之倍於常度季龍自率衆南寇歷陽臨江而旋京師大震遣其征虜石遇寇中廬遂圍平北將軍桓宣于襄陽輔國將軍毛寶南中郎將王國征西司馬王愆期等率荊州之衆救之屯于章山遇攻守二旬軍中饑疫而還季龍以租入殷廣轉輸勞煩令中倉歲入百萬斛餘皆儲之水次晉將軍淳于安攻其琅邪費縣俘獲而歸石邃保母劉芝初以巫術進旣養邃遂有深寵通賄賂豫言論權傾朝廷親貴多出其門遂封芝爲宜城君季龍下書令刑贖之家得以錢代財帛無錢聽以穀麥皆隨時價輸水次倉冀州八郡雨雹大傷秋稼下書深自咎責遣御史所在發水次倉麥以給秋種尤甚之處差復一年季龍將遷于鄴尚書請太常告廟季龍曰古者將有大事必告宗廟而不列社稷尚書可詳議以聞公卿乃請使太尉告社稷從之及入鄴宮澍雨周洽季龍大悅赦殊死已下尚方令解飛作司南車成季龍以其構思精微賜爵關內侯賞賜甚厚始制散騎常侍已上得乘軺軒王公郊祀乘副車駕四馬龍旂八旒朔望朝會節乘軺軒時羌薄句大猶保險未賓遣其子章武王斌帥精騎二萬并秦雍二州兵以討之季龍如長樂衞國有田疇不闢桑業不脩者貶其守宰而還咸康二年使牙門將張彌徙洛陽鍾虡九龍翁仲銅駝飛廉于鄴鍾一沒於河募浮沒三百人入河繫以竹絙牛百頭鹿櫨引之乃出造萬斛舟以渡之以四輪纏輞車轍廣四尺深二尺運至鄴季龍大悅赦二歲刑賚百官穀帛百姓爵一級下書曰三載考績黜陟幽明斯則先王之令典政道之通塞魏始建九品之制三年一清定之雖未盡弘美亦縉紳之清律人倫之明鏡從爾以來遵用無改先帝創臨天下黃紙再定至於選舉銓爲首格自不清定三載于茲主者其更銓論務揚清激濁使九流咸允也吏部選舉可依晉氏九班選制永爲揆法選畢經中書門下宣示三省然後行之其著此詔書于令銓衡不奉行者御史彈坐以聞索頭郁鞠率衆三萬降于季龍署鞠等一十三人親通趙王皆封列侯散其部衆于冀青等六州時衆役煩興軍旅不息加以久旱穀貴金一斤直米二斗百姓嗷然無生賴矣又納解飛之說於鄴正南投石於河以起飛橋功費數千億萬橋竟不成役夫飢甚乃止使令長率丁壯隨山澤采橡捕魚以濟老弱而復爲權豪所奪人無所得焉又料殷富之家配飢人以食之公卿以下出穀以助振給姦吏因之侵割無已雖有貸贍之名而無其實改直

盪爲龍騰冠以絳幘於襄國起太武殿於鄴造東西宮至是皆就太武殿基高二丈八尺以文石綷之下穿伏室置衞士五百人於其中東西七十五步南北六十五步皆漆瓦金鐺銀楹金柱珠簾玉壁窮極伎巧又起靈風臺九殿於顯陽殿後選士庶之女以充之後庭服綺縠玩珍奇者萬餘人內置女官十有八等敎宮人星占及馬步射置女太史于靈臺仰觀災祥以考外太史之虛實又置女鼓吹羽儀雜伎工巧皆與外侔禁郡國不得私學星讖敢有犯者誅左校令成公段造庭燎于崇杠之末高十餘丈上盤置燎下盤置人絙繳上下季龍試而悅之其太保夔安等文武五百九人勸季龍稱尊號安等方入而庭燎油灌下盤死者七人季龍惡之大怒斬成公段于閶闔門於是依殷周之制以咸康三年僭稱大趙天王卽位于南郊大赦殊死已下追尊祖訇邪爲武皇帝父寇覓爲太宗孝皇帝立其妻鄭氏爲天王皇后以子邃爲天王皇太子親王皆貶封郡公藩王爲縣侯百官封署各有差太原徙人有五百餘戶叛入黑羌武鄉長城徙人韓彊獲玄玉璽方四寸七分龜紐金文詣鄴獻之拜彊騎都尉復其一門夔安等又勸進曰臣等謹按大趙水德玄龜者水之精也玉者石之寶也分之數以象七政寸之紀以準四極昊天成命不可久違輒下史官擇吉日具禮儀謹昧死上皇帝尊號季龍下書曰過相褒美猥見推逼覽增恧然非所望也其亟止茲議今東作告始自非京城內外皆不得表慶中書令王波上玄璽頌以美之季龍以石弘時造此璽彊遇而獻之遂自總百揆之後荒酒淫色驕恣無道或盤游于田懸管而入或夜出于宮臣家淫其妻妾粧飾宮人美淑者斬首洗血置於盤上傳共視之又內諸比丘尼有姿色者與其交褻而殺之合牛羊肉煑而食之亦賜左右欲以識其味也河間公宣樂安公韜有寵於季龍邃疾之如讎季龍荒耽內游威刑失度邃以事爲可呈呈之季龍恚曰此小事何足呈也時有所不聞復怒曰何以不呈誚責杖捶月至再三邃甚恨私謂常從無窮長生中庶子李顏等曰官家難稱吾欲行冒頓之事卿從我乎顏等伏不敢對邃稱疾不省事率宮臣文武五百餘騎宴于李顏別舍謂顏等曰我欲至冀州殺石宣有不從者斬行數里騎皆逃散李顏叩頭固諫邃亦昏醉而歸邃母鄭氏聞之私遣中人責邃邃怒殺其使季龍聞邃有疾遣所親任女尚書察之邃呼前與語抽劍擊之季龍大怒收李顏等詰問顏具言始末誅顏等

三十餘人幽邃于東宮既而赦之引見太武東堂邃朝而不謝俄而便出季龍遣使謂邃曰太子應入朝中宮何以便去邃徑出不顧季龍大怒廢邃爲庶人其夜殺邃及妻張氏并男女二十六人同埋於一棺之中誅其宮臣支黨二百餘人廢鄭氏爲東海太妃立其子宣爲天王皇太子宣母杜昭儀爲天王皇后安定人侯子光弱冠美姿儀自稱佛太子從大秦國來當王小秦國易姓名爲李子楊游于鄠縣爰赤眉家頗見其妖狀事微有驗赤眉信敬之妻以二女轉相扇惑京兆樊經竺龍嚴諶謝樂子等聚衆數千人於杜南山子楊稱大皇帝建元曰龍興赤眉與經爲左右丞相龍諶爲左右大司馬樂子爲大將軍鎭西石廣擊斬之子楊頸無血十餘日而面色無異於生季龍將伐遼西鮮卑段遼募有勇力者三萬人皆拜龍騰中郎遼遣從弟屈雲襲幽州刺史李孟退奔易京季龍以桃豹爲橫海將軍王華爲渡遼將軍統舟師十萬出漂渝津支雄爲龍驤大將軍姚弋仲爲冠軍將軍統步騎十萬爲前鋒以伐段遼季龍衆次金臺支雄長驅入薊遼漁陽太守馬鮑代相張牧北平相陽裕上谷相侯龕等四十餘城並率衆降于季龍支雄攻安次斬其部大夫那樓奇遼懼棄令支奔于密雲山遼左右長史劉羣盧諶司馬崔悅等封其府庫遣使請降季龍遣將軍郭太麻秋等輕騎二萬追遼及之戰于密雲獲其母妻斬級三千遼單馬竄險遣子乞特眞送表及名馬季龍納之乃遷其戶二萬餘于雍司兗豫四州之地諸有才行者皆擢敍之先是北單于乙回爲鮮卑敦那所逐既平遼西遣其將李穆擊那破之復立乙回而還季龍入遼宮論功封賞各有差初慕容皝與段遼有隙遣使稱藩于季龍陳遼宜伐請盡衆來會及軍至令支皝師不出季龍將伐之天竺佛圖澄進曰燕福德之國未可加兵季龍作色曰以此攻城何城不尅以此衆戰誰能禦之區區小豎何所逃也太史令趙攬固諫曰燕地歲星所守行師無功必受其禍季龍怒鞭之黜爲肥如長進師攻棘城旬餘不尅皝遣子恪帥胡騎二千晨出挑戰諸門皆若有師出者四面如雲季龍大驚棄甲而遁於是召趙攬復爲太史令季龍旋自令支過易京惡其固而毀之還謁石勒墓朝其羣臣于襄國建德前殿復從征文武有差至鄴設飲至之禮賜俘馘於丞郎季龍謀伐昌黎遣渡遼曹伏將青州之衆渡海戍蹋頓城無水而還因戍于海島運穀三百萬斛以給之又以船三百艘運穀三十萬斛詣高句麗使

典農中郎將王典率衆萬餘屯田於海濱又令青州造船千艘使石宣率步騎二萬擊朔方鮮卑斛摩頭破之斬首四萬餘級冀州八郡大蝗司隸請坐守宰季龍曰此政之失和朕之不德而欲委咎守宰豈禹湯罪己之義邪司隸不進讜言佐朕不逮而歸咎無辜所以重吾之責可白衣領司隸加其子司徒韜金鉦黃鉞鑾輅九旒先是使襄城公涉歸上庸公日歸率衆戍長安二歸告鎭西石廣私樹恩澤潛謀不軌季龍大怒追廣至而殺之段遼於密雲山遣使詐降季龍信之使征東麻秋百里郊迎勅秋曰受降如待敵將軍愼之遼又遣使降于慕容皝曰胡貪而無謀吾今請降求迎彼終不疑也若伏衆軍以要之可以得志皝遣子恪伏兵于密雲麻秋統衆三萬迎遼爲恪所襲死者十六七秋步遁而歸季龍聞之驚怒方食吐餔乃削秋官爵下書令諸郡國立五經博士初勒置大小學博士至是復置國子博士助敎季龍以吏部選舉斥外耆德而勢門童幼多爲美官免郎中魏奭爲庶人以其太子宣爲大單于建天子旌旗以夔安爲征討大都督統五將步騎七萬寇荊楊北鄙石閔敗王師于沔陰將軍蔡懷死之宣將朱保又敗王師于白石將軍鄭豹談玄郝莊隨相蔡熊皆遇害季龍將張賀度攻陷邾城敗晉將毛寶于邾西死者萬餘人夔安進據胡亭晉將軍黃沖歷陽太守鄭進皆降之安於是掠七萬戶而還時豪戚侵恣賄託公行季龍患之擢殿中御史李巨爲御史中丞特親任之自此百寮震慴州郡肅然季龍曰朕聞良臣如猛獸高步通衢而豺狼避路信矣哉鎭遠王擢表雍秦二州望族自東徙已來遂在戍役之例既衣冠華胄宜蒙優免從之自是皇甫胡梁韋杜牛辛等十有七姓蠲其兵貫一同舊族隨才銓敍思欲分還桑梓者聽之其非此等不得爲例以其撫軍李農爲使持節監遼西北平諸軍事征東將軍營州牧鎭令支于時大旱白虹經天季龍下書曰朕在位六載不能上和乾象下濟黎元以致星虹之變其令百寮各上封事解西山之禁蒲葦魚鹽除歲供之外皆無所固公侯卿牧不得規占山澤奪百姓之利又下書曰前以豐國澠池二冶初建徙刑徒配之權救時務而主者循爲恒法致起怨聲自今罪犯流徙皆當申奏不得輒配也京獄見囚非手殺人一皆原遣其日澍雨季龍將討慕容皝令司冀青徐幽并雍兼復之家五丁取三四丁取二合鄴城舊軍滿五十萬具船萬艘自河通海運穀豆千一百萬斛于安樂城以備征軍之調

徙遼西北平漁陽萬餘戶于兗豫雍洛四州之地季龍僭位之後有所調用皆選司擬官經令僕而後奏行不得其人案以爲令僕之負尚書及郎不坐至是吏部尚書劉眞以爲失銓考之體而言之季龍責怒主者加眞光祿大夫金章紫綬季龍如宛陽大閱於曜武場慕容皝襲幽冀略三萬餘家而去幽州刺史石光坐愞弱徵還賜徵士辛謐几杖衣服穀五百斛勅平原爲起甲第先是李壽將李宏自晉奔于季龍壽致書請之題曰趙王石君季龍不悅付外議之多有異同中書監王波議曰今李宏以死自誓若得反魂蜀漢當鳩率宗族混同王化若遣而果也則不煩一旅之師而坐定梁益就有進退豈在逃命一夫壽既號並日月跨僭一方今若制詔或敢酬反則取誚戎裔宜書答之并贈以楛矢使壽知我遐荒必臻也於是遣宏備物以酬之以石韜爲太尉與太子宣迭日省可尚書奏事自幽州東至白狼大興屯田張駿憚季龍之盛遣其別駕馬詵朝之季龍初大悅及覽其表辭頗蹇傲季龍大怒將斬詵侍中石璞進曰爲陛下之患者丹陽也區區河右焉能爲有無今斬馬詵必征張駿則南討之師勢分爲二建業君臣延其數年之命矣勝之不爲武弗剋爲四夷所笑不如因而厚之若彼改圖謝罪率其臣職者則我又何求迷而不悟討之未後也季龍乃止李宏既至蜀漢李壽欲誇其境內下令云羯使來庭獻其楛矢季龍聞之怒甚黜王波以白衣守中書監季龍志在窮兵以其國內少馬乃禁畜馬匿者腰斬收百姓馬四萬餘匹以入于公兼盛興宮室於鄴起臺觀四十餘所營長安洛陽二宮作者四十餘萬人又勅河南四州具南師之備并朔秦雍嚴西討之資青冀幽州三五發卒諸州造甲者五十餘人兼公侯牧宰競興私利百姓失業十室而七船夫十七萬人爲水所沒猛獸所害三分而一貝丘人李弘因衆心之怨自言姓名應讖遂連結姦黨署置百寮事發誅之連坐者數千家季龍畋獵無度晨出夜歸又多微行躬察作役之所侍中韋謏諫曰臣聞千金之子坐不垂堂萬乘之主行不履危陛下雖天生神武雄據四海乾坤宣贊萬無所慮然白龍魚服有豫且之禍海若潛游羅葛陂之酷深願陛下淸宮蹕路思二神爲元鑒不可忽天下之重輕行斤斧之間一旦有狂夫之變龍騰之勇不暇施也智士之計豈及設哉又自古聖王之營建宮室未始不於三農之隙所以不奪農時也今或盛功于耘藝之辰或煩役于收穫之月頓斃屬途怨聲塞

路誠非聖君仁后所忍爲也昔漢明賢君也鍾離一言而德陽役止臣誠識慙昔士言無可採陛下道越前王所宜哀覽季龍省而善之賜以穀帛而興繕滋繁游察自若右僕射張離領五兵尚書專總兵要而欲求媚于石宣因說之曰今諸公侯吏兵過限宜漸削弱以盛儲威宣素疾石韜之寵甚說其言乃使離奏奪諸公府吏秦燕義陽樂平四公聽置吏一百九十七人帳下兵二百人自此已下三分置一餘兵五萬悉配東宮於是諸公咸怨爲大釁之漸矣遣征北張舉自鴈門討索頭郁鞠尅之制征士五人車一乘牛二頭米各十五斛絹十匹調不辦者以斬論將以圖江表於是百姓窮窘鬻子以充軍制猶不能赴自經于道路死者相望而求發無已會青州言濟南平陵城北石獸一夜中忽移在城東南善石溝上有狼狐千餘迹隨之迹皆成路季龍大悅曰獸者朕也自平陵城北而東南者天意將使朕平蕩江南之徵也天命不可違其勅諸州兵明年悉集朕當親董六軍以副成路之祥羣臣皆賀上皇德頌者一百七人時妖怪尤多石然于泰山八日而滅東海有大石自立旁有血流鄴西山石間血流出長十餘步廣二尺餘太武殿畫古賢悉變爲胡旬餘頭悉縮入肩中季龍大惡之佛圖澄對之流涕寧遠劉寧攻武都狄道陷之使石宣討鮮卑斛穀提大破之斬首三萬級中謁者令申扁有寵於季龍而宣亦暱之扁聰辯明斷專綜機密之任季龍既不省奏案宣荒酒內游石韜沉湎好獵生殺除拜皆扁所決於是權傾內外刺史二千石多出其門九卿已下望塵而拜唯侍中鄭系王謙常侍盧諶崔約等十餘人與之抗禮季龍又取州郡吏馬一萬四千餘匹以配曜武關將馬主皆復一年鎮北宇文歸執送段遼之子蘭降于季龍獻駿馬萬匹季龍以平西張伏都爲使持節都督征討諸軍事帥步騎三萬擊涼州既濟河與張駿將謝艾大戰于河西伏都敗績季龍雖昏虐無道而頗慕經學遣國子博士詣洛陽寫石經校中經于祕書國子祭酒聶熊注穀梁春秋列于學宮燕公石斌淫酒荒獵常懸管而入征北張賀度以邊防宜警每裁諫之斌怒辱賀度季龍聞之大怒杖斌一百遣主書禮儀持節監之斌行意自若儀持法呵禁斌怒殺之欲殺賀度賀度嚴衛馳白之季龍遣尚書張離持節帥騎追斌鞭之三百免官歸第誅其親任十餘人建元初季龍饗羣臣于太武前殿有白鴈百餘集于馬道南季龍命射之無所獲既將討三方諸州兵至者百餘萬太史令趙攬私於季龍曰白鴈集殿庭宮室將空不宜行也季龍納之臨宣武觀大閱而解嚴以燕公斌爲使持節侍中大司馬錄尚書事置左右戎昭曜武將軍位在左右衛上東宮置左右統將軍位在四率上置上中光祿大夫在左右光祿上置鎮衛將軍在車騎將軍上時石宣淫虐日甚而莫敢以告領軍王朗言之於季龍曰今隆冬雪寒而皇太子使人斫伐宮材引於漳水功役數萬士衆吁嗟陛下宜因游觀而罷之也季龍如其言既而宣知朗所爲怒欲殺之而無因會熒惑守房趙攬承宣旨言於季龍曰昴者趙之分也熒惑所在其主惡之房爲天子此殃不小宜貴臣姓王者當之季龍曰誰可當者攬久而對曰無復貴於王領軍也季龍既惜朗且猜之曰更言其次攬曰其次唯中書監王波耳季龍乃下書追波前議遣李宏及荅楛矢之愆腰斬之及其四子投于漳水以厭熒惑之變尋愍波之無罪追贈司空封其孫爲侯平北尹農攻慕容皝凡城不尅而還黜農爲庶人時白虹出自太社經鳳陽門東南連天十餘刻乃滅季龍下書曰蓋古明王之理天下也政以均平爲首化以仁惠爲本故能允協人和緝熙神物朕以耿薄君臨萬邦夕惕乾乾思遵古烈是以每下書蠲除繇賦休息黎元庶俯懷百姓仰稟三光而中年已來變眚彌顯天文錯亂時氣不應斯由人怨于下譴感皇天雖朕之不明亦羣后不能翼獎之所致也昔楚相脩政洪災旋弭鄭卿厲道氛祲自消皆股肱之良用康羣變而羣公卿士各懷道迷邦拱默成敗豈所望於台輔百司哉其各上封事極言無隱於是閉鳳陽門唯元日乃開立二時于靈昌津祠天及五郊李壽以建寧上庸漢固巴徵梓潼五郡降于季龍先是季龍起河橋於靈昌津采石爲中濟石無大小下輒隨流用功五百餘萬而不成季龍遣使致祭沉璧于河俄而所沉璧流于渚上地震水波騰上津所殿觀莫不傾壞壓死者百餘人季龍恚甚斬工匠而止作焉命石宣石韜生殺拜除皆迭日省決不復啓也司徒申鍾諫曰慶賞刑威后皇攸執名器至重不可以假人皆以防姦杜漸以示軌儀太子國之儲貳朝夕視膳而不及政也庶人邃往以聞政致敗殷鑒不遠宜革而弗遵且二政分權尠不及禍周有子頹之釁鄭有叔段之難此皆由寵之不道所以亂國害親惟陛下覽之季龍不從太子詹事孫珍問侍中崔約曰吾患目疾何方療之約素狎珍戲之曰溺中則愈珍曰目何可溺約曰卿目睕睕正耐溺中珍恨之以白宣宣諸子中最胡狀目深聞之大怒誅約父子珍有寵于宣頗預朝政自誅約之後公卿已下憚之側目季龍子義陽公鑒時鎮關中役煩賦重失關右之和其友李松勸鑒文武有長髮者拔爲冠纓餘以給宮人長史取髮白之季龍大怒以其右僕射張離爲征西左長史龍驤將軍雍州刺史以察之信然徵鑒還鄴收松下廷尉以石苞代鎮長安發雍洛秦并州十六萬人城長安未央宮季龍性既好獵其後體重不能跨鞍乃造獵車千乘轅長三丈高一丈八尺置高一丈七尺格獸車四十乘立三級行樓二層於其上尅期將校獵自靈昌津南至滎陽東極陽都使御史監察其中禽獸有犯者罪至大辟御史因之擅作威福百姓有美女好牛馬者求之不得便誣以犯獸論死者百餘家海岱河濟間人無寧志矣又發諸州二十六萬人脩洛陽宮發百姓牛二萬餘頭配朔州牧官增置女官二十四等東宮十有二等諸公侯七十餘國皆爲置女官九等先是大發百姓女二十已下十三已上三萬餘人爲三等之第以分配之郡縣要媚其旨務於美淑奪人婦者九千餘人百姓妻有美色豪勢因而脅之率多自殺石宣及諸公及私令采發者亦垂一萬總會鄴宮季龍臨軒簡第諸女大悅封使者十二人皆爲列侯自初發至鄴諸殺其夫及奪而遣之縊死者三千餘人荊楚揚徐間流叛略盡宰守坐不能綏懷下獄誅者五十餘人金紫光祿大夫逯明因侍切諫季龍大怒遣龍騰拉而殺之自是朝臣杜口相招爲祿仕而已季龍常以女騎一千爲鹵簿皆著紫綸巾熟錦袴金銀鏤帶五文織成韡游于戲馬觀觀上安詔書五色紙在木鳳之口鹿盧迴轉狀若飛翔焉遣涼州刺史麻秋等伐張重華尚書朱軌與中黃門嚴生不協會大雨霖道路陷滯不通生因而譖軌不脩道又誣謗朝政季龍遂殺之於是立私論之條偶語之律聽吏告其君奴告其主威刑日濫公卿已下朝會以目吉凶之問自此而絕軌之囚也冠軍苻洪諫曰臣聞聖主之馭天下也土階三尺茅茨不翦食不累味刑措而不用亡君之馭海內也傾宮瓊榭象箸玉杯截脛剖心脯賢刳孕故其亡也忽焉今襄國鄴宮足康帝宇長安洛陽何爲者哉盤于游田耽於女德三代之亡恒必由此而忽爲獵車千乘養獸萬里奪人妻女十萬盈宮尚書朱軌納言大臣以道路不修將加酷法此自陛下政之失和陰陽災沴暴降霖雨七旬霽方二日縱有鬼兵百萬尚未及脩之而況人乎刑政如此其如史筆何其如四海何特廟止作徒休宮女赦朱軌允衆望季龍省之不悅憚其彊但寢而不納弗之罪也乃停二京作役焉

晉書卷一百六考證

石季龍載記上尚方令解飛作司南車成○司十六國春秋作指

季龍將張賀度攻陷郛城○賀度十六國春秋作貉

擢殿中御史李巨爲御史中丞○巨一本作宸又一本作鉅

遣主書禮儀持節監之○左傳有衛大夫禮孔則禮其姓儀其名也

晉書卷一百七

唐 太 宗 文 皇 帝 御 撰

載記第七

石季龍下 子世 遵 鑒 冉閔

永和三年季龍親耕籍田于其桑梓苑其妻杜氏祠先蠶于近郊遂如襄國謁勒墓以中書監石寧爲征西將軍率并司州兵二萬餘人爲麻秋等後繼張重華將宋秦等率戶二萬來降河湟間氐羌十餘萬落與張璩相首尾麻秋憚之不進重華金城太守張沖又以郡降石寧麻秋尋次曲柳劉寧王擢進攻始興武街重華將楊康等與寧戰于沙阜寧敗績乃引還金城王擢尅武街執重華護軍曹權胡宣徙七千餘戶于雍州季龍又以孫伏都爲征西將軍與麻秋率步騎三萬長驅濟河且城長最重華大懼遣將謝艾逆擊敗之秋退歸金城勒及季龍並貪而無禮既王有十州之地金帛珠玉及外國珍奇異貨不可勝紀而猶以爲不足曩代帝王及先賢陵墓靡不發掘而取其寶貨焉邯鄲城西石子堈上有趙簡子墓至是季龍令發之初得炭深丈餘次得木板厚一尺積板厚八尺乃及泉其水清冷非常作絞車以牛皮囊汲之月餘而水不盡不可發而止又使掘秦

始皇冢取銅柱鑄以爲器時沙門吳進言于季龍曰胡運將衰晉當復興宜苦役晉人以厭其氣季龍於是使尚書張羣發近郡男女十六萬車十萬乘運土築華林苑及長牆于鄴北廣長數十里趙攬申鍾石璞等上疏陳天文錯亂蒼生凋弊及因引見又面諫辭旨甚切季龍大怒曰牆朝成夕沒吾無恨矣乃促張羣以燭夜作起三觀四門三門通漳水皆爲鐵扉暴風大雨死者數萬人揚州送黃鵠雛五頸長一丈聲聞十餘里泛之于玄武池郡國前後送蒼麟十六白鹿七季龍命司虞張曷柱調之以駕芝蓋列于充庭之乘鑿北城引水于華林園城崩壓死者百餘人命石宣祈于山川因而游獵乘大輅羽葆華蓋建天子旌旗十有六軍戎卒十八萬出自金明門季龍從其後宮升陵霄觀望之笑曰我家父子如是自非天崩地陷當復何愁但抱子弄孫日爲樂耳宣既馳逐無厭所在陳列行宮四面各以百里爲度驅圍禽獸皆暮集其所文武跪立圍守重行烽炬星羅光燭如晝命勁騎百餘馳射其中宣與嬖姬顯德美人乘輦觀之嬉娛忘反獸殫乃止其有禽獸奔逸當之者坐有爵者奪馬步驅一日無爵者鞭之一百峻制嚴刑文武戰慄士卒飢凍而死者萬有餘人宣弓馬衣食皆號爲御有亂其間者以冒禁罪罪之所過三州十五郡資儲靡有孑遺季龍復命石韜亦如之出自并州游于秦晉宣素惡韜寵是行也疾之彌甚宦者趙生得幸于宣而無寵于韜微勸宣除之於是相圖之計起矣麻秋又襲張重華將張瑁於河陝敗之斬首三千餘級枹罕護軍李逵率衆七千降于季龍自河以南氐羌皆降石韜起堂于太尉府號曰宣光殿梁長九丈宣視而大怒斬匠截梁而去韜怒增之十丈宣聞之恚甚謂所幸楊杯牟成曰韜凶豎勃逆敢違我如是汝能殺之者吾入西宮當盡以韜之國邑分封汝等韜既死主上必親臨喪因行大事蔑不濟矣杯等許諾時東南有黃黑雲大如數畝稍分爲三狀若匹布東西經天色黑而青酉時貫日日沒後分爲七道每相去數十丈間有白雲如魚鱗子時乃滅韜素解天文見而惡之顧謂左右曰此變不小當有刺客起于京師不知誰定當之是夜韜讌其寮屬于東明觀樂奏酒酣愀然長歎曰人居世無常別易會難各付一杯開意爲吾飲令必醉知後會復何期而不飲乎因泫然流涕左右莫不歔欷因宿于佛精舍宣使楊杯牟成趙生等緣獼猴梯而入殺韜置其刀箭而去旦宣奏之季龍哀驚氣絶久之方蘇將出臨之其司空李農諫曰害秦公者恐在蕭牆之內慮生非常不可以出季龍乃止嚴兵發哀于太武殿宣乘素車從千人臨韜喪不哭直言呵呵使舉衾看尸大笑而去收大將軍記室參軍鄭靖尹武等將委之以罪季龍疑宣之害韜也謀召之懼其不入乃僞言其母哀過危惙宣不虞已之見疑也入朝中宮因而止之建興人史科告稱韜死夜宿東宮長上楊杯家杯夜與五人從外來相與語曰大事已定但願大家老壽吾等何患不富貴語訖便入科寢闇中杯不見也科尋出逃匿俄而杯與二人出求科不得杯曰宿客聞人向語當殺之斷口舌今而得去作大事矣科踰牆獲免季龍馳使收之獲楊杯牟皮趙生等杯皮尋皆亡去執趙生而詰之生具首服季龍悲怒彌甚幽宣於席庫以鐵環穿其頷而鏁之作數斗木槽和羹飯以猪狗法食之取害韜刀箭舐其血哀號震動宮殿積柴鄴北樹標於其上標末置鹿盧穿之以繩倚梯柴積送宣於標所使韜所親宦者郝稚劉霸拔其髮抽其舌牽之登梯上於柴積郝稚以繩貫其頷鹿盧絞上劉霸斷其手足斫眼潰腹如韜之傷四面縱火煙炎際天季龍從昭儀已下數千登中臺以觀之火滅取灰分置諸門交道中殺其妻子九人宣小子年數歲季龍甚愛之抱之而泣兒曰非兒罪季龍欲赦之其大臣不聽遂於抱中取而戮之兒猶挽季龍衣而大叫時人莫不爲之流涕季龍因此發病又誅其四率已下三百人宦者五十人皆車裂節解棄之漳水洿其東宮養豬牛東宮衛士十餘萬人皆讁戍涼州先是散騎常侍趙攬言於季龍曰中宮將有變宜防之及宣之殺韜也季龍疑其知而不告亦誅之廢宣母杜氏爲庶人貴嬪柳氏尚書耆之女也以才色特幸坐其二兄有寵于宣亦殺之季龍追其姿色復納耆少女于華林園季龍議立太子其太尉張舉進曰燕公斌彭城公遵並有武藝文德陛下神齒已衰四海未一請擇二公而樹之初戎昭張豺之破上邽也獲劉曜幼女年十二有殊色季龍得而嬖之生子世封齊公至是豺以季龍年長多疾規立世爲嗣劉當爲太后已得輔政說季龍曰陛下再立儲宮皆出自倡賤是以禍亂相尋今宜擇母貴子孝者立之季龍曰卿且勿言吾知太子處矣又議于東堂季龍曰吾欲以純灰三斛洗吾腹腸穢惡故生凶子兒年二十餘便欲殺公今世方十歲比其二十吾已老矣於是與張舉李農定議勑公卿上書請立世大司農曹莫不署名季龍使張豺問其故莫頓首曰天下業重不宜立少是以不敢署也季龍曰莫忠臣也然未達朕意張舉李農知吾心矣其令諭之遂立世爲皇太子劉氏爲皇后季龍召太常條攸光祿勳杜嘏謂之曰煩卿傅太子實希改轍吾之相託卿宜明之署攸太傅嘏爲少傅季龍時疾瘳以永和五年僭即皇帝位于南郊大赦境內建元曰太寧百官增位一等諸子進爵郡王以尚書張艮爲右僕射故東宮讁卒高力等萬餘人當戍涼州行達雍城既不在赦例又勑雍州刺史張茂送之茂皆奪其馬令步推鹿車致糧戍所高力督定陽梁犢等因衆心之怨謀起兵東還陰令胡人頡獨鹿微告戍者戍者皆踊抃大呼梁犢乃自稱晉征東大將軍率衆攻陷下辯逼張茂爲大都督大司馬載以軺車安西劉寧自安定擊之大敗而還秦雍間城戍無不摧陷斬二千石長史長驅而東高力等皆多力善射一當十餘人雖無兵甲所在掠百姓大斧施一丈柯攻戰若神所向崩潰戍卒皆隨之比至長安衆已十萬其樂平王石苞時鎮長安盡銳距之一戰而敗犢遂東出潼關進如洛川季龍以李農爲大都督行大將軍事統衛軍張賀度征西張艮征虜石閔等率步騎十萬討之戰于新安農師不利又戰于洛陽農師又敗乃退壁成皐犢東掠滎陽陳留諸郡季龍大懼以燕王石斌爲大都督中外諸軍事率精騎一萬統姚弋仲苻洪等擊犢于滎陽東大敗之斬犢首而還討其餘黨盡滅之俄而晉將軍王龕拔其沛郡始平人馬勗起兵於洛氏葛谷自稱將軍石苞攻滅之誅三千餘家時熒惑犯積尸又犯昴月及熒惑北犯河鼓未幾季龍疾甚以石遵爲大將軍鎮關右石斌爲丞相錄尚書事張豺爲鎮衛大將軍領軍將軍吏部尚書並受遺輔政劉氏懼斌之輔政也害世與張豺謀誅之斌時在襄國乃遣使詐斌曰主上患已漸損王須獵者可小停也斌性好酒耽獵遂游畋縱飲劉氏矯命稱斌無忠孝之心免斌官以王歸第使張豺弟雄率龍騰五百人守之石遵自幽州至鄴勑朝堂受拜配禁兵三萬遣之遵慟泣而去是日季龍疾小瘳問曰遵至未左右答言久已去矣季龍曰恨不見之季龍臨於西閤龍騰將軍中郎二百餘人列拜于前季龍曰何所求也皆言聖躬不和宜令燕王入宿衛典兵馬或言乞爲皇太子季龍不知斌之廢也責曰燕王不在內邪呼來左右言王酒病不能入季龍曰促持輦迎之當付其璽綬亦竟無行者尋惛眩而入張豺使弟雄等矯季龍命殺斌劉氏又矯命以豺爲太保都督中外諸軍錄尚書事加千兵百騎一依霍光輔漢故事侍中徐統歎曰禍將作矣吾無爲豫之乃仰藥而死俄而季龍亦死季龍始以咸康元年僭位至此太和六年凡在位十五歲於是世即僞位尊劉氏爲皇太后臨朝進張豺爲丞相豺請石遵石鑒爲左右丞相以慰其心劉氏從之豺與張舉謀誅李農而舉與農素善以豺謀告之農懼率騎百餘奔廣宗率乞活數萬家保于上白劉氏使張舉等統宿衛精卒圍之豺以張離爲鎮軍大將軍監中外諸軍事司隸校尉爲己之副鄴中羣盜大起迭相劫掠石遵聞季龍之死屯于河內姚弋仲苻洪石閔劉寧及武衛王鸞寧西王午石榮王鐵立義將軍段勤等既平秦洛班師而歸遇遵于李城說遵曰殿下長而且賢先帝亦有意于殿下矣但以末年惛惑爲張豺所誤今上白相持未下京師宿衛空虛若聲張豺之罪鼓行而討之孰不倒戈開門而迎殿下者邪遵從之洛州刺史劉國等亦率洛陽之衆至於李城遵檄至鄴張豺大懼馳召上白之軍遵次于蕩陰戎卒九萬石閔爲前鋒豺將出距之耆舊羯士皆曰天子兒來奔喪吾當出迎之不能爲張豺城戍也踰城而出豺斬之不能止張離率龍騰二千斬關迎遵劉氏懼引張豺入對之悲哭曰先帝梓宮未殯而禍難繁興今皇嗣沖幼託之於將軍將軍何以匡濟邪加遵重官可以弭不豺惶悕失守無復籌計但言唯唯劉氏令以遵爲丞相領大司馬大都督中外諸軍錄尚書事加黃鉞九錫增封十郡委以阿衡之任遵至安陽亭張豺懼而出迎遵命執之於是貫甲曜兵入自鳳陽門升于太武前殿擗踊盡哀退如東閤斬張豺于平樂市夷其三族假劉氏令曰嗣子幼沖先帝私恩所授皇業至重非所克堪其以遵嗣位遵僞讓至于再三羣臣敦勸乃受之僭即尊位于太武前殿大赦殊死已下罷上白圍封世爲譙王邑萬戶待以不臣之禮廢劉氏爲太妃尋皆殺之世凡立三十三日於是李農歸請罪遵復其位待之如初尊其母鄭氏爲皇太后其妻張氏爲皇后以石斌子衍爲皇太子石鑒爲侍中石沖爲太保石苞爲大司馬石琨爲大將軍石閔爲中外諸軍事輔國大將軍錄尚書事輔政暴風拔樹震雷雨雹大如盂升太武暉華殿災諸門觀閣蕩然其乘輿服御燒者太半光燄照天金石皆盡火月餘乃滅雨血周徧鄴城石沖時鎮于薊聞遵殺世而自立乃謂其寮佐曰世受先帝之命遵輒廢殺罪逆莫大其勑內外戒嚴孤將親討之於是留寧北沭堅戍幽州帥衆五萬

自劉討遵傳檄燕趙所在雲集比及常山衆十餘萬次于苑鄉遇遵赦書謂左右曰吾弟一也死者不可復追何爲復相殘乎吾將歸矣其將陳暹進曰彭城篡弑自尊爲罪大矣王雖北旆臣將南轅平京師擒彭城然後奉迎大駕沖從之遵馳遣王擢以書喻沖沖弗聽遵假石閔黃鉞金鉦與李農等率精卒十萬討之戰于平棘沖師大敗獲沖于元氏賜死坑其士卒三萬餘人始葬季龍號其墓爲顯原陵僞謚武皇帝廟號太祖遵揚州刺史王浹以淮南歸順晉西中郎將陳逵進據壽春征北將軍褚裒率師伐遵次于下邳遵以李農爲南討大都督率騎二萬來距裒不能進退屯廣陵陳逵聞之懼遂焚壽春積聚毀城而還石苞時鎮長安謀帥關中之衆攻鄴左長史石光司馬曹曜等固諫苞怒誅光等百餘人苞性貪而無謀雍州豪右知其無成並遣使告晉梁州刺史司馬勳勳於是率衆赴之壁于懸鉤去長安二百餘里使治中劉煥攻京兆太守劉季離斬之三輔豪右多殺其令長擁三十餘壁有衆五萬以應勳苞輟攻鄴之謀使麻秋姚國等率騎距勳遵遣車騎王朗率精騎二萬外以討勳爲名因劫苞送之于鄴勳又爲朗所距釋懸鉤拔宛城殺遵南陽太守袁景而還初遵之發李城也謂石閔曰努力事成以爾爲儲貳既而立衍閔甚失望自以勳高一時規專朝政遵忌而不能任閔既爲都督總內外兵權乃懷撫殿中將士及故東宮高力萬餘人皆奏爲殿中員外將軍爵關外侯賜以宮女樹已之恩遵弗之猜也而更題名善惡以挫抑之衆咸怨矣而又納中書令孟準左衛將軍王鸞之計頗疑憚於閔稍奪兵權閔益有恨色準等咸勸誅之遵召石鑒等入議于其太后鄭氏之前皆請誅之鄭氏曰李城廻師無棘奴豈有今日小驕縱之不可便殺也鑒出遣宦者楊環馳以告閔閔遂劫李農及右衛王基密謀廢遵使將軍蘇亥周成率甲士三十執遵于如意觀遵將方與婦人彈棊問成等曰反者誰也成曰義陽王鑒當立遵曰我尚如是汝等立鑒復能幾時乃殺之于琨華殿誅鄭氏及其太子衍上光祿張斐中書令孟準左衛王鸞等遵凡在位一百八十三日鑒乃僭位大赦殊死以下以石閔爲大將軍封武德王李農爲大司馬並錄尚書事郎闓爲司空秦州刺史劉羣爲尚書左僕射侍中盧諶爲中書監鑒使石苞及中書令李松殿中將軍張才等夜誅閔農於琨華殿不克禁中擾亂鑒恐閔爲變僞若不知者夜斬松才於西中華門幷誅石苞時石祇在襄國與姚弋仲苻洪等通和連兵檄誅閔農鑒遣石琨爲大都督與張擧及侍中呼延盛率步騎七萬分討祇等中領軍石成侍中石啟前河東太守石暉謀誅閔農閔農殺之龍驤孫伏都劉銖等結羯士三千伏于胡天亦欲誅閔等時鑒在中臺伏都率三十餘人將升臺挾鑒以攻之鑒見伏都毀閣道臨問其故伏都曰李農等反已在東掖門臣嚴率衛士謹先啟知鑒曰卿是功臣好爲官陳力朕從臺觀卿勿慮無報也於是伏都及銖率衆攻閔農不尅屯於鳳陽門閔農率衆數千毀金明門而入鑒懼閔之誅已也馳招閔農開門內之謂曰孫伏都反卿宜速討之閔農攻斬伏都等自鳳陽至琨華橫尸相枕流血成渠宣令內外六夷敢稱兵杖者斬之胡人或斬關或踰城而出者不可勝數使尚書王簡少府王鬱帥衆數千守鑒于御龍觀懸食給之令城內曰與官同心者住不同心者各任所之勅城門不復相禁於是趙人百里內悉入城胡羯去者填門閔知胡之不爲已用也班令內外趙人斬一胡首送鳳陽門者文官進位三等武職悉拜牙門一日之中斬首數萬閔躬率趙人誅諸胡羯無貴賤男女少長皆斬之死者二十餘萬尸諸城外悉爲野犬豺狼所食屯據四方者所在承閔書誅之于時高鼻多鬚至有濫死者半太宰趙鹿太尉張擧中軍張春光祿石行撫軍石寧武衛張季及諸公侯卿校龍騰等萬餘人出奔襄國石琨奔據冀州撫軍張沈屯滏口張賀度據石瀆建義段勤據黎陽寧南楊羣屯桑壁劉國據陽城段龕據陳留姚弋仲據混橋苻洪據枋頭衆各數萬王朗麻秋自長安奔于洛陽秋承閔書誅朗部胡千餘朗奔于襄國麻秋率衆奔于苻洪石琨及張擧王朗率衆七萬伐鄴石閔率騎千餘距之城北閔執兩刃矛馳騎擊之皆應鋒摧潰斬級三千琨等大敗遂歸于冀州閔與李農率騎三萬討張賀度于石瀆鑒密遣宦者齎書召張沈等使承虛襲鄴宦者以告閔農閔農馳還廢鑒殺之誅季龍孫三十八人盡殪石氏鑒在位一百三日季龍小男混永和八年將妻妾數人奔京師勑收付廷尉俄而斬之於建康市季龍十三子五人爲冉閔所殺八人自相殘害混至此又死初讖言滅石者陵尋而石閔徙封蘭陵公季龍惡之改蘭陵爲武興郡至是終爲閔所滅始勒以成帝咸和三年僭立二主四子凡二十三年以穆帝永和五年滅

閔字永曾小字棘奴季龍之養孫也父瞻字弘武本姓冉名良魏郡內黃人也其先漢黎陽騎都督累世牙門勒破陳午獲瞻時年十二命季龍子之驍猛多力攻戰無前歷位左積射將軍西華侯閔幼而果銳季龍撫之如孫及長身長八尺善謀策勇力絕人拜建節將軍徙封修成侯歷位北中郎將游擊將軍季龍之敗於昌黎閔軍獨全由此功名大顯及敗梁犢之後威聲彌振胡夏宿將莫不憚之永和六年殺石鑒其司徒申鍾司空郎闓等四十八人上尊號于閔閔固讓李農農以死固請於是僭即皇帝位于南郊大赦改元曰永興國號大魏復姓冉氏追尊其祖隆元皇帝考瞻烈祖高皇帝尊母王氏爲皇太后立妻董氏爲皇后子智爲皇太子以李農爲太宰領太尉錄尚書事封齊王農諸子皆封爲縣公封其子胤明裕皆爲王文武進位三等封爵有差遣使者持節赦諸屯結皆不從石祇聞鑒死僭稱尊號于襄國諸六夷據州郡擁兵者皆應之閔遣使臨江告晉曰胡逆亂中原今已誅之若能共討者可遣軍來也朝廷不荅閔誅李農及其三子幷尚書令王謨侍中王衍中常侍嚴震趙昇等晉廬江太守袁眞攻其合肥執南蠻校尉桑坦遷其百姓而還石祇遣其相國石琨率衆十萬伐鄴進據邯鄲祇鎮南劉國自繁陽會琨閔大敗琨于邯鄲死者萬餘劉國還屯繁陽苻健自枋頭入關張賀度段勤與劉國靳豚會于昌城將攻鄴閔遣尚書左僕射劉羣爲行臺都督使其將王泰崔通周成等帥步騎十二萬次于黃城閔躬統精卒八萬繼之戰于蒼亭賀度等大敗死者二萬八千追斬靳豚于陰安鄉盡俘其衆振旅而歸戎卒三十餘萬旌旗鍾鼓緜亘百餘里雖石氏之盛無以過之閔至自蒼亭行飲至之禮淸定九流準才受任儒學後門多蒙顯進于時翕然方之爲魏晉之初閔率步騎十萬攻石祇于襄國署其子太原王胤爲大單于驃騎大將軍以降胡一千配爲麾下光祿大夫韋謏啟諫切甚閔覽之大怒誅謏及其子孫閔攻襄國百餘日爲土山地道築室反耕祇大懼去皇帝之號稱趙王遣使詣慕容儁姚弋仲以乞師會石琨自冀州援祇弋仲復遣其子襄率騎三萬八千至自滆頭儁遣將軍悅綰率甲卒三萬自龍城三方勁卒合十餘萬閔遣車騎胡睦距襄于長蘆將軍孫威候琨于黃丘皆爲敵所敗士卒略盡睦威單騎而還琨等軍且至閔將出擊之衛將軍王泰諫曰窮寇固迷希望外援今彊救雲集欲吾出戰腹背擊我宜固壘勿出觀勢而動以挫其謀今陛下親戎如失萬全大事去矣請愼無出臣請率諸將爲陛下滅之閔將從之道士法饒進曰太白經昴當殺胡王一戰百尅不可失也閔攘袂大言曰吾戰决矣敢諫者斬於是盡衆出戰姚襄悅綰石琨等三面攻之祇衝其後閔師大敗閔潛于襄國行宮與十餘騎奔鄴降胡栗特康等執冉胤及左僕射劉琦等送于祇盡殺之司空石璞尚書令徐機車騎胡睦侍中李琳中書監盧諶少府王鬱尚書劉欽劉休等及諸將士死者十餘萬人於是人物殲矣賊盜蜂起司冀大饑人相食自季龍末年而閔盡散倉庫以樹私恩與羌胡相攻無月不戰青雍幽荊州徙戶及諸氐羌胡蠻數百餘萬各還本土道路交錯互相殺掠且饑疫死亡其能達者十有二三諸夏紛亂無復農者閔悔之誅法饒父子支解之贈韋謏大司徒石祇使劉顯帥衆七萬攻鄴時閔潛還莫有知者內外兇兇皆謂閔已沒矣射聲校尉張艾勸閔親郊以安衆心閔從之訛言乃止劉顯次于明光宮去鄴二十三里閔懼召衛將軍王泰議之泰恚其謀之不從辭以瘡甚閔親臨問之固稱疾篤閔怒還宮顧謂左右曰巴奴乃公豈假汝爲命邪要將先滅羣胡却斬王泰於是盡衆而戰大敗顯軍追奔及于陽平斬首三萬餘級顯懼密使請降求殺祇爲效閔振旅而歸會有告王泰招集秦人將奔關中閔怒誅泰夷其三族劉顯果殺祇及其太宰趙鹿等十餘人傳首于鄴送質請命驃騎石寧奔于柏人閔命焚祇首于通衢閔兗州刺史劉啟以鄄城歸順劉顯復率衆伐鄴閔擊敗之還稱尊號于襄國閔徐州刺史周成兗州刺史魏統豫州牧冉遇荊州刺史樂弘皆以城歸順平南高崇征虜呂護執洛州刺史鄭系以三河歸順慕容彪攻陷中山殺閔寧北白同幽州刺史劉準降于慕容儁時有雲黃赤色起東北長百餘丈一白鳥從雲間西南去占者惡之劉顯率衆伐常山太守蘇亥告難于閔閔留其大將軍蔣幹等輔其太子智守鄴親率騎八千救之顯所署大司馬淸河王寧以棗强降于閔收其餘衆擊顯敗之追奔及于襄國顯大將曹伏駒開門爲應遂入襄國誅顯及其公卿已下百餘人焚襄國宮室遷其百姓于鄴顯領軍范路率衆千餘斬關奔于枋頭時慕容儁已尅幽薊略地至于冀州閔帥騎距之與慕容恪相遇於魏昌城閔大將軍董閏車騎張溫言於閔曰鮮卑乘勝氣勁不可當也請避之以溢其氣然後濟師以擊之可以捷也閔怒曰吾成師以出將平幽州斬慕容儁今遇恪而避之人將侮我矣乃與恪遇十戰皆敗之恪乃以

鐵鏁連馬簡善射鮮卑勇而無剛者五千方陣而前閔所乘赤馬曰朱龍日行千里左杖雙刃矛右執鉤戟順風擊之斬鮮卑三百餘級俄而燕騎大至圍之數周閔衆寡不敵躍馬潰圍東走行二十餘里馬無故而死爲恪所擒及董閔張溫等送之于薊儁立閔而問之曰汝奴僕下才何自妄稱天子閔曰天下大亂爾曹夷狄人面獸心尚欲篡逆我一時英雄何爲不可作帝王邪儁怒鞭之三百送于龍城告廆皝廟遣慕容評率衆圍鄴劉寧及弟崇帥胡騎三千奔于晉陽蘇亥棄常山奔于新興鄴中饑人相食季龍時宮人被食略盡冉智尚幼蔣幹遣侍中繆嵩詹事劉猗奉表歸順且乞師于晉濮陽太守戴施自倉垣次于棘津止猗不聽進責其傳國璽猗使嵩還鄴復命幹沉吟未決施乃率壯士百餘人入鄴助守三臺譎之曰且出璽付我今凶寇在外道路不通未敢送也須得璽當馳白天子耳聞璽已在吾處信卿至誠必遣軍糧厚相救餉幹以爲然乃出璽付之施宣言使督護何融迎糧陰令懷璽送于京師長水校尉馬願龍驤田香開門降評施融蔣幹懸縋而下奔于倉垣評送閔妻董氏太子智太尉申鍾司空條攸中書監聶熊司隸校尉籍羆中書令李垣及諸王公卿士于薊尚書令王簡左僕射張乾右僕射郎肅自殺儁送閔既至龍城斬于遏陘山山左右七里草木悉枯蝗蟲大起五月不雨至于十二月儁遣使者祀之謚曰武悼天王其日大雪是歲永和八年也

史臣曰夫拯溺救焚帝王之師也窮凶騁暴戎狄之舉也蠢茲雜種自古爲虞限以塞垣猶懼侵軼況乃入居中壤窺我王政乘弛紊之機覩危亡之隙而莫不嘯羣鳴鏑汨亂天常者乎石勒出自羌渠見奇醜類聞鞞上黨季子鑒其非凡倚嘯洛城夷甫識其爲亂及惠皇失統寓內崩離遂乃招聚螘徒乘間煽禍虔劉我都邑翦害我黎元朝市淪胥若沉航於鯨浪王公顛仆譬游魂於龍漠豈天厭晉德而假茲妖孽者歟觀其對敵臨危運籌賈勇奇謨間發猛氣橫飛遠嗤魏武則風情慷慨近答劉琨則音詞倜儻焚元超於苦縣陳其亂政之釁戮彭祖於襄國數以無君之罪於是跨躡燕趙并吞韓魏杖奇材而竊徽號擁舊都而抗王室褫氈裘襲冠帶釋介冑開庠序鄰敵懼威而獻款絕域承風而納貢則古之爲國曷以加諸雖曰凶殘亦一時傑也而託授非所貽厥無謀身隕嗣滅業歸攜養斯乃知人之闇焉季龍心昧德義幼而輕險假豹姿於羊質騁梟心於狼性始懷怨懟終行篡奪於是窮驕極侈勞役繁興畚鍤相尋干戈不息刑政嚴酷動見誅夷慄慄遺黎求哀無地戎狄殘獷斯爲甚乎既而父子猜嫌兄弟讎隙自相屠鱠取笑天下墳土未燥禍亂荐臻釁起於張豺族傾於冉閔積惡致滅有天道哉夫從逆則凶事符影響爲咎必應理若循環世龍之殪晉人既窮其酷禾曾之誅羯士亦殲其類無德不報斯之謂乎

贊曰中朝不競蠻狄爭衡塵飛五嶽霧晦三精狡焉石氏怙亂窮兵流災肆慝剽邑屠城始自羣盜終假鴻名勿謂凶醜亦曰時英季龍篡奪淫虐播聲身喪國泯其由禍盈

晉書卷一百七考證

石季龍載記下是歲永和八年也○臣宗楷按永各本訛太綱目晉穆帝永和八年壬子夏四月燕慕容恪等擊魏大破之執其主閔以歸殺之今云太和乃海西公年號且在位僅五年不可云八年也今改正

晉書卷一百八

唐　太　宗　文　皇　帝　御　撰

載記第八

慕容廆　裴嶷　高瞻

慕容廆字弈洛瓌昌黎棘城鮮卑人也其先有熊氏之苗裔世居北夷邑于紫蒙之野號曰東胡其後與匈奴並盛控弦之士二十餘萬風俗官號與匈奴略同秦漢之際爲匈奴所敗分保鮮卑山因以爲號曾祖莫護跋魏初率其諸部入居遼西從宣帝伐公孫氏有功拜率義王始建國於棘城之北時燕代多冠步搖冠莫護跋見而好之乃斂髮襲冠諸部因呼之爲步搖其後音訛遂爲慕容焉或云慕二儀之德繼三光之容遂以慕容爲氏祖木延左賢王父涉歸以全柳城之功進拜鮮卑單于遷邑於遼東北於是漸慕諸夏之風矣廆幼而魁岸美姿貌身長八尺雄傑有大度安北將軍張華雅有知人之鑒廆童丱時往謁之華甚歎異謂曰君至長必爲命世之器匡難濟時者也因以所服簪幘遺廆結殷勤而別涉歸死其弟耐篡位將謀殺廆廆亡潛以避禍後國人殺耐迎廆立之初涉歸有憾於宇文鮮卑廆將脩先君之怨表請討之武帝弗許廆怒入寇遼西殺略甚衆帝遣幽州諸軍討廆戰于肥如廆衆大敗自後復掠昌黎每歲不絕又率衆東伐扶餘扶餘王依慮自殺廆夷其國城驅萬餘人而歸東夷校尉何龕遣督護賈沉將迎立依慮之子爲王廆遣其將孫丁率騎邀之沉力戰斬丁遂復扶餘之國廆謀於其衆曰吾先公以來世奉中國且華裔理殊彊弱固別豈能與晉競乎何爲不和以害吾百姓邪乃遣使來降帝嘉之拜爲鮮卑都督廆致敬於東夷府巾衣詣門抗士大夫之禮何龕嚴兵引見廆乃改服戎衣而入人問其故廆曰主人不以禮賓復何爲哉龕聞而慚之彌加敬憚時東胡宇文鮮卑段部以廆威德日廣懼有吞併之計因爲寇掠往來不絕廆卑辭厚幣以撫之太康十年廆又遷于徒河之青山廆以大棘城即帝顓頊之墟也元康四年乃移居之教以農桑法制同於上國永寧中燕垂大水廆開倉振給幽方獲濟天子聞而嘉之褒賜命服太安初宇文莫圭遣弟屈雲寇邊城雲別帥大素延攻掠諸部廆親擊敗之素延怒率衆十萬圍棘城衆咸懼人無距志廆曰素延雖犬羊蟻聚然軍無法制已在吾計中矣諸君但爲力戰無所憂也乃躬貫甲冑馳出擊之素延大敗追奔百里俘斬萬餘人永嘉初廆自稱鮮卑大單于遼東太守龐本以私憾殺東夷校尉李臻附塞鮮卑素連木津等託爲臻報讎實欲因而爲亂遂攻陷諸縣殺掠士庶太守袁謙頻戰失利校尉封釋懼而請和連歲寇掠百姓失業流亡歸附者日月相繼廆子翰言於廆曰求諸侯莫如勤王自古有爲之君靡不杖此以成事業者也今連津跋扈王師覆敗蒼生屠膾豈甚此乎豎子外以龐本爲名內實幸而爲寇封使君以誅本請和而毒害滋深遼東傾沒垂已二周中原兵亂州師屢敗勤王杖義今其時也單于宜明九伐之威救倒懸之命數連津之罪合義兵以誅之上則興復遼邦下則并吞二部忠義彰於本朝私利歸于我國此則吾鴻漸之始也終可以得志于諸侯廆從之是日率騎討連津大敗斬之二部悉降徙之棘城立遼東郡而歸懷帝蒙塵于平陽王浚承制以廆爲散騎常侍冠軍將軍前鋒大都督大單于廆不受建興中愍帝遣使拜廆鎮軍將軍昌黎遼東二國公建武初元帝承制拜廆假節散騎常侍都督遼左雜夷流人諸軍事龍驤將軍大單于昌黎公廆讓而不受征虜將軍魯昌說廆曰今兩京傾沒天子蒙塵琅邪承制江東實人命所係明公雄據海朔跨總一方而諸部猶怙衆稱兵未遵道化者蓋以官非王命又自以爲彊今宜通使琅邪勸承大統然後敷宣帝命以伐有罪誰敢不從廆善之乃遣其長史王濟浮海勸進及帝即尊位遣謁者陶遼重申前命授廆將軍單于廆固辭公封時二京傾覆幽冀淪陷廆刑政脩明虛懷引統流亡士庶多襁負歸之廆乃立郡以統流人冀州人爲冀陽郡豫州人爲成周郡青州人爲營丘郡并州人爲唐國郡於是推舉賢才委以庶政以河東裴嶷代郡魯昌北平陽耽爲謀主北海逄羨廣平游邃北平西方虔渤海封抽西河宋奭河東裴開爲股肱渤海封弈平原宋該安定皇甫岌蘭陵繆愷以文章才儁任居樞要會稽朱左車太山胡毋翼魯國孔纂以舊德清重引爲賓友平原劉讚儒學該通引爲東庠祭酒其世子皝率國冑束脩受業焉廆覽政之暇親臨聽之於是路有頌聲禮讓興矣時平州刺史東夷校尉崔毖自以爲南州士望意存懷集而流亡者莫有赴之毖意廆拘留乃陰結高句驪及宇文段國等謀滅廆以分其地大興初三國伐廆廆曰彼信崔毖虛說邀一時之利烏合而來耳既無統一莫相歸伏吾今破之必矣然彼軍初合其鋒甚銳幸我速戰若逆擊之落其計矣靖以待之必懷疑貳迭相猜防一則疑吾與毖譎而覆之二則自疑三國之中與吾有韓魏之謀者待其人情沮惑然後取之必矣於是三國攻棘城廆閉門不戰遣使送牛酒以犒宇文大言於衆曰崔毖昨有使至於是二國果疑宇文同於廆也引兵而歸宇文悉獨官曰二國雖歸吾當獨兼其國何用人爲盡衆逼城連營三十里廆簡銳士配皝推鋒於前翰領精騎爲奇兵從傍出直衝其營廆方陣而進悉獨官自恃其衆不設備見廆軍之至方率兵距之前鋒始交翰已入其營縱火焚之其衆皆震擾不知所爲遂大敗悉獨官僅以身免盡俘其衆於其營候獲皇帝玉璽三紐遣長史裴嶷送于建鄴崔毖懼廆之讎己也使兄子燾僞賀廆會三國使亦至請和曰非我本意也崔平州教我耳廆將燾示以攻圍之處臨之以兵曰汝叔父教三國滅我何以詐來賀我乎燾懼首服廆乃遣燾歸說毖曰降者上策走者下策也以兵隨之毖與數十騎棄家室奔于高句驪廆悉降其衆徙燾及高瞻等于棘城待以賓禮明年高句麗寇遼東廆遣衆擊敗之裴嶷至自建鄴帝遣使者拜廆監平州諸軍事安北將軍平州刺史增邑二千戶尋加使持節都督幽州東夷諸軍事車騎將軍平州牧進封遼東郡公邑一萬戶常侍單于並如故丹書鐵券承制海東命備官司置

平州守宰段末波初統其國而不脩備廆遣皝襲之入令支收其名馬寶物而還石勒遣使通和廆距之送其使於建鄴勒怒遣宇文乞得龜擊廆廆遣皝距之以裴嶷爲右部都督率索頭爲右翼命其少子仁自平國趣柏林爲左翼攻乞得龜尅之悉虜其衆乘勝拔其國城收其資用億計徙其人數萬戶以歸成帝即位加廆侍中位特進咸和五年又加開府儀同三司固辭不受廆嘗從容言曰獄者人命之所懸也不可以不慎賢人君子國家之基也不可以不敬稼穡者國之本也不可以不急酒色便佞亂德之甚也不可以不戒乃著家令數千言以申其旨遣使與太尉陶侃箋曰明公使君轂下振德曜威撫寧方夏勞心文武士馬無恙欽高仰止注情彌久王塗嶮遠隔以燕越每瞻江湄延首遐外天降艱難禍害屢臻舊都不守奄爲虜庭使皇輿遷幸假勢吳楚大晉啓基祚流萬世天命未改玄象著明是以義烈之士深懷憤踊猥以功薄受國殊寵上不能掃除羣羯下不能身赴國難仍縱賊臣屢逼京輦王敦昌禍於前蘇峻肆毒於後凶暴過於董卓惡逆甚於傕汜普天率土誰不同忿深怪文武之士過荷朝榮不能滅中原之寇刷天下之恥君侯植根江陽發曜荆衡杖葉公之權有包胥之志而令白公伍員殆得極其暴竊爲丘明恥之區區楚國子重之徒猶恥君弱羣臣不及先大夫厲己戒衆以服陳鄭越之種蠡尚能弼佐句踐取威黃池況今吳土英賢比肩而不輔翼聖主陵江北伐以義聲之直討逆暴之羯檄命舊都之士招懷存本之人豈不若因風振落頓坂走輪哉且孫氏之初以長沙之衆摧破董卓志匡漢室雖中遇寇害雅志不遂原其誠心乃忽身命及權據揚越外杖周張內慿顧陸距魏赤壁剋取襄陽自茲以降世主相襲咸能侵逼徐豫令魏朝旰食不知今之江表爲賢儁匿智藏其勇略邪將呂蒙凌統高蹤曠世哉況今凶羯虐暴中州人士逼迫勢促其顛沛之危甚於累卵假號之彊衆心所去敵有釁矣易可震蕩王郎袁術雖自詐僞皆基淺根微禍不旋踵此皆君侯之所聞見者矣王司徒清虛寡欲善於全己昔曹參亦崇此道著畫一之稱也庾公居元舅之尊處申伯之任超然高蹈明智之權廆於寇難之際受大晉累世之恩自恨絕域無益聖朝徒繫心萬里望風懷憤今海內之望足爲楚漢輕重者惟在君侯若勠力盡心悉五州之衆據兗豫之郊使向義之士倒戈釋甲則羯寇必滅國恥必除廆在一方敢不竭命孤軍輕進不足使勒畏首畏尾則懷舊之士欲爲內應無由自發故也故遣陳寫言不宣盡廆使者遭風沒海其後廆更寫前箋幷齎其東夷校尉封抽行遼東相韓矯等三十餘人疏上侃府曰自古有國有家鮮不極盛而衰自大晉龍興尅平崏會神武之略邁蹤前史惠皇之末后黨構難禍結京畿釁成公族遂使羯寇乘虛傾覆諸夏舊都淪滅山陵毀掘人神悲悼幽明發憤昔獫狁之彊匈奴之盛未有如今日羯寇之暴跨躡華裔盜稱尊號者也天祚有晉挺授英傑車騎將軍慕容廆自弱冠涖國忠於王室明允恭肅志在立勳屬海內分崩皇輿遷幸元皇中興初唱大業肅祖繼統蕩平江外廆雖限以山海隔以羯寇翹首引領繫心京師常假寤寐欲憂國忘身貢篚相尋連舟載路戎不稅駕動成義舉今羯寇滔天怙其醜類樹基趙魏跨略燕齊廆雖率義衆誅討大逆然管仲相齊猶曰寵不足以御下況廆輔翼王室有匡霸之功而位卑爵輕九命未加非所以寵異藩翰敦獎殊勳者也方今詔命隔絕王路嶮遠貢使往來動彌年載今燕之舊壤北周沙漠東盡樂浪西岠代山南極冀方而悉爲虜庭非復國家之域將佐等以爲宜遠遵周室近準漢初進封廆爲燕王行大將軍事上以總統諸部下以割損賊境使冀州之人望風向化廆得祗承詔命率合諸國奉辭夷逆以成桓文之功苟利社稷專之可也而廆固執謙光守節彌高每詔所加讓動積年非將佐等所能敦逼今區區所陳不欲苟相崇重而愚情至心實爲國計侃報抽等書其略曰車騎將軍憂國忘身貢篚載路羯賊求和執使送之西討段國北伐塞外遠綏索頭荒服以獻惟北部未賓屢遣征伐又知東方官號高下齊班進無統攝之權退無等差之降欲進車騎爲燕王一二具之夫功成進爵古之成制也車騎雖未能爲官摧勒然忠義竭誠今騰牋上聽可不遲速當任天臺也朝議未定八年廆卒乃止時年六十五在位四十九年帝遣使者策贈大將軍開府儀同三司謚曰襄及儁僭號僞謚武宣皇帝

裴嶷

裴嶷字文冀河東聞喜人也父昶司隸校尉嶷淸方有幹略累遷至中書侍郎轉給事黃門郎滎陽太守屬天下亂嶷兄武先爲玄菟太守嶷遂求爲昌黎太守至郡久之武卒嶷被徵乃將武子開送喪俱南旣達遼西道路梗塞乃與開投廆時諸流寓之士見廆草創並懷去就嶷首定名分爲羣士啓行廆甚悅以嶷爲長史委以軍國之謀及悉獨官寇逼城下外內騷動廆問策於嶷嶷曰悉獨官雖擁大衆軍無號令衆無部陣若簡精兵乘其無備則成擒耳廆從之遂陷寇營廆威德於此甚振將遣使獻捷於建鄴妙簡行人令嶷將命初朝廷以廆僻在荒遠猶以邊裔之豪處之嶷旣使至盛言廆威略又知四海英賢並爲其用舉朝改觀焉嶷將還帝試留嶷以觀之嶷辭曰臣世荷朝恩濯纓華省因事遠寄投迹荒遐今遭開泰得覩朝廷復賜恩詔卽留京輦於臣之私誠爲厚幸顧以皇居播遷山陵幽辱慕容龍驤將軍越在遐表乃心王室慷慨之誠義感天地方掃平中壤奉迎皇輿故遣使臣萬里表誠今若留臣必謂國家遺其僻陋孤其丹心使懷義懈怠是以微臣區區忘身爲國貪還反命耳帝曰卿言是也乃遣嶷還廆後謂羣寮曰裴長史名重中朝而降屈於此豈非天以授孤也出爲遼東相轉樂浪太守

高瞻

高瞻字子前渤海蓨人也少而英爽有俊才身長八尺二寸光熙中調補尚書郎屬永嘉之亂還鄉里乃與父老議曰今皇綱不振兵革雲擾此郡沃壤憑固河海若兵荒歲儉必爲寇庭非謂圖安之所王彭祖先在幽薊據燕代之資兵彊國富可以託也諸君以爲何如衆咸善之乃與叔父隱率數千家北徙幽州旣而以王浚政令無恒乃依崔毖隨毖如遼東毖之與三國謀伐廆也瞻固諫以爲不可毖不從及毖奔敗瞻隨衆降于廆廆署爲將軍瞻稱疾不起廆敬其姿器數臨候之撫其心曰君之疾在此不在餘也今天子播越四海分崩蒼生紛擾莫知所繫孤思與諸君匡復帝室翦鯨豕于二京迎天子於吳會廓清八表侔勳古烈此孤之心也孤之願也君中州大族冠冕之餘宜痛心疾首枕戈待旦柰何以華夷之異有懷介然且大禹出于西羌文王生于東夷但問志略何如耳豈以殊俗不可降心乎瞻仍辭疾篤廆深不平之瞻又與宋該有隙該陰勸廆除之瞻聞其言彌不自安遂以憂死

晉書卷一百九

唐　太宗文皇帝御撰

載記第九

慕容皝　慕容翰　陽裕

慕容皝字元眞廆第三子也龍顏版齒身長七尺八寸雄毅多權略尚經學善天文廆爲遼東公立爲世子建武初拜爲冠軍將軍左賢王封望平侯率衆征討累有功大寧末拜平北將軍進封朝鮮公廆卒嗣位以平北將軍行平州刺史督攝部內尋而宇文乞得龜爲其別部逸豆歸所逐奔死于外皝率騎討之逸豆歸懼而請和遂築榆陰安晉二城而還初皝庶兄建威翰驍武有雄才素爲皝所忌母弟征虜仁廣武昭並有寵于廆皝亦不平之及廆卒並懼不自容至此翰出奔段遼仁勸昭舉兵廢皝皝殺昭遣使按檢仁之虛實遇仁於險瀆仁知事發殺皝使東歸平郭皝遣其弟建武幼司馬佟燾等討之仁盡衆距戰幼等大敗皆沒於仁襄平令王冰將軍孫機以遼東叛于皝東夷校尉封抽護軍乙逸遼東相韓矯玄菟太守高詡等棄城奔還仁於是盡有遼左之地自稱車騎將軍平州刺史遼東公宇文歸段遼及鮮卑諸部並爲之援咸和九年皝遣其司馬封弈攻鮮卑木堤于白狼揚威淑虞攻烏丸悉羅侯於平堈皆斬之材官劉佩攻乙連不尅段遼遣寇徒河皝將張萌逆擊敗之遼弟蘭與翰寇柳城都尉石琮擊敗之旬餘蘭翰復圍柳城皝遣寧遠慕容汗及封弈等救之皝戒汗曰賊衆氣銳難與爭鋒宜顧萬全慎勿輕進必須兵集陣整然後擊之汗性驍銳遣千餘騎爲前鋒而進封弈止之汗不從爲蘭所敗死者大半蘭復攻柳城爲飛梯地道圍守二旬石琮躬勒將士出擊敗之斬首千五百級蘭乃遁歸是歲成帝遣謁者徐孟閭丘幸等持節拜皝鎭軍大將軍平州刺史大單于遼東公持節都督承制封拜一如廆故事皝自征遼東尅襄平仁所署居就令劉程以城降新昌人張衡執縣宰以降於是斬仁所置守宰分徙遼東大姓於棘城置和陽武次西樂三縣而歸咸康初遣封弈襲宇文別部涉弈于大獲而還涉弈于率騎追戰于渾水又敗之皝將乘海討仁羣下咸諫以海道危阻宜從陸路皝曰舊海水無凌自仁反巳來凍合者三矣昔漢光武因滹沱之冰以濟大業天其或者欲吾乘此而尅之乎吾計決矣有沮謀者斬乃率三萬從昌黎踐凌而進仁不虞皝之至也軍去平郭七里候騎乃告仁狼狽出戰爲皝所擒殺仁而還立

耤田於朝陽門東置官司以主之段遼遣其將李詠夜襲武興遇雨引還都尉張萌追擊擒詠段蘭擁衆數萬屯于曲水亭將攻柳城宇文歸入寇安晉爲蘭聲援皝以步騎五萬擊之師次柳城蘭歸皆遁遣封奕率輕騎追擊敗之收其軍實館穀二旬而還謂諸將曰二虜恥無功而歸必復重至宜於柳城左右設伏以待之遣封奕率騎潛于馬兜山諸道俄而遼騎果至奕夾擊大敗之斬其將榮保遣兼長史劉斌郎中令陽景送徐孟等歸于京師使其世子儁伐段遼諸城封奕攻宇文別部皆大捷而歸立納諫之木以開讜言之路後從昌黎郡築好城於乙連東使將軍蘭勃戍之以逼乙連又城曲水以爲勃援乙連飢甚段遼輸之粟蘭勃要擊獲之遼遣將屈雲攻興國與皝將慕容遵大戰於五官水上雲敗斬之盡俘其衆封奕等以皝任重位輕宜稱燕王皝於是以咸康三年僭即王位赦其境內以封奕爲國相韓壽爲司馬裴開陽騖王寓李洪杜羣宋該劉瞻石琮皇甫眞陽協宋晃平熙張泓等並爲列卿將帥起文昌殿乘金根車駕六馬出入稱警蹕以其妻段氏爲王后世子儁爲太子皆如魏武晉文輔政故事皝以段遼屢爲邊患遣將軍宋回稱藩于石季龍請師討遼季龍於是總衆而至皝率諸軍攻遼令支以北諸城遼遣其將段蘭來距大戰敗之斬級數千掠五千餘戶而歸季龍至徐無遼奔密雲山季龍進入令支怒皝之不會師也進軍擊之至于棘城戎卒數十萬四面進攻郡縣諸部叛應季龍者三十六城相持旬餘左右勸皝降皝曰孤方取天下何乃降人乎遣子恪等率騎二千晨出擊之季龍諸軍驚擾棄甲而遁恪乘勝追之斬獲三萬餘級築戍凡城而還段遼遣使詐降於季龍請兵應接季龍遣其將麻秋率衆迎遼恪伏精騎七千於密雲山大敗之獲其司馬陽裕將軍鮮于亮擁段遼及其部衆以歸帝又遣使進皝爲征北大將軍幽州牧領平州刺史加散騎常侍增邑萬戶持節都督單于公如故皝前軍帥慕容評敗季龍將石成等于遼西斬其將呼延晃張支掠千餘戶以歸段遼謀叛皝誅之季龍又使石成入攻凡城不尅進陷廣城皝雖稱燕王未有朝命乃遣其長史劉祥獻捷京師兼言權假之意并請大舉討平中原又聞庾亮薨弟冰翼繼爲將相乃表曰臣究觀前代昏明之主若能親賢並建則政致升平若親黨后族必有傾辱之禍是以周之申伯號稱賢舅以其身藩于外不握朝權降及秦昭足爲令主委信二舅幾至亂國逮于漢武推重田蚡萬機之要無不決之及蚡死後切齒追恨成帝闇弱不能自立內惑豔妻外恣五舅卒令王莽坐取帝位每覽斯事孰不痛惋設使舅氏賢若穰侯王鳳則但聞有二臣不聞有二主若其不才則有竇憲梁冀之禍凡此成敗亦旣然矣苟能易轍可無覆墜陛下命世天挺當隆晉道而遭國多難殷憂備嬰追述往事至今焚灼迹其所由實因故司空亮居元舅之尊勢業之重執政裁下輕侮邊將故令蘇峻祖約不勝其忿遂致敗國至令太后發憤一旦升遐若社稷不靈人神無助豺狼之心當可極耶前事不忘後事之表而中書監左將軍冰等內執樞機外擁上將昆弟並列人臣莫疇陛下深敦渭陽冰等自宜引領臣常謂世主若欲崇顯舅氏何不封以藩國豐其禄賜限其勢利使上無偏優下無私論如此榮辱何從而生噂嗒何辭而起往者惟亮一人宿有名望尚致世變況今居之者素無聞焉且人情易惑難以戶告縱令陛下無私於彼天下之人誰謂不私乎臣與冰等名位殊班出處懸邈又國之戚暱理應降悅以適事會臣獨矯抗此言者上爲陛下退爲冰計疾苟容之臣坐鑒得失顛而不扶焉用彼相昔徐福陳霍氏之戒宣帝不從至令忠臣更爲逆族良由察之不審防之無漸臣今所陳可謂防漸矣但恐陛下不明臣之忠不用臣之計事過之日更處焦爛之後耳昔王章劉向每上封事未嘗不指斥王氏故令二子或死或刑谷永張禹依違不對故容身苟免取譏於世臣被髮殊俗位爲上將夙夜惟憂罔知所報惟當外殄寇讎內盡忠規陳力輸誠以答國恩臣若不言誰當言者又與冰書曰君以椒房之親舅氏之昵總據樞機出內王命兼擁列將州司之位昆弟網羅顯布畿甸自秦漢以來隆赫之極豈有若此者乎以吾觀之若功就事舉必享申伯之名如或不立將不免梁竇之迹矣每觀史傳未嘗不寵恣母族使執權亂朝先有殊世之榮尋有負乘之累所謂愛之適足以爲害吾常忿歷代之主不盡防萌終寵之術何不業以一土之封令藩國相承如周之齊陳如此則永保南面之尊復何黜辱之憂乎竇武何進好善虛己賢士歸心雖爲閹豎所危天下嗟痛猶有能履以不驕圖國忘身故也方今四海有倒懸之急中夏逋僭逆之寇家有漉血之怨人有復讎之憾寧得安枕逍遙雅談卒歲耶吾雖寡德過蒙先帝列將之授以數郡之人尚欲并吞彊虜是以自頃迄今交鋒接刃一時務農三時用武而猶師徒不頓倉有餘粟敵人日畏我境日廣況乃王者之威堂堂之勢豈可同年而語哉冰見表及書甚懼以其絶遠非所能制遂與何充等奏聽皝稱燕王其年皝伐高句麗王釗乞盟而還明年釗遣其世子朝於皝初段遼之敗也建威翰奔于宇文歸自以威名夙振終不保全乃陽狂恣酒被髮歌呼歸信而不禁故得周游自任至於山川形便攻戰要路莫不練之皝遣商人王車陰使察翰翰見車無言撫膺而已車還以白皝曰翰欲來也乃遣車遺翰弓矢翰乃竊歸駿馬攜其二子而還皝將圖石氏從容謂諸將曰石季龍自以安樂諸城守防嚴重城之南北必不設備今若詭路出其不意冀之北土盡可破也於是率騎二萬出蠮螉塞長驅至于薊城進渡武遂津入于高陽所過焚燒積聚掠徙幽冀三萬餘戶使陽裕唐柱等築龍城構宮廟改柳城爲龍城縣於是成帝使兼大鴻臚郭希持節拜皝侍中大都督河北諸軍事大將軍燕王其餘官皆如故封諸功臣百餘人咸康七年皝遷都龍城率勁卒四萬入自南陜以伐宇文高句麗又使翰及子垂爲前鋒遣長史王寓等勒衆萬五千從北置而進高句麗王釗謂皝軍之從北路也乃遣其弟武統精銳五萬距北置躬率弱卒以防南陜翰與釗戰于木底大敗之乘勝遂入丸都釗單馬而遁皝掘釗父利墓載其尸并其母妻珍寶掠男女五萬餘口焚其宮室毀丸都而歸明年釗遣使稱臣於皝貢其方物乃歸其父尸宇文歸遣其相國莫淺渾伐皝諸將請戰皝不許渾以皝爲憚之荒酒縱獵不復設備皝曰渾奢忌已甚今則可一戰矣遣翰率騎擊之渾大敗僅以身免盡俘其衆皝躬巡郡縣勸課農桑起龍城宮闕尋又率騎二萬親伐宇文歸以翰及垂爲前鋒歸使其驍將涉奕于盡衆距翰皝馳遣謂翰曰奕于雄悍宜小避之待虜勢驕然後取也翰曰歸之精銳盡於此今若尅之則歸可不勞兵而滅奕于徒有虛名其實易與耳不宜縱敵挫吾兵氣於是前戰斬奕于盡俘其衆歸遠遁漠北皝開地千餘里徙其部人五萬餘落於昌黎改涉奕于城爲威德城行飲至之禮論功行賞各有差以牧牛給貧家田于宛中公收其八二分入私有牛而無地者亦田宛中公收其七三分入私皝記室參軍封裕諫曰臣聞聖王之宰國也薄稅而藏于百姓分之以三等之田十一而稅之寒者衣之飢者食之使家給人足雖水旱而不爲災者何也高選農官務盡勸課人治周田百畝亦不假牛力力田者受旌顯之賞惰農者有不齒之罰又量事置官量官置人使官必稱須人不虛位度歲入多少裁而祿之供百寮之外藏之太倉三年之耕餘一年之粟以斯而積公用於何不足水旱其如百姓何雖務農之令屢發二千石令長莫有志勤在公銳盡地利者故漢祖知其如此以墾田不實徵殺二千石以十數是以明章之際號次升平自永嘉喪亂百姓流亡中原蕭條千里無煙飢寒流隕相繼溝壑先王以神武聖略保全一方威以殄姦德以懷遠故九州之人塞表殊類襁負萬里若赤子之歸慈父流人之多舊土十倍有餘人殷地狹故無田者十有四焉殿下以英聖之資克廣先業南摧彊趙東滅句麗開境三千戶增十萬繼武闡廣之功有高西伯宜省罷諸苑以業流人人至而無資產者賜之以牧牛人旣殿下之人牛豈失乎善藏者藏於百姓若斯而已矣邇者深副樂土之望中國之人皆將壺飧奉迎石季龍誰與居乎且魏晉雖道消之世猶削百姓不至於七八特官牛田者官得六分百姓得四分私牛而官田者與官中分百姓安之人皆悅樂臣猶曰非明王之道而況增乎且水旱之厄堯湯所不免王者宜濬治溝澮循鄭白西門史起溉灌之法旱則決溝爲雨水則入于溝瀆上無雲漢之憂下無昏墊之患句麗百濟及宇文段部之人皆兵勢所徙非如中國慕義而至咸有思歸之心今戶垂十萬狹湊都城恐方將爲國家所害宜分其兄弟宗屬徙于西境諸城撫之以恩檢之以法使不得散在居人知國之虛實今中原未平資畜宜廣官司猥多游食不少一夫不耕歲受其飢必取於耕者而食之一人食一人之力游食數萬損亦如之安可以家給人足治致升平殿下降覽古今之事多矣政之巨患莫甚於斯其有經略出世才稱時求者自可隨須置之列位非此已往其耕而食蠶而衣亦天之道也殿下聖性寬明思言若渴故人盡芻蕘有犯無隱前者參軍王憲大夫劉明並竭忠獻款以貢至言雖頗有逆鱗意在無責主者奏以妖言犯上致之於法殿下慈弘苞納恕其大辟猶削黜禁錮不齒於朝其言是也殿下固宜納之如其非也宜亮其狂狷罪諫臣而求直言亦猶北行詣越豈有得邪右長史宋該等阿媚苟容輕劾諫士已無骨鯁嫉人有之掩閉耳目不忠之甚四業者國之所資教學者有國盛事習戰務農尤其本也百工商賈猶其末耳宜量軍國所須置其員數已外歸之於農教之戰法學者三年無成亦宜還之於農不可徒充大員以塞聰儁之路臣之所言當也願時速施行非也登加弄戮使

天下知朝廷從善如流罰惡不淹王憲劉明忠臣也願宥忤鱗之愆收其藥石之效皝乃令曰覽封記室之諫孤實懼焉君以黎元爲國黎元以穀爲命然則農者國之本也而二千石令長不遵孟春之令惰農弗勸宜以尤不脩闔者措之刑法肅厲屬城主者明詳推檢具狀以聞苑囿悉可罷之以給百姓無田業者貧者全無資產不能自存各賜牧牛一頭若私有餘力樂取官牛墾官田者其依魏晉舊法溝洫溉灌有益官司主者量造務盡水陸之勢中州未平兵難不息勳誠既多官僚不可以減也待剋平凶醜徐更議之百工商賈數四佐與列將速定大員餘者還農學生不任訓教者亦除員錄夫人臣關言於人主至難也妖妄不經之事皆應蕩然不問擇其善者而從之王憲劉明雖其罪應禁黜亦由孤之無大量也可悉復本官仍居諫司封生蹇蹇深得王臣之體詩不云乎無言不酬其賜錢五萬明宣內外有欲陳孤過者不拘貴賤勿有所諱時有黑龍白龍各一見于龍山皝親率羣寮觀之去龍二百餘步祭以太牢二龍交首嬉翔解角而去皝大悅還宮赦其境內號新宮曰和龍立龍翔佛寺于山上賜其大臣子弟爲官學生者號高門生立東庠于舊宮以行鄉射之禮每月臨觀考試優劣皝雅好文籍勤於講授學徒甚盛至千餘人親造太上章以代急就又著典誡十五篇以教胄子慕容恪攻高句麗南蘇剋之置戍而還三年遣其世子儁與恪率騎萬七千東襲扶餘剋之虜其王及部衆五萬餘口以還皝親臨東庠考試學生其經通秀異者擢充近侍以久旱丐百姓田租罷成周冀陽營丘等郡以勃海人爲興集縣河間人爲寧集縣廣平魏郡人爲興平縣東萊北海人爲育黎縣吳人爲吳縣悉隸燕國皝嘗畋于西鄙將濟河見一父老服朱衣乘白馬舉手麾皝曰此非獵所王其還也祕之不言遂濟河連日大獲後見白兔馳射之馬倒被傷乃說所見輦而還宮引儁屬以後事以永和四年死在位十五年時年五十二儁僭號追謚文明皇帝

慕容翰字元邕廆之庶長子也性雄豪多權略猨臂工射膂力過人廆甚奇之委以折衝之任行師征伐所在有功威聲大振爲遠近所憚作鎭遼東高句麗不敢爲寇善撫接愛儒學自士大夫至於卒伍莫不樂而從之及奔段遼深爲遼所敬愛柳城之敗段蘭欲乘勝深入翰慮成本國之害詭說於蘭蘭遂不進後石季龍征遼皝親將三軍略令支以北遼議欲追之翰知皝躬自總戎戰必剋勝乃謂遼曰今石氏向至方對大敵不宜復以小小爲事燕主自來士馬精銳兵者凶器戰有危慮若其失利何以南禦乎蘭怒曰吾前聽卿誑說致成今患不復入卿計中矣乃率衆追皝蘭果大敗翰雖處讎國因事立忠皆此類也及遼奔走翰又北投宇文歸既而逃歸乃遣勁騎百餘追之翰遙謂追者曰吾既思戀而歸理無反面吾之弓矢汝曹足知無爲相逼自取死也吾處汝國久恨不殺汝汝可百步豎刀吾射中者汝便宜反不中者可來前也歸騎解刀豎之翰一發便中刀鐶追騎乃散既至皝甚加恩禮建元二年從皝討宇文歸臨陣爲流矢所中臥病積時後疾漸愈於其家中騎馬自試或有人告翰私習騎疑爲非常皝素忌之遂賜死焉翰臨死謂使者曰翰懷疑外奔罪不容誅不能以骸骨委賊庭故歸罪有司天慈曲愍不賜之市朝今日之死翰之生也但逆胡跨據神州中原未靖翰常剋心自誓志吞醜虜上成先王遺旨下謝山海之責不圖此心不遂沒有餘恨命也奈何仰藥而死

陽裕

陽裕字士倫右北平無終人也少孤兄弟皆早亡單煢獨立雖宗族無能識者惟叔父耽幼而奇之曰此兒非惟吾門之標秀乃佐時之良器也刺史和演辟爲主簿王浚領州轉治中從事忌而不能任石勒既剋薊城問棗嵩曰幽州人士誰最可者嵩曰燕國劉翰德素長者北平陽裕幹事之才勒曰若如君言王公何以不任嵩曰王公由不能任所以爲明公擒也勒方任之裕乃微服潛遁時鮮卑單于段眷爲晉驃騎大將軍遼西公雅好人物虛心延裕裕謂友人成泮曰仲尼喜佛肹之召以匏瓜自喻伊尹亦稱何事非君何使非民聖賢尚如此況吾曹乎眷今召我豈徒然哉泮曰今華夏分崩九州幅裂軌迹所及易水而已欲偃蹇考槃以待通者俟河之清也人壽幾何古人以爲白駒之歎少游有云郡掾足以蔭後況國相乎卿追蹤伊孔抑亦知幾其神也裕乃應之拜郎中令中軍將軍處上卿位歷事段氏五主甚見尊重段遼與皝相攻裕諫曰臣聞親仁善鄰國之寶也慕容與國世爲婚姻且皝令德之主不宜連兵構怨凋殘百姓臣恐禍害之興將由於此願兩追前失通款如初使國家有太山之安蒼生蒙息肩之惠遼不從出爲燕郡太守石季龍剋令支裕以郡降拜北平太守徵爲尚書左丞段遼之請迎於季龍也裕以左丞相領征東麻秋司馬秋敗裕爲軍人所執將詣皝皝素聞裕名郎命釋其囚拜郎中令遷大將軍左司馬東破高句麗北滅宇文歸皆豫其謀皝甚器重之及遷都和龍裕雅有巧思皝所制城池宮閣皆裕之規模裕雖仕皝日近寵秩在舊人之右性謙恭清儉剛簡慈篤雖歷居朝端若布衣之士士大夫流亡羈絕者莫不經營收葬存恤孤遺士無賢不肖皆傾身待之是以所在推仰初范陽盧諶每稱之曰吾及晉之清平歷觀朝士多矣忠清簡毅篤信義烈如陽士倫者實亦未幾及死皝甚悼之時年六十一

晉書卷一百九考證

慕容皝載記南摧彊趙東滅句麗開境三千〇一本開境三千上有北取宇文四字

晉書卷一百十

晉書卷一百十

唐　太　宗　文　皇　帝　御　撰

載記第十

慕容儁　韓恒　李產　產子績

慕容儁字宣英皝之第二子也初廆常言吾積福累仁子孫當有中原既而生儁廆曰此兒骨相不恒吾家得之矣及長身長八尺二寸姿貌魁偉博觀圖書有文武幹略皝爲燕王拜儁假節安北將軍東夷校尉左賢王燕王世子皝死永和五年僭卽燕王位依春秋列國故事稱元年赦于境內是時石季龍死趙魏大亂儁將圖兼并之計以慕容恪爲輔國將軍慕容評爲輔弼將軍陽鶩爲輔義將軍慕容垂爲前鋒都督建鋒將軍簡精卒二十餘萬以待期是歲穆帝使謁者陳沈拜儁爲使持節侍中大都督都督河北諸軍事幽冀并平四州牧大將軍大單于燕王承制封拜一如廆皝故事明年儁率三軍南伐出自盧龍次于無終石季龍幽州刺史王午棄城走留其將王他守薊儁攻陷其城斬他因而都之從廣寗上谷人于徐無代郡人于凡城而還及冉閔殺石祗僭稱大號遣其使人常煒聘於儁儁引之觀下使其記室封裕詰之曰冉閔養息常才負恩簒逆有何祥應而僭稱大號煒曰天之所興其致不同狼烏紀于三王麟龍表于漢魏寡君應天敘歷能無祥乎且用兵殺伐哲王盛典湯武親行誅放而仲尼美之魏武養於宦官莫知所出衆不盈旅遂能終成大功暴胡酷亂蒼生屠膾寡君奮劒而誅除之黎元獲濟可謂功格皇天勳侔高祖恭承乾命有何不可裕曰石祗去歲使張舉請救云璽在襄國其言信不又聞閔鑄金爲己象壞而不成奈何言有天命煒曰誅胡之日在鄴者略無所遺璽何從而向襄國此求救之辭耳天之神璽實在寡君且妖孽之徒欲假奇眩衆或改作萬端以神其事寡君今已握乾符類上帝江海懸諸掌大業集于身何所求慮而取信此乎鑄形之事所未聞也儁既銳信舉言又欣於閔鑄形之不成也必欲審之乃積薪置火於其側命裕等以意喻之煒神色自若抗言曰結髮已來尚不欺庸人況千乘乎巧詐虛言以救死者使臣所不爲也直道受戮死自分耳益薪速火君之大惠左右勸儁殺之儁曰古者兵交使在其間此亦人臣常事遂赦之遣慕容恪略地中山慕容評攻王午于魯口恪次唐城冉閔將白同中山太守侯龕固守不下恪留其將慕容彪攻之進討常山評次南安王午遣其將鄭生距評評逆擊斬之侯龕踰城出降恪進剋中山斬白同儁軍令嚴明諸將無所犯閔章武太守賈堅率郡兵邀評戰于高城擒堅於陣斬首三千餘級是歲丁零翟鼠及冉閔將劉準等率其所部降于儁封鼠歸義王拜準左司馬時鮮卑段勤初附於儁其後復叛儁遣慕容恪及相國封弈討冉閔於安喜慕容垂討段勤于繹幕儁如中山爲二軍聲勢閔懼奔于常山恪追及於泒水閔威名素振衆咸憚之恪謂諸將曰閔師老卒疲實爲難用加其勇而無謀一夫之敵耳雖有甲兵不足擊也吾今分軍爲三部犄角以待之閔性輕銳又知吾軍勢非其敵必出萬死衝吾中軍吾今貫甲厚陣以俟其至諸軍但厲卒從旁須其戰合夾而擊之蔑不剋也及戰敗之斬首七千餘級擒閔送之斬於龍城恪屯軍滹沱閔將蘇亥遣其將金光率騎數千襲恪恪逆擊斬之亥大懼奔于并州恪進據常山段勤懼而請降遂進攻鄴閔將蔣幹閉城距守儁又遣慕容評等率騎一萬會攻鄴是時鷰巢于儁正陽殿之西椒生三雛項上有豎毛凡城獻異鳥五色成章儁謂羣寮曰是何祥也咸稱鷰者燕鳥也首有毛冠者言大燕龍興冠通天章甫之象也巢正陽西椒者言至尊臨軒朝萬國之徵也三子者數應三統之

驗也神鳥五色言聖朝將繼五行之籙以御四海者也儁覽之大悅既而蔣幹率銳卒五千出城挑戰慕容評等擊敗之斬首四千餘級幹單騎還鄴於是羣臣勸儁稱尊號儁答曰吾本幽漠射獵之鄉被髮左衽之俗歷數之籙寧有分邪卿等苟相褒舉以覬非望實匪寡德所宜聞也慕容恪封弈討王午于魯口降之尋而慕容評攻尅鄴城送冉閔妻子僚屬及其文物于中山先是蔣幹以傳國璽送于建鄴儁欲神其事業言歷運在已乃詐云閔妻得之以獻賜號曰奉璽君因以永和八年僭卽皇帝位大赦境內建元曰元璽署置百官以封弈爲太尉慕容恪爲侍中陽騖爲尚書令皇甫眞爲尚書左僕射張希爲尚書右僕射宋活爲中書監韓恒爲中書令其餘封授各有差追尊廆爲高祖武宣皇帝皝爲太祖文明皇帝時朝廷遣使詣儁儁謂使者曰汝還白汝天子我承人乏爲中國所推已爲帝矣初石季龍使人探策于華山得玉版文曰歲在申酉不絕如綫歲在壬子眞人乃見及此燕人咸以爲儁之應也改司州爲中州置司隸校尉官羣下言大燕受命上承光紀黑精之君運歷傳屬代金行之后宜行夏之時服周之冕旗幟尚黑牲牡尚玄儁從之其從行文武諸藩使人及登號之日者悉增位三級泒河之師守鄴之軍下及戰士賜各有差臨陣戰亡者將士加贈二等士卒復其子孫殿中舊人皆隨才擢敘立其妻可足渾氏爲皇后世子曄爲皇太子晉寧朔將軍榮胡以彭城魯郡叛降于儁常山人李犢聚衆數千反于普壁壘儁遣慕容恪率衆討降之初冉閔既敗王午自號安國王午既死呂護復襲其號保于魯口恪進討走之遣前軍悅綰追及于野王悉降其衆姚襄以梁國降于儁以慕容評爲都督秦雍益梁江揚荊徐兗豫十州河南諸軍事權鎭于洛水慕容彊爲前鋒都督都督荊徐二州緣淮諸軍事進據河南儁自和龍至薊城幽冀之人以爲東遷互相驚擾所在屯結其下請討之儁曰羣小以朕東巡故相惑耳今朕既至尋當自定然不虞之備亦不可不爲於是令內外戒嚴苻生河內太守王會黎陽太守韓高以郡歸儁晉蘭陵太守孫黑濟北太守高柱建興太守高瓮各以郡叛歸于儁初儁車騎大將軍范陽公劉寧屯據蕃城降于苻氏至此率戶二千詣薊歸罪拜後將軍高句麗王釗遣使謝恩貢其方物儁以釗爲營州諸軍事征東大將軍營州刺史封樂浪公王如故儁給事黃門侍郎申胤上言曰夫名尊禮重先王之制冠冕之式代或不同漢以蕭曹之功有殊羣辟故劒履上殿入朝不趨世無其功則禮宜闕也至於東宮體此爲儀魏晉因循制不納舄今皇儲過謙準同百寮禮卑逼下有違朝式太子有統天之重而與諸王齊冠遠游非所以辨章貴賤也祭饗朝慶宜正服袞衣九文冠冕九旒又仲冬長至太陰數終黃鍾產氣綿微於下此月閉關息旅后不省方禮記曰是月也事欲靜君子齊戒去聲色唯周官有天子之南郊從八能之說或以有事至靈非朝饗之節故有樂作之理王者愼微禮從其重前來二至闕鼓不宜有設今之鏗鏘蓋以常儀二至之禮事殊餘節猥動金聲驚越神氣施之宜養實爲未盡又朝服雖是古禮絳褠始於秦漢迄於今代遂相仍準朔望正旦乃具袞舄禮諸侯旅見天子不得終事者三雨沾服失容其在一焉今或朝日天雨未有定儀禮貴適時不在過恭近以地濕不得納舄而以衮襈改履案言稱朝服所以服之而朝一體之間上下二制或廢或存實乖禮意大燕受命侔蹤虞夏諸所施行宜損益定之以爲皇代永制儁曰其劒舄不趨事下太常參議太子服袞冕冠九旒超級逼上未可行也冠服何容一施一廢皆可詳定初段蘭之子龕因冉閔之亂擁衆東屯廣固自號齊王稱藩于建鄴遣書抗中表之儀非儁正位儁遣慕容恪慕容塵討之恪既濟河龕弟羆驍勇有智計言於龕曰慕容恪善用兵加其衆旅既盛恐不可抗也若頓兵城下雖復請降懼終不聽王但固守羆請率精銳距之若其戰捷王可馳來追擊使虜匹馬無反如其敗也遽出請降不失千戶侯也龕弗從羆固請行龕怒殺之率衆三萬來距恪恪遇龕於濟水之南與戰大敗之遂斬其弟欽盡俘其衆恪進圍廣固諸將勸恪宜急攻之恪曰軍勢有宜緩以尅敵有宜急而取之若彼我勢均且有彊援慮腹背之患者須急攻之以速大利如其我彊彼弱外無寇援力足制之者當羈縻守之以待其斃兵法十圍五攻此之謂也龕恩結賊黨衆未離心濟南之戰非不銳也但其用之無術以致敗耳今憑固天險上下同心攻守勢倍軍之常法若其促攻不過數旬尅之必矣但恐傷吾士衆自有事已來卒不獲寧吾每思之不覺忘寢亦何宜輕殘人命乎當持久以取耳諸將皆曰非所及也乃築室反耕嚴固圍壘龕所署徐州刺史王騰索頭單于薛雲降于恪段龕之被圍也遣使詣建鄴請救穆帝遣北中郎將荀羨赴之憚虜彊還延不敢進攻破陽都斬王騰以歸恪遂尅廣固以龕爲伏順將軍徙鮮卑胡羯三千餘戶于薊留慕容塵鎭廣固恪振旅而歸儁太子曄死僞謚獻懷升平元年復立次子暐爲皇太子赦其境內改元曰光壽遣其撫軍慕容垂中軍慕容虔與護軍平熙等率步騎八萬討丁零勅勒于塞北大破之俘斬十餘萬級獲馬十三萬匹牛羊億餘萬初廆有駿馬曰赭白有奇相逸力石季龍之伐棘城也皝將出避難欲乘之馬悲鳴蹄齧人莫能近皝曰此馬見異先朝孤常仗之濟難今不欲者蓋先君之意乎乃止季龍尋退皝益奇之至是四十九歲矣而駿逸不虧儁比之於鮑氏驄命鑄銅以圖其象親爲銘贊鐫勒其傍置之薊城東掖門是歲象成而馬死匈奴單于賀賴頭率部落三萬五千降于儁拜寧西將軍雲中郡公處之于代郡平舒城晉太山太守諸葛攸伐其東郡儁遣慕容恪距戰王師敗績北中郎將謝萬先據梁宋懼而遁歸恪進兵入寇河南汝潁譙沛皆陷置守宰而還儁自薊城遷于鄴赦其境內繕修宮殿復銅雀臺廷尉監常煒上言大燕雖革命創制至於朝廷銓謨亦多因循魏晉唯祖父不殯葬者獨不聽官身清朝斯誠王教之首不刊之式然禮貴適時世或損益是以高祖制三章之法而秦人安之自頃中州喪亂連兵積年或遇傾城之敗覆軍之禍坑師沉卒往往而然孤孫煢子十室而九兼三方岳峙父子異邦存亡吉凶杳成天外或便假一時或依嬴博之制孝子糜身無補順孫心喪靡及雖招魂虛葬以敘罔極之情又禮無招葬之文令不此載若斯之流抱琳瑯而無申懷英才而不齒誠可痛也恐非明揚側陋務盡時珍之道吳起二陳之疇終將無所展其才幹漢祖何由免於平城之圍郅支之首何以懸於漢闕謹案戊辰詔書蕩清瑕穢與天下更始以明維新之慶五六年間尋相違伐於則天之體臣竊未安儁曰煒宿德碩儒練明刑法覽其所陳良足採也今六合未寧喪亂未已又正當搜奇拔異之秋未可才行兼舉且除此條聽大同更議使昌黎遼東二郡營起廆廟范陽燕郡構皝廟以其護軍平熙領將作大匠監造二廟焉苻堅平州刺史劉特率戶五千降于儁河間李黑聚衆千餘攻掠州郡殺東彊令衞顏儁長樂太守傅顏討斬之常山大樹自拔根下得璧七十珪七十三光色精奇有異常玉儁以爲嶽神之命遣其尚書郎段勤以太牢祀之初冉閔之僭號也石季龍將李歷張平高昌等並率其所部稱藩於儁遣子入侍既而投款建鄴結援苻堅並受爵位羈縻自固雖貢使不絕而誠節未盡呂護之走野王也遣弟奉表謝罪於儁拜寧南將軍河內太守又上黨馮鴦自稱太守附於張平平屢言之儁以平故赦其罪以爲京兆太守護鴦亦陰通京師張平跨有新興鴈門西河太原上黨上郡之地壘壁三百餘胡晉十餘萬戶遂拜置征鎭爲鼎峙之勢儁遣其司徒慕容評討平領軍慕輿根討鴦司空陽騖討昌撫軍慕容臧攻歷并州壘壁降者百餘所以尚書右僕射悅綰爲安西將軍領護匈奴中郎將并州刺史以撫之平所署征西諸葛驤鎭北蘇象寧東喬庶鎭南石賢等率壘壁百三十八降于儁儁大悅皆復其官爵既而平率衆三千奔于平陽鴦奔于野王歷走滎陽昌奔邵陵悉降其衆儁于是復圖入寇兼欲經略關西乃令州郡校閱見丁精覆隱漏率戶留一丁餘悉發之欲使步卒滿一百五十萬期明年大集將進臨洛陽爲三方節度武邑劉貴上書極諫陳百姓凋弊召兵非法恐人不堪命有土崩之禍并陳時政不便于時者十有三事儁覽而悅之付公卿博議事多納用乃改爲三五占兵寬戎備一周悉令明年季冬赴集鄴都是歲晉將荀羨攻山茌拔之斬儁太山太守賈堅儁青州刺史慕容塵遣司馬悅明救之羨師敗績復陷山茌儁立小學于顯賢里以教胄子封其子泓爲濟北王沖爲中山王讌羣臣於蒲池酒酣賦詩因談經史語及周太子晉潸然流涕顧謂羣臣曰昔魏武追痛倉舒孫權悼登無已孤常謂二主緣愛稱奇無大雅之體自曄亡已來孤鬢髮中白始知二主有以而然卿等言曄定何如也孤今悼之得無貽怪將來乎其司徒左長史李績對曰獻懷之在東宮臣爲中庶子既忝近侍聖質志業臣實不敢不知臣聞道備無愆其唯聖人乎先太子大德有八未見闕也儁曰卿言亦以過矣然試言之績曰至孝自天性與道合此其一也聰敏慧悟機思若流此其二也沉毅好斷理詣無幽此其三也疾諛亮物雅悅直言此其四也好學愛賢不恥下問此其五也英姿邁古藝業超時此其六也虛襟恭讓尊師重道此其七也輕財好施勤恤民隱此其八也儁泣曰卿雖褒譽然此兒若在吾死無憂也吾既不能追蹤唐虞官天下以禪有德近模三王以世傳授景茂幼沖器藝未舉卿以爲何如績曰皇太子天資岐嶷聖敬日躋而八德聞然二闕未補雅好游田娛心絲竹所以爲損耳儁顧謂暐曰伯陽之言藥石之惠汝宜誡之因問高年疾苦孤寡不能自存者賜穀帛有差儁夜夢石季龍齧其臂寤而惡之命發其墓剖棺出尸蹋而

罵之曰死胡安敢夢生天子遣其御史中尉約陽數其殘酷之罪鞭之棄于漳水諸葛攸又率水陸二萬討儁入自石門屯于河渚攸部將匡超進據碻磝蕭館屯于新柵又遣督護徐冏率水軍三千泛舟上下爲東西聲勢儁遣慕容評傅顏等統步騎五萬戰于東阿王師敗績塞北七國賀蘭涉勤等皆降俄而儁寢疾謂慕容恪曰吾所疾惙然當恐不濟修短命也復何所恨但二寇未除景茂沖幼慮其未堪多難吾欲遠追宋宣以社稷屬汝恪曰太子雖幼天縱聰聖必能勝殘刑措不可以亂正統也儁怒曰兄弟之間豈虛飾也恪曰陛下若以臣堪荷天下之任者寧不能輔少主乎儁曰若汝行周公之事吾復何憂李績淸方忠亮堪任大事汝善遇之是時兵集鄴城盜賊互起每夜攻劫晨昏斷行於是寬常賦設奇禁賊盜有相告者賜奉車都尉捕誅賊首木穀和等百餘人乃止升平四年儁死時年四十二在位十一年僞謚景昭皇帝廟號烈祖墓號龍陵儁雅好文籍自初卽位至末年講論不倦覽政之暇唯與侍臣錯綜義理凡所著述四十餘篇性嚴重愼威儀未曾以慢服臨朝雖閑居燕處亦無懈怠之色云

韓恒

韓恒字景山灌津人也父默以學行顯名恒少能屬文師事同郡張載載奇之曰王佐才也身長八尺一寸博覽經籍無所不通永嘉之亂避地遼東廆旣逐崔毖復徙昌黎召見嘉之拜叅軍事咸和中宋該等建議以廆立功一隅勤誠王室位卑任重不足以鎭華夷宜表請大將軍燕王之號廆納之命羣寮博議咸以爲宜如該議恒駁曰自羣胡乘間人嬰荼毒諸夏蕭條無復綱紀明公忠武篤誠憂勤社稷抗節孤危之中建功萬里之外終古勤王之義未之有也夫立功者患信義不著不患名位不高故桓文有寧復一匡之功亦不先求禮命以命諸侯宜繕甲兵候機會除羣凶靖四海功成之後九錫自至且要君以求寵爵者非爲臣之義也廆不平之出爲新昌令皝爲鎭軍復叅軍事遷營丘太守政化大行儁爲大將軍徵拜諮議叅軍加揚烈將軍儁僭位將定五行次衆論紛紜恒時疾在龍城儁召恒以決之恒未至而羣臣議以燕宜承晉爲水德旣而恒至言於儁曰趙有中原非唯人事天所命也天實與之而人奪之臣竊謂不可且大燕王迹始自於震於易震爲青龍受命之初有龍見於都邑城龍爲木德幽契之符也儁初雖難改後終從恒議儁祕書監淸河聶熊聞恒言乃歎曰不有君子國何以興其韓令君之謂乎後與李產俱傳東宮從太子暐入朝儁顧謂左右曰此二傳一代偉人未易繼也其見重如此

李產 子績

李產字子喬范陽人也少剛厲有志格永嘉之亂同郡祖逖擁衆部於南土力能自固產遂往依之逖素好縱橫弟約有大志產微知其旨乃率子弟十數人間行還鄉里仕於石氏爲本郡太守及慕容儁南征前鋒達郡界鄉人皆勸產降產曰夫受人之祿當同貧安危今若舍此節以圖存義士將謂我何衆潰始詣軍請降儁嘲之曰卿受石氏寵任衣錦本鄉何故不能立功於時而反委質乎烈士處身於世固當如是邪產泣曰誠知天命有歸非微臣所抗然犬馬爲主豈忘自效但以孤窮勢蹙致力無術僶俛歸死實非誠款儁嘉其慷慨顧謂左右曰此眞長者也乃擢用之歷位尚書性剛正好直言每至進見未嘗不論朝政之得失同輩咸憚焉儁亦敬其儒雅前後固辭年老不堪理劇轉拜太子太保謂子績曰以吾之才而致於此始者之願亦已過矣不可復以西夕之年取笑於來今也固辭而歸死於家子績

績字伯陽少以風節知名清辯有辭理弱冠爲郡功曹時石季龍親征段遼師次范陽百姓饑儉軍供有闕季龍大怒太守惶怖避匿績進曰郡帶北裔與寇接壤疆埸之間人懷危慮聞輿駕親戎將除殘賊雖嬰兒白首咸思効命非唯爲國亦自求寧雖身膏草野猶甘爲之敢有私吝而闕軍實但比年災儉家有菜色困弊力屈無所取濟逋廢之罪情在可矜季龍見績年少有壯節嘉而恕之於是太守獲免刺史王午辟爲主簿儁之南征也隨午奔魯口鄧恒謂午曰績鄉里在北父已降燕今雖在此終不爲用方爲人患午曰績於喪亂之中捐家立義情節之重有侔古烈若懷嫌害之必駭衆望恒乃止午恐績終爲恒所害乃資遣之及到儁責其背親後至績答曰臣聞豫讓報智伯讎稱于前史旣官身所在何事非君陛下方弘唐虞之化臣實未謂歸順之晚也儁曰此亦事主之一節耳累遷太子中庶子及暐立慕容恪欲以績爲尚書右僕射暐憾績往言不許恪屢請乃謂恪曰萬幾之事委之叔父伯陽一人暐請獨裁績遂憂死

晉書卷一百十考證

慕容儁載記慕容垂討段勤于繹幕○垂一本作霸前燕錄儁僭號之三年四月命冀州刺史吳王霸徙治信都更名曰垂則霸乃垂之本名爾時猶未改也

絳褠始於秦漢○褠監本訛構今從本書禮志改正

時年四十二在位十一年○一本作時年五十三在位十二年綱目晉穆帝永和八年壬子十一月燕王儁稱皇帝至升平四年庚申卒凡九年若以嗣燕王位計之在戊申九月則爲十三年不知何以云十一年也若其年歲則不可考矣

晉書卷一百十一

唐 太 宗 文 皇 帝 御 撰

載記第十一

慕容暐

慕容暐字景茂儁第三子也初封中山王尋立爲太子及儁死羣臣欲立慕容恪恪辭曰國有儲君非吾節也於是立暐升平四年僭卽皇帝位大赦境內改元曰建熙尊其母可足渾氏爲皇太后以慕容恪爲太宰錄尚書行周公事慕容評爲太傅副贊朝政慕輿根爲太師慕容垂爲河南大都督征南將軍兗州牧荆州刺史領護南蠻校尉鎭梁國孫希爲安西將軍并州刺史傅顏爲護軍將軍其餘封授各有差暐旣庸弱國事皆委之於恪慕輿根自恃勳舊驕傲有無上之心忌恪之總朝權將伺隙爲亂乃言於恪曰今主上幼沖母后干政殿下宜慮楊駿諸葛元遜之變思有以自全且定天下者殿下之功也兄亡弟及先王之成制過山陵之後可廢主上爲一國王殿下踐尊位以建大燕無窮之慶恪曰公醉乎何言之悖也昔曹臧吳札並於家難之際猶曰爲君非吾節況今儲君嗣統四海無虞宰輔受遺奈何便有私議公忘先帝之言乎根大懼陳謝而退恪以告慕容垂垂勸恪誅之恪曰今新遭大凶二虜伺隙山陵未建而宰輔自相誅滅恐乖遠近之望且可容忍之根與左衞慕輿干潛謀誅恪及評因而篡位入白可足渾氏及暐曰太宰太傅將謀爲亂臣請率禁兵誅之以安社稷可足渾氏將從之暐曰二公國之親穆先帝所託終應無此未必非太師將爲亂也於是使其侍中皇甫眞護軍傅顏收根等於禁中斬之大赦境內遣傅顏率騎二萬觀兵河南臨淮而還軍威甚盛初儁所署寧南將軍呂護據野王陰通京師穆帝以護爲前將軍冀州刺史儁死謀引王師襲鄴事覺暐使慕容恪等率衆五萬討之傅顏言於恪曰護窮寇假合王師旣臨則上下喪氣曾不敢闚兵中路展其螗蜋之心此則士卒攝魂敗亡之驗也殿下前以廣固天險守易攻難故爲長久之策今賊形便不與往同宜急攻之以省千金之費恪曰護老賊經變多矣觀其爲備之道未易卒平今圍之窮城樵採路絶內無蓄積外無彊援不過十旬其斃必矣何必遽殘士卒之命而趣一時之利哉吾嚴濬圍壘休養將卒以重官美貨間而離之事淹勢窮其釁易動我則未勞而寇已斃此爲兵不血刃坐以制勝也遂列長圍守之護遣其將張興率勁卒七千出戰傅顏擊斬之自三月至八月而野王潰護南奔于晉悉降其衆尋復叛歸于暐暐待之如初因遣傅顏與護率衆據河陰顏北襲敕勒大獲而還護攻洛陽中流矢而死將軍段崇收軍北渡屯于野王暐遣其寧東慕容忠攻陷滎陽又遣鎭南慕容塵寇長平時晉冠軍將軍陳祐戍洛陽遣使請救帝遣桓溫援之興寧初暐復使慕容評寇許昌懸瓠陳城並陷之遂略汝南諸郡徙萬餘戶于幽冀暐豫州刺史孫興上疏請步卒五千先圖洛陽暐納之遣其太宰司馬悅希軍于盟津孫興分戍成皐以爲之聲援尋而陳祐率衆奔陸渾河南諸壘悉陷于希慕容恪攻陷金墉害揚威將軍沈勁以其左右中郞慕容筑爲假節征虜將軍洛州刺史鎭金墉慕容垂爲都督荆揚洛徐兗豫雍益涼秦等十州諸軍事征南大將軍荆州牧配兵一萬鎭魯陽時暐境內多水旱慕容恪慕容評並稽首歸政請遜位還第曰臣以朽闇器非經國過荷先帝拔擢之恩又蒙陛下殊常之遇猥以輕才竊位宰錄不能上諧陰陽下釐庶政致使水旱愆和彝倫失序轅弱任重夕惕唯憂臣聞王者則天建國辨方正位司必量才官惟德舉台傅之重叅理三光苟非其人則靈曜爲虧尸祿貽殃負乘招悔由來常道未之或差以姬旦之勳聖猶近則二公不悅遠則管蔡流言況臣等寵緣戚來榮非才授而可久點天官塵蔽賢路是以中年拜表披陳丹款聖恩齒舊未忍遐棄奄冉偷榮愆責彌厚自待罪鼎司歲餘辰紀叅冒宰衡七載于茲雖乃心經略而思不周務至令二方干紀跋扈未庭同文之詠有慙盛漢深乖先帝託付之規甚違陛下垂拱之義臣雖不敏竊聞君子之言敢忘虞丘避賢之美輒循兩疏知止之分謹送太宰大司馬太傅司徒章綬惟垂昭許暐曰朕以不天早傾乾覆先帝所託唯在二公二公懿親碩德勳高魯衞翼贊王室輔導朕躬宜慈惠和坐

而待旦虔誠夕惕美亦至矣故能外埽羣凶內清九土四海晏如政和時洽雖宗廟社稷之靈抑亦公之力也今關右有未賓之氐江吳有遺燼之虜方賴謀猷混寧六合豈宜虛已謙沖以違委任之重王其割二疏獨善之小以成公旦復袞之大恪評等固請致政暐曰夫建德者必以終善爲名佐命者則以功成爲效公與先帝開構洪基膺天明命將廓夷羣醜紹復隆周之迹災眚橫流乾光墜曜朕以眇躬猥荷大業不能上成先帝遺志致使二虜遊魂所以功未成也豈宜沖退且古之王者不以天下爲榮憂四海若荷擔然後仁讓之風行則比屋而可封今道化未純鯨鯢未殄宗社之重非唯朕身公所憂也當思所以寧濟兆庶靖難敦風垂美將來侔蹤周漢不宜崇飾常節以違至公遂斷其讓表恪評等乃止暐鎮律郎郭欽奏議以暐承石季龍水爲木德暐從之太和元年暐遣撫軍慕容厲攻晉太山太守諸葛攸攸奔于淮南厲悉陷兗州諸郡置守宰而還慕容恪有疾深慮暐政不在已慕容評性多猜忌大司馬之位不能允授人望乃召暐兄樂安王臧謂之曰今勁秦跋扈彊吳未賓二寇並懷進取但患事之無由耳夫安危在得人國興在賢輔若能推才任忠和同宗盟則四海不足圖二虜豈能爲難哉吾以常才受先帝顧託之重每欲埽平關隴蕩一甌吳庶嗣成先帝遺志謝憂責于當年而疾固彌留恐此志不遂所以沒有餘恨也吳王天資英傑經略超時司馬職統兵權不可以失人吾終之後必以授之若以親疏次第不以授汝當以授沖汝等雖才識明敏然未堪多難國家安危實在于此不可昧利忘憂以致大悔也又以告評月餘而死其國中皆痛惜之先是晉南陽督護趙弘以宛降于暐暐遣其南中郎將趙盤自魯陽戍宛至此晉右將軍桓豁攻宛拔之趙盤退奔魯陽豁遣輕騎追盤及於雉城大戰敗之執盤戍宛而歸苻堅將苻廋據陝降于暐時有圖書云燕馬當飲渭水堅恐暐乘釁入關大懼乃盡精銳以備華陰暐羣下議欲遣兵救廋因圖關右慕容評素無經略又受苻堅間貨沮議曰秦雖有難未易可圖朝廷雖明豈如先帝吾等經略又非太宰之匹終不能平秦也但可閉關息旅保寧疆埸足矣暐魏尹慕容德上疏曰先帝應天順時受命革代方以文德懷遠以一六合神功未就奄忽升遐昔周文既沒武王嗣興伏惟陛下則天比德揆聖齊功方闡崇乾基纂成先志逆氐僭據關隴號同王者惡積禍盈自相疑戮釁起蕭牆勢分四國投誠請援旬日相尋豈非凶運將終數歸有道兼弱攻昧取亂侮亡機之上也今秦土四分可謂弱矣時來運集天贊我也天與不取反受其殃吳越之鑒我之師也宜應天人之會建牧野之旗命皇甫眞引并冀之衆徑趣蒲阪臣垂引許洛之兵馳解廋圍太傅總京都武旅爲二軍後繼飛檄三輔仁聲先路獲城即侯微功必賞此則鬱槩待時之雄抱志未申之傑必嶽峙灞上雲屯隴下天羅既張內外勢合區區僭豎不走則降大同之舉今其時也願陛下獨斷聖慮無訪仁人暐覽表大悅將從之評固執不許乃止苻廋知評暐之無遠略恐救師弗至乃牋於慕容垂皇甫眞曰苻堅王猛皆人傑也謀爲燕患爲日久矣今若乘機不赴恐燕之君臣將有甬東之悔垂得書私於眞曰方爲人患者必在於秦主上富於春秋未能留心政事觀太傅度略豈能抗苻堅王猛乎眞曰然繞朝有云謀之不從可如何暐僕射悅綰言於暐曰太宰政尚寬和百姓多有隱附傳曰唯有德者可以寬臨衆其次莫如猛今諸軍營戶三分共貫風教陵弊威綱不舉宜悉罷軍封以實天府之饒肅明法令以清四海暐納之綰既定制朝野震驚出戶二十餘萬慕容評大不平尋賊綰殺之晉大司馬桓溫江州刺史桓沖豫州刺史袁眞率衆五萬伐暐前兗州刺史孫元起兵應之溫部將檀玄攻胡陸執暐寧東慕容忠暐遣其將慕容厲與溫戰于黃墟厲師大敗單馬奔還高平太守徐翻以郡歸順溫前鋒朱序又破暐將傅顏于林渚溫軍大振次於枋頭暐懼謀奔和龍慕容垂曰不然臣請擊之若戰不捷走未晚也乃以垂爲使持節南討大都督慕容德爲征南將軍率衆五萬距溫使其散騎侍郎樂嵩乞師於苻堅堅遣將軍苟池率衆二萬出自洛陽師于潁川外爲赴援內實觀隙有兼并之志矣慕容德屯于石門絕溫糧漕豫州刺史李邽率州兵五千斷溫餽運溫頻戰不利糧運復絕及聞堅師之至乃焚舟棄甲而退德率勁騎四千先溫至襄邑東伏於澗中與垂前後夾擊王師大敗死者三萬餘人苟池聞溫班師邀擊于譙溫衆又敗死者萬計垂既有大功威德彌振慕容評素不平之垂又言其將孫蓋等摧鋒陷銳宜論功超授評寢而不錄垂數以爲言頗與評廷爭可足渾氏素惡垂毀其戰功遂與評謀殺垂垂懼奔于苻堅先是暐使其黃門侍郎梁琛聘于堅琛還言於評曰秦揚兵講武運粟陝東以琛觀之無久和之理兼吳王西奔必有覬釁之計深宜備之評曰不然秦豈可受吾叛臣而不懷和好哉琛曰鄰國相并有自來矣況今並稱大號理無俱存苻堅機明好斷納善如流王猛有王佐之才銳於進取觀其君臣相得自謂千載一時桓溫不足爲慮終爲人患者其唯王猛乎暐許不以爲虞皇甫眞又陳其事曰苻堅雖聘使相尋託輔車爲諭然抗均鄰敵勢同戰國明其甘於取利無慕善之心終不能守信存和以崇久要也頃來行人累續兼師出洛川夷險要害具之耳目觀虛實以措奸圖聽風塵而伺國隙者寇之常也又吳王外奔爲之謀主伍員之禍不可不慮洛陽并州壺關諸城並宜增兵益守以防未兆暐召評而謀之評曰秦國小力弱杖我爲援且苻堅庶幾善道終不納叛臣之言不宜輕自擾懼以動寇心也暐從之俄而堅遣其將王猛率衆伐暐攻慕容筑于金墉暐遣慕容臧率衆救之臧次滎陽猛部將梁成洛州刺史鄧羌與臧戰于石門臧師敗績死者萬餘遂相持于石門筑以救兵不至以金墉降于猛梁成又敗慕容臧斬首三千餘級獲其將軍楊璩臧遂城新樂而還桓溫之敗也歸罪于豫州刺史袁眞眞怒以壽陽降暐暐遣其大鴻臚溫統署眞爲使持節散騎常侍都督淮南諸軍事征南大將軍領護南蠻校尉揚州刺史封宣城公未至而眞統俱卒眞黨朱輔立眞子瑾爲建威將軍豫州刺史以固壽陽時外則王師及苻堅交侵兵革不息內則暐母亂政評等貪冒政以賄成官非才舉羣下切齒焉其尚書左丞申紹上疏曰臣聞漢宣有言與朕共治天下者其唯良二千石乎是以特重此選必妙盡英才莫不拔自貢士歷資內外用能仁感猛獸惠致羣祥今者守宰或擢自匹夫兵將之間或因寵戚藉緣時會非但無聞於州閭亦不經于朝廷又無考績黜陟幽明貪惰爲惡無刑戮之懼清勤奉法無爵賞之勸百姓窮弊侵賕無已兵士逋逃乃相招爲賊盜風頹化替莫相糾攝且吏多則政煩由來常患今之見戶不過漢之一大郡而備置百官加之新立軍號兼重有過往時虛假名位廢棄農業公私驅擾人無聊生宜并官省職務勸農桑秦吳二虜僻僭一時尙能任道捐情肅諸僞部況大燕累聖重光君臨四海而可美政或虧取陵奸寇哉鄰之有善衆之所望我之不修彼之願也秦吳狡猾地居形勝非唯守境而已乃有吞噬之心中州豐實戶兼二寇弓馬之勁秦晉所憚雲騎風馳國之常也而比赴敵後機兵不速濟者何也皆由賦法靡恒役之非道郡縣守宰每於差調之際無不舍越殷彊首先貧弱行留俱窘資贍無所人懷嗟怨遂致奔亡進闕供國之饒退離蠶農之要兵豈在多貴於用命宜嚴制軍科務先饒復習兵教戰使偏伍有常從戎之外足營私業父兄有陟岵之觀子弟懷孔邇之顧雖赴水火何所不從節儉約費先王格謨去華敦朴哲后恒憲故周公戒成王以嗇財爲本漢文以皂幃變俗孝景宮人弗過千餘魏武寵賜不盈十萬薄葬不墳儉以率下所以割肌膚之惠全百姓之力謹案後宮四千有餘僮侍廝養通兼十倍日費之重價盈萬金綺縠羅紈歲增常調戎器弗營奢玩是務令帑藏虛竭軍士無襜褕之資宰相侯王迭以侈麗相尙風靡之化積習成俗臥薪之諭未足甚焉宜罷浮華非要之役峻明婚姻喪葬之條禁絕奢靡浮煩之事出傾宮之女均商農之賦公卿以下以四海爲家信賞必罰綱維肅舉者溫猛之首可懸之白旗秦吳二主可以禮之歸命豈唯不復侵寇而已哉陛下若不遠追漢宗弋綈之模近崇先帝補衣之美臣恐頹風弊俗亦革變靡途中興之歌無以軫之絃詠又拓宇兼并不在一城之地控制戎夷者懷之以德今魯陽上郡重山之外雲陰之北四百有餘而未可以羈服塞表爲平寇之基徒孤危託落令善附內駭宜攝就并豫以臨二河通接漕轂擬之丘後重晉陽之戍增南藩之兵戢守之備衒以千金之餌蓄力待時可一舉而滅如其虔劉送死俟入境而斷之可令匹馬不反非唯絕二賊闚闞乃是戡殄之要惟陛下覽焉暐不納苻堅又使王猛楊安率衆伐暐猛攻壺關安攻晉陽暐使慕容評等率中外精卒四十餘萬距之猛安進師潞川州郡盜賊大起鄴中多怪異暐憂懼不知所爲乃召其使而問曰秦衆何如大師既出猛等能戰否或對曰秦國小兵弱豈王師之敵景略常才又非太傅之匹不足憂也黃門侍郎梁琛中書侍郎樂嵩進曰不然兵書之義計敵能鬬當以算取之若冀敵不鬭非萬全之道也慶鄭有云秦衆雖少戰士倍我衆之多少非可問也且秦行師千里固戰是求何不戰之有乎暐不悅猛與評等相持評以猛懸軍遠入利在速戰議以持久制之猛乃遣其將郭慶率騎五千夜從間道起火高山燒評輜重火見鄴中評性貪鄙障固山泉賣樵鬻水積錢絹如丘陵三軍莫有鬭志暐遣其侍中蘭伊讓評曰王高祖之子也宜以宗廟社稷爲憂奈何不務撫養勳勞專以聚斂爲心乎府藏之珍貨朕豈與王愛之若寇軍冒進王持錢帛安所置也皮之不存毛將安傅錢帛可散之三軍以平寇凱

旋爲先也評懼而與猛戰于潞川評師大敗死者五萬餘人評等單騎遁還猛遂長驅至鄴堅復率衆十萬會猛攻暐先是慕容桓以衆萬餘屯于沙亭爲評等後繼聞評敗引屯內黃堅遣將鄧羌攻信都桓率鮮卑五千退保和龍散騎侍郎徐蔚等率扶餘高句麗及上黨質子五百餘人夜開城門以納堅軍暐與評等數十騎奔于昌黎堅遣郭慶追及暐于高陽堅將巨武執暐將縛之暐曰汝何小人而縛天子武曰我梁山巨武受詔縛賊何謂天子邪遂送暐于堅堅詰其奔狀暐曰狐死首丘欲歸死于先人墳墓耳堅哀而釋之令還宮率文武出降郭慶遂追評桓于和龍桓殺其鎮東慕容亮而并其衆攻其遼東太守韓稠于平州郭慶遣將軍朱嶷擊桓執而送之堅徙暐及其王公已下并鮮卑四萬餘戶于長安封暐新興侯署爲尚書堅征壽春以暐爲平南將軍別部都督淮南之敗隨堅還長安既而慕容垂攻苻丕于鄴慕容沖起兵關中暐謀殺堅以應之事發爲堅所誅時年三十五及德僭稱尊號僞諡幽皇帝始廆以武帝太康六年稱公至暐四世暐在位二十一年以海西公太和五年滅通廆皝凡八十五年

慕容恪

慕容恪字玄恭皝之第四子也幼而謹厚沉深有大度母高氏無寵皝未之奇也年十五身長八尺七寸容貌魁傑雄毅嚴重每所言及輒經綸世務皝始異焉乃授之以兵數從皝征伐臨機多奇策使鎮遼東甚有威惠高句麗憚之不敢爲寇皝使恪與儁俱伐夫餘儁居中指授而已恪身當矢石推鋒而進所嚮輒潰皝將終謂儁曰今中原未一方建大事恪智勇俱濟汝其委之及儁嗣位彌加親任累戰有大功封太原王拜侍中假節大都督錄尙書儁寢疾引恪與慕容評屬以後事及暐之世總攝朝權初建鄴聞儁死曰中原可圖矣桓溫曰慕容恪尙存所憂方爲大耳慕輿根之誅也內外危懼恪容止如常神色自若出入往還一人步從或有諫之者恪曰人情懷懼且當自安以靖之吾復不安則衆何瞻仰哉於是人心稍定恪虛襟待物諮詢善道量才處任使人不踰位朝廷謹肅進止有常度雖執權政每事必諮之於評罷朝歸第則盡心色養手不釋卷其百寮有過未嘗顯之自是庶寮化德稀有犯者恪之圍洛陽也秦中大震苻堅親將以備潼關軍迴乃定恪爲將不尙威嚴專以恩信御物務於大略不以小令勞衆軍士有犯法密縱舍之捕斬賊首以令軍營內不整似可犯而防禦甚嚴終無喪敗臨終暐親臨問以後事恪曰臣聞報恩莫大薦士版築猶可而況國之懿藩吳王文武兼才管蕭之亞陛下若任之以政國其少安不然臣恐二寇必有闚關之計言終而死

陽鶩

陽鶩字士秋右北平無終人也父眈仕廆官至東夷校尉鶩少清素好學器識沉遠起家爲平州別駕屢獻安時彊國之術事多納用廆甚奇之皝即王位遷左長史東西征伐參謀幃幄皝臨終謂儁曰陽士秋忠幹貞固可託付大事汝善待之儁之將圖中原也鶩制勝之功亞於慕容恪暐既嗣僞位申以師傅之禮親遇日隆及爲太尉慨然而歎曰昔常林徐邈先代名臣猶以鼎足任重而終辭三事以吾虛薄何德以堪之固求罷職言甚懇至暐優荅不許鶩清貞謙謹老而彌篤既以宿望舊齒自慕容恪已下莫不畢拜性儉約常乘弊車瘠馬及死無斂財

皇甫眞

皇甫眞字楚季安定朝那人也弱冠以高才廆拜爲遼東國侍郎皝嗣位遷平州別駕時內難連年百姓勞悴眞議欲寬減歲賦休息力役不合旨免官後以破麻秋之功拜奉車都尉守遼東營丘二郡太守皆有善政及儁僭位入爲典書令後從慕容評攻拔鄴都珍貨充溢眞一無所取唯存恤人物收圖籍而已儁臨終與慕容恪等俱受顧託慕輿根將謀爲亂眞陰察知之乃言於恪請除之恪未忍顯其事俄而根謀發伏誅恪謝眞曰不從君言幾成禍敗呂護之叛恪謀於朝曰遠人不服修文德以來之今護宜以恩詔降乎不宜以兵戈取也眞曰護九年之間三背王命揆其姦心凶勃未已明公方飲馬江湘勒銘劍閣況護蕞爾近畿而不梟戮宜以兵算取之不可復以文檄喻也恪從之以眞爲冠軍將軍別部都督師還拜鎮西將軍并州刺史鎮護匈奴中郎將徵還拜侍中光祿大夫累遷太尉侍中苻堅密謀兼并欲觀審釁隙乃遣其西戎主簿郭辯潛結匈奴左賢王曹轂令轂遣使詣鄴辯因從之眞兄典仕苻堅爲散騎常侍從子奮覆並顯關西辯既至鄴歷造公卿言於眞曰辯家爲秦所誅故寄命曹王貴兄常侍及奮覆兄弟並相知在素眞怒曰臣無境外之交斯言何以及我君似姦人得無因緣假託乎乃白暐請窮詰之暐評不許辯還謂堅曰燕朝無綱紀實可圖之鑒機識變唯皇甫眞耳堅曰以六州之地豈無智識士一人哉眞亦秦人而燕用之固知關西多君子矣眞性淸儉寡慾不營產業飲酒至石餘不亂雅好屬文凡著詩賦四十餘篇王猛入鄴眞望馬首拜之明日更見語乃卿猛猛曰昨拜今卿何恭慢之相違也眞答曰卿昨爲賊朝是國士吾拜賊而卿國士何所怪也猛大嘉之謂權翼曰皇甫眞故大器也從堅入關爲奉車都尉數歲而死

史臣曰觀夫北陰衍氣醜虜彙生隔閡諸華聲教莫之漸雄據殊壤貪悍成其俗先叛後服蓋常性也自當塗紊紀典午握符推亡之功掩岷吳而可錄御遠之策懷戎狄而猶漏慕容廆英姿偉量是曰邊豪釁迹姦圖實惟亂首何者無名而舉表深譏於魯冊象龔致罰昭大訓於姚典況乎放命挺禍距戰發其狼心剽邑屠城略地騁其螫賊既而二帝遘平陽之酷按兵窺運五鐸啓金陵之祚率禮稱藩勤王之誠當君危而未立匡主之節俟國泰而將狥適所謂相時而動豈素蓄之款哉然其制敵多權臨下以惠勸農桑敦地利任賢士該時傑故能恢一方之業創累葉之基焉元眞體貌不恒暗符天表沉毅自處頗懷奇略于時羣雄角立爭奪在辰顯宗主祭於沖年庾亮竊政於元舅朝綱不振天步孔艱遂得據已成之資乘土崩之會揚兵南騖則烏丸卷甲建旆東征則宇文摧陣乃負險自固恃勝而驕端拱稱王不待朝命昔鄭武職居三事爵不改伯齊桓績宣九合位止爲侯驕曩烈而功微徵前經而禮縟豁壑難滿此之謂乎宣英文武兼優加之以機斷因石氏之釁首圖中原燕王協其籌冀馬爲其用一戰而平巨寇再舉而拔堅城氣讋傍鄰威加邊服便謂深功被物天數在躬遽竊鴻名偷安寶籙猶將席卷京洛肆其蟻聚之徒宰割黎元縱其鯨吞之勢使江左疲於奔命職此之由非夫天厭素靈而啓異類不然者其鋒何以若斯景茂庸材不親厥務賢輔攸賴逆臣挫謀於是陷金墉而款河南包銅城而臨漠北西秦勁卒頓函關而不進東夏遺黎企鄴宮而授首當此之時也凶威轉熾及玄恭即世虐媢亂朝垂以勳德不容評以黷貨干政志士絕忠貞之路讒人襲交亂之風輕鄰反速其咎禦敵罕修其備以攜離之衆抗敢死之師鋒鏑未交白溝淪境衡輣暫擬紫陌成墟是知由余出而戎亡子常升而郢覆終於身死異域智不自全吉凶惟人良所謂也

贊曰青山徙構玄塞分疆蠶茲雜種弈世彌昌角端掩月步搖翻霜乘危蝟起怙險鴟張假竊神器憑陵帝鄉守不以德終致餘殃

晉書卷一百十一考證

慕容暐載記苻堅將苻讓據陝降于暐○讓前燕錄作庾綱目晉帝奕太和三年秦苻庾以陝城降燕亦作庾今從音義作讓

豫州刺史李邪○邪一本作邦綱目作邽

晉書卷一百十二

唐　太　宗　文　皇　帝　御　撰

載記第十二

苻洪

苻洪字廣世畧陽臨渭氐人也其先蓋有扈之苗裔世爲西戎酋長始其家池中蒲生長五丈五節如竹形時咸謂之蒲家因以爲氏焉父懷歸部落小帥先是隴右大雨百姓苦之謠曰雨若不止洪水必起故因名曰洪好施多權畧驍武善騎射屬永嘉之亂乃散千金召英傑之士訪安危變通之術宗人蒲光蒲突遂推洪爲盟主劉曜僭號長安光等逼洪歸曜拜率義侯曜敗洪西保隴山石季龍將攻上邽洪又請降季龍大悅拜冠軍將軍委以西方之事季龍滅石生洪說季龍宜徙關中豪傑及羌戎內實京師季龍從之以洪爲龍驤將軍流人都督處于枋頭累有戰功封西平郡公其部下賜爵關內侯者二千餘人以洪爲關內領侯將冉閔言於季龍曰苻洪雄果其諸子並非常才宜密除之季龍待之愈厚及石遵即位閔又以爲言遵乃去洪都督餘如前洪怨之乃遣使降晉後石鑒殺遵所在兵起洪有衆十餘萬永和六年帝以洪爲征北大將軍都督河北諸軍事冀州刺史廣川郡公時有說洪稱尊號者洪亦以讖文有草付應王又其孫堅背有草付字遂改姓苻氏自稱大將軍大單于三秦王洪謂博士胡文曰孤率衆十萬居形勝之地冉閔慕容儁可指辰而殄姚襄父子克之在吾數中孤取天下有易於漢祖初季龍以麻秋鎮枹罕冉閔之亂秋歸鄴洪使子雄擊而獲之以秋爲軍師將軍秋說洪西都長安洪深然之既而秋因宴鴆洪將并其衆世子健收而斬之洪將死謂健曰所以未入關者言中州可指時而定今見困豎子中原非汝兄弟所能辦關中形勝吾亡後便可鼓行而西言終而死年

六十六健僭位僞謚惠武帝

苻健

苻健字建業洪第三子也初母羌氏夢大羆而孕之及長勇果便弓馬好施善事人甚爲石季龍父子所親愛季龍雖外禮苻氏心實忌之乃陰殺其諸兄而不害健也及洪死健嗣位去秦王之號稱晉爵遣使告喪于京師且聽王命時京兆杜洪竊據長安自稱晉征北將軍雍州刺史戎夏多歸之健密圖關中懼洪知之乃僞受石祗官繕宮室於枋頭課所部種麥示無西意有知而不種者健殺之以徇既而自稱晉征西大將軍都督關中諸軍事雍州刺史盡衆西行起浮橋於盟津以濟遣其弟雄率步騎五千入潼關兄子菁自軹關入河東健執菁手曰事若不捷汝死河北我死河南比及黃泉無相見也既濟焚橋自統大衆繼雄而進杜洪遣其將張先要健於潼關健逆擊破之健雖戰勝猶修牋于洪并送名馬珍寶請至長安上尊號洪曰幣重言甘誘我也乃盡召關中之衆來距健筮之遇泰之臨健曰小往大來吉亨昔往東而小今還東而大吉孰大焉是時衆星夾河西流占者以爲百姓還西之象健遂進軍次赤水遣雄畧地渭北又敗張先於陰槃擒之諸城盡陷菁所至無不降者三輔畧定健引兵至長安洪奔司竹健入而都之遣使獻捷京師并修好於桓溫健軍師將軍賈玄碩等表健爲侍中大都督關中諸軍事大單于秦王健怒曰我官位輕重非若等所知既而潛使諷玄碩等使上尊號永和七年僭稱天王大單于赦境內死罪建元皇始繕宗廟社稷置百官於長安立妻强氏爲天王皇后子萇爲天王皇太子弟雄爲丞相都督中外諸軍事車騎大將軍領雍州刺史自餘封授各有差初杜洪之奔也招晉梁州刺史司馬勳至是勳率步騎三萬入秦川健敗之於五丈原八年健僭卽皇帝位于太極前殿諸公進爲王以大單于授其子萇杜洪屯宜秋爲其將張琚所殺琚自立爲秦王置百官健率步騎二萬攻琚斬其首健至自宜秋遣雄菁率衆畧關東并援石季龍豫州刺史張遇於許昌與晉鎮西將軍謝尚戰于潁水之上王師敗績雄乘勝逐北至于壘門殺傷太半遂虜遇及其衆歸于長安拜遇司空豫州刺史鎮許昌雄攻王擢於隴上擢奔涼州雄屯隴東張重華拜擢征東大將軍使與其將張弘宋修連兵伐雄雄與菁率衆擊敗之獲弘修送長安初張遇自許昌來降健納遇後母韓氏爲昭儀每於衆中謂遇曰卿吾子也遇慙恨引關中諸將欲以雍州歸順乃與健中黃門劉晃謀夜襲健事覺遇害於是孔特起池陽劉珍夏侯顯起鄠喬景起雍胡陽赤起司竹呼延毒起霸城衆數萬人並遣使詣征西桓溫中軍殷浩請救雄遣菁掠上洛郡於豐陽縣立荆州以引南金奇貨弓竿漆蠟通關市來遠商於是國用充足而異賄盈積矣十年溫率衆四萬趨長安遣別將入淅川攻上洛執健荆州刺史郭敬而遣司馬勳掠西鄙健遣其子萇率雄菁等衆五萬距溫于堯柳城愁思堆溫轉戰而前次于灞上萇等退營城南健以羸兵六千固守長安小城遣精銳三萬爲游軍以距溫三輔郡縣多降于溫健別使雄領騎七千與桓冲戰於白鹿原王師敗績又破司馬勳于子午谷初健聞溫之來也收麥清野以待之故溫衆大飢至是徙關中三千餘戶而歸及至潼關又爲萇等所敗司馬勳奔還漢中其年西虜乞沒軍邪遣子入侍健於是置來賓館于平朔門以懷遠人起靈臺於杜門與百姓約法三章薄賦卑宮垂心政事優禮耆老修尚儒學而關右稱來蘇焉新平有長人見語百姓張靖曰苻氏應天受命今當太平外面者歸中而安泰問姓名弗答俄而不見新平令以聞健以爲妖下靖獄會大雨霖河渭溢蒲津監寇登得一屐於河長七尺三寸人跡稱之指長尺餘文深一寸健歎曰覆載之中何所不有張靖所見定不虛也赦之蝗蟲大起自華澤至隴山食百草無遺牛馬相噉毛猛獸及狼食人行路斷絕健自蠲百姓租稅減膳徹懸素服避正殿初桓溫之入關也其太子萇與溫戰爲流矢所中死至是立其子生爲太子健寢疾菁勒兵入東宮將殺苻生自立時生侍健疾菁以健爲死迴攻東掖門健聞變升端門陳兵衆皆舍杖逃散執菁殺之數日健死時年三十九在位四年僞謚明皇帝廟號世宗後改曰高祖

苻生

生字長生健第三子也幼而無賴祖洪甚惡之生無一目爲兒童時洪戲之問侍者曰吾聞瞎兒一淚信乎侍者曰然生怒引佩刀自刺出血曰此亦一淚也洪大驚鞭之生曰性耐刀槊不堪鞭捶洪曰汝爲爾不已吾將以汝爲奴生曰可不如石勒也洪懼跣而掩其口謂健曰此兒狂勃宜早除之不然長大必破人家健將殺之雄止之曰兒長成自當修改何至便可如此健乃止及長力舉千鈞雄勇好殺手格猛獸走及奔馬擊刺騎射冠絕一時桓溫之來伐也生單馬入陣搴旗斬將者前後十數萇既死健以讖言三羊五眼應符故立爲太子健卒僭卽皇帝位大赦境內改年壽光時永和十三年也尊其母强氏爲皇太后立妻梁氏爲皇后以呂婆樓爲侍中左大將軍苻安領太尉苻柳爲征東大將軍并州牧鎮蒲坂苻謏爲鎮東大將軍豫州牧鎮陝城自餘封授有差初生將强懷與桓溫戰沒其子延未及封而健死會生出游懷妻樊氏於道上書論懷忠烈請封其子生怒射而殺之僞中書監胡文中書令王魚言於生曰比頻有客星孛于大角熒惑入於東井大角爲帝坐東井秦之分野於占不出三年國有大喪大臣戮死願陛下遠追周文修德以禳之惠和羣臣以成康哉之美生曰皇后與朕對臨天下亦足以塞大喪之變毛太傅梁車騎梁僕射受遺輔政可謂大臣也於是殺其妻梁氏及太傅毛貴車騎尚書令梁楞左僕射梁安未幾又誅侍中丞相雷弱兒及其九子二十七孫諸羌悉叛弱兒南安羌酋也剛鯁好直言見生嬖臣趙韶董榮亂政每大言於朝故榮等譖而誅之生雖在諒闇游飲自若荒耽淫虐殺戮無道常彎弓露刃以見朝臣錘鉗鋸鑿備置左右又納董榮之言誅其司空王墮以應日蝕之災饗羣臣於太極前殿飲酣樂奏生親歌以和之命其尚書令辛牢典勸既而怒曰何不彊酒猶有坐者引弓射牢而殺之於是百僚大懼無不引滿昏醉汙服失冠蓬頭僵仆生以爲樂生聞張祚見殺玄靚幼沖命其征東苻柳參軍閻負梁殊使涼州以書喻之負殊至姑臧玄靚年幼不見殊等其涼州牧張瓘謂負殊曰孤之本朝世執忠節遠宗大晉臣無境外之交君等何爲而至負殊曰晉王以鄰藩義好有自來矣雖擁阻山河然風通道會不欲使羊陸二公獨美於前主上以欽明紹統八表宅心光被四海格於天地晉王思與張王齊曜大明交玉帛之好兼與君公同金蘭之契是以不遠而來有何怪乎瓘曰羊陸一時之事亦非純臣之義也本朝六世重光固忠不二若與苻征東交玉帛之好者便是上違先公純誠雅志下乖河右遵奉之情負殊曰昔微子去殷項伯歸漢雖背君違親前史美其先覺亡晉之餘遠逃江會天命去之故尊先王翻然改圖北面二趙蓋神算無方鑒機而作君公若欲稱制河西衆旅非秦之敵如欲宗歸遺晉深乖先君雅旨孰若遠蹤竇融附漢之規近述先王歸趙之事垂祚無窮永享遐祉乎瓘曰中州無信好食誓言往與石氏通好旋見寇襲中國之風誠在昔日不足復論通和之事也負殊曰三王異政五帝殊風趙多姦詐秦以義信豈可同年而語哉張先楊初皆擅兵一方不供王貢先帝命將擒之宥其難恕之罪加以爵封之榮今上道合二儀慈弘山海信符陰陽御物無際不可以二趙相況也瓘曰秦若兵彊化盛自可先取江南天下自然盡爲秦有何辱征東之命負殊曰先帝以大聖神武開構鴻基彊燕納款八州順軌主上欽明道必隆世慨徽號擁於河西正朔未加吳會以吳必須兵涼可以義故遣行人先申大好如君公不能路機而發者正可緩江南數年之命迴師西旆恐涼州弗可保也瓘曰我跨據三州帶甲十萬西包崑域東阻大河伐人有餘而況自固秦何能爲患負殊曰貴州險塞孰若崤函五郡之衆何如秦雍張琚杜洪因趙之成資據天阻之固策三秦之銳藉陸海之饒勁士風集驍騎如雲自謂天下可平關中可固先帝神矛一指望旗氷解人詠來蘇不覺易主燕雖武視關東猶以地勢之義逆順之理北面稱藩貢不踰月致肅愼楛矢通九夷之珍單于屈膝名王內附控弦之士百有餘萬鼓行而濟西河者君公何以抗之盍追遵先王臣趙故事世享大美爲秦之西藩瓘曰然秦之德義加於天下江南何以不賓負殊曰文身之俗負阻江山道洿先叛化盛後賓自古而然豈但今也故詩曰蠢爾蠻荆大邦爲仇言其不可以德義懷也瓘曰秦據漢舊都地兼將相文武輔臣領袖一時者誰也負殊曰皇室懿藩忠若公旦者則大司馬武都王安征東大將軍晉王柳文武兼才神器秀拔入可允釐百工出能折衝萬里者衞大將軍廣平王黃眉後將軍清河王法龍驤將軍東海王堅之兄弟其耆年碩德德侔尚父者則太師錄尚書事廣密公魚遵其清素剛嚴骨鯁貞亮則左光祿大夫强平金紫光祿程肱牛夷博聞强識探賾索幽則中書監胡文中書令王魚黃門侍郎李柔雄毅厚重權智無方則左衞將軍李威右衞將軍苻雅才識明達令行禁止則特進領御史中丞梁平老特進光祿大夫强汪侍中尚書呂婆樓文史富贍鬱爲文宗則尚書右僕射董榮祕書監王颺著作郎梁讜驍勇多權畧攻必取戰必勝關張之流萬人之敵者則前將軍新興王飛建節將軍鄧羌立忠將軍彭越安遠將軍范俱難建武將軍徐盛常伯納言卿校牧守則人皆文武莫非才賢其餘懷經世之才蘊佐時之畧守南山之操遂而不奪者王猛朱彤之倫相望於巖谷濟濟多士焉可罄言姚襄張平一時之傑各擁衆數萬狼顧偏方皆委忠獻款請爲臣妾小

不事大春秋所誅惟君公圖之雚笑曰此事決之主上非身所了貧殊曰涼王雖天縱英睿然尚幼沖君公居伊霍之任安危所繫見機之義實在君公雚新輔政河西所在兵起懼秦師之至乃言於立靚遣使稱藩生因其所稱而授之慕容儁遣將慕輿長卿等率衆七千入自軹關攻幽州刺史張哲于裴氏堡晉將軍劉度等率衆四千攻青州刺史袁朗于盧氏生遣其前將軍苻飛距晉建節鄧羌距燕飛未至而度退羌及長卿戰于堡南大敗之獲長卿及甲首二千七百餘級姚襄率衆萬餘攻其平陽太守苻產于匈奴堡苻柳救之爲襄所敗引還蒲坂襄遂攻堡尅之殺苻產盡坑其衆遣使從生假道將還隴西生將許之苻堅諫曰姚襄人傑也今還隴西必爲深害不如誘以厚利伺隙而擊之生乃止遣使拜襄官爵襄不受斬其使者焚所送章策寇掠河東生怒命其大將軍張平討之襄乃卑辭厚幣與平結爲兄弟平更與襄通和生發三輔人營渭橋金紫光祿大夫程肱以妨農害時上疏極諫生怒殺之長安大風發屋拔樹行人顚頓宮中奔擾或稱賊至宮門晝閉五日乃止生推告賊者殺之刳而出其心左光祿大夫强平諫曰元正盛旦日有蝕之正陽神朔昏風大起兼水旱不時獸災未息此皆由陛下不勉彊於政事乖和氣所致也願陛下務養元元平章百姓棄纖介之嫌含山嶽之過致敬宗廟愛禮公卿去秋霜之威垂三春之澤則姦回寢止妖祲自消乾靈祇祐皇家永保無窮之美矣生怒以爲妖言鑿其頂而殺之平之囚也僞衞將軍苻黃眉前將軍苻飛建節鄧羌侍講禁中叩頭固諫以太后爲言平卽生母强氏之弟也生旣弗許强氏憂恨而死生下書曰朕受皇天之命承祖宗之業君臨萬邦子育百姓嗣統以來有何不善而謗讟之音扇滿天下殺不過千而謂刑虐行者比肩未足爲稀方當峻刑極罰復如朕何時猛獸及狼大暴晝則斷道夜則發屋惟害人而不食六畜自生立一年獸殺七百餘人百姓苦之皆聚而邑居爲害滋甚遂廢農桑內外兇懼羣臣奏請禳災生曰野獸飢則食人飽當自止終不能累年爲患也天豈不子愛羣生而年年降罰正以百姓犯罪不已將助朕專殺而施刑教故耳但勿犯罪何爲怨天而尤人哉生如阿房遇兄與妹俱行者逼令爲非禮不從生怒殺之又讌羣臣于咸陽故城有後至者皆斬之嘗使太醫令程延合安胎藥問人參好惡并藥分多少延曰雖小小不具自可堪用生以爲譏其目鑿延出目然後斬之有司奏太白犯東井東井秦之分也太白罰星必有暴兵起于京師生曰星入井者必將渴耳何所怪乎姚襄遣姚蘭王欽盧等招動鄜城定陽北地芹川諸羌胡皆應之有衆二萬七千進據黃洛生遣苻黃眉苻堅鄧羌率步騎萬五千討之襄深溝高壘固守不戰鄧羌說黃眉曰傷弓之鳥落於虛發襄頻爲桓溫張平所敗銳氣喪矣今謀固壘不戰是窮寇也襄性剛狠易以剛動若長驅鼓行直壓其壘襄必忿而出師可一戰擒也黃眉從之遣羌率騎三千軍於壘門襄怒盡銳出戰羌僞不勝引騎而退襄追之于三原羌迴騎距襄俄而黃眉與堅至大戰斬之盡俘其衆黃眉等振旅而歸黃眉雖有大功生不加旌賞每於衆中辱之黃眉怒謀殺生自立事發伏誅其王公親戚多有死者初生夢大魚食蒲又長安謠曰東海大魚化爲龍男便爲王女爲公問在何所洛門東東海苻堅封也時爲龍驤將軍第在洛門之東生不知是堅以謠夢之故誅其侍中太師錄尚書事魚遵及其七子十孫時又謠曰百里望空城鬱鬱何靑靑瞎兒不知法仰不見天星於是悉壞諸空城以禳之金紫光祿大夫牛夷懼不免禍請出鎭上洛生曰卿忠肅篤敬宜左右朕躬豈有外鎭之理改授中軍夷懼歸而自殺初生少凶暴嗜酒健臨死恐其不能保全家業誡之曰酋帥大臣若不從汝命可漸除之及卽僞位殘虐滋甚耽湎於酒無復晝夜羣臣朔望朝謁罕有見者或至暮方出臨朝輒怒惟行殺戮動連月昏醉文奏因之遂寢納姦佞之言賞罰失中左右或言陛下聖明宰世天下惟歌太平生曰媚於我也引而斬之或言陛下刑罰微過曰汝謗我也亦斬之所幸妻妾少有忤旨便殺之流其尸于渭水又遣宮人與男子裸交於殿前生剝牛羊驢馬活爓雞豚鵝三五十爲羣放之殿中或剝死四面皮令其歌舞引羣臣觀之以爲嬉樂宗室勳舊親戚忠良殺害畧盡王公在位者悉以疾告歸人情危駭道路以目旣自有目疾其所諱者不足不具少無缺傷殘毀偏隻之言皆不得道左右忤旨而死者不可勝紀至於截脛刳胎拉脅鋸頸者動有千數太史令康權言於生曰昨夜三月並出孛星入於太微遂入於東井兼自去月上旬沉陰不雨迄至于今將有下人謀上之禍深願陛下脩德以消之生怒以爲妖言撲而殺之生夜對侍婢曰阿法兄弟亦不可信明當除之是夜淸河王苻法夢神告之曰旦將禍集汝門惟先覺者可以免之寤而心悸會侍婢來告乃與特進梁平老强汪等率壯士數百人潛入雲龍門苻堅與呂婆樓率麾下三百餘人鼓譟繼進宿衞將士皆捨杖歸堅生猶昏寐未寤堅衆繼至引生置於別室廢之爲越王俄而殺之生臨死猶飮酒數斗昏醉無所知矣時年二十三在位二年僞謚厲王

苻雄

苻雄字元才洪之季子也少善兵書而多謀畧好施下士便弓馬有政術健僭位爲佐命元勳權侔人主而謙恭奉法健常曰元才吾姬旦也及卒健哭之歐血曰天不欲吾定四海邪何奪元才之速也子堅別有載記

王墮

王墮字安生京兆霸城人也博學有雄才明天文圖緯苻洪征梁犢以墮爲司馬謂洪曰讖言苻氏應王公其人也洪深然之及爲宰相著匪躬之稱健常歎曰天下羣官皆如王令君者陰陽曷不和乎甚敬重之性剛峻疾惡雅好直言疾董榮强國如仇讎每於朝見之際畧不與言人謂之曰董尚書貴幸一時公宜降意墮曰董龍是何雞狗而令國士與之言乎榮聞而慙恨遂勸生誅之及刑榮謂墮曰君今復敢數董龍作雞狗乎墮瞋目而叱之龍榮之小字也

晉書卷一百十三

唐 太 宗 文 皇 帝 御 撰

載記第十三

苻堅上

苻堅字永固一名文玉雄之子也祖洪從石季龍徙鄴家于永貴里其母苟氏嘗游漳水祈子於西門豹祠其夜夢與神交因而有孕十二月而生堅焉有神光自天燭其庭背有赤文隱起成字曰艸付臣又土王咸陽臂垂過膝目有紫光洪奇而愛之名曰堅頭年七歲聰敏好施舉止不踰規矩每侍洪側輒量洪舉措取與不失機候洪每曰此兒姿貌瓌偉質性過人非常相也高平徐統有知人之鑒遇堅於路異之執其手曰苻郎此官之御街小兒敢戲于此不畏司隸縛邪堅曰司隸縛罪人不縛小兒戲也統謂左右曰此兒有霸王之相左右怪之統曰非爾所及也後又遇之統下車屏人密謂之曰苻郎骨相不恒後當大貴但僕不見如何堅曰誠如公言不敢忘德八歲請師就家學洪曰汝戎狄異類世知飮酒今乃求學邪欣而許之健之入關也夢天神遣使者朱衣赤冠命拜堅爲龍驤將軍健翼日爲壇於曲沃以授之健泣謂堅曰汝祖昔受此號今汝復爲神明所命可不勉之堅揮劒捶馬志氣感厲士卒莫不憚服焉性至孝博學多才藝有經濟大志要結英豪以圖緯世之宜王猛呂婆樓强汪梁平老等並有王佐之才爲其羽翼太原薛讚畧陽權翼見而驚曰非常人也及苻生嗣僞位讚翼說堅曰今主上昏虐天下離心有德者昌無德受殃天之道也神器業重不可令他人取之願君王行湯武之事以順天人之心堅深然之納爲謀主生旣殘虐無度梁平老等亟以爲言堅遂弑生以僞位讓其兄法法自以庶孽不敢當堅及母苟氏並慮衆心未服難居大位羣寮固請乃從之以升平元年僭稱大秦天王誅生倖臣董龍趙韶等二十餘人赦其境內改元曰永興追謚父雄爲文桓皇帝尊母苟氏爲皇太后妻苟氏爲皇后子宏爲皇太子兄法爲使持節侍中都督中外諸軍事丞相錄尚書從祖侯爲太尉從兄柳爲車騎大將軍尚書令封弟融爲陽平公雙河南公子丕長樂公暉平原公熙廣平公叡鉅鹿公李威爲衞將軍尚書左僕射梁平老爲右僕射强汪爲領軍將軍仇騰爲尚書領選席寶爲丞相長史行太子詹事呂婆樓爲司隸校尉王猛薛讚爲中書侍郎權翼爲給事黃門侍郎與猛讚並掌機密追復魚遵雷弱兒毛貴王墮梁楞梁安段純辛牢等本官以禮改葬之其子孫皆隨才擢授初堅母以法長而賢又得衆心懼終爲變至此遣殺之堅性仁友與法訣於東堂慟哭嘔血贈以本官謚曰哀封其子陽爲東海公敷爲淸河公於是脩廢職繼絕世禮神祇課農桑立學校鰥寡孤獨高年不自存者賜穀帛有差其殊才異行孝友忠義德業可稱者令在所以聞其將張平以幷州叛堅率衆討之以其建節將軍鄧羌爲前鋒率騎五千據汾上堅至銅壁平盡衆拒戰爲羌所敗獲其養子蚝送之平懼乃降于堅堅赦其罪署爲右將軍蚝武賁中郎將加廣武將軍徙其所部三千餘戶于長安堅自臨晉登龍門顧謂其羣臣曰美哉山河之固婁敬有言關中四塞之國眞不虛也權翼薛讚對曰臣聞夏殷之都非不險也周秦之衆非不多也終於身竄南巢首懸白旗軀殘於犬戎國分於項籍者何也德之不脩故耳吳起有言在德不在險深願陛下追蹤唐虞懷遠以德山河之固不足恃也堅大悅乃還長安賜爲父後者爵一級鰥寡高年穀帛有差丐所過田租之半是秋大旱堅減膳徹懸金玉綺繡皆散之戎士後宮悉去羅紈衣不曳地開山澤之利公私共之偃甲息兵與境內休息王猛親寵愈密朝政莫不由之

特進樊世氐豪也有大勳于苻氏負氣倨傲衆辱猛曰吾輩與先帝共興事業而不預時權君無汗馬之勞何敢專管大任是爲我耕稼而君食之乎猛曰方當使君爲宰夫安直耕稼而已世大怒曰要當懸汝頭於長安城門不爾者終不處於世也猛言之於堅堅怒曰必須殺此老氐然後百寮可整俄而世入言事堅謂猛曰吾欲以楊壁尙主壁何如人也世勃然曰楊壁臣之壻也婚已久定陛下安得令之尙主乎猛讓世曰陛下帝有海內而君敢競婚是爲二天子安有上下世怒起將擊猛左右止之世遂醜言大罵堅由此發怒命斬之於西廐諸氐紛紜競陳猛短堅恚甚慢罵或有鞭撻於殿庭者權翼進曰陛下宏達大度善馭英豪神武卓犖錄功捨過有漢祖之風然慢易之言所宜除之堅笑曰朕之過也自是公卿以下無不憚猛焉堅起明堂繕南北郊郊祀其祖洪以配天宗祀其伯健於明堂以配上帝親耕藉田其妻苟氏親蠶于近郊堅南游霸陵顧謂羣臣曰漢祖起自布衣廓平四海佐命功臣孰爲首乎權翼進曰漢書以蕭曹爲功臣之冠堅曰漢祖與項羽爭天下困於京索之間身被七十餘創通中六七父母妻子爲楚所囚平城之下七日不火食賴陳平之謀太上妻子克全免匈奴之禍二相何得獨高也雖有人狗之喻豈黃中之言乎於是酣飲極歡命羣臣賦詩大赦復改元曰甘露以王猛爲侍中中書令京兆尹其特進强德健妻之弟也昏酒豪橫爲百姓之患猛捕而殺之陳尸於市其中丞鄧羌性鯁直不撓與猛協規齊志數旬之間貴戚强豪誅死者二十有餘人於是百寮震肅豪右屏氣路不拾遺風化大行堅歎曰吾今始知天下之有法也天子之爲尊也於是遣使巡察四方及戎夷種落州郡有高年孤寡不能自存長吏刑罰失中爲百姓所苦清脩疾惡勸課農桑有便於俗篤學至孝義烈力田者皆令具條以聞時匈奴左賢王衞辰遣使降於堅遂請田內地堅許之雲中護軍賈雍遣其司馬徐斌率騎襲之因縱兵掠奪堅怒曰朕方脩魏絳和戎之術不可以小利忘大信昔荆吳之戰事興蠶婦澆瓜之惠梁宋息兵夫怨不在大事不在小擾邊動衆非國之利也所獲資產其悉以歸之免雍官以白衣領護軍遣使脩和示之信義辰於是入居塞內貢獻相尋烏丸獨孤鮮卑沒奕于率衆數萬又降于堅堅初欲處之塞內苻融以匈奴爲患其興自古北虜馬不敢南首者畏威故也今處之於內地見其弱矣方當闚兵郡縣爲北邊之害不如徙之塞外以存荒服之義堅從之堅僭位五年鳳皇集于東闕大赦其境內百寮進位一級初堅之將爲赦也與王猛苻融密議於露堂悉屏左右堅親爲赦文猛融供進紙墨有一大蒼蠅入自牖間鳴聲甚大集於筆端驅而復來俄而長安街巷市里人相告曰官今大赦有司以聞堅驚謂融猛曰禁中無耳屬之理事何從泄也於是敕外窮推之咸言有一小人衣黑衣大呼於市曰官今大赦須臾不見堅歎曰其向蒼蠅乎聲狀非常吾固惡之諺曰欲人勿知莫若勿爲聲無細而弗聞事未形而必彰者其此之謂也堅廣脩學宮召郡國學生通一經以上充之公卿已下子孫並遣受業其有學爲通儒才堪幹事清脩廉直孝弟力田者皆旌表之於是人思勸勵號稱多士盜賊止息請託路絕田疇脩闢帑藏充盈典章法物靡不悉備堅親臨太學考學生經義優劣品而第之問難五經博士多不能對堅謂博士王寔曰朕一月三臨太學黜陟幽明躬親獎勵罔敢勌違庶幾周孔微言不由朕而墜漢之二武其可追乎寔對曰自劉石擾覆華戎二都鞠爲茂草儒生罕有或存墳籍滅而莫紀經淪學廢奄若秦皇陛下神武撥亂道隆虞夏開庠序之美弘儒教之風化盛隆周垂馨千祀漢之二武焉足論哉堅自是每月一臨太學諸生競勸焉屠各張罔聚衆數千自稱大單于寇掠郡縣堅以其尚書鄧羌爲建節將軍率衆七千討平之時商人趙掇丁妃鄒瓫等皆家累千金車服之盛擬則王侯堅之諸公競引之爲國二卿黃門侍郎程憲言於堅曰趙掇等皆商販醜豎市郭小人車馬衣服僭同王者官齊君子爲藩國列卿傷風敗俗有塵聖化宜肅明典法使清濁顯分堅於是推檢引掇等爲國卿者降其爵乃下制非命士已上不得乘車馬於都城百里之內金銀錦繡工商皂隸婦女不得服之犯者棄市興寧三年堅又改元爲建元慕容暐遣其太宰慕容恪攻拔洛陽略地至于崤澠堅懼其入關親屯陝城以備之匈奴右賢王曹轂左賢王衞辰舉兵叛率衆二萬攻其杏城已南郡縣屯于馬蘭山索虜烏延等亦叛堅而通于辰轂堅率中外精銳以討之以其前將軍楊安鎭軍毛盛等爲前鋒都督轂遣弟活距戰于同川安大敗之斬活幷四千餘級轂懼而降堅徙其酋豪六千餘戶于長安進擊烏延斬之鄧羌討衞辰擒之於木根山堅自驄馬城如朔方巡撫夷狄以衞辰爲夏陽公以統其衆轂尋死分其部落貳城已西二萬餘落封其長子璽爲駱川侯貳城以東二萬餘落封其少子寅爲力川侯故號東西曹秦雍二州地震裂水泉涌出金象生毛長安大風震電壞屋殺人堅懼而愈修德政焉使王猛楊安等率衆二萬寇荆州北鄙諸郡掠漢陽萬餘戶而還羌斂岐叛堅自稱益州刺史率部落四千餘家西依張天錫叛將李儼堅遣王猛與隴西太守姜衡南安太守邵羌討斂岐于略陽張天錫率步騎三萬擊李儼攻其大夏武始二郡剋之天錫將掌據又敗儼諸軍于葵谷儼懼遣兄子純謝罪於堅仍請救尋而猛攻破略陽斂岐奔白馬堅遣楊安與建威王撫率衆會猛以救儼猛遣邵羌追斂岐使王撫守侯和姜衡守白石猛與楊安救枹罕及天錫將楊遹戰于枹罕東猛不利邵羌擒斂岐於白馬送之長安天錫遂引師而歸儼猶憑城未出猛乃服白乘輿從數十人請與相見儼開門延之未及設備而將士續入遂虜儼而還堅以其將軍彭越爲平西將軍涼州刺史鎭枹罕以儼爲光祿勳歸安侯是歲苻雙據上邽苻柳據蒲坂叛于堅苻庾據陝城苻武據安定並應之將共伐長安堅遣使諭之各齧棃以爲信皆不受堅命阻兵自守堅遣後禁將軍楊成世左將軍毛嵩等討雙武王猛鄧羌攻蒲坂楊安張蚝攻陝城成世毛嵩爲雙武所敗堅又遣其武衞王鑒寧朔呂光等率中外精銳以討之左衞苻雄左禁竇衝率羽林騎七千繼發雙武乘勝至于榆眉鑒等擊敗之斬獲萬五千人武棄安定隨雙奔上邽鑒等攻之苻柳出挑戰猛閉壘不應柳以猛爲憚己留其世子良守蒲坂率衆二萬將攻長安去蒲坂百餘里鄧羌率勁騎七千夜襲敗之柳引軍還猛又盡衆邀擊悉俘其卒柳與數百騎入于蒲坂鑒等攻上邽克之斬雙武猛又尋破蒲坂斬柳及其妻子傳首長安猛屯蒲坂遣鄧羌與王鑒等攻陷陝城克之送庾于長安殺之太和四年晉大司馬桓溫伐慕容暐次于枋頭暐衆屢敗遣使乞師于堅請割武牢以西之地堅亦欲與暐連橫乃遣其將苟池等率步騎二萬救暐王師尋敗引歸池乃還是時慕容垂避害奔于堅王猛言於堅曰慕容垂燕之戚屬世雄東夏寬仁惠下恩結士庶燕趙之間咸有奉戴之意觀其才略權智無方兼其諸子明毅有幹藝人之傑也蛟龍猛獸非可馴之物不如除之堅曰吾方以義致英豪建不世之功且其初至吾告之至誠今而害之人將謂我何王師既旋慕容暐悔割武牢之地遣使謂堅曰頃者割地行人失辭有國有家分災救患理之常也堅大怒遣王猛與建威梁成鄧羌率步騎三萬署慕容垂爲冠軍將軍以爲鄉導攻暐洛州刺史慕容筑于洛陽暐遣其將慕容臧率精卒十萬將解筑圍猛使梁成等以精銳萬人卷甲赴之大破臧於滎陽筑懼而請降猛陳師以受之留鄧羌鎭金墉猛振旅而歸太和五年又遣猛率楊安張蚝鄧羌等十將率步騎六萬伐暐堅親送猛于霸東謂曰今授卿精兵委以重任便可從壺關上黨出潞川此捷濟之機所謂疾雷不及掩耳吾當躬自率衆以繼卿後於鄴相見已敕運漕相繼但憂賊不煩後慮也猛曰臣庸劣孤生操無豪介蒙陛下恩榮內侍帷幄出總戎旅藉宗廟之靈稟陛下神算殘胡不足平也願不煩鑾軫冒犯霜露臣雖不武望克不淹時但願速敕有司部置鮮卑之所堅大悅於是進師楊安攻晉陽猛攻壺關執暐上黨太守慕容越所經郡縣皆降于猛猛留屯騎校尉苟萇戍壺關會楊安攻晉陽爲地道遣張蚝率壯士數百人入其城中大呼斬關猛安遂入晉陽執暐幷州刺史慕容莊暐遣其太傅慕容評率衆四十餘萬以救二城評憚猛不敢進屯於潞川猛留將軍毛當戍晉陽進師與評相持遣游擊郭慶以銳卒五千夜從間道出評營後傍山起火燒其輜重火見鄴中暐懼遣使讓評催之速戰猛知評賣水鬻薪有可乘之會評又求戰乃陣於渭原而誓衆曰王景略受國厚恩任兼內外今與諸軍深入賊地宜各勉進不可退也願戮力行間以報恩顧受爵明君之朝慶觴父母之室不亦美乎衆皆勇奮破釜棄糧大呼競進猛望評師之衆也惡之謂鄧羌曰今日之事非將軍莫可以捷成敗之機在斯一舉將軍其勉之羌曰若以司隸見與者公無以爲憂猛曰此非吾之所及也必以安定太守萬戶侯相處羌不悅而退俄而兵交猛召之羌寢而弗應猛馳就許之羌於是大飲帳中與張蚝徐成等跨馬運矛馳入評軍出入數四傍若無人搴旗斬將殺傷甚衆及日中評衆大敗俘斬五萬有餘乘勝追擊又降斬十萬於是進師圍鄴堅聞之留李威輔其太子宏守長安以苻融鎭洛陽躬率精銳十萬向鄴七日而至於安陽過舊閭引諸耆老語及祖父之事泫然流涕乃停信宿猛潛至安陽迎堅堅謂之曰昔亞夫不出軍迎漢文將軍何以臨敵而棄衆也猛曰臣每覽亞夫之事常謂前却人主以此而爲名將竊未多之臣奉陛下神算擊垂亡之虜若摧枯拉朽何足慮也監國沖幼鑾駕遠臨脫有不虞其如宗廟何堅遂攻鄴陷之慕容暐出奔高陽堅將郭慶執而送之堅入鄴宮閱

其名籍凡郡百五十七縣一千五百七十九戶二百四十五萬八千九百六十九口九百九十八萬七千九百三十五諸州郡牧守及六夷渠帥盡降於堅郭慶窮追餘燼慕容評奔于高句麗慶追至遼海句麗縛評送之堅散暐宮人珍寶以賜將士論功封賞各有差以王猛爲使持節都督關東六州諸軍事車騎大將軍開府儀同三司冀州牧鎮鄴以郭慶爲持節都督幽州諸軍事揚武將軍幽州刺史鎮薊堅自鄴如枋頭讌諸父老改枋頭爲永昌縣復之終世堅至自永昌行飲至之禮歌勞止之詩以饗其羣臣赦慕容暐及其王公已下皆徙于長安封授有差堅於是行禮于辟雍祀先師孔子其太子及公侯卿大夫士之元子皆束脩釋奠焉徙關東豪傑及諸雜夷十萬戶于關中處烏丸雜類于馮翊北地丁零翟斌于新安徙陳留東阿萬戶以實青州諸因亂流移避仇遠徙欲還舊業者悉聽之晉叛臣袁瑾固守壽春爲大司馬桓溫所圍遣使請救于堅堅遣王鑒張蚝率步騎二萬救之鑒據洛澗蚝屯八公山桓溫遣諸將夜襲鑒蚝敗之鑒蚝屯慎城初仇池氐楊世以地降于堅堅署爲平南將軍秦州刺史仇池公既而歸順於晉世死子纂代立遂受天子爵命而絕於堅世弟統驍武得衆起兵武都與纂分爭堅遣其將苻雅楊安與益州刺史王統率步騎七萬先取仇池進圖寧益雅等次于鷲陝纂率衆五萬距雅晉梁州刺史楊亮遣督護郭寶率騎千餘救之戰于陝中爲雅等所敗纂收衆奔還雅進攻仇池楊統帥武都之衆降于雅纂將碩密降于雅請爲內應纂懼面縛出降雅釋其縛送之長安以楊統爲平遠將軍南秦州刺史加楊安都督鎮仇池先是王猛獲張天錫將敦煌陰據及甲士五千堅既東平六州西擒楊纂欲以德懷遠且跨威河右至是悉送所獲還涼州天錫懼而遣使謝罪稱藩堅大悅即署天錫爲使持節都督河右諸軍事驃騎大將軍開府儀同三司涼州刺史西域都護西平公吐谷渾碎奚以楊纂既降懼而遣使送馬五千匹金銀五百斤堅拜纂安遠將軍㴩川侯堅嘗如鄴狩于西山旬餘樂而忘反伶人王洛叩馬諫曰臣聞千金之子坐不垂堂萬乘之主行不履危故文帝馳車袁公止轡孝武好田相如獻規陛下爲百姓父母蒼生所繫何可盤于游田以玷聖德若禍起須臾變在不測者其如宗廟何其如太后何堅曰善昔文公悟愆于虞人朕聞罪於王洛吾過也自是遂不復獵堅聞桓溫廢海西公也謂羣臣曰溫前敗灞上後敗枋頭十五年間再傾國師六十歲公舉動如此不能思愆免退以謝百姓方廢君以自悅將如四海何諺云怒其室而作色於父者其桓溫之謂乎堅以境內旱課百姓區種懼歲不登省節穀帛之費大官後宮減常度二等百寮之秩以次降之復魏晉士籍使役有常聞諸非正道典學一皆禁之堅臨太學考學生經義上第擢敘者八十三人自永嘉之亂庠序無聞及堅之僭頗留心儒學王猛整齊風俗政理稱舉學校漸興關隴清晏百姓豐樂自長安至于諸州皆夾路樹槐柳二十里一亭四十里一驛旅行者取給於塗工商貿販於道百姓歌之曰長安大街夾樹楊槐下走朱輪上有鸞栖英彥雲集誨我萌黎是歲有大風從西南來俄而晦冥恒星皆見又有赤星見于西南太史令魏延言於堅曰於占西南國亡明年必當平蜀漢堅大悅命秦梁密嚴戎備乃以王猛爲丞相以苻融爲鎮東大將軍代猛爲冀州牧融將發堅祖於霸東奏樂賦詩堅母苟氏以融少子甚愛之比發三至灞上其夕又竊如融所內外莫知是夜堅寢于前殿魏延上言天市南門屏內后妃星失明左右閽寺不見后妃移動之象堅推問知之驚曰天道與人何其不遠遂重星官王猛至長安加都督中外諸軍事猛辭讓再三堅不許其後天鼓鳴有彗星出于尾箕長十餘丈名蚩尤旗經太微埽東井自夏及秋冬不滅太史令張孟言於堅彗起尾箕而埽東井此燕滅秦之象因勸堅誅慕容暐及其子弟堅不納更以暐爲尚書垂爲京兆尹沖爲平陽太守苻融聞之上疏於堅曰臣聞東胡在燕歷數彌久逮于石亂遂據華夏跨有六州南面稱帝陛下爰命六師大舉征討勞卒頻年勤而後獲本非慕義懷德歸化而今父子兄弟列官滿朝執權履職勢傾勞舊陛下親而幸之臣愚以爲猛獸不可養狼子野心往年星異災起於燕願少留意以思天戒臣據可言之地不容嘿已詩曰兄弟急難朋友好合昔劉向以肺腑之親尚能極言況於臣乎堅報之曰汝爲德未充而懷是非立善未稱而名過其實詩云德輶如毛人鮮克舉君子處高戒懼傾敗可不務乎今四海事曠兆庶未寧黎元應撫夷狄應和方將混六合以一家同有形於赤子汝其息之勿懷耿介夫天道助順修德則禳災苟求諸己何懼外患焉晉梁州刺史楊亮遣子廣襲仇池與堅將楊安戰廣敗績晉沮水諸戍皆委城奔潰亮懼而退守磬險安遂進寇漢川堅遣王統朱彤率卒二萬爲前鋒寇蜀前禁將軍毛當鷹揚將軍徐成率步騎三萬入自劍閣楊亮率巴獠萬餘拒之戰于青谷王師不利亮奔固西城彤乘勝陷漢中徐成又攻二劍克之楊安進據梓潼晉奮威將軍西蠻校尉周虓降于彤揚武將軍益州刺史周仲孫勒兵距彤等于緜竹聞堅將毛當將至成都仲孫率騎五千奔于南中安當進兵遂陷益州於是西南夷邛莋夜郎等皆歸之堅以安爲右大將軍益州牧鎮成都毛當爲鎮西將軍梁州刺史鎮漢中姚萇爲寧州刺史領西蠻校尉王統爲南秦州刺史鎮仇池蜀人張育楊光等起兵與巴獠相應以叛於堅晉益州刺史竺瑤威遠將軍桓石虔率衆三萬據墊江育乃自號蜀王遣使歸順與巴獠酋帥張重尹萬等五萬餘人進圍成都尋而育與萬爭權舉兵相持堅遣鄧羌與楊安等擊敗之育光退屯緜竹安又敗張重尹萬于成都南重死之及首級二萬三千鄧羌復擊張育楊光于緜竹皆害之桓石虔敗姚萇于墊江萇退據五城石虔與竺瑤移屯巴東時有人於堅明光殿大呼謂堅曰甲申乙酉魚羊食人悲哉無復遺堅命執之俄而不見秘書監朱彤等因請誅鮮卑堅不從遣使巡行四方觀風俗問政道明黜陟恤孤獨不能自存者以安車蒲輪徵隱士樂陵王勸爲國子祭酒及王猛卒堅置聽訟觀於未央之南禁老莊圖讖之學中外四禁二衛四軍長上將士皆令修學課後宮置典學立內司以授于掖庭選閹人及女隸有聰識者置博士以授經遣其武衛苟萇左將軍毛盛中書令梁熙步兵校尉姚萇等率騎十三萬伐張天錫于姑臧遣尚書郎閻負梁殊銜命軍前下書徵天錫堅嚴飾鹵簿親餞萇等于城西賞行將各有差又遣其秦州刺史苟池河州刺史李辯涼州刺史王統率三州之衆以繼之閻負等到涼州天錫自以晉之列藩志在保境命斬之遣將軍馬建出距萇等俄而梁熙王統等自清石津攻其將梁粲于河會城陷之苟萇濟自石城津與梁熙等會攻纏縮城又陷之馬建懼自楊川退還清塞天錫又遣將軍掌據率衆三萬與馬建陣于洪池苟萇遣姚萇以甲卒三千挑戰諸將勸據擊之以挫其鋒據不從天錫乃率中軍三萬次金昌萇熙聞天錫來逼急攻據建建降於萇遂攻據害之及其軍司席仂萇進軍入清塞乘高列陣天錫又遣司兵趙充哲爲前鋒率勁勇五萬與萇等戰于赤岸哲大敗天錫懼而奔還致牋請降萇至姑臧天錫乘素車白馬面縛輿櫬降于軍門萇釋縛焚櫬送之于長安諸郡縣悉降堅以梁熙爲持節西中郎將涼州刺史領護西羌校尉鎮姑臧徙豪右七千餘戶于關中五品稅百姓金銀一萬三千斤以賞軍士餘皆安堵如故堅封天錫重光縣之東寧鄉二百戶號歸義侯初萇等將征天錫堅爲其立第於長安至是而居之堅既平涼州又遣其安北將軍幽州刺史苻洛爲北討大都督率幽州兵十萬討代王涉翼犍又遣後將軍俱難與鄧羌等率步騎二十萬東出和龍西出上郡與洛會于涉翼犍庭翼犍戰敗遁于弱水苻洛逐之勢窘迫退還陰山其子翼圭縛父請降洛等振旅而還封賞有差堅以翼犍荒俗未參仁義令入太學習禮以翼圭執父不孝遷之於蜀散其部落於漢鄣邊故地立尉監行事官寮領押課之治業營生三五取丁優復三年無稅租其渠帥歲終令朝獻出入行來爲之制限堅嘗之太學召涉翼犍問曰中國以學養性而人壽考漠北噉牛羊而人不壽何也翼犍不能答又問卿種人有堪將者可召爲國家用對曰漠北人能捕六畜善馳走逐水草而已何堪爲將又問好學否對曰若不好學陛下用教臣何爲堅善其答堅以關中水旱不時議依鄭白故事發其王侯已下及豪望富室僮隸三萬人開涇水上源鑿山起堤通渠引瀆以溉岡鹵之田及春而成百姓賴其利以涼州新附復租賦一年爲父後者賜爵一級孝弟力田爵二級孤寡高年穀帛有差女子百戶牛酒大酺三日遣其尚書令苻丕率司馬慕容暐苟萇等步騎七萬寇襄陽使楊安將樊鄧之衆爲前鋒屯騎校尉石越率精騎一萬出魯陽關慕容垂與姚萇出自南鄉苟池等與彊弩王顯將勁卒四萬從武當繼進大會漢陽師次沔北晉南中郎將朱序以丕軍無舟楫不以爲虞石越遂游馬以渡序大懼固守中城越攻陷外郛獲船百餘艘以濟軍丕率諸將進攻中城遣苟池石越毛當以衆五萬屯于江陵晉車騎將軍桓沖擁衆七萬爲序聲援憚池等不進保據上明兗州刺史彭超遣使上言於堅曰晉沛郡太守戴逯以卒數千戍彭城臣請率精銳五萬攻之願更遣重將討淮南諸城堅於是又遣其後將軍俱難右將軍毛當後禁毛盛陵江邵保等步騎七萬寇淮陰盱眙揚武彭超寇彭城梁州刺史韋鍾寇魏興攻太守吉挹于西城晉將軍毛武生率衆五萬距之與俱難等相持于淮南先是梁熙遣使西域稱揚堅之威德并以繒綵賜諸國王於是朝獻者十有餘國大宛獻天馬千里駒皆汗血朱鬛五色鳳膺麟身及諸珍異五百餘種堅曰吾思漢文之返千里馬咨嗟美詠今

所獻馬其悉返之庶克念前王髣髴古人矣乃命羣臣作止馬詩而遣之示無欲也其下以爲盛德之事遠同漢文於是獻詩者四百餘人是時苻丕久圍襄陽御史中丞李柔劾丕以師老無功請徵下廷尉堅曰丕等費廣無成實宜貶戮但師已淹時不可虛然中返其特原之令以功成贖罪因遣其黃門郎韋華持節切讓丕等仍賜以劍曰來春不捷者汝可自裁不足復持面見吾也初丕之寇襄陽也將急攻之苟萇諫曰今以十倍之衆積粟如山但徙荆楚人內於許洛絕其糧運使外援不接糧盡無人不攻自潰何爲促攻以傷將士之命丕從之及堅讓至衆咸疑懼莫知所爲征南主簿河東王施進曰以大將軍英秀諸將勇銳以攻小城何異洪鑪燎羽毛所以緩攻欲以計制之若決一旦之機可指日而定今破襄陽上明自遁復何所疑願請一旬之期以展三軍之勢如其不捷施請爲戮首丕於是促圍攻之堅將親率衆助丕等使苻融將關東甲卒會于壽春梁熙統河西之衆以繼中軍融熙並上言以爲未可輿師乃止太元四年晉兗州刺史謝玄率衆數萬次于泗汭將救彭城苻丕陷襄陽執南中郎將朱序送于長安堅署爲度支尚書以其中壘梁成爲南中郎將都督荆揚州諸軍事荆州刺史領護南蠻校尉配兵一萬鎮襄陽以征南府器杖給之彭超圍彭城也置輜重于留城至是晉將謝玄遣將軍何謙之高衡率衆萬餘聲趣留城超引軍赴之戴逯率彭城之衆奔于謝玄超留其治中徐褒守彭城而復寇盱眙俱難既陷淮陰留邵保戍之與超會師而南晉將毛武生救魏興遣前鋒督護趙福將軍袁虞等將水軍一萬泝江而上堅南巴校尉姜宇遣將張紹仇生等水陸五千距之戰于南縣王師敗績尋而韋鍾攻陷魏興執太守吉挹毛當與王顯自襄陽而東會攻淮南彭超陷盱眙獲晉建威將軍高密內史毛璪之遂攻晉幽州刺史田洛于三阿去廣陵百里京都大震臨江列戍孝武帝遣征虜將軍謝石率水軍次于涂中右衛將軍毛安之游擊將軍河間王曇之次于堂邑謝玄自廣陵救三阿毛當毛盛馳襲安之王師敗績玄率衆三萬次于白馬塘俱難遣其將都顏率騎逆玄戰于塘西玄大敗之斬顏玄進兵至三阿與難超戰超等又敗退保盱眙玄進次石梁與田洛攻盱眙難超出戰復敗退屯淮陰玄遣將軍何謙之督護諸葛侃率舟師乘潮而上焚淮橋又與難等合戰謙之斬其將邵保難超退師淮北難歸罪彭超斬其司馬柳渾堅聞之大怒檻車徵超下獄超自殺難免爲庶人堅以毛當爲平南將軍徐州刺史鎮彭城毛盛爲平東將軍兗州刺史鎮胡陸王顯爲平吳校尉揚州刺史戍下邳賞堂邑之功也又以苻洛爲散騎常侍持節都督益寧西南夷諸軍事征南大將軍益州牧領護西夷校尉鎮成都命從伊闕自襄陽泝漢而上洛健之兄子也雄勇多力而猛氣絕人堅深忌之故常爲邊牧洛有征伐之功而未賞及是遷也恚怒謀於衆曰孤於帝室至親也主上不能以將相任孤常擯孤於外既投之西裔復不聽過京師此必有伏計令梁成沉孤於漢水矣爲宜束手就命爲追晉陽之事以匡社稷邪諸君意如何其治中平顏妄陳祥瑞勸洛舉兵洛因攘袂大言曰孤計決矣沮謀者斬於是自稱大將軍大都督秦王署置官司以平顏爲輔國將軍幽州刺史爲其謀主分遣使者徵兵於鮮卑烏丸高句麗百濟及薛羅休忍等諸國並不從洛懼而欲止平顏曰且宜聲言受詔盡幽并之兵出自中山常山陽平公必郊迎於路因而執之進據冀州總關東之衆以圖秦雍可使百姓不覺易主而大業定矣洛從之乃率衆七萬發和龍將圖長安於是關中騷動盜賊並起堅遣使數之曰天下未一家兄弟匪他何爲而反可還和龍當以幽州永爲世封洛謂使者曰汝還白東海王幽州褊阸不足容萬乘須還王咸陽以承高祖之業若能候駕潼關者位爲上公爵歸本國堅大怒遣其左將軍竇衝及呂光率步騎四萬討之右將軍都貴馳傳詣鄴率冀州兵三萬爲前鋒以苻融爲大都督授之節度使石越率騎一萬自東萊出石逕襲和龍海行四百餘里苻重亦盡薊城之衆會洛兵于中山有衆十萬衝等與洛戰于中山大敗之執洛及其將蘭殊送于長安呂光追斬苻重於幽州石越克和龍斬平顏及其黨與百餘人堅赦蘭殊署爲將軍徙洛于涼州徵苻融爲車騎大將軍領宗正錄尚書事洛既平堅以關東地廣人殷思所以鎮靜之引其羣臣于東堂議曰凡我族類支胤彌繁今欲分三原九嵕武都汧雍十五萬戶於諸方要鎮不忘舊德爲磐石之宗於諸君之意如何皆曰此有周所以祚隆八百社稷之利也於是分四帥子弟三千戶以配苻丕鎮鄴如世封諸侯爲新券主堅送丕於灞上流涕而別諸戎子弟離其父兄者皆悲號哀慟酸感行人識者以爲喪亂流離之象於是分幽州置平州以石越爲平州刺史領護鮮卑中郎將鎮龍城大鴻臚韓胤領護赤沙中郎將移烏丸府于代郡之平城中書梁讜爲安遠將軍幽州刺史鎮薊城毛興爲鎮西將軍河州刺史鎮枹罕王騰爲鷹揚將軍并州刺史領護匈奴中郎將鎮晉陽二州各配支戶三千苻暉爲鎮東大將軍豫州牧鎮洛陽苻叡爲安東將軍雍州刺史鎮蒲坂先是高陸人穿井得龜大三尺背有八卦文堅命大卜池養之食以粟及此而死藏其骨於太廟其夜廟丞高虜夢龜謂之曰我本出將歸江南遭時不遇隕命秦庭又有人夢中謂虜曰龜三千六百歲而終終必妖興亡國之徵也堅自平諸國之後國內殷實遂示人以侈懸珠簾于正殿以朝羣臣宮宇車乘器物服御悉以珠璣琅玕奇寶珍怪飾之尚書郎裴元略諫曰臣聞堯舜茅茨周卑宮室故致和平慶隆八百始皇窮極奢麗嗣不及孫願陛下則采椽之不琢鄙瓊室而不居敷純風於天下流休範於無窮賤金玉珍穀帛勤恤人隱勸課農桑捐無用之器棄難得之貨敦至道以厲薄俗修文德以懷遠人然後一軌九州同風天下刑措既登告成東嶽蹤軒皇以齊美哂二漢之徙封臣之願也堅大悅命去珠簾以元略爲諫議大夫鄯善王車師前部王來朝大宛獻汗血馬肅愼貢楛矢天竺獻火浣布康居于寘及海東諸國凡六十有二王皆遣使貢其方物初堅母少寡將軍李威有辟陽之寵史官載之至是堅收起居注及著作所錄而觀之見其事慚怒乃焚其書而大檢史官將加其罪著作郎趙泉車敬等已死乃止荆州刺史都貴遣其司馬閻振中兵參軍吳仲等率衆二萬寇竟陵留輜重于管城水陸輕進桓沖遣南平太守桓石虔竟陵太守郭銓等水陸二萬距之相持月餘戰于滶水振等大敗退保管城石虔乘勝攻破之斬振及仲俘斬萬七千

晉書卷一百十三考證

苻堅載記上以楊統爲平遠將軍南秦州刺史○楊十六國春秋作王下文云堅以王統爲南秦州刺史鎮仇池未知孰是

亮懼而退守磐險○水經注作亮以容裘谷險固難拔保而居之

荆州刺史都貴○都貴一本作郄貴又作梁成上文有右將軍都貴未知即其人否

晉書卷一百十四

唐　太　宗　文　皇　帝　御　撰

載記第十四

苻堅下

太元七年堅饗羣臣于前殿樂奏賦詩秦州別駕天水姜平子詩有丁字直而不曲堅問其故平子曰臣丁至剛不可以屈且曲下者不正之物未足獻也堅笑曰名不虛行因擢爲上第堅兄法子東海公陽與王猛子散騎侍郎皮謀反事洩堅問反狀陽曰禮云父母之仇不同天地臣父哀公死不以罪齊襄復九世之讎而況臣也皮曰臣父丞相有佐命之勳而臣不免貧餒所以圖富也堅流涕謂陽曰哀公之薨事不在朕卿寧不知之讓皮曰丞相臨終託卿以十具牛爲田不聞爲卿求位知子莫若父何斯言之徵也皆赦不誅徙陽于高昌皮于朔方之北苻融以位忝宗正不能肅遏奸萌上疏請待罪私藩堅不許將以融爲司徒融固辭堅鋭意荆揚將謀入寇乃改授融征南大將軍開府儀同三司新平郡獻玉器初堅即僞位新平王彫陳說圖讖堅大悅以彫爲大史令嘗言於堅曰謹按讖云古月之末亂中州洪水大起健西流惟有雄子定八州此即三祖陛下之聖諱也又曰當有艸付臣又土滅東燕破白虜氐在中華在表按圖讖之文陛下當滅燕平六州願徙汧隴諸氐于京師三秦大戶置之於邊地以應圖讖之言堅訪之王猛猛以彫爲左道惑衆勸堅誅之彫臨刑上疏曰臣以趙建武四年從京兆劉湛學明於圖記謂臣曰新平地古顓頊之墟里名曰雞閭記云此里應出帝王寶器其名曰延壽寶鼎顓頊有云河上先生爲吾隱之于咸陽西北吾之孫有艸付臣又土應之湛又云吾嘗齋于室中夜有流星大如半月落於此地斯蓋是乎願陛下誌之平七州之後出于壬午之年至是而新平人得之以獻器銘篆書文題之法一爲天王二爲王后三爲三公四爲諸侯五爲伯子男六爲卿大夫七爲元士自此已下考載文記列帝王名臣自天子王后內外次序上應天文象紫宮布列依玉牒版辭不違帝王之數從上元人皇起至中元窮于下元天地一變盡三元而止堅以彫言有徵追贈光祿大夫幽州蝗廣袤千里堅遣其散騎常侍劉蘭持節爲使者發青冀幽并百姓討之以苻朗爲使持節都督青徐兗三州諸軍事鎮東將軍青州刺史以諫議大夫裴元略爲陵江將軍西夷校尉巴西梓潼二郡太守密授規模令與王撫備舟師于蜀

將以入寇車師前部王彌寘鄯善王休密馱朝于堅堅賜以朝服引見西堂寘等觀其宮宇壯麗儀衞嚴肅甚懼因請年年貢獻堅以西域路遙不許令三年一貢九年一朝以爲永制寘等請曰大宛諸國雖通貢獻然誠節未純請乞依漢置都護故事若王師出關請爲鄉導堅於是以驍騎呂光爲持節都督西討諸軍事與陵江將軍姜飛輕騎將軍彭晃等配兵七萬以討定西域苻融以虛耗中國投兵萬里之外得其人不可役得其地不可耕固諫以爲不可堅曰二漢力不能制匈奴猶出師西域今匈奴既平易若摧枯雖勞師遠役可傳檄而定化被昆山垂芳千載不亦美哉朝臣又屢諫皆不納晉將軍朱綽焚踐沔北屯田掠六百餘戶而還堅引羣臣會議曰吾統承大業垂二十載芟夷逋穢四方略定惟東南一隅未賓王化吾每思天下不一未嘗不臨食輟餔今欲起天下兵以討之略計兵仗精卒可有九十七萬吾將躬先啓行薄伐南裔於諸卿意何如祕書監朱彤曰陛下應天順時恭行天罰嘯吒則五嶽摧覆呼吸則江海絕流若一舉百萬必有征無戰晉主自當銜璧輿櫬啓顙軍門若迷而弗悟必逃死江海猛將追之卽可賜命南巢中州之人還之桑梓然後迴駕岱宗告成封禪起白雲於中壇受萬歲於中嶽爾則終古一時書契未有堅大悅曰吾之志也左僕射權翼進曰臣以爲晉未可伐夫以紂之無道天下離心八百諸侯不謀而至武王猶曰彼有人焉迴師止旆三仁誅放然後奮戈牧野今晉道雖微未聞喪德君臣和睦上下同心謝安桓沖江左偉才可謂晉有人焉臣謂師克在和今晉和矣未可圖也堅默然久之曰諸君各言其志太子左衞率石越對曰吳人恃險偏隅不賓王命陛下親御六師問罪衡越誠合人神四海之望但今歲鎭星守斗牛福德在吳懸象無差不可犯也且晉中宗藩王耳夷夏之情咸共推之遺愛猶在於人昌明其孫也國有長江之險朝無昏貳之釁臣愚以爲利用修德未宜動師孔子曰遠人不服脩文德以來之願保境養兵伺其虛隙堅曰吾聞武王伐紂逆歲犯星天道幽遠未可知也昔夫差威陵上國而爲勾踐所滅仲謀澤洽全吳孫晧因三代之業龍驤一呼君臣面縛雖有長江其能固乎以吾之衆旅投鞭於江足斷其流越曰臣聞紂爲無道天下患之夫差淫虐孫晧昏暴衆叛親離所以敗也今晉雖無德未有斯罪深願厲兵積粟以待天時羣臣各有異同庭議者久之堅曰所謂築室于道沮計萬端吾當內斷於心矣羣臣出後獨留苻融議之堅曰自古大事定策者一兩人而已羣議紛紜徒亂人意吾當與汝決之融曰歲鎭在斗牛吳越之福不可以伐一也晉主休明朝臣用命不可以伐二也我數戰兵疲將倦有憚敵之意不可以伐三也諸言不可者策之上也願陛下納之堅作色曰汝復如此天下之事吾當誰與言之今有衆百萬資仗如山吾雖未稱令主亦不爲闇劣以累捷之威擊垂亡之寇何不克之有乎吾終不以賊遺子孫爲宗廟社稷之憂也融泣曰吳之不可伐昭然虛勞大舉必無功而反臣之所憂非此而已陛下寵育鮮卑羌羯布諸畿甸舊人族類斥徙遐方今傾國而去如有風塵之變者其如宗廟何監國以弱卒數萬留守京師鮮卑羌羯攢聚如林此皆國之賊也我之讎也臣恐非但徒返而已亦未必萬全臣智識愚淺誠不足采王景略一時奇士陛下每擬之孔明其臨終之言不可忘也堅不納游于東苑命沙門道安同輦權翼諫曰臣聞天子法駕侍中陪乘清道而行進止有度三代末主或虧大倫適一時之情書惡來世故班姬辭輦垂美無窮道安毁形賤士不宜參穢神輿堅作色曰安公道冥至境德爲時尊朕舉天下之重未足以易之非公與輦之榮此乃朕之顯也命翼扶安升輦顧謂安曰朕將與公南遊吳越整六師而巡狩謁虞陵于疑嶺瞻禹穴于會稽泛長江臨滄海不亦樂乎安曰陛下應天御世居中土而制四維逍遙順時以適聖躬動則鳴鑾清道止則神棲無爲端拱而化與堯舜比隆何爲勞身于馳騎口倦于經略櫛風沐雨蒙塵野次乎且東南區區地下氣癘虞舜游而不返大禹適而弗歸何足以上勞神駕下困蒼生詩云惠此中國以綏四方苟文德足以懷遠可不煩寸兵而坐賓百越堅曰非爲地不廣人不足也但思混一六合以濟蒼生天生蒸庶樹之君者所以除煩去亂安得憚勞朕既大運所鍾將簡天心以行天罰高辛有熊泉之役唐堯有丹水之師此皆著之前典昭之後王誠如公言帝王無省方之文乎且朕此行也以義舉耳使流度衣冠之冑還其墟壤復其桑梓止爲靖難銓才不欲窮兵極武安曰若鑾駕必欲親動猶不願遠涉江淮可暫幸洛陽明授勝略馳紙檄于丹陽開其改迷之路如其不庭伐之可也堅不納先是羣臣以堅信重道安謂安曰主上欲有事於東南公何不爲蒼生致一言也故安因此而諫苻融及尚書原紹石越等上書面諫前後數十堅終不從堅少子中山公詵有寵于堅又諫曰臣聞季良在隨楚人憚之宮奇在虞晉不闚兵國有人焉故也及謀之不用而亡不淹歲前車之覆軌後車之明鑒陽平公國之謀主而陛下違之晉有謝安桓沖而陛下伐之是行也臣竊惑焉堅曰國有元龜可以決大謀朝有公卿可以定進否孺子言焉將爲戮也所司奏劉蘭討蝗幽州經秋冬不滅請徵下廷尉詔獄堅曰災降自天殆非人力所能除也此自朕之政違所致蘭何罪焉明年呂光發長安堅送于建章宮謂光曰西戎荒俗非禮義之邦羈縻之道服而赦之示以中國之威導以王化之法勿極武窮兵過深殘掠加鄯善王休密馱使持節散騎常侍都督西域諸軍事寧西將軍車師前部王彌寘使持節平西將軍西域都護率其國兵爲光鄉導是年益州西南夷海東諸國皆遣使貢其方物堅南游灞上從容謂羣臣曰軒轅大聖也其仁若天其智若神猶隨不順者從而征之居無常所以兵爲衞故能日月所照風雨所至莫不率從今天下垂平惟東南未殄朕忝荷大業巨責攸歸豈敢優游卒歲不建大同之業每思桓溫之寇也江東不可不滅今有勁卒百萬文武如林鼓行而摧遺晉若商風之隕秋籜朝廷內外皆言不可吾實未解所由晉武若信朝士之言而不征吳者天下何由一軌吾計決矣不復與諸卿議也太子宏進曰吳今得歲不可伐也且晉主無罪人爲之用謝安桓沖兄弟皆一方之儁才君臣戮力阻險長江未可圖也但可厲兵積粟以待暴主一舉而滅之今若動而無功則威名損於外資財竭於內是故聖王之行師也內斷必誠然後用之彼若憑長江以固守徙江北百姓于江南增城清野杜門不戰我已疲矣彼未引弓土下氣癘不可久留陛下將若之何堅曰往年車騎滅燕亦犯歲而捷之天道幽遠非汝所知也昔始皇之滅六國其王豈皆暴乎且吾內斷於心久矣舉必克之何爲無功吾方命蠻夷以攻其內精甲勁兵以攻其外內外如此安有不克道安曰太子之言是也願陛下納之堅弗從冠軍慕容垂言於堅曰陛下德侔軒唐功高湯武威澤被于八表遠夷重譯而歸司馬昌明因餘燼之資敢距王命是而不誅法將安措孫氏跨僭江東終併於晉其勢然也臣聞小不敵大弱不御彊況大秦之應符陛下之聖武彊兵百萬韓白盈朝而令其偷魂假號以賊虜遺子孫哉詩云築室于道謀是用不潰于成陛下內斷神謀足矣不煩廣訪朝臣以亂聖慮昔晉武之平吳也言可者張杜數賢而已若採羣臣之言豈能建不世之功諺云憑天俟時時已至矣其可已乎堅大悅曰與吾定天下者其惟卿耳賜帛五百匹彗星埽東井自堅之建元十七年四月長安有水影遠觀若水視地則見人至是則止堅惡之上林竹死洛陽地陷晉車騎將軍桓沖率衆十萬伐堅遂攻襄陽遣前將軍劉波冠軍桓石虔振威桓石民攻沔北諸城輔國楊亮伐蜀攻拔伍城進攻涪城龍驤胡彬攻下蔡鷹揚郭銓攻武當沖別將攻萬歲城拔之堅大怒遣其子征南叡及冠軍慕容垂左衞毛當率步騎五萬救襄陽揚武張崇救武當後將軍張蚝步兵校尉姚萇救涪城叡次新野垂次鄧城王師敗張崇于武當掠二千餘戶而歸叡遣垂及驍騎石越爲前鋒次于沔水垂越夜命三軍人持十炬火繫炬于樹枝光照十數里中沖懼退還上明張蚝出斜谷楊亮亦引兵退歸堅下書悉發諸州公私馬人十丁遣一兵門在灼然者爲崇文義從良家子年二十已下武藝驍勇富室材雄者皆拜羽林郎下書期克捷之日以帝爲尚書左僕射謝安爲吏部尚書桓沖爲侍中並立第以待之良家子至者三萬餘騎其秦州主簿金城趙盛之爲建威將軍少年都統遣征南苻融驃騎張蚝撫軍苻方衞軍梁成平南慕容暐冠軍慕容垂率步騎二十五萬爲前鋒堅發長安戎卒六十餘萬騎二十七萬前後千里旗鼓相望堅至項城涼州之兵始達咸陽蜀漢之軍順流而下幽冀之衆至于彭城東西萬里水陸齊進運漕萬艘自河入石門達于汝潁融等攻陷壽春執晉平虜將軍徐元喜安豐太守王先垂攻陷項城害晉將軍王太丘梁成與其揚州刺史王顯弋陽太守王詠等率衆五萬屯于洛澗柵淮以過東軍成頻敗王師晉遣都督謝石徐州刺史謝玄豫州刺史桓伊輔國謝琰等水陸七萬相繼距融去洛澗二十五里憚成不進龍驤將軍胡彬先保硤石爲融所逼糧盡詐揚沙以示融軍潛遣使告石等曰今賊盛糧盡恐不見大將軍融軍人獲而送之融乃馳使白堅曰賊少易俘但懼其越逸宜速進衆軍掎禽賊帥堅大悅恐石等遁也捨大軍于項城以輕騎八千兼道赴之令軍人曰敢言吾至壽春者拔舌故石等弗知晉龍驤將軍劉牢之率勁卒五千夜襲梁成壘克之斬成及王顯王詠等十將士卒死者萬五千謝石等以既敗梁成水陸繼進堅與苻融登城而望王師見部陣齊整將士精銳又北望八公山上草木皆類人形顧謂融曰此亦勍敵也何謂少乎憮然有懼色初朝廷聞堅入寇會稽王道子以威儀鼓吹求

助於鍾山之神奉以相國之號及堅之見草木狀人若有力焉堅遣其尚書朱序說石等以衆盛欲脅而降之序詭謂石曰若秦百萬之衆皆至則莫可敵也及其衆軍未集宜在速戰若挫其前鋒可以得志石聞堅在壽春也懼謀不戰以疲之謝琰勸從序言遣使請戰許之時張蚝敗謝石于肥南謝玄謝琰勒卒數萬陣以待之蚝乃退列陣逼肥水王師不得渡遣使謂融曰君懸軍深入置陣逼水此持久之計豈欲戰者乎若小退師令將士周旋僕與君公緩轡而觀之不亦美乎融於是麾軍却陣欲因其濟水覆而取之軍遂奔退制之不可止融馳騎略陣馬倒被殺軍遂大敗王師乘勝追擊至于青岡死者相枕堅爲流矢所中單騎遁還於淮北飢甚人有進壺飧豚髀者堅食之大悅曰昔公孫豆粥何以加也命賜帛十匹緜十斤辭曰臣聞白龍厭天池之樂而見困豫且陛下目所覩也耳所聞也今蒙塵之難豈自天乎且妄施不爲惠妄受不爲忠陛下臣之父母也安有子養而求報哉弗顧而退堅大慚顧謂其夫人張氏曰朕若用朝臣之言豈見今日之事邪當何面目復臨天下乎潸然流涕而去聞風聲鶴唳皆謂晉師之至其僕射張天錫尚書朱序及徐元喜等皆歸順初諺言堅不出項羣臣勸堅停項爲六軍聲鎮堅不從故敗諸軍悉潰惟慕容垂一軍獨全堅以千餘騎赴之垂子寶勸垂殺堅垂不從乃以兵屬堅初慕容暐屯鄖城姜成等守漳口晉隨郡太守夏侯澄攻姜成斬之暐棄其衆奔還堅收離集散比至洛陽衆十餘萬百官威儀軍容粗備未及關而垂有貳志說堅請巡撫燕岱并求拜墓堅許之權翼固諫以爲不可堅不從尋懼垂爲變悔之遣驍騎石越率卒三千戍鄴驃騎張蚝率羽林五千戍并州留兵四千配鎮軍毛當戍洛陽堅至自淮南次于長安東之行宮哭苻融而後入告罪于其太廟赦殊死已下文武增位一級厲兵課農存卹孤老諸士卒不返者皆復其家終世贈融大司馬諡曰哀公衞軍從事中郞丁零翟斌反于河南長樂公苻丕遣慕容垂及苻飛龍討之垂南結丁零殺飛龍盡坑其衆豫州牧平原公苻暉遣毛當擊翟斌爲斌所敗當死之垂子農亡奔列人招集羣盜衆至數千丕遣石越擊之爲農所敗越死之垂引丁零烏丸之衆二十餘萬爲飛梯地道以攻鄴城慕容暐弟燕故濟北王泓先爲北地長史聞垂攻鄴亡命奔關東收諸馬牧鮮卑衆至數千還屯華陰慕容暐乃潛使諸弟及宗人起兵于外堅遣將軍彊永率

騎擊之爲泓所敗泓衆遂盛自稱使持節大都督陝西諸軍事大將軍雍州牧濟北王推叔父垂爲丞相都督陝東諸軍事領大司馬冀州牧吳王堅謂權翼曰吾不從卿言鮮卑至是關東之地吾不復與之爭將若泓何翼曰寇不可長慕容垂正可據山東爲亂不暇近逼今暐及宗族種類盡在京師鮮卑之衆布於畿甸實社稷之元憂宜遣重將討之堅乃以廣平公苻熙爲使持節都督雍州雜戎諸軍事鎮東大將軍雍州刺史鎮蒲坂徵苻叡爲都督中外諸軍事衞大將軍司隸校尉錄尚書事配兵五萬以左將軍竇衝爲長史龍驤姚萇爲司馬討泓于華澤平陽太守慕容沖起兵河東有衆二萬進攻蒲坂堅命竇衝討之苻叡勇果輕敵不恤士衆泓聞其至也懼率衆將奔關東叡馳兵要之姚萇諫曰鮮卑有思歸之心宜驅出關不可遏也叡弗從戰于華澤叡敗績被殺堅大怒萇懼誅遂叛竇衝擊慕容沖于河東大破之沖率騎八千奔于泓軍泓衆至十餘萬遣使謂堅曰秦爲無道滅我社稷今天誘其衷使秦師傾敗將欲興復大燕吳王已定關東可速資備大駕奉送家兄皇帝并宗室功臣之家泓當率關中燕人翼衞皇帝還返鄴都與秦以武牢爲界分王天下永爲鄰好不復爲秦之患也鉅鹿公輕慰銳進爲亂兵所害非泓之意堅大怒召慕容暐責之曰卿父子干紀僭亂乖逆人神朕應天行罰盡兵勢而得卿卿非改迷歸善而合宗蒙宥兄弟布列上將納言雖曰破滅其實若歸奈何因王師小敗便猖悖若此垂爲長蛇於關東泓沖稱兵內侮泓書如此卿欲去者朕當相資卿之宗族可謂人面獸心殆不可以國士期也暐叩頭流血泣涕陳謝堅久之曰書云父子兄弟無相及也卿之忠誠實簡朕心此自三豎之罪非卿之過復其位而待之如初命暐以書招諭垂及泓沖使息兵還長安恕其反叛之咎而暐密遣使者謂泓曰今秦數已終長安怪異特甚當不復能久立吾既籠中之人必無還理昔不能保守宗廟致令傾喪若斯吾罪人也不足復顧吾之存亡社稷不輕勉建大業以興復爲務可以吳王爲相國中山王爲太宰領大司馬汝可爲大將軍領司徒承制封拜聽吾死問汝便即尊位泓於是進向長安改年曰燕興是時鬼夜哭三旬而止堅率步騎二萬討姚萇于北地次于趙氏塢使護軍楊璧游騎三千斷其奔路右軍徐成左軍竇衝鎮軍毛盛等屢戰敗之仍斷其運水之路萇甥游欽因淮南之敗聚衆數千保據頻陽遣軍運水及粟以饋姚

萇楊璧盡獲之萇軍渴甚遣其弟鎮北尹買率勁卒二萬決堰竇衝率衆敗其軍于鸛雀渠斬尹買及首級萬三千萇衆危懼人有渴死者俄而降雨於萇營營中水三尺周營百步之外寸餘而已於是萇軍大振堅方食去案怒曰天其無心何故降澤賊營萇又東引慕容泓爲援泓謀臣高蓋宿勤崇等以泓德望後沖且持法苛峻乃殺泓立沖爲皇太弟承制行事自相署置姚萇留其弟征虜緒守楊渠川大營率衆七萬來攻堅堅遣楊璧等擊之爲萇所敗獲楊璧毛盛徐成及前軍齊午等數十人皆禮而遣之苻暉率洛陽陝城之衆七萬歸于長安益州刺史王廣遣將軍王蚝率屬漢之衆來赴難堅聞慕容沖去長安二百餘里引師而歸使撫軍苻方戍驪山拜苻暉使持節散騎常侍都督中外諸軍事車騎大將軍司隸校尉錄尚書配兵五萬距沖河間公苻琳爲中軍大將軍爲暉後繼沖乃令婦人乘牛爲衆揭竿爲旗揚土爲塵督厲其衆晨攻暉營于鄭西暉出距戰沖揚塵鼓譟暉師敗績堅又以尚書姜宇爲前將軍與苻琳率衆三萬擊沖于灞上爲沖所敗宇死之琳中流矢沖遂據阿房城初堅之滅燕沖姊爲清河公主年十四有殊色堅納之寵冠後庭沖年十二亦有龍陽之姿堅又幸之姊弟專寵宮人莫進長安歌之曰一雌復一雄雙飛入紫宮咸懼爲亂王猛切諫堅乃出沖長安又謠曰鳳皇鳳皇止阿房堅以鳳皇非梧桐不棲非竹實不食乃植桐竹數十萬株于阿房城以待之沖小字鳳皇至是終爲堅賊入止阿房城焉晉西中郞將桓石虔進據魯陽遣河南太守高茂北戍洛陽晉冠軍謝玄次于下邳徐州刺史趙遷棄彭城奔還玄前鋒張願追遷及于碭山轉戰而免玄進據彭城時呂光討平西域三十六國所獲珍寶以萬萬計堅下書以光爲使持節散騎常侍都督玉門以西諸軍事安西將軍西域校尉進封順鄉侯增邑一千戶劉牢之伐兗州堅刺史張崇棄鄄城奔于慕容垂牢之遣將軍劉襲追崇戰于河南斬其東平太守楊光而退牢之遂據鄄城慕容沖進逼長安堅登城觀之歎曰此虜何從出也其彊若斯大言責沖曰爾輩羣奴正可牧牛羊何爲送死沖曰奴則奴矣既厭奴苦復欲取爾見代堅遣使送錦袍一領遺沖稱詔曰古人兵交使在其間卿遠來草創得無勞乎今送一袍以明本懷朕於卿恩分如何而於一朝忽爲此變沖命詹事答之亦稱皇太弟有令孤今心在天下豈顧一袍小惠苟能知命便可君臣束手早送皇帝自當

寬貸苻氏以酬曩好終不使既往之施獨美於前堅大怒曰吾不用王景略陽平公之言使白虜敢至於此苻丕在鄴糧竭馬無草削松木而食之會丁零叛慕容垂垂引師去鄴始具西問知苻叡等喪敗長安危逼乃遣其陽平太守邵興率騎一千將北引重合侯苻謨高邑侯苻亮阜城侯苻定于常山固安侯苻鑒中山太守王兗于中山以爲己援垂遣張崇要興獲之于襄國南又遣其參軍封孚西引張蚝并州刺史王騰于晉陽蚝騰以衆寡不赴丕進退路窮乃謀於羣寮司馬楊膺唱歸順之計丕猶未從會晉遣濟北太守丁匡據碻磝濟陽太守郭滿據滑臺將軍顏肱襲次于河北丕遣將軍桑據距之爲王師所敗襲等進攻黎陽克之丕懼乃遣從弟就與參軍焦逵請救于謝玄丕書稱假途求糧還赴國難須軍援既接以鄴與之若西路不通長安陷沒請率所領保守鄴城乃羈縻一方文降而已逵與參軍姜讓密謂楊膺曰今禍難如此京師阻隔吉凶莫審密邇寇讎三軍罄絕傾危之甚朝不及夕觀公豪氣不除非救世之主既不能竭盡誠款速致糧援方設兩端必無成也今日之殆疾於轉機不容慮設徒成反覆宜正書爲表以結殷勤若王師之至必當致身如其不從可逼縛與之苟不義服一人力耳古人行權寧濟爲功況君侯累葉載德顯祖初著名於晉朝今復建崇勳使功業相繼千載一時不可失也膺素輕丕自以力能逼之乃改書而遣逵等并遣濟南毛蜀毛鮮等分房爲任於晉堅遣鴻臚郝稚徵處士王嘉于到獸山既至堅每日召嘉與道安於外殿動靜諮問之慕容暐入見東堂稽首謝曰弟沖不識義方孤背國恩臣罪應萬死陛下垂天地之容臣蒙更生之惠臣二子昨婚明當三日愚欲暫屈鑾駕幸臣私第堅許之暐出嘉曰椎蘆作蘧篨不成文章會天大雨不得殺羊堅與羣臣莫之能解是夜大雨晨不果出初暐之遣諸弟起兵於外也堅防守甚嚴謀應之而無因時鮮卑在城者猶有千餘人暐乃密結鮮卑之衆謀伏兵請堅因而殺之令其豪帥悉羅騰屈突鐵侯等潛告之曰官今使侯外鎮聽舊人悉隨可於某日會集某處鮮卑信之北部人突賢與其妹別妹爲左將軍竇衝小妻聞以告衝請留其兄衝馳入白堅堅大驚召騰問之騰具首服堅乃誅暐父子及其宗族城內鮮卑無少長及婦女皆殺之慕容垂復圍鄴城焦逵既至朝廷果欲徵丕任子然後出師逵固陳丕款誠無貳并宣楊膺之意乃遣劉牢之等率衆二萬水陸運漕

救鄴時長安大饑人相食諸將歸而吐肉以飴妻子慕容沖僭稱尊號于阿房改年更始堅與沖戰各有勝負常爲沖軍所圍殿中上將軍鄧邁左中郎將鄧綏尚書郎鄧瓊相謂曰吾門世荷榮寵先君建殊功於國家不可不立忠效節以成先君之志且不死君難者非丈夫也於是與毛萇樂等蒙獸皮奮矛而擊沖軍沖軍潰堅獲免嘉其忠勇竝拜五校加三品將軍賜爵關內侯沖又遣其尚書令高蓋率衆夜襲長安攻陷南門入于南城左將軍竇衝前禁將軍李辯等擊敗之斬首千八百級分其尸而食之堅尋敗沖于城西追奔至于阿城諸將請乘勝入城堅懼爲沖所獲乃擊金以止軍是時劉牢之至枋頭征東參軍徐義宦人孟豐告苻丕楊膺姜讓等謀反丕收膺讓戮之牢之以丕自相屠戮盤桓不進苻暉屢爲沖所敗堅讓之曰汝吾之子也擁大衆屢爲白虜小兒所摧何用生爲暉憤恚自殺關中保壁三千餘所推平遠將軍馮翊趙敖爲統主相率結盟遣兵糧助堅左將軍苟池右將軍俱石子率騎五千與沖爭麥戰于驪山爲沖所敗池死之石子奔鄴堅大怒復遣領軍楊定率左右精騎二千五百擊沖大敗之俘掠鮮卑萬餘而還堅怒悉坑之定果勇善戰沖深憚之遂穿馬埳以自固劉牢之至鄴慕容垂北如新城鄴中饑甚丕率鄴城之衆就晉穀于枋頭牢之入屯鄴城慕容垂軍人飢甚多奔山中幽冀人相食初關東謠曰幽州𣪠生當滅若不滅百姓絕𣪠垂之本名與丕相持經年百姓死幾絕先是姚萇攻新平新平太守苟輔將降之郡人遼西太守馮傑蓮勺令馮羽等諫曰天下喪亂忠臣乃見昔田單守一城而存齊今秦之所有猶連州累鎮郡國百城臣子之於君父盡心焉盡力焉死而後已豈宜貳哉輔大悅於是憑城固守萇爲土山地道輔亦爲之或戰山峯萇衆死者萬有餘人輔乃詐降萇將入覺之引衆而退輔馳出擊之斬獲萬計至是糧竭矢盡外救不至萇遣吏謂輔曰吾方以義取天下豈讎忠臣乎卿但率見衆男女還長安吾須此城置鎮輔以爲然率男女萬五千口出城萇圍而坑之男女無遺初石季龍末清河崔悅爲新平相爲郡人所殺悅子液後仕堅爲尚書郎自表父讎不同天地請還冀州堅愍之禁錮新平人缺其城角以耻之新平酋望深以爲慚故相率距萇以立忠義時有羣烏數萬翔鳴于長安城上其聲甚悲占者以爲鬭羽不終年有甲兵入城之象沖率衆登城堅身貫甲冑督戰距之飛矢滿身血流被體時雖兵

寇危逼馮翊諸堡壁猶有負糧冒難而至者多爲賊所殺堅謂之曰聞來者率不善達誠是忠臣赴難之義當今寇難殷繁非一人之力所能濟也庶明靈有照禍極災返善保誠順爲國自愛蓄糧厲甲端聽師期不可徒喪無成相隨獸口三輔人爲沖所略者咸遣使告堅請放火以爲內應堅曰哀諸卿忠誠之意也何復已已但時運圮喪恐無益於國空使諸卿坐自夷滅吾所不忍也且吾精兵若獸利器如霜而衂於烏合疲鈍之賊豈非天也宜善思之衆固請曰臣等不愛性命投身爲國若上天有靈單誠或冀一濟沒無遺恨矣堅遣騎七百應之而沖營放火者爲風焰所燒其能免者十有一二堅深痛之身爲設祭而招之曰有忠有靈來就此庭歸汝先父勿爲妖形歔欷流涕悲不自勝衆咸相謂曰至尊慈恩如此吾等有死無移沖毒暴關中人皆流散道路斷絕千里無煙堅以甘松護軍仇騰爲馮翊太守加輔國將軍與破虜將軍蜀人蘭犢慰勉馮翊諸縣之衆衆咸曰與陛下同死共生誓無有二每夜有人周城大呼曰楊定健兒應屬我宮殿臺觀應坐我父子同出不共汝且尋而不見人跡城中有書曰古苻傳賈錄載帝出五將久長得先是又謠曰堅入五將山長得堅大信之告其太子宏曰脫如此言天或導予今留汝兼總戎政勿與賊爭利吾當出隴收兵運糧以給汝天其或者正訓予也於是遣衞將軍楊定擊沖于城西爲沖所禽堅彌懼付宏以後事將中山公詵張夫人率騎數百出如五將宣告州郡期以孟冬救長安宏尋將母妻宗室男女數千騎出奔百寮逃散慕容沖入據長安縱兵大掠死者不可勝計初秦之未亂也關中土然無火而煙氣大起方數十里中月餘不滅堅每臨聽訟觀令百姓有怨者舉煙于城北觀而錄之長安爲之語曰欲得必存當舉煙又爲謠曰長鞘馬鞭擊左股太歲南行當復虜秦人呼鮮卑爲白虜慕容垂之起於關東歲在癸未堅之分氐戶於諸鎮也趙整因侍援琴而歌曰阿得脂阿得脂博勞舊父是讎綏尾長翼短不能飛遠徙種人留鮮卑一旦緩急語阿誰堅笑而不納至是整言驗矣堅至五將山姚萇遣將軍吳忠圍之堅衆奔散獨侍御十數人而已神色自若坐而待之召宰人進食俄而忠至執堅以歸新平幽之於別室萇求傳國璽於堅曰萇次膺符歷可以爲惠堅瞋目叱之曰小羌乃敢干逼天子豈以傳國璽授汝羌也圖緯符命何所依據五胡次序無汝羌名違天不祥其能久乎璽已送晉不可得也

萇又遣尹緯說堅求爲堯舜禪代之事堅責緯曰禪代者聖賢之事姚萇叛賊奈何擬之古人堅既不許萇以禪代罵而求死萇乃縊堅于新平佛寺中時年四十八中山公詵及張夫人並自殺是歲太元十年也宏之奔也歸其南秦州刺史楊璧于下辯璧距之乃奔武都氐豪彊熙假道歸順朝廷處宏于江州宏歷位輔國將軍桓玄篡位以宏爲涼州刺史義熙初以謀叛被誅初堅彊盛之時國有童謠云河水清復清苻詔死新城堅聞而惡之每征伐戒軍候云地有名新者避之時又童謠云阿堅連牽三十年若後欲敗當在江淮間堅在位二十七年因壽春之敗其國大亂後二年竟死於新平佛寺咸應謠言矣丕僭號僞追謚堅曰世祖宣昭皇帝

王猛

王猛字景略北海劇人也家于魏郡少貧賤以鬻畚爲業嘗貨畚于洛陽乃有一人貴買其畚而云無直自言家去此無遠可隨我取直猛利其貴而從之行不覺遠忽至深山見一父老鬚髮皓然踞胡床而坐左右十許人有一人引猛進拜之父老曰王公何緣拜也乃十倍償畚直遣人送之猛既出顧視乃嵩高山也猛瓌姿儁偉博學好兵書謹重嚴毅氣度雄遠細事不干其慮自不參其神契略不與交通是以浮華之士咸輕而笑之猛悠然自得不以屑意少游於鄴都時人罕能識也惟徐統見而奇之召爲功曹遁而不應遂隱于華陰山懷佐世之志希龍顏之主斂翼待時候風雲而後動桓溫入關猛被褐而詣之一面談當世之事捫蝨而言旁若無人溫察而異之問曰吾奉天子之命率銳師十萬杖義討逆爲百姓除殘賊而三秦豪傑未有至者何也猛曰公不遠數千里深入寇境長安咫尺而不渡灞水百姓未見公心故也所以不至溫默然無以酬之溫之將還賜猛車馬拜高官督護請與俱南猛還山諮師師曰卿與桓溫豈並世哉在此自可富貴何爲遠乎猛乃止苻堅將有大志聞猛名遣呂婆樓招之一見便若平生語及廢興大事異符同契若玄德之遇孔明也及堅僭位以猛爲中書侍郎時始平多枋頭西歸之人豪右縱橫劫盜充斥乃轉猛爲始平令猛下車明法峻刑澄察善惡禁勒彊豪鞭殺一吏百姓上書訟之有司劾奏檻車徵下廷尉詔獄堅親問之曰爲政之體德化爲先莅任未幾而殺戮無數何其酷也猛曰臣聞宰寧國以禮治亂邦以法陛下不以臣不才任臣以劇邑謹爲明君翦除凶猾始殺一姦餘尚萬數若以臣不能窮殘盡梟

肅清執法者敢不甘心鼎鑊以謝孤負酷政之刑臣實未敢受之堅謂羣臣曰王景略固是夷吾子產之儔也於是赦之遷尚書左丞咸陽內史京兆尹未幾除吏部尚書太子詹事又遷尚書左僕射輔國將軍司隸校尉加騎都尉居中宿衞時猛年三十六歲中五遷權傾內外宗戚舊臣皆害其寵尚書仇騰丞相長史席寶數譖毀之堅大怒黜騰爲甘松護軍寶白衣領長史爾後上下咸服莫有敢言頃之遷尚書令太子太傅加散騎常侍猛頻表累讓堅竟不許又轉司徒錄尚書事餘如故猛辭以無功不拜後率諸軍討慕容暐軍禁嚴明師無私犯猛之未至鄴也劫盜公行及猛之至遠近帖然燕人安之軍還以功進封清河郡侯賜以美妾五人上女妓十二人中妓三十八人馬百匹車十乘猛上疏固辭不受時既留鎮冀州堅遣猛於六州之內聽以便宜從事簡召英儁以補關東守宰授訖言臺除正居數月上疏曰臣前所以朝聞夕拜不顧艱虞者正以方難未夷軍機權速庶竭命戎行甘驅馳之役數宣皇威展筋骨之效故僶俛從事叨據負乘可謂恭命於濟時俟太平於今日今聖德格于皇天威靈被于八表弘化已熙六合清泰竊敢披貢丹誠請避賢路設官分職各有司存豈應孤任愚臣以速傾敗東夏之事非臣區區所能康理願徙授親賢濟臣顚墜若以臣有鷹犬微勤未忍捐棄者乞待罪一州效盡力命徐方始賓淮汝防重六州處分府選便宜輒以悉停督任弗可虛曠深願時降神規堅不許遣其侍中梁讜詣鄴喻旨猛乃視事如前俄入爲丞相中書監尚書令太子太傅司隸校尉持節常侍將軍侯如故稍加都督中外諸軍事猛表讓久之堅曰卿昔螭蟠布衣朕龍潛弱冠屬世事紛紜厲士之際顚覆厥德朕奇卿於暫見擬卿爲臥龍卿亦異朕於一言迴考槃之雅志豈不精契神交千載之會雖傅巖入夢姜公悟兆今古一時亦不殊也自卿輔政幾將二紀內釐百揆外蕩羣凶天下向定彝倫始敘朕且欲從容於上望卿勞心於下弘濟之務非卿而誰遂不許其後數年復授司徒猛復上疏曰臣聞乾象盈虛惟后則之位稱以才官非則曠鄭武翼周仍世載詠王叔昧寵政替身亡斯則成敗之殷監爲臣之炯戒竊惟鼎宰崇重參路泰階宜妙盡時賢對揚休命魏祖以文和爲公貽笑孫后千秋一言致相匈奴嗤之臣何庸猥而應斯舉不但取嗤鄰遠實令爲虜輕秦昔東野窮馭顏子知其將弊陛下不復料度臣之才力私懼敗亡是及且上

嶷寵典臣何顏處之華陛下私臣其如天下何願退日月之鑒矜臣後悔使上無過授之謗臣蒙覆燾之恩堅竟不從猛乃受命軍國內外萬幾之務事無巨細莫不歸之猛宰政公平流放尸素拔幽滯顯賢才外修兵革內崇儒學勸課農桑教以廉恥無罪而不刑無才而不任庶績咸熙百揆時叙於是兵彊國富垂及升平猛之力也堅常從容謂猛曰卿夙夜匪懈憂勤萬幾若文王得太公吾將優游以卒歲猛曰不圖陛下知臣之過臣何足以擬古人堅曰以吾觀之太公豈能過也常敕其太子宏長樂公丕等曰汝事王公如事我也其見重如此廣平麻思流寄關右因母亡歸葬請還冀州猛謂思曰便可速裝是暮已符卿發遣及始出關郡縣已被符管攝其令行禁整事無流滯皆此類也性剛明清肅於善惡尤分微時一餐之惠睚眦之忿靡不報焉時論頗以此少之其年寢疾堅親祈南北郊宗廟社稷分遣侍臣禱河嶽諸祀靡不周備猛疾未瘳乃大赦其境內殊死已下猛疾甚因上疏謝恩并言時政多所弘益堅覽之流涕悲慟左右及疾篤堅親臨省病問以後事猛曰晉雖僻陋吳越乃正朔相承親仁善隣國之寶也臣沒之後願不以晉爲圖鮮卑羌虜我之讎也終爲人患宜漸除之以便社稷言終而死時年五十一堅哭之慟比斂三臨謂太子宏曰天不欲使吾平一六合邪何奪吾景略之速也贈侍中丞相餘如故給東園溫明祕器帛三千匹穀萬石謁者僕射監護喪事葬禮一依漢大將軍故事謚曰武侯朝野巷哭三日

苻融

苻融字博休堅之季弟也少而岐嶷夙成魁偉美姿度健之世封安樂王融上疏固辭健深奇之曰且成吾兒箕山之操乃止苻生愛其器貌常侍左右未弱冠便有台輔之望長而令譽彌高爲朝野所屬堅僭號拜侍中尋除中軍將軍融聰辯明慧下筆成章至於談玄論道雖道安無以出之耳聞則誦過目不忘時人擬之王粲嘗著浮圖賦壯麗清贍世咸珍之未有升高不賦臨喪不誄朱彤趙整等推其妙速旅力雄勇騎射擊刺百夫之敵也銓綜內外刑政脩理進才理滯王景略之流也尤善斷獄姦無所容故爲堅所委任後爲司隸校尉京兆人董豐游學三年而返過宿妻家是夜妻爲賊所殺妻兄疑豐殺之送豐有司豐不堪楚掠誣引殺妻融察而異之問曰汝行往還頗有怪異及卜筮以不豐曰初將發夜夢乘馬南渡水反而北渡復自北而南馬停水中鞭策不去俯而視之見兩日在于水下馬左白而濕右黑而燥寤而心悸竊以爲不祥還之夜復夢如初問之筮者筮者云憂獄訟遠三枕避三沐既至妻爲具沐夜授豐枕豐記筮者之言皆不從之妻乃自沐枕枕而寢融曰吾知之矣周易坎爲水馬爲離夢乘馬南渡旋北而南者從坎之離三爻同變變而成離離爲中女坎爲中男兩日二夫之象坎爲執法吏吏詰其夫婦人被流血而死坎二陰一陽離二陽一陰相乘易位離下坎上既濟文王遇之囚羑里有禮而生無禮而死馬左而濕濕水也左水右馬馮字也兩日昌字也其馮昌殺之乎於是推檢獲昌而詰之昌具首服曰本與其妻謀殺董豐期以新沐枕枕爲驗是以誤中婦人在冀州有老母遇劫於路母揚聲唱盜行人爲母逐之既擒劫者劫者反誣行人爲盜時日垂暮母及路人莫知孰是乃具送之融見而笑曰此易知耳可二人並走先出鳳陽門者非盜既而還入融正色謂後出者曰汝眞是盜何以誣人其發姦擿伏皆此類也所在盜賊止息路不拾遺堅及朝臣雅皆歎服州郡疑獄莫不折之於融融觀色察形無不盡其情狀雖鎮關東朝之大事靡不馳驛與融議之性至孝初屆冀州遣使參問其母動止或日有再三堅以爲煩月聽一使後上疏請還侍養堅遣使慰喻不許久之徵拜侍中中書監都督中外諸軍事車騎大將軍司隸校尉太子太傅領宗正錄尚書事俄轉司徒融苦讓不受融爲將善謀略好施愛士專方征伐必有殊功堅既有意荆揚時慕容垂姚萇等常說堅以平吳封禪之事堅謂江東可平寢不暇旦融每諫曰知足不辱知止不殆窮兵極武未有不亡且國家戎族也正朔會不歸人江東雖不絕如綖然天之所相終不可滅堅曰帝王曆數豈有常哉惟德之所授耳汝所以不如吾者正病此不達變通大運劉禪可非漢之遺祚然終爲中國之所并吾將任汝以天下之事奈何事事折吾沮壞大謀汝尚如此況於衆乎堅之將入寇也融又切諫曰陛下聽信鮮卑羌虜諂諛之言採納良家少年利口之說臣恐非但無成亦大事去矣垂萇皆我之讎敵思聞風塵之變冀因之以逞其凶德少年等皆富足子弟希關軍旅苟說佞諂之言以會陛下之意不足採也堅弗納及淮南之敗垂萇之叛堅悼恨彌深

苻朗

苻朗字元達堅之從兄子也性宏達神氣爽邁幼懷遠操不屑時榮堅嘗目之曰吾家千里駒也徵拜鎮東將軍青州刺史封樂安男不得已起而就官及爲方伯有若素士耽翫經籍手不釋卷每談虛語玄不覺日之將夕登涉山水不知老之將至在任甚有稱績後晉遣淮陰太守高素伐青州朗遣使詣謝玄於彭城求降玄表朗許之詔加員外散騎侍郎既至揚州風流邁於一時超然自得志凌萬物所與晤言不過一二人而已驃騎長史王忱江東之儁秀聞而詣之朗稱疾不見沙門釋法汰問朗曰見王吏部兄弟未朗曰吏部爲誰非人面而狗心狗面而人心者乎王忱醜而才慧國寶美貌而才劣於弟故朗云然汰悵然自失其忤物侮人皆此類也謝安常設讌請之朝士盈坐並机褥壺席朗每事欲誇之唾則令小兒跪而張口既唾而含出頃復如之坐者以爲不及之遠也又善識味鹹酢及肉皆別所由會稽王司馬道子爲朗設盛饌極江左精餚食訖問曰關中之味孰若此答曰皆好惟鹽味小生耳既問宰夫皆如其言或人殺雞以食之既進朗曰此雞栖恒半露檢之皆驗又食鵝肉知黑白之處人不信記而試之無毫釐之差時人咸以爲知味後數年王國寶譖而殺之王忱將爲荆州刺史待殺朗而後發臨刑志色自若爲詩曰四大起何因聚散無窮已既適一生中又入一死理冥心乘和暢未覺有終始如何箕山夫奄焉處東市曠此百年期遠同嵇叔子命也歸自天委化任冥紀著苻子數十篇行於世亦老莊之流也

晉書卷一百十四考證

苻堅載記下以十具牛爲田○風俗通北俗三牛爲一具以荷一犂

益州刺史王廣遣將軍王蚝率屬漢之衆來赴難○十六國春秋蚝作虬屬作蜀

將軍顏肱襲次于河北○綱目作顏肱劉襲軍于河北下文云襲等進攻黎陽則此脫去劉字也

遂穿馬舀以自固○舀監本誤陷音義舀與坎同今改正

晉書卷一百十五

唐　太　宗　文　皇　帝　御　撰

載記第十五

苻丕　苻登　索泮　徐嵩

苻丕字永叔堅之長庶子也少而聰慧好學博綜經史堅與言將畧嘉之命鄧羌教以兵法文武才幹亞于苻融爲將善收士卒情出鎮于鄴東夏安之堅敗歸長安丕爲慕容垂所逼自鄴奔枋頭堅之死也丕復入鄴城將收兵趙魏西赴長安會幽州刺史王永平州刺史苻沖頻爲垂將平規等所敗乃遣昌黎太守宋敞焚燒和龍薊城宮室率衆三萬進屯壺關遣使招丕丕乃去鄴率男女六萬餘口進如潞川驃騎張蚝并州刺史王騰迎之入據晉陽始知堅死問舉哀于晉陽三軍縞素王永留苻沖守壺關率騎一萬會丕勸稱尊號丕從之乃以太元十年僭即皇帝位于晉陽南立堅行廟大赦境內改元曰太安置百官以張蚝爲侍中司空封上黨郡公王永爲使持節侍中都督中外諸軍事車騎大將軍尚書令進封清河公王騰爲散騎常侍中軍大將軍司隸校尉陽平郡公苻沖爲左光祿大夫尚書左僕射西平王俱石子爲衞將軍濮陽公楊輔爲尚書右僕射濟陽公王亮爲護軍將軍彭城公强益耳梁暢爲侍中徐義爲吏部尚書並封縣公自餘封授各有差是時安西呂光自西域還師至于宜禾堅涼州刺史梁熙謀閉境距之高昌太守楊翰言於熙曰呂光新定西國兵强氣銳其鋒不可當也度其事意必有異圖且今關中擾亂京師存亡未知自河已西迄于流沙地方萬里帶甲十萬鼎峙之勢實在今日若光出流沙其勢難測高梧谷口水險之要宜先守之而奪其水彼既窮渴自然投戈如其以遠不守伊吾之關亦可距也若度此二要雖有子房之策難爲計矣地有所必爭眞此機也熙弗從美水令犍爲張統說熙曰主上傾國南討覆敗而還慕容垂擅兵河北泓沖寇逼京師丁零雜虜跋扈關洛州郡姦豪所在風扇王綱弛絕人懷利己今呂光回師將軍何以抗也熙曰誠深憂之未知計之所出統曰光雄果勇毅明畧絕人今以蕩西域之威擁歸師之銳鋒若猛火之盛於原弗可敵也將軍世受殊恩忠誠夙著立勳王室宜在於今行唐公洛上之從弟勇冠一時爲將軍討者莫若奉爲盟主以攝衆望推忠義以總率羣豪則光無異心也資其精銳東兼毛興連王統楊璧集四州之衆掃凶逆於諸夏寧帝室於關中此桓文之舉也熙

又不從殺洛于西海以子肩為鷹揚將軍率衆五萬距光于酒泉敦煌太守姚靜晉昌太守李純以郡降光肩及光戰于安彌爲光所敗武威太守彭濟執熙迎光光殺之建威西郡太守索泮奮威督洪池已南諸軍事酒泉太守宋皓等並爲光所殺堅尚書令魏昌公苻纂自關中來奔拜太尉進封東海王以中山太守王兗爲平東將軍平州刺史阜城侯苻定爲征東將軍冀州牧高城侯苻紹爲鎮東將軍督冀州諸軍事重合侯謨爲征西將軍幽州牧高邑侯苻亮爲鎮北大將軍督幽并二州諸軍事並進爵郡公定紹據信都謨亮先據常山慕容垂之圍鄴城也並降于垂聞丕稱尊號遣使謝罪王兗固守博陵與垂相持左將軍竇衝秦州刺史王統河州刺史毛興益州刺史王廣南秦州刺史楊璧衞將軍楊定並據隴右遣使招丕請討姚萇丕大悅以定爲驃騎大將軍雍州牧衝爲征西大將軍梁州牧統鎮西大將軍興車騎大將軍璧征南大將軍並開府儀同三司加散騎常侍廣安西將軍皆進位州牧於是王永宣檄州郡曰大行皇帝棄背萬國四海無主征東大將軍長樂公先帝元子聖武自天受命荆南威振衡海分陝東都道被夷夏仁澤光于宇宙德聲侔于下武永與司空蚝等謹順天人之望以季秋吉辰奉公紹承大統銜哀即事栖谷總戎枕戈待旦志雪大恥慕容垂爲封豕于關東泓沖繼凶于京邑致乘輿播越宗社淪傾羌賊姚萇我之牧士乘釁滔天親行大逆有生之巨賊也永累葉受恩世荷將相不與驪山之戎滎澤之狄共戴皇天同履厚土諸牧伯公侯或宛沛宗臣或四七勳舊豈忍捨破國之醜豎縱殺君之逆賊乎主上飛龍九五實協天心靈祥休瑞史不輟書投戈效義之士三十餘萬少康光武之功可旬朔而成今以衞將軍俱石子爲前軍師司空張蚝爲中軍都督武將猛士風烈雷震志殄元兇義無他顧永謹奉乘輿恭行天罰君臣始終之義在三忘軀之誠勠力同之以建晉鄭之美先是慕容驎攻王兗于博陵至是糧竭矢盡郡功曹張猗踰城聚衆應驎兗臨城數之曰卿秦之人也吾卿之君也起衆應賊號稱義兵何名實相違之甚卿兄往合鄉宗親逐城主天地不容爲世大戮身滅未幾卿復續之卿見爲吾吏親尋干戈競爲戎首爲爾君者不亦難乎今人何取卿一切之功寧能忘卿不忠不孝之事古人有云求忠臣必出孝子之門卿母在城不能顧之何忠義之可望惡不絕世卿之謂也不圖中州禮義之邦而卿門風若斯卿去老母如脫屣吾復何論哉既而城陷兗及固安侯苻鑒並爲驎所殺丕復以王永爲司徒錄尚書事徐義爲尚書令加右光祿大夫初王廣還自成都也奔其兄秦州刺史統及長安不守廣攻河州牧毛興于枹罕興遣建節將軍臨清伯衞平率其宗人千七百夜襲廣軍大敗之王統復遣兵助廣興於是嬰城固守既而襲王廣敗之廣亡奔秦州爲隴西鮮卑匹蘭所執送詣姚萇興既敗王廣謀伐王統平上邽枹罕諸氐皆窘於兵革而疲不堪命乃殺興推衞平爲使持節安西將軍河州刺史遣使請命刁雲殺慕容忠乃推慕容永爲使持節大都督中外諸軍事大將軍大單于雍秦梁涼四州牧錄尚書事河東王稱藩于垂征東苻定鎮東苻紹征北苻謨鎮北苻亮皆降于慕容垂丕又進王永爲左丞相苻纂爲大司馬張蚝爲太尉王騰爲驃騎大將軍儀同三司徐義爲司空苻沖爲車騎大將軍尚書令儀同三司俱石子爲衞大將軍尚書左僕射領官皆如故永又檄州郡曰昔夏有窮夷之難少康起焉王莽毒殺平帝世祖重光漢道百六之運何代無之天降喪亂羌胡猾夏先帝晏駕賊庭京師鞠爲戎穴神州蕭條生靈塗炭天未亡秦社稷有奉主上聖德恢弘道侔光武所在宅心天人歸屬必當隆中興之功復配天之美姚萇殘虐慕容垂凶暴所過滅戶夷烟毀發丘墓毒徧存亡痛纏幽顯雖黃巾之害於九州赤眉之暴于四海方之未爲甚也今素秋將及行師令辰公侯牧守壘主鄉豪或勠力國家乃心王室各率所統以孟冬上旬會大駕于臨晉於是天水姜延馮翊寇明河東王昭新平張晏京兆杜敏扶風馬郎建忠高平牧官都尉王敏等咸承檄起兵各有衆數萬遣使應丕皆就拜將軍郡守封列侯冠軍鄧景擁衆五千據彭池與竇衝爲首尾擊萇平涼太守金熙安定北部都尉鮮卑沒弈于率鄯善王胡員吒護羌中郎將梁苟奴等與萇左將軍姚方成鎮遠強京戰于孫丘谷大敗之枹罕諸氐以衞平年老不可以成事業議廢之而憚其宗彊連日不決氐有啖青者謂諸將曰大事宜定東討姚萇不可沈吟猶豫一旦事發反爲人害諸軍但請衞公會集衆將青爲諸軍決之衆以爲然於是大饗諸將青抽劒而前曰今天下大亂豺狼塞路吾曹今日可謂休戚是同非賢明之主莫可濟艱難也衞公朽耄不足以成大事宜反初服以避賢路狄道長苻登雖王室疎屬而志畧雄明請共立之以赴大駕諸軍若有不同者便下異議乃奮劒攘袂將斬貳己者衆皆從之莫敢仰視於是推登爲帥遣使於丕請命丕以登爲征西大將軍開府儀同三司南安王持節及州郡督因其所稱而授之又以徐義爲右丞相丕留王騰守晉陽楊輔戍壺關率衆四萬進據平陽王統以秦州降姚萇慕容永以丕至平陽恐不自固乃遣使求假道還東丕弗許遣王永及苻纂攻之以俱石子爲前鋒都督與慕容永戰于襄陵王永大敗永及石子皆死之初苻纂之奔丕也部下壯士三千餘人丕猜而忌之及永之敗懼爲纂所殺率騎數千南奔東垣晉揚威將軍馮該自陝要擊敗之斬丕首執其太子寧長樂王壽送于京師朝廷赦而不誅歸之於苻宏徐義爲慕容永所獲械埋其足將殺之義誦觀世音經至夜中土開械脫於重禁之中若有人導之者遂奔楊佺期佺期以爲洛陽令苻纂及弟師奴率丕餘衆數萬奔據杏城苻登稱尊號僞諡丕爲哀平皇帝丕之臣佐皆沒慕容永永乃進據上黨之長子僭稱大號改元曰中興丕在位二年而敗

登字文高堅之族孫也父敞健之世爲太尉司馬隴東太守建節將軍後爲苻生所殺堅卽僞位追贈右將軍涼州刺史以登兄同成嗣毛興之鎮上邽以爲長史登少而雄勇有壯氣麤險不脩細行故堅弗之奇也長而折節謹厚頗覽書傳拜殿上將軍稍遷羽林監揚武將軍長安令坐事黜爲狄道長及關中亂去縣歸毛興同成言於興請以登爲司馬常在營部登度量不羣好爲奇畧同成常謂之曰汝聞不在其位不謀其政無數干時將爲博識者不許吾非疾汝恐或不喜人妄豫耳自是可止汝後得意自可專意時人聞同成言多以爲疾登而抑蔽之登乃屏迹不妄交游與有事則召之戲謂之曰小司馬可坐評事登出言輒析理中興內服焉然敬憚而不能委任姚萇作亂遣其弟碩德率衆伐毛興相持久之興將死告同成曰與卿累年共擊逆羌事終不克何恨之深可以後事付卿小弟司馬殄碩德者必此人也卿可換攝司馬事登既代衞平遂專統征伐是時歲旱衆飢道殣相望登每戰殺賊名爲熟食謂軍人曰汝等朝戰暮便飽肉何憂於飢士衆從之啖死人肉輒飽健能鬭姚萇聞之急召碩德曰汝不來必爲苻登所食盡碩德於是下隴奔萇及丕敗丕尚書寇遺奉丕子渤海王懿濟北王昶自杏城奔登登乃具丕死問於是爲丕發喪行服三軍縞素登請立懿爲主衆咸曰渤海王雖先帝之子然年在幼沖未堪多難國亂而立長君春秋之義也三虜跨僭寇旅殷彊豺狼梟獍舉曰而是自古厄運之極莫甚於斯大王挺劒西州鳳翔秦隴偏師暫接姚萇奔潰一戰之功可謂光格天地宜龍驤武奮拯拔舊京以社稷宗廟爲先不可顧曹臧吳札一介微節以失圖運之機不建中興之業也登於是以太元十一年僭卽皇帝位大赦境內改元曰太初立堅神主于軍中載以輜軿羽葆青蓋車建黃旗武賁之士三百人以衞之將戰必告凡欲所爲啓主而後行繕甲纂兵將引師而東乃告堅神主曰維曾孫皇帝臣登以太皇帝之靈恭踐寶位昔五將之難賊羌肆害于聖躬實登之罪也今合義旅衆餘五萬精甲勁兵足以立功年穀豐穰足以資贍卽日星言電邁直造賊庭奮不顧命隕越爲期庶上報皇帝酷寃下雪臣子大恥惟帝之靈降監厥誠因歔欷流涕將士莫不悲慟皆刻鉾鎧爲死休字示以戰死爲志每戰以長矟鉤刃爲方圓大陣知有厚薄從中分配故人自爲戰所向無前初長安之將敗也堅中壘將軍徐嵩屯騎校尉胡空各聚衆五千據險築堡以自固而受姚萇官爵及萇之害堅嵩等以王禮葬堅于二堡之間至是各率衆降登拜嵩鎮軍將軍雍州刺史空輔國將軍京兆尹登復改葬堅以天子之禮又僭立其妻毛氏爲皇后弟懿爲皇太弟遣使拜苻纂爲使持節侍中都督中外諸軍事太師領大司馬進封魯王纂弟師奴爲撫軍大將軍并州牧朔方公纂怒謂使者曰渤海王世祖之孫先帝之子南安王何由不立而自尊乎纂長史王旅諫曰南安已立理無中改賊虜未平不可宗室之中自爲仇敵願大王遠蹤光武推聖公之義梟二虜之後徐更圖之纂乃受命於是二縣虜帥彭沛穀屠各董成張龍世新平羌雷惡地等盡應之有衆十餘萬纂遣師奴攻上郡羌酋金大黑金洛生大黑等逆戰大敗之斬首五千八百登以竇衝爲車騎大將軍南秦州牧楊定爲大將軍益州牧楊璧爲司空梁州牧苻纂敗姚碩德于涇陽姚萇自陰密距纂纂退屯敷陸竇衝攻萇汧雍二城剋之斬其將軍姚元平張略等又與萇戰于汧東爲萇所敗登次于瓦亭萇攻彭沛穀堡陷之沛穀奔杏城萇還陰密登征虜馮翊太守蘭犢率衆二萬自頻陽入于和寧與苻纂首尾將圖長安師奴勸其兄纂稱尊號纂不從乃殺纂自立爲秦公蘭犢絕之皆爲姚萇所敗登進據胡空堡戎夏歸之者十有餘萬姚萇遣其將軍姚方成攻陷徐嵩堡嵩被殺悉坑戎士登率衆下隴入朝那姚萇據武都相持累戰

互有勝負登軍中大飢收葚以供兵士立其子崇爲皇太子弁爲南安王尚爲北海王姚萇退還安定登就食新平留其大軍于胡空堡率騎萬餘圍萇營四面大哭哀聲動人萇惡之乃命三軍哭以應登登乃引退萇以登頻戰輒勝謂堅有神驗亦於軍中立堅神主請曰往年新平之禍非萇之罪臣兄襄從陝北渡假路求西狐死首丘欲暫見鄉里陛下與苻眉要路距擊不遂而没襄勑臣行殺非臣之罪苻登陛下末族尚欲復讎臣爲兄報恥於情理何負昔陛下假臣龍驤之號謂臣曰朕以龍驤建業卿其勉之明詔昭然言猶在耳陛下雖過世爲神豈假手于苻登而圖臣忘前征時言邪今爲陛下立神象可歸休於此勿計臣過聽臣至誠登進師攻萇既而升樓謂萇曰自古及今安有殺君而反立神象請福望有益乎大呼曰殺君賊姚萇出來吾與汝決之何爲枉害無辜萇憚而不應萇自立堅神象戰未有利軍中每夜驚恐乃嚴鼓斬象首以送登登將軍竇洛竇于等謀反發覺出奔于萇登進討彭池不剋攻彌姐營及繁川諸堡皆剋之萇連戰屢敗乃遣其中軍姚崇襲大界登引師要之大敗崇于安丘俘斬二萬五千進攻萇將吳忠唐匡于平涼剋之以尚書苻碩原爲前禁將軍滅羌校尉戍平涼登進據苟頭原以逼安定萇率騎三萬夜襲大界營陷之殺登妻毛氏及其子弁尚擒名將數十人驅掠男女五萬餘口而去登收合餘兵退據胡空堡遣使齎書加竇衝大司馬驃騎將軍前鋒大都督都督隴東諸軍事楊定左丞相上大將軍都督中外諸軍事楊璧大將軍都督隴右諸軍事遣衝率見衆爲先驅自繁川趣長安登率衆從新平逕據新豐之千戶固使定率隴上諸軍爲其後繼璧留守仇池又命其并州刺史楊政冀州刺史楊楷率所統大會長安萇遣其將軍王破虜略地秦州楊定及破虜戰於淸水之格奴坂大敗之登攻張龍世于鴦泉堡姚萇救之登引退萇密遣其將任瓫宗度詐爲內應遣使招登許開門納之登以爲然雷惡地馳謂登曰姚萇多計畧善御人必爲姦變願深宜詳思登乃止萇聞惡地之詣登也謂諸將曰此羌多姦智今其詣登事必無成登聞萇懸門以待之大驚謂左右曰雷征東其殆聖乎微此公朕幾爲豎子所誤萇攻陷新羅堡萇扶風太守齊益男奔登登將軍路柴強武等並以衆降於萇登攻萇將張業生于隴東萇救之不剋而退登將軍魏褐飛攻姚當成于杏城爲萇所殺馮翊郭質起兵廣鄉以應登宣檄三輔曰義感君子利動小人吾等生逢先帝堯舜之化累世受恩非常伯納言之子即卿校牧守之肩而可坐視豺狼恐害君父裸尸薦棘痛結幽泉山陵無松隧之兆靈主無淸廟之頌賊臣莫大之甚自古所未聞雖茹荼之苦銜蓼之辛何以諭之姚萇窮凶肆害毒被人神於圖讖歷數萬無一分而敢妄竊重名厚顏瞬息日月固所不照二儀實亦不育皇天雖欲絕之亦將假手于忠節凡百君子皆夙漸神化有懷義方含恥而存孰若蹈道而没乎衆咸然之唯鄭縣人苟曜不從聚衆數千應姚萇登以質爲東平將軍馮翊太守質遣部將伐曜大敗而歸質乃東引楊楷以爲聲援又與曜戰于鄭東爲曜所敗遂歸于萇萇以爲將軍質衆皆潰散登自雍攻萇將金溫于范氏堡剋之遂渡渭水攻萇京兆太守韋范于段氏堡不剋進據曲牢苟曜有衆一萬據逆方堡密應登登去曲牢繁川次于馬頭原萇率騎來距大戰敗之斬其尚書吳忠進攻新平萇率衆救之登引退復攻安定爲萇所敗據路承堡是時萇疾病見苻堅爲祟登聞之秣馬厲兵告堅神主曰曾孫登自受任執戈幾將一紀未嘗不上天錫祐皇鑒垂矜所在必剋賊旅冰摧今太皇帝之靈降災疢于逆羌以形類推之醜虜必將不振登當因其隕斃順行天誅拯復梓宮謝罪淸廟於是大赦境內百寮進位二等與萇將姚崇爭麥于淸水累爲崇所敗進逼安定去城九十餘里萇疾小瘳率衆距登登去營逆萇萇遣其將姚熙隆別攻登營登懼退還萇夜引軍過登營三十餘里以躡登後旦而候人告曰賊諸營已空不知所向登驚曰此爲何人去令我不知來令我不覺謂其將死忽然復來朕與此羌同世何其厄哉遂罷師還雍以竇衝爲右丞相尋而衝叛自稱秦王建年號登攻之于野人堡衝請救於姚萇萇遣其太子興攻胡空堡以救之登引兵還赴胡空堡衝遂與萇連和至是萇死登聞之喜曰姚興小兒吾將折杖以笞之於是大赦盡衆而東攻屠各姚奴帛蒲二堡剋之自甘泉向關中興追登不及數十里登從六陌趣廢橋興將尹緯據橋以待之登爭水不得衆渴死者十二三與緯大戰爲緯所敗其夜衆潰登單馬奔雍初登之東也留其弟司徒廣守雍太子崇守胡空堡廣崇聞登敗出奔衆散登至無所歸遂奔平涼收集遺衆入馬毛山興率衆攻之登遣子汝陰王宗質于隴西鮮卑乞伏乾歸結婚請援乾歸遣騎二萬救登登引軍出迎與興戰于山南爲興所敗登被殺在位九年時年五十二崇奔于湟中僭稱尊號改元延初僞謚登曰高皇帝廟號太宗崇爲乾歸所逐崇定皆死始健以穆帝永和七年僭立至登五世凡四十有四歲以孝武帝太元十九年滅

索泮字德林敦煌人也世爲冠族泮少時游俠及長變節好學有佐世才器張天錫輔政以泮爲冠軍記室參軍天錫即位拜司兵歷位禁中錄事執法御掾州府肅然郡縣改迹遷羽林左監有勤幹之稱出爲中壘將軍西郡武威太守典戎校尉政務寬和戎夏懷其惠天錫甚敬之苻堅見而歎曰涼州信多君子既而以泮河西德望拜別駕呂光既剋姑臧泮固郡不降光攻而獲之光曰孤既平西域將赴難京師梁熙無狀絕孤歸路此朝廷之罪人卿何意阻郡固迷自同元惡泮厲色責光曰將軍受詔討叛胡可受詔亂涼州邪寡君何罪而將軍害之泮但苦力寡不能固守以報君父之讎豈如逆氏彭濟望風反叛主滅臣死禮之常也乃就刑于市神色不變弟菱有儁才仕張天錫爲執法中郎冗從右監苻堅世至伏波將軍典農都尉與泮俱被害

徐嵩字元高盛之子也少以淸白著稱苻堅時舉賢良爲郎中稍遷長安令貴戚子弟犯法者嵩一皆考竟請託路絕堅甚奇之謂其叔父成曰人爲長吏故當應耳此年少落落有端貳之才遷守始平郡甚有威惠及壘陷姚方成執而數之嵩厲色謂方成曰汝姚萇罪應萬死主上止黃眉之斬而宥之叨據內外位爲列將無犬馬識養之誠首爲大逆汝曹羌輩豈可以人理期也何不速殺我早見先帝取姚萇於地下方成怒三斬嵩漆其首爲便器登哭之哀慟贈車騎大將軍儀同三司謚曰忠武

史臣曰自兩京殄覆九土分崩赤縣成蛇豕之墟紫宸遷鼃黽之穴干戈日用戰爭方興猶逐鹿之並驅若瞻烏之靡定苻洪擅鑾阪之桀黠乘羯虜之危亡乃附款江東而志圖關右禍生蠆毒未逞狼心健既承家克隆凶緒率思歸之衆投山西之隙據億丈之巘險總三秦之果銳敢窺大寶遂竊鴻名狡數姦雄有可言矣長生慘虐稟自率由覩辰象之災謂法星之夜飲恐生靈之命疑猛虎之朝飢但肆毒於刑殘曾無心於戒懼招亂速禍不亦宜乎永固雅量瓌姿變夷從夏叶魚龍之謠詠挺草付之休徵剋翦姦回纂承僞歷遵明王之德教闡先聖之儒風撫育黎元憂勤庶政王猛以宏材緯軍國苻融以懿戚贊經綸權薛以諒直進規謨鄧張以忠勇恢威畧儁賢效足杞梓呈才文武兼施德刑具舉乃平燕定蜀擒代吞涼跨三分之二居九州之七遐荒慕義幽險宅心因止馬而獻歌託栖鸞以成頌因以功侔曩烈豈直化洽當年雖五胡之盛莫之比也既而足已夸世復諫違謀輕敵怒鄰窮兵黷武慧三正之未叶恥五運之猶乖傾率土之師起滔天之寇負其犬羊之力肆其吞噬之能自謂戰必勝攻必取便欲鳴鸞禹穴駐蹕疑山疏爵以侯楚材築館以須歸命曾弗知人道助順神理害盈雖矜涿野之亹終致昆陽之敗遂使凶渠候隙狡寇伺間步搖啓其禍先燒當乘其亂極宗社遷於他族身首罄於賊臣貽戒將來取笑天下豈不哀哉豈不謬哉苻丕承亂僭竊尋及傾敗斯可謂天人所廢人不能支苻登集離散之兵厲死休之志雖衆寡不敵難以立功而義烈慷慨有足稱矣

贊曰洪惟壯勇威稜氏種健藉世資遂雄關隴長生昏虐敗不旋踵永固禎祥肇自龍驤垂旒負扆竊帝圖王患生縱敵亂起矜彊丕登僭假淪胥以亡

晉書卷一百十五考證

苻丕載記謀伐王統平上鄀○平十六國春秋作于

扶風馬郎○郎十六國春秋作朗

苻登載記拜殿上將軍○上十六國春秋作中

晉書卷一百十六

唐　太　宗　文　皇　帝　御　撰

載記第十六

姚弋仲　姚襄　姚萇

姚弋仲南安赤亭羌人也其先有虞氏之苗裔禹封舜少子于西戎世爲羌酋其後燒當雄於洮罕之間七世孫塡虞漢中元末寇擾西州爲楊虛侯馬武所敗徙出塞虞九世孫遷那率種人內附漢朝嘉之假冠軍將軍西羌校尉歸順王處之于南安之赤亭那玄孫柯迴爲魏鎮西將軍綏戎校尉西羌都督迴生弋仲少英毅不

訾產業唯以收恤爲務衆皆畏而親之永嘉之亂東徙榆眉戎夏繈負隨之者數萬自稱護西羌校尉雍州刺史扶風公劉曜之平陳安也以弋仲爲平西將軍封平襄公邑之于隴上及石季龍剋上邽弋仲說之曰明公握兵十萬功高一時正是行權立策之日隴上多豪秦風猛勁道隆後服道洿先叛宜徙隴上豪强虛其心腹以實畿甸季龍納之啓勒以弋仲行安西將軍六夷左都督後晉豫州刺史祖約奔于勒勒禮待之弋仲上疏曰祖約殘賊晉朝逼殺太后不忠於主而陛下寵之臣恐姦亂之萌此其始矣勒善之後竟誅約勒既死季龍執權思弋仲之言遂徙秦雍豪傑于關東弋仲率步衆數萬遷于清河拜奮武將軍西羌大都督封襄平縣公及季龍廢石弘自立弋仲稱疾不賀季龍累召之乃赴正色謂季龍曰奈何把臂受託而反奪之乎季龍憚其强正而不之責遷持節十郡六夷大都督冠軍大將軍性清儉鯁直不修威儀屢獻讜言無所迴避季龍甚重之朝之大議靡不參決公卿亦憚而推下之武城左尉季龍寵姬之弟也曾擾其部弋仲執尉數以迫脅之狀命左右斬之尉叩頭流血左右諫乃止其剛直不回皆此類也季龍末梁犢敗李農於滎陽季龍大懼馳召弋仲弋仲率其步衆八千餘人屯于南郊輕騎至鄴時季龍病不時見弋仲引入領軍省賜其所食之食弋仲怒不食曰召我擊賊豈來覓食邪我不知上存亡若一見雖死無恨左右言之乃引見弋仲數季龍曰兒死來愁邪乃至于疾兒小時不能使好人輔相至令相殺兒自有過責其下人太甚故反耳汝病久所立兒小若不差天下必亂當宜憂此不煩憂賊也犢等因思歸之心共爲姦盜所行殘賤此成擒耳老羌請效死前鋒使一舉而了弋仲性狷且俗無尊卑皆汝之季龍恕而不責於坐授使持節侍中征西大將軍賜以鎧馬弋仲曰汝看老羌堪破賊以不於是貫鉀跨馬于庭中策馬南馳不辭而出遂滅梁犢以功加劍履上殿入朝不趨進封西平郡公冉閔之亂弋仲率衆討閔次于混橋石祗僭號于襄國以弋仲爲右丞相待以殊禮祗與閔相攻弋仲遣其子襄救祗戒襄曰汝才十倍於閔若不梟擒不須復見我也襄擊閔於常盧澤大破之而歸弋仲怒襄之不擒閔也杖之一百弋仲部曲馬何羅博學有文才張豺之輔石世也背弋仲歸豺豺以爲尚書郎豺敗復歸咸勸殺之弋仲曰今正是招才納奇之日當收其力用不足害也以爲參軍其寬恕如此弋仲有子四十二人常戒諸子曰吾本以晉室大亂石氏待吾厚故欲討其賊臣以報其德今石氏已滅中原無主自古以來未有戎狄作天子者我死汝便歸晉當竭盡臣節無爲不義之事乃遣使請降永和七年拜弋仲使持節六夷大都督都督江淮諸軍事車騎大將軍儀同三司大單于封高陵郡公八年卒時年七十三子襄之入關也爲苻生所敗弋仲之柩爲生所得生以王禮葬之于天水冀縣萇僭位追謚曰景元皇帝廟號始祖墓曰高陵置園邑五百家

姚襄

襄字景國弋仲之第五子也年十七身長八尺五寸臂垂過膝雄武多才藝明察善撫納士衆愛敬之咸請爲嗣弋仲弗許百姓固請者日有千數乃授之以兵石祗僭號以襄爲使持節驃騎將軍護烏丸校尉豫州刺史新昌公晉遣使拜襄持節平北將軍并州刺史即丘縣公弋仲死襄祕不發喪率戶六萬南攻陽平元城發干皆破之殺掠三千餘家屯于碻磝津以太原王亮爲長史天水尹赤爲司馬略陽伏子成爲左部帥南安斂岐爲右部帥略陽王黑那爲前部帥强白爲後部帥太原薛讚略陽權翼爲參軍南至滎陽始發喪行服與高昌李歷戰于麻田馬中流矢死賴其弟萇以免晉處襄于譙城遣五弟爲任單騎度淮見豫州刺史謝尚于壽春尚命去仗衞幅巾以待之一面交欵便若平生襄少有高名雄武冠世好學博通雅善談論英濟之稱著于南夏中軍將軍揚州刺史殷浩憚其威名乃因襄諸弟頻遣刺客殺襄刺客皆推誠告實襄待之若舊浩潛遣將軍魏憬率五千餘人襲襄襄乃斬憬而并其衆浩愈惡之乃使將軍劉啓守譙遷襄于梁國蠡臺表授梁國內史襄遣權翼詣浩浩曰姚平北每舉動自由豈所望也翼曰將軍輕納姦言自生疑貳愚謂猜嫌之由不在於彼浩曰姚君縱放小人盜竊吾馬王臣之體固若是乎翼曰將軍謂姚平北以威武自强終爲難保校兵練衆將懲不恪取馬者欲以自衞耳浩曰何至是也浩遣謝萬討襄襄逆擊破之浩甚怒會聞關中有變浩率衆北伐襄乃要擊浩於山桑大敗之斬獲萬計收其資仗使兄益守山桑壘復如淮南浩遣劉啓王彬之伐山桑襄自淮南擊滅之鼓行濟淮屯于盱眙招掠流人衆至七萬分置守宰勸課農桑遣使建鄴罪狀殷浩并自陳謝流人郭斆等千餘人執晉堂邑內史劉仕降于襄朝廷大震以吏部尚書周閔爲中軍將軍緣江備守襄將佐部衆皆北人咸勸襄北還襄方軌北引自稱大將軍大單于進攻外黃爲晉邊將所敗襄收散卒而勤撫恤之於是復振乃據許昌將如河東以圖關右自許遂攻洛陽踰月不剋其長史王亮諫襄曰公英略蓋天下士衆思效力命不可損威勞衆守此孤城宜還河北以弘遠略襄曰洛陽雖小山河四塞之固亦是用武之地吾欲先據洛陽然後開建大業俄而亮卒襄哭之甚慟曰天將不欲成吾事乎王亮捨我去也晉征西大將軍桓溫自江陵伐襄戰于伊水北爲溫所敗率麾下數千騎奔于北山其夜百姓棄妻子隨襄者五千餘人屯據陽鄉赴者又四千餘戶襄前後敗喪數矣衆知襄所在輒扶老攜幼奔馳而赴之時或傳襄創重不濟溫軍所得士女莫不北望揮涕其得物情如此先是弘農楊亮歸襄襄待以客禮後奔桓溫溫問襄於亮亮曰神明器宇孫策之儔而雄武過之其見重如是襄尋徙北屈將圖關中進屯杏城遣其從兄輔國姚蘭略地鄜城使其兄益及將軍王欽盧招集北地戎夏歸附者五萬餘戶苻生遣其將苻飛拒戰蘭敗爲飛所執襄率衆西引生又遣苻堅鄧羌等要之襄將戰沙門智通固諫襄宜厲兵收衆更思後舉襄曰二雄不俱立冀天不棄德以濟黎元吾計決矣會羌師來逼襄怒遂長驅而進戰于三原襄敗爲堅所殺時年二十七是歲晉升平元年也苻生以公禮葬之萇僭號追謚魏武王封襄孫延定爲東城侯

姚萇

萇字景茂弋仲第二十四子也少聰哲多權略廓落任率不修行業諸兄皆奇之隨襄征伐每參大謀襄之寇洛陽也夢萇服袞衣升御坐諸酋長皆侍立且謂將佐曰吾夢如此此兒志度不恒或能大起吾族襄之敗于麻田也馬中流矢死萇下馬以授襄襄曰汝何以自免萇曰但令兄濟豎子安敢害萇會救至俱免及襄死萇率諸弟降于苻生苻堅以萇爲揚武將軍歷左衞將軍隴東汲郡河東武都武威巴西扶風太守寧幽兗三州刺史復爲揚武將軍步兵校尉封益都侯爲堅將累有大功初萇隨楊安伐蜀嘗晝寢水旁上有神光煥然左右咸異之及苻堅寇晉以萇爲龍驤將軍督益梁州諸軍事謂萇曰朕本以龍驤建業龍驤之號未曾假人今特以相授山南之事一以委卿堅左將軍竇衝進曰王者無戲言此將不祥之徵也惟陛下察之堅默然堅旣敗于淮南歸長安慕容泓起兵叛堅堅遣子叡討之以萇爲司馬爲泓所敗叡死之萇遣龍驤長史趙都詣堅謝罪堅怒殺之萇懼奔于渭北遂如馬牧西州豪族尹詳趙曜王欽盧牛雙狄廣張乾等率五萬餘家咸推萇爲盟主萇將距之天水尹緯說萇曰今百六之數旣臻秦亡之兆已見以將軍威靈命世必能匡濟時艱故豪傑驅馳咸同推仰明公宜降心從議以副羣望不可坐觀沈溺而不拯救之萇乃從緯謀以太元九年自稱大將軍大單于萬年秦王大赦境內年號白雀稱制行事以天水尹詳南安龐演爲左右長史南安姚晃尹緯爲左右司馬天水狄伯支焦虔梁希龐魏任謙爲從事中郎姜訓閻遵爲掾屬王據焦世蔣秀尹延年牛雙張乾爲參軍王欽盧姚方成王破虜楊難尹嵩裴騎趙曜狄廣党刪等爲帥時慕容沖與苻堅相攻衆甚盛萇將西上恐沖過之乃遣使通和以子崇爲質於沖進屯北地厲兵積粟以觀時變苻堅先從晉人李祥等數千戶于敷陸至是降于萇北地新平安定羌胡降者十餘萬戶堅率諸將攻之不能剋萇聞慕容沖攻長安議進趨之計羣下咸曰宜先據咸陽以制天下萇曰燕因懷舊之士而起兵若功成事捷咸有東歸之思安能久固秦川吾欲移兵嶺北廣收資實須秦弊燕迴然後垂拱取之兵不血刃坐定天下此下莊得貳之義也堅寧朔將軍宋方率騎三千從雲中將赴長安萇自貳縣要破之方單馬奔免其司馬田晃率衆降萇萇遣諸將攻新平剋之因略地至安定嶺北諸城盡降之時苻堅爲慕容沖所逼走入五將山沖入長安堅司隸校尉權翼尚書趙遷大鴻臚皇甫覆光祿大夫薛讚扶風太守段鏗等文武數百人奔于萇萇遣驍騎將軍吳忠率騎圍堅萇如新平俄而忠執堅送之慕容沖遣其車騎大將軍高蓋率衆五萬來伐戰于新平南大破之蓋率麾下數千人來降拜散騎常侍沖旣率衆東下長安空虛盧水郝奴稱帝于長安渭北盡應之扶風王驎有衆數千保據馬嵬奴遣弟多攻驎萇伐驎破之驎走漢中執多而進攻奴降之以太元十一年萇僭卽皇帝位于長安大赦改元曰建初國號大秦改長安曰常安立妻虵氏爲皇后子興爲皇太子置百官自謂以火德承苻氏木行服色如漢氏承周故事徙安定五千餘戶于長安以弟征虜緒爲司隸校尉鎮長安萇如安定擊平涼胡金熙鮮卑没奕干大破之遂如秦州與苻堅秦州刺史王統相持天水屠各略陽羌胡應萇者二萬餘戶統懼乃降因饗將士于上邽南安人古成詵進曰臣州人殷地險儁傑如林用武之國也王秦州不能收拔賢才三分鼎足而

坐玩珠玉以至于此陛下宜散秦州金帛以施六軍旌賢表善以副鄗州之望萇善之擢爲尚書郎拜弟碩德都督隴右諸軍事征西將軍秦州刺史領護東羌校尉鎮上邽萇還安定修德政布惠化省非急之費以救時弊閭閻之士有豪介之善者皆顯異之萇復如秦州爲苻登所敗語在登傳以其太子興鎮長安而與登相距登馮翊太守蘭犢與苻師奴離貳慕容永攻之犢遣使請救萇將赴救尚書令姚旻左僕射尹緯等言於萇曰苻登近在瓦亭陛下未宜輕舉萇曰登遲重少決每失時機聞吾自行正當廣集兵貲必不能輕軍深入兩月之間足可剋此三豎吾事必矣遂師次于渥源師奴率衆來距大戰敗之盡俘其衆又擒蘭犢收其士馬萇乃掘苻堅尸鞭撻無數裸剝衣裳荐之以棘坎土而埋之慕容永征西將軍王宣率衆降萇初關西雄傑以苻氏既終萇雄略命世天下之事可一旦而定萇既與苻登相持積年數爲登所敗遠近咸懷去就之計唯征虜齊難冠軍徐洛生輔國劉郭單冠威彌姐婆觸龍驤趙惡地鎮北梁國兒等守忠不貳並留子弟守營供繼軍糧身將精卒隨萇征伐時諸營既多故號萇軍爲大營大營之號自此始也時天大雪萇下書深自責罰散後宮文綺珍寶以供戎事身食一味妻不重綵將帥死王事者加秩二等士卒戰没皆有褒贈立太學禮先賢之後敦煌索盧曜請刺苻登萇曰卿以身殉難將爲誰乎曜曰臣死之後深以友人隴西辛遲仰託萇遣之事發爲登所殺萇以遲爲騎都尉登進逼安定諸將勸萇決戰萇曰與窮寇競勝兵家之下吾將以計取之於是留其尚書令姚旻守安定夜襲登輜重于大界剋之諸將或欲因登駭亂欲擊之萇曰登衆雖亂怒氣猶盛未可輕也遂止萇以安定地狹且逼苻登使姚碩德鎮安定徙安定千餘家于陰密遣弟征南靖鎮之立社稷于長安百姓年七十有德行者拜爲中大夫歲賜牛酒尹緯姚晃謂古成詵曰苻登窮寇歷年未滅姦雄鴟峙所在糾扇夷夏皆貳將若之何詵曰主上權略無方信賞必罰賢能之士咸懷樂推豈慮大業不成氐賊不滅乎緯曰登窮寇未滅姦雄所在扇合吾等寧無懼乎詵曰三秦天府之國主上十分已有其八今所在可慮者苻登楊定雷惡地耳自餘瑣瑣焉足論哉然惡地地狹衆寡不足爲憂苻登藉烏合犬羊偷存假息料其智勇非至尊之匹霸王之起必有驅除然後剋定大業昔漢魏之興也皆十有餘年乃能一同於海內五六年間未爲久也主上神略內明英武外發可謂無敵於天下耳取登有餘力願布德行仁招賢納士厲兵秣馬以候天機如其鴻業不成者詵請腰斬以謝明公緯言之於萇萇大悅賜詵爵關內侯雷惡地率衆降萇拜爲鎮東將軍魏褐飛自稱大將軍衝天王率氐胡數萬人攻安北姚當成於杏城雷惡地應之攻鎮東姚漢得於李潤萇議將討之羣臣咸曰陛下不憂六十里苻登乃憂六百里褐飛萇曰登非可卒殄吾城亦非登所能卒圖惡地多智非常人也南引褐飛東結董成甘言美說以成姦謀若得杏城李潤惡地據之控制遠近相爲羽翼長安東北非復吾有於是潛軍赴之萇時衆不滿二千褐飛惡地衆至數萬氐胡赴之者首尾不絕萇每見一軍至輒有喜色羣下怪而問之萇曰今同惡相濟皆來會集吾得乘勝席卷一舉而覆其巢穴東北無復餘也褐飛等以萇兵少盡衆來攻萇固壘不戰示之以弱潛遣子崇率騎數百出其不意以乘其後褐飛兵擾亂萇遣鎮遠王超等遠譚亮率步騎擊之褐飛衆大潰斬褐飛及首級萬餘惡地請降萇待之如初惡地每謂人曰吾自言智勇所施足爲一時之傑較數諸雄如吾之徒皆應跨據一方獸嘯千里遇姚公智力摧屈是吾分也惡地猛毅清肅不可干以非義嶺北諸豪皆敬憚之萇命其將當城於營處一柵孔中蒔樹一根以旌戰功歲餘問之城曰營所至小已廣之矣萇曰少來鬭戰無如此快以千六百人破三萬衆國之事業由此剋舉小乃爲奇大何足貴貳城胡曹寅王達獻馬三千匹以寅爲鎮北將軍并州刺史達鎮遠將軍金城太守萇性簡率羣下有過或面加罵辱太常權翼言於萇曰陛下弘達自任不修小節駕御羣雄包羅儁異棄嫌錄善有高祖之量然輕慢之風所宜除也萇曰吾之性也吾於舜之美未有片焉漢祖之短已收其一若不聞讜言安知過也南羌竇鴦率戶五千來降拜安西將軍萇下書有復私仇者皆誅之將吏亡滅者各隨所親以立後振給長育之鎮東苟曜據逆萬堡密引苻登萇與登戰敗於馬頭原收衆復戰姚碩德謂諸將曰上慎於輕戰每欲以計取之今戰既失利而更逼賊者必有由也萇聞而謂碩德曰登用兵遲緩不識虛實今輕兵直進逕據吾東必苟曜豎子與之連結也事久變成其禍難測所以速戰者欲使豎子謀之未就好之未深散敗其事耳進戰大敗之登退屯于郿登將金槌以新平降萇萇輕將數百騎入槌營羣下諫之萇曰槌既去苻登復欲圖我將安所歸且懷德初附推款委質吾復以不信待之何以御物乎羣氐果有異謀槌不從而止萇如陰密攻登勅其太子興曰苟曜好姦變將爲國害聞吾還北必來見汝汝便執之苟曜果見興於長安興遣尹緯讓而誅之萇大敗登于安定東置酒高會諸將咸曰若值魏武王不令此賊至今陛下將牢太過耳萇笑曰吾不如亡兄有四身長八尺五寸臂垂過膝人望而畏之一也當十萬之衆與天下爭衡望麾而進前無橫陣二也談古知今講論道藝駕馭英雄收羅儁異三也董率大衆履險若夷上下咸允人盡死力四也所以得建立功業策任羣賢者正望算略中一片耳羣臣咸稱萬歲萇下書令留臺諸鎮各置學官勿有所廢考試優劣隨才擢叙苻登驃騎將軍沒奕干率戶六千降拜使持節車騎將軍高平公萇寢疾遣姚碩德鎮李潤尹緯守長安召其太子興詣行營征南姚方成言於興曰今寇賊未滅上復寢疾王統苻胤等皆有部曲終爲人害宜盡除之興於是誅苻胤王統王廣徐成毛盛乃赴召興至萇怒曰王統兄弟是吾州里無他遠志徐成等昔在秦朝並爲名將天下小定吾方任之奈何輒便誅害令人喪氣萇下書兵吏從征伐戶在大營者世世復其家無所豫苻登與竇衝相持萇議擊之尹緯言於萇曰太子純厚之稱著於遐邇將領英略未爲遠近所知宜遣太子親行可以漸廣威武防闚闟之原萇從之戒興曰賊徒知汝轉近必相驅入堡聚而掩之無不剋矣比至胡空堡衝圍自解登聞興向胡空堡引還興因襲平涼大獲而歸咸如萇策使興還鎮長安萇下書除妖謗之言及姦穢有相劾舉者皆以其罪罪之晉平遠將軍護氐校尉楊佛嵩率胡蜀三千餘戶降于萇晉將楊佺期趙睦追之遣姚崇赴救大敗晉師斬趙睦以佛嵩爲鎮東將軍萇如長安至於新支堡疾篤輿疾而進夢苻堅將天官使者鬼兵數百突入營中萇懼走入宮宮人迎萇刺鬼誤中萇陰鬼相謂曰正中死處拔矛出血石餘寤而驚悸遂患陰腫醫刺之出血如夢萇遂狂言或稱臣萇殺陛下者兄襄非臣之罪願不枉臣至長安召太尉姚旻尚書左僕射尹緯右僕射姚晃尚書狄伯支等入受遺輔政萇謂興曰有毀此諸人者愼勿受之汝撫骨肉以仁接大臣以禮待物以信遇黔首以恩四者既備吾無憂矣以大元十八年死時年六十四在位八年僞謚武昭皇帝廟號大祖墓稱原陵

晉書卷一百十六考證

姚戈仲載記戈仲率步衆數萬遷於清河○十六國春秋此句下有之灄頭三字

姚萇載記所以得建立功業策任羣賢者正望算略中一片耳○正望算略中一片耳綱目作正望算略中有片長

晉書卷一百十七

唐　太　宗　文　皇　帝　御　撰

載記第十七

姚興上

姚興字子略萇之長子也苻堅時爲太子舍人萇之在馬牧興自長安冒難奔萇萇立爲皇太子萇出征討常留統後事及鎮長安甚有威惠與其中舍人梁喜洗馬范勗等講論經籍不以兵難廢業時人咸化之萇死興祕不發喪以其叔父緒鎮安定碩德鎮陰密弟崇守長安碩德將佐言於碩德曰公威名宿重部曲最强今喪代之際朝廷必相猜忌非永安之道也宜奔秦州觀望事勢碩德曰太子志度寬明必無疑阻今苻登未滅而自尋干戈所謂追二袁之蹤授首與人吾死而已終不若斯及至興優禮而遣之興自稱大將軍以尹緯爲長史狄伯支爲司馬率衆伐苻登咸陽太守劉忌奴據避世堡以叛興襲忌奴擒之苻登自六陌向廢橋始平太守姚詳據馬嵬堡以距登登衆甚盛興慮詳不能過乃自將精騎以迫登遣尹緯領步卒赴詳緯用詳計據廢橋以抗登登因急攻緯緯將出戰興馳遣狄伯支謂緯曰兵法不戰而制人者蓋爲此也苻登窮寇宜持重不可輕戰緯曰先帝登遐人情擾懼今不因思奮之力梟殄逆豎大事去矣緯敢以死爭遂與登戰大破之登衆渴死者十二三其夜大潰登奔雍興乃發喪行服太元十九年僭即帝位于槐里大赦境內改元曰皇初遂如安定先是苻登使弟廣守雍子崇屯胡空堡聞登敗各棄守走登無所投據遂奔平涼率其餘衆入馬毛山興自安定如涇陽與登戰于山南斬登散其部衆歸復農業徙陰密三萬戶於長安分大營戶爲四置四軍以領之安南强熙鎮遠楊多叛推竇衝爲盟主所在擾亂興率諸將討之軍次武功多兒子良國殺多而降衝弟彰

武與衛離貳衛奔強熙熙聞興將至率戶二千奔秦州竇衛走汧川汧川氐仇高執送之衛從弟統率其衆降于興封征虜緒爲晉王征西碩德爲隴西王征南靖等及功臣尹緯齊難楊佛嵩等並爲公侯其餘封爵各有差鮮卑薛勃於貳城爲魏軍所伐遣使請救使姚崇赴救魏師既還薛勃復叛崇伐而執之大收其士馬而還興追尊其庶母孫氏爲皇太后配饗太廟楊盛保仇池遣使請命拜使持節鎮南將軍仇池公鮮卑越質詰歸率戶三萬叛乞伏乾歸降于興興處之于成紀拜使持節鎮西將軍平襄公姚碩德討平涼胡金豹于洛城尅之初上邽姜乳據本縣以叛自稱秦州刺史碩德進討之乳率衆降以碩德爲秦州牧領護東羌校尉鎮上邽徵乳爲尚書強熙及略陽豪族權千城率衆三萬圍上邽碩德擊破之熙南奔仇池遂假道歸晉碩德西討千城千城降興令郡國各歲貢清行孝廉一人慕容永既爲慕容垂所滅河東太守柳恭等各阻兵自守興遣姚緒討之恭等依河距守緒不得濟鎮東薛強先據楊氏壁引緒從龍門濟河遂入蒲坂恭勢屈請降徙新平安定新戶六千于蒲坂興母虵氏死興哀毀過禮不親庶政羣臣議請依漢魏故事既葬即吉興尚書郎李嵩上疏曰三王異制五帝殊禮孝治天下先王之高事也宜遵聖性以光道訓既葬之後應素服臨朝率先天下仁孝之舉也尹緯駁曰帝王喪制漢魏爲準嵩矯常越禮愆于軌度請付有司以專擅論既葬即吉依前議興曰嵩忠臣孝子有何咎乎尹僕射棄先王之典而欲遵漢魏之權制豈所望於朝賢哉其一依嵩議鮮卑薛勃叛奔嶺北上郡貳川雜胡皆應之遂圍安遠將軍姚詳於金城遣姚崇尹緯討之勃自三交趣金城崇列營掎之而租運不繼三軍大飢緯言於崇曰輔國彌姐高地建節杜成等皆諸部之豪位班三品督運稽留令三軍乏絕宜明寘刑書以懲不肅遂斬之諸部大震租入者五十餘萬興率步騎二萬親討之勃懼棄其衆奔于高平公沒奕于執而送之泫氏男姚買得欲因興葬母虵氏殺興會有告之者興未之信遣李嵩詐往買得具以告嵩嵩還以聞興乃賜買得死誅其黨與興下書禁百姓造錦繡及淫祀興率衆寇湖城晉弘農太守陶仲山華山太守董邁皆降于興遂如陝城進寇上洛陷之遣姚崇寇洛陽晉河南太守夏侯宗之固守金墉崇攻之不剋乃陷栢谷徙流人西河嚴彥河東裴歧韓襲等二萬餘戶而還興下書令士卒戰亡者守宰所在埋藏

之求其近親爲之立後武都氐屠飛啖鐵等殺隴東太守姚迴略三千餘家據方山以叛興遣姚紹等討之斬飛鐵遣狄伯支迎流人曹會牛壽萬餘戶于漢中興留心政事包容廣納一言之善咸見禮異京兆杜瑾馮翊吉默始平周寶等上陳時事皆擢處美官天水姜龕東平淳于岐馮翊郭高等皆耆儒碩德經明行修各門徒數百教授長安諸生自遠而至者萬數千人興每於聽政之暇引龕等于東堂講論道藝錯綜名理涼州胡辯苻堅之末東徙洛陽講授弟子千有餘人關中後進多赴之請業興勑關尉曰諸生諮訪道藝修己厲身往來出入勿拘常限於是學者咸勸儒風盛焉給事黃門侍郎古成詵中書侍郎王尚尚書郎馬岱等以文章雅正參管機密詵風韻秀舉確然不羣每以天下是非爲己任時京兆韋高慕阮籍之爲人居母喪彈琴飲酒詵聞而泣曰吾當私刃斬之以崇風教遂持劒求高高懼逃匿終身不敢見詵興遣將鎮東楊佛嵩攻陷洛陽班命郡國百姓因荒自賣爲奴婢者悉免爲良人興以日月薄蝕災眚屢見降號稱王下書令羣公卿士將牧守宰各降一等於是其太尉趙晃公等五十三人上疏諫曰伏惟陛下勲格皇天功濟四海威靈振於殊域聲教暨于遐方雖成湯之隆殷基武王之崇周業未足比論方當廓靖江吳告成中岳豈宜過垂沖損違皇天之眷命乎興曰殷湯夏禹德冠百王然猶順守謙沖未居崇極況朕寡昧安可以處之哉乃遣晃告于社稷宗廟大赦改元弘始賜孤獨鰥寡粟帛有差年七十已上加衣杖始平太守周班槐里令李彭皆以黷貨誅於是郡國肅然矣洛陽既陷自淮漢已北諸城多請降送任興下書聽祖父母昆弟得相容隱姚緒姚碩德以興降號固讓王爵興弗許京兆韋華譙郡夏侯軌始平龎眺等率襄陽流人一萬叛晉奔于興興引見東堂謂華曰晉自南遷承平已久今政化風俗何如華曰晉主雖有南面之尊無總御之實宰輔執政政出多門權去公家遂成習俗刑綱峻急風俗奢宕自桓溫謝安已後未見寬猛之中興大悅拜華中書令興如河東時姚緒鎮河東興待以家人之禮下書封其先朝舊臣姚驢磑趙惡地王平馬萬載黃世等子爲五等子男命百僚舉殊才異行之士刑政有不便於時者皆除之兵部郎金城邊熙上陳軍令煩苛宜遵簡約興覽而善之乃依孫吳誓衆之法以損益之興立律學于長安召郡縣散吏以授之其通明者還之郡縣論決刑獄若州郡縣所不能決者讞之

廷尉興常臨諮議堂聽決疑獄于時號無冤滯姚緒姚碩德固讓王爵許之緒碩德威權日盛興恐姦佞小人沮惑之乃簡清正君子爲之輔佐興以司隸校尉郭撫扶風太守強超長安令魚佩槐里令彭明倉部郎王年等清勤貞白下書褒美增撫邑一百戶賜超爵關內侯佩等進位一級使碩德率隴右諸軍伐乞伏乾歸興潛軍赴之乾歸敗走降其部衆三萬六千收鎧馬六萬匹軍無私掠百姓懷之興進如枹罕班賜王公已下偏于卒伍興之西也沒奕于密欲乘虛襲安定長史皇甫序切諫乃止于自恨失言陰欲殺序乞伏乾歸以窮蹙來降拜鎮遠將軍河州刺史歸義侯復以其部衆配之興下書將帥遭大喪非在疆埸險要之所皆聽奔赴及朞乃從王役臨戎遭喪聽假百日若身爲邊將家有大變交代未至敢輒去者以擅去官罪罪之遣晉將軍劉嵩等二百三十七人歸于建鄴魏人襲沒奕于于棄其部衆率數千騎與赫連勃勃奔于秦州魏軍進次瓦亭長安大震諸城閉門固守魏平陽太守貳塵入侵河東興於是練兵講武大閱于城西幹勇壯異者召入殿中引見羣臣于東堂大議伐魏羣臣咸諫以爲不可興不從司隸姚顯進曰陛下天下之鎮不宜親行可使諸將分討授以廟勝之策興曰王者正以廓土靖亂爲務吾焉得而辭之興立其子泓爲皇太子大赦境內賜男子爲父後者爵一級遣姚平狄伯支等率步騎四萬伐魏姚碩德姚穆率步騎六萬伐呂隆平等軍次河東興遣其光遠党娥立節雷星建忠王多等率杏城及嶺北突騎自和寧赴援越騎校尉唐方積弩姚良國率關中勁卒爲平後繼姚緒統河東見兵爲前軍節度姚紹率洛東之兵姚詳率朔方見騎並集平望以會于興使沒奕于權鎮上邽中軍廣陵公欽權鎮洛陽姚顯及尚書令姚晃輔其太子泓入直西宮碩德至姑臧大敗呂隆之衆俘斬一萬隆將呂他等率衆二萬五千以東苑來降先是禿髮利鹿孤據西平沮渠蒙遜據張掖李玄盛據敦煌與呂隆相持至是皆遣使降興率戎卒四萬七千自長安赴姚平平攻魏乾城陷之遂據柴壁魏軍大至攻平截汾水以守之興至蒲坂憚而不進時碩德攻呂隆平糧竭矢盡將麾下三十騎赴汾水而死狄伯支等率將四萬餘人皆爲魏所擒興下書軍士戰沒者皆厚加褒贈魏軍乘勝進攻蒲坂姚緒固守不戰魏乃引還興

徙河西豪右萬餘戶于長安晉輔國將軍袁虔之寧朔將軍劉壽冠軍將軍高長慶龍驤將軍郭恭等貳于桓玄懼而奔興興臨東堂引見謂虔之等曰桓玄雖名晉臣其實晉賊其才度定何如父也能辦成大事以不虔之曰玄藉世資雄據荊楚屬晉朝失政遂偷竊宰衡安忍無親多忌好殺位不才授爵以愛加無公平之度不如其父遠矣今既握朝權必行篡奪既非命世之才正可爲他人驅除耳此天以機便授之陛下願速加經略廓清吳楚興大悅以虔之爲大司農餘皆有拜授虔之固讓請疆埸自效改授假節寧南將軍廣州刺史興立其昭儀張氏爲皇后封子懿弼洸宣諶愔璞質逵裕國兒皆爲公遣其兼大鴻臚梁斐以新平張構爲副拜禿髮傉檀車騎將軍廣武公沮渠蒙遜鎮西將軍沙州刺史西海侯李玄盛安西將軍高昌侯興遣鎮遠趙曜率衆二萬西屯金城建節王松怱率騎助呂隆等守姑臧松怱至魏安爲傉檀弟文真所圍衆潰執松怱送于傉檀傉檀大怒送松怱還長安歸罪文真深自陳謝興下書錄馬嵬戰時將吏盡擢敍之其堡戶給復二十年興性儉約車馬無金玉之飾自下化之莫不敦尚清素然好游田頗損農要京兆杜挺以僕射齊難無匡輔之益著豐草詩以箴之馮翊相雲作德獵賦以諷焉興皆覽而善之賜以金帛然終弗能改晉順陽太守彭泉以郡降興興遣楊佛嵩率騎五千與其荊州刺史趙曜迎之遂寇陷南鄉擒建威將軍劉嵩略地至于梁國而歸又遣其兼散騎常侍席確詣涼州徵呂隆弟超入侍隆遣之呂隆懼禿髮傉檀之逼表請內徙興遣齊難及鎮西姚詰鎮遠乞伏乾歸鎮遠趙曜等步騎四萬迎隆于河西難至姑臧以其司馬王尚行涼州刺史配兵三千鎮姑臧以將軍閻松爲倉松太守郭將爲番禾太守分戍二城徙隆及其宗室僚屬于長安沮渠蒙遜遣弟如子貢其方物王尚綏撫遺黎導以信義百姓懷其惠化翕然歸之北部鮮卑並遣使貢款桓玄遣使來聘請辛恭靖何澹之興留恭靖而遣澹之謂曰桓玄不推計歷運將圖篡逆天未忘晉必將有義舉以吾觀之終當傾覆卿今馳往必逢其敗相見之期遲不云遠初恭靖至長安引見興而不拜興曰朕將任卿以東南之事靖曰我寧爲國家鬼不爲羌賊臣興怒幽之別室至是恭靖亦踰墻遁歸興遣其將姚碩德姚斂成姚壽都等率衆三萬伐楊盛于仇池壽都等入自宕昌斂成從下辯而進盛遣其弟壽距成從子斌距都都逆擊擒之盡俘其衆

楊壽等懼率衆請降碩德還師晉汝南太守趙策委守奔于興興如逍遥園引諸沙門于澄玄堂聽鳩摩羅什演說佛經羅什通辯夏言尋覽舊經多有乖謬不與胡本相應興與羅什及沙門僧略僧遷道樹僧叡道坦僧肇曇順等八百餘人更出大品羅什持胡本興執舊經以相考校其新文異舊者皆會於理義續出諸經并諸論三百餘卷今之新經皆羅什所譯興既託意於佛道公卿已下莫不欽附沙門自遠而至者五千餘人起浮圖于永貴里立波若臺于中宮沙門坐禪者恒有千數州郡化之事佛者十室而九矣使姚碩德及冠軍徐洛生等伐仇池又遣建武趙琨自宕昌而進遣其將斂俱寇漢中時劉裕誅桓玄迎復安帝玄衞將軍新安王桓謙臨原王桓怡雍州刺史桓蔚左衞將軍桓謐中書令桓胤將軍何澹之等奔于興劉裕遣大參軍衡凱之詣姚顯請通和顯遣吉默報之自是聘使不絕晉求南鄉諸郡興許之羣臣咸諫以爲不可興曰天下之善一也劉裕拔萃起微匡輔晉室吾何惜數郡而不成其美乎遂割南鄉順陽新野舞陰等十二郡歸于晉姚碩德等頻敗楊盛盛懼請降遣子難當及僚佐子弟數十人爲質碩德等引還署盛爲使持節散騎常侍都督益寧州諸軍事征南大將軍開府益州牧武都侯斂俱陷城固徙漢中流人郭陶等三千餘家於關中興班告境內及在朝文武立名不得犯叔父緒及碩德之名以彰殊禮興謙恭孝友每見緒及碩德如家人之禮整服傾悚言則稱字車馬服玩必先二叔然後服其次者朝之大政必諮之而後行太史令郭麐言於興曰戊亥之歲當有孤寇起於西北宜慎其鋒起兵如流沙死者如亂麻戎馬悠悠會隴頭鮮卑烏丸居不安國朝疲於奔命矣時所在有泉木涌出傳云飲則愈病後多無驗屢有妖人自稱神女戮之乃止興太閱自杜郵至于羊牧興以姚碩德來朝大赦其境內及碩德歸于秦州興送之及雍乃還禿髮傉檀獻興馬三千匹羊三萬頭興以爲忠於已乃署傉檀爲涼州刺史徵涼州刺史王尚還長安涼州人申屠英等二百餘人遣主簿胡威詣興請留尚興弗許引威見之威流涕謂興曰臣州奉國五年王威不接銜膽棲冰孤城獨守者仰恃陛下威靈俯杖良牧惠化忽違天人之心以華土資狄若傉檀才望應代臣豈敢言竊聞乃以臣等貿馬三千匹羊三萬口如所傳實者是爲棄人貴畜苟以馬供軍國直煩尚書一符三千餘家戶輸一匹朝下夕辦何故以一方委此姦胡昔漢武傾天下之資開建河西隔絕諸戎斷匈奴右臂所以終能屠大宛王母寡今陛下方布政玉門流化西域奈何以五郡之地資之獷狁忠誠華族棄之虐虜非但臣州里塗炭懼方爲聖朝旰食之憂興乃遣西平人車普馳止王尚又遣使喻傉檀會傉檀已至姑臧普以狀先告之傉檀懼脅遣王尚遂入姑臧尚既至長安坐匿呂氏宮人擅殺逃人薄禾等禁止南臺涼州別駕宗敞治中張穆主簿邊憲胡威等上疏理尚曰臣州荒裔鄰帶寇讐居泰無垂拱之安運否離傾覆之難自張氏頹基德風絕而莫扇呂數將終梟鴞以之翻翔羣生嬰罔極之痛西夏有焚如之禍幸皇覽降春純風遠被刺史王尚受任垂滅之州策成難全之際輕身率下躬儉節用勞逸豐約與衆同之勸課農桑時無廢業然後振王威以掃不庭廻天波以蕩氛穢則羣逆冰摧不俟朱陽之曜若秋霜隕籜豈待勁風之威何定遠之足高營平之獨美經始甫爾會朝算改授使希世之功不終於必成易失之幾踐之而莫展當其時而明其事者誰不慨然既遠役遐方劬勞于外雖效未酬恩而在公無闕自至京師二旬于今出車之命莫逮萋斐之責惟深以取呂氏宮人裴氏及殺逃人薄禾等爲南臺所禁天鑒玄鏡暫免囹圄議繩之文未離簡墨裴氏年垂知命首髮二毛棼居本家不在尚室年邁姿陋何用送爲邊藩要捍衆力是寄禾等私逃罪應憲墨以殺止殺安邊之義也假若以不送裴氏爲罪者正闕奚官之一女子耳論勳則功重言瑕則過微而執憲吹毛求疵忘勞記過斯先哲所以泣血於當年微臣所以仰天而洒淚且尚之奉國歷事二朝能否效於既往優劣簡在聖心就有微過功足相補宜弘罔極之施以彰覆載之恩臣等生自西州無翰飛之翼久沈僞政絕進趣之途及皇化既沾投竿之心冥發遂策名委質位忝吏端主辱臣憂故重繭披款惟陛下亮之興覽之大悅謂其黃門侍郎姚文祖曰卿知宗敞乎文祖曰與臣州里西方之英儁興曰有表理王尚文義甚佳當王尚研思耳文祖曰尚在南臺禁止不與賓客交通敞寓於楊桓非尚明矣興曰若爾桓爲措思乎文祖曰西方評敞甚重優於楊桓敞昔與呂超周旋陛下試可問之興因謂超曰宗敞文才何如可是誰輩超曰敞在西土時論甚美方敞魏之陳徐晉之潘陸卽以表示超曰涼州小地寧有此才乎超曰臣以敞餘文比之未足稱多琳琅出于崑嶺明珠生于海濵若必以地求人則文命大夏之棄夫姬昌東夷之擯士但當問其文彩何如不可以區宇格物興悅赦尚之罪以爲尚書

晉書卷一百十七考證

姚興載記上京兆韋華譙郡夏侯軌始平龐眺等率襄陽流人○韋華本書安帝紀作韋禮

狄伯支等卒將四萬餘人皆爲魏所擒○卒閣本作十

沮渠蒙遜遣弟如子貢其方物○如子一本作孥

晉書卷一百十八

唐　太　宗　文　皇　帝　御　撰

載記第十八

姚興下　尹緯

晉義熙二年平北將軍梁州督護苻宣入漢中興梁州別駕呂營漢中徐逸席難起兵應宣求救於楊盛盛遣軍臨濜口南梁州刺史王敏退守武興楊盛復通于晉興以太子泓錄尚書事慕容超司徒北地王鍾右僕射濟陽王凝高都公始皆來奔華山郡地涌沸廣袤百餘步燒生物皆爇歷五月乃止赫連勃勃殺高平公沒奕于收其衆以叛先是魏主拓跋珪送馬千匹求婚于興興許之以魏別立后遂絕婚故有柴壁之戰至是復與魏通和魏放狄伯支姚伯禽唐小方姚良國康宦還長安皆復其爵位時禿髮傉檀沮渠蒙遜迭相攻擊傉檀遂東招河州刺史西羌彭奚念奚念阻河以叛蜀譙縱遣使稱藩請桓謙欲令順流東伐劉裕興以問謙謙請行遂許之使中軍姚弼後軍斂成鎮遠乞伏乾歸等率步騎三萬伐傉檀左僕射齊難等率騎二萬討勃勃吏部尚書尹昭諫曰傉檀恃遠輕敢違逆宜詔蒙遜及李玄盛使自相攻擊待其斃也然後取之此卞莊之舉也興不從勃勃退保河曲弼濟自金城弼部將姜紀言於弼曰今王師聲討勃勃傉檀猶豫未爲嚴防請給輕騎五千掩其城門則山澤之人皆爲吾有孤城獨立坐可剋也弼不從進拔昌松長驅至姑臧傉檀嬰城固守出其兵擊弼弼敗退據西苑興又遣衞大將軍姚顯率騎二萬爲諸軍節度至高平聞弼敗績兼道赴之撫慰河外率衆而還傉檀遣使人徐宿詣興謝罪齊難爲勃勃所擒興遣平北姚沖征虜狄伯支輔國斂曼嵬鎮東楊佛嵩率騎四萬討勃勃沖次于嶺北欲回師襲長安伯支不從乃止懼其謀泄遂鴆殺伯支時王師伐譙縱大敗之縱遣使乞師於興興遣平西姚賞南梁州刺史王敏率衆二萬救之王師引還縱遣使拜師仍貢其方物興遣其兼司徒韋華持節策拜縱爲大都督相國蜀王加九錫備物典策一如魏晉故事承制封拜悉如王者之儀興自平涼如朝那聞沖謀逆以其弟中最少雄武絕人猶欲隱忍容之斂成泣謂興曰沖凶險不仁每侍左右臣常寢不安席願早爲之所興曰沖何能爲也但輕害名將吾欲明其罪於四海乃下書賜沖死葬以庶人之禮晉河間王子國璠章武王子叔道來奔興謂之曰劉裕匡復晉室卿等何故來也國璠等曰裕與不逞之徒削弱王室宗門能自修立者莫不害之是避之來實非誠款所以避死耳興嘉之以國璠爲建義將軍揚州刺史叔道爲平南將軍兗州刺史賜以甲第興如貳城將討赫連勃勃遣安遠姚詳及斂曼嵬鎮軍彭白狼分督租運諸軍未集而勃勃騎大至興欲留步軍輕如嵬營衆咸惶懼羣臣固以爲不可興弗納尚書郎韋宗希旨勸興行蘭臺侍御史姜楞越次而進曰韋宗傾儉不忠沮敗國計宜先腰斬以謝天下脫車駕動軫六軍駭懼人無守志取危之道也宜遣單使以徵詳等興默然右僕射韋華等諫曰若車騎輕動必不戰自潰嵬營亦未必可至惟陛下圖之興乃遣左將軍姚文宗率禁兵距戰中壘齊莫統氐兵以繼之文宗與莫皆勇果兼人以死力戰勃勃乃退留禁兵五千配姚詳守貳城興還長安譙縱遣其侍中譙良太常楊軌朝於興請大舉以寇江東遣其荊州刺史桓謙梁州刺史譙道福率衆二萬東寇江陵興乃遣前將軍苟林率騎會之謙屯支江林屯江津謙江左貴族部曲徧於荊楚晉之將士皆有叛心荊州刺史劉道規大懼嬰城固守雍州刺史魯宗之率襄陽之衆救之道規乃留宗之守江陵率軍逆戰謙等舟師大盛兼列步騎以待之大戰支江謙敗績乘輕舸奔就苟林晉人獲而斬之苟林懼而引歸興以國用不足增關津之稅鹽竹山木皆有賦焉羣臣咸諫以爲天殖品物以養羣生王者子育萬邦不宜節約以奪其利興曰能踰關梁通利於山水者皆豪富之家吾損有餘以裨不足有何不可乃遂行之興從朝門游於文武苑及昏而還將自平朔門入前驅既至城門校尉王滿聰被甲持杖閉門距之曰今已昏闇姦良不辨有死而已門不可開興乃迴從朝門而入旦而召滿聰進位二等乞伏乾歸以衆叛攻陷金城執太守任蘭蘭厲色責乾歸以背恩違義乾歸怒而囚之蘭遂不食而死

赫連勃勃遣其將胡金纂將萬餘騎攻平涼興如貳城因救平涼纂衆大潰生擒纂勃勃遣兄子提攻陷定陽執北中郎將姚廣都興將曹熾曹雲王肆佛等各將數千戶避勃勃內徙興處佛于湟山澤熾雲于陳倉勃勃寇隴右攻白崖堡破之遂趣清水略陽太守姚壽都委守奔秦州勃勃又收其衆而歸興自安定追之至壽渠川不及而還初天水人姜紀呂氏之叛臣阿諂姦詐好間人之親戚興子弼有寵於興紀遂傾心附之弼時爲雍州刺史鎭安定與密謀還朝令傾心事常山公顯樹黨左右至是興以弼爲尚書令侍中大將軍旣居將相虛襟引納收結朝士勢傾東宮遂有奪嫡之謀矣興以勃勃乾歸作亂西北傉檀蒙遜擅兵河右疇咨將帥之臣欲鎭撫二方隴東太守郭播言於興曰嶺北二州鎭戶皆數萬若得文武之才以綏撫之足以靖塞姦略興曰吾每思得廉頗李牧鎭撫四方使便宜行事然任非其人恒致負敗卿試舉之播曰清潔善撫邊則平陸子王元始雄武多奇略則建威王煥賞罰必行臨敵不顧則奮武彭蚝興曰蚝令行禁止則有之非綏邊之才也始煥年少吾未知其爲人播曰廣平公弼才兼文武宜鎭督一方願陛下遠覽前車近悟後轍興不從以其太常索稜爲太尉領隴西內史綏誘乾歸政績旣美乾歸感而歸之太史令任猗言於興曰白氣出於北方東西竟天五百里當有破軍流血乞伏乾歸遣使送所掠守宰謝罪請降興以勃勃之難權宜許之假乾歸及其子熾磐官爵姚詳時鎭杏城爲赫連勃勃所逼糧盡委守南奔大蘇勃勃要之兵散爲勃勃所執時遣衞大將軍顯迎詳詳敗遂屯杏城因令顯都督安定嶺北二鎭事潁川太守姚平都自許昌來朝言於興曰劉裕敢懷奸計屯聚芍陂有擾邊之志宜遣燒之以散其謀興曰裕之輕弱安敢闚吾疆埸苟有奸心其在子孫乎召其尚書楊佛嵩謂之曰吳兒不自知乃有非分之意待至孟冬當遣卿率精騎三萬焚其積聚嵩曰陛下若任臣以此役者當從肥口濟淮直趣壽春舉大衆以屯城縱輕騎以掠野使淮南蕭條兵粟俱了足令吳兒俯仰回惶神爽飛越興大悅時西胡梁國兒於平涼作壽冢每將妻妾入冢飲讌酒酣升靈牀而歌時人或譏之國兒不以爲意前後征伐屢有大功興以爲鎭北將軍封平輿男年八十餘乃死時客星入東井所在地震前後一百五十六興公卿抗表請罪興曰災譴之來咎在元首近代或歸罪三公甚無謂也公等其悉冠履復位仇池公楊盛叛擾祁山遣建威趙琨率騎五千爲前鋒立節楊伯壽統步卒繼之前將軍姚恢左將軍姚文宗入自鷩陝鎭西秦州刺史姚嵩入羊頭陝右衞胡翼度從陰密出自汧城討盛興將輕騎五千自雍赴之與諸將軍會于隴口天水太守王松悤言於嵩曰先皇神略無方威武冠世冠軍徐洛生猛毅兼人佐命英輔再入仇池無功而還非楊盛智勇能全直是地勢然也今以趙琨之衆使君之威準之先朝實未見成功使君具悉形便何不表聞嵩不從盛率衆與琨相持伯壽畏愞弗進琨衆寡不敵爲盛所敗興斬伯壽而還嵩乃具陳松悤之言興善之乾歸爲其下人所殺子磐熾新立羣下咸勸興取之興曰乾歸先已返善吾方當懷撫因喪伐之非朕本志也以楊佛嵩都督嶺北討虜諸軍事安遠將軍雍州刺史率嶺北見兵以討赫連勃勃嵩發數日興謂羣臣曰佛嵩驍勇果銳每臨敵對寇不可制抑吾常節之配兵不過五千今衆旅旣多遇賊必敗今去已遠追之無及吾深憂之其下咸以爲不然佛嵩果爲勃勃所執絕亢而死興立昭儀齊氏爲皇后又下書以其故丞相姚緒太宰姚碩德太傅姚旻大司馬姚崇司徒尹緯等二十四人配饗於萇廟興以大臣屢喪令所司更詳臨赴之制所司白興依故事東堂發哀興不從每大臣死皆親臨之姚文宗有寵於姚泓姚弼深疾之誣文宗有怨言以侍御史廉桃生爲證興怒賜文宗死是後羣臣累足莫敢言弼之短時貳縣羌叛興遣後將軍斂成鎭軍彭白狼北中郎將姚洛都討之斂成爲羌所敗甚懼詣趙興太守姚穆歸罪穆欲送殺之成怒奔赫連勃勃興遣姚紹與姚弼率禁衞諸軍鎭撫嶺北遼東侯彌姐亭地率其部人南居陰密劫掠百姓弼收亭地送之殺其衆七百餘人徙二千餘戶于鄭城弼寵愛方隆所欲施行無不信納乃以嬖人尹冲爲給事黃門侍郎唐盛爲治書侍御史左右機要皆其黨人漸欲廣樹爪牙彌縫其闕右僕射梁喜侍中任謙京兆尹尹昭承間言於興曰父子之際人罕得而言然君臣亦猶父子臣等理不容默並后匹嫡未始不傾國亂家廣平公弼奸凶無狀潛有凌奪之志陛下寵之不道假其威權傾險無賴之徒莫不鱗湊其側市巷諷議皆言陛下欲有廢立之志誠如此者臣等有死而已不敢奉詔興曰安有此乎昭等曰若無廢立之事陛下愛弼適所以禍之願去其左右減其威權非但弼有泰山之安宗廟社稷亦有磐石之固矣興默然興寢疾妖賊李弘反于貳原貳原氐仇常起兵應弘興輿疾討之斬常執弘而還徙常部人五百餘戶于許昌興疾篤其太子泓屯兵于東華門侍疾於諮議堂姚弼潛謀爲亂招集數千人被甲伏於其第撫軍姚紹及侍中任謙右僕射梁喜冠軍姚讚京兆尹尹昭輔國斂曼嵬並典禁兵宿衞于內姚裕遣使告姚懿于蒲坂并密信諸藩論弼逆狀懿流涕以告將士曰上今寢疾臣子所宜冠履不整而廣平公弼擁兵私第不以忠於儲宮正是孤徇義忘身之日諸君皆忠烈之士亦當同孤徇斯舉也將士無不奮怒攘袂曰惟殿下所爲死生不敢貳於是盡赦囚徒散布帛數萬匹以賜其將士建牙誓衆將赴長安鎭東豫州牧姚洸起兵洛陽平西姚諶起兵於雍將以赴泓之難興疾瘳朝其羣臣征虜劉羌泣謂興曰陛下寢疾數旬柰何忽有斯事興曰朕過庭無訓使諸子不穆愧于四海卿等各陳所懷以安社稷尹昭曰廣平公弼恃寵不虔阻兵懷貳自宜寘之刑書以明典憲陛下若含忍未便加法者且可削奪威權使散居藩國以紓鬭鬩之禍全天性之恩興謂梁喜曰卿以爲何如喜曰臣之愚見如昭所陳興以弼才兼文武未忍致法免其尚書令以將軍公就第懿等聞興疾瘳各罷兵還鎭懿恢及弟諶等皆抗表罪弼請致之刑法興弗許時魏遣使聘于興且請婚會平陽太守姚成都來朝興謂之曰卿久處東藩與魏鄰接應悉彼事形今來求婚吾已許之終能分災共患遠相接援以不成都曰魏自柴壁剋捷已來戎甲未曾損失士馬桓桓師旅充盛今修和親兼婚姻之好豈但分災共患而已實亦永安之福也興大悅遣其吏部郎嚴康報聘并致方物時姚懿姚洸姚宣姚諶來朝使姚裕言於興曰懿等今悉在外欲有所陳興曰汝等正欲道弼事耳吾已知之裕曰弼苟有可論陛下所宜垂聽若懿等言違大義便當肆之刑辟柰何距之於是引見諮議堂宣流涕曰先帝以大聖起基陛下以神武定業方隆七百之祚爲萬世之美安可使弼謀傾社稷宜委之有司肅明刑憲臣等敢以死請興曰吾自處之非汝等所憂先以大司農竇溫司徒左長史王弼皆有密表勸興廢立興雖不從亦不以爲責撫軍東曹屬姜虬上疏曰廣平公弼懷姦積年謀禍有歲傾陷羣豎爲之畫足釁成逆著取嗤戎裔文武之化刑于寡妻聖朝之亂起自愛子今雖欲含忍其瑕掩蔽其罪而逆黨猶繁扇惑不已弼之亂心其可革邪宜斥散凶徒以絕禍始興以虬表示梁喜曰天下之人莫不以吾兒爲口實將何以處之喜曰信如虬言陛下宜早裁決興默然太子詹事王周亦虛襟引士樹黨東宮弼惡之每規陷害周周抗志確然不爲之屈興嘉其守正以周爲中書監興如三原顧謂羣臣曰古人有言關東出相關西出將三秦饒儁異汝潁多奇士吾應天明命跨據中原自流沙已東淮漢已北未嘗不傾己招求冀匡不逮然明不照下弗感懸魚至於智效一官行著一善吾歷級而進之不使有後門之歎卿等宜明揚仄陋助吾舉之梁喜對曰奉旨求賢弗曾休倦未見儒亮大才王佐之器可謂世之乏賢興曰自古霸王之起也莫不將則韓吳相兼蕭鄧終不採將於往賢求相於後哲卿自識拔不明求之不至柰何厚誣四海乎羣臣咸悅晉荆州刺史司馬休之據江陵雍州刺史魯宗之據襄陽與劉裕相攻遣使求援興遣姚成王司馬國璠率騎八千赴之弼恨姚宣之毀已遂譖宣於興會宣司馬權丕至長安興責丕以無匡輔之益將戮之丕性傾巧因誣宣罪狀興大怒遂收宣于杏城下獄而使弼將三萬人鎭秦州尹昭言於興曰廣平公與皇太子不平握彊兵于外陛下一旦不諱恐社稷必危小不忍以致大亂者陛下之謂也興弗納赫連勃勃攻杏城興又遣弼救之至冠泉而杏城陷興如北地弼次于三樹遣弼及斂曼嵬向新平興還長安姚成王至于南陽司馬休之等爲劉裕所敗引歸休之宗之等遂與譙王文思新蔡王道賜寧朔將軍梁州刺史馬敬輔國將軍竟陵太守魯軌寧朔將軍南陽太守魯範奔于興勃勃遣其將赫連建率衆寇貳縣數千騎入平涼姚恢與建戰于五井平涼太守姚周都爲建所獲遂入新平姚弼討之戰于龍尾堡大破之擒建送于長安初勃勃攻彭雙方于石堡方力戰距守積年不能剋至是聞建敗引歸休之等至長安興謂之曰劉裕崇奉晉帝豈便有闕乎休之曰臣前下都瑯邪王德文泣謂臣曰劉裕供御主上克薄奇深以事勢推之社稷之憂方未可測興將以休之爲荆州刺史任以東南之事休之固辭請與魯宗之等擾動襄陽淮漢乃以休之爲鎭南將軍揚州刺史宗之等並有拜授休之將行侍御史唐盛言於興曰符命所記司馬氏應復河洛休之既得濯鱗南翔恐非復池中之物可以崇禮不宜放之興曰司馬氏脫如所記留之適足爲患遂遣之揚武安鄉侯康宦驅略白鹿原氐胡數百家奔上洛太守宋林距之商洛人黃金等起義兵以掎宦乃率衆歸罪興赦之復其爵位時白虹貫日有術人言於興曰將有不

祚之事終當自消時興藥動姚弼稱疾不朝集兵於第興聞之怒甚收其黨殿中侍御史唐盛孫玄等殺之泓言於興曰臣誠不肖不能訓諧於弟致弼構造是非仰慙天日陛下若以臣爲社稷之憂除臣而國寧亦家之福也若垂天性之恩不忍加臣刑戮者乞聽臣守藩興慘然改容召姚讚梁喜尹昭斂曼嵬於諮議堂密謀收弼時姚紹屯兵雍城馳遣告之數日不決弼黨兇懼興慮其爲變乃收弼囚之中曹窮責黨與將殺之泓流涕固請之乃止興謂梁喜曰泓天心平和性少猜忌必能容養羣賢保全吾子於是皆赦弼黨靈臺令張泉又言於興曰熒惑入東井旬紀而返未餘月復來守心王者惡之宜修仁虛已以答天譴興納之正旦興朝羣臣于太極前殿沙門賀僧慟泣不能自勝衆咸怪焉賀僧者莫知其所從來也言事皆有效驗興甚神禮之常與隱士數人預於讌會興如華陰以泓監國入居西宮因疾篤還長安泓欲出迎其宮臣曰今主上疾篤奸臣在側廣平公每希覬非常變故難測今殿下若出進則不得見主上退則有弼等之禍安所歸乎自宜深抑情禮以寧宗社泓從之乃拜迎於黃龍門樽下弼黨見興升輿咸懷危懼尹沖等先謀欲因泓出迎害之尚書姚沙彌曰若太子有備不來迎侍當奉乘輿直趣公第宿衞者聞上在此自當來奔誰與太子守乎吾等以廣平公之故陷身逆節今以乘輿南幸自當是仗義之理匪但救廣平之禍足可以申雪前愆沖等不從欲隨興入殿中作亂復未知興之存亡疑而不發興命泓錄尚書事使姚紹胡翼度典兵禁中防制內外遣斂曼嵬收弼第中甲杖內之武庫興疾轉篤興妹僞南安長公主問疾不應興少子耕兒出告其兄愔曰上已崩矣宜速決計於是愔與其屬率甲士攻端門殿中上將軍斂曼嵬勒兵距戰右衞胡翼度率禁兵閉四門愔等遣壯士登門緣屋而入及于馬道泓時侍疾于諮議堂遣斂曼嵬率殿中兵登武庫距戰太子右衞率姚和都率東宮兵入屯馬道南愔等既不得進遂燒端門興力疾臨前殿賜弼死禁兵見興喜躍貫甲赴賊賊衆駭擾和都勒東宮兵自後擊之愔等奔潰逃于驪山愔黨呂隆奔雍尹沖等奔于京師興引紹及讚梁喜尹昭斂曼嵬入內寢受遺輔政義熙十二年興死時年五十一在位二十二年僞諡文桓皇帝廟號高祖墓曰偶陵

尹緯

尹緯字景亮天水人也少有大志不營產業身長八尺腰帶十圍魁梧有爽氣每覽書傳至宰相立勳之際常輟書而歎苻堅以尹赤之降姚襄諸尹皆禁錮不仕緯晚乃爲吏部令史風志豪邁郎皆憚之堅末年祆星見于東井緯知堅將滅喜甚向天再拜既而流涕長歎友人略陽桓識怪而問之緯曰天時如此正是霸王龍飛之秋吾徒杖策之日然知已難遭恐不得展吾才志是以欣懼交懷及姚萇奔馬牧緯與尹詳龐演等扇動羣豪推萇爲盟主遂爲佐命元功萇既敗苻堅遣緯說堅求禪代之事堅問緯曰卿於朕何官緯曰尚書令史堅歎曰宰相之才也王景略之儔而朕不知卿亡也不亦宜乎緯性剛簡清亮慕張子布之爲人馮翊段鏗性傾巧萇愛其博識引爲侍中緯固諫以爲不可萇不從緯屢衆中辱鏗鏗心不平之萇聞而謂緯曰卿性不好學何爲憎學者緯曰臣不憎學憎鏗不正耳萇因曰卿好不自知每比蕭何眞何如也緯曰漢祖與蕭何俱起布衣是以相貴陛下起貴中是以賤臣萇曰卿實不及胡爲不也緯曰陛下何如漢祖萇曰朕實不如漢祖卿遠蕭何故不如甚也緯曰漢祖所以勝陛下者以能遠段鏗之徒故耳萇默然乃出鏗爲北地太守萇死緯與姚興滅苻登成興之業皆緯之力也歷輔國將軍司隸校尉尚書左右僕射清河侯緯友人隴西牛壽率漢中流人歸興興謂緯曰足下平生自謂時明也才足以立功立事道消也則追二疏朱雲發其狂直不能如胡廣之徒洿隆隨俗今遇其時矣正是垂名竹素之日可不勉歟緯曰吾之所庶幾如是但未能委宰衡於夷吾議韓信於羈旅以斯爲愧耳立功立事竊謂未負昔言興聞而謂緯曰君之與壽言也何其誕哉立功立事自謂何如古人緯曰臣實未愧古人何則遇時來之運則輔翼太祖建八百之基及陛下龍飛之始翦滅苻登盪清秦雍生極端右死饗廟庭古之君子正當爾耳興大悅及死興甚悼之贈司徒諡曰忠成侯

晉書卷一百十八考證

姚興載記下弼不從進拔呂松長驅至姑臧○本書地理志武威郡統縣七有姑臧倉松則呂當作倉

傉檀嬰城固守出其兵擊弼○其十六國春秋作奇

遼東侯彌姐亭地率其部人南居陰密○姐監本訛妲前漢馮奉世傳注姐音紫羌複姓如後秦彌姐亭地與彌姐婆觸之類是彌姐其姓亭地其名也今改正

晉書卷一百十九

唐　太　宗　文　皇　帝　御　撰

載記第十九

姚泓

姚泓字元子興之長子也孝友寬和而無經世之用又多疾病興將以爲嗣而疑焉久之乃立爲太子興每征伐巡游常留總後事博學善談論尤好詩詠尚書王尚黃門郎段章尚書郎富允文以儒術侍講胡義周夏侯稚以文章游集時尚書王敏右丞郭播以刑政過寬議欲峻制泓曰人情挫辱則壯厲之心生政教煩苛則苟免之行立上之化下如風靡草君等參贊朝化弘昭政軌不務仁恕之道惟欲嚴法酷刑豈是安上馭下之理乎敏等遂止泓受經於博士淳于岐岐病泓親詣省疾拜于牀下自是公侯見師傅皆拜焉興之如平涼也馮翊人劉厥聚衆數千據萬年以叛泓遣鎭軍彭白狼率東宮禁兵討之斬厥赦其餘黨諸將咸勸泓曰殿下神算電發蕩平醜逆宜露布表言廣其首級以慰遠近之情泓曰主上委吾後事使式遏寇逆吾綏御失和以長姦寇方當引咎責躬歸罪行間安敢過自矜誕以重罪責乎其右僕射韋華聞而謂河南太守慕容筑曰皇太子實有恭惠之德社稷之福也其弟弼有奪嫡之謀泓恩撫如初未嘗見于色姚紹每爲弼羽翼泓亦推心宗事弗以爲嫌及僭位任紹以兵權紹亦感而歸誠卒守其忠烈其明識寬裕皆此類也興既死祕不發喪南陽公姚愔及大將軍尹元等謀爲亂泓皆誅之命其齊公姚恢殺安定太守呂超恢久乃誅之泓疑恢有陰謀恢自是懷貳陰聚兵甲焉泓發喪以義熙十二年僭即帝位大赦殊死已下改元永和盧于諮議堂既葬乃親庶政內外百僚增位一等令文武各盡直言政有不便於時事有光益宗廟者極言勿有所諱初興徙李閏羌三千家於安定尋徙新支至是羌酋党容率所部叛還遣撫軍姚讚討之容降徙其豪右數百戶于長安餘遣還李閏北地太守毛雍據趙氏塢以叛于泓姚紹討擒之姚宣時鎭李閏未知雍敗遣部將姚佛生等來衞長安衆既發宣參軍韋宗姦諂好亂說宣曰主上初立威化未著勃勃彊盛侵害必深本朝之難未可弭也殿下居維城之任宜深慮之邢望地形險固總三方之要若能據之虛心撫納非但克固維城亦霸王之業也宣乃率戶三萬八千棄李閏南保邢望宣既南移諸羌據李閏以叛紹進討破之宣詣紹歸罪紹怒殺之初宣在邢望泓遣姚佛生諭宣佛生遂讚成宣計紹數其罪又戮之泓下書士卒死王事贈以爵位永復其家將封宮臣十六人五等子男姚讚諫曰東宮文武自當有守忠之誠未有赫然之效何受封之多乎泓曰懸爵於朝所以徵勸來效標明盛德元子遭家不造與宮臣同此百憂獨享其福得不愧於心乎讚默然姚紹進曰陛下不忘報德封之是也古者敬其事命之以始可須來春然後議之乃止并州定陽二城胡數萬落叛泓入于平陽攻立義姚成都于匈奴堡推匈奴曹弘爲大單于所在殘掠征東姚懿自蒲坂討弘戰于平陽大破之執弘送于長安徙其豪右萬五千落于雍州仇池公楊盛攻陷祁山執建節王總遂逼秦州泓遣後將軍姚平救之盛引退姚嵩與平追盛及于竹嶺姚讚率隴西太守姚秦都略陽太守王煥以禁兵赴之讚至清水嵩爲盛所敗嵩及秦都王煥皆戰死讚至秦州退還仇池先是天水冀縣石鼓鳴聲聞數百里野雉皆雊秦州地震者三十二殷殷有聲者八山崩舍壞咸以爲不祥及嵩將出羣僚固諫止之嵩曰若有不祥此乃命也安所逃乎遂及於難識者以爲秦州泓之故鄉將滅之徵也赫連勃勃攻陷陰密執秦州刺史姚軍都坑將士五千餘人軍都瞋目厲聲數勃勃殘忍之罪不爲之屈勃勃怒而殺之勃勃既剋陰密進兵侵雍嶺北雜戶悉奔五將山征北姚恢棄安定率戶五千奔新平安定人胡儼華韜等率衆距恢恢單騎歸長安立節彌姐成建武裴岐爲儼所殺鎭西姚諶委鎭東走勃勃遂據雍抄掠郿城姚紹及征虜尹昭鎭軍姚洽等率步騎五萬討勃勃姚恢以精騎一萬繼之軍次橫水勃勃退保安定胡儼閉門距之殺鮮卑數千人據安定以降紹進兵躡勃勃戰于馬鞍坂敗之追至朝那不及而還楊盛遣兄子倦入寇長虵平陽氐苟渴聚衆千餘據五丈原以叛遣鎭遠姚萬恢武姚難討之爲渴所敗姚諶討渴擒之泓使輔國斂曼嵬前將軍姚光兒討楊倦于陳倉倦奔于散關勃勃遣兄子提南侵池陽車騎姚裕前將軍彭白狼建義虵玄距却之尋而晉太尉劉裕總大軍伐泓次于彭城遣冠軍將軍檀道濟龍驤將軍王鎭惡入自淮肥攻漆丘項城將軍沈林子自汴入河攻倉垣泓將王苟生以漆丘降鎭惡徐州刺史姚掌以項城降道濟王師遂入潁口所至多降服惟新蔡太守董遵固守不降道濟攻破之縛遵而致諸軍門遵厲色曰古之王者伐國待士以禮君柰何以不義行師待國士以非禮乎道濟怒殺之姚紹聞

王師之至，還長安言於泓曰晉師已過許昌豫州安定孤遠卒難救衞宜遷諸鎭戶內實京畿可得精兵十萬足以横行天下假使二寇交侵無深害也如其不爾晉侵豫州勃勃寇安定者將若之何事機已至宜在速決其左僕射梁喜曰齊公恢雄勇有威名爲嶺北所憚鎭人已與勃勃深仇理應守死無二勃勃終不能棄安定遠寇京畿若無安定虜馬必及於鄠雍今關中兵馬足距晉師豈可未有憂危先自削損也泓從之吏部郎懿横密言於泓曰齊公恢於廣平之難有忠勳於陛下自陛下龍飛紹統未有殊賞以答其意今外則致之死地內則不豫朝權安定人自以孤危逼寇欲思南遷者十室而九若擁精兵四萬鼓行而向京師得不爲社稷之累乎宜徵還朝廷以慰其心泓曰恢若懷不逞之心徵之適所以速禍耳又不從王師至城臯征南姚洸時鎭洛陽馳使請救泓遣越騎校尉閻生率騎三千以赴之武衞姚益男將步卒一萬助守洛陽又遣征東并州牧姚懿南屯陝津爲之聲援洸部將趙玄說洸曰今寇逼已深百姓駭懼衆寡勢殊難以應敵宜攝諸戍兵士固守金墉以待京師之援不可出戰如脫不捷大事去矣金墉既固師無損敗吳寇終不敢越金墉而西困之於堅城之下可以坐制其弊時洸司馬姚禹潛通于道濟主簿閻恢楊虔等皆禹之黨嫉玄忠誠咸共毀之固勸洸出戰洸從之乃遣玄率精兵千餘南守柏谷塢廣武石無諱東戍鞏城以距王師玄泣謂洸曰玄受三帝重恩所守正死耳但明公不用忠臣之言爲姦孽所誤後必悔之但無及耳會陽城及城臯滎陽武牢諸城悉降道濟等長驅而至無諱至石關奔還玄與晉將毛德祖戰于柏谷以衆寡而敗被瘡十餘據地大呼玄司馬騫鑒冒刃抱玄而泣玄曰吾瘡已重君宜速去鑒曰若將軍不濟當與俱死去將安之皆死於陣姚禹踰城奔于王師道濟進至洛陽洸懼遂降時閻生至新安益男至湖城會洛陽已沒遂留屯不進姚懿險薄惑於信受其司馬孫暢姦巧傾佞好亂樂禍勸懿襲長安誅姚紹廢泓自立懿納之乃引兵至陝津散穀以賜河北夷夏欲虛損國儲招引和戎諸羌樹己私惠懿左常侍張敞侍郎左雅固諫懿曰殿下以母弟之親居分陝之重安危休戚與國共之漢有七國之難實賴梁王今吳寇內侵四州傾沒西虜擾邊秦涼覆敗朝廷之危有同累卵正是諸侯勤王之日穀者國之本也而今散之若朝廷問殿下者將何辭以報懿怒笞而殺之泓聞之召姚紹等密謀於朝堂紹曰懿性識鄙近從物推移造成此事惟當孫暢耳但馳使徵暢遣撫軍讚據陝城臣向潼關爲諸軍節度若暢奉詔而至者臣當遣懿率河東見兵共平吳寇如其逆釁已成違距詔勑者當明其罪於天下聲鼓以擊之泓曰叔父之言社稷之計也於是遣姚讚及冠軍司馬國璠建義蛇玄屯陝津武衞姚驢屯潼關懿遂舉兵僭號傳檄州郡欲運匈奴堡穀以給鎭人寧東姚成都距之懿乃卑辭招誘深自結託送佩刀爲誓成都送以呈泓懿又遣驍騎王國率甲士數百攻成都成都擒國囚之遣讓懿曰明公以母弟之親受推轂之寄今社稷之危若綴旒然宜恭恪憂勤匡輔王室而更包藏奸宄謀危宗廟三祖之靈豈安公乎此鎭之糧一方所寄鎭人何功而欲給之王國爲蛇畫足國之罪人已就囚執聽詔而戮之成都方糾合義衆以懲明公之罪復須大兵悉集當與明公會於河上乃宣告諸城勉以忠義厲兵秣馬徵發義租河東之兵無詣懿者懿深患之臨晉數千戶叛應懿姚紹濟自蒲津擊臨晉叛戶大破之懿等震懼鎭人安定郭純王奴等率衆圍懿紹入于蒲坂執懿囚之誅孫暢等泓以內外離叛王師漸逼歲旦朝羣臣于其前殿悽然流涕羣臣皆泣時征北姚恢率安定鎭戶三萬八千焚燒室宇以車爲方陣自北雍州趣長安自稱大都督建義大將軍移檄州郡欲除君側之惡揚威姜紀率衆奔之建節彭完都聞恢將至棄陰密奔還長安恢至新支姜紀說恢曰國家重將在東京師空虛公可輕兵徑襲事必尅矣恢不從乃南攻郿城鎭西姚諶爲恢所敗恢軍勢彌盛長安大震泓馳使徵紹遣姚裕及輔國胡翼度屯于澧西扶風太守姚儁安夷護軍姚墨蠡建威姚娥都揚威彭蚝皆懼而降恢恢舅苟和時爲立節將軍守忠不二泓召而謂之曰衆人咸懷去就卿何能自安邪和曰若天縱妖賊得肆其逆節者舅甥之理不待奔馳而加親如其罪極逆銷天盈其罰者守忠執志臣之體也違親叛君臣之所恥泓善其忠恕加金章紫綬姚紹率輕騎先赴難使姚洽司馬國璠將步卒三萬赴長安恢從曲牢進屯杜成紹與恢相持于靈臺姚讚聞恢漸逼留寧朔尹雅爲弘農太守守潼關率諸軍還長安泓謝讚曰元子不能崇明德義導率羣下致禍起蕭墻變自同氣旣上負祖宗亦無顏見諸父懿始構逆滅亡恢復擁衆內叛將若之何讚曰懿等所以敢稱兵內侮者諒由臣等輕弱無防遏之方故也因攘袂大泣曰臣與大將軍不滅此賊終不持面復見陛下泓於是班賜軍士而遣之恢衆見諸軍悉集咸懼而思善其將齊黃等棄恢而降恢進軍逼紹讚自後要擊大破之殺恢及其三弟泓哭之悲慟葬以公禮至是王鎭惡至宜陽毛德祖攻弘農太守尹雅于蠡吾城衆潰德祖使騎追獲之旣而殺晉守者奔固潼關檀道濟沈林子攻拔襄邑堡建威薛帛奔河東道濟自陝北渡攻蒲坂使將軍苟卓攻匈奴堡爲泓寧東姚成都所敗泓遣姚驢救蒲坂胡翼度據潼關泓進紹太宰大將軍大都督都督中外諸軍事假黃鉞改封魯公侍中司隸宗正節錄並如故朝之大政皆往決焉紹固辭弗許於是遣紹率武衞姚鸞等步騎五萬距王師于漳關姚驢與并州刺史尹昭爲表裏之勢夾攻道濟道濟深壁不戰沈林子說道濟曰今蒲坂城堅池濬非可卒尅攻之傷衆守之引日不如棄之先事潼關潼關天限形勝之地鎭惡孤軍勢危力寡若使姚紹據之則難圖矣如尅潼關紹可不戰而服道濟從之乃棄蒲坂南向潼關姚讚率禁兵七千自渭北而東進據蒲津劉裕使沈田子及傅弘之率衆萬餘人入上洛所在多委城鎭奔長安田子等進及青泥姚紹方陣而前以距道濟道濟固壘不戰紹乃攻其西營不尅遂以大衆逼之道濟率王敬沈林子等逆衝紹軍將士驚散引還定城紹留姚鸞守嶮絕道濟糧道時裕別將姚珍入自子午竇霸入自洛谷衆各數千人泓遣姚萬距霸姚彊距珍姚鸞遣將尹雅與道濟司馬徐琰戰于潼關南爲琰所獲送之劉裕裕以雅前叛欲殺之雅曰前活本在望外今死寧不甘心明公將以大義平天下豈可使秦無守信之臣乎裕嘉而勉之泓遣給事黃門侍郎姚和都屯于堯柳以備田子姚紹謂諸將曰道濟等遠來送死衆旅不多嬰壘自固者正欲曠日持久以待繼援耳吾欲分軍遝據閿鄉以絕其糧運不至一月道濟之首可懸之麾下矣濟等既沒裕計自沮諸將咸以爲然其將胡翼度曰軍勢宜集不可以分若偏師不利人心駭懼胡可以戰紹乃止薛帛據河曲以叛紹分道置諸軍爲掎角之勢遣輔國胡翼度據東原武衞姚鸞營于大路與晉軍相接沈林子簡精銳銜枚夜襲之鸞衆潰戰死士卒死者九千餘人姚讚屯于河上遣恢武姚難運蒲坂穀以給其軍至香城爲王師所敗時泓遣姚諶守堯柳姚和都討薛帛于河東聞王師要難乃兼道赴救未至而難敗因破裕禆將于河曲遂屯蒲坂姚讚爲林子所敗單馬奔定城紹遣左長史姚洽及姚墨蠡等率騎三千屯于河北之九原欲絕道濟諸縣租輸洽辭曰夫小敵之堅大敵之擒今兵衆單弱而遠在河外雖明公神武然鞭短勢殊恐無所及紹不聽沈林子率衆八千要洽于河上洽戰死衆皆沒紹聞洽等敗忿恚發病託姚讚以後事使姚難屯關西紹嘔血而死泓以晉師之逼遣使乞師于魏魏遣司徒南平公拓拔嵩正直將軍安平公乙旃眷進據河內游擊將軍王洛生屯于河東爲泓聲援劉裕次于陝城遣沈林子率精兵萬餘越山開道會沈田子等于青泥將攻堯柳泓使姚裕率步騎八千距之泓躬將大衆繼發裕爲田子所敗泓退次于灞上關中郡縣多潛通于王師劉裕至潼關遣將軍朱超石徐徛之會薛帛于河北以攻蒲坂姚讚距裕于關西姚難屯于香城裕遣王鎭惡王敬自秋社西渡渭以逼難軍鎭東姚璞及姚和都擊敗徛之等於蒲坂徛之遇害超石棄其衆奔于潼關姚讚遣司馬休之及司馬國璠自軹關向河內引魏軍以躡裕後姚難旣爲鎭惡所逼引師而西時大霖雨渭水泛溢讚等不得北渡鎭惡水陸兼進追及姚難泓自灞上還軍次于石橋以援之讚退屯鄭城鎭北姚彊率郡人數千與姚難陣于涇上以距鎭惡鎭惡遣毛德祖擊彊大敗彊戰死難遁還長安劉裕進據鄭城泓使姚裕尚書龐統屯兵宮中姚洸屯于灃西尚書姚白瓜徙四軍雜戶入長安姚丕守渭橋胡翼度屯石積姚讚屯霸東泓軍于逍遙園鎭惡夾渭進兵破姚丕于渭橋泓自逍遙園赴之逼水地狹因丕之敗遂相踐而退姚諶及前軍姚烈左衞姚寶安散騎王帛建武姚進揚威姚蚝尚書右丞孫玄等皆死於陣泓單馬還宮鎭惡入自平朔門泓與姚裕等數百騎出奔于石橋讚聞泓之敗也召將士告之衆皆以刀擊地攘袂大泣胡翼度先與劉裕陰通是日棄衆奔裕讚夜率諸軍將會泓于石橋王師已固諸門讚軍不得入衆皆驚散泓計無所出謀欲降于裕其子佛念年十二謂泓曰晉人將逞其欲終必不全願自裁決泓憮然不答佛念遂登宮墻自投而死泓將妻子詣壘門而降讚率宗室子弟百餘人亦降于裕裕盡殺之餘宗遷于江南送泓于建康市斬之時年三十在位二年建康百里之外草木皆燋死焉姚萇以孝武太元九年僭立至泓三世以安帝義熙十三年而滅凡三十二年

史臣曰自長江徙御化龍創業巨寇乘機而未寧戎馬交馳而不息晦重氛於六漠鼓洪流於八際天未猒亂凶旒實繁弋仲越自金方言歸石氏抗直詞於暴主闢

忠訓於危朝貽厥之謀在乎歸順嗚哀之義有足稱焉景國弱歲英奇見方孫策詳其幹識無忝斯言遽踐迷途良可悲矣景茂因仲襄之緒躡苻亡之會嘯命羣豪恢弘霸業假容沖之銳俯定函秦挫雷惡之鋒載寧東北在茲姦略實冠凶徒列樹而表新營雖云效績薦棘而陵舊主何其不仁安枕而終斯爲幸也子略尅摧勍敵苟成先構虛襟訪道側席求賢敦友悌以睦其親明賞罰以臨其下英髦盡節爪牙畢命取汾絳昭許洛款僭燕而藩僞蜀夷隴右而靜河西俗阜年豐遠安邇輯雖楚莊秦穆何以加焉既而逞志矜功弗虞後患委涼都於禿髮授朔方於赫連專己生災邊城繼陷距諫招禍蕭墻屢發戰無寧歲人有危心豈宜騁彼雄圖破深恩於介士黷崇詭說加殊禮於桑門當有爲之時肆無爲之業麗衣腴食殆將萬數析實談空靡然成俗夫以漢朝殷廣猶鄙鴻都之費況乎僞境日侵寧堪永貴之役儲用殫竭山林有税政荒威挫職是之由坐致淪胥非天喪也元子以庸愞之質屬傾擾之餘內難方殷外禦斯輟王師杖順弭節而下長安凶嗣失圖繫組而降軹道物極則反抑斯之謂歟

贊曰弋仲剛烈終表奇節襄實英果萇惟姦桀興始崇構泓遂摧滅貽誡將來無踐危轍

晉書卷一百二十

唐　太　宗　文　皇　帝　御　撰

載記第二十

李特　李流　李庠

李特字玄休巴西宕渠人其先廩君之苗裔也昔武落鍾離山崩有石穴二所其一赤如丹一黑如漆有人出於赤穴者名曰務相姓巴氏有出於黑穴者凡四姓曰瞫氏樊氏柏氏鄭氏五姓俱出皆爭爲神於是相與以劒刺穴屋能著者以爲廩君四姓莫著而務相之劒懸焉又以土爲船彫畫之而浮水中曰若其船浮存者以爲廩君務相船又獨浮於是遂稱廩君乘其土船將其徒卒當夷水而下至於鹽陽鹽陽水神女子止廩君曰此魚鹽所有地又廣大與君俱生可止無行廩君曰我當爲君求廩地不能止也鹽神夜從廩君宿旦輒去爲飛蟲諸神皆從其飛蔽日晝昏廩君欲殺之不可別又不知天地東西如此者十日廩君乃以青縷遺鹽神曰嬰此卽宜之與汝俱生弗宜將去汝鹽神受而嬰之廩君立碭石之上望膺有青縷者跪而射之中鹽神鹽神死羣神與俱飛者皆去天乃開朗廩君復乘土船下及夷城夷城石岸曲泉水亦曲廩君望如穴狀歎曰我新從穴中出今又入此奈何岸卽爲崩廣三丈餘而階陛相乘廩君登之岸上有平石方一丈長五尺廩君休其上投策計算皆著石焉因立城其旁而居之其後種類遂繁秦并天下以爲黔中郡薄賦斂之口歲出錢四十巴人呼賦爲賨因謂之賨人焉及漢高祖爲漢王募賨人平定三秦既而求還鄉里高祖以其功復同豐沛不供賦稅更名其地爲巴郡土有鹽鐵丹漆之饒俗性剽勇又善歌舞高祖愛其舞詔樂府習之今巴渝舞是也漢末張魯居漢中以鬼道教百姓賨人敬信巫覡多往奉之值天下大亂自巴西之宕渠遷于漢中楊車坂抄掠行旅百姓患之號爲楊車巴魏武帝尅漢中特祖將五百餘家歸之魏武帝拜爲將軍遷于略陽北土復號之爲巴氐特父慕爲東羌獵將特少仕州郡見異當時身長八尺雄武善騎射沈毅有大度元康中氐齊萬年反關西擾亂頻歲大饑百姓乃流移就穀相與入漢川者數萬家特隨流人將入于蜀至劒閣箕踞太息顧眄險阻曰劉禪有如此之地而面縛於人豈非庸才邪同移者閻式趙肅李遠任回等咸歎異之初流人既至漢中上書求寄食巴蜀朝議不許遣侍御史李苾持節慰勞且監察之不令入劒閣苾至漢中受流人貨賂反爲表曰流人十萬餘口非漢中一郡所能振贍東下荆州水湍迅險又無舟船蜀有倉儲人復豐稔宜令就食朝廷從之由是散在益梁不可禁止永康元年詔徵益州刺史趙廞爲大長秋以成都內史耿滕代廞廞遂謀叛潛有劉氏割據之志乃傾倉廩振施流人以收衆心特之黨類皆巴西人與廞同郡率多勇壯廞厚遇之以爲爪牙故特等聚衆專爲寇盜蜀人患之滕密上表以爲流人剛剽而蜀人愞弱客主不能相制必爲亂階宜使移還其本若致之險地將恐秦雍之禍萃於梁益必貽聖朝西顧之憂廞聞而惡之時益州文武千餘人已往迎滕滕率衆入州廞遣衆逆滕戰于西門滕敗死之廞自稱大都督大將軍益州牧特弟庠與兄弟及妹夫李含任回上官惇扶風李攀始平費佗氐苻成隗伯等以四千騎歸廞廞以庠爲威寇將軍使斷北道庠素東羌良將曉軍法不用麾幟舉矛爲行五斷部下不用命者三人部陣肅然廞惡其齊整欲殺之而未言長史杜淑司馬張粲言於廞曰傳云五大不在邊將軍起兵始爾便遣李庠握彊兵於外愚竊惑焉且非我族類其心必異倒戈授人竊以爲不可願將軍圖之廞斂容曰卿言正當吾意可謂起予者商此天使卿等成吾事也會庠在門請見廞廞大悅引庠見之庠欲觀廞意旨再拜進曰今中國大亂無復綱維晉室當不可復興也明公道格天地德被區宇湯武之事實在于今宜應天時順人心拯百姓於塗炭使物情之所歸則天下可定非但庸蜀而已廞怒曰此豈人臣所宜言令淑等議之於是淑等上庠大逆不道廞乃殺之及其子姪宗族三十餘人廞慮特等爲難遣人喻之曰庠非所宜言罪應至死不及兄弟以庠尸還特復以特兄弟爲督將以安其衆牙門將許弇求爲巴東監軍杜淑張粲固執不許弇怒於廞閤下手刃殺淑粲左右又殺弇皆廞腹心也特兄弟既以怨廞引兵歸緜竹廞恐朝廷討己遣長史費遠犍爲太守李苾督護常俊督萬餘人斷北道次緜竹之石亭特密收合得七千餘人夜襲遠軍遠大潰因放火燒之死者十八九進攻成都廞聞兵至驚懼不知所爲李苾張徵等夜斬關走出文武盡散廞獨與妻子乘小船走至廣都爲下人朱竺所殺特至成都縱兵大掠害西夷護軍姜發殺廞長史袁治及廞所置守長遣其牙門王角李基詣洛陽陳廞之罪狀先是惠帝以涼州刺史羅尚爲平西將軍領護西夷校尉益州刺史督牙門將王敦上庸都尉義歆蜀郡太守徐儉廣漢太守辛冉等凡七千餘人入蜀特等聞尚來甚懼使其弟驤於道奉迎并貢寶物尚甚悅以驤爲騎督特及弟流復以牛酒勞尚於緜竹王敦辛冉並說尚曰特等流人專爲盜賊急宜梟除可因會斬之尚不納冉先與特有舊因謂特曰故人相逢不吉當凶矣特深自猜懼尋有符下秦雍州凡流人入漢川者皆下所在召還特兄輔素留鄉里託言迎家既至蜀謂特曰中國方亂不足復還特以爲然乃有雄據巴蜀之意朝廷以討趙廞功拜特宣威將軍封長樂鄉侯流爲奮威將軍武陽侯璽書下益州條列六郡流人與特協同討廞者將加封賞會辛冉以非次見徵不願應召又欲以滅廞爲己功乃寢朝命不以實上衆咸怨之羅尚遣從事催遣流人限七月上道辛冉性貪暴欲殺流人首領取其資貨乃移檄發遣又令梓潼太守張演於諸要施關搜索寶貨特等固請求至秋收流人布在梁益爲人傭力及聞州郡逼遣人人愁怨不知所爲又知特兄弟頻請求停皆感而恃之且水雨將降年穀未登流人無以爲行資遂相與詣特特乃結大營於緜竹以處流人移冉求自寬冉大怒遣人分牓通逵購募特兄弟許以重賞特見大懼悉取以歸與驤改其購云能送六郡之豪李任閻趙楊上官及氐叟侯王一首賞百匹流人既不樂移咸往歸特騁馬屬鞬同聲雲集旬月間衆過二萬流亦聚衆數千特乃分爲二營特居北營流居東營特遣閻式詣羅尚求申期式既至見冉營柵衝要謀揜流人歎曰無寇而城讎必保焉今而速之亂將作矣又知冉及李苾意不可迴乃辭尚還緜竹尚謂式曰子且以吾意告諸流人今聽寬矣式曰明公惑於姦說恐無寬理弱而不可輕者百姓也今促之不以理衆怒難犯恐爲禍不淺尚曰然吾不欺子子其行矣式至緜竹言於特曰尚雖云爾然未可必信也何者尚威刑不立冉等各擁彊兵一旦爲變亦非尚所能制深宜爲備特納之冉苾相與謀曰羅侯貪而無斷日復一日流人得展姦計李特兄弟並有雄才吾屬將爲豎子虜矣宜爲決計不足復問之乃遣廣漢都尉曾元牙門張顯劉並等潛率步騎三萬襲特營羅尚聞之亦遣督護田佐助元特素知之乃繕甲厲兵戒嚴以待之元等至特安臥不動待其衆半入發伏擊之殺傷者甚衆害田佐曾元張顯傳首以示尚冉尚謂將佐曰此虜成去矣而廣漢不用吾言以張賊勢今將若之何於是六郡流人推特爲主特命六郡人部曲督李含上邽令任臧始昌令閻式諫議大夫李攀陳倉令李武陰平令李遠將兵都尉楊褒等上書請依梁統奉竇融故事推特行鎭北大將軍承制封拜其弟流行鎭東將軍以相鎭統於是進兵攻冉於廣漢冉衆出戰特每破之尚遣李苾及費遠率衆救冉懼特不敢進冉智力既窘出奔江陽特入據廣漢以李超爲太守進兵攻尚於成都閻式遺尚書責其信用讒構欲討流人又陳特兄弟立功王室以寧益土尚覽書知特等將有大志嬰城固守求救於梁寧二州於是特自稱使持節大都督鎭北大將軍承制封拜一依竇融在河西故事兄輔爲驃騎將軍弟驤爲驍騎將軍長子始爲武威將軍次子蕩

為鎮軍將軍少子雄為前將軍李含為西夷校尉含子國離任回李恭上官晶李攀費佗等為將帥任臧上官惇楊褒楊珪王達麴歆等為爪牙李遠李博夕斌嚴檉上官琦李濤王懷等為僚屬閻式為謀主何臣趙肅為腹心時羅尚貪殘為百姓患而特與蜀人約法三章施捨振貸禮賢拔滯軍政肅然百姓為之謠曰李特尚可羅尚殺我尚頻為特所敗乃阻長圍緣水作營自都安至犍為七百里與特相距河間王顒遣督護衙博廣漢太守張徵討特南夷校尉李毅又遣兵五千助尚尚遣督護張龜軍繁城三道攻特特命蕩雄襲博特躬擊張龜龜衆大敗蕩又與博接戰連日博亦敗績死者大半蕩追博至漢德博走葭萌蕩進寇巴西巴西郡丞毛植五官襄珍以郡降蕩蕩撫恤初附百姓安之蕩進攻葭萌博又遠遁其衆盡降于蕩太安元年特自稱益州牧都督梁益二州諸軍事大將軍大都督改年建初赦其境內於是進攻張徵徵依高據險與特相持連日時特與蕩分為二營徵候特營空虛遣步兵循山攻之特逆戰不利山險窘逼衆不知所為羅準任道皆勸引退特量蕩必來故不許徵衆至稍多山道至狹唯可一二人行蕩軍不得前謂其司馬王辛曰父在深寇之中是我死日也乃衣重鎧持長矛大呼直前推鋒必死殺十餘人徵衆來相救蕩軍皆殊死戰徵軍遂潰特議欲釋徵還涪蕩與王辛進曰徵軍連戰士卒傷殘智勇俱竭宜因其弊遂擒之若舍而寬之徵養病收亡餘衆更合圖之未易也特從之復進攻徵徵潰圍走蕩水陸追之遂害徵生擒徵子存以徵喪還之以騫碩為德陽太守碩略地至巴郡之墊江特之攻張徵也使李驤與李攀任回李恭屯軍毗橋以備羅尚尚遣軍挑戰驤等破之尚又遣數千人出戰驤又陷破之大獲器甲攻燒其門流進次成都之北尚遣將張興偽降於驤以觀虛實時驤軍不過二千人興夜歸白尚尚遣精勇萬人銜枚隨興夜襲驤營李攀逆戰死驤及將士奔于流柵與流并力迴攻尚軍尚軍亂敗還者十一二晉梁州刺史許雄遣軍攻特特陷破之進擊破尚水上軍遂寇成都蜀郡太守徐儉以小城降特以李瑾為蜀郡太守以撫之羅尚據大城自守流進屯江西尚懼遣使求和是時蜀人危懼並結村堡請命于特特遣人安撫之益州從事任明說尚曰特既凶逆侵暴百姓又分人散衆在諸村堡驕怠無備是天亡之也可告諸村密尅期日內外擊之破之必矣尚從之明先偽降特特問城中虛實明曰米穀皆欲盡但有貨帛耳因求省家特許之明潛說諸村諸村悉聽命還報尚尚許如期出軍諸村亦許一時赴會二年惠帝遣荊州刺史宋岱建平太守孫阜救尚阜已次德陽特遣蕩督李璜助任臧距阜尚遣大衆掩襲特營連戰二日衆少不敵特軍大敗收合餘卒引趣新繁尚軍引還特復追之轉戰三十餘里尚出大軍逆戰特軍敗績斬特及李輔李遠皆焚尸傳首洛陽在位二年其子雄僭稱王追謚特景王及僭號追尊曰景皇帝廟號始祖

李流字玄通特第四弟也少好學便弓馬東羌校尉何攀稱流有賁育之勇舉為東羌督及避地益州刺史趙廞器異之廞之使庠合部衆多流亦招鄉里子弟得數千人庠為廞所殺流從特安慰流人破常俊於緜竹平趙廞於成都朝廷論功拜奮威將軍封武陽侯特之承制也以流為鎮東將軍居東營號為東督護特常使流督銳衆與羅尚相持特之陷成都小城使六郡流人分口入城壯勇督領村堡流言於特曰殿下神武已尅小城然山藪未集糧仗不多宜錄州郡大姓子弟以為質任送付廣漢縶之二營收集猛銳嚴為防衛又書與特司馬上官惇深陳納降若待敵之義特不納特既死蜀人多叛流人大懼流與兄子蕩雄收遺衆還赤祖流保東營蕩雄保北營流自稱大將軍大都督益州牧時宋岱水軍三萬次于墊江前鋒孫阜破德陽獲特所置守將騫碩太守任臧等退屯涪陵縣羅尚遣督護常深軍毗橋牙門左氾黃訇何沖三道攻北營流身率蕩雄攻深柵尅之深士衆星散追至成都尚閉門自守蕩馳馬追擊舉倚矛被傷死流以特蕩並死而岱阜又至甚懼太守李含又勸流降流將從之雄與李驤迭諫不納流遣子世及含子胡質於阜軍胡兄含子離聞父欲降自梓潼馳還欲諫不及退與雄謀襲阜軍曰若功成事濟約與君三年迭為主雄曰今計可定二翁不從將若之何離曰今當制之若不可制便行大事翁雖是君叔勢不得已老父在君夫復何言雄大喜乃攻尚軍尚保大城雄渡江害汶山太守陳圖遂入郫城流移營據之三蜀百姓並保險結塢城邑皆空流野無所略士衆飢困涪陵人范長生率千餘家依青城山尚參軍涪陵徐轝求為汶山太守欲要結長生等與尚掎角討流尚不許轝怨之求使江西遂降于流說長生等使資給流軍糧長生從之故流軍復振流素重雄有長者之德每云興吾家者必此人也勑諸子尊奉之流疾篤謂諸將曰驍騎高明仁愛識斷多奇固足以濟大事然前軍英武殆天所相可共受事於前軍以為成都王遂死時年五十六諸將共立雄為主雄僭號追謚流秦文王

李庠字玄序特第三弟也少以烈氣聞仕郡督郵主簿皆有當官之稱元康四年察孝廉不就後以善騎射舉良將亦不就州以庠才兼文武舉秀異固以疾辭州郡不聽以其名上聞中護軍切徵不得已而應之拜中軍騎督弓馬便捷膂力過人時論方之文鴦以洛陽方亂稱疾去官性任俠好濟人之難州黨爭附之與六郡流人避難梁益道路有飢病者庠常營護隱恤振施窮乏大收衆心至蜀趙廞深器之與論兵法無不稱善每謂所親曰李玄序蓋亦一時之關張也及將有異志委以心膂之任乃表庠為部曲督使招合六郡壯勇至萬餘人以討叛羌功表庠為威寇將軍假赤幢曲蓋封陽泉亭侯賜錢百萬馬五十匹被誅之日六郡士庶莫不流涕時年五十五

晉書卷一百二十考證

李特載記魏武尅漢中特祖將五百餘家歸之○三國志作巴七姓夷王朴胡賨邑侯杜濩舉巴夷賨民來附後蜀錄作特祖虎與杜朴胡豹楊車李黑等將五百餘家歸魏與此小異

同務者閻式趙肅李遠任回等○務監本誤夷今從後蜀錄及上文流務就穀句改正又閻式式字一本作或又一本作郁

牙門將許弇求為巴東監軍杜淑張粲固執不許弇怒於廞閤下手刃殺淑粲左右又殺弇皆廞腹心也○監本弇悉訛作廞怒又皆廞腹心也句皆誤者今改從閣本

何臣趙肅為腹心○臣後蜀錄作巨

益州從事任明○明華陽國志作督後蜀錄作任叡

李流載記牙門左氾黃訇何沖三道攻北營○訇本作闇今從音義

晉書卷一百二十一

唐 太 宗 文 皇 帝 御 撰

載記第二十一

李雄　李班　李期　李壽　李勢

李雄字仲儁特第三子也母羅氏夢雙虹自門升天一虹中斷既而生蕩後羅氏因汲水忽然如寐又夢大蛇繞其身遂有孕十四月而生雄常言吾二子若有先亡在者必大貴蕩竟前死雄身長八尺三寸美容貌少以烈氣聞每周旋鄉里識達之士皆器重之有劉化者道術士也每謂人曰關隴之士皆當南移李氏子中惟仲儁有奇表終為人主特起兵為蜀承制以雄為前將軍流死雄自稱大都督大將軍益州牧都於郫城羅尚遣將攻雄雄擊走之李驤攻犍為斷尚運道尚軍大餒攻之又急遂留牙門羅特固守尚委城夜遁特開門內雄遂尅成都于時雄軍飢甚乃率衆就穀於郪掘野芋而食之蜀人流散東下江陽南入七郡雄以西山范長生巖居穴處求道養志欲迎立為君而臣之長生固辭雄乃深自挹損不敢稱制事無巨細皆決于李國李離兄弟國等事雄彌謹諸將固請雄即尊位以永興元年僭稱成都王赦其境內建元為建興除晉法約法七章以其叔父驤為太傅兄始為太保折衝李離為太尉建威李雲為司徒翊軍李璜為司空材官李國為太宰其餘拜授各有差追尊其曾祖武曰巴郡桓公祖慕隴西襄王父特成都景王母羅氏曰王太后范長生自山西乘素輿詣成都雄迎之于門執版延坐拜丞相尊曰范賢長生勸雄稱尊號雄於是僭即帝位赦其境內改年曰太武追尊父特曰景帝廟號始祖母羅氏為太后加范長生為天地太師封西山侯復其部曲不豫軍征租稅一入其家雄時建國草創素無法式諸將恃恩各爭班位其尚書令閻式上疏曰夫為國制法勳尚仍舊漢晉故事惟太尉大司馬執兵太傅太保父兄之官論道之職司徒司空掌五教九土之差秦置丞相總領萬機漢武之末越以大將軍統政今國業初建凡百未備諸公大將班位有差降而競請施置不與典故相應宜立制度以為楷式雄從之遣李國李雲等率衆二萬寇漢中梁州刺史張殷奔于長安國等陷南鄭盡徙漢中人於蜀先是南土頻歲饑疫死者十萬計南夷校尉李毅固守不降雄誘建寧夷使討之毅病卒城陷殺壯士三千餘人送婦女千口於成都時李離據梓潼其部將羅羕張金苟等殺離及閻式以梓潼歸于羅尚尚遣其將向

奮屯安漢之宜福以逼雄雄率衆攻奮不剋時李國鎮巴西其帳下文碩又殺國以巴西降尚雄乃引還遣其將張寶襲梓潼陷之會羅尚卒巴郡亂李驤攻涪又陷之執梓潼太守譙登遂乘勝進軍討文碩害之雄大悅赦其境內改元曰玉衡雄母羅氏死雄信巫覡者之言多有忌諱至欲不葬其司空趙肅諫雄乃從之雄欲申三年之禮羣臣固諫雄不許李驤謂司空上官惇曰今方難未弭吾欲固諫不聽主上終諒闇君以爲何如惇曰三年之喪自天子達於庶人故孔子曰何必高宗古之人皆然但漢魏以來天下多難宗廟至重不可久曠故釋縗絰至哀而已驤曰任回方至此人決於行事且上常難違其言待其至當與俱請及回至驤與回俱見雄驤免冠流涕固請公除雄號泣不許回跪而進曰今王業初建凡百草創一日無主天下惶惶昔武王素甲觀兵晉襄墨絰從戎豈所願哉爲天下屈己故也願陛下割情從權永隆天保遂彊扶雄起釋服親政是時南得漢嘉涪陵遠人繼至雄於是下寬大之令降附者皆假復除虛己愛人授用皆得其才益州遂定僞立其妻任氏爲皇后氐王楊難敵兄弟爲劉曜所破奔葭萌遣子入質隴西賊帥陳安又附之遣李驤征越巂太守李釗降驤進軍由小會攻寧州刺史王遜遜使其將姚岳悉衆距戰驤軍不利又遇霖雨驤引軍還爭濟瀘水士衆多死釗到成都雄待遇甚厚朝廷儀式喪紀之禮皆決於釗楊難敵之奔葭萌也雄安北李稚厚撫之縱其兄弟還武都難敵遂恃險多爲不法稚請討之雄遣中領軍琀及將軍樂次費佗李乾等由白水橋攻下辯征東李壽督琀弟玝攻陰平難敵遣軍距之壽不得進而琀稚長驅至武街難敵遣兵斷其歸道四面攻之獲琀稚死者數千人琀稚雄兄蕩之子也雄深悼之不食者數日言則流涕深自咎責焉其後將立蕩子班爲太子雄有子十餘人羣臣咸欲立雄所生雄曰起兵之初舉手扞頭本不希帝王之業也值天下喪亂晉氏播蕩羣情義舉志濟塗炭而諸君遂見推逼處王公之上本之基業切由先帝吾兄適統丕祚所歸恢懿明叡始天所命大事垂剋薨于戎戰班姿性仁孝好學夙成必爲名器李驤與司徒王達諫曰先王樹冢適者所以防篡奪之萌不可不慎吳子捨其子而立其弟所以有專諸之禍宋宣不立與夷而立穆公卒有宋督之變猶子之言豈若子也深願陛下思之雄不從竟立班驤退而流涕曰亂自此始矣張駿遣使遺雄書勸去尊號稱藩於晉雄復書曰吾過爲士大夫所推然本無心於帝王也進思爲晉室元功之臣退思共爲守藩之將埽除氛埃以康帝宇而晉室凌遲德聲不振引領東望有年月矣會獲來貺情在闇室有何已已知欲遠尊楚漢尊崇義帝春秋之義於斯莫大駿重其言使聘相繼巴郡嘗告急云有東軍雄曰吾嘗慮石勒跋扈侵逼瑯邪以爲耿耿不圖乃能舉兵使人欣然雄之雅譚多如此類雄以中原喪亂乃頻遣使朝貢與晉穆帝分天下張駿領秦梁先是遣傅穎假道于蜀通表京師雄弗許駿又遣治中從事張淳稱藩于蜀託以假道雄大悅謂淳曰貴主英名蓋世土險兵彊何不自稱帝一方淳曰寡君以乃祖世濟忠良未能雪天下之恥解衆人之倒懸日昃忘食枕戈待旦以瑯邪中興江東故萬里翼戴將成桓文之事何言自取邪雄有慙色曰我乃祖乃父亦是晉臣往與六郡避難此地爲同盟所推遂有今日瑯邪若能中興大晉於中夏亦當率衆輔之淳還通表京師天子嘉之時李驤死以其子壽爲大將軍西夷校尉督征南費黑征東任回攻陷巴東太守楊謙退保建平壽別遣費黑寇建平晉巴東監軍毌丘奥退保宜都雄遣李壽攻朱提以費黑卬攀爲前鋒又遣鎮南任回征木落分寧州之援寧州刺史尹奉降遂有南中之地雄於是赦其境內使班討平寧州夷以班爲撫軍咸和八年雄生瘍於頭六日死時年六十一在位三十年僞諡武帝廟曰太宗墓號安都陵雄性寬厚簡刑約法甚有名稱氐苻成文隗既降復叛手傷雄母及其來也咸釋其罪厚加待納由是夷夏安之威震西土時海內大亂而蜀獨無事故歸之者相尋雄乃興學校置史官聽覽之暇手不釋卷其賦男子歲穀三斛女丁半之戶調絹不過數丈綿數兩事少役稀百姓富實閭門不閉無相侵盜然雄意在招致遠方國用不足故諸將每進金銀珍寶多有以得官者丞相楊褒諫曰陛下爲天下主當網羅四海何有以官買金邪雄遜辭謝之後雄嘗酒醉而推中書令杖大官令褒進曰天子穆穆諸侯皇皇安有天子而爲酗也雄即捨之雄無事小出褒於後持矛馳馬過雄雄怪問之對曰夫統天下之重如臣乘惡馬而持矛也急之則慮自傷緩之則懼其失是以馬馳而不制也雄寤即還雄爲國無威儀官無祿秩班序不別君子小人服章不殊行軍無號令用兵無部對戰勝不相讓敗不相救攻城破邑動以虜獲爲先此其所以失也

班字世文初署平南將軍後立爲太子班謙虛博納敬愛儒賢自何點李釗班皆師之又引名士王嘏及隴西董融天水文夔等以爲賓友每謂融等曰觀周景王太子晉魏太子丕吳太子孫登文章鑒識超然卓絕未嘗不有慙色何古賢之高朗後人之莫逮也爲性汎愛動脩軌度時諸李子弟皆尚奢靡而班常戒厲之每朝有大議雄輒令豫之班以古者墾田均平貧富獲所今貴者廣占荒田貧者種殖無地富者以己所餘而賣之此豈王者大均之義乎雄納之及雄寢疾班晝夜侍側雄少數攻戰多被傷夷至是疾甚痕皆膿潰雄子越等惡而遠之班爲吮膿殊無難色每嘗藥流涕不脫衣冠其孝誠如此雄死嗣僞位以李壽錄尚書事輔政班居中執喪禮政事皆委壽及司徒何點尚書令王瓌等越時鎮江陽以班非雄所生意甚不平至此奔喪與其弟期密計圖之李玝勸班遣越還江陽以期爲梁州刺史鎮葭萌班以未葬不忍遣推誠居厚心無纖介時有白氣二道帶天太史令韓豹奏宮中有陰謀兵氣戒在親戚班不悟咸和九年班因夜哭越殺班於殯宮時年四十七在位一年遂立雄之子期嗣位焉

期字世運雄第四子也聰慧好學弱冠能屬文輕財好施虛心招納初爲建威將軍雄令諸子及宗室子弟以恩信合衆多者不至數百而期獨致千餘人其所表薦雄多納之故長史列署頗出其門既殺班欲立越爲主越以期雄妻任氏所養又多才藝乃讓位於期於是僭即皇帝位大赦境內改元玉恒誅班弟都使李壽伐都弟玝於涪玝棄城降晉封壽漢王拜梁州刺史東羌校尉中護軍錄尚書事封兄越建寧王拜相國大將軍錄尚書事立妻閻氏爲皇后以其衛將軍尹奉爲右丞相驃騎將軍尚書令王瓌爲司徒期自以謀大事既果輕諸舊臣外則信任尚書令景騫尚書姚華田褒褒無他才藝雄時勸立期故寵待甚厚內則信宦豎許涪等國之刑政希復關之卿相慶賞威刑皆決數人而已於是綱維紊矣乃誣其尚書僕射武陵公李載謀反下獄死先是晉建威將軍司馬勳屯漢中期遣李壽攻而陷之遂置守宰戍南鄭雄子霸保並不病而死皆云期鴆殺之於是大臣懷懼人不自安天雨大魚於宮中其色黃又宮中豕犬交期多所誅夷籍沒婦女資財以實後庭內外兇兇道路以目諫者獲罪人懷苟免期又鴆殺其安北李攸攸壽之養弟也於是與越及景騫田褒姚華謀襲壽等欲因燒市橋而發兵期又累遣中常侍許涪至壽所伺其運靜及殺攸壽大懼又疑許涪往來之數也乃率步騎一萬自涪回成都表稱景騫田褒亂政興晉陽之甲以除君側之惡以李奕爲先登壽到成都期越不虞其至素不備設壽遂取其城屯兵至門期遣侍中勞壽壽奏相國建寧王越尚書令河南公景騫尚書田褒姚華中常侍許涪征西將軍李遐及將軍李西等皆懷姦亂政謀傾社稷大逆不道罪合夷滅期從之於是殺越騫等壽矯任氏令廢期爲卭都縣公幽之別宮期歎曰天下主乃當於小縣公不如死也咸康三年自縊而死時年二十五在位三年謚曰幽公及葬賜鸞輅九旒餘如王禮雄之子皆爲壽所殺

壽字武考驤之子也敏而好學雅量豁然少尚禮容異於李氏諸子雄奇其才以爲足荷重任拜前將軍督巴西軍事遷征東將軍時年十九聘處士譙秀以爲賓客盡其讜言在巴西威惠甚著驤死遷大將軍大都督侍中封扶風公錄尚書事征寧州攻圍百餘日悉平諸郡雄大悅封建寧王雄死受遺輔政期立改封漢王食梁州五郡領梁州刺史壽威名遠振深爲李越景騫等所憚壽深憂之代李玝屯涪每應期朝覲常自陳邊疆寇警不可曠鎮故得不朝壽又見期越兄弟十餘人年方壯大而並有彊兵懼不自全乃數聘禮巴西龔壯壯雖不應聘數往見壽時岷山崩江水竭壽惡之每問壯以自安之術壯以特殺其父及叔欲假手報仇未有其由因說壽曰節下若能捨小從大以危易安則開國裂土長爲諸侯名高桓文勳流百代矣壽從之陰與長史略陽羅恒巴西解思明共謀據成都稱藩歸順乃誓文武得數千人襲成都剋之縱兵虜掠至乃姦略雄女及李氏諸婦多所殘害數日乃定恒與思明及李奕王利等勸壽稱鎮西將軍益州牧成都王稱藩於晉而任調與司馬蔡興侍中李豔及張烈等勸壽自立壽命筮之占者曰可數年天子調喜曰一日尚爲足而況數年乎思明曰數年天子孰與百世諸侯壽曰朝聞道夕死可矣任侯之言策之上也遂以咸康四年僭即僞位赦其境內改元爲漢興以董皎爲相國羅恒馬當爲股肱李奕任調李閎爲爪牙解思明爲謀主以安車束帛聘龔壯爲太師壯固辭特聽縞巾素帶居師友之位拔擢幽滯處之顯列追尊父驤爲獻帝母昝氏爲太后立妻閻氏爲皇后世子勢爲太子有告廣漢太守李乾與大臣通謀欲廢壽者壽令其子廣與大臣盟于前殿徙乾漢嘉太守大風暴雨震其端門壽倏自悔責命羣臣極盡忠言勿拘忌諱遣其散騎常侍王嘏中常侍王廣聘於石

季龍先是季龍遺壽書欲連横入寇約分天下壽大悦乃大修船艦嚴兵繕甲吏卒皆備糇糧以其尚書令馬當爲六軍都督假節鉞營東場大閱軍士七萬餘人舟師泝江而上過成都鼓譟盈江壽登城觀之其羣臣咸曰我國小衆寡吳會險遠圖之未易解思明又竊諫懇至壽於是命羣臣陳其利害龔壯諫曰陛下與胡通孰如與晉通胡豺狼國也晉既滅不得不北面事之若與之争天下則彊弱勢異此虞虢之成範已然之明戒願陛下熟慮之羣臣以壯之言爲然叩頭泣諫壽乃止士衆咸稱萬歲遣其鎮東大將軍李弈征牂牁太守謝恕保城距守者積日不拔會弈糧盡引還壽以其太子勢領大將軍録尚書事壽承雄寬儉新行篡奪因循雄政未逞其志欲會李閎王嘏從鄴還盛稱季龍威强宫觀美麗鄴中殷寔壽又聞季龍虐用刑法王遜亦以殺罰御下並能控制邦域壽心欣慕人有小過輒殺以立威又以郊甸未實都邑空虛工匠械器事未充盈乃徙傍郡戸三丁已上以實成都興尚方御府發州郡工巧以充之廣修宫室引水入城務於奢侈又廣太學起讌殿百姓疲於使役呼嗟滿道思亂者十室而九矣其左僕射蔡興切諫壽以爲誹謗誅之右僕射李嶷數以直言忤旨壽積忿非一託以他罪下獄殺之壽疾篤常見李期蔡興爲祟八年壽死時年四十四在位五年僞謚昭文帝廟曰中宗墓曰安昌陵壽初爲王好學愛士庶幾善道每覽良將賢相建功立事者未嘗不反覆誦之故能征伐四剋闢國千里雄既垂心於上壽亦盡誠於下號爲賢相及即僞位之後改立宗廟以父驤爲漢始祖廟特雄爲大成廟又下書言與期越别族凡諸制度皆有改易公卿以下率用己之僚佐雄時舊臣及六郡士人皆見廢黜壽初病思明等復議奉王室壽不從李演自越巂上書勸壽歸正返本釋帝稱王壽怒殺之以威龔壯思明等壯作詩七篇託言應璩以諷壽壽報曰省詩知意若今人所作賢哲之話言也古人所作死鬼之常辭耳動慕漢武魏明之所爲恥聞父兄時事上書者不得言先世政化自以己勝之也

勢字子仁壽之長子也初壽妻閻氏無子驤殺李鳳爲壽納鳳女生勢期愛勢姿貌拜翊軍將軍漢王世子勢身長七尺九寸腰帶十四圍善於俯仰時人異之壽死勢嗣僞位赦其境内改元曰太和尊母閻氏爲太后妻李氏爲皇后太史令韓皓奏熒惑守心以宗廟禮廢勢命羣臣議之其相國董皎侍中王嘏等以爲景武昌業獻文承基至親不遠無宜疎絶勢更令祭特雄同號曰漢王勢弟大將軍漢王廣以勢無子求爲太弟勢弗許馬當解思明以勢兄弟不多若有所廢則益孤危固勸許之勢疑當等與廣有謀遣其太保李弈襲廣於涪城命董皎收馬當思明斬之夷其三族貶廣爲臨邛侯廣自殺思明有計謀彊諫諍馬當甚得人心自此之後無復紀綱及諫諍者李弈自晉壽舉兵反之蜀人多有從弈者衆至數萬勢登城距戰弈單騎突門門者射而殺之衆乃潰散勢既誅弈大赦境内改年嘉寧初蜀土無獠至此始從山而出北至犍爲梓潼布在山谷十餘萬落不可禁制大爲百姓之患勢既驕吝而性愛財色常殺人而取其妻荒淫不恤國事夷獠叛亂軍守離缺境宇日蹙加之荒儉性多忌害誅殘大臣刑獄濫加人懷危懼斥外父祖臣佐親任左右小人羣小因行威福又常居内少見公卿史官屢陳災譴乃加董皎太師以名位優之寔欲與分災眚大司馬桓温率水軍伐勢温次青衣勢大發軍距守又遣李福與昝堅等數千人從山陽趣合水距温謂温從步道而上諸將皆欲設伏於江南以待王師昝堅不從率諸軍從江北鴛鴦碕渡向犍爲而温從山陽出江南昝堅到犍爲方知與温異道乃迴從沙頭津北渡及堅至温已造成都之十里陌昝堅衆自潰温至城下縱火燒其大城諸門勢衆惶懼無復固志其中書監王嘏散騎常侍常璩等勸勢降勢以問侍中馮孚孚言昔吳漢征蜀盡誅公孫氏今晉下書不赦諸李雖降恐無全理勢乃夜出東門與昝堅走至晉壽然後送降文於温曰僞嘉寧二年三月十七日略陽李勢叩頭死罪伏惟大將軍節下先人播流恃險因釁竊有汶蜀勢以闇弱復統末緒偷安荏苒未能改圖猥煩朱軒蹀冒險阻將士狂愚干犯天威仰慙俯愧精魂飛散甘受斧鑕以釁軍鼓伏惟大晉天網恢弘澤及四海恩過陽日逼迫倉卒自投草野即日到白水城謹遣私署散騎常侍王幼奉牋以聞并勑州郡投戈釋杖窮池之魚待命漏刻勢尋輿櫬面縛軍門温解其縛焚其櫬遷勢及弟福從兄權親族十餘人于建康封勢歸義侯升平五年死于建康在位五年而敗始李特以惠帝太安元年起兵至此六世凡四十六年以穆帝永和三年滅

史臣曰昔周德方隆古公切踰梁之患漢祚斯永宣后興渡湟之師是知戎狄亂華釁深自古兄乎巴濮雜種厥類寔繁資剽竊以全生習獷悍而成俗李特世傳兇狡早擅梟雄太息劒門志吞井絡屬晉綱之落紐乘羅侯之無斷騁馬屬犍同聲雲集藏殄蜀漢荐食巴梁沃野無半菽之資華陽有析骸之纍蓋上失其道覆敗之至於斯仲儁天挺英姿見稱奇偉摧鋒累載克隆霸業蹈玄德之前基掩子陽之故地薄賦而綏弊俗約法而悦新邦擬於其倫寔孫權之亞也若夫立子以嫡往哲通訓繼體承基前脩茂範而雄闇經國之遠圖蹈匹夫之小節傳大統於猶子託彊兵於厥胤遺骸莫斂尋戈之釁已深星紀未周傾巢之釁便及雖云天道抑亦人謀班以寛愛罹災期以暴戾速禍殊塗並失異術同亡武考憑藉世資窮兵竊位罪百周帶毒甚楚圍獲保歸全何其幸也子仁承緒繼傳昏虐驅率餘燼敢距大邦授甲晨征則理均於困獸斬關宵遁則義殊於前禽宜其懸首國門以明大戮遂得禮同劉禪不亦優乎

贊曰晉圖弛馭百六斯鍾天垂伏鼈野戰羣龍李特窺釁盜我巴庸世歷五朝年將四紀篡殺移國昏狂繼軌德之不脩險亦難恃

晉書卷一百二十一考證

李雄載記改年曰太武○太武華陽國志同後蜀録作大成

是時南得漢嘉涪陵遠人繼至○得後蜀録作陽

吳子捨其子而立其弟所以有專諸之禍○禍監本誤[illegible]字書不載[illegible]字今改從宋本

李班載記政事皆委壽及司徒何點尚書令王瓌等○王瓌監本誤越瓌今從向書令王瓌及後蜀録改正

李壽載記壽從之陰與長史略陽羅恒巴西解思明共謀據成都○恒監本誤桓今從下文及後蜀録改正

晉書卷一百二十二

唐　太　宗　文　皇　帝　御　撰

載記第二十二

呂光　呂纂　呂隆

呂光字世明略陽氐人也其先呂文和漢文帝初自沛避難徙焉世爲酋豪父婆樓佐命苻堅官至太尉光生于枋頭夜有神光之異故以光爲名年十歲與諸童兒游戲邑里爲戰陣之法儔類咸推爲主部分詳平羣童歎服不樂讀書唯好鷹馬及長身長八尺四寸目重瞳子左肘有肉印沉毅凝重寛簡有大量喜怒不形于色時人莫之識也唯王猛異之曰此非常人言之苻堅舉賢良除美陽令夷夏愛服遷鷹揚將軍從堅征張平戰于銅壁刺平養子蚝中之自是威名大著苻雙反于秦州堅將楊成世爲雙將苟興所敗光與王鑒討之鑒欲速戰光曰興初破成世姦氣漸張宜持重以待其弊興乘勝輕來糧竭必退退而擊之可以破也二旬而興退諸將不知所爲光曰揆其姦計必攻楡眉若得楡眉據城斷路資儲復贍非國之利也宜速進師若興攻城尤須赴救如其奔也彼糧既盡可以滅之鑒從焉果敗興軍從王猛滅慕容暐封都亭侯苻重之鎮洛陽以光爲長史及重謀反苻堅聞之曰呂光忠孝方正必不同也馳使命光檻重送之尋入爲太子右率甚見敬重蜀人李焉聚衆二萬攻逼益州堅以光爲破虜將軍率兵討滅之遷步兵校尉苻洛反光又擊平之拜驍騎將軍堅既平山東士馬强盛遂有圖西域之志乃授光使持節都督西討諸軍事率將軍姜飛彭晃杜進康盛等總兵七萬鐵騎五千以討西域以隴西董方馮翊郭抱武威賈虔弘農楊頴爲四府佐將堅太子宏執光手曰君器相非常必有大福宜深保愛行至高昌聞堅寇晉光欲更須後命部將杜進曰節下受任金方赴機宜速有何不了而更留乎光乃進及流沙三百餘里無水將士失色光曰吾聞李廣利精誠玄感飛泉涌出吾等豈獨無感致乎皇天必將有濟諸君不足憂也俄而大雨平地三尺進兵至焉耆其王泥流率其旁國請降龜兹王帛純距光光軍其城南五里爲一營深溝高壘廣設疑兵以木爲人被之以甲羅之壘上帛純驅徙城外人入于城中附庸侯王各嬰城自守至是光左臂肉脉起成字文曰巨霸營外夜有一黑物大如斷堤搖動有頭角目光若電及明而雲霧四周遂不復見旦視其處南北五里東西三十餘步鱗甲隱地之所昭然猶在光笑曰黑龍也俄而雲起西北暴雨滅其跡杜進言於光曰龍者神獸人君利見之象易曰見龍在田德施普也斯誠明將軍道合靈和德符幽顯願將軍勉之以成大慶光有喜色又進攻龜兹城夜夢金象飛越城外光曰此謂佛神去之胡必亡矣光攻城既急帛純乃傾國財寶請救獪胡獪胡弟吶龍侯將馗率騎二十餘萬并引温宿尉須等國王合七十餘萬以救之胡便弓馬善矛矟鎧如連鎖射不可入以革索爲羂策馬擲人多有中者衆甚憚之諸將咸欲每營結陣案兵以距之光曰彼衆我寡營又相遠勢分力散非良策也於是遷營相接陣爲勾

鏁之法精騎爲游軍彌縫其闕戰于城西大敗之斬萬餘級帛純收其珍寶而走王侯降者三十餘國光入其城大饗將士賦詩言志見其宮室壯麗命參軍京兆段業著龜兹宮賦以譏之胡人奢侈厚於養生家有蒲桃酒或至千斛經十年不敗士卒淪沒酒藏者相繼矣諸國憚光威名貢款屬路乃立帛純弟震爲王以安之光撫寧西域威恩甚著桀黠胡王昔所未賓者不遠萬里皆來歸附上漢所賜節傳光皆表而易之堅聞光平西域以爲使持節散騎常侍都督玉門已西諸軍事安西將軍西域校尉道絕不通光旣平龜兹有留焉之志時始獲鳩摩羅什羅什勸之東還語在西夷傳光於是大饗文武博議進止衆咸請還光從之以駝二萬餘頭致外國珍寶及奇伎異戲殊禽怪獸千有餘品駿馬萬餘匹而苻堅高昌太守楊翰說其涼州刺史梁熙距守高桐伊吾二關熙不從光至高昌翰以郡迎降初光聞翰之說惡之又聞苻堅喪敗長安危逼謀欲停師杜進諫曰梁熙文雅有餘機鑒不足終不能納善從說也願不足憂之聞其上下未同宜在速進進而不捷請受過言之誅光從之及至玉門梁熙傳檄責光擅命還師遣子胤與振威姚皓別駕衞翰率衆五萬距光于酒泉光報檄涼州責熙無赴難之誠數其遏歸師之罪遣彭晃杜進姜飛等爲前鋒擊胤大敗之胤輕將麾下數百騎東奔杜進追擒之於是西山胡夷皆來款附武威太守彭濟執熙請降光入姑臧自領涼州刺史護羌校尉表杜進爲輔國將軍武威太守封武始侯自餘封拜各有差光主簿尉祐姦佞傾薄人也見棄前朝與彭濟同謀執梁熙光深見寵任乃譖誅南安姚皓天水尹景等名士十餘人遠近頗以此離貳光尋擢祐爲寧遠將軍金城太守祐次允吾襲據外城以叛祐從弟隨據鸇陰以應之光遣其將魏眞討隨隨敗奔祐光將姜飛又擊敗祐衆祐奔據興城扇動百姓夷夏多從之飛司馬張象參軍郭雅謀殺飛應祐發覺逃奔初苻堅之敗張天錫南奔其世子大豫爲長水校尉王穆所匿及堅還長安穆將大豫奔禿髮思復鞬思復鞬送之魏安是月魏安人焦松齊肅張濟等起兵數千迎大豫於揟次陷昌松郡光遣其將杜進討之爲大豫所敗大豫遂進逼姑臧求決勝負王穆諫曰呂光糧豐城固甲兵精銳逼之非利不如席卷嶺西厲兵積粟東向而爭不及朞年可以平也大豫不從乃遣穆求救於嶺西諸郡建康太守李隰祁連都尉嚴純及閻襲起兵應之大豫進屯城西王穆

率衆三萬及思復鞬子奚于等陣于城南光出擊破之斬奚于等二萬餘級光謂諸將曰大豫若用王穆之言恐未可平也諸將曰大豫豈不及此邪皇天欲贊成明公八百之業故令大豫迷於良算耳光大悅賜金帛有差大豫自西郡詣臨洮驅略百姓五千餘戶保據俱城光將彭晃徐炅攻破之大豫奔廣武穆奔建康廣武人執大豫送之斬于姑臧市光至是始聞苻堅爲姚萇所害奮怒哀號三軍縞素大臨于城南僞諡堅曰文昭皇帝長吏百石已上服斬縗三月庶人哭泣三日光於是大赦境內建元曰太安自稱使持節侍中中外大都督督隴右河西諸軍事大將軍領護匈奴中郎將涼州牧酒泉公王穆襲據酒泉自稱大將軍涼州牧時穀價踊貴斗直五百人相食死者大半光西平太守康寧自稱匈奴王阻兵以叛光屢遣討之不捷初光之定河西也杜進有力焉以爲輔國將軍武威太守旣居都尹權高一時出入羽儀與光相亞光甥石聰至自關中光曰中州人言吾政化何如聰曰止知有杜進耳實不聞有舅光默然因此誅進光後讌羣寮酒酣語及政事時刑法峻重參軍段業進曰嚴刑重憲非明王之義也光曰商鞅之法至峻而兼諸侯吳起之術無親而荊蠻以霸何也業曰明公受天眷命方君臨四海景行堯舜猶懼有弊奈何欲以商申之末法臨道義之神州豈此州士女所望於明公哉光改容謝之於是下令責躬乃崇寬簡之政其將徐炅與張掖太守彭晃謀叛光遣師討炅炅奔晃晃東結康寧西通王穆光議將討之諸將咸曰今康寧在南阻兵伺隙若大駕西行寧必乘虛出于嶺左晃穆未平康寧復至進退狼狽勢必大危光曰事勢實如卿言今而不往當坐待其來晃穆共相脣齒寧又同惡相救東西交至城外非吾之有若是大事去矣今晃叛逆始爾寧穆與之情契未密及其倉卒取之爲易且隆替命也卿勿復言光於是自率步騎三萬倍道兼行旣至攻之二旬晃將寇顗斬關納光於是誅彭晃王穆以其黨索嘏爲敦煌太守旣而忌其威名率衆攻嘏光聞之謂諸將曰二虜相攻此成擒也光將攻之衆咸以爲不可光曰取亂侮亡武之善經不可以累征之勞而失永逸之舉率步騎二萬攻酒泉剋之進次涼興穆引師東還路中衆散穆單騎奔騂馬令郭文斬首送之是時麟見金澤縣百獸從之光以爲己瑞以孝武太元十四年僭卽三河王位置百官自丞郎已下赦其境內年號麟嘉光妻石氏子紹弟德世至自仇池光迎于

城東大饗羣臣遣其子左將軍他武賁中郎將纂討北虜匹勒于三巖山大破之立妻石氏爲王妃子紹爲世子讌其羣臣于內苑新堂太廟新成追尊其高祖爲敬公曾祖爲恭公祖爲宣公父爲景昭王母曰昭烈妃其中書侍郎楊穎上疏請依三代故事追尊呂望爲始祖永爲不遷之廟光從之是歲張掖督郵傅曜考覈屬縣而丘池令尹興殺之投諸空井曜見夢於光曰臣張掖郡小吏案校諸縣而丘池令尹興贓狀狼藉懼臣言之殺臣投於南亭空井中臣衣服形狀如是光寤而猶見久之乃滅遣使覆之如夢光怒殺興著作郎段業以光未能揚清激濁使賢愚殊貫因療疾于天梯山作表志詩九歎七諷十六篇以諷焉光覽而悅之南羌彭奚念入攻白土都尉孫峙退奔興城光遣其南中郎將呂方及其弟右將軍呂寶振威楊範强弩竇苟討乞伏乾歸于金城方屯河北寶進師濟河爲乾歸所敗寶死之武賁呂纂强弩竇苟率步騎五千南討彭奚念戰于盤夷大敗而歸光親討乾歸奚念遣纂及揚武楊軌建忠沮渠羅仇建武梁恭軍于左南奚念大懼於白土津累石爲堤以水自固遣精兵一萬距守河津光遣將軍王寶潛趣上津夜度湟河光濟自石堤攻剋枹罕奚念單騎奔甘松光振旅而旋初光徙西海郡人於諸郡至是謠曰朔馬心何悲念舊中心勞燕雀何徘徊意欲還故巢頃之遂相扇動復徙之於西河樂都羣議以高昌雖在西垂地居形勝外接胡虜易生翻覆宜遣子弟鎭之光以子覆爲使持節鎭西將軍都督玉門已西諸軍事西域大都護鎭高昌命大臣子弟隨之光於是以太元二十一年僭卽天王位大赦境內改年龍飛立世子紹爲太子諸子弟爲公侯者二十人中書令王詳爲尚書左僕射段業等五人爲尚書乾歸從弟軻彈來奔光下書曰乾歸狼子野心前後反覆朕方東清秦趙勒銘會稽豈令豎子鴟峙洮南且其兄弟內相離間可乘之機勿過今也其勑中外戒嚴朕當親討光於是次于長最使呂纂率楊軌竇苟等步騎三萬攻金城乾歸率衆二萬救之光遣其將王寶徐炅率騎五千邀之乾歸懼而不進光又遣其將梁恭金石生以甲卒萬餘出陽武下峽與秦州刺史沒奕于攻其東光弟天水公延以枹罕之衆攻臨洮武始河關皆剋之呂纂剋金城擒乾歸金城太守衞鞬鞬瞋目謂光曰我寧守節斷頭不爲降虜也光義而免之乾歸因大震泣歎曰死中求生正在今日也乃縱反間稱乾歸衆潰東奔成紀呂延信之引師輕

進延司馬耿稚諫曰乾歸雄勇過人權略難測破王廣剋楊定皆羸師以誘之雖蕞爾小國亦不可輕也困獸猶鬬況乾歸而可望風自散乎且告者視高而色動必爲姦計而今宜部陣而前步騎相接徐待諸軍大集可一舉滅之延不從與乾歸相遇戰敗死之耿稚及將軍姜顯收集散卒屯于枹罕光還于姑臧光荒耄信讒殺尚書沮渠羅仇三河太守沮渠麴粥羅仇弟子蒙遜叛光殺中田護軍馬邃攻陷臨松郡屯兵金山大爲百姓之患蒙遜從兄男成先爲將軍守晉昌聞蒙遜起兵逃奔貲虜扇動諸夷衆至數千進攻福祿建安寧戎護軍趙策擊敗之男成退屯樂涫呂纂敗蒙遜于忽谷酒泉太守壘澄率將軍趙策趙陵步騎萬餘討男成于樂涫戰敗澄策死之男成進攻建康說太守段業曰呂氏政衰權臣擅命刑罰失中人不堪役一州之地叛者連城瓦解之勢昭然在目百姓嗷然無所宗附府君豈可以蓋世之才而立忠於垂亡之世男成等旣倡大義欲屈府君撫臨鄙州使塗炭之餘蒙來蘇之惠業不從相持二旬而外救不至郡人高逵史惠等言於業曰今孤城獨立臺無救援府君雖心過田單而地非卽墨宜思高算轉禍爲福業先與光侍中房晷僕射王詳不平慮不自容乃許之男成等推業爲大都督龍驤大將軍涼州牧建康公光命呂纂討業沮渠蒙遜進屯臨洮爲業聲勢戰于合離纂師大敗光散騎常侍太常郭黁明天文善占候謂王詳曰於天文涼之分野將有大兵主上老病太子沖闇纂等凶武一旦不諱必有難作以吾二人久居內要常有不善之言恐禍及人深宜慮之田胡王氣乞機部衆最彊二苑之人多其故衆吾今與公唱義推機爲主則二苑之衆盡我有也剋城之後徐更圖之詳以爲然夜燒光洪範門二苑之衆皆附之詳爲內應事發光誅之黁遂據東苑以叛光馳使召纂諸將勸纂曰業聞師迴必躡軍後若潛師夜還庶無後患矣纂曰業雖憑城阻衆無雄略之才若夜潛還張其姦志乃遣使告業曰郭黁作亂吾今還都卿能決者可出戰於是引還業不敢出纂司馬楊統謂其從兄桓曰郭黁明善天文起兵其當有以京城之外非復朝廷之有纂今還都復何所補統請除纂勒兵推兄爲盟主西襲呂弘據張掖以號令諸郡亦千載一時也桓怒曰吾聞臣子之事君親有隕無二吾未有包胥存救之效豈可安榮其祿亂增其難乎呂宗若敗吾爲弘演矣統懼至番禾遂奔郭黁黁遣軍邀纂于白石纂大敗光西安太守石元

亘率步騎五千赴難與纂共擊麿軍破之遂入于姑臧麿之叛也得光孫八人于東苑及軍敗恚甚悉投之于鋒刃之上枝分節解飲血盟衆衆皆掩目不忍視之麿悠然自若麿推後將軍楊軌爲盟主軌自稱大將軍涼州牧西平公呂纂擊麿將王斐于城西大破之自是麿勢漸衰光遣楊軌書曰自羌胡不靖郭麿叛逆南藩安否音問兩絕行人風傳云卿擁逼百姓爲麿脣齒卿雅志忠貞有史魚之操鑒察成敗遠侔古人豈宜聽納姦邪以虧大美陵霜不彫者松栢也臨難不移者君子也何圖松栢彫於微霜而雞鳴已於風雨郭麿巫卜小數時或誤中考之大理率多虛謬朕宰化寡方澤不逮遠致世事紛紜百城離叛勠力一心同濟巨海者望之於卿也今中倉積粟數百千萬東人戰士一當百餘入則言笑晏晏出則武步涼州吞麿咀業綽有餘暇但與卿形雖君臣心過父子欲全卿名節不使貽笑將來軌不答率步騎二萬北赴郭麿至姑臧壘于城北軌以士馬之盛議欲大決成敗麿每以天文裁之呂弘爲段業所逼光遣呂纂迎之軌謀於衆曰呂弘精兵一萬若與光合則敵彊我弱養獸不討將爲後患遂率兵邀纂纂擊敗之郭麿聞軌敗東走魏安遂奔于乞伏乾歸楊軌聞麿走南奔廉川光病甚立其太子紹爲天王自號太上皇帝以呂纂爲太尉呂弘爲司徒謂紹曰吾疾病唯增恐將不濟三寇闚闟迭伺國隙吾終之後使纂統六軍弘管朝政汝恭已無爲委重二兄庶可以濟若內相猜貳釁起蕭墻則晉趙之變旦夕至矣又謂纂弘曰永業才非撥亂直以正嫡有常猥居元首今外有彊寇人心未寧汝兄弟輯穆則貽厥萬世若內自相圖則禍不旋踵纂弘泣曰不敢有二心光以安帝隆安三年死時年六十三在位十年僞謚懿武皇帝廟號太祖墓號高陵

纂字永緒光之庶長子也少便弓馬好鷹犬苻堅時入太學不好讀書唯以交結公侯聲樂爲務及堅亂西奔上邽轉至姑臧拜武賁中郎將封太原公光死呂紹祕不發喪纂排閤入哭盡哀而出紹懼爲纂所害以位讓之曰兄功高年長宜承大統願兄勿疑纂曰臣雖年長陛下國家之冢嫡不可以私愛而亂大倫紹固以讓纂纂不許之及紹嗣僞位呂超言於紹曰纂統戎積年威震內外臨喪不哀步高視遠觀其舉止亂常恐成大變宜早除之以安社稷紹曰先帝顧命音猶在耳兄弟至親豈有此乎吾弱年而荷大任方賴二兄以寧家國縱其圖我我視死如歸終不忍有此意也卿慎勿過言超曰纂威名素盛安忍無親今不圖之後必噬臍矣紹曰吾每念袁尚兄弟未曾不痛心忘寢食寧坐而死豈忍行之超曰聖人稱知幾其神陛下臨幾不斷臣見大事去矣既而纂見紹於湛露堂超執刀侍紹目纂請收之紹弗許初光欲立弘爲世子會聞紹在仇池乃止弘由是有憾於紹遣尚書姜紀密告纂曰先帝登遐主上闇弱兄總攝內外威恩被于遐邇輒欲遠追廢昌邑之義以兄爲中宗何如纂於是夜率壯士數百踰北城攻廣夏門弘率東苑之衆斫洪範門左衞齊從守融明觀逆問之曰誰也衆曰太原公從曰國有大故主上新立太原公行不由道夜入禁城將爲亂邪因抽劒直前斫纂中額纂左右擒之纂曰義士也勿殺紹遣武賁中郎將呂開率其禁兵距戰於端門驍騎呂超率卒二千赴之衆素憚纂悉皆潰散纂入自青角門升于謙光殿紹登紫閣自殺呂超出奔廣武纂憚弘兵彊勸弘即位弘曰自以紹弟也而承大統衆心不順是以違先帝遺勑慙負黃泉今復越兄而立何面目以視息世間大兄長且賢威名振于二賊宜速即大位以安國家纂以隆安四年遂僭即天王位大赦境內改元爲咸寧謚紹爲隱王以弘爲使持節侍中大都督都督中外諸軍事大司馬車騎大將軍司隸校尉錄尚書事改封番禾郡公其餘封拜各有差纂謂齊從曰卿前斫我一何甚也從泣曰隱王先帝所立陛下雖應天順時而微心未達唯恐陛下不死何謂甚也纂嘉其忠善遇之纂遣使謂征東呂方曰超實忠臣義勇可嘉但不識經國大體權變之宜方賴其忠節誕濟世難可以此意諭之超上疏陳謝纂復其爵位呂弘自以功名崇重恐不爲纂所容纂亦深忌之弘遂起兵東苑劫尹文楊桓以爲謀主請宗燮俱行燮曰老臣受先帝大恩位爲列棘不能殞身授命死有餘罪而復從殿下親爲戎首者豈天地所容乎且智不能謀衆不足恃將焉用之弘曰君爲義士我爲亂臣乃率兵攻纂纂遣其將焦辨擊弘弘衆潰出奔廣武纂縱兵大掠以東苑婦女賞軍弘之妻子亦爲士卒所辱纂笑謂羣臣曰今日之戰何如其侍中房晷對曰天禍涼室釁起戚藩先帝始崩隱王幽逼山陵甫訖大司馬驚疑肆逆京邑交兵友于接刃雖弘自取夷滅亦由陛下無棠棣之義宜考已責躬以謝百姓而反縱兵大掠幽辱士女釁自由弘百姓何罪且弘妻陛下之弟婦也弘女陛下之姪女也奈何使無賴小人辱爲婢妾天地神明豈忍見此遂歔欷悲泣纂改容謝之召弘妻及男女子東宮厚撫之呂方執弘繫獄馳使告纂纂遣力士康龍拉殺之是月立其妻楊氏爲皇后以楊氏父桓爲散騎常侍尚書左僕射涼都尹封金城侯纂將伐禿髮利鹿孤中書令楊穎諫曰夫起師動衆必參之天人苟非其時聖賢所不爲禿髮利鹿孤上下用命國未有釁不可以伐宜繕甲養銳勸課農殖待可乘之機然後一舉蕩滅比年多事公私罄竭不深根固本恐爲患將來願抑赫斯之怒思萬全之算纂不從度浩亹河爲鹿孤弟傉檀所敗遂西襲張掖姜紀諫曰方今盛夏百姓廢農所利既少所喪者多若師至嶺西虜必乘虛寇掠都下宜且迴師以爲後圖纂曰虜無大志聞朕西征正可自固耳今速襲之可以得志遂圍張掖略地建康聞傉檀寇姑臧乃還即序胡安據盜發張駿墓見駿貌如生得眞珠簏琉璃榼白玉樽赤玉簫紫玉笛珊瑚鞭馬腦鍾水陸奇珍不可勝紀纂誅安據黨五十餘家遣使弔祭駿幷繕脩其墓道士句摩羅耆婆言於纂曰潛龍屢出豕犬見妖將有下人謀上之禍宜增脩德政以答天戒纂納之耆婆即羅什之別名也纂游田無度荒耽酒色其太常楊穎諫曰臣聞皇天降鑒惟德是與德由人弘天應以福故勃焉之美奄在聖躬大業已爾宜以道守之廓靈基於日新邀洪福於萬祀自陛下龍飛疆宇未闢崎嶇二嶺之內綱維未振於九州當兢兢夕惕經略四方成先帝之遺志拯蒼生於荼蓼而更飲酒過度出入無恒宴安游盤之樂沉湎樽酒之間不以寇讎爲慮竊爲陛下危之糟丘酒池洛汭不返皆陛下之殷鑒臣蒙先帝夷險之恩故不敢避干將之戮纂曰朕之罪也不有貞亮之士誰匡邪僻之君然昏虐自任終不能改常與左右因醉馳獵於坑澗之間殿中侍御史王回中書侍郎王儒扣馬諫曰千金之子坐不垂堂萬乘之主清道而行奈何去輿輦之安冒奔騎之危銜橜之變動有不測之禍愚臣竊所不安敢以死爭願陛下遠思袁盎攬轡之言不令臣等受譏千載纂不納纂番禾太守呂超擅伐鮮卑思盤思盤遣弟乞珍訴超於纂纂召超將盤入朝超至姑臧大懼自結於殿中監杜尚纂見超怒曰卿恃兄弟桓桓欲欺吾也要當斬卿然後天下可定超頓首不敢纂因引超及其諸臣讌于內殿呂隆屢勸纂酒已至昏醉乘輦車將超等游于內至琨華堂東閤車不得過纂親將竇川駱騰倚劒於壁推車過閤超取劒擊纂纂下車擒超超刺纂洞胷奔于宣德堂川騰與超格戰超殺之纂妻楊氏命禁兵討超杜尚約兵舍杖將軍魏益多入斬纂首以徇曰纂違先帝之命殺害太子荒耽酒獵昵近小人輕害忠良以百姓爲草芥番禾太守超以骨肉之親懼社稷顛覆已除之矣上以安宗廟下爲太子報仇凡我士庶同茲休慶僞巴西公呂他隴西公呂緯時在北城或說緯曰超陵天逆上士衆不附明公以懿弟之親投戈而起姜紀焦辨在南城楊桓田誠在東苑皆我之黨也何慮不濟緯乃嚴兵謂他曰隆超弑逆所宜擊之昔田恒之亂孔子鄰國之臣猶抗言於哀公況今蕭墻有難而可坐觀乎他將從之他妻梁氏止之曰緯超俱兄弟之子何爲舍超助緯而爲禍首乎他謂緯曰超事已立據武庫擁精兵圖之爲難且吾老矣無能爲也超聞登城告他曰纂信讒言將滅超兄弟超以身命之切且懼社稷覆亡故出萬死之計爲國家唱義叔父當有以亮之超弟邈有寵於緯說緯曰纂殘國破家誅戮兄弟隆超此舉應天人之心正欲尊立明公耳先帝之子明公爲長四海顒顒人無異議隆超雖不達臧否終不以孽代宗更圖異望也願公勿疑緯信之與隆超結盟單馬入城超執而殺之初纂嘗與鳩摩羅什棊殺羅什子曰斫胡奴頭羅什曰不斫胡奴頭胡奴斫人頭超小字胡奴竟以殺纂纂在位三年以元興元年死隆既篡位僞謚纂靈皇帝墓號白石陵

隆字永基光弟寶之子也美姿貌善騎射光末拜北部護軍稍歷顯位有聲稱超既殺纂讓位於隆隆有難色超曰今猶乘龍上天豈可中下隆以安帝元興元年遂僭即天王位超先以番禾得小鼎以爲神瑞大赦改元爲神鼎追尊父寶爲文皇帝母衞氏爲皇太后妻楊氏爲皇后以弟超有佐命之勳拜使持節侍中都督中外諸軍事輔國大將軍司隸校尉錄尚書事封安定公隆多殺豪望以立威名內外囂然人不自固魏安人焦朗遣使說姚興將姚碩德曰呂氏因秦之亂制命此州自武皇棄世諸子競尋干戈德刑不恤殘暴是先饑饉流亡死者大半唯泣訴昊天而精誠無感伏惟明公道邁前賢任尊分陝宜兼弱攻昧經略此方救生靈之沉溺布徽政于玉門篡奪之際爲功不難遣妻子爲質碩德遂率衆至姑臧其部將姚國方言於碩德曰今懸師三千後無繼援師之難也宜曜勁鋒示其威武彼以我遠來必決死距戰可一舉而平碩德從之呂超出戰大敗遁還隆收集離散嬰城固守時熒惑犯帝坐有羣雀鬬于太廟死者數萬東人多謀外叛將軍魏益多又唱動

羣心乃謀殺隆超事發誅之死者三百餘家於是羣臣表求與姚興通好隆弗許呂超諫曰通塞有時艱泰相襲孫權屈身於魏譙周勸主迎降豈非大丈夫哉勢屈故也天錫承七世之資樹恩百載武旅十萬盈朝秦師臨境識者導以見機而愎諫自專社稷爲墟前鑒不遠我之元龜也何惜尺書單使不以危易安且令卑辭以退敵然後內脩德政廢興由人未損大略隆曰吾雖常人屬當家國之重不能嗣守成基保安社稷以太祖之業委之於人何面目見先帝於地下超曰應龍以屈伸爲靈大人以知幾爲美今連兵積歲資儲內盡强寇外逼百姓嗷然無糊口之寄假使張陳韓白亦無如之何陛下宜思權變大綱割區區常慮苟卜世有期不在和好若天命去矣宗族可全隆從之乃請降碩德表隆爲使持節鎭西大將軍涼州刺史建康公於是遣母弟愛子文武舊臣慕容筑楊穎史難閻松等五十餘家質于長安碩德乃還姚興謀臣皆曰隆藉伯父餘資制命河外今雖飢窘尚能自支若將來豐贍終非國有涼州險絕世難先違道清後順不如因其飢弊而取之興乃遣使來觀虛實沮渠蒙遜又伐隆隆擊敗之蒙遜請和結盟留穀萬餘斛以振飢人姑臧穀價踊貴斗值錢五千文人相食餓死者十餘萬口城門晝閉樵採路絕百姓請出城乞爲夷虜奴婢者日有數百隆懼沮動人情盡坑之於是積尸盈于衢路禿髮傉檀及蒙遜頻來伐之隆以二寇之逼也遣超率騎二百多齎珍寶請迎于姚興興乃遣其將齊難等步騎四萬迎之難至姑臧隆素車白馬迎于道旁使呂肩告光廟曰陛下往運神略開建西夏德被蒼生威振遐裔枝嗣不臧迭相篡弒二虜交逼將歸東京謹與陛下奉訣於此歔欷慟泣酸感興軍隆率戶一萬隨難東遷至長安興以隆爲散騎常侍公如故超爲安定太守文武三十餘人皆擢敘之其後隆坐與子弼謀反爲興所誅呂光以孝武太元十二年定涼州十五年僭立至隆凡十有三載以安帝元興三年滅

史臣曰自晉室不綱中原蕩析苻氏垂釁竊號神州世明委質僞朝位居上將爰以心膂受脈遐征鐵騎如雲出玉門而長騖琱戈耀景捐金丘而一息藂爾夷陬承風霧卷宏圖壯節亦足稱焉屬永固運銷羣雄競起班師右地便有覬覦於是要結六戎潛窺鷹鼎并吞五郡遂假鴻名控黃河以設險負玄漠而爲固自謂克昌霸業貽厥孫謀壽而耄及政昏親離衆叛瞑目甫爾釁發蕭牆紹纂凡才負乘致寇弘超兇狡職爲亂階永基庸庸面縛姚氏昔竇融歸順榮煥累葉隗囂干紀靡終身世而光棄茲勝躅遵彼覆車十數年間終致殘滅向使矯邪歸正革僞爲忠鳴檄而蕃晉朝仗義而誅醜虜則燕秦之地可定桓文之功可立郭磨段業豈得肆其姦蒙遜烏孤無所窺其隙矣而猥竊非據何其謬哉夫天地之大德曰生聖人之大寶曰位非其人而處其位者其禍必速在其位而忘其德者其殃必至天鑒非遠庸可濫乎

贊曰金行不競寶業斯屯瓜分九寓沴聚三秦呂氏何隙欺我人神天命難假終亦傾淪

晉書卷一百二十二考證

呂光載記大饗羣臣遣其子左將軍他武賁中郎將纂討北虜匹勤於三巖山○下文他妻梁氏止之曰緯超俱兄弟之子是他爲光弟非光子也後涼錄作遣弟左將軍他子武賁中郎將纂可証其誤

時年六十三在位十年○後涼錄光生於咸康四年歲在戊戌則距隆安三年歲在己亥當爲六十二歲綱目晉孝武帝太元十一年丙戌十二月呂光自稱酒泉公十四年己丑二月呂光自稱三河王至是年己亥亦爲十四年此云在位十年蓋以稱王之年言之也

呂纂載記卽序胡安據盜發張駿墓○後涼錄云涼州人胡據注云一作卽序不知何解又一本作胡安枚令今存以俟考

晉書卷一百二十三

唐　太　宗　文　皇　帝　御　撰

載記第二十三

慕容垂

慕容垂字道明皝之第五子也少岐嶷有器度身長七尺四寸手垂過膝皝甚寵之常目而謂諸弟曰此兒闊達好奇終能破人家或能成人家故名霸字道業恩遇踰于世子儁故儁不能平之以滅宇文之功封都鄉侯石季龍來伐既還猶有兼并之志遣將鄧恒率衆數萬屯于樂安營攻取之備垂戍徒河與恒相特恒憚而不敢侵垂少好畋游因獵墜馬折齒慕容儁僭卽王位改名鈌外以慕郤鈌爲名內實惡而改之尋以讖記之文乃去夬以垂爲名焉石季龍之死也趙魏亂垂謂儁曰時來易失赴機在速兼弱攻昧今其時矣儁以新遭大喪不許慕輿根言於儁曰王子之言千載一時不可失也儁乃從之以垂爲前鋒都督儁既剋幽州將坑降卒垂諫曰弔伐之義先代常典今方平中原宜綏懷以德坑戮之刑不可爲王師之先聲儁從之及儁僭稱尊號封垂吳王徙鎭信都以侍中右禁將軍錄留臺事大收東北之利又爲征南將軍荊兗二州牧有聲于梁楚之南再爲司隸僞王公已下莫不累迹時慕容暐嗣僞位慕容恪爲太宰恪甚重垂常謂暐曰吳王將相之才十倍於臣先帝以長幼之次以臣先之臣死之後願陛下委政吳王可謂親賢兼舉及敗桓溫于枋頭威名大振慕容評深忌惡之乃謀誅垂垂懼禍及己與世子全奔于苻堅自恪卒後堅密有圖暐之謀憚垂威名而未發及聞其至堅大悅郊迎執手禮之甚重堅相王猛惡垂雄略勸堅殺之堅不從以爲冠軍將軍封賓都侯食華陰之五百戶王猛伐洛引全爲參軍猛乃令人詭傳垂語於全曰吾已東還汝可爲計也全信之乃奔暐猛表全叛狀垂懼而東奔及藍田爲追騎所獲堅引見東堂慰勉之曰卿家國失和委身投朕賢子志不忘本猶懷首丘書不云乎父父子子無相及也卿何爲過懼而狼狽若斯也於是復垂爵位恩待如初及堅擒暐垂隨堅入鄴收集諸子對之悲慟見其故吏有不悅之色前郎中令高弼私於垂曰大王以命世之姿遭無妄之運迍邅棲伏艱亦至矣天啓嘉會靈命暫遷此乃鴻漸之始龍變之初深願仁慈有以慰之且夫高世之略必懷遺俗之規方當網漏吞舟以弘苞養之義收納舊臣之胄以成爲山之功奈何以一怒捐之竊爲大王不取垂深納之垂在堅朝歷位京兆尹進封泉州侯所在征伐皆有大功堅之敗於淮南也垂軍獨全堅以千餘騎奔垂垂世子寶言於垂曰家國傾喪皇綱廢弛至尊明命著之圖籙當隆中興之業建少康之功但時來之運未至故韜光俟奮耳今天厭亂德凶衆土崩可謂乾啓神機授之于我千載一時今其會也宜恭承皇天之意因而取之且夫立大功者不顧小節行大仁者不念小惠秦既蕩覆二京竊辱神器仇恥之深莫甚於此願不以意氣微恩而忘社稷之重五木之祥今其至矣垂曰汝言是也然彼以赤心投命若何害之苟天所棄圖之多便且縱令北還更待其釁既不負宿心可以義取天下垂弟德進曰夫鄰國相吞有自來矣秦强而并燕秦弱而圖之此爲報仇雪辱豈所謂負宿心也昔鄧祁侯不納三甥之言終爲楚所滅吳王夫差違子胥之諫取禍句踐前事之不忘後事之師表也願不棄湯武之成蹤追韓信之敗迹乘彼土崩恭行天罰斬逆氐復宗祀建中興繼洪烈天下大機弗宜失也若釋數萬之衆授干將之柄是郤天時而待後害非至計也語曰當斷不斷反受其亂願兄無疑垂曰吾昔爲太傅所不容投身於秦主又爲王猛所譖復見昭亮國士之禮每深報德之分未一如使秦運必窮歷數歸我者授首之便何慮無之關西之地會非吾有自當有擾之者吾可端拱而定關東君子不怙亂不爲禍先且可觀之乃以兵屬堅初寶在長安與韓黃李根等因讌樗蒲寶危坐整容誓之曰世云樗蒲有神豈虛也哉若富貴可期頻得三盧於是三擲盡盧寶拜而受賜故云五木之祥堅至澠池垂請至鄴展拜陵墓因張國威刑以安戎狄堅許之權翼諫曰垂爪牙名將所謂今之韓白世豪東夏志不爲人用頃以避禍歸誠非慕德而至列土干城未可以滿其志冠軍之號豈足以稱其心且垂猶鷹也飢則附人飽便高颺遇風塵之會必有淩霄之志惟宜急其羈靽不可任其所欲堅不從遣其將李蠻閔亮尹國率衆三千送垂又遣石越戍鄴張蚝戍并州時堅子丕先在鄴及垂至丕館之于鄴西垂具說淮南敗狀會堅將苻暉告丁零翟斌聚衆謀逼洛陽丕謂垂曰翟斌兄弟因王師小失敢肆凶勃子母之軍殆難爲敵非冠軍英略莫可以滅也欲相煩一行可乎垂曰下官殿下之鷹犬敢不惟命是聽於是大賜金帛一無所受惟請舊田園丕許之配垂兵二千遣其將苻飛龍率氐騎一千爲垂之副丕戒飛龍曰卿王室肺腑年秩雖卑其實帥也垂爲三軍之統卿爲謀垂之主用兵制勝之權防微杜貳之略委之於卿卿其勉之垂請入鄴城拜廟丕不許乃潛服而入亭吏禁之垂怒斬吏燒亭而去石越言於丕曰垂之在燕破國亂家及投命聖朝蒙超常之遇忽敢輕侮方鎭殺吏焚亭反形已露終爲亂階將老兵疲可襲而取之矣丕曰淮南之敗衆散親離而垂侍衞聖躬誠不可忘越曰垂既不忠於燕其肯盡忠於我乎且其亡虜也主上寵同功舊不能銘澤誓忠而首謀爲亂今不擊之必爲後害丕不從越退而告人曰公父子好存小仁不顧天下大計吾屬終當爲鮮卑虜矣垂至河內殺飛龍

悉誅氐兵召募遠近衆至三萬濟河焚橋令曰吾本外假秦聲內規興復亂法者軍有常刑奉命者賞不踰日天下旣定封爵有差不相負也翟斌聞垂之將濟河也遣使推垂爲盟主垂距之曰吾父子寄命秦朝危而獲濟荷主上不世之恩蒙更生之惠雖曰君臣義深父子豈可因其小隙便懷二三吾本救豫州不赴君等何爲斯議而及於我垂進欲襲據洛陽故見苻暉以臣節退又未審斌之誠款故以此言距之垂至洛陽暉閉門距守不與垂通斌又遣長史河南郭通說垂乃許之斌率衆會垂勸稱尊號垂曰新興侯國之正統孤之君也若以諸君之力得平關東當以大義喻秦奉迎反正無上自尊非孤心也謀于衆曰洛陽四面受敵北阻大河至於控馭燕趙非形勝之便不如北取鄴都據之以制天下衆咸以爲然乃引師而東遣建威將軍王騰起浮橋于石門初垂之發鄴中子農及兄子楷紹弟子宙爲苻丕所留及誅飛龍遣田生密告農等使起兵趙魏以相應於是農宙奔列人楷紹奔辟陽衆咸應之農西招庫辱官偉于上黨東引乞特歸于東阿各率衆數萬赴之衆至十餘萬丕遣石越討農爲農所敗斬越于陣垂引兵至滎陽以太元八年自稱大將軍大都督燕王承制行事建元曰燕元令稱統府府置四佐王公已下稱臣凡所封拜一如王者以翟斌爲建義大將軍封河南王翟檀爲柱國大將軍弘農王弟德爲車騎大將軍范陽王兄子楷征西大將軍太原王衆至二十餘萬濟自石門長驅攻鄴農楷紹宙等率衆會垂立子寶爲燕王太子封功臣爲公侯伯子男者百餘人苻丕乃遣侍郎姜讓謂垂曰往歲大駕失據君保衞鑾輿勤王誠義邁蹤前烈宜述修前規終忠貞之節奈何棄崇山之功爲此過舉過貴能改先賢之嘉事也深宜詳思悟猶未晚垂謂讓曰孤受主上不世之恩故欲安全長樂公使盡衆赴京師然後脩復國家之業與秦永爲鄰好何故闇於機運不以鄴見歸也大義滅親況於意氣之顧公若迷而不返者孤亦欲窮兵勢耳今事已然恐單馬乞命不可得也讓厲色責垂曰將軍不容於家國投命於聖朝燕之尺土將軍豈有分乎主上與將軍風殊類別臭味不同奇將軍於一見託將軍以斷金寵踰宗舊任齊懿藩自古君臣冥契之重豈甚此邪方付將軍以六尺之孤萬里之命奈何王師小敗便有二圖夫師起無名終則弗成天之所廢人不能支將軍起無名之師而欲興天所廢竊未見其可長樂公主上之元子聲德邁於唐

衞居陝東之任爲朝廷維城其可束手輸將軍以百城之地大夫死王事國君死社稷將軍欲裂冠毀冕拔本塞源者自可任將軍兵勢何復多云但念將軍以七十之年懸首白旗高世之忠忽爲逆鬼竊爲將軍痛之垂默然左右勸垂殺之垂曰古者兵交使在其間犬各吠非其主何所問也乃遣讓歸垂上表於苻堅曰臣才非古人致禍起蕭墻身嬰時難歸命聖朝陛下恩深周漢猥叨微顧之遇位爲列將爵忝通侯誓在戮力輸誠常懼不及去夏桓沖送死一擬雲消迴討郎城俘馘萬計斯誠陛下神算之奇頗亦愚臣忘死之效方將飲馬桂洲懸旌閩會不圖天助亂德大駕班師陛下單馬奔臣臣奉衞匪貳豈陛下聖明鑒臣單心皇天后土實亦知之臣奉詔北巡受制長樂然丕外失衆心內多猜忌令臣野次外庭不聽謁廟丁零逆豎寇逼豫州丕迫臣單赴限以師程惟給弊卒二千盡無兵杖復令飛龍潛爲刺客及至洛陽平原公暉復不信納臣竊惟進無淮陰功高之慮退無李廣失利之愆懼有青蠅交亂白黑丁零夷夏以臣忠而見疑乃推臣爲盟主臣受託善始不遂令終泣望西京揮涕即邁軍次石門所在雲赴雖復周武之會於孟津漢祖之集於垓下不期之衆實有甚焉欲令長樂公盡衆赴難以禮發遣而丕固守匹夫之志不達變通之理臣息農收集故營以備不虞而石越傾鄴城之衆輕相掩襲兵陣未交越已隕首臣旣單車懸軫歸者如雲斯實天符非臣之力且鄴者臣國舊都應即惠及然後西面受制永守東藩上成陛下遇臣之意下全愚臣感報之誠今進師圍鄴并諭丕以天時人事而丕不察機運杜門自守時出挑戰鋒戈屢交恒恐飛矢誤中以傷陛下天性之念臣之此誠未簡神聽輒遏兵止銳不敢窮攻夫運有推移去來常事惟陛下察之堅報曰朕以不德忝承靈命君臨萬邦三十年矣遐方幽裔莫不來庭惟東南一隅敢違王命朕爰奮六師恭行天罰而玄機不弔王師敗績賴卿忠誠之至輔翼朕躬社稷之不隕卿之力也詩云中心藏之何日忘之方任卿以元相爵卿以郡侯庶弘濟艱難敬酬勳烈何圖伯夷忽毀冰操柳惠倏爲淫夫覽表惋然有慚朝士卿旣不容於本朝匹馬而投命朕則寵卿以將位禮卿以上賓任同舊臣爵齊勳輔歃血斷金披心相付謂卿食椹懷音保之偕老豈意畜水覆舟養獸反害悔之噬臍將何所及誕言駭衆誇擬非常周武之事豈卿庸人所可論哉失籠之鳥非羅所羈脫網之鯨豈罟所制翹

陸任懷何煩聞也念卿垂老老而爲賊生爲叛臣死爲逆鬼侏張幽顯布毒存亡中原士女何痛如之朕之歷運興喪豈復由卿但長樂平原以未立之年遇卿於兩都慮其經略未稱朕心所恨者此焉而已垂攻拔鄴郛丕固守中城垂塹而圍之分遣老弱於魏郡肥鄉築新興城以置輜重擁漳水以灌之翟斌潛諷丁零及西人請斌爲尚書令垂訪之羣僚其安東將軍封衡厲色曰馬能千里不免羈絆明畜生不可以人御也斌戎狄小人遭時際會兄弟封王自驩兜已來未有此福忽履盈忘止復有斯求魂爽錯亂必死不出年也垂猶隱忍容之令曰翟王之功宜居上輔但臺旣未建此官不可便置待六合廓清更當議之斌怒密應苻丕潛使丁零決防潰水事洩垂誅之斌兄子眞率其部衆北走邯鄲引兵向鄴欲與丕爲內外之勢垂令其太子寶冠軍慕容隆擊破之眞自邯鄲北走又使慕容楷率騎追之戰于下邑爲眞所敗眞遂屯于承營垂謂諸將曰苻丕窮寇必死守不降丁零叛擾乃我心腹之患吾欲遷師新城開其逸路進以謝秦王疇昔之恩退以嚴擊眞之備於是引師去鄴北屯新城慕容農進攻翟嵩于黃泥破之垂謂其范陽王德曰苻丕吾縱之不能去方引晉師規固鄴都不可置也進師又攻鄴開其西奔之路垂將有北都中山之意農率衆數萬迎之羣僚聞慕容暐爲苻堅所殺勸垂僭位垂以慕容沖稱號關中不許晉龍驤將軍劉牢之率衆救苻丕至鄴垂逆戰敗績遂徹鄴圍退屯新城垂自新城北走牢之追垂連戰皆敗又戰于五橋澤王師敗績德及隆引兵要之于五丈橋牢之馳馬跳五丈澗會苻丕救至而免翟眞去承營徙屯行唐眞司馬鮮于乞殺眞盡誅翟氏自立爲趙王營人攻殺乞迎立眞從弟成爲主眞子遼奔黎陽高句驪寇遼東垂平北慕容佐遣司馬郝景率衆救之爲高句驪所敗遼東玄菟遂沒建節將軍徐巖叛于武邑驅掠四千餘人北走幽州垂馳敕其將平規曰但固守勿戰比破丁零吾當自討之規違命距戰爲巖所敗巖乘勝入薊掠千餘戶而去所過寇暴遂據令支翟成長史鮮于得斬成而降垂入行唐悉坑其衆苻丕棄鄴城奔于幷州慕容農攻尅令支斬徐巖兄弟進伐高句驪復遼東玄菟二郡還屯龍城垂定都中山羣僚勸即尊號具典儀修郊燎之禮垂從之以太元十一年僭即位赦其境內改元曰建興置百官繕宗廟社稷立寶爲太子以其左長史庫辱官偉右長史段崇龍驤張崇中山尹封衡爲吏

部尚書慕容德爲侍中都督中外諸軍事領司隸校尉撫軍慕容麟爲衞大將軍其餘拜授有差追尊母蘭氏爲文昭皇后遷皝后段氏以蘭氏配饗博士劉詳董謐議以堯母妣位第三不以貴陵姜嫄明聖王之道以至公爲先垂不從遣其征西慕容楷衞軍慕容麟鎭南慕容紹征虜慕容宙等攻苻堅冀州牧苻定鎭東苻紹幽州牧苻謨鎭北苻亮楷與定等書喻以禍福定等悉降垂留其太子寶守中山率諸將南攻翟遼以楷爲前鋒都督遼之部衆皆燕趙人也咸曰太原王之子吾之父母相率歸附遼懼遣使請降垂至黎陽遼肉袒謝罪垂厚撫之爲其太子寶起承華觀以寶錄尚書政事巨細皆委之垂總大綱而已立其夫人段氏爲皇后又以寶領侍中大單于驃騎大將軍幽州牧建留臺于龍城以高陽王慕容隆錄留臺尚書事時慕容暐及諸宗室爲苻堅所害者並招魂葬之清河太守賀耕聚衆定陵以叛南應翟遼慕容農討斬之毀定陵城進師入鄴以鄴城廣難固築鳳陽門大道之東爲隔城其尚書郎婁會上疏曰三年之喪天下之達制兵荒殺禮遂以一切取士人心奔競苟求榮進至乃身冒縗絰以赴時役豈必殉忠於國家亦昧利於其間也聖王設教不以顚沛而虧其道不以喪亂而變其化故能杜豪競之門塞奔波之路陛下鍾百王之季廓中興之業天下漸平兵革方偃誠宜蠲蕩瑕穢率由舊章吏遭大喪聽終三年之禮則四方知化人斯服禮垂不從翟遼死子釗代立攻逼鄴城慕容農擊定之垂引師伐釗于滑臺次于黎陽津釗於南岸距守諸將惡其兵精咸諫不宜濟河垂笑曰豎子何能爲吾今爲卿等殺之遂徙營就西津爲牛皮船百餘艘載疑兵列杖溯流而上釗先以大衆備黎陽見垂向西津乃棄營西距垂潛遣其桂林王慕容鎭驃騎慕容國於黎陽津夜濟壁于河南釗聞而奔還士衆疲渴走歸滑臺釗攜妻子率數百騎北趣白鹿山農追擊盡擒其衆釗單騎奔長子釗所統七郡戶三萬八千皆安堵如故徙徐州流人七千餘戶于黎陽於是議征長子諸將咸諫以慕容永未有釁連歲征役士卒疲怠請俟他年垂將從之及聞慕容德之策笑曰吾計決矣且吾投老扣囊底智足以尅之不復留逆賊以累子孫也乃發步騎七萬遣其丹陽王慕容瓚龍驤張崇攻永弟支于晉陽永遣其將刁雲慕容鍾率衆五萬屯潞川垂遣慕容楷出自滏口慕容農入自壺關垂頓于鄴之西南月餘不進永謂垂詭道伐之乃攝諸軍還杜太行

軹關垂進師入自天井關至于壺壁永率精兵五萬來距阻河曲以自固馳使請戰垂列陣于壺壁之南農楷分二爲翼慕容國伏千兵于深澗與永大戰垂引軍僞退永追奔數里國發伏兵馳斷其後楷農夾擊之永師大敗斬首八千餘級永奔還長子慕容瓚攻尅晉陽垂進圍長子永將賈韜等潛爲內應垂進軍入城永奔北門爲前驅所獲於是數而戮之幷其所署公卿刁雲等三十餘人永所統新舊八郡戶七萬六千八百及乘輿服御伎樂珍寶悉獲之於是品物具矣使慕容農略地河內攻廩丘陽城皆尅之太山瑯邪諸郡皆委城奔潰農進師臨海置守宰而還垂告捷于龍城之廟遣其太子寶及農與慕容麟等率衆八萬伐魏慕容德慕容紹以步騎一萬八千爲寶後繼魏聞寶將至徙往河西寶進師臨河懼不敢濟還次參合忽有大風黑氣狀若隄防或高或下臨覆軍上沙門支曇猛言於寶曰風氣暴迅魏軍將至之候宜遣兵禦之寶笑而不納曇猛固以爲言乃遣麟率騎三萬爲後殿以禦非常麟以曇猛言爲虛縱騎遊獵俄而黃霧四塞日月晦明是夜魏師大至三軍奔潰寶與德等數千騎奔免士衆還者十一二紹死之初寶至幽州所乘車軸無故自折術士靳安以爲大凶固勸寶還寶怒不從故及於敗寶恨參合之敗屢言魏有可乘之機慕容德亦曰魏人狃于參合之役有陵太子之心宜及聖略摧其銳志垂從之留德守中山自率大衆出參合鑿山開道次于獵嶺遣寶與農出天門征北慕容隆征西慕容盛踰青山襲魏陳留公泥于平城陷之收其衆三萬餘人而還垂至參合見往年戰處積骸如山設弔祭之禮死者父兄一時號哭軍中皆慟垂慚憤歐血因而寢疾乘馬輿而進過平城北三十里疾篤築燕昌城而還寶等至雲中聞垂疾皆引歸及垂至于平城或有叛者奔告魏曰垂病已亡輿尸在軍魏又聞參合大哭以爲信然乃進兵追之知平城已陷而退還館陰山垂至上谷之沮陽以太元二十一年死時年七十一凡在位十三年遺令曰方今禍難尚殷喪禮一從簡易朝終夕殯事訖成服三日之後釋服從政彊寇伺隙秘勿發喪至京然後舉哀行服寶等遵行之僞謚成武皇帝廟號世祖墓曰宣平陵

晉書卷一百二十三考證

慕容垂載記慕容垂字道明○一本作字叔仁小字阿六敦以太元八年自稱大將軍大都督燕王○綱目作晉孝武帝太元九年

晉書卷一百二十四

唐　太　宗　文　皇　帝　御　撰

載記第二十四

慕容寶　慕容盛　慕容熙　慕容雲

慕容寶字道祐垂之第四子也少輕果無志操好人佞已苻堅時爲太子洗馬萬年令堅淮肥之役以寶爲陵江將軍及爲太子砥礪自脩敦崇儒學工談論善屬文曲事垂左右小臣以求美譽垂之朝士翕然稱之垂亦以爲克保家業甚賢之垂死其年寶嗣僞位大赦境內改元爲永康以其太尉庫辱官偉爲太師左光祿大夫段崇爲太保其餘拜授各有差遵垂遺令校閱戶口罷諸軍營分屬郡縣定士族舊籍明其官儀而法峻政嚴上下離德百姓思亂者十室而九焉初垂以寶冢嗣未建每憂之寶庶子清河公會多才藝有雄略垂深奇之及寶之北伐使會代攝宮事總錄禮遇一同太子所以見定旨也垂之伐魏以龍城舊都宗廟所在復使會鎮幽州委以東北之重高選僚屬以崇威望臨死顧命以會爲寶嗣而寶寵愛少子濮陽公策意不在會寶庶長子長樂公盛自以同生年長恥會先之乃盛稱策宜爲儲貳而非毀會焉寶大悅乃訪其趙王麟高陽王隆麟等咸希旨贊成之寶遂與麟等定計立策母段氏爲皇后策爲皇太子盛會進爵爲王策字道符年十一美姿貌而惷弱不慧魏伐幷州驃騎李農逆戰敗績還于晉陽司馬慕容嵩閉門距之農率騎數千奔歸中山行及潞川爲魏追軍所及餘騎盡沒單馬遁還寶引羣臣于東堂議之中山尹苻謨曰魏軍强盛千里轉鬭乘勝而來勇氣兼倍若逸騎平原形勢彌盛殆難爲敵宜杜險距之中書令眭邃曰魏軍多騎師行剽銳馬上齎糧不過旬日宜令郡縣聚千家爲一堡深溝高壘清野待之至無所掠資食無出不過六旬自然窮退尚書封懿曰今魏師十萬天下之勍敵也百姓雖欲營聚不足自固是則聚糧集兵以資强寇且動衆心示之以弱阻關距戰計之上也慕容麟曰魏今乘勝氣銳其鋒不可當宜自完守設備待其弊而乘之於是脩城積粟爲持久之備魏攻中山不尅進據博陵魯口諸將望風奔退郡縣悉降于魏寶聞魏有內難乃盡衆出距步卒十二萬騎三萬七千次于曲陽栢肆魏軍進至新梁寶憚魏師之銳乃遣征北隆夜襲魏師敗績而還魏軍方軌而至對營相持上下兇懼三軍奪氣農麟勸寶還中山乃引歸魏軍追擊之寶農等棄大軍率騎三萬奔還時大風雪凍死者相枕於道寶恐爲魏軍所及命去袍杖戎器寸刃無返魏軍進攻中山屯于芳林園其夜尚書慕容皓謀殺寶立慕容麟皓妻兄蘇泥告之寶使慕容隆收皓皓與同謀數十人斬關奔魏麟懼不自安以兵劫左衞將軍北地王精謀率禁旅弑寶精以義距之麟怒殺精出奔丁零初寶聞魏之來伐也使慕容會率幽幷之衆赴中山麟既叛寶恐其逆奪會軍將遣兵迎之麟侍郎段平子自丁零奔還說麟招集丁零軍衆甚盛謀襲會軍東據龍城寶與其太子策及農隆等萬餘騎迎會于薊以開封公慕容詳守中山會傾身誘納繕甲厲兵步騎二萬列陣而進迎寶薊南寶分其兵給農隆遣西河公庫辱官驥率衆三千助守中山會以策爲太子有恨色寶以告農隆俱曰會一年少專任方事習驕所致豈有他也臣當以禮責之幽平之士皆懷會威德不樂去之咸請曰清河王天資神武權畧過人臣等與之誓同生死感王恩澤皆勇氣百倍願陛下與皇太子諸王止駕薊宮使王統臣等進解京師之圍然後奉迎車駕寶左右皆害其勇畧譖而不許衆咸有怨言左右勸寶殺會侍御史仇尼歸聞而告會曰左右密謀如是主上將從之大王所恃唯父母也父已異圖所杖者兵也兵已去手進退路窮恐無自全之理盍誅二王廢太子大王自處東宮兼領將相以匡社稷會不從寶謂農隆曰觀會爲變事當必然宜早殺之不爾恐成大禍農曰寇賊內侮中州分亂會鎮撫舊都安衆寧境及京師有難萬里星赴威名之重可以振服戎狄又逆跡未彰宜且隱忍今社稷之危若綴旒然復內相誅戮有損威望寶曰會逆心已成而王等仁慈不欲去之恐一旦釁發必先害諸父然後及吾事敗之後當思朕言農等固諫乃止會聞之彌懼奔于廣都黃榆谷會遣仇尼歸等率壯士二千餘人分襲農隆隆是夜見殺農中重創既而會歸于寶寶意在誅會誘而安之潛使左衞慕容騰斬會不能傷會復奔其衆於是勒兵攻寶寶率數百騎馳如龍城會率衆追之遣使請誅左右佞臣幷求太子寶弗許會圍龍城侍御郎高雲夜率敢死士百餘人襲會敗之衆悉逃散單馬奔還中山乃踰圍而入爲慕容詳所殺詳僭稱尊號置百官改年號荒酒奢淫殺戮無度誅其王公以下五百餘人內外震局莫敢忤視城中大飢公卿餓死者數十人麟率丁零之衆入中山斬詳及其親黨三百餘人復僭稱尊號中山飢甚麟出據新市與魏師戰于義臺麟軍敗績魏師遂入中山麟乃奔鄴慕容德遣侍郎李延勸寶南伐寶大悅慕容盛切諫以爲兵疲師老魏新平中原宜養兵觀釁更俟他年寶將從之撫軍慕輿騰進曰今衆旅已集宜乘新定之機以成進取之功人可使由之而難與圖始惟當獨決聖慮不足廣採異同以沮亂軍議也寶曰吾計決矣敢諫者斬寶發龍城以慕輿騰爲前軍大司馬慕容農爲中軍寶爲後軍步騎三萬次于乙連長上段速骨宋赤眉因衆軍之憚役也殺司空樂浪王宙逼立高陽王崇寶單騎奔農仍引軍討速骨衆咸憚征幸亂投杖奔之騰衆亦潰寶農馳還龍城蘭汗潛與速骨通謀速骨進師攻城農爲蘭汗所譎潛出赴賊爲速骨所殺衆皆奔散寶與慕容盛慕容騰等南奔蘭汗奉太子策承制遣使迎寶及于薊城寶欲還北盛等咸以汗之忠款虛實未明今單馬而還汗有貳志者悔之無及寶從之乃自薊而南至黎陽聞慕容德稱制懼而退遣慕容騰招集散兵于鉅鹿慕容盛結豪桀于冀州段儀段溫收部曲于內黃衆皆響會剋期將集會蘭汗遣左將軍蘇超迎寶寶以汗垂之季舅盛又汗之壻也必謂忠款無貳乃還至龍城汗引寶入于外邸弑之時年四十四在位三年即隆安三年也汗又殺其太子策及王公卿士百餘人汗自稱大都督大將軍大單于昌黎王盛僭位僞謚寶惠愍皇帝廟號烈宗皝之遷于龍城也植松爲社主及秦滅燕大風吹拔之後數年社處忽有桑二根生焉先是遼川無桑及廆通于晉求種江南平州桑悉由吳來廆終而垂以吳王中興寶之將敗大風又拔其一

盛字道運寶之庶長子也少沈敏多謀畧苻堅誅慕容氏盛潛奔于沖及沖稱尊號有自得之志賞罰不均政令不明盛年十二謂叔父柔曰今中山王智不先衆才不出下恩未施人先自驕大以盛觀之鮮不覆敗俄而沖爲段木延所殺盛隨慕容永東如長子謂柔曰今崎

嵎於鋒刃之間在疑忌之際愚則爲人所猜智則危甚巢幕當如鴻鵠高飛一舉萬里不可坐待罟網也於是與柔及弟會間行東歸于慕容垂遇盜陝中盛曰我六尺之軀入水不溺在火不焦汝欲當吾鋒乎試豎爾手中箭百步我若中之宜慎爾命如其不中當束手相授盜乃豎箭盛一發中之盜曰郎貴人之子故相試耳賫而遺之歲餘永誅儁垂之子孫男女無遺盛旣至垂問以西事畫地成圖垂笑曰昔魏武撫明帝之首遂乃侯之祖之愛孫有自來矣於是封長樂公驍勇剛毅有伯父全之風烈寶卽僞位進爵爲王寶自龍城南伐盛留統後事及段速骨作亂馳出迎衞寶幾爲速骨所獲賴盛以免盛屢進奇策於寶寶不能從是以屢敗寶旣如龍城盛留在後寶爲蘭汗所殺盛馳進赴哀將軍張眞固諫以爲不可盛曰我今投命告以哀窮汗性愚近必顧念婚姻不忍害我旬月之間足展吾志遂入赴喪汗妻乙氏泣涕請盛汗亦哀之遣其子穆迎盛舍之宮內親敬如舊汗兄提弟難勸汗殺盛汗不從慕容奇汗之外孫也汗亦宥之奇入見盛遂相與謀盛遣奇起兵于外衆至數千汗遣蘭提討奇提驕佷淫荒事汗無禮盛因間之於汗曰奇小兒也未能辦此必內有應之者提素驕不可委以大衆汗因發怒收提誅之遣其撫軍仇尼慕率衆討奇汗兄弟見提之誅莫不危懼皆沮兵背汗襲敗慕軍汗大懼遣其子穆率衆討之穆謂汗曰慕容盛我之仇也奇今起逆盛必應之兼內有蕭墻之難不宜養心腹之疾汗將誅盛引見察之盛妻以告於是僞稱疾篤不復出入汗乃止有李旱衞雙劉志張豪張眞者皆盛之舊昵蘭穆引爲腹心旱等屢入見盛潛結大謀會穆討蘭難等斬之大饗將士汗穆皆醉盛夜因如廁袒而踰墻入于東宮與李旱等誅穆衆皆踴呼進攻汗斬之汗二子魯公和陳公楊分屯令支白狼遣李旱張眞襲誅之於是內外怗然士女咸悅盛謙揖自卑不稱尊號其年以長樂王稱制赦其境內改元曰建平諸王降爵爲公文武各復舊位初慕容奇聚衆于建安將討蘭汗百姓翕然從之汗遣兄子全討奇奇擊滅之進屯乙連盛旣誅汗命奇罷兵奇遂與丁零嚴生烏丸王龍之阻兵叛盛引軍至橫溝去龍城十里盛出兵擊敗之執奇而還斬龍生等百餘人盛於是僭卽尊位大赦殊死已下追尊伯考獻莊太子全爲獻莊皇帝尊寶后段氏爲皇太后全妃丁氏爲獻莊皇后諡太子策爲獻哀太子盛幽州刺史慕容豪尚書左僕射張通昌黎尹張順謀叛盛皆誅之改年爲長樂有犯罪者十日一自決之無撾捶之罰而獄情多實高句驪王安遣使貢方物有雀素身綠首集于端門栖翔東園二旬而去改東園爲白雀園盛聽詩歌及周公之事顧謂羣臣曰周公之輔成王不能以至誠感上下誅兄弟以杜流言猶擅美於經傳歌德於管絃至於我之太宰桓王承百王之季主在可奪之年二寇闚闞難過往日臨朝輔政羣情緝穆經略外敷闢境千里以禮讓維宗親德刑制羣后敦睦雍熙時無二論勳道之茂豈可與周公同日而言乎而燕詠闕而不論盛德掩而不述非所謂也乃命中書更爲燕頌以述恪之功焉又引中書令常忠尚書陽璆祕書監郎敷于東堂問曰古來君子皆謂周公忠聖豈不謬哉璆曰周公居攝政之重而能達君臣之名及流言之謗致烈風以悟主道契神靈義光萬代故累葉稱其高後王無以奪其美盛曰常令以爲何如忠曰昔武王疾篤周公有請命之誠流言之際義感天地楚撻伯禽以訓就王德周公爲臣之忠聖達之美詩書已來未之有也盛曰異哉二君之言朕見周公之詐未見其忠聖也昔武王得九齡之夢白文王文王曰我百爾九十吾與爾三焉及文王之終已驗武王之壽矣武王之算未盡而求代其死是非詐乎若惑於天命是不聖也據攝天位而丹誠不見致兄弟之間有干戈之事夫文王之化自近及遠故曰刑于寡妻至于兄弟周公親違聖父之典而蹈嫌疑之蹤戮罰同氣以逞私忿何忠之有乎但時無直筆之史後儒承其謬談故也忠曰啓金縢而返風亦足以明其不詐遭二叔流言之變而能大義滅親終安宗國復子明辟輔成大業以致太平制禮作樂流慶無窮亦不可謂非至德也盛曰卿徒因成文而未原大理朕今相爲論之昔周自后稷積德累仁至于文武文武以大聖應期遂有天下生靈仰其德四海歸其仁成王雖幼統洪業而卜世脩長加呂召毛畢爲之師傅若無周公攝政王道足以成也周公無故以安危爲己任專臨朝之權闕北面之禮管蔡忠存王室以爲周公代主非人臣之道故言公將不利於孺子周公當明大順之節陳誠義以曉羣疑而乃阻兵都邑擅行誅戮不臣之罪彰于海內方貽王鴟鴞之詩歸非於主是何謂乎又周公舉事稱告二公二公足明周公之無罪而坐觀成王之疑此則二公之心亦有猜於周公也但以疏不間親故寄言於管蔡可謂忠不見於當時仁不及于兄弟知羣望之有歸天命之不在已然後返政成王以爲忠耳大風拔木之徵乃皇天祐存周道不忘文武之德是以赦周公之始愆欲成周室之大美考周公之心原周公之行乃天下之罪人何至德之謂也周公復位二公所以杜口不言其本心者以明管蔡之忠也又謂常忠曰伊尹周公孰賢忠曰伊尹非有周公之親而功濟一代太甲亂德放於桐宮思愆改善然後復之使主無怨言臣無流謗道存社稷美溢古今臣謂伊尹之勳有高周旦盛曰伊尹以舊臣之重顯阿衡之任太甲嗣位君道未洽不能竭忠輔導而放黜桐宮事同夷羿何周公之可擬乎郎敷曰伊尹處人臣之位不能匡制其君恐成湯之道墜而莫就是以居之桐宮與小人從事使知稼穡之艱難然後返之天位此其忠也盛曰伊尹能廢而立之何不能輔之以至於善乎若太甲性同桀紂則三載之間未應便成賢后如其性本休明義心易發當務盡匡規之理以弼成君德安有人臣幽主而據其位哉且臣之事君惟力是視奈何挾智藏仁以成君惡夫太甲之事朕已鑒之矣太甲至賢之主也以伊尹歷奉三朝績無異稱將失顯祖委授之功故匿其日月之明受伊尹之黜所以濟其忠貞之美夫非常之人然後能立非常之事非常人之所見也亦猶太伯之三讓人無德而稱焉敷曰太伯三以天下讓至仲尼而後顯其至德太甲受謗於天下遭陛下乃申其美因而談讌賦詩賜金帛各有差遼西太守李朗在郡十年威制境內盛疑之累徵不赴以母在龍城未敢顯叛乃陰引魏軍將爲自安之計因表請發兵以距寇盛曰此必詐也召其使而詰之果驗盡滅其族遣輔國將軍李旱率騎討之師次建安召旱旋師朗聞其家被誅也擁二千餘戶以自固及聞旱中路而還謂有內變不復爲備留其子養守令支躬迎魏師于北平旱候知之襲剋令支遣廣威孟廣平率騎迎朗及于無終斬之初盛之追旱還也羣臣莫知其故旱旣斬朗盛謂羣臣曰前以追旱還者正爲此耳朗新爲叛逆必忌官威一則鳩合同類劫害良善二則亡竄山澤未可卒平故非意而還以盈息其志卒然掩之必剋之理也羣臣皆曰非所及也李旱自遼而還聞盛殺其將衞雙懼棄軍奔走旣而歸罪復其爵位盛謂侍中孫勍曰旱總三軍之任荷專征之重不能杖節死綏無故逃亡考之軍正不赦之罪也然當先帝之避難衆情離貳骨肉忘其親股肱失忠節旱以刑餘之體效力盡命忠款之至精貫白日朕故錄其忘身之功免其丘山之罪耳盛去皇帝之號稱庶人大王魏襲幽州執刺史盧溥而去遣孟廣平援之無及盛率衆三萬伐高句驪襲其新城南蘇皆剋之散其積聚徙其五千餘戶于遼西盛引見百僚于東堂考詳器藝超拔者十有二人命百司舉文武之士才堪佐世者各一人立其子遼西公定爲太子大赦殊死已下讌其羣臣于新昌殿盛曰諸卿各言其志朕將覽之七兵尚書丁信年十五盛之舅子也進曰在上不驕高而不危臣之願也盛笑曰丁尚書年少安得長者之言乎盛以威嚴馭下驕暴少親多所猜疑故信言及之盛討庫莫奚大虜獲而還左將軍慕容國與殿中將軍秦輿段讚等謀率禁兵襲盛事覺誅之死者五百餘人前將軍思悔侯段璣與秦輿子興讚子泰等因衆心動搖夜於禁中鼓譟大呼盛聞變率左右出戰衆皆披潰俄而有一賊從闇中擊傷盛遂輦升前殿申約禁衞召叔父河間公熙屬以後事熙未至而盛死時年二十九在位三年僞諡昭武皇帝墓號興平陵廟號中宗盛幼而羇賤流漂長則遭家多難夷險安危備嘗之矣懲寶闇而不斷遂峻極威刑纖介之嫌莫不裁之於未萌防之於未兆於是上下振局人不自安雖忠誠親戚亦皆離貳舊臣靡不夷滅安忍無親所以卒於不免是歲隆安五年也

熙字道文垂之少子也初封河間王段速骨之難諸王多被害熙素爲高陽王崇所親愛故得免焉蘭汗之篡也以熙爲遼東公備宗祀之義盛初卽位降爵爲公拜都督中外諸軍事驃騎大將軍尚書左僕射領中領軍從征高句驪契丹皆勇冠諸將盛曰叔父雄果英壯有世祖之風但弘畧不如耳及盛死其太后丁氏以國多難宜立長君羣望皆在平原公元而丁氏意在於熙遂廢太子定迎熙入宮羣臣勸進熙以讓元元固以讓熙熙遂僭卽尊位誅其大臣段璣秦興等並夷三族元以嫌疑賜死元字道光寶之第四子也赦殊死已下改元曰光始改北燕臺爲大單于臺置左右輔位次尚書初熙烝于丁氏故爲所立及寵幸苻貴人丁氏怨恚呪詛與兄子七兵尚書信謀廢熙熙聞之大怒逼丁氏令自殺葬以后禮誅丁信熙狩于北原石城令高和殺司隸校尉張顯閉門距熙熙率騎馳返和衆皆投杖熙入誅之於是引見州郡及單于八部耆舊于東宮問以疾苦大築龍騰苑廣袤十餘里役徒二萬人起景雲山於苑內基廣五百步峯高十七丈又起逍遙宮甘露殿連房數百觀閣相交鑿天河渠引水入宮又爲其昭儀苻氏鑿曲光海清涼池季夏盛暑士卒不得休息暍死者太

半熙游于城南止大柳樹下若有人呼曰大王且止熙惡之伐其樹乃有蛇長丈餘從樹中而出立其貴嬪苻氏爲皇后赦殊死已下熙北襲契丹大破之昭儀苻氏死僞謚愍皇后贈苻謨太宰謚文獻公二苻並美而豔好微行游讌熙弗之禁也請謁必從刑賞大政無不由之初昭儀有疾龍城人王溫稱能療之未幾而卒熙忿其妄也立於公車門支解溫而焚之其后好游田熙從之北登白鹿山東過青嶺南臨滄海百姓苦之士卒爲豺狼所害及凍死者五千餘人矣會高句驪寇燕郡殺畧百餘人熙伐高句驪以苻氏從爲衝車地道以攻遼東熙曰待剗平寇城朕當與后乘輦而入不聽將士先登於是城內嚴備攻之不能下會大雨雪士卒多死乃引歸擬鄴之鳳陽門作弘光門累級三層熙與苻氏襲契丹憚其衆盛將還苻氏弗聽遂棄其輜重輕襲高句驪周行三千餘里士馬疲凍死者屬路攻木底城不剋而還盡殺寶諸子大城肥如及宿軍以仇尼倪爲鎮東大將軍營州刺史鎮宿軍上庸公懿爲鎮西將軍幽州刺史鎮令支尚書劉木爲鎮南大將軍冀州刺史鎮肥如爲苻氏起承華殿高承光一倍負土於北門土與穀同價典軍杜靜載棺詣闕上書極諫熙大怒斬之苻氏嘗季夏思凍魚膾仲冬須生地黃皆下有司切責不得加以大辟其虐也如此苻氏死熙悲號躃踊若喪考妣擁其尸而撫之曰體已就冷命遂斷矣於是僵仆氣絶久而乃蘇大斂既訖復啓其棺而與交接服斬縗食粥制百寮於宮內哭臨令沙門素服使有司案檢哭者有淚以爲忠孝無則罪之於是羣臣震懼莫不含辛以爲淚焉慕容隆妻張氏熙之嫂也美姿容有巧思熙將以爲苻氏之殉欲以罪殺之乃毀其襚鞾中有弊氊遂賜死三女叩頭求哀熙不許制公卿已下至於百姓率戶營墓費殫府藏下錮三泉周輪數里內則圖畫尚書八坐之象熙曰善爲之朕將隨后入此陵識者以爲不祥其右僕射韋璆等並懼爲殉沐浴而待死焉號苻氏墓曰徽平陵熙被髮徒跣步從苻氏喪轜車高大毀北門而出長老竊相謂曰慕容氏自毀其門將不久也衞中將軍馮跋左衞將軍張興先皆坐事亡奔以熙政之虐也與跋從兄萬泥等二十二人結盟推慕容雲爲主發尚方徒五千餘人閉門距守中黃門趙洛生奔告之熙曰此鼠盜耳朕還當誅之乃收髮貫甲馳還赴難夜至龍城攻北門不剋遂敗走入龍騰苑微服隱于林中爲人所執雲得而弒之及其諸子同殯城北時年二十三在位六年雲葬之于苻氏墓僞謚昭文皇帝垂以孝武帝太元八年僭立至熙四世凡二十四年以安帝義熙二年滅初童謠曰一束藁兩頭然禿頭小兒來滅燕藁字上有草下有禾兩頭然則禾草俱盡而成高字雲父名拔小字禿頭三子而雲季也熙竟爲雲所滅如謠言焉

慕容雲字子雨寶之養子也祖父高和句驪之支庶自云高陽氏之苗裔故以高爲氏焉雲深沈有局量厚重希言時人咸以爲愚唯馮跋奇其志度而友之寶之爲太子雲以武藝給事侍東宮拜侍御郎襲敗慕容會軍寶子之賜姓慕容氏封夕陽公熙之葬苻氏也馮跋詣雲告之以謀雲懼曰吾嬰疾歷年卿等所知願更圖之跋逼曰慕容氏世衰河間虐暴惑妖淫之女而逆亂天常百姓不堪其害思亂者十室九焉此天亡之時也公自高氏名家何能爲他養子機運難邀千歲一時公焉得辭也扶之而出雲曰吾疾苦日久廢絶世務卿今與建大事謬見推逼所以徘徊非爲身也實惟否德不足以濟元元故耳跋等彊之雲遂卽天王位復姓高氏大赦境內殊死以下改元曰正始國號大燕署馮跋侍中都督中外諸軍事征北大將軍開府儀同三司錄尚書事武邑公封伯子男鄉亭侯者五十餘人士卒賜穀帛有差熙之羣官復其爵位立妻李氏爲天王后子彭爲太子越騎校尉慕輿良謀叛雲誅之雲臨東堂幸臣離班桃仁懷劍執紙而入稱有所啓拔劍擊雲雲以几距班桃仁進而弒之馮跋遷雲尸于東宮僞謚惠懿皇帝雲自以無功德而爲豪桀所推常內懷懼故寵養壯士以爲腹心離班桃仁等竝專典禁衞委之以爪牙之任賞賜月至數千萬衣食臥起皆與之同終以此致敗云

史臣曰四星東聚金陵之氣已分五馬南浮玉塞之雄方擾市朝屢改艱虞靡息慕容垂天資英傑威震本朝以雄畧見猜而庇身寬政永固受之而以禮道明事之而畢力然而隼質難羈狼心自野淮南失律三甥之謀已構河朔分麾五木之祥云啓斬飛龍而遐舉踰石門而長邁遂使翟氏景從鄴師宵遁收羅趙魏驅駕英雄抑囊餘奇摧五萬於河曲浮船祕策招七郡於黎陽返邃陰之舊物創中山之新社類帝禋宗僭儗斯備夫以重耳歸晉賴五臣之功句踐紿吳資五千之卒惡有業殊二霸衆微一旅掎拔而傾山嶽騰嘯而御風雲雖衞人忘亡復傳於東國任好餘裕伊媿於西鄰信苻氏之姦回非晉室之鯨鯢矣寶以浮譽獲升峻文御俗蕭墻內憤勃敵外陵難毒不被物而惡足自勦盛則孝友冥符文武不墜韜光而夷讎賊罪已而遜高危翩翩然濁世之佳虜矣熙乃地非奥主擧因淫德驪戎之態取悅於匡牀玄妻之貪見奇於鬒髮蕩輕舟於曲光之海望朝涉於景雲之山飾土木於驕心窮怨嗟於蕢壤宗祀夷滅爲馮氏之驅除焉

贊曰戎狄憑陵山川沸騰天未悔禍人非與能疾走而捷先鳴則興道明烈烈鞭笞豪桀掃燕夷魏剷屠永滅大盜潛移鴻名遂竊寶心生亂盛清家難熙極驕淫人懷憤惋孽貽身咎災無以逭

晉書卷一百二十四考證

慕容寶載記在位三年卽隆安三年也○綱目寶永康二年卽晉安帝隆安二年兩三字俱誤

慕容盛載記在位三年○綱目晉安帝隆安二年歲在戊戌冬十月稱皇帝至隆安五年辛丑爲段璣所殺則是在位四年也後燕錄亦作在位四年

晉書卷一百二十五

唐　太　宗　文　皇　帝　御　撰

載記第二十五

乞伏國仁　乞伏乾歸　乞伏熾磐

馮跋　馮素弗

乞伏國仁隴西鮮卑人也在昔有如弗斯出連叱盧三部自漠北南出大陰山遇一巨蟲於路狀若神龜大如陵阜乃殺馬而祭之祝曰若善神也便開路惡神也遂塞不通俄而不見乃有一小兒在焉時又有乞伏部有老父無子者請養爲子衆咸許之老父欣然自以有所依憑字之曰紇干紇干者夏言依倚也年十歲驍勇善騎射彎弓五百斤四部服其雄武推爲統主號之曰乞伏可汗託鐸莫何託鐸者言非神非人之稱也其後有祐鄰者卽國仁五世祖也泰始初率戶五千遷于夏緣部衆稍盛鮮卑鹿結七萬餘落屯于高平川與祐鄰迭相攻擊鹿結敗南奔略陽祐鄰盡幷其衆因居高平川祐鄰死子結權立徙于牽屯結權死子利那立擊鮮卑吐賴于烏樹山討尉遲渴權于大非川收衆三萬餘落利那死弟祁遲立祁遲死利那子述延立討鮮卑莫侯于苑川大破之降其衆二萬餘落因居苑川以叔父軻遲爲師傅委以國政斯引烏遲爲左輔將軍鎮蔡園川出連高胡爲右輔將軍鎮至便川叱盧那胡爲率義將軍鎮牽屯山述延死子傉大寒立會石勒滅劉曜懼而遷于麥田元孤山大寒死子司繁立始遷于度堅山尋爲苻堅將王統所襲部衆叛降于統司繁歎謂左右曰智不距敵德不撫衆劒騎未交而本根已敗見衆分散勢亦難全若奔諸部必不我容吾將爲呼韓邪之計矣乃詣統降于堅堅大悅署爲南單于留之長安以司繁叔父吐雷爲勇士護軍撫其部衆俄而鮮卑勃寒侵斥隴右堅以司繁爲使持節都督討西胡諸軍事鎮西將軍以討之勃寒懼而請降司繁遂鎮勇士川甚有威惠司繁卒國仁代鎮及堅興壽春之役徵爲前將軍領先鋒騎會國仁叔父步頹叛於隴西堅遣國仁還討之步頹聞而大悅迎國仁於路國仁置酒高會攘袂大言曰苻氏往因趙石之亂遂妄竊名號窮兵極武跨僭八州疆宇旣寧宜綏以德方虛廣威聲勤心遠略騷動蒼生疲弊中國違天怒人將何以濟且物窮則虧禍盈而覆者天之道也以吾量之是役也難以免矣當與諸君成一方之業及堅敗歸乃招集諸部有不附者討而幷之衆至十餘萬及堅爲姚萇所殺國仁謂其豪帥曰苻氏以高世之姿而困於烏合之衆可謂天也夫守常迷運先達恥之見幾而作英豪之舉吾雖薄德藉累世之資豈可覩時來之運而不作乎以孝武太元十年自稱大都督大將軍大單于領秦河二州牧建元曰建義以其將乙旃音遲爲左相屋引出支爲右相獨孤匹蹄爲左輔武羣勇士爲右輔弟乾歸爲上將軍自餘拜授各有差置武城武陽安固武始漢陽天水略陽漒川甘松匡朋白馬苑川十二郡築勇士城以居之鮮卑匹蘭率衆五千降明年南安祕宜及諸羌虜來擊國仁四面而至國仁謂諸將曰先人有奪人之心不可坐待其至宜抑威餌敵羸師以張之軍法所謂怒我而怠寇也於是勒衆五千襲其不意大敗之祕宜奔還南安尋與其弟莫侯悌率衆三萬餘戶降於國仁國仁各拜將軍刺史苻登遣使者署國仁使持節大都督都督雜夷諸軍事大將軍大單于苑川王國仁率騎三萬襲鮮卑大人密貴裕苟提倫等三部於六泉高平鮮卑沒弈于東胡金熙連兵來襲相遇于渴渾川大戰敗之斬級三千獲馬五千匹沒弈于及熙奔還三部震懼率衆迎降署密貴建義將軍六泉侯裕苟建忠將軍蘭泉侯提倫建節將軍鳴泉侯國仁建威將軍叱盧烏孤跋擁衆叛保牽屯山國仁

率騎七千討之斬其部將吡羅侯降者千餘戶跋大懼遂降復其官位因討鮮卑越質叱黎于平襄大破之獲其子詰歸弟子復半及部落五千餘人而還太元十三年國仁死在位四年僞謚宣烈王廟號烈祖

乾歸國仁弟也雄武英傑沉雅有度量國仁之死也其羣臣咸以國仁之子公府沖幼宜立長君乃推乾歸爲大都督大將軍大單于河南王赦其境內改元曰太初立其妻邊氏爲王后以出連乞都爲丞相鎭南將軍南梁州刺史悌眷爲御史大夫自餘封拜各有差遂遷于金城太元十四年苻登遣使署乾歸大將軍大單于金城王南羌獨如率衆七千降之休官阿敦侯年二部各擁五千餘落據牽屯山爲其邊害乾歸討破之悉降其衆於是聲振邊服吐谷渾大人視連遣使貢方物鮮卑豆留鞠叱豆渾及南丘鹿結幷休官曷呼奴盧水尉地拔並率衆降于乾歸皆署其官爵隴西太守越質詰歸以平襄叛自稱建國將軍右賢王乾歸擊敗之詰歸東奔隴山旣而擁衆來降乾歸妻以宗女署立義將軍苻登將沒弈于遣使結好以二子爲質請討鮮卑大兜國乾歸乃與沒弈于攻大兜於安陽城大兜退固鳴蟬堡乾歸攻陷之遂還金城爲呂光弟寶所攻敗於鳴雀峽退屯青岸寶進追乾歸乾歸使其將彭奚念斷其歸路射貫甲胄連戰敗之寶及將士投河死者萬餘人苻登遣使署乾歸假黃鉞大都督隴右河西諸軍事左丞相大將軍河南王領秦梁益涼沙五州牧加九錫之禮時登爲姚興所逼遣使請兵進封乾歸梁王命置官司納其妹東平長公主爲梁王后乾歸遣其前將軍乞伏益州冠軍翟瑥率騎二萬救之會登爲興所殺乃還師氐王楊定率步騎四萬伐之乾歸謂諸將曰楊定以勇虐聚衆窮兵逞欲兵猶火也不戢將自焚定之此役殆天以之資我也於是遣其涼州牧乞伏軻殫秦州牧乞伏益州立義將軍詰歸距之定敗益州於平川軻殫詰歸引衆而退翟瑥奮劒諫曰吾王以神武之姿開基隴右東征西討靡不席卷威振秦梁聲光巴漢將軍以維城之重受閫外之寄宜宣力致命輔寧家國秦州雖敗二軍猶全奈何不思赴救便逆奔散何面目以見王乎昔項羽斬慶子以寧楚胡建戮監軍以成功將軍之所聞也瑥誠才非古人敢忘項氏之義乎軻殫曰向所以未赴秦州者未知衆心何如耳敗不相救軍罰所先敢自寧乎乃率騎赴之益州詰歸亦勒衆而進大敗定斬定及首虜萬七千級於是盡有隴西巴西之地太元十七年赦其境內殊死已下署其長子熾磐領尚書令左長史邊芮爲尚書左僕射右長史祕宜爲右僕射翟瑥爲吏部尚書翟勍爲主客尚書杜宣爲兵部尚書王松壽爲民部尚書樊謙爲三公尚書方弘麴景爲侍中自餘拜授一如魏武晉文故事猶稱大單于大將軍楊定之死也天水姜乳襲據上邽於是遣乞伏益州討之邊芮王松壽言於乾歸曰益州以懿弟之親屢有戰功狃於累勝常有驕色若其遇寇必將易之且未宜專任示有所先乾歸曰益州驍勇善御衆諸將莫有及之者但恐其專擅耳若以重佐輔之當無慮也於是以北平韋乾爲長史散騎常侍務和爲司馬至大寒嶺益州恃勝自矜不爲部陣命將士解甲游畋縱飲令曰敢言軍事者斬乾等諫曰王以將軍親重故委以專征之任庶能摧彼凶醜以副具瞻賊已垂逼奈何解甲自寬宴安酖毒竊爲將軍危之益州曰乳以烏合之衆聞吾至理應遠竄今乃與吾決戰者斯成擒也吾自揣之有方卿等不足慮也乳率衆距戰益州果敗乾歸曰孤違蹇叔以至於此將士何爲孤之罪也皆赦之索虜禿髮如苟率戶二萬降之乾歸妻以宗女呂光率衆十萬將伐乾歸左輔密貴周左衞莫者羖羝言於乾歸曰光旦夕將至陛下以命世雄姿開業洮罕剋翦羣凶威振遐邇將鼓淳風於東夏建八百之鴻慶不忍小屈與姦豎競於一時若機事不捷非國家利也宜遣愛子以退之乾歸乃稱藩於光遣子勃勃爲質旣而悔之遂誅周等乞伏軻殫與乞伏益州不平奔于呂光光又伐之咸勸其東奔成紀乾歸不從謂諸將曰昔曹孟德敗袁本初於官渡陸伯言摧劉玄德於白帝皆以權略取之豈在衆乎光雖舉全州之軍而無經遠之算不足憚也且其精卒盡在呂延延雖勇而愚易以奇策制之延軍若敗光亦遁還乘勝追奔可以得志衆咸曰非所及也隆安元年光遣其子纂伐乾歸使呂延爲前鋒乾歸泣謂曰今事勢窮蹙逃命無所死中求生正在今日涼軍雖四面而至然相去遼遠山河旣阻力不周接敗其一軍而衆軍自退乃縱反間稱秦王乾歸衆潰東奔成紀延信之引師輕進果爲乾歸所敗遂斬之禿髮烏孤遣使來結和親使乞伏益州攻剋支陽鸇武允吾三城俘獲萬餘人而還又遣益州與武衞慕容允冠軍翟瑥率騎二萬伐吐谷渾視羆至于度周川大破之視羆遁保白蘭山遣使謝罪貢其方物以子宕豈爲質鮮卑疊掘河內率戶五千自魏降乾歸乾歸所居南景門崩惡之遂遷于苑川姚興將姚碩德率衆五萬伐之入自南安峽乾歸次于隴西以距碩德興潛師繼發乾歸聞興將至謂諸將曰吾自開建以來屢摧勍敵乘機藉算舉無遺策今姚興盡中國之師軍勢甚盛山川阻狹無縱騎之地宜引師平川伺其殆而擊之存亡之機在斯一舉卿等戮力勉之若梟翦姚興關中之地盡吾有也於是遣其衞軍慕容允率中軍二萬遷于栢陽鎭軍羅敦將外軍四萬遷于侯辰谷乾歸自率輕騎數千候興軍勢俄而大風昏霧遂與中軍相失爲興追軍所逼入于外軍旦而交戰爲興所敗乾歸遁還苑川遂走金城謂諸豪帥曰吾才非命世謬爲諸君所推心存撥亂而德非時雄叨竊名器年踰一紀負乘致寇傾喪若斯今人衆已散勢不得安吾欲西保允吾以避其鋒若方軌西邁理難俱濟卿等宜安土降秦保全妻子羣下咸曰昔古公杖策豳人歸懷玄德南奔荊楚襁負分岐之感古人所悲況臣等義深父子而有心離背請死生與陛下俱乾歸曰自古無不亡之國廢興命也苟天未亡我冀與復有期德之不建何爲俱死公等自愛吾將寄食以終餘年於是大哭而别乃率騎數百馳至允吾禿髮利鹿孤遣弟傉檀迎乾歸處之於晉興南羌梁弋等遣使招之乾歸將叛謀洩利鹿孤遣弟吐雷屯于捫天嶺乾歸懼爲利鹿孤所害謂其子熾磐曰吾不能負荷大業致茲顛覆以利鹿孤義兼姻好冀存脣齒之援方乃忘義背親謀人父子忌吾威名勢不全立姚興方盛吾將歸之若其俱去必爲追騎所及今送汝兄弟及汝母爲質彼必不疑吾旣在秦終不害汝於是送熾磐兄弟於西平乾歸遂奔長安姚興見而大悅署乾歸持節都督河南諸軍事鎭遠將軍河州刺史歸義侯遣乾歸還鎭苑川盡以部衆配之乾歸旣至苑川以邊芮爲長史王松壽爲司馬公卿大將已下悉降號爲偏裨元興元年熾磐自西平奔長安姚興以爲振忠將軍興晉太守尋遣使者加乾歸散騎常侍左賢王遣隨興將齊難迎呂隆于河西討叛羌党龍頭于滋川攻楊盛將苻帛于皮氏堡並剋之又破吐谷渾將大孩俘獲萬餘人而還尋復率衆攻楊盛將楊玉于西陽堡剋之旣而苑川地震裂生毛狐雉入于寢內乾歸甚惡之姚興慮乾歸終爲西州之患因其朝也興留爲主客尚書以熾磐爲建武將軍行西夷校尉監撫其衆熾磐以長安兵亂將始乃招結諸部一萬七千築城于嵻㟍山以據之熾磐攻剋枹罕遣使告之乾歸奔還苑川鮮卑悅大堅有衆五千自龍馬苑降乾歸乾歸遂如枹罕留熾磐鎭之乾歸收衆三萬遷于度堅山羣下勸乾歸稱王乾歸以寡弱弗許固請曰夫道應符歷雖廢必興圖籙所棄雖成必敗本初之衆非不多也魏武運籌四州瓦解尋邑之兵非不盛也世祖龍申亡新鳥散固天命不可虛邀符籙不可妄冀姚數將終否極斯泰乘機撫運實繫聖人今見衆三萬足可以疆理秦隴清蕩洮河陛下應運再興四海鵠望豈宜固守謙沖不以社稷爲本願時卽大位允副羣心乾歸從之義熙三年僭稱秦王赦其境內改元更始置百官公卿已下皆復本位遣熾磐討諭薄地延師次頗于地延率衆出降署爲尚書徙其部落于苑川又遣隴西羌昌何攻剋姚興金城郡以其驍騎乞伏務和爲東金城太守乾歸復都苑川又攻剋興略陽南安隴西諸郡徙二萬五千戶於苑川枹罕姚興力未能西討恐更爲邊害遣使署乾歸持節散騎常侍都督隴西嶺北匈奴雜胡諸軍事征西大將軍河州牧大單于河南王乾歸方圖河右權宜受之遂稱藩於興遣熾磐與其次子中軍審虔率步騎一萬伐禿髮傉檀師濟河敗傉檀太子武臺于嶺南獲牛馬十餘萬而還又攻剋興別將姚龍于伯陽堡王憬于永洛城徙四千餘戶於苑川三千餘戶于譚郊乾歸率步騎三萬征西羌彭利髮于枹罕師次于奴葵谷利髮棄其部衆南奔乾歸遣其將公府追及于清水斬之乾歸入枹罕收羌戶一萬三千因率騎二萬討吐谷渾支統阿若于于赤水大破降之乾歸畋于五溪有梟集于其手甚惡之六年爲兄子公府所弒幷其諸子十餘人公府奔固大夏熾磐與乾歸弟廣武智達陽武木弈于討之公府走達等追擒于嵻㟍南山幷其四子轘之於譚郊葬乾歸于枹罕僞謚武元王在位二十四年

熾磐乾歸長子也性勇果英毅臨機能斷權略過人初乾歸爲姚興所敗熾磐質於禿髮利鹿孤後自南平逃而降興興以爲振忠將軍興晉太守又拜建武將軍行西夷校尉留其衆鎭苑川及乾歸返政復立熾磐爲太子領冠軍大將軍都督中外諸軍錄尚書事後乾歸稱藩于姚興興遣使署熾磐假節鎭西將軍左賢王平昌公尋進號撫軍大將軍乾歸死義熙六年熾磐襲僞位大赦改元曰永康署翟勍爲相國麴景爲御史大夫段暉爲中尉弟延祚爲禁中錄事樊謙爲司直罷尚書令僕射尚書六卿侍中散騎常侍黃門郎官置中左右常侍侍郎各三人義熙九年遣其龍驤乞伏智達平東王

松壽討吐谷渾樹洛干於澆河大破之獲其將呼那烏提虜三千餘戶而還又遣其鎮東曇達與松壽率騎一萬東討破休官權小郎呂破胡于白石川虜其男女萬餘口進據白石城休官降者萬餘人後顯親休官權小成呂奴迦等叛保白坑曇達謂將士曰昔伯珪憑嶮卒有滅宗之禍韓約肆暴終受覆族之誅今小成等逆命白坑宜在除滅王者之師有征無戰粵爾與人戮力勉之衆咸拔劍大呼於是進攻白坑斬小成奴迦及首級四千七百隴右休官悉降遣安北烏地延冠軍翟紹討吐谷渾別統句旁于泣勤川大破之俘獲甚衆熾磐率諸將討吐谷渾別統支旁于長柳川掘達于渴渾川皆破之前後俘獲男女二萬八千僭立十年有雲五色起于南山熾磐以爲己瑞大悅謂羣臣曰吾今年應有所定王業成矣於是繕甲整兵以待四方之隙聞禿髮傉檀西征乙弗投劍而起曰可以行矣率步騎二萬襲樂都禿髮武臺憑城距守熾磐攻之一旬而剋遂入樂都論功行賞各有差遣平遠犍虔率騎五千追傉檀徙武臺與其文武及百姓萬餘戶于枹罕傉檀遂降署爲驃騎大將軍左南公隨傉檀文武依才銓擢之熾磐既兼傉檀兵強地廣置百官立其妻禿髮氏爲王后十一年熾磐攻剋沮渠蒙遜河湟太守沮渠漢平以其左衞匹逵爲河湟太守因討降乙弗窟乾而還遣其將曇達王松壽等討南羌彌姐康薄于赤水降之熾磐攻湟川師大杳中沮渠蒙遜率衆攻石泉以救之熾磐聞而引還遣曇達與其將出連虔率騎五千赴之蒙遜聞曇達至引歸遣使聘于熾磐遂結和親又遣曇達王松壽等率騎一萬伐姚艾于上邽曇達進據蒲水艾距戰大敗之艾奔上邽曇達進屯大利破黃石大羌二戍徙五千餘戶于枹罕令其安東木弈于率騎七千討吐谷渾樹洛干于塞上破其弟阿柴於堯扞川俘獲五千餘口而還洛干奔保白蘭山而死熾磐聞而喜曰此虜矯矯所謂有豕白蹢往歲曇達東征姚艾敗走今木弈于西討黠虜遠逃境宇稍清姦凶方殄股肱惟良吾無患矣於是以曇達爲左丞相其子元基爲右丞相麴景爲尚書令翟紹爲左僕射遣曇達元基東討姚艾降之至是乙弗鮮卑烏地延率戶三萬降于熾磐署爲建義將軍地延尋死弟他子立以子軻蘭質于西平他子從弟提孤等率戶五千以西遷叛于熾磐涼州刺史出連虔遣使喻之提孤等歸降熾磐以提孤姦猾終爲邊患稅其部中戎馬六萬匹後二歲而提孤等扇動部落西奔出塞他子率戶五千入居西平先是姚艾叛降蒙遜蒙遜率衆迎之艾叔父儁言於衆曰秦王寬仁有雅度自可安土事之何爲從涼主西遷衆咸以爲然相率逐艾推儁爲主遣使請降熾磐大悅徵儁爲侍中中書監征南將軍封隴西公邑一千戶使征西他子討吐谷渾覓地于弱水南大破之覓地率衆六千降於熾磐署爲弱水護軍遣其左衞匹逵建威梯君等討彭利和于漒川大破之利和單騎奔仇池獲其妻子徙羌豪三千戶于枹罕漒川羌三萬餘戶皆安堵如故元熙元年立其第二子慕末爲太子領撫軍大將軍都督中外諸軍事大赦境內改元曰建弘其臣佐等多所封授熾磐在位七年而宋氏受禪以宋元嘉四年死子慕末嗣僞位在位三年爲赫連定所殺始國仁以孝武太元十年僭位至慕末四世凡四十有六載而滅

史臣曰夫天地閉大祲生雲雷屯羣凶作自晉室遘孽胡兵肆禍封域無紀干戈是務國仁陰山遺噍難以義服何我阽危長其陵暴向使偶欽明之運遭雄略之主已當褫魂沙漠請命藁街豈暇竊據近郊經綸王業者也乾歸智不及遠而以力詐自矜陷呂延之師姦謀潛斷俘覘羆之衆威策遐舉便欲誓汧隴之餘卒窺峭函之奧區秣疲馬而宵征翦勍敵而朝食既而控弦鳴鏑厥志未逞沮岸崩山其功已喪履重氛於外難幸以計全貽巨釁於蕭墻終成凶禍宜哉熾磐叱咤風雲見幾而動牢籠儁傑決勝多奇故能命將掩澆河之酋臨戎襲樂都之地不盈數載遂隆僞業覽其遺業盜亦有道乎

馮跋

馮跋字文起長樂信都人也小字乞直伐其先畢萬之後也萬之子孫有食采馮鄉者因以氏焉永嘉之亂跋祖父和避地上黨父安雄武有器量慕容永時爲將軍永滅跋東徙和龍家于長谷幼而懿重少言寬仁有大度飲酒一石不亂三弟皆任俠不脩行業惟跋恭愼勤於家產父母器之所居上每有雲氣若樓閣時咸異之嘗夜見天門開神光赫然燭於庭內及慕容寶僭號署中衞將軍初跋弟素弗與從兄萬泥及諸少年游于水濱有一金龍浮水而下素弗謂萬泥曰頗有見否萬泥等皆曰無所見也乃取龍而示之咸以爲非常之瑞慕容熙聞而求焉素弗祕之熙怒及卽僞位密欲誅跋兄弟其後跋又犯熙禁懼禍乃與其諸弟逃于山澤每夜獨行猛獸常爲避路時賦役繁數人不堪命跋兄弟謀曰熙今昏虐兼忌吾兄弟既還首無路不可坐受誅滅當及時而起立公侯之業事若不成死其晚乎遂與萬泥等二十二人結謀跋與二弟乘車使婦人御潛入龍城匿于北部司馬孫護之室遂殺熙立高雲爲主雲署跋爲使持節侍中都督中外諸軍事征北大將軍開府儀同三司錄尚書事武邑公跋讌羣寮忽有血流其左臂跋惡之從事中郎王垂因說符命之應跋戒其勿言雲爲其幸臣離班桃仁所殺跋升洪光門以觀變帳下督張泰李桑謂跋曰此豎勢何所至請爲公斬之於是奮劍而下桑斬班于西門泰殺仁于庭中衆推跋爲主跋曰范陽公素弗才略不恒志於靖亂掃清凶桀皆公勳也素弗辭曰臣聞父兄之有天下傳之於子弟未聞子弟藉父兄之業而先之今鴻基未建危甚綴旒天工無曠業繫大兄願上順皇天之命下副元元之心羣臣固請乃許之於是以太元二十年乃僭稱天王于昌黎而不徙舊號卽國曰燕赦其境內建元曰太平分遣使者巡行郡國觀察風俗追尊祖和爲元皇帝父安爲宣皇帝尊母張氏爲太后立妻孫氏爲王后子永爲太子署弟素弗爲侍中車騎大將軍錄尚書事弘爲侍中征東大將軍尚書右僕射汲郡公從兄萬泥爲驃騎大將軍幽平二州牧務銀提爲上大將軍遼東太守孫護爲侍中尚書令陽平公張興爲衞將軍尚書左僕射永寧公郭生爲鎭東大將軍領右衞將軍陳留公從兄子乳陳爲征西大將軍幷青二州牧上谷公姚昭爲鎭南大將軍司隸校尉上黨公馬弗勤爲吏部尚書廣宗公王難爲侍中撫軍將軍潁川公自餘拜授文武進位各有差尋而萬泥抗表請代跋曰猥以不德謬爲羣賢所推思與兄弟同茲休戚今方難未寧維城任重非明德懿親孰克居也且折衝禦侮爲國藩屏雖有他人不如我弟兄豈得如所陳也於是加開府儀同三司義熙六年跋下書曰昔高祖爲義帝舉哀天下歸其仁吾與高雲義則君臣恩踰兄弟其以禮葬雲及其妻子立雲廟於韮町置園邑二十家四時供薦初跋之立也萬泥乳陳自以親而有大功謂當入爲公輔跋以二藩任重因而弗徵並有憾焉乳陳性麤獷勇氣過人密遣告萬泥曰乳陳有至謀願與叔父圖之萬泥遂奔白狼阻兵以叛跋遣馮弘與將軍張興將步騎二萬討之弘遣使諭之曰昔者兄弟乘風雲之運撫翼而起羣公以天地所鍾人望攸繫推逼主上光踐寶位裂土疏爵當與兄弟共之奈何欲尋干戈於蕭墻棄友于而爲鬩伯過貴能改善莫大焉宜舍茲嫌同獎王室萬泥欲降乳陳按劍怒曰大丈夫死生有命決之于今何謂降也遂剋期出戰興謂弘曰賊明日出戰今夜必來驚我營宜命三軍以備不虞弘乃密嚴人課草十束畜火伏兵以待之是夜乳陳果遣壯士千餘人來斫營衆火俱起伏兵邀擊俘斬無遺乳陳等懼而出降弘皆斬之署素弗爲大司馬改封遼西公馮弘爲驃騎大將軍改封中山公跋下書曰自頃多故事難相尋賦役繁苦百姓困窮宜加寬宥務從簡易前朝苛政悉皆除之守宰當垂仁惠無得侵害百姓蘭臺都官明加澄察初慕容熙之敗也工人李訓竊寶而逃貲至巨萬行貨於馬弗勤弗勤以訓爲方略令既而失志之士書之於闕下碑馮素弗言之於跋請免弗勤官仍推罪之跋曰大臣無忠清之節貨財公行於朝雖由吾不明所致弗勤宜肆諸市朝以正刑憲但大業草創彝倫未敍弗勤拔自寒微未有君子之志其特原之李訓小人汙辱朝士可東市考竟於是上下肅然請賕路絕蠕蠕勇斛律遣使求跋女僞樂浪公主獻馬三千匹跋命其羣下議之素弗等議曰前代舊事皆以宗女妻六夷宜許以妃嬪之女樂浪公主不宜下降非類跋曰女生從夫千里豈遠朕方崇信殊俗奈何欺之乃許焉遣其游擊秦都率騎二千送其女歸于蠕蠕庫莫奚虞出庫眞率三千餘落請交市獻馬千匹許之處之於營丘分遣使者巡行郡國孤老久病不能自存者賑穀帛有差孝悌力田閨門和順者皆褒顯之昌黎郝越營丘張買成周刁溫建德何纂以賢良皆擢敘之遣其太常丞劉軒徙北部人五百戶于長谷爲祖父園邑以其太子永領大單于置四輔跋勵意農桑勤心政事乃下書省徭薄賦墮農者戮之力田者褒賞命尚書紀達爲之條制每遣守宰必親見東堂問爲政事之要令極言無隱以觀其志於是朝野競勸焉先是河間人褚匡言於跋曰陛下至德應期龍飛東夏舊邦宗族傾首朝陽以日爲歲若聽臣往迎致之不遠跋曰隔絕殊域阻迴數千將何可致也匡曰章武郡臨海船路甚通出於遼西臨渝不爲難也跋許之署匡游擊將軍中書侍郎厚加資遣匡尋與跋從兄買從弟睹自長樂率五千餘戶來奔署買爲衞尉封城陽伯睹爲太常高城伯契丹庫莫奚降署其大人爲歸善王跋又下書曰今疆宇無虞百姓寧業而田畝荒穢有司不隨時督察欲令家給人足不亦難乎桑柘之益有生之本此土少桑人未見其利可令百姓人殖桑一百根柘二十根又下

書曰聖人制禮送終有度重其衣衾厚其棺椁將何用乎人之亡也精魂上歸於天骨肉下歸於地朝終夕壞無寒煖之期衣以錦繡服以羅紈寧有知哉厚於送終貴而改葬皆無益亡者有損於生是以祖考因舊立廟皆不改營陵寢申下境內自今皆令奉之魏使耽貳至其國跋遣其黃門郎常陋迎之於道跋爲不稱臣怒而不見及至跋又遣陋勞之貳忿而不謝跋散騎常侍申秀言於跋曰陛下接貳以禮而敢驕蹇若斯不可容也中給事馮懿以傾佞有幸又盛稱貳之陵傲以激跋跋曰亦各其志也匹夫尚不可屈況一方之主乎請幽而降之跋乃留貳不遣是時井竭三日而復其尚書令孫護里有犬與豕交護見而惡之召太史令閔尚筮之尚曰犬豕異類而交違性失本其於洪範爲犬禍將勃亂失衆以至敗亡明公位極冢宰遐邇具瞻諸弟並封列侯貴傾王室妖見里庭不爲他也願公戒滿盈之失脩尚恭儉則妖怪可消永享元吉護默然不悅昌黎尹孫伯仁護弟叱支叱支弟乙拔等俱有才力以驍勇聞跋之立也並冀開府而跋未之許由是有怨言每於朝饗之際常拔劒擊柱曰興建大業有功力焉而滯於散將豈是漢祖河山之義乎跋怒誅之進護左光祿大夫開府儀同三司錄尚書事以慰之護自三弟誅後常怏怏有不悅之色跋怒酖之尋而遼東太守務銀提自以功在孫護張興之右而出爲邊郡抗表有恨言密謀外叛跋怒殺之跋下書曰武以平亂文以經務寧國濟俗實所憑焉自頃喪難禮崩樂壞閭閻絕諷誦之音後生無庠序之教子衿之歎復興于今豈所以穆章風化崇闡斯文可營建太學以長樂劉軒營丘張熾成周翟崇爲博士郎中簡二千石已下子弟年十三已上教之跋弟丕先是因亂投於高句驪跋迎致之至龍城以爲左僕射常山公蠕蠕斛律爲其弟大但所逐盡室奔跋乃館之於遼東郡待之以客禮跋納其女爲昭儀時三月不雨至于夏五月斛律上書請還塞北跋曰棄國萬里又無內應若以彊兵相送糧運難繼少也勢不能固且千里襲國古人爲難況數千里乎斛律固請曰不煩大衆願給騎三百足矣得達勑勤國人必欣而來迎乃許之遣單于前輔萬陵率騎三百送之陵憚遠役至黑山殺斛律而還晉青州刺史申永遣使浮海來聘跋乃使其中書郎李扶報之蠕蠕大但遣使獻馬三千匹羊萬口有赤氣四塞太史令張穆言於跋曰兵氣也今大魏威制六合而聘使斷絕自古未有鄰國接境不通和好違義怒鄰取亡之道宜還前使修和結盟跋曰吾當思之尋而魏軍大至遣單于右輔古泥率騎候之去城十五里遇軍奔還又遣其將姚昭皇甫軌等距戰軌中流矢死魏以有備引還跋境地震山崩洪光門鸛雀折又地震右寢壞跋問閔尚曰比年屢有地動之變卿可明言其故尚曰地陰也主百姓震有左右比震皆向右臣懼百姓將西移跋曰吾亦甚慮之分遣使者巡行郡國問所疾苦孤老不能自存者賜以穀帛有差跋立十一年至是元熙元年也此後事入于宋至元嘉七年死弟弘殺跋子翼自立後爲魏所伐東奔高句驪居二年高句驪殺之始跋以孝武太元二十年僭號至弘二世凡二十有八載

馮素弗跋之長弟也慷慨有大志姿貌魁偉雄傑不羣任俠放蕩不修小節故時人未之奇惟王齊異焉曰撥亂才也惟交結時豪爲務不以產業經懷弱冠自詣慕容熙尚書左丞韓業請婚業怒而距之復求尚書郎高邵女邵亦弗許南宮令成藻豪俊有高名素弗造焉藻命門者勿納素弗遥入與藻對坐旁若無人談飲連日藻始奇之曰吾遠求騏驥不知近在東鄰何識子之晚也當世俠士莫不歸之及熙僭號爲侍御郎小帳下督跋之僞業素弗所建也及爲宰輔謙虛恭慎非禮不動雖廝養之賤皆與之抗禮車服屋宇務於儉約脩己率下百僚憚之初爲京尹及鎮營丘百姓歌之嘗謂韓業曰君前既不顧今將自取何如業拜而陳謝素弗曰既往之事豈復與君計之然待業彌厚好存亡繼絕申拔舊門問侍中陽哲曰秦趙勳臣子弟今何在乎哲曰皆在中州惟桃豹孫鮮在焉素弗召爲左常侍論者歸其有宰衡之度跋之七年死跋哭之哀慟比葬七臨之

史臣曰自五胡縱慝九域淪胥帝里神州遂混之於荒裔鴻名寶位咸假之於雜種嘗謂戎狄凶嚚未窺道德欺天擅命抑乃其常而馮跋出自中州有殊醜類因鮮卑之昏虐亦盜名於海隅然其還徙之餘少非雄傑幸以寬厚爲衆所推初雖砥礪終罕成德舊史稱其信惑妖祀斥黜諫臣無開馭之才異經決之士信矣速禍致寇良謂在茲猶能育黎萌保守疆宇發號施令二十餘年豈天意乎非人事也

贊曰國仁驍武乾歸勇悍矯矯熾磐臨機能斷孰謂獯虜亦懷沉算文起常才憑時叛換咸竊大寶爲我多難

晉書卷一百二十五考證

乞伏乾歸載記太元十四年苻登遣使署乾歸大將軍大單于○十四年綱目作十三年

隆安元年光遣其子纂伐乾歸○隆安各本誤建安今從西秦錄改正

義熙三年僭稱秦王赦其境內改元更始○綱目晉安帝義熙三年歲在丁未春正月秦以乞伏乾歸爲主客尚書五年乞伏乾歸自秦逃歸秋七月西秦復稱王與此互異

乞伏熾磐載記以其左衞匹逵爲河湟太守○匹監本訛四今從下文遣其左衞匹逵改正

馮跋載記凡二十有八載○上文謂跋以孝武太元二十年乙未僭號則距丙子爲三十九年豈止二十有八載哉北燕錄跋僭號太平元年歲在己酉至亡之歲歲在丙子計其年數爲二十八載與歷代甲子圖合

晉書卷一百二十六

唐　太　宗　文　皇　帝　御　撰

載記第二十六

禿髮烏孤　禿髮利鹿孤　禿髮傉檀

禿髮烏孤河西鮮卑人也其先與後魏同出八世祖匹孤率其部自塞北遷于河西其地東至麥田牽屯西至濕羅南至澆河北接大漠匹孤卒子壽闐立初壽闐之在孕母胡掖氏因寢而產於被中鮮卑謂被爲禿髮因而氏焉壽闐卒孫樹機能立壯果多謀略泰始中殺秦州刺史胡烈於萬斛堆敗涼州刺史蘇愉于金山盡有涼州之地武帝爲之旰食後爲馬隆所敗部下殺之以降從弟務丸立死孫推斤立死子思復鞬立部衆稍盛烏孤即思復鞬之子也及嗣位務農桑修鄰好呂光遣使署爲假節冠軍大將軍河西鮮卑大都統廣武縣侯烏孤謂諸將曰呂氏遠來假授當可受不衆咸曰吾士衆不少何故屬人烏孤將從之其將石真若留曰今本根未固理宜隨時光德刑修明境內無虞若致死於我者大小不敵後雖悔之無所及也不如受而遵養之以待其釁耳烏孤乃受之烏孤討乙弗折掘二部大破之遣其將石亦于築廉川堡以都之烏孤登廉川大山泣而不言石亦于進曰臣聞主憂臣辱主辱臣死大王所爲不樂者將非呂光乎光年已衰老師徒屢敗今我以士馬之盛保據大川乃可以一擊百光何足懼也烏孤曰光之衰老亦吾所知但我祖宗以德懷遠殊俗憚威盧陵契汗萬里委順及吾承業諸部背叛邇既乖違遠何以附所以泣耳其將苻渾曰大王何不振旅誓衆以討其罪烏孤從之大破諸部呂光封烏孤廣武郡公又討意云鮮卑大破之光又遣使署烏孤征南大將軍益州牧左賢王烏孤謂使者曰呂王昔以專征之威遂有此州不能以德柔遠惠安黎庶諸子貪淫三甥肆暴郡縣土崩下無生賴吾安可違天下之心受不義之爵帝王之起豈有常哉無道則滅有德則昌吾將順天人之望爲天下主留其鼓吹羽儀謝其使而遣之隆安元年自稱大都督大將軍大單于西平王赦其境內年號太初曜兵廣武攻剋金城光遣將軍竇苟來伐戰于街亭大敗之降光樂都湟河澆河三郡嶺南羌胡數萬落皆附之光將楊軌王乞基率戶數千來奔烏孤更稱武威王後三歲徙于樂都署弟利鹿孤爲驃騎大將軍西平公鎮安夷傉檀爲車騎大將軍廣武公鎮西平以楊軌爲賓客金石生時連珍四夷之豪雋陰順郭倖西川之德望楊統楊貞衞殷麴丞明郭黃郭奮史暠鹿嵩文武之秀傑梁昶韓疋張昶郭韶中州之才令金樹薛翹趙振王忠趙晁蘇霸秦雍之世門皆內居顯位外宰郡縣官方授才咸得其所烏孤從容謂其羣下曰隴右區區數郡地耳因其兵亂分裂遂至十餘乾歸擅命河南段業阻兵張掖虐氐假息僞據姑臧吾藉父兄遺烈思廓清西夏兼弱攻昧三者何先楊統進曰乾歸本我所部終必歸服段業儒生才非經世權臣擅命制不由己千里伐人糧運懸絕且與我隣好許以分災共患乘其危弊非義舉也呂光衰老嗣紹沖闇二子纂弘雖頗有文武而內相猜忌若天威臨之必應鋒瓦解宜遣車騎鎮浩亹鎮北據廉川乘虛迭出多方以誤之救右則擊其左救左則擊其右使纂疲於奔命人不得安其農業兼弱攻昧於是乎在不出二年可以坐定姑臧姑臧既拔二寇不待兵戈自然服矣烏孤然之遂陰有吞幷之志段業爲呂纂所侵遣利鹿孤救之纂懼燒氏池張掖穀麥而還以利鹿孤爲涼州牧鎮西平遣傉檀入錄府國事是歲烏孤因酒墜馬傷脅笑曰幾使呂光父子大喜俄而患甚顧謂羣下曰方難未靜宜立長君言終而死在王位三年僞諡武王廟號烈祖弟利鹿孤立

利鹿孤以隆安三年卽僞位赦其境內殊死已下又徙居于西平使記室監麴梁明聘于段業業曰貴主先王創業啓運功高先世宜爲國之太祖有子何爲不立梁明曰有子羌奴先王之命也業曰昔成王弱齡周召作宰漢昭八歲金霍夾輔雖嗣子沖幼而二叔休明左提右挈不亦可乎明曰宋宣能以國讓春秋美之孫伯符委事仲謀終開有吳之業且兄終弟及殷湯之制也亦聖人之格言萬代之通式何必肯已爲是紹兄爲非業曰美哉使乎之義也利鹿孤聞呂光死遣其將金樹蘇翹率騎五千屯于昌松漢口旣踰年赦其境內改元曰建和二千石長吏淸高有惠化者皆封亭侯關內侯呂纂來伐使傉檀距之纂士卒精銳進度三堆三軍擾懼傉檀下馬據胡床而坐士衆心乃始安與纂戰敗之斬二千餘級纂西擊段業傉檀率騎一萬乘虛襲姑臧纂弟緯守南北城以自固傉檀置酒于朱明門上鳴鐘鼓以饗將士耀兵于靑陽門虜八千餘戶而歸乞伏乾歸爲姚興所敗率騎數百來奔處之晉興待以上賓之禮乾歸遣子謙等質于西平鎭北將軍俱延言於利鹿孤曰乾歸本我之屬國妄自尊立理窮歸命非有款誠若奔東秦必引師西侵非我利也宜徙於乙弗之間防其越逸之路利鹿孤曰吾方弘信義以收天下之心乾歸投誠而徙之四海將謂我不可以誠信託也俄而乾歸果奔于姚興利鹿孤謂延曰不用卿言乾歸果叛卿爲吾行也延追乾歸至河不及而還利鹿孤立二年龍見于長寧麒麟游于綏羌於是羣臣勸進以隆安五年僭稱河西王其將鍮勿崙進曰昔我先君肇自幽朔被髮左衽無冠冕之儀遷徙不常無城邑之制用能中分天下威振殊境今建大號誠順天心然寧居樂土非貽厥之規倉府粟帛生敵人之志且首兵始號事必無成陳勝項籍前鑒不遠宜署晉人於諸城勸課農桑以供軍國之用我則習戰法以誅未賓若東西有變長算以縻之如其敵强於我徙而以避其鋒不亦善乎利鹿孤然其言於是率師伐呂隆大敗之獲其右僕射楊桓傉檀謂之曰安寢危邦不思擇木老爲囚虜豈曰智也桓曰受呂氏厚恩位忝端貳雖洪水滔天猶欲濟彼俱溺實恥爲叛臣以見明主傉檀曰卿忠臣也以爲左司馬利鹿孤謂其羣下曰吾無經濟之才忝承業統自負乘在位三載于茲雖夙夜惟寅思弘道化而刑政未能允中風俗尚多凋弊戎車屢駕無闢境之功務進賢彥而下猶蓄滯豈所任非才將吾不明所致也二三君子其極言無諱吾將覽焉祠部郎中史暠對曰古之王者行師以全軍爲上破國次之拯溺救焚東征西怨今不以綏寧爲先惟以徙戶爲務安土重遷故有離叛所以斬將剋城土不加廣今取士拔才必先弓馬文章學藝爲無用之條非所以來遠人垂不朽也孔子曰不學禮無以立宜建學校開庠序選耆德碩儒以訓胄子利鹿孤善之於是以田玄冲趙誕爲博士祭酒以教胄子時利鹿孤雖僭位尚臣姚興楊桓兄經佐命姚萇早死興聞桓有德望徵之利鹿孤餞桓于城東謂之曰本期與卿共成大業事乖本圖分岐之感實情深古人但鯤非溟海無以運其軀鳳非脩梧無以晞其翼卿有佐時之器夜光之寶當振纓雲閣耀價連城區區河右未足以逞卿才力善勗日新以成大美桓泣曰臣往事呂氏情節不建陛下宥臣於俘虜之中顯同賢舊每希攀龍附鳳立尺寸之功龍門旣開而臣違離公衡之戀豈曰忘之利鹿孤爲之流涕遣傉檀又攻呂隆昌松太守孟禕于顯美剋之傉檀執禕而數之曰見幾而作賞之所先守迷不變刑之所及吾方耀威玉門埽平秦隴卿固守窮城稽淹王憲國有常刑於分甘乎禕曰明公開翦河右聲播宇內文德以綏遠人威武以懲不恪況禕蕞爾敢距天命釁鼓之刑禕之分也但忠於彼者亦忠於此荷呂氏厚恩受藩屏之任明公至而歸命恐獲罪於執事惟公圖之傉檀大悅釋其縛待以客禮徙顯美麗靬二千餘戶而歸嘉禕忠烈拜左司馬禕請曰呂氏將亡聖朝之幷河右昭然已定但爲人守而不全復忝顯任竊所未安明公之恩聽禕就戮於姑臧死且不朽傉檀義而許之呂隆爲沮渠蒙遜所伐遣使乞師利鹿孤引羣下議之尙書左丞婆衍崙曰今姑臧饑荒殘弊穀石萬錢野無靑草資食無取蒙遜千里行師糧運不屬使二寇相殘以乘其釁若蒙遜拔姑臧亦不能守適可爲吾取之不宜救也傉檀曰崙知其一未知其二姑臧今雖虛弊地居形勝河西一都之會不可使蒙遜據之宜在速救利鹿孤曰車騎之言吾之心也遂遣傉檀率騎一萬救之至昌松而蒙遜已退傉檀徙涼澤段冢五百餘家而歸利鹿孤寢疾令曰內外多虞國機務廣其令車騎嗣業以成先王之志在位三年而死葬于西平之東南僞謚曰康王弟傉檀嗣

傉檀少機警有才略其父奇之謂諸子曰傉檀明識幹藝非汝等輩也是以諸兄不以授子欲傳之於傉檀及利鹿孤卽位垂拱而已軍國大事皆以委之以元興元年僭號涼王遷于樂都改元曰弘昌初乞伏乾歸之在晉興也以世子熾磐爲質後熾磐逃歸爲追騎所執利鹿孤命殺之傉檀曰臣子逃歸君父振古通義故魏武善關羽之奔秦昭恕頃襄之逝熾磐雖逃叛孝心可嘉宜垂全宥以弘海岳之量乃赦之至是熾磐又奔允街傉檀歸其妻子姚興遣使拜傉檀車騎將軍廣武公傉檀大城樂都姚興遣將齊難率衆迎呂隆于姑臧傉檀攝昌松魏安二戍以避之興涼州刺史王尙遣主簿宗敞來聘敞父燮呂光時自湟河太守入爲尙書郎見傉檀于廣武執其手曰君神爽宏拔逸氣淩雲命世之傑也必當剋淸世難恨吾年老不及見耳以敞兄弟託君至是傉檀謂敞曰孤以常才謬爲尊先君所見稱每自恐有累大人水鏡之明及忝家業竊有懷君子詩云中心藏之何日忘之不圖今日得見卿也敞曰大王仁侔魏祖存念先人雖朱暉眄張堪之孤叔向撫汝齊之子無以加也酒酣語及平生傉檀曰卿魯子敬之儔恨不與卿共成大業耳傉檀以姚興之盛又密圖姑臧乃去其年號罷尙書丞郎官遣參軍關尙聘于興興謂尙曰車騎投誠獻款爲國藩屏擅興兵衆輒造大城爲臣之道固若是乎尙曰王侯設險以自固先王之制也所以安人衞衆預備不虞車騎僻在遐藩密邇勍寇南則逆羌未賓西則蒙遜跋扈蓋爲國家重門之防不圖陛下忽以爲嫌興笑曰卿言是也傉檀遣其將文支討南羌西虜大破之上表姚興求涼州不許加傉檀散騎常侍增邑二千戶傉檀於是率師伐沮渠蒙遜次于氐池蒙遜嬰城固守芟其禾苗至於赤泉而還獻興馬三千匹羊三萬頭興乃署傉檀爲使持節都督河右諸軍事車騎大將軍領護匈奴中郎將涼州刺史常侍公如故鎭姑臧傉檀率步騎三萬次于五澗興涼州刺史王尙遣辛晁孟禕彭敏出迎尙出自淸陽門鎭南文支入自涼風門宗敞以別駕送尙還長安傉檀曰吾得涼州三千餘家情之所寄唯卿一人奈何捨我去乎敞曰今送舊君所以忠於殿下傉檀曰吾今新牧貴州懷遠安邇之略爲之若何敞曰涼土雖弊形勝之地道由人弘實在殿下段懿孟禕武威之宿望辛晁彭敏秦隴之冠冕裴敏馬輔中州之令族張昶涼國之舊胄張穆邊憲文齊楊班梁崧趙昌武同飛羽以大王之神略撫之以威信農戰並脩文教兼設可以從橫於天下河右豈足定乎傉檀大悅賜敞馬二十匹於是大饗文武於謙光殿班賜金馬各有差遣西曹從事史暠聘于姚興興謂暠曰車騎坐定涼州衣錦本國其德我乎暠曰車騎積德河西少播英問王威未接投誠萬里陛下官方任才量功受職彝倫之常何德之有興曰朕不以州授車騎者車騎何從得之暠曰使河西雲擾呂氏顛狽者實由車騎傾其根本陛下雖鴻羅遐被涼州猶在天網之外故征西以周召之重力屈姑臧齊難以王旅之盛勢挫張掖王尙孤城獨守外逼羣狄陛下不連兵十年殫竭中國涼州未易取也今以虛名假人內收大利乃知妙算自天聖與道合雖云遷授蓋亦時宜興悅其言拜騎都尉傉檀讌羣僚于宣德堂仰視而歎曰古人言作者不居居者不作信矣孟禕進曰張文王築城苑繕宮廟爲貽厥之資萬世之業秦師濟河漼然瓦解梁熙據全州之地擁十萬之衆軍敗於酒泉身死於彭濟呂氏以排山之勢王有西夏率土崩離銜璧秦雍寬饒有言富貴無常忽輒易人此堂之建年垂百載十有二主唯信順可以久安仁義可以永固願大王勉之傉檀曰非君無以聞讜言也傉檀雖受制於姚興然車服禮章一如王者以宗敞爲太府主簿錄記室事傉檀僞游澆河襲徙西平湟河諸羌三萬餘戶于武興番禾武威昌松四郡徵集戎夏之兵五萬餘人大閱于方亭遂伐沮渠蒙遜入西陝蒙遜率衆來距戰于均石爲蒙遜所敗傉檀率騎二萬運穀四萬石以給西郡蒙遜攻西郡陷之其後傉檀又與赫連勃勃戰于陽武爲勃勃所敗將佐死者十餘人傉檀與數騎奔南山幾爲追騎所得傉檀懼東西寇至徙三百里內百姓入于姑臧國中駭怨屠各成七兒因百姓之擾也率其屬三百人叛傉檀於北城推梁貴爲盟主貴閉門不應一夜衆至數千殿中都尉張猛大言於衆曰主上陽武之敗蓋恃衆故也責躬悔過明君之義諸君何故從此小人作不義之事殿內武旅正爾相尋目前之危悔將無及衆聞之咸散七兒奔晏然殿中騎將白路等追斬之軍諮祭酒梁裒輔國司馬邊憲等七人謀反傉檀悉誅之姚興以傉檀外有陽武之敗內有邊梁之亂遣其尙書郎韋宗來觀釁傉檀與宗論六國從橫之規三家戰爭之略遠言天命廢興近陳人事成敗機變無窮辭致淸辨宗出而歎曰命世大才經綸名教者不必華宗夏士撥煩理亂澄氣濟世者亦未必八索九丘五經之外冠冕之表復自有人車騎神機秀發信一代之偉人由余日磾豈足爲多也宗還長安言於興曰涼州雖殘弊之後風化未穎傉檀權詐多方憑山河之固未可圖也興曰勃勃以烏合之衆尙能

破之吾以天下之兵何足尅也宗曰形移勢變終始殊途陵人者易敗自守者難攻陽武之役傉檀以輕勃勃致敗今以大軍臨之必自固求全臣竊料羣臣無傉檀匹也雖以天威臨之未見其利興不從乃遣其將姚弼及斂成等率步騎三萬來伐又使其將姚顯爲弼等後繼遺傉檀書云遣尚書左僕射齊難討勃勃懼其西逸故令弼等於河西邀之傉檀以爲然遂不設備弼衆至漠口昌松太守蘇霸嬰城固守弼喻霸令降霸曰汝違負盟誓伐委順之藩天地有靈將不祐汝吾寧爲涼鬼何降之有城陷斬霸弼至姑臧屯于西苑州人王鍾宋鍾王娥等密爲內應候人執其使送之傉檀欲誅其元首前軍伊力延侯曰今強敵在外內有姦豎兵交勢蹙禍難不輕宜悉坑之以安內外傉檀從之殺五千餘人以婦女爲軍賞命諸郡縣悉驅牛羊於野斂成縱兵虜掠傉檀遣其鎮北俱延鎮軍敬歸等十將率騎分擊大敗之斬首七千餘級姚弼固壘不出傉檀攻之未尅乃斷水上流欲以持久斃之會雨甚堰壞弼軍乃振姚顯聞弼敗兼道赴之軍勢甚盛遣射將孟欽等五人挑戰于涼風門弦未及發材官將軍宋益等馳擊斬之顯乃委罪斂成遣使謝傉檀引師而歸傉檀於是僭卽涼王位赦其境內改年爲嘉平置百官立夫人折掘氏爲王后世子武臺爲太子錄尚書事左長史趙晁右長史郭倖爲尚書左右僕射鎮北俱延爲太尉鎮軍敬歸爲司隸校尉自餘封署各有差遣其左將軍枯木駙馬都尉胡康伐沮渠蒙遜掠臨松人千餘戶而還蒙遜大怒率騎五千至于顯美方亭破車蓋鮮卑而還俱延又伐蒙遜大敗而歸傉檀將親率衆伐蒙遜趙晁及太史令景保諫曰今太白未出歲星在西宜以自守難以伐人比年天文錯亂風霧不時惟修德責躬可以寧吉傉檀曰蒙遜往年無狀入我封畿掠我邊疆殘我禾稼吾蓄力待時將報東門之恥今大軍已集卿欲沮衆邪保曰陛下不以臣不肖使臣主察乾象若見事不言非爲臣之體天文顯然動必無利傉檀曰吾以輕騎五萬伐之蒙遜若以騎兵距我則衆寡不敵兼步而來則舒疾不同救右則擊其左赴前則攻其後終不與之交兵接戰卿何懼乎保曰天文不虛必將有變傉檀怒鎖保而行曰有功當殺汝以徇無功封汝百戶侯既而蒙遜率衆來距戰于窮泉傉檀大敗單馬奔還景保爲蒙遜所擒讓之曰卿明於天文爲彼國所任違天犯順智安在乎保曰臣匪爲無智但言而不從蒙遜曰昔漢高祖困于平城以妻敬爲功袁紹敗于官渡而田豐爲戮卿策同二子貴主未可量也卿必有妻敬之賞者吾今放卿但恐有田豐之禍耳保曰寡君雖才非漢祖猶不同本初正可不得封侯豈慮禍也蒙遜乃免之至姑臧傉檀謝之曰卿孤之蓍龜也而不能從之孤之深罪封保安亭侯蒙遜進圍姑臧百姓懲東苑之戮悉皆驚散疊掘麥田車蓋諸部盡降于蒙遜傉檀遣使請和蒙遜許之乃遣司隸校尉敬歸及子他爲質歸至胡坑逃還他爲追兵所執蒙遜徙其衆八千餘戶而歸右衛折掘奇鎮據石驢山以叛傉檀懼爲蒙遜所滅又慮奇鎮尅嶺南乃遷于樂都留大司農成公緒守姑臧傉檀始出城焦諶王侯等閉門作難收合三千餘家保據南城諶推焦朗爲大都督龍驤大將軍諶爲涼州刺史降于蒙遜鎮軍敬歸討奇鎮於石驢山戰敗死之蒙遜因尅姑臧之威來伐傉檀遣其安北段苟左將軍雲連乘虛出番禾以襲其後徙三千餘家於西平蒙遜圍樂都三旬不尅遣使謂傉檀曰若以寵子爲質我當還師傉檀曰去否任卿兵勢卿違盟無信何質以供蒙遜怒築室返耕爲持久之計羣臣固請乃以子安周爲質蒙遜引歸吐谷渾樹洛于率衆來伐傉檀遣其太子武臺距之爲洛于所敗傉檀又將伐蒙遜邯川護軍孟愷諫曰蒙遜初并姑臧凶勢甚盛宜固守伺隙不可妄動不從五道俱進至番和苕藋掠五千餘戶其將屈右進曰陛下轉戰千里前無完陣徙戶資財盈溢衢路宜倍道旋師早度峻險蒙遜善於用兵士衆習戰若輕軍卒至出吾慮表大敵外逼徙戶內攻危之道也衛尉伊力延曰我軍勢方盛將士勇氣自倍彼徒我騎勢不相及若倍道旋師必捐棄資財示人以弱非計也屈右出而告其諸弟曰吾言不用天命也此吾兄弟死地俄而昏霧風雨蒙遜軍大至傉檀敗績而還蒙遜進圍樂都傉檀嬰城固守以子染干爲質蒙遜乃歸久之遣安西紇勃耀兵西境蒙遜侵西平徙戶掠牛馬而還邯川護軍孟愷表鎮南湟河太守文支荒酒慢諫不卹政事傉檀謂伊力延曰今州土傾覆所杖者文支而已將若之何延曰宜召而訓之使改往脩來傉檀乃召文支既到讓之曰二兄英姿早世吾以不才嗣統不能負荷大業顛狽如是胡顏視世雖存若隕庶憑子鮮存衛藉文種復吳卿之謂也聞卿唯酒是耽荒廢署事吾年已老卿復若斯祖宗之業將誰寄也文支頓首陳謝邯川人衛章等謀殺孟愷南啓乞伏熾磐郭越止之曰孟君寬以惠下何罪而殺之吾寧違衆而死不負君以生乃密告之愷誘章等飲酒殺四十餘人愷懼熾磐軍之至馳告文支文支遣將軍匹珍赴之熾磐軍到城聞珍將至引歸蒙遜又攻樂都二旬不尅而還鎮南文支以湟河降蒙遜徙五千餘戶于姑臧蒙遜又來伐傉檀以太尉俱延爲質蒙遜乃引還傉檀議欲西征乙弗孟愷諫曰連年不收上下飢弊南逼熾磐北迫蒙遜百姓騷動下不安業今遠征雖尅後患必深不如結盟熾磐通糴濟難慰喻雜部以廣軍資畜力繕兵相時而動易曰其亡其亡繫于苞桑惟陛下圖之傉檀曰孤將略地卿無沮衆謂其太子武臺曰今不種多年內外俱窘事宜西行以拯此弊蒙遜近去不能卒來旦夕所慮唯在熾磐彼名微衆寡易以討禦吾不過一月自足周旋汝謹守樂都無使失墜傉檀乃率騎七千襲乙弗大破之獲牛馬羊四十餘萬熾磐乘虛來襲撫軍從事中郎尉肅言於武臺曰今外城廣大難以固守宜聚國人於內城肅等率諸晉人距戰於外如或不捷猶有萬全武臺曰小賊蕞爾旦夕當走卿何慮之過也武臺懼晉人有二心也乃召豪望有勇謀者閉之於內孟愷泣曰熾磐不道人神同憤愷等進則荷恩重遷退顧妻子之累豈有二乎今事已急矣人思自效有何猜邪武臺曰吾豈不知子忠實懼餘人脫生慮喪以君等安之耳一旬而城潰安西樊尼自西平奔告傉檀傉檀謂衆曰今樂都爲熾磐所陷男夫盡殺女婦賞軍雖欲歸還無所赴也卿等能與吾籍乙弗之資取契汗以贖妻子是所望也不爾卽歸熾磐便爲奴僕矣豈忍見妻子在他人抱中遂引師而西衆多逃返遣鎮北段苟追之苟亦不還於是將士皆散惟中軍紇勃後軍洛肱安西樊尼散騎侍郎陰利鹿在焉傉檀曰蒙遜熾磐昔皆委質於吾今而歸之不亦鄙哉四海之廣匹夫無所容其身何其痛也蒙遜與吾名齊年比熾磐姻好少年俱其所忌勢皆不濟與其聚而同死不如分而或全樊尼長兄之子宗部所寄吾衆在北者戶垂二萬蒙遜方招懷遐邇存亡繼絕汝其西也紇勃洛肱亦與尼俱吾年老矣所適不容寧見妻子而死遂歸熾磐惟陰利鹿隨之傉檀謂利鹿曰去危就安人之常也吾親屬皆散卿何獨留利鹿曰臣老母在家方寸實亂但忠孝之義勢不俱全雖不能西哭沮渠申包胥之誠東感秦援展毛遂之操負羈靮而侍陛下者臣之分也惟願闓弘遠猷審進止之算傉檀歎曰知人固未易人亦未易知大臣親戚皆棄我去終始不虧者惟卿一人歲寒不凋見之於卿傉檀至西平熾磐遣使郊迎待以上賓之禮初樂都之潰也諸城皆降于熾磐傉檀將尉賢政固守浩亹不下熾磐呼之曰樂都已潰卿妻子皆在吾門孤城獨守何所爲也賢政曰受涼王厚恩爲國家藩屏雖知樂都已陷妻子爲擒先歸獲賞後順受誅然不知主上存亡未敢歸命妻子小事豈足動懷昔羅憲待命晉文亮之文聘後來魏武不責邀一時之榮忘委付之重竊用恥焉大王亦安用之哉熾磐乃遣武臺手書喻政政曰汝爲國儲不能盡節面縛於人棄父負君虧萬世之業賢政義士豈如汝乎既而聞傉檀至左南乃降熾磐以傉檀爲驃騎大將軍封左南公歲餘爲熾磐所鴆左右勸傉檀解藥傉檀曰吾病豈宜療邪遂死時年五十一在位十三年僞諡景王武臺後亦爲熾磐所殺傉檀少子保周臘于破羌俱延子覆龍鹿孤孫副周烏孤孫承鉢皆奔沮渠蒙遜久之歸魏魏以保周爲張掖王覆龍酒泉公破羌西平公副周永平公承鉢昌松公烏孤以安帝隆安元年僭立至傉檀三世凡十九年以安帝義熙十年滅

史臣曰禿髮累葉酋豪擅強邊服控弦玉塞躍馬金山候滿月而窺兵乘折膠而縱鏑禮容弗被聲教斯阻烏孤納苻渾之策治兵以討不賓鹿孤從史暠之言建學而延胄子遂能開疆河右抗衡強國道由人弘抑此之謂傉檀承累捷之銳藉二昆之資摧呂氏算無遺策取姑臧兵不血刃武略雄圖比蹤前烈既而叨竊重位盈滿易期窮兵以逞其心縱慝自貽其弊地奪於蒙遜勢蹙於赫連覆國喪身猶爲幸也昔宋殤好戰致災於華督楚靈黷武取殺於乾谿異代同亡其於傉檀見之矣

贊曰禿髮弟兄擅雄羣虜開疆河外淸氛西土傉檀傑出騰駕時英窮兵黷武喪國頹聲

晉書卷一百二十六考證

禿髮傉檀載記烏孤以安帝隆安元年僭立至傉檀三世凡十九年以安帝義熙十年滅○歷代甲子圖隆安元年歲在丁酉距十九年當爲義熙十一年乙卯不應稱義熙十年也綱目南涼亡於義熙十年是所云十九年應爲十八年

晉書卷一百二十七

唐 太 宗 文 皇 帝 御 撰

載記第二十七

慕容德

慕容德字玄明皝之少子也母公孫氏夢日入臍中晝寢而生德年未弱冠身長八尺二寸姿貌雄偉額有日角偃月重文博觀羣書性清慎多才藝慕容儁之僭立也封為梁公歷幽州刺史左衞將軍及暐嗣位改封范陽王稍遷魏尹加散騎常侍俄而苻堅將苻雙據陝以叛堅將苻柳起兵枹罕將應之德勸暐乘釁討堅辭旨慷慨識者言其有遠略暐竟不能用德兄垂甚壯之因共論軍國大謀言必切至垂謂之曰汝器識長進非復吳下阿蒙也枋頭之役德以征南將軍與垂擊敗晉師及垂奔苻堅德坐免職後遇暐敗徙于長安苻堅以為張掖太守數歲免歸及堅以兵臨江拜德為奮威將軍堅之敗也堅與張夫人相失慕容暐將護致之德正色謂暐曰昔楚莊滅陳納巫臣之諫而棄夏姬此不祥之人或亂人主戎事不邇女器秦之敗師當由於此宜掩目而過奈何將衞之也暐不從德馳馬而去之還次滎陽言於暐曰昔句踐棲於會稽終獲吳國聖人相時而動百舉百全天將悔禍故使秦師喪敗宜乘其弊以復社稷暐不納乃從垂如鄴及垂稱燕王以德為車騎大將軍復封范陽王居中鎮衞參斷政事久之遷司徒于時慕容永據長子有衆十萬垂議討之羣臣咸以為疑德進曰昔三祖積德遺訓在耳故陛下龍飛不謀而會雖由聖武亦緣舊愛燕趙之士樂為燕臣也今永既建僞號扇動華戎致令羣豎從橫逐鹿不息宜先除之以一衆聽昔光武馳蘇茂之難不顧百官之疲夫豈不仁機急故也兵法有不得已而用之陛下容得已乎垂笑謂其黨曰司徒議與吾同二人同心其利斷金吾計決矣遂從之垂臨終勑其子寶以鄴城委德寶既嗣位以德為使持節都督冀兗青徐荊豫六州諸軍事特進車騎大將軍冀州牧領南蠻校尉鎮鄴罷留臺以都督專總南夏魏將拓拔章攻鄴德遣南安王慕容青等夜擊敗之魏師退次新城青等請擊之別駕韓諄進曰古人先決勝廟堂然後攻戰今魏不可擊者四燕不宜動者三魏懸軍遠入利在野戰一不可擊也深入近畿頓兵死地二不可擊也前鋒既敗後陣方固三不可擊也彼衆我寡四不可擊也官軍自戰其地一不宜動動而不勝衆心難固二不宜動城隍未修敵來無備三不宜動此皆兵家所忌不如深溝高壘以逸待勞彼千里饋糧野無所掠久則三軍靡資攻則衆旅多斃師老釁生詳而圖之可以捷矣德曰韓別駕之言良平之策也於是召青還師魏又遣遼西公賀賴盧率騎與章圍鄴德遣其參軍劉藻請救於姚興且參母兄之問而興師不至衆大懼德於是親饗戰士厚加撫接人感其恩皆樂為致死會章盧內相乖爭各引軍潛遁章司馬丁建率衆來降言章師老可以敗之德遣將追破章軍人心始固時魏師入中山慕容寶出奔于薊慕容詳又僭號會劉藻自姚興而至與太史令高魯遣其甥王景暉隨藻送玉璽一紐并圖讖祕文曰有德者昌無德者亡德受天命柔而復剛又有謠曰大風蓬勃揚塵埃八井三刀卒起來四海鼎沸中山頹惟有德人據三臺於是德之羣臣議以慕容詳僭號中山魏師盛于冀州未審寶之存亡因勸德即尊號德不從會慕容達自龍城奔鄴稱寶猶存羣議乃止尋而寶以德為丞相領冀州牧承制南夏德兄子麟自義臺奔鄴因說德曰中山既沒魏必乘勝攻鄴雖糧儲素積而城大難固且人情沮動不可以戰及魏軍未至擁衆南渡就魯陽王和據滑臺而聚兵積穀伺隙而動計之上也魏雖拔中山勢不久留不過驅掠而返人不樂徙理自生變然後振威以援之魏則可一舉而取之先是慕容和亦勸德南徙於是許之隆安二年乃率戶四萬車二萬七千乘自鄴將徙于滑臺遇風船沒魏軍垂至衆懼議欲退保黎陽其夕流澌凍合是夜濟師旦魏師至而冰泮若有神焉遂改黎陽津為天橋津及至滑臺景星見于尾箕漳水得白玉狀若璽於是德依燕元故事稱元年大赦境內殊死已下置百官以慕容麟為司空領尚書令慕容法為中軍將軍慕輿拔為尚書左僕射丁通為尚書右僕射自餘封授各有差初河間有麟見慕容麟以為己瑞及此潛謀為亂事覺賜死其夏魏將賀賴盧率衆附之至是慕容寶自龍城南奔至黎陽遣其中黃門令趙思召慕容鍾來迎鍾本首議勸德稱尊號聞而惡之執思付獄馳使白狀德謂其下曰卿等前以社稷大計勸吾攝政吾亦以嗣帝奔亡人神曠主故權順羣議以繫衆望今天方悔禍嗣帝得還吾將具駕奉迎謝罪行闕然後角巾私第卿等以為何如其黃門侍郎張華進曰夫爭奪之世非雄才不振從橫之時豈懦夫能濟陛下若蹈匹婦之仁捨天授之業威權一去則身首不保何退讓之有乎德曰吾以古人逆取順守其道未足所以中路徘徊悵然未決耳慕輿護請馳問寶虛實德流涕而遣之乃率壯士數百隨思而北因謀殺寶初寶遣思之後知德攝位懼而北奔護至無所見執思而還德以思閑習典故將任之思曰昔關羽見重曹公猶不忘先主之恩思雖刑餘賤隸荷國寵靈犬馬有心而況人乎乞還就上以明微節德固留之思怒曰周室衰微晉鄭夾輔漢有七國之難實賴梁王殿下親則叔父位則上台不能率先羣后以匡王室而幸根本之傾為趙倫之事思雖無申胥哭秦之效猶慕君賓不生莽世德怒斬之晉南陽太守閭丘羨寧朔將軍鄧啟方率衆二萬來伐師次管城德遣其中軍慕容法撫軍慕容和等拒之王師敗績德怒法不窮追晉師斬其撫軍司馬斬褒初苻登既為姚興所滅登弟廣率部落降於德拜冠軍將軍處之乞活堡會熒惑守東井或言秦當復興者廣乃自稱秦王敗德將慕容鍾時德始都滑臺介于晉魏之間地無十城衆不過數萬及鍾喪師反側之徒多歸於廣德乃留慕容和守滑臺親率衆討廣斬之初寶之至黎陽也和長史李辯勸和納之和不從辯懼謀泄乃引晉軍至管城冀德親率師於後作亂會德不出愈不自安及德此行也辯又勸和反和不從辯怒殺和以滑臺降于魏時將士家悉在城內德將攻之韓範言於德曰魏師已入城據國成資客主之勢翻然復異人情既危不可以戰宜先據一方為關中之基然後畜力而圖之計之上也德乃止德右衞將軍慕容雲斬李辯率將士家累二萬餘人而出三軍慶悅德謀於衆曰苻廣雖平而撫軍失據進有彊敵退無所托計將安出張華進曰彭城阻帶山川楚之舊都地險人殷可攻而據之以為基本慕容鍾慕容護封逞韓諄等固勸攻滑臺潘聰曰滑臺四通八達非帝王之居且北通大魏西接彊秦此二國者未可以高枕而待之彭城土曠人稀地平無嶮晉之舊鎮必距王師又密邇江淮水路通浚秋夏霖潦千里為湖且水戰國之所短吳之所長今雖尅之非久安之計也青齊沃壤號曰東秦土方二千戶餘十萬四塞之固負海之饒可謂用武之國三齊英傑蓄志以待孰不思得明主以立尺寸之功廣固者曹嶷之所營山川阻峻足為帝王之都宜遣辯士馳說于前大兵繼進于後辟閭渾昔負國恩必翻然向化如其守迷不順大軍臨之自然瓦解既據之後閉關養銳伺隙而動此亦二漢之有關中河內也德猶豫未決沙門朗公素知占候德因訪其所適朗曰敬覽三策潘尚書之議可謂興邦之術矣今歲初長星起于奎婁遂埽虛危而虛危齊之分野除舊布新之象宜先定舊魯巡撫琅邪待秋風戒節然後北轉臨齊天之道也德大悅引師而南兗州北鄙諸縣悉降置守宰以撫之存問高年軍無私掠百姓安之牛酒屬路德遣使喻齊郡太守辟閭渾渾不從遣慕容鍾率步騎二萬擊之德進據琅邪徐兗之士附者十餘萬自琅邪而北迎者四萬餘人德進寇莒城守將任安委城而遁以潘聰鎮莒城鍾傳檄青州諸郡曰隆替有時義列昔經因難啟聖事彰中籙是以宣王龍飛於危周光武鳳起於絕漢斯蓋歷數大期帝王之興廢也自我永康多難長鯨逸網華夏四分黎元五裂逆賊辟閭渾父蔚昔同段龕沮亂淄川太宰東征勦絕凶命渾於覆巢之下蒙全卵之施曾微犬馬識養之心復襲凶父樂禍之志盜據東秦遠附吳越割剝黎元委輸南海皇上應期大命再集矜彼營丘暫阻王略故以七州之衆二十餘萬巡省岱宗問罪齊魯昔韓信以裨將伐齊有征無戰耿弇以偏軍討步剋不移朔況以萬乘之師埽一隅之寇傾山碎卵方之非易孤以不才忝荷先驅都督元戎一十二萬皆烏丸突騎三河猛士奮劒與夕火爭光揮戈與秋月競色以此攻城何城不克以此衆戰何敵不平昔竇融以河西歸漢榮被於後裔彭寵盜逆漁陽身死於奴隸近則曹嶷跋扈見擒於後趙段龕干紀取滅於前朝此非古今之吉凶已然之成敗乎渾若先迷後悟榮寵有加如其敢抗王師敗滅必無遺燼稷下之雄岱北之士有能斬送渾者賞同佐命脫履機不發必玉石俱摧渾聞德軍將至徙八千餘家入廣固諸郡皆承檄降於德渾懼將妻子奔于魏德遣射聲校尉劉剛追斬於莒城渾參軍張瑛常與渾作檄辭多不遜及此德擒而讓之瑛神色自若徐對曰渾之有臣猶韓信之有蒯通通遇漢祖而蒙恕臣遭陛下而嬰戮比之古人竊為不幸防風之誅臣實甘之但恐堯舜之化未弘於四海耳德初善其言後竟殺之德遂入廣固四年僭即皇帝位于南郊大赦改元為建平設行廟於宮南遣使奉策告成焉進慕容鍾為司徒慕輿拔為司空封孚為左僕射慕輿護為右僕射遣其度支尚書封愷中書侍郎封逞觀省風俗所在大饗將士以其妻段氏為皇后建立學官簡公卿以下子弟及二品士門二百人為太學生後因讌其羣臣酒酣笑而言曰朕雖寡薄恭己南面而朝諸侯在上不驕夕惕於位可方自古何等主也其

青州刺史鞠仲曰陛下中興之聖后少康光武之儔也德顧命左右賜仲帛千匹仲以賜多爲讓德曰卿知調朕朕不知調卿乎卿飾對非實故亦以虛言相賞賞不謬加何足謝也韓範進曰臣聞天子無戲言忠臣無妄對今日之論上下相欺可謂君臣俱失德大悅賜範絹五十匹自是昌言競進朝多直士矣德母兄先在長安遣平原人杜弘如長安問存否弘曰臣至長安若不奉太后動止便即西如張掖以死爲效臣父雄年踰六十未沾榮貴乞本縣之祿以申烏鳥之情張華進曰杜弘未行而求祿要利情深不可使也德曰吾方散所輕之財招所重之死況爲親尊而可吝乎且弘爲君迎親爲親求祿雖外如要利內實忠孝乃以雄爲平原令弘至張掖爲盜所殺德聞而悲之厚撫其妻子明年德如齊城登營丘望晏嬰冢顧謂左右曰禮大夫不逼城葬平仲古之賢人達禮者也而生居近市死葬近城豈有意乎青州秀才晏謨對曰孔子稱臣先人平仲賢則賢矣豈不知高其梁豐其禮蓋政在家門故儉以矯世存居湫隘卒豈擇地而葬乎所以不遠門者猶冀悟平生意也遂以謨從至漢城陽景王廟讌庶老于申池北登社首山東望鼎足因目牛山而歎曰古無不死愴然有終焉之志遂問謨以齊之山川丘陵賢哲舊事謨歷對詳辯畫地成圖德深嘉之拜尚書郎立冶於商山置鹽官於烏常澤以廣軍國之用德故吏趙融自長安來始具母兄凶問德號慟吐血因而寢疾其司隸校尉慕容達因此謀反遣牙門皇璆率衆攻端門殿中帥侯赤眉開門應之中黃門孫進扶德踰城隱於進舍段宏等聞宮中有變勒兵屯四門德入宮誅赤眉等達懼而奔魏慕容法及魏師戰于濟北之摽榆谷魏師敗績其尚書韓諄上疏曰二寇逋誅國恥未雪關西爲豺狼之藪揚越爲鴟鴞之林三京社稷鞠爲丘墟四祖園陵蕪而不守豈非義夫憤歎之日烈士忘身之秋而皇室多難威略未振是使長蛇弗剪封豕假息人懷憤慨常謂一日之安不可以永久朝夕之逸無卒歲之憂陛下中興大業務在遵養矜遷氓之失土假長復而不役愍黎庶之息肩貴因循而不擾斯可以保寧于營丘難以經措于秦越今羣凶僭逆實繁有徒據我三方伺國瑕釁深宜審量虛實大校成敗養兵厲甲廣農積糧進爲雪恥討寇之資退爲山河萬全之固而百姓因秦晉之弊迭相蔭冒或百室合戶或千丁共籍依託城社不懼燻燒公避課役擅爲姦宄損風毀憲法所不容但檢令未宣弗可加戮今宜隱實黎氓正其編貫庶上增皇朝理物之明下益軍國兵資之用若蒙採納冀裨山海雖邁商鞅之刑悅綰之害所不辭也德納之遣其車騎將軍慕容鎮率騎三千緣邊嚴防備百姓逃竄以諄爲使持節散騎常侍行臺尚書巡郡縣隱實得蔭戶五萬八千諄公廉正直所在野次人不擾焉德大集諸生親臨策試既而饗宴乘高遠矚顧謂其尚書魯邃曰齊魯固多君子當昔全盛之時接慎巴生淳于鄒田之徒蔭修檐臨清沼馳朱輪佩長劒恣非馬之雄辭奮談天之逸辯指麾則紅紫成章俛仰則丘陵生韻至於今日荒草頹墳氣消烟滅永言千載能不依然邃荅曰武王封比干之墓漢祖祭信陵之墳皆留心賢哲每懷往事陛下慈深二主澤被九泉若使彼而有知寧不銜荷矣先是妖賊王始聚衆於太山自稱太平皇帝號其父爲太上皇兄爲征東將軍弟征西將軍慕容鎭討擒之斬於都市臨刑或問其父及兄弟何在始答曰太上皇帝蒙塵於外征東征西亂軍所害惟朕一身獨無聊賴其妻怒之曰止坐此口以至於此奈何復爾始曰皇后自古豈有不破之家不亾之國邪行刑者以刀鐶築之仰視曰崩即崩矣終不改帝號德聞而哂之時桓玄將行篡逆誅不附己者冀州刺史劉軌襄城太守司馬休之征虜將軍劉敬宣廣陵相高雅之江都長張誕竝內不自安皆奔於德於是德中書侍郎韓範上疏曰夫帝王之道必崇經略有其時無其人則弘濟之功闕有其人無其時則英武之志不申至於能成王業者惟人時合也自晉國內難七載于茲桓玄逆篡虐踰董卓神怒人怨其殃積矣可乘之機莫過此也以陛下之神武經而緯之驅樂奮之卒接厭亂之機譬如聲發響應形動影隨未足比其易也且江淮南北戶口未幾公私戎馬不過數百守備之事蓋亦微矣若以步騎一萬建雷霆之舉卷甲長驅指臨江會必望旌草偃壺漿屬路跨地數千衆踰十萬可以西并彊秦北抗大魏夫欲拓境開疆保其社稷無過今也如使後機失會豪傑復起梟除桓玄布惟新之化遐邇既寧物無異望非但建鄴難居江北亦不可冀機過患生憂必至矣天與不取悔將及焉惟陛下覽之德曰自頃數纏百六宏綱暫弛遂令姦逆亂華舊京墟穢每尋否運憤慨兼懷昔少康以一旅之衆復夏配天況朕據三齊之地藉五州之衆敎之以軍旅訓之以禮讓上下知義人思自奮繕甲待釁爲日久矣但欲先定中原掃除逋孽然後宣布淳風經理九服飲馬長江懸旌隴坂此志未遂且韜戈耳今者之事王公其詳議之咸以桓玄新得志未可圖乃止於是講武於城西步兵三十七萬車一萬七千乘鐵騎五萬三千周亘山澤旌旗彌漫鉦鼓之聲振動天地德登高望之顧謂劉軌高雅之曰昔郤克忿齊子胥怨楚終能暢其剛烈名流千載卿等既知投身有道當使無慙昔人也雅之等頓首答曰幸蒙陛下天覆之恩大造之澤存亡繼絕實在聖時雖則萬隕何以上報俄聞桓玄敗德以慕容鎭爲前鋒慕容鍾爲大都督配以步卒二萬騎五千剋期將發而德寢疾於是罷兵初德迎其兄子超於長安及是而至德夜夢其父曰汝既無子何不早立超爲太子不爾惡人生心寤而告其妻曰先帝神明所勑觀此夢意吾將死矣乃下書以超爲皇太子大赦境內子爲父後者人爵二級其月死即義熙元年也時年七十乃夜爲十餘棺分出四門潛葬山谷竟不知其尸之所在在位五年僞謚獻武皇帝

晉書卷一百二十七考證

慕容德載記魏將拓拔章攻鄴○綱目作魏別將拓拔儀

慕輿護請馳問寶虛實德流涕而遣之○輿監本訛容今從南燕錄及下文慕輿護爲右僕射改正

乞還就上以明徽節德固留之○徽監本誤是今從宋本

恣非馬之雄辭○非監本誤飛今從公孫龍子白馬非馬語改正

晉書卷一百二十八

唐 太 宗 文 皇 帝 御 撰

載記第二十八

慕容超 慕容鍾 封孚

慕容超字祖明德兄北海王納之子苻堅破鄴以納爲廣武太守數歲去官家于張掖德之南征留金刀而去及垂起兵山東苻昌收納及德諸子皆誅之納母公孫氏以耄獲免納妻段氏方娠未決囚之於郡獄獄掾呼延平德之故吏也嘗有死罪德免之至是將公孫及段氏逃于羌中而生超焉年十歲而公孫氏卒臨終授超以金刀曰若天下太平汝以東歸可以此刀還汝叔也平又將超母子奔于呂光及呂隆降于姚興超又隨涼州人徙于長安超母謂超曰吾母子全濟呼延氏之力平今雖死吾欲爲汝納其女以答厚恩於是娶之超自以諸父在東恐爲姚氏所錄乃陽狂行乞秦人賤之惟姚紹見而異焉勸興拘以爵位召見與語超深自晦匿興大鄙之謂紹曰諺云妍皮不裹癡骨妄語耳由是得去來無禁德遣使迎之超不告母妻乃歸及至廣固呈以金刀具宣祖母臨終之言德撫之號慟超身長八尺署帶九圍精彩秀發容止可觀德甚加禮遇始名之曰超封北海王拜侍中驃騎大將軍司隸校尉開府置佐吏德無子欲以超爲嗣故爲超起第於萬春門內朝夕觀之超亦深達德旨入則盡歡承奉出則傾身下士於是內外稱美焉頃之立爲太子及德死以義熙元年僭嗣僞位大赦境內改元曰太上尊德妻段氏爲皇太后以慕容鍾都督中外諸軍錄尚書事慕容法爲征南都督徐兗揚南兗四州諸軍事慕容鎭加開府儀同三司尚書令封孚爲太尉麴仲爲司空潘聰爲左光祿大夫封嵩爲尚書左僕射自餘封拜各有差後又以鍾爲青州牧段宏爲徐州刺史公孫五樓爲武衛將軍領屯騎校尉內參政事封孚言於超曰臣聞五大不在邊五細不在庭鍾國之宗臣社稷所賴宏外戚懿望親賢具瞻正應參翼百揆不宜遠鎭方外今鍾等出藩五樓內輔臣竊未安超新即位害鍾等權逼以問五樓五樓欲專斷朝政不欲鍾等在內屢有間言孚說竟不行鍾宏俱有不平之色相謂曰黃犬之皮恐當終補狐裘也五樓聞之嫌隙漸遘初超自長安行至梁父慕容法時爲兗州鎭南長史悅壽還謂法曰向見北海王子天資弘雅神爽高邁始知天族多奇玉林皆寶法曰昔成方遂詐稱衛太子人莫辯之此復天族乎超聞而恚恨形于言色法亦怒處之外館由是結憾及德死法又不奔喪超遣使讓焉法常懼禍至因此遂與慕容鍾段宏等謀反超知而徵之鍾稱疾不赴於是收其黨侍中慕容統右衛慕容根散騎常侍段封誅之車裂僕射封嵩於東門之外西中郎將封融奔于魏超尋遣慕容鎭等攻青州慕容昱等攻徐州慕容凝韓範攻梁父昱等攻莒城拔之徐州刺史段宏奔于魏封融又集羣盜襲石塞城殺鎭西大將軍餘鬱青土振恐人懷異議慕容凝謀殺韓範將襲廣固範知而攻之凝奔梁父範并其衆攻梁父尅之凝奔姚興慕容法出奔于魏慕容鎭尅青州鍾殺

其妻子爲地道而出單馬奔姚興于時超不恤政事畋游是好百姓苦之其僕射韓諄切諫不納超議復肉刑九等之選乃下書於境内曰陽九數纏永康多難自北都傾陷典章淪滅律令法憲靡有存者綱理天下此焉爲本既不能導之以德必須齊之以刑且虞舜大聖猶命咎繇作士刑之不可已已也如是先帝季興大業草創兵革尚繁未遑脩制朕猥以不德嗣承大統撫御寡方致蕭牆釁發遂戎馬生郊典儀寢廢今四境無虞所宜脩定尚書可召集公卿至如不忠不孝若封嵩之輩梟斬不足以痛之宜致烹轘之法亦可附之律條納以大辟之科肉刑者乃先聖之經不刊之典漢文易之輕重乖度今犯罪彌多死之者稍衆肉刑之於化也濟育旣廣懲慘尤深光壽建興中二祖已議復之未及而晏駕其令博士已上參考舊事依呂刑及漢魏晉律令消息增損議成燕律五刑之屬三千而罪莫大於不孝孔子曰非聖人者無法非孝者無親此大亂之道也轘裂之刑烹煮之戮雖不在五品之例然亦行之自古渠彌之轘著之春秋哀公之烹爰自中代世宗都齊亦愍刑罰失中咨嗟寢食王者之有刑糾猶人之左右手焉故孔子曰刑罰不中則人無所措手足是以蕭何定法令而受封叔孫通以制儀爲奉常立功立事古之所重其明議損益以成一代準式周漢有貢士之條魏立九品之選二者孰愈亦可詳聞羣下議多不同乃止超母妻旣先在長安爲姚興所拘責超稱藩求太樂諸伎若不可使送吳口千人超下書遣羣臣詳議左僕射段暉議曰太上囚楚高祖不迴今陛下嗣守社稷不宜以私親之故而降統天之尊又太樂諸伎皆是前世伶人不可與彼使移風易俗宜掠吳口與之尚書張華曰若彼侵掠吳邊必成鄰怨此旣能往彼亦能來兵連禍結非國之福也昔孫權重黎庶之命屈已以臣魏惠施惜愛子之頭捨志以尊齊況陛下慈德在秦方寸崩亂宜暫降大號以申至孝之情權變之道典謨所許韓範智能迴物辯足傾人昔與姚興俱爲秦太子中舍人可遣將命降號脩和所謂屈於一人之下伸於萬人之上也超大悅曰張尚書得吾心矣使範聘于興及至長安興謂範曰封愷前來燕王與朕抗禮及卿至也款然而附爲依春秋以小事大之義爲當專以孝敬爲母屈也範曰昔周爵五等公侯異品小大之禮因而生焉今陛下命世龍興光宅西秦本朝主上承祖宗遺烈定鼎東齊中分天曜南面並帝通聘結好義尚謙沖使至矜誕苟折行人殊似吳晉爭盟滕薛競長恐傷大秦堂堂之盛有損皇燕巍巍之美彼我俱失竊未安之興怒曰若如卿言便是非爲大小而來範曰雖由大小之義亦緣寡君純孝過於重華願陛下體敬親之道霈然垂愍興曰吾久不見賈生自謂過之今不及矣於是爲範設舊交之禮申敘平生謂範曰燕王在此朕亦見之風表乃可於機辯未也範曰大辯若訥聖人美之況爾日龍潛鳳戢和光同塵若使負日月而行則無繼天之業矣興笑曰可謂使乎延譽者也範承間逞說姚興大悅賜範千金許以超母妻還之慕容凝自梁父奔于姚興言於興曰燕王稱藩本非推德權爲母屈耳古之帝王尚興師徵質豈可虛還其母乎母若一還必不復臣也宜先制其送伎然後歸之興意乃變遣使聘於超超遣其僕射張華給事中宗正元入長安送太樂伎一百二十人於姚興興大悅延華入讌酒酣樂作興黃門侍郎尹雅謂華曰昔殷之將亡樂師歸周今皇秦道盛燕樂來庭廢興之兆見于此矣華曰自古帝王爲道不同權譎之理會於功成故老子曰將欲取之必先與之今總章西入必由余東歸禍福之驗此其兆乎興怒曰昔齊楚競辯二國連師卿小國之臣何敢抗衡朝士華遜辭曰奉使之始實願交歡上國上國旣遺小國之臣辱及寡君社稷臣亦何心而不仰酬興善之於是還超母妻義熙三年追尊其父爲穆皇帝立其母段氏爲皇太后妻呼延氏爲皇后祀南郊將登壇有獸大如馬狀類鼠而色赤集於圓丘之側俄而不知所在須臾大風暴起天地晝昏其行宮羽儀皆振裂超懼密問其大史令成公綏對曰陛下信用姦臣誅戮賢良賦斂繁多事役殷苦所致也超懼而大赦譴責公孫五樓等俄而復之是歲廣固地震天齊水湧井水溢女水竭河濟凍合而澠水不冰超正旦朝羣臣于東陽殿聞樂作歎音佾不備悔送伎於姚興遂議入寇其領軍韓讜諫曰先帝以舊京傾沒戢翼三齊苟時運未可上智輟謀今陛下嗣守成規宜閉關養士以待賊釁不可結怨南鄰廣樹讎隙超曰我計已定不與卿言於是遣其將斛穀提公孫歸等率騎寇宿豫陷之執陽平太守劉千載濟陰太守徐阮大掠而去簡男女二千五百付大樂教之時公孫五樓爲侍中尚書領左衛將軍專總朝政兄歸爲冠軍常山公叔父頹爲武衛與樂公五樓宗親皆夾輔左右王公內外無不憚之超論宿豫之功封斛穀提等並爲郡縣公慕容鎭諫曰臣聞懸賞待勳非功不侯今公孫歸結禍延兵殘賊百姓陛下封之得無不可乎夫忠言逆耳非親不發臣雖庸朽忝國威藩輒盡愚款惟陛下圖之超怒不答自是百僚杜口莫敢開言尚書都令史王儼謟事五樓遷尚書郎出爲濟南太守入爲尚書左丞時人爲之語曰欲得侯事五樓又遣公孫歸等率騎三千人入濟南執太守趙元略男女千餘人而去劉裕率師將討之超引見羣臣于東陽殿議距王師公孫五樓曰吳兵輕果所利在戰初鋒勇銳不可爭也宜據大峴使不得入曠日延時沮其銳氣可徐簡精騎二千循海而南絕其糧運別勑段暉率兗州之軍緣山東下腹背擊之上策也各命守宰依險自固校其資儲之外餘悉焚蕩芟除粟苗使敵無所資堅壁清野以待其釁中策也縱賊入峴出城逆戰下策也超曰京都殷盛戶口衆多非可一時入守青苗布野非可卒芟設使芟苗守城以全性命朕所不能今據五州之彊帶山河之固戰車萬乘鐵馬萬羣縱令過峴至於平地徐以精騎踐之此成擒也賀賴盧苦諫不從退謂五樓曰上不用吾計亡無日矣慕容鎭曰若如聖旨必須平原用馬爲便宜出峴逆戰戰而不勝猶可退守不宜縱敵入峴自貽窘逼昔成安君不守井陘之關終屈於韓信諸葛瞻不據束馬之險卒擒於鄧艾臣以爲天時不如地利阻守大峴策之上也超不從鎭出謂韓讜曰主上旣不能芟苗守嶮又不肯徙人逃寇酷似劉璋矣今年國滅吾必死之卿等中華之士復爲文身矣超聞而大怒收鎭下獄乃攝莒梁父二戍脩城隍簡士馬畜銳以待之其夏王師次東莞超遣其左軍段暉輔國賀賴盧等六將步騎五萬進據臨朐俄而王師度峴超懼率卒四萬就暉等于臨朐謂公孫五樓曰宜進據川源晉軍至而失水亦不能戰矣五樓馳騎據之劉裕前驅將軍孟龍符已至川源五樓戰敗而返裕遣諮議參軍檀韶率銳卒攻破臨朐超大懼單騎奔段暉于城南暉衆又戰敗裕軍人斬暉超又奔還廣固徙郭內人入保小城使其尚書郎張綱乞師于姚興赦慕容鎭進錄尚書都督中外諸軍事引見羣臣謝之曰朕嗣奉成業不能委賢任善而專固自由覆水不收悔將何及智士逞謀必在事危忠臣立節亦在臨難諸君其勉思六奇共濟艱運鎭進曰百姓之心係於一人陛下旣躬率六軍身先奔敗羣臣解心士庶喪氣內外之情不可復恃如聞西秦自有內難恐不暇分兵救人正當更決一戰以爭天命今散卒還者猶有數萬可悉出金帛宮女餌令一戰天若相我足以破賊如其不濟死尚爲美不可閉門坐受圍擊司徒慕容惠曰不然今晉軍乘勝有陵人之氣敗軍之將何以禦之秦雖與勃勃相持不足爲患且二國連橫勢成脣齒今有寇難秦必救我但自古乞援不遣大臣則不致重兵是以趙隷三請楚師不出平原一使援至從成尚書令韓範德望具瞻燕秦所重宜遣乞援以濟時艱於是遣範與王蒱徃乞師于姚興未幾裕師圍城四面皆合人有竊告裕軍曰若得張綱爲攻具者城乃可得耳是月綱自長安歸遂奔于裕裕令綱周城大呼曰勃勃大破秦軍無兵相救超怒伏弩射之乃退右僕射張華中丞封愷並爲裕軍所獲裕令華愷與超書勸令早降超乃遣裕書請爲藩臣以大峴爲界并獻馬千匹以通和好裕弗許江南繼兵相尋而至尚書張俊自長安還又降于裕說裕曰今燕人所以固守者外杖韓範冀得秦援範旣時望又與姚興舊昵若勃勃敗後秦必救燕宜密信誘範啗以重利範來則燕人絕望自然降矣裕從之表範爲散騎常侍遺範書以招之時姚興乃遣其將姚彊率步騎一萬隨範就其將姚紹于洛陽并兵來援會赫連勃勃大破秦軍興追彊還長安範歎曰天其滅燕乎會得裕書遂降於裕裕謂範曰卿欲立申包胥之功何以虛還也範曰自亡祖司空世荷燕寵故泣血秦庭冀匡禍難屬西朝多故丹誠無效可謂天喪弊邑而賛明公智者見機而作敢不至乎翌日裕將範循城由是人情離駭無復固志裕謂範曰卿宜至城下告以禍福範曰雖蒙殊寵猶未忍謀燕裕嘉而不彊左右勸超誅範家以止後叛超知敗在旦夕又弟諄盡忠無二故不罪焉是歲東萊雨血廣固城門鬼夜哭明年朔旦超登天門朝羣臣于城上殺馬以饗將士文武皆有遷授超幸姬魏夫人從超登城見王師之盛握超手而相對泣韓諄諫曰陛下遭百六之會正是勉彊之秋而反對女子悲泣何其鄙也超拭目謝之其尚書令董銳勸超出降超大怒繫之於獄於是賀賴盧公孫五樓爲地道出戰王師不利河間人玄文說裕曰昔趙攻曹嶷望氣者以爲澠水帶城非可攻拔若塞五龍口城必自陷石季龍從之而嶷請降後慕容恪之圍段龕亦如之而龕降降後無幾又震開之今舊基猶在可塞之裕從其言至是城中男女患脚弱病者大半超輦而升城尚書悅壽言於超曰天地不仁助寇爲虐戰士尫病日就凋隕守困窮城息望外援天時人事亦可知矣苟歷運有終堯舜降位轉禍爲福聖達以先宜追許鄭之蹤以存宗廟之重超

歎曰廢興命也吾寧奮劒決死不能銜璧求生於是張綱爲裕造衝車覆以版屋蒙之以皮幷設諸奇巧城上火石弓矢無所施用又爲飛樓懸梯木幔之屬遙臨城上超大怒懸其母而支解之城中出降者相繼裕四面進攻殺傷甚衆悅壽遂開門以納王師超與左右數十騎出亡爲裕軍所執裕數之以不降之狀超神色自若一無所言唯以母託劉敬宣而已送建康市斬之時年二十六在位六年德以安帝隆安四年僭立至超二世凡十一年以義熙六年滅

慕容鍾字道明德從弟也少有識量喜怒不形於色機神秀發言論淸辯至於臨難對敵知勇兼濟累進奇策德用之頗中由是政無大小皆以委之遂爲佐命元勳後公孫五樓規挾威權慮鍾抑已因勸超誅之鍾遂謀反事敗奔于姚興拜始平太守歸義侯

封孚

封孚字處道渤海蓨人也祖悛振威將軍父放慕容暐之世吏部尚書孚幼而聰敏和裕有士君子之稱寶僭位累遷吏部尚書及蘭汗之篡南奔辟閭渾渾表爲渤海太守德至莒城孚出降德曰朕平青州不以爲慶喜於得卿也常外總機事內參密謀雖位任崇重謙虛博納甚有大臣之體及超嗣位政出權嬖多違舊章軌憲日頹殘虐滋甚孚屢盡匡救超不能納也後臨軒謂孚曰朕於百王可方誰孚對曰桀紂之主超大慙怒孚徐步而出不爲改容司空鞠仲失色謂孚曰與天子言何其亢厲宜應還謝孚曰行年七十墓木已拱惟求死所耳竟不謝以超三年死于家時年七十一文筆多傳于世

史臣曰慕容德以季父之親居鄴中之重朝危未聞其節君存遽踐其位豈人理哉然稟俶儻之雄姿韞從橫之遠略屬分崩之運成角逐之資跨有全齊竊弄神器撫劒而爭衡秦魏練甲而志靜荆吳崇儒術以弘風延讜言而勵已觀其爲國有足稱焉超繼已成之基居霸者之業政刑莫恤畋游是好杜忠良而讒佞進暗聽受而勳戚離先緒俄頹家聲莫振陷宿豫而貽禍啓大峴而延敵君臣就虜宗廟爲墟亦其人謀非不幸也

贊曰德實姦雄轉敗爲功奄有青土濫名域中超承僞祚撓其國步廟失貞籌庭悲霑露

晉書卷一百二十九

唐　太　宗　文　皇　帝　御　撰

載記第二十九

沮渠蒙遜

沮渠蒙遜臨松盧水胡人也其先世爲匈奴左沮渠遂以官爲氏焉蒙遜博涉羣史頗曉天文雄傑有英略滑稽善權變梁熙呂光皆奇而憚之故常游飲自晦會伯父羅仇麴粥從呂光征河南光前軍大敗麴粥言於兄羅仇曰主上荒耄驕縱諸子朋黨相傾讒人側目今軍敗將死正是智勇見猜之日可不懼乎吾兄弟素爲所憚與其經死溝瀆豈若勒衆向西平出苕藋奮臂大呼涼州不足定也羅仇曰理如汝言但吾家累世忠孝爲一方所歸寧人負我無我負人俄而皆爲光所殺宗姻諸部會葬者萬餘人蒙遜哭謂衆曰昔漢祚中微吾之乃祖翼奬竇融保寧河右呂王昏耄荒虐無道豈可不上繼先祖安時之志使二父有恨黃泉衆咸稱萬歲遂斬光中田護軍馬邃臨松令井祥以盟一旬之間衆至萬餘屯據金山與從兄男成推光建康太守段業爲使持節大都督龍驤大將軍涼州牧建康公改呂光龍飛二年爲神璽元年業以蒙遜爲張掖太守男成爲輔國將軍委以軍國之任業將使蒙遜攻西郡衆咸疑之蒙遜曰此郡據嶺之要不可不取業曰卿言是也遂遣之蒙遜引水灌城城潰執太守呂純以歸於是王德以晉昌孟敏以敦煌降業業封蒙遜臨池侯呂弘去張掖將東走業議欲擊之蒙遜諫曰歸師勿遏窮寇弗追此兵家之戒也不如縱之以爲後圖業曰一日縱敵悔將無及遂率衆追之爲弘所敗業賴蒙遜而免歎曰孤不能用子房之言以至於此業築西安城以其將臧莫孩爲太守蒙遜曰莫孩勇而無謀知進忘退所謂爲之築冢非築城也業不從俄而爲呂纂所敗蒙遜懼業不能容已每匿智以避之業僭稱涼王以蒙遜爲尚書左丞梁中庸爲右丞呂光遣其二子紹纂伐業業請救於禿髮烏孤烏孤遣其弟鹿孤及楊軌救業紹以業等軍盛欲從三門關挾山而東纂曰挾山示弱取敗之道不如結陣衡之彼必憚我而不戰也紹乃引軍而南業將擊之蒙遜諫曰楊軌恃虜騎之强有窺覦之志紹纂兵在死地必決戰求生不戰則有太山之安戰則有累卵之危業曰卿言是也乃按兵不戰紹亦難之各引兵歸業憚蒙遜雄武微欲遠之乃以蒙遜之從叔益生爲酒泉太守蒙遜爲臨池太守業門下侍郎馬權儁爽有逸氣武略過人業以權代蒙遜爲張掖太守甚見親重每輕陵蒙遜蒙遜亦憚而怨之乃譖之於業曰天下不足慮惟當憂馬權耳業遂殺之蒙遜謂男成曰段業愚闇非濟亂之才信讒愛佞無鑒斷之明所憚惟索嗣馬權今皆死矣蒙遜欲除業以奉兄何如男成曰業羇旅孤飄我所建立有吾兄弟猶魚之有水人既親我背之不祥乃止蒙遜既爲業所憚內不自安請爲西安太守業亦以蒙遜有大志懼爲朝夕之變乃許焉蒙遜期與男成同祭蘭門山密遣司馬許咸告業曰男成欲謀叛許以取假日作逆若求祭蘭門山臣言驗矣至期日果然業收男成令自殺男成曰蒙遜欲謀叛先以告臣臣以兄弟之故隱忍不言以臣今在恐部人不從與臣剋期祭山返相告誣臣若朝死蒙遜必夕發乞詐言臣死說臣罪惡蒙遜必作逆臣投袂討之事無不捷業不從蒙遜聞男成死泣告衆曰男成忠於段公枉見屠害諸君能爲報仇乎且州土兵亂似非業所能濟吾所以初奉之者以之爲陳吳耳而信讒多忌枉害忠良豈可安枕臥觀使百姓離於塗炭男成素有恩信衆皆憤泣而從之比至氐池衆踰一萬鎭軍臧莫孩率部衆附之羌胡多起兵響應蒙遜壁于侯塢業先疑其右將軍田昂幽之于內至是謝而赦之使與武衞梁中庸等攻蒙遜業將王豐孫言於業曰西平諸田世有反者昂貌恭而心很志大而情險不可信也業曰吾疑之久矣但非昂無可以討蒙遜豐孫言既不從昂至侯塢率騎五百歸于蒙遜蒙遜至張掖昂兄子承愛斬關內之業左右皆散蒙遜大呼曰鎭西何在軍人曰在此業曰孤單飄一已爲貴門所推可見匄餘命投身嶺南庶得東還與妻子相見蒙遜遂斬之業京兆人也博涉史傳有尺牘之才爲杜進記室從征塞表儒素長者無他權略威禁不行羣下擅命尤信卜筮讖記巫覡徵祥故爲姦佞所誤隆安五年梁中庸房晷田昂等推蒙遜爲使持節大都督大將軍涼州牧張掖公赦其境內改元永安署從兄伏奴爲鎭軍將軍張掖太守和平侯弟挐爲建忠將軍都谷侯田昂爲鎭南將軍西郡太守臧莫孩爲輔國將軍房晷梁中庸爲左右長史張隲謝正禮爲左右司馬擢任賢才文武咸悅時姚興遣將姚碩德攻呂隆于姑臧蒙遜遣從事中郎李典聘于興以通和好蒙遜以呂隆旣降于興酒泉涼寧二郡叛降李玄盛乃遣建忠挐牧府長史張潛見碩德于姑臧請軍迎接率郡人東遷碩德大悅拜潛張掖太守挐建康太守潛勸蒙遜東遷挐私於蒙遜曰呂氏猶存姑臧未拔碩德糧竭將還不能久也何故違離桑梓受制於人輔國莫孩曰建忠之言是也蒙遜乃斬張潛因下書曰孤以虛薄猥忝時運未能弘闡大猷戡蕩羣孽使桃蟲鼓翼東京封豕烝涉西裔戎車屢動干戈未戢農失三時之業百姓戶不粒食可蠲省百徭專功南畝明設科條務盡地利時梁中庸爲西郡太守西奔李玄盛蒙遜聞之笑曰吾與中庸義深一體而不信我但自負耳孤豈尤之乃盡歸其妻孥蒙遜下令曰養老乞言晉文納輿人之誦所以能招禮英奇致時邕之美況孤寡德智不經遠而可不思聞讜言以自鏡哉內外羣僚其各搜揚賢儁廣進芻蕘以匡孤不逮遣輔國臧莫孩襲山北虜大破之姚興遣將齊難率衆四萬迎呂隆隆勸難伐蒙遜難從之莫孩敗其前軍難乃結盟而還蒙遜伯父中田護軍親信臨松太守孔篤並驕奢侵害百姓蒙遜曰亂吾國者二伯父也何以紀綱百姓乎皆令自殺蒙遜襲狄洛磐于番禾不剋遷其五百餘戶而還姚興遣使人梁斐張構等拜蒙遜鎭西大將軍沙州刺史西海侯時興亦拜禿髮傉檀爲車騎將軍封廣武公蒙遜聞之不悅謂斐等曰傉檀上公之位而身爲侯者何也構對曰傉檀輕狡不仁款誠未著聖朝所以加其重爵者褒其歸善卽敍之義耳將軍忠貫白日勳高一時當入諧鼎味匡贊帝室安可以不信待也聖朝爵必稱功官不越德如尹緯姚晃佐命初基齊難徐洛元勳驍將並位纔二品爵止侯伯將軍何以先之乎竇融殷勤固讓不欲居舊臣之右未解將軍忽有此問蒙遜曰朝廷何不卽以張掖見封乃更遠封西海邪構曰張掖規畫之內將軍已自有之所以遠授西海者蓋欲廣大將軍之國耳蒙遜大悅乃受拜時地震山崩折木太史令劉梁言於蒙遜曰辛酉金也地震於金金動刻木大軍東行無前之徵時張掖城每有光色蒙遜曰王氣將成百戰百勝之象也遂攻禿髮西郡太守楊統於日勒統降拜爲右長史寵踰功舊張掖太守句呼勒出奔西涼以從弟成都爲金山太守羅仇子也鄯爲西郡太守麴粥子也句呼勒自西涼奔還待之如初蒙遜率騎二萬東征次于丹嶺北虜大人思盤率部落三千降之時木連理生于永安永安令張披上書曰異枝同幹遐方有齊化之應殊本共心上下有莫二之固蓋至道之嘉祥大同之美徵蒙遜曰此皆二千石令長匪躬濟時所致豈吾薄德之所能感也蒙遜率步騎三萬伐禿髮傉檀次于西郡大風從西北來氣

有五色俄而晝昏至顯美從數千戶而還傉檀追及蒙遜于窮泉蒙遜將擊之諸將皆曰賊已安營弗可犯也蒙遜曰傉檀謂吾遠來疲弊必輕而無備及其壘壁未成可以一鼓而滅進擊敗之乘勝至于姑臧夷夏降者萬數千戶傉檀懼請和許之而歸及傉檀南奔樂都魏安人焦朗據姑臧自立蒙遜率步騎三萬攻朗剋而宥之饗文武將士于謙光殿班賜金馬有差以敦煌張穆博通經史才藻清贍擢拜中書侍郎委以機密之任以其弟挐爲護羌校尉秦州刺史封安平侯鎮姑臧旬餘而挐死又以從祖益子爲鎮京將軍護羌校尉秦州刺史鎮姑臧俄而蒙遜遷于姑臧以義熙八年僭即河西王位大赦境內改元玄始置官僚如呂光爲三河王故事繕宮殿起城門諸觀立其子政德爲世子加鎮衞大將軍錄尚書事傉檀來伐蒙遜敗之於若厚塢傉檀湟河太守文支據湟川護軍成宜侯率衆降之署文支鎮東大將軍廣武太守振武侯成宜侯爲振威將軍湟川太守以殿中將軍王建爲湟河太守蒙遜下書曰古先哲王應期撥亂者莫不經略八表然後光闡純風孤雖智非靖難職在濟時而狡虜傉檀鴟峙舊京毒加夷夏東苑之戮酷甚長平邊城之禍害深獫狁每念蒼生之無辜是以不遑啓處身疲甲冑體倦風塵雖傾其巢穴傉檀猶未授首傉檀弟文支追項伯歸漢之義據彼重藩請爲臣妾自西平已南連城繼順惟傉檀窮獸守死樂都四支既落命豈久全五緯之會已應清一之期無賒方散馬金山黎元永逸可露布遠近咸使聞知蒙遜西如苕藋遣冠軍伏恩率騎三萬襲卑和烏啼二虜大破之俘二千餘落而還蒙遜寢于新臺閹人王懷祖擊蒙遜傷足其妻孟氏擒斬之夷其三族蒙遜母車氏疾篤蒙遜升南景門散錢以賜百姓下書曰孤庶憑宗廟之靈乾坤之祐濟否剝之運會拯遺黎之荼蓼上望掃清氛穢下冀保寧家福而太后不豫涉歲彌增將刑獄枉濫衆有怨也賦役繁重時不堪乎羣望不絜神所譴乎內省諸身未知罪之攸在可大赦殊死已下俄而車氏死蒙遜遣其將運糧于湟河自率衆攻剋乞伏熾磐廣武郡以運糧不繼自廣武如湟河度浩亹熾磐遣將乞伏魋尼寅距蒙遜蒙遜擊斬之熾磐又遣將王衡折斐麴景等率騎一萬據勒姐嶺蒙遜且戰且前大破之擒折斐等七百餘人麴景奔還蒙遜以弟漢平爲折衝將軍湟河太守乃引還晉益州刺史朱齡石遣使來聘蒙遜遣舍人黃迅報聘益州因表曰上天降禍四海分崩靈耀擁于南裔蒼生沒于醜虜陛下累聖重光道邁周漢純風所被八表宅心臣雖被髮邊徼才非時儁謬爲河右遺黎推爲盟主臣之先人世荷恩寵雖歷夷嶮執義不回傾首朝陽乃心王室去冬益州刺史朱齡石遣使詣臣始具朝廷休問承車騎將軍劉裕秣馬揮戈以中原爲事可謂天贊大晉篤生英輔臣聞少康之興大夏光武之復漢業皆奮劍而起衆無一旅猶能成配天之功著車攻之詠陛下據全楚之地擁荊揚之銳而可垂拱晏然棄二京以資戎虜若六軍北軫剋復有期臣請率河西戎爲晉右翼前驅熾磐率衆三萬襲湟河漢平力戰固守遣司馬隗仁夜出擊熾磐斬級數百熾磐將引退先遣老弱漢平長史焦昶將軍段景密信招熾磐熾磐復進攻漢平漢平納昶景之說面縛出降仁勒壯士百餘據南門樓上三日不下衆寡不敵爲熾磐所擒熾磐怒命斬之段暉諫曰仁臨難履危奮不顧命忠也宜宥之以厲事君熾磐乃執之而歸在熾磐所五年暉又爲之固請乃得還姑臧及至蒙遜執其手曰卿孤之蘇武也以爲高昌太守爲政有威惠之稱然頗以愛財爲失蒙遜西祀金山遣沮渠廣宗率騎一萬襲烏啼虜大捷而還蒙遜西至苕藋遣前將軍沮渠成都將騎五千襲卑和虜蒙遜率中軍三萬繼之卑和虜率衆迎降遂循海而西至鹽池祀西王母寺寺中有玄石神圖命其中書侍郎張穆賦焉銘之於寺前遂如金山而歸蒙遜下書曰頃自春炎旱害及時苗碧原青野倏爲枯壤將刑政失中下有冤獄乎役繁賦重上天所譴乎內省多缺孤之罪也書不云乎百姓有過罪予一人可大赦殊死已下翼日而澍雨大降蒙遜聞劉裕滅姚泓怒甚門下校郎劉祥言事於蒙遜蒙遜曰汝聞劉裕入關敢研研然也遂殺之其峻暴如此顧謂左右曰古之行師不犯歲鎮所在姚氏舜後軒轅之苗裔也今鎮星在軒轅而裕滅之亦不能久守關中蒙遜爲李士業敗於解支澗復收散卒欲戰前將軍成都諫曰臣聞高祖有彭城之敗終成大漢宜旋師以爲後圖蒙遜從之城建康而歸其羣下上書曰設官分職所以經國濟時恪勤官次所以緝熙庶政當官者以匪躬爲務受任者以忘身爲效自皇綱初震戎馬生郊公私草創未遑舊式而朝士多違憲制不遵典章或公文御按在家臥署或事無可否望空而過至令黜陟絕於皇朝駮議寢於聖世清濁共流能否相雜人無勸競之心苟爲度日之事豈能憂公忘私奉上之道也今皇化日隆遐邇寧泰宜肅振綱維申修舊則蒙遜納之命征南姚艾尚書左丞房晷撰朝堂制行之旬日百僚振肅太史令張衍言於蒙遜曰今歲臨澤城西當有破兵蒙遜乃遣其世子政德屯兵若厚塢蒙遜西至白岸謂張衍曰吾今年當有所定但太歲在申月又建申未可西行且當南巡要其歸會主而勿客以順天心計在臨機愼勿露也遂攻浩亹而蛇盤於帳前蒙遜笑曰前一爲騰蛇今盤在吾帳天意欲吾迴師先定酒泉燒攻具而還次于川巖聞李士業徵兵欲攻張掖蒙遜曰入吾計矣但恐聞吾迴軍不敢前也兵事尚權乃露布西境稱得浩亹將進軍黃谷士業聞而大悅進入都瀆澗蒙遜潛軍逆之敗士業於壞城遂進剋酒泉百姓安堵如故軍無私焉以子茂虔爲酒泉太守士業舊臣皆隨才擢叙蒙遜以安帝隆安元年自稱州牧義熙八年僭立後八年而宋氏受禪以元嘉十年死時年六十六在僞位三十三年子茂虔立六年爲魏所擒合三十九載而滅

史臣曰蒙遜出自夷陬擅雄邊塞屬呂光之悖德深懷仇粥之宼推段業以濟時假以陳吳之事稱兵白澗南涼請和出師丹嶺北宼賓服然而見利忘義苞禍滅親雖能制命一隅抑亦備諸凶德者矣

贊曰光猜人傑業忌時賢游飲自晦匿智圖全兕心既逞僞續攸宣挺茲姦數馳競當年

晉書卷一百二十九考證

沮渠蒙遜載記乃以蒙遜之從叔益生爲酒泉太守○

監本遜字下脫之字叔字下衍下字今從宋本增刪

蒙遜曰汝聞劉裕入關敢研研然也○史炤曰研五見反正誤謂以文義及音義推之與斷斷相類忿爭强辨之意只如字讀

晉書卷一百三十

唐　太　宗　文　皇　帝　御　撰

載記第三十

赫連勃勃

赫連勃勃字屈孑匈奴右賢王去卑之後劉元海之族也曾祖武劉聰世以宗室封樓煩公拜安北將軍監鮮卑諸軍事丁零中郎將雄據肆盧川爲代王猗盧所敗遂出塞表祖豹子招集部落復爲諸部之雄石季龍遣使就拜平北將軍左賢王丁零單于父衞辰入居塞內苻堅以爲西單于督攝河西諸虜屯于代來城及堅國亂遂有朔方之地控弦之士三萬八千後魏師伐之辰令其子力俟提距戰爲魏所敗魏人乘勝濟河剋代來執辰殺之勃勃乃奔于叱干部叱干他斗伏送勃勃於魏佗斗伏兄子阿利先戍大洛川聞將送勃勃馳諫曰鳥雀投人尚宜濟免況勃勃國破家亡歸命於我縱不能容猶宜任其所奔今執而送之深非仁者之舉佗斗伏懼爲魏所責弗從阿利潛遣勁勇篡勃勃於路送於姚興高平公沒弈于弈于以女妻之勃勃身長八尺五寸腰帶十圍性辯慧美風儀興見而奇之深加禮敬拜驍騎將軍加奉車都尉常參大議寵遇踰於勳舊

興弟邕言於興曰勃勃天性不仁難以親近陛下寵遇太甚臣竊惑之興曰勃勃有濟世之才吾方收其藝用與之共平天下有何不可乃以勃勃爲安遠將軍封陽川侯使助沒弈于鎮高平以三城朔方雜夷及衞辰部衆三萬配之使爲伐魏偵候邕固諫以爲不可興曰卿何以知其性氣邕曰勃勃奉上慢御衆殘貪暴無親輕爲去就寵之踰分終爲邊害興乃止頃之以勃勃爲持節安北將軍五原公配以三交五部鮮卑及雜虜二萬餘落鎮朔方時河西鮮卑杜崙獻馬八千匹于姚興濟河至大城勃勃留之召其衆三萬餘人僞獵高平川襲殺沒弈于而并其衆衆至數萬義熙三年僭稱天王大單于赦其境內建元曰龍昇署置百官自以匈奴夏后氏之苗裔也國稱大夏以其長兄右地代爲丞相代公次兄力俟提爲大將軍魏公叱干阿利爲御史大夫梁公弟阿利羅引爲征南將軍司隸校尉若門爲尚書令叱以鞬爲征西將軍尚書左僕射乙斗爲征北將軍尚書右僕射自餘以次授任其年討鮮卑薛干等三部破之降衆萬數千進討姚興三城已北諸戍斬其將楊丕姚石生等諸將諫固險不從又復言於勃勃曰陛下將欲經營宇內南取長安宜先固根本使人心有所憑繫然後大業可成高平險固山川沃饒可以都也勃勃曰卿徒知其一未知其二吾大業草創衆旅未多姚興亦一時之雄關中未可圖也且其諸鎮用命我若專固一城彼必并力於我衆非其敵亡可立待吾以雲騎風馳出其不意救前則擊其後救後則擊其前使彼疲於奔命我則游食自若不及十年嶺北河東盡我有也待姚興死後徐取長安姚泓凡弱小兒擒之方略已在吾計中矣昔軒轅氏亦遷居無常二十餘年豈獨我乎於是侵掠嶺北嶺北諸城門不晝啓興歎曰吾不用黃兒之言以至於此黃兒姚邕小字也勃勃初僭號求婚於

禿髮傉檀傉檀弗許勃勃怒率騎二萬伐之自楊非至於支陽三百餘里殺傷萬餘人驅掠二萬七千口牛馬羊數十萬而還傉檀率衆追之其將焦朗謂傉檀曰勃勃天姿雄驁御軍齊肅未可輕也今因抄掠之資率思歸之士人自爲戰難與爭鋒不如從溫圍北渡趣萬斛堆阻水結營制其咽喉百戰百勝之術也傉檀將賀連怒曰勃勃以死亡之餘率烏合之衆犯順結禍幸有大功今牛羊塞路財寶若山窘弊之餘人懷貪競不能督厲士衆以抗我也我以大軍臨之必土崩魚潰今引軍避之示敵以弱我衆氣銳宜在速追傉檀曰吾追計決矣敢諫者斬勃勃聞而大喜乃於陽武下陜鑿陵埋車以塞路傉檀遣善射者射之中勃勃左臂勃勃乃勒衆逆擊大敗之追奔八十餘里殺傷萬計斬其大將十餘人以爲京觀號髑髏臺還于嶺北勃勃與姚興將張佛生戰于青石原又敗之俘斬五千七百人興遣將齊難率衆二萬來伐勃勃退如河曲難以去勃勃既遠縱兵掠野勃勃潛軍覆之俘獲七千餘人收其戎馬兵仗難引軍而退勃勃復追擊于木城拔之擒難俘其將士萬有三千戎馬萬匹嶺北夷夏降附者數萬計勃勃於是拜置守宰以撫之勃勃乃率騎二萬入高岡及于五井掠平涼雜胡七千餘戶以配後軍進屯依力川姚興來伐至三城勃勃候興諸軍未集率騎擊之興大懼遣其將姚文宗距戰勃勃僞退設伏以待之興遣其將姚榆生等追之伏兵夾擊皆擒之興將王奚聚羌胡三千餘戶于勅奇堡勃勃進攻之奚驍悍有膂力短兵接戰勃勃之衆多爲所傷於是堰斷其水堡人窘迫執奚出降勃勃謂奚曰卿忠臣也朕方與卿共平天下奚曰若蒙大恩速死爲惠乃與所親數十人自刎而死勃勃又攻興將金洛生于黃石固彌姐豪地于我羅城皆拔之徙七千餘家于大城以其丞相右地代領幽州牧以鎮之遣其尚書金纂率騎二萬攻平涼姚興來救纂爲興所敗死之勃勃兄子左將軍羅提率步騎一萬攻興將姚廣都于定陽剋之坑將士四千餘人以女弱爲軍賞拜廣都爲太常勃勃又攻興將姚壽都于清水城壽都奔上邽徙其人萬六千家于大城是歲齊難姚廣都謀叛皆誅之姚興將姚詳棄三城南奔大蘇勃勃遣其將平東鹿弈于要擊之執詳盡俘其衆詳至勃勃數而斬之其年勃勃率騎三萬攻安定與姚興將楊佛嵩戰于青石北原敗之降其衆三萬五千獲戎馬二萬匹進攻姚興將党智隆于東鄉降之署智隆光祿勳徙其三千餘戶于貳城姚興鎮北參軍王買德來奔勃勃謂買德曰朕大禹之後世居幽朔祖宗重輝常與漢魏爲敵國中世不競受制於人逮朕不肖不能紹隆先構國破家亡流離漂虜今將應運而興復大禹之業卿以爲何如買德曰自皇晉失統神器南移羣雄嶽峙人懷問鼎況陛下弈葉載德重光朔野神武超於漢王聖略邁於魏祖而不於天啓之機建成大業乎今秦政雖衰藩鎮猶固深願蓄力待時詳而後舉勃勃善之拜軍師中郎將乃赦其境內改元爲鳳翔以叱干阿利領將作大匠發嶺北夷夏十萬人於朔方水北黑水之南營起都城勃勃自言朕方統一天下君臨萬邦可以統萬爲名阿利性尤工巧然殘忍刻薄乃蒸土築城錐入一寸卽殺作者而并築之勃勃以爲忠故委以營繕之任又造五兵之器精銳尤甚既成呈之工匠必有死者射甲不入卽斬弓人如其入也便斬鎧匠又造百鍊剛刀爲龍雀大環號曰大夏龍雀銘其背曰古之利器吳楚湛盧大夏龍雀名冠神都可以懷遠可以柔邇如風靡草威服九區世甚珍之復鑄銅爲大鼓飛廉翁仲銅駝龍獸之屬皆以黃金飾之列於宮殿之前凡殺工匠數千以是器物莫不精麗於是議討乞伏熾磐王買德諫曰明王之行師也軌物以德不以暴且熾磐我之與國新遭大喪今若伐之豈所謂乘理而動上感靈和之義乎苟恃衆力因人喪難匹夫猶恥爲之而況萬乘哉勃勃曰甚善微卿朕安聞此言其年下書曰朕之皇祖自北遷幽朔姓改姒氏音殊中國故從母氏爲劉子而從母之姓非禮也古人氏族無常或以因生爲氏或以王父之名朕將以義易之帝王者繫天爲子是爲徽赫實與天連今改姓曰赫連氏庶協皇天之意永享無疆大慶係天之尊不可令支庶同之其非正統皆以鐵伐爲氏庶朕宗族子孫剛銳如鐵皆堪伐人立其妻梁氏爲王后子璝爲太子封子延陽平公昌太原公倫酒泉公定平原公滿河南公安中山公又攻姚興將姚逵于杏城二旬剋之執逵及其將姚大用姚安和姚利僕尹敵等坑戰士二萬人遣其御史中丞烏洛孤盟於沮渠蒙遜曰自金晉數終禍纏九服趙魏爲長虵之墟秦隴爲豺狼之穴二都神京鞠爲茂草蠢爾羣生罔知憑賴上天悔禍運屬二家封疆密邇道會義親宜敦和好弘康世難爰自終古有國有家非盟誓無以昭神祇之心非斷金無以定終始之好然晉楚之成吳蜀之約咸口血未乾而尋背之今我二家契殊曩日言未發而有篤愛之心音一交而懷傾蓋之顧息風塵之警同克濟之誠戮力矢心共濟六合若天下有事則雙振義旗區域既清則並敦魯衞夷險相赴交易有無爰及子孫永崇斯好蒙遜遣其將沮渠漢平來盟勃勃聞姚泓將姚嵩與氐王楊盛相持率騎四萬襲上邽未至而嵩爲盛所殺勃勃攻上邽二旬剋之殺泓秦州刺史姚平都及將士五千人毀城而去進攻陰密又殺興將姚良子及將士萬餘人以其子昌爲使持節前將軍雍州刺史鎮陰密泓將姚恢棄安定奔于長安安定人胡儼華韜率戶五萬據安定降于勃勃以儼爲侍中韜爲尚書留鎮東羊苟兒鎮之配以鮮卑五千進攻泓將姚諶于雍城諶奔長安勃勃進師次郿城泓遣其將姚紹來距勃勃退如安定胡儼等襲殺苟兒以城降泓勃勃引歸杏城笑謂羣臣曰劉裕伐秦水陸兼進且裕有高世之略姚泓豈能自固吾驗以天時人事必當剋之又其兄弟內叛安可以距人裕既剋長安利在速返正可留子弟及諸將守關中待裕發軫吾取之若拾芥耳不足復勞吾士馬於是秣馬厲兵休養士卒尋進據安定姚泓嶺北鎮戍郡縣悉降勃勃於是盡有嶺北之地俄而劉裕滅泓入于長安遣使遺勃勃書請通和好約爲兄弟勃勃命其中書侍郎皇甫徽爲文而陰誦之召裕使前口授舍人爲書封以答裕裕覽其文而奇之使者又言勃勃容儀瓌偉英武絕人裕歎曰吾所不如也既而勃勃還統萬裕留子義眞鎮長安而還勃勃聞之大悅謂王買德曰朕將進圖長安卿試言取之方略買德曰劉裕滅秦所謂以亂平亂未有德政以濟蒼生關中形勝之地而以弱才小兒守之非經遠之規也狼狽而返者欲速成篡事耳無暇有意於中原陛下以順伐逆義貫幽顯百姓以君命望陛下義旗之至以日爲歲矣青泥上洛南師之衝要宜置游兵斷其去來之路然後杜潼關塞崤陜絕其水陸之道陛下聲檄長安申布恩澤三輔父老皆壺漿以迎王師矣義眞獨坐空城逃竄無所一旬之間必面縛麾下所謂兵不血刃不戰而自定也勃勃善之以子璝都督前鋒諸軍事領撫軍大將軍率騎二萬南伐長安前將軍赫連昌屯兵潼關以買德爲撫軍右長史南斷青泥勃勃率大軍繼發璝至渭陽降者屬路義眞遣龍驤將軍沈田子率衆逆戰不利而退屯劉迴堡田子與義眞司馬王鎮惡不平因鎮惡出城遂殺之義眞又殺田子於是悉召外軍入于城中閉門距守關中郡縣悉降璝夜襲長安不剋勃勃進據咸陽長安樵採路絕劉裕聞之大懼乃召義眞東鎮洛陽以朱齡石爲雍州刺史守長安義眞大掠而東至於灞上百姓遂逐齡石而迎勃勃入于長安璝率衆三萬追擊義眞王師敗績義眞單馬而遁買德獲晉寧朔將軍傅弘之輔國將軍蒯恩義眞司馬毛脩之於青泥積人頭以爲京觀於是勃勃大饗將士于長安舉觴謂王買德曰卿往日之言一周而果效可謂算無遺策矣雖宗廟社稷之靈亦卿謀猷之力也此觴所集非卿而誰於是拜買德都官尚書加冠軍將軍封河陽侯赫連昌攻齡石及龍驤將軍王敬於潼關之曹公故壘剋之執齡石及敬送于長安羣臣乃勸進勃勃曰朕無撥亂之才不能弘濟兆庶自枕戈寢甲十有二年而四海未同遺寇尚熾不知何以謝責當年垂之來葉將明揚仄陋以王位讓之然後歸老朔方琴書卒歲皇帝之號豈薄德所膺羣臣固請乃許之於是爲壇于灞上僭卽皇帝位赦其境內改元爲昌武遣其將叱奴侯提率步騎二萬攻晉并州刺史毛德祖于蒲坂德祖奔于洛陽以侯提爲并州刺史鎮蒲坂勃勃歸于長安徵隱士京兆韋祖思既至而恭懼過禮勃勃怒曰吾以國士徵汝奈何以非類處吾汝昔不拜姚興何獨拜我我今未死汝猶不以我爲帝王吾死之後汝輩弄筆當置吾何地遂殺之羣臣勸都長安勃勃曰朕豈不知長安累帝舊都有山河四塞之固但荆吳僻遠勢不能爲人之患東魏與我同壤境去北京裁數百餘里若都長安北京恐有不守之憂朕在統萬彼終不敢濟河諸卿適未見此耳其下咸曰非所及也乃於長安置南臺以璝領大將軍雍州牧錄南臺尚書事勃勃還統萬以宮殿大成於是赦其境內又改元曰眞興刻石都南頌其功德曰夫庸大德盛者必建不刊之業道積慶隆者必享無窮之祚昔在陶唐數終厄運我皇祖大禹以至聖之姿當經綸之會鑿龍門而闢伊闕疏三江而決九河夷一元之窮災拯六合之沉溺鴻績侔於天地神功邁於造化故二儀降祉王靈叶贊揖讓受終光啓有夏傳世二十歷載四百賢辟相承哲王繼軌徽猷冠於玄古高範煥乎疇昔而道無常夷數或屯險王桀不綱網漏殷氏用使金暉絕于中天神轡輟于促路然純曜未渝慶縣萬祀龍飛漠南鳳峙朔北長轡遠馭則西罩崐山之外密網遐張則東絙滄海之表爰始逮今二千餘載雖三統迭制於崤函五德革運於伊洛秦雍成篡弒之墟周豫爲爭奪之藪而幽朔謐爾主有常尊於上海代晏然物無異望於下故能控弦之衆百有餘

萬騷馬長驅鼓行秦趙使中原疲于奔命諸夏不得高枕爲日久矣是以偏師暫擬涇陽摧隆周之鋒赫斯一奮平陽挫漢祖之鋭雖霸王繼蹤猶朝日之升扶桑英豪接踵若夕月之登濛汜自開闢已來未始聞也非夫卜世與乾坤比長鴻基與山嶽齊固孰能本枝於千葉重光於萬祀履寒霜而踰榮蒙重氛而彌耀者哉於是玄符告徵大猷有會我皇誕命世之期應天縱之運仰協時休俯順時望龍升北京則義風蓋於九區鳳翔天域則威聲格于八表屬姦雄鼎峙之秋羣凶嶽立之際昧旦臨朝日旰忘膳運籌命將舉無遺策親御六戎則有征無戰故僞秦以三世之資喪魂於關隴河源望旗而委質北虜欽風而納款德音著于柔服威刑彰于伐叛文教與武功並宣俎豆與干戈俱運五稔之間道風弘著暨乎七載而王猷允洽乃遠惟周文啓經始之基近詳山川究形勝之地遂營起都城開建京邑背名山而面洪流左河津而右重塞高隅隱日崇墉際雲石郭天池周緜千里其爲獨守之形險絶之狀固以遠邁於咸陽超美於周洛若乃廣五郊之義尊七廟之制崇左社之規建右稷之禮御太一以縪明堂模帝坐而營露寢閶闔披霄而山亭象魏排虛而嶽峙華林靈沼崇臺祕室通房連閣馳道苑囿可以蔭映萬邦光覆四海莫不鬱然並建森然畢備若紫微之帶皇穹閶風之跨后土然宰司鼎臣羣黎士庶僉以爲重威之式有闕前王於是延王爾之奇工命班輸之妙匠搜文梓於鄧林採繡石於恒嶽九域貢以金銀八方獻其瓌寶親運神奇參制規矩營離宮於露寢之南起別殿於永安之北高構千尋崇基萬仞玄棟鏤榥若騰虹之揚眉飛簷舒咢似翔鵬之矯翼二序啓矣而五時之坐開四隅陳設而一御之位建溫宮膠葛涼殿崢嶸絡以隋珠綷以金鏡雖曠望互升於表而中無晝夜之殊陰陽迭更於外而內無寒暑之別故善目者不能爲其名博辯者不能究其稱斯蓋神明之所規模非人工之所經制若乃尋名以求類跡狀以效眞據質以究名形疑妙出雖如來須彌之寶塔帝釋忉利之神宮尚未足以喻其麗方其飾矣昔周宣考室而詠於詩人閟宮有侐而頌聲是作況乃太微肇制淸都啓建軌一文昌舊章唯始咸秩百神賓享萬國羣生開其耳目天下詠其來蘇亦何得不播之管弦刊之金石哉乃樹銘都邑敷讚碩美俾皇風振於來葉聖庸垂乎不朽其辭曰於赫靈祚配乾比隆巍巍大禹堂堂聖功仁被蒼生德格玄穹帝錫玄珪揖讓受終哲王繼軌光闡徽風道無常夷數或不競金精南邁天輝北映靈祉踰昌世業彌盛惟祖惟父克廣休命如彼日月連光接鏡玄符瑞德乾運有歸誕鍾我后應圖龍飛落落神武恢恢聖姿名教內敷羣妖外夷化光四表威截九圍封畿之制王者常經乃延輸爾肇建帝京土苞上壤地跨勝形庶人子來不日而成崇臺霄峙秀闕雲亭千榭連隅萬閣接屏晃若晨曦昭若列星離宮既作別宇云施爰構崇明仰準乾儀懸甍風閱飛軒雲垂溫室嵯峨層城參差楹雕虬獸節鏤龍螭瑩以寶璞飾以珍奇稱因褒著名由實揚偉哉皇室盛以厥章義高靈臺美隆未央邁軌三五貽則霸王永世垂範億載彌光其祕書監胡義周之辭也名其南門曰朝宋門東門曰招魏門西門曰服涼門北門曰平朔門追尊其高祖訓兒曰元皇帝曾祖武曰景皇帝祖豹子曰宣皇帝父衛辰曰桓皇帝廟號太祖母苻氏曰桓文皇后勃勃性凶暴好殺無順守之規常居城上置弓劒於側有所嫌忿便手自殺之羣臣忤視者毀其目笑者決其脣諫者謂之誹謗先截其舌而後斬之夷夏囂然人無生賴在位十三年而宋受禪以宋元嘉二年死子昌嗣僞位尋爲魏所擒弟定僭號於平涼遂爲魏所滅自勃勃至定凡二十有六載而亡

史臣曰赫連勃勃獯醜遺類入居邊宇屬中壤分崩緣間肆慝控弦鳴鏑據有朔方遂乃法玄象以開宮擬神京而建社竊先王之徽號備中國之禮容驅駕英賢闚闚天下然其器識高爽風骨魁奇姚興覩之而醉心宋祖聞之而動色豈陰山之韞異氣不然何以致斯乎雖雄略過人而凶殘未革飾非距諫酷害朝臣部內囂然忠良卷舌滅亡之禍宜在厥身猶及其嗣非不幸也

贊曰淳維遠裔名王之餘嘯羣龍漠乘釁侵漁爰創宮宇易彼氈廬雖弄神器猶曰凶渠

晉書卷一百三十考證

赫連勃勃載記黄兒姚邕小字也○綱目正誤男女始生爲黃黃兒猶言小兒也與弟邕嘗勸勿用勃勃興不聽故曰不用黃兒之言今謂黃兒乃邕小字恐誤

姚興來伐至三城勃勃候興諸軍未集率騎擊之○三當作貳亦作二本書姚興載記謂倉松番禾爲二城又下文徙其三千餘戶于貳城當卽其地也

姚興將姚詳棄三城南奔大蘇○本書姚興載記云留禁兵五千配姚詳守貳城則知三之當作貳矣

晉書音義序

晉書音義余內弟東京處士何超字令升之所纂也令升卽仲舅商州府君之子惟我仲舅實藴多才彊學懿文紹與門範剖符行節弘闡帝猷雖位望兼崇大名猶鬱而增修益振餘慶方鍾確爾專精深期克復時之未與衣冠之嗣曷沉道在則聞儒素之風自遠不隕其業斯爲得與處士苐約以優閑溺於墳史嘗訝晉室之典未昭其音思欲發揮前人啓迪後進由是博考諸傳綜覽羣言研覈異同譔成音義亦足以暢先皇旨趣爲學者司南式敘其由勸成其美三都尚隱思旌擅洛之文五等遐封遠愧平吳之績巨唐天寶六載天王左史弘農楊齊宣字正衡序

晉書音義三卷

卷之上　紀志

卷之中　列傳上

卷之下　列傳及載記

先朝所譔晉書帝紀十志二十列傳七十載記三十合一百三十篇令升此音紀志共爲一卷其列傳載記各自區分都成三軸件目如左仍依陸氏經典釋文注字並以朱暎服勤編簡頗涉暄寒凡所訓釋必求典據庶無牆面疇敢師心如或未周敬俟來哲耳

晉書音義卷之上　紀志　起第一盡第二十

唐　東京　何　超　纂

晉書卷一　帝紀第一

黎落分反　司馬卬五郎反　痺必至反　踞音據　每與音預　令掎上力呈反下居綺反　宛於元反　向鄉式亮反　有間間廁之間　水柵字林曰柵編豎木也側白反　造七到反　扼音厄　向晥漢書音乎袞反又音胡版反盧江縣也下短反又胡官反　泝音素　朐䏰如淳曰上音蠢下音如允反　郃音合　郿音眉　鯨渠京反　隃麋上以朱反下音眉　芟所銜反　餌仍吏反　鹵音魯　使使上音史下音所吏反　勞洛到反　衄女六反　監冶音也　僑音喬　挑徒了反　巾幗古獲反婦人首飾　鯁古杏反　卒子忽反　五藏昨浪反　蒺藜疾梨二音　軟而兗反　木屐奇逆反　氏當兮反　輸音戍　碣音竭　邃隧漢書音遂　旗幟昌志反　樵音譙　詭道居委反詭詐也　楯櫓上食允反下音魯　鈎橦直江反　芒鬣忙獵二音　震慴之涉反慴懼也　篡初宦反　鯨鯢上渠京反下五奚反　詿音卦又胡卦反　檽日朱反　施式智反　薊音計　心惡烏故反　先是蘇見反　更古行反　倭烏禾反　重譯上五龍反下音亦　焉耆於乾反　芍陂芍吡反創反　隲之日反　掠　粗上力讓反下側孤反　鄖音偃　漕在到反水運穀也　謚名必反　皆從才用反　肘陟柳反　挾音叶　鄢於憶反　彪甫九反　涂音除　折簡之舌反　祟雖遂反　轀輬溫涼二音　丕反　佑音右　戢阻立反

晉書卷二　帝紀第二

覘勑豔反　毋丘音無下同　艾五愛反　嘏古雅反一作暇　鄄音甄　緝七入反　傲古堯反　要一遙反　鑠書藥反　冗從上而勇反下才用反　辟旁益反　嫚與慢同　裸郎果反　恚一避反　壐斯此反　髦音毛　惰徒臥反本作墮　趾音止　佻吐彫反　宄音軌　摯音至　蔑莫結反　琢丁角反　顓頊上音專下許玉反　柏招漢書古今人表帝嚳師　彗四歲反　灊橋說文曰灊水出灊川陽城少室山東入潁音潛又音曆　枚莫回反　鴦烏郎反又於艮反　冠古亂反　譟蘇到反　披靡上四靡反　緋丑林反　楯食允反　瘤音留　譖五結反　苛音何　禕於離反　亟紀力反　震讐說文讀若摺之涉反　子靚才姓反　隗五罪反　輜側持反　餧奴罪反　完胡官反　懌音亦　譎古穴反　蹙子六反　曼音萬　叱齒日反　顗魚豈反　倅七碎反　璜音黃　楛矢音戶　砮音奴又音弩　貂音彫　絆音半　沓徒合反　纂作管反　蜮府巾反　廖化廖音力救反漢有廖湛　以隳許規反　履哲本或作喆與哲同　迪宣　櫛音阻瑟反　蟊音謀與蝥同　擐音患　元憝字林曰憝惡也尚書云元惡大憝徒對反　勍渠京反　馘古獲反　信威信音申　臾蘇卩反　狡古巧反　悍音翰　提封徒奚反　阼昨誤反　校尉　陔公才反　苴子余反　鄮侯音贊　纈盧結反　賁音奔　鈇鉞甫越二音　彤徒冬反　蒢音盧　秬鬯巨暢二音　卣音由　將校上子亮反下音效　莘所臻反　幐以證反　眠音晏　傳張戀反　檻胡黯反　虡音巨　弑音試

晉書卷三　帝紀第三

輯音集　於戲烏希二音　惕之歷反惕懼也　伷音宙　莞音官　睢音雖　菑側持反　尉　他音陀亦作佗　禰乃禮反　滙音汚本或作匯同　皇子衷音中　孛音佩又卜內反　羊祜下古反　必泥奴戾反　郁於六反　毛炅古鼎反字林音桂　販方願反　郭廙音弋　渦口說文渦水出淮南陽浮瀆蕩渠東入淮屋戈反又古和反　堆都回反　綴張衞反　皇子柬音蘭　冠古亂反　汎敷劒反　大雩音于祭也　戶調徒弔反　袤莫候反　組音祖　其帥所類反　枳諸氏反　軫之忍反　夏謖字林謖起也所六反　稱尺證反　蟆音賓　顧魚毀反　璩音渠　荔支力智反　召或作邵同　顯魚容反　玧丁含反　巂佳反　唐彬音斌　秣莫割反　瑩烏定反　蹇子六反　櫬初覲反　鄍音零　浩亹漢書金城郡浩亹縣孟康曰浩亹音合門顏云浩音誥水名亹者水流夾山岸若門詩大雅鳧鷖在亹亦其義也今俗呼此水爲閤門河蓋疾言之耳浩音閤　魔五罪反二罪反　牂則郎反　獠音老　玷音點　褚䂞力灼反　朱提山漢書犍爲郡有朱提山出銀蘇林曰朱音銖提音匙北方人名七曰匙　犍其連反　朱整之領反　袷音洽　皇孫遹音聿　次子羕弋向反　繇音遙　造次七到反　青縑紃字林曰牛系也文忍反　紊音文　佚音逸

晉書卷四　帝紀第四

翼本或作與翼同　楙莫候反本一作懋　泓烏宏反　奎苦圭反　郝呼各反　解系胡計反　氐帥所類反　祺音梅　裴頠魚毀反　皇孫臧補朗反　冏九永反　彗似歲反又似醉反　歆許金反　汶山音岷　塢五各反　淏公壁反又補韓反　饕吐高反　葛旟音余　韓韋鬼反　虓許交反　炤之赤反字又照　馳徒何反　竭烏葛反　確音對　洄下各反　躓子六反　周玘音起　鄏音皮符反　陳眕字林曰眕目有所恨也之忍反　又鷊音鷊　齎卽兮反　杭音庚　燥蘇老反乾也　孟音于　歔欷上音虛下音許　既反　瞰他昆反　馥音復　繆胥音謬　騫羈勑居反　刁默音彫　愷令漢書音堅　攣七亂反　跋蒲撥反　蝦蟆遐麻二音　糜靡爲反　鴆直禁反　淑奴反　蠹烏瓜反蝦蟆也又烏媧反

晉書卷五　帝紀第五

蝗泉牛綃反喁喁字林曰喁喁衆口上見魚容反玫莫迴反尠息淺反郢絹音惲
於粉反錢瑲苦過反泝音怡枹鼓音孚本亦作桴瑜音希瑂音妹珉武巾反杜
弢他勞反轅轅二還袁音緄古本反疋音雅嵇音嵇昵尼質反梟古堯反沌
鬣毛音滻中音書骼音格齒智擬必郢反礭音低盠音終薈烏外
嘌反淇音其蹏之石反羯居謁反耒盧對反嫄音元貊音陌櫨力胡反琵
梟里反弛式是反核下革反燮蘇叶反鼇五勞反獯顧力胡反仆
音赴

晉書卷六　帝紀第六

覲渠刃反蕖音渠刈音又煒如也于鬼反窘其隕反徽玉反軼音逸鈞撥
鈇音甫又音息歨音秘麗姬與叕羿五計反萸音周易淡辰子協反
嵛音渝逡七旬反郤音隙本或作郤俗悝苦迴反諿私呂反輯音集茹而據反
贄音至郴盧含反珥仍吏反璠音繁龕可含反莞胡管反又音官句驪上古侯反
下音摩厭次上一琰反下如字又一涉反又音恣紐女九反詮此緣反惏乃亂反一作懦
隗五罪反遂雖遂反郗丑脂反鄒側鳩反青練所居反鈫初佳反橀苦圭
反貯張呂反扛江音鼎瘝許規反齊斧張晏曰征伐斧也以整齊天下也張軌云齊斧
蓋黃鉞也應劭曰齊利也虞喜志林云齊當作齋凡師出必齋戒入廟而受斧也彝音夷鞅於兩反
驤音襄巂息委反釗指遙反跣蘇典反旰胎上況于反下與之反纂初官反公
乘公乘姓也見風俗通雄巴滇都賢反嫗衣遇反壹苦本反朱雀桁胡郎反
惋烏亂反爨七亂反李遏他歷反稷契私列反鬒於巾反禋音因崧音嵩
本亦作崟念羊茹反嘩芀氫反槃古代反扞音翰推轂吐迴反圍音語緝七入
反崎嶇上去奇反下音區大祲子林反纇經上徒結反下音崔箠之累反

晉書卷七　帝紀第七

迭徒結反涪音浮曹勱音邁㬎音晏劉闓音開鎧又枹罕上音孚下又音扶于甫反
音漢瑾音讀勰音協柤側加反側孤反又爐徐刃反溧陽音栗上邽音圭琓音充
本或作丘塢音古霍彪甫休反駶側鳩反鴳黃蕩反鄗音昌琽音午噲苦怪
反凱音愷奎苦圭反桁與航同貉音鶴睎音希懌音亦降殺所拜反驎力珍
反闃音他出反瞿音句怗音疊

晉書卷八　帝紀第八

瓚昨旱反燾徒到反嚢顙上七亂反下魚毀反雋與俊同晙音俊亢二音剛抗氏
帥上所類反下丁奚反枋音方邯鄲二音寒丹垣音袁遂與遁同芍陂七削反鮪
嫈美音萇音長靚音淨鶱於反竺音竹佽音次飛鴆直任反曇音潭山茌
仕疑反梁王璲作子仁反本亦下同子暐于鬼反鷀士于反汪烏皇反浩
壹上音闕下音門饋遠位反苛音何劉岵音戶餌仍吏切瓠胡故反褚圻上之
也反下音斷泯武盡反涂中音塗虓許交反瘐疾字林瘐病也人垂反又於隹反白
帢苦洽反重閤音秘第側里反莊几反穰汝商反又奘扶北反又荷通反

晉書卷九　帝紀第九

蓧音保幘音責顧與之反戮音六粃政補几反見國語俾以二反滑泥上骨音擔
都瀣音樂浪上洛音郎二卡晄丁含反赧奴版反寧康一本云康寧郁於六反
天門蠻徒旱反字集蠻或作蟹見文堊江音牒邸都禮反句難音鉤璪早音
遒博孤反句町應劭音句顏町音挺牢音勞阿房如淳音旁雹蒲角反雨冰也餘

盉音終恍林氏反潼音同湟音皇在安定水名晡博孤反臨力禁反惡烏路
反醒音星息定反讖又初譖反孕以證反屯陟倫反吒陟嫁反斵一力作料
本亦作斷彙音謂鴛音育鑣甫嬌反

晉書卷十　帝紀第十

劘音計麐奴見反烱古迥反阯音止沮渠子余反柵側戟反嘏音賈騶側鳩
反傉內沃反檀仄阻力反謐音蜜淦口蕭奔反見溥陽水名記崢嶸上土耕反
下音腆他典反柞在各反又音作稜威來登反憝徒對反猖狂上音昌狡
宏苦巧反沮慈呂反孜子之反球音求畋蕭擃臨朐其俱反鴟處脂反蒯
苦怪反偯許其反告所景反句驪上古侯下音離倭烏和反鵝五歌反縋
於賜反衮古本反綟盧結反瞋目充人反字林云張目也莊子云瞋目而語難飪如甚
反啓行戶郎反閭苦本反燧音遂有間古莧反屠音徒隻之石反爊許云
反湎彌兗反

晉書卷十一　志第一

庖犧上薄交反下許奇反嚳苦沃反佚音逸禪頻甲反嬙音頻碑傍米反隤杜回
反推磨下莫賀反蟻魚倚反昏莫候反窈烏皎反填星陟刃反魄爲
上音薄覆冒音副聳音悚覆奮上芳福反下音廉駮比角反晷音軌伺相吏反候
璣居希反也廡音武楯食允反閎音宏蓂莢上音冥下古叶反卵落管反
轂苦角反甄居延反曜鄄音絹施智概音冀共之居勇反杠音江魁
杓必遙反腐音父芒音亡紐女久反熛甫遙反武賁音奔抵丁禮反
攜居希反槍初庚反棓片口反果蓏郎果反在木曰果在地曰蓏鉤鈐巨淹反
鈇鑕上甫于反下音質跗甫于反桴甫于反本亦作枹潢音黃爲帝子偶反盛
饘之然反上音戚爟音貫鍵音件貉音陌觜上子嶲下戶圭反囷去倫反廥
古外反重譯上直龍反下音亦共工音恭句古侯反杵尺與反氏丁禮反枵
許反訊子侯反樂浪洛郎二音敦煌屯皇二音牂牁上子郎反下音歌

晉書卷十二　志第二

懸吐得反高垣音甲麓音六爍書藥反爲焠七碎反僇音六壅沮上於容反
下余七反本亦作雍孛音佩格澤如字兌音兌本亦作銳天欃初銜反藋音九鏇
與鋒同天柎甫于反紱音庭天棓蒲項反毚士咸反蓬絮息據反詘區物
反十煇音運周禮見胝上音子任反殺下傷音決又其聿反本亦作矞鷸子垂反又
戶圭反亦作觿本薈莫登反蕈莫亘反又璚音玉篇亟紀力反叉初牙反杵敵汝
反霾莫皆反蜧莫忍反員登音登閱又音規奢反音都昀鳥音蟄音蒼音譾昝
反莫候遹音聿隗五罪反仄莊力反匿昣之忍反狡古巧反䖒音見

晉書卷十三　志第三

揵其其輦反閉偃反又甄氏音真摅許支反朐音衢蕢反良繆音謬肩砰
反音耕弢他高反

晉書卷十四　志第四

蟠音盤忩音又碭大浪反上谷古木反又音欲邯鄲二音寒丹黔音琴闓音晏洮
吐刀反千乘繩證反儋都甘反嶲小委反汶山音旻犍爲其連反拓土
音托鄱陽薄波反朱提上音殊下上支反涪陵音浮東莞音官晛五計反崯
音淹又音掩豎亥殊反主鉦丁反乙秙公八反要一遙反摯音至虺火鬼反

閒音閑參之三音鵩音周鄮作名見周禮鄮反分限苻周反邾陟輸反郎音云
共音恭部音告邗羽俱反郇相倫反鬲音革過古禾反偪陽音逼邿音詩郈音
古外反郲音佩鄅音羽聃他甘反酣奴又莘所臻反鄟音專姚蘇典反緡音旻
颷音留釀子紅反五伯音霸綫息淺反纂初宦反畦戶圭反果蓏郎果反
太行胡郎反郟鄏二夾辱音成皋音高卷丘圓反黽池同黽一作澠俱音沔嶢
音堯轘於兩反轅涉而之反又濩澤烏獲反析城音錫猗乙奇反軹音紙孱
陵士限反士連反又宛句上於元反下音劬單父善甫二音方與防預二音亢父
上古郎反下音甫扁鵲蒲殄反山茌仕疑反盱眙上況于反下與之反郾一健反
陽於晚反銅陽音紂沛博蓋反杼秋音緒汶胡交反虹音絳鄫才胡反龍
亢古郎反軑音太蘄音靳雩婁況于反鄡渠京反鄮戶堯反慶陶上并反要
下音茌平仕疑反厭次二琰反漯他合反蒨音調蠡音禮鄃式朱反陘
音荆道子由反蒯音計沮陽七余反句麗上古侯反下音離令支上來下三定
支反跂蕭播反盂音于鄡一古反泜氏工玄反上犬反又鞮音低韓音老崞音郭
音圭涅陶上于往反作汪下音遙亦菱人沙反雍閼二遏擁音大荔力計反下邽
音圭蓮勺上力善反下音酌巇嶭上五昨結反蒯城苦壞反瀆公回反浩
壹上古合反下音門驪軒上力馳反下音虔番和反白干本作禾駻息營反涫音官
湟音皇沮渠子余反獂音丸蓺音藝葭萌上音加下亡行反朐䏰二音蠢閏郿
音皮僰白北反卑音必爾反又施音毛筰音昨鄨必必世反舌反又桗棟上音弄下音
丁送反蛉音零楪榆弋涉反句町劬挺二音又古侯反毋掇上音無下之劣反
鐔大南反篖音唐存駔亡嫁反毋單母丹二音滇丁田反

晉書卷十五　志第五

涊仕角反黔陬上其廉反下子侯反又音桉音堅東莞音官又下邳音悲
反嶧音亦睢陵音雖郯音談襄賁音肥贛榆音感緍才陵反費音祕贅之稅反
反高郵音尤黔中音琴酈武吏反編步典反郡音若夔博計反臨沮七余
反邛音起渠記反又鄾音憂犨昌牛反清以六反葉音攝比陽音毗涅奴結反
鄳音歷酇音贊筑音逐又竹音穰人羊反泝音怡秭歸音姊很山恒懇反黜
其炎反鐔大南反又音尋灃力主反下雋似轉反鄀來丁反茶陵大家反耒
力對反又力水反鄖音章潕片備反秣音末溧音栗瀨音潛皖胡管反鄮音又牛銀
巾反鮚上巨乙反下音斤鄭莫侯反剡上檢羊反鄞又暨音既黝音伊歙音失翕
反鄮陽口堯反雩都上音于又況于反揭陽音竭趙他音陀番禺潘愚二音下同
苟漏上古豆反下來豆反羸陵上音蓮又力主反下力口反鳶羊全反麋泠音眉都
汶胡交反含洭音匡湞音貞又丈莖切

晉書卷十六　志第六

侈音弇音奄正日音征械胡界反嘉量力向反籥合二音藥閤伶音零竅苦弔
反琯音管泠音零徵張里反太蔟音湊洗四典反無射音亦函鍾音含捃
居運反痡音裏种整之郢反葙音箱作廂裏本莑力之反有奇居宜反匏白交
反哨七耀反記又邪也小也見廣雅又考工記詖徐義反律中張仲反緹幔徒奚反赤
色也痺音婢下也葭莩加孚二音覆音副梟魚列反龠音父鬵徒渾反答都合反
絫力委反錘自垂反鎦鐶二音留還碓音對

晉書卷十七　志第七

扐音勒撓如效反又如絞反禨居希反差跌上初皆反下徒結反三號音豪奇居宜
反耦五口反

晉書卷十八　志第八

鶩音務告朔古沃反陬子侯反紕繆上匹夷反下音謬岌魚及反蔀音部朓
吐了反駮音剝

晉書卷十九　志第九

瘞烏計反粃卑履反瑄音宣名璧崧音嵩攄丑支反騮音留赤馬黑鬣曰騮蓀
同毳昌芮反菀烏瓜反錐音雞颺音傀黑色瓌周禮音位壇也苟惟音或
於六反禖音梅雩于音澍之遇反禁詠音犢音濆賁音憝潛音徒對反瑕古雅反
葦茭偉交二音梗古杏反禖竹客反塌音扇祧他彫反昭音韶嫄音原祫音洽
笛竹律反墠音善醢音海勸子小反索絲反丑林

晉書卷二十　志第十

豐殺所拜反苴子余反絰大結反棼音瓊衰音催輅音路輦音連晡補胡反臨
力禁反險易以鼓反洿烏音江彪甫巾方閑反又齊斬上音資晅況晚反
䁟芳鳳反燕音宴凶苦對反厭降一葉反倅七碎反號咷豪陶二音匍匐
上音蒲下北反武賁音奔楯食允反鹵簿上音魯下古反纛下丑反音萬
枚音梅裼先擊反屠苦本作鬷反篋苦協反識音志珥仍吏反椑彌反史
音悶毖音秘悝苦回反恧女六反伍員音云析音錫礿音藥

晉書卷二十一　志第十一

正會音征贄音至百華音花跪去委反又求累反壝以水反又音遺旂音斷燔音繁
禰乃禮反跳音條瞽叟上音素口反下古反道音由壺苦本反韝鉤二音孟
縶張立反宿音作縣懸本杕杜音佛鬣良涉反轠音迷肆羊至反獵音劉
勅俱反亦作飭本作東階祚音醮子笑反華音輿祺音其統都敢反纁音勳整
之郢反畢音必雩音于婁音閭侯卽升之十五代也悖其季反禊音系祓除音拂

晉書卷二十二　志第十二

倕音垂聆音零祖音但迓五駕反蹲存音韡蒲迷反鼐乃代反涔音蓁徵
張里反蔟音湊䊛儒佳反綽秋音紐女九反於鳶音烏如字又燕音宴及於
乎烏呼二音牷音全埃與俟同菱烏代反參音患酤音故又音姑痡音裏頎音新
虡音巨煌音皇儐必刃反焜燿二音是耀垠音五銀又五恨二反又語巾反晢晢音旨又熱
音制喤喤音橫楛音戶濊與穢同䊛遂淳音亭投袂音協韻滅纊音曠玁狁
險允二音鄰苦郭反瘁疾醉反蠡音終樛居幽反賓在宗反种音沖斌府巾反

晉書卷二十三　志第十三

鑪力之反齊斧如字亦音資解巳見上文鉦音征也似鈴鐃女交反繆音謬攄居勅
反晥胡管反獮息淺反痡普胡反又音孚瓅音歷蝸丑之反麓音鹿闕火斬反又
火鑵音協鍠鍠音皇禡莫駕反鈁甫彭反鐲音濁又蜿蜒音宛翺翺
呼外反髦才音毛酷祝之六反鞞蕭亦作鼙迷反熼烏回反哮闞上許交反下火
斬反熠之涉反荚疾資反身患協韻音還箭中音仲觜反血結嗚都浩反䴅
鑮字當作鎛鉏屬也補各反斷音斵綆古杏反蘐苻云反魖魑上五知反下音媚反兟
當侯反郝好各反珉音旻懊憹上烏浩反下奴告反厥許金反枓音盤紵音佇嗽

蘇豆反　扛音江　絙古恒反　跂音岐　棬音權　筰側陌反又音昨

晉書卷二十四　志第十四

仲虺許鬼反　傪版布綰反　佽音次　銑蘇典反　鷴之日反　盩音麗或作縲盧結反　軺音遙　阜作早　鐙苦愛反　卿官古者天子苦名教卿或大夫日正卿自周已來始有三公九卿之號率九卿其官無卿字至梁始加卿字其後因之晉書及唐初重撰故或有加卿字處或無卿字並存之　賵芳鳳反　跳音姚　惇音敦　憙虛里反　郃音合　鵠胡沃反　輸音戍　貂璫二音彫當　惔大甘反　冗從上而勇反下才用反　廄音救　驊騮二音華留　大箪音丹本或作箪音葳　灌溉古礙反　琇音秀　騶音鄒　幟音志又昌志反又音試所以相别

晉書卷二十五　志第十五

纁音勳　頳赤貞反　鞙胡犬反　韍分勿反　杓音標　鞗音條　鷸音聿　豸宅買反　燼疾刃反　袀居春反　䝗許縛反　韌音刃　葆音保　儐必忍反　攺正音征　楗其巨反　軨音零　繆字當作轇渠糾反　軾音式　軶音厄　箾同音　橑音老　玳瑁二代音目　鶡　趯上音智反下　棨音啓　橐音託字或作橐　弨古南勿反　蛙蟆上烏蝸反下音　麻杪音眇　鬣理之反　纛音導　操入久反　髦音毛　挿初洽反　顱下盧音　變亡范反　鉈魚迄反　罽居例反　茸而容反　鈴音零　瓌音瓌　玦音決　觿音畦　鑣音彪　韉音　輶魚倚反　嶠扶云反　耒耜上盧對反下音似　幢宅江反　翳　韝音溝　闟徒盍反　反又上陽徒盍反　弩箙音服　韥盧谷反　槌直追反　屬車音燭　總　似　嵩　揭　伏音戊　四行戶郎反　柅音剛　邪拖託何反　桃角音　轍蘇但反　稍　山卓　袴褶反神入　較音角　蚤音早　轎音蕎　爐同　傳乘張戀反　轀　側指　輧蒲丁反又音瓶　䰯音愧墨色淺　歐烏侯反　縹紺上數沼反下古暗反　幅音　裨音卑見也　服　袜皇發反　帢苦洽反　旋音旋　蟪音惠　勁悍　縱想里反　邸音底　咋壯伯反　纚所綺反又所綺反　鷸音聿　旋孚袁反　喻音　騏音其　尖味上子廉反下音昧　尋況羽反　頟五陌反亦作頟　蜯步項反本亦作蚌　螭丑知　反　磐音盤　騶側鳩反　袷古洽反　盛音成　綏儒追反　襮音博　韠音畢　相繆或作彪　反　翡扶沸反　于寘音田又　婕妤二音接予　瓊　鎖音　緄古本反　幗　古蔑反

晉書卷二十六　志第十六

單都孝反　耜音似　鵄夷處脂反　屬戶音　㢠古兌　琅玕二音郎干　梢所交反　蒲馬也　粿郎果反　赧女版反　貸音忒　菁茅音精　廡音武　子居列反　頭他郎反　儺音乃多　氾音泛　唳徒敢反　侯汝音　濺子賤反　糇糧二音侯糧　輸音戍　梠音呂　椹食稔反　沴音麗　荷　鍤初洽反　蝝與緣同　賧吐濫反以財贖罪　夷蠻　挺式連反　覬音冀　芍七削反　竭音遏　萎於危反　耬犁音婁　溉古礙反　鳥鹵二音昔魯　完　沘音比　販方願反　殿最都見反　汙音烏　墝埆上口交反下音確　螺蛘上下　和白墳於下反　斃音　葦音　沮子余反　完音　䳬與　滄　六丑　涸音鶴　寶　占　錄　𤄚　買販　杼柚　鹽　鐵

晉書卷二十七　志第十七

迪　宓　眭　雰　鴟　頞　鈴　掛　埜　蓮　葡　綝　珧　銚　屐　柝　毦　媌　犇　悉　雎　茶陵　昭

移音東莞官　冏　航胡郎反　艘蘇曹反　齒在智反　煥於六反　霧　莫弄反天氣下地不應又音務　碣　豸　濡　剽　倮　慢　營　酤　帢　縹　褻　剸　褋　貊陌音　炙之夜反　紿　蠡　擷　鐵　屩　總衰　帩七遙反　褊　髮　殮　菰　葆　輜　玘　媼　烏老反　虻武庚反

晉書卷二十八　志第十八

蜩音調　蟬音　譁音華　炕苦浪反　猾　淹　䝉　欵嗽上苦愛反下蘇豆反　傎都田反　謏所六反　澍之戍反又音樹　荐　堯當　鼺　刮古刖反　揤乃　悷　嵯峨上昨何反下五歌反　髑髏二音獨婁　嚨　呴上盧紅反下音　咀嚼上慈呂反下在爵反　郭　居　蘇　瞎許鎋反　鮑　𩜷武音　誂音　甄　堙　磕磕　蘁　爊　縊一賜反　曇　忱　拉上盧合反下蘇合反　颯　耀　掐　喝　懊憹上烏皓反下奴　浩　啄丁角反　荻　檻　橙　磨　讙　歎　坼丑格反　螢　覞　傴　撞　噪　櫪　隊瓜　禖　鉦　虵　螟　臆　稗　蕡　枇杷　繆　螺　䗴　蟼　樟　仆　泓　鵝鵝　汙澤　共公　轂　吻　鶩　帆檣　瘤　汙萊　鵙　猗　昨　淖

晉書卷二十九　志第十九

涽　眣音　委蛇二音遠遙　詆都禮反　漳諸良反　袍罕上音扶又音下漢本作　彭　殪於計反　趺　甫于反　釘釘上音丁下丁定反　猳音加　豚徒渾反　酗香句反　區露上烏　亡豆反　踐　幃　輕　覡下胡上匠　剡　紺　彭　蜞　其駛所吏反　矜　渦　鞬其音　响呼后反　鼻　朱提　二滹沱上火乎反下音陀　浩　臺　亡位　貿莫候反　王師　噎　蒸　蟠　檬　線　黿　曦　之石　瀾　暨　柘　髭鬚　蔚

晉書卷三十　志第二十

痛　犴胡岸反　陬子侯反　惛音昏　朴普木反　膑　臯音高　肺　輿　鎔　老　髦　蚤　鞶　究　狙七余反　殛　榜　箠　鈷　鑽　讞　耐　應劭　菅蒯　䱷　瘫　𦡺　擎　鋸　鈇　趾　械　梏　桎　狡　糅　女　竭　譾　呵　鄄　烽燧　若　梟　菹　歐　以　句　戕　捍　銖　珽　鬫　頷　售　槩　圯　嶷　惇

晉書音義卷之中　傳上　起第三十一盡七十

唐　東京　何超　纂

晉書卷三十一　列傳第一

伉儷二音抗麗　虔反　嚳苦沃反　朓漢書音吐彫反又吐鳥反　龍藻史記音侯其反　字林五　挺式更反　枌音汾　甄音真　孌力兗反　誼彼義反　睢七徐反　彤徒冬反　勳則歷反　縌音帝　痺必至反　恚於避反　衛古文道字　筓音雞　紡方兩反　浣　胡管反　矇音蒙　轤音而　轆二溫音涼　鹽說文日好而長也以瞻反　東音簡　語魚據反　搽音孫　瘁疾醉反　竈屯夕二音　王假音格　儷音合麗　嫄音元　嬀居為反　翟　音暉　暄烏咸反　躊躇二音儔除　婁所甲反　嬿於計反　悝苦回反　要募二音要慕　泯武盡反　忉怛音刀　憧憧尺容反　皚五來反　懰慄音劉　獻　歆上音虛下許旣　號　眺二音豪桃　漣洏二音連而　蔟倉谷反　藹古典反　綢繆上直牛反下武彪反　禔福上氏支反又章移反　妊如林反　聃他含反　襚音遂　嘶童　䉣　仡許訖反　鞔　音萬又　塍以證反　闔音閭　音　烟熅上音因下於云反　䁢　上一見反一說文　睍　嶤日生乃見反詩云見晛日消　無雲暫見也　下　馞　攷　戎音古字　遝　疇　踧踖上子六反　下音　珧音姚　厮音斯　嫗紆遇反　簏音鹿　寺人　嗽　時志反　他見　祊　甫彭反

晉書卷三十二　列傳第二

濟子禮反　邳　陽音　和熹音熙　毋丘無音　藥　嬀　莫補反　彪布蠻反又甫巾　蒜反蘇段反　怖普布反　贅之芮反　恇然　隅魚容反　潚　潛音　濛音蒙　隗　五　罪反　有娠音申　陰　沴　閼　語巾反　蛙烏　蛤音閤　威周許劣反　鏑　音化芋羽音的　彌駙反事見史記春申君傳

晉書卷三十三　列傳第三

砥音止　睢陵音雖　耆艾上音五蓋反下　秏莫報反　簞徒珷　玦音決　笥相吏反　甑蒲歷反　奩廉音　糒平秘反　降　殺所芥反　酖直任反　簞音丹　縕於問反　憮音武　紬音疇　核下革反　擯必刃反　匈音蓋　騶側鳩反　繆靡幼反　酢音昨　燕　見二宴音　坼丑格反　怵他蓋反　猷　剝上方直引反下　瑩烏定反　高音縣名　在平原　鯢胡見　姣胡茅反　販方願反　穀音角　韜側持反　詭居委反　葆音保　折　撓奴效反　脆此　鏹　幢宅江反　盼之忍反　虓許交反　悖其季反　戢側立反　鉗巨奄反　料音條　訕所晏反　狽音貝　貰乃　珥仍吏反　粘　澳與之曲反　當没反　鍪　奚　躡音匹面反　麝又神夜反　螺　稚和對音　畦戶圭反　藋息委反　洹胡故反　透　遹上於為反下弋支反　撞宅江反　蝗　蝦二堂音郎　飩如甚反

晉書卷三十四　列傳第四

祜戶音　汝間音　識志音　和　逌由音　佑右音　戍　還盧　鈴零音　榮敵音　衄女六反　譎古穴反　伃音　儐常音　又　慤苦角反　統丁感反　臧　璠胡　驤囊音　吳　會古外反　筧五　異　摹居輦反　堡保音　峴　秣末音　楯食允反　藻　議　郎都　峴胡典反　鬚　鬣　相　余　樞　態去　倒　儈古外反　儒　女　亂　摹莫胡　暨其器反　鄮　荀　側持反　檻　胡　黯　人　排　蒲　芥　犨　芥　韗　志　諱　花　音　晷　軌音　歃　器　去奇反事見孔子家語又韓詩外傳　完　牢二丸　勞音　瞍　杯平　幟志昌　反　陴頻卑反　沅元音　潦老音　耽都含反　又　夔一井反　瓠　胡故反　顯　郢居　反　泮判音　溠　消左傳云夾溠而軍杜云溠水自隨縣東經襄城定陵入汝溠音姬字林日清水出

晉書卷三十五　列傳第五

睥　于　枳紙音　居　篋音　藨　郝　謝況禹反　疆其兩反　甄　擿吉遷反　迂　乙具反　下同　采　入武　婺　子侯　又　暇　偶魚　毀　鳩反　九永反　紿音　之待反　該　古來反　模莫胡反　謨音　摸　咎單音善　祖己紀音　佚　遙音　埤卑音　裸　程說文日裎　貞也直之石反　撫　嬰居縛反　仿佛下上方往反　芳不反　餌　仍吏反　從伯　巨衣反　當　否丁浪反　斥尺音　睁莫浮反　戲　子孕反　拳　權音　蕪菁　音精　瓚　昨早反　闕　榮遍反況遍反　又　鯤昆音　庚　鼓　五來反　岨　與　同徂　勒　薄　反斐　古　轂角音　盾徒損反　泠零音　笥　相吏反　嫗　古禾反　姑　柴反　又

晉書卷三十六　列傳第六

覬几利反　閿　安雲反　眩　縣音　仆　撫遇反　苗　滔音　敦煌　屯皇二音　索素各反　筋　音斤　綖　戾音　瑮　玢上早下界　螺　落戈反　檛　陟瓜反　齋　子奚反　劇　夷音　頡　胡結　反　委蛇二遠遙音　苯䔿二本音尊　峨　嵯上才何反下音俄　峻　峨　岐音　行也　阿　那上安可反下難可反　漪於離反　籲　直救反　胡毋　無音　摹　印　模音　殳　殊音　甄　真音　鍼　之林反　櫛　阻瑟反　縕　於云反　振　擊　林擊音叶韻　震　真音叶韻　從　者　縱音　杳　烏了反　郤　隙音　般　倕二音班垂　翰　音寒叶韻　頫　仰　說文頫低頭也太史卜書　癲　仲　斐古反　作　儇　靡卷反　又作　樂父反　字如此俗　鵒　胡沃反　釘丁定反　砥　旨音　蛩　蜓　上於遠反　下餘言反　篋　巨音　嶃　嵌　才銜反　巇　才割反　又　勦　子小反　崎　去奇反

酈　魁上知下智主反　之上　聳　點　黯　乃反　篁　佛音弗　惴　之瑞反　槁　枯老反　揭　字林　几足反　揭　擊持也　蟻　許　鳥　較　角音　被　看　苦幹反　慘　徒　含　鶴　鵡　焦　寮　二　疊　音同　蔚　尉　翳　止　音二　薈　烏外反　茝　音昌待反又　鴟　鴞　二彫音　背　距　卿　委　鷺　路音　軼　遙音　鵾　昆音　蘆　盧音　緻　灼音　鶩　至音　緤　屑音　塊　苦對反　縶　張立反　坻　都　里　蚊　疌　二文音接　鵬　朋音　漕　昨到反　伺　間上相吏反　下居莧反　紞　都感反　轗　張　留　驄　側留反　屐　奇逆反　韁　韋鬼反　坼　丑格反　頸　居穎反　篋　苦叶反　鬼　音　符　餅　側買反　茅　積　紫賜反　錐　古侯反　蛇蛻　舒銳反　脫臥反　又　槌之直追反　愈　庾音　要　遙音　效　與　子音　函　咸音　拭　式音　苡　武反　方　炫　縣音　蟠　榮　薄官反　冏　九永反　崔　杼　直呂反　斲　陟角反　櫟　却　二鶯音　阜　作早　竺　竹音　犖　力角反　疹　疼　　

晉書卷三十七　列傳第七

尳　渠追反　卷　勧　渠卷反　郌　圭音　股　古音　墉　庸音　作　音祚　跪　渠委反　鑒　鸞　鑽音　贇　音奔　魁　苦回反　芍　陂　七削反　整　之郢反　棘　力音　裁　二音　襄　賁　肥音　確　苦角反　諶　氏林　反　晞　希音　攄　許　交反　莞　官音　韡　偉音　顒　魚容反　滇　陽　應劭曰滇水出南海龍川音眞　又　丈　更　緝　七入反　冗　從　上而勇反下　蕃　薛　前漢蕃縣應劭曰邾國也音皮　後漢魯國蕃縣應劭云白國也音皮衷云陳蕃之子為魯相國人為諱改日皮　顏云說非本字不必借依本字　晉　力智反　誹　府謂反　奏　劾　胡得反　稽　古賢反　萊　來音　叟　人所求反　郝　呼各反　據　勑居反　浚　濬音　斌　邠音　鄃　式朱反　曼　萬音　嗷　徒敢反　癘　賜音　疋　雅音　攘　汝羊反　窘　渠隕反　瘻　人垂反　於佳反　又　猜　㑊　吐彫反　誚　彼義反　子　居列反　惇　敦音　扞　汗音　唏　山洽反　耽　丁含反　媧　堡　上烏堝反下音保　臯　古奕反　隗　五罪反　潰　胡對反　迭

徒結反　鉛音緣　葦菱音交　偉　鮮息淺反　悝苦回反　圮符鄙反　賭陟魚反　廩
捍音旱　警音景　涓公玄反　吮齒日反　舟艦字林艦屋也音檻　涂音徒　浙江
說文曰江水東至會稽為浙江之舌反　赧奴版反　郗丑之反　棪汝鹽反　框音匡　詫丑亞
反　溷胡本反　蓼音了　皋陶二高遙音　香魚紀反日香讀說文作馥　梗古杏反　汲黯
烏櫳反

晉書卷三十八　列傳第八

佃音甸　彤音融本或作彤徒東反　腐爛　釘丁定反　踞音據　闚去隨反　堙音因
箋則前反　靚疾正反　杭音庚　俶昌六反　醽香遇反　禧許之反　喆音哲　鬚髥
汝壑　悖音保　質左傳音至　孌博計反　洵音荀　禪頻副卑將反　唳徒敢反　鬱力轉
反　噂疾蔡反　盧偃　盾徒損反　羕餘亮反　犢音讀　嵇音溪　差選初皆反
乃責側責反　轃　扑普木反　餕奴罪反　闒音昏　紞都感反　診之忍反　歐烏口反
反　泫胡犬反　鉉古木反　殛紀力反　恚於避反　痼音固　逼或作福　礛周易直離
是反

晉書卷三十九　列傳第九

廞許金反　碧力灼反　祝鮀堂何反　槐初覲反　淩音婁　薊音計　鹵音魯　貸於貢
反　鶩烏於郢良反又　鎧苦愛反　簏音鹿　薈烏外反　絙古亘反　猗於宜反　蹤
識音初譖反　踞音據　調徒弔反　彧於六反　瑕古雅反　顥音浩　契音薛　棐音匪
肹許乙反許訖又　佑音又　闤闠二音　倅千內反　刺七賜反　斥音尺　雎七余
反　賈古音　鐸徒洛反　嗷音遨　傲古堯反　孜音茲　挈苦結反　瓶　涓於緣反　撓
奴殺反　鬢一鑑反　奸音干　駁北角反　否音圯　毗房脂反　珧弋昭反　圄上嗇渠
音篆反又　邴與丙同　迮音爭側　輯音集　唆音俊　適音嫡　磬苦定反　邃闇雖上
遂反下音　刁　汪烏皇反　秣音末　莘所巾反　滕以證反　叟蘇口反　德
許云　漳滏二音章府　稔如甚反　燓療力召反　獷古猛反　鶩音務　煽音扇　狙
七余反　投畀必至反　蝥賊左傳音牟

晉書卷四十　列傳第十

遽其據反　度支　洛　汲音急　毋丘音無　壘方　軌　蹕音必　蝥力之反　煇
輿音　經緯云貴反　嬰一遙反　禰乃禮反　緹上從　幢下宅江反　鉞音月　疫
音役　輾轅還　縞苦到反　縲音盧戾結反又　轤轆二音盧涼　武賁音奔　佾音逸　荃
音銓　攘而羊反　慢莫半反　愕五各反　狸里之反　輻音福　斌府巾反　摯音至　聆
之忍　傳會音村　限斷丁亂反　飄　閒使古莧反　詈力智反　慝下
反　悛七全反　虡音巨　憔悴上音譙下在醉反　彝音夷　裁在代反　確苦角反　桑
盛二音　珧音遙　頷五感反　愎符逼反　昵女乙反　蒯苦怪反　蹻渠虛　閣
音奄　宦官又鄴　閹開門也　怯懦上去葉反下乃亂反　麂音教　斫之藥反　刺刺
七亦反　務亭　蓼莪　文琚音居　函
音咸　鍼音　衿禊　乞丐古太反　泆音逸

晉書卷四十一　列傳第十一

寗乃定反　碓音對　瀘音　浚　汰太音　禊房　贄音至　憮音　賄賻
上芳反下音附　但　燧　聰　皁　緹　泣
氏漢書上黨　陔　占　繆　斥
玷音點　肖音笑　竽音于　稽　答　繇　欒黶　蹐

唆徒敢反　磋七何反　殺音急　筋力音斤　飪如甚反　確苦角反　蹇羣羽反　愆
去倒反　絳音降　裍礡二音　囊奴當反　祭仲側界反　賕音求　賾仕責反　槪
古愛反

晉書卷四十二　列傳第十二

渾戶昆反　昶丑兩反　瑩榮定反　睆胡官反又胡板反　艘蘇遭反　瀨音賴　兪恭
丑攻反　蠡斫宜反詩云蠡日釀下酒也　有蕢一音山　說文　滕徒登反　與聞音預　佃
駿音峻　厭一葉反又一音壓　甄音眞　雎音雖　稽顙上音下蘇黨反　佑音右　埒音劣　駁北角
反　賭音覩　貯張呂反　蒸　朏徒飛反　鄣音章　癖芳辟反　汶音問　恢苦回反　幡
旗其二翻　鶡胡沃反　暨其器反　輯音集　徽古弔反　艦音檻　舫府妄反　櫓音魯
鴇五狄反　柹芳廢反木片也　驤音襄　彬音斌　險　積七迹反
錐職追反　閒諜音牒　筏音伐　炬其呂反　鼓棹亦擢　幅音福　衰音催　槻初覲
反　瑾音覲　鎬苦到反　秣音末　泝音素　要音腰　帆音凡　泊傍各反　踧子六反　怖
普故反　慄音栗　螳蜋唐郎　庇必至反　蹲踏上子本反下徒合反　惷丑江反丑龍反又丑
用　腦奴浩反　否鄙反　間　懸他得反　黷古典　噬時制反　沸府謂
反　脆此銳反　攄勅居反　案行下孟反　跳刀字林日跳躍也大么反　寘七亂反
篋笥音伺　券音勸　盜跖之石反　瓶罄蒲經反　眚所景反　龔音恭　褊方緬反
猜倉才反　餬音胡左傳　泯武盡反　顥音昊　鎧若愛反　搔蘇曹反　隅音愚一作嵎
疆場音亦　魔五罪反　拓音托　泊其器反　烽音峯　閬音浪本作閬　幅芳逼反
音福　驍音讀　扆衣豈反　斆音亦

晉書卷四十三　列傳第十三

宛句上於元反下其具反　戢取育反　眠莫賢反　咄當沒反　傳張戀反　藜落奚
枚音梅　迺音由　昵尼質反　沓徒合反　甄居延反　輿音預　瞋莫見反　跣蘇典
模莫胡反　猋必遙反　牢音勞　晷音軌　滕以證反　鬲音革　埃音哀　該古來反　虺
烏皇反　酩酊上莫迥反下音頂　湦乃結反　嶷魚力反　軼音逸　伶人郎丁反　弛
式是反　饕吐刀反　何足算蘇管反　虓吼上呼交反下呼垢反　膊音附　禊下計反
蘄音祈　郗音　筒同音　苫失廉反　粥之六反　圯符鄙反　旗音餘　碓音對　嗇音色
肓音荒　鑽借官反　核下革反　郟古洽反　璞四角反　緌初六反　壚音盧　羈紲
私列反　糠音康　嫗紆遇反　馨呼刑反　檪力軌反　塵音主　愎符逼反　錮音固　窟
苦骨反　輜重上側下直用反　葚音長　填陟鄰反　清峙直里反　擔糞都甘反
敫五來反　豎殊主反　鯤音昆　胡毋音無　鶩字林鳥子生哺者音卯又公豆反　飄符霄
反　寵力董反　璲音沼　孱仕連反音棧　杳徒合反　扈音戶　搤烏革反　稚
直利反　彪甫休反　勳　默許金反　吒陟日反　棒步項反　恚於避反　掐口洽
反　炙音久　池口　篆　耜音呂　唉徒　扆音翼　謬音謬　誹府謂反　僑音喬　髦
音毛　裸郎果反　鏑音的　衵女日反其衵服左傳近身衣　捫音門　跰步孟反　慄乃亂

晉書卷四十四　列傳第十四

袞莫侯反　甄主然反　踵之隴反　詡況羽反　覈下革反　剿所奸反　雋徂兗
嘶斯音　竄　諾　訊音信　嬴力爲反　誄力軌反　涿丁角反　鏃
音育　沔彌兗反　韶音遙　鎧苦愛反　饉音覲　置　貲郎移反　疽七余反　挻
他鼎反　笏音忽　驤音襄　朝歌如字　櫟音歷　鼬女六反　泓烏宏反　缺又音窺瑞
猾音滑　綝丑林反　粗徂古反　鶩怯上音去劫反下奴　諶氏林反　猗於　碑

迕五故反　賕音求　詭居委反　瘖於今反　褶音叶　賭陟魚反　整之　薈
烏外反　蔬色魚反　驄子吁　雩音于　覘勅廉反　爲己音紀　叁三音　郗於六

晉書卷四十五　列傳第十五

披音　咍音皆　攫居縛反　盞古盍反　喟五愧反　鄒側愁反　蜂蠆丑芥
反　洙音朱　涘淄　瞿然俱遇反　訩音凶　疵疾移反　悴疾醉反　暨其器
駁北角反　培薄回反　撓奴效反　捶之累反　峭七肖反　劾胡得反胡愛反又證
音瞰上他下昆反　糺作孔反　扞音汗　懟直類反　詰去吉反　粹雖遂
艾五蓋反　晅况晚反　鴆直禁反　稜魯登反　子廉反　幅音福　蠡音禮　峙直几
反　佑音右　琇音秀　屬吏屬音燭　逌音由　磔　珂上落可下苦　客力晉反　陔
古褒反　邳符悲反　詮論全字林云詮具也七反謂具說事理　昊胡老反　昵尼質反　檢
稜音　下筋　瘖於今反　番直孚袁反　鶴弋笑　郤音隙　瑠璃
宇林云火齊珠也　詭說居委反　少選呂覽云以玉筐少選
須臾之頃也反　幢宅江反　郫音皮　共驩上音恭

晉書卷四十六　列傳第十六

碓音對　芍七倒反　稚直利反　剽匹妙反　堙音因　氾敷劍反　誓音古　鈇鉞方無
反又甫子反　桀古穢反　幕都計反　捍音汗　圉閑渠篆反　赧奴版反　械胡界反
較音角　諳烏含反　隱於本反或作　軟兗面反　眚所景反　旋音流　充
昌緣反本作纊音曠　兒徐姊　邃　瘁疾醉反　謳烏侯反　渾弁胡本
反　郎　殺所拜反　變博計反　隗音偃　鄒側鳩反　呵好何反　否滯符鄙
反　辟子內反　珩音衡　鞫音　級音急　耋耄上杜結反下莫報反　菹醢上側魚下音海
愜苦協反　亹亹無匪反　懋哉莫候反

晉書卷四十七　列傳第十七

泥陽說文云泥水出北地郁郅蠻夷中漢書音彌　繆音謬　鶡鷃音　貴郎　亟
定紀力反　莘所申反　懞音蒙　黿直遙反　綦毋其無和　誼譁上與喧同下音
花　嘆音漢　墾康本反　偏與遍同　車　誼音義　償音尚　窟苦骨反　募音暮　恚於避
反　罵莫駕反　竦踊上息勇下音勇　菲妃尾反　慙恧女六反　蝮房六反　激訕上古
所晏反又反下　茅茨疾脂反屋覆也以　賈豎二音古樹　玠音介　烝烝諸丞反　悾苦貢
音空反又　凝丑之反　快苦夬反　肇音趙　造詣七到反　吠符廢反　叵普可反　欵
計物　頷頷五陌反　鬚相俞反　仄音側　鑄咨上音嚋　泥乎乃計反日致遠恐語
泥　閱苦穴反　覡他典反　趐施智反　弛式是反　涸渭上胡下音　有倩于見
反　倩而美也　沽音姑　更五上音庚下胡故反　縷力主反　纂作管反　赧音賈　堰於建
反　瓚昨早反　楫音接　盟津音孟　謗五各反　崎嶇上卿宜反下曲俱反

晉書卷四十八　列傳第十八

笞丑之反　骼音格　音　幢宅江反　敦煌上屯下皇二音　洮上刀反　懍懍力稔
反　側書日惻　百姓懍懍　來耜上盧會反下音似　吞吐根反　驄子降反　狠狽博蓋反　慷
慨上苦朗反下苦愛反　有抗懷者其不側一或　樞音舊　閫音還　盤薄官　貯張呂反　樏
女久反　餌入吏反　闔音　乜　耀弋照反　戾　悴　漣山
贊甲反　婁音樓　孟軻戶何反　閶闔上音下盧　懷落侯反　蜆音昆　糟音遭
殺古音　獺他達反　鵾諸反　識初　砥矢上征下旨　槩石　礙　嚼
譸音　篳　纘作管反　佯側　嗣　填音田　遹音聿　鮮衣音仙　磋七何

作瑳反一　操七刀反　闊音昏　絜息據反　叱齒日　昆作本或作彝上巨下反口
戢阻立反　撻他達反　窋竹骨反　俶昌六反　恣睢許維反心反　弱植勅
反　霸國　王遜云植立志也　懾之涉反　樂落官　暮莫故　嘐其泣矣音嘐
陟衞反又昌雪反　啜泣兒也見詩傳

晉書卷四十九　列傳第十九

璃音羽　篁四歲　鄗亮反　嘻許其反　釀女亮反　寬七亂反　朓徒了　瘠
音籍　踞音據　懌音亦　齋側皆反　壚音盧　鹽　禪古屯反　縫房用
絜息　穡音嗇　耀所寄反山又　垣音袁　氛祲作任　奇遺　展
屏上卑下丁政反浪反　簏音鹿　巂音　僭都　皐　鸝　鵬音朋　鶩於角
反　鴇音晏　祟雖遂反　溧音栗　弛式是反　剡以冉反　綜子宋反　貫式　腆
他典反　稽　姪反　栗　飴以之反　庖薄交反　餌仍吏反　恨恨力讓反　鍜
都亂反　縲紲上力追反下音薛　上居下音保　姐子也反　瘠美
反　恧女六反　囹圄零語　沮慈呂反　涙音　祗音支　煌音皇　向式亮反　狷吉掾
反　躊躇二音儔除　伶音零　鋪初　跪渠　醒音呈　隗五罪反　拳音權
肋音勒　局古　卮章移反　瓠音孤　挈苦　瀲所又　醪
音　鬢汝　螺蠃上盧果下音果　螟蛉音冥音靈　鯤音昆　挑徒了反　憎徒濫
胛音甲甲與胛同　音背　砥礪音旨音曆　曼音萬　胡母音無　數五來
鋸音據　側愁反　尻苦高反　餉音　蟹音解　鼇音敖　拍普伯反　笨布　睢
毗上五下士　茶音徒　將　痔上食下直里反　鳶弋專反　吝　腐
音輸　潺湲連水流兒也　瀨音賴　躅丈足反

晉書卷五十　列傳第二十

郯音談　譎音決　隧音遂　掉徒弔反　棟堤　鶚鴞上千嬌反下虛　骾與鯁同
顆苦果反　隲音　騭　醫上　得聚　不
蝎音曷　蠹當故反　濊　秕卑履反　屣所綺反　珉音旻　幅芳逼反　呵
上方罪反下力可反　憒憒　瀉音寫　魁苦回反　訶呼何反　名公無
反相日也　譊女交反　錯倉故反　酗香句反　龐白江反　疵疾移反　醒息定
拊音撫　酒　俾卑使　販　亟去吏反　剪子芮而錢　傳左
音毗至反　整之　郢　丙音蓋　節彼　簣音責　怙音戶　鄙疾
反　婞下挺反　僂音婁　音　酣　灘多

晉書卷五十一　列傳第二十一

癡丑之　痺必至反　鞅於兩反　喑於吟反　口萌　睨五計反　力神
嫡忍　劫居怯反　瑣　較音角　扁方典反　泫反又　摯音至　榛士臻反
咳苦愛反　驗許及　贊至音　戔作千反　纏音　璵璠　捫音門
哈下　阮　與　猗　蘧蒢　齊　袝音附　發　璜音黃
五今反　緹他禮反　蜩音調　繇　廝　燧音遂　殿丁練反　彰
蠆音尾　筐音匡　懸音玄　韡韡上韋鬼反　吸許及反　麋力甚反　纚　所上
綺反下即　駔子朗反　凱音愷　溽音辱　五　舳艫二音逐盧　洸　凜
音驅　士咸反　蓐音辱　淄　瞰苦濫反　佃　黔音琴　婁
句協俱　蹁反之石　巛　攘人常　永歎他　弧　矢
反　烏還　殪於計反　蟻輯上　屆古拜反　旃之然反　書

音攦纚上息康反下所宜反協韻僸僸伊頭牛錦反兒也竝音縣閣蜀上音湯下吐嘉
反眚所景反箪音必於休音烏陝烏到反杷蒲鄙反蚷音曼朝鮮上持遙反
下音仙貊音陌慭徒對反重譯音亦卭冉渠容反駮巨追反槖音高猗於離
反緄音叶絓閣上胡卦反下吾愛反侶音部澍音注橡音象餕五畀反皙音錫龕
音堪鑒古銜反咍火才反烹普庚反咏音詠深識叶音志蟠音盤長沮七余
反又子余反援音院鰌音秋垎音坎盱況于反梏古沃反桎音質藿音霍蝦蟆
上厭下彫蟀嵘上士耕反下音宏藁丑芥反拖徒可反稽丑六反夸苦瓜反薤
池計綫潔佳反霡霂上陌下沐二音滂沲上普郎反下音駝雩音于疆畎公大反
熏甫蕢古本反粹祖桑反清渤河清渤海二郡齕下沒反胡結反又睢駆
上職追反下數悲反坰古螢反泞直呂反洿音烏鳥二尺魯反塢音烏古反重初洽
反徐隴古脖郎奚反祟音歲不準不音甫反姓也嶋共伯音恭繳音灼爐
疾刃反洗音方吠反祓拂反又騂息營反駭五愛反從理即容反

晉書卷五十二　列傳第二十二

郤音隙單父上善下甫二音讜音黨調音周購古候反絞古巧反兒徐姊反种直忠
反獫狁上險下允二音悍音翰狙七余反填徒賢反瀚音汗沴魯帝反錐職追
磽口交反稿音色蒭子角反砥音旨庾所鳩反譙仙與反趑睢上七私反下七
余反慤苦角反黠胡八反跣蘇典反嘲張交反郯音談跳余昭反快於亮
脊菑音智鮧瓚瑞反繒疾陵反幍口洽反綸幘也巹即奚反珩音行藹軸上苦
和反詩注毛云寬大兒鄭云飢意也下音逐褰弋授反襪池爾反

晉書卷五十三　列傳第二十三

適音律菉音祿褘於宜反廆音翼嬉許其反弛式是反埤音婢鞅於兩反酤
音姑揣初委反訶呼何反痡音鋪郁於六反臘盧合反汝叟子紅反嵯峨
上才何反下五他反髑髏上獨下婁二音吐他故反酖直任反杵椎上昌與反下直追反忉
音刀韡王非反髫音調亂初觀反牝頻忍反髦音毛泯彌隣反彪甫斤
哽咽古杏反掇都活反胙昨故

晉書卷五十四　列傳第二十四

伯世音霸羿五計反馘古獲反枋甫彭反猋甫遙反孝闞上呼交反下火斬反
枯音戶稔如甚反翕許及反鉏士魚反疇音儔諸作音一晞音希輻音福騰之日
反惇音敦喟丘愧反滸呼古反濡日朱反蓬龍盧紅反子居列反釦女竹
反莞胡版反蒐所鳩反棘音棘鍛所入反圻渠希反瑋韋鬼反瑰古回
軿音由翻扶萌反凱若亥反皁音皂梯湯奚反隊徒對反泱之叶反貿莫候
反岷音旻稚直利反偪彼力反燮蘇叶反跼蹐上局下積二音忼慨上苦朗反下苦
反阨烏解反沿音緣坑客庚反踠迹音宛縫縫二音殄瘁疾醉反酪
音洛尊羨音淳挺他鼎反篇音同頸居郢反筲所交反秾音縣夷音過芒武方
反惡覩音烏饕音叨賈音古瞪直耕反也又音丈證反觀什擲遇壇音因昶
丑兩反盻音彰否符鄙反號音豪峘側呂反宄音軌鉦韓上之成反下步達反闐
反若本共和音恭孌博計反扼腕上烏段反下音厄鸞音育貉音鶴拯蒸上聲
郝好各反嶾虛偃反恰口洽反唳音戾鶴鳴也漂撫昭反踝胡寡反騑相俞
反縗絰上音崔騤渠追反麋武悲反肆羊至反習也厮音斯裴口迴反箴
音藥邯鄲寒丹二音諦音帝黷丁降反逗音豆瑕莫佩反較古岳反瑩烏定反

坼五格反慼於袁

晉書卷五十五　列傳第二十五

茵音因抵諸氏反萃疾醉反彤徒冬反燀與燀同蟠音盤駒徒玄反噫於其
反嘔上於武反嗝下虞矩反函咸瑣素果反爨七亂反嘘音虛喻許及反嵴
疾陵反枳落上博下居閩居已賦芳渦鳥和反詁音古誹府
抵秘字林抵側擊也蹉七何反跎佗許乞反蹴蹣上滄下結先
結反迮五故反驊音華鎜格鷗烏間反徼古堯反三紐音鈕才生音哉
於戚烏二音砥礪旨厲二音橐音高鑽借官反緝七入反蕞在外剡式忍
反逌音由劇居衡反疵音遺以季反周徒禮柘音互馬行也獸
丁感反阼在蔥蒨古纏綿上匹妙反下鳥紺古稆鄭玄禮記
注鄭玄云車帷所也懷以御熱也盧偃反魚麗呂知穜稑鄭玄周禮注云
先種後熟謂之穜後種先熟謂之稑上直龍反下力竹反孽壺若結錚鎗上又下又莊反反
綃音消綷縩上七作下七大反沛艾上首下五賴反稿古老反鈒所立反晻
鳥感反嘲哳上所交反下陟轄反啾嘈上子秋下音曹鼙步迷反磁磁上火宏反下
下音隱砰礚上普耕反下苦蓋反筍簴上音巨下二音震塡上音真下從年反
顆工過反靡牛宜反也還徒合反頍下上甫大反巾反駟大聊反倚居靡
反蘺與秋同作蘺亦作蘺卽字今依諸本及音義音善注文挑他堯反諷
反足俱反籧篨二音乃孝反縮朐上所六反下勒亮反拗息子反菜盛夷
反耨奴豆反斯齊子夷反坻直夷反鞅於亮反鞱七牛反剌促七亦
官權音晦整之郢反楇公厄反大車軛寫鞍先夜反券音勸洒與灑同躁則到
反誚才笑反筲所交反酤酪上古胡反下盧格反勦於紂反匹孝反鑪莫行

晉書卷五十六　列傳第二十六

僮來反鷄呂售反燀音闡酷池兼反暑巨孝反榛音湊穀叶韻音豆反蟣居豈
反一作蟻腊音昔蚑音岐騣胡果反烟熅上音因下於云反狷吉掾反蔀音部躧
音偉
粲倉佳反亢父上剛下甫二音崎嶇上去奇反下音區婁盧含反悍音汗顙蘇朗
繪疾陵反郫官反縈私箭反袒如甚反肘陟柳反腋上音亦下以主反愈
反一作燼似刃反紐女字當作狃救反犾音太段古鼎反頰古鶺反扦音翰溉古
札瘥昨何反狡猾音滑逬比諍反逷他歷反慘素感反粒音立擠音霽又將
西拓音託句驪上古侯反下音俱又音離嚏蓄上陟制反下五結反喆陟列反史佚
音迷采椽直緣反綈徒奚反蚡扶粉反藍縷上力甘反下力主反桷音角饑許
反生皮反弁皮變反販方萬反鬻與逐同圖博戶反攣呂員反擄勅居反郗
丑脂反成皐音高彪遠反遺作旱反數五反才悛此緣反紐女九反奧
鳥到反乘桴芳于反鞣蹂上人又反下音歷反枹鼓音浮楛音戶攫攘如兩反
合從上音蹤下卽容反膽都敢反稽音啟蛻說反鳧反艘蘇遭反剡若胡反株
莫割反肓呼光反俞跗以朱反訕所諫反蛙蝦上烏瓜反下音霞郢反語斤
楓音風汰音太簸布火反枇卑履反蹴子六反挈苦結反仆音赴漕昨到反
痒弋丈反儵之涉反

晉書卷五十七　列傳第二十七

臨力禁反廞許金反郫音皮紲私列反覩初覲反邀徒因反募莫故反鎧
苦愛反幢宅江反猝跋上麁沒反下蒲撥反珧音遙硜北口莖反又戶經反字當作郎井
壓之斛與斛同埴都回反下磧音黃阯音止諝私呂反汜詳理反又數劍反二反荷
翊況羽反呵呼何阻險與嶮同獠盧浩反宛陵於袁反擇音亦帥所類
反尪烏光反墝埆上口交反下苦角反貿莫侯反湮音因眺徒聊反眤尼質
敦煌上徒渾反下音皇傀遠反佌吐發反猗於離反賑市忍反酋字秋
薪楢音猶

晉書卷五十八　列傳第二十八

魴荷方反額五陌反蛟音交搏音博蹉七何反跑徒何反醲所宜反齊斧
解巳見上驚音鷙子玪苦貢反懊奴亂反恚於避反總音叶傖助庚反內
茌一如甚作反涂度都卞壺苦本反梟古堯反闔胡臘反狽貝音陆咤許
反桲音高棖直庚反廙音翼沌字集韻作沌水出江夏入江音篆上聲左甄音堅釗
揣遥反虓許交反崗古郞反汙音烏斫上音託下鳥豉反是式反

晉書卷五十九　列傳第二十九

報奴反祏音石軹音枳奎即奚反偪彼側反翔居渴反憝徒對反絜大
下結反熘音扇丐古泰反祓敷勿反羡余亮反劫鈔居業反崧息弓反玳
音曼貂音彫騶側留反礔礰二霹靂音歔欷上音虛下許既反緝七入反燮許博
反伏音扶苓作本音孚翊況羽反顒胡老反櫓音魯徹古反囂語巾
詖楚交反又士少反健也販方願反諺音彥瘤音留顒魚容反顈一作頎古鼎反埒
五各反皐音高髦音毛澁莫旱反亡本反倓徒含反汶音問敞昌兩反診之忍
反覘勅艷反候也窴遠反旗音餘檻胡黯反泱音殃迮五故反鈇鑕上方
主反下之日反酒反覆充惚恫上作弄反下作弄無知貌闟去隨反喋音牒闟音開

晉書卷六十

祏莫白反犖呂角反歃山洽反戀虛偃反殄徒典反慨苦蓋反郅之日
㢋音夷瑾奇鎮反胗之忍反或作斯遂力玉反蘧為委反龕音堪疋與雅反麇
武悲反扼鳥革反田甄音眞憚於粉反禈頻卑反涓榮美反祧吐彫反蠡
徒到反狙七余反奸音干

晉書卷六十　列傳第三十

蟹下買反斳息淚反喪綺戟反樂卻反認而忍反旃渠希反趨去遙反悍
音揄憎之步反韡步速反繆音謬郝呼各反坫都念反睢七余反顛音致隤
音遹羆彼為反幭側前反胥烏外反塢鳥古反瓶古況反鄧望反又綝丑林反
靖疾郢反氾凡音二忠反甝胡甘反紾之忍反虫蛇虎鬼反虬渠糾反蟉
阿那上烏可反下乃可反欻許物反盻許乞反窊烏瓜反踞音據差初宜反窊
嬈上烏交反下奴鳥反苦先廉反猗音倚螭丑知反賜力尾反假儻他朗反又他浪反
反析先擊反礫盧狄反腕鳥段反鯁緩去完反芟所銜反蝮芳伏反鳖

麃尺招反枯音呂竺六反獷古猛反

晉書卷六十一　列傳第三十一

浚私閏反俘古獲反馘於希反悍吉掾反狷都禮反詆初危反碌衰范
初危反聆之忍反嶠胡茅反險澀所立反漕在到反睎音希紓音舒施許交
反柵楚革反壘力軌反援袍芳呼反與桴同本反羯居謁反憊亡本反刼居怯
反瑁莫佩反盾徒損反軼夷質反悝苦回反崎嶇上去奇反下音區祛去魚
反鞮當奚反篪音篪

晉書卷六十二　列傳第三十二

娑音子苔反币子苔反楯食尹反鞮當奚反韃畢軒反耨奴豆反勞倈上盧到反
下音額犄徒卜反笟於離反亃於支反痍音夷拓音託覆餗音速翅施智反蟻魚豈反
殪於計反磾堂奚反啼所洽反邏騎盧箇反遊兵也慷慨上苦朗反下苦愛反二音輈張留反
攄勅居反縱於賜反擾攘如兩反頓仆音赴趿蒲撥反橐音高驂方珍反
踦嶇上去奇反下音區藜落奚反膩女利反械胡茶反殮力驗反疽七余
反鷟烏於郎反遼子由反膶音周蹴取育反剿匹笑反鎧苦愛反榾
紫葉反諵古穴反擔都濫反樵昨焦反醱音綴妖於喬反殺音古昝音皆鑣
之石反錐職追反捶之累反佻吐彫反巧跰上音託下是反弛音圖鐪音語
音動

晉書卷六十三　列傳第三十三

亟去吏反掠力灼反亂初謹反塢烏古反堨烏葛反薈烏外反軺音遙埒
五咯反猗於離反塵音主峴胡典反渠所角反洎其器反酖字當作鴆
繹音亦幕尺顏反弋居兩反礎古京反倮郎果反胣徒見反孔煒于鬼反
昫呼后反也吼上士懈下五懈反戾叶韻盧結反

晉書卷六十四　列傳第三十四

眦房脂反柬音簡瑋于鬼反匱遠位反譟蘇到反忼苦朗反慨苦愛反懦
乃卧反籥音藥鈴郎丁反欻許物反剽匹笑反璡音進同瓚髤莫紅反嫛
反所甲反柷昌六反甑音式巳罷皮音柬音適姍媠上五下莫候反五感反頷五感反
儂如冬反茹而如反又音據反殣音僅枕林氏反鉏助魚反傳會音附鄱薄波
踩人友反粰榛上房下音秦反朱芾數物反惵惵音牒尼媼鳥浩反童

丱古患反 鄙匹習反 札瘥才何反
晉書卷六十五　列傳第三十五
覘勑艷反 慽茲料反又子了反 泮普半反 龜音 隗五罪反 帑他朗反金帛舍也
綀色魚反 䁥撫諷反 縫音逢 轀輬溫涼二音 禱音導 檮杌上徒刀反下五忽反 圯
苻鄙反 襞字林曰襞卷衣也音必益反 嘏古雅反 䍦所買反 如椽直緣反 曇徒含反
反 墮徒臥反 饘諸然反 飴音嗣 歆許金反 隼思尹反 櫛阻瑟反 隤杜回反
瞽胡大反
晉書卷六十六　列傳第三十六
研音硯 臬古堯反 沶鄉奧之反 禢日朱反 醪音勞 勱音邁 璠音繁 逵渠追反
髮皮義反 樅陽七容反 暐字林曰暐明也丁角反 弢吐高反 濤音尋 泠力丁反
渰音篆 湒音云之涉反 遡音素 芟所銜反 鍵其輦反 圻渠布反 荏子各反又
在各反 某音母 挑徒了反 頒布還反 百甓蒲歷反 扑普木反 樗勑居反 腊
附魚反 訶呼何反 把博下反 溢蒲本反 珧音遙 浮長直亮反 愾許既反又苦愛反
反 毋丘音無 傳知戀反 棨音啟 梭蘇和反 裒蒲侯反 褕羊朱反 舸古我反
阪子侯反 髦音毛 江澳於六反
晉書卷六十七　列傳第三十七
憺徒敢反 敳五才反 員音云 鞚苦貢反 庇人并至反 幘側革反 桁胡郎反
愎苻逼反 玹音玄 粢盛資成二音 曄筠輒反 斲丁角反 重趼古典反 啼山洽反
反 褊阸上方緬反下烏懈反 怯去業反 綢繆上直牛反下武彪反 裸郎果反 鉦諸盈反
反 四望磯居希反大石激水也 躓陟利反 燬許委反 狡古巧反 愁牛各反 噎
烏結反 鑒古銜反 䀡辛聿反 嶧音亦 蟄直立反 汨古沒反 殛紀力反 慶亭
丑升反 扞音汗 忖倉本反 晡博孤反 飴音嗣 頰古叶反 犖呂角反 髯汝鹽反
毛 澁色立反 枋府良反 旰音幹 誄六軌反 屐竭戟反 鬚相俞反 紐女久反
拓音託 掎居綺反 猰窳軋愈二音
晉書卷六十八　列傳第三十八
炙之夜反 啗徒濫反 旟以魚反 軸轤逐盧二音 蔕芥上五芥反下古邁反 蹉跌
上七何反下徒結反 鼃烏媧反 婭音亞 拓音託 隮即奚反 闓音開下同 鄢偃音 混沌
上胡本反下徒損反 朦莫紅反 暨音既 燔爇如雪反 葦韋鬼反
晉書卷六十九　列傳第三十九
隗五罪反 砥音旨 龕口含反 魑魅上丑知反下美秘反 囂許巾反 惷丑江反又丑龍反
反 氂理之反 諠譁喧花二音 訩赫凶赫二音 刁協音彫 懦乃亂反乃臥二反 塢烏古反
反 諳烏含反 猗於離反 蠹當故反 井渫息列反 騄音錄 璵璠余繁二音 沁
七鳩反 弢吐高反 繆坦音謬 爨音橫 洙音殊 羯居竭反 鴟處脂反 籩布玄反
蝶私列反 賁嵩上音肥風俗通賁姓有賁赫禮有縣賁父音奔 腐脅上音父 瞋昌都反
郝鍛上呼各反下古雅反 樗勑居反 絮息據反 肘陟柳反 料力弔反 胦羊朱反
晉書卷七十　列傳第四十
應音膺 玫莫杯反 酉自由反 券去願反 覬覦上几利反下羊朱反 鞅於兩反 粃
卑履反 漉音鹿 蔦鳥委反 頡頏上胡結反下胡郎反 繾綣上去遣反下去阮反 尠息淺反
反 玘音起 估音古 槭下拑反 拉盧合反 卬五剛反 騷蘇遭反 櫃逵位反 槌
直追反 佷恨 愎符逼反 訐姜謁反 裝盾徒損反 狷吉掾反 滕以證反 意斷

上於力反下都亂反 詮此緣反 韡與暐同筠輒反 謨莫胡反 撓奴效反 峰岠巨音 桁
胡郎反 剏初良反 聆旰上之忍反下凶于反 矢旝說文曰旝建大木置石其上發以機以磓敵也
春秋傳曰旝動而鼓古外反 厭二葉反 僵君良反 拳巨員反 瞻以瞻反 眈丁含反
悛吐全反 胡毋音無 旰胎上許于反下與夷反 愞乃亂反又奴亂反 璲徐醉反 儋
石都濫反 函音咸 廄音救 衰音崔 旆薄蓋反 葩普巴反 稜衰音

晉書音義卷之下 傳下載記 起第七十一盡一百三十
唐東京何超纂
晉書卷七十一　列傳第四十一
跼蹐上局下積二音 餔糟上博孤反 噬時制反 墨翟徒歷反 重繭上直龍反下吉典反
箋則前反 喻許及反 賁育上奔音 拉盧合反 曳音裔 刎頸上武粉反下居郢反 嗎
喁魚容反 韃居言反 鵠胡沃反 榜與膀同 賻音附 幘側革反 華軾夷質反
謳烏侯反 貔貅上房脂反下音休 耒耜上盧對反下音似 蟻魚綺反 穰葺而上
羊反下子余反 茹而據反 聚下革反 綝丑林反 捽昨沒反 枇卑履反 翱五勞反
撓當侯反 蟣蝨上居豈反下音瑟 兕徐姊反 擐音患 旂渠希反 蚓女六反 戩
以淺反 顴筠輪二反又居許斤反 倨居御反 垤徒結反 核下革反 宿辦
反 薄莧 崧息融反 悝苦回反 噂喈上茲損反下徒合反 鄢來丁反 耆渠脂反 梢
音角 詆都禮反
晉書卷七十二　列傳第四十二
抵都禮反 噓吸上音虛 郪音恭 鼯五胡反 螫式石反 歘許物反 茱萸殊庾
二音 沴魯帝反 鐸徒洛反 繇直又反 棧士限反 繆音謬 蠢尺尹反 盱音輸 紓
音書 糟粕四博反 呼沲徒何反 珥而至反 埒力輟反 薈烏外反 皐音高 摹
反 莫胡 髯汝鹽反 鶬鶊二音 蛙烏媧反 鼇五勞反 祛去魚反 訊息晉
驌驦肅霜二音 萸度奚反 嚶烏莖反 刈音又 爨七亂反 翬許歸反 旭上許
玉反下音希 蚓蟻上餘軫反下五哥反 騂息營反 龘倉胡反 籟音賴 蚊音文 蜉蝣
浮游二音 椿勑屯反 沍胡故反 蔚音尉 靉脾賓反憂愍不樂之狀 蟪蛄惠姑二音
薺音茨 婆娑素何反 沌徒本反 杌五忽反 潦音老 犴音岸 暨居未反 投畀
井至反 萋私列反 貍理之反 魍魎上音罔下音兩 慝他德反 沙漲陟亮反 齋
即奚反 彝以脂反 躶郎果反 醊陟衛反 袴褶上苦故反又神執反音習 鶩五勞反 買莫候
反 樗勑居反 扁音漏 翅施智反 鷃音晏 跛布火反 鼈并列反 嫫莫胡反 磔
音歷 焦僥二音譙堯 夸苦瓜反 躓礙陟利反 扛鼎音江 圯苻鄙反 藻梲雷
反 較古學反 悱憤上妃尾反 肘陟柳反 軟而兗反 綈緗二音啼襄 紬勑鳩反
晉書卷七十三　列傳第四十三
徼古堯反 悾苦貢反 羨餘亮反 梔工徒可反 懌音亦 瞰徒敢反 薤胡界反
鯁上古杏反 噎下烏結反 肝音幹 捣許爲反 鋤助魚反 鹹古獲反 顱音盧 彬府巾
反 龢與和同 踠渠靡反 艾五蓋反 聆郎丁反 餉式亮反 恇去王反 汪烏光

反 殲子廉反 玧音允 賁徒德反 彪甲民反 睨黃蕩反 頎渠希反 傴於語反不
伸 惛音昏 掣尺制反又尺折反 湏音云 赭圻上之野反下渠希反 羸瘠六丑反
上力爲反下秦昔反 燥蘇浩反 下各反 疽七余反 惔徒含反 瑰公回反 禹私列
反 吻武粉反 台產史記音台
晉書卷七十四　列傳第四十四
龍亢音岡 顥音昊 簞瓢上音丹下符宵反 嶔崎上去音反下去奇反 逡遁才由反
禪惠苻支反 鵲諸然反 硊巨毀巨委二音 俞縱丑又反 迸北諍反 刻胡愛胡勒
二音 豁呼括反 竺陟六反 賻音附 逵巨消反又 跳徒聊反 鎧苦愛 沮
中子余反 涌中勇音 怍在各反 紿徒亥反 瞋昌鄰反 諳烏含反 沅愚袁
反 漳諸良反 擔 幢宅江反 仄阻力反 竦音悚 掠力讓反 扼腕上音厄下烏段
反 氐音低 勦子小反 較古岳反 重複上直龍反下音福 閬閣二窺俞音 思算
相吏 犒苦到反 溧音栗 屠陵古限反 撲普木反 閩苦本反 輸音由又弋久反
衽如甚反 驎音鄰 愞乃亂反 醨音離 嫋扇音 喈音皆 汙音烏
晉書卷七十五　列傳第四十五
穎蘇朗反 隤徒雷反云坤隤然 秣音末 蟻魚倚反 躓陟利反 梗古杏反 稽
丑六反 屐奇逆反 醤五結反 虞音巨 鶩音有 磃池爾反 邯鄲寒丹二音 疊疊
音尾 綢繆上直牛反下武彪反 繾綣上去遣反下去阮反 濠胡刀反 燮蘇叶反 厭於叶
反 忱市林反 醜側限反 裸魯果反 峭七召反 佑音右 蔡州 荻徒歷
反 齋即奚反 崧音嵩 彧一六反 頹居筠反 酇闓上初謹反下調 馗渠逵反 廞
許金反 瘁在醉反 訂又音汀字林曰訂評議也說文直鼎反音亭 闓胡臘反 慨苦愛反與愾同
反 棐儒佳反 惔徒甘反 籠并列反 遂音與遁同 鍩胡瞎反 汪烏皇反 瘞於
反 沫音殊 蝻丑卯反 綹他朗反 涯五佳反 賁即移反 磬苦定反 筵所宜反與
篩同 睫紫葉反 趱陟爪反 鉗其炎反 嚬音頻 暇古雅反 芒屩居灼反 儈初
反 勃窣蘇骨反 襦日朱反 熨音尉 襖禪古渾反 煖乃管反 總音叶 窒陟栗
反 爻胡交反 瑲若夬反 牝毗忍反 旃渠希反 箋則前反 餗音速 桷音角 甍
直 倒反 紊無運反 蔀音部 葳音威
晉書卷七十六　列傳第四十六
輜側持反 郤古外反 駿音妻 埭達賚反 苞皮表反 柵側戟反 熹徒倒反 浙
之舌反 醒息定反 番禺潘愚音 廙音翼 弢吐高反 胐附音 頷五格反 樟
諸良反 鐸徒落反 舫府妄反 眩縣音 彬府巾反 簪居輦反 跪去委反 稜魯登
反 彪甫尤反 鬣相俞反 秣末音 寒悴在醉反 獧二音昌厥 蔕都計反 頷
戶感反 鷺脂利反 掎居綺反 滬戶音 佗許訖反 齏字林鰲魚出東萊文字集略蠶亦作
鯀字音祭又音制 蝦音霞 鮓側下反 廞許金反 崎嶇上去奇下音區 詰去吉
玧音允 茹而據反 秨在各反 慶亭於陵反吳志孫權射此亭也 耽都含
鵲諸然反 碏左傳音鵲史記音且亦 鮒附音 鄘歷音 穠反思
晉書卷七十七　列傳第四十七
曄筠輒反 峨古雅反 培塿上蒲走反下力狗反 蓊以周反 儈初庚反 僂落侯
廑於禁反 賈于閏反 鬻力兗反 一柈音盤 裝莊音 襆房玉反 俶昌六反 撞
反 宅江反 灊音潛 惲於粉反 叡以芮反 塵主音 槊古濁 墩五勞反 釀女亮
翼字林曰翼捷也飛之疾也山立反又所甲反 顩魚毀反 坑客庚反 柴音寨 叱齒日反 呵

呼何反 惪與德同 忖七本反 狷吉緣反 圯苻鄙反 句音鉤 穫胡郭反 炬
音巨 掬九六反 哂式忍反 璩音渠 僂力主反 顥蘇郎反 睸撫諷反 彭蜞音其
蟹胡買反 螯五勞反 航胡郎反 靚疾政反 蘞說文黑皺也山六反 歠說文白歐下也
甘反 噬說文噬通溝也音流 輜側持反 竭居謁反 芍陂七削反 肘
陟柳反 咄咄當沒反 櫛阻瑟反 璲音遂 窆方驗反 拊孚武反
晉書卷七十八　列傳第四十八
籠盧紅反 堰於建反 閭語巾反 汪烏光反 茹如魚反 殛 鯀古本反 汜
音冼 膾古外反 砎林音介字林硻堅也 訑下沒反 訕子于二反 榱條衰上音下
直專反 饋烏堃反 斤斤音靳詩云斤斤其明傳云明明斤斤察也 穰汝陽反 埭達賴
覆瓿 秫音述 蘖魚列反 豚徒渾反 蚩阿浪
弛式是反 篠簜上蘇鳥反下徒浪反
晉書卷七十九　列傳第四十九
鯤音昆 咷音陶 鴝鵒二音衢欲 襦日朱反 枋方音 譎古穴反 梗澀色立反 軺
音遙 鋼音固 惔徒甘反 噂喈上茲損反下徒合反 輯音集 骿胝上蒲堅反下竹尸反
繕市戰反 睹覩音 屐奇逆反 旆薄蓋反 憾下紺反 厓烏光反 蚓女六反 迮
狹上側陌反下音洽 艦胡黯反 刳苦胡反 禁臠力兗反 一豘豚亦反 戴逵
與通同 反困 東莞音官 涂度手 盱眙與之 航胡郎反 蚝七吏反 屈氏
音徒 駱駝 河渦 頴古和反 柵側戟反 泒四卦反 礌礉上苦勞反下五勞反
吞以爲音桂風俗通彭城吞景計掾古有此姓 鏑的音 雱撫云反 子居列 僂落侯
瑛奧音 鶴氅昌兩反 脩治直之反 褊阸上方緬反下烏懈反 來觝食爾反 部
告音 懟直類反 褫池爾反 泌鄙媚反 瞰苦濫反 蝓亂侯反 額盧潰反
晉書卷八十　列傳第五十
炙之夜反 噉徒敢反 啗徒濫反 亟紀力反 饋逵位反 糜音眉 涖力至反 浙
旨熱反 禊胡計反 湍他端反 倦渠眷反也出玉篇 姥莫補反 粜几音 刮古滑
反 懊烏到反 蓺阻立反 洒先禮反 頵蘇郎反 瞰音皎 彷彿二髣髴音 舉呂角
反 柱頰上張禹反下古協反 携勑居 掣尺折反 駮粹上北角反下音字 傖助庚
反 殿榜博朗反 釘丁定反 橙都鄧反 鬚相俞反 揣初委反 戴分物反 奏
音靚疾政反 霤力救反 槎枒五局反說文伐木餘 春蚓引音 翦之據反 蟠
音盤
晉書卷八十一　列傳第五十一
鹹古獲反 牂柯二音臧歌 釗指遙反 爨七亂反 透他候反 龕口含反 莞官音
鶩於良反 愞乃亂反又奴亂反 弩古 狡古巧反 蚓女六反 郝嘏古雅好各
二轜旨而反 販方願反 忲太音 銍陟栗反 翻沉羽 廡文甫反 鑊胡郭
鉏耒上助魚下盧潰反 軺餘昭反 芸穫二音云 鐙苦愛反 峴山胡典 惔
徒甘反 蚝七吏反 營音詠 詖彼義反 串古患反 捋盧活反 伺相吏反 涉書
反 郴丑林反也名寶 楊珉武巾反 弢吐高反 睚戶定反 櫓音魯 怯去業
噤渠飲反 械胡界反 鐸市連反 飢子孕反 茄古牙反 鞞傍禮反 踢徒合
韡與鞾同 邾音誅 狢下各反 纛徒到反 汶無運反 璩魚 璠繁音 瑾音僅
迸北諍反 菰甫用反 其根盤結名曰葑 異餘吏反 浯浮音 奭傍北
反 又苻 勦子小反 邃雖遂反 隙去逆反 歐烏口反 迭徒結反 齾昨合
逼反

唅苦夫反 蛟音交 枋音方 蚖音元 鞞蒲迷反 罝子邪反 赳音糾

晉書卷八十二　列傳第五十二

謖所六反 羌苦見反 鄹取私反又音妻 齧五結反 上貸他代反下貣徒得反 儻常亮反 旖諸然反 溥與普同 碧力灼反 剟音掣 變相居縛反 撮子括反 摯音至 告音告 斥昌石反 趹徒結反 訾即移反 爨七亂反 獫狁險允二音 龠 叵合反 濞匹備反 耐乃代反 裸袒徒旱反 麈音主 鵪諸然反 瑩烏定反 驎力珍反 碣渠列反 躊躇除二音 稴稴音蘇 歔音虛 欷許既反 緹徒奚反 瀍多旱反 流漣音連 惇音都昆反

晉書卷八十三　列傳第五十三

琖音喘昌兗反 眈丁含反 白璇似泉反 嬈乃了反 洙市朱反 媟私列反 甑子孕反 泥音戶 負進漢書高紀云蕭何主進鄭氏曰主賦斂錢也陳遵傳云遵祖父遂與宣帝博數負進顏云進勝也帝博而勝 秭歸上音姊下孟康云音㜇 騫翥上虛言反下之據反 逌音由 塹 欄上七豔反下側鑒反 泮音判 賁易音方義反徐扶云反又音奔 一饋反逵位反 糒平祕反 沴魯帝反 眚武登反又武亘反 覬几利反 脇虛業反 緻蘇旱反 讜丁浪反

晉書卷八十四　列傳第五十四

忱氏林反 長直亮反 珧餘招反 褮所追反 輒反 軼秦入反 鞅於兩反 廞許金反 灑盧箇反 簳各旱反 合鏑二音 的 髀傍禮反 葦韋鬼反 鬚相俞反 鳖昌兩反 盱與之反 眙音 跳調 筊古巧反 鄧丁角反 稆音呂 麑音迷 鴞于驕反 甚 食愁 捍音翰 歐上一口反罯下力智反 犍巨焉反 為 鍵其偃反 獠音老 扞音翰 析音托 溢蒲奔反 逾音聿 歃山洽反 鄴城音贊 柞在各反又子各反 診之忍反 獷古猛反 餉式亮反 剽匹妙反

晉書卷八十五　列傳第五十五

愔之涉反 諜蘇到反 悛此緣反 佻吐彫反 躁則到反 愎符逼反 按五木 奴禾反 寠良據反 褊方緬反 稍所角反 新淦古含反顏音紺又渠京反 昨 拉盧合反 桎音質 梏古屋反 跳踉音良 榛椲傳角二音 祏音石 蘲丑芥反 莞音官

晉書卷八十六　列傳第五十六

烏氏音支 筴音閣 氿音沈 繆靡幼反 刎武粉反 魴音房 鳴茗徒聊反 晁直遙反 耽丁含反 屣所綺反 毣音毛 鞨胡瞎反 蹹徒合反 璵音餘 珮字林玉也他殄反 浩 疊閭門二音 毦布吐敢反 塢烏古反 銖市朱反 肘陟柳反 篚匪二音 漂音飄 宛許於元反 崧息融反 課蘇到反 旋鳥良反 炭魚及反 糟粕匹各反 醍音 齵握角反 攘音穰 白帢字林曰帢士服制如四角苦洽反 隱之曰揖 夊上子魚反下音㳂 令居孟康音零連顏音零 革封音 窪烏瓜反 寘堂見反 湿音 踊勇音 解扁篇音 諠譁喧花二音 慓悍上匹笑反下音汗 壚許交反 璣居希反 苴魚二反 汝陽子 弁古南反 皋古堯反 雹車蒲角反 白帢苦洽反 瑄 莫佩反 燬許委反 爐疾忍反 鮵音晃 絲他胡反 囹圄二音語 苂疾脂反 琪 矍軒顏音矍力虔反軒音虔今其士俗人呼矍軒疾言曰力虔 訞音妖 張璹殊六反 綝丑林反 剔他歷反 鞘私妙反 椴古雅反 仂與力同又音勒 蕤食稔反 甜徒廉反 覘敕艷反丑廉反又

晉書卷八十七　列傳第五十七

磨奴見反 騶古華反 且渠子余反 謖所六反 湟胡光反 騂思營反 赫呼格反 泮普半反 邅張連反 榛士臻反 拓音託 緊烏奚反 餗音速 埊都念反 鴟處脂反 樂涫洛官二音 類盧對反 傉檀音耨又谷反 恣睢上如字下許季反又 恣音千私反 雎音千余反 荏如甚反 勍渠京反 菴藹於蓋反 沮七余反 蔦音鳥 嫷 嗽所祐反 彭音 閬浄音 松 慄苦覓反也上之凶反下音蒙 嶁蝶接上才反 下音業 欽岑欽吟二音 鞅於兩反 罩都孝反 臧古獲反 芟所銜反 帢苦洽 豢音患

晉書卷八十八　列傳第五十八

亹亹音尾 循陔音該 灑所綺反 傾與俯同 沫莫葛反 蒔時吏反 毳此芮反 醮子諸反 子居列反 竪刁音彫 哺薄故反 螬二音齊曹 飴與之反 蓼莪 上音六下五哥反 屬居約反 邴兵永反 負笈其輒反風土記笈學士所以負書箱 許孜音茲 羸 僊防介反 頸居郢反 搏音博 衮古本反一本作衮衮音袞 管 篸卑音先感反 捃居運反 椽音緣 茗音條 瘠古衛反 說文以字 類 挐奴音 叟初力反 藥而髓 柚直牛反 眩 昏莫侯反 蕆莫結反 呵呼何反 籃盧甘反 籠 惇都昆 瞳音同 刮古滑反 髯汝鹽反 髦毛音 蓳居隱反 欀椽上所追反下直緣反 穰汝陽 扶丑栗反 認而晉反 鉏助魚反 廞許金反 焰與燄同以贍反 煢渠營反 購 古侯 葦韋鬼反 塼甓蒲歷反 梶胡廣反

晉書卷八十九　列傳第五十九

崎去奇反 虓許交反 頒魚毀反 犨許歸反 伶音零 血濺子賤反則幹反又 浣胡管反 畛之忍反 桷音角 之溜力救反 勸音邁 呼噏許及反 圻渠希反 蹻 足許慎云足小高也音喬 訕所晏反 蘧 為委反 疋與雅同 鬻音育 償當亮反 鴿 弋笑反 芡 詹疾脂反 漂撫昭反 瞋昌鄰反 偵人丑鄭反 幘側革反 掛音卦 筋舉欣反 悝苦回反 鯨鯢上渠京反下五奚反 蓮芍如淳音輦酌 粒音立 罌烏莖反

晉書卷九十　列傳第六十

偪與逼同 氾音汎 袤莫侯反 䅶音一部在始平一音來 睔芳鳳反 瓏房脂反 爨七亂反 廐音救 秵尼質反 燎力召反 逌音由 鄺耶激反 廞許金反 拖託何反 歡 昌雪 菹側魚反 絮息據反 歃所洽反 剔他歷反 飧音孫 蓬薄紅反 番禺 藩懇二音

晉書卷九十一　列傳第六十一

煬餘亮反 填徒賢反 坑穽疾政反 孑居列反 弛式是反 亟去吏反 銍陟栗反 奧音 裒貢音肥 祧吐彫反 詁音古 韡與韓同 鞾 炤與照同 耀 臍音齊 氾音汎 鉏助魚反 癰於容反 歛力驗反 濟胡管反 葦韋鬼反 席 祴作鴆反 躓陟利反 礙吾愛反 媟私列反 裸郎果反 轄秦入反 諛蘇小反 抵都禮反 軟 面兗反 綈音題 瘞蟻音 歷瀝當作歷 愾苦愛反 丐古泰反 鋌初限反 獷古猛反 輾古火反

晉書卷九十二　列傳第六十二

軑音大 槧才敢反 研音硯 薈烏外反 埒力輟反 飫於據反 涸滑上胡本反下胡 暈云問 交巨支反 蚑反 蟜面兗反又 鎔音容 委虵音逶迤 注張丁杖反 珥而至反 彗孛上四歲反下蒲 沆瀣上胡朗反下胡 懺反 識尺志反 炮白交反 鷟五勞反 麥陟加反 濛汜上音蒙二似音 儦必遙反 洿安都反 慨慷上音下音慨 苦頭 嘈音曹 柔撓而小反 澎濞上普彭反下普秘反 唎列音 彿符弗反 蟬蜎 伊絲 悱妃尾反 磞硍上普萌反下耶堂反 訇礚上火宏反下苦蓋反 聊嘈二勞音 吻武粉反 曜音狄 洞胡困反 倉助庚反 湞音貞 占之瞻反 帶都計反 瞰取 蹋徒合反 膜他典反 汙音烏 瞿俱遇反 蔑甫勿反 繿褐於門反 停女耕 耨奴豆反 泓 喑疾陵反又則登反 鎗鎗初庚反 脢胎音梅 僂垢上力口下 下音嘲哮上張交反下許交反 轠蠢上於粉反下尺允反 庵萎上烏含反下盧合反 眠 照上支反 雅上廣反也 拉盧合反 嗛閃上力冉反下舒歛反 喑啍上七鄉反下二良反 闖茸 上土盍反下而勇反 饕音叨 諍音爭 髎梟上參去聲下五弔反 悟音昏 圮普邳反 蔵音厭 菰古胡反 鑪音盧 遽去遙反 徻阻瑟反 棿餘制反 汨音覓狄反 倬丁角反 焯之藥反 瑕瑕音郎 仆音赴 綽約處灼反 趠諸林走也 敫反字 騄力玉反 鰓 蘇才 狷吉縣反 擺北買反 蟪蛄二音惠姑 罝子邪反 涔音鳥 蔪音苦上居希反 下音估 矸音分介二音 魯 塹七豔反 柝音託 迋憶居反 蔗之夜反 紿徒亥反 彖他亂反

晉書卷九十三　列傳第六十三

勦子小反 戚之許劣反 傀逵位反 務莫候反 姥莫補反 砉力灼反 樣榛 裦傳二音 麋眉音 嶷魚力反本作孔反 作跳黃廣反 惔徒含反 涂古南反 帽莫報反 嫗紆遇反 犀把音西霸 紓音舒 胁脯符遇反

晉書卷九十四　列傳第六十四

渟音亭 窅烏了反 窒烏華反 悛此緣反 數音妬 汩音骨 鳩與鴆同 斥韃颵上胛 賓反下子六反 棺呂音 蛼蝛上都計反緘反長一寸可食字林曰蝽海 下音越 市子答反 撞宅江反 挑盤音 蝉蝀下上多動反 恍慷慨音 鼢蹈上子六反下昔資反 柂徒可反 檜魯音 鯔鵒鳥音淄 鋪鋪音 鮃音浮 鮃魚出蒼鮃鯔魚也出樂浪番國一名江文 脈多膏少肉有兩乳 鵖音居六反一日出江 鵠五歷反 梢所交反 跳徒聊 喉嚨知戀反 嗽蘇豆反 咤陟嫁反 讙況袁反 葭音加 桂音圭 襧音蜀字林曰襧婦人上衣也 漣要衣也 認而晉反 涫官音 媟私列反 緆居倫於反又 笴古我反 苟菘嵩音 買莫候反 菴烏含反 衿袀神執反 琪瑻居御反 暹眸直耕反二凌直反 梁踦 魚綺其綺二反 墊都念反 鉶音而 饋求位反 歡昌雪反 騂力珍反 囷去倫反 纏音動 傭許既反 揭居謁反 倮郎果反 鐃女交反 報古雅反 銖音殊 瞿硎客庚反 汁溲疎有反 䅷陟立反 秫音述 杭古行反 拳拳巨員反 芸音云 耔子叶 韻音並 籃與盧甘反 颯蘇合反 負盧政反 泌毗必反

晉書卷九十五　列傳第六十五

讖初譖反 畛之忍反 闓音開 蠡音禮 禺音隅 胃卯音昴 謂炬巨音 偵邏丑鄭 盧箇二反 賽先代反 魅美祕反 鼉徒何反 脹陟亮反 欻許物反 大鸛其俱 嚙五結反 嗥五刀反 拉盧合反 搥拍上直追反下普伯反 咋鉏陌反 浚私閏 羆彼為反 駮北角反 隗 炤照音 蓍式脂反 翊況羽反 靚疾政反 捍翰音 鴨烏甲反 蚊文音 瘈瘲上人垂反下必至反 訶叱上呼何反下齒日反 絜息據反 鉢末博反 枋府良反 朐其俱反 肘陟柳反 鴟烏侯反 纖初鑒反 黿元音 暌蘇困反 菅古顏反 蛻託臥反 統都敢反 泮普半反 啖徒敢反 濛汜二似蒙音 島與嶋同 滑音骨 稽音雞 乂初牙反 紕匹夷反 曇徒含反 睫紫葉反

晉書卷九十六　列傳第六十六

娀息融反 婺所臻反 姬如林反 韡韋鬼反 翅施智反 郝好各反 袤莫候反 浣胡管反 瘞於計反 蚶甘 鮓苦反 剉食臥反 睎希音 藐妙小反 弢吐高反 覘敕艷反 稼音稼 崧嵩音 葩普巴反 剔他歷反 登橙等鄧 鶉皇音 壹 苦本反 彎烏關反 婉晚冤二音

晉書卷九十七　列傳第六十七

夫餘音扶 罽居厲反 貂豿女滑反 穢王於肺劣乙二音 沃沮子余反 紛亦髻 宇音計 蹻其虐灼二居反 讙喧音 楯食允反 扁福音 禱處鶱反 砮奴古反 楛戶音 傳雞內沃反 倭烏禾反 孥奴音 躭所鑒反 羃羅音覓離 氂理之反 酋字秋反 拔蒲撥反 葉音攝 恍惚上呼晃反下呼骨反 涸下各反 懊乃亂反 汗音寒 澀 音强 蹄題音 褠曰朱反 猗古邁反 賁喻音奔 月氏支音 賈古音 銖殊音 顥昊音 趫胡界反 犁鞬上落奚反下居言反 梲楯而音拙 礎楚音 合縫下音傳 西卷 漢書音卷又音權 鋌初限反 佶較角音 古鉦之成反 大澬鳥關反 舶白音 獚 古猛反 萎莎蘇和反 蛭之日反 蠡音螺 綦毋音無 倪苦見反 韝古侯反

晉書卷九十八　列傳第六十八

毆烏口反 碑低音 坫都念反 闆苦本反 陳頵布還反 帑他郎反 甄匹鄙 犒苦到反 剽掠上匹笑反下力讓反 鬻拳音權 育蹇延音 煽扇音 踸蹬几 桁胡郎反 輗車輗五奚反 棝車也 枹俘音 稜落登反 蛸云貴反 磔陟格反 魚復 應劭音腹 笮橋側陌反 葭萌加音 眢子咸反 嗱唶上茲損反下徒合反 淅錫音 芟 音彩 潛數反 板 硃池爾反 牸字音 犤補買反 犎方孔反 秙圻上之野反下渠希反 枻盤音 涂度都反 毦七吏反 熠之涉反 祟雖遂反 蠹徒到反 郈人蘇林音吉 字林苦耿反 聘上匹詣下五計反 瞷直類反 涚上捉反 猹於計反

晉書卷九十九　列傳第六十九

冏舉永反 瓢符遙反 妳媼上奴解反下烏浩反 溢蒲奔反 悍胡幹反 虓呼交反 跋扈步撥反 歷子六反 緦盧結反 梠音呂 痾吉我反 彬甫巾反 榜博朗反 秬如甚反 轜音而 蒐所愁反 讙喧音 帔彼義反 偵丑鄭反 諜蘇到反 喁魚容反 譁花音 衄女六反 舫府堂反 磯居希反 柞在各反則各反又 湞云音 酩醬 上香句反下音詠 徂七余反 么麼上一堯反下亡可反

晉書卷一百　列傳第七十

樧古賢反本作椗 券去願反 揩子感反 偃於武反 下雋辭兗反 腐扶古反 絆 音牛 涅陽奴結反 莠酉音 呵呼何反 弢吐高反 篯則前反 崧嵩音 彎力兗 聆之忍反 眺他鳥反 瞰丁六反 汝衡亡運反 紐女久反 唏山洽反 鮪榮美反 貰時夜舒制反又 晥戶版反又胡宦反縣名在廬江 盱眙與之反 欄側戟反 攘如兩反 裸郎果反 羨餘亮反 沮七余反 蚵上慈呂反下女六反 怯上去業反下奴亂反 慶 丑升反 叡音鈖叶 蜕託臥反 厓烏光反 傷於建反 壇音因 簏音 懃音感 租浦側加反 譎古穴反 翌音翼又古鑒反去聲 痛普胡反 蜮或音 踣傍北反

晉書卷一百一　載記第一

湩乳汁也多貢反又竹用反 詖彼義反 覘勑豔反二勑豔反 盟津孟音 劃胡麥反 沮渠子魚反 冒頓莫北反 奧鞬上於六反下居言反 醫渠脂反 硯胡狄反 邯鄲寒丹

二音 韶齓上音條一本作鬐下初謹反 䴙音附 䃢音低 珧餘昭反 培塿上蒲口反下盧斗反

埳盧合反 崎嶇上去奇反下音區 拓音託 閹音奄宦官又豎也宮中閹閽閉門者 聶

泫胡犬反 氐當異反 昝字秋反 顥音浩

晉書卷一百二　載記第二

鸞烏闕反 鹿鼜韋昭音摩 鶩五勞反 胏腑音府 疋與雅同 柘之夜反 銀研

五見反 翊況甫反 猨猛漢書音猥 殿屎詩云人之方殿屎爾雅云殿屎呻吟也孫炎云愁苦呻吟之聲殿音丁見反屎音香夷反字林火迷反 狃女久反 戇丁降反 蹄涔助吟反

悖其季反 佻吐彫反 袤莫侯反 猗乙奇反 詿音挂 孺而遇反 綦毋音無 蟆

螣音特食苗葉 蟊音謀 磻石薄官反 螽斯音終 劉勔音湎 稯所追反 讚

側革反 喧喧況袁反 卿但識之禮記云弟子識之識音之吏反

晉書卷一百三　載記第三

仆芳遇反 鬚髯上相俞反下汝鹽反 菅涔上古顏反下鋤簪反一作管 掎居起反 諜徒叶反

大荔音戾 剽匹笑反又音飄 亂初謹反 滈池胡老反 向雕杜回反 倮郎果反

岢五各反 嵐音藍 鞠直引反 困敦丁回反 獷古猛反 掰城音牽 休屠音除

屠音除 騂字或作騂女氣反馬行疾也 躓涉利反 嵦五來反 軹諸氏反 餡苦洽反

戲水許羈反 炮烙上音庖下音洛一作格 諺門讓音池字林丑刃反 紙反

晉書卷一百四　載記第四

蔔音背下音督 同鶮居謁反 鄔太原縣也 韛步迷反 需食二音 育嗣

茌平上仕疑反 之士反又 遂明音林 隆於計反 瘠 圈渠篆反 稿苦到反 禧許其反

數五來反 阿呼何反 填線之填音陟鄰反 洧榮美反 蠋魚綺反 楸子小反

反又車鳶乃斜反又烏郎反又於良反 坫都念反 桑乾音干 桱戶定反 本作 蛇

鎧苦愛反 筏音伐 欲填徒賢反 范龕音堪 王脊字古慣反 哆下佐反

鼂朝音 錯之朝 挈壺若結反 孛薄背反又薄沒反

晉書卷一百五　載記第五

稷古雅反 滹荒烏反本或作滹 蠢徒到反 呵呼何反 咄哪上當沒反下乃結反 岍

歐音烏口反 漚麻於候反 拳臣員反 復之方六反 釀女亮反 攥殺蒲角反

刳音枯 鄭才何反 酈食上歷下易二音 核下革反 珉音邸 遝遛才由反 閻音開

塌烏葛反 嘶字林流水也息移反 鞏咎上居悚反下他典反 覘他典反 偵諜上丑

鄴下音 句麗句音 楛戶音 于寘音瑱 犖呂角反 磊磊落猥反 洿下

奚鄰 諆蘇鳥反 涅奴結反 澍之樹反 涉瑣公回反

晉書卷一百六　載記第六

遶去遙反又音喬 吻武粉反 瓔陶上一井反下音遙 賁縣音秘 絙宇林大索也古恒反

轒音 輼 橡音象 綷子對反 鐺都堂反 崇杠音江 絙繳之藥反 紐女九反

恧女六反 囊 私列反 捶之累反 安次漢書次音咨 令支應劭音令支音秖

蹋頓徒合反 海島都浩反 繞蘇遼反 綎諸盈反 臬丑略反 郲陟輸反 韋

韋反 鬼迭徒結反 遷也 豫且子余反 申且子余反 申扁芳蓮反 湎 彌兗反

昴音卯 恚胡桂反 溺中乃弔反 腕腕一日深也 乃代反 耐乃代反 韓與鞴同 偶

語五口反 象箸張慮反 孕以證反

晉書卷一百七　載記第七

湟音黃 鵠胡沃反 子居列反 張瑁莫佩反 楸子小反又慈糾反 領胡感反 舐

晉書卷一百八　載記第八

食爾反 鄜呼各反 洿音烏 豺士諧反 頡胡結反 下辦步莧反 惛音昏 羯居謁反

反 盂音于 啖以膽反 浹子協反 銖市朱反 滏音釜 滈音高 譎古穴反 餉式亮反

反 縋馳偽反 遏戶經反 汨音骨 闠蒲迷反 仆音赴 儻博雅異也倜

音他歷反 儻他況反 磃他歷反 懟直類反 畚鍤上音本下初洽反 慄慄徒協反 獷

古猛反 嫪蘇浩反 䩕烏感反

晉書卷一百九　載記第九

鬼五罪反 步搖餘昭反 魁苦回反 耐乃代反 膾古外反 炭魚及反 跣音晃

崔毖音秘 槁苦到反 紐女久反 翿徒到反 催汜二較沉 貞音 蓨音條

晉書卷一百十　載記第十

佟徒冬反 滹火湖反 蚡房粉反 嗙唶上茲損反下徒合反 滱盧合反 剗指遙反

蠕蠕上烏結反下烏紅反 滄古兌反 墊都念反 佛肸許乙反

鶩音務 龕口含反 淹徒何反 綫仙箭反 瓮蒲奔反 豬音由 錚鏜上口莖反下七

將古侯反 礴陸氏 穫顧音士合反 騠騮上特計反下五結反 莞渠營反 靡麋為反

反 鶩於良反又烏郎反 潛然出涕毛詩潸潸涕下貌劉炫音生版反涕音他禮反 闃苦覓反

反 蹋徒合反 嶋嶶口勞反五勞二反

晉書卷一百十一　載記第十一

韓文字集略韓亦韓字于鬼反 蟾蜍二音 圖渠篆反 竺一作築六反 跋扈蒲撥

反 爐疾刃反 荷擔都濫反 歐吳一侯反 諛蘇鳥反 涌音勇 傀遠位反 賕

音陟 岵字或作帖他胡反 穦 襜褕上字林日直兩反下日襜褕式朱反 弋

絺杜奚反 稠直牛反 稟音謂 隔閡五代反 挺式連反 蟄莫浮反 譬章葉反字

林失 媼烏浩反 銜 皺步萌反 蛸云貴反 鵙尺脂反

晉書卷一百十二　載記第十二

氐當奚反 昝字秋反 上邽古携反 枋府良反 艸古草字本或作草 菁子倩反

軹音紙 淅音析 堆都回反 扆奇遂反 瞎許鎋反 耐刃 槊所角反 跣蘇典反

粱楞來登反 彎烏關反 錘直垂反 鉗巨淹反 鋸音據 偃仆二音 薹赴 洿音烏

鄘城撫夫反 燗徐廉反 隻之石反 悸其季反

晉書卷一百十三　載記第十三

翌與職反 嘔血烏口反 蚝七吏反 丐古泰反 廄音救 京索應劭日京縣名今有

大索小索亭 晉灼日音柵 耳屬朱辱反 瓮蒲奔反 鷲陝上音就陝漢書音下夾反兩山之間

也本或作陝 澀音強 胏腑府音 輸以周反 沮水七余反 尯許交反 卭笮各在

反本作 塹江音疊 仂來北反 翼犍渠焉反 瀎古磯反 游馬以度 說文日游

水上也 盱胎上況于反下與之反 溯音素 澡音早 涂中度都反 擯必刃反 福

音由 陋方緬反 嵕子紅反 璣居希反 玕音干 哂式忍反 于寘堂見反又音田 激

五勞反

晉書卷一百十四　載記第十四

餧奴罪反 袤莫侯反 瀰賓見反 輟薄故反 鋪 咤陟嫁反 沮計慈呂反

郎音云 檷駝裕反 犄居綺反 剠渠京反 憮音武 壺飧音孫 鞞傍禮反 厭於豔反

反 豫且子魚反 潜數 販 聽丁降反 堰於建反 鵯古段反 揭竿去竭反

碭山音宕 碻磝上口勞反下五勞反 蘧蒢渠除二音 以飴反 鄭吏 焰苦感反 興炊同

蓮芍二輦酌音 圮喪符鄙反息浪二反 衄女六反 焰以豔反 長鞘所交反馬鞭頭也

鶩希音育作粥 鬚相俞反 捫蝨門瑟二音 揄字林揄音子善反 螭蟠上抽知反

下音 盤 咧式忍反 睚眦上五懈反下士懈反 如涎私箭反 汰太音 唾吐臥反

精餚音看

晉書卷一百十五　載記第十五

犍為渠焉反 驊力珍反 猗於宜反 吒陟加反 械胡界反 輜軿上側持反下薄

經刻 鉾字林古孯字 稍所角反 彌姐慈野反又作可 裸郎果反 騾

反 舒 昝聞 子之 遑胡光反 泮普半反 鼉鼈字林鼉似蜥蜴反又烏蝸反 鼉水虫

也 芒 莧丑芥反 復苻遍反

晉書卷一百十六　載記第十六

填徒賢反 洿音烏 狷吉緣反 貫鉀音甲 碻磝上口勞反下五勞反 愊芳逼反 谿

音 北屈居勿反 党丁浪反 馬嵬五回反 鴟虜脂反 蒔時吏反 槌直追

反 閼闍鷄渝二音

晉書卷一百十七　載記第十七

泫氏上胡犬反下胡堅反 彭音 朓他了反 驢礧五內反 䱷魚列反

沮渠子余反 洸古皇反 傉內沃反 梃式連反 番禾音盤 譯羊益反 波若

入者 獫狁險允二音 鶉五各反 犨音上持容反 重藺下古典反 擯必刃反

晉書卷一百十八　載記第十八

瀘口水經日瀘水出襄鄉縣東北陽中山瀘疾肩反南都賦云瀘灅藥瀘發源巖穴即此水也 袤莫候反

反 拓跋上音託下步末反 楞盧登反 稗音卑 平輿音豫 鷲陝下夾反下同 絕

亢下郎反 紓音舒 覬九利反 鏗戶莖反 洿音烏

晉書卷一百十九　載記第十九

雊古候反 殷殷有聲隱音殷 瞋昌鄰反 洸古皇反 完胡官反 墨蠡弋禮

反 蠡吾上音禮 掎居綺反 稗將頻卑反 嘔一口反 拔蒲撥反 憮無府反

晉書卷一百二十　載記第二十

礫胡老反 碭杜浪反 黔中音琴南蠻賦 賓才冬反 剽匹笑反 復方六反 覘胡狄

反 苾毗必反 歠許金反 懊乃亂反 幟昌志反 式吏反又 弁古南反 氐叟蘇后

反 鞬居言反 晶音精光也 檉勅貞反 衙博牙上音 葭萌上音加下莫耕反

塹徒叶反 璜胡光反 汜音 黃訇呼宏反 單尺玉反 古文觸字 郫苻羈反 幢

宅江反

晉書卷一百二十一　載記第二十一

鄴倉咨反又音妻 芋羽遇反 羅羕餘亮反 覡胡狄反 惇都昆反 經丑結反 剗

指遙反 玲胡紺反 玕音干 扞音幹 玘字林字方康反 毋丘音無 朱提上朱下是

下足支反 瘍林左傳云生瘍於頭 瘍頭瘡也 音羊 酗字香句反 瘕古雅反 痕字林瘡也 戶

林 吮徐兗反 瓌姑回反 紊無運反 昝子感反 艦胡黯反 謙蘇到反 祟遂雖

反 獠音老 蹷子六反 汶音旻 鎮之日反 剽竊字林剽匹召反 結人 鼈并列反

晉書卷一百二十二　載記第二十二

蚝七吏反 猗古邁反 呐女劣反 女鬱反 矛矟又音朔 羈古犬反 遁渠追 黠

胡入反 尉祐音鬱 允吾應劭日允音鉛 吾音牙 鶉之然反 鞬居言反 下同 揖次孟康

揮音子如反 式音慈 鞅於兩反 涫官音 番禾音盤 一作盤和 本作和 吞吐根反 咀慈呂反

拉盧合反 榼苦盍反 崎嶇上去奇反下音區 坑客庚反 蹶其月反 瑀音彫 蒙

爾在最反

晉書卷一百二十三　載記第二十三

句踐音鉤 鞞音半 郎城音云 歃山洽反 椹食稔反 呂姑戶反 侏張上張流反

塹七豔反 兇當侯反 北走音奏 跳徒聊反 嫄音原 溯音素 曇徒含反 狃女久

反

晉書卷一百二十四　載記第二十四

砥音旨 惷丑江反又丑降反 畦戶圭反 搥捶上陟瓜反下之累反 鳴鶪上虛脂反下于

騶 羿五計反 勍 呪詛上職救反下莊據反 嗎說文傷也 音謁 劉楚僞反 躃踊

房益反 仆音赴 襚韡與靴同 跋蒲撥反 蘗古老反 餩魚紀反 惡有音烏 掎

拔居綺反 勸子小反 鬢之忍反 追胡畏反

晉書卷一百二十五　載記第二十五

紇下沒反 汗音寒 鐸大各反 軻音柯又去聲 姓也 蒟居宜反 翟瑁音溫 狃女久

反 羖音古 羝音低 掫子六反 捫音門 党丁浪反 蝀峴二音 轐音直忠 蹄音

反 蹢豕蹄也 又音的 嘯祚叫反 呫余廉反 叱咤上齒只反下陟嫁反 跋蒲撥反 韭町

徒鼎反 闕伯烏葛反 賕音求 蝾蠕上音柔下而兗反 睹音睹 柘之夜反 鶴古段

反 斯音斯 砥礪旨厲二音

晉書卷一百二十六　載記第二十六

壽闐徒賢反 犍居言反 湟胡光反 鍮託侯反 崙音倫 麗軒上力馳反下音虔 反

頃襄頃音傾 允街孟康日允音鈆 街音皆 氐池都兮反 或作丘池 番和音盤 邯

川音寒 胡甘反又 茗蘊上音條下徒弔反 愎苻逼反 子鮮音仙 羈靮音的 羈馬也

乾谿音干

晉書卷一百二十七　載記第二十七

拓拔上音託下蒲撥反 諄音卓 紐女久反 流澌息移反 奎苦圭反 勦子小反

耿弁古南反 湫隘子小反 鳴鴞上虛脂反下于驕反 鉦諸盈反

晉書卷一百二十八　載記第二十八

恚於避反 轘音患下同 濡音蓋 峴胡典反 陘音刑 膈脯音劬 從成即容反

翌與職反 龕音堪 悛此緣反 撓如效反

晉書卷一百二十九　載記第二十九

沮子余反 滑稽史記滑稽又骨雞二音 句古泰反 覡胡狄反 挐女余反 湟

胡光反 雕杜回反 姐才也反 隗五罪反 澍之樹反 研研五見反

晉書卷一百三十　載記第三十

子居列反 偵丑鄭反 堆都回反 觸髏獨樓二音 刎武粉反 党丁浪反 瓚公回

反 蒯恩苦壞反 單都孝反 絙古恒反 濛汜蒙似二音 肝音幹 繂子對反 閼兵冀

反 衄況逼反 嵯峨上昨何反下五哥反 螭丑之反

編修臣人龍謹言晋書一百三十卷晁公武謂歴
代之史惟此最爲叢冗至於取沈約誕誣之說裸
採詭異謬妄之言尤不可不辨而鄭樵謂古者修
書如班馬之徒自成一家至唐始用衆手各隨其
學術所長所以晋之有志獨善于古今是則此書
之瑕瑜固有不相掩者編修臣李龍官奉
敕校勘凡監本舛訛或從他本及何倫音義有可據者
從而釐正之臣人龍復與同事諸臣詳審參訂錄
爲考證各附卷末臣謹識

原任詹事臣陳浩洗馬臣陸宗楷編修臣孫人龍
知州臣王祖庚拔貢生臣王積光等奉
敕恭校刊